litions Dalloz, Paris, 2010
SBN 978-2-247-08624-5

31-35, rue Froidevaux
75685 PARIS CEDEX 14

Service clientèle
Tél. +33 (0)8 20 80 00 17
Fax +33 (0)1 41 48 47 92

editions-DALLOZ.fr

DROIT DE LA FAM

DALLOZ ACTION

DROIT DE LA FAMILLE

CINQUIÈME ÉDITION
2010

SOUS LA DIRECTION DE
PIERRE MURAT

DALLOZ

Œuvre collective
initiée par
JACQUELINE RUBELLIN-DEVICHI
Professeur émérite de l'Université de Lyon (Jean Moulin - Lyon 3)
sous la direction de
PIERRE MURAT
Professeur à l'Université Pierre Mendès-France (Grenoble 2)

CET OUVRAGE A ÉTÉ RÉDIGÉ PAR
[les numéros indiquent les chapitres]

SYLVIE BERNIGAUD *Maître de conférences à l'Université de Lyon (Lumière – Lyon 2)*
Protection de l'enfant par l'autorité publique : action sociale, assistance éducative, mineur étranger 241/243

HUBERT BOSSE-PLATIÈRE *Maître de conférences à l'Université de Dijon*
Prestation compensatoire 134/135 | Dommages et intérêts 136 | Pacte civil de solidarité 150/153

ANNE BOURRAT-GUÉGUEN *Maître de conférences à l'Université de Rennes 2 – Haute Bretagne*
Atteintes à l'intégrité des membres de la famille 511/512 | au lien familial 521/522

ALAIN DEVERS *Maître de conférences à l'Université de Lyon (Jean Moulin – Lyon 3) | Membre du comité français de droit international privé*
Applications du droit international privé au couple 421/425 | à l'enfant (autorité parentale) 432/434

FRÉDÉRIC DOUET *Maître de conférences à l'Université de Caen*
Fiscalité du divorce 138

MICHEL FARGE *Maître de conférences à l'Université Pierre Mendès-France (Grenoble 2)*
Nom et prénom de l'enfant 231 | Mise en œuvre du droit international privé 410/413 | Applications du droit international privé à l'enfant (filiation) 431 | Protection internationale des adultes vulnérables 441/443

YANN FAVIER *Maître de conférences à l'Université de Savoie*
Séparations 121/122 | Procédures et cas de divorce 130/132 | Divorce et droit social 137 | Concubinage 140/144

THIERRY FOSSIER *Président de la chambre de la régulation de la cour d'appel de Paris | Professeur associé à l'Université de Clermont-Ferrand*
Représentation et administration légale 234 | Tutelle du mineur 331 | Protection du majeur vulnérable 332

STÉPHANIE FOURNIER *Professeur à l'Université des Antilles et de la Guyane*
Nom et prénom de l'enfant 231

ADELINE GOUTTENOIRE *Professeur à l'Université Montesquieu (Bordeaux IV)*
Autorité parentale 232 | Audition du mineur 233

FRÉDÉRIQUE GRANET-LAMBRECHTS *Professeur à l'Université de Strasbourg | Directrice du Centre de droit privé fondamental (EA 1351)*
Filiation par procréation 210/215

FRÉDÉRIC HÉBERT *Ancien notaire | Secrétaire général du Conseil régional des notaires de la cour d'appel de Grenoble | Professeur associé à l'Université Pierre Mendès-France (Grenoble 2)*
Régimes matrimoniaux et libéralités 133

MARIE LAMARCHE *Maître de conférences à l'Université Montesquieu (Bordeaux IV) | CERFAP (Centre européen d'études et de recherches en droit de la famille et des personnes)*
Nullités du mariage et état matrimonial 115/116

JEAN-JACQUES LEMOULAND *Professeur à l'Université de Pau et des pays de l'Adour | Doyen de la Faculté de Droit, Économie, Gestion | Codirecteur du Centre de recherche et d'analyse juridiques (CRAJ)*
Conditions et preuve du mariage 110/114

OLIVIER MATOCQ *Avocat au Barreau de Lyon*
Procédures et cas de divorce 130/132

PIERRE MURAT *Professeur à l'Université Pierre Mendès-France (Grenoble 2)*
Introduction 01

MURIEL REBOURG *Maître de conférences à l'Université de Bretagne occidentale | Directrice du centre de recherches de droit privé (EA 3881)*
Obligations alimentaires 311/312 | Difficultés d'exécution des pensions alimentaires 321/325

PASCALE SALVAGE-GEREST *Professeur émérite de l'Université Pierre Mendès-France (Grenoble 2)*
Filiation par adoption 220/224

Avant-propos de la quatrième édition

Ce livre est d'abord un hommage, car les auteurs de la présente édition du « Dalloz Action » *Droit de la famille* ne sont que les continuateurs d'une entreprise qu'ils reprennent : un hommage à celle dont l'inlassable énergie a porté les trois précédentes éditions de 1996, 1998 et 2001, et dont le tempérament personnel correspond si bien à la ligne éditoriale de l'ouvrage : faire œuvre utile pour ceux qui ont quotidiennement la lourde et délicate charge de l'application du droit. Dans un hommage offert au même auteur au terme d'une carrière universitaire riche, le doyen Jean Carbonnier avait écrit dans son style inimitable : « sur l'océan tumultueux des familles, vous avez déployé la nappe lumineuse et pacifiante du droit » (*Des concubinages : droit interne, droit international, droit comparé. Études offertes à Jacqueline Rubellin-Devichi*, Litec, 2002) : avec son enseignement auquel la plupart des auteurs réunis dans la présente édition doivent beaucoup, avec ses nombreuses interventions sous des formes multiples auprès des travailleurs sociaux, des avocats, des magistrats, des services administratifs - bref de tous les acteurs qui mettent en œuvre le droit de la famille - le « Dalloz Action » a été, lui aussi, un morceau de cette « nappe lumineuse ». Les témoins et les auteurs de la réalisation des précédentes éditions connaissent l'investissement et l'implication personnels de Jacqueline Rubellin-Devichi dans l'intégralité de l'ouvrage et se rappellent, avec une pointe de nostalgie, « l'esprit de famille » qui a présidé à la confection de cette œuvre collective. La force de l'énergie alors déployée, la finesse du savoir et du savoir-faire mis au service des praticiens, ont été une grande leçon. Il y avait au moins une dette morale à ne pas laisser lentement disparaître cet héritage sous le flot des nouveaux textes.

Mais la présente édition réalise aussi plus qu'une simple mise à jour : dans un droit dont les sources se sont diversifiées et complexifiées, de nouveaux défis se présentaient. La circulation des personnes et des familles hors des frontières françaises n'étant plus exceptionnelle, l'ouverture à la dimension internationale, aujourd'hui présente dans bien des situations juridiques, devenait indispensable pour présenter correctement le droit qui appréhende la famille. Une des ambitions de cet ouvrage aura donc été de regrouper dans un même volume le droit interne et le droit international de la famille, tout en restant dans une dimension raisonnable et synthétique qui fasse toutefois une large place à la jurisprudence. Comme souvent, deux écueils étaient à éviter : le trop, qui submerge, et le trop peu, qui caricature. Les nouveaux partis pris obligeaient bien sûr à un réaménagement des structures de l'ouvrage pour faire une place marquée au droit international privé. Que soient ici très chaleureusement remerciés tous ceux qui ont donné leur temps et leurs idées - auteurs et concepteurs - pour aboutir à cette nouvelle mouture, en espérant que les usagers qui manieront ce livre comme un outil de travail y trouveront pleinement leur compte... et peut-être aussi du plaisir.

Pierre MURAT

Sommaire

Table des matières

01.13 Famille nucléaire et famille élargie. Au premier abord, l'histoire contemporaine de la famille en Occident donne l'impression de confirmer l'hypothèse d'une « loi du rétrécissement continu de la famille » posée au XIXe siècle par Durkheim et selon laquelle la famille aurait évolué du clan vers le foyer conjugal, voire - pour prolonger l'idée avec des éléments contemporains - vers le foyer monoparental. Cette perspective paraît cependant aujourd'hui remise en question[1] et on soulignera à la fois le maintien du rôle actif joué par la famille étendue dans les solidarités familiales[2] et le fait que beaucoup de foyers monoparentaux ne connaissent bien souvent, pour être exact, plutôt que des « *séquences de monoparentalité* ». À cela on peut ajouter que si notre époque assiste certainement à un affaiblissement des effets de la parenté[3], il ne faut pas oublier que, d'un autre côté, la famille gagne aussi du terrain : non seulement, les liens développés hors mariage ont totalement et ouvertement intégré le domaine des liens familiaux, mais encore les recompositions familiales aboutissent à des « *secondes familles* » qui tentent de pénétrer tant bien que mal le champ juridique[4]; surtout, on assiste aussi depuis quelques années à la reconnaissance progressive de liens familiaux au sein des couples de même sexe. Les frontières de la famille se déplacent. Malgré les bouleversements apportés par les nouvelles formes de. réaffirmé par nos contemporains.

01.14 Fonctions. Le phénomène familial peut aussi s'éclairer par les fonctions qu'il remplit. La multiplicité et l'originalité des fonctions de la famille sont souvent mises en avant. « *La famille n'est pas un groupe social comme les autres* », souligne une sociologue, « *sa spécificité est de croiser des liens hétérogènes (lien de couple, lien de filiation, lien fraternel), institués dans un système de parenté, et de socialiser à travers ces liens une dimension spécifique de l'expérience humaine, celle du temps de la vie et de sa transmission* »[5]. La famille est donc un lieu important de socialisation.

01.15 Fonction politique. Si la famille n'a plus guère aujourd'hui comme dans l'antiquité de fonction religieuse (hormis au travers de la fonction éducative plus générale), elle garde en revanche une importante fonction politique : les édits royaux proclamaient déjà que « *les familles sont les séminaires de l'État* » et Portalis, lors des travaux préparatoires du Code civil, avait repris l'idée dans une formule célèbre en disant que « *les familles sont les pépinières de l'État* ». Contrairement à ce que pourrait laisser croire le mouvement actuel de privatisation de la famille, la sociologie contemporaine souligne toujours que « *s'interroger sur la famille, c'est s'interroger sur le fondement de l'ordre social* »[6]. La famille est la cellule de base de la société qui assure la reproduction du corps social : non seulement elle perpétue la chaîne des générations mais elle continue à avoir principalement en charge l'éducation des enfants, même si des systèmes d'éducation collectifs prennent de plus en plus le relais. L'articulation entre l'éducation familiale et l'éducation collective, surtout dans la petite enfance, constitue certainement un des enjeux essentiels de l'avenir, notamment face au brassage des populations et aux questions d'immigration.

01.16 Fonction économique. Les fonctions économiques de la famille se sont aussi largement transformées : contrairement aux sociétés rurales du. d'assurer la pérennité, aujourd'hui dans nos sociétés modernes occidentales, l'intérêt semble plutôt s'être porté sur l'unité de consommation que constitue la famille, afin de la faire bénéficier d'avantages économiques et fiscaux censés aider au dynamisme économique : sous cet angle, c'est principalement le ménage qui retient l'attention des économistes. La réforme du droit des successions du 23 juin 2006 montre cependant que le législateur français n'est pas pour autant inattentif aux entreprises familiales et à leurs transmissions[7] dans le tissu économique français où les PME constituent une force non négligeable. C'est donc surtout le droit des transmissions patrimoniales qui révèle aujourd'hui cette dimension économique de la famille[8].

01.17 Fonction de soutien matériel et psychologique. Enfin, la famille assure une fonction de soutien matériel et psychologique à l'individu qui fait

1. V. J. Carbonnier, *Flexible droit*, 10e éd., LGDJ, 2001, *V^o Famille, législation et quelques autres*, p. 275; *V^o Types*, p. 291.
2. V. C. Attias-Donfut (dir.), *Les solidarités entre générations. Vieillesse, famille, État*, Nathan, 1995; « Solidarités invisibles entre générations », *Projet*, mars 1997.
3. Le cercle de la parenté héritant *ab intestat* a été ramené en 1917 du douzième degré au sixième (L. 31 déc. 1917 et pour les infimes exceptions demeurant encore en vigueur, L. 3 déc. 2001).
4. V. *L'enfant, sa première et ses secondes familles*, colloque de l'Association Louis Chatin, 7 et 8 févr. 1997, *LPA* 1997, n^os spéciaux 118 et 121 – M.-Th. Meulders-Klein et I. Théry (dir.), *Les recompositions familiales aujourd'hui*, Nathan, 1993; *Quels repères pour les familles recomposées ?*, LGDJ, 1995 – M. Rebourg, *La prise en charge de l'enfant par son beau-parent*, préf. H. Fulchiron, coll. thèses, Éd. Defrénois, 2003.
5. I. Théry, « Droit, famille et vie privée, le pari du débat », *Commentaire*, n° 83, 1998, p. 827.
6. R. Lenoir, *Généalogie de la morale familiale*, Le Seuil, 2003.
7. V. A.-M. Leroyer, *RTD civ.* 2006, 612 s.
8. V. M. Grimaldi (dir.), DALLOZ ACTION *Droit patrimonial de la famille* 2008/2009.

d'elle tout au long de sa vie un refuge contre l'exclusion, les échecs, le chômage, le désarroi, la solitude, la maladie, les handicaps, la vieillesse... Les réseaux d'entraide et de soutien au sein de la famille jouent un rôle d'amortisseur des agressions de la société et de la vie. Les solidarités familiales complètent très efficacement le rôle joué par l'État-providence et si, du point de vue matériel, l'action des institutions sociales comme la Sécurité sociale, l'Aide sociale..., a une influence certaine en substituant des interventions publiques à celles de la famille, elles n'ont pas fait disparaître les solidarités familiales qui semblent même d'autant plus fortes que l'État est présent[1] et qui sont d'autant plus utiles que devient longue et difficile l'insertion stable dans la vie active. Ainsi, les grands-parents, bénéficiaires de revenus assurés, sont plus souvent en mesure d'aider leurs enfants au lieu d'être comme naguère à leur charge financière, réalisant ainsi une « *inversion des flux de solidarités* »[2]. De plus, dans la quête de l'épanouissement personnel, les éléments psychologiques et sentimentaux ont pris de l'importance et la famille, jadis surtout cimentée par la transmission d'un patrimoine économique et culturel, l'est aujourd'hui surtout par le contenu relationnel[3], si bien que sa fonction affective s'en trouve fortement valorisée, non sans d'ailleurs créer par contrecoup une certaine instabilité matrimoniale consécutive à la volatilité des sentiments.

La famille constitue une sorte de corps intermédiaire entre l'individu et les organes de la collectivité publique, à la fois relais utile pour l'action de la collectivité mais aussi cadre protecteur, rempart, pour l'individu contre la dépersonnalisation, le gigantisme, les différences culturelles...

§ 2
Traits contemporains

01.21 La « privatisation » de la famille. La famille est le reflet des valeurs d'une société et elle est aujourd'hui profondément affectée par les modifications survenues dans la manière dont les individus se construisent. Au risque d'une certaine fatigue de devoir toujours être soi[4], les individus ne veulent plus être enfermés dans des rôles prescrits et des statuts traditionnels[5]; ils privilégient des liens affinitaires et égalitaires qui sont négociés et valorisent leur expérience personnelle. La structure et l'organisation de la famille se sont transformées en conséquence, faisant une place plus grande aux échanges entre acteurs, mais créant aussi des tiraillements entre le souci de soi et le respect de l'autre[6], entre la place du père et celle de la mère, entre la nécessité d'une autorité parentale et le respect de l'enfant, entre l'engagement et la liberté. Malgré cette quête d'émancipation des individus, il serait trompeur et même certainement faux de n'insister que sur la privatisation et la « désinstitutionalisation » de la famille sans voir en même temps que, dans ces périodes de profondes et rapides mutations, les familles continuent tout de même très largement à assumer leurs fonctions traditionnelles et que la législation familiale ne s'est pas non plus dissoute dans un tout contractuel.

En substance, les fortes transformations connues par la famille peuvent se résumer à quelques traits qui montrent que les histoires familiales sont devenues plus complexes et plus variées[7] : les modes de conjugalité se sont diversifiés et la vie de couple prend le plus souvent la forme de l'union libre chez les jeunes. Du fait des ruptures d'unions, plus fréquentes, les périodes de vie en solitaire et les familles monoparentales se sont développées. Les remises en couple sont aussi beaucoup plus courantes, augmentant le nombre des familles recomposées. Enfin, la reconnaissance des couples homosexuels, associée à la dissociation de la sexualité et possibilité de procréer, lance la famille occidentale dans une aventure inédite.

01.22 La famille en chiffres. Les modes de conjugalité se sont diversifiés et le mariage est en recul[8].

1. V. C. Attias-Donfut, « Des générations solidaires », in *Familles. Permanence et métamorphoses*, J.-F. Dortier (dir.), Éd. Sciences humaines, 2002, p. 113 s.
2. Pour reprendre l'expression de C. Attias-Donfut, art. préc. p. 116.
3. V. F. de Singly, *Le soi, le couple et la famille*, Nathan, 1996.
4. V. A. Ehrenberg, *La fatigue d'être soi*, Calmann-Levy, 1998.
5. V. J. Commaille, « Une sociologie politique du droit de la famille. Des référentiels en tension : émancipation, institution, protection », in *Liber amicorum M.-T. Meulders-Klein*, Bruylant, 1998, p. 83 s.
6. V. F. de Singly, *Libres ensemble. L'individualisme dans la vie commune*, Nathan, 2000.
7. Pour un panorama d'ensemble, v. C. Barre, M. Vanderschelden, « L'enquête "Étude de l'histoire familiale" de 1999 – Résultats détaillés », *Insee Résultats*, n° 33, août 2004.
8. V. A. Pla, « Bilan démographique 2008. Plus d'enfants de plus en plus tard », *Insee Première*, n° 1220, janv. 2009 – L. Richet-Mastain, « Bilan démographique 2006 : un excédent naturel record », *Insee Première*, n° 1118, janv. 2007 – *Adde* pour des chiffres plus anciens, N. Ruellan, « Le pacte civil de solidarité : importante progression en 2005 », *Infostat Justice*, n° 89, juin 2006 – C. Beaumel, R. Kerjosse, L. Toulemont, « Des mariages, des couples et des enfants », *Insee Première*, n° 624, janv. 1999 – V. F. Daguet, « Mariage, divorce et union libre », *Insee Première*, n° 482, août 1996.

01.23 Conjugalité. Il y avait 334 400 mariages en 1980 (France métropolitaine); le taux de nuptialité pour 1 000 habitants était de 6,2; l'âge moyen au premier mariage était de 23 ans pour les femmes et de 25,1 ans pour les hommes.

En 2006, 274 400 mariages ont été célébrés, soit 8 800 de moins qu'en 2005 (France métropolitaine et DOM) et 273 500 en 2008. La hausse de 2005 apparaît donc comme une exception à la diminution observée entre 2001 et 2004. Le nombre des mariages est à son plus bas niveau depuis 1995. Dans huit mariages sur dix, les deux époux se marient pour la première fois mais cette proportion continue de reculer au profit des remariages.

Poursuivant une tendance de long terme, les mariages ont lieu de plus en plus tard : en 2007, une femme se marie pour la première fois à 29,5 ans, un homme à 31,5 ans; la progression est rapide : il y a dix ans, c'était 2,2 ans plus tôt et en cinq ans l'âge moyen au premier mariage a augmenté d'un an.

En 2005, les mariages mixtes, entre un Français et un étranger, et les mariages entre étrangers représentent 18 % des unions, soit un peu moins qu'en 2004, confirmant un recul déjà enregistré cette année-là.

Désormais, le mariage consacre moins la formation du couple que la transformation d'un couple non marié en couple marié et cette étape, si elle a lieu, intervient de plus en plus tard. En 1999, 28 millions d'adultes vivent en couples, mariés ou non, soit près de 64 % des adultes. Sur 100 personnes vivant en couple, 80 sont mariées et 20 cohabitent sans être mariées. Plus les générations sont jeunes, moins la vie de couple est synonyme de mariage.

Parallèlement, le pacte civil de solidarité (PACS) prend place dans le paysage et progresse de plus en plus. Créé en 1999, le PACS a progressé lentement jusqu'au rapprochement des régimes fiscaux entre mariage et PACS en 2005. De sa création jusqu'à la fin 2007, 385 000 PACS ont été signés. Au cours des trois premiers trimestres de 2008, 106 000 nouveaux PACS ont été conclus, soit 44 % de plus qu'au cours des trois premiers trimestres de 2007. Le nombre total des PACS conclus en 2008 devrait approcher les 140 000. Près de 94 % des pactes conclus en 2008 l'ont été par des partenaires de sexes différents. Pour ces couples, il y a donc un PACS pour deux mariages, alors qu'en 2003, il y avait neuf fois plus de mariages que de PACS.

01.24 Procréation. La France est en tête des pays européens pour la fécondité. En 2008, 801 000 enfants sont nés en France métropolitaine et 33 000 dans les départements d'outre-mer. Il faut remonter en 1981 pour trouver un niveau aussi élevé en métropole. Le nombre de naissances progresse parce que les taux de fécondité par âge augmentent, alors que le nombre de femmes d'âge fécond diminue régulièrement depuis 25 ans. C'est surtout aux âges relativement élevés, entre 30 et 40 ans, que la fécondité progresse. L'âge moyen de la maternité continue d'augmenter en 2008 : il atteint quasiment 30 ans, soit près de deux années de plus qu'il y a vingt ans.

Le mariage n'est plus l'acte premier de la fondation d'une famille : statistiquement, c'est désormais la venue de l'enfant qui fonde principalement la famille : la maîtrise de la conception, la marque d'engagement qui passe par cette conception, et la pérennité du lien de filiation expliquent largement ce renversement de perspective. En 2004, en France métropolitaine, 46,4 % des naissances étaient le fait de couples non mariés, contre seulement 8,5 % en 1974. Devenues majoritaires en 2006, les naissances hors mariage représentent en 2008 plus de 52 % des naissances, soit 10 % de plus qu'il y a dix ans : c'est dire que, majoritairement, le mariage n'est plus l'acte fondateur de la famille.

Sur les 379 300 enfants nés en France en 2004 de parents non mariés, 6 sur 10 ont été reconnus par leurs deux parents avant ou à la naissance et une filiation paternelle est établie dans 8 cas sur 10. Les enfants le moins souvent reconnus par leur père sont ceux dont la mère n'a pas d'activité professionnelle et est âgée de moins de 20 ans ou de plus de 35 ans. Les reconnaissances par la mère seule sont en recul et concernent 7 % des enfants nés hors mariage. La reconnaissance par l'un au moins des parents précède la naissance pour 58 % des naissances hors mariage et elle est plus fréquente pour l'enfant premier né du couple. Le milieu social a un certain impact sur le moment de la reconnaissance : les enfants de mères cadres ou exerçant une profession intermédiaire sont plus souvent reconnus avant de naître[1].

01.25 Désunions. Les désunions se sont multipliées et en trente ans, le divorce a plus que doublé, passant de 64 000 à 134 000 divorces par an[2]. Stabilisé autour de 30 000 entre 1953 et 1963, le nombre des divorces a passé la barre des 100 000 à partir de

1. Plus précisément, v. P. Germé, L. Richet-Mastain, « Reconnaître son enfant : une démarche de plus en plus fréquente et de plus en plus souvent anticipée », *Insee Première*, n° 1105, oct. 2006 – *Adde*, F. Munoz-Pérez, F. Prioux, « Les enfants nés hors mariage et leurs parents. Reconnaissances et légitimations depuis 1965 », *Population*, n° 3, INED, 1999; « Reconnaissances et légitimations des enfants nés hors mariage depuis 1965. Des comportements différents selon l'âge des parents et leur milieu social », *Population*, n° 6, INED, 1999.
2. V. M. Vanderschelden, « Les ruptures d'unions plus fréquentes mais pas plus précoces », *Insee Première*, n° 1107, nov. 2006 – F. Prioux, « Vivre en couple, se marier, se séparer : contrastes européens », *Population & société*, n° 422, avr. 2006 – A. Lermenier, O. Timbart, « Les divorces prononcés de 1996 à 2007 », *Infostat Justice*, n° 104, janv. 2009.

1984. À une longue période de quasi-stabilité de 1982 à 2002, avec un niveau inférieur à 120 000 divorces par an, a succédé une augmentation à partir de 2003, avec un pic conjoncturel en 2005 : l'année 2007 retrouve le niveau de 2004 avec 134 477 divorces. En 2005, 276 303 mariages ont été célébrés et 152 020 divorces ont été prononcés; dans les grandes villes, on compte environ un divorce pour deux mariages. En 1999, parmi les personnes ayant vécu en couple, 1 sur 4 ne vit plus avec son premier conjoint : 5 fois sur 6 la fin de cette première union est la conséquence d'un divorce ou d'une séparation (les autres cas sont la conséquence du décès du conjoint). Les couples rompent de plus en plus fréquemment quelle que soit la durée de leur vie commune. Mais les ruptures ne surviennent pas pour autant plus précocement dans la vie du couple. Le mariage favorise la stabilité de l'union, de même que la présence de jeunes enfants. En revanche, les couples sont plus fragiles quand ils débutent leur vie commune assez jeunes ou dans un contexte supposant une certaine précarité (avant la fin des études ou l'entrée dans la vie active). Les unions constituées après une longue période de célibat sont elles aussi plus exposées au risque de rupture. Chez les femmes, les ruptures sont plus nombreuses parmi les cadres; c'est l'inverse chez les hommes.

Si le nombre de PACS a augmenté, le nombre de leur dissolution augmente aussi : il est de 8 700 en 2005, soit 23 % de plus qu'en 2004 et atteint déjà 6 800 sur les neuf premiers mois de 2006. En tout, depuis 1999, 33 600 PACS ont été dissous, soit 12,8 % des pactes contractés. En 2008, le taux de dissolution des PACS reste stable, autour de 13 %[1].

01.26 Familles « monoparentales » et familles « recomposées ». Les ruptures d'union contribuent à alimenter la diversité des formes familiales : familles « monoparentales » et familles « recomposées ». La famille monoparentale – entendue comme composée d'un parent qui ne vit pas en couple et de son ou ses enfants – résulte de l'accroissement des divorces et des séparations et non plus comme jadis du veuvage. En 1999, selon les sources[2], les « familles monoparentales »[3] auraient été au nombre de 1,5 à plus de 1,6 million, soit plus de 18 % des familles avec enfant(s) de moins de 25 ans, alors qu'elles représentaient 10,2 % en 1982. 84 % des enfants vivant dans ce type de famille vivent avec leur mère et 16 % avec leur père; la dissymétrie est moindre pour les enfants vivant dans une famille recomposée : 37 % des enfants vivent avec leur père, 63 % avec leur mère. Depuis 1999, la part des familles monoparentales continue à augmenter : une famille avec enfant sur cinq est monoparentale; 2,1 millions de familles monoparentales résident en France métropolitaine, soit 10 % de plus qu'en 1999; dans 1,7 million d'entre elles vivent des enfants de moins de 25 ans, moitié plus qu'en 1990; ces familles abritent 2,8 millions d'enfants; dans 85 % des cas, c'est la mère qui vit seule avec ses enfants[4].

Les familles recomposées sont aussi de plus en plus nombreuses[5] : alors que le nombre de jeunes vivant au sein d'une famille « traditionnelle » (c'est-à-dire formée de leurs deux parents) baisse de 12 % entre 1990 et 1999, le nombre de jeunes dans une famille recomposée augmente, lui, de 11 %; durant le même temps, le nombre de familles recomposées a progressé de 10 %. Au recensement de 1990, on avait estimé que 950 000 enfants de moins de 25 ans vivaient avec un beau-parent et on comptait environ 650 000 familles recomposées; elles ont été 708 000 en 1999. En 1999, sont concernés par les recompositions familiales 1,6 million d'enfants, dont les deux tiers cohabitent avec un demi-frère ou une demi-sœur. Avec les 2,7 millions d'enfants vivant dans une famille monoparentale, ce sont donc au total 4,3 millions d'enfants.

Ainsi, en 1999, trois familles avec enfants de moins de 25 ans sur dix ne correspondent pas à la forme « traditionnelle » de la famille. Lorsqu'il vit au sein du foyer parental, un jeune de moins de 25 ans sur quatre vit avec un seul de ses parents. Il réside une fois sur quatre avec un parent et un beau-parent, et trois fois sur quatre au sein d'une famille monoparentale.

Des chiffres plus récents mais limités aux enfants de moins de 18 ans, font apparaître que, au total, 1,2 million d'enfants de moins de 18 ans vivent au sein d'une famille recomposée en France métropolitaine, soit environ 9 % des mineurs. Parmi eux, 800 000 vivent avec un parent et un beau-parent, le plus souvent un beau-père[6].

1. V. L. Richet-Mastain, « Bilan démographique 2006 : un excédent naturel record », art. préc.; *Adde*, A. Pla, « Bilan démographique 2008. Plus d'enfants de plus en plus tard », art. préc.
2. V. http://www.insee.fr et les chiffres légèrement différents que l'on peut trouver.
3. La définition comprend un parent isolé avec un ou plusieurs enfants célibataires, si bien que l'origine de la présence d'un seul parent peut être variable (veuvage, divorce, filiation unilinéaire) – Sur la question des familles monoparentales v. E. Algava, « Les familles monoparentales : des caractéristiques liées à leur histoire matrimoniale », *Études et résultats*, n° 218, DREES, févr. 2003; CNAF, *Dossiers d'études*, n° 54, 2004, « Les familles monoparentales en Europe ».
4. V. F. Daguet, « Enquêtes annuelles de recensement de 2004 à 2006 », *Insee Première*, n° 1153, juill. 2007.
5. V. C. Barre, « 1,6 million d'enfants vivent dans une famille recomposée », *Insee Première*, n° 901, juin 2003.
6. E. Vivas, « 1,2 million d'enfants de moins de 18 ans vivent dans une famille recomposée », *Insee Première*, n° 1259, oct. 2009.

Ces nouvelles formes familiales ont certes un poids quantitatif croissant, mais elles restent somme toute minoritaires et ne constituent pas véritablement un modèle législatif de base, au sens où elles sont davantage le résultat d'une histoire conjugale mouvementée qu'un choix délibéré de mode de vie.

01.27 **Typologie.** Le mot « famille » est souvent assorti de qualificatifs qui esquissent une sorte de typologie dont les rubriques sont d'importance et de consistance juridique en réalité très variables. À l'échelle de l'évolution du droit, il est des rubriques en voie d'affaiblissement, voire de disparition; il en est d'autres en plein essor. Il ne s'agit donc pas de poser une typologie proprement juridique, mais plutôt d'éclairer un vocabulaire couramment employé qui intègre, parmi d'autres considérations, des paramètres juridiques et de mettre ainsi en relief des mouvements qui affectent la construction contemporaine de la famille.

L'opposition entre **famille légitime** et **famille naturelle**, naguère fondamentale en droit et ancrée dans la supériorité de certains rapports jugés socialement plus performants, s'est transformée en une distinction secondaire entre famille en mariage et famille hors mariage, qui représente plus une simple commodité de langage dont le contenu juridique est très affaibli, depuis qu'est affichée la neutralité des modes de conjugalité et que la condition juridique de l'enfant et le droit de la filiation ont été fondus dans une sorte de droit commun. Pour l'avenir, il n'est peut-être pas hors de propos qu'avec le développement de « parentés d'intention » (par adoption ou procréation médicalement assistée) pour lesquelles les liens du sang ne concordent pas avec les liens civils de famille, le terme de « famille naturelle » - opposé à celui de famille « civile » - connaisse une seconde jeunesse et un retour aux sources du XVIIIe siècle en servant à désigner ce que le Code de l'action sociale et des familles appelle aujourd'hui, dans le cadre de la connaissance des origines, les « parents de naissance »[1].

La **famille** constituée en contravention à l'obligation matrimoniale de fidélité, et dite **« adultérine »**, n'est qu'une variété particulière de famille naturelle. Elle n'a plus guère d'originalité depuis qu'a disparu en 2001 la réduction des droits successoraux qui touchait l'enfant adultérin. Le libéralisme des mœurs, le nombre des séparations de fait, parfois imposé par le coût d'un divorce, et une certaine insouciance pour les questions juridiques ont banalisé cette situation.

La **famille incestueuse**, créée au mépris d'interdits fondamentaux[2], n'est certes pas un modèle familial, mais une réalité à laquelle le droit civil français attache certains effets en empêchant dans le noyau dur de l'inceste l'établissement d'une filiation bilinéaire qui révèlerait la violation de l'interdit. Il est révélateur des tendances qu'en s'appuyant sur l'intérêt de l'enfant et la notion de discrimination, des voies se soient récemment fait entendre pour proposer la disparition des conséquences existant dans notre droit en matière de filiation.

La **famille adoptive** a pour singularité d'être une famille seconde (mais pas secondaire) par rapport à la famille d'origine. Elle n'a pas d'autre unité que celle qui repose sur la création par élection d'un véritable lien civil de filiation, car il y a loin de l'adoption d'un tout jeune enfant à l'adoption d'un adulte ou encore de l'adoption intrafamiliale à l'adoption d'un enfant totalement étranger aux adoptants; de même les difficultés de l'adoption interne ne sont pas celles de l'adoption internationale[3]. Notre droit tient justement compte des différents besoins en instaurant une dualité institutionnelle entre l'adoption plénière et l'adoption simple. Malgré cette possibilité de gradation des effets de l'adoption et en raison du caractère éminemment culturel des fondements de la filiation, il faut souligner que celle-ci constitue une filiation toute aussi « véritable » que la filiation par procréation.

La **famille** fondée grâce à la **procréation médicalement assistée** n'a de singularité juridique que par la « super-filiation » que créent, en cas de participation d'un tiers donneur, les lois de bioéthique de 1994, puisque les parents qui ont consenti à une PMA ne disposent pas des mêmes possibilités de contestation que pour les autres enfants : c'est l'accord à la procréation qui dans ce cas fonde la parenté. Pour le reste, le mode de conception est totalement neutre et l'enfant est traité au regard du droit comme n'importe quel autre enfant.

La **famille monoparentale** est une catégorie bien connue du droit social qui a créé des allocations spécifiques pour aider le parent isolé à compenser l'absence de l'autre parent[4]. En revanche, la famille

1. V. art. L. 147 s. CASF – *Adde*, P. Murat, « La question de la filiation », in *Les enjeux de la transmission entre générations*, Presses universitaires du Septentrion, 2005, p. 67 s.

2. V. A. Batteur, « L'interdit de l'inceste, principe fondateur du droit de la famille », *RTD civ.* 2000, 759 s.

3. Pour des statistiques concernant l'adoption, on se reportera utilement à Z. Belmoktar, « L'adoption simple et l'adoption plénière en 2007 : des projets différents », *Infostat Justice* n° 106, sept. 2009.

4. Il s'agit en effet d'une famille souvent économiquement fragile, v. O. Chardon, F. Daguet, « Les familles monoparentales. Des difficultés à travailler et à se loger », *Insee Première* n° 1195, juin 2008; v. AUSSI, O. Chardon, F. Daguet, « Enfants des couples, enfants des familles monoparentales. Des différences marquées pour les plus jeunes », *Insee Première*, n° 1216, janv. 2009.

monoparentale n'est pas une catégorie du droit civil qui ne connaît de ce point de vue que les liens entre l'enfant et ses lignées : la famille est **bilinéaire** lorsque l'enfant est juridiquement rattaché à ses deux auteurs; **unilinéaire** lorsqu'il est rattaché à un seul, le plus souvent en fait la mère. Il est donc au moins deux sortes de familles monoparentales : celles qui sont en droit (civil) monoparentales, parce qu'unilinéaires, et celles qui sont en fait monoparentales, parce que l'enfant a bien juridiquement deux parents mais qu'il n'est élevé que par un seul. Il est assez fréquent que la famille monoparentale soit une situation transitoire et dure le temps que le parent isolé se mette ou se remette en couple; c'est pourquoi il est sans doute plus juste sociologiquement de parler de séquences de monoparentalité.

Les expressions « **famille recomposées** » et « **recompositions familiales** », venues de la sociologie, ont pour elles la commodité de langage et paraissent désormais consacrées, mais elles ne sont peut-être pas très exactes juridiquement, du moins tant que la recomposition ne connaît pas de véritable spécificité juridique : l'appellation gomme peut-être un peu trop l'existence des liens juridiques avec la famille originelle et leur maintien malgré le phénomène de recomposition. C'est pourquoi certains auteurs préfèrent le terme de **« secondes » familles** qui occulte moins la famille d'origine et peut intégrer le caractère aléatoire des nouveaux liens tissés, notamment en cas de dislocation de la seconde famille. La question d'un statut du beau-parent agite souvent l'opinion, mais la capacité du droit à saisir toutes les formes de recompositions familiales – y compris celles qui sont fondées sur le fait –, la détermination des droits et des obligations découlant de ce statut qui ne devrait pas éclipser la famille d'origine, rendent l'opération très malaisée et il n'est pas évident d'ailleurs qu'un statut spécifique soit opportun[1]. Le droit français semble pour l'instant plutôt s'être orienté vers la recherche d'un statut général des tiers qui permettrait éventuellement de faire une place au beau-parent parmi d'autres tiers qui peuvent être appelés à s'occuper plus ou moins durablement d'un enfant. L'idée de « parentalité » ou de « parenté sociale » – pour l'instant juridiquement inconnue, sauf à s'emparer de l'adoption qui crée alors une véritable parenté – pourrait trouver par là une certaine consécration juridique.

La **famille homosexuelle** ? Techniquement, pour le juriste français, la formule est sans doute aujourd'hui un abus de langage : la lutte pour le respect de l'orientation sexuelle ou la reconnaissance d'une structure juridique pour le couple homosexuel sont *a priori* distinctes de la reconnaissance d'une famille homosexuelle[2]. Le PACS, droit du couple, ne donne pas accès à ce qu'il est convenu d'appeler dans un terme ambigu, l'homoparentalité[3] et notre droit résiste pour l'instant tant bien que mal aux sollicitations de faire de l'adoption un outil de l'homoparentalité. Pour l'avenir, il ne faut pourtant pas négliger une sorte d'effet de contagion emmené par la force de l'idéologie égalitaire : le PACS s'est déjà rapproché du mariage par la loi du 23 juin 2006; s'il se rapproche du mariage au point d'en devenir une pâle copie, on se demandera fatalement pourquoi ne pas carrément permettre le mariage aux couples de même sexe; or le mariage est une institution dont la filiation est toujours le cœur vivant : il ouvre aux règles de rattachement de l'enfant[4]. Comme le souligne un commentaire du droit belge qui, après le mariage homosexuel, a admis l'adoption au sein du couple homosexuel[5] : « *La manière dont les idées se sont enchaînées en quelques années, en passant du mariage homosexuel à l'adoption homosexuelle, montre bien qu'il était trompeur de faire croire qu'il n'y a désormais plus aucun lien entre le mariage et la famille ou entre la conjugalité et la filiation, et que le mariage se serait subitement réduit à n'être plus qu'une seule relation intime entre deux personnes* »[6]. Les revendications homosexuelles nous interrogent impitoyablement sur les fondements de la famille et le mouvement des mœurs nous oblige ou bien à l'assimilation ou bien à la création d'institutions nouvelles.

Enfin, en raison de la mondialisation, de l'importance des flux migratoires et des difficultés de l'intégration, on ne peut plus ignorer les spécificités des

1. Sur le débat, v. récemment, le rapport au Premier ministre du député J. Léonetti, « Intérêt de l'enfant, autorité parentale et droits des tiers », oct. 2009.

2. V. NOT., H. Fulchiron, « Couple, mariage et différence des sexes : une question de discrimination ? »; P. Murat, « Couple, filiation, parenté », in *Des concubinages : droit interne, droit international, droit comparé. Études offertes à J. Rubellin-Devichi*, Litec, 2002, p. 29 s.
3. V. M. Gross (dir.), *Homoparentalités, état des lieux*, ESF, 2000 – F. Millet, « L'homoparentalité : essai d'une approche juridique », *Defrénois* 2005, art. 38153, p. 743 s. – *Adde*, C. Neirinck, « Homoparentalité et adoption », in *Études offertes à P. Catala*, Litec, 2001, p. 353 s.; « Dossier l'homoparentalité », *AJ fam.* 2006, 392 s.
4. Sur l'ensemble de la question, v. *Mariage-conjugalité. Parenté-parentalité*, H. Fulchiron (dir.), « Thèmes et commentaires », Dalloz, 2009.
5. Sur la législation belge, V. NOT. J.-L. Renchon, « L'avènement du mariage homosexuel dans le Code civil belge », *RTD fam.* (Larcier, Belgique), 3/2003, p. 439 – F. Collienne, « L'adoption par des couples homosexuels dans les cas internationaux : une perspective réaliste ? », *RTD fam.* (Larcier Belgique) 4/2006, p. 963.
6. J.-L. Renchon, « Les conjugalités en droit belge », in *Du PACS au nouvelles conjugalités : où en est l'Europe ?*, J. Flauss-Diem et G. Fauré (dir.), PUF, 2005, p. 85 s., spéc[t] p. 114.

familles étrangères. Les relations familiales sont éminemment culturelles et les droits nationaux se font le reflet de cette diversité de culture et y participent en même temps. En Europe et dans les sociétés occidentales où les valeurs fondatrices et les aspirations sont voisines, ces convergences n'empêchent pas la diversité de se manifester dans la famille : la famille nordique n'est pas la famille méditerranéenne. Afin d'éviter des conflits familiaux trop violents et insolubles, les institutions européennes, tablant sur la confiance réciproque des États, explorent actuellement la voie de la création d'un espace judiciaire commun qui, faute de modèle familial unique, permette au moins une reconnaissance mutuelle des décisions judiciaires valablement prises. Mais lorsqu'il s'agit de cultures encore plus éloignées où les normes familiales ne se sont pas dégagées de l'emprise religieuse et où la révolution de l'égalité des sexes n'est pas accomplie, la différence peut facilement tourner au choc des civilisations, à l'incompréhension mutuelle, au rejet de l'autre. Le rattachement d'une situation familiale à tel ou tel ensemble de normes, la reconnaissance des décisions de justice obtenues dans un autre pays, le droit de la nationalité, la condition des étrangers, le droit de l'immigration et tout particulièrement la question du regroupement familial, deviennent alors autant de domaines où s'affrontent les représentations familiales de chacun.

SECTION 2
LE DROIT DE LA FAMILLE

§ 1
Fonctions

01.30 Définition des fonctions. Les fonctions du droit de la famille peuvent s'ordonner autour de deux niveaux qui se complètent mais peuvent aussi parfois paraître s'opposer en raison de leurs finalités respectives. Le droit de la famille assure une **fonction symbolique** que l'on peut qualifier aussi de **fonction anthropologique**[1] : il fixe des cadres généraux au phénomène familial, propose plus ou moins explicitement un ou des modèles[2] qui permettent de s'accorder sur notre volonté de vivre ensemble et le sens de nos gestes; le droit de la famille assure aussi une **fonction opératoire** : plus techniquement, il permet de résoudre des conflits ou plus largement d'attribuer aux individus ce qui leur est dû à raison de leur place familiale. La libéralisation du droit de la famille depuis les années soixante et le triomphe des droits subjectifs de la personne ont profondément modifié l'équilibre entre ces deux pôles[3].

01.31 Fonction symbolique. Le droit de la famille apparaît d'abord comme la traduction d'un formidable effort de structuration sociale. À l'échelle de l'Histoire, on fait le constat que « *c'est moins en elle-même que la famille a été appréhendée par le droit qu'au travers de ce qui la structure : le mariage, la filiation et les rapports personnels et patrimoniaux qui en découlent* »[4]. Même si la remarque mérite d'être nuancée depuis que se sont développées avec l'État-providence des politiques familiales empruntant le canal des droits à finalités sociales, la loi ne se contente pourtant pas de décrire ou d'accompagner la famille; elle ordonne les rapports humains dans un discours cohérent; elle montre ce qui doit être à un temps donné dans une société donnée. L'exemplarité et le rôle pédagogique du droit de la famille sont aujourd'hui moins nets ou, plus exactement, les pressions ont beaucoup reculé dans les rapports de couple depuis la révolution des années soixante, entraînant des bouleversements en cascade. Le désengagement de la loi a accompagné la libération des mœurs; des « dépénalisations » ou des légalisations sont généralement passées pour des permissions (adultère, divorce, interruption de grossesse, procréations médicalement assistées) : dans les esprits, les frontières du licite et du moral se sont assez facilement confondues, alors que pourtant chez certains promoteurs de la libéralisation, l'idée semblait plutôt à l'origine que la compétence pour interdire se déplacerait surtout du droit vers d'autres systèmes normatifs[5].

En revanche, comme par un mouvement de compensation au désengagement en matière conjugale, notre droit s'est focalisé dans le même temps sur l'enfant et les relations de celui-ci avec sa famille[6]. Le souci de l'enfance est certainement un

1. De manière générale, v. A. Supiot, *Homo juridicus. Essai sur la fonction anthropologique du droit*, Éd. du Seuil, 2005.
2. V. NOT., F. Dekeuwer-Défossez, « Modèles et normes en droit contemporain de la famille », art. préc.
3. M.-T. Meulders-Klein, *La personne, la famille et le droit : trois décennies de mutations en occident*, Bruylant/LGDJ, 1999.
4. A. Lefebvre-Teillard, *V° Famille*, in *Dictionnaire de la culture juridique*, D. Alland et S. Rials (dir.), « Quadrige », Lamy/PUF, 2003.
5. V. J. Carbonnier, « La réforme de la filiation », in *Essai sur les lois*, 2e éd., Defrénois, 1995, p. 119; « Les phénomènes d'inter-normativité », p. 296 – Sur cette philosophie législative et sa critique, v. P. Murat, « Lectures croisées sur l'art de légiférer », *Le discours et le code, Portalis deux siècles après le Code Napoléon*, Litec, 2004, p. 155 s.
6. Pour une illustration symptomatique de cette tendance « pédocentrique », v. le titre et le contenu du rapport fait au nom de la mission d'information sur la famille et les droits des enfants, Ass. Nat., rapport n° 2832, *L'enfant d'abord, 100 propositions pour placer l'intérêt de l'enfant au cœur du droit de la famille*, P. Bloche, prés. V. Pécresse, févr. 2006.

des « mythes fondateurs » du droit contemporain de la famille[1]. Dans la législation récente, avec un formidable élan pédagogique destiné aussi à résoudre les difficultés nées de la multiplication des séparations des couples et de l'effacement des pères, l'accent a été mis sur la fonction parentale, sur l'importance du respect des parents entre eux (la coparentalité) et sur la manière de la remplir en considération de la maturité et du discernement de l'enfant. La raison profonde provient très certainement de l'affinement considérable des connaissances en matière de psychologique enfantine depuis la seconde moitié du XXe siècle et tient à l'idée – non dépourvue d'arrière-pensées collectives – que l'enfant d'aujourd'hui fait l'adulte de demain. La convention internationale des droits de l'enfant de l'Organisation des nations unies (CIDE) participe activement de ce courant de recentrage du droit sur l'enfant : les thuriféraires verront dans la CIDE un moteur essentiel de l'évolution contemporaine (v. s^s^ n° 01.47); les contempteurs souligneront à l'inverse son caractère cathartique.

Que le modèle unique du temps du plein essor de la famille légitime ait disparu[2], ne supprime pas pour autant la fonction pédagogique de la loi : en édictant des interdits, en choisissant des règles contraignantes, la loi crée implicitement mais nécessairement des références dont l'assemblage produit un modèle adaptable à la pluralité des comportements, à défaut de produire un statut unique. La référence d'aujourd'hui est simplement très différente de celle d'hier : hier fondée sur un mode de conjugalité unique et stable, elle l'est aujourd'hui sur le pluralisme et le risque d'instabilité; hier fondée sur la hiérarchie et la différence des sexes, elle l'est aujourd'hui sur l'égalité et une éthique de la discussion; hier fondée sur la primauté du groupe, elle l'est aujourd'hui sur celle de l'individu. Mais même en affichant comme principes, l'égalité, la liberté individuelle, le pluralisme, et *in fine* l'absence de statut dominant, la loi suggère encore un modèle : pour les uns, celui de la famille « en kit » ou de la « famille Lego », dont l'assemblage est laissé à l'initiative, voire à la fantaisie, des individus[3]; pour les autres, celui du bazar qui succéderait au modèle de la cathédrale[4]. Certes, cet extraordinaire renouvellement brouille les statuts et leur donne un rôle secondaire, mais il ne condamne pas pour autant toute valeur morale à l'intérieur du droit de la famille : à certaines conditions, la liberté peut être jugée préférable à la foi perpétuellement jurée. Il n'est pas dit même qu'il ne ressorte pas lentement des mutations contemporaines un nouveau droit commun de la famille, se recomposant autour de quelques-uns des principes nouveaux : coparentalité, respect de l'autre, droits de l'enfant... La disparition des catégories d'enfant légitime et d'enfant naturel invite à le penser; l'évocation d'un droit du couple transcendant le statut matrimonial et celui du PACS n'est peut-être pas non plus hors de portée et l'immense littérature consacrée aux couples non mariés révèle bien que le droit et la réflexion juridique n'abandonnent pas le terrain[5]. En fin de compte, si la famille se définit moins aujourd'hui par des statuts qui ont perdu toute vocation certaine à la perpétuité, il devrait peut-être être possible de la cerner par une qualité minimale des relations à entretenir et à pérenniser, au moins lorsqu'elle a charge d'enfant. Dans cette direction, le droit civil a certainement encore à jouer un rôle qui n'est pas dépourvu de sens social.

Toutefois, il faut bien prendre conscience que cette libéralisation du droit de la famille n'a pu se traduire concrètement dans les faits sans créer une paupérisation trop importante que grâce à la promotion de l'égalité des sexes et du travail féminin[6] et grâce à un accompagnement par l'État au moyen de sa législation sociale. En effet, certaines institutions comme le divorce fragilisent les individus et créent un risque de pauvreté, plus ou moins partiellement compensé par différentes aides et prestations sociales[7]. Le droit civil de la famille trouve par là des relais indispensables dans d'autres branches du droit. L'objectif est de faire prendre conscience aux familles de l'importance de leur mission et de les aider à accomplir au mieux celle-ci. La recherche d'un résultat conduit à développer des politiques familiales menées par l'État et qui donc, en tant que telles, relèvent davantage du droit public que du

1. V. F. Dekeuwer-Défossez, « Réflexions sur les mythes fondateurs du droit contemporain de la famille », *RTD civ.* 1995, 249 s.
2. V. J.-J. Lemouland, « Le pluralisme et le droit de la famille, post-modernité ou pré-déclin ? », *D.* 1997, chron. 133.
3. Ph. Malaurie, H. Fulchiron, *op. cit.*, n°s 50 et 92.
4. V. J. Commaille, « Les métamorphoses de la gestion politique de l'univers privé des individus », in *Des concubinages, droit interne, droit international, droit comparé, Études offertes J. Rubellin-Devichi*, Litec, 2002, p. 28.
5. Entre autres, v. : *Des concubinages, droit interne, droit international, droit comparé, Études offertes à J. Rubellin-Devichi*, Litec, 2002 – J. Flauss-Diem et G. Fauré (dir.), *Du PACS aux nouvelles conjugalités : où en est l'Europe ?*, PUF, 2005 – *Reconstruire la famille. Un droit commun du couple ?*, colloque univ. Lille 2, 11 mai 2007, *LPA* 20 déc. 2007 – *Mariage-conjugalité. Parenté-parentalité*, H. Fulchiron (dir.), *op. cit.*
6. Sur l'activité féminine en fonction du nombre d'enfants, v. O. Chardon, F. Daguet, « Enquête annuelle de recensement 2004 à 2007. L'activité des femmes est toujours sensible au nombre d'enfants », *Insee Première*, n° 1171, janv. 2008.
7. V. J. Commaille, « Une sociologie politique du droit de la famille. Des référentiels en tension : émancipation, institution, protection », art. préc.

droit privé. Leur objectif n'est plus comme jadis d'assurer la natalité, mais surtout d'offrir aux familles les meilleures conditions de leur développement non seulement dans leur intérêt, mais aussi dans l'intérêt de la société toute entière. Tout un ensemble de textes appartenant à des droits non civils de la famille se sont considérablement développés avec la recherche d'une efficacité immédiate dans la vie quotidienne des familles : droit fiscal, droit social, droit du travail, droit administratif, droit pénal, droit médical... L'accent y est mis sur une complémentarité de la collectivité et de la famille dans le rôle de socialisation de l'enfant. Un trait est commun à tous ces textes : ils ne cherchent pas, comme naguère, à favoriser abstraitement un modèle de famille jugé une fois pour toutes socialement et moralement supérieur, mais à soutenir les familles dans leurs fonctions sociales, particulièrement celle de socialisation de l'enfant.

01.32 **Fonction opératoire.** Si l'organisation de la cellule familiale suppose la définition de règles qui intéressent l'ensemble du corps social, il est évident que ces règles sont aussi faites pour être mises en œuvre dans les conflits entre individus ou servir de rempart à l'individu contre l'oppression familiale. On touche alors à la fonction opératoire du droit de la famille, plus technique mais non moins essentielle, qui donne aux juristes ou a d'autres praticiens (travailleurs sociaux, médiateurs, experts...) des outils pour prévenir les conflits ou les résoudre. Sans nul doute, sous cet angle, le droit de la famille n'est pas un droit mort ou peu pratiqué. Il se traduit par une forte activité judiciaire : environ 60 % de l'activité des juges du fond touche au droit de la famille. En 2003, les affaires familiales ont concerné 402 000 procédures devant les tribunaux, soit une progression de 13 % en dix ans. 189 000 couples ont introduit une action en divorce ou en séparation de corps, soit 4 % de plus qu'en 1994. 128 000 divorces, majoritairement sur requête conjointe, et 3 000 séparations de corps ont été prononcés. 61 000 affaires traitées par les tribunaux ont porté sur des litiges postérieurs au divorce, dont 80 % concernant les enfants. 82 000 affaires relatives aux enfants nés hors mariage ont été traitées par les juges, soit deux fois plus qu'en 1994. Enfin, 76 000 procédures ont été introduites, indépendamment d'hypothèses de rupture familiale[1].

Indéniablement, le droit de la famille a pris une tournure judiciaire marquée. En caricaturant à peine, on peut dire que pour le règlement des litiges familiaux on est passé de 1804 à nos jours d'une magistrature domestique, assurée par le père de famille, à une magistrature étatique. Mais la seconde moitié du XXe siècle a vu le phénomène s'accentuer. Plusieurs raisons ont concouru à ce mouvement : la philosophie législative construite à partir des années soixante sur un certain désengagement de la loi au profit de l'appréciation du juge, plus apte à saisir la diversité des familles; la pénétration du modèle égalitaire qui a fait disparaître le « chef de famille » et rendu indispensable le recours à un tiers extérieur en cas de conflit; la libération des mœurs et la banalisation des divorces dont le contrôle continue en France, contrairement à certaines législations étrangères, de relever de la compétence judiciaire; la plus grande attention portée à l'intérêt de l'enfant qui pousse l'État à organiser une surveillance et un contrôle des dysfonctionnements familiaux. Malgré une « **contractualisation** » certaine du droit de la famille qui se traduit par l'accroissement de la place des accords de volonté et une incitation à la médiation, notamment pour obtenir une meilleure effectivité des décisions de justice et désengorger les tribunaux, le législateur n'a pas cédé à l'idée de renvoyer totalement la justice familiale au pur accord privé[2] : l'ordre public familial a changé de visage, mais il n'a pas disparu[3]; il ne s'agit plus comme naguère d'ordre public de direction, mais presque exclusivement d'un **ordre public de protection** qui se manifeste au travers de l'originalité du contrôle judiciaire. La massification de l'activité judiciaire et l'inflexion des buts poursuivis par la justice familiale qui n'est plus la pérennité du mariage ont conduit à une transformation de l'office du juge. Les caractéristiques de la justice familiale se sont renforcées[4] : le contentieux a pris des traits spécifiques et le gracieux y tient une place importante.

Tout d'abord, en matière familiale, il existe des procédures plus proches de la gestion de dossiers que d'un contentieux classique construit autour de l'opposition de prétentions (assistance éducative, protection des majeurs) : le travail du juge y pré-

1. V. S. Lumbroso, O. Timbat, « Dix ans de contentieux familiaux », in *Données sociales – La société française*, 2006.

2. Sur l'ensemble de la question, v. *La contractualisation de la famille*, D. Fenouillet, P. de Vareilles-Sommière (dir.), Economica, 2001.
3. Sur lequel, v. A. Bénabent, « L'ordre public en droit de la famille », in *L'ordre public à la fin du XXe siècle*, T. Revet (dir.), Dalloz, 1996 – J. Hauser, « L'ordre public, rapport français », in *L'ordre public, Journées de l'association H. Capitant*, LGDJ, 1998, p. 475 s.
4. V. NOT., L. Cadiet, « Les métamorphoses de la juridiction familiale », in *Mél. H. Blaise*, Economica, 1995, p. 33 s. – Th. Fossier, « Quelques particularités des voies de recours en matière personnelle et familiale », *Mél. A.-M. Sohm*, PU Clermont-Ferrand, 2005, p. 51 s. – C. Lienhard, « La nouvelle part des acteurs de la justice familiale », *Études offertes au Doyen Ph. Simler*, Dalloz/Litec, 2007, p. 202 s.

sente alors une particularité certaine. Mais même lorsqu'il s'agit classiquement de mettre fin à un conflit, l'office du juge présente souvent des particularités notables : beaucoup de textes du droit de la famille utilisent largement des « notions à contenus variables »[1] – appelées encore notions-cadre ou standards – qui donnent au juge une très grande latitude d'appréciation (l'intérêt de l'enfant, l'intérêt de la famille, le danger, l'acte usuel, la faute...); d'autres encore reconnaissent au juge un pouvoir modérateur de la règle de droit qui lui permet en fin de compte de juger en équité; parfois, ce sont ses pouvoirs d'investigation qui sont renforcés (assistance éducative ou filiation); enfin, le rôle des experts et du travail social y a une dimension particulière que le juge ne peut pas ignorer. De manière générale, tirant les conséquences de la considération, particulièrement vraie en matière familiale, qu'il vaut mieux une **justice négociée** qu'une justice imposée, le législateur a introduit des procédures spécifiques et a créé – sans totalement en généraliser la compétence – un juge unique dont la mission est originale : le juge aux affaires familiales (JAF) qui, outre trancher les conflits, concilie, autorise, homologue, recueille des consentements. Prolongeant le mouvement de création d'un véritable juge de la famille amorcé par la loi du 8 janvier 1993 qui a transformé le juge aux affaires matrimoniale en juge aux affaires familiales, la récente loi du 12 mai 2009[2] donne à ce juge de nouvelles compétences, y compris en matière de droit patrimonial de la famille.

Mais la justice familiale ne se résume pas à la présence d'un litige : le gracieux y a une grande place (divorce, adoption, changement de régime matrimonial notamment) : la volonté d'un contrôle social même en l'absence de tout litige marque l'intérêt que la société porte à certains actes qui concernent la famille. Il y a notamment dans l'essor de la **technique de l'homologation** en droit de la famille la trace d'une certaine philosophie législative empreinte d'humilité et de flexibilité, mais aussi le souci de ne pas laisser les conventions familiales dans le pur champ de l'autonomie de la volonté individuelle[3].

En droit de la famille plus que dans d'autres matières, l'objectif du législateur est aujourd'hui surtout de prévenir ou d'apaiser les conflits : devant le constat que la conciliation opérée par les juges ne donnait pas les résultats escomptés, s'est développée la recherche de règlements amiables sous l'égide de médiateurs familiaux. Le succès de la **médiation** suppose surtout la généralisation d'une culture du dialogue dans les milieux judiciaires et dans l'ensemble de la société. Malgré ses vertus, la médiation n'est toutefois pas apte à résoudre toutes les situations : ses dangers tiennent surtout au risque de consécration de rapports de force ou d'usage dévoyée par une partie de mauvaise foi utilisant la procédure à des fins d'atermoiements.

§ 2
Sources du droit français de la famille

01.41 Le renouveau des sources. Le droit français de la famille connaît un formidable renouveau de ses sources : derrière une apparente et trompeuse stabilité qui fait du **Code civil** le texte de référence du droit de la famille, il faut prendre conscience du rôle désormais essentiel joué dans la matière familiale non seulement par des **droits non civils**, qui se juxtaposent au droit civil en intervenant dans des domaines non concurrentiels, mais aussi par des systèmes de pensée extérieurs au droit civil, venus du **droit international** ou du **droit européen** et qui se combinent avec le droit civil en lui imprimant sa marque, voire le doublent pour inciter à une coordination ou une harmonisation des règles substantielles entre États.

Le modèle classique et sécurisant d'une loi flanquée d'une circulaire d'application destinée à cadrer les pratiques administratives et complétée par des illustrations jurisprudentielles définissant les notions-cadres laissées en blanc par les textes législatifs a sans doute vécu. En droit de la famille, l'évolution rapide des mœurs et la vitalité des débats avaient déjà donné à la jurisprudence nationale la force d'être une véritable source du droit : la prudence du législateur s'est parfois trouvée contredite par l'audace des juges (l'exemple type est le droit de la filiation et ses célèbres interprétations *a contrario*) et, à l'inverse, des innovations législatives ont été sapées par la frilosité des juges (la prestation compensatoire dans le divorce en a été, avant les réformes récentes, un exemple). Mais la question est aujourd'hui d'une tout autre nature : la **complexité des sources** qui s'entrecroisent, s'étagent, se conci-

1. V. J. Carbonnier, « Les notions à contenu variable dans le droit français de la famille », in *Les notions à contenu variable en droit*, Bruylant, 1984, p. 99 s.
2. V. L. n° 2009-526, 12 mai 2009, de simplification du droit et d'allégement des procédures, *JO* 13 mai 2009, sur laquelle V. NOT. : J. Massip, « Les incidences en matière familiale de la loi de simplification du droit », *Defrénois* 2009, art. 39008; V. Larribau-Terneyre, « Les apports de la loi du 12 mai 2009 de simplification du droit sur le contentieux familial et le droit des personnes et de la famille », *Dr. fam.* 2009, étude 29.
3. V. J. Hauser, « Le juge homologateur en droit de la famille », in *Le conventionnel et le juridictionnel dans le règlement des différents*, P. Ancel et M.-C. Rivier (dir.), Economica, 2001, p. 114 s.

lient plus ou moins aisément quand elles ne se contrarient pas carrément, bat son plein en matière familiale, rendant la connaissance de la règle beaucoup plus incertaine que jadis et donnant aux juges assez facilement les moyens d'écarter au nom d'une norme supérieure un texte national clair en vigueur. Les débats d'idées ont quitté le terrain doctrinal et la perspective *de lege ferenda*, pour pénétrer les sources même du droit par l'intermédiaire des prescriptions molles des textes supranationaux dont l'invocation facilite les conflits de droits subjectifs.

01.42 Sources en juxtaposition : droit civil et droits non civils de la famille. Si les institutions familiales françaises demeurent régies par le Code civil, l'ensemble du droit applicable aux conséquences des rapports familiaux dépasse quant à lui de beaucoup le Code civil.

01.43 Le droit civil de la famille. Le Code civil ne conserve plus guère de dispositions originelles de 1804 en matière de famille (v. toutefois les articles 203 et 371 du Code civil). Sur un point au moins, le Code actuel reste toutefois dans la ligne du Code originel de 1804 : il n'existe aucun titre spécifique consacré à la famille : la famille n'apparaît qu'en filigrane au travers des liens interindividuels traités dans les chapitres consacrés au mariage, au divorce, à la filiation, à l'adoption, à l'autorité parentale, à la protection des mineurs ou des majeurs. S'il a bien existé un Code de la famille (issu d'un décret-loi du 29 juillet 1939) - devenu Code de la famille et de l'action sociale à partir de 1958 et aujourd'hui Code de l'action sociale et des familles depuis une ordonnance du 21 décembre 2000 - celui-ci ne traite aucunement des institutions familiales mais regroupe des textes assez disparates sur les aides et les collectivités publiques intervenant en faveur de la famille. Cette dispersion des dispositions relatives à la famille, combinée à la volonté contemporaine de recodification, a pu faire naître l'idée d'une codification globale et unifiée du droit de la famille, destinée à rendre plus accessible l'ensemble des dispositions gouvernant les familles : mais l'idée, largement utopique et peu compatible avec les divergences de finalité des diverses prescriptions juridiques, paraît extrêmement mal venue et a été sévèrement critiquée[1].

En deux siècles, le droit de la famille s'est métamorphosé[2]. Il est habituel de souligner que le Code civil a d'abord connu une grande stabilité de près d'un siècle et demi; il faut cependant noter que, contrairement aux autres domaines du Code qui ont connu une quasi-immobilité textuelle jusque très récemment, le Code civil a tout de même très tôt fait l'objet de retouches en matière familiale[3]. L'originalité de la rupture des années soixante provient de la volonté de procéder à une refonte d'ensemble du droit civil de la famille. Cette refonte a produit une première vague de lois[4] qui ont en commun une profonde unité de pensée due au rôle essentiel du doyen Jean Carbonnier. Le style en est soigné; le travail législatif a été précédé d'enquêtes sociologiques, démographiques et d'un travail de droit comparé; la flexibilité a été recherchée dans un esprit opposé à tout dogmatisme, méfiant à l'égard d'un pédagogisme exacerbé des lois, sensible aux autres normes et reposant largement sur l'hypothèse de larges plages de non-droit dans la vie des familles, faisant *in fine* reculer un légalisme strict au profit d'un large pouvoir d'appréciation des juges[5]. Au total, contrairement à bien des textes contemporains qui manquent d'humilité, il s'agit

1. V. F. Dekeuwer-Défossez, « Codifier le droit de la famille ? », in *Le Code civil 1804-2004, livre du bicentenaire*, Dalloz/Litec, 2004, p. 219 s.
2. V. P. Catala, « La métamorphose du droit de la famille », in *1804-2004, Le Code civil, un passé, un présent, un avenir*, Dalloz, 2004, p. 342 s.
3. Pour ne recenser que les textes les plus significatifs : L. 8 mai 1816, supprimant le divorce; L. 27 juill. 1884, rétablissant le divorce; L. 24 juill. 1889, créant la déchéance de la puissance paternelle; L. 9 mars 1891, améliorant la place successorale du conjoint survivant; L. 25 mars 1896, réduisant l'infériorité successorale de l'enfant naturel; L. 6 avr. 1910, permettant la réduction des pouvoirs du père comme administrateur légal; L. 16 nov. 1912, élargissant la recherche de paternité; L. 19 juin 1923, ouvrant l'adoption aux mineurs; Décr.-L. 30 oct. 1935, supprimant la possibilité pour le père de faire incarcérer le mineur... – Sur ces textes v. J.-Ph. Levy, A. Castaldo, *Histoire du droit civil*, 1re éd., Dalloz, 2002; A. Lefebvre-Teillard, *Histoire du droit de la famille*, PUF, 1996.
4. L. 14 déc. 1964, réforme des tutelles; L. 13 juill. 1965, réforme des régimes matrimoniaux; L. 11 juill. 1966, réforme de l'adoption (étrangère à l'action du doyen Carbonnier); L. 3 janv. 1968, réforme des incapables majeurs; L. 4 juin 1970, réforme de l'autorité parentale; L. 3 janv. 1972, réforme de la filiation; L. 5 juill. 1974, sur la majorité; L. 11 juill. 1975, réforme du divorce; L. 31 déc. 1976, réforme de l'indivision; L. 28 déc. 1977, réforme de l'absence – Sur ces législations et leur esprit, v. J. Carbonnier, *Essai sur les lois, op. cit.*; *Droit et passion du droit sous la Ve République*, Flammarion, 1996.
5. Sur cette philosophie de la flexibilité, v. J. Carbonnier, *Flexible droit (pour une sociologie juridique sans rigueur), op. cit.* – J. Commaille, *L'esprit sociologique des lois*, PUF, 1994 – Sur les débats engendrés par ces choix et certaines des hypothèses à leur base, comme l'hypothèse du non-droit, V. NOT. A. Sériaux, « Question controversée : la théorie du non-droit », *RRJ*, 1995-1, p. 13 s. – Globalement, sur J. Carbonnier, on pourra se reporter à l'ensemble des articles consacrés à cet auteur et à sa pensée in *L'année sociologique* 2007/2, vol. 57 – V. AUSSI, Assoc. Henri Capitant, *Hommage à Jean Carbonnier* (ouvr. coll.), « Thèmes et commentaires », Dalloz, 2007.

mène contemporain du réseau[1] et la « fondamentalisation » du droit civil[2] : des normes internes et internationales se combinent entre elles et s'influencent mutuellement. De nouvelles sources sont donc venues interférer avec les sources traditionnelles. Le phénomène marquant tient à la formidable promotion dont les **droits fondamentaux** ont bénéficié et au développement d'un contrôle de la conformité du droit à ces principes supérieurs. Sans doute en raison d'une certaine frilosité de nos juridictions internes plus tentées de freiner le développement de l'idéologie des droits subjectifs que de l'accompagner, ce contrôle a trouvé son terrain de prédilection devant la Cour européenne des droits de l'homme.

01.46 Famille et droit constitutionnel. Le droit constitutionnel aurait pu jouer un rôle de premier plan. Malgré l'absence dans notre système juridique d'un contrôle systématique de constitutionnalité des lois, son action a été grandissante en matière de famille[3]. Des textes du bloc de constitutionnalité se réfèrent à la famille : le préambule de la Constitution de 1946 affirme en effet que : « *La Nation assure à l'individu et à sa famille les conditions nécessaires à leur développement* » et surtout, dans sa jurisprudence, le Conseil constitutionnel n'a pas hésité à protéger la liberté matrimoniale contre des lois trop dures prises à l'encontre des mariages de complaisance[4], à utiliser le droit de se marier et de fonder une famille[5] ou encore à protéger le droit à une vie familiale normale pour les étrangers[6]. L'influence du Conseil constitutionnel a été particulièrement visible lors du contrôle de la loi sur le PACS[7] où les multiples réserves d'interprétation posées par le Conseil utilisant à plein ses pouvoirs sont passées pour une réécriture du texte[8].

Toutefois, les interventions du Conseil constitutionnel ont été pour l'instant trop isolées et ses préoccupations trop tournées vers la défense des libertés individuelles pour que celui-ci puisse prendre une part déterminante et continue dans l'évolution du droit de la famille. Du coup, la place est demeurée libre pour que d'autres organes jouent un rôle de premier plan dans la vérification de la conformité du droit positif de la famille à des principes supérieurs. La Cour européenne des droits de l'homme de Strasbourg est sans conteste l'institution qui assure aujourd'hui ce rôle.

Les équilibres pourraient toutefois fortement changer avec la création de la **question prioritaire de constitutionnalité** (QPC). En effet, la révision constitutionnelle du 23 juin 2008 a instauré une forme d'exception d'inconstitutionnalité (Const., art. 61-1) et, depuis le 1er mars 2010, tout justiciable peut au cours d'une instance judiciaire invoquer l'inconstitutionnalité d'une disposition législative au moyen d'une QPC transmise par le juge du fond à la Cour de cassation, puis éventuellement au Conseil constitutionnel si les conditions posées par la loi organique du 10 décembre 2009 sont remplies. Par ce biais, d'importantes questions du droit de la famille pourraient à l'avenir être soumises au Conseil constitutionnel, notamment sous l'angle de la non-discrimination.

01.47 Famille et droit européen et international des droits de l'Homme. Les droits de l'Homme sont portés par de nombreux textes internationaux dont la valeur et le statut dans l'ordre juridique français sont variables mais qui témoignent tous de ce que la protection de la famille est une préoccupation fondamentale et universelle des systèmes promouvant les droits de l'homme[9]. Ainsi en est-il des textes fondateurs de l'ONU, notamment la Déclaration universelle des droits de l'Homme adoptée le 10 décembre 1948 dont l'article 16 déclare que : « *À partir de l'âge nubile, l'homme et la femme* [...] *ont le droit de se marier et de fonder une famille* [...]. *La famille est l'élément naturel et fondamental de la société et a droit à la protection de la société et de l'État* ». Mais cette déclaration n'est pas directement applicable dans l'ordre juridique interne français. D'autres textes peuvent en revanche être directement appliqués par le juge français. Tel est le cas du Pacte international relatif aux droits civils et politiques de 1966 dont certains articles concernent directement ou indirectement la famille[10] ou encore de la convention sur l'élimination de toute discrimination à l'égard des femmes (1979).

1. V. F. Ost et M. Van de Kerchove, « De la pyramide au réseau ? Vers un nouveau mode de production du droit ? », *Rev. interdisciplinaire d'études juridiques* 2000-44, p. 1 s.
2. Expression empruntée au professeur Y. Lequette, « Recodification civile et prolifération des sources internationales », in *Le Code civil 1804-2004, Livre du bicentenaire*, *op. cit.*, p. 171 s.
3. V. NOT., N. Molfessis, *Le Conseil constitutionnel et le droit privé*, th. dact. Paris II, 1994 – E. Millard, *Famille et droit public, recherches sur la construction d'un objet juridique*, LGDJ, 1995 – J. Hauser, « Le Conseil constitutionnel et le droit de la famille », *Les cahiers du Conseil constitutionnel*, 2004/16, p. 104 s.
4. Décis. n° 93-325, 13 août 1993.
5. Décis. n° 2001-445 DC, 19 juin 2001.
6. Décis. n° 93-325, 13 août 1993; Décis. n° 96-377, 16 juill. 1996.
7. Décis. n° 99-419, 9 nov. 1999.
8. V. N. Molfessis, « La réécriture de la loi relative au PACS par le Conseil constitutionnel », *JCP* 2000, I, 210.
9. V. F. Sudre, *Droit européen et international des droits de l'homme*, 8e éd. 2006.
10. V. art. 6, droit à la vie; art. 17, droit au respect de la vie privée; art. 23, § 2, droit de se marier et de fonder une famille; art. 23, égalité des droits et des responsabilités des époux; art. 23 et 24, égalité des enfants.

Mais parmi les textes de l'ONU, c'est sans conteste la convention internationale relative aux droits de l'enfant (CIDE) du 20 novembre 1989, ratifiée par tous les États à l'exception des États-Unis et de la Somalie, qui a eu le plus grand retentissement sur le droit français de la famille[1]. D'ailleurs la Cour de cassation, après avoir dans un premier temps refusé une applicabilité directe de la convention[2] et provoqué par là une divergence radicale avec le Conseil d'État, a finalement procédé à un revirement de jurisprudence gros de potentialité pour l'avenir[3]. Désormais, non seulement la législation française s'inspire des prescriptions du texte pour mettre son droit en conformité avec l'engagement international pris[4], mais surtout la jurisprudence utilise sans retenue la convention dont certains articles servent de plus en plus souvent de visa aux arrêts de la Cour de cassation. Il se peut d'ailleurs qu'au-delà de l'applicabilité directe de tel ou tel article[5], la CIDE serve encore au juge interne de norme interprétative, c'est-à-dire de référence pour interpréter de la manière la plus conforme à la CIDE une règle de droit interne ou une décision individuelle. La CIDE a de surcroît trouvé un relais efficace au travers de la Cour européenne des droits de l'homme qui, depuis 1993, n'hésite pas à se référer, en matière d'enfance, de manière privilégiée à cette convention pour interpréter la Convention européenne des droits de l'homme « *à la lumière* » de la CIDE, imposant ainsi de fait son autorité interprétative sur un texte de l'ONU qui lui échappait pourtant *a priori*[6].

Dans l'espace européen[7], plusieurs textes consacrés aux droits fondamentaux concernent plus ou moins directement la famille. La Charte sociale européenne[8], élaborée par le Conseil de l'Europe le 18 octobre 1961, révisée à Strasbourg le 3 mai 1996 et publiée par décret du 14 février 2000, pose que : « *La famille, en tant que cellule fondamentale de la société, a droit à une protection sociale, juridique et économique appropriée pour assurer son plein développement* ». Le Conseil de l'Europe est encore à l'origine de la Convention européenne sur l'exercice des droits des enfants dont la récente approbation par la France[9] a surtout le mérite – à défaut d'introduire dans notre droit des innovations majeures – d'élever les droits procéduraux du mineur à un rang *supra*-législatif. Mais le texte européen le plus sollicité est sans aucun doute la convention européenne des droits de l'homme et des libertés fondamentales (conv. EDH)[10]. Le nombre des articles concernant la famille ou les rapports de l'individu dans sa famille et servant de points d'ancrage à la jurisprudence est sans commune mesure avec le succès de la Convention aujourd'hui très souvent sollicitée. L'article 8 protège le droit au respect de la vie privée et familiale; l'article 12 concerne la liberté du mariage et le droit de fonder une famille; à ces articles originels, on peut ajouter des dispositions de protocoles additionnels : l'article 5 du protocole additionnel n° 7 qui pose que les époux jouissent de l'égalité de droits et de responsabilités de caractère civil entre eux et dans leurs relations avec leurs enfants au regard du mariage, durant le mariage et lors de sa dissolution » ou encore l'article 2 du protocole additionnel n° 1 qui prévoit que : « *L'État, dans l'exercice des fonctions qu'il assumera dans le domaine de l'éducation et de l'enseignement respectera le droit des parents d'assurer cette éducation et cet enseignement conformément à leurs convictions religieuses et philosophiques* ».

1. V. I. Barrière-Brousse, « L'enfant et les conventions internationales », *JDI* 1996, p. 843 – Pour un bilan, v. A. Gouttenoire, P. Murat *et alii*, « La Convention internationale des droits de l'enfant vingt ans après. Commentaire article par article », *Dr. fam.* 2009, études 13 à 52 – *Adde*, Ph. Bonfils, A. Gouttenoire, *Droit des mineurs*, « Précis », Dalloz, 2008.
2. V. M.-C. Rondeau-Rivier, « La convention des Nations-Unies sur les droits de l'enfant devant la Cour de cassation : un traité mis hors jeu », *D.* 1993, 203 – C. Neirinck et P.-M. Martin, « Un traité bien maltraité, à propos de l'arrêt *Lejeune* », *JCP* 1993, I, 2677.
3. V. P. Courbe, « L'application directe de la convention des Nations unies sur les droits de l'enfant », *D.* 2006, 1487 – V. AUSSI, A. Gouttenoire, s[s] n°s 233.11 à 233.13 – *Adde*, *Rapport annuel de la Cour de cassation 2009*, l'étude sur les personnes vulnérables, spéc[t] la contribution de la Première chambre civile sur l'application directe de la CIDE (www.courdecassation.fr).
4. Tel par exemple sur la question de l'audition de l'enfant en justice; v. récemment la modification apportée à l'art. 388-1 C. civ. par la loi n° 2007-293, du 5 mars 2007, réformant la protection de l'enfance pour renforcer le droit de l'enfant d'être entendu. – De manière beaucoup plus incantatoire et parallèlement à l'art. 3-1 de la CIDE, v. encore la reprise, dans l'art. L. 112-4 CASF (L. 5 mars 2007), de l'intérêt de l'enfant comme critère de décision.
5. Pour la liste des articles d'effet direct, v. A. Gouttenoire, P. Murat *et alii*, « La Convention internationale des droits de l'enfant vingt ans après. Commentaire article par article », art. préc.
6. V. A. Gouttenoire, « La Convention internationale des droits de l'enfant dans la jurisprudence de la Cour européenne des droits de l'homme », *Le monde du droit. Écrits en l'honneur de Jacques Foyer*, Economica, 2008, p. 495.
7. V. S. Grataloup, *L'enfant et sa famille dans les normes européennes*, LGDJ, 1998.
8. Sur laquelle, V. NOT. F. Sudre, *Droit européen et international des droits de l'homme*, 9e éd.; 2008, spéc[t] n°s 96 s.
9. Adoptée par le Conseil de l'Europe le 25 janv. 1996, signée par la France le 4 juin 1996, la convention européenne sur l'exercice des droits des enfants n'a été autorisée à être approuvée par la France que par une loi du 1er août 2007.
10. V. F. Vasseur-Lambry, *La famille et la Convention européenne des droits de l'homme*, L'Harmattan, 2000 – A. Debet, *L'influence de la Convention européenne des droits de l'homme sur le droit civil*, Dalloz, 2002.

L'influence de la convention européenne des droits de l'homme sur le droit français est aujourd'hui immense; l'instrument privilégié de cette influence est l'article 8 Conv. EDH qui a fait l'objet d'une interprétation « dynamique » et « constructive » par la Cour européenne des droits de l'homme (CEDH), grâce à une méthode faisant de la convention un « *instrument vivant qui s'interprète à la lumière des conceptions prévalant de nos jours dans les États démocratiques* »[1]. La convention EDH et la jurisprudence de la CEDH sont un des moteurs actifs de la transformation du droit français de la famille : la condamnation de la France par la CEDH, le 2 février 2000 (arrêt *Mazurek*), pour la discrimination successorale dont était victime l'enfant adultérin a précipité une réforme des successions prête depuis la fin des années quatre-vingt, aboutissant au vote de la loi du 3 décembre 2001; l'accouchement anonyme a été réformé (loi du 22 janvier 2002) devant la crainte de voir la France condamnée pour sa législation dans une affaire portée devant la CEDH[2]; la doctrine se perd en suppositions sur les points susceptibles d'être sanctionnés et les juridictions font évoluer – de manière parfois audacieuse – leurs raisonnements pour tenter de faire échapper le droit aux foudres de la CEDH. La difficulté tient cependant à ce que l'accumulation de décisions de la CEDH, souvent rebelles à toute systématisation et fortement marquées par la casuistique, livre certes quelques grandes lignes directrices, mais ces lignes ne permettent toutefois pas d'apercevoir un modèle cohérent et suffisamment précis. « *Il n'existe peut-être pas de **modèle familial européen**, mais des **relations familiales reconnues et protégées** en ce qu'elles mettent en cause les droits et libertés individuels* » écrit un auteur qui poursuit : « *ce qui est premier n'est pas la famille, en tant que groupe, mais l'individu, dans ses droits et libertés.* » Il n'y aurait donc pas de modèle juridique familial européen, ni au singulier, ni au pluriel, mais des droits et libertés reconnus aux individus à partir desquels seraient construites diverses formes de relations familiales : pas de modèle familial, mais des relations familiales « *modélisées* » « *par des principes communs* »[3]. Dans ces conditions, on comprend la difficulté de construire un droit au-dessus de tout soupçon : il est aisé de provoquer des conflits de droits subjectifs (par exemple droits de la femme accouchant contre droits de l'enfant, droits des parents par le sang contre droits des familles adoptives, droits du parent hébergeant l'enfant contre droits de celui qui ne l'héberge pas...). Il existe donc un risque de voir se multiplier des conflits de droits subjectifs[4], alors même qu'aucune méthode générale ne se dégage vraiment pour apporter des solutions fiables et prévisibles.

On peut craindre que le phénomène ne soit même encore favorisé par l'arrivée sur la scène d'un nouveau texte – la Charte des droits fondamentaux, dite Charte de Nice[5] – issu non pas du Conseil de l'Europe, comme la Convention européenne des droits de l'homme, mais de l'Union européenne et qui ouvre sans doute une nouvelle ère dans la protection des droits fondamentaux au sein de l'Europe. Dans un premier temps, la Charte a sans doute un peu souffert de son manque de force contraignante en raison de l'échec du traité établissant une Constitution pour l'Europe; pourtant même durant cette période des indices laissaient déjà augurer un avenir prometteur : non seulement la Cour de justice des Communautés européennes (CJCE) s'est référé à la Charte et l'a interprétée, mais la CEDH elle-même s'en est emparé[6]. Avec l'entrée en vigueur le 1er décembre 2009 du traité de Lisbonne, s'ouvre une seconde ère pour la Charte qui acquiert désormais la même valeur juridique que les traités de l'Union européenne[7] et intègre donc par là le droit européen primaire, conférant aux principes qui y sont contenus une valeur juridique contraignante.

Comme la conv. EDH, mais avec des différences, la Charte proclame le droit de toute personne au respect de sa vie privée et familiale (art. 7)[8], le droit pour toute personne – sans référence à une distinction de sexe – de se marier et de fonder une famille (art. 9)[9], l'égalité entre homme et femme (art. 23)[10] et les droits de l'enfant (art. 24)[11]. L'article 52 précise que dans la mesure où la Charte contient des

1. V. F. Sudre, « La construction par le juge européen du droit au respect de la vie familiale », in *Le droit au respect de la vie familiale au sens de la Convention européenne des droits de l'homme*, F. Sudre (dir.), *op. cit.*, p. 11 s.
2. *Odièvre*, 13 févr. 2003, *GACEDH*, F. Sudre *et alii*, 5e éd., PUF, 2009, no 40.
3. H. Fulchiron, « Existe-t-il un modèle familial européen ? », *Defrénois* 2005, art. 38239, p. 1461, spéct p. 1463.
4. V. M.-T. Meulders-Klein, « Vie privée, vie familiale et droits de l'Homme », *RID comp.* 1992, p. 774 s.
5. Sur laquelle, V. NOT. F. Sudre, *Droit européen et international des droits de l'Homme*, *op. cit.*, spéct nos 103 s.
6. Not. en matière de droit au mariage des transsexuels dans l'arrêt *Goodwinn*, CEDH 11 juill. 2002, *GACEDH*, F. Sudre *et alii*, 4e éd., PUF, 2007, no 43.
7. V. traité sur l'UE, art. 6-1.
8. V. commentaire par F. Sudre, [ex art. II-67] in V. L. Burgorgue-Larsen, A. Levade, F. Picod (dir.), *Traité établissant une constitution pour l'Europe, Commentaire article par article, Partie II, La Charte des droits fondamentaux de l'Union*, t. 2, Bruylant, 2005, p. 110.
9. V. commentaire par P. Murat, [ex art. II-69] in L. Burgorgue-Larsen, A. Levade, F. Picod (dir.), *Traité établissant une constitution pour l'Europe*, t. 2, *op. cit.*, p. 153 s.
10. V. commentaire par F. Dekeuwer-Défossez, [ex art. II-83], in L. Burgorgue-Larsen, A. Levade, F. Picod (dir.), *Traité établissant une constitution pour l'Europe*, t. 2, *op. cit.*, p. 318 s.
11. V. commentaire par A. Gouttenoire, [ex art. II-84], in L. Burgorgue-Larsen, A. Levade, F. Picod (dir.), *Traité établissant une constitution pour l'Europe*, t. 2, *op. cit.*, p. 332 s.

droits correspondant à des droits garantis par la conv. EDH, leur sens et leur portée sont les mêmes que ceux que leur confère cette convention, sauf à ce que le droit de l'union accorde une protection plus étendue[1]; cette « clause de renvoi », destinée à assurer une concordance harmonieuse entre la Charte et la conv. EDH tout en respectant l'autonomie du droit de l'Union européenne est d'un maniement complexe et délicat, si bien que toute divergence de jurisprudence n'est pas nécessairement exclue. Mais surtout, la Charte est susceptible de renforcer le rôle de la CJCE en matière familiale, d'autant que contrairement aux décisions de la CEDH, celles de la CJCE s'imposent aux États membres. Par là, l'angle des droits fondamentaux donne au droit communautaire, à l'origine largement étranger aux questions familiales, une nouvelle raison de pénétrer plus activement le droit de la famille[2]. Cette « communautarisation » du droit de la famille se constate également sur le terrain du droit international privé.

01.48 Sources de coordination : droit international privé et droit de la famille. L'internationalisation des familles par le brassage des populations et la mondialisation appelait inévitablement en retour l'internalisation du droit de la famille. De longue date, le droit international privé a eu à régir les questions relatives aux conflits de lois et aux conflits de juridictions en matière familiale et ses solutions subissent en retour l'influence des évolutions du droit de la famille[3]. Les textes internationaux jouent cependant aujourd'hui un rôle grandissant : la conférence de La Haye de droit international privé a élaboré de nombreuses conventions dans le domaine de la famille[4]; mais la nouveauté provient certainement du fait que le droit européen se taille sur les questions familiales internationales une place inattendue et de plus en plus importante au nom de la création d'un espace judiciaire européen et de la faveur à rendre compatible les règles applicables dans les États membres en matière de conflits de lois et de compétences[5].

A priori, la compétence de l'Union européenne en matière familiale est restreinte : la famille est naturellement éloignée des finalités de la construction européenne centrée sur le marché économique et le droit interne de la famille demeure donc largement un droit étatique. Toutefois, le droit à la libre circulation des personnes au sein de l'Union européenne et la volonté de résoudre les difficultés de coordination des droits nationaux par un espace judiciaire européen assurant une libre circulation des décisions de justice ont donné par ricochet une emprise sur le droit de la famille aux différents organes de l'Union européenne. C'est donc pour les hypothèses où existe un élément d'extranéité que s'est développée la compétence du législateur communautaire. Cet effort de coordination s'est pour l'instant fait sentir dans le domaine sensible du divorce et de la responsabilité parentale[6], ainsi que dans le domaine des obligations alimentaires[7]; mais des projets importants sont à l'étude en matière de loi applicable au divorce et, à court terme, de succession[8].

La crainte que l'on peut avoir est que derrière cette volonté d'unification des règles de conflits de juridictions et de conflits de lois, ne se cache la tentation d'en venir plus radicalement à une unification des droits substantiels. Plus ou moins officiellement, sur le modèle de ce qui s'est déjà fait en matière de contrat, a déjà été lancée une opération de recherche de principes communs : certains de ces principes ont été dégagés en matière de divorce[9]. On peut évidemment aussi en trouver en matière d'enfance[10]. On peut toutefois craindre

1. V. commentaire par L. Burgorgue-Larsen, [ex art. II-112] in L. Burgorgue-Larsen, A. Levade, F. Picod (dir.), *Traité établissant une constitution pour l'Europe*, t. 2, *op. cit.*, p. 658 s. – *Adde*, F. Sudre, *Droit européen et international des droits de l'Homme*, *op. cit.*, spéc^{t} n° 105.
2. V. H. Gaudement-Tallon, « La famille face au droit communautaire », in *Internationalisation des droits de l'Homme et évolution du droit de la famille*, F. Dekeuwer-Défossez (dir.), LGDJ, 1996, p. 85 s. – J.-P. Lhernoud, « Le périmètre de la famille en droit social communautaire », *Dr. fam.* 2005, étude 26.
3. V. P. Courbe, « L'influence des réformes du droit de la famille sur le droit international privé », *Mél. H. Gaudement-Tallon, Vers de nouveaux équilibres entre ordres juridiques*, Dalloz, 2008, p. 703 s.
4. Pour une présentation critique, v. Y. Lequette, « Le droit international privé de la famille à l'épreuve des conventions internationales », *Rec. Cours Académie La Haye*, 1994, t. 246, p. 13 s.
5. V. traité CE, art. 65 b).
6. V. règl. (CE) n° 2201/2003, 27 nov. 2003, relatif à la compétence, la reconnaissance et l'exécution des décisions en matière matrimoniale et en matière de responsabilité parentale abrogeant le règl. (CE) n° 1347/2000, *JOUE* L 338, 23 déc. 2003, p. 1, dit règlement « Bruxelles II *bis* ». Sur lequel v. NOT., H. Fulchiron et C. Nourissat (dir.), *Le nouveau droit communautaire du divorce et l'autorité parentale*, Dalloz, 2005; dossier « Le règlement Bruxelles II *bis* », *AJ fam.* 2005, 256 s.
7. V. règl. (CE) n° 4/2009, 18 déc. 2008, relatif à la compétence, la loi applicable, la reconnaissance et l'exécution des décisions et la coopération en matière d'obligations alimentaires, *JOUE* L, 10 déc. 2009 – V. dossier « Recouvrement des obligations alimentaires dans l'Union européenne », *AJ fam.* 2009, 100 s.
8. V. dossier « Le droit communautaire de la famille (hors Bruxelles II *bis*) », *AJ fam.* 2005, 380 s.
9. V. F. Ferrand, « Les principes de droit du divorce établis par la Commission de droit européen de la famille », *RLDC* 2005, n° 17, p. 29 s. et n° 18, p. 41 s.
10. V. *Le statut juridique de l'enfant dans l'espace européen*, D. Gadbin, F. Kernaléguen (dir.), Bruylant, 2004.

CHAPITRE

03. Bibliographie générale

03.01 Présentation. En tête de chaque chapitre, en rubrique. 03, figure une bibliographie spécifique au chapitre, comprenant actualisables, ouvrages généraux ou thématiques, rapports et thèses, articles de revues.

03.02 Actualisables.

RÉP. CIV.	Répertoire droit civil de l'Encyclopédie Dalloz
J.-CL. CIV.	Juris-classeur droit civil
RÉP. INTERNAT.	Répertoire droit international de l'Encyclopédie Dalloz
J.-CL. INTERNAT.	Juris-classeur droit international

03.03 Revues spécialisées.

• en droit de la famille

AJ fam.	*Actualité juridique de droit de la famille*
Dr. fam.	*Droit de la famille*
RJPF	*Revue juridique des personnes et de la famille*

• en droit international privé

Rev. crit. DIP	*Revue critique de droit international privé*
RID comp.	*Revue internationale de droit comparé*

03.04 Ouvrages généraux de droit de la famille. Dans les développements, ces ouvrages sont cités par le seul nom des auteurs.

A. BATTEUR	*Droit des personnes des familles et des majeurs protégés*, « Manuel », 4e éd., LGDJ/Lextenso, 2009
A. BÉNABENT	*Droit civil, La famille*, Montchrestien/Lextenso, 1re éd., 2010
J. CARBONNIER	*Droit civil, Introduction*, « Thémis », 25e éd., PUF, 1997
J. CARBONNIER	*Droit civil, La famille*, « Thémis », 21e éd., PUF, 2003
J. CARBONNIER	*Droit civil, Les personnes*, « Thémis », 20e éd., PUF, 1996
J. CARBONNIER	*Droit civil*, t. I, *Introduction, Les personnes : la famille, l'enfant, le couple*, « Quadrige », PUF, 2004
C. COLOMBET	*La famille*, « Droit fondamental », 3e éd., PUF, 1994
G. CORNU	*Droit civil, La famille*, « Précis Domat », 9e éd., Montchrestien, 2006
P. COURBE	*Droit de la famille*, 5e éd., Sirey, 2008
Fr. DEKEUWER-DÉFOSSEZ (dir.)	*Droit des personnes et de la famille*, « Lamy Droit civil », 2005
J. HAUSER et D. HUET-WEILLER	*Traité de droit de la famille*, t. I : *Fondation et vie de la famille*, 2e éd., LGDJ, 1993 – t. II : *Dissolution de la famille*, 1re éd., LGDJ, 1991
Ph. MALAURIE et L. AYNÈS	*Droit civil, La famille*, 5e éd., Cujas, 1998

Ph. Malaurie et H. Fulchiron	*Droit civil, La famille, Les personnes*, 3e éd., Defrénois/Lextenso, 2009
G. Marty et P. Raynaud	*Droit civil, Les personnes*, 3e éd., Sirey, 1976
H., L. et J. Mazaud, F. Chabas par L. Leveneur	*Leçons de droit civil*, t. I, vol. 3, *La famille*, 7e éd., Montchrestien, 1995
F. Terré et D. Fenouillet	*Les personnes, la famille, les incapacités*, « Précis », 7e éd., Dalloz, 2005

03.05 Ouvrages généraux de droit international privé.

Dans les développements, ces ouvrages sont cités par le seul nom des auteurs.

B. Audit	*Droit international privé*, 4e éd., Economica, 2006
H. Batiffol et P. Lagarde	*Traité de droit international privé*, t. I, 8e éd., LGDJ, 1993
Y. Loussouarn, P. Bourrel et P. de Vareilles-Sommières	*Droit international privé*, « Précis », 9e éd., Dalloz, 2007
P. Mayer et V. Heuzé	*Droit international privé*, 8e éd., Montchrestien, 2004
M.-L. Niboyet et G. de Geouffre de La Pradelle	*Droit international privé*, 2e éd., LGDJ, 2009

03.06 Grands arrêts.

GACEDH	F. Sudre, J.-P. Marguénaud, J. Adrinatsimbazovina, A. Gouttenoire, M. Levinet, *Les grands arrêts de la Cour européenne des droits de l'homme*, PUF, 4e éd., 2007
GADIP	B. Ancel et Y. Lequette, *Les grands arrêts de droit international privé*, 5e éd., Dalloz, 2006
GAJC	H. Capitant, F. Terré, Y. Lequette, t. 1, 12e éd., *Les grands arrêts de la jurisprudence civile*, Dalloz, 2007

LIVRE

1. LES COUPLES

SECTION 0

ORIENTEUR

1.00 Plan du livre.

TITRE

11. Le mariage

SECTION 0

ORIENTEUR

11.00 Plan du titre.

Divisions. La formation du mariage, comme celle de tout acte juridique, suppose la réunion d'un certain nombre de conditions (chap. 111 à 114).

Le Code civil prévoit diverses exigences de fond (chap. 111) et divers empêchements qui sont susceptibles de faire obstacle à la célébration du mariage (chap. 112) ou, s'il a été célébré, d'entacher sa validité. En outre, des formalités doivent être observées (chap. 113) qui permettront de rapporter plus facilement la preuve du mariage (chap. 114).

Mais le mariage n'est pas un acte juridique tout à fait comme les autres (notamment de par sa nature, chap. 110) et cela n'est pas sans incidence sur les sanctions applicables en cas d'inobservation des conditions de formation (chap. 115).

Dès lors qu'il a été célébré, le mariage crée un état dont résultent divers effets (chap. 116).

CHAPITRE

110. Nature juridique et liberté du mariage

JEAN-JACQUES LEMOULAND
PROFESSEUR À L'UNIVERSITÉ
DE PAU ET DES PAYS DE L'ADOUR

SECTION 0
ORIENTEUR

110.00 Plan du chapitre.

110.01 Textes applicables.

Conv. EDH, art. 12

À partir de l'âge nubile, l'homme et la femme ont le droit de se marier et de fonder une famille selon les lois nationales régissant l'exercice de ce droit.

110.02 Jurisprudence de référence.

> Nature constitutionnelle de la liberté du mariage

• **Cons. const. 13 août 1993, n° 93-325 DC,** *JO* 18 août, p. 11722; *Rec. Cons. const.* 224

* V. s[s] n°s 110.31, 111.33 et 113.67

• **Cons. const. 20 nov. 2003, n° 2003-484 DC,** *JO* 27 nov., p. 20154; *Rec. Cons. const.* 438

* V. s[s] n° 110.31

> Clauses restrictives de la liberté du mariage

• **Cass., ass. plén., 19 mai 1978, n° 76-41.211,** *Bull. ass. plén.*, n° 1

* V. s[s] n° 110.31

« Il ne peut être porté atteinte sans abus à la liberté du mariage par un employeur que dans des cas très exceptionnels où les nécessités des fonctions l'exigent impérieusement. Relèvent l'existence de telles circonstances les juges du fond qui ayant à statuer sur l'action en dommages-intérêts exercée sous l'empire de l'article 23 du livre I du Code du travail par un professeur d'un établissement privé à la suite de son licenciement motivé par son remariage après divorce, retiennent que lors de la conclusion du contrat par lequel cet établissement s'était lié à ce professeur, les convictions religieuses de ce dernier avaient été prises en considération et que cet élément de l'accord des volontés, qui reste habituellement en dehors des rapports de travail, avait été incorporé dans le contrat dont il était devenu partie essentielle et déterminante. »

> Droit au mariage du transsexuel

• **CEDH 11 juill. 2002, req. n° 28957-95,** *Goodwin*, *D.* 2003, somm. 1935, obs. Lemouland; *AJ fam.* 2002, n° 12, 413, obs. Granet; *RTD civ.* 2002, 862, obs. Marguénaud

* V. s[s] n° 110.32

« S'il appartient à l'État contractant de déterminer, notamment, les conditions que doit remplir une personne transsexuelle qui revendique la reconnaissance juridique de sa nouvelle identité sexuelle pour établir que sa conversion sexuelle a bien été opérée et celles dans lesquelles un mariage antérieur cesse d'être valable, ou encore les formalités applicables à un futur mariage (par exemple les informations à fournir aux futurs époux), la Cour ne voit aucune raison justifiant que les transsexuels soient privés en toutes circonstances du droit de se marier. »

110.03 Bibliographie indicative.

Actualisables. RÉP. CIV., M. Lamarche et J.-J. Lemouland, *V° Mariage (généralités)*, [nature juridique], n°s 30 à 48; [droit au mariage], n°s 49 à 55.

Ouvrages. A. BÉNABENT, *Droit civil. La famille*, 11e éd., Litec, 2005, n° 32 – J. CARBONNIER, *Droit civil*, t. II, *La famille*, 21e éd., PUF, 2002, p. 368 – G. CORNU, *La famille*, 9e éd., Montchrestien, 2006 – P. COURBE, *Droit de la famille*, 5e éd., « Colin U », Éd. A. Colin, 2008, n° 26 – D. Fenouillet et P. de Vareilles-Sommières (dir.), *La contractualisation de la famille*, Economica, 2001 – H. Fulchiron (dir.), *Mariage-Conjugalité, Parenté-parentalité*, « Thèmes et commentaires », Dalloz, 2009 – J. HAUSER et D. HUET-WEILLER, *La famille. Fondation et vie de la famille*, 2e éd., LGDG, 1993 – M. Lamarche, *Les degrés du mariage*, PUAM, 1999 – O. Lecucq et J.-J. Lemouland (dir.), *La liberté fondamentale du mariage*, PUAM, 2009 – PH. MALAURIE et L. AYNÈS, *La famille*, par PH. MALAURIE et H. FULCHIRON, 3e éd., Éd. Defrénois, 2009 – MARTY et RAYNAUD, *Droit civil. Les personnes*, 3e éd., Dalloz, 1976, n° 62 – C. Neirinck (dir.), *Les États Généraux du mariage :*

l'évolution de la conjugalité, PUAM, 2008 – F. Niboyet, *L'ordre public matrimonial*, LGDJ, 2008 – F. Terré et D. Fenouillet, *Droit civil, Les personnes. La famille. Les incapacités*, « Précis », 7e éd., Dalloz, 2005, no 326.

Articles. A. Bénabent, « La liberté individuelle et le mariage », *RTD civ.* 1973, 440 –H. Fulchiron, « De l'institution aux droits de l'individu : réflexions sur la mariage au début du XXIe siècle », *Le monde du Droit. Écrits en l'honneur de J. Foyer*, Economica, 2007 – M.-T. Meulders-Klein, « L'évolution du mariage et le sens de l'histoire : de l'institution au contrat et au-delà », in *La personne, la famille, le droit*, Bruylant-LGDJ, 1999 – J.-B. d'Onorio, « La protection constitutionnelle du mariage et de la famille en Europe », *RTD civ.* 1988, 1 – A. Pena-Soler, « À la recherche de la liberté personnelle désespérément... », *Le renouveau du droit constitutionnel, Mél. en l'honneur de L. Favoreu*, Dalloz, 2007, p. 1675 – A. Sériaux, « Une définition civile du mariage (prière d'insérer) », *D.* 2005, 1966.

110.04 Questions essentielles.

> Caractères solennel et civil du mariage

* V. ss no 110.14

> Reconnaissance d'un droit au mariage

* V. ss no 110.32

SECTION 1
DÉFINITION ET NATURE JURIDIQUE DU MARIAGE

110.11 Textes. Le Code civil traite du mariage dans les articles 63 à 76 (« Des actes de mariage ») et lui consacre, d'autre part, l'ensemble du titre V du livre Ier (C. civ., art. 144 à 227). Ces textes ont subi des modifications, certes nombreuses depuis 1804, mais finalement moins profondes que l'on pourrait l'imaginer au regard des mutations sociales. Les **conditions de formation** ont été progressivement simplifiées par petites touches dans l'espoir, un peu déçu aujourd'hui, de multiplier le nombre des mariages face au concubinage. Les **effets du mariage** ont subi des aménagements plus importants, principalement pour favoriser une plus grande indépendance des époux et pour assurer entre eux une plus grande égalité. Aux dispositions du droit interne, il faut ajouter aujourd'hui les dispositions prévues dans diverses conventions internationales et qui contribuent spécialement à la protection de la liberté matrimoniale et à l'instauration d'un véritable droit au mariage.

110.12 Définition. Le Code civil ne définit pas explicitement le mariage. Les auteurs proposent donc des définitions variables. Société de l'homme et de la femme qui s'unissent pour perpétuer leur espèce, pour s'aider par des secours mutuels à porter le poids de la vie et pour partager leur commune destinée, selon la définition qu'en donnait Portalis. Acte par lequel un homme et une femme qui se sont mutuellement choisis s'engagent à vivre ensemble jusqu'à la mort[1]. Acte juridique solennel par lequel l'homme et la femme établissent une union sanctionnée par la loi civile et dont ils ne pourront obtenir la rupture que dans certains cas déterminés[2] ou dans des conditions déterminées[3]. Acte juridique solennel par lequel un homme et une femme établissent entre eux une union dont la loi civile règle impérativement les conditions, les effets et la dissolution[4]. Acte juridique solennel par lequel un homme et une femme, d'un commun accord, décident de s'unir et d'adhérer à un statut légal préétabli, celui des gens mariés[5]. Certains suggèrent d'inscrire cette définition dans un article du Code civil[6].

110.13 Nature juridique du mariage. Cette question a soulevé d'importantes controverses entre les tenants de l'**analyse contractuelle** et les défenseurs du **mariage institution**. Entre ces deux partis, la doctrine contemporaine refuse généralement de choisir. La controverse, lui paraît plutôt vaine, ce qui n'est pas parfaitement justifié car le raisonnement tenu sur la nature juridique du mariage trouve de **multiples prolongements** (dans le régime des **nullités**; sur le sort des **mariages fictifs**; en matière de **conflits de lois dans le temps**). Aujourd'hui, pour la plupart des auteurs, le mariage est un acte juridique de nature complexe, à la fois contrat et institution, contrat lorsque l'on désigne l'accord de volontés qui le crée, institution lorsque l'on considère le statut qui en résulte[7].

110.14 Caractères du mariage. Au travers de ces définitions et des textes, on voit transparaître les caractères principaux du mariage : caractère solennel, caractère personnel, caractère civil.

1. Carbonnier, *Droit civil*, t. II, 21e éd., PUF, 2002, p. 368.
2. Marty et Raynaud, *Droit civil : Les personnes*, 3e éd., 1976, no 62.
3. Bénabent, 10e éd., 2001, no 32.
4. Terré et Fenouillet, no 326.
5. Courbe, no 26.
6. A. Sériaux, « Une définition civile du mariage (prière d'insérer) », *D.* 2005, 1966 : « *Le mariage est une union de droit entre un homme et une femme, en vue d'établir entre eux une communauté de toute la vie. La famille fondée sur le mariage jouit de la faveur de la loi* ».
7. Pour une réflexion d'ensemble sur le sujet, v. M.-T. Meulders-Klein, « L'évolution du mariage et le sens de l'histoire : de l'institution au contrat et au-delà », *La personne, la famille, le droit*, Bruylant-LGDJ, 1999 – H. Fulchiron, « De l'institution aux droits de l'individu : réflexions sur la mariage au début du XXIe siècle », *Le monde du Droit. Écrits en l'honneur de J. Foyer*, Economica, 2007.

Le Code civil considère certainement le mariage comme un **acte solennel**. Le mariage est célébré par l'officier d'état civil (C. civ., art. 75) qui prononce l'union des époux. C'est une condition de validité de l'union. Lorsque les époux ont prononcé le « oui sacramentel », leur consentement donné sous cette forme à l'officier d'état civil produit des conséquences auxquelles il ne leur est pas possible de se soustraire[1]. On pourra cependant observer que la forme solennelle ne fait pas pour autant du mariage un acte de l'autorité publique, et qu'elle n'est qu'un mode d'extériorisation de la volonté supposant un accord préexistant[2].

Le Code civil, conformément à la tradition chrétienne, fait du mariage un **acte personnel** dans lequel les époux sont les principaux intéressés. Sauf exception (mariage par procuration, par ex.), le mariage ne souffre pas la représentation. Et la capacité des futurs époux fait l'objet d'une attention particulière. Certes, un système d'autorisations et oppositions conserve une place au lignage et à la famille, mais ce rôle a été, au fil des réformes, considérablement réduit par un courant toujours plus libéral.

Le **caractère civil du mariage** ne fait pas davantage de doute. Depuis que la Constitution de 1791 a sécularisé le mariage, le principe est celui de la laïcité. La célébration civile est seule légalement valable pour tout citoyen, quelle que soit sa confession, même pour un prêtre[3]. Et ce principe de laïcité s'opposerait à l'exécution en France, au profit de l'épouse française, d'un jugement marocain prononçant la nullité d'un mariage contracté en France, pour défaut de célébration religieuse[4]. Une cérémonie religieuse n'est certes pas interdite pourvu qu'elle ait été précédée par le rite civil (v. s[s] n° 113.133). Le ministre du Culte qui omet de s'en assurer encourt les sanctions prévues par l'article 433-21 du Code pénal. On justifie encore aujourd'hui cette **antériorité nécessaire de la célébration civile** par l'importance des **effets** qui s'y attachent tant pour les **enfants** que dans le cadre des relations des époux avec des **tiers**[5]. Néanmoins, le refus de l'un des époux d'une bénédiction religieuse qu'il avait promise pourrait constituer une faute cause de divorce[6] ou peut-être une cause de nullité pour erreur (v. s[s] n° 111.96).

1. T. civ. Bayonne, 9 avr. 1936, *S.* 1936, 2, 124, note H. Rousseau.
2. M.-A. Guerriero, *L'acte juridique solennel*, LGDJ, 1975, p. 283.
3. Civ. 25 janv. 1888, *S.* 1888, 1, 193; *DP* 1888, 1, 97 – *CONTRA*, jurisprudence antérieure : Req. 23 févr. 1847, *DP* 1847, 1, 129 – Req. 26 févr. 1878, *DP* 1878, 1, 113, note Lepelletier.
4. TGI Paris, 7 avr. 1981, *JCP* 1983, II, 19984, note Labrusse.

SECTION 2

ORDRE PUBLIC MATRIMONIAL

110.21 Caractère d'ordre public – Formation du mariage. Le mariage n'est pas d'ordre public, puisque le Code civil admet d'autres formes d'unions (concubinage et pacte civil de solidarité). Mais le droit au mariage a certainement un caractère d'ordre public (v. s[s] n° 110.32). Par ailleurs, les conditions de formation du mariage restent très marquées par un **ordre public directif** concentré autour d'un noyau dur composé de quelques conditions fondamentales. Ces conditions sont essentiellement des **conditions de fond** dont la sanction par la **nullité absolue** en cas d'inobservation montre bien l'importance (C. civ., art. 184). Ainsi le consentement des futurs époux (C. civ., art. 146), l'absence d'un précédent mariage non dissous (C. civ., art. 147), l'absence d'un lien de parenté trop proche (C. civ., art. 161 s.) constituent assurément des conditions d'ordre public (pour une ancienne jurisprudence sur le caractère d'ordre public de la nullité résultant des art. 161 à 163[7]). Certes, on peut faire observer, spécialement à propos des empêchements tenant à la parenté, qu'un mouvement constant semble aller dans le sens de la réduction des contraintes. Mais la lutte farouche contre les mariages fictifs (v. C. civ., art. 146-1 et surtout art. 175-1 et 175-2 qui précisent les conditions de sursis à la célébration et d'opposition de la part du ministère public lorsqu'un mariage est soupçonné d'être un mariage de complaisance) ou plus récemment contre les mariages forcés (L. n° 2006-399, 4 avr. 2006)[8] montre bien que l'ordre public n'est pas long à resurgir lorsque le législateur l'estime nécessaire. Certaines **formalités** sont également d'ordre public (célébration publique devant l'officier de l'état civil compétent, C. civ., art. 191), bien que le juge ait alors parfois un certain pouvoir d'appréciation (par

5. Rép. min. n° 52843, *JOAN* 24 sept. 1984, p. 4267; *JCP* 1984, IV, 298. Dans la même ligne, la Cour européenne des droits de l'homme estime qu'elle n'est pas compétente pour se prononcer sur la place du mariage religieux et ses conséquences dans la société. Dans une affaire concernant la Turquie, elle a considéré qu'il appartenait à l'État turc de définir le mariage qu'il entendait reconnaître, et qu'il n'était pas déraisonnable qu'il accorde uniquement protection au mariage civil : CEDH 20 janv. 2009, req. n° 3976/05, Serife Yigit c/Turquie, *JCP* 2009, I, 115, obs. Gouttenoire.
6. CA Angers, 28 janv. 1859, *DP* 1860, 2, 96 – CA Rouen, 29 avr. 1910, *DP* 1912, 5, 2 – T. civ. Nancy, 8 juill. 1957, *Gaz. Pal.* 1957, 2, 305; *JCP* 1957, II, 10300.
7. T. civ. Seine, 26 juill. 1894, *DP* 1895, 2, p. 6.
8. L. n° 2006-399, 4 avr. 2006, renforçant la prévention et la répression des violences au sein du couple ou commises contre les mineurs, *JO* 5 avr., p. 5097.

ex. en ce qui concerne l'incompétence de l'officier de l'état civil[1]).

110.22 Caractère d'ordre public – Effets personnels du mariage. L'empreinte de l'ordre public s'est davantage estompée en ce qui concerne les effets du mariage. Certes, l'article 1388 du Code civil prévoit que « *les époux ne peuvent déroger ni aux devoirs ni aux droits qui résultent pour eux du mariage* [...] ».

Au premier rang de ces devoirs figure le **devoir de fidélité** (C. civ., art. 212) dont la violation est susceptible de permettre le prononcé d'un divorce pour faute et l'octroi de dommages-intérêts. Mais l'adultère n'est plus une cause péremptoire de divorce et le juge dispose en conséquence d'un pouvoir d'appréciation dont la tolérance se manifeste spécialement lorsque l'adultère est commis après l'ordonnance de non-conciliation[2]. Bien plus, certaines décisions admettent que l'on puisse prévoir dans la convention temporaire d'un divorce sur requête conjointe une dispense mutuelle de fidélité[3] (mais il y a des décisions dans un sens différent[4]). En outre, la jurisprudence considère que n'est pas contraire aux bonnes mœurs la cause de la libéralité consentie à l'occasion d'une relation adultère[5].

S'agissant de l'**obligation de communauté de vie** (C. civ., art. 215), une jurisprudence ancienne affirme que les pactes de séparation entre époux ne sont pas valables[6]. Toute séparation volontaire est nulle (C. civ., art. 1443, al. 2). Seules sont admises les causes de séparation légale (séparation de corps, autorisation judiciaire de résidence séparée dans les cas prévus par la loi). Mais cette affirmation n'a plus aujourd'hui la portée qu'on lui accordait autrefois. La cessation de la communauté de vie constitue une cause objective de divorce (C. civ., art. 237 et 238). Et certaines juridictions ont admis qu'un pacte aménageant la vie commune pouvait excuser l'adultère et faire obstacle au prononcé du divorce[7].

Ce repli des obligations personnelles classiques laisse néanmoins la place à de nouvelles valeurs dont le caractère d'ordre public n'est pas moins marqué[8]. Au premier rang figure l'**égalité des époux**. Certes, l'empreinte de ce principe est plus visible dans les rapports patrimoniaux. Mais elle est également perceptible au niveau des rapports personnels (en ce qui concerne le choix de la résidence de la famille, C. civ., art. 215, al. 2 – en ce qui concerne la transmission du nom, même si la supériorité résiduelle du patronyme n'a pas totalement disparu, C. civ., art. 311-21). La persistance de l'ordre public se manifeste également sous la forme d'une extension du modèle matrimonial aux autres formes de couples reconnues désormais par la loi et spécialement dans le cadre du pacte civil de solidarité (PACS).

110.23 Caractère d'ordre public – Effets patrimoniaux du mariage. Le statut patrimonial des époux peut sembler moins dépendant que leurs rapports personnels de l'emprise de l'ordre public. Le droit français admet depuis longtemps que les époux puissent passer des conventions pour régir leurs rapports patrimoniaux et la loi ne se reconnaît d'ailleurs ici qu'un rôle supplétif (C. civ., art. 1387). Pour autant l'ordre public, en ce domaine, n'a jamais été non plus totalement absent. Il se manifestait autrefois dans la prohibition de certains contrats entre époux (vente, société, contrat de travail) et dans le principe d'immutabilité des conventions matrimoniales. Mais ici aussi, le courant libéral a fait sentir son influence. Tous les contrats sont aujourd'hui permis entre époux (*vente*, C. civ., art. 1595, abr. par L. n° 85-1372, 23 déc. 1985 – *société*, C. civ., art. 1832-1, mod. par L. n° 82-596, 10 juill. 1982, et L. 23 déc. 1985 – *contrat de travail entre le chef d'une entreprise artisanale ou commerciale et son conjoint*, L. 10 juill. 1982, art. 1, 10 et 11). Quant au principe d'immutabilité des conventions matrimoniales, il a été abandonné au profit d'une mutabilité qui n'est plus désormais judiciairement contrôlée que dans certains cas (C. civ.,

1. TGI Paris, 10 nov. 1992, *D.* 1993, 467, note Beignier.
2. Civ. 2e, 29 avr. 1994, n° 92-16.814, *Bull. civ.* II, n° 123; *RTD civ.* 1994, 571, obs. Hauser – Civ. 2e, 23 mai 2002, n° 00-10.030, NPT; *RJPF* 2002, n° 10, p. 14, obs. Garé.
3. TGI Lille, 26 nov. 1999, *D.* 2000, 254, note Labbée.
4. CA Bordeaux, 7 nov. 2000, *RTD civ.* 2002, 78, obs. Hauser.
5. Cass. ass. plén., 29 oct. 2004, n° 03-11.238, *Bull. ass. plén.*, n° 12; *D.* 2004, 3175, note Vigneau; *JCP* 2005, II, 10011, note F. Chabas; *RTD civ.* 2005, 104, obs. Hauser – V. déjà, Civ. 1re, 3 févr. 1999, n° 96-11.946, *Bull. civ.* I, n° 96; *D.* 1999, 267, rapp. Savatier, note Langlade-O'Sughrue; *D.* 1999, somm. 377, obs. Lemouland; *JCP* 1999, II, 10083, note Billiau et Loiseau; *RJPF* 1999, n° 2, p. 52, obs. Casey; *Dr. fam.* 1999, n° 54, obs. Beignier; *Defrénois* 1999, p. 680, obs. Massip; p. 738, obs. Mazeaud – *Adde*, L. Leveneur, « Une libéralité consentie pour maintenir une relation adultère peut-elle être valable ? », *JCP* 1999, I, 152; C. Larroumet, « La libéralité consentie par un concubin adultère », *D.* 1999, chron. 351 – Et dans le MÊME SENS, Civ. 1re, 25 janv. 2000, n° 97-19.458, NPT; *RJPF* 2000, n° 4, p. 54, obs. Casey – Civ. 1re, 16 mai 2000, n° 98-15.950, NPT; *RJPF* 2000, n° 9, p. 47.
6. Civ. 14 juin 1882, *DP* 1883, 1, 248 – Civ. 2 janv. 1907, *DP* 1907, 1, 137, note Colin; *S.* 1911, 1, 585, note Wahl – Civ. 2e, 22 avr. 1977, *D.* 1977, IR 359.
7. CA Aix-en-Provence, 15 sept. 1982, *D.* 1984, 267 – TGI Quimper, 20 avr. 2001, *Dr. fam.* 2001, n° 78, obs. Lécuyer – Sur cette question, v. J. Revel, « Les conventions entre époux désunis [contribution à l'étude de la notion d'ordre public matrimonial] », *JCP* 1982, I, 3055.
8. F. Niboyet, *L'ordre public matrimonial*, LGDJ, 2008.

art. 1396 et 1397, mod. par L. n° 2006-728, 23 juin 2006, portant réforme des successions[1]).

Pour autant, même dans le domaine des relations patrimoniales, l'évolution ne se résume pas en un déclin inexorable de l'ordre public. L'article 1387 soumet la liberté des conventions matrimoniales au respect des bonnes mœurs et « *aux dispositions qui suivent* » (v. C. civ., art. 1388). Il en résulte que certaines clauses considérées comme contraires à l'ordre public sont assurément interdites. De même, en dehors des stipulations autorisées expressément au titre des libéralités, les époux ne peuvent faire aucune convention dont l'objet serait de changer l'ordre légal des successions (C. civ., art. 1389). Ainsi, sont prohibées les conventions par lesquelles les futurs époux établiraient au profit de leurs héritiers collatéraux un ordre de succession différent de l'ordre légal. Mais il est permis de prévoir une **clause de partage inégal de la communauté** (C. civ., art. 1520 s.). Par exception, il est également possible de stipuler qu'en cas de dissolution du mariage par la mort de l'un des époux, le survivant aura la possibilité de se faire attribuer certains biens personnels du prémourant (C. civ., art. 1390 et 1511 s., **clause commerciale**).

Par ailleurs, on peut douter que la persistance d'un statut impératif de base tendant à imposer à tous les époux un certain nombre d'obligations (C. civ., art. 226), quel que soit leur régime matrimonial, soit révélatrice d'un déclin de l'ordre public. Cela traduit bien davantage un déplacement de l'ordre public matrimonial vers d'autres valeurs, principalement celles d'**égalité** et d'**indépendance** (pour permettre à l'un quelconque des époux d'engager les dépenses ménagères, C. civ., art. 220 - pour se faire ouvrir un compte en banque, C. civ., art. 221 - pour faire des actes juridiques sur les meubles qu'il détient, C. civ. art. 222 - pour exercer une profession et percevoir ses gains et salaires, C. civ., art. 223 - pour administrer et disposer de ses biens personnels, C. civ., art. 225), mais aussi celle de **collaboration** (pour l'entretien des enfants, C. civ., art. 203 - pour contribuer aux charges du mariage, C. civ., art. 214 - pour disposer des droits par lesquels est assuré le logement de la famille, C. civ., art. 215, al. 3)[2].

Il en résulte, spécialement dans les régimes communautaires, un certain nombre de restrictions importantes à la liberté des conventions matrimoniales. Certes, « *les époux peuvent, dans leur contrat de mariage, modifier la communauté légale par toute espèce de conventions non contraires aux articles 1387, 1388 et 1389* » (C. civ., art. 1497; et v. ce texte pour les clauses qui sont notamment permises). Ainsi, la sphère de la cogestion peut être élargie par une **clause d'administration conjointe** de la communauté (C. civ., art. 1503). Mais il est plus douteux que son domaine puisse être réduit. De même, aucune entorse conventionnelle à la gestion des biens propres telle que voulue par la loi n'est possible (les articles 1505 à 1510, relatifs à la « *clause d'unité d'administration* » ont été abrogés par la L. 23 déc. 1985). Et toutes les garanties prévues par la loi sont également impératives (droit de demander la séparation des biens en justice, C. civ., art. 1443 - recours judiciaires prévus par les art. 1426 et 1429 - bénéfice d'émolument, C. civ., art. 1483). L'article 1388 du Code civil prévoit spécialement que les époux ne peuvent, dans le cadre de leurs conventions matrimoniales, déroger aux règles de l'administration légale et de la tutelle. Les devoirs et les droits résultant de l'administration et de la jouissance légale ne sont donc pas susceptibles de renonciation ni de cession. Cependant, quelques règles sont susceptibles d'aménagements conventionnels. Il est possible de donner ou de léguer un bien à un mineur sous la condition d'administration par un tiers (C. civ., art. 387 et 389-3, al. 3). En outre, la contractualisation du régime de l'autorité parentale ne peut pas être sans incidence sur la gestion des biens, puisque celle-ci est commandée par les modalités d'exercice de l'autorité parentale.

110.24 Ordre public international. La loi étrangère compétente peut être évincée lorsqu'elle est contraire à la conception française de l'ordre public international. L'ordre public intervient, surtout lorsque le mariage est célébré en France, pour faire obstacle à l'application à des étrangers, en vertu de leur statut personnel, de lois différentes de la nôtre[3].

Pour l'éviction de la loi marocaine qui interdit le mariage d'une musulmane avec un non-musulman s'agissant d'un mariage entre une Marocaine et un Italien[4]. Un étranger de statut polygamique ne peut être admis à contracter en France un second mariage avant la dissolution du premier; il lui incombe de prouver éventuellement que le premier mariage était dissous au moment où il a contracté la seconde union[5]. A été également annulé le mariage d'un américain en France avec

1. L. n° 2006-728, 23 juin 2006, portant réforme des successions, *JO* 24 juin, p. 9513.
2. P. Jestaz, « L'égalité et l'avenir du droit de la famille », *L'avenir dans le droit, Mél. F. Terré*, p. 417 – F. Niboyet, *L'ordre public matrimonial*, préc. s[s] n° 110.22.
3. CA Dijon, 23 mai 1995, *JCP* 1996, IV, 176; et *JCP* 1996, I, 3946, obs. M. Farge – CA Paris, 9 juin 1995, *Juris-Data* n° 023035, *JCP* 1996, I, 3946, obs. Farge.
4. CA Paris, 22 oct. 1996, *Juris-Data* n° 023787.
5. CA Lyon, 21 mai 1974, *D.* 1975, 9, note Guiho; *Gaz. Pal.* 1974, 2, 641; *RTD civ.* 1981, 139, obs. Nerson – CA Paris, 21 juin 1991, *D.* 1991, IR 218 – CA Paris, 7 juin 1994, *BICC* 1995, n° 539 – CA Dijon, 23 mai 1995, *Juris-Data* n° 046149.

une française, dès lors que son divorce d'une précédente union ne peut être tenu pour valable[1].

Dans le cas de mariage célébré à l'étranger, l'ordre public intervient de façon atténuée pour laisser se produire en France les effets d'un mariage régulièrement célébré et respectueux de certains principes fondamentaux (consentement des futurs époux[2]).

Ainsi, un mariage bigame contracté à l'étranger n'est pas nul en France si cette union est conforme au statut personnel de chacun des époux. Mais tel n'est pas le cas s'agissant du mariage d'une Polonaise et d'un Libanais déjà marié[3]. Tel n'est pas le cas non plus s'agissant du mariage célébré en Égypte devant notaire, conformément à la loi locale, entre une française et un égyptien, alors qu'un premier mariage célébré en France au consulat d'Égypte à Paris n'a pas été annulé[4].

Si le mariage contracté à l'étranger en état de bigamie n'est pas nécessairement nul en France, c'est à la condition que les lois nationales de chacun des époux autorisent la bigamie[5].

SECTION 3
LIBERTÉ DU MARIAGE ET DROIT AU MARIAGE

110.31 Liberté du mariage – Droit interne. En droit interne, il n'y a pas de disposition affirmant explicitement le droit au mariage. Mais la liberté du mariage a été consacrée par le Conseil constitutionnel comme une liberté fondamentale, composante de la liberté individuelle[6]. Saisi à nouveau à propos de la loi relative à la maîtrise de l'immigration, le Conseil constitutionnel a censuré les dispositions assimilant à un indice sérieux laissant présumer le défaut de consentement le fait pour un ressortissant étranger de ne pas justifier de la régularité de son séjour et celles tendant à l'information du préfet de cette situation. On retrouve dans la décision l'affirmation du caractère constitutionnel de la liberté du mariage qualifiée cette fois de « *composante de la liberté personnelle* » protégée par les articles 2 et 4 de la Déclaration de 1789, fondement plus large que celui de la liberté individuelle protégée au titre de l'article 66 de la Constitution[7]. Le changement de fondement pourrait ne pas être sans incidence sur la conception même du mariage. Placé dans le champ de la liberté personnelle, le mariage pourrait apparaître comme une prérogative individuelle au service, non plus des objectifs définis par l'État, mais simplement de ce que les époux ont voulu[8].

On retrouve dans la **jurisprudence judiciaire** diverses expressions du désir de préserver cette liberté.

Ainsi, une jurisprudence traditionnelle dénie toute force obligatoire aux engagements antérieurs à la célébration (fiançailles ou promesses de mariage par ex.). Certaines conventions antérieures sont néanmoins admises mais réglementées (contrat de courtage matrimonial par ex.). Les **clauses de célibat ou de viduité** insérées dans les libéralités sont admises si elles n'ont pas été dictées par un motif répréhensible (jalousie, caprice ou rancœur personnelle[9]). La jurisprudence est plus sévère à l'égard de ces mêmes clauses lorsqu'elles s'inscrivent dans des relations de travail[10]. Mais elle admet qu'elles puissent être justifiées par des circonstances particulières[11] (sur cette question, v. s[s] n° 111.83). La fragilité psychologique de la future épouse et la situation administrative du futur époux ne suffisent pas à faire échec au droit de se marier qu'ils revendiquent à juste titre dès lors qu'il constitue une liberté fondamentale[12].

Soucieux de mieux garantir cette liberté, le législateur s'est efforcé de lever progressivement tout ce qui pouvait sembler y faire obstacle. Les **formalités préalables** à la célébration ont été progressivement réduites (v. s[s] n° 113.10). Les **empêchements**, spé-

1. CA Paris, 27 nov. 1981, *D.* 1983, 142, note Paire.
2. Civ. 1re, 22 nov. 2005, n° 03-14.961, *Bull. civ.* I, n° 430; *Dr. fam.* 2006, n° 20, obs. Larribau-Terneyre.
3. CA Paris, 14 juin 1995, *D.* 1995, IR 192; *D.* 1996, somm. 174, obs. Audit; *D.* 1996, 156, note F. Boulanger; *Rev. crit. DIP* 1997, 41, note Gannagé.
4. CA Versailles, 27 mai 1999, *D.* 1999, somm. 374, obs. Lemouland.
5. Civ. 1re, 24 sept. 2002, n° 00-15.789, *Bull. civ.* I, n° 214; *JCP* 2003, II, 10007, concl. Sainte-Rose, note Devers; *D.* 2003, somm. 1935, obs. Lemouland; *AJ fam.* 2002, n° 11, 384; *Defrénois* 2002, p. 1467, obs. Massip; *RJPF* 2003, n° 1, p. 14, obs. Oudin.
6. Cons. const. 13 août 1993, n° 93-325 DC, *JO* 18 août; *JCP* 1993, III, 66372 – J.-B. d'Onorio, « La protection constitutionnelle du mariage et de la famille en Europe », *RTD civ.* 1988, 1.
7. Cons. const. 20 nov. 2003, n° 2003-484 DC, *JO* 27 nov.; *D.* 2004, 1405, note Lecucq; 1278, obs. Domingo; *RTD civ.* 2004, 65, obs. Hauser – *Adde*, A. Pena-Soler, « À la recherche de la liberté personnelle désespérément... », *Le renouveau du droit constitutionnel, Mél. en l'honneur de L. Favoreu*, Dalloz, 2007, p. 1675.
8. A. Pena-Soler, « Le renouveau constitutionnel de la liberté du mariage au regard de la liberté personnelle », *La liberté fondamentale du mariage*, PUAM, 2009, p. 49.
9. Civ. 1re, 8 nov. 1965, *Gaz. Pal.* 1966, 1, 55 – TGI Chaumont, 25 sept. 1969, *JCP* 1970, II, 16213, obs. M. D.
10. CA Paris, 30 avr. 1963, *D.* 1963, 428, note Rouast; *RTD civ.* 1963, 570, obs. Cornu – Soc. 10 juin 1982, *JCP* 1984, II, 20230, note Hennion-Moreau.
11. Cass., ass. plén., 19 mai 1978, n° 76-41.211, *Bull. ass. plén.*, n° 1; *D.* 1978, 541, concl. Schmelck, note Ardant; *JCP* 1978, II, 19009, rapp. Sauvageot, note Lindon – Soc. 20 nov. 1986, *JCP* 1987, II, 20798, note Revet; *RTD civ.* 1987, 571, obs. Rémy.
12. CA Paris, 23 avr. 2003, *D.* 2003, 2716, note Lemouland; *Dr. fam.* 2004, n° 46, note Larribau-Terneyre.

cialement ceux fondés sur la parenté ou l'alliance, ont été ramenés à peu de chose (v. s[s] n° 112.09). Le **remariage** est désormais permis sans délai (L. n° 2004-439, 26 mai 2004, abrogeant C. civ., art. 228 - V. déjà un jugement du tribunal de grande instance de Paris, qui avait estimé que la disposition d'un jugement suisse interdisant à un divorcé de se remarier pendant un délai de deux ans était contraire à la conception française de l'ordre public international en ce qu'elle portait atteinte à la liberté matrimoniale[1]). Les **militaires** peuvent librement contracter mariage, sauf cependant à obtenir une autorisation préalable du ministre pour les militaires en activité de service ou dans une position temporaire comportant rappel possible d'activité lorsque leur futur conjoint n'est pas de nationalité française (à l'exception des personnes servant au titre du service national, et des militaires servant à titre étranger, L. n° 72-662, 13 juill. 1972, art. 14 - Pour les militaires de la gendarmerie, l'exigence d'une autorisation a été supprimée par L. n° 75-1000, 30 oct. 1975, art. 1er, III). Le ministre de la Défense ne peut refuser l'**autorisation à mariage** que pour des motifs tirés de la Défense nationale (annulation de la décision du ministre qui ne comporte aucun motif et se fonde sur le fait que le mariage du militaire pourrait fragiliser sa situation et l'exposer à des pressions[2]). Les agents diplomatiques et consulaires, qui devaient autrefois obtenir une autorisation pour pouvoir se marier, doivent désormais simplement informer le ministre de leur intention au plus tard un mois avant la date prévue pour les publications légales et lui communiquer les renseignements relatifs à l'état civil et à la nationalité du futur conjoint (Décr. n° 69-222, 6 mars 1969, mod. Décr. n° 85-375, 27 mars 1985, art. 68; les dispositions réglementaires qui prévoyaient la nécessité d'une autorisation à mariage pour un agent diplomatique ont été déclarées illégales[3]). Pour autant, la liberté du mariage et de choix du conjoint demeure tout de même relative. Le cadre légal devient de moins en moins compressible à mesure que l'on se rapproche de l'essentiel. On remarquera, d'autre part, que la démarche législative n'est pas toujours linéaire, avec pour seul horizon celui de la liberté, mais qu'elle oscille parfois entre plusieurs objectifs. En témoigne spécialement, la réaction du législateur à l'égard des mariages de complaisance et le renforcement récent, dans cette perspective, des exigences et des contrôles (v. s[s] n° 111.33).

110.32 Droit au mariage - Conventions internationales. Le droit au mariage est consacré par plusieurs conventions internationales. L'article 16 de la **Déclaration universelle des droits de l'homme de 1948** prévoit : « *À partir de l'âge nubile, l'homme et la femme, sans aucune restriction quant à la race, la nationalité ou la religion, ont le droit de se marier. Ils ont des droits égaux au regard du mariage, durant le mariage et lors de sa dissolution. Le mariage ne peut être conclu qu'avec le libre et plein consentement des futurs époux.* » On retrouve des dispositions identiques dans l'article 23 du **Pacte international de New York** du 19 décembre 1966, relatif aux droits civils et politiques. De même, l'article 12 de la **Convention européenne de sauvegarde des droits de l'homme** dispose : « *À partir de l'âge nubile, l'homme et la femme ont le droit de se marier et de fonder une famille selon les lois nationales régissant l'exercice de ce droit.* » Et l'article 9 de la **Charte des droits fondamentaux de l'Union européenne** prévoit : « *Le droit de se marier et le droit de fonder une famille sont garantis selon les lois nationales qui en régissent l'exercice* »[4].

Selon la Cour européenne des droits de l'homme, l'exercice du droit au mariage obéit aux lois nationales des États contractants, mais les limitations qui en résultent ne doivent pas réduire ou restreindre le droit en cause d'une manière ou à un degré qui l'atteindraient dans sa substance même[5]. L'article 12 de la Convention européenne de sauvegarde des droits de l'homme n'empêche pas de prévoir l'obligation de respecter un âge minimum pour se marier[6], ou d'interdire la bigamie[7].

Mais viole l'article 12 la disposition du Code civil suisse qui permet au juge, lorsqu'il prononce le divorce, de prévoir un délai pendant lequel la partie coupable ne pourra pas se remarier[8] (en revanche, la Cour de cassation a estimé que la subordination du prononcé du divorce au versement effectif de la prestation compensatoire, en application de l'article 275 alinéa 2 ancien, n'instaurait pas un empêchement au remariage et ne

1. V. déjà TGI Paris, 4 mars 1988, *Rev. crit. DIP* 1988, 588.
2. CE 15 déc. 2000, n° 212068, *D.* 2002, somm. 533, obs. Lemouland; *RTD civ.* 2001, 335, obs. Hauser; *RFDA* 2001, 730, note Gourdou. Cette précision figure désormais à l'art. L. 4142-4 du Code de la défense (Ord. n° 2007-465, 29 mars 2007, relative au personnel militaire, modifiant et complétant la partie législative du Code de la défense et le Code civil, *JO* 30 mars, p. 5908; *D.* 2008, 1790, obs. Lemouland et Vigneau).
3. CE 18 janv. 1980, Bargain, *Lebon*, 29; *AJDA* 1980, doctr. 91; *D.* 1980, IR 297, obs. Delvolvé.
4. P. Boucaud, « Le droit de se marier », *RTDH* 1992, 3 – O. Lecucq et J.-J. Lemouland (dir.), *La liberté fondamentale du mariage*, PUAM, 2009.
5. CEDH 17 oct. 1986, req. n° 9532/81, Rees c/Royaume-Uni, Série A, n° 106, § 50.
6. Comm. EDH, 7 juill. 1986, n° 11579/85, *DR* 48, p. 253.
7. Comm. EDH, 22 juill. 1970, X... c/Royaume Uni, *Annuaire de la CEDH*, vol. XIII, p. 647.
8. CEDH 18 déc. 1987, req. n° 11329/85, F... c/Suisse, Série A, n° 128, p. 18, § 38; *JDI* 1988, 892, note P. T.; *Gaz. Pal.* 1988, 1, 436.

contrevenait pas à l'article 12[1]). De même, constitue une atteinte substantielle au droit de se marier l'obligation faite à un détenu d'attendre sa mise en liberté[2], ou la mesure d'éloignement d'un étranger, alors que son épouse ne peut l'accompagner dans son pays de destination. Encore faut-il que le projet de mariage soit vraisemblable et que le fait de devoir quitter le territoire empêche l'étranger de mener une vie conjugale hors de l'État considéré avec la personne qu'il désire épouser[3].

De même encore, la Cour européenne considère désormais que le fait pour un droit national (le droit anglais en l'occurrence) de retenir le sexe enregistré à la naissance constitue une limitation portant atteinte à la substance même du droit de se marier pour un transsexuel[4]. Ou encore, s'agissant de l'empêchement à mariage entre beau-père et belle-fille ou belle-mère et gendre, tel que prévu par la législation anglaise, la Cour a considéré qu'un tel empêchement, bien que poursuivant un but légitime de protection de l'intégrité de la famille, constitue une atteinte excessive au droit au mariage et viole l'article 12 de la Convention[5].

1. Civ. 1re, 13 mars 2007, n° 06-12.419, *D.* 2008, 807 obs. Serra et Williatte-Pellitteri; 1787, obs. Lemouland et Vigneau; *RTD civ.* 2007, 320, obs. Hauser; *RJPF* 2007/6, p. 17, obs. Garé. Cette solution n'était pas à l'abri de la critique. Mais les dispositions de l'article 275 alinéa 2 anc. n'ont pas été reprises lors de la réforme du divorce par la loi du 26 mai 2004.
2. Comm. EDH, 10 juill. 1980, Draper c/Royaume-Uni, n° 8186/78, *DR* 24, p. 73 – Les restrictions imposées aux personnes privées de liberté doivent se réduire au strict nécessaire et doivent être proportionnelles aux objectifs légitimes pour lesquels elles sont imposées; sauf à invoquer des considérations de sécurité il ne peut être fait obstacle à la décision d'un détenu de se marier avec la personne de son choix : CEDH 5 janv. 2010, req. n° 22933, Frasik c/Pologne; req. n° 240323, Jaremowicz c/Pologne, *Dr. fam.* 2010, comm. 37, note Larribau-Terneyre.
3. Comm. EDH, 16 juill. 1965, n° 2535/65, X... c/RFA, *Rec. CEDH* 17, p. 28 – V. AUSSI, Comm. EDH, 12 juill. 1976, req. n° 7175/75, *DR* 6, p. 138 – Sur cette question, v. F. Granet, « L'application en matière d'état civil des principes posés par la Convention européenne des droits de l'Homme », *RTD eur.* 1997, 643 – J.-M. Jacque, « Le respect de la vie privée et familiale dans la jurisprudence des organes de la Convention de sauvegarde des droits de l'Homme et des libertés fondamentales », *Ann. Faculté de Toulouse*, 1981 – X. Pesenti, « Les couples mixtes et étrangers au regard de la Convention européenne des droits de l'Homme », in H. Fulchiron (dir.), *Les étrangers et la Convention européenne de sauvegarde des droits de l'Homme et des libertés fondamentales* – F. Vasseur-Lambry, *La famille et la Convention européenne des droits de l'homme*, « Logiques juridiques », L'Harmattan, 2000.
4. CEDH 11 juill. 2002, n° 28957-95, *D.* 2002, IR 2305; *D.* 2003, somm. 1935, obs. Lemouland; *RJPF* 2002, n° 11, p. 14, note Leborgne; *Dr. fam.* 2002, n° 133, obs. Gouttenoire-Cornu; *AJ fam.* 2002, n° 12, 413, obs. Granet; *RTD civ.* 2002, 862, obs. Marguénaud; *Defrénois* 2003, p. 1077, obs. Massip – M. Levinet, « La liberté matrimoniale au sens de la Convention européenne des droits de l'Homme », *RTDH* 2004, p. 889.

SECTION 4
APPLICATION DE LA LOI DANS LE TEMPS

110.41 Conflits de lois dans le temps. Les dispositions transitoires sont fréquentes, mais elles n'enlèvent pas tout intérêt à une détermination plus générale du champ d'application dans le temps des lois nouvelles. C'est la **loi en vigueur lors de la célébration** qui doit permettre de déterminer les **conditions de fond du mariage**[6]. Pour les **conditions de forme**, on applique plutôt le **principe des lois de procédure** : une loi nouvelle a un effet immédiat sur la procédure en cours. Les conditions de forme du mariage ne seront donc pas globalement celles exigées par la loi en vigueur au jour de la célébration, mais celles prescrites par la loi en vigueur lors de l'acte nécessaire pour la formation du mariage. Une loi relative à la forme des publications ou des oppositions ne s'appliquerait pas aux actes qui lui sont antérieurs[7].

De même, la **validité d'un mariage** doit être appréciée d'après la **loi en vigueur lors de sa conclusion**[8]. Elle ne saurait donc être affectée lorsqu'une loi introduit une nouvelle cause de nullité. Mais, inversement, la nullité pourrait être prononcée d'après la loi en vigueur lors de la formation du lien alors même qu'une loi nouvelle l'a faite disparaître[9]. Certaines décisions, cependant, ont admis que la nullité du mariage ne pouvait être prononcée en vertu d'une loi ancienne lorsque la loi nouvelle ne la prévoit plus[10].

Les **effets du mariage**, du moins sur le plan personnel, relèvent largement de la loi et l'on considère en principe qu'une loi nouvelle doit s'appliquer immédiatement aux situations légales en cours

5. CEDH 13 sept. 2005, req. n° 36536/02, B. and L. v./ United Kingdom, *D.* 2006, 1418, obs. Lemouland et Vigneau; *RTD civ.* 2005, 735, obs. Marguénaud; 758, obs. Hauser, *Dr. fam.* 2005, n° 234, obs. Gouttenoire et Lamarche – COMP. à propos de l'empêchement à mariage entre oncle et nièce prévu par l'art. 163 C. civ. : CA Paris, 3 avr. 2008, *AJ fam.* 2008, 256, obs. Chénedé; *Dr. fam.* 2008, comm. 81, note Larribau-Terneyre; *RJPF* 2008/7-8, p. 17, obs. A. L.; *RTD civ.* 2008, 658, obs. Hauser (arrêt jugeant qu'un tel empêchement à mariage ne porte pas une atteinte disproportionnée au droit au mariage prévu par l'art. 12 de la Conv. EDH, dès lors que la prohibition peut être levée par dispense s'il existe des causes graves).
6. Civ. 21 mai 1810, *S.* tables 1810, *V° Mariage*, nos 315 et 450.
7. P. Roubier, *Les conflits de lois dans le temps*, t. II, 1929-1933, n° 107.
8. CA Turin, 14 juill. 1807, *S.* tables 1807, *V° Mariage*, nos 3 et 409.
9. CA Chambéry, 7 févr. 1885, *DP* 1885, 2, 241.
10. CA Rouen, 6 avr. 1887, *DP* 1889, 2, 17, note Cohendy – COMP. Req. 28 déc. 1831, *S.* 1832, 1, 358 – V. P. Roubier, préc. ss prést n°, t. I, p. 532, et t. II, n° 107.

d'effets. Les obligations personnelles des époux peuvent donc se trouver modifiées par une loi nouvelle. Certes, les réformes législatives les plus récentes ont élargi la place de la volonté dans l'organisation de la vie du couple[1]. Cette évolution ne saurait, cependant, en matière d'application de la loi dans le temps éclipser l'idée de statut légal au profit d'une survie beaucoup trop « contractuelle » de la loi ancienne.

1. D. Fenouillet et P. de Vareilles-Sommieres (dir.), *La contractualisation de la famille*, Economica, 2001.

CHAPITRE

111. Exigences de fond du mariage

Jean-Jacques LEMOULAND
Professeur à l'université
de Pau et des pays de l'Adour

Section 0 Orienteur

111.00 Plan du chapitre.

111.01 Textes applicables.

TEXTES SOURCES

> Âge

C. civ., art. 144 [âge : 18 ans révolus]

C. civ., art. 145 [dispense pour motifs graves]

> Autorisations à mariage

C. civ., art. 148 à 160 [mariage des mineurs : autorisation des père et mère, et à défaut des aïeuls]

C. civ., art. 460 [mariage des majeurs protégés]

> Courtage matrimonial

L. n° 89-421, 23 juin 1989, relative à l'information et à la protection des consommateurs ainsi qu'à diverses pratiques commerciales, art. 6 et 9, *JO* 29 juin, p. 8047

Décr. n° 90-422, 16 mai 1990, portant application, en ce qui concerne les offres de rencontres en vue de la réalisation d'un mariage ou d'une union stable, de la loi n° 89-421 du 23 juin 1989, *JO* 22 mai, p. 6120

> Défaut de consentement

C. civ., art. 21-2 [mariage de complaisance – nationalité]

C. civ., art. 146

CESEDA, art. L. 511-4; art. L. 521-2; art. L. 623-1

> Erreur – Vice du consentement

C. civ., art. 180, al. 2

> Fiançailles – Responsabilité pour rupture abusive

C. civ., art. 1382

> Violence – Vice du consentement

C. civ., art. 180, al. 1er

SÉLECTION THÉMATIQUE ET ALPHABÉTIQUE DE TEXTES CITÉS *IN EXTENSO* *(à l'exception des articles du Code civil et du Code de procédure civile)*

> Courtage matrimonial

[L. n° 89-421, 23 juin 1989, art. 6 et 9 et Décr. n° 90-422, 16 mai 1990, art. 1 à 5]

L. n° 89-421, 23 juin 1989, art. 6 et 9

Art. 6

I. – L'offre de rencontres en vue de la réalisation d'un mariage ou d'une union stable, proposée par un professionnel, doit faire l'objet d'un contrat écrit, rédigé en caractères lisibles, dont un exemplaire est remis au cocontractant du professionnel au moment de sa conclusion.

Le contrat doit mentionner sous peine de nullité, le nom du professionnel, son adresse ou celle de son siège social, la nature des prestations fournies, ainsi que le montant et les modalités de paiement du prix. Est annexée au contrat l'indication des qualités de la personne recherchée par le cocontractant du professionnel.

Ces contrats sont établis pour une durée déterminée, qui ne peut être supérieure à un an; ils ne peuvent être renouvelés par tacite reconduction. Ils prévoient une faculté de résiliation pour motif légitime au profit des deux parties.

II. – Dans un délai de sept jours à compter de la signature du contrat, le cocontractant du professionnel visé au paragraphe I peut revenir sur son engagement, sans être tenu au paiement d'une indemnité.

Avant l'expiration de ce délai, il ne peut être reçu de paiement ou de dépôt sous quelque forme que ce soit.

III. – Toute annonce personnalisée diffusée par l'intermédiaire d'un professionnel pour proposer des rencontres en vue de la réalisation d'un mariage ou d'une union stable doit comporter son nom, son adresse, ou celle de son siège social, ainsi que son numéro de téléphone. Lorsque plusieurs annonces sont diffusées par le même professionnel, son adresse peut ne figurer qu'une seule fois, à condition d'être parfaitement apparente.

Chaque annonce précise le sexe, l'âge, la situation familiale, le secteur d'activité professionnelle et la région de résidence de la personne concernée, ainsi que les qualités de la personne recherchée par elle.

Le professionnel doit pouvoir justifier de l'existence d'un accord de la personne présentée par l'annonce sur le contenu et la diffusion de celle-ci.

IV. – Un décret en Conseil d'État précise les conditions d'application du présent article, notamment les modalités de restitution des sommes versées en cas de résiliation du contrat.

V. – Sera puni des peines des articles 313-1 à 313-3 du Code pénal, le professionnel qui, sous prétexte d'une présentation de candidats au mariage ou à une union stable, aura mis en présence ou fait communiquer des personnes dont l'une est rémunérée par elle, ou se trouve placée, directement ou indirectement, sous son autorité, ou n'a pas effectué de demande en vue du mariage ou d'une union stable. Sera puni des mêmes peines, le professionnel qui promet d'organiser des rencontres en vue de la réalisation d'un mariage ou d'une union stable avec une personne fictive.

Art. 9

(mod. par L. n° 93-949, 26 juill. 1993, art. 5 III, JO 27 juill.)

Les infractions aux dispositions de la loi du 21 mai 1836 portant prohibition des loteries ainsi qu'à celles de l'article 6 de la présente loi peuvent être constatées et poursuivies dans les conditions fixées par les articles 45, premier et troisième alinéas, 46, 47 et 52 de l'ordonnance n° 86-1243 du 1er décembre 1986 relative à la liberté des prix et de la concurrence.

Décr. n° 90-422, 16 mai 1990, art. 1 à 5

Art. 1

L'annexe au contrat et l'annonce personnalisée mentionnées aux I et III de l'article 6 de la loi du 23 juin 1989 susvisée doivent mentionner la catégorie d'âge, la région de résidence, la situation familiale et professionnelle ainsi que les autres qualités, estimées essentielles par le cocontractant du professionnel, de la personne que recherche le cocontractant.

Art. 2

En cas de résiliation du contrat pour motif légitime prévue au I de l'article 6 de la loi du 23 juin 1989 susvisée, le prix initialement convenu est réduit à proportion, respectivement, de la durée du contrat courue et de celle qui reste à courir.

La résiliation doit être demandée par lettre recommandée avec demande d'avis de réception accompagnée de la justification du motif légitime invoqué.

Les sommes versées en sus du prix déterminé comme ci-dessus doivent être remboursées par le professionnel dans le délai de deux mois à compter de la réception de la lettre recommandée prévue à l'alinéa ci-dessus.

Art. 3

La renonciation au contrat prévue par les dispositions du II de l'article 6 de la loi susvisée est effective dès lors que le cocontractant du professionnel a, dans le délai de sept jours mentionné par ces mêmes dispositions, manifesté de manière non équivoque sa volonté de se rétracter, notamment par l'envoi d'une lettre recommandée avec demande d'avis de réception ou par la remise au professionnel, contre récépissé, d'un écrit contenant renonciation.

Art. 4

Sera puni des peines d'amende prévues pour les contraventions de la 5e classe le professionnel qui :

1° Omet de faire figurer dans l'annexe au contrat prévue par le I de l'article 6 de la loi du 23 juin 1989 susvisée l'indication des qualités, telles que définies à l'article 1er du présent décret, de la personne que recherche son cocontractant;

2° Ne remet pas à son cocontractant, au moment de la conclusion du contrat, un exemplaire du contrat, avec son annexe, prévu par le I de l'article 6 de la loi susvisée;

3° Reçoit, avant l'expiration du délai de renonciation prévu au II de l'article 6 de la loi susvisée, un paiement ou un dépôt sous quelque forme que ce soit;

4° Diffuse une annonce personnalisée non conforme aux prescriptions du III de l'article 6 de la même loi.

[...]

> Mariage de complaisance – Entrée et séjours en France des étrangers

[CESEDA, art. L. 511-4, L. 521-2 et L. 623-1]

CESEDA, art. L. 511-4

(L. n° 2006-911, 24 juill. 2006, art. 50, art. 51, art. 55, JO 25 juill.)

Ne peuvent faire l'objet d'une obligation de quitter le territoire français ou d'une mesure de reconduite à la frontière en application du présent chapitre :

[...]

7° L'étranger marié depuis au moins trois ans avec un conjoint de nationalité française, à condition que la communauté de vie n'ait pas cessé depuis le mariage et que le conjoint ait conservé la nationalité française;

8° L'étranger qui réside régulièrement en France depuis plus de dix ans et qui, ne vivant pas en état de polygamie, est marié depuis au moins trois ans avec un ressortissant étranger relevant du 2°, à condition que la communauté de vie n'ait pas cessé depuis le mariage;

[...]

CESEDA, art. L. 521-2

(L. n° 2006-911, 24 juill. 2006, art. 67, JO 25 juill.)

Ne peuvent faire l'objet d'une mesure d'expulsion que si cette mesure constitue une nécessité impérieuse pour la sûreté de l'État ou la sécurité publique et sous réserve que les dispositions de l'article L. 521-3 n'y fassent pas obstacle :

[...]

2° L'étranger marié depuis au moins trois ans avec un conjoint de nationalité française, à condition que la communauté de vie n'ait pas cessé depuis le mariage et que le conjoint ait conservé la nationalité française;

[...]

Par dérogation aux dispositions du présent article, l'étranger peut faire l'objet d'un arrêté d'expulsion en application de l'article L. 521-1 s'il a été condamné définitivement à une peine d'emprisonnement ferme au moins égale à cinq ans.

CESEDA, art. L. 623-1

(L. n° 2006-911, 24 juill. 2006, art. 90, JO 25 juill.)

Le fait de contracter un mariage ou de reconnaître un enfant aux seules fins d'obtenir, ou de faire obtenir, un titre de séjour ou le bénéfice d'une protection contre l'éloignement, ou aux seules fins d'acquérir, ou de faire acquérir, la nationalité française est puni de cinq ans d'emprisonnement et de 15 000 euros d'amende.

Ces mêmes peines sont applicables en cas d'organisation ou de tentative d'organisation d'un mariage ou d'une reconnaissance d'enfant aux mêmes fins.

Elles sont portées à dix ans d'emprisonnement et à 750 000 euros d'amende lorsque l'infraction est commise en bande organisée.

111.02 Jurisprudence de référence.

> Défaut de consentement à mariage

• **Civ. 1re, 31 janv. 2006, n° 02-19.398,** *Bull. civ.* I, n° 47

* V. ss nos 111.11 et 111.23

« C'est dans l'exercice de leur pouvoir souverain d'appréciation que les juges du fond, après avoir relevé que l'ensemble des témoins directs du mariage avait interprété le râle, émis par le marié au moment où l'officier d'état civil lui avait posé la question du consentement, comme une volonté d'épouser sa compagne conformément au souhait qu'il avait exprimé à plusieurs reprises les jours précédant la cérémonie, ont estimé que la preuve de l'absence de consentement de l'époux mourant n'était pas rapportée. »

• **Civ. 1re, 2 déc. 1992, n° 91-11.428,** *Bull. civ.* I, n° 299

* V. ss n° 111.23

« La preuve de l'absence de consentement d'un conjoint lors du mariage incombe à celui qui conteste la validité de cet acte; qu'en l'espèce [...] la cour d'appel a souverainement estimé, par une appréciation échappant au contrôle de la Cour de Cassation, que Charles X... ne rapportait pas la preuve dont il avait la charge, dès lors, que les éléments soumis à son examen révélaient que l'état de santé présenté par Charles X..., à l'époque considérée, ne l'empêchait pas d'exprimer un consentement valable ».

• **Civ. 1re, 6 févr. 2007, n° 06-10.403,** *Bull. civ.* I, n° 49

* V. ss n° 111.32

« Si l'officier d'état civil peut, sur le fondement de l'article 175-2 du Code civil, saisir à nouveau le procureur de la République s'il a recueilli des indices nouveaux laissant présumer une absence de consentement au mariage, il ne peut pas, en ce cas, refuser de procéder à sa célébration à la date fixée, en l'absence d'opposition ou de décision de sursis du procureur de la République. »

• **Civ. 1re, 28 oct. 2003, n° 01-12.574,** *Bull. civ.* I, n° 215

* V. ss nos 111.31, 111.37 et 111.38

« Le mariage est nul lorsque les époux ne se sont prêtés à la cérémonie qu'en vue d'atteindre un but étranger à l'union matrimoniale. Manque de base légale l'arrêt qui, pour débouter le mari de sa demande d'annulation du mariage énonce seulement que, même à admettre que le mariage ait eu pour seule fin des avantages patrimoniaux pour l'épouse qu'un testament ne lui aurait pas donnés, sa nullité ne serait pas encourue dès lors que l'un de ses effets est d'avoir permis aux conjoints de mettre en œuvre, quant à leurs biens, leur contrat de mariage. »

> Fiançailles – Rupture abusive

• **Civ. 1re, 4 janv. 1995, n° 92-21.767,** NPT; *D.* 1995, 251, note Bénabent; *RTD civ.* 1995, 604, obs. Hauser

* V. ss nos 111.70 et 111.77

« Vu l'article 1382 du Code civil;

Attendu que la rupture d'une promesse de mariage n'est pas, à elle seule, génératrice de dommages-intérêts, lesquels ne peuvent être accueillis que s'il vient s'y ajouter une faute en raison des circonstances. »

> Clauses restrictives de la liberté du mariage

• **Cass., ass. plén., 19 mai 1978, n° 76-41.211,** *Bull. ass. plén.*, n° 1

* V. ss nos 110.31 et 111.83

« Il ne peut être porté atteinte sans abus à la liberté du mariage par un employeur que dans des cas très exceptionnels où les nécessités des fonctions l'exigent impérieusement. Relèvent l'existence de telles circonstances les juges du fond qui ayant à statuer sur l'action en dommages-intérêts exercée sous l'empire de l'article 23 du livre I du Code du travail par un professeur d'un établissement privé à la suite de son licenciement motivé par son remariage après divorce, retiennent que lors de la conclusion du contrat par lequel cet établissement s'était lié à ce professeur, les convictions religieuses de ce dernier avaient été prises en considération et que cet élément de l'accord des volontés, qui reste habituellement en dehors des rapports de travail, avait été incorporé dans le contrat dont il était devenu partie essentielle et déterminante. »

> Différence de sexe et mariage

• **CEDH 11 juill. 2002, req. nº 28957-95,** Goodwin, *D.* 2003, somm. 1935, obs. Lemouland; *AJ fam.* 2002, nº 12, chron. 413, obs. Granet; *RTD civ.* 2002, 862, obs. Marguénaud

* V. s[s] n°s 110.32, 111.132 et 111.134

« S'il appartient à l'État contractant de déterminer, notamment, les conditions que doit remplir une personne transsexuelle qui revendique la reconnaissance juridique de sa nouvelle identité sexuelle pour établir que sa conversion sexuelle a bien été opérée et celles dans lesquelles un mariage antérieur cesse d'être valable, ou encore les formalités applicables à un futur mariage (par exemple les informations à fournir aux futurs époux), la Cour ne voit aucune raison justifiant que les transsexuels soient privés en toutes circonstances du droit de se marier. »

• **Civ. 1re, 13 mars 2007, nº 05-16.627,** *Bull. civ.* I, nº 113

* V. s[s] nº 111.133

« Le mariage est l'union d'un homme et d'une femme; ce principe n'est pas contredit par les dispositions de conventions internationales applicables en France. »

111.03 Bibliographie indicative.

Actualisables. Rép. civ., M. Lamarche et J.-J. Lemouland, *V° Mariage (conditions de formation),* conditions de fond, n°s 2 à 428.

Ouvrages.

* V. bibliographie indicative s[s] nº 110.03

Articles. M. Azavant, « Regard civiliste sur la loi du 4 avril 2006 », *Dr. fam.* 2006, Étude nº 40 – A. Bénabent, « La liberté individuelle et le mariage », *RTD civ.* 1973, 440 – D. Berthiau, « Le remariage et la prestation compensatoire », *Dr. fam.* 2000, chron. 6; « Le remariage et la prestation compensatoire depuis la loi du 30 juin 2000 », *Dr. fam.* 2002, chron. 20 – J. Bosquet-Denis, « Le remariage », *RTD civ.* 1979, 524 – F. Boulanger, « Fraude, simulation ou détournement d'institution en droit de la famille », *JCP* 1993, I, 3665 – J. Carbonnier, « Terre et ciel dans le droit du mariage », *Mél. Ripert,* t. I, 1950, p. 335 – N. Coiret, « La liberté du mariage au risque des pressions matérielles », *RTD civ.* 1985, 63 – V. Doumeng, « L'accès du majeur juridiquement protégé à une vie de couple », *Les États généraux du mariage*, PUAM, 2008 – D. Fenouillet, « Le détournement d'institution familiale », *Mél. Malaurie,* Éd. Defrénois, 2005 – M.-F. Feuerbach-Steinle, « Le courtage matrimonial », *LPA* 1994, nº 89 – H. Fulchiron, « Couples, mariage et différence de sexe : une question de discriminations ? », *Des concubinages, Études offertes à J. Rubellin-Devichi,* 2002, p. 29.; « Le droit français et les mariages homosexuels étrangers », *D.* 2006, 1253 – L. Grosclaude, « Le mariage de l'étranger », *RLDC* 2004/6, p. 62 – J. Hugot, « Le contrat de courtage matrimonial », *JCP N* 1999, 720, nº 17 – A. Huet, « Les atteintes à la liberté nuptiale dans les actes juridiques », *RTD civ.* 1967, 45 – J. Klein et F. Germignani, « Du mariage et du divorce de la personne protégée », *Defrénois* 2006, p. 887 – X. Lacroix, « Un mariage homosexuel : non-discrimination ou confusion », *Mariage-conjugalité, Parenté-parentalité* (dir. H. Fulchiron), Dalloz, 2009, p. 47 – M. Lamarche, « La réduction des conditions de formation du mariage : une évolution en dents de scie », *La liberté fondamentale du mariage*, PUAM, 2009, p. 117 – O. Langles, « Vices du consentement et droit du mariage : une rencontre originale », *JCP N* 1998, 483 – V. Larribau-Terneyre, « L'effectivité de la liberté fondamentale du mariage : la protection du consentement », *La liberté fondamentale du mariage*, PUAM, 2009, p. 105 – P. Malaurie, « Les nouveaux visages de la famille », *Mariage-conjugalité, Parenté-parentalité* (dir. H. Fulchiron), Dalloz, 2009, p. 261 – M.-T. Meulders-Klein, « L'évolution du mariage et le sens de l'histoire : de l'institution au contrat et au-delà », *La personne, la famille, le droit,* Bruylant-LGDJ, 1999 – R. Michel, « Des dispenses en matière de mariage, autorisations et oppositions », *JCP* 1965, I, 1908 – S. Neuville, « Le silence de l'article 180 du Code civil, un héritage équivoque », *Dr. fam.* 1999, chron. 3.X – A. Pena-Soler, « Le renouveau constitutionnel de la liberté du mariage au regard de la liberté personnelle », *La liberté fondamentale du mariage*, PUAM, 2009, p. 49 – Pesenti, « Les couples mixtes et étrangers au regard de la Convention européenne des droits de l'Homme », *Les étrangers et la Convention européenne de sauvegarde des droits de l'Homme et des libertés fondamentales* (dir. H. Fulchiron), LGDJ, 1999 – J. Savatier, « Vie de couple et rapports de travail », *Mél. Cornu,* p. 415 – D. Viriot-Barrial, « Commentaire de la loi du 4 avril 2006 renforçant la prévention et la répression des violences au sein du couple ou commises contre les mineurs », *D.* 2006, 2350 – P. Voirin, « Le certificat d'examen médical prénuptial », *JCP* 1943, I, 322.

111.04 Questions essentielles.

> Défaut de consentement à mariage tenant à l'état mental d'un des époux

* V. s[s] n°s 111.21 s.

> Mariage de complaisance

* V. s[s] n°s 111.31 s.

> Consentement à mariage vicié par violence

* V. s[s] n°s 111.62 s.

> Absence de valeur juridique et de force obligatoire des fiançailles

* V. s[s] n°s 111.70 s.

> Clauses restrictives de la liberté du mariage

* V. s^{s} n°s 111.82 s.

> Erreur sur la personne ou ses qualités essentielles viciant le consentement à mariage

* V. s^{s} n° 111.91

> Différence de sexe : nullité du mariage entre deux personnes de même sexe

* V. s^{s} n° 111.133

> Mariage des mineurs

* V. s^{s} n°s 111.151 s.

> Mariage des majeurs protégés

* V. s^{s} n°s 111.191 s.

111.05 Délais.

> Délai imparti au ministère public pour décider un sursis à la célébration du mariage : **quinze jours**. La durée du sursis ne peut excéder **un mois**, renouvelable une fois.

* V. s^{s} n° 111.33

> Délai imparti au ministère public pour former opposition à mariage : **quinze jours**.

* V. s^{s} n° 111.33

> Délai dans lequel le juge doit statuer sur une demande de mainlevée d'opposition à mariage : **dix jours**.

* V. s^{s} n° 111.33

> Le contrat de courtage matrimonial est conclu pour une durée déterminée qui ne peut être supérieure à **un an**, ni tacitement reconduit. Un délai de rétractation de **sept jours** est prévu.

* V. s^{s} n° 111.81

111.06 Sanctions.

> Mariage de complaisance :

– sanction civile : nullité ou caducité de la déclaration acquisitive de la nationalité française. **Nullité du mariage**.

– sanction pénale : **cinq ans d'emprisonnement** et **15 000 euros d'amende**.

* V. s^{s} n° 111.34

> Consentement à mariage par crainte révérencielle, ou sous la pression de menaces, ou violence : nullité du mariage.

* V. s^{s} n° 111.62

> Faux serment d'une personne donnant autorisation au mariage d'un mineur : **cinq ans d'emprisonnement** et **75 000 euros d'amende**.

* V. s^{s} n° 111.181

111.09 Exigences d'ordre psychologique, d'ordre physique et d'ordre social. Les exigences du Code civil en matière de mariage sont à la fois d'ordre psychologique, d'ordre physique et d'ordre social. Cependant, l'importance respective de ces conditions n'est pas identique et elle a pu varier au fil des siècles. La condition d'ordre psychologique tenant au consentement des futurs époux a toujours été et reste prépondérante. Pour les autres conditions, l'évolution a été fluctuante, mais globalement elle s'est faite dans le sens d'une réduction des contraintes.

SECTION 1
CONDITION PSYCHOLOGIQUE : CONSENTEMENT DES FUTURS ÉPOUX

111.10 Un élément essentiel. Le consentement des futurs époux est un élément essentiel dans la formation du mariage. Pour la plupart des auteurs, l'échange des consentements constitue le véritable fondement du lien matrimonial. Ce consentement doit satisfaire à deux exigences principales. D'une part, il doit exister (§ 2) et donc s'exprimer (§ 1), puisque les textes sanctionnent par la nullité du mariage le défaut de consentement. D'autre part, il doit présenter une intégrité suffisante, puisque les textes sanctionnent également par la nullité du mariage certains vices du consentement (§ 3)[1].

§ 1
Expression du consentement

111.11 Liberté quant aux modalités. « *Il n'y a pas de mariage lorsqu'il n'y a point de consentement* » (C. civ., art. 146). Il faut donc assurément que chacun des futurs époux soit en mesure d'exprimer son consentement. Cela ne fera généralement pas difficulté. Cette exigence est appréciée avec bienveillance, le principe étant celui de la liberté quant aux modalités d'expression. Il appartient aux juges du fond, si lors de la célébration l'un des époux ne peut pas parler, de relever les **signes** par lesquels il a entendu affirmer sa volonté[2]. Ces signes peuvent être interprétés à la lumière des comportements et événements précédents[3]. Mais des gestes et des attitudes au cours de la cérémonie peuvent ne pas suffire, dès lors que l'intéressé ne comprend pas le sens et la portée des questions posées[4].

1. Sur les tendances actuelles, V. Larribau-Terneyre, « L'effectivité de la liberté fondamentale du mariage : la protection du consentement », *La liberté fondamentale du mariage*, PUAM, 2009, p. 105.
2. Civ. 1re, 22 janv. 1968, *D.* 1968, 309 ; *JCP* 1968, II, 15442, obs. R. L. – CA Paris, 3 mars 1998, *Juris-Data* n° 020583 – Civ. 1re, 31 janv. 2006, n° 02-19.398, *Bull. civ.* I, n° 47 ; *D.* 2006, pan. 1416, obs. Lemouland et Vigneau ; *RTD civ.* 2006, 283, obs. Hauser ; *AJ fam.* 2006, 112, obs. Chénedé ; *Dr. fam.* 2006, n° 79, note Larribau-Terneyre.
3. TGI Paris, 10 sept. 1996, *RTD civ.* 1996, 881, obs. Hauser – Civ. 1re, 31 janv. 2006, n° 02-19.398, préc. s^{s} prés^{t} n^{o}.
4. CA Aix-en-Provence, 23 avr. 1996, *Dr. fam.* déc. 1996, n° 17, obs. H. Lécuyer.

La question s'est posée autrefois spécialement à propos du **mariage des sourds-muets**. Mais la jurisprudence s'est toujours montrée bienveillante[1]. C'est à l'officier de l'état civil, ou au tribunal en cas de contestation, qu'il appartiendra d'apprécier la valeur des signes d'expression du sourd-muet.

L'approche même de la mort est indifférente si le consentement peut encore, d'une façon ou d'une autre, s'exprimer[2] et s'il reste lucide, ce qui semble pouvoir être le cas, spécialement lorsque l'agonie est brève. La jurisprudence a ainsi consacré parfois la validité de quelques **unions *in extremis***[3]. Mais elle s'y refuse si le mot « oui » n'a été articulé que dans la crise extrême d'une maladie cérébrale et dans l'état incertain qui se partage entre la vie et la mort où l'instinctif domine le réfléchi[4].

§ 2
Existence du consentement

111.20 Cas de défaut de consentement. Bien davantage, c'est l'existence de la volonté interne qui peut parfois sembler douteuse, soit en raison d'une altération des facultés mentales (A), soit en raison d'une absence d'intention réelle de l'un des époux (B).

A.
Défaut de consentement tenant à l'état mental

111.21 Hésitations passées. Il n'a pas toujours paru évident que la **démence** doive être considérée comme un défaut de consentement au sens de l'article 146 du Code civil. Autrefois, la doctrine avait été partagée quant à la sanction applicable en cas de démence de l'un des futurs époux : certains auteurs défendaient la sanction de la **nullité relative**, d'autres celle de **l'inexistence**. La Cour de cassation semblait pencher en faveur de la première solution en affirmant que les articles 180 et 181 du Code civil devaient être pris dans leur acception la plus large et comprenaient toutes les causes morales et physiques destructives de la volonté, particulièrement la démence[5]. La controverse a été tranchée par la loi du 19 février 1933[6] qui, par renvoi de l'article 184 à l'article 146 du Code civil, a déterminé la sanction applicable au défaut de consentement matrimonial. Le mariage est nul de **nullité absolue** et ceci vise assurément l'absence de consentement tenant à l'état mental.

On pourrait cependant avoir encore une hésitation puisque l'article 414-1 du Code civil (C. civ., art. 489 anc.) prévoit, dans une formulation très large, que « *pour faire un acte valable, il faut être sain d'esprit* ». Par sa généralité, cette disposition pourrait s'appliquer au mariage comme à tout acte juridique[7]. Il en résulterait une modification du régime de la nullité puisque la sanction de la violation de l'article 414-1 est la nullité relative. Il en résulterait aussi un changement au niveau de la preuve puisqu'il suffirait d'établir l'existence d'un trouble mental et non un défaut de consentement. Il semble pourtant difficile de donner à l'article 414-1 une préférence par rapport à l'article 146 qui marque, en matière de mariage, l'importance spécifique que le législateur attache au consentement.

111.22 Mariage des majeurs protégés. Le majeur sous tutelle ou sous curatelle peut se marier s'il y est autorisé (sur ces **autorisations**, v. s^{s} n° 111.191). La jurisprudence antérieure à la loi du 3 janvier 1968 l'avait déjà admis pour l'interdit s'il se trouvait dans un intervalle lucide lui permettant de consentir valablement[8]. L'obtention éventuelle d'une autorisation ne fait pas pour autant disparaître la **nécessité d'un consentement valable** du principal intéressé au moment de la célébration. L'article 146 du Code civil demeure applicable et une action en nullité pour défaut de consentement reste envisageable si, malgré les autorisations accordées, la preuve d'un état de démence lors de la célébration était rapportée. Certains auteurs sembleraient cependant se satisfaire alors d'une lucidité moins grande[9]; mais on ne voit pas très bien quelle en serait la raison.

111.23 Appréciation de l'état mental aboutissant à un défaut de consentement. Pour que le consentement fasse défaut, il faut que l'individu

1. CA Paris, 3 août 1855, *DP* 1857, 2, 175 – CA Bordeaux, 29 déc. 1856, *DP* 1857, 2, 173.
2. Civ. 1re, 22 janv. 1968, *D.* 1968, 309; *JCP* 1968, II, 15442, note R. L. – Civ. 1re, 31 janv. 2006, n° 02-19.398, *Bull. civ.* I, n° 47, préc. s^{s} prés^{t} n°.
3. CA Bordeaux, 14 janv. 1852, *DP* 1853, 2, 179 – Civ. 1re, 22 janv. 1968, *D.* 1968, 309; *JCP* 1968, II, 15442, obs. R. L. – Civ. 1re, 31 janv. 2006, n° 02-19.398, *Bull. civ.* I, n° 47, préc. s^{s} prés^{t} n°.
4. CA Paris, 20 mars 1872, *DP* 1872, 2, 109.
5. Civ. 9 nov. 1887, *DP* 1888, 1, 161, note Poncet – V. AUSSI, Civ. 9 janv. 1821, *S.* 1821, 1, 157 – Civ. 12 nov. 1844, *DP* 1845, 1, 98 – Civ. 22 févr. 1890, *DP* 1890, 1290 – T. civ. Seine, 4 mars 1926, *Gaz. Pal.* 1926, 1, 604 – Mais V. ENCORE, CA Nîmes, 20 avr. 2005, *Dr. fam.* 2005, n° 261.
6. L. 19 févr. 1933, *DP* 1933, 4, 176.
7. O. Simon, « La nullité des actes juridiques pour trouble mental », *RTD civ.* 1974, 707, spéc^{t} p. 731 s.
8. Req. 12 nov. 1844, *DP* 1845, 1, 98; *Rev. législ. et jurispr.* 1845, 239, obs. Pont – T. civ. Châlons-sur-Marne, 5 mars 1909, *DP* 1909, 5, 47 – CA Poitiers, 20 déc. 1933, *S.* 1934, 2, 23.
9. J. Massip, « La réforme du droit des incapables majeurs », *Defrénois* 1968, art. 29199, n° 190.

n'ait pas compris, même en partie, le sens et la portée du « oui » qu'il a prononcé. C'est une **question de fait** relevant de l'appréciation souveraine des juges du fond[1]. Les seuls constats d'une irresponsabilité[2], d'un état dépressif[3] ou d'une distraction d'esprit[4] n'ont pas été jugés suffisants[5].

Par contre, sont certainement susceptibles d'aboutir au prononcé de la nullité sur le fondement de l'article 146 les **perturbations globales de l'état mental.** Il n'est pas douteux qu'en ces hypothèses la personne est entièrement privée de raison, qu'il s'agisse d'arriérations intellectuelles (débilité, idiotie, imbécillité, *etc.*)[6], ou, à proprement parler, de démences ou même de perturbations régressives dont le caractère curable ne saurait pas faire oublier la confusion mentale qu'elles entraînent (épilepsie). Le défaut de consentement peut également correspondre à des **désintégrations partielles du fonctionnement cérébral** qui ne permettraient pas à un individu de comprendre la portée de son acte. Ainsi, il est généralement admis que **l'ivresse**, à un certain degré, ou l'emprise de **stupéfiants** pourrait entraîner une absence de consentement[7]. La doctrine est également unanime sur le sort qu'il conviendrait de réserver à un mariage conclu sous état d'**hypnose** (ou un état cataleptique) qui paralyse initiative et pouvoir de contrôle. De même, les **psychoses, phobies** ou **obsessions**, même si elles n'affectent que partiellement le processus mental, pourraient aboutir à un véritable défaut de consentement.

En revanche, la durée de la maladie n'exclut pas les périodes de rémission; le caractère évolutif d'une schizophrénie ne saurait, à lui seul, invalider un consentement matrimonial lorsque les crises paroxystiques sont apparues plusieurs années après le mariage[8]. La jurisprudence paraît accorder finalement moins d'importance à la durée du trouble qu'à son **intensité au moment précis de la célébration.** La Cour de cassation, dans un arrêt de la première chambre civile du 28 mai 1980, semblait vouloir adopter une conception plus souple[9]. Reprenant la solution adoptée en l'espèce par les juges du fond, elle a considéré que la démence sénile du mari et son irresponsabilité ne pouvaient laisser supposer la persistance d'éclairs de lucidité lors de la célébration[10]. Certains auteurs y ont vu l'annonce d'une considération plus réaliste de l'intention conjugale dans le cadre global de l'état mental des futurs conjoints[11], voire une disparition de la théorie de l'intervalle lucide. Mais dans un arrêt ultérieur, la Cour de cassation est revenue à une interprétation plus classique, selon laquelle il appartient à celui qui conteste la validité du mariage de rapporter la **preuve du défaut de consentement**[12].

B.
Défaut de consentement tenant à l'absence d'intention matrimoniale

111.31 Diversité des hypothèses. Depuis longtemps, on a pu constater que certaines personnes contractaient mariage sans avoir l'intention de créer une famille mais simplement pour obtenir, par ce moyen, un avantage particulier du statut des gens mariés : acquérir une nationalité pour franchir une frontière ou éviter un internement[13], donner à un enfant une filiation légitime[14], échapper à des obligations militaires[15], acquérir le droit au capital d'une dot[16], obtenir un avantage fiscal[17], procurer à l'épouse des avantages patrimoniaux qu'elle n'aurait

1. Civ. 1re, 30 nov. 1965, *Bull. civ.* I, n° 665 – Civ. 1re, 29 janv. 1975, *D.* 1975, 668, note J. Hauser – Civ. 1re, 28 juin 1977, *Bull. civ.* I, n° 299 – Civ. 1re, 31 janv. 2006, n° 02-19.398, *Bull. civ.* I, n° 47, préc. ss n° 111.11.
2. CA Paris, 31 janv. 1967, *JCP* 1967, II, 15036.
3. CA Paris, 11 juin 1974, *Gaz. Pal.* 1974, 2, somm. 293.
4. Civ. 1re, 28 juin 1977, *Bull. civ.* I, n° 299.
5. V. AUSSI, CA Paris 3 mars 1998, *Médecine et droit* 2000, n° 45, p. 9 – TGI Lyon 21 mai 1999, *RTD civ.* 1999, 607, obs. Hauser.
6. V. NOT., CA Bastia, 8 févr. 1888, *DP* 1888, 2, 317, note J. E. L.
7. CA Rouen, 17 juin 1845, *DP* 1845, 5, 366 – CA Rennes, 14 juill. 1849, *DP* 1850, 2, 5 – CA Toulouse, 25 juin 1863, *DP* 1863, 2, 139 – CA Besançon, 12 juin 1931, *Gaz. Pal.* 1931, 2, 553.
8. Civ. 1re, 29 janv. 1975, *D.* 1975, 668, note Hauser.
9. Civ. 1re, 28 mai 1980, *Gaz. Pal.* 1980, 2, pan. 557; *JCP* 1981, II, 19552, note Raymond.
10. EN CE SENS, CA Aix-en-Provence, 23 avr. 1996, *Dr. fam.* 1996, n° 17, obs. Lécuyer.
11. Raymond, note ss Civ. 1re, 28 mai 1980, *JCP* 1981, II, 19552.
12. Civ. 1re, 2 déc. 1992, n° 91-11.428, *Bull. civ.* I, n° 299; *D.* 1993, 409, note Boulanger; *RTD civ.* 1993, 328, obs. Hauser – *Adde*, CA Paris, 2 juill. 2009, n° 05/15066, *D.* 2010, 729, obs. Lemouland et Vigneau.
13. T. civ. Grenoble, 11 juill. 1923, *Gaz. Pal.* tables 1925-1930, *V° Mariage*, n° 37 – T. civ. Seine, 7 janv. 1948, *JCP* 1948, II, 4430, note Mazeaud; *RTD civ.* 1948, 461, obs. Lagarde – CA Lyon, 16 juin 1952, *Gaz. Pal.* 1, tables, 1953, *V° Mariage*, n° 1 – T. civ. Melun, 20 janv. 1954, *Gaz. Pal.* 1954, 1, 272 – CA Paris, 16 oct. 1958, *JCP* 1958, II, 10897; *RTD civ.* 1959, 75, obs. Desbois – CA Lyon, 16 janv. 1980, *D.* 1981, 577, note Guiho – Civ. 1re, 17 nov. 1981, *Gaz. Pal.* 1982, 2, 567, note Massip; *D.* 1982, 573, note Guiho; *JCP* 1982, II, 19842, note Gobert – TGI Le Mans, 24 avr. 1984, *Gaz. Pal.* 1984, 2, somm. 289.
14. T. civ. Bayonne, 9 avr. 1936, *S.* 1936, 2, 124, note H. R. – Civ. 1re, 20 nov. 1963, *D.* 1964, 465, note Raymond; *Gaz. Pal.* 1964, 1, 327, *JCP* 1964, II, 13498, note Mazeaud; *RTD civ.* 1964, 286, obs. Desbois.
15. CA Lyon, 10 avr. 1856, *DP* 1857, 2, 54.
16. CA Aix-en-Provence, 4 mars 1813, *S.* 1812-1814, 2, 267.
17. TGI Lyon, 21 mai 1999, *RTD civ.* 1999, 607, obs. J. Hauser – Mais le jugement a été infirmé : CA Lyon, 12 sept. 2000, *RTD civ.* 2000, 809, obs. Hauser.

pas obtenus par testament[1]. On a qualifié ces hypothèses de **mariages « blancs », mariages fictifs, mariages de complaisance** ou **mariages simulés**[2].

111.32 Attitude de l'officier de l'état civil. Le développement récent de ce phénomène a suscité l'inquiétude des officiers de l'état civil qui se sont demandés, en cas de soupçons sur les intentions réelles des futurs époux, s'ils devaient célébrer le mariage ou s'ils pouvaient refuser d'y procéder. Une chose est sûre : aucune disposition légale ne subordonne la célébration du mariage à la **régularité de la situation d'un étranger au regard des conditions d'entrée et de séjour en France.** Cette irrégularité ne constitue pas en soi un empêchement à la célébration du mariage[3]. L'officier de l'état civil ne peut pas, de sa seule initiative, refuser de célébrer le mariage au prétexte de la situation irrégulière de l'un des futurs époux et il est tenu de procéder à la célébration si, dans le délai de quinzaine prévu à l'article 175-2 du Code civil, le procureur de la République n'a pas fait savoir qu'il s'opposait au mariage, ni décidé d'un sursis à la célébration; le point de départ de ce délai est la date à laquelle le procureur de la République est saisi par l'officier de l'état civil[4]. De même, si l'officier de l'état civil peut saisir le procureur de la République une seconde fois lorsqu'il découvre des indices nouveaux laissant présumer une absence de consentement, il ne peut pas en ce cas, refuser de procéder à la célébration à la date fixée en l'absence d'opposition ou de décision de sursis du procureur de la République[5].

Par contre, ne commet pas une voie de fait l'officier de l'état civil qui, informé de la situation irrégulière d'un étranger postulant au mariage, a saisi le procureur de la République dans la limite des pouvoirs qui lui sont conférés par la loi et a sursis à ce mariage suspect dans l'attente de l'enquête de ce magistrat[6].

111.33 Réactions législatives quant à la célébration du mariage. Pour répondre à cette préoccupation et pour tenter d'enrayer le phénomène, le législateur a pris, successivement, une série de dispositions particulières[7]. Les formalités préalables à la célébration ont été renforcées (C. civ., art. 63). Spécialement, il est prévu que l'officier de l'état civil ne pourra, en principe, procéder à la publication en vue du mariage qu'après **audition** des futurs époux. La **présence des époux** lors de la célébration est expressément exigée (C. civ., art. 146-1) et un chapitre spécial est désormais consacré au **mariage des Français à l'étranger** (C. civ., art. 171-1 à 171-8). L'article 175-2 du Code civil prévoit par ailleurs que lorsqu'il existe des indices sérieux laissant présumer que le mariage envisagé est susceptible d'être annulé au titre de l'article 146 (ou de l'article 180) du Code civil, l'officier de l'état civil peut **saisir le procureur de la République.** Le procureur de la République dispose alors d'un **délai de quinze jours** pour faire opposition au mariage ou décider qu'il sera sursis à sa célébration (sur le droit d'opposition du ministère public, v. s^{s} n° 113.67). Il doit faire connaître sa décision motivée à l'officier de l'état civil et aux intéressés. Si le procureur de la République décide un sursis, la durée de ce dernier ne peut excéder **un mois**, renouvelable une fois (initialement, la loi du 24 août 1993 avait prévu que le procureur de la République pourrait ordonner un sursis de trois mois sans que sa décision fut assortie d'une possibilité de recours; ces dispositions ont été déclarées contraires à la Constitution, comme méconnaissant le principe de la liberté du mariage[8]). Le mariage ne peut être célébré que lorsque le procureur de la République a fait connaître sa décision de laisser procéder au mariage ou si, dans le délai de **quinze jours**, il n'a pas porté à la connaissance de l'officier de l'état civil sa décision de surseoir à la célébration ou de s'y opposer, ou si, à l'expiration du sursis qu'il a décidé, il n'a pas fait connaître à l'officier de l'état civil qu'il s'opposait à la célébration. L'un ou l'autre des futurs époux, même mineur, peut contester la décision de sursis

1. Civ. 1re, 28 oct. 2003, n° 01-12.574, *Bull. civ.* I, n° 215; *D.* 2004, 21, note Gridel, 2964, obs. Lemouland; *AJ fam.* 2004, 27, obs. Bicheron; *RJPF* 2004, n° 1, p. 19; *Defrénois* 2004, p. 143, obs. Massip; *RTD civ.* 2004, 66, obs. Hauser; *Dr. fam.* 2004, n° 15, note Larribau-Terneyre.
2. Sur cette question, v. F. Boulanger, « Fraude, simulation ou détournement d'institution en droit de la famille », *JCP* 1993, I, 3665 – I. Corpart-Oulerich, « De l'intention matrimoniale ou le mariage était en blanc », *Gaz. Pal.* 1993, 2, doctr. 1257.
3. Rép. min. n° 30684, *JOAN* Q, 24 janv. 1996, p. 3434 – Et POUR UN RAPPEL EN CE SENS, v. TGI Paris, 5 juill. 2002, *BICC* 2002, n° 912; *Dr. fam.* 2002, n° 138, obs. Lécuyer.
4. CA Paris, 13 nov. 1998, *D.* 1999, somm. 372, obs. Lemouland; *RTD civ.* 1999, 363, obs. Hauser – CA Paris, 14 mars 2003, *D.* 2003, somm. 1937, obs. Lemouland.
5. Civ. 1re, 6 févr. 2007, n° 06-10.403, *Bull. civ.* I, n° 49; *D.* 2007, 1563, obs. Lemouland et Vigneau; *Defrénois* 2007/07, p. 535, obs. Massip.
6. CA Paris, 25 avr. 1997, *JCP* 1998, I, 101, obs. Farge.
7. L. n° 93-1027, 24 août 1993, *JO* 29 août, mod. par L. n° 93-1417, 30 déc. 1993, *JO* 1er janv. 1994 – Sur ce dispositif, v. F. Laroche-Gisserot, « Le crépuscule des mariages naturalisants », *Gaz. Pal.* 1994, 1, doctr. 629 – L. n° 2003-1119, 26 nov. 2003, relative à la maîtrise de l'immigration, *JO* 27 nov., p. 20136; *D.* 2003, lég. 3012 – L. n° 2006-1376, 14 nov. 2006, relative au contrôle de la validité des mariages, *JO* 15 nov., p. 17113 – On pourra également rapprocher ces dispositions de celles visant à renforcer la prévention et la répression des violences au sein du couple : L. n° 2006-399, 4 avr. 2006, *JO* 5 avr.
8. Cons. const. 13 août 1993, n° 93-325 DC, *JO* 18 août, p. 1172; *JCP* 1993, I, 3729, obs. Murat.

devant le **président du tribunal de grande instance** (TGI), qui doit statuer dans les **dix jours.** Et le président du TGI peut ordonner la **mainlevée de l'opposition** s'il considère qu'il n'existe aucun indice sérieux laissant présumer une absence réelle d'intention matrimoniale[1]. La décision du président du TGI peut être déférée à la cour d'appel qui statuera dans le même délai.

111.34 Mesures relatives à la nationalité et au séjour des étrangers. De façon corrélative, le législateur a également pris une série de mesures en matière de nationalité et d'immigration[2]. Car tel est l'objectif visé désormais par la plupart des mariages de complaisance.

L'acquisition de la nationalité française par mariage est subordonnée à une **déclaration effectuée auprès de l'autorité administrative** et soumise à plusieurs conditions de recevabilité. Spécialement il doit s'être écoulé un **délai de quatre ans** au moins à compter de la célébration et, à cette échéance, la communauté de vie entre époux doit toujours subsister entre les époux (C. civ., art. 21-2, mod. par L. n° 2003-1119, 26 nov. 2003, relative à la maîtrise de l'immigration, et L. n° 2006-911, 24 juill. 2006, relative à l'immigration et à l'intégration[3]; ce délai avait été fixé initialement à six mois, puis porté à deux ans, puis ramené à un an, avant d'être portée à nouveau à deux ans puis à quatre ans). D'autre part, la nullité du mariage rendrait caduque vis-à-vis d'un époux de mauvaise foi la déclaration précitée et ruinerait ainsi l'espoir de celui qui aurait voulu contracter dans ce but qu'une union fictive[4] (v. C. civ., art. 21-5, *a contrario*; ce qui explique que la voie choisie par les époux eux-mêmes soit plus souvent celle du divorce[5], ou même celle de la séparation de fait; mais dans ce cas, la jurisprudence s'appuie sur la complaisance et l'absence de communauté de vie pour rejeter toute demande ultérieure de contribution aux charges du mariage[6]).

Une loi du 9 septembre 1986[7] (loi modifiant Ord. du 2 nov. 1945, art. 15[8]) avait également subordonné l'obtention de plein droit d'une **carte de résident** par le conjoint d'un Français à un délai d'une année de mariage et à l'existence d'une communauté de vie effective[9]. Une loi du 2 août 1989, relative aux conditions de séjour et d'entrée des étrangers en France, estimant qu'il y avait là une source de complications, avait supprimé ces exigences, mais la carte pouvait néanmoins être retirée s'il apparaissait trop clairement que le mariage n'avait été contracté qu'en vue de son obtention[10]. Les conditions de délais ont été rétablies par la loi du 24 août 1993 relative à la maîtrise de l'immigration[11] (mais annulation d'un refus de visa fondé sur le caractère complaisant du mariage d'une Marocaine avec un Français, alors que les intéressés se connaissaient depuis plusieurs années et avaient accompli les formalités préalables au mariage[12]).

Désormais, la loi n° 2006-911 du 24 juillet 2006, relative à l'immigration et à l'intégration[13], subordonne l'obtention d'une carte de résident pour le

1. V. TGI Paris, 5 juill. 2002, *BICC* 2002, n° 912; *Dr. fam.* 2002, n° 138, obs. Lécuyer.
2. J.-F. Kriegk, « Le mariage, instrument pour l'acquisition de la nationalité et du droit de séjour », *LPA* 1994, n° 94 – F. Granet, « L'immigration par le mariage », *Le rôle de la volonté dans les actes juridiques, Études A. Rieg*, 2000, p. 40 – L. Grosclaude, « Le mariage de l'étranger », *RLDC* 2004/6, p. 62.
3. L. n° 2003-1119, 26 nov. 2003, relative à la maîtrise de l'immigration, *JO* 27 nov., p. 20136 – Et L. n° 2006-911, 24 juill. 2006, relative à l'immigration et à l'intégration, *JO* 25 juill., p. 11047.
4. Sur la nullité ou la caducité de la déclaration acquisitive de la nationalité française, v. Civ. 1re, 29 nov. 1989, *Bull. civ.* I, n° 367; *Rev. crit. DIP* 1989, 481, note Lagarde – CA Nancy, 15 nov. 1990, *JCP* 1991, II, 21766, note Eschylle – Civ. 1re, 5 mars 1991, n° 89-19.194, *Bull. civ.* I, n° 83; *D.* 1991, 537, note Guiho; *RTD civ.* 1992, 52, obs. Hauser – CA Dijon, 3 juill. 1991, *D.* 1992, 231, note Guiho – CA Paris, 13 déc. 1994, *D.* 1996, 254, note Guiho – Civ. 1re, 14 févr. 2006, n° 05-16.919, NP – Civ. 1re, 28 févr. 2006, n° 05-11.330, *Bull. civ.* I, n° 124; *RJPF* 2006/5, p. 16 – Sur l'ensemble de la question, v. P. Lagarde, *La nationalité française*, 3e éd., Dalloz, 1997.
5. V. Crim. 25 mars 1980, *D.* 1981, IR 142.
6. CA Paris, 25 sept. 1986, *D.* 1987, 134, note Mayer et Cale.
7. L. n° 86-1025, 9 sept. 1986, *D.* 1986, 474.
8. Ord. n° 45-2658, 2 nov. 1945, art. 15, *JO* 4 nov.; abrogé par Ord. n° 2004-1248, 24 nov. 2004 et transféré au Code de l'entrée et du séjour des étrangers et du droit d'asile, par L. n° 2006-911, 24 juill. 2006, relative à l'immigration et à l'intégration.
9. V. F. Julien-Laferrière, « Les nouvelles conditions de l'entrée et du séjour en France des étrangers », *ALD* 1987, 40.
10. V. circ. 2 août 1989, *JO* 8 août.
11. L. n° 93-1027, 24 août 1993, relative à la maîtrise de l'immigration et aux conditions d'entrée, d'accueil et de séjour des étrangers en France, *JO* 29 août, p. 12196; mod. par L. n° 93-1417, 30 déc. 1993, portant diverses dispositions relatives à la maîtrise de l'immigration et modifiant le Code civil, *JO* 1er janv. 1994, p. 11 – N. Guimezanes, « L'arrêt de l'immigration en France ? Commentaire de la loi du 24 août 1993 », *JCP* 1994, I, 3728 – H. Fulchiron, « La réforme du droit des étrangers », *JDI* 1999, 5 – Sur le refus ou le retrait d'un titre de séjour, v. CE 9 oct. 1992, req. n° 137342, *JCP* 1992, IV, 2883; *JCP* 1993, I, 3639; *JCP* 1993, II, 22025, obs. Laroche-Gisserot; *D.* 1993, 251, note Maillard Desgrées du Lou – CE 13 nov. 1992, n° 104099, *D.* 1993, 297, note Haïm.
12. CE 22 juin 2001, req. n° 217453, *RJPF* 2002, n° 1, p. 13.
13. L. n° 2006-911, 24 juill. 2006, *JO* 25 juill. – CESEDA, art. L. 314-9 – E. Putman, « La loi du 24 juillet 2006 : une immigration selon les mérites », *RJPF* 2006/12, p. 6 – « Mariages mixtes », dossier *AJ fam.* 2007/6, 244 s. – F. Julien-Laferrière, « La lutte contre les mariages de complaisance », *La liberté fondamentale du mariage*, PUAM, 2009, p. 141.

conjoint étranger d'un Français à un séjour de **trois ans**. Un délai de trois ans est également prévu pour que le mariage soit susceptible de faire obstacle à une **mesure de reconduite à la frontière** (CESEDA, art. L. 511-4) ou à une **expulsion** selon la procédure normale, du conjoint étranger (CESEDA, art. L. 521-2[1]).

Des **sanctions pénales** sont parfois prononcées[2]. Ces sanctions pénales ont été sensiblement alourdies lorsque le mariage a été contracté aux seules fins d'obtenir ou de faire obtenir un titre de séjour ou la nationalité française : **cinq ans d'emprisonnement, 15 000 euros d'amende**; peines alourdies lorsque l'infraction a été commise en bande organisée; peines complémentaires à l'encontre des personnes physiques (CESEDA, art. L. 623-1).

111.35 Nullité du mariage dépourvu d'intention matrimoniale réelle. Au plan civil, le mariage dépourvu d'intention matrimoniale réelle est entaché de nullité. Cette solution s'est heurtée, par le passé, à diverses objections, tirées pour l'essentiel de la nature du mariage et de l'ordre public. Et la jurisprudence s'est refusée dans un premier temps à prononcer la nullité des mariages fictifs : soit parce que, pour des raisons tenant à l'ordre public ou à la nature du mariage, cette nullité ne lui paraissait pas acceptable[3], soit parce que la difficulté lui semblait devoir être tranchée sur le terrain de la fraude à la loi[4] (ainsi, dans l'hypothèse d'une femme qui, pour acquérir le droit au capital de sa dot, avait simulé un mariage avec un mendiant[5]).

Désormais, la jurisprudence est nettement favorable à la nullité du mariage ne reposant sur aucune intention conjugale. Des nuances peuvent cependant être relevées dans la façon de caractériser ce défaut d'intention. Certaines juridictions s'en tiennent à l'analyse des circonstances, à l'absence en fait d'*affectio matrimonialis*, aux conventions des futurs époux, à leur attitude au lendemain de la célébration[6]. D'autres juridictions tentent de caractériser juridiquement le défaut d'intention, soit en invoquant le « *résultat particulier entièrement étranger au mariage* » visé en l'occurrence par les conjoints[7], soit en précisant le caractère secondaire de l'effet recherché par les époux[8].

111.36 Preuve du défaut d'intention. La difficulté principale se trouve souvent sur le terrain de la preuve où la jurisprudence reste attentive, de peur sans doute que « *la véritable simulation ne se produise au prétoire* »[9]. La perfection du consentement exprimé devant l'officier d'état civil crée une présomption qu'il faut détruire, et beaucoup d'actions échouent sur ce terrain. Les juges forgent leur conviction à partir des **circonstances qui ont précédé la cérémonie** (et qui peuvent paraître plus ou moins convaincantes : guerre, menaces diverses... ou simple inclination pour un autre que le conjoint[10]) et surtout en fonction de l'**attitude des époux après la célébration.** Nombre de décisions qui prononcent la nullité relèvent qu'en dépit du mariage, les conjoints ont poursuivi une existence séparée et qu'ils n'ont jamais cohabité[11] (mais l'absence de cohabi-

1. Sur la compatibilité de cette disposition avec la conv. EDH, v. D. Cohen, « La Convention européenne des droits de l'homme et le droit international privé français », *Rev. crit. DIP* 1989, 451, spéc[t] p. 476 – V. AUSSI, X. Pesenti, « Les couples mixtes et étrangers au regard de la Convention européenne des droits de l'homme », dans H. Fulchiron (dir.), *Les étrangers et la Convention européenne de sauvegarde des droits de l'Homme et des libertés fondamentales*, LGDJ, 1999 – Sur une mesure de reconduite à la frontière, v. CE 2 déc. 1992, req. n° 135306, *D.* 1993, IR 11; *RTD civ.* 1993, 328, obs. Hauser.
2. Pour l'exclusion de la qualification d'escroquerie mais la condamnation pour prise de fausse qualité, v. Crim. 4 nov. 1992, n° 92-82.650, *Bull. crim.*, n° 357; *RSC* 1994, 115, obs. Bouzat; 566, obs. Delmas Saint-Hilaire – Crim. 26 oct. 1994, n° 93-84.089, *Bull. crim.*, n° 341; *D.* 1995, somm. 187, obs. Julien-Lafferrière; *RSC* 1995, 583, obs. Ottenhof,; 593, obs. Delmas Saint-Hilaire.
3. T. civ. Bayonne, 9 avr. 1936, *S.* 1936, 2, 124, note H. R.
4. Dans le cadre de l'application de C. civ., art. 909, v. CA Paris, 24 févr. 1817, *S.* 1817, 2, 354; *S.* 1815-1818, 2, 241 – Civ. 11 janv. 1820, *S.* 1819-1821, 1, 164 – Civ. 21 août 1822, *S.* 1822-1824, 1, 129.
5. CA Aix-en-Provence, 4 mars 1813, *S.* 1812-1814, 2, 267 – COMP. T. civ. Dax, 25 mai 1899, *DP* 1899, 2, 357.
6. T. civ. Grenoble, 11 juill. 1923, *Gaz. Pal.* tables 1925-1930, *V° Mariage*, n° 37 – CA Paris, 16 oct. 1958, *JCP* 1958, II, 10897; *RTD civ.* 1959, 75, obs. Desbois.
7. T. civ. Seine, 7 janv. 1948, *JCP* 1948, II, 4430, note Mazeaud; *RTD civ.* 1948, 461, obs. Lagarde – T. civ. Meaux, 23 mai 1951, *Gaz. Pal.* 1951, 2, tables, *V° Mariage*, n° 3 – CA Toulouse, 5 avr. 1994, *JCP* 1995, II, 22462, note Boulanger – CA Paris, 27 janv. 1998, *Defrénois* 1998, 1385, obs. Massip – CA Grenoble, 3 nov. 1998, *D.* 1999, somm. 373, obs. Lemouland – Civ. 1re, 6 juill. 2000, n° 98-10.462, NPT; *LPA* 2001, n° 22, obs. Massip – V. AUSSI, mais avec un fondement plus obscur, TGI Auch, 18 mars 1987, *RJ Aquitaine* 1987, n° 3, p. 516, obs. Lemouland.
8. CA Paris, 11 juin 1974, *Gaz. Pal.* 1974, 2, somm. 293; et comm. G. Raymond, « Nullité absolue du mariage pour simulation », *Gaz. Pal.* 1975, 2, doctr. 501 – TGI Le Mans, 24 avr. 1984, *Gaz. Pal.* 1984, 2, somm. 289 – CA Paris, 14 janv. 1994, *D.* 1994, 357, obs. Audit; IR 101.
9. Mazeaud, note s[s] T. civ. Seine, 7 janv. 1948, *JCP* 1948, II, 4430.
10. TGI Paris, 7 mai 1996, *Dr. fam.* 1997, n° 38, obs. Lécuyer.
11. CA Toulouse, 5 avr. 1994, *JCP* 1995, II, 22462, note Boulanger – CA Rennes, 26 oct. 1998, *JCP* 1998, IV. 2743 – Civ. 1re, 8 juin 1999, n° 97-15.520, NPT; *D.* 2000, somm. 413, obs. Lemouland; *Defrénois* 1999, 1256, obs. Massip; *RJPF* 1999, n° 9, p. 17, obs. Vassaux; *Dr. fam.* 1999, n° 110, obs. Lécuyer – TGI Lille, 5 déc. 2001, *D.* 2002, 3236, note Labbée – CA Paris, 16 sept. 2004, *D.* 2005, pan. 816, obs. Lemouland et Vigneau – Civ 1re, 9 juill. 2008, n° 07-19.070, NP; *RTD civ.* 2008, 659, obs. Hauser.

tation n'est pas toujours considérée comme significative d'un défaut d'intention matrimoniale[1]). À l'inverse, la nullité est souvent refusée lorsque les époux ont cohabité pendant quelque temps[2], ou se sont témoignés une véritable affection[3] (ainsi, malgré l'homosexualité de l'épouse et l'impuissance du mari, la preuve du défaut d'intention matrimoniale n'est pas rapportée dans la mesure où le but principal de l'union était d'apporter aide et assistance au conjoint[4]).

111.37 Critère du défaut d'intention. Un premier arrêt rendu par la Cour de cassation avait donné lieu à des interprétations divergentes[5]. Dans cette décision, la Cour de cassation affirme qu'un mariage est valable lorsque les époux ont cru pouvoir limiter ses effets légaux et, en l'occurrence, n'ont donné leur consentement que dans le but de conférer à l'enfant la qualité d'enfant légitime. Mais l'arrêt pose également en guise de principe qu'« *un mariage est nul, faute de consentement, lorsque les époux ne se sont prêtés à la cérémonie qu'en vue d'atteindre un résultat étranger à l'union matrimoniale* [...] ». Derrière la référence au « résultat étranger », on pouvait voir se dessiner une prise en considération de l'intention conjugale fondée sur la distinction entre les effets du mariage, la légitimité appartenant selon la Cour aux effets fondamentaux.

Dans une autre affaire soumise à la Cour de cassation[6], deux époux avaient divorcé sur requête conjointe et s'étaient remariés quelques mois plus tard afin de permettre au mari de profiter de la possibilité offerte par la loi du 9 janvier 1973[7] d'acquérir la nationalité française par simple déclaration. Les pouvoirs publics, invoquant une fraude à la loi, avaient refusé la déclaration en vue de l'acquisition de la nationalité française. Le mari introduit un recours contre cette décision, mais le ministère public forme tierce opposition au jugement de divorce et demande la nullité du second mariage. La cour d'appel de Lyon rejette les arguments du ministère public : il n'y a, selon elle, ni atteinte à l'ordre public, les époux n'ayant pas dans un divorce sur requête conjointe à motiver leur demande, ni fraude à la loi car les mobiles qui les ont poussés à divorcer et à se remarier n'apparaissent pas illicites ou illégitimes[8]. Mais la Cour de cassation casse l'arrêt de la cour d'appel de Lyon sur le fondement d'une fraude à la loi et refuse au second mariage l'effet acquisitif de nationalité. L'interprétation de l'arrêt est délicate car il ne s'agissait nullement en l'espèce d'un mariage fictif puisque, bien au contraire, les époux voulaient se marier et entendaient fermement le rester. Le seul principe que l'on puisse éventuellement tirer de l'arrêt du 17 novembre 1981 est qu'un mariage parfaitement valable ne permet pas pour autant aux époux de frauder la loi. Cette fraude les priverait de l'effet recherché; mais il semble hasardeux de prétendre y voir une solution pour des hypothèses dans lesquelles l'intention conjugale fait défaut.

Dans ses décisions ultérieures, la Cour de cassation s'est souvent contentée de rappeler le pouvoir souverain des juges du fond et de se retrancher derrière leur appréciation des circonstances (ainsi certains arrêts, approuvent le prononcé de la nullité pour défaut d'intention matrimoniale[9]; d'autres, approuvent à l'inverse le refus des juges du fond de prononcer la nullité[10]).

Cependant, dans un arrêt du 28 octobre 2003[11], la Cour de cassation a rappelé, par une formule concise, que le mariage est nul lorsque les époux « *ne se sont prêtés à la cérémonie qu'en vue d'atteindre un but étranger à l'union matrimoniale* ». L'éven-

1. CA Pau, 19 janv. 2004, *Dr. fam.* 2004, n° 46, note Larribau-Terneyre.
2. CA Paris, 11 juin 1974, *Gaz. Pal.* 1974, 2, somm. 293 – TGI Paris, 22 mars 1976, *RTD civ.* 1983, 325, obs. Nerson et Rubellin-Devichi – CA Paris, 17 juin 1999, *RTD civ.* 1999, 816, obs. Hauser – Rappr. pour ordonner mainlevée d'une opposition, CA Versailles, 15 juin 1990, *D.* 1991, 268, note Hauser.
3. CA Lyon, 12 sept. 2000, *RTD civ.* 2000, 809, obs. Hauser.
4. CA Caen, 11 janv. 2007, *Dr. fam.* 2007, n° 101, obs. Larribau-Terneyre.
5. Aff. Appietto, Civ. 1re, 20 nov. 1963, *D.* 1964, 465, note Raymond; *Gaz. Pal.* 1964, 1, 327; *JCP* 1964, II, 13498, note Mazeaud; *RTD civ.* 1964, 286, obs. Desbois.
6. Aff. Taleb, Civ. 1re, 17 nov. 1981, *D.* 1982, 573, note P. Guiho; *JCP* 1982, II, 19842, note M. Gobert; *Gaz. Pal.* 1982, 2, 567, note Massip; *RTD civ.* 1983, 334, obs. Nerson et Rubellin-Devichi.
7. L. n° 73-42, 9 janv. 1973, *D.* 1973, 85.
8. CA Lyon, 16 janv. 1980, *D.* 1981, 577, note Guiho.
9. Civ. 1re, 22 avr. 1997, n° 95-13.578, NPT; *Defrénois* 1997, 1326, obs. Massip – Civ. 1re, 13 oct. 1998, n° 96-21.263, NPT; *LPA* 1999, n° 123, 26, obs. Massip – Civ. 1re, 8 juin 1999, n° 97-15.520, NPT; *D.* 2000, somm. 413, obs. Lemouland; *RJPF* 1999, n° 9, p. 17, obs. Vassaux; *Defrénois* 1999, 1256, obs. Massip – Civ. 1re, 19 janv. 1999, n° 97-14.678, NPT; *Dr. fam.* 1999, n° 23, obs. Lécuyer – Civ. 1re, 6 juill. 2000, n° 98-10.462, NPT; *LPA* 2001, n° 22, obs. Massip – Civ. 1re, 22 nov. 2005, n° 03-10.385, n° 03-18.209, 2 esp., *Bull. civ.* I, nos 441 et 442; *D.* 2006, pan. 1415, obs. Lemouland et Vigneau; *RTD civ.* 2006, 92, obs. Hauser – Civ. 1re, 7 juin 2006, n° 04-13.447, NP; *Dr. fam.* 2006, n° 154, obs. Larribau-Terneyre.
10. Civ. 1re, 12 nov. 1998, n° 96-19.701, NPT; *Dr. fam.* 1999, n° 23, obs. Lécuyer.
11. Civ. 1re, 28 oct. 2003, n° 01-12.574, *Bull. civ.* I, n° 215; *D.* 2004, 21, note Gridel; 2964, obs. Lemouland; *AJ fam.* 2004, 27, obs. Bicheron; *RJPF* 2004, n° 1, p. 19; *Defrénois* 2004, p. 143, obs. Massip; *RTD civ.* 2004, 66, obs. Hauser; *Dr. fam.* 2004, n° 15, note Larribau-Terneyre.

tuelle validité du mariage dont les époux auraient cru pouvoir limiter les effets légaux n'est plus évoquée. Il est peu probable que la différence de rédaction par rapport à l'arrêt *Appietto*[1] tienne à l'analyse de ce qui serait un effet de l'union matrimoniale (la légitimité des enfants) ou de ce qui lui serait étranger (l'obtention d'avantages matrimoniaux)[2]. À l'évidence, l'obtention d'avantages matrimoniaux comme la légitimité peut être un « résultat » parmi d'autres du mariage. Plus probablement, la Cour de cassation a donc modifié son approche de la question en considérant désormais le « but » de l'union, sa finalité, et non son « résultat ». Le mariage est nul si le seul objectif visé par les « époux », quel qu'il soit, est étranger à la finalité de l'union matrimoniale. Sans en dire davantage mais en censurant le raisonnement suivi en l'espèce par les juges du fond, la Cour de cassation semble vouloir adopter une conception « existentielle » du mariage et laisse entendre que sa finalité ne saurait être réduite à des effets isolés.

111.38 Fondement de la nullité du mariage dépourvu d'intention matrimoniale. Le fondement retenu le plus souvent au soutien de la nullité, tant par la jurisprudence que par la doctrine, est le **défaut de consentement** au sens de l'article 146 du Code civil[3]. Sans doute pourrait-on objecter que l'absence de consentement n'est pas totale, les époux ayant consenti au moins à l'acte créateur à défaut de vouloir l'état matrimonial[4]. Mais ce découpage psychologique ne paraît guère conforme à l'esprit de l'article 146 du Code civil, lequel permet d'envisager globalement les hypothèses de défaut de consentement[5] (sur les caractères de la nullité prononcée sur ce fondement, v. s^s^ n° 115.71). Cependant, il faut reconnaître que ce critère n'est pas toujours aisé à utiliser. Il conduit à reporter l'essentiel du débat sur le terrain de la preuve (v. s^s^ n° 111.36) et ne permet guère d'avoir à l'avance une certitude quant à l'appréciation souveraine des juges du fond.

D'autres fondements ont été parfois avancés au soutien de la nullité des mariages fictifs, mais sans grand succès (abus de droit[6], simulation[7], absence de cause[8], détournement d'institution[9]). Cependant, quelques décisions ont pu trouver dans le défaut de liberté, visé à l'article 180 alinéa 1er du Code civil, un fondement à la nullité du mariage fictif. Il peut arriver, il est vrai, qu'un tel mariage ne soit célébré que pour échapper à une menace[10]. Parfois aussi, les circonstances permettent de demander la nullité du mariage pour erreur sur la personne[11].

Lorsqu'elle se trouve confrontée à des **mariages fictifs**, il arrive que la jurisprudence contemporaine fasse parfois référence à la **fraude à la loi**, mais sans en tirer véritablement des conséquences différentes de celles qui résultent du défaut de consentement[12]. Le législateur semble également avoir été séduit par ce fondement. La loi n° 93-1027 du 24 août 1993 avait ajouté dans le Code civil un article 190-1 (anc.) qui prévoyait que « *le mariage qui a été célébré en fraude à la loi peut être annulé à la demande de l'époux de bonne foi ou du ministère public, formée dans l'année du mariage* ». Mais ces dispositions n'ont pas eu le succès escompté[13], d'abord parce

1. Civ. 1re, 20 nov. 1963, *D.* 1964, 465, note Raymond; *Gaz. Pal.* 1964, 1, 327; *JCP* 1964, II, 13498, note Mazeaud; *RTD civ.* 1964, 286, obs. Desbois.
2. EN CE SENS, Hauser, obs. *RTD civ.* 2004, 66.
3. TGI Paris, 7 mai 1996, *Dr. fam.* 1997, n° 38, obs. Lécuyer – CA Rennes, 26 oct. 1998, *JCP* 1998, IV, 2743 – Civ. 1re, 8 juin 1999, n° 97-15.520, NPT; *D.* 2000, somm. 413, obs. Lemouland; *RJPF* 1999, n° 9, p. 17, obs. Vassaux; *Defrénois* 1999, 1256, obs. Massip – CA Paris, 23 janv. 2003, *D.* 2003, somm. 1937, obs. Lemouland – Civ. 1re, 28 oct. 2003, n° 01-12.574, *Bull. civ.* I, n° 215; *D.* 2004, 21, note Gridel, 2964, obs. Lemouland – Civ. 1re, 22 nov. 2005, n° 03-10.385, n° 03-18.209, 2 esp., *Bull. civ.* I, n°s 441 et 442; *Dr. fam.* 2006, n° 20, obs. Larribau-Terneyre; *D.* 2006, pan. 1415, obs. Lemouland et Vigneau; *RTD civ.* 2006, 92, obs. Hauser – Civ. 1re, 7 juin 2006, n° 04-13.447, NP; *Dr. fam.* 2006, n° 154, obs. Larribau-Terneyre.
4. M. Baud, *Les vices du consentement en matière de mariage en droit civil français et en droit canonique*, th. Dijon, 1973, n° 80.
5. V. A. Rieg, *Le rôle de la volonté dans l'acte juridique*, th. Strasbourg, 1961, p. 16 s.
6. A. Richard, « Les mariages fictifs », *Bull. soc. législ. comp.* 1936-1937, 337 – Le Courvoisier, *Le mariage fictif en droit suisse*, th. Lausanne, 1943.
7. M. Dagot, *La simulation en droit privé*, th. Toulouse, 1965.
8. HAUSER et HUET-WEILLER, *Fondation et vie de la famille*, n°s 279 s. – *Adde*, à propos :Civ. 1re, 9 juill. 2008, n° 07-19.070, NP; *RTD civ.* 2008, 659, obs. Hauser.
9. D. Fenouillet, « Le détournement d'institution familiale », *Mél. Malaurie*, Éd. Defrénois, 2005.
10. T. civ. Grenoble, 11 juill. 1923, *Gaz. Pal.* tables 1925-1930, *V° Mariage*, n° 37 – CA Paris, 9 janv. 1996, *RTD civ.* 1996, 365, obs. Hauser – TGI Paris, 7 mai 1996, *JCP* 1996, I, 3966, obs. Farge; *RTD civ.* 1996, 583, obs. Hauser – CA Riom, 26 nov. 2002, *Dr. fam.* 2003, n° 84, obs. Lécuyer – CA Bordeaux, 21 mai 2003, *Dr. fam.* 2004, n° 1, obs. Larribau-Terneyre – COMP. CA Bastia, 27 juin 1949, *D.* 1949, 417 – *Adde*, réf. citées par C.-I. Foulon-Piganiol, obs. *RTD civ.* 1960. 226, note 18.
11. CA Montpellier, 14 déc. 1992, *JCP* 1993, IV, 2337; *RTD civ.* 1994, 80, obs. Hauser – CA Toulouse, 2 mars 1993, *JCP* 1993, IV, 1624; *RTD civ.* 1993, 563, obs. Hauser.
12. CA Grenoble, 3 nov. 1998, *D.* 1999, somm. 373, obs. Lemouland; *Dr. fam.* 1999, n° 23, obs. Lécuyer.
13. F. Fourment, « L'article 190-1 du Code civil et les mariages naturalisants, un exemple de disposition législative inutile », *JDI* 1998, 945 – S. Lebreton, « Réflexions sur la sanction des mariages célébrés en fraude à la loi, à partir de la critique de l'article 190-1 du Code civil », *JCP N* 1999, 967 – Larribau-Terneyre, obs. s^s^ CA Amiens, 9 mars 2005, *Dr. fam.* 2005, comm. n° 236.

que les conditions d'application de l'article 190-1 étaient plus rigoureuses que celles de l'article 146 du Code civil, ensuite parce que le concept de fraude ne permettait pas de couvrir toutes les hypothèses de mariages fictifs. Il n'y a pas véritablement fraude lorsque les époux cherchent à obtenir un avantage du statut légal. La Cour de cassation a refusé tout empiètement des dispositions de l'article 190-1 sur le régime de la nullité pour défaut de consentement[1]. Si bien qu'en définitive, les dispositions de l'article 190-1 ont été abrogées par la loi n° 2003-1119 du 26 novembre 2003[2].

§ 3
Intégrité du consentement

111.51 **Liberté et lucidité du consentement.** Pour que le mariage soit valable, il faut que le consentement donné par les futurs époux présente une intégrité suffisante. Il faut que ce consentement soit exempt de vices, qu'il soit libre et lucide. L'article 180 du Code civil sanctionne par la nullité du mariage, d'une part, le défaut de liberté (al. 1er), d'autre part, l'erreur commise par l'un des époux (al. 2). Ni la lésion ni le dol ne sont expressément prévus, ce que l'on justifie habituellement par l'importance sociale du mariage qui ne saurait tolérer sa remise en cause pour des raisons d'argent, ou sous prétexte d'une tromperie bénigne. Mais la pratique dément cette affirmation théorique.

A.
Liberté du consentement

1°
Absence de violence

111.61 **Sanction de la violence et défiance à l'égard des contraintes indirectes.** L'article 180 alinéa 1er du Code civil prévoit que « *l'exercice d'une contrainte sur les époux ou sur l'un d'eux, [...] constitue une cause de nullité du mariage.* » On estime traditionnellement que ce qui est ainsi visé, c'est la situation dans laquelle le consentement aurait été donné sous l'emprise d'une violence. Mais par ailleurs, et afin de préserver la liberté de choix jusqu'à l'instant même de la célébration, notre droit a toujours manifesté une certaine défiance à l'égard des accords qui pourraient précéder le mariage ou des clauses contractuelles qui pourraient influencer le consentement matrimonial.

111.62 **Violence.** Le défaut de liberté suppose un mal dont l'un des époux au moins serait menacé dans sa personne ou dans ses biens. Une contrainte physique lors de la cérémonie est difficilement concevable, l'officier d'état civil étant présent. Les exemples que l'on cite en ce sens révèlent plutôt des violences physiques antérieures laissant subsister lors de la célébration une **contrainte morale**[3]. Le plus souvent, il s'agit de **menaces** : menaces de mort[4] (par ex., s'agissant d'un mariage contracté par un Français déporté en Allemagne avec une jeune fille de nationalité soviétique sous la pression de ses compatriotes[5]), menaces de maux divers[6] (menaces verbales exercées sur un époux affaibli, tant par son père que par son supérieur hiérarchique, et poursuivies jusqu'au jour de la célébration[7]).

Il n'est pas nécessaire que le mal soit **présent**. L'hypothèse en serait d'ailleurs fort rare. Il suffit qu'existe, chez le futur époux, la crainte d'un mal dont la réalisation serait, à ses yeux, relativement proche. Il n'est pas davantage exigé que le mal soit **considérable**, qu'il ait une gravité objective par rapport à une personne particulièrement courageuse. Il suffit qu'il soit de nature à altérer la volonté de celui qui le subit. La gravité du mal se ramène, en définitive, à une appréciation par le juge de la détermination du consentement[8]. La Cour de cassation leur reconnaît d'ailleurs un pouvoir souverain et, après avoir analysé les faits et circonstances de la cause, ils peuvent décider « *en résumé qu'il ne résulte pas suffisamment des documents produits que le consentement du mari ait été extorqué par la violence et soit nul* »[9]. Justifient leur décision les juges du fond qui prononcent la nullité du mariage en se fondant sur les déclarations faites au cours d'une procédure pénale, sur le témoignage de l'officier de l'état civil, sur des rapports de police et des certificats médicaux; les juges du fond ont souverainement déduit

1. Civ. 1re, 28 mars 2006, n° 03-10.072, *Bull. civ.* I, n° 184; *Dr. fam.* 2006, n° 118, obs. Larribau-Terneyre – Civ. 1re, 7 juin 2006, n° 04-13.447, NP; *Dr. fam.* 2006, n° 154, obs. Larribau-Terneyre.
2. L. n° 2003-1119, 26 nov. 2003, relative à la maîtrise de l'immigration, au séjour des étrangers en France et à la nationalité, *JO* 27 nov., p. 20136; *D.* 2003, lég. 3012.
3. V. Civ. 4 nov. 1822, *S.* 1823, 1, 219 – CA Alger, 14 juin 1890, *DP* 1891, 2, 153 – CA Paris, 20 mai 1983, *Gaz. Pal.* 1983, 2, somm. 424 – CA Bordeaux, 21 fév. 2006, *Dr. fam.* 2007, comm. 121, note Larribau-Terneyre.
4. CA Bastia, 27 juin 1949, *D.* 1949, 417; *JCP* 1949, II, 5083, note J. S.; *RTD civ.* 1949, 518, obs. Lagarde.
5. CA Lyon, 21 mars 1949, *S.* tables 1949, *V° Mariage*, n° 1.
6. CA Paris, 20 mars 1872, *DP* 1872, 2, 109 – Civ. 1re, 17 mars 1959, *D.* 1959, 540; *RTD civ.* 1960. 86, obs. Desbois.
7. T. civ. Montpellier, 16 juill. 1946, *Gaz. Pal.* 1946, 2, 183.
8. CA Aix-en-Provence, 29 nov. 1932, *DH* 1933, somm. 19 – CA Lyon, 21 mars 1949, *S.* tables 1949, *V° Mariage*, n° 1.
9. Civ. 1re, 17 déc. 1968, *D.* 1969, 410; *RTD civ.* 1970, 154, obs. Nerson.

de ces divers documents que les menaces ont amené l'épouse à consentir à un mariage qu'elle ne souhaitait pas réellement[1]. Mais de nombreuses demandes échouent sur le terrain de la preuve, lorsque la démonstration d'une menace déterminante du consentement n'est pas rapportée[2].

Il n'est pas davantage nécessaire que la violence soit **injuste** car on ne voit pas quelle menace d'exercice d'une voie de droit pourrait constituer un juste moyen de contraindre au mariage. S'agissant de la **crainte révérencielle**, il a toujours été admis qu'elle puisse être sanctionnée lorsqu'elle s'accompagne de violences, mais les décisions des tribunaux n'étaient pas toujours, sur ce point, dépourvues d'ambiguïté[3] (ainsi, lorsqu'un jeune homme, très affecté par la révélation d'une liaison de sa future épouse, avait d'abord manifesté son intention de renoncer à la cérémonie mais s'y était finalement résigné sur l'insistance de son père et pour ne pas nuire à la renommée de sa famille qui avait invité au mariage près de sept cents personnes[4] – V. cep. une décision refusant de prononcer la nullité sur le seul fondement de la crainte révérencielle en l'absence de violence exercée[5]). Pour dissiper tout malentendu, la loi n° 2006-399 du 4 avril 2006[6] a complété l'article 180 du Code civil pour prévoir explicitement que l'exercice d'une contrainte sur l'un des époux, y compris par crainte révérencielle, pourra constituer une cause de nullité du mariage[7].

Peu importe que l'auteur de la contrainte soit **le futur conjoint ou un tiers.** Il est d'ailleurs assez rare que la violence soit exercée directement par le futur conjoint[8]. Plus souvent, elle est l'œuvre des parents de l'un des futurs époux. L'origine de la violence pourrait également se trouver dans des événements extérieurs. Ainsi a été annulé pour violence morale le mariage contracté en Turquie par une Française avec un citoyen américain, sous la poussée des circonstances nées de la guerre et du risque sérieux d'incarcération[9]. La victime des menaces est souvent l'un des futurs époux. Mais ce pourrait être un tiers : ascendant, descendant... La personnalité de l'époux victime du défaut de liberté doit être prise en considération. Il n'est pas objectivement exigé de lui un courage particulier. On tient compte des circonstances dans lesquelles il se trouvait placé, de son âge[10] (sans pour autant que cet élément soit toujours déterminant[11]), de son caractère[12], du fait qu'il se trouvait à l'article de la mort[13].

1. Civ. 1re, 2 déc. 1997, n° 96-12.324, NPT; *LPA* 1998, n° 148, 24; *Defrénois* 1998, 1917, obs. Massip.
2. CA Paris, 3 juin 1997, *JCP* 1998, I, 151, n° 1, obs. Farge – CA Douai, 17 janv. 2000, *Dr. fam.* 2000, n° 124, 3e arrêt, obs. Lécuyer.
3. Dans le sens de la nullité, T. civ. Montpellier, 16 juill. 1946, *Gaz. Pal.* 1946, 2, 183 – CA Colmar, 28 avr. 2005, *Dr. fam.* 2006, n° 1, obs. Larribau-Terneyre – CA Bordeaux, 21 févr. 2006, *Dr. fam.* 2007, n° 121, obs. Larribau-Terneyre.
4. TGI Versailles, 25 avr. 1979, *Gaz. Pal.* 1979, 2, 532.
5. CA Rouen, 25 mai 1992, *Gaz. Pal.* 1994, 2, 594.
6. L. n° 2006-399, 4 avr. 2006, renforçant la prévention et la répression des violences au sein du couple ou commises contre les mineurs, *JO* 5 avr., p. 5097; *RTD civ.* 2006, 402, obs. Leroyer – D. Viriot-Barrial, « Commentaire de la loi du 4 avril 2006 renforçant la prévention et la répression des violences au sein du couple ou commises contre les mineurs », *D.* 2006, 2350 – M. Azavant, « Regard civiliste sur la loi du 4 avril 2006... », *Dr. fam.* 2006, étude n° 40.
7. La responsabilité pénale de certains parents usant de la contrainte pour obliger leur fille à retourner dans leur pays d'origine et y contracter mariage est parfois recherchée : Rép. min. n° 53291, *JOAN* Q, 1er mars 2005, p. 2231.

2°
Fiançailles

111.70 Sort des engagements antérieurs à la célébration – Absence de force obligatoire des fiançailles. Au regard de l'histoire, certains auteurs, au lendemain de la promulgation du Code civil, ont hésité à refuser aux fiançailles ou promesses de mariage toute force obligatoire. Ils estimaient qu'elles devaient être traitées comme tout autre contrat dont il en résulte une obligation de faire qui se résout, en cas d'inexécution, en dommages et intérêts. Cette opinion fut consacrée par quelques décisions[14]. Cependant, très vite, la doctrine dominante va affirmer l'absence de force obligatoire des promesses de mariage en invoquant deux justifications : d'une part, le mariage étant hors du commerce juridique, les fiançailles ne sauraient former un contrat valable; d'autre part et surtout, la solution inverse méconnaîtrait le principe de la liberté du consentement. Les futurs époux doivent toujours avoir leur pleine indépendance lorsqu'ils se présentent devant l'officier d'état civil, et tout élément susceptible de peser sur leur volonté doit être banni. Une partie de la doctrine dénonce néanmoins l'illogisme qu'il y a dans le refus de considérer les fiançailles comme un engagement valable

8. CA Aix-en-Provence, 14 mai 1857, *DP* 1857, 2, 148 – CA Toulouse, 30 déc. 1947, *Gaz. Pal.* 1948, 1, 128 – CA Paris, 4 juill. 1959, *D.* 1960, 15 – V. CEP., CA Paris, 20 mai 1983, *Gaz. Pal.* 1983, 2, somm. 424.
9. T. civ. Grenoble, 11 juill. 1923, *Gaz. Pal.* tables 1925-1930, *V° Mariage*, n° 37.
10. CA Paris, 4 juill. 1959, *D.* 1960, 15.
11. CA Aix-en-Provence, 14 mai 1857, *DP* 1857, 2, 148 : « *l'âge avancé du sieur C... aurait pu rendre plus facile pour les demandeurs les preuves d'influences frauduleuses* [...] *mais le sieur C..., quoiqu'âgé de 81 ans, a su et voulu ce qu'il a fait* ».
12. CA Aix-en-Provence, 29 nov. 1932, *DH* 1933, somm. 19.
13. CA Paris, 20 mars 1872, *DP* 1872, 2, 109.
14. V. NOT., CA Colmar, 29 juill. 1806, *S.* 1808, 2, 160.

tout en décidant que le fait de les rompre peut être source de responsabilité. Si la promesse de mariage est nulle, pourquoi le fait de ne pas la respecter peut-il être source de responsabilité ? En définitive on a pu soutenir aussi qu'il y a une incohérence à commencer par poser la règle de l'absence d'efficacité juridique de la promesse pour la traiter ensuite comme si elle avait force obligatoire[1]. D'autre part, on a fait valoir qu'il pouvait sembler curieux de prétendre tirer du silence des textes une condamnation d'un acte aussi courant en pratique. Le principe de liberté des conventions imposerait, bien au contraire, la solution inverse. Enfin, on a pu remarquer que la position jurisprudentielle ne garantit pas vraiment la liberté du consentement qu'elle prétend défendre : l'éventualité d'une condamnation à des dommages et intérêts n'est-elle pas de nature à peser sur la volonté des intéressés ? En tout cas, pourquoi pèserait-elle moins s'agissant de dommages et intérêts alloués sur le fondement de la responsabilité délictuelle qu'une réparation accordée sur le fondement de la responsabilité contractuelle ?

Ces observations ont conduit certains auteurs à formuler d'autres propositions. Ainsi, Josserand a proposé de voir dans les fiançailles un contrat pouvant être résilié non seulement par l'accord des parties mais également, comme pour les contrats successifs à durée indéterminée, par volonté unilatérale. Toutefois, si ce droit de rupture unilatérale est exercé de façon abusive, sans motif légitime, l'auteur de la rupture pourra être condamné à verser à l'autre fiancé des dommages et intérêts. D'autres auteurs ont proposé de considérer la promesse de mariage comme une sorte d'avant-contrat, obligeant les parties à coopérer loyalement en vue du mariage, la violation de cette obligation de loyauté justifiant la responsabilité de son auteur[2]. Ou bien encore, on a pu soutenir que l'accord intervenu entre les fiancés constituait un engagement d'honneur donnant naissance à une obligation naturelle ne pouvant donc être invoquée en justice, mais se transformant en obligation civile dès lors qu'elle est reconnue par l'autre partie ou que celle-ci manifeste l'intention de l'exécuter.

La jurisprudence, quant à elle, a été fixée par les arrêts de la Cour de cassation des 30 mai et 11 juin 1838[3]. La rupture et la seule inexécution de la promesse ne donnent pas droit à réparation[4]. On en déduit que la clause pénale insérée dans une promesse de mariage afin d'en sanctionner l'inexécution serait nulle[5]. Peu importe d'ailleurs que la clause ait été dissimulée sous l'apparence d'un prêt fait par un fiancé à l'autre[6], sous forme de reconnaissance ou de quittance de dot dans un contrat de mariage[7], ou encore déguisée sous forme de testament[8]. De même encore, il résulte de l'absence de valeur juridique des fiançailles qu'elles n'entraînent aucun empêchement à mariage entre un fiancé et les proches parents de l'autre.

111.71 Rupture des fiançailles – Décès de l'un des fiancés. Le refus de considérer les fiançailles comme un engagement juridique valable n'a pas permis d'ignorer complètement les situations de fait ainsi créées. Autrefois, la séduction par promesse de mariage ou fiançailles était un cas d'ouverture spécifique de l'action en recherche de paternité naturelle. Les cas d'ouverture de l'article 340 (anc.) ont été supprimés par la loi n° 93-22 du 8 janvier 1993. D'autre part, la jurisprudence avait fait de la promesse de mariage un élément du délit civil de séduction permettant à la mère abandonnée d'obtenir des dommages et intérêts en application de l'article 1382 du Code civil[9].

Mais pour l'essentiel, les difficultés juridiques soulevées aujourd'hui par les fiançailles se concentrent autour de leur rupture. Cette rupture peut être la conséquence du décès accidentel de l'un des fian-

1. V. NOT., L. Josserand, « Le problème juridique de la rupture des fiançailles », *DH* 1927, chron. 21.
2. Hemard, note s[s] Civ. 2 déc. 1907, *S.* 1909, 1, 553 – COMP. R. Saleilles, « De la responsabilité précontractuelle », *RTD civ.* 1907, 697.
3. Civ. 30 mai et 11 juin 1838, *S.* 1838, 1, 492.
4. CA Nîmes, 25 janv. 1839, *S.* 1839, 2, 177 – CA Lyon, 10 juill. 1869, *DP* 1870, 5, 290 – Req. 12 nov. 1901, *DP* 1902, 1, 46 – CA Poitiers, 13 nov. 1922, *Gaz. Pal.* 1923, 1, 3 1 – Civ. 2 mars 1926, *DH* 1926, 286 – T. civ. Metz, 4 juin 1928, *Gaz. Pal.* 1928, 2, 677 – T. civ. Alençon, 15 mars 1932, *DP* 1934, 2, 39 – Req. 23 mars 1932, *Gaz. Pal.* 1932, 2, 19 – CA Riom, 12 juin 1934, *DH* 1934, 549 – CA Angers, 19 nov. 1935, *DH* 1936, 75 – Civ. 28 mai 1935, *S.* 1935, 1. 266 – Req. 29 déc. 1936, *Gaz. Pal.* 1937, 1, 399 – Req. 1er mars 1938, *DH* 1938, 264 – Civ. 10 mars 1943, *DA* 1943, 65 – Civ. 3 juill. 1944, *D.* 1945, 81 – Civ. 1re, 1er mars 1949, *Bull. civ.* I, n° 76 – CA Montpellier, 19 mars 1954, *D.* 1954, 377 – Civ. 2e, 16 mars 1955, *D.* 1955, 324 – CA Paris, 25 oct. 1963, *JCP* 1963, II, 13455 – CA Paris, 12 nov. 1964, *JCP* 1965, II, 14104, note R. B. – Civ. 2e, 7 juin 1967, *Bull. civ.* II, n° 210 – Civ. 1re, 4 janv. 1995, n° 92-21.767, NPT; *D.* 1995, 251, note Bénabent; *RTD civ.* 1995, 604, obs. Hauser – TGI Périgueux, 24 oct. 1995, *LPA* 1996, n° 90, p. 33, note Charollois – V. AUSSI, dans le sens d'une réaffirmation très nette du caractère non contractuel des fiançailles, Civ. 2e, 28 avr. 1993, n° 91-18.855, NPT; *D.* 1995, 330, note Mathieu.
5. CA Douai, 3 déc. 1853, *DP* 1855, 2, 133 – CA Lyon, 10 juill. 1869, *DP* 1870. 5, 290 – CA Dijon, 27 mai 1892, *DP* 1893, 2, 183.
6. Cass. ch. réun., 7 mai 1836, *Jur. gén.*, *V° Mariage*, n° 90.
7. Civ. 11 juin 1838, *Jur. gén.*, *V° Mariage*, n° 90-6°.
8. CA Caen, 6 mars 1850, *DP* 1855, 5, 364.
9. V. NOT., Civ. 26 juill. 1864, *DP* 1864, 1, 347 – Req. 25 févr. 1890, *DP* 1890. 1, 412 – Req. 17 juill. 1911, *DP* 1915, 1, 52.

cés et la question s'est posée de savoir si une action en dommages et intérêts pouvait être intentée par l'autre fiancé contre le tiers responsable de l'accident. La Cour de cassation a longtemps déclaré cette action irrecevable[1] en raison de l'absence de tout lien de droit entre le défunt et le demandeur en réparation du préjudice par ricochet. Aujourd'hui, l'hésitation n'est plus permise puisqu'un arrêt de chambre mixte a affirmé, dans le cadre d'une action intentée, certes, par une concubine, mais par un arrêt qui a tournure de principe, que l'article 1382 du Code civil est rédigé en termes généraux et que son application ne saurait être subordonnée à l'existence d'un lien de droit entre la victime et le demandeur en réparation[2]. Seule variera selon les espèces l'appréciation du préjudice. Celui-ci peut être matériel (remboursement des dépenses engagées en vue du mariage, par ex.) et moral.

111.72 Rupture des fiançailles par décision unilatérale de l'un des fiancés – Responsabilité délictuelle pour faute. Plus souvent la rupture résulte de la décision unilatérale de l'un des fiancés. Quelques arrêts anciens ont estimé que la promesse ayant engendré, non une obligation civile, mais une **obligation naturelle** de conscience et d'honneur, l'engagement de payer une somme d'argent à titre de dédommagement était parfaitement valable[3].

Aujourd'hui, la jurisprudence, tout en affirmant l'absence de force obligatoire des fiançailles et le droit pour chaque fiancé de revenir sur sa promesse sans que ce seul fait puisse être considéré comme fautif, reconnaît la possibilité pour le fiancé délaissé d'obtenir des dommages et intérêts en réparation du préjudice que peuvent lui causer les circonstances fautives de la rupture[4]. S'agissant d'une **responsabilité de nature délictuelle**, elle exige que soient réunies les conditions d'application de l'article 1382 du Code civil. La rupture ne peut donc donner lieu à réparation que si elle est intervenue dans des circonstances révélant une **faute** de la part de son auteur, cette faute ayant entraîné un **préjudice** pour l'autre fiancé.

Il est donc nécessaire d'établir à la charge du défendeur une faute dans les circonstances de la rupture[5]. Mais cette faute, en dépit d'un contentieux qui demeure relativement abondant, semble aujourd'hui assez rarement admise. Ne donne pas de base légale à sa décision la cour d'appel qui retient comme fautive la « *brutalité de la rupture* » sans relever aucune circonstance autre que « *l'absence de dialogue préalable* » qui soit de nature à caractériser une telle faute[6].

Il appartient théoriquement à la victime de la rupture de prouver la faute. Cependant, si le fiancé auteur de la rupture n'établit pas la légitimité de ses motifs, il doit en supporter la responsabilité : parce que la lettre de rupture n'invoque aucun fait précis[7], parce qu'il connaissait pertinemment le motif qu'il invoque[8], ou parce que ses raisons ne paraissent pas convaincantes[9]. On remarquera tout de

1. Civ. 19 oct. 1943, *DC* 1944, 14, note Lalou; *S.* 1945, 1, 1, note Chartrou; *JCP* 1945, II, 2893, note Rodière – Civ. 22 févr. 1944, *D.* 1945, 293, note Flour.
2. Cass., ch. mixte, 27 févr. 1970, n° 68-10.276, *Bull. ch. mixte*, n° 82; *D.* 1970. 201, note Combaldieu; *JCP* 1970, II, 16305, concl. Lindon, note Parlange.
3. Req. 5 mars 1838, *Jur. gén.*, *V° Mariage*, n° 9, p. 1 – CA Dijon, 27 mai 1892, *DP* 1893, 2, 183 – COMP. Civ. 27 mai 1862, *DP* 1862, 1, 208 – CA Paris, 14 févr. 1877, *DP* 1877, 2, 96 – Req. 3 avr. 1882, *DP* 1882, 1, 250.
4. Civ. 2e, 22 oct. 1970, *Gaz. Pal.* 1971, 1, somm. 3 – Civ. 2e, 2 juill. 1970, *D.* 1970, 743 – Civ. 1re, 20 juill. 1971, *D.* 1971, somm. 218 – Civ. 2e, 18 janv. 1973, *JCP* 1974, II, 17794 – Civ. 1re, 15 mai 1973, *D.* 1973, IR 166; *Gaz. Pal.* 1973, 2, somm. 179 – Civ. 1re, 6 nov. 1974, *Gaz. Pal.* 1975, 1, somm. 4 – TGI Aix-en-Provence, 4 déc. 1975, *Gaz. Pal.* 1976, 1, somm. 106 – CA Paris, 3 déc. 1976, *D.* 1978, 339, note Foulon-Piganiol – CA Amiens, 2 mars 1979, *Gaz. Pal.* 1980, 1, somm. 183 – Civ. 1re, 3 janv. 1980, *D.* 1980, IR 295 – Civ. 1re, 29 avr. 1981, *Gaz. Pal.* 1981, 2, pan. 328 – CA Paris, 1er juill. 1999, *D.* 2000, somm. 411, obs. Lemouland; *RTD civ.* 1999, 817, obs. Hauser CA Rouen, 15 juin 2005 – Et CA Aix-en-Provence, 3 mars 2005, *Dr. fam.* 2005, n° 235, obs. Larribau-Terneyre.
5. CA Paris, 11 févr. 1955, *D.* 1955, 369 – CA Paris, 22 avr. 1955, *D.* 1955, 598 – CA Paris, 27 janv. 1955, *D.* 1956, somm. 8 – Civ. 1re, 17 déc. 1956, *D.* 1957, 71 – T. civ. Seine, 18 juin 1957, *D.* 1957, 575 – CA Paris, 12 nov. 1964, *JCP* 1965, II, 14104, note R. B. – CA Colmar, 12 juin 1970, *D.* 1971, 406, note Wiederkehr – Civ. 2e, 2 juill. 1970, *D.* 1970. 743 – Civ. 2e, 22 oct. 1970, *Gaz. Pal.* 1971, 1, somm. 3 – Civ. 1re, 20 juill. 1971, *D.* 1971, somm. 218 – Civ. 2e, 18 janv. 1973, *JCP* 1974, II, 17794 – Civ. 1re, 15 mai 1973, *D.* 1973, IR 166 – Civ. 1re, 6 nov. 1974, *Gaz. Pal.* 1975, 1, pan. 4 – CA Paris, 3 déc. 1976, *D.* 1978, 339 – CA Amiens, 2 mars 1979, *Gaz. Pal.* 1980, 1, somm. 183 – Civ. 1re, 3 janv. 1980, *Gaz. Pal.* 1980, 1, pan. 241 – Civ. 1re, 29 avr. 1981, *Gaz. Pal.* 1981, 2, pan. 328 – CA Bordeaux, 14 nov. 1985, *RJ Aquitaine* 1986, n° 2, p. 318 – CA Paris, 12 mai 1987, *D.* 1987, IR 142 – Civ. 1re, 15 mars 1988, *Defrénois* 1988, 1012, obs. Massip – CA Bordeaux, 26 mai 1998, *RJ Aquitaine* 1999, n° 4931 – CA Dijon, 11 déc. 1996, *BICC* 1997, n° 641 – CA Paris, 1er juill. 1999, *D.* 2000, somm. 411, obs. Lemouland; *RTD civ.* 1999, 817, obs. Hauser..
6. Civ. 1re, 4 janv. 1995, n° 92-21.767, NPT, préc. ss n° 111.70 – TGI Périgueux, 24 oct. 1995, *LPA* 1996, n° 90, 33, note Charollois.
7. CA Colmar, 12 juin 1970, *D.* 1971, 406, note Wiederkehr – Et dans la même affaire, Civ. 2e, 18 janv. 1973, *JCP* 1974, II, 17794 – DANS LE MÊME SENS, v. Civ. 1re, 15 mai 1973, *D.* 1973, IR 166 – Civ. 1re, 6 nov. 1974, *D.* 1975, IR 17.
8. Civ. 2e, 22 oct. 1970, *Gaz. Pal.* 1971, 1, somm. 3.
9. Civ. 1re, 20 juill. 1971, *D.* 1971. somm. 218 – CA Amiens, 2 mars 1979, *Gaz. Pal.* 1980, 1, somm. 183– Et Civ. 1re, 29 avr. 1981, *Gaz. Pal.* 1981, 2, pan. 328.

même que, dans la plupart des espèces précitées, il y avait un **enfant né ou à naître**. Et il est possible que la modification constatée dans la charge de la preuve soit justifiée par cette **circonstance aggravante de la promesse et du préjudice**. D'autant que dans des décisions plus récentes, la Cour de cassation semble vouloir renouer avec une certaine exigence quant à la preuve de la faute[1].

La faute peut également résider dans le **caractère brusque ou tardif de la rupture**.

Commet une faute celui qui rompt brusquement, par l'envoi d'une carte pneumatique, huit jours avant la date fixée pour la célébration du mariage, alors qu'il lui était facile de s'informer des faits qui ont motivé sa décision tardive avant de promettre le mariage[2], ou celui qui a rompu quatre jours seulement avant la date fixée pour le mariage alors qu'un dîner de fiançailles avait eu lieu, que les vêtements avaient été achetés et les personnes en relation avec la famille invitées à la cérémonie[3], ou encore celui qui a rompu sa promesse cinq jours avant la date prévue pour la célébration aux motifs qu'ils appartenaient à des milieux différents, alors que ce fiancé connaissait depuis longtemps toutes les données de la situation et que, d'autre part, la future épouse avait fait les démarches nécessaires aux publications et quitté son employeur, qu'enfin un contrat de mariage avait été rédigé et des faire-part imprimés[4]. De même, une rupture à la veille de la célébration alors qu'il a été procédé aux publications civiles et religieuses, que les invitations ont été lancées et que tous les préparatifs sont faits, rupture motivée seulement par certaines appréhensions, constitue une faute justifiant une demande de dommages et intérêts[5], ou encore lorsque le fiancé a disparu subitement le matin même du jour fixé pour la célébration[6].

La faute peut aussi se trouver caractérisée par le manque de franchise de l'auteur de la rupture[7], voire son **attitude** tout à fait **déloyale ou malveillante**.

1. Civ. 1re, 4 janv. 1995, n° 92-21.767, NPT, préc. s[s] n° 111.70 – V. AUSSI, TGI Périgueux, 24 oct. 1995, *LPA* 1996, n° 90, 33, note Charollois.
2. T. civ. Seine, 10 mai 1932, *DH* 1932, 390 – CA Dijon, 11 déc. 1996, *BICC* 1997, n° 641.
3. CA Riom, 12 juin 1934, *DH* 1934, 549 – CA Paris, 1er juill. 1999, préc. s[s] prés[t] n°.
4. Civ. 2e, 2 juill. 1970, *D.* 1970. 743.
5. CA Angers, 5 mai 1925, *Gaz. Pal.* 1925, 2, 175.
6. Req. 23 juin 1938, *Gaz. Pal.* 1938, 2, 586 – *Adde*, Civ. 1re, 6 nov. 1974, *D.* 1975, IR 17 – TGI Aix-en-Provence, 4 déc. 1975, *Gaz. Pal.* 1976, 1, somm. 106 – CA Paris, 3 déc. 1976, *D.* 1978, 339, note Foulon-Piganiol – CA Amiens, 2 mars 1979, *Gaz. Pal.* 1980, 1, somm. 183 – CA Paris, 12 mai 1987, *D.* 1987, IR 142 – Civ. 1re, 15 mars 1988, *Defrénois* 1998, 1012, obs. Massip – CA Paris, 1er juill. 1999, préc. s[s] prés[t] n° – CA Dijon, 11 déc. 1996, *BICC* 1997, n° 641 – CA Rouen, 15 juin 2005, *Dr. fam.* 2005, comm. 235, note Larribau-Terneyre – Et CA Aix-en-Provence, 3 mars 2005, *Dr. fam.* 2005, n° 235, obs. Larribau-Terneyre.
7. CA Paris, 3 déc. 1976, *D.* 1978, 339, note Foulon-Piganiol.

Il en est ainsi lorsqu'un fiancé a prolongé pendant un temps anormal et abusif, à savoir pendant sept années, la durée des fiançailles, a imposé à la jeune fille la signature d'une convention par laquelle il se réservait l'exclusivité de sa vie sentimentale, limitant ses distractions, ses sorties et ses relations, cependant que lui-même s'arrogeait une liberté plus grande, et a exigé d'elle la remise de deux certificats constatant son aptitude au mariage et sa virginité[8].

111.73 Rupture des fiançailles par décision unilatérale de l'un des fiancés – Motifs légitimes de rupture. Des motifs légitimes, qu'il appartient au défendeur d'établir, peuvent cependant justifier une rupture et permettre à son auteur d'échapper à toute condamnation lorsqu'il a agi sans malveillance[9].

Ainsi, ont été considérés comme motifs légitimes excluant tout droit à indemnité l'absence prolongée de l'un des fiancés, la survenance d'une maladie ou d'une infirmité, une condamnation pénale, la découverte d'un fait de nature à ternir la réputation, même s'il s'agit d'un simple revers de fortune dès lors que celui-ci met les futurs époux dans l'impossibilité de supporter les charges du ménage[10], la découverte de la grossesse de la femme[11] (à moins qu'elle n'ait été l'œuvre du futur mari[12]), le refus des parents du fiancé mineur d'autoriser le mariage[13] (à moins qu'il n'ait épousé une autre femme[14]), le fait que le fiancé, gendarme, se soit vu refuser par ses supérieurs l'autorisation de se marier[15].

A encore été considéré comme motif légitime de rupture le fait que le futur beau-père ait voulu imposer au fiancé un régime de séparation que ce dernier considérait comme une mesure de défiance à son égard[16]. De même, il a été décidé qu'en cas d'abandon d'un projet de mariage par un homme beaucoup plus âgé que sa fiancée, père d'un enfant issu d'un mariage précédent, il n'y avait pas lieu à dommages et intérêts, la rupture pouvant être considérée comme justifiée par des motifs légitimes dès lors qu'aucune publicité ne lui avait été donnée[17].

111.74 Rupture des fiançailles par décision unilatérale de l'un des fiancés – Existence d'un préjudice. Le fiancé qui demande réparation doit établir, outre la faute imputable à l'auteur de la rupture, le préjudice qu'il subit du fait de cette rupture. En l'absence de tout préjudice, la rupture

8. CA Riom, 26 mars 1941, *S.* 1941, 2, 45.
9. CA Toulouse, 9 mars 1976, *D.* 1976, somm. 88 – CA Bordeaux, 6 juin 1978, *JCP* 1980, IV, 231.
10. CA Rouen, 7 déc. 1825, *Jur. gén.*, *V° Mariage*, n°s 86-1° et 90-6° – CA Limoges, 20 déc. 1859, *DP* 1860, 5, 304.
11. Req. 24 mars 1845, *S.* 1845, 1, 539.
12. CA Caen, 24 avr. 1850, *DP* 1850, 2, 177.
13. T. civ. Moulins, 1er déc. 1942, *Gaz. Pal.* 1943, 1, 36 – Civ. 10 mai 1943, *DA* 1943, 65.
14. T. civ. Moulins, 13 oct. 1942, *Gaz. Pal.* 1942, 2, 237.
15. Civ. 1re, 3 nov. 1966, *Gaz. Pal.* 1967, 1, 164.
16. Civ. 1re, 19 juill. 1966, *D.* 1966, 632 ; *RTD civ.* 1967, 378, obs. Nerson.
17. T. civ. Seine, 4 mai 1943, *Gaz. Pal.* 1943, 1, 283.

d'une promesse de mariage ne peut donner lieu à des dommages et intérêts. Il en a été ainsi décidé alors même que la promesse avait été précédée d'un mariage religieux, celui-ci n'ayant constitué qu'une manœuvre [1].

Il n'y a pas lieu, par contre, de distinguer selon la nature du préjudice. Celui-ci peut être **matériel** ou **moral** [2], pourvu qu'il s'agisse de réparer une perte réelle et non un simple gain manqué [3]. Certains font d'ailleurs observer qu'à une époque où « *les femmes ont conquis égalité et indépendance* » les réparations seront généralement assez modiques, voire symboliques [4]. Mais le préjudice peut aussi, dans bon nombre de cas, se trouver aggravé, tant sur le plan matériel que moral, par la présence d'un **enfant né ou à naître** [5].

S'agissant de réparer un **préjudice matériel**, des dommages et intérêts ont été accordés à l'un des futurs époux qui, sur l'instigation de l'autre et en prévision du mariage projeté, avait cédé à des cohéritiers sa part dans une succession ouverte à son profit [6], ou encore à une femme dont le futur mari avait aliéné les biens en vertu du pouvoir que lui conférait le contrat de mariage [7].

Plus souvent, réparation est demandée pour le préjudice résultant des dépenses faites en vue du mariage et devenues inutiles du fait de la rupture [8]. Ces dépenses peuvent consister en frais d'installation d'un appartement destiné aux futurs époux [9] (à condition que la location n'ait pas été faite de façon trop hâtive [10]). Il peut également s'agir de frais consécutifs à l'achat de vêtements [11], de frais de voyage [12], de frais d'invitation [13], de publication [14], ou de ceux exposés pour l'achat de mobilier [15]. Parfois, le préjudice résulte de la gêne provoquée dans l'exercice d'une activité [16], ou du fait que le fiancé délaissé avait abandonné sa profession en vue du mariage projeté [17].

Le **préjudice moral**, souverainement apprécié par les juges du fond, peut résulter du tort moral qu'éprouve, au regard de l'opinion publique, le fiancé éconduit [18], de l'abandon sans motifs d'une femme, qui l'expose à la malignité publique et lui rend plus difficile un autre établissement [19], de l'abandon sans motif du projet de mariage à la veille du jour de la célébration [20], du seul ridicule même qui rejaillit sur le fiancé éconduit [21], de l'espèce d'injure que la rupture implique [22], de l'atteinte à la sensibilité et à la réputation [23], du temps perdu [24]...

111.75 Rupture des fiançailles par décision unilatérale de l'un des fiancés – Lien de causalité entre la faute et le préjudice. Le demandeur à l'action en réparation devra, conformément au droit commun de la responsabilité civile, établir l'existence d'un lien de causalité entre la faute et le préjudice.

On ne retiendra donc, parmi les dépenses dont le fiancé délaissé fait état, que celles ayant un lien nécessaire avec le projet de mariage [25]. À défaut d'un tel lien, aucune indemnité n'est due [26]. Il n'y a pas lieu à réparation lorsque la femme qui fait état de la promesse n'a pu, en raison de sa situation de veuve et de son âge, être victime d'une séduction [27], ou lorsque la grossesse a été un

1. T. civ. Avignon, 14 mai 1913, *Gaz. Trib.* 19 sept. – Req. 6 juin 1821, *Jur. gén.*, *V° Mariage*, n° 90-5° – CA Riom, 11 août 1846, *DP* 1846, 2, 179.
2. Req. 16 janv. 1877, *DP* 1877, 1, 85, rapp. cons. Onofrio – CA Paris, 26 juin 1894, *DP* 1895, 2, 86 – Req. 12 nov. 1901, *DP* 1902, 1, 46.
3. CA Paris, 26 juin 1894, *DP* 1895, 2, 86 – CA Agen, 2 avr. 1810, *Jur. gén.*, *V° Mariage*, n° 89-3.
4. Un franc symbolique : TGI Aix-en-Provence, 4 déc. 1975, *Gaz. Pal.* 1976, 1, somm. 106.
5. Civ. 1re, 20 juill. 1971, *D.* 1971, somm. 218 – Civ. 1re, 15 mai 1973, *D.* 1973, IR 166 – Civ. 1re, 15 mars 1988, *Defrénois* 1998, 1012, obs. Massip.
6. CA Lyon, 14 déc. 1832, *Jur. gén.*, *V° Mariage*, n° 88-1°.
7. CA Montpellier, 20 mars 1835, *Jur. gén.*, *V° Mariage*, n° 88.
8. CA Lyon, 10 juill. 1869, *DP* 1870, 5, 290 – CA Paris, 14 déc. 1874, *DP* 1876, 2, 236 – CA Paris, 26 juin 1894, *DP* 1895, 2, 86 – Req. 23 juin 1938, *Gaz. Pal.* 1938, 2, 586 – CA Paris, 3 déc. 1976, *D.* 1978, 339, note Foulon-Piganol – CA Rouen, 15 juin 2005 – Et CA Aix-en-Provence, 3 mars 2005, *Dr. fam.* 2005, n° 235, obs. Larribau-Terneyre.
9. CA Paris, 14 déc. 1874, *DP* 1876, 2, 236.
10. T. civ. Lyon, 6 janv. 1866, *DP* 1869, 3, 20.
11. CA Besançon, 8 mai 1811, *Jur. gén.*, *V° Mariage*, n° 82 – Req. 12 nov. 1901, *DP* 1902, 1, 46, – Et CA Paris, 3 déc. 1976, *D.* 1978, 339, note Foulon-Piganiol.
12. CA Nîmes, 25 janv. 1839, *S.* 1839, 2, 177 – Req. 23 mars 1932, *Gaz. Pal.* 1932, 2, 19.
13. T. civ. Seine, 10 janv. 1933, *Gaz. Pal.* 1933, 1, 661.
14. CA Toulouse, 13 mai 1842, *Jur. gén.*, *V° Mariage*, n° 89.
15. CA Lyon, 5 févr. 1913, *Gaz. Pal.* 1913, 1, 473.
16. Req. 16 janv. 1877, *DP* 1877, 1, 85.
17. V. NOT., CA Dijon, 10 févr. 1892, *S.* 1892, 2, 197 – CA Lyon, 5 févr. 1913, *Gaz. Pal.* 1913, 1, 473 – Civ. 2e, 2 juill. 1970, *D.* 1970, 743 – V. AUSSI, pour l'affirmation du principe, T. civ. Metz, 4 juin 1928, *Gaz. Pal.* 1928, 2, 677 – CA Colmar, 4 nov. 1932, *Gaz. Pal.* 1933, 1, 232.
18. CA Colmar, 23 janv. 1833, *Jur. gén.*, *V° Mariage*, n° 88-4° – T. civ. Seine, 10 janv. 1933, *Gaz. Pal.* 1933, 1, 661.
19. CA Nîmes, 2 janv. 1855, *DP* 1855, 2, 161 – Req. 16 janv. 1877, *DP* 1877, 1, 85, rapp. cons. Onofrio – Req. 17 mai 1882, *S.* 1881, 2, 95 – CA Paris, 26 juin 1894, *DP* 1895, 2, 86 – Req. 29 déc. 1936, *Gaz. Pal.* 1937, 1, 399 – Civ. 1re, 15 mai 1973, *D.* 1973, IR 166 – Et probablement aussi, Civ. 1re, 15 mars 1988, *Defrénois* 1988, 1012, obs. Massip.
20. Req. 12 nov. 1901, *DP* 1902, 1, 46 – CA Riom, 12 juin 1934, *DH* 1934, 549 – CA Paris, 12 mai 1987, *D.* 1987, IR 142.
21. CA Paris, 25 févr. 1921, *Gaz. trib.* 17 juill.
22. Req. 12 nov. 1901, *DP* 1902, 1, 46 – T. civ. Seine, 10 janv. 1933, *Gaz. Pal.* 1933, 1, 661 – CA Riom, 12 juin 1934, *DH* 1934, 549 – Req. 23 juin 1938, *Gaz. Pal.* 1938, 2, 586 – CA Aix-en-Provence, 3 mars 2005, *Dr. fam.* 2005, n° 235, obs. Larribau-Terneyre.
23. T. civ. Bordeaux, 12 déc. 1922, *DP* 1923, 2, 44.
24. CA Amiens, 2 mars 1979, *Gaz. Pal.* 1980, 1, somm. 182.
25. C. Alger, 9 avr. 1895, *DP* 1896, 2, 79.
26. CA Lyon, 10 juill. 1869, *DP* 1870, 5, 290.
27. T. civ. Le Puy, 29 janv. 1869, *DP* 1870, 3, 12 – T. civ. Nevers, 2 janv. 1876, *DP* 1877, 3, 64.

moyen concerté entre les fiancés pour vaincre l'opposition de la famille de l'un d'eux au mariage[1].

111.76 Rupture des fiançailles par décision unilatérale de l'un des fiancés – Preuve de fiançailles ou d'une promesse de mariage. La mise en œuvre de la responsabilité suppose que soit démontrée l'existence d'une promesse de mariage librement faite.

Il n'est pas nécessaire que cette promesse ait été formelle. La déloyauté peut en effet exister et exiger réparation en dehors de tout engagement formel[2].

Il a pu être décidé que, malgré l'absence de promesse précise entre les intéressés, le refus arbitraire de consentir à la célébration du mariage après accomplissement des formalités de publication était susceptible d'engager la responsabilité délictuelle de l'auteur du refus[3]. Un arrêt a approuvé les juges du fond d'avoir considéré comme une promesse la cérémonie intervenue selon les coutumes marocaines[4]. L'existence de la promesse, par contre, n'est pas suffisamment caractérisée par une réponse au courrier du cœur d'un hebdomadaire[5], ni par de simples lettres[6], ni par la remise d'un chèque pour l'achat d'une bague[7], ni dans une hypothèse où les personnes concernées n'ont jamais été considérées comme des fiancés et où la femme, plus âgée que son amant, ne pouvait se méprendre sur la fragilité des promesses qu'il pouvait lui faire[8].

La **preuve de la promesse**, puisqu'il s'agit, non pas de sanctionner la rupture mais d'en réparer le préjudice causé par les circonstances fautives, devrait logiquement pouvoir être rapportée par tous moyens. Pourtant, pendant longtemps, la jurisprudence a exigé que la preuve de la promesse soit administrée, comme en matière contractuelle, par **écrit** ou avec un **commencement de preuve par écrit**[9] (même si certaines décisions s'étaient montrées moins exigeantes[10]). Il semble que la Cour de cassation adopte désormais une solution qui soit plus en accord avec le terrain de la **responsabilité délictuelle** sur lequel elle se place. Abandonnant l'exigence d'un écrit, elle s'est contentée d'achats faits en vue de l'installation future du couple et du fait que les intéressés passaient pour être fiancés[11]. La preuve des fiançailles ou d'une promesse de mariage peut donc être faite **par tous moyens**. Mais l'appréciation des juges du fond est souveraine, et il n'est pas toujours facile de les convaincre qu'il y avait bien promesse de mariage et non un simple concubinage[12].

111.77 Rupture des fiançailles – Sort des cadeaux. La rupture unilatérale des fiançailles peut être également l'occasion de remettre en cause les cadeaux et présents divers que s'étaient consentis ceux qui envisageaient de se marier. La question du sort des cadeaux de fiançailles ne se limite pas, cependant, à cette seule hypothèse. Elle peut se poser lorsque l'échec du projet de mariage résulte du décès de l'un des fiancés ou parfois aussi dans le cadre d'un divorce ultérieur[13].

Aux termes de l'article 1088 du Code civil « *toute donation faite en faveur du mariage sera caduque si le mariage ne s'ensuit pas* ». La victime de la rupture a droit à la restitution des objets qu'elle a donnés à son fiancé comme cadeaux de noces, sauf à rendre de son côté ceux qu'elle aurait reçus. La solution vaut également pour les cadeaux faits aux fiancés par des tiers en vue du mariage (sauf s'ils ont peu de valeur[14]; la question peut donc se poser de savoir par lequel des fiancés pourront être conservés les biens de consommation courante qui leur avaient été donnés par des tiers[15]).

Encore doit-il s'agir de **véritables donations**, subordonnées dans l'esprit du disposant à la conclusion du mariage et ainsi affectées d'une **condition résolutoire tacite**. La restitution ne s'impose donc pas pour les cadeaux qui n'ont pas une relation directe avec le projet de mariage[16], ou qui reposent sur une autre cause que la perspective du mariage (réparation d'un préjudice[17]). Surtout, pourront être conservés les présents d'usage dictés par l'affection, la galanterie ou la courtoisie[18].

1. CA Dijon, 9 juin 1869, *DP* 1871, 5, 313.
2. Civ. 21 juin 1933, *Gaz. Pal.* 1933, 2, 539.
3. CA Rennes, 18 juill. 1906, *DA* 1907, 2, 70.
4. Civ. 1re, 15 mars 1988, *Gaz. Pal.* 16 mai 1989, note L. N. L.
5. CA Paris, 25 oct. 1963, *JCP* 1963, II, 13455, note R. B.
6. Civ. 2e, 21 avr. 1982, *Bull. civ.* II, n° 59 – CA Aix-en-Provence, 10 mars 1998, *Dr. fam.* 1999, n° 37, obs. Lécuyer.
7. CA Basse-Terre, 15 déc. 1997, *Dr. fam.* 1999, n° 37.
8. Civ. 10 mai 1943, *DA* 1943, 65 – CA Bordeaux, 10 juill. 1985, *RJ Aquitaine* 1986, n° 1, p. 129, note Hauser.
9. CA Paris, 19 janv. 1865, *DP* 1865, 2, 22 – CA Rennes, 11 avr. 1866, *DP* 1866, 2, 184 – Civ. 2 déc. 1907, *DP* 1908, 1, 201 – Req. 10 févr. 1909, *DP* 1909, 1, 157 – Civ. 3 déc. 1924, *DP* 1925, 1, 124 – T. civ. Marseille, 6 avr. 1927, *Gaz. Pal.* 1927, 2, 226 – CA Rouen, 19 nov. 1928, *Gaz. Pal.* 1929, 1, 496 – CA Nîmes, 12 déc. 1932, *Gaz. Pal.* 1933, 1, 454 – Req. 16 févr. 1943, *Gaz. Pal.* 1943, 1, 139 – Civ. 26 juill. 1948, *Bull. civ.* I, n° 236.
10. CA Poitiers, 29 oct. 1928, *DH* 1928, 568 – CA Caen, 23 juill. 1930, cassé par Civ. 12 nov. 1935, *S.* 1936, 1, 15 – T. civ. Lyon, 3 juill. 1941, *Gaz. Pal.* 1941, 2, 431.
11. Civ. 1re, 3 janv. 1980, *Bull. civ.* I, n° 5; *RTD civ.* 1981, 132, obs. Nerson et Rubellin-Devichi.
12. Civ. 2e, 28 avr. 1993, n° 91-18.855, NPT; *D.* 1995, 330, note Mathieu; *RTD civ.* 1995, 604, obs. Hauser – CA Aix-en-Provence, 10 mars 1998, *Dr. fam.* 1999, n° 37, obs. Lécuyer.
13. V. NOT., Civ. 1re, 19 déc. 1979, *D.* 1981, 449, note Foulon-Piganiol.
14. T. civ. Grenoble, 13 nov. 1928, *Gaz. Pal.* 1929, 1, 197.
15. CA Paris, 14 sept. 1999, *D.* 2000, somm. 412, obs. Lemouland.
16. C. Alger, 9 avr. 1895, *DP* 1895, 2, 320.
17. V. NOT., CA Toulouse, 4 août 1881, *DP* 1882, 2, 94.
18. CA Paris, 3 déc. 1976, *D.* 1978, 339, note Foulon-Piganiol.

Le **sort de la bague de fiançailles** est plus délicat. On peut hésiter quant à sa qualification entre donation et présent d'usage. La valeur et le symbole que représente souvent un tel cadeau incitent *a priori* à le considérer comme une **donation en vue du mariage.** Elle devrait alors être restituée si le projet échoue. S'agissant cependant d'une question de mœurs, certains auteurs estiment que la bague devrait au moins pouvoir être conservée par la fiancée dans le cas où le fiancé décède[1]. Et la jurisprudence permet souvent à la fiancée abandonnée et qui n'a rien à se reprocher de conserver la bague qui lui a été offerte[2]. Aujourd'hui, la bague de fiançailles est généralement considérée comme un **présent d'usage.** Elle restera acquise à la fiancée, à moins que sa valeur n'excède les facultés respectives des futurs époux ou qu'il ne s'agisse d'un bijou de famille. Dans cette dernière hypothèse, lorsque ressortent le caractère familial du bijou et sa valeur d'apparat, la jurisprudence considère qu'il a seulement fait l'objet d'un prêt à usage et qu'il doit être restitué à la famille dont il provient[3]. Mais cette solution n'est pas acquise, car il arrive qu'en dépit du caractère familial du bijou, sa restitution ne soit pas ordonnée lorsqu'il est de « faible valeur » (ainsi d'un arrêt refusant la restitution en considération de la faible valeur de la bague bien qu'elle ait appartenu à la mère du fiancé[4]). En toute hypothèse, la bague qui n'est pas un souvenir de famille doit être regardée comme un présent d'usage et ne donne pas lieu à restitution lorsque sa valeur n'excède pas les facultés respectives des époux et de leurs familles[5].

3°
Clauses contractuelles

111.81 Courtage matrimonial. Il s'agit d'un contrat par lequel un professionnel s'engage, moyennant rémunération, à favoriser la conclusion d'un mariage. Le cocontractant s'engage, en contrepartie du service rendu, à payer la rémunération convenue. Celle-ci consistait souvent, autrefois, en un pourcentage sur la dot du conjoint. Il doit s'agir désormais d'une somme fixe[6].

La jurisprudence a d'abord frappé de **nullité** la convention de courtage matrimonial dont elle jugeait la **cause illicite**[7]. Mais avec la multiplication des agences matrimoniales, dont certaines rendaient d'incontestables services, un courant plus nuancé est apparu. À la suite de certaines juridictions de fond[8], la Cour de cassation a admis finalement la **validité de la convention de courtage matrimonial**[9]. Encore faut-il que la convention n'ait eu pour but que de favoriser le rapprochement des candidats au mariage et non qu'il en soit résulté une pression dolosive ou frauduleuse de nature à porter atteinte à la liberté du consentement. La jurisprudence revient d'ailleurs occasionnellement à des solutions plus sévères lorsqu'une contrainte lui paraît résulter des modalités de rémunération du courtier. Ainsi lorsque la convention prévoit le versement automatique d'une deuxième série d'honoraires en cas de réalisation du mariage (auquel étaient assimilés en l'espèce le concubinage ou la fréquentation pendant un an[10]).

La loi n° 89-421 du 23 juin 1989, relative à certaines pratiques commerciales[11], régit désormais les offres de rencontres en vue de la réalisation d'un mariage ou d'une union stable, proposées par des professionnels (art. 6-I). Elle a été complétée par un décret du 16 mai 1990[12]. La loi du 23 juin 1989

1. V. CEP., DANS UN SENS DIFFÉRENT, T. civ. Seine, 18 juin. 1923, *DP* 1923, 2, 206.
2. CA Paris, 3 déc. 1976, *D.* 1978, 339, note Foulon-Piganiol – CA Amiens, 2 mars 1979, *Gaz. Pal.* 1980, 1, somm. 182 – V. CEP., Rubellin-Devichi, obs. *RTD civ.* 1989, 279 s.
3. Civ. 1re, 23 mars 1983, *JCP* 1984, II, 20202, note Barbièri – CA Douai, 17 sept. 1985, *D.* 1986, 301, note Langlade.
4. CA Paris, 25 oct. 2001, *Dr. fam.* 2002, n° 24.
5. CA Paris, 30 mars 1978, *Gaz. Pal.* 1979, 2, 556 – Civ. 1re, 19 déc. 1979, *D.* 1981, 449, note Foulon-Piganiol – CA Amiens, 28 oct. 2004, *Dr. fam.* 2005, n° 40 – CA Paris, 13 nov. 2004, *Dr. fam.* 2005, comm. 110.
6. A. Wahl, « Le courtage matrimonial », *RTD civ.* 1904, 471 – M.-F. Feuerbach-Steinle, « Le courtage matrimonial », *LPA* 1994, n° 89 – J. Hugot, « Le contrat de courtage matrimonial », *JCP N* 1999, 720, n° 17.
7. Civ. 1er mai 1855, *DP* 1855, 1, 147.
8. T. civ. Lisieux, 21 janv. 1903, *DP* 1908, 2, 81 – CA Agen, 13 déc. 1909, *DP* 1912, 2, 104 – T. civ. Seine, 3 févr. 1927, *DH* 1927, 160 – CA Colmar, 18 nov. 1933, *DH* 1934, somm. 26.
9. Req. 27 déc. 1944, *D.* 1945, 121 – Mais, V. DÉJÀ : Civ. 20 avr. 1904, *S.* 1905, 1, 281.
10. TI Dijon, 20 janv. 1983, *Gaz. Pal.* 1984, 1, somm. 186.
11. L. n° 89-421, 23 juin 1989, *D.* 1989, 211; *RTD civ.* 1989, 631 – G. Heidsieck, « Le marché de la solitude et le droit », *JCP* 1990, I, 3432.
12. Décr. n° 90-422, 16 mai 1990, portant application, en ce qui concerne les offres de rencontres en vue de la réalisation d'un mariage ou d'une union stable, de la loi n° 89-421 du 23 juin 1989 relative à l'information et à la protection des consommateurs ainsi qu'à diverses pratiques commerciales, *JO* 22 mai, p. 6120 – Sur le champ d'application des dispositions de ce texte, v. Civ. 1re, 21 févr. 1995, n° 93-12.991, *Bull. civ.* I, n° 98; *D.* 1995, IR 97; *RTD civ.* 1995, 603, obs. J. Hauser, arrêt qui refuse l'application à un « club de loisirs privés » – EN CE SENS, à propos d'un « *contrat de loisirs et de rencontres* » : Civ. 1re, 13 nov. 2008, n° 07-15.570, NP; *Dr. fam.* 2009, comm. 11, note Larribau-Terneyre; *D.* 2010, 279, obs. Lemouland et Vigneau – COMP. CA Dijon, 27 mai 1992, *RTD civ.* 1993, 327, obs. Hauser; et Trib. police Boulogne-Billancourt, 14 juin 1994, *BICC* févr. 1996, n° 122 – Sur l'application de la loi française en l'absence de choix explicite d'une autre loi, Civ. 1re, 12 juill. 2005, n° 02-16.915, *Bull. civ.* I, n° 322; *Dr. fam.* 2005, n° 203, obs. Larribau-Terneyre.

prévoit que le contrat doit être établi par écrit et mentionner, à peine de nullité, le nom du professionnel, son adresse, la nature des prestations fournies, ainsi que le montant et les modalités de paiement du prix, et comporter, en annexe, l'indication des qualités de la personne recherchée. Un exemplaire doit être remis au cocontractant. Le contrat doit être établi pour une durée déterminée qui ne peut excéder un an, et ne peut être prolongé par tacite reconduction[1]. Une faculté bilatérale de résiliation pour motif légitime doit être prévue. Par ailleurs, le texte (art. 6-II) permet au cocontractant du professionnel de revenir sur son engagement pendant un délai de sept jours (application à un contrat proposé par une agence matrimoniale allemande[2]). Le jour de signature du contrat n'entre pas dans la computation de ce délai[3]. Toute inexactitude concernant la date entraîne la nullité du contrat[4]. Pendant cette période, aucun paiement ou dépôt ne peut avoir lieu[5] (même pour des prestations parallèles comme la réalisation d'une analyse graphologique[6]; de même, une offre préalable de crédit accessoire à la prestation proposée constitue une forme de paiement portant atteinte à la faculté de rétractation et justifiant la nullité du contrat). Des précisions sont également exigées quant au contenu des annonces matrimoniales personnalisées proposées par un professionnel.

La jurisprudence impose par ailleurs au **courtier** une **obligation d'information et de conseil** dont l'inexécution justifie la résolution du contrat[7]. La résiliation d'un contrat a été ainsi prononcée dans un cas où le nombre de candidates présentées était très inférieur à ce qui avait été convenu[8]. Lorsque le contrat a été souscrit par un adhérent engagé dans les liens d'un précédent mariage, certaines juridictions se fondent sur la **cause illicite** pour refuser au courtier le paiement de ses honoraires[9] ou annulent le contrat en raison de la présence d'une condition impossible (C. civ., art. 1172)[10]. Mais il appartient au client qui prétend que le courtier a commis une faute dans l'accomplissement de sa mission d'en rapporter la preuve, l'**obligation du courtier** n'étant qu'une **obligation de moyens**; tel n'est pas le cas lorsque le client a exprimé simplement des préférences ne présentant pas un caractère impératif[11].

111.82 Clauses susceptibles de porter atteinte à la liberté du consentement[12]. Ces clauses peuvent tendre à restreindre le droit de se marier ou le choix du conjoint, menacer d'exercer un droit ou promettre un avantage particulier. Les intérêts en présence sont complexes. La liberté d'entreprendre et celle de disposer qui sont le plus souvent invoquées au soutien de ces clauses ne peuvent pas être négligées. D'autant que ces clauses n'atteignent pas directement le droit au mariage. Ou bien celui-ci, du fait de la clause, n'aura pas été contracté ou bien, s'il l'a été, il ne saurait être remis en question. C'est davantage sur le **sort de la clause et de l'acte dans lequel elle a été insérée** qu'il convient de s'interroger. Une distinction s'est instaurée dans la jurisprudence selon que la pression s'exerce dans le cadre d'une relation de travail ou sous couvert d'une libéralité. La question s'est aussi posée de savoir si les prestations ou pensions versées à la suite d'un divorce pouvaient être assorties de ce genre de clause.

111.83 Clause insérée dans un contrat de travail. C'est le plus souvent la femme qui est visée, que ce soit par une clause de son contrat de travail, par une clause du règlement intérieur, par un refus d'embauche ou un licenciement. Il s'agit parfois de faire obstacle à son mariage, parfois de lui imposer certaines limites dans le choix d'un futur conjoint.

La jurisprudence a clairement affirmé le principe de **nullité des clauses de célibat** : « *Le droit au mariage est un droit individuel d'ordre public qui ne peut se limiter ni s'aliéner* »[13]. Cette faveur se pro-

1. V. Civ. 1re, 24 juin 1997, n° 95-16.100, NP; *Dr. fam.* 1997, n° 115, note Lécuyer.
2. Civ. 1re, 12 juill. 2005, n° 02-16.915, *Bull. civ.* I, n° 322; *Dr. fam.* 2005, n° 203, obs. Larribau-Terneyre.
3. Civ. 1re, 6 févr. 1996, n° 94-13.360, *Bull. civ.* I, n° 69; *D.* 1996, IR 71; *LPA* 1996, n° 98, note Feuerbach-Steinle.
4. Civ. 1re, 13 janv. 1998, n° 96-12.047, *Dr. fam.* 1998, n° 48, obs. Lécuyer.
5. CA Dijon, 27 mai 1992, *RTD civ.* 1993, 327, obs. Hauser.
6. Crim. 20 mars 2001, n° 00-87.107, *Bull. crim.*, n° 74; *RJPF* 2001, n° 7-8, p. 25, obs. Valory; *RTD civ.* 2001, 564, obs. Hauser; *Dr. fam.* 2001, n° 104, obs. Lécuyer; *D.* 2002, somm. 535, obs. Lemouland.
7. Civ. 1re, 13 avr. 1999, n° 97-10.773, *Bull. civ.* I, n° 132; *D.* 1999, somm. 371, obs. J.-J. Lemouland; *RJPF* 1999, n° 5, p. 16, obs. J. Vassaux; *RTD civ.* 1999, 607, obs. J. Hauser.
8. Civ. 1re, 19 juin 2007, n° 05-18.541, NPT; *D.* 2008, 1786, obs. Lemouland et Vigneau; *Dr. fam.* 2007, comm. 161, note Larribau-Terneyre.
9. CA Dijon, 22 mars 1996, *JCP* 1997, II, 22774, note Douchy; *RTD civ.* 1996, 880, obs. Hauser.
10. CA Paris, 1er déc. 1999, *D.* 2000, somm. 415, obs. Lemouland; *RTD civ.* 2000, 296, obs. Hauser.
11. Civ. 1re, 14 déc. 2004, n° 03-18.413, *Bull. civ.* I, n° 317; *D.* 2005, 810, obs. Lemouland et Vigneau.
12. Sur cette question, v. A. Bénabent, « La liberté individuelle et le mariage », *RTD civ.* 1973, 440 – A. Huet, « Les atteintes à la liberté nuptiale dans les actes juridiques », *RTD civ.* 1967, 45 – N. Coiret, « La liberté du mariage au risque des pressions matérielles », *RTD civ.* 1985, 63.
13. CA Paris, 30 avr. 1963, *D.* 1963, 428, note Rouast; *S.* 1963, 179, note Toulemon; *RTD civ.* 1963, 570, obs. Cornu; *RTD civ.* 1963, 697, obs. Desbois – *Adde*, P. Voirin, « Marion pleure, Marion crie, Marion veut qu'on ►

longe d'ailleurs au niveau des conséquences de la nullité puisque le contrat de travail est maintenu malgré la nullité de la clause, ce qui peut sembler surprenant au regard des dispositions de l'article 1172 du Code civil.

Mais la jurisprudence réserve l'hypothèse de « *raisons impérieuses évidentes* » qui justifieraient, dans certaines fonctions, la clause de célibat. Cette réserve apparaît nettement dans plusieurs arrêts de la chambre sociale de la Cour de cassation :

Le licenciement est justifié lorsque l'employé, par son comportement, compromet l'intérêt de l'entreprise. Est invoqué par exemple le mariage avec un employé d'une entreprise concurrente [1] (à rapprocher de la même l'hypothèse en cas de concubinage [2]). Mais il a été jugé aussi que n'a pas de cause réelle et sérieuse le licenciement d'une salariée à la suite de son mariage avec un camarade de travail, alors même qu'une clause du règlement intérieur interdit à des conjoints d'être employés simultanément dans l'entreprise [3]. De même, le licenciement est dépourvu de cause réelle et sérieuse lorsqu'il n'est pas établi que l'entreprise dans laquelle le mari est salarié exerce une activité directement concurrente de celle où travaille son épouse [4].

Le débat a connu un développement particulier à propos du **licenciement des maîtres** enseignant dans des **établissements confessionnels.** Selon l'Assemblée plénière de la Cour de cassation un établissement sous contrat simple conserve le droit de dispenser un enseignement spécifique où les convictions religieuses du maître sont susceptibles d'être prises en considération. Il s'agit là de circonstances exceptionnelles qui peuvent justifier un licenciement d'une salariée à la suite de son remariage après divorce [5].

Certes, un refus d'embauche, une mutation ou un licenciement ne sauraient dépendre d'une situation de famille (C. trav., art. L. 1142-1, L. 1142-2 et L. 1144-1), et toute disposition visant à sanctionner ou licencier un salarié en raison de sa situation de famille serait nulle de plein droits (C. trav., art. L. 1132-1 à L. 1132-4 et L. 1134-1). La protection de la vie personnelle du salarié déborde même le cadre du respect de sa vie privée [6]. La jurisprudence reste pourtant en demi-teinte [7], parfois sous l'influence de particularismes régionaux [8]. Et même dans l'application des dispositions de l'ancien article L. 122-45, la chambre sociale de la Cour de cassation s'est montrée pour le moins conciliante. Cette disposition n'est pas applicable « *lorsque le salarié, qui a été engagé pour accomplir une tâche impliquant qu'il soit en communion de pensée et de foi avec son employeur, méconnaît les obligations résultant de son engagement* » [9].

111.84 Clause insérée dans une libéralité. La jurisprudence s'est montrée encore moins réticente à l'égard des clauses limitant la liberté du mariage ou du remariage, insérées dans des libéralités. La clause est en principe **valable** [10] à moins d'avoir été dictée par une cause immorale, un motif répréhensible (jalousie ou caprice [11]; rancœurs personnelles [12]; discrimination raciale ou sociale [13]). La preuve du motif répréhensible, appréciée souverainement par les juges du fond, s'avère cependant délicate et ceci explique que la clause soit en général déclarée valable [14]. Mais la validité de la clause, si elle n'affecte pas le mariage, entraîne par contre la disparition de la libéralité [15].

► la marie », *D.* 1963, chron. 247 – M. Despax, « La vie extra-professionnelle du salarié et son incidence sur le contrat de travail », *JCP* 1963, 1, 1776 – COMP. CA Paris, 1er mars 1951, *JCP* 1951, II, 6265, note G. B. – Et Soc. 27 avr. 1964, *JCP* 1964, II, 13807, note Morellet.

1. Soc. 9 oct. 1959, *D.* 1960, 8 – Soc. 20 janv. 1960, *Bull. civ.* IV, n° 63 – Soc. 9 janv. 1963, *Bull. civ.* IV, n° 33.
2. CA Paris, 4 juin 1987, *D.* 1987, 610, note Mouly.
3. Soc. 10 juin 1982, *JCP* 1984, II 20230, note Hennion-Moreau.
4. CA Paris, 2 avr. 1992, *D.* 1993, somm. 158, obs. Serra.
5. Cass., ass. plén., 19 mai 1978, n° 76-41.211, *Bull. ass. plén.*, n° 1; *Gaz. Pal.* 1978, 2, 464, note Viatte; *D.* 1978, 541, concl. Schmelck, note Ardant; *JCP* 1978, II, 19009, rapp. Sauvageot, note Lindon; *RTD civ.* 1979, 370, obs. Nerson.
6. G. Pignarre, « Vie personnelle du salarié et contrat de travail », *LPA* 2006, n° 47.
7. Soc. 10 juin 1982, *JCP* 1984, II, 20230, note Hennion-Moreau – TA Nantes, 22 oct. 1982, *Gaz. Pal.* 1983, 1, 89, note Amiel; *D.* 1983, 496, note Sériaux.
8. TA Strasbourg, 24 déc. 1985, *Dr. soc.* 1986, 519, concl. Kintz.
9. Soc. 20 nov. 1986, *JCP* 1987, II 20798, note Revet; *RTD civ.* 1987, 571, obs. Rémy – Sur cette question, v. O. Tissot, « La protection de la vie privée du salarié », *Dr. soc.* 1995, n° 3, p. 222 – J. Savatier, « Vie de couple et rapports de travail », *Mél. Cornu*, p. 415 – B. Maingain, « Vie privée, vie familiale, vie professionnelle », *Mél. Meulders-Klein*, p. 417.
10. CA Paris, 1er avr. 1862, *DP* 1862, 2, 77, concl. Sapey – Req. 18 mars 1867, *DP* 1867, 1, 332 – Req. 11 nov. 1912, *DP* 1913, 1, 105, note Ripert.
11. CA Colmar, 5 janv. 1932, *Gaz. Pal.* 1932, 1, 684 – TGI Chaumont, 25 sept. 1969, *JCP* 1970, II, 16213, note M. D.
12. Civ. 1re, 8 nov. 1965, *Gaz. Pal.* 1966, 1, 55; *RTD civ.* 1966, 332, obs. Savatier.
13. CA Paris, 8 mars 1924, *Gaz. Pal.* 1924, 2, 103 – T. civ. Seine, 22 janv. 1947, *D.* 1947, 126.
14. CA Paris, 1er avr. 1862, *DP* 1862, 2, 77, concl. Sapey – Req. 18 mars 1867, *DP* 1867, 1, 332 11 nov. 1912, *DP* 1913, 1, 105, note Ripert – Civ. 16 déc. 1913, *DP* 1915, 1, 28 – Req. 23 févr. 1914, *S.* 1914, 1, 360 – Req. 16 janv. 1923, *DP* 1923, 1, 177 – Req. 30 mai 1927, *DH* 1927, 448 – CA Limoges, 5 nov. 1940, *JCP* 1941, II, 1700, note Guyot – Req. 25 mars 1946, *D.* 1946, 222 – T. civ. Chambéry, 2 déc. 1952, *JCP* 1953, II, 7632, note Guiho – CA Chambéry, 5 févr. 1957, *JCP* 1957, II, 10186, note Voirin.
15. T. civ. Sens, 30 juin 1932, *Gaz. Pal.* 1932, 2, 626.

111.85 Clause affectant le versement d'une pension alimentaire ou d'une prestation compensatoire. La question s'est posée de savoir si le versement d'une pension alimentaire ou d'une prestation compensatoire à la suite d'un divorce pouvait être assorti d'une clause de célibat[1]. La **pension** de l'ancien article 301 du Code civil, en raison de son caractère alimentaire, s'éteignait définitivement lorsque l'époux créancier se remariait[2]. Quant au remariage du débiteur de la pension, sans entraîner une suppression automatique, il permettait tout de même d'en suspendre le paiement ou d'en réduire le montant[3]. La jurisprudence admettait donc également sans difficulté que l'engagement pris par une femme divorcée de verser une pension à son ex-mari puisse être assorti d'une clause prévoyant la cessation de plein droit des versements en cas de nouveau mariage de celui-ci, une telle clause n'étant inspirée par aucun motif répréhensible[4].

On ne retrouve pas de disposition identique concernant la **prestation compensatoire.** En principe, celle-ci subsiste donc en cas de remariage. Son versement de principe sous forme de capital (C. civ., art. 270), même échelonné (C. civ., art. 275), rendrait difficile tout autre solution. Même lorsque, à titre exceptionnel, la prestation compensatoire est fixée sous forme de rente (C. civ., art. 276), le juge ne saurait assortir le versement de la rente d'une condition de non-remariage[5].

La solution est différente dans le **divorce par consentement mutuel.** La doctrine a toujours estimé qu'il n'était pas possible ni souhaitable d'empêcher les époux de convenir par une clause de la disparition de la prestation compensatoire en cas de remariage. Certaines juridictions s'y étaient montrées hostiles[6]. Mais la Cour de cassation a nettement pris le parti inverse[7]. La solution résulte désormais de façon explicite des termes de l'article 278 du Code civil (mod. par L. n° 2000-596, 30 juin 2000) qui dispose qu'en cas de divorce par consentement mutuel, les époux « *peuvent prévoir que le versement de la prestation cessera à compter de la réalisation d'un événement déterminé* ». Le remariage pourrait certainement être l'un de ces événements.

La Cour de cassation a également estimé, que les juges du fond pouvaient, en application de l'article 275 alinéa 2 du Code civil dans sa rédaction antérieure à la loi du 26 mai 2004, subordonner une décision de divorce au versement effectif de la prestation compensatoire. Saisie sur le fondement de l'article 12 de la Convention européenne de sauvegarde des droits de l'homme et des libertés fondamentales (conv. EDH), la Cour de cassation a estimé que cette modalité n'instaurait pas un empêchement à mariage et que les juges du fond pouvaient, en raison de la situation modeste de la créancière de la prestation, subordonner la décision de divorce au versement effectif de la prestation compensatoire[8].

Cette décision ne présente plus guère d'intérêt en elle-même, la loi du 30 juin 2000 ayant fait disparaître cette disposition de la panoplie des garanties pouvant assortir le versement de la prestation compensatoire et auxquelles peut être subordonné le prononcé du divorce (C. civ., art. 274, 1° et art. 277).

B. Lucidité du consentement

1° Absence d'erreur

111.91 Exigence d'un consentement non entaché d'erreur. Notre droit veut que celui qui s'engage le fasse en connaissance de cause et sanctionne, par la nullité de l'acte, les vices qui ont affecté l'intégrité du consentement (C. civ., art. 1109 s.). Mais, particulièrement soucieux de la stabilité du mariage, le Code Napoléon avait prévu ici pour les vices du consentement un domaine beaucoup moins étendu que dans le droit commun des contrats. Certes, le consentement ne doit pas avoir été entaché d'erreur sur la personne du conjoint. Mais le Code ne dit rien du dol et la Cour de cassation a longtemps refusé d'assimiler à l'erreur dans la personne celle sur de simples qualités. La loi du 11 juillet 1975 a cependant élargi la sanction de l'erreur (C. civ.,

1. J. Bosquet-Denis, « Le remariage », *RTD civ.* 1979, 524 – D. Berthiau, « Le remariage et la prestation compensatoire », *Dr. fam.* 2000, chron. 6; « Le remariage et la prestation compensatoire depuis la loi du 30 juin 2000 », *Dr. fam.* 2002, chron. 20.
2. Civ. 21 avr. 1920, *DP* 1924, 1, 91 – Req. 21 déc. 1938, *DC* 1941, 121, note Nast – Civ. 2e, 8 janv. 1960, *D.* 1960, 245.
3. Civ. 17 janv. 1939, *DC* 1941, 121 – CA Montpellier, 17 févr. 1955, *D.* 1956, 256, note Blanc.
4. CA Paris, 31 mars 1938, *JCP* 1938, II, 670.
5. TGI Brest, 2 mars 1978, *JCP* 1978, II, 18952, note Lindon – CA Grenoble, 20 mai 1981, *JCP* 1983, II, 20086, note De La Marnierre – Civ. 2e, 2 mai 1984, *D.* 1984, 579, note Lindon et Bénabent; *JCP* 1985, II, 20494, note Philippe; *Defrénois* 1985, art. 33477, n° 6, obs. Massip; *RTD civ.* 1985, 152, obs. Rubellin-Devichi.
6. TGI La Rochelle, 19 oct. 1977, *Gaz. Pal.* 1978, 1, 154, note Brazier.
7. Civ. 2e, 16 janv. 1985, *RTD civ.* 1987, 296, obs. Rubellin-Devichi; *Gaz. Pal.* 1986, somm. 211, obs. Grimaldi – *Adde*, mais se fondant simplement sur le caractère intangible de la convention homologuée, Civ. 1re, 21 mai 1997, *Dr. fam.* 1997, n° 120, obs. Lécuyer.
8. Civ. 1re, 13 mars 2007, n° 06-12.419, *Bull. civ.* I, n° 106; *D.* 2008, 807, obs. Serra et Williatte-Pellitteri; *D.* 2008, 1787, obs. Lemouland et Vigneau; *RTD civ.* 2007, 320, obs. Hauser; *RJPF* 2007/6, p. 17, obs. Garé.

art. 180, al. 2) et l'évidence séculaire de l'exclusion du dol mérite d'être aujourd'hui relativisée[1].

111.92 Condition première : existence effective d'une erreur. La condition première de la nullité tient à l'existence effective d'une erreur et pas seulement des faits qui habituellement la caractérisent. Ces faits peuvent être révélateurs de dissensions existant entre les époux sans établir pour autant qu'une erreur aurait été commise par l'un d'eux[2].

Ainsi, il ne suffit pas que l'un des époux ait usurpé l'identité d'un tiers. Il faut encore que le conjoint demandeur ait ignoré cette usurpation. Le mariage ne pourrait être annulé s'il était établi qu'en se mariant il connaissait le véritable état civil du défendeur[3]. De même, serait justifié le rejet de l'action lorsque la femme connaissait au moment du mariage l'état mental de son futur conjoint, les époux s'étant rencontrés dans un établissement de post-cure[4]. La difficulté de preuve de cet élément psychologique conduit souvent les juges à accorder une considération particulière à la déloyauté du défendeur[5], peut-être d'ailleurs davantage qu'au comportement de la victime de l'erreur.

111.93 Exigence d'une erreur déterminante. L'erreur n'est vice du consentement que dans la mesure où elle a véritablement influencé ce dernier. Elle doit avoir été déterminante. S'agissant de l'erreur dans la personne, la rédaction de l'article 180 alinéa 2 du Code civil conduit à penser que la preuve n'a pas à être rapportée de son caractère objectivement déterminant. Par contre, il reste nécessaire de prouver que le demandeur n'aurait pas donné son consentement s'il avait connu la véritable identité du conjoint. La jurisprudence a toujours pris soin de relever ce caractère subjectivement déterminant[6].

Un mariage ne saurait être annulé pour erreur alors que le mari n'explique pas pourquoi il n'aurait pas contracté mariage s'il avait connu le véritable nom de son épouse alors que, d'autre part, il savait qu'elle était une réfugiée arménienne et avait vécu en harmonie avec elle pendant vingt-cinq ans[7].

Ce caractère déterminant est également une condition de la nullité pour erreur sur les qualités essentielles de la personne. Mais l'article 180 impose ici au juge une **combinaison des critères objectif et subjectif**. La preuve devra être rapportée que la qualité sur laquelle une erreur a été commise est une qualité objectivement déterminante et que, subjectivement, l'époux qui invoque l'erreur ne se serait pas marié en connaissance de cause. Les décisions prennent soin généralement de se placer à la fois sur un terrain objectif et subjectif[8].

111.94 Erreur dans la personne du conjoint. Il est difficile d'imaginer aujourd'hui une erreur sur l'identité physique du conjoint. Il faudrait une substitution de personne que la présence obligatoire des époux et les formalités de publicité rendent difficilement concevable.

À la rigueur, on peut envisager une **erreur sur l'identité civile du conjoint**. Un individu peut avoir utilisé de faux papiers et avoir contracté mariage sous cet état civil d'emprunt.

Les chambres réunies de la Cour de cassation, dans leur arrêt du 24 avril 1862, ont admis l'application de l'article 180 du Code civil lorsque « *l'erreur procède de ce que l'un des époux s'est fait agréer comme membre d'une famille qui n'est pas la sienne et s'est attribué les conditions d'origine et de filiation qui appartiennent à un autre* »[9]. De même, il a été jugé qu'un mariage peut être annulé lorsque l'un des époux est parvenu au moyen de faux titres à se faire agréer comme membre d'une famille illustre et s'est ainsi attribué mensongèrement des con-

1. O. Langles, « Vices du consentement et droit du mariage : une rencontre originale », *JCP N* 1998, 483 – C. Noblot, « La sincérité dans la formation du couple », *Dr. et patr.* 2001, n° 91, p. 94.
2. Civ. 1re, 17 juin 2009, n° 07-17.567, NP.
3. T. civ. Seine, 18 mai 1948, *D.* 1950, 441, note G. H.
4. CA Paris, 10 févr. 1987, *D.* 1987, IR 49; *RTD civ.* 1989, 293, obs. Rubellin-Devichi – V. AUSSI, Civ. 1re, 29 janv. 1975, *D.* 1975, 668, note Hauser – Et pour la preuve non rapportée d'une erreur sur l'honorabilité, CA Toulouse, 30 avr. 1997, *Dr. fam.* 1997, n° 79, obs. Lécuyer.
5. V. les termes révélateurs de CA Paris, 10 févr. 1987, *D.* 1987, IR 49; *RTD civ.* 1989, 293, obs. Rubellin-Devichi.
6. CA Bourges, 6 août 1827, *DP* 1829, 2, 72; *S.* 1829, 2, 40 – T. civ. Seine, 15 juill. 1902 – Et CA Paris, 12 mars 1903, *DP* 1903, 2, 191 – T. civ. Seine, 28 nov. 1930, *DH* 1931, somm. 35 – V., il est vrai, deux jugements peu explicites : T. civ. Seine, 9 mars 1923, *S.* 1923, 2, 16 – Et T. civ. Seine, 22 mars 1956, *Gaz. Pal.* 1956, 1, 338; *D.* 1956, somm. 150.
7. CA Paris, 7 juin 1973, *D.* 1974, 174, note Guiho; *JCP* 1973, II, 17539, note Goubeaux; *RTD civ.* 1974, 140, obs. Nerson; *Gaz. Pal.* 1974, 1, 51, note Raymond – *Adde*, Civ. 1re, 19 févr. 1975, *D.* 1975, IR 101 – EN CE SENS, CA Besançon, 11 sept. 2008, *JCP* 2009, IV, 1229.
8. TGI Rennes, 9 nov. 1976, *D.* 1977, 539, note Cosnard – TGI Tarascon, 8 juill. 1981, *Gaz. Pal.* 1982, 1, somm. 91 – CA Paris, 26 mars 1982, *Defrénois* 1982, art. 32930, n° 54, obs. Massip; *Gaz. Pal.* 1982, 2, 519, note J. M. – TGI Paris, 23 mars 1982, *Gaz. Pal.* 1982, 2, somm. 385 – TGI Vesoul, 28 nov. 1989, *D.* 1990, 590, note Philippe – CA Rennes, 11 déc. 2000, *Dr. fam.* 2001, n° 67, obs. Lécuyer – V. CEP., le jugement plus équivoque de TGI Le Mans, 7 déc. 1981, *JCP* 1986, II. 20573, note Lemouland – Ainsi que celui du TGI Paris, 13 févr. 2001, *BICC*, n° 844 – Et TGI Lille, 1er avr. 2008, *D.* 2008, 1389, note Labbée; *D.* 2008, 1788, obs. Lemouland et Vigneau; *RTD civ.* 2008, 455, obs. Hauser; *RJPF* 2008, n° 7/8, p. 8, note Dekeuwer-Défossez; *JCP* 2008, II, 10122, note Raoul-Cormeil; *Dr. fam.* 2008, comm. 98, note V. L.-T. (le jugement a déduit le caractère essentiel de la virginité de l'acquiescement de l'épouse à la demande de nullité).
9. Cass. 24 avr. 1862, *DP* 1862, 1, 153, concl. Dupin.

ditions d'origine et de filiation en considération desquelles le mariage a été contracté[1].

La jurisprudence s'est divisée sur le point de savoir si une erreur concernant quelques éléments particuliers de l'état civil suffisait à constituer une véritable erreur sur l'identité. Certaines décisions l'ont admis.

Ainsi, a été considérée comme erreur dans la personne celle ayant porté sur la nationalité[2] ou celle résultant de la dissimulation par un mari à sa future épouse d'un précédent mariage et d'un divorce[3]. Mais on relève, à l'inverse, plusieurs décisions qui ont refusé d'assimiler à une erreur sur l'identité la croyance qu'une personne est célibataire alors qu'elle a déjà été mariée et divorcée[4], ou l'erreur sur la nature de la filiation[5], ou, enfin, l'erreur qui n'aurait porté que sur le prénom et la date de naissance[6].

Toute confusion devrait désormais être évitée en raison de la distinction que fait l'article 180 entre **erreur dans la personne** et **erreur sur les qualités.**

111.95 Erreur sur les qualités essentielles du conjoint – Critère. Il ne fait pas de doute que l'erreur peut être cause de nullité du mariage même si elle n'a porté que sur une seule qualité essentielle. En l'absence de toute énumération légale, il appartient au juge d'apprécier le caractère objectivement déterminant de l'erreur invoquée. Reste à savoir sur quel critère. Il semble que les critères exclusivement fondés sur la considération de la personne ne recueillent plus guère de faveurs. Ce serait nier toute appréciation objective des qualités[7]. Une autre opinion penche plutôt en faveur d'une appréciation sociologique des qualités essentielles. Ce sont les usages, l'opinion commune, qui doivent permettre d'apprécier le caractère objectivement déterminant de l'erreur. Sur ce fondement, la nullité a parfois été prononcée pour **erreur sur l'état mental du conjoint**[8], mais aussi pour **erreur sur la qualité de divorcé** (« *le caractère déterminant de son erreur est d'autant plus crédible que l'attachement au principe de l'indissolubilité du mariage consacré religieusement est encore communément partagé par nombre de catholiques pratiquants* »[9]).

Mais il semble en définitive que l'on s'oriente, tant en doctrine qu'en jurisprudence, vers un critère tiré de la conception légale du mariage telle que déterminée par les articles 212 et suivants du Code civil. L'objet du mariage est d'instaurer une communauté de vie (C. civ., art. 215) dans le respect de certains devoirs (fidélité, secours, assistance). Sont essentielles les qualités nécessaires à l'accomplissement de cet objet, et sans lesquelles une vie commune ne paraît guère envisageable. Le critère affleurait déjà dans plusieurs décisions anciennes[10] et il s'est affirmé dans la jurisprudence plus récente[11].

111.96 Erreur sur les qualités essentielles – Erreurs non retenues. Si l'on fait l'inventaire de la jurisprudence, certaines erreurs se sont toujours heurtées à un refus de prononcer la nullité. Ainsi, s'agissant d'erreurs sur la **fortune**, sur le **titre**[12], sur le **prénom**[13], ou sur **l'âge**[14].

D'autres erreurs n'ont été accueillies favorablement qu'en de très rares occasions. Ainsi, l'erreur sur la **nature de la filiation** (admise dans certains cas[15], mais rejetée dans d'autres[16]; et à rapprocher du cas dans lequel le mari invoque une erreur sur sa **paternité**[17]) ou l'erreur sur la **nationalité.** En général, la nationalité n'a qu'une importance secondaire dans l'esprit de ceux qui contractent mariage[18].

1. CA Paris, 12 mars 1903, *DP* 1903, 2, 191 – T. civ. Pont-l'Évêque, 22 mai 1906, *Gaz. Pal.* 1906, 2, 16 – T. civ. Seine, 28 déc. 1907, *Gaz. Pal.* 1908, 1, 185; *RTD civ.* 1908, 97, obs. Josserand – T. civ. Seine, 28 nov. 1930, *Gaz. Pal.* 1930, 2, 947; *DH* 1931, somm. 35.
2. T. civ. Seine, 4 févr. 1918, *DP* 1920, 2, 78, 1re esp.
3. T. civ. Bordeaux, 9 juin 1924, *Gaz. Pal.* 1924, 2, 201 – *Adde*, Civ. 11 févr. 1861, *DP* 1861, 1, 49.
4. CA Bordeaux, 21 déc. 1954, *D.* 1955, 242, note Esmein; *RTD civ.* 1955, 284, obs. Lagarde – T. civ. Seine, 22 mars 1956, *Gaz. Pal.* 1956, 1, 338.
5. CA Bordeaux, 21 mars 1866, *DP* 1866, 2, 87 – T. civ. Seine, 30 juin 1920, *Gaz. Pal.* 1920, 2, 385.
6. T. civ. Seine, 2 mai 1912, *DP* 1912, 5, 20.
7. V. CEP., TGI Paris, 8 févr. 1971, *JCP* 1972, II, 17244, note Raymond – TGI Avranches, 10 juill. 1973, *D.* 1974, 175, note Guiho – TGI Le Mans, 7 déc. 1981, *JCP* 1986, IL. 20573, note Lemouland.
8. TGI Lyon, 10 janv. 1968, *Ann. Fac. Lyon* 1968, 123.
9. TGI Paris, 5 janv. 1982, inédit – EN CE SENS, v. CA Rennes, 11 déc. 2000, *Dr. fam.* 2001, n° 67, obs. Lécuyer.
10. TGI Lille, 17 mai 1962, *D.* 1963, somm. 10 – T. civ. Grenoble, 13 mars 1958, *D.* 1959, 495, note Cornu – TGI Lyon, 5 mai 1971, *Ann. Fac. Lyon* 1972, 185.
11. TGI Rennes, 9 nov. 1976, *D.* 1977, 539, note Cosnard – TGI Tarascon, 8 juill. 1981, *Defrénois* 1982, art. 32930, n° 54, obs. Massip – TGI Vesoul, 28 nov. 1989, *D.* 1990, 590, note Philippe – CA Douai, 17 nov. 2008, *D.* 2008, p. 2938, obs. Egéa; *D.* 2010, 729, obs. Lemouland et Vigneau; *RTD civ.* 2009, 98, obs. Hauser; *RJPF* 2009, n° 1, p. 20, note Leborgne; *JCP* 2009, II, 10005, note Malaurie, et I, 102, obs. Gouttenoire; *Dr. fam.* 2008, comm. 167, note Larribau-Terneyre »[...] *sur la vie sentimentale passée de la future épouse et sur sa virginité, qui n'est pas une qualité essentielle en ce que son absence n'a pas d'incidence sur la vie matrimoniale* ».
12. CA Bordeaux, 10 août 1831, *DP* 1831, 2, 257.
13. T. civ. Seine, 2 mai 1912, *DP* 1912, 5, 20.
14. T. civ. Seine, 28 déc. 1907, *Gaz. Pal.* 1908, 1, 185; *RTD civ.* 1908, 97, obs. Josserand – T. civ. Seine, 2 mai 1912, *DP* 1912, 5, 20 – T. civ. Seine, 6 déc. 1949, *D.* 1950, 103.
15. T. civ. Boulogne, 26 août 1852, *DP* 1853, 3, 56, *S.* 1854, 2, 114 – Mais rejetée par CA Bordeaux, 21 mars 1866, *DP* 1866, 2, 87; *S.* 1866, 2, 209 – T. civ. Seine, 30 juin 1920, *Gaz. Pal.* 1920, 2, 385.
16. CA Bordeaux, 21 mars 1866, *DP* 1866, 2, 87; *S.* 1866, 2, 209 – T. civ. Seine, 30 juin 1920, *Gaz. Pal.* 1920, 2, 385.
17. CA Paris, 7 avr. 1995, *RTD civ.* 1995, 605, obs. Hauser.
18. CA Paris, 20 juill. 1943, *DA* 1944, 7; *RTD civ.* 1944, 25, obs. Lagarde.

Mais il a été admis qu'en temps de guerre, elle puisse avoir une importance telle que l'erreur sur ce point doive entraîner la nullité du mariage[1].

La jurisprudence est hésitante s'agissant d'erreurs qui touchent aux **qualités religieuses du conjoint**. L'erreur sur la religion même n'est pas en général considérée comme cause de nullité[2] (mais il peut y avoir des décisions dans un sens différent[3]). Par contre, l'erreur sur la **laïcité**, lorsque, par exemple, une femme catholique épouse sans le savoir un ancien prêtre, a parfois été prise en considération[4] (mais il y a des décisions en sens inverse[5]). De même, un courant favorable à la nullité s'est développé lorsqu'un époux animé de sentiments religieux profonds a ignoré l'engagement de son conjoint dans les liens d'un précédent mariage et le divorce qui y a mis fin sur le seul terrain du droit civil. La jurisprudence, autrefois réticente[6] (mais pas toujours[7]), est aujourd'hui plus sensible à ce genre d'erreur[8]. Mais encore faut-il **démontrer que l'erreur a été subjectivement déterminante**[9]. Ces réticences sont plus fortes lorsque l'erreur ne porte que sur les convictions religieuses du conjoint (lorsque, par ex., après la cérémonie civile, il a refusé la bénédiction religieuse[10]) ou sur les intentions. Ainsi, ne saurait être sanctionnée l'erreur de l'un des époux quant à la volonté de son conjoint de ne pas consommer le mariage[11]. Une évolution peut, cependant, être relevée dans certaines décisions plus récentes qui ont appliqué l'article 180 à des hypothèses d'erreur sur les sentiments mêlée d'erreur sur les convictions religieuses[12].

111.97 Erreur sur les qualités essentielles – Erreurs retenues. La jurisprudence est plus homogène lorsqu'est invoquée une **erreur sur l'honorabilité**, du moins lorsque les antécédents pénaux sont particulièrement infamants (mais sous réserve de la preuve d'une erreur[13]).

De même, a été annulé le mariage, entaché d'erreur, de la veuve d'un gendarme mort pour la France avec un condamné de droit commun[14]. En revanche, la simple erreur sur la vertu de la femme, ses mœurs passées, l'existence d'une liaison antérieure, sa virginité, l'ignorance d'une grossesse antérieure n'ont presque jamais reçu d'accueil favorable auprès des tribunaux[15] (mais on peut trouver quelques décisions dans un sens différent[16]). Il en va différemment lorsque le mari invoque une erreur sur l'état de prostituée de son épouse[17].

C'est bien davantage à propos de l'**erreur sur les qualités physiques** et spécialement en cas d'ignorance de l'impuissance du futur mari que la juris-

1. T. civ. Seine, 4 févr. 1918, *DP* 1920, 2, 78 – T. civ. Seine, 2 janv. 1920, *DP* 1920, 2, 78 – CA Lyon, 16 janv. 1980, *D.* 1981, 577, note Guiho.
2. CA Paris, 20 juill. 1943, *DA* 1944, 7; *RTD civ.* 1944, 25, obs. Lagarde – C. Tunis, 10 mars 1951, *D.* 1953, 538, note Luchaire.
3. C. Turin, 21 juill. 1883, *S.* 1880, 41.
4. CA Colmar, 6 déc. 1811, *S.* 1811, 2, 89 – T. civ. Agen, 6 juill. 1860, *S.* 1860, 2, 353.
5. T. Montpellier, 24 févr. 1840, *Gaz. trib.* 3 mars.
6. CA Angers, 6 déc. 1928, *DH* 1929, 154 – CA Bordeaux, 21 déc. 1954, *D.* 1955, 242, note P. Esmein – T. civ. Seine, 22 mars 1956, *Gaz. Pal.* 1956, 1, 338.
7. T. civ. Bordeaux, 9 juin 1924, *Gaz. Pal.* 1924, 2, 201 – T. civ. Seine, 4 avr. 1951, *JCP* 1953, II, 7408, note J. M.
8. TGI Basse-Terre, 25 oct. 1973, *D.* 1974, somm. 44 – TGI Paris, 5 janv. 1982, *RTD civ.* 1983, 327, obs. Nerson et Rubellin-Devichi – TGI Le Mans, 7 déc. 1981, *JCP* 1986, II, 20573, note Lemouland – Civ. 1re, 2 déc. 1997, n° 96-10.498, NPT; *Dr. fam.* 1998, n° 35, obs. Lécuyer; *RTD civ.* 1998, 659, obs. J. Hauser; *Defrénois* 1998, 1017, obs. Massip – CA Paris, 17 déc. 1998, *Dr. fam.* 1999, n° 121, obs. Lécuyer – Rappr. : TGI Paris, 7 mai 1996, *JCP* 1996, I, 3966, obs. Farge; *RTD civ.* 1996, 583, obs. Hauser; *Dr. fam.* 1997, n° 38, obs. Lécuyer.
9. CA Paris, 20 déc. 2001, *Dr. fam.* 2000, n° 40, obs. Lécuyer; *RTD civ.* 2002, 272, obs. Hauser – CA Grenoble, 7 nov. 2001, *JCP* 2002, IV. 1557.
10. CA Montpellier, 4 mai 1847, *DP* 1847, 2, 81 – CA Lyon, 10 mars 1853, *DP* 1853, 2, 210 – T. Bruxelles, 31 mars 1888, *S.* 1888, 4, 24 – V. CEP., CA Aix-en-Provence, 15 nov. 2005, *JCP* 2006, IV, 2366, qui considère que pour des musulmans, le refus pour l'un des époux de se soumettre au mariage religieux constitue pour l'autre une erreur sur les qualités essentielles.
11. CA Paris, 30 déc. 1863 – Et, sur pourvoi, Req. 9 févr. 1863, *DP* 1863, 1, 426 – TGI Créteil, 24 oct. 1974, *Gaz. Pal.* 1975, 1, somm. 105.
12. TGI Le Mans, 7 déc. 1981, *JCP* 1986, II, 20573, note Lemouland – TGI Paris, 7 mai 1996, *RTD civ.* 1996, 583, obs. Hauser; *JCP* 1996, I, 3966, n° 6 – V. AUSSI, pour deux époux musulmans, CA Aix-en-Provence, 15 nov. 2005, *JCP* 2006, IV, 2366.
13. CA Toulouse, 30 avr. 1997, *Dr. fam.* 1997, n° 79, obs. Lécuyer – T. civ. Bressuire, 26 juill. 1944, *D.* 1945, 94; *RTD civ.* 1945, 105, obs. Lagarde.
14. TGI Paris, 8 févr. 1971, *JCP* 1972, II, 17244, note Raymond – TGI Paris, 23 mars 1982, *Defrénois* 1983, art. 33022, n° 1, obs. Massip; *RTD civ.* 1983, 326, obs. Nerson et Rubellin-Devichi – TGI Paris, 13 févr. 2001, *BICC* 2001, n° 844; *Dr. fam.* 2002, n° 1, obs. Lécuyer – V. également dans un cas où le mari menait une double vie, CA Rennes, 11 déc. 2000, *Dr. fam.* 2001, n° 67, obs. Lécuyer; *RTD civ.* 2001, 855, obs. Hauser.
15. CA Montpellier, 1er févr. 1866, *DP* 1867, 5, 270; *S.* 1866, 2, 325 – T. civ. Rochefort, 26 avr. 1926, *Gaz. Pal.* 1926, 2, 299 – T. civ. Seine, 18 janv. 1938, *DP* 1939, 2, 32, note Lalou – Civ. 1re, 13 déc. 2005, n° 02-21.259, *Bull. civ.* I, n° 495; *D.* 2006, IR 100 et 1417, obs. Lemouland et Vigneau; *AJ fam.* 2006, 75, obs. Chénedé; *RJPF* 2006/3, p. 17; *Dr. fam.* 2006, n° 22; *JCP* 2006, II, 10140, note Ben Hadj Yahia.
16. T. civ. Chaumont, 9 juin 1858, *S.* 1858, 2, 543; *DP* 1861, 5, 305 – Et à propos d'une erreur sur la virginité, TGI Lille, 1er avr. 2008, préc. ss n° 111.93 *in fine* – Jugement infirmé par CA Douai, 17 nov. 2008, préc. ss n° 111.95 (devant la cour d'appel, ce n'est plus l'erreur sur la virginité mais celle sur la vie sentimentale passée de la future épouse qui était invoquée).
17. TGI Paris, 13 févr. 2001, *BICC*, n° 844.

prudence s'est montrée compréhensive. Les solutions autrefois restrictives[1], inspirées par la crainte du scandale et les difficultés de preuve, ont cédé la place à un courant beaucoup plus libéral[2].

Il a été jugé que le mariage contracté par un époux jeune doit être présumé fait dans l'ignorance de l'inaptitude de sa jeune épouse aux rapports conjugaux, et que l'erreur commise doit entraîner la nullité du mariage à condition que l'impossibilité soit absolue et définitive[3]. L'aptitude aux relations sexuelles constitue une qualité essentielle et l'erreur déterminante de l'un des époux sur ce point est de nature à vicier son consentement[4]. Mais une épouse âgée de 58 ans ne saurait ignorer que les aptitudes aux relations sexuelles diminuent avec l'âge et reprocher à son mari de lui avoir caché qu'il prenait du Viagra[5].

En toute hypothèse, la moindre erreur sur la santé du conjoint ne saurait être cause de nullité. Seules méritent d'être prises en considération les erreurs qui ruinent véritablement le couple[6].

L'**erreur sur l'état mental**, dès avant 1975, avait déjà été prise en compte par les tribunaux. Mais les échecs ont été fréquents sur le terrain de la preuve[7] et ils risquent de perdurer[8] en raison des difficultés d'appréciation du degré de la maladie et de l'antériorité de l'état (ainsi dans le cas où la demande de nullité était fondée sur un comportement incestueux apparu après le mariage[9]). D'autant qu'il y a une certaine réticence à l'égard des investigations psychologiques qui peuvent ici s'avérer nécessaires.

Ainsi, a été rejetée une demande en référé, aux fins d'expertise psychiatrique d'une femme, devant permettre à son mari de réunir des preuves à l'appui de sa demande en nullité du mariage pour erreur sur l'intégrité psychique[10]. Il paraît bien établi, cependant, qu'une intégrité mentale suffisante pour permettre le déroulement normal de la vie conjugale doit être considérée comme l'une des qualités essentielles qu'un époux est en droit d'attendre de son futur conjoint et qu'une erreur sur ce point serait cause de nullité. Tel est le cas lorsque l'épouse était, avant le mariage, atteinte d'une schizophrénie délirante et avait été hospitalisée en psychiatrie pendant plusieurs années, alors que rien n'avait permis au mari cultivateur de déceler la grave maladie de sa femme qu'il avait rencontrée au cours d'une période de rémission[11]. De même, doit être annulé le mariage auquel le mari a consenti sans savoir que la future épouse suivait un traitement à base de neuroleptiques qu'il lui faudrait interrompre si elle désirait élever des enfants[12]. De même encore, dans le cas où le mari n'avait pas été informé de ce que son épouse avait été mise sous curatelle[13].

2°
Absence de sanction du dol

111.101 **Absence de sanction directe du dol.** Traditionnellement, on affirme qu'en matière de mariage, le dol n'est pas un vice du consentement autorisant à lui seul le prononcé de la nullité[14]. « *En mariage, trompe qui peut.* »[15] Diverses justifications ont été avancées. Une certaine tolérance serait nécessaire vis-à-vis du dol, parce que le mariage est d'abord « *art de plaire* ». Un autre argument invoqué est celui du risque d'annulations trop fréquentes qui serait de nature à compromettre la stabilité de l'institution. D'autres justifications ont été inspirées par les origines délictuelles du dol et son absence d'autonomie par rapport à l'erreur en tant que vice du consentement. La nullité pour dol est destinée à réparer un préjudice. Or, en matière de mariage, toute compensation est impossible car la victime a souffert un dommage irréparable.

La jurisprudence s'avère quant à elle beaucoup plus nuancée. La tromperie de l'un des futurs époux a souvent des incidences dans le cadre d'une **action en nullité pour erreur**. Elle offre d'abord, par les

1. C. Gênes, 7 mars 1811, *S.* 1811, 2, 193 – CA Riom, 30 juin 1828, *DP* 1828, 2, 121 – Civ. 15 avr. 1862, *DP* 1862, 1, 280 – CA Riom, 7 juin et 2 août 1876, *DP* 1877, 2, 32 – Civ. 6 avr. 1903, *DP* 1904, 1, 395.
2. T. civ. Grenoble, 13 mars et 20 nov. 1958, *D.* 1959, 495, note Cornu; *RTD civ.* 1960, 87, obs. Desbois.
3. TGI Lille, 17 mai 1962, *D.* 1963, somm. 10 – Dans le MÊME SENS, v. TGI Lyon, 15 mai 1971, *Ann. Fac. Lyon* 1972, 1, 185 – TGI Avranches, 10 juill. 1973, *D.* 1974, 175, note Guiho.
4. TGI Paris, 12 janv. et 1er juin 1982, *RTD civ.* 1983, 328, obs. Nerson et Rubellin-Devichi – CA Paris, 26 mars 1982, *Gaz. Pal.* 1982, 2, 519, note J. M.; *Defrénois* 1982, 1240 – CA Rouen, 6 mars 2008, *AJ fam.* 2008, 399, obs. Chénedé; *RTD civ.* 2008, 659, obs. Hauser.
5. CA Pau, 26 avr. 2004, *Dr. fam.* 2004, n° 117.
6. V. NOT., un cas où l'épouse était atteinte d'une infection VIH à un stade avancé qui compromettait sa faculté de procréer : TGI Dinan, 4 avr. 2006, *RTD civ.* 2007, 550, obs. Hauser.
7. TGI Le Mans, 18 mars 1965, *D.* 1967, 203, note Pradel – CA Paris, 31 janv. 1967, *JCP* 1967, II, 15036, note R. B. – TGI Lyon, 10 janv. 1968, *Ann. Fac. Lyon* 1968, 1, 123 – Civ. 1re, 13 oct. 1970, *RTD civ.* 1971, 827, obs. Nerson – Civ. 1re, 29 janv. 1975, *D.* 1975, 668, note Hauser.
8. CA Paris, 10 févr. 1987, *D.* 1987, IR 49 – CA Paris, 1er déc. 1988, *D.* 1989, IR 6; *RTD civ.* 1989, 293, obs. Rubellin-Devichi.
9. CA Aix-en-Provence, 31 mars 2005, *Dr. fam.* 2005, n° 176, obs. Larribau-Terneyre.
10. TGI Arras, 9 oct. 1981, *JCP* 1982, II, 19852, note Raymond; *RTD civ.* 1983, 329, obs. Nerson et Rubellin-Devichi – CA Paris, 1er déc. 1988, *D.* 1989, IR 6; *RTD civ.* 1989, 293, obs. Rubellin-Devichi.
11. TGI Rennes, 9 nov. 1976, *D.* 1977, 539, note Cosnard – RAPPR. CA Limoges, 5 janv. 1989, *RTD civ.* 1989, 294, obs. Rubellin-Devichi.
12. TGI Tarascon, 8 juill. 1981, *Defrénois* 1982, art. 32930, n° 54, obs. Massip.
13. TGI Vesoul, 28 nov. 1989, *D.* 1990, 590, note Philippe.
14. S. Neuville, « Le silence de l'article 180 du Code civil, un héritage équivoque », *Dr. fam.* 1999, chron. 3.
15. Loysel, *Institutes coutumières*, livre Ier, titre II, n° 3.

manœuvres qui l'accompagnent, un intérêt probatoire non négligeable en rendant l'erreur plus tangible et en persuadant les magistrats de son caractère déterminant. Nombreuses sont les décisions qui, en accueillant l'action en nullité pour erreur, prennent soin de relever **l'existence d'agissements dolosifs** (usurpation d'état civil[1]; tromperie sur la qualité de célibataire[2]; sur la nationalité[3]; sur le passé pénal[4]; sur l'état physique ou mental[5]).

L'exclusion du dol comme cause de nullité du mariage se justifie aujourd'hui par des raisons d'opportunité. Son admission comme vice spécifique du consentement aurait pour conséquence peu raisonnable d'autoriser l'annulation d'un mariage sur le seul fondement de la tromperie, alors même qu'elle n'aurait pas porté sur une qualité essentielle[6] (fortune, sentiments). En réalité, les législations qui se réfèrent au dol en matière de mariage, soit énumèrent de façon limitative les hypothèses dans lesquelles il est susceptible d'entraîner la nullité (C. civ. suisse, art. 125), soit restreignent la prise en considération des tromperies par des conditions particulières (« *Tromperie dolosive sur des circonstances telles que s'il avait eu connaissance de la situation et raisonnablement apprécié la nature du mariage* », BGB, art. 1334 [*Bürgerliches Gesetzbuch* : Code civil allemand] – V. égal. C. dr. canonique, canon 1098).

111.102 Recoupements avec le divorce. La jurisprudence a parfois sanctionné par le **divorce pour faute** la dissimulation de faits antérieurs au mariage. Elle a ainsi accueilli, à l'appui d'une demande en divorce, la dissimulation d'une impuissance[7], d'une malformation[8], de certaines maladies[9] ou d'une condamnation pénale[10]. Cette jurisprudence a perduré après la loi du 11 juillet 1975[11]. Elle se fonde sur l'existence d'un **devoir de sincérité entre futurs époux.** Le divorce pourrait autoriser la prise en considération de faits qui ne pourraient constituer une cause de nullité; mais réciproquement, pour que soit prononcé le divorce pour faute, **l'erreur ne suffit pas.**

SECTION 2

CONDITIONS D'ORDRE PHYSIQUE

111.110 Des conditions peu nombreuses. Le Code civil est resté discret sur ce sujet. L'union matrimoniale y apparaît surtout comme « *la convergence sentimentale, la concorde des âmes et des esprits* »[12]. La seule exigence d'ordre physique tient à **l'âge** des futurs époux. La différence de sexe, considérée autrefois comme une condition évidente, soulève aujourd'hui de sérieuses polémiques.

§ 1

Absence de condition tenant à l'état de santé

111.111 Indifférence de la maladie. En ce qui concerne la formation du mariage, maladie ou santé sont indifférentes[13]. Aucune maladie, aucune infirmité ne peut à elle seule interdire à une personne de se marier, pourvu qu'elle n'empêche pas le consentement de s'exprimer (et sous réserve de l'incidence qu'elle pourrait avoir sur l'intégrité de ce consentement ou sur celui du conjoint). L'issue fatale d'une maladie, l'approche même de la mort semble sans importance (à propos du mariage *in extremis*, v. s^s n° 111.11). Cette indifférence s'explique en partie par la réticence du droit français à l'égard de tout eugénisme et par la crainte des orientations racistes auxquelles peut aboutir cette doctrine.

111.112 Suppression du certificat médical prénuptial. Pendant longtemps, notre droit a néanmoins imposé aux futurs époux un examen médical à l'issue duquel était délivré un certificat, dit certificat prénuptial[14]. L'officier de l'état civil, auquel

1. CA Bourges, 6 août 1827, *DP* 1829, 2, 71 – T. civ. Seine, 9 mars 1923, *S.* 1923, 2, 16 – T. civ. Pont-l'Évêque, 22 mai 1906, *Gaz. Pal.* 1906, 2, 16.
2. T. civ. Bordeaux, 9 juin 1924, *Gaz. Pal.* 1924, 2, 201 – T. civ. Seine, 4 avr. 1951, *JCP* 1953, II, 7408.
3. T. civ. Seine, 4 févr. 1918, *DP* 1920, 2, 78.
4. T. civ. Bressuire, 26 juill. 1944, *D.* 1945, 94 – TGI Paris, 8 févr. 1971, *JCP* 1972, II, 17244, note Raymond.
5. CA Paris, 31 janv. 1967, *JCP* 1967, II, 15036, note R. B.
6. CA Douai, 17 nov. 2008, préc. s^s n°s 111.95 et 111.97 (la Cour rappelle « *qu'en toute hypothèse, le mensonge qui ne porte pas sur une qualité essentielle n'est pas un fondement valide pour l'annulation du mariage* »).
7. CA Orléans, 4 mars 1903, *DP* 1905, 2, 67 – T. civ. Dax, 30 nov. 1906, *DP* 1907, 2, 135 – Req. 25 janv. 1922, *DP* 1924, 1, 7.
8. Civ. 7 mai 1951, *D.* 1951, 472.
9. CA Montpellier, 25 oct. 1961, *D.* 1961, 775.
10. C. Liège, 4 déc. 1923, *DP* 1924, 2, 149.
11. CA Rennes, 22 févr. 1978, *D.* 1979, IR 210, obs. Breton – Civ. 2e, 12 déc. 1979, *D.* 1981, IR 76, obs. Breton.
12. J. Carbonnier, « Terre et ciel dans le droit du mariage », *Mél. Ripert*, t. I, 1950, p. 335 – M. Culioli, « La maladie d'un époux. Idéalisme et réalisme en droit matrimonial français », *RTD civ.* 1968, 253.
13. J. Savatier, « Le droit civil du mariage et la santé des époux », *Médecine et mariage*, Groupe lyonnais d'études médicales, 1952, p. 201 – M. Culioli, « La maladie d'un époux. Idéalisme et réalisme en droit matrimonial français », *RTD civ.* 1968, 253 – R. Nerson, « Les progrès scientifiques et l'évolution du droit familial », *Mél. Ripert*, t. I, p. 403.
14. L. Biardeau, *Le certificat prénuptial*, th. Paris, 1930 – P. Voirin, « Le certificat d'examen médical prénuptial », *JCP* 1943, I, 322.

incombait l'accomplissement des formalités de publication du mariage, ne pouvait procéder à ladite publication « *qu'après la remise, par chacun des futurs époux, d'un certificat médical datant de moins de deux mois, attestant, à l'exclusion de toute autre indication, que l'intéressé a été examiné en vue du mariage* » (C. civ., art. 63, al. 2, anc.) [1].

À l'expérience, il est apparu que l'exigence de ce certificat médical, telle qu'elle avait été conçue, ne présentait pas l'utilité espérée. Le certificat, que le médecin ne pouvait refuser de délivrer, ne mentionnait pas les résultats de l'examen médical. Il attestait simplement que l'intéressé avait été examiné en vue du mariage. D'autre part, l'examen assurait une information séparée de chaque époux. Rien ne permettait de connaître les résultats de l'examen subi par le conjoint. L'absence de communication réciproque des résultats n'excluait donc pas que le consentement de l'un d'eux puisse se trouver vicié par une erreur. Il était simplement prévu que l'officier d'état civil qui procéderait à la publication sans que lui ait été remis par chaque époux le certificat médical datant de moins de deux mois s'exposerait à des poursuites devant le TGI et à une amende de trois à trente euros (C. civ., art. 63, al. 3, anc.). De plus, l'exigence du certificat prénuptial pouvait faire l'objet de nombreuses dérogations.

Le législateur a donc choisi de supprimer l'exigence du certificat médical prénuptial[2] sans modifier cependant les actions de prévention dont bénéficie la femme enceinte (CSP, art. L. 2122-1 s.). L'article 63 du Code civil a été modifié pour faire disparaître le certificat médical de la liste des pièces devant être remises à l'officier de l'état civil avant la publication. La loi a également abrogé les deux derniers alinéas de l'article 169 du Code civil qui prévoyaient, l'un la possibilité pour le procureur de la République de dispenser les futurs époux ou l'un d'eux de la remise du certificat médical, l'autre une dérogation à l'exigence du certificat en cas de péril imminent de mort lorsque l'officier de l'état civil est amené à célébrer un mariage *in extremis*. Dans le Code de la santé publique, le chapitre relatif à l'examen médical prénuptial a été abrogé (CSP, art. L 2121-1 s. anc). La loi ménage néanmoins la possibilité pour les futurs époux de se soumettre à un examen prénuptial et inscrit dans les missions du conseil général l'édition et la diffusion de supports d'information sanitaire destinés aux futurs conjoints (CSP, art. L. 2112-2, 6°).

§ 2
Condition de puberté

111.121 Exigence d'un âge minimum. Pour pouvoir contracter mariage, l'homme et la femme doivent avoir atteint l'âge de dix-huit ans, âge qui est aussi celui de leur majorité (C. civ., art. 144). Cette condition est dite de « *puberté légale* » (alors qu'en droit romain le *pater familias* prenait une décision variable selon chaque enfant). Autrefois, cet âge minimum était fixé à quinze ans pour les filles. La loi n° 2006-399 du 4 avril 2006 l'a porté à dix-huit ans pour les filles comme pour les garçons[3]. Cette préoccupation rejoint celle exprimée dans la Convention de New York du 10 décembre 1962, ratifiée par la France, et enjoignant aux États parties de prendre les mesures nécessaires pour spécifier un âge minimum[4].

Le Code civil ne prévoit pas, à l'inverse, d'âge maximum. Le vieillard n'est frappé d'aucune discrimination et peut parfaitement se marier. La vieillesse ne sera prise en compte que par son influence possible sur la lucidité du consentement.

111.122 Dispense. Une dispense d'âge peut être accordée pour motifs graves (C. civ., art. 145). Le motif généralement invoqué est la **grossesse** de la future épouse qui prouve assez, du moins sur le plan physiologique, qu'elle a bien atteint l'âge de la puberté. Depuis la loi n° 70-1266 du 23 décembre 1970[5] et le décret n° 71-42 du 12 janvier 1971[6], l'article 145 du Code civil précise qu'« *il est loisible au procureur de la République du lieu de célébration du mariage* » d'accorder cette dispense. Une demande motivée doit lui être présentée, mais il semble disposer d'un pouvoir souverain d'appréciation quant à l'opportunité d'octroyer ou non la dispense. La décision du procureur de la République accordant la

1. Sur la nature et le contenu de l'examen, v. Décr. n° 92-143, 14 févr. 1992, relatif aux examens obligatoires prénuptial, pré et postnatal, *JO* 16 févr., p. 2505.
2. L. n° 2007-1787, 20 déc. 2007, relative à la simplification du droit, art. 8, *JO* 21 déc., p. 20639; *D.* 2008, 1789, obs. Lemouland et Vigneau; *Dr. fam.* 2008, comm. 3, note V. L.-T. – M. Lamarche, « La réduction des conditions de formation du mariage : une évolution en dents de scie », *La liberté fondamentale du mariage*, PUAM, 2009, p. 117.
3. *RTD civ.* 2006, 402, obs. Leroyer – *D.* 2006, 1415, obs. Lemouland et Vigneau – D. Viriot-Barrial, « Commentaire de la loi du 4 avril 2006 renforçant la prévention et la répression des violences au sein du couple ou commises contre les mineurs », *D.* 2006, 2350 – M. Azavant, « Regard civiliste sur la loi du 4 avril 2006... », *Dr. fam.* 2006, étude n° 40.
4. L. n° 2007-1163, 1er août 2007, autorisant l'adhésion de la France à la convention sur le consentement au mariage, l'âge minimum du mariage et l'enregistrement des mariages, *JO* 2 août, p. 12988; *D.* 2008, 1786, obs. Lemouland et Vigneau.
5. L. n° 70-1266, 23 déc. 1970, *D.* 1971, 21.
6. Décr. n° 71-42, 12 janv. 1971, *D.* 1971, 102.

dispense doit être remise à l'officier de l'état civil. La dispense est classée dans le dossier annexe du mariage.

§ 3
Différence de sexe

111.131 Une condition naturelle. La nécessité d'une différence de sexe entre les futurs conjoints ne fait aucun doute. Le Code civil, il est vrai, n'y fait que deux allusions rapides (C. civ., art. 75, *in fine*, et 144) et n'en pose à aucun moment le principe. Mais la doctrine considère de façon quasi unanime qu'il s'agit d'une condition naturelle du mariage. La preuve de la différence de sexe des futurs époux résultera des **actes de naissance** qu'ils doivent présentera l'officier d'état civil. L'acte de naissance indique, en effet, le sexe de l'enfant (C. civ., art. 57) et, en principe, sa consultation devrait donc suffire.

Des contestations peuvent surgir lorsque la détermination du sexe d'un individu fait difficulté. Selon une jurisprudence traditionnelle, il suffit que le sexe de chacun des époux soit reconnaissable et qu'il diffère de celui du conjoint. Peu importent le défaut, la faiblesse ou l'imperfection de certains organes, et, dans son appréciation, le juge s'en tient à l'apparence extérieure sans se soucier d'éventuelles déficiences des organes internes[1].

111.132 Mariage du transsexuel. Les progrès scientifiques, en révélant toute la complexité de la sexualité des personnes, ont rendu plus délicate l'appréciation de la différence de sexe entre les futurs conjoints. Le sexe d'un individu n'est plus médicalement déterminé par sa seule morphologie, son apparence, mais biologiquement, génétiquement, par une formule chromosomique fixée définitivement dès la naissance. Encore ne pouvait-il être question si l'on s'en tenait là de satisfaire aux demandes de modification de la mention du sexe à l'état civil présentées par des transsexuels[2] (seule la perspective de rectification d'une erreur commise lors de la déclaration de naissance était envisageable[3]). Mais la définition du sexe ne peut plus être désormais purement biologique. Elle semble devoir intégrer des éléments psychologiques. La jurisprudence n'y est pas restée insensible, et, de plus en plus souvent, elle a déclaré recevables les demandes de modification d'état civil émanant de véritables transsexuels ayant subi une évolution irréversible[4]. La Cour de cassation, après bien des hésitations et des réticences[5], a admis qu'un transsexuel dont le syndrome est médicalement établi puisse obtenir la modification de la mention de son sexe à l'état civil[6]. Ce revirement est consécutif à la condamnation de la France par la Cour européenne des droits de l'homme (CEDH) qui a considéré, sur le fondement de l'article 8 de la Convention, que la France ne respectait pas suffisamment la vie privée du transsexuel[7]. Depuis, la jurisprudence est constante[8].

Il paraissait difficile, dans ces conditions, de ne pas permettre au transsexuel ayant obtenu la modification de la mention de son sexe de se marier avec une personne de sexe différent sur le plan juridique et le plus souvent aussi sur le plan morphologique. L'hypothèse n'est plus une hypothèse d'école[9]. On voit mal, puisque la modification de l'état civil a été obtenue, sur quel fondement s'appuyer pour interdire un tel mariage. Il n'y a point, par hypothèse, identité de sexe sur le plan légal. La CEDH considère que le fait pour un droit national (le droit anglais en l'occurrence) de retenir le sexe enregistré à la naissance constitue une limitation portant atteinte à la substance même du droit de se marier[10].

1. Civ. 6 avr. 1903, *DP* 1904, 1, 395, concl. Baudouin; *S.* 1904, 1, 273, note Wahl – Et, sur renvoi, CA Nancy, 16 oct. 1903, *DP* 1904, 2, 336; *S.* 1904, 2, 175 – CA Nîmes, 29 nov. 1869 et Civ. 15 janv. 1872, *DP* 1872, 1, 52 – Et, sur renvoi, CA Montpellier, 8 mai 1872, *S.* 1872, 2, 272; *DP* 1872, 2, 48 – T. civ. Alais, 23 janv. 1873, *DP* 1882, 3, 71.
2. CA Paris, 18 janv. 1974, *D.* 1974, 196, concl. Granjon – Civ. 1re, 16 déc. 1975, *D.* 1976, 397, note Lindon; *JCP* 1976, II, 18503, note Penneau.
3. CA Paris, 8 déc. 1967, *D.* 1968, 289.
4. TGI Toulouse, 25 mai 1978, et CA Toulouse, 11 oct. 1978, *JCP* 1981, II, 19529, note Penneau – TGI Saint-Étienne, 11 juill. 1979 et 26 mars 1980, *D.* 1981, 270 – TGI Paris, 24 nov. 1981, *Gaz Pal.* 1982, 2, 508; *JCP* 1982, II, 19792, note Penneau – CA Agen, 2 févr. 1983; TGI Nanterre, 21 avr. 1983; TGI Paris, 16 nov. et 7 déc. 1982, *Gaz. Pal.* 1983, 2, 603, note Sutton – TGI Angoulême, 18 janv. 1984, *Gaz. Pal.* 1984, 2, somm. 427 – TGI Montpellier, 6 mai 1985, *Gaz. Pal.* 1985, 2, somm. 392.
5. Civ. 1re, 3 mars et 31 mars 1987, *D.* 1987, 445, note Jourdain – Civ. 1re, 21 mai 1990, n° 88-12.829, *Bull. civ.* I, n° 117; *D.* 1991, 169, note Massip; *RTD civ.* 1991, 289, obs. Hauser.
6. Cass. ass. plén., 11 déc. 1992, n° 91-11.900, *Bull. ass. plén.*, n° 13; *JCP* 1993, II, 21991, concl. Jeol et note Mémeteau; *RTD civ.* 1993, 97, obs. Hauser.
7. CEDH 25 mars 1992, n° 13343/87, série A n° 232-C, *D.* 1993, 101, note Marguénaud; *JCP* 1992, II, 21955, note Garé; *RTD civ.* 1992, 540, obs. Hauser.
8. CA Paris, 30 janv. 2003, *AJ fam.* 2003, 273, obs. F. B.
9. V. TGI Paris, 13 déc. 1983, et CA Paris, 17 févr. 1984, *D.* 1984, 350, note Rassat; *RTD civ.* 1985, 135, obs. Rubellin-Devichi.
10. CEDH 11 juill. 2002, req. n° 28957-95, *Goodwin*, *D.* 2002, IR 1725; *D.* 2003, somm. 1935, obs. Lemouland; *RJPF* 2002, n° 11, p. 14, note Leborgne; *Dr. fam.* 2002, n° 133, obs. Gouttenoire-Cornu; *AJ fam.* 2002, n° 12, 413, obs. Granet; *RTD civ.* 2002, 862, obs. Marguénaud; *Defrénois* 2003, p. 1077, obs. Massip.

S'appuyant sur cette jurisprudence, la Cour de justice des Communautés européennes considère que la législation (anglaise) qui ne permet pas à un transsexuel de se marier instaure une inégalité de traitement si elle empêche ainsi de bénéficier de certains avantages octroyés aux couples mariés (pension de réversion)[1].

Une autre question est de savoir ce qu'il doit advenir du mariage d'un transsexuel obtenant, postérieurement à son mariage, un changement d'état civil. Il s'agirait d'une union entre deux personnes de sexe génétique différent, certes, mais identiques sur le plan morphologique et légal. On voit mal dans ce cas, hormis la dissimulation fautive au conjoint (divorce) ou l'erreur de celui-ci sur un syndrome dont il démontrerait l'antériorité par rapport au mariage (nullité), sur quel fondement s'appuyer pour faire disparaître cette union. La nullité pour identité de sexe ne paraît pas pouvoir être invoquée puisque, lors de la formation du mariage, les époux étaient de sexe différent. Certaines juridictions parviennent parfois, en raison des circonstances, à prononcer un divorce pour faute[2]. Certains auteurs envisagent la caducité du mariage[3]. Mais c'est plus probablement au législateur qu'il appartiendrait de concevoir ici, pour des motifs d'ordre public, un nouveau cas de dissolution. La CEDH n'y semble pas hostile puisqu'elle a considéré que la législation anglaise qui s'oppose, lorsque le transsexuel est marié, au maintien de son union, ne viole pas les articles 8 et 12 de la Convention[4].

111.133 Nullité du mariage entre deux personnes de même sexe en droit français. En revanche le mariage homosexuel reste interdit. Et autant dire une fois pour toutes qu'il faut une certaine dose de malhonnêteté pour prétendre qu'il pourrait en être autrement au regard du droit positif français.

Selon le *tribunal de grande instance de Bordeaux*, saisi pour la première fois de la question, la différence de sexe était une évidence pour les rédacteurs du Code civil et elle ressort implicitement de plusieurs textes (C. civ., art. 144, 75, 108, 264 et 300). En outre, et plus récemment, les travaux préparatoires de la loi du 15 novembre 1999 sur le pacte civil de solidarité (PACS) montrent clairement que le législateur a entendu réserver le mariage à l'union d'un homme et d'une femme. En droit européen, le tribunal estime d'abord que l'article 12 de la Convention européenne des droits de l'homme ne préserve le droit au mariage que pour des personnes de sexe différent et que cette conception n'a pas été remise en cause par l'arrêt *Goodwin* affirmant le droit au mariage du transsexuel qui conforte, au contraire, le principe d'hétérosexualité. Par ailleurs, il considère que la limitation du droit au mariage à des personnes de sexe différent ne constitue pas une atteinte au droit de toute personne au respect de sa vie privée et familiale (Conv. EDH, art. 8) à partir du moment où la loi française prévoit pour les couples homosexuels une autre forme de reconnaissance sociale et juridique. Enfin, le tribunal rappelle qu'une différence de traitement ne constitue pas une discrimination (au sens de Conv. EDH, art. 14) « *lorsqu'il existe une justification objective et raisonnable, qui poursuit un but légitime dans une société démocratique et qui respecte un rapport raisonnable de proportionnalité entre les moyens employés et le but visé* ». En l'espèce, cette justification lui paraît résulter de la conception traditionnelle du mariage, acte fondateur de la famille, qui reste celle de la plupart des pays européens. Au total, le tribunal estime que si la question d'une éventuelle redéfinition du mariage peut être débattue sur le terrain législatif, en l'état actuel des textes, la nullité du mariage entre deux personnes de sexe identique doit être prononcée[5].

La *cour d'appel de Bordeaux* a confirmé sans détour ce jugement en affirmant que la différence de sexe est une condition de l'existence du mariage[6]. La décision est fortement argumentée, tant au regard du droit interne que du droit européen et se risque même *in fine* à un développement prospectif sur ce que pourraient être les conséquences d'une solution différente.

La *Cour de cassation*, comme il était prévisible, a rejeté le pourvoi formé contre l'arrêt de la cour d'appel de Bordeaux en affirmant qu'au regard de la loi française, « *le mariage est l'union d'un homme et d'une femme* » et que ce principe n'est contredit par aucune disposition de conventions internationales applicables en France[7].

1. CJCE 7 janv. 2004, n° C-117-01, *D.* 2004, 979, note Picard ; *RTD civ.* 2004, 267, obs. Hauser.
2. CA Nîmes, 7 juin 2000, *LPA* 2001, n° 73, 20, note J. Massip ; *RTD civ.* 2001, 335, obs. Hauser.
3. COURBE, n° 72.
4. CEDH 28 nov. 2006, req. n° 42971/05, Parry c/Royaume-Uni, *RTD civ.* 2007, 287, obs. Marguénaud.
5. TGI Bordeaux 27 juill. 2004, *D.* 2004, 2392, note Agostini ; 2965, obs. Lemouland ; *Dr. fam.* 2004, n° 166, obs. Azavant – *Adde*, M. Lamarche, « Deux femmes, un homme et une femme, deux hommes : quel(s) mariage(s) pour le troisième millénaire ? », *RLDC* 2004/9, p. 33.
6. CA Bordeaux, 19 avr. 2005, *D.* 2005, 1687, note Agostini ; *D.* 2006, 1414, obs. Lemouland et Vigneau ; *RTD civ.* 2005, 574, obs. Hauser ; *Dr. fam.* 2005, n° 124, obs. Azavant.
7. Civ. 1re, 13 mars 2007, n° 05-16.627, *Bull. civ.* I, n° 113 ; *D.* 2007, 1561, obs. Lemouland et Vigneau ; 1375, obs. Fulchiron ; 1389, rapp. Pluyette, 1395, note Agostini ; *RJPF* 2007/5, p. 15, obs. Leborgne ; *Dr. fam.* 2007, n° 76, obs. Azavant.

La balle est déjà dans le camp du législateur. Plusieurs propositions de loi ont été déposées tendant à créer un droit au mariage pour les personnes de même sexe[1]. La différence de sexe est présentée par certains, non plus comme une condition d'ordre physique mais comme une condition d'ordre social, dont l'exigence serait susceptible d'évoluer. Et il n'est pas certain que le Conseil constitutionnel serait hostile à une telle évolution de la conception du mariage[2]. Mais une grande partie de la doctrine civiliste insiste sur le changement fondamental que constituerait l'acceptation du mariage entre deux personnes de même sexe et la répercussion qui en résulterait sur la conception du mariage et de la famille[3].

111.134 Mariage entre deux personnes de même sexe – Droit européen et international. Jusqu'à présent, la CEDH ne semble pas vouloir condamner les législations qui exigent une différence de sexe entre les futurs époux. Selon elle, l'article 12 de la Convention européenne des droits de l'homme vise le mariage traditionnel entre deux personnes de sexe biologique opposé, et l'évolution enregistrée dans certains pays européens ne lui paraît pas révélatrice d'un abandon général du concept traditionnel de mariage[4]. Elle a décidé qu'en l'absence de consensus sur la manière de traiter les conséquences juridiques du changement de sexe, un État n'excédait pas sa marge d'appréciation en ne reconnaissant pas sur le plan juridique le nouveau sexe des transsexuels opérés, dès lors qu'un juste équilibre est ménagé entre l'intérêt des transsexuels et ceux de la communauté en général; en l'espèce, l'interdiction de se marier faite à deux personnes ayant le même sexe biologique n'avait pas été considérée comme une atteinte substantielle au droit garanti par l'article 12[5]. Mais, dans un arrêt plus récent, la CEDH a finalement estimé qu'en subordonnant le mariage à la considération du sexe enregistré à la naissance et non modifié, un droit national (anglais en l'occurrence) portait une atteinte substantielle au droit de se marier[6]. Cependant, il n'est pas évident que l'on puisse déduire de cette jurisprudence que la Cour condamnerait un État exigeant une différence de sexe entre futurs époux. Il est permis de penser que les opinions sont trop partagées pour que la Cour s'engage pour l'instant dans cette voie[7].

Il reste que **plusieurs législations européennes ont admis le mariage entre personnes de même sexe**[8]. Aux Pays-Bas une loi du 1er avril 2001 a ouvert le mariage aux personnes de même sexe[9]. En Belgique, une loi du 13 février 2003 a fait de même et la question est débattue dans la plupart des pays européens[10]. En Espagne, une loi du 1er juillet 2005 a ajouté dans l'article 44 du *Codigo civil* un alinéa disposant que : « *Le mariage est soumis aux mêmes conditions et emporte les mêmes effets que les deux conjoints soient de même sexe ou de sexe différent* »[11]. Aux États-Unis, certains États se sont également engagés dans cette voie[12].

Cette évolution des législations étrangères va soulever très vite des **difficultés sérieuses du point de vue du droit international privé**. On aurait pu penser que l'ordre public ferait obstacle à ce que de tels mariages produisent des effets en France[13]. Mais plusieurs **réponses ministérielles** laissent entrevoir d'autres perspectives[14]. Tout en réservant l'appréciation souveraine des tribunaux au regard

1. Doc. Sénat 8 nov. 2005, n° 68; Doc. AN 9 nov. 2005, n° 2638.
2. A. Pena-Soler, « Le renouveau constitutionnel de la liberté du mariage au regard de la liberté personnelle », *La liberté fondamentale du mariage*, PUAM, 2009, p. 49.
3. X. Lacroix, « Un mariage homosexuel : non-discrimination ou confusion ? », *Mariage-conjugalité, Parenté-parentalité*, H. Fulchiron (dir.), Dalloz, 2009, p. 47 – P. Malaurie, « Les nouveaux visages de la famille », *Mariage-conjugalité, Parenté-parentalité*, p. 261.
4. CEDH 17 oct. 1986, req. n° 9532/81, Rees c/Royaume-Uni, Série A, n° 106, p. 19, § 49; *JDI* 1987, 796, note Rolland – CEDH 27 sept. 1990, req. n° 10843/84, Cossey c/Royaume-Uni, Série A, n° 184, p. 17, § 43-a; *JDI* 1991, 807, note P. T.
5. CEDH 30 juill. 1998, req. n° 28957-95, Sheffield et Horsham c/Royaume-Uni, *Dr. fam.* févr. 1999, n° 22, note De Lamy; *D.* 1998, somm. 370, obs. Renucci; *RTD civ.* 1999, 59, obs. Hauser; *RTDH* 1999, 637, note Levinet.
6. CEDH 11 juill. 2002, req. n° 28957-95, Goodwin, préc. s^s^ n° 111.32.
7. Pour étude complète sur ce point, H. Fulchiron, « Couples, mariage et différence de sexe : une question de discriminations ? », *Des concubinages, Études offertes à J. Rubellin-Devichi*, Litec, 2002, p. 29.
8. F. Brule-Gadioux et E. Lamothe, « Le mariage homosexuel en Europe », *Defrénois* 2005, p. 647.
9. H. Fulchiron, « Le mariage homosexuel et le droit français (à propos des lois hollandaises du 21 déc. 2000) », *D.* 2001, point de vue 1628; « Couples, mariage et différence des sexes : une question de discrimination ? », *Des concubinages, Études offertes à J. Rubellin-Devichi*, Litec, 2002, p. 29.
10. V. www.senat.fr, *Étude de législation comparée*, n° 134, juin 2004.
11. Ley 13/2005 de 1 de julio, *BOE* n° 157, 11364 – V. H. Fulchiron, « Le mariage à l'heure espagnole », *Dr. fam.* 2006, focus n° 51 – F. Cadet, « La réforme du droit de la famille espagnol par les lois du 1er et du 8 juillet 2005 : entre évolution et révolution », *Dr. fam.* 2005, étude n° 25.
12. V. NOT., *AJ fam.* 2003, 403.
13. E. Fongaro, « Retour sur les effets en France d'une union homosexuelle célébrée à l'étranger », *JCP N* 2005, n° 16, p. 794.
14. Rép. min. n° 41533, *JOAN* Q, 26 juill. 2005, p. 7437; *Dr. fam.* 2005, n° 255, obs. Fongaro – Rép. min. n° 20257, *JO Sénat* Q 9 mars 2006, p. 722.

de l'ordre public, ces réponses estiment que la **validité de tels mariages** doit être examinée, éventuellement de façon distributive, **en fonction de la loi personnelle des intéressés.** Elle ajoute que les effets personnels du mariage (adoption, filiation) devraient être soumis à la loi du pays du mariage, tandis que les effets patrimoniaux seraient soumis aux règles régissant les régimes matrimoniaux en droit international privé (ce qui autoriserait les conjoints homosexuels à se consentir des donations ou à changer de régime matrimonial). La loi française pourrait également être applicable en cas de divorce. Et en matière de successions, la loi applicable serait la loi du dernier domicile du défunt pour les meubles et celle du lieu de situation pour les immeubles. Toutes solutions que la réponse prétend tirer « *des rattachements classiques du droit international privé* ». Cette réponse ministérielle laisse entrevoir les multiples problèmes épineux que vont devoir très vite résoudre les praticiens dans un contexte de libre circulation des personnes [1].

SECTION 3
CONDITIONS D'ORDRE SOCIAL

111.141 Disparition progressive des autorisations à mariage – Mariage des militaires. Depuis la loi n° 72-662 du 13 juillet 1972, portant statut général des militaires [2], le principe affirmé à leur égard est celui de la liberté du mariage (L. 13 juill. 1972, art. 14). Deux hypothèses restent cependant prévues dans lesquelles l'autorisation préalable du ministre doit être obtenue : d'une part, lorsque le futur conjoint ne possède pas la nationalité française (mais ne sont concernés par cette exigence que les militaires en activité de service ou dans une position comportant rappel possible à l'activité, à l'exception des personnels servant au titre du service national, d'autre part, pour les militaires servant à titre étranger). Il a été jugé, eu égard aux restrictions qu'elles apportent à la liberté du mariage, que ces dispositions ne permettent au ministre de la Défense de refuser l'autorisation à mariage que pour des motifs tirés de l'intérêt de la Défense nationale (annulation de la décision du ministre qui ne comporte aucun motif et se fonde sur le fait que le mariage du militaire pourrait fragiliser sa situation et l'exposer à des pressions [3]). Cette précision figure désormais à l'article L. 4142-4 du Code de la défense [4]. Pour les militaires de la gendarmerie qui étaient encore visés au 1° de l'article 14 de la loi du 13 juillet 1972, l'exigence d'une autorisation a été supprimée par la loi n° 75-1000 du 30 octobre 1975 (art. 1er III) [5].

1. H. Fulchiron, « Le droit français et les mariages homosexuels étrangers », *D.* 2006, 1253.
2. L. n° 72-662, 13 juill. 1972, *D.* 1972, 392.
3. CE 15 déc. 2000, req. n° 212068, *D.* 2002, somm. 533, obs. Lemouland; *RTD civ.* 2001, 335, obs. Hauser; *RFDA* 2001, 730, note J. Gourdou et S. Perdu.

111.142 Disparition progressive des autorisations à mariage – Mariage des agents diplomatiques et consulaires. Le décret n° 69-222 du 6 mars 1969 [6] précisait qu'ils ne pouvaient contracter mariage sans avoir, au préalable, obtenu l'autorisation du ministre (art. 68). Les demandes d'autorisation, transmises par la voie hiérarchique, devaient être adressées en temps utile pour parvenir au ministre des Affaires étrangères deux mois au moins avant la date prévue pour les publications légales (art. 69). De plus, lorsque l'agent diplomatique ou consulaire entendait épouser une personne de nationalité étrangère, une décision spéciale était nécessaire, justifiée par des circonstances exceptionnelles, après examen de la demande par une commission constituée à cet effet. La demande devait être accompagnée d'une attestation par laquelle le futur conjoint s'engageait à acquérir la nationalité française dans les conditions prévues par le Code de la nationalité (Décr. 6 mars 1969, art. 70, al. 2, mod. par Décr. n° 76-1089, 25 nov. 1976, art. 15 [7]).

Le Conseil d'État, saisi par la voie de l'exception d'illégalité à l'occasion d'un refus d'autorisation opposé à un diplomate désirant épouser une ressortissante bulgare, a jugé que de telles restrictions au libre choix de leur conjoint par les agents diplomatiques ou consulaires relevaient, non de la compétence réglementaire, mais de celle du législateur. Il appartient à ce dernier de fixer « *les règles concernant* [...] *les garanties fondamentales accordées aux fonctionnaires civils et militaires de l'État* ». Sur ce fondement de l'illégalité des dispositions du décret du 6 mars 1969, la décision de refus du ministre a été annulée [8].

4. Ord. n° 2007-465, 29 mars 2007, relative au personnel militaire, modifiant et complétant la partie législative du Code de la défense et le Code civil, *JO* 30 mars, p. 5908; *D.* 2008, 1790, obs. Lemouland et Vigneau.
5. L. n° 75-1000, 30 oct. 1975, *D.* 1975, 397.
6. Décr. n° 69-222, 6 mars 1969, relatif au statut particulier des agents diplomatiques et consulaires, *JO* 13 mars, p. 2579.
7. Décr. n° 76-1089, 25 nov. 1976, remplaçant et complétant les art. 19, 20, 21, 24, 30, 39, 47, 25 et ajoutant un art. 21 *bis* au décret du 6 mars 1969 concernant le corps des secrétaires adjoints des affaires étrangères (cadre général et cadre d'Orient) et les secrétaires de chancellerie, *JO* 2 déc., p. 6917.
8. CE 18 janv. 1980, req. n° 14397, Bargain, *Lebon*, 29; *AJDA* 1980, doctr. 91 – *Adde*, N. Coiret, « La liberté du mariage au risque des pressions matérielles », *RTD civ.* 1985, 63, n° 97, spéct n° 38.

Depuis, les articles 68 à 71 du décret du 6 mars 1969 ont été remplacés par un article 68 unique (Décr. nº 85-375, 27 mars 1985) [1] qui prévoit désormais que « *les agents diplomatiques et consulaires* [...] *doivent informer le ministre de leur intention au plus tard un mois avant la date prévue pour les publications légales et lui communiquer les renseignements relatifs à l'état civil et à la nationalité du futur conjoint* ».

111.143 Persistance des autorisations familiales – Domaine. Deux conceptions de l'intervention familiale sont possibles. Selon la première, le mariage étant avant tout l'union de deux familles, il convient qu'elles puissent se préserver des intrusions indésirables et des mésalliances. Selon une autre conception, l'intervention des parents n'est qu'une garantie supplémentaire de la liberté du consentement des futurs époux et a pour seul but de les protéger contre un entraînement passager qu'ils pourraient ensuite regretter. Cette dernière conception conduit à limiter l'intervention familiale aux mariages de personnes que la loi présume sans expérience, limite que ne reconnaît pas la première opinion. La seconde conception s'est progressivement imposée dans notre droit. Une autorisation familiale n'est plus désormais nécessaire que pour les **mineurs** (v. aussi s^s n°s 232.00 s. et 331.00 s.) et pour les **majeurs protégés** (v. aussi s^s n°s 332.00 s.).

§ 1 Mariage des mineurs

A. Nécessité d'une autorisation

111.151 Nécessité d'une autorisation – Précisions quant au domaine. La majorité ayant été ramenée à dix-huit ans par la loi nº 74-631 du 5 juillet 1974 (C. civ., art. 388) et l'âge de la puberté ayant été fixé à dix-huit ans pour les filles comme pour les garçons (C. civ., art. 144, mod. par L. nº 2006-399, 4 avr. 2006), l'exigence d'une autorisation se trouve désormais réduite aux seules hypothèses marginales d'un mineur qui obtiendrait une dispense pour se marier avant dix-huit ans. Ce caractère résiduel du rôle du lignage ne doit pas cependant faire méconnaître les possibilités indirectes (par la voie des oppositions) et surtout non juridiques que conserve la famille pour peser sur le choix des futurs époux [2].

1. Décr. nº 85-375, 27 mars 1985, relatif au statut particulier des agents diplomatiques et consulaires, *JO* 30 mars, p. 3710.
2. A. Girard, *Le choix du conjoint*, PUF, 1974.

111.152 Unification du régime. Depuis l'ordonnance nº 2005-759 du 4 juillet 2005 portant réforme de la filiation [3], il n'y a plus lieu de distinguer, en principe, selon la nature de la filiation. Tirant les conséquences de l'unification des filiations, l'ordonnance abroge l'ancien article 158 du Code civil qui prévoyait pour l'autorisation à mariage des enfants naturels mineurs des dispositions particulières dont le contenu était déjà largement calqué sur celles applicables aux enfants légitimes, du moins lorsque la filiation naturelle avait été établie par reconnaissance. En outre, l'ordonnance précitée abroge l'ancien article 159 alinéa 2 du Code civil qui visait le cas de l'enfant naturel n'ayant pas été reconnu ou dont les père et mère étaient décédés ou dans l'impossibilité de manifester leur volonté et donnait spécialement dans ce cas au conseil de famille le pouvoir d'autoriser le mariage.

1° Autorisation des père et mère

111.161 Principe – Nécessité d'une autorisation des père et mère. En principe, l'enfant doit solliciter l'autorisation de ses deux parents (C. civ., art. 148). Historiquement, le droit d'autoriser le mariage paraît donc attaché à la filiation, plus qu'à l'exercice de l'autorité parentale. Mais cette intervention peut difficilement être détachée des modalités d'exercice de l'autorité parentale et la doctrine présente généralement l'autorisation à mariage comme un **attribut de l'autorité parentale** [4]. Dans un souci de simplification, la loi du 17 juillet 1927 [5] a modifié l'article 148 du Code civil, abrogé l'article 152, et prévu que le dissentiment des parents, en toute hypothèse, emporterait consentement. L'enfant doit donc consulter ses deux parents. Mais l'autorisation pourra être donnée par un seul des parents. Cela pourrait tout de même soulever des discussions si l'autorité parentale a été attribuée à un seul des parents, qui refuse d'autoriser le mariage alors que l'autre y consent. Il est vrai que l'exercice de l'autorité parentale par un seul des parents à la suite du divorce ou d'une séparation tend à devenir plus rare (v. C. civ., art. 373-2 s., mod. par L. nº 2002-305, 4 mars 2002) et un **recours** pourrait alors être envisagé **devant le juge aux affaires familiales** qui a désormais une compétence de principe pour tout ce qui touche à l'autorité parentale (C. civ., art. 373-2-6 s., mod. par L. 4 mars 2002). Mais il n'est pas sûr que la contestation sur

3. Ord. nº 2005-759, 4 juill. 2005, portant réforme de la filiation, *JO* 5 juill., p. 11159 – Sur ce point particulier, v. *D.* 2006, 1415, obs. Lemouland et Vigneau.
4. Courbe, nº 40 – Malaurie et Aynes, nº 213.
5. L. 17 juill. 1927, *DP* 1927, 4, 350.

les modalités d'exercice de l'autorité parentale soit de nature à entraver le mariage du mineur.

111.162 Constatation d'un dissentiment. Le refus ne nécessite aucune formalité lorsqu'il fait obstacle au mariage. Mais il peut aussi ne traduire qu'un dissentiment des père et mère ou d'ascendants au même degré et laisser subsister la possibilité du mariage en raison de la règle selon laquelle « *le partage vaut consentement* ». La loi exige malgré tout que le **dissentiment** soit **constaté**, preuve que le parent qui refuse a été au moins consulté.

Si le parent prend l'initiative de faire connaître son refus (C. civ., art. 155), celui-ci résultera suffisamment soit d'une lettre dont la signature est légalisée, adressée à l'officier de l'état civil qui doit célébrer le mariage, soit d'un acte dressé par un notaire ou par l'officier d'état civil de la résidence de l'ascendant, dans les formes prévues par l'article 73 alinéa 2 du Code civil. Mais l'ascendant récalcitrant, cherchant plutôt à retarder le mariage, prendra rarement l'initiative d'user de ces procédés. Le mineur devra donc, le plus souvent, faire intervenir un **notaire** qui notifiera le mariage projeté à celui des parents n'ayant pas donné son autorisation (C. civ., art. 154, réd. L. 2 févr. 1933). Cette **notification** doit énoncer les prénoms, noms, professions, domiciles et résidences des futurs époux, de leurs pères et mères et le lieu où sera célébré le mariage. Le notaire n'a pas à solliciter la réponse du parent dont le consentement n'a pas été obtenu. Il se borne à lui notifier le projet de mariage et à le prévenir que la célébration aura lieu malgré son refus.

111.163 Cas particulier – Un des parents est décédé ou hors d'état de manifester sa volonté. Dans ce cas, le consentement de l'autre suffit (C. civ., art. 149, al. 1er). En cas de **décès**, il faut que le parent survivant n'ait pas été lui-même privé de l'autorité parentale. Sous cette réserve, peu importe qu'il y ait eu divorce ou séparation de corps puisque l'autorité parentale lui serait en principe dévolue du fait du décès (C. civ., art. 373-1) et puisqu'il avait déjà le droit de consentir au mariage du vivant de son ex-époux. Peu importe également que le survivant se soit remarié.

Sous la même réserve, le consentement de l'un des parents est suffisant lorsque l'autre est **hors d'état de manifester sa volonté**. Cette impossibilité peut résulter d'une altération des facultés mentales[1]. Mais elle ne saurait résulter du seul placement d'un parent sous un régime judiciaire de protection. En effet, depuis la loi n° 2007-308 du 5 mars 2007[2], l'ouverture d'une tutelle ou d'une curatelle laisse subsister la capacité d'accomplir les actes dont la nature implique un consentement strictement personnel (parmi lesquels sont cités les actes de l'autorité parentale relatifs à la personne d'un enfant, C. civ., art. 458, al. 2) ou, en toute hypothèse et si l'on doute du caractère strictement personnel de l'autorisation à mariage, de prendre seul les décisions à caractère personnel (C. civ., art. 459, al. 1). L'ouverture d'une tutelle ou d'une curatelle à l'égard de l'un des parents ne dispense donc pas l'enfant mineur de solliciter son autorisation.

L'impossibilité de donner l'autorisation en vue du mariage peut également résulter de **l'absence** ou de la **disparition**. Mais il n'est pas nécessaire que soit intervenu à proprement parler un jugement déclaratif d'absence (C. civ., art. 122 s.). L'article 149 alinéa 3 du Code civil (réd. L. 7 févr. 1924), prévoit, en effet, la possibilité de célébrer le mariage lorsque la résidence actuelle de l'un des parents est inconnue et qu'il n'a pas donné de ses nouvelles depuis un an. D'ailleurs, le jugement ordonnant l'enquête sur l'absence est ici assimilé au jugement déclaratif d'absence (C. civ., art. 151) et l'autorisation du parent présent serait donc également suffisante en cette hypothèse. Une position différente est généralement soutenue en cas de simple éloignement de l'un des parents. Cette circonstance ne dispense pas de solliciter son autorisation. Mais on peut se demander si un éloignement durable, consécutif par exemple à un état de guerre, pourrait constituer une impossibilité au sens de l'article 149 du Code civil et rendre suffisante l'autorisation de l'autre parent[3].

2°
Autorisation d'autres personnes que les père et mère

111.171 Autorisation des aïeuls. Lorsque les père et mère sont tous deux décédés ou dans l'impossibilité de manifester leur volonté, le droit d'autoriser le mariage passe aux autres ascendants (C. civ., art. 150, al. 1er). Par « *aïeuls et aïeules* », il faut entendre au sens large les ascendants les plus proches dans chaque ligne. Ce droit appartient ainsi non seulement aux ascendants du second degré, mais aussi à ceux d'un degré plus éloigné lorsque ceux du second font défaut. **L'autorisation doit être demandée dans chaque ligne à l'ascendant le plus proche en degré.** S'il n'y en a plus qu'un, son autorisation suffit. Mais s'il y en a plusieurs à égalité de degré, il faut les consulter tous. En cas de

1. CA Paris, 5 mai 1964, *JCP* 1965, II, 14272, note J. Carbonnier.
2. L. n° 2007-308, 5 mars 2007, portant réforme de la protection juridique des majeurs, *JO* 7 mars, p. 4325.
3. EN CE SENS, v. CA Pau, 15 oct. 1872, *DP* 1874, 2, 134 – T. Montluçon, 24 mai 1917, *La loi* 1917, 363, note Lévy.

dissentiment dans une même ligne, « *ce partage emporte consentement* ».

Il est généralement admis que chaque ligne possède un droit propre qui peut être exercé tant qu'elle a des représentants. En conséquence, si l'enfant orphelin a ses deux grands-parents dans une ligne et un bisaïeul dans l'autre ligne, ces trois personnes devront être consultées. Le dissentiment entre les lignes valant également consentement (C. civ., art. 150), l'autorisation donnée par le bisaïeul l'emporterait finalement sur l'opposition des aïeuls plus proches de l'autre ligne. Certains auteurs considèrent cependant que l'autorisation des ascendants du troisième degré ne devrait être admise qu'à défaut de représentants du second degré dans les deux lignes.

Si tous les ascendants d'une ligne sont décédés ou dans l'impossibilité de manifester leur volonté, le droit d'autoriser le mariage appartient aux seuls ascendants les plus proches de l'autre ligne. En toute hypothèse, l'application de la règle selon laquelle « *partage vaut consentement* » (C. civ., art. 150) rend suffisante l'approbation d'un seul des ascendants consultés.

111.172 Autorisation du conseil de famille. Elle est nécessaire lorsque tous les ascendants sont décédés ou dans l'impossibilité de manifester leur volonté (C. civ., art. 159, al. 1er). La délibération du conseil de famille doit être **motivée** et le procès-verbal doit mentionner l'avis de chacun des membres si la décision n'a pas été prise à l'unanimité mais à la majorité (C. pr. civ., art. 1235). La **notification** de la décision, à la diligence du juge[1], est faite en principe par lettre recommandée avec demande d'avis de réception; mais il peut décider de la faire par acte d'huissier ou par voie administrative et la délivrance d'une copie certifiée conforme par le secrétariat-greffe contre récépissé daté et signé équivaut à une notification (C. pr. civ., art. 1231). Le **tuteur** est chargé d'assurer l'exécution de cette décision. S'il refusait d'y prêter son concours, le mineur devrait être admis à faire célébrer le mariage sur la seule production de la délibération du conseil.

111.173 Enfant adoptif. Dans le cas d'**adoption plénière**, l'enfant acquiert une filiation qui se substitue en principe à sa filiation d'origine. Le régime de l'autorisation à mariage est celui qui s'applique aux enfants par le sang et, en conséquence, ce sont le ou les **adoptants** qui acquièrent le droit d'autoriser le mariage. Toutefois, il est fréquent qu'une personne adopte l'enfant de son conjoint et il est alors apparu qu'il serait injuste de priver de ses droits le parent par le sang. Il est prévu, en cette hypothèse, que l'adoption produira les mêmes effets qu'une adoption par deux époux (C. civ., art. 356, al. 2, mod. par L. n° 76-1179, 22 déc. 1976). On considère également que la rupture des liens avec la famille d'origine doit conduire à faire passer aux **ascendants du ou des adoptants** et, à défaut de tels ascendants, à reconnaître au **conseil de famille** et non à la parenté par le sang, le droit d'autoriser le mariage de l'enfant adopté de façon plénière. Mais une nuance doit encore être apportée dans l'hypothèse d'**adoption de l'enfant du conjoint**. La filiation d'origine subsistant dans ce cas à l'égard de ce conjoint et de sa famille (C. civ., art. 356, al. 2, mod. par L. 22 déc. 1976), les aïeuls par le sang devraient recevoir en partage ou en exclusivité le droit d'autoriser le mariage.

Dans le cas d'**adoption simple**, le droit d'autoriser le mariage appartient aux **parents adoptifs** et non à la famille par le sang. En effet, l'adoptant est investi « *de tous les droits d'autorité parentale, inclus celui de consentir au mariage de l'adopté* » (C. civ., art. 365). Comme précédemment, un tempérament est prévu lorsque l'adoptant est le conjoint du père ou de la mère de l'adopté. L'adoptant dispose alors de l'autorité parentale concurremment avec son conjoint (C. civ., art. 365, al. 1er, mod. par L. n° 2002-305, 4 mars 2002, relative à l'autorité parentale). On en déduit généralement que le consentement des deux parents doit être sollicité. Par contre, l'adoption simple ne créant pas en principe de lien juridique entre l'adopté et la famille de l'adoptant, le droit de consentir au mariage ne passe pas aux ascendants des adoptants en cas de décès de ce ou ces derniers (ou en cas d'impossibilité pour l'adoptant de manifester sa volonté). Une tutelle étant ouverte, le droit d'autoriser le mariage revient au **conseil de famille**.

Dans les hypothèses où deux ou plusieurs personnes se voient reconnaître le droit d'autoriser le mariage du mineur adoptif, notamment lorsque l'enfant a été adopté par deux époux, ou lorsque ce droit passe aux ascendants, une seule approbation suffit en application de la règle selon laquelle « *partage vaut consentement* ». Lorsque la décision appartient au conseil de famille, elle doit être prise, comme il a été vu à propos des enfants par le sang, à la majorité.

111.174 Cas particuliers. En cas de **délégation de l'autorité parentale** (C. civ., art. 376 s.), le **délégataire** aura le droit d'autoriser le mariage du mineur (si la délégation inclut ce droit en cas de délégation partielle et sauf à tenir compte des modalités qui peuvent avoir été prévues dans le

1. Sur la détermination du juge compétent, v. COJ, art. L. 213-3-1, mod. L. n° 2009-526, 12 mai 2009, de simplification et de clarification du droit et d'allègement des procédures, qui confère désormais au JAF les fonctions de juge des tutelles des mineurs.

jugement de délégation, C. civ. art. 377-1, mod. par L. n° 2002-305, 4 mars 2002).

Pour les enfants qui font l'objet d'une **mesure d'assistance éducative** (C. civ., art. 375 s.), l'accord du **juge** qui a prononcé la mesure doit venir corroborer l'autorisation des **père et mère**. Car si les parents conservent en l'occurrence l'autorité parentale, ils ne peuvent, sans l'autorisation du juge, émanciper l'enfant (C. civ., art. 375-7). Or, le mineur est émancipé de plein droit par le mariage (C. civ., art. 476).

La situation du mineur confié au **service de l'Aide sociale à l'enfance** a été réglée spécialement par les articles L. 221-1 et suivants du Code de l'action sociale et des familles. Sauf délégation de l'autorité parentale, la mission du service d'Aide sociale est de soutenir le mineur et sa famille. En principe, il n'est pas porté atteinte aux prérogatives d'autorité parentale du représentant légal (CASF, art. L. 223-2, al. 4). Mais l'article L. 223-4 précise que le service examinera avec le mineur toute décision qui le concerne et recueillera son avis.

En ce qui concerne les **pupilles de l'État**, une tutelle est exercée par le représentant de l'État dans le département assisté d'un conseil de famille (qui est, pour la circonstance, une commission administrative). Ces organes exercent leurs attributions selon le régime de droit commun (CASF, art. L. 224-1 s.) et il appartiendrait donc au **conseil de famille** de donner son autorisation pour le mariage.

B.
Preuve de la qualité requise et caractères de l'autorisation

111.181 Preuve de la qualité requise pour donner l'autorisation. La production normale des autorisations peut être perturbée par le décès ou l'absence des parents appelés à consentir. D'autres personnes tiennent alors des textes la qualité requise pour autoriser le mariage, et les modalités de preuve de cette qualité, c'est-à-dire que les parents d'un rang préférable sont morts ou dans l'impossibilité de manifester leur volonté, sont prévues par les articles 149, 150, 151 et 160 du Code civil (dont les termes ont été simplifiés par L. 7 févr. 1924[1]).

Le **décès du père ou de la mère**, qui rend suffisant le consentement du conjoint survivant, devrait en principe être prouvé par l'**acte de décès**. Mais cette production n'est pas ici nécessaire lorsque le conjoint ou les père et mère du défunt attestent ce décès sous **serment** (C. civ., art. 149, al. 2).

De même, **l'absence du père ou de la mère** devrait, en principe, être établie par la production d'un jugement déclaratif. La production d'une expédition réduite au dispositif du jugement déclarant l'absence ou ordonnant l'enquête sur l'absence équivaut ici à la production d'un acte de décès (C. civ., art. 151). De plus, et alors même qu'il n'y aurait pas absence déclarée mais simple non-présence, c'est-à-dire lorsque la résidence actuelle du père ou de la mère est inconnue et qu'il n'a pas donné de ses nouvelles depuis un an, il peut être procédé à la célébration du mariage si l'enfant et celui de ses père ou mère qui donne son autorisation en font la déclaration sous serment (C. civ., art. 149, al. 3).

Du tout, il sera fait **mention sur l'acte de mariage** (C. civ., art. 149, al. 4). Cet acte doit donc préciser, d'une part l'événement ou les circonstances qui ont mis le père ou la mère du futur époux dans l'impossibilité de manifester sa volonté, d'autre part les serments qui ont été prêtés devant l'officier de l'état civil à l'occasion du décès ou de la disparition de l'ascendant. Le faux serment prêté dans les cas prévus par l'article 149 (et dans ceux visés aux articles suivants du même chapitre) est puni des peines édictées par l'ancien article 363 du Code pénal : cinq ans d'emprisonnement et 75 000 euros d'amende (C. civ., art. 149, al. 5 – V. C. pén., art. 434-13).

Les **ascendants autres que les père et mère** n'ont qualité pour autoriser le mariage du mineur qu'à défaut de ceux-ci, et justification du décès ou de la disparition des parents doit alors être apportée. Si ces faits ne peuvent être établis par un acte de décès ou par la production de l'expédition, réduite au dispositif, du jugement qui aurait déclaré l'absence ou aurait ordonné l'enquête sur l'absence (C. civ., art. 151), il suffira d'une **attestation**. Les aïeuls et aïeules appelés à donner leur autorisation et l'enfant lui-même feront, lors de la célébration, la **déclaration sous serment** que la résidence actuelle des ascendants d'un rang préférable est inconnue et qu'ils n'ont pas donné de leurs nouvelles depuis un an (C. civ., art. 150).

Lorsqu'il s'agit d'établir que la qualité pour autoriser le mariage appartient **au conseil de famille**, la preuve de la disparition des ascendants dont le décès n'a pu être régulièrement constaté résultera suffisamment d'une **déclaration sous serment** émanant du mineur (C. civ., art. 160). Si la résidence actuelle de ces ascendants est inconnue et s'ils n'ont pas donné de leurs nouvelles depuis un an, le mineur en fera la déclaration sous serment devant le **juge des tutelles** de sa résidence, assisté de son greffier, dans son cabinet, et le juge des tutelles lui en donnera acte (C. civ., art. 160, al. 1er) avant de **notifier ce serment au conseil de famille** qui délibé-

1. L. 7 févr. 1924, *DP* 1924, 4, 226.

rera sur la demande d'autorisation à mariage. Mais la possibilité est également prévue (C. civ., art. 160, al. 2) pour le mineur de prêter directement serment devant les membres du conseil de famille.

111.182 Caractères de l'autorisation requise – Spécialité de l'autorisation. L'autorisation des parents doit être donnée pour le mariage du mineur avec une personne déterminée. Ainsi, lorsqu'elle est donnée par écrit, le document la constatant doit mentionner « *les prénoms, noms, professions et domicile des futurs époux* » (C. civ., art. 73). Une autorisation générale et indéterminée serait sans valeur.

111.183 Caractères de l'autorisation requise – Révocabilité et caducité de l'autorisation. Tant que le mariage n'est pas célébré, le parent qui a donné son autorisation peut la retirer. Toutefois la jurisprudence considère que l'ascendant peut, dans l'exercice de son droit de révocation, commettre une faute par légèreté ou par malveillance et être alors tenu de réparer le préjudice matériel ou moral causé aux fiancés. Il en serait ainsi, par exemple, si les futurs époux avaient engagé des dépenses ou modifié, dès avant le mariage, sur la foi de l'autorisation primitivement donnée, leurs conditions de vie[1].

De la nécessité d'une autorisation concomitante au mariage découle également son caractère **caduc**. L'autorisation n'étant pas définitive, le mariage devient impossible si celui qui l'avait donnée décède ou se trouve placé dans l'impossibilité de manifester sa volonté. Le mineur peut donc être obligé de se munir d'une **nouvelle autorisation**. Par exemple, s'il n'avait obtenu que le consentement de l'un de ses parents et que celui qui avait consenti décède, il devra obtenir l'autorisation du survivant. Par exemple encore, s'il n'avait obtenu que le consentement du survivant et que ce dernier décède à son tour, il devra obtenir l'autorisation des autres ascendants ou du conseil de famille. En revanche, si l'ascendant décédé n'était pas seul à son degré, l'autorisation déjà donnée par les autres, en même temps que lui, doit être considérée comme suffisante.

111.184 Caractères de l'autorisation requise – Caractère discrétionnaire. La **décision des parents** est souveraine. Elle n'a pas à être motivée et n'est susceptible d'aucun recours devant les tribunaux. Le mineur ne dispose, quel que soit le sens de la décision, d'aucun moyen pour la faire réformer[2]. Ce caractère discrétionnaire peut sembler anachronique dans le cadre d'une autorité parentale fonction où les devoirs l'emportent désormais sur les droits (C. civ., art. 371-1, mod. par L. n° 2002-305, 4 mars 2002, relative à l'autorité parentale). Certains auteurs souhaiteraient donc que soit prévue une possibilité de recours ou un contrôle judiciaire des motifs de la décision parentale[3]. Et la jurisprudence sanctionne parfois une **révocation fautive** ou considère qu'un refus de consentir peut être générateur de responsabilité civile s'il est mis au service de la malveillance. L'ascendant peut alors être condamné à verser des dommages-intérêts à l'enfant qui justifie avoir exposé des frais sans objet et avoir subi un dommage moral considérable[4].

Le caractère discrétionnaire a été plus discuté encore s'agissant des cas dans lesquels la **décision** est **prise par le conseil de famille**. La Cour de cassation, se refusant à toute distinction, affirmait que le conseil de famille n'était, pas plus que les parents, obligé de motiver sa décision et que celle-ci n'était pas susceptible d'être réformée au fond par les tribunaux. Ainsi, il était admis que la délibération du conseil de famille refusant l'autorisation à mariage ne pouvait être déférée à cet égard au tribunal ni par ceux des membres du conseil qui étaient d'avis de consentir au mariage, ni par le mineur[5]. La solution est obsolète. D'une part, en effet, les délibérations du conseil de famille doivent toujours être **motivées** (C. pr. civ., art. 1235). D'autre part, elles sont susceptibles d'**appel** (C. pr. civ., art. 1239 s., mod. par Décr. n° 2008-1276, 5 déc. 2008 et Décr. n° 2009-1628, 23 déc. 2009[6]). La généralité de ces dispositions, non seulement a fait perdre à l'autorisation du conseil de famille son caractère discrétionnaire, mais elle offre, par ailleurs, un argument de poids à ceux qui voudraient remettre en cause ce même caractère discrétionnaire dans les hypothèses où l'autorisation doit être donnée par les parents.

111.185 Production de l'autorisation à mariage. La production de l'autorisation à mariage doit respecter certaines **formes**. En règle générale, l'autorisation des parents est donnée **verbalement** lors de la célébration du mariage, en réponse à l'interroga-

1. CA Paris, 16 déc. 1874, *DP* 1876, 2, 236 – CA Paris, 26 juin 1894, *DP* 1895, 2, 86 – CA Lyon, 23 janv. 1907, *DP* 1908, 2, 73, note Josserand.
2. CA Rouen, 26 juill. 1949, *D.* 1951, 532, note Lebrun.
3. R. Michel, « Des dispenses en matière de mariage, autorisations et oppositions », *JCP* 1965, I, 1908 – M.-C. Rondeau-Rivier, « La famille étendue et l'enfant », *Mariage et famille en question*, t. I, p. 36, spéc^t^ n° 18 – J.-F. Tallet, *Incapacité ou capacité du mineur*, th. Bordeaux, 1983, p. 410 s. – D. Roets, « Les droits discrétionnaires : une catégorie juridique en voie de disparition ? », *D.* 1997, chron. 92.
4. TI Fougères, 21 nov. 1962, *D.* 1963, somm. 78; *RTD civ.* 1963, 696, obs. Desbois; *Gaz. Pal.* 1963, 1, 424.
5. Civ. 23 juin 1902, *DP* 1902, 1, 347, concl. Baudouin.
6. T. Verheyde, « Appel contre les décisions du juge des tutelles et les délibarations du conseil de famille. À propos du décret du 23 décembre 2009 », *JCP* 2010, n° 3, aperçus rapides, 39.

tion de l'officier d'état civil. Ce dernier en fait mention dans l'acte de mariage qui est signé par les parents. La simple présence des parents lors de la conclusion des conventions matrimoniales et même une constitution de dot faite par eux ne sont pas suffisantes pour autoriser la célébration du mariage[1]. L'autorisation peut également être donnée **par écrit**, par exemple lorsque les parents ne peuvent ou ne veulent pas assister au mariage. Il en va nécessairement ainsi lorsque l'autorisation émane du **conseil de famille**. Le consentement écrit doit être donné par acte authentique. Cet acte indique « *les prénoms, noms, professions et domicile des futurs époux et de tous ceux qui auront concouru à l'acte, ainsi que leur degré de parenté* » (C. civ., art. 73). Lorsque l'autorisation résulte d'une délibération du conseil de famille, la pièce produite à l'officier d'état civil est l'expédition de la délibération délivrée par le greffier du tribunal d'instance. Quant aux père et mère ou autres ascendants, ils peuvent faire constater leur consentement écrit soit par acte notarié, soit par l'officier de l'état civil de leur domicile ou de leur résidence, et, à l'étranger, par les agents diplomatiques ou consulaires français. Lorsque cet acte est dressé par un officier de l'état civil, il est dispensé de légalisation, sauf s'il y a lieu de le produire devant des autorités étrangères et en l'absence de convention internationale en dispensant les parties (C. civ., art. 73, al. 2, réd. L. 28 févr. 1922)[2].

§ 2
Mariage des majeurs protégés

111.191 Majeur sous sauvegarde de justice. Aucune autorisation n'est nécessaire pour le mariage des personnes placées sous sauvegarde de justice, puisqu'elles conservent l'exercice de leurs droits (C. civ., art. 435).

111.192 Majeur sous curatelle. L'article 460 alinéa 1er du Code civil[3] exige que le **curateur**, ou, à défaut, le **juge des tutelles**, donne son autorisation. La décision du juge des tutelles est susceptible d'appel dans un délai de quinze jours (C. pr. civ., art. 1239). Un avis médical n'est pas nécessaire. L'action en nullité du mariage ne peut plus être exercée par le curateur au motif qu'il n'aurait pas donné son autorisation lorsqu'il s'est écoulé plus d'un an (ce délai a été porté à cinq ans par la loi n° 2006-399 du 4 avril 2006) sans réclamation de sa part depuis qu'il a eu connaissance du mariage (application par analogie de C. civ., art. 183)[4]. Les circonstances conduisent parfois à retarder le point de départ du délai de prescription par rapport à la célébration du mariage qui ne correspond pas toujours avec la connaissance de l'acte par le curateur[5].

111.193 Majeur sous tutelle. Pour le majeur sous tutelle, la loi n° 2007-308 du 5 mars 2007 portant réforme de la protection juridique des majeurs a apporté quelques changements.

Auparavant, le majeur sous tutelle pouvait se marier avec **l'autorisation d'un conseil de famille** spécialement convoqué (C. civ., art. 506 anc.). En cas de refus du conseil de famille, un **recours** était possible **devant le tribunal de grande instance** dont la décision se substituait éventuellement à celle du conseil de famille[6]. Le **juge des tutelles** pouvait aussi donner au majeur l'autorisation de contracter mariage, seul ou avec l'assistance du tuteur (C. civ., art. 501 anc.)[7]. Par ailleurs, l'autorisation du conseil de famille n'était pas nécessaire lorsque les père et mère du majeur sous tutelle donnaient tous deux leur autorisation au mariage, le dissentiment n'emportant pas cependant consentement. Dans tous les cas, l'**avis du médecin traitant** était requis (C. civ., art. 506 anc.).

Depuis la réforme du 5 mars 2007, le mariage du majeur en tutelle exige **l'autorisation du juge des tutelles ou du conseil de famille** s'il en a été constitué un. Les **parents** ou **l'entourage** seront simplement **consultés** pour avis (C. civ., art. 460, al. 2). Il n'est plus fait mention de l'avis du médecin traitant. Mais il est prévu, comme par le passé, que l'autorisation ne peut être donnée qu'après **audition des futurs conjoints**. Est recevable le **recours formé par le juge des tutelles** contre la décision du conseil de famille ayant autorisé le mariage d'un majeur sous tutelle dès lors que le consentement de ce dernier devant le conseil n'a pu être recueilli et qu'aucun élément ne permet de penser qu'il ait eu

1. CA Toulouse, 29 juill. 1828, *Jur. gén.*, *V° Mariage*, n° 109.
2. L. 28 févr. 1922, *DP* 1922, 4, 202.
3. C. Civ. art. 460, réd. L. n° 2007-308, 5 mars 2007 – Sur l'ensemble de la question, v. Doumeng, « L'accès du majeur juridiquement protégé à une vie de couple », *Les États Généraux du mariage*, PUAM, 2008.
4. Civ. 1re, 17 mai 1988, *JCP* 1989, II, 21197, note Boulanger; *Defrénois* 1988, 1031, obs. Massip – Civ. 1re, 5 mai 1993, n° 91-11.700, *Bull. civ.* I, n° 156; *Defrénois* 1993, 1372, obs. Massip.
5. CA Paris, 18 déc. 1999, *D.* 2000, somm. 103, obs. Lemouland; *Dr. fam* 1999, n° 94, obs. Lécuyer; *Defrénois* 2000, p. 112, obs. Massip.
6. Civ. 1re, 19 nov. 1991, n° 90-16.415, *Bull. civ.* I, n° 319; *RTD civ.* 1992, 52, obs. Hauser; *Defrénois* 1992, 314, obs. Massip.
7. EN CE SENS, v. J. Massip, « La réforme du droit des incapables majeurs », *Defrénois*, 1968, art. 29199, spéct n° 181 – Mais DANS UN SENS DIFFÉRENT, v. J. Klein et F. Germignani, « Du mariage et du divorce de la personne protégée », *Defrénois* 2006, p. 887.

la volonté de contracter mariage[1]. Si le conseil de famille doit entendre les futurs conjoints, il ne peut, en revanche, les faire participer à la délibération. Ce serait une irrégularité de nature à invalider la décision du conseil de famille.

L'observation des règles relatives à la tutelle n'est plus nécessaire lorsque la tutelle a pris fin. Ainsi, lorsque le majeur est décédé, et qu'un mariage posthume est envisagé, l'autorisation du Président de la République suffit[2].

En toute hypothèse, qu'une autorisation soit requise ou non, le majeur doit exprimer un consentement valable au moment de la célébration (v. aussi s^s^ n°s 332.00 s.).

111.194 **Renvoi.** Sur le mariage des majeurs protégés, v. s^s^ n°s 332.00 s. et spéc^t^ n° 332.54.

1. Civ. 1re, 24 mars 1998, n° 97-11.252, *Bull. civ.* I, n° 124; *D.* 1999, 19, note Lemouland; *RTD civ.* 1998, 658, obs. Hauser; *Defrénois* 1998, 1398, obs. Massip.

2. Civ. 1re, 6 déc. 1989, *JCP* 1990, II, 21557, note Boulanger; *D.* 1990. 225, note Hauser.

CHAPITRE

112. Empêchements à mariage

JEAN-JACQUES LEMOULAND
PROFESSEUR À L'UNIVERSITÉ
DE PAU ET DES PAYS DE L'ADOUR

SECTION 0
ORIENTEUR

112.00 Plan du chapitre.

112.01 Textes applicables.

> Bigamie

C. civ., art. 147 [définition de la bigamie]

C. pén., art. 433-20 [peines encourues]

(Ord. n° 2000-916, 19 sept. 2000, art. 3, JO 22 sept., en vigueur le 1er janv. 2002)

Le fait, pour une personne engagée dans les liens du mariage, d'en contracter un autre avant la dissolution du précédent, est puni d'un an d'emprisonnement et de 45 000 euros d'amende.

Est puni des mêmes peines l'officier public ayant célébré ce mariage en connaissant l'existence du précédent.

> Empêchements à mariage tenant à la parenté

C. civ., art. 161 [prohibition du mariage entre ascendant et descendant, et alliés dans la même ligne]

C. civ., art. 162 [prohibition du mariage entre frère et sœur]

C. civ. art. 163 [prohibition du mariage entre oncle et nièce, tante et neveu]

C. civ., art. 164 [levée des prohibitions pour causes graves]

C. civ., art. 342-7 [jugement allouant des subsides : empêchement à mariage entre débiteur et bénéficiaire]

C. civ., art. 356, 364 et 366 [empêchement à mariage et adoption]

112.02 Jurisprudence de référence.

> Bigamie

• **Civ. 1re, 24 sept. 2002, n° 00-15.789,** *Bull. civ.* I, n° 214

* V. ss nos 110.24, 112.13 et 112.15

« Une cour d'appel décide exactement que, si le mariage contracté à l'étranger en état de bigamie pour l'un ou les deux époux n'est pas obligatoirement nul en France, c'est à la condition que les lois nationales de chacun d'eux autorisent la bigamie, ayant constaté que la femme était française depuis 1985 et se trouvait donc soumise aux dispositions de l'article 147 du même code qui édictent un empêchement au mariage justement qualifié de bilatéral et absolu, et a légalement justifié sa décision de dire sans effet en France le mariage contracté au Caire par cette Française avec un Libanais dans les liens d'une précédente union et devenu, depuis cette dernière, musulman sunnite ».

• **Civ. 1re, 3 févr. 2004, n° 00-19.838,** *Bull. civ.* I, n° 33

* V. ss n° 112.11

« Viole par refus d'application l'article 147 du Code civil, l'arrêt qui déboute un mari de sa demande en nullité de sa seconde union au motif que le premier comme le second mariage avait été contracté entre les mêmes époux, alors que cette circonstance n'était pas de nature à faire obstacle à l'application du texte susvisé ».

> Empêchements à mariage tenant à la parenté

• **CEDH 13 sept. 2005, req. n° 36536/02,** *B. and L. v/United Kingdom, D.* 2006, 1418, obs. Lemouland et Vigneau

* V. ss n° 112.33

Violation du droit de se marier par la législation anglaise qui prévoit une prohibition à mariage entre beaux-parents et beaux-enfants, sauf décès du conjoint, et ce malgré l'existence d'une procédure de dispense.

• **CE 12 oct. 2005, req. n° 264446,** *D.* 2006, 1418, obs. Lemouland et Vigneau

* V. ss n° 112.43

« Considérant que la requête de Mlle X et de M. Y tend à l'annulation de la décision du 13 novembre 2003 par laquelle le Président de la République a refusé d'autoriser leur mariage en application de l'article 164 du Code civil;

Considérant que les décisions que le Président de la République est appelé à prendre en vertu de l'article précité du Code civil sont, qu'elles accordent ou refusent l'autorisation sollicitée, indissociables des questions d'état des personnes relatives à la parenté et au mariage ; qu'il n'appartient donc qu'aux tribunaux civils de se prononcer sur la requête de Mlle X et de M. Y ».

• **CA Paris, 1re ch., sect. C, 3 avr. 2008, RG n° 07/20081,** *RTD civ.* 2008, 658, obs. Hauser ; *D.* 2010, 730, obs. Lemouland et Vigneau

* V. ss nos 112.31 et 112.43

« Considérant que les juridictions civiles sont compétentes pour apprécier les conditions de fond et de forme du mariage ; que dès lors que le refus de dispense à mariage sur le fondement de l'article 164, 3° du Code civil est indissociable de la question de l'état des personnes, le juge civil est compétent pour en connaître ; Considérant que l'article 164, 3° du Code civil qui prévoit une dispense discrétionnaire à l'empêchement à mariage, non soumise à un recours juridictionnel, est contraire aux dispositions de l'article 13 de la Convention européenne des droits de l'homme qui garantit un recours effectif devant une instance nationale à toute personne dont les droits et libertés sont reconnus dans la Convention, comme l'est le droit fondamental au mariage ;

Considérant que M. Bernard X... et Mme Nathalie X... excipent de leur droit à mariage sur le fondement de l'article 12 de la Convention européenne des droits de l'homme ; que cependant l'empêchement à mariage à raison des liens de sang entre l'oncle et la nièce ne porte pas une atteinte disproportionnée au droit au mariage dès lors que la prohibition peut être levée pour des causes graves ; qu'en l'espèce, les appelants n'établissant pas l'existence d'une cause grave au sens de l'alinéa 1er de l'article 164 du Code civil, il convient de rejeter leur demande ».

112.03 Bibliographie indicative.

Actualisables. Rép. civ., M. Lamarche et J.-J. Lemouland, *V° Mariage (conditions de formation)*, empêchements, nos 319 à 428 – Rép. pén., Ph. Bonfils, *V° Bigamie*.

Ouvrages. B. Bourdelois, *Mariage polygamique et droit positif français*, Joly, 1993.

* V. les ouvrages cités aussi ss n° 110.03

Articles. A. Batteur, « L'interdit de l'inceste, Principe fondateur du droit de la famille », *RTD civ.* 2000, 759 – M. Biégelmann-Massari, « La jurisprudence des dispenses civiles au mariage depuis 1960, un apport sur le sens de l'institution matrimoniale », *Dr. et société* 1997, n° 35, p. 167 – C. Géraud, « Des effets en France d'unions polygamiques régulièrement contractées à l'étranger », *JCP N* 1999, 1048 – D. Mayer, « La pudeur du droit face à l'inceste », *D.* 1988, chron. 213 – M.-L. Rassat, « Inceste et droit pénal », *JCP* 1974, I, 2614 – G. Vachet, « Pension de réversion et polygamie », *JCP* 2007, I, 1523.

112.04 Questions essentielles.

> Bigamie

* V. ss nos 112.11 s.

> Empêchements tenant à la parenté

* V. ss nos 112.21 s.

112.05 Délais.

> Délai de viduité de **trois cents jours** (supprimé).

* V. ss n° 112.09

112.06 Sanctions.

> La bigamie est sanctionnée par la **nullité absolue du second mariage**

* V. ss n° 112.11

> Le délit de bigamie est passible de sanctions pénales :

– peine principale : **un an d'emprisonnement** et **45 000 euros d'amende ;**

– peines complémentaires.

* V. ss n° 112.14

> La loi n° 2010-121 du 8 février 2010 sanctionne de façon spécifique l'inceste commis sur les mineurs. Mais il n'y a pas de sanction pénale générale de l'inceste.

* V. ss n° 112.23

112.09 Réduction progressive des interdits matrimoniaux. La loi prévoit divers empêchements au mariage, en ce sens que certaines circonstances constituent un obstacle et interdisent le mariage projeté. Ces empêchements traduisent une contrainte sociale fondée sur des considérations de moralité ou sur le souci d'éviter un trouble pour la société. Ceux-ci étaient autrefois très nombreux, tenant parfois à des considérations politiques, raciales ou religieuses. Les rédacteurs du Code civil avaient retenu six empêchements : la mort civile, la complicité d'adultère, l'existence d'un divorce antérieur entre les futurs époux, le respect d'un délai de viduité, l'existence d'un mariage antérieur non dissous, la parenté ou l'alliance à un certain degré. Les quatre premiers empêchements ont disparu.

En dernier lieu, la loi n° 2004-439 du 26 mai 2004 relative au divorce a abrogé l'ancien article 228 du Code civil (et le chapitre dont il était l'article unique, consacré aux seconds mariages). Ce texte prévoyait un **délai de trois cents jours**, que l'on appelait communément mais de façon inexacte **délai de viduité**, à compter de la dissolution du mariage, avant que la femme puisse contracter un nouveau mariage (sont également abrogés les articles 261 à 261-2 qui en faisaient application en cas de divorce). Il faut reconnaître que cette exigence était devenue largement symbolique en raison des diverses possibilités d'abrègement voire de suppression du délai et que sa connotation inégalitaire s'accordait mal avec l'égalitarisme ambiant du droit de la famille. Il reste qu'il faudra bien démêler à un moment ou à un autre, souvent lors du règlement des successions, les éventuels conflits de filiation.

Ne subsistent donc plus aujourd'hui que **deux empêchements** qui semblent constituer une sorte de « socle dur ». Le premier procède de la prohibition de la polygamie. C'est l'empêchement tenant à l'existence d'un mariage antérieur non dissous. D'autre part, la réprobation de l'inceste conduit notre droit à interdire le mariage entre certains parents ou alliés.

SECTION 1
MARIAGE ANTÉRIEUR NON DISSOUS

112.11 Prohibition de la bigamie. Les sociétés occidentales considèrent la monogamie comme un principe fondamental, une sorte de « *clef de voûte de la civilisation juridique européenne* ». L'article 147 du Code civil dispose : « *On ne peut contracter un second mariage avant la dissolution du premier.* » C'est dire que, pour pouvoir se marier, il faut être célibataire, veuf ou divorcé. Faute de quoi, il y aurait bigamie et **nullité du second mariage**[1]. La Cour de cassation fait une application rigoureuse de cette prohibition en l'appliquant même dans le cas où le premier et le second mariage avaient été contractés entre les mêmes époux[2].

112.12 Mesures préventives. Toute personne désirant contracter mariage doit remettre à l'officier de l'état civil une **copie intégrale** délivrée depuis moins de trois mois (six mois si elle a été délivrée dans une colonie ou un consulat; v. C. civ., art. 70) **de son acte de naissance**. La production de cette copie doit en principe permettre de révéler l'existence d'un mariage antérieur puisque l'article 76 du Code civil, d'autre part, impose la mention de toute célébration de mariage en marge de l'acte de naissance de chaque époux.

La prévention est également assurée par le **droit d'opposition au mariage** accordé précisément à la personne engagée conjugalement avec l'une des deux parties contractantes (C. civ., art. 172).

Si l'un des futurs époux se dit veuf ou divorcé, il lui faudra justifier de la dissolution du précédent mariage, soit par l'**acte de décès** (ou le jugement déclaratif) de son premier conjoint, soit par la **mention du divorce en marge de son acte de naissance**. Le second mariage n'est donc pas possible tant que la décision prononçant le divorce du premier n'est pas devenue définitive (sur les règles de publicité des jugements de divorce, v. C. pr. civ., art. 1082). De même, l'empêchement subsiste en cas de **nullité du précédent mariage**, tant que celle-ci n'a pas été **prononcée**[3]. En effet, l'article 147 ne distingue pas selon que le précédent mariage est valable ou qu'il est entaché de nullité. Toutefois, si la nullité du second mariage est demandée, l'époux qui s'y oppose peut invoquer la nullité du premier, point sur lequel il devra être préalablement statué (C. civ., art. 189). La rétroactivité de la nullité permettrait ainsi de considérer le second mariage comme valable.

Le **jugement déclaratif d'absence** emportant les effets d'un décès, le conjoint de l'absent peut contracter un nouveau mariage (C. civ., art. 128). Celui-ci resterait d'ailleurs valable en dépit même du retour de l'absent et de l'annulation du jugement déclaratif d'absence (C. civ., art. 132). La solution vaut également dans l'hypothèse de **déclaration judiciaire de décès d'une personne disparue** dans des circonstances de nature à mettre sa vie en danger, lorsque son corps n'a pu être retrouvé (C. civ., art. 88). Depuis la loi du 28 décembre 1977, l'article 92 du Code civil renvoie à l'article 132. Il en résulte que la validité du second mariage ne sera pas remise en cause par le retour du disparu.

112.13 Fraudes ou erreurs. Ces mesures préventives suffisent en principe pour empêcher la célébration d'un mariage entaché de bigamie. Il faut cependant compter parfois avec la négligence des services de l'état civil (omission des mentions prescrites en marge des actes de naissance, par ex., en période de guerre ou d'occupation; erreur, par ex., à la suite de la délivrance par l'avocat d'un certificat justifiant le caractère exécutoire d'un jugement de divorce[4]). Il faut aussi compter souvent avec la négligence ou l'intention frauduleuse d'intéressés dont l'état civil est difficilement vérifiable en raison d'un élément d'extranéité[5].

Si bien que les fraudes ou les erreurs sont finalement plus fréquentes qu'on pourrait le croire. Presque toujours, c'est un élément d'extranéité qui les rend possibles[6] :

Nullité du mariage contracté en 1949 par un Espagnol réfugié en France alors qu'il s'était déjà marié en Espagne en 1937[7]; nullité du mariage d'une Française avec un Américain dont le divorce ne pouvait être tenu pour valable, ayant été prononcé aux Îles Vierges à la

1. CA Paris, 21 juin 1991, *D.* 1991, IR 218; *Rev. crit. DIP* 1992, 773.
2. Civ. 1re, 3 févr. 2004, n° 00-19.838, *Bull. civ.* I, n° 33; *D.* 2004, 2963, obs. Lemouland; *Dr. fam.* 2004, n° 47, note V. L.-T.; *JCP* 2004, II, 10074, note Bottini; *RTD civ.* 2004, 267, obs. Hauser; *Defrénois* 2004/15-16, p. 1067, note Revillard; p. 1229, obs. Massip; *Rev. crit. DIP* 2004, 397, obs. B. A.
3. CA Versailles, 27 mai 1999, *D.* 1999, somm. 374, obs. Lemouland.
4. V. TGI Nanterre, 15 janv. 1975, *Gaz. Pal.* 1975, 2, 577 – *Adde*, Civ. 1re, 15 janv. 1980, *Bull. civ.* I, n° 26.
5. CA Lyon, 21 mai 1974, *D.* 1975, 9, note Guiho; *Gaz. Pal.* 1974, 2, 641, note Viatte – *Adde*, *RTD civ.* 1981, 139, obs. Nerson.
6. V. les nombreux ex. cités par Nerson et Rubellin-Devichi, obs. *RTD civ.* 1983, 330.
7. TGI Castres, 15 févr. 1979, *Journ. not.* 1981, art. 56398.

suite d'un changement de résidence artificiel et frauduleux[1]; nullité du second mariage contracté en France par un Argentin à la suite d'une interprétation erronée du mot *divorcio*, qui ne signifie pas une véritable dissolution du lien matrimonial[2]; nullité du second mariage contracté par un Sénégalais en l'absence de déclaration de décès de sa première épouse[3]; nullité du mariage contracté à l'étranger par une Française avec un étranger déjà marié[4]; nullité du mariage contracté avec une Algérienne qui s'était mariée une première fois devant le consul du Maroc en France[5].

112.14 **Sanctions pénales.** (v. aussi s^s n°s 522.00 s.) Outre la nullité du second mariage (ou une demande en divorce[6]), la bigamie peut entraîner des sanctions pénales (C. pén., art. 433-20). Autrefois, la bigamie était un crime puni des travaux forcés à temps. Depuis la loi du 17 février 1933[7], il s'agit d'un **délit**. Les peines sont certes moins élevées qu'autrefois, mais la répression est mieux assurée par les magistrats professionnels qui composent les tribunaux correctionnels.

Le bigame est passible d'un **emprisonnement d'un an** et d'une **amende de 45 000 euros** (C. pén., art. 433-20). Il encourt en outre, à titre de **peines complémentaires** : 1° l'interdiction de ses droits civiques, civils et de famille; 2° l'interdiction, pour une durée de cinq ans au plus, d'exercer une fonction publique; 3° l'affichage ou la diffusion de la décision (pour plus de précisions sur ces peines, v. C. pén., art. 433-22).

L'infraction suppose cependant **l'existence d'une première union valable** (question préjudicielle réservée à la compétence des tribunaux civils) et la **conclusion d'un second mariage**. Il faut, en outre, que puisse être relevée **l'intention coupable** du bigame qui doit avoir agi en connaissance de cause[8]. La célébration d'un second mariage en France, même devant un agent diplomatique étranger, alors qu'une première union n'est pas dissoute, consomme le délit de bigamie, sans que l'intéressé puisse invoquer son statut personnel[9].

Est coupable de bigamie l'étranger marocain qui contracte en France un second mariage, alors qu'il est déjà marié selon la loi marocaine. Son intention coupable est caractérisée par la production d'un faux certificat de célibat.

En revanche, l'élément intentionnel n'est pas caractérisé lorsque figure sur l'acte de naissance du prévenu la mention erronée d'un divorce alors que seule une séparation de corps a été prononcée.

La bigamie est un **délit instantané**; la prescription de l'action court à compter de la célébration du second mariage[10]. Les peines prévues par l'article 433-20 du Code pénal sont applicables à l'officier public qui aurait prêté, sciemment, son ministère à ce mariage (C. pén., art. 433-20, al. 2). Lui sont également applicables les peines complémentaires de l'article 433-22 du même code.

112.15 **Effets d'unions polygames valablement célébrées à l'étranger.** Le droit international privé, en vertu d'un **ordre public atténué**, admet que les mariages polygames, s'ils ne peuvent être célébrés en France, puissent du moins, s'ils ont été célébrés à l'étranger en conformité avec la loi nationale des époux, produire sur notre territoire certains **effets**[11] (effets alimentaires[12]; effets successoraux[13]; droit à prestations sociales; mais cela n'autorise pas l'attribution cumulée de plusieurs prestations à différentes épouses[14]; pension de réversion[15]). Encore faut-il que le mariage soit considéré comme valable et que les lois nationales de chacun des époux autorisent la bigamie, celle-ci étant considérée comme un empêchement bilatéral[16].

De plus, cette **tolérance** a été sensiblement **atténuée** par les lois successives relatives aux **conditions d'entrée et de séjour des étrangers en France.** Celles-ci ont interdit la délivrance d'une carte de résident à un étranger polygame ou à son conjoint. De même, une jurisprudence désormais bien établie du

1. CA Paris, 27 nov. 1981, *D.* 1983, 142, note Paire.
2. TGI Nanterre, 13 janv. 1983, *Gaz. Pal.* 1983, 2, somm. 424.
3. CA Reims, 6 sept. 2001, *JCP* 2002, IV, 2121.
4. Civ. 1re, 24 sept. 2002, n° 00-15.789, *Bull. civ.* I, n° 214; *JCP* 2003, II, 10007, concl. Sainte-Rose, note Devers; *D.* 2003, somm. 1935, obs. Lemouland; *AJ fam.* 2002, n° 11, 384; *Defrénois* 2002, p. 1467, obs. Massip; *RJPF* 2003, n° 1, p. 14, obs. Oudin.
5. CA Paris, 19 mai 2005, *RTD civ.* 2005, 574, obs. Hauser.
6. CA Nîmes, 20 juill. 2004, *Dr. fam.* 2005, n° 22, obs. Larribau-Terneyre.
7. L. 17 févr. 1933, *DP* 1933, 4, 51.
8. V. RÉP. PÉN. PROC. PÉN., Ph. Bonfils, *V° Bigamie*.
9. T. corr. Paris, 8 avr. 1987, *Gaz. Pal.* 1987, 2, 474, note Domingo; *RSC* 1988, 87, obs. Levasseur.
10. Crim. 12 avr. 1983, *Bull. crim.*, n° 97; *D.* 1984, IR 225, obs. Roujou de Boubée.
11. B. Bourdelois, *Mariage polygamique et droit positif français*, Joly, 1993 – C. Géraud, « Des effets en France d'unions polygamiques régulièrement contractées à l'étranger », *JCP N* 1999, 1048.
12. Civ. 1re, 19 févr. 1963, *JCP* 1963, II. 13112; *Rev. crit. DIP* 1963, 559.
13. Civ. 1re, 3 janv. 1980, *D.* 1980, 549, note Poisson-Drocourt; *JDI* 1980, 327, note Simon-Depitre – CA Paris, 8 nov. 1983, *Rev. crit. DIP* 1984, 477, note Lequette; *JDI* 1984, 881, note Simon-Depitre.
14. Civ. 2e, 19 janv. 2006, n° 04-30.397, NP; *D.* 2006, 2454, note Bidaud-Garon.
15. Civ. 2e, 14 févr. 2007, n° 05-21.816, NP; *Dr. fam.* 2007, comm. 99, note Devers – Civ. 2e, 2 mai 2007, n° 06-11.418, NP; *Dr. fam.* 2007, comm. 182, note Devers – *Adde*, Vachet, « Pension de réversion et polygamie », *JCP* 2007, I, 1523.
16. Civ. 1re, 24 sept. 2002, n° 00-15.789, *Bull. civ.* I, n° 214, préc. s^s n° 112.13.

Conseil d'État refuse à l'étranger polygame la nationalité française (à condition qu'il soit effectivement polygame, et non simplement que son statut personnel permette la polygamie[1]). Mais là encore des dysfonctionnements peuvent se produire et il peut arriver qu'une déclaration d'acquisition de la nationalité française soit enregistrée en dépit d'une situation de polygamie[2] (v. s^s^ n°s 421.41 à 421.48).

SECTION 2
PARENTÉ OU ALLIANCE À UN DEGRÉ PROHIBÉ

112.21 Prohibition de l'inceste – Fondements. L'exogamie paraît bien être l'une des tendances les plus profondes de l'humanité. Il y a effectivement peu de sociétés vraiment endogamiques, interdisant d'épouser des étrangers. On a pu en proposer une justification physiologique ou eugénique. Les enfants nés de mariages entre proches parents présentent souvent des tares. Cet argument, découvert sans doute sur le tard, est peu probant. Il n'explique pas pourquoi le mariage devrait être prohibé également entre certains alliés. Et les déficiences physiologiques semblent bien supposer plusieurs générations de mariages consanguins. Plus probablement, la justification des empêchements au mariage entre proches doit être recherchée dans la réprobation morale et sociale à l'égard de telles unions. Il semble, en effet, que la perspective d'un mariage possible entre des personnes qui ont des liens préexistants soit susceptible de provoquer de graves désordres dans le groupe familial.

112.22 Évolution générale. Le **droit canonique** avait manifesté sur ce sujet une rigueur particulière. Il interdisait le mariage entre parents jusqu'au septième degré canonique (qui correspond au quatorzième degré français et à un cousinage très éloigné). L'empêchement a été ramené au quatrième degré à partir du XIIIe siècle et au troisième degré en 1917 (cousins issus de germains). Depuis 1983, le Code de droit canonique prohibe le mariage entre parents en ligne directe et jusqu'au quatrième degré en ligne collatérale. Dans ce dernier cas, une dispense est cependant possible au-delà du deuxième degré (Canon 1091). Le mariage est également interdit à tous les degrés entre alliés en ligne directe (Canon 1092). Enfin, le droit canonique connaît un empêchement d'honnêteté publique que crée un mariage invalide ou un concubinage notoire, au premier degré en ligne directe entre l'homme et les consanguins de sa femme, et *vice versa* (Canon 1094).

La **législation civile** a suivi le même chemin. Au fil des réformes et à mesure du rétrécissement du groupe familial, les **prohibitions** ont été progressivement **réduites** à peu de chose[3] (à ce sujet et pour une critique de cette évolution[4]). En dernier lieu, l'ordonnance n° 2005-759 du 4 juillet 2005 relative à la filiation a modifié les articles 161, 162 et 163 pour faire disparaître toute distinction en considération de la nature « légitime ou naturelle » de la filiation, distinction qui, dans ce domaine, s'était progressivement estompée.

112.23 Sanctions pénales. Le droit pénal a longtemps observé un silence prudent sur cette question, les opinions divergeant sur la nécessité d'une répression spécifique[5]. L'inceste était sanctionné indirectement à travers d'autres incriminations (attentat à la pudeur). La loi n° 2010-121 du 8 février 2010[6] ne modifie pas fondamentalement cette approche. Elle fait de la relation incestueuse une circonstance aggravante du viol, des agressions sexuelles, de l'atteinte sexuelle sur mineur de quinze ans. Elle inscrit également dans le Code pénal des dispositions spécifiques concernant l'inceste commis sur les mineurs, mais ces dispositions ne devraient guère trouver à s'appliquer en corrélation avec la prohibition civile des mariages incestueux.

§ 1
Domaine des empêchements

112.31 Entre parents par le sang. En ligne directe, le mariage est prohibé entre tous les **ascendants et descendants** (C. civ., art. 161). L'interdiction est donc générale et joue à l'infini, quel que soit le degré de la parenté.

En ligne collatérale, le mariage est prohibé d'abord entre **frères et sœurs** (second degré, C. civ., art. 162). Et il n'y a pas lieu de distinguer selon qu'il s'agit de frères et sœurs germains, ou seulement consanguins ou utérins[7].

1. CE 24 janv. 1994, req. n° 118797, et CE 11 févr. 1994, req. n°s 116722 et 120902, *D.* 1994, somm. 248, obs. Julien-Laferrière; *D.* 1995, 108, note Guiho.
2. Civ. 1re, 19 oct. 2004, n° 02-18.154, *Bull. civ.* I, n° 228; *Dr. fam.* 2005, n° 281, obs. Farge.
3. J. Barrère, « Le droit du mariage dans la loi du 3 janvier 1972 sur la filiation », *Mél. Marty*, p. 16 s.
4. A. Batteur, « L'interdit de l'inceste, principe fondateur du droit de la famille », *RTD civ.* 2000, 759.
5. M.-L. Rassat, « Inceste et droit pénal », *JCP* 1974, I, 2614 – D. Mayer, « La pudeur du droit face à l'inceste », *D.* 1988, chron. 213.
6. L. n° 2010-121, 8 févr. 2010, tendant à inscrire l'inceste commis sur les mineurs dans le Code pénal et à améliorer la détection et la prise en charge des victimes d'actes incestueux, *JO* 9 févr., p. 2265.
7. R. Maurice, « Les effets de la parenté et de l'alliance en ligne collatérale », *RTD civ.* 1971, 250, spéc^t^ 254 s.

Le mariage est également interdit au troisième degré entre **l'oncle et la nièce, la tante et le neveu** (C. civ., art. 163). La loi ne distingue pas davantage ici selon que l'oncle et la nièce sont issus d'un seul ou de deux auteurs communs. L'interdiction est donc applicable au mariage d'un homme avec la fille de sa demi-sœur[1].

La cour d'appel de Paris a jugé qu'un tel empêchement à mariage entre oncle et nièce ne portait pas une atteinte disproportionnée au droit au mariage prévu par l'article 12 de la Convention européenne des droits de l'homme, dès lors que la prohibition peut être levée par dispense s'il existe des causes graves[2]. La prohibition semble devoir être étendue jusqu'au quatrième degré, au mariage entre grand-oncle et petite-nièce, grand-tante et petit-neveu[3].

La liste des empêchements étant limitative, le mariage est permis, en revanche, entre cousins germains ou entre parents plus éloignés.

112.32 Lorsque la filiation n'est pas légalement établie. Doit-on tenir compte d'une filiation certaine en fait bien que non établie en droit, pour interdire le mariage ? En l'absence d'un constat juridique de la filiation, le risque d'arbitraire est évident. La jurisprudence en a parfois déduit qu'il ne pouvait être question d'envisager un quelconque empêchement à mariage[4].

Cependant, l'opinion contraire peut aussi être défendue. Sur le plan moral, on a souligné le scandale qu'il y aurait à voir un homme épouser sa fille ou sa sœur en prétextant que la parenté ne serait pas légalement établie alors même qu'elle serait connue de tous. Sur le plan juridique, les articles 161, 162 et 163 du Code civil n'exigent pas que la parenté soit légalement constatée. Aussi y a-t-il toujours eu dans la doctrine des opinions favorables à l'admission d'un **empêchement fondé sur une parenté naturelle non établie mais notoire.** Plusieurs décisions peuvent également être relevées en ce sens[5].

D'ailleurs, il existe un empêchement à mariage entre l'enfant et l'homme qui, ayant eu des relations avec sa mère à l'époque de la conception, a été condamné à lui verser des subsides en application de l'article 342 du Code civil (C. civ., art. 342-7). Bien que la parenté ne soit pas alors établie, il s'agit d'éviter le mariage de l'enfant avec celui qui peut être son père. L'empêchement de l'article 342-7 s'étendrait, le cas échéant, au mariage projeté entre le débiteur ou le bénéficiaire des subsides et les parents de l'autre (même texte). Sans méconnaître la difficulté, la doctrine moderne se montre donc plutôt favorable à l'extension de l'empêchement à toutes les hypothèses où la parenté existe en fait.

112.33 Entre alliés en ligne directe. Le mariage est prohibé à l'infini sans limitation de degré entre chacun des époux et les ascendants ou descendants de l'autre (C. civ., art. 161).

Le mariage est interdit entre un homme et les enfants de son ex-épouse, ou entre une femme et les enfants de son ex-mari, ou entre les ascendants d'une personne et son ex-conjoint. Un mari devenu veuf ne peut épouser la fille de sa femme[6]. De même, est interdit le mariage entre un père ou une mère et celui qui a été le conjoint de son enfant (mariage entre beau-père et belle-fille ou belle-mère et gendre; mais l'Angleterre, dont la législation prévoit un empêchement similaire, a été condamnée par la Cour européenne des doits de l'homme[7]; la Cour considère qu'un tel empêchement, bien que poursuivant un but légitime de protection de l'intégrité de la famille, constitue une atteinte excessive au droit au mariage et viole l'article 12 de la Convention), de même que le mariage entre un fils ou une fille et celui qui a été le conjoint de son père ou de sa mère, ou encore le mariage d'un enfant d'un premier lit avec son parâtre ou sa marâtre. L'article 342-7 du Code civil étend cette prohibition entre le débiteur ou le bénéficiaire de subsides et le conjoint de l'autre.

Le décès de l'époux, même sans enfant, ne fait pas disparaître l'interdiction au mariage entre son conjoint et ses ascendants ou descendants.

Ainsi, un homme ne peut, après le décès de son épouse sans enfant né de ce mariage, épouser la fille de celle-ci[8]. De même, serait nul le mariage d'un veuf avec la fille d'une fille que sa femme aurait eue d'un précédent mariage, bien qu'il n'y ait pas eu d'enfant de l'union ayant créé l'alliance[9].

Même si l'époux a contracté une nouvelle union, après la dissolution du mariage produisant l'affinité et que celui-ci ait été dissous à son tour, l'empêchement résultant du premier mariage subsiste[10]. Et il n'y a pas à distinguer selon que la dissolution du

1. CA Rouen, 23 févr. 1982, *D.* 1982, IR 211; *Gaz. Pal.* 1982, 1, somm. 179.
2. CA Paris, 1re ch., sect. C, 3 avr. 2008, RG no 07/20081, *AJ fam.* 2008, 256, obs. Chénedé; *D.* 2010, 730, obs. Lemouland et Vigneau; *Dr. fam.* 2008, comm. 81, note Larribau-Terneyre; *RJPF* 2008/7-8, p. 17, obs. A. L.; *RTD civ.* 2008, 658, obs. Hauser.
3. Req. 28 nov. 1877, *DP* 1878, 1, 209; *S.* 1878, 1, 337.
4. CA Nîmes, 3 déc. 1811, *Jur. gén.*, *V° Mariage*, no 228 – CA Grenoble, 14 janv. 1889, *DP* 1890, 2, 193, note Flurer.
5. CA Caen, 8 avr. 1833, *Jur. Caen*, II, p. 643 – T. civ. Seine, 7 févr. 1850, *DP* 1850, 3, 15 – CA Paris, 18 mars 1850, *DP* 1851, 2, 30 – T. civ. Versailles, 13 janv. 1892, *S.* 1892, 2, 92.
6. CA Paris, 18 mars 1850, *DP* 1851, 2, 30.
7. CEDH 13 sept. 2005, req. no 36536/02, B... and L... v/ United Kingdom, *D.* 2006, 1418, obs. Lemouland et Vigneau; *RTD civ.* 2005, 735, obs. Marguénaud; 758, obs. Hauser; *Dr. fam.* 2005, no 234, obs. Gouttenoire et Lamarche.
8. T. civ. Seine, 7 févr. 1850, *DP* 1850, 3, 15 – CA Paris, 18 mars 1850, *DP* 1851, 2, 30.
9. T. civ. Vienne, 28 déc. 1865, *DP* 1867, 3, 45.
10. Civ. 16 juin 1834, *DP* 1834, 1, 249.

mariage créant l'alliance résulte du décès ou du divorce[1]. La question est plus délicate en cas de nullité du mariage ayant créé l'affinité. Certains auteurs considèrent que l'empêchement demeure parce que subsiste l'affinité naturelle produite par le commerce de deux époux. D'autres soutiennent que l'empêchement disparaît du fait de l'annulation ou qu'il ne subsiste que dans l'hypothèse d'un mariage putatif.

Mais l'alliance ne produit d'empêchement qu'entre l'un des époux et les parents de l'autre : les alliés d'une personne ne deviennent pas les alliés de celui ou de celle avec laquelle cette personne se marie. Il n'y a donc pas d'empêchement entre les alliés d'un époux et l'autre époux.

112.34 Entre alliés en ligne collatérale. L'interdiction du mariage n'a jamais été étendue au-delà du deuxième degré. Le mariage est permis entre l'oncle et la nièce par alliance, ou la tante et le neveu par alliance[2].

Par contre, initialement, le mariage était prohibé entre beau-frère et belle-sœur. Mais il avait été progressivement réduit pour ne plus subsister qu'en cas de dissolution par divorce. Finalement, la loi du 11 juillet 1975, modifiant l'article 162 du Code civil, a fait disparaître ici tout empêchement. Le conjoint, divorcé ou veuf, peut désormais épouser son beau-frère ou sa belle-sœur.

112.35 Le concubinage et le pacte civil de solidarité ne créent pas de lien d'alliance. Des considérations de morale et d'honnêteté publique auraient pu conduire à assimiler à l'alliance l'affinité résultant du concubinage. Mais la jurisprudence s'est montrée défavorable à cette solution. Les simples rapports de concubinage pouvant exister entre un homme et une femme ne créent pas une alliance constitutive d'un empêchement au mariage, le concubinage fût-il établi par la reconnaissance d'un enfant[3]. Un homme peut donc librement épouser la fille de sa concubine. Le résultat peut paraître choquant. Il n'est plus guère en accord avec la place sociale qu'occupe le concubinage, ni avec les droits que l'on tend à reconnaître aux tiers dans le cadre des recompositions familiales.

Le pacte civil de solidarité (PACS) ne crée pas davantage de lien d'alliance entre chaque partenaire et les parents de l'autre. Pourtant, l'article 515-2 du Code civil prévoit des empêchements fondés sur la parenté ou l'alliance qui sont assez comparables à ceux qui existent pour le mariage. Mais ces empêchements ne concernent que la conclusion du PACS. Et les effets du PACS, tels qu'ils résultent des textes, ne semblent pas devoir interdire un mariage ultérieur entre l'un des partenaires et l'un des ascendants ou descendants de l'autre. Le trouble social pouvant en résulter est-il pourtant si différent ?[4].

112.36 Empêchements résultant de la parenté ou de l'alliance adoptives. Il convient de distinguer selon qu'il s'agit d'adoption simple ou d'adoption plénière. Dans les deux cas ce sont essentiellement des raisons d'ordre moral qui fondent les empêchements au mariage. Toutefois, l'adoption laisse également subsister certaines prohibitions à l'égard de la famille par le sang.

L'**adoption simple** interdit le mariage, en ligne directe, entre l'adoptant d'une part, et l'adopté ou l'un de ses descendants d'autre part, mais aussi entre l'adopté et le conjoint de l'adoptant et réciproquement entre l'adoptant et le conjoint de l'adopté. En ligne collatérale, le mariage est prohibé entre les enfants adoptifs d'une même personne, ainsi qu'entre l'adopté et les enfants par le sang de l'adoptant (C. civ., art. 366). En revanche, la loi ne vise pas le mariage entre l'adopté et un ascendant de l'adoptant, ni entre l'adopté et les frères et sœurs de l'adoptant.

L'**adoption plénière** crée des empêchements plus étendus que l'adoption simple. Bien que les textes ne le précisent pas, il faut en effet, compte tenu de l'esprit général de l'institution, appliquer ici les mêmes interdits que dans la famille par le sang (v. C. civ., art. 358). La doctrine est unanime sur ce point.

À l'égard de la **famille d'origine**, l'adoption laisse subsister les prohibitions habituelles. En cas d'adoption simple, la solution se justifie aisément puisque l'adopté reste dans sa famille d'origine. L'article 364 alinéa 2 du Code civil prévoit en conséquence que les prohibitions des articles 161 à 164 doivent survivre entre l'adopté et sa famille d'origine. Plus curieusement, l'article 356 du Code civil laisse survivre aussi les empêchements à mariage entre l'adopté et sa famille par le sang dans le cas d'adoption plénière, en dépit du principe d'acquisition dans cette hypothèse d'une filiation nouvelle. Encore faut-il que cette filiation d'origine, dont le jugement d'adoption aura effacé les traces, puisse être connue.

§ 2
Dispenses

112.41 Possibilités de dispenses. Aucune dispense n'est possible en cas **d'inceste dit « absolu »**.

1. CA Paris, 18 mars 1897, *DP* 1897, 2, 200.
2. Req. 10 nov. 1858, *DP* 1858, 1, 466.
3. CA Chambéry, 7 févr. 1885, *DP* 1885, 2, 241 – T. civ. Seine, 21 juin 1907, *Gaz. Pal.* 1907, 2, 398.
4. Sur ce point, v. A. Batteur, « L'interdit de l'inceste, principe fondateur du droit de la famille », *RTD civ.* 2000, 759.

Il en est ainsi entre parents en ligne directe, de même qu'entre l'adoptant, l'adopté et ses descendants. Entre alliés en ligne directe, aucune dispense n'est possible lorsque le mariage produisant l'alliance a été dissous par divorce. En ligne collatérale, il n'y a pas de dispense possible entre frères et sœurs. Il convient d'ajouter à cette liste ceux qu'un lien identique unit en raison d'un jugement d'allocation de subsides (v. C. civ., art. 342-7).

En revanche, les **empêchements dits « relatifs »** peuvent être levés par dispense. Ainsi :

1° entre oncle et nièce, tante et neveu (C. civ., art. 164, 3°)... et, par extension, entre grand-oncle et petite-nièce, grand-tante et petit-neveu;

2° entre alliés en ligne directe, mais seulement lorsque la personne qui créait l'alliance est décédée (C. civ., art. 164, 1°). Le législateur a voulu autoriser le mariage entre un veuf ou une veuve et l'enfant que le conjoint prédécédé aurait eu d'un premier lit. Mais la généralité de l'article 164, 1° laisse à penser qu'une dispense pourrait permettre également à un veuf d'épouser sa belle-mère ou à une veuve d'épouser son beau-père;

3° entre les enfants adoptifs du même individu, dans le cadre d'une adoption simple (C. civ., art. 366, al. 3);

4° entre l'adopté et les enfants de l'adoptant, mais seulement encore dans le cas d'adoption simple (C. civ., art. 366, al. 3);

5° enfin, toujours dans le cas d'adoption simple, entre l'adopté et le conjoint de l'adoptant, ou entre l'adoptant et le conjoint de l'adopté lorsque l'alliance a été rompue par décès (C. civ., art. 366, al. dern.).

112.42 Causes de dispense. Les prohibitions tenant à la parenté ou à l'alliance ne peuvent être levées que « *pour des causes graves* » (C. civ., art. 164 et 366). L'appréciation de ces causes graves a fortement varié selon les époques. Aujourd'hui, les dispenses sont accordées dans 65 % des cas pour les parents, et dans 75 % des cas pour les alliés[1].

L'**intérêt des enfants** reste la cause la plus souvent retenue[2]. Mais la dispense peut également être motivée par : l'amélioration de position devant résulter du mariage pour l'un des futurs époux; l'assistance assurée aux ascendants; les intérêts d'une exploitation agricole, industrielle ou commerciale; le maintien d'une indivision avantageuse; des liquidations, des partages ou même des procès évités ou auxquels il est mis fin. Les motivations purement matérielles sont tout de même peu appréciées. La cohabitation des parties, leur conduite et leur moralité, la connaissance qu'elles ont de leur situation, la liberté de leurs intentions, l'opinion publique réclamant ce mariage pour faire cesser des relations illégitimes sont aussi des éléments susceptibles de favoriser une réponse positive (bien que le caractère illégitime des relations ne soit pas à lui seul une raison suffisante de dispense). En revanche, la dispense est généralement refusée lorsqu'il existe une différence d'âge trop importante entre les postulants, surtout lorsque c'est la femme qui est la plus âgée.

112.43 Procédure de dispense. Elle relève de la **compétence du Président de la République** après enquête et avis préalable du procureur de la République. Les requérants peuvent saisir le garde des Sceaux ou déposer leur demande au parquet. Il est indispensable d'expliciter les **motifs** pour lesquels le mariage est souhaité et justifier de leur gravité (intérêt d'un enfant né ou à naître, durée de la vie commune). Les intéressés doivent remettre à l'officier de l'état civil une copie du décret accordant la dispense. Lorsque les requérants demeurent à l'étranger le dossier est instruit par les services du ministère des Affaires étrangères et les éléments recueillis sont transmis par la Chancellerie à la Présidence de la République[3].Sur l'opportunité de la dispense, le Président de la République prend librement une décision qui a longtemps semblé discrétionnaire[4]. Certains estimaient cependant qu'un recours devant les juridictions administratives devait être permis en cas d'erreur manifeste.

Mais statuant sur une demande de dispense pour le mariage entre un oncle et une nièce, le Conseil d'État a considéré que, s'agissant d'une question d'état des personnes, celle-ci relève de la compétence des tribunaux civils[5]. De son côté, la cour d'appel de Paris a estimé que, s'agissant d'une question d'état des personnes, le juge civil était compétent pour en connaître et que, par le pouvoir discrétionnaire qu'il accorde au Président de la République, l'article 164-3° du Code civil est contraire à l'article 13 de la Convention européenne des droits de l'homme qui accorde un droit au recours à toute personne dont les droits sont reconnus dans la Convention, comme l'est le droit au mariage. Néanmoins, la cour rejette le recours au fond, l'existence d'une cause grave ne lui paraissant pas établie en l'espèce[6].

1. M. Biégelmann-Massari, « La jurisprudence des dispenses civiles au mariage depuis 1960, un apport sur le sens de l'institution matrimoniale », *Dr. et société* 1997, n° 35, p. 167.
2. EN CE SENS, v. rép. min., *JOAN* Q, 12 déc. 1983, p. 5333.
3. Rép. min., *JO Sénat CR* 29 mars 1990, p. 689.
4. Rappr. avec les autorisations de l'article 171 C. civ. s'agissant du mariage posthume, v. s[s] n°s 113.171 à 113.173.
5. CE 12 oct. 2005, req. n° 264446, *D.* 2006, 1418, obs. Lemouland et Vigneau; *D.* 2006, 1433, note Glandier; *AJDA* 2005, 2036; *AJ fam.* 2005, 451, obs. Chénedé; *RTD civ.* 2006, 91, obs. Hauser; *Dr. fam.* 2005, n° 259, obs. Larribau-Terneyre.
6. CA Paris, 1re ch., sect. C, 3 avr. 2008, RG n° 07/20081, préc. s[s] n° 112.31.

CHAPITRE

113. Conditions de forme du mariage

JEAN-JACQUES LEMOULAND
PROFESSEUR À L'UNIVERSITÉ
DE PAU ET DES PAYS DE L'ADOUR

SECTION 0
ORIENTEUR

113.00 **Plan du chapitre.**

113.01 **Textes applicables.**

> Publication du mariage

C. civ., art. 63 à 65 [publication par voie d'affichage et délai de publication]

C. civ., art. 169 [dispense de publication et de délai, ou d'affichage seulement]

> Pièces à produire

C. civ., art. 63 [justificatif d'identité, état civil]

C. civ., art. 70 [copie intégrale d'acte de naissance]

C. civ., art. 71 et 72 [acte de notoriété]

C. civ., art. 73 [acte authentique de consentement des ascendants ou conseil de famille]

> Mariages célébrés à l'étranger

C. civ., art. 171-1 [transcription sur les registres de l'état civil du mariage célébré à l'étranger]

C. civ., art. 171-2 [délivrance d'un certificat de capacité à mariage et publication]

C. civ., art. 171-3 [audition des futurs époux]

> Opposition à mariage – Acte et mentions

C. civ., art. 66 [actes d'opposition à mariage]

C. civ., art. 176 [contenu de l'acte d'opposition à mariage]

C. civ., art. 67 [mention des oppositions par l'officier d'état civil sur le registre des mariages]

> Opposition à mariage – Titulaires du droit

C. civ., art. 172 [personne déjà engagée par mariage avec l'un des deux futurs époux]

C. civ., art. 173 [ascendants pour le mariage de leurs descendants même majeurs]

C. civ., art. 174 [à défaut d'ascendant, autres membres de la famille dans deux cas subsidiaires]

C. civ., art. 175 [tuteur ou curateur autorisés par le conseil de famille dans les deux mêmes cas]

C. civ., art. 175-1 [ministère public en cas de nullité du mariage potentielle]

C. civ., art. 175-2 [procureur de la République sur saisine de l'officier d'état civil en cas d'indices sérieux d'annulation du mariage]

> Opposition à mariage – Procédures

C. civ., art. 68 et 177 [mainlevée d'opposition – compétence du TGI – délai pour statuer : dix jours]

C. civ., art. 178 [appel du jugement de mainlevée : délai pour statuer : dix jours]

C. civ., art. 179 [sanction de l'opposition rejetée]

> Célébration du mariage

C. civ., art. 74 et 165 [lieu de célébration : commune du domicile ou de la résidence continue pendant un mois d'un des deux époux]

C. civ., art. 75 [célébration du mariage après délai de publication]

C. civ., art. 175-2 [saisine du procureur de la République par officier d'état civil en cas d'indices sérieux d'annulation du mariage : célébration, opposition ou sursis au mariage]

C. civ., art. 146-1 [présence du conjoint requise]

C. civ., art. 93 à 97 [conditions relatives aux militaires et marins dans certains cas spéciaux]

C. civ., art. 171-1 à 171-8 [célébration du mariage de Français à l'étranger]

> Acte de mariage

C. civ., art. 39 [signature de l'acte par officier d'état civil, comparants et témoins]

C. civ., art. 76 [énonciations figurant dans l'acte et mentions en marge de l'acte de naissance de chaque époux]

> Contrôle de la validité du mariage

Décr. nº 2007-773, 10 mai 2007, pris pour l'application de la loi nº 2006-1376 du 14 nov. 2006 relative au contrôle de la validité des mariages et modifiant diverses dispositions relatives à l'état civil, art. 4 à 11, *JO* 11 mai, p. 8487

Art. 4

Les indications ou pièces dont la remise est prévue à l'article 63 du Code civil sont accompagnées de tout justificatif établissant le domicile ou la résidence de chacun des futurs époux.

Art. 5

La saisine du procureur de la République par l'autorité diplomatique ou consulaire en application de l'article 171-4 du Code civil est accompagnée de tous documents et pièces utiles. Cette saisine emporte sursis à la délivrance du certificat de capacité à mariage. L'autorité diplomatique ou consulaire informe les futurs époux de cette saisine et de la date de sa réception par le procureur de la République ainsi que du sursis à la délivrance du certificat de capacité à mariage. Cette information comporte également la mention que les intéressés doivent signaler au procureur de la République tout changement d'adresse intervenant dans le délai dont il dispose pour s'opposer au mariage.

Art. 6

Si le procureur de la République ne s'est pas opposé à la célébration du mariage à l'échéance du délai prévu à l'article 171-4 alinéa 2 du Code civil et en l'absence de toute autre opposition à l'issue de la publication des bans, l'autorité diplomatique ou consulaire délivre le certificat de capacité à mariage.

Art. 7

Lorsqu'il s'oppose à la célébration du mariage d'un Français à l'étranger, le procureur de la République en informe par tout moyen l'autorité diplomatique ou consulaire. L'acte d'opposition est signifié au futur époux qui a son domicile ou sa résidence en France. Lorsque l'un des futurs époux a déclaré être domicilié ou résider à l'étranger, cet acte lui est notifié par l'autorité diplomatique ou consulaire territorialement compétente au regard du lieu de célébration du mariage par lettre recommandée avec demande d'avis de réception ou par tout autre moyen présentant des garanties équivalentes.

Art. 8

L'époux qui demande la transcription sur le registre de l'état civil français de son acte de mariage étranger justifie simultanément l'adresse de sa résidence ou de son domicile ainsi que celle de son conjoint.

Art. 9

Lorsque l'autorité diplomatique ou consulaire renonce à l'audition des époux en application de l'article 171-7 alinéa 1er du Code civil, sa décision motivée est versée aux pièces annexes.

Art. 10

La saisine par l'autorité diplomatique ou consulaire du procureur de la République pour qu'il se prononce sur la transcription sur les registres de l'état civil français de l'acte de mariage d'un Français à l'étranger ou demande la nullité de ce mariage est accompagnée de tous documents et pièces utiles. L'autorité diplomatique ou consulaire informe chaque époux de cette saisine et de la date de sa réception par le procureur de la République ainsi que du sursis à la transcription. Lorsque la saisine du procureur de la République est opérée en application de l'article 171-7 du Code civil, cette information mentionne en outre que le procureur de la République dispose d'un délai de six mois à compter de sa saisine pour se prononcer sur la transcription et reproduit les dispositions de l'alinéa 5 du même article. Lorsque la saisine du procureur de la République est opérée par l'autorité diplomatique ou consulaire en application de l'article 171-8 du Code civil, l'information mentionne en outre que celui-ci dispose d'un délai de six mois à compter de sa saisine pour demander la nullité du mariage et reproduit les dispositions de l'alinéa 5 du même article. Dans tous les cas, l'information comporte l'indication que les époux doivent signaler au procureur de la République tout changement d'adresse intervenant dans le délai dont il dispose pour prendre sa décision.

Art. 11

Lorsque le procureur de la République autorise la transcription de l'acte de mariage en application de l'article 171-7 ou de l'article 171-8 du Code civil, il en informe, par tout moyen, l'autorité diplomatique ou consulaire, qui transcrit cet acte sans délai sur les registres de l'état civil français. Lorsqu'il s'oppose à la transcription, le procureur de la République notifie sa décision à chaque époux et en informe l'autorité diplomatique ou consulaire par tout moyen. Lorsque l'un des époux a déclaré être domicilié ou résider à l'étranger, cette décision lui est notifiée par l'autorité diplomatique ou consulaire du lieu où le mariage a été célébré par lettre recommandée avec demande d'avis de réception ou par tout autre moyen présentant des garanties équivalentes. Chaque époux est informé qu'il peut saisir le tribunal de grande instance pour qu'il soit statué sur la transcription.

113.02 Jurisprudence de référence.

> Opposition à mariage

Civ. 1re, 4 juill. 2007, n° 06-11.232, NP; *D.* 2008, 1791, obs. Lemouland et Vigneau.

* V. s^s n° 113.105

« Attendu que pour débouter M. X… et Mlle Y… de leur demande de mainlevée de l'opposition à mariage signifiée le 26 février 2006 par le procureur de la République de Nanterre, l'arrêt infirmatif attaqué, après avoir relevé que Mlle Y… de nationalité chinoise, en situation irrégulière en France, avait rencontré M. X… par l'entremise de la société "Fleurs d'Asie", organisatrice de rencontres entre français et personnes d'origine asiatique, que le compte rendu de visite retranscrit dans le procès-verbal d'enquête ne corroborait pas l'existence d'une vie commune effective telle qu'alléguée ni la réalité d'une occupation effective des lieux et donc la certitude du domicile de Mlle Y… à cette adresse, que les photographies produites témoignaient seulement de la présence du couple chez des proches de M. X… et que la propre mère de celui-ci déclarait avoir suggéré le mariage pour permettre à Mlle Y… de se trouver en situation régulière en France, retient que Mlle Y… n'a recherché dans ce projet de mariage d'autre but que celui de régulariser sa situation administrative en France et n'était animée d'aucune véritable intention matrimoniale;

Qu'en statuant ainsi, sans préciser quels éléments du compte rendu de visite des lieux lui permettaient de dire qu'il ne corroborait pas l'existence d'une vie commune effective ni la réalité du domicile de Mlle Y… relevées par les premiers juges et sans examiner les attestations établies par les membres de la famille de M. X… qui témoignaient de la réalité de leur vie de couple, de leurs vacances passées ensemble à la montagne et de la bonne intégration de Mlle Y… dans la famille de M. X…, la cour d'appel n'a pas satisfait aux exigences du texte susvisé ».

> Audition des futurs époux

• **Civ. 1re, 9 janv. 2007, n° 05-14.720,** *Bull. civ.* I, n° 7

* V. s^s n°s 113.12 et 113.31

« Attendu que l'article 63 du Code civil, dans sa rédaction issue de la loi n° 2003-1119 du 26 novembre 2003, fait obligation à l'officier de l'état civil, avant de publier les bans, de procéder à l'audition commune des futurs époux, sauf en cas d'impossibilité ou s'il apparaît, au vu des pièces du dossier, que cette audition n'est pas nécessaire au regard de l'article 146; que la cour d'appel, en relevant que Mme Y… n'avait pu obtenir de visa, a souverainement retenu l'impossibilité que l'officier de l'état civil aurait dû constater, de procéder à l'audition commune des futurs époux; qu'abstraction faite du motif surabondant tiré de la saisine, après la publication des bans, du procureur de la République, la cour d'appel a légalement justifié sa décision; […] ».

> Présence des futurs époux

• **Civ. 1re, 15 juill. 1999, n° 99-10.269,** *Bull. civ.* I, n° 244

* V. s^s n° 113.152

« Les dispositions de l'article 146-1 du Code civil, suivant lesquelles le mariage d'un Français, même contracté à l'étranger, requiert sa présence, constituent une condition de fond du mariage régie par la loi personnelle ».

> Mariage posthume

• **Civ. 1re, 6 déc. 1989, n° 88-11.994,** *Bull. civ.* I, n° 380

* V. s^s n°s 113.171 et 113.172

« L'appréciation de l'existence comme de la gravité des motifs qui justifient le mariage posthume relève du pouvoir discrétionnaire du Président de la République. Mais il appartient au juge de vérifier l'existence de formalités officielles dont le chef de l'État apprécie souverainement si elles sont de nature à marquer sans équivoque le consentement au mariage de l'époux décédé ».

• **Civ. 1re, 28 févr. 2006, n° 02-13.175,** *Bull. civ.* I, n° 123

* V. s^s n° 113.172

« S'il résulte de l'article 171 du Code civil que le Président de la République apprécie la réalité du consentement du futur époux décédé lors de l'accomplissement des formalités officielles, il appartient au juge, saisi d'une demande d'annulation de mariage posthume, de vérifier si ce consentement a persisté jusqu'au décès ».

• **Civ. 1re, 17 oct. 2007, n° 06-11.887,** *Bull. civ.* I, n° 324

* V. s^s n° 113.172

« Attendu qu'il appartient seulement au juge de vérifier l'existence de formalités officielles dont le Chef de l'État apprécie souverainement si elles sont de nature à marquer sans équivoque le consentement au mariage de l'époux décédé; que la cour d'appel a relevé que si plusieurs témoins affirmaient la volonté de Mme Y…et de M. X… de se marier et que ce projet n'avait pu aboutir en raison de la maladie puis du décès de ce dernier, Mme Y…ne produisait aucun document officiel tendant à mettre en évidence les démarches entreprises pour la célébration du mariage; qu'elle a ainsi légalement justifié sa décision. »

• **Civ. 1re, 22 mai 2007, n° 05-18.582,** *Bull. civ.* I, n° 206

* V. s^s n° 113.173

« Attendu qu'ayant retenu à bon droit, d'une part, que, Jacques Y… étant décédé le 4 septembre 1997, les effets du mariage posthume remontaient au 3 septembre 1997 en application de l'article 171 du Code civil, d'autre part, que, de la combinaison des articles L. 361-4, alinéa 2, et R. 361-5 du Code de la sécurité sociale, il résultait que le capital décès est attribué au conjoint survivant non séparé de droit ou de fait, à défaut au partenaire auquel le défunt était lié par un pacte civil de solidarité, à défaut aux descendants, la cour d'appel en a justement déduit que Mme Y…, en sa qualité de conjoint survivant non séparé de droit ou de fait, avait droit à l'attribution du capital décès, peu important que celui-ci ait été précédemment versé par la caisse aux enfants majeurs du défunt qui, par suite du mariage posthume de ce dernier, ne pouvaient plus y prétendre. »

• **Civ. 2e, 10 juill. 2008, n° 07-15.390,** *AJ fam.* 2008, 398, obs. F. C.

et ARRÊT DE RABAT : **Civ. 2e, 8 janv. 2009, n° 07-15.390,** *Bull. civ.* II, n° 4; *D.* 2010, 730, obs. Lemouland et Vigneau

* V. s^s n° 113.173

« Vu l'article 171, alinéa 2, du Code civil; Attendu, selon ce texte, que les effets du mariage posthume remontent à la date du jour précédant celui du décès de l'époux; Attendu que, pour rejeter la demande de Mme Y... en réparation de son préjudice moral, l'arrêt attaqué retient que les articles L. 434-7 et L. 434-8 du Code de la sécurité sociale, dans leur rédaction antérieure à la loi du 21 décembre 2001, excluent la concubine du bénéfice de cette indemnisation; Qu'en statuant ainsi, alors que les effets du mariage posthume conféraient à Mme Y... la qualité de conjoint à compter du 25 janvier 2001, soit antérieurement au décès de l'époux, et l'autorisaient de ce fait, en tant que conjoint survivant, à poursuivre la réparation du préjudice allégué, la cour d'appel a violé le texte susvisé; [...] ».

113.03 Bibliographie indicative.

Actualisables. RÉP. CIV., H. Bosse-Platière, *V° Acte de l'état civil*, n° 110; J. Hérail, *V° Acte de notoriété*; M. Lamarche et J.-J. Lemouland, *V° Mariage (conditions de formation)*, conditions de forme, n°s 429 à 682.

Ouvrages.

* V. ouvrages cités s^s n° 110.03

Articles. M. Biégelmann-Massari, « La jurisprudence des dispenses civiles au mariage depuis 1960 : un apport sur le sens de l'institution matrimoniale », *Dr. et société* 1997, n° 35 – H. Capitant, « De la simplification des conditions et formalités exigées par le Code Napoléon pour le mariage », *Rev. crit. législ. et jur.* 1930, 31 – I. Corpart, « Mariage à titre posthume : une prérogative essentielle dépassée ? », *JCP N* 2004, 1328 – E. Fongaro, « L'absence d'effets successoraux en France du mariage homosexuel d'un Français aux Pays-Bas », *Dr. fam.* 2008, étude 16 – P. Guiho, « Réflexions sur le mariage posthume », *Mél. L. Falletti, Ann. Fac. Lyon*, p. 321 – E. Lévy, « De la publication du mariage », *RTD civ.* 1912, 907 – J.-P. Marguénaud, « La reconnaissance des mariages célébrés à l'étranger », *La liberté fondamentale du mariage*, PUAM, 2009, p. 153 – J. Noirel, « Mariage 1960 : le mariage posthume », *S.* 1960, chron. 15 – G. Raymond, « Bicentenaire », *Écrits en hommage à G. Cornu*, p. 359 – T. Revet, « De l'ordre des célébrations civile et religieuse du mariage », *JCP* 1987, I, 3309 – M. Revillard, « Les mesures de publicité relatives aux régimes matrimoniaux en matière internationale », *Defrénois* 1998, 1201 – Th. Vignal, « La loi du 28 octobre 1997 adaptant la Convention de La Haye sur la loi applicable aux régimes matrimoniaux », *JCP* 1998, I, 146.

113.04 Questions essentielles.

> Publications nécessaires : affichage en mairie
* V. s^s n°s 113.11 s.

> Pièces à produire : acte de naissance, justificatif d'identité, désignation des témoins
* V. s^s n°s 113.21 s. et 113.41

> Audition des futurs époux
* V. s^s n° 113.31

> Mariage à l'étranger : pièces supplémentaires, certificat de capacité matrimoniale
* V. s^s n° 113.41

> Oppositions à mariage : titulaires du droit d'opposition, formes, mainlevée
* V. s^s n°s 113.51 s.

> Formalités de la célébration
* V. s^s n°s 113.111 s.

> Mariage religieux
* V. s^s n° 113.133

> Compétence de l'officier d'état civil pour célébrer le mariage
* V. s^s n° 113.151

> Mariage hors mairie
* V. s^s n° 113.161

> Mariage des militaires et marins
* V. s^s n° 113.162

> Mariage par procuration
* V. s^s n° 113.163

> Mariage posthume
* V. s^s n°s 113.171 s.

> Mariages internationaux
* V. s^s n°s 113.181 et 113.182

113.05 Délais.

> Délais de publication : affichage pendant **dix jours** avant la célébration du mariage.
* V. s^s n° 113.14

> Durée de validité de la copie d'acte de naissance : **trois mois** (sauf si elle a été délivrée par un consulat : **six mois**).
* V. s^s n° 113.22

> Délai de demande d'ouverture d'une tutelle en cas d'opposition à mariage par des collatéraux : opposition valable tant que le futur époux n'en a pas demandé mainlevée.
* V. s^s n° 113.65

> Sursis à la célébration du mariage décidé par le procureur de la République sur saisine de l'officier d'état civil dans les **quinze jours** de la saisine.
* V. s^s n° 113.132

> Sursis à la célébration du mariage à la demande du ministère public : **un mois** renouvelable une fois.
* V. s^s n°s 113.132

> Durée de validité d'une opposition à mariage : **un an**, sauf opposition du ministère public.
* V. s^s n°s 113.92

> Délai pour statuer sur une demande de mainlevée d'opposition à mariage : délai des ajournements ordinaires (**dix jours**) ou « bref délai » pour éviter les oppositions dilatoires.
* V. s^s n°s 113.104 et 113.106

> Mariage célébré à l'étranger : sursis à la transcription : **six mois**.
* V. s^s n° 113.182

113.06 Sanctions.

> Inobservation des formalités en matière d'opposition à mariage : **nullité de l'opposition**.
* V. s^s n° 113.82

> Inobservation d'une opposition par l'officier de l'état civil : **amende de 3 000 euros** et éventuels **dommages et intérêts – suspension** de l'officier d'état civil.

* V. s^s n° 113.91

> Rejet d'une opposition : **dommages et intérêts** à l'encontre de l'opposant.

* V. s^s n° 113.107

> Célébrations habituelles par ministre du Culte de mariages religieux sans justificatifs de mariages civils : **délit – 6 mois d'emprisonnement et 7 500 euros d'amende**.

* V. s^s n° 113.133

> Célébration hors mairie : le mariage doit alors être célébré « portes ouvertes » pour rester public; à défaut : **amende de 4,5 euros** contre l'officier d'état civil et **amende proportionnée** à la fortune des parties contractantes.

* V. s^s n° 113.141

> Erreur ou irrégularité des énonciations devant figurer dans l'acte de mariage : **amende** encourue par l'officier d'état civil mais **pas de nullité du mariage** – demande de rectification par le procureur de la République.

* V. s^s n°s 113.192 et 113.194

113.09 **Importance et évolution.** L'importance que notre droit attache à l'institution matrimoniale le conduit à exiger, pour sa formation, le respect de certaines formalités. Cette exigence se vérifie à tous les stades de la formation du mariage. Le mariage est un **acte solennel**; il est célébré et son rite exprime sa dimension sociale[1]. Mais la célébration ne peut avoir lieu que si un certain nombre de formalités préparatoires ont été satisfaites et si le projet de mariage n'a fait pas l'objet d'opposition. Une formalité finale est imposée aussi à travers la rédaction de l'acte de mariage. On retrouve cette préoccupation dans la convention de New York du 10 décembre 1962, ratifiée par la France, aux termes de laquelle le consentement des époux doit être exprimé en présence de l'autorité compétente après une publicité suffisante[2].

Depuis de nombreuses années, l'espoir d'augmenter le nombre des mariages a poussé le législateur à alléger toujours davantage ces formalités[3]. Mais la préoccupation récente de lutter contre les mariages de complaisance et les mariages forcés est venue troubler cette évolution en imposant parfois des contraintes nouvelles.

1. G. Raymond, « Bicentenaire », *Écrits en hommage à G. Cornu*, p. 359.
2. L. n° 2007-1163, 1er août 2007, autorisant l'adhésion de la France à la convention sur le consentement au mariage, l'âge minimum du mariage et l'enregistrement des mariages, *JO* 2 août, p. 12988; *D.* 2008, 1786, obs. Lemouland et Vigneau.
3. H. Capitant, « De la simplification des conditions et formalités exigées par le Code Napoléon pour le mariage », *Rev. crit. législ. et jur.* 1930, 31.

SECTION 1
FORMALITÉS PRÉPARATOIRES

113.10 **Diverses formalités préparatoires.** Elles ont pour but de renseigner l'officier de l'état civil sur la situation des futurs époux pour qu'il vérifie le respect des conditions de fond du mariage. D'une part, le projet de mariage doit faire l'objet de publications (§ 1). D'autre part, les futurs époux doivent remettre à l'officier de l'état civil divers documents (§ 2). Enfin, l'officier de l'état civil peut procéder à l'audition des futurs époux (§ 3). Au moment du retrait des pièces nécessaires à l'accomplissement de ces formalités, un document d'information sur le droit de la famille (nom, droits et devoirs des époux, obligation alimentaire, filiation...) doit être remis par la mairie à chacun des futurs époux (Décr. n° 74-449, 15 mai 1974, art. 1er-1, aj. par Décr. 23 déc. 2002[4]). Des formalités supplémentaires sont exigées lorsqu'un Français envisage de se marier à l'étranger et que ce mariage sera célébré par une autorité étrangère (§ 4).

§ 1
Publications

113.11 **Objet.** Le Code civil organise une publicité du projet de mariage afin de prévenir le milieu social et inciter ceux qui auraient connaissance de quelque empêchement à se manifester auprès de l'officier d'état civil et même à former opposition si la loi leur en donne le droit. L'annulation d'un mariage a des conséquences graves qu'il est préférable de prévenir, dans la mesure du possible.

Très critiqué en raison de sa complexité, le système du Code civil a été progressivement simplifié[5]. De nombreux auteurs, lui reprochant encore son inefficacité pratique, souhaitent aujourd'hui sa suppression pure et simple. Ces reproches ne sont pas totalement justifiés. Les journaux, qui reproduisent parfois les publications, assurent une information appréciable et, pour les cas particuliers, des dispenses sont prévues.

113.12 **Demande de publication.** Il est procédé à la publication sur la demande faite conjointement par les futurs époux aux officiers de l'état civil des communes concernées.

4. Décr. n° 2002-1556, 23 déc. 2002, portant application de l'article 22 de la loi n° 2001-1135 du 3 décembre 2001 relative aux droits du conjoint survivant et des enfants adultérins et modernisant diverses dispositions de droit successoral et modifiant le décret n° 74-449 du 15 mai 1974 relatif au livret de famille, *JO* 29 déc, p. 21942.
5. E. Lévy, « De la publication du mariage », *RTD civ.* 1912, 907.

L'article 63 alinéa 2 du Code civil prévoit cependant que la **publication** elle-même est subordonnée à la remise par chacun des époux d'un certain nombre de **pièces** : pièces prévues par les articles 70 ou 71 du Code civil (copie intégrale d'un acte de naissance), justification d'identité au moyen d'une pièce délivrée par une autorité publique, indication des prénoms, nom, date et lieu de naissance, profession et domicile des témoins. La remise du certificat médical prénuptial a été supprimée par la loi n° 2007-1787 du 20 décembre 2007[1]. La publication est également subordonnée à **l'audition des futurs époux**, sauf impossibilité ou s'il apparaît que cette audition n'est pas nécessaire au regard des articles 146 et 180, c'est-à-dire si rien ne laisse à penser que le consentement de l'un des époux fasse défaut ou soit vicié (art. 63 mod. par L. n° 2006-1376, 14 nov. 2006[2]). Si, prenant connaissance des renseignements fournis, l'officier d'état civil constate qu'une condition de formation du mariage n'est pas respectée, il peut refuser la publication. Mais il ne saurait refuser de publier les bans et de fixer une date pour la célébration au prétexte de l'impossibilité de procéder à l'audition commune des futurs époux[3].

113.13 Formes et contenu de la publication. La publication se fait par apposition d'une **affiche** à la porte de la maison commune (C. civ., art. 63). L'affichage doit être maintenu pendant **dix jours** (C. civ., art. 64).

La publication doit énoncer les prénoms, noms, professions, domiciles et résidences des futurs époux ainsi que le lieu où le mariage sera célébré (C. civ., art. 63). Cette dernière indication est destinée à permettre aux opposants éventuels de faire élection de domicile. Mais les époux conservent la faculté de faire célébrer leur mariage dans l'une des communes de leur domicile ou résidence (C. civ., art. 74), même si cette commune n'était pas celle désignée par la publication.

113.14 Lieux et délais de publication. La publication prévue par l'article 63 du Code civil doit être faite à la **mairie du lieu du mariage** et à celle du **lieu où chacun des futurs époux a son domicile ou sa résidence** (C. civ., art. 166). La loi n° 69-3 du 3 janvier 1969 relative à l'exercice des activités ambulantes et au régime applicable aux personnes circulant en France sans domicile ni résidence fixe, prévoit, pour les marchands ambulants, le rattachement à une commune et lui fait produire, à certains égards, les conséquences d'un domicile, notamment en ce qui concerne la célébration du mariage (art. 10).

L'affichage doit être **maintenu pendant dix jours** à la porte de la maison commune. Le mariage ne peut être célébré avant le dixième jour depuis et non compris celui du début de la publication (C. civ., art. 64). Lorsque la publication est faite dans plusieurs communes à des jours différents, le délai ne court qu'à partir de la dernière publication. Le mariage doit être célébré dans l'année qui suit l'expiration du délai de dix jours. À défaut, une nouvelle publication serait nécessaire (C. civ., art. 65). La raison en est que des empêchements ont pu naître depuis l'époque de la première publication. Une autre cause de caducité de la publication réside dans l'interruption demandée par les intéressés avant l'expiration du délai de dix jours. L'article 64 du Code civil exige alors qu'il en soit fait mention sur l'affiche qui aura cessé d'être apposée à la porte de la maison commune.

Le mariage doit être célébré dans l'année à compter de l'expiration du délai de publication. À défaut, il faudra procéder à une nouvelle publication (C. civ., art. 65).

113.15 Dispenses de publication. Le procureur de la République dans l'arrondissement duquel doit être célébré le mariage peut dispenser, **pour causes graves**, de la publication et de tout délai ou de l'affichage seulement (C. civ., art. 169, al. 1er). Le ministère d'avocat n'est pas obligatoire. La demande de dispense peut être présentée au procureur de la République sous forme de lettre remise au service compétent du parquet (ou par l'intermédiaire du maire). Il ne sera pas fait mention de la dispense dans l'acte de mariage. La loi ne précise pas les causes graves pouvant justifier une dispense. Les trois cas les plus fréquents sont : celui d'un mariage *in extremis*, celui d'un accouchement si imminent de la future épouse que l'enfant naîtrait probablement avant l'expiration du délai de dix jours, enfin, celui d'un départ forcé, à la guerre par exemple. Mais il faut reconnaître au procureur de la République la possibilité de retenir d'autres causes graves à l'appui d'une dispense (la dispense de publication étant une mesure d'administration intérieure dont le procureur n'a pas à rendre compte au tribunal[4]; voir cependant pour une opinion différente[5]).

Il résulte de l'article 169 susvisé que la **dispense** peut porter simplement **sur l'affichage de la publi-**

1. L. n° 2007-1787, 20 déc. 2007, relative à la simplification du droit, *JO* 21 déc., p. 20639.
2. L. n° 2006-1376, 14 nov. 2006, relative au contrôle de la validité des mariages, *JO* 15 nov., p. 17113.
3. Civ. 1re, 9 janv. 2007, n° 05-14.720, *Bull. civ.* I, n° 7; *D.* 2007, IR 449; 1563, obs. Lemouland et Vigneau; *AJ fam.* 2007, 146, obs. Chénedé; *Dr. fam.* 2007, n° 53, obs. Larribau-Terneyre.
4. CA Aix-en-Provence, 18 août 1870, *DP* 1871, 2, 249.
5. Déribère-Desgardes, obs. sur L. 21 juin 1907, *DP* 1907, 4, 77, note 22.

cation. Elle sera alors généralement motivée par des raisons de convenance à l'égard de personnes qui passaient pour être déjà mariées et pourraient hésiter à régulariser leur union si une publicité fâcheuse devait être faite autour de leur projet. On pourrait aussi l'envisager en raison de la célébrité des futurs époux. La publication conserve malgré tout l'intérêt de la communication du projet au procureur de la République, donc d'une révélation éventuelle de certains empêchements, et laisse subsister le délai de dix jours.

Par contre, le fait que le mariage puisse être célébré à l'étranger ne dispense pas de procéder à la publication prescrite par l'article 63 du Code civil, alors même que les époux auraient choisi de recourir à une forme locale (C. civ., art. 171-2). Toutefois, le défaut de publication des bans de l'union célébrée à l'étranger ne suffit pas à emporter la nullité du mariage[1].

§ 2 Remise à l'officier de l'état civil de pièces et documents

113.21 Multiplication des pièces et justifications. La loi a voulu donner à l'officier de l'état civil les moyens de constater que les parties remplissent les conditions requises pour pouvoir contracter mariage. Pour cette raison, le Code civil exige des futurs époux qu'ils remettent, avant la célébration du mariage et avant même la publication, certaines pièces à l'officier de l'état civil[2]. Le souci de lutter contre les **mariages de complaisance** et les **mariages forcés** a conduit à la **multiplication des pièces nécessaires** (C. civ., art. 63, mod. par L. n° 2003-1119, 26 nov. 2003[3]; L. n° 2006-399, 4 avr. 2006[4] et L. n° 2006-1376, 14 nov. 2006[5]). Mais dans le même temps une loi du 20 décembre 2007[6] a supprimé l'exigence du certificat médical prénuptial et modifié l'article 63 du Code civil pour faire disparaître ce certificat de la liste des pièces devant être remises à l'officier de l'état civil avant la publication.

113.22 Acte de naissance de chacun des futurs époux. Chacun des futurs époux doit remettre à l'officier de l'état civil qui célébrera le mariage une copie intégrale de son acte de naissance (art. 70, mod. par L. n° 2006-1376, 14 nov. 2006[7]; auparavant, une expédition de l'acte de naissance sous forme d'extrait avec filiation suffisait et elle fournissait déjà des renseignements très complets mais qui n'apparaissaient plus cependant suffisants pour éviter les fraudes). Cette copie ne doit pas avoir été délivrée depuis plus de trois mois (six mois, si elle a été délivrée dans un consulat). L'exclusion d'une copie trop ancienne procède de l'idée que l'état des futurs époux a pu être modifié depuis la délivrance de celle-ci et pourrait ne pas comporter de mention en marge le révélant. Les copies délivrées par des autorités étrangères, à défaut de dispositions particulières, devraient être acceptées quelle que soit leur date de délivrance. Mais l'instruction générale relative à l'état civil (IGREC) recommande de n'accepter que les actes de moins de six mois. Lorsqu'un futur époux français est né à l'étranger, il doit faire la demande de la copie au service central de l'état civil, ou à l'agent diplomatique ou consulaire territorialement compétent. Certains documents peuvent parfois remplacer l'acte de naissance : **certificat d'origine** pour les enfants recueillis par l'Aide sociale à l'enfance (CASF, art. L. 221-8), **certificat délivré par l'Office français de protection des réfugiés et apatrides** (OFPRA). Pour les étrangers, les modalités d'obtention et de production des pièces justificatives sont précisées par l'IGREC.

Lorsqu'il est impossible pour l'un des futurs époux de se procurer son acte de naissance, il peut y suppléer en rapportant un **acte de notoriété** délivré par le juge du tribunal d'instance du lieu de sa naissance ou de son domicile (C. civ., art. 71, al. 1er). Cette faculté suppose néanmoins qu'un acte de naissance ait été dressé mais qu'il soit impossible, pour cause de force majeure, d'en produire une expédition[8]. L'acte de notoriété doit contenir la

1. CA Montpellier, 27 mai 1997, *JCP* 1998, IV, 1280; *RTD civ.* 1998, 346, obs. Hauser – CA Nancy, 5 févr. 1999, *Dr. fam.* 1999, n° 76, obs. Lécuyer – CA Dijon, 29 nov. 2000, *JCP* 2001, IV, 2383.
2. Dans le cadre de la réforme de la filiation, une loi n° 2009-61 du 16 janv. 2009 (ratifiant l'ordonnance n° 2005-759 du 4 juillet 2005 portant réforme de la filiation et modifiant ou abrogeant diverses dispositions relatives à la filiation, *JO* 18 janv., p. 1062, art. V, 2°), a abrogé les dispositions particulières prévues par une loi du 10 déc. 1850 qui, pour faciliter le mariage des indigents, conférait au procureur de la République la charge de réunir les pièces nécessaires et les dispensait de tout visa et timbre.
3. L. n° 2003-1119, 26 nov. 2003, relative à la maîtrise de l'immigration, au séjour des étrangers en France et à la nationalité, *JO* 27 nov., p. 20136.
4. L. n° 2006-399, 4 avr. 2006, renforçant la prévention et la répression des violences au sein du couple ou commises contre les mineurs, *JO* 5 avr., p. 5097.
5. Sur la conformité de ce texte à la Constitution, v. Cons. const. 9 nov. 2006, n° 2006-542 DC, *LPA* 2006, n° 250, 10, note Schoettl; *Dr. fam.* 2007, n° 1, note Larribau-Terneyre.
6. L. n° 2007-1787, 20 déc. 2007, art. 8, préc. ss n° 113.12; *Dr. fam.* 2008, comm. 3, note V. L.-T.
7. L. n° 2006-1376, 14 nov. 2006, *JO* 15 nov., préc. ss n° 113.12.
8. T. civ. Seine, 3 juill. 1936, *DH* 1936, 486.

déclaration faite par trois témoins, parents ou non, des prénoms, nom, profession et domicile du futur époux et de ceux de ses père et mère, s'ils sont connus, le lieu et, autant que possible, l'époque de sa naissance, et les causes qui empêchent de rapporter l'acte. Les témoins signent l'acte avec le juge du tribunal d'instance et, s'il en est qui ne puissent ou ne sachent signer, il doit en être fait mention (C. civ., art. 71, al. 2). Ni l'acte de notoriété, ni le refus de le délivrer ne peuvent faire l'objet d'un recours (C. civ., art. 72). Mais avant de dresser un acte de notoriété, le juge, s'il estime insuffisants les témoignages et documents produits, peut faire recueillir d'office par toute personne de son choix des renseignements sur les faits qu'il y a lieu de constater (C. pr. civ., art. 1157).

113.23 Justification d'identité, justification de domicile, désignation des témoins. Depuis la loi n° 2006-1376 du 14 novembre 2006[1], les futurs époux doivent, dès avant la publication, justifier de leur identité au moyen d'une pièce délivrée par une autorité publique. Ils doivent en outre indiquer les prénoms, nom, date et lieu de naissance, profession et domicile des témoins, sauf lorsque le mariage doit être célébré par une autorité étrangère (C. civ., art. 63). Avant la célébration du mariage, les futurs époux doivent confirmer l'identité des témoins ou, le cas échéant, désigner les nouveaux témoins qu'ils auraient choisis (C. civ., art. 74-1). Enfin, les futurs époux doivent fournir, en accompagnement des pièces ci-dessus, un justificatif de domicile ou de résidence pour chacun d'eux[2].

113.24 Pièces à produire dans des hypothèses particulières. Lorsque des publications ont été faites dans plusieurs communes, il faut produire les **certificats de publication et de non-opposition** délivrés par les officiers de l'état civil de ces communes. Aujourd'hui, ces certificats sont transmis directement et sans délai par les officiers de l'état civil à celui d'entre eux qui doit célébrer le mariage (C. civ., art. 69).

Lorsque le mariage suppose une **autorisation**, il est nécessaire de produire l'acte qui en justifie. Le mineur doit ainsi produire l'autorisation de ses père et mère ou ascendants, quand ils n'assistent pas au mariage, ou celle du conseil de famille ou, le cas échéant, la notification du mariage au père ou à la mère qui ne veut pas consentir. Les majeurs protégés devront justifier des autorisations prévues à l'article 460 du Code civil.

Lorsque le mariage est célébré moyennant **dispense,** l'expédition authentique accordant cette dispense, en raison de l'âge, en raison de la parenté ou de l'alliance, pour abréger le délai de viduité... doit être remise à l'officier d'état civil. De même, en cas de dispense de publications, les futurs époux doivent produire l'expédition de la décision du parquet accordant cette dispense.

En cas de remariage, il faut justifier de la **dissolution du premier mariage**. Cette justification peut résulter, selon les cas, de la production de l'acte de décès du premier conjoint ou de l'expédition du jugement déclaratif de décès, ou bien encore de l'acte du précédent mariage avec en marge la mention du jugement de divorce. Ces documents peuvent être remplacés par la présentation du livret de famille.

Dans l'hypothèse où un **contrat de mariage** a été conclu, le certificat rédigé par le notaire qui l'a reçu devra être remis au moment où l'officier de l'état civil interpellera les futurs époux sur ce point (C. civ., art. 1394, et art. 75, al. 4)[3].

S'il a été fait opposition au mariage, celui-ci ne pourra être célébré que si le futur époux remet à l'officier d'état civil l'acte ou le jugement portant **mainlevée de l'opposition.**

§ 3
Audition des futurs époux

113.31 Lutte contre les mariages de complaisance et les mariages forcés. Cette formalité a été ajoutée par la loi n° 2003-1119 du 26 novembre 2003, relative à la maîtrise de l'immigration pour faciliter le dépistage des mariages de complaisance. Elle a été précisée et complétée par la suite dans la perspective d'éviter également des mariages forcés (L. n° 2006-399, 4 avr. 2006; L. n° 2006-1376, 14 nov. 2006)[4]. La publication du mariage est désormais subordonnée à l'**audition commune des futurs**

1. L. n° 2006-1376, 14 nov. 2006, *JO* 15 nov. préc. s[s] n° 113.22.
2. Décr. n° 2007-773, 10 mai 2007, pris pour l'application de la loi n° 2006-1376 du 14 novembre 2006 relative au contrôle de la validité des mariages et modifiant diverses dispositions relatives à l'état civil, *JO* 11 mai, p. 8487, art. 4.
3. Pour une proposition de consultation obligatoire d'un notaire, v. M. Dagot, « Le certificat notarial prénuptial », *JCP* 1977, I, 2838.
4. En considération de ce dispositif et pour en préserver l'efficacité, le gouvernement a refusé d'approuver un acte dénommé « loi de pays » concernant la Polynésie Française, dispositif qui permettait de ne pas soumettre la publication des bans à l'audition des futurs époux : Décr. n° 2006-579, 16 mai 2006, pris en application de l'article 32 de la loi organique n° 2004-192 du 27 février 2004 portant statut d'autonomie de la Polynésie française et portant refus d'approbation d'un acte dénommé « loi du pays » relatif au tourisme nuptial, *JO* 23 mai, p. 7545.

époux par l'officier de l'état civil (ou un fonctionnaire délégué, ou une autorité diplomatique ou consulaire lorsque l'un des futurs époux réside à l'étranger - C. civ., art. 63, 2°). L'opportunité de l'audition est laissée à l'appréciation de l'officier de l'état civil qui peut ne pas y procéder en cas d'impossibilité (et dans ce cas, il doit procéder à la publication des bans[1]) ou s'il estime que cette audition n'est pas nécessaire au regard des articles 146 et 180, c'est-à-dire s'il n'y a pas de risque de défaut ou de vice du consentement (ce qui va finalement bien au-delà de la lutte contre les mariages de complaisance ou les mariages forcés). L'officier de l'état civil peut souhaiter s'entretenir séparément avec l'un ou l'autre des futurs époux. Et si l'un des futurs époux est mineur, l'audition doit être faite hors la présence des représentants légaux ou du futur conjoint.

Si l'un des futurs époux réside dans un pays autre que celui de la célébration, l'autorité diplomatique peut demander à l'officier de l'état civil compétent de procéder à l'audition (C. civ., art. 63, 2°, al. 5). L'audition des futurs époux peut être réalisée par l'officier de l'état civil du lieu du domicile ou de la résidence en France ou par l'autorité diplomatique compétente en cas de domicile ou de résidence à l'étranger (C. civ., art. 171-3). Le compte rendu de l'audition est alors adressé sans délai à l'officier de l'état civil ou à l'autorité diplomatique qui l'a requise (Décr. n° 2007-773, 10 mai 2007, art. 3).

§ 4
Mariage célébré à l'étranger par une autorité étrangère

113.41 Formalités préalables supplémentaires. Des formalités préalables particulières sont prévues lorsqu'un Français envisage de se marier à l'étranger et que ce mariage sera célébré par une autorité étrangère. Ces formalités s'inscrivent dans un dispositif plus large de contrôle de la validité des mariages, spécialement lorsqu'il s'agit du mariage d'un Français à l'étranger[2].

Ce mariage doit être précédé de la délivrance d'un **certificat de capacité à mariage** établi par **l'autorité diplomatique ou consulaire** compétente au regard du lieu de célébration après accomplissement auprès de celle-ci des prescriptions prévues par l'article 63 du Code civil (remise des pièces et documents, audition éventuelle, publication). Sauf dispense, la publication doit être faite également au lieu où le futur époux français a son domicile ou sa résidence (C. civ., art. 171-2). L'audition des futurs époux peut être réalisée par l'officier de l'état civil du lieu du domicile ou de la résidence en France ou par l'autorité diplomatique compétente en cas de domicile ou de résidence à l'étranger (C. civ., art. 171-3 - V. s^{s} n°s 113.181 à 113.183).

SECTION 2
OPPOSITIONS

113.51 Définition et distinction entre opposition et avis officieux. L'opposition au mariage est un acte juridique contenant défense à l'officier d'état civil de procéder à la célébration du mariage. Elle oblige à surseoir à cette célébration jusqu'à ce que la mainlevée en ait été obtenue, soit par renonciation de l'opposant, soit par décision du tribunal. **L'opposition est un acte juridique**, c'est-à-dire un acte accompli en vue de produire des effets de droit, alors que l'avis officieux n'en est pas un; il ne constitue qu'un simple avertissement. L'avis officieux pourra prendre une forme quelconque, écrite ou orale. Au contraire, l'opposition sera soumise à des conditions de forme plus strictes et devra se faire par un acte d'huissier contenant certaines mentions particulières (C. civ., art. 176). La différence apparaît encore, pour les mêmes raisons, quant aux personnes qui peuvent exercer opposition ou utiliser l'avis officieux. Ce dernier peut être adressé par toute personne à l'officier d'état civil, alors que seules certaines personnes intéressées à différents titres pourront utiliser la voie légale de l'opposition.

Mais c'est évidemment quant aux conséquences des deux procédés que la différence est la plus nette. **L'opposition oblige l'officier d'état civil à surseoir à la célébration du mariage** (C. civ., art. 68) jusqu'au jugement (C. civ., art. 177 et 178) ou pendant une année révolue (C. civ., art. 176, al. 3). Au contraire, au moins théoriquement, **l'avis officieux n'a aucun effet obligatoire** vis-à-vis de l'officier d'état civil. En pratique cependant, par précaution, l'officier de l'état civil laissera rarement l'avis officieux sans effet et cherchera au moins à opérer des vérifications ou à en référer à l'autorité hiérarchique en la matière.

113.52 Évolution. Certains auteurs font remarquer que la matière est en léthargie. Il est certain qu'aujourd'hui l'opposition familiale n'est plus pratiquée qu'à titre exceptionnel et conduit le plus souvent à une mainlevée judiciaire faute d'être fondée sur de véritables motifs liés au non-respect des conditions de fond ou de forme du mariage. En revanche, la matière connaît un regain d'intérêt avec la **lutte contre les mariages fictifs**, même si

1. Civ. 1re, 9 janv. 2007, n° 05-14.270, *Bull. civ.* I, n° 7; *D.* 2007, 1563, obs. Lemouland et Vigneau; *AJ fam.* 2007, 146, obs. Chénedé; *Dr. fam.* 2007, comm. 53, note Larribau-Terneyre; *RTD civ.* 2007, 313, obs. Hauser.
2. L. n° 2006-1376, 14 nov. 2006, *JO* 15 nov., et Décr. n° 2007-773, 10 mai 2007, *JO* 11 mai.

l'efficacité de cette sanction préventive peut susciter le doute. En effet, les délais dont dispose le ministère public et les difficultés de preuve de l'absence d'intention matrimoniale limitent l'efficacité du procédé dans la lutte préventive contre les mariages fictifs.

§ 1 Titulaires du droit d'opposition

113.61 **Énumération des titulaires.** Le droit de faire opposition appartient au conjoint, aux père et mère ou, à défaut, aux aïeuls et aïeules ou, à défaut d'aucun ascendant, au frère ou à la sœur, à l'oncle ou à la tante, au cousin ou à la cousine germains, majeurs, au tuteur ou au curateur mais dans des cas déterminés (C. civ., art. 172 s.). La jurisprudence admettait le **ministère public** au nombre des personnes titulaires du droit d'opposition. Le législateur, soucieux de lutter contre les mariages fictifs, a consacré cette solution (C. civ., art. 175-1), en prévoyant expressément la faculté du ministère public de faire opposition dans les hypothèses où il pourrait demander la nullité du mariage. À cela il convient d'ajouter le cas particulier de l'article 175-2 du Code civil qui ouvre la possibilité d'opposition au **procureur de la République, saisi par l'officier de l'état civil** lorsqu'il existe des indices sérieux laissant présumer que le mariage envisagé est susceptible d'être annulé pour défaut ou vice du consentement.

Cette énumération est limitative. Ainsi ce droit n'appartient-il pas aux enfants et descendants des futurs époux même s'ils voulaient invoquer la démence et provoquer la tutelle[1]. Toutefois, ils pourraient probablement faire valoir leur avis à travers la délibération du conseil de famille sur l'autorisation, mais à condition qu'ils fassent partie de ce conseil et que le futur époux soit sous tutelle. On en déduit aussi habituellement que la liste des collatéraux prévue dans le Code est également limitative[2]. Ainsi la liste de ceux qui peuvent demander l'ouverture d'une mesure de protection (C. civ., art. 430) et la liste de ceux qui peuvent faire opposition ne coïncident pas, mais on ne saurait étendre le droit d'opposition sur ce fondement. Du moins en avait-il été ainsi décidé à propos de ceux qui avaient pouvoir de demander l'interdiction[3].

113.62 **1° Père, mère et ascendants – Droit de former opposition pour tous motifs.** Le droit de faire opposition appartient au premier chef au père et à la mère (C. civ., art. 173, al. 1er). Il apparaît comme un **attribut de l'autorité parentale** (même s'il peut être parfois exercé par des personnes qui ne sont pas titulaires de cette autorité). Dans le cas d'adoption simple, l'adoptant est investi de tous les droits d'autorité parentale (C. civ., art. 365) et il semble raisonnable d'admettre que le droit d'opposition appartient à l'adoptant comme l'ensemble des attributs de l'autorité parentale et qu'il peut donc faire opposition au mariage de l'adopté. Il en résulte que si l'adoptant est le conjoint du père ou de la mère de l'adopté, ce droit de faire opposition devrait appartenir concurremment à l'adoptant et à son conjoint, lesquels ont en commun l'autorité parentale (v. toutefois la rédaction peu claire de cette partie de l'art. 365 mod. par L. n° 2002-305, 4 mars 2002, relative à l'autorité parentale). Le retrait de l'autorité parentale devrait logiquement entraîner la disparition du droit de faire opposition au mariage.

Si les père et mère sont morts, absents ou dans l'impossibilité de manifester leur volonté, le droit de faire opposition appartient aux **aïeuls et aïeules** (C. civ., art. 173). Ce droit passe aux **ascendants du troisième degré** si ceux du deuxième degré sont morts. L'article 174 du Code civil ne prévoit, la dévolution du droit d'opposition aux collatéraux que s'il n'existe aucun ascendant. On devrait admettre que les ascendants d'une ligne peuvent faire opposition même si les ascendants de l'autre ligne ont consenti au mariage. Pour la même raison, dans chaque ménage d'ascendants, le droit de faire opposition devrait appartenir concurremment à l'aïeul et à l'aïeule, encore que la solution ait été jadis discutée.

Le droit d'opposition qui appartient au père et à la mère et, à leur défaut, aux ascendants, pourra s'exercer même si leurs enfants et descendants sont majeurs (C. civ., art. 173) et même s'ils ont déjà contracté un précédent mariage dissous par la mort ou le divorce. L'article 176 du Code civil impose cependant que les parents et ascendants, comme tous les opposants, précisent le **motif de leur opposition.** Le motif doit être tiré du **non-respect d'une condition de fond ou de forme** prévue par la loi en matière de mariage. Sont donc exclus des motifs d'ordre moral, religieux, familial, de santé, d'intérêts et de convenances personnelles[4] (ainsi, un parent ne peut se borner à invoquer la différence d'âge des futurs époux ou le fait que le mari ait rencontré sa future femme par minitel[5]). En pratique,

1. CA Lyon, 11 déc. 1850, *DP* 1851, 2, 243 – Civ. 21 août 1872, *DP* 1872, 1, 345.
2. T. civ. Bourg, 21 févr. 1870, *Jur. gén., suppl., V° Mariage*, n° 143.
3. Civ. 21 août 1872, *DP* 1872, 1, 345.
4. T. civ. Seine, 29 juin 1948, *D.* 1948, 545 – T. civ. Dinan, 29 avr. 1952, *D.* 1952, 446 – TGI Sarreguemines, 16 avr. 1959, *D.* 1959, somm. 102 – CA Versailles 15 juin 1990, *D.* 1991, 268, note Hauser; *JCP* 1991, II, 21759.
5. CA Aix-en-Provence, 22 nov. 1993, *RTD civ.* 1994, 329, obs. Hauser.

l'exigence ainsi posée n'est guère gênante pour les opposants éventuels qui pourront toujours invoquer un empêchement lié à un prétendu vice du consentement (violence[1]), un défaut de consentement tenant à la démence[2] ou à un défaut d'intention réelle, ou l'incompétence de l'officier de l'état civil[3].

Parce qu'ils ne sont pas soumis à responsabilité dans l'exercice du droit d'opposition (C. civ., art. 179, al. 1er) et qu'ils peuvent invoquer n'importe quel motif, alors que les autres sont cantonnés dans des motifs précis liés à leur qualité, les ascendants disposent encore de moyens sérieux pour empêcher ou retarder un mariage. Cependant, **leur droit d'opposition s'épuise en une seule fois** : non seulement le même ascendant ne peut former une nouvelle opposition mais les oppositions éventuelles des autres sont également exclues, même pour un motif différent de celui qui était invoqué dans la première opposition (C. civ., art. 173, al. 2 - V. cep. pour un cas de recevabilité d'une seconde opposition après mainlevée de la première déclarée nulle pour vice de forme[4]). On a ainsi voulu éviter la collusion éventuelle des ascendants pour se succéder dans des oppositions répétées.

113.63 2° Opposition du conjoint de l'un des futurs époux. Le droit de former opposition à la célébration du mariage appartient à la personne engagée par mariage avec l'une des deux parties contractantes (C. civ., art. 172). C'est bien sûr la **bigamie** qui sera invoquée. L'opposant éventuel doit faire état d'un mariage en bonne et due forme et non pas d'une simple promesse ou encore de la simple possession d'état d'époux[5].

113.64 3° Opposition des collatéraux - Titulaires du droit d'opposition. Le frère ou la sœur, l'oncle ou la tante, le cousin ou la cousine germains peuvent former opposition (C. civ., art. 174). Logiquement les grands-oncles et grands-tantes, au même degré que les cousins germains, auraient dû être compris dans la liste qui est pourtant limitative. En revanche, les neveux et nièces, pour le mariage de leur oncle ou de leur tante, les enfants du futur conjoint, les cousins au-delà du degré de cousins germains, ne peuvent faire opposition.

On a pu se demander si cette liste était parfaitement exacte. En effet, lorsqu'elles invoquent la **démence du futur conjoint**, l'un des motifs d'opposition prévu, les personnes mentionnées ne peuvent le faire qu'à charge de « *provoquer la tutelle des majeurs* » (C. civ., art. 174, 2°). Or, dans sa rédaction de la loi n° 68-5 du 3 janvier 1968, l'article 493 du Code civil n'accordait ce droit, entre autres personnes, qu'aux frères et sœurs. On a donc pu se demander si, faute de pouvoir satisfaire à cette condition, les autres collatéraux avaient encore un droit d'opposition au motif de démence. Cette hésitation n'a plus de raison d'être, l'article 430 du Code civil, tel que modifié par la loi n° 2007-308 du 5 mars 2007[6], octroyant très largement **à tout parent ou allié le droit de demander l'ouverture d'un régime de protection**.

L'exercice de ce droit par les différents titulaires n'est pas réglementé par la loi. Il appartient donc concurremment à tous et peut être exercé par n'importe lequel d'entre eux, même s'il existe un collatéral plus proche en degré. Il en résulte également que les collatéraux peuvent agir soit individuellement, soit collectivement. Toutefois ils ne disposent de ce droit que s'il n'y a aucun ascendant vivant ou encore s'ils sont tous dans l'impossibilité de faire opposition. Par ailleurs le texte exige expressément que ces opposants soient majeurs.

113.65 Opposition des collatéraux - Motifs d'opposition. Les collatéraux doivent invoquer des motifs déterminés prévus dans l'article 174 du Code civil. En dehors de cette hypothèse, il ne leur restera que la ressource de l'avis officieux.

Le premier cas prévoit que l'opposition des collatéraux est possible « *lorsque le consentement du conseil de famille, requis par l'article 159, n'a pas été obtenu* » (est ainsi visé le mariage d'un mineur de dix-huit ans qui n'a pas ou plus d'ascendants).

Le second cas prévoit que les collatéraux peuvent invoquer la démence du futur conjoint ce qui renvoie, dans le langage d'aujourd'hui, à la notion d'**altération des facultés mentales** visée par l'article 425 du Code civil. Mais l'opposant devra invoquer, en même temps que son opposition, une altération des facultés de nature à motiver l'ouverture d'une tutelle (C. civ., art. 440, al. 3), à charge de faire statuer sur cette ouverture dans le délai prévu par le jugement. La gravité d'une telle procédure, les frais, ainsi que la condamnation éventuelle de l'opposant à des dommages-intérêts en application de l'article 179 du Code civil, permettent d'éviter un usage abusif de ce droit d'opposition. L'article 174 visant « *le délai fixé par le jugement* », on a admis que l'opposition demeurait valable tant que le futur époux n'en avait pas demandé mainlevée, quand bien même la mise sous tutelle n'aurait pas été demandée. En revanche, dès que l'action en

1. CA Paris, 4 juill. 1959, *D.* 1960, 15.
2. CA Limoges, 19 déc. 1996, *Dr. fam.* 1997, comm. n° 95, obs. Lécuyer.
3. CA Paris, 29 avr. 2003, *D.* 2003, somm. 1938, obs. Lemouland.
4. T. civ. Dinan, 25 août 1952, *Gaz. Pal.* 1952, 2, 305.
5. Civ. 16 oct. 1809, *Jur. gén.*, *V° Mariage*, n° 259.
6. L. n° 2007-308, 5 mars 2007, portant réforme de la protection juridique des majeurs, *JO* 7 mars, p. 4325.

mainlevée a été intentée et à supposer que le tribunal ne l'accueille pas, il lui appartient de fixer le délai imparti au collatéral opposant pour demander la mise sous tutelle[1]. Cette condition devrait s'appliquer également au droit d'intervention des collatéraux dans une instance en mainlevée d'opposition dirigée contre un ascendant[2]. La demande de mise sous tutelle n'étant qu'une condition pour exercer le droit d'opposition, le tribunal pourra ordonner mainlevée sans attendre le résultat de la procédure (jugé pour l'interdiction[3]).

Le **caractère limitatif des motifs** pouvant être invoqués par les collatéraux devrait leur imposer d'invoquer un véritable cas d'empêchement au mariage et non pas seulement une simple allégation, dénuée de preuve (l'allégation selon laquelle l'enfant agirait sous la contrainte de son fiancé et de la famille de celui-ci ne suffit pas[4]). Par interprétation stricte de ce droit d'opposition il convient de retenir les solutions anciennes conduisant, d'une part, à n'accorder un délai à l'opposant que si son opposition était fondée sur une articulation précise[5], d'autre part, à admettre la possibilité d'une mainlevée jusqu'à la décision sur la tutelle[6]. La jurisprudence avait également considéré que l'avis favorable du conseil de famille quant à l'interdiction ne liait pas le tribunal. Dans tous les cas le tribunal appréciera souverainement s'il y a lieu ou non d'accorder la mainlevée ou d'accorder un sursis à l'opposant[7], le jugement étant susceptible d'appel[8].

Le **délai de sursis** une fois expiré, trois situations peuvent se présenter :

1° l'opposant n'a pas poursuivi l'ouverture de la tutelle;

2° sa demande a été rejetée;

3° l'opposant a obtenu un jugement prononçant l'ouverture de la tutelle.

Dans les *deux premiers cas*, mainlevée de l'opposition doit être donnée immédiatement, sauf au tribunal à accorder un nouveau délai à l'opposant si les circonstances l'exigent : l'expiration du délai n'emporte pas déchéance si l'opposant a fait toute diligence pour saisir le juge des tutelles de sa demande en ouverture d'une tutelle et obtenir une décision.

1. CA Lyon, 24 janv. 1828, *Jur. gén.*, *V° Mariage*, n° 278 – T. civ. Dinan, 25 août 1952, *Gaz. Pal.* 1952, 2, 305.
2. CA Paris, 4 juill. 1959, *D.* 1960, 15.
3. Req. 24 juill. 1872, *DP* 1873, 1, 208 – Req. 30 juin 1879, *DP* 1880, 1, 135.
4. CA Paris, 6 juill. 1963, *D.* 1964, somm. 37.
5. CA Colmar, 15 déc. 1810, *Jur. gén.*, *V° Mariage*, n° 270.
6. T. civ. Lyon, 4 janv. 1868, *DP* 1868, 3, 32 – Req. 24 juill. 1872, *DP* 1873, 1, 208 – T. civ. Dinan, 25 août 1952, *Gaz. Pal.* 1952, 2, 305.
7. Req. 10 juin 1879, *DP* 1880, 1, 135.
8. CA Lyon, 24 janv. 1828, *Jur. gén.*, *V° Mariage*, n° 278.

En revanche, dans le *troisième cas*, l'hésitation est permise. Sans doute l'ouverture de la tutelle permet-elle de douter de l'aptitude du futur conjoint à consentir au mariage, ce qui prouverait le bien-fondé de l'opposition, mais d'un autre côté le mariage du majeur en tutelle demeure possible avec l'autorisation du juge des tutelles ou du conseil de famille et la seule mise sous tutelle ne suffit pas à exclure toute possibilité. La mainlevée de l'opposition devrait donc demeurer possible même si elle risque d'être plus rare. Si la tutelle a déjà été ouverte, l'exigence n'a alors plus de sens et le collatéral peut certainement faire opposition. Toutefois, il risque alors d'entrer en conflit avec le conseil de famille, dont il ne fait pas obligatoirement partie, si celui-ci a autorisé ce mariage comme il en a le droit. On ne voit guère alors pourquoi les collatéraux seraient plus aptes à apprécier la validité d'un acte que le conseil de famille a permis expressément, conformément à la loi.

Les motifs énumérés dans l'article 174, soit l'absence de consentement du conseil de famille ou la démence du futur conjoint, imposent à l'évidence de limiter le droit d'opposition aux motifs existant dans la personne du parent des opposants et non dans la personne qu'il veut épouser.

113.66 4° Opposition du tuteur ou du curateur. Le tuteur ou le curateur peut former opposition dans les mêmes cas que les collatéraux pendant la durée de la tutelle ou de la curatelle et à condition d'y avoir été autorisé par un conseil de famille qu'il peut convoquer (C. civ., art. 175).

La référence au curateur visait, dans un texte qui n'a pas été modifié, le **curateur du mineur émancipé**. Mais l'hypothèse n'est plus pratique puisque le mineur émancipé n'est plus soumis au régime de la curatelle depuis la loi du 14 décembre 1964. Il n'est pas non plus concevable, *stricto sensu*, d'appliquer ce texte au **curateur des majeurs** puisqu'il exige une autorisation du conseil de famille alors que la curatelle des majeurs ne comporte pas un tel organe. La solution aurait l'avantage de donner au curateur un droit de s'opposer au mariage du majeur sous curatelle, auquel il doit consentir, mais elle serait contraire au sens historique du texte. Il convient toutefois de noter que le curateur pourra toujours procéder par voie d'**avis officieux.**

Dans le cas de l'opposition formée par le **tuteur**, on admet que ce droit appartient au tuteur concurremment avec les collatéraux. Seulement notre droit n'est plus guère cohérent sur ce point, car l'opposition de sa part suppose une **autorisation du conseil de famille** dont le tuteur peut provoquer la réunion. Mais lorsque ce dernier a été constitué, il lui appartient d'autoriser le mariage litigieux, et il usera plutôt de ce pouvoir que d'un droit d'opposition hypothétique. Si la tutelle a été ouverte sans conseil de famille (C. civ., art. 456), ce qui est relativement fréquent, il paraît délicat de conférer au tuteur seul le droit de former opposition alors que l'autorisation à mariage aura été donnée par le juge (C. civ., art. 460). Depuis la réforme des régimes de protection des majeurs (L. n° 2007-308, 5 mars 2007), le décalage s'est accru par rapport aux textes inchangés en matière d'opposition à mariage.

Aussi bien, c'est d'une façon fort peu pratique que le droit d'opposition se trouve donné au tuteur, par référence aux deux cas dans lesquels il est ouvert aux collatéraux.

Il s'agit tout d'abord de la **situation du mineur qui doit obtenir l'autorisation du conseil de famille**, donc qui n'a pas d'ascendants ou dont les ascendants sont hors d'état de la donner. Il faut supposer qu'il n'aurait pas obtenu cette autorisation et aurait néanmoins réussi à effectuer les formalités préparatoires justifiant alors l'opposition du tuteur.

C'est ensuite en cas de **démence du futur conjoint**, qu'il soit majeur ou mineur, que le tuteur peut former opposition. L'hypothèse n'est guère plus pratique car le conseil de famille doit encore à la fois autoriser le mariage et autoriser une éventuelle opposition contre le même mariage. On pourrait seulement supposer le cas de démence se révélant entre l'autorisation au mariage et l'autorisation à opposition pour le mineur. Finalement, on ne pouvait guère envisager le cas de l'opposition du tuteur qu'à travers l'ancien article 506 alinéa 2 du Code civil qui permettait aux père et mère d'un majeur en tutelle d'autoriser mariage, en dehors de toute réunion du conseil de famille. Alors, celui-ci, en désaccord éventuel avec les ascendants, pouvait trouver intérêt à autoriser le tuteur à faire opposition. Mais l'autorisation à mariage par les ascendants d'un majeur en tutelle a été supprimée par la loi du 5 mars 2007 (C. civ., art. 460, al. 2).

113.67 5° Opposition du ministère public. Jusqu'à une époque récente, le ministère public n'était pas mentionné parmi les titulaires du droit d'opposition. Dans le cadre de la lutte contre les mariages fictifs, les lois n°s 93-1027 du 24 août 1993 et 93-1417 du 30 décembre 1993 ont adopté diverses mesures préventives : le sursis à la célébration (C. civ., art. 175-2) et le droit d'opposition du ministère public (C. civ., art. 175-1).

De manière générale, le ministère public a un droit d'opposition qui lui est reconnu par l'article 175-1 du Code civil dans tous les cas où il pourrait demander la **nullité du mariage**. Le droit d'opposition du ministère public se trouve donc consacré mais de façon moins étendue que le droit d'opposition des ascendants car il ne peut notamment former opposition en cas d'empêchement simplement prohibitif. Au-delà des **cas de nullité absolue**, le droit d'opposition doit lui être également reconnu dans le cas de **violence** puisque la rédaction de l'article 180 alinéa 1er du Code civil a été modifiée (L. n° 2006-399, 4 avr. 2006) pour conférer au ministère public le droit d'agir en nullité lorsqu'il apparaît que le consentement de l'un des époux n'était pas libre.

De façon plus spécifique, le ministère public dispose d'un droit d'opposition à mariage lorsqu'il a été **saisi par l'officier de l'état civil** soupçonnant un mariage fictif ou forcé (C. civ., art. 175-2 – Pour une illustration originale d'opposition du ministère public fondée sur le défaut d'intention réelle d'un transsexuel[1]). Lorsqu'elle paraît opportune à l'officier de l'état civil, la saisine du ministère public doit intervenir « *sans délai* ». Le procureur de la République est alors tenu, dans les quinze jours de sa saisine, soit de laisser procéder à la **célébration**, soit de faire **opposition**. Il peut aussi décider un **sursis à la célébration**. Il a été jugé que l'officier de l'état civil doit célébrer le mariage si, dans ce délai de quinze jours, le procureur de la République n'a pas fait savoir qu'il s'opposait au mariage, ni décidé d'un sursis à la célébration[2]; le point de départ de ce délai est la date à laquelle le procureur est saisi par l'officier de l'état civil[3]. Dans sa rédaction initiale, l'article 175-2 prévoyait que le sursis pouvait atteindre trois mois. Le Conseil constitutionnel a, dans une décision du 13 août 1993[4], déclaré ces dispositions contraires à la Constitution au motif qu'elles méconnaissaient « *le principe de la liberté du mariage, qui est une des composantes de la liberté individuelle* ». Aussi le législateur a-t-il présenté un texte nouveau (L. n° 93-1417, 30 déc. 1993). Désormais, l'article 175-2 prévoit que le **sursis** décidé par le ministère public ne peut excéder **un mois renouvelable une fois par décision spécialement motivée**; l'un ou l'autre des futurs époux peut contester la décision de sursis devant le président du tribunal de grande instance qui doit statuer dans les dix jours (pour un exemple de décision qui ordonne mainlevée d'une décision de sursis, considérant qu'il n'existait, en l'espèce, aucun indice sérieux laissant présumer une absence réelle d'intention matrimoniale[5]). À l'expiration du sursis, le

1. CA Versailles, 8 juill. 2005, *D.* 2006, 1416, obs. Lemouland et Vigneau.
2. CA Paris, 14 mars 2003, *D.* 2003, somm. 1937, obs. Lemouland; *RTD civ.* 2003, 481, obs. Hauser; *Dr. fam.* 2004, n° 46, note Larribau-Terneyre.
3. CA Paris, 13 nov. 1998, *D.* 1999, somm. 372, obs. Lemouland; *RTD civ.* 1999, 363, obs. Hauser.
4. Cons. const. 13 août 1993, n° 93-325 DC, *Rec. Cons. const.*, p. 224.
5. V. TGI Paris, 5 juill. 2002, *BICC* 2002, n° 912; *Dr. fam.* 2002, n° 138, obs. Lécuyer.

procureur de la République doit faire connaître à l'officier de l'état civil, par une décision motivée, s'il laisse procéder à la célébration ou s'il forme opposition[1].

Pour les mariages de Français célébrés à l'étranger par une autorité étrangère, **l'autorité diplomatique ou consulaire** informée du projet de mariage doit saisir sans délai le procureur de la République compétent et informer les intéressés lorsqu'il existe des indices sérieux laissant présumer que le mariage encourt la nullité pour impuberté, défaut de consentement, non-présence de l'un des époux, bigamie, parenté, vice du consentement ou incompétence de l'officier de l'état civil. Le procureur de la République dispose d'un **délai de deux mois** à compter de la saisine pour faire savoir à l'autorité diplomatique et aux intéressés s'il s'oppose à la célébration. Sa décision doit être motivée (C. civ., art. 171-4). L'acte d'opposition est signifié au futur époux qui a son domicile ou sa résidence en France (Décr. n° 2007-773, 10 mai 2007, art. 7). Si le mariage est célébré malgré l'opposition du procureur de la République, la transcription ne pourra être opérée qu'après remise par les époux d'une décision de mainlevée judiciaire (C. civ., art. 171-6).

§ 2
Formes de l'opposition

113.81 Acte d'huissier – Nécessité et mentions obligatoires. L'opposition doit être formée par ministère d'huissier, au moyen d'un acte extrajudiciaire, soumis aux formes ordinaires des actes d'huissier sauf quelques règles particulières. L'opposition du ministère public doit respecter ces dispositions; elle serait nulle à défaut faute de signification par acte d'huissier[2].

Outre les énonciations nécessaires à la validité de tout acte d'huissier (C. pr. civ., art. 648), l'acte d'opposition doit contenir les mentions prévues par les articles 66 et 176 du Code civil. L'acte d'opposition doit énoncer la **qualité** qui donne à l'opposant le droit de la former (C. civ., art. 176, réd. L. n° 2006-1376, 14 nov. 2006). Cette mesure doit permettre à l'officier de l'état civil de vérifier si l'opposant a le droit d'opposition ou s'il peut être passé outre. Toujours pour permettre à l'officier d'état civil de vérifier la validité de l'acte d'opposition, celui-ci doit comporter les **motifs** de l'opposition (C. civ., art. 176). C'est encore dans le même but que la loi exige que l'acte d'opposition reproduise le **texte de loi** sur lequel est fondée l'opposition (C. civ., art. 176, mod. par L. 8 avr. 1927). La simple reproduction, dans l'acte d'opposition, du texte relatif aux personnes ayant qualité pour faire opposition est insuffisante à défaut de référence à une disposition édictant un empêchement dirimant ou prohibitif du mariage, dont l'énoncé doit être intégralement transcrit dans l'acte[3]. En revanche, il n'est pas nécessaire que soit intégralement reproduit le texte qui donne à l'opposant le droit d'agir[4]. S'agissant d'époux de nationalité étrangère, il convient que soit mentionné le **texte de la loi étrangère** susceptible de justifier l'opposition. Enfin, l'opposant doit faire élection de domicile dans la commune où le mariage sera célébré (C. civ., art. 176), afin d'éviter à l'époux dont le mariage est empêché de devoir plaider au loin pour obtenir mainlevée de l'opposition. Lorsque le mariage ne peut avoir lieu que dans une seule commune, l'opposant fera élection de domicile dans cette commune. Par contre, quand il peut avoir lieu dans plusieurs communes on peut hésiter sur la solution. Pour certains auteurs, il suffirait de faire élection de domicile dans la commune où le futur époux, au mariage duquel est formé opposition, a son domicile ou sa résidence depuis un mois; d'autres auteurs, au contraire, considèrent que l'élection de domicile devra être faite au lieu du mariage indiqué dans les publications. On peut toutefois objecter à cette dernière solution que l'indication considérée n'est qu'un projet et que les époux conservent la faculté de choisir le lieu où sera célébré le mariage. Pratiquement il sera prudent, sans qu'il s'agisse d'une obligation, de faire opposition dans chacune des communes où le mariage peut avoir lieu, donc élection de domicile. Lorsque l'opposition est formée à l'encontre d'un mariage célébré à l'étranger, le ministère public fait élection de domicile au siège de son tribunal (C. civ., art. 176, mod L. 2006-1376, 14 nov. 2006).

L'acte d'opposition doit être **signé** non seulement par **l'huissier**, mais également par **l'opposant**. La signature de l'opposant peut être remplacée par celle d'un mandataire, pourvu qu'il y ait procuration spéciale et authentique (C. civ., art. 66). L'acte d'opposition doit être signé sur l'original et sur la copie. Cette prescription a pour but de décourager les opposants qui useraient d'un nom d'emprunt : en effet, étant forcés de donner leur signature, ils seraient amenés à faire un faux en écritures publiques et encourraient une sanction pénale (C. pén., art. 441-1).

1. Sur l'importance de la motivation, v. Rép. min. n° 5626, *JOAN* Q, 16 juin 2009.
2. CA Paris, 2 août 1996, *JCP* 1998, I, 101, obs. Farge – CA Paris, 23 avr. 2003, *D.* 2003, 2716, note Lemouland.
3. TGI Seine, 4 juin 1964, *JCP* 1964, IV.
4. Civ. 1re, 7 avr. 1998, n° 96-13.712, NP; *Dr. fam.* 1998, n° 130, obs. Lécuyer.

113.82 Sanctions de l'inobservation de ces prescriptions. L'opposition qui ne respecte pas les formes prescrites est **nulle** (mais elle peut valoir comme acte officieux). Cela a été jugé pour l'indication du motif d'opposition et la reproduction du texte de loi sur lequel est fondée l'opposition, cette nullité ne pouvant se couvrir en cours d'instance[1]. L'omission de la signature semble devoir être frappée de la même sanction parce qu'il s'agit d'une formalité substantielle. Mais il est vrai que l'article 176 alinéa 2, dans la rédaction issue de la loi du 14 novembre 2006, ne renvoie qu'au premier alinéa et non aux dispositions de l'article 66.

L'article 176 du Code civil prévoit également **l'interdiction de l'officier ministériel** qui aurait signé l'acte contenant l'opposition. Il en résulte que l'huissier pourrait refuser légitimement son ministère si la réquisition émane d'une personne sans qualité, ou si l'opposition n'est pas fondée sur une cause prévue par la loi. Par contre, son refus ne saurait se fonder sur les motifs d'opposition dont il n'est pas juge.

113.83 Signification de l'acte d'opposition. L'acte d'opposition doit être signifié à la personne ou au domicile des parties et à l'officier d'état civil qui met son visa sur l'original (C. civ., art. 66). Il sera accompagné de la copie de la procuration si l'opposition est formée par un fondé de pouvoirs.

La signification aux parties sera faite **à personne ou à domicile** conformément aux règles des articles 654 et 655 du Code de procédure civile. Elle devra être faite non seulement à la personne contre laquelle l'opposition est dirigée mais aussi à son futur conjoint ce que postule le mot « parties » utilisé par l'article 66 du Code civil.

S'agissant des **mariages de Français à l'étranger**, l'acte d'opposition doit être signifié au futur époux qui a son domicile ou sa résidence en France (Décr. n° 2007-773, 10 mai 2007, art. 7, al. 2). Mais si l'un des époux est domicilié à l'étranger, l'opposition lui sera notifiée par l'autorité diplomatique compétente au regard du lieu de célébration, par lettre recommandée avec demande d'avis de réception ou tout autre moyen présentant des garanties équivalentes (Décr. n° 2007-773, art. 7, al. 3).

La signification sera faite également à **l'officier d'état civil** qui doit célébrer le mariage. Si l'union peut être célébrée dans plusieurs communes, une seule signification devrait suffire puisque la célébration n'est possible que sur production d'un certificat de non-opposition délivré par les officiers d'état civil des communes non choisies. Si ces certificats ont déjà été délivrés, on sait *a contrario* où le mariage doit être célébré. L'article 66 du Code civil exige que l'officier d'état civil qui reçoit la signification appose son visa sur l'original afin qu'on ne puisse contester le fait de la signification. Si l'officier refusait de recevoir l'acte, il semble qu'on pourrait appliquer la procédure de l'article 659 du Code de procédure civile avec établissement d'un procès-verbal et envoi par lettre recommandée. S'agissant d'un mariage projeté à l'étranger, le procureur de la République informe de l'opposition **l'autorité diplomatique** compétente par tout moyen (Décr. n° 2007-773, 10 mai 2007, art. 7, al. 3).

À défaut de signification, l'officier de l'état civil comme les parties pourront légitimement ignorer l'opposition. Les parties pourraient obtenir mainlevée de l'opposition qui aurait été signifiée à l'officier d'état civil et non à elles-mêmes.

113.84 Mention de l'opposition et transmission de l'acte. L'officier d'état civil doit faire sans délai une mention sommaire des oppositions sur le registre des mariages (C. civ., art. 67). Il devra également mentionner en marge de l'inscription des oppositions, les jugements ou les actes de mainlevée qui lui seraient remis (même texte).

L'officier d'état civil qui a reçu un acte d'opposition doit aussitôt transmettre cette opposition à ses collègues éventuellement compétents pour célébrer le mariage (C. civ., art. 69).

§ 3
Effets et durée de l'opposition

113.91 Effets de l'opposition. Si l'opposition est régulière en la forme, elle fait obstacle à la célébration du mariage. L'officier de l'état civil est obligé de **surseoir à la célébration**[2]. À défaut, les textes prévoient une amende civile de 3 000 euros et d'éventuels dommages-intérêts (C. civ., art. 68; mod. L. n° 2006-911, 24 juill. 2006[3]). La transgression d'une opposition formée par la procureur de la République constitue un motif suffisant pour fonder un arrêté de suspension à l'encontre de l'officier de l'état civil[4]. L'**opposition régulière** crée par elle-même un **empêchement au mariage** qui existe indépendamment de l'opinion que pourrait avoir l'officier d'état civil, même s'il connaît personnellement les futurs époux. Il n'est pas juge du motif invoqué dans l'acte[5]. Toutefois, le fait de passer

1. T. civ. Lille, 16 déc. 1947, *D.* 1948, somm. 15.

2. CA Paris 29 oct. 2003, *D.* 2003, 1938, obs. Lemouland – TA Bordeaux, 9 juill. 2004, *Dr. fam.* 2004, n° 138, obs. Larribau-Terneyre.
3. L. n° 2006-911, 24 juill. 2006, relative à l'immigration et à l'intégration, *JO* 25 juill., p. 11047.
4. TA Bordeaux, 9 juill. 2004, *Dr. fam.* 2004, n° 138, obs. V. L.-T.
5. CA Douai, 28 déc. 1908, *DP* 1909, 2, 102.

outre à l'opposition n'entraînerait pas, en soi, la nullité du mariage, sauf bien entendu si cette opposition reposait sur des motifs eux-mêmes générateurs d'une nullité.

Si l'**opposition** est **irrégulière**, l'officier d'état civil n'a pas à en tenir compte et ne s'exposera pas aux peines ci-dessus prévues s'il célèbre le mariage au moins si cette opposition n'était pas fondée ou si elle était fondée mais qu'il l'ignorait. En pratique, l'officier de l'état civil tiendra compte d'une opposition qui lui paraît vraisemblable et en référera au procureur de la République.

113.92 Durée de l'opposition. Pour des raisons pratiques, une loi du 15 mars 1933[1] a prévu que l'opposition n'aurait plus d'effet après **une année révolue** (C. civ., art. 176). Il serait impossible à l'officier de l'état civil de vérifier pour chaque projet de mariage qu'une opposition ne lui a pas été signifiée plusieurs années auparavant. L'expiration du délai équivaut donc à une **mainlevée amiable**, l'opposant pouvant, toutefois, la renouveler pour éviter la caducité tant que le mariage n'a pas été célébré, sauf dans le cas prévu par l'article 173, alinéa 2 du Code civil (opposition formée par un ascendant), à moins que, dans ce dernier cas, la mainlevée n'ait été prononcée pour vice de forme, auquel cas une nouvelle opposition serait exceptionnellement possible[2].

Une dérogation est prévue lorsque **l'opposition a été formée par le ministère public** (C. civ., art. 176, al. 4). Dans ce cas, l'opposition ne cesse de produire effet que par **décision judiciaire.**

§ 4
Mainlevée de l'opposition

113.101 Définition. La mainlevée est le moyen prévu par la loi pour faire disparaître l'opposition et permettre à l'officier de l'état civil de célébrer le mariage sans s'exposer aux pénalités de l'article 68 du Code civil. Elle peut être soit **volontaire**, soit **judiciaire.** L'officier de l'état civil fera mention en marge des oppositions des jugements ou des actes de mainlevée dont l'expédition lui aura été remise (C. civ., art. 67).

113.102 Mainlevée volontaire. Celui qui a formé opposition peut revenir sur sa décision et en donner mainlevée. La loi ne prévoit pas de forme particulière mais l'article 67 du Code civil mentionnant la remise d'une **expédition** pour obtenir mainlevée, il semble que la forme sous seing privé soit exclue. En dehors de cette exigence, il ne semble pas que l'on puisse imposer une forme précise et la mainlevée pourrait résulter d'un **acte d'huissier.** La mainlevée peut être **verbale** au moment même du mariage. On peut même estimer qu'elle peut être **tacite** si le parent qui avait formé opposition assiste au mariage ou donne son consentement si du moins celui-ci était requis.

La mainlevée volontaire n'empêche pas l'officier de l'état civil de refuser la célébration s'il estime que l'empêchement révélé par l'opposition subsiste. Mais l'opposition n'a plus alors que la valeur d'un simple **avis officieux.** Elle n'empêche pas non plus une autre personne qualifiée de faire opposition puisque l'article 173 du Code civil ne ferme cette possibilité qu'aux ascendants et en cas de mainlevée judiciaire. L'opposition pourrait même être renouvelée[3].

113.103 Mainlevée judiciaire - Qualité pour agir. Le droit de demander la mainlevée appartient incontestablement au **futur époux du chef duquel l'opposition a été formée.** En revanche, la solution est discutée pour le futur conjoint du moins s'il doit agir seul. En effet, il est certain qu'il pourrait toujours se joindre à l'action. Sur son droit d'action autonome les opinions sont partagées. On peut faire valoir que le silence et l'inaction du futur époux directement intéressé vaudraient acquiescement à l'opposition et qu'il n'appartient pas à l'autre de demander mainlevée[4]. En sens inverse, on peut remarquer que **l'acte d'opposition doit être signifié aux deux futurs époux** ce qui souligne l'intérêt qu'il représente pour tous les deux[5].

Pour agir en mainlevée d'opposition, le **futur époux mineur** est exceptionnellement **capable** (C. civ., art. 177 - *Adde*, C. civ., art. 171-4, al. 3). C'est une solution nécessaire car à défaut le mineur devrait obtenir une habilitation de son représentant légal qui, le plus souvent, se trouve être celui qui a formé opposition.

113.104 Mainlevée judiciaire - Procédure. La demande en mainlevée peut être portée, au gré du demandeur, soit devant le tribunal du domicile élu par l'opposant[6], soit devant celui de son domicile réel. Le tribunal compétent est le **tribunal de grande instance.** En aucun cas, le juge des référés ne peut

1. L. 15 mars 1933, *DP* 1933, 4, 175.
2. T. civ. Dinan, 25 août 1952, *Gaz. Pal.* 1952, 2, 305.
3. CA Amiens, 23 oct. 1901, *DP* 1902, 2, 252.
4. CA Rennes, 16 mars 1842, *Jur. gén.*, *V° Mariage*, n° 321 – COMP. CA Rennes, 26 déc. 1927, « La loi 11 févr. 1928 », note Lévy; *S.* 1928, 2, 72 – EN CE SENS, v. T. civ. Dinan, 29 avr. 1952, *D.* 1952, 446.
5. T. Seine, 15 avr. 1897, *DP* 1898, 2, 419 – TGI Clermont-Ferrand, 5 févr. 1964, *JCP* 1964, IV. 116.
6. Req. 5 juill. 1859, *DP* 1859, 1, 316 – CA Bourges, 19 févr. 1872, *DP* 1872, 5, 313 – CA Rouen, 13 nov. 1878, *Jur. gén.*, *suppl.*, *V° Mariage*, n° 154.

être saisi de la question qui soulève un grave problème de fond[1].

Lorsque l'opposition émane des pères et mère, chacun d'eux ayant un intérêt distinct doit recevoir une copie séparée de la demande en mainlevée[2]. Les demandes en mainlevée d'opposition sont soumises aux **délais ordinaires des ajournements**. Il avait été toutefois admis que le demandeur pouvait obtenir du président de la juridiction la permission d'assigner à bref délai[3]. Il y aurait lieu désormais d'appliquer l'article 646 du Code de procédure civile qui permet aux juges, en cas d'urgence, d'**abréger les délais de comparution** ou de permettre de **citer à jour fixe**. De toute façon, le risque d'oppositions dilatoires a conduit à prendre certaines mesures pour accélérer la procédure. Le tribunal doit statuer dans un **délai de dix jours**. Mais l'expiration du délai n'entraîne pas péremption de la demande[4]. Par ailleurs, le délai étant fixé dans l'intérêt du futur conjoint les opposants ne peuvent se prévaloir de son inobservation qui ne leur fait aucun grief[5]. Lorsqu'il y a impossibilité matérielle à apprécier dans les dix jours les faits à vérifier, le tribunal peut se borner à rendre dans le délai un simple **jugement préparatoire**. Il en sera ainsi, par exemple, lorsque l'opposition est fondée sur l'état de démence du futur époux et qu'il faut attendre l'issue de la **procédure d'ouverture de la tutelle** (ou autrefois, de la procédure d'interdiction[6]). Il a été jugé également que le sursis à statuer était possible jusqu'à l'achèvement d'une instance en déchéance de la puissance paternelle formée par l'opposant contre son ex-épouse divorcée ayant consenti au mariage[7].

113.105 Mainlevée judiciaire – Jugement. L'instance en mainlevée de l'opposition ne fait pas partie des cas où la loi exige que les débats aient lieu en chambre du conseil. Toutefois, le juge pourrait toujours le décider (C. pr. civ., art. 435) à condition de constater le risque d'une atteinte à la vie privée et de rendre une décision motivée[8].

Les oppositions devant reposer sur des **motifs relativement précis**, le juge ne dispose que d'un pouvoir limité pour ordonner la mainlevée ou le maintien de l'opposition. Toutefois dans certains cas les motifs sont rédigés en termes suffisamment généraux, notamment dans l'hypothèse de démence, pour lui laisser un certain **pouvoir d'appréciation**[9].

Ainsi : mainlevée de l'opposition formée par le ministère public pour défaut de consentement, alors que le défaut d'intention conjugale n'est pas établi[10]; mainlevée de l'opposition formée par les parents pour défaut d'intention conjugale, alors qu'il n'est pas démontré avec certitude que les futurs époux n'entendent pas mener une authentique vie maritale[11]; mainlevée de l'opposition formée par les parents invoquant l'identité de sexe des futurs époux[12]; mainlevée de l'opposition formée par les parents pour incompétence de l'officier de l'état civil[13].

L'opposition irrégulière en la forme, ou émanant d'une personne sans qualité ou dépourvue du motif requis, ne devrait pas produire effet, mais le tribunal pourra difficilement en accorder mainlevée si cette opposition paraît fondée néanmoins[14]. Toutefois s'il ordonne le sursis à mainlevée, cette mesure sera nécessairement limitée dans le temps[15].

113.106 Mainlevée judiciaire – Voies de recours. Afin d'éviter les recours dilatoires, **l'opposition est exclue** contre les décisions par défaut rejetant une opposition à mariage (C. civ., art. 179, al. 2). L'opposition n'est donc possible que de la part de l'époux qui a demandé la mainlevée ce qui paraît peu pratique compte tenu des règles applicables aux jugements rendus par défaut (C. pr. civ., art. 471 s.).

L'appel est possible[16] (le recours en cassation n'étant ouvert, selon l'article 606 C. pr. civ., que contre les jugements rendus en dernier ressort; dès lors, est irrecevable le pourvoi formé contre un jugement de mainlevée d'opposition à mariage, ce jugement, régi en ce qui concerne les voies de

1. CA Angers, 15 janv. 1879, *DP* 1880, 2, 116 – CA Paris, 23 avr. 2003, *D.* 2003, 2716, note Lemouland.
2. COMP. Civ. 23 janv. 1816, *Jur. gén.*, *V° Mariage*, n° 320 – *CONTRA*, CA Paris, 29 mai 1829, *Jur. gén.*, *V° Mariage*, n° 311.
3. CA Nîmes, 30 déc. 1806 – C. Liège, 24 oct. 1820, *Jur. gén.*, *V° Mariage*, n° 309.
4. Req. 26 juin 1911, *DP* 1912, 1, 149.
5. Req. 26 juin 1911, préc. s^s prés^t n°.
6. Req. 30 juin 1879, *DP* 1880, 1, 135.
7. CA Pau, 29 juill. 1919, *DP* 1922, 5, 18.
8. CA Colmar, 8 juill. 1970, *JCP* 1971, II, 16604, note J. A.
9. Req. 30 juin 1879, *DP* 1880, 1, 135 – CA Douai, 22 févr. 1897, *DP* 1898, 2, 11 – CA Lyon, 16 mai 1906, *DP* 1907, 2, 21 – CA Paris, 5 avr. 1917, *DP* 1917, 2, 97, note Binet – T. civ. Seine, 29 juin 1948, *D.* 1948, 545 – CA Limoges, 19 déc. 1996, *Dr. fam.* 1997, n° 95, obs. Lécuyer; *RTD civ.* 1997, 549, obs. Marguénaud.
10. TGI La Rochelle, 2 mai 1991, *D.* 1992, 259, note Guiho – CA Colmar, 24 juin 1994, *JCP* 1995, IV, 379; *JCP N* 1995, II, 22462, p. 1778, note Boulanger; *RTD civ.* 1995, 329, obs. Hauser – CA Paris 23 avr. 2003, *D.* 2003, 2716, note Lemouland – Civ. 1re, 4 juill. 2007, n° 06-11.232, NP; *D.* 2008, 1791, obs. Lemouland et Vigneau; *RJPF* 2007/11, p. 18, obs. A. L.
11. CA Versailles, 15 juin 1990, *JCP* 1991, II, 21759, note Laroche-Gisserot; *D.* 1991, 268, note Hauser – CA Rennes, 25 oct. 1999, *Dr. fam.* 2000, n° 71, obs. Lécuyer – CA Paris, 29 avr. 2003, *RTD civ.* 2003, 483, obs. Hauser; *D.* 2003, somm. 1938, obs. Lemouland.
12. TGI Paris, 13 déc. 1983, *D.* 1984, 350, note Rassat.
13. CA Paris, 29 avr. 2003, *D.* 2003, somm. 1938, obs. Lemouland; *RTD civ.* 2003, 483, obs. Hauser.
14. T. civ. Boulogne-sur-Mer, 27 oct. 1899, *DP* 1902, 2, 386 – CA Paris, 14 mars 1900, *DP* 1903, 2, 277.
15. CA Lyon, 24 janv. 1828, *Jur. gén.*, *V° Mariage*, n° 278.
16. CA Amiens, 23 oct. 1901, *DP* 1902, 2, 252.

recours par le droit commun de la procédure civile, étant susceptible d'appel[1]). Mais si l'appel suspend la célébration, **le délai d'appel n'est pas, à lui seul, suspensif**[2]. Ainsi, si l'exécution provisoire ne peut être ordonnée nonobstant appel[3], l'appel devient néanmoins impossible si le mariage a été célébré[4]. La cour doit statuer dans les **dix jours** (C. civ., art. 178), ce délai étant établi dans l'intérêt du futur époux mais n'étant pas prescrit à peine de nullité[5]. Il est prévu que la cour doit statuer d'office si le jugement a donné mainlevée de l'opposition et quand bien même le défendeur ne conclurait pas.

Un pourvoi en cassation est possible mais **le délai du pourvoi et le pourvoi lui-même ne sont pas suspensifs**[6]. Il a été jugé que le juge des référés pourrait ordonner qu'il sera passé outre à la célébration du mariage nonobstant les défenses faites à l'officier de l'état civil par l'auteur du pourvoi[7]. Le mariage célébré au mépris d'une opposition subsistante n'étant pas nul en lui-même, on admet logiquement que la cassation de l'arrêt ayant prononcé la mainlevée de l'opposition ne rend pas non plus le mariage nul de plein droit.

113.107 Mainlevée judiciaire – Effets du jugement. Lorsque le jugement maintient l'opposition, il est impossible de célébrer le mariage. L'officier de l'état civil qui passerait outre encourrait les peines de l'article 68 du Code civil. Mais le mariage ne serait pas nul de plein droit et la nullité ne pourrait être prononcée que si l'opposition reposait sur un **empêchement dirimant.**

Lorsque le jugement ordonne **mainlevée de l'opposition**, il suffit aux futurs époux de fournir à l'officier de l'état civil une **expédition du jugement de mainlevée** dont il fera mention en marge de l'inscription de l'opposition (C. civ., art. 67). Après mainlevée judiciaire d'une première opposition formée par un ascendant, toute opposition formée par un autre ascendant est interdite et *a fortiori* par le même ascendant (C. civ., art. 173, al. 2°). On devrait admettre par analogie la même solution pour les collatéraux ou le tuteur : une fois obtenue la mainlevée d'une opposition fondée sur le défaut de consentement du conseil de famille, une nouvelle opposition fondée sur la démence ne devrait pas être recevable. On peut en revanche hésiter si, depuis la mainlevée, des **éléments nouveaux constituant une cause d'empêchement** sont apparus ou si la première opposition a été seulement levée pour vice de forme. Certes, le législateur a voulu que le projet de mariage ne puisse être retardé trop longtemps mais, par ailleurs, il n'est pas souhaitable de laisser célébrer un mariage qui risque d'être annulé. En fait, la question se posera rarement car l'opposant pourra toujours recourir à l'**avis officieux** dont l'effet sera assuré si le tribunal n'avait ordonné la mainlevée que pour vice de forme[8].

Si **l'opposition** est **rejetée**, l'opposant peut être condamné à des **dommages-intérêts** (C. civ., art. 179, al. 1er; sauf s'il s'agit d'un ascendant[9]) si l'on peut relever une **faute** et notamment une **intention vexatoire**, par exemple de la part de personnes sans qualité[10], ou d'un ancien conjoint alors que le divorce était certain et que l'opposition n'a été signifiée que trois jours avant le mariage[11]. On devra donc normalement appliquer le régime de l'**action en responsabilité civile** en prononçant une condamnation solidaire en cas d'opposition de plusieurs personnes et en accordant des dommages-intérêts à toutes les personnes lésées, notamment le futur conjoint de celui qui était visé par l'opposition[12]. C'est l'opposant qui succombe qui sera condamné aux **frais de justice**[13], mais la jurisprudence a pu jadis hésiter pour l'ascendant[14] (encore que certaines décisions anciennes aient déjà prononcé des condamnations à leur encontre[15]).

SECTION 3
CÉLÉBRATION

113.111 Importance de la célébration. Le rituel de la célébration exprime l'un des caractères essentiels du mariage : son caractère solennel. Le mariage est un acte officiel et sa solennité marque la reconnaissance de la société à l'égard de l'engagement conjugal. Mais l'utilité de la célébration est égale-

1. Civ. 1re, 19 nov. 1991, n° 90-16.415, *Bull. civ.* I, n° 319; *Defrénois* 1992, art. 35212, obs. Massip; *RTD civ.* 1992, 52, note Hauser.
2. CA Besançon, 20 juill. 1822, *Jur. gén.*, *V° Mariage*, n° 151.
3. CA Besançon, 20 juill. 1874, *DP* 1874, 2, 112 – T. civ. Seine, 15 avr. 1897, *DP* 1898, 2, 419 – T. civ. Dinan, 25 août 1952, *Gaz. Pal.* 1952, 2, 305.
4. Req. 9 juill. 1816, *Jur. gén.*, *V° Mariage*, n° 314.
5. Req. 26 juin 1911, *DP* 1912, 1, 149.
6. CA Rouen, 7 déc. 1859, *DP* 1861, 5, 308.
7. CA Rouen, 7 déc. 1859, préc. s^s^ prés^t^ n°.
8. T. civ. Seine, 31 mars 1918, *La loi* 20 août – T. civ. Dinan, 25 août 1952, *Gaz. Pal.* 1952, 2, 305.
9. CA Paris 29 avr. 2003, *RTD civ.* 2003, 483, obs. Hauser; *D.* 2003, somm. 1938, obs. Lemouland (l'arrêt censure un jugement qui avait condamné à 1 euro de dommages-intérêts des parents ayant fait opposition au mariage de leur fille).
10. CA Paris, 28 juin 1872, *DP* 1873, 2, 55.
11. CA Colmar, 8 juill. 1970, *JCP* 1971, II, 16604, note J. A.
12. CA Bourges, 7 août 1872, *DP* 1873, 2, 105.
13. CA Colmar, 8 juill. 1970, *JCP* 1971, II, 16604, note J. A.
14. CA Paris, 19 sept. 1815, *S.* 1816, 2, 343.
15. CA Amiens, 15 févr. 1806, CA Caen, 10 déc. 1819, *Jur. gén.*, *V° Mariage*, n° 330.

ment d'assurer à ce grand changement dans la condition des personnes une certaine publicité et d'en préconstituer la preuve.

§ 1
Lieu de la célébration

113.121 Choix du lieu de célébration. Les futurs époux peuvent contracter mariage : 1° au lieu de leur domicile[1]; 2° au lieu où chacun d'eux réside depuis au moins un mois au moment où est faite la publication du mariage ou, s'il est accordé une dispense de publication (C. civ., art. 169), à la date de cette dispense. Il est possible que, chacun ayant un domicile et une **résidence d'un mois** dans des communes différentes, le mariage puisse être célébré, au choix des parties, dans l'une des quatre communes où l'un ou l'autre des futurs époux est censé être connu (C. civ., art. 74 et 165).

En toute hypothèse, si l'on désire une célébration en un endroit déterminé, il suffit que l'un des futurs époux y réside pendant un mois[2]. La jurisprudence n'impose pas une obligation de stabilité telle que toute absence momentanée suffirait à en interrompre la durée. Satisfait au vœu de la loi celui qui, conservant dans la commune une habitation qu'il ne quitte que momentanément, manifeste par là son esprit de retour dans un temps rapproché[3]. Il a même été jugé que la résidence de l'article 74 pouvait consister en une habitation purement fortuite[4].

Si l'un des futurs époux est **mineur non émancipé**, son domicile légal est celui de ses père et mère ou celui des parents avec lequel il réside s'ils ont des domiciles distincts (C. civ., art. 108-2). On peut hésiter à lui reconnaître la possibilité de se marier au lieu de la résidence de ses parents si lui-même n'y réside pas, tout en estimant qu'il peut se marier dans la commune où il réside depuis un mois, alors même que les parents n'y demeureraient pas.

Il appartient à l'officier de l'état civil d'apprécier si la résidence dans la commune remplit les conditions légales permettant d'y célébrer le mariage. Pour le lui permettre, les futurs époux doivent fournir, en accompagnement des pièces prévues par l'article 63 du Code civil, un **justificatif de domicile ou de résidence pour chacun d'eux** (Décr. n° 2007-773, 10 mai 2007, art. 4). Les futurs époux pourraient, en cas de refus, en référer au procureur de la République. Mais l'officier de l'état civil n'a pas qualité pour vérifier la régularité de la résidence au regard des lois sur le séjour des étrangers en France. Il peut porter cette situation à la connaissance du parquet, et surseoir à la célébration s'il soupçonne un défaut d'intention conjugale.

1. Civ. 15 juin 1887, *DP* 1888, 1, 412.
2. Rép. min. n° 46345, *JOAN* Q, 20 nov. 2000, p. 6631.
3. T. civ. Seine, 26 mai 1930, *Gaz. trib.* 11 nov. – CA Montpellier, 9 janv. 1948, *JCP* 1948, IV, 98.
4. T. civ. Cherbourg, 29 avr. 1913, *La loi* 1913, 528, note Lévy.

§ 2
Date de la célébration

113.131 Règles générales. Sauf dispense, le mariage ne peut être célébré moins de dix jours (le jour de la publication non compris dans ce délai) ni plus d'un an après la publication (sauf à effectuer une nouvelle publication). En principe, les futurs époux peuvent choisir le jour de la célébration (C. civ., art. 75, al. 1er). Mais en pratique, les mariages ne sont célébrés que certains jours de la semaine. Le choix de l'heure appartient à l'officier d'état civil, sauf à tenir compte des convenances des parties. La célébration pourrait donc avoir lieu la nuit, mais l'instruction générale relative à l'état civil le déconseille pour éviter toute clandestinité et eu égard au fonctionnement normal du service public[5].

113.132 Sursis à la célébration. Lorsqu'il existe des indices sérieux laissant présumer que le mariage est susceptible d'être annulé pour défaut ou vice du consentement, le procureur de la République peut, sur **saisine de l'officier de l'état civil** et dans les quinze jours de cette saisine (le point de départ du délai est celui de la saisine[6]), décider qu'il sera **sursis à la célébration** dans l'attente des résultats de l'enquête à laquelle il fera procéder pour vérifier les intentions et la volonté réelle des futurs époux (C. civ., art. 175-2). Ne constituent pas des indices suffisamment sérieux au sens du texte la situation irrégulière de l'un des époux ou la différence d'âge[7]. Il appartient au **ministère public** de rapporter la **preuve du défaut d'intention** des futurs époux[8]. Il doit faire connaître sa décision motivée à l'officier de l'état civil et aux futurs époux[9]. La **durée du sursis** ne peut excéder **un mois renouvelable** par décision spécialement motivée[10]. À l'expiration du

5. Rép. min. n° 11482, *JOAN* Q, 5 janv. 1987 – CA Pau, 13 août 1851, *DP* 1852, 2, 113.
6. CA Paris, 13 nov. 1998, *D.* 1999, somm. 372, obs. Lemouland.
7. TGI Paris, 5 juill. 2002, *BICC* 15 sept. 2002, n° 912; *Dr. fam.* 2002, n° 138, obs. Lécuyer – CA Paris, 23 avr. 2003, *D.* 2003, 2716, obs. Lemouland.
8. CA Pau, 19 janv. 2004, *Dr. fam.* 2004, n° 46, obs. Larribau-Terneyre.
9. Rép. min. n° 5626, *JOAN* Q, 16 juin 2009.
10. Il a été jugé de façon critiquable que la décision de prolongement du sursis ne doit pas nécessairement intervenir avant expiration du premier délai : CA Versailles, 9 mars 2006, *RTD civ.* 2006, 739, obs. Hauser.

délai, le procureur de la République doit faire savoir à l'officier de l'état civil s'il laisse procéder au mariage ou s'il forme opposition. Si l'officier de l'état civil refuse de procéder à la célébration, la responsabilité de l'État peut être mise en cause s'agissant d'une faute qui n'est pas détachable de ses fonctions[1]. L'un ou l'autre des futurs époux, même mineur, peut **contester la décision de sursis ou son renouvellement devant le président du tribunal de grande instance.** Ce dernier doit statuer dans un délai de **dix jours.** Un **appel** est possible devant la cour d'appel qui doit statuer dans le même délai.

Dans le cas d'un mariage de Français à l'étranger, la **saisine du procureur de la République** (C. civ., art. 171-4) par l'autorité diplomatique ou consulaire est également susceptible d'entraîner un retard pour la célébration (Décr. n° 2007-773, 10 mai 2007). Cette saisine doit être accompagnée de tous documents utiles. Elle emporte **sursis à la délivrance du certificat de capacité à mariage.** L'autorité diplomatique doit **informer les futurs époux** de cette saisine, de la date de sa réception par le procureur de la République, ainsi que du sursis à la délivrance du certificat de capacité à mariage (Décr. 10 mai 2007, art. 5). Le procureur de la République dispose alors d'un délai de **deux mois à compter de la saisine** pour faire savoir à l'autorité diplomatique, par décision motivée, s'il s'oppose à la célébration. Si le procureur de la République ne s'est pas opposé à la célébration à l'échéance du délai de deux mois et en l'absence de toute autre opposition, l'autorité diplomatique doit délivrer le certificat de capacité à mariage (Décr. 10 mai 2007, art. 6).

113.133 Règles particulières dans l'hypothèse d'une cérémonie religieuse. Seul le mariage civil produit des effets civils. Mais, souvent, les futurs époux entendent aussi s'unir religieusement. Soucieux cependant de la **primauté de la célébration civile**, le législateur, sans exclure le mariage religieux, a voulu interdire aux ministres du culte de procéder à une célébration religieuse sans qu'il leur ait été justifié préalablement d'un acte reçu par les officiers de l'état civil[2]. Tout **ministre d'un culte** qui procéderait, de manière habituelle, aux cérémonies religieuses de mariage sans que ne lui ait été justifié l'acte de mariage préalablement reçu par les officiers de l'état civil sera puni de **six mois d'emprisonnement** et de **7 500 euros d'amende** (C. pén., art. 433-21). En pratique, le respect de la règle de l'antériorité est assuré par le certificat que l'officier de l'état civil remet aux époux justifiant de l'accomplissement des formalités civiles. Au vu de ce certificat, et sans avoir (sauf erreur grossière) à en apprécier la régularité, le ministre du culte peut, en toute sécurité, procéder à la célébration religieuse. Mais il ne s'agit que d'une pratique. Une connaissance certaine du mariage civil pourrait suffire alors même qu'elle ne serait pas fondée sur le certificat susvisé[3]. En l'absence de définition légale, tout ministre du culte est visé par les dispositions du Code pénal et passible de poursuites. L'expression semble cependant supposer un titre marquant l'engagement au service d'une Église. Seraient alors exclus les simples **ministres de fait**[4].

Cependant, le régime de l'infraction a été profondément modifié à l'occasion de l'entrée en vigueur de l'actuel Code pénal. L'infraction qui était autrefois une infraction instantanée est devenue une **infraction d'habitude.** Seul est punissable le ministre du culte qui procède de façon habituelle aux cérémonies religieuses sans que lui ait été justifié l'acte de mariage civil. Il suffit donc, il est vrai, que deux mariages irréguliers aient été célébrés. Mais cela donne tout de même au ministre du culte une marge de manœuvre pour célébrer un mariage sans encourir de sanction dans des circonstances exceptionnelles (péril imminent de mort par ex.). D'autre part, la nature même de l'infraction a changé. Autrefois contravention, elle est devenue un **délit**, et l'on doit en déduire qu'à défaut d'indication particulière, une **intention** est nécessaire. L'infraction disparaît, faute d'intention, si les futurs époux ont présenté de fausses attestations.

§ 3
Publicité de la célébration

113.141 Célébration à la mairie. Pour assurer la publicité du mariage, il est prévu que celui-ci doit, en principe, être célébré à la mairie (C. civ., art. 75, al. 1er). L'officier de l'état civil qui contreviendrait à cette prescription, en célébrant le mariage dans sa demeure ou dans celle de l'un des futurs époux, par exemple en raison d'une indisposition momentanée de l'une des personnes dont le concours est nécessaire à la célébration du mariage, est passible de l'amende prévue par les articles 192 et 193 du

1. Civ. 1re, 6 févr. 2007, n° 06-10.403, *Bull. civ.* I, n° 49; *D.* 2007, 1563, obs. Lemouland et Vigneau; AJ 660; ; *AJDA* 2007, 337; *Dr. fam.* 2007, n° 53, obs. Larribau-Terneyre; *Defrénois* 2007/07, p. 535, obs. Massip – COMP. CA Paris, 14 mars 2003, *D.* 2003, somm. 1937, obs. Lemouland; *RTD civ.* 2003, 481, obs. Hauser; *Dr. fam.* 2004, n° 46, obs. Larribau-Terneyre.
2. T. Revet, « De l'ordre des célébrations civile et religieuse du mariage », *JCP* 1987, I, 3309.
3. T. corr. Saint-Jean-d'Angély, 22 mai 1913, *La loi* 1913, 440.
4. T. Revet, « De l'ordre des célébrations civile et religieuse du mariage », *JCP* 1987, I, 3309, n° 32.

Code civil. Bien que ce dernier texte ne vise que les conditions de la célébration prévues par l'article 165, on admet généralement que les mots « *célébré publiquement devant l'officier de l'état civil de la commune* » se réfèrent aussi à la célébration de l'article 75 et, par conséquent, à la nécessité d'un mariage à la mairie[1]. Toutefois, une pratique fondée sur les termes de l'article 165 du Code civil qui exige simplement une célébration « *devant l'officier de l'état civil* » s'était instaurée pour permettre à ce dernier, en cas de maladie grave ou d'infirmité de l'un des futurs époux, de se transporter à domicile pour y célébrer le mariage. La loi du 9 août 1919[2], consacrant cette pratique, est venue préciser les conditions auxquelles est permis le **mariage hors mairie** (C. civ., art. 75, al. 2).

Qu'il soit célébré à la mairie, au domicile de l'un des futurs époux ou ailleurs, le mariage doit être **public** (C. civ., art. 165)[3]. Les **portes** du local dans lequel il est procédé à la célébration doivent être **tenues ouvertes** afin que toute personne puisse y assister[4]. Mais cette exigence est sans grande efficacité dans les villes importantes, et en pratique elle est parfois méconnue à l'occasion du mariage de personnes célèbres.

113.142 Présence de témoins. Afin d'éviter les fraudes quant à l'identité des futurs époux, la célébration exige la présence d'au moins **deux témoins, quatre au plus**. Les témoins sont choisis par les intéressés; ils peuvent appartenir à l'un ou l'autre sexe, être parents ou non des futurs époux; ils doivent être âgés de dix-huit ans au moins (C. civ., art. 37). Le mari et la femme peuvent être témoins dans le même acte. Pourraient même être témoins des parents, intervenant également à un autre titre, pour donner leur autorisation au mariage. Il n'y a aucune incompatibilité à cet égard.

Les témoins doivent être **désignés à l'avance**. La publication du projet de mariage est subordonnée à l'indication des prénoms, nom, date et lieu de naissance, profession et domicile des témoins, sauf lorsque le mariage doit être célébré par une autorité étrangère (C. civ., art. 63, 1°, mod. par L. n° 2006-1376, 14 nov. 2006). Avant la célébration du mariage, les futurs époux doivent confirmer l'identité des témoins ou peuvent en désigner de nouveaux (C. civ., art. 74-1).

§ 4
Solennité de la célébration

113.151 Compétence de l'officier de l'état civil. En France, sauf mariage diplomatique ou consulaire de deux étrangers[5], seul est compétent pour procéder à la célébration l'officier de l'état civil de la commune désignée à l'article 74 du Code civil. Est nul de **nullité absolue** le mariage d'un français qui n'a pas été célébré devant un officier de l'état civil[6] (ainsi pour un mariage entre une française et un égyptien, célébré au consulat d'Égypte à Paris[7]).

L'officier de l'état civil n'étant compétent que dans les limites de la commune qu'il administre, il lui est interdit de se transporter en dehors pour célébrer le mariage de l'un de ses administrés[8]. Mais la nullité du mariage n'est pas encourue, en dépit de l'incompétence territoriale de l'officier de l'état civil, lorsque cette irrégularité n'a pas eu pour but de conférer au mariage un caractère clandestin et de faire fraude à la loi[9].

En principe, seul le **maire** a compétence pour célébrer les mariages. Mais, en cas d'empêchement, il est remplacé par l'**adjoint** le premier dans l'ordre de nomination ou, à défaut, le **conseiller municipal** dans l'ordre du tableau. En outre, le maire peut, sans être alors tenu de suivre un ordre, déléguer ses pouvoirs aux adjoints ou aux conseillers municipaux. Toutefois, l'importance particulière du mariage et sa solennité ne permettent pas au maire de déléguer ses pouvoirs à un secrétaire de mairie ou à un fonctionnaire municipal[10]. Si le maire refuse de procéder à la célébration d'un mariage, l'adjoint est obligé également de s'abstenir[11].

113.152 Présence des futurs époux. La loi n° 93-1027 du 24 août 1993 a introduit dans le

1. T. Langres, 5 févr. 1868, *DP* 1868, 3, 88 – C. Gand, 14 déc. 1880, *Jur gén., suppl., V° Mariage*, n° 188 – Crim. 13 mai 1900, *DP* 1901, 1, 205 – J.-A. Roux, note s[s] Crim. 31 mai 1900, *S.* 1902, 1, 537.
2. L. 9 août 1919, *DP* 1919, 4, 275.
3. Le port d'un voile dissimulant le visage de la future épouse n'est pas compatible avec les règles du Code civil : Rép. min. n° 36541, *JOAN* Q, 22 juin 2004, p. 4742.
4. Aussi, la publication de clichés d'une célébration n'est pas considérée comme une atteinte à la vie privée : Civ. 1re, 8 juill. 2004, n° 02-19.440, *Bull. civ.* II, n° 389; *D.* 2005, 811, obs. Lemouland et Vigneau.
5. Rép. internat., J.-M. Bischoff, *V° Mariage*.
6. TGI Paris, 22 déc. 1981, *JDI* 1983, 607 – TGI Paris, 24 févr. 1975, *D.* 1975, 379, note Massip.
7. CA Versailles, 27 mai 1999, *D.* 1999, somm. 374, obs. Lemouland.
8. Pour cette raison, le Gouvernement a refusé d'approuver un acte dénommé « loi de pays » concernant la Polynésie Française, qui prévoyait que les futurs époux auraient la possibilité de déposer leur dossier de mariage dans la mairie de leur choix, faisant ainsi dépendre de leur volonté la compétence de l'officier de l'état civil (Décr. n° 2006-579, 16 mai 2006, préc. s[s] n° 113.31).
9. TGI Paris, 10 nov. 1992, *D.* 1993, 467, note Beignier; *RTD civ.* 1993, 562, obs. Hauser – rappr., CA Paris, 3 mars 1998, *Dr. fam.* 1999, n° 76, obs. Lécuyer; *Médecine et Droit* 2000, n° 45, p. 9.
10. Rép. min. n° 04999, *JO Sénat* 18 juin 2009.
11. T. civ. Châteauroux, 19 juill. 1850, *DP* 1852, 2, 133.

Code civil un article 146-1 qui prévoit que le mariage d'un Français, même célébré à l'étranger, requiert sa présence. L'exigence vaut surtout pour les mariages célébrés à l'étranger, les formes locales ne nécessitant pas toujours quant à elles la présence des futurs époux.

La présence des futurs époux n'est pas une simple condition de forme laissée à la merci de la *lex loci*. Il s'agit désormais d'une condition de fond régie par la loi personnelle des futurs époux. Viole les dispositions de l'article 146-1 le tribunal qui considère comme valable le mariage au Maroc, hors sa présence, d'une personne possédant la double nationalité française et marocaine[1]. Il faut en tirer les conséquences quant au régime de la nullité qui découle de l'inobservation de cette condition. Dans la mesure où la Cour de cassation considère qu'il s'agit d'une condition de fond régie par la loi personnelle, celle-ci est soumise au régime commun des **nullités absolues**[2].

113.153 Déroulement de la célébration. L'article 75 du Code civil décrit le rituel de la célébration qui se déroule chronologiquement de la façon suivante :

1° L'officier de l'état civil fait d'abord **lecture des textes essentiels** du Code civil relatifs aux droits et devoirs des époux. La liste en a été modifiée à plusieurs reprises. Il s'agit des articles 212, 213, 214 alinéa 1er et 215 alinéa 1er du Code civil. La loi n° 2002-305 du 4 mars 2002, relative à l'autorité parentale[3], a ajouté à la liste des textes dont la lecture doit être faite, l'article 371-1 qui définit les finalités de l'autorité parentale;

2° Puis l'officier d'état civil interpelle les futurs époux et, s'ils sont mineurs, leurs ascendants présents et autorisant le mariage, pour déclarer s'il a été fait un contrat de mariage, et, dans l'affirmative, la date de ce contrat ainsi que les nom et lieu de résidence du notaire qui l'a reçu (C. civ., art. 75, al. 4). L'**interpellation des futurs époux sur un éventuel contrat de mariage** doit avoir lieu même si les époux ont remis préalablement à l'officier de l'état civil un certificat notarié (en cas d'erreur ou d'omission, v. C. civ., art. 76-8°, al. 2);

3° La lecture des pièces produites n'est pas nécessaire. Mais si ces pièces ne concordent pas entre elles quant aux prénoms ou à l'orthographe des noms, l'officier de l'état civil interpelle celui qu'elles concernent (s'il est mineur, ses plus proches ascendants présents à la célébration) d'avoir à déclarer que le défaut de concordance résulte d'une omission ou d'une erreur (C. civ., art. 75, al. 5). S'il y a lieu, l'officier d'état civil se tournera vers les personnes présentes dont l'autorisation est nécessaire pour qu'elles la donnent;

4° L'officier de l'état civil reçoit ensuite de chaque partie, l'une après l'autre, la **déclaration** qu'elles veulent se prendre pour mari et femme (C. civ., art. 75, al. 6). La **réponse** à son interrogation est en principe **orale** et le refus de répondre serait assimilé à une réponse négative. Le mot « oui » ou une formule équivalente est donc requis. Toutefois, s'agissant d'un mariage sans comparution personnelle ou d'un mariage posthume, la lecture par l'officier d'état civil de l'acte qui constate le consentement ou de l'autorisation présidentielle tiendra lieu d'assentiment. Le oui n'est pas sacramentel : il suffit que le consentement s'extériorise au besoin par écrit ou par des signes quelconques[4];

5° Enfin, l'officier de l'état civil **prononce**, au nom de la loi, que les deux parties sont unies par le mariage et il en dresse **acte** sur-le-champ (C. civ., art. 75, al. 6). Mais l'acte de mariage n'est qu'un instrument de preuve et il reste indifférent quant à la formation du lien. De même, il importerait peu, quant à l'existence du mariage civil, que l'un des époux refuse par la suite qu'il soit procédé à la cérémonie religieuse. Tout au plus cette attitude peut-elle constituer, dans la mesure où elle est contraire à des promesses antérieures, une faute susceptible d'entraîner le divorce ou la séparation de corps. On peut aussi envisager l'éventualité d'une nullité du mariage pour erreur sur une qualité essentielle du conjoint.

On peut hésiter davantage pour choisir, entre l'échange des consentements et le prononcé par l'officier d'état civil de la formule d'union, le moment précis de la formation du mariage. Une

1. Civ. 1re, 15 juill. 1999, n° 99-10.269, *Bull. civ.* I, n° 244; *Defrénois* 2000, 103, obs. Massip; *RJPF* 1999, n° 9, p. 15, note Kerckhove; *Rev. crit. DIP* 2000, 207, note Gannagé; *D.* 2000, somm. 414, obs. Lemouland – RAPPR. Civ. 1re, 28 mars 2006, n° 04-20.362, *Bull. civ.* I, n° 176; *D.* 2007, 1564, obs. Lemouland et Vigneau; *Defrénois* 2006, p. 1317, obs. Massip; *Dr. fam.* 2006, n° 118, obs. Larribau-Teneyre; *RJPF* 2006/6, p. 20, obs. A. L. – V. AUSSI, CA Dijon, 30 oct. 2001, *JCP G* 2002, IV, 1355 – DÉJÀ EN CE SENS, v. TGI Paris, 28 nov. 1995, *BICC* 1996, n° 418; *RTD civ.* 1996, 363, obs. Hauser; *JCP* 1996, I, 3946, obs. Farge.
2. Civ. 1re, 28 mars 2006, n° 04-20.362, préc. ss prést n° – La jurisprudence antérieure était partagée : v. CA Grenoble, 20 janv. 1998, *JCP* 1998, IV. 3538 (arrêt qui considère que l'action en nullité fondée sur ce texte est imprescriptible) – DANS UN SENS DIFFÉRENT, v. CA Paris, 2 oct. 1997, *Dr. fam.* 1998, n° 59, obs. Lécuyer; *Rev. crit. DIP* 1998, 424, note De Vareilles-Sommières; *JCP* 1998, I, 101, obs. Farge (arrêt qui assimile l'art. 146-1 C. civ. à un cas de clandestinité et soumet l'action à la prescription d'un an de C. civ., art. 190-1).
3. L. n° 2002-305, 4 mars 2002, relative à l'autorité parentale, *JO* 5 mars, p. 4161.
4. CA Toulouse, 26 mars 1824, *Jur. gén.*, V° *Mariage*, nos 213 et 447 – Civ. 22 avr. 1833, *S.* 1833, 1, 645.

doctrine majoritaire observe que l'officier d'état civil, à la différence du prêtre, n'est pas un simple témoin de l'échange des consentements. Il célèbre le mariage, unit les époux au nom de la loi, et la formation du lien se situerait donc en cet instant précis.

§ 5
Formes particulières de célébration

A.
Mariage hors mairie, mariage des militaires et des marins, mariage par procuration

113.161 Mariage hors mairie. La célébration hors mairie suppose un empêchement grave, tel un **danger** imminent de mort pesant sur l'un des futurs époux ou une **infirmité** rendant très difficiles ses déplacements. En revanche, une maladie curable ou un accident n'entraînant qu'un simple retard de la célébration ne justifierait pas une dérogation au principe de l'article 75 alinéa 1er. Peut-être, tout de même, le mariage à domicile pourrait-il être autorisé si ce retard était susceptible d'occasionner un préjudice sérieux. L'acte de mariage doit contenir mention de la célébration hors mairie (C. civ., art. 75, al. 3).

En principe, l'officier d'état civil ne peut décider seul de la célébration hors mairie; il doit avoir été **requis ou autorisé par le procureur de la République** du lieu du mariage. Mais, en cas de péril imminent de mort de l'un des époux, attesté par un médecin ou dont l'officier de l'état civil aurait lui-même connaissance, il peut se rendre immédiatement au chevet du mourant et célébrer le mariage avant toute autorisation ou réquisition du procureur de la République. Il devra cependant lui en rendre compte dans le plus bref délai (C. civ., art. 75, al. 2).

Au cas de péril imminent de mort, le mariage peut être célébré où le mourant se trouve, donc éventuellement ailleurs que son domicile ou sa résidence. Seul est alors compétent l'officier d'état civil de la commune où se trouve le mourant. Mais il ne pourrait refuser de procéder à la célébration au motif que la publication n'a pas été faite dans sa commune, la dispense de publication devant dans ce cas être présumée.

La condition d'une **célébration publique** prévue par l'article 165 du Code civil doit néanmoins être respectée. Tel est le cas lorsque les portes de la maison sont restées ouvertes, ainsi qu'en atteste la copie de l'acte de mariage, que ce mariage ait été célébré au domicile de l'un des époux ou à l'hôpital[1].

Le **mariage des détenus** est en principe célébré dans l'établissement pénitentiaire sur réquisitions du procureur de la République dans les conditions prévues à l'article 75 alinéa 2 du Code civil (C. pr. pén., art. D. 424, mod. par Décr. n° 75-402, 23 mai 1975 - sauf obtention d'une permission de sortir en application de C. pr. pén., art. D. 145).

113.162 Mariage des militaires et des marins dans certains cas spéciaux (C. civ., art. 93 à 97, mod. Ord. n° 2007-465, 29 mars 2007[2]). Ces dispositions organisent un service de l'état civil aux armées applicable d'ailleurs, non seulement aux marins et militaires, mais également à des non-militaires. Ce service est assuré par des **officiers de l'état civil militaires** désignés par arrêté du ministre de la Défense. Il n'est applicable qu'en certaines circonstances pour permettre, entre autres, la célébration de mariages.

Hors du territoire national, ce service de l'état civil peut intervenir en cas de guerre, d'expédition, d'opérations militaires ou de stationnement des troupes françaises en territoire étranger, en occupation ou en vertu d'accords intergouvernementaux. Les non militaires peuvent y avoir recours lorsque les dispositions générales relatives à l'état civil sont inapplicables (C. civ., art. 93, al. 2).

Sur le territoire national, les officiers de l'état civil militaires peuvent célébrer les mariages concernant les militaires et les non-militaires dans les parties du territoire où, par suite de mobilisation ou de siège le service de l'état civil n'est plus régulièrement assuré (C. civ., art. 93, al. 3).

Lorsqu'un mariage est célébré dans l'une de ces hypothèses, les publications sont faites, dans la mesure où les circonstances le permettent, au lieu du dernier domicile du futur époux. Elles seront, en outre, assurées dans l'unité à laquelle le militaire appartient, dans des conditions fixées par arrêté du ministre de la Défense (C. civ., art. 96).

113.163 Mariage par procuration. L'exigence de la présence des futurs époux est clairement affirmée par l'article 146-1 du Code civil. Toutefois, le législateur a pris, en temps de guerre, des dispositions permettant le mariage de ceux qui sont empêchés de se présenter en personne devant l'officier d'état civil. Une loi du 4 avril 1915[3], modifiée par la loi du 19 août 1915[4], a institué temporairement pour les militaires et marins un mariage par procuration.

1. CA Paris, 3 mars 1998, *Dr. fam.* 1999, n° 76, 2e arrêt, note Lécuyer.
2. Ord. n° 2007-465, 29 mars 2007, relative au personnel militaire, modifiant et complétant la partie législative du Code de la défense et le Code civil, *JO* 30 mars, p. 5908.
3. L. 4 avr. 1915, *DP* 1915, 4, 136.
4. L. 19 août 1915, *DP* 1916, 4, 1.

Le futur époux devait être représenté par une personne munie d'une procuration spéciale. Ces dispositions ont été abrogées par la loi du 5 mars 1940[1].

Un décret-loi du 9 septembre 1939[2] a adopté un autre système. Il ne s'agit plus d'un mariage par procuration qui, à l'expérience, avait révélé ses inconvénients quant au choix d'un mandataire, mais d'un mariage sans comparution personnelle pour les militaires et marins sous les drapeaux, ce mariage supposant une cause grave et une autorisation du ministre dont le militaire ou le marin dépend. Ces dispositions sont limitées au « *temps de guerre* » (expression entendue dans un sens large) et ne concernent que certaines catégories de personnes (militaires et marins auxquels étaient venus s'ajouter provisoirement les travailleurs français en Allemagne[3] et « *tous ceux qui se trouvent du fait de la guerre dans l'impossibilité absolue de comparaître en personne pour contracter mariage* »[4]). Mais, à la différence de la législation de 1915, ces dispositions avaient un caractère permanent qui a permis de les activer en cas de besoin (ainsi, pour les militaires qui sont intervenus dans la guerre du Golfe[5]). Une loi n° 53-673 du 5 août 1953[6] est intervenue pour permettre aux militaires et marins des forces françaises engagées par l'ONU pour participer aux opérations de Corée, de bénéficier du décret-loi de 1939. Puis, une loi n° 57-1232 du 28 novembre 1957[7] a étendu son domaine d'application aux militaires des forces armées françaises employées au maintien de l'ordre et à la pacification hors de la métropole.

L'ordonnance n° 2007-465 du 29 mars 2007[8] a modifié les articles 93 et suivants du Code civil et ajouté dans le chapitre correspondant deux articles relatifs au **mariage sans comparution personnelle**. Ces dispositions reprennent très largement celles qui résultaient d'un décret-loi du 9 septembre 1939.

1. L. 5 mars 1940, *DP* 1940, 4, 156.
2. Décr.-L. 9 sept. 1939, *JO* 14 sept.
3. L. 9 déc. 1943, *DA* 1944, 141.
4. L. 4 mars 1944, *DA* 1944, 47.
5. Arr. 8 févr. 1991, *JO* 9 févr.
6. L. n° 53-673, 5 août 1953, relative au mariage sans comparution personnelle des militaires et marins des forces françaises de l'Organisation des Nations Unies participant aux opérations de Corée, *JO* 6 août, p. 6911; *D.* 1953, 255.
7. L. n° 57-1232, 28 nov. 1957, relative, d'une part, aux actes de l'état civil dressés par l'autorité militaire et à la rectification de certains actes de l'état civil, d'autre part au mariage sans comparution personnelle des personnes participant au maintien de l'ordre hors de France métropolitaine (articles 93 à 98 du Code civil), *JO* 29 nov., p. 10986; *D.* 1957, 368.
8. Ord. n° 2007-465, 29 mars 2007, relative au personnel militaire, modifiant et complétant la partie législative du Code de la défense et le Code civil, *JO* 30 mars, p. 5908; *D.* 2008, 1790, obs. Lemouland et Vigneau.

L'ordonnance abroge le décret du 9 septembre 1939 et la loi du 2 novembre 1957, donnant à ces dispositions un caractère permanent.

Il est prévu que, dans le cas de guerre ou d'opérations militaires en dehors du territoire national, le ministre de la Justice et le ministre de la Défense peuvent **autoriser pour causes graves** le mariage d'un militaire sans comparution personnelle de celui-ci et alors même qu'il serait décédé (C. civ., art. 96-1). Il faut cependant que le **consentement de l'époux** concerné soit constaté dans des formes particulières : soit par **acte de l'officier de l'état civil** de sa résidence s'il se trouve sur le territoire national; soit par un **officier de l'état civil militaire** désigné par arrêté du ministre de la Défense s'il se trouve hors du territoire national ou si l'on est dans une situation où, sur le territoire national, le service de l'état civil ne peut plus être régulièrement assuré par suite de mobilisation ou de siège. Lorsqu'il s'agit de militaires prisonniers de guerre ou internés, le consentement peut être recueilli par les agents diplomatiques ou consulaires ou par deux officiers ou sous-officiers français ou par un seul officier ou sous officier français assisté de deux témoins de même nationalité. L'acte de consentement ainsi recueilli sera lu au moment de la célébration du mariage mais les effets du mariage remonteront de façon rétroactive à la date à laquelle le consentement a été reçu (C. civ., art. 96-2), hormis le cas où les époux se sont finalement mariés en comparaissant en personne devant l'officier d'état civil, ce qui exclut que les effets du mariage puissent remonter à un acte de consentement antérieur[9].

Cette précision, qui figurait déjà dans l'article 2 du décret-loi du 9 septembre 1939, a soulevé quelques difficultés. On a douté qu'il s'agisse d'une véritable rétroactivité et que le mariage puisse être considéré comme acquis avant que le conjoint lui-même ait donné son consentement. On a fait valoir principalement que cette disposition avait été prise afin de pouvoir considérer les intéressés comme mariés alors même que le militaire ou marin serait décédé avant la célébration. On en a également déduit que le militaire ou le marin conservait, jusqu'à la célébration, la possibilité de rétracter son consentement[10] pourvu que soit respecté le parallélisme des formes et que l'opposition soit parvenue à temps. Sinon, l'officier de l'état civil pourrait procéder à la célébration. Une autre juridiction[11] a cependant affirmé que l'annulation du mariage s'imposerait dans l'hypothèse

9. CE 19 mars 1943, Perdriat, *DA* 1943, 46.
10. T. civ. Nancy, 25 nov. 1943, *DC* 1944, 58, note Rouast; *JCP* 1944, II, 2674, note Desbois; *RTD civ.* 1944, 104, obs. Lagarde.
11. T. civ. Pau, 6 févr. 1948, *JCP* 1948, II 4337, note Laurens et Seignolle; *RTD civ.* 1948, 325, obs. Lagarde.

où la rétractation, intervenue avant la célébration, n'aurait été connue qu'après. La conciliation, de toute évidence, paraît difficile entre le mariage par procuration et la ponctualité traditionnelle de l'échange des consentements.

B.
Mariage posthume

113.171 Mariage posthume – Cas. L'éventualité d'un mariage posthume résulte déjà du mariage sans comparution personnelle des militaires et des marins (v. s^s n° 113.163) puisque le mariage peut être célébré alors que l'un des époux est décédé (C. civ., art. 96-1, al. 1er) et que les effets du mariage remontent à la date à laquelle le consentement du futur époux a été reçu (C. civ., art. 96-2).

Mais, avec la loi n° 59-1583 du 31 décembre 1959[1], le mariage posthume a pris place dans le droit commun du mariage. L'article 171 du Code civil prévoit désormais en termes généraux que le Président de la République peut, pour des **motifs graves**, autoriser la célébration du mariage si l'un des futurs époux est décédé après l'accomplissement de formalités officielles marquant sans équivoque son consentement[2].

Le motif invoqué est souvent la grossesse de la future épouse (c'était le cas lors de la catastrophe de Fréjus qui a été à l'origine de la loi), mais le souvenir du mort pourrait aussi bien motiver l'autorisation du Président de la République[3]. L'appréciation de la gravité du motif qui semblait autrefois assez rigoureuse[4] est devenue aujourd'hui nettement plus libérale (trente-deux dispenses pour soixante-six demandes en 1999)[5].

L'exigence d'accomplissement des formalités officielles semble être appréciée de façon plutôt bienveillante puisque la fiancée d'un policier tué en service a obtenu du chef de l'État l'autorisation prévue par l'article 171, alors qu'aucune formalité officielle n'avait été accomplie; mais les alliances avaient été achetées et certains préparatifs avaient été effectués en vue de la noce. Ont été considérées comme des formalités officielles de nature à marquer le consentement des futurs époux : les publications prévues par l'article 63 du Code civil[6], l'établissement des certificats médicaux prénuptiaux[7], la notification écrite de l'intention de mariage reçue par un juge de paix étranger[8]. En revanche, l'unique démarche du défunt à la mairie pour constituer un dossier de mariage peut difficilement être considérée comme une démarche officielle[9].

113.172 Mariage posthume – Procédure. Les formalités sont alors simplifiées. Il suffit de remettre à l'officier de l'état civil, outre les **pièces** requises habituellement, une **ampliation du décret autorisant le mariage posthume**. Lors de la célébration, il n'y a pas lieu de donner lecture des dispositions prévues à l'article 75 du Code civil, ni d'interpeller l'époux sur le régime matrimonial.

Le **Président de la République apprécie souverainement la gravité des motifs** invoqués pour bénéficier d'un mariage posthume[10]. Il lui appartient également d'apprécier de façon discrétionnaire si les **formalités** accomplies marquent sans équivoque le consentement des futurs époux. L'autorisation du Président de la République est suffisante pour permettre le mariage posthume d'un majeur placé sous tutelle, le décès ayant mis fin au régime de protection[11].

Mais l'appréciation de l'existence des formalités se trouve sous le contrôle des **tribunaux judiciaires**[12]. De même, la régularité formelle de la procédure est susceptible d'un contrôle juridictionnel.

1. L. n° 59-1583, 31 déc. 1959, relative aux mesures d'aide immédiate prises par l'État a l'occasion de la rupture du barrage de Malpasset, le 2 décembre 1959, dans le département du Var, *JO* 8 janv., p. 259; *D.* 1960, 50.
2. J. Noirel, « Mariage 1960 : le mariage posthume », *S.* 1960, chron. 15 – P. Guiho, « Réflexions sur le mariage posthume », *Mél. L. Falletti, Ann. Fac. Lyon*, p. 321 – I. Corpart, « Mariage à titre posthume : une prérogative essentielle dépassée ? », *JCP N* 2004, 1328.
3. TGI Albertville, 3 juill. 1987, *Gaz. Pal.* 1989, 1, 27, note Pascal.
4. M. Biégelmann-Massari, « La jurisprudence des dispenses civiles au mariage depuis 1960 : un apport sur le sens de l'institution matrimoniale », *Dr. et société* 1997, n° 35.
5. Rép. min. n° 41306, *JOAN* Q, 17 avr. 2000, p. 2504.
6. Civ. 1re, 6 déc. 1989, n° 88-11.994, *Bull. civ.* I, n° 380; *D.* 1990, 225, note Hauser; *JCP* 1990, II, 21557, note Boulanger; *Defrénois* 1990, 292, obs. Massip.
7. CA Aix-en-Provence, 27 juin 1996, *JCP* 1997, I, 3996, obs. Farge – CA Paris, 20 juin 1995, *Gaz. Pal.* 1995, 2, 669, note J. G. M.; *D.* 1995, IR 192; *RTD civ.* 1995, 865, obs. Hauser – Civ. 1re, 30 mars 1999, n° 96-20.989, *Bull. civ.* I, n° 114; *D.* 1999, somm. 372, obs. Lemouland, *RTD civ.* 1999, 606, obs. Hauser; *Defrénois* 1999, 1256, obs. Massip; *RJPF* 1999, n° 4, p. 14, obs. Vassaux; *Dr. fam.* 1999, n° 62, obs. Lécuyer.
8. CA Grenoble, 5 sept. 2001, *JCP* 2002, IV, 1556; *Dr. fam.* 2002, n° 139, obs. H. L.
9. V. CEP. CA Douai, 4 mars 2002, *JCP* 2002, IV, 1042; *Dr. fam.* 2002, n° 139, obs. H. L.
10. Civ. 1re, 6 déc. 1989, n° 88-11.994, *Bull. civ.* I, n° 380, préc. s^s n° 113.171 – CA Paris, 20 juin 1995, préc. s^s n° 113.171 – COMP. néanmoins dans le domaine voisin des dispenses en matière d'empêchement à mariage tenant à la parenté : CA Paris, 1re ch., sect. C, 3 avr. 2008, RG n° 07/20081, *AJ fam.* 2008, 256, obs. Chénedé; *Dr. fam.* 2008, comm. 81, note Larribau-Terneyre; *RJPF* 2008/7-8, p. 17, obs. A. L.; *RTD civ.* 2008, 658, obs. Hauser.
11. Civ. 1re, 6 déc. 1989, n° 88-11.994, *Bull. civ.* I, n° 380, préc. s^s n° 113.171.
12. Civ. 1re, 6 déc. 1989, n° 88-11.994, préc. s^s prés^t n° – Civ. 1re, 30 mars 1999, n° 96-20.989, *Bull. civ.* I, n° 114, préc. s^s n° 113.171 – Civ. 1re, 17 oct. 2007, n° 06-11.887, *Bull. civ.* I, n° 324; *D.* 2008, 1789, obs. Lemouland et Vigneau, *Dr. fam.* 2007, comm. 197, note Larribau-Terneyre; *RJPF* 2008/1, p. 17, obs. A. L.; *RTD civ.* 2008, 84, obs. Hauser.

Les tribunaux judiciaires sont seuls compétents pour se prononcer sur la requête en annulation pour illégalité d'un décret ayant autorisé un mariage posthume. L'action peut être introduite par voie de **requête**, dès lors que seule l'autorité administrative qui a rendu la décision attaquée doit être partie à l'instance et qu'étant représentée par le ministère public, aucun texte n'impose de lui faire délivrer une citation à comparaître par voie d'assignation[1]. Il appartient également au juge judiciaire de vérifier si le consentement a bien persisté jusqu'au décès[2].

A été annulé pour défaut de consentement un mariage posthume autorisé par le Président de la République et célébré alors que le futur époux n'avait entrepris aucune démarche personnelle en France et que les éléments soumis à l'appréciation du juge démontrent qu'il n'avait pas eu l'intention de mener à son terme le projet de mariage[3].

L'illégalité prétendue du décret autorisant le mariage posthume ne constitue pas une question préjudicielle[4].

113.173 Mariage posthume – Effets. Les effets du mariage posthume remontent fictivement à la **date du jour précédant celui du décès de l'époux** (C. civ., art. 171, al. 2)[5]. Certes, ces **effets** sont **réduits** afin de ne pas susciter de conflits entre le survivant et sa belle-famille. L'époux survivant n'aura aucun droit de succession *ab intestat* et aucun régime matrimonial n'est réputé avoir existé entre les conjoints (C. civ., art. 171, al. 3). Toutefois, il pourrait trouver dans ce mariage certains avantages personnels (droit pour la femme d'user du nom de son mari) et peut-être aussi certains **intérêts patrimoniaux** (dispositions testamentaires; donations; bénéfice d'une assurance-vie; droit de réclamer des aliments à la succession du prédécédé sur le fondement de C. civ., art. 767, encore que ce droit soit discutable dans la mesure où ce texte, à la différence de l'ancien art. 207-1, vise désormais le conjoint successible et non plus l'époux survivant; pension de réversion, CSS, art. L. 353-1 et R. 353-1; versement d'un capital-décès, le conjoint étant bénéficiaire prioritaire, CSS, art. L. 361-4; octroi d'une allocation de veuvage).

Il a été jugé que l'absence de liens patrimoniaux entre les époux ne mettait pas obstacle à la naissance dans le patrimoine de l'épouse au jour du décès de son mari d'une action personnelle, les effets du mariage remontant, en ce qui la concerne, au jour précédant le décès[6]. De la même façon, il a été jugé que la qualité de conjoint étant acquise au jour précédant le décès, l'épouse pouvait poursuivre la réparation du préjudice moral résultant du décès de celui qui était, à l'époque, son concubin[7]. Mais la Chambre sociale de la Cour de cassation, de façon discutable, a considéré pour sa part que c'est la date du mariage posthume, et non celle du décès, qui marque le point de départ des délais pour le calcul de l'allocation de veuvage[8].

C. Mariages internationaux

113.181 Mariages internationaux – Dispositions générales. (V. aussi s[s] n°s 421.00 s.) Les Français se mariant à l'étranger avec un autre Français ou un étranger ont la possibilité de le faire en suivant les **formes locales** (C. civ., art. 171-1 – L. 14 nov. 2006)[9], alors même qu'elles seraient purement religieuses ou consensuelles, à condition cependant de respecter les **conditions de fond du mariage prévues par la loi française**.

Est valable en la forme, mais entaché de bigamie, le mariage contracté en Égypte, devant notaire selon la loi locale, entre une Française et un Égyptien, alors qu'un premier mariage célébré en France entre les mêmes personnes au consulat d'Égypte à Paris n'a pas été annulé[10]. Est valable le mariage contracté au Niger selon la coutume musulmane entre une Française et un ressortissant du Niger; l'épouse est fondée à demander la nullité de deux autres mariages contractés ultérieurement en France par le mari[11].

Les futurs époux peuvent également préférer contracter mariage devant les **agents diplomatiques**

1. TGI Albertville, 3 juill. 1987, *Gaz. Pal.* 1989, 1, 27, note Pascal.
2. Civ. 1re, 28 févr. 2006, n° 04-20.362, *Bull. civ.* I, n° 176; *D.* 2006, 1417, obs. Lemouland et Vigneau; 2085, note Raoul-Cormeil; *AJ fam.* 2006, 206, obs. Chénédé; *Dr. fam.* 2006, n° 79, obs. Larribau-Terneyre; *LPA* 2006, n° 188, note Massip.
3. CA Grenoble, 27 juin 2007, *RTD civ.* 2008, 84, obs. Hauser; *Dr. fam.* 2007, comm. 217, note Larribau-Terneyre.
4. Crim. 29 avr. 1964, *JCP* 1964, II, 13912, note Meurisse.
5. Civ. 1re, 22 mai 2007, n° 05-18.582, *Bull. civ.* I, n° 206; *D.* 2008, 1789, obs. Lemouland et Vigneau; *AJ fam.* 2007, 398, obs. Chénedé; *RTD civ.* 2007, 756, obs. Hauser; *Defrénois* 2007, p. 1309, obs. Massip; *Dr. fam.* 2007, comm. 160, note Devers – Civ. 2e, 10 juill. 2008, n° 07-15.390, *AJ fam.* 2008, 398, obs. F. C. et ARRÊT DE RABAT : Civ. 2e, 8 janv. 2009, n° 07-15.390, *Bull. civ.* II, n° 4; *D.* 2010, 730, obs. Lemouland et Vigneau; *Dr. fam.* 2008, comm. 33, note Devers; comm. 137, note Larribau-Terneyre; *Defrénois* 2008, p. 2419, obs. Massip.
6. TGI Rouen, 21 nov. 1966, *Gaz. Pal.* 1967, 1, somm. 18.
7. Civ. 2e, 10 juill. 2008, et ARRÊT DE RABAT : Civ. 2e, 8 janv. 2009, n° 07-15.390, préc. s[s] prés[t] n°.
8. Soc. 15 févr. 2001, n° 99-17.199, *Bull. civ.* V, n° 57; *D.* 2002, somm. 535, obs. Lemouland; *RTD civ.* 2001, 563, obs. Hauser – COMP. T. civ. Arlon, 16 janv. 1973, *Rev. crit. DIP* 1973, 322, note Verwilghen.
9. Civ. 1re, 29 sept. 2004, n° 03-10.178, n° 02-17.096, 2 esp., NP; *D.* 2005, 810, obs. Lemouland et Vigneau.
10. CA Versailles, 27 mai 1999, *D.* 1999, somm. 374, obs. Lemouland; *RTD civ.* 1999, 604, obs. Hauser.
11. CA Paris, 7 févr. 2002, *JCP* 2002, IV, 1854.

ou les **consuls français** (C. civ., art. 48 et 171-1, al. 2). Cependant, cette seconde voie est réservée à **certains pays** dont la liste est fixée par décret. La liste des pays dans lesquels le mariage consulaire est possible est fixée par un décret du 26 octobre 1939[1] (pays visés : Afghanistan, Arabie Saoudite, Chine, Égypte, Irak, Iran, Japon, Maroc [zone de Tanger], Oman [Mascate], Thaïlande, Yémen; le décret de 1939 n'a pas abrogé le décret du 30 avr. 1938, concernant le Liban et la Syrie[2]; Cambodge et Laos ont été ajoutés par Décr. 15 déc. 1958[3]). Au Liban et en Syrie, les parties doivent avoir satisfait préalablement aux conditions de leur statut personnel dont la célébration religieuse fait éventuellement partie[4].

Il n'existe pas de dispositions similaires concernant le mariage des étrangers en France. Mais les solutions précédentes sont largement bilatéralisées par la jurisprudence. Aussi est-il admis que deux personnes de nationalité étrangère puissent contracter mariage en France devant l'officier de l'état civil. C'est alors la loi française qui régit exclusivement les formes de leur union. Implicitement, on admet également que des étrangers puissent contracter ensemble (mais pas avec un Français[5]), en France, une union devant une autorité diplomatique ou consulaire pourvu que celle-ci soit compétente. Il faut cependant que les futurs époux soient ressortissants du même pays que ladite autorité[6]. Par contre, notre jurisprudence persiste à refuser toute célébration en des formes, notamment religieuses, prévues par la loi nationale des futurs époux.

113.182 Mariages des Français à l'étranger – Dispositions particulières. (V. aussi s^{s} n°s 421.00 s.) La célébration du mariage d'un Français à l'étranger exige le respect de formalités particulières, qui ont été renforcées par la loi du 14 novembre 2006 relative au contrôle de la validité des mariages[7] en raison de la gêne provoquée par la transcription hâtive de certains mariages célébrés à l'étranger[8].

Le mariage doit être précédé de la **délivrance d'un certificat de capacité à mariage** établi par l'autorité diplomatique compétente au regard du lieu de célébration du mariage après accomplissement des prescriptions prévues par l'article 63 du Code civil (remise de certaines pièces; audition éventuelle des futurs époux) et publication auprès de l'officier de l'état civil ou de l'autorité diplomatique du lieu où le futur époux français a son domicile ou sa résidence (C. civ., art. 171-2 et 171-3). À défaut de certificat, le mariage ne pourra être transcrit sur les registres de l'état civil (sauf dérogation) qu'après audition des époux, ensemble ou séparément, par l'autorité diplomatique du lieu de célébration ou par l'officier de l'état civil du lieu de domicile ou de résidence. Si des **indices** laissent présumer que le mariage est susceptible d'être annulé, **l'autorité diplomatique sursoit à la transcription et en informe le procureur de la République** qui se prononce sur la transcription dans les **six mois** de sa saisine[9]. Si le procureur de la République ne s'est pas prononcé dans ce délai ou s'il s'oppose à la transcription, les époux peuvent saisir le **tribunal de grande instance** qui doit statuer dans le délai d'**un mois**. Sur appel, la cour doit statuer dans le **même délai**. Dans le **délai de six mois**, le procureur de la République peut également demander la nullité du mariage et ordonner que la transcription soit opérée à seule fin de saisine du juge. Jusqu'à ce que celui-ci se soit prononcé, une expédition de l'acte transcrit ne peut être délivrée qu'aux autorités judiciaires ou avec l'autorisation du procureur de la République (C. civ., art. 171-7).

S'il apparaît, lors de la demande de délivrance du certificat de capacité, qu'il existe des **indices sérieux laissant** présumer que le mariage est susceptible d'être annulé, l'autorité diplomatique saisit le procureur de la République qui peut, dans un **délai de deux mois**, faire connaître qu'il s'oppose à la célébration (C. civ., art. 171-4). Si le mariage a été célébré malgré l'opposition du procureur de la République, la transcription ne pourra être effectuée qu'après remise par les époux d'une mainlevée judiciaire de l'opposition (C. civ., art. 171-6).

Pour être **opposable aux tiers** en France, l'acte de mariage doit être **transcrit sur les registres de l'état civil**. À défaut, le mariage ne produit d'effet qu'à l'égard des époux et des enfants (inopposabilité à

1. Décr. 26 oct. 1939, abrogeant le décret du 8 mars 1937, *JO* 29 oct., p. 12709.
2. Décr. 30 avr. 1938, S. 1939, 1270.
3. Décr. 15 déc. 1958, *D.* 1959, 14.
4. Sur la justification de cette liste limitative, v. Rép. min. n° 18475, *JO Sénat* 15 déc. 2005, p. 3220.
5. Civ. 30 juill. 1900, *S.* 1902, 1, 225, note Wahl – CA Versailles, 27 mai 1999, *D.* 1999, somm. 374, obs. Lemouland.
6. V. NOT., CA Reims, 19 janv. 1976, *JDI* 1976, 916.
7. L. n° 2006-1376, 14 nov. 2006, *JO* 15 nov. – A. Leborgne, « Contrôle de la validité des mariages : une loi de plus ! », *RJPF* 2007/3, p. 9 – M. Revillard, « Le contrôle de la validité des mariages : incidences de droit international privé », *Defrénois* 2007, p. 847 – Cons. const. 9 nov. 2006, n° 2006-542 DC, *JO* 15 nov.; *Dr. fam.* 2007, n° 1, note Larribau-Terneyre; *LPA* 2006, n° 250, note Schoettl; *D.* 2007, 1565, obs. Lemouland et Vigneau – *Adde*, Décr. n° 2007-773, 10 mai 2007, *JO* 11 mai – J.-P. Marguénaud, « La reconnaissance des mariages célébrés à l'étranger », *La liberté fondamentale du mariage*, PUAM, 2009, p. 153.
8. Civ. 1re, 29 sept. 2004, n° 03-10.178, *RJPF* 2004/12, p. 21 obs. A. L.
9. Au cours de l'année 2003, 1 085 dossiers ont été adressés au procureur de la République de Nantes (Rép. min. *JOAN* Q, 15 févr. 2005, p. 1604).

une caisse d'assurance maladie d'un mariage religieux non transcrit[1]). La demande de transcription est faite auprès de l'autorité diplomatique du lieu de célébration du mariage (C. civ., art. 171-5). Lorsque les formalités de délivrance du certificat de capacité ont été respectées, le mariage célébré dans les formes locales pourra être transcrit sur les registres de l'état civil, à moins que des indices sérieux laissent à penser que le mariage est susceptible d'être annulé. Dans ce cas l'autorité diplomatique peut encore **surseoir à la transcription** afin qu'il soit procédé à l'audition des époux et informer le **ministère public** qui dispose d'un **délai de six mois** à compter de sa saisine pour demander la **nullité du mariage**. Même si le procureur de la République ne s'est pas prononcé dans le délai de six mois, la transcription qui sera opérée ne fait pas obstacle à une **demande ultérieure d'annulation** sur le fondement des articles 180 (vice du consentement) ou 184 (cas de nullité absolue) du Code civil. Le procureur de la République compétent pour s'opposer à la célébration, pour se prononcer sur la transcription de l'acte de mariage ou pour poursuivre l'annulation est celui du lieu où est établi le service central de l'état civil (C. pr. civ., art. 1056-1, mod. Décr. n° 2007-773, 10 mai 2007).

113.183 **Renvoi.** Sur le mariage des Français à l'étranger, v. s^s^ n°s 421.00 s., et spéc^t^ n°s 421.41 à 421.47 et 421.61 à 421.67.

SECTION 4
ACTE DE MARIAGE

113.191 **Exigence d'un acte de mariage.** Après avoir prononcé l'union des époux, l'officier de l'état civil doit en dresser acte sur-le-champ (C. civ., art. 75, *in fine*). En pratique, dans les mairies importantes, l'acte est rédigé par avance et il ne reste plus qu'à le signer.

L'acte de mariage n'est pas cependant nécessaire à la conclusion du mariage. Par conséquent, le décès de l'officier de l'état civil, après qu'il ait prononcé l'union mais avant que l'acte ait été dressé, n'empêcherait pas le mariage d'exister[2].

La célébration du mariage et le nom du conjoint doivent être **mentionnés en marge de l'acte de naissance** de chaque époux (C. civ., art. 76, *in fine*), pour conjurer, autant que possible, le risque de bigamie.

113.192 **Énonciations figurant dans l'acte de mariage.** En vertu de l'article 76 du Code civil, l'acte de mariage doit énoncer :

1° les prénoms, noms, professions, âges, dates et lieux de naissance, domiciles et résidences des époux. À défaut d'exercice actuel d'une profession, celle exercée en dernier lieu doit être mentionnée en précisant « ancien » ou « précédemment ». Lorsque la personne n'exerce pas de profession, seule peut être portée la mention « sans profession » et non celle de « demandeur d'emploi »[3];

2° les prénoms, noms, domiciles et professions des pères et mères;

3° le consentement des pères et mères, aïeuls ou aïeules, et celui du conseil de famille, dans le cas où ils sont requis;

4° le cas échéant, les prénoms et nom du précédent conjoint de chacun des époux;

5° la déclaration des contractants de se prendre pour époux, et le prononcé de leur union par l'officier de l'état civil;

6° les prénoms, noms, professions, domiciles des témoins et leur qualité de majeurs;

7° la déclaration, faite sur l'interpellation prescrite par l'article 75, qu'il a été ou qu'il n'a pas été fait de contrat de mariage et, autant que possible, la date du contrat s'il existe, ainsi que les nom et lieu de résidence du notaire qui l'aura reçu; le tout à peine, contre l'officier de l'état civil, de l'amende fixée par l'article 50 du Code civil;

8° s'il y a lieu, la déclaration qu'il a été fait un acte de désignation de la loi applicable au régime matrimonial, ainsi que la date et le lieu de signature de cet acte et, le cas échéant, le nom et la qualité de la personne qui l'a établi (conv. La Haye 14 mars 1978, publiée par Décr. n° 92-1024, 21 sept. 1992 – *adde :* C. civ. art. 1397-2 s., ajoutés par L. n° 97-987, 28 oct. 1997)[4]. [...]

En ce qui concerne **l'acte de désignation de la loi applicable au régime matrimonial**, les futurs époux n'étant pas interpellés par l'officier de l'état civil lors de la célébration sur l'existence de cet acte, le dossier de mariage qui leur est remis doit faire apparaître l'obligation prévue par l'article 1397-3 du Code civil. Si l'acte a été passé à l'étranger, il doit être traduit et légalisé. S'il ne s'agit pas d'un acte authentique, l'officier de l'état civil doit saisir

1. CA Agen, 15 mars 2005, *Dr. fam.* 2005, n° 177, obs. Larribau-Terneyre – À propos des mariages homosexuels célébrés à l'étranger, v. Rép. min. n° 00886, *JO Sénat* 24 janv. 2008, p. 161 – E. Fongaro, « L'absence d'effets successoraux en France du mariage homosexuel d'un Français aux Pays-Bas », *Dr. fam.* 2008, étude 16.
2. COMP. T. civ. Seine, 28 févr. 1919, *DP* 1920, 2, 83.
3. Rép. min., *JOAN* Q, 23 mars 1987, p. 1701.
4. M. Revillard, « Les mesures de publicité relatives aux régimes matrimoniaux en matière internationale », *Defrénois* 1998, 1201 – Th. Vignal, « La loi du 28 octobre 1997 adaptant la Convention de La Haye sur la loi applicable aux régimes matrimoniaux », *JCP* 1998, I, 146.

le procureur de la République pour vérifier la régularité de l'acte au regard de la loi du pays où il a été établi.

L'acte de mariage doit être signé par l'officier de l'état civil, les époux et les témoins (C. civ., art. 39). La signature des ascendants du mineur est également requise, à moins qu'ils n'aient donné leur autorisation par un acte distinct.

L'acte de mariage doit parfois comporter d'autres mentions : mention d'une célébration hors mairie (C. civ., art. 75, al. 3), mention qu'une autorisation a été donnée ou que les parents étaient hors d'état de manifester leur volonté, mention qu'il s'agit d'un mariage posthume ou d'un mariage sans comparution personnelle de l'un des époux. Les dispenses d'âge ou accordées pour des empêchements tenant à la parenté sont classées dans le dossier annexe du mariage.

D'autres mentions devront ultérieurement être portées en marge de l'acte de mariage (sur les modalités, v. C. civ., art. 49) : mention du jugement de séparation de biens (C. pr. civ., art. 1294, al. 2), mention du jugement d'homologation de changement de régime matrimonial (C. pr. civ., art. 1303).

113.193 **Force probante.** Les **énonciations relatives aux constatations que l'officier de l'état civil a faites lui-même** font pleine **foi jusqu'à inscription de faux** (C. civ., art. 1319). Les **énonciations des parties** se référant à des faits que l'officier de l'état civil n'a pu personnellement constater font **foi seulement jusqu'à preuve contraire**. Il appartient au conjoint qui les conteste d'en démontrer l'inexactitude. Lorsque l'acte contient la déclaration des futurs époux qu'il n'a pas été fait de contrat de mariage, et que seulement plus de quarante ans après le mari invoque l'absence de communauté en prétendant qu'il avait été procédé auparavant à une union *more judaico* avec adoption du régime de la nouvelle *takana de Fez* (exclusif de communauté), les juges du fond peuvent souverainement conclure que la preuve de l'existence antérieure de la *ketouba* n'est pas rapportée [1].

113.194 **Sanctions des irrégularités.** La sanction d'éventuelles irrégularités n'est pas la nullité du mariage Mais ces irrégularités, outre l'amende encourue par l'officier de l'état civil, risquent d'entraîner des **difficultés de preuve** (par ex., en cas d'erreur quant à la date du mariage [2]; de défaut de signature de l'officier de l'état civil au bas de l'acte alors que sa présence est attestée par une signature en marge de l'acte [3]; ou en cas de défaut accidentel de signature de l'une des parties [4]). Le refus même de l'un des époux de signer l'acte ne suffit pas à vicier la célébration sauf à rechercher si son consentement était véritablement libre [5].

En cas d'omission ou d'erreur, la rectification de l'acte de mariage peut être demandée par le procureur de la République, sans préjudice du droit des parties intéressées, conformément à l'article 99 du Code civil (C. civ., art. 76).

113.195 **Livret de famille.** L'officier de l'état civil établit également un livret de famille qu'il remet aux époux. Ce livret comporte un **extrait de l'acte de mariage** ayant même force probante que l'acte lui-même (Décr. n° 74-449, 15 mai 1974, relatif au livret de famille, art. 1er [6]). En pratique, un **certificat de célébration** est, en outre, délivré aux époux afin qu'ils puissent justifier de l'accomplissement des formalités civiles auprès d'un ministre du culte, s'ils souhaitent faire procéder à une cérémonie religieuse. Les modèles de fascicules constituant le livret de famille comportent une information sur le droit de la famille, les droits et les obligations des époux (Décr. n° 74-449, 15 mai 1974, art. 20, al. 1er et 2, réd. Décr. n° 2002-1556, 23 déc. 2002 [7]).

1. Civ. 1re, 6 mai 1985, n° 84-10.362, *Bull. civ.* I, n° 138; *JCP* 1985, II, 20485, concl. av. gén. Gulphe.
2. Civ. 31 août 1824, *Jur. gén.*, *V° Mariage*, n° 560.
3. CA Grenoble, 5 avr. 1824, *Jur. gén.*, *V° Mariage*, n° 568-3°.
4. CA Montpellier, 4 févr. 1840, *Jur. gén.*, *V° Mariage*, n° 568-5° – COMP. Req. 26 juill. 1865, *DP* 1865, 1, 493.
5. CA Montpellier, 4 févr. 1840, préc. s^s prés^t n°.
6. Décr. n° 74-449, 15 mai 1974, relatif au livret de famille, *JO* 18 mai, p. 5349.
7. Décr. n° 2002-1556, 23 déc. 2002, *JO* 29 déc.

CHAPITRE

114. Preuve du mariage

JEAN-JACQUES LEMOULAND
PROFESSEUR À L'UNIVERSITÉ
DE PAU ET DES PAYS DE L'ADOUR

SECTION 0
ORIENTEUR

114.00 **Plan du chapitre.**

114.01 **Textes applicables.**

> Preuves du mariage

C. civ., art. 180 à 200 [demandes en nullité de mariage]

C. civ., art. 98-1 [preuve du mariage contracté à l'étranger]

C. civ., art. 46 [preuves admises à défaut de registre]

> Reconstitution d'actes détruits

C. pr. civ., art. 1430 [compétence du tribunal de grande instance]

C. pr. civ., art. 1431 [tribunal territorialement compétent]

C. pr. civ., art. 1432 [reconstitution d'une décision de justice]

C. pr. civ., art. 1433 [procédure gracieuse]

C. pr. civ., art. 1434 [reconstitution partielle de l'acte]

114.02 **Jurisprudence de référence.**

> La preuve de l'existence de mariages non dissous ne peut résulter de la production de fiches familiales d'état civil

• **Civ. 1re, 27 mars 2007, no 04-11.744,** *Bull. civ.* I, no 134

* V. ss no 114.11

« Vu l'article 21-2 du Code civil dans sa rédaction de la loi no 98-170 du 16 mars 1998 et les articles 26-3 et 194 du même code; Attendu que le 15 juin 1999, Mme X..., de nationalité ivoirienne, a souscrit une déclaration de nationalité française sur le fondement de l'article 21-2 du Code civil, en raison de son mariage célébré le 11 avril 1998 à Château-Thierry avec M. Y..., de nationalité française; que le ministre de l'emploi et de la solidarité a refusé l'enregistrement de sa déclaration au motif qu'il résultait de l'examen du dossier que le conjoint français était dans les liens d'une précédente union lorsqu'il a contracté mariage le 11 avril 1998 avec la déclarante et que, dès lors, cette dernière union était entachée de nullité au regard des articles 147 et 184 du Code civil; que Mme X... a contesté ce refus d'enregistrement devant le tribunal de grande instance; Attendu que pour débouter Mme X... de sa demande et refuser d'enregistrer sa déclaration, la cour d'appel a relevé que M. Y... s'était fait établir par l'officier d'état civil quatre fiches familiales d'état civil, l'une pour l'enfant né de son mariage avec Mme E... Z..., la deuxième pour l'enfant né de son mariage avec Mme Adèle A... B..., la troisième pour l'enfant né de son mariage avec Mme Odette C... et la quatrième pour ceux de son union avec Mme X..., que l'arrêt retient qu'il ressort de ces pièces d'état civil que M. Y... était dans les liens de plusieurs mariages au moment de son union avec Mme X... et que du fait de cette situation de polygamie, il n'existait pas de communauté de vie réelle et constante entre M. Y... et Mme X...; Qu'en se déterminant ainsi, alors que la preuve de l'existence de mariages non dissous ne peut résulter de la production de fiches familiales d'état civil, et sans préciser en quoi la situation des époux Y...X..., qui admettaient vivre avec leurs enfants communs et certains enfants du mari, ne permettait pas de retenir l'existence d'une communauté de vie réelle et constante au sens de l'article 215 du Code civil, la cour d'appel n'a pas donné de base légale à sa décision. »

114.03 **Bibliographie indicative.**

Actualisables. RÉP. CIV., M. Lamarche et J.-J. Lemouland, *Vo Mariage (conditions de formation)*, preuve du mariage, nos 683 à 745.

Ouvrages.

* V. ouvrages cités ss no 110.03.

Articles. Y. Seillan, « La possession d'état d'époux », *Mél. Brethe de La Gressaye*, 1967, Éd. Bière, p. 747 s. –

J. Viatte, « La preuve du mariage », *Gaz. Pal.* 1974, 1, doctr. 33.

114.04 Questions essentielles.

> Preuve du mariage par l'acte de mariage : principe.

* V. s[s] n°s 114.11 s.

> Preuve du mariage par la possession d'état : à titre exceptionnel.

* V. s[s] n°s 114.31 s.

114.09 Importance de la preuve du mariage. Il est souvent nécessaire d'apporter la preuve de la qualité d'époux. Cette preuve est exigée afin d'invoquer utilement l'application des effets du mariage dans les rapports entre époux ou dans les rapports des époux avec les tiers (y compris l'État). La **preuve du mariage** présente aussi une grande importance pour les **enfants** issus du couple, car elle participe à la démonstration de leur **filiation** et de leur double rattachement à la mère et au mari. Ce sont enfin les **tiers** qui peuvent avoir intérêt à rapporter cette preuve du mariage, par exemple pour établir leur vocation successorale ou réclamer le paiement de dettes ménagères. Les rédacteurs du Code civil ont choisi de faire de l'acte de mariage le mode principal de preuve de cette union, conséquence de son caractère solennel (sect. 1). Pour autant, il n'est pas exclu que la possession d'état d'époux puisse jouer un rôle dans la preuve du mariage (sect. 2). Dans certaines hypothèses, strictement encadrées, la situation vécue sera prise en considération à défaut de titre[1].

SECTION 1
PREUVE PAR L'ACTE DE MARIAGE

§ 1
Principe

114.11 Position du principe. « *Nul ne peut réclamer le titre d'époux et les effets civils du mariage, s'il ne représente un acte de célébration inscrit sur le registre de l'état civil* [...] » (C. civ., art. 194). Aucun autre écrit que **l'acte de mariage** ne peut être retenu quand bien même le document considéré se rapporterait au mariage (publication du mariage, contrat de mariage, acte de célébration du mariage religieux, autre acte de l'état civil mentionnant l'existence du mariage[2]). Les époux peuvent toutefois utiliser, pour prouver leur mariage, **le livret de famille** remis par l'officier de l'état civil lors de la célébration (Décr. n° 74-449, 15 mai 1974 et Décr. n° 2000-1277, 26 déc. 2000). Doivent être en revanche écartés l'aveu et le serment, la preuve par témoins (même avec un commencement de preuve par écrit) et la possession d'état. Celle-ci ne saurait dispenser les prétendus époux de représenter l'acte de célébration du mariage (C. civ., art. 195).

114.12 Champ d'application. Sauf exception, il semble bien que l'exigence de la preuve préconstituée doive s'imposer à tous les intéressés, non seulement aux époux mais aussi aux enfants et aux tiers. Cependant, certains auteurs estiment que la preuve par l'acte de mariage ne concerne pas les **tiers** et admettent que ceux-ci puissent apporter la **preuve du mariage par tous moyens**[3]. On pourrait en trouver confirmation dans la solution que donnent les textes à la question de la preuve du mariage d'un commerçant. La personne assujettie à immatriculation ou à un dépôt de pièces en annexe (et l'annexe 1-1 du Code de commerce - annexe aux articles A. 123-45, A. 123-47, A. 123-50 et A. 134-2 -, exige du conjoint qui a opté pour un statut en application de l'article L. 121-4 un justificatif d'identité faisant état du mariage[4]) ne peut opposer aux tiers les actes sujets à mention si la publication correspondante n'a pas été effectuée au registre du commerce (C. com., art. L. 123-9).

De façon plus générale, la doctrine limite le domaine d'application de l'article 194 du Code civil aux cas où le mariage est envisagé comme « titre » ou lorsque sont sollicités ses « effets civils ». S'il s'agit d'établir dans un autre but le seul fait de la célébration, la preuve peut en être administrée par tous moyens. Tel serait le cas si le mariage n'était que l'avènement d'une condition : un mari lègue à sa femme une rente viagère jusqu'au jour où elle se remariera; après remariage de la veuve, les héritiers pourraient refuser de poursuivre le service de la rente en apportant par tous moyens la preuve du mariage.

114.13 Force probante. S'agissant d'un **acte authentique**, l'acte de mariage fait pleine foi des formalités qui y sont relatées jusqu'à inscription de faux. Il faudra donc, pour contester cette preuve démontrer que l'officier de l'état civil a commis un **faux en écriture publique**. Cette rigueur a une double justification. En la forme, d'une part : le mariage est un acte juridique spécifique, d'une importance particulière. Au fond, d'autre part : seule cette preuve préconstituée est absolument sûre; il importe que

1. Sur l'ensemble de la question, v. J. Viatte, « La preuve du mariage », *Gaz. Pal.* 1974, 1, doctr. 33.

2. CA Douai, 17 févr. 1894, *DP* 1895, 2, 87 – Pour un refus de retenir la preuve d'un mariage non dissous à partir de la production de simples fiches familiales d'état civil : Civ. 1re, 27 mars 2007, n° 04-11.744, *Bull. civ.* I, n° 134; *Dr. fam.* 2007, comm. 100, note Larribau-Terneyre.
3. Civ. 8 mars 1904, *DP* 1904, 1, 246.
4. V. *Code de commerce* Dalloz.

des concubins ne puissent frauduleusement se prévaloir de la qualité d'époux.

§ 2
Atténuations du principe

114.21 Substituts exceptionnels. À ce sujet, voir l'ordonnance du 16 juillet 1962[1], facilitant la preuve des actes de l'état civil dressés en Algérie, et l'article 98-1 du Code civil, qui prévoit, pour des personnes nées à l'étranger et qui acquièrent ou recouvrent la nationalité française, la possibilité de faire dresser un **acte tenant lieu d'acte de mariage**; l'acte doit énoncer : la date et le lieu de la célébration, l'indication de l'autorité qui y a procédé, les noms, prénoms, dates et lieux de naissance de chacun des époux, leur filiation, et, s'il y a lieu, les coordonnées de l'autorité qui a reçu le contrat de mariage.

114.22 Preuve par tous moyens – Inexistence ou perte des registres. L'article 194, *in fine*, du Code civil réserve « *les cas prévus par l'article 46, au titre* "Des actes de l'état civil" ». Or, l'article 46 du Code civil prévoit le moyen de suppléer aux actes de l'état civil en général lorsque les **registres** sont **inexistants** ou lorsqu'ils ont été **perdus** ou **détruits**. La preuve du mariage pourrait alors être rapportée tant par **titres** (registres et papiers domestiques) que par **témoins**.

Ces dispositions sont interprétées de façon libérale par la jurisprudence qui en fait application lorsque l'acte a été omis sur les registres ou n'a été dressé que sur feuille volante ou même chaque fois que la force majeure empêche sa production[2]. C'est assez souvent le cas pour des mariages célébrés à l'étranger : une épouse, sollicitant une contribution aux charges du mariage, a été ainsi admise à rapporter la preuve de son union célébrée en Algérie en produisant la copie d'un acte notarié faisant mention du mariage, son passeport, sa carte d'électeur, un document émanant de sa caisse de retraite[3].

Une **double preuve** est alors **nécessaire**. D'une part, il faut établir l'existence des circonstances qui empêchent la production de l'acte. D'autre part, il faut démontrer directement la célébration qui n'a pu être officiellement constatée, c'est-à-dire la nature et le contenu de l'acte; la simple possession d'état serait insuffisante. Ces preuves peuvent être rapportées par tous moyens (titres, témoignages ou présomptions), la liste de l'article 46 du Code civil n'étant pas considérée comme limitative.

Il convient pour la partie intéressée de faire une **demande auprès du tribunal de grande instance** du lieu où l'acte aurait dû être inscrit ou du lieu du domicile des intéressés afin d'obtenir un jugement supplétif d'acte de l'état civil. La procédure de reconstitution judiciaire obéit aux dispositions des articles 1431 à 1434 du Code de procédure civile.

114.23 Recherches généalogiques. Il est traditionnellement admis que dans le cadre de recherches généalogiques, c'est-à-dire pour prouver la parenté en vue d'une succession à recueillir, les personnes intéressées puissent, à défaut d'acte de mariage, invoquer d'autres **documents** ou **présomptions**[4].

114.24 Preuve résultant d'une procédure criminelle – Hypothèse visée. La preuve de la célébration du mariage peut, en effet, se trouver acquise par le résultat d'une procédure criminelle. L'inscription du jugement sur les registres de l'état civil assure alors au mariage, à compter du jour de sa célébration, tous les effets civils tant à l'égard des époux qu'à l'égard des enfants (C. civ., art. 198). L'expression « procédure criminelle » doit s'entendre de toute **procédure motivée par une infraction pénale à l'encontre de l'acte**. Il peut s'agir d'une destruction au sens strict ou d'une suppression, d'une soustraction ou d'un détournement de l'acte de mariage ou du registre qui le contenait (C. pén., art. 432-15, 432-16 et 433-4); mais il pourrait également s'agir d'une falsification de l'acte ou du registre (C. pén., art. 441-4) ou de toute autre infraction, même non intentionnelle, ayant eu pour conséquence la perte de la preuve du mariage (C. pén., art. R. 645-3, 1°). L'auteur peut en être l'officier de l'état civil ou toute autre personne.

114.25 Preuve résultant d'une procédure criminelle – Exercice de l'action. L'article 199 du Code civil prévoit le cas où les époux (ou l'un d'eux) sont décédés sans avoir découvert la fraude. Il permet alors à **tous ceux qui y ont intérêt** ainsi qu'au procureur de la République d'agir devant les juridictions répressives pour voir déclarer le mariage valable. La doctrine considère, cependant, que l'action doit être tout aussi largement ouverte aux **tiers** ou au **ministère public**, avant même le décès des époux, en l'absence d'initiative de ces derniers. Et après le décès des époux, alors même que ces derniers auraient eu connaissance de l'infraction de leur vivant mais n'auraient pas agi, le **procureur de la République** pourrait encore sans doute exercer **l'action publique**. Enfin, bien que l'article 199 du Code civil ne vise que l'hypothèse d'une

1. Ord. n° 62-800, 16 juill. 1962, facilitant la preuve des actes de l'état civil dressés en Algérie, *JO* 17 juill., p. 7005.
2. Req. 14 nov. 1922, *DP* 1924, 1, 79.
3. CA Paris, 7 mai 1985, *Defrénois* 1986, art. 33677, note Revillard – Civ. 1re, 24 oct. 2000, n° 98-18.038, NPT; *Dr. fam.* 2002, comm. 37, obs. Lécuyer.
4. Civ. 8 mars 1904, *DP* 1904, 1, 246.

action exercée devant les juridictions répressives, il est généralement soutenu que les époux ou autres personnes intéressées pourraient, conformément au droit commun choisir de porter leur action devant les juridictions civiles.

Le décès de l'auteur de l'infraction est une cause d'extinction de l'action publique. L'action civile elle-même ne peut plus dès lors être exercée devant le tribunal répressif, à moins qu'il n'ait été saisi avant le décès. Subsiste toutefois dans ce cas la possibilité d'agir devant les juridictions civiles contre les héritiers de l'auteur de l'infraction (C. civ., art. 200). Mais le texte exige que **l'action civile** soit **exercée par le procureur de la République sur dénonciation** et en présence des parties intéressées, ceci pour éviter toute collusion frauduleuse entre les intéressés et les héritiers.

La **prescription de l'action publique** empêcherait également d'engager l'action civile devant le tribunal répressif. Mais cette prescription laisse survivre **le droit d'agir devant les juridictions civiles** selon les règles du Code civil (C. pr. pén., art. 10, al. 1er).

Si la voie civile est fermée ou si l'auteur de l'infraction est inconnu, les intéressés n'auront plus que la ressource de prouver le mariage selon les formes prévues par l'article 46 du Code civil.

114.26 Preuve résultant d'une procédure criminelle – Exécution et autorité du jugement. Le jugement constatant la célébration du mariage est inscrit sur les registres de l'état civil; cette inscription assure au mariage tous ses effets civils à compter du jour de sa célébration (C. civ., art. 198). Encore faut-il supposer un mariage valable, le jugement ne pouvant avoir plus de valeur que l'acte de mariage qu'il a pour objet de remplacer. L'inscription sur les registres de l'état civil et l'autorité traditionnelle de la chose jugée au criminel paraissent justifier un effet *erga omnes* du jugement.

Lorsque le jugement émane d'une juridiction civile, l'autorité absolue se justifie encore dans le cas prévu par l'article 200 du Code civil en raison de l'intervention du procureur de la République. En revanche, on peut douter d'un tel effet dans l'hypothèse où serait admise une **action civile de droit commun.**

SECTION 2 RÔLE DE LA POSSESSION D'ÉTAT

§ 1 Principe

114.31 Insuffisance de la possession d'état. La possession d'état d'époux ne suffit pas, en principe, à prouver le mariage et ne dispense pas de représenter l'acte de célébration (C. civ., art. 195). Les raisons invoquées sont à la fois de forme (solennité du mariage, mise en place d'un système de preuve préconstituée) et de fond (soupçon que des concubins ne se fassent trop facilement passer pour mari et femme) [1].

§ 2 Atténuations

114.41 Possession d'état comme complément de preuve à l'égard des époux. Les époux ne sont pas recevables à demander la nullité de l'acte de mariage lorsqu'il y a possession d'état et que l'acte de célébration est représenté (C. civ., art. 196). Au sens strict, les rédacteurs du texte ont voulu dire qu'en dépit d'une grave irrégularité de forme entachant l'acte dressé par l'officier de l'état civil (absence de signature de l'officier de l'état civil ayant célébré le mariage ou des témoins qui y ont assisté [2]; acte de mariage rédigé sur une feuille volante [3]), celui-ci conserve sa force probante à l'égard des époux qui ne pourront se prévaloir de sa nullité s'ils ont vécu depuis la célébration comme mari et femme.

Seuls les époux se voient interdire d'invoquer l'un à l'égard de l'autre cette nullité lorsqu'ils ont la possession d'état. L'interdiction ne joue pas dans les rapports avec les tiers qui peuvent, par conséquent, critiquer le titre irrégulier qui leur est présenté. Cependant, la jurisprudence considère que la possession d'état est susceptible de couvrir non seulement un **vice de forme entachant l'acte de mariage** mais également un **vice de forme ayant affecté la célébration** même. Cette interprétation conduit à interdire aux époux ayant vécu comme tels de se prévaloir du **vice de clandestinité ou d'incompétence** [4].

Pour produire son effet, il faut du moins que la possession d'état soit **constante.**

Ne présente pas ce caractère et ne peut dès lors être opposée à une demande en nullité de mariage, la possession d'état qui a cessé depuis plus de deux années, la vie commune ayant été rompue d'un commun accord, les enfants « partagés » et la femme ayant contracté un nouveau mariage dont le mari a eu connaissance dès le début [5]. Mais les juges du fond peuvent décider que la

1. Y. Seillan, « La possession d'état d'époux », *Mél. Brethe de La Gressaye*, 1967, Éd. Bière, p. 747 s.
2. Req. 26 juill. 1865, *DP* 1865, 1, 493.
3. Civ. 21 nov. 1808, sol. impl., *Jur. gén.*, *V° Mariage*, n° 413.
4. Req. 9 mai 1905, *S.* 1906, 1, 161, note Pillet – Civ. 1er août 1930, *DH* 1930, 505; *DP* 1931, 1, 369, note Lalou; *S.* 1931, 1, 329, note Gény.
5. Req. 28 nov. 1899, *DP* 1900, 1, 472 – DANS LE MÊME SENS, v. Req. 7 janv. 1929, *DH* 1929, 50.

possession d'état n'a pas été interrompue par le rappel du mari en Algérie comme officier de réserve alors que son épouse est venue à diverses reprises l'y rejoindre et qu'ils ont vécu dans l'intimité la plus complète[1].

114.42 Possession d'état comme mode de preuve au profit des enfants. La légitimité d'un enfant ne peut être contestée sous le seul prétexte de défaut de représentation de l'acte de célébration lorsque ses parents, ayant vécu publiquement comme mari et femme, sont tous deux décédés et lorsque la légitimité de l'enfant résulte d'une possession d'état qui n'est pas contredite par l'acte de naissance (C. civ., art. 197). Cette disposition a survécu à l'ordonnance du 4 juillet 2005 portant réforme de la filiation.

L'exception au principe de la preuve par l'acte de mariage ne bénéficie qu'aux enfants et à leurs héritiers[2]. La Cour de cassation s'est pourtant départie de cette analyse en appliquant l'article 197 à la demande du ministère public à l'encontre d'un enfant contestant sa légitimité pour tenter d'obtenir la nationalité française[3].

114.43 Conditions d'admission de la preuve par la possession d'état. La mise en œuvre de l'article 197 du Code civil est subordonnée à la réunion de trois conditions : le décès des père et mère, la possession d'état d'enfant à l'égard du couple, la non-contradiction de cette possession d'état par l'acte de naissance.

1° S'agissant du **décès des père et mère**, cette condition s'explique aisément. Tant que les parents sont vivants, les enfants peuvent se renseigner facilement auprès d'eux sur le lieu et la date de célébration de leur mariage. Il est donc nécessaire que l'enfant prétendant bénéficier des dispositions de l'article 197 administre la preuve du décès de ses père et mère[4]. Il a été jugé, cependant, que l'enfant dont la demande en déclaration de légitimité a été repoussée en première instance, par le motif que l'un de ses père et mère vivait encore au moment de la demande et du jugement, peut invoquer en appel l'article 197 si, depuis le jugement, le survivant de ses père et mère est décédé[5]. À cette hypothèse, la doctrine assimile le cas où les parents sont, soit disparus, soit hors d'état pour une cause quelconque (démence ou amnésie) de fournir les indications relatives à leur mariage.

2° Pour que la filiation de l'enfant ne puisse être contestée malgré l'absence d'acte de célébration du mariage de ses parents, il faut encore qu'il ait la **possession d'état d'enfant à l'égard du couple marié**. Celle-ci est distincte et ne résulte pas de l'établissement de la possession d'état d'époux des parents, mais elle la corrobore et rend plus vraisemblable encore la prétention de l'enfant[6].

3° Il faut enfin que sa propre **possession d'état d'enfant ne soit pas contredite par son acte de naissance.** Il y aurait contradiction si l'acte de naissance attribuait à l'enfant la qualité d'enfant naturel ou d'enfant né d'autres personnes que celles dont il se dit issu. Par contre, il n'y a pas contradiction si l'acte indique que l'enfant est né de père et mère inconnus. Au demeurant, l'enfant n'est pas tenu de représenter cet acte de naissance. C'est à son adversaire de le rechercher et de le produire, s'il soutient que cet acte contredit la possession d'état d'enfant du couple[7].

114.44 Preuve par la possession d'état – Modes de preuve et force probante. La possession d'état d'époux peut être prouvée **par tous moyens**. Les juges disposent d'un pouvoir souverain d'appréciation[8]. Il faut, par exemple, que la femme ait porté le nom de son mari, que les époux se soient respectivement traités comme mari et femme et qu'ils aient été considérés comme tels dans la famille et la société[9]. Cette preuve doit être rapportée de manière distincte; il ne suffirait pas au demandeur de prouver sa propre possession d'état d'enfant qui n'est qu'une condition de mise en œuvre de l'article 197 du Code civil[10]. Pour autant, la loi n'a pas entendu refuser au juge la possibilité de puiser aux mêmes sources et dans les mêmes documents et faits, les preuves distinctes de la filiation et de la possession d'état d'époux[11].

Lorsque les conditions en sont réunies, la possession d'état d'époux fait obstacle à la contestation de la filiation de l'enfant sous le seul prétexte de défaut de représentation de l'acte de célébration. Ce qui laisse entendre que la filiation pourrait être contestée pour d'autres raisons. Autrement dit, la

1. Civ. 1re, 11 oct. 1960, *Bull. civ.* I, n° 428.
2. Pour l'établissement de rapports de parenté à l'effet d'exercer des droits de succession, v. Civ. 28 févr. 1872, *DP* 1872, 1, 97, note Giboulot.
3. Civ. 1re, 8 janv. 1974, *D.* 1975, 160, note Guimezanes.
4. Civ. 19 juin 1867, *DP* 1867, 1, 342 – CA Aix-en-Provence, 10 août 1871, *DP* 1873, 1, 303 – Civ. 28 févr. 1872, *DP* 1872, 1, 97 – Req. 8 juill. 1886, *DP* 1887, 1, 267.
5. CA Metz, 2 mars 1870, *DP* 1870, 2, 166.
6. Civ. 19 juin 1867, *DP* 1867, 1, 347 – CA Rouen, 25 juill. 1906, *DP* 1907, 2, 257, note Fiore.
7. Civ. 30 nov. 1920, *DP* 1921, 1, 177, note Savatier.
8. Civ. 7 févr. 1860, *DP* 1860, 1, 126 – Civ. 7 mai 1873, *DP* 1873, 1, 303.
9. V. CEP., pour quelques difficultés de preuve, Req. 1er juill. 1823, *Jur. gén.*, *V° Paternité et filiation*, n° 320-I° – Req. 20 déc. 1841, *Jur. gén.*, *V° Paternité et filiation*, n° 338 – CA Paris, 12 févr. 1856 – Et, sur pourvoi, Req. 13 janv. 1857, *DP* 1857, 1, 106 – Req. 8 mai 1894, *DP* 1894, 1, 400.
10. Civ. 19 juin 1867, *DP* 1867, 1, 342.
11. Civ. 7 mai 1873, 7 mai 1873, *DP* 1873, 1, 303; Civ. 30 nov. 1920, *DP* 1921, 1, 177, note Savatier.

possession d'état d'époux, dans certaines circonstances, fait preuve complète du mariage mais la présomption qui s'y attache n'est pas irréfragable. La possession d'état ne saurait couvrir des vices que la célébration elle-même ne couvrirait pas : il serait donc possible d'établir la nullité du mariage si l'une des conditions nécessaires à sa validité n'est pas remplie[1] (mais il y a des décisions dans un sens différent[2]). D'autre part, la preuve pourrait être rapportée que les père et mère n'étaient pas mariés et s'étaient faussement attribué la qualité d'époux. Cette preuve résulterait suffisamment, par exemple, de la production d'un acte de mariage constatant qu'au temps de la conception, la mère de l'enfant était mariée avec un autre homme que celui avec lequel elle a vécu maritalement et que l'acte de naissance désigne comme le père de l'enfant[3]. Il a été jugé que si un mariage avait été célébré antérieurement avec un tiers, il appartiendrait à celui qui invoque la possession d'état de prouver la dissolution de cette précédente union[4].

Cependant, la jurisprudence exige en général, pour combattre la présomption résultant de la possession d'état, une **preuve contraire directe et décisive**[5]. S'agissant de la preuve d'un fait négatif – qu'il n'y avait pas mariage – cette preuve sera souvent difficile à administrer.

1. CA Douai, 8 mars 1845, *DP* 1845, 2, 163 – CA Aix-en-Provence, 11 déc. 1933, *DP* 1936, 2, 57, note Nast.
2. T. Seine, 2 janv. 1863, *Gaz. trib.* 9-10 janv.
3. Req. 7 avr. 1869, *DP* 1869, 1, 449 – V. AUSSI, CA Aix-en-Provence, 11 déc. 1933, *DP* 1936, 2, 57, note Nast.
4. CA Lyon, 13 nov. 1924, *DP* 1925, 2, 73, note Rouast.
5. Req. 8 mai 1810, *Jur. gén.*, *V° Paternité et filiation*, n° 321 – CA Montpellier, 4 févr. 1824, *Jur. gén.*, *V° Mariage*, n° 334 – CA Bordeaux, 28 janv. 1835, *Jur. gén.*, *V° Mariage*, n° 253 – CA Paris, 18 déc. 1837, *Jur. gén.*, *V° Paternité et filiation*, n° 428 – Et, sur pourvoi, Req. 11 août 1841, *Jur. gén.*, *V° Paternité et filiation*, n° 323, *DP* 1841, 1, 330.

CHAPITRE

115. Sanctions de l'inobservation des conditions de formation du mariage

MARIE LAMARCHE
MAÎTRE DE CONFÉRENCES
À L'UNIVERSITÉ MONTESQUIEU (BORDEAUX IV)
CERFAP (CENTRE EUROPÉEN D'ÉTUDES ET DE RECHERCHES EN DROIT DE LA FAMILLE ET DES PERSONNES)

SECTION 0
ORIENTEUR

115.00 **Plan du chapitre.**

Division. Les nullités (sect. 1) et dans une moindre mesure les sanctions pénales et civiles (sect. 2) constituent les sanctions principales de l'inobservation des conditions de formation du mariage.

115.01 Textes applicables.

TEXTES SOURCES

• **Code civil**

> Nullités du mariage

C. civ., art. 180 s.

> Sanctions et amendes encourues par l'officier d'état civil

C. civ., art. 50, 63, 68, 156 et 157

• **Code pénal**

> Bigamie : sanction de l'auteur et de l'officier d'état civil

C. pén., art. 433-20

> Célébration de mariage par un ministre du culte sans justificatif d'acte de mariage : sanction du ministre du culte

C. pén., art. 433-21

> Atteintes à l'état civil des personnes par l'officier d'état civil

C. pén., art. R. 645-3, 2°

SÉLECTION THÉMATIQUE ET ALPHABÉTIQUE DE TEXTES CITÉS *IN EXTENSO*
(à l'exception des articles du Code civil et du Code de procédure civile)

> Atteintes à l'état civil des personnes par l'officier d'état civil

C. pén., art. R. 645-3, 2°

Est puni de l'amende prévue pour les contraventions de la 5e classe le fait, par un officier d'état civil ou une personne déléguée par lui en vertu des dispositions de l'article 6 du décret n° 62-921 du 3 août 1962 :

1° De contrevenir aux dispositions réglementaires concernant la tenue des registres et la publicité des actes d'état civil;

2° De ne pas s'assurer de l'existence du consentement des père, mère ou autres personnes lorsque la loi le prescrit pour la validité d'un mariage;

3° De recevoir, avant le temps prescrit par l'article 228 du Code civil, l'acte de mariage d'une femme ayant déjà été mariée.

Les contraventions prévues par le présent article sont constituées même lorsque la nullité des actes de l'état civil n'a pas été demandée ou a été couverte.

La récidive des contraventions prévues au présent article est réprimée conformément à l'article 132-11.

> Bigamie : sanction de l'auteur et de l'officier d'état civil

C. pén., art. 433-20

Le fait, pour une personne engagée dans les liens du mariage, d'en contracter un autre avant la dissolution du précédent, est puni d'un an d'emprisonnement et de 45 000 euros d'amende.

Est puni des mêmes peines l'officier public ayant célébré ce mariage en connaissant l'existence du précédent.

> Célébration de mariage par un ministre du culte sans justificatif d'acte de mariage : sanction du ministre du culte

C. pén., art. 433-21

Tout ministre d'un culte qui procédera, de manière habituelle, aux cérémonies religieuses de mariage sans que ne lui ait été justifié l'acte de mariage préalablement reçu par les officiers de l'état civil sera puni de six mois d'emprisonnement et de 7 500 euros d'amende.

115.02 Jurisprudence de référence.

> Pour une application de la théorie de l'inexistence

• **CA Bordeaux, 19 avr. 2005,** *D.* 2005, 1687, note Agostini; *D.* 2006, pan. 1414, obs. Lemouland et Vigneau; *RTD civ.* 2005, 574, obs. Hauser

* V. s^s n° 115.26

« La cour ne découvre dans les textes fondamentaux européens et dans la jurisprudence européenne aucune contradiction avec la législation française interne relative au mariage, laquelle ne concerne que des personnes de sexe différent. Comme le premier juge, la cour considère que la différence de sexe est une condition de l'existence même du mariage, condition non remplie dans le cas de l'acte relatif à M. X... et M. Y... La célébration organisée par eux le 5 juin 2004 devant l'officier d'état civil de Bègles ne peut être considérée comme un mariage. Ainsi que le soutient le ministère public, l'acte qui en a été dressé n'a pas d'existence juridique et son écriture doit être annulée, avec transcription en marge de l'acte de naissance des intéressés et de l'acte lui-même. »

• **Civ. 1re, 16 juill. 1998, n° 96-14.503,** *Bull. civ.* I, n° 250

* V. s^s n°s 115.25 et 115.211

« Selon le droit allemand, le mariage célébré à Hambourg, sans intervention d'un officier d'état civil est inexistant et ne produit aucun effet notamment à l'égard des enfants. »

> L'action en nullité pour bigamie est recevable alors même que le mariage aurait été dissous par divorce

• **Civ. 1re, 10 mars 1998, n° 95-21.491,** NPT; *Dr. fam.* 1998, n° 147, obs. Lécuyer

* V. s^s n° 115.62

« Mais attendu que le divorce, n'entraînant la dissolution du mariage que pour l'avenir, ne met pas obstacle à l'action tendant à son annulation rétroactive, que le ministère public, conformément aux articles 184 et 190 du Code civil, a qualité pour engager, en l'absence de l'intention matrimoniale requise par l'article 146 du même Code ».

> La présence des futurs époux lors de la célébration est une condition de fond, soumise au régime des nullités absolues

• **Civ. 1re, 15 juill. 1999, n° 99-10.269,** *Bull. civ.* I, n° 244

* V. s^s n° 115.101

« Vu l'article 146-1 du Code civil, ensemble l'article 5 de la Convention franco-marocaine du 10 août 1981;

Attendu qu'aux termes du premier de ces textes, intégré par la loi du 24 août 1993 dans le chapitre premier du titre cinquième dudit Code intitulé "Des qualités et conditions requises pour pouvoir contracter mariage", "*le mariage d'un Français, même contracté à l'étranger, requiert sa présence"* ; qu'il s'agit, désormais, d'une condition de fond du mariage régie par la loi personnelle;

Attendu que le mariage de M. X..., possédant les nationalités française et marocaine, avec Mme Y... a été célébré le 22 novembre 1995 à Berkane (Maroc) hors la présence de l'époux, représenté par son frère;

Attendu que, pour débouter le ministère public de sa demande en nullité du mariage, le tribunal de grande instance énonce que celui-ci est valable tant au regard de la loi marocaine que de la législation française; en quoi il a violé les textes susvisés conduisant, en France, à l'application de la seule loi française ».

> L'action en nullité pour erreur est réservée à l'époux dont le consentement a été vicié

• Civ. 1re, 4 juill. 1995, n° 93-15.005, *Bull. civ.* I, n° 291

* V. ss nos 115.151 et 115.156

« À la différence de l'action en nullité absolue pour défaut de consentement prévue par les deux premiers textes (C. civ., art. 146 et 184), qui est ouverte à tous ceux qui y ont intérêt, l'action en nullité relative pour erreur dans la personne, ou sur des qualités essentielles de la personne prévue par le troisième texte (C. civ., art. 180) est exclusivement attachée à la personne et ne peut être exercée que par l'époux dont le consentement a été vicié. »

> Octroi d'une prestation compensatoire à la suite de l'annulation d'un mariage

• Civ. 1re, 23 oct. 1990, n° 89-10.250, *Bull. civ.* I, n° 221

* V. ss n° 115.243

« Attendu que les dispositions de ces textes, qui prévoient qu'en cas de dissolution du mariage par divorce l'un des époux peut être tenu de verser à l'autre une prestation destinée à compenser, autant qu'il est possible, la disparité que la rupture du mariage crée dans les conditions de vie réciproques et en règlent les modalités, sont aussi applicables, en tant que de raison, lorsque la rupture du mariage résulte de la nullité de l'union ».

> Compétence des tribunaux judiciaires pour connaître de la responsabilité de l'officier de l'état civil mais références aux règles de droit public

• Civ. 1re, 6 févr. 2007, n° 06-10.403, *Bull. civ.* I, n° 49

* V. ss n° 115.311

« Vu les règles régissant la responsabilité des agents des services publics ensemble l'article L. 2122-32 du Code général des collectivités territoriales; Attendu que les actes accomplis par le maire en sa qualité d'officier d'état civil, qui concernent le fonctionnement du service public de l'état civil placé sous le contrôle de l'autorité judiciaire, le sont au nom et pour le compte de l'État; que pour l'appréciation de la responsabilité de cet agent public, qui ressortit à la compétence des juridictions judiciaires, le juge doit se référer aux règles du droit public ».

115.03 Bibliographie indicative.

Actualisable. RÉP. CIV., M. Lamarche et J.-J. Lemouland, *V° Mariage, 3°) Sanctions de l'inobservation des conditions de formation.*

Ouvrages, traités et manuels. A. BÉNABENT, *Droit civil. La famille,* 11e éd., Litec, 2003 – J. CARBONNIER, *Droit civil,* t. II, *La famille,* 21e éd., PUF, 2003 – G. CORNU, *Droit civil, La famille,* 9e éd., Montchrestien, 2006 – P. COURBE, *Droit de la famille,* 4e éd., Éd. A. Colin, 2005 – J. HAUSER et D. HUET-WEILLER, *Traité de droit civil, La famille,* t. I, 2e éd., 1993; *La dissolution de la famille,* t. II, 1re éd., LGDJ, 1991 – PH. MALAURIE et H. FULCHIRON, *La famille,* 2e éd., Éd. Defrénois, 2006 – G. MARTY et P. RAYNAUD, *Droit civil : les personnes,* 3e éd., Sirey, 1976 – F. TERRÉ et D. FENOUILLET, *Droit civil, Les personnes. La famille. Les incapacités,* « Précis », 7e éd., Dalloz, 2005 – H., L. et J. MAZEAUD et F. CHABAS, *La famille,* 7e éd., par L. LEVENEUR, 1995.

Articles. J. Foyer, « Réflexions sur l'article 202 du Code civil, L'avenir du droit », *Mél. F. Terré,* 1999, Dalloz/PUF/Juris-Classeur, p. 469 – P. Hébraud, « Nullité de mariage et divorce », *Études Dauvillier,* Toulouse, 1979, p. 403; « Divorce et nullité du mariage », *Colloque de droit canonique et de droit civil,* L'année canonique, t. XXXII, 1989 – A. Lefebvre-Teillard, « Règle et réalité : les nullités du mariage à la fin du Moyen Âge » *RD canonique* 1983, p. 145 s. – M. Le Roy, « Des amendes prévues par le Code civil pour sanctionner les infractions commises en matière d'état civil et de mariage », *JCP* 1950, I, 886.

115.04 Questions essentielles.

> Quelles sont les personnes qui peuvent demander la nullité absolue du mariage ?

* V. ss nos 115.120 s.

> Quelles sont les personnes qui peuvent demander la nullité relative du mariage ?

* V. ss nos 115.155 s.

> Quels sont les délais pour agir en nullité ?

* V. ss nos 115.142, 115.155 s. et 115.167

> À quelles conditions la nullité du mariage peut-elle avoir des effets limités dans le temps ?

* V. ss nos 115.211 s.

> Quelle est la loi applicable aux effets de la nullité ?

* V. ss n° 115.212

115.05 Délais.

> L'action en **nullité relative** du mariage se prescrit par **cinq ans** (C. civ., art. 181 et 183)

* V. ss nos 115.150 s.

> L'action en **nullité absolue** du mariage se prescrit par **trente ans** (C. civ., art. 184 et 191)

* V. ss nos 115.40 s.

115.06 Sanctions.

> Nullités

* V. ss nos 115.142, 115.155 s. et 115.167

> Sanctions pénales et amendes civiles

* V. ss nos 115.270 s.

115.07 Spécificités des sanctions en matière de mariage. La spécificité des sanctions en cas d'inobservation des conditions de formation du mariage rend compte de la particularité d'un acte juridique pour lequel on n'a pas souhaité appliquer telles quelles les sanctions classiques des conditions de formation des actes juridiques. Les sanctions habituelles des actes juridiques connaissent en effet en matière de mariage d'**importantes atténuations**, tant dans les conditions de leur mise en œuvre que dans leurs effets. Les aménagements apportés au droit commun traduisent l'importance ou au contraire le peu d'importance accordés à certaines conditions de formation du mariage. C'est donc au travers de ces sanctions que l'on peut découvrir la nature du mariage, son essence profonde et les évolutions dans le temps de ces conceptions. Il est ainsi possible de noter d'ores et déjà la **prédominance actuelle des conditions d'ordre substantiel** sur les conditions d'ordre formel, ce qui montre bien que c'est la **réalité du consentement au mariage** qui prévaut et que l'inobservation de certaines conditions de forme a perdu de sa gravité.

115.08 Limitation des cas de nullité. L'anéantissement de l'acte juridique du fait de son annulation demeure plus limité en matière de mariage que dans le cadre des autres actes juridiques. En élargissant les possibilités d'**opposition à mariage** (sur les oppositions à mariage, v. s[s] n° 113.51 à 113.107), la loi prévient la nullité qui pourrait frapper le mariage déjà célébré.

Au-delà de cette intervention *a priori*, la sanction *a posteriori* qui sera, comme pour tout acte juridique, la nullité, connaîtra deux sortes de restrictions fort importantes. Dans ses **cas d'application** d'abord, car nombre de conditions ne sont pas sanctionnées par la nullité mais simplement par d'autres types de sanctions n'atteignant pas le lien matrimonial lui-même. Dans ses **conséquences**, par ailleurs, car le législateur a cherché à limiter les conséquences habituelles des nullités en maintenant, dans certaines conditions, le lien lui-même, au moins pour le passé (sur les effets de la nullité, le mariage putatif, v. s[s] n°s 115.230 à 115.261).

L'évolution législative montre ainsi l'accentuation de cette tendance à restreindre au strict minimum les cas de nullité et leurs effets en les limitant aux hypothèses jugées essentielles. La jurisprudence donne ainsi de nombreux exemples d'**actions en nullité jugées abusives** :

Octroi de 20 000 francs de dommages et intérêts à une veuve, en raison de l'action en nullité de son mariage, célébré *in extremis*, sans que les demandeurs ne rapportent la preuve de l'absence de consentement du défunt[1]; action intentée par la fille du mari pour percevoir une assurance-vie; 10 000 francs[2]; action abusive en raison du précédent mariage des époux qui ruinait la possibilité de voir aboutir une action en nullité pour erreur; 10 000 francs et 5 000 francs d'amende civile[3]; action des descendants du mari à l'encontre de leur mère; 20 000 francs[4].

115.09 Autres sanctions. La particularité du mariage, qui ne saurait être considéré comme un acte juridique privé, va justifier l'existence de **sanctions pénales** contre les officiers de l'état civil, voire contre les parties qui transgresseraient les dispositions de la loi. La sanction pénale éventuelle, appelant les parties ou l'officier de l'état civil à une vigilance particulière qui conduira ce dernier en fait à vérifier ou à rendre compte au parquet en cas de doute, permettra souvent, en évitant la nullité, de ne pas laisser sans sanctions les conditions de formation du mariage. Elle s'ajoutera même parfois à la **sanction civile**, assurant ainsi son renforcement. Ce sont en outre des **dommages-intérêts** qui peuvent être prononcés, soit contre l'officier de l'état civil dont la faute a causé un préjudice aux époux (C. civ., art. 68), soit contre les époux eux-mêmes responsables dans les termes du droit commun, ce qui concerne plus particulièrement le droit des actes de l'état civil ou le droit de la responsabilité civile.

SECTION 1
NULLITÉS DU MARIAGE

115.11 Caractère restreint des actions en nullité. Malgré toutes les mesures préventives prises par la loi et le droit pour l'officier d'état civil de refuser la célébration du mariage quand toutes les conditions de validité ne sont pas réunies, il est possible qu'une de ces conditions fasse néanmoins défaut. Normalement le mariage devrait alors être nul, mais la sanction est grave car elle atteint une institution et dépasse la simple annulation d'une situation contractuelle[5]. La stabilité du mariage impose de restreindre l'utilisation des nullités, afin de ne pas remettre en cause trop facilement la validité de l'union. Aussi la loi a-t-elle atténué l'application du système des nullités : d'une part, toutes les irrégularités ne sont pas sanctionnées par la nullité, d'autre part, le régime des nullités est lui-même amendé dans son application et dans ses conséquences. Les principes généraux des nullités s'appliquent donc au mariage mais avec des restric-

1. CA Paris, 1re ch., sect. C, 3 mars 1998, *Juris-Data* n° 020583; *Dr. fam.* 1999, n° 76, note Lécuyer.
2. CA Bordeaux, 1er juill. 1998, *Juris-Data* n° 045056.
3. CA Paris, 1re ch., sect. C, 3 nov. 1998, *Juris-Data* n° 024370.
4. CA Nancy, 5 févr. 1999, *Juris-Data* n° 041676; *Dr. fam.* 1999, n° 76, note Lécuyer.
5. EN CE SENS, MALAURIE et FULCHIRON, n° 252.

tions importantes. Le droit canonique[1] adopte une position inverse en multipliant les cas de nullité afin de préserver le sérieux du lien matrimonial[2]. Le **caractère restrictif de la théorie des nullités du mariage** n'empêche pas que le nombre d'actions soit en augmentation constante[3]. Mais le nombre d'actions en nullité demeure très en deçà du nombre de demandes en divorce : 1 670 actions en nullité pour 183 000 demandes en divorce en 2005[4].

115.12 Cas de nullité. Étant acquis que toute inobservation d'une condition de formation du mariage n'emporte pas nullité de l'acte juridique, reste à déterminer les hypothèses dans lesquelles cette sanction pourra être prononcée. La loi distingue les **empêchements simplement prohibitifs** des **empêchements dirimants** qui, seuls, seront sanctionnés par la nullité. Les textes du Code civil ne renseignent toutefois que de façon imparfaite sur la détermination des cas de nullité (C. civ., art. 180 s.).

§ 1
Détermination des cas de nullité

115.21 Nullités textuelles. Le chapitre IV du titre V du Code civil, intitulé « Des demandes en nullité de mariage » (C. civ., art. 180 s.) vise un certain nombre d'hypothèses de nullités, absolues ou relatives, sans toutefois que cette liste soit exhaustive. Pour certaines conditions de formation du mariage, l'absence de texte prévoyant la nullité en cas de non-respect s'explique par le fait qu'il s'agit des irrégularités les moins graves. Certains empêchements à mariage sont en effet simplement prohibitifs et ne sauraient donner lieu à nullité en cas d'inobservation de ces empêchements. Pour d'autres irrégularités qui, au contraire, sont plus graves, l'absence de texte prévoyant une sanction pose davantage de difficultés.

Trois interprétations peuvent être retenues :

– soit la **liste légale** est **limitative** et il n'existe pas d'autres cas de nullité que ceux prévus par les textes;

– soit, au contraire, on peut admettre l'**existence de nullités virtuelles**;

– soit enfin, devant la difficulté d'admettre des nullités non prévues par la loi, il faut recourir à une sanction particulière qui serait **l'inexistence.**

L'intérêt pratique du débat est fort limité, comme d'ailleurs pour l'ensemble de la théorie des nullités de mariage, mais ses conséquences théoriques sont importantes car elles commandent largement l'analyse que l'on peut faire du mariage[5].

115.22 Principe « Pas de nullité sans texte ». Il est généralement admis dans la théorie des nullités qu'il peut exister non seulement des nullités textuelles mais aussi des nullités virtuelles ou tacites. On reconnaissait toutefois traditionnellement, que le mariage échappait à cette règle du fait de son importance et de l'intérêt public qui est en cause. La stabilité de l'institution et son caractère d'ordre public impliquaient dès lors de retenir en la matière le principe « pas de nullité sans texte »[6], ce qui était déjà admis dans l'Ancien droit et que le Code civil aurait confirmé en traitant des nullités dans un chapitre entier et spécifique[7]. Cette analyse largement critiquée est aujourd'hui dépassée.

115.23 Nullités virtuelles. Il est désormais admis sans difficulté qu'à côté des nullités prévues par la loi, il peut exister des nullités virtuelles[8]. Il est ainsi reconnu que si la loi, en posant une condition au mariage, a manifestement entendu la sanctionner par la nullité, il n'est pas nécessaire qu'elle le dise expressément. L'argument de texte n'est pas non plus définitif car le chapitre IV du titre V du livre Ier s'intitule « Des *demandes* en nullité de mariage » et non des cas de nullité[9]. Enfin, sur le plan logique, les conséquences de la thèse classique sont à peu près insoutenables dans plusieurs cas : des hypothèses comme l'identité de sexe ou l'absence totale de célébration ne seraient pas sanctionnées par la nullité car non expressément visées par le législateur. La jurisprudence ne s'est pas arrêtée au principe « *pas de nullité sans texte* » et a très tôt accepté, dans quelques cas, naturellement peu fréquents, de prononcer une nullité sans texte : jadis, pour le mariage de l'enfant naturel sans le consentement du tuteur *ad hoc*, ou encore pour le remariage prohibé, à l'époque, entre époux divorcés et, plus pratiquement, en cas de parenté adoptive, ou encore d'inobservation des formalités de l'arti-

1. V. *Divorce et nullité du mariage*, Colloque de droit canonique et de droit civil, L'année canonique, t. XXXII, 1989 – Lefebvre-Teillard, « Règle et réalité : les nullités du mariage à la fin du Moyen-Âge », *RD canonique* 1983, p. 145 s.
2. HAUSER et HUET-WEILLER, n° 304.
3. Une centaine chaque année à partir de 1984 : J. Rubellin-Devichi, obs. *RTD civ.* 1989, 290 et *RTD civ.* 1996, 701.
4. MALAURIE et FULCHIRON, n° 252.
5. EN CE SENS, V. P. Hébraud, « Nullité de mariage et divorce », *Mél. Dauvillier*, 1979, p. 403 s.
6. MARTY et RAYNAUD, n° 110.
7. EN CE SENS, V. Req. 12 nov. 1844, *DP* 1845, 1, 98 – CA Paris, 3 mars 1897, *DP* 1897, 2, 439 – CA Douai, 28 déc. 1908, *DP* 1909, 2, 102 – Pour la doctrine classique : Beudant et Lerebours-Pigeonnière, *Cours de droit civil français*, t. II, n° 599 – Josserand, *Cours de droit civil positif français*, t. I, n° 787.
8. Planiol et Ripert, *Traité pratique de droit civil français*, t. II, n° 246 – V. AUSSI, MARTY et RAYNAUD, *loc. cit.* – TERRÉ et FENOUILLET, n° 417.
9. EN CE SENS, V. *Les travaux préparatoires, discussion du Conseil d'État*, Fenet, t. IX, p. 40 s.

cle 170 du Code civil, bien que l'article 184 ne le mentionne pas. La prudence reste tout de même nécessaire car la maxime « *pas de nullité sans texte* », si elle n'est pas la règle rigide qu'on avait imaginée, exprime tout de même une vérité simple : la nullité est une sanction grave appliquée à un mariage et ne peut être utilisée trop facilement.

115.24 Théorie des mariages inexistants. La théorie de l'inexistence des actes juridiques n'est pas spécifique à la matière du mariage, ni même au droit privé[1]. Elle prend toutefois ici une importance particulière en raison de l'application éventuelle du principe « pas de nullité sans texte ». Si l'on admet la théorie de l'inexistence, le mariage inexistant serait celui auquel **manque un élément constitutif** ce qui correspondrait à trois hypothèses : l'**absence totale de consentement** (mais L. 19 févr. 1933, modifiant C. civ., art. 184, a prévu ici la nullité absolue), l'**identité de sexe** et le **défaut total de célébration**[2]. Admettre la théorie de l'inexistence permettrait de contourner le principe « *pas de nullité sans texte* » et conduirait à des conséquences différentes de celles de la nullité absolue. Tout d'abord l'intervention d'un tribunal ne serait pas nécessaire et la personne ayant contracté un mariage inexistant devrait pouvoir se remarier sans attendre l'annulation. Si, toutefois, une action en justice était intentée, tout intéressé pourrait invoquer l'inexistence sans se heurter aux exigences en matière de nullité quant à la qualité pour agir. Le mariage inexistant ne serait en outre pas susceptible de confirmation même par prescription trentenaire[3]. Et enfin, et peut-être surtout, le mariage inexistant ne pourrait bénéficier de la putativité. On a fait valoir un argument de texte à l'appui de cette thèse puisque, à propos de l'absence de consentement (argument valable avant 1933 et le demeurant au plan logique), l'article 146 du Code civil n'énonce pas que le mariage est nul mais qu'« *il n'y a pas de mariage* ». La théorie de l'inexistence n'a toutefois pas connu de succès, la doctrine comme la jurisprudence s'étant montrées réticentes vis-à-vis de cette théorie. La doctrine tout d'abord, après l'introduction de la notion d'inexistence du mariage par Aubry et Rau[4], s'est montrée plutôt hostile à l'idée, même si certains auteurs acceptent de faire place à la théorie de l'inexistence à côté de celle des nullités virtuelles où elle remplirait donc un autre rôle que celui de contourner le principe « pas de nullité sans texte »[5]. Certaines des conséquences de la théorie de l'inexistence appliquée au mariage sont en réalité de peu d'intérêt. Ainsi, il n'est pas très utile de dire que dans un cas le tribunal *prononce* la nullité et que dans l'autre il *constate* l'inexistence. Dans tous les cas l'inexistence sera rarement assez évidente pour éviter une discussion et finalement une **décision judiciaire**, et surtout, inexistence ou nullité, il faudra tout de même **détruire une apparence d'état civil**. D'autres conséquences plus concrètes ne sont peut-être pas très heureuses; ainsi, quant aux personnes pouvant invoquer l'inexistence et quant à la prescription ou même parfois quant au refus du mariage putatif[6]. Il est toutefois possible de penser que la théorie du mariage inexistant peut présenter une utilité dans les cas limites où elle assure une protection de la nature juridique du mariage. Ainsi, même si le refus du mariage putatif doit être rare, on ne peut imaginer qu'un mariage qui n'aurait fait l'objet d'aucune célébration vaille comme putatif car la notion même de mariage serait en jeu. En ce sens l'inexistence du mariage intéresse plus sa définition que le régime de sa nullité. Cela explique dès lors que la jurisprudence ait rarement utilisé la notion d'inexistence[7]. En outre, les décisions qui emploient le terme d'inexistence retiennent ensuite les mêmes effets que la nullité[8].

115.25 Maintien de l'intérêt de la théorie de l'inexistence en cas d'absence totale de célébration. En cas d'absence totale de célébration ou en l'absence de célébration devant un officier de l'état civil, le recours à l'inexistence peut présenter un intérêt afin d'**éviter l'application du mariage putatif**. L'hypothèse est symboliquement importante car elle révèle la frontière entre mariage et concubi-

1. V. J. Flour, J.-L. Aubert et L. Savaux, *Les obligations*, t. I, *L'acte juridique*, 13e éd., Éd. A. Colin, 2008, n° 326 – *Adde*, V. Peltier, « Contribution à l'étude de la notion d'inexistence en droit privé », *RRJ* 2000, 917 – Sur l'application de la sanction en droit allemand et sa qualification en droit international privé, v. Civ. 1re, 1er déc. 1998, *JCP* 1999, II, 10032, note Muir-Watt.
2. V. Malaurie et Fulchiron, n° 254, qui distinguent les trois éléments essentiels : l'élément de volonté, l'élément naturel et l'élément formel.
3. Pour une application de ces trois premières conséquences, v. T. civ. Blida, 31 déc. 1931, *DP* 1932, 2, 113, note P. Chauveau.
4. Aubry et Rau, *Droit civil français*, t. V, 4e éd., § 450 s.
5. En ce sens, v. Marty et Raynaud, n° 111 – Carbonnier, t. II, p. 655 – Hauser et Huet-Weiller, nos 306 s. – Sur la critique classique, v. Saleilles, « La distinction entre l'inexistence et la nullité du mariage », *Bull. soc. et. législ.* 1911, 351 – Japiot, *Des nullités en matière d'actes juridiques*, th. Dijon, 1909, p. 454 s. – G. Cohendy, « Des intérêts de la distinction entre l'inexistence et la nullité d'ordre public », *RTD civ.* 1914, 33.
6. V. ainsi, Terré et Fenouillet, n° 417, qui soulignent que la théorie introduit une complication inutile.
7. V. not., CA Aix-en-Provence, 11 déc. 1933, *DP* 1936, 2, 57, note Nast – CA Lyon, 12 mai 1949, *RTD civ.* 1950, 222, obs. Hébraud.
8. CA Bastia, 8 févr. 1888, *DP* 1888, 2, 317 – Civ. 6 avr. 1903, *DP* 1904, 1, 395, concl. Baudouin; *S.* 1904, 1, 273, note Wahl.

nage, la limite des degrés qui peuvent être admis dans la formation du mariage, le mariage putatif apparaissant comme le « noyau dur » du mariage. Or, il est possible de noter que l'exigence d'un **minimum de célébration** pour conduire au bénéfice du mariage putatif est assez largement admise par la doctrine[1] et paraît bien retenue par la jurisprudence sans que la notion d'inexistence soit toujours mentionnée[2]. La difficulté demeure de définir ce minimum exigé ou plus simplement l'apparence de mariage permettant d'admettre le mariage putatif. On a proposé d'opérer ici une distinction en fonction des exigences de **l'ordre public français** et donc selon le **degré d'extranéité** que comporte le mariage[3]. Dans le cas de célébration en France et entre Français, par une autorité radicalement incompétente (par ex., un prêtre, un notaire, un fonctionnaire quelconque), on devrait se montrer ici très rigoureux car l'ordre public français est directement en cause et, à travers lui, la distinction entre mariage et concubinage. Mais le cas est si peu pratique qu'il n'a jamais été directement jugé par la jurisprudence (v. toutefois, pour une application généreuse de la putativité alors que le mariage avait été célébré en France, avec un Français devant un consul étranger; la célébration solennelle suffisait alors qu'elle avait eu lieu devant une autorité incompétente[4]). En revanche, dans le cas de mariages comportant un élément d'extranéité, la jurisprudence aurait tendance à se montrer moins exigeante en acceptant une **simple apparence de célébration** exprimant au moins un **rite matrimonial** (ce qui devrait tout de même exclure la simple démarche administrative[5]). Mais, ici encore, les solutions ne sont pas toujours fondées sur la distinction entre mariage nul et mariage inexistant et ne permettent donc pas de conclusion sur ce point[6].

115.26 Intérêt renouvelé de la théorie de l'inexistence en cas d'identité de sexe des époux. Il était traditionnellement admis que l'inexistence pouvait aussi prouver son utilité en cas d'identité de sexe. La doctrine dominante admettait que, dans ce cas, il n'y avait même pas apparence de mariage mais tout au plus un acte de l'état civil à annuler comme étant sans objet. Longtemps la question renvoyait en réalité aux hypothèses de doute sur le sexe de l'un des époux en raison d'un vice de conformation et le problème n'était pas exactement celui de l'identité de sexe[7]. Les difficultés posées par le changement de sexe à l'état civil des transsexuels n'avaient par ailleurs que des répercussions indirectes sur la question du mariage (sur la question plus spécifique du mariage des transsexuels, v. s^s^ n°s 111.132 à 111.134). Le débat concernant l'inexistence pourrait en revanche être largement renouvelé du fait de l'**admission du mariage homosexuel par certaines législations étrangères** et de la **célébration de mariage entre personnes de même sexe par certains officiers de l'état civil en France**[8]. Il convient de noter d'ailleurs que la cour d'appel de Bordeaux n'a pas hésité, dans sa décision concernant l'affaire dite du « mariage béglais », à utiliser expressément la notion d'inexistence et à lui faire produire des effets différents de la nullité[9]. La Cour de cassation n'a pour sa part visé que la nullité absolue, comme l'avait fait précédemment

1. MARTY et RAYNAUD, n° 113, p. 140 – TERRÉ et FENOUILLET, n° 417.
2. CA Lyon, 13 nov. 1924, *DP* 1925, 2, 73, note Rouast – CA Aix-en-Provence, 11 déc. 1933, *DP* 1936, 2, 57, note Nast – CA Aix-en-Provence, 19 nov. 1947, *JCP* 1948, II, 4254, note J. S.; *RTD civ.* 1948, 327, obs. Lagarde – TGI Paris, 2 nov. 1982, *RTD civ.* 1983, 331, obs. Rubellin-Devichi.
3. HAUSER et HUET-WEILLER, n°s 377 s.
4. CA Douai, 28 avr. 1997, *BICC*, n° 463, p. 26; *RTD civ.* 1998, 77, obs. Hauser.
5. V. TGI Paris, 2 nov. 1982, *RTD civ.* 1983, 331, obs. Rubellin-Devichi.
6. Civ. 30 juill. 1900, *DP* 1901, 1, 317 – Civ. 5 janv. 1910, *DP* 1911, 1, 338 – Mariage célébré par les autorités hébraïques : CA Nîmes, 17 juin 1929, *S.* 1929, 2, 129, note Solus; *DH* 1929, 501 – Et, sur pourvoi, Req. 14 mars 1933, *DP* 1933, 1, 28, rapp. Pilon; *S.* 1934, 1, 161, note Solus; *RTD civ.* 1933, 449, obs. Lagarde – Mariage célébré *in extremis* en Suisse par un prêtre catholique : CA Bordeaux, 16 juin 1937, *DH* 1937, 539 – Req. 14 mars 1933, *DH* 1933, 219; *S.* 1933, 1, 168 – CA Douai, 1er avr. 1936, *DP* 1936, 2, 70, note Rouast – Civ. 1re, 21 juin 1955, *JCP* 1956, II, 9328, note Guiho – Et, sur renvoi, CA Alger, 23 janv. 1957, *JCP* 1957, II, 9785 – Pour des mariages religieux célébrés en Autriche dans un camp de réfugiés : Civ. 29 avr. 1966, *Bull. civ.* I, n° 165 – Pour un israélite se croyant divorcé par une simple sentence rabbinique : Civ. 1re, 28 mai 1991, n° 89-13.742, *Bull. civ.* I, n° 169; *D.* 1992, 121, note Massip – CA Versailles, 27 mai 1999, *RTD civ.* 1999, 604, obs. Hauser – V. CEP., la sévérité du droit allemand vis-à-vis du mariage célébré en la forme hébraïques : Civ. 1re, 16 juill. 1998, n° 96-14.503, *Bull. civ.* I, n° 250; *D.* 1999, 51, note Fauvarque-Cosson; *JCP* 1999, II, 10032, note Muir-Watt : « *Selon le droit allemand, le mariage célébré à Hambourg, sans intervention d'un officier d'état civil est inexistant et ne produit aucun effet notamment à l'égard des enfants* ».
7. Planiol et Ripert, t. II, par Rouast, n° 258 – RIPERT et BOULANGER, *Traité de droit civil*, t. I, n° 1321.
8. MALAURIE et FULCHIRON, n° 254 – H. Fulchiron, « Le droit français et les mariages homosexuels étrangers », *D.* 2006, 1253.
9. CA Bordeaux, 19 avr. 2005, *D.* 2005, 1687, note Agostini; *D.* 2006, pan. 1414, obs. Lemouland et Vigneau; *Dr. fam.* 2005, comm. 124, Azavant; *RTD civ.* 2005, 574, obs. Hauser – Et sur pourvoi, Civ. 1re, 13 mars 2007, n° 05-16.627, *Bull. civ.* I, n° 113; *RTD civ.* 2007, 287, obs. Hauser; *RLDC* 2007, 2536; *Dr. fam.* 2007, comm. 76, Azavant; *D.* 2007, 1561, obs. Lemouland; 1375, obs. Fulchiron; 1389, rapp. Pluyette; 1395, note Agostini; *RJPF* 2007/5, p. 15, obs. Leborgne.

dans la même affaire le tribunal de grande instance de Bordeaux[1].

115.27 Empêchements simplement prohibitifs ne donnant pas lieu à nullité. Certaines conditions de fond et de forme du mariage ne sont pas sanctionnées par la nullité, soit parce qu'elles ne constituent que des empêchements simplement prohibitifs sanctionnés par des mesures pénales, soit parce que, la nullité n'étant pas prévue, l'interprète, même sans adhérer à la règle « pas de nullité sans texte », estime la sanction de la nullité disproportionnée avec la gravité du manquement. Les empêchements simplement prohibitifs sont : le **défaut de publication** (à moins que le mariage soit entaché du vice de clandestinité), l'existence d'une **opposition non levée**, le **défaut d'autorisation administrative** dans les rares cas où elle est encore nécessaire et le défaut de production de certaines pièces exigées en cas de remariage (acte de décès du premier conjoint ou jugement de divorce).

115.28 Manquement à certaines règles de forme. La particularité de l'acte juridique de mariage emporte aussi des conséquences en cas de manquement à certaines règles de formes. Le non-respect de ces règles n'est pas en principe un cas de nullité. Il en sera ainsi de toutes les conditions de forme dans la mesure, toutefois, où leur omission n'a pas d'effet sur le fond ou sur l'existence même du mariage. On peut donc admettre que l'omission par l'officier d'état civil des lectures prévues par la loi, ou encore l'irrégularité dans la rédaction de l'acte ou la forme du consentement des parents, sera sans effet sur le mariage lui-même. La jurisprudence a pu juger que le défaut de transcription sur les registres consulaires du mariage d'un Français à l'étranger n'entraînait pas la nullité[2]. En revanche, malgré des discussions anciennes, on devait admettre que le **mariage contracté par un mandataire** était, *ipso facto*, frappé de nullité bien que la présence des époux constituât une règle de forme ayant pour but de protéger l'expression du consentement et on pouvait remarquer que l'admission exceptionnelle de cette forme prouvait bien sa prohibition à titre général et sa sanction par la nullité[3]. L'article 146-1 du Code civil, issu de la loi n° 93-1027 du 24 août 1993[4], énonce que « *le mariage d'un Français, même contracté à l'étranger, requiert sa présence* ». Cette condition constitue désormais une condition de fond du mariage et son non-respect sera donc sanctionné par la nullité.

§ 2 Hypothèses de nullité

115.31 Distinction des nullités absolue et relative. On distinguait habituellement en droit commun des nullités, la nullité absolue de la nullité relative en retenant trois différences :

1° la **nullité absolue** peut être **invoquée par tout intéressé** et par le **ministère public**, alors que la nullité relative ne peut être invoquée que par celui qu'elle a pour but de protéger;

2° les nullités absolues, au contraire des nullités relatives, **ne peuvent être confirmées**;

3° les nullités absolues sont **imprescriptibles**.

Ces différences sont, toutefois, fort discutées par la doctrine moderne qui les considère souvent comme moins nettes[5] (sur la réforme des délais de prescription, v. s^s^ n°s 115.142 et 115.155). En matière de mariage, le caractère particulier de cet acte juridique et la gravité de la sanction donnent à chaque cas de nullité une certaine originalité par rapport au droit commun des nullités[6].

A. Nullités absolues

115.40 Sanction d'une condition d'ordre public. La nullité absolue constitue la sanction de l'inobservation d'une condition d'ordre public. Les nullités absolues sont visées par le Code civil aux articles 184 et 191 : nullité pour impuberté, pour inceste, pour bigamie, pour défaut de consentement, pour clandestinité, pour incompétence de l'officier de l'état civil, pour défaut de présence de l'un des époux. Chacun de ces cas a un régime particulier, souvent dérogatoire au droit commun des nullités absolues.

1° Causes de nullité absolue

a) Nullité pour impuberté

115.41 Nullité pour impuberté. Le mariage contracté avant dix-huit ans est nul de nullité

1. TGI Bordeaux, 27 juill. 2004, *D.* 2004, 2392, note Agostini; *D.* 2004, somm. 2965, obs. Lemouland; *Dr. fam.* 2004, n° 166, obs. Azavant – M. Lamarche, « Deux femmes, un homme et une femme, deux hommes : quel(s) mariage(s) pour le troisième millénaire ? », *RLDC* 2004/9, p. 33.
2. Civ. 1re, 9 déc. 1963, *Gaz. Pal.* 1964, 1, 332; *RTD civ.* 1965, 93, obs. Desbois.
3. EN CE SENS, v. MARTY et RAYNAUD, n° 76.
4. L. n° 93-1027, 24 août 1993, relative à la maîtrise de l'immigration et aux conditions d'entrée, d'accueil et de séjour des étrangers en France, *JO* 29 août, p. 12196.
5. Sur cette discussion, v. J. Flour, J.-L. Aubert et L. Savaux, *Les obligations*, t. I, *L'acte juridique*, 13e éd., Éd. A. Colin, 2008, n°s 334 s.
6. HAUSER et HUET-WEILLER, n°s 302 s.

absolue et cette nullité peut être invoquée par tout intéressé (C. civ., art. 144 et 184). L'âge légal du mariage est désormais le même pour l'homme et pour la femme (L. n° 2006-399, 4 avr. 2006 [1]). L'application d'une telle sanction est devenue très rare du fait de l'âge moyen des mariages et de la possibilité d'une dispense (C. civ., art. 145). Les spécificités de la nullité dans cette hypothèse ont toutefois disparu et certaines fins de non-recevoir au caractère dérogatoire ont été abrogées.

115.42 Disparition des fins de non-recevoir de l'action en nullité pour impuberté. Les anciens articles 185 et 186 du Code civil prévoyaient **deux cas de confirmation** de l'acte nul pour défaut d'âge légal. La nullité pour impuberté était tout d'abord couverte par l'écoulement d'un **délai de six mois depuis la survenance de l'âge requis.** Un délai de six mois à compter de la survenance de l'âge requis était prévu pour agir en nullité. On a justifié cette règle (C. civ., anc. art. 185, 1°) par le fait que le mariage est non seulement un acte juridique mais une institution [2]. En réalité, on peut supposer que les époux avaient renoncé à agir contre une situation, pourtant essentielle, qu'ils avaient laissé s'établir plus de six mois après avoir atteint l'âge de la puberté et il était en outre toujours possible pour les époux de se remarier aussitôt après l'annulation de leur union [3]. L'ancien article 185 prévoyait en outre que la nullité pour impuberté était couverte par la **grossesse de la femme dans le délai de six mois.** Cette grossesse détruisait évidemment la présomption de non-puberté résultant de l'âge fixé par la loi et interrompait immédiatement l'action. Ces deux fins de non-recevoir de l'action en nullité ont disparu avec la loi n° 2007-1631 du 20 novembre 2007 [4] qui a abrogé les articles 185 et 186 du Code civil. Les causes de confirmation ne se justifiaient plus en effet depuis la modification de l'âge légal du mariage pour la femme par la loi du 4 avril 2006 [5].

b)
Nullité pour inceste

115.51 Nullité pour inceste. La **nullité absolue** sanctionne le mariage incestueux, c'est-à-dire le mariage contracté alors qu'il existait entre époux un lien de parenté ou d'alliance à un degré prohibé (C. civ., art. 161, 162, 163 et 184) [6]. On appliquera ici les principes généraux qui régissent les nullités absolues. Il est admis que tout intéressé pourrait l'invoquer à condition de prouver un intérêt [7]. L'action serait, en principe, imprescriptible et le mariage ne pourrait être confirmé. La seule difficulté provient de l'incertitude des textes concernant la **sanction des empêchements dans la famille née de l'adoption simple.** L'article 184 du Code civil, qui prévoit la sanction de la nullité dans les cas auxquels il renvoie, ne vise précisément pas l'article 366 qui énumère les empêchements résultant de l'adoption simple. On retrouve alors l'obstacle du principe « pas de nullité sans texte » si, du moins, l'on n'admet pas l'existence de nullités virtuelles. Dans le débat ouvert sur ce point, il est certain que l'absence de lien biologique pourrait conduire à répondre négativement à une époque où la tendance est de limiter les prohibitions d'ordre uniquement social. D'un autre côté, si les prohibitions résultant de la seule alliance sont en décadence, au contraire celles qui reposent sur un lien familial, même présumé ou fictif, sont fermement maintenues, voire créées, la loi du 3 janvier 1972 ayant ainsi institué une prohibition entre créancier et débiteur de subsides (C. civ., art. 342-7). Enfin, il serait socialement discutable d'admettre un mariage après une adoption, et on a pu remarquer que l'article 366 du Code civil utilise bien l'expression traditionnelle : « *le mariage est prohibé* » [8]. Certains auteurs sont cependant moins sévères à l'égard de cet empêchement à mariage et font valoir qu'il est préférable d'éviter la nullité du mariage et que la prohibition née de l'adoption simple est d'une importance moindre d'un point de vue moral et social que celle résultant de la parenté légitime ou naturelle [9]. En revanche, l'assimilation expresse de l'adoption plénière aux autres filiations légalement établies (C. civ., art. 358) conduit à décider que les mêmes prohibitions et donc les mêmes sanctions s'appliqueront dans les deux cas. Il convient de préciser qu'une dispense accordée par le Président de la République après la célébration du mariage ne pourrait constituer une confirmation et ne saurait donc faire échapper le mariage contracté en violation des dispositions des articles 161 à 163 du Code civil à la nullité absolue.

1. L. n° 2006-399, 4 avr. 2006, renforçant la prévention et la répression des violences au sein du couple ou commises contre les mineurs, *JO* 5 avr., p. 5097.
2. Planiol et Ripert, t. II, par Rouast, n° 261.
3. Terré et Fenouillet, n° 415.
4. L. n° 2007-1631, 20 nov. 2007, relative à la maîtrise de l'immigration, à l'intégration et à l'asile, *JO* 21 nov., p. 18993.
5. L. n° 2006-399, 4 avr. 2006, renforçant la prévention et la répression des violences au sein du couple ou commises contre les mineurs, *JO* 5 avr., p. 5097.
6. V. A. Batteur, « L'interdit de l'inceste principe fondateur du droit de la famille », *RTD civ.* 2000, 759.
7. Ainsi de l'action d'un créancier, CA Metz, 7 févr. 1854, *DP* 1854, 2, 217 – Ou du ministère public, T. Vienne, 28 déc. 1865, *DP* 1867, 3, 45.
8. V. les doutes exprimés par Marty et Raynaud, n° 116.
9. Terré et Fenouillet, n° 406.

c)
Nullité pour bigamie

115.61 Conditions de la nullité pour bigamie. Le second mariage contracté avant dissolution du premier mariage est frappé de **nullité absolue** (C. civ., art. 147 et 184 combinés). La bigamie constitue la cause de nullité la plus souvent invoquée[1]. Deux conditions sont nécessaires pour qu'un mariage soit annulable pour bigamie : 1° l'existence d'un mariage antérieur; 2° la validité de ce mariage. À côté de la nullité qui est une sanction civile, la loi a prévu des sanctions pénales (sur les sanctions pénales et civiles, v. s^{s} n°s 115.270 à 115.311). Le demandeur en nullité du second mariage doit, d'abord, fournir la preuve légale de l'existence du mariage antérieur[2]. Cette condition ne sera pas remplie si le premier mariage est lui-même frappé de nullité ou, plus pratiquement, s'il a été dissous par divorce[3]. En fait, c'est souvent la **validité de la dissolution du premier mariage** qui **sera contestée par l'époux qui invoque la nullité de la seconde union.** Il convient en effet, selon les dispositions de l'article 189 du Code civil, de se prononcer au préalable sur la question de la **validité** ou de la **nullité du premier mariage** afin de savoir s'il existait vraiment au moment du second mariage[4]. Il s'agit donc d'une **question préjudicielle**[5]. La contestation de la validité du premier mariage se fera notamment dans le cas, très majoritaire[6], où cette **dissolution** a été **prononcée à l'étranger**. On invoquera souvent la non-validité de certains divorces simplifiés offerts par des législations accueillantes à des étrangers sans lien avec le pays considéré ou encore des divorces par **répudiation,** notamment selon la loi musulmane[7]. Si le premier conjoint a été régulièrement déclaré absent, la sanction de la bigamie n'est plus encourue dans le cas de second mariage car le premier est désormais régulièrement dissous par la **déclaration d'absence** (C. civ., art. 128 et 132, réd. L. n° 77-1447, 28 déc. 1977[8]).

115.62 Caractère absolu de la nullité pour bigamie. La nullité peut être invoquée par **tout intéressé** et par **l'époux** au préjudice duquel le mariage a été contracté, et cela du vivant même de l'époux qui était engagé avec lui. L'action en nullité est recevable alors même que le mariage aurait été dissous par divorce[9]. En revanche le conjoint divorcé depuis le second mariage n'a plus, lors de son action en nullité, la qualité de conjoint de l'époux bigame et ne peut donc plus se prévaloir des dispositions de l'article 188 du Code civil; il doit justifier d'un intérêt à agir, moral ou pécuniaire[10]. La nullité peut être **demandée à tout moment,** même après la mort d'un des époux et même après décès de l'époux au préjudice duquel le mariage avait été célébré[11]. Elle peut être demandée dans le cadre d'une **procédure de divorce** car **l'intérêt à agir en nullité** est différent et supérieur à l'intérêt à agir en divorce[12]. Le **ministère public** ne peut agir que du vivant des époux puisqu'en cas de décès l'ordre public n'est plus concerné[13]. On peut même se demander si son droit d'agir ne devrait pas disparaître en cas de décès du premier conjoint au préjudice duquel le mariage a été célébré car, là encore, la bigamie ayant ainsi disparu, l'ordre public ne serait plus en cause[14]. Il est possible de contester cette analyse qui reviendrait à faire du décès une cause de confirmation de l'acte nul. Le caractère institutionnel du mariage serait largement atteint si l'on passait outre une bigamie même temporaire. L'article 190 du Code civil prévoit que le ministère public peut faire condamner les époux à se séparer.

1. J. Rubellin-Devichi, obs. *RTD civ.* 1989, 291; G. Endréo, « Bigamie et double ménage », *RTD civ.* 1991, 264 – Pour une hypothèse de nullité, v. Civ. 1re, 24 sept. 2002, n° 00-15.789, *Bull. civ.* I, n° 214; *D.* 2003, somm. 1935, obs. Lemouland; *JCP* 2003, II, 10007, concl. Sainte-Rose, note Devers; *Defrénois* 2002, 1467, obs. Massip; *AJ fam.* 2002, 384, obs. D.-B.; *RJPF* 2003-1/18 note Oudin; *Dr. et patr.* janv. 2003, p. 120, obs. Monéger; *LPA* 15 oct. 2003, note Brière; *RTD civ.* 2003, 62, obs. Hauser; *Rev. crit. DIP* 2003, 271, note Bourdelois.
2. T. corr. Villefranche-sur-Saône, 6 nov. 1951, *D.* 1952, somm. 21.
3. CA Chambéry, 15 juin 1869, *DP* 1869, 2, 188 – CA Versailles, 30 mai 1988, *JCP* 1988, IV, 398 – Mais encore faut-il que le divorce soit antérieur à la seconde union, CA Grenoble, 23 janv. 2001, *Dr. fam.* 2002, n° 54, obs. Lécuyer.
4. CA Angers, 8 janv. 1996, *Juris-Data* n° 042921.
5. EN CE SENS, v. TERRÉ et FENOUILLET, n° 406.
6. V. J. Rubellin-Devichi, obs. *RTD civ.* 1983, 330.
7. CA Lyon, 21 mai 1974, *D.* 1975, 9, note Guiho – CA Bordeaux, 17 mars 1987, *Cah. jurispr. Aquitaine* 1987, 457; *JCP* 1988, IV, 194.
8. L. n° 77-1447, 28 déc. 1977, portant réforme du titre IV du livre 1er du Code civil : Des absents, *JO* 29 déc, p. 6215.
9. Civ. 1re, 10 mars 1998, n° 95-21.491, NPT; *Dr. fam.* 1998, n° 147, obs. Lécuyer – CA Grenoble, 3 nov. 1998, *Juris-Data* n° 044493 – CA Paris, 24 juin 1997, *Juris-Data* n° 022348 – CA Toulouse, 2 mars 1993, *Juris-Data* n° 041707.
10. Civ. 1re, 31 janv. 1990, n° 88-16.497, *Bull. civ.* I, n° 30; *D.* 1990, 449, note Massip; *Defrénois* 1990, 682, note Massip; *RTD civ.* 1991, 298, obs. Hauser.
11. T. civ. Seine, 19 juill. 1917, *La loi* 27 sept. – CA Paris, 1er août 1818, *Jur. gén.*, *V° Mariage*, n° 524.
12. CA Toulouse, 2 mars 1993, *JCP* 1993, IV, 1623 – Pour une nullité invoquée en appel : CA Versailles, 12 janv. 1995, *RTD civ.* 1995, 330, obs. Hauser.
13. Pour une application, v. CA Paris, 24 juin 1997, *Juris-Data* n° 022348.
14. MALAURIE et FULCHIRON, n° 264, qui jugent opportun que la nullité disparaisse dans tous les cas lors du décès du premier époux car si la nullité est prononcée les époux pourront se remarier immédiatement et il s'agirait « d'un coup pour rien, sauf la rétroactivité ».

La mesure semble bien inapplicable et surtout désuète, le concubinage, même incestueux ou adultérin, ne tombant pas sous le coup de prohibitions légales[1]. Il n'y aura pas de lien obligatoire entre l'action civile en nullité et l'action pénale, la première subsistant quel que soit le sort de la seconde, seule la réparation pécuniaire du dommage causé étant ici concernée[2].

d)

Nullité pour défaut de consentement

115.71 Nullité pour défaut de consentement. L'article 146 du Code civil prévoit bien que, lorsqu'il n'y a pas de consentement, il n'y a pas de mariage, mais aucune sanction n'était expressément prévue. Point de discussion majeur entre les partisans de l'inexistence et ceux des nullités virtuelles (sur la théorie des mariages inexistants, v. s[s] n° 115.24), la question a été réglée par la loi du 19 février 1933[3] (C. civ., art. 184) qui a prévu d'appliquer ici la **nullité absolue**, condamnant ainsi la jurisprudence antérieure qui appliquait plutôt la nullité relative. Malgré des discussions sur la portée de cette réforme que l'on a parfois voulu limiter au seul cas de **démence**, il faut admettre qu'elle a réglé toutes les hypothèses de **défaut total de consentement**, même si le cas de démence demeure relativement le plus fréquent mais suppose la preuve d'un véritable défaut total de consentement au moment de la célébration[4].

115.72 Nullité pour défaut de consentement en cas de mariage fictif. Les actions en nullité absolue sur le fondement du défaut de consentement ont connu un regain d'intérêt dès lors que l'on admet généralement, tant en doctrine qu'en jurisprudence, que l'article 146 du Code civil vise aussi le **défaut d'intention matrimoniale** (sur les conditions de formation du mariage, v. s[s] n°s 111.10 à 111.102). La lutte contre les mariages fictifs permettrait donc de donner une nouvelle vitalité à ce texte[5], vitalité accrue avec la **disparition de la nullité pour fraude à la loi** prévue par l'ancien article 190-1 du Code civil (réd. L. n° 93-1027, 24 août 1993), abrogé par la loi n° 2003-1119 du 26 novembre 2003[6]. Ce texte qui devait permettre de sanctionner les mariages de complaisance ne couvrait cependant pas toutes les hypothèses de mariages fictifs et sa disparition a conduit à revenir aux articles 146 et 184 pour fonder la lutte contre les **mariages blancs**.

e)

Nullité pour clandestinité

115.81 Nullité pour clandestinité. La clandestinité peut s'entendre de deux manières. Le mariage clandestin est celui pour lequel les publications légales n'ont pas eu lieu ou encore dont la célébration à la mairie n'a pas été publique. Seule cette seconde exigence peut être une cause de nullité, l'absence de publication n'étant qu'un empêchement prohibitif. La **clandestinité de la cérémonie** est donc une cause de **nullité absolue.** La clandestinité n'est pas la discrétion, et le fait de célébrer un mariage avec le nombre minimum de témoins, soit deux, sans public et après l'avoir dissimulé à son entourage, ne constitue pas le vice prohibé[7], même si, éventuellement, les tiers pourraient invoquer un préjudice conformément au droit commun[8]. La jurisprudence a très rapidement choisi de réduire au minimum l'application de la nullité dans ce cas, en décidant en général que la seule absence d'un élément de publicité ne suffit pas à constituer la clandestinité, et que, dans tous les cas, le juge conservait un **pouvoir souverain d'appréciation.** La loi elle-même invitait à laisser au juge un large pouvoir puisque l'article 193 du Code civil prévoit la possibilité d'appliquer les amendes civiles, prévues en cas de non-publicité ou de publicité insuffisante, même si les infractions ne sont pas suffisantes pour entraîner la nullité. Aussi la solution est-elle bien établie en jurisprudence[9]. On a parfois soutenu que ce pouvoir d'appréciation disparaîtrait en cas de **mariage célébré à l'étranger** entre Français ou entre Français et étranger en raison de la rédaction très ferme de l'alinéa 1er de l'ancien article 170 du Code civil qui semblait bien faire de la publication en

1. V. déjà, Crim. 29 mai 1846, *DP* 1846, 4, 363.
2. CA Paris, 1er août 1818, *Jur. gén.*, *V° Mariage*, n° 524.
3. L. 19 févr. 1933, *DP* 1933, 4, 176.
4. L'appréciation de l'état mental d'un époux au moment du mariage appartient aux juges du fond et échappe au contrôle de la Cour de cassation : Civ. 1re, 20 nov. 1965, *Bull. civ.* I, n° 665 – Civ. 1re, 29 janv. 1975, *Bull. civ.* I, n° 42 ; *D.* 1975, 168, note Hauser.
5. Pour une véritable hypothèse de défaut de consentement, v. CA Paris, 14 déc. 1999, *D.* 2000, somm. 416, obs. Lemouland.
6. L. n° 2003-1119, 26 nov. 2003, relative à la maîtrise de l'immigration, au séjour des étrangers en France et à la nationalité, *JO* 27 nov., p. 20136.
7. CA Aix-en-Provence, 14 mai 1857, *DP* 1857, 2, 148 – TGI Paris, 10 nov. 1992, *D.* 1993, 467, note Beignier, (pour un mariage célébré valablement à l'hôpital en raison de l'aggravation de l'état de santé du mari).
8. CA Agen, 18 nov. 1832, *Jur. gén.*, *V° Mariage*, n° 385 ; *S.* 1832, 2, 563.
9. CA Aix-en-Provence, 18 août 1870, *DP* 1871, 2, 249 – Req. 20 déc. 1875, *DP* 1876, 1, 175 – CA Lyon, 24 févr. 1881, *DP* 1881, 2, 199 – Civ. 15 juin 1887, *DP* 1888, 1, 412 – CA Bourges, 13 juill. 1891, *DP* 1892, 2, 599 – Req. 5 juill. 1905, *DP* 1905, 1, 471 – Req. 3 janv. 1906, *DP* 1906, 1, 207 – T. civ. Seine, 11 déc. 1908, *Gaz. Pal.* 1909, 1, 168 – CA Toulouse, 22 nov. 1920, *La loi* 1921, 82, note Lévy – Civ. 13 juill. 1926, *S.* 1926, 1, 263 – T. civ. Bayonne, 9 avr. 1936, 2, 124, note H. R.

France une condition de validité. Mais la jurisprudence a, là aussi, consacré un pouvoir d'appréciation du juge[1] et le nouvel article 171-2 (issu de la loi n° 2006-1376 du 14 novembre 2006, art. 3, entrée en vigueur le 1er mars 2007) présente dans son alinéa 2 une rédaction qui laisse penser à une solution moins tranchée. Ainsi les différents défauts ou insuffisances des publications exigées par la loi ne suffisent pas, à eux seuls, à créer le **vice de clandestinité**, le juge gardant un pouvoir d'appréciation sur la gravité du défaut[2], mais surtout sur l'intention des époux de faire fraude à la loi[3]. Parmi les différentes circonstances insuffisantes, à elles seules, pour entraîner le vice, on trouve : l'absence des témoins ou une irrégularité dans leur personne; le fait que la célébration n'a pas eu lieu dans la commune où les époux ont leur domicile légal[4]; le fait que le mariage a été célébré ailleurs qu'à la maison commune, notamment au domicile de l'un des conjoints[5], ou même dans une autre maison si elle sert habituellement aux célébrations[6], ou encore sans public[7]; le fait que le mariage a été célébré de nuit[8]; le défaut de mention du lieu où le mariage a été célébré[9]. Dans toutes ces hypothèses, il suffirait toutefois que certaines circonstances s'ajoutent pour que la clandestinité soit constatée. En pratique, c'est **l'intention frauduleuse** qui constituera le facteur déterminant de la **sanction de la nullité**.

115.82 Caractères de la nullité pour clandestinité. D'après l'article 191 du Code civil, le mariage clandestin peut être attaqué par les époux eux-mêmes, les père et mère et ascendants invoquant un intérêt quelconque, le ministère public et tous les tiers intéressés faisant état d'un intérêt pécuniaire. La **nullité absolue** ne devrait pas pouvoir être confirmée, ni prescrite, mais les tribunaux montrent parfois des hésitations pour un vice qui, au fond, n'atteint pas, sauf s'il avait pour but d'en dissimuler un autre, l'essence du mariage[10].

115.83 Possession d'état et clandestinité. Comme pour toutes les irrégularités de forme, la nullité sera rarement prononcée, d'abord, parce que la clandestinité proprement dite sera difficile à constituer puisqu'elle nécessite plusieurs éléments réunis, ensuite, parce que les juges usent largement de leur pouvoir souverain, enfin, parce que l'on admet que la publicité postérieure et la possession d'état d'époux peuvent couvrir ce vice. Certes, le fondement textuel tiré de l'article 196 du Code civil est fragile car ce texte ne concerne que l'acte de mariage et non le mariage lui-même mais, sur le plan logique, la solution est tout à fait défendable : « *La possession d'état d'époux est la marque d'une union stabilisée dont le juge doit tirer toutes les conséquences sur le plan du consentement : la volonté interne originelle cède le pas à la volonté déclarée* [...][11] ». La solution a toujours été retenue par la jurisprudence. Il faudra toutefois, ici comme ailleurs, que la **possession d'état** soit **continue**, ce qui peut conduire à limiter la portée de cette jurisprudence, notamment quand la cohabitation a pris fin depuis longtemps au jour du litige[12]. La solution devrait être normalement limitée dans ses effets à l'égard des tiers qui, du fait de la clandestinité, n'ont pu avoir connaissance du mariage et ne pourraient donc être privés du droit de demander la nullité s'ils

1. Civ. 15 juin 1887, *DP* 1888, 1, 412 – Civ. 1re, 9 déc. 1953, *D.* 1954, 168 – Civ. 1re, 13 févr. 1961, *D.* 1961, 349, note Holleaux – CA Nancy, 5 févr. 1999, *Dr. fam.* 1999, n° 76, obs. Lécuyer – CA Paris, 11 déc. 1997, *Juris-Data* n° 024808 – CA Paris, 3 juin 1997, *Juris-Data* n° 022594.
2. CA Aix-en-Provence, 18 août 1870, *DP* 1871, 2, 249 – Civ. 15 juin 1887, *DP* 1888, 1, 412 – CA Paris, 3 mars 1897, *DP* 1897, 2, 439.
3. CA Montpellier, 27 mai 1997, *RTD civ.* 1998, 346, obs. Hauser – CA Nancy, 5 févr. 1999 et CA Paris, 3 mars 1998, *Dr. fam.* 1999, comm. 76, obs. Lécuyer : le mariage n'est pas clandestin dès lors que, les formalités préalables ayant été accomplies, il a été célébré à l'hôpital, en raison de l'état de santé du mari, en présence de deux témoins et portes ouvertes, (pourvoi rejeté par Civ. 1re, 28 nov. 2000, n° 98-15.356) – EN CE SENS, pour un mariage à domicile, portes ouvertes; mention de l'acte valant jusqu'à inscription de faux : CA Toulouse, 21 mai 1997, *Juris-Data* n° 043404 – La plupart des décisions refusent d'annuler un mariage clandestin, en l'absence de preuve d'une fraude des époux : V. NOT., CA Paris, 1re ch., sect. C, 24 nov. 1988, *Juris-Data* n° 027651 – CA Versailles, 29 janv. 1991, *Juris-Data* n° 041343 – CA Paris, 1re ch., sect. C, 3 juin 1997, pourvoi rejeté par Civ. 1re, 24 oct. 2000, n° 98-19.697, NP – CA Dijon, 29 nov. 2000, *Juris-Data* n° 142061 : volonté matrimoniale réelle; époux attendant de disposer de son titre de séjour pour entrer en France – CA Grenoble, 5 sept. 2001, *Juris-Data* n° 159490; *JCP* 2002, IV, 1556 : défaut de publicité préalable; mariage posthume.
4. CA Paris, 5 janv. 1852, *DP* 1852, 2, 173.
5. CA Paris, 5 janv. 1852, préc. ss prést n° – CA Aix-en-Provence, 18 août 1870, *DP* 1871, 2, 249.
6. CA Lyon, 10 mars 1853, *DP* 1853, 2, 210.
7. COMP. CA Toulouse, 26 mars 1824, *Jur. gén.*, *V° Mariage*, n° 556.
8. CA Paris, 13 août 1851, *DP* 1852, 2, 113 – Sur le mariage nocturne, v. rép. min. n° 11482, *JOAN* Q, 5 janv. 1987, p. 71; *JCP* 1987, IV, 82.
9. CA Paris, 13 juin 1836, *Jur. gén.*, *V° Mariage*, n° 402.
10. T. civ. Loudéac, 23 nov. 1900, *JDI* 1902, 612 – T. civ. Bayonne, 7 janv. 1902, *JDI* 1902, 1050 – T. civ. Seine, 28 juill. 1905, *JDI* 1906, 1152.
11. J. Lautour, *La possession d'état*, th. Paris, 1973, not. p. 471.
12. Req. 7 janv. 1929, *DH* 1929. 50. Il faudra encore qu'elle ne soit pas frauduleuse, c'est-à-dire qu'elle ne couvre pas un mariage également nul pour d'autres raisons, qu'il s'agisse d'une nullité relative ou absolue, v. H. Lalou, note ss Civ. 1er août 1930, *DP* 1931, 1, 369 – CA Paris, 1er août 1818, *Jur. gén.*, *V° Mariage*, n° 524.

le possèdent[1]. Pratiquement, la portée de cette règle est fort limitée du fait de l'application d'un **pouvoir souverain des juges du fond** qui leur permet toujours d'apprécier dans le sens le plus restrictif la possibilité d'invoquer la nullité.

f)

Nullité pour incompétence de l'officier d'état civil

115.91 **Nullité pour incompétence de l'officier de l'état civil.** Le mariage célébré par un officier d'état civil incompétent est, comme le mariage clandestin, frappé de **nullité absolue** (C. civ., art. 191). Mais, comme précédemment, la portée de cette règle est considérablement atténuée par une jurisprudence très généreuse (ainsi, l'absence d'annulation d'un mariage célébré par un consul malgache à Paris en 1965, pourtant incompétent pour célébrer un mariage entre un Malgache et une Française, les juges du fond ayant un pouvoir souverain en la matière[2]).

115.92 **Hypothèses d'incompétence de l'officier de l'état civil.** L'incompétence de l'officier de l'état civil s'entend *ratione personae* ou *ratione loci*. Il faut supposer, dans le premier cas, qu'aucun des deux époux n'a son domicile ou sa résidence dans la commune du lieu de célébration comme l'exige la loi. On peut alors craindre une certaine clandestinité mais, précisément, ce fondement marquera les limites de la solution. Il est théoriquement concevable d'imaginer un mariage célébré par un officier d'état civil instrumentant en dehors des limites de sa commune et la Cour de cassation a jadis estimé que le mariage était nul[3]. La jurisprudence fait cependant preuve d'une certaine souplesse tout à fait compréhensible. Ainsi la seule incompétence de l'officier de l'état civil qui s'était déplacé avec l'autorisation du parquet dans un hôpital d'un autre arrondissement n'a pas été jugée suffisamment grave pour entraîner la nullité[4].

L'incompétence en raison de **l'absence de qualité pour exercer les fonctions d'officier de l'état civil** constitue une hypothèse plus vraisemblable dans la mesure où le mariage peut, par exemple, être célébré par un conseiller municipal qui n'aurait pas la qualité d'officier d'état civil, faute d'une délégation valable du maire de la commune. Dans une affaire célèbre, dite « *des mariages de Montrouge* »[5], le problème s'était présenté pour un grand nombre de mariages célébrés par un adjoint incompétent. On peut aussi mentionner le cas de l'usurpation de fonctions; ainsi d'un agent diplomatique célébrant en France le mariage entre un Français et un étranger[6].

115.93 **Sanction de l'incompétence de l'officier de l'état civil.** Malgré la distinction de principe entre l'incompétence de l'officier d'état civil et la clandestinité, il sera souvent difficile de faire la distinction du fait même de la jurisprudence. Pour celle-ci, en effet, l'incompétence ne se présente guère comme un cas autonome de nullité mais bien plutôt comme un **élément de la clandestinité** et ne sera, le plus souvent, sanctionnée qu'en fonction de celle-ci (appréciée de façon fort souple, v. s^s n° 115.81). On retrouve alors ici le **pouvoir souverain des juges du fond** qui les conduira à refuser la nullité si la publicité du mariage a été suffisante, en cas d'incompétence *ratione personae*[7]. Ce pouvoir très large du juge a ainsi été consacré par l'arrêt de la Cour de cassation du 7 août 1883[8] même quand l'officier d'état civil est dépourvu des pouvoirs nécessaires[9]. On appliquera également la fin de non-recevoir tirée de la possession d'état dans les mêmes conditions que pour le vice de clandestinité[10].

1. CA Lyon, 4 avr. 1867, *S.* 1867, 2, 290 – Req. 16 juin 1915, *S.* 1920, 1, 107 – CA Paris, 9 juin 1941, *JCP* 1942, II, 1936, note Voirin – MARTY et RAYNAUD, n° 120.
2. V. NOT., CA Paris, 1re ch., sect. C, 21 nov. 2002, *Juris-Data* n° 203994.
3. Civ. 31 août 1824, *Jur. gén.*, *V° Mariage*, n° 561.
4. TGI Paris, 10 nov. 1992, *D.* 1993, 467, note Beignier; *RTD civ.* 1993, 562, obs. Hauser – EN CE SENS, CA Paris, 9 avr. 1996, *Juris-Data* n° 022575 : selon la cour, « *la nullité pour incompétence* ratione loci *de l'officier de l'état civil est une nullité facultative; il est de jurisprudence constante que la nullité n'est prononcée que lorsque l'incompétence se double de clandestinité* » – CA Paris, 3 mars 1998, *Médecine et droit* 2000, n° 45, p. 9; *Juris-Data* n° 020583.
5. Civ. 7 août 1883, *DP* 1884, 1, 5, concl. Barbier; *S.* 1884, 1, 5, note Labbé.
6. CA Angers, 31 mai 1898, s^s Civ. 30 juill. 1900, *DP* 1901, 1, 317.
7. CA Paris, 5 janv. 1852, *DP* 1852, 2, 173 – CA Colmar, 27 févr. 1852, *DP* 1852, 2, 260 – Pour des hypothèses où la clandestinité a été constatée, Req. 20 déc. 1875, *DP* 1876, 1, 157 – CA Lyon, 24 févr. 1881, *DP* 1881, 2, 179.
8. Civ. 7 août 1883, *DP* 1884, 1, 5, concl. Barbier; *S.* 1884, 1, 5, note Labbé.
9. Sur le pouvoir d'appréciation du juge, V. AUSSI T. civ. Bayonne, 9 avr. 1936, *S.* 1936, 2, 124 – Crim. 18 févr. 1942, *DA* 1942, 83.
10. CA Aix-en-Provence, 20 déc. 1900, *JDI* 1903, 639 – V. TOUTEFOIS pour des hypothèses d'incompétence sanctionnées : CA Douai, 28 avr. 1997, *BICC* 15 déc. 1997, n° 1487 (Est nul, pour incompétence de l'officier d'état civil, le mariage célébré en France, hors mairie, entre un étranger et une française, par un consul de nationalité étrangère; inobservation des conditions de forme et de publicité) – CA Amiens, 9 mars 2005, *Juris-Data* n° 277844 (mariage célébré en France par le consulat du Maroc, épouse ayant acquis la nationalité française dix-huit mois auparavant) – V. AUSSI, jugeant sans valeur un mariage purement religieux célébré en France : CA Limoges, 29 mai 1997, *Dr. fam.* 1998, n° 76, note B.

g)
Nullité pour défaut de présence d'un des époux

115.101 Nullité pour défaut de présence de l'un des époux. La célébration du mariage ne peut avoir lieu sans la présence des deux époux. Cette condition a toujours été admise afin d'éviter qu'une contrainte ne vienne limiter la liberté matrimoniale. Ce n'est donc qu'exceptionnellement, en raison de circonstances **de guerre**, que le mariage sans comparution personnelle peut être célébré (v. s[s] n° 113.162). En précisant expressément cette condition à l'article 146-1 du Code civil, la loi n° 93-1027 du 24 août 1993, ne faisait donc que compléter l'arsenal des mesures de lutte contre les mariages fictifs. Ce texte énonce désormais que le mariage d'un Français, même contracté à l'étranger, requiert sa présence. Il est donc impossible à un Français de contracter un mariage valable à l'étranger selon des formes qui n'exigeraient pas la présence des époux. Considérée comme une condition de fond régie par la loi personnelle des futurs époux (v. s[s] n° 113.152), et visée par l'article 184 du Code civil, la condition de l'article 146-1 devrait logiquement conduire en cas d'inobservation à la nullité absolue. Les solutions des juges du fond divergeaient. Certains arrêts considéraient que l'action en nullité fondée sur l'article 146-1 était imprescriptible[1], alors que, pour d'autre, il fallait assimiler l'article 146-1 à un cas de clandestinité et donc soumettre l'action à la prescription d'un an de l'ancien article 190-1 du Code civil[2]. La Cour de cassation a tranché en faveur de la première solution en admettant que **la présence des futurs époux est une condition de fond**, soumise au régime des **nullités absolues**[3]. L'article 184 du Code civil (réd. L. n° 2008-561, 17 juin 2008, art. 7-II[4]) qui prévoit une prescription trentenaire renvoie désormais à l'article 146-1 du Code civil. La nullité absolue est encourue en l'absence même d'intention frauduleuse des époux[5].

1. CA Grenoble, 20 janv. 1998, *JCP* 1998, IV, 3538.
2. CA Paris, 2 oct. 1997, *Dr. fam.* 1998, n° 59, obs. Lécuyer; *Rev. crit. DIP* 1998, 424, note De Vareilles-Sommières; *JCP* 1998, I, 101, obs. Farge.
3. Civ. 1re, 15 juill. 1999, n° 99-10.269, *Bull. civ.* I, n° 244; *Defrénois* 2000, 103, obs. Massip; *RJPF* 1999, n° 9, p. 15, obs. Kerckhove; *Rev. crit. DIP* 2000, 207, note Gannagé; *D.* 2000, somm. 414, obs. Lemouland; *LPA* 2000, n° 40, 20, obs. Massip.
4. L. n° 2008-561, 17 juin 2008, portant réforme de la prescription en matière civile, *JO* 18 juin, p. 9856.
5. CA Paris, 18 oct. 2001, *Juris-Data* n° 156071; *Dr. fam.* 2002, comm. 124, obs. Farge – CA Paris, 15 mai 2003, *Dr. et patr.* nov. 2003, p. 97, note Monéger – Civ. 1re, 28 mars 2006, n° 03-10.072, *Bull. civ.* I, n° 184; *Dr. fam.* 2006, comm. 118, note Larribau-Terneyre; *Defrénois* 2006, art. 38441, obs. Massip (sur l'autonomie de la nullité par rapport à la fraude à la loi).

2°
Régime des cas de nullité absolue

115.111 Aménagement du régime des nullités. Deux aspects contradictoires de la nullité devaient ici être conciliés : d'un côté la nullité est une sanction grave en matière de mariage aux conséquences lourdes qui ne saurait être prononcée trop facilement; de l'autre la nullité absolue est prévue pour des hypothèses d'atteintes particulièrement importantes au droit de la formation du mariage. Aussi bien les principes habituels régissant les nullités absolues subissent certaines atténuations même si, comme en droit commun, il faut partir de la règle que toute personne intéressée ainsi que le ministère public peuvent demander la nullité (C. civ., art. 184 et 191). Certains traits, habituellement réservés aux nullités relatives, vont toutefois se retrouver ici.

a)
Personnes ayant qualité pour agir

115.120 Personnes qui ont qualité pour agir. C'est en fonction de l'intérêt qu'ils peuvent invoquer qu'on classera les demandeurs en catégories distinctes :

1° peuvent agir en vertu d'un **intérêt pécuniaire ou moral** : les époux et, en cas de bigamie, le premier conjoint de l'époux bigame, les ascendants des époux, le conseil de famille;

2° peuvent agir en vertu d'un **intérêt pécuniaire** : les collatéraux visés par l'article 187 du Code civil mais aussi d'autres personnes intéressées, les enfants d'un autre mariage, les enfants communs et, enfin, les créanciers ou acquéreurs;

3° enfin, il faut ranger à part le ministère public qui agira en vertu d'un **intérêt spécifique**. On a pu souligner que la notion d'intérêt moral était très large et donc qu'il fallait éviter que des parents éloignés agissent sans intérêt pécuniaire, par simple malveillance[6]. Le caractère limitatif de cette liste pourrait faire penser que certains mariages nuls de nullité absolue subsisteront néanmoins faute de demandeurs. Le risque est presque inexistant, d'abord, parce que les cas de nullité absolue sont rares, ensuite, parce que le **ministère public** pourrait toujours agir **sur dénonciation**.

115.121 1° Personnes qui peuvent agir sur le fondement d'un intérêt pécuniaire ou moral. La personne pourra ici agir même si elle a simplement un intérêt moral et, surtout, même si son intérêt pécuniaire est inverse ou négligeable. Il pourra ainsi en être de l'époux bigame dont l'intérêt matériel peut être contraire au prononcé de la nullité.

6. Mazeaud et Chabas, t. I, 3e vol., par Leveneur, n° 796.

115.122 **Droit d'action des époux.** Chacun des époux tout d'abord peut certainement agir en nullité en invoquant un intérêt quelconque et ceci que l'empêchement à mariage existe en la personne de celui qui agit ou en la personne de son conjoint. On peut songer ainsi à l'**action en nullité pour impuberté** qui pourra être intentée aussi bien par l'époux pubère que par l'époux impubère. L'époux innocent comme celui qui est à l'origine de la nullité pourra agir. On ne peut en effet opposer au coupable sa propre turpitude, la maxime « *Nemo auditur propriam turpitudinem allegans* » ne s'appliquant, au demeurant, que pour les seuls contrats immoraux[1]. Ce droit peut être limité en cas de clandestinité ou d'incompétence de l'officier de l'état civil par la jurisprudence bienveillante déjà signalée qui donne un effet confirmatif à la possession d'état (v. s[s] n° 115.81). On s'est aussi demandé si le **conjoint divorcé** pouvait encore agir en nullité alors qu'il a, évidemment, perdu la qualité de conjoint, donc, a-t-on dit, son intérêt à agir. La jurisprudence qui lui avait refusé le droit d'agir pour la raison évoquée[2] a modifié sa position[3]. La même question pouvait se poser en cas de **décès du conjoint**[4]. Cette jurisprudence doit être approuvée car les deux actions n'ont pas le même objet et surtout **l'intérêt de l'action en nullité peut subsister malgré le divorce.** Ainsi, en dehors même d'un intérêt moral, la nullité pourrait permettre d'échapper à certaines conséquences pécuniaires s'il y a eu divorce. Si le mariage a été dissous par décès l'intérêt d'échapper à certaines dispositions du régime matrimonial peut être important[5]. L'article 188 du Code civil prévoit expressément la possibilité d'agir pour le premier conjoint de l'époux bigame. Ce droit est évident tant ses intérêts peuvent être ici nombreux. En revanche, le **premier conjoint de l'époux bigame** perd son intérêt simplement moral à agir en cas de divorce. Dans l'hypothèse d'une action en nullité intentée après le divorce, il a perdu sa qualité de conjoint. Il ne peut donc plus se prévaloir des dispositions de l'article 188 du Code civil et doit justifier d'un intérêt à agir[6]. Depuis la loi n° 77-1447 du 28 décembre 1977, sur l'absence, le **conjoint déclaré absent** qui reviendrait ne pourrait plus critiquer le remariage de l'autre pour bigamie, ce remariage étant désormais permis par la loi, et ceci, même si le jugement déclaratif d'absence était annulé (C. civ., art. 132).

115.123 **Droit d'action des père et mère et autres ascendants.** Les père et mère et autres ascendants peuvent agir en **nullité absolue** du mariage de leurs enfants ou descendants quel que soit l'intérêt qu'ils invoquent. On admet en général que ce droit appartient à tous les ascendants (arg. C. civ., art. 186) sans qu'il y ait lieu d'établir une hiérarchie (contrairement au droit d'opposition) et sans distinguer entre les ascendants de l'époux du chef duquel le vice existe et les ascendants de l'autre conjoint. Les ascendants ne perdront ce droit que s'ils ont **consenti au mariage** et, semble-t-il, si l'action envisagée portait sur la **nullité pour impuberté** (C. civ., art. 186). Cette fin de non-recevoir ne sera d'ailleurs opposable qu'aux ascendants qui avaient légalement le droit de consentir et non aux autres même s'ils avaient approuvé le mariage. On devait admettre la même solution quand les père et mère étaient amenés à consentir au mariage d'un majeur en tutelle en vertu de l'ancienne rédaction de l'article 506 du Code civil. On pouvait donc normalement leur opposer une fin de non-recevoir s'ils voulaient ensuite agir en nullité. Depuis la réforme du 5 mars 2007[7], les parents ne doivent plus autoriser le mariage du majeur mais peuvent simplement **émettre un avis.** Ils ont donc perdu leur statut particulier quant au droit d'agir en nullité et ne sauraient être désormais considérés que comme d'éventuels tiers intéressés.

115.124 **Droit d'action du conseil de famille.** Il faut déduire des mots « *la famille* » utilisés par l'article 186 du Code civil, le droit d'action du conseil de famille qui n'est pas visé par ailleurs[8]. Ce droit d'agir en nullité n'est pas discuté dans tous les cas où il doit consentir. Logiquement il en sera donc privé, comme les ascendants, quand précisément il a consenti au mariage d'un époux qui

1. T. civ. Seine, 15 déc. 1931, *La loi* 22 janv. 1932 – V. MALAURIE et FULCHIRON, n° 263 : selon ces auteurs « *nul n'est tenu de persister dans l'accomplissement d'un fait illicite* ».
2. Req. 24 mai 1892, *DP* 1893, 1, 412.
3. CA Paris, 12 juin 1957, *D.* 1957, 571.
4. V. AINSI, TGI Paris, 8 févr. 1971, *Gaz. Pal.* 1972, 1, 156; *RTD civ.* 1972, 381, obs. Nerson, pour une action en nullité relative mais la question de principe est la même – V. ENCORE, CA Paris, 11 juin 1974, *Gaz. Pal.* 1974, 2, somm. 293; G. Raymond, « Nullité absolue du mariage pour simulation », *Gaz. Pal.* 1975, 2, doctr. 501; Rubellin-Devichi, *RTD civ.* 1983, 325 – V. AUSSI, pour un cas où l'époux était décédé, TGI Tours, 12 mars 1987, *Rev. jur. Centre-Ouest* 1988, 96, note Lusseau : l'époux agissait en nullité du mariage pour erreur sur l'identité civile afin d'échapper à des poursuites pour dettes – V. DÉJÀ, CA Paris, 12 juin 1957, *D.* 1957, 571.
5. V. NOT., TGI Tours, 12 mars 1987, préc. s[s] prés[t] n°.
6. Civ. 1re, 31 janv. 1990, n° 88-16.497, *Bull. civ.* I, n° 30; *D.* 1990, 449, note Massip; *Defrénois* 1990, art. 34791, n° 40 : « *Madame X..., divorcée de Monsieur Y..., n'avait plus, lors de son action en nullité la qualité de conjoint de ce dernier et ne pouvait donc se prévaloir des dispositions de l'article 188, mais devait justifier d'un intérêt à agir.* »
7. L. n° 2007-308, 5 mars 2007, portant réforme de la protection juridique des majeurs, *JO* 7 mars, p. 4325.
8. EN CE SENS, V. TERRÉ et FENOUILLET, n° 412.

n'avait pas encore l'âge requis. On devrait admettre que, là encore comme pour les ascendants, si son **consentement au mariage** lui **ferme la voie de l'action en nullité pour impuberté**, les autres voies restent ouvertes, encore que, il est vrai, sa compétence peut apparaître naturellement plus limitée que celle des ascendants. L'ancienne rédaction de l'article 514 du Code civil prévoyait le consentement du curateur, ou, à défaut, celui du juge des tutelles, pour le mariage du majeur en curatelle. Le curateur et le juge des tutelles devraient donc, encore que l'article 182 du Code civil ne les vise pas puisqu'il est antérieur, pouvoir agir en nullité selon les mêmes modalités, à la condition, comme pour le conseil de famille, de n'avoir pas consenti audit mariage[1]. L'article 460 alinéa 1er du Code civil (réd. L. 5 mars 2007), a maintenu la condition d'une **autorisation du curateur** ou à défaut du **juge** et les solutions antérieures devraient donc être maintenues.

115.125 2° Personnes qui peuvent agir sur le fondement d'un intérêt pécuniaire. Certaines personnes ne peuvent invoquer la nullité absolue du mariage que si elles établissent un intérêt pécuniaire. Il s'agit des collatéraux, des enfants nés d'un précédent mariage et des créanciers de l'un des époux. Il semble évident, encore que les textes ne le précisent pas tous expressément, que **l'intérêt invoqué doit être né et actuel**. D'ailleurs, les articles 187, pour les collatéraux, et 191 du Code civil explicitent nettement la condition dans les cas qu'ils visent[2].

115.126 Droit d'action des collatéraux. Les collatéraux tout d'abord ne peuvent agir qu'en vertu d'un intérêt pécuniaire né et actuel à l'exclusion d'un simple intérêt moral[3]. L'article 187 du Code civil semble bien limiter ce droit d'agir au cas où les collatéraux prétendent recueillir la succession sans avoir à subir le concours des droits successoraux du conjoint[4]. Mais la jurisprudence a étendu ce droit d'action à tous les cas où la **demande en nullité du mariage est accessoire à une autre action**[5] ou quand elle est présentée **en défense à une autre action**[6]. On doit, toutefois, remarquer que l'octroi automatique du bénéfice du mariage putatif aux enfants nés du mariage et l'alignement des droits successoraux des droits des enfants naturels sur ceux des enfants légitimes risquent de retirer une large part d'intérêt à une telle action. Les collatéraux qui auraient renoncé à la succession de l'époux seraient, bien entendu, non recevables à demander la nullité du mariage. Il en serait de même si leurs droits étaient prescrits.

115.127 Droit d'action des enfants. Les enfants nés d'un autre mariage peuvent, d'après l'article 187 du Code civil, invoquer également la nullité absolue dans les mêmes conditions que les collatéraux. L'action, qui présentait avant la loi du 3 janvier 1972 un intérêt, soit pour exclure les enfants nés du mariage, soit pour exclure le conjoint, d'une succession, ne présente plus d'intérêt que dans ce second cas puisque les enfants bénéficient dans tous les cas du **mariage putatif**. Quant à l'action dirigée contre le **conjoint**, il faut distinguer selon qu'il est ou non de **bonne foi**. S'il est de bonne foi et que le conjoint est déjà décédé, l'action n'a plus d'intérêt puisque le survivant, bénéficiant du mariage putatif, gardera ses droits. En revanche, si l'autre époux n'est pas encore décédé ou si le conjoint qu'on veut évincer est de mauvaise foi, la nullité aura l'intérêt de l'éliminer de la succession et de rétablir le droit de succession des collatéraux ordinaires. Dans quelques cas rares, l'énumération de l'article 187 n'étant pas limitative, la jurisprudence a admis d'autres enfants à agir, ainsi les enfants du second lit demandant la nullité du premier mariage, ou encore, dans un cas il est vrai exceptionnel, les enfants légitimés[7].

115.128 Droit d'action des créanciers des époux et tiers acquéreurs. Le seul intérêt qui pourrait subsister concernerait le cas où le régime matrimonial conventionnel choisi par les époux apporterait une limitation aux droits des tiers, ainsi d'une **clause d'inaliénabilité**, ou comporterait une **libéralité discutée**.

115.129 Droit d'action d'autres intéressés. En principe tout intéressé faisant état d'un intérêt né et actuel devrait pouvoir agir, mais pratiquement

1. Civ. 1re, 17 mai 1988, *JCP* 1989, II, 21197, note Boulanger; *Defrénois* 1988, art. 34309, n° 85, obs. Massip, sol. impl. – Civ. 1re, 5 mai 1993, n° 91-11.700, *Bull. civ.* I, n° 156; *Defrénois* 1993, 1372, obs. Massip – CA Paris, 18 févr. 1999, *Dr. fam.* 1999, comm. 94, obs. Lécuyer.
2. COMP. CA Paris, 25 juin 1882, *DP* 1886, 1, 23 – CA Rouen, 6 avr. 1887, *DP* 1889, 2, 17.
3. Civ. 9 nov. 1887, *DP* 1888, 1, 161.
4. POUR DES EX., v. CA Paris, 14 déc. 1999, *D.* 2000, somm. 416, obs. Lemouland; *RTD civ.* 2000, 294, obs. Hauser – CA Paris, 1re ch., sect. G, 10 sept. 2003, *Juris-Data* n° 234357; *Dr. fam.* 2004, n° 65, note Larribau-Terneyre : intérêt né et actuel des sœurs, du vivant des époux, à voir annuler le mariage de leur frère, ce qui aura pour effet d'augmenter leurs droits successoraux.
5. Pour une action en contestation de légitimation, V. NOT. Civ. 20 avr. 1885, *DP* 1886, 1, 23; *S.* 1886, 1, 313 – Et, sur renvoi, CA Orléans, 14 avr. 1886, *DP* 1887, 2, 95.
6. Civ. 25 mars 1889, *DP* 1890, 1, 227; *S.* 1890, 1, 145, note Labbé – MARTY et RAYNAUD, n° 119.
7. CA Orléans, 14 avr. 1886, et, sur pourvoi, Civ. 15 juin 1887, *DP* 1888, 1, 412, où les enfants ont demandé la nullité d'un premier mariage pour sauvegarder la validité d'un second mariage par lequel ils avaient été légitimés.

les exemples sont devenus fort rares, le mariage ayant perdu une bonne partie de ses avantages qui motivaient l'action avec les lois modernes. Ainsi, on avait admis que le tiers auteur d'un accident avait intérêt à agir en nullité du mariage pour éviter d'avoir à indemniser le conjoint[1] mais l'intérêt a disparu puisque le droit à indemnisation existe désormais, indépendamment de l'existence d'un mariage[2].

b)

Droit d'action du ministère public

115.131 **Action du ministère public.** Le ministère public a qualité pour demander, du vivant des époux, la nullité d'un mariage nul de **nullité absolue** (C. civ., art. 184, 190 et 191), car la matière intéresse l'**ordre public**. Certes, l'article 425 alinéa 1er du Code de procédure civile ne vise plus la nullité de mariage dans les cas de communication obligatoire, mais le ministère public peut toujours en prendre connaissance et le juge pourrait décider de la communication (C. pr. civ., art. 426 et 427). La loi n° 93-1027 du 24 août 1993 avait prévu une hypothèse particulière d'intervention du ministère public qui pouvait agir (dans le bref délai d'une année) en cas de **mariage contracté en fraude à la loi** (C. civ, anc. art. 190-1). L'abrogation de cette disposition par la loi du 26 novembre 2003 ne fait pas disparaître la compétence du ministère public pour demander la **nullité des mariages dépourvus d'intention matrimoniale**, compétence qui demeure sur le fondement de l'article 146 du Code civil auquel renvoie l'article 184.

La rédaction de l'article 190 du Code civil a donné lieu à une discussion classique née de l'expression le ministère public « *peut et doit demander la nullité du mariage, du vivant des deux époux* [...] ». On a voulu y voir une distinction entre les cas prévus à l'article 191 pour lesquels son action serait facultative et ceux prévus à l'article 184 pour lesquels son action serait obligatoire. En réalité, il est préférable d'admettre que, dans tous les cas, **il conserve l'opportunité d'agir** mais que, s'il le fait, il doit le faire **pendant la vie des époux.** On retrouve d'ailleurs les mêmes défauts de rédaction dans l'article 191 qui, curieusement, enjoint au ministère public de faire condamner les époux à se séparer. On ne voit guère sur quelle base, le concubinage n'ayant jamais eu de caractère délictueux quand bien même il serait incestueux, sauf à admettre qu'il s'agit ici de **séparation légale** et non de **séparation de fait.** Le ministère public pourrait donc intervenir non seulement comme **partie principale** mais aussi comme **partie jointe** à une action exercée par d'autres ou encore exercer les voies de recours contre une décision qui refuserait la nullité. Le ministère public pourrait-il agir comme défenseur du lien et non plus dans le sens de la nullité ? Aucun texte ne permet directement d'affirmer ce droit dans le Code civil (C. civ., art. 184, 190 et 191), auquel l'article 422 du Code de procédure civile renvoie. Mais l'article 423 du même code prévoit que le ministère public peut agir chaque fois que l'ordre public est intéressé. Dès lors la seule question est : l'ordre public est-il intéressé au maintien d'un mariage ? Il semble difficile de le nier et on ne voit guère pourquoi l'ordre public ne serait intéressé qu'à la destruction des mariages nuls et non au maintien des mariages valables[3]. On doit toutefois souligner que l'hypothèse devrait être particulièrement rare.

c)

Effets de la nullité

115.141 **Absence de confirmation.** Conformément aux principes généraux, les nullités absolues ne sont susceptibles de confirmation ni expresse, ni tacite, par ceux auxquels appartient l'action en nullité. En réalité, on l'a vu, la règle ne sort son plein effet que pour les cas les plus graves de nullité absolue. Pour tous les autres cas, certaines **possibilités de confirmation** sont prévues soit par la **renonciation** de ceux qui pouvaient agir, renonciation parfois présumée parce qu'ils ont accepté le mariage (C. civ., art. 183), soit par l'effet de la **possession d'état**[4], soit encore, pour le ministère public, si l'un des **époux** est **décédé**. Par ailleurs il est certain que les personnes qui ne sont admises à agir qu'en prouvant un intérêt précis perdront leur droit si cet intérêt vient à disparaître[5]. En dehors de toutes ces hypothèses qui réduisent tout de même beaucoup l'application pratique de la nullité absolue, celle-ci peut être prononcée même s'il y a possession d'état[6]. Il convient de rappeler que la dissolution de

1. CA Paris, 3 juin 1947, *JCP* 1948, II, 4237, note Savatier.
2. Cass. ch. mixte, 27 févr. 1970, n° 68-10.276, *Bull. ch. mixte*, n° 1; *JCP* 1970, II, 16305, concl. Lindon; *D.* 1970, 201.
3. CA Chambéry, 7 févr. 1885, *DP* 1885, 2, 241 – COMP. CA Paris, 13 août 1851, *DP* 1852, 2, 113, note Gilbert.
4. La possession d'état visée à l'article 196 du Code civil, ne constitue toutefois qu'une fin de non-recevoir à l'action en nullité que pourrait intenter un époux. Elle n'est pas opposable aux autres personnes qui pourraient agir en nullité du mariage : Req. 15 juin 1915, *S.* 1920, I, 107 – V. les regrets de MALAURIE et FULCHIRON, n° 265 : « *Car c'est à l'égard des tiers que la possession d'état a surtout une valeur de publicité qui efface les inconvénients de la clandestinité initiale.* »
5. Req. 27 déc. 1821, *Jur. gén.*, *V° Mariage*, n° 449.
6. CA Paris, 11 janv. 1808, s[s] Civ. 15 juill. 1811, *Jur. gén.*, *V° Droits civils*, n° 445 – Req. 25 févr. 1818, *Jur. gén.*, *V° Mariage*, n° 507.

l'union par un autre moyen ne devrait pas non plus empêcher l'action en nullité absolue, notamment s'il y a eu divorce.

115.142 Délai de prescription. Conformément aux principes généraux, on admettait ici traditionnellement que l'action était **imprescriptible** surtout parce qu'il s'agit d'une action d'état[1] et que donc le délai de droit commun de trente ans prévu par l'ancien article 2262 du Code civil ne s'appliquait pas (l'ancien article 2262 du Code civil ne concernerait que les droits patrimoniaux et non pas les questions relatives à l'état des personnes[2]). L'opinion méritait peut-être d'être nuancée car l'imprescriptibilité des actions d'état était devenue très relative puisque l'ancien article 311-7 du Code civil, dans sa rédaction de la loi du 3 janvier 1972, soumettait les actions relatives à la filiation à la **prescription trentenaire** et que désormais l'article 321 du Code civil (réd. ord. n° 2005-759, 4 juill. 2005) les soumet à un **délai de dix ans**[3], sauf délais plus courts. On admettait dès lors généralement que **l'action en nullité absolue du mariage se prescrivait par trente ans**, en application du délai de droit commun comme dans la théorie générale des nullités.

La réforme des délais de prescription par la loi n° 2008-561 du 17 juin 2008 a conduit à modifier le délai de droit commun de trente ans. Désormais, l'article 2224 du Code civil prévoit que le **délai de droit commun de la prescription des actions civiles** est de **cinq ans.** La loi du 17 juin 2008 a toutefois maintenu, **à titre dérogatoire**, le **délai de trente ans pour les actions en nullité absolue du mariage**, visées par les articles 184 et 191 du Code civil[4]. Cette dérogation au droit commun des nullités s'explique facilement par l'évolution de la conception du mariage. Loin de préserver une stabilité du mariage, largement remise en cause par la libéralisation du mariage tant en 1975 qu'en 2004, la volonté du législateur semble s'être focalisée sur deux objectifs. La qualité des unions célébrées semble tout d'abord vouloir être protégée. L'accent est mis sur la **réalité du consentement au mariage** (sur l'importance des conditions substantielles par rapport aux conditions formelles, v. s^{s} n° 115.07). C'est ensuite le respect d'un « noyau dur » de l'**ordre public matrimonial** qui paraît guider l'évolution en matière de nullités absolues du mariage. La garantie du respect de cet ordre public conduisait à maintenir une prescription de longue durée afin de ne pas permettre le maintien d'unions bigames, incestueuses ou fictives sous prétexte de l'écoulement d'un délai devenu trop bref. Cette spécificité de la prescription en matière de nullité absolue du mariage constitue donc une marque particulièrement symbolique de l'ordre public matrimonial.

115.143 Point de départ du délai de prescription. Selon les articles 184 et 191 du Code civil, le délai de prescription court à compter de la **date de la célébration.** Ce point de départ a été modifié par la loi du 17 juin 2008, les textes dans leur rédaction antérieure prévoyant que le délai courrait à compter du jour où les intéressés avaient eu connaissance du mariage. La modification apparaît donner davantage de certitude quant au point de départ du délai, fixé désormais de façon totalement objective[5].

115.144 Constatation de la nullité. Le mariage est-il **nul de plein droit** ou seulement **annulable** ou encore le jugement prononçant la nullité est-il déclaratif ou constitutif ? On remarquera simplement que les termes utilisés en général par la loi, *le mariage peut être attaqué,* font plutôt penser à une nullité prononcée par le juge qu'à une nullité de plein droit, ce que confirment les travaux préparatoires du Code civil[6]. Malgré l'intitulé du chapitre relatif aux nullités de mariage, il est admis que la nullité du mariage pourrait être opposée par **voie d'exception**; ainsi, en réponse à une demande en divorce[7], à une action en responsabilité[8] ou encore à une action des créanciers de l'autre époux[9]. On pourrait, notamment pour le cas de divorce, songer à aménager certains passages entre divorce et nullité, ce qui avait été envisagé lors de la préparation de la loi du 3 janvier 1972 et qui aurait permis d'éviter que certains divorces soient prononcés sur le fondement de fautes qui préexistaient au mariage.

1. MARTY et RAYNAUD, n° 120 – CA Paris, 17 févr. 1961, *D.* 1961, somm. 102 – V. DÉJÀ, CA Chambéry, 7 févr. 1885, *DP* 1885, 2, 241 – Dans ce sens, v. CA Paris, 17 mai 1988, *RTD civ.* 1989, 292, obs. Rubellin-Devichi.
2. CA Paris, 17 févr. 1961, *JCP* 1961, II, 12020.
3. V. DÉJÀ, pour une opinion nuancée, Aubry et Rau, t. VII, § 464, n° 70 – Beudant et Lerebours-Pigeonnière, t. II, par Batiffol, n° 611 – Josserand, t. I, n° 828 – Et pour la doctrine moderne : MAZEAUD et CHABAS, t. I, 3e vol., par Leveneur, n° 798 – TERRÉ et FENOUILLET, n° 415 – *CONTRA*, G. Raymond, « Nullité absolue du mariage pour simulation », *Gaz. Pal.* 1975, 2, doctr. 501.
4. L. n° 2008-561,17 juin 2008, préc., art. 7-II et 7-III – Sur les incidences de cette loi en matière de mariage, v. V. Larribau-Terneyre, « Du nouveau sur la prescription des actions en nullité du mariage », *Dr. fam.* 2008, comm. 97.
5. Sur les éventuelles causes d'interruption du délai, V. NOT. Civ. 1re, 17 mai 1988, n° 86-10.817, *Bull. civ.* I, n° 147; *JCP* 1989, II, 21197 (absence d'interruption du délai en raison d'une assignation devenue caduque).
6. *Les travaux préparatoires, discussion du Conseil d'État,* Fenet, t. IX, p. 53 – Locré, t. IV, p. 24 – EN CE SENS, v. CA Bordeaux, 25 juin 1884, *DP* 1888, 1, 161.
7. *CONTRA*, Req. 7 mars 1932, *DH* 1932, 268.
8. CA Paris, 3 juin 1947, *JCP* 1948, II, 4237, note Savatier.
9. TGI Tours, 12 mars 1987, *Rev. jur. Centre-Ouest* 1988, 96, note Lusseau, pour une nullité relative.

B. Nullités relatives

115.150 **Spécificités des nullités relatives.** Les nullités relatives sont des **nullités de protection** et ne peuvent donc être invoquées que par ceux au profit desquels elles ont été édictées. Toutefois, en matière de mariage, certaines spécificités vont apparaître, toujours compte tenu de l'importance de l'acte et de sa portée. Ainsi, les nullités relatives peuvent se couvrir, soit par l'**expiration d'un certain laps de temps**, soit par une **confirmation.** Elles résultent soit d'un vice du consentement des époux (1°), soit du défaut de consentement des ascendants ou de la famille relativement à un époux mineur (2°).

1° Nullité pour vice du consentement

115.151 **Nullité pour vice du consentement – Droit d'action en nullité.** Conformément au principe général rappelé ci-dessus, la nullité du mariage entaché de violence ou d'erreur ne pouvait être demandée que par l'époux (ou les époux) qui avait agi sous l'empire de la violence ou qui a été induit en erreur (C. civ., art. 180, anc. réd.), et ceci même si l'époux est mineur. Ce n'était que l'application d'un principe bien connu en droit commun des nullités, selon lequel la nullité relative demeure une nullité de protection qui ne peut être invoquée que par celui ou ceux qu'elle vise à protéger. De ce principe découle le fait que l'action ne peut être exercée par une autre personne, fût-elle le conjoint, ni par les créanciers agissant par la voie oblique, ni par le ministère public. Il est alors logique de refuser l'action aux héritiers[1] mais, leur intérêt pouvant être important, on devrait les admettre à continuer l'action commencée par l'intéressé, celui-ci ayant pris la décision.

115.152 **Droit d'action du ministère public.** Le principe selon lequel **la nullité relative ne peut être invoquée que par celui qu'elle vise à protéger** semble toutefois avoir été bouleversé par la loi n° 2006-399 du 4 avril 2006, renforçant la prévention et la répression des violences au sein du couple ou commises contre les mineurs[2]. Le législateur est en effet intervenu dans le cadre de la lutte contre les mariages forcés pour modifier l'article 180 du Code civil. Ce texte prévoit désormais que « *le mariage qui a été contracté sans le consentement libre des deux époux, ou de l'un d'eux, ne peut être attaqué que par les époux, ou par celui des deux dont le consentement n'a pas été libre, ou par le ministère public* ». À lire le texte, il semblerait que seule l'action en **nullité pour violence** serait visée et donc ouverte au **ministère public.** On peut s'étonner de prime abord qu'une nullité relative, donc *a priori* de protection des intérêts privés, soit ouverte au ministère public. L'intervention du ministère public est en effet classiquement exclue du domaine de la nullité relative[3]. L'article 423 du Code de procédure civile qui dispose que le ministère public peut agir pour « *la défense de l'ordre public à l'occasion des faits qui portent atteinte à celui-ci* » ne devant pas *a priori* modifier cette détermination des compétences. On pourrait alors imaginer que la violence a pour effet non seulement de priver le consentement de liberté mais plus avant de le priver d'existence, ce qui amènerait à considérait la violence comme une hypothèse de nullité absolue comme en matière d'absence de consentement. Pour autant, les articles 184 et 191 ne visent pas cette hypothèse de violence et doctrine et jurisprudence se sont toujours attachées à retenir une hypothèse de nullité relative[4]. Le **délai de cinq ans** imparti pour agir en nullité pour violence confirme cette qualification (C. civ., art. 181), ainsi que le fait que **l'action ne soit pas ouverte à tout intéressé** (C. civ., art. 180). On a donc dû admettre que c'était une **nullité relative d'ordre public** qui était ainsi reconnue[5]. La promotion d'un nouvel ordre public matrimonial protégerait alors moins le mariage en tant que modèle institutionnel que la personne et son consentement[6].

La rédaction de l'article 180 du Code civil, issue de la réforme du 4 avril 2006, oblige aussi à s'interroger sur **l'étendue de l'intervention du ministère public.** S'il ne fait pas de doute que le législateur

1. Civ. 1re, 4 juill. 1995, n° 93-15.005, *Bull. civ.* I, n° 291; *D.* 1996, 233, note Boulanger; *Defrénois* 1996, art. 36278, n° 36, note Champenois; *RTD civ.* 1995, 866, obs. Hauser – V. Malaurie et Fulchiron, n° 257.
2. Sur cette loi, v. *RTD civ.* 2006, 402, note Leroyer – D. Viriot-Barrial, « Commentaire de la loi du 4 avril 2006 renforçant la prévention et la répression des violences au sein du couple ou commises contre les mineurs », *D.* 2006, 2350 – M. Azavant, « Regard civiliste sur le loi du 4 avril 2006 », *Dr. fam.* 2006, étude 40.
3. J. Hauser et J.-J. Lemouland, Rép. civ., *V° Ordre public et bonnes mœurs*, 2004, n° 205.
4. J.-J. Lemouland et D. Vigneau, « Mariage, concubinage, pacte civil de solidarité », *D.* 2006, 1414.
5. V. F. Dekeuwer-Défossez, « Nullité pour erreur sur les qualités essentielles du conjoint : la leçon de droit de la cour de Douai », *RLDC* 2004/3304 (l'auteur compare cet ordre public de protection avec d'autres exemples du droit du travail).
6. A.-M. Leroyer, *RTD civ.* 2006, 402 – M.-Th. Meulders-Klein, « L'évolution du mariage et le sens de l'histoire : de l'institution au contrat et au-delà », *Le droit de la famille en Europe, son évolution depuis l'Antiquité jusqu'à nos jours*, PU Strasbourg, 1992, p. 215 s. – J. Hauser, rapp. français, « L'ordre public », *Travaux de l'Association H. Capitant*, LGDJ, 1998, p. 475 s.

entendait admettre l'action du ministère public en cas de violence, il est en revanche plus délicat d'étendre cette action aux hypothèses de **nullité pour erreur**. La structure même du texte entretient ce doute. Le premier alinéa du texte qui permet au ministère public comme aux époux d'attaquer le mariage paraît se limiter aux hypothèses dans lesquels le mariage a été contracté sans le consentement libre des deux époux ou de l'un d'eux (auxquelles on ajoute l'hypothèse d'une **contrainte exercée** ou d'une **crainte révérencielle**; sur cette distinction, v. s^s n°s 111.61 et 111.62). Si l'on se réfère en revanche, à l'alinéa 2 de l'article 180 (« *s'il y a eu erreur dans la personne, ou sur des qualités essentielles de la personne, l'autre époux peut demander la nullité du mariage* »), on peut croire que l'action est en nullité pour erreur est réservée aux seuls époux. On peut toutefois dépasser la lettre du texte et tenter de cerner la **notion d'ordre public de protection** conduisant à la nullité relative et invocable par le ministère public.

L'affaire tant médiatisée de la demande de nullité d'un mariage pour erreur sur la virginité de l'épouse invite en effet à traiter l'hypothèse de la **nullité pour erreur** par analogie à celle de la **nullité pour violence**[1]. En appel dans cette affaire, une des questions était en effet de savoir si le ministère public avait qualité pour relever appel de la décision de première instance (ce que le mari comme la femme contestait). La Cour relève que « *l'appréciation des qualités essentielles, au sens de l'article 180 alinéa 2 du Code civil relève également du contrôle de l'ordre public dès lors qu'elle ne peut être laissé à la disposition des parties* »[2].

Utilisant alors la notion d'ordre public, la juridiction permet ainsi l'intervention du ministère public. Il convient donc d'admettre dès lors que ce n'est pas tant sur le fondement de l'article 180 alinéa 1er du Code civil que le ministère public interviendra en matière de nullité pour erreur mais sur le fondement de l'article 425 du Code de procédure civile[3].

115.153 Action en nullité relative du majeur protégé. On peut s'interroger sur les conditions de l'action intentée par un majeur protégé. La décision étant très personnelle, on voit mal qu'elle puisse être prise par un autre que l'intéressé, l'action étant alors exercée par l'intermédiaire de son tuteur ou avec l'assistance de son curateur. On pourrait appliquer, par analogie, les règles prévues pour la procédure de divorce aux articles 249 et suivants du Code civil.

115.154 Disparition des hypothèses de confirmation en cas de vice du consentement. Le législateur avait prévu la possibilité de confirmer un mariage nul pour vice du consentement dans un souci de préserver la stabilité du mariage et donc de limiter les hypothèses d'anéantissement de l'union matrimoniale. Alors qu'en droit commun, l'action en nullité relative se prescrit par cinq ans (C. civ., art. 1304, réd. L. 3 janv. 1968), l'ancien article 181 du Code civil prévoyait que la demande en nullité de mariage pouvait être paralysée plus tôt toutes les fois qu'il y avait eu **cohabitation continue pendant six mois** depuis que l'époux avait acquis sa pleine liberté ou que **l'erreur** avait été par lui **reconnue**.

La première hypothèse, celle de la cohabitation de six mois, était en réalité une hypothèse de **confirmation tacite**, l'attitude de l'intéressé faisant normalement présumer son intention de renoncer à la nullité. Cette confirmation était parfois contestée en ce qu'elle maintenait artificiellement le mariage et en ce qu'elle aboutissait parfois à renvoyer au divorce ce qui devait normalement dépendre de la nullité[4]. La loi du 4 avril 2006, renforçant la prévention de la répression des violences au sein du couple ou commises contre les mineurs, a modifié l'article 180 du Code civil qui prévoit désormais que « [...] *la demande en nullité n'est plus recevable à l'issue d'un délai de cinq ans à compter du mariage ou depuis que l'époux a acquis sa pleine liberté ou que l'erreur a été par lui reconnue* ». C'est donc la **prescription classique de cinq ans** de l'article 1304 du Code civil qui est désormais appliquée en matière de vice du consentement au mariage **sans possibilité de confirmation de l'acte nul** par cohabitation continue. Conformément au droit commun des nullités relatives, on devrait admettre que l'époux dont le consentement a été vicié peut confirmer expressément son mariage nul. Il est vrai que

1. Sur la nullité du mariage pour erreur sur la virginité, v. TGI Lille, 1er avr. 2008, *D.* 2008, 1389, note Labbée; *D.* 2008, 1788, obs. Lemouland et Vigneau; *RTD civ.* 2008, 455, obs. Hauser; *RJPF* 2008, n° 7/8, p. 8, note Dekeuwer-Défossez; *JCP* 2008, II, 10122, note Raoul-Cormeil; *Dr. fam.* 2008, comm. 98, note L.-T. – Jugement infirmé par CA Douai, 17 nov. 2008, *D.* 2008, 2938, obs. Egéa; *RTD civ.* 2009, 98, obs. Hauser; *RJPF* 2009, n° 1, p. 20, note Leborgne; *JCP* 2009, II, 10005, note Malaurie; et *JCP* 2009, I, 102, obs. Gouttenoire; *Dr. fam.* 2008, comm. 167, note Larribau-Terneyre; *RDLC* 2008/55, n° 3228, obs. Serra; *RDLC* 2009/57, n° 3304, note Dekeuwer-Défossez.
2. CA Douai, 17 nov. 2008, préc. s^s prés^t n° – V. J.-C. Bardout, « De la persistance de l'ordre public en matière d'annulation du mariage : regain d'intérêt pour un mode de dissolution judiciaire qui n'appartient pas qu'aux époux », *AJ fam.* 2008, 339.
3. V. F. Dekeuwer-Défossez, art. préc. s^s prés^t n°, selon qui il apparaîtrait « *plus clair et plus simple que l'article 425 prévoie la communication systématique des procédures en nullité du mariage, qui manifestement mettent en jeu l'ordre public dans la plupart des cas* ».
4. Hauser et Huet-Weiller, n° 358.

l'article 183 du Code civil ne mentionne pas ce cas, alors qu'il le fait pour la nullité résultant du défaut d'autorisation des parents, mais on ne voit guère pourquoi on refuserait à l'époux le droit de renoncer à la nullité.

115.155 Délai de prescription de l'action en nullité. On avait anciennement prétendu que l'action en nullité serait imprescriptible, argument déjà présenté pour l'ensemble des actions d'état. Malgré quelques discussions, la question avait été réglée par la Cour de cassation qui avait, en même temps, résolu la question de la prescription applicable. En effet, une partie de la doctrine proposait d'appliquer au moins, faute d'imprescriptibilité, la prescription trentenaire, la prescription de l'article 1304 du Code civil reposant sur l'idée de prescription tacite inadmissible ici en dehors des cas prévus de confirmation. La Cour de cassation ne s'est pas arrêtée à cet argument, d'ailleurs contestable car le fondement de la prescription de l'article 1304 du Code civil est discuté[1], et elle applique la **prescription** prévue par cet article, **de cinq ans** depuis la loi du 3 janvier 1968, aux **actions en nullité de mariage pour vice du consentement**[2]. Il ne faudrait pas pour autant en déduire que la Cour de cassation envisage le mariage comme un simple contrat, la tendance moderne conduisant à considérer la prescription de l'article 1304 du Code civil comme le délai de droit commun des actions en nullité relative, applicable aux obligations conventionnelles ou non[3].

La loi du 4 avril 2006 a déterminé de façon plus claire et précise le délai de prescription de l'action en nullité pour vice du consentement. L'ancien article 181 du Code civil ne prévoyait en effet que l'hypothèse d'une demande en nullité qui n'était « *plus recevable toutes les fois qu'il y a eu cohabitation continuée pendant six mois depuis que l'époux a acquis sa pleine liberté ou que l'erreur a été par lui reconnue* ». On en déduisait l'existence de deux délais applicables selon les hypothèses : **six mois en cas de cohabitation** (C. civ., art. 181 anc.) et **cinq ans en l'absence de cohabitation** (C. civ., art. 1304). La loi du 4 avril 2006 avait porté à cinq ans le délai de prescription, à compter de la célébration du mariage ou de la cessation du défaut de liberté ou de la découverte de l'erreur[4]. Il n'était donc plus question ni de cohabitation confirmative, ni de délai abrégé. C'est pour finir la loi n° 2008-561 du 17 juin 2008, portant réforme de la prescription, qui a de nouveau modifié l'article 181 du Code civil en prévoyant comme seul **point de départ du délai de cinq ans la célébration du mariage**[5]. Le retour de la nullité pour vice du consentement dans le giron du droit commun au travers des règles relatives à la prescription ne doit toutefois pas faire oublier que la nullité conserve ici une spécificité liée au mariage du fait de **l'intervention possible du ministère public.**

115.156 Intransmissibilité de l'action. Le caractère personnel de l'action en nullité relative la rend intransmissible aux héritiers, contrairement à l'action en nullité du contrat de mariage[6].

2°
Nullité pour défaut d'autorisation

115.160 Nullité pour défaut d'autorisation. Le mariage contracté sans le consentement des père et mère, des ascendants ou du conseil de famille, dans les cas où ce consentement était nécessaire, est entaché d'une **nullité relative** qui ne peut être demandée que par certaines personnes (C. civ., art. 182) et qui est susceptible de se couvrir (C. civ., art. 183). Compte tenu de l'âge de la majorité fixé à dix-huit ans depuis 1974 (C. civ., art. 388), de l'âge légal du mariage fixé désormais à dix-huit ans pour l'homme et la femme (C. civ. art. 144), de l'âge moyen du mariage et des conditions restrictives imposées à ce droit, ce type d'action tend à devenir très rare étant en outre enfermé dans un bref délai. Lorsque l'enfant qui a obtenu une dispense d'âge, ayant encore ses père et mère, n'a obtenu que le consentement de l'un d'eux, le mariage est inattaquable par l'autre parent, même s'il n'a pas été consulté.

1. J. Flour, J.-L. Aubert et L. Savaux, *Les obligations*, t. I, *L'acte juridique*, 10e éd., Éd. A. Colin, 2002, n° 352.
2. Civ. 1re, 17 nov. 1958, *D.* 1959, 18, note Holleaux; *JCP* 1959, II, 10949, note Esmein – V. aussi, CA Bastia, 24 oct. 1955, *D.* 1956, somm. 87; *RTD civ.* 1956, 316, obs. Desbois.
3. EN CE SENS, V. G. Holleaux, note préc. ss prést n°.
4. V. Lemouland et Vigneau, *D.* 2006, 1414 (qui notent l'objectif de la loi de permettre de demander pendant plus longtemps la nullité du mariage forcé).
5. V. J.-C. Bardout, « Les conséquences de la réforme de la prescription civile en matière familiale », *AJ fam.* 2008, 291 – V. Larribau-Terneyre, « Du nouveau sur la prescription des actions en nullité du mariage », *Dr. fam.* 2008, comm. 97.
6. Civ. 1re, 4 juill. 1995, n° 93-15.005, *Bull. civ.* I, n° 291; *Defrénois* 1996, art. 36278, n° 36, obs. Champenois : « *À la différence de l'action en nullité absolue pour défaut de consentement prévue par les deux premiers textes (146 et 184), qui est ouverte à tous ceux qui y ont intérêt, l'action en nullité relative pour erreur dans la personne, ou sur des qualités essentielles de la personne prévue par le troisième texte (180) est exclusivement attachée à la personne et ne peut être exercée que par l'époux dont le consentement a été vicié.* »

a)
Personnes pouvant demander la nullité

115.161 Personnes qui peuvent demander la nullité. La nullité du mariage contracté par des mineurs (avec dispense), sans avoir obtenu le consentement dont ils ont besoin pour la validité du mariage, peut être demandée soit par ceux dont le consentement était requis, soit par celui des époux qui avait besoin de ce consentement (C. civ., art. 182). Il suffit de se reporter aux règles concernant le consentement des parents au mariage pour déterminer ceux qui peuvent agir en nullité (v. s[s] n°s 113.51 s.). En accordant à ces personnes le droit d'agir en nullité du mariage, le Code civil déroge au principe en vertu duquel celui qui doit autoriser un incapable n'a aucune action personnelle pour faire annuler l'acte de cet incapable. Deux raisons expliquent cette dérogation : 1° l'autorisation du mariage est donnée à la fois dans l'intérêt de l'enfant et dans celui de sa famille; 2° si l'on avait réservé à l'enfant le droit de demander la nullité, il eût été à craindre que l'influence qui l'a entraîné à se marier contre le gré de ses parents le détournât de l'action en nullité. Ces raisons sont évidemment très discutables à notre époque.

115.162 Droit des parents de demander la nullité. Chacun des parents ayant le droit d'autoriser le mariage peut, en conséquence, en demander la nullité faute d'autorisation requise. Mais, inversement, chacun pouvant paralyser le refus de l'autre en donnant son propre consentement, chacun peut aussi consolider le mariage argué de nullité, même si l'action est déjà intentée auquel cas elle devient alors sans objet. Lorsque la nullité d'un mariage est prononcée à la demande des parents d'un des époux, par jugement de défaut obtenu contre les deux conjoints, l'opposition formée par l'un de ceux-ci n'est recevable que si le second époux est mis en cause[1]. Si l'un des parents meurt sans avoir approuvé le mariage dans le délai utile pour l'action, celle-ci appartient à l'autre.

115.163 Droit des ascendants de demander la nullité. Dans les cas où le consentement des aïeuls et aïeules est requis, ceux-ci pourront agir en nullité si le mariage a été célébré sans leur consentement. Mais, pratiquement, l'action ne sera possible que si aucune des lignes n'a consenti. Le dissentiment entre les deux lignes emportant consentement, aux termes de l'article 150 du Code civil, l'action en nullité peut être paralysée par la ratification opérée par un ascendant de l'autre ligne. À cette fin, ces ascendants pourraient être mis en cause par l'enfant et le tribunal pourrait même l'ordonner d'office. Il serait également possible aux aïeuls concernés d'intervenir d'eux-mêmes en arrêtant ainsi l'action en nullité et ceci même en cause d'appel[2]. En s'en tenant aux termes mêmes de l'article 182 du Code civil qui accorde l'action en nullité à « *ceux dont le consentement était requis* », on décide que l'action en nullité s'éteint quand l'ascendant auquel elle appartenait meurt dans le délai utile pour l'exercer. Ainsi, après la mort du survivant des père et mère, l'action en nullité ne passe pas aux aïeuls et aïeules.

115.164 Droit du conseil de famille de demander la nullité. Dans le cas où le consentement du conseil de famille était nécessaire, la nullité du mariage peut être demandée par ce conseil si le consentement n'a pas été accordé, L'action appartient au conseil et non à chaque membre individuellement, mais il désignera par délibération spéciale et expresse, soit un membre, soit le tuteur, pour exercer l'action. Dans le cas prévu à l'article 460 (anc. art. 514) du Code civil où le consentement du curateur est requis pour le mariage de la personne placée sous curatelle, on doit logiquement admettre que le **curateur** pourra aussi agir en nullité pour défaut de consentement[3]. La même solution devrait être appliquée au **juge des tutelles** dans le cas, prévu par le même article, où il lui appartient d'autoriser le mariage du majeur[4].

115.165 Droit de l'époux mineur de demander la nullité. L'époux mineur qui s'est marié sans le consentement de ceux qui devaient le lui accorder, a le droit d'intenter lui-même l'action en nullité (C. civ., art. 182). Si, en droit commun, le mineur qui a commis un dol en trompant son cocontractant sur son âge peut être privé de l'action en nullité (C. civ., art. 1310), il ne peut en être de même en matière de mariage. Il pourrait donc aussi, si la nullité est demandée par ses ascendants ou le conseil de famille, conclure en faveur du prononcé de cette nullité[5].

1. CA Paris, 13 mars 1956, *D.* 1956, somm. 140.
2. CA Paris, 1er févr. 1894, *DP* 1894, 2, 456.
3. Civ. 1re, 17 mai 1988, *JCP* 1989, II, 21197, note Boulanger; *Defrénois* 1988, art. 34309, n° 85, obs. Massip, sol. impl., qui admet l'action dans son principe mais la rejette pour cause de prescription.
4. Sur le rôle éventuel du conseil dans la tutelle d'État, v. C. Geffroy, « Organe collégial et tutelle d'État des majeurs », *JCP* 1988, I, 3366, spéc[t] n°s 9 s. – V. ENCORE, sur les pouvoirs du juge saisi d'un recours contre la délibération du conseil de famille dans le cadre de l'ancien art. 506 C. civ. : Civ. 1re, 19 nov. 1991, n° 90-16.415, *Bull. civ.* I, n° 319, qui admet la possibilité d'imposer, même d'office, la décision jugée conforme à l'intérêt de la personne protégée.
5. Req. 28 mars 1854, *DP* 1854, 1, 201.

115.166 Absence de droit de demander la nullité de toute autre personne. L'énumération légale est **limitative** et elle exclura le conjoint de l'époux mineur, les collatéraux[1] et à plus forte raison, un simple tiers intéressé[2]. L'action a, par ailleurs, un **caractère personnel**, ce qui exclut son exercice par la voie oblique. Le droit de l'exercer ne passe donc ni aux héritiers de ceux, ascendants ou époux, auxquels elle appartient[3], ni, *a fortiori*, aux légataires particuliers du titulaire[4]. On admet toutefois qu'il y aurait lieu d'appliquer la même solution que dans le cas des vices du consentement, en ce qui concerne la continuation par les héritiers de l'ascendant ou de l'époux de l'action interrompue par le décès du demandeur[5].

115.167 Délai de prescription de l'action en nullité pour défaut d'autorisation. L'article 183 du Code civil prévoyait que la nullité du mariage résultant du défaut d'autorisation de la famille était prescrite par un an[6]. L'action en nullité se prescrit désormais par **cinq ans** (C. civ., art. 183, réd. L. n° 2006-399, 4 avr. 2006, art. 6) conformément au droit commun des nullités relatives. Le délai commence à courir pour les personnes dont le consentement était requis, du **jour où elles ont eu connaissance du mariage**[7]. La jurisprudence s'est souvent montrée rigoureuse quant à la constatation de cette connaissance[8] (on pourrait toutefois, surtout à notre époque, se contenter d'une notoriété suffisante du mariage pour faire courir le délai). C'est sur les époux que pèse la charge de la preuve d'une connaissance antérieure du mariage[9]. Pour éviter la déchéance, il faut que la demande soit introduite avant l'expiration du délai[10]. Mais, inversement, la nullité ne peut plus être proposée après ce délai même, et ceci contrairement au droit commun, si elle était invoquée par voie d'exception[11]. **Le droit d'action des ascendants devrait subsister malgré le décès**, le divorce ou la majorité de l'époux concerné car ils peuvent avoir intérêt à ce que les effets passés du mariage soient effacés par le prononcé de la nullité[12]. En revanche, **dans le cas de l'action du conseil de famille, ce droit devrait disparaître** si l'époux est décédé ou devenu majeur puisque, par la survenance de ces deux événements, le conseil de famille perd toute existence légale. On pourrait toutefois soutenir le contraire en remarquant que la source de son droit d'agir se trouve au moment même du mariage. Pour l'action de l'époux, le délai de cinq ans commence à courir de l'âge requis pour pouvoir consentir valablement au mariage, c'est-à-dire dix-huit ans (C. civ., art. 183). Comme pour l'action des ascendants, le décès du conjoint ou le divorce n'empêchent pas l'époux d'agir en nullité. L'expiration du délai suffira qu'il y ait eu ou non cohabitation et quand bien même la nullité serait invoquée par voie d'exception.

1. CA Caen, 22 mai 1850, *DP* 1853, 2, 179 – COMP. CA Lyon, 1er juill. 1859 – Et, sur pourvoi, Req. 18 juill. 1860, *DP* 1860, 1, 299.
2. CA Lyon, 18 janv. 1894, *DP* 1894, 2, 222.
3. CA Caen, 22 mai 1850, préc. ss prést n° – CA Bastia, 7 mai 1859, *DP* 1860, 2, 158.
4. CA Agen, 20 déc. 1824, *Jur. gén.*, *V° Mariage*, n° 483.
5. Planiol et Ripert, t. II, par Rouast, n° 297 – Ripert et Boulanger, t. I, n° 1363 – *CONTRA*, T. Toulouse, 24 févr. 1879, *S.* 1880, 2, 54.
6. Il s'agissait selon MARTY et RAYNAUD, n° 120, d'une prescription confirmative.
7. Req. 8 mars 1875, *DP* 1875, 1, 482 – CA Rennes, 17 août 1874 – Et, sur pourvoi, Req. 11 mai 1875, *DP* 1875, 1, 407 – CA Lyon, 18 janv. 1894, *DP* 1894, 2, 222.
8. Civ. 16 avr. 1817, *Jur. gén.*, *V° Mariage*, n° 494 – CA Colmar, 19 juin 1823, *Jur. gén.*, *V° Mariage*, n° 493 – COMP. CA Paris, 24 avr. 1874, *DP* 1875, 2, 9 – Et, sur pourvoi, Req. 8 mars 1875, préc. ss prést n°.
9. CA Paris, 1re ch., sect. C, 18 févr. 1999, *Juris-Data* n° 020553; *D.* 2000, somm. 103, obs. Lemouland; *Dr. fam.* 1999, n° 94, note Lécuyer; *Defrénois* 2000, 112, note Massip.
10. CA Paris, 9 juill. 1853, *DP* 1853, 2, 180 – Et, sur pourvoi, Req. 28 mars 1854, *DP* 1854, 1, 201.

b)

Confirmation de l'autorisation

115.171 Confirmation par les parents dont l'autorisation était nécessaire. L'article 183 du Code civil a prévu la confirmation par les parents dont le consentement était nécessaire. La confirmation peut évidemment venir de celui dont le consentement était requis. Ainsi si le père seul, la mère seule ou un ascendant seul, avaient pouvoir de consentir au mariage, ils peuvent, si leur consentement n'a pas été requis, confirmer néanmoins ce mariage en renonçant ainsi à invoquer la nullité. En fait, l'application de la règle selon laquelle le dissentiment vaut consentement permet indirectement à toute personne qui pouvait consentir de paralyser l'action en nullité d'une autre et donc de confirmer le mariage. Il faut admettre ici, comme pour toute confirmation, que celle-ci n'est valable que si le mariage était connu, ainsi que le vice qui l'atteignait, de ceux qui avaient le pouvoir de confirmer[13].

La **confirmation** donnée par les **parents** peut prendre la **forme expresse** ou, ce qui sera beaucoup plus fréquent, une **forme tacite**. La confirmation expresse peut être donnée sous une forme quelconque, dans un acte authentique ou privé, ou même

11. Req. 5 nov. 1839, sol. impl., *Jur. gén.*, *V° Mariage*, n° 503.
12. Planiol et Ripert, t. II, par Rouast, nos 302 s. – Req. 5 nov. 1839, *Jur. gén.*, *V° Mariage*, n° 503.
13. La question a ainsi pu se poser pour un mariage célébré à l'étranger et non transcrit : Req. 5 juill. 1905, *DP* 1905, 1, 471.

dans une lettre pourvu que la volonté soit certaine[1]. La confirmation tacite sera souverainement appréciée par les tribunaux. Une jurisprudence ancienne retenait ainsi le fait que l'ascendant concerné avait accepté l'enfant né du mariage en devenant, par exemple, son parrain ou en le déclarant à l'état civil. Plus fréquemment, c'est l'attitude du parent à l'égard du couple qui sera relevée, ainsi : s'il a traité le couple comme celui de ses enfants et leur en a donné une sorte de possession d'état[2], s'il a participé à des cérémonies de famille[3], s'il a hébergé les époux, attendant ensuite un an pour agir[4]. La preuve de cette approbation tacite peut être faite par tous les moyens admis par le droit commun, et peut résulter même de circonstances graves, précises et concordantes[5].

La **confirmation** par le **conseil de famille** ne peut être qu'expresse et résultera d'une délibération en forme de ce conseil puisqu'il s'agit d'une instance collégiale. L'approbation individuelle des membres serait inopérante. Par contre, dans le cas où le **curateur** est désormais amené à donner son autorisation, on devrait pouvoir admettre, comme pour les parents, une approbation tacite.

115.172 Effets de la confirmation des parents. Le mariage, confirmé par l'un des parents qui devait donner son autorisation, ne peut plus être attaqué par l'autre parent, ni même par l'époux mineur (C. civ., art. 183). On a même admis parfois que cette approbation arrête le cours de l'action en nullité déjà intentée[6]. L'ascendant peut donc intervenir dans l'instance, même en appel, et le tribunal peut ordonner la mise en cause de cet ascendant.

115.173 Confirmation par l'époux qui n'a pas obtenu l'autorisation requise. L'époux lui-même, quant à son action personnelle, pourrait-il confirmer son mariage alors qu'il n'avait pas obtenu l'autorisation requise ? L'article 183 du Code civil ne prévoit pas cette possibilité qui risque évidemment d'abréger le délai d'un an qui court à compter de la majorité. Toutefois, si l'on admet la possibilité d'une confirmation expresse par l'époux pour un mariage nul pour vice du consentement, on ne voit guère pourquoi on la refuserait pour un mariage nul pour défaut de consentement des parents. En tout état de cause, si l'on admet cette possibilité, elle ne devrait avoir d'effet que sur l'action de l'époux lui-même. Les parents conserveraient leur droit de demander la nullité. De même, la ratification de l'époux, par l'écoulement du délai de cinq ans après sa majorité, ne devrait pas faire obstacle à l'action des parents, du moment qu'ils ont eu connaissance du mariage depuis moins de cinq ans.

§ 3
Effets de la nullité

115.181 Durant l'instance. La nullité n'étant pas le divorce, l'action en nullité ne permet pas d'obtenir, durant le procès, des mesures analogues à celles qu'on peut prévoir durant la procédure de divorce. On peut d'ailleurs le regretter à certains points de vue. Il faut toutefois rappeler que c'est le **tribunal de grande instance** (et non le juge aux affaires familiales comme pour le divorce) du domicile des époux qui sera compétent pour connaître de la demande en nullité de mariage. Pour les mêmes raisons, pendant l'instance, les époux ne pourront obtenir une autorisation de résidence séparée[7] dans des conditions analogues aux époux en instance de divorce. Toutefois il sera toujours possible d'obtenir du juge une **dispense de cohabitation** dans les conditions du droit commun[8]. Si l'on applique strictement l'idée de rétroactivité de la nullité, discutée à notre époque, on devrait admettre que le mariage peut faire l'objet d'une célébration nouvelle qui serait rétroactivement validée lors du prononcé de la nullité. Dans cette hypothèse peu pratique désormais, malgré des réticences[9], la jurisprudence dominante a consacré cette possibilité qui représente une sorte de confirmation[10].

A.
Anéantissement rétroactif du mariage

115.191 Principe de l'anéantissement rétroactif du mariage. Contrairement à la dissolution qui n'a d'effet que pour l'avenir, la nullité devrait entraîner l'anéantissement rétroactif du mariage en application du droit commun des nullités. Toutefois les nullités en matière de mariage obéissent à des règles

1. Planiol et Ripert, t. II, par Rouast, n° 303 – COMP. CA Pau, 24 mars 1859, *DP* 1860, 2, 156 – Req. 8 mars 1875, *DP* 1875, 1, 482.
2. CA Paris, 20 janv. 1873, *DP* 1873, 2, 59.
3. COMP. CA Lyon, 18 janv. 1894, *DP* 1894, 2, 222.
4. TGI Troyes, 9 nov. 1966, *Gaz. Pal.* 1967, 1, 81.
5. CA Pau, 24 mars 1859, préc. s^s prés^t n°.
6. CA Paris, 1er févr. 1894, *DP* 1894, 2, 456 – *CONTRA*, Aubry et Rau, t. VII, § 465, note 19.
7. CA Paris, 7 janv. 1903, *DP* 1903, 2, 16.
8. HAUSER et HUET-WEILLER, n° 1071.
9. CA Angers, 21 août 1840, *S.* 1840, 2, 372 – T. civ. Douai, 5 mai 1922, *La loi* 26 oct. 1924.
10. CA Orléans, 26 août 1871, *DP* 1873, 2, 61 – Req. 24 juill. 1872, *DP* 1873, 1, 208 – CA Orléans, 14 avr. 1886, *DP* 1887, 2, 95 – CA Dijon, 20 mars 1922, *JDI* 1922, 409 – Et, sur pourvoi, Req. 31 juill. 1923, *Gaz. Pal.* 1923, 2, 594 – V. l'opinion réservée de Planiol et Ripert, t. II, par Rouast, n° 308.

différentes du droit commun des nullités, du fait de la spécificité de cet acte juridique. L'union matrimoniale, par les effets qu'elle peut avoir sur la situation familiale des conjoints, de leurs enfants ou plus largement par les conséquences qu'elle peut emporter vis-à-vis des tiers, ne peut toujours être complètement effacée. Parce qu'il est impossible de faire totalement abstraction de ce qui a existé, le principe de rétroactivité n'a pas vocation à s'appliquer de façon systématique et absolue. Ce principe peut être strictement limité, voire écarté par la théorie du mariage putatif[1]. Les conditions du mariage putatif s'étant progressivement libéralisées, la nullité a tendance à se rapprocher du divorce dans ses effets ce qui lui fait perdre une grande partie de son intérêt pour celui qui l'invoque. La jurisprudence est en effet, en la matière, bienveillante à l'égard des époux. Ce n'est donc qu'exceptionnellement que la nullité du mariage produira ses conséquences relatives à la personne des époux, alors que, pour les enfants, la loi du 3 janvier 1972 a écarté ces conséquences.

115.192 Conséquences de l'anéantissement rétroactif du mariage, relatives à la personne des époux. Le mariage doit être considéré comme n'ayant jamais existé et les personnes comme n'ayant jamais eu l'état d'époux et n'ayant jamais été tenues aux devoirs énoncés aux articles 212 et suivants du Code civil. Un nouveau mariage peut donc être célébré. Les effets que le mariage nul pouvait produire disparaissent : l'émancipation qui résultait du mariage pour les époux mineurs devrait disparaître, les liens d'alliance et les empêchements qui en résultaient sont effacés. Le mariage déclaré nul par une décision émanant d'une juridiction française ou d'une juridiction étrangère dont l'autorité est reconnue en France rend caduque la déclaration par laquelle un étranger peut acquérir la nationalité française en contractant mariage avec un Français. Mais cette caducité ne joue qu'en cas de mauvaise foi de l'époux étranger (C. civ., art. 21-5 *a contrario*).

115.193 Conséquences de l'anéantissement rétroactif du mariage, relatives aux biens des époux. Le droit de succession entre époux, en pleine propriété ou en usufruit, disparaît rétroactivement. Si la **succession** était déjà ouverte par la mort de l'un des époux, il y aura lieu à **restitution.** Les **conventions matrimoniales** étant aussi nulles, la liquidation se fera soit sur la base d'une convention nouvelle entre les ex-époux, soit sur la base d'une société de fait car il faudra bien aboutir à la liquidation de cette communauté d'intérêts[2]. Les **donations** faites en vue du mariage tombent, ayant été consenties *si nuptiae sequantur*, et, si elles ont été déjà réalisées, les biens reçus doivent être restitués[3]. En sens inverse, les droits pour lesquels la réalisation du mariage a été une condition résolutoire ou un terme devraient survivre[4]. Enfin, **l'obligation alimentaire** disparaît rétroactivement; l'ex-conjoint ne pourrait même pas prétendre au versement des arrérages échus antérieurement au jugement d'annulation et devrait normalement restituer les sommes perçues, sauf application de la technique de l'obligation naturelle.

115.201 Disparition des conséquences relatives aux enfants. Avant la loi du 3 janvier 1972, la nullité du mariage, quand aucun des époux n'était de bonne foi, atteignait les enfants qui devenaient naturels simples, incestueux ou adultérins (il convient de remarquer que la filiation des enfants demeurait établie par leur acte de naissance et que c'était donc l'un des rares cas où une filiation adultérine, mais surtout incestueuse, était officiellement établie[5]). Mais l'article 202 du Code civil accorde depuis la loi n° 72-3 du 3 janvier 1972, dans tous les cas, le **bénéfice du mariage putatif aux enfants issus du mariage annulé, même si aucun des parents n'était de bonne foi.** On peut même se demander, à la limite, s'il s'agit bien encore de mariage putatif.

B.

Exception : mariage putatif

115.210 Théorie du mariage putatif. L'anéantissement rétroactif du mariage prononcé judiciairement comporte une exception pour le ou les **époux de bonne foi.** Dans cette hypothèse, l'annulation ne produit ses effets que pour l'avenir, les effets antérieurement produits par le mariage subsistant (C. civ., art. 201 et 202). La doctrine lui a donné le nom de mariage putatif (*putativus*, réputé être ce qui n'est pas, du verbe *putare*, penser, mariage dont on pensait qu'il était valable)[6]. C'est aux travaux des canonistes du Moyen Âge que l'on doit la théorie du mariage putatif, palliatif de la multiplicité des prohibitions affectant le mariage. Admise dans **l'intérêt des enfants** (*favor filiationis*),

1. Pour une comparaison avec les contrats à exécutions successives, v. TERRÉ et FENOUILLET, n° 418.
2. CA Paris, 10 févr. 1892, *DP* 1892, 2, 493 – Req. 12 nov. 1907, *DP* 1908, 1, 63.
3. CA Paris, 1er août 1818, *Jur. gén.*, *V° Mariage*, n° 524 – CA Poitiers, 16 juill. 1846, *DP* 1846, 2, 195.
4. *CONTRA*, CA Poitiers, 21 janv. 1901, *DP* 1902, 2, 52, pour une clause de non-mariage.
5. TERRÉ et FENOUILLET, n° 420, note 2.
6. V. Planiol et Ripert, t. II, par Rouast, nos 315 s. – MARTY et RAYNAUD, n° 123 – HAUSER et HUET-WEILLER, nos 371 s.

elle avait pour but de les protéger en **favorisant leur légitimité**[1]. Le Code civil avait admis la même exception en faveur des enfants, avec la même condition de la bonne foi d'au moins un des parents. Cette faveur était à l'époque d'une importance capitale car elle permettait aux enfants du couple d'échapper à la situation défavorable d'enfant naturel, voire adultérin ou incestueux. La loi du 3 janvier 1972 a étendu le bénéfice de cette règle à tous les enfants, sans considération désormais de la bonne ou de la mauvaise foi des parents. En même temps, il est vrai, la faveur ainsi faite à tous les enfants devenait moins importante, le statut des enfants non légitimes ayant beaucoup évolué (v., en derniers lieux, L. n° 2001-1135, 3 déc. 2001, relative aux droits du conjoint[2] – et L. n° 2002-305, 4 mars 2002, relative à l'autorité parentale[3]) avant que l'ordonnance n° 2005-759 du 4 juillet 2005[4], ratifiée par la loi n° 2009-61 du 16 janvier 2009[5], ne fasse disparaître la distinction entre les enfants légitimes et naturels. Pour autant, le bénéfice de la putativité au profit des enfants n'a pas disparu et l'article 201 du Code civil est maintenu, ce qui peut encore constituer une faveur pour les enfants du couple dont le mariage est frappé de nullité.

1°
Conditions du mariage putatif

115.211 Loi applicable. L'octroi du mariage putatif dépend de la loi qui annule le mariage (la loi qui annule le mariage a compétence pour régler les conséquences de la nullité et, notamment, le tempérament de la putativité qu'il y a lieu de lui apporter[6]). Dans le cas d'une nullité prononcée en application de la loi française, les effets de la nullité du mariage contracté à l'étranger doivent donc s'apprécier au regard de cette loi[7].

115.212 Importance des conditions du bénéfice du mariage putatif pour les époux. Les conditions du mariage putatif présentent une importance particulière dans la mesure où ce sont ces conditions qui vont permettre de tracer la frontière qui sépare « *le maintien d'un embryon de mariage* » du concubinage[8]. Certaines conditions de formation du lien matrimonial peuvent être absentes et pourtant le mariage conservera une part de son existence au travers de la putativité; d'autres n'ont pas été respectées et il faudra renoncer à conserver à l'union toute valeur légale et admettre qu'il ne s'agissait que d'un simple concubinage. L'enjeu est d'autant plus important que les effets du mariage putatif ne cessent d'augmenter (v. s[s] n°s 115.211 à 115.241). Selon l'article 201 du Code civil, la seule condition requise pour qu'un mariage soit considéré comme putatif, c'est qu'il ait été **contracté de bonne foi**[9]. En ce sens, le consentement importe peu dès lors qu'aucun doute ne subsiste à l'encontre du bénéficiaire sur sa conviction réelle d'être marié[10]. Il faut que l'un des époux ait cru à la validité de l'union, sauf à admettre que des personnes qui savaient qu'elles n'étaient pas légalement unies bénéficient de certains effets du mariage. Il paraît toutefois difficile, par ailleurs, de ne pas exiger un minimum de célébration, même si ce minimum doit être interprété souplement et se confond souvent avec la notion de bonne foi dont il constitue le fondement objectif, car il en va de la distinction entre mariage et concubinage. Admettre qu'un mariage, dépourvu d'un minimum qualifiant l'acte lui-même, peut valoir comme putatif aboutirait à supprimer toute frontière entre mariage et concubinage et, de plus, à supprimer la condition de bonne foi expressément exigée par la loi.

115.213 La bonne foi condition du mariage putatif. La bonne foi suppose que les époux, ou au moins l'un d'eux, ont cru contracter un mariage valable, c'est-à-dire ont ignoré l'empêchement ou le vice qui s'opposait à la célébration. La bonne foi d'un seul époux suffit à faire considérer le mariage comme putatif mais les **effets** sont **limités au seul époux qui a été de bonne foi.** La condition de bonne

1. F. Boulanger, *Droit civil de la famille*, t. I, n° 163 – Lefebvre-Teillard, « Règle et réalité : les nullités du mariage à la fin du Moyen-Âge », *RD canonique* 1983, p. 145 s., n° 196.
2. L. n° 2001-1135, 3 déc. 2001, relative aux droits du conjoint, *JO* 4 déc., p. 19279.
3. L. n° 2002-305, 4 mars 2002, relative à l'autorité parentale, *JO* 5 mars, p. 4161.
4. Ord. n° 2005-759, 4 juill. 2005, portant réforme de la filiation, *JO* 6 juill., p. 11159.
5. L. n° 2009-61, 16 janv. 2009, ratifiant l'ordonnance n° 2005-759 du 4 juillet 2005 portant réforme de la filiation et modifiant ou abrogeant diverses dispositions relatives à la filiation, *JO* 18 janv., p. 1062.
6. Civ. 1re, 16 juill. 1998, n° 96-14.503, *Bull. civ.* I, n° 250; *JDI* 1999, 125, note Courbe; *D.* 1999, 51, note Fauvarque-Cosson; *D.* 1999, somm. 196, obs. Granet; *D.* 1999, somm. 294, obs. Audit; *Rev. crit. DIP* 1999, 509, note Lequette; *JCP* 1999, II, 10032, note Muir-Watt; *Dr. fam.* 1999, n° 10, note Fulchiron (2e esp.) – CA Paris, 1re ch., sect. C, 11 mai 2000, *Juris-Data* n° 116000 – Déjà dans le même sens : Civ. 1re, 6 mars 1956, *D.* 1958, 709, note Batiffol; *JCP* 1956, II, 9549, note Weill; *Rev. crit. DIP* 1956, 305, note Francescakis.
7. Civ. 1re, 6 mars 1956, préc. s[s] prés[t] n° – CA Paris, 2 déc. 1966, *JCP* 1967, II, 15278, note Boulbès, *Rev. crit. DIP* 1967, 530, note Malaurie – CA Paris, 27 nov. 1981, *D.* 1981, 142, note Paire.
8. Selon l'expression de J. Hauser, « Glossaire des mariages de l'an 2000 », *Mél. A. Colomer*, Litec, 1993, p. 189 s., spéc[t] p. 195.
9. Civ. 1re, 14 juin 1957, *D.* 1957, 557.
10. Civ. 1re, 7 mai 1957, *D.* 1957, 559 – V. AUSSI, CA Paris, 17 févr. 1961, *D.* 1961, somm. 102 – COMP. H. Desbois, obs. *RTD civ.* 1958, 229, n° 1.

foi a été traditionnellement entendue de façon assez large par la jurisprudence, notamment à l'époque moderne, à tel point qu'on peut encore se demander si le mariage putatif est bien toujours l'exception. Le refus du bénéfice du mariage putatif semble bien désormais apparaître comme une sanction à l'égard de l'époux fautif, ce qui justifie en partie l'opinion des auteurs souhaitant rapprocher nullité et divorce[1]. La jurisprudence classique avait tout de même eu l'occasion de refuser le mariage putatif aux concubins ou concubines qui, pressés de se marier, n'attendaient pas, en connaissance de cause, la décision de divorce libérant leur futur conjoint, ce qui supposait en plus une fraude à l'état civil[2].

115.214 Erreur de fait ou erreur de droit. Il pourra donc s'agir d'une erreur de fait ou d'une erreur de droit, cette dernière n'excluant pas la bonne foi au point de vue civil; l'erreur n'a pas à être excusable[3]. La jurisprudence rappelle que la bonne foi est la seule condition posée par le législateur pour la reconnaissance du mariage putatif et que cette bonne foi peut exister que les parties aient commis une erreur de droit ou qu'elles se soient trompées en fait, que l'erreur ait porté sur la forme de l'acte ou sur la capacité des contractants. **La nature et la gravité de l'erreur sont de simples éléments de fait** et peu importe qu'il soit prétendu que le vice dont est affecté le mariage rendrait celui-ci inexistant[4]. Il y aura erreur de fait si, par exemple, l'époux ignorait les liens de parenté ou d'alliance existant entre eux, ou croyait mort le premier conjoint de l'un d'eux[5]. Toutefois, dans ce dernier cas, si le conjoint avait été déclaré absent on sait que, le mariage étant dissous, le second mariage restera valable (v. C. civ., art. 128, al. 3, et art. 132). L'erreur de droit portera parfois sur une règle du droit français pour des époux se mariant en France et de nationalité française[6]. Elle se produira plus souvent, pour des raisons évidentes, pour le Français ignorant la loi étrangère, lors d'un mariage à l'étranger, ou pour l'étranger se mariant en France et ignorant la loi française[7]. L'erreur la plus fréquemment invoquée concerne en tout état de cause la **bigamie**[8].

1. P. Hébraud, « Nullité de mariage et divorce », *Mél. Dauvillier*, 1979, p. 403 s.
2. T. civ. Lyon, 10 nov. 1951, *D.* 1952, somm. 27 – V. DÉJÀ, Req. 19 oct. 1927, *S.* 1927, 1, 383 – Sur l'absence de la bonne foi chez l'époux qui a connu la contrainte sous l'empire de laquelle son conjoint a consenti au mariage, v. CA Bastia, 27 juin 1949, *D.* 1949, 417; *RTD civ.* 1949, 518, obs. Lagarde.
3. CA Lyon, 24 févr. 1881, *DP* 1881, 2, 199 – CA Rouen, 6 avr. 1887, *DP* 1889, 2, 17, note Cohendy – CA Paris, 14 mars 1889, *DP* 1890, 2, 88 – CA Paris, 18 mars 1897, *DP* 1897, 2, 200 – Civ. 30 juill. 1900, *DP* 1901, 1, 317 – T. civ. Dijon, 13 mai 1907, *DP* 1910, 2, 196 – Civ. 1re, 14 déc. 1971, *D.* 1972, 179; *RTD civ.* 1972, 770, obs. Nerson, pour une femme qui ignorait l'évolution du droit espagnol consécutive à une loi de 1937 – Civ. 1re, 15 janv. 1980, n° 78-15.084, *Bull. civ.* I, n° 26.
4. Civ. 30 juill. 1900, *DP* 1901, 1, 317 – Req. 14 mars 1933, *DH* 1933, 219 – Civ. 1re, 14 déc. 1971, n° 70-12.339, *Bull. civ.* I, n° 320 – Civ. 1re, 28 mai 1991, n° 89-13.742, *Bull. civ.* I, n° 169; *D.* 1992, 121, note Massip – CA Dijon, 24 mai 1994, *Gaz. Pal.* 1996, 2, somm. 350; *RTD civ.* 1995, 330, obs. Hauser.
5. Civ. 5 janv. 1910, *S.* 1912, 1, 249.
6. Ainsi sur certaines causes d'empêchement : Civ. 30 juill. 1900, préc. ss prést n° – Civ. 5 janv. 1910, préc. ss prést n° – CA Aix-en-Provence, 16 mars 1939, *S.* 1939, 2, 160.
7. Ou même en cas d'ignorance de la loi étrangère, V. AINSI, Civ. 1re, 14 déc. 1971, préc. ss prést n° – Req. 9 nov. 1846, *DP* 1846, 1, 337 – CA Chambéry, 15 juin 1869, *DP* 1869, 2, 188 – CA Rouen, 6 avr. 1887, *DP* 1889, 2, 17 – CA Paris, 18 oct. 2001, *Juris-Data* n° 156071; *Dr. fam.* 2002, comm. 124, obs. Farge.
8. CA Lyon, 21 mai 1974, *D.* 1975, 9, note Guiho – Civ. 1re, 28 mai 1991, n° 89-13.742, *Bull. civ.* I, n° 169; *D.* 1992, J. 121, note Massip – CA Montpellier, 14 sept. 1987, *Juris-Data* n° 001944 : bonne foi de l'époux bigame dont le mariage a été célébré à l'étranger sans la présence des époux – CA Paris, 1re ch., sect. C, 8 juin 1990, *Juris-Data* n° 022813 : croyance légitime dans le décès du mari dans une guerre – CA Paris, 1re ch., sect. C, 8 mars 1994, *Juris-Data* n° 020825; *D.* 1994, IR 87: épouse ignorant la situation du mari et l'interdiction de la polygamie pour un Français; même solution pour l'époux qui, bien qu'ayant acquis la nationalité française et étant censé connaître les lois de son pays d'adoption, vient d'un pays où les traditions polygamiques sont fortes et a pu se méprendre sur les conséquences de l'abandon du domicile conjugal par sa première épouse – CA Paris, 14 juin 1995, *D.* 1996, 156, note Boulanger; *D.* 1996, somm. 174, obs. Audit : bonne foi des deux époux, la femme ignorant tout de la législation du pays de son époux et le mari ayant cru à la validité de son mariage en vertu de sa législation et des pratiques admises dans son pays – CA Colmar, 28 janv. 1994, *Juris-Data* n° 043271 : mari ayant pris, à tort, le récépissé marocain de sa demande en divorce pour le divorce lui-même… – CA Grenoble, 16 nov. 1994, *Juris-Data* n° 052362 : épouse trompée par le faux certificat de célibat produit par le mari – CA Riom, 9 mars 1995, *Juris-Data* n° 041347 : épouse se fiant de bonne foi à l'acte d'état civil produit par son futur époux mentionnant par erreur un divorce au lieu d'une séparation de corps – CA Paris, 1re ch., sect. C, 16 janv. 1997, *Juris-Data* n° 021657; *Dr. fam.* 1998, comm. 1 : femme comorienne convaincue de la validité de son divorce coutumier – CA Montpellier, 4 sept. 1997, *Juris-Data* n° 034172 : époux marocain ayant cru de bonne foi à la nullité de son premier mariage dépourvu de cérémonie traditionnelle, de consommation et de cohabitation – CA Paris, 1re ch., 13 avr. 1999, *Juris-Data* n° 024891 – CA Paris, 1re ch., sect. C, 7 févr. 2002, *Juris-Data* n° 167245; *JCP* 2002, IV, 1854 : troisième épouse s'étant fiée à la dissolution par divorce du second mariage et seconde épouse ayant cru le mari quant à l'absence de valeur du mariage coutumier – CA Paris, 1re ch., sect. C, 18 oct. 2001, *Juris-Data* n° 156071 – CA Aix-en-Provence, 29 mars 2004, *Juris-Data* n° 251026; *Dr. fam.* 2004, n° 216, note Larribau-Terneyre : conjoints de bonne foi, premier mariage ayant fait l'objet d'une séparation de corps aux effets mal compris par l'époux ▶

115.215 Appréciation souveraine des juges du fond. Dans tous les cas, la bonne foi est, conformément au droit commun, souverainement appréciée par le juge du fait[1].

115.216 Existence de la bonne foi au moment du mariage. En application du principe « *Mala fides superveniens non nocet* », il suffit que la bonne foi ait existé au moment du mariage, peu importe qu'elle ait disparu par la suite[2].

115.217 Charge de la preuve de la bonne foi. Si l'on admet que la putativité est un privilège exceptionnel et non un droit, ce serait à l'époux qui la revendique à prouver sa bonne foi. Telle était la position la plus ancienne de la jurisprudence relayée par une partie de la doctrine[3]. En sens inverse, on pouvait faire valoir le principe général selon lequel la bonne foi se présume toujours. Devant ces hésitations, on avait aussi songé parfois à distinguer l'erreur de fait, pour laquelle il y aurait présomption de bonne foi, et l'erreur de droit pour laquelle la bonne foi devrait être prouvée en application du principe « *Nul n'est censé ignorer la loi* ». Mais l'application de ce dernier principe à la matière peut être discutée. En réalité, et la tendance est encore plus nette à l'époque moderne, par faveur pour le mariage, la jurisprudence a depuis longtemps décidé que **la bonne foi se présume toujours** et que c'est à l'adversaire d'établir l'existence de la mauvaise foi[4]. Le juge du fond, qui est souverain, va donc établir un bilan des circonstances de fait qui pourraient le conduire à écarter la bonne foi, celle-ci étant présumée selon le droit commun[5]. Les hypothèses de mauvaise foi révèlent le plus souvent une volonté de la part de l'un ou des deux époux de fraude à la loi[6].

115.218 Apparence de mariage par une célébration minimum. L'exigence traditionnelle d'une erreur conduit inéluctablement à poser la question du mariage ne présentant pas même l'apparence de l'acte. En relation avec la thèse de l'inexistence

► – CA Amiens, 5 mai 2004, *Juris-Data* n° 243603; *Dr. fam.* 2005, comm. 68, obs. Larribau-Terneyre – CA Aix-en-Provence, 19 mai 2004, *Juris-Data* n° 277862 : annulation du jugement de divorce d'avec la première épouse, suppression de la mention du jugement de divorce en marge des actes d'état civil postérieurement au second mariage, bonne foi de la seconde épouse.

1. Civ. 25 mars 1889, *DP* 1890, 1, 227 – Civ. 30 juill. 1900, *DP* 1901, 1, 317 – Req. 19 oct. 1927, *S.* 1927, 1, 383.
2. CA Chambéry, 15 juin 1869, *DP* 1869, 2, 188 – CA Paris, 1re ch., 13 avr. 1999, *Juris-Data* n° 024891.
3. Beudant et Lerebours-Pigeonnière, t. II, par Batiffol, n° 637, et réf. citées.
4. Alger, 17 nov. 1906, *DP* 1909, 2, 369 – Civ. 5 nov. 1913, *DP* 1914, 1, 281, note Binet – Civ. 8 janv. 1930, *DP* 1930, 1, 51, note G. P.; *RTD civ.* 1930, 360, obs. Gaudemet – CA Paris, 30 mars 1938, *DH* 1938, 344 – CA Aix, 16 mars 1939, *JCP* 1939, II, 1071 – Civ. 1re, 15 janv. 1980, n° 78-15.084, *Bull. civ.* I, n° 26 – V. TOUTEFOIS, Civ. 1re, 5 mai 1982, *D.* 1982, IR 406; *RTD civ.* 1983, 331, obs. Rubellin-Devichi – CA Paris, 8 mars 1994, *RTD civ.* 1994, 326, obs. Hauser – CA Douai, 28 avr. 1997, *RTD civ.* 1998, 77, obs. Hauser – Pour des applications de la présomption de bonne foi, v. CA Montpellier, 14 sept. 1987, *Juris-Data* n° 001944 – CA Aix-en-Provence, 6 sept. 1988, *Juris-Data* n° 051045 – Civ. 1re, 25 juin 1991, n° 90-10.507, NPT– CA Montepellier, 6 avr. 1992, *Juris-Data* n° 034273 – CA Colmar, 28 juin 1994, *Juris-Data* n° 043271 – CA Aix-en-Provence, 29 janv. 1997, *Juris-Data* n° 041255.
5. Pour un refus de comparution personnelle insuffisant en l'absence d'autres éléments, v. ainsi T. civ. Montpellier, 16 juill. 1946, *Gaz. Pal.* 1946, 2, 183 – Ou encore, pour le fait d'avoir requis un officier d'état civil incompétent, CA Agen, 29 juill. 1936, *DH* 1936, 544.
6. Pour des ex., v. CA Paris, 1re ch., 27 juill. 1982, *Juris-Data* n° 026065 : second mariage contracté en connaissance de l'action en divorce de la première épouse, mais sans avoir la certitude que la décision est définitive – CA Paris, 1re ch., 19 juin 1984, pourvoi rejeté par Civ. 1re, 22 avr. 1986, n° 84-15.319, NP : mariage contracté dans un pays étranger après un divorce dans ce même pays en fraude du droit français – CA Aix-en-Provence, 6 sept. 1988, *Juris-Data* n° 051045 : preuve par témoins de la connaissance de la bigamie – CA Paris, 1re ch., sect. C, 22 sept. 1995, *Juris-Data* n° 023072 : épouse résidant en France depuis douze ans et possédant un certain degré d'instruction, ne pouvant ignorer que l'appel de la décision la déboutant de sa demande en divorce ne valait pas dissolution – CA Paris, 1re ch., sect. C, 26 sept. 1996, *Juris-Data* n° 023784 : épouse parfaitement informée de la situation de son mari – CA Aix-en-Provence, 29 janv. 1997, *Juris-Data* n° 041255 : époux résidant en France depuis trois ans et ne pouvant ignorer l'interdiction de la bigamie, l'officier d'état civil l'ayant nécessairement invité à justifier de son état – CA Paris, 1re ch., sect. C, 18 mars 1997, *Juris-Data* n° 021657 : niveau culturel élevé de l'épouse lui donnant une parfaite connaissance de sa situation – CA Paris, 1re ch., sect. C, 17 déc. 1998, *Juris-Data* n° 024365 : dissimulation d'un précédent mariage – CA Paris, 1re ch., sect. C, 14 déc. 2000, *Juris-Data* n° 131637 : mari prétendant ignorer la prohibition de la polygamie en France et ne l'avoir apprise qu'à la date de la décision lui accordant la nationalité française – CA Paris, 1re ch., sect. C, 5 oct. 2000, pourvoi rejeté par Civ. 1re, 25 févr. 2003, n° 01-02.077, NPT : preuve par lettres de la complicité des conjoints – CA Toulouse, 7 sept. 2004, *Juris-Data* n° 256223 : mauvaise foi des deux époux, production de fausses pièces, poursuite de la procédure de divorce visant le premier mariage après célébration du second – CA Paris, 1re ch., sect. C, 10 nov. 2005, *Juris-Data* n° 287738 : seconde épouse ayant été pendant de longues années la secrétaire de son futur époux, dont elle ne pouvait ignorer la situation matrimoniale – V. CEP., une décision qui confirme la nullité des deux mariages postérieurs pour bigamie délibérée du mari et qui lui accorde, à défaut d'appel incident de l'épouse sur ce point, le bénéfice du mariage putatif pour ne pas aggraver son sort inutilement : CA Amiens, 5 mai 2004, *Juris-Data* n° 243603; *Dr. fam.* 2005, n° 68, note Larribau-Terneyre.

(v. s^s n° 115.24), on a pu être amené à poser en principe qu'un mariage qui ne comporterait pas au moins une apparence de célébration ne pourrait valoir comme putatif. Ainsi posée la condition est inexacte et contredite par une jurisprudence constante qui admet que peut valoir comme putatif un mariage lors même qu'il n'y aurait pas eu célébration devant un officier d'état civil compétent[1], ou qu'il aurait été vicié par la violence[2], ou même célébré, il est vrai *in extremis*, par un simple prêtre[3]. Il serait, toutefois, imprudent d'affirmer que la condition d'un minimum d'apparence de mariage n'a pas à être remplie, car il n'y aurait plus de limite concevable entre mariage et concubinage, tout concubinage pouvant devenir une union putative. En réalité, la condition ne se présente pratiquement jamais à l'état isolé, ce qui explique les discussions. Elle s'abrite en général derrière la condition de bonne foi, tant il est vrai qu'un époux ayant délibérément eu recours à une forme de mariage tout à fait étrangère au droit positif pourra difficilement prétendre être de bonne foi. Le rite de mariage est ancien, connu et s'est intégré à la conscience populaire. Dans ce sens, la distinction proposée par le doyen Carbonnier (v. s^s n° 115.24), entre le mariage comportant un élément d'extranéité et celui n'en comportant pas, rend bien compte de cette règle simple. Il sera beaucoup plus difficile pour des époux mariés hors de toute forme légale, en France, possédant la nationalité française, de prétendre être de bonne foi. Au contraire, les époux étrangers, ou le mariage célébré à l'étranger, pourront être considérés avec plus d'indulgence. Comme c'est cette dernière forme que l'on rencontre le plus souvent, car en droit interne la fraude à l'état civil sera plus rare et plus visible, on peut en retirer l'impression d'un grand laxisme qui n'est exact que sous cette précision[4]. Les hypothèses les plus fréquentes qui donnent ainsi l'occasion à la jurisprudence de montrer sa souplesse mettent donc en scène un élément étranger au droit français, soit dans le lieu du mariage, soit dans la nationalité de l'un ou des époux[5]. Il faudra donc qu'au moins, en dehors de toute existence objective, le mariage ait existé dans l'esprit de l'un des époux, ce que relèvent souvent les décisions. À la limite, si la règle violée est tout à fait élémentaire, on pourra douter de cette conviction et donc de la bonne foi[6]. Ce sera normalement à celui qui invoque le mariage putatif à prouver ce **minimum d'apparence**[7] et, pour autant qu'on puisse distinguer les deux questions, la preuve serait différente de celle de la **bonne foi** mais, la plupart du temps, l'une résultera de l'autre.

115.219 Demande tendant à se prévaloir des effets du mariage putatif. Il est certain qu'un intérêt purement moral suffirait pour invoquer le bénéfice du mariage putatif. Cet intérêt était d'autant plus évident jadis que le statut des enfants en dépendait et qu'on pouvait ainsi leur éviter l'illégitimité. Il paraît, en revanche, douteux que le ministère public agissant en nullité puisse conclure contre l'octroi du mariage putatif ou encore faire appel de la décision l'ayant octroyé, l'ordre public ne paraissant pas ici directement intéressé[8]. Quant au moment, c'est en général dans la décision constatant la nullité que sera accordé ou refusé le bénéfice du mariage putatif, mais on admet en général que ce bénéfice pourrait être réclamé après et même soulevé d'office par le juge. La jurisprudence a d'ailleurs admis que ce bénéfice pouvait être accordé dans une décision postérieure à celle qui a prononcé la nullité[9]. La nullité pouvant être invoquée, en principe, aussi bien par voie d'action que par voie d'exception, il devrait logiquement en être de même du mariage putatif[10]. La question du bénéfice du mariage putatif peut se poser lorsque l'un des époux dont le mariage était entaché de nullité

1. Civ. 30 juill. 1900, *DP* 1901, 1, 317 – Req. 14 mars 1933, *DH* 1933, 219; *S.* 1934, 1, 161, note Solus – V. ENCORE, TGI Paris, 24 févr. 1975, *D.* 1975, 379, concl. Paire, note Massip.
2. CA Bastia, 27 juin 1949, *D.* 1949, 417; *JCP* 1949, II, 5083, note J. S.
3. CA Bordeaux, 16 juin 1937, *DH* 1937, 539.
4. V. DÉJÀ, Civ. 21 mai 1810, *Jur. gén.*, *V° Mariage*, n° 587 – Civ. 30 juill. 1900, préc. s^s prés^t n° – HAUSER et HUET-WEILLER, n° 377.
5. V. AINSI, pour un mariage en la forme consulaire : Civ. 30 juill. 1900, préc. s^s prés^t n° – CA Douai, 1er avr. 1936, *DP* 1936, 2, 70, note Rouast – Ou pour le cas d'une erreur sur les formes locales : CA Paris, 24 avr. 1926, *DP* 1927, 2, 9, note Escarra – CA Bordeaux, 5 févr. 1883, *Jur. gén.*, *suppl.*, *V° Mariage*, n° 319 – Civ. 5 janv. 1910, *DP* 1911, 1, 338 – Ou d'une erreur sur la nationalité de l'un des époux : CA Grenoble, 28 avr. 1953, *D.* 1953, 490 – V. TOUTEFOIS, TGI Paris, 2 nov. 1982, *RTD civ.* 1983, 331, obs. Rubellin-Devichi, qui refuse le mariage putatif alors qu'il n'existait aucune apparence de mariage, les deux époux, réfugiés cambodgiens, s'étant bornés à faire une déclaration à l'office des réfugiés.
6. V. NOT., en cas d'absence de célébration, CA Lyon, 13 nov. 1924, *DP* 1925, 2, 73, note Rouast – CA Aix, 11 déc. 1933, *DP* 1936, 2, 57, note Nast – Pour le mariage d'un fonctionnaire français avec deux sœurs indigènes, v. CA Nîmes, 17 juin 1929, *S.* 1929, 2, 129 – COMP. dans le cadre de l'art. 202, le refus de faire jouer le texte pour un mariage simplement célébré en présence de voisins : CA Douai, 3 févr. 1989, *Juris-Data* n° 050191.
7. COMP. CA Aix-en-Provence, 19 nov. 1947, *JCP* 1948, II, 4254, note J. S.; *RTD civ.* 1948, 327, obs. Lagarde.
8. CA Aix-en-Provence, 5 mai 1846, *DP* 1846, 2, 147.
9. Civ. 1re, 28 mai 1991, n° 89-13.742, *Bull. civ.* I, n° 169; *RTD civ.* 1991, 709, obs. Hauser.
10. Planiol et Ripert, t. II, par Rouast, n° 323, p. 253, et note 1.

est décédé avant même que le juge ait pu se prononcer sur la validité de l'union.

Dans l'hypothèse d'une épouse de bonne foi, dont le mari décédé était bigame, qui revendiquait le bénéfice d'une pension de réversion, la Chambre sociale de la Cour de cassation a refusé le bénéfice du mariage putatif et donc de la pension de réversion, la nullité n'ayant pas été prononcée par le juge[1].

115.220 Conditions du bénéfice du mariage putatif pour les enfants. Depuis la loi du 3 janvier 1972, il n'y a plus, à proprement parler, de conditions pour l'octroi du bénéfice du mariage putatif aux enfants issus du mariage annulé puisque l'exigence de la bonne foi d'au moins un des parents a disparu pour eux (C. civ., art. 202). On ne retrouvera donc que la condition souple d'existence minimum du mariage car il restera nécessaire de tracer une limite entre situations de pur fait et apparence de situation juridique[2].

2°
Effets du mariage putatif

115.230 Effets du mariage putatif – Principes. Le mariage valant comme putatif n'est annulé que pour l'avenir. En principe donc tous les effets normaux du mariage qui se sont produits avant l'annulation sont maintenus vis-à-vis des époux ou de l'époux de bonne foi et, dans tous les cas, vis-à-vis des enfants. En revanche, vis-à-vis de l'époux de mauvaise foi, la nullité se réalisera toujours rétroactivement.

115.231 Effets du mariage putatif pour les enfants. Les effets de la putativité ont été accordés automatiquement aux enfants, par suppression de la condition antérieure de bonne foi d'au moins un parent, au moment même où cette putativité présentait moins d'intérêt, sauf un intérêt moral, le statut des enfants naturels ou adultérins étant désormais assimilé à celui des enfants légitimes. Tout au plus pouvait-on remarquer que la putativité permettait à l'enfant, né d'un mariage annulé pour bigamie, d'avoir à supporter, en présence d'un conjoint du mariage au cours duquel l'adultère a eu lieu ou d'enfants issus de ce même mariage, les restrictions successorales éventuelles maintenues par la loi du 3 janvier 1972. Cette restriction successorale ayant disparu avec la loi du 3 décembre 2001, aucun intérêt d'ordre pécuniaire ne justifie plus désormais le bénéfice de la putativité pour l'enfant. Il est en revanche possible de penser que cette **putativité** présente encore un **intérêt** en matière d'**établissement du lien de filiation**. Le mariage passé des parents aura en effet normalement permis de faire jouer la présomption de paternité énoncée à l'article 312 du Code civil. Cet établissement automatique de la filiation par l'effet de la loi du seul fait du mariage constitue encore un privilège de la filiation paternelle en mariage. Le maintien des effets passés du mariage dans le cadre d'un mariage putatif permet donc la subsistance du lien de filiation paternelle établi automatiquement ce qui peut avoir une utilité certaine en l'absence de possession d'état ou de reconnaissance.

a)
Cas où les deux époux sont de bonne foi

115.241 Effets du mariage putatif à l'égard des deux époux de bonne foi. La loi du 3 janvier 1972 a laissé subsister, en ce qui concerne les époux, la différence entre l'époux de bonne foi et celui qui ne l'est pas. Si les deux époux sont de bonne foi, les effets antérieurement produits par le mariage sont maintenus, ce qui revient à dire que la situation est à peu près la même que s'il y avait, non pas nullité, mais dissolution du mariage. Mais le mariage ne produit plus d'effets à dater du prononcé de la nullité. Les époux mineurs garderaient donc le bénéfice de l'émancipation, les rapports de parenté ou d'alliance demeureraient puisqu'ils se sont produits, ils conserveraient les avantages qu'ils se sont faits pour les exercer dans les mêmes cas et aux mêmes époques où ces droits se seraient ouverts, si leur union avait été valablement contractée. Si le mariage avait duré jusqu'au décès de l'un des époux, cas peu pratique, et si la nullité n'en avait été prononcée que postérieurement, le droit de succession ouvert au profit du conjoint survivant ne lui serait pas retiré par l'annulation du mariage[3]. Il en résulte que si le mariage était annulé pour cause de bigamie, la succession de l'époux bigame serait soumise à des droits successoraux à répartir entre ses deux conjoints[4]. La question du droit sur le logement (C. civ., art. 763) ne se posera pas car il faut, pour qu'il en bénéficie, que le conjoint survivant occupe effectivement et à titre d'habitation principale le logement qui appartenait aux époux. Or, il est difficile d'imaginer que les deux conjoints du *de cujus* vivaient dans le même logement. Les droits respectifs des époux se liquident d'après les

1. Soc. 25 mars 2003, n° 01-20.608, *Bull. civ.* V, n° 115; *RTD civ.* 2003, 483, note Hauser; *LPA* 2004, n° 115, p. 19, note Jault – V. TOUTEFOIS, pour une position plus favorable à l'épouse de bonne foi : Civ. 2e, 16 sept. 2003, n° 02-30.224, *Bull. civ.* II, n° 268; *RTD civ.* 2004, 67, obs. Hauser.
2. Nerson et Rubellin-Devichi, obs. *RTD civ.* 1981, 150.
3. Planiol et Ripert, t. II, par Rouast, n° 329.
4. Pour un mariage polygame contracté à l'étranger, v. Civ. 1re, 3 janv. 1980, n° 78-13.762, *Bull. civ.* I, n° 4; *D.* 1980, 549, note Poisson-Drocourt – *Adde*, Rubellin-Devichi, obs. *RTD civ.* 1983, 333.

stipulations de leur contrat de mariage et, à défaut de contrat, d'après les dispositions du Code civil relatives à la communauté légale[1].

115.242 Difficultés en cas de bigamie. Si le mariage est annulé pour bigamie, cette règle risque alors d'entraîner des difficultés par l'application concomitante des droits de deux conjoints sur les mêmes biens. Plusieurs systèmes sont ici concevables[2], dont aucun ne semble vraiment satisfaisant tant les données sont incompatibles[3]. Des difficultés risquent encore de naître pour répartir les droits à pension des deux épouses, les uns soutenant le monopole du premier conjoint de l'époux bigame, qui n'aurait pas à supporter les conséquences du mariage putatif accordé au second[4], les autres soutenant au contraire une répartition *prorata temporis* comme en matière de divorce[5]. La jurisprudence semble s'être désormais prononcée pour la deuxième solution, ce qui contribue à rapprocher la nullité du divorce en cas de mariage putatif[6].

115.243 Disparition du mariage pour l'avenir. À dater du jour où le jugement de nullité est passé en force de chose jugée, le mariage a cessé d'exister. Il en découle qu'aucun droit résultant du mariage ne peut naître, ni même demeurer en vigueur, à moins qu'il ne s'agisse d'un effet civil du mariage ayant engendré un droit définitivement acquis. On peut discuter du maintien pour la femme du droit de porter le **nom de son mari**. La réponse devrait être négative, mais les solutions nuancées adoptées en matière de divorce (C. civ., art. 264, al. 2) pourraient exercer un effet d'analogie, ce qui semble être la position adoptée par les tribunaux[7]. Quant à la **nationalité**, l'article 21-5 du Code civil prévoit le maintien de la validité de la déclaration d'acquisition, au profit de l'époux qui était de bonne foi[8]. La **disparition** la plus caractéristique sera évidemment celle des **devoirs de fidélité, mais surtout, de secours et d'assistance**. C'est l'un des principaux inconvénients du prononcé de la nullité, l'époux, même de bonne foi, étant alors laissé éventuellement dans le besoin, même si le mariage a duré un certain temps. Pourtant, après des hésitations doctrinales et jurisprudentielles penchant pour l'octroi de dommages-intérêts[9] (l'octroi de dommages-intérêts dépendait

1. CA Paris, 1er août 1818, *Jur. gén.*, V° *Mariage*, n° 524 – CA Montpellier, 14 sept. 1987, *Juris-Data* n° 001944.
2. V. AINSI, M.-C. Rondeau-Rivier, *Le remariage*, th. Lyon, 1981, n° 90.
3. V. AINSI, TGI Castres, 15 févr. 1979, *Journ. not.* 1981, art. 56398, note Raison – Et, sur appel, CA Toulouse, 22 mars 1982, *Gaz. Pal.* 1982. 2, somm. 385 – EN SENS INVERSE, v. déjà, CA Bordeaux, 12 mai 1852, *S.* 1852, 2, 609 – V. AUSSI, les opinions exprimées par Aubry et Rau, t. VII, 6e éd., § 460, p. 82 – Gallardo, *L'institution du mariage putatif*, th. Paris, 1938, nos 238 s. – Nerson et Rubellin-Devichi, obs. *RTD civ.* 1983, 332.
4. V. P. Guiho, note ss CA Lyon, 21 mai 1974, *D.* 1975, 9.
5. CA Lyon, 21 mai 1974, préc. ss prést n° – R. Nerson et J. Rubellin-Devichi, obs. *RTD civ.* 1981, 152.
6. Soc. 9 nov. 1995, n° 94-10.857, *Bull. civ.* V, n° 296 – Civ. 2e, 16 sept. 2003, n° 02-30.224, *Bull. civ.* II, n° 268; *Dr. fam.* 2004, n° 115, note Fadeuilhe; *RTD civ.* 2004, 67, obs. Hauser – Plus généralement sur la nullité du mariage et les prestations sociales, v. F. Monéger, *RDSS* 1989, 554 – *Adde*, Soc. 25 mars 2003, n° 01-20.608, *Bull. civ.* V, n° 115; *Dr. ouvrier* 2003, p. 488; *TPS.* 2003, n° 239, note Prétot.
7. CA Paris, 1re ch., sect. C, 24 nov. 1988, *Juris-Data* n° 027651 : conservation sans limitation de durée accordée à une femme justifiant d'un intérêt particulier lié à son activité professionnelle.
8. V. NOT., CA Montpellier, 4 sept. 1997, *Juris-Data* n° 034172 – CA Aix-en-Provence, 4 févr. 2003, *Juris-Data* n° 223079 : déclaration de l'art. 21-2; impossibilité pour le parquet de contester ce bénéfice, la décision ayant force de chose jugée, nonobstant la violation de C. pr. civ., art. 1043 – Civ. 1re, 19 oct. 2004, n° 02-18.154, *Bull. civ.* I, n° 228 : déclaration de l'art. 21-2; contestation par le parquet selon l'art. 26-4 impossible en l'absence de mensonge ou fraude : acte de naissance remis à l'appui de la déclaration mentionnant la première union non dissoute et le second mariage non annulé – Pour la situation inverse (perte en raison de la mauvaise foi), v. par ex. : CA Colmar, 22 nov. 1996, *Juris-Data* n° 048494 – CA Aix-en-Provence, 29 janv. 1997, *Juris-Data* n° 041255 – CA Paris, 1re ch., sect. C, 27 juin 2002, *Juris-Data* n° 213154 – CA Rouen, 9 mars 2005, *Juris-Data* n° 268959.
9. Parmi de nombreuses décisions, v. CA Paris, 1re ch., 17 févr. 1981, *Juris-Data* n° 029469 : allégations vexatoires du mari sur une prétendue conception de l'enfant hors mariage faites de mauvaise foi ou avec une témérité blâmable – CA Paris, 1re ch., sect. C, 24 nov. 1988, *Juris-Data* n° 027651 : préjudice moral du fait de la conclusion d'une nouvelle union également nulle – CA Paris, 1re ch., sect. C, 14 déc. 1990, *Juris-Data* n° 025171 : préjudice matériel et moral; absence de liquidation d'une communauté qui n'a jamais existé, le mariage religieux selon la loi égyptienne étant sans incidence patrimoniale; mais refus d'une attribution préférentielle d'un immeuble sur lequel la première épouse pourrait avoir des droits – CA Bordeaux, 17 févr. 1992, *Juris-Data* n° 040336 : préjudice moral, fin de sept ans de vie commune et atteinte aux convictions religieuses en dépit d'un concubinage actuel, 20 000 F – CA Paris, 1re ch., sect. C, 27 avr. 1993, *Juris-Data* n° 021330 : mari ne cherchant qu'à obtenir un titre de séjour; préjudice moral 5 000 F – CA Grenoble, 16 nov. 1994, *Juris-Data* n° 052362 : réparation des préjudices subis par l'épouse, trompée sur le fait que son époux était déjà marié; préjudice moral important, retenues sur prestations sociales en remboursement d'une dette de la première épouse, démarches pour faire opposition au paiement de factures ou de contraventions du mari – CA Nancy, 7 juill. 1998, *Juris-Data* n° 055474 : condamnation du mari qui a abusé de la crédulité de l'épouse; 20 000 F – CA Paris, 1re ch., sect. C, 17 déc. 1998, *Juris-Data* n° 024365 : indemnisation des voies de fait subies par le mari – CA Rennes, 10 févr. 2003, *Juris-Data* n° 257882 : préjudice matériel et moral de 10 000 euros; dépenses de l'épouse en vue du mariage ▶

toutefois de l'existence d'une faute dommageable, condition non remplie lorsque les deux époux étaient de bonne foi[1]), certains auteurs souhaitaient que soient ici appliquées les solutions propres au divorce et que le juge puisse prononcer une véritable **prestation compensatoire**[2]. La jurisprudence n'a pas hésité à franchir ce pas[3] et à admettre l'octroi d'une prestation compensatoire à la suite de l'annulation du mariage, utilisant pour ce faire un raisonnement par analogie[4]. Il est certain que cette solution contribue à diluer la distinction qui peut encore exister entre la nullité du mariage et sa rupture par divorce. Les droits de succession ne subsistent pas après l'annulation, même pour le conjoint de bonne foi, car les anciens époux sont devenus étrangers l'un à l'autre.

b)
Cas où un seul époux est de bonne foi

115.251 Effets du mariage putatif dans le cas où un seul des époux est de bonne foi. La loi du 3 janvier 1972 n'a pas modifié ici le principe puisque la bonne foi n'est indifférente qu'à l'égard des enfants. Si donc un seul des époux est de bonne foi, le mariage ne produit ses effets civils qu'en faveur de cet époux (C. civ., art. 201). La nullité opère donc sans rétroactivité pour l'un des époux et, au contraire, rétroagit pour l'autre. L'époux de mauvaise foi perd tous les avantages qu'il tient du régime matrimonial et des dispositions du contrat de mariage et, s'il a déjà recueilli la succession de son conjoint, il est tenu à restitution.

115.252 Maintien de l'exercice de l'autorité parentale. On admettait que seul l'époux de bonne foi exerçait les droits d'autorité parentale sur l'enfant. Désormais la solution est différente puisque les règles propres au divorce et aux séparations des parents s'appliquent. Outre le principe de l'exercice conjoint de l'autorité parentale, il convient de se référer à l'article 373-2 du Code civil qui énonce que « *la séparation des parents est sans incidence sur les règles de dévolution de l'exercice de l'autorité parentale* [...] » (L. n° 2002-305, 4 mars 2002, relative à l'autorité parentale). Ce ne sera que si l'intérêt de l'enfant le commande que le juge confiera l'exercice de l'autorité parentale à l'un des parents (C. civ., art. 373-2-1).

c)
Effets à l'égard des tiers

115.261 Effets du mariage putatif à l'égard des tiers. Les époux de bonne foi peuvent invoquer leurs droits résultant du mariage contre les tiers et, inversement, les tiers peuvent invoquer contre eux les suites indivisibles de ces conventions. Il ne paraît pas possible en revanche, si les époux s'en tiennent à la nullité, de permettre aux tiers d'invoquer, à titre autonome, la putativité du mariage lorsqu'ils pourraient y avoir intérêt, notamment pour bénéficier de la solidarité prévue par le régime primaire. Toutefois, les ayants droit des époux de bonne foi ayant invoqué le mariage putatif, pourront en bénéficier. Cette conséquence, qui n'intéresse pas directement les enfants nés du mariage annulé, lesquels ont automatiquement droit à la légitimité putative, permettra à tous les autres d'invoquer le mariage; ainsi, si l'époux de bonne foi décède avant l'annulation du mariage, l'héritier pourra faire état de son droit de succession qui ne sera pas rétroactivement anéanti, du fait de l'application du mariage putatif[5].

SECTION 2
SANCTIONS PÉNALES ET AMENDES CIVILES

115.270 Utilisation limitée des sanctions pénales et amendes civiles. Des sanctions pénales et des amendes civiles peuvent frapper les **parties** ou **l'officier de l'état civil** en cas de non-respect des

► religieux et de la vie commune, espoirs de fonder une famille anéantis, impossibilité de refaire sa vie en raison de l'appel du mari, persistance du mari dans son attitude fautive – CA Bordeaux, 14 janv. 2004, *Juris-Data* n° 232813 : préjudice matériel et moral de 6 000 euros : dépenses relatives aux festivités du mariage, volonté sincère de fonder une famille. –CA Agen, 5 mai 1987, *Juris-Data* n° 042122; *JCP* 1988, IV, 195 : pour un calcul du montant des dommages-intérêts selon des principes comparables à ceux applicables en matière de divorce, en tenant compte de la durée du mariage et des conséquences de la rupture.

1. Civ. 1re, 2 oct. 1984, n° 82-14.829, *Bull. civ.* I, n° 242 – CA Paris, 1re ch., sect. C, 11 oct. 1990, *Juris-Data* n° 024695 – La mauvaise foi de l'époux demandeur qui connaissait la cause de nullité entraîne aussi un refus d'indemnisation : CA Bordeaux, 17 mars 1987, *Juris-Data* n° 042165; *JCP* 1988, IV, 194 – L'absence de préjudice peut en outre constitue un motif de refus : CA Lyon, 26 oct. 2004, *Juris-Data* n° 267405.
2. P. Hébraud, « Nullité de mariage et divorce », *Mél. Dauvillier*, 1979, p. 424.
3. Civ. 1re, 23 oct. 1990, n° 89-10.250, *Bull. civ.* I, n° 221; *D.* 1991, 214, note Mascala; *JCP* 1991, II, 21774, note Monéger; *Defrénois* 1992, 283, note Massip; *RTD civ.* 1991, 299, obs. Hauser – V. ENCORE, en matière internationale, pour une application des dispositions des art. 270 s. du C. civ. « en tant que de raison », lorsque la rupture du mariage résulte de la nullité de l'union : CA Paris, 14 juin 1995, *D.* 1996, 156, note Boulanger; *D.* 1996, somm. 174, obs. Audit.
4. V. les réflexions suscitées par cette jurisprudence : J. Hauser, « Vers une théorie générale du droit familial ? », *D.* 1991, chron. 56 – G. Cornu, « Le règne discret de l'analogie », *Mél. A. Colomer*, Litec, 1993, p. 132.
5. Req. 9 juill. 1935, *DH* 1935, 413.

conditions de formation du mariage. Ces sanctions prévues par le Code civil et le Code pénal sont très peu souvent prononcées et apparaissent le plus souvent soit obsolètes, soit excessives, soit au contraire ridicules faute d'une révision de leur taux. La lutte contre les mariages fictifs a toutefois conduit le législateur à réviser un certain nombre de sanctions afin de leur donner une véritable portée.

§ 1
Dispositions protectrices des règles de fond

A.
Sanctions prononcées à l'encontre de l'officier de l'état civil

115.271 **Absence de consentement des tiers.** L'article R. 645-3, 2°, du Code pénal (anc. C. pén., art. 40-5°) punit l'officier de l'état civil qui aurait célébré un mariage sans s'être assuré du consentement des personnes dont il était requis, de l'amende prévue pour les contraventions de la 5e classe : 1 500 euros au plus (le maximum de la peine d'amende encourue est porté à 3 000 euros en cas de récidive : C. pén., art. 131-13 et 132-11). Il convient de noter que la peine d'emprisonnement n'est plus visée par le texte, s'agissant d'une matière contraventionnelle. La contravention est constituée même lorsque la nullité des actes de l'état civil n'a pas été demandée ou a été couverte.

115.272 **Consentement des parents non relaté dans l'acte de mariage.** Les articles 156 et 192 du Code civil prévoient également une amende ne pouvant excéder 4,5 euros contre l'officier d'état civil qui, s'étant assuré du consentement des parents, ne le relate pas dans l'acte de mariage ou encore n'a pas procédé à la notification prévue par l'article 154 du Code civil (C. civ., art. 157).

115.273 **Inobservation d'une opposition à mariage.** Une amende est prévue contre l'officier de l'état civil en cas d'inobservation d'une opposition régulièrement faite et dont la mainlevée n'a pas été prononcée (C. civ., art. 68). Longtemps demeurée dérisoire (4,5 euros), le montant de l'amende a été modifié par la loi n° 2006-911 du 24 juillet 2006 (art. 89) [1] dans le cadre de la lutte contre les mariages fictifs et s'élève désormais à 3 000 euros [2].

115.274 **Absence d'audition des futurs époux.** L'article 63 du Code civil qui prévoit aussi une audition des futurs époux dans certaines hypothèses particulières (v. ss n° 113.31), envisage de la même façon la poursuite de l'officier de l'état civil devant le tribunal de grande instance et une amende comprise entre 3 et 30 euros.

115.275 **Complicité de bigamie.** En cas de complicité du délit de bigamie, l'officier de l'état civil ayant célébré le mariage en connaissant l'existence du précédent est puni des mêmes peines que l'époux bigame (C. pén., art. 433-20, al. 2 - pour la sanction prononcée à l'égard des époux, v. ss n° 115.281).

B.
Sanctions prononcées à l'égard des conjoints

115.281 **Bigamie.** Le fait, pour une personne engagée dans les liens du mariage, d'en contracter un autre avant la dissolution du précédent est puni d'un an d'emprisonnement et de 45 000 euros d'amende (C. pén., art. 433-20). La bigamie est désormais constitutive d'un **délit**. L'infraction a en effet été correctionnalisée par une loi du 17 février 1933 [3], afin d'en assurer une répression plus efficace. Le premier élément du délit est **l'existence d'un mariage valable**. Il faut donc que ce mariage ne soit ni dissous par divorce, ni atteint de nullité, le vice de nullité constituant une question préjudicielle du ressort des tribunaux civils (C. civ., art. 189). La bigamie ne serait évitée que si la dissolution du premier mariage a été effective avant la célébration du second car c'est **un délit instantané** [4]. La célébration d'un nouveau mariage est l'élément matériel du délit et, dès ce moment, l'infraction sera constituée, sauf si ce second mariage était lui-même nul pour un vice autre que celui de bigamie, le tribunal correctionnel étant compétent pour apprécier la validité du second mariage [5]. La tentative de célébration ne suffit pas pour constituer le délit. **L'intention coupable est nécessaire.** La bonne foi exclut donc le délit, mais elle devra résulter de la conviction quant à la dissolution du premier mariage [6]. La complicité peut être appliquée dans les conditions du droit commun et la loi y inclut l'officier public qui a célébré le mariage en connaissance de cause (v. ss n° 115.275).

1. L. n° 2006-911, 24 juill. 2006, relative à l'immigration et à l'intégration, *JO* 25 juill., p. 11047 et rect. *JO* 16 sept., p. 13641.
2. Sur la légalité de l'arrêté du ministre de l'Intérieur suspendant un maire pour avoir célébré un mariage homosexuel malgré l'opposition du procureur de la République, v. TA Bordeaux, 9 juill. 2004, *Dr. fam.* 2004, n° 138, obs. Larribau-Terneyre.
3. L. 17 févr. 1933, *DP* 1933, 4, 51.
4. T. civ. Seine, 27 oct. 1921, *DP* 1922, 2, 46 – Crim. 12 avr. 1983, *Bull. crim.*, n° 97 ; *D.* 1984, IR 225, obs. Roujou de Boubée.
5. Crim. 18 févr. 1942, *Bull. crim.*, n° 11 ; *D.* 1942, 83 – CA Rennes, 27 août 1879, *D.* 1880, 2, 189.
6. Sur l'intention coupable caractérisée par la production d'un faux certificat de célibat, v. CA Pau, 6 juill. 1988, *Juris-Data* n° 044484.

C.
Sanctions prononcées à l'égard de tiers

115.291 Célébration du mariage religieux avant le mariage civil. L'article 433-21 du Code pénal prévoit que tout ministre d'un culte qui procédera **de manière habituelle**, aux cérémonies religieuses de mariage sans justificatif de l'acte de mariage préalablement reçu par les officiers de l'état civil sera puni de six mois d'emprisonnement et de 7 500 euros d'amende. Le texte modifié ne prévoit plus la sanction du ministre du culte qu'en cas de « *célébrations habituelles* » et ne prend plus en considération le nombre de récidives.

§ 2
Dispositions protectrices des règles de forme

115.301 Contravention aux règles relatives à la publication du mariage. La contravention aux règles relatives aux publications de mariage est sanctionnée par une amende (C. civ., art. 192). Elle ne peut excéder 4,5 euros à l'encontre de l'officier de l'état civil et, contre les parties contractantes ou ceux qui avaient autorité sur le mineur éventuel, une amende « *proportionnée* » à leur fortune, peine arbitraire bien difficile à appliquer aujourd'hui[1]. Les mêmes peines sont encourues pour défaut de célébration publique (C. civ., art. 165 et 193).

115.302 Conditions de forme de l'acte de mariage. L'officier d'état civil qui ne dresserait pas acte du mariage dans les conditions de forme prévues encourrait la peine de l'article R. 645-3 du Code pénal (contravention aux dispositions réglementaires concernant la tenue des registres et la publicité des actes d'état civil, amende prévue pour les contraventions de 5e classe). L'article 50 du Code civil, qui prévoit la sanction de toute contravention aux dispositions concernant les actes d'état civil, vaut également pour l'acte de mariage. L'amende prévue par ce texte (comprise entre 3 et 30 euros) est d'ailleurs applicable en cas de fautes commises dans la rédaction de l'acte de mariage (C. civ., art. 76).

§ 3
Amendes civiles

115.311 Distinction des amendes civiles et pénales. Les amendes prévues par le Code pénal obéissent aux règles propres à ce type de pénalités. Concernant en revanche les amendes prévues par le Code civil, leur nature et donc leur régime sont plus délicats à déterminer[2]. Les amendes prévues par les articles 50 et 63 constituent des amendes civiles qui seront prononcées par le tribunal de grande instance[3]. Les autres amendes sont de la compétence de la juridiction répressive tout en demeurant des amendes civiles[4]. Cette distinction s'explique par le fait que le fonctionnement des services de l'état civil, placés sous le contrôle de l'autorité judiciaire, relève de la compétence de la juridiction judiciaire[5].

1. M. Le Roy, « Des amendes prévues par le Code civil pour sanctionner les infractions commises en matière d'état civil et de mariage », *JCP* 1950, I, 886.

2. M. Le Roy, « Des amendes prévues par le Code civil pour sanctionner les infractions commises en matière d'état civil et de mariage », art. préc. ss no 115.301.
3. Crim. 23 nov. 1949, *D.* 1950, 40; *JCP* 1950, II, 5615, note Magnol – Crim. 23 nov. 1950, *JCP* 1951, II, 5970.
4. Crim. 23 nov. 1949 et Crim. 23 nov. 1950, préc. ss prést no – Selon la Cour « *si, aux termes des articles 50 et 63 du Code civil, le tribunal civil est compétent pour connaître des poursuites exercées à l'occasion de certaines irrégularités matérielles commises par les officiers de l'état civil, les autres contraventions prévues par le Code civil demeurent soumises au droit commun et doivent être déférées à la juridiction pénale* ».
5. T. confl. 14 févr. 2005, no C3401, *Bull. T. confl.*, no 1, p. 1; *AJ fam.* 2005, 146, note Hilt; *RTD civ.* 2005, 360, obs. Hauser – V. ENCORE, pour la responsabilité de l'officier de l'état civil qui doit s'apprécier en référence au règles du droit public : Civ. 1re, 6 févr. 2007, no 06-10.403, *Bull. civ.* I, no 49; *Dr. fam.* 2007, obs. Larribau-Terneyre.

CHAPITRE

116. État matrimonial

MARIE LAMARCHE
MAÎTRE DE CONFÉRENCES
À L'UNIVERSITÉ MONTESQUIEU (BORDEAUX IV)
CERFAP (CENTRE EUROPÉEN D'ÉTUDES ET DE RECHERCHES
EN DROIT DE LA FAMILLE ET DES PERSONNES)

SECTION 0
ORIENTEUR

116.00 Plan du chapitre.

116.01 Textes applicables.

> Régime primaire

C. civ., art. 203 à 226

> Protection du logement de la famille

C. civ., art. 215, al. 3

> Régimes matrimoniaux

C. civ., art. 1387 à 1581

> Viol entre époux

C. pén., art. 222-22, al. 2

Constitue une agression sexuelle, toute atteinte sexuelle commise avec violence, contrainte, menace ou surprise.

Le viol et les autres agressions sexuelles sont constitués lorsqu'ils ont été imposés à la victime dans les circonstances prévues par la présente section, quelle que soit la nature des relations existant entre l'agresseur et sa victime, y compris s'ils sont unis par les liens du mariage. Dans ce cas, la présomption de consentement des époux à l'acte sexuel ne vaut que jusqu'à preuve du contraire.

Lorsque les agressions sexuelles sont commises à l'étranger contre un mineur par un Français ou par une personne résidant habituellement sur le territoire français, la loi française est applicable par dérogation au deuxième alinéa de l'article 113-6 et les dispositions de la seconde phrase de l'article 113-8 ne sont pas applicables.

> Viol entre époux – circonstance aggravante

C. pén., art. 222-24, 11°

Le viol est puni de vingt ans de réclusion criminelle :

[...]

11° Lorsqu'il est commis par le conjoint ou le concubin de la victime ou le partenaire lié à la victime par un pacte civil de solidarité;

[...]

• **L. n° 2006-399, 4 avr. 2006,** renforçant la prévention et la répression des violences au sein du couple ou commises contre les mineurs, *JO* 5 avr., p. 5097

116.02 Jurisprudence de référence.

> Le devoir de fidélité devient moins contraignant durant la procédure de divorce ou durant une séparation de fait

• **Civ. 2e, 29 avr. 1994, n° 92-16.814,** *Bull. civ.* II, n° 123

* V. ss n° 116.96

« Mais attendu que l'arrêt relève que le constat d'adultère établi plus de 2 années après l'ordonnance ayant autorisé les époux à résider séparément et alors que le devoir de fidélité est nécessairement moins contraignant du fait de la longueur de la procédure, ne saurait constituer une violation grave des devoirs et obligations du mariage rendant intolérable le maintien de la vie commune; que, par ces constatations et énonciations, la cour d'appel a souverainement apprécié que les faits reprochés au mari ne constituaient pas une violation grave des devoirs et obligations du mariage rendant intolérable le maintien de la vie commune. »

• **Civ. 2e, 23 mai 2002, n° 00-10.030,** NP

* V. ss n° 116.96

« Mais attendu que c'est dans l'exercice de son pouvoir souverain que la cour d'appel a relevé qu'une rupture prolongée de la vie commune était la cause du divorce, que cette rupture était intervenue à compter de l'ordonnance de non-conciliation du 11 mai 1988, que M. X... ne pouvait donc reprocher à son épouse un adultère ultérieur qui n'avait pas pu avoir d'incidence sur la rupture de la vie commune, celle-ci ayant cessé de nombreuses années auparavant, et qu'il ne justifiait pas davantage d'un abandon du domicile conjugal, la sommation de réintégrer étant postérieure à la rupture. »

• **Civ. 1re, 30 mars 2004, n° 03-11.334,** NP

* V. ss n° 116.96

« Attendu que la cour d'appel qui a relevé que les relations adultères nouées par le mari, au moins trois mois après que la séparation de fait du couple ait été décidée unilatéralement par l'épouse et sans motifs légitimes, a estimé, dans l'exercice de son pouvoir souverain d'appréciation; qu'en l'espèce, le comportement du mari n'était pas fautif au sens de l'article 242 du Code civil. »

> La maîtresse d'un homme marié ne peut être tenue à réparer le dommage de l'épouse bafouée

• **Civ. 2e, 5 juill. 2001, n° 99-21.445,** *Bull. civ.* I, n° 136

* V. ss n° 116.98

« Mais attendu qu'après avoir relevé qu'il n'était pas prétendu que Mme Y..., qui n'a jamais rencontré Mme X... antérieurement à sa liaison ni au cours de celle-ci, aurait, par son attitude, créé le scandale ou cherché à nuire spécifiquement au conjoint de son amant, qu'il n'était pas davantage soutenu qu'elle aurait à la suite de manœuvres détourné M. X... de son épouse, la cour d'appel a pu décider que le seul fait d'entretenir une liaison avec un homme marié ne constitue pas une faute de nature à engager la responsabilité de son auteur à l'égard de l'épouse. »

> La désignation de la femme mariée par son nom marital ne saurait constituer une cause de nullité de l'acte

• **Civ. 1re, 6 mars 2007, n° 05-18.898,** *Bull. civ.* I, n° 97

* V. ss n° 116.151

« Mais attendu, d'abord, que la règle fixée par l'article 4 de la loi du 6 fructidor an II selon laquelle il est expressément défendu à tous fonctionnaires publics, comme les huissiers du Trésor, de désigner les citoyens dans les actes autrement que par le nom de famille et les prénoms portés en l'acte de naissance n'est pas prescrite à peine de nullité de ces actes; ensuite, que c'est sans méconnaître le droit au nom et l'interdiction de toute discrimination, que la cour d'appel, qui a relevé que l'irrégularité dans la désignation de Mme Marie-Noëlle Y..., épouse X..., n'avait pas gêné le tiers saisi dans l'identification des débiteurs, a rejeté les demandes en annulation de la saisie conservatoire et en restitution des sommes. »

116.03 Bibliographie indicative.

Actualisable. Rép. civ., M. Lamarche et J.-J. Lemouland, *V° Mariage, 4°) Effets.*

Ouvrages, traités et manuels. A. Bénabent, *Droit civil. La famille,* 11e éd., Litec, 2003 – J. Carbonnier, *Droit civil,* t. 2, *La famille,* 21e éd., PUF, 2003 – G. Cornu, *Droit civil, La famille,* 9e éd., Montchrestien, 2006 – P. Courbe, *Droit de la famille,* 4e éd., Éd. A. Colin, 2005 – J. Hauser et D. Huet-Weiller, *Traité de droit civil, La famille,* t. 1, 2e éd., LGDJ, 1993 – Ph. Malaurie et H. Fulchiron, *La famille,* 3e éd., Éd. Defrénois, 2009 – G. Marty et P. Raynaud, *Droit civil : les personnes,* 3e éd., Sirey, 1976 – F. Terré et D. Fenouillet, *Droit civil, Les personnes. La famille. Les incapacités,* « Précis », 7e éd., Dalloz, 2005.

> Sur le logement de la famille. M. Barre-Pépin et C. Coutant-Lapalus (dir.), *Logement et famille. Des droits en question*, Dalloz, 2005 – J. Rubellin-Devichi (dir.), *Droit du logement, droits au logement et stratégies familiales,* 1987.

Rapport. F. Dekeuwer-Défossez, *Rénover le droit de la famille, Rapport au Garde des Sceaux,* Doc. fr., 1999.

Articles et chroniques. E. Abitbol, « Essai sur la nouvelle séparation judiciaire instituée par l'article 258 du Code civil », *RTD civ.* 1981, 37 – M. Azavant, « Regard civiliste sur la loi du 4 avril 2006 renforçant la prévention et la répression des violences au sein du couple », *Dr. fam.* 2006, étude 40 – J.-M. Bruguière, « Le devoir conjugal, philosophie du Code et morale du juge », *D.* 2000, chron. 10 – A. Brunet, « Les incidences de la réforme du divorce sur la séparation de fait entre époux », *D.* 1977, chron. 191 – M.-F. Callu, « Les rapports personnels entre époux », *Mariage et famille en question* (dir. R. Nerson), t. 2, 1979, CNRS, p. 9 – A. Chapelle, « Les pactes de famille en matière extra-patrimoniale », *RTD civ.* 1984, 411 – Y. Chartier, « Domicile conjugal et vie familiale », *RTD civ.* 1971, 510 – G. Cornu, « Les notions d'égalité et de discrimination en droit civil français », Travaux H. Capitant, t. XIV, 1965, p. 87 – I. Corpart, « Haro sur les violences conjugales », *RLDC* 2007/35, n° 2403 – F. Dekeuwer-Défossez, « Impressions de recherche sur les fautes causes de divorce », *D.* 1985, chron. 219; « Aperçu sociologique des fautes causes de divorce »,

Sociologie judiciaire du divorce, 1999, Economica, p. 45 ; « Couple et cohabitation », *La notion juridique de couple,* Economica, 1998 – G. Hénaff, « La communauté de vie du couple en droit français », *RTD civ.* 1996, 551 – Ph. Jestaz, « L'égalité et l'avenir du droit de la famille », *Mél. F. Terré, L'avenir du droit,* 1999, Dalloz/PUF/Juris-Classeur, p. 417 – V. Larribau-Terneyre, « La réception des principes de liberté et d'égalité, du Code civil à aujourd'hui : un tableau impressionniste », *Le droit privé français à la fin du XX*^e *siècle,* Études P. Catala, Litec, 2001, p. 83 – J.-J. Lemouland et D. Vigneau, « Mariage, Concubinage, pacte civil de solidarité », *D.* 2005, pan. 809 – A.-M. Leroyer, « Regards civilistes sur la loi relative aux violences au sein du couple », *RTD civ.* 2006, 402 – L. Leveneur, « Situations de fait et droit privé », LGDJ, 1990 – M.-C. Magnigne, « La communauté de vie », *JCP* 1976, I, 2803 – J. Maury, « La séparation de fait entre époux », *RTD civ.* 1965, 515 – M.-T. Meulders-Klein, « L'évolution du mariage et le sens de l'histoire : de l'institution au contrat et au-delà », *La personne, la famille, le droit,* 1999, Bruylant/LGDJ – M.-F. Nicolas, « La séparation de fait entre époux », th. Paris, 1972 – M. Rebourg, « Prévention et répression des violences dans le couple ou contre les mineurs (loi du 4 avril 2006) », *JCP* 2006, act. 775 – J. Revel, « Les conventions entre époux désunis [Contribution à l'étude de la notion d'ordre public matrimonial] », *JCP* 1982, I, 3055 – J. Roche-Dahan, « Les devoirs nés du mariage. Obligations réciproques ou obligations mutuelles ? », *RTD civ.* 2000, 735 – C. Saint-Alary-Houin, « La sexualité dans le droit civil contemporain », *Ann. Université sciences soc. Toulouse,* t. XXXIII, 1985, p. 7 – R. Savatier, « Les conventions de séparation amiable », *RTD civ.* 1921, 535 – R. Tendler, « Les pactes de séparation amiable », *D.* 1979, 264 – D. Viriot-Barrial, « À propos de la loi n° 2006-399 du 4 avril 2006 renforçant la prévention et la répression des violences au sein du couple ou commises contre les mineurs », *D.* 2006, 2350.

> Sur le logement de la famille. A. Albiges, « Le droit au logement », R. Cabrillac, T. Revet et M.-A. Frison-Roche (dir.), *Droits et libertés fondamentaux,* 14e éd., Dalloz, 2008, p. 789 – B. Beignier, « La loi du 3 décembre 2001 : achèvement du statut du logement familial », *Dr. fam.* 2002, chron. 5 – P. Bihr, « Le logement de la famille en secteur locatif », *Dr. et patr.* 1998, n° 57, p. 62 – Y. Chartier, « Domicile conjugal et vie familiale », *RTD civ.* 1971, 510 – A. Dekeuwer, « Le logement de la famille », *Le droit au logement,* Trav. assoc. Capitant, t. XXXIII, 1984 – M. Grimaldi, « Le logement de la famille », *Defrénois* 1983, p. 1025 et 1105 ; « Les limites de la protection du logement familial », Colloque LERADP, Lille II, *Indépendance financière et communauté de vie,* LGDJ, 1989, p. 3 – Y. Guyon, « Le statut du logement familial en droit civil », *JCP* 1966, I, 2041 – J. Rubellin-Devichi, « La famille et le droit au logement », *RTD civ.* 1991, 245 – R. Savatier, « La protection civile du logement de la famille dans le concept juridique d'habitation familiale », *Mél. Hébraud,* Université des sciences sociales de Toulouse, 1981, p. 799 – A. Tisserand-Martin, « La protection légale du logement familial », *Mél. Wiederkehr, De code en code,* Dalloz, 2009 – B. Vareille, « Variations futiles sur le droit au logement du conjoint survivant », *Mél. Prieur,* Dalloz, 2007, p. 1721 – F. Vauvillé, « Le droit au logement du conjoint survivant », *Defrénois* 2002, p. 1277 – C. Watine-Drouin, « Le statut du logement familial », *Mél. Simler,* Litec, 2006, p. 253.

> Sur le devoir de fidélité. L. Antonini-Cochin, « Le paradoxe de la fidélité », *D.* 2005, chron. 23 – V. Balestriero, « Le devoir de fidélité pendant la procédure de divorce », *LPA* 8 nov. 1995, p. 18 – C. Chabault, « De la relativité de l'adultère dans le divorce pour faute », *Dr. fam.* 1998, chron. 11 – J.-J. Lemouland et D. Vigneau, « Mariage, concubinage, pacte civil de solidarité », *D.* 2005, chron. 809 – A. Mignon-Colombet, « Que reste-t-il du devoir de fidélité entre époux ? », *LPA* 31 janv. 2005, p. 6 – C. Philippe, « Quel avenir pour la fidélité ? », *Dr. fam.* 2003, chron. 20 – C. Villa-Nys, « Réflexions sur le devenir du droit de fidélité dans le droit civil de la famille », *Dr. et patr.* sept. 2000, p. 88.

116.04 Questions essentielles.

> Le désaccord des époux dans le choix de la résidence peut-il donner lieu à une intervention judiciaire ?
* V. s[s] n° 116.24

> Quels sont les logements susceptibles de relever du domaine d'application de l'article 215 alinéa 3 du Code civil ?
* V. s[s] n° 116.33

> La communauté de vie implique-t-elle la communauté d'habitation ?
* V. s[s] n° 116.51

> À quelles conditions les époux peuvent-ils obtenir une autorisation de résidence séparée ?
* V. s[s] n°s 116.61 s.

> Dans quelle mesure la protection contre les violences conjugales permet-elle d'obtenir une autorisation de résidence séparée ?
* V. s[s] n° 116.66

> La rupture de la communauté de vie peut-elle toujours être sanctionnée par un divorce pour faute ?
* V. s[s] n° 116.66

> Du devoir conjugal à la reconnaissance et la sanction du viol entre époux.
* V. s[s] n°s 116.81 à 116.86.

> L'infidélité d'un époux durant la procédure de divorce peut-elle constituer une faute, cause de divorce ?
* V. s[s] n° 116.96

> Les époux peuvent-ils conclure des conventions portant sur l'obligation de fidélité ?
* V. s[s] n° 116.95

> La femme mariée doit-elle porter le nom de son mari ?
* V. s[s] n° 116.142

> La femme mariée doit-elle être obligatoirement désignée par son nom légal ?
* V. s[s] n° 116.151

116.05 Délai.

> Les mesures prononcées sur le fondement de l'article 220-1 alinéa 3 du Code civil, deviennent caduques

passé un délai de **quatre mois** si aucune requête en divorce ou en séparation de corps n'a été déposée.

* V. s[s] n°s 116.66

116.06 Sanctions.

> Sanctions des actes conclus en contrariété avec l'article 215 alinéa 3 du Code civil : **nullité relative** ouverte au seul époux qui n'a pas donné son consentement.

* V. s[s] n° 116.46

> Sanctions pénales du viol entre époux : **vingt ans** de réclusion criminelle (circonstance aggravante du viol).

* V. s[s] n° 116.85

> Sanction de la complicité d'adultère : **aucune**.

* V. s[s] n° 116.98

> Sanction de l'absence d'utilisation du nom légal de la femme mariée : **pas de nullité de l'acte.**

* V. s[s] n° 116.151

116.08 Statut légal. Les époux en consentant au mariage acceptent de se soumettre au statut légal matrimonial. L'état matrimonial qui en résulte produit un certain nombre d'effets tant dans les **rapports entre époux** que dans les **rapports des époux avec les tiers.** Le mariage n'emporte toutefois plus d'effets particuliers dans les relations entre les parents et leurs enfants. Le caractère légitime de la filiation ne présente ainsi plus de spécificité par rapport à la filiation hors mariage; le terme même de « filiation légitime » a disparu du Code civil avec l'ordonnance du 4 juillet 2005 relative à la filiation[1]. Reste que si un certain nombre d'effets sont devenus communs au mariage et au concubinage conduisant à l'élaboration d'une sorte de statut commun du couple (sur le concubinage, v. s[s] n°s 140.00 s.), le statut légal matrimonial demeure un cadre juridique spécifique qui, d'un point de vue du droit civil, englobe ce qui est communément nommé le **régime primaire** (C. civ., art. 203 à 226) applicable à tous les époux et les **régimes matrimoniaux** (C. civ., art. 1387 à 1581). En opérant une distinction entre **effets d'ordre personnel** et effets **d'ordre patrimoniaux,** nous renvoyons au Dalloz action *Droit patrimonial de la famille* pour l'étude des aspects patrimoniaux de l'état matrimonial[2].

116.09 Égalité des époux. Fruit d'une longue évolution[3], l'égalité est désormais acquise dans les rapports entre époux[4]. La disparition de la hiérarchie largement entamée par la loi n° 65-570 du 13 juillet 1965, portant réforme des régimes matrimoniaux[5], fut poursuivie par la loi n° 75-617 du 11 juillet 1975 sur le divorce[6], la loi n° 85-1372 du 23 décembre 1985[7] et semble aboutie avec les lois n°s 2002-304[8] et 2002-305[9], du 4 mars 2002, relatives au nom de famille et à l'autorité parentale (la suprématie n'a toutefois pas été totalement résorbée dans la mesure où, en l'absence de choix des parents ou en cas de désaccord, le nom du père demeure, à titre supplétif, celui que portera l'enfant)[10]. C'est donc désormais une véritable **réciprocité des droits et des devoirs de chacun** qui en découle sans que l'on doive distinguer le statut de la femme mariée de celui de l'homme marié. Le **principe d'égalité entre époux,** devenu d'ordre public, ne saurait être écarté par les conjoints qui le désireraient et touche tant le régime primaire que le régime matrimonial légal. Cette égalité, difficile parfois à faire respecter tant le poids des mœurs peut être contraignant (sur les effets du mariage sur les noms des époux, v. s[s] n°s 116.140 à 116.172), a conduit à assurer à chacun des époux une assez large sphère d'autonomie. Corollaire de l'égalité, **l'autonomie** se traduit par une véritable indépendance de chaque époux dans ses relations avec les tiers et n'a « *de véritable réalité que si les tiers acceptent de traiter avec un époux seul sans manifester de réticence* »[11]. Cette autonomie a essentiellement une portée en matière patrimoniale : autonomie **bancaire** d'une part (ce qui permet notamment de protéger les tiers), autonomie **mobilière**, et autonomie **professionnelle** d'autre part. L'autonomie des époux est enfin **ménagère** car chacun des époux a pouvoir pour passer seul les contrats qui ont pour objet l'entretien du ménage ou

1. Ord. n° 2005-759, 4 juill. 2005, portant réforme de la filiation, *JO* 6 juill., p. 11159.
2. V. M. Grimaldi (dir.), DALLOZ ACTION PATR. FAM. 2008/2009, 3e éd., n°s 111.00 s. à 172.00 s.
3. V. M. Lamarche et J.-J. Lemouland, RÉP. CIV., *V° Mariage, 4°) Effets*, n°s 7 s.
4. Plus généralement sur la notion d'égalité en droit de la famille, v. G. Cornu, « Les notions d'égalité et de discrimination en droit civil français », *Trav. H. Capitant*, t. XIV, 1965, p. 87 – Ph. Jestaz, « L'égalité et l'avenir du droit de la famille », *Mél. F. Terré, L'avenir du droit*, Dalloz/PUF/Juris-Classeur, 1999, p. 417 – V. Larribau-Terneyre, « La réception des principes de liberté et d'égalité, du Code civil à aujourd'hui : un tableau impressionniste », *Le droit privé français à la fin du XXe siècle, Études P. Catala*, Litec, 2001, p. 83.
5. L. n° 65-570, 13 juill. 1965, portant réforme des régimes matrimoniaux, *JO* 14 juill., p. 6044.
6. L. n° 75-617, 11 juill. 1975, portant réforme du divorce, *JO* 12 juill., p. 7171.
7. L. n° 85-1372, 23 déc. 1985, relative à l'égalité des époux dans les régimes matrimoniaux et des parents dans la gestion des biens des enfants mineurs, *JO* 26 déc., p. 15111.
8. L. n° 2002-304, 4 mars 2002, relative au nom de famille, *JO* 5 mars, p. 4159.
9. L. n° 2002-305, 4 mars 2002, relative à l'autorité parentale, *JO* 5 mars, p. 4161.
10. Sur ce point, v. F. Dekeuwer-Défossez, « Commentaire de la loi relative au nom de famille », *RJPF* 2002, n° 7-8, p. 6 – J.-J. Lemouland, « La loi n° 2002-304 du 4 mars 2002 relative au nom de famille », *JCP N* 2002, 421.
11. M. Grimaldi (dir.), DALLOZ ACTION PATR. FAM. 2008/2009, 3e éd., B. Vareille, n°s 114.00 s.

l'éducation des enfants (avec solidarité des dettes contractées par l'un selon C. civ., art. 220, al. 1er).

Sur les rapports patrimoniaux entre époux, v. ss nos 116.131 et 116.132[1].

116.10 Division. L'état matrimonial largement influencé par l'égalité entre époux et l'autonomie que chacun des conjoints a pu acquérir, emporte des effets sur les rapports entre les membres du couple (sect. 1). Le mariage a aussi des conséquences sur le nom des époux (sect. 2).

SECTION 1
EFFETS DU MARIAGE SUR LES RAPPORTS ENTRE ÉPOUX

§ 1
Rapports personnels entre époux

116.11 Devoirs personnels des époux. Les époux sont soumis à un certain nombre d'obligations personnelles qui découlent de plein droit du mariage (C. civ., art. 226) : le devoir de communauté de vie (C. civ., art. 215, al. 1er), le devoir de fidélité et le devoir d'assistance (C. civ., art. 212). L'égalité acquise entre les époux a conduit à faire de ces obligations des devoirs parfaitement réciproques[2]. Il faut ajouter que ces obligations sont **impératives** et **d'ordre public** et les époux ne devraient pouvoir y déroger. À ces **devoirs nommés** par la loi, la jurisprudence ajoute un certain nombre de **devoirs implicites**, sorte de code de bonne conduite maritale, par lesquels les époux s'obligent à maintenir à leur communauté de vie une certaine qualité. Ce sont les fautes retenues comme causes de divorce qui délimiteront « *en creux les obligations du mariage* »[3]. Difficiles à appréhender d'un point de vue juridique[4], elles apparaissent souvent plus proches du fait que du droit, leur traduction juridique ne se révélant qu'à l'occasion d'un divorce ou d'une séparation (v. ss nos 131.09 et 132.06 s.). La sanction des violations des obligations du mariage par le divorce pour faute tendant toutefois à se raréfier, on est conduit à s'interroger, sinon à propos de la force obligatoire de ces devoirs matrimoniaux, tout au moins au sujet de la disparition de la coercition qui pouvait y être attachée.

A.
Devoir de communauté de vie

1°
Communauté de vie et résidence

116.21 Notion de communauté de vie. La notion de communauté de vie a remplacé celle de cohabitation. C'est la réforme issue de la loi no 70-459 du 4 juin 1970[5] qui modifie les textes du Code et plus particulièrement l'article 215, alinéa 1er, qui énonce désormais que « *les époux s'obligent mutuellement à une communauté de vie* ». L'article 214, dans sa rédaction de 1804 disposait que « *la femme est obligée d'habiter avec le mari et de le suivre partout où il juge à propos de résider* ». La notion de communauté de vie apparue pour la première fois dans l'article 496, alinéa 1er, du Code civil, issu de la loi no 68-5 du 3 janvier 1968[6], apparaît **moins matérielle que l'ancienne obligation de cohabitation** mais dès lors plus complexe[7]. Il s'agit désormais d'un devoir qui s'impose à égalité aux deux époux et qui ne saurait *a priori* être assimilé à une simple cohabitation matérielle. La communauté de vie englobe normalement la cohabitation, la résidence commune mais plus largement une **communauté affective et intellectuelle**[8]. On est dès lors conduit à s'interroger à propos de la distinction du domicile et de la résidence ainsi que sur le lien existant entre résidence commune et communauté de vie.

116.22 Domicile et résidence. Le domicile conjugal, jadis sujet de nombreuses discussions, a rejoint la notion courante de domicile : c'est le **lieu du principal établissement des époux.** Or, depuis la loi no 75-617 du 11 juillet 1975, « *le mari et la femme peuvent avoir un domicile distinct sans qu'il soit pour autant porté atteinte aux règles relatives à la communauté de la vie* » (C. civ., art. 108, al. 1er)[9]. Était donc abandonnée la règle du domicile légal de

1. V. M. Grimaldi (dir.), DALLOZ ACTION PATR. FAM. 2008/2009, 3e éd., nos 111.00 s. à 172.00 s.
2. J. Roche-Dahan, « Les devoirs nés du mariage. Obligations réciproques ou obligations mutuelles ? », *RTD civ.* 2000, 735.
3. F. Dekeuwer-Défossez, « Impressions de recherche sur les fautes causes de divorce », *D.* 1985, chron. 219; « Aperçu sociologique des fautes causes de divorce », *Sociologie judiciaire du divorce*, Economica, 1999, p. 45.
4. V. CORNU, no 24, qui souligne que ces liens d'ordre personnel « *font du mariage un mode de vie* ».
5. L. no 70-459, 4 juin 1970, relative à l'autorité parentale, *JO* 5 juin, p. 5227.
6. L. no 68-5, 3 janv. 1968, portant réforme du droit des incapables majeurs, *JO* 4 janv., p. 114.
7. V. CORNU, no 25 : « *Où est la différence ? Elle éclate dans les mots : la cohabitation, prosaïque, terre-à-terre, passe-partout, la communauté de vie (terre et ciel) qui annonce en plénitude et dans une perspective matrimoniale, une union durable* ».
8. V. F. Dekeuwer-Défossez, « Couple et cohabitation », *La notion juridique de couple*, Economica, 1998 – M.-C. Magnigne, « La communauté de vie », *JCP* 1976, I, 2803 – G. Hénaff, « La communauté de vie du couple en droit français », *RTD civ.* 1996, 551.
9. Civ. 1re, 8 mai 1979, *D.* 1979, IR 495, obs. Martin – Civ. 1re, 1er juill. 1980, *D.* 1980, IR 527.

la femme fixé chez son mari qui s'expliquait par l'incapacité juridique de l'épouse[1]. C'est, dès lors, davantage la résidence des époux qui importe que leur domicile, notion beaucoup plus concrète. Sa fixation et donc son choix présenteront une importance particulière au regard de la protection spécifique dont bénéficie le logement familial.

116.23 Choix de la résidence. Alors que le mari a longtemps bénéficié de la suprématie en matière de fixation de la résidence familiale, la loi du 11 juillet 1975 a établi une stricte égalité entre les époux sur ce point, l'article 215 alinéa 2 du Code civil énonçant en effet que « *la résidence de la famille est au lieu qu'ils choisissent d'un commun accord* ». Ce n'est donc plus tant le domicile que la **résidence de fait de la famille** qui doit être fixée d'un commun accord des époux. Il s'agit donc d'un **acte volontaire**. La résidence de la famille découlant de la volonté commune des époux révélera leur intention de former une communauté de vie et acquiert ainsi un caractère plus abstrait et se trouve absorbé par la définition des obligations personnelles du mariage. L'égalité (et donc la liberté) dans le choix de la résidence, a conduit à faire disparaître la possibilité pour la femme mariée de recourir au juge en cas de désaccord. La contrepartie d'une telle libéralisation réside dans le problème qui peut se poser lors d'un éventuel désaccord des époux quant à ce choix.

116.24 Désaccord des époux dans le choix de la résidence. Le désaccord des époux quant au choix de leur résidence surviendra pendant la vie du ménage, et résultera de la **volonté d'un des époux de changer cette résidence** de lieu ou bien d'établir des **résidences séparées.** L'ancien article 215 alinéa 3 prévoyait dans ce cas une immixtion du juge dans le conflit. L'article 215 du Code civil ne fait plus désormais aucune allusion à l'intervention du **juge**. Ce dernier conserve toutefois la possibilité de prononcer une **autorisation de résidence séparée** à la demande de l'un des époux (v. s^s n°s 116.61 à 116.69). Mais, en aucun cas, le juge ne pourra décider d'une résidence commune ou fixer pour chacun des époux le lieu de leur résidence. La possibilité d'employer la force pour obliger les époux à rejoindre le foyer conjugal n'a plus cours désormais. L'astreinte, qui fut longtemps utilisée, n'a pas davantage survécu face aux impératifs de liberté individuelle. Son incapacité à procurer satisfaction au créancier empêche encore son utilisation[2]. En cas de désaccord sur le lieu de résidence de la famille, la seule issue est alors de demander un **divorce pour faute**. Et il semblerait plus judicieux que le juge prononce dans cette hypothèse un **divorce aux torts partagés**, sauf à ce qu'il soit établi que l'époux qui refuse le transfert n'invoque pas des motifs sérieux ou légitimes[3]. C'est pourtant un divorce aux seuls torts de l'épouse, ayant refusé de rejoindre son mari dans une résidence que ce dernier avait transférée unilatéralement à l'étranger, que la Cour de cassation admet dans certains cas[4]. La rupture de la communauté demeure donc susceptible d'être sanctionnée par un divorce pour faute[5]. Il faut pourtant admettre que le juge a perdu en 1975 la faculté de résoudre un tel conflit conjugal, autrement qu'en accordant une autorisation de résidence séparée[6]. Mais se pose alors la question de savoir s'il existe encore une résidence familiale lorsque les époux ne résident plus en un lieu choisi d'un commun accord. Pourtant cette fixation revêt une importance particulière en matière de protection du logement familial.

2°
Logement de la famille

a)
Protection du logement de la famille

116.31 Statut particulier du logement de la famille. Alors que le législateur a récemment proclamé un « *droit opposable au logement* »[7], droit consacré par le législateur comme étant un droit fondamental[8], la protection du logement familial paraît être un des pivots du droit matrimonial (dont sont exclus les concubins et les partenaires d'un pacte civil de solidarité – V. s^s n°s 141.13, 142.18, 143.40 à 143.68) et participe de l'essence du mariage. « *Immeuble bâti servant à l'habitation principale ou secondaire*

1. Pour un historique de l'évolution, v. Y. Chartier, « Domicile conjugal et vie familiale », *RTD civ.* 1971, 510.
2. CA Paris, 2 févr. 1973, *D.* 1973, 524, note Foulon-Piganiol.
3. Civ. 2e, 19 janv. 1994, n° 92-15.945, NP – Civ. 2e, 27 mai 1999, n° 98-17.945, NP; *RJPF* 1999/7, 31, obs. Vassaux.
4. Civ. 2e, 12 sept. 2002, n° 01-01.377, *Bull. civ.* II, n° 180; *D.* 2002, IR 2654; *RJPF* 2002-12, p. 17, obs. Garé; *RTD civ.* 2002, 785, obs. Hauser.
5. Civ. 1re, 11 janv. 2005, n°s 03-15.443 et 02-20.547, *Bull. civ.* I, n°s 8 et 12; *RJPF* 2005-5/23, obs. Garé.
6. J. Revel, « Les conventions entre époux désunis », *JCP* 1982, I, 3055, spéc^t n° 41.
7. L. n° 2007-290, 5 mars 2007, instituant le droit opposable au logement et portant diverses mesures en faveur de la cohésion sociale, *JO* 6 mars, p. 4190.
8. L. n° 82-526, 22 juin 1982, dite loi Quilliot, relative aux droits et obligations des locataires et des bailleurs, *JO* 23 juin, p. 1967, art. 1er – L. n° 89-462, 6 juill. 1989, dite loi Malandain, tendant à améliorer les rapports locatifs et portant modification de la loi n° 86-1290 du 23-12-1986, *JO* 8 juill., p. 8541 – Droit renforcé par les dispositions de L. n° 2003-721, 1er août 2003, pour l'initiative économique, *JO* 5 août, p. 13449 (qui permet à l'entrepreneur individuel de rendre insaisissable sa résidence principale à certaines conditions, v. C. com., art. L. 526-1 à L. 526-4 s. – EN OUTRE, v. L. n° 2008-776, 4 août 2008, de modernisation de l'économie, *JO* 5 août, p. 12471.

d'une personne qui l'occupe à titre de propriétaire, de locataire ou d'occupant »[1], le logement connaît un statut juridique particulier dans le droit des biens du fait de la nature personnelle des liens qui l'unissent à son occupant[2]. Le lieu effectif de la vie familiale est sans doute plus important pour la majorité des couples que la notion de résidence. Il s'agit du lieu de concrétisation de la communauté de vie, du lieu de rassemblement du couple et de ses enfants[3]. À ce titre le droit lui a toujours donné un statut particulier (ainsi dans le **droit du divorce**; v. s[s] n°s 132.62 et 132.431 – ou encore au travers de l'**attribution préférentielle** ou du **droit viager du conjoint survivant** en droit des successions[4]). L'immeuble servant d'habitation aux époux va donc recevoir une qualification qui lui permet d'échapper au droit commun des biens et le soumet à un **statut spécifique**. Le législateur moderne s'est très tôt préoccupé de cet aspect puisque, dès la loi du 4 août 1962[5], l'article 1751 du Code civil avait été réécrit pour donner aux deux époux un **droit égal sur le bail d'habitation** (le bail du local d'habitation devient automatiquement commun par le seul fait du mariage, alors même qu'il aurait été passé par l'un des époux avant le mariage, dès lors que le local « *sert effectivement à l'habitation des deux époux* »; la résiliation du bail par un seul des époux n'est plus efficace et le congé donné à un seul des époux est inopposable à l'autre, tant que les époux sont dans les liens du mariage, c'est-à-dire tant qu'un jugement de divorce n'a pas été publié). D'autres textes limiteront, dans la même intention, le droit de disposer du logement familial. En proclamant l'égalité des époux dans le choix de la résidence familiale, le législateur se devait de garantir aux époux une même égalité dans les droits patrimoniaux sur le logement. Ces dispositions permettent de préserver le **maintien de l'existence d'un logement familial** tant que dure le mariage[6].

116.32 Principe de la protection du logement de la famille. Objet d'une véritable politique familiale, le logement de la famille est protégé par l'article 215 alinéa 3 du Code civil qui énonce que les époux ne peuvent l'un sans l'autre disposer des droits par lesquels est assuré le logement de la famille, ni des meubles meublants dont il est garni. C'est donc, au travers de l'institution de **droits patrimoniaux sur le logement**, le droit extrapatrimonial au logement de chacun que l'on protège[7]. Une loi du 4 juillet 1980[8] a étendu cette règle au **bail rural** dont un conjoint ne pourra disposer sans l'accord de l'autre (C. rur., art. L. 411-68).

116.33 Notion de logement de la famille. Le logement de la famille est une **notion de fait** qu'il convient de distinguer de la notion juridique de domicile conjugal[9]. C'est au juge qu'il revient de décider souverainement du lieu où se trouve le logement principal des époux, en fonction de critères psychologique et matériel. On le situe *a priori* au lieu que les époux ont choisi d'un commun accord (C. civ., art. 215, al. 2), lieu où ils vivent, le cas échéant avec leurs enfants. Dès lors qu'il s'agit d'une notion de fait, le logement de la famille dépendra de la réalité et pourra donc changer au gré des déménagements. Lorsque les époux résident dans le même lieu, la détermination du logement familial sera aisée. Il convient tout de même de préciser que **seule la résidence principale des conjoints fait l'objet de la protection** de l'article 215 alinéa 3 du Code civil et que le logement doit donc avoir été affecté par les époux à la vie familiale habituelle. On exclut dont du champ d'application de l'article 215 alinéa 3 la **résidence secondaire**[10] ou encore le **logement de fonction**[11, 12].

1. G. Cornu, *Vocabulaire juridique*, « Quadrige dicos poche », 8e éd., PUF, 2007, *V[o] Logement*.
2. M. Barré-Pépin et C. Coutant-Lapalus (dir.), *Logement et famille : des droits en question*, préf. J. Rubellin-Devichi, « Thèmes et commentaires », Dalloz, 2005.
3. V. G. Champenois, « La notion de logement familial : logement familial et communauté de vie », *Logement et familles : des droits en question* (dir. M. Barré-Pépin et Chr. Coutant-Lapalus), coll. « Thèmes et commentaires », Dalloz, 2005, p. 162 s.
4. V. DALLOZ ACTION PATR. FAM. 2008/2009, 3e éd., R. Le Guidec, n°s 145.00 s. (et spéc[t] 145.44); M.-C. de Roton-Catala, n°s 233.00 s.; C. Farge, n°s 271.151 s.;
5. L. n° 62-902, 4 août 1962, *JO* 7 août, p. 7811; *D.* 1962, 264, rect. 318.
6. Au-delà du mariage, en cas de décès de l'un des époux, v. C. civ., art. 763 et 764 et en cas de divorce, C. civ., art. 285-1 et 274.
7. Y. Guyon, « Le statut du logement familial en droit civil », *JCP* 1966, I, 2041 – M. Grimaldi, « Le logement et la famille », *Defrénois* 1983, art. 33120 et 33130; « Le logement et la famille », *Trav. H. Capitant*, t. XXXIII, Economica, 1982, p. 421; « Les limites de la protection du logement familial », Colloque du LERADP, Lille II, *Indépendance financière et communauté de vie*, LGDJ, 1989, p. 3 – J. Rubellin-Devichi (dir.), *Droit du logement, droits au logement et stratégies familiales*, PU Lyon, 1987; « La famille et le droit au logement », *RTD civ.* 1991, 245 – P. Bihr, « Le logement de la famille en secteur locatif », *Dr. et patr.* 1998, n° 57, p. 62.
8. L. n° 80-502, 4 juill. 1980, d'orientation agricole, *JO* 5 juill., p. 1670; *D.* 1980, 250, rect. 331.
9. Civ. 1re, 22 mars 1972, n° 70-14.049, *Bull. civ.* I, n° 93; *JCP N* 1972, II, 17182, note J. A – CA Reims, 13 févr. 1978, *JCP N* 1979, II, 108.
10. Civ. 1re, 10 oct. 1999, n° 97-21.466, *Bull. civ.* I, n° 284; *JCP* 2001, I, 245, obs. Wiederkher; *Defrénois* 2000, 437, obs. Champenois; *Dr. fam.* 2000, n° 42, obs. Beignier.
11. Civ. 1re, 4 oct. 1983, n° 82-14.093, *Bull. civ.* I, n° 217; *JCP* 1984, II, 20188, note Chartier.
12. V. CEP., pour des hypothèses de logement occupé au titre d'une jouissance gratuite : Civ. 1re, 11 mars 1986, n° 84-12.489, *Bull. civ.* I, n° 62 – Civ. 1re, 20 janv. 2004, n° 02-12.130, *Bull. civ.* I, n° 21; *D.* 2004, 2178, note Bicheron; *Defrénois* 2005, 710, obs. Champenois; *AJ fam.* 2004, 105, obs. Deis-Beauquesne.

La démission ou le licenciement du titulaire du logement de fonction ne pourrait se heurter à la disposition spécifique de l'alinéa 3 de l'article 215 du Code civil. Il convient toutefois de réserver l'hypothèse particulière d'un époux qui conserverait ses fonctions tout en souhaitant renoncer seul au logement de fonction servant de logement familial. Le droit d'exercer une profession n'étant plus en cause, l'article 215 alinéa 3 retrouve à s'appliquer et une telle renonciation ne pourra être valable sans le consentement du conjoint[1].

Pour autant, la règle n'en conserve pas moins toute son importance dès lors que tous les couples ont ou ont eu un logement dans lequel la famille peut vivre[2].

Pour une illustration de la notion de logement familial, la cour d'appel de Paris avait considéré comme faisant partie intégrante du logement familial le studio, situé dans le même immeuble que l'appartement principal, utilisé par les époux pour se reposer, l'appartement principal se révélant trop bruyant à cause de la spécificité des études suivies par leurs enfants[3].

La protection de l'article 215 alinéa 3 du Code civil s'étend aux **meubles meublants** qui garnissent le logement de la famille, et l'article 220-1 alinéa 2 du même code peut servir à **interdire le déplacement des meubles** ou à en **réclamer le retour**, s'ils ont été mis en gage[4], sans qu'il importe alors de rechercher lequel des époux est propriétaire des meubles en question[5].

116.34 Logement de la famille et séparation des époux. La question du maintien d'un logement de la famille, et donc d'une application de l'article 215 alinéa 3 du Code civil, en cas de séparation des époux est particulièrement importante. C'est en effet le plus souvent durant ces périodes où la communauté de vie a cessé et où l'entente entre époux est plus que douteuse que l'intérêt de la mesure prend toute son ampleur[6]. Il est de ce point de vue admis que la résidence de la famille demeure au lieu que les époux ont fixé conjointement avant que la crise ne surgisse[7].

116.35 Durée de la protection du logement de la famille. L'application de l'article 215 alinéa 3 du Code civil vaut donc durant tout le temps du mariage, tant que le lien matrimonial n'est pas dissous[8].

CONTRA : une cour d'appel qui admet que le logement dans lequel un époux mène une vie séparée doit être considéré comme logement de la famille hormis le cas où il est démontré que l'époux qui ne demeure pas dans ce logement n'y a pas eu accès, ce qui semble constituer une solution abusive au regard de la nécessaire protection du logement dans toutes les situations[9].

Au-delà de la vie séparée des époux, l'article 215 alinéa 3 du Code civil cesse aussi de s'appliquer à la dissolution du mariage et ne porte pas atteinte au droit de chaque conjoint de disposer à cause de mort[10]. Cette solution critiquée par une partie de la doctrine[11] doit désormais être lue à l'aune des mesures prises en faveur du conjoint survivant par la loi du 3 décembre 2001[12] : **droit de jouissance gratuite du logement** appartenant aux époux ou dépendant totalement de la succession, **durant une année**, selon l'article 763 alinéa 3 du Code civil; **droit d'habitation viager**, selon l'article 764 du Code civil, dont le conjoint survivant peut être privé par un testament établi en la forme authentique.

116.36 Droits par lesquels est assuré le logement de la famille. Les droits visés par l'article 215 alinéa 3 du Code civil sont entendus au sens large : il s'agit de tous les droits quelle que soit leur nature, **droit de propriété, droit au bail** (l'article 1751 du Code civil n'ayant pas vocation à s'appliquer lorsqu'il s'agit d'un local ayant un caractère professionnel ou commercial[13], alors que l'article 215 du Code civil est applicable si le local où se trouve la résidence effective est **mixte**), droit d'usufruit. Est

1. EN CE SENS, v. M. Grimaldi (dir.), DALLOZ ACTION PATR. FAM. 2008/2009, 3e éd., B. Vareille, n° 113.00 s.
2. EN CE SENS, V. MALAURIE et FULCHIRON, n° 1832.
3. CA Paris, 31 août 2005, *Juris-Data* n° 2005-287-306; *Dr. fam.* 2006, comm. 62, obs. Beignier.
4. CA Nancy, 12 déc. 1968, *D.* 1969, 540, note Foulon-Piganiol.
5. CA Douai, 8 févr. 1988, *Juris-Data* n° 045146.
6. M. Grimaldi, « Le logement et la famille », *Defrénois* 1983, art. 33120, p. 1044, note 60.
7. Civ. 1re, 16 mai 2000, n° 98-13.441, *Bull. civ.* I, n° 144; *RJPF* 2000-12/23, note Vauvillé – Civ. 1re, 16 juin 1992, n° 89-17.305, *Bull. civ.* I, n° 185; *Defrénois* 1992, art. 35349, p. 1156, note Champenois – CA Bourges, 26 févr. 2001, *Juris-Data* n° 141075 – CA Colmar, 11 juin 1974, *D.* 1975, J. 540, note Foulon-Piganiol – CA Aix-en-Provence, 22 févr. 1982, *Gaz. Pal.* 1982, 1, J. 314, note Viatte – CA Aix-en-Provence, 12 févr. 1985, *Juris-Data* n° 043829.
8. CA Toulouse, 27 avr. 1999, *Juris-Data* n° 041959.
9. CA Nancy, 29 juin 1995, *Juris-Data* n° 053822.
10. Civ. 1re, 22 oct. 1974, *D.* 1975, 645, note Foulon-Piganiol; *JCP* 1975, II, 18041, note Chartier; *RTD civ.* 1975, 296, obs. Nerson; *Defrénois* 1975, art. 30954, obs. Souleau.
11. V. obs. Foulon-Piganiol et Chartier, préc.
12. L. n° 2001-1135, 3 déc. 2001, relative aux droits du conjoint survivant et des enfants adultérins et modernisant diverses dispositions de droit successoral, *JO* 4 déc., p. 19279.
13. CA Paris, 6e ch., sect. B, 13 sept. 1989, *D.* 1989, IR 250 – CA Paris, 6e ch., sect. B, 16 déc. 1999, *Juris-Data* n° 102719; *Rev. loyers* 2000, 327 – CA Paris, 6e ch., sect. C, 29 févr. 2000, *Juris-Data* n° 108728 – CA Paris, 6e ch., sect. C, 17 déc. 2002, *Juris-Data* n° 198542 – CA Paris, 6e ch., sect. B, 5 juin 2003, *Juris-Data* n° 218824 – CA Paris, 6e ch., sect. B, 16 oct. 2003, *Juris-Data* n° 224309.

également concerné le **droit au maintien dans les lieux** en dépit de son caractère personnel[1].

Peu importe le régime matrimonial des époux dès lors que l'article 215 du Code civil vient déroger aux règles des régimes matrimoniaux. Lorsque l'un ou les deux époux sont propriétaires de l'immeuble, l'application de l'article 215, alinéa 3, viendra ainsi contrarier les règles des régimes matrimoniaux. Si les époux sont mariés sous le régime de la communauté légale et que l'immeuble constitue un bien propre de l'un d'entre eux, une dérogation sera apportée au droit de disposer seul d'un bien propre (C. civ., art. 1428). Si les époux sont mariés sous le régime de la séparation et que le bien appartient à l'un d'entre eux, là encore, il s'agira d'une dérogation au droit de disposer seul d'un bien personnel (C. civ., art. 1536). Ce n'est que lorsque le bien était commun (en régime de communauté) ou indivis (en régime de séparation) que l'on retrouve une concordance entre régime matrimonial (C. civ., art. 1424 pour la communauté et art. 815-3 pour l'indivision) et droit commun du régime primaire.

b)
Cogestion et logement de la famille

116.41 Cogestion des droits sur le logement de la famille. En instaurant une cogestion des droits sur le logement familial, les dispositions légales protègent ainsi chaque époux contre la décision que l'autre prendrait seul, lorsque cette décision aurait pour conséquence de nuire à la permanence de ce logement familial. Cette mesure constitue un corollaire nécessaire de l'égalité des époux dans le choix de la résidence de la famille. Il s'agit d'une règle du régime primaire qui, à ce titre, vaut quelle que soit la nature du bien (propre, personnel, commun ou indivis) et quelque soit le régime matrimonial des époux. Le texte vise l'impossibilité pour les époux de disposer l'un sans l'autre des droits par lesquels est assuré le logement de la famille et donc **tous les actes de disposition à titre onéreux ou à titre gratuit** : vente, promesse synallagmatique de vente[2], bail qui confère la jouissance[3], échange, apport en société, cessions de parts sociales, donations, mandat de vente[4], renonciation au droit au maintien dans les lieux, constitution d'hypothèque conventionnelle[5], de gage, d'usufruit, cession d'un bail[6]. À ces actes, la jurisprudence a ajouté de façon plus contestable, dès lors qu'il ne s'agissait pas de mettre en cause la destination familiale de l'immeuble[7], la **résiliation du contrat d'assurance** garantissant le logement familial : l'un des époux ne peut résilier seul, sans le consentement de l'autre, ce contrat d'assurance[8].

116.42 Actes exclus de la cogestion. Ne sont pas concernés par l'article 215 alinéa 3 du Code civil les **actes qui n'emportent pas aliénation du bien servant au logement de la famille.** Dès lors, il apparaît normal que la règle ne s'applique pas à la vente avec réserve d'usufruit au profit du conjoint[9] ou à une simple promesse d'hypothèque[10]. Cette règle aura lieu de s'appliquer en revanche en cas de vente avec réserve d'usufruit au profit du seul vendeur[11].

1. Colette, rapport AN, *JOAN* 1965, p. 2667 – Droit réel ou droit personnel, la Cour de cassation a eu l'occasion de rappeler que l'article 215 du Code civil « *institue un régime de protection du logement visant les droits de toute nature de l'un des conjoints sur le logement de la famille* » : Civ. 1re, 20 janv. 2004, no 02-12.130, *Bull. civ.* I, no 21 ; *D.* 2004, 2178, note Bicheron.
2. Civ. 1re, 6 avr. 1994, no 92-15.000, NPT; *JCP* 1994, IV, 1540; *JCP* 1995, I, 3821, no 1, obs. Wiederkher.
3. Civ. 1re, 16 mai 2000, no 98-13.441, *Bull. civ.* I, no 144; *Defrénois* 2001, 460, obs. Champenois; *Dr. fam.* 2001. comm. 2, note Beignier (pour une affaire dans laquelle l'épouse avait pourtant quitté le logement et introduit une requête en divorce).
4. Civ. 3e, 20 mars 1996, no 94-10.759, NP; *JCP* 1996, I, 3908, obs. Wiederkher – Pour un mandat de vente avec promesse de porte-fort, v. Civ. 1re, 28 nov. 2006, no 05-17.757, NP; *Dr. fam.* 2007, comm. 16, obs. Beignier – CA Pau, 4 sept. 2006, *Juris-Data* no 2006-316583; *Dr. fam.* 2007, comm. 16.
5. Civ. 1re, 17 déc. 1991, no 90-11.908, *Bull. civ.* I, no 357; *JCP* 1992, I, 3614, no 1, obs. Wiederkher; *Defrénois* 1992, 396, obs. Champenois.
6. En dernier lieu pour une application de C. civ., art. 215, al. 3, dans le cas du droit d'usage d'un immeuble conféré à un époux nu-propriétaire et à sa famille par l'usufruitier, v. Civ. 1re, 20 janv. 2004, no 02-12.130, *Bull. civ.* I, no 21; *D.* 2004, 2178, note Bicheron.
7. EN CE SENS, v. R. Cabrillac, T. Revet et M.-A. Frison-Roche (dir.), *Droits et libertés fondamentaux*, 14e éd., Dalloz, 2008, étude 103 – M. Grimaldi (dir.), DALLOZ ACTION PATR. FAM. 2008/2009, 3e éd., B. Vareille, no 113.28 – *CONTRA*, Beignier, obs. sur Civ. 1re, 16 mai 2000, no 98-13.441, *Bull. civ.* I, no 144; *Dr. fam.* 2001, comm. 2, qui relève que le sens de l'article 215 « *n'est pas d'interdire sur le logement familial telle ou telle catégorie d'actes, mais tous les actes qui en nieraient la destination initiale* ».
8. Civ. 2e, 10 mars 2004, no 02-20.275, *Bull. civ.* II, no 100; *D.* 2004, somm. 2257, obs. Brémond; *D.* 2004, somm. 2963, obs. Vigneau; *JCP* 2004, I, 176, no 3, obs. Wiederkehr; *Defrénois* 2004, 1462, obs. Champenois; *AJ fam.* 2004, 188, note Bicheron; *Dr. fam.* 2004, comm. 64, note Larribau-Terneyre; *RTD civ.* 2004, 270, obs. Hauser; *RTD civ.* 2004, 538, obs. Vareille DANS LE MÊME SENS, qui rappelle que le contrat d'assurance doit porter précisément sur le logement de la famille, v. Civ. 1re, 14 nov. 2006, no 05-19.402, *Bull. civ.* I, no 482; *D.* 2007, 349, note Raoul-Cormeir; *D.* 2007, pan. 1567, obs. Lemouland et Vigneau; *JCP* 2007, I, 142, no 7, obs. Wiederkehr; *AJ fam.* 2007, 87, note Chénedé; *RJPF* 2007-2/15, note Vauvillé.
9. TGI Paris, 16 déc. 1970, *Gaz. Pal.* 1971, 1, 115.
10. Civ. 3e, 29 mai 2002, no 99-21.018, *Bull. civ.* III, no 118.
11. Civ. 1re, 16 juin 1992, no 89-17.305, *Bull. civ.* I, no 185; *JCP N* 1993, II, 111, obs. Wiederkehr; *Defrénois* 1992, art. 35349, note Champenois; *RTD civ.* 1993, 636, obs. Lucet et Vareille.

La question de l'application de l'article 215 alinéa 3 aux **actes de disposition à cause de mort** soulève une **véritable difficulté**. À l'efficacité de la protection du conjoint au moment où le besoin de protection peut être le plus évident, on peut opposer la liberté de tester – et l'on imagine mal que le **testament**, acte personnel et unilatéral, puisse nécessiter le consentement du conjoint[1] – et l'impossibilité de créer par ce biais une sorte de réserve héréditaire. Il faut ajouter que l'introduction des articles 763 et 764 dans le Code civil par la loi du 3 décembre 2001, conduit à assurer une sorte de continuité *post mortem* à la protection du conjoint et au maintien dans le logement familial contre la volonté de son époux décédé (sauf pour l'article 764, si l'époux en a décidé autrement par testament authentique). La jurisprudence qui exclut du domaine de l'article 215 alinéa 3 les actes de disposition à cause de mort s'en trouve davantage justifiée[2].

116.43 Cas particulier du cautionnement. La question de l'application de l'article 215 du Code civil dans l'hypothèse d'un **cautionnement donné par l'un des époux** a fait l'objet d'un débat doctrinal soutenu après l'adoption de la loi du 13 juillet 1965 et de celle du 23 décembre 1985[3]. D'un côté, on a pu estimer que le cautionnement est un **acte particulièrement dangereux** qui peut conduire à évincer la famille du logement familial, sachant qu'il peut être utilisé dans des hypothèses où la constitution d'une hypothèque sur le logement familial a été refusée[4]. D'un autre côté, il est possible de soutenir que le cautionnement demeure une **sûreté personnelle** qui ne porte directement sur aucun bien particulier[5] et qu'il convient de ne pas trop étendre le domaine d'application de l'article 215, au risque de faire perdre aux époux toute possibilité de crédit. Pour finir, la jurisprudence a très tôt admis la **validité d'un cautionnement souscrit par un seul des époux**[6], réservant toutefois l'hypothèse de la **fraude**[7]. Il reste qu'en régime légal, si le logement familial est un bien commun, le cautionnement ne pourra conduire à sa saisie que si les deux époux avaient consenti à la sûreté (C. civ., art. 1415). À cela, il convient d'ajouter que, selon l'article 1422 du Code civil (mod. ord. n° 2006-346, 23 mars 2006[8]), les époux mariés sous le régime légal ne peuvent l'un sans l'autre affecter un bien de la communauté (et donc éventuellement l'immeuble servant de logement familial) à la garantie de la dette d'un tiers. C'est donc dans les autres régimes matrimoniaux que l'intérêt de l'application de l'article 215 demeure.

116.44 Insaisissabilité relative et vente forcée possible. Les dispositions de l'article 215 du Code civil ne rendent pas le logement de la famille insaisissable. On rappellera que leur vocation est de **protéger un époux contre les actes de l'autre époux** et non contre les tiers. Aussi, si une saisie conduit à une vente forcée, celle-ci ne sera pas le fruit de la volonté d'un époux et ne peut donc impliquer le consentement de l'autre époux. La jurisprudence est constante en la matière, qui admet dès lors **l'inscription d'une hypothèque judiciaire**[9], prérogative légale accordée au titulaire d'une créance, même chirographaire; il ne s'agit donc pas d'un acte de disposition ne pouvant être effectué par l'un des époux au sens de l'article 215.

Dès lors, les époux mariés sous le régime de la séparation de biens ayant acquis indivisément la maison leur servant de logement familial, et la banque à l'égard de laquelle le mari s'était porté caution solidaire d'un tiers, après avoir obtenu un jugement de condamnation à son encontre, ayant pris une inscription d'hypothèque judiciaire sur l'immeuble et demandé la licitation de ce dernier, cette demande ne peut se voir reprocher d'avoir

1. Sur cette discussion, v. Patarin, *JCP* 1977, II, 18726 – Flour et Champenois, *Les régimes matrimoniaux*, 2e éd. 2001, A. Colin, n° 125 – M. Grimaldi (dir.), DALLOZ ACTION PATR. FAM. 2008/2009, 3e éd., B. Vareille, n° 113.24 – R. Cabrillac, T. Revet et M.-A. Frison-Roche (dir.), *Droits et libertés fondamentaux*, 14e éd., Dalloz, 2008, R. Cabrillac, étude 105 – M. Grimaldi, « Le logement et la famille », *Defrénois* 1983, art. 33120 et 33130, spéct n° 28 (préc. s^s n° 116.41).
2. Civ. 1re, 22 août 1974, *D.* 1975, 645, note Foulon-Piganiol; *JCP* 1975, II, 18041, note Chartier; *Gaz. Pal.* 1975, 1, 138, note Viatte; *RTD civ.* 1975, 289, obs. Nerson – Sur la question des libéralités et du logement, v. H. Bosse-Platière, « Libéralités et logement », *AJ fam.* 2008, 375.
3. C. Mouly, « Le cautionnement donné par une personne mariée », *Defrénois* 1988, 227 – J.-P. Langlade, « Dissertation sur un oubli fâcheux de la loi du 23 décembre 1985 : la toilette de l'art. 215, al. 3, du Code civil », *D.* 1986, chron. 166 – J.-M. Olivier, « La caution et sa famille », *LPA* 25 avr. 1986, p. 23 – S. Piquet-Cabrillac, *Cautionnement et droit des régimes matrimoniaux*, th. Montpellier, 1995, nos 340 s.
4. Nerson et Rubellin-Devichi, obs. *RTD civ.* 1978, 136.
5. Patarin, note ss CA Paris, 15 oct. 1976, *JCP* 1977, II, 18726 – Champenois, obs. *Defrénois* 1979, 481– Chartier, note ss Civ. 1re, 21 juin 1978 et 4 juill. 1978, *D.* 1979, 480.
6. Civ. 1re, 21 juin 1978, n° 77-10.330, *Bull. civ.* I, n° 237 – Civ. 1re, 17 nov. 1981, n° 80-11.181, *Bull. civ.* I, n° 337 – CA Versailles, 12 janv. 1990, *JCP* 1990, IV, 261.
7. Sur la validité d'une promesse de cautionnement hypothécaire consentie par un époux seul sur le logement familial, car ne constituant pas un acte de disposition, v. Civ. 3e, 29 mai 2002, n° 99-21.018, *Bull. civ.* III, n° 118; *D.* 2003, 1024, note Azavant; *Defrénois* 2002, 1317, obs. Champenois; *AJ fam.* 2002, 266, note F. B.; *RJPF* 2002-11/21, obs. Vauvillé.
8. Ord. n° 2006-346, 23 mars 2006, relative aux sûretés, *JO* 24 mars, p. 4475.
9. Civ. 1re, 4 oct. 1983, n° 82-13.781, *Bull. civ.* I, n° 216; *JCP* 1984, II, 20188, note Chartier; *Gaz. Pal.* 1984, 2, 445; *Defrénois* 1983, art. 33180, obs. Champenois.

méconnu l'article 215 alinéa 3[1]. Pour la même raison, on exclut l'application de l'article 215 dans l'hypothèse d'une vente forcée poursuivie en cas de liquidation judiciaire par le liquidateur[2]. Les hypothèses jurisprudentielles sont variées : les créanciers peuvent ainsi provoquer le partage des biens indivis[3], subordonner les mesures de redressement à la vente du logement familial[4]. Les créanciers d'un conjoint peuvent saisir le logement familial s'il faisait partie de son patrimoine, sauf s'il y a fraude[5]. La fraude ne saurait toutefois résulter du seul fait que le logement familial constituait le seul bien dans le patrimoine des époux. Il appartient donc à l'époux de rapporter la preuve de la **fraude du conjoint** et de la **mauvaise foi du tiers**[6].

116.45 Insaisissabilité du logement familial. Il convient de rappeler qu'une certaine insaisissabilité peut exister mais qui ne résulte pas de l'application de l'article 215 alinéa 3 du Code civil. La loi n° 2003-721 du 1er août 2003[7] permet une **protection des droits concernant l'immeuble dans lequel l'entrepreneur principal a fixé sa résidence principale contre les créanciers de ce dernier.** La déclaration doit être faite devant notaire et figurer dans le registre de publicité légale à caractère professionnel dans lequel l'entrepreneur est immatriculé, ou faire l'objet d'une publicité dans un journal d'annonces légales. L'insaisissabilité n'a d'effet qu'à l'égard des créanciers dont les droits naissent postérieurement à la déclaration, à l'occasion de l'activité professionnelle du déclarant. L'entrepreneur peut à tout moment renoncer à sa déclaration d'insaisissabilité, dans les mêmes formes (C. com., art. L. 526-1 à L. 526-4)[8].

116.46 Sanction des actes conclus en contrariété avec l'article 215 alinéa 3 du Code civil. La sanction des actes conclus en contrariété avec l'article 215 alinéa 3 du Code civil, c'est-à-dire sans le consentement du conjoint ou sans autorisation de justice, est la **nullité relative** ouverte au seul époux qui n'a pas donné son consentement[9]. La nullité ne peut être invoquée que pendant un **délai d'un an, à compter du moment où l'époux a eu connaissance de l'acte** (l'exception de nullité est en revanche perpétuelle en application de la théorie des nullités[10]) sans que l'action ne puisse être intentée plus d'un an après que le régime matrimonial ait été dissous[11].

3°
Communauté de vie, habitation commune et résidence séparée

116.51 Habitation commune et communauté de vie. La communauté de vie suppose *a priori* une habitation commune et donc une résidence commune mais ne se résume pas pour autant à une simple cohabitation. Si la communauté de vie suppose *a priori* une habitation commune, elle ne se résume pas à cette simple cohabitation[12]. La com-

1. Civ. 1re, 4 oct. 1983, n° 82-13.781, préc. ss prést n° – *Adde*, Civ. 1re, 8 janv. 1985, n° 82-13.781, *Bull. civ.* I, n° 7 – Civ. 1re, 5 févr. 1985, *JCP N* 1986, II, 72, obs. Simler; *Defrénois* 1986, 186, note Théry – Pour une demande en licitation et partage d'un immeuble indivis entre époux séparés de biens, servant au logement de la famille, formée par un créancier sur le fondement de l'article 815-17, v. : Civ. 1re, 3 déc. 1991, n° 90-13.311, NPT; *Defrénois* 1992, 396, obs. Champenois; *JCP N* 1992, II, 373, n° 1, obs. Wiederkehr – Et pour un créancier autorisé à provoquer le partage par voie oblique, v. CA Paris, 8 déc. 1995, *JCP* 1996, I, 3962, n° 2, obs. Wiederkehr.
2. Civ. 3e, 12 oct. 1977, *D.* 1978, 333, note Chartier – Civ. 1re, 21 nov. 1978, *JCP N* 1979, II, 158 – COMP. Civ. 1re, 24 févr. 1993, n° 91-04.140, *Bull. civ.* I, n° 85; *RTD civ.* 1994, 664, obs. Vareille; *JCP* 1994, I, 3733, n° 3, obs. Wiederkehr – CA Paris, 9 mars 1992, *D.* 1992, IR 149; *JCP N* 1993, I, 79, note Vauvillé.
3. Civ. 1re, 3 déc. 1991, n° 90-12.469, *Bull. civ.* I, n° 339; *Defrénois* 1992, p. 396, art. 35220, note Champenois.
4. Civ. 1re, 24 févr. 1993, n° 91-04.140, *Bull. civ.* I, n° 85, *RTD civ.* 1994, 664, obs. Vareille; *JCP* 1994, II, 20188, note Chartier.
5. Civ. 1re, 4 juill. 1978, n° 76-15.253, *Bull. civ.* I, n° 256; *D.* 1979. 479, note Chartier; *Defrénois* 1979, art. 31936, obs. Champenois; *JCP* 1980, II, 19368, note Labbouz – Sur la difficulté à établir la fraude et les critères proposés, v. Cabrillac, étude 105 (préc. ss n° 1116.42) : logement de la famille seul élément du patrimoine des époux, valeur proche de celle du montant de la dette, risque de saisie probable et probabilité perçue par l'époux caution et le créancier.
6. Civ. 1re, 18 juin 1985, *D.* 1986, 485, note Mouly – Civ. 1re, 1er juill. 1986, n° 85-12.695, *Bull. civ.* I, n° 191.
7. L. n° 2003-721, 1er août 2003, pour l'initiative économique, *JO* 5 août, p. 13449.
8. V. C. Malecki, « La loi pour l'initiative économique et l'insaisissabilité de la résidence principale de l'entrepreneur individuel », *D.* 2003, chron. 2220 – Protection renforcée par L. n° 2008-776, 4 août 2008, préc. – Sur la saisissabilité du logement et les règles spécifiques en matière de saisie immobilière, v. en dernier lieu A. Leborgne, « Saisie immobilière et logement familial », *AJ fam.* 2008, 380.
9. Civ. 1re, 11 oct. 1989, *D.* 1990, 310, note Le Guidec; *JCP* 1990, II, 21549, note Henry; *JCP N* 1990, II, 267, note Venandet; *Defrénois* 1989, 1420, obs. Champenois; *RTD civ.* 1991, 387, obs. Vareille.
10. Civ. 1re, 8 févr. 2000, n° 98-10.836, NPT; *JCP* 2000, I, 245, n° 2, obs. Wiederkher; *RTD civ.* 2000, 888, obs. Vareille – Sur des précisions à ce sujet v. Civ. 1re, 28 févr. 2006, n° 02-19.809, *Bull. civ.* I, n° 121; *Dr. fam.* 2006, comm. 121, obs. Larribau-Terneyre.
11. Civ. 1re, 6 avr. 1994, n° 92-15.000, NPT; *JCP* 1994, IV, 1540; *JCP* 1995, I, 3821, n° 1, obs. Wiederkher.
12. CA Versailles, 30 mars 1995, *RTD civ.* 1995, 606, obs. Hauser: « *Si une certaine doctrine estime qu'aux termes de l'article 215 du Code civil la communauté de vie à laquelle les époux s'obligent englobe la communauté d'habitation qui s'accomplit principalement à la résidence même de la famille, ni la jurisprudence, ni la doctrine ne réduisent la communauté de vie à une communauté de résidence, ni ne font de cette dernière une condition indispensable à la communauté de vie* ».

munauté de vie doit en effet s'entendre d'une **communauté d'esprit**, née de la volonté d'unir deux vies, **concrétisation de l'intention matrimoniale** qui a présidé à la formation du mariage[1]. Aspects matériel et psychologique de la communauté de vie ne sauraient donc être détachés. Dans la majorité des cas, la communauté de vie trouvera son support dans une vie sous un même toit des deux conjoints[2]; elle sera dès lors présumée. C'est pour cette raison que les juges ont tendance à donner à la cohabitation une importance particulière et à en faire un critère déterminant de l'existence d'une communauté de vie. Il est en effet plus simple de vérifier que les époux vivent ensemble sous le même toit que de vérifier qu'est maintenue entre eux une communauté affective et intellectuelle. Il en était ainsi de l'appréciation des conditions requises pour prononcer l'ancien divorce pour rupture de la vie commune. Un défaut de cohabitation était toujours exigé et la simple rupture affective n'aurait su suffire. La jurisprudence persistait à ne pas tenir compte de certaines cohabitations dépourvues de toute communauté de vie (les époux cohabitaient mais n'avaient plus de rapports intimes et ne s'adressaient plus la parole[3]). Elle s'en tenait rigoureusement à la définition de la séparation de fait, énoncée en 1980 par la Cour de cassation, selon laquelle il est indispensable qu'il y ait eu cessation de « *toute communauté tant affective que matérielle* »[4].

Il est possible de penser qu'une telle interprétation prévaut aussi pour l'appréciation des conditions du divorce pour altération définitive du lien conjugal issu de la loi n° 2004-439 du 26 mai 2004[5] (C. civ., art. 237 et 238). L'article 238 prévoit en effet que « *l'altération définitive du lien conjugal résulte de la cessation de la communauté de vie entre les époux, lorsqu'ils vivent séparés depuis deux ans lors de l'assignation en divorce* ». C'est donc à une conception objective de la cessation de la communauté de vie que le législateur semble s'être rallié se contentant pour établir la cessation de la communauté de vie d'une résidence séparée.

116.52 Habitation commune et absence de communauté de vie. Pourtant, dans d'autres hypothèses, il est admis que la cohabitation ne suffit pas à établir l'existence d'une communauté de vie entre les époux. Il en est ainsi de l'appréciation de la réconciliation visée à l'article 244 alinéa 3 du Code civil, susceptible de rendre irrecevable une demande en divorce pour faute. Selon la jurisprudence, « *la cohabitation, quel qu'en soit le degré d'intimité, n'implique pas nécessairement cette réconciliation* »[6], il en est ainsi dans le cas où l'époux était revenu vivre au domicile conjugal « *par égard personnel et social* » pour son épouse qu'il envisageait cependant de quitter[7].

Dans le même sens, la jurisprudence relative aux **mariages fictifs** est attentive à ce que la communauté de vie ne soit pas réduite à l'élément matériel de la cohabitation, même si l'absence de cohabitation révèle par principe une absence de communauté de vie[8]. Les époux peuvent, en revanche, avoir une communauté de vie qu'ils auront aménagée sans pour autant résider ensemble.

116.53 Résidence séparée et communauté de vie. La communauté de vie sans cohabitation demeure rare et sera souvent motivée par des **contraintes professionnelles** qui obligent les époux à résider séparés, temporairement mais parfois durablement (ainsi, dans une affaire opposant l'administration fiscale à des époux qui vivaient dans des résidences séparées au Canada et en France, mais qui « *faisaient annuellement deux ou trois séjours de plusieurs semaines au domicile de l'autre.* »[9]). Cependant, comme l'élément matériel de la cohabitation ne sous-tend plus l'élément intentionnel de la communauté de vie, il faudra que celui-ci reçoive une certaine matérialisation. Concrètement, il s'agira de rencontres entre les conjoints, ne serait-ce que pour exécuter leur devoir conjugal.

Il se peut aussi que la communauté de vie soit exclue parce que l'un des époux est éloigné notamment parce qu'il est détenu (sur le droit au mariage des détenus[10]). Il a alors été jugé que le divorce pour rupture de la vie commune ne peut être prononcé en raison de la cessation de la communauté matérielle, celle-ci n'ayant jamais existé, et que donc seule la rupture de la communauté affective

1. V. M.-F. Callu, « Les rapports personnels entre époux », *Mariage et famille en question* (dir. R. Nerson), t. 2, CNRS, 1979, p. 9.
2. F. Dekeuwer-Défossez, « Couple et cohabitation », *La notion juridique de couple* (dir. C. Brunetti-Pons), Economica, 1999, p. 61.
3. TGI Mulhouse, 20 nov. 1978, *JCP* 1979, II, 19097, note Lindon.
4. Civ. 2e, 30 janv. 1980, n° 79-12.470, *Bull. civ.* II, n° 17; *JCP* 1981, II, 19521, note Lindon; *Defrénois* 1980, 1206, obs. Massip.
5. L. n° 2004-439, 26 mai 2004, relative au divorce, *JO* 27 mai, p. 9319.
6. CA Paris, 13 mars 1974, *D.* 1974. 733, note A. D. – TI Bayonne, 14 mars 1995, *Cah. jur. Aquitaine* 1995, 119, note J. R. et S. L.; *RTD civ.* 1996, 134, obs. Hauser.
7. CA Paris, 29 janv. et 10 févr. 1998, 2 esp., *Dr. fam.* 1998, comm. 153, note Lécuyer.
8. Civ. 1re, 8 juin 1999, n° 97-15.520, NPT, *RJPF* 1999, n° 9, p. 17, obs. Vassaux; *D.* 2000, somm. 413, obs. Lemouland; *Defrénois* 1999, 1256, obs. Massip; *Dr. fam.* 1999, comm. 110, obs. Lécuyer.
9. CE 19 janv. 1998, n° 126809, Mme Lamonica, *D.* 1998, 521, note Tixier et Lamulle.
10. V. TGI La Rochelle, 2 mai 1991, *D.* 1992, 259, note Guiho; *RTD civ.* 1992, 53, obs. Hauser.

devrait alors influer[1]. Exceptées ces hypothèses particulières, la rupture de la communauté de vie sera constituée par la résidence séparée des époux. Il convient alors d'envisager comment les époux, étant encore tenus à respecter l'obligation de communauté de vie, peuvent s'en dispenser.

4°
Autorisation de résidence séparée

116.61 Autorisation de résidence séparée. La dispense de cohabitation, aujourd'hui autorisation de résidence séparée, constitue une création ancienne de la jurisprudence[2] qui a servi, le plus souvent, à la femme pour échapper à un mariage contraignant et hiérarchisé[3]. Pendant longtemps, elle a permis d'échapper à d'éventuelles mesures coercitives ou à des mesures de rétorsion tenant aux enfants. Actuellement, elle permettra, malgré la séparation, d'obtenir le maintien d'une contribution pécuniaire de l'autre époux. L'autorisation de résidence séparée c'est d'abord désormais l'autorisation de dissocier les différentes obligations nées du mariage en conservant le **droit à contribution sans vie commune.** Elle doit être **prononcée par le juge** mais ne pouvait normalement intervenir que dans le cadre de la procédure de **demande en divorce ou en séparation de corps.** Il ne s'agit alors que de prendre acte d'une volonté de rupture définitive du lien conjugal et de faire preuve de réalisme : les époux en instance de divorce organisent déjà leur après-divorce et l'on ne fait que donner à la rupture de la communauté de vie affective et intellectuelle une traduction matérielle. Pourtant le lien classique que l'on pouvait opérer entre autorisation de résidence séparée et séparation légale est désormais distendu parce que l'autorisation de résidence séparée peut être prononcée **en dehors de toute procédure de divorce ou de séparation de corps.**

116.62 Autorisation de résidence séparée et procédure de divorce (mesures provisoires). Durant la procédure de divorce, le juge peut autoriser les époux à résider séparément et en pratique la mesure est toujours prononcée. C'est au titre des mesures provisoires que le juge statue « *sur les modalités de la résidence séparée des époux* » (C. civ., art. 255, 3°); il ne s'agit donc pas du principe même de la séparation judiciaire qui est visé mais de ses modalités (C. civ., art. 255, 4°, vise d'ailleurs la possibilité d'attribuer à l'un des époux la jouissance du logement et du mobilier ou de partager entre cette jouissance en précisant son caractère gratuit ou non et, le cas échéant, en constatant l'accord des époux sur le montant d'une indemnité d'occupation). Les **mesures provisoires** peuvent intervenir dès la **requête initiale**, il s'agit alors de **mesures urgentes** (C. civ., art. 257) ou bien lors de l'**audience de tentative de conciliation** (C. civ., art. 252-3, al. 2). Ces mesures sont appelées à s'appliquer jusqu'à la date à laquelle le jugement de divorce passe en force de chose jugée (C. civ., art. 254). Les époux dispensés officiellement de leur obligation de communauté de vie ne pourront plus désormais invoquer la violation de ce devoir pour la période concernée par l'autorisation[4]. Pour autant ces mesures ne sont que provisoires : afin que les époux ne s'installent pas durablement dans cette séparation légale, l'article 1113 du Code de procédure civile prévoit que ces mesures provisoires deviennent caduques à l'expiration d'un délai de trente mois à compter de la date de l'ordonnance de non-conciliation, si l'instance n'a pas été introduite.

116.63 Autorisation de résidence séparée et rejet de la demande en divorce (Code civil, art. 258). Si le juge refuse le prononcé du divorce, il peut cependant prononcer une autorisation de résidence séparée (C. civ., art. 258)[5]. Cette mesure n'avait pas fait l'objet d'un accueil doctrinal et jurisprudentiel très favorable. La jurisprudence s'efforçait d'en limiter l'effet en rappelant qu'il ne s'agit que d'une **mesure provisoire** qui n'emporte pas dispense définitive de l'obligation de communauté de vie[6]. Plus récemment, la Cour de cassation a rappelé que l'application d'office de l'article 258 du Code civil n'était qu'une faculté laissée à l'appréciation du juge[7]. Et, surtout, la Cour a insisté sur le fait que le juge ne peut statuer que sur les points limitativement énumérés à l'article 258 du Code civil[8].

Dans une espèce, le mari demandait à ce que la résidence de la famille soit fixée dans le logement qu'il occupait; sa demande est rejetée dès lors que ni l'épouse,

1. TI Agen, 29 déc. 1993, *RTD civ.* 1994, 837, obs. Hauser; *LPA* 28 déc. 1994, n° 155, 22, note Nicoleau.
2. Civ. 8 janv. 1826, *Jur. gén.*, *V° Mariage*, n° 749-10.
3. Sur l'historique, v. Y. Chartier, note s[s] Civ. 1re, 24 oct. 1973, *JCP* 1975, II, 17991.
4. Civ. 2e, 2 avr. 1996, n° 94-16.345, n° 94-19.606, NPT; *Dr. et patr.* 1996, n° 39, p. 70, obs. Bénabent.
5. E. Abitbol, « Essai sur la nouvelle séparation judiciaire instituée par l'article 258 du Code civil », *RTD civ.* 1981, 37.
6. Sur la limite dans ce cadre, v. TGI Paris, 18 oct. 1977, *JCP* 1978, II, 18820, note Lindon – Civ. 2e, 25 nov. 1992, n° 91-12.236, *Bull. civ.* II, n° 273 – Civ. 2e, 15 janv. 1997, n° 95-14.549, *Bull. civ.* II, n° 8; *RTD civ.* 1997, 405, obs. Hauser; *Dr. fam.* 1997, comm. 32, obs. Lécuyer; *JCP N* 1998, 200, note Yamba.
7. Civ. 2e, 28 oct. 1992, n° 91-12.786, *Bull. civ.* II, n° 252; *Defrénois* 1993, 715, obs. Massip.
8. Civ. 1re, 19 juin 2007, n° 06-16.656, *Bull. civ.* I, n° 241; *D.* 2007, AJ 1968; *D.* 2007, pan. 2693, obs. Douchy-Oudot; *Dr. fam.* 2007, comm. 163, note Larribau-Terneyre, *RTD civ.* 2007, 760, obs. Hauser.

ni l'enfant commun n'y résidaient. On s'aperçoit alors que les tribunaux délaissent la notion d'autorisation de résidence séparée au profit d'une mesure plus concrète en faveur de la famille composée de l'un des parents et des enfants. Ce serait donc moins une disposition venant contrarier l'obligation de communauté de vie et bien davantage une disposition se rapprochant des règles relatives à l'exercice de l'autorité parentale par les parents séparés [1].

Un auteur proposait cependant de faire de l'article 258 du Code civil, « *une sorte de droit commun des conflits conjugaux* » qui suffirait à justifier l'intervention du tribunal de grande instance pour vider le différend [2]. Si la proposition paraît raisonnable afin d'éviter les conflits entre époux et surtout préférable à des séparations de fait plus ou moins équitables entre époux, il faut convenir que cela conduirait à créer de mini-séparation de corps (v. cependant, pour le caractère provisoire des mesures prononcées au titre de l'article 258 [3]).

Le débat est aujourd'hui largement dépassé. Le **refus du divorce par le juge** est en réalité le plus souvent motivé par une incitation à se fonder sur **une autre cause de divorce que le divorce pour faute** et cette incitation qui intervient durant la procédure est le plus souvent suivie d'effets de la part des époux. Les décisions fondées sur l'article 258 du Code civil sont trop rares (et ne concernent alors pour l'essentiel que la fixation par le juge de la contribution aux charges du mariage) pour que la discussion dépasse le seul débat théorique.

116.64 Autorisation de résidence séparée et séparation de corps. On rappellera simplement ici que la séparation de corps constitue le mode légal de disparition de la communauté de vie sans pour autant que la rupture du mariage soit prononcée. On notera seulement que l'article 299 du Code civil fait encore référence à une dispense de cohabitation. Cela tendrait à démontrer que l'on peut dispenser des époux d'une cohabitation matérielle sans pour autant intervenir dans la communauté de vie qui relève par trop de l'intimité des époux. Cette disparition de l'obligation de communauté de vie peut durer aussi longtemps que les époux le souhaitent mais peut être suivie d'un divorce (conversion de plein droit ou divorce prononcé à titre autonome).

Sur ce sujet, v. s^s n°s 121.21 et 121.31.

116.65 Autorisation de résidence séparée et mesures urgentes de l'article 220-1 du Code civil. L'article 220-1 du Code civil prévoyait avant sa modification par la loi du 26 mai 2004 que le juge pouvait prononcer des mesures urgentes en cas de **mise en péril des intérêts de la famille.** Ce texte a donné lieu à des interprétations divergentes, les uns limitant le domaine d'intervention du juge à des **aspects patrimoniaux** [4], d'autres retenant une conception très large pouvant aller jusqu'à des **actes personnels** [5] (pour le maintien d'un domicile conjugal fictif par ce moyen [6]). Il est possible de croire que la modification de l'article 220-1 du Code civil (mod. L. 26 mai 2004) a mis fin à ces tergiversations qui n'avaient d'autres motifs que la crainte de créer une dérogation à l'obligation de communauté de vie en dehors de toute procédure de divorce ou de séparation de corps.

116.66 Autorisation de résidence séparée et violences conjugales (C. civ., art. 220-1, al. 3). Les violences conjugales au cœur des préoccupations législatives actuelles ont fait l'objet de différentes mesures de natures civile et pénale. En remède à de telles violences, la loi du 26 mai 2004 relative au divorce a modifié l'article 220-1 du Code civil qui vise **les mesures urgentes que le juge aux affaires familiales peut prescrire en cas de manquement grave de l'un des époux aux devoirs du mariage** (cette mesure avait été suggérée par la doctrine [7]). La protection du conjoint victime constituait l'un des trois objectifs poursuivis par la réforme [8]. Désormais, l'alinéa 3 de cet article vise l'hypothèse particulière des **violences exercées par l'un des époux mettant en danger son conjoint, un ou plusieurs enfants**, et permet au juge d'autoriser les époux à résider séparément (v. le relais exprès du droit pénal depuis la loi n° 2006-399 du 4 avril 2006 [9], relative à la prévention des violences au sein du couple, art. 132-80, qui vise les circonstances aggravantes et plus spécifiquement, à propos des agressions sexuelles, v. C. pén., art. 222-22, 222-24

1. Civ. 1re, 16 juin 1992, n° 89-17.305, *Bull. civ.* I, n° 185; *JCP N* 1993, II, 111, obs. Wiederkehr; *Defrénois* 1992, art. 35349, note Champenois, *RTD civ.* 1993. 636, obs. Lucet et Vareille.
2. V. CARBONNIER, p. 470.
3. Civ. 1re, 11 juill. 2006, n° 05-21.132, *Bull. civ.* I, n° 380.
4. TGI Pontoise, 23 mars 1966, *D.* 1966, 516; *RTD civ.* 1967, 379, obs. Pinson – TGI Saintes, 10 juin 1966, *D.* 1967, 540 – CONTRA : CA Nancy, 12 déc. 1968, motifs, *D.* 1969, 300, note Foulon-Piganiol – V. C.-I. Foulon-Piganiol, « Les premières orientations jurisprudentielles de l'article 220-1 du Code civil », *D.* 1967, chron. 207 – J. Prévault, « La femme, le tribunal et le préfet », *D.* 1968, chron. 57.
5. TGI Saint-Brieuc, 1er juin 1967, *D.* 1967, somm. 89 – Civ. 1re, 18 nov. 1970, *D.* 1971, somm. 53 – TGI Nevers, 13 juill. 1971, *D.* 1971. 643, note G. A.
6. TGI Saintes, 21 oct. 1969, *JCP* 1970, IV, 223.
7. F. Dekeuwer-Défossez, « Rénover le droit de la famille », *Rapport au Garde des Sceaux*, Doc. fr., 1999, p. 135.
8. Exposé des motifs, *doc. Sénat* 2003-2004, n° 389, 1re lecture.
9. L. n° 2006-399, 4 avr. 2006, renforçant la prévention et la répression des violences au sein du couple ou commises contre les mineurs, *JO* 5 avr., p. 5097.

et 222-28 - plus généralement, sur la prévention des violences conjugales [1]).

L'autorisation peut préciser quel sera le conjoint qui continuera à résider dans le logement conjugal, le principe étant que la jouissance du logement principal est attribuée à celui qui n'est pas l'auteur des violences. L'intérêt de ce texte inséré dans le régime primaire impératif est notable. Il vise tout d'abord les violences en général et permet donc d'englober tant la **violence physique** que la **violence morale**. Il s'agit de **violences mettant en danger le conjoint ou les enfants**, sans qu'aucune distinction ne soit faite vis-à-vis de ces derniers; il peut donc s'agir des enfants du couple ou plus largement de tous les enfants qui vivent au foyer conjugal. Le texte permet en outre de **lutter contre les effets de la violence conjugale et particulièrement de la prévenir**. Il convient en effet de rappeler que l'application du droit commun de la responsabilité civile (C. civ., art. 1382) exige la réalisation du dommage et ne saurait qu'entraîner l'octroi de dommages-intérêts. La possibilité d'ordonner que le conjoint violent quitte le domicile conjugal constitue une avancée majeure dès lors que, le plus souvent, c'était la victime qui partait pour échapper à la violence sans toujours savoir où se réfugier. On peut regretter que le texte ne puisse être appliqué qu'aux époux et non aux concubins ou aux partenaires liés par un pacte civil de solidarité [2]. Il serait toutefois possible de répondre que les concubins n'ont pas besoin d'autorisation de résidence séparée pour vivre séparément en l'absence d'obligation de communauté de vie pesant sur eux. Ce serait toutefois réduire à une protection de l'institution du mariage ce qui, en réalité, constitue une mesure de protection individuelle de la famille victime de violences.

La **compétence du juge aux affaires familiales** pour ordonner les mesures urgentes de l'article 220-1 du Code civil est prévue à l'article 1290 du Code de procédure civile. Il s'agit (en application des règles du droit commun prévues, C. pr. civ., art. 42) de la compétence du **tribunal du lieu ou demeure l'époux défendeur**. Cette compétence du juge aux affaires familiales pour prononcer des mesures urgentes en cas de violences exercées par l'un des conjoints n'avait pas été expressément prévue par le texte (la doctrine plaidait en ce sens [3]). Le décret du 29 octobre 2004 en modifiant l'article 1290 du Code de procédure civil, a intégré à l'alinéa 2 de cet article une procédure spécifique en matière de violences qui vient confirmer la compétence du juge aux affaires familiales.

La **procédure particulière** permettant de demander au juge le prononcé de mesures urgentes sur le fondement de l'article 220-1 alinéa 3 du Code civil, prévue par l'article 1290 du Code de procédure civil, est tout à fait adaptée à la situation particulière. L'époux du conjoint violent doit former sa demande par **assignation en référé, dénoncée au ministère public**, au plus tard le jour de sa remise au greffe. Il est logique que la gravité des faits en cause et leur éventuelle qualification pénale conduisent à retenir cette procédure particulière. C'est aussi en raison de cette gravité que l'ordonnance du juge doit être communiquée au ministère public par le greffe [4].

La victime pourra obtenir la mesure urgente qui la protégera de son conjoint sans avoir à entamer une procédure de divorce. Dès lors que l'autorisation de résidence séparée sera prononcée, l'époux violent pourra éventuellement faire l'objet d'une véritable **expulsion du domicile conjugal** (exclusion des articles 62, 65 et 66 de L. n° 91-650, 9 juill. 1991 [5] et des articles 613-1 à 613-5 du Code de la construction et de l'habitation; l'article 30 de L. n° 2004-439, 26 mai 2004, a en effet inséré un article 66-1 dans L. n° 91-650, 9 juill. 1991). En outre, en cas d'infraction pénale et de condamnation, le juge peut aussi imposer au conjoint violent reconnu coupable l'obligation prévue à l'article 132-45, 19° du Code pénal (réd. L. n° 91-650, 4 avr. 2006) qui vise : « *En cas d'infraction commise soit contre son conjoint, son concubin ou son partenaire lié par un pacte civil de solidarité, soit contre ses enfants ou ceux de son conjoint, concubin ou partenaire, résider hors du domicile ou de la résidence du couple et, le cas échéant, s'abstenir de paraître dans ce domicile ou cette résidence ou aux abords immédiats de celui-ci, ainsi que, si nécessaire, faire l'objet d'une prise en*

1. M. Rebourg, « Prévention et répression des violences dans le couple ou contre les mineurs (loi du 4 avril 2006) », *JCP* 2006, act. 775 – D. Viriot-Barrial, « À propos de la loi n° 2006-399 du 4 avril 2006 renforçant la prévention et la répression des violences au sein du couple ou commises contre les mineurs », *D.* 2006, 2350 – A.-M. Leroyer, « Regards civilistes sur la loi relative aux violences au sein du couple », *RTD civ.* 2006, 402 – M. Azavant, « Regard civiliste sur la loi du 4 avril 2006 renforçant la prévention et la répression des violences au sein du couple », *Dr. fam.* 2006, étude 40 – I. Corpart, « Haro sur les violences conjugales », *RLDC* 2007/35, n° 2403.
2. TGI Lille, 21 févr. 2006, *Dr. fam.* 2006, comm. 141 – I. Corpart, « Inapplicabilité de l'article 220-1 du Code civil : les lacunes du dispositif de protection civile des concubines subissant des violences conjugales », *Dr. fam.* 2006, comm. 141.
3. V. NOT., T. Garé, « La réforme du divorce, entre innovations et droit constant (1re partie) », *RJPF* 2004-6/12.
4. S. Del Arco et J.-J. Lemouland, « Séparation et divorce dans la nouvelle loi du 26 mai 2004 relative au divorce », *Dr. fam.* 2005, étude 5.
5. L. n° 91-650, 9 juill. 1991, portant réforme des procédures civiles d'exécution, *JO* 14 juill., p. 9228.

charge sanitaire, sociale ou psychologique; les dispositions du présent 19° sont également applicables lorsque l'infraction est commise par l'ancien conjoint ou concubin de la victime, ou par la personne ayant été liée à elle par un pacte civil de solidarité, le domicile concerné étant alors celui de la victime ».

On est alors convaincu du fait que le législateur admet désormais très explicitement et sans aucune réticence que la protection de la sécurité des membres de la famille prévaut au détriment de tout maintien de l'obligation de communauté de vie. L'ensemble du dispositif tend tout entier vers cette protection qui permet de donner à l'autorisation de résidence séparée la valeur d'une **obligation « de non résidence »** qui peut peser sur l'un des époux. On n'oblige plus à résider ensemble, on peut en revanche contraindre à ne pas résider ensemble... Le tout en dehors de toute procédure de divorce ou de séparation de corps.

Toutefois les **mesures** prises par le juge demeurent **exceptionnelles et temporaires** car elles seront caduques si, à l'expiration d'un délai de quatre mois à compter de leur prononcé, aucune requête en divorce ou en séparation de corps n'a été déposée. Il est toutefois possible d'envisager à l'issue du délai de quatre mois, une nouvelle requête si les violences se sont maintenues et on envisage mal un juge ne pas répondre en ce sens à la demande du conjoint de l'auteur victime.

116.67 Résidence séparée et séparation de fait. En dehors de toute autorisation de résidence séparée, les époux peuvent vivre séparément, que la décision soit commune ou bien imposée par la volonté unilatérale de l'un des époux qui quitte par exemple le logement familial. Il s'agit désormais d'un phénomène sociologique que le droit peut difficilement ignorer. La résidence séparée dépendra alors de la seule volonté des époux qui peuvent préférer (intentionnellement ou par simple négligence) ne pas rompre définitivement le lien conjugal. La situation de fait qui en résulte ne saurait en principe être juridiquement admise dès lors que les époux ne pourraient convenir tacitement ou expressément, d'une mise à l'écart de leur devoir de communauté de vie, devoir d'ordre public insusceptible de dérogation. L'argument *a fortiori* vaudrait pour un époux qui aurait décidé seul de la séparation[1]. L'affirmation ancienne[2] mérite toutefois deux nuances importantes. D'une part, il s'agit moins d'une nullité que d'un refus de sanction juridique, ce qui laissera subsister les pactes non discutés; d'autre part, cette prohibition elle-même est discutée[3]. Certains juges ont ainsi depuis un certain temps maintenant, refusé de sanctionner par un divorce pour faute une rupture de la communauté de vie qui avait été décidée d'un commun accord par les époux et qui ensuite a été dénoncée par l'un d'eux[4] (affaire dans laquelle les époux avaient signé un accord devant notaire en s'engageant à ne pas utiliser cette séparation au soutien d'une procédure en divorce[5]). Dans l'hypothèse où un seul des époux a pris la décision de rompre la communauté de vie, le juge appréciera si cet **abandon du foyer conjugal** est ou non à l'origine de la séparation. Les décisions des tribunaux fournissent des exemples nombreux et variés des résultats de cette évaluation (C. civ., art. 245 : le juge contrôle le bien-fondé de l'excuse invoquée en défense). Il a ainsi été jugé que la brutalité, les sévices, l'infidélité commise par l'un des époux pouvaient constituer des excuses à l'abandon du foyer conjugal par l'autre époux, alors que ces faits avaient provoqué la disparition de la communauté de vie[6].

En tout état de cause, la **violation de l'obligation de communauté de vie** demeure une **cause potentielle de divorce pour faute** prononcé aux torts de celui qui a rompu cette communauté de vie[7]. Il est toutefois possible de penser qu'il s'agit désormais d'**appréciation au cas par cas** et qu'il n'est plus possible de déclarer fautive, *in abstracto*, toute rupture de la communauté de vie.

À défaut d'un divorce pour faute, d'autres sanctions ne sont plus guère imaginables[8]. On ne peut

1. V. A. Brunet, « Les incidences de la réforme du divorce sur la séparation de fait entre époux », *D.* 1977, chron. 191 – A. Chapelle, « Les pactes de famille en matière extra-patrimoniale », *RTD civ.* 1984, 411 – L. Leveneur, *Situations de fait et droit privé*, LGDJ, 1990 – J. Maury, « La séparation de fait entre époux », *RTD civ.* 1965, 515 – M.-F. Nicolas, *La séparation de fait entre époux*, th. Paris, 1972 – J. Revel, « Les conventions entre époux désunis [Contribution à l'étude de la notion d'ordre public matrimonial] », *JCP* 1982, I, 3055 – R. Savatier, « Les conventions de séparation amiable », *RTD civ.* 1921, 535 – R. Tendler, « Les pactes de séparation amiable », *D.* 1979, 264 – V. AUSSI, pour une critique très virulente de la notion de séparation de fait, C. Atias et A. Sériaux, note s[s] CA Aix-en-Provence, 15 sept. 1982, *D.* 1984, 267.
2. Civ. 14 juin 1882, *DP* 1883, 1, 248 – Civ. 2 janv. 1907, *DP* 1907, 1, 137, note Colin; *S.* 1911, 1, 585, note Wahl – Soc. 21 nov. 1940, *DA* 1941, 13 – Req. 22 oct. 1945, *S.* 1947, 1, 53, note Delaume.
3. V. ENCORE, Civ. 1re, 1er juill. 1969, *JCP* 1969, II, 16056, concl. Lindon; *Gaz. Pal.* 1969, 2, 176.
4. CA Aix-en-Provence, 15 sept. 1982, *D.* 1984, 267 – CA Paris, 2 juin 1997, *Juris-Data* n° 0220036.
5. Civ. 2e, 3 déc. 1997, n° 96-12.300, NPT; *Dr. et patr.* 1998, n° 58, p. 87.
6. V. F. Dekeuwer-Défossez, « Impressions de recherche sur les fautes causes de divorce », *D.* 1985, chron. 219.
7. V. Civ. 1re, 11 janv. 2005, n° 02-15.443, n° 02-12.314, 2 esp., *Bull. civ.* I, nos 8 et 12; *RJPF* 2005-5/23, obs. Garé.
8. V. AINSI, TGI Brest, 9 juill. 1974, *D.* 1975, 418, note Prévault; *RTD civ.* 1978, 881, obs. Nerson.

évoquer comme par le passé l'utilisation de la **contrainte corporelle.** Le recours à l'**astreinte** peut apparaître aussi inadmissible, dans un domaine touchant étroitement à la liberté individuelle de la personne[1]. Il serait possible de recourir à des dommages-intérêts, mais alors ceux-ci risquent d'apparaître comme une compensation et donc finalement s'intégrer dans une véritable séparation de fait[2] (ainsi d'un époux vivant en concubinage[3]).

Le droit pénal fournissait aussi un moyen avec l'ancien article 357-1 du Code pénal qui punissait l'abandon du foyer où il y a des enfants. Outre que l'incrimination était peu utilisée, elle ne vise plus désormais l'abandon du foyer mais le fait de se soustraire à ses obligations envers ses enfants (C. pén., art. 227-17)[4].

116.68 Séparation de fait et contribution aux charges du mariage. Le refus, par l'un des époux, de cohabiter n'exclut pas, *ipso facto*, qu'il puisse obtenir de son conjoint une contribution aux charges du ménage[5]. Mais si le lien entre la contribution et la résidence commune n'est pas ou plus obligatoire, on ne peut supprimer tout lien entre l'obligation de contribuer et la légitimité de ce refus de cohabitation, sauf à vider le mariage de toute signification. La jurisprudence a donc été amenée à introduire une sorte de jugement sur les torts, espèce de mini-divorce sur faute (indépendamment, toutefois, des griefs propres à la séparation légale[6]). Ainsi, la Cour de cassation assortit-elle son affirmation sur la **survie du devoir de secours et d'entraide** de l'expression « *eu égard aux circonstances de la cause* »[7]. Compte tenu de l'incertitude inévitable des motifs de non-cohabitation - savoir qui des deux époux a porté le coup le plus fatal à la communauté de vie s'avère une recherche psychologique délicate –, la **charge de la preuve** constituera le point essentiel. Mais la jurisprudence demeure là assez hésitante[8]. Il est vrai que les deux devoirs de cohabitation et de contribution existant de par la loi, ce serait à celui qui invoque une dispense de prouver la légitimité de ses motifs mais, précisément, chacun est dans cette situation[9].

116.69 Résidence séparée et divorce pour altération définitive du lien conjugal. Il convient enfin de rappeler que le législateur a pris acte de la cessation communauté de vie afin de lui faire produire des conséquences automatiques en matière de divorce. En effet la loi du 26 mai 2004, en consacrant le divorce pour altération définitive du lien conjugal, **divorce pour cause totalement objective,** admet que la simple cessation de la communauté de vie (établie par une **vie séparée des époux depuis deux ans** lors de l'assignation en divorce) suffise à produire la **rupture unilatérale du lien conjugal** (C. civ., art. 237 et 238). Ce cas de divorce n'est pas comme l'était l'ancien divorce pour rupture de la vie commune assimilé à un divorce aux torts du demandeur. Aussi le juge du divorce aura-t-il à prendre garde que le conjoint à qui l'on oppose une telle séparation de fait pour obtenir un divorce pour cause objective ne soit pas tenté par une demande reconventionnelle en divorce pour faute pour manquement au devoir de communauté de vie, au risque de faire perdre toute existence au divorce pour altération définitive du lien conjugal. Au final on peut croire que ce n'est pas tant la rupture de la communauté de vie qui peut véritablement encore constituer une faute cause de divorce (sinon ce serait la faute qui serait en réalité une condition du divorce pour altération définitive du lien conjugal) que les faits particulièrement graves à l'origine de la séparation (v. s^s n°s 132.191 s.).

B.
Devoir de fidélité

116.71 Nature personnelle du devoir de fidélité. Visé à l'article 212 du Code civil, le devoir de fidélité entre époux s'exécute dans la plénitude de la communauté de vie à laquelle il est inextricablement lié. Il est de l'essence du mariage; à ce titre et au nom de la liberté matrimoniale, il paraît logique

1. Sur l'historique du procédé, v. A. Bénabent, note s^s Civ. 1re, 24 oct. 1973, *D.* 1975, 724.
2. Civ. 1re, 9 nov. 1965, *D.* 1966, 80, note Mazeaud; *JCP* 1965, II, 14462 – Civ. 1re, 24 oct. 1973, préc. s^s prés^t n^o.
3. V. CA Aix-en-Provence, 22 juin 1976, *D.* 1979. 192, note Prévault.
4. V. RÉP. PÉN., V^o *Abandon de famille*.
5. Civ. 1re, 9 mai 1967, *Bull. civ.* I, n° 160 – Civ. 1re, 14 mars 1973, *D.* 1974, 453, note Rémy; *JCP* 1973, II, 17430, note Lindon – Civ. 1re, 1er juill. 1980, *D.* 1980, IR 527 – Civ. 1re, 6 janv. 1981, n° 79-14.105, *Bull. civ.* I, n° 6 – Civ. 1re, 16 oct. 1984, *Defrénois* 1985, art. 33477, n° 2, obs. Massip – Civ. 1re, 17 juill. 1985, *D.* 1987, somm. 122, obs. Martin – MARTY et RAYNAUD, n° 192 – HAUSER et HUET-WEILLER, n° 1073.
6. Civ. 1re, 24 oct. 1973, *Gaz. Pal.* 1974, 1, 48, *JCP* 1975, II, 17991, note Chartier.
7. Civ. 1re, 8 mai 1979, n° 77-15.822, *Bull. civ.* I, n° 135; *D.* 1979, IR 495, obs. Martin – Civ. 1re, 16 févr. 1983, *D.* 1984, 30, note Revel, et jur. citée – *Adde*, CA Bordeaux, 8 janv. 1985, *Cah. jur. Aquitaine* 1985, 66 – Civ. 1re, 7 nov. 1995, n° 92-21.276, *Bull. civ.* I, n° 394; *Dr. et patr.* 1996. 72, obs. Bénabent; *RTD civ.* 1996, 227, obs. Vareille.
8. Civ. 1re, 16 févr. 1983, *D.* 1984, 30 – Civ. 1re, 17 juill. 1985, *D.* 1987, somm. 122, préc. s^s prés^t n^o – *Adde*, J. Rubellin-Devichi, obs. *RTD civ.* 1985, 722 – V. CEP., CA Dijon, 11 févr. 1994, *BICC* n° 394, p. 51; *RTD civ.* 1994, 836, obs. Hauser.
9. HAUSER et HUET-WEILLER, n° 1077.

de le réserver au cadre spécifique du mariage[1]. C'est le devoir qui est certainement le plus dépendant de l'intimité des époux et qui touche au plus près la **liberté individuelle de chacun.** À ce titre le non-respect de ce devoir ne peut recevoir de sanction coercitive. L'exécution forcée et l'astreinte ne sauraient être désormais utilisées à l'encontre de la liberté individuelle de chacun des époux (contrairement à l'opinion couramment admise au XIXe siècle selon laquelle « *le mariage a précisément pour objet d'enchaîner la liberté des conjoints* »[2]). Il est en effet loin le temps où l'on admettait de faire prononcer une astreinte contre les coupables jusqu'à la cessation de relations adultères[3]. Le procédé se heurte, à l'époque moderne, à la difficulté de porter ainsi atteinte à la liberté individuelle, même s'il s'agit de faire respecter une obligation née d'un mariage. La violation de l'obligation de fidélité ne peut donc être directement sanctionnée que par un divorce pour faute ou une condamnation à des dommages-intérêts. C'est à travers les décisions prononçant ces sanctions que l'on peut définir la mesure de la fidélité susceptible d'être exigée des époux.

116.72 Contenu du devoir de fidélité. C'est un devoir qui présente deux aspects : un **aspect positif** qui impose aux époux l'accomplissement du devoir conjugal et un **aspect négatif** qui oblige les époux à respecter la foi conjugale, à ne pas nouer de relations intimes avec un tiers.

1°
Devoir conjugal

116.81 Devoir du mariage. Le devoir conjugal n'est pas expressément visé par le Code civil (au contraire du droit canonique qui faisait de la *copula carnalis* une condition de validité du mariage; sur le caractère désincarné de notre Code[4]). Influencé par le droit canonique (v. nouveau Code canonique de 1983, canon 1061, § 1, qui précise que c'est le rapport qui consomme le mariage et le rend indissoluble), l'importance du devoir conjugal s'explique[5] par un emprunt aux coutumes et aux conceptions populaires ainsi que par l'influence de certains textes de l'Écriture. Elle peut également se justifier par le fait que le mariage était perçu comme un remède à la concupiscence. Notre ancien droit matrimonial coutumier attachait une certaine importance à l'existence de ces relations, n'octroyant au mariage son caractère parfait qu'après la consommation[6]. Si notre Code civil n'a pas précisément visé le devoir conjugal, il n'en existe pas moins et c'est au juge qu'il revient de le déterminer. C'est d'abord sous l'angle du divorce (v. s^s n°s 132.273 s.) que l'obligation sera perçue, plus précisément dans le divorce pour faute où le refus constituait une faute fréquemment invoquée[7], mais nettement moins désormais[8]. En raison de problèmes de preuve évidents, des difficultés à établir l'imputabilité et pour des raisons de pudeur, cette faute sera souvent englobée dans un constat de faillite de la communauté de vie ou associée à d'autres fautes.

116.82 Refus unilatéral fautif. Dans le cadre de la violation du devoir conjugal, seront dénoncés le refus des relations physiques ou bien des comportements à l'occasion de ces relations. Hormis les hypothèses d'accord des époux et de force majeure, le refus unilatéral d'accomplissement du devoir conjugal sera considéré comme fautif. Il faudra alors **prouver le fait matériel** (par preuve médicale[9]), la faute de celui qui refuse qui pourra ainsi invoquer des raisons médicales[10]. L'impuissance pourra être invoquée[11], sauf si elle pouvait être guérie par un traitement sans danger[12]. Par contre, la jurisprudence n'a pas admis comme fait justificatif la naissance d'un second enfant[13] ou encore un vécu de chasteté[14]. Il apparaîtrait toutefois logique que ces décisions anciennes qui ne tiennent pas compte de l'exigence désormais acquise de relations sexuelles consenties (sur la sanction du viol entre époux, v. s^s n° 116.85) soient dépassées[15].

1. V. CEP., la décision isolée en matière de PACS : TGI Lille, ord. 6 juin 2002, *RJPF* 2003-3/38; *RTD civ.* 2003, 270, obs. Hauser; *D.* 2003, 515, note Labbé; *Dr. fam.* 2003, n° 57, obs. Beignier.
2. V. PLANIOL et RIPERT, n° 372.
3. T. Castel-Sarrazin, 8 avr. 1864, *DP* 1864, 3, 46 – CA Toulouse, 29 juin 1864, *DP* 1864, 2, 155.
4. V. C. Saint-Alary-Houin, « La sexualité dans le droit civil contemporain », *Ann. Université sciences soc. Toulouse*, t. XXXIII, 1985, p. 7 – J.-M. Bruguière, « Le devoir conjugal, philosophie du Code et morale du juge », *D.* 2000, chron. 10.
5. Selon Esmein, *Le mariage en droit canonique*, t. 1, 2e éd., par R. Genestal, Sirey,1929, p. 89.
6. J.-P. Branlard, *Le sexe et l'état des personnes. Aspects historique, sociologique et juridique*, LGDJ, 1993, n° 65.
7. MARTY et RAYNAUD, n° 194.
8. F. Dekeuwer-Défossez, *D.* 1985, chron. 219 s., n° 30, spéc^t 221.
9. Civ. 2e, 16 déc. 1963, *D.* 1964, 227; *JCP* 1964, II, 13660, note J. A.; *Gaz. Pal.* 1964, 1, 268 – Civ. 1re, 5 nov. 1969, *D.* 1970, 223, note Wiederkehr.
10. CA Lyon, 28 mai 1956, *D.* 1956, 646, note Breton – Civ. 2e, 8 oct. 1964, *Bull. civ.* II, n° 599 – Civ. 2e, 5 nov. 1969, préc. s^s prés^t n°.
11. Civ. 2e, 8 oct. 1970, *Gaz. Pal.* 1971, 1, 26.
12. Civ. 2e, 16 déc. 1963, *D.* 1964, 227.
13. Civ. 2e, 4 oct. 1978, 1re esp., *D.* 1979, IR 211, obs. Breton.
14. CA Amiens, 3 mars 1975, *D.* 1975, 706, note Géraldy – HAUSER et HUET-WEILLER, n° 989.
15. V. pourtant plus récemment CA Paris, 9 févr. 2005, *Juris-Data* n° 2005-26-8858 – Civ. 2e, 17 déc. 1997, n° 96-15.704, NP.

116.83 Contrainte légitime. Longtemps, il a été admis que le juge n'avait pas à fixer une normalité de comportement conjugal[1] et il était rare que soit relevée une faute commise à l'occasion des rapports charnels entre époux. En se basant sur le consentement donné lors de la formation du mariage à l'accomplissement du devoir conjugal et sur le caractère obligatoire de ce devoir du mariage, il était traditionnellement admis que le mari puisse contraindre son épouse. L'incrimination de viol n'était pas applicable entre époux car la violence n'était pas considérée comme illégitime[2], sauf circonstances particulières[3]. Le principe même de cette solution était discuté[4].

116.84 Admission de la notion de viol entre époux. L'article 222-22 du Code pénal donne désormais une nouvelle définition du viol qui privilégie **l'absence de consentement de la victime,** abstraction faite de la nature du lien qui l'unit avec l'auteur de l'infraction. Dès, lors les tribunaux (v. la jurisprudence européenne par laquelle la Cour européenne des droits de l'homme (CEDH) fait une référence explicite « *à une notion civilisée de mariage* »[5]) admettent la notion de viol entre époux en dehors de tout comportement anormal à partir de l'instant où le consentement faisait défaut (pour un cas de viol avec violence[6]). Selon la Cour de cassation, l'article 322 du Code pénal, qui n'a d'autre fin que de protéger la liberté de chacun, n'exclut pas de ses prévisions les actes de pénétration sexuelle entre personnes unies par les liens du mariage lorsque ces actes sont imposés par violence ou contrainte. Désormais, pour des cas sans violence mais où le consentement n'existe pas[7], « *la présomption de consentement des époux aux actes sexuels accomplis dans l'intimité de la vie conjugale ne vaut que jusqu'à preuve du contraire* ». Il est alors aussi admis que l'un des époux puisse se plaindre de l'excès de relations sexuelles[8].

1. J.-P. Branlard, *op. cit.*, n° 933.
2. Crim. 19 mars 1910, *Bull. crim.*, n° 153.
3. CA Grenoble, 4 juin 1980, *D.* 1981, IR 151.
4. D. Mayer, « Le nouvel éclairage donné au viol par la réforme du 23 décembre 1980 », *D.* 1981, chron. 283 – Et note s[s] Crim. 17 juill. 1984, *D.* 1985, 7 – CONTRA : A. Vitu, *Traité de droit pénal spécial*, n° 1853.
5. CEDH 22 nov. 1995, req. n° 20166/92, n° 20190/92, 2 esp., S. W. et C. R. c/Royaume-Uni, *RTD civ.* 1996, 512, obs. Marguénaud.
6. V. Crim. 5 sept. 1990, n° 90-83.786, *Bull. crim.*, n° 313; *D.* 1991, 13, note Angevin; *JCP* 1991, II, 21629, note Rassat; *RTD civ.* 1991, 301, obs. Hauser.
7. Crim. 11 juin 1992, n° 91-86.346, *Bull. crim.*, n° 232; *JCP* 1993, II, 22043, note Garé; *D.* 1993, 117, note Rassat – V. RÉP. PÉN. PROC. PÉN., *V° Infractions sexuelles.*
8. TGI Bernay, 3 juin 1981, *Gaz. Pal.* 1981, 2, somm. 299.

116.85 Reconnaissance légale du viol entre époux. C'est la loi du 4 avril 2006, renforçant la prévention et la répression des violences au sein du couple ou commises contre les mineurs, qui, à côté d'un certain nombre de dispositions civiles intégrées dans le Code civil visant à prévenir les mariages forcés, introduit dans le dispositif pénal l'incrimination expresse du viol au sein du couple[9]. Il convient au préalable de noter qu'il ne s'agit pas d'un dispositif de protection des seuls époux et que **tous les couples mariés ou non sont concernés.** L'article 222-22 du Code pénal comprend désormais un alinéa 2 selon lequel : « *Le viol et les autres agressions sexuelles sont constitués lorsqu'ils ont été imposés à la victime dans les circonstances prévues par la présente section, quelle que soit la nature des relations existant entre l'agresseur et sa victime, y compris s'ils sont unis par les liens du mariage. Dans ce cas, la présomption de consentement des époux à l'acte sexuel ne vaut que jusqu'à preuve contraire* ». Au-delà de cette reconnaissance expresse, il convient d'ajouter que le nouvel article 222-24, 11° du Code pénal prévoit que le fait que le viol soit commis par le conjoint, le concubin de la victime ou le partenaire lié à la victime par un pacte civil de solidarité constitue une **circonstance aggravante du viol** qui est alors puni de vingt ans de réclusion criminelle selon le texte. Protégé de façon particulière par le droit pénal (qui viendrait délimiter les contours d'un ordre public de protection en matière matrimoniale), contre toute contrainte dans les relations sexuelles et donc dans l'accomplissement du devoir conjugal, les époux ont-ils encore l'obligation de respecter ce devoir conjugal ? Pour certains auteurs[10], on peut en théorie se demander si la jurisprudence qui subordonne le devoir au commun accord, « *ne déclasse pas le* "devoir conjugal", *et si l'obligation purement potestative ne se dissout pas dans le bon vouloir* ». Pourtant on pourrait « *maintenir que le devoir légal demeure (constituant en faute celui qui s'y dérobe) mais que cette obligation de faire l'amour acte de main commune n'est pas susceptible d'exécution forcée privée en nature (comp. C. civ., art. 1142) et se résout en cause de séparation (et dommages-intérêts) en cas d'inexécution de la part du débiteur* »[11].

116.86 Devenir du devoir conjugal. La question se pose dès lors de savoir s'il existe une contrariété

9. V. A.-M. Leroyer, « Regards civilistes sur la loi relative aux violences au sein du couple », *RTD civ.* 2006, 402 s. – M. Azavant, « Regard civiliste sur la loi du 4 avril 2006 renforçant la prévention et la répression des violences au sein du couple », *Dr. fam.* 2006, étude 40 – I. Corpart, « Haro sur les violences conjugales », *RLDC* 2007, 2403.
10. V. NOT., CORNU, n° 25, note 15.
11. CORNU, n° 25, note 15.

(une sorte de schizophrénie juridique) à, d'une part, imposer aux époux un devoir conjugal au titre des obligations au mariage et, d'autre part, réprimer toute contrainte intervenant dans les relations sexuelles entre époux. Plus avant, on pourrait nier la nature obligationnelle des relations physiques entre époux dès lors qu'aucune contrainte ne peut exister sans être incriminée. Les relations sexuelles devant être librement consenties, il serait possible de dénoncer la contrainte que constituerait le devoir juridique conjugal. Toute la question découlant du fait qu'il n'est plus possible de se fonder sur le seul consentement donné lors de la célébration du mariage. Ce consentement doit en effet être toujours réitéré pour que les relations sexuelles entre époux échappent à l'incrimination. Dès lors que le raisonnement est inversé, **on peut douter du maintien du caractère juridique du devoir conjugal**[1]. Le juge qui viendrait à retenir encore la violation du devoir conjugal (et qui devrait dès lors démêler les responsabilités de chaque conjoint) pour prononcer un divorce pour faute ne ferait que s'inscrire dans le mouvement irréversible d'objectivation de ce type de divorce, en prenant acte en réalité d'une **mésentente profonde** au sein du couple et donc d'une **altération définitive du lien conjugal.**

2°
Abstention de tout comportement infidèle

116.91 Fondement du devoir de s'abstenir de tout comportement infidèle. Le principe de la monogamie en droit matrimonial français conduit à faire de l'abstention de tout comportement infidèle un devoir du mariage. Fondée sur le devoir de communauté de vie, cette face passive de devoir de fidélité s'explique aussi par la présomption de paternité du mari de la mère qui s'applique durant le mariage aux enfants de la femme mariée (v. s^s n°s 212.21 s.). Longtemps demeuré une cause péremptoire de divorce, l'adultère était aussi un délit pénalement sanctionné. Après avoir perdu cette spécificité avec la loi du 11 juillet 1975 relative au divorce (v. s^s n°s 132.261 s.), l'adultère n'en reste pas moins sanctionné. Pour autant, l'obligation de fidélité a perdu de sa force et apparaît désormais affaiblie au même titre que les autres devoirs personnels entre époux[2]. Son contenu semble d'ailleurs s'être dilué dans une certaine **exigence de qualité de la communauté de vie**, affaiblissement que l'on retrouve en outre au niveau des sanctions de l'adultère.

116.92 Contenu du devoir de s'abstenir de tout comportement infidèle. Le retrait relatif du droit d'un domaine très personnel conduit à une **modification de la nature de l'obligation de fidélité**. Très liée à la définition légale du mariage, elle apparaissait comme devant être protégée directement par la loi. Au contraire, à notre époque, elle est devenue un simple élément des relations privées conjugales[3]. Dès lors si l'obligation de fidélité impose de n'avoir de relations sexuelles qu'avec son époux et non avec des tiers, elle ne se résume pas simplement à cela. Ce sont aussi les **infidélités plus intellectuelles** qui peuvent être dénoncées.

La jurisprudence avait d'ailleurs admis, avant même la réforme de 1975, que des fréquentations équivoques[4], des échanges de correspondances[5] ou des amitiés particulières[6] puissent constituer des violations du devoir de fidélité (v. encore la désormais célèbre décision qui retenait l'infidélité intellectuelle d'une femme qui entretenait avec un évêque des relations affectueuses[7]). Pour autant il ne s'agit pas pour les tribunaux d'imposer aux époux des sentiments l'un envers l'autre[8]. Mais une trop grande indifférence, des infidélités morales, des atteintes aux sentiments ou des inconduites peuvent être dénoncées[9] À ce titre, le devoir de fidélité impose le respect de l'autre époux et englobe « *toutes les attitudes portant atteinte au mariage* »[10]. C'est ainsi qu'une épouse qui « *sort très fréquemment en boîte de nuit et fréquente les dancings* » et qui « *se montre aguicheuse envers les hommes et a des comportements hautement injurieux pour la fidélité conjugale* », a pu se voir reprocher une violation des obli-

1. EN CE SENS, v. A.-M. Leroyer, « Regards civilistes sur la loi relative aux violences au sein du couple », *RTD civ.* 2006, 402 s., spéc^t 407.
2. M.-C. Villa-Nys, « Réflexions sur le devenir de l'obligation de fidélité dans le droit civil de la famille », *Dr. et patr.* 2000, n° 85, p. 88 – V. Balestriero, « Le devoir de fidélité pendant la procédure de divorce », *LPA* 8 nov. 1995, 18 – C. Chabault, « De la relativité de l'adultère dans le divorce pour faute », *Dr. fam.* 1998, chron. 11 – C. Philippe, « Quel avenir pour la fidélité ? », *Dr. fam.* 2003, chron. 16, p. 20 – A. Mignon-Colombet, « Que reste-t-il du devoir de fidélité entre époux ? », *LPA* 31 janv. 2005, 6 – L. Antonini-Cochin, « Le paradoxe de la fidélité », *D.* 2005, chron. 23 – J.-J. Lemouland, D. Vigneau, « Mariage, Concubinage, pacte civil de solidarité », *D.* 2005, pan. 809.
3. J. HAUSER et D. HUET-WEILLER, n° 980 – Sur cette évolution, v. Y. Mayaud, « L'adultère cause de divorce depuis la loi du 11 juillet 1975 », *RTD civ.* 1980, 494 – F. Dekeuwer-Défossez, « Impressions de recherche des fautes causes de divorce », *D.* 1985, chron. 219, qui note que l'adultère représente encore plus de la moitié des causes de divorce pour faute.
4. Civ. 2e, 21 oct. 1954, *Bull. civ.* II, n° 318 – Civ. 2e, 3 janv. 1964, *Bull. civ.* II, n° 4.
5. Civ. 2e, 31 oct. 1962, *Bull. civ.* II, n° 683 – Civ. 2e, 12 juin 1963, *Bull. civ.* II, n° 434.
6. Civ. 2e, 21 déc. 1960, *Bull. civ.* II, n° 810.
7. CA Paris, 13 févr. 1986, *Gaz. Pal.* 1986, 216.
8. Civ. 2e, 2 févr. 1972, n° 70-11.311, *D.* 1972, 295.
9. Civ. 2e, 4 juin 1980, n° 79-11.758, *Bull. civ.* II, n° 128; *Gaz. Pal.* 1980, 2, pan. 545 – Civ. 2e, 7 nov. 1988, n° 87-17.605, *Bull. civ.* II, n° 211; *JCP* 1989, IV, p. 12.
10. HAUSER et HUET-WEILLER, n° 1017.

gations du mariage[1] (v. encore pour une atteinte à la fidélité constituée par le fait de chercher un autre conjoint en ayant recours au courtage matrimonial[2]; ou encore l'usage abusif du minitel par une femme à l'insu de son mari[3]).

La simple tentative d'adultère, la simple intention de porter atteinte à la fidélité conjugale suffit donc à constituer la violation, ce qui montre que désormais **l'appréciation du juge est particulièrement importante.**

116.93 Appréciation de l'infidélité. L'appréciation *in abstracto* de l'infidélité n'a plus cours. La seule infidélité charnelle ne suffit pas désormais à établir une faute cause de divorce. Dès lors que l'automaticité de la qualification a disparu avec la loi du 11 juillet 1975 portant réforme du divorce, l'infidélité est appréciée *in concreto* par le juge et donc de façon personnalisée. Afin d'établir une faute cause de divorce, le juge devra apprécier l'existence d'une **violation « *grave ou renouvelée* » des obligations du mariage** (C. civ., art. 242). Il n'est plus forcément indispensable de distinguer l'adultère au sens strict des autres formes d'infidélité (plus intellectuelles), la gravité ne pouvant être automatiquement admise en présence d'un adultère. Cette évolution a permis au juge d'élargir sensiblement sa liberté d'appréciation tant pour la gravité de la violation que pour son imputabilité. Il faut en outre, en application de l'article 242 du Code civil, que la **violation du devoir de fidélité ait rendu intolérable le maintien de la vie commune.**

116.94 Imputabilité de l'infidélité. L'exigence de l'imputabilité de la faute oblige à exiger la conscience de la faute, la volonté précise de violer le devoir de fidélité (v. l'hypothèse de l'épouse qui « *n'avait pas une volonté consciente concernant les faits allégués, son comportement pathologique s'expliquait par son état mental* »[4]), de sorte que la bonne foi du fautif peut être entendue en cas, par exemple, d'erreur de droit ou de fait, lorsque l'époux se croyait dégagé des liens du mariage (pour une hypothèse comportant des éléments d'extranéité[5]).

116.95 Convention portant sur la fidélité. Alors que la notion même de contractualisation du droit de la famille et plus particulièrement du droit du couple constitue un sujet de discussions doctrinales récurrentes[6], il est possible de s'interroger sur la valeur d'éventuelles conventions entre époux portant sur leurs obligations mutuelles de fidélité[7]. **Le caractère d'ordre public des devoirs du mariage ne devrait pas permettre *a priori* la validité de telles conventions**[8]. Il convient d'ajouter que si ces devoirs sont réciproques, il ne s'agit pas pour autant d'obligations qui lient un créancier et un débiteur comme dans un contrat de droit commun, et donc d'obligations qui pourraient disparaître par *mutuus dissensus*, au gré de la volonté des époux. Aussi la décision du tribunal de grande instance de Lille[9] qui retient qu'il y a lieu, dans le cadre d'un divorce sur demande conjointe des époux, d'attribuer force exécutoire à la convention temporaire présentée par eux et les dispensant, notamment, du devoir de fidélité, ne saurait être considérée que comme une décision isolée et maladroite. C'est en effet davantage la question du sort des fautes d'infidélité durant la procédure de divorce qui était en jeu que celle de la possibilité d'écarter par convention ce qui demeure un effet légal du mariage.

116.96 Infidélité durant la procédure de divorce. Autorisés à résider séparément durant une procédure de séparation de corps ou de divorce, les époux ne sont plus tenus du devoir de communauté de vie. L'infidélité commise durant le temps de cette procédure peut-elle encore constituer une faute cause de divorce ou bien doit-on considérer que, sans être supprimé, le devoir de fidélité est alors affaibli au point de ne pouvoir recevoir de sanction ? Il est bien certain que la fidélité demeure, mais il n'est pas pour autant certain qu'on puisse mesurer l'infidélité de la même manière que pendant le mariage de plein effet, durant la communauté de vie. En ce sens la transformation, par la loi de 1975, de l'adultère en cause ordinaire de divorce devrait simplifier la tâche du juge en lui laissant un certain pouvoir d'appréciation, notamment lorsqu'il devra se prononcer sur le point de savoir si la violation du devoir de fidélité a rendu ou non le maintien de la vie commune intolérable (aux termes de la troisième condition de l'article 242 du Code civil). La jurisprudence a, dans de nombreux arrêts, rappelé que « *l'introduction d'une demande en divorce ne confère pas aux époux, encore dans les liens du mariage, une immunité destituant de leurs effets normaux les offenses dont ils peuvent se rendre coupables l'un*

1. Civ. 2e, 28 sept. 2000, no 98-18.850, NP.
2. CA Paris, 1er déc. 1999, *D.* 2000, IR 13; 415, obs. Lemouland; *RTD civ.* 2000, 296, obs. Hauser.
3. CA Douai, 24 nov. 1989, *RTD civ.* 1991, 711, obs. Hauser – Civ. 1re, 11 janv. 2005, no 02-17.016, *Bull. civ.* I, no 14; *RJPF* 2005-5/25.
4. CA Toulouse, 19 oct. 1997, *Dr. fam.* 1998, comm. 51, obs. Lécuyer – CA Bordeaux, 19 nov. 1996, *D.* 1997. 523, note Garé; *RTD civ.* 1997, 403, obs. Hauser.
5. V. Civ. 1re, 11 juill. 1977, *Rev. crit. DIP* 1979, 395, 2e esp., note Loussouarn; *D.* 1978, 673, note Galia-Beauchesne.
6. V. Fenouillet et Vareilles-Sommières (dir.), *La contractualisation de la famille*, Economica, 2001.
7. Hauser et Huet-Weiller, nos 628 s.
8. V. pourtant, M.-T. Calais-Auloy, « Pour un mariage à effets conventionnellement limités », *RTD civ.* 1988, 255.
9. TGI Lille, 26 nov. 1999, *D.* 2000, 254, note Labbée.

envers l'autre »[1]. Cela impliquerait que les époux ne seraient libérés du devoir de fidélité qu'à la date où la décision judiciaire deviendrait définitive.

Malgré le rappel de ce principe, les juges admettent de nuancer la portée de la violation du devoir de fidélité en évaluant ses caractères[2] et un certain nombre de voix au sein de la doctrine plaide afin que les fautes (et particulièrement l'infidélité) durant la procédure de divorce, qui ne sont pas à l'origine de la rupture, puissent ne pas être sanctionnées[3].

Le juge peut tout d'abord considérer que la faute d'infidélité de l'un des époux est excusée par le comportement fautif de l'autre (C. civ., art. 245, al. 1er – V. par ex., qui retient qu'un adultère commis après l'assignation en divorce ne constituait pas une faute au sens des art. 212 et 242 du C. civ., le mari étant absous en raison des fautes commises par l'épouse pendant la vie commune[4]). Le caractère intolérable du maintien de la vie commune peut alors être imputable non plus au défendeur, mais au demandeur[5] (ainsi, pour un parallèle avec l'exception d'inexécution[6]).

C'est aussi parfois à une appréciation objective de la faute en fonction de la date de la commission de l'infidélité que certains juges se sont livrés[7].

Il a ainsi été admis que « *l'adultère commis après l'ordonnance de non-conciliation ne peut généralement être considéré comme une cause de divorce, la fidélité ne pouvant être imposée au-delà de ladite ordonnance* »[8] (v. aussi pour un cas d'adultère durant la séparation de corps[9]). Puis la Cour de cassation elle-même a entendu faire preuve de mansuétude à l'égard de l'infidélité commise durant la procédure de divorce en estimant que « *le constat d'adultère établi plus de deux années après l'ordonnance ayant autorisé les époux à vivre séparément et alors que le devoir de fidélité est nécessairement moins contraignant du fait de la longueur de la procédure* », il n'y avait pas violation d'une obligation du mariage[10].

Cette formulation générale de la Cour de cassation n'a cependant pas été reprise par la suite et les décisions qui ont admis de ne pas sanctionner l'infidélité commise durant une séparation (ainsi, pour un adultère reproché alors que la séparation de fait avait duré plus de trois ans[11]) ne manquent pas de renvoyer au pouvoir souverain des juges du fond (pour des décisions aux solutions variées[12]). Les tribunaux évitent ainsi de proclamer la disparition de l'obligation de fidélité lorsque le mariage est dépourvu de toute communauté de vie, ou tout au moins en voie de dissolution, au risque d'encourir la censure de la Cour de cassation[13].

Il n'en reste pas moins que, sous couvert d'appréciation de la violation du devoir, les juges admettent que la fidélité n'ait pas toujours le même caractère contraignant. Un arrêt de la Cour de cassation approuve ainsi la cour d'appel qui avait retenu que l'adultère et la naissance d'un enfant n'avaient pas eu d'incidence sur le maintien de la vie commune qui avait cessé de nombreuses années auparavant[14]. Pour des exemples d'une certaine forme d'immunité, voir encore : « *C'est dans l'exercice de son pouvoir souverain que la cour d'appel a relevé qu'une rupture prolongée de la vie commune était la cause du divorce, que cette rupture était intervenue à compter de l'ordonnance de non-conciliation du 11 mai 1988, que M. X... ne pouvait donc reprocher à son épouse un adultère ultérieur qui n'avait pas pu avoir d'incidence sur la rupture de la vie commune, celle-ci ayant cessé de nombreuses années auparavant, et qu'il ne justifiait pas davantage d'un abandon du domicile conjugal, la sommation de réintégrer étant postérieure à la rupture* »[15] et « *Les relations adultères nouées par le mari au moins trois mois après que la séparation de fait du couple ait été décidée par l'épouse et sans motif légitime, [la cour d'appel] a estimé dans l'exercice de son pouvoir souverain d'appréciation qu'en l'espèce le comportement du mari n'était pas fautif au sens de l'article 242 du Code civil* »[16]. On a aussi pu estimer qu'une relation extra-conjugale ne saurait constituer en elle-même une violation grave ou renouvelée des devoirs et obligations du mariage dans un cas où l'adultère du mari, entretenu

1. Civ. 2e, 14 déc. 1983, no 95-19.467, *Bull. civ.* II, no 200; *Gaz. Pal.* 1984, 2, pan. 201, obs. Grimaldi – Civ. 2e, 12 juin 1987, no 86-13.659, NPT, *D.* 1987, IR 160 – Civ. 2e, 27 oct. 1993, no 92-13.408, NPT; *JCP* 1994, II, 22260, note Lemasson-Bernard – Civ. 2e, 3 mai 1995, no 93-13.358, *Bull. civ.* II, no 130 – Civ. 2e, 6 mars 1996, no 94-17.596, *Bull. civ.* II, no 60 – Civ. 2e, 4 juin 1997, no 95-19.401, NPT; *Dr. fam.* 1998, comm. 176, obs. Lécuyer – Civ. 2e, 23 sept. 1999, no 98-12.028, *Bull. civ.* II, no 141; *Dr. fam.* 1999, comm. 139, note Lécuyer – Civ. 2e, 15 juin 2000, no 98-20.622, NPT; *Dr. fam.* 2000, comm. 111, obs. Lécuyer.
2. C. Chabault, « De la relativité de l'adultère dans le divorce pour faute », *Dr. fam.* 1998, chron. 11.
3. V. NOT., A. Bénabent, « La réforme du divorce article par article », *Defrénois* p. 49 et 76 – C. Lienhard, « Divorce et fautes : paradoxes, incertitudes et stratégies », *AJ fam.* 2006, 14 et spéct 16.
4. Civ. 2e, 25 nov. 1999, no 98-12.796, NP; *RJPF* 2000-4/32, obs. Vassaux.
5. M. Bourgeois, « La faute du demandeur dans le divorce pour faute », *D.* 1986, chron. 89.
6. HAUSER et HUET-WEILLER, no 227.
7. V. Balestriero, « Le devoir de fidélité pendant la procédure de divorce », *LPA* 1995, no 134, 17.
8. CA Toulouse, 18 nov. 1991, *BICC* no 346; *RTD civ.* 1993, 104, obs. Hauser.
9. CA Paris, 4 juill. 1989, *Juris-Data* no 024126.
10. Civ. 2e, 29 avr. 1994, no 92-16.814, *Bull. civ.* II, no 123; *RTD civ.* 1994, 571, obs. Hauser; Balestriero, « Les degrés du mariage ou faut-il abroger l'article 260 du Code civil ? », *LPA* 1995, no 134, 17; *Gaz. Pal.* 25-29 août 1995, somm. 14, obs. Vray; *LPA* 1996, no 2, 7, obs. Massip.
11. Civ. 2e, 20 avr. 2000, no 98-15.786, NP – Civ. 2e, 15 juin 2000, no 98-21.110, NP.
12. *Dr. fam.* 2001, comm. 28, obs. Lécuyer.
13. Civ. 1re, 9 juill. 2008, no 07-19.714, NP; *AJ fam.* 2008, 434, note I. G.; *RTD civ.* 2008, 661, obs. Hauser.
14. Civ. 2e, 23 mai 2002, no 00-10.030, NPT; *RJPF* 2002-10, p. 14, note Garé, « Vers un nouveau déclin du devoir de fidélité ? ».
15. Civ. 2e, 23 mai 2002, no 00-10.030, préc. ss prést no.
16. Civ. 1re, 30 mars 2004, no 03-11.334, NP, *RJPF* 2004-7-8/21.

pendant deux ans, était connu de l'épouse dès le début de la deuxième année de cette liaison, sans qu'elle en tire les conséquences[1].

116.97 Sanctions de l'infidélité. Pour autant l'adultère et plus largement toutes les formes d'infidélité ne sont pas à l'abri d'une **sanction civile.** La disparition de toute sanction pénale (exceptée pour l'infidélité qui se traduirait par un remariage avant la dissolution de la précédente union et qui serait incriminée au titre de la bigamie) démontre en revanche qu'il ne s'agit plus d'un comportement qui porte atteinte aux intérêts de la société, il s'agit davantage d'une affaire privée entre les époux. On en veut pour preuve que la sanction de l'infidélité nécessite une **action du conjoint bafoué** et n'est en aucun cas automatique.

Deux sanctions sont envisageables : l'une propre au droit du divorce, il s'agit du **divorce ou de la séparation de corps pour faute,** sous réserve de l'appréciation par le juge de la gravité de l'imputabilité et des conséquences du comportement infidèle sur la communauté de vie (v. s[s] n°s 132.261 et 121.22); l'autre qui relève du droit commun de la responsabilité et qui permet sur le fondement de l'article 1382 du Code civil d'obtenir des **dommages-intérêts** en raison du préjudice résultant du comportement fautif de l'autre époux[2]. L'adultère en effet pourra donner lieu au prononcé de dommages-intérêts, soit à l'occasion du divorce pour faute (v. s[s] n°s 132.421 s.), soit à titre autonome, mais, dans ce dernier cas, la jurisprudence n'est guère large quant à l'importance de ces dommages-intérêts[3]. Cette solution pose, de toute façon, le problème des équivalents pécuniaires aux obligations nées du mariage dans le cadre d'une séparation de fait.

Il convient en outre de rappeler que le prononcé du divorce aux torts de l'infidèle n'aura pas forcément pour lui des conséquences d'un point de vue des effets du divorce. En effet, le divorce pour faute n'a pas disparu avec la loi du 26 mai 2004, comme certains l'espéraient, entendant bouter hors du droit et réserver au domaine de la morale les obligations entre époux. Pour autant, la volonté de pacifier les rapports entre ex-époux a conduit à rompre quasiment tout lien entre les torts du divorce et les conséquences de celui-ci notamment au niveau patrimonial. Le fautif, et donc spécialement l'infidèle, à l'origine de la rupture du lien matrimonial peut désormais prétendre à l'octroi d'une prestation compensatoire si les conditions en sont réunies (C. civ., art. 270). La seule réserve maintenue est inscrite à l'alinéa 3 de l'article 270 du Code civil : « *Toutefois, le juge peut refuser d'accorder une telle prestation si l'équité le commande, soit en considération des critères de l'article 271, soit lorsque le divorce est prononcé aux torts exclusifs de l'époux qui demande le bénéfice, au regard des circonstances particulières de la rupture* ». Cette réserve ne devrait toutefois concerner que les fautes les plus graves impliquant la violence de l'un des conjoints à l'égard de l'autre ou plus largement des membres de la famille et ne saurait donc concerner l'infidélité au risque de rompre avec l'esprit du texte adopté en 2004.

1. Civ. 1re, 22 nov. 2005, n° 05-12.126, NP – V. ENCORE, CA Douai, 27 sept. 2007, *RTD civ.* 2008, 280, obs. Hauser.
2. V. J. Vassaux, « Règlement de comptes entre époux infidèles : divorce pour faute et dommages-intérêts », *RJPF* 1999, n° 1, p. 17.
3. CA Paris, 14 mars 1850, *DP* 1850, 2, 150 – CA Agen, 18 juill. 1902, *DP* 1903, 2, 344 – CA Caen, 28 févr. 1908, *DP* 1908, 2, 297, note De Loynes – COMP. CA Amiens, 25 avr. 1939, *S.* 1940, 2, 44 – CA Aix, 7 juin 1882, *S.* 1883, 2, 218.

116.98 Complicité d'adultère. La privatisation du devoir de fidélité trouve un prolongement dans l'attitude de la jurisprudence vis-à-vis du complice de l'adultère. Traditionnellement il était possible de demander des dommages-intérêts au complice du conjoint qui serait solidairement responsable[4]. Mais le devoir de fidélité se rétrécit à la sphère conjugale. Il a été ainsi jugé que la maîtresse d'un homme marié ne pouvait être tenue à réparer le dommage de l'épouse bafouée[5].

De même, le complice de l'adultère n'est plus écarté du **bénéfice de libéralité** depuis que la Cour de cassation estime que la cause de la libéralité n'est pas contraire aux bonnes mœurs si elle est consentie à une concubine adultérine[6].

4. CA Grenoble, 1er juin 1870, *DP* 1872, 2, 163 – CA Aix, 7 juin 1882, *S.* 1883, 2, 218 – CA Agen, 18 juill. 1902, *DP* 1903, 2, 344 – CA Caen, 28 févr. 1908, préc. s[s] n° 116.97.
5. Civ. 2e, 4 mai 2000, n° 95-21.567, NPT; *RTD civ.* 2000, 810; *JCP* 2000, II, 10356, note Garé – Civ. 2e, 5 juill. 2001, n° 99-21.445, *Bull. civ.* II, n° 136; *D.* 2002, somm. 1318, obs. Delebecque; *AJ fam.* 2001, n° 1, 28; *RTD civ.* 2001, 856, obs. Hauser; *RTD civ.* 2001, 893, obs. Jourdain; *D.* 2001, IR 2363; *RJPF* 2001, n° 9, p. 18 – CA Bordeaux, 13 mai 1997, *RTD civ.* 1997, 909, obs. Hauser.
6. Cass., ass. plén., 29 oct. 2004, n° 03-11.238, *Bull. ass. plén.*, n° 12; *D.* 2004, 3175, note Vigneau; *JCP* 2005, II, 10011, note Chabas; *RTD civ.* 2005, 104, obs. Hauser – M. Lamarche, « Sexes, bonnes mœurs et libéralités », *RLDC* oct. 2004, p. 33 – V. DÉJÀ, Civ. 1re, 3 févr. 1999, n° 96-11.946, *Bull. civ.* I, n° 43; *JCP* 1999, II, 10083, note Billiau et Loiseau; *D.* 1999, 267, rapp. Savatier, note Langlade-O'Sughrue; *D.* 1999, somm. 377, obs. Lemouland; *RJPF* 1999, n° 2, p. 52, obs. Casey; *Dr. fam.* 1999, n° 54, obs. Beignier; *Defrénois* 1999, p. 680, obs. Massip, p. 738, obs. Mazeaud – *Adde*, L. Leveneur, « Une libéralité consentie pour maintenir une relation adultère peut-elle être valable ? », *JCP* 1999, I, 152 – C. Larroumet, « La libéralité consentie par un concubin adultère », *D.* 1999, chron. 351 – Et dans le même sens, Civ. 1re, 25 janv. 2000, n° 97-19.458, NPT; *RJPF* 2000, n° 4, p. 54 – Civ. 1re, 16 mai 2000, n° 98-15.950, NPT; *RJPF* 2000, n° 9, p. 47.

C.
Devoir d'assistance

116.111 Nature du devoir d'assistance. Visé par l'article 212 du Code civil, le devoir d'assistance se distingue du devoir de secours par sa nature d'ordre personnel. Il est toutefois extrêmement **difficile de percevoir son contenu concret**. Fondu dans l'intimité de la vie du couple, durant la communauté de vie, il ne peut prendre qu'une dimension pécuniaire en cas de séparation des époux. Aussi la distinction avec le devoir de secours est-elle difficile à opérer, ce qui a conduit un certain nombre d'auteurs à inclure le devoir d'assistance dans un devoir plus général d'entraide entre époux[1].

116.112 Contenu du devoir d'assistance. L'assistance prend la forme d'une aide personnelle qui « *symboliserait l'aspect affectif du mariage* »[2]. Il s'agit de « *s'aider à porter le poids de la vie* »[3]. L'aide peut alors être simplement **morale, psychologique** ou bien prendre un aspect **matériel** dans le cadre professionnel ou ménager. Le soutien apparaît d'autant plus nécessaire **en cas de maladie** et prend alors la forme de soins, se traduit par un degré particulier d'attention et de prévenance (« *devoir de patience, de douceur et de soins* », selon M. Culioli[4]). C'est donc dans le cadre de la maladie que ce devoir a le plus grand rôle à jouer[5]. Le devoir d'assistance constitue d'ailleurs certainement le fondement de l'article 449 (anc. art. 496) du Code civil qui prévoit qu'en cas **de placement de l'un des époux sous tutelle ou sous curatelle**, l'autre est tuteur ou curateur de son conjoint. C'est aussi le devoir d'assistance qui explique que l'on puisse éviter la mesure de protection en recourant aux règles du régime primaire (C. civ., art. 217 s. et spéc. C. civ., art. 219)[6]. L'existence d'un devoir d'assistance entre époux fonde aussi le refus de la Cour de cassation d'admettre un salaire pour l'aide et les soins fournis par un époux à son conjoint[7]. Il est en revanche admis que dans le cadre du contentieux relatif à la responsabilité civile d'un tiers, le surcroît de travail qui incombe à la femme qui doit assistance à son mari frappé d'invalidité, est constitutif d'un préjudice personnel dont l'auteur de l'accident lui doit réparation[8]. Par ailleurs « l'assistance d'une tierce personne ne peut être supprimée ou réduite en cas d'assistance conjugale »[9].

116.113 Sanctions du non-respect du devoir d'assistance. Inextricablement liée à la communauté de vie et à l'affection qui la sous-tend, l'assistance entre époux sous sa forme personnelle disparaîtra quasiment toujours avec la séparation du couple. Si l'assistance se maintient sous une forme patrimoniale, elle se confondra alors avec le devoir de secours et le devoir de contribution aux charges du mariage. Le non-respect du devoir d'assistance n'est que très peu évoqué à titre autonome dans les divorces pour faute mais transparaît dans les reproches qui peuvent être opposés à l'un des époux (ainsi d'une espèce où le juge estime que l'insistance procédurière d'une épouse auprès du juge des tutelles, afin d'obtenir que son mari soit placé sous régime de protection, s'analyse en une injure grave à l'égard de ce dernier[10]). C'est donc le comportement général des époux vis-à-vis de leur conjoint qui peut dès lors être dénoncé, l'assistance se rapproche dès lors de **l'obligation de respect mutuel et des devoirs innommés** découverts par la jurisprudence (v. s^s n°s 116.121 et 116.122). Les sanctions civiles du non-respect de ce devoir pourront, comme pour les autres devoirs d'ordre personnel, consister en un divorce, une séparation de corps et le prononcé de dommages-intérêts.

D.
Devoirs innommés et devoir de respect

116.121 Devoirs innommés. À travers les décisions relevant des fautes cause de divorce, il possible de déceler un certain nombre de devoirs innommés qui pourraient être regroupés dans une sorte de « *Code de bonne conduite maritale* » (ces fautes qui dessinent « *en creux les obligations du mariage* » selon F. Dekeuwer-Défossez[11]). Ce sont les devoirs qui permettent de maintenir la qualité de la com-

1. C. Philippe, *Le devoir de secours et d'assistance entre époux, Essai sur l'entraide conjugale*, LGDJ, 1981, spéc^t p. 51 s. – Hauser et Huet-Weiller, n°s 993 s. – *Adde*, C. Lefranc-Hamoniaux, « L'entraide entre époux à l'épreuve du temps », *Dr. fam.* 1999, chron. 13 – M. Lamarche, « L'obligation d'assistance entre époux », *Dr. et patr.* 2000, n° 85, p. 67.
2. C. Philippe, *Le devoir de secours et d'assistance entre époux, Essai sur l'entraide conjugale*, LGDJ, 1981, p. 37.
3. Cornu, 9e éd., 2006, n° 30.
4. M. Culioli, « La maladie d'un époux, idéalisme et réalisme en droit matrimonial français », *RTD civ.* 1968, 253, spéc^t n° 21.
5. V. CA Douai, 28 déc. 1932, *Gaz. Pal.* 1933, 1, 537 – Civ. 4 mars 1902, *DP* 1902, 1, 192 – CA Paris, 12 janv. 1972, *D.* 1972, 217, note J.-C.
6. V. D. Langé, « Le conjoint de l'aliéné », *RTD civ.* 1984, 33.
7. Soc. 25 nov. 1943, *JCP* 1944, IV, p. 6 – Soc. 19 mars 1954, *D.* 1954, J. 239 – Civ. 1re, 8 juin 1963, *D.* 1964, J. 713.
8. Civ. 2e, 18 mars 1981, n° 79-15.130, *Bull. civ.* II, n° 70 ; *D.* 1981, IR 323, obs. Larroumet.
9. Civ. 2e, 14 nov. 2002, n° 01-03.581, *Bull. civ.* II, n° 260 ; *AJ fam.* 2003, n° 1, 33.
10. Civ. 2e, 14 nov. 2002, n° 01-03.217, *Bull. civ.* II, n° 256.
11. F. Dekeuwer-Défossez, « Impressions de recherche sur les fautes cause de divorce », *D.* 1985, chron. 219 ; « Aperçu sociologique des fautes causes de divorce », *Sociologie judiciaire du divorce*, Economica, 1999, p. 45.

munauté de vie. Leur non-respect se traduit par des offenses, des carences[1], dont la gravité peut connaître des degrés divers[2]. Il peut s'agir d'atteintes ou d'agressions morales ou physiques portées à l'autre conjoint, d'une absence de loyauté vis-à-vis de l'autre[3], d'injures graves[4], de manquements à son honneur, de façon plus ténue de manque d'affection, d'un délaissement au profit d'activités extérieures (v. pour les activités religieuses qui ne doivent pas perturber de façon excessive la vie familiale[5]; pour un refus de participer aux fêtes religieuses[6]). Il peut s'agir de défauts qu'il est possible de reprocher à l'autre tels que la cupidité[7], la paresse ménagère (ainsi, le fait pour une épouse de laisser le domicile conjugal dans une saleté telle qu'il interdisait à son époux d'y recevoir des amis et d'y vivre confortablement et le fait de refuser de soigner un état dépressif constituent des manquements aux obligations conjugales[8]) ou encore le tabagisme excessif[9] et l'intempérance.

À ce propos, les juges retiennent que l'alcoolisme n'est pas en soi une faute cause de divorce[10] et il convient de démontrer en quoi cet alcoolisme conduit à une violation, au sens de l'article 242 du Code civil, des obligations du mariage, ce qui est retenu pour un époux dépendant refusant de faire la démarche de soins[11, 12].

En revanche le refus de recourir à une procréation médicalement assistée ne constitue pas *a priori* une faute cause de divorce[13], mais le fait de ne pas vouloir se soumettre à un traitement médical ordinaire peut constituer une faute cause de divorce[14], comme le fait de subir une opération chirurgicale pour changer de sexe[15] ou encore le fait de concevoir un enfant à l'insu du mari, dans des circonstances particulières.

Dans cette espèce[16], la cour d'appel relève que « *en l'état des mœurs et des moyens des contraception existant dans la société française contemporaine, la conception d'un enfant par un couple marié doit relever d'un choix conjoint et d'un projet commun. En conséquence, constitue de la part de l'épouse un manquement au devoir de loyauté que se doivent les époux, le fait pour celle-ci d'avoir entamer une nouvelle grossesse réduisant ainsi son mari au simple rôle de géniteur alors qu'elle ne pouvait ignorer que ce dernier ne souhaitait plus avoir d'enfant, suite au traumatisme subi par le décès de deux de leurs enfants, quelques mois après leur naissance* ». De même, le fait pour une femme mariée d'avoir déclaré un enfant né pendant le mariage sous son seul nom de famille constitue une faute cause de divorce[17, 18].

Ces différents comportements dont la sanction conduite à restreindre la liberté individuelle[19] paraissent en réalité le plus souvent traduire la **mésentente entre les époux** et une **incompatibilité d'humeur**[20] qui ne relèvent pas vraiment d'un divorce pour faute (ainsi d'un refus d'application de l'article 242 du Code civil car les relations entre les époux s'étaient dégradées, chacun ayant organisé sa vie en fonction de l'isolement dans lequel il se trouvait[21]). L'admission du divorce pour altération définitive

1. F. Dekeuwer-Défossez, « Impressions de recherche sur les fautes cause de divorce », préc. p. 221.
2. Pour des disputes réciproques intenses accompagnées de violences verbales qui traduisent un manque de respect de chacun des époux envers l'autre : Civ. 1re, 23 mai 2006, n° 05-17.533, *Bull. civ.* I, n° 260; *D.* 2007, pan. 608, obs. Williatte-Pellitteri.
3. Civ. 2e, 14 nov. 2002, n° 01-03.217, *Bull. civ.* II, n° 256; *Defrénois* 2003, 615, obs. Massip; *RTD civ.* 2003, 66, obs. Hauser : l'insistance procédurière de l'épouse devant le juge des tutelles à l'effet de placer son mari sous un régime de protection s'analyse en une injure grave justifiant le prononcé du divorce à ses torts exclusifs.
4. CA Aix-en-Provence, 7 nov. 2006, *JCP* 2007, IV, 1494.
5. Civ. 2e, 8 nov. 1995, n° 94-10.685, *Bull. civ.* II, n° 271; *RTD civ.* 1996, 367, spéct n° 13, obs. Hauser – CA Poitiers, 15 nov. 1989, *Gaz. Pal.* 1992, 2, somm. 519 – CA Grenoble, 4 juin 1991, *JCP* 1991, II, 21744, note Hauser – CA Montpellier, 7 nov. 1994, *JCP N* 1997, II, p. 98, note Bruguière.
6. SOLUTION APPROUVÉE par Civ. 2e, 9 oct. 1996, n° 94-14.456, *Bull. civ.* II, n° 225; *RTD civ.* 1997, 108, obs. Hauser – CA Bourges, 10 mars 1999, *Dr. fam.* 1999, comm. 125, note Lécuyer.
7. CA Rennes, 15 mai 2001, *Dr. fam.* 2000, comm. 124, 2e arrêt, obs. Lécuyer.
8. CA Lyon, 30 avr. 1996, *JCP* 1997, II, 22869, note Garé.
9. CA Douai, 1er mars 1990, *RTD civ.* 1991, 711, obs. Hauser.
10. CA Aix-en-Provence, 27 févr. 2008, *Dr. fam.* 2008, comm. 142, obs. Larribau-Terneyre; *D.* 2009, pan. 832, obs. Williatte-Pellitteri.
11. CA Bordeaux, 19 mars 2008, *Dr. fam.* 2008, comm. préc.; *D.* 2009, pan. préc.
12. Civ. 1re, 16 juin 1992, n° 89-17.305, *Bull. civ.* I, n° 185; *JCP N* 1993, II, 111, obs. Wiederkehr; *Defrénois* 1992, art. 35349, note Champenois, *RTD civ.* 1993. 636, obs. Lucet et Vareille.
13. CA Bordeaux, 1er oct. 1991, *RTD civ.* 1992, 56, obs. Hauser.
14. CA Bordeaux, 7 juin 1994, *RTD civ.* 1994, 836, obs. Hauser; *JCP* 1996, II, 22590, note Vassaux.
15. CA Nîmes, 7 juin 2000, *Dr. fam.* 2001, comm. 4, obs. Lécuyer; *RTD civ.* 2001, 335, obs. Hauser – TGI Caen, 28 mai 2001, *D.* 2002, jur. 124, note Mauger-Vielpeau; *RTD civ.* 2002, 274, obs. Hauser.
16. CA Nîmes, 21 mars 2007, *D.* 2007, 2587, note Lamoureux; *JCP* 2007, II, 10149, note Vassaux; *Dr. fam.* 2007, n° 189, note Mauger-Vielpeau; *RTD civ.* 2008, 91, obs. Hauser.
17. CA Douai, 6 sept. 2007, *Dr. fam.* 2008, comm. 26, obs. Larribau-Terneyre; *RTD civ.* 2008, 280 obs. Hauser; *D.* 2009, pan. 832, obs. Williatte-Pellitteri.
18. Civ. 1re, 16 juin 1992, n° 89-17.305, *Bull. civ.* I, n° 185; *JCP* N 1993, II, 111, obs. Wiederkehr; *Defrénois* 1992, art. 35349, note Champenois, *RTD civ.* 1993, 636, obs. Lucet et Vareille.
19. EN CE SENS, v. A. Bénabent, « La liberté individuelle et le mariage », *RTD civ.* 1973, 440 s.
20. CA Douai, 22 sept. 1994, *D.* 1996, somm. 63, obs. Blary-Clément – CA Lyon, 30 avr. 1996, *JCP* 1997, II, 22869, note Garé.
21. Civ. 1re, 11 janv. 2005, n° 02-18.689, NP; *RJPF* 2005-5/23.

du lien conjugal après une séparation de deux ans par la loi du 26 mai 2004 devrait pouvoir désormais rendre inutile cette dénonciation de comportements qui ne font que témoigner de la disparition de la volonté de maintenir une communauté de vie matrimoniale.

116.122 **Devoir de respect.** Sorte d'écho matrimonial de l'article 1382 du Code civil, le devoir de respect fait une entrée particulièrement symbolique au sein des devoirs du mariage en rejoignant, à l'article 212 du Code civil, la fidélité, l'assistance et le secours. Cette modification résulte de la loi du 4 avril 2006, renforçant la prévention et la répression des violences au sein du couple ou commises contre les mineurs. Cette entrée ne paraît pas pouvoir avoir d'incidence pratique dès lors que le manque de respect entre époux était déjà sanctionné auparavant au titre des devoirs innommés[1] (par ex. pour un manque de respect et des attitudes désagréables[2]) et qu'il pourra désormais englober une grande partie de ces devoirs innommés (sur ce devoir v. obs. de A.-M. Leroyer qui insiste sur la reconnaissance de l'individualité de chacun des époux au travers de ce devoir de respect[3]).

§ 2
Rapports patrimoniaux entre époux (aperçu)

116.131 **Rapports patrimoniaux entre époux et droit patrimonial de la famille.** On ne saurait, pour traiter des rapports patrimoniaux entre époux, que renvoyer au droit patrimonial de la famille[4] : qu'il s'agisse du droit commun matrimonial du régime primaire (obligation de secours, obligation de contribution aux charges du ménage, obligation d'entretien des enfants), du droit spécial du régime primaire (mesures judiciaires de crise entre époux) ou bien des effets du divorce ou de la séparation de corps.

116.132 **Rapports patrimoniaux entre époux et rapports personnels entre époux.** Il est certain cependant qu'il peut être difficile de dissocier totalement les aspects personnels et patrimoniaux du mariage. En effet, la plupart de ces rapports seront influencés par la situation des époux dans leurs relations personnelles. Selon que la communauté de vie entre époux est maintenue ou non certains effets patrimoniaux pourront tendre à disparaître ou au contraire prendre toute leur force. C'est peut-être à l'occasion d'une séparation que l'obligation pour les époux de s'entraider matériellement apparaît véritablement montrant par là même la nécessaire spécificité du mariage par rapport à toute autre forme d'union.

SECTION 2
EFFETS DU MARIAGE SUR LE NOM DES ÉPOUX

116.140 **Origine coutumière du nom de la femme mariée.** C'est par une règle coutumière que la femme mariée porte traditionnellement le **nom de son mari**. Cette règle trouve ses origines dans l'**incapacité de la femme mariée** soumise à l'autorité maritale et dans l'impossibilité pour la mère mariée de transmettre son nom à ses descendants. Un certain nombre de décisions anciennes font référence à cette coutume laissant croire que la femme mariée est obligée de quitter son nom légal pour celui de son mari (ainsi : « *les femmes en entrant par le mariage dans une famille étrangère cessent de porter le nom de leur père* »[5]; dans le même sens : « les pères seuls, en qualité de chefs de famille, transmettent leur nom à leurs enfants et les mères, perdant le leur dans le mariage, sont privées du droit de le transmettre à leurs descendants »[6]). Cette croyance, « *ressort de l'imaginaire collectif français* »[7], voudrait que la femme perde littéralement ce que l'on appelle communément son nom de jeune fille (son nom de naissance), pour ne plus être désignée que par son nom de femme mariée, c'est-à-dire celui de son époux. Il est d'un point de vue sociologique intéressant de noter que la très grande majorité des formulaires administratifs ont conservé cette distinction. D'un point de vue juridique, on a pu remarquer que le sens que l'on donnait à cette coutume conduirait à admettre un changement de nom contraire aux lois du 6 fructidor an II et du 11 germinal an XI qui ont posé le principe de l'interdiction de toute modification en dehors des hypothèses spécifiquement prévues par le législateur[8]. L'incohérence pouvait apparaître d'autant plus grande en cas de divorce. Dès lors que la femme mariée reprenait son nom « de jeune fille » après la dissolution par divorce, elle ne pouvait avoir perdu ce nom par mariage[9]. Ainsi ce sont les différentes lois relatives au divorce qui ont incidemment traité du nom des époux et qui permettent aujourd'hui d'affirmer que **chaque**

1. EN CE SENS, v. CARBONNIER, p. 474.
2. Civ. 2e, 10 juin 1999, n° 97-20.144, NP; *RJPF* 1999-7/37.
3. A.-M. Leroyer, *RTD civ.* 2006, 402, n° 10.
4. V. M. Grimaldi (dir.), DALLOZ ACTION PATR. FAM. 2008/2009, 3e éd., n°s 111.00 s. à 172.00 s.
5. Civ. 16 mars 1941, *D.* 1941, 1, 210; *D.* 1941, 1, 532.
6. Req. 17 avr. 1864, *D.* 1865, 1, 304 – Nîmes, 15 déc. 1810, S. 1811, 2, 260.
7. B. Teyssié, *Les personnes*, 9e éd., Litec, 2005, n° 148.
8. TERRÉ et FENOUILLET, n° 165.
9. TERRÉ et FENOUILLET, n° 165.

époux conserve son nom de naissance (nom de famille et non plus nom patronymique, depuis la loi n° 2002-304 du 4 mars 2002 relative au nom de famille). Ils peuvent toutefois, à titre d'usage, porter le nom de leur conjoint. En pratique, la très grande majorité des femmes mariées continuent d'utiliser le seul nom de leur époux ce qui montre que la coutume a un poids social très important. Le nom commun permet en réalité de traduire « l'unité du ménage » aux yeux des tiers [1], le *nomen* de la possession d'état d'époux, que les concubins utilisent parfois en dehors de tout cadre juridique (v. s[s] n°s 141.11 s.).

Seront donc successivement étudiés le nom des époux durant le mariage (§ 1) et le nom des ex-époux après la dissolution du mariage (§ 2).

§ 1
Nom des époux durant le mariage

A.
Droit d'user du nom de l'autre époux

116.141 Droit d'user du nom de l'autre époux. L'usage du nom de l'autre époux apparaît dans le Code civil (C. civ., anc. art. 299, al. 2 et 311, al. 1er) avec la loi du 6 février 1896, dès lors qu'il était prévu qu'en cas de divorce ou de séparation de corps, la femme reprenait l'usage de son nom. Par une lecture *a contrario*, on pouvait donc déduire que la femme avait l'usage du nom de son mari durant le mariage. Ceci correspond à la pratique qui veut que la femme n'utilise que le nom de son époux, abandonnant l'usage du sien. Concernant l'époux, selon un usage assez développé dans le nord de la France, celui-ci dispose de la possibilité d'adjoindre à son nom (avec un trait d'union) celui de son épouse et non pas la possibilité de substituer le nom de son épouse au sien. On trouve la trace de cette coutume régionale dans l'ancien article 300 du Code civil relatif aux conséquences de la séparation de corps (mod. L. 26 mai 2004, relative au divorce) qui énonçait que « *dans le cas où le mari aurait joint à son nom le nom de la femme, celle-ci pourra également demander qu'il soit interdit au mari de le porter* ». Donc la faculté d'usage n'était pas égalitaire, ce qui apparaissait logique dès lors que la prééminence du nom du mari (nom patronymique) se retrouvait au niveau de l'attribution du nom aux descendants du couple.

Si les textes du Code civil, n'ont plus par la suite établi de différence entre l'homme et la femme dans l'usage du nom de l'autre (v. C. civ., anc. art. 264, al. 1er : « *À la suite du divorce, chacun des époux reprend l'usage de son nom* »), il n'en était pas de même en ce qui concernait la possibilité pour les époux divorcés de conserver l'usage du nom de l'autre (v. s[s] n°s 116.171 et 116.172). Il était difficile alors de croire que les époux étaient traités de la même façon quant à la possibilité d'utiliser à titre d'usage le nom du conjoint. Ceci est confirmé par la lecture de la circulaire du 26 juin 1986 relative à la mise en œuvre de l'article 43 de la loi du 23 décembre 1985, relative à l'égalité des époux dans les régimes matrimoniaux et des parents dans la gestion des biens des enfants mineurs [2]. La circulaire débute par un rappel de la distinction entre le nom qui figure dans l'acte de naissance et les noms d'usage. Figurent ensuite les différentes possibilités d'usage du nom d'autrui qui distinguent clairement la femme mariée ou veuve et l'homme marié ou veuf [1.2 a) et b)]. Il est clairement posé tout d'abord que la femme mariée ou veuve, peut par adjonction ou par substitution à son patronyme, user du nom patronymique de son mari ou du nom dont il fait usage (A. 26 juin 1986 [3]). Il est ensuite indiqué que l'homme marié ou veuf peut adjoindre à son patronyme, le nom patronymique de sa femme ou le nom dont elle fait usage [4]. De ce texte, il est possible de déduire une grande diversité de noms d'usage dont l'utilisation est offerte aux époux [5].

En effet, chaque individu peut à titre d'usage, selon l'article 43 de la loi du 23 décembre 1985, adjoindre à son nom légal, le nom du parent qui ne lui pas été transmis. Donc chaque époux dispose déjà, avant même le mariage, du droit de porter son nom et un nom d'usage. En se mariant chaque époux acquiert automatiquement le droit d'adjoindre à son nom, le nom de conjoint qui peut comporter un nom d'usage. La femme pouvant pour sa part non seulement adjoindre mais aussi substituer. Toutefois le texte prévoit qu'aucun cumul ou combinaison entre les différents noms d'usage n'est possible, ce qui évite par exemple qu'une femme porte son nom légal, le nom du parent qui ne lui pas été transmis à titre d'usage, le nom légal de son mari et le nom du parent de ce dernier qui ne lui a pas été transmis mais qu'il porte à titre

1. CARBONNIER, *Droit civil*, vol. 1, « Quadrige », PUF, 2004, n° 225.

2. V. R. Lindon et D. Anson, « Une gestion difficile : le nom d'usage », *D.* 1986, chron. 267 – HAUSER et HUET-WEILLER, n° 1080.
3. Arr. 26 juin 1986, portant modification de l'arrêté du 16-05-1974 fixant les modèles du livret de famille, *JO* 3 juill., p. 8256.
4. Arr. 26 juin 1986, préc.
5. V. R. L. Lindon et D. Anson, « Une gestion difficile : le nom d'usage », préc. – G. Goubeaux, *Droit civil*, traité J. Ghestin (dir.), *Les personnes*, LGDJ, p. 138 – Rubellin-Devichi, *RTD civ.* 1987, 67.

d'usage. En revanche, elle pourra outre son nom légal porter deux noms d'usage (celui de son mari et celui de sa mère ou de la mère de celui-ci par exemple). L'ordre est en revanche laissé à la liberté des époux.

Les difficultés que peut créer le dispositif de 1985 relatif au nom d'usage dans son articulation avec le nom légal sont perceptibles [1]. Dès lors en effet que deux noms légaux ont été adjoints pour l'usage de l'un ou des deux époux, rien n'empêche que par une erreur de transcription sur les registres de l'état civil, le double nom soit transmis aux descendants. L'articulation est d'autant moins aisée depuis la loi du 4 mars 2002 relative au nom de famille qui permet justement la transmission du nom de la mère, du père ou des deux noms accolés en cas de déclaration conjointe des parents.

La loi du 26 mai 2004 relative au divorce ne fait plus apparaître de distinction entre le mari et la femme. Désormais en effet, l'article 264 du Code civil énonce indifféremment que chacun des époux perd, en cas de divorce, l'usage du nom de son conjoint et que l'un des époux peut néanmoins conserver l'usage du nom de l'autre. De même l'article 300 du Code civil ne vise plus la femme mais énonce que chacun des époux séparés conserve l'usage du nom de l'autre.

On pourrait en déduire que désormais la faculté d'adjoindre ou de substituer à titre d'usage le nom de son conjoint au sien est également ouverte à la femme comme au mari. Le maintien de la solution ancienne au détriment du mari pourrait en effet paraître contraire au principe d'égalité entre époux protégé par l'article 5 du protocole n° 1 de la Convention européenne des droits de l'homme (Conv. EDH – V. déjà un arrêt de la Cour européenne des droits de l'homme (CEDH) qui jugea contraire aux art. 8 et 14 combinés de la Conv. EDH, la législation suisse en vertu de laquelle l'homme marié – à la différence de l'épouse – ne peut, pendant le mariage, conserver son patronyme adjoint à celui de sa femme, choisi pour nom conjugal par les deux époux) [2].

L'usage du nom du mari a été admis comme étant un droit pour la femme [3]. Et c'est au nom de ce droit que la femme peut demander réparation à son mari (séparé de fait) qui vit avec une concubine et lui laisse porter son nom légal [4]. Ce droit d'usage dépend toutefois du droit de l'autre époux sur son nom légal et il est évident que si le mari par exemple perd le droit de porter un nom, la femme « *est sans intérêt à prétendre conserver l'usage d'un nom que son époux n'est plus autorisé à porter* » [5].

Il reste que si le nom d'usage constitue un droit conféré par le seul effet du mariage [6], il ne s'agit en aucun cas d'une obligation.

116.142 Liberté d'user du nom de l'autre époux. Toute liberté est laissée à l'époux et surtout en pratique à la femme, de porter ou pas le nom de son conjoint à titre d'usage. Il ne saurait dès lors être reproché à la femme mariée de ne pas porter le nom de son mari, cela ne pourrait constituer une faute cause de divorce au sens de l'article 242 du Code civil. La CEDH a récemment considéré que l'interdiction faite à la femme mariée de porter son « *nom de jeune fille* » constitue une discrimination selon le sexe contraire à l'article 14 combiné avec l'article 8 de la Conv. EDH, le droit au nom relevant du droit à la vie privée et familiale [7]. La nécessité de préserver l'unité familiale ne saurait selon la Cour être atteinte par le fait qu'un couple marié choisit de ne pas porter de nom commun comme la pratique des États contractants permet de le constater. Par ailleurs, la liberté de porter le nom du conjoint implique une utilisation dans la vie sociale comme dans la vie professionnelle à condition toutefois de ne pas commettre d'abus (pour une utilisation en matière électorale non qualifiée d'abusive, faute d'intention malveillante [8]) ou de ne pas heurter l'honneur de son conjoint (interdiction à la femme de porter le nom du mari au cours d'une campagne électorale dans laquelle elle se présentait contre son conjoint [9]). Cette faculté d'user du nom de l'autre époux implique bien évidemment que le nom puisse être porté par cet autre époux : il a ainsi été jugé que la femme est « *sans intérêt à prétendre conserver l'usage d'un nom que son époux n'est plus autorisé à porter* » [10]. Cette liberté est enfin exclusivement attachée à la qualité d'époux et ne saurait être admise pour des concubins. Il est donc possible pour la femme mariée, par exemple, de s'opposer à l'usage du nom de son mari par la maîtresse de ce dernier et ceci malgré l'aval du mari [11].

1. V. IGREC, art. 674.
2. CEDH 22 févr. 1994, req. n° 16213/90, Burghartz c/ Suisse, série A, n° 280-B, *D.* 1995, J. 5, note Marguénaud.
3. Civ. 1re, 12 juill. 1972, *D.* 1973, 185.
4. TGI Briey, 30 juin 1966, *JCP* 1967, 2, 15130, note Carbonnier.
5. Civ. 1re, 6 nov. 1985, n° 84-12.874, *Bull. civ.* I, n° 291.
6. CORNU, 12e éd., 2005, n° 592.
7. CEDH 16 nov. 2004, req. n° 29865/96, Ünal Tekeli c/ Turquie, *JCP* 1995, I, 103, n° 14.
8. V. TGI Bordeaux, 25 févr. 1986, *D.* 1986, 305, note Agostini.
9. V. TGI Saint-Étienne, réf., 2 mars 1970, *JCP* II, 16377, note P. L.; *RTD civ.* 1970, 343, obs. Nerson; *Gaz. Pal.* 1970, II, p. 255.
10. Civ. 1re, 6 nov. 1985, n° 84-12.874, préc. ss n° 116.141 – CORNU, 12e éd., 2005, n° 592, note 52.
11. TGI Briey, 30 juin 1966, préc. ss n° 116.141.

B.
Maintien du nom légal de naissance pour chaque époux

116.151 Prééminence du nom légal. Si chaque époux peut utiliser le nom de son conjoint, il conserve toutefois son nom légal, c'est-à-dire **le nom inscrit sur son acte de naissance**[1]. Chaque époux et particulièrement, la femme peut donc à son gré utiliser ce nom de famille et donc ne pas utiliser le nom de son conjoint à titre d'usage. Dès lors que ce nom est maintenu sur les documents officiels d'identification (carte d'identité, passeport, permis de conduire) établis à partir des registres de l'état civil, c'est ce nom de naissance qui doit être utilisé dans le cadre des actes publics et notamment ceux qui nécessitent un acte notarié[2]. De nombreuses administrations publiques prévoient d'ailleurs de plus en plus souvent le caractère facultatif pour la femme mariée de la mention du nom d'usage marital, à la suite de son nom de naissance (la formule « épouse X... » ne serait donc plus obligatoire). Le caractère impératif de l'utilisation du nom légal n'est pas toutefois aujourd'hui sans poser certaines difficultés d'interprétation. Faut-il admettre en effet que l'acte désignant la personne mariée non pas par son nom légal mais par son nom d'usage (en l'occurrence le nom de son mari) encourt la nullité ?

La Cour de cassation a décidé dans un premier temps[3], qu'est nul l'avis à tiers détenteur délivré par l'administration fiscale à « Madame X. » au lieu de « Madame Y., épouse X. ». Mais la troisième chambre civile de la Cour admettait, dans le même temps, la validité de l'assignation délivrée à une femme mariée sous le nom de son mari dès lors que cette mention ne laissait subsister aucun doute quant à l'identité du destinataire[4]. Devant le « désordre »[5] provoqué par ces différentes solutions, la chambre commerciale a pour sa part décidé de façon plus tranchée que « *la règle de l'article 4 de la loi du 6 fructidor an II, selon laquelle il est expressément défendu à tous fonctionnaires publics de désigner les citoyens dans les actes autrement que par le nom de famille et les prénoms portés en l'acte de naissance n'est pas prescrite à peine de nullité de ces actes* »[6].

On peut douter du bien-fondé de cette solution dès lors que **la règle visée est d'ordre public**[7] mais on ne peut douter que la Cour de cassation ait souhaité déjouer les tentatives des plaideurs guidées par une mauvaise foi certaine vis-à-vis de l'administration fiscale.

La première chambre civile de la Cour de cassation, certainement convaincue de la mauvaise foi des plaideurs invoquant la règle vis-à-vis des administrations ou plus généralement de leurs créanciers, afin d'échapper à certaines de leurs obligations, a fini par rallier la position des autres chambres dans un arrêt du 6 mars 2007[8] (en l'espèce, une femme mariée se plaignait d'avoir été désignée par le nom de son époux à l'occasion d'une saisie conservatoire dont elle avait de ce fait demandé l'annulation et invoquait le droit au nom sur le fondement de l'article 24-2 du pacte international relatif aux droits civils et politiques et le droit à la non-discrimination garanti par l'article 14 de la Convention européenne de sauvegarde des droits de l'homme et des libertés fondamentales). La Cour énonce que « *la règle fixée par l'article 4 de la loi du 6 fructidor an II [...] n'est pas prescrite à peine de nullité* ».

Que devient alors cette règle dont on peut écarter l'application sans qu'aucune conséquence ne s'ensuive ? Il est possible de penser qu'il eut été préférable au lieu d'écarter la nullité, de se fonder sur la faute de la plaignante dans l'exercice de son droit (une application de la **théorie de l'abus de droit** eût été ainsi plus judicieuse). Cela aurait permis de conserver à la règle toute sa vigueur, d'écarter une application abusive de cette règle et de réserver la nullité aux hypothèses dans lesquelles son application peut apparaître bénéfique. C'est peut-être une telle porte de sortie que la Cour de cassation s'est maladroitement réservée en estimant que l'irrégularité dans la désignation de l'épouse n'avait pas gêné le tiers saisi dans l'identification des débiteurs (v. encore deux arrêts de la chambre criminelle de la Cour de cassation qui retiennent le caractère indifférent de l'absence de précision sur le fait que le nom mentionné était le nom de jeune fille ou le nom d'usage dès lors qu'il n'existait aucune incertitude sur l'identification de la femme[9]).

116.152 Cession et transmission impossibles du nom d'usage. L'usage du nom du conjoint demeure un simple usage et aucune transmission ni cession de ce nom d'usage n'est possible.

1. CA Paris, 9 mars 1979, *D.* 1979, 471, note Massip – CA Paris, 22 sept. 1993, *RTD civ.* 1994, 73, obs. Hauser.
2. V. Cornu, 12e éd., 2005, no 594.
3. Civ. 1re, 6 févr. 2001, no 98-22.895, *Bull. civ.* I, no 25; *D.* 2001, IR 747; *RTD civ.* 2001, 327, obs. Hauser; *Defrénois* 2001, 590, obs. Massip; *Dr. et patr.* juin 2001, p. 97, note Loiseau.
4. Civ. 3e, 24 janv. 2001, no 99-14.310, *Bull. civ.* III, no 9; *D.* 2001, IR 743; *RTD civ.* 2001, 327 obs. Hauser; *Defrénois* 2001, p. 590, obs. Massip.
5. F. Laroche-Gisserot, *D.* 2003, chron. 633.
6. Com. 17 mars 2004, no 02-19-276, *Bull. civ.* IV, no 57; *D.* 2004, 2252, note Douet; *RTD civ.* 2004, 262, obs. Hauser – Reprenant cette solution, Com. 22 mars 2005, no 03-16.642, *Bull. civ.* IV, no 69; *D.* 2005, IR 1051; *Dr. et patr.* juill-août 2005, p. 93, obs. Loiseau; *RTD civ.* 2005, 360, obs. Hauser – Com. 22 nov. 2005, no 04-14.780, NP; *RTD civ.* 2006, 276, obs. Hauser – SOLUTION RETENUE par Civ. 3e, 11 oct. 2006, no 05-16.760, *Bull. civ.* III, no 201.
7. EN CE SENS, v. Hauser, obs. préc. *RTD civ.* 2004, 262.
8. Civ. 1re, 6 mars 2007, no 05-18.898, *Bull. civ.* I, no 97; *D.* 2007, AJ 950, obs. Guiomard.
9. V. ENCORE, Crim. 3 déc. 2003, no 02-82.013, NP – Crim. 8 déc. 2004, no 04-85.744, NP.

§ 2
Nom des époux pendant la séparation judiciaire ou après la séparation de corps

116.161 Durant la séparation judiciaire. Le juge qui autorise, au titre des mesures provisoires, les époux à résider séparément durant la procédure de divorce (C. civ., art. 255) peut[1], si la requête en est faite, ordonner aux époux de cesser d'user du nom de leur conjoint (ainsi d'un arrêt qui interdit à la femme en instance de divorce de porter le nom du mari au cours d'une campagne électorale dans laquelle elle se présentait contre son conjoint[2]).

116.162 En cas de séparation de corps. Dans cette hypothèse, la majorité des effets du mariage sont maintenus (v. s[s] n° 121.33) et « *chacun des époux séparés conserve l'usage du nom de l'autre* » selon l'article 300 du Code civil. Il est toutefois prévu par ce texte que le jugement de séparation de corps ou un jugement postérieur peut, compte tenu des intérêts respectifs des époux, leur interdire cet usage.

§ 3
Nom des époux après la dissolution du mariage

116.171 Dissolution par décès. Si le mariage prend fin par le décès de l'un des époux, le choix du maintien du nom marital peut être opéré sans difficulté. La femme, puisqu'il s'agit d'elle en pratique, peut selon la coutume continuer à porter le nom marital. C'est ici une marque du caractère social du nom d'usage de la femme mariée qui apparaît. Toutefois, cette tolérance ne saurait être absolue. On admet ainsi que la famille du défunt puisse s'opposer à des utilisations abusives et donc, comme en matière de divorce, qu'un contrôle puisse être exercé sur l'utilisation par le survivant du nom d'usage[3]. Le remariage de l'époux devenu veuf semble devoir lui faire perdre la possibilité de porter le nom de son ancien conjoint[4].

116.172 Dissolution par divorce. Si le principe en matière divorce est celui de la perte de l'usage du nom du conjoint (C. civ., art. 264, al. 1er), le maintien de cet usage n'est toutefois pas exclu. La possibilité de conserver l'usage du nom du conjoint peut résulter de l'accord de celui-ci ou bien d'une autorisation du juge, si le requérant justifie d'un **intérêt particulier pour lui ou pour les enfants** (C. civ., art. 264, al. 2). Il en va toutefois différemment en ce qui concerne l'usage des titres de noblesse en raison de l'autonomie des règles régissant ces titres « *qui interdisent l'existence concomitante de deux personnes portant le titre de duchesse par l'effet d'un divorce suivi d'un remariage, la femme n'ayant sur le titre de son mari qu'un droit d'usage limité, accessoire au mariage et lié à l'existence réelle, ou fictive en cas de deuil, de ce dernier* »[5].

1. V. en ce sens B. Teyssié, *Les personnes*, 9e éd., Litec, 2005, n° 149.
2. V. TGI Saint-Étienne, réf., 2 mars 1970, *JCP* 1970, II, 16377, note P. L.; *RTD civ.* 1970, 343, obs. Nerson; *Gaz. Pal.* 1970, II, p. 255.
3. Hauser et Huet-Weiller, t. 2, n° 10.
4. En ce sens, v. Hauser et Huet-Weiller, t. 2, n° 10 et jur. citée – M.-Cl. Rondeau-Rivier, *Le remariage*, th. Lyon, 1981, nos 173 s.
5. CA Bourges, 24 févr. 1998, De Clermont-Tonnerre c/ Dame Moranville, *JCP* 1998, II, 10072, note Ruet; *RTD civ.* 1998, 654, obs. Hauser – Réformant TGI Châteauroux, 26 sept. 1995, *JCP* 1996, II, 22605.

TITRE

12. Le relâchement du lien matrimonial

SECTION 0. ORIENTEUR

12.00 Plan du titre.

12.01 Textes applicables.

> Droits et devoirs respectifs des époux

C. civ., art. 214 [contribution aux charges du mariage]

C. civ., art. 215 [communauté de vie et logement de la famille]

C. civ., art. 248 [conséquences du divorce]

C. civ., art. 262-1 [date des effets du divorce]

L. n° 89-462, 6 juill. 1989, art. 16

> Séparation de corps

C. civ., art. 296 à 298 et C. pr. civ., art. 1129 [cas et procédure de la séparation de corps]

C. civ., art. 299 à 304 [conséquences de la séparation de corps]

> Fin de la séparation de corps

C. civ., art. 305 à 309

C. pr. civ., art. 1130 [mention de la déclaration de reprise de la vie commune en marge de l'acte de naissance et de l'acte de mariage]

12.03 Bibliographie indicative.

Actualisables. RÉP. CIV., *V° Séparation de corps,* par Breton et Bouton – J.-CL. CIVIL, *V°* »Séparation de corps », fasc. 5, 2, 2005; fasc. 15, 11, 2004, par C. Watine-Drouin.

Ouvrages. A. BÉNABENT, *La famille,* 11e éd., Litec, 2003 – J. CARBONNIER, *Droit civil, La famille,* « Thémis », PUF, 21e éd., 2003 – G. CORNU, *La famille,* 9e éd., Montchrestien, 2006 – P. COURBE, *Droit de la famille,* 3e éd., Armand Colin, 2003 – M. Douchy-Oudot, *La famille,* « Hyper-cours », Dalloz, – G. Goubeaux, *Droit civil, la famille,* LGDJ, 2006 – PH. MALAURIE et H. FULCHIRON, *La famille,* 2e éd., Defrénois, 2006 – F. TERRÉ et D. FENOUILLET, *Les personnes, la famille, les incapacités,* « Précis », 8e éd., Dalloz, 2005.

12.09 Présentation. Entre le mariage, union de l'homme et de la femme, et le divorce ou le décès, qui en sont la rupture, existent des séparations de corps et de fait, « *véritables désunions intermédiaires, mélangées d'union et de rupture* [...] *Intermédiaires, parce qu'on ne sait si elles sont provisoires ou définitives et si elles penchent du côté du mariage ou du divorce* »[1]. En effet, même si la séparation de corps est plus traditionnelle et mieux organisée, la situation la plus courante est la séparation de fait, qui se présente sous des formes diverses, reflétant souvent aujourd'hui l'indifférence des individus à l'égard du droit, un peu comme le concubinage reflète une certaine indifférence à l'égard du mariage.

1. MALAURIE et FULCHIRON, n° 850.

CHAPITRE

121. Séparation de corps

YANN FAVIER
MAÎTRE DE CONFÉRENCES
À L'UNIVERSITÉ DE SAVOIE

SECTION 0
ORIENTEUR

121.00 **Plan du chapitre.**

121.01 **Textes applicables.**

* V. s^s n° 12.01

121.02 **Jurisprudence de référence.**

> La loi applicable est la loi en vigueur non pas au moment de la décision de conversion mais au moment de la requête en séparation de corps

• **Civ. 1re, 17 déc. 2008, n° 06-19.125, *Bull. civ.*** I, n° 287

* V. s^s n° 121.23

« Les dispositions de la loi n° 2004-439 du 26 mai 2004 concernant les demandes de conversion de la séparation de corps en divorce, et notamment l'article 33, V de cette loi, ne sont pas applicables aux actions en conversion lorsque le jugement de conversion a été prononcé antérieurement au 1er janvier 2005 ».

> Priorité de la demande reconventionnelle en divorce présentée sur le fondement de la loi nouvelle

• **Cass. avis, 3 avr. 2006, n° 06-00.002,** *Bull. civ. avis,* n° 2

« Lorsqu'une demande en séparation de corps pour faute a été formée avant l'entrée en vigueur de la loi n° 2004-439 du 26 mai 2004 relative au divorce et qu'une demande reconventionnelle en divorce pour altération définitive du lien conjugal est formée sur le fondement de la loi nouvelle, il y a lieu d'examiner en premier lieu la demande en divorce, en application du premier alinéa de l'article 297-1 du Code civil. »

* V. s^s n° 121.23

> Allocation de dommages-intérêts : condition de préjudice

• **Civ. 1re, 8 févr. 2001, n° 99-15.476,** NPT

« [...] La liaison du mari était intervenue plus de douze ans après la séparation de corps des conjoints, et se situait dans une autre région que celle où demeurait l'épouse, la cour d'appel a pu en déduire que le grief ainsi invoqué ne causait pas à l'épouse un préjudice de nature à justifier l'allocation de dommages-intérêts à son profit. »

* V. s^s n° 121.32

> Fixation de pension alimentaire : condition de besoin appréciée au jour où les juges statuent

• **Civ. 1re, 8 févr. 2005, n° 03-15.441,** NP

« [...] Pour apprécier l'état de besoin de l'épouse et fixer pour l'avenir le montant de la pension alimentaire due au titre du devoir de secours, les juges du fond, statuant postérieurement à la séparation de corps prononcée en 1988, ont à bon droit pris en compte la situation des époux au jour où ils statuaient; d'où il suit que le moyen n'est pas fondé. »

* V. s^s n° 121.35

> Demande en conversion : débat sur la fixation de la prestation compensatoire

• **Civ. 1re, 25 mai 2004, n° 02-10.424,** *Bull. civ.* I, n° 147

« Mme Y... qui bénéficiait d'une pension alimentaire avait intérêt à interjeter appel du jugement de conversion alors que le tribunal, méconnaissant son office, n'avait pas invité les parties à s'expliquer sur le versement d'une prestation compensatoire. »

* V. s^s n° 121.44

> Indépendance de la cause de divorce et de celle de séparation de corps en cas de conversion

• **Civ. 2e, 11 oct. 1989, n° 88-13.162,** *Bull. civ.* II, n° 179

« Les textes, qui réglementent la conversion de la séparation de corps en divorce, n'excluent pas la possibilité d'une demande principale en divorce formée pour d'autres causes après le jugement de séparation de corps. »

* V. s^s n° 121.44

• **Civ. 2e, 11 déc. 1991, no 90-13.374,** *Bull. civ.* II, no 343
« L'article 307 du Code civil, qui prévoit les conditions de la conversion de la séparation de corps en divorce, n'exclut pas la possibilité d'une demande principale en divorce formée pour d'autres causes après le jugement de séparation de corps. »
* V. ss no 121.44

121.03. Bibliographie indicative.
* V. ss no 12.03

121.04 Questions essentielles.
> Les causes de la séparation de corps sont les mêmes que celles du divorce. La procédure est en conséquence calquée sur celle du divorce avec quelques particularités.
* V. ss no 121.23
> À la différence du divorce, la séparation de corps ne dissout pas le mariage mais en relâche les liens en faisant cesser le devoir de cohabitation tout en maintenant l'obligation de fidélité.
* V. ss no 121.32
> Au plan patrimonial, la séparation de corps entraîne toujours la séparation de biens.
* V. ss no 121.34
> La séparation de corps peut donner lieu au paiement d'une pension alimentaire au titre du devoir de secours qui est maintenu.
* V. ss no 121.35
> Le maintien des droits attachés à la qualité de conjoint se révèle également par le sort du nom matrimonial ou nom d'usage.
* V. ss no 121.33
> Le maintien des droits attachés à la qualité de conjoint se révèle aussi par la qualité de conjoint dans le droit successoral ou en matière de pension de réversion.
* V. ss no 121.38
> La séparation de corps prend fin par la réconciliation ou la conversion en divorce.
* V. ss no 121.41

121.05 Délais.
> À une demande principale en divorce, il peut être répondu par une demande reconventionnelle en séparation de corps et inversement. Mais cette faculté est exclue si la demande principale est fondée sur l'altération définitive du lien conjugal : déjà séparé depuis **deux ans** (C. civ., art. 238), le conjoint contre qui la demande est formée ne doit pas être à même de paralyser la demande en divorce.
* V. ss no 121.23
> Sur demande conjointe, la conversion de la séparation de corps en divorce échappe au délai de **deux ans** et peut être sollicitée à tout moment dès lors que le consentement des époux est libre et sérieux.
* V. ss no 121.43

121.06 Sanctions.
> L'époux qui a présenté une demande en séparation de corps ne peut modifier sa demande initiale; s'il souhaite divorcer il doit recommencer toute la procédure en introduisant une demande en divorce et en se désistant de celle en séparation de corps.
* V. ss no 121.23

121.09 Définition. La séparation de corps est un mode de « *relâchement et non de dissolution du lien conjugal* »[1]. La séparation de corps existe, en quelque sorte, **dans l'ombre du divorce** dont elle est une sorte de **diminutif**. Comparés à ceux qui sont applicables au divorce, les textes régissant la séparation de corps (C. civ., art. 296 à 309) sont moins nombreux et plus brefs. Le législateur a entendu se référer pour la séparation de corps aux règles non contraires du divorce.

SECTION 1
HISTOIRE ET RÔLE DE LA SÉPARATION DE CORPS

121.11 De l'ancien droit à la Révolution. Issue du droit canonique, qualifiée par Pothier de « *séparation d'habitation* », la séparation de corps existait dans l'ancien droit. Compatible avec les positions de l'Église catholique sur l'indissolubilité du mariage, elle laissait subsister le lien matrimonial tout en empêchant le mariage de devenir un huis clos infernal, sans issue pour les époux. Après sa suppression en 1792 par les révolutionnaires qui la jugeaient coupable de catholicisme et contraire à la liberté humaine, le Code Napoléon décide son rétablissement, dans un esprit de pacification politique et religieuse.

121.12 Le Code Napoléon. Ainsi, en 1804, la séparation de corps est considérée comme une dernière chance de réconciliation laissée aux époux, une période probatoire, devant **cesser au bout de trois ans**. À l'expiration de ce « *temps de pénitence* »[2] de trois ans, seul le conjoint coupable (exceptée la femme adultère) peut alors demander la conversion. La conversion est de droit. Cependant, le défendeur peut s'y opposer en sollicitant la reprise de la vie commune (C. civ., anc. art. 310).

121.13 La IIIe République. En 1884, lors du rétablissement du divorce, la loi Naquet bouleverse ce régime, ne gardant que la règle relative au délai. Les deux conjoints peuvent demander la conversion, mais le **juge** bénéficie d'un **pouvoir d'appréciation**. En 1908, la loi rendit obligatoire la conversion demandée par un époux, sans distinguer le coupable de l'innocent. Amputée de son caractère durable, la séparation de corps ne fut plus qualifiée de « *divorce des catholiques* ». Avec la loi du 2 avril 1941 et jusqu'au décret du 12 avril 1945, la conver-

1. CORNU, no 420.
2. CARBONNIER, no 217.

sion connut une brève interruption pendant laquelle elle redevint facultative pour le juge lorsqu'elle était réclamée par l'époux coupable.

121.14 La loi du 11 juillet 1975. Elle a maintenu le système de 1908 en apportant deux innovations. La conversion peut être sollicitée par une demande conjointe (C. civ., art. 307, al. 1er), auquel cas aucune condition de délai n'est imposée; en outre, seule est possible une conversion par demande conjointe lorsque la séparation a été prononcée sur demande conjointe (C. civ., art. 307, al. 2). « *Notre droit positif consacre désormais une séparation de corps quasi inconvertible, selon les vœux des partis sensibles à l'influence de l'Église catholique, alors que sous la IIIe République, les partis laïques s'étaient donné beaucoup de mal pour accélérer la convertibilité. La décision a sans doute été prise en connaissance de cause par le Gouvernement et même le Parlement.* »[1].

121.15 La loi du 26 mai 2004. La loi du 26 mai 2004 a maintenu la séparation de corps, les modifications apportées résultant de la réforme du divorce qui a modifié les cas de divorces. Toutefois, le **délai de conversion de la séparation de corps en divorce** (C. civ., art. 306) est désormais aligné sur **celui de la séparation du divorce prononcé pour altération définitive du lien conjugal**, ce qui a fait dire certains que la séparation de corps était devenu un « *leurre* »[2]. La séparation de corps reste très marginale et le nombre de demandes est en constante diminution (5 679 en 2004, 7 808 en 2000).

121.16 Caractères. Au lendemain de la loi de 1884, la séparation de corps pouvait être qualifiée de **diminutif du divorce**; cependant, dès 1908, à partir du moment où elle put être convertie en divorce même à la demande du conjoint coupable, elle devint l'**antichambre du divorce**. Le doyen André Breton soulignait que le divorce et la séparation de corps entraînaient tous deux la disparition du foyer conjugal et résultaient souvent des griefs de l'un des époux vis-à-vis de l'autre; tous deux « *établissent en fait, des rapports difficiles entre exépoux; on s'explique donc, que ces institutions puissent avoir beaucoup de causes communes* »[3]. Ainsi, le régime juridique de la séparation de corps est calqué sur celui du divorce, mais la différence essentielle réside dans son **caractère provisoire**, car elle peut prendre fin du vivant des époux, soit par une **réconciliation**, soit par une **conversion en divorce**, ce qui faisait écrire à MM. les professeurs G. Marty et P. Raynaud, dans leur grand traité de droit civil[4], que la séparation de corps apparaissait de plus en plus comme une période transitoire, « *une étape avant la rupture définitive. Elle facilite l'accès au divorce plus qu'elle ne détourne de lui.* »

SECTION 2
CONDITIONS DE LA SÉPARATION DE CORPS

121.21 Principe. Selon l'article 296 du Code civil, « *la séparation de corps peut être prononcée à la demande de l'un des époux dans les mêmes cas et aux mêmes conditions que le divorce.* ». Comme le divorce, la séparation de corps suppose nécessairement **un jugement**. Comme le divorce, elle doit être demandée par l'un des époux ou les deux s'ils agissent conjointement par consentement mutuel; mais la conversion n'est alors possible que sur demande conjointe (C. civ., art. 307, al. 2).

121.22 Causes de la séparation. Les causes de la séparation sont les mêmes que celles de divorce; elle peut donc être demandée sur le fondement du **consentement mutuel**, pour **acceptation du principe de la rupture**, pour **altération définitive du lien conjugal** (l'intérêt est limité puisque la séparation est déjà établie en fait) ou pour **faute**. Les époux sont libres d'opter pour l'une des voies. Mais il semble que la séparation de corps est souvent considérée comme une solution moins radicale par le conjoint auquel la vie commune est devenue intolérable et qui craint de n'arriver à prouver une cause de divorce à cause de son manque de ressources, de son inexpérience ou de sa faiblesse. Elle est aussi, parfois et non sans une certaine hypocrisie, envisagée par celui qui veut se libérer des chaînes conjugales comme moins choquante pour son conjoint, et partant, plus facilement acceptable. Cependant, les **causes de la séparation** doivent être et sont **appréciées par le juge comme s'il s'agissait d'une demande en divorce**; il ne peut se montrer moins exigeant sous prétexte que les effets sont plus limités. Les faits de la cause demeurant acquis, la conversion possible en divorce s'oppose à une plus grande tolérance dans leur appréciation. Depuis 1975, les séparations de corps sont le plus souvent fondées sur la faute; par consentement mutuel, elles présentent le risque de n'être convertibles que par accord des deux époux. Depuis la réforme de 2004, elles peuvent se conclure par un **divorce pour altération définitive** par la seule **preuve d'une séparation de plus de deux ans**.

121.23 Procédure de la séparation de corps. La procédure de la séparation de corps est calquée sur celle du divorce, mais l'existence des deux voies fait apparaître **deux particularités**.

Conformément à l'article 297 du Code civil, à une **demande principale en divorce**, il peut être répondu par une **demande reconventionnelle en**

1. CARBONNIER, n° 216.
2. MALAURIE et FULCHIRON, n° 852.
3. RÉP. CIV., A. Breton, *V° Séparation de corps*, n° 43.
4. MARTY et RAYNAUD, n° 649.

séparation de corps et inversement. Mais cette **faculté** est **exclue** si la **demande principale** est fondée sur **l'altération définitive du lien conjugal** : déjà séparé depuis deux ans (C. civ., art. 238), le conjoint contre qui la demande est formée ne doit pas être à même de paralyser la demande en divorce. La **demande reconventionnelle en séparation de corps** n'est donc recevable que dans le cadre d'une procédure pour **faute**. Si l'une des demandes est accueillie et l'autre rejetée, le tribunal prononce soit le divorce, soit la séparation de corps selon l'objet de la demande qu'il accueille. Dans le cas où une demande en séparation de corps pour faute a été formée avant l'entrée en vigueur de la loi du 26 mai 2004 et qu'une demande reconventionnelle est formée en application de la loi nouvelle, la Cour de cassation avait dû préciser qu'il y avait lieu d'examiner en premier lieu la demande en divorce en application de l'article 297-1 alinéa 1er du Code civil [1]. En outre, les dispositions de la loi du 26 mai 2004 [2] ne sont pas applicables aux actions en conversion lorsque le jugement de conversion a été prononcé antérieurement au 1er janvier 2005, date d'entrée en vigueur de la loi du 26 mai 2004 : la **loi applicable** est la loi en vigueur non pas au moment de la décision de conversion mais **au moment de la requête en séparation de corps** [3].

De la dualité des voies, il résulte également que **le demandeur en divorce peut, en cours d'instance, transformer sa demande en séparation de corps** (qui peut le plus peut le moins). L'inverse n'est pas admis [4]. Posée depuis longtemps en jurisprudence, cette solution est aujourd'hui expressément inscrite dans l'article 1076 alinéa 2 du Code de procédure civile. Ainsi, l'époux qui a présenté une demande en séparation de corps ne peut modifier sa demande initiale; s'il souhaite divorcer il doit recommencer toute la procédure en introduisant une demande en divorce et en se désistant de celle en séparation de corps.

SECTION 3
CONSÉQUENCES DE LA SÉPARATION DE CORPS

121.31 Principe. À la différence du divorce, la séparation de corps ne dissout pas le mariage, mais en relâche sensiblement les liens, ce qui explique un certain particularisme dans les conséquences. Le principe posé par l'article 304 du Code civil est que « *les conséquences de la séparation de corps obéissent aux mêmes règles que les conséquences du divorce* ». En réalité, les conséquences de la séparation de corps sont comparables à celles du **divorce pour altération définitive du lien conjugal**, à la différence près que le divorce permet de recouvrer sa liberté matrimoniale. Laissant de côté les conséquences de la séparation sur l'exercice de l'autorité parentale – identique à l'autorité parentale sur enfants de parents divorcés – il convient de considérer les **conséquences à l'égard des époux**, sous le double point de vue des rapports personnels et des rapports relatifs aux biens du couple.

Le principal effet de la séparation de corps consiste en la **disparition définitive du devoir de cohabitation**, prévue à l'article 299 du Code civil. Il n'y a plus de résidence commune du ménage ni d'obligation pour chaque époux de recevoir l'autre à son domicile. Cependant, toutes les notifications en matière d'état ou de capacité continuent à devoir être faites aux deux époux à peine de nullité (C. civ., art. 108, al. 2).

Les **liens matrimoniaux** qui n'ont pas trait à la communauté d'existence ne sont pas dissous, de sorte que les conjoints conservent la qualité d'époux. Il leur est interdit de se remarier sous peine de bigamie.

121.32 Devoir de fidélité. Le devoir de fidélité **subsiste**, et l'adultère commis peut justifier une demande reconventionnelle en divorce pour faute, ou une demande principale sans attendre l'expiration du délai de deux ans requis pour la conversion de la séparation en divorce. Mais comme l'adultère est une cause facultative de divorce, depuis la réforme du 11 juillet 1975 (C. civ., art. 242) les tribunaux utilisent leur pouvoir d'appréciation pour le trouver excusé (C. civ., art. 245) par l'attitude de l'autre conjoint, ou par le fait qu'il a été commis alors que les époux étaient en période de séparation légale (v. ss nos 132.263 s.). Il est admis que l'adultère cesse par lui-même d'être une cause de divorce lorsqu'il est commis pendant la séparation de corps surtout après une longue séparation [5].

121.33 Nom des époux. Les époux restant mariés, la femme conserve l'usage du nom de son mari, et le mari conserve le droit de porter, joint à son nom, celui de sa femme. Mais, à la demande de

1. Cass. avis, 3 avr. 2006, n° 06-00.002, *Bull. civ. avis*, n° 2; *Dr. fam.* 2006, n° 109, note Larribau-Terneyre.
2. L. n° 2004-439, 26 mai 2004, relative au divorce, *JO* 27 mai, p. 9319.
3. Civ. 1re, 17 déc. 2008, n° 06-19.125, *Bull. civ.* I n° 287; *Dr. fam.* 2009, n° 13, note Larribau-Terneyre; *RJPF* 2009, p. 22 obs. Garé.
4. Civ. 1re, 16 avr. 2008, n° 07-14.891, *Bull civ.* I, n° 110; *Gaz Pal* 23 nov. 2008, p. 24, note Mulon; *Gaz Pal* 16 nov. 2008, n° 321-323, p. 23, note Massip; *RJPF* 2008, n° 7, p. 18, obs. Garé; *Dr fam.* 2008, comm. 82, obs. Larribau-Teyrnere; *RLDC* 2008, p. 41, note Serra.
5. Civ. 1re, 8 févr. 2001, n° 99-15.476, NPT (douze ans après) – V. DÉJÀ, TGI Nantes, 9 nov. 1982, *D.* 1985, IR 150, note Groslière (neuf ans après le jugement en séparation de corps).

l'un des époux, le tribunal peut en décider autrement (C. civ., art. 300 - V. s[s] n°s 116.162).

121.34 Régime matrimonial des époux séparés de corps. La séparation de corps comportait autrefois (depuis la loi du 6 février 1893), une incitation pour la femme, à solliciter la séparation de corps de préférence au divorce, dans la mesure où elle conférait à cette dernière la pleine capacité juridique; mais la loi du 18 février 1938 accordant à toute femme mariée l'entier exercice de sa capacité, a supprimé le texte et ce n'est plus aujourd'hui un effet de la séparation de corps. En revanche, « *la séparation de corps emporte toujours la séparation de biens* » (C. civ., art. 302, al. 1er); le point de départ est fixé par référence aux articles 262 et suivants du Code civil; il s'ensuit que les époux séparés de corps peuvent demander que l'effet du jugement soit reporté à la date où ils ont cessé de cohabiter et de collaborer[1] (C. civ., art. 262-1 - V. s[s] n°s 133.00 s.).

121.35 Devoir de secours. La séparation de corps peut donner lieu au versement d'une **pension alimentaire** (C. civ., art. 303, al. 1er). Celle-ci ne constitue pas une contribution aux charges du mariage, mais l'exécution du devoir de secours visé à l'article 212 du Code civil qui survit entre les époux. Elle n'est due qu'en raison de l'état de besoin du créancier (dont l'appréciation relève du pouvoir souverain du juge du fond[2]), appréciée au jour où les juges statuent[3], et la cour d'appel ne peut, pour débouter l'épouse de sa demande, se borner à prendre en considération les revenus du mari sans prendre en considération également les besoins de l'épouse[4].

La pension est attribuée **sans considération des torts**, ainsi que le déclare expressément l'article 303 alinéa 1er du Code civil. La Cour de cassation a rappelé que la séparation de corps « *ne mettant pas fin au lien conjugal, laisse subsister entre les époux le devoir réciproque de secours que ce texte leur impose; il en résulte que la demande de pension alimentaire formée par l'un d'eux ne peut être écartée au seul motif que la séparation de corps a été prononcée aux torts réciproques des époux* »[5]; elle ne pourrait non plus être écartée, en théorie, pour l'époux aux torts duquel la séparation de corps a été prononcée. La pension alimentaire est soumise aux règles des obligations alimentaires (C. civ., art. 303, al. 3). Ces règles sont également applicables à son recouvrement (sur ces deux points, v. titres 31 et 32 de cet ouvrage).

Le devoir de secours peut également prendre la forme d'un **droit d'usage à titre gratuit du logement** : la pratique l'admet, la Cour de cassation aussi sous la réserve de distinguer ce droit personnel du droit réel d'usage et d'habitation prévu en matière de droit aux aliments (C. civ., art. 373-2-2, al. 3)[6]. Toutefois, comme le droit d'usage et d'habitation, ce droit de jouissance sur le logement ne peut être **ni cédé ni loué** et l'époux séparé de corps pourra en bénéficier tant que le mariage n'est pas dissous par divorce.

121.36 Régime juridique spécifique de la pension alimentaire attribuée en séparation de corps. La pension alimentaire attribuée dans le cadre de la séparation de corps ne ressemble ni à la prestation compensatoire (C. civ., art. 270) ni à la pension alimentaire mesure provisoire (C. civ., art. 255, 6°), ni à la pension alimentaire pour l'entretien de l'enfant (C. civ., art. 371-2).

À la différence de la prestation compensatoire, elle n'a **aucun caractère forfaitaire** et peut être accordée par un jugement postérieur même si l'état de besoin n'a pas sa cause dans la séparation.

Comme en matière d'aliments, le **débiteur** peut demander au juge d'appliquer l'article 207 alinéa 2 pour **être déchargé de son obligation** si le créancier a lui-même manqué gravement à ses devoirs (C. civ., art. 303, al. 2). Ainsi, une cour d'appel a tenu compte à bon droit des nombreux abandons du foyer par la femme pour réduire l'obligation du mari[7].

Lorsque la consistance des biens de l'époux débiteur s'y prête, l'article 303 alinéa 3 déclare applicables à la pension à la charge de l'époux séparé de corps, les termes des articles 274 à 275-1, 277 et 281 qui prévoient le remplacement de la pension alimentaire après divorce par la **constitution d'un capital**. Si ce capital devient insuffisant pour couvrir les besoins du créancier, celui-ci peut demander un complément sous forme de pension alimentaire. Afin de dissiper toute difficulté, notamment d'ordre fiscal, l'article 303 renvoie à l'article 281 du Code civil pour préciser que les attributions en capital quelles que soient leurs modalités sont considérées comme participant du régime matrimonial et ne sont en aucun cas assimilées à des donations.

1. EN CE SENS, Civ. 1re, 27 févr. 2003, n° 01-15.156, NP.
2. Civ. 1re, 4 oct. 2005, n° 04-12.755, NP.
3. Civ. 1re, 8 févr. 2005, n° 03-15.441, NP.
4. Civ. 2e, 24 nov. 1982, n° 81-11.148, *Bull. civ.* II, n° 152.
5. Civ. 2e, 1er déc. 1976, n° 75-15.733, *Bull. civ.* II, n° 324; *D.* 1977, IR 140.
6. Civ. 1re, 24 sept. 2008, n° 06-21.198, *Bull. civ.* I, n° 209; *D.* 2008, 2504; *RJPF* 2008-11/17, obs. Garé; *AJ fam.* 2008, 433, obs. Gallmeister; *RTD civ.* 2009, 104, obs. Hauser.
7. Civ. 2e, 11 févr. 1981, n° 79-16.767, *Bull. civ.* II, n° 34; *D.* 1982, IR 40, note Bénabent; *Defrénois* 1981, art. 32787, n° 111, note. Massip – V. AUSSI, Civ. 2e, 31 janv. 1990, n° 88-13.211, NPT – CA Bordeaux, 26 févr. 1992, *Juris-Data* n° 040338 – CA Dijon, 4 déc. 1992, *Juris-Data* n° 049012.

121.37 **Dommages-intérêts.** Les conséquences de la séparation de corps obéissant aux mêmes règles que les conséquences du divorce, les dispositions de l'article 266 du Code civil sont également applicables à la séparation de corps comme a dû le rappeler plusieurs fois la Cour de cassation[1]. Il en résulte que l'époux défendeur à une séparation de corps pour altération définitive du lien conjugal ou dont le conjoint s'est vu attribuer les torts exclusifs à l'issue d'une procédure en séparation de corps pour faute, peut demander réparation « *des conséquences d'une particulière gravité* » qu'il subit du fait de la séparation de corps (v. s[s] n°s 136.00 s.).

121.38 **Maintien des droits attachés à la qualité de conjoint.** Les droits attachés à la qualité de conjoint sont conservés de la même manière qu'en matière de divorce; il en va de même en ce qui concerne les **avantages matrimoniaux** et les **pensions de réversion**. Sur le plan successoral, la survie de la qualité d'époux entraîne celle de la qualité d'héritier. Depuis la réforme de 2004, la cause de la séparation de corps comme celle du divorce n'a plus d'effets sur ses conséquences. Toutefois, en cas de séparation par consentement mutuel, les époux peuvent toujours valablement renoncer dans leur convention, à leurs droits successoraux (C. civ., art. 301).

SECTION 4
FIN DE LA SÉPARATION DE CORPS

121.41 **Causes.** La séparation de corps peut prendre fin avec le mariage lui-même (par décès de l'un des époux ou par divorce prononcé en raison de faits nouveaux); deux causes spéciales peuvent aussi y mettre un terme; il s'agit d'une part de la réconciliation des époux qui rétablit le lien conjugal dans sa plénitude, d'autre part, hypothèse plus fréquente, de la conversion de la séparation en divorce.

121.42 **Réconciliation.** Définie par l'article 305 du Code civil comme « *la reprise volontaire de la vie commune* », la réconciliation qui pourrait être assimilée à une fin de non-recevoir au divorce, repose sur un **élément matériel** et un **élément intentionnel**. Elle nécessite un **accord de volonté**, exprès ou tacite, et ne peut résulter de la volonté unilatérale de l'un des époux. L'époux offensé ne peut imposer son pardon au coupable et l'époux coupable ne peut sans accord de l'innocent réintégrer ses pénates. La conversion doit en outre, être matériellement corroborée par le rapprochement des époux et le **rétablissement de la vie commune**. La réunion de ces deux éléments est suffisante. Le législateur a souhaité éviter d'encadrer la réconciliation dans un formalisme susceptible de gêner les époux. Toutefois, si aucune procédure judiciaire n'est requise pour la reprise volontaire de la vie commune, pour être **opposable aux tiers** cette reprise est soumise aux formalités visées à l'article 305 alinéa 2 du Code civil et doit être constatée par **acte notarié** ou bien faire l'objet d'une **déclaration à l'officier d'état civil**.

La réconciliation produit alors effet. La situation redevient matrimoniale. La pension alimentaire prévue à l'article 303 du Code civil cesse d'être due. Si, conformément aux dispositions de l'article 305 alinéa 3 les époux conservent en principe le régime de la séparation de biens qu'avait entraîné la séparation de corps, ils peuvent néanmoins d'un commun accord, choisir un autre régime matrimonial à condition de respecter les prescriptions de l'article 1397 du même code, comme tous les autres époux.

121.43 **Conversion en divorce.** L'identité des causes de séparation et de divorce permettant l'économie d'un nouveau procès en divorce, on utilise souvent la procédure déjà commencée, en opérant une simple conversion de la séparation en divorce. Il est peu fréquent que la séparation prenne fin par le prononcé du divorce pour des faits nouveaux survenus depuis le prononcé de la séparation de corps[2], d'autant que la gravité de violation des obligations matrimoniales qui subsistent est soumise au pouvoir d'appréciation du juge depuis qu'il n'y a plus de cause péremptoire (v. cep., sur la possibilité de former une demande en divorce sur l'adultère de la femme, postérieurement au jugement de séparation de corps[3] – et sur l'adultère de la femme antérieur au jugement, mais non mentionné dans la procédure[4]).

121.44 **Conditions de la conversion.** En ce qui concerne les conditions de la conversion, la loi du 11 juillet 1975 distingue selon que la **demande** en justice **émane d'un seul des époux** (C. civ., art. 306) ou **conjointement des deux** (C. civ., art. 307).

Par **volonté unilatérale**, la conversion intervient **deux ans après le jugement** définitif de séparation, à la demande de l'un ou l'autre des époux, quelle que soit la cause pour laquelle la séparation a été prononcée (sauf si elle l'a été sur demande con-

1. Civ. 2e, 22 mai 1979, n° 78-10.604, *Bull. civ.* II, n° 154 – Civ. 2e, 7 mai 2002, n° 00-18.026, *Bull. civ.* II, n° 96; *RTD civ.* 2002, 493, obs. Hauser – Civ. 1re, 4 oct. 2005, n° 04-12.755, NP.

2. Civ. 2e, 21 janv. 1959, *Gaz. Pal.* 1959, I, 190.
3. CA Paris, 10 févr. 1993, *Juris-Data* n° 020468.
4. CA Douai, 21 mai 1992, *Juris-Data* n° 044110.

jointe). **La conversion est de droit** et la demande en divorce de l'un des époux n'interdit pas à l'autre de solliciter la conversion de la séparation de corps en divorce[1]. La procédure est accélérée et simplifiée. Le formalisme à respecter est le même que pour l'introduction d'une demande initiale en divorce. Le juge compétent n'est pas forcément celui du divorce, il est celui du lieu où réside l'un des époux avec les enfants mineurs, à défaut, celui du lieu où réside le défendeur. L'instruction de l'affaire et l'audition des parties ne sont pas obligatoires.

Le juge doit contrôler seulement que les conditions de la conversion sont remplies; il a à statuer uniquement sur les conséquences du divorce qui se substituent à celles de la séparation; l'obligation de fidélité disparaît, la pension alimentaire également; il faudra éventuellement examiner s'il y a lieu à l'octroi d'une **prestation compensatoire** (et inviter les parties à s'expliquer sur sa fixation[2]), à déterminer selon les règles propres au divorce, ou à une **pension alimentaire**, si la séparation de corps avait été prononcée pour rupture de la vie commune.

La conversion peut émaner des **époux agissant par consentement mutuel**; c'est une obligation, en cas de séparation de corps prononcée par consentement mutuel, sans quoi la possibilité de divorce pourrait se trouver paralysée et le lien conjugal demeurer indissoluble. Toutefois, le prononcé de la séparation de corps sur demande conjointe n'exclut pas pour autant la possibilité d'introduire une demande principale en divorce pour d'autres causes que celle qui justifie la séparation de corps[3]. Sur demande conjointe, **la conversion échappe au délai de deux ans** et peut être sollicitée à tout moment dès lors que le consentement des époux est libre et sérieux. La procédure est celle du divorce par consentement mutuel, simplifiée. Ainsi, le juge peut ne pas entendre les époux et se borner à examiner avec leur avocat la convention. En l'absence de difficulté, il homologue la convention et prononce le divorce. Sinon il peut, sans autres formes, demander aux époux de présenter à nouveau la requête dans le mois, après modification de la convention; s'il n'est pas déféré à cette demande, le juge rend une ordonnance par laquelle il refuse d'homologuer la convention (C. pr. civ., art. 1133). Les dépens de l'instance en conversion sont répartis comme ceux de l'instance en séparation de corps, mais les dépens afférents à l'instance d'appel sont traités comme ceux d'une instance nouvelle (C. pr. civ., art. 1136)[4].

Enfin, les dispositions de la loi du 26 mai 2004 ne sont pas applicables aux actions en conversion lorsque le jugement de conversion a été prononcé antérieurement au 1er janvier 2005, date d'entrée en vigueur de la loi du 26 mai 2004 (v. s^s^ n°s 121.31).

1. Civ. 2e, 24 févr. 1993, n° 91-11.837, *Bull. civ.* II, n° 74; *RTD civ.* 1993, 334, obs. Hauser.
2. Civ. 2e, 3 juill. 1997, n° 95-17.457, *Bull. civ.* I, n° 215; *RTD civ.* 1997, 912, obs. Hauser – Civ. 1re, 25 mai 2004, n° 02-10.424, *Bull. civ.* I, n° 147; *D.* 2004, IR 1770; *Gaz. Pal.* 2554, concl. Sainte-Rose; *Defrénois* 2004, 1685, obs. Massip.
3. Civ. 2e, 11 oct. 1989, n° 88-13.162, *Bull. civ.* II, n° 179 – Civ. 2e, 11 déc. 1991, n° 90-13.374, *Bull. civ.* II, n° 343.
4. Civ. 1re, 28 nov. 2006, n° 05-14.035, *Bull. civ.* I, n° 525.

CHAPITRE

122. Séparation de fait

YANN FAVIER
MAÎTRE DE CONFÉRENCES
À L'UNIVERSITÉ DE SAVOIE

SECTION 0
ORIENTEUR

122.00 Plan du chapitre.

122.01 Textes applicables.

* V. s^s n° 12.01

122.02 Jurisprudence de référence.

> Maintien de principe de l'obligation de fidélité

• Civ. 1re, 19 nov. 1997, n° 96-12.631, NPT

* V. s^s n° 122.23

« L'accord des époux en vue de leur séparation de fait ne leur confère pas une immunité telle que l'adultère du mari ne puisse constituer une cause de divorce. »

> Maintien de l'obligation aux dettes ménagères

• Civ. 1re, 10 mars 1998, n° 96-15.829, *Bull. civ.* I, n° 101

* V. s^s n° 122.33

« La séparation de fait laisse subsister les obligations nées du mariage et [...] le versement des cotisations de retraite, ayant pour but de permettre au titulaire de la pension d'assurer l'entretien du ménage après la cessation de son activité professionnelle, constitue une dette ménagère. »

122.03 Bibliographie indicative.

* V. s^s n° 12.03

122.04 Questions essentielles.

> La séparation de fait est plus difficile à appréhender par le droit mais elle est tout de même prise en compte par le droit.

* V. s^s n° 122.13

> Ainsi la validité des pactes de séparation amiable continue-t-elle d'être discutée (v. s^s n° 122.21), les époux étant tentés d'organiser contractuellement leur séparation. Est directement en cause l'inexécution d'une obligation essentielle du mariage : l'obligation de cohabitation qui peut être suspendue dans des cas admis par la loi ou la jurisprudence (v. s^s n°s 121.31 et 122.32). Mais il faut également tenir compte de la contribution aux charges du mariage qui perdure entre époux séparés de fait (v. s^s n° 122.33) et des effets de la séparation sur les régimes matrimoniaux (v. s^s n° 122.51), le logement (v. s^s n° 122.61), les prestations sociales et la fiscalité (v. s^s n°s 122.71 et 122.72) et sur les relations familiales (autorité parentale : v. s^s n° 122.86; filiation : v. s^s n° 122.85), le droit de la nationalité (v. s^s n° 122.82).

> La séparation de fait peut être également organisée par le juge dans les cas où il rejette définitivement la demande en divorce.

* V. s^s n° 122.41

122.06 Sanctions.

> En cas de refus de contribution aux charges du ménage par l'un des époux séparé de fait fondé sur le refus de cohabitation par l'autre, il appartient à celui qui refuse de reprendre la vie commune d'établir que ses motifs sont valables.

* V. s^s n° 122.23

> En cas de séparation de fait, l'époux délaissé peut obtenir du tribunal de grande instance le pouvoir de passer seul un acte juridique ou celui de représenter son conjoint.

* V. s^s n° 122.52

122.09 Définition. La séparation de fait n'est pas une institution juridique, elle est la situation des époux qui ont cessé la vie commune, sans être divorcés ou séparés de corps. C'est une **situation de**

pur fait[1], qui est aux séparations juridiques ce que le concubinage est au mariage; de la même façon que le concubinage est de plus en plus appréhendé par le droit, la séparation de fait produit de plus en plus de conséquences légales ou jurisprudentielles.

SECTION 1
TRAITS GÉNÉRAUX DE LA SÉPARATION DE FAIT

122.11 Diversité des situations. On observe la même diversité dans les types de séparation de fait et dans les types de concubinage. Les circonstances de la séparation sont très variées : abandon du domicile par l'un ou l'autre des époux, éloignement dû à l'exercice d'une profession d'abord, auquel succède le désir de ne pas reprendre la vie commune, ou encore indifférence et volonté des époux de se séparer. La présence d'enfants communs, la survenance d'enfants nés d'un concubinage forcément adultérin pèseront de façon tout à fait différente sur le vécu de la séparation de fait. Un autre élément de diversité est la durée de la séparation : « *Comme il travaille dans l'union libre en faveur de l'union (phénomène connu), dans la séparation de fait, le temps travaille à la séparation. L'efficacité juridique de la séparation de fait est directement fonction de sa durée* » écrit M. le doyen Cornu[2]. En réalité, cette efficacité juridique consistera en une plus ou moins grande altération des conséquences du mariage qui perdure tant que les époux n'ont pas décidé d'y mettre juridiquement fin.

122.12 Difficultés d'évaluation. En tant que situation de fait, la séparation est difficile à appréhender. Au lendemain de la réforme de 1975, elle était certainement un indicateur des conflits conjugaux aussi important que le divorce[3] avant que la réforme du 26 mai 2004[4] ouvre plus largement les voies du divorce. Il s'agit encore d'un phénomène occulte, divers, évolutif (les raisons en varient avec les réformes des institutions juridiques) dont l'ampleur est presque impossible à mesurer.

Il est vraisemblable que le nombre des séparations de fait a fortement augmenté avec les réformes survenues en droit de la famille, depuis que le divorce n'est plus forcément la sanction d'une faute, que le concubinage tend à être un mode accepté de conjugalité, que les enfants se trouvent sur un pied d'égalité - du moins du vivant de leurs auteurs - quelle que soit la nature de la filiation. Au cours des procès en divorce, on rencontre de très fréquents concubinages adultérins, qui sont soit la cause du divorce pour faute, soit le fondement d'attribution de dommages et intérêts, soit la justification des ressources ou des besoins lorsqu'il s'agit de déterminer le montant de la prestation compensatoire. Il y a comme une indifférence des individus à l'égard du statut juridique de leur couple : de même que certains concubins ne songent plus aujourd'hui à se marier et s'installent dans leur union de fait, les « *mort-mariages* », selon l'expression utilisée par le doyen Carbonnier, perdurent alors que se continue le concubinage adultérin.

122.13 Prise en compte par le législateur. Parce que les situations de fait sont plus nombreuses, et parce que le législateur n'a plus la même hostilité envers ceux qui refusent le droit, la séparation de fait pénètre de plus en plus la sphère de la vie juridique, et ne peut plus vraiment être considérée comme un « *succédané non juridique du divorce* »[5] ou comme « *une structure matérielle nue, en principe ignorée du droit* »[6].

Dans son cours de doctorat consacré à « *l'apport des réformes récentes du Code civil à la théorie du droit civil* »[7], le doyen Cornu, soulignant la vertu nominaliste du verbe de la loi, montrait que le législateur moderne, d'une façon diplomatique, avait réussi à traiter de la séparation de fait entre époux sans jamais la nommer : il lui a suffi de ne pas faire état de la séparation de fait, mais de viser la cessation de la communauté de vie (C. civ., art. 430 et 449, relatifs aux majeurs protégés) ou même, d'une façon comparable, la cessation des devoirs de cohabitation et de collaboration à propos du report de la date de la dissolution de la communauté.

Le législateur aujourd'hui a pris en compte cet état de fait, l'a rendu moins dangereux au regard du régime matrimonial, l'a institué comme cause de divorce sans faute (le divorce pour altération définitive du lien conjugal), et lui a fait produire de nombreux effets de la dissolution ou du relâchement du lien conjugal sans qu'il soit indispensable pour les époux de recourir à l'intervention du juge. Les conséquences de la séparation sont tout de même bien différentes selon qu'elle est **voulue par les deux époux**, ou qu'elle résulte de la **conduite d'un seul**, ce qui tend à prouver que le mariage conserve une valeur certaine dans notre droit, puisque le conjoint séparé de fait contre son gré peut se prévaloir de son état matrimonial.

1. L. Leveneur, *Situations de fait et droit privé*, LGDJ, 1990, n°s 292 s.
2. Cornu, n° 39.
3. J. Commaille, *La réforme du divorce en France*, « Notes et études documentaires », Doc. fr., n° 4478, 1980, p. 7.
4. L. n° 2004-439, 26 mai 2004, relative au divorce, *JO* 27 mai, p. 9319.
5. J. Carbonnier, « Le lien matrimonial », *Annuaire du CERDIC*, p. 21.
6. J. Noirel, « Le droit civil contemporain et les situations de fait », *RTD civ.* 1959, 456.
7. G. Cornu, *Les cours de droit*, Paris, 1970-1971, p. 72.

SECTION 2
PACTES DE SÉPARATION AMIABLE

122.21 Évolution. Sous l'ancienne législation, les pactes de séparation amiable étaient nuls de **nullité absolue** non seulement parce qu'ils représentaient la violation d'une règle impérative, relative à l'état des personnes : l'obligation de communauté de vie qui pèse sur les époux, mais aussi parce que le divorce et la séparation de corps par consentement mutuel étaient expressément interdits (C. civ., anc. art. 307, al. 1er *in fine*). La jurisprudence classique affirmait avec vigueur et constance la **prohibition des pactes de séparation de fait**[1] (« *Aux termes des articles 307 et 1442 [anc.], toute séparation volontaire de corps et de biens entre époux est prohibée; il suit de là que toute convention qui a pour objet de régler les conditions d'une pareille séparation a une cause illicite et comme telle ne peut avoir aucun effet juridique.* »[2]), au point d'annuler les conventions accessoires (ainsi fut prononcée la nullité d'une donation entre époux ayant pour cause une convention de séparation amiable[3]) au grand dam d'une partie modérée de la doctrine qui préconisait seulement la révocabilité de telles conventions dans lesquelles elle voyait « de *simples aménagements des rapports entre les époux* »[4]. Au nom de la « *privatisation de la famille* », des auteurs étaient donc favorables à la séparation amiable dans la mesure où elle permettait de « *sauvegarder le moins mal possible les convenances et la dignité* »[5], tout en évitant la conversion forcée dont les adversaires du divorce faisaient grief à la séparation de corps.

122.22 Incidences des réformes du divorce. Depuis la réforme de 1975, instaurant la possibilité d'une **séparation de corps par consentement mutuel convertible en divorce**, une partie de la doctrine estime qu'il n'y a « *plus de raison de prendre favorablement en compte la volonté des époux qui conviennent de se délier du devoir de communauté de vie sans suivre la procédure de séparation de corps par consentement mutuel que la loi met à leur disposition et qui est source de garantie puisque la volonté des époux y fait l'objet d'un contrôle judiciaire.* »[6]. Certains auteurs considèrent au contraire que l'existence des pactes de séparation amiable n'est précisément plus incompatible avec l'esprit de notre droit, et se prononcent dans le sens de leur **validité**[7], quitte à leur imprimer une certaine **fragilité** (en ce sens, lorsque deux époux ont décidé de ne plus vivre ensemble, l'absence de cohabitation ne peut être considérée comme une violation des obligations du mariage qui serait une cause de divorce[8]). En admettant l'existence d'un droit au divorce fondé sur la seule séparation de fait de plus de deux ans et en favorisant les accords entre époux à tous les stades de la procédure, la réforme de 2004 va d'ailleurs dans ce sens.

122.23 Valeur actuelle des pactes de séparation amiable. Il est certain que la décision de résidence séparée n'a aujourd'hui aucune valeur (« *Si l'époux qui a formé une demande en séparation de corps peut y renoncer valablement, c'est à bon droit qu'en l'espèce la cour d'appel a annulé le désistement d'une épouse, non pour des motifs étrangers à ce désistement, mais après avoir analysé l'accord conclu avec son mari auquel il se référait et en avoir exactement déduit qu'il avait pour but d'organiser la vie séparée des époux au mépris des dispositions de l'article 215* »[9] – « [...] *l'accord des époux en vue de leur séparation de fait ne leur confère pas une immunité telle que l'adultère du mari ne puisse constituer une cause de divorce* »[10]); cependant, il est toujours possible à un époux de demander à l'autre de reprendre la cohabitation malgré le pacte passé. La loi incite de plus en plus les magistrats, sans aller jusqu'à la médiation, à obtenir une justice « *négociée* » plutôt qu'« *imposée* »; ils prennent souvent en compte les **pactes partiels** qui ne concernent pas le principe de la séparation, mais se contentent d'aménager provisoirement l'état de fait et réglementent les modalités des obligations alimentaires, la contribution aux charges du ménage ou l'exercice de l'autorité parentale. Rien n'empêche les juges saisis d'une demande relative au paiement d'une pension alimentaire, ou à la résidence des enfants, ou d'autres questions conjugales de tenir compte de l'accord des époux et de s'en approprier les clauses dans leur jugement.

La loi du 4 mars 2002[11] a consacré une telle solution. L'article 373-2-11 du Code civil prévoit en effet que « *lorsqu'il se prononce sur les modalités d'exercice de l'autorité parentale, le juge prend notamment considération : 1° La pratique que les parents*

1. Civ. 26 janv. 1938, *D.* 1942, 120, note Nast.
2. Civ. 14 juin 1882, Héritiers Grassin, *D.* 1883, I, 248; *S.* 1882, I, 421.
3. Civ. 2 janv. 1907, Fruneau, *D.* 1907, I, 137, note Colin.
4. R. Savatier, « Les conventions de séparation amiable entre époux », *RTD civ.* 1931, 535.
5. R. Savatier, préc.
6. A. Chapelle, « Les pactes de famille en matière extra-patrimoniale », *RTD civ.* 1984, 411, n° 18.
7. J. Revel, « La convention entre époux désunis », *JCP* 1982, I, 3055, nos 38 s. – A. Brunet, « Les incidences de la réforme du divorce sur la séparation de fait entre époux », *D.* 1977, chron. 191, nos 29 s.
8. CA Aix-en-Provence, 15 sept. 1982, *D.* 1984, J. 267, note Atias et Sériaux.
9. Civ. 2e, 22 avr. 1977, *D.* 1977, IR 359.
10. Civ. 1re, 19 nov. 1997, n° 96-12.631, NPT.
11. L. n° 2002-305, 4 mars 2002, relative à l'autorité parentale, *JO* 5 mars, p. 4161.

avaient précédemment suivie ou les accords qu'ils avaient pu antérieurement conclure ». L'article 376-1 du Code civil, modifié par les lois du 22 juillet 1987 et du 8 janvier 1993, dispose également qu'« *un juge aux affaires familiales peut, quand il est appelé à statuer sur les modalités de l'exercice de l'autorité parentale ou sur l'éducation d'un enfant mineur* [...] *avoir égard aux pactes que les père et mère ont pu librement conclure entre eux à ce sujet* [...] ». De la même façon, l'article 1117 du Code de procédure civile indique que « *lorsqu'il ordonne des mesures provisoires, le juge peut prendre en considération les arrangements que les époux ont déjà conclus entre eux* ». Dans la mesure où les époux sont autorisés et encouragés à régler, fût-ce par avance, avec ou sans médiation, les conséquences de leur séparation, et que la loi du 26 mai 2004 a érigé la séparation de fait en une voie autonome de divorce (C. civ., art. 238), il faut en conclure que les pactes de séparation amiable ne sont pas dépourvus de tout intérêt pratique ni de toute valeur juridique.

SECTION 3
INEXÉCUTION DE L'OBLIGATION DE COHABITATION PAR L'UN DES ÉPOUX

122.31 Autorisation de résider séparément. L'obligation de cohabitation qui découle du mariage cesse dans tous les cas de séparation légale, c'est-à-dire après un jugement de séparation de corps, et, dès l'instance en divorce ou en séparation de corps, à partir du moment où le juge aux affaires familiales a autorisé les époux à résider séparément ou homologué la convention passée à cette fin.

Sous l'empire du droit antérieur à la réforme du divorce opérée par la loi du 11 juillet 1975, l'obligation de cohabitation cessait également si la femme obtenait l'autorisation d'avoir pour elle et les enfants une autre résidence que celle qui avait été choisie par le mari et qui présentait des inconvénients graves d'ordre physique ou moral (C. civ., anc. art. 215, al. 3). La loi du 11 juillet 1975 a mis fin à la prérogative du mari et abrogé l'article 215, alinéa 3 relatif au recours en justice exercé par la femme contre le choix du mari [1].

Aujourd'hui, il demeure possible à l'un des conjoints de solliciter du juge une autorisation de résidence séparée, spécialement en cas de violences conjugales depuis la réforme du divorce du 26 mai 2004 (C. civ., art. 220-1) : la jouissance du logement familial est alors attribuée au conjoint qui n'est pas l'auteur des violences. Toutefois en dehors de cette hypothèse particulière, il paraît plus simple d'introduire directement une demande en divorce fondée sur la faute ou la simple séparation de fait, la faillite conjugale consommée par une séparation de fait de plus de deux ans suffisant à prononcer le divorce à la demande d'un seul (C. civ., art. 238).

122.32 Suspension de l'obligation de cohabitation. La jurisprudence estime que l'un des époux est fondé à suspendre la cohabitation avec son conjoint qui n'exécute pas correctement les autres devoirs nés du mariage, par exemple en se rendant coupable de mauvais traitements, ou en manquant à son devoir d'entretien ou de fidélité. Le principe ne fut pas admis sans difficulté :

Une décision qui fit grand bruit en la matière fut celle de la cour de Toulouse du 30 janvier 1961 [2], qui permit à une femme de refuser, de son propre chef, d'exécuter l'obligation de cohabitation car son mari ne remplissait pas correctement ses devoirs. Subordonnant la régularité de la cessation de la cohabitation à une autorisation judiciaire sur le fondement de l'ancien article 215 alinéa 3 et uniquement sur ce fondement, le 1er juillet 1969, la Cour de cassation, conformément aux conclusions de son avocat général, cassa l'arrêt et précisa que la femme ne peut en l'absence de toute procédure de divorce ou de séparation de corps, être dispensée de cohabiter avec son mari au motif qu'il a une maîtresse [3]. Les critiques furent vives et nombreuses [4].

Un an après, la loi du 4 juin 1970, relative à l'autorité parentale, mettait sur pied d'égalité les deux époux dans le choix de la résidence de la famille, et permit à la femme de demander une autorisation de résidence séparée en cas d'inconvénients graves.

La Cour de cassation tira rapidement et logiquement les conséquences de ce nouveau texte; le 14 mars 1973, elle décida qu'après vingt-cinq années de rupture de vie commune par la faute du mari, la femme ne pouvait être contrainte à réintégrer brutalement le domicile conjugal [5].

En modifiant la rédaction de l'article 215 du Code civil et en supprimant le recours au juge en cas de désaccord des époux sur le choix de la rési-

1. V. CEP., CA Aix-en-Provence, 19 sept. 1995, *Juris-Data* n° 048513.

2. CA Toulouse, 30 janv. 1961, *D.* 1961, J. 324, note Roland.
3. Civ. 1re, 1er juill. 1969, *D.* 1970, J. 148, note Le Calonnec; *JCP* 1969, II, 16056, concl. Lindon; *RTD civ.* 1970, 156, obs. Nerson.
4. C.-I. Foulon-Piganiol, « Le droit de ne pas demander le divorce », *D.* 1970, chron. 140 – Nerson, *RTD civ.* 1970, 156 – Y. Chartier, « Domicile conjugal et vie familiale », *RTD civ.* 1971, 510 s., spéct n° 63.
5. Civ. 1re, 14 mars 1973, *D.* 1974, J. 453, note Rémy; *JCP* 1973, II, 17430, note Lindon – Dans une optique plus libérale encore, v. Civ. 1re, 24 oct. 1973, *D.* 1975, J. 724, note Bénabent; *JCP* 1975, II, 17991, note Chartier; *Gaz. Pal.* 1974, 1, 48; *RTD civ.* 1975, 299, obs. Nerson – Aussitôt adoptée par les juridictions du fond, TGI Brest, 9 juill. 1974, *D.* 1975, J. 428.

dence familiale, la loi du 11 juillet 1975 a parachevé l'évolution, et probablement contribué, fût-ce indirectement, à la **consécration de la séparation de fait**. La loi du 26 mai 2004 a confirmé cette libéralisation du droit conjugal en introduisant un droit au divorce fondé sur la séparation de fait de plus de deux ans (C. civ., art. 238). La suspension de l'obligation de cohabitation au motif du comportement de l'autre conjoint et notamment de son infidélité, reste un point soumis à l'appréciation souveraine du juge du divorce appelé à statuer sur les fautes cause de divorce[1].

122.33 Contribution aux charges du mariage. La jurisprudence paraît aujourd'hui bien fixée : en cas de séparation voulue par les deux époux, ils ne sont pas déliés pour autant de leurs obligations conjugales qui sont réciproques; mais si l'un d'eux s'avise d'en réclamer l'exécution, l'autre peut lui demander la reprise de la vie commune.

L'époux qui a subi la séparation voulue par son conjoint ou qui a des raisons valables pour ne pas exécuter son devoir de cohabitation[2], peut exiger sans reprendre la vie commune que l'autre contribue aux charges du mariage, car l'article 214 du Code civil « *n'implique pas l'existence d'une communauté de vie entre les conjoints* »[3].

L'époux coupable de la séparation ne peut bénéficier ni du devoir de l'article 214, ni du devoir de secours de l'article 212[4] tant qu'il se refusera sans justification à la cohabitation[5] ou la rendra impossible par son comportement. Deux arrêts rendus par la Cour de cassation, le 15 novembre 1994[6] et le 14 février 1995[7] avaient conduit un auteur[8] à se demander si, désormais, la Cour de cassation n'entendait pas que la solidarité des dettes de l'article 220 du Code civil cesse en cas de séparation de fait. Mais la jurisprudence plus récente semble bien indiquer, heureusement, que la séparation de fait ne suffit pas à mettre un terme à l'existence du ménage[9].

La question de savoir qui supportera le fardeau de la preuve, notamment en cas de refus de contribution aux charges du ménage par l'un des époux fondé sur le refus de cohabitation par l'autre, a été résolue sans difficulté : **il appartient à celui qui refuse de reprendre la vie commune d'établir que ses motifs sont valables**[10]; celui qui entend se libérer de son devoir de contribution doit supporter la charge de la preuve de la conduite fautive de l'autre[11].

SECTION 4
SÉPARATION DE FAIT ET MESURES DE L'ARTICLE 258 DU CODE CIVIL

122.41 Organisation de la séparation de fait. Une des innovations essentielles apportée par la loi du 11 juillet 1975 figure à l'article 258 du Code civil aux termes duquel « *lorsqu'il rejette définitivement la demande en divorce, le juge peut statuer sur la contribution aux charges du ménage, la résidence de la famille et les modalités de l'exercice de l'autorité parentale* ». Cette faculté offerte au juge est susceptible d'être invoquée d'office[12]. Toutefois, il s'agit bien d'une faculté et le juge n'est pas tenu, par exemple, de fixer le lieu du domicile familial s'il rejette la demande en divorce, le choix de cette résidence incombant aux époux[13]. On a très vite remarqué que l'application du texte, tout en supposant que la demande en divorce soit rejetée, ce qui n'est tout de même pas très fréquent, allait dans le sens de l'**organisation légale par le juge de la séparation de fait**[14]. On a supposé à l'époque que l'article 258 n'était probablement pas étranger à une certaine volonté du législateur d'inciter l'époux assigné en

1. Civ. 1re, 15 nov. 2001, n° 00-12.902, NP – Civ. 1re, 30 nov. 2004, n° 02-19.363, NP – Civ. 1re, 5 mars 2008, n° 07-15.516, *Bull. civ.* I, n° 63; *RTD civ.* 2008, 280, obs. Hauser.
2. Civ. 1re, 14 mars 1973, préc. s[s] n° 122.32 – CA Metz, 29 oct. 1991, *Juris-Data* n° 050455.
3. Civ. 1re, 24 oct. 1977, n° 75-13.103, *Bull. civ.* I, n° 383.
4. Civ. 1re, 17 juill. 1985, n° 84-90.547, *Bull. civ.* I, n° 230.
5. Civ. 1re, 16 févr. 1983, n° 81-16.162, *Bull. civ.* I, n° 67.
6. Civ. 1re, 15 nov. 1994, n° 93-12.332, *Bull. civ.* I, n° 332; *RTD civ.* 1995, 421, obs. Vareille; *Defrénois* 1995, 36040, obs. Champenois; *JCP* 1995, I, 3869, obs. Wiederkher.
7. Civ. 1re, 14 févr. 1995, n° 92-19.780, *Bull. civ.* I, n° 83; *JCP* 1995, II, 22498, note Djigo.
8. F. Dekeuwer-Défossez, « Séparation des époux et solidarité ménagère », *Dr. et patr.* déc. 1995, p. 49.
9. Civ. 1re, 7 nov. 1995, n° 92-21.276, *Bull. civ.* I, n° 394; *RTD civ.* 1996, 225, obs. Vareille – V. AUSSI : Civ. 1re, 10 mars 1998, n° 96-15.829, *Bull. civ.* I, n° 101; *Defrénois* 1998, 1462, obs. Champenois; *Dr. fam.* 1998, n° 71, note Beignier.
10. Civ. 1re, 16 févr. 1983, n° 81-16.162, préc. s[s] n° 122.33 – CA Dijon, 11 févr. 1994, *BICC* n° 394, p. 51; *RTD civ.* 1994, 836, obs. Hauser.
11. Civ. 1re, 17 juill. 1985, n° 84-90.547, préc. s[s] n° 122.33; *Defrénois* 1986, I, 1391, obs. Massip; Rubellin-Devichi, *RTD civ.* 1985, 722 – Civ. 1re, 19 nov. 1991, *Defrénois* 1992, p. 720, obs. Massip – Civ. 1re, 15 nov. 2001, n° 00-12.902, NP – Civ. 1re, 30 nov. 2004, n° 02-19.363, NP.
12. Civ. 1re, 28 oct. 1992, n° 91-12.786, *Bull. civ.* I, n° 252; *JCP* 1993, IV, 19; *RTD civ.* 1993, 105, obs. Hauser – Civ. 2e, 19 janv. 1994, n° 92-17.275, *Bull. civ.* II, n° 31.
13. Civ. 1re, 19 juin 2007, n° 06-16.656, *Bull. civ.* I, n° 241; *RTD civ.*, 2007, 760, obs. Hauser; *D.* 2007, 1968 et 2690, obs. Douchy-Oudot.
14. E. Abittol, « Essai sur la nouvelle séparation judiciaire instituée par l'article 258 du Code civil », *RTD civ.* 1981, 37.

divorce ou en séparation de corps, à développer la défense la plus efficace afin d'éviter la rupture ou le relâchement du lien conjugal. Ce qui explique qu'une partie de la doctrine ait souhaité que les juges utilisent le pouvoir exceptionnel conféré par l'article 258 avec circonspection. La réforme du divorce de 2004, en instaurant un véritable droit au divorce et en favorisant les accords entre époux a sans doute rendu inutile le recours à l'article 258 du Code civil pour organiser une séparation de fait.

122.42 Utilité limitée de l'article 258 du Code civil. En fait, avant même la réforme du divorce, l'application de ces mesures a été assez rare[1] et l'article 258 du Code civil a sans doute provoqué beaucoup de bruit pour rien. La Cour de cassation a d'ailleurs rappelé que les mesures prises sont provisoires et ne sauraient avoir pour effet de dispenser définitivement les époux de leur obligation de communauté de vie[2]. L'article 258 du Code civil n'est guère plus utilisable pour faire organiser définitivement la séparation par le juge que ne le serait l'article 254 du même code qui donne au juge le pouvoir de régler les mesures provisoires (v. en ce sens, rappelant que l'article 258 n'autorise le juge qu'à prononcer des mesures provisoires, alors que les juges d'appel avaient fixé un droit viager de jouissance du domicile conjugal au profit de l'épouse, au titre de la contribution aux charges du mariage[3]). On remarquera également que les raisons d'être de l'article 258 du Code civil ont d'ailleurs pratiquement disparu : il s'agissait essentiellement d'éviter que l'un des époux, au lendemain du rejet du divorce, ne soit obligé de recommencer une procédure devant un autre juge, ce que le regroupement des compétences autour du juge aux affaires familiales par la loi du 8 janvier 1993[4] exclut.

SECTION 5
RÉGIMES MATRIMONIAUX

122.51 Report des effets du jugement de divorce. Les dispositions relatives aux régimes matrimoniaux ont servi à rendre les **conséquences** de la séparation de fait **moins injustes** et **moins dangereuses**, surtout pour celui qui la subit.

Les articles 1442 alinéa 2 du Code civil, pour la dissolution de la communauté, et 262-1 du même code, pour le divorce, permettent à l'un ou l'autre des époux de demander que l'effet de la dissolution, dans le premier cas, du jugement de divorce, dans le second, « *soit reporté à la date où ils ont cessé de cohabiter et de collaborer* ». La raison de cette faculté est facile à comprendre : tant que le régime matrimonial perdure, surtout lorsqu'il y a des biens communs ou indivis, les deux époux tireront profit ou subiront des pertes du fait de l'activité d'un seul alors que le mariage n'existe virtuellement plus. Dans les textes d'origine, dus à la loi du 13 juillet 1965, portant réforme des régimes matrimoniaux, et à la loi du 11 juillet 1975, il fallait que la séparation de fait – car c'est bien de cela qu'il s'agit – soit imputable à une faute de l'un des époux, et seul son conjoint pouvait demander le report de la date. Depuis la loi du 23 décembre 1985, n'importe lequel des deux époux peut demander le report, même celui auquel incombent à titre principal les torts de la séparation depuis la réforme du 26 mai 2004 (C. civ., art. 1442, al. 2 et art. 262-1).

122.52 Crise conjugale. Dans l'arsenal des mesures qui permettent de faire fonctionner le régime matrimonial en cas de crise, il faut ranger les articles 217, 219, 1426 et 1429 du Code civil qui visent en particulier le cas où l'un des époux se trouve hors d'état de manifester sa volonté, ce qui peut recouvrir certainement des hypothèses de séparation de fait dans lesquelles un époux a quitté le domicile conjugal et ne donne plus de nouvelles. L'époux délaissé peut ainsi obtenir du tribunal de grande instance le pouvoir de passer seul un acte juridique ou celui de représenter son conjoint ce qui facilite la survie du régime matrimonial. De même, l'article 220-1 alinéa 1er du Code civil, modifié par la loi du 8 janvier 1993 pour donner compétence au juge aux affaires familiales, s'applique sans doute à la séparation de fait, puisqu'il envisage le cas où l'un des époux « *manque gravement à ses devoirs et met ainsi en péril les intérêts de la famille* » et permet au juge aux affaires familiales de prescrire toutes les mesures urgentes nécessaires, la durée des mesures étant précisée et ne devant pas dépasser trois ans.

512.53 Engagement de la communauté. Depuis la loi du 23 décembre 1985, la séparation de fait n'apparaît pas aussi dangereuse qu'autrefois pour le conjoint qui ne souhaite pas se hâter de demander le divorce, ou qui n'en a pas les moyens financiers, sans compter celui qui espère toujours le retour de l'époux prodigue. Il y a eu beaucoup de dettes contractées par le mari, qui pouvaient engager la communauté alors qu'il avait quitté depuis longtemps le domicile conjugal; la femme, poursuivie au titre de l'obligation devait ainsi régler souvent les arrérages de l'emprunt contracté pour l'achat d'une voi-

1. Rubellin-Devichi, J.-CL. CIV., art. 253-258, n° 36.
2. Civ. 2e, 25 nov. 1992, n° 91-12.236, *Bull. civ.* II, n° 273.
3. V. Civ. 1re, 11 juill. 2006, n° 05-21.132., *Bull. civ.* I, n° 380; *AJ fam.* 2007, 93, obs. S. D.; *RTD civ.* 2006, 743, obs. Hauser.
4. L. n° 93-22, 8 janv. 1993, modifiant le Code civil, relative à l'état civil, à la famille et aux droits de l'enfant et instituant le juge aux affaires familiales, *JO* 9 janv., p. 495.

ture à crédit qui n'existait même plus, ou payer à la place du débiteur principal pour lequel le mari s'était porté caution. En mettant les époux sur un pied d'égalité pour l'administration concurrente de la communauté (C. civ., art. 1421), la réforme n'a plus multiplié les dangers par deux, elle a limité l'engagement du conjoint qui n'a pas passé l'acte pour les contrats les plus dangereux, c'est-à-dire **l'emprunt et le cautionnement qui n'engagent que les biens propres et les revenus du contractant** (C. civ., art. 1415) et ne peuvent conduire à vider la communauté de sa substance, et notamment à faire vendre l'appartement acheté par les deux époux pour des engagements pris par celui qui a quitté le domicile conjugal.

SECTION 6
LOGEMENT DE LA FAMILLE

122.61 Règles de cogestion. La question s'est posée de savoir si la séparation de fait emportait disparition de la protection édictée par l'article 215 alinéa 3 selon lequel « *les époux ne peuvent l'un sans l'autre disposer des droits par lesquels est assuré le logement de la famille ni des meubles meublants dont il est garni* ». Les époux ne vivant plus ensemble, il n'y aurait plus par hypothèse de « logement de la famille » ce qui entraînerait de lourdes conséquences pratiques. En effet, comme le souligne M. le Professeur Leveneur « *à supposer qu'au temps de la vie commune, l'habitation familiale ait été fixée dans un immeuble propre (en régime de communauté) ou personnel (en régime de séparation de biens) à l'un des conjoints, il recouvrerait du fait de la séparation le pouvoir d'en disposer seul, ce qui aboutirait à déloger de ce local son conjoint qui aurait continué d'y résider.* »[1].

C'est ce que les juridictions ont toujours refusé, estimant, comme la cour de Colmar le 11 juin 1974[2] qui prononce la nullité de la vente des meubles meublants consentie par le mari seul que « *la protection de l'article 215 du Code civil ne cesse qu'avec le mariage* »; la cour de Paris, le 29 septembre 1972, a refusé d'autoriser un mari séparé de fait à vendre seul un immeuble qui lui était propre et qu'il avait acheté des années auparavant pour y loger son épouse et les deux fils d'un premier lit de cette dernière[3]; la Cour de cassation a fermement énoncé que la protection du logement familial « *ne disparaît nullement en cas de séparation de fait* »[4].

122.62 Cotitularité du bail. La même solution a été retenue pour la cotitularité du bail de l'article 1751 du Code civil[5]. À l'instar de la jurisprudence en matière de vente du logement de l'époux abandonné à la suite d'une séparation de fait, la législation relative aux baux d'habitation fournit une réponse tout aussi catégorique en matière de location, dans le texte du 1er septembre 1948, dont l'article 5 alinéa 1er prévoit, en cas d'abandon de domicile ou de décès de l'occupant, le bénéfice du maintien dans les lieux aux personnes membres de sa famille ou à sa charge et dans la loi du 22 juin 1982 dite « loi Quilliot », dont l'article 16 alinéa 1er toujours en vigueur, précise qu'en cas d'abandon, le contrat de location continue, notamment au profit du **concubin notoire** ou des **personnes à charge.** Bien qu'abrogeant certaines dispositions antérieures, les lois « Méhaignerie » du 23 décembre 1986 et « Mermaz » du 6 juillet 1989 reprennent respectivement, presque mot pour mot, les solutions du texte de 1982 dans leurs articles 15 et 17 qui prévoient, en cas d'abandon du locataire, le maintien de la famille dans les lieux.

SECTION 7
DROIT SOCIAL ET DROIT FISCAL

122.71 Droit social. La séparation a pour effet, conformément à l'article L. 361-4 du Code de la sécurité sociale, de priver le conjoint qui n'était pas à la charge « *effective, totale et permanente* » du *de cujus* de tout droit au **capital décès**. Inversement, elle peut ouvrir droit à l'**allocation de parent isolé** ou permettre de bénéficier de bases de calcul plus avantageuses pour certaines **prestations familiales.** En outre, les allocations familiales sont versées au choix du couple à l'un ou l'autre époux sauf s'ils sont séparés; l'idée étant que de telles prestations sont dues au seul **foyer conjugal** (CSS, art. L. 521-1).

122.72 Droit fiscal. La séparation de fait conduit à une imposition séparée des époux, « *lorsqu'ils sont séparés de biens et ne vivent pas sous le même toit* » (CGI, art. 6, 4°, a), « *lorsqu'en cas d'abandon du domicile conjugal par l'un ou l'autre des époux, chacun dispose de revenus distincts* » (CGI, art. 6, 4°, c), ce qui s'avère avantageux tantôt pour les contribuables, tantôt pour le fisc[6] (v. ss nos 138.00 s.).

1. L. Leveneur, *Situations de fait et droit privé*, 1990, LGDJ, p. 416, no 338.
2. CA Colmar, 11 juin 1974, *D.* 1975, J. 540, note Foulon-Pigagniol.
3. CA Paris, 29 sept. 1972, *JCP* 1974, II, 17620, note Théry.
4. Civ. 1re, 18 nov. 1970, no 69-12.107, *Bull. civ.* I, no 307 – EN CE SENS, CA Aix-en-Provence, 22 févr. 1982, *Gaz. Pal.* 1982, 1, 134, obs. Viatte.
5. CA Paris, 18 juin 1980, *Gaz. Pal.* 81, somm. 144.
6. F. Douet, *Précis de droit fiscal de la famille*, 5e éd., Litec, 2007, no 1095.

SECTION 8
DROIT DES PERSONNES ET DE LA FAMILLE

122.81 **Incidences multiples.** La séparation de fait a de très nombreuses incidences, directes ou indirectes sur l'application des règles concernant les personnes.

122.82 **Nationalité.** Selon l'article 21-2 du Code civil, l'acquisition de la nationalité française par mariage avec un conjoint français se fait par déclaration après un délai de deux ans ou de trois ans selon les cas, à condition notamment que la communauté de vie « *tant affective que matérielle* » n'ait pas cessé lors de la déclaration.

122.83 **Majeurs protégés.** L'époux séparé de fait n'a plus qualité pour demander l'ouverture d'une mesure de protection judiciaire (C. civ., art. 430) et ne peut pas être désigné comme tuteur ou curateur de son conjoint (C. civ., art. 449).

122.84 **Divorce.** La séparation est une cause de divorce, soit qu'elle constitue une faute de la part de l'époux déserteur qui manque au devoir de communauté de vie (C. civ., art. 242), soit qu'ayant duré plus de deux ans, elle constitue un cas objectif de divorce pour altération définitive du lien conjugal (C. civ., art. 238).

122.85 **Filiation.** La séparation de fait pendant la durée légale de la conception pourrait, à défaut d'autres preuves, être invoquée dans une action en contestation de filiation (C. civ., art. 334, qui permet de contester pendant dix ans la filiation établie par le titre nu - C. civ., art. 313, qui permet d'écarter la présomption de paternité, suppose que l'enfant n'a de possession d'état qu'à l'égard de la mère, ce qui induit nécessairement que les époux sont séparés de fait - sur ces points, v. s^s n°s 212.42 et 213.341 s.).

122.86 **Autorité parentale.** Selon l'article 373-2 du Code civil, « *la séparation des parents est sans incidence sur les règles de dévolution de l'exercice de l'autorité parentale* » et en cas de désaccord, le parent le plus diligent saisit le juge qui statue « *selon ce qu'exige l'intérêt de l'enfant* ». En fait, l'immense majorité des cas où l'un des parents (« *le plus diligent* ») s'adresse au juge concerne une séparation de fait.

122.87 **Présomption de responsabilité des parents.** L'article 1384 alinéa 4 du Code civil qui édicte une présomption de responsabilité des parents de l'enfant mineur suppose que l'enfant habite avec ses parents et soit sous leur autorité parentale conjointe. Il faut, pour déclencher la **responsabilité solidaire des parents**, que l'enfant mineur soit sous leur **autorité parentale conjointe.** Ainsi, la présomption légale de responsabilité ne cesse pas vis-à-vis du parent à qui est imputable le défaut de cohabitation de l'enfant[1] et l'exercice d'un **droit de visite et d'hébergement** ne fait pas cesser la cohabitation du mineur avec celui des deux parents qui exerce sur lui le droit de résidence habituelle[2]. Il faut en conclure qu'il en va de même en cas de **résidence alternée** depuis la réforme du 4 mars 2002.

1. Civ. 1re, 4 déc. 1963, *D.* 1964, 159, obs. Voirin – Crim. 28 juin 1966, n° 65-92.836, *Bull. crim.*, n° 180.
2. Civ. 2e, 19 févr. 1997, n° 93-14.646, *Bull. civ.* II, n° 55; *RTD civ.* 1997, 648, obs. Hauser; 670, obs. Jourdain; *Gaz. Pal.* 1997, 2, 576 note Chabas; *Dr. fam.* 1997, comm. 97, obs. Murat – V. AUSSI, CA Aix-en-Provence, 13 nov. 2003, *Juris-Data* n° 230007 – Sur l'ensemble de la question, v. P. Brun, *Responsabilité civile extracontractuelle*, 2e éd., LexisNexis/Litec, 2009, n° 513.

TITRE

13. Le divorce

SECTION 0

ORIENTEUR

13.00 **Plan du titre.**

CHAPITRE

130. Règles générales des procédures de divorce

Olivier MATOCQ
Avocat au Barreau de Lyon

Yann FAVIER
Maître de conférences
à l'Université de Savoie

SECTION 0
Orienteur

130.00 Plan du chapitre.

130.01 Textes applicables.

TEXTES SOURCES

• **Code civil**

> **Compétence matérielle du juge aux affaires familiales**

C. civ., art. 228

> **Cas de divorce**

C. civ., art. 229

> **Divorce par consentement mutuel**

C. civ., art. 230 à 232

> **Divorce accepté**

C. civ., art. 233 à 234

> **Divorce pour altération définitive du lien conjugal**

C. civ., art. 237 et 238

> **Divorce pour faute**

C. civ., art. 242 à 246

> **Modification du fondement de la demande en divorce**

C. civ., art. 247 à 247-2

> **Dispositions générales de procédure**

C. civ., art. 248 à 249-4

> **Preuves du divorce**

C. civ., art. 259 à 259-3

> **Audition de l'enfant par le juge**

C. civ., art. 388-1 et 388-2

• **Code de procédure civile**

> **Audition du mineur en justice**

C. pr. civ., art. 338-1 à 338-12

> **Compétence territoriale du juge aux affaires familiales**

C. pr. civ., art. 1070

> **Office du juge**

C. pr. civ., art. 1071 à 1074

> **Exécution de droit à titre provisoire des mesures relatives à l'autorité parentale, la pension alimentaire, la contribution à l'entretien et à l'éducation de l'enfant et de l'article 255 du Code civil**

C. pr. civ., art. 1074-1

• **Code de l'organisation judiciaire**

> **Compétence étendue du juge aux affaires familiales en matière d'homologation judiciaire du changement de régime matrimonial, de liquidation et de partage des intérêts patrimoniaux des époux**

COJ, art. L. 213-3 *(réd. L. n° 2009-526, 12 mai 2009)*

• **L. n° 2009-526, 12 mai 2009,** de simplification et de clarification du droit et d'allègement des procédures, art. 14, *JO* 13 mai, p. 7920

• **Circ. CIV/16/04, 23 nov. 2004,** de présentation de la loi relative au divorce, du décret portant réforme de la procédure en matière familiale et du décret fixant les modalités de substitution d'un capital à une rente allouée au titre de la prestation compensatoire, NOR : JUS C 0420849 C

* V. texte complet s^{s} n° 61.11

130.02 **Jurisprudence de référence.**

> Déclaration sur l'honneur

• **Civ. 1re, 22 mars 2005, no 02-13.214,** *Bull. civ.* I, no 146
La forme de la déclaration sur l'honneur nécessaire, dès lors qu'une prestation compensatoire est demandée, n'est toutefois pas précisée ou imposée.

* V. ss no 132.413

• **Civ. 1re, 11 janv. 2005, no 02-19.016,** *Bull. civ.* I, no 13
Le défaut de production de déclaration sur l'honneur ne constitue pas une condition d'irrecevabilité de la demande de prestation compensatoire et la Cour de cassation précise même au dernier état que la production de la déclaration sur l'honneur n'est pas obligatoire.

* V. s nos 132.324 et 132.413

> Preuve du divorce

• **Civ. 1re, 14 févr. 2006, no 05-14.686,** *Bull. civ.* I, no 71
L'incapacité de témoigner des descendants dans la preuve du divorce (C. civ., art. 259) a été élargie à d'autres membres de la famille et spécialement au conjoint d'un descendant et au conjoint divorcé d'un descendant.

* V. ss no 130.82

130.03 **Bibliographie indicative.**

Actualisables. RÉP. CIV., E. Fortis *Vo Divorce (cas)*; *Vo Divorce (conséquences)*, juill. 2005 – J-CL. PR. CIV., P. Julien et J.-F. Renucci, fasc. 910-1 – LAMY DROIT DES PERSONNES ET DE LA FAMILLE, coll. « Droit civil ».

Ouvrages. A. Batteur (dir.), *Le guide des divorces*, 2e éd., « Guides », Dalloz, 2007 – J. CARBONNIER, *Droit civil. La famille, l'enfant, le couple*, t. 2, 21e éd., PUF., 2002 – G. CORNU, *Droit civil. La famille*, t. 2, « Précis Domat », 9e éd., Montchrestien, 2006 – F. Granet et P. Hilt, *Droit de la famille*, PUG, 2006 – S. Thouret, *Divorce : modèle d'actes*, « Pratique professionnelle », Litec, 2005 – J. HAUSER ET D. HUET-WEILLER, *Traité de droit civil. La famille. Fondation et vie de la famille*, J. Ghestin (dir.), t. 1, 2e éd., LGDJ, 1993 – PH. MALAURIE et H. FULCHIRON, *La famille*, 3e éd., Defrénois, 2004.

Articles. P.-J. Claux, S. David *et alii*, *Droit et pratiques du divorce 2010/2011*, « Dalloz référence », 1re éd., Dalloz, 2010 – A. Devers, « Droit international privé », *Dr. et patr.* avr. 2005, p. 89 – H. Fulchiron, « Vers un divorce sans juge (à propos des projets de divorce notarial) », *D.* 2008, 365 – F. Granet-Lambrechts, « Nouveaux cas de divorce », *AJ fam.* 2004, 204 – Lafond, « Rôle des notaires et des avocats », *JCP* 2005, I, 118 – A. Leborgne, *Procédures* 2006, étude 12 – J. Rubellin-Devichi, « Sur la modification de la procédure de divorce », *JCP* 2004, act. 251.

Dossiers spéciaux. Dossier, « Réforme du divorce », *Dr. fam.* févr. 2005 et les formules jointes – Dossier, « Nouvelle procédure de divorce : un an après », *AJ fam.* janv. 2006 – Dossier, « Divorce et transparence », *AJ fam.* oct. 2009.

130.04 **Question essentielle.**

> **Conseil procédural : vérification de la compétence y compris sur les aspects internationaux.** Dès qu'apparaît un élément d'extranéité susceptible d'entraîner des répercussions de procédure, l'avocat de la requête en divorce, et le magistrat qui rédigera l'ordonnance sur tentative de conciliation par exemple, ont intérêt à viser expressément dans leurs écrits les dispositions des textes appliqués.

* V. ss no 130.22

SECTION 1
ÉVOLUTION, SOCIOLOGIE ET ASPECTS INTERNATIONAUX DU DIVORCE

§ 1
Évolution et sociologie du divorce

130.11 **Pluralité de divorces.** La loi détermine limitativement les **cas** de divorce (C. civ., art. 229), terme que la loi du 11 juillet 1975 avait substitué à celui de **cause.** Le pluralisme des cas de divorce résulte de loi du 11 juillet 1975[1] : aux côtés du « *divorce-sanction* » que constitue par nature le divorce pour faute, ont été introduits le « *divorce-faillite* », avec le divorce pour rupture de la vie commune, et les deux « *divorces d'accord* » qu'étaient le divorce sur requête conjointe et le divorce sur demande acceptée. Le principe du pluralisme n'a pas été remis en question par la **loi du 26 mai 2004**[2] même si, à l'instar de certains droits étrangers, on a été tenté de concevoir un seul cas de **divorce pour cause objective** ou à tout le moins de supprimer le **divorce pour faute.** Il semble toutefois que les français sont restés attachés à cette pluralité des cas ainsi qu'au symbole que peut encore représenter le divorce pour faute, ultime rempart contre les violations des obligations nées du mariage, qui représentait encore à la veille de l'entrée en vigueur de la loi plus de 50 000 des 134 601 jugements de divorce prononcés en 2004[3].

130.12 **Évolution des cas de divorce.** En 1792, le législateur introduisit le divorce en France : à côté du divorce par consentement mutuel et du divorce pour incompatibilité d'humeur, la loi retint le divorce pour sept causes déterminées : la démence, folie ou fureur de l'un des époux; la condamnation de l'un d'eux à des peines afflictives ou infamantes; les crimes, sévices ou injures graves de l'un envers l'autre; le dérèglement notoire des mœurs; l'abandon de la femme par le mari ou réciproquement pendant deux ans au moins; l'absence de l'un d'eux sans nouvelles pendant cinq ans au moins; ainsi que l'émigration. Le Code civil de 1804, admit le

1. L. no 75-617, 11 juill. 1975, portant réforme du divorce, *JO* 12 juill., p. 7171.
2. L. no 2004-439, 26 mai 2004, relative au divorce, *JO* 27 mai, p. 9319.
3. *Annuaire statistique de la justice* 2006, p. 89.

divorce pour faute, à coté du divorce par consentement mutuel, en visant d'une part, les excès, sévices, injures graves, d'autre part la condamnation à une peine afflictive et infamante, ainsi que l'adultère qui supposait pour le mari l'entretien d'une concubine au domicile conjugal. Le XIXe siècle constata la disparition du divorce, lequel ne fut rétabli par la loi du 27 juillet 1884, dite loi Naquet, qu'en cas de faute. Cette exclusivité du divorce pour faute perdura jusqu'à la loi du 11 juillet 1975 qui maintint ce type de divorce tout en dépénalisant l'adultère et en lui ôtant son caractère de faute péremptoire. Ce divorce pour faute est maintenu par la loi du 26 mai 2004, ce qui singularise le droit français en Europe, gagnée par le divorce pour cause objective, comme c'est le cas en Italie, en Hollande, en Espagne ou encore en Italie.

Le **divorce pour faute** qui était, depuis 1884, le seul admis en France, a été rénové en 1975 et, plus modestement, en 2004 par la loi du 26 mai 2004. En 1975, le législateur, s'inspirant des législations étrangères, avait institué le divorce pour rupture de la vie commune qui a ouvert la porte au divorce pour cause objective. Depuis le 1er janvier 2005, ce cas de divorce, d'une application restée marginale en pratique, a disparu au profit d'un **divorce pour altération définitive du lien conjugal** qui scelle la rupture objective du lien conjugal par une séparation de fait de plus de deux ans. Le divorce pour faute, dont la disparition a été un temps envisagée[1], a finalement été maintenu dans son principe et sa définition, les seuls changements d'importance touchant aux conséquences de ce divorce, rendu nettement moins attractif. La réforme du divorce a également modernisé le *divorce d'accord* en simplifiant par des dispositions surtout procédurales, le divorce anciennement sur requête conjointe et devenu le seul véritable divorce par consentement mutuel. Quant au **divorce pour acceptation du principe de la rupture du mariage**, il se présente comme une version très simplifiée de l'ancien divorce sur demande acceptée également appelé divorce sur double aveu. Le maintien de la pluralité de cas de divorce a été parfois critiqué, le divorce sans cause étant défendu par beaucoup de ceux qui militaient pour une privatisation des rapports de couple. Lors du débat sur la réforme du divorce, un amendement, finalement repoussé, avait même proposé que « *dans les cinq années qui suivent le mariage, lorsque les époux n'ont ni enfants mineurs, ni biens immobiliers, et qu'ils travaillent l'un et l'autre, le divorce peut être demandé conjointement et prononcé par l'officier d'état civil, dans des conditions fixées par décret en Conseil d'État* »[2]. Cette idée du **divorce sans juge** a été reprise en 2008, dans le débat plus large concernant l'avenir des professions judiciaires (commission Darrois), alors qu'il avait été évoqué que le notaire puisse être chargé des divorces par consentement mutuel avec ou sans l'intervention des avocats[3]. Le rapport de la commission présidée par M. Serge Guinchard sur la nouvelle répartition du contentieux[4] n'a pas retenu cette idée, mais s'est prononcé en faveur du « *maintien de la procédure de divorce par consentement mutuel devant un juge, mais selon une procédure allégée et au coût régulé ou tarifé* ».

130.13 Importance des accords entre époux. La loi du 11 juillet 1975 avait déjà très largement ouvert la voie à la prise en compte de la situation personnelle des époux en permettant d'opter pour un divorce par consentement mutuel, ou à défaut d'accord complet, sur demande acceptée, et enfin contentieux. Les textes postérieurs ont poursuivi toujours le même objectif, en favorisant la **recherche** et la **prise en compte des accords**.

Au dernier état, et à la suite des travaux du rapport de la commission Dekeuwer-Défossez, la loi n° 2004-439 du 26 mai 2004 est venue parachever cette évolution en permettant un règlement à la fois plus rapide et plus complet des conflits familiaux, tout en garantissant le respect des droits de chacune des parties ainsi que de l'intérêt des enfants.

Prenant en compte l'essor de la **médiation familiale**, le droit nouveau du divorce essaie, à chaque fois qu'il est possible, de faciliter la recherche des accords entre époux et assouplit l'esprit général des procédures pour faire converger les époux vers une approche de la résolution de leurs différends qui soit la moins conflictuelle possible. À l'objectif de **simplification** et de **pacification des procédures**, s'ajoute celui de la prise en compte des transformations récentes de la famille[5].

Il s'ensuit, à l'exception du divorce par consentement mutuel qui conserve un régime qui lui est propre, de nouvelles règles de procédure entièrement refondues en un **tronc commun procédural**. Une simplification d'importance a cependant été appliquée au divorce par consentement mutuel, puisqu'il n'y a plus en principe, qu'une seule comparution devant le juge, au lieu de deux auparavant.

Ce vaste mouvement de simplification du droit avait même pu laisser penser, à un moment donné,

1. Proposition de loi n° 3189, 26 juin, 2001, par M. Colcombet.
2. *JO débats Sénat*, 7 janv. 2004, 49e séance, session ordinaire 2003-2004 : amendement n° 57.
3. H. Fulchiron, « Vers un divorce sans juge (à propos des projets de divorce notarial) », *D.* 2008, 365.
4. Rapport de la commission Guinchard, *L'ambition raisonnée d'une justice apaisée*, Doc. fr., 2008.
5. Sur ces questions, v. F. Granet et P. Hilt, *Droit de la famille*, 3e éd., PUG, n°s 133 s.

que le divorce pour faute disparaîtrait, et des discussions ont été poussées au Parlement[1].

Toutefois, et semble-t-il avec sagesse, et en suivant les recommandations de la commission Dekeuwer-Défossez, le législateur n'a pas entendu aller aussi loin et a maintenu le divorce pour faute tel qu'il existait auparavant en reformulant très légèrement l'article 242 du Code civil (v. s^s n° 132.241).

Les parlementaires ont estimé qu'il fallait permettre de sanctionner la violation des obligations qui découlent du mariage, et qui ont été librement acceptées par les époux lors de l'entrée en mariage. Les travaux préparatoires révèlent toutefois que le divorce pour faute, certes maintenu, doit dorénavant être réservé aux situations les plus graves.

La circulaire d'application du 23 novembre 2004 (circ. CIV 16/04 - V. s[s] n° 61.11)[2] rappelle expressément que « *la volonté du législateur d'inciter les parties à recourir à des procédures moins conflictuelles et l'existence nouvelle de réelles alternatives à ce type de divorce devraient logiquement conduire à une exigence accrue quant à la gravité des faits susceptibles de justifier le prononcé du divorce sur ce fondement* ».

Le divorce pour faute n'est donc pas encouragé, et ce d'autant qu'il n'existe plus d'effet automatique entre le prononcé du divorce aux torts exclusifs de l'un des époux et l'irrecevabilité de sa demande de prestation compensatoire (C. civ., anc. art. 280-1), sauf l'exception rarissime de l'article 270 alinéa 3 du Code civil. Mais le divorce pour faute reste une voie possible en cas d'absence d'accord total entre les époux ou lorsqu'il apparaît nécessaire de sanctionner le comportement particulièrement fautif de l'un des conjoints (par le biais de dommages-intérêts accordés sur le fondement de C. civ., art. 266 ou même encore de C. civ., art. 1382).

La loi du 26 mai 2004 n'a donc pas constitué une loi de révolution, mais plus simplement une **loi d'évolution**, prenant en compte la réalité des pratiques judiciaires pour résoudre les conflits des époux au mieux de leurs intérêts et de ceux de leurs enfants, dans un esprit le plus consensuel possible. Elle a été en règle générale bien accueillie par la doctrine et la pratique[3]. La jurisprudence rendue sous l'empire des textes anciens conserve toutefois son actualité sur de nombreux points touchant aux cas de divorce (qualification de la faute cause de divorce, contrôle de l'intégrité du consentement et de la convention homologuée dans le divorce par consentement mutuel, notion de séparation de fait dans le divorce pour altération définitive du lien conjugal, *etc.*).

Ce mouvement d'évolution se trouve encore complété par la **loi n° 2009-526 du 12 mai 2009**, de simplification et de clarification du droit et d'allègement des procédures[4], qui ajoute à la compétence du **juge aux affaires familiales** (JAF) notamment la liquidation et le partage des intérêts patrimoniaux des époux, (comme ceux des concubins d'ailleurs, pacsés ou non), depuis le 1er janvier 2010.

La loi du 12 mai 2009 a été complétée par le décret n° 2009-1591 du 17 décembre 2009, sur la compétence du JAF en matière de régimes matrimoniaux, et le décret n° 2009-1693 du 19 décembre 2009, sur la compétence du JAF en matière de paiement direct des pensions alimentaires[5].

Le rôle du JAF apparaîtra donc plus lisible pour les époux puisqu'en dehors de l'exercice des voies de recours par l'appel ou le pourvoi en cassation, ils n'auront plus à s'adresser qu'à un seul juge, depuis l'engagement de la procédure de divorce jusqu'à la fin des opérations de liquidation et de partage de leur régime matrimonial. La loi du 12 mai 2009, article 14, précise encore que le JAF connaît enfin des actions liées à la révision de la prestation compensatoire ou de ses modalités de paiement.

Quelques incertitudes demeurent toutefois sur le mode de **saisine du JAF** lorsqu'il sera appelé à statuer sur les difficultés suscitées par la liquidation du régime matrimonial. S'il est certain que le juge pourra être saisi par assignation, il pourrait l'être aussi par requête conjointe et peut-être même par la seule remise par le notaire d'un procès-verbal de difficultés ou bien à la condition que la justification soit apportée de la tentative infructueuse de règlement amiable.

130.14 Données chiffrées. L'ambition assumée du législateur de 2004 avait été très clairement de favoriser la prise d'accord entre époux en privilégiant la procédure de divorce par consentement mutuel, ou bien encore en facilitant à tout moment de l'instance, la transfomation de la procédure suivie sur un autre fondement, par le système des passerelles.

Dès 2006, la part des divorces par consentement mutuel avait considérablement augmenté au détri-

1. V. proposition de loi n° 3189, 26 juin 2001, adoptée en première lecture à l'Assemblée nationale, dite « proposition Colcombet », sénateur.
2. Circ. n° CIV/16/04, 23 nov. 2004, n° NOR : JUS C 0420849 C, publiée au *Bulletin officiel* – Intranet.
3. V. dossier, « La nouvelle procédure de divorce un an après », *AJ fam.* n° 1/2006.
4. L. n° 2009-526, 12 mai 2009, de simplification et de clarification du droit et d'allègement des procédures, *JO* 13 mai, p. 7920.
5. Décr. n° 2009-1591, 17 déc. 2009, relatif à la procédure devant le juge aux affaires familiales en matière de régimes matrimoniaux et d'indivisions, *JO* 20 déc., p. 22025 – Et Décr. n° 2009-1693, 19 déc. 2009, relatif à la répartition des compétences entre le tribunal de grande instance et le tribunal d'instance, *JO* 31 déc., p. 23109.

ment des autres formes, et particulièrement des divorces pour faute[1].

Le nombre des divorces prononcés est passé de 120 000 en 1996 à 134 000 en 2007, soit une augmentation de 12 % en onze ans. Cette évolution présente une grande stabilité de 1996 à 2002, avec un niveau inférieur à 120 000 divorces chaque année, une augmentation à partir de 2003 avec un pic conjoncturel en 2005 (155 000 divorces) du fait de l'entrée en vigueur de la loi du 26 mai 2004 portant réforme du divorce, l'année 2007 rejoignant le niveau atteint en 2004 (134 000 divorces prononcés). L'évolution des divorces suit celle du divorce par consentement mutuel qui a connu une très forte progression (plus de 72 000 divorces) et dans une moindre mesure, celle du divorce accepté qui a presque doublé en dix ans (28 000 divorces en 2007). Le divorce pour faute connaît une baisse continue depuis 2005.

La conséquence de ces évolutions contraires sur les dix dernières années est une importante **modification de la répartition des différents cas de divorce** : la part des divorces par consentement mutuel est passée de 41 % à 55 %; celle des divorces acceptés de 13 % à plus de 21 %. Les divorces fondés sur la séparation des époux voient leur part augmenter de 3 % à presque 10 % en 2007. Par voie de conséquence, la part des divorces pour faute connaît une forte diminution ces quatre dernières années et n'est plus que de 15 % en 2007.

La **durée moyenne des procédures de divorce**, tous types confondus, s'établit en 2007 à **onze mois**, soit deux de moins qu'en 1996. Cette diminution de la durée serait imputable exclusivement à la réforme du divorce par consentement mutuel, qui a fait chuter la durée de cette procédure de plus de neuf mois à environ trois mois.

130.15 Sources textuelles. Le droit nouveau du divorce et de la séparation de corps figure désormais dans le Code civil aux articles 229 à 309.

Les dispositions actuelles du Code civil sont complétées par le **décret nº 2004-1158 du 29 octobre 2004**[2], portant réforme de la procédure en matière familiale, et le **décret nº 2004-1157 du 29 octobre 2004**[3], pris en application des articles 276-4 et 280 du Code civil, et fixant les modalités de substitution d'un capital à une rente allouée au titre de la prestation compensatoire.

Le **décret nº 2006-1805, du 23 décembre 2006**, modifiant certaines dispositions du Code de procédure civile[4], intéresse aussi la matière, spécialement pour le rôle du professionnel qualifié ou du notaire qui peut être désigné par le magistrat conciliateur sur le fondement des dispositions des articles 255, 9° et 255, 10° du Code civil.

Par un renvoi général de l'article 1129 du Code de procédure civile (réd. Décr. nº 2004-1333, 6 déc. 2004)[5], la procédure de séparation de corps obéit aux règles prévues pour la procédure de divorce.

§ 2
Aspects internationaux du divorce

130.20 Remarque et renvoi. Pour le traitement approfondi des incidences internationales du divorce, il convient de se reporter au titre du présent ouvrage relatif à la mise en œuvre du droit international privé appliqué à la famille (v. s^s^ n°s 41.00 s.). Les développements qui suivent traitent toutefois les points qui doivent *a minima* être vérifiés par les praticiens dès lors qu'un élément d'extranéité intervient dans une procédure[6].

130.21 Règles de conflit de lois. À la faveur de l'article 2 de l'ordonnance nº 2005-759 du 4 juillet 2005 réformant la filiation[7], l'ancien article 310 du Code civil est devenu le nouvel article 309.

Le texte dispose toujours que « *le divorce et la séparation de corps sont régis par la loi française dans les trois cas suivants :*

– lorsque l'un et l'autre des époux sont de nationalité française;

– lorsque les époux ont l'un et l'autre leur domicile sur le territoire français;

1. À titre de comparaison, 274 400 mariages ont été célébrés en 2006, soit le taux de nuptialité le plus bas depuis 1995, alors que le nombre des naissances est en forte augmentation : *Bilan démographique 2006, INSEE Bull.* nº 1118, janv. 2007 – *Études et commentaires* (panorama de jurisprudence : famille-personne-succession, droit des couples-mariage-concubinage-pacte civil de solidarité, févr. 2006-mars 2007, J.-J. Lemouland et D. Vigneau, *D.* 2007, 1561, nº 22.
2. Décr. nº 2004-1158, 29 oct. 2004, portant réforme de la procédure en matière familiale, *JO* 31 oct., p. 18492.
3. Décr. nº 2004-1157, 29 oct. 2004, pris en application des articles 276-4 et 280 du Code civil et fixant les modalités de substitution d'un capital à une rente allouée au titre de la prestation compensatoire, *JO* 31 oct., p. 18486.
4. Décr. nº 2006-1805, 23 déc. 2006, relatif à la procédure en matière successorale et modifiant certaines dispositions de procédure civile, *JO* 31 déc., p. 20370.
5. Décr. nº 2004-1333, 6 déc. 2004, modifiant le décret nº 2004-1158 du 29 octobre 2004 portant réforme de la procédure en matière familiale, *JO* 8 déc., p. 20731.
6. Pour tout ce qui concerne la compétence territoriale, spécialement en matière internationale, les praticiens pourront également se reporter aux explications données par A. Boiché et S. David, *Droit et pratique du divorce 2010/2011*, « Dalloz référence », 1re éd., Dalloz, 2010, n°s 132.00 s.
7. Ord. nº 2005-759, 4 juill. 2005, portant réforme de la filiation, *JO* 6 juill., p. 11159.

– lorsqu'aucune loi étrangère ne se reconnaît compétence, alors que les tribunaux français sont compétents pour connaître du divorce ou de la séparation de corps. »

Cependant, les dispositions de l'article 309 du Code civil n'ont plus qu'une **vocation subsidiaire** à s'appliquer depuis la ratification par la France du règlement (CE) n° 2201/2003, dit « Bruxelles II *bis* », du Conseil de l'Union européenne du 27 novembre 2003 [1], relatif à la compétence, la reconnaissance et l'exécution des décisions en matière matrimoniale et en matière de responsabilité parentale, abrogeant le règlement (CE) n° 1347/2000 [2].

Pour autant, le règlement Bruxelles II *bis* se rattache au **for du divorce** et des mesures accessoires personnelles qui concernent les enfants, mais laisse subsister les règles du règlement de Bruxelles I, pour le **for des aliments**. Par ailleurs, et s'agissant des questions de responsabilité parentale, l'article 8 donne notamment compétence au juge du lieu de résidence habituelle des enfants. Or, dans nombre d'hypothèses, il paraît toutefois bien préférable que le même juge puisse connaître de tous les aspects d'un même dossier (effets personnels pour les époux et les enfants, et mesures patrimoniales pour la fixation des pensions alimentaires par ex.). C'est la raison pour laquelle **les dispositions des deux règlements peuvent avoir vocation à se compléter**, voire à s'articuler pour autoriser le juge du divorce à connaître des demandes personnelles, alimentaires et accessoires, pour autant que la **prorogation de compétence** soit acceptée par les deux parties (v. règl. Bruxelles II *bis*, art. 13 et règl. Bruxelles I, art. 5-2 *in fine* – V. texte des deux règl. s[s] n°s 62.11 et 62.12).

Toujours est-il que la compétence générale des juridictions pour le divorce est définie à l'article 3 du règlement de Bruxelles II *bis*, et obéit aux règles principales suivantes.

1. Sont compétentes pour statuer sur les questions relatives au divorce, à la séparation de corps et l'annulation du mariage des époux, les juridictions de l'État membre :

a. sur le territoire duquel se trouve :

– la résidence habituelle des époux, ou;

– la dernière résidence habituelle des époux dans la mesure où l'un deux y réside encore, ou;

– la résidence habituelle du défendeur, ou;

– en cas de demande conjointe, la résidence habituelle de l'un ou l'autre époux, ou;

– la résidence habituelle du demandeur s'il y a résidé depuis au moins une année immédiatement avant l'introduction de la demande, ou;

– la résidence habituelle du demandeur s'il y a résidé depuis au moins six mois, immédiatement avant l'introduction de la demande et s'il est soit ressortissant de l'État membre en question, soit dans le cas du Royaume-Uni et l'Irlande, s'il y a son domicile;

b. de la nationalité des deux époux ou dans le cas du Royaume-Uni et de l'Irlande du « domicile » commun.

2. Aux fins du présent règlement, le terme « domicile » s'entend au sens du régime juridique du Royaume-Uni et de l'Irlande.

La détermination de la juridiction compétente dépend donc dorénavant, en considération des préceptes de la convention, non plus des règles classiques des conflits de lois telles qu'elles relèvent du droit international privé, mais de la **prise en compte de la « résidence habituelle » de l'un ou de l'autre des époux** qui devient un concept propre au sens du règlement. La première chambre civile de la Cour de cassation a rappelé dans un arrêt du 24 septembre 2008 qu'il n'était pas possible d'établir une hiérarchie entre les **critères de nationalité et de résidence** et qu'ils devaient tous être examinés sur le même plan [3].

En outre, l'article 19 du règlement institue un système de **litispendance internationale** et prévoit le régime des actions dépendantes en privilégiant le maintien de la compétence de la juridiction la première saisie.

Le paragraphe premier de l'article 19 dispose ainsi : « *Lorsque des demandes en divorce, en séparation de corps, ou en annulation du mariage, sont formées entre les mêmes parties devant des juridictions d'États membres différents, la juridiction saisie en second lieu surseoit d'office à statuer jusqu'à ce que la compétence la juridiction première saisie soit établie* ».

Le règlement Bruxelles II *bis*, sauf exception et cas particuliers (v. not. règl. Bruxelles II *bis*, art. 15, pour le renvoi à une juridiction mieux placée pour connaître de l'affaire – V. s[s] n° 62.12), donne **compétence à la juridiction qui a été la première saisie**, et récompense ainsi le « *prix de la course* ». C'est en effet le plaideur le plus diligent dans la saisine de la juridiction choisie (à la condition que soient respectés les critères définis à l'art. 3 du règlement), qui verra son action déclarée recevable en la forme par la juridiction. Une difficulté est toutefois surve-

1. Règl. (CE) n° 2201/2003, du Conseil de l'Union européenne, 27 nov. 2003, dit « Bruxelles II *bis* », *JOUE* L 338/1, 23 déc. 2003.
2. Pour une étude complète, v. A. Boiché, « L'articulation des règles du nouveau droit du divorce avec les règles nationales de compétence directe », *Gaz. Pal.* 27-28 mai 2005, 23 – A. Devers, « L'articulation du règlement Bruxelles II *bis* et des autres règlements communautaires », H. Fulchiron et C. Nourissat (dir.), *Le Nouveau droit communautaire du divorce et de la responsabilité parentale*, « Thèmes et commentaires », Dalloz, 2005, p. 123 s.
3. Civ. 1re, 24 sept. 2008, n° 07-20.248, *Bull. civ.* I, n° 208.

nue sur la définition de la saisine de la juridiction, même si le règlement « *a pris la peine de poser une définition autonome de la saisine aux de litispendance* »[1].

À partir du moment où les juridictions des États membres appliquent des règles de forme et de procédure différentes qui relèvent de leur droit interne, notamment pour le mode de saisine (assignation délivrée par huissier, convocation émise par le greffe, ou requête déposée au greffe par ex.), il apparaissait indispensable de préciser à partir de quel moment la juridiction devait être officiellement considérée comme saisie.

La première chambre civile de la Cour de cassation, le 11 juillet 2006[2], a eu l'occasion de préciser, à propos d'un divorce franco-britannique, la portée de l'article 11-4 du règlement (CE) n° 1347, du 28 mai 2000, alors applicable, mais transposable au règlement Bruxelles II *bis*.

La Cour de cassation retient que « *la cour d'appel a, à bon droit, décidé que le juge aux affaires familiales avait été le premier saisi, dès lors que la tentative de conciliation étant en France une étape obligatoire et préalable à l'assignation intervenue le 7 mai 2004, et que la juridiction française avait été saisie par le dépôt de la requête en divorce du 10 janvier 2003, de sorte que ce dépôt constituait la première formalité au sens de l'article 11-1 précité, pour avoir été suivie d'une assignation en divorce* »[3].

La **saisine de la juridiction** intervient donc, s'agissant de la procédure en France lors du **dépôt** et de l'**enregistrement au greffe de la requête** en divorce, à la condition cependant que la procédure suive un cours normal après audience sur tentative de conciliation.

Toute la difficulté pour les plaideurs confrontés à devoir justifier du moment auquel le juge aura été saisi, consistera à fournir la preuve de la **date** de la remise de la requête au greffe et parfois même de l'**heure**, pour les affaires dans lesquelles deux juges de deux pays différents seraient saisis le même jour, ce qui ne relève pas toujours de l'hypothèse d'école[4]. Il est donc prudent que le demandeur conserve à son dossier un **exemplaire de la requête comportant le timbre à date du greffe**, avec l'indication de l'horaire de la remise ou du dépôt et la signature du greffier, compte tenu des conséquences qui s'attachent à cette justification, ou bien encore que l'huissier qui serait chargé d'une signification, mentionne outre la date – ce qu'il fait toujours – mais aussi l'heure de la remise de l'acte à partie.

Il a été jugé que lorsque les époux possèdent chacun la nationalité de deux mêmes États membres, l'article 3, § 1, s^s b, du règlement n° 2201-2003, s'oppose à ce que la compétence des juridictions de l'un de ces États membres soit écartée au motif que le demandeur ne présente pas d'autre lien de rattachement avec cet État. Au contraire, les juridictions des États membres dont les époux possèdent la nationalité sont compétentes en vertu de cette disposition. Ces derniers pouvant saisir, selon leur choix, la juridiction de l'État membre devant laquelle le litige sera porté[5].

130.22 Moments et précautions pour soulever les exceptions en procédure française. Le juge doit vérifier d'office sa compétence non seulement au regard de l'application d'une loi étrangère éventuellement compétente[6] mais aussi au vu du règlement, et se déclarer, le cas échéant d'office incompétent (v. régl. Bruxelles II *bis*, art. 12 à 15 – V. s^s n° 62.12). Si la discussion sur la compétence est soulevée par les parties (en général la partie défenderesse), alors et conformément aux principes généraux figurant aux articles 74 et 1110 du Code de procédure civile, les exceptions d'incompétence et de litispendance doivent être invoquées devant le JAF **avant** la tentative de conciliation[7].

Au vu des règles applicables, **les rédacteurs d'acte et de requête (en pratique les avocats)** ont intérêt, dès lors qu'à l'occasion de la procédure dont ils ont la charge se pose un élément d'extranéité susceptible d'entraîner l'application du règlement Bruxelles II *bis*, à viser expressément et clairement les dispositions des articles concernés, dans le corps même de leur acte (et éventuellement dans le dispositif).

Cette précaution aura pour effet de montrer que les incidences internationales ont été vues, et d'attirer l'attention du juge sur la nécessité qu'il aura de prendre position sur sa compétence et sur sa prorogation de compétence éventuelle.

Le défendeur pour sa part, s'il entend soulever une exception, devra, pour pouvoir facilement rapporter la preuve qu'il a agi avant la tentative de conciliation, prendre des conclusions envoyées au juge (donc déposées au greffe contre remise d'un exemplaire portant l'empreinte du tampon dateur de la juridiction) et à l'adversaire avant la tentative de conciliation, ou au plus tard déposées avant que

1. V. obs. M.-L. Niboyet, « Les embûches de la litispendance communautaire en matière de divorce », *Gaz. Pal.* 29 avr.-3 mai 2007, J. 27.
2. Civ. 1re, 11 juill. 2006, n° 04-20.405, *Bull. civ.* I, n° 374.
3. V. obs. M.-L. Niboyet, art. préc. s^s prés^t n°.
4. V. NOT., Civ. 1re, 11 juin 2008, n° 06-20.042, *Bull. civ.* I, n° 165.
5. CJCE 16 juill. 2009, aff. n° C-168/08, *D.* 2009, 2106.
6. Civ. 1re, 4 juin 2009, n° 08-11.872, *Bull. civ.* I, n° 112.
7. V. Civ. 1re, 9 janv. 2007, n° 06-10.871, *Bull. civ.* I, n° 6 – Et obs. Massip s^s Civ. 1re, 12 déc. 2006, n° 04-15.099, *Bull. civ.* I, n° 538, n° 04-11.088, *Bull. civ.* I, n° 537, 2 esp.; somm. ann. dr. fam. et pers., *Gaz. Pal.* 22-23 juin 2007, 15; *Dr. fam.* 2007, comm. 36.

le juge ne s'entretienne avec l'époux demandeur lors de l'entretien individuel du processus de conciliation.

130.23 Recours contre les décisions statuant sur une exception d'incompétence. Les décisions qui statuent sur une exception d'incompétence ou de litispendance internationale peuvent faire l'objet d'un **recours immédiat** par la voie de **l'appel** et du **pourvoi en cassation**, les dispositions des articles 544, 606 et 608 du Code de procédure civile, n'ayant alors pas vocation à s'appliquer[1].

SECTION 2
RÈGLES DE COMPÉTENCE

§ 1
Compétence matérielle

130.31 Fondement de la compétence d'attribution du juge aux affaires familiales. Le JAF créé par la loi du 8 janvier 1993 a hérité de compétences précédemment dévolues à diverses juridictions : le juge aux affaires matrimoniales (JAM – procédures de divorce et d'après divorce, autorité parentale sur les enfants issus de couples non mariés), le tribunal de grande instance (droits des grands-parents et des tiers), le tribunal d'instance (obligations alimentaires et contributions aux charges du mariage) ainsi que le juge des tutelles (conflits dans l'exercice de l'autorité parentale entre les parents légitimes).

Ce transfert de compétences, parce qu'il ne s'était pas accompagné d'une réforme des procédures, obligeait le JAF à appliquer les règles procédurales suivies précédemment devant les juridictions antérieurement compétentes, sous réserve d'aménagements ponctuels.

Le décret n° 2004-1158 du 29 octobre 2004 a, en premier lieu, envisagé la matière et **mis fin à la multiplicité des procédures applicables**, en les simplifiant et en les unifiant[2].

Désormais, l'ensemble des litiges soumis au JAF relève d'un **même tronc commun procédural**, à l'exception de quelques matières énumérées dans le Code de procédure civile (délégation de l'autorité parentale, organisation des relations entre l'enfant et ses ascendants ou les tiers, fixation de la résidence de l'enfant chez ces derniers, changement de prénom, mesures urgentes).

En deuxième lieu, la loi n° 2009-526 du 12 mai 2009, de simplification et de clarification du droit et d'allègement des procédures, a modifié l'article L. 213-3 du Code de l'organisation judiciaire en indiquant que le JAF connaîtra également « *de l'homologation judiciaire du changement de régime matrimonial, des demandes relatives au fonctionnement des régimes matrimoniaux et des indivisions entre personnes liées par un pacte civil de solidarité ou entre concubins, de la séparation de biens judiciaire, sous réserve des compétences du président du tribunal de grande instance et du juge des tutelles des majeurs* » (COJ, art. L. 213-3, 1°) mais aussi de « [...] *la liquidation et du partage des intérêts patrimoniaux des époux, des personnes liées par un pacte civil de solidarité et des concubins, sauf en cas de décès ou de déclaration d'absence.* » (COJ, art. L. 213-3, 2°)

Ces dispositions nouvelles sont applicables aux demandes en justice formées à compter du 1er janvier 2010[3] (C. pr. civ., art. 1136-1).

S'agissant plus spécialement du divorce et de la séparation de corps, ce nouveau tronc commun procédural est complété par les dispositions particulières propres à chaque cas de divorce (v. s n°s 131.06 et 132.06).

Le JAF, qui reçoit ainsi une compétence générale pour le divorce, constitue ainsi non pas une juridiction autonome, mais une formation du tribunal de grande instance, dont il fait partie, et sa place devrait même à terme, à la suite des travaux de la Commission Guinchard, rapidement évoluer vers le pôle famille[4].

Ce même article L. 213-3 du Code de l'organisation judiciaire affirme encore la compétence exclusive du JAF pour toutes les mesures de l'après-divorce (modalités d'exercice de l'autorité parentale, modification de la contribution à l'entretien et à l'éducation des enfants, décision de confier ceux-ci à des tiers, ou bien actions en révision de la prestation compensatoire et de ses modalités de paiement).

Par voie de conséquence, le JAF dispose à lui seul de tous les pouvoirs dévolus à la juridiction du tribunal de grande instance dont il fait partie.

Il sera donc tour à tour, juge des mesures d'urgence et des référés (C. pr. civ., art. 1073), magistrat conciliateur et juge des mesures provisoires et de leur modification pendant la durée de l'instance juge de la mise en état (C. pr. civ., art. 1073), et juge du divorce et des mesures accessoires (COJ, art. 213-3).

1. V. obs. Massip s^s^ Civ. 1re, 12 déc. 2006, n° 06-10.871, préc. s^s^ n° 130.23.
2. V. S. Thouret, « Les mécanismes procéduraux issus du décret n° 2004-1158 du 29 octobre 2004, portant réforme de la procédure en matière familiale », dossier spéc. « Réforme du divorce », *Dr. fam.* janv. 2005.
3. V. circ. DACS 08-09, 26 mai 2009, relative à la présentation synthétique des principales dispositions de la loi n° 2009-526 du 12 mai 2009 de simplification et de clarification du droit et d'allègement des procédures, NOR : JUS C 0911895C.
4. Rapport de la commission Guinchard, *L'ambition raisonnée d'une justice apaisée*, Doc. fr., 2008.

Sa compétence s'était déjà trouvée élargie par la loi du 26 mai 2004 à la possibilité de **trancher les désaccords subsistant entre les époux sur la liquidation de leur régime matrimonial.**

Cette nouvelle possibilité supposait toutefois qu'un **notaire** ait été désigné dès l'audience de tentative de conciliation, ou au stade des mesures provisoires sur le fondement des dispositions de l'article 255, 10° nouveau du Code civil (v. s[s] n°s 132.43 et 132.102), et que le projet établi par le notaire et régulièrement déposé, contienne des informations suffisantes pour lui permettre de trancher les questions restant en litige.

L'objectif visait à accélérer autant qu'il est possible le règlement des aspects liquidatifs du régime matrimonial, sans forcément attendre que le divorce soit prononcé, et surtout à permettre au juge de connaître avec le plus de précision possible les droits de chacun des époux dans la liquidation du régime matrimonial, pour fixer éventuellement la prestation compensatoire.

Le recours à ce texte connaît cependant en pratique un succès relatif : il oblige les époux à consigner dès le début de la procédure la provision à valoir sur sommes nécessaires à la rémunération du notaire commis, et les JAF ne se sont (sous l'empire de la loi de 2004) guère emparés de leurs nouvelles prérogatives pour trancher les difficultés relatives à la liquidation et au partage du régime matrimonial.

§ 2
Compétence territoriale

130.41 Fondement textuel. Les règles de la compétence territoriale ont été maintenues à l'article 1070 du Code de procédure civile, qui a été légèrement réécrit à l'occasion de la loi du 26 mai 2004 (on fait dorénavant plutôt référence aux parents qu'aux époux, notamment pour tenir compte de la réforme de l'autorité parentale), sans que le régime ne s'en trouve véritablement changé.

Le JAF territorialement compétent est :

« *- le juge du lieu où se trouve la résidence de la famille;*

- si les parents vivent séparément, le juge du lieu de résidence du parent avec lequel résident habituellement les enfants mineurs en cas d'exercice en commun de l'autorité parentale, ou du lieu de résidence du parent qui exerce seul cette autorité;

- dans les autres cas, le juge du lieu où réside celui qui n'a pas pris l'initiative de la procédure;

- en cas de demande conjointe, le juge compétent est selon le choix des parties, celui du lieu où réside l'une ou l'autre;

- toutefois, lorsque le litige porte seulement sur la pension alimentaire, la contribution à l'entretien et l'éducation de l'enfant, la contribution aux charges du mariage ou la prestation compensatoire, le juge compétent peut être celui où réside l'époux créancier ou le parent qui assume à titre principal la charge des enfants même majeurs;

- la compétence territoriale est déterminée par la résidence au jour de la demande, ou, en matière de divorce, au jour où la requête initiale est présentée. »

130.42 Notion de résidence. La notion de résidence reste toujours définie en fonction d'**éléments de fait** laissés à l'appréciation souveraine du JAF[1]. Le premier alinéa du texte ne devrait pas susciter de difficultés, puisqu'il envisage en réalité le cas où les époux et les enfants demeurent encore sous le même toit. Cette situation laisse donc la place à peu de marge de contestation.

En revanche, le deuxième alinéa évoque la règle de compétence lorsque les parents vivent séparément, avec le ou les enfants mineurs.

En cas de contestation, il appartiendra donc à la juridiction de rechercher si le conjoint qui a quitté le domicile conjugal avec le ou les enfants mineurs a bien eu l'intention d'établir sa résidence dans un autre lieu.

Dans tous les autres cas, et donc par le biais d'une **compétence résiduelle**, c'est le JAF du tribunal de grande instance du lieu de résidence de l'époux qui n'a pas pris l'initiative de la demande qui devra être saisi, le juge disposant d'un souverain pouvoir d'appréciation pour appliquer les critères à l'espèce qui lui est soumise.

§ 3
Exceptions d'incompétence

130.51 Incompétence. Conformément au corps des règles classiques de procédure civile, le non-respect des règles de compétence est susceptible d'entraîner une sanction à l'initiative du conjoint défendeur, voire du juge, qui peut même dans certains cas la relever d'office.

Les décisions du JAF qui statuent sur sa compétence (ordonnances de référé et ordonnance sur tentative de conciliation) ne peuvent être remises en cause que par la voie de l'appel (C. pr. civ., art. 98).

130.52 Litispendance et connexité. Par hypothèse, en matière de divorce, il faut imaginer que deux juridictions ont été saisies d'une requête aux

1. Civ. 2e, 25 juin 1980, n° 79-11.874, *Bull. civ.* II, n° 159; *D.* 1981, IR 379, obs. Groslière – A. Batteur (dir.), *Le guide des divorces*, « Guides », 2e éd., Dalloz, 2007, n° 311.21.

mêmes fins, et qu'elles ont toutes deux vocation à être compétentes.

Dans le cas de la **litispendance**, la juridiction saisie en second doit alors, dans ce cas se déclarer incompétente, au profit de la première saisie (C. pr. civ., art. 100).

Dans le cas de la **connexité**, le dessaisissement peut être demandé indifféremment à l'une ou à l'autre des juridictions (C. pr. civ., art. 101).

Sauf dans des hypothèses de saisine de juridictions de deux états membres ou deux pays étrangers différents, ces deux types d'exception sont très rarement invoqués en procédure interne : il faudrait imaginer que deux JAF appartenant à deux tribunaux de grande instance distincts ont été saisis d'une requête aux mêmes fins, mais il serait très surprenant que les deux puissent se reconnaître compétents. En général l'un d'autre eux seulement le sera au regard des critères visés à l'article 1070 du Code de procédure civile.

En revanche, il est plus fréquent que **chacun des époux dépose devant le même JAF deux requêtes en divorce**, chacun en qualité de demandeur.

Dans ce cas de figure, le JAF prononce habituellement la **jonction des deux dossiers** et mentionne en qualité de demandeur à la procédure, le premier de celui qui l'avait saisi.

130.53 Exceptions soulevées par le défendeur. Toujours conformément aux règles habituelles, et aux prescriptions de l'article 74 du Code de procédure civile, les exceptions doivent être soulevées *in limine litis*, c'est-à-dire avant toute défense au fond.

Encore faudra-t-il pouvoir rapporter la preuve, en cas de contestation, que l'incompétence a été soulevée avant toute défense au fond.

Cela signifie donc qu'il est prudent, pour le plaideur en personne, et bien plus souvent pour son avocat[1], de **soulever l'exception de procédure avant même l'entretien individuel que le juge doit avoir avec les époux**, dans le cadre d'une requête « tronc commun » de l'article 251 du Code civil, même si une jurisprudence rendue sous l'empire du droit antérieur avait admis que l'exception pouvait encore être soulevée à l'issue de cet entretien, et au moment où les avocats des deux époux sont alors introduits dans le bureau pour les explications et demandes sur les mesures provisoires[2].

En pratique, et même si cette exigence n'est pas requise par les textes, il apparaît préférable pour l'avocat du défendeur, de prendre des **conclusions spéciales, aux fins d'incompétence** et de les communiquer à l'avocat du demandeur en même temps qu'il les fera déposer au greffe en vue de la tentative de conciliation.

Il sera alors très difficile au défendeur à l'exception de contester le fait que l'exception ait pu être soulevée en temps utile.

130.54 Exceptions soulevées d'office. Les dispositions des articles 92 ou 93 du Code de procédure civile restent applicables, de sorte que le JAF peut se déclarer d'office incompétent, mais dans le cas limité de la violation d'une règle de la compétence d'attribution, lorsque cette règle est d'ordre public, ou bien encore lorsque le défendeur ne comparaît pas.

SECTION 3
PARTIES À LA PROCÉDURE ET CAS PARTICULIER DES ENFANTS

§ 1
Les époux sont parties à la procédure de divorce

130.61 Parties à la procédure de divorce. Sans surprise, les parties à la procédure de divorce sont bien évidemment et exclusivement les époux.

130.62 Incidence du régime de protection des majeurs. Toutefois, l'un d'entre eux, qu'il soit en position de demandeur ou de défendeur, peut se trouver placé sous un régime de protection (tutelle, curatelle ou sauvegarde de justice) ou même être aliéné.

L'existence d'un régime de protection n'empêche pas la personne protégée de mettre en place l'action en divorce, ni de défendre à cette même action, avec la prise en compte, cependant de particularités découlant nécessairement de la situation procédurale dans laquelle elle se trouve admise.

Qu'il soit en position de demande ou de défense, **aucune procédure de divorce par consentement mutuel ou sur acceptation du principe de la rupture** ne peut alors être présentée (C. civ., art. 249-4), puisque ces deux formes de divorce supposent qu'un **consentement libre et éclairé** soit donné, or, par hypothèse, il ne peut exister à raison de l'incapacité prononcée.

130.63 Majeur en tutelle en qualité de demandeur ou défendeur. Dans ce cas et puisque la tutelle est un régime de représentation (C. civ., art. 440, al. 3), la requête doit être formée par **le tuteur avec l'autorisation du conseil de famille**, ou du **juge des tutelles, seul**, pour le cas où le conseil de famille n'a pas été désigné.

1. Civ. 2e, 20 mars 1989, n° 88-14.345, *Bull. civ.* II, n° 83.
2. CA Paris, 18 janv. 1995, *Juris-Data* n° 020572.

La demande doit être formée après **avis médical** et l'article 249 du Code civil recommande même que la personne protégée soit entendue par le conseil de famille ou par le juge des tutelles.

Bien évidemment si la tutelle avait été précédemment confiée à l'époux de la personne protégée, il conviendra alors dans cette hypothèse, et à raison de la divergence d'intérêts manifeste existant, de faire désigner un **tuteur ou curateur *ad hoc*** sur le fondement des dispositions de l'article 249-2 du Code civil.

La procédure sera poursuivie ou bien pour **altération définitive du lien conjugal**, ou bien pour **faute**.

130.64 Majeur en curatelle (régime d'assistance). Le majeur en curatelle exerce l'action **lui-même**, ou bien se défend **avec l'assistance de son curateur** (C. civ., art. 249, al. 2, et art. 249-1). De la même manière, si la curatelle avait été précédemment confiée à l'époux de la personne protégée, il conviendra de faire procéder à la désignation d'un **administrateur *ad hoc***.

130.65 Majeur sous sauvegarde de justice. Dans cette hypothèse, la demande ne pourra être examinée qu'**une fois la décision prise** sur l'ouverture de la procédure de tutelle, de curatelle, ou même encore, de mainlevée pure et simple de la sauvegarde de justice.

130.66 Nécessité de procéder à la signification de tous les actes au tuteur ou curateur. Tous les actes, toutes les citations pour être valables, et à peine de nullité, devront être signifiés au tuteur ou au curateur en même temps qu'à la personne protégée elle-même (C. civ., art. 467). Sont donc concernées, pour la procédure de divorce, les convocations, citations et significations d'ordonnances ou de jugements et arrêts.

§ 2
Les enfants

130.71 Absence de qualité de partie pour les enfants dans la procédure de divorce. Les enfants n'ont jamais la qualité de partie dans le cadre de la procédure de divorce de leurs parents, mais ils peuvent avoir vocation à intervenir sur le fondement des dispositions de la Convention internationale des droits de l'enfant, du 20 novembre 1989, ratifiée par la France le 2 juillet 1990.

Le décret n° 2009-572 du 20 mai 2009[1] a d'ailleurs refondu les conditions de l'audition de l'enfant en justice, en modifiant le titre IX *bis* du livre 1er du Code de procédure civile, et en insérant les articles 338-1 à 338-12 dans ce même Code.

130.72 Audition du mineur et nouvelles règles applicables. La Convention internationale des droits de l'enfant (v. ss n° 63.14) a inspiré plusieurs articles du Code civil, dont l'article 388-1 qui permet l'audition du mineur capable de discernement dans toute procédure qui le concerne (et donc y compris dans le cadre de la procédure de divorce). L'article 388-1 du Code civil a précisé depuis 1993 que l'audition de l'enfant ne lui conférait pas la qualité de partie à la procédure (v. ss nos 233.251 et 233.252).

Toutefois, et jusqu'à la loi n° 2007-293 du 5 mars 2007[2], le juge pouvait écarter son audition par une demande spécialement motivée, mais qui n'était susceptible d'aucun recours.

L'article 388-1 du Code civil dans sa rédaction issue de la loi du 5 mars 2007 dispose que l'enfant doit être avisé de son droit à être informé, et que cette « *audition est de droit lorsque le mineur en fait la demande* ».

L'article 338-2 du Code de procédure civile dispose encore que : « *La demande d'audition est présentée sans forme au juge par le mineur lui-même ou par les parties. Elle peut l'être en tout état de la procédure et même pour la première fois en cause d'appel.* »

L'enfant qui sollicite son audition peut être entendu **seul** ou **avec un avocat** qui lui est expressément désigné sur sa demande ou avec une personne de son choix, ce que doit rappeler la convocation qui sera envoyée par le greffe (C. pr. civ., art. 338-6).

Et pour mettre fin aux pratiques antérieures qui étaient disparates, l'article 338-12 du Code civil dispose que, dans le respect de l'intérêt de l'enfant, il est fait un **compte rendu de l'audition du mineur**, ce compte rendu étant soumis au respect du principe du contradictoire.

130.73 Conséquences pratiques des nouvelles règles. Les changements qui sont induits par le nouveau régime de l'audition de l'enfant sont donc très étendus et imposent une adaptation des pratiques[3] :

Si, dans les **divorces autres que par consentement mutuel**, la demande d'audition n'a pas été formée, il appartiendra au JAF de vérifier et de mentionner dans ses décisions que l'enfant ou les enfants ont été avisés de leur droit à être entendus, et qu'ils ont ou n'ont pas sollicité cette mesure d'audition.

1. Décr. n° 2009-572, 20 mai 2009, relatif à l'audition de l'enfant en justice, *JO* 24 mai, p. 8649.

2. L. n° 2007-293, 5 mars 2007, réformant la protection de l'enfance, *JO* 6 mars, p. 4215.
3. V. Circ. CIV/10/09, 3 juill. 2009, présentation du décret n° 2009-572 du 20 mai 2009 relatif à l'audition de l'enfant en justice, (DACS, Bureau du droit des personnes et de la famille).

Dans les **divorces par consentement mutuel**, les parents (et surtout leurs avocats) devront penser à insérer une clause spéciale dans leur convention de divorce rappelant qu'ils ont eux-mêmes informé l'enfant ou les enfants de leur droit à être entendu(s), et selon le cas, que l'audition n'a pas été demandée.

Ce n'est qu'en respectant ce formalisme pointilleux que la preuve de l'information de l'enfant sur la possibilité et les modalités de son audition pourra être satisfaite.

Si la demande d'audition a été formée, et qu'il y a été procédé, il appartiendra alors au juge de dresser le **compte rendu d'audition** (qui n'est pas un procès-verbal, de sorte que dans sa forme il n'a pas à reproduire de manière littérale et intégrale les propos de l'enfant), pour qu'il soit ensuite adressé aux parties ou à leurs avocats. Mais pour assurer le **respect du principe du contradictoire**, il faudra encore que le juge rouvre les débats pour recueillir les observations éventuelles des parents. Le travail de la juridiction (greffe et JAF) et aussi des avocats des parties se trouve nécessairement alourdi.

130.74 Indépendance des conseils. La pratique des barreaux révèle que les avocats qui interviennent pour les mineurs sont en général tous membres de commissions ou groupes de réflexion connaissant particulièrement bien toutes ces questions. Ils sont très attentifs à leur indépendance, par rapport aux parents, et ne sont pas liés financièrement aux parents, puisqu'ils sont indemnisés de droit au barème de l'aide juridictionnelle, quel que soit le niveau de fortune des parents du mineur qu'ils assistent et accompagnent dans la mesure d'audition.

De véritables **protocoles** ont été signés entre plusieurs ordres des avocats et certaines juridictions (Barreau de Lyon et cour d'appel de Lyon, Barreau de Nice et tribunal de grande instance de Nice, par ex.) [1].

SECTION 4
MOYENS DE PREUVE

130.81 Preuves admissibles. Les articles 259 à 259-3 du Code civil sont relatifs aux modes de preuve que les parties peuvent invoquer à l'occasion de la procédure de divorce.

La question de l'admissibilité des modes de preuve ne présente toutefois pas d'intérêt dans le divorce par consentement mutuel : puisqu'il s'agit d'un divorce pour cause secrète, librement accepté par les deux époux, les fautes éventuelles sont inopérantes, et les époux se sont accordés pour régler entre eux les conséquences de leur séparation.

Ils n'ont pas vocation à argumenter l'un contre l'autre, et la question des preuves leur est donc indifférente.

Pour le surplus, tous les moyens de preuve, aveu, écrit, attestation, constat sont susceptibles d'être recherchés et produits, mais quelques particularités méritent d'être soulignées en matière de divorce.

Sans doute plus qu'en toute autre matière, celui qui veut prouver contre son conjoint doit respecter un **juste équilibre** entre les moyens qui lui sont nécessaires pour prouver sa prétention, et le respect de la vie privée de l'autre, tous les moyens de preuve devant satisfaire à l'**obligation de loyauté et d'absence de production par violence ou par fraude** (C. civ., art. 259-1).

Selon les standards européens du droit au respect de la vie privée, tout est affaire de proportionnalité dans l'ingérence légitime aux droits d'un époux. Ainsi, un compte rendu médical d'une opération subie par le mari, qui fait également état de l'alcoolisme du mari allégué à l'appui d'une demande en divorce pour faute, constitue une violation de l'article 8 de la Convention européenne des droits de l'homme [2].

En vertu de ce même principe, des moyens de preuve sont formellement exclus par la loi.

130.82 Prohibition des attestations et témoignages des descendants dans l'action en divorce. L'article 259 du Code civil précise expressément que « *les descendants ne peuvent jamais être entendus sur les griefs invoqués par les époux* ». Le texte a été légèrement modifié en 2004, puisqu'on parlait auparavant des enfants. La règle est en outre reprise à l'article 205 du Code de procédure civile.

L'interdiction s'attache donc maintenant à **tous les descendants (en ligne directe)**, qu'ils soient communs ou non aux deux époux.

La **jurisprudence** a d'elle-même élargi l'incapacité de témoigner à d'autres membres de la famille et spécialement au **conjoint d'un descendant ou au conjoint divorcé du descendant** [3].

La règle de la prohibition des témoignages des proches est tout à fait bienvenue : les enfants ou petits-enfants se trouveraient placés dans des situations de conflits de loyauté absolument impossibles s'il leur était donné de participer à l'administration de la preuve dans le divorce de leurs parents ou grands-parents. Ils seraient alors amenés à prendre

1. V. NOT., J.-M. Hayat et N. Fricero, « La réforme de l'audition de l'enfant en justice : un subtil équilibre entre l'intérêt supérieur de l'enfant et l'équité du procès », *RJPF* 2009-10/10.

2. CEDH 10 oct. 2006, req. n° 7508/02, LL c/France, *RTD civ.* 2007, 85, obs. Hauser.

3. Civ. 1re, 14 févr. 2006, n° 05-14.686, *Bull. civ.* I, n° 71; *Dr. fam.* 2006, comm. 90, obs. Larribau-Terneyre.

position pour ou contre l'un de leurs parents, ce qui n'est bien sûr pas souhaitable.

130.83 Prohibition de l'utilisation de l'enquête sociale sur la cause du divorce. De la même manière, l'enquête sociale, quelles que soient ses conclusions, ne peut être utilisée par les parties comme moyen de preuve à l'occasion du débat sur la cause du divorce. L'enquête sociale n'a normalement vocation qu'à éclairer le juge pour lui donner une meilleure connaissance de ce qui lui est nécessaire pour prendre toute décision utile au regard des mesures accessoires (C. civ., art. 373-2-12).

Il faut cependant reconnaître, que même si les parties ne s'appuient pas expressément sur les conclusions du rapport d'enquête sociale, et que le juge ne les retient pas comme élément sur la cause du divorce, il est difficile de les oublier complètement.

Il s'ensuit que le travailleur social doit rédiger son rapport avec un soin tout particulier, en étant conscient que tout ce qui a été écrit à l'occasion du rapport d'enquête sociale pourrait avoir vocation à être utilisé à d'autres fins que la communication de l'information sur la situation matérielle et morale de la famille, et relative aux mesures provisoires pour les enfants.

Pour autant la Cour de cassation veille toujours à ce que le juge n'utilise pas dans le débat sur la cause du divorce les éléments recueillis au cours de l'enquête sociale.

130.84 Recevabilité des attestations émanant d'autres personnes que les descendants. Les attestations des personnes autres que les descendants sont recevables, et sont en pratique très fréquentes, puisque la loi du 11 juillet 1975 ne permettait plus la comparution des témoins dans le cadre de l'instance en divorce.

Conformément aux prescriptions de l'article 202 du Code civil, pour être valables les attestations doivent être entièrement écrites, datées et signées de la main de leur auteur. L'attestation doit nécessairement comporter en annexe la photocopie de tout document officiel justifiant de son identité et comportant sa signature.

L'attestation doit contenir la relation des faits auxquels son auteur a assisté ou qu'il a personnellement constatés (exclusion des témoignages indirects), et rappeler qu'une fausse attestation exposerait son auteur à des condamnations civiles (dommages-intérêts) ou pénales (amende, emprisonnement).

130.85 Recevabilité des constats d'huissier. Les constats d'huissier et spécialement les **constats d'adultères** sont admis, mais l'**autorisation du président du tribunal de grande instance (en pratique du JAF)** est nécessaire quand le constat doit être dressé hors le domicile conjugal. L'atteinte à l'intimité de la vie privée est dans ce cas d'autant plus grave, et il est justifié qu'un tel constat ne puisse être établi qu'après une autorisation du juge, qui demandera toutefois que des éléments suffisants laissant penser que la mesure demandée est justifiée lui soient produits[1].

130.86 Rapports des détectives privés. La Cour de cassation n'exclut pas que la preuve dans le divorce puisse aussi être rapportée par la production d'un rapport de détective privé[2], même si la jurisprudence n'avait pas été aussi nette auparavant[3].

130.87 Écrits et courriels. Les lettres, journaux intimes[4], correspondances, courriels[5], et même mini-messages textos ou sms[6], peuvent être produits, mais sous réserve de ne pas avoir été obtenus par **fraude** ou par **violence**.

L'appréciation de la condition de l'absence de fraude dans l'obtention de ce moyen de preuve est difficile à apporter. Un époux sera-t-il assez naïf pour laisser apparent son journal intime et pour laisser accès à son ordinateur personnel[7] ou son téléphone mobile ?

La Cour européenne des droits de l'homme admet que la production de lettres échangées entre un époux et un tiers pour établir une faute, cause de divorce, s'analyse comme une ingérence dans la vie privée de ces personnes (en l'espèce, des lettres établissant une relation homosexuelle). Toutefois, il n'y a pas violation de l'article 8 de la Convention européenne de sauvegarde des droits de l'homme, le but poursuivi par l'ingérence étant la protection des droits d'autrui, à savoir le droit d'une personne mariée de mettre fin au lien matrimonial, l'époux devant s'attendre à ce que les preuves du comportement mis en cause soient débattues dans le cadre d'une procédure contradictoire répondant au principe du procès équitable[8].

1. Pour des modèles de requêtes, v. S. Thouret, *Divorce : modèles d'actes*, « Pratique professionnelle », Litec, 2005, n° 48.
2. Pour une application v. Civ. 1re, 18 mai 2005, n° 04-13.745, *Bull. civ.* I, n° 213; *AJ fam.* 2005, 403.
3. V. jurisprudence préc. ss prést n°.
4. Civ. 2e, 6 mai 1999, n° 97-12.437, *Bull. civ.* II, n° 85; *JCP* 1999, II, 10201 note Garé; *Dr. fam.* 1999, comm. 79, note Lécuyer; *RTD civ.* 1999, 608, obs. Hauser.
5. Civ. 1re, 18 mai 2005, n° 04-13.745, *Bull. civ.* I, n° 213; *AJ fam.* 2005, 403.
6. Civ. 1re, 17 juin 2009, n° 07-21.796, *Bull. civ.* I, n° 132; *AJ fam.* 2009, 298, obs. David; *D.* 2009, 1758, obs. Egea; *RTD civ.* 2009, 514, obs. Hauser; *Dr. fam.* 2009, 21, obs. Larribau-Terneyre.
7. Pour le point de vue d'un huissier de justice, v. E. Albou, « Les moyens de preuve électronique dans les procédures de divorce et de séparation », *AJ fam.* 2009, 344.
8. CEDH 12 mai 2008, 2e sect., req. n° 65097/01, N. N. et T. A. c/Belgique, *Procédures* oct. 2008, comm. 269, obs. Fricero; *RTD civ.* 2008, 650, obs. Marguénaud.

130.88 **Examen comparé des sangs.** La Cour de cassation a eu l'occasion d'admettre dans un arrêt du 28 février 2006 que le mari pouvait apporter la preuve de l'infidélité de l'épouse en produisant un rapport d'examen comparé des sangs permettant de justifier que les enfants n'étaient pas nés de lui[1].

1. Civ. 1re, 28 févr. 2006, no 04-12.736, *Bull. civ.* I, no 113; *Dr. fam.* 2006, comm. 91.

CHAPITRE

131. Divorce par consentement mutuel

OLIVIER MATOCQ
AVOCAT AU BARREAU DE LYON

YANN FAVIER
MAÎTRE DE CONFÉRENCES
À L'UNIVERSITÉ DE SAVOIE

SECTION 0
ORIENTEUR

131.00 **Plan du chapitre.**

131.01 **Textes applicables.**

TEXTES SOURCES

• **Code civil**

> **Procédure applicable au divorce par consentement mutuel**

C. civ., art. 250 à 250-3

> **Date des effets du divorce**

C. civ., art. 260 à 262-2

> **Dispositions générales des effets du divorce entre époux**

C. civ., art. 263 à 265-2

> **Prestations compensatoires**

C. civ., art. 270 à 281

> **Conséquences du divorce pour les enfants**

C. civ., art. 286

• **Code de procédure civile**

> **Demande en divorce**

C. pr. civ., art. 1075 à 1077

> **Prestation compensatoire**

C. pr. civ., art. 1079 à 1080

> **Publicité du jugement de divorce**

C. pr. civ., art. 1081 à 1082-1

> **Divorce par consentement mutuel – règles de procédure**

C. pr. civ., art. 1088 à 1105

> **Mesures provisoires**

C. pr. civ., art. 1117 à 1120

• **Circulaire CIV/16/04, 23 nov. 2004, de présentation de la loi relative au divorce,** du décret portant réforme de la procédure en matière familiale et du décret fixant les modalités de substitution d'un capital à une rente allouée au titre de la prestation compensatoire, NOR : JUS C 0420849 C

* V. texte complet s^s n° 61.11

131.02 **Jurisprudence de référence.**

> **Modification de la convention de divorce judiciairement homologuée**

• **Civ. 1re, 11 janv. 2005, n° 03-16.719,** *Bull. civ.* I, n° 16

* V. s^s n° 131.81

La Cour de cassation retient que la modification d'une convention homolguée fixant la pension alimentaire due à l'épouse au titre du devoir sde secours doit être soumise à l'homologation.

> **Sort d'un bien commun omis dans la convention de partage du régime matrimonial dans le cadre du divorce par consentement mutuel**

• **Civ. 1re, 22 févr. 2005, n° 02-13.745,** NP

* V. s^s n° 131.102

Après des divergences entre la Première et la Deuxième chambres civiles de la Cour de cassation, la jurisprudence retient désormais la recevabilité d'une demande de l'époux divorcé en partage complémentaire des biens communs omis dans l'état liquidatif homologué.

131.03 **Bibliographie indicative.**
* V. s[s] n° 130.03

131.04 **Questions essentielles.**
> Les avocats et notaires doivent faire preuve de rigueur dans la rédaction des diffrérentes clauses des actes soumis à l'homologation
* V. s[s] n°s 131.32, 131.45 et 131.102
> L'acte liquidatif et de partage du régime matrimonial est-il exigé même lorsque les époux sont mariés sous un régime séparatise, et qu'ils déclarent ne pas posséder de biens indivis ?
* V. s[s] n° 131.12
> À quelles conditions les époux peuvent-ils envisager de modifier la convention de divorce qui avait été judiciairement homologuée ?
* V. s[s] n° 131.81

131.08 **Volonté de recherche d'accords.** Simplification, accélération, pacification, tels sont les trois objectifs ambitieux qui ressortaient de l'exposé des motifs de la loi du 26 mai 2004, et qui n'ont pas cessé d'inspirer le législateur lors des travaux parlementaires et des séances de travail à la Chancellerie, alors que les maîtres mots de la loi du 11 juillet 1975 étaient « *le pluralisme, la dédramatisation, la concentration des effets du divorce* »[1].

Il restait cependant, une fois la déclaration de principe posée, à se donner les moyens d'atteindre les ambitions affichées dans une matière qui demeure toujours complexe : « *Simplifier la procédure de divorce ne suffit pas à rendre un divorce simple...*[2] ».

Et pourtant, de ce point de vue, la loi nouvelle est parvenue à instituer de véritables progrès et insuffle un esprit nouveau. Elle invite les parties et leurs avocats (qui ont été très tôt associés à la préparation du texte, dans le groupe de travail mis en place à la Chancellerie, et à la Direction des affaires civiles et du Sceau) à faire preuve d'imagination pour trouver les meilleures réponses à la situation des couples.

L'objectif de **rapidité** a été largement atteint pour le **divorce par consentement mutuel** (parfois trop, ont pu regretter certains[3]), puisque le prononcé du divorce intervient dorénavant lors de la seule, et normalement unique, audience avec comparution des parties.

Pour les **autres formes de divorce**, on libère un champ d'action très large aux époux en leur accordant **plus de souplesse**. Le choix du cas (et du motif) de divorce ne se fait plus au moment de la préparation et du dépôt de la requête, mais lors de la rédaction et de la délivrance de l'assignation. Et encore est-il toujours possible, et en tout état de la procédure, par l'utilisation des mécanismes de « passerelle », de transformer la procédure, pour passer d'un cas de divorce le plus contentieux au moins contentieux, tout en encourageant la recherche et la prise d'accords, pour aboutir au prononcé du divorce par consentement mutuel.

131.09 **Place du divorce par consentement mutuel dans la liste des cas de divorce.** La Loi retient quatre cas de divorce, énumérés à l'article 229 du Code civil;

- le **consentement mutuel**,
- l'**acceptation du principe de la rupture du mariage**,
- l'**altération définitive du lien conjugal**,
- la **faute**.

Les dispositions principales de procédure figurent aux articles 248 et suivants du Code civil.

Après quelques articles qui traitent des dispositions générales, la matière est organisée autour de deux sections :

- la procédure applicable au divorce par consentement mutuel,
- la procédure applicable aux autres formes de divorce.

La partition est donc très nette : le **divorce par consentement mutuel**, qui a les faveurs du législateur obéit à un **régime particulier**, tout à fait autonome, alors que les **trois autres formes** sont groupées dans ce qu'il est convenu d'appeler le **tronc commun procédural**, le choix du cas de divorce se faisant au moment de la délivrance de l'assignation, c'est-à-dire après l'audience sur tentative de conciliation, qui devient un moment encore plus fort de la procédure.

SECTION 1
DROIT ANTÉRIEUR ET RÉFORME DU 26 MAI 2004

131.11 **Bref rappel des principes antérieurs à la réforme.** Créé par la loi du 11 juillet 1975, le divorce par consentement mutuel nécessitait, jusqu'à l'entrée en vigueur de la loi du 26 mai 2004, obligatoirement **deux comparutions devant le juge.**

Au cours de la première audience, les époux étaient reçus individuellement puis ensemble, avec leur(s) avocat(s). À l'issue de cette audience, le juge aux affaires familiales (JAF) homologuait la convention temporaire du divorce qui fixait les mesures provisoires devant s'appliquer entre eux pendant la

1. A. Batteur (dir.), *Le guide des divorces*, « Guides », 2e éd., Dalloz, 2007, n° 01.31.
2. A. Batteur (dir.), *Le guide des divorces*, n° 01.31, préc. s[s] prés[t] n°.
3. V. NOT., H. Poivey-Leclercq, « Le nouveau divorce par consentement mutuel », *AJ fam.* 2006, 12.

durée de la procédure. Il invitait les époux à réitérer leur requête, et il disposait déjà d'un aperçu des mesures accessoires au divorce, par la communication du projet de convention définitive qui lui était remis.

S'ouvrait alors un **délai de réflexion minimal de trois mois** à l'expiration duquel les époux devaient réitérer leur demande et soumettre au magistrat la convention définitive des effets du divorce (en ce compris la liquidation et le partage), dont ils souhaitaient l'homologation. Le divorce était normalement prononcé lors de la seconde audience.

Si le système présentait l'avantage d'organiser la séparation des époux, même pendant la procédure, en leur permettant de se donner (sous contrôle de l'homologation du juge) des mesures provisoires immédiatement applicables et propres à régler leurs relations sans plus attendre (qu'ils soient d'ores et déjà séparés de fait ou non), les délais étaient allongés de manière sensible, et il était difficile, devant la plupart des juridictions d'obtenir que le prononcé du divorce intervienne en moins de neuf à douze mois, à compter du dépôt de la requête.

Par ailleurs, et pour nombre de situations simples, (pas d'enfant, peu de patrimoine, pas de prestation compensatoire), cette nécessité de double comparution n'était pas bien comprise par les divorçants eux-mêmes, qui auraient souvent souhaité pouvoir en terminer dès la première audience.

131.12 Le droit nouveau. Dorénavant, le divorce par consentement mutuel n'implique plus qu'**une seule comparution et qu'une seule audience**, au cours de laquelle le juge reçoit les époux et prononce le divorce, tout en homologuant la **convention de divorce** (les termes « convention temporaire » et « convention définitive » n'ayant plus de raison d'être).

Il s'ensuit, fort logiquement, que la convention portant règlement complet des effets du divorce doit être accompagnée de l'**état liquidatif du régime matrimonial** (éventuellement reçu par-devant notaire si les époux sont propriétaires de biens soumis à publicité foncière, C. pr. civ., art. 1091), dès le dépôt de la requête.

Deux conséquences essentielles découlent donc directement du régime nouveau : l'**absence de mesures provisoires** et la nécessité pour les parties, dès le dépôt de la requête de joindre l'état liquidatif de leur régime matrimonial.

Bien souvent, les avocats, en même temps qu'ils inviteront leurs clients à éventuellement contacter le notaire (pour prévoir l'acte attributif de la résidence principale au profit de l'un des deux contre versement d'une soulte par ex.), auront tout intérêt à suppléer l'absence de mesures provisoires par la rédaction de **conventions amiables de séparations entre époux** (dépourvues de force exécutoire, mais qui donneront un cadre aux époux) [1].

Dans le même temps, il faudra, et sans plus tarder, préparer l'acte liquidatif du régime matrimonial qui devra impérativement être joint à la convention de divorce et être déposé en même temps que la requête, ou bien indiquer, (et alors dans ce cas justifier) qu'il n'y a pas lieu à liquidation du régime matrimonial.

Mariés sous le régime de la **séparation des biens** et propriétaires de **biens indivis**, il arrive parfois que les époux veuillent conserver ces biens en les maintenant dans l'indivision. Les praticiens se sont alors trouvés confrontés au dilemme suivant : faut-il dresser quand même un acte liquidatif notarié ou la déclaration des époux selon laquelle il n'y a pas lieu à liquidation est-elle suffisante ?

La cour d'appel de Bastia, dans une décision du 30 janvier 2008 [2] (v. s^s n°s 133.98 s.) a très nettement pris position en considérant que la déclaration des époux selon laquelle il n'y avait pas lieu à liquidation était suffisante, de sorte que l'établissement devant notaire d'un état liquidatif du régime matrimonial ne s'imposait pas en l'espèce.

L'ensemble (requête en divorce, convention de divorce et état liquidatif) devra être complet, dès le dépôt au greffe. À défaut, la requête risquerait de ne pas se trouver enregistrée par les services du greffe du JAF, ou encore le JAF pourrait déclarer lors de l'audience, la requête irrecevable (v. circ. 23 nov. 2004, n° 15 et texte complet de la circulaire s^s n° 61.11) [3].

131.13 Vers un divorce par consentement mutuel sans comparution devant le juge pour les cas les plus simples ? Le projet de loi relatif à la répartition des contentieux et à l'allègement de certaines procédures juridictionnelles, projet déposé devant le Sénat début mars 2010 [4], voudrait encore simplifier la matière, et ne réserverait la comparution des divorçants devant le JAF que lorsqu'ils ont des enfants mineurs, ou bien sur demande expresse des époux ou enfin si le juge l'estime nécessaire. Pour tous les autres cas, la décision de divorce serait donc rendue après un simple examen sur dossier de la requête et de la convention de divorce.

Pour autant, tous les praticiens savent qu'ils doivent faire preuve de vigilance pour recueillir l'accord

1. V. PAR EX., pour des modèles S. Thouret, *Divorce : modèles d'actes*, « Pratique professionnelle », Litec, 2005, p. 19 s.
2. CA Bastia, 30 janv. 2008, n° 07/00465, *AJ fam.* oct. 2008, 395.
3. Circ. n° CIV/16/04, 23 nov. 2004, NOR : JUS C 0420849 C, publiée au *Bulletin officiel* – Intranet.
4. Projet de loi relatif à la répartition des contentieux et à l'allègement de certaines procédures juridictionnelles (disponibles sur le site du Sénat : www.senat.fr).

des époux, leur devoir de conseil étant essentiel, et qu'ils doivent veiller à ce que le plein et entier accord des divorçants s'exprime jusqu'au prononcé du divorce. C'est la raison pour laquelle les avocats sont légitimement attachés, dans leur très grande majorité, à la comparution des époux devant le juge, pour que celui-ci puisse « *pleinement jouer le rôle dfe gardien des volontés et de l'équité qui lui est dévolu dans les textes* »[1].

SECTION 2
PARTICULARITÉS DE PROCÉDURE

131.20 Schéma procédural. La procédure est présentée de manière chronologique depuis la préparation et la rédaction des actes, jusqu'à la décision qui prononce ou qui refuse de prononcer le divorce.

À titre liminaire, trois particularités de procédure sont signalées.

131.21 Particularités de procédure. Par application des dispositions de l'article 1070 alinéa 2 du Code de procédure civile, le JAF territorialement compétent peut-être au choix des parties « *celui du lieu où réside l'une ou l'autre* ».

S'agissant d'une **procédure sur requête conjointe**, les époux peuvent décider de ne faire choix que d'**un seul avocat**, ou même de **deux avocats** (C. civ., art. 250), l'un des deux avocats pouvant assurer la postulation pour le compte des deux époux, ce qui constitue encore une simplification pour celui qui demeure hors le ressort du juge saisi (C. pr. civ., art. 1090, 4°).

Enfin la règle selon laquelle la procédure de divorce par consentement mutuel ne pouvait être engagée moins de six mois après la célébration du mariage a été supprimée. Il n'y a donc **pas de durée minimale au mariage** pour la rupture par consentement mutuel.

SECTION 3
RÉDACTION D'ACTES

131.31 Rédaction des actes – Précisions de forme. La requête en divorce et la convention de divorce (qui sont deux documents distincts, puisque que seule la convention de divorce sera annexée au jugement au divorce dont elle fera partie intégrante au nom du principe d'indivisibilité), doivent contenir les différentes indications et mentions visées à l'article 1090 du Code de procédure civile.

Elles doivent être datées, et signées des parties et des avocats.

Les actes mentionnent donc au minimum, et sous peine d'irrecevabilité :

- les nom, prénom, profession, résidence, nationalité, date et lieu de naissance de chacun des époux, date et lieu du mariage, avec indication, le cas échéant de l'état civil des enfants;
- les renseignements relatifs au numéro de sécurité sociale des époux et à leur identification, la Caisse maladie à laquelle ils sont affiliés et les services et organismes qui servent les prestations familiales, pension de retraite, avantage vieillesse avec dénomination de ces Caisses services ou organismes (v. C. pr. civ., art. 1075);
- l'indication du nom de la juridiction devant laquelle la demande est portée;
- le nom des avocats chargés de représenter les époux ou de celui qu'ils ont choisi à cet effet d'un commun accord.

131.32 Rédaction des actes – Précisions de fond, et précautions. La loi n'impose pas de formalisme particulier, si ce n'est bien sûr, parce que c'est l'essence même de la procédure sur consentement mutuel, que les conjoints soient à la fois d'**accord sur le principe du divorce, mais aussi sur la totalité de ses conséquences** (mesures accessoires entre époux, mesures accessoires pour les enfants, et sur la liquidation du régime matrimonial entre époux, et sur la prestation compensatoire éventuelle).

En pratique, les avocats des époux (ou un seul avocat en cas d'avocat commun), rédigent des clauses rubrique par rubrique qui permettent de formaliser l'accord des époux de la façon la plus large possible et qui se rapportent aux points suivants :

- la résidence séparée des époux;
- l'autorité parentale sur les enfants;
- la résidence des enfants avec fixation à défaut d'accord des périodes de droit de visite pour l'autre parent, ou en cas de résidence en alternance, des temps passés chez la mère et chez le père;
- la pension alimentaire éventuelle pour la contribution et l'entretien des enfants;
- l'information donnée aux enfants sur la possibilité qu'ils ont d'être entendus par le juge (C. civ., art. 388-1 s.);
- la prestation compensatoire;
- l'autorisation éventuelle donnée par le mari pour que l'épouse continue à porter le nom marital;
- la liquidation du régime matrimonial (avec homologation éventuelle de l'acte notarié);
- le sort des donations et avantages matrimoniaux;

1. P.-J. Claux, S. David *et alii*, *Droit et pratiques du divorce 2010/2011*, « Dalloz référence », n° 111.91.

– la date des effets du divorce;

– la fiscalité (au titre de l'impôt sur le revenu des taxes foncières et des taxes d'habitation éventuelles);

– les dépens et frais d'avocat(s).

Les exigences requises nécessitent donc de la part de l'avocat ou des avocats des parties une **rédaction précise et méticuleuse**, puisque dans ce type de divorce, l'essentiel du travail s'accomplit en amont. Si les actes ont été préparés de manière complète et rigoureuse, expliqués aux parties, l'audience d'homologation se déroulera sans encombre, parce que le JAF n'aura pas de mal à se convaincre que les clauses reflètent la volonté des parties qui comparaissent devant lui, et qu'elles protègent suffisamment leurs intérêts, et parce qu'il ne subsistera pas de zone d'ombre.

En outre, l'avocat (comme le notaire d'ailleurs, lorsque son concours est nécessaire pour les conventions qui contiennent un acte portant sur des biens soumis à publicité foncière) engage sa responsabilité. Pour l'un comme pour l'autre, la rédaction choisie doit leur permettre de justifier d'avoir satisfait à leur devoir de conseil.

131.33 Précautions en vue de l'après-divorce. Au-delà de la clarté qui doit toujours être recherchée pour éviter des clauses contradictoires, ambiguës ou sujettes à interprétation, les époux ont intérêt à systématiquement indiquer dans la convention de divorce quel a été le **montant de leurs revenus respectifs au titre du dernier exercice fiscal et au titre des mois de l'année civile en cours**, jusqu'à la date à laquelle le juge va prononcer le divorce et homologuer les mesures accessoires choisies par les époux.

L'objectif vise à permettre au juge qui serait saisi en après-divorce pour la modification du montant de la pension alimentaire pour les enfants, ou pour la révision de la prestation compensatoire, de savoir très précisément quels sont les montants qui avaient été pris en considération pour chacun d'eux et qui avaient permis d'aboutir à l'accord homologué.

Sans cette précaution, la démonstration de la survenance d'un élément nouveau pour la modification du montant de la pension alimentaire pour les enfants, ou d'un changement important dans les ressources et les charges des parties pour la révision de la prestation compensatoire sera très difficile à rapporter.

Il est aussi prudent de **compléter les clauses d'accord** en précisant que les **mesures accessoires qui concernent les enfants** sont susceptibles de modifications pouvant intervenir soit amiablement (de préférence avec une homologation judiciaire, surtout, pour toutes les questions financières), soit judiciairement en cas de défaut d'accord.

De la même manière, même si la prestation compensatoire est dorénavant toujours susceptible d'être révisée, suspendue, ou supprimée en cas de « *changement important dans les ressources ou les besoins de l'une ou l'autre des parties* » (C. civ., art. 276-3 et 279), dans le cadre d'un divorce par consentement mutuel, les époux qui fixent le montant et les modalités de paiement de la prestation compensatoire, « *peuvent prévoir que la prestation pourra cesser à la date de survenance d'un élément déterminé* » (C. civ., art. 278).

Sauf le cas exceptionnel visé à l'article 276 du Code civil, le divorce par consentement mutuel constitue la seule possibilité pour les époux de prévoir le versement d'une **rente viagère indexée, à titre de prestation compensatoire**. La forme consensuelle de la procédure permet une plus grande liberté que dans les autres formes de divorce, ce qui représente aussi un avantage qui doit inciter les parties à recourir à ce type de divorce.

Parce que l'aspect consensuel qui avait existé lors de la prise des accords et la rédaction de la convention doit pouvoir perdurer, **toutes les clauses insistant sur la nécessité de l'accord** (en ce compris la révision de la prestation compensatoire) sont **utiles**. Le recours à la **médiation** ou à un **processus de droit collaboratif**, en vue de régler les difficultés qui pourraient survenir en après-divorce, peut même être suggéré, dès la convention de divorce.

Le droit positif est susceptible d'évoluer sur tous ces points, puisque le projet de loi précité (v. s n° 131.13), en son article 15, envisage un préalable de médiation familiale obligatoire en cas d'instance modificative sur l'exercice de l'autorité parentale ou la contribution à l'entretien de l'enfant.

Ce n'est qu'après avoir justifié de l'échec d'une mesure de médiation ou d'une tentative, que les parties pourraient s'adresser à la juridiction, et le juge aurait la possibilité de relever même d'office cette irrecevabilité.

Enfin, et même dans le cas du divorce par consentement mutuel, et dès lors que le versement d'une prestation compensatoire est prévu, l'article 272 du Code civil (puisque le texte envisage aussi la fixation de la prestation par les parties, et non pas seulement par le juge) prévoit que les parties doivent fournir la **déclaration sur l'honneur certifiant l'exactitude de leurs ressources**, patrimoine et conditions de vie. Sa forme n'est toutefois pas précisée ou imposée[1], même si des modèles ont été diffusés (v. par ex. circ. garde des Sceaux, CIV/11/02, 25 nov. 2002), et il semble même, et au dernier état de la jurisprudence, que la production

1. Civ. 1re, 22 mars 2005, n° 02-13.214, *Bull. civ.* I, n° 146; *RJPF* 2005-6/24.

de la déclaration sur l'honneur ne constitue pas une condition de recevabilité de la demande de prestation compensatoire[1].

SECTION 4
PROCÉDURE ET OFFICE DU JUGE

131.41 Audience. Une fois l'audience fixée, le greffe convoque les deux époux par lettre simple envoyée quinze jours au moins avant l'audience (la lettre recommandée avec accusé de réception n'étant pas obligatoire - C. pr. civ., art. 1092).

Pour satisfaire aux nouvelles prescriptions qui traitent de l'audition de l'enfant (v. s[s] n° 131.32), la convocation doit rappeler la possibilité qu'ont les enfants d'être entendus par le juge, s'ils en forment la demande.

131.42 Office du juge. La comparution des parties lors de cette unique audience est obligatoire, puisque le juge se devra de vérifier que « *la volonté de chacun des époux est réelle et que leur consentement est libre et éclairé* » (C. civ., art. 232).

Le divorce par consentement mutuel reste en effet un **divorce pour cause secrète**, et de ce point de vue il est très respectueux de l'intimité de la vie privée des époux. Le juge ne demandera pas les raisons pour lesquelles le divorce est sollicité, il s'assure simplement du **plein et entier accord des époux** pour que leur divorce soit prononcé et de la **parfaite connaissance de toutes les conséquences de leurs choix**, qui doivent être librement acceptés.

Les deux époux doivent donc, pour l'instant, obligatoirement comparaître, et le juge doit s'entretenir avec eux séparément, puis il les réunit. Il appelle ensuite le ou les avocats.

C'est en général une fois que les avocats ont rejoint les époux que le JAF détaille, et lit à voix haute les dispositions de la convention de divorce qui lui est soumise, et pour laquelle l'homologation est demandée, même si rien ne l'empêche de commencer à aborder l'examen des mesures accessoires lorsque chacun des époux est seul avec lui.

131.43 Contrôle du consentement des époux. « *S'il a acquis la conviction que chacun des époux a donné librement son accord, le juge prononce le divorce et statue sur ses conséquences* » (C. civ., art. 234). Le consentement en matière de divorce par consentement mutuel se voit appliquer les dispositions du droit contractuel. Ainsi en est-il du caractère libre et sérieux du consentement.

Quant au **majeur sous régime de protection**, y compris sous la sauvegarde de justice, il se voit encore frappé d'une **incapacité spéciale de divorcer par consentement mutuel**, son accord étant en quelque sorte présumé vicié de manière irréfragable (C. civ., art. 249-4). Le juge doit ainsi s'attacher à constater l'existence d'une « volonté réelle » dans le sens d'une « volonté sérieuse » et non simulée. Dans la célèbre affaire *Taleb*, les époux avaient divorcé par requête conjointe pour se remarier immédiatement dans le seul dessein de permettre au mari d'acquérir la nationalité française alors qu'il n'avait pas pu bénéficier de ce texte lors de leur première union célébrée en 1970[2].

131.44 Rejet de la nullité pour vices du consentement. Le juge doit également vérifier la liberté du consentement qui suppose que la volonté de chaque époux n'a pas été viciée par **dol, violence** ou **erreur.** Il faut éviter que le consentement de l'un des époux ne soit obtenu au moyen de pressions exercées par l'autre conjoint, par un membre de la famille ou par l'entourage. En pratique, les **vices du consentement** qui ont été invoqués concernent en général les **conséquences pécuniaires de la convention définitive de divorce.**

L'erreur ou le dol avaient pu être invoqués lorsque le mari avait accordé à sa femme des conditions avantageuses dans la convention définitive, alors qu'on lui avait caché la liaison de celle-ci avec un amant dont les revenus étaient importants[3]; même solution en présence d'un protocole sous seing privé ou d'une contre-lettre réglant, en dehors de la convention définitive, le sort des impôts[4].

En revanche, depuis un arrêt de la deuxième chambre civile de la Cour de cassation, rendu le 13 novembre 1991, **toute action en nullité de la convention est irrecevable**[5].

Dans cette affaire, c'est justement que la cour de Bordeaux a déclaré irrecevable la demande du mari tendant à l'annulation, sur le fondement d'un vice du consentement, de la convention définitive relativement à ses dispositions concernant la prestation compensatoire. A ainsi caractérisé la faute de l'ex-mari dans l'exercice de l'action en justice et a légalement justifié sa décision le condamnant à verser des dommages-intérêts à son ex-épouse, la cour d'appel qui a retenu que la demande de

1. V. Civ. 1re, 11 janv. 2005, n° 02-19.016, *Bull. civ.* I, n° 13; *RJPF* 2005-4/21.

2. Civ. 1re, 17 nov. 1981, n° 80-11.498, *Bull. civ.* I, n° 338; *JCP* 1982, IV, 50; *RTD civ.* 1982, 391, obs. Nerson et Rubellin-Devichi; *JCP* 1982, II, 19842, note Gobert; *RTD civ.* 1983, 334, obs. Rubellin-Devichi.
3. CA Aix-en-Provence, 19 mai 1987, *Gaz. Pal.* 1987, 1, 625.
4. CA Paris, 29 oct. 1985, *Juris-Data* n° 26235 – Civ. 2[e], 18 juill. 1984, *Gaz. Pal.* 1984, 2, 245.
5. Civ. 2[e], 13 nov. 1991, n° 90-17.840, *Bull. civ.* II, n° 303; *D.* 1992, IR 36; *JCP* 1992, IV, 173; *Gaz. Pal.* 1992, 1, pan. jur. 59; *Journ. not.* 1992, art. 60538, p. 248, chron. La Marnierre n° 2; *LPA* 13 juill. 1992, 18, note Massip.

l'ex-mari apparaît encore plus injurieuse puisqu'elle repose sur une accusation de dissimulation et de manœuvres frauduleuses à l'encontre de l'ex-épouse, qui avait déclaré être sans emploi, bien qu'elle exerçât une activité rémunérée, alors que les pièces mêmes du demandeur établissent le caractère très minime des gains reprochés à l'ex-épouse et ne démontrent pas qu'ils lui avaient été volontairement cachés.

Pareillement, la Cour de cassation, le 2 avril 1997, a **rejeté l'action en nullité d'une des clauses de la convention définitive**[1].

En l'espèce, lors du divorce sur demande conjointe, la convention définitive homologuée avait attribué l'immeuble commun à l'épouse tout en prévoyant que dans le cas où il ne serait pas habité exclusivement par la femme, son père et ses enfants, une soulte serait due (la convention prévoyait que la soulte ne devrait autrement être payée que lorsque le dernier des enfants communs aurait obtenu une situation salariée). L'ancien mari ayant fait constater que son ex-épouse y vivait avec un tiers, avait assigné celle-ci en paiement. Confrontée à cette clause de non-remariage ou de non-concubinage, l'ex-épouse invoquait l'atteinte au respect dû à sa vie privée et la violation des articles 6 et 9 du Code civil pour obtenir l'annulation de la clause contestée. La Cour de cassation rejette son pourvoi et rappelle à l'ex-épouse qu'elle aurait dû exercer les voies de recours prévues à l'encontre des décisions de justice.

Or, le seul recours possible eût été un pourvoi en cassation et, ainsi que le souligne M. Hauser, « *on voit mal comment la disposition discutée aurait pu être critiquée à l'occasion d'une telle voie de recours* »[2]. Le reproche que la Haute juridiction formule à l'encontre de l'auteur du pourvoi est d'avoir librement accepté une convention qui limitait sa liberté conjugale ou maritale. Il semble d'ailleurs que dans cette affaire, tout comme dans celle qui lui a été soumise le 21 mai 1997[3], la Haute juridiction en réaffirmant le **principe de l'irrecevabilité de la demande en nullité de la convention définitive homologuée**, n'a pas, pour motiver ce principe, fait référence au caractère indissociable du prononcé du divorce et de l'homologation judiciaire de la convention définitive[4], mais semble opposer à la remise en cause de la convention définitive la **fin de non-recevoir tirée de la chose jugée.**

En mai 1997, le litige concernait une clause de la convention définitive qui soumettait la rente compensatoire viagère à une condition résolutoire : la rente n'était plus due en cas de remariage ou de concubinage notoire durant trois années d'affilée. S'agissant de l'époux vulnérable mais pour lequel aucun régime de protection n'aurait été organisé, on pourrait songer vainement à appliquer l'article 489 pour faire déclarer nul un consentement au divorce, comme le rappelle un arrêt[5] aux dépens d'un mari qui affirmait n'avoir consenti au divorce et à la liquidation que parce qu'une hépatite troublait son libre-arbitre.

131.45 Contrôle du contenu de la convention. Le juge doit non seulement s'assurer de l'**intégrité du consentement** mais il dispose, également d'une faculté d'**appréciation sur le contenu de la convention** puisqu'il doit s'assurer qu'elle préserve suffisamment les intérêts des enfants ou des époux. L'article 278 du Code civil précise ainsi, s'agissant d'une prestation compensatoire fixée par convention, que le juge refuse d'homologuer celle-ci si elle fixe inéquitablement les droits et obligations des époux. Les articles 250-2 et 250-3 du Code civil issus de la réforme de 2004 tirent les conséquences du **refus de l'homologation** au cours de la comparution. En cas de refus d'homologation, le juge peut homologuer seulement les mesures provisoires que les parties s'accordent à prendre et une nouvelle convention doit alors être présentée dans le délai de six mois. Toutefois, en pratique, les moyens limités dont dispose le JAF, surtout dans le cadre de la comparution unique, laissent peu de place à un contrôle véritable. **La limite du contrôle tient essentiellement dans l'appréciation du compromis des époux** qui reste hors de portée du contrôle judiciaire, la cause demeurant secrète (C. pr. civ., art. 1090). Le JAF vérifie le consentement des époux, mais également si la convention préserve suffisamment l'intérêt des enfants et des époux (C. civ., art. 232). Ainsi, « *est tenu de s'assurer de la volonté réelle et du libre accord persistant des époux, le juge qui constate que cette condition mise par la loi au divorce sur requête conjointe n'est pas remplie, est fondé à rejeter la demande* »[6]. En pratique, **le juge dispose de peu de moyens** pour s'assurer de la réalité de l'accord des époux, ceux-ci ayant dû se mettre d'accord avant l'audience, devenue unique. Le **rôle des avocats** se trouve ainsi singulièrement **renforcé** depuis la réforme de 2004, qui a supprimé la deuxième comparution, et la période préalable à l'audience pendant laquelle la convention devra être élaborée peut être assez délicate pour les époux. Les motivations profondes des époux leur restent propres et si le JAF venait à les connaître, il ne devrait pas en tenir compte. Il peut refuser l'homologation et ne

1. Civ. 2e, 2 avr. 1997, n° 93-16.995, *Bull. civ.* II, n° 103; *RTD civ.* 1997, 638, n° 7, obs. Hauser.
2. J. Hauser, obs. ss prést n°.
3. V. Civ. 1re, 21 mai 1997, *Dr. fam.* 1997, comm. 120, obs. Lécuyer; *Defrénois* 1998, art. 36753, n° 2, obs. Massip – Civ. 2e, 2 avr. 1997, n° 93-16.995, *Bull. civ.* II, n° 103; *Defrénois* 1998, n° 2, obs. Massip.
4. V. DÉJÀ, Civ. 2e, 26 juin 1996, n° 94-16.706, NPT; *Dr. fam.* 1997, comm. 28.
5. CA Amiens, 11 mars 2004, *Juris-Data* n° 243568; *JCP* 2005, I, chron. dr. fam., obs. Fossier.
6. Civ. 2e, 29 sept. 1982, n° 81-15.692, *Bull. civ.* II, n° 116; *Defrénois* 1983, art. 33133, n° 75, p. 1152; *Gaz. Pal.* 1983, 2, 558, obs. Massip.

pas prononcer le divorce s'il constate que la convention préserve insuffisamment les intérêts des enfants ou de l'un des époux (C. civ., art. 232, al. 2 – C. pr. civ., art. 1100).

131.46 Contrôle de l'intérêt des enfants. Le JAF appréciera cet intérêt tant au plan pécuniaire qu'au plan relationnel en se référant aux critères traditionnels (âge, besoins matériels et éducatifs, disponibilité des parents, existence d'un entourage familial). La Cour de cassation est attentive au respect des dispositions de l'article 232 alinéa 2 du Code civil car elle a cassé la décision ayant homologué la convention et prononcé le divorce sans avoir constaté que cette convention préservait suffisamment les intérêts des enfants[1]. Dans la pratique, le juge, au nom de l'intérêt de l'enfant, refusera d'homologuer une convention si elle dispense un des parents de contribuer à l'entretien de l'enfant alors qu'il dispose de ressources suffisantes[2] ou si ne figure aucune mention relative à la résidence habituelle de l'enfant. En ce qui concerne l'exercice de l'autorité parentale, il semble peut-être plus difficile pour les parents de justifier de la conformité du choix réalisé avec l'intérêt de l'enfant.

131.47 Contrôle de l'intérêt de chacun des époux. L'article 278 du Code civil ne prévoit le contrôle du JAF qu'en ce qui concerne la prestation compensatoire pour laquelle il peut refuser l'homologation si la convention « *fixe inéquitablement les droits et obligations des époux* » (C. civ., art. 278, al. 2).

Dans la pratique, le contrôle de l'intérêt des époux vise **tous les éléments pécuniaires entre époux, éléments de la convention qui forment un tout**.

Le caractère équitable de ces éléments devrait se déduire des documents et explications fournis par les époux et, si besoin, de la consultation d'un notaire ou d'un expert à laquelle le juge peut procéder. L'article 259-3 du Code civil est applicable tant en ce qui concerne l'exigence auprès de chaque époux de la communication de « *tous renseignements et documents utiles pour fixer les prestations et pensions et liquider le régime matrimonial* » (C. civ., art. 259-3, al. 1er), mais également en ce qui concerne la possibilité de « *faire procéder à toutes recherches utiles auprès des débiteurs ou de ceux qui détiennent des valeurs pour le compte des époux* » (C. civ., art. 259-3, al. 2), comme les employeurs ou les banquiers.

L'examen de ce caractère est très délicat car, la répartition inégalitaire des biens peut trouver son fondement dans la cause secrète du divorce qui, par essence, ne relève pas de la connaissance du juge. La convention peut ainsi ne pas comporter de prestation compensatoire, ce qui peut justifier un refus d'homologation dans certains cas. Il en va ainsi par exemple lorsqu'aucune prestation compensatoire n'est prévue pour un époux malgré la faiblesse de ses ressources (en l'espèce des allocations chômage de 769 euros par mois) et l'existence « manifeste » d'une disparité en capital à son détriment[3]. La convention peut également comporter une prestation compensatoire sous condition de non-remariage ou de non-concubinage ou bien prévoir un partage très avantageux pour l'un des époux. Or, même s'ils sont **inéquitables**, ces règlements ne justifient pas nécessairement un refus d'homologation, car ils peuvent constituer **la contrepartie que l'un des époux est prêt à payer pour obtenir l'accord de son conjoint au divorce amiable.**

L'intervention du juge doit être beaucoup plus légère dans le contrôle des rapports entre époux qu'à l'égard des intérêts des enfants. Il doit agir avec prudence et ne doit refuser l'homologation qu'en cas d'iniquité manifeste[4]. Cependant, pourrait parfois se poser la question des limites de l'ordre public dans les conventions de divorce, avec notamment les clauses de non-remariage ou de non-concubinage affectant le jeu de la prestation compensatoire[5].

SECTION 5
PRONONCÉ DU DIVORCE ET CONSÉQUENCES

131.51 Prononcé du divorce et homologation de la convention de divorce. Le juge vérifie la recevabilité de la requête (C. pr. civ., art. 1099) et aussi d'office sa compétence au regard des dispositions des règlements communautaires applicables lorsqu'apparaît un élément d'extranéité (v. ss no 130.23). Si la convention est suffisamment claire et complète, et qu'elle reflète la volonté des parties, et sous réserve qu'elle ne préserve pas insuffisamment les intérêts des enfants ou de l'un des époux (C. civ., art. 232 *in fine*), alors le JAF prononce le divorce. La date du jugement de divorce à intervenir sera alors en principe la **date de l'audience du divorce**.

1. V. Civ. 2e, 4 mars 1981, no 80-11.287, *Bull. civ.* II, no 45; *D.* 1982, IR 37, obs. Bénabent; *Defrénois* 1982, art. 32846, p. 354, obs. Massip – Civ. 2e, 27 mai 1998, no 96-18.620, *Bull. civ.* II, no 165; *Dr. fam.* 1998, comm. 170, obs. Lécuyer; *RTD civ.* 1998, 661, note Hauser – Civ. 2e, 24 févr. 2000, no 98-19.177, *Bull. civ.* II, no 33; *BICC* 1er mai 2000, no 534; *D.* 2000, IR 83.
2. CA Douai, 27 mars 1980, *D.* 1981, IR 383, obs. Groslière; *JCP* 1981, IV, 390.
3. TGI Paris, 8 mars 2005, *AJ fam.* 2005, 193 obs. David.
4. CARBONNIER, no 134.
5. Civ. 2e, 2 avr. 1997, no 93-16.995, *Bull. civ.* II, no 103; *RTD civ.* 1997, 639, no 7, obs. Hauser.

Le juge peut même demander aux époux, sous contrôle et avec le concours de leurs avocats, de modifier ou de compléter un point précis (l'ajout des ressources des parties par ex., sans pour autant qu'il refuse le prononcé du divorce). Au regard des modifications, le paraphe des époux et celui du ou des avocats devra être porté.

C'est au cours de l'audience que le juge prend connaissance de la convention de liquidation du régime matrimonial, qu'il homologue en même temps qu'il prononce le divorce. La **convention** demeurera annexée au **jugement de divorce** et fera donc partie intégrante de la décision, avec laquelle elle formera **un tout indivisible**.

131.52 Refus du prononcé du divorce et d'homologation de la convention de divorce : ordonnance d'ajournement. Si le juge considère que la volonté des époux n'est pas suffisamment ferme et éclairée, ou bien que la convention préserve de manière insuffisante les intérêts des enfants ou d'un époux, il peut alors refuser de prononcer le divorce.

Dans un tel cas, le juge doit rendre une ordonnance spéciale d'ajournement obligatoirement motivée et ajourner sa décision sur le prononcé du divorce jusqu'à la présentation d'une nouvelle convention, laquelle doit intervenir avant l'expiration d'un **délai de six mois** (C. pr. civ., art. 1100).

L'ordonnance d'ajournement doit porter mention de ce délai, et préciser encore que l'information a été donnée oralement.

131.53 Rareté de l'ordonnance d'ajournement. Ce n'est que de manière rare que le juge sera amené à prendre une ordonnance d'ajournement. Le prononcé du divorce par consentement mutuel en une seule audience constitue l'un des points-phare de la réforme, et il serait contraire à l'esprit du texte d'avoir recours au mécanisme de l'ajournement autrement que pour des **cas exceptionnels.** Et ce d'autant que des modifications même substantielles à la convention peuvent toujours être apportées le jour de l'audience lors de la comparution des époux.

131.54 Situation dans l'attente de la modification de la convention et de la comparution pour homologation et prononcé du divorce : mesures provisoires. Dans l'attente, l'article 1100 du Code de procédure civile précise que l'ordonnance d'ajournement comporte les **mesures provisoires homologuées par le juge**, le système visant à organiser judiciairement la séparation des époux pendant ce délai de six mois, en garantissant leurs droits respectifs ainsi que la protection des intérêts des enfants.

L'article 254 du Code civil prévoit alors que le juge a la possibilité d'homologuer toutes les mesures provisoires qui pourraient lui être demandées dans le cadre d'une instance en fixation des mesures provisoires pour les autres types de procédure, et il peut le faire, soit directement dans l'ordonnance d'ajournement, soit en homologuant une **convention limitée aux mesures provisoires** préparée par les époux, et qui sera jointe à l'ordonnance.

En pratique – et sauf à considérer que les époux étaient à ce point peu sûrs de l'homologation de leur acte qu'une convention de sauvegarde sur les seules mesures provisoires avait été rédigée –, c'est bien plus probablement dans **l'ordonnance de refus d'homologation** à intervenir, que le juge mentionnera, à la demande des époux, les mesures provisoires qu'ils retiennent dans l'attente de la présentation de la nouvelle convention.

Si une nouvelle convention n'est pas présentée dans les six mois de la date de l'ordonnance de refus d'homologation, alors le juge constate d'office, et par ordonnance, la caducité de la demande en divorce (C. pr. civ., art. 1101).

131.55 Voie de recours à l'encontre de l'ordonnance de refus d'homologation. L'ordonnance qui refuse l'homologation et précise quelles sont les mesures provisoires qui s'appliqueront dans l'attente de la régularisation de la procédure est susceptible d'**appel** dans un **délai de quinze jours** à compter de sa date (C. pr. civ., art. 1102). Pendant tout le cours de la procédure d'appel, les mesures provisoires relatives aux pensions et aux enfants seront exécutoires de plein droit.

SECTION 6
JUGEMENT DE DIVORCE ET EFFETS ENTRE PARTIES ET À L'ÉGARD DES TIERS

§ 1
Délivrance du jugement et opposabilité aux tiers

131.61 Délivrance du jugement. Si le divorce est prononcé, la délivrance du jugement intervient sans délai, à la diligence du greffe, en général dans la quinzaine de la tenue de l'audience du JAF.

Si jusqu'au 1er janvier 2005, l'article 862 ancien du Code général des impôts conditionnait la remise de la copie exécutoire du jugement de divorce rendu sur requête conjointe à l'acquittement préalable des droits d'enregistrement, cette condition a été toutefois supprimée par la loi du 26 mai 2004.

Désormais, la délivrance des copies exécutoires des jugements de divorce par consentement mutuel est donc possible, même si les formalités d'enregistrement n'ont pas été exécutées.

On a voulu réparer ainsi l'injustice qui était faite à la partie créancière de la prestation compensatoire, qui ne pouvait obtenir délivrance de la décision, tant que l'autre époux n'avait pas payé le montant des droits d'enregistrement qui lui incombait, et ne pouvait donc entreprendre l'exécution forcée.

En revanche, et si postérieurement à la délivrance du jugement de divorce il est nécessaire de faire procéder à des publications à la Conservation des hypothèques, pour les biens soumis publicité foncière, l'Administration fiscale demandera au notaire de produire une **copie exécutoire revêtue de la mention du paiement des droits à l'enregistrement.** Il appartiendra aux avocats de solliciter la délivrance de ce document auprès du greffe.

L'objectif de rapidité souhaité n'est donc que partiellement atteint, puisque la délivrance d'une copie exécutoire portant mention du paiement des droits d'enregistrement nécessite encore des délais.

131.62 Acquiescement au jugement et formalités de transcription. L'avocat en charge du dossier devra s'assurer du caractère définitif du jugement en demandant à son ou ses clients de régulariser les **actes d'acquiescement** précisant que le jugement de divorce est accepté en toutes ses dispositions et qu'il ne fait l'objet d'**aucun recours** (pourvoi en cassation).

Il devra ensuite, en adressant ou bien un extrait de la décision ou la copie du jugement accompagnée des originaux des actes d'acquiescement, ou de copies certifiées conformes, faire procéder à la **publicité** du dispositif du jugement de divorce **en marge de l'acte de mariage des époux**, à charge pour l'officier de l'état-civil de la mairie de mariage de faire procéder aux mêmes mentions en marge des **actes de naissance de chacun des époux.**

La transcription en marge des actes de l'état-civil fixe la date des effets du divorce et a pour effet de rendre le jugement de divorce et ses conséquences opposables aux tiers.

§ 2
Date des effets du divorce par consentement mutuel et voies de recours

131.71 Date des effets du divorce dans la procédure par consentement mutuel. Les époux peuvent dans le cadre du divorce par consentement mutuel décider eux-mêmes de la date à laquelle se produiront les effets du divorce quant à la liquidation de leurs biens et du régime matrimonial (C. civ., art. 262-1). Si les époux peuvent avoir intérêt, l'un comme l'autre, et en parfaite connaissance de cause, à « *faire remonter la date des effets du divorce à une période antérieure à son prononcé, notamment s'ils ont procédé à une acquisition immobilière à titre personnel, même avant le prononcé du divorce.* »

À défaut de mention spéciale, et à titre supplétif, la date des effets sera fixée à la date d'homologation de la convention de divorce par le juge.

131.72 Voie de recours à l'encontre du jugement qui prononce le divorce par consentement mutuel. La voie de recours ouverte aux époux contre le jugement qui prononce le divorce par consentement mutuel est le **pourvoi en cassation** ouvert pendant quinze jours à compter du prononcé de la décision (C. pr. civ., art. 1103), étant précisé que l'article 1087 du Code de procédure civile prévoit que **l'effet suspensif** qui s'attache au pourvoi en cassation et à son délai **ne s'applique pas aux dispositions de la décision ou de la convention homologuée** qui concernent les **pensions**, la contribution à **l'entretien ou à l'éducation** de l'enfant et à l'exercice de l'**autorité parentale.**

131.73 L'incertain recours en révision. Dans la mesure où aucune disposition ne l'interdit, le jugement de divorce peut théoriquement faire l'objet de la part des époux, d'un recours en révision en application des articles 593 et suivants du Code de procédure civile. Ce recours, « *qui tend à faire rétracter un jugement passé en force de chose jugée pour qu'il soit à nouveau statué en fait et en droit* » (C. pr. civ., art. 593), ne peut être régulièrement exercé que si le jugement a été obtenu par fraude à la suite notamment de la production de **faux renseignements** ou de **documents falsifiés** et ce recours n'est recevable que si son auteur n'a pu, sans faute de sa part, faire valoir la cause qu'il invoque avant que sa décision ne soit passée en force de chose jugée (C. pr. civ., art. 595).

En matière de vices du consentement, un recours en révision peut être envisagé s'appliquant non seulement au **dol**, mais également de manière plus atténuée à la **violence** et à l'**erreur**. Le recours en révision fondé sur l'hypothèse où « *la décision a été surprise par la fraude* » (C. pr. civ., art. 595) semble applicable lorsque les manœuvres dolosives ont trompé à la fois l'autre époux et le juge. La violence pourrait également être comprise dans le terme large de « fraude ». Quant à l'erreur, si elle résulte de la foi accordée à des pièces et documents faux, l'article 595 pourrait à nouveau s'appliquer puisqu'il vise le cas où « *il a été jugé sur des pièces reconnues ou judiciairement déclarées comme fausses depuis le jugement* ». Par contre, elle est inexcusable lorsque l'erreur est due à une mauvaise appréciation de l'espèce alors que les parties bénéficient toujours d'un conseil (la responsabilité de ces conseils professionnels pourrait être engagée[1]).

Aux lendemains de la réforme de 1975, des auteurs[2] et plusieurs décisions des juges du fond[3] se sont prononcés en faveur de cette voie de recours, portée devant le JAF qui a rendu la décision attaquée. D'autres auteurs se sont opposés à ce recours en raison de l'indivisibilité qui existe entre le prononcé du divorce et la convention homologuée. Ils ont également rappelé que ce recours pouvait être exercé très longtemps après le prononcé du divorce (deux mois après la cessation du vice) et remettre ainsi en cause des situations déjà créées telles qu'un remariage[4]...

La Cour de cassation, en matière de **divorce pour faute**, a admis le **recours en révision sur la seule prestation compensatoire**[5] mais, plus récemment, elle a jugé irrecevable le recours en révision partielle du jugement prononçant le divorce sur requête conjointe en ses seules dispositions relatives au partage des biens[6].

Elle ne s'était jusqu'ici pas prononcée dans le cas d'un divorce sur requête conjointe (devenu divorce par consentement mutuel) si ce n'est dans un arrêt isolé qui se contentait de relever que la décision d'irrecevabilité de la cour d'appel était justifiée car l'épouse n'avait pas agi dans le délai de deux mois ouvert à compter de la découverte de la cause de révision[7]. Dans l'arrêt du 5 novembre 2008[8], il s'agissait de savoir si un époux était recevable à demander la révision de la seule convention de divorce au motif que celle-ci aurait été entachée de fraude.

En l'espèce, l'épouse tentait de remettre en cause la convention définitive de divorce homologuée par le JAF trois mois auparavant, en alléguant qu'une fraude avait été commise par son ancien époux. Le tribunal de grande instance, puis la cour d'appel, ont déclaré son action irrecevable, au motif que le prononcé du divorce et la convention qui en réglait les effets avaient un caractère indissociable. La Cour de cassation a rejeté le pourvoi, en énonçant « *qu'ayant retenu à bon droit que le prononcé du divorce et l'homologation de la convention ont un caractère indissociable, la cour d'appel en a exactement déduit l'irrecevabilité du recours en révision partielle du jugement prononçant le divorce sur requête conjointe en ses seules dispositions relatives au partage des biens* ».

131.74 Tierce opposition. Si les tiers peuvent faire tierce opposition, l'action paulienne ne semble recevable que dans des conditions très strictes. Peut se poser alors la question des limites de l'opposabilité de la convention homologuée. Avant d'envisager plus avant les actions dont disposent les tiers, il convient de rappeler l'**importance des dates** dans le cadre de **l'opposabilité du divorce aux créanciers de la procédure collective de l'un des conjoints**. Si le divorce, bien que prononcé avant que le mari ne soit déclaré en redressement puis en liquidation judiciaire, n'est transcrit qu'après, le patrimoine du débiteur, gage de ses créanciers, déterminé à la date de la liquidation contenait ses droits dans la communauté sans que l'incidence pécuniaire du divorce puisse préjudicier aux droits des créanciers[9].

La **tierce opposition** est expressément ouverte contre le jugement d'homologation aux **créanciers de chacun des époux** qui peuvent l'exercer **dans l'année qui suit la mention** de la décision de divorce en marge des actes d'état civil (C. pr. civ., art. 1104)[10]. Les créanciers peuvent ainsi obtenir que la convention leur soit déclarée inopposable, ce qui ne remet en cause ni le prononcé du divorce, ni la valeur de la convention à l'égard des époux et des autres tiers.

Tant que le délai de la tierce opposition n'est pas écoulé, les créanciers ont la possibilité de contester la convention homologuée et la Cour de cassation a même autorisé les juges du fond à restituer à l'action dont ils étaient saisis sa véritable **qualification procédurale de tierce opposition, sans s'arrêter à la dénomination d'action paulienne qu'avait invoquée le créancier**[11].

1. J. Hauser, « Les devoirs de l'avocat unique dans le divorce sur requête conjointe », *RTD civ.* 1993, 331, n° 11.
2. R. Lindon et P. Bertin, « Le recours en révision contre l'homologation de la convention définitive dans le divorce sur requête conjointe », *JCP* 1982, I, 3082 – J. Vidal, « Les conventions de divorce », *Mél. P. Raynaud*, p. 805, n° 13 – D. Villani, « Quels sont les recours contre l'homologation d'une convention définitive de divorce par consentement mutuel ? », *D.* 1995, chron. 253.
3. TGI Pontoise, 30 sept. 1981, *Gaz. Pal.* 1982, somm. 105 – CA Versailles, 11 janv. 1988, *D.* 1988, IR 42; *RTD civ.* 1989, 50, obs. Rubellin-Devichi.
4. V. Hauser, *RTD civ.* 1993, 568 – Martin, note s[s] Civ. 2e, 4 mars 1992, n° 90-20.339, NPT; *JCP* 1993, II, 22092.
5. Civ. 2[e], 4 mars 1992, n° 90-20.339, NPT; *D.* 1993, J. 215, note Piotraut; *RTD civ.* 1993, 568, obs. Hauser; *JCP* 1993, II, 22092, note Martin.
6. Civ. 1re, 5 nov. 2008, n° 07-14.439, *Bull. civ.* I, n° 247; *RTD civ.* 2009, 100, obs. Hauser; *Gaz. Pal.* 2008, n° 338, p. 8, obs. Legoux,; *Dr. fam.* 2008, comm. 170, obs. Larribau-Terneyre; *Defrénois* 2009, n° 5, p. 547, obs. Massip; *RLDC* 2008, n° 55, p. 47.
7. Civ. 1re, 30 mars 2004, n° 01-17.633, NP.
8. Civ. 1re, 5 nov. 2008, n° 07-14.439, préc. s[s] prés[t] n°.
9. CA Grenoble, 26 avr. 1995, *JCP* 1996, I, 3902, n° 5, obs. Ferré-André.
10. À propos d'un divorce aux torts partagés mais confirmant le caractère spécifique des restrictions posées par C. pr. civ., art. 1104 à l'exercice de cette voie de recours : Civ. 1re, 5 nov. 2008, n° 06-21.256, *Bull. civ.* I, n° 252; *Dr. fam.* 2009, comm. 2, obs. Larribau-Terneyre; *RTD civ.* 2000, 101, obs. Hauser; *Gaz. Pal.* 2009, n° 158-160, p. 32, note Travade-Lannoy; *RLDC* 2009, p. 35, obs. Lisanti.
11. Civ. 2e, 9 janv. 1991, n° 89-18.877, *Bull. civ.* II, n° 15; *JCP* 1991, IV, 83.

La question s'est posée de savoir si d'autres personnes que les créanciers pourraient agir en tierce opposition. Certains auteurs ont émis l'hypothèse que des membres d'une famille pourraient avoir un intérêt à critiquer la convention lorsqu'elle prévoit que la femme peut continuer à faire usage du nom de son ex-mari[1].

S'agissant d'un divorce « *qui repose tout entier sur la volonté commune des époux dont les motivations profondes échappent au contrôle du juge* »[2], il ne semble pas souhaitable d'accorder un tel pouvoir d'intervention au ministère public sauf lorsque cette tierce opposition tend à critiquer non pas les motifs du divorce mais la fraude dans la façon dont les époux en ont aménagé les conséquences.

131.75 Irrecevabilité de l'action paulienne. Lorsque le délai pour faire opposition est expiré et que les créanciers personnels du copartageant n'ont pas fait préalablement opposition au partage, par application de l'article 882 du Code civil, l'action paulienne est irrecevable sous peine de priver les dispositions de la convention homologuée relatives aux biens des époux de la simple valeur d'un partage amiable[3].

Seule la démonstration du **caractère volontairement fictif ou précipité du partage**, afin de faire échec aux droits des créanciers, rendrait exceptionnellement possible l'exercice de l'action paulienne[4].

§ 3
Procédures de l'après-divorce par consentement mutuel

131.81 Modification en après-divorce. Les mesures **accessoires** au divorce par consentement mutuel peuvent avoir vocation à être modifiées, après le prononcé du divorce, parce qu'elles sont devenues **inadaptées** ou **dépassées.**

Deux cas de figure se présentent :

• *Si les époux sont de nouveau tous les deux d'accord pour qu'une modification soit apportée*, ils peuvent établir une nouvelle convention, modificative de l'accord antérieur qui avait fait l'objet de l'homologation dans la cadre de la convention de divorce. Cependant, et à raison du parallélisme des formes, **toute convention modificative** doit faire l'objet d'une **nouvelle homologation** pour pouvoir produire ses effets[5]. Les deux décisions citées ont été rendues sous l'empire de la loi antérieure à la réforme, mais « *la solution semble a priori transposable dans la cadre de l'application de la loi du 26 mai 2004, puisque cette loi n'a apporté aucune modification à la rédaction des alinéas 1er et 2 de l'article 279 du Code civil* »[6].

En toute hypothèse, **l'homologation judiciaire** (ne serait-ce que par précaution) semble toujours devoir être préférée : l'homologation par le juge constitue en effet le seul moyen de rendre l'accord susceptible d'exécution forcée, si nécessaire. L'homologation apparaît donc indispensable, au moins au regard de l'effectivité de l'accord.

• *Si l'un des époux n'accepte pas la modification proposée*, le **JAF devra être saisi** en après divorce, en modification des mesures accessoires par l'un d'entre eux (sans obligation d'assistance par avocat), et le dossier sera évoqué sur **requête.** Le juge sera cette fois en position de trancher sur les demandes concurrentes des ex-époux sur deux points, **seuls susceptibles de révision judiciaire** : les dispositions relatives aux **enfants** (C. civ., art. 373-2-13 - V. s^s n° 232.211) et, dans certaines conditions, les dispositions relatives à la **prestation compensatoire** (C. civ., art. 279 - V. ss nos 134.11 s. et 135.11 s.).

Plusieurs juridictions, dont la cour d'appel de Reims le 27 février 2009[7], ont cependant admis que la demande d'**autorisation judiciaire pour un ancien conjoint de porter le nom de l'autre**, par application de l'article 264 du Code civil, pouvait être formée postérieurement au prononcé du divorce, le texte n'imposant aucun délai particulier (en l'espèce, vingt-cinq ans après le divorce).

131.82 Fréquence du défaut d'accord sur convention modificatrice des époux divorcés par consentement mutuel. Il est en réalité assez fréquent que des époux qui ont divorcé par consentement mutuel éprouvent le besoin de modifier leurs accords, mais ne parviennent pas à s'accorder entre eux pour une convention modificatrice. On évalue en général le taux de retour des dossiers de divorce par consentement mutuel devant le JAF saisi en modification des mesures accessoires à près de 50 %.

1. Lindon, note ss TGI Paris, 15 janv. 1980, *D.* 1980, J. 183 – Et note ss TGI Paris, 10 févr. 1981, *D.* 1981, J. 443.
2. Perrot, obs. *RTD civ.* 1981, 699; *RTD civ.* 1983, 199.
3. V. CA Versailles, 18 mai 1990, *D.* 1990, IR 190 – Civ. 2e, 25 nov. 1999, n° 97-16.488, *Bull. civ.* II, n° 177; *JCP* 2000, IV, 1040; *Dr. fam.* 2000, comm. 22, obs. Lécuyer; *RJPF* 2000, 1/25, note Guerder; *RTD civ.* 2000, 89, obs. Hauser – Rejetant le pourvoi contre CA Paris, 19 mars 1997, *Juris-Data* n° 022695 – H. Lécuyer, « Action paulienne, tierce opposition et convention définitive dans le divorce sur demande conjointe », *Dr. fam.* 1998, chron. 3.
4. V. CA Versailles, 11 mars 1993, *D.* 1994, J. 303, note Revel; *RTD civ.* 1993, 568, n° 17, obs. Hauser – A. Tisserand, « L'indésirable indivisibilité dans le divorce sur requête conjointe », *Liber amicorum à la mémoire de Danièle Huet-Weiller*, PUS/LGDJ, 1994, p. 497 s., spéct p. 511.
5. V. NOT., Civ. 1re, 11 janv. 2005, n° 03-16.719, *Bull. civ.* I, n° 16; *AJ fam.* 2005, 104, obs David – Et Civ. 1re, 10 mai 2006, n° 04-19.883, *Bull. civ.* I, n° 227; *Dr. fam.* 2006, comm. 129, obs. Larribau-Terneyre.
6. V. Larribau-Terneyre, comm. préc.
7. CA Reims, 27 févr. 2009, *Juris-Data* n° 2009-002391.

§ 4
Force de la convention de divorce homologuée entre époux et opposabilité aux tiers

131.91 Opposabilité aux tiers de la convention homologuée. Si la tierce opposition permet de rendre la convention inopposable aux créanciers, la Cour de cassation privilégie d'une manière générale, à l'égard des tiers, l'**aspect contractuel de la convention homologuée**, aspect distinct du prononcé du divorce.

Ainsi, la chambre mixte de la Cour de cassation a admis qu'il était loisible au syndic du règlement judiciaire ou de la liquidation des biens de l'un des époux, d'agir en inopposabilité à la masse de l'état liquidatif compris dans une convention définitive conclue après la cessation de paiement[1]. Cette solution a été confirmée par l'arrêt rendu par la chambre commerciale de la Cour de cassation le 28 avril 1998[2].

À la suite de la loi n° 85-98 du 25 janvier 1985[3], les **actions en inopposabilité** ont été remplacées par des **actions en nullité** qui produisent des effets à l'égard de tous et donc même dans les rapports entre les ex-époux (L. 25 janv. 1985, art. 107). De telles actions semblaient donc incompatibles avec le caractère d'indivisibilité absolue liant la convention homologuée au divorce (v. ss nos 131.92 et 131.93). La Cour de cassation avait déjà confirmé **l'abandon de l'indivisibilité en faveur des tiers**, mais seulement **par rapport aux garanties que les règles relatives au partage ont pu leur concéder**[4], en jugeant qu'en raison de l'effet relatif des conventions à l'égard des tiers, la convention des époux « *même homologuée en justice ne peut avoir pour effet, en l'absence d'un accord du créancier, d'éteindre la dette de l'un des conjoints et n'a de force obligatoire que dans leurs rapports réciproques* ». La Cour de cassation estime donc que **la convention homologuée reste, vis-à-vis des tiers, un contrat ordinaire, distinct du prononcé du divorce.**

Pourtant a été considéré comme nul, un avenant à un contrat d'assurance-vie par lequel le mari désignait sa seconde épouse comme bénéficiaire, lorsque l'avenant méconnaît les termes de la convention définitive par lesquels la première épouse renonçait à ses droits sur ce contrat au profit de ses seuls enfants[5].

131.92 Indivisibilité de la convention et du jugement de divorce : effets entre époux. Le jugement qui prononce le divorce homologue simultanément la convention des époux. Par sa dualité, cette décision a des traits spécifiques qui ne sont pas sans incidence sur la **force de la convention définitive homologuée**. L'élément déterminant de l'acte juridictionnel est la constatation à laquelle le juge doit se livrer pour apprécier la conformité des faits ou des actes qui lui sont soumis à une norme juridique préétablie. Or, le JAF a bien pour tâche de dire le droit après avoir réalisé des contrôles de nature juridictionnelle. De plus, la **décision de divorce**, même prononcée sur requête conjointe, est revêtue de l'**autorité de la chose jugée**. Par ailleurs, la décision ne produit ses **effets entre époux qu'à compter de l'homologation** (avec possibilité de report en arrière sur le fondement de C. civ., art. 262-1, al. 2), et **à l'égard des tiers qu'à compter de la mention du divorce en marge** des actes de l'état civil. L'indivisibilité est clairement affirmée par les textes : si le JAF décide de prononcer le divorce, il homologue alors nécessairement la convention définitive (C. civ., art. 232, al. 1er – C. pr. civ., art. 1099, al. 2). À l'inverse, s'il refuse d'homologuer la convention, il ne prononce pas le divorce (C. civ., art. 232, al. 2 – C. pr. civ., art. 1100, al. 1er).

131.93 Indivisibilité de la convention et du jugement de divorce : jurisprudence. Différents arrêts de la Cour de cassation, censurant dans toutes leurs dispositions des décisions qui avaient prononcé le divorce et homologué des conventions incomplètes ou insatisfaisantes, le confirment[6]. La Cour de cassation a ainsi affirmé que « *le prononcé du divorce et l'homologation de la convention définitive ont un caractère indissociable et ne peuvent plus être remis en cause hors des cas limitativement prévus par la loi* »[7]. La solution a été confirmée par la suite[8] :

1. Cass. ch. mixte, 6 déc. 1985, n° 82-14.122, *Bull. ch. mixte*, n° 1 ; *D.* 1986, J. 185, note Derrida ; *JCP* 1986, II, 20646, concl. Cochard et note Bénabent et Lindon ; *Defrénois*, 1986, I, art. 33690, p. 318, obs. Massip ; *RTD civ.* 1987, 287, obs. Rubellin-Devichi.
2. Com. 28 avr. 1998, n° 95-19.436, NPT ; *Dr. fam.* 1998, comm. 98, obs. Lécuyer ; *D.* 1999, somm. 20, obs. Revel.
3. L. n° 85-98, 25 janv. 1985, relative au redressement et à la liquidation judiciaires des entreprises, *JO* 26 janv., p. 1097.
4. Civ. 1re, 2 juin 1992, n° 90-17.499, *Bull. civ.* I, n° 168 ; *RTD civ.* 1992, 754, obs. Hauser ; *JCP* 1992, I, 3632, obs. Billiau ; *D.* 1992, IR 201 ; *JCP* 1992, IV, 2214 ; *RJDA* 1/1993, n° 3 ; *D.* 1993, 211, obs. Delebecque ; *RTD civ.* 1993, 122, n° 6, obs. Mestre ; *RTD civ.* 1993, 185, obs. Lucet et Vareille – V. aussi, Civ. 1re, 10 mai 2006, n° 03-17.675, *Bull. civ.* I, n° 218 ; *D.* 2006, IR 1483.
5. CA Paris, 21 janv. 1998, *Juris-Data* n° 020207.
6. Civ. 2e, 27 mai 1998, n° 96-18.620, *Bull. civ.* II, n° 165 ; *Juris-Data* n° 002425 ; *Dr. fam.* 1998, comm. 170, obs. Lécuyer ; *RTD civ.* 1998, 661, note Hauser – Civ. 2e, 24 févr. 2000, n° 98-19.177, *Bull. civ.* II, n° 33 ; *BICC* 1er mai 2000, n° 534 ; *D.* 2000, IR 83.
7. Civ. 2e, 6 mai 1987, n° 86-10.107, *Bull. civ.* II, n° 103 ; *D.* 1987, J. 358, note Groslière ; *Defrénois* 1987, art. 34044, n° 60 ; *Gaz. Pal.* 1988, 1, 3, note Massip.
8. Civ. 1re, 18 oct. 1994, n° 92-21.823, *Bull. civ.* I, n° 292 ; *D.* 1994, IR 248 ; *Defrénois* 1995, art. 36100, p. 723, obs. Massip.

le jugement qui prononce le divorce et homologue la convention devenant **irrévocable**, celle-ci ne peut plus être remise en cause[1]. Comme on l'a souligné très tôt, **l'indivisibilité consacrée au plan procédural** n'aurait pas dû nécessairement exclure une certaine **divisibilité quant au contenu du jugement**[2]. Le 19 février 1986, la Cour de cassation a même étendu ce caractère juridictionnel à la convention en décidant, à propos d'une stipulation litigieuse incluse dans la convention notariée qu'elle « *fait corps avec le jugement homologuant cette convention* »[3]. Cette divisibilité partielle étant admise par les textes en matière de tierce opposition formée par les créanciers ou de redressement judiciaire concernant les époux divorcés (v. s[s] n° 131.74), on peut penser que l'indivisibilité totale qui s'applique dans les rapports entre époux attache à la convention homologuée une force très importante, et sans doute excessive[4].

§ 5
Rescision pour cause de lésion et sort d'un bien omis dans la convention de liquidation

131.101 Impossible rescision pour lésion. Dans le droit commun des contrats, une évaluation inexacte de la valeur des biens à partager ne peut être corrigée que par la voie de l'action en rescision pour lésion s'il résulte pour l'un des copartageants une perte de plus du quart (C. civ., art. 889). L'égalité alors requise est une égalité proportionnelle afin que chacun se voit attribuer un lot correspondant à ses droits dans la masse partageable, et la rescision permet de rétablir cette égalité. En ce qui concerne la convention définitive homologuée, certaines décisions avaient reconnu la possibilité d'admettre une rescision pour lésion[5], alors que d'autres la rejetaient[6]. Ni les dispositions de la loi de 1975, en matière de divorce sur requête conjointe, ni celles de la loi de 2004, pour ce qui est désormais le divorce par consentement mutuel, ne semblent *a priori* exclure l'application de la règle relative à la lésion. Les époux peuvent même associer les **attributions décidées dans le partage** avec le versement éventuel d'une **prestation compensatoire** à la seule condition d'effectuer cette **combinaison** en se fondant sur une évaluation exacte. Le rachat d'une telle lésion est envisageable dans la mesure où une **séparation en valeur** peut être opérée entre la prestation compensatoire et le montant des parts attribuées lors du partage. Ce correctif ne perturbe pas l'accord initial mais en détermine la pleine efficacité en assurant le respect de l'équilibre désiré entre le montant de la prestation compensatoire et l'inégalité des attributions faites à chaque époux.

L'impossibilité de cette action peut être justifiée par deux raisons. Tout d'abord, une telle modification engendrerait une **insécurité** très importante quant à l'état des personnes ainsi divorcées et quant aux biens dont elles s'estiment propriétaires. L'autorité de la chose jugée attachée à la décision de divorce s'oppose à une telle action. De plus, le **déséquilibre, éventuellement lésionnaire**, de la convention correspond vraisemblablement à la **volonté des parties** et est motivé par leur cause secrète. Permettre le jeu de l'action en rescision pour lésion irait à l'encontre de l'essence même du divorce sur requête conjointe. Par contre, si le JAF a été volontairement trompé dans son appréciation de la situation, la lésion pourrait être envisagée.

131.102 Sort d'un bien omis dans la convention de partage de liquidation du régime matrimonial homologuée. Après des divergences entre les Première et Deuxième chambres civiles de la Cour de cassation, les derniers arrêts ont nettement pris position en faveur de la **recevabilité de la demande en partage complémentaire de biens omis** (en actif comme en passif), par une nouvelle convention, qui devra toutefois de nouveau être homologuée[7]. Comme l'a précisé la Cour de cassation, le conjoint qui se rendrait coupable de manœuvres frauduleuses peut se voir appliquer les sanctions en cas de **recel** : « *Si la convention définitive homologuée, ayant la même force exécutoire qu'une décision de justice, ne peut être remise en cause, un époux divorcé demeure recevable à présenter une demande ultérieure tendant au partage complémentaire de biens communs*

1. Civ. 2e, 26 juin 1996, n° 94-16.706, NPT; *Dr. fam.* 1997, comm. 28, obs. Lécuyer.
2. Aynès, note *JCP* 1983, II, 19963 – Rubellin-Devichi, obs. *RTD civ.* 1987, 287.
3. Civ. 2e, 19 févr. 1986, n° 82-16.601, *Bull. civ.* II, n° 23; *D.* 1987, J. 441, note Théry; *Defrénois* 1987, art. 33905, p. 310, note Massip; *Defrénois* 1987, art. 33838, p. 48, note Théry.
4. A. Tisserand, « L'indésirable indivisibilité dans le divorce sur requête conjointe », préc. s[s] n° 131.75 (p. 497 s., spéc[t] p. 511).
5. V. TGI Le Mans, 3 avr. 1979, *D.* 1980, IR 73; *JCP* 1979, II, 19230 – CA Lyon, 28 nov. 1979, *Gaz. Pal.* 21 janv. 1981, note Brazier – CA Dijon, 24 févr. 1982, *JCP* 1983, II, 19963, note Aynès.
6. V. TGI Nanterre, 17 oct. 1979, *D.* 1980, J. 297, note Massip – CONFIRMÉ par CA Versailles, 19 nov. 1980, *D.* 1981, 1, 460, note Massip.
7. V. Civ. 1re, 22 févr. 2005, n° 02-13.745, NP; *Dr. fam.* 2005, comm. 103 – Et Civ. 1re, 10 mai 2006, n° 04-19.883, *Bull. civ.* I, n° 227; *Dr. fam.* 2006, comm. 129.

omis dans l'état liquidatif homologué, à l'application éventuelle des sanctions du recel et au paiement de dommages-intérêts pour faute commise par son ex-conjoint lors de l'élaboration de la convention »[1].

1. Civ. 1re, 6 mars 2001, n° 98-15.168, *Bull. civ.* I, n° 55; *Defrénois* n° 17, 15 sept. 2001, p. 1004-1008, note Massip; *Dr. fam.* 2001, comm. 72, obs. Lecuyer; *RTD civ.* 2001, 342, obs. Hauser; *JCP* 2002, I, 103, n° 120, obs. Tisserand.

CHAPITRE

132. Divorces autres que par consentement mutuel

OLIVIER MATOCQ
AVOCAT AU BARREAU DE LYON

YANN FAVIER
MAÎTRE DE CONFÉRENCES
À L'UNIVERSITÉ DE SAVOIE

SECTION 0
ORIENTEUR

132.00 **Plan du chapitre.**

132.01 **Textes applicables.**

TEXTES SOURCES

• **Code civil**

> Procédure applicable aux divorces autres que par consentement mutuel

C. civ., art. 251 à 253

> Mesures provisoires

C. civ., art. 254 à 257

> Introduction de l'instance

C. civ., art. 257-1 à 258

> Preuves du divorce

C. civ., art. 259 à 259-3

> Date des effets du divorce

C. civ., art. 260 à 262-2

> Dispositions générales des effets du divorce entre époux

C. civ., art. 263 à 265-2

> Conséquences propres aux divorces autres que par consentement mutuel

C. civ., art. 266 à 268

> Prestations compensatoires

C. civ., art. 270 à 281

> Logement entre époux et bail forcé

C. civ., art. 285-1

> Conséquences du divorce pour les enfants

C. civ., art. 286

• **Code de procédure civile**

> Demande en divorce

C. pr. civ., art. 1075 à 1077

> Prestation compensatoire

C. pr. civ., art. 1079 à 1080

> Publicité du jugement de divorce

C. pr. civ., art. 1081 à 1082-1

> Modification des mesures accessoires, appel et pourvoi

C. pr. civ., art. 1083 à 1087]

> Requête initiale – tronc commun

C. pr. civ., art. 1106 et 1107

> Tentative de conciliation et office du juge

C. pr. civ., art. 1108 à 1111

> Appel de l'ordonnance sur tentative de conciliation

C. pr. civ., art. 1112

> Poursuite de la procédure

C. pr. civ., art. 1113 à 1114

> Proposition de règlement pécuniaire des époux

C. pr. civ., art. 1115

> Mesures provisoires

C. pr. civ., art. 1117 à 1120

> Divorce accepté – dispositions particulières

C. pr. civ., art. 1123 à 1127

> Divorce pour faute – dispositions particulières

C. pr. civ., art. 1128

• **Circulaire CIV/16/04, 23 nov. 2004, de présentation de la loi relative au divorce,** du décret portant réforme de la procédure en matière familiale et du décret fixant les modalités de substitution d'un capital à une rente allouée au titre de la prestation compensatoire

* V. texte complet s[s] n° 61.11

132.02 **Jurisprudence de référence.**

> Exécution des mesures provisoires

• **Civ. 2e, 14 sept. 2006, n° 04-20.602,** *Bull. civ.* II, n° 220

Les mesures provisoires, si elles sont exécutoires à compter de leur prononcé, ne sont toutefois susceptibles de mesures forcées qu'à compter de leur signification.

* V. s[s] n° 132.141

> Divorce pour faute

• **Civ. 1re, 11 juill. 2006, n° 05-19.080,** NP

Nécessité de caractériser le comportement fautif : la Cour de cassation rejette systématiquement les pourvois qui « *sous couvert du grief de manque de base légale, ne tendent qu'à remettre en cause le pouvoir souverain des juges du fond* » pour caractériser un comportement fautif.

* V. s[s] n°s 132.243 et 132.263

132.03 **Bibliographie indicative.**

* V. s[s] n° 130.03

132.04 **Questions essentielles.**

> Rédaction de l'assignation en divorce

Il est indispensable, à peine d'irrecevabilité de l'assignation, de formuler une proposition de règlement des intérêts pécuniaires et patrimoniaux des époux (C. civ., art. 257-2).

L'indication claire et précise du cas de divorce, avec mention de l'article du Code civil qui s'y rapporte est aussi obligatoire.

* V. s^s n° 132.154

> Nécessité de conclusions concordantes pour un prononcé du divorce sans énonciation des griefs

Les dispositions de l'article 245-1 du Code civil, pour un divorce sans énonciation des griefs, ne peuvent être appliquées que si les deux époux en font la demande, d'où la nécessité pour les avocats de prendre des conclusions concordantes sur ce point. Mais, pour que le divorce soit prononcé sans énonciation des griefs, le juge doit cependant et obligatoirement vérifier l'existence des griefs, ce qui implique qu'il puisse trouver dans le dossier les preuves et éléments justificatifs. À défaut le divorce sera rejeté, et les époux déboutés.

* V. s^s n° 132.401

> Déclaration sur l'honneur en cas de demande de prestation compensatoire

Sa production est normalement obligatoire quel que soit le cas de divorce choisi (et donc en ce compris le divorce par consentement mutuel), mais le défaut de production n'est pas assorti de sanction. Par prudence et pour satisfaire au principe de la loyauté du débat judiciaire, il convient de la produire de manière systématique. En revanche, lorsqu'elle est produite, la déclaration sur l'honneur doit être sincère et complète, sous peine d'ouvrir droit éventuellement, après le prononcé du divorce, au recours en révision prévu à l'article 595 alinéa 1er du Code de procédure civile.

* V. s^s n° 132.413

> Demande des délais pour le paiement de la prestation compensatoire sur huit ans au plus, par le débiteur éventuel de la prestation compensatoire

Le juge n'a pas à octroyer des délais d'office, et ceux-ci ne peuvent être accordés qu'à raison de la situation ou de la consistance du patrimoine de l'époux débiteur, ce qui suppose qu'ils aient été expressément demandés au juge. L'avocat du débiteur éventuel de la prestation devra donc, au moins à titre subsidiaire, s'efforcer de présenter et de justifier la demande de délais. Par ailleurs, le juge ne peut accorder que les délais prévus à l'article 275 du Code civil et n'a pas la possibilité de prévoir, par exemple, que le paiement de la prestation compensatoire sera différé au moment des opérations de liquidation et de partage.

* V. s^s n° 132.415

> Moment de la demande de prestation compensatoire.

La prestation compensatoire ne peut-être demandée qu'à l'occasion de la procédure de divorce (mais même pour la première fois en cause d'appel, si le principe du divorce n'est pas acquis à titre définitif). L'avocat est donc susceptible d'engager sa responsabilité, en cas d'omission de la demande, ou même plus simplement au regard de son devoir de conseil, s'il ne peut justifier avoir alerté son client sur les conséquences de l'absence de demande formulée à ce titre.

* V. s^s n° 132.412

132.06 **Liste des cas de divorce.** La loi retient quatre cas de divorce, énumérés à l'article 229 du Code civil;

- le consentement mutuel,
- l'acceptation du principe de la rupture du mariage,
- l'altération définitive du lien conjugal,
- la faute.

Les dispositions principales de procédure figurent aux articles 248 et suivants du Code civil.

Après quelques articles qui traitent des dispositions générales, la matière est organisée autour de deux sections :

- la procédure applicable au divorce par consentement mutuel (v. s^s n°s 131.00 s.),
- la procédure applicable aux autres formes de divorce.

La partition est donc très nette : le divorce par consentement mutuel, qui a les faveurs du législateur obéit à un régime particulier, tout à fait autonome, alors que les trois autres formes sont groupées dans ce qu'il est convenu d'appeler le tronc commun procédural, le choix du cas de divorce se faisant au moment de la délivrance de l'assignation, c'est-à-dire après l'audience sur tentative de conciliation, qui devient un moment encore plus fort de la procédure.

132.09 **Division.** Pour se tenir au plus près du texte, les développements qui suivent retiennent cette même ligne de partage, et les explications sur la transformation des procédures et les passerelles seront données après l'exposé du schéma procédural et du déroulement de chacune d'elles.

SECTION 1
TRONC COMMUN PROCÉDURAL DES CAS DE DIVORCE AUTRES QUE PAR CONSENTEMENT MUTUEL

132.11 **Requête unilatérale.** Hors le cas du divorce par consentement mutuel, la mise en place des trois autres cas de divorce débute par la rédaction et le dépôt de la **requête unilatérale** de l'article 251 du Code civil, dite « *requête tronc commun* ». Cette requête, présentée par l'avocat au juge, « *n'indique pas les motifs du divorce* », précisément parce que l'option définitive relative au cas de divorce n'est pas encore arrêtée.

Une requête qui indiquerait le fondement de la demande ou bien aurait déjà orienté la procédure vers un cas de divorce déterminé serait alors déclarée irrecevable[1].

Toute la philosophie de la réforme vise d'ailleurs à **ne pas cristalliser le choix du cas de divorce** dès l'engagement de la procédure, pour permettre, pendant tout le cours de la procédure, la prise d'accords plus ou moins complets qui pourraient même permettre la transformation en véritable procédure par consentement mutuel, ou bien en divorce pour cause objective (divorce sur acceptation du principe de la rupture, ou pour altération définitive du lien conjugal, v. passerelles et accords s n°s 132.370 à 132.384).

Le formalisme exigé pour la rédaction de la requête en divorce participe donc très largement de la mise en œuvre du fond du droit nouveau. La requête ne doit pas non plus indiquer les faits à l'origine de celle-ci.

§ 1
Saisine du juge aux affaires familiales

132.20 La saisine du juge aux affaires familiales peut intervenir dans un contexte qui est très variable. Ou bien, même sans avoir pu parvenir à une requête conjointe, il existe une **communication** et un **respect minimal** entre les époux, qui permet la mise en place de la procédure dans des conditions sereines; ou bien le contexte est nettement plus conflictuel, et rend nécessaire la prise de mesures d'urgence sur le fondement de l'article 257 du Code civil.

En cas de violences, il faudra même avoir recours aux mesures spéciales du **référé-violence** de l'article 220-1 du Code civil.

Le traitement des violences au sein du couple répond à une véritable nécessité. Le décret n° 2010-355 du 1er avril 2010[2] élargit au plan pénal le **dispositif d'éloignement de l'auteur de violences** de sa victime et met en place un dispositif de télésurveillance au profit de celle-ci. « *Les dispositions civiles se feront encore un peu attendre.* »[3].

Les dispositions des articles 257 et 220-1 du Code civil visent donc à régler les **situations de crise.**

1. Pour une première application, v. TGI Bordeaux, ord. JAF, 22 nov. 2005, *RTD civ.* 2006, 288, obs. Hauser.
2. Décr. n° 2010-355, 1er avr. 2010, relatif à l'assignation à résidence avec surveillance électronique et à la protection des victimes de violences au sein du couple, *JO* 3 avr., p. 6498.
3. À ce sujet, v. obs. V. Larribau-Terneyre, *Dr. fam.* 2010, comm. 73.

Si les mesures d'urgence de l'article 257 du Code civil doivent être engagées en parallèle au dépôt de la requête en divorce, le référé-violence est tout à fait indépendant, mais la durée de validité de la mesure d'éloignement du conjoint violent devient alors caduque si la requête en divorce n'a pas été déposée dans les **quatre mois de la mesure prise** (C. civ., art. 220-1, al. 3).

A.
Mesures de crise

1°
Mesures d'urgence de l'article 257 du Code civil

132.21 Diversité des mesures d'urgence. La loi nouvelle n'a pas modifié le régime antérieur et permet toujours à la partie demanderesse, dès le dépôt de la requête, de demander au juge aux affaires familiales (JAF) de prendre des mesures d'urgence pouvant s'appliquer même **avant l'audience sur tentative de conciliation.**

Les mesures possibles sont très variables et ne font pas l'objet d'une **liste limitative** : tout ce qui est utile à la sauvegarde des intérêts d'un époux et des enfants peut être ordonné. Les mesures les plus fréquemment demandées au JAF sont : l'autorisation de résider séparément, la requête aux fins d'apposition de scellés, aux fins d'inventaire de biens communs, la requête aux fins de fonctionnement de compte bancaire sous double signature ou aux fins de nomination d'un séquestre[4].

132.22 Forme de la demande. Le juge est saisi sur le fondement des dispositions combinées de l'article 257 du Code civil, et de l'article 1107 du Code de procédure civile.

L'intérêt est de faire prendre des mesures **entre le dépôt de la requête** et la date pour la **tenue de l'audience sur tentative de conciliation.**

L'article 1107 du Code de procédure civile prévoit qu'au bas de la requête, le juge indique les jour, heure et lieu auxquels il procédera à la tentative de conciliation.

Il prescrit, s'il y a lieu, les mesures d'urgences de l'article 257. Cette **ordonnance** ne peut faire l'objet d'**aucun recours.**

Parce que la mesure est, par nature, non contradictoire, l'article 1106 alinéa 2 du Code civil prévoit que l'époux demandeur est tenu de se présenter **en personne** quand il sollicite des mesures d'urgence.

4. Pour des modèles d'actes et de requêtes, v. S. Thouret, *Divorce : modèles d'actes*, « Pratique professionnelle », Litec, 2005, formules 60 à 67.

Puisque l'ordonnance est rendue de façon non contradictoire, il est indispensable de la faire signifier par huissier, pour la porter à la connaissance de l'autre époux et la lui rendre ainsi opposable.

132.23 Contenu des mesures. Les **mesures autres que celles qui concernent le logement**, si elles sont moins fréquentes, ont aussi une portée pratique indéniable, puisque c'est souvent lors de la mise en place de la procédure que l'un des conjoints peut se livrer à des **détournements d'actif (meubles, valeurs, compte bancaire,** *etc.*), de sorte que la prise d'un inventaire ou d'un séquestre constitue une très bonne mesure conservatoire urgente qui protège les intérêts de l'autre époux.

Pour ce qui concerne le **logement**, et parce que le juge peut, sur le fondement des dispositions de l'article 257 alinéa 2 du Code civil, autoriser l'époux demandeur à résider séparément s'il y a lieu avec les enfants mineurs, cette autorisation coexiste avec le « référé-violence » de l'article 220-1 du Code civil.

L'efficacité de cette **mesure d'autorisation de résidence séparée** a cependant fait l'objet de réserves : le juge peut seulement autoriser l'un des époux à quitter le domicile conjugal, seul ou avec les enfants mineurs, mais ne peut pas contraindre l'époux violent à partir. C'est donc dire qu'à la violence de la situation subie, s'ajoute la violence du départ contraint de l'époux « victime ». C'est la raison pour laquelle la mesure de l'article 257 a été complétée par celle du « référé-violence » (v. s^{s} n°s 132.31 à 132.33).

Par application du principe selon lequel les règles spéciales dérogent aux règles générales, il apparaît raisonnable de penser qu'en cas de violences avérées le recours aux dispositions du « référé-violence » est plus approprié que la simple mesure de l'article 257 du Code civil. En outre, il est toujours préférable, quand les textes le permettent, de préférer les mesures contradictoires, à celles qui ne le sont pas.

132.24 Durée des mesures d'urgence prises sur le fondement des dispositions de l'article 257 du Code civil. La durée des mesures d'urgence est **limitée jusqu'aux modalités** qui seront prises dans le cadre **de l'ordonnance sur tentative de conciliation.**

Elles pourront alors, suivant ce qui est nécessaire, ou bien être purement et simplement abandonnées, ou bien être reprises, mais alors, au titre des **mesures provisoires** prévues pour la durée de l'instance.

Les mesures d'urgence de l'article 257 présentent donc un **caractère dérogatoire** très marqué justifié par la rapidité dans laquelle le demandeur se trouve de faire régler la situation.

2°

« Référé-violence » de l'article 220-1 du Code civil

132.31 Influence du droit communautaire dans la lutte contre les violences dans le couple. L'apparition de ce référé correspond à un mouvement global européen de lutte contre les violences conjugales, traduit pour la France dans la loi n° 2004-204, du 9 mars 2004, portant adaptation de la justice aux évolutions de criminalité[1], et dans la loi n° 2006-399, du 4 avril 2006, sur les violences au sein du couple[2].

L'ambition communautaire vise à instaurer dans les diverses législations européennes une série de dispositifs spécifiques de lutte contre les violences dans le couple[3].

132.32 Pratique du « référé-violence ». Ce « référé-violence » emprunte la forme d'une **procédure de référé**[4], intégrant alors le **principe du contradictoire**, et a pour but de **contraindre l'un des époux à quitter le domicile familial** à raison des violences (psychologiques ou physiques), exercées sur l'autre. Cette mesure a donc une portée plus pratique que celle de l'article 257 du Code civil, puisque dans ce cas, la victime demeure dans les lieux. À la violence subie, on n'ajoute pas une autre violence qui consistait pour la victime déjà fragilisée à devoir quitter le logement.

Sur la forme, l'assignation en référé obéit aux règles de l'article 1290 du Code de procédure civile, modifiant les dispositions de l'article 220-1 alinéa 3 du Code civil : l'acte de l'huissier est classique, mais il doit être dénoncé au **ministère public** au plus tard le jour de sa remise au greffe, en raison de la gravité de la mesure envisagée; l'objectif est de **permettre l'expulsion du conjoint violent**, qui n'est pas toujours facile à obtenir.

1. L. n° 2004-204, 9 mars 2004, portant adaptation de la justice aux évolutions de la criminalité, *JO* 10 mars, p. 4567 – V. la brochure spéciale éditée par min. Justice, disponible en ligne sur le site www.legifrance.gouv.fr, *La lutte contre les violences au sein du couple, Guide de l'action publique*, DACG.
2. L. n° 2006-399, 4 avr. 2006, renforçant la prévention et la répression des violences au sein du couple ou commises contre les mineurs, *JO* 5 avr., p. 5097.
3. Sur ces questions v. A. Gouttenoire et C. Pierrot, « De nouveaux moyens pour lutter contre les violences conjugales », *Dr. fam.* nov. 2004, focus 4.
4. Entre 2006 et 2008, les tribunaux ont prononcé 4 000 mesures d'éviction du domicile conjugal et la France envisage même de faire évoluer sa législation en adoptant, comme en Espagne, le dispositif du bracelet électronique sur les maris violents, permettant d'alerter leurs victimes lorsqu'ils approchent de leur périmètre – V. les propos de Mme Nadine Morano, secrétaire d'État chargée de la Famille et de la solidarité, *RJPF* 2009-10/5.

132.33 Durée de la mesure du « référé-violence ». Parce qu'on interdit au conjoint de regagner ou même d'approcher le domicile conjugal, la mesure revêt un caractère très particulier, qui justifie une **durée de validité limitée.**

Les mesures prises au titre du « référé-violence » deviennent caduques à l'expiration d'un **délai de quatre mois**, si la requête en divorce ou en séparation de corps n'a pas été déposée.

Les premiers cas d'application du « référé-violence » démontrent que le système connaît des succès contrastés. Si l'audience peut-être tenue à bref délai et l'ordonnance intervenir rapidement, le véritable écueil provient davantage de la **possibilité d'exécution de l'ordonnance prise.**

Les conditions de l'expulsion suivent le sort habituel des expulsions de droit de commun, à l'exception de la règle des articles L. 613-1 à L. 613-15 du Code de la construction et de l'habitation, l'expulsion du conjoint violent restant (heureusement, tout de même...) possible même pendant la période hivernale.

En revanche, le recours à la force publique obéit aux mêmes règles qu'en matière ordinaire, et subit les mêmes délais. Les lourdeurs administratives pour obtenir l'intervention de la force publique sont telles qu'elles peuvent ôter tout intérêt à la décision d'éviction, qui ne pourra pas, ou ne sera pas, exécutée dans des délais acceptables.

L'information du ministère public dès le dépôt de la requête ne semble pas, de ce point de vue, favoriser une accélération du traitement des demandes par les services de la Préfecture.

Par conséquent, une bonne efficacité du dispositif mériterait que soit mis en place un **mode spécifique accéléré du recours à la force publique** qui ne soit plus calqué sur celui du droit commun des expulsions, parce que l'objectif poursuivi par le nouveau texte n'est pas de même nature : il ne s'agit pas de faire cesser un trouble manifestement illicite, mais d'assurer la **protection immédiate de l'époux victime**, en lui permettant de rester au domicile conjugal.

B.
Engagement de la procédure et requête en divorce

132.41 Requête en divorce. Les changements qui résultent de la réforme sont particulièrement novateurs. La **requête** en divorce n'oriente plus la procédure vers tel ou tel cas de divorce, mais elle vise à inciter les époux à **préparer l'audience sur tentative de conciliation**, à définir les **mesures provisoires**, et donc à se projeter dans l'avenir pour la suite du dossier et pour la vie future des époux ou de la famille. La circulaire du 23 novembre 2004 (circ. 23 nov. 2004, n° 25 - V. texte complet de la circulaire s[s] n° 61.11) précise opportunément :

« Au-delà des mesures provisoires susceptibles d'être prises pour organiser la vie séparée de la famille, cette audience doit être l'occasion d'un débat sur le principe même de la rupture et peut s'avérer déterminante sur l'orientation de la procédure de divorce.

Elle doit enfin favoriser la mise en place d'un accompagnement adapté des époux, les incitant à la préparation responsable des conséquences de leur séparation, notamment au travers de la médiation familiale ou des mesures relatives à la liquidation anticipée de leur régime matrimonial. »

L'audience sur tentative de conciliation devient le point central de la nouvelle procédure dans laquelle non seulement les mesures provisoires seront débattues, mais au cours de laquelle seront toujours évoqués, et à l'initiative du JAF, la **forme** et le **cas de divorce selon lesquels la procédure pourra être poursuivie.**

Il est en effet habituel et même souhaitable, lorsque le juge reçoit chacun des époux, qu'il leur pose très clairement la question pour savoir la forme selon laquelle la procédure sera poursuivie, en leur rappelant qu'ils ont la possibilité de signer, lors de l'audience de conciliation (mais en présence des avocats, v. s[s] n° 132.176), le procès-verbal d'acceptation du principe de la rupture du mariage.

Ou bien les époux parviendront à un accord total et la procédure pourra même être poursuivie par consentement mutuel, ou encore par un divorce sur acceptation du principe de la rupture ou pour altération définitive du lien conjugal... ou bien enfin, ils seront tous deux (ou l'un d'entre eux seulement) d'accord pour considérer qu'il est encore trop tôt pour choisir d'ores et déjà le cas de divorce qui sera retenu...

132.42 Rédaction de la requête – Précisions de forme. L'article 1075 du Code de procédure civile s'applique et la partie demanderesse doit mentionner toutes les précisions relatives à son identification :

– les nom, prénom, profession, résidence, nationalité, date et lieu de naissance de chacun des époux, date et lieu du mariage, avec indication, le cas échéant de l'état civil des enfants;

– les renseignements relatifs aux numéros de sécurité sociale des époux et à leur identification, de la Caisse maladie à laquelle ils sont affiliés et des services et organismes qui servent les prestations familiales, pension de retraite avantage vieillesse avec dénomination de ces Caisses services ou organismes.

132.43 Rédaction de la requête – Précisions de fond. L'article 1106 du Code de procédure civile tel qu'il résulte du décret du 29 octobre 2004[1] oblige la partie demanderesse à indiquer « *les demandes formées au titre des mesures provisoires et un exposé sommaire de leurs motifs* ».

La liste des mesures provisoires que le juge peut prendre n'est pas limitative et figure à l'article 255 du Code civil qui constitue le support essentiel de toute l'audience de conciliation.

Le texte dispose : « *Le juge peut notamment :*

1° Proposer aux époux une mesure de médiation et, après avoir recueilli leur accord, désigner un médiateur familial pour y procéder;

2° Enjoindre aux époux de rencontrer un médiateur familial qui les informera sur l'objet et le déroulement de la médiation;

3° Statuer sur les modalités de la résidence séparée des époux;

4° Attribuer à l'un d'eux la jouissance du logement et du mobilier du ménage ou partager entre eux cette jouissance, en précisant son caractère gratuit ou non et, le cas échéant, en constatant l'accord des époux sur le montant de l'indemnité d'occupation;

5° Ordonner la remise des vêtements et objets personnels;

6° Fixer la pension alimentaire et la provision pour frais d'instance que l'un des époux devra verser à son conjoint, désigner celui ou ceux des époux qui devront assurer le règlement provisoire de tout ou partie des dettes;

7° Accorder à l'un des époux des provisions à valoir sur ses droits dans la liquidation du régime matrimonial si la situation le rend nécessaire;

8° Statuer sur l'attribution de la jouissance ou de la gestion des biens communs ou indivis autres que ceux visés au 4°, sous réserve des droits de chacun des époux dans la liquidation du régime matrimonial;

9° Désigner tout professionnel qualifié en vue de dresser un inventaire estimatif ou de faire des propositions quant au règlement des intérêts pécuniaires des époux;

10° Désigner un notaire en vue d'élaborer un projet de liquidation du régime matrimonial et de formation des lots à partager. »

En fonction des éléments du dossier, il appartient donc à la partie demanderesse de mentionner les demandes qu'elle souhaite voir retenues au titre des mesures provisoires.

132.44 Médiation et recherche d'un accord. Il n'est pas sans intérêt de relever que la toute première modalité que le juge peut proposer aux époux est d'accepter la mise en place d'une mesure de médiation.

Il s'agit, là encore, d'une **mesure d'incitation législative** : l'objectif recherché est de faire en sorte que les époux règlent eux-mêmes, à chaque fois qu'il est possible, les conséquences de leur séparation.

Leur discussion et leur collaboration sont donc encouragées, même avec le recours à un médiateur, pour les aider à déterminer et à mettre en forme leurs accords.

132.45 Portée de l'indication des mesures provisoires. Le fait que les mesures provisoires soient mentionnées dans la requête a **un triple effet**.

1° D'une part, le **demandeur** doit lui-même avoir suffisamment réfléchi pour pouvoir bâtir l'argumentaire en rapport avec les mesures provisoires sollicitées, puisque l'article 1106 impose que la liste des mesures sollicitées comprenne aussi « *un exposé sommaire de leurs motifs* ».

En pratique, la requête en divorce étant préparée par avocat, le professionnel devra avoir étudié précisément avec son client quelles sont les **mesures** à faire juger, devra les avoir **chiffrées**, pour celles à dimension financière, et devra donc nécessairement et en amont, s'être fait remettre les **pièces utiles** à ce travail préparatoire.

Lors du dépôt de la requête en divorce, l'avocat du demandeur doit donc disposer, dans son dossier, d'un certain nombre de pièces, qui peuvent déjà faire l'objet de la préparation du bordereau de communication de pièces.

2° D'autre part, le **défendeur**, dès le dépôt de la requête, sera, pour ce qui le concerne, avisé des **demandes essentielles** présentées par le demandeur qui, pour une très large part, vont délimiter la sphère du litige et les conditions de la mise en place de la procédure.

Le conjoint défendeur, selon toute vraisemblance, prendra attache avec un avocat qui, à son tour, signalera son intervention auprès de son confrère à l'origine de la requête et du juge, et il sollicitera de l'avocat du demandeur la communication des pièces afférentes à sa demande.

Parce que les pièces auront été remises à l'avocat du demandeur et exploitées pour la préparation de la requête, il pourra d'ores et déjà, et rapidement, adresser à l'avocat du défendeur, un premier bordereau de communication de pièces.

Même si l'échange de bordereaux de communication de pièces n'est pas obligatoire dès l'audience de conciliation (la procédure restant orale), il doit toutefois être privilégié, puisqu'il participe tout à la fois d'une anticipation du respect du principe du contradictoire, et qu'il est gage de débats de meilleure qualité.

Rien n'est plus insécurisant pour les époux (et même pour le juge...) que les avocats s'échangent quelques minutes avant l'audience des pièces pas

1. Décr. n° 2004-1158, 29 oct. 2004, portant réforme de la procédure en matière familiale, *JO* 31 oct., p. 18492.

toujours classées et cotées, alors que le juge va fonder sa décision sur celles-ci.

3° Enfin, et cette question est aussi à mettre en rapport avec le **respect du principe du contradictoire**, si le conjoint défendeur a été touché ou a été cité par la requête aux fins de conciliation, mais qu'il ne comparaît pas, la partie demanderesse ne pourra pas modifier la liste et la portée des mesures provisoires qu'elle avait définies. Si elle peut toutefois, notamment s'agissant des mesures financières, revoir ses demandes à la baisse, elle ne pourrait, en aucun cas, les augmenter. En revanche, si le défendeur comparaît, la procédure (orale à ce stade du dossier) conserve un caractère contradictoire qui autorise un changement des demandes.

L'exposé et la **détermination des mesures provisoires** sont donc extrêmement importants. Leur énoncé **engage de manière irrémédiable l'époux demandeur**, en cas d'absence de comparution du défendeur, et, partant, elle oblige son avocat à faire preuve d'un soin très particulier lors de la préparation de la requête.

C.
Demandes au titre des mesures provisoires

132.51 Mesures valables pour le temps de la procédure. À côté des mesures particulières (mesures provisoires d'urgence de C. civ., art. 257 et même « référé-violence » de C. civ., art. 220-1 qui font l'objet de développements – v. s[s] n°s 132.21 s. et 132.31 s.), les mesures suivantes sont très souvent invoquées et elles répondent à la nécessité dans laquelle les parties se trouvent de demander au juge d'homologuer leurs accords pour le temps de la procédure ou, à défaut, de trancher leurs différends, en cas de divergences persistant entre eux.

132.52 Mesures concernant les rapports entre époux et les rapports avec les enfants. Les mesures provisoires que le juge peut prendre se répartissent en deux groupes : certaines se rapportent aux **époux**, d'autres, aux **enfants**.

En revanche, la faculté laissée aux parties de s'orienter vers la médiation familiale occupe une place particulière, puisque, si elle avait été à l'origine insérée dans le Code civil à la faveur de la réforme de l'autorité parentale, la loi du 26 mai 2004 a élargi encore le recours au médiateur qui s'applique même pour des époux mariés qui n'ont pas d'enfant, puisque l'article 255, 1° ne vise pas spécialement les parents, mais parle des époux.

La **médiation** constitue donc une **mesure transversale**, le médiateur pouvant aider les époux à trouver des accords tant pour les enfants (résidence habituelle, pension alimentaire, *etc.*) que pour eux-mêmes.

132.53 Recours à la médiation. Il est peu fréquent que le demandeur mentionne dès le dépôt de sa requête qu'il souhaite avoir recours à une mesure de médiation.

Certaines juridictions envoient aux époux, en même temps que la convocation en vue de l'audience de conciliation, une note les informant de l'existence des services de médiation, et de la possibilité qu'ils ont eux-mêmes de s'orienter sans plus attendre vers un processus de médiation. Mais pour qu'une mesure de médiation puisse valablement intervenir et donner de bons espoirs quant à l'aboutissement d'un accord, il faut que les deux parties soient suffisamment participatives l'une comme l'autre. Le processus de médiation résulte d'un engagement volontaire, et c'est bien plus souvent lors de l'audience sur tentative de conciliation que le JAF pourra inciter les parties à recourir à une mesure de médiation, en leur faisant comprendre que le *corpus* des règles du divorce et de l'autorité parentale ne pourra pas tout régler.

Dans une telle hypothèse, le juge, recueillant l'accord des époux, pourra d'ores et déjà (C. civ., art. 255, 1°) désigner un médiateur familial, pour commencer le travail de médiation.

Le juge dispose même de la possibilité mentionnée à l'article 255, 2°, du Code civil d'enjoindre aux époux de rencontrer un médiateur familial pour recevoir une information sur le déroulement de la médiation.

Dans certains tribunaux (notamment, le tribunal de grande instance de Lyon qui, de ce point de vue, est une juridiction pilote), des permanences d'information à la médiation sont organisées au sein même du tribunal, et se tiennent aux mêmes jours et heures des audiences des JAF. Le juge peut alors, sitôt l'examen de l'affaire terminée ou même en cours, demander aux parties de rencontrer sans délai le médiateur.

Il est vrai que le recours à la médiation est encouragé depuis très longtemps en droit de la famille. Les perspectives de réformes envisagent même un **préalable obligatoire de conciliation** pour toutes les mesures modificatives en après-divorce, ou dans la famille naturelle pour la résidence, le droit de visite et la pension alimentaire des enfants, ainsi que pour l'autorité parentale.

1°
Mesures concernant les époux

a)
Logement et résidences séparées

132.61 Résidence séparée (C. civ., art. 255, 3°). Le demandeur indiquera toujours quels sont ses souhaits au titre de la résidence séparée des époux.

Le texte a d'ailleurs été légèrement retouché par la réforme. Sous l'empire du droit antérieur, le juge autorisait les époux à résider séparément (C. civ., art. 255, 1° anc.), alors que dorénavant, il statue uniquement sur les modalités de la résidence séparée des époux. La modification n'est donc pas que de pure forme, elle invite les époux à adopter une attitude plus dynamique dans les souhaits exprimés s'agissant de leur lieu de vie pendant la durée de la procédure.

132.62 Attribution de la jouissance du domicile conjugal et indemnité d'occupation. La question de la jouissance du domicile conjugal et des meubles meublants qui le garnit est absolument essentielle. **Elle engage les époux dès l'audience de conciliation, et aura des effets indéniables jusqu'au terme des opérations de liquidation et de partage** (y compris pour ce qui concerne la condition d'occupation du logement, dans le cas où une demande d'attribution préférentielle serait sollicitée).

Sous l'empire de l'ancienne loi, le juge n'était pas tenu d'indiquer si la jouissance du domicile conjugal attribué à l'un des époux présentait un caractère gratuit ou non. Simplement, et à défaut d'une telle mention, la jurisprudence s'accordait pour dire que la jouissance avait été concédée forcément à titre onéreux et qu'elle obligeait alors l'époux bénéficiaire à verser à l'autre une indemnité d'occupation, payable lors des opérations de liquidation et de partage.

Il n'était donc pas rare qu'à raison de la longueur de la procédure subie par le bénéficiaire de l'attribution, celui-ci se retrouve devoir à l'autre conjoint des sommes extrêmement importantes.

Dorénavant, ce flou n'est plus possible puisqu'il appartient au juge, en même temps qu'il accorde la jouissance, de « *préciser son caractère gratuit ou non* » (C. civ., art. 255, 4°).

Dans le cas où la jouissance n'est pas gratuite, le juge peut même constater l'accord des époux sur le montant d'une éventuelle **indemnité d'occupation**. La possibilité d'accords quant au montant de l'indemnité d'occupation s'explique par le souhait de faire régler le plus en amont possible, dans la procédure de divorce, les considérations liées aux opérations de liquidation et de partage et à l'établissement des comptes entre époux.

Le juge ne dispose toutefois pas, à ce stade de la procédure, de la possibilité d'imposer le montant de l'indemnité d'occupation, mais il peut **homologuer l'accord sur le montant**.

Ce système ne recueille cependant pas le succès escompté : en effet, même si les époux peuvent s'accorder sur le montant de l'indemnité d'occupation, il est, *a priori*, difficile de savoir (sauf en cas de vente du logement impliquant la nécessité de quitter les lieux à une date qui est déjà déterminée) combien de temps durera cette occupation.

Celui qui s'oblige au paiement de l'indemnité d'occupation ne saura donc pas, en définitive, quel sera le coût de cette occupation et il apparaît donc bien difficile de lui faire accepter le *quantum* de l'indemnité, sans pouvoir lui assurer le montant final qu'il aura à régler.

Si le logement est propriété des deux époux ou de l'un d'entre eux, il faudra prévoir les modalités de l'attribution, étant observé, en cas de jouissance gratuite, que le montant de l'avantage ainsi consenti entraîne des **conséquences fiscales** : celui qui consent l'occupation sera fondé à déduire de ses revenus l'avantage concédé. Le bénéficiaire devra, en revanche intégrer le même montant dans l'assiette de ses revenus imposables, puisque l'avantage sera taxé comme un supplément de pension alimentaire versé au titre du devoir de secours.

Si le logement est grevé d'un prêt immobilier en cours, le demandeur a tout intérêt à préciser ses souhaits au regard de la **prise en charge de l'échéance d'emprunt immobilier**. Le juge a dorénavant la possibilité de décider si le montant de l'échéance d'emprunt sera supporté en totalité par l'un ou par l'autre des époux ou s'il sera partagé, et selon quelle proportion. Il devra également indiquer si la prise en charge de l'emprunt est faite à titre provisoire, à charge d'établir les comptes lors des opérations de liquidation et de partage, ou si elle est faite à titre définitif, sans récompense lors des opérations de liquidation et de partage.

S'il s'agit d'un logement pris à bail, il conviendra d'indiquer très précisément lequel des deux supportera le **montant du loyer et des charges**, pour éviter toutes difficultés ultérieures à ce titre.

La jouissance du domicile conjugal s'entend en principe également de la **jouissance du mobilier** qui le garnit, même si celui-ci appartient en propre à l'autre époux : l'idée vise à protéger le lieu de vie de la famille et à permettre au conjoint attributaire de continuer à vivre en ce lieu avec les enfants, de sorte que le mécanisme est identique à la protection de l'article 215 alinéa 3 du Code civil, et ne se limite pas aux seuls murs.

132.63 Remise des vêtements et objets personnels. Dans la plupart des cas, sauf procédures qui impliquent un conflit à ce point violent que les époux ne sont plus en situation de communiquer, il est rare que l'un des conjoints s'oppose à la remise des vêtements et objets personnels de l'autre.

En cas de refus, ou en cas de risque de refus, il est conseillé d'établir une liste, si possible avec justificatifs, en demandant formellement au magistrat conciliateur d'ordonner la remise des effets en question, même si la plupart du temps, les juges répugnent à utiliser leur pouvoir juridictionnel dans de telles circonstances. Il s'agit pourtant de la seule mesure qui permettra, y compris par le biais de l'exécution forcée, restitution des objets en cause.

b)
Devoir de secours entre époux pendant la procédure de divorce

132.71 **Pension alimentaire au titre du devoir de secours.** Parce que le devoir de secours entre époux figurant à l'article 212 du Code civil est inséré dans les dispositions du régime matrimonial primaire qui ont vocation à s'appliquer tant que dure le mariage (et donc y compris jusqu'au jour du prononcé du divorce, et donc même en cas d'appel sur le principe du divorce), il appartient par conséquent au conjoint qui revendique le paiement par son époux d'une pension alimentaire, de justifier de son **état de besoin**, et de **chiffrer le montant** qui est sollicité.

132.72 **Requête parallèle aux fins de contribution aux charges du mariage (C. civ., art. 214).** Le conjoint peut même avoir intérêt, en parallèle au dépôt de la requête en divorce, à déposer une requête aux fins de contribution aux charges du mariage de l'article 214 du Code civil, dans le cadre d'un défaut ou d'une insuffisance de versement ou de contribution de l'autre époux. La cause de la fixation de la contribution aux charges du mariage tire sa source du défaut ou de l'insuffisance de contribution. Cela revient donc à dire que pour obtenir fixation de la contribution aux charges du mariage le conjoint devra simplement rapporter la **preuve de l'absence ou du défaut de contribution**, et de la **date de cette insuffisance.** La contribution sera alors fixée non pas seulement à la date du dépôt de la requête en contribution aux charges du mariage ou à celle de l'audience, mais pourra rétroagir au jour du défaut de contribution.

En revanche, lorsque le dossier sera rappelé à l'audience sur tentative de conciliation, dans le cadre de la procédure de divorce, c'est le montant de la pension alimentaire éventuellement due au titre du devoir de secours qui se substituera alors de plein droit, au montant de la contribution alimentaire antérieurement décidé.

La règle est logique : au partir du moment où la pension est déterminée dans un contexte particulier et spécial qui vise à organiser judiciairement la séparation des époux, pendant le cours de la procédure de divorce, il est naturel que le montant décidé, à titre spécial, l'emporte sur le simple montant général résultant de la contribution aux charges du mariage.

132.73 **Calcul du montant.** La fixation du montant ne peut se faire qu'en prenant en compte les **ressources et charges de chacun des conjoints**, étant observé, spécialement pour des époux séparés de biens, qu'il est parfois difficile à l'un des conjoints de connaître les ressources et revenus du patrimoine de l'autre, ou même encore l'existence de certains comptes sur lesquels des sommes parfois importantes peuvent avoir été thésaurisées.

L'époux demandeur peut demander au juge d'autoriser l'interrogation du fichier Ficoba (C. civ., art. 259, 3°) [1], pour que l'intégralité des comptes soit révélée et pour qu'ainsi la décision à intervenir soit prise en toute connaissance de cause.

D'un point de vue tactique, si l'un des époux souhaite obtenir condamnation de son conjoint à lui verser une **prestation compensatoire, au stade des mesures accessoires**, il a avantage à présenter une **demande de pension alimentaire au titre du devoir de secours**, dès la discussion sur les mesures provisoires.

À défaut, la preuve de l'établissement d'une situation de disparité, pour le cas où la pension alimentaire n'a pas été demandée au titre du devoir de secours, est d'autant plus difficile, même si la pension alimentaire au titre du devoir de secours et la prestation compensatoire n'ont bien sûr pas la même finalité. Le défendeur voudra ainsi faire juger que le demandeur avait lui-même conscience de ce que ses ressources lui permettaient de faire face à ses charges, puisque la pension n'avait pas été demandée, de sorte que la prestation ne serait pas non plus nécessaire.

Dans le cas où les époux ont des enfants mineurs ou majeurs en poursuite d'études, la question de la **détermination de la pension au titre du devoir de secours** sera elle-même liée à la **fixation de la pension alimentaire pour les enfants**, puisque, un peu comme en matière de contribution aux charges du mariage, le JAF devra apprécier **l'état de besoin au regard du budget mensuel moyen de la famille.**

La pratique judiciaire enseigne que le montant de la pension alimentaire au titre du devoir de secours est très variable, et ce d'autant qu'il n'existe pas de **barème**, ce qui est d'ailleurs assez mal compris par la plupart des divorçants.

La détermination de la pension alimentaire au titre du devoir de secours entraîne des effets importants, puisque même en cas d'appel de l'ordonnance sur tentative de conciliation (OSTC), et plus généralement tant que le divorce n'aura pas acquis force de chose jugée, son montant sera susceptible d'être versé.

1. V. Chariot-Lécuyer, « La collecte des informations : les fichiers », dossier spéc. « Divorce et transparence », *AJ fam* oct 2009, 373.

Se pose alors la question de **l'indexation de la pension.** En pratique l'indexation est rarement prévue pour les pensions qui résultent de l'OSTC. Rien n'interdit cependant de demander au JAF de prévoir cette indexation, dans la mesure où la durée des mesures provisoires (même hors le cas de l'appel ou d'un pourvoi en cassation) est susceptible de s'étendre sur une période de trente mois.

c)
Incidence des coûts de la procédure

132.81 Provision pour frais d'instance. En matière de divorce, la provision pour frais d'instance est accordée en considération du devoir de secours à celui qui n'a d'autre possibilité que de mettre en œuvre, ou bien de défendre à la procédure de divorce.

L'indication qu'une demande de provision pour frais d'instance est formée doit être faite **en même temps que les autres demandes relatives aux mesures provisoires.** Pour avoir de meilleures chances d'être accordée, des **justificatifs** (factures déjà acquittées, *etc.*) devront être fournies.

L'utilisation du mécanisme de la provision pour frais d'instance peut être extrêmement utile lorsqu'il existe une très grande différence de revenus entre les deux époux et que la procédure risque de s'avérer complexe, de sorte que nombre de diligences seront nécessaires.

De la même manière, la demande peut être formée lorsque le justiciable entend déposer une demande d'aide juridictionnelle et que le barème d'octroi de l'aide juridictionnelle appliqué à ses revenus montre qu'une aide seulement partielle lui sera allouée, ce qui laissera à sa charge une part des honoraires d'avocat, ainsi que des frais de procédure et dépens (frais de signification et d'huissier).

d)
Traitement provisoire des dettes communes, provisions à valoir sur la liquidation du régime matrimonial et attribution en jouissance de biens communs ou indivis

132.91 Règlement provisoire de tout ou partie des dettes. Le juge dispose du pouvoir, pour autant qu'on lui en fasse la demande, d'imposer à l'un des époux ou de répartir entre eux, certains postes de dépenses ou de dettes. Cette possibilité de répartition est particulièrement utile à un moment où la séparation des époux se met en place et lorsque le risque de divergence entre l'un et l'autre est maximal.

En effet, dans nombre de procédures, les difficultés financières apparaissent ou bien dans la phase précontentieuse, ou bien lorsque les parties se trouvent déjà sous l'empire de l'OSTC.

Il est donc essentiel de prévenir ces difficultés, en demandant au juge de statuer sur **les postes de dettes et les répartitions des charges.**

Les mesures les plus fréquemment sollicitées concernent le sort du remboursement des échéances bancaires pour l'emprunt immobilier, les autres emprunts, les charges de copropriété, les impôts sur le revenu, taxes foncières et taxes d'habitation, la cotisation mutuelle santé pour le conjoint ou bien encore pour les enfants, ou plus généralement pour la famille.

132.92 Provision à valoir sur la liquidation du régime matrimonial. L'un des conjoints peut, éventuellement, demander à ce que lui soit attribuée une provision à valoir sur le calcul de ses droits résultant de la liquidation du régime matrimonial.

Toutefois, pour avoir des chances de succès suffisantes, il convient impérativement que le magistrat dispose d'**éléments fiables et tangibles**, précisément chiffrés. À seul titre d'exemple, un époux n'a quasiment aucune chance d'obtenir immédiatement et dès l'OSTC une provision à valoir « *sur le partage des comptes bancaires* », s'il ne produit pas un état précis des comptes avec des soldes certifiés par l'organisme bancaire et s'il n'explique pas **l'intérêt immédiat qu'il peut avoir d'obtenir un tel versement** (par ex. pour l'acquisition d'un nouveau domicile, pour le cas où la résidence habituelle des enfants serait fixée auprès de lui).

132.93 Attribution en jouissance de biens communs ou indivis autres que ceux relatifs au logement. Au titre des mesures provisoires, le JAF dispose même de la possibilité d'accorder à l'un des époux la jouissance de biens communs ou indivis.

Cette mesure peut être particulièrement utile dans le cas où les époux, ou l'un d'entre eux, sont, par exemple, exploitants d'un **fonds de commerce.**

Il résulte du texte que seuls les biens propres ou personnels de l'un ou de l'autre des époux sont exclus du bénéfice de cette attribution.

Elle peut aussi trouver à s'appliquer, et de manière sans doute beaucoup plus fréquente, pour l'attribution de la jouissance d'un **véhicule** et présente donc, de ce point de vue là, une portée pratique qui est indéniable.

e)
Anticipation sur la préparation de l'acte liquidatif et partage du régime matrimonial

132.101 Désignation de tout professionnel qualifié en vue de dresser un inventaire estimatif ou de faire des propositions quant au règlement des intérêts pécuniaires des époux (C. civ., art. 255, 9°). Il s'agit d'une disposition tout à fait novatrice de la loi nouvelle dont l'objectif a été de pallier les insuffisances de l'ancien article 1116 du Code civil qui « *ne permettait une mesure d'aide à la décision patrimoniale que dans la seconde phase de la procédure, après assignation* »[1].

Le recours au professionnel qualifié (qui peut d'ailleurs être un avocat choisi dans la liste de l'Association nationale des avocats mandataires judiciaires qui se sont formés à cette nouvelle fonction[2]) pourra s'avérer opportun dans les dossiers rendus complexes par les intérêts patrimoniaux communs, indivis, ou même propres des époux.

Toute la philosophie de la loi nouvelle vise à permettre au juge, et par conséquent aux parties, de disposer, le plus tôt possible, dans le cadre de la procédure de divorce (et parfois de la prestation compensatoire), d'informations les plus fiables possibles sur la liquidation du régime matrimonial. Il est en effet important, pour que le juge puisse prendre, en connaissance de cause, des décisions indispensables, que les droits des parties soient connus, pour que le juge prenne en compte au plus près possible de la réalité les aspects liquidatifs.

Le **maillage** entre la **liquidation du régime matrimonial** et la **fixation de la prestation compensatoire** avait été souhaité dès l'origine et dès la loi du 11 juillet 1975, puisque lors de la fixation de la prestation, le juge doit prendre en compte les droits de chacun des époux dans le cadre de la liquidation du régime matrimonial (C. civ., art. 272), même si, pour les époux mariés sous un régime de communauté, la liquidation du régime matrimonial communautaire étant par définition égalitaire, il n'y aurait pas lieu de tenir compte de la part de communauté pour apprécier la disparité créée par la rupture du lien conjugal[3].

Hors les cas anciennement prévus à l'article 1116 du Code civil, où les parties parvenaient à justifier d'éléments exploitables et vérifiés, le magistrat se trouvait souvent dans le flou pour accorder et fixer le montant de la prestation.

Le recours au professionnel qualifié permet au juge de s'attacher le **concours d'une personnalité extérieure dont il définira la mission et l'étendue des pouvoirs, au regard des circonstances du dossier**. Il prendra connaissance de son rapport qui sera également communiqué aux époux, lesquels pourront faire toutes observations utiles.

« *L'objectif du rapport, au-delà de l'inventaire estimatif, est de permettre d'avoir une vision globale des différentes propositions possibles quant au règlement des intérêts pécuniaires des époux, liquidatifs, et compensatoires*[4] ».

Le recours au professionnel qualifié se met en place avec une certaine lenteur qui tient au fait que, s'agissant d'une notion nouvelle, ses fonctions et son profil sont encore trop imparfaitement connus. Il répond, néanmoins, à un véritable besoin.

Le décret n° 2006-1805 du 23 décembre 2006[5] est venu préciser que la **rémunération** du professionnel qualifié était fixée comme en matière d'expertise, donc avec fixation par le juge d'une consignation à valoir sur le montant de sa rémunération.

132.102 Désignation d'un notaire en vue d'élaborer un projet de liquidation du régime du matrimonial et de formation des lots à partager (C. civ., art. 255, 10°). La désignation du notaire (qui pourrait d'ailleurs même être désigné en qualité de professionnel qualifié sur le fondement du 9° de l'article 255) répond ici à la volonté, pour le juge, ou en cas d'accord des époux, de disposer, lorsqu'il sera amené à statuer sur le prononcé du divorce, d'un véritable avant-projet de liquidation ou pourquoi pas, et en cas d'accord, d'un **projet d'état liquidatif et de partage** dont les parties demanderont l'homologation.

Après une légère période d'incertitude sur la manière dont il devait être désigné, le décret du 23 décembre 2006 a maintenant précisé que le notaire était **désigné et rémunéré comme un expert**, mais sans préjudice des règles qui s'appliquent à sa profession. À ce titre, le juge doit donc, dans l'ordonnance qui le désigne nommément, fixer le **montant de la consignation** à valoir sur sa rémunération qui sera versée au greffe.

Le notaire, disposant de **tous les pouvoirs de l'expert**, pourra se faire communiquer tout document, se faire remettre toute pièce utile à sa mission, sous le contrôle du juge, étant observé qu'on ne pourra, dans cette hypothèse, lui opposer le **secret professionnel**. Il pourra donc, disposant des prérogatives les plus larges, effectuer un travail qui soit le plus complet possible.

f)
Recherche des éléments de preuve pour la préparation de l'acte liquidatif et de partage

132.103 Communication des documents entre époux. Le vœu de la loi est de permettre le plus possible d'attraire les opérations de liquidation et de partage en amont de la procédure. Les époux doi-

1. V. Cl. Lienhard, « L'avocat spécialiste en droit des personnes : professionnel qualifié au titre de l'article 255, 9° du Code civil », *AJ fam.* 2006, 24.
2. CA Aix-en-Provence, 6e ch. A, 18 févr. 2009, *AJ fam* juin 2009, 258.
3. Civ. 1re, 1er juill. 2009, n° 08-18.486, *Bull. civ.* I, n° 146; *Dr fam.* oct. 2009, comm. 22, obs Larribau-Terneyre.
4. V. Cl. Lienhard, art. préc. s^s prés^t n°.
5. Décr. n° 2006-1805, 23 déc. 2006, relatif à la procédure en matière successorale et modifiant certaines dispositions de procédure civile, *JO* 31 déc., p. 20370.

vent donc faire preuve de loyauté et se doivent de communiquer tous les éléments nécessaires pour que l'autre conjoint puisse avoir une vue suffisamment précise des opérations de liquidation et de partage du régime matrimonial. Il existe donc une véritable obligation de transparence. Le JAF peut tout à fait valablement être saisi de demandes visant à obtenir d'un tiers la communication d'éléments utiles à la préparation de l'acte liquidatif et de partage (interrogation du fichier FICOBA, du fichier AGIRA...) [1].

2°
Mesures concernant les enfants

132.110 Diversité des mesures. Si les époux sont parents d'enfants mineurs, il conviendra de faire fixer les mesures provisoires relatives à l'autorité parentale et à la résidence des enfants, ou bien de faire homologuer les accords qui existent entre eux.

S'agissant du divorce, l'article 256 du Code civil opère un renvoi général aux dispositions du chapitre Ier du titre IX, relatif à l'autorité parentale (C. civ., art. 371 s.).

132.111 Sur l'autorité parentale. L'autorité parentale étant exercée en commun pendant le mariage, au stade des mesures provisoires, elle est traditionnellement demandée ou décidée pour continuer à s'exercer en commun.

Il est exceptionnel d'obtenir un exercice exclusif de l'autorité parentale dévolue au parent auprès duquel l'enfant voit sa résidence fixée, sauf en cas de manquements particulièrement graves de l'autre parent (alcoolisme, toxicomanie, violences ou atteintes sexuelles avérées).

En présence de simples allégations d'attouchements sexuels sur l'enfant imputés au père par la mère, la Cour de Cassation a estimé que les juges d'appel avaient justement maintenu l'exercice en commun de l'autorité parentale, en vertu de leur souverain pouvoir d'appréciation, la mère ne démontrant pas l'existence de motifs graves qui s'opposeraient à l'exercice conjoint de l'autorité parentale [2].

132.112 Sur la résidence des enfants. Le juge doit dorénavant prendre en compte les **accords des époux** pour ce qui concerne la résidence et le lieu de vie des enfants.

Ce sont en effet les parents qui décident eux-mêmes du lieu de vie de leurs enfants et de leur résidence en alternance ou bien au domicile de l'un ou de l'autre des parents.

Ce n'est qu'en cas de **désaccord entre eux**, ou si le **juge** estime que la solution envisagée ne répond pas à l'intérêt du ou des enfants mineurs, qu'il peut fixer la résidence chez l'un ou chez l'autre des parents, voir même chez un tiers.

La possibilité de résidence en alternance offerte aux parents, qui peut même être fixée d'autorité par le juge et sans nécessiter l'organisation d'une enquête sociale, ne semble toutefois pas, en pratique, recueillir une adhésion aussi large que celle souhaitée.

Selon les statistiques du ministère de la Justice, 11 % seulement des enfants ont fait l'objet d'une résidence alternée par décision de justice (parents non mariés et parents mariés confondus) [3].

Lorsque la résidence n'est pas en alternance, le droit de visite est organisé par principe librement et, à défaut d'accord seulement, selon des modalités plus strictement définies.

132.113 Pension alimentaire pour les enfants. La pension alimentaire est en général fixée dans le cas où l'un des parents passe plus de temps avec l'enfant, puisque la contribution de l'autre parent prend normalement la forme d'une pension alimentaire.

Il n'est toutefois pas exclu de prévoir une **pension alimentaire dite différentielle**, en cas de résidence en alternance, et même si les deux parents contribuent à temps égal pour l'enfant, dans la mesure où il existerait une différence de revenus sensible entre eux.

La détermination de la pension alimentaire prend en compte les **ressources et charges de chacun des parents** ainsi que les **besoins de l'enfant**, l'appréciation devant se faire au cas par cas.

Par une circulaire du 12 avril 2010 [4], le garde des Sceaux a diffusé à l'ensemble des chefs de Cour une **table de référence sur la fixation de la contribution à l'entretien et à l'éducation des enfants** sous forme de pension alimentaire. Cet instrument n'a normalement pas de caractère obligatoire. Il est le fruit d'un travail interdisciplinaire qui repose sur des travaux universitaires d'une part, et sur la pratique judiciaire d'autre part. La table de référence a une **valeur purement indicative** et a pour but de servir de base de discussion commune entre les parties, leurs conseils et le magistrat, pour déterminer le

1. Sur toutes ces questions, v. le dossier « Divorce et transparence », *AJ fam.* 2009, 368 s.
2. Civ. 1re, 20 févr. 2007, n° 06-14.643, *Bull. civ.* I, n° 63; *AJ fam.* 2007, 189, obs. F. C.; *Dr. fam.* 2007, n° 103, obs. Murat.
3. V. *Rapp. d'information sur la résidence alternée*, Commission des lois et commission des affaires sociales du Sénat, 27 juin 2007, en ligne sur le site www.senat.fr, et information reprise in *RJPF* 2007-7-8/1.
4. Circ. CIV/06/10, 12 avr. 2010, réf. classement : 187-07/C1/3-10-1/AJ.

montant de la contribution aux frais d'éducation et d'entretien des enfants.

Cette question des barèmes de pension alimentaire a été très discutée. S'il est vrai que nombre de parents ne comprennent pas qu'il n'existe pas d'homogénéité sur le quantum de la pension alimentaire, il apparaît cependant bien difficile de mettre au point un outil qui répondrait de manière automatique au chiffrage de la pension. La note explicative qui accompagne la table de référence dans le corps même de la circulaire rappelle bien que ce barème ne saurait avoir un caractère contraignant. Il sera donc toujours possible d'argumenter et de discuter par rapport au montant de la pension alimentaire. Les conseils des parties conserveront donc un rôle essentiel.

§ 2
Audience sur tentative de conciliation

132.121 De l'ordonnance de non-conciliation à l'ordonnance sur tentative de conciliation. C'est la réforme qui a substitué à l'ancien terme d'ordonnance de non-conciliation (ONC), le nouveau terme d'ordonnance sur tentative de conciliation (OSTC). La précision n'est pas que de pure sémantique, puisqu'elle traduit bien toute la philosophie qui se dégage des nouveaux textes : le juge doit œuvrer pour privilégier, en toute circonstance, l'esprit de conciliation et la prise d'accords qui peuvent être complets ou seulement partiels[1].

132.122 Convocation à l'audience sur tentative de conciliation. Par application des dispositions de l'article 1108 du Code de procédure civile, l'époux qui n'a pas pris l'initiative de la demande est convoqué à l'audience sur tentative de conciliation, au moins **quinze jours à l'avance** par lettre simple et, à peine de nullité, sous le même délai, par lettre recommandée avec accusé de réception, accompagnée d'une copie de la requête et de l'ordonnance fixant l'audience.

Deux hypothèses sont alors possibles, si le défendeur retire la lettre recommandée ou si la lettre revient au greffe du JAF avec la mention « *non réclamée* », le défendeur a été mis en mesure de préparer sa défense, et même en cas d'absence de comparution de sa part, le JAF pourra tout de même statuer. Conformément à ce qui a été expliqué (v. s[s] n° 132.45), le demandeur ne pourra toutefois pas, en cas de défaut de comparution de son adversaire, et à raison du respect du principe du contradictoire, modifier les demandes exprimées dans la requête initiale.

Si la lettre recommandée revient au greffe avec la mention « *n'habite pas à l'adresse indiquée* », il faudra alors faire citer le défendeur par huissier, pour que la procédure puisse valablement être poursuivie, le cas échéant en faisant établir un procès-verbal de recherches infructueuses sur le fondement des dispositions de l'article 651 du Code de procédure civile.

La notification devra être accompagnée de l'ordonnance initiale du juge fixant la date de conciliation et de l'ordonnance subséquente emportant permis de citer pour l'audience de renvoi.

132.123 Délais abrégés. En cas d'urgence, le JAF peut, sur le fondement des dispositions de l'article 1109 du Code de procédure civile, autoriser l'un des époux, sur sa requête, à **assigner** l'autre **à jour fixe afin de conciliation.** La requête devra être accompagnée de toutes les pièces justificatives nécessaires[2].

132.124 Tenue de l'audience et phase d'entretien avec les époux. Le juge vérifie la recevabilité de la requête (C. pr. civ., art. 1109), et aussi d'office sa compétence, au regard des dispositions des règlements communautaires applicables, lorsqu'apparaît un **élément d'extranéité** (v. s[s] n° 130.23) et éventuellement, à titre subsidiaire, au regard des **règles de conflit de lois.**

Le juge s'entretient ensuite avec **les deux époux séparément**, en commençant par le **demandeur**, puis le **défendeur.** Il leur rappelle les dispositions de l'article 252-4 du Code civil, au terme duquel ce qui a été dit ou écrit à l'occasion d'une tentative de conciliation, sous quelque forme qu'elle ait eu lieu, ne pourra être invoqué pour ou contre un époux, ou un tiers, dans la suite de la procédure. Il **réunit** ensuite les époux.

C'est en général lors de ce moment que le JAF demande aux époux s'ils sont avisés de la possibilité qu'ils ont de poursuivre la procédure par acceptation du principe de la rupture et par signature, pendant l'audience de conciliation, du procès-verbal qui sera annexé à l'OSTC.

132.125 Poursuite de l'audience avec le ou les avocats. Les avocats sont ensuite, et seulement, appelés pour la poursuite de l'audience au cours de laquelle vont être évoquées les **mesures provisoires** et le **cas de divorce retenu pour la suite de la procédure.**

Parce que la tentative de conciliation constitue un temps particulier de la procédure au cours de laquelle le juge doit pouvoir prendre en compte tou-

1. Sur ces points, v. A. Buresi, « Aperçu des interrogations des juges aux affaires familiales sur leur forum de discussion "Jafnet" », *AJ fam.* 2006, 20.

2. V. S. Thouret, *Divorce : modèles d'actes*, « Pratique professionnelle », Litec, 2005, formule 32.

tes les particularités de la situation des époux, il a même la possibilité :

– de **suspendre la conciliation** et de la reprendre sans formalités, en ménageant aux époux des temps de réflexion dans une limite de huit jours;

– d'ordonner un **délai d'épreuve** et de recourir à une **nouvelle audience de conciliation dans les six mois au plus**, tout en prenant, dans l'intervalle, les mesures provisoires souhaitables dans le meilleur intérêt des époux et éventuellement de leurs enfants.

132.126 Discussion sur le cas de divorce. Lorsque les époux sont chacun assistés par un avocat, le juge peut éventuellement proposer aux parties la signature du **procès-verbal d'acceptation du principe de la rupture du mariage**, sans considération des faits à l'origine de celle-ci, visé à l'article 233 du Code civil, qui permettra alors la poursuite de la procédure sur ce fondement.

La signature du procès-verbal à l'audience doit se faire obligatoirement en présence des deux **avocats**, et avec leur **accord**. En effet, l'acceptation donnée par devant le magistrat conciliateur n'est **pas susceptible de rétractation**, même par la voie de l'appel, contrairement à ce qui était possible sous l'empire de la loi antérieure.

Les époux, bien évidemment, ne sont toutefois pas tenus de souscrire immédiatement à la déclaration d'acceptation qui pourra éventuellement encore être établie de manière distincte et annexée à des conclusions spéciales échangées entre avocats.

132.127 Discussion sur les mesures provisoires. Le JAF évoque ensuite les demandes qui ont été formées par le demandeur dans le cadre du dépôt de sa requête initiale. Il donne la parole à l'avocat du demandeur, ensuite à l'avocat du défendeur, et il est généralement laissé à chacun des époux un temps de discussion pour que des points purement factuels soient précisés, ou pour qu'ils puissent éventuellement s'exprimer ou rajouter un élément dont il n'aurait pas été débattu.

Le juge, si l'affaire est simple, peut rapidement indiquer quel sera le sens de sa décision, le **délibéré** intervenant alors **à bref délai**. Si l'affaire est plus complexe, il placera le dossier en **délibéré plus long, à huitaine ou quinzaine**, le temps d'examiner les pièces contradictoirement échangées et qui lui auront été remises.

132.128 Office du juge. Le magistrat, selon l'article 244 du Code civil, prescrit, en considération des **accords éventuels des époux** qui sont en principe respectés, les mesures nécessaires pour régler leurs relations et celles des enfants, jusqu'au prononcé du divorce.

Ce n'est qu'à défaut d'accord, ou si les accords envisagés ne lui paraissent pas conformes à l'intérêt de la famille, que **le juge va devoir trancher, à titre résiduel, sur les mesures provisoires** qui lui sont demandées, mais il dispose bien évidemment, et pour cela, d'un rôle très actif, renforcé depuis la réforme. La liste des mesures provisoires que le juge peut prendre à l'article 255 du Code civil, n'est en effet pas limitative (pour les mesures provisoires possibles, v. développements s^s n°s 132.51 à 132.113).

Le juge peut donc faire toutes suggestions et il conserve, comme par le passé, son **rôle de sauvegarde des intérêts des enfants mineurs**. Il peut donc encore, à ce titre, décider de toutes mesures d'investigation (enquête sociale, expertise médico-psychologique, *etc.*). Le juge peut enfin inciter les époux à recourir à une mesure de **médiation** avec leur accord, et il peut même les inviter à suivre la séance d'information sur la **médiation familiale** (C. civ., art. 255, 1° et 2°).

Une fois l'audience terminée, le juge indique la date à laquelle l'OSTC sera délivrée. Elle est adressée aux avocats, ou à la partie qui a comparu seule sans être assistée d'un avocat, à la diligence du greffe.

§ 3
Ordonnance sur tentative de conciliation

132.140 Mesures provisoires en vigueur pendant la procédure. L'OSTC prescrit les mesures provisoires qui demeureront en vigueur pendant toute la durée de la procédure, c'est-à-dire jusqu'au jour du prononcé du jugement ou même plus exactement **jusqu'au jour où le jugement aura acquis force de chose jugée.**

132.141 Durée et régime des mesures provisoires. La réforme a profondément modifié le système antérieur, puisque la **durée maximale** de validité des mesures provisoires est passée de six à **trente mois.**

L'objectif est très clairement de permettre, le cas échéant, à l'époux demandeur, une fois l'OSTC rendue, d'attendre l'expiration du délai prévu pour satisfaire aux conditions du **divorce pour altération définitive du lien conjugal**, soit deux années de séparation (C. pr. civ., art. 1113 – Et circ. 23 nov. 2004, n° 36 – v. texte complet de la circulaire s^s n° 61.11).

Pour que les mesures provisoires restent en vigueur, il convient donc que l'assignation en divorce ou que la saisine du JAF pour la poursuite de la procédure intervienne, au plus tard, dans les trente mois de la date de l'OSTC.

Comme avant la loi du 26 mai 2004, seul le demandeur à la procédure peut lancer l'assignation dans les trois premiers mois; dans les vingt-sept mois suivants, tant le demandeur que le défendeur peuvent agir.

Dans un premier temps, la pratique, tout en comprenant bien la raison de l'augmentation du délai de validité des mesures provisoires pour la mise en place de la procédure pour altération définitive du lien conjugal, s'était toutefois montrée réservée en redoutant que dans nombre de dossiers, ni le demandeur, ni le défendeur n'assignent avant vingt-quatre mois, ce qui pouvait conduire au risque que les mesures provisoires se trouvent complètement dépassées et inadaptées.

Mais, même si le demandeur tarde pour lancer son assignation, parce que, par exemple, il n'est pas encore satisfait à la condition de délai pour la mise en place du divorce pour altération définitive du lien conjugal, il est somme toute assez rare que l'époux défendeur (sauf s'il ne veut véritablement pas divorcer) ne prenne lui-même l'initiative de lancer la procédure, notamment par une assignation pour faute. Le risque d'immobilisme n'est donc guère fondé.

En revanche, alors que sous l'empire de l'ancienne loi, et dans la majorité des cas, l'ONC était signifiée en même temps que l'assignation en divorce, il peut dorénavant être utile de procéder d'abord à la **signification de l'OSTC**, pour la rendre exécutoire, et ensuite de procéder à **l'assignation en divorce**.

En effet, la Cour de cassation rappelle, au visa des dispositions des articles 502 et 503 du Code de procédure civile, que les **mesures provisoires d'une OSTC**, si elles sont **exécutoires à compter de leur prononcé**, ne sont toutefois susceptibles d'**exécution forcée qu'à compter de leur signification**[1].

Si l'OSTC n'a pas été suivie de l'assignation dans le délai de trente mois, ses mesures sont alors toutes **caduques**, en ce compris l'autorisation d'introduire l'instance.

Si jamais la caducité est prononcée, et qu'une décision antérieure de contribution aux charges du mariage avait été prise, elle retrouve vocation à s'appliquer et, à défaut, le juge peut en fixer le montant à compter de la date de la caducité de la pension alimentaire antérieurement décidée au titre du devoir de secours[2].

132.142 Réformation des mesures provisoires par la voie de l'appel. Par application des dispositions de l'article 1112 du Code de procédure civile, l'OSTC est susceptible d'appel, dans les **quinze jours de sa notification** par le greffe ou de sa **signification** à l'initiative de la partie la plus diligente, mais seulement quant la **compétence** ou aux **mesures provisoires.**

Dans l'intervalle, et jusqu'à ce que la Cour statue, ce sont les modalités de l'OSTC qui ont vocation à s'appliquer. Le ministère d'avoué en obligatoire devant la Cour.

Si une fois l'appel inscrit, mais le dossier non encore fixé à l'audience de la Cour il paraît opportun de faire procéder d'ores et déjà à la **modification des mesures provisoires**, par application du **principe de l'effet dévolutif**, c'est bien la cour d'appel qui est compétente[3].

La demande est alors portée selon le cas, devant le **Premier président de la cour** d'appel, si le dossier n'est pas encore distribué, ou devant le conseiller de la mise en état, si le dossier a déjà fait l'objet d'une affectation à la chambre.

Dans la plupart des cas, c'est le **conseiller de la mise en état** qui devra être saisi, puisque c'est lors de l'enregistrement de la déclaration d'appel que l'affaire reçoit affectation à la chambre et qu'il lui est donné le numéro de rôle devant la Cour. Le conseiller de la mise en état est alors saisi par la voie de conclusions aux fins d'invitation à comparaître.

L'ordonnance du conseiller de la mise en état qui prescrit les **nouvelles mesures provisoires** n'est susceptible que d'**une seule voie de recours** : le **déféré** à la Cour dans son ensemble[4].

Pour autant, la compétence du conseiller de la mise en état ou du Premier président de la Cour, en cas d'appel formé contre des mesures provisoires, n'exclut pas la compétence du juge pour ordonner **toute autre mesure**[5]. La Cour de cassation décide, en effet, que « *l'article 1119 du Code de procédure civile qui prévoit qu'en cas d'appel de la décision relative aux mesures provisoires, les modifications de ces mesures, s'il y a survenance d'un fait nouveau, ne peuvent être demandées, selon le cas, qu'au Premier président de la cour d'appel ou au conseiller de la mise en état, n'a pas pour effet de priver le juge de la mise en état du pouvoir qu'il tient de l'article 771 du même Code d'ordonner toutes autres mesures provisoires; qu'en l'espèce le juge de la mise en état s'est, à bon droit, déclaré compétent, pour statuer sur la demande de provision pour frais d'instance, mesure provisoire nouvellement sollicitée et sur laquelle l'ordonnance faisant l'objet d'un appel n'avait pas statué* ».

132.143 Portée de l'arrêt de la Cour à intervenir. La Cour de cassation précise qu'à défaut de mention d'une date particulière dans l'arrêt d'appel en cas de réformation des mesures provisoires, le dispositif de l'arrêt infirmatif se substitue à celui

1. Civ. 2e, 14 sept. 2006, no 04-20.602, *Bull. civ.* II, no 220.
2. CA Paris, 20 févr. 1990, *Bull. avoués* 1990, I, 13.
3. Civ. 1re, 8 févr. 2005, no 03-12.964, *Bull. civ.* I, no 69.
4. Civ. 1re, 4 oct. 2005, no 04-12.735, *Bull. civ.* I, no 355.
5. Civ. 1re, 4 oct. 2005, no 03-20.548, *Bull. civ.* I, no 356.

de la décision, exécutoire par provision, du juge conciliateur avec **effet à la date de l'ordonnance réformée**[1].

132.144 Modification des mesures provisoires en cas de survenance d'un élément nouveau. Il peut par ailleurs arriver (et dans le cas où un appel n'a pas été formé) que les mesures provisoires décidées dans l'OSTC deviennent inadaptées, obsolètes, ou méritent d'être revues à raison de la **survenance d'un élément nouveau.**

Deux situations doivent alors être distinguées :

1° *Si le JAF n'a pas encore été saisi de l'instance par remise de l'assignation ou de la déclaration conjointe aux fins de saisine,* la seule possibilité consiste, sur le fondement des dispositions de l'article 1118 alinéa 2 du Code de procédure civile, à solliciter la modification des mesures provisoires **selon les modalités de droit commun applicables aux procédures autres que le divorce et relevant du JAF** et figurant à la section III du chapitre V, « Les autres procédures relevant de la compétence du juge aux affaires familiales » (C. pr. civ., art. 1137 s.).

La procédure applicable est alors, de manière certaine, le référé devant le JAF, et même semble-t-il la requête par application des dispositions de l'article 1137 alinéa 2 du Code de procédure civile (v. circ. 23 nov. 2004, n° 39 et texte complet de la circulaire s[s] n° 61.11).

2° *Si le JAF a été saisi de l'instance par remise de l'assignation ou de la requête commune et que le défendeur s'est constitué par acte du palais,* la demande doit lui être présentée sous la forme de **conclusions aux fins d'invitation à comparaître**.

Dans tous les cas, le juge, pour retenir sa compétence, vérifiera que la **preuve** de la survenance d'un élément nouveau est rapportée, puisqu'il s'agit là d'une condition de fond pour que de nouvelles mesures modifiant les précédentes soient prises.

§ 4
Poursuite de l'instance par assignation ou requête commune

132.150 Poursuite de l'instance après l'ordonnance sur tentative de concilisation. Une fois l'OSTC intervenue, la phase préalable de conciliation se trouve donc terminée, et les parties se trouvent placées sous l'empire des mesures provisoires pour la durée de l'instance.

Il leur appartient alors de continuer la procédure en vue du prononcé du divorce et de la fixation des mesures accessoires par la délivrance de l'assignation (A) ou, éventuellement, par le dépôt de la requête commune (B) que les époux rédigent et déposent en cas d'acceptation du principe de la rupture du mariage (v. C. civ., art. 233 - Et C. pr. civ., art. 1114 et 1123).

C'est dans l'assignation que la partie demanderesse va définir quels sont ses points d'accord ou de désaccord avec l'autre époux, et délimiter en grande partie la sphère du litige.

A.
Assignation en divorce

132.151 L'assignation, pivot de la procédure nouvelle. La délivrance de l'assignation en divorce constitue le pivot de la procédure. C'est à partir de ce moment là que va être choisi le **cas de divorce** (pour acceptation du principe de la rupture, pour altération du lien conjugal ou enfin pour faute). C'est donc au moment de la délivrance de l'assignation que le demandeur doit choisir et décider de la manière dont il souhaite que la procédure soit poursuivie.

Mais, toujours dans le but de privilégier la prise d'accords et un rapprochement possible entre les époux, **l'option définie lors de l'assignation n'est cependant pas irrémédiable**, puisque par le **jeu des passerelles et accords**, il sera encore possible d'évoluer et de transformer la procédure vers un mode moins conflictuel, voire même d'aboutir au prononcé du divorce par consentement mutuel (v. s[s] n°s 132.361 à 132.384).

132.152 Conditions de délai. L'assignation en divorce suit l'OSTC. C'est en effet le magistrat conciliateur qui autorise les époux à introduire l'instance en divorce.

En général, l'ordonnance rappelle expressément aux époux, dans son dispositif, les dispositions de l'article 1113 du Code de procédure civile, selon lesquelles, dans les **trois mois** du prononcé de l'ordonnance, seul l'époux qui a présenté la requête initiale peut assigner en divorce, les deux conjoints conservant cette faculté pendant les **vingt-sept mois restants**, et les dispositions de l'OSTC devenant caduques, en ce compris l'autorisation d'introduire l'instance, dans un **délai de trente mois** de la date de l'ordonnance, ou bien encore en cas de réconciliation des époux.

L'assignation, une fois délivrée, il appartient, au défendeur, comme dans toute procédure contentieuse avec représentation par avocat devant le tribunal de grande instance, de se constituer par acte du Palais, avant que l'assignation ne soit portée au rôle.

1. Civ. 1re, 30 oct. 2006, n° 04-18.703, NP.

Elle doit l'être dans les **quatre mois** de sa délivrance. Elle permet ensuite au JAF d'appeler le dossier devant lui, en sa qualité de juge de la mise en état.

À partir de l'enrôlement, la **modification des mesures provisoires** doit alors être demandée, à défaut d'appel, au **JAF statuant comme juge de la mise en état**, par **conclusions spéciales aux fins d'invitation à comparaître**.

132.153 Conditions de forme. L'assignation étant un **acte d'huissier** extrajudiciaire, elle doit comporter toutes les mentions relatives à l'identification des parties. Celui qui fait délivrer l'assignation doit mentionner :

– les nom, prénom, profession, résidence, nationalité, date et lieu de naissance de chacun des époux, date et lieu du mariage, avec indication, le cas échéant, de l'état civil des enfants;

– les renseignements relatifs au numéro de sécurité sociale du demandeur et de la Caisse maladie à laquelle il est affilié et des services et organismes qui servent les prestations familiales, pension de retraite avantage vieillesse avec dénomination de ces Caisses services ou organismes.

Bien évidemment la **représentation par avocat** étant obligatoire en matière de divorce, l'assignation emporte constitution d'un avocat inscrit au barreau du ressort saisi (avec éventuellement mention de l'avocat plaidant). La partie défenderesse devra constituer **avocat en défense**, pour que l'assignation soit contradictoirement portée au rôle. À défaut, l'affaire sera enrôlée en réputé contradictoire et l'instance poursuivie sans que le défendeur puisse être appelé ou entendu, et au seul vu des éléments fournis pas son adversaire.

Par application des dispositions de l'article 1114 du Code de procédure civile, l'instance est formée par devant le JAF en matière contentieuse.

132.154 Obligation de rédiger une proposition de règlement des intérêts pécuniaires et patrimoniaux des époux. L'article 257-2 du Code civil impose au demandeur de rédiger une proposition de règlement des intérêts pécuniaires et patrimoniaux des époux.

Le texte dispose que cette prescription est requise **à peine d'irrecevabilité de l'assignation**.

L'objectif poursuivi participe toujours de la même volonté : le législateur souhaite que les époux informent le plus tôt possible le juge sur les aspects de leur liquidation et du partage, et qu'ils préparent la liquidation du régime matrimonial le plus en amont possible dans la procédure.

On peut donc établir un parallèle entre l'obligation qui est faite aux époux d'indiquer dans la requête initiale en divorce quelles seront les mesures provisoires demandées et, dans l'assignation, la manière dont ils conçoivent, au titre des mesures accessoires, la répartition de leurs intérêts patrimoniaux.

L'article 1115 du Code de procédure civile précise encore que cette proposition de règlement des intérêts pécuniaires des époux « *contient un descriptif sommaire de leur patrimoine et précise les intentions du demandeur quant à la liquidation de la communauté ou de l'indivision et, le cas échéant, quant à la répartition des biens* ». Cet exposé sommaire ne constitue pas une prétention au sens procédural du terme tel qu'il résulte de l'article 4 du Code de procédure civile.

Le demandeur a toute latitude pour s'expliquer sur la proposition de règlement pécuniaire des intérêts communs ou indivis. L'exposé peut être très sommaire ou plus détaillé.

132.155 Intérêt et portée de la proposition de règlement des intérêts pécuniaires et patrimoniaux des époux. Le système nouveau ne présente un intérêt que si le demandeur fait preuve d'un esprit constructif. Si l'exposé est trop sommaire (on lit parfois : « *dans le cadre d'un régime de communauté, les biens seront partagés par moitié entre les deux époux...* »), il ne servira à rien. De la même manière que s'agissant des moyens de preuve, il pèse une obligation de loyauté sur les époux, la même obligation de loyauté et de sincérité est attendue aussi pour ce descriptif sommaire.

Il n'est pas utile d'adopter une rédaction qui envenime les choses ou les présente de manière polémique, ce qui, de toute façon, ne présenterait strictement aucun intérêt, puisque l'exposé ne constitue pas une prétention au sens juridique du terme. Ce qui est attendu du demandeur, c'est qu'éventuellement il puisse très clairement indiquer quelles sont ses intentions quant à la liquidation du régime matrimonial.

En réponse, l'autre époux pourra, dès son premier jeu de conclusions, aborder la question de la liquidation, en prenant en compte les premières informations contenues dans l'assignation et pourra lui-même donner son point de vue et même présenter des demandes (cette fois au sens procédural du terme). **La discussion sur la liquidation du régime matrimonial** se trouvera donc **attraite plus tôt dans l'instance en divorce**.

132.156 Sanction du défaut de proposition de règlement des intérêts pécuniaires et patrimoniaux des époux. Pour que la réforme ne reste pas lettre morte sur ces questions, le législateur a prévu que le défaut de mention de la proposition des règlements pécuniaires et patrimoniaux des époux se trouve sanctionné par **l'irrecevabilité de l'assignation**. Parce que la règle est sévère, elle est d'ailleurs rappelée dans le dispositif de l'OSTC, le juge invitant les parties à satisfaire aux prescriptions de l'article 257-2 du Code civil, par une mention spéciale.

Le régime de l'irrecevabilité n'est cependant pas unitaire. Lorsque l'irrecevabilité est soulevée *in limine litis* par le défendeur dans son premier jeu de conclusions en réponse (ou par des conclusions spéciales à cette fin), elle est alors insusceptible d'être régularisée. Si l'irrecevabilité est alléguée plus tard dans le cadre de la procédure à l'initiative du défendeur ou même du juge, alors elle peut faire l'objet d'une régularisation.

Toutefois, ce qui est encouru, c'est **l'irrecevabilité de la seule assignation**, et **non pas la nullité de la procédure**.

Autrement dit, si l'exception est opposée et admise, le demandeur conservera toujours, pour peu qu'il se trouve encore dans le délai de validité des mesures provisoires et de l'autorisation d'assigner, la possibilité de faire délivrer une nouvelle assignation.

C'est d'ailleurs la seule possibilité qu'il aura, tant que la caducité des mesures provisoires ne sera pas atteinte, par l'écoulement du délai de trente mois. Une nouvelle requête déposée serait en effet irrecevable à raison de l'exception de litispendance et de connexité et n'aurait aucune chance d'être retenue.

132.157 Conditions de fond. L'assignation en divorce doit, à ce stade de la procédure, **opter pour un cas divorce de manière expresse.** Bien évidemment, et si les époux avaient accepté, lors de l'audience de conciliation, le principe de la rupture du mariage et le prononcé du divorce sur le fondement des dispositions de l'article 233 du Code civil, l'instance ne peut plus être introduite et poursuivie que sur ce seul fondement.

La demande en divorce ne doit, au terme de l'assignation, être fondée que sur **un seul cas de divorce** et ne peut pas envisager, même à titre subsidiaire, un deuxième fondement (C. pr. civ., art. 1077).

Cela n'interdit toutefois pas que des **demandes concurrentes soient présentées par le demandeur ou le défendeur** dans le cadre de leurs conclusions; l'articulation des diverses demandes pouvant répondre pour les époux à des enjeux **de stratégie processuelles.**

Parce que l'assignation en divorce délimite la sphère du litige entre les parties, elle doit être rédigée avec soin. En règle générale, elle est divisée en plusieurs parties :

- choix du cas de divorce et demande en divorce;
- mesures accessoires relatives aux époux;
- aspects extrapatrimoniaux;
- aspects patrimoniaux (en ce compris la prestation compensatoire, la liquidation du régime matrimonial et l'attribution préférentielle éventuelle de certains biens);
- mesures accessoires relatives aux enfants (autorité parentale, mode de résidence, contribution alimentaire).

B. Requête conjointe introductive d'instance dans le cas du divorce pour acceptation du principe de la rupture du mariage

132.161 Un mode particulier de poursuite de l'instance. Par exception au principe selon lequel l'instance en divorce est poursuivie par délivrance de l'assignation, les époux disposent de la possibilité de saisir le JAF par une **requête commune** qui les dispense de la rédaction et de la délivrance de l'assignation par voie d'huissier.

La règle nouvelle se comprend d'autant mieux que, même pour un divorce qui n'est pas par consentement mutuel, l'assignation n'est plus essentielle. En effet, s'agissant de la date des effets du divorce, et sauf demande autre des parties (ou de l'une d'entre elles, sur décision du juge), c'est la date de l'OSTC (qui est certaine) qui sera retenue. Il n'est donc pas forcément nécessaire d'avoir recours à l'exploit d'huissier.

D'autre part, et parce que la loi encourage toujours la prise d'accords et le rapprochement entre les époux, il est naturel de permettre aux époux de saisir ensemble, et par une **requête conjointe et unique**, le JAF, même si des désaccords qu'ils demanderont au juge de trancher, subsistent encore.

En règle générale, les époux indiquent à la fin de la requête qu'ils préciseront ultérieurement leurs demandes et prétentions par voie de conclusions.

La **requête signée des deux époux et de leurs avocats** est remise au greffe de la juridiction qui pourra ensuite rappeler le dossier au circuit de la mise en état (sur calendrier de procédure, ou sur audiences ou conférences de la mise en état, de renvoi en renvoi, en demandant aux parties de conclure et d'échanger leurs pièces).

Lorsque l'accord des époux pour que le divorce soit poursuivi pour acceptation du principe de la rupture du mariage est formalisé entre l'audience sur tentative de conciliation et l'introduction de l'instance (v. s^{s} n° 132.173), la requête commune est d'ailleurs le seul mode de saisine du JAF possible, puisque la combinaison des articles 1114 et 1123 du Code de procédure civile exclut alors expressément l'assignation. L'accord écrit des époux est alors joint à la requête.

SECTION 2
DISPOSITIONS PARTICULIÈRES AU DIVORCE POUR ACCEPTATION DU PRINCIPE DE LA RUPTURE DU MARIAGE

132.171 Le nouveau divorce accepté. Devenu un véritable divorce pour cause objective, le divorce pour acceptation du principe de la rupture du lien conjugal a été considérablement **simplifié** par rapport à l'ancien divorce sur demande acceptée. Les faits à l'origine de la rupture sont indifférents, chacun des époux déclarant accepter le principe de la rupture du mariage (C. civ., art. 257-1). Son fondement ne réside plus dans le double aveu de faits rendant intolérable le maintien de la vie commune, mais dans **l'acceptation commune du principe de la rupture du mariage.** En conséquence, disparaissent les échanges de mémoires et les délais pour réitérer les aveux devant le JAF. Le divorce peut être **demandé par l'un ou l'autre époux** ou **par les deux.** Il est **insusceptible de rétractation** même par la voie de l'appel (C. civ., art. 233, al. 2) : une fois accepté, le divorce doit être prononcé et sur ce seul fondement, le juge devant toutefois vérifier l'intégrité du consentement (C. civ., art. 234). Il prononce alors le divorce et statue sur les conséquences dans une seule et même décision. La loi nouvelle reprend ainsi, dans l'esprit, l'ancien divorce sur demande acceptée, dont la mise en place était possible lorsque les époux étaient d'accord sur le principe du divorce, mais étaient contraires sur ses conséquences, notamment sur les mesures accessoires.

132.172 Accord entre époux. Conformément à l'orientation générale de la loi, l'accent est mis sur la volonté et l'accord des époux[1]. Selon l'article 233 du Code civil, « *le divorce peut être demandé par l'un ou l'autre des époux ou par les deux, lorsqu'ils acceptent le principe de la rupture du mariage sans considération des faits à l'origine de ceux-ci.* » L'acceptation des époux doit être recueillie dans des conditions permettant au juge de vérifier leur libre accord. C'est pourquoi, l'article 253 du Code civil conditionne la validité de cet accord à **l'assistance de chacun des époux par un avocat.**

132.173 Accord aux différents stades de la procédure. Comme le précise la circulaire du 23 novembre 2004, l'acceptation est formalisée selon les différents stades de la procédure où elle intervient.

1° *L'acceptation des époux est formalisée lors de l'audience de conciliation.*

L'assistance de chacun des époux par un **avocat** est alors **obligatoire.** Le juge doit vérifier que chacun des époux a donné librement son accord. Si tel est le cas, cette acceptation est constatée immédiatement par un **procès-verbal** dressé par le juge et **signé par les époux** ainsi que **leurs avocats** respectifs. Il est annexé à l'ordonnance. Le procès-verbal doit, à peine de nullité, rappeler les mentions du second alinéa de l'article 233 du Code civil, à savoir le **caractère non rétractable de l'acceptation,** même par la voie de l'appel. Le divorce n'est pas prononcé immédiatement, mais sa cause demeure acquise.

2° *L'acceptation des époux est formalisée entre l'audience de conciliation et l'introduction de l'instance.*

L'accord de chaque époux doit être recueilli dans un **écrit signé** de sa main par lequel il déclare accepter le principe de la rupture du mariage sans considération des faits à l'origine de celle-ci. Comme pour le procès-verbal d'acceptation, chaque déclaration doit rappeler les mentions du second alinéa de l'article 233 du Code civil. Pour valoir acceptation au sens de l'article 233, **ces déclarations doivent être annexées à la requête conjointe introductive d'instance.** Dans cette hypothèse, seul ce mode de saisine du tribunal est autorisé, la combinaison des articles 1114 et 1123 du Code de procédure civile excluant expressément l'assignation.

3° *L'acceptation des époux est formalisée après l'introduction de l'instance.*

Il s'agit alors de la **mise en œuvre de la « passerelle »** prévue par l'article 247-1 du Code civil. La demande doit être formulée de façon expresse et concordante dans les **conclusions des parties.** Chaque époux doit annexer à ses conclusions sa **déclaration d'acceptation.** Ces déclarations doivent également rappeler les mentions du second alinéa de l'article 233 du Code civil.

132.174 Auteur de la demande. S'agissant de l'auteur de la demande, la rédaction de l'article 233 précise que le divorce peut être demandé non seulement par **l'un ou l'autre des époux** mais également **par les deux,** cette formulation recouvrant l'hypothèse dans laquelle le couple ferait usage de la « passerelle » désormais ouverte par l'article 247-1 du Code civil, qui permet aux époux, à tout moment de la procédure et lorsque le divorce aura été demandé pour altération définitive du lien conjugal ou pour faute, de demander au juge de constater leur accord pour voir prononcer le divorce pour acceptation du principe de la rupture du mariage.

132.175 Acceptation définitive. Cette acceptation n'est **pas rétractable,** même par la voie de l'appel (C. civ., art. 233, al. 2). L'objectif recherché est de favoriser une plus grande sécurité juridique en évitant la remise en cause dilatoire de l'acceptation du divorce sur le fondement de l'article 233. L'article 1123 du Code de procédure civile précise les **formes** que doit prendre l'acceptation du prin-

1. Rapp. P. Delnatte, *JOAN*, 2004, n° 1513.

cipe de la rupture du mariage par les époux sans considération des faits à l'origine de celle-ci. Selon le rapporteur du projet de loi à l'Assemblée nationale[1], cette disposition tend très directement à remédier au défaut principal du divorce sur demande acceptée. Sous l'empire des dispositions anciennes, la Cour de cassation avait en effet considéré que, une fois rendue l'ordonnance dans laquelle le juge constate le double aveu des faits rendant intolérable le maintien de la vie commune, l'époux conservait la faculté de revenir sur son aveu tant que l'ordonnance n'était pas devenue définitive ce qui permettait ainsi à un époux de rétracter librement son aveu par la voie de l'appel[2]. Or la rétractation était lourde de conséquences car elle privait de fondement la demande en divorce du conjoint, et rendait caduques l'ordonnance et les mesures provisoires. Ainsi, la rétractation n'entraînant pas le rejet définitif de la demande, l'article 258 du Code civil, qui permet de statuer sur la contribution aux charges du mariage, la résidence de la famille et les modalités de l'exercice de l'autorité parentale, ne trouvait pas à s'appliquer. Les époux n'avaient donc d'autre solution que de présenter une nouvelle demande en divorce. « *Source d'insécurité, voire de manœuvres dilatoires* »[3], cette faculté de rétractation avait fait perdre beaucoup de crédit au divorce sur demande acceptée. Lors de la discussion du projet de loi en deuxième lecture, le deuxième alinéa de l'article 233, voté par le Sénat, avait pourtant été très discuté devant la Commission des lois. Un député avait même invoqué en faveur de sa suppression, le principe général selon lequel un recours est toujours possible. Cette argumentation a été rejetée par la Commission des lois qui a mis en avant les garanties apportées aux époux, l'obligation pour les parties d'être chacune assistée d'un conseil pour accepter le principe de la rupture du mariage, sans pour autant écarter la **possibilité** pour l'un des époux **d'agir en nullité pour vice du consentement**[4].

132.176 Importance du rôle de l'avocat. Les dispositions nouvelles sur l'acceptation démontrent que le rôle de l'avocat a été voulu, dans ce cadre procédural précis, comme central. Il est en effet obligatoire, pour que l'acceptation soit valable, que **les deux parties soient assistées d'un avocat**, ou bien lors de la phase de conciliation, ou bien après.

A contrario, il ne sera donc pas possible d'utiliser la procédure pour acceptation du principe de la rupture du mariage, si les époux ne sont pas (ou ne sont pas encore) assistées d'un avocat.

Cette précaution s'explique par le fait que l'acceptation, une fois donnée, il est, au terme de l'article 233 alinéa 2 du Code civil, impossible de la rétracter, même par la voie de l'appel.

La seule possibilité serait éventuellement de contester les conditions dans lesquelles l'acceptation a été donnée et de former appel pour vice du consentement[5].

Il semble tout de même, et précisément parce que chacun des époux aura été assisté d'un avocat, que la preuve de ce que le consentement de l'un des deux a été vicié sera très difficile à rapporter.

132.177 Poursuite de la procédure. Après **enrôlement**, la procédure sera ensuite poursuivie au stade de la **mise en état**, de manière classique, la cause du divorce étant alors liée pour un prononcé pour acceptation du principe de la rupture du mariage sans considération des faits à l'origine de celle-ci.

L'effet principal sur le prononcé du divorce sera acquis, mais les époux pourront présenter toutes les demandes qu'ils souhaitent voir retenir au stade des mesures accessoires (prestation compensatoire, liquidation du régime matrimonial, dispositions qui concernent les enfants, *etc.*).

132.178 Prononcé du divorce accepté et contrôle du juge. Selon l'article 234 du Code civil, le juge prononce le divorce pour acceptation du principe de la rupture du mariage « *s'il a acquis la conviction que chacun des époux a donné librement son accord* » et non plus, comme le prévoyait l'ancien article 234 du Code civil, « *si l'autre époux reconnaît les faits devant le juge* ». Cette modification de fond a justifié le changement de dénomination de ce cas de divorce devenu divorce « accepté ». Le contrôle judiciaire porte donc sur la **vérification de la qualité de l'accord des parties sur le principe de la rupture du mariage** et non plus sur le « double aveu ». Comme le soulignait le garde des Sceaux devant le Sénat, « *sur le plan procédural, le formalisme particulièrement rigoureux attaché à ce cas, souvent interprété comme la cause principale de son échec, disparaît* »[6]. L'accord qui n'est pas rétractable doit être examiné avec une attention particulière par le juge ainsi que par les deux avocats présents lors du recueil de ce consentement.

132.179 Jugement. C'est au juge qu'il revient de statuer sur les conséquences du divorce qui suivent désormais le droit commun. Il n'est plus indiqué comme auparavant que ce divorce suit les règles du divorce aux torts partagés, évitant un emprunt à un

1. Rapp. P. Delnatte, *JOAN*, 2004, n° 1513.
2. Civ. 2e, 26 janv. 1984, *D.* 1984, J. 390, note Groslière; *RTD civ.* 1985, 142, obs. Rubellin-Devichi.
3. Rapp. P. Delnatte, *JOAN*, 2004, n° 1513.
4. Rapp. P. Delnatte, *JOAN*, 2004, n° 1513.
5. EN CE SENS, v. A. Batteur (dir.), *Le guide des divorces*, « Guides », 2e éd., Dalloz, 2007, n° 221.23.
6. *JO Sénat déb.*, 7 janv. 2004, p. 49.

autre cas de divorce et marquant bien la spécificité du divorce accepté. De même, il n'est plus précisé que le juge prononce le divorce sans avoir à statuer sur la répartition des torts, « *la référence au divorce pour faute étant là encore impropre, et plus nécessaire dès lors que ne sont plus pris en considération les faits à l'origine de la rupture du mariage* »[1]. Le jugement est **susceptible d'appel** dans les **délais** et **conditions du droit commun** en matière de divorce contentieux, même si l'acceptation du divorce demeure acquise.

SECTION 3
DISPOSITIONS PARTICULIÈRES AU DIVORCE POUR ALTÉRATION DÉFINITIVE DU LIEN CONJUGAL

§ 1
Deux cas de divorce pour altération définitive du lien conjugal

132.191 Un divorce pour cause objective. C'est ce nouveau cas de divorce qui justifie que la **durée des mesures provisoires** ait été augmentée **de six à trente mois**, et qui concrétise véritablement dans le nouveau droit du divorce le divorce pour cause objective à raison de la cessation de la communauté de vie depuis deux ans.

132.192 Deux cas distincts. Par altération définitive du lien conjugal, la loi envisage deux cas bien distincts.

Le premier est celui de la séparation qui doit avoir duré deux ans au moins (C. civ., art. 238, al. 1er).

Le second est celui où le défendeur a répondu à une demande en divorce pour faute jugée infondée par une demande reconventionnelle en divorce pour altération définitive du lien conjugal (C. civ., art. 238, al. 2).

§ 2
Notion de séparation de fait

132.201 Absence de définition de la séparation de fait. L'article 238 du Code civil se contente d'énoncer que « *l'altération définitive du lien conjugal résulte de la cessation de la communauté de vie entre les époux lorsqu'ils vivent séparés depuis deux ans lors de l'assignation en divorce* ». La séparation de fait n'est pas plus précisément définie en tant que moyen de preuve de l'altération définitive du lien conjugal.

132.202 Circulaire du 23 novembre 2004. Selon la circulaire de la chancellerie du 23 novembre 2004[2] (v. texte complet de la circulaire s^s^ n° 61.11), la cessation de la vie commune se caractérise par l'existence d'une séparation entre les époux, « *qu'elle résulte de leur volonté commune ou de l'initiative d'un seul d'entre eux* ». L'origine de la séparation, qu'elle soit simplement « de fait » ou organisée judiciairement est indifférente, ce qui justifie selon les auteurs de la circulaire, la suppression dans la loi des termes de « séparation de fait » remplacés par ceux, plus neutres, de « cessation de la vie commune ». La circulaire renvoie pour le surplus à la jurisprudence relative au divorce pour rupture de la vie commune en exigeant la **preuve d'une rupture matérielle** (l'absence de cohabitation) **mais aussi psychologique** (la volonté de rupture) dans le but d'exclure certaines situations d'éloignement, liées à des motifs « purement objectifs », comme un éloignement géographique pour raisons professionnelles. Cette constatation relève de l'appréciation souveraine des juges du fond qui, selon le texte, doivent prendre en compte « *les circonstances de l'espèce, l'attitude des époux ou de celui qui a pris l'initiative de la rupture* ».

§ 3
Délai de la séparation de fait

132.211 Condition de délai. Cette condition de délai de la cessation de la communauté de vie **s'apprécie à la date de la délivrance de l'assignation**. Si l'époux demandeur peut justifier qu'il vit séparé de fait (ou plus précisément que la communauté de vie a cessé) depuis deux ans, alors il peut rédiger et faire délivrer l'assignation en divorce sur ce fondement. L'autre époux ne pourra alors pas s'opposer à ce que le prononcé du divorce intervienne obligatoirement sur le fondement de l'article 237 du Code civil, et ce d'autant que la **clause d'exceptionnelle dureté** n'existe plus dans le nouveau dispositif. C'est en cela que le divorce pour altération définitive du lien conjugal constitue un véritable divorce pour cause objective.

Comme la condition de délai s'apprécie à la date de la délivrance de l'assignation, un époux non encore séparé, ou qui vient juste de se séparer, peut valablement déposer une requête en divorce de l'article 251 du Code civil, sans en indiquer les motifs.

Une fois la condition du délai de séparation acquise, (entre le 24e et le 30e mois) qui suivra la séparation effective ou bien la date à laquelle il aura

1. Rapport P. Delnatte, *JOAN*, 2004, n° 1513.

2. Circ. Chancellerie, 23 nov. 2004, *BO* 2004, n° 96.

été autorisé à résider séparément par le magistrat conciliateur, il pourra faire délivrer l'assignation en divorce. L'autre époux, sauf à discuter ou contester l'écoulement du délai, ne pourra plus s'opposer au prononcé du divorce.

Bien plus si l'époux défendeur forme lui-même une demande en divorce (même pour faute), le juge examinera en premier la demande pour faute, et pour le cas où elle ne serait pas retenue, il prononcerait alors le divorce pour altération définitive du lien conjugal, sans s'attacher à la condition du délai de deux ans, qui ne devient alors plus nécessaire (C. civ., art. 238).

Les parties seront ensuite amenées à conclure au stade de la mise en état sur les mesures accessoires demandées, que le juge tranchera dans le jugement de divorce.

132.212 Durée de la cessation de la cohabitation. C'est au demandeur qu'il incombe d'administrer la **preuve de la séparation** et dans un divorce éminemment contentieux un des premiers arguments de l'adversaire sera d'en contester le décompte. Cependant, même si le demandeur ne rapporte pas la preuve de la durée de la séparation, **l'acceptation par le conjoint de la demande en divorce** équivaut à une reconnaissance implicite de l'existence de ce délai[1]. Il a encore été jugé sous l'empire des textes anciens que le rejet d'une première demande en divorce, à raison de la durée insuffisante de la séparation, n'empêche pas l'époux d'en introduire une seconde lorsque cette séparation a atteint la durée légale[2]. Peu importe en outre, que le délai ne soit pas exactement atteint au moment du dépôt de la requête, puisque c'est la date de l'assignation en divorce qui fixera le moment à partir duquel on déclenchera le compte à rebours.

Peut-on également prendre en considération la **période antérieure au jugement de séparation de corps ?** La jurisprudence avait admis d'amalgamer des périodes de séparation de fait et des séparations légales[3], ce que le texte nouveau n'interdit pas.

L'article 238 du Code civil prévoit que le délai doit être acquis lors de l'assignation en divorce et non plus, comme auparavant, à la date de la requête. Ainsi, comme le précise la circulaire du 23 novembre 2004, peuvent indifféremment être prises en compte, la séparation intervenue avant ou après la requête initiale en divorce, et celle intervenue après l'OSTC, dès lors que cette **séparation présente un caractère continu pendant les deux années précédant l'assignation.**

Enfin, le juge ne peut soulever d'office le moyen tiré du défaut d'expiration du délai, sauf lorsque le défendeur ne comparaît pas (C. pr. civ., art. 1126 et 472).

132.213 Renoncement au délai. L'engagement pris par un époux de ne pas demander le divorce avant l'expiration d'un certain délai est-il juridiquement obligatoire ? La Cour de cassation a répondu, à propos de l'ancien divorce pour rupture de la vie commune, que **nul ne peut renoncer à un droit d'ordre public** avant qu'il ne soit acquis[4]. Il en irait autrement si l'engagement se rapportait à une période de séparation écoulée, car la situation serait comparable à une réconciliation.

132.214 Point de départ. Le délai requis court à partir du moment où les époux ont commencé à vivre séparés. Il s'agit généralement du moment de **l'abandon du domicile conjugal**, mais le point de départ est souvent difficile à fixer avec précision. Le délai ne peut pas commencer à courir tant que le mari continue à passer ses vacances en famille même si, dans le même temps, il a une liaison régulière[5]. Lorsque les époux s'étaient d'abord séparés pour des raisons professionnelles, c'est la révocation de la procuration consentie à l'épouse sur les comptes du mari qui atteste de l'intention de rompre les relations[6].

132.215 Application de la loi dans le temps. La durée de la séparation antérieure à l'entrée en vigueur de la nouvelle loi doit être prise en considération. En l'absence de dispositions contraires, **les situations anciennes en cours doivent donner lieu à une application immédiate de la loi.**

132.216 Suspension et interruption du délai. La période de calcul concernée doit être **continue**. Une suspension du délai ne serait donc pas envisageable, la réconciliation obligeant à comptabiliser une nouvelle période. **Si le délai ne peut être suspendu, il peut être interrompu.** Tel est le cas lorsque les époux se réconcilient en reprenant effectivement la vie commune. En revanche, le délai continue à courir lorsque les époux demeurent en bons termes tant qu'il ne s'agit pas de réels sentiments d'affection. Il appartient aux juges, compte tenu de la durée et des circonstances de la reprise de communauté,

1. CA Bordeaux, 7 mars 1994, *Juris-Data* n° 040867.
2. V. Civ. 2e, 12 oct. 1988, n° 87-16.924, *Bull. civ.* II, n° 195; *JCP* 1988, IV, p. 393; *D.* 1988, IR 247 – CA Reims, 19 févr. 1987, *Juris-Data* n° 041288.
3. CA Paris, 16 févr. 1979, *D.* 1979, J. 590, note Massip; *D.* 1979, IR 211, obs. Breton.
4. Civ. 2e, 25 mars 1991, n° 89-21.181, *Bull. civ.* II, n° 102; *JCP* 1991, IV, p. 203; *Defrénois* 1991, art. 35142, p. 1248, n° 90, obs. Massip; *RTD civ.* 1991, 504, obs. Hauser.
5. TGI Paris, 22 nov. 1977, *D.* 1979, IR 13, obs. Breton – TGI Paris, 18 janv. 1977, *D.* 1978, IR 9, obs. Breton; *JCP* 1977, II, 18599, note Lindon.
6. CA Paris, 10 juill. 1990, *Juris-Data* n° 024082.

d'apprécier si le délai doit être interrompu. Ils devront être très prudents face aux allégations des parties, sachant que le défendeur est à l'affût du moindre rapprochement quand il ne l'a pas lui-même provoqué[1] et que des rencontres sont souvent nécessaires soit pour des questions patrimoniales, soit pour l'éducation des enfants. Dans ces hypothèses, on ne saurait parler de reprise d'une communauté de vie tant matérielle qu'affective; admettre le contraire reviendrait à empêcher celui qui veut refaire sa vie de garder des liens avec ses enfants et découragerait d'emblée toute tentative de réconciliation. Dans le cas contraire, il faudra que courre une nouvelle période de deux années consécutives[2].

§ 4
Preuve du délai de la séparation de fait et pouvoir d'appréciation des juges du fond

132.221 **Preuve.** La preuve de la séparation et de sa durée peuvent être rapportées **par tous moyens** (cette preuve est parfois discutable : ainsi, une espèce dans laquelle le divorce est prononcé simplement parce que le mari a accepté la demande et reconnu implicitement la durée de cette séparation[3]). En pratique, elle suscite une difficulté pour la séparation de fait, la séparation judiciaire résultant par hypothèse d'une décision. Plus la durée de la séparation sera longue, plus la démonstration de l'intention de cesser toute communauté de vie sera aisée (par ex., lorsque pendant vingt-cinq ans un homme a cessé d'avoir des nouvelles de sa femme et de son fils et a vécu dans le même temps en concubinage, l'existence d'un état psychologique de rupture est suffisamment caractérisé[4]).

On retrouvera ici les modes de preuve classiques, tels que bail, quittance, changement d'adresse, bulletin de salaire, lettre missive (du moins si elle n'est pas confidentielle) ou témoignage.

132.222 **Pouvoir d'appréciation des juges.** Il a été jugé sous l'empire des textes anciens que les juges du fond disposaient d'un pouvoir souverain d'appréciation aussi bien des circonstances de la séparation que de la volonté de la rupture et du calcul de la période imposée[5]. Toutefois, pour mieux signifier le caractère objectif de l'altération définitive du lien conjugal visée par l'article 238 du Code civil nouveau, la circulaire du 23 novembre 2004 (v. texte complet de la circulaire s[s] n° 61.11, *3/ Divorce pour altération définitive du lien conjugal*, point 3.1.2, *Condition quant au délai*) affirme que la condition de séparation de deux ans « *s'avère nécessaire et suffisante* [...] *aucun pouvoir d'appréciation n'étant conféré au juge* ». Cette interprétation semble quelque peu excessive, dès lors qu'il est toujours demandé au juge d'apprécier la preuve de la séparation des époux dont la charge continue de peser sur le demandeur.

132.223 **Appréciation par le juge.** L'altération définitive du lien conjugal à la suite d'une séparation des époux est librement appréciée par le JAF. La jurisprudence antérieure sur la preuve de la séparation de fait en cas de divorce pour rupture de la vie commune devrait pouvoir s'appliquer au divorce pour altération définitive du lien conjugal comme le suggèrent les auteurs de la circulaire du 23 novembre 2004.

132.224 **Absence de cohabitation.** Le texte n'exige pas expressément que les époux vivent séparément mais l'on vérifiera leur absence de cohabitation, circonstance aisément appréciable le plus souvent (par ex. en faisant référence à une décision de justice antérieure fixant la contribution aux charges du mariage due par le mari[6]). Toutefois, « *les rencontres réconciliantes sont souvent difficiles à distinguer des rencontres simplement conciliantes* »[7]. Si les époux n'ont pas cessé de demeurer ensemble mais sans s'entendre, ni se voir, il n'y avait pour autant de séparation au sens de l'article 237 ancien mais bien cessation de la vie commune au sens de l'article 238 nouveau[8].

Des éléments de preuve pourront par exemple être tirés de **contrats de bail et d'assurance signés par les deux époux** ou encore de **photographies** montrant une attitude d'apparente affection conjugale[9].

1. Civ. 2e, 25 janv. 1984, n° 82-14.521, *Bull. civ.* II, n° 12 – COMP. avec des reprises purement unilatérales, CA Colmar, 31 janv. 1986, *Juris-Data* n° 040149.
2. Pour des ILLUSTRATIONS dans des décisions rendues sous l'empire des textes anciens : Civ. 2e, 25 janv. 1984, n° 82-14.521, préc. s[s] prés[t] n° : retour au domicile conjugal de quelques jours, motivé par des pressions du mari sur sa femme – CA Paris, 1er juin 1979, *JCP* 1981, II, 19565, note Lindon.
3. CA Bordeaux, 7 mars 1994, *RTD civ.* 1995, 334, obs. Hauser.
4. Civ. 2e, 25 mars 1987, n° 85-12.262, *Bull. civ.* II, n° 76; *JCP* 1987, IV, p. 190; *D.* 1987, IR 85; *RTD civ.* 1989, 48, obs. Rubellin-Devichi.
5. V. Civ. 2e, 25 janv. 1984, n° 82-14.521, préc. s[s] n° 132.216; *Defrénois* 1985, art. 33477, n° 4, obs. Massip – Civ. 2e, 18 juin 1981, *Gaz. Pal.* 1982, I, 14, note Viatte.
6. CA Paris, 18 janv. 1995, *Juris-Data* n° 020573.
7. Obs. Hauser, *RTD civ.* 1996, 134.
8. V. NOT., un mari qui n'adresse plus la parole à sa femme et se contente de lui remettre l'argent du ménage : TGI Mulhouse, 20 nov. 1978, *JCP* 1979, II, 19097, note Lindon; *D.* 1981, IR 70, note Breton.
9. CA Grenoble, 12 déc. 1994, *Juris-Data* n° 52928.

Il faut donc pouvoir **montrer de façon non équivoque la volonté de rompre les relations.** Dans l'esprit des textes nouveaux comme dans celui des textes anciens, moins qu'une séparation voulue, il s'agit d'une séparation réelle. Ainsi, la séparation imposée par la vie professionnelle ne devrait pas suffire[1].

Il est plus incertain que des cas de force majeure fassent échec à la demande en divorce, car si elle est réelle, la séparation demeure objective. Il en irait ainsi par exemple de la guerre, la disparition[2], l'emprisonnement, l'internement[3], l'amnésie[4].

La situation en cas de séparation à l'amiable pourrait toutefois poser un problème dans la mesure où, si les deux partenaires ont choisi de ne plus vivre ensemble, ils n'auraient peut-être pas imaginé toutes les conséquences de leur décision, notamment la facilité avec laquelle l'un d'entre eux peut imposer à l'autre le divorce une fois le délai de deux ans révolu.

132.225 Une séparation objective. La jurisprudence de la Cour de cassation, rendue au fondement de l'article 237 ancien, ne prenait pas parti, déplaçant la question de la volonté vers celle de la réalité des faits. Il n'y avait séparation que lorsqu'il y avait disparition de toute communauté de vie tant affective que matérielle, quelle qu'en soit la cause, volontaire ou non. Elle n'imposait pas une intention de rompre. Le texte nouveau précise que l'altération définitive du lien conjugal résulte de la cessation de la communauté de vie, laquelle est prouvée par une séparation de plus de deux ans. Il s'agira donc comme auparavant de vérifier *in concreto* si les époux ont, ou non, maintenu un contact affectif. Par conséquent, toutes les fois où l'éloignement sera indépendant de la volonté du couple, il faudra s'attacher au **maintien des relations familiales** ou à leur **totale disparition** pour qualifier la situation de séparation de fait[5].

Cependant le fait de vivre en concubinage avec une tierce personne peut tout de même s'accommoder du maintien de la communauté affective[6]. Toutefois, le concubinage est probant quand mari et femme ne maintiennent plus aucun lien[7].

Il ne suffit pas non plus pour nier l'existence d'une séparation de fait de faire mention des relations des parents pour l'éducation de leurs enfants mineurs[8]. De toute manière des rencontres sont possibles si le demandeur prouve sa volonté certaine de rupture[9] ou pour rédiger à deux une déclaration de revenus[10]. De même, le fait que le mari utilise encore l'adresse du domicile conjugal pour ses obligations professionnelles est indifférent si l'immeuble en question fait partie de la communauté alors que l'époux en supporte les charges[11].

132.226 Séparation et maladie. Avec la disparition du divorce pour altération des facultés mentales qui constituait une variété du divorce pour rupture de la vie commune (C. civ., art. 238 anc.), on peut s'interroger sur l'impact de la maladie du conjoint sur la notion d'altération définitive du lien conjugal. La maladie mentale ou l'altération des facultés personnelles d'un conjoint est sans réelle incidence sur la cause du divorce qui ne doit pas être confondue avec la cause de la séparation. En faisant reposer la preuve de l'altération du lien conjugal sur la seule séparation, la loi tend à privilégier la situation objective créée par la séparation des époux. **Le conjoint abandonné et malade** pourra toutefois répliquer par une **demande reconventionnelle en divorce pour faute** et une demande de **dommages-intérêts** compte tenu des circonstances de la rupture (C. civ., art. 1382) ou des **conséquences d'une particulière gravité** qu'il subit du fait du divorce (C. civ., art. 266).

1. Sous l'empire des textes anciens, v. CA Grenoble, 19 janv. 1983, *Juris-Data* n° 042198 – CA Nîmes, 9 juill. 1984, *Juris-Data* n° 000348 – CA Paris, 10 juill. 1990, *Juris-Data* n° 024082 – V. AUSSI, TGI Paris, 18 janv. 1977, *JCP* 1977, II, 18599, 3e esp., note Lindon – Civ. 2e, 11 juill. 1979, n° 78-14.593, *Bull. civ.* II, n° 206; *JCP* 1980, II, 19400, note Lindon.
2. CA Paris, 21 déc. 1983, *Juris-Data* n° 030915.
3. CA Montpellier, 15 mai 1985, *Juris-Data* n° 000843.
4. Breton, *D.* 1978, J. 203.
5. V. NOT., Civ. 2e, 11 juill. 1979, n° 78-14.593, *Bull. civ.* II, n° 206; *D.* 1981, IR 70, obs. Breton; *JCP* 1980, II, 19400, note Lindon; *RTD civ.* 1980, 746, obs. Nerson et Rubellin-Devichi – Civ. 2e, 30 janv. 1980, n° 79-12.470, *Bull. civ.* II, n° 17; *D.* 1981, IR 71, note Breton; *D.* 1981, IR 385, obs. Groslière; *JCP* 1981, II, 19521, note Lindon; *RTD civ.* 1980, 743, obs. Nerson et Rubellin-Devichi; *Gaz. Pal.* 1980, 1, 299, note Viatte – Civ. 2e, 2 oct. 1980, n° 79-11.538, *Bull. civ.* II, n° 193 – TGI Toulon, 16 juin 1980, *D.* 1983, IR 106 – Civ. 2e, 25 janv. 1984, n° 82-14.521, préc. ss n° 132.222.
6. V. NOT., Civ. 2e, 2 oct. 1980, n° 79-11.538, *Bull. civ.* II, n° 193; *Gaz. Pal.* 1981, 1, 172, note Viatte; *D.* 1981, IR 70, 3e esp. – Le mari a toujours entretenu des relations avec son épouse sans rien laisser paraître d'une prétendue double vie, CA Toulouse, 12 févr. 1991, *Juris-Data* n° 042574 – Le mari qui a une résidence distincte, continue de passer au moins une nuit chaque semaine au domicile conjugal et adresse à son épouse des lettres affectueuses, CA Nancy, 27 avr. 1992, *Juris-Data* n° 042482; *JCP* 1992, IV, n° 2478 – En cas de relations épisodiques même après la naissance d'un enfant hors mariage, CA Versailles, 24 juill. 1992, *Juris-Data* n° 044113 – CA Reims, 6 mai 1993, *Juris-Data* n° 043296.
7. Civ. 2e, 11 juill. 1979, *D.* 1981, IR 70; *JCP* 1980, II, 19400, note Lindon.
8. TGI Paris, 20 déc. 1976, *JCP* 1977, II, 18599, 1re esp., note Lindon; *D.* 1978, IR 9, 1re esp. – CA Versailles, 16 sept. 1993, *Juris-Data* n° 044547.
9. CA Aix-en-Provence, 14 nov. 1990, *Juris-Data* n° 051372.
10. CA Versailles, 12 nov. 1992, *Juris-Data* n° 047171.
11. CA Bordeaux, 25 févr. 1991, *RTD civ.* 1991, 712, obs. Hauser et Huet-Weiller; *Cah. jur. Aquitaine* 1991-2, p. 225.

132.227 Incidences de la séparation légale. Les juges avaient admis qu'une séparation légale, conséquence d'un jugement de séparation de corps obtenu par requête conjointe, pouvait servir de fondement à une demande en divorce pour rupture de la vie commune : une telle solution pourrait être applicable au divorce pour altération définitive du lien conjugal[1].

SECTION 4 DISPOSITIONS PARTICULIÈRES AU DIVORCE POUR FAUTE

§ 1 Définition formelle et conséquences de la faute cause de divorce

132.241 Maintien de l'article 242 du Code civil. Le divorce pour faute de l'article 242 du Code civil a été maintenu (et d'ailleurs porte le même numéro d'article).

Son texte a été très légèrement réécrit par la loi du 26 mai 2004 qui a introduit des modifications purement rédactionnelles.

Il dispose dorénavant : « *Le divorce peut être demandé par l'un des époux, lorsque des faits constitutifs d'une violation grave ou renouvelée des devoirs et obligations du mariage sont imputables à son conjoint et rendent intolérable le maintien de la vie commune.* »

132.242 Maintien des caractères de la faute, mais exigence de gravité accrue. Les caractères de la faute pouvant servir à causer le divorce ne sont donc pas modifiés. La faute doit toujours constituer une violation grave ou renouvelée des droits et obligations du mariage, et doit être imputable à l'autre conjoint.[2]

La mention inchangée de l'article 242 du Code civil à la violation des droits et obligations du mariage constitue la notion-cadre à partir de laquelle l'argumentation du débat sur la faute sera construite, et oblige toujours à se référer à l'article 212 du Code civil.

L'article 212 a d'ailleurs été légèrement complété, puisqu'il a été mentionné en premier lieu (à l'occasion de la loi n° 2006-399 du 4 avril 2006 sur les violences au sein du couple) et avant même l'obligation mutuelle de fidélité, secours, assistance, une obligation de respect entre époux.

Cet ajout est bienvenu et permet plus facilement que par le passé de caractériser, au sens de l'article 242 du Code civil et de manière utile pour la procédure, les griefs comportementaux qui tiennent aux humiliations et vexations qu'un conjoint peut faire subir à l'autre.

Enfin, et comme l'article 212 est inséré dans les dispositions du régime matrimonial primaire, la violation des obligations qu'il prescrit peut être poursuivie pendant toute la durée du mariage, c'est-à-dire même pendant l'instance en divorce, et jusqu'au prononcé du divorce. La Cour de cassation rappelle toujours régulièrement que des griefs postérieurs à l'ONC (ou OSTC) et à l'assignation peuvent être invoqués à l'appui de la demande en divorce[3].

Le divorce pour faute constitue donc un **divorce sanction des droits et devoirs respectifs des époux,** et laisse subsister la possibilité de **dommages-intérêts** à la charge du conjoint fautif, sur le fondement des dispositions de l'article 266 et même de l'article 1382 du Code civil.

132.243 Variété des fautes conjugales. Les articles 212 à 215 du Code civil imposent aux époux un ensemble d'obligations découlant de la conception même du mariage et dont la violation peut constituer une faute. La **jurisprudence** a élargi ces notions en ajoutant et en précisant les effets du mariage avec notamment **l'obligation d'assistance** aux contours très flous. Il serait vain d'exposer un « *catalogue jurisprudentiel* » des faits pouvant constituer une faute au sens de l'article 242[4]. On peut cependant dégager de la jurisprudence les types de fautes les plus fréquemment retenus par le juge du fond. La Cour de cassation rejette systématiquement les pourvois qui « *sous couvert du grief de manque de base légale, ne tendent qu'à remettre en cause le pouvoir souverain des juges du fond* » pour caractériser un comportement fautif[5].

§ 2 Deux cas particuliers : bigamie et transsexualisme

132.251 Bigamie. Par principe, le droit français est monogamique et la sanction de l'inobservation

1. Civ. 2e, 11 déc. 1991, n° 90-13.374, *Bull. civ.* II, n° 343; *Defrénois* 1992, art. 35295, p. 724, n° 45, obs. Massip; *RTD civ.* 1992, 542, n° 4, obs. Huet-Weiller.
2. Dans la ligne d'arrêts précédemment rendus, la Cour de cassation confirme l'abandon des exigences formelles de C. civ., art. 242. Les juges du fond doivent caractériser les griefs mais sans nécessairement dire « *qu'ils rendent intolérables le maintien de la vie commune* » : Civ. 1re, 23 févr. 2007, n° 06-14.873, NP.
3. V. Civ. 1re, 20 sept. 2006, n° 04-17.743, *Bull. civ.* I, n° 410 – Civ. 1re, 11 févr. 2009, n° 08-14.955, NP – Civ. 1re, 5 mars 2008, n° 07-15.516, *Bull. civ.* I, n° 63.
4. CARBONNIER, *Droit civil, La famille*, n° 117.
5. Civ. 1re, 11 juill. 2006, n° 05-19.080, NP.

de cette condition est la **nullité du second mariage** (v. s^s^ n°s 115.61 s.). Dans une hypothèse particulière, la sanction a été le **divorce.**

La cour d'appel de Colmar a estimé que, même si la bigamie est légitime au regard de la loi personnelle du mari, son second mariage constitue un grief que la femme française peut invoquer et qui doit conduire au prononcé du divorce aux torts du mari (s'y ajoutait également le comportement violent de ce dernier[1]; il importe peu que la bigamie soit autorisée dans le pays étranger, le Maroc en l'occurrence[2]).

132.252 Transsexualisme. Le mariage du transsexuel ne devient pas nul du fait du changement de sexe puisque les conditions à réunir pour le mariage sont appréciées au jour de sa célébration et non postérieurement à celui-ci (toutefois sur la possibilité d'une **action en nullité** sur le fondement de l'erreur sur les qualités essentielles v. s^s^ n° 111.132). La question s'est posée de savoir si le changement de sexe pouvait être qualifié d'injure grave à l'appui d'une demande en divorce pour faute. La jurisprudence s'est parfois prononcée en ce sens[3] soit que le transsexualisme est érigé en soi comme une faute, soit que les implications de ce changement de sexe pour le conjoint du même sexe apparent sont constitutives d'une faute, ce qui paraît dans les deux cas critiquable au regard de la nature même du syndrome transsexuel et poserait le problème de l'imputabilité de la faute (C. civ., art. 242). En faveur d'une dissolution du mariage pour l'avenir, des auteurs ont proposé de considérer le mariage comme **caduc**[4]. Si le divorce pour faute paraît peu adapté à la situation particulière créée par le transsexualisme, les autres causes de divorce, telle que l'altération définitive du lien conjugal constatée par une séparation de fait des époux, pourraient être utilement envisagées pour dissoudre le mariage du transsexuel à la demande de son conjoint ou des deux époux.

§ 3
Violation du devoir de fidélité et relations hors mariage

132.261 Adultère et infidélité. L'adultère constitue une violation du devoir réciproque de fidélité entre époux pendant le mariage (C. civ., art. 212), devoir qui persiste en cas de séparation de corps[5]. La **preuve**, en application de l'article 259 du Code civil, peut en être rapportée **par tous moyens** sous réserve des restrictions liées au respect de l'intimité de la vie privée. Mais la jurisprudence retient une définition plus large des comportements infidèles.

L'adultère est généralement pris en compte comme une cause de divorce si la personne coupable a consommé l'union sexuelle avec une autre personne que le conjoint[6], mais de simples comportements infidèles peuvent dans certains cas constituer une cause de divorce.

L'entretien de relations équivoques avec un tiers peut être considéré comme injurieux pour le conjoint, même si l'adultère n'est pas véritablement établi[7]. Ces relations sont moins prises en considération en elles-mêmes que comme rendant probable l'adultère.

Au titre de l'atteinte à l'obligation de fidélité, on peut également retenir des faits constituant des injures graves et l'engagement de poursuites pénales pour viol, même en l'absence de condamnation.

Tel a été le cas dans l'espèce soumise à la cour d'appel de Nancy, le 25 janvier 1994, où le mari poursuivi pour viol, mais non encore condamné, avait cependant reconnu que, victime de ses impulsions, il s'était livré à des actes préparatoires avec le consentement, au moins prétendu, des victimes[8].

Les formes de l'adultère sont très variées allant des relations ponctuelles au concubinage bien établi[9], notamment lorsque le mari a installé sa femme à proximité du domicile de sa concubine, provoquant ainsi des rencontres insupportables[10]. L'adultère peut également être révélé par la preuve que les enfants du couple n'ont pas pour père biologique le mari[11].

1. CA Colmar, 13 mai 1994, *Juris-Data* n° 046695; *JCP* 1995, IV, 377 – SOLUTION IDENTIQUE pour CA Agen, 5 juill. 1995, *Juris-Data* n° 049272.
2. CA Reims, 6 sept. 2001, n° 00/00316.
3. CA Nîmes, 7 juin 2000, *Dr. fam.* 2001, n° 4, obs. Lécuyer; *RTD civ.* 2001, 335, obs. Hauser – TGI Caen, 28 mai 2001, *D.* 2002, 124, note Mauger-Vielpeau; *Dr. fam.* 2002, comm. 42, obs. Lécuyer; *RTD civ.* 2002, 274, obs. Hauser.
4. TERRÉ et FENOUILLET, n° 150, citant dans le même sens le *Rapport de l'Académie des sciences morales et politiques*, PUF, 1992, n° 9.
5. CA Versailles, 7 mai 1998, *RTD civ.* 1999, 819, obs. Hauser.
6. C. Edon-Lamballe, « La situation juridique de ceux par qui le scandale arrive : réflexions sur l'adultère », *RRJ* 2002-1, 77.
7. V. Civ. 2e, 4 janv. 1958, *Bull. civ.* II, n° 9 – Preuve non établie, CA Bourges, 28 sept. 1994, *Juris-Data* n° 048348 – CA Metz, 8 avr. 1997, *Juris-Data* n° 049996 et CA Metz, 13 mai 1997, *Juris-Data* n° 048947 : bien que l'homosexualité du mari ne soit pas prouvée, sa cohabitation avec un autre homme constitue une intimité injurieuse pour l'épouse – Civ. 1re, 30 sept. 2003, n° 02-15.813, NPT; *RJPF* 2004-1/28 : relations intimes et suivies du mari avec une autre femme dans des lieux publics et dans la résidence secondaire des époux – Civ. 1re, 18 mai 2005, n° 04-13.745, *Bull. civ.* I, n° 213 : correspondance suivie et échange de courriels avec une autre femme.
8. CA Nancy, 25 janv. 1994, *JCP* 1994, IV, 1008, obs. Hauser; *RTD civ.* 1994, 572.
9. CA Toulouse, 2 nov. 1994, *Juris-Data* n° 048188.
10. CA Paris, 28 sept. 1995, *Juris-Data* n° 23269.
11. Civ. 1re, 28 févr. 2006, n° 04-12.736, *Bull. civ.* I, n° 113; *JCP* 2006, II, 10098, note Lambert.

Quant au moment de l'adultère, il doit nécessairement avoir été commis entre la date de célébration du mariage et celle de sa dissolution. Le fait, par exemple, qu'il soit commis pendant la grossesse de l'épouse renforce son caractère de gravité[1]. Et s'il a duré très longtemps et que la femme ne l'a supporté que pour préserver l'équilibre des enfants, et dans l'espoir du retour à la normale qu'elle pouvait espérer en raison de l'attitude équivoque du mari, une telle mansuétude n'empêche pas la femme de s'en prévaloir pour obtenir le divorce[2].

132.262 Relations homosexuelles. Pour le cas des relations homosexuelles, la jurisprudence antérieure à la réforme retenait la constitution non d'un adultère mais d'une injure grave[3] même si certaines décisions avaient accepté l'assimilation[4]. La distinction n'a plus lieu d'être, puisque l'adultère n'est plus soumis à un régime spécifique (ainsi d'un divorce prononcé pour homosexualité[5]; avec en plus l'intention du mari de changer de sexe[6]; ou dans le cas d'un concubinage du mari avec un ami[7]).

132.263 Adultère et séparation de fait. La situation est plus délicate lorsque l'adultère est commis alors que les époux vivent déjà séparés de fait depuis longtemps ou durant l'instance en divorce. En premier lieu, il faut constater qu'aujourd'hui, les juges ne peuvent, pas plus qu'hier, « délier » les époux de leur obligation de fidélité pendant la procédure de divorce[8]. Cependant, ils disposent d'un large **pouvoir d'appréciation** dans la mesure où l'adultère n'est plus une cause péremptoire de divorce et où la notion d'imputabilité attachée à l'article 242 du Code civil est sujette à discussion.

Aussi, en principe, selon une formule désormais classique de la Cour de cassation, l'existence d'une séparation de fait entre les époux et « *l'introduction d'une demande en divorce ne confèrent pas aux époux, encore dans les liens du mariage, une immunité privant de leurs effets normaux les offenses dont ils peuvent se rendre coupables l'un envers l'autre* »[9]. L'adultère, même commis après l'autorisation judiciaire de séparation[10] ou constaté après cette autorisation[11], est une cause de divorce.

La cour d'appel de Paris, dans l'exercice de son pouvoir souverain d'appréciation, a justement retenu que le concubinage du mari, postérieur à la délivrance de l'ONC autorisant ce dernier à résider séparément, et la naissance d'un enfant, constituent une violation grave et renouvelée des devoirs et obligations du mariage rendant intolérable le maintien de la vie commune[12].

Le divorce a également été prononcé aux torts exclusifs du mari lorsqu'a été révélée après l'ONC la présence d'une femme sous le toit et dans le lit du mari alors absent (les scènes de ménage de la femme n'ayant pas été retenues)[13].

Pareillement, l'adultère commis durant une précédente procédure de divorce ne lui ôte pas son caractère fautif et la cour d'appel de Dijon a jugé que « *l'introduction d'une procédure de divorce ne confère pas aux époux, encore dans les liens du mariage, une immunité privant de leurs effets normaux les offenses dont ils peuvent se rendre coupables l'un envers l'autre* »[14].

Il en est de même lorsque l'adultère a été commis pendant une séparation de fait, après qu'une procédure de divorce par consentement mutuel a été abandonnée[15].

§ 4 Appréciation des juges du fond

132.271 Gravité et excuse. Les juges du fond, qui apprécient souverainement la gravité des griefs allégués, peuvent juger que le comportement de

1. CA Bourges, 8 nov. 1994, *Juris-Data* n° 048344.
2. Civ. 2e, 15 janv. 1997, *Juris-Data* n° 000170.
3. Civ. 2e, 27 mars 1963, *Bull. civ.* II, n° 287.
4. TGI Aix-en-Provence, 9 nov. 1972, *Gaz. Pal.* 1973, somm. 156.
5. CA Bordeaux, 8 sept. 1987, *Cah. jur. Aquitaine* 1988, 1, 55 – Ou CA Aix-en-Provence, 3 déc. 1996, *Juris-Data* n° 046402.
6. CA Douai, 13 févr. 1992, *Juris-Data* n° 044667.
7. CA Aix-en-Provence, 7 mars 1993, *JCP* 1996, I, 3946, n° 3, obs. Rubellin-Devichi – Ou CA Nîmes, 27 mars 1996, *Juris-Data* n° 030214.
8. Hauser et Huet-Weiller, n° 203.
9. V. Civ. 2e, 15 déc. 1982, n° 81-15.991, *Bull. civ.* II, n° 164 – Civ. 2e, 14 déc. 1983, *Gaz. Pal.* 1984, 20, note Massip – Civ. 2e. 27 oct. 1993, n° 92-13.408, NPT; *JCP* 1994, 22260, note Lemasson-Bernard; *RTD civ.* 1994, 571, obs. Hauser – Civ. 2e, 3 mai 1995, n° 93-13.358, *Bull. civ.* II, n° 130; *Defrénois* 1995, art. 36272, n° 3, obs. Massip; *D.* 1996, somm. 64, obs. Bary-Clément – V. Balestriero, « Le devoir de fidélité pendant la procédure de divorce », *LPA* 8 nov. 1995, n° 134, 17 – Civ. 2e, 6 mars 1996, n° 94-17.596, *Bull. civ.* II, n° 60; *JCP* 1996, I, 3946, n° 2, obs. Mattei – Civ. 2e, 4 juin 1997, n° 95-19.401; *Dr. fam.* 1997, comm. 176, obs. Lécuyer – Civ. 2e, 7 mai 2003, n° 01-14.635, NP; *RTD civ.* 2003, 686, obs. Hauser – Civ. 1re, 11 juill. 2006, n° 05-19.080, NP.
10. CA Grenoble, 8 juin 1994, *Juris-Data* n° 049695 – CA Dijon, 11 avr. 1995, *JCP* 1975, 1502, 1re esp. – V. aussi, CA Agen, 16 août 1995, *Juris-Data* n° 049268 – Civ. 2e, 23 sept. 1999, n° 98-12.028, *Bull. civ.* II, n° 141; *Dr. fam.* 1999, comm. 139, 1re esp., note Lécuyer; *Gaz. Pal.* 2000, pan. 17; *JCP* 1999, IV, 2816; *RTD civ.* 2000, 91, obs. Hauser.
11. CA Caen, 21 avr. 1994, *Juris-Data* n° 049985.
12. Civ. 2e, 3 mai 1995, n° 93-13.358, *Bull. civ.* II, n° 130; *D.* 1995, IR 137.
13. CA Nancy, 11 sept. 1995, *JCP* 1996, I, 3946, n° 2, obs. Mattei.
14. CA Dijon, 11 avr. 1995, *JCP* 1996, I, 3946, n° 2, obs. Mattei.
15. V. Civ. 2e, 2 oct. 1997, n° 95-22.271, NPT – Civ. 2e, 4 juin 1997, n° 95-19.401; *Dr. fam.* 1997, comm. 176, obs. Lécuyer.

l'un des époux est dépourvu de gravité en raison de l'attitude de l'autre.

Ainsi, une cour d'appel a pu souverainement juger que la liaison de l'épouse, postérieure à l'ordonnance de résidence séparée, était dépourvue du caractère fautif du fait du comportement du mari[1], de même que l'infidélité de l'épouse ne constitue pas un grief suffisant permettant de faire droit à la demande reconventionnelle du conjoint en divorce pour faute, dès lors qu'il est établi qu'elle n'existait pas avant l'incarcération du mari pour une durée de vingt ans[2].

Par ailleurs, la Haute juridiction avait approuvé la cour d'appel de Toulouse qui, le 12 novembre 1991[3], avait observé que « *le constat d'adultère établi plus de deux années après l'ordonnance ayant autorisé les époux à résider séparément* » et qui avait affirmé que « *le devoir de fidélité est nécessairement moins contraignant du fait de la longueur de la procédure* »[4].

Pareillement, la liaison de la femme étant établie plusieurs années après l'adultère de son mari n'était pas à l'origine de la rupture du couple[5] et l'importance du délai qui s'était écoulé depuis la séparation excluait au fait reproché le caractère de gravité qui en aurait fait une cause de divorce, au sens de l'article 242 du Code civil.

La cour d'appel de Versailles, le 12 novembre 1992, avait donc rejeté la demande reconventionnelle en divorce fondée sur la liaison de la femme[6].

La liaison de la femme ne revêt pas non plus le caractère de gravité exigé lorsque le mari a quitté le domicile conjugal avant l'adultère de celle-ci, qu'il a refusé de le réintégrer malgré sommation et qu'il n'y a jamais reparu avant la requête en divorce présentée par son épouse six ans plus tard[7].

Pareillement, le caractère de gravité du comportement du mari qui avait délaissé son épouse et vivait en concubinage depuis le dépôt de la requête ne pouvait pas être retenu en raison du comportement de l'épouse qui avait eu antérieurement une relation adultérine durable[8].

1. Sur pourvoi contre CA Lyon, 19 janv. 1989 : Civ. 2e, 28 oct. 1991, arrêt no 1141D, cité dans J.-CL. CIV., art. 242 à 246, fasc. 20, nos 42 s., mise à jour 1993.
2. CA Pau, 14 déc. 1998, *Juris-Data* no 046490; *Dr. fam.* 1999, comm. 80, note Lécuyer.
3. Civ. 2e, 29 avr. 1994, no 92-16.814, *Bull. civ.* II, no 123; *D.* 1994, IR 130; *RTD civ.* 1994, 571, obs. Hauser; *Defrénois* 1995, art. 36210, no 124, obs. Massip; *Gaz. Pal.* 23/24 déc. 1994, 18; *JCP* 1994, IV, 1592, p. 205; *JCP* 1994, I, 3813, no 6 et réf. cit.; *JCP* 1996, I, 3946, no 2, obs. Mattei.
4. CA Douai, 28 janv. 1999, *Juris-Data* no 042842; *Dr. fam.* 1999, comm. 139, note Lécuyer.
5. Civ. 2e, 24 juin 1998, no 96-20.356, NPT : adultère constaté plus de trois ans et demi après l'autorisation de résidence séparée.
6. V. Civ. 2e, 22 mars 1995, no 93-10.599, *Bull. civ.* II, no 98; *JCP* 1995, IV, no 1249, p. 163 – EN CE SENS, CA Metz, 23 déc. 1993, *JCP* 1995, I, 3813, no 6, obs. Ferré-André – Cas où la liaison était postérieure à celle de l'autre époux et non constitutive de faute, CA Grenoble, 30 avr. 1996, *JCP* 1998, I, 101, no 2, obs. Bosse-Platière.
7. CA Dijon, 28 mars 1995, *JCP* 1995, IV, 1502, 2e esp.

132.272 Déclin du devoir de fidélité. On peut s'interroger sur le déclin du devoir de fidélité entre époux notamment avec l'arrêt rendu le 25 novembre 1999 qui a estimé que les fautes commises par l'épouse pendant la vie commune enlevaient tout caractère de gravité tant à la liaison du mari, née et entretenue bien après l'assignation en divorce, qu'au défaut partiel de paiement de la pension alimentaire mise à sa charge par l'ONC[9], d'autant que, depuis l'arrêt du 3 février 1999, n'est désormais plus contraire aux bonnes mœurs la cause de la libéralité consentie par un homme marié à sa concubine[10]. Ainsi que l'a solennellement affirmé l'assemblée plénière de la Cour de cassation : n'est pas nulle comme ayant une cause contraire aux bonnes mœurs la libéralité consentie à l'occasion d'une relation adultère[11]. Ce déclin du devoir de fidélité se rencontre également dans le cadre du divorce par consentement mutuel puisqu'un juge a attribué force exécutoire à une convention temporaire qui contenait une disposition dispensant les époux de ce devoir[12]. Toutefois, comme le rappelle plus récemment la Cour de cassation, l'introduction d'une demande en divorce ne fait pas disparaître le devoir de fidélité et ne crée donc pas une immunité : ainsi, peut on invoquer, à l'appui d'une demande en divorce, des griefs postérieurs à l'ordonnance ou à l'assignation[13] pour obtenir le prononcé d'un divorce aux torts partagés.

8. Civ. 2e, 29 mai 1996, no 93-21.088, NPT; *JCP* 1998, I, 101, no 2, obs. Bosse-Platière.
9. Civ. 2e, 25 nov. 1999, no 98-12.796, NP; *RJFP* 2000, 4/32, note Vassaux.
10. Civ. 1re, 3 févr. 1999, no 96-11.946, *Bull. civ.* I, no 43; *D.* 1999, 267, rapp. Savatier, note Langlade O'Sughrue; *JCP* 1999, II, 10083, note Billiau et Loiseau; *JCP* 1999, I, 143, note Labarthe – L. Leveneur, « Une libéralité consentie pour maintenir une relation adultère peut-elle être valable ? », *JCP* 1999, I, 152; *JCP N* 1999, p. 1430, note Sauvage; *JCP* 1999, I, 160, no 1, obs. Bosse-Platière; *Defrénois* 1999, p. 841, obs. Champenois; *D.* 1999, somm. 307, obs. Grimaldi; *Dr. fam.* 1999, comm. 54, note Beignier; *LPA* 1999, no 135, 30, note Massip; *RJPF* 1999 2/52, note Casey; C. Larroumet, « La libéralité consentie par un concubin adultère », *D.* 1999, chron. 351; *JCP* 1999, I, 189, no 2, note Le Guidec.
11. Cass. ass. plén., 29 oct. 2004, no 03-11.238, *Bull. ass. plén.*, no 12; *Defrénois* 2004, art. 38073, p. 1732, obs. Libchaber; *Defrénois* 2005, art. 38096, p. 234, obs. Piedelièvre; *JCP* 2005, p. 153, obs. Chabas; *RTD civ.* 2005, no 1, 104, obs. Hauser.
12. TGI Lille, ord. JAF, 26 nov. 1999, *D.* 2000, 254, note crit. Labbée.
13. Civ. 1re, 9 juill. 2008, no 07-19.714, NP; *AJ fam.* 2008, 434, obs. I. G.; *RTD civ.* 2008, 661, obs. Hauser – V. DÉJÀ : Civ. 2e, 27 oct. 1993, no 92-11.032, NP; *JCP* 1994, II, 22260, note Lemasson-Bernard – V. AUSSI, Civ. 1re, 5 mars 2008, no 07-15.516, *Bull. civ.* I, no 63; *D.* 2008, AJ 922; *AJ fam.* 2008, 162, obs. David; *Dr. fam.* 2008, no 54, obs. Larribau-Terneyre.

Au plan des principes, l'adultère conserve toujours sa qualification de faute mais l'ensemble des éléments de fait peut conduire, même pour un adultère constaté, à rejeter la demande en divorce dans la mesure où le caractère légal de gravité n'est pas établi. Aussi, dans l'exercice de leur pouvoir souverain d'appréciation des caractères de la faute, les juges du fond donnent-ils à l'adultère l'apparence d'une mosaïque aux infinies nuances.

Ainsi, il a pu être jugé qu'une relation extra-conjugale ne saurait constituer en elle-même une violation grave et renouvelée des devoirs et obligations du mariage dans un cas où l'adultère du mari entretenu pendant deux ans était connue de l'épouse dès le début de la deuxième année de cette liaison, sans qu'elle en tire les conséquences[1].

132.273 Obligation charnelle. La violation de l'obligation de communauté charnelle n'est plus aussi souvent invoquée qu'autrefois. Il pourrait s'agir de la non-consommation du mariage[2], ou d'un refus ultérieur du devoir conjugal[3], ou encore de l'excès de pratiques sexuelles[4]. Cependant, faire chambre à part n'est pas en soi une faute à la charge du mari[5]. Le refus d'avoir des enfants communs n'est parfois pas sans liens avec l'obligation de communauté charnelle mais pas toujours, notamment en cas d'impuissance du mari ou de stérilité de l'un ou l'autre des époux. Le refus de se prêter à une fécondation *in vitro* ou de se soigner pour sa stérilité ne constituent pas en eux-mêmes des comportements fautifs à moins qu'ils soient révélateurs d'un certain contexte conjugal[6].

§ 5
Griefs tirés de l'absence ou de la rupture de cohabitation

132.281 Obligation de cohabitation. L'obligation de vivre sous le même toit constitue une obligation traditionnelle dont la violation est fréquemment invoquée, même si le contenu de cette notion a évolué[7]. En effet, il n'y a plus aujourd'hui de prédominance maritale en ce qui concerne le choix du domicile commun. La faute ne présente donc plus les conditions que la jurisprudence a appliquées pendant de nombreuses années, à savoir soit le refus par la femme de suivre le mari au domicile qu'il avait choisi, soit le refus par le mari d'ouvrir la porte à sa femme[8].

Une application de cette dernière hypothèse mérite d'être mentionnée : le mari refusait de laisser la femme accéder au domicile conjugal et ce après l'avoir répudiée au Maroc sans l'en avoir avertie[9]. De la même façon, le mari de nationalité marocaine ne peut se prévaloir de la coutume musulmane interdisant aux époux de cohabiter avant la célébration religieuse pour justifier la violation de l'obligation de communauté de vie imposée par l'article 215 du Code civil dans la mesure où il lui appartenait d'instaurer une communauté de vie même sans communauté de résidence pour respecter les coutumes maghrébines[10].

La faute peut consister de la part de l'un quelconque des époux soit à refuser systématiquement de donner son accord pour le choix d'un domicile commun[11], soit à fixer unilatéralement le lieu de résidence familiale[12], soit à refuser de reprendre la vie commune après l'échec d'une précédente procédure de divorce, procédure ayant fixé provisoirement la résidence séparée.

Le refus de l'épouse de rejoindre son mari à l'étranger ne constitue toutefois pas une cause de divorce au sens de l'article 242 dans la mesure où cette expatriation s'était faite sans concertation préalable[13]. En revanche, le fait de refuser de partager la vie commune avec son mari, tenu de résider sur le lieu de son travail en fixant sa résidence et celle de ses enfants à une distance éloignée constitue une faute cause de divorce[14].

Le refus de reprendre la vie commune a pu également être considéré comme fautif s'il n'est fondé sur aucun motif légitime même lorsque le juge en rejetant définitivement la précédente demande en divorce avait fixé la résidence de la famille en vertu de l'article 258 du Code civil[15].

1. Civ. 1re, 22 nov. 2005, n° 05-12.126, NP.
2. V. Civ. 2e, 16 déc. 1963, *JCP* 1964, II, 13660, note J. A.; *D.* 1964, J. 227 – Civ. 2e, 8 oct. 1970, *Gaz. Pal.* 1971, 1, 26 – CA Amiens, 28 févr. 1996, *JCP* 1998, I, 101, n° 2, obs. Bosse-Platière.
3. Civ. 2e, 4 oct. 1978, *D.* 1979, IR 211, obs. Breton.
4. TGI Dieppe, 25 juin 1970, *Gaz. Pal.* 1970, 2, 243; *RTD civ.* 1971, 367, obs. Nerson – CA Paris, 6 janv. 1988, *Juris-Data* n° 20195.
5. V. Civ. 2e, 19 janv. 1994, NP; cité par Hauser, *RTD civ.* 1994, 330 – CONTRA, CA Poitiers, 1er juin 2005, *JCP* 2006, IV, 2298, prononçant le divorce aux torts exclusifs du mari qui refusait de partager la chambre de sa femme.
6. COMP. CA Bordeaux, 1er oct. 1991, *RTD civ.* 1992, 56, obs. Hauser et CA Bordeaux, 7 juin 1994, *D.* 1996, somm. 63, obs. Blary-Clément.
7. F. Dekeuwer-Défossez, « Couple et cohabitation », C. Brunetti-Pons (dir.), *La notion juridique de couple*, Economica, 1998, p. 61 s., spéct p. 69.
8. Civ. 2e, 29 mai 1957, *D.* 1957, J. 481.
9. CA Paris, 4 oct. 1994, *Juris-Data* n° 023622.
10. CA Versailles, 30 mars 1995, *BICC*, n° 419, p. 31; *RTD civ.* 1995, 606, obs. Hauser; *JCP* 1996, I, 3946, n° 1, note Farge.
11. CA Paris, 2 juin 1977, *Gaz. Pal.* 1977, 2, 675, note Brazier; *D.* 1978, IR 173, note Breton.
12. CA Bordeaux, 14 janv. 1991, *Juris-Data* n° 040201.
13. Civ. 2e, 12 sept. 2002, n° 01-01.377, *Bull. civ.* II, n° 180; *Defrénois* 2003, 117, obs. Massip; *RJPF* 2002 12/26, obs. Garé; *Dr. fam.* 2003, comm. 26, note Lécuyer; *RTD civ.* 2002, 784, obs. Hauser.
14. Civ. 1re, 11 janv. 2005, n° 02-15.443, *Bull. civ.* I, n° 8; *JCP* 2006, IV, 1338.
15. Civ. 2e, 25 nov. 1992, n° 91-12.236, *Bull. civ.* II, n° 273; *D.* 1993, IR 16.

132.282 Abandon du domicile conjugal. Cependant, dans le cadre du jeu de cette obligation, l'abandon du domicile conjugal constitue le cas le plus fréquent. Cet abandon étant justifié ou non par le comportement du conjoint : violences, scènes de ménage, comportement outrancier[1]. Cependant, le législateur n'impose pas à celui qui veut se prévaloir d'une telle excuse de rapporter la preuve d'une faute concomitante du conjoint et de l'existence d'un état de nécessité[2]. La commission Dekeuwer-Défossez avait proposé de réaffirmer le droit pour un époux de quitter le domicile commun en cas de violences conjugales sans attendre la requête en divorce[3]. Cela a été fait avec la réforme du 26 mai 2004. L'article 220-1 alinéa 3 du Code civil prévoit en effet que le juge peut statuer, au titre des mesures d'urgence, sur **l'attribution du logement familial au conjoint victime de violences** sans attendre l'examen au fond de la demande en divorce, la mesure devenant caduque si aucune requête n'a été déposée dans le délai de quatre mois depuis le prononcé de la mesure. L'abandon du domicile conjugal ne peut être justifié par le dépôt simultané d'une demande en divorce qui « *ne confère pas aux époux une immunité faisant perdre leurs effets normaux aux torts invoqués et ne peut constituer une excuse à la violation du devoir de cohabitation imposé aux époux encore dans les liens du mariage* »[4].

132.283 Incidence des accords entre époux. Le statut conjugal n'échappe pas complètement au mouvement de contractualisation qui traverse le droit de la famille. Ainsi, la jurisprudence est divisée lorsqu'un époux invoque, pour justifier l'abandon du domicile conjugal, la séparation de fait intervenue d'un commun accord entre les époux. La Cour de cassation rappelle ainsi que si le refus illégitime de cohabiter est une cause de divorce, cela n'interdit pas de prendre en compte les particularités des situations.

Ainsi, dans une affaire où le mari aux torts exclusifs duquel le divorce a été prononcé, faisait valoir que son épouse avait accepté « *les abandons répétés et soudains* » par lui du domicile conjugal, elle se contente de répondre que la preuve de cette acceptation n'avait pas été rapportée, ce qui semble confirmer qu'*a contrario* cet élément aurait pu être pris en compte par les juges du fond[5].

Dans certaines décisions du fond, le fait d'avoir quitté le domicile n'est pas une cause de divorce.

Ainsi dans une espèce où le manquement au devoir de cohabitation résultait de la décision commune des époux d'organiser leur séparation[6]; où le mari avait autorisé par écrit le départ de sa femme et avait de même renoncé à l'invoquer comme cause de divorce[7]; jugé que, la sommation de réintégrer le domicile deux ans après l'introduction de la procédure ne manifestait pas une volonté sérieuse de reprendre la vie commune[8].

Pareillement ne constitue pas une cause de divorce le départ de la femme du domicile conjugal lorsque les époux ont signé devant notaire un accord dans lequel ils déclaraient adopter un domicile distinct, comme l'autorise l'article 108 du Code civil, et s'engageaient à ne pas utiliser cette séparation au soutien d'une procédure de divorce[9].

Si la cour d'appel de Pau, les 19 février et 27 mai 1992, avait bien jugé que le départ de la femme du domicile conjugal avec l'accord du mari n'était pas fautif, elle n'a pas légalement justifié sa décision lorsque, pour prononcer le divorce aux torts de l'épouse, elle a jugé que le refus d'y revenir sur demande de celui-ci constituait une faute grave rendant intolérable le maintien de la vie commune sans rechercher si la sommation délivrée par le mari traduisait une volonté réelle de reprendre la vie commune[10].

À l'inverse, dans d'autres arrêts, lorsque la cessation de la vie commune résulte d'un accord conclu entre les époux par lequel ceux-ci se déchargent de leur obligation de cohabiter, il est alors retenu à la charge de chacun d'eux des agissements graves et renouvelés justifiant le divorce aux torts partagés[11].

Il faut également souligner qu'en cas de demande en divorce pour altération définitive du lien conjugal, le défendeur peut former une demande reconventionnelle en divorce pour faute, la faute pouvant être constituée par l'abandon du domicile conjugal.

Par ailleurs, l'abandon du domicile conjugal n'est pas nécessairement conjugué avec le non-respect de l'obligation d'entretien de la famille[12].

1. Jugeant non établie la preuve que le départ du mari résulte du caractère insupportable de l'épouse, CA Lyon, 8 mars 1994, *Juris-Data* n° 049674 – Ou au contraire que l'agressivité de l'épouse et son comportement tyranique vis-à-vis du personnel de maison excusaient l'abandon du domicile conjugal par le mari, Civ. 2e, 27 mai 1999, n° 98-17.945, NP, *RJPF* 1999, 7/31.
2. Civ. 2e, 25 nov. 1999, n° 97-21.929, *Bull. civ.* II, n° 176; *JCP* 2000, IV, 1041; *RTD civ.* 2000, 90, obs. Hauser; *RJPF* 2000, 2/26, note Guerder.
3. F. Dekeuwer-Défossez, *Rénover le droit de la famille*, rapp. préc., p. 138.
4. Civ. 2e, 15 nov. 2001, n° 00-12.902, NP.
5. Civ. 1re, 25 janv. 2005, n° 02-21.230, NP; *RJPF* 2005-5/23, obs. Garé.
6. CA Aix-en-Provence, 27 oct. 1998, *Juris-Data* n° 046563.
7. CA Paris, 9 déc. 1992, *Juris-Data* n° 023675 – CA Montpellier, 22 mai 1991, *Juris-Data* n° 001902.
8. CA Nancy, 24 avr. 1995, *Juris-Data* n° 044249.
9. CA Paris, 2 juin 1997, *JCP* 1998, IV, 1564.
10. Civ. 2e, 16 nov. 1994, n° 93-12.116, *Bull. civ.* II, n° 229; *JCP* 1995, IV, 124.
11. V. CA Douai, 25 oct. 1990, *Juris-Data* n° 050186 – CA Nîmes, 15 juill. 1992, *Juris-Data* n° 030225 – CA Montpellier, 10 oct. 1996, *Juris-Data* n° 034581.
12. CA Paris, 15 mars 1990, *Juris-Data* n° 021692.

§ 6
Violation des devoirs d'entraide matérielle ou morale à l'égard du conjoint ou de la famille

132.291 Entraide matérielle. Au plan matériel, l'assistance se traduit par la **prise en charge du foyer et des tâches ménagères**. Le non-respect de cette obligation était traditionnellement le fait de l'épouse. Ainsi, il a pu lui être reproché dans le passé de traiter avec une négligence excessive les affaires du ménage et l'entretien du foyer[1] ou encore de n'être pourvue que de très faibles qualités de femme d'intérieur[2]. Cependant, les mentalités évoluent puisque dans les éléments pris en considération pour prononcer le divorce aux torts exclusifs du mari figurait son refus à toute participation aux tâches de la vie conjugale alors que la femme exerçait une profession et que lui-même se trouvait sans emploi[3]. Les tâches ménagères peuvent être partagées entre les époux[4].

En revanche, on reproche plus facilement au mari son **refus de contribuer financièrement aux charges du ménage**[5] ou de **dilapider les ressources familiales**[6]. Pareille défaillance se produit quelquefois lorsque les époux vivent ensemble et que le mari, par oisiveté ou mauvaise volonté, ne peut pas ou ne veut pas financer les besoins de la famille (ainsi dans le cas où le mari s'est lui-même mis en situation de ne pouvoir conserver son travail[7]). Plus souvent, cette absence de participation aux charges a lieu lorsque les époux vivent séparés et que le mari ne fournit plus de subsides à la famille[8], sous divers prétextes. Si, conformément aux règles du droit commun, c'est à celui qui invoque une faute d'en apporter la preuve, cette exigence doit être nuancée en matière de divorce, spécialement en ce qui concerne les devoirs pécuniaires comme la contribution aux charges du mariage. C'est alors au débiteur qu'incombe la charge de prouver qu'il s'est bien libéré desdits devoirs[9].

132.292 Entraide morale. Une jurisprudence traditionnelle sanctionne le **refus de soins**[10] ou l'**abandon du conjoint malade** (le tribunal ne prononçant pas le divorce pour rupture de la vie commune, demandé par une femme contre son mari placé en hôpital psychiatrique depuis quarante ans mais guéri depuis longtemps, mais accordant un divorce pour faute sur demande reconventionnelle du mari[11]), ainsi que l'abandon de la femme enceinte... Constitue également une faute justifiant le prononcé du divorce à ses torts, le mari qui ne soutient aucunement sa femme lors du décès d'un enfant commun mais fait preuve de la plus totale indifférence et consomme de manière excessive de l'alcool[12].

L'abandon moral n'exige pas nécessairement que le conjoint victime soit dans une situation de « faiblesse » et il a pu être retenu en cas d'absences longues, fréquentes ou répétées du conjoint (la femme s'absentait longuement pour s'occuper de ses parents[13]; le mari pratiquant du football dans le cadre de ses loisirs s'absentait trop souvent[14]; le mari consacrait trop de temps à une secte[15]).

132.293 Entraide à l'égard des enfants. Les devoirs envers les enfants sont précisés aux articles 213 et 203 du Code civil. Ainsi, « *Les époux assurent ensemble la direction morale et matérielle de la famille. Ils pourvoient à l'éducation des enfants et préparent leur avenir.* » (C. civ., art. 213) et « *Les époux contractent ensemble, par le seul fait du mariage, l'obligation de nourrir, entretenir et élever leurs enfants* » (C. civ., art. 203). Ils doivent contribuer à leur entretien et à leur éducation (C. civ., art. 371-2). Le défaut de soins ou d'attention à l'égard des enfants constitue ainsi une faute, dans la mesure où, même si l'autre parent n'est pas concerné directement, il est touché dans son affection[16]. Le droit sanctionne depuis déjà longtemps

1. V. Civ. 2e, 17 juill. 1963, *Bull. civ.* II, n° 532 – CA Paris, 25 févr. 1992, *Juris-Data* n° 020355 – CA Lyon, 30 avr. 1997, *JCP* 1997, IV, 172.
2. CA Aix-en-Provence, 22 nov. 1993, *JCP* 1994, I, 3771, n° 6, obs. Deschamps et Dupré; *JCP* 1994, IV, 623; *RTD civ.* 1994, 330, n° 12, obs. Hauser.
3. CA Rennes, 15 juin 1992, *Juris-Data* n° 046045.
4. V. CA Montpellier, 7 janv. 1991, *Juris-Data* n° 0008 – CA Bourges, 26 oct. 1994, *Juris-Data* n° 048347.
5. V. Civ. 2e, 25 mai 1994, n° 91-18.350, *Bull. civ.* II, n° 137; *JCP* 1994, IV, 1877; *JCP* 1995, I, 3813, n° 6, obs. Ferré-André – CA Toulouse 5 juill. 2005, *JCP* 2005, IV, 3694 : refus du mari de travailler.
6. CA Douai, 3 févr. 1994, *Juris-Data* n° 053175 – V. AUSSI, CA Rennes, 8 sept. 1997, *Juris-Data* n° 046257 : endettement inconsidéré par le mari.
7. CA Bordeaux, 11 oct. 1994, *Juris-Data* n° 048309 – V. AUSSI, CA Grenoble, 26 sept. 1995, *Juris-Data* n° 048532.
8. CA Paris, 17 mars 1995, *Juris-Data* n° 020584.
9. V. CA Toulouse, 31 mars 1992, *Juris-Data* n° 047292 – J. Hauser, « Divorce pour faute : preuve du refus de contribution aux charges », *RTD civ.* 1993, 103, n° 6.
10. V. Civ. 2e, 20 mars 1961, *Bull. civ.* II, n° 235 – CA Paris, 12 janv. 1972, *D.* 1972, J. 217 – Y compris quand il prend la forme d'un manque d'égards et d'attention eu égard à la santé de l'épouse, Civ. 2e, 16 juill. 1992, *JCP* 1992, IV, 2698 – CA Nancy, 9 janv. 1998, *Juris-Data* n° 042921 – Ou d'un état dépressif de l'épouse d'un médecin à même d'en apprécier la gravité, CA Lyon, 30 avr. 1996, *JCP* 1997, IV, 172.
11. TGI Lyon, 15 déc. 1977, *D.* 1978, J. 201, note Breton.
12. CA Bourges, 17 juin 1999, *Juris-Data* n° 043859.
13. CA Paris, 15 mai 1991, *Juris-Data* n° 021516.
14. CA Paris, 18 juin 1991, *Juris-Data* n° 022482.
15. CA Nancy, 12 sept. 1994, *Juris-Data* n° 053153.
16. Civ. 2e, 2 mai 1963, *Bull. civ.* II, n° 338 – BÉNABENT, n° 246.

l'abandon moral ou matériel des enfants (anc. C. pén., art. 357-1 – C. pén., art. 227-1 et 227-3) ainsi qu'à l'inverse, l'influence nocive exercée sur les enfants les incitant notamment à manquer au respect et à l'affection qu'ils doivent à l'autre parent[1] ou les parents de ce dernier[2]. Le comportement adopté par rapport à l'éducation peut même être retenu (par ex. le refus de faire baptiser l'enfant contrairement aux promesses faites[3]).

§ 7
Devoirs innommés et obligation de respect

132.301 Devoirs innomés. Aux devoirs expressément prévus par la loi, s'ajoutent « *bien d'autres devoirs dont sont tissés l'ordre conjugal et la paix des ménages* »[4] et la jurisprudence en matière de cause de divorce en est la traduction fidèle. Ces comportements qualifiés de « *manquements innommés* »[5] sont caractérisés par un manque de respect du conjoint (ainsi, la volonté de changer le mode de vie de l'épouse en lui imposant la tenue vestimentaire et en lui interdisant de voir ses amies[6]; ou encore, des propos désobligeants ajoutés à un caractère insupportable, constituent des causes de divorce au sens de l'article 242 du Code civil[7]) et constituent une violation de l'obligation d'assistance, interprétée au sens le plus large comme signifiant l'obligation d'avoir un comportement rendant possible la vie en commun. Il s'agira, en premier lieu, des violences sous toutes leurs formes, puis de la conduite de l'époux tant au plan conjugal qu'au plan social.

132.302 Mariages naturalisants. Un nouveau type de faute pourrait peut-être apparaître dans le cadre des mariages naturalisants. L'institution d'une législation plus sévère en ce domaine concernant non seulement les conditions relatives à **l'octroi de la nationalité française par mariage** mais aussi les conditions relatives à la **délivrance d'une carte de séjour au conjoint étranger** devrait tarir le contentieux. Actuellement, des demandes en divorce sont fondées sur le fait qu'un conjoint, le plus souvent l'épouse, déclare n'avoir été épousée que pour assurer à l'autre l'obtention d'un titre d'un séjour. De telles procédures risquent cependant de ne pas aboutir, les juges y opposant, à l'instar de la cour d'appel de Nîmes, l'origine du grief[8]. S'agissant de l'objet du mariage, il est bien antérieur à celui-ci et ne constitue donc pas un manquement aux devoirs et obligations du mariage. La cour d'appel de Montpellier, le 23 janvier 1996 a recouru pour sa part à la règle *Nemo auditur*... pour rejeter la demande en divorce, cette dernière étant fondée sur le but unique du mariage qu'avait été l'acquisition de la nationalité française[9].

§ 8
Comportements pathologiques : violences, addictions et refus de se soigner

132.311 Violences physiques. Les coups et blessures, les sévices[10] qu'un époux peut faire subir au conjoint[11] ou aux enfants (père qui gifle un enfant de dix mois[12]; agression sexuelle du père sur la personne de ses enfants[13]) constituent des manquements aux obligations du mariage. La **preuve** peut en être rapportée **par tous moyens**[14]. Elle peut également être facilitée lorsque les faits sont pénalement incriminés[15]. Cependant, pour rejeter la demande reconventionnelle, la cour d'appel de Montpellier, le 17 février 1994, a estimé que « *les faits de violence qui ont eu lieu après l'ordonnance de non-conciliation ne peuvent servir de fondement au prononcé d'un divorce, dès lors qu'ils ne se sont pas produits au cours de la vie commune* »[16]. Dans ce domaine également, le moment de réalisation de la faute permet d'écarter son caractère intolérable.

132.312 Refus de se soigner. La jurisprudence a pu considérer que le refus de soigner un **état**

1. Non-prise en compte des critiques formulées par la femme contre le mari devant les enfants, CA Limoges, 21 oct. 1993, *Juris-Data* n° 051600.
2. CA Paris, 20 déc. 1972, *Gaz. Pal.* 1973, somm. 155.
3. CA Versailles, 26 mars 1987, *Gaz. Pal.* 1987, somm. 398.
4. Carbonnier, n° 111, p. 186.
5. Bénabent, n° 247.
6. CA Grenoble, 16 mars 1998, *Juris-Data* n° 047840.
7. Civ. 2e, 24 juin 1999, n° 97-21.888, NP.
8. CA Nîmes, 30 juin 1994, *JCP* 1996, I, 3903, n° 2, note Rubellin-Devichi.
9. CA Montpellier, 23 janv. 1996, *JCP* 1998, I, 101, n° 2, obs. Bosse-Platière.
10. V. Civ. 2e, 29 mai 1963, *Bull. civ.* II, n° 402 – Civ. 2e, 31 mars 1978, n° 77-11.029, *Bull. civ.* II, n° 93.
11. Civ. 2e, 26 juin 1996, n° 95-85.024, NP; *JCP* 1996, IV, 1932 – CA Bourges, 9 déc. 1997, *Juris-Data* n° 045947.
12. CA Toulouse, 9 janv. 1996, *Juris-Data* n° 055409.
13. CA Toulouse, 1er janv. 1996, *Juris-Data* n° 044195.
14. Sur l'utilisation des attestations et certificats médicaux dans la discussion des fautes et des excuses : Civ. 2e, 12 juill. 1989, n° 88-15.687, NPT (comportement injurieux et colérique du mari) – CA Caen, 7 avr. 1994, *Juris-Data* n° 049986 (comportement de l'épouse et violence du mari) – CA Bourges, 30 sept. 1996, *Juris-Data* n° 043744 (violence du mari suffisamment prouvée par un certificat médical et rendant inutile la discussion sur les fautes de l'épouse) – CA Grenoble, 3 févr. 1998, *Juris-Data* n° 041137 (priorité donnée aux éléments tirés des dépôts de plainte et à deux certificats médicaux).
15. CA Toulouse, 15 nov. 1994, *Juris-Data* n° 048186.
16. CA Montpellier, 17 févr. 1994, *JCP* 1995, I, 3813, n° 6, obs. Ferré-André; *JCP* 1996, I, 3946, n° 2, obs. Mattei.

dépressif était constitutif d'une faute et permettait, associé à d'autres fautes, de prononcer le divorce pour faute aux torts partagés[1] (not. lorsque la femme souffrant d'un état dépressif conséquent entraîné par des régimes amaigrissants sans surveillance médicale, a, parallèlement, abandonné ses traitements médicaux de longue durée[2]). Si les conséquences du refus de soins peuvent être fautives au sens de l'article 242 du Code civil, le refus de soins lui-même ne nous semble pas devoir répondre à cette qualification. On se retrouve ici confronté aux droits que la personne détient sur son corps et que les lois dites bioéthiques de juillet 1994[3] lui ont reconnu (C. civ., art. 16). De manière un peu moins marquée, on peut s'étonner également de la prise en compte du refus de l'épouse de préciser les traitements suivis pour traiter son état dépressif[4]. Peut-être dans cette matière devrait-on retrouver une distinction proche de celle que la jurisprudence applique en matière d'appartenance religieuse.

La jurisprudence relative à la communication d'une **maladie vénérienne** est assez abondante. Une telle transmission constitue une faute, lorsque le conjoint, conscient de son état a sciemment transmis le mal[5] ou également en raison des circonstances entourant cette transmission. Cette jurisprudence pourrait vraisemblablement être étendue à la **transmission du virus du sida** (ainsi dans un cas d'adultère, pour l'épouse contaminée[6]).

132.313 Refus ou désir d'enfant. Il appartient au juge d'apprécier souverainement l'existence de **raisons médicales suffisantes justifiant le refus de paternité ou de maternité** (par ex. par usage de contraceptifs[7]).

Il a pu être reproché à la femme, comme constitutif d'un comportement injurieux, le fait d'avoir interrompu la grossesse à l'insu de son mari[8], ou d'avoir recouru à l'usage d'un contraceptif alors que son mari est stérile et après en avoir informé ses beaux-parents[9]. Tout comme il a été considéré comme constitutif d'une faute, le refus de paternité du mari joint à une demande insistante de sa part à la femme de subir un avortement et suivi du départ du mari abandonnant sa femme enceinte[10].

Par contre, ne constitue pas une faute au sens de l'article 242 du Code civil, le fait pour la femme de **renoncer à se prêter à une fécondation *in vitro*** après s'être soumise à cinq consultations gynécologiques en vue de la réaliser, alors que ce choix traduit l'expression d'un des droits primordiaux de la personne[11]. Depuis, la loi n° 94-653 du 29 juillet 1994 a accordé valeur légale à différents principes généraux (C. civ., art. 16 mod. et s.). Ainsi, elle interdit toute atteinte à la dignité de la personne et prévoit que chacun a droit au respect de son corps. Cependant, si cette loi a prévu des mesures spécifiques en matière de filiation par procréation médicalement assistée (C. civ., art. 311-19 et 311-20, créés par L. 29 juill. 1994), elle n'en a heureusement pas édicté concernant le refus de ces techniques dans le cadre des obligations liées au mariage.

Les dispositions générales devraient permettre au juge d'apprécier chaque cas d'espèce, sachant que la **stérilité** d'un époux n'est pas non plus une cause de divorce en droit français[12] (et l'erreur sur la stérilité n'est pas un vice du consentement au sens de l'article 180 alinéa 2 relatif à la nullité du mariage), dans la mesure où la personne s'est soumise à des traitements qui se sont révélés inutiles[13]. En revanche, le refus de suivre un traitement médical ordinaire est fautif[14].

Plus surprenante est l'hypothèse du **désir exacerbé d'enfant** invoqué par le mari comme constitutif d'une faute au sens de l'article 242 du Code civil.

Dans l'affaire soumise à la cour d'appel de Montpellier, le 4 octobre 1994, le mari reprochait à son épouse, de cinq ans plus âgée, non seulement d'avoir recherché le mariage mais aussi, une fois celui-ci célébré, d'avoir recherché la maternité[15]. La cour a bien évidement débouté le mari sur ce point, de tels désirs n'étant que très naturels.

1. CA Lyon, 30 avr. 1996, *Juris-Data* n° 043124; *JCP* 1997, IV, 172.
2. CA Limoges, 1er mars 1999, *Juris-Data* n° 040784.
3. L. n° 94-653, 29 juill. 1994, relative au respect du corps humain, *JO* 30 juill., p. 11056 – L. n° 94-654, 29 juill. 1994, relative au don et à l'utilisation des éléments et produits du corps humain, à l'assistance médicale à la procréation et au diagnostic prénatal, *JO* 30 juill., p. 11059.
4. CA Amiens, 28 févr. 1996, *Juris-Data* n° 002016; *JCP* 1998, I, 101, n° 2, obs. Bosse-Platière.
5. Civ. 7 mai 1935, *S.* 1935, 1, 220.
6. CA Aix-en-Provence, 25 oct. 1995, *Juris-Data* n° 048517.
7. V. CA Rennes, 25 mars 1972 et CA Rennes, 25 janv. 1974, *Rev. jur. Ouest* 1975-1, p. 43, obs. Cosnard.
8. Civ. 2e, 27 mars 1974, n° 73-10.788, *Bull. civ.* II, n° 111; *JCP* 1974, IV, 178.
9. CA Aix-en-Provence, 30 mai 1996, *Juris-Data* n° 053490.
10. CA Paris, 5 mai 1987, *Juris-Data* n° 023023.
11. CA Bordeaux, 1er oct. 1991, *RTD civ.* 1992, 56, n° 14, obs. Hauser.
12. CA Versailles, 12 janv. 1995, *Juris-Data* n° 040367 – Et v. jur. citée dans J. Vassaux-Vansverschelde, *Liberté individuelle et devoirs personnels des époux*, th. Lille, 1989, t. I, note p. 326 s.
13. CA Versailles, 3 oct. 1991, *Juris-Data* n° 045224.
14. Pour le refus de consulter un gynécologue, CA Bordeaux, 7 juin 1994, *JCP* 1994, IV, 2207; *RTD civ.* 1994, 836, n° 11, obs. Hauser; *D.* 1996, somm. 63, note Bary-Clément – Sur la distinction entre les types de traitements, v. J. Bouton, *L'« obligation » de se soigner ?*, th. Strasbourg, 1990, p. 351, 356.
15. CA Montpellier, 4 oct. 1994, *JCP* 1995, IV, 3855, n° 2, note Ferré-André; *D.* 1996, somm. 63, note Bary-Clément.

§ 9
Autres griefs comportementaux

132.321 Attitudes injurieuses. Les scènes et propos injurieux, en public ou en privé représentent une faute fréquemment invoquée[1], mais pas toujours suffisante (ainsi lorsque le divorce a été prononcé à l'encontre du mari qui avait pourtant invoqué les scènes de ménage de l'épouse au caractère jaloux et agressif[2]).

Pareillement, une attitude systématiquement vexatoire envers le conjoint, ou la preuve d'un caractère acariâtre ou hostile constitue une faute[3]. À l'inverse, le silence obstiné conservé à l'égard du conjoint[4] ou encore une attitude de mépris ou d'ignorance[5] constituent également une faute. Le comportement avec les tiers peut également être pris en considération. Ainsi, une attitude exhibitionniste, harceleuse et agressive sexuellement à l'encontre de la femme de ménage est constitutive d'une faute[6]. Un tabagisme excessif constitue pareillement un manque d'égard envers l'épouse qui est de santé fragile[7]. La révélation brutale sur la naissance des enfants, conçus par insémination artificielle avec donneur, a également été considérée comme injurieuse dès lors qu'elle a été inspirée par la vengeance d'un mari délaissé[8].

132.322 Désintérêt pour la famille. Les excès **professionnels ou relationnels** peuvent également être reprochés aux époux lorsque cela conduit à un désintérêt pour la famille.

Une passion immodérée pour l'informatique[9] ou pour la restauration d'un bateau[10] traduisent un désintérêt pour la famille qui peut être sanctionné. Il en est de même pour des activités syndicales ou associatives[11].

L'excès religieux peut aussi être sanctionné[12].

L'adhésion à une religion procède de la liberté de conscience de chacun et ne constitue pas en soi une cause de divorce[13]. Toutefois, lorsque les activités religieuses perturbent gravement la vie de famille, elles constituent une cause de divorce[14].

En revanche, une procédure en annulation du mariage religieux engagée par la femme ne constitue pas une faute au sens de l'article 242 du Code civil[15].

132.323 Incompatibilité des caractères. Les caractères des époux peuvent également être invoqués pour soutenir une demande en divorce[16]. Cependant, une simple « *intolérance à l'autre* » ne suffit pas à fonder la demande en divorce et le juge exige la **gravité intrinsèque de la faute ou son renouvellement**.

Constater par exemple, qu'il n'existe plus de communication entre les époux s'enfermant chacun de leur côté dans une rancœur à l'égard de l'autre ne caractérise pas une faute cause de divorce[17].

De manière plus caricaturale, la cour d'appel de Bourges a débouté un mari souhaitant se séparer de son épouse seulement parce qu'elle avait grimacé dans son dos et l'avait traité de fainéant[18].

Parmi les préceptes dégagés par les juges figure le **devoir de courtoisie** qui impose aux époux d'adopter une attitude aimable et tolérante et de maîtriser leurs mouvements d'humeur[19].

1. Civ. 2e, 15 mai 1961, *Bull. civ.* II, n° 253 – Pour des injures adressées par courrier, Civ. 2e, 22 mai 1963, *Bull. civ.* II, n° 368 – CA Caen, 21 avr. 1994, *Juris-Data* n° 049890.
2. CA Nancy, 11 sept. 1995, *JCP* 1996, I, 3946, n° 2, obs. Mattei.
3. V. Civ. 2e, 3 juill. 1963, *Bull. civ.* II, n° 489 – CA Paris, 19 oct. 1994, *Juris-Data* n° 023594 – CA Caen, 17 nov. 1994, *Juris-Data* n° 049894.
4. CA Rennes, 6 avr. 1933, *S.* 1933, II, 212.
5. Civ. 2e, 9 févr. 1986, *Gaz. Pal.* 1986, pan. 246.
6. CA Dijon, 29 sept. 2006, *JCP* 2006, IV, 2882.
7. CA Douai, 1er mars 1990, dans J. Hauser « Les fautes de l'an 2000 », *RTD civ.* 1991, 711, n° 7.
8. CA Metz, 7 sept. 2004, *JCP* 2005, IV, 2464.
9. CA Orléans, 14 déc. 1993, *JCP* 1994, I, art. 3771.
10. CA Colmar, 28 mai 1993, *JCP* 1994, I, 3771, n° 6, note Deschamps et Dupré.
11. CA Douai, 12 oct. 1984, *D.* 1985, J. 523, note Bary-Clément – Pour une association sportive, CA Bordeaux, 19 déc. 1995, *JCP* 1996, I, 3946, n° 3, obs. Rubellin-Devichi – *CONTRA* pour la profession d'agriculteur, CA Lyon, 1er mars 1994, *Juris-Data* n° 049669.
12. Civ. 2e, 11 mars 1981, cité par C. Atias, « Les convictions religieuses dans la jurisprudence française en matière de divorce », *JCP* 1984, I, 3151, spéct n° 8.
13. V. CA Grenoble, 4 juin 1991, *JCP* 1991, II, 21744, note Hauser – CA Metz, 21 sept. 1992, *Juris-Data* n° 049498 – Ou CA Bourges, 20 mars 1996, *JCP* 1997, I, 4045, n° 3, obs. Bosse-Platière : adhésion d'un époux aux témoins de Jéhovah – adhésion à l'Église évangélique de Pentecôte, CA Colmar, 11 déc. 1992, *Juris-Data* n° 049509 – Civ. 2e, 8 nov. 1995, n° 94-10.685, *Bull. civ.* II, n° 271; *RTD civ.* 1996, 368, n° 14, obs. Hauser; *Defrénois* 1997, art. 36516, p. 300, n° 2, obs. Massip – CA Dijon, 23 sept. 1997, *JCP* 1998, IV, 3143; *RTD civ.* 1999, 69, obs. Hauser.
14. V. CA Paris, 23 janv. 1993, *Juris-Data* n° 020194 – CA Montpellier, 7 nov. 1994, *Juris-Data* n° 034245; *JCP* 1995, I, 3855, n° 2, note Ferré-André – Rejetant le pourvoi contre CA Montpellier, 7 nov. 1994, v. Civ. 2e, 9 oct. 1996, n° 95-10.461, *Bull. civ.* II, n° 224; *JCP* 1996, II, 22680, note Bruguière; *RTD civ.* 1997, 107, n° 9, obs. Hauser – CA Nancy, 23 févr. 1996, *JCP* 1997, I, 4045, n° 2, obs. Bosse-Platière – CA Aix-en-Provence, 21 janv. 1997, *Juris-Data* n° 040044; *JCP* 1997, I, 4045, n° 2, obs. Bosse-Platière – CA Metz, 4 mai 2004, *JCP* 2004, IV, 1138 : rappelant l'obligation de faire des compromis en la matière.
15. CA Colmar, 12 oct. 1990, *Juris-Data* n° 048307; *RTD civ.* 1991, 711, n° 7, note Hauser.
16. F. Dekeuwer-Défossez; « Couple et cohabitation », C. Brunetti-Pons (dir.), *La notion juridique de couple*, Economica, 1998, p. 61 à 73 – CA Caen, 17 nov. 1994, *Juris-Data* n° 049894.
17. Civ. 1re, 11 janv. 2005, n° 03-12.802, *Bull. civ.* I, n° 11; *JCP* 2005, IV, 1339.
18. CA Bourges, 21 sept. 1993, *JCP* 1994, I, 3771, n° 6, obs. Deschamps et Dupré.
19. Vassaux, note ss Civ. 2e, 27 mai 1999, *RJPF* 1999, 7/31.

Si les « *carences caractérielles* »[1] permettent de justifier le partage des torts face à un conjoint infidèle ou brutal, l'arrêt du 27 mai 1999 va plus loin encore puisqu'il considère que l'agressivité de l'épouse et son comportement tyrannique vis-à-vis du personnel de maison excusent l'abandon du domicile conjugal par le mari.

L'incompatibilité peut également résulter des **liens avec la belle-famille.**

Ainsi, l'abandon du domicile conjugal, par la femme, ne peut constituer une faute lorsqu'elle a subi pendant plus de dix ans une cohabitation obligée avec ses beaux-parents, avec lesquels elle ne s'entendait pas, son mari étant très souvent absent pour des raisons professionnelles[2] À l'inverse, l'influence excessive et néfaste de la mère sur son fils (elle conservait chéquiers et carte bancaire de celui-ci) peut conduire au prononcé d'un divorce à ses torts exclusifs, alors même que la femme a dû fuir le domicile conjugal avec son enfant de façon précipitée[3].

À la lecture des torts invoqués par les plaideurs et retenus par les juges[4], on peut constater que les défauts de caractère et l'incompatibilité d'humeur sont pris en considération. Même si beaucoup d'époux fondent toujours leur demande en divorce sur la faute, ce divorce n'est peut-être plus majoritairement un divorce-sanction, ce que le doyen Carbonnier avait très justement pressenti lorsqu'il a maintenu cette forme de divorce. Ce n'est peut-être plus vrai depuis la réforme du 26 mai 2004 qui a introduit le divorce pour altération définitive du lien conjugal qui entre mieux dans la définition d'un divorce-faillite, proche de l'utilisation qui était faite jusqu'alors du divorce aux torts partagés[5].

132.324 Absence de loyauté et inconduite dans la vie sociale. La jurisprudence impose aux époux un devoir de loyauté réciproque[6] dont la violation peut être sanctionnée. Par conséquent, constitue une faute la **dissimulation par un époux à son conjoint de faits antérieurs au mariage** alors, et c'est là que réside l'originalité, qu'il n'existait aucune obligation entre époux puisque le mariage n'avait pas encore été célébré. Pour la jurisprudence, si un époux continue après le mariage à taire de tels faits à son conjoint, le maintien de cette dissimulation constitue une faute.

Ainsi a-t-il été jugé que la dissimulation d'une affection physique grave[7], de pratiques liées aux stupéfiants[8], d'affections mentales[9], de condamnations pénales[10] constitue une faute, cause de divorce. La même solution s'applique lorsqu'un époux a dissimulé l'existence d'enfants nés antérieurement au mariage[11] ou la célébration religieuse d'un précédent mariage[12] ou lorsque le mari entretient une relation au moins sentimentale avec un autre homme[13].

À l'inverse, si l'époux connaissait le fait avant la célébration du mariage, la demande en divorce sera inopérante (ainsi la femme n'ayant pas caché sa séropositivité à son futur époux[14]).

Cependant, lorsque le fait lui-même est connu, en l'espèce l'anorexie de la femme, mais que les conséquences que cet état pouvait générer dans la vie quotidienne du couple n'ont pas été abordées, une telle situation s'analyse comme un manque de loyauté réciproque pouvant constituer une faute au sens de l'article 242 du Code civil[15].

Il peut s'agir, dans le domaine des relations amoureuses, **d'attitudes légères**[16], **d'attitudes équivoques**[17], **d'attachements excessifs.**

Ainsi, le fait pour le mari, à la fin d'un repas de famille, de manifester publiquement et en des termes sans équivoque, le désir physique que provoquait chez lui sa belle-sœur[18]; de même, une infidélité intellectuelle avec un évêque[19]. Ou encore, la présence du nom de l'épouse aux côtés de celui d'un autre homme sur la boîte aux lettres de ce dernier constitue également une injure vis-à-vis du mari[20], de la même façon que la cohabitation du mari avec un autre homme même si l'homosexualité n'est pas prouvée[21]. Le marivaudage par voie télématique ou par l'internet est également sanctionné[22].

Le fait de prendre un contrat dans une agence matrimoniale[23] ou de passer des petites annonces en vue de trouver une autre partenaire[24] ou d'entretenir des relations avec des partenaires féminins connus par l'intermédiaire

1. Dekeuwer-Défossez, *D.* 1985, chron. 219.
2. CA Douai, 28 janv. 1999, *Juris-Data* n° 040473.
3. CA Rennes, 3 mars 1997, *Juris-Data* n° 056978.
4. Obs. Hauser, « Divorce pour incompatibilité affective », *RTD civ.* 1992, 57, n° 15.
5. Sur l'évolution du divorce pour faute avant la réforme du divorce, v. O. Laouenan, « Quelques réflexions à propos de la suppression du divorce pour faute », *LPA* 1999, n° 169, 4 et n° 170, 4.
6. Y. Guyon, « L'obligation de sincérité entre époux », *RTD civ.* 1964, 473.
7. Civ. 2e, 12 mai 1960, *Bull. civ.* II, n° 309.
8. CA Pau, 30 mars 1993, *JCP* 1993, IV, 1763; *RTD civ.* 1994, 330, n° 12, obs. Hauser.
9. Civ. 2e, 12 déc. 1979, *D.* 1981, IR 76.
10. CA Liège, 4 déc. 1923, *D.* 1924, 2, 149.
11. CA Poitiers, 26 févr. 1992, *Juris-Data* n° 043537.
12. CA Paris, 4 mars 1992, *Juris-Data* n° 020488.
13. CA Bordeaux, 10 avr. 1996, *Juris-Data* n° 044067.
14. CA Paris, 15 déc. 1993, *Juris-Data* n° 023547; *JCP* 1994, I, 3771, n° 7, obs. Deschamps et Dupré.
15. CA Pau, 7 déc. 1998, *Dr. fam.* 1999, comm. 80, note Lécuyer.
16. CA Dijon, 11 avr. 1995, *JCP* 1996, I, 3946, n° 3, obs. Rubellin-Devichi.
17. V. CA Paris, 4 oct. 1994, *Juris-Data* n° 023586 – CA Agen, 8 oct. 1998, *Juris-Data* n° 047193.
18. CA Toulouse, 4 mars 1997, inédit.
19. CA Paris, 13 févr. 1986, *Gaz. Pal.* 1986, 216.
20. CA Grenoble, 25 janv. 1999, *Juris-Data* n° 040302.
21. V. CA Metz, 8 avr. 1997, *Juris-Data* n° 049996 – CA Metz, 13 mai 1997, *Juris-Data* n° 048947.
22. CA Reims, 10 janv. 1991, *Juris-Data* n° 040630; *RTD civ.* 1991, 711, n° 7, obs. Hauser.
23. CA Nîmes, 2 mai 1991, *Juris-Data* n° 000462 – Civ. 2e, 6 déc. 1995, n° 93-21.752, NPT; *JCP* 1996, I, 3946, n° 3, obs. Rubellin-Devichi.
24. CA Bordeaux, 5 juill. 1990, *Juris-Data* n° 043781.

d'un club de rencontre[1], constitue une violation grave des obligations du mariage rendant intolérable le maintien de la vie commune (*contra* pour un mari âgé, qui souhaitait trouver des amis des deux sexes par le biais d'une agence matrimoniale pour sortir de son isolement[2]).

En revanche, le mari qui dans sa demande reconventionnelle en divorce prétendait qu'il avait contracté mariage par l'intermédiaire d'une agence matrimoniale et que son épouse l'avait trompé sur sa véritable personnalité a été débouté de sa demande, cette tromperie étant insuffisante à constituer une violation par la femme de ses obligations conjugales[3].

Les **dénigrements** commis à l'encontre de l'époux ou de sa famille[4], les **propos diffamatoires** tenus auprès des tiers à l'égard du conjoint[5], la **relation notoire** de la femme avec un journaliste ayant mené campagne de presse à l'encontre du mari[6] ou encore le fait de commettre des **indiscrétions** ou de lancer des **accusations** à l'encontre du conjoint pouvant engendrer des sanctions pénales ou disciplinaires (lettre envoyée à l'employeur du conjoint[7]) peuvent constituer des fautes. Les **comportements déshonorants ou délictueux**, dans la mesure où ils portent atteinte à l'image du conjoint, peuvent pareillement être sanctionnés. Il en est ainsi en cas d'alcoolisme habituel[8]. Il a même été jugé que constituait également une offense grave la déclaration de l'enfant à l'état civil sans indication du nom du mari alors que cette possibilité est offerte par l'article 313-1 du Code civil[9].

La faute étant une notion de pur fait, elle est laissée à l'appréciation souveraine des juges du fond, de sorte qu'elle peut être plus ou moins largement entendue. Encore faut-il pour qu'elle soit une cause de divorce, qu'elle revête les caractères exigés par l'article 242 du Code civil.

§ 10
Dévolution des torts

132.331 Torts exclusifs ou torts partagés. Cependant, et parce que le législateur a entendu privilégier les autres formes non conflictuelles de rupture du mariage par divorce, il est raisonnable de penser que les juges seront plus exigeants, le divorce pour faute devant dorénavant être réservé aux cas les plus graves, ce que laisse clairement entrevoir la circulaire du 23 novembre 2004 (v. texte complet s^s^ n° 61.11, *4/ Divorce pour faute*), et les premières applications de jurisprudence.

La Cour de cassation indique : « *Attendu que pour prononcer le divorce des époux X...* à leurs torts partagés, la cour d'appel a relevé *qu'une mésentente grave s'était installée sans qu'elle puisse être exclusivement imputée à une seule partie, chaque conjoint faisant valoir ses difficultés de couple certes de la façon la plus combative possible, voire vindicative, mais sans démontrer une absence de responsabilité de sa part dans la rupture du couple; Qu'en se déterminant ainsi par des motifs qui, s'ils constatent une mésentente avérée, ne caractérisent pas de faute imputable à chacun des époux et donc de cause de divorce au sens de l'article 242 du Code civil, la cour d'appel n'a pas donné de base légale à sa décision* [...] »[10].

Selon l'alinéa 2 de l'article 245 du Code civil, « *ces fautes* [celles du demandeur] *peuvent aussi être invoquées par l'autre époux à l'appui d'une demande reconventionnelle en divorce* ». La demande reconventionnelle, en dehors de l'hypothèse d'un refus de divorce, peut conduire le juge à prononcer un divorce pour faute aux torts exclusifs ou aux torts partagés. Mais les demandes principale et reconventionnelle étant indivisibles, le juge doit se prononcer sur elles par une même décision[11]. Même en l'absence de demande reconventionnelle, le divorce peut être prononcé aux torts partagés des deux époux si les débats font apparaître des torts à la charge de l'un et de l'autre (C. civ., art. 245, al. 3), à condition que les parties soient invitées à s'expliquer sur ce point[12].

132.332 Double exigence de l'article 242 du Code civil. Depuis une série d'arrêts du 11 janvier 2005[13] et du 6 juillet 2005[14], la première chambre civile, désormais compétente en matière de divorce, a adopté une position plus souple en renonçant à exiger des juges du fond une motivation spéciale et détaillée sur le fondement de l'article 242 du Code

1. Civ. 2e, 25 mai 1994, n° 93-10.873, n° 93-11.461, *Bull. civ.* II, n° 135; *JCP* 1994, IV, 1978; *JCP* 1996, I, 3946, n° 3, note Rubellin-Devichi.
2. CA Rennes, 23 nov. 1990, *JCP* 1992, IV, 52.
3. CA Toulouse, 5 déc. 1995, *JCP* 1996, I, 3946, n° 3, obs. Rubellin-Devichi.
4. V. Civ. 2e, 11 déc. 1975, *D.* 1976, IR 93 – Civ. 2e, 12 juill. 1989, n° 88-15.687, NPT – CA Paris, 12 nov. 1996, *Juris-Data* n° 023749.
5. V. Civ. 1re, 11 janv. 2005, n° 02-19.016, *Bull. civ.* I, n° 13 – CA Paris, 12 juill. 1973, *Gaz. Pal.* 1974, somm. 245.
6. CA Papeete, 18 déc. 1997, *Juris-Data* n° 057200.
7. CA Versailles, 27 févr. 1987, *Gaz. Pal.* 1987, somm. 398.
8. V. Civ. 1re, 11 janv. 2005, n° 02-15.637, NP – Civ. 1re, 5 avr. 2005, n° 02-20.661, NP.
9. V. CA Bordeaux, 9 déc. 1991, *Juris-Data* n° 047218 – CA Paris, 24 sept. 1998, *Juris-Data* n° 024015.
10. Civ. 1re, 25 avr. 2006, n° 04-19.040, NP.
11. Civ. 2e, 26 nov. 1997, n° 96-11.640, *Bull. civ.* II, n° 283; *Dr. fam.* 1998, comm. 50, obs. Lécuyer; *RTD civ.* 1998, 83, n° 10, obs. Hauser; *Defrénois* 1998, p. 1019, obs. Massip.
12. Civ. 1re, 13 nov. 2003, n° 01-15.698, NPT, *RJPF* 2004/3-25 obs. Garé; *RTD civ.* 2004, 269, obs. Hauser.
13. Civ. 1re, 11 janv. 2005, n° 02-15.443, n° 02-20.547, n° 03-16.451, n° 03-12.802, n° 02-12.314, n° 02-19.016, n° 02-17.016, 7 esp., *Bull. civ.* I, n°s 8 à 14; *RTD civ.* 2005, 370, obs. Hauser; *RJPF* 2005-5/23 obs. Garé.
14. Civ. 1re, 6 juill. 2005, n° 04-10.081, *Bull. civ.* I, n° 307.

civil. Il apparaît de ces arrêts que des **comportements précis et certaines fautes** (l'adultère, l'alcoolisme, un comportement violent et injurieux) **caractérisent l'atteinte au lien conjugal et son caractère intolérable** sans qu'il soit nécessaire de fulminer « la formule sacramentelle » devenue superfétatoire, de l'article 242. Cette approche plus pragmatique trouve toutefois sa limite dans le **refus de prendre en compte le divorce pour incompatibilité d'humeur**[1]. La seconde condition cumulative posée par le législateur semble en effet faire encore obstacle au divorce fondé sur l'incompatibilité d'humeur.

La Cour de cassation, en même temps qu'elle assouplissait son contrôle sur la double condition de l'article 242, a tout de même rappelé qu'un divorce pour faute aux torts partagés fondé sur un défaut de communication et une rancœur certaine entre les conjoints était insuffisamment motivé[2].

La cour d'appel de Douai, le 22 septembre 1994, dans le cadre d'une action en divorce pour faute, a jugé que « *les incompatibilités d'humeur ne sont plus objectivement constitutives d'une cause de divorce* »[3]. En effet, l'incompatibilité d'humeur rend le maintien de la vie commune plus difficile, mais non intolérable.

L'arrêt rendu par la cour d'appel de Bordeaux, le 19 novembre 1996, va dans ce sens puisqu'il rejette la demande de deux époux dont le mariage était devenu une coquille vide, la vie commune quasi inexistante, les époux tolérant leurs adultères respectifs[4]. Les juges ont estimé que si la violation des obligations du mariage était certaine, elle ne rendait pas pour autant le maintien de la vie commune intolérable, la faillite du couple ayant déjà été acceptée par les deux conjoints. Ils n'avaient plus qu'à recommencer la procédure sur un autre fondement.

En effet, en cas de mésentente, les époux pourraient engager une procédure de divorce par consentement mutuel (v. s[s] n°s 131.11 à 131.102) ou pour altération définitive du lien conjugal (v. s[s] n°s 132.191 à 132.227). La simplification de la procédure devrait conduire à tarir le contentieux des divorces pour incompatibilité d'humeur lorsque les divorces pour faute dissimulent des divorces d'accord.

132.333 Imputabilité des faits. Pour constituer une cause de divorce, les griefs imputables doivent présenter un **élément intentionnel**. La jurisprudence traditionnelle est depuis très longtemps fixée et rejette le divorce lorsque le conjoint n'est pas conscient du caractère anormal et fautif de ses agissements[5]. Les juges du fond sont souverains pour apprécier cette circonstance et en particulier le caractère irrésistible et inévitable de la maladie qui a provoqué le comportement[6].

Il en va ainsi d'un homme placé sous tutelle pour des troubles psychiatriques ayant eu des actes de violence à l'égard de son épouse alors qu'il était sous l'emprise de l'alcool et de cannabis[7]. Seule une altération réelle et même une absence totale de discernement, sont retenues comme en atteste l'arrêt du 13 octobre 1993, rendu par la cour d'appel de Bordeaux, qui a décidé que les troubles (perte de mémoire, cécité, manque de coordination motrice, *etc.*) présentés par la femme atteinte d'une maladie neurologique n'étaient pas de nature à excuser ses propos injurieux et son agressivité[8].

Ainsi, les fautes précédemment examinées seront pardonnées si l'élément intentionnel fait défaut, notamment en cas de dépression nerveuse[9]. Certaines décisions ont retenu des circonstances supprimant la gravité des actes (excusant l'agressivité par une réaction affective à la suite d'un incident survenu à un enfant[10]).

132.334 Difficultés d'application. La prise en considération de cette excuse engendre certaines difficultés[11]. S'il est logique de ne pas reprocher à quelqu'un une attitude qu'il ne choisit pas délibérément mais qui résulte de l'emprise d'une maladie, il ne faut pas oublier l'intérêt de l'autre conjoint. Par ailleurs, le conjoint, atteint dans sa conscience, ne peut pas se prévaloir de cet état s'il en est à l'origine par un comportement fautif comme l'abus d'alcool ou de drogue. Dans ce cas de figure, son inconscience découle de sa faute initiale et le divorce peut donc être prononcé contre lui[12].

Pourtant, la cour d'appel de Bourges a considéré l'alcool comme une maladie et n'a retenu comme cause de divorce que l'absence de prises de mesures susceptibles d'en venir à bout[13].

1. Civ. 1re, 11 janv. 2005, n° 02-18.689, NP.
2. Civ. 1re, 11 janv. 2005, n° 03-12.802, *Bull. civ.* I, n° 11.
3. V. CA Douai, 22 sept. 1994, *Juris-Data* n° 049557 – Civ. 2e, 8 oct. 1986, n° 85-14.397, *Bull. civ.* II, n° 144; *D.* 1987, somm. 276.
4. CA Bordeaux, 19 nov. 1996, *Dr. fam.* 1997, comm. 60, obs. Lécuyer; *RTD civ.* 1997, 403, n° 11, obs. Hauser.
5. Visant une affection mentale, v. Req. 5 août 1890, *DP* 1891, 1, 365; *S.* 1894, 1, 15 – Civ. 2e, 12 mars 1980, *D.* 1981, IR 76, obs. Breton – Civ. 2e, 5 juin 1991, n° 90-14.277, NP; *Juris-Data* n° 001757 – CA Paris, 14 sept. 1993, cité par J. Hauser, *RTD civ.* 1994, 330 n° 12.
6. Ne retenant pas le défaut d'imputabilité, v. Civ. 2e, 19 juill. 1976, n° 75-12.692, *Bull. civ.* II, n° 257; *JCP* 1976, IV, 312.
7. CA Nîmes, 1er juin 2005, *Dr. fam.* déc. 2005, comm. 272, obs. Larribau-Teyrnère.
8. CA Bordeaux, 13 oct. 1993, *JCP* 1994, I, 3771, n° 6, obs. Deschamps et Dupré.
9. TGI Coutances, 13 janv. 1965, *JCP* 1965, II, 14130.
10. Civ. 2e, 19 oct. 1977, n° 76-14.683, *Bull. civ.* II, n° 204; *JCP* 1977, IV, 300 : excusant l'agressivité par une réaction affective à la suite d'un incident survenu à un enfant.
11. V. Langé, « Le conjoint de l'aliéné », *RTD civ.* 1984, 33.
12. Civ. 2e, 20 déc. 1962, *Bull. civ.* II, n° 820.
13. CA Bourges, 8 févr. 1998, *Juris-Data* n° 040796.

L'exigence d'une imputabilité permet également d'exclure les cas où le fautif prétendu peut invoquer un cas de force majeure ou le fait d'un tiers. La maladie ou l'impuissance, due à une déficience notamment, ne pourra pas être reprochée au conjoint[1], sauf s'il a refusé tout examen ou traitement[2]. Les juges devront rechercher la responsabilité de la non-consommation du mariage ou de la disparition des relations sexuelles[3]. Le fait d'un tiers exclut le caractère d'imputabilité de l'acte s'il a eu un effet irrésistible et la jurisprudence n'a pas prononcé le divorce pour adultère lorsque ce dernier était consécutif à un viol[4].

La cour d'appel de Bordeaux, le 19 novembre 1996, applique l'alinéa 1er de l'article 245 du Code civil et reconnaît l'absence d'imputabilité des fautes de chacun des époux[5]. En l'espèce, chacune des parties admettant avoir commis l'adultère lors de la vie commune, le juge du fond avait prononcé le divorce aux torts partagés. Les époux vivaient depuis longtemps chacun de leur côté une vie totalement indépendante, aucun fait commis par un époux ne l'était en réaction à un fait commis par l'autre; et la cour estime que « *les violations que chacun aujourd'hui reproche à l'adversaire ne sont pas imputables à l'un ou à l'autre mais procèdent de ce mode de vie* [...]; *elles ne rendent pas la vie commune intolérable puisqu'elles correspondent à une organisation conjugale mutuellement consentie* ».

Confronté à une attitude objectivement de nature à rendre intolérable le maintien de la vie commune, il [l'époux] ne peut obtenir la dissolution du mariage pour faute et doit se tourner vers le divorce pour altération définitive du lien conjugal.

§ 11 Absence de lien entre le prononcé du divorce aux torts exclusifs et ses conséquences

132.341 Disparition de l'effet automatique de l'irrecevabilité de la demande de prestation compensatoire par celui contre lequel un divorce aux torts exclusifs a été rendu (C. civ., anc. art. 280-1). La disparition de cet article participe en pratique de façon considérable à l'apaisement des procédures, spécialement pour les demandes reconventionnelles. En effet, à l'occasion de la procédure pour faute mise en place par celui des époux qui sollicitait une prestation compensatoires, l'autre époux répondait souvent, et de manière très vindicative par une demande reconventionnelle aux torts exclusifs de son conjoint, dans le seul but d'essayer de faire juger sa demande de prestation compensatoire irrecevable. Cette stratégie de procédure ne présente donc maintenant et de ce point de vue plus aucun intérêt.

132.342 Disparition complète des causes péremptoires de divorce. Si l'adultère ne constitue plus un délit pénal et une cause péremptoire de divorce depuis 1975, il n'existe dorénavant **plus aucune cause péremptoire**, puisque l'article 243 du Code civil, qui prévoyait l'ouverture du cas de divorce en cas de condamnation prévue à l'article 131-1 du Code pénal, été supprimé.

§ 12 Réconciliation des époux

132.351 Fin de non-recevoir tenant à la réconciliation des époux. La réconciliation est une fin de non-recevoir propre au divorce pour faute. Elle est expressément prévue par l'article 244 du Code civil, demeuré inchangé en 2004, selon lequel : « *La réconciliation des époux intervenue depuis les faits allégués empêche de les invoquer comme cause de divorce. Le juge déclare alors la demande irrecevable.* » Elle constitue un véritable pardon et éteint « *sur le fait pardonné, l'action en divorce* »[6]. Les fautes pardonnées ne peuvent être invoquées par celui qui les a pardonnées (sous réserve de la résurrection des torts anciens). Pour que cet effet extinctif soit réalisé, le **pardon** doit être **certain**; il comporte un **élément matériel** et un **élément intentionnel.**

132.352 Reprise de la vie commune. Les époux continuent à vivre ensemble ou bien reprennent la vie commune si elle avait cessé. Cet élément se déduit de la lecture *a contrario* de l'article 244 alinéa 3 du Code civil qui envisage des situations de rapprochement ne valant pas réconciliation.

Ainsi, l'installation de la femme et des enfants dans le logement de fonction du mari dès lors que ce dernier résidait chez un tiers (en l'occurrence une amie), et venait rendre visite aux enfants en fin de semaine ne vaut pas réconciliation[7]. Il en est de même de la reprise de la cohabitation, reprise consécutive au décès accidentel de l'enfant du mari qui, affaibli psychologiquement, a recherché auprès de sa femme un soutien moral et matériel[8].

1. M. Trochu, « L'impuissance », *D.* 1965, chron. 153 – R. Nerson, obs. s^s *RTD civ.* 1971, 366 – J. Bouton, *L'« obligation » de se soigner ?*, th. Strasbourg, 1990, p. 401 s.
2. Civ. 2e, 16 déc. 1963, *D.* 1964, J. 227; *JCP* 1964, II, 13660; *RTD civ.* 1964, 533, obs. Desbois – Pour la stérilité, CA Bordeaux, 7 juin 1994, *JCP* 1994, IV, 2207.
3. Civ. 2e, 5 nov. 1969, *D.* 1970, J. 223, note Wiederkhehr.
4. TGI Niort, 21 nov. 1960, *D.* 1961, J. 247.
5. CA Bordeaux, 19 nov. 1996, *RTD civ.* 1997, 403, n° 11, obs. Hauser; *Dr. fam.* 1997, comm. 60, obs. Lécuyer.
6. Cornu, n° 364.
7. CA Paris, 29 janv. 1998, *Juris-Data* n° 021870; *Dr. fam.* 1998, comm. 153, note Lécuyer.
8. CA Bordeaux, 3 sept. 1997, *Juris-Data* n° 045541.

La reprise de la vie commune doit être caractérisée quant à la volonté de recréer une union conjugale. On peut en déduire que si l'élément matériel est nécessaire, il n'est cependant pas suffisant[1].

132.353 **Une volonté commune.** Le législateur de 1975 a expressément consacré **l'élément intentionnel**, élément qui doit être considéré comme primordial. La réconciliation doit traduire la volonté des époux de reprendre la vie normale comme si l'un d'eux n'avait jamais commis de faute.

La question s'est posée en jurisprudence de savoir si le **curateur** devait intervenir à la réconciliation de la même manière qu'il intervient à l'action ou à la défense en divorce.

Dans une affaire soumise à la cour d'appel de Paris le 27 mai 1994[2], alors que le tribunal avait prononcé le divorce, le mari sous curatelle avait finalement accepté de reprendre la vie commune et son curateur soutenait que, peu stable et influençable, il n'avait pas mesuré les conséquences de son acte, que lui-même ne pouvait cautionner. La cour, après comparution personnelle, constata que le mari était lucide, que sa volonté était certaine, que les époux vivaient à nouveau ensemble depuis un an et demi, qu'enfin le curateur ne pouvait se substituer au juge dans l'appréciation de la volonté de l'incapable. L'élément intentionnel est personnel à chacun des époux.

132.354 **Une réconciliation véritable.** L'article 244 alinéa 3 du Code civil énumère des situations ne valant pas réconciliation lorsque la reprise de la vie commune ne résulte que « *de la nécessité ou d'un effort de conciliation ou des besoins de l'éducation des enfants* ». La jurisprudence antérieure avait déjà établi la distinction entre la tentative de réconciliation et la réconciliation elle-même.

Le pardon doit être donné en connaissance de cause (le pardon doit être postérieur aux faits et ceux-ci doivent être connus[3]; l'adultère ancien et isolé de la femme ne constitue pas une cause de divorce alors que les époux ont poursuivi la vie commune sur de nouvelles bases en changeant de région[4]; l'élément intentionnel du pardon fait défaut en cas d'ignorance de la femme quant à l'ampleur des infidélités du mari[5]) et doit conduire à un **accord des époux.**

Tel n'est pas le cas si l'époux pardonné ne change pas de comportement. En effet, la volonté d'un époux de pardonner ne suffit pas, il faut également la volonté du conjoint d'accepter ce pardon afin de bâtir à nouveau une vie de couple[6]. Ainsi, la seule poursuite de la vie commune des conjoints après une liaison entretenue par le mari dans le passé n'implique pas de la part de l'épouse la volonté de se réconcilier avec lui[7].

Les éléments invoqués en faveur de la réconciliation doivent s'être déroulés postérieurement aux fautes alléguées.

Tel est le cas lorsque la réconciliation intervient lors d'une précédente procédure de divorce abandonnée[8].

Par contre, le fait de tenter de reprendre la vie commune en dépit des griefs ou afin de ne pas troubler les conditions d'éducation des enfants ne constitue pas une réconciliation[9]. Assimiler une tentative à la réconciliation aurait conduit à priver les époux de la possibilité d'invoquer ultérieurement ces griefs et les aurait peut-être dissuadés de faire un effort de réconciliation. Pareillement, la simple reprise des relations sexuelles entre époux ne suffit pas à caractériser leur volonté de se réconcilier[10], de même que quelques brèves reprises de la vie commune suivies aussitôt d'une nouvelle séparation[11].

L'époux qui invoque la réconciliation devra en apporter la preuve.

132.355 **Effets de la réconciliation.** La réconciliation rend **caduques** les **mesures provisoires**, y compris l'autorisation d'introduire l'instance (C. pr. civ., art. 1113). Le moyen tiré de la réconciliation est un **moyen d'ordre public** que le juge doit relever d'office[12]. Toutefois, la preuve de la réconciliation relève du pouvoir souverain d'appréciation des juges du fond.

Ainsi, il a été jugé que la simple mention par l'épouse d'une brève « réconciliation » avec son mari n'entraînait pas, en l'absence de tout autre élément justificatif produit aux débats, l'obligation pour les juges du fond de relever d'office la fin de non-recevoir tirée de la prétendue réconciliation des époux[13].

La réconciliation n'empêche pas un époux d'introduire une nouvelle demande basée sur la preuve de faits nouveaux[14] en tout ou partie[15] ou lorsque la réconciliation a échoué[16].

1. TGI Paris, 7 juin 1968, *D.* 1969, J. 14 – Civ. 2e, 4 avr. 1962, *Bull. civ.* II, n° 370.
2. CA Paris, 27 mai 1994, cité par J. Hauser, « Le succès de la curatelle », *RTD civ.* 1994, 834, n° 8.
3. Civ. 2e, 7 janv. 1970, n° 68-13.865, *Bull. civ.* II, n° 2; *D.* 1970, somm. 119 – CA Bordeaux, 14 mars 1990, *Rev. jur. Aquitaine* 1990, 2, 245.
4. CA Orléans, 10 janv. 1995, *Juris-Data* n° 040011.
5. CA Dijon, 17 mars 1998, *RTD civ.* 1999, 822, obs. Hauser.
6. Civ. 2e, 27 oct. 1976, *D.* 1977, IR 20.
7. Civ. 2e, 8 févr. 2001, n° 99-10.635, NP.
8. V. Civ. 2e, 3 mars 1983, n° 82-10.279, *Bull. civ.* II, n° 65; *JCP* 1993, IV, 155 – CA Bourges, 7 mars 1995, *Juris-Data* n° 043851.
9. Civ. 2e, 20 déc. 1977, *D.* 1978, IR 262.
10. CA Paris, 13 mars 1974, *D.* 1974, J. 733.
11. CA Paris, 10 févr. 1998, *Dr. fam.* 1998, comm. 153, note Lécuyer.
12. Civ. 2e, 30 nov. 1962, *Bull. civ.* II, n° 765.
13. Civ. 1re, 25 janv. 2005, n° 02-15.285, NP.
14. Civ. 2e, 27 avr. 1972, n° 71-10.475, *Bull. civ.* II, n° 118.
15. Civ. 2e, 29 oct. 1980, n° 79-16.250, *Bull. civ.* II, n° 227 : cas de violences commises postérieurement et antérieurement à la « réconciliation ».
16. Civ. 2e, 23 mai 2001, n° 99-15.826, NP.

SECTION 5
ARTICULATION DES DEMANDES, PASSERELLES ET ACCORDS

§ 1
Articulation des demandes

132.361 Interdiction de la demande subsidiaire en divorce. Le principe nouveau posé à l'article 1077 alinéa 1er du Code de procédure civile disposant que la demande ne peut être fondée que sur un seul des cas prévus à l'article 229 du Code civil et de la prohibition de toute demande formée à titre subsidiaire sur un autre cas, à peine d'irrecevabilité, emporte des conséquences importantes.

Sous l'empire du droit antérieur, le droit du divorce connaissait déjà la prohibition de certaines substitutions de demande [1].

Cependant, **l'impossibilité de former une demande en divorce à titre subsidiaire** renforce le rôle et les conséquences des effets à attacher à la demande reconventionnelle de l'adversaire ou à ce qu'il convient dorénavant d'appeler la **demande concurrente en divorce**.

132.362 Présentation des demandes concurrentes en divorce. *En premier lieu*, lorsque l'acceptation des époux sur le principe de la rupture du mariage, et sans considération des faits à son origine, a été constatée lors de l'audience de conciliation, dans les formes requises par l'article 1123 du Code de procédure civile, le divorce ne peut être prononcé que pour acceptation du principe de la rupture (cir. 23 nov. 2004, *2/ Procédure applicable aux autres cas de divorce*, point 2.1.5.2, *Demande reconventionnelle*, v. texte complet s^s n° 61.11).

En second lieu, l'article 246 alinéa 1er du Code civil change **l'ordre d'examen des demandes concurrentes en divorce**. S'il est formé une demande reconventionnelle en divorce pour faute à une demande principale en divorce pour altération définitive du lien conjugal, ou bien l'inverse, si la demande pour faute a été présentée en premier lieu et la demande pour altération définitive du lien conjugal formée à titre reconventionnel, alors **le JAF doit d'abord examiner la requête en divorce pour faute.**

Si le fondement de la faute (à titre principal ou reconventionnel) est retenu, le divorce pour faute sera alors prononcé. Le juge devra alors statuer sur la **répartition des torts**, même en l'absence de demande reconventionnelle, par application des dispositions de l'article 245 du Code civil. Il devra, en même temps, statuer sur toutes les **mesures accessoires.** Le juge n'aura donc pas à examiner la demande reconventionnelle en divorce pour altération définitive du lien conjugal.

En revanche, si le divorce pour faute n'est pas prononcé parce que les griefs allégués ne sont pas suffisants, ou même n'existent pas, le juge doit alors examiner la **demande en divorce pour altération définitive du lien du lien conjugal.**

Deux cas sont alors à distinguer :

– Si la demande au titre de l'altération définitive du lien conjugal a été formée **à titre principal**, le juge doit s'assurer de la **durée de la séparation** des époux (durée exigée : **deux ans à la date de la délivrance de l'assignation** – C. civ., art. 238, al. 1er). Si la durée de séparation est acquise, alors le divorce sera prononcé pour altération définitive du lien conjugal.

– Si la demande au titre de l'altération définitive du lien conjugal a été formée **à titre reconventionnel**, alors **le divorce est prononcé de droit** (cir. 23 nov. 2004, *2/ Procédure applicable aux autres cas de divorce*, point 2.1.5.2, *b) Ordre d'examen des demandes* – V. texte complet s^s n° 61.11) pour altération définitive du lien conjugal, **quelle que soit la durée de la séparation.** Autrement dit, dans le cas de la réponse à une demande en divorce quelle qu'elle soit, par une demande pour altération définitive du lien conjugal, alors la condition du délai de deux ans n'existe plus, le divorce étant donc susceptible d'être immédiatement prononcé.

L'interdiction de la présentation de demandes subsidiaires par la même partie au procès du divorce se trouve donc très largement tempérée par les nouvelles possibilités d'articulation entre la demande principale et la demande reconventionnelle.

132.363 Présentation d'une demande concurrente en divorce et en séparation de corps. L'époux contre lequel est présentée une demande en séparation de corps peut former une demande reconventionnelle en divorce ou en séparation de corps, et inversement, l'époux contre lequel est présentée une demande en divorce peut former une demande en divorce ou une demande en séparation de corps.

Déjà sous l'empire de l'article 241 ancien du Code civil, la présentation à titre reconventionnel d'une demande en séparation de corps était interdite, lorsque la demande principale en divorce était présentée pour rupture de la vie commune (v. C. civ., anc. art. 241) [2].

L'article 297 nouveau du Code civil reprend le même principe, puisqu'il est indiqué que lorsque la

1. Sur ces questions, v. RÉP. CIV., A. Gouttenoire, *V° Divorce (procédures)*, n° 98, et jurisprudence citée, et not. CA Bordeaux, 15 oct. 1996, *Procédures* 1997, comm. 205.

2. Brazier, *D.* 1977, chron. 49 – V. Civ. 2e, 11 juin 1998, n° 96-19.038, NPT.

demande principale en divorce est fondée sur l'altération définitive du lien conjugal, la demande reconventionnelle ne peut tendre qu'au divorce.

Il existe donc une **prohibition de principe à toute réponse à une demande principale en divorce pour altération définitive du lien conjugal, par une demande reconventionnelle en séparation de corps.**

La substitution inverse est possible, puisque l'époux contre lequel est présenté une demande en séparation de corps peut former une demande reconventionnelle en divorce.

Appliquant les mêmes principes que précédemment, lorsque deux demandes concurrentes sont présentées, l'une en divorce, l'autre en séparation de corps, **le juge examine en premier lieu la demande en divorce.**

Si la cause de la demande en divorce est fondée, il prononce alors le divorce. Si la cause du divorce n'est pas fondée, il examine en second lieu seulement la demande en séparation de corps.

Lorsque les **deux demandes sont fondées sur la faute**, le juge les examine toutes les deux et, s'il les accueille, il prononce le **divorce aux torts partagés** (cir. 23 nov. 2004, n° 93 et tableau n° 94 sur l'ordre des demandes en divorce et séparation de corps – V. texte complet de la circulaire s[s] n° 61.11).

132.364 Irrecevabilité de la demande reconventionnelle en divorce, en cas d'irrecevabilité de la demande principale en divorce. Les règles générales de procédure civile, et notamment l'article 64 du Code de procédure civile, ont vocation à s'appliquer, de sorte que la demande reconventionnelle en divorce n'est pas autonome de la demande principale, mais qu'au contraire, elle est **indivisible.**

Si le juge du divorce déclare irrecevable la demande principale, alors la demande reconventionnelle devient elle-même irrecevable, puisque le juge n'est plus saisi de la demande principale qui était indivisible[1].

§ 2
Passerelles et conventions ou accords

132.370 Transformation d'une procédure engagée d'un mode à l'autre, à la recherche d'un accord. La loi, toujours dans le même but de simplification et d'apaisement des procédures, permet la transformation de la procédure engagée d'un mode à un autre (en allant toujours vers la recherche de plus d'accord, v. not. C. civ., art. 247, 247-1 et 247-2); le texte permet encore au juge dans les divorces autres que les divorces par consentement mutuel (C. civ., art. 268) d'homologuer tout ou partie de leurs accords relatifs aux conséquences du divorce, dans des conventions.

Les **accords** et **conventions** dont s'agit peuvent déterminer le choix selon lequel la procédure sera poursuivie (C. civ., art. 247, 247-1 et 247-2).

Ces mêmes accords peuvent encore permettre une **homologation totale ou partielle des conséquences du divorce** (C. civ., art. 268), ou bien encore se limiter aux aspects patrimoniaux et plus précisément à la liquidation du régime matrimonial (C. civ., art. 265-2).

A.
Moment de l'élaboration de la convention ou de l'accord

132.371 Passerelle vers le divorce par consentement mutuel. Pour la convention de l'article 247 du Code civil, qui autorise la transformation de la procédure engagée en procédure de divorce par consentement mutuel, le texte nouveau, tranche les incertitudes du régime antérieur. Le législateur a en effet pris la peine de mentionner que les époux peuvent demander au juge de constater leur accord pour voir prononcer leur divorce par consentement mutuel « ***à tout moment de la procédure*** » (C. civ., art. 247, al. 1er).

La précision était bienvenue, puisque des pratiques disparates existaient dans les cabinets des JAF. Certains acceptaient la transformation de la procédure, dès après le prononcé de l'ONC; d'autres, plus rigoureux, exigeaient que l'assignation en divorce ait été délivrée et les avocats constitués, et qu'il soit procédé par échange et notification de conclusions spéciales et concordantes.

Il ne subsiste donc plus de difficulté, la circulaire du 23 novembre 2004 venant encore utilement préciser que « *la demande aux fins de passerelle peut intervenir tant qu'aucune décision sur le fond n'a été rendue. Elle peut donc être formulée dès après l'ordonnance de non-conciliation, et postérieurement à la clôture* ».

Il semble même, en réalité, que la passerelle puisse intervenir « *même si une décision au fond a été rendue, ce qui permet de l'utiliser au stade de l'appel* [bien que la circulaire, § 11, affirme cependant le contraire] »[2]. Dans ce cas, et même devant la cour d'appel, une convention de divorce devra être établie.

Le régime est donc simple; la passerelle vers un divorce par consentement mutuel peut intervenir

1. V. Civ. 1re, 19 avr. 2005, n° 02-19.881, *Bull. civ.* I, n° 188; *RTD civ.* 2005, 578, obs. Hauser; *D.* 2006, pan. 336, obs. Serra et Williatte-Pellitteri.

2. V. RÉP. CIV., A. Gouttenoire, *V° Divorce (procédures)*, n° 102.

très rapidement, **même après l'OSTC**, et **même après la clôture**, et semble-t-il même encore **pendant le délibéré**, puisqu'aucune décision sur le fond n'a encre été rendue.

Le régime nouveau aboutit donc à une amélioration manifeste de l'ancien système, puisqu'il n'est finalement pas si rare que des époux divorçants, se trouvant en fin de procédure, de manière concomitante ou très proche des plaidoiries, parviennent à ce moment-là seulement à dépasser leurs divergences pour trouver un accord complet.

132.372 Passerelle du divorce pour altération définitive du lien conjugal ou pour faute, au divorce accepté. *Mutatis mutandis* par rapport à la passerelle précédente, le Code prévoit dans son article 247-1, la possibilité pour les époux, de constater leur accord pour voir prononcer leur divorce par acceptation du principe de la rupture.

Toujours sous l'examen du moment requis pour former la demande, la similitude des termes utilisés pour indiquer que la transformation de la demande peut intervenir à tout moment de la procédure, pourrait laisser penser que le régime est identique.

Ce n'est toutefois pas exactement le cas. **L'acceptation du principe de la rupture**, parce qu'elle entraîne **l'irrévocabilité** de l'accord sur le principe de la procédure, obéit *per se*, à un régime particulier, l'époux devant obligatoirement être **assisté d'un avocat au moment de l'ordonnance de non-conciliation** ou même après, **lors de la transmission au juge de son accord.**

C'est donc dire que l'acceptation et les accords pourront être pris dès que les avocats seront intervenus, et tant qu'une décision définitive sur le fond du divorce n'aura pas été rendue (et donc **même pendant le délibéré**), **mais pas auparavant.**

132.373 Convention établie par les parties en cours d'instance. Le système découlant de l'actuel article 268 du Code civil n'est pas nouveau, puisque le JAF depuis 1975 a toujours reçu pour mission de concilier les parties et d'homologuer les accords des époux, dans la mesure où ceux-ci sont conformes à leurs intérêts, et plus encore à ceux de leurs enfants.

Cette conception – et les praticiens le savent bien – laisse une part importante à la considération de la pratique antérieurement suivie par les époux, ce qui oblige l'avocat à faire preuve d'une grande prudence dans ses préconisations : les choix, avant même l'engagement ou la formalisation de la procédure (spécialement pour le lieu de résidence ou la contribution financière à l'entretien des enfants), peuvent avoir des conséquences à long terme qu'il ne sera pas possible de rattraper.

En pratique, les accords concerneront notamment les modalités d'exercice de l'autorité parentale et la fixation de la contribution à l'entretien ou à l'éducation des enfants (C. civ., art. 373-2-7), la prestation compensatoire (C. civ., art. 279-1) ou même encore la liquidation du régime matrimonial (C. civ., art. 265-2 – V. s[s] n° 132.374).

Le JAF peut donc désormais, **homologuer le règlement global des intérêts patrimoniaux et extra-patrimoniaux du divorce par les époux**, l'instruction administrative précisant que l'homologation est toutefois subordonnée à la vérification préalable des intérêts de chacun des époux et des enfants (circ. 23 nov. 2004, *3/ Dispositions particulières aux divorces autres que par consentement mutuel*, III., pt 3.3, *Règlement conventionnel des conséquences du divorce – V.* texte complet s[s] n° 61.11).

L'article 268, indique que les accords peuvent intervenir « *pendant l'instance* », sans autre précision, (mais n'a pas repris la formule de l'article 247 du Code civil « *à tout moment de la procédure* ».)

Il ne faut sans doute pas voir dans le choix de mots non semblables, la volonté de donner une solution différente à l'utilisation des textes. L'article 268 ne figure pas dans la section réservée à la procédure du divorce comme les articles 247 et suivants, mais dans le chapitre III, qui traite des conséquences du divorce, et plus précisément dans le paragraphe de la section consacré à la date à laquelle se produisent les effets du divorce, et qui s'intitule lui-même « Des conséquences propres aux divorces autres que les divorces par consentement mutuel ».

En réalité, il ne fait pas de doute que la présentation au juge d'une telle convention, peut intervenir tant qu'il n'est pas dessaisi, et même tant que l'instance n'est pas terminée, lorsque le prononcé du divorce n'est pas définitif, en cas d'appel, non limité à la question de la prestation compensatoire, par exemple.

132.374 Conventions de liquidation du régime matrimonial. L'article 265-2 du Code civil remplace désormais l'article 1450 du Code civil, qui se trouve abrogé.

Dans l'ancien système, on se souvient que les parties mariées sous le régime de la communauté, pouvaient, une fois la procédure de divorce engagée, demander, et à peine de nullité (la jurisprudence de la Cour de cassation étant restée constante à cet égard), à un notaire d'établir une convention, dont l'homologation était sollicitée auprès du juge, en même temps qu'il prononçait le divorce.

Dorénavant, cette **possibilité de prise d'accord**, (**l'homologation n'étant d'ailleurs même plus requise** pour produire ses effets entre les parties, v. not. circ. 23 nov. 2004, n° 63 – texte complet s[s] n° 61.11) se trouve étendue à tous les régimes matrimoniaux, et surtout, la forme notariée n'est plus obligatoire en toute circonstances, mais seulement lorsque la liquidation porte sur des biens soumis à publicité foncière.

Parce que **l'homologation judiciaire** a été réservée uniquement aux **conventions qui relèvent de l'article 268 du Code civil**, les JAF rejettent en général les demandes d'homologation des conventions reçues sur le fondement de l'article 265-2 du Code civil. Pour éviter de s'exposer à un risque de rejet, les parties plus simplement peuvent demander au juge de constater « *qu'elles ont procédé à la dissolution de leur régime matrimonial, leur convention devenant alors applicable par le prononcé du divorce.* »

La loi nouvelle permet donc aux époux, même pour les procédures qui ne sont plus par consentement mutuel, et hors biens soumis à publicité foncière, de régler eux-mêmes les conséquences de la liquidation de leur régime matrimonial **(sans l'intervention du notaire)**, « *pendant l'instance en divorce* » rappelle l'article 268, c'est-à-dire dès lors que l'instance a commencé, et qu'aucune décision définitive n'est elle-même intervenue sur le fond.

Toutefois, de telles conventions seront probablement et majoritairement prises entre l'OSTC et la clôture, pour être soumises à l'homologation du juge, ou pour que le juge puisse en tenir compte lors de la fixation de la prestation compensatoire par exemple, puisqu'il lui appartient de s'intéresser et même d'interroger sur les droits de chacun des époux dans la liquidation du régime matrimonial.

La **responsabilité de l'avocat** lors de la préparation de telles conventions se trouve donc **accrue**, la jurisprudence relevant que l'avocat représentant les époux lors de la liquidation de la communauté doit veiller à **l'équilibre des intérêts des parties**, en particulier en procédant à la **vérification de la justesse des prix déclarés**[1].

C'est un véritable devoir de conseil et d'équilibre des intérêts des parties qui tend à voir le jour.

B. Forme de la convention ou de l'accord

132.381 Pour la passerelle vers le divorce par consentement mutuel. L'instruction administrative précise que la demande aux fins de passerelle « *n'est soumise à aucun formalisme particulier* » (circ. 23 nov. 2004, n° 11 – texte complet s[s] n° 61.11).

En réalité, le premier alinéa de l'article 247 du Code civil impose que les époux présentent au juge une convention réglant les conséquences du divorce, le JAF devant alors procéder comme il est dit aux articles 250 alinéa 2 à 250-3 du Code civil, en convoquant les parties et leurs avocats à l'audience aux fins de comparution personnelle, pour le prononcé du divorce.

Dans ces conditions, et même si la loi n'impose pas de formalisme particulier, il paraît préférable d'établir une **requête expressément intitulée « Requête unique en divorce par consentement mutuel après modification du fondement de la demande »** (et visant C. civ., art. 30 à 232, 247 et 250 à 250-3, et C. pr. civ., art. 1088 à 1105), signée des deux époux et de leurs avocats, qui rappellera la genèse de la procédure engagée (par mention de la chambre, du numéro de RG et de la date éventuelle de l'ONC) pour servir de support à l'accord pour le changement de procédure, et qui comportera en annexe la convention de divorce rédigée de manière de tout à fait habituelle.

Le respect de cette forme permet, d'une part de saisir officiellement le juge sur le fondement de l'article 247, et d'autre part de rapporter la preuve de l'accord non équivoque des époux pour le changement de procédure vers un consentement mutuel parfait.

En outre, seule la convention de divorce étant annexée au jugement, il ne sera pas possible à un tiers qui aurait le jugement entre les mains, de s'apercevoir que la procédure n'avait pas été, dès l'origine, voulue par consentement mutuel.

132.382 Passerelle du divorce pour altération définitive du lien conjugal ou pour faute, au divorce accepté. Le formalisme des dispositions de l'article 1123 alinéa 5 du Code de procédure civile, réapparaît alors ici, puisque pour remettre au juge **l'accord sur le principe de la rupture du mariage**, les époux doivent obligatoirement être **assistés d'un avocat**, même postérieurement à la tenue de l'OSTC.

Chacun des époux devra avoir signé une **déclaration d'acceptation** qui sera jointe aux conclusions de son avocat, et qui devra impérativement rappeler qu'elle n'est pas susceptible de rétractation. Les avocats feront **notifier** ou s'adresseront des **conclusions croisées**, étant d'ailleurs observé que si le tribunal n'avait pas été saisi par le biais antérieur d'une assignation, les époux et leurs avocats devraient alors établir une **requête commune aux fins de saisine** du juge pour la poursuite du dossier (C. civ., art. 257-1 – et C. pr. civ., art. 57 et 1114).

Ce mode opératoire permet de traduire auprès du juge le plein et entier accord des époux quant à la poursuite de la procédure sous forme acceptée, et à l'avocat de justifier qu'il a bien auprès de son client, rempli son rôle de devoir de conseil et d'information.

132.383 Convention établie par les parties en cours d'instance (C. civ., art. 268). Le règlement conventionnel global ou partiel des conséquences du divorce (en ce compris la liquidation complète

1. CA Paris, 12 mai 2009, 1re ch., sect A, *Juris-Data* n° 2009-377734.

du régime matrimonial) peut être **soumis au juge** dans une **convention**, devant faire l'objet d'une **homologation**.

S'il ne fait pas de doute que la convention, ne serait-ce que pour des motifs probatoires doit être signée des époux, la loi ne dit pas si pour être soumise à homologation elle doit être annexée à des conclusions spéciales par exemple, ou bien si elle peut tout simplement être communiquée au rang des pièces qui sont versées au débat, sous bordereau.

Ni la loi nouvelle, ni l'instruction administrative n'ont donné de réponse, à cette difficulté matérielle, à laquelle les avocats se sont déjà trouvés confrontés.

Même sans ajouter à la loi, il paraît toutefois difficile de demander au juge de procéder à l'homologation d'un acte aussi important qu'une convention réglant totalement ou partiellement les conséquences du divorce, par le simple échange d'une pièce communiquée.

En effet, une fois homologué, l'accord fera partie intégrante de la décision, et il conviendra de s'y reporter pour toute difficulté qui surviendrait.

C'est la raison pour laquelle il est préférable que les avocats prennent des **conclusions spéciales aux fins d'homologation, auxquelles l'accord demeurera annexé**, seul moyen de rapporter facilement la preuve que l'homologation a été sollicitée. L'accord devra contenir expressément la mention selon laquelle son homologation sera demandée, dans le cadre de la procédure de divorce, puisque **l'homologation** constitue alors une **condition de fond, de sa validité**.

La rédaction de conclusions spéciales permettra aussi plus facilement à l'avocat de justifier qu'il a satisfait au devoir d'information et de conseil auprès de son propre client.

132.384 Conventions de liquidation du régime matrimonial. L'innovation sans doute la plus remarquée tient à ce que la forme de telles conventions (qui n'est plus obligatoirement réservée aux régimes communautaires), n'est **plus obligatoirement notariée**, dès lors que la liquidation ne concerne pas des biens soumis à publicité foncière.

Cela signifie donc que cette convention pourra être **établie par les parties elles-mêmes (et en pratique par leurs avocats)**, et qu'elle pourra, ou non, être soumise au juge pour homologation.

Si elle est soumise au juge, par renvoi aux dispositions de l'article 268 du Code civil, il sera prudent, et comme précédemment, de préférer la placer en annexe à des conclusions spéciales.

Si les parties (mais quel pourrait être leur intérêt ?) n'envisagent pas de solliciter l'homologation du juge, il faudra que le texte de l'accord le mentionne expressément, mais aussi que les parties puissent rapporter précisément la preuve de la date de l'établissement de la convention (qui n'est valable que si elle est passée pendant l'instance), faute de quoi, l'acte risquerait alors de rester lettre morte.

SECTION 6
MESURES ACCESSOIRES

§ 1
Formulation des demandes au titre des mesures accessoires

132.390 Mesures accessoires au divorce et tronc commun procédural. Dans le cas du **divorce par consentement mutuel**, l'intégralité des mesures accessoires dont les époux demandent l'homologation est contenue dans la convention de divorce que les époux joignent à la requête en divorce par consentement mutuel. Les modalités sont donc définies précisément par les époux entre eux, mais ne posent pas de difficulté particulière, puisque le **juge**, dans ce cas de procédure, dispose d'un **simple pouvoir d'homologation ou de refus d'homologation**, sans pouvoir de modifier la mesure proposée.

Pour le **tronc commun procédural**, c'est au stade de la **mise en état**, et par **échange de conclusions** régulièrement notifiées et déposées au greffe du JAF, que les époux vont faire valoir leurs demandes au regard des mesures accessoires au divorce que le juge va, cette fois, trancher.

Toutes les règles procédurales classiques (respect du principe du contradictoire, communication de pièces cotées sous bordereau, respect des modes de preuves) s'appliquent. Les conclusions et pièces produites après la clôture doivent être écartées des débats[1].

132.391 Vigilance dans la formulation des demandes au stade des mesures accessoires. Les parties doivent toutefois être particulièrement vigilantes dans la présentation de leurs demandes au stade des mesures accessoires, puisque **certaines d'entre elles ne peuvent être formées qu'à l'occasion de la demande en divorce**, dont bien évidemment la **prestation compensatoire**, du moins tant que le divorce n'a pas acquis force de chose jugée (v. s[s] n° 132.411).

132.392 Observation liminaire et conseil pratique. Les avocats doivent bannir la formule encore trop souvent employée dans leurs conclusions, suivant laquelle le JAF « *reconduira au stade des mesures accessoires les mesures provisoires décidées dans l'ordonnance sur tentative de conciliation* ».

Cette formulation est inexacte et incorrecte. À la suite du prononcé du divorce (et si son principe est

1. Civ. 1re, 11 juin 2008, n° 07-19.558, *Bull. civ.* I, n° 169.

définitif), ce sont les mesures accessoires qui s'appliqueront, les mesures provisoires quant à elles cessant de produire effet. Il n'est donc pas possible de demander la reconduction de mesures qui n'ont plus vocation à s'appliquer.

S'il existe une identité entre les mesures demandées à titre accessoire et les mesures provisoires, il suffira d'écrire qu'il y aura lieu, au stade des mesures accessoires, de les fixer selon les mêmes modalités que celles qui avaient été décidées dans les mesures provisoires.

§ 2
Divorce sans énonciation des griefs

132.401 Demande de prononcé du divorce sans énonciation des griefs. La possibilité de demander au juge du divorce de prononcer le divorce sans énonciation des griefs a été déplacée de l'ancien article 248-1 du Code civil à l'article 245-1 nouveau du Code civil. Le texte a été très légèrement réécrit.

La jurisprudence rendue au visa de l'article 248-1 ancien du Code civil conserve donc toute son actualité.

Pour que le juge fasse application de cet article, **les parties doivent toutes deux le lui demander.** Par voie de conséquence, le texte ne peut être appliqué si l'un des conjoints seuls en fait la demande[1] ou si l'un des époux n'a pas constitué avocat[2].

En revanche, même s'il existe un accord des époux pour un divorce sans énonciation des griefs, le juge doit pouvoir vérifier leur existence et être en mesure de se prononcer sur la cause du divorce, **les époux n'étant donc pas dispensés d'articuler les griefs reprochés ou avoués**, afin de permettre au juge d'exercer son contrôle[3].

§ 3
Prestation compensatoire

132.411 Prestation compensatoire. Pour l'étude complète de la prestation compensatoire, on se reportera aux n°s 134.00 s. et 135.00 s.

Sur un plan plus strictement procédural, et s'agissant de la présentation de la demande de prestation compensatoire, quelques précautions qui découlent du régime de la prestation doivent être observées.

132.412 Prestation compensatoire – Moment de la présentation de la demande. La demande de prestation compensatoire ne peut être présentée **qu'à l'occasion de la procédure en divorce**[4].

Une jurisprudence constante admet encore, lorsque la décision de première instance n'a pas acquis force de chose jugée (et donc lorsque l'appel n'a pas été limité, ni par l'appelant, ni par l'intimé), que la demande de prestation compensatoire, parce qu'elle constitue l'accessoire de la demande en divorce puisse être présentée quand même, et pour la première fois, en cause d'appel[5].

La responsabilité des avocats est donc importante en cette matière, puisqu'il serait impossible de remédier à tout défaut de demande de prestation compensatoire à l'occasion de la procédure de divorce. Pour le cas où l'un des époux ne sollicite pas de prestation compensatoire, alors peut-être qu'il existe une disparité dans les situations respectives des parties, son conseil aura tout intérêt, pour rapporter la preuve éventuelle de l'information donnée à ce titre, à adresser une correspondance à son client, en attirant son attention sur les conséquences irrémédiables de l'absence de présentation de demande.

132.413 Prestation compensatoire – Déclaration sur l'honneur de l'article 272 du Code civil. Apparue à l'occasion de la réforme de la prestation compensatoire par la loi du 30 juin 2000, à l'article 271, l'exigence de la production de la **déclaration sur l'honneur de l'exactitude des ressources, revenus, patrimoine et conditions de vie**, a toujours laissé les praticiens (magistrats et avocats) un peu perplexes. C'est qu'en effet, la loi n'a pas assorti de sanction (rejet ou irrecevabilité) le défaut ou le refus de la déclaration sur l'honneur.

La forme même de la déclaration n'est pas fixée[6], même si des modèles ont été diffusés (v. par ex. circ. garde des Sceaux CIV/11/02, 25 nov. 2002), et il semble même que la production de la déclara-

1. Civ. 1re, 24 sept. 2008, n° 06-20.611, NP; *AJ fam.* 2008, 434, obs. I. G.; *RTD civ.* 2008, 671, obs. Hauser – Civ. 1re, 25 avr. 2007, n° 06-16.380, *Bull. civ.* I, n° 161; *RTD civ.* 2007, 552, obs. Hauser; *AJ fam.* 2007, 396, obs. David; *Dr. fam.* 2007, n° 127, obs. Larribau-Terneyre – V. AUSSI, CA Amiens, 21 mars 2001, *Juris-Data* n° 156877.
2. CA Metz, 4 sept. 1990, *Juris-Data* n° 04740.
3. V. CA Bordeaux, 24 juin 1992, *Juris-Data* n° 04886 – CA Montpellier, 11 juin 1990, *Juris-Data* n° 001966 – CA Aix-en-Provence, 16 mai 2003, *Juris-Data* n° 218946 – CA Aix-en-Provence, 11 févr. 2003, *Juris-Data* n° 205388 – CA Nîmes, 19 mars 2008, *Dr. fam.* 2008, p. 139 – Civ. 1re, 24 sept. 2008, n° 06-20.611, NP.
4. Civ. 2e, 28 janv. 1987, *Gaz. Pal.* 1988, I, 113, note J. M.
5. V. Civ. 2e, 31 mai 2000, n° 97-16.589, *Bull. civ.* II, n° 92; *JCP* 2000, II, 10425, note Briere; *Dr. fam.* 2000, n° 112, note Lécuyer; *RTD civ.* 2000, 550, obs. Hauser – Civ. 2e, 26 sept. 2002, n° 00-17.627, *Bull. civ.* II, n° 188; *AJ fam.* 2002, 416, obs. S. D.; *Dr. fam.*, 2003, n° 45, note H. L. – V. AUSSI, A. Batteur (dir.), *Le guide des divorces*, « Guides », 2e éd., Dalloz, 2007, n° 531.13.
6. Civ. 1re, 22 mars 2005, n° 02-13.214, *Bull. civ.* I, n° 146; *RJPF* 2005-6/24.

tion sur l'honneur ne constitue pas une condition de recevabilité de la demande de prestation compensatoire[1].

Un arrêt de la Cour de cassation du 23 mai 2006[2] précise même que **la déclaration sur l'honneur n'est obligatoire ni en demande, ni en défense,** puisque « *l'article 271 alinéa 2 du Code civil, dans sa rédaction antérieure à la loi n° 2004-439 du 26 mai 2004, ne subordonne pas à la production d'une déclaration sur l'honneur l'examen de la demande tendant au rejet d'une demande de prestation compensatoire* ».

L'objectif de la déclaration sur l'honneur vise à renforcer, entre les époux, **l'obligation de loyauté,** puisqu'ils doivent, à l'occasion du débat (ou même de la simple fixation dans le cadre du divorce par consentement mutuel) de la prestation compensatoire, se faire connaître mutuellement leurs ressources, patrimoine et conditions de vie.

La jurisprudence considère toutefois que si postérieurement au divorce il apparaît qu'un des époux a sciemment trompé l'autre époux, ou surpris la religion du juge sur ses facultés réelles (y compris dans la déclaration sur l'honneur), il est possible de faire fixer de nouveau la prestation compensatoire, mais par la voie du **recours en révision à raison de la dissimulation par l'une des parties**[3], et non pas par la procédure en **modification ou révision de la prestation compensatoire**. Recours en révision et action en révision n'obéissent en effet pas au même régime[4].

En effet, la cause qui justifie que le montant de prestation compensatoire soit modifié ne procède pas d'un changement dans les ressources des parties, mais découle directement du fait que les débats sur les revenus, ressources et charges, et conditions de vie aient été tronqués devant le juge du divorce.

La **déclaration sur l'honneur** doit, de la même manière, être **fournie** à l'occasion d'une **demande de révision, suspension ou suppression de la prestation compensatoire**, la jurisprudence étant maintenant fixée pour considérer que la prestation compensatoire révisée prend effet à la date de la demande en révision, et non pas à la date à laquelle le juge statue[5]. L'avocat, sous peine de voir sa responsabilité engagée ne devra donc pas tarder dans la mise en place de la demande en révision, lorsque son client l'aura missionné.

1. Civ. 1re, 11 janv. 2005, n° 02-19.016, *Bull. civ.* I, n° 13; *RJPF* 2005-4/21.
2. Civ. 1re, 23 mai 2006, n° 05-17.533, NP.
3. Civ. 2e, 12 juin 2008, n° 07-15.962, *Bull. civ.* II, n° 141.
4. Civ. 1re, 28 févr. 2006, n° 04-12.621, *Bull. civ.* I, n° 118; *RTD civ.* 2006, 289, obs. Hauser; *AJ fam.* 2006, 205, obs. David.
5. Civ. 1re, 19 juin 2007, n° 06-13.086, *Bull. civ.* I, n° 243.

132.414 Versement de la prestation compensatoire en capital-délais sur huit ans maximum. En vue de favoriser le paiement de la prestation compensatoire en capital, sur la période la plus brève possible, l'article 275 alinéa 1er du Code civil dispose « *lorsque le débiteur n'est pas en mesure de verser le capital dans les conditions prévues à l'article 274, le juge fixe les modalités de paiement du capital, dans la limite de huit années, sous forme de versements périodiques indexés selon les règles applicables aux pensions alimentaires* ». La Cour de cassation relève maintenant de manière constante que les juges du fond se doivent de chiffrer le montant de la prestation[6] et aussi de déterminer la forme et les modalités de son versement[7].

132.415 Portée pratique du délai de huit ans. La portée pratique de la faculté permise au juge d'autoriser la constitution du capital au plus sur huit années emporte des effets essentiels, notamment au regard de la **fiscalité** de la prestation compensatoire (v. ss nos 135.81 s. et 138.220 s.).

Par ailleurs, elle permet, dans des conditions rendues possibles, la fixation d'une prestation compensatoire que le débiteur n'aurait sans doute pas pu acquitter autrement, s'il avait dû constituer le capital en une seule fois, ou bien dans la limite de trois annuités seulement, comme sous l'empire de l'ancienne loi.

Pour autant, **pour que les délais soient accordés par le juge, encore faut-il qu'ils aient été demandés.** La faculté d'octroi de délai n'est en effet pas discrétionnaire. Elle doit procéder de la **situation même du débiteur** qui doit donc en justifier.

De la même manière, l'attention des avocats est attirée sur le caractère impératif de prévoir, à chaque fois qu'il est nécessaire, la **mention de la demande de délais.**

En effet, si le débiteur de la prestation compensatoire a été condamné à verser la prestation compensatoire en capital en une seule fois et qu'il ne s'en acquitte pas, il [l'avocat du créancier de la prestation] n'aura aucun intérêt à saisir le juge de l'exécution pour demander des délais qui lui seront alors refusés. Le juge de l'exécution indiquera que la demande n'avait pas été formée devant le JAF qui était compétent pour accorder les délais. Il n'est pas non plus possible de différer le paiement de la prestation compensatoire au moment des opérations de liquidation et de partage.

6. Et non pas simplement mentionner, sans fixer le montant de l'avantage consenti, qu'il est attribué à titre de prestation compensatoire « *un droit viager d'usufruit sur la part de l'époux dans l'immeuble commun* » : Civ. 1re, 11 févr. 2009, n° 08-11.137, NP.
7. Civ. 1re, 9 juill. 2008, n° 07-20.950, NP.

§ 4
Dommages-intérêts (C. civ., art. 266 et 1382)

132.421 Dommages-intérêts de l'article 266 du Code civil. La réforme a laissé subsister, pour tous les divorces autres que le divorce par consentement mutuel, la possibilité d'obtenir condamnation de l'autre époux à verser des dommages-intérêts en réparation « *des conséquences d'une particulière gravité qu'il subit du fait de la dissolution du mariage, soit lorsqu'il était défendeur à un divorce prononcé pour altération définitive du lien conjugal et qu'il n'avait lui-même formé aucune demande en divorce, soit lorsque le divorce est prononcé aux torts exclusifs de son conjoint. Cette demande ne peut être formée qu'à l'occasion de l'action en divorce* »[1].

La récession du divorce pour faute conduira sans doute à ce que de moins en moins souvent des dommages-intérêts soient accordés à l'une des parties sur le fondement de l'article 266 du Code civil. Il est également vrai que le régime et la mise en œuvre de l'article 266 ne sont pas aisés pour les plaideurs.

En effet, pour accorder des sommes à ce titre, les juges doivent, et ont même l'obligation de rechercher et de motiver les raisons pour lesquelles **le préjudice devant être indemnisé résulte de la dissolution du mariage**[2]. Ils doivent aussi caractériser les conséquences de l'exceptionnelle gravité subie du fait des agissements de l'autre époux[3], cette démonstration n'étant pas forcément facile[4], puisqu'elle résulte strictement des circonstances de fait qui ont entouré la rupture.

132.422 Dommages-intérêts de l'article 1382 du Code civil. Par ailleurs, le régime de responsabilité de droit commun de l'article 1382 du Code civil coexiste, puisqu'indépendamment du divorce et de ses sanctions propres, l'époux qui invoque un préjudice étranger à celui de la rupture du lien conjugal, peut demander réparation à son conjoint, sur le fondement des dispositions de l'article 1382 du Code civil[5].

La Cour de cassation a par exemple rejeté un pourvoi à l'encontre d'un arrêt d'une cour d'appel qui avait accordé à l'épouse la somme de 10 000 euros à titre de dommages-intérêts en réparation du préjudice d'une exceptionnelle gravité, tiré de la privation de ses enfants infligée par le mari[6].

Quel que soit le fondement sur lequel les dommages-intérêts sont sollicités, la demande ne peut être faite **qu'à l'occasion de la procédure de divorce**, en première instance, ou même pour la première fois en cause d'appel, pour autant que le divorce n'ait pas acquis force de chose jugée par la limitation de l'appel.

§ 5
Attribution préférentielle

132.431 Attribution préférentielle. C'est dans le cadre de la **discussion sur les mesures accessoires** que le JAF est compétent pour accorder le bénéfice de l'attribution préférentielle à l'une des parties, pour autant qu'elle remplisse les conditions de fond d'une telle attribution[7].

En effet, c'est lorsqu'il prononce le divorce que le juge ordonne la liquidation et le partage des intérêts patrimoniaux des époux et qu'il statue, s'il y a lieu, sur les demandes de maintien dans l'indivision ou d'attribution préférentielle (et notamment pour ce qui concerne le domicile conjugal).

§ 6
Mesures concernant les enfants

132.441 Mesures concernant les enfants. De la même manière, toutes les mesures accessoires qui concernent les enfants (autorité parentale, résidence chez l'un des parents, ou en alternance, temps corrélatifs chez l'autre parent, pension alimentaire) devront être précisées. La forme est somme toute assez peu différente de la présentation requise au stade des mesures provisoires (v. s[s] n°s 132.111 à 132.113).

1. V. Hauser, *Dr. et patr.* avr. 2005, p. 78 – Oudin, « Faut-il abroger le nouvel article 266 ? », *RJPF* 2006-2/12.
2. V. Civ. 2e, 28 sept. 2000, n° 98-22.952, NPT; *Dr. fam.* 2001, n° 5, note Lécuyer – Civ. 1re, 9 juill. 2008, n° 07-19.217 et n° 07-19.218, NP.
3. Civ. 1re, 1er juill. 2009, n° 08-17.825, *Bull. civ.* I, n° 145.
4. Civ. 2e, 25 janv. 2005, n° 02-16.255, NP; *Dr. fam.* 2005, n° 104, note Larribau-Terneyre.
5. Civ. 1re, 22 mars 2005, n° 04-11.942, *Bull. civ.* I, n° 143; *D.* 2005, IR 1053; *RTD civ.* 2005, 375, obs. Hauser.
6. Civ. 1re, 14 janv. 2009, n° 08-10.538, NP.
7. Civ. 1re, 22 mars 2005, n° 03-20.728, *Bull. civ.* I, n° 144; *AJ fam.* 2005, 232, obs. David; *Dr. fam.* 2005, comm. 106.

CHAPITRE

133. Régimes matrimoniaux et libéralités

FRÉDÉRIC HÉBERT
PROFESSEUR ASSOCIÉ À L'UNIVERSITÉ
PIERRE MENDÈS-FRANCE (GRENOBLE 2)

SECTION 0 ORIENTEUR

133.00 Plan du chapitre.

133.01 Textes applicables.

TEXTES SOURCES

• **Code civil**

> **Principe de la date de dissolution du divorce**
C. civ., art. 260

> **Date des effets patrimoniaux du divorce et opposabilité de la décision de divorce aux tiers**
C. civ., art. 262 ; 262-1 et 262-2

> **Nécessité d'une convention réglant les effets du divorce dans le divorce par consentement mutuel**
C. civ., art. 230

> **Soumission de la convention à l'homologation du juge dans le divorce par consentement mutuel**
C. civ., art. 232

> **Mesures provisoires que peut décider le juge au moment de l'ordonnance de non-conciliation dans les divorces autres que par consentement mutuel**
C. civ., art. 255

> **Désignation d'un professionnel qualifié**
C. civ., art. 255, 9°

> **Désignation d'un notaire pour établir un projet de liquidation-partage**
C. civ., art. 255, 10°

> Proposition, à peine d'irrecevabilité, de la proposition de règlement des intérêts pécuniaires et patrimoniaux des époux dans l'assignation

C. civ., art. 257-2

> Convention de liquidation anticipée

C. civ., art. 265-2

> Règlement conventionnel des conséquences du divorce

C. civ., art. 268

> Sort des libéralités et avantages matrimoniaux en cas de divorce

C. civ., art. 265

> Décision du juge à défaut d'un règlement conventionnel par les époux au moment du prononcé du divorce

C. civ., art. 267

> Règles relatives aux opérations de liquidation-partage après le prononcé du divorce

C. civ., art. 267-1

> Sort des donations entre époux

C. civ., art. 1096

• Code de procédure civile

> Possibilité d'appel pour les jugements de divorce autres que par consentement mutuel

C. pr. civ., art. 528 et 538

> Effet suspensif théorique de l'appel du jugement de divorce, sauf disposition de l'article 1074-1 du Code de procédure civile, pour les mesures qui concernent les enfants

C. pr. civ., art. 539

> Exécution provisoire à titre exceptionnel de la prestation compensatoire

C. pr. civ., art. 1079

> Effet suspensif du pourvoi, sauf dispositions de l'article 1087 du Code de procédure civile

C. pr. civ., art. 1086

> Exclusion de l'effet suspensif du pourvoi pour les mesures qui concernent les pensions, la contribution à l'entretien et l'éducation de l'enfant et l'exercice de l'autorité parentale

C. pr. civ., art. 1087

> Conditions de la requête de demande en divorce par consentement mutuel

C. pr. civ., art. 1091

> Impossibilité d'appel du jugement qui prononce le divorce par consentement mutuel

C. pr. civ., art. 1102

> Ouverture du pourvoi en cassation pour le jugement qui prononce le jugement par consentement mutuel

C. pr. civ., art. 1103

> Proposition de règlement des intérêts pécuniaires des époux

C. pr. civ., art. 1115

> Modalités de la mission du professionnel qualifié désigné sur le fondement de l'article 255, 9° du Code civil ainsi que du notaire désigné sur le fondement de l'article 255, 10° du Code civil

C. pr. civ., art. 1120 et 1121

> Désignation d'un notaire pour les opérations de liquidation-partage lors du prononcé du divorce

C. pr. civ., art. 1361 et 1364

• Décr. n° 2009-1591, 17 déc. 2009, relatif à la procédure devant le juge aux affaires familiales en matière de régimes matrimoniaux et d'indivisions, *JO* 20 déc., p. 22025

133.02 Jurisprudence de référence.

> Dissolution du régime matrimonial – report judiciaire – notion de collaboration

• Civ. 2e, 10 oct. 2002, n° 00-19.729, *Bull. civ.* II, n° 210

• Civ. 1re, 14 mars 2006, n° 05-14.476, *Bull. civ.* I, n° 153

Ne constitue pas un fait de collaboration au sens des articles 262-1 et 1442 alinéa 2 du Code civil, le fait qu'un époux, après le départ du domicile conjugal, ait continué à entretenir son épouse et à régler des dépenses de communauté se rapportant à des acquêts.

* V. ss n° 133.62

> Dissolution du régime matrimonial – notion d'acte frauduleux d'un conjoint – acquisition d'un bien pendant l'instance en divorce (non frauduleux)

• Civ. 1re, 4 juin 2007, n° 06-14.609, *Bull. civ.* I, n° 221

* V. ss n° 133.63

« L'acquisition par un époux d'un bien financé par des fonds propres et des fonds empruntés postérieurement à l'assignation en divorce ne constitue pas une fraude aux droits de son conjoint, ledit bien n'ayant pas vocation, sauf si le divorce n'est pas prononcé, à entrer dans la communauté mais devant, au contraire, lui appartenir à titre de propre. »

> Dissolution du régime matrimonial – refus d'homologuer une convention par application de l'article 232 alinéa 2 du Code civil

• TGI Paris, JAF, 8 mars 2005, *AJ fam.* 2005, 193 obs. David

* V. ss n° 133.99

Refus d'homologuer une convention qui ne prévoit aucune prestation compensatoire au bénéfice de l'épouse, malgré la faiblesse de ses ressources et l'existence manifeste d'une disparité en capital à son détriment.

> Liquidation du régime matrimonial – homologation et force exécutoire de la convention homologuée – irrecevabilité d'une action en rescision pour lésion

• Civ. 2e, 6 mai 1987, n° 86-10.107, *D.* 1987, 358, obs. Groslière

* V. ss n° 133.99

« Le prononcé du divorce et l'homologation de la convention définitive ont un caractère indissociable et ne peuvent plus être remis en cause hors des cas limitativement prévus par la loi ».

> Liquidation du régime matrimonial – homologation et force exécutoire de la convention homologuée – irrecevabilité d'une action en nullité pour vice du consentement

• Civ. 2e, 13 nov. 1991, n° 90-17.840, *Bull. civ.* II, n° 303

* V. ss n° 133.99

C'est à bon droit que la cour d'appel a déclaré irrecevable la demande en annulation de la convention définitive, relativement à ses dispositions concernant la prestation compensatoire, formée par le mari, au motif que son consentement avait été vicié par l'erreur, dont il avait été victime ou le dol imputable à l'autre conjoint.

> Liquidation du régime matrimonial – omission d'un bien lors des opérations de liquidation-partage – possibilité d'un partage complémentaire en dehors de toute homologation

• Civ. 2e, 27 janv. 2000, no 97-14.657, *Bull. civ.* II, no 18

* V. ss no 133.99

Ne viole pas l'article 279 du Code civil une cour d'appel qui, après avoir rappelé que dans le cadre d'un divorce sur requête conjointe, le jugement de divorce homologuant la convention définitive rend caduque la convention temporaire, constate que la convention définitive ne règle pas le sort de l'immeuble commun et retient que l'épouse ne pouvait revenir sur l'accord par elle donné sur le compte dressé par le notaire chargé du partage des biens de la communauté.

133.03 Bibliographie indicative.

Actualisables. RÉP. CIV., *Vo Date des conséquences du divorce*, E. Fortis, nos 2 à 50; *Vo Conséquences patrimoniales du divorce entre époux*, E. Fortis, nos 84 à 392; *Vo Régimes matrimoniaux*, A. Colomer, nos 1 à 537 – J.-CL. NOTARIAL, Y. Buffelan-Lanore, « Divorce », fasc. 50; J. Hauser et Ph. Delmas Saint-Hilaire, « Divorce », fasc. 55; V. Larribau-Terneyre, « Divorce », fasc. 51 – J.-CL. NOTARIAL FORMULAIRE, J. Hérail, « Divorce », fasc. 150 – J.-CL. CIV., A. Bénabent et Y. Buffelan-Lanore, « Effets du divorce », fasc. 210; « Divorce », fasc. 33, *Jugement et voies de recours*.

Ouvrages. A. Batteur, F. Douet, L. Mauger-Vielpeau, N. Rivière et A. Tisserand-Martin, *Le Guide des divorces*, « Guides Dalloz », 2e éd., Dalloz, 2007 – A. Bénabent, *La réforme du divorce article par article*, Éd. Defrénois, 2004 – P.-J. Claux, S. David *et alii*, *Droit et pratiques du divorce 2010/2011*, « Dalloz référence », 1re éd., Dalloz, 2010 – M. Grimaldi (dir.), *Droit patrimonial de la famille*, « Dalloz action », 3e éd., Dalloz, 2008 – J. Massip, *Le nouveau droit du divorce*, 2006, Defrénois – M.-P. Murat-Sempietro et V. Trambouze, *Le divorce après la loi du 26 mai 2004*, 2006, LexisNexis, Litec – *La loi du 23 juin 2006 portant réforme des successions et libéralités*, Cridon-Lyon, déc. 2006 – 106e Congrès des notaires de France, Bordeaux, « Couples et patrimoine », ACNF 2010.

Articles. C. Brenner, « Brèves observations sur la révocation des donations entre époux après la loi du 26 mai 2004 relative au divorce », *Defrénois* 2005, art. 38084 – R. Brochard, « La mission du notaire dans le cadre du nouveau divorce », *JCP N* 2005, no 10, 1177 – N. Couzigou-Suhas, « Les incitations procédurales à une liquidation rapide et efficace du régime matrimonial », *JCP N* 2005, no 10, 1178 – A. Depondt, « Réflexions sur le rôle du notaire dans le nouveau divorce », *Defrénois* 2006, art. 38494, p. 1815 s. – M. Giray, « L'imbroglio des libéralités entre époux depuis la réforme du divorce », *Dr. et patr.* no 135, mars 2005, p. 30 – J. Lafond, « Notaires et avocats dans le nouveau droit du divorce », *JCP N* 2005, no 10, 1181 – B. Mercier, « Les effets du pourvoi en cassation sur l'exécution de la décision de divorce », *LPA* 18 nov. 1998, 5 – P. Metay, « L'acquisition par un époux commun en biens en instance de divorce », *JCP N* 1997, I, p. 733 – J. Moury, « De la règle de l'effet suspensif de l'appel en matière civile », *Mél. Jacques Normand*, Litec, 2003, p. 353 – M.-P. Murat-Sempietro, « Réforme du divorce et pratique notariale », *JCP N* 2002, no 1-2, En bref, 100, spéc. no 19 – Ph. Mury, « Le notaire judiciairement commis en matière de divorce est-il un expert ? », *D.* 2005, 329 – C. Philippe, « La liquidation du régime matrimonial après la loi du 26 mai 2004 », *RLDC* oct. 2004, p. 46 – J.-F. Pillebout, « Achat par un époux séparé de fait », *JCP N* 2002, 1734; « Les clauses de contrat de mariage et de réversion d'usufruit ou de rente viagère après la réforme du divorce », *JCP N* 2005, no 17, 1246 – L. Poulet, « Quelques observations sur le pourvoi en cassation en matière de divorce », *D.* 2005, 2636 – J.-L. Puygautier, « La date de la dissolution du régime matrimonial après la réforme du divorce par la loi du 26 mai 2004 », *JCP N* 2005, no 28, 1343, p. 1286; « La séparation de fait et la super-rétroactivité de la dissolution du régime matrimonial après la réforme du divorce », *JCP N* 2005, no 38, 1384 – Ph. Simler, « La validité de la clause de liquidation alternative de la communauté universelle menacée par le nouvel article 265 du Code civil », *JCP* 2005, I, 160 – S. Thouret, « Les mécanismes procéduraux issus du décret du 26 octobre 2004 portant réforme de la procédure en matière familiale », *Procédures* déc. 2004, no 12, étude 16 – S. Valory, « Les mesures postérieures à la réforme de 2004 sur les donations entre époux et les avantages matrimoniaux », *Dr. et patr.* no 164, nov. 2007, p. 62.

133.04 Questions essentielles.

> Effets de l'appel du jugement de divorce contentieux.

* V. sS no 133.33

> Effets du pourvoi en cassation contre l'arrêt qui prononce le divorce.

* V. sS no 133.34

> Le caractère exceptionnel de l'exécution provisoire liée à la prestation compensatoire.

* V. sS no 133.41

> L'acquisition d'un bien immobilier par un époux pendant l'instance en divorce.

* V. ss no 133.72

> L'articulation des mesures issues de l'article 255, 9° du Code civil [désignation d'un professionnel qualifié] et de l'article 255, 10° du Code civil [désignation d'un notaire].

* V. ss nos 133.111 à 133.115

> Le règlement conventionnel des intérêts patrimoniaux des époux pendant l'instance en divorce [art. 265-2 et 268 du Code civil].

* V. ss nos 133.121 à 133.132

> Le sort des libéralités et des avantages matrimoniaux.

* V. ss nos 133.160 à 133.192

133.05 Délais.
> Dans le divorce par consentement mutuel, en cas de refus d'homologation de la convention par le juge, un délai de **six mois** est donné aux époux pour présenter une nouvelle convention : C. pr. civ., art. 1100 et 1101.

* V. s[s] n° 133.99

> Délai d'**un an**, après sa désignation, pesant sur le notaire, pour achever les opérations de liquidation-partage du régime matrimonial [C. pr. civ., art. 1368]. Ce délai peut être prorogé d'**un an** maximum, par le juge commis pour surveiller les opérations de liquidation-partage, en raison de la complexité des opérations [C. pr. civ., art. 1370].

* V. s[s] n° 133.151

SECTION 1
DATE DES EFFETS DU DIVORCE

§ 1
Date de la dissolution du mariage

133.11 Détermination et importance de la date de dissolution du mariage. Une fois la décision qui prononce le divorce rendue, il faut encore déterminer la date à partir de laquelle elle va produire ses effets, s'agissant de la dissolution du lien matrimonial et des effets du mariage.

La date de dissolution du mariage entraîne pour les époux des conséquences d'ordre personnel (elle marque notamment la **fin de toutes les obligations** qui découlaient du régime matrimonial primaire, visées aux articles 212 et suivants du Code civil) et d'un point de vue procédural, elle met **fin au régime des mesures provisoires**, auxquelles se substituent alors les mesures accessoires.

Les effets pratiques sont donc considérables.

Dans un tel contexte, la seule prise en compte de la date du jugement rendu par le juge aux affaires familiales (JAF) ou de l'arrêt de la cour d'appel n'est pas suffisante, puisqu'il faut nécessairement tenir compte des **délais**, et de l'exercice ou de l'absence d'exercice des **voies de recours** à l'encontre de la décision.

133.12 Sources textuelles. L'article 260 du Code civil, inchangé depuis la réforme, pose toujours le principe simple, dans son énoncé, selon lequel « *la décision qui prononce le divorce dissout le mariage à la date à laquelle elle prend force de chose jugée* ».

La date d'effet de la dissolution du mariage est donc très étroitement liée au **caractère définitif** ou non de la **décision de divorce**.

En voulant favoriser le divorce par consentement mutuel et la prise d'accords, le législateur de 2004 a très nettement différencié la procédure de divorce par consentement mutuel (C. civ., art. 250 à 250-3), de la procédure des autres cas de divorce, relevant du tronc commun procédural (C. civ., art. 251 à 259-3).

Il n'est donc pas surprenant que les règles s'attachant à la date de dissolution du mariage suivent cette même ligne de partage.

A.
Détermination de la date de dissolution du mariage pour le jugement de divorce par consentement mutuel

133.21 Impossibilité d'appel pour le jugement qui prononce le divorce par consentement mutuel. Par application de l'article 1102 du Code de procédure civile, l'appel d'un jugement qui prononce le divorce des époux sur leur requête conjointe n'est pas ouvert, et la seule voie de recours est alors le **pourvoi en cassation.**

133.22 Délai et point de départ du délai du pourvoi en cassation. Le délai de pourvoi en cassation est de **quinze jours**, mais le point de départ du délai en cette matière est particulier, puisqu'il court à compter de la **date du jugement** (C. pr. civ., art. 1103) [1].

La règle est logique : les deux époux participent ensemble de la mise en place de la procédure, ils ont comparu tous deux lors de l'audience au cours de laquelle leur divorce a été prononcé, et ils sont donc parfaitement avisés de la date et du contenu de la décision, qui dans la pratique n'est jamais signifiée.

En conséquence, le jugement qui prononce le divorce par consentement mutuel devient définitif, à défaut de l'inscription d'un pourvoi en cassation, quinze jours après sa date [2].

Le divorce peut même devenir définitif avant cette date, si les parties régularisent un **acte d'acquiescement au jugement**, (C. pr. civ., art. 409), par lequel elles déclarent accepter expressément le jugement rendu, et qu'elles renoncent à exercer toute voie de recours [3].

Dans l'éventualité (rarissime en pratique) où un pourvoi est exercé, les conséquences sont les mêmes que pour le pourvoi en cassation sur appel d'un jugement procédure tronc commun (v. s[s] n° 133.34). La décision de divorce fixera la date de dissolution du

1. V. NOT., B. Mercier, « Les effets du pourvoi en cassation sur l'exécution de la décision de divorce », *LPA* 18 nov. 1998, 5 – L. Poulet, « Quelques observations sur le pourvoi en cassation en matière de divorce », *D.* 2005, 2636.
2. J.-CL. CIV., « Effets du divorce. Date à laquelle se produisent les effets du divorce », fasc. 210; n°s 20 s.
3. V. Civ. 2e, 9 oct. 1985, *JCP* 1985, IV, 359.

mariage, selon le cas, à la **date de rejet du pourvoi**[1], ou en cas d'admission du pourvoi, et saisine de la cour de renvoi, à la **date à laquelle l'arrêt de la cour de renvoi deviendra lui-même irrévocable.**

B. Détermination de la date de dissolution du mariage pour les divorces contentieux

133.31 Appel du jugement de première instance. La voie de recours ordinaire à l'encontre du jugement de divorce contentieux est l'appel (C. pr. civ., art. 538).

133.32 Délai et point de départ du délai d'appel. À peine d'irrecevabilité, l'appel doit être inscrit dans le **délai d'un mois** (C. pr. civ., art. 538), et il court à compter de **signification du jugement** (C. pr. civ., art. 528) à la condition que celle-ci soit régulière[2].

Parce que le jugement de divorce intervient en matière contentieuse devant le tribunal de grande instance, la décision avant signification devra avoir été préalablement **notifiée entre avocats** (C. pr. civ., art. 673).

133.33 Effets de l'appel. Pendant le délai d'appel et lorsque l'appel a été valablement inscrit et que la procédure est en cours, **l'exécution du jugement** se trouve alors, en principe **suspendue** (v. C. pr. civ., art. 539)[3].

Cependant en matière de divorce, le jugement comporte deux sortes de dispositions :

- celles qui prononcent (ou refusent de prononcer) le divorce et statuent sur le bien-fondé de la demande en divorce et du cas de divorce;
- celles qui fixent les mesures accessoires.

L'appel peut donc être **général** (sur le principe du divorce et ses conséquences), ou seulement **limité** (sur ses conséquences ou certaines d'entre elles).

Si l'appel n'est pas limité, tous les chefs de la décision de divorce sont alors déférés à la Cour (principe du divorce et ses conséquences), de sorte que, le mariage n'est pas dissous et les parties continuent alors à se trouver sous l'empire des **mesures provisoires** prises lors de l'ordonnance sur tentative de conciliation, parce que la procédure doit toujours être tenue comme étant en cours.

Si l'appel principal a été limité par l'appelant à une des conséquences du divorce, ce n'est pas pour autant que la dissolution du régime matrimonial est acquise, puisque, l'intimé dispose à son tour de la possibilité de former un **appel incident**, qui peut ne pas être limité. En effet, lorsqu'un jugement contient plusieurs chefs distincts et qu'une partie a interjeté appel principal de l'un d'eux, l'intimé peut appeler incidemment des autres chefs[4], et sans délai particulier, par voie de conclusions et en tout état de cause[5].

En cas d'appel, ce n'est donc qu'en présence d'un **appel limité sans appel incident**, ou de **deux appels limités** que le principe du divorce sera acquis de manière irrémédiable, et que la dissolution du mariage sera effective.

En cas d'appel suivi d'un désistement, le jugement de divorce prendra effet quant à la dissolution du mariage à la **date de la formalisation du désistement** par les parties.

Enfin, et comme pour le cas du divorce par consentement mutuel, les parties peuvent acquiescer au jugement, ce qui a pour effet d'entraîner la **dissolution du mariage** à la **date d'établissement et de signature du deuxième des actes d'acquiescement.**

133.34 Effets du pourvoi en cassation. En matière de divorce, et par application de l'article 1086 du Code de procédure civile, **le délai de pourvoi en cassation** (et le pourvoi exercé dans ce délai) **suspend la décision qui prononce le divorce.** En revanche, lorsque l'arrêt **rejette une demande en divorce**, il est exécutoire dès son prononcé et entraîne la **caducité des mesures provisoires** de l'ordonnance de non-conciliation[6].

La même distinction que précédemment doit être opérée entre les motifs du pourvoi qui critiquent les dispositions de l'arrêt qui tiennent au prononcé du divorce et ceux qui s'attachent seulement aux conséquences[7].

Il se peut tout d'abord que le **demandeur au pourvoi contre lequel le divorce a été prononcé à ses torts exclusifs** par la cour d'appel ne critique pas lui-même la dévolution des torts. Dans ce cas, le **prononcé du divorce** doit être tenu pour **irrévocable** (l'autre partie étant dépourvue d'intérêt pour former recours à l'encontre d'une décision qui lui a

1. V. Civ. 2e, 4 juill. 2002, no 00-18.092, *Bull. civ.* II, no 153; *D.* 2002, IR 2381; *Gaz. Pal.* 15-17 juin 2003, obs. Massip.
2. V. Civ. 2e, 17 févr. 1983, *Gaz. Pal.* 1983, pan. 170, obs. Guinchard.
3. V. J. Moury, « De la règle de l'effet suspensif de l'appel en matière civile », *Mél. Jacques Normand*, Litec, 2003, p. 353.
4. V. NOT., Civ. 3e, 9 mai 1983, *Bull. civ.* III, no 160.
5. V. Civ. 2e, 27 mai 1999, no 97-12.230, NPT; *JCP* 1999, IV, 2318.
6. V. Civ. 2e, 11 janv. 1979, *Gaz. Pal.* 1979, I, somm. 222; *Defrénois* 1979, p. 1172, obs. Souleau – Civ. 1re, 25 janv. 2005, no 03-16.943, *Bull. civ.* I, no 38; *RTD civ.* 2005, 371, obs. Hauser.
7. V. F. Granet-Lambrechts, « La portée de l'effet suspensif de l'appel et du pourvoi en cassation au regard des mesures accessoires au divorce », *Gaz. Pal.* 1983, doctr. 252.

donné entière satisfaction) au délai d'expiration du mémoire ampliatif devant la Cour de cassation.

S'agissant du **divorce aux torts partagés**, dès lors que le débat sur la faute est déféré à la Cour, le juge peut, par application des dispositions de l'article 245 du Code civil examiner les fautes de l'autre époux, et même sans demande reconventionnelle, décider de prononcer le divorce aux torts partagés.

Par voie de conséquence, et même si le débat sur la faute n'est soumis à la Cour que par une seule des parties, alors **le pourvoi suspend le divorce dans son ensemble, y compris quant à la date de dissolution du mariage**[1].

C.
Effets de la date de dissolution du mariage

133.41 **Effets entre les époux.** Le mariage n'étant plus en cours, et les parties n'étant plus époux l'un de l'autre, tous les effets légaux qui découlaient notamment des règles du régime matrimonial primaire cessent, tant pour les aspects personnels qu'alimentaires (perte de l'usage nom de l'autre époux sauf autorisation, devoir de fidélité, secours, assistance, *etc.*[2]).

Les époux peuvent chacun, de nouveau, et **immédiatement contracter mariage** (si toutefois les formalités de transcription en marge de l'état-civil de l'article 1082 du Code de procédure civile, ont été accomplies sur justificatif du caractère exécutoire de la décision qui prononce le divorce), étant d'ailleurs observé que la réforme a supprimé les anciennes dispositions des articles 261 et 228 du Code civil, sur le **délai de viduité**.

Et surtout, c'est à la **date de dissolution du mariage**, que les **mesures accessoires au divorce** vont commencer à s'appliquer, et se substituer aux mesures provisoires, qui n'ont plus d'effet.

Par voie de conséquence, et si un époux s'était vu reconnaître le bénéfice d'une pension alimentaire dans le cadre des mesures de l'ordonnance sur tentative de conciliation, et qu'il se voit accorder une prestation compensatoire au titre de mesures accessoires au divorce, le montant de la pension alimentaire est dû jusqu'à la date à laquelle le divorce est devenu définitif et a emporté dissolution du mariage[3].

Le paiement de la prestation compensatoire ne sera dû, qu'à compter de la date à laquelle le divorce est devenu irrévocable[4], même si son montant est fixé au moment du prononcé du divorce[5].

La réforme du divorce a toutefois modifié le régime applicable à la prestation compensatoire, puisque, si par principe la prestation compensatoire comme par le passé ne peut pas être assortie de l'exécution provisoire (C. pr. civ., art. 1079, al. 1er), elle peut toutefois l'être en totalité ou partiellement, « *lorsque l'absence d'exécution aurait des conséquences manifestement excessives pour le créancier en cas de recours sur la prestation compensatoire alors que le prononcé du divorce a acquis force de chose jugée* » (C. pr. civ., art. 1079, al. 2 et 3).

Il est encore trop tôt pour disposer de décisions de jurisprudence de la Cour de cassation sur ce point précis, mais il est probable que le recours à ce texte sera fréquent[6].

Il permettra, à la date à laquelle le divorce sera devenu définitif sur son principe, et à laquelle cessera le **versement de la pension alimentaire** servie jusqu'à présent **en exécution du devoir de secours,** de ne pas laisser le conjoint démuni, dans l'attente de la **fixation de la prestation compensatoire à titre définitif**, situation toujours très difficile et toujours très mal comprise pour l'époux bénéficiaire de la prestation.

Le recours au nouveau texte permettra d'éviter certaines pratiques processuelles et la mise en œuvre des stratégies de procédure développées par l'un des époux, qui pouvait avoir intérêt à former un recours uniquement pour éviter le déclenchement de la prestation compensatoire, et non pas pour sérieusement espérer obtenir la réformation ou la cassation de la décision déférée.

133.42 **Effets pour les enfants.** S'agissant des **mesures accessoires pour les enfants**, l'article 1074-1 du Code de procédure civile dispose que toutes les mesures provisoires, mais également toutes celles qui portent sur l'exercice de l'autorité parentale, la pension alimentaire, la contribution à l'entretien et à l'éducation de l'enfant et la contribution aux charges du mariage **bénéficient de plein droit de l'exécution provisoire**[7].

1. V. Civ. 2e, 24 janv. 1990, no 88-15.555, *Bull. civ.* II, no 15 – Plus globalement, sur le pourvoi en cassation en matière de divorce, v. Poulet, *D.* 2005, chron. 2636.
2. Sur ces questions, v. J.-Cl., Divorce, fasc. 230 ou Code civil art. 266 à 285-1, fasc. 10, et développements *infra* sur les effets du jugement de divorce.
3. Civ. 2e, 24 janv. 1990, no 88-15.555, *Bull. civ.* II, no 15.
4. V. Civ. 2e, 28 mai 1986, *D.* 1987, obs. Bénabent.
5. Civ. 2e, 31 janv. 1990, no 88-10.268, *Bull. civ.* II, no 17; *JCP* 1990, IV, 120 – Sur la date d'exigibilité des intérêts légaux produits par la prestation compensatoire lorsque la décision prononçant le divorce passe irrévocablement en force jugée antérieurement à la fixation ou à l'exigibilité de cette prestation compensatoire, v. Civ. 1re, 20 févr. 2007, no 06-10.763, *Bull. civ.* I no 69; *RTD civ.* 2007.554 obs. Hauser.
6. Pour une illustration, Civ. 1re, 28 mai 2008, no 07-14.232, *Bull. civ.* I, no 255; *RTD civ.* 2008.463, obs. Hauser.
7. V. circ. sur le divorce ss no 61.11.

Pour le pourvoi, l'article 1087 du Code de procédure civile (issu du décret du 29 octobre 2004) **exclut désormais l'effet suspensif général du pourvoi** pour les mesures qui concernent « *les pensions, la contribution à l'entretien et l'éducation de l'enfant et l'exercice de l'autorité parentale* ».

Les modalités d'exercice de l'autorité parentale s'appliqueront donc immédiatement selon les prescriptions de l'arrêt d'appel, et le montant de la pension alimentaire due pour les enfants résultera de l'arrêt frappé de pourvoi, pendant tout le cours devant la Cour de cassation, et éventuellement devant la cour de renvoi.

§ 2
Date de la dissolution du régime matrimonial

133.50 Annonce. Il y a lieu de distinguer suivant que l'on envisage les rapports des époux entre eux (A) ou les rapports des époux avec les tiers (B).

A.
Dans les rapports entre époux

1°
Principe

133.51 Distinction posée par l'article 262-1 du Code civil. Alors que l'ancien article 262-1 du Code civil prévoyait que le jugement de divorce prenait effet, entre époux, au plan patrimonial, à la date de l'assignation, l'article 262-1 issu de la réforme, distingue selon que le divorce est prononcé par consentement mutuel ou sur un autre fondement. Dans le premier cas, la **date d'effet** est, en principe, celle de **l'homologation**, tandis que dans le second cas, la date d'effet est celle de **l'ordonnance de non-conciliation** (ONC).

133.52 Portée de cette distinction. *Dans le cadre d'un divorce par consentement mutuel* la nouvelle règle signifie que, dans l'hypothèse d'un régime communautaire, la communauté est dissoute le jour même où le divorce est prononcé[1], ce qui peut poser des problèmes pour la comptabilisation des gains et revenus perçus entre la date de la convention et celle de l'homologation[2].

Dans le cadre d'un divorce contentieux, la date des effets remonte désormais à une période antérieure à l'assignation ce qui correspond mieux à la réalité, les époux ne vivant plus ensemble, le plus souvent, au moment de l'ordonnance de non-conciliation. À noter que malgré la lettre de l'article 1572 alinéa 1er *in fine* du Code civil, **le régime de participation aux acquêts** doit être considéré comme dissous à la **date de l'ordonnance de non-conciliation** et non à la date de la demande en divorce[3].

2°
Exceptions

133.61 Report de la date par la volonté des époux. Dans le cas de divorce par consentement mutuel, les époux peuvent fixer eux-mêmes la date de dissolution du régime matrimonial. Ils pourront ainsi choisir la **date à laquelle ils ont cessé de cohabiter et de collaborer.** Dans les autres cas de divorce, l'article 265-2 et/ou l'article 268 du Code civil laissent aux époux la faculté de fixer le moment de la dissolution du régime matrimonial à une **date différente de celle de l'ordonnance de non-conciliation**[4]. Cela suppose de déterminer le report de date **pendant l'instance en divorce.** Cependant, rien ne semble s'opposer à une détermination de ce report au moment des opérations liquidatives, **postérieurement au prononcé du divorce**[5].

133.62 Report judiciaire de la date des effets du divorce. Chaque époux peut demander le report à la date où, cumulativement, **toute collaboration et cohabitation ont cessé** (C. civ., art. 262-1, al. 2). Il ne s'agit donc pas d'un report à n'importe quelle date. Or, si la cessation de cohabitation est simple à prouver, il n'en est pas de même pour la cessation de la collaboration[6]. La notion même de collaboration n'est pas toujours facile à saisir[7].

En outre, **la demande de report ne peut être formée qu'au moment de l'action en divorce**, c'est-à-dire pendant la procédure mais pas après le prononcé du divorce. Cela suppose, en pratique, d'exa-

1. M.-P. Murat-Sempietro et V. Trambouze, *Le divorce après la loi du 26 mai 2004*, Litec/LexisNexis, 2006, n° 294.
2. M.-P. Murat-Sempietro et V. Trambouze, préc. s^s prés^t n°.
3. J.-L. Puygautier, « La date de la dissolution du régime matrimonial après la réforme du divorce par la loi du 26 mai 2004 », *JCP N* 2005, n° 28, 1343, p. 1286 – V. AUSSI, A.-S. Brun-Wauthier, *Régimes matrimoniaux*, Paradigme, 2009, p. 301, § E 63.
4. J.-L. Puygautier, « La séparation de fait et la super-rétroactivité de la dissolution du régime matrimonial après la réforme du divorce », *JCP N* 2005, n° 38, 1384, n°s 41 s. et 46 s.
5. M.-P. Murat-Sempietro et V. Trambouze, *Le divorce après la loi du 26 mai 2004*, Litec/LexisNexis, 2006, n° 302, p. 108.
6. J.-CL. NOTARIAL, Y. Buffelan-Lanore, « Divorce », fasc. 50, n° 61 et la jurisprudence citée – V. CEP., Civ 1re, 17 déc. 2008, n° 07-16.477, NP; *RTD civ.* 2009, 103, obs. Hauser : la cessation de la cohabitation fait présumer la cessation de la collaboration.
7. Pour des ex., v. Civ. 2e, 10 oct. 2002, n° 00-19.729, *Bull. civ.* II, n° 210 – Civ. 1re, 14 mars 2006, n° 05-14.476, *Bull. civ.* I, n° 153; *AJ fam.* 2007, 35, obs. David; *D.* 2006, IR 1249.

miner dès la procédure de divorce, l'opportunité d'une demande de report[1].

Enfin, l'article 262-1 du Code civil précisant que le juge « *peut* » reporter la date, la question se pose de savoir si ce report est ou non facultatif pour le juge. Une réponse négative devrait prévaloir[2].

133.63 **Protection d'un époux contre les actes frauduleux de son conjoint.** L'article 262-2 du Code civil déclare **nuls** tous les actes à la charge de la communauté passés par un époux, postérieurement à la requête initiale, en fraude des droits du conjoint[3]. Cette disposition fait toutefois redondance avec l'article 1421 du Code civil qui permet d'attaquer les actes frauduleux même passés antérieurement à une instance en divorce[4].

3°
Conséquences

133.71 **Liquidation du régime matrimonial.** La détermination de la date de la dissolution du régime matrimonial est essentielle au regard des opérations liquidatives. C'est à cette date que la communauté prend fin dans les régimes communautaires et que lui succède **l'indivision post-communautaire**. La consistance des éléments de la communauté est déterminée à cette date. En revanche, concernant la **valeur des biens à partager**, si elle doit être, en principe, fixée **au jour le plus proche du partage**, les copartageants peuvent convenir d'en évaluer certains à une date différente[5].

133.72 **Hypothèse de l'acquisition d'un bien immobilier par un époux pendant l'instance en divorce.** Les praticiens sont souvent confrontés au souhait d'un époux d'acquérir un bien immobilier alors que le divorce n'est pas encore prononcé[6]. Si l'époux est marié sous un **régime de communauté** et qu'il ne dispose **pas de fonds propres à employer ou remployer**, il y a lieu de prendre quelques précautions afin d'éviter que le bien ainsi acquis ne tombe dans la communauté et, partant, ne soit intégré dans la masse à partager entre les époux[7].

Si l'époux divorce par consentement mutuel, le notaire devra conseiller de prévoir dans la convention de divorce, avec l'accord du conjoint, **une date de dissolution de la communauté antérieure à celle de l'acquisition**[8]. Ainsi, lors du prononcé du divorce, et si le juge homologue la convention, le bien ainsi acquis sera réputé rétroactivement comme appartenant au seul époux acquéreur. L'acte d'acquisition rappellera utilement cette façon de procéder ainsi que les **conséquences d'un refus d'homologation ou encore du non-prononcé du divorce**[9]. Il faudra également rappeler à l'époux acquéreur que **dans les rapports avec les tiers**, notamment les créanciers, **l'immeuble** demeurera **commun**[10].

Si l'époux divorce autrement que par consentement mutuel mais que l'ONC a déjà été rendue : le bien restera la propriété du seul époux acquéreur puisque les effets du divorce remontent à l'ONC, par hypothèse antérieure à l'acte d'acquisition[11]. Le devoir de conseil du notaire portera simplement sur les **conséquences qu'impliquerait le non-prononcé du divorce**[12].

Dans le cas où, à l'inverse, *l'ONC n'a pas déjà été rendue*, la seule solution pour que le bien reste la propriété de l'époux acquéreur, consiste, le moment venu, dans un **report soit judiciaire soit conventionnel de la date des effets du divorce à une date antérieure à celle de l'acquisition**[13].

1. J. Massip, *Le nouveau droit du divorce*, Éd. Defrénois, 2006, n° 125-b, spéc[t] p. 125.
2. Massip, préc. s[s] prés[t] n° (n° 125-d, spéc[t] p. 127) – CONTRA, J.-L. Puygautier, « La séparation de fait et la super-rétroactivité de la dissolution du régime matrimonial après la réforme du divorce », *JCP N* 2005, n° 38, 1384, n°s 34 s.
3. Pour une analyse fouillée de cette disposition, v. J.-CL. NOTARIAL, Y. Buffelan-Lanore, « Divorce », fasc. 50, n°s 68 s. – *Adde*, Civ. 1re, 4 juin 2007, n° 06-14.609, *Bull. civ.* I, n° 221; *D.* 2008, J. 137, note Chiariny-Daudet; *Aj fam.* 2007, 358, obs. Hilt : l'acquisition par un époux d'un bien financé par des fonds propres et des fonds empruntés postérieurement à l'assignation en divorce ne constitue pas une fraude aux droits de son conjoint.
4. J. Massip, préc. s[s] prés[t] n° (n° 127, p. 129).
5. Cass. ass. plén., 22 avr. 2005, n° 02-15.180, *Bull. ass. plén.*, n° 5; *RTD civ.* 2005, 810, obs. Grimaldi; *JCP N* 2005, p. 1291, note Simler – RAPPR. Civ 1re, 11 mars 2009, n° 07-21.356, *Bull. civ.* I, n° 59; *Dr. fam.* 2009, comm. 59, note Arnault.
6. J.-CL. NOTARIAL FORMULAIRE, M. Mathieu, « Vente d'immeuble », fasc. 240 – J.-F. Pillebout, « Achat par un époux séparé de fait », *JCP N* 2002, 1734 – P. Metay, « L'acquisition par un époux commun en biens en instance de divorce », *JCP N* 1997, I, p. 733 et 765 – *Adde*, « Couples, patrimoine », 106e Congrès des notaires de France, Bordeaux, ACNF 2010, n°s 3535 s. – Sur l'hypothèse inverse de la vente pendant l'instance, v., dans ce même ouvrage, n°s 3525 s.
7. V. AUSSI, Civ. 1re, 4 juin 2007, n° 06-14.609, *Bull. civ.* I, n° 221; *D.* 2008, J. 137, note Chiariny-Daudet; *Aj fam.* 2007, 358, obs. Hilt.
8. J.-L. Puygautier, « La date de la dissolution du régime matrimonial après la réforme du divorce par la loi du 26 mai 2004 », *JCP N* 2005, n° 28, 1343, p. 1286, spéc[t] n° 46.
9. Pour des formules, v. J.-CL. NOTARIAL FORMULAIRE, « Vente d'immeuble », fasc. 245.
10. J.-L. Puygautier, « La date de la dissolution du régime matrimonial après la réforme du divorce par la loi du 26 mai 2004 », *JCP N* 2005, n° 28, 1343, p. 1286, spéc[t] n° 46.
11. M.-P. Murat-Sempietro et V. Trambouze, *Le divorce après la loi du 26 mai 2004*, 2006, Litec/LexisNexis, n° 307.
12. J.-L. Puygautier, préc. s[s] prés[t] n° (spéc[t] n° 25).
13. M.-P. Murat-Sempietro et V. Trambouze, (n° 307) préc. s[s] prés[t] n° et sur les risques liés à l'utilisation d'une passerelle, n° 308.

B.
Dans les rapports avec les tiers

133.81 Date des formalités de publicité. Le divorce est **opposable à l'égard des tiers,** dans leurs relations patrimoniales avec les époux, du jour où les formalités de **mention en marge** prescrites par les règles de l'état civil ont été accomplies (C. civ., art. 262). Cette règle ne joue qu'au profit des tiers mais ces derniers peuvent invoquer le divorce contre les époux, malgré le défaut de publicité, si tel est leur intérêt[1]. Par ailleurs, si **un époux** fait l'objet d'une **procédure de liquidation judiciaire,** le liquidateur pourra appréhender tous les biens de la communauté si le jugement ayant prononcé la liquidation est antérieur à la date de la dernière mention en marge de l'état civil, la communauté se trouvant alors dessaisie[2].

133.82 Exception de fraude. La règle de l'article 262 du Code civil, protectrice des tiers, est écartée lorsque le tiers a agi avec un époux **en fraude des droits du conjoint.**

SECTION 2
LIQUIDATION DU RÉGIME MATRIMONIAL

133.90 Présentation. L'un des objectifs de la réforme du divorce est de favoriser le règlement des problèmes patrimoniaux avant le prononcé du divorce ou, au plus tard, lors de son prononcé[3]. Il convient cependant de distinguer entre le divorce par consentement mutuel (§ 1) et les divorces contentieux (§ 2).

§ 1
Divorce par consentement mutuel

133.91 Caractère obligatoire de la liquidation. Il résulte des termes même de l'article 230 du Code civil que les époux ne peuvent conjointement demander le divorce que s'ils s'entendent sur la rupture du mariage et ses effets. Pour ce faire, ils soumettent à l'approbation du juge une **convention réglant les conséquences du divorce.** Cette possibilité est ouverte également aux époux qui, au cours d'une **instance contentieuse,** parviennent à un accord global. C'est la « *passerelle* » de l'article 247 du Code civil. Inversement, après l'abandon d'un divorce par consentement mutuel et si un époux dépose une requête en divorce contentieux, les époux qui souhaiteraient maintenir les accords passés précédemment, devraient les réitérer pendant l'instance contentieuse.[4]

Contrairement aux divorces contentieux, les opérations de liquidation précèdent le divorce et sont obligatoires quel que soit le régime matrimonial des époux. Cette convention devra obligatoirement être soumise à **l'homologation par le juge lors du prononcé du divorce** (C. civ., art. 232)[5].

133.92 Requête unique et convention unique. Désormais, les époux ne comparaissent qu'une seule fois devant le juge. Ainsi la convention temporaire et le projet de convention définitive de l'ancien article 1091 du Code de procédure civile disparaissent au profit d'une **convention unique** portant règlement complet des effets du divorce incluant, notamment, un **état liquidatif du régime matrimonial** ou la **déclaration qu'il n'y a pas lieu à liquidation** (circ. CIV/16/04, 23 nov. 2004, n° 15 et v. texte complet de la circulaire s^s n° 61.11 – V. égal^t C. pr. civ., art. 1091)[6]. Cette convention doit être déposée dès la requête.

133.93 Forme de l'état liquidatif. Conformément à l'article 265-2 alinéa 2 du Code civil, applicable à tous les cas de divorce et conformément à l'article 1091 du Code de procédure civile, l'état liquidatif doit être passé en la **forme notariée** lorsque la liquidation porte sur des **biens soumis à publicité foncière.** Cependant, même lorsque le patrimoine des époux sera exclusivement mobilier une bonne pratique consistera à ce que l'avocat se rapproche du notaire des époux notamment lorsque la liquidation s'avère complexe.

133.94 Coordination du travail de l'avocat et du notaire. L'état liquidatif ne constitue qu'une partie de la convention unique portant règlement complet des effets du divorce. Ainsi, les époux doi-

1. J.-CL. NOTARIAL, Y. Buffelan-Lanore, « Divorce », fasc. 50, n° 88 et la jurisprudence citée.
2. J.-L. Puygautier, « La date de la dissolution du régime matrimonial après la réforme du divorce par la loi du 26 mai 2004 », *JCP N* 2005, n° 28, 1343, n° 21.
3. J. Lafond, « Notaires et avocats dans le nouveau droit du divorce », *JCP N* 2005, n° 10, 1181 – Sur l'ensemble de la question, v. « Couples, patrimoine », 106e Congrès des notaires de France, Bordeaux, ACNF 2010, n°s 3001 s. – *Adde*, O. Gazeau, H. Lemaire et F. Vancleemput, « *Vade-mecum* du notaire intervenant dans les procédures de divorce », *JCP N* 2010, n°s 16-17, 1178.
4. Sur ce point, v. Ch. Lesbats, *JCP N* 2009, n° 18, 1147 et sa note s^s CA Agen, 11 oct. 2007.
5. M.-P. Murat-Sempietro et V. Trambouze, *Le divorce après la loi du 26 mai 2004*, 2006, Litec/LexisNexis, n°s 200 et 201, p. 75.
6. J. Lafond, « Notaires et avocats dans le nouveau droit du divorce », *JCP N* 2005, n° 10, 1181 et spéc^t n° 16 – A. Depondt, « Réflexions sur le rôle du notaire dans le nouveau divorce », *Defrénois* 2006, art. 38494, p. 1815 s., spéc^t p. 1817.

vent également s'entendre sur la **résidence, l'entretien et l'éducation des enfants**, sur **l'usage du nom du conjoint**, la **date des effets du divorce**, le **sort des libéralités** entre époux et les **reprises de prêts**[1]. Comme par le passé, l'avocat sera amené, le plus souvent, à rédiger la convention et le notaire se chargera du seul état liquidatif. Cependant l'état liquidatif et le reste de la convention doivent former **un tout cohérent**. Ainsi, **les modalités de la prestation compensatoire peuvent être liées à la liquidation**. C'est pourquoi une bonne coordination entre l'avocat et le notaire est indispensable pour éviter les distorsions entre les différentes dispositions.

133.95 Signature de la convention par chacun des époux et leur avocat. La cohérence de l'état liquidatif avec le reste de la convention explique la signature obligatoire de l'avocat : il a le devoir de veiller à **l'équilibre général de la convention** et de sa **conformité à la volonté des parties**[2]. Mais doit-il signer également l'état liquidatif ? Cette signature n'est pas exigée si l'état liquidatif est établi par le notaire et joint à la convention[3]. De son côté, le notaire ne signe que ce qu'il a rédigé à moins, bien entendu, que la convention intégrale ait été reçue en la forme notariée[4].

133.96 Un état liquidatif complet. Il est essentiel de procéder à une liquidation-partage intégrale : **tout le patrimoine actif et passif, qu'il soit commun ou indivis**, doit être compris dans la **liquidation**[5] et il y a lieu de liquider tant les **récompenses** que les éventuelles **créances** entre époux[6] et, d'une manière générale, avoir égard à toutes les relations patrimoniales entre époux[7]. Il en sera ainsi, par exemple, des contrats passés entre époux[8]. Dans cet esprit, il est impératif que **même les biens mobiliers** soient pris en compte. De ce point de vue, la déclaration, pourtant courante en pratique, suivant laquelle les époux déclarent qu'ils font leur affaire personnelle du partage des biens meubles, est à proscrire comme constituant un partage anticipé, nul dans un régime de communauté[9].

133.97 Passif. Toutes les dettes doivent figurer à la masse passive (s'agissant du **passif professionnel** au sens de l'article 1387-1 du Code civil, se posera la question de savoir qui du notaire ou de l'avocat devra aborder le problème, la signature de la convention pouvant être analysée comme valant renonciation aux dispositions de l'article 1387-1[10]) et l'article 1477 du Code civil sanctionne la **dissimulation de passif** en attribuant la contribution de la dette à l'époux qui a cherché à le dissimuler.

133.98 Maintien dans l'indivision. Tout en reconnaissant que le maintien de biens dans l'indivision est contraire à l'esprit de la réforme, les auteurs s'accordent sur la possibilité de laisser certains biens en indivision dans **l'intérêt des conjoints** ou, plus largement, dans **l'intérêt de la famille**, par exemple dans l'attente de la vente d'un bien[11]. Dans ce cas, et malgré une décision remarquée[12], il est recommandé de régulariser une **convention d'indivision**[13].

133.99 Homologation et force exécutoire de la convention homologuée. Lorsqu'il a acquis la conviction que la volonté de chacun des époux est réelle et que le consentement est libre et éclairé, le juge homologue la convention et prononce le divorce (C. civ., art. 232, al. 1er et art. 250-1). La convention homologuée a la même **force exécutoire** qu'une décision de justice (C. civ., art. 279,

1. J.-Cl. Notarial Formulaire, J. Hérail, « Divorce », fasc. 120, n° 47 – M.-P. Murat-Sempietro et V. Trambouze, *Le divorce après la loi du 26 mai 2004*, Litec/LexisNexis, 2006, n° 196, p. 74.
2. Rép. min. 29 oct. 2001, *JOAN* Q, 29 oct. 2001, p. 6217.
3. Rép. min. 29 oct. 2001, préc. ss prést n°.
4. M.-P. Murat-Sempietro et V. Trambouze, *Le divorce après la loi du 26 mai 2004*, Litec/LexisNexis, 2006, n° 196, p. 74 – A. Depondt, « Réflexions sur le rôle du notaire dans le nouveau divorce », *Defrénois* 2006, art. 38494, spéct p. 1817.
5. J.-Cl. Notarial Formulaire, J. Hérail, « Divorce », fasc. 120, n° 50.
6. M.-P. Murat-Sempietro et V. Trambouze, *Le divorce après la loi du 26 mai 2004*, Litec/LexisNexis, 2006, n° 202.
7. Sur les risques d'un partage inégal que les époux demanderaient au notaire, hypothèse fréquente en pratique, v. S. David, « Opacité et dangers du divorce par consentement mutuel : les difficultés rencontrées par le notaire », *AJ fam* 2009, 383.
8. A. Depondt, « Réflexions sur le rôle du notaire dans le nouveau divorce », *Defrénois* 2006, art. 38494, p. 1819.
9. J. Lafond, « Notaires et avocats dans le nouveau droit du divorce », *JCP N* 2005, n° 10, 1181 et spéct n° 8.
10. En ce sens, J. Casey, « Procédure de divorce et liquidation du régime matrimonial, le divorce de la raison et du possible ? », *Dr. fam.* 2008, étude 1, p. 7 s. (spéct note 3, p. 8).
11. J.-Cl. Notarial Formulaire, J. Hérail, « Divorce », fasc. 120, n° 51 – M.-P. Murat-Sempietro et V. Trambouze, *Le divorce après la loi du 26 mai 2004*, Litec/LexisNexis, 2006, n° 203.
12. CA Bastia, 30 janv. 2008, *AJ fam.* 2008, 395, obs. David; *JCP N* 2009, n° 18, 1145, note Lesbats.
13. J. Lafond, « Convention d'indivision et divorce sur requête conjointe », *JCP N* 1984, I, p. 1 – M. Mathieu, « Formule simplifiée d'une convention de maintien d'indivision entre deux époux communs en biens divorçant sur requête conjointe », *JCP N* 1999, 267 – Th. Le Bars, « Convention de divorce, maintien des immeubles en indivision et nécessité d'un acte notarié », *Gaz. Pal.* 2007, n° 188, p. 2 – S. David, « Opacité et dangers du divorce par consentement mutuel, les difficultés rencontrées par le notaire », *AJ fam* 2009, 383 – *Adde*, Ch. Lesbats, note préc., *JCP N* 2009, n° 18, 1145.

al. 1er). La jurisprudence a tiré les conséquences de **l'indissociabilité du prononcé du divorce et de la convention.** Ainsi, la convention ne peut être remise en cause par suite d'une action en rescision pour lésion[1] ou en nullité pour vice du consentement[2]. La convention homologuée ne peut être modifiée que par une **nouvelle convention entre les époux également soumise à homologation** (C. civ., art. 279, al. 2).

Des difficultés peuvent apparaître en cas d'**omission d'un bien lors des opérations de liquidation-partage.** La Cour de cassation a mis fin à la divergence apparue entre la première et la deuxième chambre civile : désormais un **partage complémentaire** peut être réalisé **en dehors de toute homologation**[3]. Il en est de même en cas d'**omission d'une dette** dans la convention définitive[4].

Le juge peut également **refuser l'homologation** (C. civ., art. 232, al. 2)[5]. Dans ce cas, le juge informe les époux qu'ils devront présenter une nouvelle convention avant l'expiration d'un **délai de six mois** (C. pr. civ., art. 1100 et 1101).

En pratique, on constate que, parfois, le juge refuse d'homologuer la convention en l'absence de **désolidarisation, par la banque, de l'époux non attributaire du bien immobilier.** Or, quand la banque refuse la désolidarisation, que peuvent faire les praticiens pour espérer l'homologation : l'**inscription du privilège du copartageant** suffira-t-elle à rassurer le juge ?[6]

1. Civ. 2e, 6 mai 1987, *D.* 1987, 358, obs. Groslière – *Adde*, la jurisprudence citée par J. Rubellin-Devichi (dir.), *Droit de la famille*, « Dalloz Action », 2001/2002, Dalloz, no 791.
2. Civ. 2e, 13 nov. 1991, no 90-17.840, *Bull. civ.* II, no 303; *Defrénois* 1992, p. 721, obs. Massip – Sur l'irrecevabilité d'un recours en révision partielle sur les dispositions relatives au partage des biens, v. Civ 1re, 5 nov. 2008, no 07-14.439, *Bull. civ.* I, no 247; *AJ fam.* 2008, 476, obs. David; *RTD civ.* 2009, 100, obs. Hauser.
3. Civ. 2e, 27 janv. 2000, no 97-14.657, *Bull. civ.* II, no 18; *RJPF* avr. 2000, p. 16, obs. Guerder; *RTD civ.* 2000, 299; 554 s., obs Hauser; *Defrénois* 2000, art. 37261, p. 1305, note Massip; *Dr. fam.* 2000, comm. 86; *JCP N* 2000, 1613, note Lecuyer – *Adde*, sur cette question, C. Jubault, « L'omission d'un bien dans la convention définitive homologuée », *Dr fam.* 1998, chron. 9 – M. Béhar-Touchais, « Le notaire et la convention homologuée : le cas de l'omission d'un bien dans la convention homologuée », *Dr. et patr.* avr. 1999, p. 58 – S. Cabrillac, « L'omission dans les conventions définitives homologuées », *Dr. fam.* 2000, chron. 11.
4. Civ 1re, 30 sept. 2009, no 07-12.592, *Bull. civ.* I, no 195; *RTD civ.* 2009, 707, obs. Hauser.
5. Pour un EX. D'APPLICATION : TGI Paris, JAF, 8 mars 2005, *AJ fam.* 2005, 193, obs. David.
6. Sur les aspects pratiques de la désolidarisation, v. « Couples, patrimoine », 106e Congrès des notaires de France, Bordeaux, ACNF 2010, nos 3548 s.

§ 2
Divorces contentieux

133.110 Principes directeurs. Plusieurs dispositions issues de la réforme du divorce favorisent désormais un règlement conventionnel des intérêts patrimoniaux des époux, de sorte que c'est subsidiairement que le juge, en prononçant le divorce, ordonnera la liquidation et le partage du patrimoine du couple. Le législateur a eu, en outre, le souci d'accélérer la liquidation après le prononcé du divorce. Ces diverses dispositions encadrent les problèmes liquidatifs avant le prononcé du divorce (A), lors de son prononcé (B) et après son prononcé (C).

A.
Avant le prononcé du divorce

1°
Phase préparatoire : désignation de professionnels

133.111 Choix du juge aux affaires familiales au titre des mesures provisoires. Dès la phase de conciliation et dans le cadre des mesures provisoires, le JAF peut « *désigner un professionnel qualifié en vue de dresser un inventaire estimatif ou de faire des propositions quant au règlement des intérêts pécuniaires des époux* » (C. civ., art. 255, 9°). Le JAF peut également désigner un **notaire** en vue d'élaborer un projet de liquidation du régime matrimonial et de formation des lots à partager (C. civ., art. 255, 10°)[7]. De telles dispositions devraient permettre, notamment, d'élaborer des accords à soumettre à l'homologation du juge, et de cerner les points de difficultés afin de les trancher lors du jugement prononçant le divorce et d'avancer dans le processus de liquidation[8].

133.112 Répartition des rôles entre le professionnel qualifié (C. civ., art. 255, 9°) et le notaire désigné sur le fondement de l'article 255, 10° du Code civil. Les premiers commentateurs de la réforme se sont interrogés sur le rôle exact revenant à l'un ou à l'autre avant que des groupes de réflexion, composés de magistrats, d'avocats et de notaires, se mettent en place pour coordonner les méthodes de travail et harmoniser les pratiques[9].

7. Sur ces dispositions v. la bibliographie citée à l'*AJ fam.* 2007, 137 – *Adde*, A. Cousin et A. Depondt, « Missions des articles 255, 9° et 10° du Code civil : impressions d'un notaire », *Dr. fam.* 2008, étude 26 – P.-J. Claux et S. David, « Divorce : le notaire nommé expert au cours de la procédure », *Defrénois* 2008, art. 38799 p. 1413.
8. A. Bénabent, « La réforme du divorce article par article », *Defrénois* 2004, no 77.
9. POUR UN EX., v. J.-CL. NOTARIAL, V. Larribau-Terneyre, « Divorce », fasc. 51, nos 28 et 29.

Il en ressort que le professionnel qualifié de l'article 255, 9° du Code civil interviendra lorsque la **nature des biens à estimer** suppose des **connaissances** et des **compétences techniques particulières** (ex. évaluation de parts sociales). Mais ce professionnel ne fait que fournir des éléments d'information et, éventuellement, des propositions de règlement. Dans la mesure où il doit dresser un « inventaire estimatif », l'expert doit rechercher quelle est la consistance du patrimoine des époux mais également lui donner une valeur. Cependant, il n'établit pas de **projet liquidatif**, mission réservée au seul **notaire**[1]. Concernant les modalités de désignation du professionnel qualifié, de rémunération, ainsi que le déroulement de sa mission l'article 1120 du Code de procédure civile précise qu'il y a lieu de se référer aux **règles applicables en matière d'expertise** (comparer, pour le notaire désigné sur le fondement de l'article 255, 10° du Code civil, C. pr. civ., art. 1121). Ainsi, le professionnel qualifié de l'article 255,9° du Code civil doit respecter le principe du contradictoire (sur le principe du contradictoire, v. s^s n° 133.114 *in fine*).

133.113 Mission du notaire désigné sur le fondement de l'article 255, 10° du Code civil. Le notaire doit proposer un **projet de liquidation et de partage**. Il s'agit d'établir ce que comprend le patrimoine, comment doit se liquider le régime matrimonial et les droits devant revenir à chacun des époux[2]. Autrement dit, il convient de dresser un aperçu liquidatif comprenant, notamment, la liquidation des **récompenses**, l'établissement des **masses active et passive de la communauté**, les **comptes d'indivision** et les **créances** entre époux[3]. Cependant, le notaire n'a pas pour mission de procéder au partage : il prépare la liquidation sans procéder au partage[4].

Mais le notaire peut être également amené à constater les **difficultés et les points de désaccords** soulevés par chacun des époux. C'est pourquoi un auteur suggère de composer le travail du notaire comme suit : procès-verbal d'ouverture, établissement d'un état liquidatif, procès-verbal de carence ou de difficultés, renvoi devant le magistrat[5].

C'est au vu de ce projet de liquidation-partage que les époux pourront prendre des **conventions** concernant soit des points particuliers, soit un **règlement d'ensemble** de leur régime matrimonial[6].

133.114 Le notaire de l'article 255, 10° du Code civil est-il un expert ? Au lendemain de la réforme, cette question a agité la doctrine[7]. Les conséquences de la qualification sont diverses : rémunération, respect du principe du contradictoire, impossibilité pour le notaire des époux d'être désigné et/ou de régulariser le partage ultérieurement. Majoritairement, la doctrine a estimé que le notaire de l'article 255, 10° du Code civil n'était pas un expert[8] et ce point de vue est partagé par certaines juridictions[9]. Néanmoins, il résulte de l'article 1121 du Code de procédure civile que plusieurs dispositions relatives à l'expertise lui sont applicables. Ainsi, les modalités de désignation, le déroulement de sa mission et même sa rémunération relèvent des règles applicables en matière d'expertise[10]. Par ailleurs, il est tenu au **respect du principe du contradictoire** (C. pr. civ., art. 276 par renvoi de C. pr. civ., art. 1121). Il convient d'insister sur le respect par le notaire du principe du contradictoire, ce principe étant traditionnellement peu connu de la pratique notariale. Le notaire devra, par conséquent communiquer les pièces et documents systématiquement aux deux parties, convoquer les parties ensemble et, donc, il ne devra jamais recevoir seul l'un des époux[11]. Enfin, certains estiment que son rapport d'expertise peut être régularisé en la forme notariée[12].

133.115 Obligation posée par l'article 257-2 du Code civil. À peine d'irrecevabilité, la demande

1. V. J.-Cl. Notarial, V. Larribau-Terneyre, « Divorce », fasc. 51, n° 30.
2. R. Brochard, « La mission du notaire dans le cadre du nouveau divorce », *JCP N* 2005, n° 10, 1177, spéc^t p. 517.
3. R. Brochard, « La mission du notaire dans le cadre du nouveau divorce », préc. – J.-Cl. Notarial Formulaire, J. Hérail, « Divorce », fasc. 150, n° 75.
4. P. Courbe, *Droit de la famille*, 4e éd., A. Colin, 2005, n° 411, p. 174.
5. R. Brochard, « La mission du notaire dans le cadre du nouveau divorce », préc.
6. J.-Cl. Notarial, V. Larribau-Terneyre, « Divorce », fasc. 51, n° 32.
7. Ph. Mury, « Le notaire judiciairement commis en matière de divorce est-il un expert ? », *D.* 2005, 329 – N. Couzigou-Suhas, « Les incitations procédurales à une liquidation rapide et efficace du régime matrimonial », *JCP N* 2005, n° 10, 1178 – J.-Cl. Notarial Formulaire, J. Hérail, « Divorce », fasc. 150, n° 76 – J.-Cl. Notarial, V. Larribau-Terneyre, « Divorce », fasc. 51, n° 34.
8. V. les auteurs cités à la note précédente.
9. J.-Cl. Notarial, V. Larribau-Terneyre, « Divorce », fasc. 51, n° 34.
10. Concernant sa rémunération, v. cep. sur l'ambiguïté des textes : F. Hébert, « La perception de la rémunération du notaire en matière de commission judiciaire », *JCP N* 2007, n° 29, act. 523.
11. Sur ce point, v. *Notaire auxiliaire de justice, mode d'emploi*, Conseil supérieur du notariat, oct. 2008, p. 12, disponible sur le site intranet des notaires de France – v. aussi, « Couples, patrimoine », 106e Congrès des notaires de France, Bordeaux, ACNF 2010, n° 3065.
12. A. Depondt, « Réflexions sur le rôle du notaire dans le nouveau divorce », *Defrénois* 2006, art. 38494, p. 1815 s., spéc^t p. 1827 – *contra,* P.-J. Claux et S. David, « Divorce : le notaire nommé expert au cours de la procédure », *Defrénois* 2008, art. 38799, p. 1413 et spéc^t § 22.

introductive d'instance en divorce comporte une proposition de règlement des intérêts pécuniaires des époux. L'article 1115 alinéa 1er du Code de procédure civile ainsi que la circulaire[1] précisent que cette proposition doit contenir une description sommaire du patrimoine du couple (biens communs, biens indivis...). L'objectif est de permettre au juge d'appréhender la réalité de la situation patrimoniale des époux ainsi que les intentions du demandeur quant à la liquidation et au partage des biens.

L'article 1115 alinéa 2 du Code de procédure civile souligne que la proposition de règlement des intérêts pécuniaires des époux, prévue par l'article 257-2 du Code civil, ne constitue pas une prétention au sens de l'article 4 du Code de procédure civile. Par ailleurs, afin d'éviter toute manœuvre dilatoire, l'**exception d'irrecevabilité** doit être invoquée avant toute défense au fond[2].

Certains se sont interrogés sur l'articulation entre l'obligation imposée par l'article 257-2 du Code civil et les mesures prises sur le fondement de l'article 255, 9° et 255, 10° du même code[3]. En effet, notamment en cas de situation patrimoniale complexe, l'intervention d'un notaire sera fort utile et le travail déjà effectué sur le fondement des textes susvisés permettrait de respecter les exigences de l'article 257-2 et d'éviter les inconvénients d'une proposition fragmentaire ou partiale comme émanant d'un seul époux[4]. Encore faut-il que le professionnel ou le notaire nommé ait eu le temps de terminer son travail.

2°
Convention de liquidation anticipée (C. civ., art. 265-2)

133.121 Portée de la convention de liquidation anticipée. L'article 265-2 du Code civil reprend, pour l'étendre à l'ensemble des régimes matrimoniaux, les dispositions de l'ancien article 1450 du même code. L'établissement d'une telle convention ne constitue qu'une **simple faculté** mais que le législateur encourage. Ainsi, la forme notariée n'est pas obligatoire à moins que les accords des époux portent sur des biens soumis à publicité foncière c'est-à-dire des biens ou droits immobiliers.

Cette **extension à tous les régimes** n'est cependant **pas uniforme**. Ainsi, s'il s'agit d'un **régime de communauté**, la **convention** établie sur le fondement de l'article 265-2 du Code civil, sera obligatoirement **suspendue au prononcé du divorce** (C. civ., art. 1451) tandis que la **convention** passée par des époux mariés sous un **régime séparatiste** sera **exécutoire immédiatement**[5]. Certains préconisent, dans ce cas, de subordonner contractuellement les effets de la convention au prononcé du divorce[6].

La liquidation et le partage anticipés ne peuvent être effectués que **pendant l'instance** c'est-à-dire **après l'assignation en divorce**[7].

Les accords peuvent consister en une liquidation-partage **complète** mais également ne porter que **sur certains points** : principe et liquidation d'une récompense, attribution d'un bien, date de la dissolution du régime[8]. En revanche, si les époux souhaitent déroger aux règles légales applicables aux **avantages matrimoniaux** ou s'ils souhaitent fixer les modalités d'une **prestation compensatoire**, il y aurait lieu de se placer non pas sur le fondement de l'article 265-2 du Code civil mais sur celui de l'article 268 du même code.

Le travail préparatoire du notaire, dans le cadre de l'article 255, 10° du Code civil pourra être fort utile et même constituer la base des accords des époux.

La convention de l'article 265-2 du Code civil n'est **pas soumise à l'homologation judiciaire**. Elle n'est donc pas couverte par l'autorité de la chose jugée et pourra ainsi être **remise en cause ultérieurement** pour vice du consentement ou en raison d'une rescision pour lésion.

De même, la convention peut, de fait, se trouver remise en cause par le jugement prononçant le divorce[9]. Par ailleurs, dans les régimes communautaires, l'article 1451 alinéa 2 du Code civil prévoit que l'un des époux peut demander au juge la modi-

1. Circ. CIV/16/04, 23 nov. 2004, n° 15, p. 9.
2. Circ. CIV/16/04, 23 nov. 2004, n° 15, p. 9.
3. J.-CL. NOTARIAL, V. Larribau-Terneyre, « Divorce », fasc. 51, n° 37 – S. Thouret, « Les mécanismes procéduraux issus du décret du 26 octobre 2004 portant réforme de la procédure en matière familiale », *Procédures* déc. 2004, n° 12, étude 16.
4. A. Depondt, « Réflexions sur le rôle du notaire dans le nouveau divorce », *Defrénois* 2006, art. 38494, p. 1815 s., spéct p. 1823.
5. J. Massip, *Le nouveau droit du divorce*, Éd. Defrénois, 2006, n° 141, p. 145 – *CONTRA*, J.-CL. NOTARIAL, V. Larribau-Terneyre, « Divorce », fasc. 51, n° 55.
6. M.-P. Murat-Sempietro et V. Trambouze, *Le divorce après la loi du 26 mai 2004*, Litec/LexisNexis, 2006, n° 214 – Lesbats, note ss Civ. 1re, 28 nov. 2007, *JCP N* 2009, n° 18, 1149.
7. Pour un cas de nullité d'une convention conclue avant l'instance et relative à une participation aux acquêts : Civ. 1re, 8 avr. 2009, n° 07-15.945, *Bull. civ.* I, n° 80; *D.* 2009, J. 1201, note Egea; *RTD civ.* 2009, 516, obs. Hauser; *RJPF* 2009, n° 10, p. 18, note Vauvillé; *AJ fam.* 2009, 219, obs. David; *Defrénois* 2009, art. 38978, p. 1483, note Champenois.
8. J.-CL. NOTARIAL FORMULAIRE, J. Hérail, « Divorce », fasc. 120, n° 134 – J.-CL. NOTARIAL, V. Larribau-Terneyre, « Divorce », fasc. 51 nos 44 s.
9. POUR UN EX., v. N. Couzigou-Suhas, « Les incitations procédurales à une liquidation rapide et efficace du régime matrimonial », *JCP N* 2005, n° 10, 1178.

fication de la convention si les conséquences du divorce fixées par le jugement remettent en cause les bases de la liquidation et du partage.

Même si la convention n'est pas soumise à l'homologation, il reste très opportun de la porter à la connaissance du juge[1]. D'une part, cette convention peut constituer un **élément important pour le juge** amené à se prononcer sur la prestation compensatoire. D'autre part, l'expérience montre que si le juge n'a pas connaissance de la convention, il ordonnera, en prononçant le divorce, la liquidation et le partage des intérêts patrimoniaux des époux (sur le fondement de l'article 267 du Code civil).

On imagine sans peine les conséquences d'une telle décision, le notaire devant expliquer aux ex-époux qu'il faut régulariser un acte de liquidation-partage alors que, légitimement, ces derniers pensaient que le nécessaire était déjà fait. Cela pourrait tenter l'un des ex-époux de renégocier les accords obtenus pendant l'instance (hors le cas de l'article 1451 du Code civil).

Il revient donc aux avocats des époux d'attirer spécialement l'attention du juge sur le fait qu'il y a bien eu, pendant l'instance, un règlement total conventionnel par les époux.

3°
Règlement conventionnel des conséquences du divorce (C. civ., art. 268)

133.131 Une innovation de la réforme. Le législateur permet désormais aux époux de régler, **pendant l'instance**, tout ou partie des conséquences du divorce. Particulièrement, les époux peuvent passer des **conventions relatives à la prestation compensatoire**, laquelle, jusqu'alors, n'était fixée que par le juge.

L'article 268 du Code civil vise les conséquences du divorce en général. La convention peut donc porter sur l'exercice de l'autorité parentale, la contribution à l'entretien des enfants et, ainsi qu'on l'a déjà précisé, sur les modalités de la prestation compensatoire.

La liquidation et le partage du régime matrimonial peuvent bien entendu être intégrés dans une convention de liquidation de l'article 268[2].

133.132 Articulation de la liquidation-partage du régime matrimonial avec la prestation compensatoire. En pratique, la fixation de la **prestation compensatoire** est souvent **combinée** avec la **liquidation-partage du régime matrimonial**, ladite prestation compensatoire prenant par exemple la forme d'un **abandon de biens ou de soulte**[3]. Avant la réforme, il fallait déposer des conclusions convergentes afin que le juge entérine les accords des parties. Désormais, les époux qui parviennent à un accord tout à la fois sur les aspects liquidatifs et sur la prestation compensatoire peuvent placer cet accord sur le fondement de l'article 268 du Code civil[4]. Il s'agit là d'une réelle avancée apportée par la réforme. En effet, « *la liquidation des intérêts patrimoniaux des époux constitue un tout : il est impossible de répartir les biens communs si l'on ignore quels seront le montant et les modalités de la prestation compensatoire* »[5].

La convention de l'article 268 ne peut intervenir **qu'après l'introduction de l'instance en divorce** et ne requiert aucune forme particulière. Si les époux parviennent à un accord total sur les conséquences du divorce, ils peuvent demander au juge de constater leur accord pour voir prononcer le divorce par consentement mutuel. C'est la « *passerelle* » de l'article 247 du Code civil. La forme notariée s'imposera cependant dès lors que la convention concernera des biens soumis à publicité foncière.

L'homologation de ce type de convention est obligatoire même si certains s'interrogent sur sa portée[6]. La question qui se pose est celle de **l'indivisibilité de la convention** de l'article 268 du Code civil avec le jugement prononçant le divorce. Il semble qu'il n'y ait d'indivisibilité que dans le cas où la convention est relative à une prestation compensatoire, l'article 279-1 du Code civil étant très clair à ce sujet. Il n'est donc pas certain qu'une convention portant simplement sur la liquidation-partage et homologuée sur le fondement de l'article 268 échappe au risque de lésion[7].

B.
Lors du prononcé du divorce

133.141 Décision du juge à défaut de règlement conventionnel par les époux. Même si la réforme incite les époux au règlement de leurs intérêts pécuniaires, il peut arriver que ces derniers ne parviennent pas à se mettre d'accord. Dans ce cas, s'il

1. J.-Cl. Notarial, V. Larribau-Terneyre, « Divorce », fasc. 51, n° 50.
2. Pour une étude détaillée de la convention de l'art. 268 du Code civil, v. J.-P. Sénéchal, « Le notaire dans le divorce », Cridon Bordeaux-Toulouse, janv. 2008, p. 9 s.
3. M.-P. Murat-Sempietro et V. Trambouze, *Le divorce après la loi du 26 mai 2004*, Litec/LexisNexis, 2006, n° 228.
4. Sur les différentes combinaisons envisageables v. J.-Cl. Notarial Formulaire, J. Hérail, « Divorce », fasc. 120, n° 168.
5. Malaurie et Fulchiron, n° 782, p. 317.
6. J.-Cl. Notarial, V. Larribau-Terneyre, « Divorce », fasc. 51, n°s 63 s.
7. M.-P. Murat-Sempietro et V. Trambouze, préc., n° 229.

estime qu'il y a bien lieu à liquidation, le juge ordonnera la liquidation et le partage en prononçant le divorce (C. civ., art. 267).

Comme avant la réforme, le juge peut également ordonner **l'attribution préférentielle et le maintien dans l'indivision.** Mais il peut désormais accorder à l'un des époux une **avance sur sa part de communauté ou de biens indivis** (C. civ., art. 267, al. 3). Cette disposition est le pendant de celle figurant à l'article 255, 7° du Code civil, au titre des mesures provisoires. Sa mise en œuvre suppose que le **juge** ait une **bonne connaissance des éléments liquidatifs.** On retrouve ici l'utilité du travail effectué en amont par le notaire sur le fondement de l'article 255, 10° du Code civil.

L'article 267 alinéa 4 du Code civil précise que le juge peut, à la demande de l'un ou l'autre époux, **statuer sur les désaccords persistant** entre eux si le projet établi sur le fondement de l'article 255, 10° contient des indications suffisantes.

Lorsque le juge aura statué sur les désaccords persistant entre les époux, il n'aura plus, ensuite, qu'à désigner un liquidateur qui fera signer aux parties un acte de liquidation-partage définitif sur les bases définies par la décision ordonnant le divorce[1].

Encore faut-il que le juge dispose **d'éléments suffisants.** Cela peut poser problème lorsque le notaire aura remis un rapport ne contenant que le peu de renseignements qu'il aura pu recueillir dans le cadre de sa mission[2].

133.142 Commission judiciaire du notaire pour les liquidations-partages. De la combinaison des articles 267 alinéa 1 du Code civil, et 1364 du Code de procédure civile (par renvoi de C. pr. civ., art. 1136-3), il résulte que le juge qui prononce le divorce et ordonne les opérations de liquidation et partage commet un notaire pour y procéder. Le juge dispose d'un pouvoir souverain pour le choix du notaire commis lorsque les époux ne sont pas d'accord à ce sujet ou s'abstiennent de faire connaître leur choix (C. pr. civ., art. 1364, al. 2)[3]. Le juge peut même désigner un notaire situé hors du ressort de sa juridiction[4]. Il a même la faculté de nommer deux notaires si les circonstances l'exigent[5]. Dans ce cas, les deux notaires commis doivent procéder ensemble aux opérations de partage, à défaut le partage ne serait pas valide[6]. Le plus souvent, le juge commet le président de la chambre des notaires du ressort du tribunal de grande instance avec « *faculté de déléguer* ». Le président de la chambre des notaires ne reçoit aucun pouvoir du tribunal. Il n'intervient que pour donner un nom et le notaire choisi n'aura de relation qu'avec le magistrat[7]. En conséquence, en cas de récusation, d'empêchement ou de refus du notaire désigné, le président de la chambre des notaires ne pourrait procéder à son remplacement en désignant un autre notaire. Il faudrait que le JAF, par une simple ordonnance sur requête, désigne un autre notaire[8].

C.

Après le prononcé du divorce

133.151 Calendrier des opérations de liquidation et partage. Afin de mettre un terme aux interminables procès en liquidation-partage, l'ancien article 267-1 du Code civil avait instauré un « *calendrier de liquidation* »[9] et organisé un « *suivi étroit* » de la liquidation[10] : **délai d'un an** pour procéder aux opérations de liquidation-partage, **délai prorogeable de six mois.**

Cependant, l'application de ce calendrier a rapidement posé des difficultés pratiques tenant essentiellement à des délais trop courts et à son articulation avec les dispositions du Code de procédure civile relatives au **partage judiciaire**[11]. L'article 14-II de la loi n° 2009-526 du 12 mai 2009[12] (dont les dispositions sont applicables à compter du 1er janvier 2010) supprime le calendrier liquidatif de l'arti-

1. J.-CL. NOTARIAL, V. Larribau-Terneyre, « Divorce », fasc. 51, n° 88.
2. J.-CL. NOTARIAL, V. Larribau-Terneyre, « Divorce », fasc. 51, n° 91.
3. Civ. 1re, 6 mars 1963, *D.* 1963, 327, note Lindon; *JCP* 1963, II, 13136, note Mazeaud.
4. Civ. 1re, 6 mars 1963, préc. ss prést n°.
5. Req. 8 janv. 1947, *D.* 1947, 117 – Civ. 1re, 20 févr. 2001, n° 98-21.032, NP; *Dr. fam.* 2001, n° 49.
6. Civ. 1re, 28 mars 1995, n° 93-14.971, *Bull. civ.* I, n° 143; *JCP N* 1995, II, 1395 – Civ. 1re, 17 déc. 2002, n° 99-20.201, NPT; *JCP N* 2003, act. 40 – Civ. 1re, 22 oct. 2008, *JCP N* 2008, n° 48, 1336, note Rivière.
7. J. Charlin, « Partage après divorce. Procès-verbal de difficultés. Procès-verbal de carence, Formules », *JCP N* 1994, I, 91, spéct n° 8.
8. J. Charlin, « Partage après divorce. Procès-verbal de difficultés. Procès-verbal de carence, Formules », préc. – Analyse reprise par le Conseil supérieur du notariat : v. J.-D. Mathias, *Notaires/Vie Professionnelle* n° 244, mars-avr. 2004, p. 36.
9. L'expression est de J. Massip, *Le nouveau droit du divorce*, Éd. Defrénois, 2006, n° 147.
10. J.-CL. NOTARIAL, V. Larribau-Terneyre, « Divorce », fasc. 51, n° 93.
11. Sur les différentes difficultés posées, en pratique, par le calendrier de C. civ., art. 267-1 anc., v. H. Poivey-Leclercq, *RJPF* 2009, n° 7-8, p. 8 s. et spéct p 10 – A. Gouttenoire, *JCP* 2009, n° 28, 115, et spéct § 8 – J. Massip, *Defrénois* 2009, art. 39008, p. 1897 et spéct § 15-b, p. 1908 – L. Mauger-Vielpeau, *JCP N* 2009, n° 45, act. 699.
12. L. n° 2009-526, 12 mai 2009, de simplification et de clarification du droit et d'allègement des procédures, *JO* 13 mai, p. 7920.

cle 267-1 du Code civil et renvoie, pour les opérations de liquidation-partage, aux règles fixées par le Code de procédure civile (c'est-à-dire : C. pr. civ., art. 1359 s.).

133.152 Pouvoir pour le notaire de convoquer les parties. Conformément à l'article 1365 alinéa 1er du Code de procédure civile, le notaire convoque les parties et demande la production de tout document utile à l'accomplissement de sa mission. Par ailleurs, si les époux ne se manifestent pas en vue du partage ou s'en désintéressent totalement, le notaire n'aura pas d'autres possibilités que d'en informer le juge pour dégager sa responsabilité[1]. D'ailleurs, l'article 1365 alinéa 2 du Code de procédure civile **oblige le notaire à rendre compte au juge**, commis pour surveiller les opérations de partage, des difficultés qu'il rencontre.

133.153 Travail du notaire[2]. Au plan pratique, le calendrier des opérations se déroule selon les règles générales du partage judiciaire (C. civ., art. 840 à 842 et C. pr. civ., art. 1359 à 1378, sous réserve des articles 267 et 267-1 du Code civil et par renvoi des articles suivants du Code civil : 1476 [communauté], 1542 [séparation] et 1578 [participation aux acquêts]). Le notaire procède d'abord à l'ouverture des opérations de liquidation et partage. Il établit ensuite un **état liquidatif** qu'il communique aux époux. Classiquement, cet état liquidatif fait ressortir l'actif et le passif des ex-époux. Précisément, au sujet du passif, se posera la question du passif professionnel au sens de l'article 1387-1 du Code civil, les dispositions de cet article ayant vocation à s'appliquer « *lorsque le divorce est prononcé* »[3]. Si les époux l'approuvent, le notaire peut clôturer les opérations de liquidation-partage. À défaut, le notaire consigne les dires respectifs des parties dans un procès-verbal, appelé en pratique « *procès-verbal de difficultés* », qu'il remet au tribunal[4]. Si les parties ne comparaissent pas, le notaire dresse un procès-verbal dit « *de carence* » ce qui ne l'empêche pas de relater les difficultés qu'il a pu rencontrer afin d'éclairer le tribunal le mieux possible[5].

La loi ne prévoit pas de sanction à l'encontre du notaire en cas de **non-respect du délai** fixé par l'article 1368 du Code de procédure civile. Cependant, **la responsabilité du notaire** se trouverait sans nul doute engagée en cas de négligence fautive[6]. Nous ne pensons pas, en revanche, qu'il risquerait des sanctions disciplinaires comme certains ont pu l'écrire[7]. Il ne s'agit pas là, en effet, de la violation directe d'une règle professionnelle, seule sanctionnée par le droit disciplinaire notarial. À défaut de sanction disciplinaire, le notaire pourrait, cependant, voir sa rémunération réduite par application de l'article 9 du décret n° 78-262 du 8 mars 1978 relatif au tarif des notaires[8].

Par ailleurs, le **juge** commis par le tribunal pour surveiller les opérations de liquidation-partage peut, même d'office, adresser des **injonctions** aux parties ou au **notaire** commis, prononcer des **astreintes** et procéder au remplacement du notaire commis par le JAF (C. pr. civ., art. 1371, al. 2).

SECTION 3
SORT DES LIBÉRALITÉS ET AVANTAGES MATRIMONIAUX

133.160 Présentation générale. Avant la réforme du divorce, il fallait prendre en considération la **forme du divorce** et la **répartition des torts** pour régler le sort des libéralités et avantages matrimoniaux que les époux avaient pu se consentir[9]. Désormais, l'article 265 du Code civil établit des distinctions que l'on peut résumer de la manière suivante :

– s'agissant des *libéralités*, les **donations de biens présents** sont **irrévocables** tandis que les **disposi-**

1. M.-P. Murat-Sempietro et V. Trambouze, *Le divorce après la loi du 26 mai 2004*, Litec/LexisNexis, 2006, n° 222 – On peut songer également à la mise en demeure, par acte extrajudiciaire, à un indivisaire, de se faire représenter (C. civ., art. 841-1); v. à ce sujet : *Notaire auxiliaire de justice, mode d'emploi*, Conseil supérieur du notariat, oct. 2008, p. 21 (disponible sur le site intranet des notaires de France, www.notaires.fr).
2. Pour une étude fouillée de la question, suivie de formules, v. P-J. Claux, « Règlement du régime matrimonial après divorce », *AJ fam.* 2008, 100 s. – V. AUSSI, *Notaire auxiliaire de justice, mode d'emploi*, Conseil supérieur du notariat, oct. 2008, p. 19 s., (www.notaires.fr) – Plus globalement, sur la liquidation des différents régimes matrimoniaux, v. M. Grimaldi, (dir.), DALLOZ ACTION PATR. FAM. 2008/2009, 3e éd.
3. Sur cet article, v. F. Terré et Ph. Simler, *Les régimes matrimoniaux*, « Précis », 5e éd., Dalloz, 2008, n° 581.
4. V. AUSSI, J.-CL. NOTARIAL FORMULAIRE, J. Hérail, « Divorce », fasc. 120, n° 134 – Pour des formules v. not. J. Charlin, « Partage après divorce. Procès-verbal de difficultés. Procès-verbal de carence, Formules », *JCP N* 1994, I, 91.
5. Pour des formules, V. NOT. : J. Charlin, préc. ss prést n°.
6. J. Massip, *Le nouveau droit du divorce*, Éd. Defrénois, 2006, n° 147, p. 151, à propos de C. civ., anc. art. 267-1 mais transposable à C. pr. civ., art. 1368.
7. A. Depondt, « Réflexions sur le rôle du notaire dans le nouveau divorce », *Defrénois* 2006, art. 38494, p. 1815 s., spéct p. 1832 (à propos de C. civ., anc. art. 267-1 mais transposable à C. pr. civ., art. 1368).
8. Sur cet article, v. *Commentaire du tarif des notaires*, Litec/LexisNexis, fasc. 150, p. 2 – V. AUSSI, sur l'inertie d'un notaire chargé de liquider les intérêts patrimoniaux d'époux divorcés : Rép. min. n° 12449, *JOAN* Q, 25 nov. 2008, p. 10233; *JCP N* 2008, n° 49, act. 783.
9. Sur le droit applicable avant la réforme v. J. Rubellin-Devichi (dir.), *Droit de la famille*, « Dalloz Action », 2001/2002, nos 924 s.

tions à cause de mort sont **révoquées de plein droit**, sauf maintien volontaire;

- s'agissant des *avantages matrimoniaux*, **ceux qui prennent effet au cours du mariage sont maintenus** tandis que ceux qui ne prennent effet qu'à la **dissolution du régime** ou au **décès** sont **révoqués de plein droit**, sauf maintien volontaire.

Derrière une apparente simplicité se cachent des règles relativement complexes dont la mise en œuvre a déjà donné lieu à une abondante littérature[1].

§ 1 Sort des libéralités

A. Irrévocabilité des donations de biens présents

133.161 **Principe.** En posant le principe que le divorce est sans incidence sur les donations de biens présents, l'article 265 alinéa 1er du Code civil entérine l'irrévocabilité de ce type de donation. Sont visés : les **donations notariées**, les **dons manuels**, les **donations indirectes** et même les **donations déguisées** (lesquelles ne sont désormais plus prohibées).

L'article 265 alinéa 1er du Code civil doit être rapproché de l'article 1096 du même code et, par conséquent, **une donation peut toujours être révoquée pour inexécution des charges ou pour ingratitude.**

Cette irrévocabilité de principe tranche totalement avec la révocabilité *ad nutum* du droit antérieur et la donation de biens présents ne devrait plus guère être utilisée[2].

133.162 **Le danger des donations de biens présents non solennelles.** L'irrévocabilité concernant toutes les donations, quelle que soit leur forme (C. civ., art. 265, al. 1, *in fine*), il peut arriver qu'un époux consente une libéralité irrévocable à son insu. L'exemple le plus souvent rencontré en pratique est le **financement par un époux d'une acquisition immobilière réalisée par son conjoint**[3]. En pratique, le notaire devra s'enquérir de l'origine des deniers ainsi que de l'intention des parties et vérifier s'il s'agit d'une **donation** ou d'un **prêt.**[4].

133.163 **Application dans le temps de l'irrévocabilité des donations de biens présents.** Au lendemain de la réforme du divorce, et à défaut de dispositions transitoires à ce sujet, la question s'était posée de savoir si les donations de biens présents consenties antérieurement à l'entrée en vigueur de la loi nouvelle avaient gardé ou non leur caractère révocable. La loi du 23 juin 2006 portant réforme des successions et libéralités[5], a tranché la difficulté **en distinguant suivant la date de la libéralité.** Si la donation de biens présents a été consentie avant le 1er janvier 2005, elle est restée librement révocable. Si elle a été consentie après le 1er janvier 2005, la donation de biens présents est irrévocable sauf si elle ne prend pas effet au cours du mariage (v. ss no 133.164)[6].

133.164 **Particularité des donations de biens présents ne prenant pas effet au cours du mariage.** Le cas particulier de la **réversion d'usufruit** a troublé la pratique aux premiers jours de la réforme du divorce. En effet, il est très fréquent lors d'une **donation-partage avec réserve d'usufruit** de prévoir la **réversibilité de cet usufruit au profit du conjoint survivant.** Or, la réversion d'usufruit est qualifiée par la jurisprudence de **donation à terme de biens présents**[7]. Son irrévocabilité est de nature à paralyser, en fait, la vente ultérieure du bien[8]. C'est la raison pour laquelle, le législateur a introduit, avec la réforme des successions et libéralités, la notion de **« donation de biens présents ne prenant pas effet au cours du mariage. »** Quelle que soit la date à

1. V. bibliographie citée au J.-CL. NOTARIAL, « Divorce », fasc. 55, p. 10 – *Adde*, S. Valory, « Les mesures postérieures à la réforme de 2004 sur les donations entre époux et les avantages matrimoniaux », *Dr. et patr.*, no 164, nov. 2007, p. 62 – D. Epailly, « Le notaire et les donations entre ex-époux », *Dr. fam.* 2008, étude 27 – Sur l'ensemble de la question, v. » Couples, patrimoine » 106e Congrès des notaires de France, Bordeaux, ACNF 2010, nos 3485 s.
2. M. Giray, « L'imbroglio des libéralités entre époux depuis la réforme du divorce », *Dr. et patr.* no 135, mars 2005, p. 30, spéct p. 31.
3. M. Giray, « L'imbroglio des libéralités entre époux depuis la réforme du divorce », *Dr. et patr.* no 135, mars 2005, p. 30, spéct p. 32.
4. M. Giray, préc. ss prést no (spéct p. 32).
5. L. no 2006-728, 23 juin 2006, portant réforme des successions et des libéralités, *JO* 24 juin, p. 9513.
6. Sur l'irrévocabilité des donations entre époux maintenues expressément dans la convention définitive de divorce homologuée par le juge (sous l'empire de la loi antérieure à la réforme de 2004), v. Civ. 1re, 6 févr. 2008, no 05-18.745, *Bull. civ.* I, no 40; *RTD. civ.* 2008, 282, obs. Hauser et 347, obs. Grimaldi – Sur les donations entre époux consenties avant le 1er janvier 2005, v. Civ. 1re, 16 avr. 2008, *Defrénois* 2008, p. 1839, obs. Massip.
7. Civ. 1re, 21 oct. 1997, no 95-19.759, *Bull. civ.* I, no 291; *RTD civ.* 1998, 721, obs. Patarin; 937, obs. Zenati; *JCP* 1997, no 51, II, 560, note Harel-Dutirou – Ch. mixte, 8 juin 2007, no 05-10.727, *Bull. ch. mixte*, no 6; *D.* 2008, pan. 807, obs. Serra et Williatte-Pellitteri; *RTD civ.* 2007, 588, obs. Revet; 605, obs. Grimaldi; *Dr. fam.* 2007, no 151, note Beignier.
8. M. Giray, « L'imbroglio des libéralités entre époux depuis la réforme du divorce », *Dr. et patr.* no 135, mars 2005, p. 30, spéct p. 32, la vente par le nu-propriétaire et l'usufruitier actuel impliquant l'intervention à l'acte de l'usufruitier éventuel, cela peut poser problème quand l'usufruitier actuel et l'usufruitier éventuel sont divorcés.

laquelle elle a été consentie, cette donation demeure librement révocable[1].

133.165 Suppression conventionnelle de l'irrévocabilité des donations de biens présents consenties après le 1er janvier 2005. Il s'agit de savoir si l'irrévocabilité des donations de biens présents est ou non d'ordre public. La question se pose, en fait, soit au moment de la constitution de la libéralité, soit au moment du divorce. Dans un cas comme dans l'autre, la doctrine et la pratique considèrent qu'il est possible de supprimer ce qui est en principe maintenu par le divorce[2].

B. Révocation de plein droit des dispositions à cause de mort

133.171 Principe. Sont visées les **donations de biens à venir** consenties au cours du mariage mais également les **dispositions testamentaires** ou encore les **dispositions à cause de mort** résultant du contrat de mariage. Il demeure conseillé, en pratique, d'interroger les époux sur leurs intentions à l'égard des libéralités qu'ils ont pu se consentir et, le cas échéant, de leur faire révoquer immédiatement les donations de biens à venir faites pendant le mariage ou les **legs**[3]. En effet, si un décès survient avant que le divorce n'ait un caractère définitif, le conjoint survivant gardera le bénéfice des libéralités sauf aux héritiers du prédécédé à apporter la preuve d'une **révocation tacite**[4].

133.172 Maintien volontaire de la libéralité. Les époux peuvent décider de maintenir les libéralités à cause de mort qu'ils se sont consenties. La volonté des époux est constatée par le juge au moment du prononcé du divorce et rend **irrévocable la libéralité ainsi maintenue.**

Cette irrévocabilité de la libéralité maintenue suscite des interrogations quant à sa portée. L'article 265 du Code civil utilisant les termes « *dispositions à cause de mort* », les **legs** seraient également visés. Certains auteurs se sont insurgés contre cette irrévocabilité contraire à la liberté testamentaire[5].

§ 2 Sort des avantages matrimoniaux

133.180 Présentation. Les avantages matrimoniaux peuvent être définis comme les profits procurés aux époux par l'adoption d'un régime conventionnel par rapport au régime légal[6]. L'article 265 du Code civil distingue suivant que les avantages matrimoniaux produisent effet au cours du mariage (A) ou ne produisent effet qu'à la dissolution du régime matrimonial ou au décès de l'un des époux (B).

A. Avantages produisant effet au cours du mariage

133.181 Principe. Le principe posé par l'article 265 du Code civil est que ces avantages matrimoniaux sont **maintenus**, le divorce n'ayant sur eux aucune incidence. La difficulté consiste à déterminer quels avantages produisent leurs effets pendant le mariage. On peut considérer que rentrent dans cette catégorie : l'adoption d'une **communauté universelle ou à titre universel**, l'adoption d'une **communauté de biens meubles et acquêts**, l'adoption d'une **communauté conventionnelle**, ainsi une stipulation de mise en communauté.

133.182 Suppression conventionnelle du maintien de ces avantages matrimoniaux. Certains auteurs estiment que, par dérogation, les époux peuvent décider d'écarter, au moment du divorce, l'application du maintien de tout ou partie des avantages matrimoniaux produisant effet au cours du mariage[7]. Dans ce cas, il est conseillé en pratique de procéder à une **double liquidation** (avec et sans

1. *La loi du 23 juin 2006 portant réforme des successions et libéralités*, Cridon-LYON, déc. 2006, n° 651, p. 201.
2. En doctrine : V. NOT., J.-CL. NOTARIAL, J. Hauser et Ph. Delmas Saint-Hilaire, « Divorce », fasc. 55, nos 37 s. – Pour la pratique v. not. J.-CL. NOTARIAL FORMULAIRE, J. Hérail, « Divorce », fasc. 120, n° 39 – V. AUSSI, G. Serra et L. Williatte-Pellitteri, *D.* 2007, pan. 613.
3. J.-CL. NOTARIAL FORMULAIRE, J. Hérail, « Divorce », fasc. 120, n° 41.
4. J.-CL. NOTARIAL FORMULAIRE, J. Hérail, « Donations entre époux », fasc. 20, n° 108.
5. M.-P. Murat-Sempietro, « Réforme du divorce et pratique notariale », *JCP N* 2002, n° 1-2, En bref, 100, spéct n° 19 – J.-L. Puygautier, « Les libéralités et les avantages matrimoniaux après la réforme du divorce du 26 mai 2004 », *JCP N* 2004, n° 45, 1538 et n° 46-47, 1548, spéct p. 1679 – C. Philippe, « La liquidation du régime matrimonial après la loi du 26 mai 2004 », *RLDC* oct. 2004, p. 46 – *CONTRA*, C. Brenner, « Brèves observations sur la révocation des donations entre époux après la loi du 26 mai 2004 relative au divorce », *Defrénois* 2005, art. 38084, spéct n° 1 – J.-CL. NOTARIAL FORMULAIRE, J. Hérail, « Divorce », fasc. 120, n° 43.
6. Pour une définition très fouillée v. M.-P. Murat-Sempietro et V. Trambouze, *Le divorce après la loi du 26 mai 2004*, Litec/LexisNexis, 2006, n° 537 – La notion d'avantages matrimoniaux entraîne parfois des difficultés d'interprétation : V. NOT., Civ. 1re, 3 déc. 2008, n° 07-19.348, *Bull. civ.* I, n° 281 ; *RTD civ.* 2009, 564, obs. Grimaldi.
7. J.-CL. NOTARIAL, J. Hauser et Ph. Delmas Saint-Hilaire, « Divorce », fasc. 55, nos 37 s. – J.-CL. NOTARIAL FORMULAIRE, J. Hérail, « Divorce », fasc. 120, n° 35 – M.-P. Murat-Sempietro et V. Trambouze, *Le divorce après la loi du 26 mai 2004*, Litec/LexisNexis, 2006, n° 598.

l'avantage) afin d'éclairer tant les parties que le juge sur les conséquences de la suppression opérée.

La question de la suppression des avantages matrimoniaux en cas de divorce se pose également au moment de la rédaction du contrat de mariage ou de l'acte contenant changement de régime matrimonial. Pour contourner la difficulté, il a été préconisé de prévoir que l'avantage matrimonial ne trouvera à s'appliquer qu'en cas de dissolution par décès[1]. Dès lors, l'article 265 du Code civil n'a pas vocation à s'appliquer puisque, par définition, l'avantage matrimonial n'existe pas en cas de divorce[2]. Aucun impératif d'ordre public ne semble s'opposer à une telle clause[3].

133.183 **Clause de reprise en cas de divorce.** La loi réformant les successions et libéralités a complété l'article 265 du Code civil en précisant dans un troisième alinéa qu'il est possible pour les époux de prévoir, dans le contrat de mariage, **la reprise des biens tombés de leur chef dans la communauté.** Cet ajout met fin au débat suscité par la réforme du divorce sur la validité de la **clause dite « alsacienne »**[4].

B. Avantages produisant effet à la dissolution du régime matrimonial ou au décès de l'un des époux

133.191 **Principe.** **Ces avantages sont révoqués de plein droit** sauf maintien volontaire par les époux et constaté par le juge au moment du prononcé du divorce. **L'avantage maintenu devient irrévocable.** Sont concernées[5] : toutes les modalités de partage de la communauté, ainsi la clause de partage inégal, la clause d'attribution intégrale de la communauté, la clause de préciput, la clause de prélèvement moyennant indemnité.

133.192 **Hypothèses pour lesquelles la qualification est incertaine.** Il existe des avantages à propos desquels on peut hésiter sur la question de savoir s'ils prennent effet ou non lors de la liquidation du régime matrimonial. C'est le cas des **dérogations conventionnelles aux règles de liquidation du régime matrimonial** ainsi que des **dérogations conventionnelles au calcul de la créance de participation.**

On peut penser que ces avantages produisent effet lors de la liquidation et, partant, se trouvent **révoqués** en cas divorce[6].

1. J.-F. Pillebout, « Les clauses de contrat de mariage et de réversion d'usufruit ou de rente viagère après la réforme du divorce », *JCP N* 2005, n° 17, 1246.
2. J.-F. Pillebout, préc. s^s prés^t n° – V. AUSSI, *JCP N* 2006, n° 7, 1070.
3. F. Terré et Ph. Simler, *Les régimes matrimoniaux*, « Précis », 5e éd., Dalloz, 2008, n° 769 et spéc^t note 3, p. 613 – Plus largement, sur la clause de non-divorce, v. A.-S. Brun, *Régimes matrimoniaux*, Éd. Paradigme, 2009, p. 317, § E 70.
4. V. principalement, Ph. Simler, « La validité de la clause de liquidation alternative de la communauté universelle menacée par le nouvel article 265 du Code civil », *JCP* 2005, I, 160; *JCP N* 2005, n°s 18-19, 1264 – F. Terré et Ph. Simler, *Les régimes matrimoniaux*, « Précis », 5e éd., Dalloz, 2008, n° 759 – Pour une formule d'acte, v. P. Gazay, « Apport à la communauté et clause de "non-divorce" : un mariage possible ! », *JCP N* 2007 n° 11,1129.
5. M.-P. Murat-Sempietro et V. Trambouze, *Le divorce après la loi du 26 mai 2004*, Litec/LexisNexis, 2006, n° 575.
6. EN CE SENS, v. M.-P. Murat-Sempietro et V. Trambouze, *Le divorce après la loi du 26 mai 2004*, Litec/LexisNexis, 2006, n°s 577 et 578.

CHAPITRE

134. Droit à la prestation compensatoire

HUBERT BOSSE-PLATIÈRE
MAÎTRE DE CONFÉRENCES
À L'UNIVERSITÉ DE DIJON

SECTION 0 ORIENTEUR

134.00 **Plan du chapitre.**

134.01 **Textes applicables.**

TEXTES SOURCES

• **Code civil**

> **Prestations compensatoires**

C. civ., art. 270, 271, 272, 274, 275, 275-1, 276, 276-1, 276-3, 276-4, 277 à 281

• **Lois, décrets et circulaires**

L. n° 75-617, 11 juill. 1975, portant réforme du divorce, *JO* 12 juill., p. 7171

L. n° 2000-596, 30 juin 2000, relative à la prestation compensatoire en matière de divorce, *JO* 1er juill., p. 9946

L. n° 2004-439, 26 mai 2004, relative au divorce, *JO* 27 mai, p. 9319

• **Décrets**

Décr. n° 2004-1158, 29 oct. 2004, portant réforme de la procédure en matière familiale, *JO* 31 oct., p. 18492

Décr. n° 2004-1157, 29 oct. 2004, pris en application des articles 276-4 et 280 du Code civil et fixant les modalités de substitution d'un capital à une rente allouée au titre de la prestation compensatoire, *JO* 31 oct., p. 18486

• **Circulaires**

Circ. émanant de la Chancellerie, 25 nov. 2002, intitulée « Bilan d'application de la loi n° 2000-596 du 30 juin 2000 relative à la prestation compensatoire », *BO Justice* n° 88, 2002.

Circ. CIV/16/04, 23 nov. 2004, de présentation de la loi relative au divorce, du décret portant réforme de la procédure en matière familiale et du décret fixant les modalités de substitution d'un capital à une rente allouée au titre de la prestation compensatoire.

* V. texte complet ss n° 61.11

134.02 Jurisprudence de référence.

> La prestation compensatoire est insaisissable

• Civ. 2e, 27 juin 1985, no 84-14.663, *Bull. civ.* II, no 131

* V. ss no 134.24

« Après avoir exactement relevé que si la prestation compensatoire présentait un caractère indemnitaire, elle présentait aussi un caractère alimentaire, c'est à bon droit que, faisant application de l'article 2092-2-2°, à la rente allouée à Mme B, à titre de prestation compensatoire, l'arrêt l'a déclarée insaisissable et prononcé la nullité de la saisie. »

> La prestation n'a pas à être déclarée au passif du débiteur soumis à une procédure collective

• Com. 8 oct. 2003, no 99-21.682, *Bull. civ.* IV, no 151

* V. ss no 134.33

« La créance née de la prestation compensatoire présente pour partie un caractère alimentaire et n'a pas à être déclarée au passif du débiteur soumis à une procédure collective. »

> La prestation compensatoire est insusceptible de compensation légale ou judiciaire

• Civ. 2e, 2 déc. 1998, no 97-15.650, NPT; *Dr. fam.* 1999, no 28, note Lécuyer

* V. ss no 134.34

« Une prestation compensatoire ayant, pour partie, un caractère alimentaire, une compensation ne peut être opérée, même par voie judiciaire, entre cette prestation et le versement d'une autre somme, à quelque titre que ce soit. »

> Les époux ne peuvent transiger sur ou renoncer à leur droit à une prestation compensatoire avant l'introduction de l'instance en divorce

• Civ. 1re, 3 févr. 2004, no 01-17.094, *Bull. civ.* I, no 30

* V. ss no 134.44

« Aucune procédure de divorce n'étant engagée, les époux ne peuvent valablement transiger sur leur droit futur à une prestation compensatoire. »

> La prestation compensatoire présente un caractère judiciaire. Une convention de liquidation anticipée de communauté ne peut contenir le versement d'une prestation compensatoire.

• Civ. 1re, 23 mars 1994, no 92-15.525, *Bull. civ.* I, no 103

* V. ss nos 134.41 et 134.171

« La prestation compensatoire ne peut pas être fixée dans une convention de liquidation anticipée de communauté. »

> Après le prononcé du divorce, les époux peuvent renoncer en tout ou partie à la prestation compensatoire

• Civ. 1re, 8 févr. 2005, no 03-17.923, *Bull. civ.* I, no 70

* V. ss no 134.45

« Les époux peuvent renoncer en tout ou partie aux effets d'une prestation compensatoire qui a été judiciairement fixée. »

> La prestation compensatoire est due à compter de la date à laquelle la décision prononçant le divorce est devenue irrévocable

• Civ. 1re, 19 avr. 2005, no 03-13.078, *Bull. civ.* I, no 192

* V. ss no 134.101

« La prestation compensatoire comme les intérêts qu'elle produit n'est due qu'à compter de la date à laquelle la décision prononçant le divorce est devenue irrévocable. »

> Le droit successoral est un droit imprévisible : il ne peut être un critère d'appréciation pour évaluer la prestation compensatoire.

• Civ. 1re, 21 sept. 2005, no 04-13.977, *Bull. civ.* I, no 339

* V. ss nos 134.84 et 134.123

« La vocation successorale ne constitue pas un droit prévisible au sens des articles 270, 271 et 272. [anc.] »

> Les allocations familiales n'ont pas à être prises en compte par le juge pour fixer le montant de la prestation compensatoire

• Civ. 2e, 3 déc. 1997, no 94-16.970, *Bull. civ.* II, no 295

* V. ss no 134.143

« L'aide versée à la famille sous forme d'allocations familiales est destinée à bénéficier aux enfants et non à procurer des revenus au parent qui la reçoit; le juge n'a donc pas à en tenir compte dans l'appréciation des ressources de l'époux qui a la garde des enfants. »

> Le juge peut statuer sur la prestation compensatoire en l'absence de production de la déclaration sur l'honneur

• Civ. 1re, 8 juill. 2003, no 01-15.829, *Bull. civ.* I, no 161

* V. ss no 134.197

« Une cour d'appel n'a pas à faire spécialement mention, dans son arrêt, de ce que la déclaration sur l'honneur a été ou non produite. »

134.03 Bibliographie indicative.

Actualisables. Rép. civ., E. Fortis, *Vo Prestation compensatoire*, nos 435 à 440.

Ouvrages. J. Carbonnier, *Droit civil*, t. 1, p. 1358 s., nos 609 s. – P.-J. Claux, S. David *et alii*, *Droit et pratiques du divorce 2010/2011*, « Dalloz référence », 1re éd., Dalloz, 2010 – G. Cornu, *Droit civil, La famille*, 8e éd., Montchrestien, 2000 – J. Hauser et D. Huet-Weiller, *La dissolution de la famille*, t. 2, *La famille* in *Traité de droit civil*, J. Ghestin (dir.), LGDJ, 1999 – Ph. Malaurie et H. Fulchiron, *La famille*, 3e éd., Defrénois, 2009, nos 785 s. – H., L. et J. Mazeaud et F. Chabas, *Leçons de droit civil, La famille*, par L. Leveneur, 7e éd., Montchrestien, 1995 – J. Massip, *Le nouveau droit du divorce*, Éd. Defrénois, 2005, nos 165 s. – M.-P. Murat-Sempietro et V. Trambouze, *Le divorce après la loi du 26 mai 2004*, « Pratique professionnelle », LexisNexis/Litec, 2006, nos 319 s. – F. Terré et D. Fenouillet, *Droit civil, Les personnes, la famille, les incapacités*, « Précis », 7e éd., Dalloz, 2005, nos 540 s.

Articles généraux. G. Goffaux, « Liquidation de la communauté et fixation de la prestation compensatoire », *Dr. fam.* 2001, chron. 1 – C. Mathieu, « Transaction et prestation compensatoire », *D.* 2005, 1985 – A. Sériaux, « La nature de la prestation compensatoire ou les mystères de Paris », *RTD civ.* 1997, 53.

> Pour un dossier complet sur la question de l'évaluation de la prestation compensatoire : « Pensions alimentaires et prestations compensatoires : quelles méthodes d'évaluation ? », *AJ fam.* 2005/3.

> Sur la loi n° 2000-596 du 30 juin 2000

A. Bénabent, « Prestation compensatoire : la révision des dupes ? », *D.* 2000, n° 17, point de vue, p. V – H. Bosse-Platière, « La réforme de la prestation compensatoire. Premières applications », *JCP* 2001, I, 193, n° 03 – M. Brazier, « La prestation compensatoire de l'an 2000 », *Gaz. Pal.* 10-12 sept. 2000, 7 s. – L. Fin-Langer, « La réforme de la prestation compensatoire – commentaire de la loi n° 2000-596 du 30 juin 2000 », *RDSS* 2000, 815 s. – H. Lécuyer, « La loi n° 2000-596 du 30 juin 2000 relative à la prestation compensatoire en matière de divorce. Étude de droit civil », *Dr. fam.* 2000, chron. 17 – J. Massip, « Divorce : la réforme des prestations compensatoires », *Defrénois* 2000, p. 1329 – M. Mathieu et J.-F. Pillebout, « La réforme de la prestation compensatoire, les rentes en cours, (formules) », *JCP N* 2000, p. 1649 s. – H. Poivey-Leclercq, « Observations d'un praticien sur la réforme de la prestation compensatoire », *RJPF* sept-oct. 2000, p. 6 s. – J. Rochfeld, « La loi n° 2000-596 du 30 juin 2000 relative à la prestation compensatoire en matière de divorce », *RTD civ.* 2000, 907 – J. Rubellin-Devichi, « Réforme de la prestation compensatoire, étape n° 2 », *JCP 2000*, n° 12, act. 507 – J.-B. Seube, « Dans l'ombre de la loi sur les prestations compensatoires : insuffisances, incertitudes, incohérences, paradoxes, effets pervers », *Dr. fam.* nov. 2000, chron. 20 – S. Thouret, « Les conséquences pratiques de la loi n° 2000-596 du 30 juin 2000 relative à la prestation compensatoire en matière de divorce », *Dr. fam.* août-sept. 2000, chron. 10 – J. Vasseaux, « La réforme de la prestation compensatoire par la loi n° 200-586 du 30 juin 2000 », *JCP N* 2000, p. 1759 – Vauvillé, « Divorce et liquidation judiciaire : astuces et pièges », *RJPF* janv. 2001, p. 6.

> Sur la loi n° 2004-439 du 26 mai 2004 et les décrets n°s 2004-1157 et 2004-1158 du 29 octobre 2004

A. Bénabent, « La réforme du divorce, article par article », *Defrénois*, 2004 – H. Bosse-Platière, « La physionomie nouvelle de la prestation compensatoire dans la loi n° 2004-439 du 26 mai 2004 », *JCP* 2004, I, 167, n° 1 – M. Brazier, « La prestation compensatoire de l'an 2000, commentaire de la loi n° 2000-596 du 30 juin 2000 », *Gaz. Pal.* 10-12 sept. 2000, 7 s. – V. Brémont, « La loi n° 2004-439 du 26 mai 2004 : le nouveau droit du report judiciaire des effets du divorce », *Dr. et patr.* oct. 2004, n° 130, p. 44 – Cl. Brenner, « Brèves observations sur la révocation des donations entre époux après la loi n° 2004-439 du 26 mai 2004 », *Defrénois*, 2005, art. 38084 – M. Brusorio, « La nouvelle physionomie du divorce », *JCP N* 2004, p. 1425, n° 1451 – J. Casey, « Les incidences de la loi n° 2004-439 du 26 mai 2004 en droit patrimonial de la famille », *RJPF* 2004 10/11, p. 6 – P. Courbe, « Les nouveaux divorces (dossier) », *AJ fam.* 2004, 204, [avec la participation de F. Granet, « Les nouveaux cas de divorce »; C. Lienhard, « La nouvelle procédure de divorce, l'approche procédurale des ententes, la tentative de conciliation »; S. David, « Le nouveau visage de la prestation compensatoire », P.-J. Claux, « Le nouveau rôle du notaire »; A. Bénabent, « Dispositions transitoires » – Ph. Delmas Saint-Hilaire et J. Hauser, « Volonté et ordre public dans le nouveau divorce : un divorce entré dans le champ contractuel ? », *Defrénois*, 2005 – Dossier *AJ fam.* 2005, 84 – H. Fulchiron, « Les métamorphoses des cas de divorce », *Defrénois* 2004, p. 1103 – T. Garé, « La réforme du divorce, entre innovations et droit constant », *RJPF* juin 2004, 6/12 et juill.-août 2004, 7-8 – J.-J. Lemouland, « La loi n° 2004-439 du 26 mai 2004 relative au divorce », *D.* 2004, 1825 – Ph. Malaurie, « Conclusions sur la réforme du divorce : le divorce pour altération définitive du lien conjugal et la société de la peur », *Defrénois* 2004, p. 1601 – L. Miniato, « La réforme des procédures de divorce par la loi n° 2004-439 du 26 mai 2004 et le décret du 29 octobre 2004 : le changement dans la continuité », *Dr. fam.* 2004, études, déc. 2004, n° 29, p. 13 – C. Philippe, « La liquidation du régime matrimonial après la loi n° 2004-439 du 26 mai 2004 relative au divorce », *RLDC* sept.-oct. 2004 – J.-L. Puygauthier, « La prestation compensatoire après la réforme du divorce par la loi du 26 mai 2004 », *JCP N* 2005, 1001, p. 16 – J. Rubellin-Devichi, « Le nouveau droit du divorce », *JCP* 2004, I, 1037 – V. Terneyre, « La réforme du divorce atteindra-t-elle ses objectifs ? », *Dr. fam.* 2004, études 13, 16 et 19 – S. Thouret, « La substitution d'un capital à la rente de prestation compensatoire : le décret n° 2004-1157 du 29 oct. 2004 », *JCP* 2004, act., p. 2123, n° 597; « *Les mécanismes procéduraux issus de la loi n° 2004-439 du 26 mai 2004 relative au divorce* », *Procédures* juin 2004, p. 6, étude 8; « Les mécanismes procéduraux issus du décret n° 2004-1158 du 29 octobre 2004 portant réforme de la procédure en matière familiale », *Procédures* déc. 2004, p. 9, étude 16.

> Dossier *AJ fam.*, mars 2007, « Prestation compensatoire », [en particulier, S. David, « La fixation de la prestation compensatoire », p. 108; C. Lienhard, « Prestation compensatoire : les aspects conventionnels (précaution et rédaction) », p. 115; G. Bonnet, « Le règlement de la succession du débiteur d'une prestation compensatoire », p. 120; S. David, « La fiscalité de la prestation compensatoire », p. 123 et les modèles de convention annexés].

> Dossier *Dr. et patr.* déc. 2002, « La loi n° 2000-596 du 30 juin 2000 sur la prestation compensatoire : Bilan d'application », p. 49 s. [avec la participation de J.-J. Lemouland, « Les motifs de la loi et son application dans le temps »; J. Hauser, « Les formes de la prestation compensatoire »; Ph. Delmas Saint-Hilaire, « La révision et la transmission de la prestation compensatoire »; M.-F. Dumas-Colnot et G. Lacoste, « Aspects judiciaires de la prestation compensatoire »].

134.04 Questions essentielles.

> La prestation compensatoire est fixée selon les besoins de l'époux à qui elle est versée et les ressources de l'autre (C. civ., art. 271). Le juge doit-il tenir compte des alloca-

tions familiales versées au parent qui garde les enfants pour apprécier les ressources de l'éventuel créancier ?
* V. s[s] n° 134.143
> Les époux peuvent-ils fixer une prestation compensatoire dans une convention de liquidation anticipée du régime matrimonial ?
* V. s[s] n° 134.171
> Les époux peuvent-ils prévoir, dans une convention destinée à régir les conséquences du divorce, une pension alimentaire ?
* V. s[s] n° 134.42
> Les époux peuvent-ils renoncer à la prestation compensatoire, une fois qu'elle a été fixée par le juge ?
* V. s[s] n° 134.45

SECTION 1
PRÉSENTATION ET ÉVOLUTION

134.11 **Présentation.** La prestation compensatoire est « *destinée à compenser, autant qu'il est possible, la disparité que la rupture du mariage crée dans les conditions de vie respectives* » (C. civ., art. 270). En créant la prestation compensatoire, le rédacteur de la loi du 11 juillet 1975 - le doyen Carbonnier - avait voulu rompre avec les anciennes dispositions de l'article 301 du Code civil, essentiellement à trois points de vue :

- D'abord la pension alimentaire de l'ancien article 301 du Code civil était réservée à l'époux innocent. L'ancienne législation était en effet marquée par l'idée de **divorce-sanction**, et seul l'époux non fautif pouvait prétendre à une indemnisation, alors que le législateur de 1975 a voulu au contraire éviter de relier systématiquement la faute et les conséquences pécuniaires du divorce.

- Ensuite, la pension de l'ancien article 301 était perçue comme la **transformation du devoir de secours**, qui était destiné à perdurer, alors que, selon la constatation faite par le doyen Carbonnier, « *la population des divorcés dans sa majorité est une population qui aspire à fuir son passé* »; qu'il convenait donc que « *le règlement de ces droits* [soit] *le plus possible concentré autour du prononcé du divorce, à un moment ou les époux sont encore sous la dépendance psychologique du jugement - cela afin de combattre l'effet de dégradation, de l'écoulement du temps sur l'exécution des pensions* »[1].

- Enfin, le législateur de 1975 avait voulu, dans la mesure du possible, **éviter le contentieux de l'après-divorce**, très important à propos de la **pension alimentaire, souvent impayée**, et qui donnait fréquemment lieu à des **demandes de révision**. Comme le soulignait le doyen Carbonnier analysant le résultat des enquêtes : « *La pension alimentaire après divorce est une misère juridique qui pèse lourdement sur les femmes divorcées* ». Il était donc souhaitable que le « *divorce épuise ses effets pécuniaires dès après son prononcé* »[2]. À cet effet, le législateur a privilégié l'octroi d'une **prestation compensatoire en capital** et lui a donné un **caractère forfaitaire** pour éviter les demandes de révision. Pour le professeur Jean Hauser[3] : « *Le choix était donc opéré en faveur d'un règlement forfaitaire et définitif au moment de la rupture, d'un divorce pour solde de tout compte dont la pièce maîtresse devenait dans un vocabulaire discutable, la prestation compensatoire.* »

134.12 **Statistiques.** On a souvent mis en avant que l'ancienne pension alimentaire d'avant 1975 était prononcée dans plus de la moitié des cas de divorce alors que la prestation compensatoire ne serait prononcée que dans 13 % des jugements de divorce. Tout cela doit être relativisé. En théorie, la pension alimentaire ne pouvait se rencontrer que dans 47 % des cas des divorces puisqu'elle était exclue quand les divorces étaient prononcés aux torts réciproques (25,8 %) et aux torts exclusifs de la créancière (26,7 %). En outre, la pension alimentaire n'était pas allouée dans tous les cas où elle aurait pu l'être[4]. Si la pension alimentaire entre ex-époux a conservé, jusqu'à nous, cette mauvaise image, c'est, en grande partie, en raison de l'important contentieux d'après divorce qu'elle générait (non-versement par l'ex-mari, révisions...). Curieusement, la prestation compensatoire, malgré la volonté du législateur de la maintenir attachée au prononcé du divorce, ne s'est pas débarrassée complètement de l'image de sa devancière.

L'explication est peut-être ailleurs : non pas dans un contentieux de révision, qui, en droit, était quasiment impossible jusqu'à la réforme de 2000, mais dans l'augmentation du **contentieux de masse** que représente désormais le divorce. Les 13 % des 150 000 divorces prononcés environ chaque année représentent en chiffre brut les 30 % des 60 000 divorces d'avant 1975. La réforme de 2000 avait fait resurgir le spectre du contentieux de la révision : 1 491 affaires en 1999, 3 425 en 2001, 8 845 en 2003[5]. Celle de 2004 l'aurait plutôt apaisé : 4 833 en 2004 et 3 265 en 2006[6].

1. J. Carbonnier, « La question du divorce, mémoire à consulter », *D.* 1975, chron. 115; *Essais sur les lois*, 2e éd., Éd. Defrénois, 1995, p. 152.
2. M. Grimaldi, « Divorce et patrimoine, dix années d'application de la loi sur le divorce », *Defrénois* 1998, art. 34311, p. 104 s. – M. Brazier, « La prestation compensatoire à l'épreuve de dix années de pratique », *Gaz. Pal.* 1985, II, 630.
3. RÉP. CIV., J. Hauser, art. 264-1 à 285-1, fasc. 20.
4. EN CE SENS, V. CARBONNIER, t. 1, p. 1367, 2004.
5. *Annuaire statistique de la justice*, Doc. fr., 2005, p. 85.
6. *Annuaire statistique de la justice*, Doc. fr., 2008, p. 85.

134.13 Genèse de la loi du 30 juin 2000. Diverses raisons expliquent l'intervention législative de 2000. Certaines sont proprement juridiques.

Dans ses premières années d'application, la loi de 1975 avait été appliquée sans beaucoup tenir compte des directives du nouveau texte, ni sur la forme que devait prendre la prestation compensatoire, ni sur la prééminence du capital[1]. Les **versements sous forme de rentes viagères demeuraient majoritaires.** En 1996, un rapport faisait état d'environ 400 000 débiteurs, masculins à 98 %, de 20 % de jugements comportant une prestation compensatoire en capital, de 61 % sous forme de rente, le plus souvent temporaires mais parfois viagères lorsque la santé ou l'âge de l'épouse l'imposait[2]. Il est vrai que tout concourrait à faire perdurer sous couvert de prestations compensatoires, l'ancienne pension alimentaire de l'article 301 : le fisc qui avantageait curieusement le versement sous forme de rente, une certaine pesanteur de la pratique judiciaire, auxquelles il convient d'ajouter aussi le souhait de la part de beaucoup de femmes de préférer le versement régulier et sécurisant d'une rente mensuelle, parfois viagère, sur l'allocation forfaitaire, pour solde de tout compte, que représentait la prestation en capital. Mais à la différence de la période d'avant 1975, la prestation compensatoire majoritairement versée sous forme de rente n'était **pas révisable sauf le cas d'exceptionnelle gravité** visée à l'ancien article 273. La suite est connue : il se trouvait, plus de vingt ans après la loi de 1975, des débiteurs qui parfois depuis janvier 1976, payaient les mensualités d'une rente viagère, régulièrement réévaluées pour tenir compte de l'indexation, et leur situation était d'autant plus injuste et intenable que la jurisprudence appliquait avec rigueur l'interdiction de révision, sauf exceptionnelle gravité dans les conséquences du divorce, ce qui évidemment signifiait que **l'ex-époux débiteur ne pouvait jamais invoquer l'amélioration substantielle des ressources de l'ex-époux créancier.** Certaines situations furent médiatisées : l'ex-époux condamné à verser une prestation compensatoire, puis renvoyé de son travail après que son ex-épouse eut convolé avec le chef de son entreprise, qui continue à verser les arrérages de la rente; celui qui paye une faible prestation compensatoire parce que ses ressources sont minces, et qui constate que la créancière a gagné au loto doit continuer à payer... le temps prévu par le jugement. C'était principalement, sur ces deux points, **possibilité d'une révision** et **limitation de principe dans le temps** des rentes viagères, que la doctrine souhaitait une modification[3].

1. J. Rubellin-Devichi, « Réforme de la prestation compensatoire, étape n° 2 », *JCP* 2000, n° 12, act. 507.
2. *Le divorce en 1996*, min. Justice, SDSED, 1999.

134.14 Loi du 30 juin 2000. On s'attendait à ce que le législateur, sous la pression des *lobbies*, ouvre plus largement les conditions de la révision de la prestation compensatoire, facilite le développement des rentes temporaires qui s'étaient généralisées dans les dernières années d'application de loi de 1975, revienne sur le principe de la transmission à cause de mort de la prestation compensatoire... La loi du 30 juin 2000 fut une surprise. Au lieu de plier sous la pression des médias et de la pratique judiciaire, elle procéda par un retour aux fondements de la loi de 1975. Le principe de **concentration des conséquences du divorce au moment du prononcé du divorce** justifie que la **primauté du capital sur la rente** soit réaffirmée **au détriment des rentes temporaires.** Ces dernières disparaissent, et ne subsiste plus que le recours à la rente viagère dans des circonstances exceptionnelles. Si les modalités de révision se trouvent assouplies, c'est uniquement pour les quelques rentes viagères qui seront prononcées; pour les autres, la **révision** passe par un **rééchelonnement du montant du capital** et non par une modification du montant du versement. La question du **sort de la dette en cas de décès du débiteur** n'est pas réglée.

Le moins que l'on puisse dire est que la loi du 30 juin 2000 a peut-être été votée à l'unanimité, mais qu'elle a fait l'unanimité contre elle[4]. La plupart des auteurs dénoncent l'hypocrisie législative qui consiste à laisser croire à une plus grande faci-

3. V. NOT., A. Bénabent, « Plaidoyer pour quelques réformes du divorce », *D.* 1997, chron. 225 – J. Hauser, *Les conséquences financières de la séparation des couples*, GIP, Mission droit et justice.
4. V. NOT., A. Bénabent, « Prestation compensatoire : la révision des dupes ? », *D.* 2000, n° 17, point de vue V – H. Bosse-Platière, « La réforme de la prestation compensatoire. Premières applications », *JCP* 2001, I, 193, n° 03 – M. Brazier, « La prestation compensatoire de l'an 2000 », *Gaz. Pal.*, 10-12 sept. 2000, 7 s. – H. Lécuyer, « La loi n° 2000-596 du 30 juin 2000 relative à la prestation compensatoire en matière de divorce. Étude de droit civil », *Dr. fam.* 2000, chron. 17 – J. Massip, « Divorce : la réforme des prestations compensatoires » *Defrénois* 2000, p. 1329 – H. Poivey-Leclercq, « Observations d'un praticien sur la réforme de la prestation compensatoire », *RJPF* sept-oct. 2000, p. 6 s. – J. Rochfeld, « La loi n° 2000-596 du 30 juin 2000 relative à la prestation compensatoire en matière de divorce », *RTD civ.* 2000, 907 – J. Rubellin-Devichi, « Réforme de la prestation compensatoire, étape n° 2 », *JCP* 2000, n° 12, act. 507 – J.-B. Seube, « Dans l'ombre de la loi sur les prestations compensatoires : insuffisances, incertitudes, incohérences, paradoxes, effets pervers », *Dr. fam.* nov. 2000, chron. 20 – S. Thouret, « Les conséquences pratiques de la loi n° 2000-596 du 30 juin 2000 relative à la prestation compensatoire en matière de divorce », *Dr. fam.* août-sept. 2000, chron. 10 – J. Vasseaux, « La réforme de la prestation compensatoire par la loi n° 200-586 du 30 juin 2000 », *JCP N* 2000, p. 1759.

lité de révision, à remplacer les rentes temporaires par des prestations en capital au versement échelonné, et à ne pas aborder la question de la transmission de la prestation aux héritiers.

En définitive, la loi du 30 juin 2000 poursuivit un objectif clair, identique à celui de 1975, **éviter le contentieux post-divorce**. Il impose le capital par une rénovation du droit civil, mais aussi par une **réforme de la fiscalité** (v. s[s] n°s 138.230 s.).

Toutefois, il était bien délicat de ne réformer que l'une des conséquences du divorce sans retoucher l'ensemble des autres règles.

134.15 Loi du 26 mai 2004. En 2004, lorsque le législateur se décide à réformer en profondeur le droit du divorce, il ne pouvait rester insensible aux nombreuses critiques qui avaient été formulées à l'encontre de la loi du 30 juin 2000. Tout en gardant les principes établis en 2000, le législateur de 2004 s'est efforcé de remédier aux principales imperfections techniques. Mais, en réalité, le paysage de la prestation compensatoire en sort bouleversé. Il ne pouvait guère en être autrement. Les modifications apportées au droit du divorce ont été d'une telle importance – notamment la réorganisation des cas de divorce avec la suppression du divorce pour rupture de la vie commune, mais aussi la volonté de détacher définitivement toutes conséquences du divorce des fautes – qu'elles ne pouvaient pas ne pas avoir de conséquences sur le régime de la prestation compensatoire. En outre, la loi de 2004, s'inscrivant dans un courant de **contractualisation du droit de la famille**, a fait la part belle au **pouvoir de la volonté**, rendant ainsi lettre morte, le caractère d'ordre public de la prestation compensatoire. Il en résulte, que les règles légales n'ont le plus souvent que valeur de modèle. Les époux sont libres de s'en affranchir, et cette liberté ne concerne plus seulement, comme sous l'empire du droit antérieur, le divorce par consentement mutuel mais l'ensemble des cas de divorce. En outre, la loi de 2004 s'est efforcée de régler l'épineuse et importante question de la **transmission de la charge de la prestation compensatoire aux héritiers au débiteur** (v. s[s] n° 135.290) ainsi que celle, non moins délicate, de la **conversion des rentes en capital** (v. s[s] n°s 135.341 s.). Enfin, et surtout, la loi a considérablement amélioré le **régime fiscal** de la prestation compensatoire (v. s[s] n°s 138.220 s.) évitant ainsi que le fiscal tienne, en la matière, le civil en l'état[1].

134.16 Dispositions transitoires – Pensions alimentaires de l'ancien article 301 du Code civil. En raison de l'effervescence législative qui caractérise la matière, de nombreuses dispositions transitoires ont été prévues. Elles seront évoquées au fur et à mesure des développements. Toutefois, selon l'article 24-1 de la loi du 11 juillet 1975 portant réforme du divorce, pour tous les divorces prononcés sous l'empire du droit antérieur, c'est-à-dire ceux dont la requête a été présentée avant le 1er janvier 1976, et dans lesquels a été fixée une pension alimentaire en faveur de l'un des époux, ne sont pas concernés par les dispositions applicables aux prestations compensatoires. Pour toutes ces pensions, ce sont les règles antérieures, propres aux pensions alimentaires, qui continuent à s'appliquer.

SECTION 2
NATURE DE LA PRESTATION COMPENSATOIRE

134.20 Nature de la prestation compensatoire. La prestation a une nature incertaine, qui donne lieu depuis son origine, à un débat sans cesse renouvelé. Elle se présente tour à tour sous différents aspects, parfois forfaitaire, parfois indemnitaire, et enfin parfois alimentaire. En réalité, la prestation compensatoire est un peu tout cela car elle vise aussi bien « *une fois pour toutes au rééquilibrage des situations en présence* »[2], à réparer un préjudice, et enfin, à compenser une disparité dans les conditions de vie respectives.

§ 1
Caractères compensatoire, forfaitaire, indemnitaire et alimentaire

134.21 Caractère compensatoire. La pension alimentaire de l'article 301 avait un caractère alimentaire et indemnitaire. Le législateur de 1975 a voulu lui donner un autre visage : compensatoire. La notion signifie qu'elle est **détachée de toutes fautes et de tous besoins**. En réalité, la prestation compensatoire a toujours eu de multiples facettes, et n'a jamais pu se départir d'autres caractères, comme celui d'être indemnitaire, et surtout alimentaire, ce qui entoure d'un peu plus de mystère sa véritable nature[3]. Le caractère compensatoire explique, par exemple, qu'il convient de se placer **au jour du prononcé du divorce** pour apprécier l'existence et l'étendue de la prestation compensatoire[4].

1. Sur la loi du 26 mai 2004, S. David, « Le nouveau visage de la prestation compensatoire », *AJ fam.* 2004, 218 – J.-L. Puygauthier, « La prestation compensatoire après la réforme du divorce par la loi du 26 mai 2004 », *JCP N* 2005, 1001, p. 16 – H. Bosse-Platière, « La physionomie nouvelle de la prestation compensatoire dans la loi n° 2004-439 du 26 mai 2004 », *JCP* 2004, I, 167, n° 1; Dossier *AJ fam.* 2005, 84.
2. J. Massip, *La réforme du divorce*, 2e éd., Éd. Defrénois, 1998, n° 180.
3. V. A. Sériaux, « La nature de la prestation compensatoire ou les mystères de Paris », *RTD civ.* 1997, 53.
4. Civ. 2e, 31 janv. 1990, n° 88-10.268, *Bull. civ.* II, n° 17.

134.22 Caractère forfaitaire. L'ancienne pension alimentaire de l'article 301 (anc.) du Code civil avait également un caractère forfaitaire (la pension était plafonnée au tiers des revenus du débiteur). Ce caractère a été affirmé pour la prestation compensatoire dès 1975[1] et c'est même le seul caractère qui a toujours été affirmé par le législateur. L'idée maîtresse, qui n'a jamais été appliquée dans toute sa rectitude, est qu'elle est **fixée une fois pour toutes, au moment du prononcé du divorce**, et qu'elle n'est en principe pas susceptible de révision. Ce caractère a été vivement critiqué et paradoxalement, même s'il demeure dans le Code civil, on peut se demander ce qu'il en reste après le passage des lois de 2000 et de 2004, qui admettent plus largement des modalités de fixation tenant compte des ressources et des besoins, et surtout, des facultés de révision jusqu'alors inconnue en matière de prestation compensatoire (v. s^{s} n°s 135.201 s.).

Le caractère forfaire se distingue du caractère indemnitaire parce qu'il ne peut réparer qu'imparfaitement le préjudice en ne fixant **qu'une quotité**. Il s'oppose aussi au caractère alimentaire parce qu'il peut conduire à laisser **sans couverture une fraction des besoins**.

134.23 Caractère indemnitaire. Ce caractère a longtemps été prédominant et était également reconnu à la pension alimentaire de l'ancien article 301 du Code civil. Il a perdu de sa force à la suite des interventions législatives de 2000 et de 2004. Il signifie que **la prestation compensatoire répare un préjudice, en compensant une disparité** (v. C. civ., art. 270, al. 2 : « [...] *une prestation destinée à compenser* [...] *la disparité que la rupture du mariage* [...] »). La prestation compensatoire se trouve ainsi liée à l'idée de **responsabilité**. Ainsi, avant 2004, elle était refusée au conjoint contre lequel le divorce était prononcé aux torts exclusifs (C. civ., anc. art. 280-1). Mais ce n'était qu'un principe : le juge pouvait tout de même prononcer en équité (v. C. civ., anc. art. 280-1, al. 2), ce que l'on appelait, une indemnité compensatoire.

Désormais, la règle est inversée :

- Principe : la prestation compensatoire est toujours prononcée même en faveur de l'époux coupable;

- Exception : le juge peut refuser d'accorder une telle prestation si l'équité le commande (C. civ., art. 270, al. 3), notamment, « *lorsque le divorce est prononcé aux torts exclusifs de l'époux qui a demandé le bénéfice de cette prestation, au regard des circonstances particulières de la rupture* ».

À l'origine de l'institution, on rattachait trois conséquences au caractère indemnitaire même si, en définitive, elles n'existaient qu'imparfaitement[2]. On peut sérieusement se demander après 2004 ce qu'il en reste :

1° **Seul l'époux innocent pour prétendre à la prestation**; cela n'a jamais été réellement le cas; cela ne l'est plus du tout aujourd'hui.

2° La prestation ne peut être obtenue que **si l'état de besoin existait au jour de la dissolution** (lien entre la faute et le préjudice de l'art. 1382 du Code civil); c'est toujours un peu le cas, mais le juge peut s'en affranchir en se projetant dans « *un avenir prévisible* ».

3° **La charge de la pension se transmet aux héritiers du coupable** conformément au **droit de la responsabilité civile** et à rebours du droit de l'obligation alimentaire. Le principe de la transmissibilité passive demeure mais il a été passablement écorné par la réforme de 2004 (v. s^{s} n°s 135.291 s.).

134.24 Caractère alimentaire. Non expressément prévu par la loi, ce caractère a été implicitement posé par la Cour de cassation, qui applique à la prestation compensatoire de nombreux traits du **régime juridique des pensions alimentaires**, en particulier le **caractère insaisissable** de ces dernières.

Dans un arrêt du 27 juin 1985[3], la Cour de cassation affirme : « [...] *après avoir exactement relevé que si la prestation compensatoire présentait un caractère indemnitaire, elle présentait aussi un caractère alimentaire, c'est à bon droit que, faisant application de l'article 2092-2-2°, à la rente allouée à Mme B, à tire de prestation compensatoire, l'arrêt l'a déclaré insaisissable et prononcé la nullité de la saisie* ». La solution a été confirmée, notamment par un arrêt du 10 mars 2005 (la cour d'appel avait déclaré valable la saisie à hauteur d'une certaine somme au motif que « *si la prestation compensatoire a un caractère alimentaire, elle présente aussi un aspect indemnitaire, qui la rend, à ce titre partiellement saisissable* ». L'arrêt fut cassé[4]).

A priori, pourtant, **tout devrait opposer la pension alimentaire à la prestation compensatoire.** La pension alimentaire est en principe une rente, la prestation compensatoire doit, en principe, être versée sous forme de capital; la première est fixée en tenant des comptes des ressources et des besoins du créancier, elle est révisable; la seconde est forfaitaire et définitive. La pension alimentaire est calculée en tenant compte de la situation matérielle actuelle alors que la prestation compensatoire est calculée en tenant compte de l'avenir prévisible des époux (v. C. civ., art. 271, al. 1). La pension alimen-

1. V. C. civ., anc. art. 273; C. civ., art. 270, al. 2.

2. V. Carbonnier, p. 1368.
3. Civ. 2e, 27 juin 1985, n° 84-14.663, *Bull. civ.* II, n° 131; *D.* 1986, 230, note Philippe; et IR 112, obs. Bénabent; *RTD civ.* 1987, 227.
4. Civ. 2e, 10 mars 2005, n° 02-14.268, *Bull. civ.* II, n° 66; *Defrénois* 2005, 1844, note Massip.

taire présente un caractère d'ordre public et, par voie de conséquence, est insusceptible de renonciation anticipée (exemple pour la pension alimentaire d'avant 1975 : « *En raison de ses modalités et de son but, propres à la créance d'aliments, la pension accordée en vertu de l'article 301 alinéa 1 ne peut faire l'objet d'une transaction ou d'une renonciation* »[1]). La prestation compensatoire est susceptible de renonciation dans le divorce par consentement mutuel, de manière encadrée dans les autres cas de divorce (v. s[s] n°s 134.41 s.).

A posteriori, **les liens entre la prestation compensatoire et la pension alimentaire sont nombreux.** Les textes eux-mêmes entretiennent la confusion. L'article 271 du Code civil énonce toujours à propos de la prestation compensatoire qu'elle est fixée « *selon les besoins de l'époux à qui elle est versée et les ressources de l'autre...* » (pour une critique du maintien de cette référence[2]). La prestation compensatoire peut prendre la forme d'une rente (C. civ., art. 276) et inversement la pension alimentaire peut être payée sous forme de capital (C. civ., anc. art. 285 et 294). Même les avocats et magistrats ont mis du temps pour intégrer tout ce qui différenciait la prestation compensatoire de la pension alimentaire[3] (v. par ex. : « *Saisie uniquement par Mme X d'une demande de pension alimentaire, en application de l'article 303, la cour d'appel ne pouvait sans modifier l'objet du litige lui accorder une prestation compensatoire qu'elle ne sollicitait pas* »). Aussi l'important article 1076-1 du Code de procédure civile (réd. Décr. n° 2004-1158, 29 oct. 2004, art. 3) prévoit-il que si les parties n'ont demandé qu'une pension alimentaire, le juge doit les inviter à s'expliquer sur le versement d'une prestation compensatoire. Ce qui est une manière d'aider les parties et les avocats à mieux distinguer.

134.25 Article 1076-1 du Code de procédure civile. Dans les premières années d'application de la loi du 11 juillet 1975, les avocats et les juges du fond ont continué à appliquer, abusivement, la pension alimentaire de l'ancien article 301 du Code civil. La Cour de cassation a tenté d'y mettre bon ordre en sanctionnant durement les erreurs de droit[4], notamment quand les parties s'étaient bornées à solliciter une pension alimentaire sans faire référence à la prestation compensatoire.

Un décret n° 85-1330 du 17 décembre 1985, ajoutant un nouvel article 1076-1 au Code de procédure civile, a essayé de clarifier les choses : « *Lorsqu'une des parties n'a demandé que le versement d'une pension ou d'une contribution aux charges du mariage, le juge ne peut prononcer le divorce sans avoir invité les parties à s'expliquer sur le versement d'une prestation compensatoire* ». La règle vaut autant sous l'empire des dispositions antérieures à la loi du 26 mai 2004 que sous celui du droit actuel; le décret d'application du 29 octobre 2004 n'a pas apporté de modifications à l'article 1076-1 du Code de procédure civile. La Cour de cassation poursuit régulièrement sa croisade disciplinaire à l'égard des juges du fond en les obligeant à susciter les observations des parties pour ne pas faire perdre à l'une la possibilité d'obtenir une prestation compensatoire, et à l'autre, la possibilité de s'y opposer[5].

La **portée de ce texte** est large puisqu'il couvre **tous les cas de divorce contentieux**, qu'il s'agisse du divorce pour faute, aux torts exclusifs ou partagés ou même du divorce pour altération du lien conjugal.

Le respect du contradictoire n'est toutefois pas sans limites :

1° Il ne concerne que les **prestations fixées par le juge** et non pas celles homologuées par lui, ce qui est possible, dans le droit nouveau, même dans les divorces contentieux (C. civ., art. 268).

2° Le juge peut seulement **inviter les parties à modifier leurs conclusions** mais il ne peut pas les modifier lui-même[6].

3° Encore faut-il qu'une **demande de versement de pension alimentaire ou de contribution aux charges du mariage ait été formulée** par l'une des parties; à défaut, les juges peuvent prononcer le divorce sans avoir invité les époux à s'expliquer sur le versement d'une prestation compensatoire[7]. On ne peut repro-

1. Civ. 28 févr. 1949, *D.* 1949, 301.
2. V. S. David, « Le nouveau visage de la prestation compensatoire », *AJ fam.* 2004, 218.
3. Civ. 2e, 7 mars 1985, n° 83-12.961, *Bull. civ.* II, n° 60.
4. J. Normand, *RTD civ.* 1986, 793.
5. APRÈS LA RÉFORME DE 2004 : Civ. 1re, 31 oct. 2007, n° 07-11.432, *Bull. civ.* I, n° 336; *Dr. fam.* 2007, comm. 220, note V. L-T; *Procédures* 2008, n° 48, obs. Douchy-Oudot – Civ. 1re, 28 mars 2007, n° 06-18.292, NP; *D.* 2007, pan. 2694, obs. Douchy-Oudot – AVANT LA RÉFORME DE 2004 : Civ. 2e, 29 avr. 1994, n° 92-16.068, *Bull. civ.* II, n° 124; et les arrêts cités dans *RTD civ.* 1994, 331 obs. Hauser – Civ. 2e, 11 févr. 1998, n° 95-17.040, *Bull. civ.* II, n° 50 – Sur les conditions de l'application de ce texte, Civ. 1re, 24 juin 1999, n° 97-14.107, *Bull. civ.* II, n° 125; *RTD civ.* 1999, 820, obs. Hauser et CA Lyon, 12 oct. 1999, *RTD civ.* 2000, 91, obs. Hauser – Sur le renvoi devant le juge de la mise en état, Civ. 2e, 27 janv. 1988, n° 86-17.923, *Bull. civ.* II, n° 27.
6. Civ. 2e, 7 févr. 1990, n° 88-16.349, *Bull. civ.* II, n° 23 – Civ. 2e, 5 déc. 1990, n° 89-18.126, NP – Civ. 2e, 30 janv. 1991, n° 89-10.240, *Bull. civ.* II, n° 40 – Civ. 2e, 19 févr. 1992, n° 90-20.082, *Bull. civ.* II, n° 59; *D.* 1992, IR 109; *JCP* 1992, IV, 1165.
7. Civ. 1re, 23 janv. 2008, n° 07-11.323, *Bull. civ.* I, n° 18; *Dr. fam.* 2008, comm. 40, obs. V. L.-T.; *Procédures* 2008, n° 113; *D.* 2009, pan. 55, obs. Douchy-Oudot; *RTD civ.* 2008, 281, obs. Hauser; *Defrénois* 2008, 38772, p. 1110, n° 1, obs. Massip.

cher à un juge de ne pas statuer sur une chose non demandée sous peine de modifier l'objet du litige.

En outre, lorsqu'une pension alimentaire a été fixée en lieu et place d'une prestation compensatoire, il s'agit d'une **erreur de droit** que le juge saisi d'une demande de paiement direct ne peut rectifier[1]. Également, les versements obtenus par une procédure de recouvrement direct et l'absence d'opposition au recouvrement par le mari ne prouvent pas sa volonté de s'acquitter d'un devoir de secours auquel il n'est plus tenu depuis le prononcé définitif du divorce[2].

§ 2
Conséquences du caractère alimentaire

134.31 Conséquences du caractère alimentaire. Les conséquences du caractère alimentaire sont nombreuses et d'une importance pratique considérable. Elles peuvent être examinées au regard des nombreux traits qui caractérisent la pension alimentaire : l'insaisissabilité, l'interdiction de toute compensation légale ou judiciaire, l'absence de renonciation anticipée et les procédures de recouvrement[3].

134.32 Insaisissabilité de la prestation compensatoire. Cette insaisissabilité de la prestation compensatoire a été affirmée par la Cour de cassation, quelles que soient les modalités de versement de celle-ci, sous forme de rente[4], mais aussi sous forme de capital[5]. Les premières décisions ont été rendues sur le fondement de l'ancien article 2092-2 du Code civil, dont les dispositions ont été reprises, en substance, par l'article 14, 2° de la loi n° 91-650 du 9 juillet 1991[6] portant réforme des procédures d'exécution et par l'article 43 du décret du 31 juillet 2002. Selon l'article 14, 2° de la loi : « *Ne peuvent être saisies les provisions, sommes et pensions à caractère alimentaire, sauf pour le paiement des aliments déjà fournis par le saisissant à la partie saisie* ». Selon l'article 43 du décret : « *Pour l'application de l'article 14, 2°, de la loi du 9 juillet 1991, le débiteur qui prétend que les sommes reçues par lui ont un caractère alimentaire peut saisir le juge de l'exécution qui déterminera la fraction insaisissable* ». L'insaisissabilité est générale : elle s'applique même lorsque la prestation compensatoire est versée en capital ce qui est, parfois critiqué. À dire vrai, il est normal que l'insaisissabilité ne dépende pas des modalités de versement de la prestation : les caractères alimentaires et indemnitaires sont présents de la même manière dans les prestations sous forme de rente et sous forme de capital. L'idéal serait, pour toutes prestations, de rechercher ce qui relève du caractère alimentaire, et ce qui relève du caractère indemnitaire. Seule cette fraction deviendrait alors saisissable. La mise en œuvre de la pluralité des fondements de la prestation compensatoire est bien délicate et **le caractère alimentaire l'emporte souvent sur le caractère indemnitaire.**

134.33 Prestation compensatoire et procédures collectives : pas d'obligation de déclaration au passif. Par un arrêt rendu le 8 octobre 2003, la Cour de cassation affirme : « *La créance née de la prestation compensatoire présente pour partie un caractère alimentaire et n'a pas à être déclarée au passif du débiteur soumis à une procédure collective* » et échappe ainsi à l'extinction, faute de déclaration[7]. En 2003, il ne s'agissait pas d'un revirement de jurisprudence puisque la Cour de cassation ne s'était pas prononcée directement sur ce point (il avait, toutefois, été jugé que l'épouse divorcée était tenue de déclarer la créance au titre de l'état liquidatif du régime matrimonial mais il ne s'agissait pas de la prestation compensatoire[8]). Cette solution était toutefois en contradiction avec ce qui était traditionnellement enseigné[9] et avec ce qui avait parfois été retenu par certains juges du fond (« *la créance de prestation compensatoire, née avant l'ouverture de la procédure collective du débiteur doit être déclarée à cette procédure faute de quoi elle est définitivement éteinte.* »[10]).

1. TGI Bordeaux, 21 juin 1993, *Juris-Data* n° 1993-04-3021.
2. CA Nancy, 23 févr. 1996, *Juris-Data* n° 1996-04-5124.
3. Pour une analyse détaillée de ces conséquences, v. Murat-Sempietro et Trambouze, n°s 331-344.
4. Civ. 2e, 27 juin 1985, n° 84-14.663, préc. s^s n° 134.24 – Civ. 2e, 9 juill. 1997, n° 95-10.039, NP; *JCP* 1998, II, 10033, note Pataut –. v. aussi, CA Versailles, 30 janv. 1989, *D.* 1989, IR 76.
5. Civ. 2e, 10 mars 2005, n° 02-14.268, *Bull. civ.* II, n° 66; *RJPF* 6/2005, obs. Leborgne et Garé; *AJ fam.* 2005, 143, obs. David.
6. L. n° 91-650,9 juill. 1991, portant réforme des procédures civiles d'exécution, *JO* 14 juill., p. 9228.
7. Com. 8 oct. 2003, n° 99-21.682, *Bull. civ.* IV, n° 151; *D.* 2003, IR 376; 2637, obs. Lienhard (1re esp.); *D.* 2004, somm. 54, obs. Lucas (1re esp.); 1965, obs. Danis-Fatôme; *JCP* 2004, II, 10012, note Becqué-Ickowicz; *JCP* 2004, I, 109, n° 1, obs. Bosse-Platière; *JCP* 2004, I, 115, obs. Cabrillac et Pétel; *JCP N* 2004, 1243, note Fosset-Lefebvre; *Defrénois* 2004, 141, obs. Massip; *AJ fam.* 2004, 23, obs. S. D.; *Dr. fam.* 2003, n° 132, note Lécuyer (1re esp.); *RJPF* 2003-12/34 note Valory; *LPA* 17 févr. 2004, note A.-F. Z.; *LPA* 7 juill. 2004, note Flasaquier; *Rev. pr. coll.* 2003, p. 353, obs. Dumont – Com. 1er févr. 2005, n° 01-13.943, *Bull. civ.* IV, n° 18; *D.* 2005, 489, obs. Lienhard; 2196, note Revel; *JCP N* 2005, 1292, étude Raby; *RTD civ.* 2005, 375, obs. Hauser.
8. Com. 16 févr. 1999, n° 95-22.324, *Bull. civ.* IV, n° 47; *Procédures* 1999, comm. 128.
9. V. M. Storck, « Pensions alimentaires, prestations compensatoires et procédures de redressement et de liquidation judiciaires », *Rev. pr. coll.* 1989, p. 1 – P. Rubellin, *Régimes matrimoniaux et procédures collectives*, th. Strasbourg, 1999, n°s 412 s. – V. F. Vauvillé, « Divorce et liquidation judiciaire : astuces et pièges », *RJPF* 1/2001, p. 6.
10. CA Paris, 13 févr. 2002, *AJ fam.* 2002, 181, obs. S. D.

Un seul argument plaide, en définitive, en faveur de l'obligation de déclarer la créance née de la prestation compensatoire au jugement d'ouverture, mais il est de taille : le Code de commerce prévoit qu'en cas de redressement judiciaire, toute créance ayant son origine antérieurement au jugement d'ouverture, doit être déclarée au représentant des créanciers, à peine d'être éteinte. En vertu de l'adage *Ubi lex non distinguit*, il aurait été logique de considérer que la prestation compensatoire n'échappait pas à la règle. En acceptant de s'affranchir de la lettre du texte, la Cour de cassation fait preuve de création prétorienne de façon particulièrement audacieuse.

La solution nouvelle s'appuie, sur le caractère « *pour partie alimentaire* » de la prestation compensatoire. Sur le fond, ce sont des motifs humanitaires qui poussent à adopter une telle solution, puisque « *les créances alimentaires puisent évidemment au besoin vital de leur titulaire qu'elles tendent à satisfaire* »[1]. Il pouvait paraître particulièrement choquant de voir des ex-épouses perdre leur prestation compensatoire sous le prétexte qu'elles avaient oublié de déclarer cette créance à la procédure collective de leur ex-mari.

Cette créance, qui est une **dette personnelle du débiteur** soumis à une procédure collective, doit être payée sur les **revenus de ce dernier**, dont il conserve la disposition, ou bien être recouvrée par la voie de la **procédure de paiement direct** ou de **recouvrement public des pensions alimentaires**[2].

Le même jour, la Cour de cassation a adopté la même solution à propos des **pensions alimentaires** (et juge à propos d'une pension alimentaire due au titre des mesures provisoires pendant l'instance en divorce, que « *la créance née de la pension alimentaire peut être payée sans avoir été déclarée au passif du débiteur soumis à procédure collective* »[3]).

La solution s'applique quelle que soit la forme de versement de capital, sous forme de rente ou sous forme de capital.

En définitive, la position de la chambre commerciale est particulièrement favorable aux **créanciers de prestations compensatoires** puisqu'ils **peuvent choisir de les déclarer ou non.** La Cour de cassation a eu l'occasion d'affirmer que « *lorsque le créancier déclare les créances nées d'une prestation compensatoire ou d'une pension alimentaire en vue de leur admission au passif, les règles relatives à la procédure de déclaration et de vérification des créances et à l'admission dans les répartitions et dividendes leur sont applicables, sans que la non-admission à ce passif affecte les droits du créancier d'aliments* »[4]. Il en résulte que le créancier n'a pas à choisir, **il peut cumuler les procédures.** S'il déclare sa créance, il pourra toujours parallèlement utiliser les voies de recouvrement de droit commun qui lui sont offertes (v. s[s] n° 134.35).

Enfin, **la procédure collective peut avoir une incidence** également **au stade de la fixation de la prestation compensatoire.** Le jugement de liquidation judiciaire emporte dessaisissement de plein droit des biens de l'époux débiteur. Autrement dit, pour apprécier la disparité et fixer son montant, il convient de prendre en considération les seuls revenus dont le débiteur a la libre disposition. Ainsi, il n'est pas possible de fixer la prestation compensatoire en prenant en compte les fonctions de directeur commercial du débiteur sans constater qu'il avait la libre disposition de ses revenus, alors que le jugement de liquidation judiciaire emporte de plein droit dessaisissement du débiteur[5]. Comme le souligne un auteur, « *les chances de voir fixer une prestation compensatoire après l'ouverture à l'encontre du débiteur potentiel d'une procédure collective sont donc fort compromises* »[6], tant les revenus dont le débiteur conserve la libre disposition se réduisent comme une peau de chagrin dans le cadre d'une procédure collective.

134.34 Interdiction de toute compensation légale ou judiciaire. Le caractère alimentaire s'oppose, en principe, au mécanisme de la compensation. Ainsi selon la Cour de cassation, « *une prestation compensatoire ayant, pour partie, un caractère alimentaire, une compensation ne peut-être opérée, même par voie judiciaire, entre cette prestation et le versement d'une autre somme, à quelque titre que ce soit* »[7]. Même si la prestation compensatoire ne revêt qu'un caractère partiellement alimentaire, **elle échappe pourtant à la compensation dans son intégralité**[8].

1. *D.* 2003, 2638, obs. Lienhard.
2. Civ. 1re, 1er févr. 2005, n° 01-13.943, *Bull. civ.* I, n° 18, préc. s[s] prés[t] n°.
3. Com. 8 oct. 2003, n° 99-21.682, *Bull. civ.* IV, n° 151; *JCP* 2004, II, 10012, note Becqué-Ickowicz.
4. Com. 13 juin 2006, n° 05-17.081, *Bull. civ.* IV, n° 141; *Dr. fam.* 2006, comm. 163, p. 17, obs. Larribau-Terneyre.
5. EN CE SENS, Civ. 1re, 7 juin 2006, n° 04-15.608, NP; *Dr. fam.* 2006, comm. 164, obs. Larribau-Terneyre.
6. V. Larribau-Terneyre, obs. préc. s[s] prés[t] n°.
7. Civ. 2e, 2 déc. 1998, n° 97-15.650, NPT; *Dr. fam.* 1999, n° 28, note Lécuyer – EN CE SENS, CA Bordeaux, 1er déc. 1987, *Cah. jur. Aquitaine* 1988, p. 218 – Civ. 2e, 9 juill. 1997, n° 94-12.688, NPT; *Dr. fam.* 1997, comm. 161, obs. Lécuyer – Civ. 2e, 2 oct. 1997, n° 95-19.358, *Bull. civ.* II, n° 239; *Dr. fam.* 1998, comm. 10, obs. Lécuyer – Civ. 2e, 14 oct. 1999, n° 98-11.751, NPT; *Procédures* 2000, comm. 8, obs. Thouret – Civ. 2e, 23 mai 2002, n° 00-20.387, *Bull. civ.* II, n° 105; *Dr. fam.* 2002, comm. 126, obs. Lécuyer; *RJPF* sept. 2002, p. 16, obs. Garé.
8. V. H. Lécuyer, obs. s[s] Civ. 2e, 2 déc. 1998, n° 97-15.650, NPT (préc. s[s] prés[t] n°) – V. Ph. Théry, « *Beati esurientes*..., les aliments devant la Cour de cassation », *Mél. P. Drai*, Dalloz, 2000, p. 641.

Cette solution s'appuie sur l'article 1293, 3°, du Code civil : la compensation n'a pas lieu dans le cas « *d'une dette qui a pour cause des aliments déclarés insaisissables* ». On comprend aisément la *ratio legis* : le caractère vital des pensions insaisissables s'oppose à l'idée que le créancier d'une obligation alimentaire ou d'une prestation compensatoire puisse s'en voir refuser le paiement, même s'il est lui-même débiteur de son débiteur pour une autre cause. Il ne serait guère acceptable qu'un époux débiteur puisse retenir le versement de la prestation compensatoire au prétexte que la femme créancière est elle-même débitrice d'un capital à l'égard de son mari, par exemple, dans le cadre de la liquidation de la communauté. Dans ces conditions, on comprend que seul le débiteur d'aliments ou de la prestation compensatoire soit privé du bénéfice de la compensation, mais que rien n'interdit au créancier, débiteur à un autre titre de se libérer de sa dette par compensation, par voie d'exception[1]. Si la solution n'a été admise que pour les **pensions alimentaires**, elle s'impose *de plano* pour les **prestations compensatoires.**

Mais cette hypothèse de compensation n'est ni légale ni judiciaire puisqu'elle dépend de la volonté unilatérale du créancier de la prestation.

De manière encore plus décisive, **l'interdiction de toute compensation légale ou judiciaire** est fortement atténuée par la **possibilité d'effectuer des compensations conventionnelles.** À la différence de la compensation légale, la compensation conventionnelle n'est pas déclarative mais constitutive d'une situation nouvelle. Elle ne peut produire effet que du jour de l'accord des volontés.

En pratique, elle est très utilisée, en particulier, dans le cadre des liquidations du régime légal de communauté. Il n'est pas rare que lors de la liquidation, les époux conviennent que la prestation compensatoire se compense avec une soulte due par le créancier de la prestation au débiteur de celle-ci. La loi du 26 mai 2004 a généralisé ces possibilités de compensation conventionnelle que l'on peut rencontrer, non seulement dans le **divorce par consentement mutuel**, mais aussi dans tous les types de divorce, notamment dans le cadre d'une **convention de liquidation et de partage en cours d'instance** (C. civ., art. 265-2), ou dans le cadre d'une **convention réglant les conséquences du divorce destinée à être homologuée par le juge** (C. civ., art. 268).

134.35 Prestation compensatoire et procédures de recouvrement. Les procédures de recouvrement – paiement direct[2] ou recouvrement public – des pensions alimentaires sont applicables aux prestations compensatoires.

Il est donc possible d'utiliser les lois n° 73-5 du 2 janvier 1973[3] (art. 7-1) et n° 75-618 du 11 juillet 1975[4] (art. 15), de même que l'article L. 581-3 du Code de la sécurité sociale sur le recouvrement par les organismes débiteurs des prestations familiales (v. aussi CSS, art. R. 581-1 s.). Pour que la procédure de paiement direct soit recevable (C. pr. civ., art. 465-1), il faut que la rente compensatoire ne soit pas payée et qu'elle ait été fixée ou homologuée par une décision judiciaire devenue exécutoire[5].

Toutefois, il semble bien que **le créancier d'une prestation compensatoire fixée sous la forme d'un capital échelonné dans le temps** sera **privé de la procédure de paiement direct.** En effet, l'article 7-1 de la loi du 2 janvier 1973 modifiée ne vise que le cas où le conjoint divorcé est créancier d'une prestation en forme de rente visée à l'article 276 du Code civil. Sans doute s'agit-il d'un oubli législatif[6].

Il convient dès lors d'attirer l'attention des parties sur l'intérêt pour le créancier, lorsque les époux sont parvenus à un accord sur la prestation, de qualifier de « **rente temporaire** » la prestation compensatoire dont les modalités de versement ont été étalées dans le temps. Elle seule, permettra de recourir à la procédure du paiement direct ou du recouvrement public[7].

§ 3
Caractère disponible de la prestation compensatoire

134.41 Caractère disponible de la prestation – Possibilité de transiger ou de renoncer à une prestation compensatoire avant la réforme de 2004. On s'est longtemps interrogé pour savoir si les dispositions relatives à la prestation compensatoire, à l'instar de celles applicables à l'obligation alimentaire, étaient d'ordre public. En matière alimentaire,

1. Civ. 2e, 10 mars 1965, n° 60-10.038, *Bull. civ.* II, n° 244; *Gaz. Pal.* 1965, 1, J. 412 – Civ. 1re, 30 nov. 1965, *Bull. civ.* I, n° 662; *JCP* 1966, II, 14534 note R. L.

2. Sur la recevabilité d'une demande de paiement direct, Civ. 2e, 4 déc. 1996, n° 95-13.588, NPT.
3. L. n° 73-5, 2 janv. 1973, relative au paiement direct de la pension alimentaire, *JO* 3 janv., p. 135.
4. L. n° 75-618, 11 juillet 1975, relative au recouvrement public des pensions alimentaires, *JO* 12 juill., p. 7178.
5. Civ. 2e, 10 févr. 2000, n° 98-11.235, NPT.
6. EN CE SENS, v. Massip, *Le nouveau droit du divorce*, Éd. Defrénois, 2005, n° 174, p. 181.
7. Sur l'articulation entre les deux procédures, v. Civ. 1re, 11 févr. 2009, n° 07-16.993, *Bull. civ.* I, n° 24; *Dr. fam.* 2009, comm. 23, note Larribau-Terneyre (La procédure de recouvrement public présente un caractère subsidiaire par rapport aux autres mesures d'exécution de droit privé. Il en résulte, en l'espèce, que la femme créancière est mal fondée à agir en recouvrement public d'une prestation fixée sous forme de rente mensuelle pour une période couverte par la procédure de paiement directe).

le créancier d'aliments ne peut valablement transiger sur ses droits ou renoncer à ses droits. Toute transaction pourrait être à tout moment révisée[1]. Sous l'empire du droit antérieur à 1975, la Cour de cassation avait eu l'occasion d'affirmer qu'« *en raison de ses modalités et de son but, propres à la créance d'aliments, la pension accordée en vertu de l'article 301, alinéa 1er, ne peut être l'objet d'une transaction ou d'une renonciation* »[2]. Il a toutefois été jugé que la **disparition du devoir de secours** peut laisser subsister **une obligation naturelle** : il n'y a rien d'illicite à ce qu'un époux s'oblige par acte sous seing privé à payer à l'autre une pension alimentaire[3].

En matière de prestation compensatoire, les solutions sont nécessairement différentes puisque **la prestation est nécessairement judiciaire**, en tant que mesures accessoires du prononcé du divorce qui lui-même relève de la compétence exclusive du juge.

Avant la réforme du 26 mai 2004, il était traditionnel d'opposer la prestation compensatoire **voulue ou choisie**, de la prestation compensatoire **subie**.

La première visait la **prestation compensatoire fixée par les parties dans le cadre d'un divorce sur requête conjointe**. La Cour de cassation admettait que les époux avaient la possibilité de déroger au caractère forfaitaire de la prestation compensatoire – l'ancien article 273 était pourtant considéré comme d'ordre public – en prévoyant eux-mêmes les modalités de versement de la prestation[4]. En réalité, l'entorse au caractère d'ordre public était toute relative puisque, même amiablement fixée par les parties, dans le cadre de la convention liquidative, elle restait soumise à **l'homologation du juge**, qui demeurait libre de ne pas homologuer la convention si elle fixait inéquitablement les droits et obligations des parties (v. C. civ., art. 278, al. 1er et 2). Une renonciation à la prestation compensatoire apparaissait également valable. Mais encore fallait-il que la renonciation soit dépourvue d'équivoque (ainsi, cassation d'un arrêt ayant retenu une renonciation en présence d'un créancier qui s'était seulement abstenu de réclamer le paiement de la prestation, et ce, sans relever d'actif positif de nature à caractériser sans équivoque la volonté de renoncer[5]).

La seconde visait la **prestation compensatoire fixée par le juge** : dans tous les autres cas de divorce, il appartenait au juge et à lui seul de fixer la prestation compensatoire selon les modalités prescrites par la loi. La Cour de cassation l'avait fermement rappelé, le 23 mars 1994, en énonçant que la fixation d'une prestation n'entrait pas dans les prévisions de l'ancien article 1450 du Code civil et ne pouvait être effectuée que par le juge[6]. Se trouvait ainsi condamnée une **pratique notariale** persistante consistant à prévoir une prestation compensatoire lors de **conventions liquidatives dites anticipées**, non soumises à l'homologation du juge, mais simplement à la condition suspensive du prononcé du divorce.

Dans les divorces contentieux, en revanche, la question plus directe de la validité d'une renonciation à la prestation compensatoire était beaucoup plus controversée[7].

La réforme du divorce, intervenue le 26 mai 2004, a, en généralisant les possibilités d'accords entre époux, clarifié les choses : la prestation compensatoire fait, désormais certainement partie des **droits disponibles**[8]; toutefois, la libre disposition des époux n'est pas totale. Le **caractère nécessairement judiciaire** de l'institution contribue à brider la volonté.

134.42 Possibilité pour les époux de convenir d'une pension alimentaire ? Jusqu'à l'entrée en vigueur de la loi du 26 mai 2004, la question semblait réglée. Mis à part dans le divorce pour rupture de la vie commune, le prononcé du divorce mettait fin au devoir de secours entre époux. Le caractère judiciaire de la prestation compensatoire interdisait aux époux, au moins dans les divorces contentieux, de s'affranchir des règles légales, et celles-ci imposaient la prestation compensatoire, comme mode de règlements pécuniaires de l'après-divorce, à l'exclusion de toutes autres formes de règlements. La possibilité d'aménager à l'amiable entre époux une pension alimentaire semblait donc exclue.

Encore fallait-il tempérer cette solution par l'idée **qu'elle ne s'imposait dans toute sa rigueur qu'au juge** qui ne pouvait fixer qu'une prestation compensatoire. On pouvait davantage hésiter lorsque les parties elles-mêmes s'entendaient pour fixer une

1. Rep. civ., *V° Aliments*, n° 196.
2. Civ. 28 févr. 1949, *D.* 1949, 301.
3. Civ. 2e, 9 mai 1988, n° 86-18.561, *Bull. civ.* II, n° 111; *Defrénois* 1989, art. 34464, n° 2, obs. Massip.
4. Civ. 2e, 25 janv. 1984, n° 82-14.595, *Bull. civ.* II, n° 13; *D.* 1984, 442, note Philippe; *JCP* 1986, II, 20540, note Batteur; *Gaz. Pal.* 1984, 2, somm. 248, note Grimaldi; *RTD civ.* 1985, 148, obs. Rubellin-Devichi – Civ. 1re, 10 févr. 1998, n° 96-11.845, NPT.
5. Civ. 2e, 20 juin 2002, n° 99-15.135, *Bull. civ.* II, n° 138; *RTD civ.* 2002, 789, obs. Hauser.
6. Civ. 1re, 23 mars 1994, n° 92-15.525, *Bull. civ.* I, n° 103; *Defrénois* 1994, art. 99, obs. Massip; *JCP* 1995, I, 3813, n° 7, obs. Ferré-André.
7. En faveur de l'admission de la renonciation, v. CA Versailles, 21 sept. 1982, *D.* 1983, IR 453, obs. Bénabent – CA Pau, 16 avr. 1992, *Cah. jur. Aquitaine* 1992, p. 216.
8. Civ. 1re, 11 mars 2009, n° 08-13.431, *Bull. civ.* I, n° 50; *D.* 2009, 2084, note Devers. Cet arrêt relève que la prestation compensatoire fait partie des droits disponibles : « *Mais attendu que l'appel de Mme Z… ne portait que sur le montant de la prestation compensatoire; que l'article 9 de la convention franco-marocaine ne vise que les effets personnels du divorce et qu'en revanche, s'agissant de droits disponibles, les époux peuvent convenir que soit appliqué le droit français* […] ».

pension alimentaire, par exemple dans le cadre d'un divorce sur requête conjointe. La Cour de cassation l'a, en effet, admis [1].

De toute manière, on observait, à l'époque, qu'il était facile, dans le cadre d'une prestation compensatoire voulue par les parties, c'est-à-dire dans le divorce sur requête conjointe, de l'aménager à leur guise, et de lui faire prendre toutes les apparences d'une pension alimentaire, en prévoyant, par exemple, une prestation compensatoire sous forme de rente, avec des révisions admises en cas de changement dans les ressources et les besoins des parties. Une décision de la Cour de cassation était même allée au-delà en admettant que dans un divorce aux torts partagés, un mari puisse s'engager à poursuivre après-divorce, à continuer à verser des aliments à sa femme (« *si l'actuelle législation a, pour certains cas de divorce, supprimé le devoir de secours, elle n'a pas pour effet de priver de valeur l'obligation naturelle de payer une pension alimentaire au conjoint contractée par l'autre époux dans un acte sous seing privé* » [2]) en invoquant le fondement très discutable, en l'espèce, de l'obligation naturelle ce qui nuit à l'appréciation de la portée véritable de l'arrêt.

Il est vrai également, que comme l'observait un auteur, rien n'interdisait aux ex-époux, une fois le divorce prononcé entre eux, de convenir d'une pension alimentaire [3]. Il importe seulement qu'il n'y ait pas de vice du consentement et qu'existe une cause valable.

La loi du 26 mai 2004 a, en quelque sorte, **généralisé les solutions admises uniquement dans le cadre d'un divorce sur requête conjointe** à tous les cas de divorce, en généralisant les possibilités d'accord entre époux (C. civ., art. 268).

On pourrait dès lors considérer que ce qui était valable dans le cadre d'un divorce sur requête conjointe sous l'empire du droit antérieur l'est désormais dans tous les cas de divorce. La solution reste toutefois discutée en doctrine [4].

En définitive, avant la loi du 26 mai 2004, la prestation compensatoire avait un caractère exclusif dans les divorces contentieux. La loi du 26 mai 2004 a fait perdre ce caractère à la prestation compensatoire en généralisant les solutions antérieurement admises sous l'ancien divorce sur requête conjointe par le biais des conventions homologuées de l'article 268 du Code civil. En revanche, le caractère judiciaire de la prestation compensatoire n'a pas disparu, même pour les prestations compensatoires fixées d'un commun accord par les époux. En effet, elles doivent nécessairement être **soumises à l'homologation du juge** (C. civ., art. 279 et 268).

134.43 Accords entre époux relatifs à la prestation compensatoire pendant l'instance en divorce après la réforme du divorce du 26 mai 2004. Le législateur, en 2004, a généralisé les possibilités antérieurement offertes uniquement dans le divorce sur requête conjointe (v. pour le divorce par consentement mutuel, C. civ., art. 278; C. civ., art. 279-1). Une des nouveautés les plus importantes de la réforme de 2004 a consisté à autoriser les époux à soumettre, pendant l'instance, à l'homologation du juge des conventions réglant tout ou partie des conséquences du divorce (C. civ., art. 268).

En revanche, la jurisprudence de la Cour de cassation initiée dans son arrêt du 23 mars 1994 [5], doit être maintenue sous l'empire du droit nouveau : dans le cadre d'une liquidation anticipée du régime, une convention, même notariée, ne peut fixer une prestation compensatoire puisque cette convention n'est pas soumise au juge (C. civ., art. 265-2; comp. avec C. civ., anc. art. 1450). La prestation compensatoire conserve donc un **caractère judiciaire** [6].

La validité d'éventuels accords entre époux doit encore s'apprécier selon qu'ils interviennent, avant ou après l'instance en divorce.

134.44 Impossibilité de transiger ou de renoncer à la prestation compensatoire avant l'introduction de l'instance en divorce. La solution n'a jamais varié : tant qu'aucune procédure de divorce n'est engagée, les époux ne peuvent valablement transiger sur leur droit futur à une prestation compensatoire [7].

1. Civ. 2e, 25 janv. 1984, n° 82-14.595, *Bull. civ.* II, n° 13; *JCP* 1986, II, 20540, note Batteur; *D.* 1984, J. 442, note Philippe; *Gaz. Pal.* 1984, 2, somm. 248, note Grimaldi; *RTD civ.* 1985, 148, obs. Rubellin-Devichi.
2. Civ. 2e, 9 mai 1988, n° 86-18.561, *Bull. civ.* II, n° 111; *D.* 1989, J. 289, note Massip; *RTD civ.* 1989, 58, obs. Rubellin-Devichi – V. AUSSI, CA Reims, 30 janv. 1986, *Juris-Data* n° 1986-04-6909 et CA Grenoble, 30 mars 1999, *RTD civ.* 2000, 552, obs. Hauser.
3. J. Rubellin-Devichi, préc., p. 58 – V. ég. sur la discussion, HAUSER, HUET-WEILLER et GHESTIN, vol. 2, 1991, n° 442.
4. V. obs. Larribau-Terneyre, ss TGI Grasse, 27 juin 2008, *Dr. fam.* 2009, comm. 14. L'auteure voit dans de telles conventions une fraude à la loi car « *le divorce met fin, en effet, au devoir de secours après le divorce et ne prévoit que le mécanisme de la prestation compensatoire* ».
5. Civ. 1re, 23 mars 1994, n° 92-15.525, préc. ss n° 134.41.
6. EN CE SENS, v. encore, Civ. 1re, 14 déc. 2004, n° 02-20.334, *Bull. civ.* I, n° 325; *Dr. fam.* 2005, comm. 32; *D.* 2005, J. 1985, note Mathieu – Civ. 1re, 20 juin 2006, n° 05-10.368, NP.
7. EN CE SENS, v. jurisprudence constante, Civ. 2e, 21 mars 1988, n° 86-16.598, *Bull. civ.* II, n° 74; *Gaz. Pal.* 1989, 1, 38 – Civ. 2e, 10 mai 1991, n° 90-11.008, *Bull. civ.* II, n° 140 – Civ. 1re, 3 févr. 2004, n° 01-17.094, *Bull. civ.* I, n° 30; *Dr. fam.* 2004, comm. 78; *RJPF* avr. 2004, p. 15, obs. Th. Garé; *AJ fam.* 2004, 101, obs. David; *RTD civ.* 2004, 272, obs. Hauser – Civ. 1re, 8 févr. 2005, n° 03-17.923, *Bull. civ.* I, n° 309.

Il ne peut guère en être autrement. La prestation compensatoire est destinée à compenser la **disparité** que la rupture du mariage crée dans les conditions de vie respectives des époux. Elle **ne peut être appréciée qu'au moment du divorce** et c'est seulement dans le cadre de cette procédure, qu'il est possible d'en fixer le montant. Même si les parties ont une large liberté pour aménager à leur guise les modalités de versement de la prestation compensatoire, l'accord est nécessairement entériné, à un moment ou à un autre, par le juge de l'homologation. Admettre que la prestation compensatoire puisse être fixée par les parties, en dehors de toute instance en divorce, serait enlever à la prestation compensatoire, sa nature judiciaire. Dans une décision du 14 décembre 2004 [1], la première chambre civile a fermement rappelé le **principe de l'interdiction des conventions entre époux portant sur l'attribution d'une prestation compensatoire**, au motif qu'elle **ne peut être fixée que par le juge.** Il n'est pas lors possible d'envisager la fixation d'une prestation compensatoire dans le cadre d'un contrat de mariage ou, même lors de la convention modificative d'un changement de régime matrimonial.

En dehors de toute procédure de divorce, les époux ne peuvent renoncer ou transiger sur leur droit à prestation compensatoire.

134.45 Possibilité de transiger ou de renoncer à la prestation compensatoire après l'instance en divorce. La solution a toujours été discutée car admettre que les ex-époux puissent transiger sur le régime de la prestation compensatoire après le prononcé du divorce, c'était admettre que la prestation compensatoire était un droit disponible ce dont certains auteurs doutaient [2].

À dire vrai, même avant l'intervention de la réforme du 26 mai 2004, il convenait d'écarter du débat les prestations compensatoires fixées dans le cadre d'un divorce sur requête conjointe. En effet, pour ce cas de divorce, l'article 279 du Code civil prévoit, de manière immuable depuis 1975, que « *la convention homologuée a la même force exécutoire qu'une décision de justice. Elle ne peut être modifiée que par une nouvelle convention entre les époux, également soumise à homologation* ». Il a toujours été admis que des ex-époux pouvaient s'entendre pour modifier les modalités de la prestation compensatoire à la condition de soumettre leur convention à homologation du juge, ce qui est aussi indirectement une manière de rappeler le caractère nécessairement judiciaire de la prestation compensatoire.

1. Civ. 1re, 14 déc. 2004, n° 02-20.334, *Bull. civ.* I, n° 325, préc. s^s n° 134.43.
2. V. NOT., J. Hauser et Ph. Delmas Saint-Hilaire, J.-CL. DIVORCE, fasc. 240.

Sur ce point, la loi du 26 mai 2004 ne modifie pas l'état du droit antérieur puisque l'article 279 alinéas 1er et 2 du Code civil reste inchangé. Toutefois, cette solution doit désormais être généralisée à toutes les hypothèses où la prestation compensatoire a été fixée dans le cadre d'une homologation judiciaire et pas simplement au divorce par consentement par mutuel (C. civ., art. 268).

Dans l'hypothèse où la prestation compensatoire n'est pas fixée dans le cadre d'une convention homologuée, il serait logique de considérer que les parties n'ont pas libre disposition de leur droit en la matière et qu'il leur est impossible de modifier conventionnellement les modalités de versement de la prestation compensatoire.

La position de la jurisprudence a toujours été ambiguë. La Cour de cassation semblait assez libérale : « *Si l'engagement pris par M. B. en cours d'instance en divorce était nul, il lui était loisible de renouveler son accord dès lors que la cause de nullité avait cessé* » [3]. Certaines juridictions du fond semblaient au contraire opposées : ainsi, une décision annule comme contraire à « *l'autorité de la chose jugée et aux dispositions de l'article 273* » une convention entre anciens époux dont l'objet était de réviser certaines modalités de la prestation compensatoire antérieurement fixées par le juge [4].

Un arrêt rendu par la Cour de cassation, le 8 février 2005, jette le trouble. Par une formule générale, la Cour de cassation affirme, au visa de l'article 1134 du Code civil, que « *si dès lors qu'aucune instance en divorce n'est engagée, les époux ne peuvent valablement transiger sur leur droit futur à une prestation compensatoire, ils peuvent renoncer en tout ou partie aux effets de celle-ci qui a été fixée judiciairement* » [5] (dans cette affaire, les époux, renvoyés devant le notaire pour la liquidation de leurs intérêts patrimoniaux après le prononcé du divorce sur demande acceptée, avaient prévu dans l'acte de liquidation et de partage de la communauté, la transformation de la prestation compensatoire fixée sous forme de rente viagère en prestation compensatoire sous forme de rente temporaire. La cour d'appel d'Aix-en-Provence admet la validité de cette renonciation partielle aux effets de la prestation compensatoire fixée par le jugement de divorce [6]). Il convient de rester prudent sur la portée à donner à cet arrêt. Pris à la lettre, l'attendu signifierait, qu'il est

3. Civ. 1re, 17 déc. 1996, n° 95-12.956, *Bull. civ.* I, n° 450; *JCP* 1997, I, 4045, n° 4, obs. Bosse-Platière; *Defrénois* 1997, art. 36531, note Bignon.
4. V. CA Nancy, 12 mai 1995, *JCP* 1997, I, 4045, n° 4, obs. Bosse-Platière.
5. Civ. 1re, 8 févr. 2005, n° 03-17.923, *Bull. civ.* I, n° 70; *Dr. fam.* 2005, comm. 75.
6. V. AUSSI, CA Aix-en-Provence, 2 mars 2006, 6e ch., sect. B, Anne-Marie B. c/Charles, *Dr. fam.* 2007, note V. L.-T.

désormais possible pour les parties de transiger, voir même de renoncer à la prestation compensatoire lorsque cette transaction ou cette renonciation intervient après jugement[1]. Mais, **l'incertitude demeure sur la nécessité de soumettre cet accord ou cette renonciation à un contrôle judiciaire *a posteriori***. Si la réponse devait être négative, elle ruinerait les dispositions actuelles dans le divorce par consentement mutuel de l'article 279 alinéas 1er et 2 du Code civil. Il semble donc plus prudent de conseiller les parties, dans un divorce gracieux, comme contentieux, de **soumettre leur transaction ou la renonciation à l'accord du juge**, peu importe que la prestation compensatoire ait été fixée initialement à la suite d'une convention homologuée ou directement par le juge[2].

Enfin, il convient de souligner que la **renonciation** n'est possible que lorsque la décision fixant la prestation compensatoire a acquis **force de chose jugée** et n'est donc **plus susceptible d'un recours suspensif d'exécution.** À défaut, ce serait admettre la possibilité d'une renonciation totale ou partielle au stade de l'appel, ce qui remettrait nécessairement en cause l'idée que seul le juge peut fixer la prestation.

SECTION 3
DOMAINE DE LA PRESTATION COMPENSATOIRE

§ 1
Évolution

134.51 Avant la réforme du 26 mai 2004. Le domaine de la prestation compensatoire dépendait du **type de divorce envisagé.**

Dans le cadre d'un *divorce pour faute*, l'octroi d'une prestation compensatoire dépendait de la répartition des torts. L'idée du divorce-sanction ressurgissait au travers du premier alinéa de l'article 280-1 (anc.) du Code civil qui refusait toute prestation compensatoire, à l'époux exclusivement fautif. Mais lorsque le divorce était prononcé aux torts partagés, chacun des époux avait une vocation à la prestation compensatoire.

Dans le cadre d'un *divorce sur demande acceptée*, qui, produisait les mêmes effets qu'un divorce aux torts partagés (C. civ., anc. art. 234), chacun des époux pouvait également présenter une demande de prestation compensatoire.

La procédure de *divorce sur requête conjointe* était la seule procédure dans laquelle les époux disposaient d'un pouvoir de décision en matière de prestation compensatoire. Selon l'article 278 alinéa 1er du Code civil, « *en cas de demande conjointe, les époux fixent le montant et les modalités de la prestation compensatoire dans la convention qu'ils soumettent à l'homologation du juge* ». Il appartenait au juge si « *la convention fixe inéquitablement les droits et obligations des époux de refuser de l'homologuer* » (C. civ., art. 278, al. 2).

Le *divorce pour rupture de la vie commune* était le seul cas où il n'y avait pas lieu à prestation compensatoire, tout simplement parce que le devoir de secours entre époux survivait au divorce (C. civ., anc. art. 281 s.). Comme l'énonçait la Cour de cassation, « *il résulte du rapprochement des articles 270 et 282 du Code civil, que la prestation compensatoire n'est due qu'au cas où le divorce met fin au devoir de secours* »[3].

134.52 Droit à la prestation compensatoire. La formule de l'article 270 du Code civil est destinée à avoir une portée la plus large possible : « *Le divorce met fin au devoir de secours. L'un des époux peut être tenu de verser à l'autre une prestation destinée à compenser autant qu'il est possible, la disparité que la rupture du mariage crée dans les conditions de vie respectives* ». La prestation compensatoire a l'allure de règlement de principe de l'après-divorce : tout époux subissant une disparité a droit à une prestation compensatoire, nonobstant ses responsabilités dans le divorce. En pratique, il est certain que la prestation compensatoire n'est pas, loin s'en faut, prononcée dans la majorité des jugements de divorce (v. ss no 134.12). À cela deux raisons, **l'absence de disparité** mais aussi, même en présence de celle-ci, l'existence de **renonciation tacite ou même expresse dans la convention homologuée.**

La loi no 2004-439 du 26 mai 2004 a renforcé ce droit à prestation compensatoire en supprimant les deux exceptions notables où cette même prestation était exclue; la première exception concernait le **divorce pour rupture de la vie commune** qui, maintenant le devoir de secours à l'égard de l'époux demandeur, lui permettait de recevoir une **pension alimentaire** (C. civ., anc. art. 281 et 282) et la seconde était relative au **divorce pour faute prononcé aux torts exclusifs** où l'époux reconnu entiè-

1. C. Mathieu, « Transaction et prestation compensatoire », *D.* 2005, 1985.
2. Sur ce thème, v. J. Hauser et Ph. Delmas Saint-Hilaire, « Volonté et ordre public dans le nouveau divorce : un divorce entré dans le champ contractuel ? », *Defrénois* 2005, 357 s.
3. Civ. 2e, 18 avr. 1980, no 79-10.953, *Bull. civ.* II, no 73; *Gaz. Pal.* 1980, 2, 491, note Viatte; *D.* 1980, IR, 439, obs. Bénabent; *Defrénois* 1980, art. 32494, no 95, obs. Massip; *RTD civ.* 1980, 761, obs. Nerson et Rubellin-Devichi – EN CE SENS, v. Civ. 2e, 11 févr. 1981, no 79-15.364, *Bull. civ.* II, no 31.

rement fautif était privé, même en présence d'une disparité avérée, de tout droit à prestation compensatoire (C. civ., anc. art. 280-1, al. 1er), et ne pouvait obtenir qu'une indemnité à titre exceptionnel dans les conditions de l'ancien article 280-1, alinéa 2 du Code civil s'il avait collaboré à la profession de l'autre époux.

134.53 Ancienne indemnité compensatoire de l'article 280-1, alinéa 2, du Code civil. En 1975, il apparaissait choquant que l'époux contre lequel le divorce était prononcé aux torts exclusifs puisse bénéficier d'une prestation compensatoire : autrement dit, que l'époux « innocent » soit tenu d'entretenir l'époux « coupable ». Mais la règle pouvait aboutir à des injustices comme dans le cas d'une épouse ayant consacré toute sa vie à la collaboration professionnelle, et qui prenant la décision de rompre, se retrouvait sans ressources. Dès l'origine, la loi en avait tenu compte en apportant en équité, un tempérament : « *à titre exceptionnel, si, compte tenu de la durée de la vie commune et de la collaboration apportée à la profession de l'autre époux* », il apparaissait « *manifestement contraire à l'équité de lui refuser toute compensatoire pécuniaire à la suite du divorce* », le juge pouvait lui accorder une « *indemnité compensatoire* ».

La Cour de cassation avait eu l'occasion d'en préciser le régime juridique qui différait sur certains points de celui de la prestation compensatoire. Les juges ne pouvaient l'allouer si elle n'était pas **expressément demandée**[1]. N'étant pas une prestation compensatoire, **elle ne pouvait être exécutée qu'en argent** : la Cour de cassation refusait qu'elle puisse revêtir les autres formes prévues pour la prestation compensatoire. Par exemple, la jurisprudence refusait que l'indemnité prenne la forme d'un usufruit sur la part de communauté[2]. Mais, les juges du fond avaient tout de même le pouvoir de l'indexer[3].

En outre, la demande n'était recevable que si elle avait été **formée au cours de la procédure de divorce**[4]. Les juges du fond n'avaient pas à rechercher si la collaboration apportée par l'époux demandeur à la profession de son mari avait enrichi l'éventuel créancier ou appauvri l'éventuel débiteur[5]. L'indemnité n'était pas susceptible de révision, cette solution étant curieusement fondée sur l'équité[6]. Curieusement aussi, la Cour de cassation avait refusé de voir en elle, une application particulière de l'enrichissement sans cause[7].

§ 2
Droit à la prestation compensatoire

134.61 D'un droit éclaté à un droit unifié. Dorénavant la prestation compensatoire devient un droit et s'applique d'une façon générale, y compris dans le divorce pour altération définitive du lien conjugal et dans le divorce pour faute aux torts exclusifs.

La suppression du divorce pour rupture de la vie commune a entraîné, également, comme conséquence la **suppression de toutes pensions alimentaires entre ex-époux.** Désormais, l'article 270 du Code civil énonce solennellement que le divorce met fin au devoir de secours. Il en résulte que l'époux qui prend l'initiative d'un divorce pour altération définitive du lien conjugal peut prétendre à une **prestation compensatoire.** Le changement philosophique est perceptible : la protection de l'époux défendeur dans le cadre d'un divorce pour rupture de la vie commune n'avait plus lieu d'être car l'allocation d'une pension alimentaire maintenait, de manière complètement artificielle, un lien entre des ex-époux. Désormais dans un divorce pour altération définitive du lien conjugal, cette protection est assurée, par le biais du mécanisme de la prestation compensatoire[8]. On peut le déplorer et la juger insuffisante car cette protection nécessite la preuve d'une disparité de vie commune et certaines créancières, âgées, ou malades se trouveraient fort démunies[9]. Mais comme on l'a souligné, fort justement, la loi offre aux juges les moyens de protéger ces dernières en utilisant d'article 271 du Code civil qui prévoit que le juge devra tenir compte de l'âge et de l'état de santé pour déterminer le montant de la prestation compensatoire, ou encore des « *conséquences des choix professionnels*

1. Civ. 2e, 24 mai 1984, no 83-11.933, *Bull. civ.* II, no 93 – Civ. 2e, 14 mai 1996, no 95-10.280, *Bull. civ.* II, no 95; *D.* 1998, 395, note Eudier; *JCP* 1997, I, 3996, no 9, obs. Ferré-André; *RTD civ.* 1996, 585, obs. Hauser; *Dr. fam.* 1996, no 12, note Lécuyer.
2. Civ. 2e, 9 mars 1983, no 81-11.424, *Bull. civ.* II, no 72; *D.* 1984, 17 (2e esp.), note Massip.
3. Civ. 2e, 20 mars 1989, no 87-11.619, *Bull. civ.* II, no 80; *D.* 1989, 582, note Massip; *D.* 1990, somm. 118, obs. Bénabent.
4. Civ. 2e, 27 mai 1999, no 97-20.661, *Bull. civ.* II, no 101; *Defrénois* 2000, 108, obs. Massip; *Dr. fam.* 1999, no 98, note Lécuyer (1re esp.); *RTD civ.* 1999, 609, obs. Hauser.
5. Civ. 2e, 20 mars 1989, no 87-11.619, préc. ss prést no.
6. Civ. 2e, 26 avr. 1990, no 88-10.337, *Bull. civ.* II, no 75; *D.* 1991, 126, note Mayaux; *Defrénois* 1990, p. 946, obs. Massip; *RTD civ.* 1991, 305, obs. Hauser.
7. V. A. Cathelineau, « L'indemnité exceptionnelle de l'article 280-1 alinéa 2 », *D.* 1994, chron. 148; Rovinski, *Gaz. Pal.* 1999, doctr. 892.
8. EN CE SENS, v. J. Hauser, « Le divorce pour altération définitive du lien conjugal et la société de la réalité », *Dr. fam.* févr. 2005, étude 3.
9. V. Ph. Malaurie, « Conclusions sur la réforme du divorce : le divorce pour altération définitive du lien conjugal et la société de la peur », *Defrénois* 2004, 1601.

faits par l'un des époux pendant la vie commune pour l'éducation des enfants [...] ou pour favoriser la carrière de son conjoint au détriment de la sienne ». De même, l'article 276 du Code civil prévoit aussi, qu'à titre exceptionnel, **le juge pourra choisir** la forme de la **rente** en raison de l'âge ou de l'état de santé du conjoint créancier ou retenir un **système mixte**[1].

Depuis l'entrée en vigueur de la réforme du divorce du 26 mai 2004, l'époux aux torts exclusifs duquel le divorce a été prononcé peut demander l'octroi d'une prestation compensatoire. L'« *indemnité compensatoire de l'article 280-1* » a été supprimée. Néanmoins, « *si l'équité le commande* », (C. civ., art. 270), le juge peut refuser d'accorder la prestation compensatoire (v. s[s] n° 134.71).

Les solutions se trouvent inversées par rapport au système antérieur. Antérieurement, l'époux aux torts exclusifs duquel le divorce avait été prononcé ne pouvait prétendre à une prestation compensatoire, sauf indemnité compensatoire exceptionnelle. Désormais, le droit à prestation compensatoire, détaché du prononcé des torts, est ouvert dès lors qu'il y a disparité, quels que soient les torts, sauf si le juge estime que l'équité commande de ne pas la prononcer (v. s[s] n° 134.71).

134.62 Nullité du mariage. Le 23 octobre 1990, la première chambre civile de la Cour de cassation a cassé au visa des articles 270 et suivants du Code civil un arrêt de la cour d'appel de Montpellier qui avait estimé que la femme dont le mariage était nul pour bigamie ne saurait prétendre à une prestation compensatoire : « *Les dispositions de ces textes, qui prévoient qu'en cas de dissolution du mariage par divorce, l'un des époux peut être tenu de verser à l'autre une prestation destinée à compenser, autant qu'il est possible, la disparité que la rupture du mariage crée dans les conditions de vie réciproques et en règlent les modalités, sont aussi applicables en tant que de raison, lorsque la rupture du mariage résulte de la nullité de l'union* »[2].

En réalité, l'**attribution d'une prestation compensatoire en conséquence d'un mariage nul**, il est vrai déclaré putatif, n'a pas de quoi surprendre et la doctrine l'avait suggérée[3]. Les juges, même avant 1975, ont toujours donné au versement la forme d'une pension, par analogie à la pension d'après divorce. Il est vrai que les différences de traitement seraient difficilement justifiables, entre deux situations voisines, mais il fallait que ce soit la Cour de cassation qui s'appuie sur un argument « *en tant que de raison* » pour que l'on fasse l'économie d'une modification d'un texte[4].

134.63 Prestation compensatoire et action *de in rem verso*. Si, en principe, l'octroi d'une prestation par le juge ne rend pas irrecevable l'action *de in rem verso*, engagée par le bénéficiaire de cette prestation pour l'indemnisation de son appauvrissement résultant de sa participation bénévole à l'activité professionnelle de son ancien conjoint, il en va différemment lorsqu'il ressort du jugement de divorce qu'il prend en compte cet appauvrissement en vue de l'évaluation de la prestation compensatoire[5], ou lorsque dans la convention définitive de divorce sur demande conjointe, la demanderesse avait renoncé à solliciter une prestation compensatoire[6].

134.64 La prestation compensatoire comme condition du divorce. Sans doute dans le souci de s'assurer du versement effectif de la prestation compensatoire, lorsqu'il existe un risque de non-paiement volontaire de la part du débiteur, le droit antérieur à la réforme de 2004 prévoyait que le jugement de divorce pouvait être subordonné au versement effectif du capital ou à la constitution de garantie (C. civ., anc. art. 257, al. 2). La règle était pour le moins surprenante et sa compatibilité avec la Convention européenne des droits de l'homme s'est immanquablement posée. Dans une formule quelque peu énigmatique, la Cour de cassation a estimé que la mesure permettait seulement de différer certains effets du divorce et n'instaurait pas un empêchement au remariage contraire à l'article 12 de la Convention européenne des droits de l'homme[7]. Mais, dans d'autres arrêts postérieurs, elle s'est efforcée d'en limiter la portée : impossibilité de subordonner la transcription du divorce (et non son prononcé) au versement effectif du capital[8]; impossibilité de subordonner le prononcé du divorce au versement effectif d'un capital fractionné[9].

1. V. J. Hauser, art. préc. s[s] prés[t] n°.
2. Civ. 1re, 23 oct. 1990, n° 89-10.250, *Bull. civ.* I, n° 221; *D.* 1991, 214, note Mascala; *JCP* 1991, II, 21774, note Monéger; *Defrénois* 1991, 34980, note Massip; *RTD civ.* 1991, 299 – EN CE SENS, v. CA Paris, 14 juin 1995, *D.* 1996, 156, note Boulanger.
3. V. P. Hébraud, « Nullités du mariage et divorce », *Mél. Dauvilliers*, 1979, p. 405.
4. Sur la portée générale de cette solution, v. J. Hauser, « Vers une théorie générale du droit familial ? », *D.* 1991, chron. 56.
5. Civ. 1re, 5 avr. 1993, n° 92-04.102, *Bull. civ.* I, n° 139; *D.* 1993, IR 115.
6. Civ. 1re, 10 févr. 1998, n° 96-11.845, NPT; *Dr. fam.* 1998, comm. 53, obs. Lécuyer.
7. Civ. 1re, 13 mars 2007, n° 06-12.419, *Bull. civ.* I, n° 106; *D.* 2008, pan. 814, obs. Serra; *D.* 2008. pan. 1787, obs. Lemouland et Vigneau; *Dr. fam.* 2007, n° 82, note Larribau-Terneyre; *RJPF* 2007-6/19, note Garé; *RTD civ.* 2007. 320, obs. Hauser.
8. Civ. 1re, 5 mars 2008, n° 07-10.937, *Bull. civ.* I, n° 64; *RJPF* 2008-6/25 obs. Garé.
9. Civ. 1re, 3 déc. 2008, n° 07-14.609, *Bull. civ.* I, n° 278; *D.* 2009, AJ 99, obs. Egéa; *AJ fam.* 2009, 34, obs. Gallmeister; *RJPF* 2009-2/23, obs. Garé.

Même si l'article 277 du Code civil prévoit toujours, en effet, que le juge peut imposer à l'époux débiteur de constituer un gage, de donner caution ou de souscrire un contrat garantissant le paiement de la rente ou du capital, **il n'est plus possible de retarder le prononcé du divorce jusqu'au paiement du capital**. Il demeure en revanche **possible de subordonner le prononcé du divorce à la constitution de garantie** (C. civ., art. 277), mais uniquement quand la **prestation** prend la forme d'un **versement d'une somme d'argent** (C. civ., art. 274, 1°).

§ 3
Clause d'équité

134.71 **Deux clauses d'équité.** Si « *l'équité le commande* » (C. civ., art. 270), le juge peut refuser d'accorder la prestation compensatoire. Deux situations sont visées par le texte (C. civ., art. 270, al. 3).

134.72 **Soit en considération des critères prévus à l'article 271.** Si l'équité le commande, le juge peut refuser d'accorder une prestation compensatoire « [...] *en considération des critères prévus à l'article 271* » du Code civil. Ces critères sont les éléments qui doivent être pris en compte au moment de l'évaluation de la prestation compensatoire (v. s[s] n° 134.111). On y retrouve, par exemple, la durée du mariage, l'âge et la santé des époux, leur qualification, leur situation professionnelle...

Cette clause d'équité, entre les mains des juges, a été vivement critiquée par les premiers commentateurs de la loi du 26 mai 2004[1].

Il est vrai que la référence à l'article 271 du Code civil laisse perplexe : les éléments visés concernent les **conditions d'évaluation** de la prestation compensatoire et non les **conditions d'octroi**. On aurait pu comprendre que la loi donne aux juges du fond le pouvoir de refuser la prestation compensatoire lorsque la disparité de la vie commune, condition d'existence de la prestation, n'était pas, en définitive, avérée. La critique n'est, toutefois, que relative, car, ces critères d'évaluation sont, parfois confusément, pris en compte au moment de l'appréciation de la notion de disparité.

Dès lors, on peut légitimement se demander s'il était absolument nécessaire de prévoir cette première soupape de sécurité, puisque le juge pouvait tout simplement refuser de la prononcer en s'appuyant sur le fait que la disparité n'était pas établie.

Surtout, cette **clause d'équité** a un domaine d'application générale – elle **s'applique à tous les cas de divorce** – alors que dans l'ancien système, l'indemnité compensatoire de l'ancien article 280-1 alinéa 2 du Code civil n'avait vocation à jouer que dans le divorce prononcé aux torts exclusifs de l'un des époux. Le risque n'est dès lors pas négligeable de voir les avocats s'engouffrer dans la brèche ainsi ouverte. Au lieu de cantonner cette clause d'équité à la portion congrue, il est vraisemblable que certains l'utiliseront comme un moyen d'échapper à tout versement. Les éléments visés à l'article 271 changent alors de nature. Initialement conçus comme un moyen d'évaluation de la prestation compensatoire, ils deviennent un moyen permettant d'en contrôler l'existence. En fonction d'une brève durée de mariage, par exemple, le juge pourra estimer, en équité, qu'aucune prestation compensatoire ne doit être due. Or, les critères de l'article n'ont, à cet égard, rien d'objectif; ils laissent désormais la place à davantage de subjectivité de la part du juge dans l'appréciation de l'existence d'une prestation compensatoire[2].

134.73 **Soit lorsque le divorce est prononcé aux torts exclusifs de l'époux qui demande le bénéfice de cette prestation.** Si l'équité le commande, le juge peut refuser d'accorder une prestation compensatoire « *lorsque le divorce est prononcé aux torts exclusifs de l'époux qui demande le bénéfice de cette prestation, au regard des circonstances particulières de la rupture* ». Le législateur n'est pas allé, ici, tout au bout de sa logique compensatoire. Il maintient un lien – certes ici sous forme dérogatoire – entre le prononcé des torts et le non-bénéfice d'une prestation. Il en résulte un droit particulier pour le divorce pour faute, alors que, par ailleurs, le droit de la prestation compensatoire est le même quel que soit le cas de divorce (v. s[s] n° 134.61). On peut le comprendre : il peut paraître choquant de voir l'époux « innocent » être obligé de payer une prestation compensatoire à l'époux « coupable ». Une certaine idée de la morale et de la défense du mariage peut justifier une telle solution, d'autant que l'on peut escompter que les cas de divorces pour faute se recentreront sur une population pour qui, débattre de la culpabilité devant un juge a

1. V. S. David, « Le nouveau visage de la prestation compensatoire », *AJ fam.* 2004, 218 s.

2. Pour des décisions de justice refusant une prestation compensatoire au bénéfice du mari, « en équité », v. CA Paris, 18 juin 2009, 3e ch., RG n° 08/13289 (mari juriste d'entreprise, femme avocate; les qualifications du mari lui permettent d'espérer les mêmes évolutions professionnelles que sa femme. Par ailleurs, il est domicilié depuis leur séparation dans l'immeuble acheté en commun, dont le partage créera pour chacun un enrichissement) – CA Toulouse, 2 déc. 2008, 1re ch., sect. 2, J... c/R. J..., *Juris-Data* n° 2008-003911 (rupture ayant pour origine le comportement délictueux du mari qui a donné lieu à sa condamnation pénale du chef des violences exercées sur son épouse, qu'il savait vulnérable en raison de son âge).

encore un sens (pour une première application de cette clause de sauvegarde : une femme dont le divorce est prononcé à ses torts exclusifs est déboutée de sa demande de prestation compensatoire au motif que sa manière renouvelée de violer le devoir de fidélité commande équitablement de rejeter sa demande[1]).

Il n'en demeure pas moins que l'on peut se demander si le législateur n'aurait pas été, finalement, mieux inspiré en supprimant, définitivement, tout lien entre prononcé de la culpabilité et prestation compensatoire. Il aurait été plus simple de prévoir que dans tous les cas de divorce, une prestation compensatoire peut-être prononcée, en cas de disparité de vie commune avérée, sauf, si l'équité le commande. Le pouvoir des juges du fond pourrait, en outre, confiner à l'arbitraire, à faire prévaloir sa propre conception de la morale puisqu'il lui appartiendra d'apprécier la notion « *de circonstances particulières* ».

SECTION 4
CONDITIONS D'OCTROI DE LA PRESTATION COMPENSATOIRE

134.80 Notion de prestation compensatoire. La prestation compensatoire n'est pas le devoir de secours puisque le divorce y met fin (C. civ., art. 270). Il n'est plus pensable d'obliger un ex-époux à entretenir l'autre indéfiniment.

La prestation compensatoire n'est pas non plus une indemnité délictuelle visant à réparer le préjudice résultant de la dissolution du régime matrimonial. Dès son origine, la prestation compensatoire peut être versée sans considération de préjudice, de faute ou lien de causalité. Sans doute, parce que le divorce lui-même depuis 1975 n'est plus exclusivement un divorce pour faute. La réforme de 2004 a encore réduit à une part infime ce qui pouvait rester de délictuelle dans la prestation compensatoire.

Si l'on suit l'article 270 du Code civil, la prestation compensatoire est la valeur que l'un des conjoints doit fournir à l'autre afin de rétablir entre eux, au sortir du mariage, l'équilibre des conditions pécuniaires de vie. Parmi, les conditions générales d'octroi de la prestation compensatoire, il convient de distinguer d'une part, la notion de disparité dans les conditions de vie respective et la date d'appréciation de cette notion (§ 1) et d'autre part, le moment où la prestation compensatoire peut être demandée ainsi que la date d'effet de la prestation compensatoire (§ 2).

1. CA Nancy, 1er juill. 2005, *Juris-Data* n° 2006-29-8031.

§ 1
Notion de disparité dans les conditions de vie respectives

134.81 Appréciation de la disparité. L'article 270 du Code civil n'a à cet égard jamais varié en posant comme condition d'octroi de la prestation compensatoire l'existence d'une disparité : « *L'un des époux est tenu de verser à l'autre une prestation destinée à compenser autant qu'il est possible, la disparité que la rupture du mariage crée dans les conditions de vie respectives* ».

Comme la doctrine l'a souligné, il s'agit de tendre, par la prestation compensatoire, vers une **parité des conditions de vie, non des fortunes.** « *La disparité à compenser étant celle créée par le divorce, c'est la parité qu'assurait le mariage qu'il s'agit de maintenir. Or, la seule parité que garantisse tout mariage est celle du train de vie, par l'obligation que l'article 214 fait au plus nanti de hisser son conjoint à son niveau de bien-être* »[2].

On doit donc raisonner en terme de niveau de vie, et il est nécessaire de rechercher l'origine de la disparité pour savoir si une prestation compensatoire est ou non justifiée. Il arrive souvent que les époux se quittent à égalité de besoins et de ressources. Mais ce serait se tromper que de croire que la société serait devenue égalitaire : à niveau d'études égales, les enquêtes attestent que la femme gagne moins que le mari. Si la disparité de vie n'est pas si souvent constatée par le juge, c'est également parce que le régime matrimonial légal communautaire a fait son œuvre : les époux se sont partagé la communauté de biens qui formait la totalité de leur patrimoine. Il en résulte que la prestation compensatoire ne doit pas servir de rectificatif au régime matrimonial librement choisi par les époux, devenir une communauté différée en cas d'époux séparés de biens, même si la ligne de démarcation n'est pas aisée[3].

La **notion de niveau de vie** permet assez aisément de comprendre ce qui distingue la prestation compensatoire de l'obligation alimentaire : il ne s'agit pas d'assurer la simple subsistance du conjoint et dans nombre de cas, alors même que les époux pourraient être dans une situation de besoin, aucune prestation compensatoire ne sera due parce que la

2. M. Grimaldi, *Divorce et patrimoines*, Rapport présenté au Colloque, « Dix années d'application de la loi sur le divorce », organisé en 1987, par l'Association « Famille et droit » et le Barreau de Paris, *Defrénois* 1988, art. 34311, p. 141 ; V. AUSSI, EN CE SENS, J. Massip, *Le nouveau droit du divorce*, Éd. Defrénois, 2005, n° 168, p. 173.
3. V. NOT., CA Paris, 26 mars 1991, *RTD civ.* 1992, 65, obs. Hauser.

rupture du mariage ne crée aucune disparité dans les conditions de vie respectives.

À l'autre bout de la chaîne, une riche épouse pourra bénéficier d'une prestation compensatoire parce que son époux est encore plus opulent et parce que la dissolution du mariage révèle une disparité dans le train de vie des anciens époux.

On voit bien apparaître ce qui anime la philosophie de la prestation compensatoire : « *il faut essayer de retrouver, par une prestation, l'équivalent de cette communication de ressources qui (même en l'absence de communauté) se pratiquait en fait pendant le mariage* »[1].

Il ne faudrait cependant pas croire que la prestation compensatoire se distingue de l'obligation alimentaire au point de ne pas tenir compte des ressources et des besoins des parties. Ces notions réapparaissent naturellement au stade de l'évaluation de la prestation compensatoire (C. civ. art. 271). Mais il est parfois malaisé de séparer ce qui relève des conditions d'octroi de son évaluation (v. s^s^ n° 134.111) : les besoins de l'un conditionnent évidemment son droit à prestation compensatoire et les ressources de l'autre établissent cette disparité qui nécessite une compensation. Toutefois, l'appréciation des ressources et des besoins ne s'effectue pas de la même manière en matière de prestation compensatoire ainsi qu'en témoigne la liste des éléments fournis à cet effet à l'article 271 du Code civil (comp. avec C. civ., art. 208, al. 1er, pour les obligations alimentaires). Or cette liste propre, en principe, à l'évaluation de la prestation compensatoire est constituée d'éléments susceptibles d'être pris en compte au moment de l'appréciation de la disparité. On ne trouve pas seulement, comme pour l'obligation alimentaire, une confrontation classique des revenus du moment, mais un **examen global de la situation patrimoniale (tant en capital qu'en revenus)**, dans le **passé** – on tient compte, par exemple, de la durée du mariage – que dans **l'avenir prévisible**. La prestation est bel et bien une compensation, une sorte de survie du mariage, *a posteriori*, au moins en ce qui concerne son niveau de vie, comme si la promesse d'éternité que se sont solennellement jurée un jour les époux ne pouvait pas s'effacer par une simple rupture. La banalisation des divorces n'a, pourtant, pas porté de coup fatal à l'institution. Sans doute, parce que dans une société encore profondément inégalitaire, la prestation compensatoire constitue, entre les mains des juges, en équité, un moyen de correction des inégalités entre l'homme et la femme et une certaine manière de défendre le mariage.

1. Carbonnier, p. 1359.

Reste à déterminer si cette disparité ne doit être qu'économique où si l'on pourrait envisager de compenser, également, une disparité morale. Les juges du fond ne semblent pas très favorables en préférant l'octroi de dommages-intérêts (en ce sens, le pavillon constituant la résidence des deux époux avait été attribué à l'un d'eux, alors que les deux époux y étaient très attachés[2]). Selon certains, « *les nouveaux principes posés par la loi n° 2004-439 du 26 mai 2004 devraient certainement conduire à reconsidérer cette jurisprudence.* » La prestation compensatoire a été promue comme l'instrument du rattrapage des disparités créées par la rupture du mariage dans tous les types de divorce; corrélativement, l'octroi de dommages-intérêts dans le cadre de l'article 266 du Code civil nécessite dorénavant d'établir « *des conséquences d'une particulière gravité* » subies par l'époux du fait de la dissolution du mariage (v. s^s^ n° 136.31). Il s'ensuit que dorénavant, en toute logique, la prestation compensatoire devrait, par sa vocation générale, être susceptible de compenser toute disparité, même une disparité morale[3]. Enfin, cette disparité n'a pas besoin d'être « significative »[4] et son appréciation relève du **pouvoir souverain des juges du fond**[5].

134.82 Époque de l'appréciation. L'article 270 fait référence à la **rupture du mariage** – et non la rupture de la vie commune. C'est donc à ce jour que l'existence de la disparité doit être constatée. L'article 271 indique que la prestation compensatoire est fixée en tenant compte de la situation au moment du divorce et de l'évolution de celle-ci dans un avenir prévisible.

Il en résulte que pour apprécier les conditions d'attribution de la prestation compensatoire, le juge ne peut se placer à une autre date que celle du divorce. La date du divorce s'entend de la **date à laquelle le divorce devient définitif**. Il convient sur ce point de se référer à la date à laquelle le divorce prend **force de chose jugée** (C. civ., art. 260) et non pas à la date du jugement de divorce dans les rapports entre époux, en ce qui concerne leurs biens. Ainsi viole les articles 270 et 271 du Code civil, la cour d'appel qui, en cas d'appel limité aux seules mesures accessoires, retient la date du report des

2. CA Versailles, 11 mars 1985, *D.* 1986, IR 111, obs. Bénabent.
3. V. Ph. Delmas Saint-Hilaire et J. Hauser, J.-Cl. Divorce, fasc. 230, n° 20.
4. Civ. 2e, 5 mars 1997, n° 95-13.339, *Bull. civ.* II, n° 64; *Dr. fam.* 1997, comm. 104, obs. Lécuyer.
5. Civ. 2e, 25 juin 1980, n° 79-10.857, *Bull. civ.* II, n° 157; *Gaz. Pal.* 1981, 2, 745, note Massip – Civ. 2e, 6 mai 1987, n° 86-12.953, *Bull. civ.* II, n° 101 – Civ. 2e, 30 nov. 2000, n° 99-10.923, *Bull. civ.* II, n° 157 (1re esp.) – Civ. 2e, 12 oct. 2000, n° 98-18.131, NP; *D.* 2002, somm. 3055, obs. Willmann.

effets du divorce entre époux quant aux biens alors que le droit à prestation compensatoire s'apprécie au moment où le divorce acquiert force de chose jugée[1].

Le juge ne peut se situer à la date de la séparation de fait[2] ou tenir compte d'une séparation de corps antérieure[3]. Il ne peut, pour apprécier l'existence d'une disparité créée par la rupture du mariage, prendre en considération l'avantage constitué par la jouissance gratuite du domicile conjugal accordée à l'épouse au titre du devoir de secours pendant l'instance en divorce[4]. Le juge peut donc tenir compte des éléments disponibles à la date où se trouve dissous le lien, y compris ceux qui seraient susceptibles d'apparaître entre la première instance et l'appel[5]. Mais tout dépend, en définitive, de l'objet de l'appel : porte-t-il sur le prononcé du divorce ou seulement sur la prestation compensatoire ?

134.83 L'appel porte sur le prononcé du divorce. Si l'appel était interjeté sur le principe du divorce, le mariage n'étant pas dissous, puisque l'appel est suspensif, le juge devra constater la disparité au jour où la décision sera passée en force de chose jugée[6].

Il pouvait y avoir difficulté dans le cas du **divorce sur demande acceptée**. En effet si le principe du divorce était acquis lorsque l'ordonnance de renvoi était devenue définitive, les parties ne pouvant plus se rétracter, c'est tout de même le jugement qui prononçait la dissolution du mariage. En cas d'appel de ce jugement, un arrêt avait toutefois pu décider qu'il convenait de se placer au jour de l'ordonnance non frappée d'appel pour apprécier la disparité[7].

Pour la même raison, la disparité devra être appréciée par rapport aux **conditions légales de vie du ménage** et non à ses conditions réelles ce qui conduit parfois certains juges, par un procédé qu'on pourrait discuter, à inclure dans l'appréciation les arriérés de charges du mariage non payées qui contribuent à accroître la disparité mais la solution inverse favoriserait l'époux indélicat[8].

134.84 L'appel porte seulement sur la prestation compensatoire. Si, par exemple, un appel était seulement formé sur la prestation compensatoire, le principe du divorce étant définitivement acquis, c'est à ce moment de la dissolution du mariage que la disparité devra être constatée quand bien même la situation aurait changé depuis cette date. Il en résulte que le juge ne pourra tenir compte des éléments nouveaux qui ont pu intervenir entre le jugement de divorce et la décision d'appel.

Les exemples jurisprudentiels sont particulièrement fournis. L'importance des cassations atteste ou bien d'une ignorance de la solution, ou bien, ce qui est plus vraisemblable, d'une volonté des juges d'appel de s'efforcer de tenir compte de la nouvelle situation respective des parties depuis le jugement[9].

1. Civ. 1re, 21 sept. 2005, n° 04-14.830, NP; *Dr. fam.* 2006, comm. 4, 2e esp., obs. Larribau-Terneyre.
2. Civ. 2e, 20 avr. 2000, n° 98-14.169, NPT; *Dr. fam.* 2000, comm. 76, obs. H. L.
3. Civ. 2e, 4 févr. 1987, n° 85-16.374, *Bull. civ.* II, n° 35; *D.* 1987, J. 497, 1re esp., note Bianco-Brun – Civ. 2e, 7 oct. 1987, n° 85-17.683, *Bull. civ.* II, n° 188; *RTD civ.* 1989, 59, obs. Rubellin-Devichi – Civ. 2e, 3 déc. 1997, n° 95-16.246, *Bull. civ.* II, n° 294; *RTD civ.* 1998, 85, obs. Hauser; *Dr. fam.* 1998, comm. 8, obs. Lécuyer; *Dr. et patr.* Mars 1998, p. 87, n° 1894, obs. Bénabent.
4. Civ. 1re, 23 janv. 2008, n° 07-10.571, NP; *Defrénois* 2008, 38772, p. 1112, n° 2, obs. Massip.
5. Civ. 2e, 28 janv. 1987, n° 85-10.426, NPT; *D.* 1987, J. 497, 2e esp., note Bianco-Brun; *RTD civ.* 1989, 59, obs. Rubellin-Devichi – Civ. 2e, 4 mars 1987, *JCP* 1987, IV, p. 161 – Civ. 2e, 4 juill. 1987, *D.* 1987, IR 36 et 160; *JCP* 1987, IV, p. 119 – Civ. 2e, 4 juill. 1990, n° 89-10.779, *Bull. civ.* II, n° 160; *JCP* 1990, IV, p. 334.
6. Civ. 2e, 3 déc. 1997, n° 95-18.461, *Bull. civ.* 1997, II, n° 296; *Dr. fam.* 1998, comm. 8, obs. Lécuyer; *RTD civ.* 1998, 85, obs. Hauser – Civ. 2e, 31 mai 2000, n° 97-16.589, *Bull. civ.* II, n° 92; *RTD civ.* 2000, 550, obs. Hauser – Civ. 1re, 2 mars 2004, n° 03-10.388, NP; *Dr. fam.* 2005, comm. 75, obs. V. L.-T. – Civ. 1re, 6 mars 2008, n° 07-15.141, NP; *Dr. fam.* 2008, comm. 56, obs. L.-T.
7. CA Versailles, 28 oct. 1999, *Juris-Data* n° 1999-04-5409.
8. CA Rouen, 17 nov. 1986 – Et CA Paris, 18 déc. 1986, *Gaz. Pal.* 1987, 1, somm. 120 – CA Agen, 26 oct. 1988, *Cah. jur. Aquitaine* 1989, p. 63.
9. Pour le remariage de la créancière, v. Civ. 2e, 25 mars 1985, n° 82-15.317, *Bull. civ.* II, n° 75; *D.* 1986, IR 110, obs. Bénabent – V. AUSSI, Civ. 2e, 25 mars 1987, n° 85-11.102, *Bull. civ.* II, n° 74; *Defrénois* 1987, art. 34106, obs. Massip; *JCP* 1987, IV, p. 191 – Civ. 2e, 4 déc. 1996, n° 03-10.388, *Bull. civ.* II, n° 275 (refus de tenir compte d'un accroissement des charges dû au remariage et à la naissance de deux enfants du foyer) – Civ. 2e, 27 févr. 2003, n° 01-10.066, NPT; *AJ fam.* 2003, 184, obs. David – Civ. 2e, 30 sept. 2003, n° 01-17.462, *Bull. civ.* II, n° 193; *RTD civ.* 2004, 71, Hauser – V. Civ. 2e, 23 mai 2002, n° 00-13.011, *Dr. fam.* 2002, comm. 128, note Lécuyer – Civ. 1re, 2 mars 2004, n° 03-10.388, NP; *Dr. fam.* 2004, comm. 75, note Larribau-Terneyre – Civ. 1re, 30 juin 2004, n° 02-19.593, NP; *Dr. fam.* 2004, comm. 171, note Larribau-Terneyre (refus de la Cour de cassation de tenir compte d'une procédure collective et d'une liquidation de communauté intervenues après le prononcé) – Civ. 2e, 11 déc. 1991, n° 89-20.063, *Bull. civ.* II, n° 338; *D.* 1992, IR 9 – Pour l'insolvabilité récente du débiteur, v. Civ. 2e, 2 déc. 1998, n° 97-11.547, NPT – Pour la liquidation de la société du débiteur et sa situation de chômeur, v. Civ. 2e, 14 janv. 1999, n° 97-12.299, NP – Pour les revenus perçus par le débiteur après cette date, v. Civ. 2e, 3 déc. 1997, n° 96-15.089, NPT – Pour le licenciement de l'épouse créancière, v. Civ. 2e, 3 déc. 1997, *Dr. fam.* 1998, comm. 8, obs. Lécuyer – Civ. 1re, 21 sept. 2005, n° 04-13.977, *Bull. civ.* I, n° 339.

Devant la fréquence des censures, on peut légitimement se demander si un assouplissement de la position de la Cour de cassation ne serait pas souhaitable. La porte ouverte à l'article 271 alinéa 1er du Code civil - possibilité pour les juges d'appel de tenir compte de l'évolution de la situation dans un avenir prévisible - est-elle suffisante ? Le débat est toutefois moins épineux qu'avant la réforme de 2004, puisque désormais, les époux ont davantage qu'autrefois la possibilité d'agir dans un **contentieux d'après-divorce en révision de la prestation compensatoire** (v. en particulier, C. civ., art. 275, al. 2). Il n'est toutefois pas satisfaisant d'obliger les parties à saisir à nouveau un juge de première instance, alors que l'appel a justement pour objet de fixer la prestation compensatoire.

134.85 **Pourvoi en cassation.** Il convient également de distinguer selon que l'objet du pourvoi porte sur le divorce lui-même ou sur la prestation compensatoire.

S'il porte sur le divorce, le juge devra constater la disparité au jour où la décision sera passée en force de chose jugée puisque le pourvoi a un effet suspensif dans cette hypothèse. La solution est donc la même qu'en matière d'appel portant sur le prononcé du divorce. Lorsqu'il y a cassation avec renvoi, la cour de renvoi se trouvant saisie du litige, le mariage n'étant pas dissous, devra se placer à la date de dissolution pour apprécier l'existence de la disparité[1].

Si, en revanche, le pourvoi porte sur la seule prestation compensatoire, le principe du divorce étant acquis, c'est à la date où le jugement est devenu définitif que la disparité doit être appréciée, le pourvoi n'ayant pas, dans ce cas, d'effet suspensif[2].

§ 2 Moment de la demande de la prestation compensatoire et compétence du juge

134.91 **Demande dans le cadre d'une procédure de divorce.** La demande ne peut être présentée que dans le cadre d'une procédure de divorce[3]. La règle s'explique par le caractère judiciaire de la prestation, mais aussi par l'idée qu'au moment du prononcé du divorce, se trouvent concentrées toutes les conséquences du divorce. La règle a deux conséquences pratiques : la prestation compensatoire ne peut être demandée avant l'introduction d'une instance en divorce et surtout, la prestation compensatoire ne peut être demandée après que le divorce soit devenu définitif.

Lorsque les opérations de liquidation et de partage ont lieu postérieurement au prononcé du divorce devenu définitif, la demande d'une prestation compensatoire est irrecevable[4].

Toutefois la jurisprudence admet que le juge puisse prononcer le divorce et ordonner une expertise relative à la prestation compensatoire à la condition d'avoir « *au préalable consacré l'existence d'une disparité dans les conditions de vie respective des époux* »[5]. Si cette disparité est acquise, non seulement il peut prononcer le divorce mais encore, dans l'intervalle, qui peut être long entre le prononcé du divorce et les résultats de l'expertise, il peut accorder une **prestation compensatoire provisionnelle**[6] (sur la nécessité d'une demande pour obtenir cette prestation provisionnelle en cas, par exemple, d'une mesure d'expertise[7]). Cette possibilité d'allouer une prestation compensatoire provisionnelle permet au juge lorsque des éléments d'appréciation sont incertains de fixer une prestation provisionnelle dans son principe et dont l'existence et le montant seront confirmés ou infirmés lors du jugement définitif (sur l'exécution provisoire de droit de cette prestation, v. ss nos 134.103 s.).

Dans l'hypothèse où une **prestation définitive se révélerait infondée**, la Cour de cassation a considéré que **la prestation provisionnelle devait être restituée**[8]. Mais la portée de cette solution reste discutée[9]. On pourrait, en effet, admettre, qu'il ne s'agit plus au stade du jugement définitif que de fixer le montant de la prestation compensatoire, le droit à la prestation compensatoire, étant, en quelque sorte, acquis dès l'allocation d'une prestation compensatoire provisionnelle[10]. Mais l'argument n'est pas décisif car, par définition, si le juge fixe une prestation compensatoire provisionnelle, c'est qu'il ne dispose pas, au départ, de tous les éléments permettant d'apprécier l'existence d'une disparité. La loi du 30 juin 2000 s'est efforcée d'obliger les époux à plus de transparence dans la communication

1. Civ. 1re, 30 juin 2004, no 02-19.593, NP; *Dr. fam.* 2004, comm. 171, obs. L.-T.
2. Civ. 2e, 8 juill. 1999, no 98-12.398, *Bull. civ.* I, no 131; *RJPF* 1999, 6/29, obs. Dumas; *Dr. fam.* 2000, no 7, note Lécuyer; *RTD civ.* 1999, 825, obs. Hauser.
3. Civ. 2e, 28 janv. 1987, no 84-17.727, *Bull. civ.* II, no 28; *Defrénois* 1987, art. 34106, obs. Massip; *JCP* 1987, IV, p. 110.
4. Civ. 1re, 8 nov. 1989, no 87-12.698, *Bull. civ.* I, no 340.
5. Civ. 1re, 30 sept. 2003, no 01-17.462, *Bull. civ.* I, no 193; *Dr. fam.* 2004, comm. 6, note L.-T.
6. Civ. 1re, 27 avr. 2004, no 02-10.051, NP; *Dr. fam.* 2004, comm. 102, note Larribau-Terneyre.
7. Civ. 2e, 29 janv. 1997, no 95-12.241, *Bull. civ.* II, no 27.
8. Civ. 2e, 5 mai 1986, *D.* 1987, somm. 47, obs. Bénabent.
9. *Dr. fam.* 2004, comm. 102, note Larribau-Terneyre.
10. Sur cette question, v. Hauser, *RTD civ.* 1998, 350, no 7.

au juge de leur patrimoine (à propos de la déclaration sur l'honneur, v. s[s] n°s 134.191 à 134.198).

134.92 Demande en appel. En principe, il n'est pas possible de demander pour la première fois une prestation compensatoire en appel puisque les demandes nouvelles sont interdites (C. pr. civ., art. 564). Mais la règle n'a rien d'absolu[1].

Selon la Cour de cassation, la prestation compensatoire étant l'accessoire de la demande en divorce, « *la demande de prestation compensatoire peut être présentée pour la première fois en appel tant que la décision qui prononce le divorce n'a pas acquis la force de chose jugée* »[2]. Cela suppose que l'appel soit recevable, ce qui est exclu lorsque l'époux demandeur a obtenu gain de cause sur toutes ses demandes et le bénéfice intégral de ses conclusions[3].

Mais dès lors qu'un intérêt existe, l'appel général devient recevable, et la prestation compensatoire peut être demandée pour la première fois en appel[4]. Peu importe que cet intérêt soit étranger à la prestation compensatoire, et même aux conséquences patrimoniales du divorce (ainsi, un arrêt qui admet la demande de prestation compensatoire alors que l'appel porte sur les dispositions concernant les enfants[5]).

En revanche, **si l'appel est limité aux conséquences du divorce**, le divorce étant devenu définitif au jour où la première décision a été passée en force de chose jugée, la demande de prestation compensatoire devient irrecevable[6] (voir une espèce où l'appel portait sur la part contributive de l'époux à l'entretien et à l'éducation des enfants[7]). En effet, on ne peut plus prétendre qu'elle serait l'accessoire de la demande principale laquelle a été définitivement jugée. La solution est la même s'il y a eu **désistement sur le principal ou acquiescement**. Mais si la demande de prestation compensatoire est antérieure à l'acquiescement de l'intimé sur le prononcé du divorce, la prestation compensatoire est recevable devant la cour d'appel[8].

En outre, la Cour de cassation a encore limité la portée de la règle en estimant que l'irrecevabilité de la demande de prestation compensatoire présentée pour la première fois en cause d'appel ne peut être soulevée d'office par les juges du second degré, car cette fin de non-recevoir n'est pas d'ordre public[9].

Bien entendu, il est tout à fait possible de faire appel directement de la prestation compensatoire, même lorsque le jugement est devenu définitif, dès lors qu'en première instance la question a été évoquée. Il a même été jugé que le décès de l'un des ex-époux survenu après que la décision prononçant le divorce est passée en force de chose jugée n'éteint pas les actions relatives la prestation compensatoire allouée par cette décision (en l'espèce, il s'agissait de la poursuite de l'instance à l'encontre des héritiers du mari, décédé après avoir formé un appel limité aux dispositions relatives à la prestation compensatoire, la décision sur le prononcé du divorce étant passée en force de chose jugée[10]).

134.93 Compétence exclusive du juge aux affaires familiales. La compétence exclusive du juge aux affaires familiales (JAF) pour statuer ou pour réviser une prestation compensatoire ne fait pas de doute. Après la loi n° 2009-526 du 12 mai 2009[11], qui a abrogé l'article 228 du Code civil, le bloc de compétence se situe désormais à l'article L. 213-3 du Code de l'organisation judiciaire. Selon ce texte, le JAF connaît des actions liées : « *2° au divorce* [...] *et 3°, c, à la révision de la prestation compensatoire ou de ses modalités de paiement* »[12].

134.94 Décisions de justice relatives à la prestation compensatoire : en chambre du Conseil ou rendues publiquement ? Le principe en matière familiale est que les décisions de justice sont rendues en chambre du Conseil (C. pr. civ., art. 1074, al. 1er). Le respect de la vie privée justifie une entorse

1. EN CE SENS, v. J. Hauser et P. Delmas Saint-Hilaire, J.-CL. DIVORCE, fasc. 230, n° 36, et les tempéraments s'appuyant sur C. pr. civ., art. 565 et 566.
2. V. P. Guerder, *RJPF* 2000, 7-8/25 – Civ. 2e, 13 juin 1985, n° 83-16.446, *Bull. civ.* II, n° 121 – Civ. 2e, 25 juin 1986, *D.* 1987, somm. 46 – Civ. 2e, 9 janv. 1991, n° 89-15.585, *Bull. civ.* II, n° 10; *RTD civ.* 1992, 368, obs. Huet-Weiller – Civ. 2e, 22 oct. 1997, n° 95-16.846, *Bull. civ.* II, n° 253; *D.* 1997, IR 248 – Civ. 2e, 3 déc. 1997, n° 95-18.461, *Bull. civ.* II, n° 296; *Dr. fam.* 1999, comm. 43, obs. Lécuyer – Civ. 2e, 11 févr. 1998, n° 96-12.917, *Bull. civ.* II, n° 47.
3. Civ. 2e, 19 juin 1980, n° 79-10.821, *Bull. civ.* II, n° 144 – Civ. 2e, 25 nov. 1999, n° 97-20.062, NPT; *RJPF* 2000, 3/31 – CA Dijon, 20 nov. 1997, *Juris-Data* n° 1997-04-9867 – CA Montpellier, 19 mars 1998, *Juris-Data* n° 1998-03-4959 – CA Aix-en-Provence, 6 oct. 1998, *Juris-Data* n° 1998-04-4064.
4. Civ. 2e, 26 sept. 2002, n° 00-17.617, *Bull. civ.* II, n° 188; *Dr. fam.* 2003, comm. 45, obs. Lécuyer.
5. Civ. 2e, 31 mai 2000, n° 97-16.589, *Bull. civ.* II, n° 92; *RTD civ.* 2000, 550, obs. Hauser; *RJPF* 2000, 7-8/25 obs. Guerder.
6. Civ. 1re, 8 mars 2005, n° 04-10.232, NP; *Dr. fam.* 2005, comm. 108, note L.-T.
7. CA Pau, 12 juin 1991, *D.* 1992, 199, note. Lemouland.
8. Civ. 2e, 18 sept. 1996, n° 94-12.526, *Bull. civ.* II, n° 211.
9. Civ. 1re, 12 déc. 2006, n° 05-21.886, NP; *Dr. fam.* 2007, comm. 38, V. Larribau-Terneyre.
10. Civ. 2e, 25 mai 1993, n° 91-21.950, *Bull. civ.* II, n° 184; *Defrénois* 1994, 773, obs. Massip; *RTD civ.* 1993, 565, obs. Hauser; V. AUSSI Massip, *Defrénois* 1994, 1089.
11. L. n° 2009-526, 12 mai 2009, de simplification et de clarification du droit et d'allègement des procédures, *JO* 13 mai, p. 7920.
12. La même formule avait déjà été utilisée par le Cour de cassation : Civ. 1re, 2 avr. 2008, n° 07-13.159, *Bull. civ.* I, n° 97; *Dr. fam.* 2008, comm. 121, V. Larribau-Terneyre.

aux règles de publicité. Cependant l'alinéa 2 de l'article 1074 du Code de procédure civile tempère le principe : « *Les décisions relatives au nom, au prénom ou au divorce sont rendues publiquement* ». L'exception s'explique par l'idée que **ces décisions touchent à l'état civil de l'individu**, dont les modifications doivent être connues de tous. Dans la mesure où la prestation compensatoire constitue une mesure accessoire au jugement de divorce, la décision de justice portant à la fois sur le prononcé du divorce et sur celui de la prestation compensatoire doit être rendue publiquement. En revanche, dans le cadre d'un contentieux d'après divorce, la logique veut que l'on revienne au principe. C'est la solution qui a été retenue par la Cour de cassation dans un arrêt du 28 octobre 2009[1] : « *Les décisions statuant après divorce sur la suppression ou la modification d'une prestation compensatoire, qui ne sont pas des décisions relatives au divorce au sens de l'alinéa 2 de l'article 1074 du Code civil, doivent être rendues en chambre du conseil* ».

§ 3
Date d'effet de la prestation compensatoire

134.101 Point de départ. « *La prestation compensatoire, comme les intérêts qu'elle produit, n'est due qu'à compter de la date à laquelle la décision prononçant le divorce est devenue irrévocable* »[2].

À compter de cette date, **l'intérêt au taux légal** est dû, même en l'absence de demande ou de disposition spéciale du jugement conformément à l'article 1153-1 du Code civil.

Ce taux est majoré de cinq points à l'expiration d'un délai de deux mois (C. mon. fin., art. L. 313-3) qui commence à courir suivant le jour de la signification du jugement. En effet, la Cour de cassation considère, ce qui n'a pas toujours été le cas, qu'en vertu des articles 503 du Code de procédure civile et L. 313-3 du Code monétaire et financier, le taux de l'intérêt légal majoré n'est applicable qu'à l'expiration d'un **délai de deux mois à compter du jour où la décision de condamnation a été notifiée**[3]. Ce revirement de jurisprudence a été rendu nécessaire par la crainte, semble-t-il, d'une condamnation de la France par la Cour européenne pour défaut d'information.

Ainsi, à moins que le jugement n'en décide autrement la prestation compensatoire porte **intérêt au taux légal « ordinaire » à compter du jour où le divorce est devenu irrévocable**, puis au **taux légal majoré de cinq points deux mois plus tard.**

134.102 Recouvrement de la prestation compensatoire versée sous forme de rente. Il convient de distinguer la demande en paiement d'arrérages qui est soumise à la **prescription quinquennale** de l'article 2224 (réd. L. n° 2008-561, 17 juin 2008, art. 1er; anct C. civ., art. 2277) du Code civil et l'action qui tend à poursuivre l'exécution d'un jugement portant condamnation à paiement qui est soumise à la **prescription trentenaire**[4]. En outre, le fait de ne pas réclamer le paiement des rentes n'est pas suffisant pour établir une renonciation de la part du créancier. Il convient de la part des juges du fond de relever « *des actes positifs de nature à caractériser sans équivoque la volonté de renoncer à la prestation compensatoire* » (en l'espèce les juges d'appel avaient admis une renonciation en retenant « *une abstention prolongée pendant seize ans de toute réclamation amiable ou contentieuse alors qu'elle disposait d'un titre exécutoire*[...] » : censure de la Cour de cassation[5]).

134.103 Exécution provisoire de la prestation compensatoire. La question de l'exécution provisoire de la prestation compensatoire est complexe car elle est intimement liée aux aspects procéduraux[6]. Il convient de distinguer les différentes situations.

La prestation compensatoire devient **exigible**, en tant que mesure accessoire du divorce, **le jour où le divorce devient définitif**, c'est-à-dire, lorsqu'aucune des parties ne fait appel, **après le délai de recours.** Tant que le divorce n'est pas devenu irrévocable, seule la pension alimentaire en tant que mesure provisoire est exigible, et elle prend fin au moment où la décision de divorce est passée en force de chose jugée[7].

L'**acquiescement au jugement de divorce** permet à celui-ci d'acquérir force de chose jugée, avant l'expiration du délai d'appel, dans la mesure où « *il emporte soumission aux chefs de celui-ci et renonciation aux voies de recours* » (C. pr. civ., art. 409). L'exigibilité de la pension alimentaire cesse – et la

1. Civ. 1re, 28 oct. 2009, n° 08-18.488, *Bull. civ.* I, n° 215; *Dr. fam.* 2010, comm. 10, obs. L.-T.
2. Civ. 1re, 19 avr. 2005, n° 03-13.078, *Bull. civ.* I, n° 192; *Dr. fam.* 2005, n° 135, note V. Larribau-Terneyre; *RTD civ.* 2005, 579, obs. Hauser – Civ. 2e, 3 mars 1988, n° 87-10.253, *Bull. civ.* II, n° 54 – Civ. 1re, 3 nov. 2004, n° 01-16.031, *Bull. civ.* I, n° 245; *D.* 2004, IR 3114; *Dr. fam.* 2005, n° 9, note V. Larribau-Terneyre; *RTD civ.* 2005, 110, obs. Hauser – Civ. 1re, 14 déc. 2004, n° 03-16.987, *Bull. civ.* I, n° 316.
3. Civ. 2e, 4 avr. 2002, n° 00-19.822, *Bull. civ.* II, n° 69 – Civ. 1re, 28 févr. 2006, n° 04-11.510, NP.
4. Civ. 1re, 14 janv. 2003, n° 00-21.695, *Bull. civ.* I, n° 8; *RJPF* 2003, 4/44, p. 23, obs. Valory.
5. Civ. 2e, 20 juin 2002, n° 99-15.135, *Bull. civ.* II, n° 138.
6. V. P. Gerbay, « Prestation compensatoire et exécution provisoire », *Gaz. Pal.* 26-27 nov. 2004, 6.
7. Civ. 2e, 18 mai 2000, n° 98-17.801, *Bull. civ.* II, n° 81.

prestation compensatoire prend le relais – non pas au jour de l'acquiescement du créancier mais au jour du second acquiescement par le débiteur[1].

Si une **prestation compensatoire provisionnelle** a été prononcée, elle est par nature une mesure provisoire, exécutoire de droit en application de l'article 524 alinéa 2 du Code de procédure civile[2].

L'exécution provisoire de la prestation compensatoire devient plus délicate lorsque l'une des parties utilise l'appel ou le pourvoi en cassation.

134.104 Exécution provisoire de la prestation compensatoire en cas d'appel. En cas **d'appel général**, c'est-à-dire portant sur le principe même du divorce, la situation ne pose pas beaucoup de difficultés : le divorce n'étant pas définitif, l'éventuel créancier de la prestation compensatoire continue à bénéficier de la pension alimentaire au titre des mesures provisoires.

En revanche, lorsque **l'appel est limité à la prestation compensatoire**, ou à une autre mesure accessoire, le divorce devient définitif et la dissolution du mariage met fin aux mesures provisoires, et en particulier à la pension alimentaire. Il en résulte qu'en cas d'appel limité aux conséquences du divorce, l'éventuel créancier de la prestation compensatoire se retrouve **sans pension alimentaire, ni prestation compensatoire**. Cette dernière a certes été fixée par le juge, mais elle ne devient exigible qu'au jour où le jugement devient définitif.

En outre, si la décision sur le divorce acquiert force de chose jugée, le devoir de secours disparaît alors que la prestation compensatoire ne peut être assortie, en principe, de l'exécution provisoire (C. pr. civ., art. 1079; anc. art. 1080-1). La solution se justifie pleinement dans la mesure où la prestation compensatoire prend en principe la forme d'un capital et que l'exécution poserait de délicats problèmes de restitution, sans compter que le jugement peut opérer cession forcée des biens en faveur du créancier[3].

Cette situation a pour effet désastreux d'obliger l'époux à inscrire un appel général même si la décision sur le prononcé du divorce lui convient parfaitement.

Des critiques virulentes et justifiées se sont fait entendre[4], d'autant que l'appel général n'est, semble-t-il, pas toujours recevable dans le cas par exemple, où l'épouse créancière délaissée a obtenu un jugement prononçant un divorce aux torts exclusifs du mari. Certains ont mis en avant certaines techniques procédurales pour éviter que la créancière ne se retrouve sans rien comme, par exemple, solliciter le différé du prononcé du divorce dans l'attente du versement effectif du capital de la prestation ou de la constitution de garantie[5]. *De lege ferenda*, a été formulée l'idée astucieuse que « *l'ex-époux qui était créancier d'une pension alimentaire accordée dans le cadre des mesures provisoires pourrait bénéficier automatiquement pour la durée de la procédure d'appel, d'une pension ad litem du même montant* »[6].

Le décret n° 2004-1158 du 29 octobre 2004 a préféré une autre voie : le créancier a la possibilité, à certaines conditions d'obtenir l'exécution provisoire, lorsque l'absence d'exécution aurait des conséquences manifestement excessives pour lui, en cas de recours sur la prestation compensatoire alors que le prononcé du divorce a acquis force de chose jugée (C. pr. civ., art. 1079, al. 2).

Il appartient donc au créancier de démontrer que l'absence d'exécution provisoire aurait pour lui des conséquences manifestement excessives.

134.105 Exécution provisoire de la prestation compensatoire en cas de pourvoi en cassation. Les solutions ne sont pas tout à fait identiques en présence d'un pourvoi en cassation puisque si en matière de divorce, le pourvoi est exceptionnellement suspensif d'exécution (C. pr. civ., art. 1086), en revanche, il n'a **pas d'effet suspensif lorsqu'il est limité à la prestation compensatoire**. Il convient donc de distinguer selon que le pourvoi est général – il porte sur le principe même du divorce – ou limité à la prestation compensatoire.

Lorsque le pourvoi est général, il suspend l'exigibilité de la prestation compensatoire[7]. En effet, la prestation compensatoire n'est pas exigible puisque le divorce n'est pas devenu définitif[8] et l'époux, continue à bénéficier, éventuellement, au titre des mesures provisoires de la pension alimentaire. Il convient ensuite d'attendre le résultat du pourvoi. Si le pourvoi est rejeté, la prestation compensatoire devient exigible. Si la décision d'appel est censurée, la prestation compensatoire en tant que mesure accessoire, n'existe pas et ne peut, bien entendu,

1. Civ. 1re, 31 mars 2010, n° 09-12.770, *Bull. civ.* I; *Dr. fam.* 2010, comm. 75, obs. Larribau-Terneyre.
2. Civ. 1re, 28 mai 2008, n° 07-14.232, *Bull. civ.* I, n° 155; *Defrénois* 2008, art. 38829, obs. Massip; *Dr. fam.* 2008, comm. 120, obs. Larribau-Terneyre; *JCP* 2008, IV, 21; *JCP* 2009, I, 102, obs. Coutant-Lapalus.
3. V. D. Huet-Weiller, « Nouvelles retouches à la procédure de divorce : les articles 20 à 23 du décret du 13 juillet 1984 », *D.* 1984, 193 s.
4. En particulier, v. P. Gerbay, art. préc. s^s n° 134.103.
5. V. P. Gerbay et D. Jacotot, « L'articulation difficile du devoirs de secours et de la prestation compensatoire », *Bull. ch. avoués CA Paris*, n°s 157 et 158.
6. V. P. Gerbay, « La procédure d'appel et le projet de réforme du divorce », *Gaz. Pal.* 5 et 6 sept. 2003, n° 12.
7. Civ. 2e, 11 juill. 2002, n° 00-20.639, *Bull. civ.* II, n° 165; *AJ fam.* 2002, 340, obs. David.
8. EN CE SENS, v. Civ. 2e, 25 nov. 1999, n° 97-17.369, NPT; *RJPF* 2000, 1/26.

être exigée. Il faut attendre la décision de la cour de renvoi, ou un nouvel arrêt de la Cour de cassation, si un nouveau pourvoi formé est intenté.

Lorsque *le pourvoi est limité à la prestation compensatoire*, le divorce devient définitif, les mesures provisoires et donc l'éventuelle pension alimentaire ne sont plus dues par l'époux débiteur. Toutefois dans cette hypothèse, le pourvoi n'est pas suspensif d'exécution, le créancier peut obtenir l'exécution car « *l'exigibilité de la prestation compensatoire ne peut être subordonnée au caractère irrévocable de la décision la prononçant* »[1].

SECTION 5
ÉVALUATION DE LA PRESTATION COMPENSATOIRE

134.110 **Présentation.** Selon l'article 271 du Code civil, « *la prestation compensatoire est fixée selon les besoins de l'époux à qui elle est versée et les ressources de l'autre en tenant compte de la situation au moment du divorce et de l'évolution de celle-ci dans un avenir prévisible* ». La loi précise également un certain nombre de critères qui doivent être pris en compte pour parvenir à cette évaluation (§ 1). En outre, par souci de faciliter l'information du juge quand à la consistance exacte du patrimoine et des revenus des parties, la loi du 30 juin 2000 a mis en place une déclaration certifiant sur l'honneur l'exactitude de leurs ressources, revenus, patrimoine et conditions de vie (§ 2).

§ 1
Éléments à prendre en considération

A.
Critères d'évaluation et appréciation souveraine des juges du fond

134.111 **Critères d'évaluation ou conditions d'octroi ?** L'étude de la jurisprudence permet de mieux cerner les éléments pris en compte pour l'évaluation de la prestation compensatoire, dont on a déjà relevé (v. s[s] n°s 134.81 s.) qu'ils sont aussi souvent des éléments pris en compte au stade de la fixation de la prestation. En pratique, les éléments visés à l'article 271 du Code civil jouent souvent à la fois comme **critères d'évaluation** de la prestation compensatoire et comme **condition d'octroi** de cette dernière. La loi prévoit tout de même un **ordre dans les critères** de fixation et donc d'évaluation. Avant toute chose, le juge tient compte, comme en matière de pension alimentaire, des **ressources** et des **besoins** des parties. Ensuite, « *à cet effet* », c'est-à-dire toujours, en principe, au moment de fixer la prestation compensatoire, le juge prend en considération un certain nombre d'éléments. Il n'existe toutefois pas de méthode officielle, ni de pratique uniforme pour évaluer le montant de la prestation compensatoire. L'inconvénient est de donner le sentiment aux époux d'être entre les mains de l'arbitraire des juges; l'avantage est de laisser aux auxiliaires de justice et aux magistrats, un réelle **marge d'appréciation** permettant d'affiner le montant et la modalité d'attribution à la situation personnelle des époux. Devant la complexité d'une telle évaluation, les juges recourent parfois à des **experts**; certains préconisent des méthodes plus « scientifiques »[2].

134.112 **Portée de l'article 271 du Code civil.** Il convient toujours de garder à l'esprit qu'il existe, en matière de conditions de fixation **deux types de prestations compensatoires** : celles **voulues par les parties** dans le cadre d'une convention soumise à l'homologation du juge et celles **subies par les parties** parce fixées par un juge. La loi du 26 mai 2004 a renforcé cette opposition en généralisant les possibilités de prestations compensatoires soumises à homologation du juge (C. civ., art. 268), jusqu'à présent admises seulement dans le cadre d'un divorce sur requête conjointe. Les éléments de fixation et d'évaluation de la prestation compensatoire ne s'appliquent *stricto sensu* que dans le cadre d'une **prestation compensatoire fixée par un juge.** Lorsque ce sont les **parties** qui choisissent d'un commun accord le montant de la prestation compensatoire, elles sont **libres de s'affranchir des critères posés par loi**, même si parfois l'on pourrait douter de la validité de certaines prestations compensatoires conventionnelles qui seraient fixées sans aucune référence aux articles 270 et 271 du Code civil. Dans ce cas-là, le juge serait en droit, pour absence de cause, de refuser d'homologuer ce type de prestation compensatoire ou, tout au moins, d'estimer que les intérêts des époux ne sont pas préservés (C. civ., art. 268, al. 2).

134.113 **Vue d'ensemble : le passé, le présent et l'avenir prévisible.** Pour déterminer le montant de la prestation compensatoire, le juge ne doit pas seulement s'attacher aux besoins et ressources actuels

1. Civ. 2e, 24 févr. 1993, n° 91-18.213, *Bull. civ.* II, n° 73; *JCP* 1994, I, 3729, obs. Ferré-André – Civ. 2e, 8 juill. 1999, n° 98-12.398, *Bull. civ.* II, n° 131; *D.* 1999, IR 209; *Dr. fam.* 2000, n° 7, obs. Lécuyer; *RTD civ.* 1999, 825, obs. Hauser; *RJPF* 1999, 6/29, obs. Dumas.

2. V. NOT., A. Depondt, « Prestation compensatoire : une méthode de calcul éprouvée », *Bulletin du patrimoine et des sociétés civiles*, 4/2009 et 5/2009, Éd. Francis Lefebvre.

des parties, mais aussi prévoir ce qui se passera dans un **avenir prévisible** « [...] *en tenant compte de la situation au moment du divorce et de l'évolution de celle-ci dans un avenir prévisible* » (C. civ., art. 271, al. 1er). Comme le soulignent certains auteurs, l'exercice est difficile : « *il faut savoir si les ressources probables qu'aura un conjoint créancier (par ex. la femme) après le divorce seront dans un avenir prévisible équilibrées avec celles du conjoint débiteur (par ex. le mari)* »[1].

134.114 Pouvoir souverain des juges du fond. La Cour de cassation rappelle régulièrement que c'est dans l'exercice de leur pouvoir souverain que les juges du fond retiennent que la rupture du mariage créera dans les conditions de vie des époux une disparité qu'il convient de compenser par l'attribution d'une prestation[2]. En revanche, la décision doit être **motivée** et les juges du fond doivent procéder à une **évaluation au moins sommaire du patrimoine** pour apprécier la **disparité**. Ainsi se trouve censurée, pour manque de base légale, la décision de la cour d'appel qui se contente de retenir que le mari est propriétaire de parts chiffrées d'actions de diverses sociétés et d'un fonds de commerce d'hypermarché[3].

134.115 « Autant qu'il est possible ». La prestation n'est prévue qu'autant qu'il est possible de compenser la disparité de vie commune. Sans doute, apparaît la véritable nature de la prestation compensatoire, qui est de s'efforcer de maintenir le niveau de vie qui existait pendant le mariage, mais le législateur le sait bien, cela relèvera le plus souvent, du vœu pieu. Cette formule permet également de mieux saisir l'originalité de la prestation compensatoire et le choix opéré en 1975. La prestation compensatoire se démarque ainsi nettement d'autres notions voisines au fondement et au résultat plus assuré : la **pension alimentaire** est due en présence d'une situation de besoins et surtout, **l'indemnité réparatrice** et non compensatrice, indemnise le préjudice subi. La prestation compensatoire s'éloigne ainsi de la logique indemnitaire de la responsabilité civile.

134.116 Éléments à prendre en considération. Pour procéder à ce travail quasi divinatoire, le législateur, depuis 1975, aide le juge, en lui fournissant une liste d'éléments à prendre en considération[4]. Autrement dit, en matière de prestation compensatoire, la loi ne se contente pas d'une simple référence, comme en matière d'obligation alimentaire, aux ressources et aux besoins des parties (C. civ., art. 271, al. 1er). Les lois de 2000 et de 2004 ont procédé, à chaque fois, à des retouches. Le juge prend en compte notamment :

- la durée du mariage (L. 30 juin 2000);
- l'âge et la santé des époux;
- leur qualification et leur situation professionnelles;
- les conséquences résultant des choix professionnels faits par l'un des époux pendant la vie commune pour l'éducation des enfants, ainsi que le temps qu'il faudra encore y consacrer ou pour favoriser la carrière de son conjoint au détriment de la sienne (L. 26 mai 2004);
- le patrimoine estimé ou prévisible des époux, tant en capital qu'en revenu, après la liquidation du régime matrimonial;
- leurs droits existants ou prévisibles;
- leur situation respective en matière de pensions de retraite (L. 30 juin 2000).

La loi du 26 mai 2004 a opportunément supprimé une référence jugée par beaucoup inutile : leur qualification et leur situation professionnelles au regard du marché du travail, introduite par la loi du 30 juin 2000.

Depuis la loi n° 2005-102 du 11 février 2005[5], dans la détermination des ressources et des besoins des parties, le juge ne prend pas en considération les sommes versées au titre de la réparation des accidents du travail et les sommes versées au titre du droit à compensation d'un handicap (C. civ., art. 272, al. 2). Toutefois, le juge doit prendre en compte l'allocation adulte handicapé (AAH) qui est « [...] *destinée à garantir un minimum de revenus à l'allocataire et non à compenser son handicap* »[6]. La loi du 11 février 2005 modifiant celle du 26 mai 2004 est applicable à la date d'entrée en vigueur de cette dernière, soit le 1er janvier 2005. Il en résulte que si l'assignation en divorce a été délivrée avant cette date, il convient d'appliquer le droit antérieur

1. MALAURIE et FULCHIRON, n° 797.
2. Civ. 2e, 25 juin 1980, *Gaz. Pal.* 1981, 2, 745, note Massip – Civ. 2e, 6 mai 1987, n° 86-12.953, *Bull. civ.* II, n° 101; Civ. 2e, 30 nov. 2000, n° 99-10.923, *Bull. civ.* II, n° 157 (1re esp.) – Civ. 2e, 12 oct. 2000, n° 98-18.131, NP; *D.* 2002, somm. 3055, obs. Wilmann – Civ. 1re, 14 juin 2005, n° 03-12.868, NP.
3. Civ. 1re, 17 janv. 2006, n° 04-19.053, *Bull. civ.* I, n° 12; *Dr. fam.* 2006, obs. 94, note Larribau-Terneyre.
4. Pour un dossier complet sur cette question de l'évaluation de la prestation compensatoire, v. « Pensions alimentaires et prestations compensatoires : quelles méthodes d'évaluations ? », *AJ fam.* 3/2005.
5. L. n° 2005-102, 11 févr. 2005, pour l'égalité des droits et des chances, la participation et la citoyenneté des personnes handicapées, *JO* 12 févr., p. 2353.
6. Civ. 1re, 28 oct. 2009, n° 08-17.609, *Bull. civ.* I, n° 214; *JCP* 2009, 451, « veille », Devers; *JCP* 2010, chron. « droit de la famillle » 34, n° 7, Bosse-Platière; *Dr. fam.* 2009, comm. 151, note Larribau-Terneyre – DÉJÀ EN CE SENS, CA Paris, 20 févr. 2008, 24e ch., sect. A, A. T. B. A. c/B. A., *Dr. fam.* 2008, comm. 66, note Larribau-Terneyre.

et de ne pas tenir compte de la nouvelle rédaction de l'article 272 du Code civil[1].

Les modifications législatives légalisent, le plus souvent, la pratique jurisprudentielle. Ainsi la durée du mariage était déjà un élément pris en compte par les juges avant 2000. L'article 271 tient compte aussi des apports législatifs postérieurs à la loi de 1975 comme celui de la loi n° 78-753 du 17 juillet 1978 qui a permis au conjoint divorcé non remarié de bénéficier de la pension de réversion.

Depuis 1975, **cette liste, malgré ces variations, n'est pas limitative** : les juges peuvent tenir compte dans la détermination des ressources et des besoins des époux, d'éléments d'appréciation non prévus par le texte, ainsi que l'atteste l'emploi de l'adverbe « notamment » à l'article 271 alinéa 2[2]. Ainsi, des juges d'appel ont pu tenir compte, dans la détermination des besoins et des ressources des époux, d'éléments d'appréciation comme la **durée de la vie commune** et **non celle du mariage**[3]. De même, il est permis de prendre en considération la **collaboration apportée** par la femme à la profession de son mari, dès lors que le régime de la séparation de biens n'interdit pas pareille indemnisation[4]. Encore faut-il que ces critères soient pertinents par rapport à la notion de disparité de vie commune ce qui exclut, par exemple des appréciations générales sur les rapports hommes/femmes ou sur la paresse du mari (v. ainsi, cassant pour manque de base légale, un arrêt qui avait déclaré qu'une prestation compensatoire due par une femme à son mari, auquel étaient reprochées son incurie, sa veulerie et sa paresse, ne pouvait se concevoir que de façon exceptionnelle[5]).

B.
Avenir prévisible

134.121 **L'avenir prévisible.** L'ensemble des ressources dont dispose chaque époux doit être apprécié en tenant compte de la situation présente, et de l'évolution de cette situation dans un avenir prévisible. Cette nécessité de se projeter dans le temps est essentielle en matière de prestation compensatoire parce, malgré les assouplissements opérés en matière de révision de la prestation compensatoire, essentiellement, par la loi n° 2000-596 du 30 juin 2000, les **possibilités de révision restent très encadrées** (v. s[s] n°s 135.201 s.).

Lorsqu'elle est prévue sous forme de **capital**, la capacité du juge à prendre en compte l'avenir est, par nature, essentielle.

Lorsqu'elle est prévue sous forme de **rente**, elle ne peut être que **viagère**, c'est-à-dire pour la durée de vie du créancier, ce qui peut conduire le juge à prédire une évolution de façon fort lointaine et parfois peu réaliste. En outre, dans ce dernier cas, la rente compensatoire ne peut être révisée qu'en cas de changement important dans les ressources ou les besoins de l'une ou l'autre des parties (C. civ., art. 276-3) ce qui rend l'exercice divinatoire dangereux pour les ex-époux.

Il est probable que le revirement de la Cour de cassation offrant aux juges du fond la possibilité de prévoir le **versement en partie sous forme de capital** et **en partie sous forme de rente** a quelque peu allégé la tâche des juges (v. s[s] n° 135.16).

En pratique, on peut aussi penser que ce carcan législatif peut pousser les époux à s'entendre entre eux pour fixer une **prestation compensatoire conventionnelle**, par exemple une rente temporaire, assortie d'un délai inférieur à la durée de la vie du créancier (C. civ, art. 268) réduisant d'autant la difficulté des juges dans l'art prédictif.

134.122 **Pensions de retraites.** Parmi les éléments pouvant être pris en compte au titre de l'avenir prévisible, figurent, en bonne place, les pensions de retraite. Elles ont été inscrites par la loi du 30 juin 2000 dans la liste des éléments à prendre en considération de l'ancien article 272 du Code civil. C'est donc sans surprise que la Cour de cassation rejette un pourvoi contre une décision qui attribue une prestation compensatoire en capital à une épouse qui, certes, bénéficiera de revenus plus élevés que son mari jusqu'à la retraite, mais dont la situation sera en revanche moins favorable à compter de sa cessation d'activité[6] (v. aussi, retenant que la mise à la retraite ne justifie pas la révision d'une prestation compensatoire « *comme prise en compte au moment de la fixation de la prestation compensatoire, au titre de l'évolution de sa situation dans un avenir prévisible* »[7]). La prévision de l'avenir amène le juge à rechercher si les ressources ne vont pas baisser : ainsi la proche mise à la retraite de l'épouse[8].

1. Civ. 1re, 25 avr. 2007, n° 06-14.858, *Bull. civ.* I, n° 162; *Dr. fam.* 2007, comm. 129, obs. Larribau-Terneyre.
2. EN CE SENS, Civ. 2e, 10 déc. 1986, n° 85-17.522, *Bull. civ.* II, n° 182; *JCP* 1987, IV, 60 – Civ. 2e, 1er avr. 1987, n° 85-18.368, *Bull. civ.* II, n° 77; *JCP* 1987, IV, 201 – Civ. 2e, 19 nov. 1997, n° 96-10.995, NPT; *Dr. fam.* 1998, n° 9, obs. Lécuyer.
3. Civ. 1re, 14 mars 2006, n° 04-20.352, *Bull. civ.* I, n° 155; *AJ fam.* 2006, 377, obs. David; *Defrénois*, 2006, art. 38415, p. 1057, obs. Massip.
4. Civ. 1re, 28 févr. 2006, n° 04-19.807, *Bull. civ.* I, n° 117.
5. Civ. 2e, 1er avr. 1999, n° 97-16.456, NP; *D.* 2000, somm. 356, obs. Willmann.
6. Civ. 1re, 14 mars 2006, n° 05-14.945, *Bull. civ.* I, n° 154; *D.* 2006, IR 947.
7. Civ. 1re, 28 juin 2005, n° 02-16.556, *Bull. civ.* I, n° 286; *D.* 2005, IR 2243.
8. CA Paris, 25 avr. 1978, *D.* 1978, IR 358, obs. Bénabent; *JCP* 1979, II, 19187, note Lindon.

La perte éventuelle des droits des époux en matière de **pensions de réversion** - ancienne formule retenue par la loi avant 2000 - a fait l'objet de calculs parfois complexes et a eu surtout un impact pratique quand le mariage avait duré longtemps et que les époux étaient relativement âgés. Il en allait de même pour la perte de la couverture sociale[1]. Dans tous les cas, l'origine des droits à pension a été jugée indifférente, que ces droits résultent de la loi ou d'une initiative du conjoint, certaines décisions ayant à tort exclu du calcul les droits légaux sous prétexte qu'il ne s'agissait pas d'une charge imposée au débiteur[2].

La rédaction du texte a été modifiée par la loi du 30 juin 2000. Elle est plus générale et ne fait plus référence à la perte des droits à pension de réversion puisque cette perte n'est plus certaine mais, plus vaguement, à « *leur situation respective en matière de pensions de retraite* ». Il est certain que le juge devra donc tenir compte à la fois de la **perte de certains droits** mais aussi du **maintien d'autres droits** (CSS, art. L. 353-1 et L. 353-3). Le législateur a de plus prévu une disposition qui permettra d'alléger la tâche du juge puisque, à la mort de l'époux débiteur, les pensions de réversion éventuellement versées de son chef au conjoint créancier seront déduites de plein droit de la rente si la prestation avait, à titre exceptionnel, pris cette forme (v. C. civ., art. 280-2). Il est à noter que même si les héritiers choisissaient à l'unanimité de maintenir au décès du débiteur la prestation dans sa forme d'origine, comme le permet l'article 280-1, une déduction du même montant continue à être opérée si le créancier perd son droit ou subit une variation de son droit à pension de réversion, sauf décision contraire du juge saisi par le créancier (C. civ., art. 280-2). Il peut être tenu compte d'autres circonstances non visées expressément par le texte, comme par exemple **l'incarcération du débiteur**, le privant de ressources, à condition de retenir aussi le montant des ressources qu'il pourrait avoir dans un avenir prévisible, c'est-à-dire après avoir purgé sa peine[3].

134.123 Espérance successorale. Les droits dont on doit tenir compte sont non seulement les **droits existants**, mais aussi les **droits prévisibles** et se pose nécessairement la question de savoir si l'on doit prendre en compte les espérances successorales tant du créancier que du débiteur. Il est bien délicat d'apprécier cet avenir prévisible et l'on comprend alors que la Cour de cassation ait, dans un premier temps, décidé que cette question relevait de l'appréciation souveraine des juges du fond[4]. Les juges restaient eux-mêmes divisés sur la conduite à tenir (v. pour une rente à laquelle la créancière reconnaissait pouvoir prétendre[5]; v. pour des droits successoraux[6]). La deuxième chambre civile de la Cour de cassation semblait même être allée plus loin en admettant que de simples expectatives successorales puissent être prises en compte, ce qui paraissait bien excessif[7].

La première chambre civile a pris le contre-pied de la seconde en affirmant nettement, dans un arrêt du 21 septembre 2005, que la vocation successorale ne constitue pas un droit prévisible au sens des articles 270, 271 et 272 du Code civil. La solution a été rendue en application du droit antérieur à la loi n° 2004-439 du 26 mai 2004, mais elle devrait logiquement être la même sous l'empire du droit nouveau[8]. La Cour de cassation a eu l'occasion de réitérer, toujours en application du droit antérieur sa position, en refusant, par exemple, de prendre en compte pour fixer le montant de la prestation compensatoire le patrimoine immobilier des parents de l'épouse, évalué lors d'un projet de donation-partage établi avant le divorce, dont elle aurait vocation à hériter[9]. Cette solution mérite d'être approuvée : le **droit successoral** est par nature un **droit imprévisible** puisqu'il s'agit d'un **droit éventuel** : même les héritiers réservataires n'ont pas de droit acquis dans la succession de leurs parents puisque ces derniers sont libres d'en disposer jusqu'au jour de leur décès.

C.
Passé des époux

134.131 Passé des époux. L'évaluation tient aussi compte du passé des époux. L'article 271 du Code civil vise expressément comme critère d'évaluation la durée du mariage, auquel on pourrait

1. CA Bordeaux, 4 oct. 1988, *Cah. jur. Aquitaine* 1989, 1, p. 63.
2. Civ. 2e, 21 oct. 1999, n° 98-13.122, NPT.
3. Civ. 2e, 24 janv. 2002, n° 99-17.916, NPT.
4. Civ. 2e, 11 févr. 1981, n° 79-14.612, *Bull. civ.* II, n° 30; *RTD civ.* 1985, 150, obs. Rubellin-Devichi – Civ. 2e, 15 juin 1988, *Juris-Data* n° 1988-00-1543 – Civ. 2e, 24 oct. 1990, n° 89-17.041, NPT.
5. Civ. 2e, 13 févr. 1991, n° 89-12.260, NPT.
6. CA Bourges, 31 août 1995, *Juris-Data* n° 1995-05-1122 – CA Aix-en-Provence, 7 mars 1996, *Juris-Data* n° 1996-04-4801 – CA Paris, 2 juill. 2003, *AJ fam.* 2004, 101, obs. David.
7. Civ. 2e, 25 juin 1986, *D.* 1987, somm. 47.
8. Civ. 1re, 21 sept. 2005, n° 04-13.977, *Bull. civ.* I, n° 339; *D.* 2006, J. 47, note Lefranc-Hamoniaux; *Dr. fam.* 2006, comm. 5 et comm. 29, obs. Larribau-Terneyre; *AJ fam.* 2005, 449, note David; *RTD civ.* 2005, 766, n° 15, obs. Hauser; *D.* 2006, pan. 342, obs. Serra et Williatte-Pellitteri; *Défrenois* 2006, p. 345, obs. Massip; *JCP* 2006, II, 10099, p. 1237, note Zelcevic-Duhamel.
9. Civ. 1re, 20 juin 2006, n° 05-18.637, NP – V. ÉG., Civ. 1re, 3 oct. 2006, n° 04-20.601, NP.

ajouter, en toute logique, la période de concubinage, souvent longue, précédant le mariage (v. par ex. cinq ans de concubinage pour onze ans de mariage[1]). Le temps consacré à l'éducation des enfants est également expressément envisagé. C'est sans doute, d'ailleurs, à la femme diplômée, qui a sacrifié sa carrière professionnelle, pour s'occuper de l'éducation de ses enfants que le législateur de 1975 a songé lorsqu'il a instauré la prestation compensatoire. Les professeurs Hauser et Delmas Saint-Hilaire parlent à ce propos de salaire différé de la mère de famille[2] et il est vrai, que la situation est souvent retenue[3]. Au titre du passé des époux, est également pris en considération, l'âge des époux[4].

134.132 Durée de la vie commune antérieure ou postérieure à la célébration du mariage. L'opportunité de prendre en compte la durée du concubinage antérieure à la célébration du mariage pour fixer le montant de la prestation compensatoire a été l'objet de vives discussions devant nos juridictions. Dans un premier temps, la Cour de cassation a considéré que les juges de fond pouvaient prendre en considération la durée de vie commune et non pas seulement celle du mariage[5]. Puis, deux autres arrêts ont jeté le trouble en énonçant que « *les juges n'ont pas à tenir compte de la vie commune antérieure au mariage pour déterminer les besoins et les ressources en vue de la fixation de la prestation compensatoire* »[6]. En réalité, il n'existe pas nécessairement de contradiction entre ces arrêts. Simplement, la prise en compte du concubinage antérieur au mariage constitue une simple **faculté** pour les juges et **non une obligation**[7]. La solution paraît fondée dans la mesure où il s'agit d'un élément de pur fait qui ne se trouve pas dans la liste légale de l'article 271. Elle n'était pourtant pas celle préconisée, par l'avocat-général Domingo, dans cette affaire qui soulignait justement « *qu'il n'y a aucune raison juridiquement convaincante de soumettre à des statuts différents, au regard du pouvoir du juge, des éléments tous utiles à la détermination du montant de la prestation compensatoire au prétexte que certains d'entre eux sont visés (de manière non limitative) par la loi et que d'autres (comme la durée de la vie commune avant le mariage) ne le sont pas* ». Quant à la pris en compte de la durée de vie commune postérieure à la célébration au mariage, elle suscite des difficultés lorsque les époux sont séparés de fait depuis un certain temps. Faut-il tenir compte de la durée du mariage comme l'invite l'article 271 ou au contraire de, la durée de la vie commune ? La Cour de cassation a, opté pour la seconde position[8].

D. Présent des époux

134.140 Présent des époux. Quant au présent, ce sont les ressources d'un époux et les besoins de l'autre qui doivent évidemment être appréciés (C. civ., art. 271, al. 1er). La notion même de besoins et de ressources du créancier sera souvent difficile à délimiter à l'époque moderne, comme en matière d'aliments en général et la jurisprudence hésite, parfois, sur la conduite à tenir en présence de telles ou telles ressources.

1° Besoins et ressources

134.141 Besoins de l'époux demandeur. C'est un élément essentiel à prendre en considération qui dépend d'un ensemble d'éléments très variables : l'âge, l'état de santé, le milieu social, le train de vie antérieur, la nécessité de reprendre une activité professionnelle... Encourt la cassation l'arrêt qui alloue une prestation compensatoire en se fondant sur les ressources des époux sans prendre en considération les besoins de l'épouse[9], mais le seul fait que la

1. EN CE SENS, v. CA Toulouse, 9 nov. 1999, *Juris-Data* n° 1999-10-3577 – Civ. 1re, 14 mars 2006, n° 04-20.352, *Bull. civ.* I, n° 155; *Defrénois* 2006, art. 38415, p. 1057, obs. Massip.
2. J.-CL, « Divorce », préc.
3. V. pour un ex., CA Toulouse, 13 juill. 1995, *Juris-Data* n° 047499.
4. V. Civ. 2e, 7 juin 1990, n° 89-13.418, NPT – Civ. 2e, 24 oct. 1990, 2 esp., n° 89-17.280 et n° 89-17.611, NP – Civ. 2e, 25 mars 1991, n° 89-14.305, *Bull. civ.* I, n° 214 – Civ. 2e, 19 nov. 1997, n° 96-10.995, NPT; *Dr. fam.* 1998, comm. 9, obs. Lécuyer.
5. Civ. 1re, 14 mars 2006, n° 04-20.352, *Bull. civ.* I, n° 155; *RTD civ.* 2006, 544; *Defrénois* 2006, art. 38415, p. 1059, obs. Massip; *AJ fam.* 2006, 377, obs. David; *JCP* 2006, IV, 1798.
6. Civ. 1re, 16 avr. 2008, n° 07-12.814, *Bull. civ.* I, n° 112; *JCP* 2008, act. 308; *D.* 2008, 1271, obs. Avena-Robardet; *Defrénois* 2008, art. 38829, obs. Massip; *JCP* 2009, I, 102, obs. Bosse-Platière (le concubinage antérieur au mariage avait duré plus de vingt ans).
7. EN CE SENS, Civ. 1re, 1er juill. 2009, n° 08-18.147, NP. L'arrêt reprend, sur le fondement des art. 271 et 272 du C. civ., dans leur rédaction antérieure à L. 26 mai 2004, l'attendu de principe : « *Les juges du fond n'ont pas à tenir compte de la vie commune antérieure au mariage pour déterminer les ressources et les besoins des époux en vue de la fixation de la prestation compensatoire* ».
8. Civ. 1re, 16 avr. 2008, n° 07-17.652, *Bull. civ.* I, n° 111 (« *Attendu que dans la détermination des besoins et des ressources en vue de la fixation de la prestation compensatoire, le juge peut prendre en considération la durée de la vie commune postérieure à la célébration du mariage* »); *BICC* 15 sept. 2008, n° 1306 et la note; *D.* 2008. AJ 1271, obs. Avena-Robardet; *D.* 2009, pan. 832, obs. Serra; *AJ fam.* 2008, 261, obs. David; *AJ fam.* 2008, 295, obs. David; *Defrénois* 2008, 1833, obs. Massip; *RTD civ.* 2008, 464, obs. Hauser.
9. Civ. 2e, 4 juin 1980, n° 79-11.758, *Bull. civ.* II, n° 128.

femme ne soit pas dans le besoin n'empêche pas de lui accorder une prestation compensatoire lorsque la disparité des ressources est caractérisée[1].

En fait, la détermination des ressources de chaque époux n'a de signification que rapprochée des besoins de l'époux demandeur.

C'est pourquoi une simple différence arithmétique entre les ressources actuelles respectives des parties ne suffit pas à constituer la disparité dans les conditions de vie[2].

Le **besoin du demandeur** doit être apprécié compte tenu de ses **capacités d'y pourvoir personnellement.** Ainsi l'article 271 du Code civil prévoit-il de prendre en considération les qualifications professionnelles de chacun et leurs disponibilités pour de nouveaux emplois. Il faut aussi tenir compte comme l'indique le texte, des choix professionnels faits pendant la vie commune (par ex. lorsque l'époux a cessé de travailler pour s'occuper des enfants ou des choix professionnels faits pour favoriser la carrière de son conjoint; hypothèse de l'épouse qui a renoncé à son activité pour assister son mari dans la gestion de son entreprise agricole, commerciale...).

Il a été jugé, par exemple, que la simple obligation de reprendre sa vie professionnelle justifie l'attribution d'une prestation compensatoire[3], alors qu'elle est refusée à la femme qui travaillait avant son mariage et offre des qualifications professionnelles certaines[4], ou au mari qui doit assumer les conséquences de son retard à s'installer en tant que médecin, alors que la femme a mené parallèlement sa vie professionnelle et l'éducation de ses deux enfants[5].

134.142 Ressources : indemnités, rentes... En principe, toutes les ressources sont prises en considération quelle qu'en soit l'origine :, allocations de chômage[6], indemnités ou primes perçues par certains fonctionnaires[7], allocations de fonds national de solidarité[8], avantages en nature[9], indemnités de fonction de maire (en dépit de son caractère aléatoire[10]), indemnités versées par la Commission d'indemnisation des victimes d'infractions (CIVI) à la créancière (ainsi, prive de base légale la décision de la cour d'appel qui retient que les sommes allouées par la CIVI sont sans incidence sur l'appréciation du droit à prestation compensatoire[11]). Pour les rentes d'invalidité ou indemnités faisant suite à un accident (accident du travail), la jurisprudence en tenait compte[12] avant que la loi n° 2005-102 du 11 février 2005 ne les exclut formellement (C. civ., art. 272, al. 2)[13]. L'hésitation subsiste pour certaines allocations ou indemnités de nature sociale[14]. Il a ainsi été jugé, ce qui reste discutable, que l'allocation du RMI à l'épouse ne doit pas être prise en compte car, fondée sur la solidarité nationale, elle n'a pas à se substituer aux obligations découlant du mariage[15]. Lorsque l'époux débiteur est soumis à une procédure collective, il convient de ne prendre en compte que les revenus dont il a la libre disposition, ce qui réduit considérablement les possibilités de fixation d'une prestation compensatoire (v. jurisprudence citée s[s] n° 134.33).

134.143 Neutralité des allocations familiales. Pour apprécier l'existence d'une éventuelle disparité dans les conditions de vie respectives des époux, le juge n'a pas à tenir compte des allocations familiales perçues par l'époux chez qui habitent les enfants. Les fondements sont toujours les mêmes et méritent d'être approuvés : ces prestations destinées à l'entretien des enfants, ne constituent pas des revenus du parent qui les reçoit. En outre, ce sont des sommes qui sont versées temporairement et elles cesseront d'être dues lorsque les enfants auront acquis leur autonomie financière[16].

1. CA Metz, 22 nov. 1994, *Juris-Data* n° 053182.
2. CA Paris, 23 nov. 1989, *D.* 1990, IR 3.
3. CA Agen, 20 avr. 1983, *Gaz. Pal.* 1983, 1, somm. 194; *Defrénois* 1984, art. 33429, n° 105, obs. Massip; *RTD civ.* 1985, 145, n° 3, obs. Rubellin-Devichi – CA Bordeaux, 27 sept. 1993, *JCP* 1994, I, 3771, n° 10.
4. CA Paris, 31 mars 1978, *D.* 1978, IR, 437, obs. Bénabent – Sur pourvoi, Civ. 2e, 13 févr. 1980, n° 78-13.533, *Bull. civ.* II, n° 33.
5. CA Reims, 13 mai 1993, *JCP* 1994, I, 3771, n° 10.
6. Civ. 2e, 5 nov. 1986, n° 85-12.860, *Bull. civ.* II, n° 159.
7. Rép. min. n° 22524, *JO Sénat* CR 27 févr. 1986, n° 389.
8. Civ. 2e, 21 juill. 1986, n° 85-11.189, *Bull. civ.* II, n° 122.
9. Civ. 2e, 6 nov. 1991, n° 90-12.873, *Bull. civ.* II, n° 295 (second moyen non commenté), *D.* 1991, IR 280.
10. Civ. 2e, 14 janv. 1999, n° 96-22.150, *Bull. civ.* II, n° 10; *Dr. fam.* 1999, comm. 66, obs. Lécuyer; *RTD civ.* 1999, 368, obs. Hauser.
11. Civ. 1re, 25 oct. 2005, n° 04-12.234, *Bull. civ.* I, n° 383; *Dr. fam.* 2005, comm. 269, obs. Larribau-Terneyre; *AJ fam.* 2006, 71, obs. David.
12. Civ. 2e, 24 mai 1984, n° 83-10.030, *Bull. civ.* II, n° 94.
13. Pour une application jurisprudentielle, Civ. 1re, 28 oct. 2009, n° 08-17.609, préc. s[s] n° 134.116.
14. Rép. min., n° 22754, 19 déc. 1985, *JOAN* Q, 27 févr. 1986, p. 389 – V. A. Benoît, « Divorce et prestations sociales », *D.* 1997, chron. 13.
15. CA Grenoble, 8 févr. 1999, *Dr. fam.* 2000, comm. 8, obs. Lécuyer.
16. V. AUSSI, Civ. 1re, 6 févr. 2008, n° 07-14.333, NP – Civ. 1re, 23 mai 2006, n° 05-18.849, NP – Civ. 1re, 6 déc. 2005, n° 04-20.131, NP – ANTÉRIEUREMENT, v. par ex., jurisprudence constante et foisonnante, Civ. 1re, 25 mai 2004, n° 02-12.922, *Bull. civ.* I, n° 148; *Dr. fam.* 2004, comm. 122, obs. Larribau-Terneyre; *Defrénois* 2004, art. 38067, n° 92, p. 1677, note Massip; *D.* 2004, IR 1709; *AJ fam.* 2004, 404, obs. David; *RTD civ.* 2004, 491, obs. Hauser – Civ. 2e, 3 déc. 1997, n° 94-16.970, *Bull. civ.* II, n° 295; *D.* 1998, 441, note Everaert-Dumont; *JCP* 1998, II, 10077, note Garé; *Defrénois* 1998, 1388, obs. Massip; *Dr. fam.* 1998, n° 65, obs. Lécuyer – Civ. 2e, 25 nov. 1999, n° 98-10.555, *Bull. civ.* II, n° 178; *D.* 1999, IR 277; *RTD civ.* 2000, 94, obs. Hauser – Civ. 2e, 7 mai 2002, ▶

134.144 Sommes versées pour l'entretien des enfants. Des raisons similaires conduisent, du côté de l'époux créancier, à ne pas tenir compte des sommes versées par l'autre conjoint au titre de la contribution à l'entretien des enfants[1]. En revanche, à la suite d'un revirement de jurisprudence, les sommes versées pour l'entretien des enfants doivent être déduites des ressources de l'époux débiteur dont elles diminuent les revenus nets[2] (cassation de l'arrêt qui, pour supprimer la prestation compensatoire allouée par les premiers juges, relève qu'aux revenus de la créancière s'ajoutaient la pension alimentaire versée par le père et les prestations familiales[3]).

2° Concubinage

134.151 Concubinage du créancier. Une question délicate consiste à savoir s'il convient de tenir compte dans les ressources de l'époux créancier, des revenus que procure un concubinage pour apprécier la disparité de vie commune créée par la rupture du mariage. La Cour de cassation semble, bel et bien, l'admettre tout en laissant au juge du fond un large pouvoir d'appréciation[4] (censure de la décision d'appel qui après avoir relevé les ressources du mari et le salaire de la femme, alloue une prestation compensatoire, sans répondre aux conclusions faisant valoir qu'elle vivait en concubinage avec un homme gagnant très largement sa vie[5]). La solution se justifie pleinement au regard de l'admission de la pluralité des modèles conjugaux par notre droit. Elle se justifie également pour des raisons économiques mais aussi sociologiques : il est difficile pour la Cour de cassation de fermer les yeux sur une réalité sociale incontournable.

La plupart des juridictions du fond en tiennent effectivement compte parce que la disparité est une notion souple et qu'à ce titre le concubinage peut la diminuer si le nouveau compagnon offre un **avenir prévisible** réjouissant, tout au moins financièrement[6].

La solution n'est, toutefois, pas exempte d'inconvénient. Le concubinage présente parfois un **caractère précaire**[7] et l'absence de pérennité de ce type de relation pourrait *en soi* constituer un motif d'exclusion. Telle a été l'attitude, par exemple, des juges de Saint-Denis de la Réunion mais la Cour de cassation refuse de s'enfermer dans un motif d'ordre aussi général et demande aux juges du fond de vérifier si la situation de concubinage n'a pas une incidence sur l'appréciation de la disparité, ce qui est, en définitive, plus souple et préférable[8].

Un autre argument pourrait toutefois faire hésiter certains juges du fond : quand le concubinage est rompu, la créancière risque de se retrouver sans ressource et il n'est pas du tout certain qu'elle puisse obtenir aisément une révision à la hausse du montant de sa prestation compensatoire (v. s^s^ n°s 135.201 s.).

Enfin, l'on rappellera, que la Cour de cassation admet également, que l'on puisse prendre en compte la durée du concubinage antérieure au mariage – en l'espèce cinq ans de concubinage pour onze ans de mariage – pour fixer le montant de la prestation compensatoire[9].

134.152 Concubinage du débiteur. La question se pose de manière inversée du côté du débiteur : les ressources de son compagnon lui procurant des revenus supplémentaires ou diminuant ses charges, devraient pour les mêmes motifs être prises en compte au moment d'apprécier la disparité de vie commune. La jurisprudence est toutefois rarissime sans doute parce que la situation est moins fréquente. Il semble toutefois que l'on puisse tirer

► n° 00-21.536, NPT; *Dr. fam.* 2002, n° 87, obs. H. L.; *RTD civ.* 2002, 791, obs. Hauser – Civ. 2e, 26 sept. 2002, n° 00-21.914, *Bull. civ.* II, n° 186; *D.* 2002, IR 2848; *Defrénois* 2003, 122, obs. Massip; *AJ fam.* 2002, 383, obs. David – Civ. 1re, 12 mai 2004, n° 03-10.249, *Bull. civ.* I, n° 133; *Defrénois* 2004, 1677, obs. Massip; *Dr. fam.* 2004, n° 122, note Larribau-Terneyre.

1. Civ. 1re, 25 mai 2004, n° 02-12.922, *Bull. civ.* I, n° 148; *D.* 2004, IR 1709; *Gaz. Pal.* 2004, 2556, concl. Sainte-Rose; *Defrénois* 2004, 1677, obs. Massip; *Dr. fam.* 2004, n° 122, note Larribau-Terneyre; *RJPF* 2004-10/27, obs. Garé; *RTD civ.* 2004, 491, obs. Hauser.
2. EN CE SENS, Civ. 2e, 10 mai 2001, n° 99-17.255, *Bull. civ.* II, n° 93; *JCP* 2002, II, 10031, note Gaboriau; *Defrénois* 2001, art. 37430, n° 85, obs. Massip; *Dr. fam.* 2001, n° 98, obs. Lécuyer; *Dr. fam.* 2001, n° 107, note Oudin; *RTD civ.* 2001, 571, obs. Hauser; *RJPF* 2001, 7-8/26, obs. Guerder.
3. Civ. 1re, 5 avr. 2005, n° 03-20.201, NP, confirmation de Civ. 2e, 3 déc. 1997, n° 95-16.246, *Bull. civ.* II, n° 294; *RTD civ.* 1998, 84, obs. Hauser – Et de Civ. 1re, 12 mai 2004, n° 03-10.249, *Bull. civ.* I, n° 133; *Dr. fam.* 2004, comm. 122, obs. Larribau-Terneyre.
4. Civ. 2e, 20 juin 1990, n° 89-15.181, *Juris-Data* n° 1990-00-2267 – Civ. 2e, 2 juill. 1997, n° 96-10.274, *Bull. civ.* II, n° 211; *Dr. fam.* 1997, comm. 140, obs. H. L.; *Defrénois* 1998, p. 713, obs. Massip; *RTD civ.* 1997, 916, obs. Hauser.
5. Civ. 1re, 17 sept. 2003, n° 01-16.249, NPT – Civ. 2e, 16 oct. 1996, n° 94-19.712, *Bull. civ.* II, n° 234 – Civ. 2e, 10 juill. 1991, n° 90-14.561, *Bull. civ.* II, n° 216; V. *RTD civ.* 1992, 68, obs. Hauser.
6. V. NOT., CA Toulouse, 6 mars 2000, *Dr. fam.* 2000, comm. 106, obs. Lécuyer.
7. Sur la plus grande fragilité des unions hors-mariage, v. F. Prioux, « Vivre en couple, se marier, se séparer, contrastes européens », *Populations et sociétés*, n° 422, avr. 2006.
8. Civ. 1re, 25 avr. 2006, n° 05-15.706, *Bull. civ.* I, n° 203; *D.* 2006, IR 1402.
9. Civ. 1re, 14 mars 2006, n° 04-20.352, *Bull. civ.* I, n° 155; *Defrénois* 2006, art. 38415, p. 1057, obs. Massip.

argument de l'arrêt rendu le 2 juillet 1997 par la Cour de cassation, que la situation de fait de concubinage du débiteur doit également être retenue au moment de fixer la prestation compensatoire[1]. Là encore, il faut laisser la place à l'appréciation souveraine des juges du fond[2] (ainsi, un cas où la diminution des charges du débiteur, en raison du concubinage, contribue à augmenter ses ressources et modifie le calcul de la prestation compensatoire[3]).

3°
Remariage

134.161 Remariage de l'époux créancier. *A fortiori*, si les juges peuvent être amenés à prendre en compte le concubinage, au moment où ils rendent leur décision, ils doivent tenir compte du remariage dans lequel vit l'ancien époux qui sollicite une prestation compensatoire[4].

134.162 Remariage des époux entre eux. « *Lorsque des époux ont divorcé l'un de l'autre, leur remariage entre eux rend caduque pour l'avenir la prestation compensatoire judiciairement fixée* ». La solution retenue par la Cour de cassation le 17 octobre 2007[5] avait parfois été suggérée par la doctrine mais n'avait jamais eu l'occasion d'être clairement établie, de telles espèces étant assez singulières[6]. La prestation compensatoire allouée au moment du premier divorce, a perdu par l'effet du remariage, un élément essentiel de sa validité qui entache, en l'occurrence un élément nécessaire à sa perfection, ce qui justifie le recours à la **notion de caducité**. En revanche, lorsque **la femme créancière se remarie avec un tiers**, la prestation compensatoire ne devient pas caduque, elle est simplement susceptible de faire l'objet d'une **révision** « *en cas de changement important dans les ressources ou les besoins de l'une ou l'autre des parties* » (C. civ., art. 276-3, al. 1er). On comprend tout l'intérêt qu'il y a à insérer dans les prestations décidées conventionnellement des **clauses prévoyant que la prestation compensatoire cessera en cas de remariage du créancier.**

4°
Liquidation du régime matrimonial

134.171 Prestation compensatoire et liquidation des régimes matrimoniaux. L'article 271 du Code civil prévoit, parmi les critères d'évaluation, « *le patrimoine estimé ou prévisible des époux, tant en capital qu'en revenu, après la liquidation du régime matrimonial* ». La loi du 26 mai 2004 n'a pas apporté de modifications substantielles, tout au plus a-t-elle considéré qu'il fallait prendre en compte le patrimoine « *estimé ou prévisible* », ce qui est une manière plus compréhensive d'appréhender le patrimoine, d'autant que la liquidation du régime peut intervenir après le prononcé du divorce. Mais c'est sans nul doute sur ce point que les rapports entre fixation de la prestation compensatoire et liquidation du régime se trouvent le plus profondément bouleversés par la loi de 2004[7].

1° *Avant l'entrée en vigueur de la réforme de 2004*, les liens entre la prestation compensatoire et la liquidation du régime matrimonial n'étaient pas simples. Il fallait tout d'abord distinguer le **divorce sur requête conjointe**, des autres cas de divorce. En effet, seul le premier divorce emportait la nécessité de soumettre au juge une convention homologuée comportant règlement complet des conséquences du divorce, et en particulier la liquidation du régime matrimonial. Dans ce divorce sur demande conjointe, les époux fixaient eux-mêmes le montant et les modalités de la prestation compensatoire dans

1. V. obs. Hauser, *RTD civ.* 1997, 916 – Civ. 2e, 2 juill. 1997, n° 96-10.274, *Bull. civ.* II, n° 211; *Dr. fam.* 1997, comm. 140, obs. H. L.; *Defrénois* 1998, p. 713, obs. Massip.
2. V. CA Besançon, 21 sept. 2001, *Juris-Data* n° 2001-17-4519.
3. CA Poitiers, 10 avr. 2001, *Juris-Data* n° 2001-17-5180.
4. Civ. 2e, 2 juill. 1997, n° 96-10.274, *Bull. civ.* II, n° 211, préc. ss n° 134.152 – V. D. Berthiau, « Le remariage et la prestation compensatoire », *Dr. fam.* 2000, chron. 6 et réf. cit.; « Le remariage et la prestation compensatoire depuis la loi du 30 juin 2000 (et accessoirement depuis celle du 3 décembre 2001 en matière successorale) », *Dr. fam.* 2002, chron. 20 et réf. cit.
5. Civ. 1re, 17 oct. 2007, n° 06-20.451, *Bull. civ.* I, n° 321; *D.* 2008, 200, note Raoul-Cormeil; *JCP* 2008, I, 102, n° 1, obs. Bosse-Platière; *JCP N* 2009, 1150, obs. Lesbats; *Defrénois* 2008, 569, obs. Massip; *AJ fam.* 2007, 475, obs. S. D.; *RJPF* 2008-2/14, note Leborgne et Garé; *RTD civ.* 2008, 88, obs. Hauser.
6. Les époux avaient convolé en justes noces une première fois en 1956 avant qu'un jugement rendu en 1989 ne convertisse en divorce une séparation de corps prononcé en 1983 et ne condamne le mari à payer une prestation compensatoire sous forme d'une rente mensuelle viagère de 9 000 F. Le nouveau mariage eut une durée de vie plus brève : contracté en 1992, il fut dissous par un divorce prononcé une nouvelle fois aux torts du mari par jugement du 11 janvier 1999. Le mari est à nouveau condamné à payer à son épouse une prestation compensatoire sous la forme d'une rente toujours viagère, légèrement minorée, de 8 000 F par mois. Mais, sur appel du mari, la cour confirme le jugement sauf en ce qui concerne la prestation compensatoire, au motif que M. X... étant toujours tenu au versement de la prestation compensatoire fixée lors du premier divorce, la rupture du second mariage ne créait pas au détriment de l'épouse une disparité dans les conditions de vie des époux. Il reste, que cette décision laisse un sentiment d'insatisfaction : l'épouse se trouve privée de son droit à prestation compensatoire.
7. Pour une présentation complète de ces rapports avant l'intervention de 2004, v. G. Goffaux, « Liquidation de la communauté et fixation de la prestation compensatoire », *Dr. fam.* 2001, chron. 1.

la convention qu'ils soumettaient au juge (C. civ., art. 279) et le juge pouvait refuser d'homologuer la convention si elle fixait inéquitablement les droits et obligations des époux. Au moment d'apprécier le bien-fondé de la prestation compensatoire, il pouvait le faire en toute connaissance de cause, puisqu'il connaissait les ressources des parties résultant de la liquidation et du partage des biens.

Dans les autres cas de divorce, la liquidation intervenait, en principe, après le prononcé le divorce (C. civ., anc. art. 264-1) et au moment où le juge statuait sur la prestation compensatoire, il ne pouvait connaître parfaitement les ressources des parties qui dépendaient le plus souvent du résultat du partage. La connaissance du patrimoine de chacun des époux pouvait être facilitée par l'existence d'une **liquidation et d'un partage anticipés de la communauté** (C. civ., art. 1450 anc.). Toutefois aucune prestation compensatoire ne pouvait être incluse dans cette convention, puisqu'elle n'était pas soumise à l'homologation du juge, qui restait le seul maître pour fixer la prestation compensatoire[1]. Encore fallait-il que le juge ait pris connaissance de cette convention au moment où il statuait sur la prestation compensatoire puisqu'aucune obligation d'information à l'égard du juge n'incombait aux parties : la validité de cette convention étant simplement subordonnée à la condition suspensive du prononcé du divorce.

En outre, la jurisprudence de la Cour de cassation avait entraîné une certaine confusion sur l'articulation possible entre liquidation du régime matrimonial et fixation de la prestation compensatoire. En effet, certains arrêts imposaient, pour déterminer besoins et ressources, de tenir compte de tous les composants du patrimoine des époux, y compris les droits résultants du partage[2]. D'autres arrêts, assez nombreux, considéraient que « *dès lors qu'aucune partie n'a invoqué l'existence de circonstances particulières affectant la nature des biens communs à partager, il n'y a pas lieu de tenir compte de la part de communauté devant revenir à chacun des époux pour apprécier la disparité créée par la rupture du lien conjugal* »[3] (v. encore, l'attendu suivant : « *Doit être cassé l'arrêt, qui pour allouer à l'épouse une prestation compensatoire sous forme de rente pour une durée limitée, retient que la liquidation de la communauté conjugale apportera à l'épouse un capital important, sans rechercher si cette liquidation se ferait par parts égales et si le mari ne recevrait pas un capital du même montant.* »[4]). La jurisprudence est constante[5]. Comme le soulignent les professeurs Hauser et Delmas Saint-Hilaire[6], il semble que « *la Cour de cassation veuille distinguer deux choses, à savoir la constatation de la disparité sur la base de l'article 270 du Code civil, laquelle doit être faite indépendamment des parts de communauté revenant à chaque époux, et le calcul du montant de la prestation sur la base de l'ancien article 272 qui doit intégrer, comme la loi le prévoit, le résultat du partage* ».

Il est vrai qu'en théorie, il est possible de considérer que le partage de la communauté ayant pour objet de répartir par moitié le patrimoine commun, il n'aurait pas d'incidence sur l'appréciation de la disparité de vie commune. Tout cela n'est guère réaliste, car la **liquidation et le partage d'une communauté** font l'objet le plus souvent **d'arrangements**, et il n'est pas rare que **le résultat du partage modifie la consistance du patrimoine**, et donc les ressources à prendre en compte au niveau de la fixation de la prestation compensatoire. On ne peut guère, non plus, demander au juge, systématiquement, de surseoir à statuer sur le montant de la prestation compensatoire jusqu'à la liquidation du régime matrimonial, ce que d'ailleurs la Cour de cassation n'accepte pas[7] (v. également pour une réponse négative, considérant que le juge est seulement invité au moment où il prononce le divorce à faire une anticipation raisonnable de cette liquidation[8]).

1. Civ. 1re, 23 mars 1994, n° 92-15.525, *Bull. civ.* I, n° 103; *Defrénois* 1994, p. 1090, obs. Massip, préc. ss n° 134.41.
2. Civ. 2e, 14 mai 1996, n° 94-21.204, NP; *Dr. fam.* 1997, comm. 14, obs. Lécuyer.
3. Civ. 2e, 14 janv. 1998, n° 95-22.059, *Bull. civ.* II, n° 12; *RTD civ.* 1999, 172, obs. Vareille; dans le même sens, Civ. 1re, 26 oct. 2004, n° 02-18.577, NP; *RJPF* 2005-1/21, obs. Garé; *RTD civ.* 2005, 447, obs. Vareille – Civ. 1re, 30 nov. 2004, n° 03-18.158, *Bull. civ.* I, n° 293; *AJ fam.* 2005, 275, obs. David; *Dr. fam.* 2005, n° 8, comm. Larribau-Terneyre – Civ. 2e, 24 mai 1991, n° 90-12.224, *Bull. civ.* II, n° 158 – Civ. 2e, 8 juill. 1999, n° 97-14.138, NPT.
4. Civ. 2e, 17 juin 1998, n° 96-18.648, *Bull. civ.* II, n° 194.
5. Civ. 1re, 1er juill. 2009, n° 08-18.486, NPT; *Dr. fam.* 2009, comm. 125, note Larribau-Terneyre : « *Attendu qu'ayant retenu à bon droit que la liquidation du régime matrimonial des époux était par définition égalitaire et que chacun gérerait librement son lot dans l'avenir, la cour d'appel qui a jugé qu'il n'y avait pas donc pas lieu de tenir compte de la part de communauté devant revenir à Mme F. pour apprécier la disparité créée par la rupture du lien conjugal dans les situations respectives des époux, a légalement justifié sa décision* ».
6. J.-CL, « Divorce », préc., n° 28.
7. Civ. 2e, 16 avr. 1996, n° 94-15.754, *Bull. civ.* II, n° 92; *Defrénois* 1997, art. 36591, p. 712, obs. Massip; *RTD civ.* 1996, 588, obs. Hauser.
8. CA Versailles, 6 mars 1991, *D.* 1991, IR 119; *RTD civ.* 1991, 506, obs. Hauser et Huet-Weiller – V. AUSSI, A. Bénabent, « Assainir l'après-divorce (de quelques réflexions propres à…) », *Liber amicorum à la mémoire de Danièle Huet-Weiller*, PUS-LGDJ, 1994, p. 13 s.; et égal., *Commission de réforme du droit de la famille*, rapport de F. Dekeuwer-Desfossez, remis au Garde des Sceaux, nov. 1999, Doc. fr., p. 234 (qui proposait que le juge puisse surseoir à statuer sur le montant de la prestation compensatoire jusqu'à la liquidation du régime matrimonial).

2° *La loi du 26 mai 2004* devrait contribuer à clarifier les liens qui unissent prestation compensatoire et liquidation de la communauté. En effet, désormais, quels que soient les cas de divorce, la loi incite les époux à préparer le plus tôt possible la liquidation de leur régime matrimonial. Le principe est désormais inverse à celui qui gouvernait le droit antérieur : le souci du législateur est de **faire correspondre, autant que possible, le prononcé du divorce avec la liquidation du régime matrimonial.** La prestation compensatoire doit s'intégrer au règlement des intérêts pécuniaires des époux afin de faciliter la liquidation et le partage des biens (v. C. civ., art. 268). On aboutit ainsi à une généralisation des solutions jusqu'à présent admises dans le divorce sur requête conjointe.

Dès le début de l'instance en divorce, à peine d'irrecevabilité, la demande introductive d'instance doit comporter une **proposition de règlement des intérêts pécuniaires et patrimoniaux des époux** (v. C. civ., art. 257-2).

Au stade des mesures provisoires, il appartient aux professionnels - pas exclusivement un notaire - de dresser un **inventaire estimatif** ou de faire des **propositions** quant au **règlement des intérêts pécuniaires des époux** (C. civ., art. 255, 9°) Dans le même cadre, le juge aux affaires familiales peut également désigner un **notaire** en vue d'élaborer un **projet de liquidation du régime matrimonial** (C. civ., art. 255, 10°).

Par là-même, le législateur incite les époux à préparer en amont la liquidation du régime matrimonial et à intégrer la prestation compensatoire qui en constitue une composante essentielle. L'objectif étant de développer des accords qui seront ensuite soumis au juge dont on peut penser qu'il les homologuera le plus souvent en prononçant le divorce[1]. Ces conventions ayant un objet plus large que la simple liquidation et le partage de la communauté, il est tout à fait possible de prendre en compte également l'existence de **créances entre époux** au moment de fixer la prestation compensatoire[2]. On peut même se demander si le juge pourra refuser d'homologuer des prestations compensatoires conventionnelles dans le cas où il estime que la condition de fond, la disparité de vie commune créée par la rupture du mariage, n'est pas remplie (l'article 278 *in fine* prévoit seulement que le juge refuse d'homologuer la convention si elle fixe inéquitablement les droits et obligations des parties).

1. V. C. Philippe, « La liquidation du régime matrimonial après la loi n° 2004-439 du 26 mai 2004 relative au divorce », *RLDC* n°s 8 et 9, sept. et oct. 2004.
2. EN CE SENS, v. Civ. 2e, 3 nov. 1988, *JCP* 1989, IV, p. 3 – Civ. 2e, 7 juin 1989, *Juris-Data* n° 1989-00-2737 – Civ. 2e, 14 juin 1989, *JCP* 1989, IV, p. 303; *D.* 1989, IR 198 – CA Paris, 26 mai 1989, *D.* 1990, IR 190.

Il n'en demeure pas moins que les solutions - et les hésitations - anciennes perdureront toutes les fois que les époux ne se seront pas mis d'accord entre eux sur une prestation conventionnelle dans le cadre d'un règlement complet des conséquences patrimoniales du divorce. La liquidation du régime matrimonial intervenant, comme autrefois, après le prononcé du divorce, le juge se trouvera dans le même embarras au moment où il statue sur la prestation compensatoire.

De la même manière, les solutions admises dans le cadre des liquidations anticipées de l'article 1450 du Code civil, ont été étendues à tous les cas de divorce et à toutes les liquidations, et pas seulement de communauté. Désormais, « *les époux peuvent, pendant l'instance en divorce, passer toutes conventions pour la liquidation et le partage de leur régime matrimonial* » (v. C. civ., art. 265-2; le recours au notaire n'étant obligatoire que lorsque la liquidation porte sur des biens soumis à publicité foncière). Dans ce cadre, comme sous l'empire du droit antérieur, ces conventions ne peuvent inclure de prestation compensatoire[3] puisqu'elles sont simplement soumises à la condition suspensive du prononcé du divorce.

Lorsque les époux ne seront pas arrivés à fixer conventionnellement une prestation compensatoire, les précisions apportées antérieurement par la jurisprudence continueront à s'appliquer. Il en résulte, par exemple, que la formule « *capital et revenu* », visée à l'article 271 du Code civil, n'implique pas que le capital considéré soit productif de revenus. Aussi bien l'arrêt qui avait refusé de tenir compte de la vente d'un bien propre par le mari pour apprécier ses ressources, sous l'argument qu'il n'était pas prouvé que le capital ainsi obtenu avait généré un revenu supplémentaire, est cassé pour avoir ajouté au texte une condition qu'il ne comportait pas[4].

Il a été rappelé que la **détermination de la prestation compensatoire** doit se faire en fonction, non seulement des **revenus** mais aussi du **capital**, qui doit être pris en compte alors même que le patrimoine qu'il représente appartient en propre au débiteur éventuel de la prestation[5], même s'il s'agit de la nue-propriété d'un patrimoine immobilier[6].

3. Civ. 1re, 23 mars 1994, n° 92-15.525, *Bull. civ.* I, n° 103, préc. s^{s} n° 134.41.
4. Civ. 2e, 25 nov. 1999, n° 96-14.494, *Bull. civ.* II, n° 175; *Dr. fam.* 2000, comm. 23, obs. Lécuyer; *RJPF* 2000, 2/27, obs. Guerder; *RTD civ.* 2000, 94, obs. Hauser.
5. CA Paris, 26 mai 1989, *D.* 1990, IR 190 – Nécessité de tenir compte de la valeur de biens propres de chacun des époux : Civ. 1re, 30 nov. 2004, n° 03-18.158, *Bull. civ.* I, n° 293; *AJ fam.* 2005, 275, obs. David; *Dr. fam.* 2005, n° 8, note Larribau-Terneyre.
6. Civ. 2e, 14 juin 1989, *JCP* 1989, IV, p. 303; *D.* 1989, IR 198 – CA Montpellier, 4 janv. 1996, *Juris-Data* n° 1996-03-4010.

De même, bénéficie d'un avantage certain justifiant notamment le refus de prestation compensatoire, la femme qui dispose de droits indivis sur des acquisitions faites par le mari pendant le mariage au nom des deux époux sans aucun concours financier de sa part[1]. La prise en compte du résultat de la liquidation du régime matrimonial conduit à rechercher si la nature de bien commun de l'officine exploitée par le mari n'aurait pas une incidence sur sa situation financière dans un avenir prévisible du fait de la liquidation de la communauté[2] (*contra*, aussi à propos d'une officine, parce que le mari devra verser à l'épouse une soulte importante, le bien étant commun[3] – V. aussi, dans le cas où la femme n'avait pour ressources que les loyers perçus sur les immeubles de la communauté destinés à être liquidée[4]).

Reste la question délicate de la **date d'évaluation des biens communs attribués à titre de prestation compensatoire** lorsque la liquidation et le partage interviennent après le prononcé du divorce. Une cour d'appel a considéré que l'évaluation doit être faite **au jour du jugement de divorce** qui transfère la propriété des biens (C. civ., art. 274)[5]. Ainsi aucun report ne peut, selon les juges, être opéré au jour du partage. Cette décision, si elle était confirmée par la Cour de cassation, accentuerait encore davantage l'autonomie de la prestation compensatoire par rapport aux opérations de partage des biens communs[6].

§ 2
L'information du juge

134.180 Moyens d'informations du juge. Pour apprécier l'existence d'une disparité de vie commune, le juge a évidemment besoin de connaître le plus exactement possible les revenus et le patrimoine de chacun des époux. Le législateur de 1975 l'a aidé en lui donnant des pouvoirs accrus en ce domaine en particulier par la possibilité de prendre des **mesures d'instructions.** Le législateur de 2000 a cru bon d'indiquer dans le Code civil que les parties fournissent au juge une déclaration certifiant sur l'honneur l'exactitude de leurs ressources, revenus, patrimoine et conditions de vie.

A.
Moyens du juge

134.181 Obligations d'information entre époux et à l'égard du juge. Compte tenu de tous les éléments susceptibles d'être pris en considération pour l'appréciation de l'obtention d'une prestation compensatoire, le juge a besoin de nombreuses informations.

À cet effet, l'article 259-3 du Code civil prévoit que « *les époux doivent se communiquer et communiquer au juge ainsi qu'aux experts et autres personnes désignés par lui* [...] *tous renseignements et documents utiles pour fixer les prestations et pensions et liquider le régime matrimonial. Le juge peut faire procéder à toutes recherches utiles auprès des débiteurs ou de ceux qui détiennent des valeurs pour le compte des époux sans que le secret professionnel puisse leur être opposé* ».

134.182 Appréciation souveraine des juges du fond des informations. Il est bien délicat de savoir comment les juges tiennent compte du refus de la part de l'un des époux – sans ambages : le mari – de fournir les documents nécessaires. L'argument est souvent invoqué par l'épouse[7]. Il n'est guère pensable que les juges déplacent la sanction en durcissant les conséquences du divorce, d'autant que, même lorsque le divorce est prononcé aux torts exclusifs, cette culpabilité n'a, en principe, plus de lien avec la prestation compensatoire (v. s^s^ n° 134.61). De manière plus dissuasive, le fait de rassembler des attestations contenant des mentions fausses et inexactes peut recevoir la qualification d'escroquerie[8].

La Cour de cassation rappelle, de temps en temps, l'appréciation souveraine des juges du fond en la matière[9]. En pratique, il est certain que les avis d'imposition constituent une source importante d'information[10].

Pourtant le contrôle de la Cour de cassation n'est pas négligeable car, par le moyen du manque de base légale, elle a très vite sanctionné les juridictions qui pensaient pouvoir se contenter d'affirmations très générales sans constatations de fait préci-

1. CA Paris, 31 mars 1978, *D.* 1978, IR 437, obs. Bénabent.
2. Civ. 2e, 17 mars 1993, n° 91-19.018, *Bull. civ.* II, n° 110; *D.* 1993, IR 87.
3. CA Douai, 9 févr. 1994, *Juris-Data* n° 053137.
4. Civ. 2e, 20 mars 1996, n° 94-12.371, *Bull. civ.* II, n° 70; *RTD civ.* 1996, 371, obs. Hauser; *Defrénois* 1997, 712, obs. Massip.
5. CA Toulouse, 24 avr. 2007, *Dr. fam.* 2007, comm. 148, obs. Maman.
6. EN CE SENS, v. obs. Maman, préc.
7. Civ. 2e, 8 juin 1988, *Juris-Data* n° 1988-00-2060 – Civ. 2e, 8 nov. 1989, n° 88-12.366, *Bull. civ.* II, n° 202; *JCP* 1990, IV, p. 2 – Civ. 2e, 13 déc. 1989, *Juris-Data* n° 1989-00-4619 – Civ. 2e, 20 juin 1990, *Juris-Data* n° 1990-00-2174.
8. Crim. 18 mai 1988, *Juris-Data* n° 1988-00-1453.
9. Civ. 2e, 12 déc. 1979, 9 janv. 1980 et 13 févr. 1980, *D.* 1980, IR 439, obs. Bénabent – Civ. 2e, 21 févr. 1990, n° 88-18.207, *Bull. civ.* II, n° 37; *JCP* 1990, IV, p. 153 – Civ. 2e, 14 mars 1990, n° 89-10.072, NPT.
10. Civ. 2e, 7 nov. 1988, *JCP* 1989, IV, p. 12.

ses[1] ou encore refuser de retenir certains éléments prouvés[2] ou qui s'étaient livrées à un examen partiel de la situation[3].

134.183 Pouvoirs du juge – Mesures d'instruction. En vertu de l'article 259-3 du Code civil, le juge dispose ainsi d'un **pouvoir d'injonction**, tant à l'égard des **époux** que des **administrations publiques**[4].

Il reste que ces mesures d'instructions sont peu appliquées et la jurisprudence a parfois limité la portée de l'article 259-3 du Code civil strictement en estimant qu'il ne devait recevoir application qu'à l'égard des débiteurs des époux et, non à l'égard du commissaire aux comptes de la société dont le mari est administrateur[5], et à l'égard du banquier d'un des débiteurs des époux[6].

Les experts désignés par le juge peuvent être tous professionnels qualifiés, comme par exemple un notaire. La loi n° 2004-439 du 26 mai 2004 a légèrement modifié la rédaction de l'article 259-3 en renvoyant aux nouvelles dispositions de l'article 255 (9° et 10°) du Code civil qui précisent que le juge peut notamment « *désigner tout professionnel qualifié en vue de dresser un inventaire estimatif ou de faire des propositions quant au règlement des intérêts pécuniaires des époux* » et « *désigner un notaire en vue d'élaborer un projet de liquidation du régime matrimonial et de formation des lots à partager* ».

En réalité, il ne s'agit que de la reprise de l'ancien article 1116 du Code de procédure civile, qui se trouve ainsi abrogé par le décret n° 2004-1158 du 29 octobre 2004. Cet article autorisait déjà le juge à désigner, par exemple, un notaire[7], chargé d'établir un règlement des prestations après divorce ou de dresser un projet de liquidation du régime matrimonial[8]. Il est vrai que beaucoup regrettaient une méconnaissance par les juges de cet ancien article 1116 du Code de procédure civile. Sans doute, le législateur espère, en le déplaçant dans le Code civil, le rendre plus effectif[9].

Lorsque le juge n'a pas tous les éléments d'information pour évaluer le montant de la prestation compensatoire, il peut ordonner, à cette fin, une **expertise**. Toutefois, il ne peut prononcer le divorce et ordonner une expertise relative à la prestation compensatoire « *sans au préalable constater l'existence d'une disparité dans les conditions de vie respective des époux* »[10].

Il arrive que les mesures d'instruction soient longues et dans l'attente des résultats de l'expertise, la Cour de cassation admet que la décision qui statue sur le divorce, après avoir décidé que la prestation compensatoire est acquise dans son principe, puisse allouer une **provision sous forme de rente dans l'attente de la détermination du montant définitif de la prestation compensatoire**[11]. Cette provision est destinée à s'imputer ultérieurement sur ce dernier. Par le passé, la Cour de cassation a admis que la prestation définitive ne soit finalement pas accordée, auquel cas la prestation provisionnelle devait être restituée[12]. Mais il semble que, pour la première chambre, **l'expertise** ne puisse porter sur le principe d'une prestation, mais seulement sur ses **modalités**, ce qui, aux yeux de certains, signifie que « *le droit à prestation est définitivement acquis au moment du prononcé du divorce et qu'il ne saurait plus être remis en cause après les résultats de l'expertise au motif qu'en définitive, la disparité s'avérerait trop faible pour justifier une prestation* »[13]. La condamnation au paiement d'une prestation compensatoire provisionnelle est, par nature, une mesure provisoire, exécutoire de droit en application de l'article 524 alinéa 2 du Code de procédure civile[14].

Même si le créancier n'a pas sollicité de prestation compensatoire provisionnelle, le juge peut ordon-

1. Civ. 2e, 4 juin 1980, n° 79-11.758, *Bull. civ.* II, n° 128 – Civ. 2e, 15 oct. 1981, *Gaz. Pal.* 1982, 2, 489, note J.-M.; *JCP* 1982, IV, p. 5 – Civ. 2e, 25 juin 1986, *D.* 1987, somm. 47, obs. Bénabent – Civ. 2e, 1er avr. 1987, *Bull. civ.* II, n° 77; *JCP* 1987, IV, p. 201 – Civ. 2e, 18 oct. 1989, *Juris-Data* n° 1989-00-3616.
2. Civ. 2e, 14 juin 1989, *JCP* 1989, IV, p. 303; *D.* 1989, IR 198.
3. Civ. 2e, 26 avr. 1984, *Gaz. Pal.* 1984, 2, somm. 282, obs. Grimaldi.
4. Civ. 1re, 21 juill. 1987, *Defrénois* 1987, art. 34076, rapp. Sargos.
5. CA Aix-en-Provence, 12 juill. 1977, *D.* 1979, IR 168, obs. Groslière.
6. Com. 18 févr. 2004, n° 01-11.728, *Bull. civ.* IV, n° 33; *JCP* 2004, I, 176, n° 23, obs. Tisserand-Martin; *AJ fam.* 2004, 146, obs. Deis-Beauquesne; *LPA* 27 juill. 2004, note E. C.
7. CA Versailles, 5 juin 1979, *Gaz. Pal.* 1982, 2, somm. 305.
8. V. NOT., CA Versailles, 5 juin 1979, préc. ss prést n°.
9. V. J.-P. Claux, « L'article 1116 du Nouveau Code de procédure civile : le rôle du notaire », *AJ fam.* 2002, 60; « Mise en œuvre par le notaire de l'article 1116 du Nouveau Code de procédure civile », *AJ fam.* 2002, 375; « Le notaire, un médiateur du divorce ? » *AJ fam.* 2003, 57.
10. Civ. 1re, 30 sept. 2003, n° 01-17.462, *Bull. civ.* I, n° 193; *Dr. fam.* 2004, comm. 6, note L.-T.; *RJPF* 2004, n° 1, p. 17, note Garé – Civ. 1re, 29 sept. 2004, n° 02-15.723, NP; *Dr. fam.* 2004, comm. 204, note Larribau-Terneyre.
11. Civ. 2e, 6 févr. 1985, *D.* 1986, IR 112; *Defrénois* 1986, art. 33690, obs. Massip – Civ. 2e, 16 juill. 1987, n° 85-18.159, *Bull. civ.* II, n° 156; *D.* 1987, IR 181 – Civ. 1re, 27 avr. 2004, n° 02-10.051, NP; *Dr. fam.* 2004, comm. 102, note Larribau-Terneyre.
12. Civ. 2e, 5 mai 1986, *D.* 1987, somm. 47, obs. Bénabent.
13. EN CE SENS, V. Larribau-Terneyre, ss Civ. 1re, 27 avr. 2004, n° 02-10.051, NP; *Dr. fam.* 2004, comm. 102.
14. Civ. 1re, 28 mai 2008, n° 07-14.232, *Bull. civ.* I, n° 155; *Defrénois* 2008, art. 38829, obs. Massip; *Dr. fam.* 2008, comm. 120, obs. Larribau-Terneyre; *JCP* 2008, IV, 21; *JCP* 2009, I, 102, obs. Coutant-Lapalus.

ner une expertise avant dire droit à la demande de prestation compensatoire présentée par l'un des conjoints[1].

B. Déclaration sur l'honneur

134.191 Déclaration sur l'honneur - Vue d'ensemble. Selon l'article 272 du Code civil, « *dans le cadre d'une fixation d'une prestation compensatoire, par le juge ou par les parties, ou à l'occasion d'une demande de révision, les parties fournissent au juge une déclaration certifiant sur l'honneur l'exactitude de leurs ressources, revenus, patrimoine et conditions de vie* ». Cette disposition a été introduite par la loi du 30 juin 2000. Inscrite initialement à l'article 271 alinéa 2, la règle a été transférée par la loi du 26 mai 2004 à l'article 272. En outre, le décret n° 2004-1158 du 29 octobre 2004 est venu préciser que « *lorsqu'une prestation compensatoire est demandée au juge ou prévue dans une convention, chaque époux produit la déclaration sur l'honneur mentionnée à l'article 272 du Code civil* » (C. pr. civ., art. 1075-1). Dans l'esprit du législateur de 2000, cette déclaration sur l'honneur avait pour mission de **renforcer l'obligation de loyauté entre époux** et de faciliter la tâche de renseignements des juges. Dès sa mise en place, ce texte a suscité de nombreuses interrogations[2] auxquelles l'intervention législative de 2004 n'a pas répondu. La doctrine a été particulièrement sévère à l'encontre de cette déclaration qui, aux yeux de beaucoup, est **« inopportune, inapplicable et inutile »**[3]. Une circulaire émanant de la Chancellerie en date du 25 novembre 2002 intitulée « Bilan d'application de la loi n° 2000-596 du 30 juin 2000 relative à la prestation compensatoire » a tenté vainement de lui donner une âme. Une abondante jurisprudence de la Cour de cassation l'a, volontairement sans doute, vidée de sa substance.

134.192 Domaine de la déclaration sur l'honneur. Comme l'énoncent à la fois l'article 272 du Code civil et l'article 1075-1 du Code de procédure civile, cette déclaration s'applique aussi bien aux **prestations compensatoires fixées par le juge**, qu'à **celles prévues par les parties dans le cadre d'une convention.** On peut s'interroger sur l'utilité d'une telle déclaration au juge lorsque les parties ont convenu amiablement d'une prestation compensatoire. Toutefois, l'obligation est salutaire : elle donne un moyen au juge de s'assurer que la prestation conventionnelle est destinée à compenser une disparité de vie commune créée par la rupture du mariage. Le juge ne peut homologuer la convention et prononcer le divorce qu'après avoir vérifié que les intérêts de chacun des époux sont préservés (C. civ., art. 268).

134.193 Forme et contenu de la déclaration. La fourniture de la déclaration sur l'honneur ne requiert aucune forme[4]. Des formulaires circulent au sein des juridictions. La circulaire du 25 novembre 2002 propose un modèle de déclaration assez détaillée où le déclarant est invité à préciser ses ressources et ses besoins (sont visés tous les revenus que reçoit l'époux à l'exception des sommes perçues pour l'entretien des enfants et les prestations familiales), le contenu de son patrimoine (avec une estimation chiffrée de celui-ci), et les conditions de vie (existence par ex. d'un concubinage avec les revenus du nouveau compagnon).

Un décret n° 2002-1436 du 3 décembre 2002 a inséré un alinéa 2 à l'article 1075-2 du Code de procédure civile prévoyant que les époux doivent, à la demande du juge, « *justifier de leurs charges et ressources, notamment par la production de déclarations de revenus, d'avis d'imposition et bordereaux de situation fiscale.* »

134.194 Moment de la production. Si l'on s'en tient aux termes de la circulaire du 25 novembre 2002, la déclaration sur l'honneur doit être produite **lors de la première demande de prestation compensatoire**, que celle-ci soit formulée dans l'assignation ou dans les conclusions ultérieures. Dans le cadre d'un divorce sur requête conjointe, elle doit accompagner le **projet de convention définitive**. Dans le cadre d'une action en révision[5], la production de ce document doit intervenir **dès l'acte introductif d'instance.** En cours de procédure, les conclusions récapitulatives doivent faire apparaître les changements susceptibles d'être intervenus.

134.195 Valeur probante de son contenu. Si l'on a pu légitimement penser, à l'origine, que le juge serait tenu par le contenu de la déclaration[6], la Cour

1. Civ. 2e, 29 janv. 1997, n° 95-12.241, *Bull. civ.* II, n° 27; *Defrénois* 1997, art. 36690, 136, obs. Massip; *JCP* 1997, II, 22839, obs. Bénabent.
2. En particulier, v. H. Lécuyer, « La déclaration sur l'honneur », *Dr. fam.* 2003, chron. 6; « De la prestation compensatoire en général et de la déclaration sur l'honneur en particulier », *Dr. fam.* 2003, chron. 11.
3. H. Lécuyer, art. préc. s^s prés^t n°.
4. Civ. 1re, 22 mars 2005, n° 02-13.214, *Bull. civ.* I, n° 146; *D.* 2005, IR 1050; *D.* 2006, pan. 343, obs. Serra et Williatte-Pellitteri; *RJPF* 2005-6/24, obs. Garé; *JCP* 2005, II, 2045 – Civ. 2e, 23 janv. 2003, n° 01-02.682, *Bull. civ.* II, n° 9; *Dr. fam.* 2003, n° 72, obs. H. L.; *RTD civ.* 2003, 273, obs. Hauser (validité de la déclaration renvoyant aux écritures du déclarant).
5. Sur l'exigence de la production d'une déclaration sur l'honneur dans le cadre d'un procès en révision, v. CA Papeete, 31 juill. 2008, ch. civ., *Dr. fam.* 2008, comm. 172, note Larribau-Terneyre.
6. EN CE SENS, v. H. Lécuyer, « La déclaration sur l'honneur », art. préc.

de cassation ne lui a pas donné une telle portée : « *La cour d'appel a souverainement apprécié la valeur et la portée de la déclaration sur l'honneur qui lui était soumise* »[1]. Il faut donc considérer que le contenu ne lie pas le juge et cette obligation n'a d'autres objets que faciliter l'information du magistrat.

134.196 Sanctions attachées au défaut de production – Condition de recevabilité (non). L'article 272 alinéa 1er du Code civil ne fait pas de la déclaration sur l'honneur une condition de recevabilité de la demande de prestation compensatoire[2] (pour une confirmation[3]). L'article 271 alinéa 2 du Code civil (réd. antérieure à L. 26 mai 2004), ne subordonne pas à la production d'une déclaration sur l'honneur l'examen de la demande tendant au rejet d'une demande de prestation compensatoire, outre que ce demandeur apporte des éléments de nature à remettre en cause l'appréciation de la disparité par les premiers juges[4].

134.197 Obligation pour le juge de la demander (non). Dans un premier temps, la deuxième chambre civile de la Cour de cassation a tenté d'imposer cette déclaration en prévoyant que le juge invite les parties à fournir la déclaration à peine de nullité de la procédure[5]. Mais, dans un second temps, la première chambre civile de la Cour de cassation a pris le contre-pied de la seconde. Elle le fit, tout d'abord, en déchargeant indirectement le juge de l'obligation d'inviter les parties à produire la déclaration en l'absence d'un véritable incident de communication de pièces l'obligeant à enjoindre de produire cette déclaration; elle lui a permis en effet, en ce cas, de statuer en l'absence de cette déclaration (« *la cour d'appel n'avait pas à faire spécialement mention, dans son arrêt, de ce que la déclaration sur l'honneur avait été ou non produite* »[6]). Elle affirma, ensuite, plus directement, que l'article 272 alinéa 2 ne fait pas de la déclaration sur l'honneur une condition de recevabilité de la demande de prestation compensatoire; en l'espèce, l'épouse avait pu préférer ne pas produire cette déclaration alors même que son attention avait été attirée sur la nécessité de sa production par conclusions adverses, sans que pour autant sa demande de prestation compensatoire puisse être rejetée pour ce motif[7].

Un léger doute subsistait encore pour savoir si, en présence d'un véritable incident de communication de pièce, ayant conduit le juge de la mise en état à enjoindre à l'époux défaillant de produire la déclaration sur l'honneur, la non-production pourrait alors être sanctionnée. Il est désormais levé : le refus de produire la déclaration sur l'honneur en dépit d'une demande du conseiller de la mise en état ne peut conduire la cour d'appel à refuser l'examen de la demande de rejet de prestation compensatoire, alors que l'article 271 alinéa 2 du Code civil, dans sa rédaction antérieure à la loi du 26 mai 2004, « *ne subordonne pas à la production d'une déclaration sur l'honneur l'examen d'une telle demande* »[8]. Cette décision rendue sous l'empire du droit antérieur, s'applique de la même manière après l'entrée en vigueur de la loi du 26 mai 2004 puisque le texte n'a pas fait l'objet de modifications substantielles. Petit à petit, la Cour de cassation a donc vidé de sa portée l'obligation pour les époux de fournir cette déclaration, en ôtant toute sanction au défaut de production.

134.198 Recevabilité du recours en révision en cas d'omission volontaire d'un bien dans la déclaration sur l'honneur. Malgré l'absence de sanction en cas de défaut de production, la déclaration sur l'honneur demeure un **document essentiel** dans l'appréciation de la disparité de vie commune et dans l'évaluation du montant de la prestation compensatoire. Dès lors, que « *la dissimulation* [...] *de l'existence d'un patrimoine immobilier* [...] *était nécessairement déterminante dans la fixation de la prestation compensatoire* », il est normal que le recours en révision pour fraude sur le fondement de l'article 595 alinéa 1er du Code de procédure civile, en cas d'omission volontaire d'un bien dans la déclaration sur l'honneur, soit déclaré recevable[9].

1. Civ. 1re, 22 mars 2005, no 02-13.214, *Bull. civ.* I, no 146, préc. ss no 134.193.
2. Civ. 1re, 11 janv. 2005, no 02-19.016, *Bull. civ.* I, no 13; *D.* 2005, IR 243; *D.* 2006, pan. 342, obs. Serra et Williatte-Pellitteri; *AJ fam.* 2005, 144, obs. David; *RTD civ.* 2005, 370; 375, obs. Hauser; *RJPF* 2005-4/21, note Garé; *Dr. fam.* 2005, comm. 55, note Larribau-Terneyre; *RLDC* 2005/14, no 592, obs. Serra.
3. Civ. 1re, 23 mai 2006, no 05-17.533, *Bull. civ.* I, no 260.
4. Civ. 1re, 23 mai 2006, no 05-17.533, préc. ss prést no.
5. Sur les hésitations jurisprudentielles, v. Civ. 2e, 14 nov. 2002, no 00-19.819, no 01-03.392, 2 esp., *Bull. civ.* II, nos 254 et 255; *Defrénois* 2003, 618 – Civ. 2e, 28 mars 2002, no 00-18.187, *Bull. civ.* II, no 58; *Dr. fam.* 2002, comm. 71, note Lécuyer; *RTD civ.* 2002, 491, obs. Hauser.
6. Civ. 1re, 8 juill. 2003, no 01-15.829, *Bull. civ.* I, no 161; *Dr. fam.* 2003, comm. 119, note Lécuyer; *AJ fam.* 2003, 425, obs. David – V. Th. Garé, « Caractère obligatoire de la déclaration sur l'honneur, un pas en arrière », *RJPF* 2003, étude 10/23 – Civ. 1re, 12 mai 2004, no 03-12.061, NP; *Dr. fam.* 2004, comm. 121, note L.-T.
7. Civ. 1re, 11 janv. 2005, no 02-19.016, *Bull. civ.* I, no 13; *Dr. fam.* 2005, comm. 55, note L.-T.; *AJ fam.* 2005, 144, obs. David – CONTRA, CA Papeete, ch. civ., 31 juill. 2008, préc. ss no 134.194.
8. Civ. 1re, 23 mai 2006, no 05-17.533, *Bull. civ.* I, no 260; *Dr. fam.* 2006, comm. 146, obs. Larribau-Terneyre.
9. Civ. 2e, 12 juin 2008, no 07-15.962, *Bull. civ.* I, no 141; *Dr. fam.* 2008, comm. 138, note Larribau-Terneyre; *Defrénois* 2009, 38871, p. 2424, obs. Massip (en l'espèce, la femme avait sciemment omis d'indiquer qu'elle était propriétaire d'un studio pour lequel elle remboursait un emprunt).

CHAPITRE

135. Régime de la prestation compensatoire

HUBERT BOSSE-PLATIÈRE
MAÎTRE DE CONFÉRENCES
À L'UNIVERSITÉ DE DIJON

SECTION 0

ORIENTEUR

135.00 Plan du chapitre.

135.01 Textes applicables.

* V. s^{s} nº 134.01

135.02 Jurisprudence de référence.

> La prestation compensatoire présente un caractère judiciaire. Une convention de liquidation anticipée de

communauté ne peut contenir le versement d'une prestation compensatoire

• **Civ. 1re, 23 mars 1994, no 92-15.525,** *Bull. civ.* I, no 103

« La prestation compensatoire ne peut pas être fixée dans une convention de liquidation anticipée de communauté. »

* V. ss no 135.13

> Le juge doit évaluer le montant de la prestation compensatoire

• **Civ. 1re, 22 mars 2005, no 02-18.648,** *Bull. civ.* I, no 145

« Il résulte des articles 274 et 275 que le juge qui attribue l'usufruit d'un bien commun à titre de prestation compensatoire doit en fixer le montant. »

* V. ss no 135.71

> La prestation compensatoire ne peut être assortie d'une condition

• **Civ. 2e, 5 nov. 1986,** *Bull. civ.* II, no 158

« La prestation compensatoire ayant un caractère forfaitaire, ne peut être assortie d'une condition. »

* V. ss no 135.164

> Le juge peut combiner une prestation compensatoire sous forme de rente et une prestation compensatoire en capital

• **Civ. 1re, 16 mars 2004, no 01-17.757,** *Bull. civ.* I

« Les articles 274 et 276 du Code civil n'interdisent pas qu'une prestation compensatoire puisse être allouée sous forme d'un capital et d'une rente, à la double condition que cette allocation soit exceptionnelle et qu'elle soit spécialement motivée. »

* V. ss nos 135.15, 135.16 et 135.87

> Le conjoint survivant attributaire de la communauté dans le cadre d'une communauté universelle est tenu au paiement de la prestation compensatoire

• **Civ. 1re, 15 oct. 1996, no 94-19.418,** *Bull. civ.* I, no 350

« L'époux survivant, marié sous le régime de la communauté universelle et bénéficiaire de clause d'attribution intégrale, est tenu du service de la prestation compensatoire entrée en communauté du chef de son conjoint. »

* V. ss no 135.295

> La révision de la prestation compensatoire prend effet à la date de la demande de révision

• **Civ. 1re, 19 avr. 2005, no 03-15.511, no 03-16.604, 2 esp.,** Bull. civ. I, nos 194 et 195

« La prestation compensatoire judiciairement révisée, fixée en fonction du changement important dans les ressources du débiteur, prend effet à la date de la demande de révision. »

* V. ss nos 135.243et 135.253

> La substitution à la rente d'un versement en capital n'est pas subordonnée à un changement important dans les ressources et les besoins des parties

• **Civ. 1re, 31 mai 2005, no 03-12.217,** *Bull. civ.* I, no 233

« Le changement important dans les ressources et les besoins des parties n'est pas une condition de la substitution d'un capital à une rente. »

* V. ss nos 135.351 et 135.352

135.03 Bibliographie indicative.

* V. ss no 134.03

135.04 Questions essentielles.

> À quelles conditions, le juge peut-il fixer une prestation compensatoire sous forme de rente viagère ?

* V. ss nos 135.111 s.

> Les époux peuvent-ils convenir d'une prestation compensatoire sous forme de rente mensuelle d'une durée de dix ans ?

* V. ss no 135.13

> En cas de remariage ou de concubinage du créancier, le débiteur peut-il demander une révision de la prestation compensatoire ?

* V. ss no 135.253

> À quelles conditions, le débiteur peut-il demander la substitution d'une rente en capital ?

* V. ss no 135.351

> Le juge peut-il fixer une prestation compensatoire pour partie en capital et pour partie sous forme de rente ?

* V. ss no 135.16

> À quelle date prend effet la révision de la prestation compensatoire ?

* V. ss no 135.243

> Le mari a été condamné à verser une prestation compensatoire sous forme de rente viagère. Aujourd'hui son ex-épouse dispose de davantage de ressources que lui. Peut-il demander une révision du montant de la prestation ? À quelles conditions ?

* V. ss nos 135.253 s.

> Un ex-époux est redevable d'une prestation compensatoire sous forme de rente viagère à son ancienne épouse. Il vient à décéder. Ses enfants et sa seconde épouse sont-ils tenus de continuer à verser cette rente à la première épouse du défunt ? Et dans l'affirmative, comment se répartit la dette entre les héritiers ?

* V. ss nos 135.291 s., 135.295 et 135.323 s.

SECTION 1
FORMES DE VERSEMENT DE LA PRESTATION COMPENSATOIRE

§ 1
Présentation et évolution

135.11 Loi du 11 juillet 1975[1]**.** Parce qu'il souhaitait que la prestation compensatoire soit forfaitaire et définitive (C. civ., anc. art. 273), le législateur de 1975 avait posé pour principe que « *lorsque la consistance des biens de l'époux débiteur de la prestation compensatoire le permet, celle-ci prend la forme d'un capital* » (C. civ., anc. art. 274). La préférence

1. L. no 75-617, 11 juill. 1975, portant réforme du divorce, *JO* 12 juill., p. 7171.

législative était donc subordonnée à une condition : **la consistance des biens de l'époux devait permettre le versement d'un capital.**

Des raisons diverses se sont conjuguées pour entraver la réussite du versement en capital au profit de la rente.

Il faut, tout d'abord, noter une certaine **résistance de la pratique judiciaire**, qui s'est efforcée pendant de nombreuses années, de retrouver dans la rente subsidiaire de l'ancien article 276, la pratique éprouvée d'avant 1975 de l'ancienne pension alimentaire.

Il convient ensuite, de remarquer que **l'administration fiscale** a entravé l'emploi du capital en refusant de taxer au taux réduit les mutations portant sur les biens propres favorisant indirectement la prestation compensatoire sous forme de rente (CGI, anc. art. 757-A, sans doute en contradiction avec C. civ., anc. art. 280).

En outre, on peut aussi relever que beaucoup de créancières ont préféré le versement régulier et sûr constitué par une rente, que l'octroi immédiat mais dangereux d'un capital.

Enfin, la Cour de cassation, elle-même, n'est pas exempte de reproches. Elle n'avait pas suffisamment tenu la main des juges du fond, en se contentant d'affirmer qu'un juge « *en allouant une prestation compensatoire sous forme d'une rente, a nécessairement estimé que la consistance des biens de l'époux ne permettait pas de donner à cette prestation la forme d'un capital* »[1].

Il est vrai que ce qui est, depuis l'origine, reproché au versement en capital de la prestation compensatoire, c'est d'être inaccessible au plus grand nombre, parce qu'elle exige d'eux des capitaux. Mais, l'argument n'est pas toujours recevable : dans l'esprit de la loi de 1975, le plus grand nombre n'a pas besoin de prestation compensatoire, parce que souvent la rupture du mariage ne crée aucune disparité. Pour les époux, ceux qui peuvent épargner, il n'était peut-être pas si irréaliste de leur demander de **capitaliser leur versement, en une seule fois**, pour éviter les conflits d'après-divorce qui émaillaient le contentieux d'avant 1975. **L'emprunt et même l'assurance (divorce)** ont souvent été évoqués pour faciliter le jeu du versement en capital, mais la greffe n'a pas pris en France.

À partir des années 1990, avec la montée inexorable du chômage, la situation est devenue insupportable pour un certain nombre d'ex-époux débiteurs qui se trouvaient économiquement dans l'impossibilité de payer leur rente compensatoire et auxquels le droit civil refusait toute possibilité de révision. Il est vrai que, systématiquement, leur demande de révision à la baisse buttait sur le fameux article 273 du Code civil qui subordonnait la révision à « *des conséquences d'une exceptionnelle gravité* ».

La situation de ces ex-maris fut fort médiatisée et regroupés en *lobby*[2], ils obtinrent la loi du 30 juin 2000.

135.12 Loi nº 2000-596 du 30 juin 2000[3]**.** Paradoxalement, la loi nº 2000-596 du 30 juin 2000 rappelle avec force le **principe d'une prestation compensatoire** tout à fait **forfaitaire**, principe déjà énoncé par le législateur de 1975 mais si peu respecté par la jurisprudence. Logiquement ce principe emporte dans son sillage une préférence marquée du législateur pour la forme d'une **prestation en capital** à rebours sans doute de ce que demandaient les instigateurs de la réforme. Mais il est vrai qu'ils obtinrent davantage gain de cause sur le terrain de la **révision de la prestation compensatoire** (v. s^s^ n°s 135.201 s.).

La loi du 30 juin 2000 met en place un triptyque, avec un **ordre de préférence qui s'impose au juge** : le **capital à versement immédiat**, le **capital à versements étalés dans le temps sur une durée maximale de huit ans**, et à titre exceptionnel la **rente viagère**. Le modèle est, d'une certaine manière, assez éloigné de celui de 1975 et de la pratique judiciaire qui interdisait, en particulier la rente viagère et faisait la part belle aux rentes temporaires que le législateur a souhaité éradiquer au prétexte qu'elles étaient la cause des contentieux d'après-divorce. Mais d'un autre côté, la loi de 2000 constitue un retour aux sources, au principe de 1975 : la primauté de capital. Chemin faisant, la loi de 2000 a conservé ce qui constitue l'originalité la plus voyante de l'institution : l'idée d'une maintenance dont le versement est concentré, en principe, autour du jugement de divorce. En définitive, la loi de 2000, confirmée en 2004, a, pour briser les résistances, remodelé le **régime civil** mais aussi **fiscal** (v. s^s^ n°s 138.220 s.) **du capital et de la rente.**

135.13 Loi nº 2004-439 du 26 mai 2004[4] **et la généralisation des prestations compensatoires conventionnelles.** Une lecture un peu hâtive de la loi du 26 mai 2004 relative au divorce laisserait penser qu'en ce qui concerne les modalités de versement de la prestation compensatoire, les modifications sont mineures. Pourtant, à l'examen, les trans-

1. Civ. 2e, 24 févr. 1993, nº 91-15.169, NPT; *D.* 1994, 349, note Gaumont-Prat.

2. V. obs. Hauser, *RTD civ.* 2000, 552.
3. L. nº 2000-596, 30 juin 2000, relative à la prestation compensatoire en matière de divorce, *JO* 1er juill., p. 9946.
4. L. nº 2004-439, 26 mai 2004, relative au divorce, *JO* 27 mai, p. 9319.

formations apportées par la nouvelle loi[1] se révèlent importantes.

Elles résultent pour l'essentiel de la **généralisation des prestations conventionnelles à l'ensemble des cas de divorce** alors qu'elles étaient jusqu'à présent réservées au divorce sur requête conjointe, L'innovation est remarquable. En effet, les époux peuvent depuis le 1er janvier 2005, quelle que soit la procédure de divorce, « *pendant l'instance soumettre à l'homologation du juge des conventions réglant tout ou partie des conséquences* » (C. civ., art. 268). **La prestation compensatoire peut ainsi s'intégrer au règlement des intérêts pécuniaires des époux** et permettre de faciliter la liquidation et le partage des biens (v. ss n° 134.171).

Cette modification pourrait bien en pratique bouleverser considérablement les formes habituelles des prestations compensatoires, puisque, de toute part, la loi du 26 mai 2004 incite les époux, même dans les divorces contentieux, à trouver une solution consensuelle aux règlements des conséquences du divorce. En particulier, dés lors que la liquidation du régime est désormais pleinement intégrée à la procédure de divorce, il est très tentant d'incorporer la question de la prestation compensatoire aux aspects de liquidation et de partage (v. ss n° 134.171).

Rien n'interdit donc aux époux de s'affranchir des règles prévues pour les prestations compensatoires judiciaires. Ainsi sera-t-il possible aux époux, et dans n'importe quel divorce - y compris dans le divorce pour altération définitive du lien conjugal -, de convenir d'une prestation compensatoire sous forme de **rente temporaire** que le législateur de 2000 avait pourtant souhaité éradiquer (v. C. civ., art. 279-1 renvoyant à C. civ., art. 278). Ils pourront aussi prévoir que la prestation cessera à compter de la réalisation d'un événement déterminé (C. civ., art. 278).

La loi du 26 mai 2004 pourrait donc bien jouer comme un renversement de perspective à l'égard des formes de la prestation compensatoire. Alors que sous l'empire du droit antérieur, **les formes légales**, et uniquement celles-là, s'imposaient au juge, désormais, elles **n'auraient vocation à jouer que lorsque les époux ne se seront pas mis d'accord**, ce qui n'est pas sans soulever quelques interrogations.

En effet, si l'on peut comprendre la volonté du législateur de 2004 de rechercher, dans toute la mesure du possible, en droit de la famille, **une justice négociée plutôt qu'une justice imposée**, il convient également de remarquer que cette disponibilité permettra de donner à la prestation compensatoire des figures que la loi du 11 juillet 1975 et la loi du 30 juin 2000 interdisaient. Ainsi, par exemple, il est probable que les rentes temporaires, proscrites par la loi de 2000, seront vraisemblablement fort utilisées dans le cadre d'un règlement conventionnel, alors que la primauté du capital a toujours été un souci constant du législateur. Plus généralement, c'est la cohérence du système qui est mise à mal par ces nouvelles possibilités de **prestations compensatoires conventionnelles** puisqu'il sera difficile de justifier, demain, pourquoi le juge se trouve contraint d'utiliser les formes légales qui s'imposent à lui alors que les époux ont toute liberté pour aménager à leur guise les modalités d'exécution de la prestation.

On peut, toutefois, rétorquer, que, dans les divorces conflictuels, la recherche d'un accord est, par nature, difficile, et la généralisation, dans les faits, de prestations compensatoires conventionnelles qui s'échapperaient des formes légales, n'est pas inéluctable.

Il convient de rappeler que **la prestation compensatoire conserve un caractère nécessairement judiciaire** et que, dans le cadre d'une liquidation anticipée du régime matrimonial (C. civ., art. 265-2), les époux n'ont pas possibilité de fixer eux-mêmes, même dans une convention notariée, une prestation compensatoire[2].

Enfin, on peut également se demander si le juge aux affaires familiales (JAF) ne pourrait pas refuser d'homologuer de « *fausses prestations compensatoires* » conventionnelles dans le cas où il estime que la condition de fond, la disparité de vie commune créée par la rupture du mariage n'est pas remplie (l'article 278 *in fine* prévoit seulement que le juge refuse d'homologuer la convention si elle fixe inéquitablement les droits et obligations des parties).

Finalement et sous la seule réserve de l'homologation par le juge (C. civ., art. 278 et 268), les époux auront toute latitude pour fixer conventionnellement le montant, la forme et les modalités de la prestation compensatoire.

135.14 Caractère contraignant des prestations compensatoires judiciaires. Si les époux ne parviennent pas à un accord sur la prestation compensatoire, et notamment sur sa forme, **il appartient au juge de fixer la prestation compensatoire**. Il est alors tenu par des **règles impératives**, qui, pour la plupart, ont été réécrites par la loi n° 2000-596 du 30 juin 2000. Le législateur de 2004 n'a apporté que quelques retouches aux différentes formes judiciaires des prestations compensatoires. Ces contrain-

1. Sur laquelle, v. J. Rubellin-Devichi, « Le nouveau droit du divorce : aperçu rapide », *JCP* 2004, *act.* 251 ; H. Bosse-Platière, obs. *JCP* 2004, I, 167.

2. V. NOT., Civ. 1re, 23 mars 1994, n° 92-15.525, *Bull. civ.* I, n° 103 ; *Defrénois* 1994, p. 1090, obs. Massip.

tes concernent tant le choix entre capital et rente, que les diverses formes de prestation en capital que le juge peut imposer aux époux.

135.15 Articulation entre le versement en capital et le versement sous forme de rente. Alors qu'en 1975, la préférence législative pour un versement en capital était subordonnée à une condition : la consistance des biens de l'époux devait permettre le versement d'un capital. Depuis la loi du 30 juin 2000, ce n'est plus une préférence, c'est une **primauté**. Selon l'article 270 alinéa 2 du Code civil : « *Elle prend la forme d'un capital dont le montant est fixé par le juge* ». Et le nouvel article 276 du Code civil ne permet plus l'attribution de la prestation compensatoire sous forme de **rente** qu'« *à titre exceptionnel* [...] *par décision spécialement motivée, en raison de l'âge ou de l'état de santé du créancier ne lui permettant pas de subvenir à ses besoins* ».

Cette nouvelle articulation entre le capital et la rente, issue de la loi de 2000, est destinée à briser la jurisprudence antérieure de la Cour de cassation qui avait laissé aux juges du fond, en définitive, une assez grande liberté pour choisir entre le capital et la rente. Ce laxisme avait été vivement critiqué par la doctrine qui y voyait une négation de l'esprit de 1975 et une faveur cachée pour la rente. Ainsi la Cour de cassation avait admis que le juge était souverain pour effectuer le choix entre les deux formes[1]. Les juges étaient dispensés de motiver explicitement le choix entre une prestation en rente ou en capital : en condamnant un époux à verser une rente, ils avaient nécessairement estimé que la consistance des biens de l'époux débiteur ne permettait pas de donner à la prestation la forme d'un capital[2].

La liberté des juges du fond n'était toutefois pas totale. Dans les dernières applications de la loi de 1975, la Cour de cassation avait opéré un **revirement de jurisprudence**. En s'appuyant sur le principe du contradictoire (C. pr. civ., art. 16), elle avait interdit aux juges de recourir à des modalités non demandées de la prestation compensatoire sans provoquer les observations des parties[3] (*CONTRA*, jurisprudence antérieure où le juge, saisi d'une demande de prestation compensatoire sous forme de rente... n'était pas tenu de provoquer les explications des parties lorsqu'il décide d'allouer un capital[4]).

Il n'en demeurait pas moins que, contrairement aux vœux de 1975, **la rente était devenue dans les faits, le principe, et le capital l'exception.**

Depuis la loi n° 2000-596 du 30 juin 2000, confirmée par la loi de 2004, le versement d'une **rente** ne peut être prononcé qu'« *à titre exceptionnel* », exclusivement sous forme de **rente viagère**, et les contraintes procédurales qui pèsent désormais sur les magistrats sont énormes : **si le juge veut écarter le capital**, et prononcer à sa place une rente viagère, **il doit motiver sa décision spécialement** « *en raison de l'âge ou de l'état de santé du créancier ne lui permettant pas de subvenir à ses besoins* » (C. civ., art. 276).

Avec une telle rédaction, la Cour de cassation dispose dorénavant des moyens juridiques pour imposer le **respect de la hiérarchie capital/rente** aux juridictions du fond. Le caractère exceptionnel de la rente montre suffisamment que dans l'esprit du législateur de 2000, celle-ci ne devrait plus se rencontrer que de façon résiduelle.

Les premières décisions montrent d'ailleurs à quel point la Cour de cassation entend veiller scrupuleusement à **l'exigence de motivation**[5]. Le juge doit motiver au regard des motifs précisés par l'article 276 du Code civil (v. s^s n° 135.121).

En revanche, lorsqu'il s'agit de refuser d'accorder une prestation compensatoire sous forme de rente viagère, le pouvoir des juges du fond reste souverain : leur refus n'a pas à être motivé, le refus échappe à tout contrôle de la Cour de cassation[6]. Le principe est bien le capital.

135.16 Prestations compensatoires mixtes. Dès les premières années d'application de la loi du 11 juillet 1975, la question s'est posée de savoir si le juge pouvait prononcer des prestations compensatoires mixtes, **pour partie en capital et pour partie en rente.** Il est vrai que la technique est très

1. Civ. 2e, 1er avr. 1987, n° 85-18.368, *Bull. civ.* II, n° 77 – Civ. 2e, 14 oct. 1987, n° 86-15.182, *Bull. civ.* II, n° 197; *RTD civ.* 1989, 56, obs. Rubellin-Devichi – Civ. 2e, 2 déc. 1987, *Defrénois* 1989, art. 35548, obs. Massip – Civ. 2e, 7 juin 1990, n° 89-14.280, NPT – CA Aix-en-Provence, 7 sept. 1995, *Juris-Data* n° 1995-05-3478.
2. Civ. 2e, 24 févr. 1993, n° 91-15.169, NPT; *D.* 1994, J. 349, note Gaumont-Prat.
3. Civ. 2e, 2 juill. 1997, n° 95-15.998, NPT; *Dr. fam.* 1997, comm. 167, note Lécuyer – Civ. 2e, 29 avr. 1998, n° 95-17.022, NP; *Dr. fam.* 1998, comm. 100, note Lécuyer – Civ. 2e, 7 oct. 1999, n° 98-10.329, *Bull. civ.* II, n° 152; *Dr. fam.* 2000, comm. 9, obs. Lécuyer – Civ. 2e, 9 mars 2000, n° 98-16.791, NPT; *RJPF* 2000, 5/19, obs. Guerder.
4. Civ. 2e, 19 févr. 1997, n° 93-15.994, *Bull. civ.* II, n° 45; *Dr. fam.* 1997, comm. 84, note Lécuyer.
5. V. NOT., Civ. 1re, 28 oct. 2003, n° 01-17.176, NPT (1re esp.) – Civ. 1re, 13 nov. 2003, n° 02-13.386, NPT (2e esp.) – Civ. 1re, 9 déc. 2003, n° 01-16.796, NP (3e esp.); *AJ fam.* 2004, 64, obs. David – Civ. 2e, 23 janv. 2003, n° 01-01.072, *Bull. civ.* II, n° 10; *Defrénois* 2003, p. 1085, obs. Massip; *RTD civ.* 2003, 275, obs. Hauser – Civ. 1re, 23 avr. 2003, n° 01-11.108, *Bull. civ.* I, n° 96; *Dr. fam.* 2003, comm. 71, note Lécuyer; *RJPF* 2003, 7-8/23, obs. Garé; *RTD civ.* 2003, 485, obs. Hauser – Civ. 1re, 16 mars 2004, n° 01-17.757, *Bull. civ.* I, n° 87; *RTD civ.* 2004, 273, obs. Hauser; *Dr. fam.* 2004, comm. 74, note Larribau-Terneyre.
6. Civ. 1re, 3 févr. 2004, n° 02-11.917, *Bull. civ.* I, n° 31; *Dr. fam.* 2004, comm. 51, obs. Larribau-Terneyre; *AJ fam.* 2004, 239, obs. David.

commode car elle permet d'assurer au créancier, selon une formule imagée, à la fois le gîte et le couvert. Pour des femmes créancières d'un certain âge en face de débiteur sans grand moyen financier, la formule présentait de nombreux avantages. La Cour de cassation avait validé le procédé[1].

La loi du 30 juin 2000, en rigidifiant les différentes modalités de versement, a verrouillé le système, et la **combinaison du capital et de la rente** a été **condamnée** au prétexte que les modalités prévues aux articles 274 et 276 du Code civil sont **alternatives** et **non cumulatives**[2]. Malgré une fronde de certaines juridictions du fond et une critique unanime de la doctrine[3], la Cour de cassation ne fléchit pas[4].

Pressée de toute part, le 16 mars 2004, la Cour de cassation fit marche arrière, ou plus exactement, la première chambre civile de la Cour de cassation pris le contre-pied de la deuxième, en affirmant que les articles 274 et 276 du Code civil n'interdisent pas qu'une prestation compensatoire puisse être allouée sous forme d'un capital et d'une rente, à la **double condition** que cette **allocation** soit **exceptionnelle** et qu'elle soit **spécialement motivée**[5].

La Cour de cassation ne fit, en définitive, que devancer la souplesse et le réalisme qui ont prévalu en 2004, puisque loi n° 2004-439 du 26 mai 2004, a prévu expressément la possibilité d'une telle combinaison à l'article 276 alinéa 2 du Code civil : « *Le montant de la rente peut-être minoré, lorsque les circonstances l'imposent, par l'attribution d'une fraction en capital parmi les formes prévues à l'article 274* ».

1. Civ. 2e, 13 nov. 1981, *Bull. civ.* 1981, II, n° 195; *JCP* 1982, IV, p. 39; *Gaz. Pal.* 1982, 491, note J. M. – Civ. 2e, 10 mai 1991, n° 90-11.191, NPT – Civ. 2e, 24 mai 1991, n° 90-12.470, NPT – CA Bordeaux, 12 mai 1993, *Juris-Data* n° 1993-04-1807 – CA Toulouse, 5 juill. 1995, *Juris-Data* n° 1995-05-2608.
2. Civ. 2e, 10 mai 2001, n° 99-19.898, *Bull. civ.* II, n° 187; *RTD civ.* 2001, 569, obs. Hauser; *JCP* 2002, I, 101, obs. Bosse-Platière.
3. EN PARTICULIER, v. J. Hauser, « Les formes de la prestation compensatoire », *Dr. et patr.* n° 110, déc. 2002, p. 57 – V. AUSSI, CRIT. : Lécuyer, *Dr. fam.* 2002, 27; Massip, *Defrénois* 2002, 1159; David, *AJ fam.* 2002, 341.
4. Civ. 2e, 11 avr. 2002, n° 00-15.060, NPT; *Dr. fam.* 2002, comm. 127, note Lécuyer – Civ. 2e, 28 mars 2002, n° 00-21.071, *Bull. civ.* II, n° 57; *D.* 2002, IR 1324; *Defrénois* 2002, 1159, obs. Massip; *AJ fam.* 2002, 181, obs. D.-B.; *Dr. fam.* 2002, n° 61, obs. H. L.; *RTD civ.* 2002, 493, obs. Hauser – Civ. 2e, 26 sept. 2002, n° 01-01.925, *Bull. civ.* II, n° 187; *AJ fam.* 2002, 382, obs. David – Civ. 2e, 12 déc. 2002, n° 00-15.470, NP; *AJ fam.* 2003, 104, obs. S. D. – V. ENCORE, Civ. 2e, 23 janv. 2003, n° 00-21.667, NP.
5. Civ. 1re, 16 mars 2004, n° 01-17.757, *Bull. civ.* I, n° 87; *D.* 2004, 2254, note Mirabail; *RJPF* 2004-5/22, obs. Garé; *RTD civ.* 2004, 273, obs. Hauser; *AJ fam.* 2004, 184, obs. David; *Dr. fam.* 2004, comm. 74, note Larribau-Terneyre; *JCP* 2004, I, 1167, obs. Bosse-Platière.

Il convient toutefois de bien mesurer la portée de l'assouplissement. Il reste très encadré parce que le législateur ne souhaite pas que par le biais de cette combinaison se trouve réintroduite des rentes temporaires.

La possibilité d'un tel cumul est donc soumise, en premier lieu, à la condition que les « *circonstances l'imposent* » ce qui ne manquera pas de nourrir du contentieux.

En second lieu, **il ne peut s'agir que d'une rente viagère**. Or, le juge ne peut la prononcer, comme toutes rentes viagères, qu'à titre **exceptionnel**, et lorsque les circonstances liées à **l'âge** et à **l'état de santé du créancier** le justifient (v. C. civ., art. 276, al. 1er). Ces considérations limitent d'autant la possibilité d'une telle mixité. Elles avaient, d'ailleurs déjà été posées dans l'arrêt rendu par la Cour de cassation, le 16 mars 2004, et en l'espèce, la décision d'appel avait été cassée pour ne pas avoir respecté les impératifs de motivation posés par l'article 276 Code civil dès lors que la prestation est pour partie ou pour le tout sous la forme d'une rente viagère.

Les solutions admises par la loi de 2004 ne sont toutefois guère cohérentes.

De telles contraintes pesant sur le juge ne sont guère admissibles dès lors que la même loi a ouvert toutes grandes les portes à des prestations compensatoires conventionnelles où les parties ont toute latitude pour prévoir des prestations compensatoires mixtes, pour partie en capital et pour partie en rente, éventuellement temporaire (C. civ., art. 278).

En outre, et surtout, le législateur a ajouté un article 275-1 au Code civil qui autorise le juge à **combiner** du **capital immédiatement versé** avec du **capital versé sous forme de versement périodique dans la limite de huit années.** « *Les modalités de versement prévues au premier alinéa 275 ne sont pas exclusives de versement d'une partie du capital dans les formes prévues à l'article 274* » (C. civ., art. 275-1). Une telle possibilité constitue une admission, à peine déguisée, aux **prestations compensatoires mixtes d'avant 2000**, avec une partie versée sous forme de « *quasi-rentes temporaires* ». Les apparences sont, cependant, sauves : même après la loi de 2004, les rentes temporaires restent exclues.

135.17 Passerelle : d'une rente à un capital. La faveur pour le capital se poursuit par la **possibilité de convertir la rente en capital**. Aux termes de l'article 276-4 du Code civil, issu de la loi la loi n° 2000-596 du 30 juin 2000, le **débiteur** d'une prestation compensatoire sous forme de rente peut, à tout moment, saisir le juge d'une demande de substitution d'un capital à tout ou partie de la rente. Cette faculté de conversion est aussi ouverte au **créancier** dès lors qu'il établit qu'une modification de la situation du débiteur permet cette substitution, notamment lors de la liquidation du régime matrimonial. La loi n° 2000-596 du 26 mai 2004 a modifié l'article 276-4 du Code civil en permettant que la conversion ne porte que **sur une partie de la rente.** Elle a renforcé les contraintes qui pèsent sur le juge : le **refus du juge de substituer un capital à tout ou partie de la rente** doit être spécialement **motivé.**

La loi du 26 mai 2004 a introduit, à l'article 280 alinéas 2 et 4, une autre forme de conversion en cas de décès du débiteur, automatique cette fois-ci, de la rente en capital : « *lorsque la prestation compensatoire a été fixée sous forme d'un capital payable dans les conditions de l'article 275, le solde de ce capital indexé devient immédiatement exigible* » et si elle est fixée « *sous forme de rente, il lui est substitué un capital immédiatement exigible* ».

Ces nouvelles passerelles forcées s'expliquent par la volonté du législateur d'éviter que les héritiers n'entretiennent des relations juridiques jusqu'à la fin de la vie du créancier, ce qui pourrait susciter inutilement du contentieux. En outre, le nouvel article 280 du Code civil se justifie pleinement puisque la loi de 2004 a décidé de **cantonner aux forces de la succession la dette de prestation compensatoire.**

Le système n'est toutefois pas bloqué : les héritiers ont la possibilité, en cas de décès, de maintenir le versement sous forme de rente, sans doute parce que dans certains cas, la conversion automatique d'une rente en capital se révèlera impossible financièrement. Ce **maintien de la forme de la prestation qui incombait au débiteur** est soumis à des **conditions** particulières (v. s^s n° 135.313) et présente un effet dangereux pour les héritiers : ils sont tenus de payer la prestation sur leurs deniers personnels en cas d'insuffisance de l'actif successoral (v. s^s n° 135.311).

Enfin, un décret n° 2004-1157 du 29 octobre 2004 pris en application des nouveaux articles 276-4 et 280 du Code civil[1], précise, de manière très détaillée, les **modalités de substitution totale ou partielle** d'un capital à une rente allouée au titre de la prestation compensatoire (v. s^s n°s 135.341 s.).

§ 2
Principe : le versement immédiat en capital

135.21 Primauté du capital et ses différentes modalités. Si aux termes de l'article 270 alinéa 2 du Code civil, la règle est affirmée d'un ton quasi comminatoire pour le juge, « *elle prend la forme d'un capital dont le montant est fixé par le juge* », en vertu de l'article 274 du Code civil, le juge conserve une certaine liberté dans les **modalités d'exécution du capital** qui peut prendre les formes suivantes :

1° versement d'une somme d'argent;

2° attributions de biens en propriété ou d'un droit temporaire ou viager d'usage, d'habitation ou d'usufruit.

Les pouvoirs du juge dans le choix de telle ou telle modalités sont considérables.

135.22 Suppression du dépôt de valeur entre les mains d'un tiers. La loi n° 2004-439 du 26 mai 2004 a supprimé, parmi les différentes modalités d'exécution, la possibilité d'un dépôt de valeurs productif de revenus entre les mains d'un tiers chargé de verser les revenus à l'époux créancier. Cette forme n'était pratiquement jamais utilisée par les juges. C'était pourtant une modalité originale, qui avait été mise en place dès 1975, et qui bénéficiait d'un **régime fiscal neutre.** L'article 275 alinéa 1er, 3° prévoyait que « *la prestation compensatoire peut être acquittée par le dépôt de valeurs productives de revenus entre les mains d'un tiers chargé de verser les revenus à l'époux créancier de la prestation, jusqu'au terme fixé.* »

Ce procédé inspiré du **trust anglo-saxon**, présentait l'avantage de ne pas déposséder l'époux débiteur de la prestation compensatoire, qui restait propriétaire des valeurs frugifères en dépôt. **Le tiers dépositaire** (banquier, agent de change, notaire...) était seulement **chargé de gérer et de verser les revenus** à l'époux créancier, jusqu'au terme convenu. La formule présentait le double intérêt de combiner d'une part un **versement unique** du côté du débiteur, écartant ensuite le contentieux irritant lié au non-versement, et d'autre part, des **versements réguliers** du côté du créancier, qui apprécie souvent cette sécurité, et le fait de ne pas avoir le souci de gérer un capital. La greffe n'a pas pris, peut-être parce que les banques n'ont pas joué le jeu.

A.
Versement de somme d'argent

135.31 Versement sous forme d'une somme d'argent. Le versement d'une somme d'argent est la forme la plus simple (C. civ., art. 274, 1°) et reste couramment, usité. La formule n'est toutefois pas sans inconvénient : le débiteur n'a pas toujours les liquidités nécessaires et le créancier perd l'assurance d'une rente régulière. Parfois, le débiteur est obligé de vendre un bien pour que le produit en soit attribué au créancier. Parfois, le créancier doit modérer ses dépenses.

1. V. S. Thouret, « La substitution d'un capital à la rente de prestation compensatoire : le décret n° 2004-1157 du 29 octobre 2004 », *JCP* 2004, *act.* 597; *JCP N* 2004, « en bref » 246; *JCP* 2005, I, 116, obs. Bosse-Platière.

En principe, le versement doit être effectué **en une seule fois.** Toutefois, « *lorsque le débiteur n'est pas en mesure de verser le capital* » (C. civ., art. 275) sous la forme d'un versement unique, le juge peut, depuis la loi n° 2000-596 du 30 juin 2000, fixer « *les modalités de paiement du capital, dans la limite de huit années, sous la forme de versement* "périodiques" *indexés selon les règles applicables aux obligations alimentaires* ».

Ce « capital-renté » prend la forme d'un versement régulier sous forme de sommes d'argent (v. s[s] n° 135.81).

B. Attribution de biens

135.40 **Attribution de biens.** La loi du 11 juillet 1975 avait prévu l'abandon de biens en nature, meubles ou immeubles, mais pour **l'usufruit** seulement. Le juge ne pouvait imposer un abandon de **biens en pleine propriété.** La loi du 30 juin 2000 l'a autorisé, ainsi que l'abandon de **biens en nature pour l'usage et l'habitation.** La loi du 26 mai 2004 a apporté quelques modifications au texte, mais elles concernent davantage les modalités d'exécution du capital que les formes elles-mêmes. En outre, la dernière loi a substitué au terme d'abandon, celui **d'attribution.** Il existe donc désormais, entre les mains des juges, trois formes d'attribution de biens : en propriété, sous la forme d'un droit temporaire ou viager d'usage et d'habitation, et en usufruit (C. civ., art. 274, 2°). Dans tous les cas, le jugement opère **cession forcée** en faveur du créancier. L'abandon de biens en nature, meubles ou immeubles, peut être ordonné par le juge, selon les modalités prévues à l'article 274, 2° du Code civil, sans avoir à requérir l'accord du débiteur[1].

1° En pleine propriété

135.41 **Attribution en pleine propriété.** Depuis la loi du 30 juin 2000, le juge peut imposer à l'époux débiteur l'attribution d'un bien en règlement d'une prestation compensatoire en pleine propriété. Cette **attribution judiciaire** peut naturellement porter sur des **biens communs** ou sur des **biens indivis** mais également sur des **biens propres ou personnels** de l'époux débiteur. C'est sur ce dernier point que les critiques ont été les plus vives : l'innovation a été jugée, aux yeux de beaucoup, comme réalisant une « *véritable expropriation pour cause d'utilité privée* »[2], dont la compatibilité avec la Convention européenne des droits de l'homme était pour le moins incertaine[3].

La loi du 26 mai 2004 a maintenu cette possibilité, mais en la limitant : **l'accord de l'époux débiteur est requis pour l'attribution en propriété de biens qu'il a reçus par donation ou succession** (C. civ., art. 274, 2° *in fine*). L'ajout en toute fin de discussion parlementaire vise à défendre le vieux **principe de conservation des biens dans les familles.** Pour les biens où l'atteinte au droit de propriété aurait été la plus sensible, le législateur de 2004 a préféré exiger l'accord de l'époux débiteur. N'aurait-il pas mieux valu laisser au juge, plutôt qu'au débiteur, le soin de décider si la nécessité de conserver le bien dans la famille est de nature à empêcher une telle attribution ? Mais le juge pourra toujours attribuer le bien en usufruit (v. s[s] n° 135.51). On peut même se demander si l'atteinte au droit de propriété n'aurait pas commandé d'exiger ce consentement dans tous les cas et pas seulement pour les biens propres reçus par donation ou succession (C. civ., art. 1405)[4].

C'était d'ailleurs la solution admise avant la loi du 30 juin 2000[5]. Un tel abandon devait être accepté, non seulement par le débiteur de la prestation compensatoire mais aussi par le créancier[6] ou si les époux le décidaient, en cas de divorce sur requête conjointe dans le cadre de la convention soumise à homologation.

Dorénavant, même à défaut d'accord des parties, le juge est autorisé à décider de l'abandon d'un bien en propriété : l'accord de l'époux débiteur n'est exigé que pour l'attribution en propriété de biens que ce dernier a reçus par donation ou succession.

1. Civ. 2e, 29 sept. 1982, n° 81-14.485, *Bull. civ.* II, n° 115.
2. V. J. Massip, « La réforme des prestations compensatoires », *Defrénois* 2000, art. 37267, p. 1329.
3. V. A. Bénabent, « Nouvelle prestation compensatoire en nature : compatibilité avec la Convention européenne des droits de l'homme ? », *D.* 2001, chron. 1036.
4. Civ. 1re, 12 nov. 2009, n° 08-19.166, *Bull. civ.* I, n° 225; *JCP* 2010, chron. « droit de la famille », 34, n° 14, obs. Bosse-Platière; *Dr. fam.* 2010, comm. 15, obs. L.-T : cassation d'une décision qui exige le consentement du mari débiteur pour l'attribution d'un bien propre appartenant à ce dernier avant le mariage – V. AUSSI, l'attribution, à titre de prestation compensatoire, en pleine propriété du bien immobilier constituant le domicile conjugal, en partie composé par un propre appartenant au mari débiteur, sans l'accord de ce dernier : Civ. 1re, 31 mars 2010, n° 09-13.811, *Bull. civ.* I; *Dr. fam.* 2010, comm. 76, obs. L.-T.
5. Civ. 2e, 18 mars 1981, n° 80-11.168, *Bull. civ.* II, n° 64 – CA Paris, 10 nov. 1978, *D.* 1979, 128, note Massip – Civ. 2e, 18 mars 1998, n° 96-11.389, *Bull. civ.* II, n° 89; *D.* 1998, IR 100 (le juge ne peut imposer au débiteur un abandon en pleine propriété).
6. Civ. 2e, 11 mars 1982, *D.* 1982, IR 266; *Defrénois* 1983, art. 33022, n° 4, obs. Massip – CA Amiens, 11 juin 1979, *JCP* 1980, II, 19294, note Dagot – CA Versailles, 23 mai 1980, *Gaz. Pal.* 1984, 1, somm 32.

Le plus souvent, l'attribution en propriété se réalise sur **un immeuble commun ou indivis**[1].

Par ex. prestation par abandon de la part du mari sur un immeuble commun évalué à 145 000 euros[2]; prestation de 150 000 euros, abandon du bien commun estimé à 230 000 euros[3]; abandon de part sur un immeuble indivis et injonction de conclure sur les modalités d'un versement complémentaire[4].

135.42 Effet de l'attribution en propriété : le bénéficiaire peut librement disposer du bien. Le plus souvent cet effet ne soulève aucune difficulté juridique, il est la simple conséquence de l'attribution en pleine propriété. Il est une hypothèse où les époux dans le cadre d'une convention de divorce, ou le juge, devront toutefois être prudents : **lorsque le bien attribué à titre de prestation compensatoire provient d'une donation dans laquelle une clause d'interdiction d'aliéner a été insérée.** Dans cette situation, lorsque le bénéficiaire vend le bien, la sanction réside dans la révocation de la donation pour inexécution des charges et conditions (C. civ., art. 953). Elle a pour effet d'anéantir rétroactivement la donation, et le bien donné est censé n'être jamais sorti du patrimoine du donateur.

Or, **l'attribution judiciaire d'un bien à titre de prestation compensatoire ne lève aucunement le jeu de la clause** et le donateur bénéficie contre les tiers détenteurs des immeubles donnés, de tous les droits qu'il aurait contre le donataire lui-même (C. civ., art. 954).

Une solution consiste pour les époux ou pour le juge à obtenir dans le jugement une **renonciation de la part du donateur à l'interdiction d'aliéner.** À défaut, il convient de déconseiller d'attribuer un bien dont l'origine est une donation, à titre de prestation compensatoire.

135.43 Nature juridique de cette attribution en pleine propriété. On peut s'interroger pour savoir quelle est la véritable nature de cette attribution judiciaire[5].

Lorsque l'attribution porte sur un **bien commun ou indivis**, la décision du juge présente certaines caractéristiques de l'attribution préférentielle. Comme l'attribution préférentielle, le bien judiciairement abandonné au titre de l'attribution serait alors une modalité de partage judiciaire. On peut douter de l'exactitude de cette analyse. L'attribution du bien à titre à de prestation compensatoire se réalise gratuitement sans versement de soultes, ce qui est contraire au mécanisme de l'attribution préférentielle en propriété. En outre, selon l'article 274, 2°, le jugement fixant la prestation compensatoire « *opère cession forcée en faveur du créancier* », ce qui signifie que l'on se trouve en présence d'un **jugement translatif et non déclaratif de propriété** comme peut l'être un jugement d'attribution préférentielle.

Il serait sans doute plus rigoureux de considérer que le règlement de la prestation compensatoire est étranger aux opérations de partage de la communauté ou de l'indivision, malgré le terme d'attribution désormais utilisé par la loi, depuis 2004. L'attribution judiciaire d'un bien commun ou indivis à titre de prestation compensatoire aurait les mêmes effets qu'une **clause de préciput** dans un contrat de mariage[6] : le conjoint est autorisé – mais ici judiciairement – à prélever sur la communauté ou sur la masse indivise, avant tout partage, un certain bien au titre de la prestation compensatoire (comp. C. civ., art. 1515). La prestation compensatoire s'apparenterait alors à un **avantage matrimonial.** L'explication ne serait pas sans fondements : la prestation compensatoire, comme l'avantage matrimonial, ne constitue pas une donation (l'époux débiteur a une dette l'égard de son conjoint créancier qui est née du mariage lui-même) et a toutes les apparences d'un **gain de survie**, non plus ici de la veuve mais **du conjoint divorcé.**

En revanche, lorsque l'attribution porte sur un **bien propre**, il est plus délicat, *a priori*, d'analyser l'attribution comme un avantage matrimonial, encore que le caractère onéreux de l'opération ne fait guère de doute. Si l'époux a la faculté de se faire attribuer un bien propre appartenant à son conjoint, c'est parce que ce dernier a été reconnu judiciairement débiteur d'une dette à l'égard de celui-ci.

2°
En usufruit

135.51 Attribution de biens en usufruit. L'attribution de bien en usufruit est autorisée depuis 1975, et elle demeure possible après les lois de 2000 et de 2004 (C. civ., art. 274, 2°).

La formule est intéressante pour le bénéficiaire puisque, lorsque l'attribution porte sur un immeuble, elle assure parfaitement cette idée de **mainte-**

1. Pour des ex. nombreux, v. CA Paris, 23 mai 2001, *JCP* 2002, I, 101, obs. Bosse-Platière.
2. CA Nîmes, 26 janv. 2005, *Juris-Data* n° 284800.
3. CA Paris, 23 avr. 2003, *Juris-Data* n° 221407.
4. CA Amiens, 12 févr. 2003, *Juris-Data* n° 209590.
5. V. les développements de M.-P. Murat-Sempietro et V. Trambouze, *Le divorce après la loi du 26 mai 2004*, « Pratique professionnelle », LexisNexis/Litec, 2006, n°s 384 s.
6. EN CE SENS, v. Massip, *Defrénois* 1999, art. 34464, p. 107, obs. s^s^ Civ. 2e, 3 nov. 1988, n° 87-11.018, n° 87-11.394, *Bull. civ.* I, n° 299 – M. Peisse, « Biens communs, liquidation matrimoniale et prestation compensatoire », *Gaz. Pal.* 27 avr. 2000, n° 118, 42 – Obs. Maman, s^s^ CA Toulouse, 24 avr. 2007, *Dr. fam.* 2007, comm. 148.

nance qui fonde le droit à prestation compensatoire. Mieux, si l'usufruit a pour objet le **logement de la famille**, le bénéficiaire est assuré de conserver son cadre de vie jusqu'à la fin de ses jours.

Mais cette solution présente aussi ses **inconvénients**. Elle crée des relations juridiques de nu-propriétaire à usufruitier entre deux personnes qui « *aspirent à fuir leur passé* ». On devine que certaines dépenses peuvent aisément faire naître un contentieux inutile comme les « grosses réparations » qui demeurent à la charge de l'ex-époux débiteur nu-propriétaire. En outre, le nu-propriétaire ne peut vendre le bien sans l'accord de l'usufruitier et même le juge ne peut passer outre cet accord (C. civ., art. 815-5, al. 2[1]). Enfin, statistiquement, l'ex-époux débiteur est plus fréquemment l'ancien mari, et il n'est pas sain, pour lui, d'attendre le décès de son ancienne épouse, dont l'espérance de vie est plus longue, pour recouvrer la pleine propriété du bien.

Elle demeure toutefois **fréquemment utilisée**. Il peut s'agir d'un bien meuble (par ex., les meubles meublants le logement, pour l'abandon de l'usufruit d'un fonds de commerce[2]) ou immeuble, et il importe peu que ce bien soit propre à l'époux débiteur ou commun puisque la loi ne distingue pas[3]. En pratique, c'est souvent l'immeuble destiné à servir de logement à la créancière de la prestation, et qui servait jusqu'alors de **logement de la famille**[4].

Toutefois la Cour de cassation a considéré que l'attribution à la femme de l'usufruit de l'immeuble commun ne peut être ordonnée si cet immeuble a été acquis récemment au moyen d'emprunts dont le remboursement est à la charge du mari[5].

L'abandon d'usufruit peut être **limité dans le temps**, ce qui peut-être pratique pour diminuer ses effets négatifs[6] (abandon par le mari de sa part d'usufruit sur l'immeuble commun jusqu'à la vente de celui-ci à intervenir dans les dix ans de la signification de la décision de divorce[7]; attribution de l'usufruit d'une partie d'un immeuble commun pendant la durée d'exploitation d'un fonds de coiffure et au plus tard jusqu'aux soixante ans de l'usufruitier[8]).

En l'**absence de précision** quant à la durée de l'abandon de l'usufruit, celui-ci est nécessairement fixé pour la **durée de la vie de son attributaire**[9]. Il est donc opportun de bien préciser la date d'échéance de l'usufruit afin d'éviter toute discussion sur point.

L'usufruit attribué sans limitation de temps permet à son attributaire soit de jouir personnellement du bien, soit de le donner à bail[10].

La loi du 26 mai 2004 a consacré cette possibilité pour les époux ou le juge de limiter dans le temps puisque l'article 274, 2° énonce expressément cette possibilité (« Attribution [...] d'un droit temporaire [...] »).

3°
En nature

135.61 Attributions d'un bien en nature pour l'usage et l'habitation. La loi n° 2004-439 du 26 mai 2004 prévoit la possibilité pour le juge d'attribuer, à titre de prestation compensatoire, un bien en nature, pour l'usage et l'habitation. La loi prend le soin de préciser qu'il peut s'agir « *d'un droit temporaire ou viager d'usage, d'habitation...* » (C. civ., art. 274, 2°).

Cette solution n'est pas nouvelle. Dans la mesure où le droit d'usage et d'habitation s'analyse comme un « *sous-usufruit* »[11], la jurisprudence antérieure admettait déjà une telle possibilité. Les seules différences avec l'usufruit (C. civ., art. 631 à 634) se concentrent sur son **incessibilité** et son **insaisissabilité**. Il en résulte pour l'essentiel que l'époux créancier bénéficiaire d'un droit d'usage et d'habitation à titre de prestation compensatoire **ne peut louer le bien sur lequel porte ce droit**, à la différence d'une attribution en usufruit[12].

Il appartient donc aux parties et au juge d'être particulièrement vigilants sur l'utilisation des termes employés : ainsi a-t-il été jugé que ne constitue pas un simple doit d'usage mais un usufruit, l'attribution de la jouissance du pavillon commun à titre de prestation compensatoire, même si elle est improprement qualifiée de « jouissance ».

Le droit d'usage et d'habitation peut être « *temporaire ou viager* » et l'on peut penser que la jurisprudence applicable à l'usufruit s'étend également au droit d'usage et d'habitation : **si les époux ou le juge ne prévoient pas la durée, le droit sera néces-**

1. Civ. 1re, 13 oct. 1993, n° 91-20.707, *Bull. civ.* I, n° 279; *D.* 1994, J. 409 – Civ. 1re, 8 déc. 1998, n° 96-14.070, NPT; *Dr. fam.* 1999, comm. 42, obs. Lécuyer.
2. CA Bordeaux, 16 mai 1991, *Juris-Data* n° 020762.
3. Civ. 2e, 1er avr. 1992, n° 90-15.816, *Bull. civ.* II, n° 113.
4. Civ. 1re, 13 oct. 1993, n° 91-20.707, préc. ss présᵗ n°.
5. Civ. 2e, 11 juill. 1996, n° 93-21.698, NP.
6. Civ. 2e, 29 nov. 1989, *Juris-Data* n° 004413.
7. CA Riom, 12 déc. 2000, *Juris-Data* n° 133129.
8. CA Nîmes, 12 sept. 2001, *Juris-Data* n° 156956.
9. Civ. 2e, 23 nov. 1994, n° 93-12.704, *Bull. civ.* II, n° 239; *Defrénois* 1995, art. 36210, n° 129, obs. Massip; *RTD civ.* 1994, 334, n° 24, obs. Hauser – Civ. 1re, 12 nov. 1998, n° 96-18.041, *Bull. civ.* I, n° 315.
10. Civ. 1re, 18 déc. 1998, n° 96-14.070, NPT; *Defrénois* 1999, art. 37031, n° 64, obs. Massip.
11. Civ. 3e, 7 avr. 2004, n° 02-18.979, *Bull. civ.* III, n° 86; *JCP* 2004, I, 171.
12. *CONTRA*, MALAURIE et FULCHIRON, n° 800, note 74, qui semblent admettre une telle possibilité.

sairement viager[1] (v. également pour un refus d'accorder à la femme au titre de la prestation compensatoire en capital, un droit d'usage et d'habitation sur le logement familial, propre du mari, celui-ci devant, après divorce, pouvoir librement disposer de ses biens immobiliers[2]).

4°
Jugement d'attribution et publicité

135.71 Le jugement doit préciser la valeur des biens attribués. Lorsque le juge attribue un bien au titre de l'article 274, 2° du Code civil, il doit en fixer le montant. La règle s'applique quelles que soient les modalités de l'attribution, **en propriété** (obligation pour le juge de fixer le montant de la prestation prenant la forme d'une attribution de bien en propriété et de préciser les immeubles attribués[3]) ou **en usufruit**[4] (sur le rejet d'une demande de prestation compensatoire en usufruit dont la valeur n'est pas chiffrée[5]) et a été étendue à l'ancien divorce pour rupture de vie commune en cas de conversion d'un pension alimentaire entre ex-époux en usufruit[6]. L'article 1080 du Code de procédure civile, dans sa rédaction issue du décret du 29 octobre 2004[7], énonce que « *lorsque des biens ou des droits sont attribués à titre de prestation compensatoire en application du 2° de l'article 274 du Code civil, la convention homologuée ou la décision qui prononce le divorce précise leur valeur* ». La **nécessité d'évaluer** permet notamment de faire bénéficier le débiteur de la **réduction d'impôt prévue en matière d'impôt sur le revenu**, étendu par le législateur de 2004 au capital libéré dans les douze mois sous forme de remise de bien ou de droit (v. s^s n°s 138.00 s.). Lorsque la prestation compensatoire est attribuée sous la forme d'un usufruit ou d'un droit d'usage et d'habitation, on pourrait toutefois hésiter entre deux solutions : les juges doivent-il préciser la **valeur de l'usufruit (ou du droit d'usage)** ou seulement la **valeur du bien attribué en usufruit (ou du droit d'usage**[8]) ? Les arrêts précités ne permettent pas de trancher nettement la question même si, pris à la lettre, les arrêts pencheraient plutôt en faveur de la seconde solution. Pourtant, la première serait préférable : l'usufruit (ou le droit d'usage) perd de sa valeur au fil du temps et il est regrettable de demander à un juge de fixer une telle valeur[9]. L'omission dans le dispositif de l'arrêt de la valeur de l'immeuble risque d'aboutir à des annulations disciplinaires de décisions de justice pour des raisons purement formelles. La Cour de cassation ne semble pas toutefois s'engager dans une telle croisade : elle admet qu'une telle omission puisse être rectifiée par la juridiction qui avait rendu l'arrêt en application de l'article 462 du Code de procédure civile[10].

135.72 Nécessité de publier le jugement au bureau des hypothèques. Tout jugement portant transfert de droits réels immobiliers a vocation à être publié à la conservation des hypothèques **aux fins d'opposabilité aux tiers**[11]. Il en est, bien entendu, de même pour un jugement de divorce attribuant, à titre de prestation compensatoire, des droits en pleine propriété, en usufruit ou des droits d'usage d'habitation. Cette publicité exige toutefois que le jugement comporte les indications nécessaires, ce qui n'est pas toujours le cas en pratique. Un **acte notarié**, en quelque sorte intermédiaire, est le plus souvent **nécessaire.**

L'article 1080 alinéa 1er du Code de procédure civile devrait permettre de publier le jugement directement, comme tout acte authentique, sans passer par l'étape de l'acte notarié puisqu'il affirme que « *lorsque ces biens ou droits sont soumis à publicité foncière, elle* [la convention homologuée ou la décision qui prononce le divorce] *précise en outre les mentions nécessaires à la publication du titre de pro-*

1. Civ. 2e, 10 déc. 1998, n° 97-12.691, NPT.
2. CA Paris, 12 févr. 1998, *Juris-Data* n° 020759.
3. Civ. 1re, 28 juin 2005, n° 04-12.817, *Bull. civ.* I, n° 280; *AJ fam.* 2005, 359, obs. David – EN CE SENS, Civ. 1re, 14 nov. 2006, n° 04-16.997, *Bull. civ.* I, n° 477.
4. Civ. 2e, 22 mars 2005, n° 02-18.648, *Bull. civ.* I, n° 145; *Defrénois* 2005, 1343, obs. Massip; *AJ fam.* 2005, 194, obs. David; *Dr. fam.* 2005, n° 105, note Larribau-Terneyre; *RTD civ.* 2005, 373, obs. Hauser.
5. V. Civ. 1re, 19 avr. 2005, n° 03-19.691, *Bull. civ.* I, n° 191; *D.* 2005, IR 1304 – Civ. 1re, 11 févr. 2009, n° 08-11.137, NP; *Dr. fam.* 2009, comm. 38, obs. Larribau-Terneyre : cassation de l'arrêt ayant attribué à Mme Y, à titre de prestation compensatoire, un droit viager d'usufruit sur la part de l'époux dans l'immeuble commun, sans en fixer le montant.
6. Civ. 1re, 19 mars 2008, n° 07-11.267, *Bull. civ.* I, n° 81; *Dr. fam.* 2008, comm. 67, obs. Larribau-Terneyre.
7. Décr. n° 2004-1158, 29 oct. 2004, portant réforme de la procédure en matière familiale, *JO* 31 oct., p. 18492.
8. CGI, art. 762 : fixation de la valeur du droit d'usage et d'habitation à 60 % de la valeur de l'usufruit.
9. EN CE SENS, v. Massip s^s Civ. 1re, 1er juill. 2009, n° 08-18.344, NP; *Defrénois* 2009, 39033, n° 4, p. 2190.
10. Civ. 1re, 1er juill. 2009, n° 08-18.344, NP (préc. s prés^t n°) : « *Mais attendu que s'il résulte de l'article 1080 du Code de procédure civile que lorsque des biens ou des droits sont attribués à titre de prestation compensatoire en application de l'article 274 du Code civil, la convention homologuée ou la décision qui prononce le divorce doit préciser leur valeur, l'omission matérielle de cette mention peut toujours être réparée par la juridiction qui a rendu la décision ou par celle à laquelle elle est déférée si cette rectification ne modifie pas les droits et obligations reconnues aux parties.* » – EN CE SENS, v. Civ. 1re, 20 févr. 2008, n° 07-12.426, NP; *Defrénois* 2008, art. 38772, n° 3, p. 1113, obs. Massip.
11. Décr. n° 55-22, 4 janv. 1955, portant réforme de la publicité foncière, *JO* 7 janv., p. 346, art. 4 s.

priété dans les formes prévues par le décret du 4 janvier 1955 portant réforme de la publicité foncière ».

§ 3
Aménagement du principe : le versement échelonné du capital

135.81 Le « capital-renté ». Depuis la loi du 30 juin 2000, l'article 275-1 du Code civil dispose que : « *Lorsque le débiteur n'est pas en mesure de verser le capital dans les conditions prévues à l'article 274, le juge fixe les modalités de paiement du capital dans la limite de huit années, sous forme de versements mensuels ou annuels indexés selon les règles applicables aux pensions alimentaires* ». La loi du 26 mai 2004 a conservé cette possibilité, y ajoutant simplement l'idée que les **versements** étaient **périodiques** (C. civ., art. 275, al. 1er).

135.82 Droit antérieur à la loi du 30 juin 2000. Avant 2000, lorsque le débiteur ne disposait pas de liquidités immédiates, il pouvait seulement être autorisé à constituer le capital en **trois annuités** (C. civ., art. 275-1, réd. L. 11 juill. 1975). La jurisprudence avait cantonné dans d'étroites limites les possibilités offertes par le texte. Certes, elle avait admis qu'« *aucune disposition ne s'oppose à ce que le capital soit versé en trois années au moyen de paiement mensuel* »[1], mais elle avait aussi considéré que le juge ne pouvait accorder un délai pour verser la première fraction[2] et que l'article 275-1 n'autorisait pas à différer le versement en capital jusqu'à la liquidation de la communauté[3]. La limite des trois années était jugée par beaucoup trop étroite.

135.83 Loi du 30 juin 2000. La loi du 30 juin 2000 autorise le juge à fixer les modalités de versement dans la limite de **huit ans**. Les rentes temporaires qui étaient très fréquentes sous l'empire du droit antérieur disparaissent, sauf à ce qu'elles soient fixées lors d'une convention de divorce soumise à homologation. Beaucoup de commentateurs, au lendemain de la loi du 30 juin 2000, ont souligné que le changement opéré n'était pas d'une si grande importance pratique. **Au lieu d'une rente temporaire**, le créancier se voit attribuer **un capital étalé dans le temps** : les versements peuvent être les mêmes que dans une rente, l'indexation identique, et la durée égale. La durée des huit années n'a d'ailleurs pas été choisie au hasard : elle se calque sur la durée moyenne des rentes temporaires attribuées pendant la période précédente (en ce sens, v. Sénat, rapport n° 291, annexé au procès-verbal de la séance du 29 mars 2000 : une comparaison de la valeur moyenne des prestations en capital allouées en 1996 et du montant moyen des rentes attribuées, montre que le capital moyen versé correspond à 8,4 années de paiement d'une rente mensuelle moyenne; en outre, les trois quarts des rentes ne dépassaient pas dix ans). La pratique a d'ailleurs immédiatement adopté l'appellation antinomique de « **capital-rente** » pour désigner l'attribution de ce capital fractionné[4].

135.84 Caractère subsidiaire du versement échelonné du capital. La lettre de l'article 275 du Code civil est claire : ce n'est que si « *le débiteur n'est pas en mesure de verser le capital* [...] » immédiatement que le juge est autorisé à fixer un versement échelonné du capital. Ce fractionnement du capital constitue donc bien une modalité subsidiaire de versement par rapport au principe qui demeure le versement immédiat du capital. Le texte ne précise toutefois pas la portée de cette obligation qui s'impose au juge. Faut-il considérer que **l'impossibilité** pour le débiteur de verser immédiatement un capital doit faire l'objet d'une **décision spéciale et motivée ?** Doit-on au contraire considérer que, dès lors que le juge a décidé de fixer la prestation compensatoire sous la forme d'un capital-renté, il a nécessairement et implicitement estimé que le débiteur n'était pas en mesure de verser un capital ? Cette dernière solution ne serait pas sans rappeler celle qui présidait avant 2000, dans l'articulation capital/rente. La Cour de cassation considérait alors que, lorsqu'un juge condamnait un époux à verser une rente, il avait nécessairement estimé que la consistance des biens de l'époux débiteur ne permettait pas de donner à la prestation la forme d'un capital (v. ss n° 135.11). Si tel était le cas, le risque serait de grand de voir disparaître le caractère subsidiaire du versement échelonné du capital.

Le pouvoir laissé aux juges du fond par la Cour de cassation sera, à cet égard, déterminant. Dans la pratique, il semble que les juges acceptent facilement des délais de paiement et qu'ils le font d'office même si l'une des parties ne l'a pas demandé. Certains[5] se montrent favorables à l'idée que les juges peuvent fixer d'office des délais de paiement pour le versement en capital et que le créancier ne pourrait critiquer la décision sous prétexte qu'il a statué sur

1. Civ. 2e, 2 oct. 1997, n° 96-10.663, NP.
2. Civ. 2e, 18 mars 1998, n° 94-16.910, *Bull. civ.* II, n° 90; *JCP* 1999, I, 101, n° 3, obs. Ferré-André; *Dr. fam.* 1999, chron. 15, obs. Lécuyer; *RTD civ.* 1998, 353, obs. Hauser.
3. Civ. 2e, 16 avr. 1996, n° 94-15.754, *Bull. civ.* II, n° 92; *Defrénois* 1997, p. 712, obs. Massip (2e esp.); *RTD civ.* 1996, 588, obs. Hauser – Civ. 2e, 29 avr. 1998, n° 96-19.890, NPT; *Dr. fam.* 1999, n° 15, obs. Lécuyer.
4. V. NOT., H. Poivey-Leclerq, « Observations d'un praticien sur la réforme de la prestation compensatoire », *RJPF* sept.-oct. 2000, p. 6.
5. J. Massip, *Le nouveau droit du divorce*, Éd. Defrénois, 2005, p. 183, note 23.

des choses non demandées. Encore convient-il, si l'on souhaite respecter scrupuleusement la lettre du texte, que le juge, même dans cette hypothèse, explique pourquoi « *le débiteur n'est pas en mesure de verser un capital* » immédiat.

Le **respect du contradictoire** exige que le **juge invite les parties à s'expliquer** sur de telles modalités de paiement projetées par le juge (ainsi, une cour d'appel viole l'article 16 du Code de procédure civile en autorisant le débiteur à s'acquitter de la prestation compensatoire par versements mensuels sur une période de huit ans, sans inviter les parties à présenter leurs observations, alors que, dans ses conclusions d'appel, l'époux, qui s'opposait au versement d'une prestation compensatoire, n'avait sollicité aucune modalité pour le paiement d'un capital[1]).

Toutefois, la Cour de cassation ne semble pas prête à se lancer dans une campagne judiciaire où elle tiendrait la main à la motivation des juges du fond, s'assurant ainsi de la primauté du versement de la prestation compensatoire en capital immédiatement exigible sur un versement fractionné. Elle a, en effet, affirmée que « *les juges du fond ne sont pas tenus de fixer d'office des modalités pour le versement en capital* »[2]. Puis, dans un arrêt, qui n'a certes pas eu les honneurs d'une publication au bulletin, elle utilise une formule qui rappelle étrangement celle d'avant 2000 et ne laisse guère de place au doute : « *Attendu qu'ayant réexaminé la situation financière et patrimoniale des parties, et fixé au bénéfice de Mme X... une prestation compensatoire, sous forme d'un capital payable par versements mensuels pendant huit ans, comme le demandait M. Y..., **les juges du fond ont nécessairement estimé que celui-ci n'était pas en mesure de verser ce capital immédiatement*** »[3].

135.85 Possibilité de versements mensuels, annuels ou périodiques. Sous l'empire du droit antérieur à la loi du 30 juin 2000, la possibilité de versements mensuels avait été admise par la jurisprudence, même si l'ancien article 275-1 du Code civil semblait l'interdire[4]. En revanche, l'ancien article 275-1 n'autorisait pas à différer le versement en capital jusqu'à la liquidation de communauté[5], ni à accorder un délai pour verser la première fraction (à propos d'un premier versement fixé au jour de la vente d'une péniche[6], v. s[s] n° 135.82).

La loi du 30 juin 2000, a prévu que le versement du capital dans la limite de huit années pouvait s'effectuer sous forme de **versements mensuels ou annuels** indexés selon les règles applicables aux anciennes pensions alimentaires (C. civ., art. 275-1).

La loi n° 2004-439 du 26 mai 2004 a donné encore un peu plus de souplesse au système en permettant au juge de fixer « *les modalités du paiement du capital, dans la limite de huit années, sous forme de versements périodiques* ». Le juge dispose de plus liberté et n'est pas limité aux seules possibilités d'annuités ou mensualités. Cette liberté n'est toutefois pas totale. Le **montant** exact et la **périodicité** des versements doivent toutefois être **précisés**[7]. Comme en droit antérieur, le juge peut toujours différer le versement de la prestation en capital jusqu'à l'expiration d'un délai qu'il a lui-même fixé[8].

135.86 Le « capital-renté » reste un capital. Si la pratique et la doctrine ont insisté, à juste titre, sur les ressemblances existantes entre les rentes temporaires d'avant 2000 et le capital sous forme de versement échelonné, dans l'esprit du législateur le « capital-renté » demeure, bel et bien, un capital.

Pour s'en convaincre, il suffit de remarquer que l'article 275 alinéa 3 du Code civil permet au débiteur de **se libérer à tout moment du solde du capital indexé**. Le débiteur peut ainsi éteindre sa dette. La règle ne constitue qu'une application de l'article 1187 du Code civil qui autorise le débiteur à renoncer au bénéfice du terme, présumé stipulé en sa faveur. Toutefois, en pratique, cette possibilité risque de rester lettre morte, puisque le débiteur « *n'aura aucun avantage à renoncer aux délais qui lui sont accordés dès lors que les sommes dues ne sont pas productives d'intérêts* »[9].

L'article 275 alinéa 4 du Code civil autorise également le créancier, à **saisir le juge, après la liquidation du régime matrimonial, d'une demande en paiement du solde du capital**. Cette disposition est particulièrement innovante : elle permet au créancier de demander l'attribution d'un bien, par exemple dans le partage de la communauté, à titre de prestation compensatoire en contrepartie du solde du paiement restant dû. Cette possibilité a perdu légèrement de son intérêt depuis l'entrée en vigueur de la loi du 26 mai 2004 puisque, désormais, le

1. EN CE SENS, v. Civ. 1re, 20 sept. 2006, n° 04-17.743, *Bull. civ.* I, n° 410.
2. Civ. 1re, 12 mai 2004, n° 02-16.574, *Bull. civ.* I, n° 134; *Defrénois* 2004, p. 1179.
3. Civ. 1re, 4 juin 2009, n° 08-15.434, NP; *Defrénois* 2009, art. 39006, p. 1854, obs. Massip.
4. Civ. 2e, 14 oct. 1987, n° 86-15.182, *Bull. civ.* II, n° 197.
5. Civ. 2e, 16 avr. 1996, n° 94-15.754, *Bull. civ.* II, n° 92, préc. s[s] n° 135.42) – Civ. 2e, 29 avr. 1998, n° 96-19.890, NPT; préc. s[s] n° 135.42.
6. Civ. 2e, 18 mars 1998, n° 94-16.910, *Bull. civ.* II, n° 90, préc. s[s] n° 135.42 – *Adde*, Civ. 1re, 31 mai 2005, n° 04-11.373, NP; *AJ fam.* 2005, 404, obs. David; *Dr. fam.* 2005, n° 183, note Larribau-Terneyre; *RTD civ.* 2005, 765, obs. Hauser – Civ. 2e, 6 juill. 2005, n° 03-18.038, *Bull. civ.* I, n° 308; *Defrénois* 2006, 346, obs. Massip; *AJ fam.* 2005, 404, obs. David; *Dr. fam.* 2005, n° 214, note Larribau-Terneyre; *RTD civ.* 2005, 765, obs. Hauser.
7. Civ. 1re, 6 févr. 2008, n° 07-14.142, NP; *Dr. fam.* 2009, comm. 42, obs. L-T.
8. CA Douai, 7e ch., 8 févr. 2007, *Dr. fam.* 2008, comm. 25, obs. Larribau-Terneyre.
9. J. Massip, *Le nouveau droit du divorce*, Éd. Defrénois, 2005, n° 173, p. 180.

législateur incite fortement à intégrer la liquidation du régime matrimonial dans la procédure de divorce (v. s[s] n° 134.171). Toutes les fois que les époux fixent eux-mêmes le montant de la prestation dans le cadre d'une convention soumise à homologation, l'article 275 alinéa 4 du Code civil ne présente pas d'intérêts. En revanche, dès lors que le juge a fixé lui-même une prestation compensatoire sous forme de capital-renté, et qu'il « *ordonne la liquidation et le partage de leurs intérêts patrimoniaux* » (C. civ., art. 267), la nouvelle disposition introduit un **lien judicieux entre prestation compensatoire et régime matrimonial**.

Cette action doit être soigneusement distinguée de la **demande de substitution d'un capital à une rente temporaire** soumise à l'article 276-4 du Code civil puisque la rente n'est pas un capital. Il en résulte que les juges, lorsqu'ils accèdent à la requête du créancier, ne sont pas assujettis aux tables de conversion intégrées dans le décret du 29 octobre 2004 (v. s n° 135.341). Dès lors, il convient de déterminer le solde du capital restant dû, puis de lui appliquer l'indexation ayant couru entre la date de début du paiement fractionné et la date de détermination de ce solde[1].

135.87 Possibilité de combiner capital et « capital-renté ». Aux termes de l'article 275-1 du Code civil, « *les modalités de versement prévues au premier alinéa de l'article 275 ne sont pas exclusives du versement d'une partie du capital dans les formes prévues par l'article 274* ». Le juge a ainsi la possibilité de décider qu'une partie du capital alloué sera immédiatement exigible, sous forme par exemple de versement en argent, l'autre partie étant versée sous forme de versements périodiques. Il peut également combiner **l'attribution d'un bien en nature** et le **versement d'un « capital-renté »** sur une **durée maximum de huit années**. On retrouve par ce biais les possibilités, très appréciées en pratique, de combiner des prestations compensatoires mixtes, pour partie sous forme de capital, et pour partie sous forme de rente (C. civ., art. 276, al. 2 - V. s[s] n° 135.16). Demeure toutefois impossible pour un juge de fixer une prestation compensatoire pour partie en capital et pour partie en rente temporaire pour une durée supérieure à huit années. Rien n'interdit, en revanche, aux époux de le prévoir dans une convention.

§ 4 Exception : la rente viagère

135.91 Avant la loi du 30 juin 2000. La rente pouvait être attribuée « *pour une durée égale ou inférieure à la vie du créancier* » (C. civ., anc. art. 276-1). La jurisprudence était bien établie : le juge était souverain pour apprécier si la prestation compensatoire devait être attribuée sous forme de rente[2] ou pour allouer un capital alors qu'une rente avait été demandée[3], à condition de respecter le principe du contradictoire[4]. Le respect de ce principe aboutissait d'ailleurs la plupart du temps à ne pas imposer un capital si les parties avaient demandé une rente[5]. Par ailleurs, la Cour de cassation considérait que lorsqu'un juge a alloué une prestation compensatoire sous forme de rente, il a nécessairement estimé que la consistance des biens du débiteur ne permettait pas de donner à cette prestation la forme d'un capital[6] (sur les critiques de cette attitude, v. s[s] n° 135.111).

135.92 Loi du 30 juin 2000. Depuis la loi du 30 juin 2000, aux termes de l'article 276 du Code civil, « *à titre exceptionnel* », le juge peut décider que la prestation compensatoire revêtira, non pas la forme d'un capital, mais celle d'une rente viagère « *lorsque l'âge ou l'état de santé du créancier ne lui permet pas de subvenir à ses besoins* ». « *Il prend en considération les éléments d'appréciation prévus à l'article 271* ». Le régime juridique de cette rente viagère est radicalement différent de celui des rentes mêmes prononcées pour la vie du créancier dans le droit antérieur.

135.93 Droit transitoire : application immédiate de l'article 276 du Code civil. L'article 23 de la loi du 23 juin 2000 a déclaré « *applicables aux instances en cours qui n'ont pas donné lieu à une décision passée en force de chose jugée* » les dispositions nouvelles relatives à l'octroi d'une rente viagère[7]. La règle est particulièrement sévère car elle conduit la Cour de cassation à censurer des décisions de juges du fond rendues sous l'empire du droit antérieur.

Ainsi, dans une espèce, le juge du fond avait accordé une rente au motif que la femme était sans emploi et sans formation; qu'elle avait dû assumer pendant de longues années l'éducation des cinq enfants issus du mariage, que ses chances de s'insérer professionnelle-

1. EN CE SENS, v. CA Pau, 2e ch., 7 mars 2009, RG n° 09/3318, *Dr. fam.* 2009, comm. 126, obs. Larribau-Terneyre.

2. V. NOT., Civ. 2e, 10 juill. 1996, n° 94-22.105, NP.
3. Civ. 2e, 1er avr. 1987, n° 85-18.368, *Bull. civ.* II, n° 77.
4. Civ. 2e, 2 juill. 1997, n° 95-22.322, *Bull. civ.* II, n° 210; *Dr. fam.* 1997, comm. 163, obs. Lécuyer; *Defrénois* 1997, art. 36815, obs. Massip.
5. V. Civ. 2e, 2 juill. 1997, n° 95-22.322, préc. s[s] prés[t] n° – Civ. 2e, 29 avr. 1998, n° 95-17.613, *Bull. civ.* II, n° 131; *Dr. fam.* 1998, comm. 100, obs. Lécuyer.
6. Civ. 2e, 24 févr. 1993, n° 91-15.169, NPT; *D.* 1994, 349, note Gaumont-Prat.
7. V. Civ. 2e, 30 nov. 2000, n° 99-10.923, n° 99-12.458, *Bull. civ.* II, n° 157; *JCP* 2001, II, 10499, note Garé; *Defrénois* 2001, 509, note Massip; *RTD civ.* 2001, 113, obs. Hauser; *JCP* 2001, I, 293, obs. Bosse-Platière.

ment étaient quasi-inexistantes et que ses seules ressources étaient constituées de prestations sociales. La Cour de cassation censure la décision car les motifs prévus, par la loi de 2000, n'étaient pas invoqués... [1]

A. Caractères de la rente

135.101 Caractère exceptionnel. (Sur l'articulation entre capital et rente et sur le caractère exceptionnel de la rente viagère v. s^s n° 135.15). Alors que le débiteur a simplement à démontrer qu'il n'est pas en mesure de verser la totalité du capital pour que le juge fixe des modalités de paiement dans la limite de huit années, la prestation compensatoire ne pourra être fixée sous forme de rente viagère qu'à titre exceptionnel.

135.102 Caractère alimentaire. Quelles que soient ses modalités de versement, la prestation compensatoire a toujours un **caractère mixte, mi-alimentaire, mi-indemnitaire** (v. s^s n°s 134.20 s.). Il n'en demeure pas moins que lorsque la prestation compensatoire a été fixée sous forme de rente, *a fortiori* durant la vie entière du créancier, le caractère alimentaire se trouve accentué. Dans l'esprit du législateur, la prestation compensatoire sous forme de rente viagère constitue une soupape de sécurité pour les femmes créancières sans ressources, sans avenir professionnel, en raison de leur âge avancé ou de leur santé. Cette mesure d'humanité est très largement entre les mains des juges du fond.

135.103 Une rente nécessairement viagère. Tout est réuni depuis la loi du 30 juin 2000 pour **éradiquer les rentes temporaires** accusées de maintenir inutilement le lien entre les ex-époux et d'alimenter, non moins inutilement, le **contentieux d'après-divorce**. Le juge ne peut prononcer que des rentes viagères et les conditions, tant de forme que de fond, posées par la loi limitent encore davantage ses possibilités de fixation. L'abondance des censures disciplinaires atteste d'une certaine persistance de la pratique judiciaire antérieure des rentes temporaires, mais s'explique par l'application immédiate aux instances en cours des nouvelles dispositions (pour un refus d'une rente d'une durée inférieure à la vie du créancier [2]; pour un refus d'une rente mensuelle d'une durée de dix ans [3]; pour un refus d'une rente temporaire [4]). En revanche, **ce que la loi interdit au juge n'est pas prohibé aux époux dans le cadre d'une convention soumise à homologation**. En outre, l'interdiction des prestations compensatoires sous forme de rente viagère n'enlève rien à la faculté pour le juge de fixer des prestations dont le versement se trouve échelonné pour une durée qui ne peut excéder huit années, ce qui est une manière déguisée de retrouver les rentes temporaires (v. s^s n° 135.83).

On pourrait s'interroger pour savoir si la rente pourrait être fixée non pour la durée de la vie du créancier mais pour celle du débiteur. Avant 2000, la jurisprudence avait admis – bien que l'article 276-1 ancien n'ait visé expressément que la « *durée égale ou inférieure à la vie du créancier* » – que la fixation pour la durée de la vie du débiteur n'était pas contraire au texte des articles 271, 273 et 276-1 du Code civil [5]. Bien que l'article 276 actuel ne l'interdise pas formellement, le caractère exceptionnel de la rente viagère et sa raison d'être – **protéger toute sa vie durant le créancier** – militeraient aujourd'hui pour une solution inverse.

B. Conditions de fond

135.111 Condition de fond : non-prise en compte de la situation du débiteur. Avant la loi du 30 juin 2000, la rente était fixée en considération de la **situation du débiteur** (C. civ., anc. art. 274). Depuis, ce n'est plus le cas : la rente est octroyée uniquement à la vue de la **seule situation du créancier** (C. civ., art. 276). La suppression de cette condition n'est pas forcément opportune car le choix d'une rente est le plus souvent dicté par une impossibilité financière dans laquelle se trouve le débiteur de verser une prestation en capital. Cette modification du texte est volontaire : le législateur souhaite que le juge fixe son attention sur le créancier et non sur le débiteur. Il manifeste ainsi les différences de fond entre les rentes d'avant et d'après 2000. Pris à la lettre, le texte autorise le versement d'une prestation sous forme de rente viagère même si les revenus et le patrimoine du débiteur sont importants. Pour autant, on peut se demander, si l'octroi, dans une telle hypothèse, d'une rente viagère ne contrevient pas à la faveur pour le capital et au caractère exceptionnel de la rente. À l'inverse, le créancier ne

1. V. Civ. 1re, 23 avr. 2003, n° 01-11.108, *Bull. civ.* I, n° 96; *RTD civ.* 2003, 485, obs. Hauser.
2. Civ. 2e, 16 nov. 2000, n° 99-12.531, NPT; *JCP* 2001, I, 293, n° 3, obs. Bosse-Platière.
3. Civ. 2e, 13 déc. 2001, n° 00-20.958, NPT; *Dr. fam.* 2002, n° 32, obs. H. L. – Civ. 1re, 23 avr. 2003, n° 02-10.203, NP.
4. Civ. 2e, 14 mars 2002, n° 99-21.639, *Bull. civ.* II, n° 40 – Civ. 1re, 3 juin 2003, n° 01-14.841, NPT – Civ. 2e, 27 févr. 2003, n° 01-11.878, NP; *AJ fam.* 2003, 228, obs. S. D.
5. Civ. 2e, 28 oct. 1992, n° 91-13.821, *Bull. civ.* II, n° 251 – Civ. 2e, 2 avr. 1996, n° 94-14.057, *Bull. civ.* II, n° 84 – Civ. 2e, 3 juill. 1996, n° 94-18.414, *Bull. civ.* II, n° 194.

peut demander une prestation sous forme de rente viagère au prétexte qu'il n'a pas de ressources.

135.112 Prise en compte des ressources du créancier. L'article 276 du Code civil invite à considérer que lorsque le créancier de la prestation a des ressources suffisantes, il ne pourra prétendre à une rente viagère (v. renvoi à l'article 272). Lorsqu'il n'a pas de ressources, il peut prétendre à bénéficier d'une prestation compensatoire. Simplement, cette absence de ressources doit provenir de **l'âge** ou de **l'état de santé** du créancier. Il en résulte qu'une femme jeune, en bonne santé, sans ressources, et dépourvue de qualifications professionnelles ne peut obtenir de rente viagère.

135.113 Conditions d'âge ou d'état de santé du créancier. La jurisprudence révèle que les motifs justifiant le versement d'une prestation sous forme de rente viagère sont le plus souvent l'invalidité ou le handicap, l'absence de qualité professionnelle, l'âgé avancé qui rendent difficile l'obtention d'un emploi[1].

C. Conditions de forme

135.121 Condition de forme : nécessité d'une décision spéciale et motivée. Le caractère exceptionnel de la rente viagère est encore renforcé par l'exigence d'une décision spéciale et motivée : le juge doit ainsi justifier les raisons qui le poussent à fixer une telle prestation. Cette condition de forme est nécessaire si l'on ne souhaite pas rendre lettre morte la primauté du capital. Elle seule, donne à la Cour de cassation les moyens de contrôler l'action des juges du fond en vérifiant qu'ils ont bien fixé la rente viagère en fonction des critères légaux.

D. Pouvoirs d'appréciation des juges du fond

135.131 Pouvoir d'appréciation des juges du fond. L'équilibre entre pouvoir souverain d'appréciation des juges du fond et contrôle de la Cour de cassation est, sur cette question, délicat à trouver. La Cour de cassation a paru, dans un premier temps, adopter une position sévère[2].

Alors que pour fixer une telle rente, les juges d'appel avaient constaté qu'à la suite des violences commises par le mari, l'épouse souffrait d'une incapacité partielle de travail, la deuxième chambre civile censure la décision au prétexte que les juges du fond auraient dû motiver cette forme de versement en raison de l'âge ou de l'état de santé de la créancière.

Toutefois, dans des arrêts postérieurs, la première chambre civile semble faire preuve de beaucoup plus de compréhension. Tout d'abord, elle estime que le refus d'octroyer une prestation compensatoire sous forme de rente relève du pouvoir souverain des juges, pouvoir qui semble même être discrétionnaire. Ainsi, la Cour de cassation ne censure pas les juges du fond qui prononcent une prestation compensatoire en capital sans s'expliquer sur la demande de versement sous forme de rente viagère alors que sur le fond la question pouvait parfois se discuter[3].

Ensuite, elle laisse une plus grande latitude aux juges du fond pour accorder une telle prestation à une épouse âgée de soixante ans, assistante maternelle, qui ne s'est pas constituée de droit à la retraite, et à une autre, qui, à la retraite, à des charges supérieures à ses ressources[4]. Une simple référence à l'âge ou à l'état de santé peut vite devenir une clause de style, et si la Cour de cassation n'y prête attention, une telle attitude peut ruiner l'économie générale de la loi du 30 juin 2000.

Pour d'autres exemples : fixation d'une prestation compensatoire sous forme d'une rente viagère parce que l'âge du créancier et son absence d'expérience ou de qualification ne lui permettent pas de subvenir à ses besoins[5] ; de même, est justifié le maintien d'une rente viagère au profit d'une femme âgée de soixante ans qui n'a jamais eu d'activité professionnelle pendant la durée du mariage, pour se consacrer à l'éducation des cinq enfants du couple et qui ne dispose pour seule ressource que de cette rente[6].

Il est dommage que le législateur de 2004 n'ait pas fait sienne la proposition du groupe de travail, un temps discutée au Sénat, qui prévoyait l'attribution d'une prestation compensatoire sous forme de rente viagère lorsqu'« *aucune amélioration notable de* [la] *situation financière* [du créancier] *n'est envisageable* ». Ce n'est pas tant l'âge ou l'état de santé qui doivent être pris en compte, que l'impossibilité

1. V. T. Garé, « Précisions sur les circonstances justifiant le versement de la prestation compensatoire sous forme de rente viagère », *RJPF* 2003/5, p. 19.
2. Civ. 2e, 23 janv. 2003, n° 01-01.072, *Bull. civ.* II, n° 10 ; *RTD civ.* 2003, 275, obs. Hauser ; *Defrénois* 2003, art. 37802, n° 81, p. 1085, obs. Massip ; *Dr. fam.* 2003, n° 71, note Lécuyer.
3. Civ. 1re, 28 oct. 2003, n° 01-15.427, NP ; *Defrénois* 2004, p. 149 obs. Massip – Civ. 1re, 3 févr. 2004, n° 02-11.917, *Bull. civ.* I, n° 31 ; *AJ fam.* 2004, 239, obs. David ; *RTD civ.* 2004, 273, obs. Hauser ; *Dr. fam.* 2004, comm. 51, note Larribau-Terneyre ; *JCP* 2004, IV, 1618 ; *Defrénois* 2004, p. 586, note Massip – Civ. 1re, 30 juin 2004, n° 03-14.968, NP ; *Dr. fam.* 2004, n° 223, note Larribau-Terneyre.
4. Civ. 1re, 13 nov. 2003, n° 02-13.386, NPT – Et Civ. 1re, 9 déc. 2003, n° 01-16.796, NP ; *Dr. fam.* 2004, comm. 21, note Larribau-Terneyre.
5. CA Bordeaux, 7 févr. 2006, *Juris-Data* n° 2006-29-5792.
6. Civ. 1re, 11 juill. 2006, n° 05-19.862, *Bull. civ.* I, n° 381.

à l'avenir, pour le créancier, de percevoir des ressources, en raison certes de son âge ou de son état de santé, mais aussi peut-être, du temps passé à l'éducation des enfants, ou de l'absence de qualification professionnelle. La proposition a été rejetée au motif que ce nouveau critère serait plus subjectif alors que c'est justement la seule référence à l'âge ou à l'état de santé qui paraît aujourd'hui conduire à l'arbitraire des juges.

E. Indexation de la rente

135.141 Indexation de la rente. L'article 276-1 du Code civil prévoit que la rente est indexée et que l'indice est déterminé comme en matière de pension alimentaire. L'indexation a un caractère **obligatoire**[1] et doit s'appliquer même si les parties ne l'ont pas demandée sauf en matière de divorce sur requête conjointe[2]. Une règle similaire est prévue à l'article 275 alinéa 1er du Code civil pour le **versement en capital fractionné** : le juge est tenu de fixer les modalités de paiement du capital sous forme de versements périodiques indexés selon les règles applicables aux pensions alimentaires.

Ces dispositions, issues de la loi du 30 juin 2000 n'ont pas été modifiées par la loi du 26 mai 2004. Simplement, la loi de 2004, en généralisant les prestations compensatoires convenues a diminué d'autant le caractère obligatoire de l'indexation : **la rente allouée à titre de prestation compensatoire n'est indexée que lorsqu'elle est fixée par le juge**, non lorsqu'elle a été fixée par les époux dans le cadre d'une convention.

Le fondement est toujours le même : corriger les effets de la dépréciation monétaire. En raison du caractère obligatoire de cette indexation, il n'est pas possible pour un juge de refuser d'indexer dans le but de compenser un léger déséquilibre dans une prestation[3] ni même d'envisager que l'indice pourrait être limité par des valeurs de variation minimum[4].

La Cour de cassation en tire comme conclusion que lorsqu'une rente à titre de prestation compensatoire a été allouée sans avoir été indexée, il y a eu **omission à statuer**. Par suite, il n'y a pas lieu à ouverture d'un pourvoi en cassation; il suffit de saisir à nouveau la juridiction qui a alloué la rente et de lui demander de compléter sa décision[5]. La solution s'applique aussi bien lorsque l'omission est le fait du juge[6] ou du fait des parties dans le cadre d'une convention homologuée[7].

En ce qui concerne le **choix de l'indice**, l'article 276-1 alinéa 2 renvoie aux règles applicables en matière de **pension alimentaire**. Par conséquent, l'indexation est libre. Souvent elle est fondée sur l'indice des prix à la consommation, sur le niveau général des prix et des salaires, mais il pourrait s'agir d'un autre indice tel que le SMIC, par exemple (C. mon. fin., art. L. 112-2[8]).

135.142 Variation de la rente. L'alinéa 2 de l'article 276-1 du Code civil précise que le montant de base de la rente, c'est-à-dire avant indexation, est fixé de façon **uniforme pour toute sa durée** ou peut **varier par périodes successives** suivant l'évolution probable des ressources et des besoins.

Si le juge souhaite faire varier la rente par périodes successives (C. civ., art. 276-1, al. 2), il doit préciser le **montant pour chaque période**. Ainsi, encourt cassation l'arrêt qui décide que le montant de la rente à compter de la cessation d'activité professionnelle du mari sera équivalente à 30 % de son revenu imposable avant toute déduction fiscale[9]. La Cour de cassation a également censuré une décision qui avait fixé la prestation compensatoire à une somme d'argent mensuelle pendant la période d'activité du débiteur, puis à un pourcentage de son revenu imposable à partir de sa mise à la retraite[10].

135.143 Point de départ de l'indexation. La date d'effet de la première revalorisation résultant de l'indexation de la rente allouée à titre de prestation compensatoire ne peut être antérieure au prononcé du divorce[11]. La solution est logique puisque la prestation compensatoire doit être fixée en considération des besoins du demandeur et des ressources de l'autre conjoint appréciés au moment du divorce. Lorsque la décision allouant la prestation compensatoire a été frappée d'appel, ou de pourvoi en cassation, et en cas de rejet de ces recours, la prestation compensatoire sera exigible et son mon-

1. Civ. 2e, 7 mai 2003, no 01-14.635, NP.
2. Civ. 2e, 26 mai 1992, no 90-21.016, *Bull. civ.* II, no 153; *Defrénois* 1993, 983, obs. Massip; *RTD civ.* 1992, 746, obs. Hauser.
3. Civ. 2e, 6 mai 1987, no 86-12.463, *Bull. civ.* II, no 102; *JCP* 1987, IV, p. 232; *RTD civ.* 1989, 60, obs. Rubellin-Devichi.
4. Civ. 2e, 18 janv. 1989, *JCP N* 1989, prat. 1024; *D.* 1990, somm 117, obs. Bénabent; *Defrénois* 1989, art. 33574, obs. Massip.
5. Civ. 2e, 8 oct. 1980, no 79-14.892, *Bull. civ.* II, no 202 – Civ. 2e, 14 mai 1985, *D.* 1986, IR 112, obs. Bénabent – Civ. 2e, 22 janv. 1992, no 90-20.437, *Bull. civ.* II, no 24.
6. CA Pau, 18 nov. 1998, *Juris-Data* no 047075.
7. CA Bordeaux, 27 sept. 1990, *Juris-Data* no 046140.
8. Sur la possibilité de prendre comme indice de référence l'indice antérieur au dernier publié, v. Civ. 2e, 15 juin 1994, no 92-21.950, *Bull. civ.* II, no 157.
9. Civ. 2e, 2 mai 1984, no 83-11.556, *Bull. civ.* II, no 77; *D.* 1984, J. 579, note Lindon et Bénabent.
10. Civ. 2e, 18 mai 2000, no 98-21.028, *Bull. civ.* II, no 80; *RJPF* 2000, 7-8/26, p. 15, obs. Guerder.
11. Civ. 2e, 16 mai 1990, no 88-12.572, *Bull. civ.* II, no 100; *JCP* 1990, IV, p. 269; *Defrénois* 1991, art. 35047, obs. Massip – Civ. 2e, 13 déc. 2001, no 99-17.700, NPT.

tant sera déterminé en tenant compte de l'indexation prévue dans la décision d'origine[1].

Toutefois la solution peut être différente dans le cas d'un divorce sur requête conjointe ou désormais par consentement mutuel (« *en cas de demande conjointe, les époux fixent eux-mêmes le montant et les modalités de la prestation compensatoire dans la convention qu'ils soumettent à l'homologation du juge* »[2]). Depuis la loi du 26 mai 2004, il convient d'étendre cette solution à tous les cas de divorce, lorsque les époux ont eux-mêmes fixé la prestation compensatoire dans le cadre d'une convention soumise à homologation (C. civ., art. 268).

La **revalorisation de la rente** a lieu dès la **première variation de l'indice postérieure au prononcé du divorce.** Ainsi viole les articles 260 et 270 du Code civil, la cour d'appel qui a énoncé que la variation de la clause d'indexation prévue par la convention définitive homologuée est, à défaut de disposition contraire, celle qui suit la date à laquelle le jugement de divorce est devenu définitif[3].

Rien ne s'oppose non plus au **remplacement de l'indice initialement retenu** dans le jugement de divorce. Toutefois, cette modification est subordonnée à la **survenance d'un fait nouveau** susceptible d'avoir une incidence sur le choix de l'indice dans la situation des parties ou dans la situation économique générale[4].

SECTION 2
MODALITÉS DE LA PRESTATION COMPENSATOIRE : INSERTION D'UN TERME OU D'UNE CONDITION

135.151 Modalités de la rente : nécessité de distinguer les prestations compensatoires subies et convenues. La question de savoir si la rente peut être assortie ou non de modalités particulières, - conditions ou termes - se pose différemment selon que l'on se trouve en présence d'une prestation compensatoire fixée par le juge ou dans le cadre d'une prestation compensatoire fixée par les parties conventionnellement et soumise à homologation (C. civ., art. 268).

Dans le cas d'une prestation compensatoire convenue, **les époux ont toute latitude** pour prévoir eux-mêmes les modalités de la rente (v. C. civ., art. 278, al. 1er et art. 279-1 qui renvoient à C. civ., art. 278 et 279), sous respect de l'ordre public et des bonnes mœurs, mais également, dans la mesure où le juge estime que ces modalités ne sont pas de nature à porter atteinte à l'équité. Le juge a, en effet, toujours le pouvoir de refuser d'homologuer la convention si « *elle fixe inéquitablement les droits et obligations des époux* ».

Dans les autres cas, **la loi bride les mains du juge** qui ne dispose pas de la même liberté que les époux pour fixer des modalités particulières à la rente.

Avec l'entrée en vigueur de la loi du 26 mai 2004, l'opposition entre prestations compensatoires subies et convenues sort renforcée puisque désormais les époux ont, même dans les divorces contentieux, la possibilité de fixer eux-mêmes les modalités de la rente en soumettant, de la même manière que dans un divorce par consentement mutuel, leur convention au juge (C. civ., art. 278). Cette opposition entre **règles impératives qui s'adressent aux juges** et **règles supplétives qui s'adressent aux parties** constitue naturellement une incitation forte du législateur de 2004 à trouver des accords entre époux.

On peut, à cet égard, s'interroger sur la cohérence de la démarche du législateur. En effet, si depuis 1975, le législateur dicte au juge les formes et les modalités de la prestation compensatoire, c'est principalement en raison de sa **volonté de lutter contre le contentieux d'après-divorce.** Cet **ordre public de direction** se manifeste, en particulier, par l'interdiction faite aux juges de prononcer des rentes temporaires. Mais une telle politique législative est mise à mal s'il suffit de passer par des accords entre époux pour convenir de rentes temporaires. Le risque est alors grand de voir ressurgir le contentieux de l'après-divorce. L'édifice, patiemment construit, des prestations compensatoires fixées par les juges risque de s'effondrer.

Certaines dispositions du Code civil précisent l'étendue de la liberté offerte aux époux dans le cadre d'une prestation compensatoire convenue. Ainsi au terme de l'article 278, applicable aux époux qui divorcent par consentement mutuel, « *ils peuvent prévoir que le versement de la prestation cessera à compter de la réalisation d'un événement déterminé. La prestation peut prendre la forme d'une rente attribuée pour une durée limitée* ». Selon l'article 279-1, les mêmes modalités peuvent être prévues dans tous les cas de divorce lorsque les époux soumettent à l'homologation du juge une convention relative à la prestation compensatoire. Les modalités de la prestation compensatoire prévues à l'article 278 ne sont données qu'à titre d'exemple. Si le législateur a pris le soin de signaler que les époux peuvent fixer une prestation compensatoire sous forme de rente temporaire, c'est, sans doute, une manière pédagogique de rappeler que cette forme n'est désormais possible que pour les prestations convenues. Mais les époux

1. Civ. 2e, 4 juill. 1990, no 89-10.779, *Bull. civ.* II, no 160.
2. Civ. 2e, 28 janv. 1998, no 96-13.940, *Bull. civ.* II, no 33; *RTD civ.* 1998, 352, obs. Hauser.
3. Civ. 2e, 16 févr. 1994, no 92-19.650, *Bull. civ.* II, no 59.
4. Civ. 2e, 16 janv. 1985, no 83-16.381, *Bull. civ.* II, no 11; *D.* 1986, IR 111, obs. Bénabent; *JCP* 1985, IV, p. 119 (indexation sur le SMIC).

conservent toute latitude pour fixer, par exemple, une prestation sous forme de rente viagère, sans même avoir besoin de caractériser des circonstances exceptionnelles.

§ 1
Prestations subies assorties d'un terme

135.161 Prestations subies à terme suspensif. Sous l'empire du droit antérieur à la double réforme de 2000 et de 2004, la Cour de cassation avait déjà refusé aux juges du fond, la faculté de repousser la date d'exigibilité de la prestation compensatoire à un terme qu'il fixait eux-mêmes, comme par exemple, le règlement jusqu'à la liquidation de la communauté[1] ou au jour de la vente d'une péniche[2].

La loi du 30 juin 2000 a favorisé le paiement de la prestation compensatoire en capital, en autorisant le paiement fractionné en huit annuités lorsque le débiteur ne peut s'acquitter immédiatement du capital alloué; mais elle **n'a pas autorisé de différer le paiement de la prestation compensatoire laquelle est exigible dès que le divorce acquiert force de chose jugée.**

Après la réforme de 2000, la pratique de l'insertion d'un terme qui suspendrait l'exigibilité de la prestation fut à nouveau censurée par la Cour de cassation :

Cassation d'une décision ayant accordé une prestation compensatoire sous forme d'un capital payable lors de la liquidation de la communauté[3]; cassation d'une décision qui avait différé le versement de la première mensualité au jour où la contribution à l'entretien des deux enfants aînés n'aurait plus été versée[4].

Ces solutions valent certainement après l'entrée en vigueur de la loi du 26 mai 2004[5].

135.162 Prestations subies à terme extinctif. Le juge peut-il fixer un terme extinctif à la rente compensatoire ? Avant la loi du 30 juin 2000, le juge disposait d'une assez large liberté. Il pouvait fixer des rentes avec une durée limitée dans le temps, qui étaient, d'ailleurs en pratique les plus fréquentes. Il pouvait également limiter la durée de la rente à la durée de vie du débiteur. La modalité était intéressante dans la mesure où elle permettait de faire échec aux règles de transmission passive de la rente aux héritiers qui étaient tenus, conformément au droit commun des successions, de payer, le cas échéant, la dette sur leurs deniers personnels[6]. Lorsque le juge ne fixait **pas de terme**, la rente était nécessairement **limitée à la durée de la vie du créancier**[7].

La loi n° 2000-596 du 30 juin 2000 a profondément renouvelé la question en faisant disparaître les rentes temporaires. Certes, d'une certaine manière, il est possible d'affirmer que le juge n'a pas perdu tout pouvoir puisque dans le cadre d'une **prestation compensatoire à versement échelonné,** le juge retrouve la possibilité de fixer des « quasi-rentes temporaires ». **Le terme extinctif est alors fixé par le juge dans la limite des huit années** (C. civ., art. 275 – V. s^{s} n° 135.85). De même, peut-il encore prévoir un terme extinctif à l'usufruit lorsqu'il décide de fixer la prestation compensatoire sous forme d'un abandon de biens en nature (v. s^{s} n° 135.51). Les nouvelles règles sont toutefois plus contraignantes pour les juges. Le terme extinctif de la rente devient, depuis la loi du 30 juin 2000, le **décès de l'époux créancier** puisqu'il n'existe plus de **rentes que viagères.**

135.163 Décès du créancier avant le terme fixé. Lorsque la prestation compensatoire est prévue sous forme d'une rente limitée dans le temps (rente temporaire de dix ans par exemple), sans autre précision, et que le créancier décède avant le terme, la prestation, avant l'entrée en vigueur de la loi du 30 juin 2000, cessait d'être due. La solution pouvait s'appuyer sur l'article 276-1 du Code civil qui énonçait que « *la rente est attribuée pour une durée égale ou inférieure à la vie de l'époux créancier* »[8].

Cette disposition a été supprimée, en 2000, laissant la question ouverte. Conformément au droit commun, il conviendrait de considérer que la pres-

1. Civ. 2e, 29 avr. 1998, n° 96-19.890, NPT.
2. Civ. 2e, 18 mars 1998, n° 94-16.910, *Bull. civ.* II, n° 90.
3. Civ. 1re, 31 mai 2005, n° 04-11.373, NP; *Dr. fam.* 2005, comm. 183, obs. L.-T.
4. Civ. 1re, 6 juill. 2005, n° 03-18.038, *Bull. civ.* I, n° 308; *Dr. fam.* 2005, comm. 214, note L.-T. En outre, dans cette affaire, le délai de paiement était indéterminé : « *Attendu que l'arrêt condamne M. X... à payer une prestation compensatoire sous la forme de l'abandon d'un bien immobilier et du versement d'un capital de 192 000 francs payable en 96 mensualités de 2 000 francs, à compter du jour où sa contribution à l'entretien des deux enfants aînés ne sera plus versée; Qu'en accordant à M. X... un délai, au demeurant indéterminé, pour différer le versement de la première des 96 mensualités, la cour a violé le texte susvisé* ».
5. V. CA Douai, 7e ch., 8 févr. 2007, H... c/V..., *Juris-Data* n° 2007-349631; *Dr. fam.* 2008, comm. 25, obs. Larribau-Terneyre.
6. V. Civ. 2e, 28 oct. 1992, n° 91-13.821, *Bull. civ.* II, n° 251; *D.* 1993, J. 423, note Massip; *JCP* 1993, II, 22124, note Philippe – Civ. 2e, 2 avr. 1996, n° 94-14.057, *Bull. civ.* II, n° 84; *Defrénois* 1997, art. 36591, note Massip; *RTD civ.* 1997, 645, obs. Hauser; *JCP* 1997, I, 3996, n° 8, obs. Ferré-André.
7. Civ. 2e, 25 juin 1980, n° 79-10.857, *Bull. civ.* II, n° 157 – Civ. 2e, 19 juin 1996, n° 94-17.394, *Bull. civ.* II, n° 154; *Defrénois* 1997, p. 712, obs. Massip – Civ. 2e, 19 nov. 1998, n° 97-11.405, NPT.
8. V. Lécuyer, « La durée de la rente compensatoire en matière de divorce », *Dr. fam.* 1996, chron. 1.

tation continuera d'être due par les héritiers du créancier jusqu'à l'arrivée du terme[1]. On pourrait rétorquer que la prestation compensatoire a un caractère personnel, que défendrait son fondement alimentaire, et que le décès du créancier constitue, en soi, un cas de déchéance de la prestation compensatoire.

Depuis la loi du 30 juin 2000, la question ne se pose plus que pour les prestations compensatoires convenues puisqu'il n'existe plus de rentes temporaires fixées par le juge. Il convient d'attirer l'attention des conseils des parties, sur la nécessité de prévoir, dans la convention, le **sort de la rente lorsque le créancier décède avant la survenance du terme.**

135.164 Prestations subies à terme incertain. Avant 2000, la jurisprudence était bien fixée : les époux pouvaient, dans le cadre du divorce sur requête conjointe, assortir la prestation compensatoire convenue d'un terme même incertain (v. pour un cas supprimant la rente en cas de remariage ou de concubinage notoire[2]). En revanche, l'insertion d'un terme incertain n'était pas possible pour les prestations fixées par le juge (pour le même terme : en cas de remariage ou concubinage notoire[3]).

Les arrêts étaient abondants : impossibilité de prévoir que la rente sera due jusqu'à la liquidation de la communauté[4] ou encore à compter du jour où l'ex-épouse aura quitté le domicile conjugal[5] ou encore jusqu'à l'obtention d'un emploi équivalent[6].

La loi du 30 juin 2000 n'a pas modifié sur ce point l'état du droit positif. En revanche, la loi du 26 mai 2004 a généralisé à tous les cas de divorce la possibilité d'insérer dans une convention de divorce soumise à homologation du juge un terme incertain (C. civ., art. 268). Il n'est pas toujours évident de distinguer, en droit des obligations, le **terme** de la **condition résolutoire** (par ex., prestation versée « *jusqu'à la date de mise à la retraite* »[7]; la date reste incertaine, mais pourrait être qualifiée de condition potestative puisqu'elle est entre les mains du débiteur[8]). Toutefois, quelle que soit la qualification retenue, les solutions sont en définitive les mêmes : la clause est valable si elle est insérée dans une convention de divorce soumise à homologation et non valable lorsque la condition ou le terme incertain est fixé par le juge.

Ainsi se trouve condamnée la solution adoptée par les juges d'appel consistant à allouer une prestation compensatoire sous la forme d'un capital de 150 000 euros et d'une rente mensuelle de 2 000 euros pendant l'activité professionnelle de l'époux jusqu'à ce que celui-ci soit admis à faire valoir ses droits à la retraite[9].

Le plus souvent, les parties utilisent dans leur convention la modalité conditionnelle.

§ 2
Prestations sous condition

135.171 Validité des conditions dans les prestations convenues. Là encore, il convient de distinguer selon que l'introduction d'une condition vise les modalités d'une prestation convenue ou subie par les parties. S'il s'agit d'une prestation convenue, les époux sont libres de prévoir, dans la convention soumise à homologation, toutes les conditions qu'ils souhaitent dans le respect du droit commun, de l'ordre public et des bonnes mœurs. La loi du 26 mai 2004 a simplement généralisé cette solution à tous les divorces, mêmes contentieux, dès lors que la prestation a été fixée par les époux dans le cadre d'une convention (C. civ., art. 268 qui renvoie à l'article 278, al. 2). Les époux disposent alors de la faculté d'aménager avec beaucoup de latitude les modalités de la prestation (sous réserve bien sûr de l'homologation de leur convention) et notamment de « *prévoir que le versement de la prestation cessera à compter de la réalisation d'un événement déterminé* » (C. civ., art. 278, al. 2; art. 279-1 qui renvoie à C. civ., art. 278 et 279 - Pour la faculté pour les époux de lier dans la convention définitive, l'existence de la prestation compensatoire au chômage de l'époux créancier, l'attribution à celui-ci d'une allocation « adulte handicapé » pour cause d'inaptitude à l'emploi entraînant la suppression de la prestation[10]).

135.172 Impossibilité d'assortir de conditions les prestations subies. Depuis la loi du 11 juillet 1975, la question de savoir si le juge peut assortir la prestation compensatoire, qu'il fixe, de conditions est délicate. D'une manière la jurisprudence s'y mon-

1. EN CE SENS, H. Lécuyer, « La loi n° 2000-596 du 30 juin 2000 relative à la prestation compensatoire en matière de divorce. Étude de droit civil », *Dr. fam.* 2000, chron. 17, p. 10.
2. Civ. 2e, 16 janv. 1985, *Gaz. Pal.* 1986, somm 211, obs. Grimaldi; *RTD civ.* 1987, 296, obs. Rubellin-Devichi.
3. Civ. 2e, 2 mai 1984, n° 82-16.275, *Bull. civ.* II, n° 76 – Civ. 2e, 19 févr. 1986, *D.* 1987, 441, note Théry.
4. Civ. 2e, 27 févr. 1985, n° 84-10.681, *Bull. civ.* II, n° 49; *D.* 1986, IR 112, obs. Bénabent; *JCP* 1985, IV, p. 170; *Defrénois* 1986, art. 33690, obs. Massip – Civ. 2e, 19 nov. 1986, *Gaz. Pal.* 1987, 1, pan. 14; *RTD civ.* 1987, 299, obs. Rubellin-Devichi.
5. Civ. 2e, 5 nov. 1986, n° 85-15.421, *Bull. civ.* II, n° 158; *JCP* 1987, IV, p. 17 – Civ. 2e, 25 mai 1993, n° 91-20.247, *Bull. civ.* II, n° 182; *RTD civ.* 1993, 567, obs. Hauser; *Defrénois* 1994, art. 35945, obs. Massip.
6. CA Grenoble, 20 nov. 1978, *JCP* 1980, IV, p. 178.
7. TGI Lille, 1er mars 1977, *D.* 1978, IR 190, obs. Bénabent.
8. CA Dijon, 13 mars 1986, *Gaz. Pal.* 1987, 1, somm 14; *RTD civ.* 1987, 299, obs. Rubellin-Devichi.
9. Civ. 1re, 14 oct. 2009, n° 08-70.232, NP.
10. CA Aix-en-Provence, 1er avr. 1988, *Juris-Data* n° 041035.

tre résolument hostile. Cette position s'appuie sur différents arguments. Tout d'abord, l'insertion de conditions conduit inévitablement à discuter, par la suite, la réalisation des événements visés ce qui, va à l'encontre de la volonté d'éviter le contentieux d'après-divorce. On remarquera que l'argument n'est pas complètement convainquant car à lui seul, il justifierait alors que l'on interdise aux époux dans le cadre d'une prestation compensatoire convenue l'insertion de conditions, ce qui n'est pas l'état du droit positif. Ensuite, le risque était grand, que par le biais des **conditions relatives aux besoins et aux ressources des parties**, on en vienne à retrouver les anciennes **pensions alimentaires** que le législateur de 1975 avait déjà bien du mal, à faire oublier aux praticiens (v. dans l'ancienne version de l'article 301 du Code civil, la possibilité pour le juge de diminuer ou supprimer la pension dans le cas de concubinage[1] – V. également l'ancien article 283 du Code civil qui admettait que l'on puisse affecter d'une condition le versement d'une pension alimentaire dans le divorce pour rupture de la vie commune). Enfin, et surtout l'insertion de telles conditions heurtait, le plus souvent, le caractère forfaitaire de la prestation compensatoire (« *attendu que la prestation compensatoire a caractère forfaitaire, ne peut être assortie d'une condition...* »[2]).

Mais, comme toujours en matière de prestations compensatoires, ce qui est vrai pour le principe, le versement en capital, l'est moins pour l'exception, le versement sous forme de rente. En outre, depuis la loi du 30 juin 2000, il est possible de verser un capital de manière échelonnée dans le temps, pour une durée maximale de huit ans (au lieu des trois annuités du droit antérieur). Pour cette dernière forme de versements, comme pour la rente viagère, il est concevable de faire dépendre la prestation d'évènement ultérieur. En outre, un dernier argument est souvent avancé par la doctrine en faveur de la possibilité d'insérer des conditions : dans la mesure où le juge statue en fonction de « *l'avenir prévisible* » (v. s^s^ n° 134.121), il serait cohérent de permettre à ce dernier de **mieux prendre en compte cet avenir par la technique de la condition** (C. civ., art. 271). Il en résulte que cette position négative de la Cour de cassation a souvent été l'objet de critiques[3].

1. V. ENCORE, Civ. 2e, 18 mars 1992, n° 90-16.832, *Bull. civ.* II, n° 89; *JCP N* 1992, IV, 1497.
2. V. Civ. 2e, 5 nov. 1986, n° 85-15.421, *Bull. civ.* II, n° 158, préc. s^s^ n° 135.164.
3. V. NOT., H. Lécuyer, « Le notaire et la prestation compensatoire : problèmes liés à la durée de la prestation compensatoire », *Dr. et patr.* 1999, n° 70, p. 46 s. – Sur l'ensemble de la discussion, v. HAUSER et HUET-WEILLER, n°s 459 s. et les réf. citées.

L'opposition est donc totale entre d'une part, la validité des clauses insérant des conditions ou un terme à la prestation compensatoire et d'autre part l'impossibilité pour le juge de fixer de telles modalités lorsqu'il fixe lui-même la prestation compensatoire. Une nouvelle fois, indirectement, et sans souci de cohérence dans sa politique législative, la loi du 26 mai 2004 incite les époux, dans tous les cas de divorce, à fixer eux-mêmes les prestations compensatoires dans le cadre de conventions soumises à homologation.

135.173 Clauses de non-remariage ou de non-concubinage dans les prestations convenues. Dans les conventions conclues entre époux et prévoyant des prestations sous forme de rente, il n'est pas rare que les époux prévoient que la rente sera versée sous la **condition résolutoire de non-remariage ou de non-concubinage.** Dans la mesure où la Cour de cassation considère que la prestation, issue de l'accord des parties, peut être assortie d'une condition ou d'un terme incertain[4], ce type de clause est valable, même si des discussions peuvent naître sur l'existence d'une l'atteinte à la liberté de se remarier ou de vivre en couple. Une telle clause n'est pas, au demeurant, incompatible avec la liberté de se remarier ou de vivre en union libre[5].

De même, il est fréquent que la clause prévoie une **révision en cas de remariage ou de concubinage de l'une ou l'autre des parties.** Cette clause est, bien entendu, valable et ne constitue qu'une application de la possibilité offerte aux époux à l'article 279 alinéa 2 du Code civil de « *prévoir dans leur convention que chacun pourra, en cas de changement important dans les ressources ou les besoins de l'une des parties, demander au juge de réviser la prestation compensatoire* » (v. s^s^ n° 135.274). La réalité de l'événement donne parfois à discussion : est-on réellement en présence d'un concubinage ? En présence d'une situation de fait, la Cour de cassation devrait s'en remettre à l'appréciation souveraine des juges du fond, en s'appuyant néanmoins sur les critères légaux et souples de l'article 515-8 du Code civil[6].

4. Civ. 2e, 16 janv. 1985, *Gaz. Pal.* 1986, 1, somm 211, obs. Grimaldi; *RTD civ.* 1987, 296, obs. Rubellin-Devichi – CA Aix-en-Provence, 20 juin 1995, *Juris-Data* n° 1995-05-2178 – Civ. 2e, 2 avr. 1997, n° 93-16.995, *Bull. civ.* II, n° 103; *RTD civ.* 1997, 638, obs. Hauser.
5. CA Douai, 10 janv. 1990, *Juris-Data* n° 045243 – CA Poitiers, 25 juin 1986, *Juris-Data* n° 045100.
6. V. CA Dijon, 17 mars 1998, *RTD civ.* 1999, 823, obs. Hauser, qui exige à propos d'un concubinage qu'il apparaisse « *stable et organisé* » – À propos de la condition « *de remariage ou de vie maritale* » du créancier de la prestation, v. CA Versailles, 7 mai 1998, *RTD civ.* 1999, 823, obs. Hauser.

De même, le concubinage, même notoire, ne saurait être assimilé au remariage et le versement de la prestation compensatoire doit être maintenu même si la convention homologuée avait prévu sa cessation en cas de remariage de la femme[1].

Plus souvent, le débat judiciaire tourne naturellement sur le fond : le remariage ou le concubinage entraînent-ils une modification des ressources et des besoins des parties susceptibles de faire naître une révision du montant de la prestation compensatoire[2] ? Il est opportun pour les conseillers des parties de prévoir le plus exactement possible les circonstances permettant de s'assurer de la réalité de la condition envisagée.

135.174 Insertion de conditions résolutoires de non-remariage ou de non-concubinage dans les prestations compensatoires subies (non). En revanche, dans le cadre de prestations subies, la Cour de cassation s'est prononcée, après quelques hésitations, contre la possibilité d'insérer des conditions résolutoires de non-remariage ou de non-concubinage dans les rentes compensatoires judiciaires. Ainsi se trouve censurée la décision ayant subordonné le service de la rente dans l'avenir à la condition que l'épouse ne se remarie pas ou ne vive pas en concubinage[3]. La jurisprudence est désormais constante[4]. Cette solution doit logiquement être maintenue après les lois du 30 juin 2000 et du 26 mai 2004.

135.175 Insertion de conditions suspensives dans les prestations compensatoires subies (non). Là encore, et pour les mêmes raisons, la Cour de cassation rejette l'insertion de toute condition suspensive dans le versement de la prestation compensatoire.

La jurisprudence est fournie, attestant d'une résistance certaine des juges du fond.

Ainsi, n'est-il pas possible pour le juge de subordonner le versement de la rente à la condition que la femme créancière délaisse le domicile conjugal[5] ou à la condition d'acquitter une dette qui relevait de la communauté[6], ou être subordonnée à vente d'un immeuble commun[7]. De même, la stipulation par laquelle l'époux s'engage à augmenter la rente constitutive d'une prestation compensatoire dans des limites déterminées dès qu'il sera libéré du service des pensions alimentaires dues pour les enfants, sans autre précision, a été considérée comme rendant incertaine l'étendue de l'obligation du débiteur[8].

SECTION 3
PAIEMENT DE LA PRESTATION COMPENSATOIRE

§ 1
Garanties

135.181 Garanties civiles. Il était indispensable de prévoir des garanties pour le versement de la prestation compensatoire, quelle que soit sa forme, capital en versement unique, en versements échelonnés, ou en rente. La loi du 11 juillet 1975 l'avait fait. La loi du 30 juin 2000 a seulement élargi la liste des garanties énumérées à l'article 277 du Code civil. Les garanties visées à l'article 277 doivent être décidées par le juge, alors que les hypothèques légale ou judiciaire existent de plein droit.

135.182 Une condition de la prestation compensatoire. Lorsqu'elle prend la forme d'un versement immédiat d'une somme d'argent, l'alinéa final de l'article 274, 1° prévoit que le prononcé du divorce peut être subordonné à la **constitution de garanties** prévues à l'article 277. Dans les autres formes de versement, il n'est plus possible, depuis l'entrée en vigueur de la loi du 26 mai 2004, de subordonner le prononcé du divorce au versement d'un capital. Il appartient au juge dans le cadre de son pouvoir souverain d'appréciation, de décider ou non d'imposer au débiteur de fournir une garantie[9]. La Cour de cassation rappelle parfois qu'il s'agit là d'une **simple faculté pour le juge** (v. dans une espèce qui ne pourrait plus se produire, puisqu'il s'agissait de la constitution d'une caution en garantie d'un capital versé en trois annuités[10]).

135.183 Contrat d'assurance. L'article 277 du Code civil dispose qu'« *indépendamment de l'hypothèque légale ou judiciaire, le juge peut imposer à*

1. CA Paris, 1re ch., sect. C, 20 déc. 1991, *Juris-Data* n° 025087 – CA Metz, 23 oct. 1990, *Juris-Data* n° 052449 – CA Aix-en-Provence, 8 mars 1988, *Juris-Data* n° 042238 – CA Montpellier, 15 oct. 1985, *Juris-Data* n° 001434.
2. V. Civ. 2e, 17 oct. 1990, n° 89-14.574, NPT.
3. Civ. 2e, 19 févr. 1986, *D.* 1986, IR 115.
4. Civ. 2e, 26 avr. 1984, *Gaz. Pal.* 1984, 2, somm. 282 – Civ. 2e, 2 mai 1984, n° 82-16.275, *Bull. civ.* II, n° 76; *D.* 1984, J. 579, note Lindon et Bénabent; *RTD civ.* 1984, 150, obs. Rubellin-Devichi – V. ENCORE, Civ. 2e, 19 févr. 1986, *D.* 1986, IR 115 – Civ. 2e, 13 déc. 1989, *Juris-Data* n° 1989-00-4620 – Civ. 2e, 12 juin 1996, n° 94-13.544, NPT; *Dr. fam.* 1997, comm. 15 – CA Paris, 2 oct. 1997, *Dr. fam.* 1998, comm. 52, obs. Lécuyer – CA Paris, 31 mars 1998, *Juris-Data* n° 1998-02-2406.
5. Civ. 2e, 5 nov. 1986, n° 85-15.421, *Bull. civ.* II, n° 158.
6. Civ. 2e, 12 juin 1996, n° 94-13.544, NPT; *Dr. fam.* 1997, comm. 15, préc. ss n° 135.94.
7. CA Paris, 27 févr. 1996, *Juris-Data* n° 020965.
8. CA Reims, 26 nov. 1998, *Juris-Data* n° 1998-04-8800.
9. Civ. 2e, 25 mai 1994, n° 92-21.782, *Bull. civ.* II, n° 136; *Defrénois* 1995, art. 36210, n° 1383, obs. Massip.
10. Civ. 2e, 25 mai 1994, n° 92-21.782, préc. ss prést n°.

l'époux débiteur de constituer un gage, de donner une caution ou de souscrire un contrat garantissant le paiement de la rente ou du capital ». C'est la loi du 30 juin 2000 qui a repris de la proposition du Sénat la possibilité pour le juge d'imposer à l'époux débiteur de souscrire un contrat garantissant le paiement de la rente ou du capital, et l'on pense, notamment à un contrat d'assurance.

Faute de texte, et malgré l'utilité que présentait le recours à un tel contrat, la Cour de cassation avait censuré l'arrêt portant obligation de souscrire un contrat d'assurance[1]. En cela, la loi du 30 juin 2000 prenait le contre-pied de la jurisprudence de la Cour de cassation qui avait affirmé le caractère exhaustif de la liste de garanties dressée par le Code pour refuser au juge la faculté d'imposer au débiteur de la prestation compensatoire la souscription d'une assurance garantissant le versement de la prestation.

Après l'entrée en vigueur de la loi du 30 juin 2000, l'utilisation du **contrat d'assurance-décès** présentait un intérêt pour limiter les conséquences fâcheuses de la transmissibilité passive à cause de mort de la rente compensatoire ou, éventuellement, du capital à versement échelonné. En prenant une assurance-décès sur sa tête, le débiteur évitait ainsi aux héritiers, après son décès, d'être tenu, éventuellement sur leur patrimoine personnel de la dette (sur la transmissibilité à cause de mort de la prestation compensatoire, v. s^s n°s 135.290 s.).

La loi du 26 mai 2004, **en limitant, en principe, aux forces de la succession la charge de la prestation compensatoire** (v. s^s n°s 135.301 s.) a réduit d'autant l'intérêt de conclure un contrat d'assurance. Il pourrait en retrouver un dans l'hypothèse où la transmissibilité passive au-delà des forces de la succession a été maintenue, comme le peuvent les époux dans le cadre de leur convention homologuée, ou, même, les héritiers par un accord notarié, lors du décès du débiteur (v. s^s n°s 135.311 s.).

La formulation de ce texte n'ayant pas changé, l'énumération a toujours un caractère limitatif et contrairement à ce que certains ont pu penser, il ne semble pas que le juge aurait le pouvoir d'imposer l'emploi du capital.

135.184 Suppression de la garantie. La demande de suppression d'une garantie imposée par le juge au débiteur constitue, selon la Cour de cassation une demande en révision de la prestation compensatoire[2] (v. s^s n° 135.266).

135.185 Hypothèque judiciaire. L'hypothèque judiciaire est une garantie qui découle aux termes de l'article 2412 du Code civil[3] : « [...] *des jugements, soit contradictoires, soit par défaut, définitifs ou provisoires, en faveur de celui qui les a obtenus* [...], *des décisions arbitrales revêtues de l'ordonnance judiciaire d'exécution ainsi que des décisions judiciaires rendues en pays étrangers et déclarées exécutoires par un tribunal français* ». Elle permet à son bénéficiaire d'« *inscrire son droit sur tous les immeubles appartenant actuellement à son débiteur* » et « *prendre des inscriptions complémentaires sur les immeubles entrés par la suite dans le patrimoine du débiteur* ».

Le débiteur bénéficie toutefois du droit de réduire les inscriptions prises lorsque celles-ci sont excessives (C. civ., art. 2444, al. 1er)[4].

« *Sont réputées excessives les inscriptions qui grèvent plusieurs immeubles lorsque la valeur d'un seul ou de quelques-uns d'entre eux excède une somme égale ou double du montant des créances en capital et accessoires légaux, augmenté du tiers de ce montant* ».

La réduction peut également être fondée sur le mode d'évaluation de la créance (C. civ., art. 2445)[5].

135.186 Hypothèque légale. Le paiement de la prestation compensatoire est également garanti par l'hypothèque légale prévue par l'article 2400 du Code civil[6] pour le paiement des droits et créances d'un époux, sur les biens de l'autre. Comme le précise l'article 2403 du Code civil[7], « *l'hypothèque légale ne peut être inscrite que par l'intervention de justice* ». Elle peut faire l'objet d'une inscription provisoire dès le jour de la demande; elle ne prend rang qu'à la date de son inscription. Son régime est précisé par l'article 2403.

§ 2
Non-paiement

135.191 Abandon de famille. Le non-paiement de la prestation compensatoire est susceptible de donner lieu à des poursuites pour abandon de famille. L'article 227-3 du Code pénal vise « *le fait, pour une personne, de ne pas exécuter une décision judiciaire ou une convention judiciairement homologuée lui imposant de verser au profit d'un enfant mineur, d'un descendant, d'un ascendant ou du con-*

1. Civ. 2e, 24 nov. 1993, n° 92-13.640, *Bull. civ.* II, n° 337; *D.* 1995, 11, note Groutel et Hauser; *JCP* 1994, II, 22797, note Camproux; *Defrénois* 1994, p. 1439, note Massip.
2. Civ. 2e, 20 nov. 1996, n° 94-15.131, *Bull. civ.* II, n° 252; *JCP* 1997, II, 22947, note Casey; *RTD civ.* 1997, 107, obs. Hauser; *Defrénois* 1997, art. 36634, obs. Massip.
3. Réd. Ord. n° 2006-346, 23 mars 2006, relative aux sûretés, *JO* 24 mars, p. 4475.
4. Réd. Ord. n° 2006-346, 23 mars 2006.
5. Réd. Ord. n° 2006-346, 23 mars 2006.
6. Réd. Ord. n° 2006-346, 23 mars 2006.
7. Réd. Ord. n° 2006-346, 23 mars 2006.

joint une pension, une contribution, des subsides ou des prestations de toute nature dues en raison de l'une des obligations familiales prévues par le titre IX du livre Ier du Code civil, en demeurant plus de deux mois sans s'acquitter intégralement de cette obligation, est puni de deux ans d'emprisonnement et de 15 000 euros d'amende ».

Le débiteur a également **l'obligation de notifier son changement de domicile au créancier** dans un délai d'un mois sous peine d'être passible de six mois d'emprisonnement et de 7 500 euros d'amende (C. pén., art. 227-4). Le délit d'abandon de famille se renouvelle chaque fois que son auteur démontre par son comportement sa volonté de persévérer dans son attitude[1]. La chambre criminelle ne manque pas de tirer toutes les conséquences du caractère alimentaire de la prestation compensatoire et notamment quant à l'ouverture des poursuites pour abandon de famille[2]. Les poursuites pénales pour abandon de famille restent possibles en présence de non-paiement d'une prestation en capital échelonné puisque l'article 227-3 du Code pénal se réfère aux prestations de toute nature dues en raison de l'une des obligations familiales prévues dans le cadre d'un divorce[3] (v. ss nos 522.11 s.). La Cour de cassation[4] admet qu'une instance pénale destinée à obtenir la condamnation du débiteur d'une prestation compensatoire pour abandon de famille en raison du défaut de paiement de la prestation compensatoire tend à **l'exécution par la contrainte pénale des décisions ordonnant le paiement de la prestation compensatoire**; elle a, au moins partiellement, le même objet que l'instance civile tendant à obtenir **l'autorisation de faire pratiquer une saisie des rémunérations pour le recouvrement des arriérés de prestation compensatoire**. Les citations délivrées par le créancier interrompent, en conséquence le délai de prescription civile.

135.192 **Délit d'organisation d'insolvabilité.** La loi pénale punit celui qui, même avant la décision judiciaire constatant sa dette, organise ou aggrave son insolvabilité soit en augmentant le passif ou en diminuant l'actif de son patrimoine, soit en diminuant ou en dissimulant tout ou partie de ses revenus, soit en dissimulant certains de ses biens, en vue de se soustraire à l'exécution d'une condamnation de nature patrimoniale prononcée par une juridiction répressive ou, en matière délictuelle, quasi délictuelle ou d'aliments, prononcée par une juridiction civile, à trois ans d'emprisonnement et de 45 000 euros d'amende (C. pén., art. 314-7; anc. C. pén., art. 404-1[5]). Le caractère alimentaire de la prestation compensatoire permet de faire application de ces dispositions.

Ainsi un arrêt de la chambre criminelle de la Cour de cassation, a-t-il décidé qu'entre dans les prévisions de l'article 404-1 de l'ancien Code pénal le fait pour le débiteur d'une prestation de renoncer volontairement à un emploi rémunéré, ce qui a pour résultat de diminuer l'actif de son patrimoine[6] (v. ss no 522.42).

135.193 **Procédures de recouvrement.** En cas de non-paiement, les procédures de **recouvrement public ou privé** sont applicables, à certaines conditions, aux prestations compensatoires (v. ss no 134.35).

SECTION 4
RÉVISION DE LA PRESTATION COMPENSATOIRE

§ 1
Évolution de la matière

135.201 **Notion de révision.** La notion de révision de la prestation compensatoire doit être entendue largement. Elle vise aussi bien les demandes de révisions judiciaires visant à modifier le **montant de la rente ou du capital**, que les demandes ayant pour objet de modifier les **modalités** de la prestation (terme ou condition) ou encore son **échéancier**.

En matière de révision, comme pour les autres aspects du régime de la prestation compensatoire, une distinction doit être nécessairement opérée entre les **prestations subies**, c'est-à-dire celles fixées par le juge et les prestations conventionnelles, c'est-à-dire, celles **convenues par les parties**. Ces dernières sont toutefois soumises à un double régime : ou bien la convention homologuée, elle-même, prévoit les modalités de révisions et auxquels cas, le juge saisi de la demande se doit de respecter la force obligatoire de la convention, ou bien, les époux n'ont rien prévu dans la convention, et il convient de s'en remettre aux dispositions légales concernant la révision des prestations fixées dans une convention homologuée (C. civ., art. 279, al. 3).

135.202 **Situation à la veille de la loi du 30 juin 2000 : l'intangibilité de la prestation compensatoire.** La doctrine, les praticiens, et sans doute les

1. Crim. 2 déc. 1998, no 97-83.671, *Bull. crim.*, no 326; *JCP* 1999, II, 10108, note Rebut.
2. Crim. 7 janv. 2004, no 03-80.763, NP; *RJPF* 2004/4038, obs. Valory; *Dr. fam.* 2004, 42, obs. De Lamy – Crim. 9 juin 2004, no 03-84.029, *Bull. crim.*, no 158; *AJ fam.* 2004, 326, obs. David; *RTD civ.* 2004, 721, obs. Hauser.
3. Crim. 2 déc. 1998, no 97-83.671, préc. ss prést no.
4. Civ. 1re, 19 juin 2007, no 06-13.086, *Bull. civ.* I, no 243.
5. B. Abry, « L'article 404-1 du Code pénal et le notaire », *JCP N* 1990, prat. 1235.
6. Crim. 1er févr. 1990, no 88-83.998, *Bull. crim.*, no 55; *D.* 1990, IR 77; *Gaz. Pal.* 31 juill. 1980; *Rev. huissiers* 1990, 1210, obs. Lescaillon.

époux eux-mêmes, étaient unanimes : il fallait modifier l'article 273 ancien du Code civil, qui interdisait la révision, « *même en cas de changement imprévu dans les ressources et les besoins des parties, sauf si l'absence de révision devait avoir pour l'un des conjoints de conséquences d'une exceptionnelle gravité* ».

Le **fondement de cette « intangibilité »** de la prestation compensatoire était lié au **caractère forfaitaire** de la prestation compensatoire. L'impossible révision de la prestation compensatoire était la manifestation la plus frappante de la volonté du législateur d'**éviter le contentieux d'après-divorce**. Elle s'expliquait aussi par la nature de la prestation compensatoire qui est de **compenser la disparité de vie commune crée par la rupture**. Si l'évaluation de cette disparité a été faite, au moment du divorce, en tenant compte de l'avenir prévisible, il ne pouvait être question de rouvrir le débat après le jugement. La règle valait aussi bien pour la prestation compensatoire sous forme de capital que sous forme de rente, alors qu'en définitive, elle s'harmonisait mal avec cette dernière forme qui maintenait les ex-époux, pendant de nombreuses années, dans une relation de débiteur à créancier.

Or le laxisme des tribunaux, qui avaient trop souvent prononcé des prestations compensatoires sous forme de rente viagère, faisait sentir ses effets de plus en plus injustes à mesure qu'on avançait dans le temps. Dans les dernières années d'application de la loi du 11 juillet 1975, on trouvait toujours dans la jurisprudence des ex-maris ne pouvant obtenir la révision de la prestation malgré leur perte d'emploi et la mise en procédure collective de leur entreprise[1]. La jurisprudence ne considérait pas que le chômage constituait une situation d'exceptionnelle gravité[2]. Il fallait que les situations soient véritablement dramatiques pour être prises en compte (ainsi, cas d'un agriculteur qui pour des raisons de santé est obligé de vendre son exploitation[3]; ou encore, un débiteur qui voit son salaire diminué de moitié après la perte de son emploi[4]). La solution était parfois la suspension du versement : la situation de l'ex-époux au chômage devait être réexaminée au jour de sa retraite[5]. L'injustice paraissait d'autant plus criante que l'époux créancier réduit à la misère ne pouvait obtenir la révision de la rente, même lorsque le créancier retrouvait une certaine aisance financière grâce à un remariage ou à un concubinage.

La situation des divorces contentieux contrastait avec celle du divorce sur requête conjointe où les époux pouvaient inclure une clause de révision en cas de changement imprévu dans les ressources et les besoins des parties. Et à défaut de clause, le juge pouvait ordonner la révision.

135.203 Admissibilité du recours en révision pour fraude. Selon l'article 595 alinéa 1er du Code de procédure civile, le recours en révision est ouvert s'il se révèle, après le jugement, que la décision a été surprise par la fraude de la partie au profit de laquelle elle a été rendue. La jurisprudence a, toujours, admis dans l'hypothèse extrême de la fraude qu'un recours en révision puisse être exercé contre la décision qui avait évalué la prestation compensatoire (en l'espèce, l'épouse avait faussement déclaré être au chômage; il a été jugé que devaient être « *rétractées les dispositions de l'arrêt relatives à la prestation compensatoire* »[6]). Cette **voie de recours extraordinaire** doit soigneusement être distinguée de la voie de recours spéciale prévue à l'article 273-3 du Code civil. Ainsi, la dissimulation volontaire de l'existence d'un patrimoine immobilier, dans le cadre d'une déclaration sur l'honneur, rend recevable une telle action[7].

135.204 La loi du 30 juin 2000 : nécessité de distinguer les prestations sous forme de rente viagère et les prestations sous forme de capital. La proposition de loi adoptée par le Sénat avait trouvé le juste milieu entre les demandes de révision systématiques contre lesquelles la loi du 11 juillet 1975 avait voulu lutter et la rigidité trop poussée qui ne s'imposait plus, vingt-cinq ans après la réforme. Elle prévoyait que la prestation compensatoire pouvait être révisée « *en cas de changement substantiel dans les ressources ou les besoins des parties* », prenant ainsi en compte justement les accroissements de fortunes. Elle ne fut pas reprise par les députés lors de la discussion préalable au vote de la loi du 30 juin 2000.

Les députés ont supprimé l'exceptionnelle gravité de l'ancien article 273 et instauré une possibilité de **révision en cas de changement important dans les ressources et les besoins des parties**. Toutefois, cette brèche ouverte dans le caractère forfaitaire de la prestation compensatoires ne vise **que les prestations versées sous forme de rentes viagères** (C. civ., art. 276-3) dont on sait qu'elles demeurent « exceptionnelles » (v. ss no 135.101). Le législateur a pris le soin de préciser que la révision ne pouvait avoir

1. CA Aix-en-Provence, 2 avr. 1998, *Juris-Data* no 056321.
2. V. obs. Bosse-Platière, *JCP* 1996, I, 3946, et réf. cit.
3. CA Nîmes, 8 sept. 1999, *Juris-Data* no 103283.
4. CA Nîmes, 27 oct. 1999, *Juris-Data* no 103441.
5. CA Amiens, 16 déc. 1998, *Juris-Data* no 055361.
6. Civ. 2e, 4 mars 1992, no 90-20.339, NPT; *D.* 1993, 215, note Poitraut.
7. Civ. 2e, 12 juin 2008, no 07-15.962, *Bull. civ.* I, no 141; *Dr. fam.* 2008, comm. 138, obs. Larribau-Terneyre (cas où la femme avait sciemment omis d'indiquer qu'elle était propriétaire d'un studio pour lequel elle remboursait un emprunt).

pour effet d'augmenter le montant de la rente, ce que l'on peut continuer à regretter.

Pour les **prestations sous forme de capital**, versées en une seule fois ou en plusieurs annuités, la demande de révision ne peut concerner que les **modalités** de paiement **non le montant**. Le juge ne peut d'ailleurs qu'« *à titre exceptionnel* », « *par décision spéciale et motivée* », autoriser le versement du capital pour une durée supérieure à huit ans (C. civ., art. 275-1, al. 2). Parmi les nombreuses actions offertes par le législateur, aucune ne permet de réviser le montant de la prestation : ni l'action en vue d'obtenir un **étalement au-delà de huit ans** intentée par le débiteur (C. civ., art. 275-1, al. 2) ou ses héritiers (C. civ., art. 275-1, al. 2); ni l'action intentée par le débiteur ou ses héritiers pour **libérer le solde restant dû** (C. civ., art. 275-1, al. 4), ni l'action intentée par le créancier pour obtenir la **libération du solde après la liquidation du régime matrimonial** (C. civ., art. 275-1, al. 5).

135.205 La loi du 26 mai 2004. La loi du 26 mai 2004 n'a pas modifié les nouveaux principes posés par la loi du 30 juin 2000. Elle a toutefois apporté quelques modifications, parfois importantes qu'il convient de souligner. Le régime de la révision des prestations compensatoires judiciairement fixées diffère selon qu'elles prennent la forme d'un **capital**, dont le versement a été **échelonné dans le temps**, d'une **rente viagère**. En outre, la révision des **prestations convenues** est soumise à un régime spécifique.

135.206 Compétence du juge aux affaires familiales. Le JAF est seul compétent pour statuer en matière de révision de la prestation compensatoire, à l'exclusion du juge de l'exécution[1].

§ 2
Révision du capital judiciairement fixé

A.
Consistance de la révision

135.211 Révision du capital : l'impossibilité de modifier le montant du capital. La question de la révision du capital ne se pose évidemment pas lorsqu'il s'agit d'une prestation qui fait l'objet d'un versement unique effectué selon les modalités visées à l'article 274 du Code civil.

Elle se pose de manière particulière lorsqu'il s'agit de réviser une **prestation en capital à versement échelonné**. En effet, en raison du caractère forfaitaire de la prestation compensatoire (C. civ., art. 270 – V. s^s n° 134.22), la loi interdit toute modification du montant de la prestation, seul un **aménagement de ses modalités** est autorisée. D'une certaine manière, la loi du 30 juin 2000 et la loi du 26 mai 2004, se révèlent paradoxalement plus sévère que la loi du 11 juillet 1975. Cette dernière permettait de réviser une rente temporaire dans le cas où l'absence de révision était de nature à avoir pour l'un des époux des conséquences d'une exceptionnelle gravité. Cette soupape de sécurité, entre les mains des juges, a été supprimée par la loi du 30 juin 2000.

On pourrait s'étonner d'une telle rigidité alors que les détracteurs du droit antérieur pointaient justement les injustices causées par l'impossibilité d'obtenir une révision.

Toutefois dans l'esprit du législateur, cette impossibilité de modifier le montant de la prestation compensatoire, même pour des prestations compensatoires à versements échelonnés, se justifie pleinement dès lors que l'on prend conscience qu'il s'agit d'une **prestation en capital**. Pour reprendre l'expression d'un auteur, on n'est pas en présence d'une rente, « *d'un complément de revenu, mais du **paiement d'une dette dont l'exigibilité a seulement été différée*** »[2]. On comprend mieux alors pourquoi le législateur a pris tant de soin à maintenir cette appellation de prestation en capital alors que la plupart des commentateurs ont souligné toute l'hypocrisie qui existait à ne pas dénommer « rente » cette prestation.

Il n'en demeure pas moins que le risque est grand de retrouver les mêmes injustices que celle dénoncées sous le droit antérieur. Ainsi, la misère du débiteur, quelle que soit sa cause (maladie, chômage...) ne lui permet pas d'obtenir la révision du montant de la prestation. Inversement, l'article 273 ancien offrait la possibilité pour le créancier, dans des situations extrêmes, de demander une révision, à la hausse ou à la baisse du montant de la rente. De même, le juge pouvait modifier dans ce cadre les sûretés décidées lors de l'attribution de la prestation compensatoire.

Toutes ces facultés ont disparu avec l'entrée en vigueur de la loi du 30 juin 2000 et sur ce point, la réforme offre une **situation moins avantageuse au débiteur**, qui pouvait sous l'empire de l'ancien article 273 du Code civil demander une révision du montant du capital[3].

Le législateur n'est pas toutefois resté complètement insensible à la situation des ex-époux, en leur

1. TGI Meaux, 19 janv. 2001, *BICC* 15 juill. 2001, n° 786 (s'agissant d'une demande tendant à obtenir le versement sous forme de rente et non sous forme de capital).

2. J. Massip, *Le nouveau droit du divorce*, Éd. Defrénois, 2005, n° 175, p. 182.
3. V. A. Bénabent, « Prestation compensatoire : la révision des dupes », *D.* 2000, « point de vue », p. V, n° 17.

offrant la possibilité de réviser les modalités de paiement du capital.

135.212 Possibilité de réviser des modalités de paiement du capital à versements échelonnés. Lorsque le capital est l'objet de versements échelonnés, l'article 275-1 alinéa 2 du Code civil dans sa rédaction, issue de la loi du 30 juin 2000, offre des perspectives de révision extrêmement réduites : « *Le débiteur peut demander la révision de ces modalités de en cas de changement notable de sa situation. À titre exceptionnel, le juge peut alors, par décision spéciale et motivée, autoriser le versement du capital sur une durée totale supérieure à huit ans* ». La loi du 26 mai 2004 a simplement remplacé le qualificatif de « notable », par « important ». Par ailleurs, la disposition a été déplacée à l'article 275 du Code civil.

Le **changement important de la situation du débiteur** ne conduit qu'à obtenir un **étalement des versements** restants au-delà de la limite de huit ans, étalement que le juge ne prononcera qu'à titre exceptionnel, et par **décision spéciale et motivée.** Étant donné la profusion des restrictions prévues par le texte, il est à craindre que cette possibilité de révision ne soit que très rarement retenue par les juges.

Les dispositions transitoires de la loi n° 2004-439 du 26 mai 2004 prévoient expressément la possibilité de révision d'un « capital-rente » prononcé avant le 1er janvier 2005 dans les conditions nouvelles prévues à l'alinéa 2 de l'article 275 du Code civil.

B.
Conditions de la révision

135.221 Un changement important de la situation du débiteur. Seul le débiteur est autorisé à saisir le juge d'une demande de révision. C'est à lui d'établir le changement important de sa situation.

La substitution du terme « important » à celui de « notable », par la loi du 26 mai 2004, a été voulue, par le législateur afin d'aligner les modalités de la révision du capital sur celui des rentes viagères. Les mêmes évènements ouvrent désormais la voie à une révision du capital comme de la rente. Il semble que dans l'esprit du législateur le terme « important » soit moins rigoureux que celui de « notable ». Simplement, l'impact de ces événements risque d'être plus facilement pris en compte par le juge s'agissant d'un capital échelonné, le montant des sommes dues étant souvent plus élevé en raison de la durée limitée de l'échéancier.

Les éléments susceptibles d'être pris en compte sont, par exemple, la **mise en préretraite**, un **licenciement**, une **incapacité de travail**, une **maladie**... Encore faut-il que ces éléments n'aient pas été prévisibles au moment où le juge a fixé la prestation compensatoire en capital.

135.222 Une décision spéciale et motivée. S'il appartient au débiteur d'apporter la preuve du changement important de la situation, il appartient également au juge du fond de le caractériser, par une décision spéciale et motivée. Bien entendu, la formule a pour but de permettre à la Cour de cassation d'exercer un contrôle sur le pouvoir d'appréciation des juges du fond. Le rôle dévolu par le législateur à la Cour de cassation est clair : il ne faut pas, que par le biais de cette possibilité de révision, on en vienne, abusivement, à voir ressurgir les rentes temporaires.

135.223 Une révision à titre exceptionnel. Le texte invite à distinguer la demande du débiteur du pouvoir du juge. Le débiteur peut saisir le juge afin d'obtenir une révision en cas de changement important de sa situation. Mais le juge ne peut la prononcer qu'à titre exceptionnel. Cette distinction semble sous-entendre que même si le changement de sa situation est rapporté par le débiteur, le juge ne sera pas en droit de réviser les modalités de paiement de la prestation. Par le biais du caractère exceptionnel de la révision, la Cour de cassation dispose d'un outil supplémentaire pour éviter que les juges du fond n'ouvrent trop les portes de la révision.

C.
Objet de la révision

135.231 Objet de la révision : un rééchelonnement du capital. Le juge ne peut accorder au débiteur qu'un rééchelonnement du capital. **La révision a pour objet l'échéancier des versements** et non le montant de la prestation compensatoire. Le juge n'est plus tenu alors dans le nouvel échelonnement qu'il accorde au débiteur de respecter le délai butoir des huit années. Il peut « *autoriser le versement du capital sur une durée supérieure à huit ans* ». Curieusement, le texte reste muet sur la durée possible de ce rééchelonnement. Le juge semble avoir toute latitude en la matière même si la prestation compensatoire conserve sa nature de capital. Il semble exclu que le juge puisse, par le biais d'un rééchelonnement sur une trop longue durée, faire renaître une prestation compensatoire sous forme de rente. Dans tous les cas, les modalités de ce rééchelonnement méritent d'être justifiées par le juge dans sa décision spéciale et motivée au regard de la situation des époux.

135.232 Possibilité pour le débiteur de se libérer du solde du capital. Aux termes de l'article 275 alinéa 3 du Code civil : « *Le débiteur peut se libérer à* *tout moment du solde du capital indexé* ». Cette faculté est logique : elle résulte de la faveur même du capital immédiatement versé par rapport à toutes autres modes de versement de la prestation. Pour qu'elle puisse s'appliquer, elle suppose que le juge au moment du divorce ait prononcé une prestation à versement échelonné au motif que « *le débiteur n'était pas en mesure de verser le capital* » en une seule fois. Si par la suite, le débiteur a les moyens de se libérer du solde du capital, il lui suffit de le verser entre les mains du créancier. *Stricto sensu*, **cette possibilité ne nécessite aucune décision de justice, et le créancier ne peut pas s'y opposer.** D'une certaine manière, cette faculté constitue le pendant de l'article 275 alinéa 2, puisqu'elle aboutit à une réduction du délai initialement fixé dans la décision prononçant le divorce et non à un rééchelonnement de la dette.

135.233 Possibilité pour le créancier de demander le paiement du solde du capital. Dans le même esprit, l'article 275 alinéa 4 du Code civil dispose que, « *après la liquidation du régime matrimonial, le créancier de la prestation compensatoire peut saisir le juge d'une demande en paiement du solde du capital indexé* ». Là encore, il faut supposer que le juge du divorce a fixé une prestation compensatoire sous forme de versement échelonné. Il faut également que la liquidation n'ait pas été intégrée à la procédure de divorce, mais intervienne après le prononcé de celui-ci, ce qui devrait être moins fréquent depuis l'entrée en vigueur de la loi du 26 mai 2004 (v. s^s n° 134.171). Dans cette situation, la liquidation et le partage du régime matrimonial peuvent après divorce attribuer des biens ou des sommes d'argent à l'époux débiteur, lui offrant ainsi les moyens de verser une prestation en capital au versement immédiat (C. civ., art. 274). Par définition, le juge du divorce ne pouvait connaître, au moment où il statuait, l'état des biens dont disposerait le débiteur. La loi offre la faculté au créancier de saisir le juge pour obliger le débiteur à solder le capital en une seule fois, ce qui est une manière de revenir au principe. Sans doute, le législateur aurait-il été inspiré d'ouvrir également cette action au débiteur, car il arrive, parfois, que ce soit le créancier qui préfère le versement sécurisant d'une prestation fractionnée.

§ 3
Révision de la rente judiciairement fixée

135.241 Révision de la rente. En instaurant, à titre exceptionnel, le versement de **prestation compensatoire sous forme de rente viagère**, le législateur de 2000, a prévu à l'article 276-3 du Code civil des modalités de révisions heureusement plus souples que celles qui s'appliquaient aux anciennes rentes. Les conséquences d'une exceptionnelle gravité exigées à l'ancien article 273 disparaissaient. La loi du 26 mai 2004 a réécrit le texte, en y apportant certaines modifications. Désormais : « *La prestation compensatoire fixée sous forme de rente peut être révisée, suspendue ou supprimée en cas de changement important dans les ressources ou les besoins de l'une ou l'autre des parties* ». L'alinéa 2 de l'article 276-3 issu de la loi du 30 juin 2000, n'a, en revanche, pas été modifié par la loi du 26 mai 2004 : « *La révision ne peut avoir pour effet de porter la rente à un montant supérieur à celui fixé initialement par le juge* ».

135.242 Domaine de la révision de l'article 276-3 du Code civil. Depuis, la loi n° 2004-439 du 26 mai 2004, l'article 276-3 **ne vise plus seulement la rente viagère mais toutes les rentes.** La modification est en théorie importante. La version de 2000 n'avait vocation à s'appliquer qu'aux rentes viagères qui, se rencontrent en définitive, très peu, en raison de leur caractère exceptionnel (v. s^s n° 135.101). Le texte issu de la loi de 2004 peut trouver à s'appliquer, non seulement aux rentes viagères, mais aussi aux **rentes temporaires** que les époux peuvent fixer dans le cadre de conventions soumises à homologation (v. s^s n° 135.13). Toutefois, pour ces dernières, l'article 276-3 ne devrait être que d'une **application résiduelle.** En effet, les époux peuvent avoir convenu dans leur convention, des modalités particulières de révision, comme les y incite l'article 279 alinéa 3 du Code civil. En outre, même en l'absence de clauses spécifiques dans la convention initiale, rien n'interdit aux ex-époux de réviser à l'amiable les modalités de versement ce qui, le plus souvent ne nécessite pas le recours au juge. S'ils le souhaitent, ils peuvent néanmoins soumettre une nouvelle convention modifiant les modalités de paiement de la prestation au juge (C. civ., art. 279, al. 2).

135.243 Date d'effet des révisions judiciaires. La révision d'une rente allouée à titre de prestation compensatoire prend effet à la **date de la demande de révision.** Cette solution a été posée par la première chambre civile de la Cour de la cassation dans un arrêt du 19 avril 2005 [1]. La première chambre civile prend ainsi le contre-pied de la position jusqu'alors admise par la seconde chambre civile qui considérait que la révision était due à compter

1. Civ. 1re, 19 avr. 2005, (2 esp.), n° 03-15.511, n° 03-16.604, *Bull. civ.* I, n°s 194 et 195; *Defrénois* 2005, p. 1352, obs. Massip; *AJ fam.* 2005, 358, obs. David; *RJPF* 2005-7-8/23, p. 13 note Garé; *Dr. fam.* 2005, n° 133, note Larribau-Terneyre – Civ. 1re, 20 févr. 2008, n° 07-11.779, NP; *Dr. fam.* 2008, comm. 121, Larribau-Terneyre – Civ. 1re, 19 juin 2007, n° 06-13.086, *Bull. civ.* I, n° 243; *Dr. fam.* 2007, comm. 166, obs. L.-T.

de la date de la décision du juge[1]. Le revirement de jurisprudence se justifie par le fait que lorsque le juge décide de réviser la prestation compensatoire judiciairement fixée, il prend nécessairement en compte les **changements importants intervenus dans la situation des parties, antérieurement, non seulement à la décision, mais aussi à la date de la demande.** En situant le point de départ des effets de la révision à la date de la demande et non à la date de la décision, la Cour de cassation évite ainsi les manœuvres procédurales purement dilatoires du créancier qui pourrait être tenté de retarder ainsi la date d'effet de la révision.

Cette nouvelle solution a été confirmée en matière de **pension de réversion**[2].

A.
Conditions de la révision

135.251 Obligation de fournir une déclaration sur l'honneur. Lors d'une demande en révision l'ex-époux devra fournir au juge, comme lors de la fixation de la prestation compensatoire, une déclaration certifiant sur l'honneur l'exactitude des **ressources** des ex-époux, de leurs **revenus, patrimoines** et **conditions de vie** (C. civ., art. 272). Toutefois, la jurisprudence a rendu presque lettre morte la portée de cette obligation au moment de la fixation (v. s[s] n°s 134.191 s.). Il devrait logiquement en être de même au stade de la révision.

135.252 Titulaires de l'action. La loi du 30 juin 2000 n'ouvrait l'action qu'au débiteur ou à ses héritiers (C. civ., anc. art. 276-3, al. 3). On pouvait justifier l'exclusion du créancier par l'idée que la prestation peut être révisée, suspendue, supprimée, mais non augmentée ce qui enlevait, pour lui, tout intérêt à agir. En effet, il n'y a aucune raison de permettre au créancier de profiter d'un retour à meilleure fortune du débiteur. Cependant, la loi du 26 mai 2004 a abrogé l'alinéa 3 de l'article 276-3.

Il faut en déduire que **l'action est désormais ouverte au créancier.** Il est vrai, que comme certains auteurs l'ont justement souligné, il n'est pas exact d'affirmer que la révision ne peut jouer qu'à la baisse. En effet, pris à la lettre, l'article 276-3 du Code civil n'interdit pas au juge de réduire, dans un premier temps le montant, puis, dans un second temps de le réévaluer sans que cette hausse ne puisse dépasser le montant initialement fixé dans le jugement de divorce[3]. Une telle lecture justifie l'ouverture de l'action au créancier.

Par ailleurs, **les héritiers n'ont plus le droit d'agir en révision** depuis la loi du 26 mai 2004. La loi n'a fait ici que tirer les conséquences des nouvelles dispositions qu'elle a elle-même posées en matière de transmission à cause de mort de la prestation compensatoire. La prestation compensatoire n'est plus transmissible aux héritiers mais doit être convertie immédiatement en capital (C. civ., art. 280, al. 3). Toutefois, les héritiers ont la possibilité, s'ils le désirent, de maintenir le système antérieur à la loi de 2004, en s'obligeant personnellement au paiement de cette prestation (C. civ., art. 280-1). Dans ce cas, l'action en révision, suspension, suppression de la rente compensatoire demeure ouverte exceptionnellement aux héritiers du débiteur (C. civ., art. 280-1, al. 2). La jurisprudence rendue sous l'empire des textes anciens a vocation à s'appliquer à cette situation. Ainsi, le changement dans les ressources et les besoins des parties ne s'entend pas d'une modification survenue postérieurement à l'ouverture de la succession[4].

135.253 Condition de fond : changement important dans les ressources et les besoins de l'une ou l'autre des parties. L'action en révision reste subordonnée à un changement « important » dans les ressources ou les besoins de l'une ou l'autre des parties.

La réalité du changement important relève de l'**appréciation souveraine des** juges du fond[5].

La demande en révision ne peut-être fondée sur un changement connu au moment du divorce et pris en compte dans la fixation initiale[6].

Les situations retenues en jurisprudence sont sans surprises.

1. Civ. 2e, 19 nov. 1998, n° 96-17.062, *Bull civ.* II, n° 276; *Defrénois* 1999, art. 36998, n° 32, p. 683, note Massip; *RTD civ.* 1999, 71, obs. Hauser; *Dr. fam.* 1999, comm. 67, note. Lécuyer.
2. Civ. 1re, 31 mai 2005, n° 04-12.758, *Bull. civ.* I, n° 232.
3. EN CE SENS, v. J. Massip, *Le nouveau droit du divorce*, Éd. Defrénois, 2005, p. 186, n° 178 – S. David, « Le nouveau visage de la prestation compensatoire », *AJ fam.* 2004, 218 – H. Poivey-Leclercq, « La nouvelle prestation compensatoire après la réforme du 26 mai 2004 », *Dr. et patr.* 4/2005, p. 86.
4. Civ. 1re, 19 avr. 2005, n° 02-19.898, *Bull. civ.* I, n° 193; *D.* 2005, IR 1249; *AJ fam.* 2005, 319, obs. David; *Dr. fam.* 2005, n° 134, note Larribau-Terneyre; *RTD civ.* 2005, 580, obs. Hauser.
5. Civ. 1re, 19 avr. 2005, n° 03-15.511, *Bull. civ.* I, n° 194 – Civ. 1re, 28 juin 2005, n° 02-16.556, *Bull. civ.* I, n° 286.
6. Civ. 1re, 3 nov. 2004, n° 02-18.509, *Bull. civ.* I, n° 240; *D.* 2004, IR 3037; *Defrénois* 2005, 434, obs. Massip (2e esp.); *RTD civ.* 2005, 112, obs. Hauser – Civ. 1re, 30 nov. 2004, n° 02-20.110, NP; *Defrénois* 2005, 434, obs. Massip (3e esp.) – Civ. 1re, 28 juin 2005, n° 02-16.556, *Bull. civ.* I, n° 286 (mise à la retraite) – Civ. 1re, 25 juin 2008, n° 07-14.209, *Bull. civ.* I, n° 180 – CA Rennes, 3 mars 2003, *BICC* 15 sept. 2003, n° 1106 (perception de revenus locatifs de l'immeuble attribués par la convention définitive).

C'est le cas lorsque la situation économique du débiteur s'aggrave, suite par exemple à un licenciement ou une mise à la retraite[1], une grave maladie ou encore à une survenance de nouveaux enfants, des charges nouvelles apparaissent (jurisprudence fournie[2]; v. également, une décision des juges du fond qui se trouve censurée pour avoir affirmé que la charge d'un nouvel enfant avait été contractée en connaissance de cause et ne pouvait justifier une diminution des obligations du débiteur[3]). Parfois, c'est la situation du créancier qui s'améliore, suite par exemple à un remariage avec une personne aux revenus importants ou au fait d'avoir trouvé un travail[4]. Il a également été jugé que l'absence de liquidation, plus de vingt ans après le prononcé du divorce, de l'actif de communauté dont le montant devait permettre à chacun des époux de disposer d'un patrimoine conséquent, constituait un changement important dans les ressources du mari justifiant la suspension de la rente viagère[5].

L'article 276-3 du Code civil **ne prévoit pas que la prestation compensatoire cesse de plein droit si le créancier se remarie.** Il s'agit là d'une différence fondamentale avec les anciennes pensions alimentaires d'après divorce (v. par ex., C. civ., art. 283 pour l'ancien divorce pour rupture de la vie commune qui visait également le concubinage notoire). Si la pension alimentaire dernière disparaissait en cas de remariage du créancier, c'est que le nouveau conjoint prenait, en quelque sorte, le relais du devoir de secours.

La prestation compensatoire n'est pas fondée sur le devoir de secours, et ce n'est que si le remariage ou le concubinage entraînent « *un changement important dans les ressources de l'une ou l'autre des parties* », qu'ils pourront être retenus comme des motifs de révision de la prestation.

Ainsi, la participation du compagnon aux dépenses du créancier est susceptible de constituer un changement important au sens de l'article 276-3 du Code civil alors même que ce compagnon est encore parfois dans les liens du mariage[6].

Sans doute, ce type de jurisprudence va à l'encontre de la volonté du législateur d'éviter le contentieux d'après divorce. Il n'en demeure pas moins que la prestation compensatoire est par nature judiciaire et que ses modalités de fixation ne doivent pas être figées dans le marbre même si le fondement indemnitaire de cette prestation doit en souffrir.

135.254 « De l'une ou l'autre des parties ». Chaque époux peut non seulement invoquer un changement survenu dans sa propre situation, mais aussi se prévaloir d'une modification touchant la situation de l'autre époux (v. s[s] n° 135.253 jurisprudence citée à propos de la prise en compte du remariage ou du concubinage du créancier ou du débiteur). La loi du 26 mai 2004 a légèrement modifié l'article 276-3 du Code civil sur ce point : désormais le changement doit concerner les ressources et les besoins « *de l'une ou l'autre des parties* » et non plus comme dans la loi du 30 juin 2000, « *des parties* ». La modification n'est pas si bénigne qu'elle n'y paraît au premier abord. La nouvelle rédaction permet à l'un des conjoints d'invoquer non seulement un **changement intervenu dans sa propre situation, mais aussi de se prévaloir de celle de l'autre conjoint.** Il s'agit là d'une différence notable avec le droit antérieur à 2000 où la jurisprudence affirmait que « *l'exceptionnelle gravité ne devait être examinée qu'au regard de la situation de celui qui l'invoque* »[7].

Toutefois, si les **nouvelles charges du débiteur résultent directement de la volonté du débiteur**, le changement important n'est pas nécessairement pris en compte par les juges du fond qui peuvent estimer, qu'il s'agit là d'un moyen pour diminuer le montant de la prestation ou même échapper à celle-ci. Par exemple, la révision est exclue alors que le débiteur a fondé une nouvelle union et malgré les emprunts liés au confort du nouveau foyer[8].

B.
Objet de la révision

135.261 Révision, suspension ou suppression de la rente. Le juge saisi d'une demande en révision de la rente a la faculté, si les conditions en sont réunies, de réviser, suspendre ou supprimer la prestation compensatoire.

135.262 Suspension de la rente. La suspension de la rente ne peut être prononcée que pour une **durée déterminée**[9]. Les hypothèses en jurispru-

1. Civ. 1re, 8 févr. 2005, n° 04-10.630, NP; *RJPF* 2005-5/29, obs. Garé.
2. CA Toulouse, 6 mars 2006, *Juris-Data* n° 2006-30-4840 – Civ. 1re, 28 juin 2005, n° 02-16.556, *Bull. civ.* I, n° 286; *Dr. fam.* 2005, n° 184 – Civ. 1re, 11 janv. 2005, n° 03-16.085, *Bull. civ.* I, n° 19.
3. Civ. 1re, 25 janv. 2005, n° 02-15.380, NP.
4. V. CA Reims, 16 janv. 2003, *Dr. fam.* 2003, n° 89, note Lécuyer.
5. Civ. 1re, 25 juin 2008, n° 07-14.209, *Bull. civ.* I, n° 180.
6. Civ. 1re, 25 avr. 2006, n° 05-16.345, *Bull. civ.* I, n° 198; *D.* 2006, IR 1402 – DÉJÀ DANS CE SENS, v. Civ. 1re, 22 mars 2005, n° 04-10.976, *Bull. civ.* I, n° 147; *D.* 2005, IR 1112; Civ. 1re, 25 janv. 2005, *RJPF* 2005-4/24, obs. Garé – Civ. 1re, 28 juin 2005, n° 04-13.455, NP; *Dr. fam.* 2005, comm. 184, obs. Larribau-Terneyre; *RJPF* 2005-9/27, obs. Garé.
7. Civ. 2e, 6 janv. 1988, n° 86-13.358, *Bull. civ.* II, n° 3; *Defrénois* 1988, art. 34309, n° 74, p. 1013.
8. V. NOT., CA Reims, 28 févr. 2002, *Juris-Data* n° 181139.
9. V. Civ. 2e, 31 mars 1993, n° 91-18.832, *Bull. civ.* II, n° 134; *JCP* 1994, II, 22208, note Boulanger; *Defrénois* 1994, 326, obs. Massip; *RTD civ.* 1994, 86, obs. Hauser.

dence de suspension de la prestation sont les plus diverses : remariage de la femme avec un conjoint disposant de revenus confortables[1]; mari débiteur de la prestation licencié avec indemnité dégressive de chômage; époux ayant retrouvé un emploi et remarié[2].

135.263 Réduction de la rente. Les juges du fond saisis d'une demande de suppression de la rente, ont toute latitude, pour décider d'en réduire le montant[3]. Les exemples jurisprudentiels où les juges du fond acceptent de réduire le montant sont nombreux et les raisons les plus diverses : les ressources du débiteur demeurent inchangées, mais la prestation a doublé par le jeu de l'indexation[4]; l'épouse créancière avait un enfant handicapé à sa charge, qui vient de décéder[5]; les ressources du débiteur sont deux fois inférieures par rapport à la date de fixation de la rente[6].

Une prestation compensatoire est diminuée de 4 000 francs à 510 euros par mois en raison de la réduction des revenus du débiteur désormais retraité (de 2 738 euros à 2 230 euros) et alors que la créancière ne retire plus les 150 euros par mois de son activité mais touche désormais une pension de retraite de 405 euros[7].

135.264 Suppression de la rente. Les exemples de suppression de la prestation sont abondants : en cas de revenus du débiteur diminués de moitié[8]; en cas d'amélioration des ressources du mari débirentier qui trouve un emploi, même précaire[9]; en cas de cessation d'activité pour maladie[10]; en cas de pension de réversion perçue par le créancier de la prestation supérieure à cette dernière[11].

Les raisons de refus de suppression de la prestation éclairent sur la pratique judiciaire : parce le débiteur était déjà en retraite lors de la fixation[12]; ou parce que la situation successorale future de la créancière a déjà été prise en compte lors de la fixation[13]; ou enfin parce que l'époux démissionne de son emploi uniquement pour échapper à la prestation[14].

1. CA Nîmes, 4 sept. 2002, *Juris-Data* n° 190322 – CA Aix-en-Provence, 28 nov. 2002, *Juris-Data* n° 201477 – CA Rennes, 30 sept. 2002, *JCP* 2004, IV, 1120.
2. CA Riom, 9 oct. 2001, *Juris-Data* n° 155042.
3. Civ. 1re, 11 janv. 2005, n° 03-16.085, *Bull. civ.* I, n° 19.
4. CA Paris, 27 mars 2003, *Juris-Data* n° 209042.
5. CA Douai, 20 mars 2003, *Juris-Data* n° 216598.
6. CA Nancy, 15 oct. 2001, *Juris-Data* n° 167590.
7. CA Lyon, 28 mars 2006, *Juris-Data* n° 2006-31-2119.
8. CA Poitiers, 2 sept. 2003, *Juris-Data* n° 222420.
9. CA Reims, 16 janv. 2003, *Juris-Data* n° 206682.
10. CA Pau, 6 sept. 2005, *Juris-Data* n° 288932.
11. CA Besançon, 3 mars 2004, *Juris-Data* n° 239783.
12. CA Nîmes, 30 nov. 2005, *Juris-Data* n° 291768.
13. CA Grenoble, 8 juin 2004, *Juris-Data* n° 259039.
14. CA Colmar, 17 janv. 2005, *Juris-Data* n° 272322.

135.265 La révision ne peut avoir pour effet de porter la rente à un montant supérieur à celui fixé initialement par le juge. Cette règle posée à l'article 276-3 alinéa 2 du Code civil par la loi du 30 juin 2000 et non modifiée en 2004, se justifie par l'idée que, la révision ne peut avoir pour objet d'augmenter la prestation initialement fixée dans la décision du divorce. En raison de son caractère forfaitaire, la disparité de vie commune est appréciée, une fois pour toutes, au moment du prononcé et le créancier n'a pas à bénéficier de l'amélioration des ressources du débiteur (C. civ., art. 270).

Le juge peut, toutefois, **réduire le montant dans un premier temps, puis l'augmenter, à l'occasion d'une seconde saisine** (sur les incidences de cette solution sur les titulaires de l'action, v. ss n° 135.252). Cette faculté n'aurait pas été possible si le Parlement avait maintenu la formule qu'il avait adoptée en seconde lecture à l'Assemblée nationale lors du vote de la loi du 30 juin 2000 (la disposition était ainsi rédigée : « *La révision ne peut être opérée qu'à la baisse* »).

Toutefois lors de cette seconde réévaluation, le juge ne peut fixer le montant de la prestation à une valeur supérieure à celle initialement fixée dans la décision de divorce, qui joue, alors, comme un **plafond à ne pas dépasser.**

Il n'en demeure pas moins que **cette interdiction de porter la rente à un montant supérieur à celui fixé initialement par le juge** constitue une **régression des possibilités de révision**, par rapport, à l'application de l'ancien article 273 du Code civil. En effet, si l'absence de révision devait avoir des conséquences d'une exceptionnelle gravité pour le créancier, ce dernier pouvait espérer, même si la porte était très étroite, obtenir une augmentation de la rente qui lui avait été accordée. Ce n'est plus le cas avec les nouvelles dispositions. Ainsi, le créancier qui voit ses ressources diminuées pour des raisons de maladie ou de perte d'emploi ne peut envisager une révision à la hausse de la rente viagère, même si, dans le même temps, son ex-conjoint a vu ses ressources augmenter.

Le choix opéré en 2000 est à cet égard, sans doute, excessif : dès lors que les rentes sont prononcées à titre exceptionnel et à titre viager, elles présentent un caractère alimentaire marqué. Un assouplissement des possibilités de révision des rentes viagères, pour les quelques rentes viagères existantes, ne risquait pas de faire naître un important contentieux d'après-divorce et l'équité aurait trouvé davantage son compte. Certes, on pourrait rétorquer que ce risque existe dès lors que l'article 276-3 du Code civil peut aussi s'appliquer aux nombreuses rentes temporaires ou viagères fixées par les époux dans leur convention de divorce (C. civ., art. 279 al. 3 – V. ss n° 135.271). Mais le législateur de 2000 ne pouvait en avoir conscience : cette extension aux rentes temporaires et viagères convenues résulte de la loi du 26 mai 2004.

135.266 Révision d'une garantie. Si le juge peut supprimer la rente, *a fortiori*, il doit pouvoir supprimer aussi une garantie imposée au débiteur lors de la fixation de la prestation compensatoire. Sous l'empire du droit antérieur à 2000, la suppression d'une des garanties prévues à l'article 277 du Code civil a été assimilée par la jurisprudence à une demande de révision[1]. Cette jurisprudence continue à s'appliquer depuis l'entrée en vigueur des lois de 2000 et 2004, simplement cette demande de révision doit suivre le régime nouveau (C. civ., art. 275, al. 2 ou art. 276-3).

§ 4
Révision des prestations fixées par conventions judiciairement homologuées

135.271 Révision des prestations fixées par convention judiciairement homologuée : retour sur l'évolution du droit. Avant l'entrée en vigueur de la loi du 30 juin 2000, lorsque l'on évoquait la révision des prestations compensatoires fixées dans un divorce sur requête conjointe, il convenait d'opérer un certain nombre de distinctions induites par l'article 279 du Code civil. Le principe demeurait que la prestation compensatoire ne pouvait, en principe, être modifiée. Mais ce principe était très largement dénué de toute portée.

Tout d'abord, il était toujours possible aux ex-époux de passer une nouvelle convention et de la faire homologuer. Par définition, cette convention supposait un accord qu'il n'était pas aisé d'obtenir.

Ensuite, il leur était également possible de prévoir, dans la convention initiale, une clause de révision judiciaire en cas de changement imprévu des ressources et des besoins (C. civ., anc. art. 279 al. 3[2]).

Enfin, rien n'interdisait aux époux d'aller au-delà du **changement imprévu** puisque la Cour de cassation admettait que les époux puissent faire naître une véritable pension alimentaire, toujours révisable[3], ou assortir la prestation de conditions résolutoires comme le non-remariage ou le non-concubinage (v. s^s^ nº 135.175).

L'absence de clause de révision ou l'existence d'une clause de révision limitée à des événements précis – et non générale – a vite soulevé en doctrine une lourde interrogation : pouvait-on appliquer l'ancien article 273 du Code civil prévu pour les prestations compensatoires fixées judiciairement aux prestations compensatoires conventionnelles du divorce sur requête conjointe ?[4]. La Cour de cassation l'avait admis : même en l'absence de clause de révision, l'une des parties peut saisir le juge si l'absence de révision devait avoir des conséquences d'une exceptionnelle gravité[5].

En apparence, la loi du 30 juin 2000, ne semblait pas avoir modifié profondément le droit antérieur : le changement imprévu est simplement devenu un **changement important**; la clause qui permet à chaque époux de demander au juge de réviser la prestation compensatoire n'en ressortait pas profondément altérée dans la mesure où il était plus logique de fonder une éventualité sur le caractère important du changement que sur son caractère imprévisible.

Toutefois, les premiers commentateurs de la loi du 30 juin 2000 ont vite soulevé la même question qui s'était posée sous l'empire de la loi de 1975 : était-il possible en l'absence de clause de révision, pour l'une des parties, de demander la révision sur le fondement de l'article 276-3 du Code civil d'une prestation compensatoire convenue sous forme de rente viagère ou sur le fondement de l'article 275-1 d'une prestation compensatoire convenue sous forme de capital à versement échelonné ?[6].

La réponse ne pouvait être, cette fois-ci, que négative. L'ancien article 273 avait été abrogé et il n'était plus question de s'y référer. Les formes de la prestation compensatoire avaient été redessinées et les rentes temporaires fixées judiciairement par le juge avaient disparu. À l'évidence, les modalités de révision prévues aux articles 275-1 à 276-3 du Code civil avaient été prévues pour des prestations compensatoires judiciairement fixées. Il semblait, dès lors impossible, d'appliquer les modalités de révision de l'article 276-3 à des rentes temporaires fixées dans des conventions homologuées par les époux.

1. Civ. 2e, 20 nov. 1996, nº 94-15.131, *Bull. civ.* II, nº 252; *JCP* 1997, II, 22947, note Casey; *Defrénois* 1997, 989, obs. Massip; *RTD civ.* 1997, 107, obs. Hauser.
2. Pour un ex. de clause révision incluse dans la convention définitive : TGI Nanterre, 17 déc. 1980, *D.* 1981, 504 (1re esp.), note Massip.
3. Civ. 2e, 25 janv. 1984, *JCP* 1986, II, 20540, note Batteur; *D.* 1984, J. 442, note Philippe; *Gaz. Pal.* 1984, 2, somm 248, note Grimaldi; *RTD civ.* 1985, 148, obs. Rubellin-Devichi.
4. Sur l'ensemble de la discussion, v. Hauser et Huet-Weiller, nº 466.
5. Civ. 2e, 6 févr. 1985, nº 83-15.518, *Bull. civ.* II, nº 31, *Defrénois* 1985, 994, obs. Massip; *RTD civ.* 1987, 297, obs. Rubellin-Devichi.
6. V. H. Lécuyer, « La loi nº 2000-596 du 30 juin 2000 relative à la prestation compensatoire en matière de divorce, étude de droit civil », *Dr. fam.* sept. 2000, chron. 17, p. 12.

Il en résultait que lorsque les époux n'avaient pas prévu de clause de révision, il convenait de revenir au principe, et de manière assez paradoxale, pour des prestations convenues entre les parties, il n'était pas possible de les réviser sauf à escompter une improbable nouvelle convention soumise à homologation du juge.

Le résultat était naturellement contraire à l'objectif recherché par le législateur de 2000, qui, tout en souhaitant éradiquer les rentes temporaires et rendre exceptionnelle les rentes viagères, avait également favorisé leur révision. Peu importait, en définitive, dans l'esprit du législateur de 2000, que la rente soit temporaire ou viagère, convenue ou judiciairement fixée.

Il est revenu à la **loi n° 2001-1135 du 3 décembre 2001, relative aux droits du conjoint survivant et des enfants adultérins** et modernisant diverses dispositions successorales, de combler cette lacune de la loi du 30 juin 2000. Désormais, les ex-époux peuvent également demander la révision de la prestation compensatoire sur le fondement de l'article 276-3. Aux termes de l'article 24 de cette loi, il est prévu que les procédures de **révision des prestations compensatoires** sous forme de **rente viagère** ou sous forme de **rente temporaire** étaient applicables à toutes les prestations compensatoires attribuées avant l'entrée en vigueur de la loi du 30 juin 2000, qu'elles aient été **fixées par le juge ou par convention entre les époux** et que ceux-ci aient ou non stipulé une clause de révision dans leur convention conformément à l'article 279 alinéa 3 du Code civil. L'article 279 alinéa 3 était modifié en conséquence : les époux « *peuvent également demander la révision de la prestation compensatoire sur le fondement des articles 275-1, 276-3 et 276-4* ».

La jurisprudence eut l'occasion d'appliquer cette nouvelle disposition[1].

La loi du 26 mai 2004 a réécrit, une nouvelle fois, l'article 279 alinéa 3 du Code civil essentiellement dans un souci d'une plus grande clarté et en raison de la nouvelle numérotation des articles du Code civil. Toutefois, il convient de souligner, si la loi de 2004, n'a pas modifié les solutions issues des lois de 2000 et de 2001, elle leur a donné incidemment une plus grande importance pratique. En effet, les prestations compensatoires convenues trouvent, désormais, leur place non seulement dans le divorce par consentement mutuel, mais aussi dans les divorces contentieux, toutes les fois que les époux usent de la possibilité de soumettre à homologation sur divorce « *tout compris* » (C. civ., art. 268).

Quelle que soit la procédure de divorce utilisée, les époux qui ont fixé une prestation compensatoire dans une convention homologuée disposent de différentes modalités pour la réviser.

135.272 Révision des prestations convenues par une nouvelle convention homologuée. Lorsque les époux ont divorcé par consentement mutuel, ou plus généralement, lorsqu'ils ont soumis une convention à l'homologation du juge, ils peuvent par une nouvelle convention judiciairement homologuée, modifier le **montant**, ou les **modalités d'exécution** de la prestation compensatoire. En raison du caractère judiciaire de la prestation compensatoire, il convient de bien prendre garde à la nécessité de faire **homologuer** cette convention pour lui conférer un **caractère exécutoire**. Ainsi a-t-il été jugé qu'un accord non homologué ne peut servir de base à une telle modification (en l'espèce, la convention fixait la pension alimentaire due à l'épouse au titre du devoir de secours[2]). De même, un accord verbal modificatif, n'ayant pas fait l'objet d'une nouvelle convention soumise à homologation, ne produit aucun effet, la convention initiale homologuée conservant son efficacité[3].

135.273 Révision des prestations convenues sans clause de révision dans la convention homologuée. Aux termes de l'article 279 alinéa 3 du Code civil, dans sa rédaction issue de la loi du 26 mai 2004 : « *Les dispositions prévues aux deuxième et troisième alinéas de l'article 275 ainsi qu'aux articles 276-3 et 276-4 sont également applicables, selon que la prestation compensatoire prend la forme d'un capital ou d'une rente temporaire* ».

Autrement dit, selon la qualification donnée à la prestation dans la convention homologuée, **le régime de la révision diffère.**

Si l'un des époux s'est engagé à verser une **rente viagère ou temporaire**, celle-ci sera révisable en cas de changement important dans la situation de l'une ou l'autre des parties (C. civ., art. 276-3, par renvoi de C. civ., art. 279, al. 3, qui depuis la réforme de 2004 est applicable aussi bien aux rentes viagères qu'aux rentes temporaires).

Si l'un des époux s'était engagé à verser un **capital à versement échelonné (maximum huit ans),** celui-ci sera révisable, uniquement à l'initiative du débiteur, en cas de changement important de sa situation. Le juge pourra alors, à titre exceptionnel, par décision spéciale et motivée, autoriser le versement du capital pour une durée supérieure à huit ans (C. civ., art. 275, al. 2, par renvoi de C. civ., art. 279,

1. Civ. 1re, 19 oct. 2004, n° 02-17.682, *Bull. civ.* I, n° 225 – Civ. 1re, 3 nov. 2004, n° 02-18.509, *Bull. civ.* I, n° 240 – Civ. 1re, 30 nov. 2004, n° 02-20.110, NP; *Defrénois* 2005, 434, note Massip.
2. Civ. 1re, 11 janv. 2005, n° 03-16.719, *Bull. civ.* I, n° 16; *Defrénois* 2005, 1050, obs. Massip; *AJ fam.* 2005, 104, obs. David.
3. Civ. 2e, 25 mars 1998, n° 96-13.879, NPT.

al. 3). Le débiteur peut également se libérer à tout moment du solde indexé (C. civ., art. 275 al. 3, par renvoi de C. civ., art. 279, al. 3).

Il reste que la qualification de capital à versements échelonnés sur une durée inférieure à huit ans apparaît assez théorique. En effet, on peut penser que le plus souvent lorsque les époux ont prévu un échelonnement du versement de la prestation, il s'agira d'une rente, quelle que soit la durée de celle-ci.

Enfin, on peut toujours imaginer que les époux aient expressément prévu dans leur convention une prestation compensatoire en capital dont le versement échelonné dépasserait huit années. Dans ce cas, aucune possibilité de révision ne semble possible puisqu'il ne s'agit ni d'une rente (exclusion de C. civ., art. 276-3), ni d'un capital inférieur à huit ans (exclusion de C. civ., art. 275), à moins que les époux aient songé à insérer une clause de révision...

135.274 Révision des prestations convenues avec clause de révision dans la convention homologuée. Depuis la loi du 30 juin 2000, les époux peuvent également inclure dans leur convention, une clause de révision, permettant à chacun des époux, créancier comme débiteur, de demander au juge de réviser la prestation compensatoire « *en cas de changement important dans les ressources et les besoins de l'une ou l'autre des parties* ». Depuis la loi du 26 mai 2004, les époux ont la faculté d'insérer cette clause toutes les fois qu'ils utilisent une convention homologuée que ce soit dans le divorce par consentement mutuel ou dans tous les autres cas de divorce (C. civ., art. 268).

La difficulté en la matière consiste à savoir de quelle liberté disposent les époux dans l'aménagement des modalités de révision ?

Tout d'abord, il faut bien prendre conscience que les époux, même en insérant, une clause de révision conservent la possibilité de se référer au **droit légal de la révision qui s'applique pour les prestations judiciaires**[1]. Ces règles légales de révisions jouent à l'égard des époux, dans le cadre de la rédaction d'une convention homologuée, comme un droit commun de la révision, d'ordre public, qu'il sera toujours possible de brandir si la clause est trop imprécisément rédigée. Autrement dit, il ne sert à rien de s'écarter des dispositions légales puisqu'elles pourront, de toute manière s'appliquer, rendant alors inefficace le contenu de la clause.

Ce droit commun paraît s'imposer aux époux, comme un ensemble de règles impératives, dessinant les contours d'un **ordre public de protection en matière de prestation compensatoire** dont on peut s'interroger légitimement sur les raisons de son existence alors que le reste du régime des prestations convenues est très largement soumis à l'autonomie de la volonté.

Sans doute cet ordre public vise à protéger les intérêts du débiteur et même, il ne faut pas l'exclure, les intérêts du créancier depuis que la loi du 26 mai 2004, l'autorise à agir sur le fondement de l'article 276-3 du Code civil (v. s[s] n° 135.252).

Si l'on suit cette analyse, il ne serait pas possible pour les époux de prévoir dans leur convention, des modalités de révisions plus sévères que celles que la loi prévoit aux articles 275 et 276-3 du Code civil. Ainsi une clause qui supprimerait toute possibilité de révision se révélerait assurément inefficace puisque l'un ou l'autre des époux aura toute latitude pour recourir, nonobstant, aux dispositions légales. De même, une clause prévoyant une révision uniquement en cas d'exceptionnelle gravité, serait, en raison de son caractère plus contraignant que le plancher légal, inopérante (ainsi, cassation d'un arrêt d'appel qui avait refusé à un époux la voie de la révision légale sous prétexte qu'une clause de la convention de divorce limitait la révision au cas où l'épouse perdrait son emploi et où la situation présenterait pour elle une exceptionnelle gravité[2]).

Pour le reste, l'intérêt d'insérer des clauses de révision apparaît assez évident.

Tout d'abord, la **clause de révision** offre un **cadre de révision** – en cas de changement important dans les ressources ou les besoins de l'un ou l'autre parties – quelle que soit la qualification à donner à la prestation, évitant les hésitations qui peuvent surgir, sur ce point, en l'absence de clause de révision (v. s[s] n° 135.271).

L'insertion d'une clause permet, ensuite, de préciser ce droit commun qui utilise volontairement des notions standards – par ex. les changements importants – liant ainsi le juge par rapport aux événements prévus dans la convention. Encore convient-il d'être **le plus précis possible**. Il arrive fréquemment que des conventions homologuées

1. Civ. 1re, 19 oct. 2004, n° 02-17.682, *Bull. civ.* I, n° 225 – Civ. 1re, 3 nov. 2004, n° 02-18.509, *Bull. civ.* I, n° 240 – Civ. 1re, 30 nov. 2004, n° 02-20.110, NP (préc. s[s] n° 135.271); *Defrénois* 2005, 434, note Massip – TOUTEFOIS, v. CA Paris, 5 avr. 2001, *Dr. fam.* 2002, n° 6, note H. L. (impossibilité pour l'article 279, [réd. L. 30 juin 2000] de se substituer aux modalités de révision prévues par la convention définitive homologuée, laquelle n'autorise la réduction de la prestation compensatoire due à la femme que pour changement imprévisible des ressources et besoins des parties).

2. V. Civ. 1re, 19 oct. 2004, n° 02-17.682, *Bull. civ.* I, n° 225; *RTD civ.* 2005, 107, obs. Hauser, préc. s[s] prés[t] n° – EN CE SENS, v. Civ. 1re, 11 janv. 2005, n° 02-14.490, *Bull. civ.* I, n° 17; *D.* 2005, IR 314.

prévoient la cessation du versement de la prestation en cas de remariage de la femme, et le juge de révision considère que l'on ne saurait y assimiler le concubinage[1].

Elle permet également de prévoir **d'autres modalités de révision que celle prévues dans la loi**[2]. Ainsi, une clause de révision du montant de la prestation n'autorise pas la modification de ses modalités de paiement comme la substitution d'un capital à une rente.

Enfin, il semble que les époux pourraient également convenir d'une **révision à la baisse** plus facile à obtenir pour le débiteur d'une rente compensatoire en prenant soin de préciser le critère de révision à la baisse, ou même d'une **révision à la hausse**, également en cas d'événements précis. La validité d'une telle clause ne paraît pas discutable dès lors que l'ordre public protège aussi bien le débiteur, que le créancier. Le minimum légal vise essentiellement à assurer des possibilités de révisions à l'une ou l'autre des parties, mais il n'interdit pas, en définitive, d'y déroger dans un sens plus ou moins favorable au débiteur ou au créancier. Du reste, on peut remarquer que l'insertion d'une clause de révision à la hausse, si elle protège utilement le créancier, est toujours compensée par la possibilité pour le débiteur de demander une révision à la baisse, au titre des dispositions légales, en cas de changement ultérieur important dans sa situation.

§ 5
Dispositions transitoires

135.281 Droit transitoire : révisions des anciennes prestations fixées par le juge ou par convention sous forme de capital à versement échelonné. Les dispositions transitoires revêtent en matière de révision des modalités de paiement de la prestation compensatoire une importance considérable en raison des modifications apportées par les lois du 30 juin 2000 et du 26 mai 2004. Selon l'article 33, VIII, de la loi du 26 mai 2004, les prestations compensatoires fixées par le juge ou par convention avant l'entrée en vigueur de la loi sous la forme prévue au premier alinéa de l'article 275, tel qu'il résulte de l'article 6, peuvent être révisées dans les conditions prévues par l'alinéa 2 de ce même article.

Quelle que soit la date à laquelle le paiement du capital sous forme de versement périodique a été fixée par le juge ou décidée conventionnellement par les époux dans le cadre de leur convention de divorce homologuée, ces modalités de paiement peuvent faire l'objet d'une révision conformément à l'article 275 alinéa 2 du Code civil.

135.282 Révision des anciennes rentes temporaires fixées par le juge ou par convention. Le législateur de 2004 a instauré diverses dispositions transitoires afin d'étendre l'application du **régime de révision aux rentes déjà fixées**. Ainsi les rentes temporaires fixées par le juge ou par convention avant l'entrée en vigueur du nouveau texte, pourront être révisées, suspendues ou supprimées dans les conditions prévues à l'article 276-3. Cette révision ne peut, toutefois, conduire à proroger leur durée initiale, sauf accord des parties, et ne peut avoir pour effet d'augmenter le montant de la rente initiale (L. n° 2004-439, 26 mai 2004, art. 33-VII, al. 1er).

135.283 Révision des anciennes rentes viagères fixées par le juge ou par convention, ou par le juge à compter de l'entrée en vigueur de la loi n° 2000-596 du 30 juin 2000. L'article 276-3 du Code civil est applicable à la révision, à la suspension ou la suppression des rentes viagères fixées par le juge ou par convention avant l'entrée en vigueur du nouveau texte (L. n° 2004-439, 26 mai 2004, art. 33-VI, al. 2 – L. 30 juin 2000, art. 20 et 21-1). La Cour de cassation a eu maintes fois l'occasion de rappeler cette règle[3].

135.284 Dispositions transitoires : révision des rentes viagères fixées par le juge ou par convention avant l'entrée en vigueur de la loi n° 2000-596 du 30 juin 2000. Quant aux rentes viagères fixées par le juge ou par convention avant l'entrée en vigueur de la loi n° 2000-596 du 30 juin 2000, qui avait créé le nouveau système de révision judiciaire, elles peuvent être révisées, suspendues ou supprimées à la demande du débiteur ou de ses héritiers uniquement « *lorsque leur maintien en l'état procurerait un avantage manifestement excessif au regard des critères posés à l'article 276* » (L. n° 2004-439, 26 mai 2004, art. 33-VI, al. 1er). L'article 276 du Code civil ne vise comme critères d'appréciation

1. CA Paris, 20 déc. 1991, *Juris-Data* n° 025087 – CA Metz, 23 oct. 1990, *Juris-Data* n° 052449 – CA Aix-en-Provence, 8 mars 1988, *Juris-Data* n° 042238.
2. Civ. 2e, 5 juill. 2001, n° 99-16.721, NPT; *Dr. fam.* 2002, n° 30, note Lécuyer.
3. V. NOT., Civ. 1re, 19 juin 2007, n° 05-21.970, *Bull. civ.* I, n° 142; *Dr. fam.* 2007, comm. 164, obs. L.-T. – Civ. 1re, 19 avr. 2005, n° 03-16.604, *Bull. civ.* I, n° 195 – Civ. 1re, 19 oct. 2004, n° 02-17.682, *Bull. civ.* I, n° 225; *D.* 2004, IR 2834; *Defrénois* 2005, 434, obs. Massip; *AJ fam.* 2004, 454, obs. David; *Dr. fam.* 2005, n° 31, note Larribau-Terneyre; *RTD civ.* 2005, 107, obs. Hauser – Civ. 1re, 11 janv. 2005, n° 02-14.490, *Bull. civ.* I, n° 17; *AJ fam.* 2005, 104, obs. David; *Dr. fam.* 2005, n° 31, note Larribau-Terneyre, préc. ss n° 135.274 – Pour un exemple de révision dans un cas de survenance de la maladie d'Alzheimer du débiteur, v. CA Orléans, ch. fam., 4 nov. 2008, *Dr. fam.* 2009, comm. 35, obs. Larribau-Terneyre.

que l'âge ou l'état de santé du créancier, mais la Cour de cassation s'est affranchie de la lettre du texte pour estimer que les éléments visés à l'article 271 (éléments de fixation de la prestation) devaient également être pris en compte[1].

Ainsi, ce type de prestation va pouvoir être révisé, suspendu ou supprimé alors même que la situation des parties ne connaît **aucun changement important**, mais dans la seule mesure où la rente accorde un **avantage manifestement excessif à l'époux créancier** au regard des conditions actuelles d'octroi par le juge d'une prestation compensatoire sous forme de rente viagère. Ce « *nouveau cas de révision édicté par une disposition transitoire* » nourrit un contentieux non négligeable[2]. Cette cause de révision est autonome et distincte de la cause ordinaire prévue à l'article 276-3 et applicable à ce type de prestation (v. s[s] n° 135.283). Ainsi la révision doit être admise si le maintien de la rente devait procurer au créancier un avantage manifestement excessif[3], alors même qu'aucun changement important dans les ressources ou les besoins des parties n'est intervenu[4].

135.285 **Une modalité de révision particulière : la substitution d'un capital à la rente.** Depuis la loi du 30 juin 2000, le débiteur d'une prestation compensatoire sous forme de rente, peut toujours, à tout moment, saisir le juge d'une demande de **substitution d'un capital à tout ou partie de la rente** (C. civ., art. 276-4, al. 1er). Cette substitution a lieu **de plein droit en cas de décès de l'époux débiteur** (C. civ., art. 280, al. 3). Ce versement en capital est une forme de révision particulière qui porte sur les **modalités de paiement** mais non sur le montant de la prestation compensatoire (v. s[s] n°s 135.17 et 135.341). Lorsque le juge est saisi d'une double **demande en révision** et en **conversion en capital**, il doit **d'abord statuer sur la révision** avant de convertir la rente en capital sur la base des tables de conversion prévues par le décret du 29 octobre 2004[5] (sur les tables, v. s[s] n° 135.361). La solution est logique : pour convertir la rente en capital, le juge a besoin de connaître son montant exact qui peut être revu lors de l'examen de la demande en révision.

SECTION 5
TRANSMISSION À CAUSE DE MORT DE LA PRESTATION COMPENSATOIRE

135.290 **Position du problème.** Il s'agit d'examiner la question du sort de la prestation compensatoire en cas de décès du débiteur ou du créancier.

Le **décès du créancier** ne pose évidemment aucune difficulté lorsque la prestation compensatoire a été fixée sous forme de **rente viagère** (C. civ., art. 276). Le décès du créancier met fin au versement en raison de l'arrivée du terme fixé à la rente. En revanche, si la prestation compensatoire a été fixée sous forme d'un **capital au versement échelonné**, le décès du créancier avant l'échéance prévue, ne met pas fin à la dette, le débiteur, ou éventuellement ses héritiers sont tenus de verser le solde à la succession du créancier.

Mais, c'est davantage la question du sort de la prestation compensatoire en cas de **décès du débiteur avant l'échéance du terme**, c'est-à-dire avant la mort du créancier dans le cas d'une rente viagère ou avant le délai expiratoire dans le cadre d'une prestation au versement étalé dans le temps, qui a soulevé le plus d'interrogations.

§ 1
Évolution de la matière

135.291 **Ancien principe de transmissibilité passive de la prestation compensatoire avant la loi du 26 mai 2004.** Selon l'ancien article 276-2 du Code civil, issu de la loi du 11 juillet 1975, « *à la mort de l'époux débiteur, la charge de rente passe à ses héritiers* ». La loi du 30 juin 2000 n'a pas touché à cette affirmation : elle a simplement, dans l'alinéa 2, imposé la déduction de plein droit de la rente versée au créancier des pensions de réversion éventuellement versées du chef du conjoint décédé.

1. Civ. 1re, 4 juin 2007, n° 06-14.542, NP; *Dr. fam.* 2007, comm. 191, obs. L.-T. : « *Pour réviser, suspendre ou supprimer une rente viagère accordée avant la loi du 30 juin 2000 sur le fondement de l'article 33-VI, alinéa 1er de la loi du 26 mai 2004, les juges du fond doivent prendre en considération la situation du créancier au moment où ils statuent et notamment ses besoins et apprécier si, eu égard à son âge et à son état de santé, et compte tenu des éléments visés à l'article 271, le maintien en l'état de la rente lui procurerait un avantage excessif* ».
2. V. les nombreux ex. jurisprudentiels cités par S. Ben Hadj Yahia, « Un nouveau cas de révision de prestation compensatoire édictée par une disposition transitoire », *Dr. fam.* 2007, étude 10.
3. Civ. 1re, 30 sept. 2009, n° 08-14648, NP; *Dr. fam.* 2009, comm. 138, obs. Larribau-Terneyre (cassation de la décision qui admet la révision de la rente viagère mensuelle au seul motif d'une équivalence de revenus entre le débiteur et le créancier; absence de caractérisation d'un avantage manifestement excessif).
4. Civ. 1re, 19 sept. 2007, n° 06-20.193, *Bull. civ.* I, n° 284; *Dr. fam.* 2007, comm. 206, Larribau-Terneyre – Civ. 1re, 6 mai 2009, n° 07-15.704, NP; *Dr. fam.* 2009, comm. 85, Larribau-Terneyre.
5. Civ. 1re, 11 janv. 2005, n° 03-12.805, *Bull. civ.* I, n° 18 – Civ. 1re, 30 sept. 2009, n° 08-18.430, NP; *Dr. fam.* 2009, comm. Larribau-Terneyre.

Le texte consacrait ainsi la **transmissibilité passive de la rente aux héritiers du débiteur**, comme toutes les autres dettes affectant le patrimoine du défunt.

Finalement, malgré les critiques émises à l'égard du droit antérieur, la loi n° 2000-596 du 30 juin 2000 a maintenu le principe de la transmission de la prestation aux héritiers du débiteur. Implicitement, elle en a même étendu son domaine d'application puisque cette règle a vocation à s'appliquer non plus seulement aux **rentes**, comme antérieurement, mais également aux **prestations sous forme de capital à versement échelonné sur une durée maximum de huit ans**. L'ancien article 275-1 alinéa 3, dans sa rédaction issue de la loi du 30 juin 2000, prévoyait expressément qu'« *à la mort de l'époux débiteur, la charge du solde du capital passe à ses héritiers* ».

En outre, le juge n'avait plus les moyens d'assortir la prestation compensatoire d'un terme lié à la mort du débiteur[1]. Avec l'entrée en vigueur de la loi du 30 juin 2000, cette faculté devenait impossible puisqu'il n'existait plus de rentes viagères, le seul terme étant la mort du créancier. Tout au plus, pouvait-on souligner le particularisme du divorce sur requête conjointe, où les époux pouvaient dans la convention fixer une prestation compensatoire sous forme de rente temporaire et insérer comme terme la mort du débiteur.

135.292 Justification de la transmissibilité passive de dette aux héritiers. On justifie traditionnellement la transmissibilité de la prestation compensatoire par deux arguments.

Le premier consiste à remarquer que la prestation compensatoire a un **caractère alimentaire**, de sorte qu'elle doit suivre le **régime juridique des pensions alimentaires**, spécialement au regard de la transmissibilité passive. On peut toutefois faire observer que la prestation compensatoire a une nature hybride et que son caractère indemnitaire s'accommoderait mieux d'une absence de transmissibilité.

Le second argument est un **argument d'équité** : il serait injuste de faire supporter à la femme créancière le décès de son ex-époux débiteur, surtout si ce décès survient peu de temps après le jugement lui accordant une prestation compensatoire.

135.293 Principales difficultés induites par la transmissibilité passive de la rente aux héritiers avant la loi du 26 mai 2004. Curieusement, la loi du 30 juin 2000 n'avait pas retouché la règle de la transmissibilité passive de la prestation compensatoire aux héritiers alors que cette question avait été longuement discutée au cours de ses travaux préparatoires. Les difficultés soulevées par la règle étaient bien connues. Elles concernaient l'étendue de l'obligation de la dette des héritiers et celle de sa répartition entre ces mêmes héritiers.

135.294 1° Étendue de l'obligation à la dette des héritiers. En maintenant la règle de transmissibilité de la rente aux héritiers, la loi du 30 juin 2000 laissait entière la question de l'étendue de l'obligation des héritiers du débiteur à la dette. En vertu du principe de continuation de la personne du défunt, et à défaut de dispositions en sens inverse, il était logique de considérer que les héritiers étaient tenus sur leur patrimoine personnel, *ultra vires successionis*[2]. Mais une partie de la doctrine militait en faveur de l'idée que les héritiers étaient tenus seulement dans la limite des forces de la succession, *intra vires successionis*[3]. Cette position contraire au droit commun des successions pouvait, sans doute, se défendre pour des raisons d'équité : était-il normal que les héritiers soient tenus de verser à leur mère créancière une rente dont l'objet est de compenser la disparité de vie commune créée par le divorce de leurs parents ? Mais elle s'appuyait surtout sur la solution qui avait été dégagée par la jurisprudence à propos de l'ancienne pension alimentaire de l'article 301 alinéa 1er du Code civil[4].

Toutefois, en l'absence de décision de la Cour de cassation tranchant clairement le débat, il était plus sage d'admettre, que, **comme pour toutes dettes successorales, la transmissibilité passive se faisait *ultra vires successionis*.** Les héritiers conservaient bien entendu, le **droit de renoncer ou d'accepter sous bénéfice d'inventaire** (ancienne acceptation sous concurrence de l'actif net) la succession de leur auteur si la dette risquait d'obérer leur patrimoine. Certains commentateurs avaient d'ailleurs fort justement remarqué que la lettre de l'article 276-2 – ou plutôt son mutisme – et la reconnaissance au profit des héritiers de la possibilité de demander la révision conduisaient à admettre que les héritiers sont tenus *ultra vires successionis* (sur l'admission de l'action en révision par les héritiers[5]).

135.295 2° Répartition de la dette entre les héritiers. En maintenant la règle de transmissibilité de la rente aux héritiers, la loi du 30 juin 2000 lais-

1. Civ. 2e, 2 avr. 1996, n° 94-14.057, *Bull. civ.* II, n° 84.

2. EN CE SENS, V. C. Saujot, « Les héritiers des époux divorcés ou séparés de corps », *JCP N* 1976, I, 2776.
3. EN CE SENS, CORNU, n° 387 – J. Massip, *La réforme du divorce*, t. 1, 2e éd., Éd. Defrénois, n° 182 – M. Grimaldi, *Successions*, Litec, n° 561 – J. Hauser et D. Huet-Weiller, *Dissolution de la famille*, *op. cit.*, n° 460.
4. V. Civ. 2e, 19 févr. 1992, n° 90-20.611, *Bull. civ.* II, n° 56.
5. Civ. 2e, 24 mai 1991, n° 90-11.848, *Bull. civ.* II, n° 157.

sait également entière l'épineuse question de la répartition de la dette entre les héritiers, en particulier en cas de démembrement de propriété, nu-propriétaire d'un côté, usufruitier de l'autre. Pratiquement, il s'agissait de savoir qui, des enfants (nu-propriétaires) ou du conjoint survivant (le plus souvent, la seconde épouse), devait continuer à verser la rente à la première épouse du *de cujus* ?

Cette situation de **démembrement de propriété entre héritiers** était même devenue courante : en raison de la faiblesse des droits successoraux *ab intestat* du conjoint survivant (un quart en usufruit à l'époque), ce dernier était le plus souvent bénéficiaire d'une donation au dernier vivant qui lui attribuait, au minimum, la totalité en usufruit de la succession (v. C. civ., art. 1094-1). Depuis la loi du 3 décembre 2001, l'usufruit conventionnel est devenu, le plus souvent, un usufruit légal, puisque, lorsque tous les enfants sont issus du couple, le conjoint bénéficie d'une option dont l'une des branches est l'usufruit de la succession.

Pour régler la question, il convenait de déterminer si la **dette de prestation compensatoire** pouvait être assimilée à une « *charge de revenus* », qui incomberait à l'usufruitier universel, à l'instar d'un **legs de rente viagère** ou d'une **pension alimentaire**, en vertu de l'article 610 du Code civil.

Selon cet article, « *le legs fait par un testateur d'une rente viagère ou d'une pension alimentaire doit être acquitté par le légataire universel de l'usufruit dans la proportion de sa jouissance, sans aucune répétition de sa part.* » Cette règle est la conséquence de l'article 588 du Code civil qui donne à l'usufruitier le droit de percevoir les arrérages des rentes viagères sans aucune restitution.

Certaines juridictions du fond ont considéré qu'en présence d'un conjoint survivant légataire de l'usufruit de la succession, le paiement de la prestation compensatoire due sous forme de rente au précédent conjoint divorcé, incombait au conjoint survivant en application de l'article 610 du Code civil[1]. Des auteurs ont souligné la gravité de cette solution[2]. L'application de cette solution conduisait à faire peser sur le **conjoint survivant usufruitier de la totalité de la succession**, la **charge intégrale de la rente compensatoire due par le défunt à son premier conjoint**. Mais toutes les juridictions n'étaient pas d'accord avec cette solution[3] dont on a dit qu'elle ne s'imposait peut-être pas[4].

Il convenait donc d'être particulièrement prudent pour les héritiers lors du choix l'**option successorale**, pour le conjoint survivant lors du choix de **l'option de la quotité disponible** entre époux, et même, pour le conjoint lors du choix d'un régime matrimonial. En effet, la Cour de cassation a, bien été obligée de constater que la seconde épouse mariée sous le régime de la communauté universelle avec clause d'attribution intégrale au survivant est tenue, en application de l'article 1524 du Code civil, du service de la rente compensatoire due par son défunt à sa première épouse, et entrée en communauté du chef de celui-ci[5] (de même pour la dette de pension alimentaire de l'anc. art. 301 du C. civ.[6]). La solution est juridiquement imparable : la dette entre en communauté du chef de son conjoint et l'épouse en est redevable en raison de l'adoption du régime matrimonial communautaire (C. civ., art. 1526, al. 2) et en raison du jeu de la clause (C. civ., art. 1524, al. 1er).

La loi n° 2004-439 du 26 mai 2004 se devait de clarifier les règles de la transmissibilité passive de la prestation compensatoire.

135.296 Loi du 26 mai 2004. Les dispositions les plus innovantes de la loi du 26 mai 2004 concernent la question de la transmissibilité de la dette aux héritiers[7]. Entre deux positions extrêmes, l'une consistant à supprimer toute transmissibilité, l'autre consistant à maintenir l'état du droit antérieur, la loi n° 2004-439 du 26 mai 2004 a choisi **une voie intermédiaire**, sans doute sage, parce qu'elle ménage à la fois les intérêts des héritiers débiteurs sans sacrifier pour autant ceux du créancier. Dorénavant, **les héritiers ne sont pas tenus personnellement du paiement de la prestation compensatoire**, quelle que soit sa forme (C. civ., art. 280), même s'ils ont accepté la succession.

La solution trouvée est ainsi équilibrée : la dette est supportée par tous les héritiers dans la limite de

1. TGI Créteil, ord., 11 févr. 1993, comme. par I. Taudin, « Un conjoint survivant sacrifié », *JCP N* 1994, I, p. 219; *JCP* 1995, I, 3813, n° 8, obs. Ferré-André; *RTD civ.* 1994, 572, obs. crit. Hauser – F. Eliard, « L'article 610 du Code civil à l'épreuve du divorce », *JCP N* 1996, p. 669 – Pour la décision d'appel v. CA Paris, 20 juin 1995, *Juris-Data* n° 024134.
2. L. Taudin, « Un conjoint survivant sacrifié », *JCP N* 1994, I, 219.
3. V. CA Lyon, 15 sept. 1999, *JCP N* 2000, p. 653, note Berthet.
4. COMP. CA Paris, 10 mars 1994, *RTD civ.* 1994, 572 s., obs. Hauser.
5. Civ. 1re, 15 oct. 1996, n° 94-19.418, *Bull. civ.* I, n° 350; *Defrénois* 1997, art. 36526, obs. Champenois; *Dr. fam.* 1996, comm. 25, obs. Beignier; *D.* 1997, J. 205, note Yamba; *JCP* 1997, I, 4008, n° 13, obs. Simler; *RTD civ.* 1997, 106, note Hauser; *RTD civ.* 1998, 455, obs. Vareille.
6. Civ. 2e, 11 juin 1998, n° 94-14.654, *Bull. civ.* II, n° 182; *JCP* 1998, II, 10152, note Casey; *Dr. fam.* 1998, comm. 119, obs. Beignier; *RTD civ.* 1998, 368, obs. Hauser.
7. V. F. Vauvillé, « La transmission de la charge de la prestation compensatoire après la réforme du divorce du 26 mai 2004 », *Dr. et patr.* 2005, n° 134, p. 42.

l'actif successoral, et en cas d'insuffisance, par tous les légataires particuliers dans la limite de leurs émoluments (C. civ., art. 280).

Ces règles de transmission passive de la dette de prestation compensatoire s'appliquent à toutes les prestations qu'elles soient fixées par le juge ou dans une convention homologuée (divorce par consentement mutuel ou convention soumise à l'homologation du juge dans les autres cas de divorce, v. C. civ., art. 268).

Toutefois, une partie importante de la doctrine se montre assez hostile aux solutions qui ont finalement été retenues parce qu'elles sont en contradiction avec le principe de l'héritier continuateur de la personne du défunt et avec la nature alimentaire de la prestation compensatoire[1]. Mais dans la mesure où la loi nouvelle a introduit un véritable droit au divorce, il paraît logique que les caractères forfaitaire et indemnitaire prennent le pas sur le caractère alimentaire. Il résulte que le droit positif pose un principe : la transmission *intra vires successionis* de la prestation compensatoire. Cependant, dans certaines situations, une transmission *ultra vires* demeure possible.

§ 2
Principe : transmission *intra vires*

135.301 Sort de la dette selon l'option successorale. La loi du 26 mai 2004 a fixé les règles pour l'hypothèse de droit commun : l'acceptation pure et simple de la succession. Pour les autres banches de l'option successorale, la loi est restée muette et il convient de s'en remettre au droit commun des successions. Les héritiers renonçants ne seront pas tenus au règlement de la dette de prestation compensatoire, puisqu'ils ne sont pas tenus du passif de la succession (C. civ., art. 806, réd. L. n° 2006-728, 23 juin 2006[2]). En cas d'**acceptation à concurrence de l'actif net**, il appartient au créancier de la prestation compensatoire de **déclarer sa créance dans un délai de quinze mois** à compter de la publicité prévue à l'article 788 du Code civil, sous peine de voir la créance éteinte (C. civ., art. 792; comp., avec les solutions applicables en matière de procédures collectives où le créancier n'a pas à déclarer sa créance).

135.302 Modalités de règlement de la prestation : prélèvement sur la succession. Si celle-ci a été fixée sous forme d'un capital étalé, le solde de ce capital, devenu immédiatement exigible, sera prélevé sur l'actif successoral.

Si elle a été fixée sous forme de rente, il lui sera automatiquement **substitué un capital** suivant des conditions fixées par le décret n° 2004-1157 du 29 octobre 2004 pris en application des articles 276-4 et 280 (sur la substitution, v. s^s^ n°s 135.341 s.).

Le créancier de la prestation compensatoire, ne disposant d'aucun privilège, doit être considéré comme un créancier chirographaire. L'accord des héritiers est nécessaire pour procéder au règlement du capital. À défaut, le créancier doit procéder à une saisie sur les biens successoraux, et éventuellement, en cas d'insuffisance, contre les légataires particuliers (C. civ., art. 280, al. 1er).

Ce mécanisme de prélèvement sur la succession présente deux tempéraments essentiels.

135.303 Premier tempérament. Le prélèvement n'a lieu que dans les limites des forces de la succession. La controverse du droit antérieur (v. s^s^ n° 135.294) est réglée : les héritiers du débiteur ne sont tenus qu'*intra vires successionis*. Toutefois, en cas d'insuffisance d'actif successoral, il est prévu que les légataires particuliers y seront tenus, proportionnellement à leur émolument, sous réserve de l'application de l'article 927 du Code civil.

135.304 Second tempérament. Les **pensions de réversion** éventuellement versée du chef du conjoint décédé **seront déduites de plein droit du montant de la prestation compensatoire**, lorsque celle-ci, au jour du décès, prenait la forme d'une rente (C. civ., art. 280-2). Ce texte est issu de la loi du 30 juin 2000. Il a fait l'objet d'une modification en 2004.

En 2000, le législateur a distingué entre les rentes fixées avant et après l'entrée en vigueur de la loi du 30 juin 2000. La déduction, de plein droit, ne jouait que pour les secondes (C. civ., anc. art. 276-2). Pour celles fixées avant l'entrée en vigueur de la loi du 30 juin 2000, la déduction était laissée à l'appréciation souveraine des juges du fond, saisis par les héritiers du débiteur de la prestation compensatoire (L. 30 juin 2000, art. 22[3]).

Depuis l'entrée en vigueur de la loi du 26 mai 2004, l'article 33-XI de cette loi précise que les pensions de réversion versées du chef du conjoint décédé avant la date d'entrée en vigueur de la loi n° 2000-596 du 30 juin 2000 peuvent être, sur décision du juge saisies par les héritiers du débiteur de la prestation compensatoire, déduites du montant des rentes en cours.

1. V. NOT., S. David, « Les contours de la future prestation compensatoire », *AJ fam.* 2003, 211.
2. L. n° 2006-728, 23 juin 2006, portant réforme des successions et des libéralités, *JO* 24 juin, p. 9513.
3. V. C. Tetard, « Déduction des pensions de réversion du montant des rentes de prestation compensatoire », *JCP N* 2005, p. 1708.

En conséquence, le critère à prendre en considération n'est plus la date de fixation de la rente – avant ou après l'entrée en en vigueur de la loi du 30 juin 2000 –, mais la **date à laquelle la pension de réversion a été perçue**.

Si le décès du débiteur de la rente est postérieur à la date d'entrée en vigueur de la loi du 30 juin 2000, la déduction de la pension de réversion de la rente est de droit.

Si le décès du débiteur de la rente est antérieur à la date d'entrée en vigueur de la loi du 30 juin 2000, ses héritiers doivent demander au juge[1] la déduction des pensions du montant de la rente. Mais il semble, dans ce cas, la loi nouvelle étant d'application immédiate et non rétroactive, que la déduction ne peut concerner que les pensions de réversion versées après l'entrée en vigueur de la loi, soit le 1er juillet 2000[2].

La loi du 26 mai 2004 a souhaité ainsi protéger les héritiers du débiteur : ils vont pouvoir déduire de la rente, le montant de la pension de réversion, alors même que la prestation a pu être fixée avant l'entrée en vigueur de la loi du 30 juin 2000, dès lors que le décès du débiteur est postérieur à cette même entrée en vigueur.

§ 3
Exception : transmission *ultra vires*

135.311 Accord des héritiers pour maintenir le système antérieur. Les héritiers peuvent également décider ensemble de maintenir le régime de transmissibilité, en s'obligeant personnellement au paiement de la prestation. Les héritiers pourront alors naturellement bénéficier des dispositions relatives à la révision[3]. Cet accord peut intervenir à deux moments.

135.312 Premier moment : lors de la fixation de la prestation compensatoire dans le cadre d'une convention homologuée. Aux termes de l'article 279 *in fine* (renvoyant aux articles 280 à 280-2), les époux peuvent, lorsqu'ils fixent dans le cadre d'une convention homologuée, soit dans un divorce par consentement mutuel, soit en utilisant l'article 268 du Code civil dans les autres cas de divorce, convenir que la dette restera transmissible aux héritiers au-delà des forces de la succession (v. aussi pour les conventions qui relèvent de l'art. 268, le renvoi de l'art. 279-1 à l'art. 279). Il en résulte que les époux peuvent, *ab initio*, prévoir, qu'au cas décès de l'époux débiteur, les modalités de versement de la prestation seront maintenues, ou encore que la pension de réversion éventuellement perçue par le créancier, du chef de l'ex-conjoint prédécédé, ne sera pas déduite du montant de la rente ou ne fera pas l'objet d'une déduction préalablement à la capitalisation.

Une des questions qui pourrait se poser est de savoir si les héritiers, lors du décès, pourraient, par un accord entre eux, passer outre, et rétablir le régime légal, par exemple, la transmissibilité de la rente limitée aux forces de la succession. La loi ne prévoit, *stricto sensu*, que la démarche inverse : celle permettant aux héritiers, par un accord notarié, de s'obliger personnellement au paiement de la dette. L'intérêt pour les époux de fixer dans une convention homologuée, qui a la même force exécutoire qu'une décision de justice (C. civ., art. 279, al. 1er), est justement de pouvoir imposer le régime applicable aux héritiers éventuellement contre leur gré. Toutefois, cette possibilité offerte aux époux de maintenir une transmissibilité passive au-delà des forces de la succession vise clairement à protéger les intérêts du créancier. Seule une convention passée entre les héritiers et la créancière pourrait modifier les modalités de versement de la prestation. Dans la mesure, où cette modification constitue nécessairement une révision de la prestation compensatoire, il convient, pour être plus prudent, de faire homologuer par le juge cette convention (C. civ., art. 279, al. 2).

135.313 Second moment : lors du décès du débiteur. Aux termes de l'article de 280-1 du Code civil, les héritiers peuvent décider « *ensemble de maintenir les formes et les modalités de règlement de la prestation compensatoire qui incombaient à l'époux débiteur, en s'obligeant personnellement au paiement de cette prestation* ». À peine de **nullité**, l'accord est constaté **par acte notarié dans les six mois du décès**, signifié à l'époux créancier ou accepté par lui dans un acte authentique. Les héritiers peuvent, ainsi décider de poursuivre le paiement sous forme de rente viagère ou temporaire, ou décider de continuer à verser le capital de manière échelonnée dans le temps. Les héritiers sont alors tenus *ultra vires successionis*, sur leurs deniers personnels (mais que devient la portée d'un tel accord en cas d'acceptation à concurrence de l'actif ?). Le débat sur la répartition de la dette entre nu-propriétaire et usu-

1. Les juges du fond apprécient souverainement, au vu des besoins et des ressources en présence, qu'il y a lieu de déduire la pension de réversion, versée à l'ex-épouse du chef du défunt, de la rente de prestation compensatoire à la charge des héritiers : Civ. 1re, 31 mai 2005, n° 04-12.758, *Bull. civ.* I, n° 232 ; *JCP N* 2005. 1423, note Tétard; *Dr. fam.* 2005, n° 162, note Larribau-Terneyre.
2. EN CE SENS, v. CA Paris, 24e ch., sect. C, 26 juin 2008, *Juris-Data* n° 2008-368874 ; *Dr. fam.* 2008, comm. 171, obs crit. Larribau-Terneyre.
3. Sur le sujet, v. J. Hauser et Ph. Delmas Saint-Hilaire, « Volonté et ordre public dans le nouveau divorce : un divorce entré dans le champ contractuel ? », *Defrénois* 2005.

fruitier leur demeure applicable (sur le débat, v. s[s] n°s 135.295 et 135.324).

135.314 Hypothèses. Cette solution, devrait, *a priori*, rester fort rare tant on peut s'étonner sur les raisons qui pousseraient des héritiers à s'engager personnellement au paiement de la dette compensatoire, à rebours de ce que la loi énonce. Mais les situations familiales sont parfois plus complexes et il est bon que la loi ait offert un peu de souplesse au système. Des raisons économiques pourraient y pousser : le règlement du capital nécessite, par exemple, la vente du logement. Un sursaut de solidarité familiale n'est pas à exclure : si tous les enfants sont communs au débiteur décédé et à la créancière, peut-être – du moins la loi peut-elle l'espérer – envisageront-ils de maintenir le versement sécurisant d'une rente viagère au profit de leur mère, âgée ou malade.

135.315 Un acte notarié. Selon l'article 280-1 du Code civil, l'accord doit être passé par acte notarié, à peine de nullité. Le recours à un homme de l'art se justifie pour prendre pleinement conscience de la portée de cet engagement. En matière successorale, le notaire est tout indiqué. Le créancier peut intervenir à l'acte (C. civ., art. 280-1, implicitement), ce qui est sans doute préférable si l'on souhaite lui expliquer les nouvelles modalités de règlement de la prestation. Son intervention n'est toutefois pas exigée à peine de nullité, un accord entre les héritiers suffit, ce qui est logique puisqu'il s'agit d'une pure question de droit des successions à laquelle, l'ex-conjoint est désormais étranger. S'il n'intervient pas à l'acte, il conviendra de le notifier, ce qui est une règle d'information élémentaire, mais aussi une manière de le rendre opposable aux tiers. Ces derniers sont les créanciers personnels des héritiers qui vont désormais devoir, en raison de cet accord, subir le concours de l'ex-époux créancier sur le patrimoine personnel des héritiers. Enfin, l'accord exige l'**unanimité des héritiers** (v. « *les héritiers peuvent décider ensemble* [...] »). Pourrait-on passer outre le veto de l'un d'entre eux par une autorisation judiciaire supplétive sur le fondement de l'article 815-5 du Code civil ? Il ne le semble pas [1].

135.316 Une déduction de la pension de réversion. Si les héritiers usent de cette faculté, et sauf décision contraire du juge saisi par le créancier, la déduction de la pension de réversion éventuellement versée du chef du conjoint décédé continue à être opérée même « *si le créancier perd son droit ou subit une variation de son droit à pension de réversion* » (C. civ., art. 280-2 *in fine*).

135.317 Une ouverture des actions en révision ou en substitution de capital. Les actions en révision de la prestation qui appartenaient à leur auteur aux termes des articles 275 alinéa 2 (révision de l'échéancier en cas de capital à versements étalés), 276-3 (révision, suspension ou suppression de la rente) et 276-4 (substitution d'un capital à tout ou partie de la rente) du Code civil comme la faculté de se libérer à tout moment du solde du capital dont le paiement est étalé dans les conditions de l'article 275 alinéa 1er du Code civil, leur sont ouvertes (C. civ., art. 280-1, al. 2).

§ 4
Situation particulière : sort de la dette en cas de remariage du débiteur

135.321 Sort de la dette en cas d'adoption de la communauté universelle avec clause d'attribution intégrale de la communauté au profit du survivant. Contrairement à une idée répandue les dernières retouches apportées au régime de la prestation compensatoire par la réforme du divorce lors de la loi du 26 mai 2004 n'ont pas apporté de modifications au droit antérieur lorsque le débiteur a adopté la communauté universelle avec clause d'attribution intégrale de la communauté au profit du survivant. **Le conjoint survivant** dans le cadre d'une **communauté universelle avec clause d'attribution n'est pas un héritier**; s'il récupère la dette, c'est en tant que conjoint bénéficiaire à la fois d'une communauté universelle et d'un avantage matrimonial. Il n'est donc pas possible de le faire bénéficier de l'article 280 du Code civil : *les héritiers* ne sont plus tenus personnellement au paiement de cette dette qui est prélevée dans la limite des forces de la succession (C. civ., art. 280).

Il est vraisemblable que la seconde épouse continuera à être tenue sur ses deniers personnels – *ultra vires emolumenti* – puisque le bénéfice d'émolument lui a été refusé de manière assez injuste dans le cadre de la communauté universelle avec clause d'attribution [2].

N'étant pas un héritier, on pourrait même s'interroger pour savoir s'il pourrait bénéficier de certaines dispositions issues de la loi du 26 mai

1. V. J.-L. Puygauthier, « La prestation compensatoire après la réforme du divorce par la loi du 26 mai 2004 (2e partie) », *JCP N* 2005, 1007, p. 57.

2. V. Civ. 1re, 16 mars 2004, n° 01-17.292, *Bull. civ.* I, n° 84; *JCP* 2004, II, 10090, concl. Saint-Rose, note Casey; *JCP* 2004, I, 176, n° 20, obs. Tisserand-Martin; *Defrénois* 2004, 1470, obs. Champenois; *Dr. fam.* 2004, n° 108, obs. Beignier; *RTD civ.* 2004, 333, obs. Vareille.

2004. Ainsi la faculté de substituer un capital immédiatement exigible à une rente (C. civ., art. 280) ne s'explique raisonnablement que parce que la dette est devenue une dette *intra vires successionis*. Certes, l'alinéa 3 de l'article 280 du Code civil ne distingue pas même s'il a manifestement été rédigé dans une perspective successorale et non matrimoniale. On pourrait dès lors raisonner par analogie et admettre que la rente devait être capitalisée et mise à la charge du seul conjoint survivant qui, en sa qualité d'attributaire de la totalité de la communauté est obligée d'en acquitter toutes les dettes[1]. Les actions en révision de la prestation prévues au profit de l'héritier (C. civ., art. 280-1 à 2) ne devraient en revanche pas pouvoir être étendues au conjoint attributaire mais ce dernier les retrouve en tant que simple débiteur (C. civ., art. 275, al. 2; C. civ., art. 276-3 et 276-4).

Reste la question importante en pratique des **pensions de réversion** qui sont déduites de plein droits du montant de la prestation compensatoire, lorsque celle-ci prend au jour du décès la forme d'une rente (C. civ., art. 280-2). Si la première épouse, créancière de la prestation compensatoire perd son droit ou en subit plus simplement une variation, la seconde épouse pourrait-elle continuer à opérer une déduction du même montant ? L'article 280-2 le prévoit mais uniquement au profit des héritiers. Il reste que le texte peut se lire comme une simple précision rédactionnelle qui n'aurait pas vocation à exclure le conjoint attributaire d'en bénéficier. Il n'en demeure pas moins qu'il est étonnant que le législateur s'en remettre à ce point au juge alors que l'image de cette seconde épouse débitrice d'une prestation compensatoire a été souvent mise en avant lors des travaux préparatoires des lois du 30 juin 2000 et du 26 mai 2004.

135.322 Sort de la dette en cas d'adoption de la communauté universelle sans clause d'attribution. D'autres incohérences pourraient encore être relevées en cas d'adoption de la **communauté universelle sans clause d'attribution**. Le conjoint récupère la dette à hauteur de moitié au titre du régime matrimonial sans pouvoir bénéficier semble-t-il dans cette hypothèse-là du bénéfice d'émolument alors que pour l'autre moitié, le conjoint récupère la dette en tant qu'héritier avec les autres successibles mais dans les limites des forces de la succession.

135.323 Sort de la dette en cas d'adoption du régime légal. La comparaison avec le régime légal est très intéressante : la seconde épouse se trouve éminemment plus protégée que sous le régime de la communauté universelle. **La prestation compensatoire n'entre pas en communauté**; elle constitue une **dette personnelle de l'époux débiteur** en tant que passif présent (C. civ., art. 1410). En cas de second mariage, le fait générateur de la dette – le jugement de divorce – se situe avant le mariage et les arrérages d'une prestation compensatoire échus après le remariage du débiteur restent une dette purement personnelle[2].

Toutefois, le qualificatif « personnelle » a deux sens.

Du côté de **l'obligation à la dette**, il signifie que la prestation compensatoire n'est **exécutoire que sur les biens propres** de l'époux débiteur, ou héritier, ou bénéficiaire de la libéralité (C. civ., art. 1411).

Du côté de **la contribution à la dette**, la prestation compensatoire doit rester à la charge définitive de l'époux considéré; si donc il advient qu'en fait, elles aient été acquittées par la communauté, celle-ci en aurait droit à récompense (C. civ, art. 1412).

C'est exactement ce qu'a décidé la Cour de cassation[3] dans une affaire où le mari étant précédé, la seconde épouse demandait une récompense parce que la communauté avait payé la prestation compensatoire à la première épouse. La cour d'appel refusait sous prétexte qu'il n'était pas prouvé que les deniers communs aient profité personnellement au mari, puisqu'ils n'ont pas servi à accroître son patrimoine propre et que la seconde épouse connaissait l'engagement de son époux vis-à-vis de sa première épouse. C'est oublier qu'en matière de récompense, comme ailleurs, « *qui paie ses dettes, s'enrichit* ».

135.324 Répartition de la dette entre les héritiers après la loi du 26 mai 2004. Reste qu'en cas de remariage, la situation la plus classique est celle qui met l'un en face de l'autre le **second conjoint bénéficiaire d'un usufruit légal ou conventionnel** et les **enfants héritiers en nue-propriété**. La Cour de cassation a mis fin à la différence d'analyse qui existait jusqu'alors entre certaines juridictions du fond (v. s[s] n° 135.295) en estimant que l'article 610 du Code civil était hors de cause puisqu'il visait l'hypothèse d'un legs d'une rente viagère alors que la rente viagère issue d'une prestation compensatoire résultait d'un jugement et non de la volonté du *de cujus*[4].

1. EN CE SENS, v. M.-P. Murat-Sempietro et V. Trambouze, *Le divorce après la loi du 26 mai 2004*, « Pratique professionnelle », LexisNexis/Litec, 2006, n° 448.

2. EN CE SENS, Civ. 1re, 3 nov. 1988, *Bull. civ.* I, n° 229; *D.* 1988, IR 271.

3. Civ. 1re, 28 mars 2006, n° 03-11.671, *Bull. civ.* I, n° 175; *D.* 2006, IR 1127; pan. 2066, obs. Brémont, Nicod et Revel.

4. Civ. 1re, 8 juin 2004, n° 00-15.279, *Bull. civ.* I, n° 168; *Defrénois* 2004, art. 38067, p. 1680, obs. Massip; *Dr. fam.* 2004, p. 33, obs. L.-T.; *JCP* 2004, II, 10174, p. 2095, obs. Sauvage; *AJ fam.* 2004, 283, obs. David.

La Cour de cassation réitère sa position dans un arrêt du 28 mars 2006[1] en censurant une cour d'appel qui avait mis à la charge de l'usufruitière seule, la rente viagère née de la prestation compensatoire en se fondant sur l'article 610 du Code civil.

Toutes les incertitudes ne sont pas levées pour autant. Si l'on admet que c'est le droit commun de l'article 612 du Code civil qui doit s'appliquer comme semble le dire la Cour de cassation dans l'un des deux arrêts rendus le 8 juin 2004, il n'est toutefois pas certain que la charge de la rente doit être répartie entre l'usufruitier et le nu-propriétaire.

Il a fort opportunément été remarqué[2] qu'un arrêt de la Cour de cassation du 16 février 1999[3], en s'appuyant sur les articles 608 et 612 du Code civil, avait mis à la charge du seul usufruitier universel l'intégralité des arrérages d'une rente viagère due au profit d'une victime d'un accident.

Le fondement de la solution est simple : si les arrérages d'une rente sont mis à la charge de l'usufruitier, c'est parce que les arrérages de rente viagère sont généralement prélevés sur les fruits et revenus et peuvent donc être assimilés eux-mêmes à des fruits, ce qui explique d'ailleurs que la solution soit reprise spécifiquement pour l'usufruit d'une rente viagère (C. civ., art. 588), et pour l'exécution d'un legs de rente viagère (C. civ., art. 610). Appliquer l'article 612 du Code civil, ne revient donc pas *ipso facto* à écarter l'idée que seule la seconde épouse est tenue d'acquitter les arrérages de la prestation compensatoire due à compter du décès de son mari et les intérêts dus sur les arrérages.

Mais on en revient alors à la critique qui avait été formulée à l'encontre de l'application de l'article 610 du Code civil : il n'est pas logique de faire dépendre l'identité du débiteur de la prestation compensatoire des modalités dont elle est assortie[4].

Selon qu'elle prend la forme d'un capital ou d'une rente, les héritiers nus-propriétaires seront ou non tenus, sans que l'on sache d'ailleurs précisément, dans l'hypothèse où on les engagerait, sur quelle base la répartition du passif entre usufruitier et nu-propriétaire doit être réalisée[5].

1. Civ. 1re, 28 mars 2006, n° 04-10.406, *Bull. civ.* I, n° 187 – La même solution s'impose pour les pensions alimentaires après divorce de l'art. 301, al. 2 du Code civil, dans sa rédaction antérieure à la loi du 11 juill. 1975 : Civ. 1re, 4 juill. 2006, n° 05-17.227, *Bull. civ.* I, n° 353; *D.* 2006. IR. 2278; *Defrénois* 2006. 1776, obs. Massip; *RJPF* 2006-10/50, obs. Casey.
2. Sauvage, obs. préc., *JCP* 2004, II, 10174, p. 2095.
3. Civ. 1re, 16 févr. 1999, n° 96-21.097, *Bull. civ.* I, n° 58; *RTD civ.* 1999, 449, obs. Patarin; *JCP* 2000, I, 211, n° 14, obs. Périnet-Marquet.
4. EN CE SENS, Berthet, obs s^s CA Lyon, 16 sept. 1999, *JCP N* 2000, p. 653.

Heureusement, **la loi du 26 mai 2004** devrait réduire le débat à une peau de chagrin. L'article 280 alinéa 3 du Code civil prévoit que lorsque la **prestation compensatoire** a été fixée sous forme de **rente viagère, il lui est substitué un capital immédiatement exigible** conformément au décret n° 2004-1157 du 29 octobre 2004, ce qui nous renvoie à une répartition entre usufruitier et nu-propriétaire selon les modalités de l'article 612 du Code civil. En outre, en vertu des dispositions transitoires (art. 33-X), cette disposition est applicable aux rentes prononcées antérieurement à l'entrée en vigueur de la loi, soit le 1er janvier 2005, sauf lorsque la succession du débiteur a donné lieu à partage définitif à cette date. Ce n'est donc que très exceptionnellement que la question risque en pratique de poser. Il faudrait par exemple supposer que la seconde épouse et les héritiers utilisent la faculté qui leur est offerte par l'article 280-1 de maintenir la rente, en s'obligeant personnellement au paiement de cette prestation, ce qui devrait demeurer rarissime. En outre, les rentes viagères ou temporaires n'ont plus les faveurs du législateur même si elles peuvent être prévues par les époux eux-mêmes dans le cadre de conventions soumises à homologation (v. C. civ., art. 268).

§ 5
Dispositions transitoires

135.331 **Dispositions transitoires.** La loi du 26 mai 2004 a souhaité que les dispositions nouvelles des articles 280 à 280-2 du Code civil soient applicables aux prestations allouées avant le 1er janvier 2005, date d'entrée en vigueur de la loi, sauf lorsque la succession a donné lieu à un partage définitif à cette date (art. 33-X). Il s'agit donc d'une **application immédiate de la loi nouvelle aux situations non définitivement réglées.**

Il en résulte que si la succession a été ouverte avant le 1er janvier 2005, qu'elle n'a donné lieu à aucun partage devenu définitif à cette date, les dispositions issues de la loi du 26 mai 2004 sont applicables.

Si la succession a, en revanche, été définitivement réglée au 1er janvier 2005, les héritiers ne peuvent pas bénéficier, de plein droit, de la capitalisation de la rente.

Toutefois, les héritiers peuvent, néanmoins, demander au juge, d'une part, la révision, la suspension ou la suppression de la rente (C. civ., art. 276-3), et d'autre part, la capitalisation de la rente (C. civ.,

5. Pour une rente viagère, v. les propos de S. David, obs. préc. s^s Civ. 1re, 8 juin 2004, n° 00-15.279.

art. 276-4). Dans ce dernier cas, le juge peut toujours refuser par décision spéciale et motivée.

Enfin, les héritiers peuvent à tout moment se libérer du solde du capital indexé lorsque le versement a été échelonné ou demander la révision de ces modalités de paiement dans les conditions prévues à l'article 275 alinéa 3 du Code civil.

SECTION 6
SUBSTITUTION D'UN CAPITAL À LA RENTE

§ 1
Évolution de la matière

135.341 **Hypothèses de substitution d'un capital à la rente.** Les situations tendant à substituer un capital à une rente s'avéraient sous l'empire de la loi de 1975 fort rares[1]. Il n'en est plus ainsi.

Afin d'encourager le règlement de la prestation compensatoire en capital, depuis la loi du 30 juin 2000, l'article 276-4 du Code civil **permet au débiteur comme au créancier** - mais pour ce dernier uniquement s'il prouve une modification de la situation du débiteur - **de saisir le juge d'une demande de substitution d'un capital à tout ou partie de la rente** (C. civ., art. 276-4, al. 1er). Le texte à l'origine réservait cette faculté de substitution uniquement aux rentes viagères. La loi du 26 mai 2004 a étendu le mécanisme à **toutes les rentes**, qu'elles soient **viagères** ou **temporaires**. L'article 279 alinéa 3 du Code civil, applicable aux prestations compensatoires convenues, renvoie expressément à l'article 276-4 et autorise la substitution d'un capital à une rente temporaire ou viagère fixée dans le cadre d'une convention[2] (la loi ne fait **pas de distinction selon le mode judiciaire ou conventionnel de fixation de la prestation** dont la conversion en capital est demandée). Cette faculté joue même si les époux ont déjà révisé à la baisse préalablement le montant de la prestation d'un commun accord[3]. Elle a également assoupli les conditions de sa mise en œuvre rendant ainsi le mécanisme plus opérationnel.

Depuis la loi du 26 mai 2004, l'article 280 alinéa 3 du Code civil, prévoit qu'**en cas de décès du débiteur, il est substitué à la rente un capital immédiatement exigible**. Cette seconde disposition est particulièrement opportune puisque la loi n° 2004-439 du 26 mai 2004 prévoit de cantonner aux forces de la succession la dette même si les héritiers restent libres de convenir du maintien d'une rente payable sur leurs deniers personnels (v. ss nos 135.311 s.).

135.342 **Raison d'être.** On retrouve ici la faveur législative constante pour le capital. Avec ce mode de règlement, on évite les contentieux inutiles liés au versement de la rente en mettant fin d'un seul coup aux relations pécuniaires entre ex-époux. Sorte de **modalité particulière de révision**, la substitution présuppose que le versement d'un capital n'était pas possible au moment du prononcé du divorce mais qu'un évènement l'a rendu envisageable. On pense à la liquidation du régime matrimonial. On pense aussi à la survenance du décès du débiteur qui fait naître un héritage. Il est vraisemblable que la question de la substitution se posera après décès - puisque dans ce cas, elle est automatique - et exceptionnellement du vivant du débiteur. En effet, la liquidation du régime matrimonial - évènement qui aurait pu justifier après le prononcé du divorce une telle action devant le juge - devrait intervenir, depuis l'entrée en vigueur de la loi du 26 mai 2004, en principe au moment du prononcé du divorce. Il faut toutefois tenir compte du fait que **les pensions de réversion**, depuis la loi du 30 juin 2000, sont **déduites de plein droit du montant de la prestation compensatoire** lorsque celle-ci prend la forme d'une **rente** (C. civ., art. 280-2). Dans bien des cas, cette **déductibilité** aboutit à une **suppression de fait de la rente** comme il l'a été remarqué au cours des débats parlementaires[4].

135.343 **Modalité originale de révision de la prestation compensatoire.** Il ne s'agit pas à proprement parler d'une révision puisqu'avec la nouvelle méthode de calcul, le capital substitué correspond très schématiquement au montant de la rente restant due[5] (mais la substitution d'un capital ne peut être le moyen d'une diminution de la prestation). Il convient donc à cet égard de bien distinguer l'action fondée sur l'article 276-3 qui vise à réviser le montant de la prestation (v. ss n° 135.252) et l'action fondée sur l'article 276-4 qui vise à convertir une rente en capital[6]. La révision porte tout de même sur les modalités du passage de la rente au capital. En raison du caractère nécessairement arbitraire d'une telle méthode de calcul, il est possible que dans l'esprit des intéressés - au moins l'un des deux - la substitution soit ressentie comme une

1. EN CE SENS, Rép. min. *JOAN* 29 avr. 2002, p. 2227.
2. V. CA Paris, 2 avr. 2003, *AJ fam.* 2003, 269, obs. S. D.; *Dr. fam.* 2003, n° 146, note Lécuyer; *RTD civ.* 2003, 690, obs. Hauser.
3. CA Paris, 31 mai 2001, *Juris-Data* n° 146528.
4. V. Vidalies, *JOAN CR* 13 avr. 2004, p. 24.
5. V. CA Amiens, 12 févr. 2003, *Dr. fam.* 2003, n° 146, obs. Lécuyer.
6. EN CE SENS, v. CA Versailles, 25 mars 2004, *Juris-Data* n° 247661.

révision (à la hausse, en contradiction avec C. civ., art. 276-3, al. 2 ?).

Mais les créanciers ou les débiteurs pourraient-ils demander une **révision avant substitution ?** La circulaire l'exclut formellement pour les héritiers en raison du caractère immédiatement exigible du capital (C. civ., art. 280, al. 3). Le Code civil ne l'interdit toutefois pas expressément et la question semble pouvoir se régler différemment pour les demandes formulées par le débiteur de son vivant (C. civ., art. 276-4; aucune disposition légale n'interdit la révision de la prestation fixée en rente avant substitution d'un capital réglé en partie en capital et en partie par mensualités[1]).

§ 2 Conditions de la substitution

135.351 Demandeurs à la substitution. Le **débiteur** peut à tout moment demander au JAF de substituer à la rente ou partie de celle-ci le versement d'un capital (C. civ., art. 276-4, al. 1er). Pour les **héritiers**, la substitution d'un capital devient immédiatement exigible au décès du débiteur de la rente compensatoire (C. civ., art. 280, al. 3). Le changement important dans les ressources ou les besoins des parties n'est pas une condition de la substitution[2].

Le législateur a ouvert la voie de la substitution au **créancier de la rente**. Toutefois, ce dernier doit au préalable établir qu'une **modification de la situation du débiteur** permet cette substitution, notamment lors de la liquidation du régime matrimonial (C. civ., art. 276-4, al. 2)[3]. On pense qu'à la suite de la liquidation du régime matrimonial, le débiteur peut avoir reçu, dans les attributions, une somme d'argent ou des biens lui permettant de régler un capital. La loi du 26 mai 2004 a rendu, toutefois, l'hypothèse moins fréquente, puisqu'en principe, la liquidation est désormais intégrée à la procédure de divorce.

135.352 Conditions de la substitution. La loi du 26 mai 2004 a précisé les conditions de la substitution.

Tout d'abord, il est dorénavant possible de demander au juge de substituer un capital « *à tout ou partie de la rente* » (C. civ., art. 276-4). La **substitution partielle** est désormais admise et le capital substitué peut revêtir l'une des formes prévues pour la fixation de la prestation en capital.

Ensuite, **il appartient au juge d'apprécier les modalités d'exécution** à donner à cette demande de substitution selon celles prévues aux articles 274, 275 et 275-1 (versement d'une somme d'argent, abandon de biens en propriété ou en usufruit, octroi d'un droit d'usage et d'habitation...). La substitution ne peut viser que les **arrérages à venir de la rente**, et non consister en une capitalisation des arrérages versés[4].

La substitution conserve un caractère **facultatif**[5] et relève de l'**appréciation du juge**, mais son **refus de substituer** un capital à tout ou partie de la rente doit être spécialement **motivé** (C. civ., art. 276-4, al. 3 – pour un rappel de cette obligation pour le juge de motiver sa décision[6]). Dans un arrêt rendu le 31 mai 2005, la Cour de cassation a ajouté semble-t-il une condition : « *que l'âge ou l'état de santé du créancier ne fasse pas obstacle à une telle substitution* »[7]. On pourrait s'en étonner, le texte n'en prévoyant aucune. Sans doute s'agit-il de la part des Hauts magistrats d'une invitation à l'adresse des juges de vérifier lors d'une demande de substitution, que les conditions qui justifiaient l'allocation d'une rente viagère fixée judiciairement (v. C. civ., art. 276-3) ne justifient pas un refus de substitution.

Les premières décisions de refus montrent des raisons très diverses : le débiteur supporte un passif personnel[8] ou la demande est prématurée car l'époux invoque son départ en retraite qui doit intervenir dans plusieurs années[9].

§ 3 Modalités de la substitution

135.361 Décret n° 2004-1157 du 29 octobre 2004. Dès l'entrée en vigueur de la loi du 30 juin 2000, ce nouveau mécanisme a soulevé beaucoup

1. V. CA Pau, 15 déc. 2003, *Dr. fam.* 2004, n° 52, obs. Larribau-Terneyre.
2. V. Civ. 1re, 31 mai 2005, n° 03-12.217, *Bull. civ.* I, n° 233; *Defrénois* 2005, p. 1846, obs. Massip; *AJ fam.* 2005, 405, obs. David; *Dr. fam.* 2005, n° 161, note Larribau-Terneyre; *RTD civ.* 2005, 580, obs. Hauser.
3. Pour un rappel de cette condition, Civ. 1re, 28 nov. 2007, n° 06-13.187, NP; *Dr. fam.* 2008, comm. 9, obs. L.-T. – Civ. 1re, 12 déc. 2006, n° 05-11.945, *Bull. civ.* I, n° 543; *Dr. fam.* 2007, comm. 62, obs. L.-T.
4. CA Bordeaux, 29 oct. 2003, *AJ fam.* 2004, 185, obs. David.
5. EN CE SENS, v. CA Toulouse, 27 janv. 2004, *Juris-Data* n° 242799.
6. CA Nancy, 17 oct. 2005, *BICC* 2005, n° 815.
7. Civ. 1re, 31 mai 2005, n° 03-12.217, *Bull. civ.* I, n° 233; *D.* 2005, IR 1656; *D.* 2006, pan. 342, obs. Serra et Williatte-Pellitteri; *AJ fam.* 2005, 405, obs. David; *RTD civ.* 2005, 580, obs. Hauser; *RJPF* 2005-9/24, obs. Garé; *Gaz. Pal.* 8-10 janv. 2006, p. 16, obs. Massip, préc. ss n° 135.351.
8. Civ. 1re, 14 déc. 2004, n° 03-18.307, NP.
9. CA Besançon, 28 févr. 2003, *Juris-Data* n° 216805.

d'interrogations de la part des praticiens, en particulier sur les modalités de la conversion.

Un décret n° 2004-1157 du 29 octobre 2004, pris en application des nouveaux articles 276-4 et 280 du Code civil[1], précise les **modalités de substitution totale ou partielle** d'un capital à une rente allouée au titre de la prestation compensatoire.

Les praticiens y trouveront en annexes d'utiles **tableaux de conversion** prenant en compte à la fois **la durée de la rente** et **l'âge de la créancière ou l'âge du créancier** - deux tableaux différents pour les femmes et pour les hommes - au jour du décès du débiteur ou de la décision du juge opérant la substitution.

Selon l'article 1er du décret du 29 octobre 2004, « *le capital alloué au crédirentier est égal à un montant équivalent à la valeur actuelle probable de l'ensemble des arrérages de la rente, à la date, selon le cas, de la décision du juge opérant cette substitution ou du décès du débiteur* [...] ». De plus, « [...] *la valeur* [...] *résulte d'un taux de capitalisation de 4 % et des probabilités de décès du crédirentier, selon son âge et son sexe, établies par les tables de mortalité INSEE 98-2000* ». Le mécanisme de substitution retenu pour le décret procède d'un mode de calcul intégrant **deux paramètres** : les **tables de mortalité** établissant les probabilités de décès du crédirentier, selon son **âge** et son **sexe** (tables INSEE 98-2000) et le **taux d'intérêt technique** (taux de capitalisation de 4 %). Des tables de conversion annexées au décret permettent de fixer simplement le montant du capital équivalent à 1 euro de rente annuelle, et ce en tenant compte de la forme de la rente, viagère ou temporaire et du sexe du bénéficiaire de la prestation. L'existence d'un coefficient multiplicateur qui est donnée par un tableau pour 1 euro de rente rend très simple d'utilisation la formule.

135.362 Exemples. Des exemples figurent dans la circulaire du 23 novembre 2004 (v. ss n° 61.11).

135.363 Méthode de calcul. L'existence d'une méthode de calcul spécifique paraît bienvenue parce qu'elle met fin aux hésitations des juges du fond qui, dans l'ensemble, semblaient récuser les méthodes inventées par la pratique (pour une présentation critique des différentes méthodes, dite de capitalisation : estimer le montant du capital nécessaire à la production de la rente, ou de conversion; prendre en compte l'âge du créancier et son espérance de vie[2]) pour opérer une fixation autonome, qui, pour apprécier la situation patrimoniale des époux, s'appuie sur les **critères de référence de l'article 272** (anc. art. 271) du Code civil[3]. Cette position des juges du fond a reçu une consécration tardive de la part de la Cour de cassation puisqu'à l'instant où elle rendait son arrêt, le 3 novembre 2004[4], le décret du 29 octobre 2004 rendait désuet son attendu : « *la loi du 30 juin 2000 n'imposait* [imparfait utilisé par les Hauts magistrats - NDA] *aucune méthode pour déterminer le montant du capital lorsque la prestation compensatoire avait été initialement fixée sous forme de rente* ». En l'espèce, le débiteur tentait en vain de convaincre les juges que la conversion devait se faire par application des tarifs retenus par les articles A. 132-1 et A. 335-1 du Code des assurances - méthode dite de conversion - auxquels renvoie l'article 9 de la loi n° 51-695 du 24 mai 1951, portant majoration de certaines rentes viagères[5].

135.364 La méthode de calcul s'impose au juge. Le juge est-il tenu de suivre la méthode de calcul établie par le décret ou conserve-t-il un pouvoir d'appréciation ? Si le juge peut toujours, en amont, refuser, par une décision spécialement motivée, de faire droit à la demande de conversion présentée par le débiteur (uniquement du vivant du débiteur selon l'article 276-4, mais non en cas de décès selon l'article 280 alinéa 2 puisque le capital devient alors immédiatement exigible), il ne peut plus inventer sa propre méthode de calcul. La circulaire est en ce sens, et la loi parle à l'indicatif : « *la substitution s'effectue* [...] » (v. C. civ., art. 276-4 et 280, al. 3). Ce que la loi gagne d'un côté, elle le perd de l'autre : les méthodes mathématiques assurent l'égalité, mais elles peuvent parfois donner un sentiment d'absence d'équité que le juge a justement pour mission de corriger. Les critères de l'article 272 du Code civil s'enferment difficilement dans un tableau de conversion (« *le temps consacré aux enfants pour favoriser la carrière de son conjoint au détriment de la sienne* [...] »). Une solution médiane aurait peut-être été

1. V. S. Thouret, « La substitution d'un capital à la rente de prestation compensatoire : le décret n° 2004-1157 du 29 octobre 2004 », *JCP* 2004, act. 597; *JCP N* 2004, « en bref » 246.

2. J. Hugot, « De la substitution d'un capital à une prestation compensatoire fixée sous forme de rente viagère », *JCP N* 2000, p. 1644.

3. V. NOT., CA Besançon, 28 mars 2003, *AJ fam.* 2003, 423, obs. S. D. – CA Paris, 2 avr. 2003, *AJ fam.* 2003, 269, obs. S. D. – CA Paris, 7 mai 2003, *AJ fam.* 2003, 309 – CA Bordeaux, 29 oct. 2003, *AJ fam.* 2004, 185, obs. S. D. – En faveur de la méthode mathématique de conversion, v. CA Versailles, 25 mars 2004, *AJ fam.* 2004, 362, obs. David; *RTD civ.* 2004, 493, obs. Hauser.

4. Civ. 1re, 3 nov. 2004, n° 03-12.508, *Bull. civ.* I, n° 241; *D.* 2004, IR 3114; *JCP* 2005, I, 116, n° 2, obs. Bosse-Platière; *AJ fam.* 2005, 22, obs. David; *Dr. fam.* 2005, n° 7, note Larribau-Terneyre – V. AUSSI, Civ. 1re, 11 janv. 2005, n° 03-12.805, *Bull. civ.* I, n° 18; *Dr. fam.* 2005, n° 54, note Larribau-Terneyre.

5. EN CE SENS, v. aussi, Civ. 1re, 16 mars 2004, n° 01-17.757, *Bull. civ.* I, n° 87; *D.* 2004, 2254, note Mirabail; *Defrénois* 2004, art. 38012, n° 71, p. 1233, obs. Massip.

plus juste : à partir d'une base de référence, le juge aurait conservé un pouvoir d'appréciation à la baisse ou à la hausse en indiquant les éléments retenus pour sa détermination.

135.365 Substitution amiable. Rien n'interdit, semble-t-il, aux ex-époux de s'entendre entre eux pour convertir eux-mêmes à des conditions différentes de celles prévues dans le décret, la rente en capital. On pourrait hésiter en estimant que la prestation a **nécessairement un caractère judiciaire** et qu'une transaction sur ce point après le prononcé du divorce nécessite, malgré tout, une homologation du juge (sur cette exigence, v. s[s] n° 134.45). Mais l'on peut également soutenir qu'il ne s'agit pas à proprement parler d'une révision puisque le capital substitué correspond très schématiquement au montant de la rente restant due (v. s[s] n° 135.285) et qu'un accord entre ex-époux qui va dans le sens de la faveur législative pour le capital ne peut être qu'encouragé[1].

§ 4
Aspects fiscaux et droit transitoire

135.371 Aspects fiscaux. Sur l'aspect fiscal, la loi du 30 juin 2000 présentait un défaut majeur : alors que le législateur civil érigeait en principe le versement en capital, si possible sous la forme de l'attribution d'un bien immédiatement versé, le législateur fiscal refusait d'accorder au débiteur d'une telle prestation la **réduction d'impôt sur le revenu de 25 % (retenu dans la limite d'un plafond de 30 500 euros)**, applicable uniquement aux prestations compensatoires en capital versées sous la forme de somme d'argent sur une période inférieure ou égale à douze mois. **La loi du 26 mai 2004 étend le domaine de la réduction** (CGI, art. 199 *octodecies*) **des prestations en argent aux prestations en nature**[2]. En cas de **substitution d'un capital à une rente**, la réduction d'impôt est également applicable. Toutefois, afin de tenir compte du fait que la rente pour le passé a donné lieu à une déductibilité des revenus du débiteur, l'assiette de la réduction est limitée. Le plafond de 30 500 euros est réduit en le multipliant par le rapport existant entre le capital dû et le capital reconstitué.

135.372 Dispositions transitoires : la substitution en présence d'anciennes rentes. La loi du 26 mai 2004 ouvre cette faculté de substitution dans les conditions fixées à l'article 276-4 du Code civil, au cas de rentes viagères ou temporaires fixées par le juge ou par convention avant l'entrée en vigueur de la loi nouvelle (L. n° 2004-439, 26 mai 2004, art. 33-VI, al. 3 et art. 33-VII, al. 2).

Sur tous ces points, v. s[s] n°s 138.220 s.

1. Pour une position plus prudente, v. M.-P. Murat-Sempietro et V. Trambouze, *Le divorce après la loi du 26 mai 2004*, « Pratique professionnelle », LexisNexis/Litec, 2006, n° 432.

2. V. J.-P. Mattei, « Le nouveau sort fiscal des prestations compensatoires depuis la loi du 26 mai 2004 », *Dr. fam.* 2004, étude 27 – F. Douet, « Les aspects fiscaux de la loi du 26 mai 2004 relative au divorce », *D.* 2004, 2318.

CHAPITRE

136. Dommages et intérêts

HUBERT BOSSE-PLATIÈRE
MAÎTRE DE CONFÉRENCES
À L'UNIVERSITÉ DE DIJON

SECTION 0
ORIENTEUR

136.00 Plan du chapitre.

136.01 Textes applicables.

> Conséquences propres aux divorces autres que par consentement mutuel – Dommages et intérêts

C. civ., art. 266

> Obligation de réparation

C. civ., art. 1382

136.02 Jurisprudence de référence.

> L'article 266 du Code civil ne répare que le préjudice causé par la rupture du lien conjugal

• Civ. 1re, 6 juill. 2005, n° 04-10.081, *Bull. civ.* I, n° 307

* V. s[s] n° 136.15

« Les dommages et intérêts prévus par l'article 266 du Code civil réparent le préjudice causé par la rupture du lien conjugal, tandis que ceux prévus par l'article 1382 du même code réparent le préjudice résultant de toute autre circonstance. »

> Une indemnisation en nature par l'attribution d'un bien, en usufruit ou en propriété, pour réparer le préjudice subi au titre de l'article 266 du Code civil n'est pas admise dans cet arrêt

• Civ. 2e, 27 janv. 1993, n° 91-14.839, *Bull. civ.* II, n° 33

* V. s[s] n° 136.71

« Aucun texte ne prévoit que les dommages et intérêts accordés en vertu de l'article 266 pour réparer le préjudice matériel ou moral né, pour un époux, de la dissolution du mariage, puissent être accordés sous la forme de l'attribution de droits immobiliers appartenant à l'autre époux. »

> La demande de dommages et intérêts, au titre de l'article 266 du Code civil, doit être formée à l'occasion du divorce

• Civ. 2e, 6 févr. 1985, n° 81-14.052, *Bull. civ.* II, n° 29

* V. s[s] n° 136.51

« Vu l'article 266 alinéa 2; selon ce texte, la demande en réparation du préjudice matériel ou moral causé par la dissolution du mariage ne peut être formée qu'à l'occasion de l'action en divorce. »

> L'allocation de dommages et intérêts, au titre de l'article 266 du Code civil, suppose la preuve d'un préjudice d'une particulière gravité

• Civ. 1re, 1er juill. 2009, n° 08-17.825, *Bull. civ.* I, n° 145

* V. s[s] n° 136.32

« Vu l'article 266 du Code civil, dans sa rédaction issue de la loi n° 2004-439 du 26 mai 2004, ensemble l'article 455 du Code de procédure civile;

Attendu que pour condamner M. K... à verser à Mme A... une somme de 15 000 euros à titre de dommages-intérêts sur le fondement de l'article 266 du Code civil, l'arrêt attaqué, qui a confirmé le prononcé du divorce aux torts exclusifs du mari, énonce qu'il apparaît que M. K... a quitté son épouse après 39 ans de mariage, dans des conditions difficiles et en recherchant une nouvelle compagne, ce qui a entraîné pour Mme A... un préjudice moral;

Qu'en se déterminant ainsi, par des motifs insuffisants à caractériser les conséquences d'une particulière gravité subies par Mme A... du fait de la dissolution du mariage, la cour d'appel n'a pas donné de base légale à sa décision au regard des textes susvisés. »

136.03 **Bibliographie indicative.**

Ouvrages. A. Batteur (dir.), *Le guide des divorces*, « Guides », 2e éd., 2007, Dalloz, nos 542.00 s. – J. Carbonnier, *Droit civil*, t. I, « Quadriges », PUF, p. 1355 – P.-J. Claux, S. David *et alii*, *Droit et pratiques du divorce 2010/2011*, « Dalloz référence », 1re éd., Dalloz, 2010 – H. Fulchiron et Ph. Malaurie, *La famille*, 3e éd., 2009, Defrénois, no 730 – Ph. le Tourneau (dir.), *Droit de la responsabilité et des contrats*, « Dalloz Action », 7e éd., 2010/2011, J. Julien, nos 6727 s. – J. Hauser et D. Huet-Weiller, *Traité de droit civil, La famille, dissolution de la famille*, t. II, 1991, LGDJ, nos 479 s. – J. Massip, *Le nouveau droit du divorce*, 2005, Defrénois, nos 156 s. – M.-P. Murat-Sempietro et V. Trambouze, *Le divorce après la loi du 26 mai 2004*, 2006, Litec, nos 522 s.

Articles. T. Garé, « Quels sont les domaines d'application des articles 266 et 1382 du Code civil ? », *RJPF* mai 2004, p. 18 – D. Guitton, « Dommages et intérêts en réparation d'un préjudice résultant du divorce », *D.* 1980, chron. 237; « Dommages et intérêts en réparation d'un préjudice résultant d'un fait antérieur au divorce », *D.* 1980, chron. 247 – J. Hauser, « Le divorce nouveau et la responsabilité », *Dr. et patr.* 2005, no 136, p. 78 – D. Piwnica, « Les dommages et intérêts de l'article 266 du Code civil dans la loi du 26 mai 2004 », *JCP* 2009, 407 – F. Rongeat-Oudin, « Indemnités entre époux divorcés : faut-il abroger le nouvel article 266 du Code civil ? », *RJPF* 2006-2/12, p. 6 – G. Serra, « De quelques paradoxes du divorce et de la responsabilité civile », *RLDC* 2007, 2703.

136.04 **Questions essentielles.**

> Dans quels cas peut-on demander des dommages et intérêts sur le fondement de l'article 266 du Code civil ?

* V. ss nos 136.21 s.

> Dans quels cas peut-on demander des dommages et intérêts sur le fondement de l'article 1382 du Code civil ?

* V. ss no 136.25

> Peut-on demander des dommages et intérêts sur le fondement de l'article 266 du Code civil après le divorce ?

* V. ss no 136.51

> Est-ce qu'il est possible d'obtenir la révision des dommages et intérêts fixés dans un jugement de divorce au titre de l'article 266 du Code civil ?

* V. ss no 136.81

> Est-il possible d'obtenir des dommages et intérêts sur le fondement de l'article 266 et de l'article 1382 du Code civil ?

* V. ss no 136.93

> Quels types de préjudices sont réparables au titre de l'article 266 du Code civil ?

* V. ss no 136.30

> Quels sont les types de fautes retenues, en matière de divorce, dans une action intentée sur le fondement de l'article 1382 du Code civil ?

* V. ss no 136.101

SECTION 1

PRÉSENTATION

136.11 **Position du problème.** Le divorce, pris en lui-même, peut-être source, pour certains, d'un préjudice, au moins moral. Lorsque l'on évoque ce préjudice, on perçoit bien qu'il est distinct du préjudice, matériel et moral, subi par le conjoint innocent, résultant des faits qui peuvent éventuellement donner lieu au divorce pour faute (violences, adultères, *etc.*). Ce second type de préjudice trouve naturellement un fondement à sa réparation par le biais du droit commun (C. civ., art. 1382). Mais le premier - le préjudice subi par la dissolution du mariage en tant que telle - n'est pas couvert par l'article 1382 du Code civil. Ce que vise à réparer l'article 266 du Code civil, c'est justement ce préjudice spécial en allouant des dommages et intérêts à l'époux qui en a été victime.

136.12 **Évolution historique.** L'article 266 du Code civil puise son origine dans une règle introduite dans le Code civil par une loi du 2 avril 1941, validée par la suite par l'ordonnance du 12 avril 1945[1]. L'ancien alinéa 2 de l'article 301 du Code civil énonçait que « *indépendamment de toute autre réparation due par l'époux contre lequel le divorce a été prononcé, les juges pourront allouer au conjoint qui a obtenu le divorce des dommages et intérêts pour le préjudice matériel ou moral à lui causé par la dissolution du mariage* ». L'article 301 alinéa 2 consacrait lui-même une jurisprudence antérieure fondée sur l'article 1382.

La loi du 11 juillet 1975[2] a conservé de l'ancienne législation sur le divorce la possibilité d'attribuer des dommages et intérêts à celui qui a obtenu le divorce en la reprenant à l'article 266 du Code civil : « *Quand le divorce est prononcé aux torts exclusifs de l'un des époux, celui-ci peut être condamné à des dommages et intérêts en réparation du préjudice matériel ou moral que la dissolution du mariage fait subir à son conjoint.*

Ce dernier ne peut demander des dommages et intérêts qu'à l'occasion de l'action en divorce ».

1. Ord. no 45-651, 12 avr. 1945, sur le divorce et la séparation de corps, *JO* 13 avr., p. 2042.
2. L. no 75-617, 11 juill. 1975, portant réforme du divorce, *JO* 12 juill., p. 7171.

Trois conditions étaient posées dans ce texte :

– que le divorce soit prononcé pour faute, aux torts exclusifs du conjoint qui a causé le préjudice;

– que les dommages et intérêts soient demandés à l'occasion de la procédure de divorce et non après;

– et que le préjudice résulte de la dissolution du mariage.

136.13 Loi du 26 mai 2004 réformant le divorce. Malgré son vœu de réduire à une peau de chagrin le lien entre la faute et les conséquences du divorce, la réforme du divorce intervenue en 2004[1] n'a pu se résoudre à supprimer l'article 266 du Code civil et à laisser le champ libre à l'article 1382. Simplement l'a-t-elle réécrit, en renforçant considérablement ses conditions d'octroi : l'époux « innocent » peut ainsi toujours obtenir des dommages et intérêts mais uniquement « *en réparation des conséquences d'une particulière gravité* ». Toutefois, le législateur de 2004 a dû tenir compte de l'introduction d'un nouveau cas de divorce, pour altération définitive du lien conjugal, ce qui conduit à étendre le domaine d'application de l'article 266 du Code civil.

« *Sans préjudice de l'application de l'article 270, des dommages et intérêts peuvent être accordés à l'un des époux en réparation des conséquences d'une particulière gravité qu'il subit du fait de la dissolution du mariage, soit lorsqu'il est défendeur à un divorce prononcé pour altération définitive du lien conjugal et qu'il n'avait lui-même formé aucune demande en divorce, soit lorsque le divorce est prononcé aux torts exclusifs de son conjoint.*

Cette demande ne peut être formée qu'à l'occasion de l'action en divorce. » (C. civ., art. 266)

Comme le remarque le professeur Hauser, « *le domaine des dommages et intérêts octroyés sur le fondement du nouvel article 266 du Code civil pourrait bien à l'avenir, se restreindre considérablement : l'effet est recherché par le législateur de 2004 qui a promu la prestation compensatoire et en même temps cantonné l'accès aux dommages et intérêts en en renforçant les conditions. Finalement, les conséquences liées à la rupture du lien conjugal devraient relever pour l'essentiel de la prestation compensatoire – le recours à l'article 266 devenant plus rare –, alors que les autres conséquences dommageables, extérieures à la rupture, relèveraient de l'article 1382 du Code civil. La réforme appartient à la jurisprudence à travers l'application qu'elle fera du nouvel article 266 du Code civil.* »[2].

136.14 Dommages et intérêts de l'article 266 du Code civil et prestation compensatoire : « Sans préjudice de l'application de l'article 270... ». Le plus souvent, le préjudice subi par le conjoint en raison de la dissolution du mariage et visé à l'article 266 paraît couvert par l'octroi d'une prestation compensatoire qui a justement pour fondement de **compenser**, autant qu'il est possible la disparité de vie commune crée par la rupture du mariage (C. civ., art. 270). Mais en réalité, la prestation compensatoire est susceptible de ne prendre en compte qu'une partie du préjudice. D'abord, l'évaluation de la prestation compensatoire ne tient pas compte du **préjudice moral** et l'article 266 pourrait utilement, à ce titre, venir compléter l'article 270. Ensuite, un certain nombre de préjudices même économiques ne relèvent pas de la prestation compensatoire. Le doyen Carbonnier en fournissait quelques exemples : « *frais exceptionnels de déménagement et d'établissement imposés par le changement de situation; perte d'une chance de gains dans l'entreprise du conjoint* »[3]. Enfin, on soulignera tout ce qui différencie la prestation compensatoire des dommages et intérêts de l'article 266 : alors que la première a davantage pour objet de se tourner vers l'avenir puisqu'il s'agit de maintenir le niveau de vie des fortunes, même après la dissolution du lien matrimonial, les seconds sont résolument tournés vers le passé, puisqu'ils ont pour objet d'épurer le passé conjugal. La loi du 26 mai 2004 a formellement et pour la première fois envisagé l'articulation de l'article 266 et de la prestation compensatoire. En effet, l'article 266 commence désormais par la formule : « *Sans préjudice de l'application de l'article 270...* ».

136.15 Dommages et intérêts de l'article 266 et de l'article 1382 du Code civil et abondance du contentieux. En reprenant dans l'article 266 du Code civil, le principe d'une attribution de dommages et intérêts dus par l'époux aux torts exclusifs duquel le divorce a été prononcé, la loi n'a pas entendu empêcher les juges d'attribuer des dommages et intérêts sur le fondement de l'article 1382. Comme le souligne parfois la Cour de cassation, « *les dommages et intérêts prévus par l'article 266 du Code civil réparent le préjudice causé par la rupture du lien conjugal, tandis que ceux prévus par l'article 1382 du même code réparent le préjudice résultant de toute autre circonstance* »[4].

Le recours à ces deux textes est assez fréquent. Les domaines d'applications entre l'article 266 et 1382 sont parfois, dans la pratique judiciaire, délicats à déterminer (v. s^s^ n°s 136.91 s.).

1. L. n° 2004-439, 26 mai 2004, relative au divorce, *JO* 27 mai, p. 9319.
2. J.-Cl. civ., J. Hauser, fasc. 230, n° 114.
3. J. Carbonnier, n° 607.
4. Civ. 1re, 6 juill. 2005, n° 04-10.081, *Bull. civ.* I, n° 307; *Dr. fam.* 05/2005, comm. 104, note Larribau-Terneyre; *D.* 2006, pan. 336; *RTD civ.* 2005, 767, obs. Hauser.

136.16 Fondements de l'article 266 du Code civil. Application spéciale de l'article 1382 ? Peine privée ? Le texte issu de la loi de 1941 avait suscité des débats[1]. Depuis la loi du 11 juillet 1975, l'article 266 du Code civil joue comme une manière de **punir l'époux fautif, qui a causé le préjudice, en mettant fin au mariage** (sur le domaine d'application de l'art. 266, v. s[s] n°s 136.21 à 136.24). Le débat pourrait toutefois être relancé depuis la loi du 26 mai 2004 qui admet que l'époux demandeur à un divorce pour altération définitive du lien conjugal puisse, à certaines conditions, être amené à réparer le préjudice subi par le conjoint et résultant d'une **dissolution imposée du lien matrimonial**. On pourrait se demander si, en définitive, il ne s'agit pas d'une **responsabilité sans faute pour cause objective** mais qui est soumise à la preuve difficile de l'**existence d'un préjudice** d'une particulière gravité résultant de la dissolution du mariage. Le doyen Carbonnier considérait même que l'on pouvait s'échapper d'une approche trop fondée sur la responsabilité délictuelle. Pour lui, « *des dommages et intérêts se concevraient aussi bien pour résiliation abusive du mariage-contrat* »[2], ce qui est sans doute plus conforme à la véritable nature de cette disposition, même si la jurisprudence a parfois du mal à s'échapper de toute idée de sanction. En outre, il est également possible de voir dans l'article 266, malgré l'évolution des mœurs, une dimension symbolique de défense du mariage en sanctionnant l'époux responsable de sa dissolution.

SECTION 2
DOMMAGES ET INTÉRÊTS FONDÉS SUR L'ARTICLE 266 DU CODE CIVIL

§ 1
Domaine

136.21 Divorce pour faute : divorce prononcé aux torts exclusifs de l'un des conjoints. La loi du 26 mai 2004 n'a pas écarté la possibilité pour le conjoint « innocent » d'obtenir des dommages et intérêts en réparation des conséquences subies du fait de la dissolution du mariage de la part l'époux aux torts exclusifs duquel le divorce est prononcé. C'était déjà la solution sous l'empire de la loi du 11 juillet 1975. Un des souhaits du législateur de 2004 est toutefois de réduire le nombre de divorces prononcés pour faute. Par voie de conséquence, mécaniquement, les situations dans lesquelles le juge peut être amené à prononcer des dommages et intérêts fondés sur l'article 266 du Code civil se trouvent réduites. Mais, d'un autre côté, ce constat doit être contrebalancé par l'extension du domaine d'application de cet article 266, par la loi du 26 mai 2004, au nouveau divorce pour altération définitive du lien conjugal.

136.22 Domaine d'application : extension au divorce pour altération définitive du lien conjugal. Des dommages et intérêts peuvent, depuis la loi du 26 mai 2004, entrée en vigueur le 1er janvier 2005, être demandés en réparation des conséquences subies du fait de la dissolution du mariage, dans un divorce prononcé pour altération définitive du lien conjugal, à la condition essentielle toutefois, que l'époux, défendeur à l'action en divorce, qui réclame ces dommages et intérêts n'ait formé, lui-même, aucune demande en divorce.

Cette extension du domaine d'application de l'article 266 du Code civil va à l'encontre de la volonté du législateur de 2004 de réduire au maximum l'effectivité de cette disposition et peut, à ce titre, être considérée, *a priori*, comme surprenante.

En réalité, le choix opéré en 2004 s'explique par la disparition, dans notre droit, du divorce pour rupture de la vie commune, et de sa soupape de sécurité que constituait pour l'époux défendeur à ce divorce l'ancien article 240 du Code civil.

En effet, lorsque la loi du 11 juillet 1975 a mis en place ce divorce pour rupture de la vie commune, il avait été envisagé, au cours des travaux parlementaires, de faire bénéficier l'époux défendeur des dommages et intérêts de l'article 266. L'idée était loin d'être saugrenue puisqu'il s'agissait d'un divorce pour « *charges assumées* » par l'époux demandeur. Le défendeur pouvait être considéré en quelque sorte comme « innocent » et victime d'une dissolution du mariage, que par hypothèse, il ne souhaitait pas. Mais l'amendement avait été repoussé au motif que l'article 266 du Code civil supposait une faute, et que le fait d'utiliser une voie de droit - demander le divorce pour rupture de la vie commune - ne pouvait être considéré, en soi, comme fautif. La seule possibilité qui s'offrait à l'époux défendeur dans un tel divorce était, en définitive, de déposer une **demande reconventionnelle pour faute** et, si sa demande était admise, d'invoquer l'article 266 du Code civil[3]. Enfin, on pouvait également remarquer que dans ce type de divorce, l'époux défendeur avait la faculté de soulever la **clause d'exceptionnelle dureté** de l'ancien article 240 pour obtenir le rejet du divorce (C. civ., anc. art. 240 : « *Si l'autre époux établit que le divorce, aurait, soit pour lui, compte tenu*

1. Lobin, *JCP* 1953, 1, 1109 – Rodière, *S.* 1943, 1, 101.
2. CARBONNIER, p. 1371.
3. Civ. 2e, 23 janv. 1980, *D.* 1980, 281, note Revel.

notamment de son âge et de la durée du mariage, soit pour les enfants, des conséquences matérielles ou morales d'une exceptionnelle dureté, le juge rejette la demande. »).

En 2004, le législateur a remplacé le divorce pour rupture de la vie commune par le divorce pour altération définitive du lien conjugal. À nouveau, au cours des travaux parlementaires, la question de savoir si l'époux défendeur à un tel divorce, pouvait prétendre à des dommages et intérêts sur le fondement de l'article 266 du Code civil s'est posée. Cette fois-ci, la solution a été admise comme une **contrepartie à la suppression de la clause d'exceptionnelle dureté** de l'ancien article 240. En effet, le législateur a pris en compte le fait que désormais, l'époux défendeur ne peut plus invoquer une clause de dureté pour espérer obtenir le rejet de la demande en divorce. Il a donc été sensible à la détresse particulière que peut représenter pour un époux le fait de se voir imposer un divorce alors même qu'aucun tort ne peut lui être imputé dans la séparation. Comme le souligne un auteur, « *il s'agirait en somme de la transposition en dommages-intérêts de la clause de dureté, remplacée par une compensatoire financière* »[1].

L'extension réalisée par la loi de 2004 du domaine d'application de l'article 266 appelle toutefois quelques brèves observations.

Tout d'abord, **il ne s'agit en aucune manière d'un droit pour l'époux défendeur** : s'il souhaite obtenir réparation il devra **prouver l'existence d'un préjudice** résultant de la dissolution du mariage et en particulier, prouver que le divorce entraîne « ***des conséquences d'une particulière gravité*** » (v. s[s] n° 136.31).

Ensuite, l'article 266 du Code civil n'ouvre droit à réparation à l'époux défendeur que **s'il n'a lui-même formé aucune demande en divorce**. En effet, s'il introduit une telle action en divorce, il ne peut plus prétendre subir un préjudice résultant de la dissolution du mariage. En revanche, comme sous l'empire du droit antérieur, si la demande reconventionnelle pour faute est admise et que le divorce est prononcé aux torts exclusifs de son conjoint, il peut invoquer le bénéfice de l'article 266 du Code civil.

Enfin, on relèvera que le législateur de 2004 déconnecte pour la première fois l'allocation de dommages et intérêts de la faute, puisque l'époux qui demande un divorce pour altération définitive du lien conjugal peut se voir condamner à réparer le préjudice qu'il fait naître du fait de cette rupture. On peut toutefois se demander si la faute est complètement absente des débats. Ce n'est pas le fait pour un époux de demander la dissolution du mariage pour altération définitive du lien conjugal qui justifie l'allocation de dommage et intérêts. Il ne s'agit, en effet que de l'utilisation d'une possibilité légale qui ne peut être, en soi, fautive. C'est bien davantage, le fait d'utiliser cette possibilité alors même que l'on sait que cette dissolution va faire naître un préjudice pour l'époux défendeur.

1. J. Massip, *Le nouveau droit du divorce*, Éd. Defrénois, 2005, n° 157.

136.23 Séparation de corps aux torts exclusifs. La jurisprudence a étendu l'application de l'article 266 du Code civil à la **séparation de corps prononcée aux torts exclusifs**[2]. Cette solution a été prise sous l'empire du droit antérieur à la réforme de 2004, mais, la solution doit être transposée sous l'empire du droit nouveau. Elle aurait pu se discuter car la lettre de l'article 266 parle de « *dissolution du mariage* ». Mais, la solution se justifie aisément : le fondement de l'article 266 est de punir l'époux fautif responsable du préjudice subi par son conjoint du fait de la dissolution du mariage; *mutatis mutandis*, la volonté de sanctionner doit être la même lorsque le préjudice résulte d'une séparation de corps prononcée aux torts exclusifs.

136.24 Autres cas de divorce et de séparation de corps. En dehors des cas précédemment cités, le juge ne peut allouer des dommages et intérêts sur le fondement de l'article 266. L'idée de dommages et intérêts versés à titre de sanction contre l'époux fautif explique que le préjudice résultant de la dissolution du mariage ne soit pas pris en compte dans les autres cas de divorce. Ainsi les dommages et intérêts sont exclus dans le cadre d'un divorce par consentement mutuel, d'un divorce pour acceptation du principe de la rupture du mariage, ou d'un divorce aux torts partagés. Le législateur aurait pu hésiter à admettre une telle solution dans le cas d'un divorce aux torts partagés, mais même dans ce divorce, l'idée de sanction par le biais de l'article 266 disparaît[3]. Tout se passe, en définitive, comme si le prononcé des torts étant partagé, le divorce était simplement perçu comme un échec. Chacun des époux étant pour partie responsable de la rupture, aucun ne peut demander la réparation résultant de la dissolution du mariage.

2. Civ. 2e, 22 mai 1979, n° 78-10.604, *Bull. civ.* II, n° 154 – Civ. 2e, 6 janv. 1993, n° 91-16.672, *Bull. civ.* II, n° 2; *RTD civ.* 1993, 336, obs. Hauser – Civ. 2e, 7 mai 2002, n° 00-18.026, *Bull. civ.* II, n° 96; *RTD civ.* 2002, 493, obs. Hauser – Civ. 1re, 9 déc. 2003, n° 02-12.245, NPT; *Dr. fam.* 2004, comm. 34, obs. Larribau-Terneyre – Civ. 1re, 4 oct. 2005, n° 04-12.755, NP.
3. Sur l'impossibilité d'accorder des dommages et intérêts en cas de divorce aux torts partagés : Civ. 1re, 25 oct. 2005, n° 04-12.234, *Bull. civ.* I, n° 383; *D.* 2005, IR 2899; *Dr. fam.* 2005, n° 269, note Larribau-Terneyre; *RTD civ.* 2006, 97, obs. Hauser.

136.25 **Dans tous les cas de divorce, possibilité d'allouer des dommages et intérêts fondés sur l'article 1382 du Code civil.** Des dommages et intérêts sur le fondement de l'article 1382 (v. s^s n° 136.91) peuvent être accordés par le juge. Il ne peut guère en être autrement puisque le Conseil constitutionnel, dans sa décision du 9 novembre 1999, relative au PACS, a considéré que le droit à réparation – « *tout fait qui cause à autrui un dommage oblige celui par la faute duquel il est arrivé à le réparer* » – est un **droit à valeur constitutionnelle**[1]. Toutefois, les conditions de la mise en œuvre de cette responsabilité doivent être réunies. En particulier, le **préjudice doit être distinct de celui qui résulte du divorce**, à la différence du préjudice réparable au titre de l'article 266 (v. jurisprudence citée s^s n° 136.92). Autrement dit, dans les cas de divorce où l'article 266 du Code civil n'est pas applicable, il est inexact de considérer que l'article 1382 du Code civil prend le relais puisque cette disposition n'a pas vocation à réparer le préjudice subi par l'un des époux du fait de la dissolution du mariage.

§ 2 Préjudices réparables

136.30 **Évolution.** Dans le texte de la loi du 11 juillet 1975, les dommages et intérêts couvraient le **préjudice matériel ou moral** que la dissolution faisait subir à son conjoint. La loi du 26 mai 2004 n'a pas repris formellement ces deux catégories de préjudices mais il ne fait pas de doute que la généralité des termes de l'actuel article 266 permet de les réparer l'un comme l'autre. Sans doute cette suppression s'explique-t-elle parce que la référence aux préjudices matériels et moraux était trop réductrice : pour être plus en phase avec le droit commun de la responsabilité, il aurait été préférable que le texte vise plus largement les **préjudices patrimoniaux et extrapatrimoniaux.** En revanche, le législateur a ajouté une condition importante : ce préjudice doit être d'une particulière gravité.

A. Préjudice d'une particulière gravité

136.31 **Préjudice d'une particulière gravité.** Ce ne sont pas tous les préjudices qui résultent de la dissolution du mariage qui sont réparables. Depuis la loi du 26 mai 2004, il faut que le divorce entraîne des conséquences d'une particulière gravité. Cette condition n'a guère d'équivalent en droit commun de la responsabilité. Il appartiendra à la jurisprudence de préciser ce qu'il convient d'entendre par conséquences d'une particulière gravité.

Cette règle trouve son origine dans l'ancien article 240 du Code civil qui permettait au juge de refuser le divorce pour rupture de la vie commune lorsque le défendeur établissait que le divorce avait « *des conséquences matérielles ou morales d'une exceptionnelle dureté* ».

Comme le remarque un auteur, cette règle se justifie pleinement dans le cadre d'un divorce pour altération définitive du lien conjugal puisqu'« *elle aboutit en quelque sorte à instaurer un droit au divorce moyennant indemnité* »[2].

En revanche, la généralisation de cette condition dans le divorce pour faute prononcé aux torts exclusifs de l'un des époux est plus à délicate à expliquer. Elle est contraire au droit commun de la responsabilité qui ne tient pas compte de la gravité du préjudice pour obliger le fautif à réparer l'intégralité de son dommage.

Il est possible, toutefois, de trouver deux explications à cette condition supplémentaire posée par le législateur en 2004.

En premier lieu, on peut voir là une volonté politique forte du législateur de cantonner au strict minimum l'effectivité de l'article 266 du Code civil, tant il paraît vraisemblable que les juges du fond ne retiendront que rarement l'existence d'un préjudice d'une particulière gravité.

En second lieu, il est possible de considérer que l'article 266 se détache progressivement de la notion de faute pour **se situer uniquement sur le terrain de la réparation du préjudice** : des dommages et intérêts sont attribués au conjoint pour le préjudice matériel ou moral qui lui a été causé par la dissolution du mariage. La faute n'est pas une condition de cette pseudo-responsabilité. Si dans les cas de divorces autres que celui prononcé aux torts exclusifs, le préjudice né de la dissolution du mariage ne peut être réparé, ce n'est pas en raison de l'absence de faute, mais tout simplement parce que l'époux qui subit le préjudice, a été également à l'origine de la rupture (divorce par consentement mutuel, divorce pour acceptation du principe de la rupture) ou responsable de cette rupture (divorce pour faute prononcé aux torts partagés). Dans toutes ces hypothèses, l'époux ne peut demander réparation du préjudice né de la dissolution d'un mariage à laquelle il a contribué.

1. Cons. const. 9 nov. 1999, n° 99-419 DC, *JO* 16 nov. ; *D.* 2000, somm. 424, obs. Garneri ; *JCP* 2000, I, 261, n°s 15, 16, 17 et 19, obs. Mathieu et Verpeaux ; *LPA* 1er déc. 1999, note Schœttl.

2. J. Massip, *Le nouveau droit du divorce*, Éd. Defrénois, 2005, n° 157.

On remarquera d'ailleurs, à cet égard, que la gravité de la faute n'est jamais prise en considération dans l'article 266 du Code civil.

En définitive, on peut se demander si la loi du 26 mai 2004 ne consacre pas une **responsabilité sans faute, pour cause objective** et qui reste subordonnée à une seule condition : la **preuve d'un préjudice** résultant de la dissolution du mariage et présentant, désormais, une **particulière gravité**.

136.32 Pratiques judiciaires en application de l'article 266 du Code civil dans sa rédaction issue de la loi n° 2004-439 du 26 mai 2004. Les premiers exemples jurisprudentiels soulignent toute la difficulté qui existe, désormais, pour les plaideurs d'obtenir des dommages et intérêts sur le fondement de l'article 266 du Code civil. Il est vraisemblable que cette disposition ne jouera plus à l'avenir que comme une soupape de sécurité, pour les cas les plus dramatiques.

Ainsi, le fait de quitter son épouse après trente-neuf ans de mariage, dans des conditions difficiles et en recherchant une nouvelle compagne, ne constituent pas des motifs suffisants à caractériser les conséquences d'une particulière gravité subies par l'épouse du fait de la dissolution du mariage[1].

L'opposition avec le droit antérieur est nette et le contentieux risque de se déplacer, encore davantage, vers l'article 1382[2]. Il est intéressant de relever que dans un arrêt, rendu le 1er juillet 2009, la Cour de cassation a pris le contrepied de l'appréciation des juges du fond, montrant ainsi à ces derniers qu'elle entendait bien contrôler la qualification juridique des faits[3]. Pour retenir l'existence de conséquence d'une particulière gravité, il faudra nécessairement des circonstances particulières (ainsi, justifie le versement de dommages et intérêts le « *préjudice réel et renforcé* » causé par un divorce intervenu dans un pays dont l'épouse n'est pas originaire et où elle n'a pas sa famille[4]), à moins que les juges du fond, face à des réalités éprouvantes, ne fassent preuve de mansuétude (grave dépression liée à la rupture car les conditions de vie de l'épouse, privée du milieu artistique dans lequel elle évoluait depuis son mariage avec un artiste dramatique et marionnettiste, ont été totalement bouleversées)[5].

1. Civ. 1re, 1er juill. 2009, n° 08-17.825, NPT – Sur cet arrêt, v. D. Piwnica, « Les dommages et intérêts de l'article 266 du Code civil dans la loi du 26 mai 2004 », *JCP* 2009, 407.
2. CA Orléans, ch. fam., 25 nov. 2008, RG n° 08/00346, *Dr. fam.* 2009, comm. 54, obs. V. L.-T. Les juges d'appel allouent à la femme 1 000 euros de dommages-intérêts sur le fondement de l'article 1382 du Code civil, tout en rejetant la demande fondée sur l'article 266, car l'épouse n'établit pas les conséquences d'une exceptionnelle gravité résultant de la dissolution du mariage (comportement blâmable du mari qui s'est incrusté au domicile conjugal après la séparation et a continué de rendre la vie difficile à son épouse).
3. En l'espèce, la cour d'appel avait retenu l'existence d'un préjudice moral et alloué 15 000 euros à l'épouse.
4. CA Paris, 24e ch., 20 févr. 2008, A. K… c/K…, *Dr. fam.* 2008, comm. 55, obs. Larribau-Terneyre.

B. Préjudices résultant de la dissolution du mariage

136.41 Préjudice résultant de la dissolution du mariage. C'est la condition de fond qui permet de bien distinguer le domaine d'application de l'article 266 de celui de l'article 1382 du Code civil : le préjudice réparable est celui qui résulte de la dissolution du mariage. Tout préjudice distinct de la dissolution du mariage ne peut pas être réparé sur le fondement de l'article 266 du Code civil[6]. Seule une action fondée sur l'article 1382 du Code civil est alors concevable (v. ss n° 136.92). Il en résulte que pèse sur les juges du fond **l'obligation de préciser en quoi consiste la nature du préjudice dont ils ordonnent la réparation.** Cette obligation, posée par la Cour de cassation, est rendue nécessaire afin de permettre aux Hauts magistrats d'exercer leur contrôle[7]. En particulier, il appartient aux juges du fond de préciser si les dommages et intérêts alloués visent à réparer un préjudice distinct de la dissolution du mariage (C. civ., art. 1382) ou résultant de sa rupture (C. civ., art. 266). Il leur appartient également d'expliquer pourquoi ils rejettent la demande de dommages et intérêts formulée sur le fondement des articles 266 ou 1382.

Ainsi, pour rejeter la demande de dommages-intérêts en application des articles 266 et 1382 du Code civil, les juges énoncent que la demanderesse « *n'apporte pas la preuve d'éléments de préjudice autre que la dissolution du lien matrimonial* ». D'où, cassation pour violation de l'article 266, car les juges n'ont pas recherché, ainsi qu'il leur était demandé, « *si la dissolution du lien matrimonial ne revêtait pas pour Mme Y… un caractère préjudiciable.* »[8].

136.42 Exemples de préjudice non réparable, en vertu de l'article 266 du Code civil, car ne résultant pas de la dissolution du mariage. Il est relativement fréquent que le préjudice ne soit pas

5. CA Paris, 24e ch., sect. C, 15 janv. 2009, RG n° 08/07520, *Dr. fam.* 2009, comm. 53 et 54, note Larribau-Terneyre.
6. Civ. 2e, 11 avr. 2002, n° 00-13.417, NPT; *Dr. fam.* 2002, comm. 114, obs. Lécuyer; *Dr. fam.* 2004, comm. 201, 3e esp., p. 24, obs. Larribau-Terneyre.
7. Civ. 1re, 29 sept. 2004, n° 02-12.973, NP – V. jurisprudence fournie et constante ss n° 136.93.
8. Civ. 1re, 11 févr. 2009, n° 08-11.137, NP.

réparable car l'époux demandeur ne prouve pas qu'il résulte de la dissolution du mariage.

Il en est ainsi lorsqu'était seulement invoqué le fait que la femme avait quitté le domicile conjugal en laissant au mari l'essentiel des charges du mariage[1]. De même, le fait que le mari ait eu des enfants avec une autre femme avant le divorce alors que le couple n'avait pas d'enfant, ne peut fonder un droit à des dommages et intérêts au titre de l'article 266 du Code civil[2]. Le fait que le mari quitte brusquement le domicile conjugal pour vivre avec une autre femme ne constitue pas un préjudice résultant de la dissolution du mariage[3].

On peut se demander, si dans la plupart de ces affaires, les plaideurs n'auraient pas eu meilleur compte à agir sur le fondement du droit commun et que c'est uniquement par méconnaissance du domaine d'application de l'article 266 que ces cassations sont encourues[4] (v. la jurisprudence citée sur l'articulation des articles 1382 et 266 du Code civil, s[s] n° 136.93).

136.43 Préjudice pris en compte en application de l'article 266 du Code civil dans sa rédaction antérieure à la loi n° 2004-439 du 26 mai 2004 : préjudice moral tenant à la souffrance causée par la rupture. Le plus souvent le préjudice réparé est un préjudice moral puisque les préjudices matériels et économiques sont pris en compte dans le cadre de l'attribution d'une prestation compensatoire[5]. Un certain nombre d'exemples permettent d'illustrer quels types de préjudice sont pris en compte au titre de l'article 266 du Code civil.

C'est le cas lorsque, après une longue vie commune, la femme se trouvait délaissée au profit d'une maîtresse plus jeune qu'elle[6]. Les magistrats décèlent un préjudice moral dans « *la solitude morale et affective créée par le divorce après une longue vie commune* »[7]. La Cour de cassation censure la décision refusant d'allouer des dommages et intérêts, sur le fondement de l'article 266, à une épouse abandonnée au profit d'une maîtresse après trente ans de vie commune, en lui laissant la charge de leur fille, jeune adulte handicapée[8]. Une jurisprudence plus ancienne avait même admis une réparation pour une femme qui faisait état de la réprobation sociale qui s'attachait à l'état de divorcée : en l'espèce, la femme – elle était étrangère avant le mariage – cessait de bénéficier de la protection que la loi française accorde aux femmes mariées[9]. La jurisprudence considère encore que constitue un préjudice réparable au titre de l'article 266 du Code civil, le fait que le mari ait eu des enfants avec une autre femme avant le divorce[10], ou du préjudice résultant du refus de poursuivre une procédure de divorce par consentement mutuel[11].

En définitive, les juridictions du fond doivent rechercher si la **douleur morale** résultant de la dissolution du mariage est **d'une intensité particulière**, dépassant la commune mesure de celle que le divorce inflige habituellement.

Il n'est toutefois pas certain que l'abondante jurisprudence appliquant l'article 266 du Code civil sous l'empire de la loi du 11 juillet 1975 soit reconduite après les modifications apportées au texte par la loi du 26 mai 2004. En effet, il appartient au juge du fond de caractériser un préjudice désormais d'une particulière gravité (v. s[s] n° 136.31). Il en résulte nettement que la volonté du législateur est de donner à l'article 266 le rôle d'une soupape de sécurité, d'une clause de sauvegarde, à l'instar de celle que jouait l'ancien article 240 du Code civil pour rejeter le divorce pour rupture de la vie commune.

136.44 Préjudice économique. Il est assez rare que les juges retiennent un préjudice économique au titre de l'article 266 du Code civil, parce qu'il est le plus souvent indirectement pris en compte dans le cadre de la prestation compensatoire (v. s[s] n° 134.91). Toutefois, rien ne l'interdit. Ainsi, a été indemnisé sur le fondement de l'article 266 du Code civil le préjudice que l'épouse subit du fait que, en raison de la défaillance de son mari, elle affronte seule plusieurs créanciers et organismes de

1. Civ. 2e, 31 mai 1995, n° 93-17.127, *Bull. civ.* II, n° 164; *D.* 1996, 424, note Puigelier; *RTD civ.* 1995, 870, obs. Hauser.
2. Civ. 2e, 28 sept. 2000, n° 98-22.952, NPT; *Dr. fam.* 2001, n° 5, obs. Lécuyer.
3. Civ. 1re, 25 janv. 2005, n° 02-16.255, NP; *Dr. fam.* 2005, n° 104, obs. Larribau-Terneyre.
4. Civ. 1re, 14 oct. 2009, n° 08-20.037, NP : « *Vu l'article 266 dans sa rédaction antérieure à la loi n° 2004 439 du 26 mai 2004; Attendu que, saisie d'une demande de dommages-intérêts en application de l'article 266 du Code civil, la cour d'appel pour condamner M. X... à payer 1 500 euros à Mme Y... a, par motifs propres et adoptés, retenu le comportement fautif de M. X... au regard des violences subies par l'épouse et des relations adultères entretenues par l'époux; Qu'en statuant par ces seuls motifs, sans caractériser le préjudice qui aurait résulté de la dissolution du mariage, la cour d'appel a violé le texte susvisé.* »
5. EN CE SENS, v. CA Paris, 16 févr. 1979, *D.* 1979, 590, note Massip : réparation du préjudice moral non pris en considération pour l'évaluation de la prestation compensatoire – EN CE SENS, Civ. 2e, 5 juin 1984, *Bull. civ.* II, n° 106.
6. Civ. 2e, 5 juin 1984, n° 83-11.861, *Bull. civ.* II, n° 106.
7. Civ. 2e, 22 oct. 1975, *D.* 1976, IR 7 – Civ. 2e, 27 janv. 2000, n° 96-11.410, *Bull. civ.* II, n° 17; *RTD civ.* 2000. 303, obs. Hauser – V. AUSSI, CA Paris, 24e ch., sect. C, 18 sept. 2008, *Dr. fam.* 2009, comm. 141, obs. Larribau-Terneyre (préjudice moral subi par la femme parce qu'elle a été affectée dans ses croyances et ses principes d'éducation par cette situation de femme divorcée).
8. Civ. 2e, 17 févr. 2004, n° 02-13.061, NP.
9. Civ. 1re, 5 mai 1976, *D.* 1976, IR 226.
10. Civ. 2e, 28 sept. 2000, n° 98-22.952, NPT; *Dr. fam.* 2001, n° 5, note Lécuyer.
11. Civ. 2e, 11 avr. 2002, n° 00-13.417, NPT; *Dr. fam.* 2002, n° 114, note Lécuyer.

crédit[1], ou encore le fait que l'épouse se trouve dans une situation psychologique et surtout matérielle précaire du fait de la dissolution du lien matrimonial[2].

§ 3 Époque de la demande

136.51 Époque de la demande. Comme le précise l'article 266 alinéa 2 du Code civil, les dommages et intérêts ne peuvent être demandés **qu'à l'occasion de l'action en divorce**[3]. La formule existait déjà sous l'empire du texte de 1975. La retouche apportée par la loi du 26 mai 2004 est purement formelle. En posant cette règle, il s'agit, là encore, pour le législateur de **concentrer les demandes au moment de l'instance en divorce** afin d'éviter les conflits d'après-divorce. C'est pourquoi, on retrouve une disposition analogue en matière de prestation compensatoire (v. s[s] n° 134.91). En revanche, la différence est importante avec l'action introduite sur le fondement de l'article 1382 du Code civil qui peut toujours être intentée postérieurement au prononcé du divorce et devant une autre juridiction.

Il en résulte que l'action fondée sur l'article 266 du Code civil n'est plus recevable lorsque la décision de divorce est devenue définitive. Ainsi, se trouve cassé l'arrêt qui alloue des dommages et intérêts fondés sur l'article 266, alors que la demande avait été introduite après que le divorce soit devenu définitif[4]. Elle peut être présentée utilement en cause d'appel, car elle se rattache à la demande en divorce par un lien suffisant[5]. Encore faut-il que l'appel, qui porte sur le principe du divorce soit recevable - ce qui n'est pas le cas lorsque le jugement a accueilli toutes les demandes -, car l'époux ne saurait faire appel uniquement pour réclamer des dommages et intérêts fondés sur l'article 266 du Code civil[6].

136.52 Date d'exigibilité. La cour d'appel peut fixer à la date de sa décision le point de départ des intérêts de l'indemnité qu'elle alloue, le pourvoi en cassation ayant seulement pour effet de suspendre l'exigibilité de celle-ci jusqu'à ce que la décision de divorce soit devenue irrévocable[7].

1. CA Toulouse, 8 nov. 2005, *Juris-Data* n° 292006.
2. CA Paris, 24e ch., sect. A, 14 janv. 2009, RG n° 08/07529, *Dr. fam.* 2009, comm. 54, obs. V. L.-T.
3. Civ. 2e, 6 févr. 1985, n° 81-14.052, *Bull. civ.* II, n° 29; *D.* 1986, IR 114, obs. Bénabent.
4. Civ. 2e, 6 févr. 1985, n° 81-14.052, préc. s[s] prés[t] n°.
5. Civ. 2e, 16 janv. 1980, n° 78-15.364, *Bull. civ.* II, n° 10 – CA Paris, 9 juill. 1993, *Juris-Data* n° 022026.
6. Civ. 2e, 19 nov. 1980, *D.* 1981, IR 270, obs. Bénabent.
7. Civ. 2e, 21 févr. 1990, n° 88-18.207, *Bull. civ.* II, n° 37.

§ 4 Évaluation du préjudice

136.61 Évaluation du préjudice : principe de la réparation intégrale. Les dommages et intérêts versés au titre de l'article 266 du Code civil ont pour objet de réparer un préjudice. En conséquence, ils sont soumis au **principe de la réparation intégrale** et les dommages et intérêts alloués sont indépendants des ressources des époux[8]. Ils doivent être fixés **en fonction du préjudice subi** du fait de la rupture du mariage et non pas en considération des ressources du débiteur. La règle posée à propos de l'article 1382 vaut, *mutatis mutandis*, pour les dommages et intérêts alloués au titre de l'article 266 (ainsi, « *vu l'article 1382; l'évaluation du dommage subi doit être faite exclusivement en fonction du préjudice subi.* »[9]). Sur ce point, il existe une différence fondamentale entre l'indemnité versée en application de l'article 266 et la manière d'évaluer la prestation compensatoire : l'indemnisation est, ici, exclusivement liée au préjudice subi et n'a aucun caractère alimentaire.

§ 5 Formes de la réparation

136.71 Formes de la réparation. La réparation est le plus couramment versée sous la forme d'un **capital** en argent. Elle peut aussi prendre la forme d'une **rente**. La question de savoir si les dommages et intérêts peuvent être versés, **en nature**, sous la forme d'une attribution de biens, par exemple, en usufruit ou en propriété est plus discutée.

Dans un premier temps, la Cour de cassation avait laissé au juge le soin de déterminer la modalité la plus adéquate pour assurer la réparation du préjudice subi. Dans un arrêt, rendu le 26 janvier 1983, la première chambre civile avait rejeté le pourvoi contre un arrêt qui avait alloué à l'époux innocent, sur le fondement de l'article 266 du Code civil, la communauté qui comprenait l'immeuble constituant le logement des époux[10].

Mais la seconde chambre civile de la Cour de cassation a pris, dans un arrêt rendu le 27 janvier 1993, le contre-pied de la première en affirmant qu'« *aucun texte ne prévoit que les dommages et intérêts accordés en vertu de l'article 266 pour réparer le préjudice matériel ou moral né, pour un époux, de la dissolution du mariage, puissent être accordés sous la*

8. Civ. 2e, 6 janv. 1993, n° 91-16.672, *Bull. civ.* II, n° 2.
9. Civ. 2e, 21 juill. 1982, n° 81-15.236, *Bull. civ.* II, n° 109; *Defrénois* 1983, art. 33082, n° 43, obs. Massip.
10. Civ. 2e, 26 janv. 1983, *D.* 1984, 17, note Massip.

forme de l'attribution de droits immobiliers appartenant à l'autre époux »[1].

Au cours des travaux parlementaires de la loi du 26 mai 2004, il a expressément été envisagé d'inscrire dans le texte la possibilité que la réparation puisse s'effectuer en nature ou en valeur. Mais cet ajout à l'article 266 du projet de loi n'a pas été retenu « *compte tenu de la difficulté de mettre en œuvre des réparations en nature* »[2], ce qui, comme le souligne un auteur n'est pas très exact : « *On peut très bien concevoir une indemnisation en nature par l'attribution d'un bien, par exemple, du logement familial, en usufruit ou en propriété* »[3].

Il en résulte un certain flou sur la faculté pour le juge de réparer le préjudice sous la forme d'une attribution d'un bien en nature. La position de la seconde chambre civile ne semble guère avoir de justifications en droit commun de la responsabilité civile où le principe est celui de la réparation, éventuellement en nature. À défaut de dispositions spécifiques dans le texte, on ne voit guère comment il semble possible d'écarter les deux formes de réparation du droit commun.

§ 6
Révision de l'indemnité

136.81 Révision. L'indemnité n'est pas révisable, même lorsqu'elle est accordée sous forme d'une rente[4]. À la différence de la prestation compensatoire, le remariage de l'époux est sans incidence, et ne permet pas une révision du montant de la rente, même si la bénéficiaire voit sa situation financière s'améliorer. Cette solution est logique, puisque, même versée, sous forme de rente, l'indemnité vise à réparer un préjudice subi et n'a pas de caractère alimentaire.

Certains auteurs se sont toutefois demandé si l'époux victime pourrait demander une révision à la hausse de l'indemnité allouée lorsque son préjudice s'est aggravé depuis le prononcé du divorce[5]. On songe, par exemple, à un état de santé qui empirerait consécutivement au divorce. Le droit commun de la responsabilité civile semble l'admettre[6]. Un écueil procédural toutefois pourrait l'interdire : l'alinéa 2 de l'article 266 du Code civil prévoit qu'une demande d'indemnisation fondée sur l'article 266 ne peut être présentée qu'à l'occasion de l'action en divorce, et non *a posteriori*[7]. Mais, dans la mesure, où l'action vise à **réviser** et **non à demander** le versement d'une indemnité, l'obstacle procédural pourrait être logiquement contourné, même si la recevabilité de telles actions se révèlerait contraire à l'objectif de concentration au moment du prononcé du divorce des conséquences de celui-ci.

SECTION 3
DOMMAGES ET INTÉRÊTS FONDÉS SUR L'ARTICLE 1382 DU CODE CIVIL

§ 1
Distinction des dommages et intérêts fondés sur l'article 266 du Code civil

136.91 Application de principe de l'article 1382 du Code civil. La Cour de cassation a toujours admis que l'existence de la disposition spécifique de l'article 266 ne constitue pas un obstacle à l'application de l'article 1382 du Code civil en matière de divorce. En effet, l'article 266 permet de réparer les conséquences liées à la dissolution du mariage alors que l'article 1382 du Code civil répare le préjudice résultant de toutes autres circonstances que la dissolution du mariage et causé par le comportement du conjoint. La loi du 11 juillet 1975 était muette sur cette possibilité d'agir sur le fondement de l'article 1382, mais la Cour de cassation avait rapidement pris parti en ce sens[8], et le fait, que l'article 266, dans sa rédaction issue de la loi du 26 mai 2004, ne réserve pas expressément le jeu de l'article 1382 du Code civil n'empêche évidemment pas d'intenter une action sur le fondement du droit commun de la responsabilité civile[9]. Ce n'est que l'application du principe général posé par l'article 1382 du Code civil : « *Tout fait quelconque de l'homme qui cause à autrui un dommage oblige celui par la faute duquel il est arrivé à le réparer.* » Outre un préjudice distinct de celui occasionné par la rupture, le demandeur devra rapporter la preuve

1. Civ. 2e, 27 janv. 1993, n° 91-14.839, *Bull. civ.* II, n° 33; *JCP* 1993, IV, 781; *D.* 1994, 97, note Espesson; *RTD civ.* 1993, 336, obs. Hauser – EN CE SENS, v. aussi CA Paris, 4 nov. 1969, *JCP* 1970, II, 16262, concl. Fortier et note Guimbellot; *Defrénois* 1970, art. 29649, note Savatier.
2. M.-P. Delnatte, rapp. à l'AN n° 1513, p. 83.
3. J. Massip, *Le nouveau droit du divorce*, Éd. Defrénois, 2005, n° 160.
4. CA Paris, 19 févr. 1959, *D.* 1959, 249 – CA Paris, 29 nov. 1960, *JCP* 1961, II, 12107, note R. B. – CA Paris, 14 juin 1963, *D.* 1964, 131.
5. V. HAUSER et HUET-WEILLER, n° 483.
6. V. C. Coutant-Lapalus, *Le principe de la réparation intégrale en droit privé*, PUAM, 2002, nos 236 s.
7. EN CE SENS, v. J. Massip, *Le nouveau droit du divorce*, Éd. Defrénois, 2005, n° 159, p. 164.
8. V. Civ. 2e, 2 avr. 1979, *Bull. civ.* II, n° 110; *D.* 1980, IR 34, note Larroumet – Civ. 1re, 11 janv. 2005, n° 02-19.016, *Bull. civ.* I, n° 13.
9. V. NOT., CA Aix-en-Provence, 14 oct. 2003, *AJ fam.* 2004, 402, obs. David.

d'une faute commise par son conjoint et celle d'un lien de causalité rattachant cette faute au préjudice invoqué.

136.92 Différence avec l'article 266 : le préjudice doit être distinct de celui qui résulte du divorce. Si la Cour de cassation admet l'application de l'article 1382 du Code civil, c'est à la condition que le préjudice invoqué ne résulte pas de la seule dissolution du mariage. Il s'agit là d'une différence essentielle avec l'article 266 : les deux mécanismes ne visent pas à réparer le même préjudice.

La jurisprudence est sur ce point constante et particulièrement fournie[1].

C'est au demandeur de prouver l'existence d'un préjudice distinct et les juges du fond doivent le caractériser. Ainsi, l'état dépressif de l'épouse causé par l'infidélité du mari est un préjudice moral distinct de celui causé par la rupture du lien matrimonial et relevant de l'article 1382 du Code civil[2].

136.93 Distinction, articulation, combinaison de l'article 1382 et de l'article 266 du Code civil. Dans la mesure où les deux textes ne concernent pas les mêmes réparations, que les conditions de mise en œuvre sont différentes, la Cour de cassation rappelle régulièrement aux juges du fond qu'ils doivent préciser le **fondement de la condamnation prononcée**[3]. Cette obligation qui pèse sur les juges du fond est rendue nécessaire afin de permettre à la Cour de cassation d'exercer son pouvoir de contrôle. Toutefois, la Cour de cassation desserre parfois l'étau en admettant que les décisions sont légalement justifiées au regard des articles 266 et 1382, si elles ont suffisamment **caractérisé le préjudice subi**[4].

Logiquement, la Cour de cassation admet également que, dans une même espèce, une **condamnation conjointe** sur le fondement des articles 266 et 1382 du Code civil soit prononcée[5].

Ainsi, une femme peut obtenir réparation, en vertu de l'article 1382 du Code civil, parce qu'elle a tenté de se suicider après que son mari se soit mis en concubinage et lui ait proféré des injures grossières, et en vertu de l'article 266 du Code civil, parce que le couple et son enfant donnaient l'image d'une famille unie et heureuse, image détruite par la dissolution du mariage[6].

Lorsque le demandeur ne se réfère pas à l'article 1382, mais seulement à l'article 266, le juge peut néanmoins « *fonder la condamnation sur l'article 1382, pour les dommages causés au cours du mariage, après avoir écarté l'application de l'article 266 pour la réparation du préjudice résultant du divorce* »[7]. Mais, il ne peut procéder en substituant d'office un nouveau fondement juridique sans avoir invité les parties à s'expliquer contradictoirement[8]. De même, il ne peut être reproché à des juges saisis d'une demande de dommages et intérêts fondée sur l'article 266 du Code civil, de n'avoir pas examiné d'office les faits au regard de l'article 1382[9].

La distinction n'est pas toujours aisée car les mêmes faits, qui justifient le divorce et les éventuelles conséquences d'une particulière gravité qui en découlent, sont souvent retenus sur le fondement de l'article 266 et peuvent aussi justifier la demande parallèle au titre de l'article 1382. En effet, il est assez fréquent que le comportement du conjoint défendeur, par exemple des coups et blessures ou un adultère[10], soit retenu comme étant une source de préjudice résultant de la dissolution du mariage. Il apparaît ainsi une certaine ambiguïté dans l'utilisation de l'article 266 du Code civil qui se révèle à

1. V. RÉCEMMENT, Civ. 1re, 5 nov. 2008, nos 07-15.718 et 07-19.923, 2 esp., NP; *Dr. fam.* 2009, comm. 5, obs. V. L.-T – Civ. 1re, 6 juill. 2005, n° 04-10.081, *Bull. civ.* I, n° 307; *D.* 2006, pan. 343, obs. Serra; *Dr. fam.* 2005, n° 212, note Larribau-Terneyre; *RTD civ.* 2005, 767, obs. Hauser – Sur la JURISPRUDENCE ANTÉRIEURE : Civ. 2e, 27 févr. 1980, *D.* 1980, IR 437, obs. Bénabent; *Defrénois* 1980, art. 32494, n° 94, obs. Massip; *RTD civ.* 1980, 759, obs. Nerson et Rubellin-Devichi – Civ. 2e, 25 juin 1980, n° 79-11.310, *Bull. civ.* II, n° 161 – Civ. 2e, 11 févr. 1981, n° 79-14.612, *Bull. civ.* II, n° 30 – Civ. 2e, 15 oct. 1981, n° 80-13.925, *Bull. civ.* II, n° 186; *Defrénois* 1982, art. 32930, n° 57, obs. Massip – Civ. 2e, 20 janv. 1982, *D.* 1982, IR 178 – Civ. 2e, 5 juin 1991, n° 90-14.314, NPT; *Defrénois* 1992, art. 35212, obs. Massip.
2. CA Montpellier, 1re ch., 14 mai 2008, L… c/V…, *Juris-Data* n° 2008-367790; *Dr. fam.* 2009, comm. 141, obs. Larribau-Terneyre.
3. Civ. 1re, 3 déc 2008 n° 07-14.609, *Bull. civ.* I, n° 278 – Civ. 1re, 21 sept. 2005, n° 04-11.800, NP, *Juris-Data* n° 029962 – EN CE SENS, v. aussi Civ. 1re, 17 févr. 2004, n° 02-13.461, NP; *Dr. fam.* nov. 2004, n° 201, p. 24, 1re esp., obs. Larribau-Terneyre – V. ENCORE, Civ. 1re, 14 déc. 2004, n° 02-20.652, *Bull. civ.* I, n° 321; *D.* 2005, pan. 1821; *RTD civ.* 2005, 108; 113, obs. Hauser – Civ. 2e, 27 févr. 2003, n° 01-14.083, NPT; *AJ fam.* 2003, 183, obs. David.
4. Civ. 1re, 9 déc. 2003, n° 02-12.245, NPT; *Defrénois* 2004, 588, obs. Massip; *Dr. fam.* 2004, n° 34, obs. Larribau-Terneyre.
5. Civ. 1re, 17 févr. 2004, n° 02-13.461, NP – Civ. 1re, 25 mai 2004, n° 02-14.906, NP; *Dr. fam.*, nov. 2004, n° 201, p. 24 s.
6. CA Paris, 3 févr. 2005, *Dr. fam.* 2005, comm. 167, note Larribau-Terneyre.
7. Civ. 2e, 14 mai 1985, *D.* 1986, IR 16, obs. Groslière.
8. Civ. 1re, 19 mars 2008, n° 07-16.477, NP. Les juges d'appel avaient alloué des dommages et intérêts sur le fondement de l'article 1382 alors que demande était fondée sur l'article 266 : violation de C. pr. civ., art. 16.
9. EN CE SENS, v. Civ. 2e, 8 juin 1995, n° 92-21.549, *Bull. civ.* II, n° 168; *D.* 1996, 247, note Eudier; *RTD civ.* 1995, 869; 870, obs. Hauser; *RTD civ.* 1996, 689, obs. Normand.
10. Pour l'hypothèse d'un adultère : CA Bordeaux, 10 déc. 2002, *Juris-Data* n° 203438 – CA Nouméa, 12 févr. 2004, *Dr. fam.* nov. 2004, n° 201, 6e esp., p. 24, obs. Larribau-Terneyre.

l'usage moins réparateur que sanctionnateur, brouillant un peu plus le domaine d'application respectif de ces deux dispositions. Tout se passe comme si, en définitive, même dans l'application de l'article 266 du Code civil, il était difficile d'échapper à toute idée de faute.

Pourtant, en pratique judiciaire, ce qui oppose les deux textes devrait être davantage mis en exergue : domaine d'application ne se recoupant pas, préjudices distincts, conditions de mise en œuvre différentes, *etc.* En particulier, il convient d'insister sur le fait que, même dans les hypothèses où l'article 266 n'est pas applicable - par ex. dans le cas d'un divorce prononcé aux torts partagés –, l'article 1382 ne prend pas nécessairement le relais : encore faut-il que les conditions de mise en œuvre de cette responsabilité soient réunies.

Toutefois, la loi du 26 mai 2004 devrait avoir rapidement pour conséquence de réduire l'application de l'article 266 à des hypothèses marginales, laissant libre cours à la seule application du droit commun de l'article 1382, dont la mise en œuvre est davantage connue de la pratique judiciaire. On peut ainsi espérer que la dérive « punitive » de l'article 266 sera jugulée au profit d'une vision réparatrice plus conforme à l'esprit du texte. **L'article 266** se trouverait ainsi **cantonné** à un rôle de **mesure de sauvegarde**, au point que certains peuvent légitimement se demander si, à l'avenir, cette disposition ne mériterait pas d'être abrogée[1].

136.94 Domaine d'application. Contrairement à l'article 266 du Code civil, qui ne concerne que le conjoint non fautif dans le divorce prononcé aux torts exclusifs et, depuis la loi du 26 mai 2004, l'époux défendeur dans un divorce pour altération définitive du lien conjugal, l'article 1382 peut être invoqué dans **tous les types de divorce.** En pratique, il n'est jamais invoqué dans le divorce par consentement mutuel en raison du déroulement gracieux de cette procédure. Jusqu'à l'entrée en vigueur de la loi du 26 mai 2004, il était souvent appliqué dans le cadre d'un divorce sur demande acceptée et dans le divorce pour faute, même prononcé aux torts partagés. On trouve cependant curieusement des arrêts qui refusent d'allouer une réparation au titre de l'article 1382 du Code civil dès lors qu'il s'agit d'un divorce aux torts partagés[2]. Naturellement, la faute de l'article 1382 n'est pas nécessairement celle provoquant le divorce, ce qui justifie que le recours à ce texte soit possible dans tous les cas de divorce, y compris dans le divorce sur demande acceptée où aucune faute n'est constatée[3]. Depuis l'entrée en vigueur de la loi du 26 mai 2004, c'est dans le divorce pour faute et le divorce pour altération définitive du lien conjugal que l'action est le plus souvent intentée.

1. F. Oudin, « Faut-il abroger le nouvel article 266 ? », *RJPF* 2006-2/12.
2. CA Papeete, 14 oct. 2004, *Juris-Data* n° 270647.

136.95 Époque de la demande. Les différences procédurales entre l'article 266 et l'article 1382 du Code civil sont essentielles. Alors que la demande fondée sur l'article 266 ne peut être formulée qu'au cours de l'action en divorce (v. s^s^ n° 136.51), **la demande fondée sur l'article 1382 n'est pas liée à l'instance en divorce.** Elle peut la précéder ou lui être postérieure; elle peut même intervenir en cas de rejet de l'instance en divorce et organisation par le juge de la séparation de fait[4] (C. civ., art. 258, non modifié par L. 26 mai 2004). Elle subsiste également en cas d'extinction de l'action en divorce par le décès de la demanderesse et peut être exercée par ses héritiers[5].

§ 2
Faute, préjudice et réparation

136.101 Faute. Comme toute action fondée sur l'article 1382 et à la différence de l'article 266, l'époux victime doit prouver une **faute.** Elle n'est pas nécessairement celle qui constitue la cause du divorce. Le plus souvent, dans un divorce pour faute aux torts exclusifs de l'un des époux, la faute, cause du divorce, peut être utilisée dans le cadre d'une action fondée sur l'article 1382. Toutefois, il appartient à la « victime » de prouver que la **faute, cause de divorce, lui a causé un préjudice distinct de celui résultant du divorce.**

Ainsi en est-il de cette femme trompée et abandonnée qui n'obtient pas gain de cause parce qu'elle ne démontrait pas que la faute commise par son époux, dans les circonstances de l'espèce, lui a causé des souffrances particulières et distinctes de celles résultant de tout adultère[6].

Sont souvent prises en cause les violences physiques ou morales dont un époux a pu se rendre coupable à l'égard de l'autre : ainsi, l'adultère[7], l'abandon, la diffamation, le fait d'avoir détourné des biens de commu-

3. EN CE SENS, v. Civ. 2e, 27 févr. 1980, *D.* 1980, IR 437, note Bénabent; *RTD civ.* 1980, 759, obs. Rubellin-Devichi – Civ. 2e, 5 juin 1991, n° 90-14.314, NPT; *Defrénois* 1992, art. 35212, p. 304, obs. Massip – Civ. 1re, 25 mai 2004, n° 02-14.906, NP.
4. Civ. 2e, 28 févr. 1996, n° 94-12.432, *Bull. civ.* II, n° 47; *Dr. fam.* 1996, comm. 22, obs. Lécuyer; *RTD civ.* 1996, 372, obs. Hauser.
5. Civ. 29 mars 1938, *DH* 1938, 355.
6. CA Grenoble, 13 juin 2000, *Dr. fam.* 2000, n° 5, obs. H. L.
7. Civ. 1re, 22 mars 2005, n° 04-11.942, *Bull. civ.* I, n° 143; *D.* 2005, IR 1053; *D.* 2006, pan. 343, obs. Serra et Williatte-Pellitteri; *RTD civ.* 2005, 375, obs. Hauser; *RJPF* 2005-6/27, obs. Garé.

nauté, d'avoir ruiné sa femme par ses agissements[1] ou encore le fait pour le mari de priver la mère de ses enfants, pendant le cours de la procédure de divorce[2].

Les espèces révèlent parfois des comportements outrageants et l'action a clairement pour finalité de punir l'époux fautif à la différence de celle fondée sur l'article 266.

Ainsi, dans une espèce où le mariage avait duré quarante ans, la femme obtient 12 000 euros de dommages et intérêts au titre de l'article 1382, les juges du fond soulignant, « *le mépris et les humiliations subies par la femme de la part de son mari qui l'écrasait de sa domination et qui l'a finalement abandonnée, après presque quarante ans de vie commune et alors qu'il approchait la soixantaine* »[3]. De même, la réparation sur le fondement de l'article 1382, du fait du départ de son mari parti avec une amie du couple, alors que celui-ci a proféré des injures, en envoyant à sa femme une carte représentant une truie, accompagnée d'un aimable « *Bon anniversaire, gros tas* », ce qui a entraîné une tentative de suicide de la femme[4]. Ou encore, « *le caractère particulièrement injurieux de la liaison adultère publiquement affichée par son épouse, ainsi que l'internement d'office dont il avait fait l'objet à la demande de son épouse et auquel il avait été mis fin dès le lendemain, tous éléments à l'origine d'un préjudice distinct de celui résultant de la rupture du lien conjugal dont il pouvait demander réparation dans les conditions du droit commun* »[5].

Parfois dans la même affaire, le mari et la femme sont l'un à l'égard de l'autre condamnés à verser des dommages et intérêts sur le fondement de l'article 1382 du Code civil.

Ainsi, une femme a été fondée à réclamer l'indemnisation de son préjudice tant corporel que moral, en raison des violences infligées par son mari. Dans le même temps, son mari sur le fondement de l'article 1382 du Code civil se voit également indemnisé de son préjudice moral résultant des manquements aux devoirs et obligations du mariage imputables à l'épouse[6]. Dans une autre espèce, l'époux se trouve condamné sur le fondement de l'article 1382 du Code civil en raison du dénigrement de son épouse et du harcèlement qu'il a pratiqué envers les amis et l'entourage de celle-ci. Cette dernière est condamnée sur le même fondement en raison de son absence de tendresse et du mépris ressenti à l'égard de son époux[7].

La lecture des décisions de justice montre que les **circonstances qui ont été à l'origine de la séparation** constituent souvent la **faute**[8], au sens de l'article 1382 du Code civil, et ce même dans les divorces partagés[9]. Chemin faisant, on peut se demander si l'article 1382 n'est pas en définitive, une manière pour le juge de réintroduire le prononcé d'une culpabilité dans la séparation alors que le législateur de 2004 a, au contraire, cherché à réduire à une portion plus modeste le divorce pour faute, en s'efforçant de rendre plus attractif le divorce pour cause objective. « *Chassez la faute...* ». Dans certains arrêts, la Cour de cassation encourage même fermement ce type d'attitude de la part des juges du fond : ainsi elle censure une cour d'appel qui a retenu l'adultère du mari comme cause de divorce sans rechercher si cette faute pouvait être à l'origine d'un préjudice distinct de celui résultant de la rupture de la vie commune[10]. Il ne suffit plus que la faute soit reconnue au stade du prononcé du divorce, il faut encore que la victime du dommage causé par cette faute obtienne une réparation financière. D'une certaine manière, cette jurisprudence constitue également un moyen de maintenir un lien entre le prononcé de la culpabilité et les conséquences pécuniaires du divorce.

136.102 Préjudice. Contrairement à l'article 266 du Code civil, le préjudice n'a pas besoin d'être d'une particulière gravité pour être constitué. Il doit cependant être **prouvé**, être **distinct de celui résultant de la dissolution du mariage** (sur ce point, v. la jurisprudence citée s[s] n° 136.92) et la charge de la preuve appartient au demandeur. Il peut être **patrimonial** ou **extrapatrimonial**. Ainsi le mauvais comportement procédural du mari – ce dernier ayant refusé de produire les pièces financières demandées par l'expert ce dont résultait une procédure excessivement longue – caractérise l'existence d'un préjudice distinct de la rupture du lien matrimonial[11].

1. Civ. 2e, 15 oct. 1981, n° 80-13.925, *Bull. civ.* II, n° 186; *Defrénois* 1982, art. 32930, n° 57, obs. Massip – Civ. 2e, 20 janv. 1982, n° 80-11.685, *Bull. civ.* II, n° 11 – CA Paris, 24e ch., sect. C, 18 sept. 2008, *Dr. fam.* 2009, comm. 141, obs. Larribau-Terneyre : suite à des déclarations fiscales non sincères du mari, la femme s'est retrouvée confrontée à diverses réclamations et à une inscription d'hypothèque sur le seul bien de la communauté, ce qui a généré pour elle une situation d'angoisse et d'insécurité caractérisant un préjudice particulier, distinct de celui résultant de la dissolution du mariage.
2. Civ. 1re, 14 janv. 2009, n° 08-10.538, NP.
3. CA Paris, 30 avr. 2003, *RTD civ.* 2003, 486, obs. Hauser.
4. CA Paris, 3 févr. 2005, *Dr. fam.* 2005, n° 167, note Larribau-Terneyre.
5. Civ. 1re, 11 févr. 2009, n° 08-12.032, NP.
6. CA Orléans, 3 août 2005, *Juris-Data* n° 282311.
7. CA Paris, 19 janv. 2006, *Juris-Data* n° 299273 – V. AUSSI, CA Paris, 29 sept. 2004, *Juris-Data* n° 270275.
8. V. Civ. 1re, 20 mai 2009, n° 08-16.916, NP : dans cette affaire, le mari demande des dommages et intérêts sur le fondement d'une faute qui est la même que celle qu'il invoque comme cause du divorce; ne prouvant pas cette dernière, il n'obtient pas de dommages et intérêts.
9. Pour refuser d'allouer des dommages et intérêts, v. Civ. 1re, 14 oct. 2009, n° 08-11.742, NP : « *Attendu qu'ayant constaté des torts imputables à chacun des époux, la cour d'appel a pu décider qu'ils partageaient l'un et l'autre, à parts égales, la responsabilité du divorce et qu'il n'y avait pas lieu de faire droit à la demande de dommages intérêts.* »
10. Civ. 1re, 25 avr. 2006, n° 05-16.062, NP; *Juris-Data* n° 033234.
11. Civ. 1re, 17 mars 2010, n° 09-11.511, NP.

En pratique, il s'agit essentiellement de préjudices dans les circonstances ayant entouré la rupture des époux.

136.103 Préjudice de l'article 1382 du Code civil et prestation compensatoire. À l'instar de celui visé à l'article 266 du Code civil (v. s^s^ n° 136.44), le préjudice matériel est souvent couvert par la prestation compensatoire (C. civ., art. 270). Plus précisément, les dommages et intérêts alloués sur le fondement de l'article 1382 ne peuvent avoir pour objet de compenser la disparité dans les conditions de vie respectives puisqu'il s'agit du rôle de la prestation compensatoire. Tout autre préjudice matériel peut en revanche relever de l'article 1382. Il arrive d'ailleurs que la prise en considération du préjudice permette au juge, d'attribuer une somme que la comparaison des conditions de vie ne permettait pas d'envisager au titre de la prestation compensatoire[1]. Le préjudice peut également résulter de la **perte de chance de se voir accorder une prestation compensatoire du fait de l'organisation de l'insolvabilité de son conjoint**[2].

136.104 Évaluation du préjudice. C'est au juge qu'il appartient d'évaluer le préjudice qui, comme pour l'évaluation du préjudice au titre de l'article 266 du Code civil, n'a aucun rapport avec le montant des ressources du défendeur[3] (v. s^s^ n° 136.61), ni avec les besoins du demandeur, bien que la durée du mariage soit régulièrement prise en compte.

Ainsi, par exemple, a été fixé à 300 000 francs, le préjudice causé par le mari qui a mené une double vie pendant près de trente ans de mariage[4]; a aussi été estimé à 50 000 francs le préjudice causé pour abandon de la femme après dix ans de mariage et naissance d'un enfant commun[5].

Pour le reste, l'évaluation obéit au principe de la **réparation intégrale du préjudice**, avec les conséquences qui découlent de celui-ci.

136.105 Formes de la réparation. Conformément au droit commun de la responsabilité, l'indemnité peut prendre la forme d'un **capital** ou d'une **rente.** À la différence de l'article 266 du Code civil (v. s^s^ n° 136.71), il ne fait pas de doute que la réparation peut s'effectuer **en propriété**, par l'attribution, par exemple, d'un bien en nature ou en usufruit.

136.106 Révision. L'indemnité n'est pas révisable puisqu'elle n'a aucun caractère alimentaire[6].

136.107 Transmission à cause de mort. En cas de décès du débiteur de la rente, cette dernière est **transmise passivement à ses héritiers conformément au droit commun des successions.** Il s'agit donc à la différence de la prestation compensatoire (v. s^s^ n° 135.301), d'une transmission éventuellement *ultra vires successionis* : si l'actif successoral est insuffisant, les héritiers seront tenus en cas d'acceptation pure et simple, de régler la dette sur leurs deniers personnels.

1. V. NOT., CA Paris, 14 déc. 1995, *Juris-Data* n° 024222.
2. Civ. 2e, 24 juin 1998, n° 94-21.763, NPT; *Dr. fam.* 1999, n° 16, note Lécuyer.
3. Civ. 2e, 21 juill. 1982, *D.* 1982, IR 426; *Defrénois* 1983, art. 33082, n° 43, obs. Massip.
4. CA Montpellier, 27 avr. 1995, *Juris-Data* n° 34044.
5. CA Aix-en-Provence, 7 oct. 1994, *Juris-Data* n° 051925.
6. Sur cette question, v. DALLOZ ACTION RESP. ET CONTRATS 2006/2007, 6e éd., Ph. Stoffel-Munck, n°s 2664 s.

CHAPITRE

137. Conséquences du divorce en droit social

YANN FAVIER
MAÎTRE DE CONFÉRENCES
À L'UNIVERSITÉ DE SAVOIE

SECTION 0
ORIENTEUR

137.00 Plan du chapitre.

137.01 Textes applicables.

TEXTES SOURCES

• **Code de la sécurité sociale**

> **Assurance-maladie-maternité-décès/ayants droit de l'assuré décédé**
CSS, art. L. 161-15 et R. 161-15

> **Pension de réversion**
CSS, art. L. 161-23

> **Pension de réversion – ouverture du droit, liquidation et calcul**
CSS, art. L. 353-1 à L. 353-5; art. R. 353-1 à R. 353-11

> **Rente viagère pour le conjoint, le concubin ou le pacsé**
CSS, art. L. 434-8 à L. 434-14; art. R. 434-10 à R. 434-18

• **Code des pensions civiles et militaires de retraite**

> **Pension des ayants cause des fonctionnaires civils**
C. pens. retr., art. L. 44 à L. 46

• **Code des pensions de retraite des marins**

> **Pension de veuve**
C. pens. retr. marins, art. L. 20

• **Code rural**

> **Pension de réversion**
C. rur., art. L. 732-47

SÉLECTION THÉMATIQUE ET ALPHABÉTIQUE DE TEXTES *IN EXTENSO*

> **Assurance-maladie-maternité-décès/ayants droit de l'assuré décédé**
[CSS, art. L. 161-15 et R. 161-15]

CSS, art. L. 161-15

Les ayants droit de l'assuré décédé, s'ils ne bénéficient pas de l'assurance-maladie et maternité à un autre titre, continuent à bénéficier, pendant une période dont la durée est fixée par décret en Conseil d'État, des prestations en nature du régime obligatoire d'assurance-maladie et maternité dont l'assuré relevait au moment du décès. Cette durée est prolongée jusqu'à ce que le dernier enfant à charge ait atteint un âge fixé par décret en Conseil d'État.

La personne divorcée qui ne bénéficie pas, à un autre titre, de l'assurance-maladie et maternité continue à bénéficier, pour elle-même et les membres de sa famille qui sont à sa charge, pendant une période dont la durée est fixée par décret en Conseil d'État, des prestations en nature du régime obligatoire d'assurance-maladie et maternité dont elle relevait à titre d'ayant droit au moment de la mention du divorce en marge de l'acte de mariage ou de la transcription du jugement de divorce. Cette durée est prolongée jusqu'à ce que le dernier enfant à charge ait atteint un âge fixé par décret en Conseil d'État.

À l'expiration des périodes de maintien de droits prévues aux premier et deuxième alinéas, lorsqu'elles ont ou ont eu à leur charge au sens de l'article L. 313-3 un nombre d'enfants fixé par décret en Conseil d'État, les personnes visées aux deux premiers alinéas qui ne bénéficient pas de l'assurance-maladie et maternité à un autre titre sont obligatoirement affiliées au régime général de sécurité sociale en ce qui concerne la couverture des prestations en nature de l'assurance-maladie et maternité.

Le conjoint séparé de droit ou de fait, ayant droit de son époux, qui se trouve, du fait du défaut de présentation par celui-ci des justifications requises, dans l'impossibilité d'obtenir, pour lui-même ou les membres de sa famille à sa charge, les prestations en nature du régime obligatoire d'assurance-maladie et maternité dont il relève, dispose d'une action directe en paiement de ces prestations dans les conditions fixées par décret en Conseil d'État.

À l'expiration du délai fixé en application du deuxième alinéa du présent article, le bénéfice de l'action directe est également accordé, en tant que de besoin, à la personne divorcée au profit des ayants droit de l'autre personne divorcée, dans des conditions fixées par décret en Conseil d'État.

CSS, art. R. 161-15

La durée de la période prévue au premier alinéa de l'article L. 161-15, pendant laquelle les ayants droit de l'assuré décédé continuent à bénéficier des prestations de l'assurance-maladie et maternité, est fixée à douze mois à compter de la date du décès.

La durée de la période prévue au deuxième alinéa de l'article L. 161-15, pendant laquelle la personne divorcée ayant eu la qualité d'ayant droit d'un assuré social et les membres de sa famille qui sont à sa charge continuent à bénéficier des prestations de l'assurance-maladie et maternité, est fixée à douze mois à compter de la date de la mention du divorce en marge de l'acte de mariage ou de la transcription du jugement de divorce.

L'âge de l'enfant mentionné au premier et au deuxième alinéas de l'article L. 161-15 est fixé à trois ans.

> Pension des ayants cause des fonctionnaires civils

[C. pens. retr., art. L. 44 à L. 46]

C. pens. retr., art. L. 44

Le conjoint séparé de corps et le conjoint divorcé ont droit à la pension prévue soit au premier alinéa de l'article L. 38, soit à l'article L. 50. Le conjoint divorcé qui s'est remarié avant le décès du fonctionnaire et qui, à la cessation de cette union, ne bénéficie d'aucun droit à pension de réversion peut faire valoir ce droit s'il n'est pas ouvert au profit d'un autre ayant cause.

C. pens. retr., art. L. 45

Lorsque, au décès du fonctionnaire, il existe plusieurs conjoints, divorcés ou survivants, ayant droit à la pension définie au premier alinéa de l'article L. 38, la pension est répartie entre ces conjoints au prorata de la durée respective de chaque mariage.

En cas de décès de l'un des bénéficiaires, sa part passe le cas échéant aux orphelins de moins de vingt et un ans, légitimes ou naturels, issus de son union avec le fonctionnaire ou le titulaire de la pension, ou adoptés au cours de cette union.

C. pens. retr., art. L. 46

Le conjoint survivant ou le conjoint divorcé, qui contracte un nouveau mariage ou vit en état de concubinage notoire, perd son droit à pension.

Les droits qui leur appartenaient ou qui leur auraient appartenu passent aux enfants âgés de moins de vingt et un ans dans les conditions prévues au second alinéa de l'article L. 40.

Le conjoint survivant ou le conjoint divorcé, dont la nouvelle union est dissoute ou qui cesse de vivre en état de concubinage notoire, peut, s'il le désire, recouvrer son droit à pension et demander qu'il soit mis fin à l'application qui a pu être faite des dispositions du premier alinéa du présent article.

> Pensions de réversion

[C. rur., art. L. 732-47; CSS, art. L. 161-23]

C. rur., art. L. 732-47

Dans le cas de divorce, lors du décès d'une personne mentionnée aux articles L. 732-24, L. 732-28 et L. 732-34, la pension de réversion prévue aux articles L. 732-41 à L. 732-46 est attribuée ou répartie dans les mêmes conditions que celles qui sont fixées à l'article L. 353-3 du Code de la sécurité sociale, selon des modalités fixées par décret.

CSS, art. L. 161-23

Lorsqu'un conjoint survivant ou divorcé remarié n'est susceptible de bénéficier d'aucun droit à pension de réversion du chef de son dernier conjoint, il recouvre le droit à pension de réversion du chef d'un précédent conjoint dont l'a privé son remariage, à condition que ce droit ne soit pas ouvert au profit d'un autre ayant cause.

Les dispositions ci-dessus sont applicables aux pensions de réversion prenant effet postérieurement au 14 juillet 1982.

> Pension de réversion – Ouverture du droit, liquidation et calcul

[CSS, art. L. 353-1 à 353-5; art. R. 353-1 à R. 353-11]

CSS, art. L. 353-1

En cas de décès de l'assuré, son conjoint survivant a droit à une pension de réversion si ses ressources personnelles ou celles du ménage n'excèdent pas des plafonds fixés par décret.

La pension de réversion est égale à un pourcentage fixé par décret de la pension principale ou rente dont bénéficiait ou eût bénéficié l'assuré, sans pouvoir être inférieure à un montant minimum fixé par décret en tenant compte de la durée d'assurance lorsque celle-ci est inférieure à la durée déterminée par ce décret.

Elle est majorée lorsque le bénéficiaire remplit les conditions fixées à l'article L. 351-12. Cette majoration ne peut être inférieure à un pourcentage du montant minimum de la pension de réversion.

Lorsque son montant majoré des ressources mentionnées au premier alinéa excède les plafonds prévus, la pension de réversion est réduite à due concurrence du dépassement.

** V. Décr. n° 2008-1509, 30 déc. 2008, JO 21 déc. 2008, art. 2, II : Par dérogation à l'article D. 353-3 du Code de la sécurité sociale, l'âge prévu au premier alinéa de l'article L. 353-1 de ce même code [55 ans] est fixé à cinquante-et-un ans lorsque l'assuré est décédé avant le 1er janvier 2009 ou a disparu avant le 1er janvier 2008*

CSS, art. L. 353-2

Lorsqu'un assuré, titulaire d'une pension ou d'une rente de vieillesse du régime général de sécurité sociale, a disparu de son domicile et que plus d'un an s'est écoulé sans qu'il ait réclamé les arrérages de cette prestation, son conjoint peut obtenir, à titre provisoire, la liquidation des droits qui lui auraient été reconnus en cas de décès de l'assuré.

Lorsqu'un assuré, non encore titulaire d'une pension ou d'une rente de vieillesse, a disparu de son domicile depuis plus d'un an, son conjoint peut également obtenir, à titre provisoire, la liquidation des droits qui lui auraient été reconnus en cas de décès de l'assuré.

La liquidation provisoire des droits du conjoint devient définitive lorsque le décès est officiellement établi ou lorsque l'absence a été déclarée par jugement passé en force de chose jugée.

* *V. CSS, art. L. 643-10 : dispositions applicables à l'assurance vieillesse des professions libérales; art L. 811-12 : ainsi qu'aux conjoints des titulaires de l'AVTS.*

CSS, art. L. 353-3

Le conjoint divorcé est assimilé à un conjoint survivant pour l'application de l'article L. 353-1.

Lorsque l'assuré est remarié, la pension de réversion à laquelle il est susceptible d'ouvrir droit à son décès, au titre de l'article L. 353-1, est partagée entre son conjoint survivant et le ou les précédents conjoints divorcés au prorata de la durée respective de chaque mariage. Ce partage est opéré lors de la liquidation des droits du premier d'entre eux qui en fait la demande.

Lorsque le bénéficiaire remplit les conditions fixées à l'article L. 351-12, sa part de pension est majorée.

Au décès de l'un des bénéficiaires, sa part accroîtra la part de l'autre ou, s'il y a lieu, des autres.

* V. *nota bene s^s CSS, art. L. 353-1*

CSS, art. L. 353-4

Toute pension de réversion dont le bénéfice a été sollicité auprès du régime général de sécurité sociale peut faire l'objet d'une avance financée sur les fonds d'action sanitaire et sociale, remboursée par les fonds des prestations légales, dans la limite des droits établis dans ce régime.

CSS, art. L. 353-5

Le conjoint survivant qui n'est pas titulaire d'un avantage personnel de vieillesse d'un régime de base obligatoire et qui satisfait à une condition d'âge a droit à une majoration forfaitaire de sa pension de réversion pour chaque enfant dont il a la charge au sens de l'article L. 313-3 et qui n'a pas atteint un âge déterminé.

Cette majoration n'est pas due lorsque le conjoint survivant bénéficie ou est susceptible de bénéficier de prestations pour charge d'enfant du chef du décès de l'assuré dans le régime obligatoire d'assurance vieillesse de base dont celui-ci relevait.

Elle est revalorisée suivant les modalités prévues par l'article L. 351-11.

Le bénéfice de cette majoration est supprimé lorsque l'une des conditions mentionnées au premier alinéa cesse d'être remplie, à l'exception de la condition d'âge exigée du titulaire.

Les dispositions du présent article s'appliquent également aux conjoints mentionnés aux articles L. 353-2 et L. 353-3.

* V. *nota bene s^s CSS, art. L. 353-1*

CSS, art. R. 353-1

La pension de réversion est attribuée lorsque le conjoint de l'assuré décédé ou disparu ne dispose pas de ressources dépassant un montant fixé par décret. Ces ressources sont appréciées selon les modalités et dans les conditions fixées par les articles R. 815-18 à R. 815-20, R. 815-22 à R. 815-25, R. 815-27 et au deuxième alinéa de l'article R. 815-29. Toutefois, elles ne comprennent pas :

1° Les revenus d'activité et de remplacement de l'assuré décédé;

2° Les avantages de réversion servis par les régimes légalement obligatoires complémentaires aux régimes de base mentionnés aux articles L. 200-2 et L. 621-3 du présent code et à l'article L. 722-20 du Code rural;

3° Les revenus des biens mobiliers et immobiliers acquis du chef du conjoint décédé ou disparu ou en raison de ce décès ou de cette disparition.

Les revenus d'activité du conjoint survivant font l'objet d'un abattement de 30 % s'il est âgé de 55 ans ou plus.

Les ressources à prendre en compte lors de la demande sont celles afférentes aux trois mois civils précédant la date d'effet de la pension de réversion. Lorsqu'elles excèdent le quart du plafond applicable en vertu du premier alinéa de l'article L. 353-1, il leur est substitué celles afférentes aux douze mois civils précédant cette date, qui sont alors comparées au montant annuel de ce plafond.

CSS, art. R. 353-1-1

La pension de réversion est révisable en cas de variation dans le montant des ressources, calculé en application des dispositions de l'article R. 353-1, dans les conditions et selon les modalités fixées aux articles R. 815-20, R. 815-38, R. 815-39 et R. 815-42. La date de la dernière révision ne peut être postérieure :

a) À un délai de trois mois après la date à laquelle le conjoint survivant est entré en jouissance de l'ensemble des avantages personnels de retraite de base et complémentaire lorsqu'il peut prétendre à de tels avantages;

b) À la date de son soixantième anniversaire, lorsqu'il ne peut pas prétendre à de tels avantages.

CSS, art. R. 353-2

La majoration prévue aux articles L. 353-1 et L. 353-3 est égale à 10 % de la pension.

La majoration prévue à l'article L. 353-1 ne peut être inférieure au dixième du montant minimum de la pension de réversion.

* V. *CSS, art. D. 634-5 : dispositions applicables à l'assurance vieillesse des professions artisanales, industrielles et commerciales.*

CSS, art. R. 353-3

Pour déterminer le montant de la pension principale servant de base au calcul de la pension de réversion, dans le cas où l'assuré n'était pas titulaire d'une pension de vieillesse ou d'une rente à la date de son décès, il est fait application des dispositions applicables aux personnes atteignant leur soixantième anniversaire l'année au cours de laquelle l'assuré est décédé.

CSS, art. R. 353-4

Pour l'application du deuxième alinéa de l'article L. 353-3, la durée de chaque mariage est déterminée de date à date et arrondie au nombre de mois inférieur.

Lorsque le conjoint survivant et le ou les précédents conjoints divorcés ne réunissent pas tous à la même date les conditions d'attribution de la pension de réversion fixées par l'article R. 353-1, les parts de pension de réversion qui leur sont respectivement dues sont déterminées lors de la liquidation des droits du premier d'entre eux qui en fait la demande; ces parts de pensions de réversion sont ensuite liquidées au fur et à mesure que les intéressés justifient qu'ils réunissent les conditions susrappelées.

Si, après plusieurs divorces, l'assuré décède sans laisser de conjoint survivant, la pension de réversion doit être partagée, dans les conditions susrappelées, entre ses précédents conjoints divorcés.

Au décès du conjoint survivant ou d'un conjoint divorcé, sa part accroîtra la part de l'autre ou, s'il y a lieu, des autres, à compter du premier jour du mois suivant le décès.

CSS, art. R. 353-6

Lorsque le pensionné ou le titulaire de droits à une pension décède antérieurement à son soixante-cinquième anniversaire, la pension de réversion du conjoint survivant ou du conjoint divorcé est calculée en fonction du montant de la pension qui aurait été allouée au *de cujus* au titre de l'inaptitude au travail.

CSS, art. R. 353-7

Le conjoint survivant indique la date à compter de laquelle il désire entrer en jouissance de la pension de réversion, sous réserve des conditions suivantes :

1° Cette date est nécessairement le premier jour d'un mois;

2° Elle ne peut pas être antérieure au premier jour du mois suivant lequel il remplit la condition d'âge prévue à l'article L. 353-1;

3° Elle ne peut pas être antérieure au dépôt de la demande.

Toutefois :

a) Lorsque la demande est déposée dans le délai d'un an qui suit le décès, la date d'entrée en jouissance peut être fixée au plus tôt au premier jour du mois qui suit le décès;

b) Lorsque la demande est déposée dans le délai d'un an suivant la période de douze mois écoulée depuis la disparition, la date d'entrée en jouissance peut être fixée au plus tôt au premier jour du mois suivant celui au cours duquel l'assuré a disparu. La caisse chargée de la liquidation de la pension de réversion informe le demandeur de son droit à fixer une date d'entrée en jouissance de sa pension et s'il satisfait aux conditions mentionnées aux a ou b du 3°. À défaut d'exercice de ce droit, la date d'entrée en jouissance est fixée au premier jour du mois suivant la date de réception de la demande sous réserve de la condition mentionnée au 2°.

CSS, art. R. 353-8

Le délai d'un an prévu par l'article L. 353-2 en cas de disparition court à dater soit de la première échéance non acquittée lorsque le disparu était titulaire d'une pension, soit, dans le cas contraire, du jour de la déclaration de la disparition aux autorités de police.

La demande de pension formée par le conjoint est appuyée de procès-verbaux de police et autres pièces relatant les circonstances de la disparition.

En cas de réapparition de l'assuré, la pension liquidée à titre provisoire au profit de son conjoint par application de l'article L. 353-2 est annulée à compter de son entrée en jouissance et les arrérages perçus doivent être reversés à la caisse, sous réserve de l'application de l'article L. 355-3.

CSS, art. R. 353-9

Pour bénéficier de la majoration de la pension de réversion instituée par l'article L. 353-5, le conjoint au sens des articles L. 353-1 à L. 353-3 doit être âgé de moins de soixante-cinq ans.

L'âge limite de l'enfant à charge est celui qui résulte de l'application des dispositions de l'article R. 313-12.

CSS, art. R. 353-10

La majoration est due à la date d'entrée en jouissance de la pension de réversion si, à cette date, les conditions d'ouverture du droit à cette majoration sont remplies ou à compter du premier jour du mois suivant la date à laquelle ces conditions sont satisfaites.

La majoration est supprimée le premier jour du mois suivant celui au cours duquel l'assuré cesse d'y avoir droit.

Les intéressés sont tenus de faire connaître les changements intervenus dans leur situation de famille.

CSS, art. R. 353-11

Le montant mensuel de la majoration de pension de réversion instituée par l'article L. 353-5 est fixé à 400 F au 1er janvier 1988; les cœfficients de revalorisation mentionnés au 2° de l'article L. 351-11 lui sont applicables.

> Pension de veuve

C. pens. retr. marins, art. L. 20

La femme séparée de corps et la femme divorcée ont droit à la pension de veuve.

La femme divorcée qui s'est remariée avant le décès du marin et qui, à la cessation de cette union, ne bénéficie d'aucun droit à pension de réversion peut faire valoir ce droit s'il n'est pas ouvert au profit d'un autre ayant cause.

Lorsqu'au décès du marin il existe plusieurs femmes, veuve ou divorcées, ayant droit à pension, la pension de réversion est répartie entre elles au prorata de la durée respective de chaque mariage.

Au décès de l'une des bénéficiaires, sa part accroît la part de la ou des survivantes, sauf réversion du droit au profit des enfants réunissant les conditions d'âge exigées pour l'octroi d'une pension.

Les deux alinéas qui précèdent s'appliquent dans les mêmes conditions à l'allocation annuelle prévue à l'article L. 23.

> Rente viagère pour le conjoint, le concubin ou le pacsé
[CSS, art. L. 434-8 à L. 434-14; art. R. 434-10 à R. 434-18]

CSS, art. L. 434-8

Sous réserve des dispositions des alinéas suivants, le conjoint ou le concubin ou la personne liée par un pacte civil de solidarité a droit à une rente viagère égale à une fraction du salaire annuel de la victime, à condition que le mariage ait été contracté, le pacte civil de solidarité conclu ou la situation de concubinage établie antérieurement à l'accident ou, à défaut, qu'ils l'aient été depuis une durée déterminée à la date du décès. Toutefois, ces conditions ne sont pas exigées si les époux, les concubins ou les partenaires du pacte civil de solidarité ont eu un ou plusieurs enfants.

Lorsqu'il y a eu séparation de corps ou divorce, le conjoint ou l'ex-conjoint survivant n'a droit à la rente viagère que s'il a obtenu une pension alimentaire. La rente viagère, ramenée au montant de ladite pension, ne peut dépasser une fraction du salaire annuel de la victime inférieure à celle qui est prévue en l'absence de divorce ou de séparation de corps.

S'il existe un nouveau conjoint de la victime, la rente viagère à laquelle il a droit ne peut être inférieure à un minimum.

Le conjoint condamné pour abandon de famille est déchu de tous ses droits au regard du présent livre. Il en est de même pour celui qui a été déchu totalement de l'exercice de l'autorité parentale, sauf, dans ce dernier cas, à être réintégré dans ses droits s'il vient à être restitué dans l'autorité parentale. Les droits du conjoint déchu sont transférés sur la tête des enfants et descendants mentionnés à l'article L. 434-10.

Sous réserve des dispositions de l'article suivant, le conjoint survivant a droit à un complément de rente égal à une fraction du salaire annuel de la victime lorsqu'il atteint un âge déterminé ou, avant cet âge, aussi longtemps qu'il est atteint d'une incapacité de travail générale. Le pourcentage minimal et la durée minimale de cette incapacité sont fixés par décret en Conseil d'État.

* V. *L. n° 2001-1246, 21 déc. 2001, art. 53, II : Les dispositions du présent article sont applicables aux accidents survenus à compter du 1er septembre 2001.*

CSS, art. L. 434-9

En cas de nouveau mariage, le conjoint survivant cesse d'avoir droit à la rente. Il lui est alloué, dans ce cas, une somme égale aux arrérages de la rente calculés selon le taux en vigueur à la date du mariage et afférents à une période déterminée.

Toutefois, si le conjoint survivant a des enfants, il conserve le droit à la rente, dont le rachat sera différé, aussi longtemps que l'un d'eux bénéficie lui-même d'une rente d'orphelin en application de l'article L. 434-10.

En cas de séparation de corps, de divorce ou de nouveau veuvage, le conjoint survivant recouvre son droit à la rente, sous les réserves suivantes :

1°) Si le rétablissement de la rente prend effet avant l'expiration de la période mentionnée au premier alinéa du présent article, cette rente est diminuée du montant de la somme déjà attribuée, en application du même alinéa, au titre de la partie restant à courir de ladite période;

2°) Si le conjoint survivant reçoit, en raison de son nouveau veuvage, une rente, pension ou allocation, en application d'une des dispositions du présent Code, de l'un des régimes prévus à l'article L. 711-1 ou à l'article L. 413-12 ou de l'une des dispositions du Code rural ou s'il reçoit, en raison d'une séparation de corps ou d'un divorce, une pension alimentaire, le montant de l'avantage dont il bénéficie s'impute sur celui de la rente de conjoint survivant.

CSS, art. L. 434-10

Les enfants légitimes, les enfants naturels dont la filiation est légalement établie et les enfants adoptés ont droit à une rente jusqu'à un âge limite. Cette limite d'âge peut être relevée pour les enfants qui sont placés en apprentissage, qui poursuivent leurs études, qui sont à la recherche d'une première activité professionnelle et inscrits comme demandeurs d'emploi à l'agence nationale pour l'emploi, ou qui, par suite d'infirmités ou de maladies chroniques, sont dans l'impossibilité permanente de se livrer à un travail salarié.

La rente est égale à une fraction du salaire annuel de la victime plus importante lorsque les enfants sont orphelins de père et de mère au moment du décès, ou le deviennent postérieurement, que lorsque le père ou la mère vit encore. Cette rente croît avec le nombre des enfants bénéficiaires.

Les rentes allouées sont collectives et réduites au fur et à mesure que les orphelins atteignent la limite d'âge qui leur est applicable.

S'il y a des enfants de plusieurs lits, chaque catégorie est traitée distinctement au regard des dispositions qui précèdent.

Les autres descendants de la victime et les enfants recueillis par elle, si les uns et les autres sont privés de leurs soutiens naturels et tombés de ce fait à sa charge, bénéficient des mêmes avantages que les enfants mentionnés aux précédents alinéas.

CSS, art. L. 434-11

La rente prévue à l'article L. 434-10, est versée au père ou à la mère, au tuteur ou à la personne ayant la garde de l'enfant.

CSS, art. L. 434-12

Dans le cadre de la mesure judiciaire d'aide à la gestion du budget familial prévue à l'article 375-9-1 du Code civil, le juge peut décider que le délégué aux prestations familiales percevra la rente prévue à l'article L. 434-10.

Les frais liés à cette mesure sont pris en charge dans les conditions prévues au troisième alinéa de l'article L. 552-6.

* V. *L. n° 2007-308, 5 mars 2007, p. 4325, art. 31, III : l'exercice de la fonction de délégué aux prestations familiales obéit aux règles fixées par les articles L. 167-4 et L. 167-5 du Code de la sécurité sociale jusqu'au 1er janvier 2009 (date d'entrée en vigueur de la présente loi).*

CSS, art. L. 434-13

Chacun des ascendants reçoit une rente viagère égale à une fraction du salaire annuel de la victime, s'il rapporte la preuve :

1°) dans le cas où la victime n'avait ni conjoint, ni enfant dans les termes des dispositions qui précèdent, qu'il aurait pu obtenir de la victime une pension alimentaire;

2°) dans le cas où la victime avait conjoint ou enfant, qu'il était à la charge de la victime.

La condition prévue doit être remplie soit à la date de l'accident, soit, si cela est plus favorable, à la date du décès de la victime.

Le bénéfice des présentes dispositions ne peut être accordé à l'ascendant qui a été reconnu coupable d'abandon de famille ou qui a été déchu totalement de l'autorité parentale.

CSS, art. L. 434-14

Le total des rentes allouées en application de l'article L. 434-13 ne peut dépasser une fraction du salaire annuel d'après lequel elles ont été établies. Si cette quotité est dépassée, la rente de chacun des ascendants sera réduite proportionnellement.

Le total des rentes allouées en application du présent article à l'ensemble des ayants droit de la victime ne peut dépasser une fraction du salaire annuel d'après lequel elles ont été établies. Si leur total dépasse cette quotité, les rentes revenant à chaque catégorie d'ayants droit feront l'objet d'une réduction proportionnelle.

CSS, art. R. 434-10

La fraction de salaire annuel de la victime qui sert de base à la rente prévue au premier alinéa de l'article L. 434-8 en faveur du conjoint, du partenaire lié par un pacte civil de solidarité ou du concubin est fixée à 40 %. La durée mentionnée au même alinéa est de deux ans.

La fraction du salaire annuel de la victime qui sert de base à la rente viagère prévue au deuxième alinéa de l'article L. 434-8 est fixée à 20 %. Le minimum de la rente viagère institué en faveur du nouveau conjoint de la victime ne peut être inférieur à la moitié de la rente de 40 %.

La fraction du salaire annuel de la victime qui sert de base au complément de rente prévu en faveur du conjoint survivant par le cinquième alinéa de l'article L. 434-8 est fixée à 20 %. L'âge minimum que doit avoir ce dernier est de cinquante-cinq ans. Le pourcentage minimal de l'incapacité de travail générale prévue au même alinéa est fixé à 50 % ; sa durée minimale est fixée à trois mois.

Est reconnu atteint d'une incapacité de travail générale d'au moins 50 % le conjoint survivant qui se trouve hors d'état de se procurer, dans une profession quelconque, un gain supérieur à la moitié du salaire minimum de croissance.

CSS, art. R. 434-11

Le conjoint survivant qui sollicite le bénéfice des dispositions du cinquième alinéa de l'article L. 434-8 adresse à la caisse primaire d'assurance-maladie une demande au moyen d'un imprimé mis à sa disposition par cet organisme et accompagnée des pièces justifiant qu'il satisfait aux conditions exigées.

Cette demande comporte un questionnaire ; le postulant doit attester sur l'honneur l'exactitude de ses réponses.

Il est donné au requérant récépissé de sa demande et des pièces qui l'accompagnent.

CSS, art. R. 434-12

La caisse primaire, au reçu de la demande prévue au premier alinéa de l'article R. 434-11, doit prendre l'avis du service du contrôle médical.

Au vu des renseignements recueillis, il est statué par la caisse primaire, sur l'attribution du complément de rente de 20 % et le point de départ de celui-ci, qui ne peut être antérieur, suivant le cas, soit à la date connue avec certitude de la première constatation médicale de l'incapacité de travail générale, soit à la date à laquelle le postulant a atteint l'âge de cinquante-cinq ans.

La caisse est toutefois fondée à refuser au conjoint survivant le bénéfice du complément de rente de 20 %, demandé au titre d'une incapacité de travail générale, pour toute période pendant laquelle son contrôle aura été rendu impossible du fait de l'intéressé.

La décision doit être notifiée immédiatement au conjoint survivant par lettre recommandée avec demande d'avis de réception.

CSS, art. R. 434-13

La caisse primaire d'assurance-maladie peut faire procéder par un de ses médecins conseils à des examens de contrôle de l'état du bénéficiaire du complément de rente de 20 % obtenu en raison d'une incapacité générale de travail de 50 %.

Le bénéficiaire est tenu de se prêter à ces examens. Il est tenu, en outre, d'aviser la caisse primaire lorsque, par suite de l'amélioration de son état, les conditions de pourcentage minimal de l'incapacité de travail générale ne se trouvent plus remplies.

En cas d'inobservation de ces obligations par le conjoint survivant, la caisse est fondée à supprimer le complément de rente de 20 %.

CSS, art. R. 434-14

La durée de la période prévue à l'article L. 434-9 est fixée à trois ans.

Dans le cas prévu au troisième alinéa de l'article L. 434-9 le conjoint survivant adresse à la caisse primaire une demande au moyen d'un imprimé mis à sa disposition par cet organisme et accompagnée des pièces justifiant qu'il satisfait aux conditions prévues.

Cette demande comporte un questionnaire ; le postulant doit attester sur l'honneur l'exactitude de ses réponses.

Il est donné au requérant récépissé de sa demande et des pièces qui l'accompagnent.

CSS, art. R. 434-15

La limite d'âge prévue au premier alinéa de l'article L. 434-10 est fixée à 20 ans.

La fraction du salaire annuel de la victime, prévue au deuxième alinéa de l'article L. 434-10 est fixée, pour chaque orphelin de père ou de mère remplissant les conditions requises à 25 % dans la limite de deux orphelins et à 20 % au-delà de deux.

Cette fraction est fixée à 30 % si l'enfant est orphelin de père et de mère lors du décès de la victime ou postérieurement à ce décès.

CSS, art. R. 434-16

La fraction du salaire annuel de la victime, prévue à l'article L. 434-13, est fixée à 10 %.

Les fractions du salaire annuel de la victime, prévues respectivement aux premier et deuxième alinéas de l'article L. 434-14 sont fixées à 30 % et à 85 %.

CSS, art. R. 434-17

Par dérogation aux dispositions de l'article R. 434-29, dans le cas où la victime d'un accident mortel était titulaire d'une ou de plusieurs rentes à raison d'accidents du travail antérieurs, et percevait un salaire inférieur à celui qu'elle aurait perçu si lesdits accidents ne s'étaient pas produits, ce dernier salaire est substitué au salaire réellement touché pour le calcul des rentes d'ayants droit.

CSS, art. R. 434-18

Une allocation provisionnelle à déduire lors du paiement des premiers arrérages de la rente peut être versée immédiatement à la veuve ou aux ayants droit des victimes sur leur demande.

La caisse primaire d'assurance-maladie apprécie le bien-fondé de cette demande et, le cas échéant, fixe le montant de l'allocation et les modalités suivant lesquelles elle sera remboursée par prélèvement sur les premiers arrérages, sous réserve des dispositions ci-après.

Le montant de l'allocation provisionnelle ne peut être supérieur au montant probable des arrérages correspondant à un trimestre pour chaque catégorie d'ayants droit.

Il n'est pas versé d'allocation provisionnelle lorsqu'il s'agit d'un bénéficiaire du droit au capital décès prévu à l'article L. 361-1, à moins que ce capital ne soit inférieur au montant du premier trimestre d'arrérages, auquel cas, l'intéressé pourra recevoir la différence entre la valeur de ces arrérages et le capital.

Le remboursement de l'allocation est opéré par fractions égales, sur les arrérages des quatre premiers trimestres. Exceptionnellement, il pourra être échelonné sur une période de plus longue durée, qui ne devra toutefois en aucun cas excéder deux ans.

137.02 Jurisprudence de référence.

> Bénéfice de la putativité en cas d'annulation du second mariage : qualité de conjoint survivant ouvrant droit à la pension de réversion

• **Soc. 9 nov. 1995, n° 94-10.857,** *Bull. civ.* V, n° 296

* V. s^s n° 137.12

« Dans le cas de mariage de l'assuré suivi d'un second mariage annulé après le décès de l'époux, mais déclaré putatif à l'égard de l'épouse, ce qui confère à celle-ci la qualité de conjoint survivant au sens des articles L. 353-1 et L. 353-3 du Code de la sécurité sociale, la pension de réversion étant partagée entre les conjoints survivants non remariés au prorata de la durée respective de chaque mariage, et alors que ce partage est opéré lors de la liquidation des droits du premier d'entre eux qui en fait la demande. »

> Droit à la pension de réversion en cas de remariage

• **Soc. 24 oct. 2002, n° 01-20.048,** NPT

* V. s^s n° 137.13

« La seule condition requise pour que l'époux survivant divorcé et remarié puisse recouvrer un droit à pension de réversion du chef de son premier conjoint est que cet époux n'ait aucun droit à pension de réversion du chef de son dernier conjoint, peu important que celui-ci soit ou non décédé au jour de la demande. »

> Caractère d'ordre public de l'article L. 731-8 du Code de la sécurité sociale

• **Soc. 18 déc. 1997, n° 96-11.107,** *Bull. civ.* V, n° 467

* V. s^s n° 137.14

« L'article L. 731-8 du Code de la sécurité sociale [devenu CCS, art. L. 912-4] est un texte d'ordre public, obligatoire pour les partenaires sociaux, qui fixe le minimum de droits reconnus au conjoint divorcé non remarié et au conjoint survivant en fonction de la durée respective des mariages. »

137.03 Bibliographie indicative.

Actualisables. J.-Cl. Divorce, fasc. 250 : Effets du divorce; Conséquences du divorce pour les époux; Effets d'ordre patrimonial; Incidence sur les prestations sociales et pensions de réversion – Lamy Protection sociale, 1865 s.

Ouvrages. J.-P. Chauchard, *Droit de la sécurité sociale*, « Manuel », LGDJ, 2005 – P.-J. Claux, S. David *et alii*, *Droit et pratiques du divorce 2010/2011*, « Dalloz référence », 1re éd., Dalloz, 2010, n°s 41.00 s. – J.-J. Dupeyroux, M. Borgetto, R. Lafore et R. Ruellan, *Droit de la sécurité sociale*, « Précis », 16e éd., Dalloz, 2008 – G. Huteau, *Sécurité sociale et politiques sociales*, 4e éd., Éd. A. Colin 2007 – P. Morvan, *Droit de la protection sociale*, 4e éd., LexisNexis/Litec, 2009.

Articles. A. Bruder, « Brèves réflexions sur la pension de réversion : une réforme de la réforme bien timide », *Dr. fam.* 2005, étude 10 – A. Devers, « L'exception de nullité du mariage en matière de réversion », *Dr. fam.* 2008, p. 37 – T. Tauran, « Retraite : détermination de la date d'entrée en jouissance d'une pension de réversion », *JCP S*, 2010, p. 33.

137.04 Questions essentielles.

> L'ex-conjoint peut bénéficier de la pension de réversion à certaines conditions : lorsqu'un conjoint survivant ou divorcé remarié n'est susceptible de bénéficier d'aucun droit à pension de réversion du chef de son dernier conjoint, il recouvre le droit à pension de réversion du chef d'un précédent conjoint dont l'a privé son remariage, à condition que ce droit ne soit pas ouvert au profit d'un autre ayant cause.

* V. s^s n° 137.12

> En ce qui concerne les prestations en nature de l'assurance-maladie, la généralisation de la sécurité sociale a permis de couvrir le conjoint divorcé ne bénéficiant pas à un autre titre de l'assurance-maladie et maternité.

* V. s^s n° 137.22

> Quant à la rente d'accident du travail, le conjoint survivant divorcé ou séparé de corps dont l'ex-époux est décédé à la suite d'un accident du travail peut percevoir à certaines conditions une rente viagère.

* V. s^s n° 137.31

137.05 Délais.

> Pour bénéficier de la pension de réversion, le conjoint divorcé doit avoir été marié avec l'assuré au moins **deux années**, sauf lorsqu'un enfant au moins est issu du mariage.

* V. s^s n° 137.12

> Le conjoint divorcé ne bénéficiant pas à un autre titre de l'assurance-maladie et maternité, continue d'avoir droit, pour lui-même et les membres de sa famille à charge, aux prestations en nature de l'assurance sociale

pendant une durée fixée à **un an**, courant à compter de la mention du jugement de divorce en marge de l'acte de mariage ou de la transcription du jugement de divorce. Ce délai est **prorogé** jusqu'à ce que le dernier des enfants ait atteint l'âge de trois ans.

* V. s[s] n° 137.22

137.09 Droits sociaux et qualité de conjoint. Un certain nombre de droits découlent de la qualité d'époux. Certains ne survivent pas à la dissolution du mariage. C'est le cas des **droits héréditaires** attribués par les articles 757 à 767 du Code civil, qui sont réservés au conjoint non divorcé (C. civ., art. 732). C'est également le cas, en matière de **propriété littéraire et artistique des droits de jouissance** prévus au profit du conjoint de l'auteur d'une œuvre de l'esprit par l'article L. 123-6 du Code de la propriété intellectuelle (CPI, art. L. 123-6), qui sont également réservés au « *conjoint survivant contre lequel n'existe pas un jugement passé en force de chose jugée de séparation de corps.* »

C'est en matière de **droits sociaux** que la situation du conjoint divorcé a très fortement évolué, le législateur ayant effacé les conséquences de l'attribution des torts, en matière de pension de réversion, de prestations d'assurance-maladie, maternité et de rente d'accident du travail.

SECTION 1
PENSIONS DE RÉVERSION

137.11 La loi du 17 juillet 1978. Jusqu'à la loi du 17 juillet 1978[1], les dispositions relatives aux pensions de réversion allouées au conjoint divorcé étaient d'une grande complexité, prenaient en considération la cause du divorce, l'attribution des torts, et variaient en fonction du régime auquel appartenait l'assuré. En principe seul le conjoint contre qui le divorce n'avait pas été prononcé conservait le droit à la pension de réversion.

La loi entrée en vigueur le 18 juillet 1978 et applicable, quelle que soit la date du jugement de divorce, aux pensions de réversion dont la prise d'effet est postérieure à cette date, a tenté d'unifier les différents régimes de retraite, bien que certaines différences subsistent encore; elle a surtout unifié les règles applicables aux époux divorcés **en ne prenant plus en considération la cause du divorce ni l'attribution des torts.**

1. L. n° 78-753, 17 juill. 1978, portant diverses mesures d'amélioration des relations entre l'Administration et le public et diverses dispositions d'ordre administratif, social et fiscal, *JO* 18 juill., p. 2851.

Le dispositif est actuellement codifié sous les articles L. 161-23, L. 353-1 et suivants et R. 353-1 et suivants du Code de la sécurité sociale.

Il n'est pas possible d'aller contre les dispositions légales et de déroger, quel que soit le régime de retraite envisagé, aux conditions légales d'attribution d'une pension de réversion. Par suite une convention de divorce ne saurait contenir une renonciation à un tel droit, ou une transaction ayant pour objet la pension de réversion. De même, un testament ne peut priver le conjoint divorcé de ce même droit. L'impossibilité de renoncer est d'ailleurs expressément prévue dans certains régimes spéciaux (v. par ex., C. pens. retr., art. L. 45).

137.12 Régime général. L'ex-conjoint peut bénéficier de la pension de réversion dans certaines conditions. Le principe est le suivant : « *Lorsqu'un conjoint survivant ou divorcé remarié n'est susceptible de bénéficier d'aucun droit à pension de réversion du chef de son dernier conjoint, il recouvre le droit à pension de réversion du chef d'un précédent conjoint dont l'a privé son remariage, à condition que ce droit ne soit pas ouvert au profit d'un autre ayant cause* » (CSS, art. L. 161-23). L'article L. 353-3 du Code de la sécurité sociale précise également que : « *Le conjoint divorcé non remarié est assimilé à un conjoint survivant* » pour le bénéfice de la pension de réversion. Pour cela, l'assuré doit être décédé sans s'être remarié, ou être décédé moins de deux ans après son remariage sans qu'un enfant au moins soit issu de celui-ci, ou sans laisser de conjoint survivant.

Cependant, en cas de **remariage d'un assuré**, suivi d'un second mariage annulé après le décès de celui-ci, non déclaré putatif à l'égard de la seconde épouse, **la pension de réversion est partagée entre les conjoints survivants non remariés, au prorata de la durée respective de chaque mariage**[2].

Le conjoint divorcé doit avoir été marié avec l'assuré au moins **deux années**, sauf lorsqu'**un enfant** au moins est issu du mariage) et il **ne doit pas être remarié** (pour les pensions prenant effet postérieurement au 14 juillet 1982, si le conjoint divorcé s'est remarié et si ce mariage a pris fin sans lui permettre de bénéficier d'un droit à pension du chef de son dernier conjoint, il recouvre son droit à pension de réversion dont l'avait privé son remariage, à condition que ce droit ne soit pas ouvert au profit d'un autre ayant cause – V. CSS, art. L. 161-23 et R. 353-5). Il doit avoir **cinquante-cinq ans** et ne pas disposer, au jour de la demande de réversion, de ressources personnelles dépassant le montant annuel du salaire minimum de croissance (CSS, art. R. 353-1).

2. Soc. 9 nov. 1995, n° 94-10.857, *Bull. civ.* V, n° 296.

Toutefois, en application du décret n° 2008-1509 du 30 décembre 2008, le bénéfice de **l'assurance veuvage** est accordé[1] :

- avant 51 ans, si l'assuré est décédé avant le 1er janvier 2009;

- avant 55 ans, si l'assuré est décédé à compter du 1er janvier 2009[2].

Lorsque plusieurs « conjoints survivants » ont vocation à bénéficier de la pension de réversion, le partage s'effectue « *au prorata de la durée respective de chaque mariage* » (CSS, art. L. 353-3 et R. 353-4, al. 2).

Au décès de l'un des bénéficiaires, sa part accroîtra la part de l'autre ou, s'il y a lieu, des autres (CSS, art. L. 353-3, dern. al.).

Le **bénéfice de la majoration forfaitaire des pensions des « conjoints survivants »** non titulaires d'un avantage personnel de vieillesse et ayant des enfants à charge (L. n° 88-16, 5 janv. 1988, art. 7-1), a été étendu aux **ex-conjoints divorcés non remariés** (CSS, art. L. 353-5, mod. L. n° 90-86, 23 janv. 1990).

137.13 **Régimes particuliers.** Bien que la tendance soit à l'uniformisation des régimes de retraites, on peut signaler les textes spécifiques à chacun d'entre eux, et les particularités qui peuvent subsister.

À la suite des modifications intervenues par le biais des lois de 1978 et 1982, précitées, les dispositions des articles L. 44 à L. 46 du Code des pensions civiles et militaires de retraite sont très proches de celles du régime général.

L'article L. 634-2 du Code de la sécurité sociale prévoit expressément que les dispositions de l'article L. 353-3 du Code de la sécurité sociale sont étendues aux régimes d'assurance vieillesse de base des travailleurs non salariés des **professions artisanales, industrielles et commerciales.**

Il prévoit également prévoit l'application des règles figurant à l'article L. 353-3, au régime d'assurance vieillesse des **professions libérales**[3].

Chez les **agriculteurs**, le régime de la pension de réversion du conjoint divorcé est calqué sur celui du régime général (C. rur., art. L. 732-47).

En ce qui concerne les **marins**, la pension de réversion reste accordée, dans ce régime, au seul profit de la **femme divorcée ou séparée de corps**, mais sans qu'il soit tenu compte du motif du divorce ou des torts. Pour le surplus les dispositions de l'article L. 20 du Code des pensions de retraite des marins, sont également calquées sur celles du régime général.

SECTION 2 PRESTATIONS EN NATURE DE L'ASSURANCE-MALADIE-MATERNITÉ

137.21 **Les textes.** Lorsque le conjoint divorcé ne bénéficiait de l'assurance-maladie qu'en sa qualité d'ayant droit de son conjoint, et qu'il s'agissait du conjoint à qui le divorce pour rupture de la vie commune avait été imposé, la loi du 11 juillet 1975, relative au recouvrement public des pensions alimentaires, avait décidé (L. 11 juill. 1975, art. 16) qu'il conserverait tous les droits qu'il tenait de son ancien conjoint, lequel verserait une cotisation forfaitaire pour financer la couverture sociale. La généralisation de la sécurité sociale a instauré pour tous les conjoints divorcés, le même **système de maintien temporaire des prestations.**

137.22 **Maintien temporaire.** L'article L. 161-15 alinéa 2 du Code de la sécurité sociale prévoit que le conjoint divorcé ne bénéficiant pas à un autre titre de l'assurance-maladie et maternité, continue d'avoir droit, pour lui-même et les membres de sa famille à charge, aux prestations en nature de l'assurance sociale pendant une durée fixée par décret en Conseil d'État (CSS, art. R. 161-5 : **un an**), courant à compter de la mention du jugement de divorce en marge de l'acte de mariage ou de la transcription du jugement de divorce.

Si le conjoint divorcé a à sa charge des **enfants**, ce délai est prolongé jusqu'à ce que **le dernier d'entre eux ait atteint un âge fixé par décret** en Conseil d'État (CSS, art. R. 161-5 : **âge fixé à trois ans**).

À l'expiration de l'un ou l'autre de ces délais, si le conjoint divorcé ne peut bénéficier d'une couverture sociale à un autre titre (activité professionnelle ouvrant droit à l'affiliation au régime général, ou à un régime particulier - qualité d'ayant droit suite à un remariage ou un concubinage) le bénéfice de ces prestations nécessitera le recours à l'adhésion à l'assurance personnelle et volontaire.

137.23 **Expiration des périodes de maintien des droits.** L'article L. 161-15 alinéa 3 du Code de la sécurité sociale prévoit que les personnes divorcées qui ne bénéficient pas, à un autre titre, de l'assurance-maladie et maternité, sont à l'expiration des périodes de maintien des droits lorsqu'elles ont ou ont eu **à leur charge**, au sens de l'article L. 313-3 du même Code, un nombre d'enfants fixé par décret (le nombre d'enfants à charge est de **trois** : CSS, art. R. 161-5-1), **obligatoirement affiliées au régime général de sécurité sociale** en ce qui concerne la

1. Décr. n° 2008-1509, 30 déc. 2008, portant diverses dispositions relatives à l'assurance vieillesse, art. 2, II, *JO* 31 déc., p. 20662.
2. Circ. n° 2009-11, 9 févr. 2009, CNAV.
3. Pour une application, v. Soc. 24 oct. 2002, n° 01-20.048, NPT.

couverture des **prestations en nature de l'assurance-maladie et maternité**.

Les cotisations sont prises en charge par le régime des prestations familiales.

SECTION 3

RENTE D'ACCIDENT DU TRAVAIL

137.31 Condition. L'article L. 434-8 alinéa 2 du Code de la sécurité sociale prévoit que le **conjoint survivant divorcé ou séparé de corps dont l'ex-époux est décédé à la suite d'un accident du travail**, peut percevoir une **rente viagère**, à condition :

- que le mariage ait été contracté antérieurement à l'accident ou ait duré au moins deux ans. Toutefois, ces conditions ne sont pas exigées si un ou plusieurs enfants sont nés du mariage;

- que le conjoint survivant divorcé ait obtenu à l'issue du divorce l'allocation d'une pension alimentaire (ce texte issu d'une loi n° 74-1027 du 4 décembre 1974, n'a pas été retouché après la réforme du divorce et pose un problème d'interprétation. Il devrait pouvoir être étendu au cas de prestation compensatoire[1]).

De la condition qui précède, il faut déduire que n'aura pas droit à la rente en matière d'accident du travail le conjoint contre qui le divorce est prononcé, puisqu'il n'a jamais droit à une pension alimentaire ou à une prestation compensatoire.

137.32 Montant. Le **montant de la rente allouée** à l'ex-époux divorcé est en principe **égal à celui de la pension alimentaire**, sans pouvoir toutefois dépasser 20 % du salaire annuel de l'époux décédé (CSS, art. L. 434-8, al. 2 et R. 434-10, al. 2).

En cas de **concours entre le conjoint divorcé et un conjoint survivant non divorcé**, ce dernier ne peut se voir allouer une rente inférieure à la moitié de la rente à laquelle il aurait eu droit s'il avait été seul bénéficiaire, de 40 % (CSS, art. R. 434-10, al. 2).

137.33 Remariage. Si l'époux divorcé s'est remarié il ne peut bénéficier du versement de la rente. Un **capital** lui est alors alloué égal aux arrérages de la rente calculés selon le taux en vigueur à la date du mariage (CSS, art. L. 434-9, al. 1er). Toutefois si l'époux divorcé a des enfants (quelle que soit l'union dont ils sont issus), il conserve son droit au versement de la rente, même en cas de remariage (CSS, art. L. 434-9, al. 2).

1. J. Massip, *La réforme du divorce*, 2e éd., Éd. Defrénois, 1986, n° 292.

CHAPITRE

138. Aspects fiscaux du divorce

FRÉDÉRIC DOUET
MAÎTRE DE CONFÉRENCES
À L'UNIVERSITÉ DE CAEN

SECTION 0

ORIENTEUR

138.00 Plan du chapitre.

138.01 Textes applicables.

TEXTES SOURCE

• **Code général des impôts**

> Règles d'imposition des époux en matière d'impôt sur le revenu

CGI, art. 6

> Pensions alimentaires, impôt sur le revenu

CGI, art. 80 *septies*

> Plus-values immobilières, partages entre époux, impôt sur le revenu

CGI, art. 150-0 A, 150 U

> Charges déductibles du revenu brut global

CGI, art. 156

> Quotient familial

CGI, art. 194 et 196 *bis*

> Réduction d'impôt

CGI, art. 199 *octodecies*

> Partage

CGI, art. 746 à 748

> Impôt de solidarité sur la fortune

CGI, art. 885-A et 885-E

> Traitement fiscal de la prestation compensatoire

CGI, art. 1133 *ter*

> Solidarité fiscale entre époux

CGI, art. 1691 *bis*

> Solidarité en matière d'impôt de solidarité sur la fortune

CGI, art. 1723 *ter* 00-B

SÉLECTION THÉMATIQUE ET ALPHABÉTIQUE DE TEXTES *IN EXTENSO*

> Charges déductibles du revenu brut global
CGI, art. 156

L'impôt sur le revenu est établi d'après le montant total du revenu net annuel dont dispose chaque foyer fiscal. Ce revenu net est déterminé eu égard aux propriétés et aux capitaux que possèdent les membres du foyer fiscal désignés aux 1 et 3 de l'article 6, aux professions qu'ils exercent, aux traitements, salaires, pensions et rentes viagères dont ils jouissent ainsi qu'aux bénéfices de toutes opérations lucratives auxquelles ils se livrent, sous déduction :

[...]

II. Des charges ci-après lorsqu'elles n'entrent pas en compte pour l'évaluation des revenus des différentes catégories :

[...]

2° Arrérages de rentes payés par lui à titre obligatoire et gratuit constituées avant le 2 novembre 1959; pensions alimentaires répondant aux conditions fixées par les articles 205 à 211, 367 et 767 du Code civil à l'exception de celles versées aux ascendants quand il est fait application des dispositions prévues aux 1 et 2 de l'article 199 *sexdecies*; versements de sommes d'argent mentionnés à l'article 275 du Code civil lorsqu'ils sont effectués sur une période supérieure à douze mois à compter de la date à laquelle le jugement de divorce, que celui-ci résulte ou non d'une demande conjointe, est passé en force de chose jugée et les rentes versées en application des articles 276, 278 ou 279-1 du même code en cas de séparation de corps ou de divorce, ou en cas d'instance en séparation de corps ou en divorce et lorsque le conjoint fait l'objet d'une imposition séparée, les pensions alimentaires versées en vertu d'une décision de justice et en cas de révision amiable de ces pensions, le montant effectivement versé dans les conditions fixées par les articles 208 et 371-2 du Code civil; contribution aux charges du mariage définie à l'article 214 du Code civil, lorsque son versement résulte d'une décision de justice et à condition que les époux fassent l'objet d'une imposition séparée; dans la limite de 2 700 euros et, dans les conditions fixées par un décret en Conseil d'État, les versements destinés à constituer le capital de la rente prévue à l'article 373-2-3 du Code civil.

Le contribuable ne peut opérer aucune déduction pour ses descendants mineurs lorsqu'ils sont pris en compte pour la détermination de son quotient familial.

La déduction est limitée, par enfant majeur, au montant fixé pour l'abattement prévu par l'article 196 B. Lorsque l'enfant est marié, cette limite est doublée au profit du parent qui justifie qu'il participe seul à l'entretien du ménage.

Un contribuable ne peut, au titre d'une même année et pour un même enfant, bénéficier à la fois de la déduction d'une pension alimentaire et du rattachement. L'année où l'enfant atteint sa majorité, le contribuable ne peut à la fois déduire une pension pour cet enfant et le considérer à charge pour le calcul de l'impôt; [...]

> Impôt de solidarité sur la fortune

[CGI, art. 885-A et 885-E]

CGI, art. 885-A

Sont soumises à l'impôt annuel de solidarité sur la fortune, lorsque la valeur de leurs biens est supérieure à la limite de la première tranche du tarif fixé à l'article 885 U :

1° Les personnes physiques ayant leur domicile fiscal en France, à raison de leurs biens situés en France ou hors de France.

Toutefois, les personnes physiques mentionnées au premier alinéa qui n'ont pas été fiscalement domiciliées en France au cours des cinq années civiles précédant celle au cours de laquelle elles ont leur domicile fiscal en France ne sont imposables qu'à raison de leurs biens situés en France.

Cette disposition s'applique au titre de chaque année au cours de laquelle le redevable conserve son domicile fiscal en France, et ce jusqu'au 31 décembre de la cinquième année qui suit celle au cours de laquelle le domicile fiscal a été établi en France;

2° Les personnes physiques n'ayant pas leur domicile fiscal en France, à raison de leurs biens situés en France.

Sauf dans les cas prévus aux a et b du 4 de l'article 6, les couples mariés font l'objet d'une imposition commune.

Les conditions d'assujettissement sont appréciées au 1er janvier de chaque année.

Les partenaires liés par un pacte civil de solidarité défini par l'article 515-1 du Code civil font l'objet d'une imposition commune.

Les biens professionnels définis aux articles 885 N, 885 O, 885 O *bis*, 885 O *ter*, 885 O *quater*, 885 O *quinquies*, 885 P et 885 R ne sont pas pris en compte pour l'assiette de l'impôt de solidarité sur la fortune.

CGI, art. 885-E

L'assiette de l'impôt de solidarité sur la fortune est constituée par la valeur nette, au 1er janvier de l'année, de l'ensemble des biens, droits et valeurs imposables appartenant aux personnes visées à l'article 885 A, ainsi qu'à leurs enfants mineurs lorsqu'elles ont l'administration légale des biens de ceux-ci.

Dans le cas de concubinage notoire, l'assiette de l'impôt est constituée par la valeur nette, au 1er janvier de l'année, de l'ensemble des biens, droits et valeurs imposables appartenant à l'un et l'autre concubins et aux enfants mineurs mentionnés au premier alinéa.

> Partage

[CGI, art. 746 à 748]

CGI, art. 746

Les partages de biens meubles et immeubles entre copropriétaires, cohéritiers et coassociés, à quelque titre que ce soit, pourvu qu'il en soit justifié, sont assujettis à un droit d'enregistrement ou à une taxe de publicité foncière de 1,10 %.

CGI, art. 747

Le droit d'enregistrement ou la taxe de publicité foncière prévus à l'article 746 sont liquidés sur le montant de l'actif net partagé. Lorsque le partage comporte une soulte ou une plus-value, l'impôt sur ce qui en est l'objet est perçu aux taux prévus pour les ventes, au prorata, le cas échéant, de la valeur respective des différents biens compris dans le lot grevé de la soulte ou de la plus-value.

CGI, art. 748

Les partages qui portent sur des biens meubles ou immeubles dépendant d'une succession ou d'une communauté conjugale et qui interviennent uniquement entre les membres originaires de l'indivision, leur conjoint, des ascendants, des descendants ou des ayants droit à titre universel de l'un ou de plusieurs d'entre eux, ne sont pas considérés comme translatifs de propriété dans la mesure des soultes ou plus-values. Il en est de même des partages portant sur des biens indivis issus d'une donation-partage et des partages portant sur des biens indivis acquis par des partenaires ayant conclu un pacte civil de solidarité ou par des époux, avant ou pendant le pacte ou le mariage. En ce qui les concerne, l'imposition est liquidée sur la valeur nette de l'actif partagé déterminée sans déduction de ces soultes ou plus-values.

> Pensions alimentaires, impôt sur le revenu

CGI, art. 80 *septies*

Les pensions alimentaires versées à un enfant majeur sont soumises à l'impôt sur le revenu dans les limites admises pour leur déduction. Les pensions alimentaires versées pour un enfant mineur résidant en alternance chez ses parents et pris en compte pour la détermination du quotient familial de chacun d'eux ne sont pas imposables entre les mains de celui qui les reçoit.

> Quotient familial

[CGI, art. 194 et 196 *bis*]

CGI, art. 194

I. Le nombre de parts à prendre en considération pour la division du revenu imposable prévue à l'article 193 est déterminé conformément aux dispositions suivantes :

Célibataire, divorcé ou veuf sans enfant à charge	1
Marié sans enfant à charge	2
Célibataire ou divorcé ayant un enfant à charge	1,5
Marié ou veuf ayant un enfant à charge	2,5
Célibataire ou divorcé ayant deux enfants à charge	2
Marié ou veuf ayant deux enfants à charge	3
Célibataire ou divorcé ayant trois enfants à charge	3
Marié ou veuf ayant trois enfants à charge	4
Célibataire ou divorcé ayant quatre enfants à charge	4
Marié ou veuf ayant quatre enfants à charge	5
Célibataire ou divorcé ayant cinq enfants à charge	5
Marié ou veuf ayant cinq enfants à charge	6
Célibataire ou divorcé ayant six enfants à charge	6

et ainsi de suite, en augmentant d'une part par enfant à charge du contribuable.

Lorsque les époux font l'objet d'une imposition séparée en application du 4 de l'article 6, chacun d'eux est considéré comme un célibataire ayant à sa charge les enfants dont il assume à titre principal l'entretien. Dans cette situation, ainsi qu'en cas de divorce, de rupture du pacte civil de solidarité ou de toute séparation de fait de parents non mariés, l'enfant est considéré, jusqu'à preuve du contraire, comme étant à la charge du parent chez lequel il réside à titre principal.

En cas de résidence alternée au domicile de chacun des parents et sauf disposition contraire dans la convention homologuée par le juge, la décision judiciaire ou, le cas échéant, l'accord entre les parents, les enfants mineurs sont réputés être à la charge égale de l'un et de l'autre parent. Cette présomption peut être écartée s'il est justifié que l'un d'entre eux assume la charge principale des enfants.

Lorsque les enfants sont réputés être à la charge égale de chacun des parents, ils ouvrent droit à une majoration de :

a) 0,25 part pour chacun des deux premiers et 0,5 part à compter du troisième, lorsque par ailleurs le contribuable n'assume la charge exclusive ou principale d'aucun enfant;

b) 0,25 part pour le premier et 0,5 part à compter du deuxième, lorsque par ailleurs le contribuable assume la charge exclusive ou principale d'un enfant;

c) 0,5 part pour chacun des enfants, lorsque par ailleurs le contribuable assume la charge exclusive ou principale d'au moins deux enfants.

Pour l'application des dispositions du premier alinéa, sont assimilées à des enfants à charge les personnes considérées comme étant à la charge du contribuable en vertu de l'article 196 A *bis*.

II. Pour l'imposition des contribuables célibataires ou divorcés qui vivent seuls, le nombre de parts prévu au I est augmenté de 0,5 lorsqu'ils supportent à titre exclusif ou principal la charge d'au moins un enfant. Lorsqu'ils entretiennent uniquement des enfants dont la charge est réputée également partagée avec l'autre parent, la majoration est de 0,25 pour un seul enfant et de 0,5 si les enfants sont au moins deux. Ces dispositions s'appliquent nonobstant la perception éventuelle d'une pension alimentaire versée en vertu d'une décision de justice pour l'entretien desdits enfants.

CGI, art. 196 *bis*

1. La situation et les charges de famille dont il doit être tenu compte sont celles existant au 1er janvier de l'année de l'imposition. Toutefois, en cas d'augmentation des charges de famille en cours d'année, il est fait état de la situation au 31 décembre ou à la date du décès s'il s'agit d'imposition établie en vertu de l'article 204.

2. Par dérogation aux dispositions du 1, pour le calcul de l'impôt dû au titre de l'année où il y a lieu à imposition distincte dans les cas définis aux 4 et 5 de l'article 6, la situation et les charges de famille à retenir sont celles existant au début de la période d'imposition distincte, ou celles de la fin de la même période si elles sont plus favorables.

Pour les périodes d'imposition commune des conjoints, il est tenu compte des charges de famille existant à la fin de ces périodes si ces charges ont augmenté en cours d'année.

3. En cas de mariage en cours d'année, il est tenu compte, pour la période d'imposition commune des conjoints, de la situation et des charges de famille existant au début de la période d'imposition commune ou à la fin de cette période si ces charges ont augmenté au cours de celle-ci.

> Réduction d'impôt

CGI, art. 199 *octodecies*

I. Les versements de sommes d'argent et l'attribution de biens ou de droits effectués en exécution de la prestation compensatoire dans les conditions et selon les modalités définies aux articles 274 et 275 du Code civil sur une période, conformément à la convention de divorce homologuée par le juge ou au jugement de divorce, au plus égale à douze mois à compter de la date à laquelle le jugement de divorce, que celui-ci résulte ou non d'une demande conjointe, est passé en force de chose jugée, ouvrent droit à une réduction d'impôt sur le revenu lorsqu'ils proviennent de personnes domiciliées en France au sens de l'article 4 B.

La réduction d'impôt est égale à 25 % du montant des versements effectués, des biens ou des droits attribués, retenu pour la valeur fixée dans la convention de divorce homologuée par le juge ou par le jugement de divorce, et dans la limite d'un plafond égal à 30 500 euros apprécié par rapport à la période mentionnée au premier alinéa.

Lorsque la prestation compensatoire prend la forme d'une rente conformément aux dispositions des articles 276, 278 et 279-1 du Code civil, la substitution d'un capital aux arrérages futurs, versé ou attribué sur une période au plus égale à douze mois à compter de la date à laquelle le jugement prononçant la conversion est passé en force de chose jugée, ouvre également droit à la réduction d'impôt. Son assiette est alors égale au capital total reconstitué limité à 30 500 euros et retenu dans la proportion qui existe entre le capital dû à la date de la conversion et le capital total reconstitué à cette même date. Le capital total reconstitué s'entend de la valeur du capital versé ou attribué à la date de conversion, majoré de la somme des rentes versées jusqu'au jour de la conversion et revalorisées en fonction de la variation de l'indice moyen annuel des prix à la consommation constatée entre l'année de versement de la rente et celle de la conversion.

Lorsque le versement des sommes d'argent, l'attribution de biens ou de droits s'effectuent sur l'année au cours de laquelle le jugement de divorce, que celui-ci résulte ou non d'une demande conjointe, ou le jugement prononçant la conversion de rente en capital, sont passés en force de chose jugée et l'année suivante, le montant ouvrant droit à réduction d'impôt au titre de la première année ne peut excéder le montant du plafond mentionné au deuxième alinéa multiplié par le rapport existant entre le montant des versements de sommes d'argent, des biens ou des droits attribués au cours de l'année considérée, et le montant total du capital tel que celui-ci a été fixé dans le jugement de divorce ou le jugement prononçant la conversion que le débiteur de la prestation compensatoire s'est engagé à effectuer sur la période mentionnée au premier alinéa.

II. Nonobstant la situation visée au troisième alinéa, Les dispositions du I ne s'appliquent pas lorsque la prestation compensatoire est versée pour partie sous forme de rente.

> Règles d'imposition des époux en matière d'impôt sur le revenu

CGI, art. 6

1° Chaque contribuable est imposable à l'impôt sur le revenu, tant en raison de ses bénéfices et revenus personnels que de ceux de ses enfants et des personnes considérés comme étant à sa charge au sens des articles 196 et 196 A *bis*. Les revenus perçus par les enfants réputés à charge égale de l'un et l'autre de leurs parents sont, sauf preuve contraire, réputés également partagés entre les parents.

Sauf application des dispositions des 4 et 5, les personnes mariées sont soumises à une imposition commune pour les revenus perçus par chacune d'elles et ceux de leurs enfants et des personnes à charge mentionnés au premier alinéa; cette imposition est établie au nom de l'époux, précédée de la mention « Monsieur ou Madame ».

[…]

2° Le contribuable peut réclamer des impositions distinctes pour ses enfants, lorsque ceux-ci tirent un revenu de leur travail ou d'une fortune indépendante de la sienne.

3° Toute personne majeure âgée de moins de vingt et un ans, ou de moins de vingt-cinq ans lorsqu'elle poursuit ses études, ou, quel que soit son âge, lorsqu'elle effectue son service militaire ou est atteinte d'une infirmité, peut opter, dans le délai de déclaration et sous réserve des dispositions du quatrième alinéa du 2° du II de l'article 156, entre :

1° L'imposition de ses revenus dans les conditions de droit commun;

2° Le rattachement au foyer fiscal dont elle faisait partie avant sa majorité, si le contribuable auquel elle se rattache accepte ce rattachement et inclut dans son revenu imposable les revenus perçus pendant l'année entière par cette personne; le rattachement peut être demandé, au titre des années qui suivent celle au cours de laquelle elle atteint sa majorité, à l'un ou à l'autre des parents lorsque ceux-ci sont imposés séparément.

Si la personne qui demande le rattachement est mariée, l'option entraîne le rattachement des revenus du ménage aux revenus de l'un ou des parents de l'un des conjoints.

3° Le rattachement au foyer fiscal qui l'a recueillie après qu'elle soit devenue orpheline de père et de mère, si le contribuable auquel elle se rattache accepte ce rattachement et inclut dans son revenu imposable les revenus perçus pendant l'année entière par cette personne.

4° Les époux font l'objet d'impositions distinctes :

a. Lorsqu'ils sont séparés de biens et ne vivent pas sous le même toit;

b. Lorsqu'étant en instance de séparation de corps ou de divorce, ils ont été autorisés à avoir des résidences séparées;

c. Lorsqu'en cas d'abandon du domicile conjugal par l'un ou l'autre des époux, chacun dispose de revenus distincts.

5° Chacun des époux est personnellement imposable pour les revenus dont il a disposé pendant l'année de son mariage jusqu'à la date de celui-ci.

[…]

> Plus-values consécutives aux partages entre époux
[CGI, art. 150-0 A et 150 U]

CGI, art. 150-0 A

I.-1. Sous réserve des dispositions propres aux bénéfices industriels et commerciaux, aux bénéfices non commerciaux et aux bénéfices agricoles ainsi que des articles 150 UB et 150 UC, les gains nets retirés des cessions à titre onéreux, effectuées directement, par personne interposée ou par l'intermédiaire d'une fiducie, de valeurs mobilières, de droits sociaux, de titres mentionnés au 1° de l'article 118 et aux 6° et 7° de l'article 120, de droits portant sur ces valeurs, droits ou titres ou de titres représentatifs des mêmes valeurs, droits ou titres, sont soumis à l'impôt sur le revenu lorsque le montant de ces cessions excède, par foyer fiscal, 25 000 euros pour l'imposition des revenus de l'année 2008 et 25 730 euros pour l'imposition des revenus de l'année 2009. Pour l'imposition des revenus des années ultérieures, ce seuil, arrondi à la dizaine d'euros la plus proche, est actualisé chaque année dans la même proportion que la limite supérieure de la première tranche du barème de l'impôt sur le revenu de l'année précédant celle de la cession et sur la base du seuil retenu au titre de cette année.

Toutefois, en cas d'intervention d'un événement exceptionnel dans la situation personnelle, familiale ou professionnelle des contribuables, le franchissement de la limite précitée est apprécié par référence à la moyenne des cessions de l'année considérée et des deux années précédentes. Les événements exceptionnels doivent notamment s'entendre de la mise à la retraite, du chômage, de la procédure de sauvegarde, du redressement ou de la liquidation judiciaires ainsi que de l'invalidité ou du décès du contribuable ou de l'un ou l'autre des époux soumis à une imposition commune.

[...]

IV.– Le I ne s'applique pas aux partages qui portent sur des valeurs mobilières, des droits sociaux et des titres assimilés, dépendant d'une succession ou d'une communauté conjugale et qui interviennent uniquement entre les membres originaires de l'indivision, leur conjoint, des ascendants, des descendants ou des ayants droit à titre universel de l'un ou de plusieurs d'entre eux. Il en est de même des partages portant sur des biens indivis issus d'une donation-partage et des partages portant sur des biens indivis acquis par des partenaires ayant conclu un pacte civil de solidarité ou par des époux, avant ou pendant le pacte ou le mariage. Ces partages ne sont pas considérés comme translatifs de propriété dans la mesure des soultes ou plus-values.

CGI, art. 150 U

I.– Sous réserve des dispositions propres aux bénéfices industriels et commerciaux, aux bénéfices agricoles et aux bénéfices non commerciaux, les plus-values réalisées par les personnes physiques ou les sociétés ou groupements qui relèvent des articles 8 à 8 *ter*, lors de la cession à titre onéreux de biens immobiliers bâtis ou non bâtis ou de droits relatifs à ces biens, sont passibles de l'impôt sur le revenu dans les conditions prévues aux articles 150 V à 150 VH.

[...]

IV.– Le I ne s'applique pas aux partages qui portent sur des biens meubles ou immeubles dépendant d'une succession ou d'une communauté conjugale et qui interviennent uniquement entre les membres originaires de l'indivision, leur conjoint, des ascendants, des descendants ou des ayants droit à titre universel de l'un ou de plusieurs d'entre eux. Il en est de même des partages portant sur des biens indivis issus d'une donation-partage et des partages portant sur des biens indivis acquis par des partenaires ayant conclu un pacte civil de solidarité ou par des époux, avant ou pendant le pacte ou le mariage. Ces partages ne sont pas considérés comme translatifs de propriété dans la mesure des soultes ou plus-values.

> Solidarité en matière d'impôt de solidarité sur la fortune

CGI, art. 1723 *ter* 00-B

Les époux et les partenaires liés par un pacte civil de solidarité défini par l'article 515-1 du Code civil sont solidaires pour le paiement de l'impôt de solidarité sur la fortune.

> Solidarité fiscale entre époux

CGI, art. 1691 *bis*

I. – Les époux et les partenaires liés par un pacte civil de solidarité sont tenus solidairement au paiement :

1° De l'impôt sur le revenu lorsqu'ils font l'objet d'une imposition commune;

2° De la taxe d'habitation lorsqu'ils vivent sous le même toit.

II. – 1. Les personnes divorcées ou séparées peuvent demander à être déchargées des obligations de paiement prévues au I ainsi qu'à l'article 1723 *ter*-00 B lorsque, à la date de la demande :

a) Le jugement de divorce ou de séparation de corps a été prononcé;

b) La déclaration conjointe de dissolution du pacte civil de solidarité établie par les partenaires ou la signification de la décision unilatérale de dissolution du pacte civil de solidarité de l'un des partenaires a été enregistrée au greffe du tribunal d'instance;

c) Les intéressés ont été autorisés à avoir des résidences séparées;

d) L'un ou l'autre des époux ou des partenaires liés par un pacte civil de solidarité a abandonné le domicile conjugal ou la résidence commune.

2. La décharge de l'obligation de paiement est accordée en cas de disproportion marquée entre le montant de la dette fiscale et, à la date de la demande, la situation financière et patrimoniale, nette de charges, du demandeur. Elle est alors prononcée selon les modalités suivantes :

a) Pour l'impôt sur le revenu, la décharge est égale à la différence entre le montant de la cotisation d'impôt sur le revenu établie pour la période d'imposition commune et la fraction de cette cotisation correspondant aux revenus personnels du demandeur et à la moitié des revenus communs du demandeur et de son conjoint ou de son partenaire de pacte civil de solidarité.

Pour l'application du présent a, les revenus des enfants mineurs du demandeur non issus de son mariage avec le conjoint ou de son union avec le partenaire de pacte civil de solidarité sont ajoutés aux revenus personnels du demandeur; la moitié des revenus des enfants mineurs du demandeur et de son conjoint ou de son partenaire de pacte civil de solidarité est ajoutée à la moitié des revenus communs.

Les revenus des enfants majeurs qui ont demandé leur rattachement au foyer fiscal des époux ou des partenaires liés par un pacte civil de solidarité ainsi que ceux des enfants infirmes sont pris en compte dans les conditions définies à l'alinéa précédent.

La moitié des revenus des personnes mentionnées au 2° de l'article 196 ainsi qu'à l'article 196 A *bis* est ajoutée à la moitié des revenus communs du demandeur et de son conjoint ou de son partenaire de pacte civil de solidarité;

b) Pour la taxe d'habitation, la décharge est égale à la moitié de la cotisation de taxe d'habitation mise à la charge des personnes mentionnées au I;

c) Pour l'impôt de solidarité sur la fortune, la décharge est égale à la différence entre le montant de la cotisation d'impôt de solidarité sur la fortune dû par les personnes mentionnées à l'article 1723 *ter*-00 B et la fraction de cette cotisation correspondant à l'actif net du patrimoine propre du demandeur et à la moitié de l'actif net du patrimoine commun du demandeur et de son conjoint ou de son partenaire de pacte civil de solidarité.

Pour l'application du présent c, le patrimoine des enfants mineurs du demandeur non issus de son mariage avec le conjoint ou de son union avec le partenaire de pacte civil de solidarité est ajouté au patrimoine propre du demandeur; la moitié du patrimoine des enfants mineurs du demandeur et de son conjoint ou de son partenaire de pacte civil de solidarité est ajoutée à la moitié du patrimoine commun;

d) Pour les intérêts de retard et les pénalités mentionnées aux articles 1727,1728,1729,1732 et 1758 A consécutifs à la rectification d'un bénéfice ou revenu propre au conjoint ou au partenaire de pacte civil de solidarité du demandeur, la décharge de l'obligation de paiement est prononcée en totalité. Elle est prononcée, dans les autres situations, dans les proportions définies respectivement au a pour l'impôt sur le revenu, au b pour la taxe d'habitation et au c pour l'impôt de solidarité sur la fortune.

3. Le bénéfice de la décharge de l'obligation de paiement est subordonné au respect des obligations déclaratives du demandeur prévues par les articles 170 et 885 W à compter de la date de la fin de la période d'imposition commune.

La décharge de l'obligation de paiement ne peut pas être accordée lorsque le demandeur et son conjoint ou son partenaire lié par un pacte civil de solidarité se sont frauduleusement soustraits, ou ont tenté de se soustraire frauduleusement, au paiement des impositions mentionnées aux 1° et 2° du I ainsi qu'à l'article 1723 *ter*-00 B, soit en organisant leur insolvabilité, soit en faisant obstacle, par d'autres manœuvres, au paiement de l'impôt.

III. – Les personnes en situation de gêne et d'indigence qui ont été déchargées de l'obligation de paiement d'une fraction des impôts, conformément au II, peuvent demander à l'administration de leur accorder une remise totale ou partielle de la fraction des impositions mentionnées aux 1° et 2° du I restant à leur charge.

Pour l'application de ces dispositions, la situation de gêne et d'indigence s'apprécie au regard de la seule situation de la personne divorcée ou séparée à la date de demande de remise.

IV. – L'application des II et III ne peut donner lieu à restitution.

> Traitement fiscal de la prestation compensatoire

CGI, art. 1133 *ter*

Sous réserve de l'application de l'imposition prévue à l'article 1020 du présent code, les versements en capital effectués en application des articles 274, 278 et 279-1 du Code civil et qui ne sont pas soumis aux dispositions de l'article 80 *quater* du présent code sont assujettis, lorsqu'ils proviennent de biens autres que ceux visés à l'article 748, à la perception d'une imposition fixe de 125 euros.

Ces dispositions sont applicables aux conversions en capital effectuées en application des articles 276-4 et 280 du Code civil.

138.02 Jurisprudence de référence.

> Imposition distincte des époux en matière d'impôt sur le revenu même en cas de cohabitation périodique

• CAA Paris, 2e ch., 18 juin. 1996, n° 94PA00186, M. Krupa

* V. s^s n° 138.132

« [...] les circonstances tirées de ce que... l'un et l'autre des époux habitaient périodiquement chez son conjoint à l'occasion de voyages professionnels soit en Guadeloupe soit en métropole, et de ce qu'ils aient, au cours des années en cause, agi de concert pour la gestion d'intérêts matériels et patrimoniaux communs, ne sont pas de nature... à faire obstacle à l'imposition séparée des époux [...] ».

> Imposition commune des époux en matière d'impôt sur le revenu subordonnée à la création d'un foyer fiscal

• CAA Marseille, ass. plén., 8 avr. 2004, n° 99MA00636, Mme Goustard

* V. s^s n° 138.136

« [...] le législateur n'a entendu déroger aux principes d'unicité et d'annualité de l'impôt sur le revenu que dans le cas où, du fait de son mariage, le contribuable doit faire l'objet, au titre de la même année, d'une imposition personnelle des revenus qu'il a perçus alors qu'il était célibataire et d'une imposition commune des revenus acquis par le foyer fiscal qu'il a créé; que, par suite, cette dérogation ne s'étend pas à l'hypothèse où le mariage n'entraîne pas une imposition commune des époux ».

> La situation et les charges de famille d'un contribuable divorcé s'apprécient au 31 décembre de l'année d'imposition et non au 1er janvier lorsqu'en cours d'année une décision de justice met l'entretien de ses enfants à sa charge

• CE 3e et 8e sous-sect., 21 mars 2003, req. n° 238358, M. Carpentier

* V. s^s n° 138.177

« [...] aux termes du 1 de l'article 196 *bis* du Code général des impôts : *"la situation et les charges de famille dont il doit être tenu compte sont celles existant au 1er janvier de l'année de l'imposition. Toutefois, en cas d'augmentation des charges de famille en cours d'année, il est fait état de la situation au 31 décembre ou à la date du décès s'il s'agit d'imposition établie en vertu de l'article 204"* ».

> Les rentes viagères versées à titre de prestation compensatoire n'entrent pas dans l'assiette de l'impôt de solidarité sur la fortune

• Com. 31 mai 2005, n° 03-18.840, NP

* V. s^s n° 138.261

« Qu'après avoir rappelé qu'échappent à l'impôt de solidarité sur la fortune les biens, droits et valeurs, dépourvus de valeur patrimoniale, la cour d'appel a retenu que malgré son caractère indemnitaire, la prestation compensatoire présentait aussi un caractère alimentaire, et qu'incessible, non transmissible, non compensable et d'une *"saisissabilité limitée"* comme les créances alimentaires, elle était, par conséquent, privée de valeur patrimoniale; que dès lors, elle en a déduit, à bon droit, que la valeur de capitalisation de la prestation compensatoire versée sous forme de rente viagère n'entrait pas dans l'assiette de l'impôt de solidarité sur la fortune telle que définie par l'article 885 E du Code général des impôts ».

• **Com. 19 avr. 2005, n° 03-11.750,** *Bull. civ.* IV, n° 94

* V. s[s] n° 138.261

« [...] qu'après avoir rappelé qu'échappent à l'impôt de solidarité sur la fortune les biens, droits et valeurs, dépourvus de valeur patrimoniale, la cour d'appel a retenu que malgré son caractère mixte, indemnitaire et alimentaire, la prestation compensatoire versée sous forme de rente viagère était assimilée aux créances alimentaires, et qu'insaisissable et incessible, elle était, par conséquent, privée de valeur patrimoniale; que dès lors, la cour d'appel en a déduit, à bon droit, que sa valeur de capitalisation n'entrait pas dans l'assiette de l'impôt de solidarité sur la fortune telle que définie par l'article 885 E du Code général des impôts ».

138.03 Bibliographie indicative.

Actualisables. J.-CL. DIVORCE, fasc. 270, 1/2010, par F. Douet.

Ouvrage. F. DOUET, *Précis de droit fiscal de la famille*, 9e éd., Litec, 2010 – P.-J. Claux, S. David *et alii*, *Droit et pratiques du divorce 2010/2011*, « Dalloz référence », 1re éd., Dalloz, 2010, n°s 3.00 s.

Articles. F. Douet, « Aspects fiscaux de la réforme du divorce du 26 mai 2004 », *RLDC* 2004, n° 7, p. 35 s.; « L'aménagement du régime fiscal de la prestation compensatoire en cas de divorce sur demande conjointe », *D.* 2002, 1774; « Brèves remarques sur les conséquences fiscales de la résidence alternée », *D.* 2002, 1211; « Les aspects fiscaux de la loi du 26 mai 2004 relative au divorce », *D.* 2004, 2318; « Règles d'imposition applicables l'année du mariage ou du PACS », *Dr. et patr.* 2005, n° 136, p. 28 s.; « Suite des brèves remarques sur les conséquences fiscales de la résidence alternée », *D.* 2002, 3169; « Suite et fin des brèves remarques sur les conséquences fiscales de la résidence alternée », *D.* 2003, 990.

138.04 Questions essentielles.

> Quelles sont les conséquences du divorce en matière d'impôt sur le revenu ?

* V. s[s] n°s 138.130 s.

> Quelles sont les conséquences du divorce en matière d'impôt de solidarité sur la fortune ?

* V. s[s] n°s 138.180 s.

> Quel est le régime fiscal des prestations compensatoires versées sous forme d'un capital ?

* V. s[s] n°s 138.221 s.

> Quel est le régime fiscal des prestations compensatoires versées sous forme d'une rente viagère ?

* V. s[s] n°s 138.260 s.

> Quel est le régime fiscal de la substitution d'un capital à une prestation compensatoire versées sous forme d'une rente viagère ?

* V. s[s] n°s 138.290 s.

> Quel est le traitement fiscal des versements destinés à l'entretien et à l'éducation des enfants ?

* V. s[s] n°s 138.310 s.

138.09 Division. Pour bien appréhender les aspects fiscaux du divorce, il est nécessaire d'avoir à l'esprit que le droit fiscal est un **droit de superposition** qui a vocation à s'appliquer à des situations déjà régies par d'autres branches du droit. Cela explique que la plupart des questions d'ordre civil qui se posent au moment du divorce s'accompagnent de considérations fiscales[1]. Partant, le divorce soulève des questions relatives :

– aux aspects fiscaux de la **dissolution du régime matrimonial** (sect. 1);

– à ses conséquences en matière **d'impôt sur le revenu, d'impôt de solidarité sur la fortune et de taxe d'habitation** (sect. 2);

– au régime fiscal de la **prestation compensatoire** (sect. 3);

– au traitement fiscal des **versements effectués au profit des enfants** de couples divorcés (sect. 4);

– et aux conséquences fiscales de l'octroi à l'un des époux de **dommages et intérêts à l'occasion du divorce** (sect. 5).

SECTION 1
ASPECTS FISCAUX DE LA DISSOLUTION DU RÉGIME MATRIMONIAL

138.10 Division. Les questions fiscales liées à la dissolution du régime matrimonial sont au nombre de quatre. Il s'agit :

– des aspects fiscaux des partages entre époux (§ 1);

– des conséquences du partage entre époux en matière de taxes foncières (§ 2);

– des modalités d'imposition des plus-values consécutives aux partages entre époux (§ 3);

– et du traitement fiscal des donations et des avantages matrimoniaux révoqués en cas de divorce (§ 4).

1. Pour un panorama des questions fiscales afférentes au divorce, V. NOT., F. DOUET, *Précis de droit fiscal de la famille*, 9e éd., Litec, 2010.

§ 1
Aspects fiscaux des partages entre époux

138.11 Droit entraîné par un partage. Les partages de biens meubles et immeubles entraînent le paiement d'un **droit d'enregistrement** ou d'une **taxe de publicité foncière** de 1,1 % (CGI, art. 746).

Le fait générateur du droit de partage est constitué par le partage de l'indivision. Le droit de partage est donc différé tant que celle-ci perdure.

138.12 Formalités à accomplir. Les actes qui constatent un partage de biens à quelque titre que ce soit doivent être enregistrés dans le **délai d'un mois** à compter de leur date (CGI, art. 635, 1, 7°). Cet enregistrement s'accompagne du **paiement du droit de partage.**

Les actes qui constatent un partage portant uniquement sur des biens **meubles** doivent être présentés à la formalité de **l'enregistrement** au service des impôts.

Les actes qui portent uniquement sur des biens **immeubles** sont soumis à la formalité fusionnée et entraînent paiement de la **taxe de publicité foncière.** Cette formalité s'effectue à la conservation des hypothèques.

Les partages qui concernent à la fois des **meubles** et des **immeubles** donnent lieu à la **formalité fusionnée.**

138.13 Notions de partage « pur et simple » et de partage avec « soulte » ou « plus-value ». Un partage peut être pur et simple ou fait avec soulte ou plus-value.

Un partage est pur et simple à partir du moment où chaque copartageant reçoit dans son lot l'équivalent de ses droits dans la masse.

Un partage est fait avec soulte ou plus-value lorsqu'un ou plusieurs des copartageants reçoivent des biens d'une valeur supérieure à leurs droits dans la masse.

Un partage est fait avec soulte lorsqu'un ou plusieurs des copartageants reçoivent dans leur lot des biens pour une valeur supérieure à leurs droits dans la masse indivise en contrepartie soit du versement d'une somme d'argent aux autres, soit de la prise en charge de tout ou partie du passif incombant normalement à ceux-ci.

Un partage est fait avec plus-value lorsqu'un ou plusieurs des copartageants n'ont pas à verser de compensation en contrepartie de l'attribution de biens pour une valeur supérieure à leurs droits dans la masse indivise.

À la différence d'un partage fait avec plus-value, un partage avec soulte a pour effet de rétablir l'égalité entre les copartageants.

138.20 Division. Seul le **partage d'une indivision post-communautaire** ou de **biens indivis entre époux** entraîne le paiement du droit de partage ou de la taxe de publicité foncière. Trois cas de figure sont susceptibles de se rencontrer suivant que le partage intervient entre époux mariés sous un régime communautaire (A), sous le régime de la séparation de biens (B) ou sous le régime de la participation aux acquêts (C).

A.
Aspects fiscaux du partage intervenant entre époux mariés sous un régime communautaire

138.21 Distinction. Lorsqu'un partage intervient entre époux mariés sous un régime communautaire, il s'agit le plus souvent du partage de l'indivision post-communautaire. Mais le partage peut porter sur une indivision ordinaire en présence d'époux ayant réalisé des achats en commun antérieurement à leur mariage sous un régime communautaire.

138.22 Fiscalité du partage d'une indivision post-communautaire ou d'une indivision simple entre époux. Les partages portant sur des biens indivis acquis par des époux, avant ou pendant le mariage, ne sont pas considérés comme translatifs de propriété dans la mesure des soultes ou plus-values. En ce qui les concerne, l'imposition est liquidée sur la **valeur nette de l'actif partagé** déterminée sans déduction de ces soultes ou plus-values (CGI, art. 748).

B.
Aspects fiscaux du partage intervenant entre époux mariés sous le régime de la séparation de biens

138.31 Partage de biens indivis entre époux séparés de biens. Le partage de biens indivis entre époux séparés de biens est soumis au droit commun des partages entre époux (v. s[s] n° 138.22).

C.
Aspects fiscaux du partage intervenant entre époux mariés sous le régime de la participation aux acquêts

138.41 Présentation. Au regard du droit fiscal, un partage intervenant entre époux mariés sous le régime de la participation aux acquêts soulève la question du traitement de la **créance de participa-**

tion et, le cas échéant, celle du partage du ou des biens acquis indivisément par les époux.

138.42 Traitement fiscal de la créance de participation. Le règlement de la créance de participation donne en principe lieu à **paiement en argent** (C. civ., art. 1576, al. 1er). Ce règlement entraîne la perception du **droit fixe** de 125 euros afférent aux actes innommés.

Par exception, la créance de participation peut faire l'objet d'un **règlement en nature** (C. civ., art. 1576, al. 2). Ce règlement est considéré comme une opération de partage soit lorsque les biens attribués n'étaient pas compris dans le patrimoine originaire ou lorsque l'époux attributaire vient à la succession de l'autre (C. civ., art. 1576, al. 3).

Lorsque **les biens attribués n'étaient pas compris dans le patrimoine originaire**, le droit de partage de 1,1 % est dû. Ce droit est assis sur la valeur nette de l'actif partagé déterminée sans déduction des soultes ou plus-values éventuelles (CGI, art. 748).

Si **les biens attribués en règlement de la créance de participation dépendaient du patrimoine originaire**, l'attribution constitue une dation en paiement soumise aux droits de mutation à titre onéreux calculés en fonction de la nature de ces biens.

138.43 Traitement fiscal du partage de biens acquis indivisément par des époux mariés sous le régime de la participation aux acquêts. Les partages portant sur des biens acquis en indivision par des époux mariés sous le régime de la participation aux acquêts ne sont pas considérés comme translatifs de propriété dans la mesure des soultes ou plus-values. En ce qui les concerne, l'imposition est liquidée sur la **valeur nette de l'actif partagé déterminée** sans déduction de ces soultes ou plus-values (CGI, art. 748).

§ 2
Conséquences du partage entre époux en matière de taxes foncières

138.51 Présentation. En matière de taxes foncières, le partage entre époux n'a d'incidence qu'à l'égard des **biens communs** et des **biens indivis**. En effet, lorsqu'un immeuble est propre ou personnel à un époux ou à un ex-époux, la taxe foncière afférente à cet immeuble n'est établie qu'au nom de cet époux ou de cet ex-époux.

138.52 Modalités d'imposition des immeubles indivis. Les immeubles sont imposés aux noms de chacun des ex-époux **en proportion de leurs droits respectifs** tant qu'il s'agit de biens faisant partie d'une **indivision post-communautaire** ou d'une **indivision simple**.

138.53 Incidence des changements de propriété. Un changement de propriété consécutif au partage d'une indivision post-communautaire ou d'une indivision simple doit être **publié à la conservation des hypothèques**. Ce n'est qu'à compter du 1er janvier suivant l'accomplissement de cette formalité que chacun des ex-époux sera seul redevable de la taxe foncière afférente aux immeubles qui lui auront été attribués [1].

§ 3
Modalités d'imposition des plus-values consécutives aux partages entre ex-époux

138.60 Division. Les partages entre ex-époux peuvent donner lieu à la réalisation de plus-values non professionnelles (A) et de plus-values professionnelles (B).

A.
Plus-values non professionnelles consécutives aux partages entre ex-époux

138.70 Division. Un partage entre époux peut entraîner la réalisation de plus-values non professionnelles. Parmi celles-ci, il convient de distinguer les plus-values consécutives au partage de biens dépendant d'une communauté conjugale ou de biens indivis entre époux (1°), les plus-values immobilières exonérées (2°) et les plus-values de cession de valeurs mobilières et de droits sociaux (3°).

1°
Plus-values consécutives au partage de biens dépendant d'une communauté conjugale ou de bien indivis entre époux

138.71. Division. Les partages entre époux ne sont pas considérés comme translatifs de propriété dans la mesure des soultes ou plus-values (CGI, art. 150-0 A, IV et 150 U, IV). À défaut de transfert de propriété, la **plus-value réalisée à l'occasion d'un tel partage n'est pas imposable.** Les partages concernés sont ceux qui portent soit sur des biens – meubles ou immeubles – dépendant d'une **communauté conjugale**, soit sur des **biens indivis acquis par des époux avant ou pendant le mariage**. Ces

1. EN CE SENS, v. CE 7e et 8e ss-sect., 18 févr. 1985, req. no 40333, Mme Petit d'Arthe, ép. Arnoult, *RJF* 4/85, no 586, 2e esp.

partages échappent à l'imposition lorsqu'ils interviennent uniquement entre les membres originaires de l'indivision, leur conjoint, des ascendants, des descendants ou des ayants droit à titre universel de l'un ou de plusieurs d'entre eux.

La doctrine administrative précise qu'il n'est pas nécessaire qu'un divorce soit la cause du partage. Celui-ci peut intervenir avant ou procéder de la dissolution du régime matrimonial[1].

2°
Plus-values immobilières exonérées à la suite d'un partage entre époux

138.81 Règles générales. En principe, les plus-values immobilières réalisées par les particuliers à l'occasion de cessions à titre onéreux sont imposables (CGI, art. 150 U, I). Mais de nombreuses **plus-values immobilières sont exonérées**[2]. Tel est le cas de la plus-value dégagée lors de la **cession d'un immeuble qui constitue la résidence principale du cédant au jour de la cession** (CGI, art. 150 U, II). En cas de divorce, le bénéfice de cette exonération suscite des difficultés en présence d'une résidence principale en cours de construction ou lorsque l'un des époux ou des ex-époux a quitté la résidence principale du couple.

138.82 Résidence principale en cours de construction. Par définition, un immeuble en cours de construction ne peut pas servir de résidence principale avant son achèvement. Un tel immeuble n'entre donc pas dans le champ d'application de l'exonération accordée en cas de cession d'une résidence principale.

Toutefois, **la doctrine administrative admet une tolérance** lorsque des époux en instance de divorce cèdent à titre onéreux un immeuble en cours de construction qui était destiné à constituer leur résidence principale. Bien que dépourvue de valeur juridique, cette tolérance est opposable aux services fiscaux sur le fondement de l'article L. 80 A du Livre des procédures fiscales[3]. Son bénéfice est subordonné au respect de **deux conditions cumulatives.** Les époux en instance de divorce[4] :

– doivent prouver que **l'immeuble cédé était destiné à leur servir d'habitation principale.** Cette preuve peut par exemple résulter de l'obtention d'un prêt pour la construction d'une résidence principale;

– et **ne doivent pas être propriétaires du logement qu'ils occupaient durant la construction de leur future habitation.**

138.83 Cession d'un immeuble qui ne constitue plus la résidence principale de l'un des époux. À l'occasion d'un divorce, il est fréquent que l'un des époux quitte l'immeuble qui constituait la résidence principale du couple. Si cet époux détient des droits sur cet immeuble et que celui-ci est cédé à titre onéreux après son départ, l'application littérale du Code général des impôts conduit à accorder le bénéfice de l'exonération uniquement à l'époux qui a continué à l'occuper à titre de résidence principale.

Dans ce cas de figure, la doctrine administrative accepte néanmoins de faire bénéficier les époux ou les ex-époux de l'exonération prévue en faveur des résidences principales. Bien que dépourvue de valeur juridique, cette **mesure de bienveillance** est opposable aux services fiscaux sur le fondement de l'article L. 80 A du Livre des procédures fiscales[5]. Son bénéfice est subordonné au respect de **deux conditions cumulatives**[6] :

– l'immeuble devait constituer **la résidence principale des époux lors de leur séparation.** La doctrine administrative précise que la circonstance que le contribuable soit propriétaire du logement qu'il occupe à la date de la cession de l'ancienne résidence commune des époux n'est pas de nature à écarter le bénéfice de l'exonération;

– et la cession de cet immeuble doit être motivée par la rupture des époux et intervenir dans un délai normal. Sauf circonstances particulières, un **délai d'un an** est considéré comme « normal ». Ce délai commence à courir à partir de la **date de mise en vente** de l'ex-résidence principale commune des époux ou des ex-époux[7]. La doctrine administrative n'impose aucun délai particulier entre la date de la séparation et la date de mise en vente[8].

1. Doc. adm. 8 M-1-08, 1er mai 2008, § 19.
2. Sur ces exceptions, V. NOT., DOUET, n° 668.
3. Sur le jeu de l'art. L. 80 A du LPF, V. NOT., DOUET, n° 2709.
4. Instr. 14 janv. 2004 DGI, fiche n° 2, relative aux biens immobiliers exonérés, § 25 et 26, *BOI* 8 M-1-04, 14 janv. 2004; *Dr. fisc.* 2004, n° 6, II, 13081.
5. Sur le jeu de l'art. L. 80 A du LPF, V. NOT., DOUET, n° 2709. Toutefois, le tribunal administratif de Pau a jugé que cette mesure de bienveillance ne constitue pas une interprétation formelle de la loi fiscale opposable aux services fiscaux sur le fondement de l'art. L. 80 A du LPF : TA Pau, 1re ch., 7 juin 2007, req. n° 05422, M. Mercie, *RJF* 4/08, n° 452. À notre connaissance, il s'agit de la seule décision publiée relative à cette question.
6. Instr. 14 janv. 2004 DGI, fiche n° 2, relative aux biens immobiliers exonérés, § 27 et 28, *BOI* 8 M-1-04, 14 janv. 2004; *Dr. fisc.* 2004, n° 6, II, 13081.
7. Rép. min. n° 3602 à M. Cardo, *JOAN* Q, 20 nov. 2007, p. 7298; *Defrénois* 2008, n° 16, art. 38826, p. 1786 s., note Douet – Rép. min. n° 14197 à M. Breton, *JOAN* Q, 8 avr. 2008, p. 3065; *Defrénois* 2008, n° 16, art. 38826, p. 1786 s., note Douet.
8. Rép. min. n° 27079 à M. Flory, *JOAN* Q, 28 oct. 2008, p. 9287; *Nouv. fisc.* 2008, n° 1012, p. 26 (rép. min. non reproduite).

3°
Plus-values de cession de valeurs mobilières et de droits sociaux exonérées à la suite d'un partage entre époux

138.91 **Principe.** En principe, les plus-values de cession de valeurs mobilières et de droits sociaux ne sont imposables que lorsque le montant annuel des cessions dépasse, par foyer fiscal, 25 730 euros au titre de l'année 2009 (CGI, art. 150-0 A, I-1 - Ce seuil est revalorisé chaque année).

138.92 **Exception.** Par exception, en cas de survenance d'un **événement exceptionnel dans la situation personnelle, familiale ou professionnelle du contribuable**, le franchissement du seuil de 25 730 euros s'apprécie par référence à la moyenne des cessions de l'année considérée et des deux années précédentes (CGI, art. 150-0 A, I-1, al. 2.). Le **divorce** et la **séparation de corps** figurent parmi ces événements exceptionnels (CGI, ann. II, art. 74-0 A).

B.
Plus-values professionnelles consécutives aux partages entre ex-époux

138.101 **Détermination des plus-values professionnelles consécutives aux partages entre époux.** Lorsque les époux sont mariés sous un régime communautaire, il peut arriver que la communauté comprenne des **éléments affectés à l'activité professionnelle de l'un d'eux**. En cas de dissolution de la communauté par divorce, ces éléments sont **transférés dans l'indivision post-communautaire**. Ce transfert n'a pas le caractère d'une cession susceptible de donner lieu à taxation selon le régime des plus-values professionnelles[1].

Les époux peuvent aussi être **propriétaires indivis de biens utilisés dans le cadre de leur activité professionnelle** commune ou de l'activité professionnelle de l'un d'eux.

Dans ces deux hypothèses, les époux ou les ex-époux coïndivisaires ont, au regard de la loi fiscale, la **qualité de coexploitants**[2]. Il en va de la sorte même si l'un d'eux n'est pas inscrit au registre du commerce et des sociétés en qualité de conjoint collaborateur et même en l'absence de société créée de fait entre les époux[3]. Dans ce cas de figure, la plus-value dégagée lors du partage d'une indivision post-communautaire ou d'une indivision simple entre époux relève du régime applicable aux **plus-values professionnelles**[4].

138.102 **Modalités d'imposition de la plus-value.** Chacun des époux est imposable à raison de la plus-value dégagée lorsqu'ils cèdent tous les deux à un tiers leurs droits dans l'indivision.

Si l'un des époux continue l'exploitation et que l'autre se retire, il n'y a cessation d'entreprise qu'à l'égard du second. Celui-ci est imposable à raison des plus-values réalisées lors de la cession de ses droits indivis dans le fonds de commerce. Le calcul de ces plus-values s'effectue sur la base de l'estimation faite lors de l'attribution du fonds au conjoint[5].

La plus-value dégagée à l'occasion du partage d'une indivision post-communautaire ou d'une indivision simple entre époux est imposable au titre de l'année de cession des droits indivis. **L'année d'imposition** n'est donc pas l'année du divorce mais **l'année de cession des droits indivis**[6].

L'application de la **fiscalité des entreprises** plutôt que de la fiscalité des particuliers n'est pas forcément pénalisante. En effet, l'époux ou l'ex-époux qui cède ses droits dans l'indivision peut - sous réserve du respect de diverses conditions - profiter du **régime fiscal de faveur applicable aux plus-values réalisées par les « petites entreprises »**[7]. Dans le cadre de ce régime, les plus-values sont susceptibles d'être exonérées d'impôt.

La doctrine administrative est bienveillante lorsque le fonds de commerce est attribué à l'époux commerçant à charge de soulte. Dans cette hypothèse, les services fiscaux tolèrent que les plus-values acquises par les éléments du fonds de commerce ne soient pas soumises à l'impôt à l'occasion de la dissolution de la communauté, sous réserve que l'exploitant, s'il est soumis au régime du bénéfice réel, n'apporte aucun changement aux évaluations comptables de ces éléments[8]. Cette tolérance est opposable à l'administration fiscale sur le fondement de l'article L. 80 A du Livre des procédures fiscales[9].

1. CE 8e et 9e ss-sect., 3 sept. 1997, req. n° 133408, Mme Pagnon, *Dr. fisc.* 1997, n° 51, comm. 1340, concl. Goulard; *RJF* 10/97, n° 919, chron. Verclytte, p. 587 s., concl. Goulard; *BDCF* 5/97, n° 98.
2. EN CE SENS, v. not., CE, ass. plén., 6 mars 1991, req. n° 61863, M. Baudrand, *Dr. fisc.* 1992, n° 26, comm. 1242 - CE 8e et 9e ss-sect., 26 mars 1980, req. n° 15355, Mme Veuve Lemaire, *Dr. fisc.* 1980, n° 28, comm. 1575; *Dr. fisc.* 1981, n° 6, comm. 259, concl. Martin-Laprade; *RJF* 6/80, n° 484.
3. CAA Lyon, 4e ch., 28 févr. 1996, n° 94LY01279, Mme Magnin, *Dr. fisc.* 1996, n° 40, comm. 1167; *RJF* 5/96, n° 605.
4. CAA Lyon, 4e ch., 28 févr. 1996, n° 94LY01279, Mme Magnin.
5. Rép. min. n° 66-427 à M. Charpentier, *JOAN* Q, 23 déc. 1985, p. 5867 - Rép. min. n° 76-491 à M. Vouillot, *JOAN* Q, 30 déc. 1985, p. 5963 - Rép. min. nos 22-307, 24-196 et 26-008 à M. Dejoie, *JO Sénat* 26 déc. 1985, p. 2392; *Dr. fisc.* 1986, n° 9, comm. 366.
6. CE 8e et 9e ss-sect., 5 mars 1993, req. n° 90123, M. Perrin, *Dr. fisc.* 1993, n° 51, comm. 2451; *RJF* 5/93, n° 650.
7. Sur cette question, V. NOT., DOUET, nos 620 s.
8. Doc. adm. 4 A-6122, 1er sept. 1993, § 4.
9. Sur le jeu de l'art. L. 80-A du LPF, V. NOT., DOUET, n° 2709.

§ 4
Traitement fiscal des donations et des avantages matrimoniaux révoqués en cas de divorce

138.111 Sort des donations et des avantages matrimoniaux en cas de divorce. Les avantages matrimoniaux qui prennent effet au cours du mariage ne sont pas affectés par le divorce (C. civ., art. 265, al. 1er).

En revanche, le divorce emporte en principe **révocation de plein droit des avantages matrimoniaux qui ne prennent effet qu'à la dissolution du régime matrimonial** (C. civ., art. 265, al. 2). Par exception, il en va différemment en cas de manifestation de volonté contraire de l'époux qui a consenti ces avantages matrimoniaux. Cette volonté doit être constatée par le juge au moment du prononcé du divorce. **L'avantage maintenu devient alors irrévocable.** Mais les époux peuvent toujours reprendre les biens qu'ils ont apportés à la communauté lorsque le **contrat de mariage** prévoit cette **reprise** (C. civ., art. 265, al. 3).

138.112 Traitement fiscal de la révocation des donations entre époux et des avantages matrimoniaux. Dans la mesure où la révocation des donations et avantages matrimoniaux est constatée judiciairement, cette révocation ne donne en principe pas lieu à la perception de droits d'enregistrement (CGI, art. 1961, al. 3).

Par exception, la révocation d'une donation ou d'un avantage matrimonial portant sur un immeuble doit être publiée à la conservation des hypothèques compétente et, par conséquent, donne lieu au paiement de la **taxe de publicité foncière** au taux de 0,715 % [1].

SECTION 2
CONSÉQUENCES DU DIVORCE EN MATIÈRE D'IMPÔT SUR LE REVENU, D'IMPÔT DE SOLIDARITÉ SUR LA FORTUNE ET DE TAXE D'HABITATION

138.120 Présentation. L'impôt sur le revenu et l'impôt de solidarité sur la fortune sont des impôts dits « familiaux », c'est-à-dire des impôts dont le montant dépend de la **composition du foyer fiscal.**

Tant en matière d'impôt sur le revenu qu'en matière d'impôt de solidarité sur la fortune, les époux forment en principe un seul foyer fiscal. En outre, ce foyer fiscal comprend les personnes qui sont considérées comme étant à la charge des conjoints. Le plus souvent, il s'agit des enfants de ces derniers. À compter de leur divorce, les époux constituent des foyers fiscaux distincts. Cette « scission » s'accompagne de conséquences au regard de l'impôt sur le revenu (§ 1), de l'impôt de solidarité sur la fortune (§ 2) et de la taxe d'habitation (§ 3).

Par exception, il peut arriver que les époux fassent l'objet d'impositions distinctes avant le prononcé de leur divorce (en matière d'impôt sur le revenu, v. ss nos 138.132 s. – en matière d'impôt de solidarité sur la fortune, v. ss nos 138.181). Si tel est le cas, ce prononcé ne modifiera pas leurs modalités d'imposition en matière d'impôt sur le revenu et en matière d'impôt de solidarité sur la fortune.

En toutes hypothèses, les époux sont tenus solidairement au paiement de l'impôt sur le revenu et de l'impôt de solidarité sur la fortune afférents à une période d'imposition commune (§ 4).

§ 1
Conséquences du divorce en matière d'impôt sur le revenu

138.130 Division. S'agissant des conséquences du divorce en matière d'impôt sur le revenu, il convient de s'intéresser successivement aux modalités d'imposition des époux (A) et aux conséquences de leur imposition distincte (B).

A.
Modalités d'imposition des époux en matière d'impôt sur le revenu

138.131 Principe. En principe, les personnes mariées sont soumises à une imposition commune pour les revenus perçus par chacune d'elles et ceux de leurs enfants et personnes à charge (CGI, art. 6-1, al. 2).

138.132 Exceptions. Par exception, l'article 6, 4 du Code général des impôts prévoit que les époux font l'objet d'impositions distinctes en matière d'impôt sur le revenu :

– tout d'abord, **lorsqu'ils sont séparés de biens et ne vivent pas sous le même toit.**

Sous réserve du respect de ces deux conditions cumulatives, des époux doivent être imposés séparément même en cas de cohabitation périodique à l'occasion de voyages professionnels et de gestion de concert d'intérêts maté-

1. La taxe départementale de publicité foncière calculée au taux de 0,60 % – 0,70 % à compter du 1er janvier 2011 – est majorée d'une part, d'un prélèvement pour frais d'assiette et de recouvrement de 2,5 % assis sur cette taxe et, d'autre part, d'une taxe de 0,1 % perçue au profit de l'État. Le taux global du prélèvement est donc de 0,715 % [0,60 + (0,60 × 0,025) + 0,1 = 0,715].

riels et patrimoniaux communs[1]. À partir du moment où l'absence de vie sous le même toit ne présente pas un caractère temporaire, cette circonstance suffit pour entraîner l'imposition distincte d'époux séparés de biens[2];

- ensuite, lorsqu'étant en instance de séparation de corps ou de divorce, **ils ont été autorisés à avoir des résidences séparées**;

- enfin, lorsqu'en cas d'**abandon du domicile conjugal** par l'un ou l'autre des époux, chacun dispose de **revenus distincts**. L'article 108 du Code civil précise que « *le mari et la femme peuvent avoir un domicile distinct sans qu'il soit pour autant porté atteinte aux règles relatives à la communauté de vie* ». Le seul fait que les époux aient des résidences séparées ne suffit donc pas pour établir l'abandon du domicile conjugal.

Dès lors, les circonstances que des époux disposent de logements séparés et que l'épouse vive avec une autre personne ne permettent pas de prouver que toute vie commune a effectivement cessé entre eux et, par conséquent, n'autorisent pas les services fiscaux à établir une imposition distincte au nom de cette épouse[3].

138.133 Contribution aux charges du mariage. La contribution aux charges du mariage définie à l'article 214 du Code civil est **déductible du revenu brut global de son débiteur** à condition que les époux fassent l'objet d'une imposition séparée en matière d'impôt sur le revenu et que son versement résulte d'une décision de justice (CGI, art. 156, II, 2°).

138.134 Pension alimentaire versée dans le cadre d'une procédure de divorce. Au titre des mesures provisoires mentionnées aux articles 254 à 257 du Code civil, le juge peut notamment autoriser les époux à résider séparément et décider que l'un d'eux versera une pension alimentaire à l'autre. Dans la mesure où elle résulte d'une décision de justice (v. s[s] n° 138.321), cette pension est **déductible du revenu brut global de son débiteur** et **imposable entre les mains de son créancier** dans la catégorie des traitements, salaires, pensions et rentes viagères (v. s[s] n°s 138.271).

À défaut d'autorisation donnée aux époux par le juge de résider séparément, les sommes versées spontanément entre eux, même suite à un accord passé par l'intermédiaire d'un avocat ou d'un officier ministériel, ne sont pas déductibles du revenu global du débiteur ni imposables au nom du créancier, sauf lorsque le juge homologue ultérieurement ces mesures provisoires dans une décision de justice ayant acquis force de chose jugée[4].

138.135 Caractère obligatoire de l'imposition distincte dans les cas prévus par l'article 6, 4 du Code général des impôts. L'article 6, 4 du Code général des impôts dispose que « *les époux font l'objet d'impositions distinctes* » et non que « *les époux peuvent faire l'objet d'impositions distinctes* ». L'imposition distincte des époux est donc obligatoire dès l'instant où leur situation correspond précisément à l'un des trois cas de figure prévus par cet article. Les autres circonstances sont inopérantes. Conformément à cette interprétation, des époux qui ont été autorisés à résider séparément au cours d'une instance en divorce doivent faire l'objet d'impositions distinctes en dépit du fait qu'ils continuent à cohabiter[5] (*CONTRA*[6]).

138.136 Imposition commune des époux subordonnée à l'existence d'un foyer fiscal. Jusqu'à leur mariage les futurs époux constituent deux foyers fiscaux distincts. Leur mariage entraîne la fusion de ces deux foyers fiscaux en un seul foyer fiscal. La création de ce nouveau foyer fiscal explique l'imposition commune des époux à compter de leur mariage.

À propos de cette question, le juge fiscal a eu à connaître d'une affaire dans laquelle un contribuable s'était marié sous le régime de la séparation de biens et vivait, depuis la date de son mariage, séparé de son conjoint. Au titre de l'année de son mariage, ce contribuable soutenait qu'il devait être assujetti à l'impôt sur le revenu sur la base de deux avis d'imposition : un afférent aux revenus perçus du 1er janvier de l'année de son mariage à la date de celui-ci et l'autre de cette date au 31 décembre de la même année. Pour l'intéressé, cette solution aurait permis d'atténuer la progressivité du barème de l'impôt sur le revenu et, corrélativement, de réduire le montant de cet impôt. Mais dès la date de leur mariage, les époux remplissaient les conditions requises pour continuer à faire l'objet d'impositions distinctes. En l'occurrence, ils s'étaient mariés sous le régime de la séparation de biens sans vivre sous le même toit. En dépit de leur mariage, les époux ont continué à constituer deux foyers fiscaux distincts. Autrement dit, leur mariage n'avait pas entraîné la création d'un nouveau foyer fiscal. Au titre de l'année de leur mariage, il n'y avait donc pas lieu que chacun des

1. CAA Paris, 2e ch., 18 juin. 1996, n° 94PA00186, M. Krupa, *Dr. fisc.* 1996, n° 39, comm. 1135, concl. Mendras; *RJF* 11/96, n° 1261.
2. CE 3e et 8e s[s]-sect., 25 avr. 2003, req. n° 181719, M. Krupa, *Dr. fam.* 2004, n° 3, comm. 44, note Douet; *Dr. fisc.* 2003, n° 42, comm. 736, concl. Bachelier; *RJF* 7/03, n° 796, concl. Bachelier; *BDCF* 7/03, n° 86.
3. CAA Lyon, 2e ch., 16 juin 2005, n° 00LY00571, Mme Grace, *Dr. fisc.* 2005, n° 51, comm. 823, concl. Gimenez.
4. EN CE SENS, v. Rép. min. n° 110934 à M. Boisserie, *JOAN* Q, 16 janv. 2007, p. 558; *RFN* 2007, n° 2, comm. 23.
5. TA Nantes, 1re ch., 8 déc. 2000, n° 98443, Mme Paluel-Marmont, ép. Briand, *RJF* 7/01, n° 896, 1re esp. (décision non reproduite) – TA Nantes, 1re ch., 8 déc. 2000, n° 952690, M. Briand, *RJF* 7/01, n° 896, 2e esp. – TA Toulouse, 1re ch., 16 nov. 1999, n° 962260, Mme Binda, née Vie, *RJF* 4/00, n° 444.
6. CAA Lyon, 1re ch., 27 sept. 1994, n° 93LY00376, M. Buffalo, *RJF* 11/94, n° 1158.

époux soit assujetti à l'impôt sur le revenu sous deux cotes distinctes[1].

138.137 Conséquences en matière d'impôt sur le revenu de l'alternance de périodes d'imposition commune et de périodes d'imposition distincte. Il est nécessaire d'envisager les conséquences en matière d'impôt sur le revenu de l'alternance de périodes d'imposition commune et de périodes d'imposition distincte. Trois hypothèses sont envisageables :

– des époux mariés sous le régime de la séparation de biens peuvent alterner des périodes de vie sous le même toit avec des périodes de vie sous des toits différents;

– des époux peuvent être autorisés à avoir des résidences séparées au cours d'une instance en divorce, une fois la demande de divorce et les mesures provisoires dont était assortie la décision du juge aux affaires matrimoniales devenues caduques, les époux peuvent ensuite intenter une nouvelle procédure de divorce et demander à nouveau à être autorisés à avoir des résidences séparées;

– des époux qui disposent chacun de revenus distincts peuvent alterner des périodes de vie commune avec des périodes de séparation de fait.

Ces différentes hypothèses amènent à s'interroger sur le fait de savoir si des époux peuvent être alternativement assujettis à l'impôt sur le revenu de façon commune et de façons séparées. Dans l'affirmative, cela peut avoir pour effet d'atténuer la progressivité du barème de l'impôt sur le revenu et, par conséquent, le montant de cet impôt.

La réponse à cette question découle de la combinaison des articles 6, 5 et 196 *bis* du Code général des impôts.

En vertu de l'article 6, 5 du Code général des impôts, « *chacun des époux est en principe personnellement imposable pour les revenus dont il a disposé pendant l'année de son mariage jusqu'à la date de celui-ci* ». Par exception, la solution est différente lorsque dès la date de leur mariage les époux remplissent les conditions requises pour faire l'objet d'impositions distinctes (v. s^s n° 138.136).

L'article 196 *bis* du Code général des impôts dispose :

« 1. La situation et les charges de famille dont il doit être tenu compte sont celles existant au 1er janvier de l'année de l'imposition. Toutefois, en cas d'augmentation des charges de famille en cours d'année, il est fait état de la situation au 31 décembre ou à la date du décès s'il s'agit d'imposition établie en vertu de l'article 204.

« 2. Par dérogation aux dispositions du 1, pour le calcul de l'impôt dû au titre de l'année où il y a lieu à imposition distincte dans les cas définis aux 4 et 5 de l'article 6, la situation et les charges de famille à retenir sont celles existant au début de la période d'imposition distincte, ou celles de la fin de la même période si elles sont plus favorables.

Pour les périodes d'imposition commune des conjoints, il est tenu compte des charges de famille existant à la fin de ces périodes si ces charges ont augmenté en cours d'année.

« 3. En cas de mariage en cours d'année, il est tenu compte, pour la période d'imposition commune des conjoints, de la situation et des charges de famille existant au début de la période d'imposition commune ou à la fin de cette période si ces charges ont augmenté au cours de celle-ci ».

Sur le fondement des articles 6, 5 et 196 *bis* du Code général des impôts, le juge fiscal admet que des époux imposés de façon commune au 1er janvier de l'année d'imposition puissent passer en cours d'année d'une imposition commune à deux impositions distinctes[2].

À l'inverse, des époux qui au 1er janvier de l'année d'imposition remplissent les conditions requises pour faire l'objet d'impositions distinctes ne pourraient pas être soumis à une imposition commune pour la partie de l'année au cours de laquelle ces conditions cesseraient d'être remplies[3]. Cette solution découlerait des dispositions du 2 de l'article 196 *bis* du Code général des impôts qui ne prévoiraient pas que des époux déjà soumis à une imposition distincte en vertu de l'article 6, 4 du même code puissent faire l'objet, en cours d'année, d'une imposition commune. Pareille interprétation est critiquable.

Les articles 6, 4 et 196 *bis* du Code général des impôts n'ont pas le même objet. Le premier est une disposition d'ordre général relative à la détermina-

1. CAA Marseille, ass. plén., 8 avr. 2004, n° 99MA00636, Mme Goustard, *Dr. et patr.* 2005, n° 136, p. 28 s., note Douet; *JCP N* 2005, n° 17, 1252, note Douet; *RJF* 11/04, n° 1071.

2. EN CE SENS, v. CAA Paris, 2e ch. A, 1er déc. 2004, n° 01PA01922, M. Chabenet, *Dr. fam.* 2005, n° 6, comm. 149, note Douet; *Dr. fisc.* 2005, n° 12, comm. 300; *JCP N* 2005, n° 23, 1304, note Douet; *RJF* 7/05, n° 652, concl. Magnard; *BDCF* 7/05, n° 85 – CAA Nantes, 1re ch. B, 30 déc. 2005, n° 02NT01303, M. et Mme Hupel, *Dr. fam.* 2006, n° 9, comm. 174, note Douet; *Dr. fisc.* 2006, n° 26, comm. 459.

3. EN CE SENS, v. CAA Paris, 2e ch. A, 1er déc. 2004, n° 01PA01922, M. Chabenet, *Dr. fam.* 2005, n° 6, comm. 149, note Douet; *Dr. fisc.* 2005, n° 12, comm. 300; *JCP N* 2005, n° 23, 1304, note Douet; *RJF* 7/05, n° 652, concl. Magnard; *BDCF* 7/05, n° 85 – CAA Nantes, 1re ch. B, 30 déc. 2005, n° 02NT01303, M. et Mme Hupel, *Dr. fam.* 2006, n° 9, comm. 174, note Douet; *Dr. fisc.* 2006, n° 26, comm. 459.

tion des personnes imposables en matière d'impôt sur le revenu et le second une disposition qui ne concerne que le calcul de l'impôt sur le revenu.

L'article 196 *bis* 2 alinéa 2 du Code général des impôts indique qu'il convient de retenir les charges de famille existant à la fin des périodes d'imposition commune des conjoints si ces charges ont augmenté en cours d'année. Au cours d'une même année, il peut donc y avoir plusieurs périodes d'imposition commune des époux et, implicitement mais nécessairement, plusieurs périodes d'imposition distincte. Contrairement à la solution retenue par le juge fiscal, il semble donc possible que des époux puissent passer en cours d'année d'une imposition distincte à une imposition commune.

138.138 **Interprétation stricte des cas d'imposition distincte des époux.** En matière fiscale, la règle est que **les exceptions sont d'interprétation stricte**[1]. Dans la mesure où l'article 6, 4 du Code général des impôts prévoit des exceptions au principe d'imposition commune des époux, il faut donc déduire de cette règle que cette imposition commune est obligatoire lorsque les conjoints ne remplissent pas précisément les conditions requises pour faire l'objet d'impositions distinctes.

Suivant ce raisonnement, la cour administrative d'appel de Lyon a jugé que des époux qui ont adopté un régime de séparation de biens avec création d'une société d'acquêts relative à l'essentiel de leurs revenus ne peuvent pas faire l'objet d'impositions distinctes[2]. En effet, seuls les époux qui *stricto sensu* sont mariés sous le régime de la séparation de biens doivent faire l'objet d'impositions distinctes lorsqu'ils ne vivent pas sous le même toit[3]. Toutefois, la solution retenue par la cour administrative d'appel de Lyon a été infirmée par le Conseil d'État[4].

B. Conséquences en matière d'impôt sur le revenu de l'imposition distincte des époux

138.150 **Division.** En cas de divorce ou de séparation de corps, les époux continuent à faire l'objet d'impositions distinctes en matière d'impôt sur le revenu si tel était déjà le cas auparavant (v. s^s n° 138.132). Dans le cas contraire, les époux font l'objet :

- d'**une imposition commune** à raison des revenus dont ils ont disposé du 1er janvier de l'année de leur divorce ou de leur séparation de corps jusqu'à la date de cet évènement;

- puis de **deux impositions distinctes** de la date de leur divorce ou de leur séparation de corps jusqu'au 31 décembre de la même année.

Ces modalités d'imposition soulèvent la question de la répartition des revenus des ex-époux entre ces différentes périodes (1°) et celle de la détermination de leur quotient familial (2°).

138.151 **Remarque préalable.** À condition qu'il soit régulièrement établi et publié, un acte de l'état civil est opposable aux tiers. Même si un contribuable a établi sa situation matrimoniale en faisant état d'une situation différente de sa situation réelle, ce contribuable est donc toujours recevable à se prévaloir devant le juge fiscal de sa situation matrimoniale telle qu'elle ressort d'un tel acte[5]. Par exemple, lorsqu'un contribuable divorcé continue à se présenter comme marié, y compris dans ses déclarations fiscales, ce contribuable peut se prévaloir de sa **situation réelle** dès lors que celle-ci est établie par **un acte de l'état civil régulièrement établi et publié.** Si les services fiscaux entendent se prévaloir de la **situation apparente** du contribuable, ils ont seulement la seule possibilité de contester avec succès l'authenticité de l'acte que le contribuable leur oppose.

1° Répartition des revenus des ex-époux l'année de leur divorce

138.161 **Problématique.** En matière d'impôt sur le revenu, le revenu imposable est le revenu disponible (CGI, art. 156, al. 1er). Au titre de l'année de leur divorce, les revenus des ex-époux doivent être répartis en fonction de la date de leur mise à disposition entre leurs mains[6].

138.162 **Dates à retenir.** La date à retenir est :

- la **date de cession** pour les **plus-values de cession à titre onéreux de biens ou droits** de toute nature (par ex., valeurs mobilières, droits sociaux, *etc.*). Toutefois, cette règle ne concerne pas les plus-values immobilières réalisées par les particuliers. En

1. Sur les règles d'interprétation des textes fiscaux, V. NOT., F. Douet, *Contribution à l'étude de la sécurité juridique en droit fiscal interne français*, « Bibliothèque de droit privé », tome 280, LGDJ, 1997, nos 237 s. – Ph. Marchessou, *L'interprétation des textes fiscaux*, Economica, 1980.
2. CAA Lyon, 2e ch., 2 févr. 2006, n° 04LY01047, M. Foray, *Dr. fam.* 2006, n° 12, comm. 213, note Douet; *Nouv. fisc.* 2006, n° 969, p. 10 (décision non reproduite); *RJF* 8-9/06, n° 977.
3. CGI, art. 6-4-a.
4. CE 9e et 10e ss-sect., 19 déc. 2007, req. n° 291849, M. Foray, *Dr. fisc.* 2008, n° 8-9, comm. 184, concl. Landais; *JCP N* 2008, n° 15, 1176, concl. Landais; *RFN* 4/08, comm. 48, concl. Landais; *RJF* 3/08, n° 257.
5. CE 3e et 8e ss-sect., 8 mars 2004, req. n° 248094, Mme Mohammadi, *Dr. fam.* 2004, nos 7-8, comm. 134, note Douet; *RJF* 6/04, n° 621.
6. Instr. 18 févr. 1985 DGI, *BODGI* 5 B-10-85, 18 févr. 1985, § 25 s.; *Dr. fisc.* 1985, n° 11, II, 8319.

effet, l'impôt afférent à ces plus-values doit être versé lors du dépôt à la conservation des hypothèques de la déclaration retraçant les éléments servant à leur liquidation[1]. Les partages de succession ou de communauté ont un effet déclaratif en vertu des articles 883 et 1476 du Code civil. Les biens dévolus à l'occasion d'un tel partage sont réputés avoir été la propriété de leur attributaire dès la **date, soit de l'ouverture de la succession, soit de l'acquisition du bien par la communauté**[2]. Cette date constitue donc le point de départ du **délai de cinq ans** au-delà duquel la plus-value brute est réduite d'un abattement de 10 % pour chaque année de détention au-delà de la cinquième[3];

- la **date d'encaissement** pour les revenus fonciers, les revenus de valeurs mobilières, les traitements, salaires, pensions et rentes viagères et les rémunérations des dirigeants;

- la **date de paiement** pour les charges afférentes à ces revenus et pour les dépenses déductibles du revenu brut global ou ouvrant droit à réduction d'impôt;

- la **date de la clôture de l'exercice** pour les exploitants relevant du régime du bénéfice réel en matière de bénéfices industriels et commerciaux et en matière de bénéfices agricoles;

- la **date de la levée de la récolte** pour les exploitants agricoles imposés selon le régime du forfait[4];

- le **31 décembre de l'année** dans les autres cas;

- la **clôture de l'exercice** pour les associés de sociétés soumises au régime d'imposition défini à l'article 8 du Code général des impôts.

138.163 Tolérance admise par la doctrine administrative. La doctrine administrative admet une tolérance à l'égard des revenus entrant dans la catégorie des **bénéfices industriels et commerciaux**, des **bénéfices non commerciaux** ou des **bénéfices agricoles** et mis à la disposition de leur titulaire après le divorce[5]. La même tolérance s'applique pour la part de résultat d'une société soumise au régime de l'article 8 du Code général des impôts.

Pour leur imposition, **l'administration fiscale tolère que ces revenus soient répartis** *prorata temporis* en fonction de la date du divorce, et ce, à condition que l'activité correspondante ait débuté avant cet événement.

Dans l'hypothèse où chacun des ex-époux est titulaire de revenus entrant dans le champ d'application de la tolérance administrative, la répartition peut porter sur les revenus de l'un et de l'autre ou de l'un d'entre eux seulement.

Mais, si l'un des intéressés dispose simultanément de revenus entrant dans plusieurs des catégories susvisées, la répartition éventuelle doit s'appliquer à l'ensemble de ces revenus.

Le bénéfice de cette tolérance administrative n'est accordé qu'à la condition que ce mode de répartition fasse l'objet d'une **demande écrite conjointe des ex-époux**[6]. Si cette demande est formulée, la répartition *prorata temporis* s'effectue par mois entiers, le mois du mariage, de la séparation ou du divorce étant rattaché à la période d'imposition commune des conjoints ou ex-époux. À défaut de demande écrite des époux, un contribuable séparé de son épouse en cours d'année doit être imposé sur la base de la totalité des bénéfices non commerciaux réalisés au cours de ladite année[7].

Bien qu'étant intrinsèquement dépourvue de valeur juridique, la tolérance admise par la doctrine administrative est opposable aux services fiscaux sur le fondement de l'article L. 80 A du Livre des procédures fiscales[8].

138.164 Répartition de l'abattement accordé sur les revenus de valeurs mobilières. En matière de revenus de valeurs mobilières, les revenus distribués font successivement l'objet (CGI, art. 158) :

- d'un **abattement** de 40 % non plafonné;

- le cas échéant, d'une **déduction** au titre des dépenses effectuées en vue de leur acquisition ou de leur conservation;

- et d'un **abattement annuel** soit de 1 525 euros pour les contribuables célibataires, divorcés, veufs et les couples ne faisant pas l'objet d'une imposition commune en matière d'impôt sur le revenu; soit de 3 050 euros pour les contribuables qui sont mariés et qui font l'objet d'une imposition commune en matière d'impôt sur le revenu.

Pour la répartition de l'abattement accordé sur les revenus de valeurs mobilières, chacune des impositions doit être établie en retenant le montant de l'abattement correspondant à la situation du contribuable au cours de la période d'imposition[9]. En cas de divorce en cours d'année d'époux ne faisant pas antérieurement l'objet d'impositions dis-

1. Sur cette question, V. NOT., DOUET, n° 676.
2. CE 9e et 10e ss-sect., 25 avr. 2003, req. n° 236189, succession Jonnart, *Dr. fisc.* 2003, n° 28, comm. 533; *RJF* 7/03, n° 851.
3. Sur le jeu de cet abattement, V. NOT., DOUET, n° 673.
4. Sur ce régime, V. NOT., DOUET, nos 480 s.
5. Instr. 18 févr. 1985, *BODGI* 5 B-10-85, 18 févr. 1985, § 27; *Dr. fisc.* 1985, n° 11, II, 8319.
6. CAA Paris, 2e ch., 10 oct. 1996, n° 95PA02773, M. Elhaik, *Dr. fisc.* 1997, n° 5, comm. 79, concl. Martel.
7. CAA Nancy, 2e ch., 13 mars 2003, n° 99NC01775, M. Dupuit, *Dr. fam.* 2003, n° 9, comm. 113, note Douet; *Dr. fisc.* 2003, nos 30-35, comm. 569; *RJF* 8-9/03, n° 938.
8. Sur le jeu de l'art. L. 80-A du LPF, v. DOUET, n° 2709.
9. Doc. adm. 5 I-3227, 1er déc. 1997, § 53.

tinctes en matière d'impôt sur le revenu, l'imposition du couple pour la période antérieure au divorce sera établie en retenant un abattement de 3 050 euros. Pour la période postérieure au divorce, chacun des ex-époux bénéficiera d'un abattement de 1 525 euros.

138.165 Imputation des déficits. À partir du moment où les ex-époux cessent de faire l'objet d'une imposition commune en matière d'impôt sur le revenu, chacun d'eux peut déduire de ses revenus les déficits reportables provenant :

– soit de la gestion de ses biens propres, soit de son entreprise ou de son activité personnelle;

– et, le cas échéant, la moitié des déficits afférents aux biens qui dépendaient de la masse commune[1].

138.166 Bénéfice des réductions d'impôts. L'année du divorce, les revenus des ex-époux qui ne faisaient pas encore l'objet d'impositions distinctes en matière d'impôt sur le revenu doivent être répartis entre trois périodes d'imposition (v. s[s] n°s 138.161 s.). La situation des ex-époux s'apprécie distinctement au regard des limites de dépenses à retenir pour le calcul des réductions d'impôt[2].

138.167 Modalités d'imposition des revenus des enfants. S'agissant des modalités d'imposition des revenus des enfants, il faut distinguer deux hypothèses suivant que ceux-ci font ou non l'objet d'une résidence alternée. À cet égard, il est nécessaire d'avoir à l'esprit que l'impôt sur le revenu est assis sur le revenu net global perçu par les membres du foyer fiscal au cours de l'année civile.

En l'absence de **résidence alternée**, le ou les enfants sont rattachés au foyer fiscal du parent qui en a la charge. Ce parent bénéficie alors d'une **majoration de son quotient familial** (v. s[s] n° 138.174). En contrepartie de cet avantage, les revenus perçus, le cas échéant, par le ou les enfants doivent être compris en totalité parmi les revenus du foyer fiscal auquel ils sont rattachés.

En cas de résidence alternée, les **revenus perçus par les enfants** sont réputés compris à concurrence de moitié dans le revenu imposable de l'un et l'autre des parents. Mais cette présomption n'est qu'une présomption simple. Il est donc possible d'établir que les revenus sont partagés entre les parents selon une autre proportion ou perçus en totalité par l'un d'eux.

En toutes hypothèses, les parents peuvent demander que les revenus de leurs enfants soient imposés distinctement des leurs (CGI, art. 6-2). Au cours d'une instance en divorce, seul le parent qui a la garde des enfants peut solliciter leur imposition séparée[3].

2°
Quotient familial des époux divorcés

138.171 Objet du quotient familial. Les charges de consommation d'un foyer sont proportionnelles au nombre de personnes qui composent ce foyer. Plus ces charges sont importantes, plus corrélativement les facultés contributives du foyer fiscal diminuent. Le quotient familial est destiné à prendre ce rapport en compte. Grâce au quotient familial, le montant de l'impôt sur le revenu dû par un foyer fiscal est calculé en fonction des charges familiales supportées par celui-ci. Mais les effets du quotient familial sont plafonnés afin d'éviter que les titulaires de hauts revenus soient favorisés[4].

138.172 Mécanisme du quotient familial. Le mécanisme du quotient familial fonctionne en trois temps (CGI, art. 193 s.).

Dans un premier temps, le revenu imposable du foyer fiscal doit être divisé par un certain nombre de parts. Ce nombre de parts dépend de la composition du foyer fiscal.

Dans un deuxième temps, la somme correspondant au revenu imposable du foyer fiscal divisé par le nombre de parts de ce foyer doit être soumise au barème progressif de l'impôt sur le revenu.

Dans un troisième et dernier temps, le montant brut de l'impôt sur le revenu doit être multiplié par le nombre de parts du foyer fiscal.

138.173 Quotient familial d'époux ou d'ex-époux imposés distinctement en matière d'impôt sur le revenu. Le nombre de parts à prendre en considération pour la division du revenu imposable est fixé à :

– une part pour les époux sans enfant à charge et faisant l'objet d'impositions distinctes en matière d'impôt sur le revenu;

– et à une part pour les divorcés sans enfant à charge.

138.174 Règles de rattachement des enfants en l'absence de résidence alternée. Lorsque les parents font l'objet d'impositions distinctes en matière d'impôt sur le revenu, chacun d'eux est considéré comme un célibataire ayant à sa charge les enfants dont il assume l'entretien à titre principal (CGI, art. 194, I). Sauf preuve contraire, les enfants sont considérés comme étant à la charge du parent chez lequel ils résident à titre principal.

1. Instr. 18 févr. 1985, *BODGI* 5 B-10-85, 18 févr. 1985, § 41; *Dr. fisc.* 1985, n° 11, II, 8319.
2. Doc. adm. 5 B-33, 20 juill. 1994, § 2.
3. CAA Nancy, 2e ch., 9 nov. 1995, n° 94NC00299, M. Prouteau, *Dr. fisc.* 1996, n° 14, comm. 437, concl. Commenville.
4. Sur le plafonnement des effets du quotient familial, V. NOT., DOUET, n°s 751 s.

Le quotient familial du parent qui a le où les enfants à charge est augmenté d'une demie-part pour chacun des deux premiers enfants et d'une part entière à compter du troisième.

138.175 Règles de rattachement des enfants en cas de résidence alternée. En cas de résidence alternée au domicile de chacun des parents, les enfants mineurs sont présumés **à charge égale de l'un et de l'autre parent.**

Cette présomption n'est qu'une **présomption simple** qui cède :

- en présence d'une disposition contraire contenue dans la convention homologuée par le juge ou dans la décision judiciaire;
- en cas d'accord entre les parents;
- ou s'il est justifié que l'un des parents assume la charge principale des enfants.

Les enfants réputés à charge égale de chacun des parents ouvrent droit à une **majoration** :

- de 0,25 part pour chacun des deux premiers et de 0,5 part à compter du troisième, lorsque par ailleurs le contribuable n'assume la charge exclusive ou principale d'aucun enfant;
- de 0,25 part pour le premier et de 0,5 part à compter du deuxième, lorsque par ailleurs le contribuable assume la charge exclusive ou principale d'un enfant;
- de 0,5 part pour chacun des enfants, lorsque par ailleurs le contribuable assume la charge exclusive ou principale d'au moins deux enfants.

138.176 Incidences de la qualité de parent isolé. Un contribuable divorcé qui vit seul peut se prévaloir de la qualité de « parent isolé ». Cela lui permet de bénéficier :

- de 0,5 part supplémentaire à condition de supporter à titre exclusif ou principal la charge d'au moins un enfant;
- de 0,25 part supplémentaire à condition d'entretenir uniquement un enfant dont la charge est réputée également partagée avec l'autre parent;
- de 0,5 part supplémentaire à condition d'entretenir uniquement au moins deux enfants dont la charge est réputée également partagée avec l'autre parent.

L'article 194, II du Code général des impôts précise que la majoration de quotient familial accordée à un parent isolé s'applique même si celui-ci perçoit une pension alimentaire versée en vertu d'une décision de justice pour l'entretien du ou des enfants dont il a la charge. Dans la mesure où les textes fiscaux sont d'interprétation stricte, il faut en déduire qu'un parent isolé qui perçoit une pension alimentaire versée spontanément pour l'entretien des enfants ne peut pas bénéficier de la qualité de parent isolé.

138.177 Date d'appréciation de la situation et des charges de famille. En principe, la **situation** et les **charges de famille** dont il doit être tenu compte pour déterminer le nombre de parts d'un contribuable sont **celles qui existent au 1er janvier de l'année d'imposition** (CGI, art. 196 *bis*, 1).

Par exception, les charges de famille sont appréciées **au 31 décembre en cas d'augmentation de ces charges en cours d'année.**

Il est important de souligner que ces deux dates ne sont pas exclusives l'une de l'autre. Par exemple, la charge principale des enfants d'ex-époux peut commencer par être assumée par l'un d'eux en vertu du jugement de divorce. Si en cours d'année une nouvelle décision de justice met l'entretien de ces enfants à charge de l'autre parent, la situation et les charges de famille de celui-ci doivent alors être appréciées au 31 décembre de l'année d'imposition[1]. Concrètement, cette solution revient à permettre qu'au titre de l'année en cause les enfants soient pris deux fois en compte :

- une première fois dans le quotient familial du parent qui en avait la garde, dont la situation est appréciée au 1er janvier de l'année d'imposition;
- et, une seconde fois, dans le quotient familial du parent qui en a obtenu la garde, dont la situation est appréciée au 31 décembre de l'année d'imposition.

§ 2
Conséquences du divorce en matière d'impôt de solidarité sur la fortune

138.180 Division. Comme l'impôt sur le revenu, l'impôt de solidarité sur la fortune est un impôt familial. En effet, l'assiette de l'impôt de solidarité sur la fortune est constituée par la **valeur nette au 1er janvier, de l'ensemble des biens, droits et valeurs imposables** appartenant aux époux et aux membres de leur foyer fiscal (CGI, art. 885 E, al. 1er).

En matière d'impôt de solidarité sur la fortune, le divorce des époux soulève deux questions relatives aux modalités d'imposition de leurs biens respectifs (A) et des biens qui, le cas échéant, appartiennent à leurs enfants mineurs (B).

Renvois : sur le sort en matière d'impôt de solidarité sur la fortune des rentes viagères versées à titre de prestation compensatoire, v. ss n° 138.261.

1. CE 3e et 8e ss-sect., 21 mars 2003, req. n° 238358, M. Carpentier, *Dr. fam.* 2003, n° 10, comm. 128, note Douet; *Dr. fisc.* 2003, n° 27, comm. 504; *RJF* 6/03, n° 671; *RFN* 9/03, fiscal-actu 38, note Douet.

A.
Modalités d'assujettissement à l'impôt de solidarité sur la fortune des biens d'époux divorcés

138.181 Règles d'imposition des époux en matière d'impôt de solidarité sur la fortune. En principe, des personnes mariées doivent faire l'objet d'une **imposition commune** en matière d'impôt de solidarité sur la fortune (CGI, art. 885 A).

Par exception, les époux font l'objet d'**impositions distinctes** en matière d'impôt de solidarité sur la fortune (CGI, art. 885 A et art. 6, 4, a et b) :

- lorsqu'ils sont **séparés de biens** et **ne vivent pas sous le même toit**;

- ou lorsqu'étant en instance de séparation de corps ou de divorce, ils ont été **autorisés à avoir des résidences séparées.**

Contrairement à la solution applicable en matière d'impôt sur le revenu (v. s[s] n° 138.132), la séparation de fait des époux est sans incidence sur le fait que ceux-ci doivent faire l'objet d'une imposition commune en matière d'impôt de solidarité sur la fortune.

138.182 Conséquences du divorce en matière d'impôt de solidarité sur la fortune. Lorsqu'un jugement de divorce ou de séparation de corps est rendu, les ex-époux font l'objet d'**impositions distinctes** en matière d'impôt de solidarité sur la fortune **à compter du 1er janvier de l'année civile suivant celle au cours de laquelle cette décision est devenue définitive.**

138.183 Conséquences de la continuation de la vie commune en dépit du divorce. Il peut arriver que les ex-époux continuent à vivre ensemble en dépit d'un jugement définitif de divorce ou de séparation de corps. Dans ce cas de figure, les époux devenus concubins n'échappent pas pour autant à l'imposition commune en matière d'impôt de solidarité sur la fortune. En effet, **les concubins sont assujettis à l'impôt de solidarité sur la fortune de façon commune** (CGI, art. 885 E, al. 2). À la différence de la solution applicable entre époux, il n'existe pas d'exception à l'imposition commune des concubins en matière d'impôt de solidarité sur la fortune (v. s[s] n° 138.181).

B.
Modalités d'assujettissement à l'impôt de solidarité sur la fortune des biens appartenant aux enfants mineurs d'époux divorcés

138.191 Règles d'imposition des biens des enfants mineurs en matière d'impôt de solidarité sur la fortune. Lorsque les parents ont l'administration légale des biens de leurs enfants mineurs, les biens, droits et valeurs imposables qui, le cas échéant, appartiennent à ces enfants doivent être **compris dans l'assiette de l'impôt de solidarité sur la fortune de leurs parents** (CGI, art. 885 E, al. 1er).

Contrairement à la possibilité accordée en matière d'impôt sur le revenu (v. s[s] n° 138.167), les parents ne peuvent pas demander que leurs enfants mineurs fassent l'objet d'impositions distinctes en matière d'impôt de solidarité sur la fortune.

138.192 Conséquences du divorce sur les modalités d'assujettissement à l'impôt de solidarité sur la fortune des biens des enfants mineurs. En cas d'exercice en commun de l'autorité parentale, les parents sont tous les deux administrateurs légaux des biens de leurs enfants (C. civ., art. 389). Dans le cas contraire, l'administration légale incombe à celui des parents qui exerce seul l'autorité parentale.

En cas d'exercice en commun de l'autorité parentale, l'interprétation littérale du Code général des impôts débouche sur la conclusion que chacun des parents devrait comprendre parmi ses biens imposables à l'impôt de solidarité sur la fortune la totalité des biens, droits et valeurs qui appartiennent à leurs enfants mineurs. Cela reviendrait à assujettir deux fois à l'impôt de solidarité sur la fortune les biens, droits et valeurs appartenant aux enfants mineurs. Afin d'atténuer la rigueur de cette solution, la doctrine administrative autorise les parents à ne faire figurer dans leurs déclarations d'impôt de solidarité respectives que la **moitié des biens dont leurs enfants mineurs sont propriétaires**[1].

Lorsque l'autorité parentale n'est exercée que par un seul des parents, celui-ci doit comprendre dans sa déclaration d'impôt de solidarité sur la fortune la **totalité des biens, droits et valeurs qui appartiennent à ses enfants mineurs.**

§ 3
Conséquences du divorce en matière de taxe d'habitation

138.201 Règle générale d'imposition. La taxe d'habitation est établie au nom des personnes qui ont, à quelque titre que ce soit, la **disposition** ou la **jouissance** de locaux imposables au 1er janvier de l'année d'imposition (CGI, art. 1408-I).

1. Instr. 14 mai 1997 SLF, *BOI* 7 S-3-97, 22 mai 1997; *Dr. fisc.* 1997, n° 23, II, 11809.

138.202 Règle d'imposition d'époux vivant sous le même toit. Une seule taxe d'habitation doit donc être établie lorsque les époux vivaient encore sous le même toit au 1er janvier de l'année d'imposition.

138.203 Règle d'imposition d'époux ou d'ex-époux ne vivant plus sous le même toit. Les époux ou les ex-époux sont **personnellement** assujettis à la taxe d'habitation due pour les locaux meublés affectés à l'habitation dont ils ont personnellement la jouissance à partir du moment où, au 1er janvier de l'année d'imposition, ils sont :

– soit **séparés de fait**[1];

– soit **autorisés à résider séparément** dans le cadre d'une **instance** en divorce ou en séparation de corps;

– ou soit **divorcés ou séparés de corps** en vertu d'une **décision passée en force de chose jugée.**

§ 4
Solidarité fiscale entre époux

138.211 Fondements. Quel que soit leur régime matrimonial, les époux sont susceptibles d'être solidaires pour le paiement de l'impôt sur le revenu (CGI, art. 1691 *bis*), de l'impôt de solidarité sur la fortune (CGI, art. 1723 *ter* 00 B) et de la taxe d'habitation (CGI, art. 1691 *bis*).

En matière d'**impôt sur le revenu** et en matière d'**impôt de solidarité sur la fortune,** la solidarité des époux est subordonnée à la condition que ceux-ci fassent l'objet d'une **imposition commune** (sur l'imposition distincte des époux en matière d'impôt sur le revenu et d'impôt de solidarité sur la fortune v. ss nos 138.132 et 138.181).

En pratique, il est fréquent qu'un époux ou un ex-époux – à la lecture des décisions publiées, il s'agit systématiquement de l'épouse ou de l'ex-épouse – se voit réclamer des suppléments d'impôt sur le revenu nés du chef de l'activité professionnelle de son conjoint ou de son ex-conjoint et qui se rapportent à une période au cours de laquelle ils faisaient l'objet d'une imposition commune.

138.212 Demande gracieuse. À titre gracieux, un époux peut demander à l'administration fiscale à être déchargé de cette obligation (CGI, art. 1691 *bis*)[2]. Une éventuelle **décision de rejet** est susceptible de faire l'objet d'un **recours pour excès de pouvoir.** Le juge de l'excès de pouvoir accepte d'annuler une telle décision à condition qu'elle soit entachée d'une **erreur manifeste d'appréciation.**

La décharge de l'obligation de paiement est accordée :

– en cas de **disproportion marquée** entre le **montant de la dette fiscale** et, à la date de la demande, la **situation financière et patrimoniale,** nette de charges, du **demandeur;**

– à condition que le demandeur ait respecté ses **obligations déclaratives;**

– et à condition que le demandeur et son conjoint ne se soient pas frauduleusement soustraits, ou aient tenté de se soustraire **frauduleusement,** au paiement de l'impôt sur le revenu, de la taxe d'habitation et de l'impôt de solidarité sur la fortune.

138.213 Modalités de la décharge de l'obligation de paiement. Lorsque ces conditions sont remplies, la décharge de l'obligation de paiement est prononcée selon les modalités suivantes :

– pour l'**impôt sur le revenu,** la décharge est égale à la différence entre le montant de la cotisation d'impôt sur le revenu établie pour la période d'imposition commune et la fraction de cette cotisation correspondant aux revenus personnels du demandeur et à la moitié des revenus communs du demandeur et de son conjoint. Les revenus des enfants mineurs du demandeur non issus de son mariage avec le conjoint sont ajoutés à ses revenus personnels. La moitié des revenus des enfants mineurs du demandeur et de son conjoint est ajoutée à la moitié des revenus communs. Les revenus des enfants majeurs qui ont demandé leur rattachement au foyer fiscal des époux ainsi que ceux des enfants infirmes sont pris en compte dans les mêmes conditions. La moitié des revenus des enfants recueillis âgés de moins de dix-huit ans ou infirmes et des personnes titulaires de la carte d'invalidité vivant sous le toit du contribuable est ajoutée à la moitié des revenus communs du demandeur et de son conjoint;

– pour la **taxe d'habitation,** la décharge est égale à la moitié de la cotisation de taxe d'habitation mise à la charge des époux;

– pour l'**impôt de solidarité sur la fortune,** la décharge est égale à la différence entre le montant de la cotisation d'impôt de solidarité sur la fortune dû par les époux et la fraction de cette cotisation correspondant à l'actif net du patrimoine propre du demandeur et à la moitié de l'actif net du patrimoine commun du demandeur et de son conjoint. Le patrimoine des enfants mineurs du demandeur non issus de son mariage avec le conjoint est ajouté au patrimoine propre du demandeur. La moitié du patrimoine des enfants mineurs du demandeur et

1. EN CE SENS, v. CE, ass. plén., 30 juin 1982, req. n° 24984, Mme Babinger, *Dr. fisc.* 1983, n° 12, comm. 560, concl. Verny; *RJF* 8-9/82, n° 827.
2. Sur cette question, V. NOT., DOUET, nos 2686 s.

de son conjoint est ajoutée à la moitié du patrimoine commun;

– pour les **intérêts de retard** et les **pénalités** mentionnées aux articles 1727, 1728, 1729, 1732 et 1758 A du Code général des impôts consécutifs à la rectification d'un bénéfice ou revenu propre au conjoint, la décharge de l'obligation de paiement est prononcée en totalité. Elle est prononcée, dans les autres situations, dans les proportions définies respectivement en matière d'impôt sur le revenu, de taxe d'habitation et d'impôt de solidarité sur la fortune.

En outre, les personnes divorcées ou séparées en **situation de gêne et d'indigence** qui ont été déchargées de l'obligation de paiement d'une fraction des impôts peuvent demander aux services fiscaux de leur accorder **une remise totale ou partielle** de la fraction de l'impôt sur le revenu et de la taxe d'habitation qui reste à leur charge [1]. La situation de gêne et d'indigence s'apprécie alors au regard de la seule situation de la personne divorcée ou séparée à la date de demande de remise.

SECTION 3
RÉGIME FISCAL DE LA PRESTATION COMPENSATOIRE

138.220 Présentation. Le divorce met fin au devoir de secours entre époux (C. civ., art. 270, al. 1er). Toutefois, l'un des ex-époux peut être tenu de verser à l'autre une **prestation destinée à compenser la disparité** que la rupture du mariage crée dans les conditions de vie respectives (C. civ., art. 270, al. 2).

En cas de **divorce pour acceptation du principe de la rupture du mariage**, de **divorce pour altération définitive du lien conjugal** ou de **divorce pour faute**, la prestation compensatoire prend en principe la forme d'un **capital** dont le montant est fixé par le juge, sauf si l'équité commande qu'une telle prestation ne soit pas accordée (C. civ., art. 270, al. 2 et 3). Dans ces différents cas de divorce, ce n'est qu'**à titre exceptionnel** que le juge peut, par décision spécialement motivée, lorsque l'âge ou l'état de santé du créancier ne lui permet pas de subvenir à ses besoins, fixer la prestation compensatoire sous forme de **rente viagère** (C. civ., art. 276).

En cas de **divorce par consentement mutuel**, les époux sont libres de déterminer – sous le contrôle du juge – le montant et les modalités de la prestation compensatoire (C. civ., art. 278). Ils peuvent prévoir que celle-ci prendra la forme d'un **capital**, d'une **rente viagère**, d'une **rente temporaire** ou d'un **capital et** d'une **rente**.

En toutes hypothèses, chacun des ex-époux conserve la possibilité de saisir le juge d'une demande de substitution d'un capital à tout ou partie de la rente (C. civ., art. 276-4). Cette substitution est automatique en cas de décès d'un ex-époux débiteur d'une prestation compensatoire fixée sous forme de rente (C. civ., art. 280, al. 3).

Sous l'angle du droit fiscal, il convient d'exposer :

– les conséquences fiscales du versement d'une prestation compensatoire sous forme d'un capital (§ 1);

– le traitement fiscal des prestations compensatoires versées sous forme de rente viagère (§ 2);

– et les conséquences fiscales de la substitution d'un capital à une prestation compensatoire versée sous forme de rente viagère (§ 3).

§ 1
Conséquences fiscales du versement d'une prestation compensatoire sous forme d'un capital

138.221 Forme du capital destiné à constituer la prestation compensatoire. Lorsque la prestation compensatoire prend la forme d'un capital, le juge décide des modalités selon lesquelles s'exécutera cette prestation compensatoire en capital parmi les formes suivantes (C. civ., art. 274) :

– versement d'une **somme d'argent**;

– attribution de **biens en propriété** ou d'un **droit temporaire ou viager d'usage, d'habitation ou d'usufruit**. Le jugement opère cession forcée en faveur du créancier. Mais l'accord de l'époux débiteur est exigé pour l'attribution en propriété de biens qu'il a reçus par succession ou donation.

138.222 Régime antérieur à la réforme du divorce du 26 mai 2004. Dans le cadre du régime antérieur à la réforme du divorce du 26 mai 2004 [2], la détermination des droits afférents au versement d'une prestation compensatoire sous forme d'un capital dépendait de l'origine des biens et donnait lieu à des solutions très différentes. Certains versements en capital n'étaient soumis qu'au **droit de partage** qui à l'époque était de 1 % (biens compris dans une indivision post-communautaire; biens acquis en indivision par les époux) et d'autres étaient assujettis aux **droits de mutation à titre gratuit** (versement d'une somme d'argent propre à l'un des ex-époux; abandon de biens, propres à l'un des ex-époux, en nature, meubles ou immeubles, en pro-

1. L'article 1691 *bis* du CGI ne vise pas l'ISF.

2. Sur ce régime, V. NOT., DOUET, n° 1221.

priété, en usufruit, pour l'usage ou l'habitation; versements destinés à constituer le capital et réalisés sur une période inférieure ou égale à douze mois).

138.230 **Division.** La loi du 26 mai 2004 relative au divorce a simplifié et allégé le régime fiscal des versements en capital entre ex-époux (A). Le débiteur de ce capital peut bénéficier d'une réduction d'impôt (B).

A.
Droits consécutifs au versement d'une prestation compensatoire sous forme d'un capital

138.231 **Droits exigibles.** Le régime fiscal des versements en capital entre ex-époux s'articule autour de quatre axes :

- *en premier lieu*, les versements en capital portant sur des **biens** compris dans une **indivision post-communautaire** ou sur des **biens indivis acquis par les époux**, avant ou pendant le mariage, entraînent le paiement du **droit de partage de 1,1 %** prévu par les articles 746 et 748 du Code général des impôts (CGI, art. 1133 *ter*);

- *en deuxième lieu*, les versements effectués au moyen d'un **bien** ou d'un **droit immobilier** non passible du droit de partage sont assujettis à la **taxe de publicité foncière calculée au taux de 0,715 %** (CGI, art. 1133 *ter* et 1020);

- *en troisième lieu*, les versements en capital entre ex-époux qui échappent à la fois au droit de partage et à la taxe de publicité foncière entraînent la perception d'une **imposition fixe de 125 euros** lorsqu'ils prennent la forme soit du versement d'une somme d'argent, soit de l'attribution de biens en propriété ou d'un droit temporaire ou viager d'usage, d'habitation ou d'usufruit, soit de versements de sommes d'argent destinés à constituer le capital et réalisés sur une période inférieure ou égale à douze mois à compter de la date à laquelle le jugement de divorce, que celui-ci résulte ou non d'une demande conjointe, est passé en force de chose jugée (CGI, art. 1133 *ter*). Les versements de sommes d'argent réalisés sur une durée supérieure suivent le même régime fiscal que les rentes viagères (v. s[s] n°s 138.260 s.);

- *en quatrième et dernier lieu*, sauf lorsqu'elles portent **mutation de propriété, d'usufruit ou de jouissance**, les décisions rendues dans les instances où l'une au moins des parties bénéficie de l'aide juridictionnelle sont exonérées de droits d'enregistrement (CGI, art. 1090-A). Le versement d'une prestation compensatoire sous forme d'un capital donne lieu à une mutation de propriété, d'usufruit ou de jouissance et, de ce fait, empêche l'octroi de cette exonération.

B.
Réduction d'impôt accordée au débiteur d'une prestation compensatoire sous forme d'un capital

138.240 **Division.** L'ex-époux débiteur d'une prestation compensatoire sous forme d'un capital est susceptible de bénéficier d'une **réduction d'impôt sur le revenu** (CGI, art. 199 *octodecies*). Il en va de même en cas de versement d'un capital se substituant à tout ou partie d'une rente (v. s[s] n°s 138.301 s.).

L'exposé des conditions d'octroi de cette réduction d'impôt (1°) sera suivi de celui de la détermination de son montant (2°).

1°
Conditions d'octroi de la réduction d'impôt accordée à l'ex-époux débiteur d'une prestation compensatoire

138.241 **Conditions.** Le bénéfice de la réduction d'impôt accordée à l'ex-époux débiteur d'une prestation compensatoire est subordonné au respect de **trois conditions cumulatives** :

- tout d'abord, les versements de sommes d'argent ou l'attribution de biens ou de droits effectués en exécution de la prestation compensatoire doivent provenir de **personnes domiciliées en France** au sens de l'article 4 B du Code général des impôts[1];

- ensuite, ces versements ou cette attribution doivent être effectués, conformément à la convention de divorce homologuée par le juge ou au jugement de divorce, sur **une période au plus égale à douze mois à compter de la date à laquelle le jugement de divorce**, que celui-ci résulte ou non d'une demande conjointe, **est passé en force de chose jugée.** Le juge peut fixer les modalités de paiement du capital dans la limite de huit années lorsque le débiteur de la prestation compensatoire n'est pas en mesure de le verser immédiatement (C. civ., art. 275). Dans cette hypothèse, le débiteur de la prestation compensatoire ne peut bénéficier de la réduction d'impôt qu'à condition que la limite impartie n'excède pas douze mois à compter de la date à laquelle le jugement de divorce a acquis force de chose jugée. Dans le cas contraire, les versements deviennent déductibles de son revenu brut global (v. s[s] n°s 138.260 s.);

- enfin, la prestation compensatoire ne doit **pas être fixée pour partie sous forme de capital** et **pour partie sous forme de rente** (CGI, art. 199 *octodecies* II).

1. Sur l'art. 4 B du CGI, v. not., Douet, n° 854.

2°
Montant de la réduction d'impôt accordée à l'ex-époux débiteur d'une prestation compensatoire

138.251 Montant de la réduction d'impôt. La réduction d'impôt accordée à l'ex-époux débiteur d'une prestation compensatoire est égale à **25 % du montant des versements effectués, des biens ou des droits attribués**, retenu pour la valeur fixée dans la convention de divorce homologuée par le juge ou par le jugement de divorce. Lorsque la prestation compensatoire prend la forme d'une attribution de biens en pleine propriété, sa valeur doit être précisée dans la décision qui la fixe[1].

Sur la période maximale de douze mois impartie au débiteur pour effectuer les versements de sommes d'argent ou l'attribution de biens ou de droits, le montant de la réduction d'impôt est calculé dans la limite d'un **plafond de 30 500 euros**.

Le montant de la réduction d'impôt est donc plafonné à 25 % de 30 500 euros, c'est-à-dire à 7 625 euros (0,25 × 30 500).

138.252 Versements répartis sur deux années civiles. Lorsque le paiement du capital représentatif de la prestation compensatoire s'étale sur plusieurs mois, les versements peuvent se répartir sur l'année au cours de laquelle le jugement de divorce est passé en force de chose jugée et sur l'année suivante. Dans ce cas de figure, le montant ouvrant droit à réduction d'impôt au titre de la première année ne peut excéder le montant du plafond de 30 500 euros multiplié par le rapport existant entre :

- d'une part, le montant des versements effectués au cours de l'année considérée;

- et, d'autre part, l'ensemble des versements que le débiteur de la prestation compensatoire s'est engagé à réaliser sur une période maximale de douze mois à compter de la date à laquelle le jugement de divorce est passé en force de chose jugée.

§ 2
Traitement fiscal des prestations compensatoires versées sous forme de rente viagère

138.260 Division. Lorsque la prestation compensatoire est fixée sous forme de rente viagère, celle-ci est **imposable entre les mains de son créancier** (A) et **déductible du revenu brut global de son débiteur** (B).

1. Civ. 1re, 28 juin 2005, n° 04-12-817, *Bull. civ.* I, n° 280.

Les versements de sommes d'argent destinés à constituer le capital et réalisés sur une période supérieure à douze mois à compter de la date à laquelle le jugement de divorce est passé en force de chose jugée suivent le même régime.

138.261 Sort en matière d'impôt de solidarité sur la fortune des rentes viagères versées à titre de prestation compensatoire. Du fait de leur **insaisissabilité** et de leur **incessibilité**, les rentes viagères versées à titre de prestation compensatoire sont dépourvues de valeur patrimoniale et, pour cette raison, leur valeur de capitalisation n'entre pas dans l'assiette de l'impôt de solidarité sur la fortune telle que définie par l'article 885 E du Code général des impôts[2].

A.
Modalités d'imposition d'une prestation compensatoire fixée sous forme de rente viagère

138.271 Principe. Lorsque la prestation compensatoire est fixée sous forme de rente viagère, celle-ci est **soumise à l'impôt sur le revenu entre les mains de son créancier** dans la catégorie des traitements, salaires, pensions et rentes viagères[3]. Une telle rente supporte l'impôt sur le revenu après déduction d'un **abattement de 10 %** (CGI, art. 158, 5, a). Cet abattement présente la particularité de comprendre :

- un **minimum** (fixé à 368 euros au titre de l'année 2009) apprécié à l'égard de chaque titulaire de pension ou de rente viagère que compte le foyer fiscal;

- et un **maximum** (qui s'élève à 3 606 euros au titre de l'année 2009) applicable au montant total des pensions et rentes viagères perçues par les membres de ce foyer.

Ces montants sont revalorisés chaque année.

2. EN CE SENS, v. Com. 31 mai 2005, n° 03-18.840, NP; *Dr. fisc.* 2006, n° 3, comm. 66; *RJF* 11/05, n° 1321 (décision non reproduite) – Com. 19 avr. 2005, n° 03-11.750, *Bull. civ.* IV, n° 94; *Defrénois* 2005, n° 17, art. 38220, p. 1339 s., note Douet; *Defrénois* 2006, n° 8, art. 38375, p. 669 s., spéct p. 677 s., comm. 4, note Chappert (décision non reproduite); *Dr. fisc.* 2005, n° 23, comm. 467; *RTD civ.* 2005, 579, obs. Hauser; *AJ fam.* 2006, IR 31 – CA Paris, 1re ch. B, 5 déc. 2002, *Defrénois* 2003, n° 10, art. 37737, p. 685 s., note Douet; *Dr. fisc.* 2003, n° 43, comm. 777; *Gaz. Pal.* 2003, nos 8-9, p. 6 s.; *RGDA* 2/03, p. 381 s., note Douet; *RJF* 11/03, n° 1322 – CA Paris, 1re ch. B, 3 juill. 2003, *Defrénois* 2003, n° 23, art. 37844, p. 1563 s., note Douet; *RGDA* 4/03, p. 819 s.
3. Sur les règles afférentes à cette catégorie d'imposition, V. NOT., DOUET, nos 508 s.

B. Prestations compensatoires déductibles du revenu brut global

138.281 Présentation. Il existe trois hypothèses dans lesquelles l'ex-époux débiteur d'une prestation compensatoire peut déduire celle-ci de son revenu brut global (CGI, art. 156, II 2°).

138.282 Versements destinés à constituer le capital effectués sur une durée supérieure à douze mois. Quelle que soit la forme du divorce, l'ex-époux qui se trouve dans l'impossibilité de verser immédiatement le capital correspondant à la prestation compensatoire peut être autorisé à s'acquitter de ce capital sous forme de versements de sommes d'argent (C. civ., art. 275). Ces versements sont **déductibles du revenu brut global** de leur débiteur à condition d'être effectués sur une **période supérieure à douze mois** à compter de la date à laquelle le jugement de divorce est passé en force de chose jugée. Lorsque les versements ont lieu sur une **durée inférieure ou égale à douze mois** à compter de la date à laquelle le jugement de divorce a acquis force de chose jugée, le débiteur de la prestation compensatoire peut bénéficier d'une **réduction d'impôt** (v. s^s^ n°s 138.240 s.).

138.283 Prestation compensatoire fixée sous forme de rente viagère. En cas de **divorce accepté**, de **divorce pour altération définitive du lien conjugal** ou de **divorce pour faute**, le juge peut, à titre exceptionnel, fixer la prestation compensatoire sous forme d'une rente viagère (C. civ., art. 276). Le montant de cette rente est **déductible du revenu brut global** de l'ex-époux qui doit la verser.

À titre exceptionnel et à condition d'être spécialement motivée, une prestation compensatoire peut être **panachée.** La fraction octroyée sous forme de rente est déductible du revenu brut global de son débiteur. Il en va de même à l'égard de la fraction accordée sous forme de capital à condition toutefois de correspondre à des versements de sommes d'argent effectués sur une période supérieure à douze mois à compter de la date à laquelle le jugement de divorce est passé en force de chose jugée. Lorsque les versements s'étalent sur une durée inférieure, le débiteur de la prestation compensatoire ne peut bénéficier de la réduction d'impôt au titre de la fraction de la prestation compensatoire versée sous forme de capital (v. s^s^ n° 138.241).

138.284 Divorce par consentement mutuel. En cas de divorce par consentement mutuel, les époux peuvent prévoir que la prestation compensatoire prendra la forme d'une **rente**, viagère ou temporaire (C. civ., art. 278). Cette rente est **déductible du revenu brut global de son débiteur.**

Les époux peuvent décider que la prestation compensatoire sera octroyée pour **partie sous forme de rente** et **pour partie sous forme de capital**, cette seconde fraction est également déductible du revenu brut global imposable du débiteur de la prestation compensatoire à condition, toutefois, de correspondre à des versements de sommes d'argent effectués sur une période supérieure à douze mois à compter de la date à laquelle le jugement de divorce est passé en force de chose jugée. Lorsque les versements s'étalent sur une durée inférieure, le débiteur de la prestation compensatoire ne peut bénéficier de la réduction d'impôt au titre de la fraction de la prestation compensatoire versée sous forme de capital (v. s^s^ n° 138.241).

§ 3 Conséquences fiscales de la substitution d'un capital à une prestation compensatoire versée sous forme de rente viagère

138.290 Cas de substitution. Afin de favoriser le règlement de la prestation compensatoire par le versement d'un capital, un capital peut être substitué à une prestation compensatoire initialement fixée sous forme de rente. Il en va de la sorte dans deux hypothèses :

– le **débiteur** d'une prestation compensatoire sous forme de rente – attribuée avant ou après l'entrée en vigueur de la loi du 30 juin 2000 – peut, à tout moment, saisir le juge d'une demande de **substitution d'un capital à tout ou partie de cette rente** (C. civ., art. 276-4). Le **créancier** de la prestation compensatoire peut former la même demande à condition qu'il établisse qu'une **modification de la situation du débiteur** permet cette substitution;

– à la **mort d'un ex-époux débiteur** d'une prestation compensatoire fixée sous forme de rente, un **capital immédiatement exigible** se substitue à celle-ci (C. civ., art. 280, al. 3).

Antérieurement à la réforme du 26 mai 2004 relative au divorce, le régime fiscal de la substitution d'un capital à une prestation compensatoire fixée sous forme de rente était un « casse-tête fiscal » que les services fiscaux s'étaient abstenus de commenter[1]. Cette réforme a passablement simplifié cette question (A) tout en octroyant une réduction d'impôt au débiteur du capital destiné à se substituer à tout ou partie de la rente (B).

1. Sur le régime antérieur à la réforme du divorce du 26 mai 2004, V. NOT., DOUET, n° 1227.

A.
Droits entraînés par la substitution d'un capital à une prestation compensatoire fixée sous forme de rente

138.291 Principe. La substitution d'un capital à une prestation compensatoire fixée sous forme de rente donne en principe lieu à la perception d'une **imposition fixe de 125 euros** à condition que le capital prenne la forme (CGI, art. 1133 *ter*) :

- du versement d'une **somme d'argent**;

- de l'attribution de **biens en propriété** ou d'un **droit temporaire ou viager d'usage, d'habitation ou d'usufruit**;

- ou de **versements** de sommes d'argent réalisés **sur une période au plus égale à douze mois** à compter soit de la date à laquelle le jugement prononçant la conversion est passé en force de chose jugée, soit du décès de l'ex-époux débiteur d'une prestation compensatoire fixée sous forme de rente. Les **versements** de sommes d'argent effectués **sur une période supérieure à douze mois** à compter de l'un de ces deux évènements sont **déductibles du revenu brut global** de leur débiteur et, corrélativement, soumis à l'**impôt sur le revenu** entre les mains de leur créancier dans la catégorie des traitements, salaires, pensions et rentes viagères (v. s[s] n°s 138.271 s.).

138.292 Exception. Les substitutions effectuées au moyen d'un **bien** ou d'un **droit immobilier** sont assujetties à la **taxe de publicité foncière au taux de 0,715 %**.

B.
Réduction d'impôt accordée en cas de substitution d'un capital à tout ou partie d'une rente

138.301 Présentation. Le versement d'un capital destiné à se substituer à tout ou partie d'une rente est susceptible d'ouvrir droit à une réduction d'impôt (CGI, art. 199 *octodecies* I). Sous réserve des particularités mentionnées ci-dessous, cette réduction d'impôt est la même que celle accordée au débiteur d'une prestation compensatoire sous forme d'un capital (v. s[s] n°s 138.240 s.).

138.302 Condition d'octroi de la réduction d'impôt. Lorsque la prestation compensatoire prend la forme d'une rente, la substitution d'un capital aux arrérages futurs, versé ou attribué **sur une période au plus égale à douze mois** à compter de la date à laquelle le jugement prononçant la conversion est passé en force de chose jugée, ouvre droit à réduction d'impôt.

138.303 Montant de la réduction d'impôt. En cas de substitution d'un capital aux arrérages futurs, versé ou attribué sur une période au plus égale à douze mois à compter de la date à laquelle le jugement prononçant la conversion est passé en force de chose jugée, **l'assiette de la réduction d'impôt est limitée.**

L'objet de cette limitation est de tenir compte du fait que **les arrérages ont été déduits du revenu brut global du débiteur** de la prestation compensatoire (v. s[s] n°s 138.283 s.). À défaut, le débiteur de la prestation cumulerait la déduction des versements effectués sous forme de rente avec le bénéfice de la réduction d'impôt.

Afin d'éviter ce cumul, **l'assiette de la réduction est égale au capital reconstitué** – limité à 30 500 euros – et retenu dans la proportion qui existe entre le capital dû à la date de la conversion et le capital total reconstitué à cette même date.

Le capital reconstitué est égal à la valeur du capital versé attribué à la date de conversion, majoré de la somme des rentes versées jusqu'au jour de la conversion et revalorisées en fonction de la variation de l'indice moyen annuel des prix à la consommation constatée entre l'année de versement de la rente et celle de la conversion.

SECTION 4
TRAITEMENT FISCAL DES VERSEMENTS EFFECTUÉS AU PROFIT DES ENFANTS DE COUPLES DIVORCÉS

138.310 Présentation. En cas de divorce, l'un des ex-époux peut être tenu de contribuer à l'entretien et à l'éducation de ses enfants.

En principe, cette contribution à l'éducation des enfants de couples divorcés prend la forme d'une pension alimentaire (C. civ., art. 373-2-2, al. 1er).

Par exception, la pension alimentaire peut être remplacée par un versement en capital lorsque la consistance des biens du débiteur s'y prête (C. civ., art. 373-2-3).

Que la contribution à l'entretien et à l'éducation des enfants prenne la forme d'une pension alimentaire (§ 1) ou d'un versement en capital (§ 2), cette contribution soulève la question de son traitement fiscal.

§ 1
Conséquences fiscales du versement d'une pension alimentaire destinée à l'entretien et à l'éducation des enfants

138.320 Division. Les conséquences fiscales du versement d'une pension alimentaire destinée à l'entretien et à l'éducation des enfants doivent être envisagées à l'égard de son débiteur (A) et à l'égard de son créancier (B).

A. Situation fiscale du débiteur d'une pension alimentaire destinée à l'entretien et à l'éducation des enfants

138.321 Problématique. À la lecture du Code civil, une distinction doit être opérée entre :

- d'une part, l'obligation parentale d'entretien prévue par les articles 203 et 371-2 de ce code;

- et, d'autre part, l'obligation alimentaire des père et mère à l'égard de leurs enfants qui résulte de la combinaison des articles 205 et 207 du même code.

L'obligation parentale d'entretien a une **finalité éducative**. Afin de permettre aux enfants de poursuivre des études, cette obligation perdure en principe au-delà de la majorité de l'enfant. Par exception, il en va différemment lorsque les études se prolongent de façon déraisonnable[1].

L'obligation d'entretien et d'éducation est distincte de **l'obligation alimentaire**[2]. Même si les juges du fond n'appliquent pas toujours cette distinction avec la rigueur qui devrait pourtant s'imposer[3], l'entretien dû à un enfant mineur ou à un enfant majeur étudiant a pour fondement les articles 203 et 371-2 du Code civil et l'obligation alimentaire dont un enfant majeur peut être créancier en vertu des articles 205 et 207 du même code.

Fiscalement ce distinguo est important car l'article 156, II, 2° du Code général des impôts énumère de façon limitative les **charges déductibles du revenu brut global**. Cette disposition ne vise que les **pensions alimentaires** qui répondent aux conditions fixées par les articles 205 à 211, 367 et 767 du Code civil et que celles qui sont **versées en vertu d'une décision de justice**.

138.322 Traitement fiscal de la pension alimentaire versée à un enfant majeur dans le besoin. La pension alimentaire versée à un enfant majeur dans le besoin est **déductible du revenu brut global de son débiteur** dans la limite de 5 753 euros par enfant pour l'imposition des revenus de l'année 2009.

Cette pension n'est assujettie à l'impôt sur le revenu entre les mains de son créancier qu'à concurrence de ce montant (CGI, art. 80 *septies*).

138.323 Conditions de déductibilité du revenu brut global de son débiteur de la pension alimentaire versée au titre de l'obligation d'entretien et d'éducation. Une **pension alimentaire** due au titre de **l'obligation d'entretien et d'éducation** n'est donc déductible du revenu brut global de son débiteur que sous réserve de deux conditions cumulatives[4] (*contra*[5]) :

- cette pension alimentaire doit être versée en **exécution d'une décision de justice** et non de façon spontanée;

- le parent qui verse cette pension ne doit pas prendre en compte le ou les enfants auxquels elle bénéficie pour la détermination de son quotient familial.

138.324 Conditions de déductibilité du revenu brut global de son débiteur de la pension alimentaire versée au titre de l'obligation d'entretien et d'éducation en cas de résidence alternée. En cas de **résidence alternée**, chacun des parents se voit en principe accorder une **majoration de son quotient familial** (v. s[s] n° 138.175). Deux possibilités s'offrent donc à celui des parents qui, le cas échéant, verse une pension alimentaire au titre de son obligation d'entretien et d'éducation.

La première possibilité consiste pour ce parent à **opter pour une majoration de son quotient familial.** Conformément à l'article 156, II, 2° du Code général des impôts, la pension alimentaire qu'il verse en exécution de son obligation d'entretien et d'éducation n'est alors **pas déductible de son revenu brut global.** À défaut, l'intéressé cumulerait deux avantages fiscaux ayant la même cause.

En cas d'accord entre les parents ou lorsque la convention homologuée par le juge ou la décision judiciaire le prévoit, le **bénéfice de la majoration du quotient familial** peut - en dépit de la résidence alternée - être **attribué en totalité au parent non débiteur de la pension alimentaire.** Cela permet à l'autre parent de pouvoir déduire de son revenu brut global le montant de cette pension.

Ces deux possibilités n'ont pas les mêmes conséquences en ce qui concerne le traitement fiscal de la

1. EN CE SENS, v. CA Metz, 3 nov. 1994 : *JCP* 1994, IV, 322. Le pourvoi intenté à l'encontre de cet arrêt a été rejeté : Civ. 1re, 7 oct. 1997, n° 95-18.325, NPT.
2. EN CE SENS, v. Civ. 2e, 6 févr. 1985, n° 83-14.786, *Bull. civ.* II, n° 32 – Civ. 1re, 18 mai 1972, n° 70-14.534, *Bull. civ.* I, n° 135.
3. Sur les ambiguïtés de la jurisprudence, V. NOT., L. Leveneur, avec la collaboration de F. Fatôme-Leveneur, « Obligation parentale d'entretien », J.-CL. CIV., art. 203 et 204, fasc. 10, 2/2006, n° 28.
4. EN CE SENS, v. TA Lyon, 6e ch., 6 déc. 2005, 2 esp., n°s 031263 et 045153, Mlle Mariée, *RJF* 6/06, n° 706 – CAA Paris, 2e ch., 16 juin 1994, n° 92PA01422, Mme Findji.
5. CAA Douai, 2e ch., 28 nov. 2000, n° 97DA12636, M. Renie, *RJF* 6/01, n° 744.

pension alimentaire entre les mains de son créancier (v. s[s] n°s 138.332 s.).

138.325 Droit à déduction des pensions alimentaires revalorisées. Le montant d'une pension alimentaire revalorisée est déductible du revenu brut de son débiteur à condition d'avoir été :

- soit **indexé** conformément à une **clause de variation prévue par le juge** (CGI, art. 156, II; 2°, al. 1er);

- soit **actualisé spontanément** en fonction de la variation de l'indice moyen annuel des prix à la consommation[1];

- soit **validé par une nouvelle décision judiciaire** (CGI, art. 156-II-2°, al. 1er);

- ou soit **révisé à l'amiable** dans les conditions prévues par l'article 156 du Code général des impôts. Ces conditions sont cumulatives et au nombre de trois[2] : le **montant initial** de la pension alimentaire doit résulter d'une **instance judiciaire**; le **montant de la revalorisation spontanée** doit être compatible avec les **ressources du débiteur et les besoins de l'enfant** au profit duquel elle est servie; les versements effectués spontanément doivent correspondre à une **revalorisation effective** du montant de la pension alimentaire. Les cadeaux, les aides ponctuelles et les frais liés au droit de visite n'ouvrent donc pas droit à déduction dans la mesure où ils sont dépourvus de caractère alimentaire.

138.326 Condition de déductibilité d'une pension alimentaire servie en tout ou partie sous forme d'un droit d'usage et d'habitation. En cas de séparation entre les parents, la pension alimentaire peut être en tout ou partie servie sous forme d'un droit d'usage et d'habitation (C. civ., art. 373-2-2). Conformément aux règles exposées précédemment (v. s[s] n°s 138.320 s.), le parent qui accorde un droit d'usage et d'habitation ne peut déduire sa valeur de son revenu brut global qu'à condition que ce **droit** soit **fixé directement par le juge** ou dans une **convention homologuée judiciairement.**

Pour éviter d'éventuels litiges avec l'administration fiscale relatifs à l'évaluation de l'avantage procuré sous forme d'un droit d'usage et d'habitation, il est préférable que la **valeur de cet avantage et ses modalités d'indexation soient précisées par la convention homologuée ou par le juge.** La valeur du droit d'usage et d'habitation correspond :

- au **loyer** qui pourrait être tiré du logement si celui-ci était loué à un tiers dans des conditions normales;

- et aux **charges locatives** éventuellement réglées par le débiteur de la pension alimentaire au lieu et place du créancier de cette pension et mise à sa charge par la convention homologuée ou par le juge (par ex., taxe d'habitation, dépenses de chauffage, d'éclairage et de fourniture d'eau). Toutefois, le débiteur de la pension alimentaire n'a pas la possibilité de déduire de son revenu brut global les charges qui lui incombent normalement (par ex., taxe foncière, honoraires du syndic).

B.
Modalités d'imposition des pensions alimentaires destinées à l'entretien et à l'éducation des enfants

138.331 Nature des sommes versées au titre de l'obligation d'entretien et d'éducation. L'obligation d'entretenir et d'élever les enfants est une obligation légale[3]. Les sommes versées à ce titre s'analysent donc en des pensions alimentaires et non en des libéralités[4]. Ces sommes constituent donc des **revenus imposables.**

138.332 Principe. Lorsque la contribution à l'entretien et à l'éducation des enfants de couples divorcés prend la forme d'une pension alimentaire, celle-ci est soumise à l'**impôt sur le revenu entre les mains de son créancier** dans la catégorie des traitements, salaires, pensions et rentes viagères[5].

Les pensions alimentaires supportent l'impôt sur le revenu après **déduction d'un abattement de 10 %** (CGI, art. 158, 5, a). Cet abattement présente la particularité de comprendre :

- un **minimum** (368 euros au titre de l'année 2009) apprécié à l'égard de chaque titulaire de pension ou de rente viagère que compte le foyer fiscal;

- et un **maximum** (3 606 euros au titre de l'année 2009) applicable au montant total des pen-

1. Instr. 21 janv. 2003 DGI, *BOI* 5 B-3-03, 21 janv. 2003, § 13; *Dr. fisc.* 2003, n° 7, II, 12951. Cette instruction est opposable à l'administration fiscale en vertu de l'art. L. 80-A du LPF – Sur le jeu de l'art. L. 80-A du LPF, V. NOT., DOUET, n° 2709.
2. Sur cette question, V. NOT., instr. 9 juill. 2002 DGI, *BOI* 5 B-15-02, 9 juill. 2002; *Dr. fisc.* 2002, n° 30-35, II, 12879; *Defrénois* 2002, n°s 15 et 16, art. 37586, p. 1039 s.
3. EN CE SENS, v. Civ. 2e, 4 mars 1987, n° 86-10.453, *Bull. civ.* II, n° 60 – Civ. 2e, 17 oct. 1985, n° 84-15.135, *Bull. civ.* II, n° 157.
4. EN CE SENS, v. CAA Douai, 2e ch., 28 nov. 2000, n° 97DA12636, M. Renie, *RJF* 6/01, n° 744 – TA Lyon, 1re ch., 21 déc. 1993, n° 8610298, Mme Maret, *Dr. fisc.* 1994, n° 32-37, comm. 1495; *RJF* 6/94, n° 700. Le TA de Lyon est revenu sur sa jurisprudence : TA Lyon, 6e ch., 6 déc. 2005, n°s 031263 et 045153, Mlle Mariée, *RJF* 6/06, n° 706.
5. Sur les règles afférentes à cette catégorie d'imposition, V. NOT., DOUET, n°s 508 s.

sions et rentes viagères perçues par les membres de ce foyer.

Ces montants sont revalorisés chaque année.

138.333 **Exception.** Les pensions alimentaires versées pour les enfants mineurs résidant en alternance chez leurs parents et pris en compte pour la détermination du quotient familial de chacun d'eux ne sont pas imposables entre les mains de celui qui les reçoit (CGI, art. 80 *septies*). La solution est différente lorsque le parent débiteur de la pension alimentaire renonce à bénéficier d'une majoration de son quotient familial afin de pouvoir déduire le montant de cette pension de son revenu brut global (v. s[s] n° 138.175).

§ 2
Conséquences fiscales du versement d'un capital destiné à l'entretien et à l'éducation des enfants

138.341 **Possibilité de remplacer la pension alimentaire par un versement en capital.** Lorsque la consistance des biens du débiteur s'y prête, la pension alimentaire destinée à l'entretien et à l'éducation des enfants peut être remplacée par un versement en capital (C. civ., art. 373-2-3). Celui-ci peut être constitué (C. civ., art. 274 et art. 373-2-3) :

- au moyen du **versement d'une somme d'argent**;
- ou grâce à l'**abandon de biens en usufruit.**

La pension alimentaire peut également être remplacée par l'**affectation de biens productifs de revenus** (C. civ., art. 373-2-3). *Stricto sensu*, cette affectation ne constitue pas un versement en capital et, pour cette raison, ne donne pas lieu au paiement de droits d'enregistrement[1].

138.342 **Avantage fiscal accordé au débiteur du capital destiné à l'entretien et à l'éducation des enfants.** Dans la limite de 2 700 euros, les versements destinés à constituer le capital prévu au profit des enfants de couples divorcés sont **déductibles du revenu brut global de leur débiteur** (CGI, art. 156, II, 2°).

138.343 **Modalités d'imposition du capital destiné à l'entretien et à l'éducation des enfants.** Le capital destiné à l'entretien et à l'éducation des enfants n'est assujetti aux **droits de mutation à titre gratuit que pour la fraction qui excède 2 700 euros par année** restant à courir jusqu'à la majorité de son bénéficiaire (CGI, art. 757, A).

Le surplus est soumis aux droits de mutation à titre gratuit dans les conditions et au tarif applicables en ligne directe. Cela permet de bénéficier de **l'abattement** (156 974 euros, au titre de l'année 2010) et du tarif prévus en ligne directe et des **réductions** de droits de mutation à titre gratuit liées à l'âge du « donateur »[2]. Cet abattement et ce tarif sont revalorisés chaque année.

138.344 **Taxe de publicité foncière.** Lorsqu'elle porte transfert de biens ou de droits immobiliers, la publication à la conservation des hypothèques de la décision judiciaire entraîne le paiement de la taxe de publicité foncière calculée au taux de 0,715 %[3].

SECTION 5
CONSÉQUENCES FISCALES DE L'OCTROI À L'UN DES ÉPOUX DE DOMMAGES ET INTÉRÊTS À L'OCCASION DU DIVORCE

138.351 **Présentation.** Des dommages et intérêts peuvent être accordés à un époux en réparation :

- des conséquences d'une particulière gravité qu'il subit du fait de la dissolution du mariage (C. civ., art. 266);
- ou des préjudices distincts du préjudice né de la rupture à condition que ces préjudices aient pour origine la faute de l'autre époux (C. civ., art. 1382).

Ces dommages et intérêts peuvent revêtir la forme d'un capital ou d'une rente.

138.352 **Dommages et intérêts accordés sous forme d'un capital à l'un des époux.** Le Code général des impôts ne prévoit aucun avantage particulier à l'égard d'un époux débiteur de dommages et intérêts sous forme d'un capital.

Dans la mesure où ils ne compensent pas la perte d'un revenu imposable, **ces dommages et intérêts n'ont pas à figurer parmi les revenus imposables** de l'époux auquel ils sont accordés.

En cas de **substitution d'un bien à la somme allouée** à titre de dommages et intérêts, le débiteur de ceux-ci s'acquitte de son obligation au moyen d'un mode de paiement différent de celui initialement prévu. Une telle substitution constitue une **dation en paiement** qui entraîne le paiement de **droits de mutation à titre onéreux** calculés en fonction de la nature du bien transmis. Par ailleurs, la dation en paiement constitue le fait générateur

1. *BODGI* 7 G-3-76, 10 févr. 1976.

2. Sur le jeu de cet abattement, de ce tarif et de ces réductions, V. NOT., DOUET, n°s 2147 s.

3. La taxe départementale de publicité foncière calculée au taux de 0,60 % – 0,70 % à compter du 1er janvier 2011 – est majorée d'une part, d'un prélèvement pour frais d'assiette et de recouvrement de 2,5 % assis sur cette taxe et, d'autre part, d'une taxe de 0,1 % perçue au profit de l'État. Le taux global du prélèvement est donc de 0,715 % [0,60 + (0,60 × 0,025) + 0,1 = 0,715].

d'une **plus-value imposable** entre les mains de l'ex-époux qui abandonne le bien.

138.353 Dommages et intérêts accordés sous forme de rente à l'un des époux. Le versement au profit d'un époux d'une rente à titre de dommages et intérêts est une **opération à titre onéreux**[1]. Les arrérages de cette rente ne sont considérés comme un **revenu** que pour une fraction de leur montant. Cette fraction se détermine d'après l'âge du crédirentier lors de l'entrée en jouissance de la rente (CGI, art. 158, 6). En outre, les prélèvements sociaux sont dus au titre des revenus du patrimoine[2].

1. EN CE SENS, Doc. adm. 5 B-2421, 1er sept. 1999, § 142.
2. V. NOT., DOUET, nos 919 et 1080.

TITRE

14. Le concubinage

14.00 Plan du titre.

CHAPITRE

140. Une situation de fait

Yann Favier
Maître de conférences
à l'Université de Savoie

Section 0
Orienteur

140.00 **Plan du chapitre.**

140.01 **Textes applicables.**

TEXTES SOURCES

• **Code civil**

> **Définition du concubinage**

C. civ., art. 515-8

• **Code de l'organisation judiciaire**

> **Compétence du juge aux affaires familiales**

COJ, art. L. 213-3

• **Code de l'action sociale et des familles**

> **Revenu de solidarité active**

CASF, art. L. 262-9

• **Code de la sécurité sociale**

> **Assurance maladie-maternité-décès**

CSS, art. L. 161-14

> **Allocation de soutien familial**

CSS, art. L. 523-2 et R. 523-5

> **Allocation de parent isolé**

CSS, art. L. 524-2 et R. 524-1

• **Code de la santé publique**

> **Assistance médicale à la procréation**

CSP, art. L. 2141-2

• **L. n° 89-462, 6 juill. 1989,** tendant à améliorer les rapports locatifs, art. 14 et 15, *JO* 8 juill., p. 854

SÉLECTION THÉMATIQUE ET ALPHABÉTIQUE DE TEXTES CITÉS *IN EXTENSO*
(à l'exception des articles du Code civil et du Code de procédure civile)

> **Allocation de soutien familial**

[CSS, art. L. 523-2 et R. 523-5]

CSS, art. L. 523-2

Peut bénéficier de l'allocation le père, la mère ou la personne physique qui assume la charge effective et permanente de l'enfant orphelin ou de l'enfant assimilé à un orphelin au sens de l'article L. 523-1.

Lorsque le père ou la mère titulaire du droit à l'allocation de soutien familial se marie, conclut un pacte civil de solidarité ou vit en concubinage, cette prestation cesse d'être due.

CSS, art. R. 523-5

Dans le cas prévu au deuxième alinéa de l'article L. 523-2, l'allocation cesse d'être due à compter du premier jour du mois au cours duquel le parent de l'enfant se marie ou vit maritalement. Le versement de l'allocation peut être repris si le parent justifie vivre seul à nouveau de façon permanente, à compter du premier jour du mois civil suivant cette justification.

> **Assistance médicale à la procréation**

CSP, art. L. 2141-2

L'assistance médicale à la procréation est destinée à répondre à la demande parentale d'un couple.

Elle a pour objet de remédier à l'infertilité dont le caractère pathologique a été médicalement diagnostiqué ou d'éviter la transmission à l'enfant ou à un membre du couple d'une maladie d'une particulière gravité.

L'homme et la femme formant le couple doivent être vivants, en âge de procréer, mariés ou en mesure d'apporter la preuve d'une vie commune d'au moins deux ans et consentant préalablement au transfert des embryons ou à l'insémination. Font obstacle à l'insémination ou au transfert des embryons le décès d'un des membres du couple, le dépôt d'une requête en divorce ou en séparation de corps ou la cessation de la communauté de vie, ainsi que la révocation par écrit du consentement par l'homme ou la femme auprès du médecin chargé de mettre en œuvre l'assistance médicale à la procréation.

> **Assurance maladie-maternité-décès**

CSS, art. L. 161-14

La personne qui vit maritalement avec un assuré social, et qui se trouve à sa charge effective, totale et permanente, a, à condition d'en apporter la preuve, la qualité d'ayant droit de l'assuré pour l'ouverture du droit aux prestations en nature des assurances maladie et maternité. Il en est de même de la personne liée à un assuré social par un pacte civil de solidarité lorsqu'elle ne peut bénéficier de la qualité d'assuré social à un autre titre.

La personne non visée par le premier alinéa du présent article et par les articles L. 313-3 et L. 381-4, qui vit depuis une durée fixée par décret en Conseil d'État avec un assuré social, et se trouve à sa charge effective, totale et permanente, a, à condition d'en apporter la preuve dans des conditions fixées par décret en Conseil d'État, la qualité d'ayant droit de l'assuré pour l'ouverture du droit aux prestations en nature des assurances maladie et maternité.

L'alinéa précédent ne peut s'appliquer qu'à une seule personne remplissant ces conditions par assuré social.

> Compétence du juge aux affaires familiales

COJ, art. L. 213-3 *(mod. par L. n° 2009-526, 12 mai 2009, art. 14 (V))*

Dans chaque tribunal de grande instance, un ou plusieurs magistrats du siège sont délégués dans les fonctions de juge aux affaires familiales.

Le juge aux affaires familiales connaît :

1° De l'homologation judiciaire du changement de régime matrimonial, des demandes relatives au fonctionnement des régimes matrimoniaux et des indivisions entre personnes liées par un pacte civil de solidarité ou entre concubins, de la séparation de biens judiciaire, sous réserve des compétences du président du tribunal de grande instance et du juge des tutelles des majeurs;

2° Du divorce, de la séparation de corps et de leurs conséquences, de la liquidation et du partage des intérêts patrimoniaux des époux, des personnes liées par un pacte civil de solidarité et des concubins, sauf en cas de décès ou de déclaration d'absence;

3° Des actions liées :

a) À la fixation de l'obligation alimentaire, de la contribution aux charges du mariage ou du pacte civil de solidarité et de la contribution à l'entretien et à l'éducation des enfants;

b) À l'exercice de l'autorité parentale;

c) À la révision de la prestation compensatoire ou de ses modalités de paiement;

d) Au changement de prénom.

> Concubinage et contrat de location

[L. n° 89-462, 6 juill. 1989, art. 14 et 15]

Art. 14 *(L. n° 2001-1135, 3 déc. 2001, art. 14 II, JO 4 déc.)*

En cas d'abandon du domicile par le locataire, le contrat de location continue :

[...]

– au profit des ascendants, du concubin notoire ou des personnes à charge, qui vivaient avec lui depuis au moins un an à la date de l'abandon du domicile.

Lors du décès du locataire, le contrat de location est transféré :

[...]

– aux ascendants, au concubin notoire ou aux personnes à charge, qui vivaient avec lui depuis au moins un an à la date du décès.

En cas de demandes multiples, le juge se prononce en fonction des intérêts en présence.

À défaut de personnes remplissant les conditions prévues au présent article, le contrat de location est résilié de plein droit par le décès du locataire ou par l'abandon du domicile par ce dernier.

Art. 15 *(Mod. par L. n° 2006-685, 13 juin 2006, art. 5 I (JO 14 juin).*

I. – Lorsque le bailleur donne congé à son locataire, ce congé doit être justifié soit par sa décision de reprendre ou de vendre le logement, soit par un motif légitime et sérieux, notamment l'inexécution par le locataire de l'une des obligations lui incombant. À peine de nullité, le congé donné par le bailleur doit indiquer le motif allégué et, en cas de reprise, les nom et adresse du bénéficiaire de la reprise qui ne peut être que le bailleur, son conjoint, le partenaire auquel il est lié par un pacte civil de solidarité enregistré à la date du congé, son concubin notoire depuis au moins un an à la date du congé, ses ascendants, ses descendants ou ceux de son conjoint, de son partenaire ou de son concubin notoire.

[...]

> Revenu de solidarité active

CASF, art. L. 262-9

Le montant forfaitaire mentionné au 2° de l'article L. 262-2 est majoré, pendant une période d'une durée déterminée, pour :

1° Une personne isolée assumant la charge d'un ou de plusieurs enfants;

2° Une femme isolée en état de grossesse, ayant effectué la déclaration de grossesse et les examens prénataux.

La durée de la période de majoration est prolongée jusqu'à ce que le dernier enfant ait atteint un âge limite.

Est considérée comme isolée une personne veuve, divorcée, séparée ou célibataire, qui ne vit pas en couple de manière notoire et permanente. Lorsque l'un des membres du couple réside à l'étranger, n'est pas considéré comme isolé celui qui réside en France.

140.03 Bibliographie indicative.

Actualisables. RÉP. CIV., M. Kornprobst, *V° Concubinage* – *JURIS-CL. CIV.*, F. Granet, « Concubinage », fasc. 110.

Ouvrages. A. BÉNABENT, *La famille*, 11e éd., Litec, 2003 – J. CARBONNIER, *La famille*, « Thémis », 21e éd., PUF, 2003 – G. CORNU, *La famille*, 9e éd., Montchrestien, 2006 – P. COURBE, *Droit de la famille*, 5e éd., Armand Colin, 2008 – G. Goubeaux, *Droit civil, la famille*, LGDJ, 2006 – PH. MALAURIE et H. FULCHIRON, *La famille*, 3e éd., Éd. Defrénois, 2009, nos 350-449 – F. TERRÉ et D. FENOUILLET, *Les personnes, la famille, les incapacités*, « Précis », 8e éd., Dalloz, 2005.

Ouvrages collectifs. *Études offertes à J. Rubellin-Devichi, Des concubinages, droit interne, droit international, droit comparé*, Litec, 2002 – *Regards civilistes sur la loi du 15 novembre 1999 relative au concubinage et au pacte civil de solidarité*, colloque du LERADP, avant-propos Fr. Dekeuwer-Défossez, LGDJ, 2002.

SECTION 1
DIVERSITÉ DES COUPLES : MARIÉS, CONCUBINS ET PACSÉS

140.11 Situation de fait ou statut du couple non marié. S'il paraît illusoire de vouloir donner un « statut » au concubinage, c'est que le concubinage se définit comme une situation de pur fait. De toute façon, il y aura toujours des couples, hétérosexuels ou homosexuels, qui se mettront délibérément hors d'un cadre ou d'un statut juridique déterminé.

S'agissant des couples hétérosexuels, ils peuvent se placer sous un statut légal : il leur suffit de se marier.

S'agissant des couples de même sexe, la question est tout autre : ce qu'ils souhaitaient, et qu'ils ont obtenu avec l'apparition du pacte civil de solidarité (PACS) par la loi du 15 novembre 1999, c'est la consécration de leur union qu'ils ne peuvent obtenir par le mariage, mais qui apparaît depuis la loi du 23 juin 2006 dans leur acte d'état civil.

Au demeurant, la loi du 15 novembre 1999, leur a restitué la qualification de concubin (C. civ., art. 515-8), que leur avait déniée la Cour de cassation dans ses arrêts de 1989 et de 1997. Les répercussions de cette loi sur le phénomène des concubinages sont importantes : d'abord, l'article 515-18 définit un fait, et il est certain que le droit aura à connaître des concubinages conformes à cette définition, et sans doute d'autres, ceux qui auront une vie commune, ni stable ni continue, ou qui ne vivront pas ensemble. Il faut d'abord souligner que si la loi donne une définition, elle ne s'occupe pas des effets qui sont à découvrir dans chaque texte qui se préoccupe de la question. Le fait de donner au couple hétérosexuel, le choix entre deux types d'union, mariage ou concubinage assorti d'un PACS, institution ou contrat, selon le plus grand avantage des parties, pourra sembler d'autant plus choquant que la loi du 23 juin 2006 a considérablement rapproché les statuts du PACS et du mariage au point qu'on a pu parler à propos du PACS d'un « *quasi-mariage* »[1].

140.12 Une réalité statistique. Selon les données de l'Institut national des études démographiques (INED)[2] alors que 394 000 mariages avaient été célébrés en 1970, on n'en comptait plus que 279 000 en 2002 et 260 000 en 2007. Une personne sur dix nées entre 1945 et 1950 ne s'est pas mariée mais ce sera le cas de trois personnes sur dix dans la génération née en 1970. L'union libre est plus fréquente et dure plus longtemps qu'auparavant. Au début des années 1970, un couple sur six débutait son union par une phase d'union libre; c'est le cas de neuf couples sur dix aujourd'hui. La conséquence de ce développement de l'union libre et de son allongement est la multiplication des naissances hors mariage, qui représentent 44 % de l'ensemble des naissances en 2002 et 52 % en 2008; soit, plus de 60 % des naissances d'aînés, un tiers des deuxièmes enfants et encore presque un quart des troisièmes enfants.

140.13 Diversité des cas. Aux couples mariés s'opposent les concubins hétéro ou homosexuels qui répondent aux conditions de l'article 515-8 (les concubins ayant une vie commune ni stable ni continue, ou ne vivant pas ensemble, échappant à la définition même du texte), les couples hétérosexuels ou homosexuels partenaires d'un PACS. Il faut donc principalement distinguer le concubinage (objet de ce titre 14) du PACS (objet du titre 15).

SECTION 2
SPÉCIFICITÉ DES CONCUBINAGES

140.21 Définition. Le concubinage ou union libre est une situation de fait entraînant certaines conséquences juridiques pour les individus ayant choisi de vivre une relation de couple sans recourir ni au mariage ni au pacte civil de solidarité (PACS). Elle se caractérise, selon l'article 515-8 du Code civil, issu de la loi n° 55-1476 du 15 novembre 1999 relative au PACS[3], par « *une vie commune présentant un caractère de stabilité et de continuité, entre deux personnes de sexe différent ou de même sexe et vivant en couple.* » Alors que le couple en mariage – et dans une moindre mesure, le couple de partenaires liés par un PACS – sont soumis à un ensemble de dispositions impératives qui forment un véritable statut, il n'y a pas de statut du concubinage. Le législateur ayant moins souhaité définir l'union libre que briser la résistance de la Cour de cassation à reconnaître le concubinage « homosexuel » en 1989 et 1997 (v. s[s] n° 140.11), le chapitre II du titre douzième du Code civil se contente d'un article unique qui définit le concubinage sans en établir les modes de preuve ni en tirer toutes les conséquences, lesquelles devront être recherchées dans des textes spéciaux et dans la jurisprudence[4].

140.22 Pluralité des concubinages. S'il paraît difficile de traiter de façon unitaire des situations

1. P. Hilt et P. Simler, « Le nouveau visage du Pacs : un quasi-mariage », *JCP* 2006, I, 161.
2. « L'évolution démographique récente en France », *Population*, 3, 2008.
3. L. n° 99-944, 15 nov. 1999, relative au pacte civil de solidarité, *JO* 16 nov., p. 16959.
4. R. Blough, « Le concubinage, dix ans après », *Dr. fam.* 2009, étude 19.

de pur fait, c'est que la réalité qu'elles recouvrent est assez diverse. C'est pourquoi il conviendrait d'avantage d'évoquer *les* concubinages que *le* concubinage[1] même si sous ce terme, non seulement largement admis mais désormais consacré par le Code civil, on n'envisagera ici que les formes non organisées de la vie commune (sur le PACS, v. s[s] n°s 150.00 à 153.61 s.) qu'il s'agisse d'unions hétéro ou homosexuelles, de personnes célibataires ou déjà mariées (v. aussi s[s] n°s 122.00 à 122.87), de cohabitations juvéniles (ou « mariages à l'essai ») ou de concubinages tardifs, de ménages avec ou sans enfants communs, voire issus de précédentes unions (v. aussi s[s] n° 232.211) pour peu que ces unions répondent à la définition donnée par l'article 515-8 du Code civil.

Cette réalité mouvante reste statistiquement difficile à circonscrire. On estimait à la fin des années 1990 à 2,4 millions le nombre de couples non mariés (contre 314 000 en 1968 et 1 707 000 en 1990), soit un couple sur six contre un sur huit en 1990[2], mais il faut depuis lors compter sur l'impact du PACS qui concerne les couples homo ou hétérosexuels.

Pour étudier les concubinages, on doit tenir compte du fait que le pluralisme de cette forme de vie en couple, reflet de la diversité des situations, a pour conséquence la diversité des règles applicables. Il convient donc d'en préciser les éléments constitutifs et preuves (chap. 141), les effets juridiques (chap. 142), d'en étudier la rupture volontaire (chap. 143) et, enfin, d'envisager le cas du décès de l'un des concubins (chap. 144).

1. EN CE SENS, v. not. J. Rubellin-Devichi, *Les concubinages. Approche socio-juridique*, CNRS, 1986, « Analyse introductive », p. 15 – M.-T. Meulders-Klein, « Les concubinages : diversités et symboliques », *Des concubinages, Études offertes à J. Rubellin-Devichi*, Litec, 2002, p. 603.

2. *Insee Première*, janv. 1999.

CHAPITRE

141. Éléments constitutifs et preuves du concubinage

YANN FAVIER
MAÎTRE DE CONFÉRENCES
À L'UNIVERSITÉ DE SAVOIE

SECTION 0
ORIENTEUR

141.00 **Plan du chapitre.**

141.01 **Textes applicables.**

* V. s[s] n° 140.01

141.02 **Jurisprudence de référence.**

> Incidence du concubinage du débiteur d'une pension alimentaire

• **Civ. 2e, 21 févr. 2002, n° 00-10.049,** *Bull civ.* II, n° 19

* V. s[s] n° 141.33

« En rejetant la demande de pension alimentaire présentée par la femme au motif qu'il était indifférent que le débiteur de la pension alimentaire vive ou non en concubinage car il devait en toute hypothèse se loger et que le loyer qu'il versait n'était pas exagéré sans rechercher comme elle y était invitée, l'incidence du concubinage sur les ressources et les charges du débiteur de la pension, la cour d'appel a privé sa décision de base légale. »

141.03 **Bibliographie indicative.**

* V. s[s] n° 140.03

141.09 **Définition.** L'article 515-8 du Code civil reprend une définition proche de celle donnée par la jurisprudence, ainsi que le relève le Conseil constitutionnel dans sa décision du 9 novembre 1999[1] – mise à part l'importante et nécessaire reconnaissance du couple homosexuel comme concubinage – alors qu'il demeure impossible de convenir d'une définition unique de ce phénomène « *irréductiblement polymorphe* »[2]. L'union de fait prise en compte par le droit, comporte toutefois des éléments constitutifs (sect. 1) dont la preuve doit parfois être rapportée (sect. 2) pour pouvoir lui conférer des effets juridiques.

SECTION 1
ÉLÉMENTS CONSTITUTIFS DU CONCUBINAGE

141.10 **Variété des éléments constitutifs.** Parmi les éléments susceptibles de caractériser le concubinage selon l'article 518-8 du Code civil, il en est qui, selon les cas de figure, s'imposent particulièrement au détriment des autres. Ainsi, tous les concubinages ne reposent pas nécessairement sur des relations stables et continues impliquant une communauté de vie incluant une cohabitation. De même, une certaine souplesse est indispensable lorsqu'il s'agit d'envisager si les concubins entretiennent des relations sexuelles ou s'ils souhaitent conférer un certain degré de notoriété à leur relation. L'union de fait se révèle par l'existence d'une communauté de vie charnelle, matérielle et affective (§ 1) similaire à la communauté de vie entre époux. En outre, le concubinage « légal » se caractérise par une certaine stabilité et une certaine continuité des relations impliquant un caractère notoire, même si la portée de ce dernier élément doit être relativisée (§ 2).

1. Cons. const. 9 nov. 1999, n° 99-419 DC, *JO* 16 nov.
2. CORNU, n° 44.

§ 1
Une union de fait impliquant l'existence d'une communauté de vie

141.11 **Existence de relations sexuelles.** À l'instar du mariage, le concubinage (*cum cubare*) suppose dans la plupart des cas, l'existence de relations charnelles. Au soutien de cette affirmation traditionnelle, on rappelle qu'il n'y a pas de concubinage « blancs » comme il peut se trouver des mariages « blancs » en raison du caractère institutionnel du mariage et par opposition au caractère informel et donc nécessairement « vécu » du concubinage. On pouvait encore trouver une justification à cette condition de relations charnelles dans la rédaction de l'article 340-4 ancien du Code civil qui reportait le point de départ du délai de l'action en recherche de paternité naturelle en cas de concubinage pendant la période légale de conception « *impliquant, à défaut de communauté de vie, des relations stables et continues* ». En réalité, cet élément ne peut être apprécié que comme **un élément de preuve parmi d'autres**, pour établir l'existence d'une communauté de vie effective entre les concubins. La **communauté d'habitation** ne peut faire présumer l'existence de relations sexuelles, dont la preuve est au demeurant indifférente pour le bénéfice des dispositions protectrices de la législation des baux d'habitation en visant le « concubin notoire » (L. n° 89-462, 6 juill. 1989, art. 14 et 15 - V. s^s^ n° 143.43). En pratique, l'existence de relations sexuelles peut jouer un rôle déterminant pour distinguer la simple cohabitation du concubinage dans le cadre de l'examen de la condition d'isolement nécessaire pour le versement de certaines prestations familiales, comme la **majoration pour isolement du revenu de solidarité active**, qui remplace l'allocation de parent isolé (CASF, art. L. 262-9 - Circ. CNAF n° 2009-013, 15 juill. 2009) ou l'**allocation de soutien familial** (CSS, art. L. 523-1 s. - Circ. CNAF n° 2000-199, 25 sept. 2000), conditionnées directement ou indirectement à l'absence de concubinage de l'allocataire.

141.12 **Identité ou différence de sexe.** Rien ne distingue la communauté de vie existant entre des personnes qui vivent en couple hétérosexuel de celle des membres d'un couple de même sexe. Pourtant la Cour de cassation a longtemps refusé de considérer les homosexuels comme de « *vrais concubins* » et dans deux arrêts du 11 juillet 1989[1], la chambre sociale a décidé de priver le compagnon d'un steward d'Air France du bénéfice des billets de faveur réservés aux couples mariés ou concubins et a affirmé qu'une femme ne pouvait bénéficier de l'assurance maladie-maternité en tant qu'ayant droit de celle avec laquelle elle vivait en concubinage. C'est la même définition du concubinage comme « *un couple constitué d'un homme et d'une femme* » qui quelques années après, a conduit la troisième chambre civile à refuser le transfert du bail au compagnon d'un locataire décédé, malgré les conclusions contraires de l'avocat général[2]. Comme un auteur l'a fait remarquer[3], cette discrimination s'imposait d'autant moins que l'article 14 de la loi du 6 juillet 1989 incriminé prévoit comme bénéficiaire, non seulement le concubin notoire, mais toutes « *personnes à charge* » au rang desquelles figure évidemment le cohabitant, sans avoir à s'intéresser ni au sexe, ni à la sexualité de l'intéressé. Toutefois, en tant que « *personne à charge* », le concubin homosexuel a pu bénéficier dès 1993 de la qualité d'ayant droit de la sécurité sociale (CSS, art. L. 161-14). Paradoxalement, la consécration par la Cour de cassation du concubinage hétérosexuel avait aussi pour effet d'avantager les couples de même sexe notamment pour l'octroi de prestations sociales liées à une condition d'isolement et de la pension alimentaire versée dans le cadre de l'ancien divorce pour rupture de la vie commune. La « légalisation » du couple homosexuel par la loi n° 55-1476 du 15 novembre 1999[4] relative au pacte civil de solidarité (PACS), qui a introduit l'article 515-8 du Code civil, a rendu obsolète une jurisprudence[5] d'ailleurs douteuse au plan des engagements internationaux signés par la France et notamment de l'article 8 de la Convention européenne des droits de l'homme protégeant le droit à la vie privée et familiale. Pour autant, cela n'exclut pas des différences de traitement, à condition qu'elles soient justifiées[6]. Il en va ainsi en matière de procréations médicalement assistées qui, en France, sont destinées à répondre à la demande parentale d'un couple soit en raison de l'infertilité de l'un des membres du couple soit pour éviter la transmission à l'enfant d'une maladie d'une parti-

1. Soc. 11 juill. 1989, *Gaz. Pal.* 1990, 1, 217, concl. Dorwling-Carter; *JCP* 1990, II, 21553, note Meunier; *RTD civ.* 1990, 53, obs. Rubellin-Devichi.
2. Civ. 3e, 17 déc. 1997, n° 97-20.779, *Bull. civ.* III, n° 225; *D.* 1998, jur. 111, concl. Weber; note Aubert - B. Beignier, « À propos du concubinage homosexuel », *D.* 1998, jur. 215.
3. Bénabent, *Defrénois* 1998, n° 40, p. 405.
4. L. n° 99-944, 15 nov. 1999, relative au pacte civil de solidarité, *JO* 16 nov., p. 16959.
5. Mais v. encore, CE 4 mai 2001, req. n° 183575, *D.* 2002, somm. 537, obs. Lemouland; *Dr. fam.* 2001, n° 68, obs. Lécuyer (refusant le bénéfice de la « carte couple » de la SNCF aux concubins de même sexe sur la base des textes avant l'entrée en vigueur de la loi du 15 nov. 1999).
6. CEDH 24 juill. 2003, sect. 1, req. n° 4001/98, Karner c/ Autriche (estimant discriminatoire le refus de faire bénéficier le concubin homosexuel de la transmission du bail d'habitation).

culière gravité (CSP, art. L. 2141-1 s. – V. s[s] n°s 215.00 s.), ce qui exclut le couple homosexuel mais aussi les femmes seules.

141.13 Contours de la communauté de vie. La communauté de vie ou volonté de vie commune, est l'essence du concubinage comme elle est celle du mariage. La différence avec le mariage tient à l'absence de statut : le « *mort mariage* » est encore un mariage, le concubinage ne se conçoit pas sans communauté de vie réelle et effective. La volonté de vie commune est, comme en mariage, révélée par un **partage de l'existence**[1] qui implique le plus souvent une **communauté d'habitation** ou plus largement, comme en mariage, de résidence. Pour autant, elle n'exige pas le partage à temps complet d'un même domicile[2] même si l'appréciation de la cohabitation comme élément de preuve de la communauté de vie effective est variable selon les effets que l'on souhaite faire produire au concubinage[3]. L'absence de communauté d'habitation paraît être en revanche un obstacle pour le **bénéfice des dispositions protectrices en matière de logement** (maintien dans les lieux et continuation du contrat de bail), même si les textes ne visent qu'un **concubinage stable et notoire** (L. n° 89-462, 6 juill. 1989, art. 14 et 15). Positivement, le droit d'héberger le concubin tout comme les membres de la famille du locataire ne peut d'ailleurs être restreint par une disposition du contrat de bail sans porter atteinte au droit au respect de la vie privée et familiale de ce dernier[4]. La condition de communauté d'habitation est également un élément déterminant du concubinage pris en compte dans le cadre des **prestations sociales soumises à condition d'isolement** (telles que l'allocation de soutien familial ou l'allocation de parent isolé, v. s[s] n° 142.51). La difficulté se pose alors sur le terrain de la **preuve**, la cohabitation ne prouvant pas à elle seule le concubinage. Pour le reste, la communauté de vie suppose une **communauté d'intérêts autant matérielle qu'affective** sur le modèle du mariage (C. civ., art. 215) ou du PACS (C. civ., art. 515-1) et ne se résume donc pas une simple cohabitation. Sont également exclues de cette définition, les relations incestueuses, contraires à l'ordre public. La communauté de vie est douteuse en cas d'unions « multiples », l'union considérée étant celle de deux personnes même si elles sont engagées dans les liens du mariage ou d'un PACS avec d'autres personnes mais il s'agira alors de déterminer si le concubinage est stable et continu.

§ 2
Une union de fait stable et continue

141.21 Stabilité, continuité et durée. Avant même l'entrée en vigueur de l'article 515-8 du Code civil, la plupart des concubinages retenus par les textes ou la jurisprudence devaient remplir des conditions de **durée** et de **stabilité**. Il en était ainsi à propos de l'état de concubinage visé par l'article 340-4 ancien du Code civil relatif à **l'exercice de l'action en recherche de paternité naturelle**. Il en va de même notamment en matière d'**aide juridique** (l'article 5 de la loi du 10 juillet 1991 invitant les bureaux d'aide juridictionnelle à s'intéresser aux « *ressources de toute nature dont le demandeur a directement ou indirectement la jouissance ou la libre disposition* » y compris celles du conjoint ou des personnes « *vivant habituellement au foyer* »), de **droit au logement** (le droit au maintien dans les lieux et le droit de reprise bénéficiant au concubin notoire du locataire « *depuis au moins un an* » : L. n° 89-462, 6 juill. 1989, art. 14 et 15), de l'**assistance médicale à la procréation** ouverte aux couples de concubins hétérosexuels ayant une vie commune d'au moins deux ans (CSP, art. L. 2141-2). En définissant le concubinage comme une union « *présentant un caractère de stabilité et de continuité* », le législateur n'a pas expressément visé une condition de durée, pourtant moins difficile à apprécier que celle de stabilité et de continuité des relations entre concubins.

La jurisprudence a d'ailleurs montré sa préférence pour le **critère de la durée** dans certaines hypothèses. Ainsi s'agissant de la **rupture du concubinage**, qui reste libre mais peut donner lieu à réparation si elle a un caractère fautif (v. s[s] n° 143.21), la durée du concubinage permet d'apprécier le caractère brutal de la rupture et les conséquences de la rupture pour le concubin délaissé autant que de qualifier le concubinage lui-même. Il en va de même

1. G. Hénaf, « La communauté de vie du couple en droit français », *RTD civ.* 1996, 550 – F. Dekeuwer-Défossez, « Couple et cohabitation », *La notion juridique de couple*, Economica, 1998, p. 61 – J. Hauser, « Couple et différence de sexe », *La notion juridique de couple*, Economica, 1998, p. 95 s. – Actes du colloque de l'Université Lille 2, « Reconstruire le droit de la famille : un droit commun pour le couple ? », *LPA* 20 déc. 2007, n° 254, p. 3 s.
2. CA Douai, 12 déc. 2002, *Dr. fam.* 2003, n° 139, obs. Lécuyer.
3. V. NOT., admettant l'existence d'un concubinage en l'absence de cohabitation véritable, s'agissant de l'indemnisation d'une victime du sida, contaminée par contage : CA Paris, 23 sept. 1999, *RTD civ.* 2000, 546, obs. Hauser; *JCP* 2000, II, 10339, note Verny – *CONTRA*, se basant sur la seule cohabitation de deux personnes ayant acquis en commun l'appartement pour refuser le versement du revenu minimum d'insertion calculé pour une personne seule : CE 12 juin 2002, req. n° 216066, M. Silvy, *RJPF* 12/2002, p. 21, note Vauvillé.
4. Civ. 3e, 6 mars 1996, n° 93-11.113, *Bull. civ.* III, n° 60; *D.* 1996, somm. 379; *JCP* 1996, I, n° 3958, note Jamin; *RTD civ.* 1996, 897, obs. Mestre; *JCP* 1997, II, 22764, note Nguyen Van-Tuong; *D.* 1997, jur. 167, obs. De Lamy.

dans le cadre de **l'action en réparation du préjudice** à l'encontre du responsable d'un accident dont serait victime l'un des concubins (v. s[s] n° 144.21).

On pourrait penser que les **critères de stabilité et de continuité** contiennent implicitement celui de la durée.

Cela n'a pas été l'avis de la cour d'appel de Bordeaux qui, dans un arrêt du 25 mars 1997, a écarté les dispositions d'un règlement intérieur de la caisse de prévoyance faisant bénéficier d'un capital décès le concubin permanent depuis au moins cinq ans en s'appuyant sur la définition de l'article 340-4 ancien du Code civil : des relations stables et continues[1].

La continuité et la stabilité combinées à la communauté de vie forment un tout qui marque l'existence d'une sorte de possession d'état de couple dans laquelle « *l'intention ou l'*animus *de cette possession* »[2] joue un rôle essentiel.

Si le caractère éphémère et passager de l'union fait obstacle à la qualification de concubinage, il est moins évident d'exclure des **relations stables mais intermittentes.** La chambre sociale de la Cour de cassation avait un temps fait la distinction entre vie maritale et concubinage à propos de la condition d'isolement requise pour l'ouverture de droit à l'allocation de soutien familial, en jugeant que si des relations intermittentes, même poursuivies pendant plusieurs années ne présentent pas le caractère de vie maritale visée par Code de la sécurité sociale (aujourd'hui, CSS, art. L. 523-2, al. 2)... Elles peuvent constituer un concubinage[3]. Depuis la loi du 15 novembre 1999, la distinction pourrait porter sur les unions de fait répondant ou pas aux critères de l'article 515-8 du Code civil parmi lesquels figurent la stabilité et la continuité. Toutefois la qualification de concubinage n'implique pas obligatoirement le partage, à temps complet, d'un même « domicile »[4].

Il est des **cas où la durée et encore davantage la stabilité importent peu**, qu'il s'agisse de tirer bénéfice du concubinage ou de justifier la suppression d'un avantage. En pratique, un **certificat de concubinage** délivré par la mairie ou une simple **attestation sur l'honneur de concubinage** ou au contraire de non-concubinage, suffisent sans qu'il soit nécessaire de justifier ni la durée du concubinage ni de sa stabilité, qu'il s'agisse de profiter d'un avantage octroyé par la législation sociale (prise en charge de l'assurance-maladie du concubin par l'assuré social, supplément familial de traitement pour les fonctionnaires) ou par les mutuelles d'assurance par exemple, ou au contraire d'éviter de tirer du concubinage des motifs pour supprimer un avantage ou revoir une situation (pour la fixation ou la révision de pensions alimentaires, pour l'ouverture de droit aux prestations familiales sous conditions d'isolement, ou au revenu minimum d'activité pour une personne seule). En cas de contestation, la **preuve contraire** peut être librement rapportée et l'on pourra alors se reporter autant que de besoin aux critères de l'article 515-8 du Code civil au détriment ou au profit des concubins : la preuve du concubinage n'étant pas préconstituée, elle demeure fragile.

141.22 Notoriété. Alors que des textes spéciaux font état d'une condition de notoriété (L. n° 98-462, 6 juill. 1989, art. 14 et 15, à propos du droit au logement – C. pén., art. 434-1, à propos des bénéficiaires de l'immunité pour non-dénonciation de crime), l'article 515-8 du Code civil n'y fait pas référence. L'expression était pourtant courante dans les textes eux-mêmes notamment dans les conséquences du divorce (C. civ., art. 283 anc., comme motif de suppression de la pension alimentaire versée au titre du devoir de secours dans le divorce pour rupture de la vie commune et 285-1 anc., relatif au bail forcé), même si elle ajoutait peu à la stabilité et à la continuité des relations dont elle serait en quelque sorte une résultante : des juges ont pu, par exemple, considérer que le fait qu'une femme se rende au domicile de son concubin où elle dispose d'une garde-robe et y passe la nuit constituait une preuve suffisante d'un concubinage notoire justifiant selon le droit alors en vigueur la suppression d'une pension alimentaire après divorce (C. civ., art. 283 anc.)[5]. La qualification de « concubinage notoire » est également courante dans les conventions homologuées de divorce par consentement mutuel prévoyant parmi les causes d'extinction de la rente, le concubinage du créancier. La Cour de cassation s'en remet, en cas de contestation, au pouvoir souverain d'appréciation des juges du fond, lesquels prendront égard par exemple à « *la vie en commun avec un tiers, impliquant une mise en commun des moyens matériels* »[6]. On retrouve la condition de notoriété dans certaines dispositions contractuelles notamment dans les contrats d'assurance-décès (ainsi dans une espèce où la condition de notoriété et de stabilité n'était pas remplie, bien que les concubins ayant vécu une dizaine d'années ensemble avant de se séparer, puis de reprendre une vie commune peu avant le décès de l'assuré, au motif que « *ces personnes n'avaient pas d'enfants communs, ne partageaient ni leurs res-*

1. CA Bordeaux, 25 mars 1997, *Dr. fam.* oct. 1997, comm. 123, obs. Lécuyer.
2. Cornu, n° 44.
3. Soc. 22 févr. 1978, n° 76-10.363, *Bull. civ.* V, n° 142.
4. CA Douai, 12 déc. 2002, *Dr. fam.* 2003, 139.
5. CA Versailles, 7 mai 1998, *RTD civ.* 1999, 823, obs. Hauser.
6. Civ. 1re, 28 févr. 2006, n° 04-13.786, *Bull. civ.* I, n° 109; *D.* 2007, pan. 1568, obs. Lemouland et Vigneau; *RTD civ.* 2006, 285, obs. Hauser.

sources ni leurs charges et n'entretenaient aucun projet d'avenir »[1]). Dans son acception la plus stricte, la notoriété semble renvoyer à la connaissance qu'ont les tiers du concubinage. La circonstance est indifférente, elle n'est même pas souhaitable si l'on considère qu'elle ressort de l'intimité de la vie privée[2], en particulier lorsqu'il s'agit d'une relation entre personnes du même sexe. Le législateur a sans doute été sensible à cet aspect du problème, comme il l'a été, avant la modification intervenue par la loi du 23 juin 2006, pour le PACS (v. s^s n° 151.65).

En sens inverse, on peut également considérer que, sauf circonstances particulières, la **preuve du concubinage par la notoriété** permet d'éviter les ingérences excessives dans la vie privée voire amoureuse des concubins. Sur le terrain de la preuve, la notoriété continue à jouer un rôle non négligeable, la connaissance par les tiers contribuant parfois à établir la stabilité et la durée du concubinage au sens de l'article 515-8 du Code civil. Le caractère notoire est parfois exigé par des dispositions contractuelles ou par des textes spéciaux comme en matière de droit au logement (pour pallier en quelque sorte l'absence de publicité faite aux tiers et notamment au bailleur, v. ss n° 143.43) ou en matière fiscale (CGI, art. 885 A, en matière d'impôt sur la fortune, qui assimile les effets du concubinage notoire à ceux d'un mariage).

SECTION 2
PREUVES DU CONCUBINAGE

141.30 Éléments de preuve. Notion de pur fait, le concubinage, sous ses différents aspects et à ses divers degrés, demeure en matière de preuve radicalement opposé à l'acte juridique instantané qu'est le mariage. Les effets de cette nouvelle forme de conjugalité se multipliant, nombreux sont désormais les individus qui ont intérêt à rapporter la preuve de ce **concubinage, source de droits et d'obligations**[3]. Toutefois, la nature de fait juridique du concubinage permet d'utiliser tous les moyens de preuve tels que les écrits : les certificats de concubinage, les témoignages, les déclarations sur l'honneur, les constats d'huissier autorisés par le président du tribunal de grande instance. La tâche des demandeurs n'est pas toujours aisée, tant dans les rangs des tiers que des « couples hors mariage » eux-mêmes ainsi que les désignait le doyen Carbonnier[4].

1. CA Paris, 16 janv. 2001, *D.* 2002, somm. 536, obs. Lemouland ; *RTD civ.* 2001, 336 obs. Hauser ; *RDSS* 2003, 132, obs. Monéger.
2. En ce sens, Civ. 1re, 6 oct. 1998, n° 96-13.600, *Bull. civ.* I, n° 274 ; *D.* 1999, somm. 376, obs. Lemouland.
3. J.-CL. CIV., F. Granet, *V° Concubinage*, fasc. 110, n° 76.

§ 1
Preuve du concubinage par les tiers

141.31 Tiers et vie privée. L'entourage proche ou des administrations entendent parfois se prévaloir de la situation des concubins pour faire cesser les avantages auxquels leur ancienne qualité leur donnait droit. Mais la constatation du concubinage ne va pas sans risques car elle peut empiéter sur l'intimité de la vie privée[5] (ainsi, à propos d'une lettre révélant une situation de concubinage[6]). Compte tenu de l'atteinte à la vie privée que suppose cette preuve[7], l'huissier diligenté pour effectuer des constats doit toutefois se contenter de relever des indices matériels (boîte aux lettres commune, voiture stationnée régulièrement dans le garage commun[8]) sans pouvoir effectuer de véritables enquêtes.

141.32 Constats. L'époux désireux de divorcer, qui souhaite apporter la preuve du concubinage de son conjoint au moyen d'un constat d'adultère doit non seulement se conformer aux prescriptions de l'article 259-2 du Code civil, aux termes duquel le constat ne peut être versé aux débats qu'en l'absence de violation de domicile et d'atteinte à l'intimité de la vie privée mais aussi de respecter les indications de la Cour de cassation, laquelle précise que seuls sont valables les **constats d'adultère dressés par huissier avec autorisation préalable du président du tribunal de grande instance**[9]. La loi du 11 juillet 1975 ayant dépénalisé l'adultère, il ne saurait être question de faire appel à un commissaire de police.

141.33 Aliments et prestations compensatoires. Le concubinage est un élément à prendre en compte dans les **ressources** et les **charges** autant du côté du débiteur[10] que du créancier d'aliments[11], tant pour la fixation que pour la révision de la pension alimentaire. Le concubinage a également une incidence pour apprécier la disparité que la rupture

4. J. Carbonnier, « Les trois piliers du droit », *Flexible droit*, 8e éd., LGDJ, 1995, p. 236 s.
5. J. Rubellin-Devichi, « L'attitude du législateur contemporain face au mariage de fait », *RTD civ.* 1984, 407.
6. Civ. 1re, 6 oct. 1998, n° 96-13.600, *Bull. civ.* I, n° 274 ; *RTD civ.* 1999, 62, obs. Hauser ; *D.* 1999, somm. 376, obs. Lemouland.
7. Rejetant la demande de constat de concubinage d'un créancier d'aliments motif, pris de l'art. 9 du C. civ. et de l'art. 8 de la Conv. EDH : CA Douai, 25 avr. 1991, *JCP* 1991, IV, 371 ; *D.* 1983, somm. 129, obs. Everaert.
8. CA Paris, 5 nov. 1981, *D.* 1982, 342, note Massip.
9. Civ. 1re, 6 févr. 1979, n° 77-13.463, *Bull. civ.* I, n° 47 ; *JCP* 1980, II, 19290, note Lindon – Civ. 2e, 5 juin 1985, n° 83-14.268, *Bull. civ.* II, n° 111.
10. Civ. 2e, 21 févr. 2002, n° 00-10.049, *Bull. civ.* II, n° 19 ; *D.* 2002, IR 939 ; *Defrénois* 2002, 1160 obs. Massip ; *Dr. fam.* 2002, n° 100, obs. Lécuyer.
11. Civ. 2e, 8 nov. 1989, *D.* 1990, somm. 118, obs. Bénabent.

crée dans la cessation de la vie commune (v. ss nos 134.33, 134.34, 135.173 et 136.11 s.) et une convention homologuée peut prévoir que le versement de la rente de prestations compensatoire cesse en cas de concubinage ou de remariage du créancier[1]. Pour les divorces prononcés pour rupture de la vie commune (avant sa suppression par la loi no 2004-439, 26 mai 2004), le « concubinage notoire » du débiteur est de surcroît une cause de suppression de la pension alimentaire versée au titre du devoir de secours (C. civ., art. 283 anc.).

141.34 Autorités administratives. En ce qui concerne les employés de l'administration, la preuve du concubinage se révèle d'autant plus délicate que les pouvoirs d'investigation dont ils disposent sont contrebalancés par la protection dont bénéficient les intéressés dans le cadre de leur vie privée. Pour éviter de perdre le bénéfice de certains droits ou prestations, mais aussi pour ne pas à être redevables de certaines charges, quelques individus ne résistent pas à la tentation et lorsque cela est possible se prévalent au gré de leurs intérêts tantôt de la qualité de célibataire, tantôt de la qualité de concubin. Mais une telle fraude est de moins en moins possible car le concubinage considéré comporte souvent l'exigence d'une cohabitation difficile à nier : la preuve d'un concubinage peut ainsi simplement résulter d'une adresse portée sur une fiche de paye ou d'un avis d'imposition qui n'est autre que celle de l'autre concubin[2]. Il est tout à fait admissible que les agents de l'administration fiscale, des caisses d'allocations familiales ou de la sécurité sociale effectuent des contrôles et heurtent quelque peu l'intimité de la vie privée même si des pratiques qui consisteraient par exemple pour les agents des organismes débiteurs de prestations sociales à informer systématiquement l'administration fiscale de la situation de concubinage d'un allocataire seraient d'une légalité douteuse. Ces organismes demandent le plus souvent la production d'une attestation sur l'honneur, un modèle de déclaration ayant même été établi[3]. Les organismes payeurs soulignent encore qu'il convient d'éviter de demander aux allocataires s'ils font domicile commun ou ressources communes avec une autre personne et de s'en tenir à une définition simple du concubinage basée sur la cohabitation notoire et permanente. Il devrait en être de même pour les agents de l'administration fiscale de manière à respecter la vie privée des redevables.

1. Civ. 1re, 28 févr. 2006, no 04-13.786, *Bull. civ.* I, no 109.
2. CA Nancy, 25 janv. 1993, *Juris-Data* no 052081, jugeant bien fondée, sur cette preuve, l'action en remboursement engagée par la caisse d'allocations familiales contre la mère bénéficiaire d'une allocation de soutien familial.
3. Arr. 17 janv. 1983, modèle d'attestation de la qualité d'ayant droit pour une personne vivant maritalement avec un(e) assuré(e) : modèle Cerfa no 60-3665, *JO* 1er févr., p. 1269.

§ 2
Preuve du concubinage par les concubins

141.41 Preuve par tous moyens. Contrairement aux époux ou aux partenaires qui peuvent facilement prouver leur union par la production d'un acte de mariage ou d'un extrait d'acte de naissance (pour les partenaires d'un PACS, v. C. civ., art. 515-3, al. 3 – V. ss no 151.61), les concubins qui souhaitent faire valoir leur état ne possèdent **aucune preuve préconstituée**. Toutefois, le concubinage étant un fait juridique dont la preuve est rapportable par tous moyens, les concubins ne rencontrent guère de difficultés pour attester de leur qualité, d'autant que les organismes auxquels ils s'adressent font généralement montre d'exigences raisonnables.

141.42 Certificats de concubinage et actes de notoriété. Si une simple déclaration sur l'honneur suffit aux administrations de la sécurité sociale, aux caisses d'allocations familiales ou encore aux services fiscaux, il est tout aussi aisé aux concubins domiciliés à la même adresse (prouvée par une simple quittance de loyer ou d'EDF par exemple), le cas échéant accompagnés de deux témoins dépourvus de liens de parenté avec eux, de se procurer un certificat de concubinage. Aucun texte n'encadre ce qui apparaît comme une pratique soumise à la discrétion des mairies. Interrogée à plusieurs reprises, la Chancellerie a rappelé que de tels certificats sont dépourvus de valeur juridique[4]. En conséquence, le refus de délivrance d'un tel acte n'est pas susceptible de recours même si un motif de refus tiré par exemple de l'identité sexuelle pourrait être critiqué compte tenu de la reconnaissance législative du concubinage homosexuel. Quant aux certificats de communauté de vie délivrés par les juges aux affaires familiales, ils ont disparu avec l'article 372-1 ancien depuis la réforme de l'autorité parentale par la loi no 2002-305 du 4 mars 2002.

141.43 Conséquences juridiques du concubinage et de sa rupture. Le concubinage entraîne des conséquences juridiques différentes selon que les concubins sont au début de leur vie commune (v. ss nos 142.10 s.) ou, ensuite, selon qu'ils s'entendent ou ne s'entendent pas, mais la situation ne pourra de toute façon, être examinée qu'au moment de la rupture volontaire (v. ss nos 143.10 s.) ou involontaire (v. ss nos 144.10 s.).

4. Rép. min. no 40223, *JOAN* Q, 2 sept. 1996, p. 4712; *JCP* 1996, V, 141 – Rép. min. no 16823, *JO Sénat* Q, 21 nov. 1996, p. 3064; *JCP* 1997, V, p. 5.

CHAPITRE

142. Effets juridiques de la vie en concubinage

YANN FAVIER
MAÎTRE DE CONFÉRENCES
À L'UNIVERSITÉ DE SAVOIE

SECTION 0
ORIENTEUR

142.00 Plan du chapitre.

142.01 Textes applicables.

* V. s[s] n° 140.01

142.02 Jurisprudence de référence.

> L'article 220 du Code civil n'est pas applicable en matière de concubinage

• Civ. 1re, 27 avr. 2004, n° 02-16.991, *Bull. civ.* I, n° 113

* V. s[s] n° 142.13

« La solidarité ne se présume point; il faut qu'elle soit expressément stipulée; cette règle ne cesse que dans les cas où la solidarité a lieu de plein droit, en vertu d'une disposition de la loi; l'article 220 du Code civil qui institue une solidarité de plein droit des époux en matière de dettes contractées pour l'entretien du ménage ou l'éducation des enfants, n'est pas applicable en cas de concubinage. »

> Pas de contribution aux charges du mariage dans le concubinage

• Civ. 1re, 31 janv. 2006, n° 02-19.277, NP

* V. s[s] n° 142.15

« Bien qu'il ait participé au financement du bien indivis dans des proportions supérieures à celles de sa concubine, aucune disposition légale ne réglant la contribution aux charges du ménage de la vie commune des concubins, le concubin ne peut faire valoir un droit à aucune indemnité à ce titre. »

> Maintien d'une relation hors mariage : non contraire à l'ordre public et aux bonne mœurs

• Civ. 1re, 3 févr. 1999, n° 96-11.946, *Bull. civ.* I, n° 43

* V. s[s] n° 142.33

« N'est pas contraire aux bonnes mœurs la cause de la libéralité dont l'auteur entend maintenir la relation adultère qu'il entretient avec le bénéficiaire. »

142.03 Bibliographie indicative.

* V. s[s] n° 140.03

142.04 Questions essentielles.

> L'absence de régime légal, à la différence du mariage et même du PACS, a pour conséquence l'absence d'obligation de contribution aux charges communes (v. s[s] n° 142.15) et de solidarité ménagère (v. s[s] n° 142.13) sous réserve de la prise en compte de la théorie de l'apparence (v. s[s] n° 142.14) mais aussi des instruments du droit commun tels que l'enrichissement sans cause (v. s[s] n° 143.91) ou la société créée de fait (v. s[s] n° 143.81), voire le recours à l'obligation naturelle (v. s[s] n° 143.31), qui restent toutefois difficiles à mettre en œuvre.

> C'est essentiellement à l'occasion de la rupture que se posent les problèmes les plus ardus qu'il s'agisse de la liquidation des droits sur un immeuble acquis en commun (v. s[s] n°s 142.44 et 143.61), le sort des meubles acquis pendant la vie commune (v. s[s] n° 143.71) ou la question du logement (v. s[s] n° 143.40). Bien que la rupture soit libre, un droit à indemnisation peut être, dans certains cas, accordé au profit du concubin abandonné (v. s[s] n° 143.21).

142.10 Prise en compte d'une situation de fait.
À la différence du mariage, le concubinage n'entraîne en principe aucune conséquence personnelle ou patrimoniale entre les concubins (sect. 1). Cependant, la durée de la cohabitation et l'absence d'un régime légal conduisent souvent à ce que les concubins passent entre eux des conventions (sect. 2). De son côté, le législateur, au fil du temps a admis que le concubinage pouvait produire un certain nombre d'effets, notamment au plan social et fiscal (sect. 3).

SECTION 1

INEXISTENCE D'UN RÉGIME LÉGAL DE CONCUBINAGE

142.11 Principe. Le principe en la matière est que les effets du mariage ne régissent pas les relations de concubinage. La vie du ménage en concubinage échappe au régime matrimonial primaire, comme aux règles des régimes matrimoniaux proprement dits. La situation des concubins diffère de celle des époux, aussi bien d'un point de vue patrimonial que d'un point de vue extrapatrimonial.

142.12 Absence d'effet sur la personne : conséquences. Les droits et les devoirs respectifs des époux, tels qu'ils sont envisagés par les articles 212 et 226 du Code civil, ne s'appliquent pas aux concubins qui ne se doivent **ni fidélité, ni secours, ni assistance**. Pour eux, la communauté de vie est un fait, ce n'est jamais un devoir. Quelle que soit la durée de leur cohabitation, les concubins restent donc des étrangers l'un à l'autre. Le concubinage ne produit **aucun effet sur l'état des personnes, en particulier sur le nom**. La concubine, contrairement à la femme mariée (ou à l'époux), ne peut pas, à titre d'usage porter le nom de son concubin[1]. Le concubinage vit essentiellement sous l'emprise du droit commun. Chacun des concubins peut, en principe, à tout moment mettre fin à cette situation sous réserve de l'application du droit commun de la responsabilité (v. s^{s} n°s 143.21 à 143.23). **Les dispositions** de l'article 220-1 du Code civil, **relatives à l'éviction du conjoint violent** (v. s^{s} n° 116.66) **sont exclusivement applicables aux époux** : en conséquence, la demande formée par un concubin tendant à se voir attribuer le domicile indivis sur ce fondement ne peut qu'être rejetée, le juge ne pouvant statuer par analogie avec le mariage[2]. Toutefois, depuis le 1er janvier 2010, le juge aux affaires familiales, en cas de difficultés, statue sur la liquidation de l'indivision entre concubins (COJ, art. L. 213-3, 1°). En outre, un concubin n'a aucune vocation de droit à assurer la protection de l'autre concubin qui ne serait plus en état de pourvoir à ses intérêts comme le ferait un conjoint, soit au titre du régime matrimonial soit comme tuteur, curateur ou administrateur légal sous contrôle judiciaire. Le droit des étrangers ne reconnaît pas davantage le concubinage, du moins au titre du regroupement familial[3] et de manière mesurée – sous réserve d'interprétation – pour l'octroi des documents d'entrée et de séjour en France.

142.13 Absence de solidarité ménagère. Dans le concubinage, il n'existe pas d'effets patrimoniaux directs liés à la cohabitation. Il n'existe pas de texte, semblable à l'article 220 du Code civil dans le mariage ou à l'article 515-4 du Code civil dans le PACS, qui rende les concubins solidairement responsables des dettes du ménage. Curieusement, la jurisprudence a régulièrement dû se prononcer sur ce point dont la solution est acquise depuis de nombreuses années[4] et constamment confirmée depuis tant par les juridictions du fond[5] que par la Cour de cassation[6]. **La solidarité ne se présume point** (C. civ., art. 1202) : faute d'être expressément stipulée (par ex. dans un contrat d'assurance[7]), elle ne peut donc résulter d'une application par analogie de l'article 220 du Code civil. Ainsi, un contrat de prêt à la consommation, signé par la concubine, mais dont les échéances sont prélevées sur le compte du concubin n'engage nullement ce dernier qui peut faire cesser les prélèvements sans qu'il soit condamné solidairement au paiement du solde[8]. Il en va de même de factures d'électricité impayées lorsque le contrat d'abonnement a été souscrit au nom d'un seul des concubins, qui se retrouve ainsi seul débiteur[9]. En revanche, selon un avis du Conseil d'État, le concubin du bénéficiaire d'une allocation logement est tenu solidairement de la dette de répétition de l'indu de prestations « *en raison du profit qu'ils en ont l'un et l'autre retiré* »[10].

142.14 Prise en compte de la théorie de l'apparence. Si une certaine ambiguïté persiste sur la nature des obligations notamment en matière de

1. TGI Briey, 30 juin 1966, *JCP* 1967, II, 15130, note Carbonnier.
2. TGI Lille, 21 févr. 2006, *D.* 2006, J. 1350, note Labbée; *Dr. fam.* 2006, comm. 141, note Larribau-Terneyre.
3. Cons. const. 16 juill. 1996, n° 96-377, *JCP* 1996, I, 4023, obs. Mathieu et Verpeaux.
4. Civ. 1re, 11 janv. 1984, *Gaz. Pal.* 1985, 1, 133, note Massip; *Defrénois* 1984, 933, obs. Champenois; *RTD civ.* 1985, 171, obs. Mestre.
5. V. NOT., CA Paris, 21 sept. 1989, *D.* 1990, 500, note Paisant – CA Reims, 24 févr. 1994, *Juris-Data* n° 044355 – CA Limoges, 3 mai 1994, *Juris-Data* n° 043788 – CA Riom, 4 juill. 2000, *Dr. fam.* 2000, comm. 138, obs. Lécuyer – CA Aix-en-Provence, 1er juin 2004, *Juris-Data* n° 248549.
6. Civ. 1re, 2 mai 2001, n° 98-22.836, *Bull. civ.* I, n° 111; *D.* 2002, somm. 612, obs. Lemouland; *Defrénois* 2001, 1003, obs. Massip; *RTD civ.* 2001, 565, obs. Hauser; *Dr. fam.* 2001, comm. 79, obs. Perrouin – Civ. 1re, 27 avr. 2004, n° 02-16.291, *Bull. civ.* I, n° 113; *D.* 2004, somm. 2968, obs. Vigneau; *JCP* 2005, II, 10008, note Cavalier; *Defrénois* 2004, 1232, obs. Massip; *Dr. fam.* 2004, comm. 140, note Larribau-Terneyre; *RTD civ.* 2004, 487, obs. Hauser; *Dr. fam.* 2004, comm. 140, note Larribau-Terneyre; *AJ fam.* 2004, 362, obs. Bicheron.
7. CA Limoges, 3 mai 1994, *JCP* 1995, I, 3813, obs. Garé.
8. Civ. 1re, 27 avr. 2004, n° 02-16.291, préc. s^{s} prés^{t} n°.
9. Civ. 1re, 2 mai 2001, n° 98-22.836, préc. s^{s} prés^{t} n°.
10. CE, avis, 9 juill. 2003, n° 255110, *AJ fam.* 2003, 423, obs. Bicheron.

dettes ménagères [1], c'est en partie parce que les concubins ont au regard des tiers, une **apparence de couple marié**, créant ainsi pour le tiers les conditions d'une erreur d'autant plus légitime que la société tend à considérer les couples indépendamment de leur statut matrimonial. Selon certaines juridictions du fond, la différence qui existe entre les concubins et les couples mariés s'atténue, lorsque les concubins vivent ouvertement comme des époux et entretiennent l'ambiguïté de leur situation. Quelques décisions l'ont admis [2]. Même si la jurisprudence montre une certaine réticence en exigeant la preuve d'une erreur légitime difficilement concevable lorsque le tiers est un professionnel [3], la théorie de l'apparence a été retenue pour permettre au créancier d'étendre ses poursuites auprès des **concubins qui exploitent en commun une entreprise appartenant à l'un d'eux** dans la mesure où l'exploitation en commun confère à chacun d'eux la qualité de commerçant [4], ce qui permet l'ouverture d'une procédure collective à leur encontre [5]. De surcroît lorsqu'un concubin crée sciemment une apparence de mariage aux fins de tromper les tiers, il engage sa responsabilité dans les conditions de l'article 1382 du Code civil [6].

142.15 Absence d'obligation de contribution aux charges communes. Celui des deux concubins qui a assumé les charges du ménage ne peut invoquer l'article 214 du Code civil pour exercer un recours contre l'autre. Sauf à ce que les concubins aient convenu entre eux d'une autre répartition (dont la preuve incombe au demandeur [7]), chacun d'eux assume en principe personnellement et définitivement les dépenses de la vie courante qu'il expose [8]. Toutefois, les juges s'inspirent de considérations tirées plus de l'équité que du droit pour dessiner une obligation aux charges communes dans le concubinage qui se « révèle » à l'occasion de la rupture pour mieux « partager » des biens financés directement ou indirectement par des fonds provenant des concubins, sans qu'il se dégage de l'ensemble une grande cohérence.

Ainsi, dans un arrêt du 2 juillet 2002, la cour d'appel de Chambéry avait jugé que la participation de la concubine à la vie du ménage pendant seize ans avait constitué une contribution réelle, bien que non quantifiable en espèces, au financement d'un bien immobilier [9]. La Cour de cassation censure les juges du fond en relevant que les concubins n'ont droit à aucune indemnité au titre de la contribution aux charges du ménage. Dans une autre espèce, il était au contraire reproché aux juges du fond d'avoir méconnu cette règle en déboutant le concubin de sa demande d'une somme correspondant à une partie du prix de vente de l'appartement acquis par sa concubine à l'aide de prêts en partie remboursés par lui et de sommes d'argent versées mensuellement. La Cour de cassation rejette le pourvoi au motif que si le concubin justifiait d'avoir versé une somme mensuelle à sa compagne, « *il ne démontrait pas avoir autrement participé aux charges de la vie commune alors qu'il bénéficiait d'un logement* » [10].

Depuis quelques années déjà, certains juges du fond avaient indirectement admis l'existence d'un devoir de contribution soit en nature soit en argent notamment pour s'opposer aux demandes d'indemnité d'occupation présentées par le concubin propriétaire du logement occupé par le couple [11] ou de remboursement d'une partie du prix lorsque ladite contribution a eu directement pour objet de financer un bien au-delà de sa part indivise [12] À leur suite, la Cour de cassation semble donc ouvrir la possibilité de prendre en compte, au moins partiellement, les sommes versées au titre du logement ou des dépenses courantes comme la manifestation d'un devoir de contribution aux charges communes, à condition de fonder la demande sur **l'enrichissement sans cause** et non sur un quelconque compte entre concubins [13].

C'est ce que paraît confirmer un arrêt rendu le 24 septembre 2008 à propos des dépenses effectuées sur l'immeuble appartenant à l'un des concubins, lesquelles

1. A. Prothais, « Dettes ménagères des concubins : solidaires, *in solidum* ou conjointes ? », *D.* 1987, chron. 237.
2. CA Bourges, 8 déc. 1997, *Dr. fam.* 1998, comm. 89, note Beignier – CA Nancy, 15 déc. 1997, *Dr. fam.* comm. 2, obs. Lécuyer – CA Rouen, 27 sept. 2007, *JCP* 2007, IV, 1317.
3. Hauser, *RTD civ.* 1992, 68, obs. s^s CA Nancy, 20 sept. 1990 – CONTRA, CA Rouen, 27 sept. 2007, préc. s^s prés^t n° (retenant la qualification de mandat apparent au profit d'une association de réinsertion chargée par un des concubins des travaux dans la résidence du couple).
4. Com. 28 juin 1983, n° 82-11.946, *Bull. civ.* IV, n° 192; *RTD com.* 1984, 473, obs. Derrupé – Com. 27 mars 1984, n° 82-14.044, *JCP* 1986, II, 20530, note Défossez – Civ. 2e, 25 oct. 1989, n° 87-20.033, NPT.
5. Com. 28 juin 1983, n° 82-11.946, préc. s^s prés^t n° – D. Huet-Weiller, « Les rapports pécuniaires des concubins avec les tiers », *Indépendance financière et communauté de vie*, Actes du colloque du LERADP, LGDJ, 1989.
6. Civ. 1re, 11 juin 2003, n° 99-14.612, *Bull. civ.* I, n° 141.
7. Civ. 1re, 28 juin 2005, n° 02-12.767, *Bull. civ.* I, n° 278; *BICC* oct. 2005, n° 1939; *JCP* 2005, IV, 2881; *D.* 2006, somm. 1414, obs. Lemouland; *RTD civ.* 2005, 760, obs. Hauser.
8. Civ. 1re, 19 mars 1991, n° 88-19.400, *Bull. civ.* I, n° 92; *Defrénois* 1991, p. 942, note Massip – CA Paris, 8 déc. 1992, *D.* 1994, 272, note Hochart – Civ. 1re, 17 oct. 2000, n° 98-19.527, *Bull. civ.* I, n° 244; *Defrénois* 2001, p. 93 – Civ. 1re, 31 janv. 2006, n° 02-19.277, NP; *JCP N* 2006, act. 260, p. 579.
9. CA Chambéry, 2 juill. 2002, inédit, cassé par Civ. 1re, 31 janv. 2006, n° 02-19.277, NP, préc. s^s prés^t n°.
10. Civ. 1re, 28 févr. 2006, n° 04-15.116, NP.
11. V. NOT., CA Bordeaux, 10 août 1993, *Juris-Data* n° 043676 – CA Rennes, 12 févr. 1996, *Juris-Data* n° 046872.
12. CA Dijon, 6 déc. 1996, *Juris-Data* n° 049704.
13. Civ. 1re, 28 nov. 2006, 04-15.480, *Bull. civ.* I, n° 517; *RTD civ.* 2007, 94, obs. Hauser.

pourraient donner lieu à une créance entre concubins sur ce fondement, dès lors qu'il est établi que de telles dépenses excédaient par leur ampleur la « *participation normale* » aux dépenses de la vie courante[1] (v. s[s] n° 143.91).

142.16 Absence de régime matrimonial. Bien que les concubins n'aient pas de régime matrimonial, la vie commune les conduit à acquérir des biens ensemble ou/et séparément, sans toujours prendre égard à l'origine aux modes d'acquisition. S'il est prouvé qu'ils ont acquis des biens ensemble, ils en seront propriétaires indivis pour moitié et l'un d'eux pourra démontrer en avoir financé une partie plus importante que l'autre. L'indivision est de nature à susciter du contentieux, surtout lorsqu'un des concubins décède, car il se retrouvera en indivision avec les héritiers du défunt. En cas de rupture, c'est le régime de la **possession mobilière** qui risque de poser des difficultés : le concubin qui part avec des meubles peut opposer la prescription acquisitive de l'article 2276 : « *En fait de meuble, la possession d'état vaut titre* » (v. s[s] n° 143.71). L'absence de régime matrimonial a également pour conséquence de ne pas appliquer les règles de pouvoirs issus du droit des régimes matrimoniaux, notamment sur le logement des époux (C. civ., art. 215).

142.17 Contrats de concubinage. Pas plus que de régime primaire, il n'existe de régime matrimonial proprement dit entre les concubins. Certains praticiens[2] ont essayé de développer en France, sur le modèle de certains droits étrangers, des contrats de concubinage mais ces conventions sont très marginales et, dans l'esprit, semblent contraires à la liberté et à la précarité qui définissent la relation de concubinage par opposition au PACS. En fait, à les analyser clause après clause, on constate que ces contrats ne font que réunir dans un même acte des conventions différentes, telles que des donations, des conventions d'indivision. En aucun cas, ils ne peuvent prévoir de devoir de fidélité ou tout autre devoir qui découle directement du mariage. Leur utilité est limitée à l'éventualité d'une action en dommages-intérêts, à la preuve d'une obligation ou de l'acquisition de certains biens mobiliers, à une répartition éventuelle des charges communes voire à la reconnaissance d'une obligation naturelle (v. s[s] n° 143.31). Considérées isolément, les différentes clauses patrimoniales contenues dans ces contrats sont valables. Pour autant la valeur et la portée de ces contrats pris globalement semblent plus douteuses[3] et l'intérêt d'y recourir, à peu près nul depuis la création du PACS.

142.18 Concubin survivant. La qualité d'étranger entre concubins, qui leur interdit de revendiquer à leur profit le droit des régimes matrimoniaux de leur vivant, ne leur permet pas non plus de revendiquer au profit du survivant de droit successoral *ab intestat*. **Le concubin survivant est dépourvu de la qualité de conjoint survivant.** À défaut de vocation héréditaire légale et de testament à son profit, le survivant des concubins n'a **aucune vocation à occuper le logement, propriété du prédécédé.** S'il y est maintenu après le décès, c'est en toute illégalité et il est redevable aux héritiers d'une indemnité d'occupation[4]. Dans le cas d'un logement acquis en commun, les héritiers peuvent exiger le rachat de la part indivise du *de cujus*, faute de quoi le logement pourra être vendu. Dépourvu de la qualité d'héritier, il doit restituer les sommes prélevées sur un compte du *de cujus* pour lequel il avait une procuration[5]. Le banquier est d'ailleurs responsable à l'égard des héritiers s'il remet des sommes placées sur le compte du *de cujus* à la concubine, même s'il agit en exécution d'un mandat *post mortem*[6]. Même s'il est protégé par un testament en sa faveur, **le concubin survivant est considéré fiscalement comme un étranger**, et supporte en conséquence des droits de succession de 60 % après abattement de 1 500 euros. En outre, ses droits sont limités à la quotité disponible, en cas de présence d'héritiers réservataires. Bien que ne bénéficiant **pas de la co-titularité du bail**, le concubin « notoire » vivant au domicile depuis au moins un an peut faire valoir un **droit à la continuation du bail après le décès de son titulaire** (L. n° 89-462, 6 juill. 1989, art. 14), droit qui était obstinément refusé au concubin de même sexe avant l'introduction dans le Code civil de l'article 515-8[7].

142.19 Fiscalité. Sur le plan fiscal, les concubins déclarent séparément leurs revenus. Chacun d'eux est traité comme un célibataire, par conséquent si l'un des concubins est à la charge de l'autre et sans revenus, il ne peut être pris en compte pour la détermination du quotient familial de son compagnon. Seul l'impôt de solidarité sur la fortune assimile les effets du concubinage notoire à ceux d'un mariage (CGI, art. 885 E). La suppression en 1996

1. Civ. 1re, 24 sept. 2008, n° 06-11.294, *Bull. civ.* I, n° 211.
2. J.-Cl., J. Hérail, *Nouveaux Couples, Nouvelles familles*, fasc. 115, *V° Concubinage, Formules* – J. Charlin, *JCP N* 1991, I, p. 459 – V. AUSSI, 84e Congrès des Notaires de France, « Couple et Modernité », La Baule, 1988.
3. Annulant le contrat de concubinage jugé contraire au principe de la liberté individuelle : Civ. 1re, 20 juin 2006, n° 05-17.475, *Bull. civ.* I, n° 312.
4. CA Paris, 5 déc. 1990, *Juris-Data* n° 024072.
5. CA Versailles, 30 avr. 1998, *Juris-Data* n° 045967.
6. Civ. 1re, 28 juin 1988, n° 86-13.639, *Bull. civ.* I, n° 209; *D.* 1989, J. 181, note Najjar; *JCP* 1989, II, 21366, note Martin.
7. CA Paris, 9 juin 1995, *RTD civ.* 1995, 607, obs. Hauser.

de la demie-part supplémentaire octroyée aux concubins « *faux parents isolés* » n'a pas introduit la neutralité ou la parité fiscale entre époux et concubins mais a évité certains abus. Depuis lors, est supprimée, pour le calcul de l'impôt sur le revenu, la demie-part supplémentaire attribuée au parent, divorcé ou célibataire pour le premier enfant à charge (CGI, art. 196). L'avantage est réservé aux véritables familles monoparentales et retiré aux familles de concubins. Quant à la déduction des frais réels de transport entre le domicile et le lieu de travail (CGI, art. 83, 3°), elle a été étendue aux couples de concubins depuis un avis du Conseil d'État du 10 décembre 1993[1].

SECTION 2
ACTES JURIDIQUES PASSÉS ENTRE CONCUBINS

§ 1
Libéralités entre concubins

142.31 Validité de principe. En pratique, les liens d'amour qui unissent les concubins les conduisent souvent à se consentir des libéralités. Beaucoup plus que dans le droit du mariage, elles permettent de corriger la précarité de la situation qui sera celle du survivant au jour du décès de son concubin. Inconnu du droit matrimonial et successoral, le concubin ne peut que compter sur la générosité de son compagnon (laquelle est purement discrétionnaire et ne peut s'analyser comme la satisfaction d'un devoir de conscience pour faire obstacle à la révocation d'un testament établi au profit de la concubine après dix-sept ans de vie commune[2]). En principe, **les libéralités entre concubins sont valables**[3] **quelle que soit leur forme.** Elles peuvent donc être déguisées ou consenties à une personne interposée sans encourir la nullité (ainsi d'une donation indirecte faite sous la forme d'un cautionnement[4]).

142.32 Intention libérale. C'est le plus souvent à l'occasion de la rupture ou du décès de l'un des concubins, que la preuve de l'intention libérale, nécessaire à la qualification de libéralité, posera des difficultés. La jurisprudence tend à admettre assez largement l'intention libérale, à charge de preuve contraire.

Ainsi, la Cour de cassation a-t-elle cassé pour inversion de la charge de la preuve, un arrêt qui condamnait la concubine à rembourser à la succession une somme d'argent qui lui avait été remise pour l'achat d'une pharmacie, au motif que celle-ci n'avait pas prouvé l'intention libérale du donateur et que la remise des fonds devait ainsi être réputée faite au titre d'un prêt et non d'une libéralité[5].

En cas de rupture, il appartient en conséquence au concubin de prouver l'existence d'un prêt s'il entend réclamer restitution des fonds litigieux[6].

Toutefois, des juges du fond ont pu valablement refuser de qualifier de libéralité et donc de considérer comme nul parce que n'ayant pas été passé par acte authentique mais par acte sous-seing privé, un engagement écrit du concubin de verser à sa concubine une somme de 400 000 francs [69 979 euros] pour la réalisation d'une maison sur un terrain appartenant à celle-ci. La Cour de cassation a approuvé le raisonnement selon lequel l'engagement était proportionné, tant aux facultés contributives du promettant, qui reprenait sa liberté, qu'au bouleversement matériel et moral que la rupture causait aux conditions d'existence de son ex-concubine et de sa fille naturelle, qui n'était pas caractérisé par une intention libérale et n'était donc pas un acte à titre gratuit[7].

Les effets de la qualification de l'acte à titre onéreux ne sont pas seulement civils mais aussi fiscaux (ainsi dans un cas où la concubine, à l'aide d'une procuration, avait repris les fonds qu'elle venait de verser à son concubin quelques jours auparavant[8]).

142.33 Examen de la cause. Jusqu'à l'arrêt du 3 février 1999[9], si les libéralités entre concubins pouvaient être annulées pour **cause illicite ou immorale** (C. civ., art. 1131 et 1133) notamment dans le cas d'un concubinage adultérin, ce n'était qu'à la condition d'analyser la **cause impulsive et déterminante de la libéralité**. Valable lorsqu'elle cherchait à

1. CE, avis, 10 déc. 1993, req. n° 146623, *RJF* 1/1994, n° 38, obs. Goulard et concl. Martin; *LPA* 30 mai 1994, n° 64, 15, obs. Philibert.
2. Civ. 1re, 30 nov. 2004, n° 02-20.883, *Bull. civ.* I, n° 297.
3. Civ. 1re, 6 oct. 1959, *JCP* 1959, II, 11305, note Esmein.
4. Civ. 1re, 8 juill. 1975, n° 73-13.192, *Bull. civ.* I, n° 225 – CA Bordeaux, 26 févr. 2002, *Juris-Data* n° 172993; *AJ fam.* 2002, 380, obs. Bicheron; *RTD civ.* 2003, 64, obs. Hauser.
5. Civ. 1re, 8 juin 2004, n° 01-13.441, NP.
6. Civ. 1re, 3 déc. 2002, n° 00-22.686, NPT; *RJPF* févr. 2003, p. 27, note Casey – V. AUSSI, Civ. 1re, 30 mars 1999, n° 97-11.838, NPT; *JCP* 2000, I, 278, obs. Le Guidec – V. aussi J. Roche-Dahan, « La remise de sommes d'argent entre concubins : prêt ou don manuel ? », *Dr. et patr.* nov. 2000, p. 42.
7. Civ. 1re, 20 févr. 2008, n° 07-15.978, NP; *Dr. fam.* 2008, comm. 94, obs. Larribau-Teyrnere.
8. Com. 14 janv. 1992, n° 89-16.046, *Bull. civ.* IV, n° 14; *Defrénois* 1992, art. 35228, note Chappert; *JCP* 1992, I, 3676; *JCP* 1993, I, 3688, obs. Murat.
9. Civ. 1re, 3 févr. 1999, n° 96-11.946, *Bull. civ.* I, n° 43; *D.* 1999, J. 267, rapp. Savatier; note Langlade-O'Sughrue; *D.* 1999, somm. 377, obs. Lemouland; *D.* 1999, 307, obs. Grimaldi; *D.* 1999, chron. 351, obs. Larroumet; *RTD civ.* 1999, 364 obs. Hauser; *RJPF* 2/52 1999, obs. Casey; *Defrénois* 1999, art. 37017, obs. Champenois; *Defrénois* 1999, art. 36998, obs. Massip; *Defrénois* 1999, art. 37008, obs. Mazeaud; *JCP* 1999, I, 189, obs. Le Guidec; *JCP* 1999, 143, obs. Labarthe; *JCP* 1999, II, 10083, note Billau et Loiseau; et *JCP N* 1999, I, p. 723 et 1430, note Sauvage.

favoriser la rupture et à assurer ainsi l'avenir du concubin délaissé ou à réparer un préjudice que lui causait la rupture, la libéralité était nulle lorsqu'elle était causée par la formation, la continuation ou bien la reprise des rapports immoraux, ou encore lorsqu'elle cherchait à les rémunérer. Finalement, seul le *pretium stupri* était condamnable[1] mais encore fallait-il le prouver, ce qui supposait une analyse délicate de la situation des concubins, de la stabilité et de la durée du concubinage adultérin, des circonstances de celui-ci, voire des relations pécuniaires entre les parties. Désormais, selon l'arrêt de principe du 3 février 1999, « *N'est pas contraire aux bonnes mœurs la cause de la libéralité dont l'auteur entend maintenir la relation adultère avec le bénéficiaire* ».

En l'espèce il s'agissait d'une donation de 7 500 euros consentie à la concubine, six mois avant le décès de son compagnon qui avait exhérédé son épouse. La solution a été confirmée depuis[2] et même réaffirmée par un arrêt d'assemblée plénière le 29 octobre 2004[3] : un homme marié avait institué légataire universelle sa secrétaire avec laquelle il n'entretenait pas de relations de concubinage proprement dites; en appel puis sur renvoi, les juges du fond avaient prononcé la nullité du legs pour cause immorale au motif que « *la libéralité n'avait vocation qu'à rémunérer les faveurs de la concubine* ».

Des hypothèses de cause illicite subsistent encore, quoique difficiles à établir comme en matière de concubinage incestueux, sûrement, ou en matière de concubinage liant un proxénète et une prostituée mais la cause illicite ne peut jamais être réduite à l'adultère. Lorsqu'elle est encourue, la **nullité pour cause immorale** est une **nullité absolue**. Elle peut être demandée par toute personne, aussi bien par le disposant lui-même que par ses héritiers[4] mais le demandeur doit alors prouver le caractère immoral de la libéralité, ce qu'il peut faire par tout moyen. À défaut, la libéralité est validée. Contrairement à la règle qui régit le droit des donations entre époux, lorsque la donation est annulée et qu'elle consistait en une donation déguisée, portant sur des deniers destinés à payer le prix d'une acquisition quelconque, la restitution ne porte pas sur le prix mais sur le bien lui-même. En effet, les concubins n'étant pas des époux, les dispositions de l'article 1099-1 du Code civil sont inapplicables[5]. Ainsi **le bien acquis doit être restitué et non les deniers**, l'achat du bien et le paiement du prix ayant formé une seule opération[6].

142.34 Atteinte à la réserve. Si le disposant a des héritiers réservataires, il doit gratifier son concubin dans **la limite de la quotité disponible ordinaire** (C. civ., art. 912 et 913) et non de la quotité disponible spéciale (C. civ., art. 1094 et 1094-1).

142.35 Incidence du droit des régimes matrimoniaux. Les époux ne pouvant l'un sans l'autre, disposer entre vifs, à titre gratuit, des biens de la communauté (C. civ., art. 1422), le disposant marié sous le régime légal ne peut donc faire seul **donation d'un bien commun**. Le conjoint dont le consentement n'a pas été sollicité et obtenu se voit ouvrir une **action en nullité** (C. civ., art. 1427).

Il en va ainsi dans le cas d'une donation par un homme marié à sa maîtresse d'actions de société dépendant de la communauté[7] ou de bons de caisse souscrits grâce à des sommes provenant de salaires du donateur et des économies réalisées sur des revenus de ses biens propres[8].

Pour autant, rien n'empêche en principe le conjoint de gratifier un concubin en utilisant directement ses **gains et salaires** dont il a la libre disposition (C. civ., art. 223), sous réserve du respect de l'obligation de contribution aux charges du mariage (C. civ., art. 214). Cela vaut d'ailleurs autant pour les actes à titre gratuit que pour les actes à titre onéreux.

Ne peut donc être contestée la validité d'une libéralité provenant de gains et salaires non économisés du mari quand il est prouvé qu'il s'est par ailleurs acquitté de sa part dans les charges du mariage[9] ou l'acte d'acquisition d'un bien immobilier avec clause d'accroissement (ou tontine : v. s[s] n° 144.13) bien que le concubin marié sous le régime de communauté se fût servi de ses gains et salaires pour financer en partie l'achat[10].

1. Req. 8 juin 1926, *DP* 1927, 1, 113 – Req. 14 oct. 1940, *DH* 1940, 174 – Civ. 1re, 6 janv. 1964, *Bull. civ.* I, n° 12 – Civ. 2e, 10 janv. 1979, *Bull. civ.* II, n° 10 – Civ. 1re, 8 nov. 1982, *JCP* 1983, IV, 31.
2. Civ. 1re, 16 mai 2000, n° 98-15.950, NPT; *Dr. fam.* 2000, comm. 102, note Beignier; *Defrénois* 2000, art. 37229, obs. Massip; *RJPF* 2000-9/47, obs. Casey : rejetant la demande de dommages-intérêts faite par la concubine suite à l'action exercée par l'épouse; CA Bordeaux, 12 oct. 2000, *Dr. fam.* 2001, comm. 6, note Beignier.
3. Cass. ass. plén., 29 oct. 2004, n° 03-11.238, *Bull. ass. plén.*, n° 12, p. 27; *D.* 2004, 3175, note Vigneau; *Defrénois* 2004, 12-30, n° 24, art. 38073, p. 1732-1738, obs. Libchaber; *Defrénois* 2005, 02-15, n° 3, art. 38096, p. 234-238, obs. Piedelièvre; *JCP* 2005, n° 4, p. 153-155, obs. Chabas; *RTD civ.* 2005, 104-106, obs. Hauser.
4. Civ. 1re, 25 janv. 1972, n° 70-12.679, *Bull. civ.* I, n° 25; *D.* 1972, J. 413, note Le Tourneau.
5. Civ. 1re, 1er mars 1978, *Defrénois* 1978, art. 31828, obs. Champenois.
6. CA Paris, 15 juin 1990, *Juris-Data* n° 023812.
7. Civ. 1re, 27 juin 1978, n° 76-15.546, *Bull. civ.* I, n° 242; *JCP* 1980, II, 19424, obs. H. M.; *Defrénois* 1979, art. 32053, note Colomer.
8. Civ. 1re, 22 oct. 1980, n° 79-14.138, *Bull. civ.* I, n° 267; *D.* 1981, 462, obs. Martin; *Defrénois* 1981, art. 32513, note Champenois; *JCP* 1982, II, 19757, note Le Guidec.
9. CA Rennes, 13 oct. 1997, *JCP* 1998, I, 151, obs. Bosse-Platière.
10. Civ. 1re, 2 mai 1986, *D.* 1987, J. 139 – CA Versailles, 8 janv. 1998, *Dr. fam.* 1998, comm. 148, obs. Lécuyer; *JCP* 1999, I, 101, obs. Bosse-Platière.

Comme en matière de contribution aux charges communes, les **libéralités entre concubins** sont parfois analysées par le prisme de **l'obligation morale.**

Ainsi, l'achat d'une voiture par le mari au nom de sa concubine, financé par le prix de reprise d'un autre véhicule dépendant de la communauté n'a pas été annulé, la Cour de cassation analysant l'opération en une dation en paiement de la dette de reconnaissance du mari contractée pour le soutien moral et matériel de sa maîtresse et non comme une donation[1].

La **fraude** est un autre moyen pour faire annuler des donations de biens communs (C. civ., art. 1421) prenant par exemple la forme d'une acquisition immobilière faite au nom d'un concubin[2] ou d'une fausse reconnaissance de dettes[3].

142.36 Fiscalité. Sur le plan de la fiscalité, la situation du concubin donataire est très inférieure à celle de l'époux, dans la mesure où les concubins sont traités comme des étrangers l'un envers l'autre et le bénéficiaire de la libéralité devant acquitter un droit de mutation de 60 % de la valeur du bien reçu.

§ 2
Contrats à titre onéreux entre concubins

142.41 Validité de principe. Au même titre que les libéralités, les contrats onéreux entre concubins sont **valables.** Historiquement, on peut même dire qu'ils furent souvent plus libres entre concubins qu'entre époux. Ainsi, jamais la **vente** ne fut prohibée dans son principe entre les concubins, alors qu'elle était interdite en principe entre époux par les dispositions de l'article 1595 du Code civil, abrogé par la loi portant réforme des régimes matrimoniaux du 23 décembre 1985. De la même façon, les concubins, dès avant cette loi, au contraire des époux, pouvaient constituer entre eux **tous types de société**, quelle que soit la responsabilité qu'ils encourraient. En ces différentes matières que sont la vente, le contrat de société, le contrat de prêt ou encore le contrat de travail, les concubins ignorés de la règle de droit, étaient en réalité plus libres de contracter que ne l'étaient les époux. À l'inverse de la femme mariée, la concubine, juridiquement célibataire, a toujours joui de la plus grande capacité juridique que ce soit pour contracter, tant avec les tiers qu'avec son concubin.

1. Civ. 1re, 14 juin 1978, n° 76-14.475, *JCP N* 1979, prat. 138.
2. Civ. 1re, 24 oct. 1977, n° 75-11.623, *Bull. civ.* I, n° 382; *D.* 1978, J. 890, note Poisson-Drocourt; *Defrénois* 1978, art. 31764, note Champenois; *RTD civ.* 1979, 604, obs. Rubellin-Devichi et Nerson.
3. Civ. 1re, 23 oct. 1979, n° 78-13.562, *D.* 1982, IR 158.

142.42 Analyse de la cause. Tout au plus, sur le fondement de la théorie de la cause, a-t-on parfois douté de la validité d'une convention à propos, par exemple, de la **cause réelle du contrat de travail** conclu entre concubins (v. ss n° 143.101).

142.43 Nature de l'acte. La nature de l'acte est indifférente, qu'il s'agisse d'un contrat de travail, d'un contrat de société, d'un contrat de bail[4], de prêt, d'une acquisition ou d'une vente. Il a également été jugé qu'un concubin pouvait se porter caution de sa compagne, l'acte devant s'analyser comme un acte à titre onéreux et non comme une libéralité[5]. Au demeurant, la difficulté porte souvent sur la distinction entre l'**acte à titre onéreux** et l'**acte à titre gratuit.** Lors de la rupture du concubinage, il n'est pas rare que les juges soient appelés à déterminer si des sommes ou des biens mobiliers attribués à l'un des concubins par son compagnon le sont à titre de prêt ou de don pour liquider les intérêts patrimoniaux. Il n'y a pas de présomption de gratuité par le fait du concubinage pas plus qu'il n'existe de présomption d'onérosité : **c'est au demandeur qu'incombe la charge de la preuve** (C. civ., art. 1315). La jurisprudence penche parfois pour une présomption d'onérosité et confond l'absence d'obligation de contribution aux charges communes avec la preuve de l'intention libérale[6] ou au contraire retient l'absence de preuve de l'intention libérale tirée de l'acte lui-même (par ex., des sommes versées pour une action en justice[7]). C'est donc essentiellement sur le terrain de la preuve, et le cas échéant de l'impossibilité morale de rapporter la preuve écrite (v. ss n° 143.72), que le caractère gratuit ou onéreux de l'acte pourra être tranché.

142.44 Acquisition immobilière. L'acquisition conjointe d'un bien immobilier crée une indivision, qui peut également poser des difficultés lors de la liquidation lorsque le financement réel ne correspond pas aux mentions du titre. Cette opération n'est pas sans danger. D'une part, si le fisc peut prouver une **donation déguisée**, celle-ci fera l'objet d'un redressement fiscal donnant lieu à des droits au taux de 60 % dès le premier euro : la preuve de la donation déguisée résulte le plus souvent de l'impossibilité manifeste pour le co-acquéreur de financer le bien à hauteur de ce qui est déclaré dans l'acte. D'autre part, cette situation peut donner naissance à un contentieux entre les concubins lors de leur séparation (v. ss n° 143.63).

4. CA Versailles, 22 juin 2001, *D.* 2002, somm. 1719.
5. CA Bordeaux, 23 janv. 1992, *Juris-Data* n° 040072.
6. Par ex. CA Agen, 30 janv. 1990, *Juris-Data* n° 041949.
7. CA Grenoble, 1er sept. 1998, *Dr. fam.* 1999, comm. 24, obs. Lécuyer; *D.* 1999, 378, obs. Lemouland; *RTD civ.* 2000, 297, obs. Hauser.

SECTION 3
PROTECTION SOCIALE DES CONCUBINS

142.51 Assimilation aux couples mariés. C'est certainement la législation sociale qui, la première, a admis en France dès 1939, l'assimilation des couples de concubins aux couples mariés[1]. L'intégration des deux modèles conjugaux est en grande partie réalisée depuis la loi n° 78-2 du 2 janvier 1978 relative à la généralisation de la sécurité sociale[2], qui a ouvert les **prestations en nature de l'assurance-maladie et maternité aux concubins à la charge effective et permanente de l'assuré** (CSS, art. L. 161-14, al. 1er). Avec l'entrée en vigueur de la loi du 15 novembre 1999[3] (v. ss n° 140.21), et la définition du concubinage donnée par l'article 515-8 du Code civil, ces dispositions sont applicables autant au concubinage homo qu'hétérosexuel. En conséquence, le **délai de douze mois de vie commune** requis par l'article L. 161-14 du Code de la sécurité sociale pour faire bénéficier la personne à charge de l'assuré des prestations de sécurité sociale n'est plus requis s'il est prouvé qu'il ou elle vivait en concubinage avec celui-ci. Le **bénéfice du capital-décès** est également ouvert au **concubin** s'il compte parmi les personnes à charge de l'assuré (CSS, art. L. 361-4)[4] y compris en cas de concubinage adultérin[5]. Cette assimilation n'est pas toujours favorable aux intéressés lorsque le concubinage vient faire cesser le service d'une prestation (il en va ainsi des prestations familiales soumises à une condition d'isolement comme l'allocation de parent isolé et l'allocation de soutien familial) ou en diminuer le montant (c'est le cas du revenu de solidarité active [RSA] qui n'est plus versé à chacun des deux bénéficiaires mais au couple, avec une majoration qui ne compense pas la diminution des ressources globales). Le concubinage ouvre les mêmes droits que le mariage en matière de **rentes** versées à la suite d'un **accident du travail** (CSS, art. L. 434-8), mais toujours pas en matière de **pensions de réversion** (CSS, art. L. 353-1) ni de **pension de veuvage** (CSS, art. L. 357-9). De nombreux régimes spéciaux acceptent toutefois l'octroi de prestations au concubin notoire survivant lorsque son concubin décédé ne laisse pour lui succéder aucun conjoint non divorcé ou séparé de corps[6].

1. M. Granier, « Épouse, concubine ou compagne », *JCP* 1956, I, 1929 – E.-N. Martine, « Le développement de la législation sociale et le droit de la famille », *RTD civ.* 1956, 655 – J. Rubellin-Devichi, « La condition juridique de la famille en France », *JCP* 1986, I, 3241 – Y. Favier, « Les concubins et leurs droits sociaux », *Des concubinages, Études offertes à Jacqueline Rubellin-Devichi*, Litec, 2002, p. 241.
2. L. n° 78-2, 2 janv. 1978, relative à la généralisation de la sécurité sociale, *JO* 3 janv., p. 145.
3. L. n° 99-944, 15 nov. 1999, relative au pacte civil de solidarité, *JO* 16 nov., p. 16959.
4. Cass. ass. plén., 30 janv. 1970, n° 68-10.108, *Bull. ass. plén.*, n° 1; *D.* 1970, J. 221, note Dupeyroux, concl. Lindon – Soc. 17 févr. 1988, n° 85-17.043.
5. Soc. 3 mai 1974, n° 73-11.911, *Bull. civ.* V, n° 274 – Soc. 5 déc. 1974, n° 74-10.759, *Bull. civ.* V, n° 596.
6. A. Benoît, « Protection sociale et concubinage », *Dr. fam.* 1997, chron. 8 – A.-M. Gilles, *Le couple en droit social*, Economica, 1998.

CHAPITRE

143. Rupture volontaire du concubinage

YANN FAVIER
MAÎTRE DE CONFÉRENCES
À L'UNIVERSITÉ DE SAVOIE

SECTION 0
ORIENTEUR

143.00 Plan du chapitre.

143.01 Textes applicables.

* V. s[s] n° 140.01

143.02 Jurisprudence de référence.

> Rupture fautive : droit à l'allocation de dommages-intérêts

• Civ. 1re, 3 janv. 2006, n° 04-11.016, NP

* V. s[s] n°s 143.11, 143.21 et 143.22

« Si la rupture du concubinage ne peut en principe donner lieu à l'allocation de dommages-intérêts, il en est autrement lorsqu'il existe des circonstances de nature à établir une faute de son auteur. »

> Société créée de fait : tous les éléments constitutifs de la société sont requis

• Com. 3 nov. 2004, n° 02-21.637, NP

* V. s[s] n°s 143.62 et 143.82

« L'existence d'une société créée de fait entre concubins, qui exige la réunion des éléments caractérisant tout contrat de société, nécessite l'existence d'apports, l'intention de collaborer sur un pied d'égalité à la réalisation d'un projet commun et l'intention de participer aux bénéfices ou aux économies ainsi qu'aux pertes éventuelles pouvant en résulter; ces éléments cumulatifs doivent être établis séparément et ne peuvent se déduire les uns des autres. »

> Recours possible à l'enrichissement sans cause en cas de financement d'un bien par un concubin

• Civ. 1re, 28 juin 2005, n° 03-19.516, NP

* V. s[s] n° 143.92

« Le concubin ne justifiant ni d'un accord financier permettant de retenir que la jouissance du véhicule lui avait été accordée, ni d'une intention libérale de sa concubine, il y a lieu de considérer que les dépenses supportées personnellement par la concubine pour l'achat du véhicule l'avaient appauvrie et avaient procuré à M. Y... un avantage représenté par la possession du dit véhicule. »

143.03 Bibliographie indicative.

* V. s[s] n° 140.03

143.04 Questions essentielles.

> L'absence de régime légal, à la différence du mariage et même du PACS, a pour conséquence l'absence d'obligation de contribution aux charges communes (v. s[s] n° 142.15) et de solidarité ménagère (v. s[s] n° 142.13), sous réserve de la prise en compte de la théorie de l'apparence (v. s[s] n° 142.14) mais aussi des instruments du droit commun tels que l'enrichissement sans cause (v. s[s] n° 143.91) ou la société créée de fait (v. s[s] n° 143.81), voire le recours à l'obligation naturelle (v. s[s] n° 143.31), qui restent toutefois difficiles à mettre en œuvre.

> C'est essentiellement à l'occasion de la rupture que se posent les problèmes les plus ardus qu'il s'agisse de la liquidation des droits sur un immeuble acquis en commun

(v. s[s] n°s 142.44 et 143.61), le sort des meubles acquis pendant la vie commune (v. s[s] n° 143.71) ou la question du logement (v. s[s] n° 143.40). Bien que la rupture soit libre, un droit à indemnisation peut être, dans certains cas, accordé au profit du concubin abandonné (v. s[s] n° 143.21).

143.10 **Liberté de la rupture.** Union libre implique rupture libre; le principe en matière de concubinage est que chacun des concubins peut, à tout moment, reprendre sa liberté et abandonner l'autre. La notion d'union libre est, par définition même, incompatible avec un quelconque engagement pour le futur. Il s'agit d'une union au jour le jour. Le principe selon lequel aucun des deux concubins n'acquiert de droit sur l'autre résulte de ce que, en général, ils n'ont pas souhaité prendre d'engagements durables l'un envers l'autre. En pratique, en cas de désaccords entre les concubins, ce sont les **règles de droit commun** qui doivent s'appliquer en cas de rupture. Plusieurs points sont à envisager pour régler les conséquences de la rupture :

- l'indemnisation du préjudice causé au concubin délaissé (sect. 1);
- le sort du logement (sect. 2);
- le sort des biens acquis pendant la vie commune (sect. 3);
- la fin de la collaboration entre les concubins (sect. 4).

SECTION 1
INDEMNISATION DES CONCUBINS

143.11 **Principe.** La rupture du concubinage ne doit pas constituer par elle-même une faute susceptible d'ouvrir le droit à des dommages et intérêts dans les conditions du droit commun (C. civ., art. 1382 et 1383). De nature précaire, le concubinage ne permet pas de demander la réparation d'un éventuel préjudice qui résulterait de la seule rupture comme l'exprime une jurisprudence constante tant de la Cour de cassation[1] que des juridictions du fond[2]. La jurisprudence reconnaît cependant un droit à réparation au profit du concubin délaissé « *lorsqu'il existe des circonstances de nature à établir une faute de son auteur* »[3], rejoignant ainsi une **jurisprudence classique sur la rupture de fiançailles**[4]. On peut également remarquer un rapprochement entre la rupture du concubinage et celle du mariage, le divorce pouvant également donner lieu dans des circonstances similaires à l'allocation de **dommages-intérêts**, tantôt sur le fondement du **droit commun** tantôt sur celui du **droit spécial** (C. civ., art. 266 : en matière de divorce pour faute).

143.12 **Fondements.** Pour être mis en jeu, le mécanisme de la responsabilité civile de droit commun exige la preuve d'une faute, d'un préjudice et d'un lien de causalité entre les deux (§ 1). La preuve de la faute ne pouvant résulter de la décision de rompre, le concubin délaissé doit démontrer l'existence d'une **faute détachable de la rupture** elle-même ainsi que du préjudice économique spécifique qui en résulterait. Quant au **préjudice**, il peut être autant **économique** que **moral** et il peut être prouvé par tout moyen. Le **lien de causalité** doit enfin être analysé au regard des circonstances et des conséquences de la rupture. L'indemnisation du concubin délaissé peut également résulter de l'exécution d'une obligation naturelle (§ 2).

§ 1
Mise en œuvre de la responsabilité pour faute

143.21 **Variété des fautes.** La faute peut trouver sa source dans l'établissement du concubinage, ou dans des éléments tirés de la vie commune et des circonstances de la rupture.

Depuis longtemps, la jurisprudence admet que la **faute** peut exister **dès l'origine du concubinage**, dans le comportement répréhensible d'un concubin ayant fait des promesses de mariage ou ayant abusé de son autorité par des manœuvres dolosives. Des décisions anciennes l'ont admis à propos des promesses fallacieuses de mariage faites par le concubin[5] mais il semble que de tels cas ne correspondent plus ou très rarement à la réalité de la société française contemporaine dans un contexte d'égalité des sexes et de large acceptation des relations hors mariage.

Il est plus fréquent de relever l'existence d'une **faute de l'auteur de la rupture** en puisant dans des éléments tirés de la période de vie commune et dans son attitude lors de la rupture.

Constitue par exemple une faute, la conduite d'un homme qui abandonne brutalement sa concubine, mariée, avec un enfant commun pour en épouser une autre, après lui avoir demandé de le suivre pour s'installer dans

1. Civ. 1re, 17 juin, 1953, *D.* 1953, J. 596 – Civ. 1re, 3 mars 1964, *Gaz. Pal.* 1964, 2, 83 – Civ. 2e, 24 nov. 1976, *D.* 1977, IR 481 – Civ. 1re, 31 janv. 1978, *Bull. civ.* I, n° 39 – Civ. 1re, 30 juin 1992, n° 90-20.367, *Bull. civ.* I, n° 204; *Gaz. Pal.* 7 févr. 1993, somm. 12, note Massip.
2. V. NOT., CA Nancy, 19 mars 2001, *Juris-Data* n° 152262 – CA Toulouse, 23 janv. 2001, *Dr. fam.* 2001, comm. 69, obs. Lécuyer; *D.* 2002, somm. 614, obs. Lemouland – CA Rouen, 29 janv. 2003, *Dr. fam.* 2003, comm. 69, note Lécuyer.
3. Civ. 1re, 3 janv. 2006, n° 04-11.016, NP.
4. Rubellin-Devichi, obs. *RTD civ.* 1989, 281.
5. V. NOT., Req. 24 juin 1944, *Gaz. Pal.* 1944, 2, 82 – Civ. 1re, 18 oct. 1950, *Bull. civ.* I, n° 195; *D.* 1951, somm. 7 – Civ. 1re, 12 juill. 1955, *D.* 1955, J. 736.

la même ville que lui et lui avoir interdit de travailler en s'engageant à subvenir à ses besoins [1]. L'accroissement volontaire de dépendance économique provoquée par l'un au détriment de l'autre sert souvent à qualifier la rupture de fautive [2] (par ex. dans un cas où la rupture de concubinage est intervenue après une vie commune de onze ans au cours de laquelle, la concubine s'est consacrée exclusivement au foyer et aux enfants communs [3]) même si cette circonstance ne suffit pas toujours à caractériser une faute délictuelle [4].

C'est plus aisément dans les **circonstances de la rupture** que la faute pourra être recherchée.

Il en va ainsi dans un cas d'abandon brutal de la concubine et de ses enfants [5] ou dans les premiers mois de grossesse [6], d'actes de violences accompagnant la rupture [7] ou encore d'un départ soudain après quarante ans de vie commune auprès de sa concubine mais aussi ex-épouse [8], ou d'une assignation en expulsion pour occupation sans droit ni titre d'une concubine à qui l'auteur de la rupture avait promis le mariage, la laissant sans toit ni ressources [9]. Certains évènements entourant la rupture sont également pris en compte : ainsi, la découverte d'une liaison par la concubine le jour de ses épreuves d'examen, alors que son concubin lui avait fait des promesses de mariage [10], ou d'une relation du concubin avec la fille de sa partenaire qu'il a fini par épouser [11].

La **faute** et donc la **responsabilité** peuvent également être **partagées** entre les concubins notamment en cas de concubinage adultérin [12].

La **liberté de rompre** doit être protégée et les juges se montrent parfois très stricts dans **l'appréciation de la faute.**

Ainsi, il a été jugé qu'on ne pouvait reprocher au concubin d'avoir abandonné sa concubine avec leur enfant commun alors que, se trouvant hospitalisé et sous tutelle, il était incapable de faire face à ses responsabilités [13], mais à l'inverse a été écartée la responsabilité pour faute d'un concubin ayant abandonné sa concubine en mauvaise santé [14]. La mésentente ne caractérise pas une faute, même si elle conduit un des concubins à entretenir d'autres liaisons (il n'y a point de devoir de fidélité entre concubins) ou à créer un climat hostile confirmé par des paroles blessantes et une attitude injurieuse [15]; donner congé au propriétaire du domicile commun sans l'accord ou sans informer son concubin (l'article 215 du Code civil. n'est pas applicable entre concubins) ne constitue pas des faits fautifs donnant lieu à réparation.

143.22 Préjudice réparable. C'est sans doute davantage sur le terrain du préjudice réparable que sur celui de la faute que la jurisprudence a montré une **évolution notable.** Le préjudice moral est ainsi plus facilement retenu et le **préjudice économique** calculé plus largement.

Ainsi, la Cour de cassation, le 7 avril 1998 [16], a rejeté le pourvoi contre un arrêt de la cour d'appel de Paris qui avait condamné l'ex-concubin à payer la somme de 74 600 euros à titre de dommages et intérêts en réparation du préjudice économique et du préjudice moral par lui causés à la femme avec laquelle il avait vécu pendant onze ans, l'obligeant à renoncer à son emploi pour se consacrer à l'éducation de son fils, puis de leur enfant commun, en la congédiant pour la remplacer par une autre femme, sans subvenir à ses besoins.

Dans un arrêt du 3 janvier 2006 [17], la première chambre civile a également approuvé une cour d'appel qui avait fixé à 100 000 euros le montant des dommages et intérêts alloués à la concubine dans un cas où le concubin, en dépit du jugement de divorce dont il s'est ensuite prévalu pour échapper à ses obligations, a continué à se comporter en mari tant à l'égard de son épouse que des

1. Civ. 1re, 29 nov. 1977, *Defrénois* 1978, art. 31827, p. 1129, note Massip.
2. Civ. 1re, 29 nov. 1977, *Defrénois* 1978, art. 31827, p. 1129, note Massip.
3. Civ. 1re, 7 avr. 1998, no 96-10.581, NPT; *Dr. fam.* 1998, comm. 81, obs. Lécuyer; *Defrénois* 1998, art. 36895, note Massip.
4. Refus d'indemnisation alors qu'au cours des dix ans de vie commune, la concubine avait dû travailler à domicile pour pouvoir s'occuper des trois enfants communs : CA Nancy, 11 avr. 2005, *JCP* 2006, IV, 1255 – Dans le même sens après vingt-trois ans de vie commune alors que la concubine avait participé à l'activité dans le commerce de la mère de son concubin : CA Rennes, 15 mai 2006, *JCP* 2006, IV 1796.
5. Civ. 1re, 27 oct. 1967, *JCP* 1965, II, 14149 – Civ. 1re, 3 nov. 1976, no 74-14.289, *Bull. civ.* I, no 322.
6. Civ. 1re, 6 juill. 1976, no 75-13.535, *Bull. civ.* I, no 248.
7. Concubin condamné pour agression sexuelle sur la fille de sa concubine : CA Lyon, 11 oct. 2007, *JCP* 2007, IV, 2249.
8. Civ. 1re, 3 janv. 2006, no 04-11.016, NP; préc. ss no 143.11.
9. CA Rennes, 4 janv. 1999, *Dr. fam.* 2000, comm. 1, obs. Lécuyer.
10. CA Rennes, 28 oct. 1996, *Dr. fam.* 1997, comm. 171, obs. Lécuyer.
11. Cassation de l'arrêt d'appel ayant refusé d'allouer une indemnité à la concubine délaissée : Civ. 1re, 25 juin 2008, no 07-14.628, NP.
12. Dans un cas où un homme marié avait sciemment entretenu de faux espoirs sa concubine qui ne pouvait pas ignorer sa situation : TI Épernay, 15 oct. 1999, *Dr. fam.* 1999, comm. 133, obs. Lécuyer – Pour un cas similaire où la faute de l'homme marié n'a pas été retenue, la liaison étant jugée précaire par essence : CA Toulouse, 23 janv. 2001, *Dr. fam.* 2001, comm. 69, obs. Lécuyer; *D.* 2002, 614, obs. Lemouland – Mais relevant un comportement fautif de l'homme marié à l'égard de sa concubine, dans les circonstances de la rupture : Civ. 1re, 15 mai 1990, no 88-15.254, NP; *Defrénois* 1990, art. 34826, obs. Massip.
13. CA Orléans, 19 oct. 1993, *Juris-Data* no 046418.
14. CA Paris, 27 févr. 1979, *D.* 1979, IR 508 – CA Paris, 30 oct. 1997, *JCP* 1998, I, 151, obs. Bosse-Platière.
15. CA Lyon, 20 févr. 1996, *Dr. fam.* 1997, comm. 171, obs. Lécuyer.
16. Civ. 1re, 7 avr. 1998, no 96-10.581, NP; *Dr. fam.* 1998, comm. 81, obs. Lécuyer; *Defrénois* 1998, art. 36895, note Massip.
17. Civ. 1re, 3 janv. 2006, no 04-11.016, NP (préc. ss. no 143.21).

tiers avant de partir sans concertation après quarante ans de vie commune.

Le préjudice peut aussi bien n'être que **moral** (par ex., 1 500 euros pour la découverte d'une liaison par la concubine la veille d'épreuves d'examens et malgré des promesses de mariage[1]). Toutefois, les décisions sont rares et les faits relativement exceptionnels (fragilité psychologique, croyance entretenue d'un prompt mariage, ignorance entretenue autour du statut matrimonial du concubin, impossibilité de reprendre une activité professionnelle ou des études, volonté de nuire caractérisée de la part de l'auteur de la rupture...). Préjudice moral et préjudice économique sont le plus souvent liés[2] mais conformément au droit commun, **chaque chef de préjudice** doit non seulement être **prouvé** mais également **calculé** et **justifié**.

143.23 Lien de causalité entre la faute et le préjudice. La preuve du lien de causalité entre la faute et le préjudice doit également être rapportée par le demandeur[3].

Il en va ainsi de la dépression de la concubine délaissée, alors qu'elle en souffrait avant la rupture[4] ou de l'arrêt d'une grossesse consécutive à la rupture du concubinage, dont la cause n'est ni précisée ni justifiée alors même que le concubin n'était pas au courant que sa concubine était enceinte[5].

§ 2
Reconnaissance d'une obligation naturelle

143.31 Obligation de conscience. De nombreuses décisions de jurisprudence admettent qu'il existe à la charge du concubin qui rompt, une **obligation naturelle** de ne pas laisser dans le besoin celui qui est abandonné. Le principe est admis en matière de concubinage[6], et ses applications sont multiples.

143.32 Obligation naturelle et libéralités. Traditionnellement, le recours à l'obligation naturelle (C. civ., art. 1235) a eu une certaine utilité pour « découvrir » l'existence d'une libéralité contestée après rupture ou décès. Celle-ci est parfois abusivement qualifiée de **dette de reconnaissance** – malgré la contradiction entre l'existence d'une dette et la qualification de libéralité – pour les soins prodigués ou le temps consacré au concubin[7]. La jurisprudence valide certes les libéralités entre concubins y compris en cas de concubinage adultérin (v. s^s n° 142.33) mais cela ne résout pas la délicate question de la qualification (v. s^s n° 142.32).

143.33 Domaine de l'obligation naturelle. À mesure que les nouveaux modes de conjugalité ont été socialement mieux acceptés, le domaine de l'obligation naturelle s'est étendu. Le devoir de conscience, devenu obligation civile, prend des formes très diverses comme l'illustre abondamment la jurisprudence.

Ainsi, un engagement pris dans un courrier de verser un capital et une rente pendant cinq ans, de laisser à l'autre une automobile et de partager les meubles meublants[8] ou de maintenir la concubine à domicile avec les enfants communs et de ne pas l'en expulser[9], de verser 44 700 euros à la concubine qui s'est consacrée à son ménage et à leurs trois enfants communs, constaté dans une lettre adressée au juge aux affaires familiale[10], ont été considérés comme des obligations naturelles novées en obligations civiles.

Toutefois, faute d'engagement souscrit par le concubin d'où il procéderait la transformation d'une obligation naturelle en obligation civile, la rupture d'un concubinage, aurait-il duré vingt-six ans avec un fort engagement financier de la part d'une des parties, aucun droit à indemnisation ne peut être retenu sur ce fondement[11]. Dans le même sens, il a été jugé qu'à défaut de tout engagement écrit de sa part, on ne saurait retenir aucun engagement implicite ou explicite du concubin de poursuivre sans limitation de temps une aide financière octroyée dans les dix mois qui ont suivi la rupture d'un couple, marié par le passé puis ayant vécu huit ans en concubinage avant de se séparer à nouveau[12].

143.34 Indemnité. L'indemnité, promise ou versée, convertit l'**obligation naturelle** en **obligation civile** juridiquement sanctionnable. Dès lors, le concubin créancier de la somme peut efficacement **agir en justice** pour en obtenir le paiement. Par ailleurs, si le débiteur venait à décéder, le créancier

1. CA Bordeaux, 4 janv. 2000, RG n° 98/00103, *Juris-Data* n° 2000-103728.
2. V. NOT., comme le relève : CA Rouen, 29 janv. 2003, *Dr. fam.* 2003, comm. 69, note Lécuyer – Ou encore : CA Rennes, 4 juin 1999, préc. s^s n° 143.21, dans un cas où la concubine sans ressources a été assignée en expulsion par son ex-concubin, joignant la précarité économique à la mesure vexatoire : 9 000 euros de dommages-intérêts.
3. CA Bordeaux, 26 févr. 2002, *RTD civ.* 2003, 63, obs. Hauser.
4. CA Paris, 30 oct. 1997, préc. s^s n° 143.21.
5. CA Paris, 14 févr. 2003, *D.* 2003, somm. 1939, obs. Lemouland.
6. Civ. 1re, 10 oct. 1995, n° 93-20.300, *Bull. civ.* I, n° 352 ; *D.* 1996, somm. 120, obs. Libchaber – V. DÉJÀ, Civ. 1re, 6 oct. 1959, *JCP* 1959, II, 11305, note Esmein ; *D.* 1960, J. 515, note Malaurie.
7. Civ. 1re, 4 nov. 1961, *Bull. civ.* I, n° 526 – Civ. 1re, 16 oct. 1967, *JCP* 1967, II, 15287 – Civ. 1re, 4 nov. 1982, n° 81-15.738, *Bull. civ.* I, n° 319.
8. CA Lyon, 11 janv. 2000, *Juris-Data* n° 110733.
9. Civ. 1re, 17 nov. 1999, n° 97-17.541, NPT ; *RTD civ.* 2000, 297, obs. Hauser ; *Dr. fam.* 2000, comm. 19, note Lécuyer ; *D.* 2000, somm. 419 obs. Lemouland ; *JCP* 2001, II, 10458, note Chassagnard.
10. CA Nancy, 11 avr. 2005, *JCP* 2006, IV, 1255.
11. CA Paris, 9 déc. 2005, *D.* 2006, somm. 1414, obs. Lemouland.
12. Civ. 1re, 23 mai 2006, n° 04-19.099, *Bull. civ.* I, n° 264 ; *JCP N* 2006, IV, 2308.

pourrait même en demander le **paiement à ses héritiers** qui seraient tenus de l'indemniser[1]. S'agissant pour le créancier, de l'exécution d'une **obligation causée**, il s'ensuit que l'indemnité au débiteur n'est pas considérée comme une libéralité. Fiscalement, elle n'est donc pas taxée en tant que telle.

SECTION 2
SORT DU LOGEMENT DES CONCUBINS

143.40 **Situations.** Lors de leur séparation, les concubins, comme les époux d'ailleurs, rencontrent souvent des difficultés qui tiennent au sort du logement, que l'on peut qualifier de logement « familial » comme en matière matrimoniale, même s'il ne bénéficie pas exactement de la même protection hors et dans le mariage. Comme entre personnes mariées, la question se pose de savoir s'il faut vendre le logement ou encore qui peut le conserver, mais les règles applicables sont en général très différentes[2]. Les solutions au sort du logement après rupture varient selon que les concubins sont locataires à titre individuel ou en colocation du logement familial (§ 1) ou bien qu'ils en sont propriétaires à titre exclusif (§ 2) ou en indivision (§ 3).

§ 1
Logement en location

143.41 **Absence de cotitularité légale.** La situation des concubins dépend du contrat de location : ou bien ils sont cotitulaires ou copreneurs du bail ou bien l'un d'eux seulement est titulaire du droit au bail. Si le logement a été loué par un des concubins, l'autre n'est pas cotitulaire car l'article 1751 du Code civil n'est pas applicable entre concubins (ainsi, refus d'appliquer le préavis réduit pour cause de mutation de la concubine du locataire[3]). La cotitularité ne peut qu'avoir une origine conventionnelle et elle présente alors un avantage pour le bailleur qui assujettit ainsi chacun des concubins au paiement des loyers. De plus, si les concubins se sont présentés comme des époux, l'engagement de l'un des concubins lie l'autre solidairement au paiement du loyer aussi longtemps que cette apparence est maintenue à l'égard du bailleur (v. s[s] n° 142.14).

Le **juge aux affaires familiales** n'est **pas compétent** pour statuer sur la jouissance d'un logement loué par des concubins après leur séparation[4]. Entre concubins, il n'existe aucune obligation de contribuer au paiement du loyer[5]. Le concubin qui réclame à l'autre dont il est séparé, le remboursement de sa quote-part au titre des loyers réglés au cours du concubinage, doit rapporter la preuve de l'obligation dont il se prévaut, laquelle ne peut résulter d'un simple « contrat moral »[6]. Si le locataire en titre donne congé avant de délaisser le logement, le concubin abandonné ne peut s'y opposer comme pourrait le faire le conjoint (C. civ., art. 215, al. 3). Le propriétaire peut également lui faire quitter les lieux sans préavis, le **concubin non preneur** étant un **occupant sans droit ni titre**.

143.42 **Droits du locataire en concubinage.** Le concubinage du locataire n'est pas une cause de nullité ou de résiliation du contrat de bail[7]. Les clauses d'un bail d'habitation ne peuvent avoir pour effet de priver le preneur de la possibilité d'héberger un concubin et des enfants, sans porter atteinte à l'article 8 de la Convention européenne des droits de l'homme[8].

143.43 **Dispositions protectrices.** L'article 5 de la loi du 1er septembre 1948 faisait bénéficier le concubin du **droit au maintien dans les lieux** lorsque l'autre, qui bénéficiait du titre de locataire, abandonnait le logement. Il fallait alors que les concubins eussent vécu ensemble depuis **plus d'un an**. En réalité, la mention du « concubin » ne figurait pas en tant que telle dans la loi. Le texte faisait référence « *aux personnes à charge qui vivaient effectivement avec lui* ». On en déduisait alors la reconnaissance du droit au maintien dans les lieux au profit du **concubin à charge**. En 1986, la référence aux personnes à charge a disparu de l'article 5 de la loi du 1er septembre 1948. Le concubin non preneur ne peut plus s'en prévaloir. Cependant, deux lois postérieures, l'une dite loi « Quilliot » du 22 juin 1982[9], dans son article 16, l'autre dite loi « Méhaignerie » du 23 décembre 1986[10], dans son article 13, dont la modification a été entreprise par la loi du

1. CA Paris, 19 janv. 1977, *JCP N* 1978, II, 258.
2. M.-C. Rivier, « Le logement des concubins », *Les concubinages*, CNRS, 1986.
3. CA Paris, 20 mars 1996, *Dr. fam.* 1996, comm. 1, obs. Lécuyer – TI Privas, 7 sept. 1993, *RTD civ.* 1994, 81, obs. Hauser – TGI Dunkerque, 14 nov. 1984, *D.* 1985, IR 290.
4. TGI Paris, 15 mars 1994, *Juris-Data* n° 042069.
5. Civ. 1re, 11 janv. 1984, *Gaz. Pal.* 1985, 1, 133, note Massip.
6. Civ. 1re, 28 juin 2005, n° 02-12.767, *Bull. civ.* I, n° 278; *BICC* oct. 2005, n° 1939; *JCP* 2005, IV, 2881; *RTD civ.* 2005, 760, obs. Hauser; *D.* 2006, somm. 1414, obs. Lemouland.
7. Soc. 23 févr. 1961, *JCP* 1961, II, 12261.
8. Civ. 3e, 6 mars 1996, n° 93-11.113, *Bull. civ.* III, n° 60; *JCP* 1997, II, 22764, note Nguyen Van Trong; *D.* 1997, 167, note De Lamy.
9. L. n° 82-526, 22 juin 1982, dite Quilliot, relative aux droits et obligations des locataires et des bailleurs, *JO* 13 juin, p. 1967.
10. L. n° 86-1290, 23 déc. 1986, dite Méhaignerie, tendant a favoriser l'investissement locatif, l'accession à la propriété de logements sociaux et le développement de l'offre foncière, *JO* 24 déc., p. 15531.

6 juillet 1989, dite loi « Mermaz »[1], dans son article 14, dans cette même hypothèse d'abandon du logement par le titulaire du bail, ouvrent « ***au concubin notoire*** » la possibilité de faire continuer le bail à son profit, si toutefois il vivait effectivement avec le preneur depuis **au moins un an** (condition qui n'est pas exigée du partenaire d'un PACS).

§ 2
Logement, propriété exclusive de l'un des concubins

143.51 Absence de bail entre concubins. Dans l'hypothèse où l'un des concubins est propriétaire de l'immeuble et que l'autre est hébergé par lui, il n'existe pas de bail entre eux. Le concubin hébergé se trouve donc dans une situation précaire. Il peut être prié de quitter le logement à tout moment sans pouvoir invoquer le droit au maintien dans les lieux[2]. De même, si le concubin propriétaire décide de vendre le logement, il peut le faire librement, sans avoir à obtenir le consentement de son compagnon. Leur situation est toute différente de celle des époux qui ne peuvent l'un sans l'autre disposer des droits sur le logement (C. civ., art. 215, al. 3).

143.52 Droit de reprise du propriétaire. L'article 15 de la loi du 6 juillet 1989 prévoit à peine de nullité que la reprise effectuée par le bailleur ne peut l'être qu'au profit de lui-même, de son conjoint, de son **concubin notoire** à la date du congé et même de ses **descendants** ou ceux de son conjoint ou concubin notoire. Cette disposition a marqué incontestablement, dans notre droit, l'entrée de la famille du concubin[3].

§ 3
Logement, propriété commune des concubins

143.61 Modes d'acquisition. En cours de vie commune, les concubins peuvent décider d'acquérir ensemble un logement. Ils sont ainsi réputés co-indivisaires du bien immobilier pour moitié, faute de précisions dans l'acte ou de convention d'indivision[4] et en cas de vente, le principe est celui de la répartition du prix par moitié[5]. Des difficultés de preuve peuvent surgir à la rupture du concubinage. Souvent, comme chez les époux séparés de biens d'ailleurs, **le financement de l'acquisition ne correspond pas aux déclarations faites dans l'acte notarié**. Ainsi, l'acquisition effectuée par un seul a pu être financée par des deniers communs, le chèque étant tiré sur un compte bancaire commun alimenté par les salaires respectifs de deux concubins. À l'inverse, l'acquisition a pu être faite par les deux concubins, mais financée par un seul ou par les deux acquéreurs mais dans des proportions différentes de celles déclarées.

143.62 Acquisition exclusive, financement commun. Il est des hypothèses où un seul des concubins a acquis en titre - ce qui est prouvé par l'acte d'acquisition - alors que les deux concubins ont contribué au financement du bien. La vie commune ne crée aucune présomption d'indivision et il n'existe pas de biens communs comme dans le régime légal entre époux. Sauf convention contraire, **le bien reste donc la propriété exclusive du propriétaire en titre**, quand bien même, par exemple, les concubins auraient signé ensemble un contrat de construction accompagné d'un acte sous seing privé précisant qu'ils achetaient en commun[6] ou le concubin non-acquéreur rapporterait l'existence d'une contre-lettre[7]. De même, la construction d'un bâtiment sur un terrain appartenant à l'un des concubins avec des fonds indivis, rend celui-ci propriétaire de l'ensemble conformément aux **règles de l'accession** (C. civ., art. 552), sauf à indemniser le concubin sur le fondement de l'article 555 du Code civil[8]. En aucun cas, le concubin ayant participé financièrement à l'acquisition ne dispose d'une quote-part du bien[9]. Lorsque les conditions sont réunies, il est

1. L. n° 89-462, 6 juill. 1989, dite Malandain Mermaz, tendant à améliorer les rapports locatifs et portant modification de la loi n° 86-1290 du 23-12-1986, *JO* 8 juill., p. 8541.
2. Civ. 1re, 4 nov. 1987, n° 86-15.294, NPT – CA, Chambéry, 20 juin 2005, *Dr. fam.* 2006, comm. 25 – V. TOUTEFOIS, reconnaissant une obligation naturelle se traduisant par le maintien dans les lieux de la concubine et des enfants communs : Civ. 1re, 17 nov. 1999, n° 97-17.541, NPT; *RTD civ.* 2000, 297 obs. Hauser; *Dr. fam.* 2000, comm. 19, note Lécuyer; *D.* 2000, somm. 419, obs. Lemouland; *JCP* 2001, II, 10458 – Ou considérant ce comportement comme fautif : CA Rennes, 4 janv. 1999, *Dr. fam.* 2000, comm. 1, obs. Lécuyer.
3. J. Rubellin-Devichi, « La famille et le droit au logement », *RTD civ.* 1991, 252.
4. Com. 27 juin 1961, n° 59-12.858, *Bull. civ.* I, n° 297 – Civ. 1re, 20 janv. 1969, n° 67-11.643, *Bull. civ.* I, n° 26 – Civ. 1re, 7 déc. 1977, n° 76-13.044, *Bull. civ.* I, n° 469; *RTD civ.* 1978, 676, obs. Giverdon.
5. CA Dijon, 7 juin 1996, *DR. fam.* 1997, comm. 20, note Lécuyer – CA Toulouse, 29 mai 1996, *RTD civ.* 1996, 882, obs. Hauser – Civ. 1re, 18 oct. 1994, n° 92-20.231, *Bull. civ.* I, n° 293; *RTD civ.* 1995, 333, obs. Hauser.
6. CA Poitiers, 28 oct. 1992, *Juris-Data* n° 051265.
7. CA Aix-en-Provence, 12 nov. 2002, *Rev. Jur. Aix* 2003, n° 3, note Pons.
8. Civ. 3e, 2 oct. 2002, n° 01-00.002, NPT; *Defrénois* 2003, 116, obs. Massip; *Dr. fam.* 2002, comm. 141, note Farge; *RJPF* 2003-3/31, obs. Vauvillé – Civ. 3e, 29 avr. 2009, n° 08-11.431, *Bull. civ.* III, n° 97.
9. CA Pau, 7 juin 2004, *Defrénois* 2005, art. 38276, note Arlie.

également possible de faire droit aux demandes du concubin en se fondant sur l'existence d'une **société créée de fait**[1] (v. s[s] n° 143.81) ou de recourir à l'**action** *de in rem verso* (v. s[s] n° 143.91).

143.63 Acquisition commune, financement apparent. Dans d'autres hypothèses, plus fréquentes, le bien a été acquis en commun mais les concubins déclarent financer le bien à égalité alors que l'un a financé l'acquisition pour une part plus importante que l'autre. Lors de la séparation, l'autre concubin peut rapporter la preuve écrite du financement réel de l'opération. S'il y parvient, le concubin lésé pourra ainsi obtenir remboursement de l'intégralité des mensualités d'emprunt qui ont été réglées à l'aide des deniers provenant de son activité professionnelle[2]. En cas de litige lors de la cession des droits indivis, le prix de vente sera mis sous séquestre par le notaire instrumentant la vente du bien pour le temps de la procédure, le tribunal pouvant ordonner la saisie conservatoire[3]. L'administration de la preuve est délicate. L'acte authentique de vente fait foi jusqu'à preuve contraire des déclarations des parties relatives au paiement du prix opéré hors la vue du notaire. Il appartient au concubin ayant financé au-delà de ses droits indivis de prouver par tous moyens que la quittance n'avait pas la valeur libératoire indiquée par son contenu[4]. Il est alors nécessaire de se ménager des preuves écrites, nécessaires au-delà de la somme de 1 500 euros, sauf impossibilité morale, parfois retenue (C. civ., art. 1341 - et v. s[s] n° 143.72). Lorsque le financement s'est fait par le versement d'un complément de prix hors de la comptabilité du notaire, la preuve est tout aussi difficile à rapporter mais le fondement de l'action, plus incertain. La jurisprudence l'admet pourtant[5] en qualifiant parfois les sommes versées de dépenses nécessaires de conservation ou d'amélioration du bien indivis[6], mais écarte la qualification de mandat[7].

143.64 Administration et impenses. Chacun des co-indivisaires peut obtenir le **remboursement de ses impenses** consistant le plus souvent dans des **améliorations** ou des **équipements** (cuisine intégrée, cheminée, travaux de toiture, par exemple) sur le bien indivis. Il peut également être indemnisé pour les sommes exposées au titre d'un prêt personnel contracté pour l'acquisition du logement avant la dissolution de l'indivision et remboursé après la dissolution[8]. Faute de convention d'indivision, les concubins se placent sous le régime légal réglementé par les articles 815 et suivants du Code civil.

Ainsi, selon l'article 815-2 du Code civil, les **actes** qui sont **nécessaires à la conservation du bien** qu'il s'agisse d'actes matériels (comme la réparation d'une toiture qui fuit) ou d'actes juridiques (le remboursement d'un emprunt en cas de défaillance de l'emprunteur en titre, par ex.) peuvent être pris par l'un d'eux. L'acte ainsi passé oblige l'autre, et le coût de la dépense faite doit être partagé entre eux. Cependant le **financement de ces mesures conservatoires** peut aussi être effectué au moyen de l'argent indivis que détient le concubin qui s'engage, en général au moyen de fonds retirés sur le compte bancaire joint. Certes, il devra rendre compte à l'autre de ce qu'il fait, mais il s'agit d'un compte rendu très simple, puisque les fonds indivis ont servi à la conservation du bien indivis. À défaut de liquidités et si le règlement de la dépense ne peut pas attendre, l'un des indivisaires concubins a pu faire l'avance des fonds. Il a alors droit au **remboursement, en proportion des droits respectifs.** Le remboursement peut être exigé immédiatement, mais le plus souvent il ne l'est qu'au moment du partage. Si la dépense n'est remboursée que de nombreuses années après son règlement, la preuve du consentement de son concubin, co-indivisaire à la dépense qui doit être nécessaire même si elle ne présente pas un caractère d'urgence, ne sera pas facile à rapporter. Celui qui a fait l'avance devra se ménager la **preuve de l'origine du financement** et, le cas échéant, lorsque la dépense était importante, de **l'état du bien indivis avant et après travaux.**

Une jurisprudence libérale semble étendre la théorie des impenses à l'industrie du concubin bricoleur qui aurait contribué ainsi à améliorer le bien indivis[9], accordant aux concubins ce qu'elle refuse aux époux.

Quant aux actes plus importants, **actes d'administration ou de disposition**, ils requièrent en principe le consentement des deux concubins sauf à invoquer, pour le remboursement des sommes avancées, ou encore pour passer seul un acte, la technique du **mandat tacite** ou de recourir à la **gestion d'affaires** (C. civ., art. 815-3, al. 3). Toutefois, si l'un des concubins détient au moins les deux tiers des droits indivis, il peut effectuer seuls certains actes de disposition nécessaire à l'exploitation ou à la gestion du bien (C. civ., art. 815-3, al. 1er).

1. Com. 3 nov. 2004, n° 02-21.637, NP, *AJ fam.* 2005, 21, obs. Chénedé.
2. Civ. 1re, 6 févr. 2001, n° 99-11.252, NP, *RJPF* 2001-5/40; *Defrénois* 2001, art. 37353, 593, obs. Massip.
3. Civ. 1re, 6 déc. 2005, n° 03-19.847, NP.
4. Civ. 1re, 9 juin 2004, n° 02-18.355, NP.
5. Civ. 1re, 31 janv. 2006, n° 02-19.277, NP; *Dr. fam.* 2006, comm. 83, obs. Larribau-Terneyre.
6. Civ. 1re, 6 déc. 2005, n° 03-19.847, NP – CA Saint-Denis-de-la-Réunion, 25 avr. 2008, *JCP* 2008, IV, 2576.
7. Civ. 1re, 31 mai 2005, n° 02-18.220, NP.
8. Civ. 1re, 12 juin 2001, n° 99-10.642, NPT.
9. Civ. 1re, 13 mars 2007, n° 05-13.320, *Bull. civ.* I, n° 109; *JCP* 2007, IV, 1812; *RTD civ.* 2007, 801, obs. Vareille.

143.65 Convention d'indivision. Il se peut que les concubins aient conclu une convention d'indivision à laquelle leur séparation ne met pas fin, en principe. Ils peuvent cependant d'un commun accord, décider de partager les biens objet de l'indivision ou d'en partager le prix. La clause prévoyant un partage en fonction des apports respectifs des concubins est valable, à condition qu'elle ne présente pas un caractère léonin ou frauduleux[1]. Si la convention d'indivision est à durée déterminée, le partage ne peut être provoqué avant le terme prévu, à moins qu'il y ait de justes motifs, tels que la mésentente des indivisaires. Si la convention a été conclue à durée indéterminée, le partage peut être provoqué à tout moment, pourvu que ce ne soit pas de mauvaise foi.

Dans les faits, alors que la **convention est à durée déterminée**, il y est souvent précisé que les concubins auront le statut de **cogérants**, chacun détenant individuellement les pouvoirs d'un gérant unique. Pratiquement, il en résulte que pendant la vie commune, la cogérance permet de faciliter la gestion du bien indivis (les pouvoirs du gérant étant très proches de ceux dont jouissent les époux dans la gestion des biens de la communauté). Mais une fois la mésentente installée et la séparation envisagée, chacun des concubins pouvant se révoquer mutuellement, la convention devient à durée indéterminée. Le partage est alors aussi aisé puisqu'il peut intervenir à tout moment. Finalement, l'existence d'une convention d'indivision à durée déterminée ne bloquera pas souvent le partage des biens indivis qui en sont l'objet lorsque les concubins ne s'entendent plus. Elle n'est pas plus contraignante à l'égard des règles du partage de l'indivision légale. Elle est surtout **utile à l'organisation de la gestion du bien** et, spécialement, **du logement commun après le décès de l'un des concubins** (v. s[s] n° 144.12).

143.66 Sortie de l'indivision. En l'absence de lien matrimonial entre eux, il n'est pas possible à l'un des concubins de demander le maintien forcé dans l'indivision (C. civ., art. 821-1). Tout au plus, celui qui souhaite le maintien de l'indivision pourrait-il demander qu'il soit sursis à statuer jusqu'à une date ultérieure (C. civ., art. 815-1). La liquidation de l'indivision est soumise aux **règles de droit commun en matière d'indivision et de partage.** Chacun des concubins reçoit un lot correspondant à sa quote-part dans les biens indivis et le prix, hors stipulation contraire, est réparti par moitié. Au moment de la séparation, le fait qu'il n'y ait pas eu de convention d'indivision ne conduit pas automatiquement et immédiatement au partage de la masse indivise. Il arrive que des concubins, parfois lorsqu'ils ont des enfants communs, décident de maintenir l'indivision entre eux et de l'organiser par une convention. S'ils procèdent au partage, chacun reçoit un lot correspondant à sa quote-part dans les biens indivis. Si le bien n'est pas partageable en nature, ce qui est le plus souvent le cas, il peut être vendu et le prix réparti entre les ex-concubins au prorata de leurs droits. Si les concubins se mettent d'accord pour ne pas vendre et décident de rester dans l'indivision pour que le logement soit occupé par l'un d'eux, l'occupant devra verser une indemnité de jouissance à l'indivision (C. civ., art. 815-9, al. 2) dont le montant en cas de litige sera fixé par le tribunal de grande instance compétent (et l'indemnité est due même si le bien est en société, le concubin étant associé[2]).

143.67 Attribution préférentielle. Contrairement aux époux séparés de biens (C. civ., art. 1542, renvoyant à C. civ., art. 831 s.), les concubins ne peuvent demander l'attribution préférentielle du bien indivis.

Un jugement du tribunal de grande instance de Paris avait cependant admis qu'un bien indivis entre concubins pouvait faire l'objet d'une attribution préférentielle[3] et l'on avait pu se demander si les biens indivis pouvaient faire l'objet d'une attribution préférentielle dans l'hypothèse où les concubins se sont ensuite mariés[4], ce qui a été implicitement refusé par la Cour de cassation[5]. Beaucoup plus nettement encore, la Cour de cassation a précisé que l'attribution préférentielle prévue par l'article 832 du Code civil ne pouvait être demandée que par le conjoint ou par l'héritier[6]. Il n'est pas possible d'admettre une attribution préférentielle du vivant des concubins à moins qu'une convention d'indivision l'ait prévu[7].

143.68 Société civile immobilière. Les concubins ont pu également acquérir leur logement par l'intermédiaire d'une société civile immobilière (SCI) dont ils sont les associés à proportion de leur apport. Le recours à la SCI présente de nombreux avantages pour la transmission du bien acquis en commun (v. s[s] n° 144.15). En cas de séparation, la SCI offre plus de souplesse que l'indivision car si l'un des concubins souhaite conserver le logement, il a la possibilité de racheter les parts sociales de son

1. CA Paris, 20 mars 1996, *Dr. fam.* 1996, comm. 1, note Lécuyer – TGI Carcassonne, 21 juill. 1994, *BICC* n° 403, p. 27.
2. Civ. 1re, 11 juill. 2006, n° 04-16.325, NP.
3. TGI Paris, 21 nov. 1986, *JCP N* 1988, II, p. 167, note De la Marnierre.
4. CA Paris, 12 janv. 1994, *RTD civ.* 1994, 571, obs. Hauser.
5. Civ. 1re, 17 oct. 2000, n° 98-16.062, NP.
6. Civ. 1re, 9 déc. 2003, n° 02-12.884, *Bull. civ.* I, n° 253 ; *JCP* 2004, II, 10035, note Devers.
7. V. AUSSI, dans le cas d'un contrat judiciaire : CA Paris, 17 sept. 1993, *Juris-Data* n° 022505.

ex-compagnon et en cas de litige, il appartiendra au tribunal de trancher (C. civ., art. 1843-4). Toutefois en cas de litige, le concubin possédant le plus grand nombre de parts peut décider de dissoudre la SCI. S'il n'est pas vendu, le bien est alors attribué à l'un des concubins et l'autre doit lui verser une indemnité. Il est possible d'insérer dans les statuts de la SCI des règles de répartition des pouvoirs moins contraignantes que celles de l'indivision (l'unanimité ou les 2/3) en prévoyant par exemple qu'un concubin pourra décider seul de l'exécution de certains travaux ordinaires ou urgents.

SECTION 3
SORT DES AUTRES BIENS ACQUIS PENDANT LA VIE COMMUNE

143.70 Liquidation des intérêts pécuniaires. En l'absence de régime matrimonial, il convient donc d'utiliser les règles du droit commun pour liquider les biens issus de la vie commune[1]. Les concubins ont en effet rarement envisagé un quelconque partage du patrimoine qu'ils ont pu constituer pendant la vie commune, pas plus qu'ils ne se sont ménagés des preuves de ces acquisitions (§ 1), surtout si le concubinage a duré longtemps. Faute de pouvoir envisager un règlement global des intérêts pécuniaires sur le modèle du régime communautaire[2], la jurisprudence a utilisé des **techniques tirées du droit des sociétés** (§ 2) **et des quasi-contrats** (§ 3).

§ 1
Preuve de la propriété mobilière

143.71 Possession mobilière. Quant aux biens mobiliers détenus par l'un et revendiqués par l'autre, c'est sur le terrain de la possession que la question devra être tranchée. Le possesseur ou prétendu donataire bénéficie du jeu de l'article 2276 du Code civil et il est présumé de bonne foi (ainsi, rejetant les prétentions d'un des concubins sur des meubles meublant le domicile commun en l'absence d'inventaire permettant de prouver la propriété des meubles litigieux[3]). La charge de la preuve contraire incombe au demandeur, lequel devra établir que le bien n'a fait l'objet que d'un prêt ou que les conditions de la possession ne sont pas réunies[4] ou encore que cette possession est atteinte d'un vice tenant notamment à l'équivoque créée par une cohabitation prolongée[5]. Le possesseur peut encore s'opposer à la restitution en prouvant l'existence d'un don manuel. Si la charge de la preuve incombe en principe au demandeur, c'est le possesseur actuel de la chose ou le bénéficiaire des sommes d'argent qui bénéficie d'une présomption de don manuel[6]. Cette présomption est renforcée par des éléments de preuve qui pourront utilement faire obstacle à une demande de restitution (par ex. un commencement de preuve écrite consistant dans la remise d'un chèque immédiatement placé sur une assurance-vie[7]).

143.72 Impossibilité de se préconstituer un écrit. La preuve des actes à titre gratuit ou onéreux est régie par le droit commun. Ils doivent donc être prouvés par écrit au-delà de la somme de 1 500 euros (C. civ., art. 1341). La question s'est posée en jurisprudence de savoir si le **concubinage** pouvait ou non constituer une **impossibilité morale de se préconstituer un écrit** (C. civ., art. 1348).

Tout est question d'espèce et la Cour de cassation semble laisser sur ce point un très large **pouvoir d'appréciation aux juges du fond**[8] lesquels font tantôt valoir le concubinage en tant que tel[9], tantôt les relations de confiance particulières unissant les concubins (en raison, par ex., de liens d'amitié antérieurs à leur relation[10]), mais toujours en fonction des circonstances de l'espèce (par ex., déboutant de sa demande de restitution de fonds le concubin qui, en sa qualité de banquier, ne pouvait ignorer la nécessité d'un écrit pour consentir un prêt à sa concubine commerçante[11]).

143.73 Preuve de l'indivision mobilière. Quand il est impossible de déterminer l'origine exacte des biens, il peut être tentant de recourir à l'indivision : faute de pouvoir établir la preuve de la propriété

1. A. Prothais, « Le droit commun palliant l'imprévoyance des concubins dans leurs relations pécuniaires entre eux », *JCP* 1990, I, 3440.
2. En faveur d'un régime minimum : C. Pernel, « Le patrimoine des concubins après la loi du 5 novembre 1999 : indivision ou société créée de fait », *Dr. et patr.* 2001, n° 94, p. 44.
3. TGI Lille, 10 mars 2006, 10 mars 2006, *D.* 2006, J. 1669, note Labbée.
4. Civ. 1re, 13 oct. 1982, n° 81-14.058, *Bull. civ.* I, n° 287.
5. CA Limoges, 4 sept. 2002, *JCP* 2003, IV, 3028 – Civ. 1re, 21 févr. 2006, n° 04-19.667, *Bull. civ.* I, n° 92.
6. Civ. 1re, 25 févr. 1997, n° 94-22.022, *Bull. civ.* I, n° 70; *Dr. fam.* 1997, comm. 116, note Lécuyer – Civ. 1re, 30 mars 1999, n° 97-11.948, *Bull. civ.* I, n° 112; *Dr. fam.* 1999, comm. 53, note Beignier.
7. Com. 7 avr. 1998, n° 96-13.400, NP.
8. V. NOT., admettant l'impossibilité, Civ. 1re, 20 mai 1957, *Bull. civ.* I, n° 223 – Civ. 1re, 25 mars 1969, *JCP* 1969, IV, 125 – Civ. 1re, 10 oct. 1984, *Defrénois* 1985, art. 33477, obs. Massip – Civ. 3e, 9 juin 2004, n° 02-18.355, NP – Ou *CONTRA*, refusant l'impossibilité : Civ. 1re, 21 févr. 1956, *D.* 1956, J. 287 – Civ. 3e, 29 avr. 1971, n° 70-10.415, *Bull. civ.* III, n° 227; *Gaz. Pal.* 1971, 554 – Civ. 1re, 28 mai 1975, *Bull. civ.* I, n° 181.
9. V. NOT., CA Versailles, 22 oct. 1999, *RTD civ.* 2000, 88, obs. Hauser; *D.* 2000, somm. 418, obs. Lemouland.
10. V. NOT., CA. Bordeaux, 25 oct. 1993, *Juris-Data* n° 045239.
11. CA Pau, 16 juin 2000, *JCP* 2001, IV, 1240.

exclusive en raison de la mise en commun des ressources du couple et de la durée du concubinage, la propriété des biens acquis pendant la vie commune est présumée partagée pour moitié entre les ex-concubins. Toutefois, il n'existe **pas de présomption d'indivision entre concubins**. La preuve devra être rapportée que les biens acquis pendant la vie commune l'ont été avec des deniers mis en commun, preuve qui peut résulter par exemple de l'utilisation d'un compte joint alimenté par les revenus des concubins pour l'acquisition des biens revendiqués[1] mais en aucun cas de la seule vie commune. Sous réserve des dispositions de l'article 1341 du Code civil quant à la nécessité d'une preuve écrite, **les juges du fond apprécient souverainement les preuves fournies par le demandeur**[2].

§ 2
Existence d'une société créée de fait

143.81 Création de la société créée de fait. Un autre moyen de parvenir à un partage entre les concubins est de considérer qu'il a existé entre eux une société « créée de fait ». La société créée de fait est un **groupement de personnes qui se sont comportées comme des associés**, sans avoir manifesté leur volonté initiale d'être des associés, ce qui, à certains égards, peut correspondre à la situation des concubins[3]. N'apparaissant à la vie juridique que pour mieux disparaître, cette société qui a fonctionné en fait, donne lieu à sa dissolution, à une véritable liquidation. Par la technique de la société créée de fait, on peut attribuer à chacun des concubins sa part de profit, en principe la moitié. Le recours à la société créée de fait est généralement invoqué par le **concubin qui a participé à l'exploitation d'une entreprise appartenant à l'autre** mais elle ne saurait résulter de la vie commune.

143.82 Éléments constitutifs. Selon la jurisprudence de la chambre commerciale de la Cour de cassation, les éléments constitutifs du contrat de société (l'existence d'apport mutuel, l'*affectio societatis*, l'intention de participer aux bénéfices et aux pertes) doivent être tous établis et de manière séparée et ne peuvent se déduire les uns des autres[4]. Revenant sur sa jurisprudence antérieure qui avait semblé un temps admettre que la « *mise en commun de ressources* » pouvait suffire à caractériser non seulement l'*affectio societatis* mais également la vocation aux bénéfices et aux pertes[5], la première chambre civile pose à son tour comme principe que **la mise en commun d'intérêts dans le concubinage ne suffit pas à caractériser l'intention de s'associer**[6].

La simple participation aux travaux matériels de la vie courante liés à la vie commune[7], s'agirait-il d'une exploitation agricole, laquelle existait avant la vie commune[8], une participation bénévole du concubin au travail de l'autre attestée par l'absence de mouvements entre les comptes bancaires des concubins et le compte-joint[9] ne répondent pas aux critères de la société créée de fait, faute d'*affectio societatis*. Il en va de même d'une simple mise en commun des ressources entre les concubins pour acquérir des biens immobiliers[10].

La jurisprudence n'est pas pour autant systématiquement défavorable à la qualification de société créée de fait entre concubins.

1. TGI Paris, 21 nov. 1982, *Rev. crit. DIP* 1984, 628, note P. L.
2. À propos d'un véhicule automobile : Civ. 1re, 21 févr. 2006, n° 04-19.667, *Bull. civ.* I, n° 92 ; *JCP* 2006, IV, 1578 (la concubine alléguait l'existence d'un don manuel dont la preuve n'a pas été rapportée et une possession jugée équivoque) – CA Bordeaux, 29 oct. 1997, *Dr. fam.* 1998, comm. 131, note Lécuyer – CA Rouen, 30 mars 1994, *Juris-Data* n° 041989, qui admet que l'intention d'acquérir le véhicule en indivision est suffisamment rapportée par la mention des deux noms sur la carte grise et par la preuve que la concubine avait réglé les deux tiers du prix d'achat.
3. L. de Naurois, « Les sociétés entre concubins », *Rev. crit. lég. et jurisp.* 1937, 657 – H. Temple, *Les sociétés de fait*, LGDJ, 1975 – B. Demain, *La liquidation des biens des concubins*, LGDJ, 1968 – F.-X. Lucas, « La société dite créée de fait », *Mél. Guyon*, Dalloz, 2003, p. 737.
4. Com. 23 juin 2004, n° 01-10.106, n° 01-14.275, 2 esp., *Bull. civ.* IV, nos 134 et 135 ; *Dr. sociétés* oct. 2004, comm. 163, obs. Trébulle ; *Dr. fam.* 2004, comm. 168, obs. Larribau-Terneyre ; *RTD civ.* 2004, 487, obs. Hauser ; *JCP* 2004, I, 1510, obs. Deboissy et Wicker ; *RTD com.* 2004, 740, obs. Champaud et Danet ; *D.* 2004, 2969, obs. Vigneau ; *LPA* 10 mars 2005, 8, note Mahinga ; *Rev. sociétés* 2005, 131, note Lucas ; *AJ fam.* 2004, 324, obs. Bicheron.
5. Civ. 1re, 26 juin 2001, n° 98-16.490, NPT.
6. Civ. 1re, 12 mai 2004, n° 01-03.909, *Bull. civ.* I, n° 131 ; *RTD civ.* 2004, 487, note Hauser ; *D.* 2004, AJ 1672, obs. Lienhard ; somm. 2928, obs. Lamazerolles ; *RTD com.* 2004, 743, obs. Champaud et Danet ; *Rev. sociétés* 2005, 131, note Lucas ; *Dr. sociétés* oct. 2004, comm. 163, obs. Trébulle ; *Dr. fam.* 2004, comm. 168, p. 27, obs. Larribau-Terneyre.
7. CA Lyon, 14 oct. 2004, 3e ch., RG n° 02/05940 ; *BICC* 15 déc. 2004, n° 610 – CA Rennes, 4 juin 1998, *RTD civ.* 1999, 819, obs. Hauser : amélioration du logement.
8. CA Dijon, 28 sept. 1999, *RTD civ.* 2000, 299, obs. Hauser.
9. CA Toulouse, 13 janv. 1998, *Dr. fam.* 1998, comm. 149, note Lécuyer.
10. CA Chambéry, 5 oct. 2005, *Juris-Data* n° 284279 – CA Chambéry, 25 mars 2008, *Dr. fam.* 2008, comm. 136, obs. Larribau-Terneyre, rejetant l'action *de in rem verso* présentée à titre subsidiaire – CONTRA, CA Basse-Terre, 9 mars 1998, *Dr. fam.* 1998, comm. 149, obs. Lécuyer ; *JCP* 1999, I, 101, obs. Bosse-Platière – COMP. CA Aix-en-Provence, 25 janv. 2007, *Dr. fam.* 2007, comm. 216, obs. Ardoy – Et CA Aix-en-Provence, 30 mai 2007, *JCP* 2007, IV, 3109, qui relève comme éléments de la société créée de fait, la construction d'une maison et l'aide et assistance au concubin lors de sa dernière maladie [1re espèce] mais rejette cette qualification dans l'hypothèse d'un simple projet d'installation.

Dans une affaire jugée par la chambre commerciale du 3 novembre 2004, la concubine avait acheté un terrain sur lequel elle exploitait avec son compagnon, diverses activités commerciales dont celle de bar-restaurant. Sur ce même terrain, elle avait construit une maison d'habitation en remboursant, avec ses deniers, l'emprunt qui finançait l'acquisition. Après leur séparation, son ex-concubin réclame la propriété pour moitié de l'immeuble, correspondant au montant de sa part dans la société créée de fait. La chambre commerciale approuve les juges du fond d'avoir fait droit à sa demande. Comme l'ont relevé les juges du fond, les démarches entreprises par le concubin pour financer l'acquisition, le fait qu'il se soit porté caution de l'emprunt réalisé par la concubine, la participation à l'achat de la propre sœur du demandeur et l'exploitation sur ce terrain de diverses activités commerciales par le couple au moyen notamment d'un compte bancaire au nom du concubin sur lequel la concubine avait procuration, sont autant d'éléments caractérisant les éléments du contrat de société[1].

Dans une autre espèce, il a été jugé que la réalisation de tapisseries par la concubine dans le cadre des activités artisanales développées dans un centre touristique géré par son concubin caractérisait, notamment par son apport en industrie, l'existence d'une société créée de fait ouvrant droit à attribution à titre de soulte des tapisseries se trouvant encore en nature dans l'actif social[2].

143.83 **Liquidation.** La fin du concubinage entraîne le plus souvent celle de la société créée de fait : il faut alors liquider celle-ci, c'est-à-dire restituer à chacun ses apports respectifs, payer le passif et éventuellement, s'il reste quelque chose, partager le bénéfice. La **reprise des apports** se fait **en jouissance.** En effet, à défaut de personnalité morale, l'apporteur était resté juridiquement propriétaire des biens qu'il mettait à la disposition de la société créée de fait : il en reprend seulement l'usage personnellement. La restitution se fait avant tout partage. Les plus-values réalisées par l'apporteur sur la valeur du bien dès lors qu'elles sont dues à l'activité de la société entrent dans le bénéfice social et doivent être partagées entre les associés, après paiement du passif. Lors de la liquidation, il n'y a lieu **ni à reprise, ni au remboursement des apports en industrie** de sorte que le travail du concubin sur l'immeuble appartenant à la concubine ne donne pas lieu à une créance du chef des travaux effectués[3].

Dans les rapports entre les associés, les **dettes sociales** sont **toutes celles qui ont été contractées dans l'intérêt de la société.** Les concubins ont d'ailleurs intérêt à payer rapidement les créanciers afin de ne pas être poursuivis sur leurs biens. En effet, bien que la société n'ait pas d'existence indépendante et que chacun des concubins ait contracté en son nom personnel, l'autre concubin sera engagé solidairement si la société est commerciale, sans solidarité dans les autres cas. Le partage se fait au prorata des apports. Les concubins peuvent se voir appliquer personnellement, puisque leur société n'a pas de personnalité juridique, les conséquences pécuniaires d'un redressement ou d'une liquidation judiciaire. Ainsi, lorsque l'un des concubins participait activement au commerce de l'autre ou y exerçait des fonctions de direction, la preuve rapportée par les créanciers d'une société créée de fait entre eux, permet d'accroître la masse sur laquelle ils peuvent se faire payer. Répond alors des dettes, outre le patrimoine du propriétaire du fonds, celui de son concubin.

On peut envisager l'attribution préférentielle[4], refusée aux concubins dans le cadre de l'indivision (v. s^s^ n° 143.67), mais en pratique elle peut être paralysée par le droit de chaque associé d'exercer la reprise en nature de ses apports.

§ 3
Quasi-contrats

143.91 **Enrichissement sans cause.** L'action *de in rem verso* peut être invoquée afin de rétablir l'équilibre entre le patrimoine des concubins lorsque le déséquilibre invoqué est dépourvu de cause légitime. L'enrichissement est dit sans cause lorsqu'il n'existe **aucun mécanisme juridique, aucun titre juridique qui puisse justifier le flux de valeurs du patrimoine de l'appauvri vers celui de l'enrichi**[5]. Il ne peut ainsi être invoqué que de manière subsidiaire. En cas de rupture du concubinage, l'enrichissement sans cause est invoqué principalement au titre de la liquidation des intérêts communs, si un des concubins a participé à une acquisition ou à l'amélioration d'un bien appartenant à l'autre, ou au titre d'une collaboration gratuite si l'un des concubins a contribué directement ou indirectement aux affaires et à l'activité professionnelle de l'autre (sur ceci, v. s^s^ n° 143.102).

Le concubin qui a fourni des fonds pour réaliser le logement du couple, qui a réhabilité un immeuble appartenant à l'autre pour en faire le logement

1. Com. 3 nov. 2004, n° 02-21.637, NP, *AJ fam.* 2005, 21, obs. Chénedé.
2. Civ. 1e, 30 mai 2006, n° 02-21.637, inédit, *RJPF* 2006 7-8/39.
3. Civ. 1re, 19 avr. 2005, n° 01-17.226, *Bull civ.* I, n° 187; *D.* 2005, AJ 1230, obs. Lienhard; *AJ fam.* 2005, 281, obs. Chénedé; *RTD civ.* 2005, 576, obs. Hauser; *RTD com.* 2005, 527, obs. Champaud et Danet; 785, obs. Grosclaude; *Rev. sociétés* 2006, 111, obs. Pracchia; *Dr. fam.* 2005/6, comm. 127, obs. Larribau-Terneyre; *D.* 2006, pan. 2006, 1414, obs. Lemouland.
4. Civ. 1re, 4 nov. 1983, n° 82-12.450, *Bull. civ.* I, n° 256.
5. F. Terré, P. Simler et Y. Lequette, *Droit civil, Les obligations*, « Précis », 9e éd., Dalloz, 2005, n° 1068.

commun ou, par exemple, qui a financé l'acquisition d'un véhicule automobile, peut être tenté de se placer sur le terrain de l'enrichissement sans cause pour être indemnisé de ses dépenses. Cet argument n'est toutefois pas sans failles car **il risque bien souvent de se voir opposer l'existence d'un intérêt personnel.**

143.92 Enrichissement sans cause et charges de la vie commune. Aucune disposition ne réglant la contribution des concubins aux charges de la vie commune, chacun doit, en l'absence de volonté exprimée à cet égard, supporter les dépenses de la vie courante qu'il a exposées sans pouvoir invoquer à ce titre un appauvrissement au profit du partenaire[1]. Il est ainsi fréquent de voir juger que l'appauvrissement subi a pour cause la participation aux charges de la vie commune.

Ainsi, dans un cas où après dix-neuf ans de concubinage au domicile de la mère de son concubin, puis dans la maison acquise par ce dernier, l'ex-concubine réclame le remboursement de plus de 22 000 euros dépensés pour l'achat et la rénovation du logement[2].

Dans le même sens a pu être jugé que l'appauvrissement du concubin résultant du financement du prix d'acquisition du terrain et des travaux avait une cause dans la mesure où il avait été hébergé pendant dix ans dans l'immeuble de la concubine[3]. La même solution a été retenue dans un cas où le concubin avait financé l'achat d'un terrain au nom de son ex-compagne ainsi que les travaux de construction de l'immeuble constituant le logement commun[4].

Deux arrêts apparemment contradictoires rendus le 24 septembre 2008[5] jettent toutefois le trouble sur l'utilisation de cette technique dans le règlement des créances entre concubins.

Des travaux avaient été financés par le concubin sur un immeuble appartenant à sa compagne à hauteur de 129 000 euros dans le premier arrêt, 45 000 euros dans le second. Après respectivement six et dix ans de concubinage, le couple se sépare avant même, dans la première espèce, que le concubin n'occupe les lieux avec sa compagne. Pourtant, sur le même fondement de l'enrichissement sans cause, le juge du fond donne satisfaction au second mais non au premier. Ce que la Cour de cassation approuve dans les deux cas : les travaux effectués et les frais engagés excédaient-ils une « *participation normale* » aux « *dépenses de la vie courante* » ? Y avait-il intention libérale ? L'enrichissement et l'appauvrissement étaient-ils causés ? La Cour s'en remet sur tous ces points à l'appréciation des juges du fond.

Sans doute, le logement du couple marque-t-il plus que toute autre considération, la prise en compte d'une communauté de vie et d'une contribution aux charges communes. Celle-ci, pourtant dépourvue de tout fondement juridique, fait ainsi obstacle à une demande d'indemnisation sur le fondement de l'enrichissement sans cause (rejetant sur ce fondement la demande de remboursement des dépenses exposées par la concubine pour l'achat d'une chaudière, de véhicules automobiles ainsi que les « frais de notaire » engagés pour l'acquisition du logement du couple[6]). Les juges semblent répondre à des considérations tirées autant de l'équité que du droit, ce qui n'est d'ailleurs pas sans lien avec le principe même de l'action *de in rem verso*. L'enrichissement sans cause n'est en effet rien d'autre qu'une technique qui « *dérive du principe d'équité* », selon les termes du célèbre arrêt *Boudier*[7]. La nature même de l'action conduit à prendre en compte non seulement **l'accroissement de l'actif** mais aussi **l'économie de dépenses** y compris celles qui résultent de la vie commune des concubins...

Bien qu'il n'y ait pas d'obligation de contribution aux charges communes ni d'aide et d'assistance, a été rejetée la demande d'indemnisation du concubin pour les frais exposés pour l'aide et l'assistance de son ex-compagne devenue handicapée à la suite d'un accident de la circulation, l'assistance apportée par le concubin trouvant sa cause dans leur relation de concubinage et par l'hébergement gratuit procuré par la propriétaire du logement commun[8].

La cause de l'enrichissement peut résulter de **l'intention libérale**, laquelle devra être prouvée et n'est jamais présumée (v. s^s^ n° 142.32).

Doit ainsi être rejetée la demande fondée sur l'enrichissement sans cause du concubin pour un véhicule dont la jouissance exclusive avait été laissée au concubin à l'issue de la rupture alors que la preuve est rapportée qu'il a été financé entièrement par la concubine, sans qu'une quelconque intention libérale ait pu être déduite des éléments de fait examinés par les juges du fond[9].

143.93 Gestion d'affaires. La gestion d'affaires est l'acte par lequel une personne, le gérant d'affai-

1. Civ. 1re, 28 nov. 2006, n° 04-15.480, *Bull. civ.* I, n° 517.
2. Civ. 1re, 8 juin 2004, n° 02-10.492, NP.
3. Civ. 1re, 25 mai 2004, n° 01-00.959, NP – Civ. 1re, 15 sept. 2005, n° 03-18.320, NP : concubin ayant restauré l'immeuble de son ex-compagne – V. TOUTEFOIS, CA Toulouse, 20 mars 2000, *Dr. fam.* 2001, comm. 3, note Lécuyer, accordant au concubin le remboursement des sommes dépensées pour le ravalement d'une maison appartenant à son ancienne compagne, s'agissant de travaux de gros entretien destinés à la conservation de l'immeuble et dépassant la participation normale aux dépenses de la vie commune.
4. Civ. 1re, 4 juill. 1995, n° 93-19.205, NPT; *Dr. et patr.* nov. 1995, p. 70, obs. Bénabent.
5. Civ. 1re, 28 sept. 2008, nos 06-19.470 et 07-11.928, *Bull civ.* I, n° 212 ; *D.* 2009, chron. 140, obs. Lemouland; *Dr. fam.* 2008, comm. 152, obs. Gracia; *JCP.* 2009, I, 115, obs. Favier.
6. CA Besançon, 1er juin 2004, *Juris-Data* n° 244759.
7. Req. 15 juin 1892, Boudier, *DP* 1892, 1, 596; *S.* 1893, 1, 281.
8. Civ. 1re, 8 févr. 2005, n° 01-16.416, NP.
9. Civ. 1re, 28 juin 2005, n° 03-19.516, NP.

res, s'immisce dans les affaires d'une autre, le maître de l'affaire ou géré, sans avoir reçu mandat de celle-ci et pour lui rendre service[1]. « *Il se soumet à toutes obligations qui résulteraient d'un mandat exprès* [...] » (C. civ., art. 1372, al. 2) et « *Le maître dont l'affaire a été bien administrée* [doit] *l'indemniser de tous les engagements personnels qu'il a pris, et lui rembourser toutes les dépenses utiles ou nécessaires qu'il a faites* » (C. civ., art. 1375).

Le concubin qui a effectué des travaux ou des améliorations sur un bien appartenant à son ex-compagnon pourrait se prévaloir de la gestion d'affaires pour obtenir remboursement des dépenses engagées. Certaines décisions l'ont admis.

Ainsi la cour d'appel de Paris, dans un arrêt du 14 octobre 1997[2], a retenu l'application de l'article 1375 du Code civil après avoir relevé que la preuve n'était pas rapportée de l'intention libérale de l'auteur des dépenses et que celles-ci, faites avec son consentement, lui donnaient le droit à remboursement des dépenses en raison de leur utilité.

Toutefois l'argumentation est fragile car la gestion d'affaires exige une intervention purement volontaire et désintéressée du gérant sans manifestation de volonté du maître, ce qui est rarement le cas dans de telles hypothèses. L'intervention du pseudo-gérant d'affaires doit parfois être requalifiée en relation contractuelle et la jurisprudence est parfois réticente à reconnaître l'existence d'un mandat tacite[3].

SECTION 4
COLLABORATION ENTRE CONCUBINS

143.101 Contrat de travail. La conclusion d'un contrat de travail entre concubins ne se heurte à aucun obstacle mais qu'en est-il en cas de rupture du concubinage ? Le contentieux peut naître à la rupture du concubinage soit sur le terrain de la **cause de licenciement**, soit sur celui de la **validité du contrat de travail.** La jurisprudence exige tout au plus la preuve de la réalité du lien de subordination de l'employé à l'employeur. Il faut seulement réserver l'hypothèse d'un pseudo-contrat de travail qui serait sanctionné par la nullité, comme il en irait de tout contrat pareillement causé. La cause du contrat peut s'analyser comme la contrepartie d'une prestation de travail mais non comme le moyen d'entretenir la relation au moyen d'incitations pécuniaire[4]. Dans un tel cas, la délivrance de fiches de paie et l'affiliation du concubin salarié à la sécurité sociale peut permettre de faire présumer l'existence d'un travail effectif et d'un lien de subordination[5]. En sens inverse, le concubin-salarié qui n'aura pas été valablement rémunéré bien qu'ayant travaillé sera fondé à réclamer des salaires qui ne lui auraient pas été versés. Il suffira qu'il prouve que les conditions essentielles à l'existence d'un contrat de travail étaient bien réunies, c'est-à-dire qu'il effectuait **un travail effectif et subordonné.**

143.102 Enrichissement sans cause. Il arrive que l'un des concubins, dans les faits le plus souvent la concubine, contribue à la bonne marche des affaires du couple en déployant au foyer ou dans l'entreprise une activité telle qu'elle lui interdit d'exercer personnellement une profession. Cette aide non rémunérée est accordée volontiers aussi longtemps que dure l'union. Mais quand l'union vient à cesser, celui qui l'a fournie prend conscience de son manque à gagner et réclame alors une compensation économique. L'action fondée sur l'enrichissement sans cause n'a qu'un caractère subsidiaire. Les juges sont très partagés car, comme en matière de liquidation de biens, la cause de l'enrichissement peut résulter de la vie commune. Toutefois, la jurisprudence a ouvert assez tôt l'action *de in rem verso* **au concubin ayant collaboré sans rémunération à la profession de son compagnon**[6] et depuis un arrêt du 15 octobre 1996, la Cour de cassation[7] décide **que la collaboration d'un concubin, dès lors qu'elle excède sa contribution aux charges communes, ouvre un droit à l'indemnisation du concubin délaissé.** Cette relative mansuétude au profit du concubin délaissé trouve un écho variable devant les juridictions du fond[8] car il ne s'agit pas de faire de l'indemnité versée au titre de l'enrichissement sans cause, un substitut de la prestation compensatoire en matière de divorce.

1. F. Terré, P. Simler et Y. Lequette, *Droit civil, Les obligations*, « Précis », 9e éd., Dalloz, 2005, no 1031.
2. CA Paris, 14 oct. 1997, *Dr. fam.* 1998, comm. 19, obs. Lécuyer.
3. TGI Nice, 14 mai 1985, *RTD civ.* 1986, 109, obs. Mestre.
4. Civ. 1re, 4 oct. 1979, no 78-41.097, *Bull. civ.* I, no 680.
5. CA Bordeaux, 4 oct. 1994, *RTD civ.* 1995, 332, obs. Hauser – CA Grenoble, 1er sept. 1998, *Juris-Data* no 044486.
6. Civ. 1re, 19 mai 1969, *Bull. civ.* I, no 187.
7. Civ. 1re, 15 oct. 1996, no 94-20.472, *Bull. civ.* I, no 357; *D.* 1997, somm. 177, obs. Libchaber; *Defrénois* 1997, art. 36620, note Enama; H. Bosse-Platière, *JCP* 1998, I, 151.
8. V. NOT., CA Pau, 29 janv. 2008, *Dr. fam.* 2008, comm. 53, obs. Larribau-Terneyre (participation gratuite du concubin à l'exploitation du fonds de commerce).

CHAPITRE

144. Décès de l'un des concubins

YANN FAVIER
MAÎTRE DE CONFÉRENCES
À L'UNIVERSITÉ DE SAVOIE

SECTION 0 ORIENTEUR

144.00 Plan du chapitre.

144.01 Textes applicables.

* V. s[s] n° 140.01

144.02 Jurisprudence de référence.

> Droit discrétionnaire de révoquer un testament en faveur de la concubine

• Civ. 1re, 30 nov. 2004, n° 02-20.883, *Bull. civ.* I, n° 297

* V. s[s] n° 144.11

« Pour condamner [les héritiers X] à payer à Mlle Y... la somme de 30 000 euros à titre de dommages-intérêts, l'arrêt attaqué énonce que le défunt a, de son vivant, révoqué son testament dans des conditions fautives dès lors que cette révocation est intervenue le lendemain de sa rédaction et a été dissimulée à Mlle Y... pendant les trois années de vie commune qui ont suivi jusqu'au décès de Jean X..., et que le legs consenti après dix-sept ans de concubinage pouvait logiquement correspondre à l'exécution par Jean X... d'un devoir de conscience afin de garantir pour l'avenir le logement de Mlle Y..., observation étant faite que l'appartement légué ne représentait pas une part significative du patrimoine du testateur; Qu'en se déterminant ainsi alors que la faculté de révoquer un testament constitue un droit discrétionnaire exclusif de toute action en responsabilité, la cour d'appel a violé le texte susvisé. »

> Indemnisation du préjudice économique : obligation de motivation

• Crim. 29 mai 2001, n° 00-83.902, *Bull. crim.*, n° 134

* V. s[s] n° 144.22

« Attendu que [...] les juges du second degré, après avoir relevé que la vie commune des concubins avait duré un an et demi, retiennent que rien ne permet d'affirmer que les concubins auraient vécu ensemble leur vie durant; qu'ils ajoutent que X... ne produit pas de justifications concernant "son éventuelle vie professionnelle antérieure, ses capacités à subvenir seule à ses besoins, et la part de ressources que chacun des concubins consacrait à ses besoins personnels et celle qui était mise en commun"; Mais attendu qu'en l'état de ces motifs, pour partie emprunts de contradiction voire inopérants, la juridiction du second degré a privé sa décision de base légale. »

144.03 Bibliographie indicative.

* V. s[s] n° 140.03

144.04 Questions essentielles.

> Le concubinage étant considéré comme une union de fait, la preuve à rapporter pour le bénéfice de certains avantages ou au contraire pour en retirer certains, liés à une situation d'isolement, peut être rapportée par tous moyens, ce qui peut poser certaines difficultés.

* V. s[s] n°s 141.30 à 141.50

> Après décès, la situation du concubin survivant se caractérise par sa précarité due notamment à son absence de vocation héréditaire, dont les conséquences peuvent être atténuées à conditions d'avoir organisé les modalités de dévolution du patrimoine.

* V. s[s] n° 144.11

> En cas de décès accidentel, le concubin peut également se voir conférer un droit à réparation.

* V. s[s] n° 144.21

144.10 Absence de statut du concubin survivant. Au décès de l'un des concubins, l'autre ne peut faire valoir dans sa succession une quelconque vocation légale à succéder. À la différence du conjoint survivant, il n'est pas appelé par la loi à recueillir une part de la succession légale du défunt. Seul un aménagement conventionnel de la succession, pour sa totalité, ou pour certains biens seulement, permet d'améliorer le sort du concubin survivant (sect. 1). Au fil du temps, les tribunaux ont également reconnu un droit à réparation en cas de décès accidentel du compagnon (sect. 2). Depuis assez longtemps, la question se pose de savoir quels sont les droits du concubin survivant lors des funérailles du concubin prédécédé (sect. 3).

SECTION 1
DÉVOLUTION DU PATRIMOINE DES CONCUBINS

144.11 **Absence de vocation héréditaire.** Le concubin n'ayant aucune vocation légale à succéder, il peut se trouver totalement dépouillé au décès de son compagnon si la transmission n'a pas été organisée par le *de cujus*, notamment par le biais de **dispositions testamentaires.** L'absence de qualité d'héritier a pour corollaire l'absence d'intérêt pour agir en nullité du testament du défunt lorsque celui-ci n'a pris aucune disposition en sa faveur[1], ce qui constitue pour le *de cujus* un droit discrétionnaire exclusif de toute responsabilité[2]. Au jour du décès, le compte du concubin prédécédé est bloqué et le survivant peut se retrouver en difficulté. Il est douteux qu'une convention puisse aménager le fonctionnement des comptes *post mortem*.

La **responsabilité d'un banquier** à l'égard des héritiers a ainsi été retenue pour avoir exécuté le mandat *post mortem* donné par l'homme à sa compagne, légataire de la quotité disponible, en remettant à celle-ci des sommes restant sur le compte du *de cujus* sans vérifier l'existence d'héritiers et sans l'accord de ces derniers[3].

Les **legs** sont **autorisés** entre concubins y compris lorsque le concubinage est adultérin (v. s^s n° 142.33). Toutefois, la **fiscalité** appliquée aux transmissions à titre gratuit entre concubins est très **dissuasive**, le taux étant de 60 %, avec un abattement limité à la somme de 1 500 euros pour les transmissions à cause de mort. Différentes **stratégies successorales** peuvent être mises en œuvre pour optimiser le coût fiscal de la transmission des biens *post mortem*, notamment par la **souscription d'une assurance-vie** qui bénéficie d'une fiscalité plus souple ou par des **legs en usufruit** pour lesquels la base de calcul des droits est plus faible que pour un legs en propriété.

Mais c'est autour de la **transmission du logement**, qui constitue le plus souvent à la fois le principal élément du patrimoine du défunt et le cadre de vie du survivant, que l'organisation de la succession des concubins apparaît essentielle. La situation du concubin au décès de son compagnon apparaît sur ce point particulièrement précaire. Ainsi, contrairement au conjoint et au partenaire d'un PACS, le concubin survivant ne bénéficie **pas de droits sur le logement contre la succession** du *de cujus*, pas plus qu'**il ne peut demander l'attribution préférentielle** du bien indivis (v. s^s n° 143.67). Il peut se trouver dans l'inconfortable situation d'être en indivision sur le logement avec les héritiers, voire avec le conjoint du *de cujus*. Il n'a ainsi aucun droit d'occuper les lieux postérieurement au décès du concubin seul propriétaire et, s'il s'y est maintenu, il doit une indemnité d'occupation aux héritiers[4]. Toutefois, plusieurs techniques permettent d'aménager à l'avance la transmission du logement au survivant dans les meilleures conditions.

144.12 **Convention d'indivision.** Si le logement est acquis en indivision, une convention peut être passée qui décide que les deux concubins seront gérants de l'indivision et qu'au décès de l'un d'eux, la gérance sera assumée par le survivant. De la sorte, le concubin survivant prend un certain nombre de décisions sans avoir à obtenir l'accord de ses co-indivisaires, c'est-à-dire de la famille du concubin prédécédé. De plus, la convention peut prévoir que la révocation du gérant est soumise à la règle de l'unanimité et uniquement pour des fautes de gestion, ce qui minimise les risques de voir son mandat révoqué par les co-indivisaires. Une clause prévoyant que les décisions de gestion seront prises à la majorité simple permet également au concubin d'imposer son avis si la majorité est déterminée selon les parts indivises et si sa quote-part indivise est supérieure à la moitié. Tel est le cas lorsqu'il a dès le départ acquis plus de la moitié de l'immeuble ou s'il a reçu une portion supplémentaire par voie de testament de son concubin prédécédé, en propriété ou en usufruit, car le droit de vote est en principe divisé par moitié entre usufruitier et nu-propriétaire. Enfin, la convention d'indivision peut prévoir la faculté pour le survivant d'acquérir la quote-part de l'indivisaire prédécédé (C. civ., art. 1873-13). Il est alors tenu compte dans la succession du défunt de la valeur de la part au jour de l'acquisition, ce qui constitue en quelque sorte, une véritable attribution préférentielle conventionnelle.

144.13 **Acquisition en tontine.** L'acte d'acquisition du bien peut également contenir une **clause de tontine** ou **clause d'accroissement.** Il y est dit que le premier mourant des concubins sera considéré comme n'ayant jamais eu droit à la propriété du bien, laquelle sera censée avoir toujours appartenu en totalité au survivant. La convention est soumise à une condition de survie de l'un des concubins et de prédécès de l'autre. L'utilisation de ce type de

1. CA Riom, 27 avr. 1988, *JCP* 1988, IV, 365.
2. Civ. 1re, 30 nov. 2004, n° 02-20.883, *Bull. civ.* I, n° 297.
3. Civ. 1re, 28 juin 1989, *D.* 1989, J. 181, note Najjar; *JCP* 1989, II, 21366, note Martin.
4. CA Paris, 27 avr. 1987, *D.* 1987, IR 123.

clause est très ancienne[1]. Si l'on a pu douter pendant longtemps de la validité de la clause d'accroissement au regard du principe de prohibition des pactes sur successions futures[2], il est aujourd'hui acquis qu'**au décès du prémourant des acquéreurs, le survivant devient rétroactivement seul propriétaire des biens en vertu du contrat aléatoire** qu'il a souscrit. Lorsqu'elle est insérée dans un acte d'acquisition immobilière en commun, la « *clause relative à la condition de survie* », comme la Cour de cassation la désigne parfois, a pour effet d'attribuer la propriété exclusive de l'immeuble au survivant des acquéreurs, **sans que ce bénéficiaire ait à indemniser les héritiers du prédécédé ou à rapporter ce qui n'est pas une libéralité**[3]. La clause est opposable aux créanciers du défunt, rendant ainsi le **bien insaisissable** (ainsi, rappelant que le droit de gage général des créanciers ne peut s'exercer que sur les biens dont le débiteur est propriétaire[4]) et si le concubin prédécédé était marié sous le régime légal, la clause ne peut être annulée comme ne portant pas atteinte au principe de l'immutabilité des conventions matrimoniales[5].

La tontine n'est pas sans **inconvénients** ni sans **dangers**.

En cas de séparation, la situation des concubins peut être difficile à démêler tant règne une relative incertitude quant aux droits respectifs des tontiniers *pendente conditione*. La Cour de cassation considère que les acquéreurs ont, tant que la condition de prédécès ne s'est pas réalisée, des « *droits concurrents sur l'immeuble* », dont celui de « *jouir indivisément du bien* »[6]. La liquidation des droits des concubins risque d'être périlleuse même si l'on peut admettre la possibilité d'un règlement contentieux, l'un des tontiniers retrouvant la **jouissance du bien contre indemnité**, en application de l'article 815-9 du Code civil[7].

La tontine peut également s'avérer dangereuse, **en présence d'enfants de précédentes unions des concubins** : le survivant étant considéré comme ayant toujours été le seul propriétaire du bien, les héritiers du prémourant n'ont droit à rien, à moins qu'on puisse y déceler l'existence d'une libéralité.

Il a ainsi été jugé que l'apport par leur père d'un immeuble avec stipulation d'une clause de tontine à la SCI constituée de son vivant avec sa concubine cachait une donation déguisée, le défunt ayant financé seul le capital initial et son augmentation grâce à l'apport de l'immeuble alors qu'en raison de son état de santé à l'époque de la constitution de la société et de la différence d'âge entre les associés, il était probable qu'il décède avant sa compagne[8].

Surtout, son intérêt fiscal est assez réduit, car si le bien est réputé transmis à titre gratuit à chacun des bénéficiaires de l'accroissement, cette disposition ne s'applique qu'à l'habitation principale commune à deux acquéreurs lorsque celle-ci a une valeur globale inférieure à 76 000 euros (CGI, art. 754 A)[9].

144.14 Achat croisé. Un autre montage consiste pour chacun des concubins à acheter la **nue-propriété de la moitié** de l'immeuble et l'**usufruit de l'autre moitié**. Ainsi, du vivant des concubins, chacun est titulaire d'une moitié indivise en usufruit et de l'autre moitié en nue-propriété. La conséquence est qu'au décès du dernier mourant, l'autre devient propriétaire de la part qu'il avait acquise en nue-propriété puisque l'usufruit de son concubin s'est éteint avec lui et qu'il demeure usufruitier de l'autre moitié dont les héritiers du prémourant reçoivent la nue-propriété. L'intérêt de ce montage est que **la réunion de l'usufruit à la nue-propriété n'est pas taxée**[10]. Ainsi, au décès du premier concubin, l'autre conservera l'usage de tout l'immeuble sans avoir à verser une quelconque somme aux héritiers mais surtout à l'administration fiscale. Par ailleurs, les éventuels enfants d'un premier mariage du concubin qui décède ne sont pas complètement désavantagés puisqu'au décès du survivant, ils recouvreront la pleine propriété de l'autre moitié dont le concubin survivant ne possédait qu'un usufruit, c'est-à-dire un droit viager. Malgré ses attraits, l'achat croisé n'est pas sans inconvénients car **la quote-part de**

1. G. Ourliac et H. Malafosse, *Histoire du droit privé*, t. III, *Le droit familial*, PUF, 1969, p. 64 et 395 – G. Cuillieron, « Une institution hybride : la tontine », *RHDFE*, 1993, p. 185.
2. V. NOT., Cass. ch. mixte, 27 nov. 1970, n° 68-10.452, *Bull. ch. mixte*, n° 3; *D.* 1971, J. 81, concl. Lindon; *JCP* 1971, II, 16823, note Blin; *Defrénois* 1971, art. 28796, note Morin; et art. 29809, note Aubert – M. Dagot, « L'acquisition faite au profit du survivant des acquéreurs : à propos de la clause d'accroissement, de la clause d'acquisition conjointe sous condition de survie et de l'arrêt rendu par la chambre mixte le 27 novembre 1970 », *JCP* I, 2442, n° 3 – Sur l'ensemble de la question, B.-H. Dumortier, « Recherche d'un nouveau fondement de la validité de la clause d'accroissement eu égard à la prohibition des pactes sur succession future », *RTD civ.* 1987, 653.
3. Civ. 1re, 14 déc. 2004, n° 02-11.088, *Bull. civ.* I, n° 313.
4. Civ. 1re, 18 nov. 1997, n° 95-20.842, *Bull. civ.* I, n° 315; *JCP* 1998, II, 10051, obs. Du Rusquec; *Defrénois* 1998, art. 36761, note Mazeron.
5. Civ. 1re, 11 janv. 1983, n° 81-16.307, *Bull. civ.* I, n° 15.
6. Civ. 1re, 9 févr. 1994, n° 92-11.111, *Bull. civ.* I, n° 60; *D.* 1994, J. 417, rapp. Thierry.
7. EN CE SENS, CA Bourges, 22 mai 2002, *Dr. fam.* 2003, comm. 140, obs. Lécuyer.
8. Civ. 1re, 10 mai 2007, n° 05-21.011, *Bull. civ.* I, n° 173; *D.* 2007, AJ 1510; pan. 2126; *JCP N* 2007, act. 409; *Juris-Data* n° 2007-03-8791.
9. Rép. min. n° 1364, économie, *JO Sénat* Q, 31 mars 2005, p. 924.
10. B. Pacaud et F.-R. Pujol, « La clause d'acquisition au profit du survivant des acquéreurs et les acquisitions croisées : analyse fiscale », *Defrénois* 1991, art. 35045, p. 641.

chaque indivisaire doit pouvoir être individualisée. Aussi l'achat croisé doit-il être réservé à l'acquisition d'immeubles dont l'importance permet sans contestation possible de **recourir à la copropriété.**

144.15 Société civile immobilière. Les concubins peuvent également réaliser leurs investissements immobiliers par l'intermédiaire d'une société civile immobilière : c'est la SCI qui achètera le bien grâce aux fonds apportés par chacun. Chacun des concubins est alors titulaire de **parts sociales proportionnelles à son apport** et l'immeuble appartient à la société. En cas de décès, les parts peuvent être transmises par une disposition à titre gratuit en faveur du survivant. À défaut, les héritiers du défunt bénéficient des parts sociales (C. civ., art. 1870) à moins qu'une clause d'agrément prévue par les statuts (C. civ., art. 1861) soumette leur entrée dans la société à l'accord du survivant qui, en contrepartie, doit les indemniser.

L'insertion d'une **clause d'agrément** est hautement recommandable non seulement pour favoriser le concubin dans la dévolution du logement commun. Toutefois, même en l'absence de clause d'agrément, le concubin est relativement protégé, les héritiers du défunt ayant moins de pouvoir que dans l'indivision puisque les décisions se prennent à la majorité stipulée dans les statuts. Enfin pour optimiser fiscalement la transmission, les concubins peuvent prévoir dans les statuts un **démembrement croisé des parts** sur le modèle de l'achat croisé, voire sur celui de la tontine (v. s^s n°s 144.13 et 144.14).

PAR EXEMPLE, si M. X... et Mme Y... constituent leur SCI en se répartissant l'usufruit et la nue-propriété des 100 parts.

M. X... achète l'usufruit des parts n°s 1 à 50 et la nue-propriété des parts n°s 51 à 100.

Mme Y... achète l'usufruit des parts n°s 51 à 100 et la nue-propriété des parts n°s 1 à 50.

Si M. X... décède, Mme Y... récupérera la pleine propriété des parts n°s 1 à 50 (sans payer de droits de succession) et conservera l'usufruit des parts n°s 51 à 100, dont la nue-propriété sera répartie entre les héritiers de M. X...

Mme Y... pourra donc conserver la pleine jouissance du logement jusqu'à son décès.

Le système de l'achat croisé ouvre les mêmes avantages à M. X... en cas de prédécès de sa concubine.

SECTION 2
DROIT À RÉPARATION EN CAS DE DÉCÈS ACCIDENTEL DU CONCUBIN

144.21 Évolution. La jurisprudence n'a pas toujours admis **l'indemnisation du concubin survivant** en cas de décès accidentel de son compagnon. La question a d'ailleurs donné lieu à une divergence célèbre, au sein même de la Cour de cassation.

Pendant longtemps, la **chambre civile** refusait d'accorder tout droit à réparation à un concubin, motif pris qu'il ne pouvait pas se prévaloir d'un intérêt légitime juridiquement protégé[1] alors que la **chambre criminelle** accueillait l'action en la subordonnant à deux conditions : le concubinage devait être stable et il ne pouvait s'agir d'un concubinage adultérin[2]. Cette divergence a été tranchée dans le sens de la chambre criminelle par le célèbre arrêt *Dangereux* de la chambre mixte du 27 janvier 1970 aux termes duquel : « *ce texte* [C. civ., art. 1382] [...] *n'exige pas, en cas de décès, l'existence d'un lien de droit entre le défunt et le demandeur en indemnisation* »[3].

Depuis lors, le **survivant des concubins** est en droit de demander des **dommages et intérêts** à l'encontre de celui qui est responsable de l'accident ayant causé le décès de son concubin[4]. Le Conseil d'État admet lui aussi l'indemnisation du concubin[5]. Les réserves de la jurisprudence, un temps divisée sur ce point, portaient encore sur le concubinage adultérin et il était difficilement admissible pour certains que l'intérêt en cause fût juridiquement protégé. La dépénalisation de l'adultère par la loi n° 75-217 du 11 juillet 1975 a conduit à un libéralisme jurisprudentiel empreint d'un certain pragmatisme, la chambre criminelle relevant avec raison que l'adultère est une faute relevant de la vie privée que le conjoint bafoué a seul qualité à faire valoir en justice[6].

La jurisprudence s'en tient, à défaut de l'existence d'un lien de droit, à un rapport de proximité objectif : le cercle des proches de la victime, dont fait partie le concubin qu'il soit ou non marié[7]. On a même admis l'action de la veuve et de la concubine survivante[8]. Un

1. Civ. 27 juill. 1937, *DP* 1938, 1, p. 5, note Savatier; *D.* 1938, 1, 321, note Marty.
2. Crim. 24 févr. 1959, *JCP* 1959, II, 11095, note Pierron.
3. Cass. ch. mixte, 27 févr. 1970, n° 68-10.276, *Bull. ch. mixte*, n° 1; *GAJC*, 9e éd., Dalloz, 2000, p. 409; *D.* 1970, J. 201, note Combaldieu; *JCP* 1970, II, 16305; *RTD civ.* 1970, 353, obs. Durry – I. Gooma, « La réparation du dommage et l'existence d'un intérêt juridiquement protégé », *D.* 1970, chron. 145 – F. Chabas, « Le cœur de la Cour de cassation », *D.* 1973, chron. 211.
4. Crim. 10 nov. 1992, n° 91-86.973, *Bull. crim.*, n° 365; *RTD civ.* 1993, 330, obs. Hauser – Crim. 9 oct. 1996, n° 95-82.272, NPT – V. AUSSI, CA Dijon, 1er oct. 1993, *RTD civ.* 1994, 570, obs. Hauser.
5. CE, ass., 3 mars 1978, Dame Müesser, *Lebon*, 116; *AJDA* 1978, 210 et 232; *JCP* 1978, II, 18986, concl. Dondoux – D. Couevylle, « Le *pretium affectionis* : un piège pour le juge administratif », *D.* 1979, chron. 173.
6. Crim. 19 juin 1975, *D.* 1975, J. 679 note Tunc; *Gaz. Pal.* 1975, 2, 566, note R. C. – Crim. 8 janv. 1976, *D.* 1976, IR 533.
7. CA Paris, 10 nov. 1976, *D.* 1978, II, 18859, note Savatier.
8. CA Riom, 9 nov. 1978, *JCP* 1979, II, 19107, note Almairac.

doute avait surgi en ce qui concerne le droit à indemnisation du concubin de même sexe, la Cour de cassation ne reconnaissant pas l'existence d'une vie maritale entre deux homosexuels. Un tribunal avait très justement admis la réparation entière du préjudice causé par la mort accidentelle du concubin homosexuel[1]. Cela ne devrait plus être sujet à controverse dans la mesure où il s'agit d'une situation de fait, définie désormais par le Code civil (C. civ., art. 515-8). En revanche, il semble qu'un concubinage « multiple », en jetant le doute sur la stabilité des relations, puisse, du moins dans certaines hypothèses, faire obstacle à l'indemnisation des concubins survivants[2].

144.22 Préjudice réparable. Le concubin survivant est susceptible d'invoquer un préjudice par ricochet qui peut être de nature diverse. Pour reprendre une distinction consacrée par la doctrine[3], le **préjudice réfléchi** peut être **de nature patrimoniale** (exclusivement de nature **économique**, s'agissant du préjudice par ricochet) et **extrapatrimoniale** (essentiellement, le **préjudice d'affection**). On a cru d'abord que le préjudice invoqué par le concubin survivant ne pouvait être que de nature économique : la jurisprudence autant judiciaire qu'administrative l'a formellement démenti en reconnaissant la possibilité pour le concubin d'invoquer l'existence d'un préjudice d'affection autonome du préjudice économique[4].

Pour démontrer l'existence d'un préjudice économique, le demandeur doit prouver que la victime directe subvenait au moins en partie aux besoins du ménage et que son décès entraînait une perte de ressources soit directement par sa contribution aux dépenses communes[5], soit indirectement par l'aide apportée dans l'accomplissement des tâches ménagères ou familiales[6]. Encore faut-il que le concubinage réponde à des critères de stabilité qui, pour être appréciés souverainement par les juges du fond n'en doivent pas moins être soigneusement motivés (cassation pour privation de base légale d'un arrêt confirmatif ayant écarté la demande d'indemnisation de la concubine au motif que le concubinage n'avait duré que dix-huit mois et que la concubine ne justifiait pas de « *son éventuelle vie professionnelle antérieure, ses capacités à subvenir seule à ses besoins, et la part de ressources que chacun des concubins consacrait à ses besoins personnels* »[7]). Toutefois, la chambre criminelle a reconnu que l'évaluation par le juge du fond de l'indemnisation d'un préjudice économique de la concubine pouvait prendre en compte « *la précarité et l'instabilité s'attachant au concubinage* »[8]. Quant au préjudice moral, il s'agit pour l'essentiel du préjudice d'affection, assez largement admis par la jurisprudence[9].

144.23 Accident du travail. Depuis une loi n° 2001-1246 du 21 décembre 2001[10], le droit de la sécurité sociale ne réserve plus le **droit à la rente viagère en cas de décès lié à un accident du travail ou à une maladie professionnelle** au conjoint et aux descendants. L'article L. 434-8 du Code de la sécurité sociale prévoit que le **concubin** a droit à une rente viagère égale à une fraction du salaire annuel de la victime, à condition que la **situation de concubinage ait été établie antérieurement à l'accident** ou, à défaut, depuis une **durée déterminée à la date du décès**. Toutefois, ces conditions ne sont pas exigées si les époux, les concubins ou les partenaires du PACS ont eu un ou plusieurs **enfants**.

SECTION 3
SÉPULTURE DU CONCUBIN

144.31 Qualité pour régler les obsèques. Lorsqu'au moment du décès, le concubin n'a pas exprimé ses dernières volontés, on peut se demander qui est qualifié pour régler les obsèques. Un litige peut apparaître entre le concubin survivant et les membres de la famille. La jurisprudence a été longtemps divisée sur ce point. Certains arrêts assez anciens ont refusé de prendre en compte la volonté du concubin survivant pour privilégier celle de la famille « légitime » constituée des héritiers voire du conjoint du défunt[11]. C'est une question qui reste soumise à **l'appréciation souveraine des juges du fond** appelés à trancher en faveur des personnes les mieux qualifiées pour pourvoir aux funérailles. Si le concubin n'a pas un droit intangible à déterminer les modalités de la sépulture de son compagnon[12], la jurisprudence tend à reconnaître au concubin

1. TGI Belfort, 25 juill. 1995, *JCP* 1996, II, 22724, note Paulin; *LPA* 2 mars 1998, 13, note Corpart.
2. Crim. 8 janv. 1985, n° 82-92.753, *Bull. crim.*, n° 12; *JCP* 1986, II, 20558, note Endreo; *Gaz. Pal.* 1985, 2, J. 480.
3. P. Brun, *Responsabilité civile extracontractuelle*, LexisNexis/Litec, 2e éd., 2009, nos 249 et 263.
4. Crim. 13 oct. 1981, *D.* 1982, IR 96 – Crim. 9 oct. 1996, n° 95-82.272, NPT, *Dr. pénal*, comm. 12, obs. Maron – CE, ass., 3 mars 1978, Dame Müesser, préc. ss n° 144.21.
5. Rejet du pourvoi formé par la concubine déboutée de sa demande en indemnisation du préjudice économique subi par elle-même et ses enfants nés d'un précédent mariage, faute de pouvoir démontrer que le défunt avait financé toutes les dépenses usuelles du ménage : Crim. 20 mars 2001, n° 00-85.241, NP.
6. Crim. 10 nov. 1992, n° 91-86.973, *Bull. crim.*, n° 365; *RTD civ.* 1993, 330, obs. Hauser.
7. Crim. 29 mai 2001, n° 00-83.902, *Bull. crim.*, n° 134; *D.* 2002, somm. 613, obs. Lemouland.
8. Crim. 9 oct. 1996, n° 95-82.272, NPT.
9. P. Brun, *Responsabilité civile extracontractuelle*, LexisNexis, 2005, n° 258.
10. L. n° 2001-1246, 21 déc. 2001, de financement de la Sécurité sociale pour 2002, *JO* 26 déc., p. 20552.
11. Par ex. CA Douai, 19 avr. 1975, *D.* 1978, J. 86, note Casals.
12. CA Bordeaux, 30 sept. 1999, *Dr. fam.* 2001, comm. 9, obs. Beignier.

qu'il soit de sexe différent ou de même sexe[1], une priorité fondée sur la durée et la stabilité du lien qui l'unissait au défunt.

Ainsi, un arrêt de la cour d'appel de Dijon[2] donne-t-il la préférence, pour le choix de la sépulture, « *aux liens d'intimité résultant du concubinage entre le défunt et la concubine avec laquelle il vivait depuis quatorze ans, sur le lien résultant des droits successoraux de la veuve, séparée de corps depuis quinze ans, et de sa fille majeure, alors que le défunt n'avait pas exprimé de volonté contraire à l'inhumation dans la localité où les concubins ont toujours demeuré* ».

D'autres décisions vont dans ce sens en mettant également l'accès sur la stabilité et la durée du concubinage ainsi que sur les liens d'affection unissant le défunt à son concubin[3]. Il appartient aux services communaux de remettre l'urne funéraire à la famille dans un sens large incluant le concubin, ce qui suppose une appréciation qui peut être soumise au contrôle des juges en cas de litige[4].

1. CA Versailles, 26 mai 1999, *Dr. fam.* 2001, comm. 9, obs. Beignier.
2. CA Dijon, 22 avr. 1986, *D.* 1986, IR 408.
3. CA Reims, 1er févr. 2001, *JCP* 2001, IV, 2176 – CA Agen, 20 janv. 1999, *Dr. fam.* 1999, comm. 55, obs. Beignier : reconnaissant le droit à la concubine de choisir le lieu de sépulture.
4. CA Douai, 7 juill 1998, *JCP* 1998, II, 10178, note Labbée; *Dr. fam.* 1998, comm. 176, note Beignier.

TITRE

15. Le pacte civil de solidarité (PACS)

SECTION 0
ORIENTEUR

15.00 **Plan du titre.**

Divisions. Ce contrat destiné à régir la vie en commun offre un cadre juridique à des couples hétérosexuels ou homosexuels : c'est ce que révèle l'examen de sa formation (chap. 151), de son contenu (chap. 152) et de sa dissolution (chap. 153).

CHAPITRE

150. Nature juridique et évolution du PACS

HUBERT BOSSE-PLATIÈRE
MAÎTRE DE CONFÉRENCES
À L'UNIVERSITÉ DE DIJON

SECTION 0
ORIENTEUR

150.00 **Plan du chapitre.**

150.01 **Textes applicables.**

TEXTES SOURCES

• Code civil

> Pacte civil de solidarité

C. civ., art. 515-1 à 515-7-1

• Lois

L. n° 99-944, 15 nov. 1999, relative au pacte civil de solidarité, *JO* 16 nov., p. 16959 (codifiée) (*et ses décrets d'application et circulaires)*

L. n° 2006-728, 23 juin 2006, portant réforme des successions et des libéralités, *JO* 24 juin, p. 9513 (codifiée)

L. n° 2007-308, 5 mars 2007, portant réforme de la protection juridique des majeurs, *JO* 7 mars, p. 4325

L. n° 2009-526, 12 mai 2009, de simplification et de clarification du droit et d'allègement des procédures, *JO* 13 mai, p. 7920

• Décrets

Décr. n° 99-1089, 21 déc. 1999, pris pour l'application des articles 515-3 et 515-7 du Code civil et relatif à la déclaration, à la modification et à la dissolution du pacte civil de solidarité, *JO* 24 déc., p. 19216

Décr. n° 99-1090, 21 déc. 1999, relatif aux conditions dans lesquelles sont traitées et conservées les informations relatives à la formation, la modification et la dissolution du pacte civil de solidarité, *JO* 24 déc., p. 19217

Décr. n° 99-1091, 21 déc. 1999, portant application des dispositions du troisième alinéa de l'article 31 de la loi n° 78-17 du 6 janvier 1978 à l'enregistrement et à la conservation des informations nominatives relatives à la formation, la modification et la dissolution du pacte civil de solidarité, *JO* 24 déc., p. 19219

Décr. n° 2006-1805, 23 déc. 2006, relatif à la procédure en matière successorale et modifiant certaines dispositions de procédure civile, *JO* 31 déc., p. 20370

Décr. n° 2006-1806, 23 déc. 2006, relatif à la déclaration, la modification, la dissolution et la publicité du pacte civil de solidarité, *JO* 31 déc., p. 20375

Décr. n° 2006-1807, 23 déc. 2006, relatif à l'enregistrement, à la conservation et au traitement des données à caractère personnel relatives à la formation, la modification et la dissolution du pacte civil de solidarité, *JO* 31 déc., p. 20377

• Circulaires

Circ. 11 oct. 2000, *BO* n° 80, 2000

Circ. 5 févr. 2007, n° C 07 201 05 C, de présentation de la réforme du pacte civil de solidarité.

* V. texte complet s^s n° 61.14

150.02 **Jurisprudence de référence.**

> La décision du Conseil constitutionnel, déclare la loi sur le PACS conforme à la Constitution, car elle ne comporte pas d'irrégularité de procédure, pas de violation du principe d'égalité, pas d'atteinte au mariage républicain, pas d'atteinte au principe de sauvegarde de la dignité de la personne humaine, pas de méconnaissance des dispositions relatives à la protection de l'enfant et de la famille, pas d'atteinte aux droits des concubins

• Cons. const. 9 nov. 1999, n° 99-419 DC, loi relative au pacte civil de solidarité, *JO* 16 nov.; *D.* 2000, somm. 424, obs. Garnieri

* V. s^s n°s 150.13, 151.61, 152.12 et 152.15

« À l'exception de celles de l'article 515-5, qui peuvent être écartées par la volonté des partenaires, les dispositions des articles 515-1 à 515-7 du Code civil revêtent un caractère obligatoire, les parties ne pouvant y déroger; tel est le cas de la condition relative à la vie commune, de l'aide mutuelle et matérielle que les partenaires doivent s'apporter ainsi que les conditions de cessation du pacte; les dispositions générales du Code civil relatives au contrat et aux obligations conventionnelles auront par ailleurs vocation à s'appliquer, sous le contrôle du juge sauf en ce qu'elles ont de nécessairement contraire à la loi déférée; en particulier les articles 1109 et suivants du Code civil relatifs au consentement, sont applicables au PACS. » [...]

« Limitée à l'objet voulu par le législateur et défini à l'article 515-1, la loi du 15 novembre 1999 est sans incidence sur les autres titres du livre 1er du Code civil, notamment ceux relatifs aux actes d'état civil, à la filiation adoptive et à l'autorité parentale, ensemble de dispositions dont les conditions d'application ne sont pas modifiées par la loi déférée. » [...]

« Dans tous les cas de rupture unilatérale, une clause du pacte interdisant l'exercice du droit du partenaire à réparation devra être réputée non écrite. » [...]

« L'affirmation de la faculté reconnue au partenaire auquel la rupture est imposée, notamment en cas de faute tenant aux conditions de cette rupture, d'agir en responsabilité met en œuvre l'exigence constitutionnelle posée par l'article 4 de la Déclaration des droits de l'homme et du citoyen de 1789 dont il résulte que tout fait quelconque de l'homme qui cause à autrui un dommage oblige celui par la faute duquel il est arrivé à le réparer. » [...]

> Le principe d'égalité n'impose pas de traiter de manière identique les personnes liées par un PACS et les personnes mariées

• CE 28 juin 2002, n° 220361, *Lebon*

* V. s^s^ n°s 152.132 à 152.11

« La loi du 15 novembre 1999 ne peut être interprétée comme assimilant de manière générale les partenaires liées par un PACS aux personnes mariées. Ces deux catégories de personnes étant placées dans des situations juridiques différentes, le principe d'égalité n'impose pas qu'elles soient traitées, dans tous les cas, de manière identique. »

> Le non-respect de l'obligation de vie commune entre partenaires justifie une procédure en résiliation pour faute

• TGI Lille, 5 juin 2002, *D.* 2003, 515, note Labbée; *RTD civ.* 2003, 270, obs. Hauser

* V. s^s^ n° 152.13

« Il découle de l'article 515-1 du Code civil une obligation de vie commune entre partenaires d'un PACS, qui doit être exécutée loyalement, et que le manquement à cette obligation justifie une procédure en résiliation du PACS aux torts du partenaire fautif. »

> Impossibilité pour les juridictions du fond de prononcer l'adoption simple, par une femme, de l'enfant de sa partenaire de PACS

• Civ. 1re, 20 févr. 2007, n° 06-15.647, *Bull. civ.* I, n° 71

* V. s^s^ n° 150.31

« Attendu que l'adoptant est seul investi à l'égard de l'adopté de tous les droits d'autorité parentale à moins qu'il ne soit le conjoint du père ou de la mère de l'adopté; Attendu que pour prononcer l'adoption simple, par Mme X..., du fils de Mme Y..., né le 13 juillet 2004, en estimant que l'adoption était conforme à l'intérêt de l'enfant, l'arrêt attaqué relève que Mmes Y... et X... ont conclu un pacte civil de solidarité en 2001, et qu'elles apportent toutes deux à l'enfant des conditions matérielles et morales adaptées et la chaleur affective souhaitable et qu'il est loisible à Mme Y... de solliciter un partage ou une délégation d'autorité parentale;

Qu'en statuant ainsi, alors que cette adoption réalisait un transfert des droits d'autorité parentale sur l'enfant en privant la mère biologique, qui entendait continuer à élever l'enfant, de ses propres droits, de sorte que, même si Mme Y... avait alors consenti à cette adoption, en faisant droit à la requête la cour d'appel a violé le texte susvisé; »

– et *CONTRA* : prononcé de l'adoption simple par une femme partenaire d'un PACS, des enfants naturels de sa compagne, nés par insémination artificielle et dépourvus de filiation paternelle :

• TGI Paris, 27 juin 2001, *D.* 2003, somm. 1941, obs. Lemouland; *RTD civ.* 2002, 84, obs. Hauser; *RDSS* 2002, 121, note Monéger

* V. s^s^ n° 150.31

« Attendu que pour prononcer l'adoption simple, par Mme X, du fils de Mme Y, né le 13 juillet 2004, en estimant que l'adoption était conforme à l'intérêt de l'enfant, l'arrêt attaqué relève que Mmes Y et X ont conclu un PACS en 2001, et qu'elles apportent toutes deux à l'enfant des conditions matérielles et morales adaptées et la chaleur affective souhaitable et qu'il est loisible à Mme Y de solliciter un partage ou une délégation d'autorité parentale; Qu'en statuant ainsi, alors que cette adoption réalisait un transfert des droits d'autorité parentale sur l'enfant en privant la mère biologique, qui entendait continuer à élever l'enfant, de ses propres droits, de sorte que, même si Mme Y avait alors consenti à cette adoption, en faisant droit à la requête la cour d'appel a violé le texte susvisé. »

• Civ. 1re, 24 févr. 2006, n° 04-17.090, *Bull. civ.* I, n° 101

* V. s^s^ n° 150.31

« L'article 377 alinéa 1er ne s'oppose pas à ce qu'une mère seule titulaire de l'autorité parentale en délègue tout ou partie de l'exercice à la femme avec laquelle elle vit en union stable et continue, dès lors que les circonstances l'exigent et que la mesure est conforme à l'intérêt supérieur de l'enfant. »

• CJCE, gr. ch., 1er avr. 2008, aff. n° C-267/06, *Maruko, D.* 2008, pan. 1795, obs. Lemouland et Vigneau; *RTD civ.* 2008. 458, obs. Hauser

* V. s^s^ n° 152.136

« Les dispositions combinées des articles 1er et 2 de la directive CE n° 2000/78 s'opposent à une règlementation en vertu de laquelle, après le décès de son partenaire de vie, le partenaire ne perçoit pas une prestation de survie équivalente à celle octroyée à un époux survivant alors que, en droit national, le partenariat de vie placerait les personnes de même sexe dans une situation comparable à celle des époux pour cette prestation de survie, ce qu'il appartient à la juridiction de renvoi de vérifier. » [...]

« La loi précitée ne rend pas illégales par elle-même, dès son entrée en vigueur, comme contraires au principe d'égalité, les textes réglementaires réservant des droits ou des avantages à des conjoints, mais il appartient au pouvoir réglementaire, afin d'assurer la pleine application de la loi, d'apporter dans un délai raisonnable à la réglementation applicable les modifications nécessaires, en évitant toute différence de traitement manifestement disproportionnée ou sans rapport avec l'objet de la norme en cause ».

150.03 Bibliographie indicative.

Ouvrages. A. Bénabent, *La famille*, 11e éd., Litec, 2003 – S. de Benalcaza, *PACS, mariage et filiation : étude de la politique familiale*, « Thèses », Éd. Defrénois, 2007 – V. Bonnet, *La famille*, 2e éd., Éd. Paradigme, 2009 – J. Carbonnier, *Droit civil, La famille*, « Thémis », 21e éd., PUF, 2003 – G. Cornu, *La famille*, 12e éd., Montchrestien, 2006 – P. Courbe, *Droit de la famille*, 3e éd., Éd. Armand Colin, 2003 – M. Douchy-Oudot, *La famille*, « Hyper-cours », 5e éd., Dalloz, 2009, – J. Flauss-Diem (dir.), *Du PACS aux nouvelles conjugalités : où en est l'Europe ?*, PUF, 2005 – J. Flour et G. Champenois, *Régimes matrimoniaux* (par G. Champenois), 2e éd., Éd. A. Colin, 2001 – M. Grimaldi (dir.), *Droit patrimonial de la famille 2008/2009*, « Dalloz Action », 3e éd., Y. Flour et J.-F. Pansier, nos 511.00 s. – G. Goubeaux, *Droit civil*, t. 1, 32e éd., LGDJ, 2006 – F. Leroy-Forgeot, *Les enfants du PACS, réalités de l'homoparentalité*, Éd. L'atelier de l'archer, 1999 – Ph. Malaurie et H. Fulchiron, *La famille*, 3e éd., Éd. Defrénois, 2009, nos 350-449 – C. Mécary, *Le nouveau PACS*, « Delmas Express », 2e éd., 2008 – J.-F. Pillebout, *Le PACS, pacte civil de solidarité*, « Carré droit », 3e éd., LexisNexis/Litec, 2007 – F. Terré et D. Fenouillet, *Les personnes, la famille, les incapacités*, « Précis », 8e éd., Dalloz, 2005.

Ouvrages collectifs, colloques. Cridon Lyon, *La loi du 23 juin 2006 portant réforme des successions et des libéralités*, déc. 2006, nos 732-756 – *Études offertes à J. Rubellin-Devichi, Des concubinages, droit interne, droit international, droit comparé*, Litec, 2002 – *Regards civilistes sur la loi du 15 novembre 1999 relative au concubinage et au PACS*, colloque du LERADP, avant-propos Fr. Dekeuwer-Desfossez, LGDJ, 2002 – *Mariage-Conjugalité, Parenté-Parentalité*, (H. Fulchiron, dir.), « Thèmes et commentaires », Dalloz, 2009, p. 33 s. – *Mariage, PACS, Union libre*, Éd. Francis Lefebvre, 2008.

Rapport. *Le PACS, réflexions et propositions de réforme*, rapp. remis à M. Dominique Perben, garde des Sceaux, ministre de la Justice, le 30 novembre 2004.

Articles.

> Sur la loi no 2006-728 du 23 juin 2006

G. Auvolat et E. Russo, « Enregistrement et publicité du PACS : les nouvelles règles applicables », *AJ fam.* 2007, 10 – S. de Benalcazar, « Éloge de la raison juridique, ou la remontée des enfers. Sur la réforme du régime légal du PACS », *Dr. fam.* janv. 2002, étude 2; « Les décrets relatifs au PACS publiés », *Dr. fam.* févr. 2007, comm. 31 – G. Chabot, « La réforme du PACS : le volet patrimonial », *Rev. des notaires* sept. 2006, p. 4 – D. Coiffard, « Le partenaire survivant », *AJ fam.* 2007, 16 – Y. Delecraz, « Le nouveau régime des biens dans le PACS », *AJ fam.* 2007, 12 – H. Fulchiron, « Le nouveau PACS est arrivé ! », *Defrénois* 2006, art. 38471 – G. Kessler, « Reconnaissance des partenariats étrangers : les enseignements de la loi du 23 juin 2006 », *AJ. fam.* 2007, 23 – X. Labbée, « PACS : encore un tout petit effort ! », *AJ fam.* 2007, 8 – V. Larribau-Terneyre, « L'amélioration du PACS : un vrai contrat d'union civile. À propos de la loi du 23 juin 2006 », *Dr. fam.* no 1, janv. 2007, étude 1 – C. Malecki, « Conjoints, PACSés : que reste-t-il de leurs différences en droit des sociétés après la loi no 2006-728 du 23 juin 2006 ? », *JCP E* 2006, 2409 – L. Mauger-Vielpeau, « Le PACS après la loi du 23 juin 2006 », *JCP N* 2007, 1201 – L. Pécaut-Rivolier, « Avantages et droits sociaux des PACSés », *AJ fam.* 2007, 20 – A. Richez-Pons, « PACS et droit de séjour des étrangers », *AJ fam.* 2007, 22 – J. Rochfeld, *RTD civ.* 2006, 624 – F. Sauvage, « Le régime des biens des partenaires d'un PACS au lendemain de la loi du 23 juin 2006 », *RLDC* janv. 2007, p. 36 – P. Simler et P. Hilt, « Le nouveau visage du PACS, un quasi-mariage », *JCP* 2006, 1, étude 161, p. 1495 – M. Stork, « Droits sur l'entreprise du partenaire », *AJ fam.* 2007, 19.

> Après la loi no 2006-728 du 23 juin 2006

H. Bosse-Platière, « Indivision et communauté dans le régime des biens du PACS aujourd'hui », *Mél. G. Goubeaux*, Dalloz/LGDJ, 2009, p. 37 s. – V. Carrasco, « Le pacte civil de solidarité : une forme d'union qui se banalise », *Infostat Justice* oct. 2007, no 97 – S. Castagné, « Mariage, PACS, concubinage », analyse comparative, *JCP N* 2008, 1325 – C. Chodzko et C. Vannier, « La Polynésie française toujours privée de PACS. L'impossibilité de faire enregistrer un PACS », *JCP N 2008*, 1137 – C. Coutant-Lapalus, « PACS et logement : dix ans après », *Dr. fam.* 2010, étude 9 – A. Depondt, « Le PACS : aspects patrimoniaux », *Dr. et patr.* 2008, p. 79 – D. Jacotot et S. Convers, « Le PACS et le droit des successions et des libéralités », *JCP N* 2009, 1269 – N. Joubert et B. Morel, « Les partenariats enregistrés en droit international privé depuis la loi du 12 mai 2009 », *JCP N* 2009, 1285 – X. Labbée, « La judiciarisation du PACS et du concubinage », *D.* 2009, 2053; « Et si le PACS réinstaurait l'esclavage ? », *JCP* 2008, act. 280 – V. Larribau-Terneyre, « La loi du 12 mai 2009 précise la loi applicable aux partenariats enregistrés », *Dr. fam.* 2009, comm. 8; « Le juge aux affaires familiales devient le juge des intérêts patrimoniaux des concubins et des partenaires », *Dr. fam.* 2009, comm. 66 – N. Levillain, « Protéger le survivant en présence d'enfants non communs. PACS ou mariage, que conseiller ? », *JCP N* 2008, 1204 – L. Mauger-Vielpeau, « L'autonomie du PACS », *Dr. fam.* 2008, étude 22; « Le PACS après la loi du 23 juin 2006 », *JCP N* 2007, 1201 – H. Péroz, « Loi de simplification du droit et loi applicable aux partenariats enregistrés », *JCP N* 2009, act. 419 – P. Van Steenlandt, « La soumission conventionnelle des partenaires pacsés au régime de l'indivision », *JCP N* 2009, 1251.

150.04 Questions essentielles.

> Le PACS est-il un pur contrat patrimonial ou relève-t-il également de l'état des personnes ?

* V. ss nos 150.21 s.

> Le PACS a-t-il une incidence sur les droits des enfants des partenaires ?

* V. ss no 150.31

> Un couple homosexuel a conclu un PACS. Un des membres du couple souhaiterait adopter l'enfant de son partenaire. Est-ce possible ?
* V. s[s] n° 150.31
> Combien de PACS sont-ils conclus par an ? Combien sont-ils dissous ?
* V. s[s] n° 150.51
* V. aussi s[s] n°s 151.04, 152.04 et 153.04

SECTION 1
GENÈSE DU PACS

150.11 Présentation. Ce sont les revendications pressantes formulées au nom des homosexuels, d'abord décimés par l'effroyable pandémie du Sida, ensuite marginalisés par la jurisprudence de la Cour de cassation, qui refusait de considérer comme un concubinage l'union de deux personnes du même sexe, qui ont rendu nécessaire l'élaboration, en 1999, d'un texte général destiné à leur conférer une sorte de statut.

Citons, en particulier, les arrêts de la Cour de cassation de 1989 et 1997 : avant la loi du 15 novembre 1999, cette jurisprudence refusait d'assimiler concubinage hétérosexuel et concubinage homosexuel. L'arrêt rendu par la Cour de cassation le 17 décembre 1997 à propos du transfert du droit au bail, pouvait également se lire comme une invitation faite au législateur de légiférer[1]. Dans le même sens, les arrêts de 1989[2] en s'appuyant sur une analyse, contestable du concubinage, considéraient que la vie maritale supposait un couple constitué d'un homme et d'une femme à l'instar du mariage (C. civ., art. 144).

Les concubins homosexuels avaient obtenu, assez laborieusement, la plupart des avantages sociaux dont bénéficiaient les concubins hétérosexuels; il leur manquait seulement la **continuation du contrat de bail**, prévue dans une disposition d'une loi du 27 janvier 1993[3] (le texte prévoyait le transfert du droit au bail, en cas de décès du locataire en titre, à toute personne qui vivait avec lui et était à sa charge depuis au moins un an) invalidée par le Conseil constitutionnel[4], qui leur aurait été réattribuée très probablement assez rapidement (cette disposition spécifique de la loi a été déclarée inconstitutionnelle au motif qu'introduite dans la loi par voie d'amendement, elle était sans lien avec le projet de loi initial). Mais la communauté homosexuelle, ou du moins ses défenseurs, aspirait désormais à une reconnaissance globale, d'ailleurs promise dans les programmes électoraux des partis politiques quels qu'ils soient. Pour faire nombre, les concubins hétérosexuels se sont petit à petit vu proposer d'adhérer à ce qui deviendra en fin de compte le pacte civil de solidarité (PACS). Malgré la façon très critiquable dont les travaux préparatoires ont été conduits, ou peut-être à cause d'elle, la **reconnaissance juridique de l'union homosexuelle dans le PACS** s'est accompagnée de **privilèges importants sur le plan fiscal**, qui compensent le flou et l'inconsistance des autres dispositions; mais le phénomène le plus marquant est sans doute la **reconnaissance sociale**. En septembre 1999 - dix ans après la décision de la Cour de cassation qui avait approuvé la compagnie Air-France de refuser aux couples homosexuels les billets qu'elle offrait à l'époux ou au concubin de ses employés -, la compagnie Air-Liberté avait étendu aux couples homosexuels sa gamme de « prix Liberté » réservée jusque-là à la famille et aux couples hétérosexuels.

150.12 Genèse de la loi du 15 novembre 1999. La loi du 15 novembre 1999, qui a institué le PACS, est l'aboutissement d'une longue série d'étapes : la proposition de loi sur un contrat de partenariat civil (1990), puis celle qui tendait à instituer un contrat d'union civile (1992), ont été suivies de textes proposant un contrat de vie sociale (1993), puis un avant-projet de contrat d'union sociale (1995) enfin un pacte d'intérêt commun, élaboré, à la demande du Gouvernement par le professeur Hauser (1997). Finalement, le pacte civil de solidarité a emprunté un peu à chacune de ces tentatives, tout ayant fini par être regroupé sous la dénomination de PACS[5].

1. Civ. 3e, 17 déc. 1997, n° 95-20.779, *Bull. civ.* III, n° 225; *D.* 1998, 111, concl. contraires av. gén. Weber, note Aubert.
2. Soc. 11 juill. 1989, *Bull. civ.* V, n°s 514 et 515; *D.* 1990, 582, note Malaurie; *Gaz. Pal.* 1990, 1, 216, concl. Dorwling-Carter; *RTD civ.* 1990, 53, obs. Rubellin-Devichi.
3. L. n° 93-121, 27 janv. 1993, portant diverses mesures d'ordre sanitaire et social, *JO* 30 janv., p. 6528.
4. Cons. const. 21 janv. 1993, n° 92-317 DC, *JO* 23 janv. 1993, p. 1240; *RTD civ.* 1993, 330, obs. Hauser; *RTD civ.* 1994, 81.
5. Sur l'évolution, V. NOT., R. Libchaber, « Les forces créatrices du droit... À propos des contrats d'unions entre concubins », *RTD civ.* 1998, 224 s. – J.-M. Florand et K. Achoui, « Vers un nouveau modèle d'organisation familiale : le contrat d'union civile », *LPA* 9 avr. 1993 – B. Beignier, « Une nouvelle proposition de loi relative au contrat d'union sociale. Copie à revoir », *Dr. fam.* 1997, avr. 1997, chron. 4 – F. Gaudu, « À propos du contrat d'union civile : critique d'un profane », *D.* 1998, chron. 19 – L. Leveneur, « Les dangers du contrat d'union sociale », *JCP* 1997, I, 4069 – Ph. Malaurie, « Le mariage des homosexuels », *D.* 1997, 1 – I. Théry, « Le contrat d'union sociale en question », Notes de la fondation Saint-Simon, oct. 1997, *PACS, sexualité et différence des sexes* – J. Hauser, « Les communautés taisibles », *D.* 1997, 255 – A. Sériaux, « Être ou ne pas être : les ambiguïtés juridiques de la constitution légale d'un contrat d'union civile », *Dr. fam.* 1998, chron. 4 – H. Moutouh, « La question de la reconnaissance du couple homosexuel : entre dogmatisme et empirisme », *D.* 1998, 369; « Le PACS et l'Assemblée », *D.* 1999, dernière actualité, n° 2 – R. Cabrillac, « Libres propos sur le PACS (après l'adoption en première lecture par l'Assemblée nationale) », *D.* 1999, chron. 73.

150.13 La décision du Conseil constitutionnel. Le texte adopté le 13 octobre 1999 a été soumis au Conseil constitutionnel[1]. La décision du Conseil constitutionnel, rendue le 9 novembre 1999 a déclaré la loi conforme à la Constitution, car elle ne comporte pas d'irrégularité de procédure, pas de violation du principe d'égalité, pas d'atteinte au mariage républicain, pas d'atteinte au principe de sauvegarde de la dignité de la personne humaine, pas de méconnaissance des dispositions relative à la protection de l'enfant et de la famille, pas d'atteinte aux droits des concubins[2]. Cependant, de nombreuses **réserves d'interprétation pour l'application du texte** ont été formulées par le Conseil constitutionnel. Ces réserves concernent :

- 1° l'imprécision de certaines dispositions, qui a conduit les parlementaires à formuler un grief tiré de la méconnaissance par le législateur de l'étendue de sa compétence;

- 2° les principes du droit des contrats, et plus précisément le droit à réparation du partenaire en cas de rupture;

- 3° le respect de la vie privée, s'agissant des modalités de conservation et de divulgation des informations relatives au pacte;

- 4° le respect du droit de propriété dans le cadre du régime de l'indivision.

Ces réserves d'interprétation sont l'un des traits marquants de la décision du Conseil qui a d'ailleurs, pour la première fois, procédé à un récapitulatif dans le dernier considérant. Au lendemain de la loi du 15 novembre 1999, la décision constituait ainsi une source, et à ce titre les interprètes devaient s'y référer. Certains auteurs reprochaient même au Conseil constitutionnel d'avoir utilisé les réserves d'interprétation de façon trop abusive car elles aboutissaient à une **réécriture du texte par les neufs sages** au mépris de la séparation de pouvoir.

Toutefois, la question de la **portée juridique** à donner aux réserves d'interprétations du Conseil constitutionnel doit nécessairement être reconsidérée après l'intervention du **législateur en 2006**. Deux attitudes au moins sont possibles.

On pourrait considérer qu'il n'est plus possible – et en particulier pour le juge judiciaire – de se référer aux interprétations données par le Conseil constitutionnel puisque le texte initial a été en grande partie réécrit et nul ne sait ce qu'aurait dit la Haute institution si elle avait été à nouveau saisie du texte de 2006. Avec une telle lecture, Il faudrait en déduire que les réserves d'interprétations sont désormais, en bloc, caduques.

Mais cette analyse est-elle suffisamment rigoureuse ? Il serait plus orthodoxe d'admettre que seules **les réserves d'interprétation pour les textes qui ont été remaniés par la loi de 2006** sont désormais **caduques**. En effet, il convient de souligner que la loi du 23 juin 2006 n'abroge pas celle de 1999; elle n'est qu'une **loi modificative et non abrogative**. Dès lors, la loi du 15 novembre 1999 reste la loi « fondamentale » et les réserves d'interprétations émises pour les textes non modifiés continuent à servir de guide pour l'interprète. À cet égard, il existe certaines **réserves d'interprétations** dont on est certain qu'elles ont une **valeur constitutionnelle** (ex : le droit d'agir en réparation en cas de faute de son partenaire tenant aux conditions de la rupture).

On pourrait toutefois rétorquer à cette seconde position de faire la part trop belle à la lettre des textes, en obligeant à dépecer le contrat, textes remaniés d'un côté, textes non remaniés de l'autre, au détriment de l'esprit du PACS. Mais justement, c'est peut-être sur l'esprit du contrat, qu'il conviendrait d'avoir des « réserves » sur les réserves d'interprétation. Les retouches apportées par la loi du 23 juin 2006 ne sont pas si mineures et pourraient bien avoir des incidences sur la nature de contrat (v. s^s n°s 150.21 s.). Ainsi, les réserves d'interprétation sur l'esprit du contrat devraient dès lors être appréhendées avec la plus grande prudence. Mais quel est-il, cet esprit général de contrat que certains ont vu dans la décision du Conseil constitutionnel ?[3].

150.14 La loi du 15 novembre 1999. L'élaboration de la loi du 15 novembre 1999 a donné lieu davantage à des joutes politiques qu'à de véritables travaux parlementaires, et sa qualité s'en est ressentie. Le nombre des travaux qu'elle a suscités est dû bien davantage aux difficultés d'application qu'elle a engendrés qu'à l'irritation – et même l'indignation – de certains auteurs devant l'entrée de cette forme concurrentielle du mariage pour homosexuels dans notre droit[4].

1. J. Rubellin-Devichi, « Présentation de la loi adoptée le 13 octobre 1999 relative au PACS », *JCP* 1999, p. 1551.
2. Cons. const. 9 nov. 1999, n° 99-419 DC, *JO* 16 nov. 1999, p. 16962 – J.-E. Schœttl, « Le PACS à l'épreuve du contrôle de constitutionnalité », *LPA* 1er déc. 1999, 6 – G. Drago, « La Constitution "en réserves" », *Dr. fam.* HS déc. 1999, chron. 13 – N. Molfessis, « La réécriture de la loi relative au PACS par le Conseil constitutionnel », *JCP* 2000, I, 210 – Ph. Blacher et J.-B. Seube, « Le PACS à l'épreuve de la Constitution », *RD publ.* 2000, n° 1 – S. Garnéri, « Jurisprudence du Conseil constitutionnel, décision n° 99-419 DC du 9 novembre 1999 », *RFDC* 2000, n° 41, p. 104.
3. V. B. Beignier, « Loi du 23 juin 2006, acte III : le PACS pacifié », *Dr. fam.* 2007, repère 1.
4. V. NOT., « Le pacte civil de solidarité », *Dr. fam.* HS déc. 1999 – J.-J. Lemouland, « Présentation de la loi n° 99-944 du 15 novembre 1999 relative au PACS », *D.* 1999, chron. 483 – T. Revet, « Mariage(s) », *RTD civ.* 2000, 173 et 871 – F. Courtray, « Pacte civil de ►

150.15 Nécessité d'une réforme. Qualifié parfois méchamment de monstre juridique, le PACS tel qu'il était issu de la loi du 15 novembre 1999 devait être réformé. Un groupe de travail constitué par le garde des Sceaux, réunissant universitaires et praticiens avait remis son rapport à Dominique Perben, le 30 novembre 2004[1]. Ces propositions ont été largement reprises par la Mission d'information sur la famille et les droits de l'enfant qui a publié un rapport en janvier 2006[2].

150.16 La loi du 23 juin 2006. Plutôt qu'aborder directement le sujet, réputé sensible politiquement, le législateur de 2006 a préféré intégrer cette réforme sous la forme d'**amendements à la réforme des successions et des libéralités adoptée le 23 juin 2006**[3]. Présenté au moins formellement comme une simple retouche technique au texte du 15 novembre 1999, le nouveau pacte en sort profondément modifié et sa **nature juridique de quasi-mariage**, renforcée[4].

SECTION 2
NATURE JURIDIQUE DU PACS

150.21 Nature juridique. Sur cette question, malgré l'intervention législative de 2006, les avis divergent. Au lendemain de la loi du 15 novembre 1999, les débats ont même été passionnés. Certains ont dénié au PACS toute nature familiale[5]. D'autres ont, en revanche, considéré que le PACS avait une dimension familiale incontestable. Le débat est largement académique dans la mesure où le Code civil n'attribue pas de prérogatives aux membres de la famille (comp. C. civ., art. 373-2-8, réd. L. 4 mars 2002, et anc. art. 289). Il est toutefois nécessaire pour apprécier la véritable nature de ce contrat et, éventuellement, en dégager certaines interprétations (par ex., existence d'une obligation de fidélité ?).

150.22 Le PACS est un contrat. Nul n'en doute. L'article 515-1 du Code civil n'a pas été modifié par la loi du 23 juin 2006 et il énonce toujours que le PACS est un contrat. Mais il ne sert pas à grand-chose de le dire, puisque toute la difficulté est justement de savoir si le PACS n'est qu'un contrat ou s'il est aussi autre chose, un **statut de couple avec une dimension personnelle.** La loi du 23 juin 2006 en renforçant les prérogatives personnelles semble avoir pris parti et fait pencher la balance en faveur d'un PACS-statut (v. pour une vision purement contractuelle du PACS au lendemain de la loi du 15 novembre 1999[6]).

150.23 Le PACS est un contrat ouvert aux couples hétérosexuels et aux couples homosexuels. C'est l'ambiguïté fondamentale. Les premiers peuvent se marier alors que les seconds ne le peuvent pas. Les premiers peuvent avoir des enfants ensemble, les seconds non. Comme le souligne un auteur, « *en amalgamant dans un même contrat civil, les couples ayant vocation à fonder une famille et ceux dont le désir (louable et légitime) est de vivre en commun un destin hors série, le législateur ne s'est pas posé la question essentielle qui est de savoir : qu'est-ce qu'une*

► solidarité : une occasion manquée », *RDSS* 2000, 3 – R. Piastra, « Loi relative au PACS », *D.* 2000, 203 – C. Mécary et F. Lerot-Forgeot, *Le PACS*, « Que sais-je ? », PUF, n° 3566 – J.-F. Pillebout, *Le PACS, pacte civil de solidarité*, « Carré Droit », Litec, 2000 – C. Charbonneau et F.-J. Pansier, « Et *in terra* PACS », *Gaz. Pal.* 19 nov. 1999, 2 ; « *Hominibus bonae voluntatis* (le PACS II) », *Gaz. Pal.* 19-21 nov. 2000, 3 – J. Hauser, « Aujourd'hui et demain, le PACS », *RJPF* 1999, n°s 8 et 9 – J. Vasseaux et F. Vauvillé, « Le PACS : premières difficultés pratiques », *RJPF* mai 2000, p. 6 – G. Raymond, « PACS et droit des contrats », *CCC* 2000, chron. 14 – Me Monassier *et alii*, « Le pacte civil de solidarité : de la théorie à la pratique », *Dr. et patr.* avr. 2000, p. 53 – Pour une étude transversale du PACS, v. *Des concubinages : droit interne, droit international, droit comparé, Études offertes à J. Rubellin-Devichi*, Litec, 2000; *Regards civilistes sur la loi du 15 novembre 1999 relative au concubinage et au PACS*, « coll. LERADP », LGDJ, 2002; M. Grimaldi, « Réflexions sur le PACS », *Defrénois* 2003, p. 813.

1. *Le pacte civil de solidarité, réflexions et propositions de réforme*, rapp. remis au garde des Sceaux le 30 novembre 2004 – F. Granet-Lambrechts, « Trente-deux propositions pour une révision de la loi du 15 novembre 1999 relative au PACS », *Dr fam.* 2005, étude 9 – V. AUSSI, à propos de ce rapport, Lemouland et Vigneau, *D.* 2005, pan. 809 – V. AUSSI, plus largement, H. Fulchiron, « Quel avenir pour le PACS ? », *Defrénois* 2005, art. 38216, p. 1286.
2. P. Bloche (prés.) et V. Pecresse (rapp.), *L'enfant d'abord*, rapp. Ass. nat., févr. 2006, n° 2832.
3. Pour une critique du procédé, v. J.-J. Lemouland et D. Vigneau, « PACS et projet de réforme des successions et libéralités », *D.* 2006, 1423.
4. Sur la nouvelle loi du 23 juin 2006, v. P. Simler et P. Hilt, « Le nouveau visage du PACS, un quasi-mariage », *JCP* 2006, 1, étude 161, p. 1495 – H. Fulchiron, « Le nouveau PACS est arrivé ! », *Defrénois* 2006, art. 38471 – J. Rochfeld, *RTD civ.* 2006, 624 – F. Sauvage, « Le régime des biens des partenaires d'un pacte civil de solidarité au lendemain de la loi du 23 juin 2006 », *RLDC* janv. 2007, p. 36 – V. Larribau-Terneyre, « L'amélioration du PACS : un vrai contrat d'union civile. À propos de la loi du 23 juin 2006 », *Dr. fam.* janv. 2007, étude 1 – S. de Benalcazar, « Éloge de la raison juridique, ou la remontée des enfers. Sur la réforme du régime légal du PACS », *Dr. fam.* janv. 2002, étude 2.
5. F. Dekeuwer-Desfossez, « PACS et famille, retour sur l'analyse juridique d'un contrat controversé », *RTD civ.* 2006, 529.
6. J. Hauser, « Le PACS à l'épreuve du droit des contrats (le PACS est-il un organisme génétiquement modifié) ? », *Regards civilistes sur la loi du 15 novembre 1999 relative au concubinage et au PACS*, colloque du LERADP, avant-propos F. Dekeuwer-Défossez, LGDJ, 2002, p. 51.

famille ? »[1]. Mais il faut sans doute dépasser cette opposition : il n'est plus rare que des enfants vivent dans un couple homosexuel, où chacun se considère et se comporte à leur égard comme des parents de droit ou de fait. En outre, il est bien délicat de définir juridiquement la famille parce que le droit a davantage pour objet d'organiser les relations entre des personnes, entre membres du couple ou entre des parents/enfants que de fixer des droits et des devoirs à une entité que constituerait la famille. Il serait même excessif de ne voir de famille, au sens juridique du terme, qu'en raison d'un critère fondé sur la dimension procréatique du couple[2].

150.24 Le PACS est un contrat qui relève de l'état des personnes. Certains en ont douté et ont critiqué sa place dans le Code civil au Livre « Des personnes ». Il est vrai, que le législateur du 15 novembre 1999, ne pouvait pas davantage le tenir éloigné des actes de l'état civil en le situant tout à la fin du Livre premier « Des personnes », après les incapacités, comme pour mieux sans doute conjurer tout amalgame entre mariage et PACS. Il n'en demeure pas moins que, dès 1999, une sorte d'état civil parallèle a été organisé pour en assurer la publicité : aux greffes des tribunaux d'instance de tenir des registres spéciaux et de procéder aux transcriptions nécessaires aux modalités plus ou moins copiées sur celles de l'état civil. La loi du 23 juin 2006 a clos le débat : avec une **mention en marge de l'acte de naissance**, le PACS entre définitivement dans **l'état des personnes.**

150.25 Le PACS est un contrat de concubinage. Le contrat suppose **une vie commune.** Le Conseil constitutionnel relève que « *la notion de vie commune ne recouvre pas seulement une communauté d'intérêts et ne se limite pas à l'exigence d'une simple cohabitation entre deux personnes; que la vie commune mentionnée par la loi déférée suppose, outre une résidence commune, une vie de couple* ».

150.26 Le PACS est un contrat pourvu d'effets personnels. Beaucoup ont mis en avant, au lendemain de la loi du 15 novembre 1999, que le PACS ne pouvait être un mariage *bis* car il était **dépourvu d'effets personnels significatifs**[3]. La loi du 15 novembre 1999 ne créait, il est vrai, aucune obligation personnelle entre les partenaires : point d'obligation de fidélité (v. toutefois s^s n° 152.13), point d'obligation d'assistance, ni même d'obligation de communauté de vie, puisque si elle est une condition du PACS, le non-respect de cette pseudo « obligation » n'est assorti d'aucune sanction. En outre, en 1999, le statut civil de chacun des partenaires ne se trouve pas modifié par la conclusion d'un pacte : pas d'incidence sur le nom, aucune sur la nationalité (tempéraments : quelques incidences par ricochet en matière de délivrance d'un titre de séjour, v. s^s n° 152.143), rien sur le droit d'adopter ou le droit de recourir à une assistance procréation médicalement assistée.

La loi du 23 juin 2006 a modifié les termes de la discussion. Curieusement d'ailleurs, et sans qu'aucune discussion de fond n'ait eu lieu sur ce point puisque la réforme du PACS a été adoptée par voie d'amendement à la réforme des successions et des libéralités. La nouvelle loi a nettement renforcé la dimension personnelle du contrat rapprochant ainsi le PACS du mariage. Certes, les principaux effets du statut civil du couple marié sont toujours refusés aux partenaires, mais le désir de rapprocher le PACS du mariage est indéniable : **obligation de vie commune**, renforcement de certaines **règles du régime primaire, droits successoraux** timides mais symboliques... auxquels il convient d'ajouter deux corps de règles existants depuis 1999, d'une portée pratique non négligeable :

– une **priorité d'affectation au profit des fonctionnaires** séparés de leur partenaire pour des raisons professionnelles;

– la conclusion d'un pacte est un élément d'appréciation que l'autorité administrative prend en compte pour la **délivrance des visas et des titres de séjour** (v. s^s n° 152.143).

150.27 Le PACS est un contrat pourvu d'effets patrimoniaux. Certains souhaiteraient qu'il ne soit que cela. Cette dimension est indéniable et la loi du 23 juin 2006 avait essentiellement pour objet de corriger les principales malfaçons que les juristes au lendemain de 1999 avaient dénoncées. Avec la loi du 23 juin 2006, l'**indivision automatique** se trouve **écartée** au profit d'un **régime légal de séparation de biens** plus adapté à l'esprit des co-contractants. La volonté de partager les richesses n'est pas toutefois écartée puisque les co-contractants peuvent adopter un **régime conventionnel d'indivision** qui, sur de nombreux points, rappelle la communauté réduite aux acquêts.

150.28 Tentative de synthèse. D'après l'article 515-1 du Code civil, le PACS est un **contrat.** Comme le mariage, il organise la vie commune de deux personnes. À la différence du mariage, il peut être contracté par deux personnes de même sexe. Ainsi que le constate Mme Alt-Maes, « *en tant que contrat, il s'éloigne du concubinage, union de fait, et reste étranger au mariage, qui demeure une institu-*

1. B. Beignier, « Métamorphose du PACS », *Dr. fam.* 2006, repère 8.
2. V. Larribau-Terneyre, « L'amélioration du PACS : un vrai contrat d'union civile. À propos de la loi du 23 juin 2006 », *Dr. fam.* n° 1, janv. 2007, étude 1.
3. M. Grimaldi, « Réflexions sur le pacte civil de solidarité du droit français », *Defrénois* 2003, art. 37763.

tion »[1], non définie d'ailleurs dans le Code civil. Contrat, donc relevant du droit patrimonial, mais placé dans le livre intitulé « Du droit des personnes », le PACS apparaît d'une **nature juridique ambiguë, hybride** au moins et probablement *sui generis*, mais il faut d'abord souligner que l'aval du législateur lui était nécessaire, à peine d'illicéité, pour que des individus puissent passer un contrat concernant leur communauté de vie, en réalité leur vie de couple, qui ne fait pas partie du domaine où il est possible de contracter (C. civ., art. 1128).

Entre le mariage, qui représente le statut le plus abouti, et l'union libre, que la volonté de se placer hors statut oblige à qualifier de fait juridique (C. civ., art. 515-8), s'intercale un **acte juridique**, un pacte dont les interférences avec le mariage et l'union libre suscitent beaucoup de perplexités. En tant que contrat, le pacte se différencie du mariage, par l'idée que l'autonomie de la volonté domine et que l'ordre public, pourtant en recul au sein même de l'institution du mariage, doit être cantonné dans d'étroites limites. En tant que contrat, il laisse la porte ouverte à des stipulations particulières que permet certainement moins le contrat de mariage. Le Conseil constitutionnel a toutefois nuancé cette opposition, en relevant qu'à l'exception de celles de l'article 515-5, qui concernent les biens des partenaires, les dispositions des articles 515-1 à 515-7 revêtent un **caractère obligatoire** et que les parties ne peuvent y déroger.

Cependant, malgré les affirmations du gouvernement dans ses conclusions devant le Conseil constitutionnel, selon lesquelles « *le cadre contractuel ainsi défini est de nature radicalement différente de l'institution du mariage* », malgré l'insistance du Conseil constitutionnel pour qui « *le PACS est un contrat étranger au mariage* », dès lors qu'il a pour objet d'organiser la vie commune d'un couple, le PACS se place juridiquement et socialement dans une **situation de concurrence avec le mariage**. Il est dès lors normal de retrouver dans la doctrine les appellations de « *mariage* bis », « *mariage* ligot », « *pâle copie du mariage* ».

De nombreux auteurs se sont montrés très critiques à l'égard de la loi, selon certains parce qu'elle portait atteinte au mariage, selon d'autres parce que « *l'avènement d'une tierce situation entre mariage et union libre crée une discrimination en défaveur des concubins de base* »[2].

Pourtant, la **spécificité** du PACS fait que l'on ne saurait parler de **discrimination** : le PACS est « *objet de pure conjugalité* »[3] (à la différence du mariage, qui produit une présomption de paternité, et comme le concubinage qui ne crée pas de lien avec l'enfant, qui se trouve rattaché à ses père et mère par l'établissement du lien de filiation), indifféremment de la situation de leur couple, le PACS est **sans effet à l'égard de la filiation**; il ne se préoccupe pas de procréation : les homosexuels ne procréent pas ensemble, la procréation médicalement assistée suppose un couple composé d'un homme et d'une femme, vivant en concubinage stable, il est vrai, mais le PACS n'ajoute ou ne retranche rien à ces conditions. Il s'en tient « *à la conception substantielle de l'union sexuelle* »[4].

Clairement, existe, à l'heure actuelle, « *la concurrence des formes juridiques de vie en couple* »[5].

En doctrine, de plus en plus fréquemment, on fait l'éloge d'un « *droit commun pour le couple* »[6] censé capable de reconstruire la famille. Mais s'il est vrai que la loi du 23 juin 2006 a fait de larges emprunts, bienvenus, au droit des régimes matrimoniaux pour modifier le régime patrimonial du PACS, au point qu'« *il n'est pas dit que le nouveau PACS ne serve pas, un jour, à une réforme des régimes matrimoniaux proprement dit* »[7], il est sans doute vrai aussi, mais pour combien de temps, que « *ce qui distingue radicalement les catégories d'unions, c'est le statut des personnes* »[8].

SECTION 3
LES ENFANTS DU PACS

150.31 **Les enfants du PACS** (v. s^{s} n°s 210.00 s., 220.00 s. et 232.00 s.). Le PACS ne contient pas de dispositions concernant les enfants et le Conseil constitutionnel a, à juste titre, dans sa décision, constaté que « *la loi est sans incidence sur les autres titres du livre Ier du Code civil, notamment ceux relatifs aux actes d'état civil, à la filiation adoptive et à l'autorité parentale, ensemble des dispositions dont les conditions d'application ne sont pas modifiées par la loi déférée* ». Un enfant issu de partenaires est un enfant né hors mariage et depuis la loi du 3 janvier 1972 posant le principe d'égalité entre enfants légitimes et enfants naturels, il n'aurait pas été logique de réintroduire des différences entre les enfants fondées sur le mode de conjugalité choisi par les parents.

1. Mme Alt-Maes, « Le PACS à l'épreuve du droit pénal », *JCP* 2000, I, 275.
2. P. Catala, « Critiques de la raison médiatique », *Dr. fam.* HS déc. 1999, p. 65.
3. CARBONNIER, *La famille*, p. 697.
4. T. Revet, « Mariage(s) », *RTD civ.* 2000, 180.
5. Titre de l'article de M. Hauser, « Perspectives de réforme en droit de la famille », *Dr. fam.* HS déc. 2000, p. 20 – V. AUSSI, B. Beignier, « Loi du 23 juin 2006, acte III : le PACS pacifié », *Dr. fam.* janv. 2007, repère 1.
6. Colloque organisé par l'Institut du droit et de l'éthique de l'université de Lille 2, X. Labbée (dir.), mai 2007,
7. B. Beignier, *Dr fam.* 2007, repère 1.
8. B. Beignier, *Dr. fam.* 2007, repère 1.

« *Le fait que les parents aient conclu un PACS ne garantit pas un retour à meilleure capacité* » justifiant un retour dans sa famille d'origine a d'ailleurs jugé la cour de Bordeaux, le 3 octobre 2000 dans une procédure de déclaration judiciaire d'abandon[1].

Aucun article de la loi du 15 novembre 1999, comme de la loi du 23 juin 2006, ne concerne les enfants, mais le désir de progéniture est omniprésent chez presque tous les couples homosexuels, et les revendications surgissent constamment (v. par ex., lors de la discussion du rapport n° 2265 sur la proposition sur l'adoption internationale, devenue la loi du 6 février 2001; l'amendement, qui fut repoussé, tendait à préciser que l'adoption pouvait être demandée par deux personnes vivant ensemble). Il en résulte, comme le souligne le professeur Murat, que le PACS « *s'inscrit donc dans une certaine continuité législative qui n'entend pas ouvrir l'adoption aux concubins ni consacrer de droit à la procréation pour les couples homosexuels* »[2]. **La voie de l'adoption leur est en effet fermée puisqu'elle n'est accessible qu'à un couple marié ou à une personne seule** mais non à un couple de concubins qu'il soit hétérosexuel ou homosexuel. Quant à **l'accès à une assistance médicale à la procréation**, il n'est autorisé qu'à un couple formé d'un homme et d'une femme (CSP, art. L. 2141-2, al. 3). Dans son rapport sur la révision des lois bioéthiques, le Conseil d'État préconise que le **délai actuel de deux ans de vie commune** ne soit plus exigé pour les partenaires de PACS et soit apprécié avec souplesse pour les couples de concubins[3]. Il reste que l'instauration du PACS contribue à favoriser la demande de reconnaissance de ce que l'on appelle improprement **homoparentalité**[4].

L'adoption par un couple homosexuel nécessite une **intervention législative** et toutes les tentatives qui ont essayé de contourner l'obstacle législatif, ont, pour l'instant échoué. Nombreux sont ceux qui pensaient[5], que la position des juridictions administratives françaises, qui valident des refus d'agrément à l'adoption en raison de l'homosexualité du candidat[6], devait valoir à la France une condamnation par la Cour européenne des droits de l'homme pour violation de l'article 8 combiné avec l'article 14[7]. La Cour européenne a décidé, dans un premier temps, le contraire en estimant que le « *refus peut être considéré comme poursuivant le but légitime de protéger l'intérêt supérieur de l'enfant, même non identifié, et comme ne violant pas le principe de proportionnalité entre les moyens employés et le but visé* »[8]. Mais, elle s'est, dans un second temps, ravisée : « *La décision de refus d'agrément fondée sur l'orientation sexuelle du demandeur est contraire aux dispositions combinées des articles 8 et 14 de la Convention européenne des droits de l'homme* »[9]. De toute manière, cette condamnation n'offre pas un droit à l'adoption aux homosexuels, contrairement à la présentation qui a été faite, par une certaine presse, de l'épilogue de cette même affaire, devant le tribunal administratif de Besançon[10]. Elle oblige les départements à abandonner leur motivation générale et abstraite pour une motivation concrète et précise dans l'intérêt de l'enfant[11].

Personne n'ignore, cependant, que **de nombreux couples homosexuels se procurent un enfant, par insémination chez les femmes, par le biais d'une mère porteuse chez les hommes** – en décembre 1999, un couple d'homosexuels a même eu des jumeaux d'une mère porteuse californienne –, mais le PACS n'a rien à voir là-dedans, et d'ailleurs les deux membres du couple ne peuvent pas être parents à la fois. La seule possibilité viendrait d'une utilisation quelque peu abusive de **l'adoption simple.**

Un jugement remarqué du tribunal de grande instance de Paris du 27 juin 2001[12] a prononcé au profit

1. CA Bordeaux, 3 oct. 2000, *RTD civ.* 2001, 859, obs. Hauser.
2. P. Murat, « Vers la famille homosexuelle par adoption ? », *Dr. fam.* 2000, chron. 8.
3. Rapp. Conseil d'État, *La révision des lois bioéthiques*, 6 mai 2009, Doc. fr., 2009, p. 40.
4. V. S. de Benalcazar, « Une nouvelle filiation : l'homoparentalité », *Gaz. Pal.* 10-12 déc. 2000, 18 – F. Leroy, *Les enfants de PACS, réalité de l'homoparentalité*, 1999, L'atelier de l'Archer – M. Gross (dir.), *Homoparentalité, état des lieux*, 2000, ESF – H. Bosse-Platière, « PACS et autorité parentale », *Des concubinages, droit interne, droit international, droit comparé, Études offertes à J. Rubellin-Devichi*, Litec, 2002, p. 193.
5. V. obs. Marguénaud, *RTD civ.* 2000, 434.
6. V. CE 9 oct. 1996, n° 168342, *Dr. fam.* 1997, comm. 6, obs. Murat.
7. Pour un déni de toute violation, v. CE 12 févr. 1997, n° 161454, cité par le commissaire du gouvernement Bézard, *AJDA* 1999, 1036.
8. CEDH 26 févr. 2002, n° 36515/97, Fretté, *JCP* 2002, II, 10074, note Gouttenoire-Cornut et Sudre; *JCP* 2002, I 165, n° 6, obs. Favier; *Dr. fam.* 2002, chron. 19, Debet.
9. CEDH, gr. ch., 22 janv. 2008, req. n° 43546/02, *D.* 2008, pan. 1786, obs. Lemouland et Vigneau; *D.* 2008, pan. 2038, note Hennion-Jacquet; *RTD civ.* 2008, 429, obs. Marguénaud; *RTD civ.* 2008, 287, obs. Hauser; *RDSS* 2008. 380, obs. Neirinck.
10. TA Besançon, 10 nov. 2009, inédit : Le tribunal administratif a annulé la décision du président du conseil général, qui refusait une nouvelle fois l'agrément à cette femme homosexuelle. Le tribunal n'a fait que se conformer à la position de la Cour européenne des droits de l'homme en affirmant qu'il est interdit de refuser des agréments au motif que les candidats sont homosexuels.
11. Sur tous ces points, v. J. Rubellin-Devichi, « Faut-il réformer l'adoption ? », *Perspectives de réformes en droit de la famille, Dr. fam.* HS déc. 2000, p. 47.
12. TGI Paris, 27 juin 2001, *Dr. fam.* 2001, comm. 116, note Murat; *RTD civ.* 2002, 84, obs. Hauser; *RDSS* 2002, 121, note Monéger – V. AUSSI, A. Gouron-Mazel, « Juge de la famille et homosexualité », *Dr. fam.* 2002, chron. 1, p. 4 – *Adde*, TGI Clermont-Ferrand, 24 mars 2006, *Gaz. Pal.* 2-3 juin 2006.

d'une femme, partenaire d'un PACS, l'adoption simple, des trois enfants naturels de sa concubine, tous successivement nés par insémination artificielle et dépourvus de filiation paternelle.

La solution n'est pas choquante juridiquement puisque le propre de l'adoption simple est de **superposer un double lien de filiation**. Il n'en demeure pas moins que les règles de l'adoption simple, malgré leur traditionnelle plasticité, n'ont pas été prévues pour consacrer « *la famille homosexuelle* ». En témoigne l'application de l'article 365 du Code civil : l'exercice de **l'autorité parentale est dévolu à l'adoptant** ce qui en cas de rupture du couple pourra se révéler fort embarrassant. C'est sans doute pour cette raison que la Cour de cassation a opposé **une fin de non-recevoir** à cette possibilité en considérant que l'« *adoption réalisait un transfert des droits d'autorité parentale sur l'enfant en privant la mère biologique, qui entendait continuer à élever l'enfant, de ses propres droits* »[1].

En outre, si comme dans l'affaire jugée par le tribunal de grande instance de Paris le 27 juin 2001, l'enfant est issu d'une **procréation médicalement assistée** (PMA), l'adoption simple sert aussi de montage juridique pour régulariser une insémination artificielle effectuée – sans doute à l'étranger – sur une personne seule alors que la loi française réserve l'assistance médicale à la procréation au seul couple composé d'un homme et d'une femme (v. CSP, art. L. 2141-2).

Depuis la loi du 4 mars 2002, ce couple peut espérer obtenir une forme « *d'exercice conjoint de l'autorité parentale* » en sollicitant un **partage de l'autorité parentale, pour les besoins de l'éducation de l'enfant** (C. civ., art. 377-1) devant le juge aux affaires familiales. Certaines juridictions du fond l'ont accepté[2]. D'autres ont refusé[3]. Et la Cour de cassation, dans un arrêt remarqué, admet que « *l'article 377 alinéa 1er ne s'oppose pas à ce qu'une mère seule titulaire de l'autorité parentale délègue tout ou partie de l'exercice à la femme avec laquelle elle vit en union stable et continue, dès lors que les circonstances l'exigent et que la mesure est conforme à l'intérêt de l'enfant* »[4]. Toutefois, dans cette affaire, l'admission de la délégation-partage ne faisait pas suite au prononcé de l'adoption simple au profit de la concubine de la mère et il semble bien que cette admission soit exclusive d'un jugement d'adoption simple. En effet, dans une autre affaire rendue le 20 février 2007[5], la Cour de cassation a approuvé les juges d'appel d'avoir refusé cette adoption en relevant que « [...] *la délégation de l'autorité parentale ne pouvait être demandée que si les circonstances l'exigeaient, ce qui n'était ni établi, ni allégué, et qu'en l'espèce, une telle délégation ou son partage étaient, à l'égard d'une adoption, antinomique et contradictoire, l'adoption d'un enfant mineur ayant pour but de conférer l'autorité parentale au seul adoptant* [...] » (v. CONTRA, admettant le cumul des procédures : adoption simple dans un premier temps, puis délégation-partage dans un second temps[6]). La Cour de cassation, a réitéré, dans un autre arrêt, rendu le 19 décembre 2007, sa position[7]. Le débat de fond semble ne pouvoir être traité qu'au niveau législatif[8].

SECTION 4
DROIT COMPARÉ

150.41 Droit comparé. Les Pays-Bas (L. 21 déc. 2000), puis la Belgique (L. 13 févr. 2003 avec la possibilité d'une adoption conjointe par des couples de même sexe introduite par une loi du 2 décembre 2005) et l'Espagne (L. 30 juin 2005, avec une présomption de parentalité sur les enfants nés pendant le mariage pour le deuxième membre du couple) ont reconnu le **mariage homosexuel**.

1. Civ. 1re, 20 févr. 2007, no 06-15.647, *Bull. civ.* I, no 71; *Dr. fam.* 2007, comm. 80, note Murat.
2. TGI Paris, 2 juill. 2004, *AJ fam.* 2004, 361, obs. Chenédé; *Dr fam.* 2004, no 4, note Murat; *RTD civ.* 2005, 116, obs. Hauser.
3. TGI Paris, 2 avr. 2004, *AJ fam.* 2004, 453, obs. Chénédé; *JCP* 2005, I, 116, no 5, obs. Rubellin-Devichi.
4. Civ. 1re, 24 févr. 2006, no 04-17.090, *Bull. civ.* I, no 101; *D.* 2006, 897, note Vigneau; *D.* 2006, pan. 1148, obs. Granet-Lambrecht; et *D.* 2006, pan. 1421, obs. Lemouland et Vigneau; *D.* 2006, 897, obs. Gallmeister; *Dr. fam.* 2006, no 89, note Murat; Fulchiron, point de vue, 876.
5. Civ. 1re, 20 févr. 2007, no 04-15.676, *Bull. civ.* I, no 70; *Dr. fam.* 2007, comm. 80, note Murat.
6. TGI Paris, 2 juill. 2004, *AJ fam.* 2004, 361, obs. Chénédé; *Dr fam.* 2004, no 4, note Murat; *RTD civ.* 2005, 116, obs. Hauser.
7. Civ. 1re, 19 déc. 2007, no 06-21.369, *Bull. civ.* I, no 392 (« *Attendu qu'ayant relevé, d'une part, que la mère de l'enfant perdrait son autorité parentale en cas d'adoption de son enfant alors qu'elle présente toute aptitude à exercer cette autorité et ne manifeste aucun rejet à son égard, d'autre part, que l'article 365 du Code civil ne prévoit le partage de l'autorité parentale que dans le cas de l'adoption de l'enfant du conjoint, et qu'en l'état de la législation française, les conjoints sont des personnes unies par les liens du mariage, la cour d'appel, qui n'a contredit aucune des dispositions de la Convention européenne des droits de l'homme, a légalement justifié sa décision.* »); *D.* 2008, pan. 1377, obs. Granet-Lambrechts; *D.* 2008, 1028, note Mauger-Vielpeau; *D.* 2008, pan. 1794, obs. Lemouland et Vigneau; *JCP* 2008, II, 10046, note Favier; *AJ fam.* 2008, 75, obs. Chénédé; *Dr. fam.* 2008, 28, note Murat; *Defrénois* 2008, 1119, obs. Massip; *RJPF* 2008-3/28, obs. Garé; *RTD civ.* 2008, 287, obs. Hauser.
8. V. prop. loi, visant à autoriser l'adoption par les partenaires liés par un PACS, *JO Sénat*, no 168, 16 déc. 2009.

L'Allemagne (L. 16 févr. 2001; la Cour constitutionnelle allemande a validé la loi reconnaissant l'union civile des homosexuels[1]), le Danemark (L. 1er juin 1989), la Norvège (L. 1993), la Finlande (L. 2001), la Suède (L. 1994, mod. 2003), la Suisse (L. 18 juin 2005) et le Royaume-Uni ont pour l'instant fait le choix de **partenariats de type institutionnel, réservés aux couples de même sexe,** alors que les Pays-Bas prévoient un partenariat de type institutionnel ouvert indifféremment aux couples de même sexe ou de sexes différents, outre le mariage homosexuel. De même que le Luxembourg (L. 9 juill. 2004) et la Belgique (L. 13 févr. 2003) qui ont comme la France, reconnu des **partenariats de type contractuel, ouverts aux différentes catégories de couples.** Les partenariats peuvent s'accompagner d'un **droit à la parentalité par l'adoption ou la PMA**, plus ou moins largement reconnu ou pas[2].

SECTION 5
LE PACS EN CHIFFRES

150.51 **Statistiques.** Le ministère de la Justice[3] (source principale), l'Institut national des études démographiques (Inded)[4] et l'Institut national de la statistique et des études économiques (Insee)[5] publient régulièrement des statistiques officielles ou des études sur le PACS. Le succès du PACS est devenu indéniable ces dernières années. Le nombre de déclarations de PACS était resté assez modeste dans les premières années d'application de la loi : autour de 20 000 PACS enregistrés par an entre 2000 et 2002. Il n'a de cesse de croître à un rythme de plus en plus soutenu : 31 131 en 2003, 39 576 en 2004, 59 837 en 2005, 76 680 en 2006, 101 045 en 2007, 144 730 en 2008 (comparer avec le nombre de mariages célébrés en 2008 qui a été de 267 000). Les statisticiens et certains juristes, pour expliquer le phénomène, mettent en avant l'effet de certaines modifications législatives (ainsi en 2005, les partenaires bénéficient d'une **imposition commune sur le revenu**, à l'instar des époux; en 2007, le partenaire voit sa situation, en matière de **droits de mutation à titre gratuit**, alignée sur celle du conjoint). Mais les raisons d'un tel engouement sont, sans doute, plus profondes. On notera que le nombre de PACS « unisexe » conclu entre deux hommes (4 742 en 2008) ou entre deux femmes (3 399 en 2008,) reste marginal par rapport au PACS conclu entre deux personnes de sexes différents (94 % en 2008), que le nombre de dissolution reste mesuré (23 299 en 2008[6]) et assez comparable au taux de divortialité, et que le profil des personnes qui se marient ou qui se pacsent est également assez semblable. Le PACS semble se banaliser.

En outre, dès l'origine, a été mise en avant l'idée qu'un certain nombre de PACS seraient conclus uniquement par des enseignants désireux de ne pas être affectés au Nord de la France puisque le PACS comme le mariage rapporte 90 points aux fonctionnaires[7] ou bien dans l'espoir d'éviter l'expulsion du territoire par l'obtention d'un titre de séjour. L'argument est difficilement vérifiable mais le législateur de 2006 l'a repris à son compte. Si pour les mouvements de fonctionnaires, priorité est donnée aux fonctionnaires séparés pour des raisons professionnelles de leur conjoint ou du partenaire avec lequel ils sont liés par un PACS, c'est désormais à la condition que les intéressés « *produisent la preuve qu'ils se soumettent à l'obligation d'imposition commune par le Code général des impôts* » (L. n° 84-16, 11 janv. 1984, art. 60, réd. L. 23 juin 2006). Pour lutter contre ces « *PACS blancs* », si la preuve de la vie commune est difficilement contrôlable, la preuve d'une imposition commune l'est davantage.

150.52 **Absence de contentieux.** Malgré un nombre non négligeable de dissolutions de PACS (v. ss n° 150.51), le contentieux est quasiment inexistant. Ce constat a quelque chose de paradoxal

1. *Bundesverfassungsgericht (BVerfG)*, 17 juill. 2002, *RTD civ.* 2002, obs. Hauser – Sur le contenu de la loi, v. l'analyse de Rainer Arnold, *RID comp.* 2002, 1, 129 – N. Dethloff, *The registered partnership act 2001, The international survey of family law*, 2002, p. 171.
2. V. F. Granet-Lambrechts, « Les législations européennes relatives à l'enregistrement des couples hors mariage », *Dr. fam.* 2005, étude 2 – P. Festy, « Légaliser les unions homosexuelles en Europe, innovations et paradoxes, population et sociétés », *Population et sociétés*, Ined, juin 2006, n° 424 – A. Roy, « Le partenariat civil d'un continent à l'autre », *RID comp.* 2002, p. 759 – A. Devers, *Le concubinage en droit international privé*, th. Lyon III, 2002 – V. AUSSI, *Des concubinages, droit interne, droit international, droit comparé, Études offertes à J. Rubellin-Devichi*, Litec, 2002.
3. V. www.justice.gouv.fr/Budget et statistique/ – V. Carrasco, « Le pacte civil de solidarité : une forme d'union qui se banalise », *Infostat Justice*, oct. 2007, n° 97.
4. www.ined.fr : P. Festy, « Légaliser les unions homosexuelles en Europe : innovations et paradoxes », *Population et sociétés*, Ined, juin 2006; « L'impossible bilan », *Population et sociétés*, Ined, juin 2001, n° 369 – F. Prioux, « Vivre en couple, se marier, se séparer : contrastes européens », *Populations et sociétés*, Ined, avr. 2006.
5. www.insee.fr : *source* : statistique de l'état civil et ministère de la justice – SDSE, fichiers détails PACS.
6. Encore qu'il convient de rester prudent dans la comparaison avec le mariage : on ne peut écarter l'idée que le nombre de séparations de fait en matière de PACS soit plus élevé qu'en matière de divorce (un simple oubli de l'envoi de la lettre de rupture au greffe du tribunal ?); mais en sens inverse, peuvent exister de « fausses » dissolutions de PACS : lorsque les pacsés se marient.
7. V. Rép. min. n° 31888 et n° 32007, *JO Sénat* Q, 10 mai 2001, p. 1597; *RJPF* 2001-6/30.

alors que de très nombreux écrits de juristes, au lendemain de la loi du 15 novembre 1999, ont eu justement pour objet de dénoncer les malfaçons d'une loi qui aurait dû être source d'un contentieux inextricable. Les raisons de ce constat sont sans doute multiples et complexes, et certaines ne sont peut-être pas juridiques (les partenaires se désintéressaient-ils du droit - judiciaire - même lors de leur rupture ?). Mais si l'on s'en tient aux arguments juridiques, ce n'est sans doute pas avec l'imposant contentieux du divorce qu'il conviendrait de faire la comparaison mais avec les **ruptures du concubinage.** Or ce contentieux n'a jamais été, d'un point de vue quantitatif, très important face à la masse nébuleuse que représente le concubinage. Faut-il s'en réjouir ou le déplorer ? La présence du juge en matière de divorce est souvent défendue au nom de la volonté de préserver l'intégrité du consentement : entre le fort et le faible, c'est le juge qui protégerait. Le concubinage et le PACS nous renvoient peut-être une autre image : les intéressés trouvent individuellement ailleurs que dans le recours au juge - dès lors qu'il n'est pas imposé - les moyens de régler le contentieux, tant il est difficile de croire que leurs ruptures puissent se passer aussi aisément du droit[1]. Des enquêtes sociologiques plus approfondies sur les moyens mis en œuvre par les concubins et partenaires lors de la rupture seraient sans doute riches d'enseignements pour le droit lui-même et montreraient peut-être le succès de certains **modes amiables ou alternatifs de règlements des conflits.** Mais quelles conséquences conviendrait-il d'en tirer ? Certains ne manqueront pas de réclamer une **déjudiciarisation du divorce.**

SECTION 6
DROIT TRANSITOIRE

150.61 Droit transitoire. La loi n° 2006-728 du 23 juin 2006 s'applique aux pactes civils en cours à la date de son entrée en vigueur (L. 23 juin 2006, art. 47 V)[2]. Il convient donc de considérer que les nouvelles dispositions s'appliquent à compter du 1er janvier 2007 aux PACS signés avant le 1er janvier et qui n'ont pas pris fin avant cette date. Trois exceptions sont toutefois prévues :

1° Les dispositions relatives à la **publicité du PACS** ne sont applicables qu'aux PACS conclus à compter du 1er janvier 2007, et ce pendant un délai d'un an (soit entre le 1er janvier 2007 et le 1er janvier 2008). Sans doute, la règle s'explique par la volonté de ne pas heurter les partenaires soucieux de ne pas afficher leur vie privée dans l'acte de naissance. Mais la règle est elle-même susceptible d'assouplissements (sur les règles de publicité, v. s[s] n°s 151.61 s.).

2° Le **régime des biens** (C. civ., art. 515-5 à 515-5-3) ne s'applique qu'aux pactes conclus après le 1er janvier 2007, sauf volonté contraire des partenaires exprimée dans une convention modificative (v. s[s] n°s 151.71 et 152.121).

3° Le **droit de poursuite des créanciers** dont la créance était née avant le 1er janvier 2007 reste déterminé par les dispositions en vigueur à cette date.

Il convient d'ajouter les apports de la loi du 5 mars 2007 relative à la protection juridique des majeurs (entrés en vigueur le 1er janvier 2009). Les modifications apportées par cette loi concernent les **règles de formation et de dissolution du PACS par un majeur sous tutelle ou curatelle.**

1. V. H. Bosse-Platière, « Justice civile et évolution de la famille », *La justice, réformes et enjeux*, « Les cahiers français », Doc. fr., n° 334, 2006, p. 14 s.

2. Sur les dispositions transitoires de la loi, v. P. Fleury-Le Gros, *Dr. fam.* 2006, étude 51 – M. Nicod, *D.* 2006, 2587 – S. Le Chuitton, *JCP N* 2007, 1041.

CHAPITRE

151. Formation du PACS

HUBERT BOSSE-PLATIÈRE
MAÎTRE DE CONFÉRENCES
À L'UNIVERSITÉ DE DIJON

SECTION 0
ORIENTEUR

151.00 Plan du chapitre.

Division. Parce que le PACS est un contrat (C. civ., art. 515-1), la loi fixe des conditions de fond (sect. 1) et des conditions de forme (sect. 2). Mais c'est un contrat qui n'est pas comme les autres, parce qu'il lie deux personnes, et sa singularité marque les conditions édictées par le législateur.

151.01 Textes applicables.
* V. s[s] n° 150.01

151.02 Jurisprudence de référence.
* V. s[s] n° 150.02

151.03 Bibliographie indicative.
* V. s[s] n° 150.03

151.04 Questions essentielles.

> Un mineur peut-il conclure un PACS ?
* V. s[s] n° 151.13

> Est-ce qu'il est possible de se marier après avoir conclu un PACS ?
* V. s[s] n° 151.13

> Un majeur sous tutelle ou curatelle peut-il conclure un PACS ?
* V. s[s] n°s 151.14 s.

> Le PACS est-il un contrat consensuel ou solennel ?
* V. s[s] n° 151.31

> Quelle est la procédure à suivre pour conclure un PACS ?
* V. s[s] n°s 151.31 s.

> Où le PACS est-il enregistré ?
* V. s[s] n° 151.51

> Comment un tiers sait-il qu'une personne a conclu un PACS ?
* V. s[s] n° 151.65

> La règle, issue de la loi du 23 juin 2006, indiquant qu'il convient désormais de mentionner la conclusion d'un PACS sur l'acte de naissance de chacun des partenaires s'applique-t-elle aux PACS conclus avant l'entrée en vigueur de cette loi (1er janvier 2007) ?
* V. s[s] n° 151.62

> Est-il possible de modifier son PACS, une fois enregistré ?
* V. s[s] n° 151.71

SECTION 1
CONDITIONS DE FOND DU PACS

§ 1
Conditions de capacité

151.11 Personnes pouvant conclure un pacte. Seules deux personnes physiques majeures, de sexes différents ou de même sexe, peuvent conclure un PACS (C. civ., art. 515-2). La conclusion d'un PACS exige donc la **capacité juridique**.

151.12 Consentement. Comme pour tout acte juridique, pour conclure un PACS, il convient d'être sain d'esprit. Le PACS étant un contrat, les **règles de formation du contrat s'appliquent**. Le Conseil constitutionnel dans sa décision du 9 novembre 1999 avait d'ailleurs insisté sur ce point : le PACS est régi par les articles 1109 et suivants du Code civil. Et si l'on s'en tient au consentement, il doit exister et comme dans tout contrat être exempt de vice. Les différences avec le mariage ne sont pas si importantes puisque le mariage est également un contrat. Simplement, ici, les dispositions propres au mariage ne peuvent jouer : par exemple, en matière de PACS, **l'erreur provoquée que constitue le dol pourrait s'appliquer**, écartant ainsi la maxime de Loysel, « *En mariage trompe qui peut* ». Pour autant, faut-il ne voir dans le PACS qu'un contrat et nier sa dimension conjugale ? Sous couvert de droit commun des contrats, il est tout à fait possible de réintroduire certaines règles du mariage. La jurisprudence sur le PACS à venir sera peut-être un bon moyen de redécouvrir que le mariage est aussi un contrat. Ainsi serait-il impensable de transposer en se fondant sur l'article 1110 du Code civil, la jurisprudence de l'article 180 du Code civil ? Dans la mesure où le PACS est un « *contrat de pure conjugalité* », pour reprendre l'expression du doyen Carbonnier, il conviendrait d'admettre logiquement **l'erreur sur la personne du partenaire** au sens de l'article 180, ce qui inclurait une **erreur sur les mobiles**, plutôt que de s'en tenir à l'erreur sur les qualités essentielles de la personne de l'article 1110. Ainsi ne pourrait-on imaginer des causes de nullité pour ignorance de l'impuissance du partenaire, du passé de prostitution de la femme, de l'aliénation mentale du partenaire, en raison d'une liaison antérieure ou d'une condamnation pour malhonnêteté ?

La cour d'appel de Paris, dans une affaire jugée le 9 novembre 2006, a admis la recevabilité d'une action en nullité pour erreur déterminante sur les mobiles de son partenaire qui ne recherchait que son intérêt financier[1]. Toutefois, en l'espèce, faute de preuves de l'allégation, les juges n'ont pas eu à déterminer en quoi consistait l'erreur.

151.13 Mineurs et conclusion d'un PACS. Les mineurs ne sauraient y prétendre ce qui ne constitue pas une restriction importante car la loi du 15 novembre 1999 a anticipé une généralisation de la capacité matrimoniale à dix-huit ans : le mariage est interdit aux hommes et, depuis la loi n° 2006-399 du 4 avril 2006[2], aux femmes de moins de dix-huit ans (C. civ., art. 144).

La question de savoir si l'émancipation constitue un moyen de lever l'interdiction est plus délicate. Au cours des travaux parlementaires de la loi du 15 novembre 1999, des opinions diverses ont été émises. En défaveur de la possibilité pour un mineur émancipé de conclure un PACS, se trouve la décision du Conseil constitutionnel qui déclare que le législateur a pu « *sans porter non plus atteinte au principe d'égalité, ne pas autoriser la conclusion d'un pacte par une personne émancipée et par une personne majeure placée sous tutelle* » (considérant 55). On peut y ajouter l'article 515-1 du Code civil qui réserve le pacte aux personnes physiques **majeures**, ce qui pourrait **exclure les personnes mineures même émancipées**. En faveur de la possibilité, figure le principe posé à l'article 413-6 alinéa 1er du Code civil : « *Le mineur émancipé est capable, comme un majeur, de tous les actes de la vie civile.* » Le silence du Code civil laisse penser que le mineur émancipé peut conclure un PACS[3] mais il est sans doute vain de faire la comparaison avec le mariage : le PACS n'est réservé qu'aux personnes majeures, ce que ne sont pas les mineurs émancipés. En outre, l'article 413-6 alinéa 2 du Code civil autorise le mariage et l'adoption seulement avec un consentement parental.

151.14 Majeur sous curatelle. La loi du 15 novembre 1999, comme la loi du 23 juin 2006, n'ont prévu aucune disposition spécifique pour le majeur en curatelle, qui peut se marier avec l'autorisation du curateur (C. civ., art. 460, réd. L. n° 2007-308, 5 mars 2007)[4]. Dans le silence des textes, la circulaire d'application du 11 octobre 2000[5] avait considéré que **les majeurs en curatelle pouvaient librement conclure un PACS**, mais étant donné l'importance des conséquences du pacte, la pratique avait d'elle-même imposé **l'assistance du curateur**.

En 1999, cette différence avec le mariage pouvait s'expliquer par l'idée que l'entrée dans un pacte est assimilée à un acte patrimonial de disposition, ce qui permettait au juge, au cas par cas, de soumettre le majeur en curatelle à l'assistance de son curateur[6].

En 2006, le renforcement de la dimension personnelle du PACS aurait pu conduire le législateur à clarifier les choses, mais la loi est restée muette. La loi n° 2007-308 du 5 mars 2007 a mis fin aux hésitations : « *La personne en curatelle ne peut, sans l'assistance du curateur, signer la convention par*

1. CA Paris, 2e ch., sect. B, 9 nov. 2006, *Juris-Data* n° 2006-31-4683 ; *Dr. fam.* 2007, comm. 30, obs. Larribau-Terneyre ; *JCP* 2007, I, 170, n° 2, obs. Bosse-Platière.
2. L. n° 2006-399, 4 avr. 2006, renforçant la prévention et la répression des violences au sein du couple ou commises contre les mineurs, *JO* 5 avr., p. 5097.
3. EN CE SENS, TERRÉ et FENOUILLET, n° 624.
4. L. n° 2007-308, 5 mars 2007, portant réforme de la protection juridique des majeurs, *JO* 7 mars, p. 4325.
5. Circ. 11 oct. 2000, *BO* n° 80, 2000.
6. V. Fossier, *JCP* 2001, I, 293, n° 5.

laquelle elle conclut un PACS. Aucune assistance n'est requise lors de la déclaration conjointe. » (C. civ., art. 461, réd. L. 5 mars 2007). Il en résulte que l'enregistrement de la déclaration devant le greffier, acte considéré comme personnel, peut être accompli sans assistance, alors que l'assistance du curateur sera nécessaire pour la signature de la convention. On peut penser qu'en cas de refus du curateur, bien que le texte ne l'énonce pas, une autorisation du juge est toujours possible (comp. pour le mariage d'un majeur sous curatelle, C. civ., art. 460 – pour la rupture du PACS par un majeur sous curatelle, v. s[s] n° 153.16).

151.15 Majeur sous tutelle. La loi du 15 novembre 1999, en raison du principe d'incapacité juridique d'un majeur sous tutelle, avait estimé que les majeurs placés sous tutelle ne pouvaient conclure un pacte (C. civ., anc. art. 506-1). Si une tutelle s'ouvre après la conclusion d'un PACS, le tuteur ou le juge des tutelles pouvait y mettre fin soit par déclaration conjointe, soit par décision unilatérale signifiée par huissier et dénoncée au greffe du tribunal d'instance.

La loi n° 2007-308 du 5 mars 2007 portant réforme de la protection juridique des majeurs lève l'interdiction. Outre que cette loi s'efforce de ne pas porter atteinte à un certain nombre de droits fondamentaux de la personne, elle prend acte que cette interdiction était incohérente avec les règles applicables en matière de mariage. Et l'article 460 alinéa 2 du Code civil **autorise le mariage d'un majeur en tutelle avec le consentement du conseil de famille. L'alignement du PACS sur le mariage** est désormais parfait : « *La conclusion d'un PACS par une personne en tutelle est soumise à l'autorisation du juge ou du conseil de famille, s'il a été constitué, après audition de futurs partenaires et recueil, le cas échéant, de l'avis des parents et de l'entourage* » (C. civ., art. 462, al. 1er).

Si l'intéressé est **assisté de son tuteur** lors de la **signature de la convention**, en revanche, la déclaration au greffe s'effectue sans assistance, ni représentation du tuteur (C. civ., art. 462, al. 2).

151.16 Majeur sous sauvegarde de justice. Le majeur sous sauvegarde de justice, conservant l'exercice de ses droits (C. civ., art. 435, réd. L. 5 mars 2007), **peut librement conclure un PACS.**

151.17 Sanctions. La sanction en cas de non-respect des règles de capacité n'est pas prévue par les textes. Il est certain que le greffier peut **refuser d'enregistrer un PACS** si l'un ou les partenaires ne remplissaient pas la condition d'âge. La vérification qu'un majeur est sous un régime de protection s'effectue par une **consultation du Répertoire civil**; la mention « RC » sur l'acte de naissance de chaque partenaire avertie de l'exigence d'une telle consultation.

§ 2
Empêchements à PACS

151.21 Empêchements à PACS. Comme il s'agit d'organiser la vie commune d'un couple, le législateur a posé des **empêchements** (C. civ., art. 515-2) qui se justifient notamment par les mêmes motifs que ceux qui font obstacle au mariage. Comme en matière de mariage, la violation de ces prohibitions est sanctionnée par une **nullité** qui ne peut-être qu'**absolue.**

151.22 Interdit de l'inceste. Cet interdit[1] explique qu'il ne puisse y avoir de pacte entre ascendant et descendant en ligne directe, entre alliés en ligne directe et entre collatéraux jusqu'au troisième degré inclus. À la différence du mariage, **aucune dispense n'est possible.**

151.23 Interdiction de la bigamie. L'interdiction de la bigamie[2] empêche la conclusion d'un pacte entre deux personnes dont l'une au moins est engagée dans les liens du mariage ou est liée déjà par un pacte.

SECTION 2
CONDITIONS DE FORME DU PACS

151.30 Les trois étapes de la formation du contrat et autres conditions de forme. « *Les personnes qui concluent un PACS en font la déclaration conjointe au greffe du tribunal d'instance dans le ressort duquel elles fixent la résidence commune* » (C. civ., art. 515-3, al. 1er).

« *À peine d'irrecevabilité, elles produisent au greffier la convention passée entre elles par acte authentique ou par acte sous seing privé.* » (C. civ., art. 515-3, al. 3).

Il en résulte que le PACS se forme après rédaction d'un contrat sur déclaration conjointe et enregistrement au greffe sur un registre spécialement prévu à cet effet (§ 1).

Il fait ensuite l'objet d'une publicité par mention en marge de l'extrait de naissance qui détermine son opposabilité aux tiers et qui facilite grandement sa preuve tant entre partenaires qu'à l'égard des tiers (§ 2).

Il peut également être modifié (§ 3).

1. V. A. Batteur, « L'interdit de l'inceste, principe fondateur du droit de la famille », *RTD civ.* 2000, 759 – COMP. avec C. civ., art. 162 et 163.
2. COMP. C. civ., art. 147.

§ 1
Étapes de la formation du PACS

A.
Rédaction d'un contrat

151.31 Exigence d'un écrit : le PACS est un contrat solennel. Les partenaires doivent produire au greffe la convention passée entre eux. Le texte précise que la sanction du défaut de production est l'**irrecevabilité** (C. civ., art. 515-3, al. 2). Il faut certainement lire que le greffier déclarerait irrecevable la déclaration conjointe et ne pourrait l'enregistrer. La loi du 23 juin 2006 a ainsi mis fin à une controverse. Certains, s'appuyant sur une analyse purement contractuelle du PACS, avaient émis l'idée que le PACS existait et avait force obligatoire entre les parties dès sa conclusion, indépendamment de son enregistrement et de son inscription. L'argument pouvait s'appuyer sur l'article 515-3 alinéa 6 ancien du Code civil qui disposait que l'inscription du PACS sur les registres du lieu de résidence des partenaires avait pour effet de lui conférer date certaine et de le rendre opposable au tiers. Autrement dit, le défaut d'inscription ne remettait nullement en cause l'existence du contrat *inter partes*. Mais la plupart des auteurs considéraient que le PACS était un contrat **solennel**, en raison de la nature particulière de cette convention, et que l'existence même de ce contrat était soumise à la **formalité de la déclaration**. Désormais, le PACS doit être considéré comme solennel car l'article 515-3-1 alinéa 2 du Code civil précise que « *le PACS ne prend effet entre les parties qu'à compter de son enregistrement qui lui confère date certaine* ». À l'instar du mariage (C. civ., art. 1395), la convention ne produira effet, même entre les partenaires, qu'au jour où les formalités d'enregistrement ont été effectuées. En attendant, ou à défaut, on pourrait s'interroger sur la portée juridique à donner à cette convention. Ne pourrait-on admettre que l'on soit en présence d'une convention de concubinage qui n'aurait d'effet qu'entre les parties faute d'enregistrement ? Mais ce serait, en partie, vider de sa portée l'article 513-3-1 alinéa 2. Il convient plus sûrement de considérer que cette convention est nulle pour absence de cause. Conclue en vue du PACS, elle est dépourvue de cause si elle n'est pas enregistrée[1].

151.32 Forme de la convention : acte sous seing privé ou acte authentique. La loi du 23 juin 2006 a apporté une importante modification au régime antérieur en autorisant désormais que cette convention puisse être passée par **acte authentique** et non pas seulement par **acte sous seing privé** (C. civ., art. 515-3, al. 2). Cette nouvelle possibilité doit être saluée tant il avait paru pour le moins malencontreux de la part du législateur de 1999 d'interdire aux notaires d'instrumenter en la forme authentique pour la rédaction d'actes aussi importants que ceux qui sont destinés à organiser la vie commune de deux individus. L'acte authentique présente des avantages indéniables bien connus (force probante, force exécutoire, sécurité contre les pertes et modifications par la conservation chez le notaire de l'acte, et éventuellement possibilité d'y réaliser des donations).

L'ancien texte exigeait que la convention soit établie « *en double original* ». L'exclusion de l'acte authentique, qui ne peut-être qu'unique, était dès lors inéluctable (comp. C. civ., art. 1325, qui exige la formalité d'autant d'originaux que de parties pour les actes sous-seing privé)[2]. Plusieurs solutions plus ou moins convaincantes ont été proposées comme faire signer les expéditions par les contractants (mais quel serait alors l'original : l'acte authentique ou les expéditions ?), ou comme le suggérait la circulaire ministérielle du 10 novembre 1999, le recours à l'acte notarié en brevet[3]. La rédaction de trois originaux sous seing privé a, parfois, été présentée comme *la* solution : deux à l'intention du greffier, un autre, conservé par le notaire[4]. D'autres considéraient néanmoins envisageable de recourir à l'acte authentique établi en minute[5]. Parfois, le notaire rédigeait un modèle de convention de PACS et remettait cet acte aux parties sans ressentir le besoin de le déposer au rang des minutes. Le garde des Sceaux condamnait, d'ailleurs, la pratique des greffiers consistant à accepter les expéditions d'actes authentiques[6]. Toutefois, il était bien délicat d'engager la responsabilité d'un notaire, pour avoir reçu une convention de PACS en la forme notariée, et avoir délivré aux intéressés deux expéditions de cet acte, lesquelles étaient refusées par le greffier, exigeant un double original[7]. Ce débat est désormais clos.

1. Sur le débat antérieur à la loi de 2006, v. J. Hauser, « Le pacte civil de solidarité est-il un contrat consensuel ou solennel ? », *Defrénois* 2001, p. 673.
2. V. B. Beignier, « À propos du pacte civil de solidarité : problème quant à l'acte authentique », *Defrénois* 2000, p. 211 ; *D.* 2000, n° 5, p. V – CONTRA, J.-F. Pillebout, « Le pacte civil de solidarité notarié », *JCP N* 2000, p. 385 – Et J.-C. Destame, « Pacte civil de solidarité, PACS, Formule-cadre », *JCP N* 1999, n° 47, p. 1698.
3. Pour un refus net de cette solution, v. J. Combret, « Point de vue d'un notaire », *Dr. fam.* déc. 1999, HS, p. 55.
4. V. B. Beignier, « À propos du pacte civil de solidarité : problème quant à l'acte authentique », *Defrénois* 2000, p. 212.
5. V. J. Combret, « Point de vue d'un notaire », *Dr. fam.* déc. 1999, HS, p. 55.
6. Rép. min. n° 47664, *JOAN Q*, 23 oct. 2000, p. 6134.
7. Contre la responsabilité du notaire, v. TI Paris, 20 mai 2003, *JCP N* 2004, 1019, note Dagot.

B. Déclaration au greffe

151.41 Déclaration. Le PACS nécessite une **déclaration conjointe au greffe du tribunal d'instance** de la résidence commune pour produire pleinement ses effets (C. civ., art. 515-3, al. 1er) [1]. **Les partenaires doivent se présenter en personne.** Même si aucun texte ne prévoit expressément cette règle, elle découle de l'importance de cette déclaration sur l'état des personnes. La déclaration par courrier n'est d'ailleurs expressément prévue que pour les seules conventions modificatives (C. civ., art. 515-3, al. 5 - V. ss nos 151.71 et 152.121). À l'étranger, la déclaration relève de la compétence des **agents diplomatiques et consulaires** français (C. civ., art. 515-3, al. dern. - V. ss no 151.53). À la différence du mariage, le PACS posthume n'est prévu par aucun texte et semble, dès lors, impossible.

151.42 Production de la convention. Il appartient aux partenaires de produire la convention passée entre eux (C. civ., art. 515-3, al. 3) « *à peine d'irrecevabilité* ». En outre, ils doivent fournir un certain nombre de **pièces** permettant d'établir la validité du pacte au regard des empêchements à PACS (C. civ., art. 515-3). Depuis la loi du 23 juin 2006, il leur suffit de produire un **extrait d'acte de naissance.**

Dans le système antérieur, les partenaires devaient ainsi prouver l'absence de PACS préexistant. Pour l'établir, ils devaient demander un certificat de non-PACS auprès du tribunal d'instance du lieu de naissance, ou en cas de naissance à l'étranger, du greffe du tribunal d'instance de Paris (C. civ., art. 515-3, al. 2 anc.).

C. Enregistrement au greffe

151.51 Enregistrement. Il appartient au **greffier du tribunal d'instance** dans le ressort duquel les partenaires fixent leur **résidence commune** de procéder à l'enregistrement de la déclaration (C. civ., art. 515-3, al. 1er - Décr. no 2006-1806, 23 déc. 2006, art. 1) [2]. Il n'assure pas une simple mission d'enregistrement car il pourrait être amené à déclarer **irrecevable** cette déclaration pour absence de production de la convention (C. civ., art. 515-3, al. 3) ou parce que l'une des parties ne remplit pas les conditions de capacité. L'enregistrement du PACS vise aussi à assurer le **respect de l'ordre public relatif à l'état des personnes** (prohibition de l'inceste, de la « polygamie » en cas d'existence d'un autre PACS ou d'un mariage, existence d'un PACS... [3]). Fort logiquement, eu égard à la nature du PACS et à la mission du greffier, la décision d'irrecevabilité que celui-ci peut être amené à prendre n'a pas le caractère d'un acte administratif dont la juridiction administrative serait compétente pour connaître [4]. Le décret no 2006-1806 du 23 décembre 2006 est d'ailleurs venu préciser que le greffier enregistre sa décision motivée d'irrecevabilité et les **contestations** doivent être portées devant le **président du tribunal de grande instance**, ou à son délégué, statuant en la **forme des référés** (Décr. 23 déc. 2006, art. 1).

Le greffier n'a, en revanche, aucun pouvoir d'appréciation quant au contenu de la convention.

- Dans le *système antérieur à 2006*, le greffier visait, datait les exemplaires de la convention, et les restituait à chacun avec une attestation d'inscription de la déclaration. La déclaration était inscrite sur un registre spécial et devait l'être également sur les registres tenus au greffe du tribunal d'instance du lieu de naissance de chacun des partenaires. Ce **système, dit « du double registre »**, s'expliquait par la volonté des promoteurs du PACS de ne pas assimiler PACS et mariage : ne relevant pas de l'état des personnes, il ne pouvait pas avoir sa place parmi les actes d'état civil. Mais il s'est révélé à l'usage particulièrement lourd : double tenue de registres, multiplications des formalités. La surcharge de travail des greffiers s'est matérialisée, dans sa partie la plus voyante, par la nécessité de délivrer des certificats de non-PACS : toute personne non mariée, qui devait prouver qu'elle n'était pas pacsée (à l'occasion par ex. d'une acquisition immobilière), était amenée à demander un tel certificat (ex. : 1 158 843 demandes de tiers et 187 853 certificats de non-PACS délivrés en 2005 [5]).

- Le *décret du 23 décembre 2006* a simplifié les formalités : préalablement à l'enregistrement de la convention, le greffier doit s'assurer de l'identité des partenaires par la production d'une pièce délivrée par une administration publique et de la réunion des conditions légales au vu des pièces d'état civil qui leur sont remises (Décr. 23 déc. 2006, art. 1).

1. Rép. min. no 47405, *JOAN* Q, 21 août 2000, p. 4987; *JCP N* 2000, p. 520; *Dr. fam.* 2001, comm. 1999.
2. Décr. no 2006-1806, 23 déc. 2006, relatif à la déclaration, la modification, la dissolution et la publicité du PACS, *JO* 31 déc., p. 20375.
3. À ce sujet, v. X. Labbée, « PACS : quelle finalité ? quelle réforme ? », *AJ fam.* 2004, 257.
4. CE 23 mai 2003, no 248982, *Lebon*, 238; *D.* 2004, 295, note Gourdou et Lemouland; *Gaz. Pal.* 2004, 420, concl. Prada-Bordenave; « La notion d'acte juridictionnel : le pacte civil de solidarité et le rôle du greffier », *RTD civ.* 2003, 546, obs. Perrot; 684, obs. Hauser.
5. Chiffres cités par G. Auvolat et E. Russot, « Enregistrement et publicité du PACS : les nouvelles règles applicables », *AJ fam.* 2007, 10.

Après vérification de sa recevabilité, le greffier inscrit la déclaration conjointe sur un registre spécial - dit « **registre du lieu de résidence** » - tenu au tribunal d'instance du lieu de résidence commune (C. civ., art. 515-3). La loi du 23 juin 2006 a supprimé le registre spécial dit « du lieu de naissance » puisque désormais les règles de publicité sont assurées par l'état civil (sur la publicité, v. s[s] n°s 151.61 s.). Les greffiers n'ont plus de certificats de non-PACS à rédiger. Les partenaires produisent l'original de la convention ou l'expédition - si la convention a été conclue en la forme authentique - et les pièces destinées à attester leur identité en vue de vérifier le respect des articles 515-1 et 515-2 du Code civil (Décr. 23 déc. 2006, art. 1er). Toutefois, le partenaire de nationalité étrangère né à l'étranger doit, toujours, en plus, apporter un certificat de non-PACS délivré par le greffe du tribunal de grande instance de Paris.

Après avoir vu, daté et procédé à l'enregistrement de la déclaration, le greffe remet aux partenaires la convention ou l'expédition de l'acte authentique, mais il conserve toutes les autres pièces nécessaires à l'enregistrement de la convention et, plus généralement, les pièces relatives à tout événement affectant le PACS (Décr. 23 déc. 2006, art. 7) [1].

Le maintien de l'enregistrement de la déclaration au greffe du tribunal d'instance est incertain. Certains souhaiteraient que les partenaires puissent faire leur déclaration - célébration ? - en mairie à l'instar du mariage (v. le rapport de commission présidée par le professeur Guinchard, qui préconise le transfert de l'enregistrement du PACS du greffier du tribunal d'instance à l'officier de l'état civil [2]).

151.52 Tenue et conservation des registres. Le décret n° 2006-1807 du 23 décembre 2006 [3] apporte des précisions en ce qui concerne la tenue et la conservation des registres, ce qui intéressera principalement les greffiers [4]. Ce décret tire les conséquences de la simplification apportée par la loi du 23 juin 2006 en matière de **déclaration**, **d'enregistrement** et surtout de **publicité**. Sauf pour les partenaires nés à l'étranger, les greffiers seront déchargés de la nécessité de délivrer des certificats de non-PACS (Décr. 23 déc. 2006, art. 3, al. 3). Le registre des PACS selon l'ordre alphabétique des partenaires est supprimé.

Le décret éclaire surtout la manière dont les greffiers doivent mettre en œuvre le **traitement automatisé**, c'est-à-dire la manière dont ils doivent gérer les données à caractère personnel, les transmettre en vue de l'inscription des mentions relatives à l'enregistrement, et les communiquer à des tiers.

La liste des **données à caractère personnel** recueillies et conservées est précisée : nom, prénoms, date et lieu de naissance, sexe des deux personnes liées par le pacte, date et lieu de l'inscription conférant date certaine, numéro d'enregistrement, date d'enregistrement, la nature et la cause de la dissolution, date d'effet entre les partenaires de la dissolution (Décr. 23 déc. 2006, art. 4).

Le respect de l'orientation sexuelle des partenaires est un souci constant des rédacteurs. On peut se demander s'il n'est pas contradictoire avec la possibilité pour les tiers, et autres statisticiens, d'obtenir des informations par le biais de l'état civil. Il n'en demeure pas moins qu'il est interdit de sélectionner une catégorie particulière de personnes (Décr. 23 déc. 2006, art. 2) et de mettre en place une interconnexion des registres avec d'autres fichiers (Décr. 23 déc. 2006, art. 7). Un **droit d'accès et de rectification** est ouvert à l'intéressé (Décr. 23 déc. 2006, art. 8). L'élaboration de statistiques doit être limitée à la production d'informations rendues anonymes (Décr. 23 déc. 2006, art. 3, 5°) [5]. Ces statistiques doivent permettre de connaître, entre autres, le nombre de déclarations, de modifications, et de dissolutions du PACS, selon les diverses modalités prévues par l'article 515-7 du Code civil, ainsi que la durée moyenne des pactes, l'âge moyen des pacsés au regard de la composition du couple (couple hétérosexuel, couple de femmes et couples d'hommes).

Enfin, les **informations** mentionnées à l'article 4 du décret (v. *supra*) sont **conservées** sur le registre tenu par le greffe du tribunal d'instance pendant une **durée de cinq ans** à compter de la dissolution du pacte. La durée est portée à **trente ans** lorsqu'elles sont inscrites sur le registre tenu par le greffe du tribunal de grande instance de Paris (Décr. 23 déc. 2006, art. 10).

151.53 Enregistrement du PACS à l'étranger. À l'étranger, lorsque l'un des partenaires au moins est de nationalité française, l'enregistrement de la déclaration conjointe est assuré par les **agents diplomatiques et consulaires français** (C. civ., art. 515-3, al. dern.). Les contestations relatives aux décisions

1. V. S. de Benalcazar, « Les décrets relatifs au PACS publiés », *Dr. fam.* 2007, comm. 31.
2. *L'ambition raisonnée d'une justice apaisée*, rapport remis à Madame la garde des Sceaux le 30 juin 2008, Doc. fr.
3. Décr. n° 2006-1807, 23 déc. 2006, relatif à l'enregistrement, à la conservation et au traitement des données à caractère personnel relatives à la formation, la modification et la dissolution du pacte civil de solidarité, *JO* 31 déc., p. 72 s.
4. V. S. de Benalcazar, art. préc. s[s] n° 151.51.
5. Sur les difficultés d'établir des statistiques avant 2006, v. P. Festy, « L'impossible bilan : population et société », n° 369, juin 2001.

d'irrecevabilité prises par l'autorité diplomatique ou consulaire sont portées devant le président du tribunal de grande instance de Paris ou son délégué statuant en la forme des référés (Décr. 23 déc. 2006, art. 1er). Une circulaire du 28 septembre 2007[1] avait pour effet de permettre aux agents diplomatiques et consulaires de s'opposer à l'enregistrement de PACS unissant une personne de nationalité française à une personne de nationalité étrangère au nom de « *l'ordre public local* », dans les pays dont la législation prohibe la « *vie de couple, hors mariage, de deux personnes de sexe différent ou du même sexe* ». Cette circulaire a été suspendue par le Conseil d'État par une ordonnance du 18 décembre 2007 au nom du principe d'égalité[2]. La publication d'une nouvelle circulaire en date du 19 janvier 2008 autorise l'enregistrement de tout pacte civil de solidarité conclu par un(e) Français(e) établi(e) à l'étranger, quelle que soit la nationalité du ou de la partenaire et quel que soit l'ordre public local du pays de résidence[3].

§ 2
Publicité, dates d'effet et preuve du PACS

151.61 **Publicité : mention en marge de l'acte de naissance.** La loi du 15 novembre 1999 était sans effet sur l'état civil puisqu'aucune mention sur l'acte de naissance n'était prévue[4]. Cette solution résultait de la volonté de respecter la vie privée de partenaires, et en particulier, pour certains, leur homosexualité. Cette situation n'était pas sans inconvénient au regard de la publicité de ce contrat (sur les problèmes posés par les certificats de non-PACS, v. ss nos 150.51, 151.42, 151.51 et 151.52).

1. V. *JCP* 2008, II, 10013.
2. CE, ord., 18 déc. 2007, req. no 310837, *JCP* 2008 II 10013, note Devers : méconnaît le principe d'égalité la circulaire qui, à l'étranger, soumet à un régime de transcription différent, par les agents diplomatiques et consulaires, les PACS dont les deux partenaires sont ressortissants français et ceux associant une personne française et une personne étrangère. Il est douteux que le principe d'égalité justifiait la suspension de cette circulaire – COMP. C. civ., art. 171-1, pour le mariage célébré à l'étranger, entre un français et un étranger.
3. V. une proposition de loi, qui n'aurait fait qu'ajouter à la circulaire et qui n'a pas abouti, dont la finalité était d'empêcher toute nouvelle tentative de restriction à l'enregistrement, visant à modifier l'article 515-3 du Code civil, « *les partenaires ne peuvent se voir opposer des considérations tirées de l'ordre public* » (prop. loi no 248, relative à l'enregistrement des PACS à l'étranger, *JO Sénat*, 1er avr. 2008; *Dr. fam.* 2008, alerte 41; *JCP N* 2008, act. 153).
4. Sur cette absence de lien entre PACS et état civil, v. Cons. const. 9 nov. 1999, no 99-419 DC, *JO* 16 nov. 1999, p. 16962.

La loi du 23 juin 2006 rapproche le PACS du mariage, en prévoyant son **indication sur l'acte de naissance**, mais à la différence de ce dernier, l'apposition d'une mention en marge de l'acte de naissance des partenaires se réalise non directement, mais par **l'intermédiaire du greffier du tribunal d'instance.** Après avoir procédé aux formalités d'enregistrement (v. ss no 151.51), le greffier adresse un avis à l'officier de l'état civil du lieu de naissance de chacun des partenaires, aux fins de mention en marge de leur acte de naissance (C. civ., art. 515-3, al. 4).

À l'instar du mariage, l'identité de l'autre partenaire est désormais indiquée sur l'acte de naissance. Cette solution a longuement été discutée et tant les conclusions du groupe de travail constitué par le Garde des sceaux pour réformer la loi du 15 novembre 1999 (préc. ss no 150.15) que celles de la Commission nationale de l'informatique et des libertés (Cnil)[5] étaient en sens opposées. Le souci de respecter la vie privée en n'affichant pas dans un extrait d'acte de naissance, accessible à tous, l'identité des partenaires, n'a pas été jugé suffisant aux yeux du législateur face à la nécessité sociale et pratique de reconnaître le PACS. En outre, la loi du 23 juin 2006 renforce la dimension personnelle du PACS. Dès lors que la qualité de partenaire est un élément de l'état civil d'un individu, il était nécessaire que figure dans l'acte de naissance l'identité de l'autre partenaire. Les règles de publicité à l'égard des tiers s'en trouvent ainsi grandement facilitées. En effet, le décret du 3 août 1962 qui réglemente la publicité des actes de l'état civil[6] a été modifié (Décr. no 62-921, 3 août 1962, art. 10, mod. par Décr. no 2006-1806, 23 déc. 2006, art. 9). Outre les mentions de mariage, divorce, séparation de corps et décès, l'extrait d'acte de naissance sans indication de l'acte de la filiation, reproduit désormais celles relatives à l'existence, la modification et la dissolution d'un pacte. Or, cet extrait est accessible à tout requérant.

Pour les personnes de nationalité étrangère nées à l'étranger, cette information est portée sur un registre tenu au greffe du tribunal de grande instance de Paris. L'existence de convention modificative est soumise à la même publicité.

151.62 **Application rétroactive des règles de publicité ?** La loi du 23 juin 2006 a prévu des règles transitoires de publicité quelque peu compliquées pour les PACS conclus avant le 1er janvier 2007 (sur le droit transitoire, v. ss no 150.61). Les dispositions relatives à la publicité du PACS ne sont applicables, en principe, qu'aux pactes civils de solidarité conclus à compter du 1er janvier 2007.

5. CNIL, délib. no 99-056, 25 nov. 1999, http://www.cnil.fr
6. V. RÉP. CIV., H. Bosse-Platière, *Vis Actes de l'état civil.*

Pour les *pactes conclus antérieurement au 1er janvier 2007*, les partenaires ont pu, pendant un délai d'un an (entre le 1er janv. 2007 et le 1er janv. 2008), **opter pour les nouvelles formalités de publicité** en effectuant une déclaration conjointe auprès du greffe du tribunal d'instance du lieu d'enregistrement. Sans doute, la règle s'explique par la volonté de ne pas heurter les partenaires soucieux de ne pas afficher leur orientation sexuelle dans l'acte de naissance. La loi leur a octroyé une période pendant laquelle il leur était possible de dissoudre leur PACS.

En effet, à l'issue de ce délai d'un an et dans le délai maximum de six mois (jusqu'au 1er juillet 2008), les greffiers des tribunaux d'instance du lieu d'enregistrement ont dû adresser aux officiers d'état civil détenteurs de l'acte de naissance des partenaires, un avis de **mention de la déclaration de PACS** ainsi que les éventuelles modifications intervenues.

Pour les personnes de nationalité étrangère nées à l'étranger, le greffier adresse ce même avis au greffe du tribunal de grande instance de Paris. À l'expiration du délai de six mois, les registres du greffe du tribunal d'instance du lieu de naissance de chaque partenaire sont versés à l'administration des archives.

Il faut déduire de ce régime transitoire que les PACS conclus avant le 1er janvier 2007 figurent désormais en marge de l'acte de naissance. Il est peu probable que tous les partenaires aient été au courant de ces nouvelles règles et certains ont eu ou auront peut-être la désagréable surprise de voir leur homosexualité révélée par une mention en marge de l'acte de naissance. Il n'est pas certain que le Parlement ait été conscient de la portée d'un tel régime transitoire. Initialement, il était, en effet prévu une mention du PACS en marge de l'acte de naissance, sans mention du nom du partenaire. Mais des amendements du Sénat ont étendu les règles de transcription à l'ensemble des mentions prévues par loi, y compris le nom (et indirectement le sexe) des partenaires.

151.63 Preuve du PACS. Les nouvelles règles de publicité issues de la loi du 23 juin 2006 facilitent grandement la preuve de l'existence d'un PACS (v. ss no 151.61). En produisant un **extrait d'acte de naissance**, chacun fait la preuve de sa situation conjugale.

151.64 Date d'effet du PACS entre partenaires et opposabilité au tiers. La loi du 15 novembre 1999 prévoyait que l'inscription sur le registre du lieu de résidence conférait date certaine au PACS et le rendait opposable au tiers (C. civ., art. 515-3, al. 6 anc.). La loi du 23 juin 2006 invite à distinguer deux dates en ce qui concerne l'opposabilité du PACS (C. civ., art. 515-3-1, al. 2) : celle entre partenaires et celle à l'égard des tiers.

La **date d'effet du PACS entre partenaires** est la **date d'enregistrement**, qui lui confère date certaine. Il en résulte que si la convention de PACS est signée par acte authentique devant notaire, la date de la signature devant notaire ne lui confère pas date certaine (comp. avec le mariage, C. civ., art. 1395 où les conventions matrimoniales ne prennent effet qu'au jour de la célébration). Pour éviter toute ambiguïté à ce sujet, les notaires devraient donner comme conseil aux partenaires de s'enregistrer dans les plus brefs délais au greffe.

Le PACS n'est opposable aux tiers qu'à compter du **jour où les formalités de publicité sont accomplies**, c'est-à-dire quand la mention en marge a été apposée sur l'acte de naissance de chaque partenaire (v. ss no 151.61). Il en va de même pour les conventions modificatives.

151.65 Information aux tiers. La loi du 23 juin 2006 a considérablement assoupli les règles de publicité par l'indication du PACS en marge de l'acte de naissance de chaque partenaire (v. ss no 151.61). Dès lors, l'information des tiers s'en trouve grandement facilitée puisqu'il leur suffira de demander un extrait d'acte de naissance aux mairies pour savoir si la personne est pacsée ou non.

Ce libéralisme tranche avec le système antérieur, passablement confus, où le législateur avait tenté de ménager la protection de la vie privée des partenaires. Deux décrets du 21 décembre 1999[1], accompagnés d'une circulaire du 11 octobre 2000[2], pris après avis de la Commission nationale de l'informatique et des libertés (Cnil), s'efforçaient de trouver un **délicat équilibre entre respect de la vie privée des partenaires d'un PACS et respect du droit des tiers** qui ont légitimement droit à connaître un contrat susceptible de leur être opposable. La plupart des auteurs avaient relevé la contradiction : comment les partenaires pouvaient-ils vouloir une reconnaissance sociale tout en restant cachés ? Alors que certains partenaires décidaient d'afficher dans

1. Décr. no 99-1090, 21 déc. 1999, relatif aux conditions dans lesquelles sont traitées et conservées les informations relatives à la formation, la modification et la dissolution du pacte civil de solidarité et autorisant la création à cet effet d'un traitement automatisé des registres mis en œuvre par les greffes des tribunaux d'instance, par le greffe du tribunal de grande instance de Paris et par les agents diplomatiques et consulaires français, *JO* 24 déc., p. 19217, et Décr. no 99-1091, portant application des dispositions du troisième alinéa de l'article 31 de la loi no 78-17 du 6 janvier 1978 à l'enregistrement et à la conservation des informations nominatives relatives à la formation, la modification et la dissolution du pacte civil de solidarité, *JO* 24 déc., p. 19219.
2. Circ. 11 oct. 2000, *JCP N* 2001, « en bref », p. 122.

les journaux leurs unions (« *X et Y ont le plaisir de vous faire part qu'ils ont conclu un PACS* »), d'autres préféraient sauvegarder leur intimité et ne pas procéder à la publicité de leur PACS comme la loi le leur permettait puisque, à la différence du mariage, elle n'avait pas prévu d'affichage aux portes de la mairie (le choix du tribunal d'instance pour l'enregistrement, plus petite juridiction de l'ordre judiciaire, n'était, sur ce point, assurément pas neutre). Surtout, la loi avait voulu soustraire le PACS de l'état civil des personnes. À la différence des actes d'état civil qui sont assez aisément consultables, la publicité des registres des PACS se trouvait étroitement limitée. Seules certaines personnes pouvaient avoir accès à certains éléments d'informations.

Les avocats avaient été curieusement oubliés. **L'avocat** devait obtenir un **mandat spécial de son client** pour avoir accès au fichier[1]. Parmi les personnes susceptibles d'avoir accès au registre, on trouvait outre les personnes signataires du pacte, les notaires[2], l'autorité judiciaire, les agents chargés de l'exécution d'un titre exécutoire, les administrateurs judiciaires et mandataires liquidateurs, l'administration fiscale, les organismes débiteurs de prestations familiales, de prestations d'assurance-maladie, maternité et décès, de l'allocation veuvage et le tuteur d'un majeur sous tutelle. Les créanciers étaient aussi visés (les bailleurs de locaux ont ainsi été volontairement écartés dans un avis suivi de la Cnil pour éviter le tri entre les candidatures à la souscription d'un bail).

Chacun de ces tiers avait un régime particulier; ils ne pouvaient avoir accès qu'à certains éléments d'informations pour des finalités bien précises. Ainsi les notaires pouvaient se faire communiquer certaines informations nominatives mais uniquement pour les besoins des règlements successoraux, pour l'établissement des actes nécessitant une publicité au bureau des hypothèques ainsi que pour les donations.

L'information des tiers est désormais libre, ce qui rapproche sensiblement le PACS du mariage[3]. Il ne reste plus qu'un pas à franchir pour que le PACS soit célébré à la mairie[4].

Enfin, les tiers auront accès à l'orientation sexuelle du partenaire puisqu'en marge de l'acte de naissance de chaque partenaire, il est fait mention de la déclaration de pacte avec l'identité de l'autre partenaire. Il n'est pas certain qu'il était absolument nécessaire d'aller aussi loin : on aurait pu envisager un système, comme le souhaitait d'ailleurs le rapport remis au garde des Sceaux le 30 novembre 2004[5] qui, tout en facilitant la libre information des tiers sur l'existence d'un PACS, préserve l'orientation sexuelle de l'individu.

§ 3
Modification du PACS

151.71 Modification du PACS. Une modification du PACS est toujours possible : elle nécessite une **déclaration conjointe** de la part des deux partenaires au greffe du tribunal d'instance ayant reçu leur déclaration initiale accompagnée de l'acte portant modification de la convention (C. civ., art. 515-3, al. 5).

À la différence de la déclaration, où l'on considère que les partenaires doivent se présenter personnellement, il est possible de modifier son PACS en adressant au greffe l'acte sous seing privé ou l'expédition de l'acte authentique portant modification de la convention initiale (Décr. 23 déc. 2006, art. 2). Le greffier suit alors la même procédure que pour la déclaration : il vise et date celle-ci et la restitue aux partenaires ou la leur envoie par lettre recommandée avec demande d'avis de réception. Le refus d'enregistrement peut être contesté de la même manière que la décision d'irrecevabilité de la déclaration devant le président du tribunal de grande instance (v. s[s] n° 151.51).

Depuis la réforme de 2006, il est possible de passer une convention de PACS par acte authentique. Toutefois, même si les parties ont souhaité recourir au service d'un notaire, la modification du PACS peut intervenir par acte sous seing-privé, puisque l'acte authentique n'est pas exigé comme une condition de validité du PACS (v. s[s] n° 151.32). Une mention de la modification du PACS est portée en marge de l'acte de naissance de chaque partenaire (C. civ., art. 515-3-1).

La procédure pour changer de régime matrimonial, même sensiblement assouplie par la loi du 23 juin 2006, reste, pour les époux, plus lourde (C. civ., art. 1396 et art. 1397).

1. CE 8 déc. 2000, req. n° 217046, *D.* 2001, IR 282; *RJPF* 2001-2/44, obs. Valory; *Dr. fam.* 2001, comm. 36, obs. Beignier; S. Aoust, « Le difficile mariage du PACS et des avocats », *Dr. et patr.* mai 2000, p. 18.
2. V. F. Sauvage, « Publicité du PACS et pratique notariale », *JCP N* 2000, 1431.
3. EN CE SENS, v. P. Simler et P. Hilt, « Le nouveau visage du PACS : un quasi-mariage », *JCP* 2006, I, 161.
4. V. X. Labbée, « PACS : encore un tout petit effort », *AJ fam.* 2007, 8.
5. B. Beigner (prés.), *Le PACS, réflexions et propositions de réforme*, rapp. remis à M. Dominique Perben, garde des Sceaux, ministre de la Justice, le 30 novembre 2004.

CHAPITRE

152. Contenu du PACS

Hubert BOSSE-PLATIÈRE
Maître de conférences
à l'Université de Dijon

SECTION 0
ORIENTEUR

152.00 Plan du chapitre.

152.01 Textes applicables.
* V. s[s] n° 150.01

152.02 Jurisprudence de référence.
* V. s[s] n° 150.02

152.03 Bibliographie indicative.
* V. s[s] n° 150.03

152.04 Questions essentielles.

> Le PACS emporte-t-il une obligation de vie commune ?
* V. s[s] n° 152.12

> Le PACS emporte-t-il une obligation de fidélité ?
* V. s[s] n° 152.13

> Les partenaires sont-ils tenus l'un à l'égard de l'autre d'un devoir d'assistance ?
* V. s[s] n° 152.14

> Existe-il une solidarité entre partenaires pour le paiement du loyer ?
* V. s[s] n° 152.15

> Quel est le régime des biens des partenaires ?
* V. s[s] n°s 152.21 s.

> Est-ce qu'une donation d'un bien entre partenaires est révocable ?
* V. s[s] n° 152.53

> Le PACS permet-il d'obtenir la nationalité française ?
* V. s[s] n° 152.142

> Le PACS permet-il d'obtenir un titre de séjour sur le territoire français ?
* V. s[s] n° 152.143

> Quels sont les droits du partenaire sur le logement du couple ?
* V. s[s] n°s 152.41 et 153.61

> Est-ce que les partenaires sont soumis à une imposition commune au titre de l'impôt sur le revenu ?
* V. s[s] n° 152.211

152.07 Droit civil et droit non civil. Il était habituel de considérer après la loi n° 99-944 du

15 novembre 1999[1] que l'attrait du PACS résidait davantage dans ses dispositions non civiles. Le tableau mérite d'être nuancé après la loi du 23 juin 2006. La loi a corrigé les principales malfaçons qui existaient, levant un certain nombre d'incertitudes et d'incohérences juridiques qui obéraient gravement ce contrat. En outre, il ne faudrait pas exagérer les avantages sociaux, fiscaux, ou autres, offerts aux partenaires d'un PACS : un certain nombre de droits ainsi conférés l'étaient déjà au profit des concubins, il est vrai, hétérosexuels. Et quitte à choisir un statut conjugal au travers de considérations purement juridiques, il faut reconnaître, que le mariage confère toujours aux époux une situation plus complète et, souvent plus protectrice.

Il en résulte une distinction assez nette entre les dispositions des articles 515-1 et suivants du Code civil formant un ensemble cohérent, sorte de statut de civil patrimonial des partenaires et un foisonnement de dispositions, éparpillées dans des législations spéciales, dont on rechercherait vainement l'unité, si ce n'est le souci du législateur de respecter le principe de non-discrimination entre les différents modes de conjugalité.

152.08 Rapprochement PACS et mariage (L. 23 juin 2006). La loi n° 2006-728 du 23 juin 2006[2] a corrigé un certain nombre d'imperfections qui résultaient du texte antérieur. Chemin faisant, le législateur a accentué davantage le rapprochement avec le mariage.

152.09 Le juge aux affaires familiales, juge de tous les couples. Cette assimilation des différents modes de conjugalité se trouve renforcée par la loi n° 2009-526 du 12 mai 2009[3] qui confie au juge aux affaires familiales (JAF), la compétence de gérer les difficultés de fonctionnement – patrimoniales – de tous les couples quel que soit leur statut. Pour les partenaires d'un PACS, sont concernées les demandes liées au fonctionnement des indivisions (COJ, art. L. 213-3, 1°). Un décret n° 2009-1591 du 17 décembre 2009 assure dans le Code de procédure civile ce transfert de compétence du tribunal de grande instance au JAF. Un certain nombre de précisions sont apportées (maintien de la représentation obligatoire, de la procédure écrite et de la publicité des débats), mais certaines questions demeurent en suspens (le JAF est-il compétent pour statuer sur l'allocation de dommages et intérêts visant à réparer un préjudice subi lors de la rupture du PACS ?)[4].

1. L. n° 99-944, 15 nov. 1999, relative au pacte civil de solidarité, *JO* 16 nov., p. 16959.
2. L. n° 2006-728, 23 juin 2006, portant réforme des successions et des libéralités, *JO* 24 juin, p. 9513.
3. L. n° 2009-526, 12 mai 2009, de simplification et de clarification du droit et d'allègement des procédures, *JO* 13 mai, p. 7920.

SECTION 1
STATUT CIVIL DES PARTENAIRES

152.10 Division. Le PACS continue toutefois de présenter des différences importantes avec le mariage, même si l'on peut mieux distinguer, désormais, à l'instar du mariage, une sorte de régime primaire (§ 1) et un régime patrimonial qui se rapproche désormais, à défaut de disposition contraire, de la séparation de biens (§ 2).

§ 1
Un régime primaire

152.11 Ordre public et autonomie de la volonté. La loi contient quelques dispositions civiles qui concernent essentiellement des droits ou des devoirs patrimoniaux entre partenaires. Il s'agit à bien des égards d'une coquille vide que le législateur a laissé aux individus le soin de remplir comme si un contrat portant sur la vie commune d'un couple ne pouvait être régi que par l'autonomie de la volonté. Néanmoins, les règles que le législateur a prévues, sont d'ordre public, comme l'a relevé le Conseil constitutionnel (sauf l'article 515-5 du Code civil, relatif aux biens, v. s^s n° 152.112). Il en résulte que l'on se trouve en présence d'une sorte de régime primaire du PACS, d'ordre public, qui s'appliquera nonobstant la volonté des partenaires et pourra éventuellement être complété par des dispositions conventionnelles[5].

La ligne de démarcation entre **autonomie de la volonté** et **ordre public** n'est pourtant pas tracée. S'il est aisé de dresser à partir des textes la liste des dispositions que les parties ne pourront écarter par convention (obligation d'aide matérielle, assistance réciproque, solidarité pour les dettes de la vie courante), il existe aussi une sorte d'ordre public tacite, dont les contours sont plus délicats à dessiner en raison des incertitudes sur la nature exacte de ce pacte, pur contrat patrimonial comme pourrait le laisser croire une lecture hâtive de la loi ou nouveau cadre familial. Il appartiendra au juge au coup par coup d'apporter les précisions nécessaires sur l'étendue de l'ordre public en matière de PACS et par contrecoup sur l'autonomie de la volonté dans les conventions. Ainsi, s'il est certain que les arran-

4. V. Azavant, *Dr. fam.* 2010, comm. 42.
5. Sur cette opposition, v. J. Hauser, « Statut civil des partenaires », *JCP N* 2000, p. 411.

gements concernant les enfants seront prohibés – le parent n'ayant la libre disposition ni des prérogatives de l'autorité parentale ni de la pension alimentaire à l'égard des enfants dont il est débiteur – qu'en serait-il d'une clause prévoyant une obligation de fidélité ? La réponse est incertaine même si l'on peut penser, qu'étant donné l'esprit qui anime un tel contrat, toutes clauses qui limiteraient la liberté des partenaires devraient être réputées non écrites (sur l'existence éventuelle d'une obligation de fidélité entre partenaires v. s^s n° 152.13).

152.12 Obligation de vie commune. Il n'existe pas de disposition analogue à l'article 215 alinéa 3 du Code civil associant les époux aux actes de disposition du logement de la famille, ni même à l'article 1751 du Code civil prévoyant la cotitularité du bail d'habitation pour les époux.

Toutefois, la loi du 23 juin 2006 a ajouté à l'article 515-4 alinéa 1er du Code civil, l'engagement des partenaires à une vie commune. En réalité, l'obligation de cohabitation existe depuis la loi du 15 novembre 1999 (v. C. civ., art. 515-1 : l'objet du contrat est « *d'organiser leur vie commune* »). Le Conseil constitutionnel l'avait d'ailleurs affirmé en expliquant que la « *notion de vie commune ne couvre pas seulement une communauté d'intérêts et ne se limite pas à l'exigence d'une simple cohabitation entre deux personnes; la vie commune suppose, outre une résidence commune, une vie de couple, qui seule justifie que le législateur ait prévu des causes de nullité du pacte qui, soit reprennent les empêchements à mariage visant à prévenir l'inceste, soit évitent une violation de l'obligation de fidélité découlant du mariage* »[1].

En outre, la loi du 23 juin 2006 a renforcé les **droits du partenaire sur le logement** : en cas de décès d'un des partenaires, le survivant a, contre la succession du défunt, le même **droit au logement temporaire d'un an** que celui dont la loi fait bénéficier le conjoint survivant (v. s^s n°s 152.151, 153.42 et 153.61).

152.13 Une obligation de fidélité ? La vie commune mentionnée à l'article 515-4 implique-t-elle une obligation de fidélité ? Ni la loi du 15 novembre 1999, ni celle du 23 juin 2006 ne l'affirment expressément.

Une ordonnance du président du tribunal de grande instance de Lille du 5 juin 2002, particulièrement médiatisée[2], accepte de délivrer l'autorisation permettant de procéder à un constat d'« adultère », plus précisément de relations sexuelles entretenues avec un tiers par un partenaire pacsé. Le magistrat affirme que : « *L'obligation de devoir exécuter loyalement le devoir de communauté de vie commune commande de sanctionner toute forme d'infidélité entre partenaires.* [...] *Que le manquement à l'obligation de vie commune justifie une procédure en résiliation de PACS aux torts du partenaire fautif.* »

Il est pour le moins hasardeux de déduire de l'obligation de communauté de vie prévue à l'article 515-1 du Code civil une obligation de fidélité. Est-il raisonnable, en la matière, d'avoir une approche purement contractuelle pour le PACS ? Certes l'article 1134 du Code civil oblige à la bonne foi et à la loyauté entre les parties, mais cette loyauté implique-t-elle la fidélité alors que ce contrat est placé sous le signe de la liberté (sur les dispositions relatives à sa rupture, v. s^s n°s 153.11 à 153.16) ? La genèse de la loi montre qu'il n'a jamais été question d'obligation de fidélité entre partenaires.

152.14 Aide matérielle et assistance réciproque. L'article 515-4 du Code civil prévoit que les partenaires d'un PACS s'apportent une aide matérielle. La loi du 23 juin 2006 y a ajouté « *et une assistance réciproque* ». Il avait justement été reproché à la loi du 15 novembre 1999 l'emploi de la coordination « et » entre mutuelle et matérielle, alors qu'il s'agit d'une aide mutuelle matérielle et qu'en 1999, toute aide morale semblait exclue[3]. Le législateur de 2006 en a tenu compte en substituant **aide matérielle à aide mutuelle et matérielle**.

Comme l'a énoncé le Conseil constitutionnel, on est en présence d'une **disposition impérative** : une clause de la convention supprimant cette aide serait nulle. À l'instar de l'article 214 du Code civil prévoyant la contribution aux charges du mariage, les partenaires sont libres de fixer dans le pacte les modalités que peut prendre cette aide mutuelle et matérielle. À défaut, il appartiendra aux juges de définir les modalités de cette aide en fonction de la situation respective des parties (v. en ce sens, la rédaction du texte).

Une cour d'appel a jugé que le tribunal de grande instance était compétent pour statuer sur un litige portant sur l'aide mutuelle entre partenaires. La solution était incontestable en l'absence de texte attribuant cette compétence au JAF : le fait que cette aide mutuelle et matérielle se rapproche de la contribution de l'article 214 du Code civil ne pouvait pas faire du JAF le juge compétent en la matière[4]. Il n'en n'est plus ainsi pour les actions en justice formées depuis le 1er janvier 2010. L'article L. 213-3, 3°

1. Cons. const. 9 nov. 1999, n° 99-419 DC, *JO* 16 nov. 1999, p. 16962.
2. TGI Lille, ord., 5 juin 2002, *D.* 2003, 514, note Labbée; *RJPF* 2003/3, 38, note Valory; *Dr. fam.* 2003, 57, note Beignier; *RTD civ.* 2003, 270, obs. Hauser; L. Antonini-Colin, « Le paradoxe de la fidélité », *D.* 2005, 23 s.
3. V. J. Rubellin-Devichi, « Présentation de la loi adoptée le 13 octobre 1999 relative au PACS », *JCP* 1999.
4. CA Douai, 27 févr. 2003, *BICC* 15 oct. 2003, n° 1266; *D.* 2004, somm. 2969, obs. Lemouland; *AJ fam.* 2003, 313; *RTD civ.* 2003, 684, obs. Hauser.

du Code l'organisation judiciaire reconnaît au JAF la compétence pour statuer sur les actions liées à la contribution aux charges du pacte civil de solidarité.

Les partenaires sont-ils en droit d'utiliser les mesures de contraintes correspondantes offertes aux époux dans le cadre de l'article 214 du Code civil ? La loi est muette sur ce point. Il est vrai que la question risque peu de se poser : ces mesures d'exécution forcée jouent entre époux en cas de séparation de fait; or, entre partenaires, la rupture étant libre, le devoir d'entraide n'a guère de chance de survivre à une séparation des partenaires.

L'ajout de la notion **d'assistance réciproque** fait écho au devoir d'assistance entre époux de l'article 212 du Code civil. La règle aura toutefois davantage une portée symbolique que juridique, rapprochant encore davantage le PACS du mariage (l'inscription des partenaires, non plus seulement dans un cadre patrimonial, mais aussi dans un cadre moral, n'allait pas de soi[1]). En mariage, le devoir d'assistance consiste à donner des soins personnels en cas de maladie, d'infirmité et à apporter une aide morale. Les sanctions en cas de manquement au devoir d'assistance sont pratiquement inexistantes. L'exécution forcée étant exclue, il ne reste que la possibilité d'intenter une action en réparation fondée sur l'article 1382 du Code civil.

152.15 Besoins de la vie courante. L'alinéa 2 de l'article 515-4 du Code civil prévoit une **solidarité à l'égard des tiers** pour les dettes contractées par l'un d'eux pour les besoins de la vie courante. C'est une **règle d'ordre public** et il n'est pas permis d'y déroger[2]. À trop vouloir gommer les ressemblances du mariage, le législateur de 1999 avait oublié les garde-fous à la solidarité passive que prévoit l'article 220 du Code civil pour les époux que sont la dépense excessive, l'emprunt et l'achat à tempérament. L'absence de limites à la solidarité passive apparaissait bien dangereuse pour les partenaires d'un PACS, même si le Conseil constitutionnel a rappelé qu'en cas d'excès commis par l'un des partenaires, il conviendrait d'appliquer les **règles de la responsabilité civile.** Les articles 1382 et 1383 du Code civil ne pouvaient toutefois jouer que si le partenaire avait payé la somme demandée en vertu de la solidarité. Avant, il n'existe pas de préjudice : la responsabilité ne constitue qu'un pis-aller sur le terrain de la contribution à la dette qui ne remet pas en cause sur le terrain de l'obligation à la dette la solidarité passive des deux partenaires[3].

Le législateur de 2006 a corrigé cette malfaçon mais de manière partielle. La solidarité reste plus rigoureuse pour les partenaires puisqu'une seule des limitations établies en faveur des époux, celle qui concerne les engagements excessifs, est reprise.

La notion de dettes ménagères a été, dès l'origine, soigneusement évitée et il lui a été préféré une formule plus neutre : « *les dettes contractées par l'un d'eux pour les besoins de la vie courante* ». L'expression « *besoins de la vie courante* » laisse suffisamment de souplesse aux juges pour éviter de différencier des situations de fait qui sont identiques[4] et il est possible que les juges, en raisonnant par analogie avec l'article 220, unifient en fin de compte le régime juridique des solidarités légales des dettes « ménagères ». Il n'en demeure pas moins que les dépenses relatives à l'éducation des enfants, pourtant présentes à l'article 220, n'apparaissent pas dans le texte mais les enfants sont officiellement les grands absents du PACS.

L'expression « *dettes contractées* » laisse penser que seules les dettes d'origine contractuelles sont visées mais il est vraisemblable que les juges appliqueraient, s'ils étaient saisis, comme ils le font pour l'article 220, la solidarité pour les **dettes quasi contractuelles ou d'origine légale.**

La référence aux dépenses relatives au logement commun, présente dans le texte initial de 1999, a été supprimée comme source de difficultés d'interprétation inutiles. Mais la suppression risque d'en susciter d'autres : avec l'ancienne rédaction du texte, il paraissait logique, de considérer que le bailleur puisse réclamer le paiement des loyers au partenaire du locataire[5]. La formule « *besoins de la vie courante* » laisse penser qu'en cas de non-paiement des dettes locatives, le bailleur peut exiger le paiement intégral à l'un ou l'autre des partenaires, alors même que l'un des partenaires ne peut, en l'absence de clause de cotitularité, se prévaloir de la qualité de preneur. Le nouveau système de publicité (v. s^{s} n°s 151.61 s.) mis en place en 2006 renforce considérablement les **droits des créanciers au détriment des partenaires** : il suffit pour le bailleur de requérir un extrait d'acte de naissance pour connaître l'identité des deux partenaires solidairement tenus du paiement du loyer.

1. EN CE SENS, v. rapp. B. Beignier (prés.), *Le PACS, réflexions et propositions de réforme*, rapport remis à M. Dominique Perben, garde des Sceaux, ministre de la Justice, le 30 novembre 2004, p. 14.
2. EN CE SENS, Cons. const. 9 nov. 1999, n° 99-419 DC, *JO* 16 nov. 1999, p. 16962.
3. Sur tous ces points, v. C. Alleaume, « La solidarité dans le PACS et dans le mariage », *D.* 2000, 450 – *JCP E* 2000, 1074, note Belleil – M-C. Rivier, *Des concubinages, droit interne, droit international, droit comparé, Études offertes à J. Rubellin-Devichi*, Litec, 2002, p. 97 – Ph. Simler, *ibid.* – Souleau-Travers, *Defrénois* 2002, p. 569.
4. EN CE SENS, v. S. Pierre, « La solidarité passive des partenaires du PACS », *Dr. fam.* 2000, chron. 16.
5. EN CE SENS, v. H. des Lyons, « PACS et concubinage : les nouveaux couples face aux baux d'habitation », *AJ fam.* 2002, 170.

Le Conseil d'État a appliqué cette **solidarité aux partenaires, comme aux concubins**, pour autoriser une demande de restitution d'une aide personnalisée au logement (APL) versée à tort, quand bien même elle n'aurait été attribuée qu'à un seul d'entre eux[1].

152.16 Présomption de pouvoir. Depuis la loi du 23 juin 2006, l'article 515-5 alinéa 3 transpose la règle énoncée pour les époux par l'article 222 du Code civil : celui qui détient individuellement un meuble est réputé, à l'égard des tiers de bonne foi, avoir sur ce bien les pouvoirs d'un propriétaire. Cette présomption de pouvoir est celle de tout individu. Elle marque toutefois dans l'esprit du législateur et dans les textes le **rapprochement de la situation des partenaires avec celle des époux vis-à-vis des tiers**, situation désormais supposée connue de ces derniers (sur les règles de publicité, v. s^s^ n°s 151.61 s.).

152.17 Ouverture d'une mesure de protection et charges tutélaires. Le partenaire fait désormais partie, depuis la loi du 5 mars 2007 (en vigueur le 1er janvier 2009), à l'instar de **l'époux** et du **concubin**, des **personnes susceptibles de demander au juge l'ouverture d'une mesure de protection**, à moins que la vie commune ait cessé (C. civ., art. 430). Il peut, à la même condition, être désigné comme **tuteur** ou **curateur** (C. civ., art. 449). Enfin, le droit nouveau maintient le principe actuel selon lequel le curateur ou le tuteur sont déchargés de la mesure au bout de cinq ans (C. civ., art. 453). Toutefois, l'obligation de conserver la mesure après ce délai incombe toujours en particulier au conjoint, mais elle a été étendue au partenaire pacsé du majeur (C. civ., art. 453). Le concubin ne supporte pas une telle obligation : le PACS, sans doute parce qu'il est un statut organisé, se rapproche là encore du mariage.

§ 2
Régime des biens

152.21 Importance du régime des biens. La connaissance du droit antérieur à la loi du 23 juin 2006, en ce qui concerne le régime patrimonial des partenaires s'avère nécessaire non seulement pour des raisons de droit transitoire (v. s^s^ n° 150.61 : le nouveau régime patrimonial des partenaires ne s'applique de plein droit qu'aux PACS conclus après l'entrée en vigueur de la présente loi, soit le 1er janvier 2007; pour les PACS conclus antérieurement, ils demeurent soumis au régime mis en place par la loi du 15 novembre 1999), mais aussi pour comprendre l'évolution d'un régime qui, au fil des réformes, se rapproche de celui que vivent les époux qui optent pour la séparation de biens.

152.22 Aperçu sur le droit antérieur à la loi du 23 juin 2006 : présomption d'indivision. La loi du 23 juin 2006 a profondément modifié le régime des biens des partenaires. La loi du 15 novembre 1999 distinguait, dans deux alinéas de l'ancien article 515-5 du Code civil, les meubles meublants (v. C. civ., art. 534 : la notion de meubles meublants peut comprendre les tableaux de maîtres, les statues ou autres porcelaines, mais aussi tous « *les meubles destinés à l'usage et à l'ornement des appartements* »; *Adde*, la catégorie importante de nos jours : électroménager, télévision, ordinateur, *etc.*) des autres biens.

Les **meubles meublants** étaient **présumés indivis par moitié**, mais la convention initiale pouvait y déroger en excluant l'indivision ou en prévoyant une indivision autre que par moitié. Les seconds, c'est-à-dire, la catégorie la plus ouverte, étaient eux aussi soumis à une présomption d'indivision mais seulement si l'acte d'acquisition ou de souscription n'en disposait pas autrement.

Le régime juridique des meubles meublants était différent de celui des autres puisqu'il était possible pour les partenaires de les soumettre à un autre régime que l'indivision, par exemple une séparation de biens.

Pour les **biens autres que les meubles meublants**, la présomption d'indivision était écartée pour les biens détenus individuellement par les partenaires au jour de l'enregistrement et les biens reçus à titre gratuit (par donation ou succession) par chaque partenaire[2].

152.23 Critiques du régime antérieur. Ce régime avait fait l'objet de vives critiques, en partie, en raison des incertitudes qui demeuraient sur le sort de certains biens.

À défaut de dispositions dans l'acte, il était certain que l'acquisition effectuée par les deux partenaires, ou par un seul des partenaires mais au nom des deux, tombait sous le coup de l'indivision par moitié puisque le texte le prévoyait expressément. En revanche, une première difficulté consistait à

1. CE 9 juill. 2003, req. n° 255110, *D.* 2004, somm. 297, obs. Lemouland; *RTD civ.* 2004, 69, obs. Hauser.

2. Pour une vision comparatiste montrant un rapprochement des régimes patrimoniaux des concubins, époux séparés de biens, et partenaires d'un PACS, v. A. Bolze, « Les rapports patrimoniaux des couples en dehors de la communauté légale », *Dr. fam.* 2001, chron. 5 – *Adde*, H. Fulchiron, « Les présomptions d'indivision et de communauté dans le couple », *Defrénois* 2001, art. 37391, p. 949 – Pour un ex. de conflit relatif à la répartition des meubles meublants et non meublants : CA Paris, 2e ch., sect. B, 9 nov. 2006, *Juris-Data* n° 2006-31-4683; *Dr. fam.* 2007, comm. 30, obs. Larribau-Terneyre; *JCP* 2007, I, 170, n° 2, obs. Bosse-Platière.

déterminer la nature du bien lorsque l'acquisition était faite par un seul des partenaires en son nom propre. Une lecture large de l'article 515-5 alinéa 2 du Code civil conduisait à penser, comme dans le régime légal de communauté, que les **biens acquis à titre onéreux durant le PACS avaient vocation à accroître l'indivision** : il n'y avait alors, plus aucun bien tombant dans les patrimoines propres, sauf décision mentionnée dans l'acte; on était en présence d'une indivision universelle à l'instar de la communauté universelle[1].

En pratique, on pouvait sans doute, pour les acquisitions importantes, faire confiance au professionnel du droit pour poser la question à son client, et lui demander d'indiquer dans l'acte, s'il acquérait pour le compte des deux ou de lui seul. Une lecture plus étroite de l'article 515-5 alinéa 2 permettait aussi de prétendre que dès lors que l'acte était établi au nom de l'une des parties, l'achat effectué par l'un des partenaires à son nom entraînait une **présomption simple de propriété à son profit pouvant être combattue par l'autre**, comme en matière de séparation de biens, en prouvant qu'il avait remis des fonds dans des conditions qui le rendaient propriétaire[2]. La lettre du texte ne s'opposait pas à cette lecture puisqu'elle ne soumettait à l'indivision automatique par moitié que les « *biens dont les partenaires deviennent* ***propriétaires*** *à titre onéreux* », ce qui permettait d'exclure de l'indivision les biens que les partenaires acquéraient individuellement. Pour qu'une telle interprétation puisse prévaloir, il aurait fallu toutefois que les juridictions se prononcent, ce qui n'est jamais venu faute de contentieux suffisant. Selon une réponse ministérielle, la présomption d'indivision était applicable alors même que le bien aurait été acquis par l'un des partenaires à l'insu de l'autre[3]. Cette présomption automatique d'indivision universelle conduisait logiquement à admettre que dans l'hypothèse où le bien avait été acquis en totalité à l'aide des deniers de l'acquéreur, la part revenant à l'autre partenaire constituait, sauf preuve contraire, une donation déguisée ou indirecte assujettie aux règles successorales du rapport et de la réduction et aux règles fiscales (droits de mutation à titre gratuit).

Il était loisible aux partenaires d'écarter, dans l'acte d'acquisition, la règle de l'indivision par moitié. Si l'acte était établi au nom des deux partenaires, une clause pouvait préciser le sort du bien : clause de tontine[4], clause d'indivisibilité conventionnelle... Une convention d'indivision suivant les articles 1873 et suivants du Code civil pourra aussi être conclue réduisant quelque peu les inconvénients généralement dénoncés dans un régime tel que l'indivision.

Une difficulté pour les professionnels du droit consistait à savoir s'il était possible dans la convention initiale remise au greffier de déroger à la présomption d'indivision et d'adopter par exemple un autre régime comme la séparation de biens. **La possibilité d'écarter l'indivision** n'était prévue formellement **pour les autres biens**, à la différence des meubles meublants, que par une **disposition au moment de l'acte d'acquisition ou de souscription** (C. civ., art. 515-5, al. 2 *in fine*). L'impossibilité de stipuler la séparation de biens par convention et d'adjoindre, par exemple, une société d'acquêts a profondément choqué[5]. Certains notaires estimaient néanmoins possible de prévoir *ab initio* une convention dérogeant à l'indivision[6]. Pourtant, le Conseil constitutionnel avait semble-t-il fermé la porte à cette éventualité en affirmant (considérant 32 *in fine*) « *que les parties pourront toutefois décider, soit, pour les meubles meublants, dans la convention initiale ou dans un acte la modifiant, soit pour les biens autres, dans l'acte d'acquisition ou de souscription, d'appliquer le régime conventionnel d'indivision prévu par les articles 1873-1 et suivants du même code* ». Mais de manière paradoxale, et au risque de se contredire, dans son considérant 88, le Conseil constitutionnel avait aussi considéré « *qu'en toute hypothèse, les partenaires, s'ils veulent éviter les effets juridiques attachés au régime de l'indivision et en particulier, les difficultés de gestion auxquelles il peut conduire, pourront librement choisir, dans les conditions précédemment exposées, de soumettre à un autre régime l'ensemble des biens qu'ils viendraient à acquérir à titre onéreux après la conclusion du pacte* »[7].

152.30 Droit issu de la loi du 23 juin 2006 : la séparation de biens assortie de l'indivision. Fort logiquement, le législateur de 2006 a écarté l'indivi-

1. V. J. Rubellin-Devichi, « Présentation de la loi adoptée le 13 octobre 1999 relative au PACS », *JCP* 1999, p. 1551.
2. EN CE SENS, J. Hauser, « Statut civil des partenaires », *JCP N* 2000, p. 413.
3. Rép. min. n° 23816, *JO Sénat* Q, 23 nov. 2000, p. 4019; *JCP N* 2000, p. 1769.
4. V. G. Rivière, « Quand le PACS titille la tontine », *JCP N* 2000, p. 1723.
5. V. SPÉCT., P. Catala, « Critique de la raison médiatique », *Dr. fam.* HS déc. 1999, p. 65.
6. EN CE SENS, J.-F. Pillebout, *Le PACS, pacte civil de solidarité*, « Carré Droit », Litec, 2000, n° 58.
7. Sur ces incohérences, v. B. Beignier, « Pacte civil de solidarité et indivision : visite aux enfers », *Defrénois* 2000, p. 620 – Et les formules de convention proposées par Beignier, Combret et Fouquet, *Defrénois* 2000, p. 630 – J.-F. Pillebout, « PACS, conventions relatives à la propriété des biens », *JCP N* 2000, p. 1473 – EN CE SENS, v. J. Charlin, « La fameuse indivision de l'article 515-5 du Code civil », *JCP N* 2000, p. 1851 – Y. Flour, « Brèves remarques sur l'indivision entre partenaires d'un pacte civil de solidarité », *Gaz. Pal.* 5 et 6 mars 1999, p. 2.

sion automatique qui aboutissait au résultat étonnant que certains partenaires se retrouvaient copropriétaires sans l'avoir réellement voulu. « *Eu égard à la nature du PACS, qui est un contrat de liberté patrimoniale* »[1], la loi pose un **nouveau principe**, celui de la **séparation de biens**, qui constitue le **régime légal des partenaires.** L'article 515-5 reprend seulement quelques dispositions prévues dans le Code civil pour le régime de la séparation de biens (C. civ., art. 1536 s.). On peut légitimement penser qu'en cas de difficultés d'interprétation ou de silence des textes, la jurisprudence appliquera, dans toute la mesure du possible, les solutions dégagées à propos des époux séparés de biens[2]. Cette séparation de biens est nécessairement assortie d'un minimum d'indivision pour tous les biens dont la preuve du caractère personnel se révèle impossible (A). Les partenaires peuvent toutefois choisir d'écarter le régime légal de la séparation de biens par convention (B).

A. Régime légal : séparation de biens

152.40 Propriétés et pouvoirs. Comme pour tout régime patrimonial, il faut distinguer les questions de propriété, composition active et passive des masses (1°), et les questions de pouvoirs (2°).

1° Composition active et passive des masses

152.41 Composition active des masses et preuve de la propriété par tous moyens. Comme sous le régime de la séparation des biens, chaque partenaire reste seul propriétaire des biens qu'il acquiert à titre onéreux. Disparaît ainsi cette présomption d'indivision automatique universelle si décriée qu'avait mise en place la loi du 15 novembre 1999.

La **preuve de la propriété des biens** d'un des partenaires peut être rapportée **par tous moyens**, tant à l'égard de l'autre participant au PACS qu'à l'égard des tiers (C. civ., art. 515-5, al. 2 - comp. C. civ., art. 1538, sous le régime de la séparation de biens entre époux). La charge de la preuve pèse sur le partenaire qui prétend être propriétaire du bien litigieux. En théorie, la preuve est libre : titre, possession, témoignages, indices... En pratique, les difficultés de preuve risquent d'être importantes pour les **meubles corporels** et il est utile de conseiller aux partenaires de conserver les **factures de leur achat**, même si ce conseil est sans doute assez illusoire. La preuve par tous moyens ne rendra pas pour autant la preuve de la propriété plus facile. En matière de meubles corporels, la possession devrait être le mode normal de preuve (C. civ., art. 2276, al. 1er : « *En fait de meubles, la possession vaut titre* »), mais, comme entre époux, la communauté d'habitation existant entre partenaires viciera souvent la possession, en raison de son caractère équivoque[3].

Comme sous le régime de la séparation de biens, les **créanciers intéressés**, par exemple, **par la saisie d'un bien indivis**, peuvent en faire la **preuve par tous moyens.**

À défaut de preuve de la propriété de l'un des partenaires, les biens sont réputés appartenir indivisément aux deux participants du PACS, chacun pour moitié (C. civ., art. 515-5, al. 2). Rien ne s'oppose non plus à ce que les partenaires acquièrent en indivision un bien en précisant ou non la part de financement de chacun[4]. À défaut de preuve du financement, le bien sera présumé indivis par moitié.

152.42 Répartition du passif. Comme sous le régime de la séparation de biens, les **dettes** sont **personnelles** à chacun des partenaires (C. civ., art. 515-5, al. 1er) : « *Chacun d'eux reste seul tenu des dettes personnelles nées avant ou pendant le pacte.* » La seule exception concerne, à l'instar de l'article 1536 alinéa 2 du Code civil les **dettes contractées pour les besoins de la vie courante** engageant **solidairement** les deux partenaires (renvoi à C. civ., art. 514-4 - V. ss no 152.15).

Mise à part cette importante exception, le gage des créanciers se limite donc aux biens personnels de chaque partenaire débiteur. On perçoit ici toute la différence du choix d'un régime légal séparatiste avec le régime légal communautaire des époux où chaque conjoint engage ses biens propres, ses revenus mais aussi l'ensemble de la communauté (v. C. civ., art. 1413). Ici, à défaut de conventions particulières, **les créanciers personnels de chaque partenaire ne peuvent saisir directement les biens indivis** (C. civ., art. 815-17, al. 2). Ils ont seulement conformément au droit commun de l'indivision (C. civ., 815-17, al. 2), la **possibilité de provoquer le partage** par le biais de l'action oblique (C. civ., art. 815-17, al. 3). En présence d'une indivision légale et non conventionnelle, les créanciers sont en droit de demander ce partage même en

1. V. B. Beignier (prés.), *Le PACS, réflexions et propositions de réforme*, rapport remis à M. Dominique Perben, garde des Sceaux, ministre de la Justice, le 30 novembre 2004, p. 15.
2. Sur ce régime, v. J. Flour et G. Champenois, *Régimes matrimoniaux*, « coll. U », 2e éd., Éd. A. Colin, 2001, nos 730 s.
3. Entre époux, v. Flour et Champenois, no 742.
4. Sur ce point, v. H. Fulchiron, « Le nouveau PACS est arrivé ! », *Defrénois* 2006, p. 1621.

cours de vie commune. Il en va différemment uniquement pour les dettes nées de l'indivision elle-même : **les créanciers de l'indivision** peuvent saisir directement les biens indivis (C. civ., art. 815-17, al. 1er).

Toutefois, on ne saurait ignorer que **la dette est personnelle** tant du point de vue de **l'obligation à la dette** – dans les rapports entre les partenaires à l'égard des tiers – que du point de vue de **la contribution à la dette** – dans les rapports entre partenaires. Il en résulte que si les biens indivis ou les biens personnels d'un partenaire ont volontairement servi à désintéresser un ou plusieurs créanciers personnels de l'autre partenaire, le premier est titulaire d'une **créance contre son partenaire** qui pourra être évaluée comme en matière de récompense entre époux lors de la dissolution (v. ss no 153.33).

2°
Pouvoirs des partenaires

152.51 Pouvoir des partenaires sur les biens propres. Comme dans le régime de la séparation de biens, chaque partenaire conserve la propriété de ses biens, en exerce l'administration et la jouissance et reste tenu de ses dettes (C. civ., art. 515-5, al. 1er, écho des art. 1428 et 1536). En pratique, un tel pouvoir suppose nécessairement réglée par avance la question de la preuve du caractère personnel puisqu'à défaut, le bien est présumé indivis et le tiers risque d'exiger le consentement des deux partenaires (sur la question du pouvoir sur les biens indivis, v. ss no 152.52). Heureusement, le législateur est venu à leur secours en leur transposant la présomption de pouvoirs entre époux de l'article 222 du Code civil : « *Le partenaire qui détient individuellement un bien meuble est réputé, à l'égard des tiers de bonne foi, avoir le pouvoir de faire seul sur ce bien tout acte d'administration, de jouissance ou de disposition.* » (C. civ., art. 515-5, al. 3).

152.52 Pouvoir des partenaires sur les biens indivis. L'article 515-5-3 alinéa 1er du Code civil prévoit que : « *À défaut de dispositions contraires dans la convention, chaque partenaire est gérant de l'indivision et peut exercer les pouvoirs reconnus par les articles 1873-6 à 1873-8* ». On peut toutefois s'interroger pour savoir si cette disposition s'applique à la fois aux **biens indivis issus du régime légal** et à ceux du **régime conventionnel** (v. ss no 152.102) ou uniquement à ces derniers. La place de cette disposition – l'article 515-5-3 fait suite aux articles 515-5-1 et 515-5-2 qui sont relatifs au régime conventionnel – incline à pencher pour la seconde solution[1]. Il semble plus conforme à la codification des textes de considérer que le terme de convention visé à l'article 515-5-3 vise le régime conventionnel de l'indivision que le contrat de PACS lui-même. Or, les règles de l'indivision conventionnelle (C. civ., art. 1873-6 à 1873-8) s'appliquent, par définition, à une indivision de nature conventionnelle et non légale. Même, si tous les PACS présupposent, par nature, une convention, il n'en demeure pas moins qu'il est difficile de soutenir que dans le régime légal de séparation de biens, l'indivision a été conventionnellement organisée. Au contraire, les biens indivis n'apparaissent qu'à défaut de preuve d'une propriété exclusive de la part de l'un ou l'autre des partenaires.

Il en résulte que **les pouvoirs des partenaires** sont très certainement ceux du **droit commun de l'indivision** (C. civ., 815-2 s. : application des nouvelles règles de l'indivision édictées par la loi du 23 juin 2006). **Chaque partenaire** peut prendre les **mesures nécessaires à la conservation des biens indivis.** Pour les actes d'administration, il ne sera pas possible, toutefois, de leur appliquer la nouvelle règle de la majorité des deux tiers prévue à l'article 815-3 du Code civil (et plus largement pour tous les actes visés à l'article 815-3) dans la mesure où les biens sont présumés indivis par moitié (C. civ., art. 515-5, al. 2). **Le consentement des deux indivisaires est donc requis pour les actes d'administration** et *a fortiori*, pour les actes de disposition. Seul un mandat pourra être donné par l'un à l'autre pour accomplir les actes d'administration (C. civ., art. 815-3, 2°). Enfin, les **tiers** pourraient, dans certains cas, utilement se prévaloir de l'existence d'un **mandat tacite** prévu par l'article 815-3 alinéa 8. Cette application légale de la théorie de l'apparence ne peut toutefois jouer que pour les actes d'administration.

152.53 Problème particulier lié à l'acquisition par un partenaire d'un bien au moyen de deniers fournis par l'autre. Sous le régime de la séparation de biens, l'acquisition d'un bien par l'un des époux avec les deniers de l'autre est une situation relativement fréquente (ou variante : acquisition indivise avec le conjoint en utilisant des fonds fournis par celui-ci)[2].

Au moment de la rupture du couple, le débat se cristallise sur la qualification à donner sur le transfert de fonds. Selon les éléments constitutifs de l'opération, on peut être en présence d'un prêt d'argent, d'une donation, ou inversement d'un paiement d'une dette antérieure, d'un mandat, ou même d'un prête-nom. Si l'on s'en tient aux deux situations les plus fréquentes, le prêt et la donation de deniers entre époux, les solutions sont les suivantes et l'on peut légitimement se demander si elles sont

1. EN CE SENS, implicitement, H. Fulchiron, « Le nouveau PACS est arrivé ! », *Defrénois* 2006, p. 1621.
2. Sur ce thème, v. FLOUR et CHAMPENOIS, no 737.

transposables aux opérations analogues conclues entre partenaires.

– S'il s'agit d'un **prêt de deniers** de l'un des partenaires pour l'acquisition par l'autre d'un bien au nom de ce dernier, il est certain que la situation fait naître, comme entre époux, une **créance entre partenaires.** Au moment de la liquidation des intérêts patrimoniaux du couple, le partenaire acquéreur et bénéficiaire du prêt sera redevable de la somme prêtée revalorisée en fonction du profit subsistant selon l'article 515-7 alinéa 11 du Code civil (la règle est analogue pour les époux séparés de biens, par application de l'article 1543 du Code civil – Sur l'application du mécanisme de la dette valeur et le rejet du nominalisme monétaire pour évaluer cette créance, v. s^{s} n° 153.33).

– S'il s'agit d'une **donation de deniers**, la situation est plus complexe. Entre époux, avant la loi du 28 décembre 1967, la jurisprudence considérait que cette opération s'analysait comme une donation déguisée, qui en vertu, de l'article 1099 alinéa 2 du Code civil (avant son abrogation par la loi du 26 mai 2004 réformant le divorce) était nulle. L'époux acquéreur devait restituer le bien à l'époux financeur. Pour remettre en cause cette solution trop attentatoire à l'intérêt des tiers, la loi du 28 décembre 1967 a prévu (C. civ., art. 1099-1) que « *Quand un époux acquiert un bien avec des deniers qui lui ont été donnés par l'autre à cette fin, la donation n'est que des deniers et non du bien auquel ils sont employés* ». Il en résulte qu'en cas de révocation, d'annulation ou de réduction de la libéralité, le donataire ne doit restituer que la **valeur actuelle du bien**, et non le bien lui-même, selon les modalités prévues l'article 1099-1 alinéa 2.

Il reste que ce texte a, en grande partie, perdu de son intérêt depuis que les lois du 4 mars 2002 et du 26 mai 2004 ont **supprimé la révocabilité des donations de biens entre époux** ou la **nullité des donations déguisées ou par personne interposée.** Depuis que le régime des donations de biens présents entre époux a intégré le droit commun des donations, le domaine de l'article 1099-1 du Code civil se restreint aux cas de révocation pour inexécution des charges ou pour ingratitudes et aux cas de nullité pouvant affecter la donation selon le droit commun.

Il en résulte que si l'opération est qualifiée de donation de deniers, celle-ci est désormais irrévocable et aucune créance entre époux n'est due. La règle – le droit commun – doit s'appliquer de la même manière entre partenaires d'un PACS, ce qui renforce la nécessité de bien distinguer à quel titre les deniers ont été versés, prêt ou donation.

Dans l'hypothèse, désormais exceptionnelle entre époux – sauf à rappeler que l'ancien régime des donations entre époux s'applique à celles qui ont été passées avant le 1er janvier 2005 – où la donation de deniers entre partenaires se trouve révoquée ou annulée, l'article 1099-1 ne peut s'appliquer aux partenaires d'un PACS puisqu'ils ne visent que les époux. On pourrait alors appliquer aux partenaires la jurisprudence qui s'appliquait entre époux avant l'entrée en vigueur de la loi du 28 décembre 1967 : le partenaire doit restituer le bien. Mais cette solution serait pour le moins contestable. En effet, cette jurisprudence traitait ces opérations comme des donations déguisées qui étaient nulles seulement entre époux.

Plus sûrement, il faut considérer que l'on est en présence d'une **donation de deniers, et non de biens,** qui, le cas échéant, donne lieu à **restitution** en raison de la révocation ou de l'annulation. Quant à **l'évaluation de cette créance** due par l'époux donataire, l'article 1099-1 étant hors de cause, elle doit s'effectuer conformément à l'article 515-7 alinéa 11 du Code civil, c'est-à-dire selon le **profit subsistant** (sur l'application du mécanisme de la dette de valeur et le rejet du nominalisme monétaire pour évaluer cette créance, v. s^{s} n° 153.33).

Toutefois, dans cette hypothèse, le risque est grand que le partenaire acquéreur, s'il ne dispose pas de liquidités suffisantes soit obligé de l'aliéner pour éteindre la dette, ou même de remettre le bien au partenaire financeur sous la forme d'une dation en paiement.

Pour éviter cette situation, la jurisprudence qualifie parfois, entre époux, l'opération non plus de **libéralité**, mais d'**acte à titre onéreux**. Sous le régime de la séparation de biens, l'époux acquéreur n'a pas à restituer la valeur du bien ou le bien lui-même, parce que le transfert de deniers sert, en réalité, à payer ou bien la créance dont est titulaire l'époux qui a travaillé sans rémunération à l'activité professionnelle de son conjoint, ou bien la créance dont est titulaire l'époux(se) qui a réalisé au foyer un travail d'une importance et d'une qualité telle qu'elle a été une source d'économies pour le conjoint. Cette pure création prétorienne, « *jurisprudence dite sur les donations rémunératoires* », a perdu une partie de son intérêt depuis que la loi du 26 mai 2004 a supprimé la révocabilité des donations de biens entre époux en matière de divorce, et la nullité des donations déguisées ou pour interpositions de personnes entre époux. Toutefois, cette jurisprudence permet toujours de faire échec à l'existence d'une créance entre époux et pourrait, pour les mêmes raisons, le cas échéant, être utilement transposée entre partenaires d'un PACS [1].

1. Sur cette jurisprudence entre époux séparés de biens, v. FLOUR et CHAMPENOIS, n° 737.

B. Régime conventionnel : l'indivision d'acquêts

1° Convention d'indivision des biens acquis

152.61 Régime conventionnel : la convention d'indivision. Si le régime de la séparation applicable par défaut ne convient pas aux partenaires, ils peuvent « *choisir de soumettre au régime de l'indivision les biens qu'ils acquièrent ensemble ou séparément* » (C. civ., art. 515-5-1)[1]. On retrouve ici, l'idée de la **présomption d'indivision** applicable sous le régime mis en place par la loi du 15 novembre 1999, mais à la différence de sa devancière, cette présomption ne jouera qu'**à la suite d'une manifestation de volonté des partenaires.** Le régime applicable à ces biens indivis montre la volonté du législateur de rapprocher, si les partenaires le souhaitent, le régime patrimonial des partenaires de la communauté réduite aux acquêts des époux mariés sans contrat. La comparaison des deux régimes permet cependant de montrer ce qui les sépare.

152.62 Moment du choix. L'option pour cette **indivision générale des acquêts** peut s'effectuer dans la convention initiale ou dans une convention modificative (C. civ., art. 515-5-1 – sur les possibilités de changer de régime patrimonial en cours de vie du PACS, v. s[s] n° 152.121). La convention initiale est celle visée par l'article 515-3 alinéa 3 du Code civil. Elle peut être passée par **acte sous seing privé** ou par **acte authentique.** Il est sans doute opportun de recourir au service d'un juriste pour mesurer les conséquences de ce choix.

2° Biens indivis

152.71 Domaine de l'indivision : biens indivis. Le régime conventionnel proposé par la loi aux partenaires est *a priori* simple : tous les acquêts réalisés par les partenaires seront indivis par moitié entre eux, sans avoir égard à leurs contributions respectives (C. civ., art. 515-5-1). Le rapprochement, au moins dans son esprit, avec le régime légal des époux est frappant : l'indivision est comme le régime de communauté une manière de faire participer chaque partenaire à tout enrichissement réalisé au cours de la vie commune. Toutefois, certains biens ne peuvent être mis dans l'indivision : ils demeurent nécessairement, par volonté de la loi, la propriété exclusive de chaque partenaire (C. civ., art. 515-5-2 – V. s[s] n°s 152.81 s.). Reste une question délicate : ces dispositions constituent-elles, une fois que les partenaires ont opté pour ce régime conventionnel, des règles impératives ou supplétives de la volonté des partenaires ? (sur le caractère d'ordre public des articles 515-5-1 à 515-5-3, v. s[s] n° 152.112).

1. V. J.-F. Pillebout, « Pacte civil de solidarité : clauses relatives au régime de l'indivision », *JCP N* 2006, 1383.

3° Biens personnels

152.81 Domaine de l'indivision : biens personnels. On retrouve ici comme sous le régime légal de communauté entre époux, les **biens propres en raison de leur nature ou de leur mode d'acquisition.** Le rapprochement avec le régime légal des époux est toutefois incomplet : la liste des acquêts exclus de l'indivision n'épouse qu'imparfaitement celle des biens propres. Demeurent la propriété exclusive de chaque partenaire les biens suivants.

152.82 1) Propriété exclusive de chaque partenaire : les deniers perçus par chacun, à quelque titre que ce soit, postérieurement à la conclusion du pacte et non employés à l'acquisition d'un bien. Il convient de souligner la différence avec le régime légal des époux : alors que les deniers perçus par chacun des partenaires échappent à l'indivision, les sommes perçues par des époux communs en biens, même sur des comptes séparés sont communes. La formule, à quelque titre que ce soit, permet d'embrasser aussi les gains et salaires et les revenus des biens personnels des partenaires. On perçoit ici ce qui sépare le PACS du mariage : l'indivision est le résultat de l'investissement des deniers alors que la communauté a vocation *ab initio* à cette source de revenus. Sans doute l'esprit de liberté qui anime le PACS justifie cette différence de traitement aux yeux du législateur. Elle est d'ailleurs conforme au droit commun de l'indivision : par exemple, dès le jour de la dissolution du mariage, les revenus des conjoints leur appartiennent personnellement. Elle présente toutefois une différence fondamentale avec elle : alors que sous le régime commun de l'indivision, le bien qu'acquiert un indivisaire est présumé lui être personnel, sous une convention d'indivision entre partenaires, le bien acquis avec des deniers personnels à un partenaire tombe dans l'indivision. C'est dire qu'il existe une **présomption d'indivision d'acquêts** comme il existe une présomption de communauté alors qu'en principe, en droit commun de l'indivision, cette présomption se trouve écartée.

Le texte ne dit rien des **deniers non perçus**, ceux qui sont encore chez l'employeur et dont on sait que sous le régime de communauté la qualification de biens communs n'a pas été sans difficultés. Logiquement, sous le régime de l'indivision d'acquêts, ils doivent être *a fortiori* considérés comme **personnels à chacun des partenaires.**

La notion de **deniers perçus** risque de poser de délicats problèmes de **preuve**. Lorsque ces sommes seront déposées sur un compte joint au nom des deux partenaires, la formule légale suppose nécessairement de pouvoir identifier ceux qui ont été perçus par l'un ou par l'autre. À défaut de preuve, il convient d'appliquer la **présomption d'indivision par moitié** (C. civ., art. 515-5-1).

En revanche, les **fruits et revenus produits par l'indivision**, conformément au droit commun de l'indivision, *fructus augens hereditatem*, ont **vocation à accroître l'indivision** (C. civ., art. 815-10, al. 2).

152.83 **2) Propriété exclusive de chaque partenaire : les biens créés et leurs accessoires.** Il convient certainement de ranger dans cette catégorie, les biens créés par un des partenaires et leurs accessoires, tels un **fonds de commerce**, un **fonds libéral**, ou depuis, la loi d'orientation agricole du 5 janvier 2006, un **fonds agricole**. La règle fait écho à celle posée à l'article 1406 alinéa 1er du Code civil sous le régime légal des époux. La formule utilisée par l'article 515-5-2 du Code civil est néanmoins plus restrictive : elle ne vise que les biens **créés** et non les biens **acquis** à titre d'accessoire d'un bien propre et il aurait sans doute été plus sage de reprendre celle retenue par l'article 1406 alinéa 1er.

On pourrait s'interroger pour savoir si **l'accession, proprement dite, qu'elle soit naturelle ou artificielle** jouera pour qualifier de personnel des biens qui constituent l'accessoire d'immeuble appartenant exclusivement à l'un des partenaires. Le droit commun des biens devrait toutefois suppléer cette absence de précision législative. Il est probable que les **alluvions et relais** (C. civ., art. 556 et 557) dont aura bénéficié un terrain personnel à l'un des partenaires aura ce caractère. De même, les **constructions** édifiées pendant la vie du PACS sur un terrain personnel, même avec des deniers indivis, devraient être qualifiées de personnel. À défaut de texte, il est raisonnable de penser que la jurisprudence optera pour cette qualification tant elle a l'avantage de ne pas dissocier ce qui forme économiquement un tout. D'ailleurs, la solution retenue par l'article 1406 alinéa 1er du Code civil sous le régime de communauté n'est que la consécration de positions antérieurement acquises en jurisprudence[1].

Il devrait en être de même et pour les mêmes raisons pour **les plus-values acquises par un bien personnel** qu'il s'agisse de **plus-values fortuites** – résultant d'une simple dépréciation de la monnaie – ou de **plus-values résultant du travail d'un partenaire** (incorporation dans une exploitation personnelle des bénéfices réalisés).

1. EN CE SENS, V. FLOUR et CHAMPENOIS, n° 281.

L'hésitation n'est, en revanche, pas permise pour les **accessoires dits simples**, c'est-à-dire ceux qui ne consistent pas dans une extension matérielle ou un simple accroissement de valeur d'un bien propre. L'article 515-5-2 les vise expressément par la formule « *biens créés et leurs accessoires* ».

Ainsi **l'outillage acheté** pour servir à l'exploitation d'un fonds de commerce ou un fonds agricole, lui-même propriété exclusive de l'un des partenaires, devra nécessairement être qualifié de personnel. La même qualification doit être retenue pour la **servitude acquise** au profit d'un fonds personnel ou encore des **immeubles par destination**. Sous le régime légal de communauté, la notion d'accessoire ne joue qu'en présence de deux éléments, l'un intentionnel – l'affectation de l'accessoire au service d'un bien propre –, et l'autre matériel – un lien de dépendance économique entre les deux biens. La jurisprudence qui écarte ou applique la notion d'accessoire sous le régime de communauté devrait aisément être transposable sous le régime d'indivision des acquêts.

Reste la catégorie plus délicate des **valeurs mobilières**. Sous le régime de communauté, elle est expressément visée par l'alinéa 1er de l'article 1406 : aux accessoires, sont assimilés « *les valeurs mobilières et autres accroissements se rattachant à des valeurs mobilières propres* ». La catégorie vise des biens que la notion d'accessoire ne permettrait pas, à coup sûr, de rattacher au patrimoine propre, tels le droit préférentiel de souscription, les réserves des sociétés, ou les actions gratuitement attribuées.

Deux obstacles se dressent devant la possibilité de drainer ces valeurs vers les biens personnels des partenaires :

1) La notion d'accroissement est plus large que celle d'accessoire et à défaut de texte précis, il sera délicat d'écarter la présomption d'indivision, sauf volonté contraire dans la convention initiale (C. civ., art. 515-5-2).

2) Il ne s'agit pas *stricto sensu* d'accessoires de biens créés.

Enfin, le texte ne tient pas compte de la date de création du fonds. Il faut sans doute en tirer comme conséquence qu'un **fonds libéral acquis au cours du PACS est considéré comme personnel** à la différence de ce que l'on enseigne sous le régime de la communauté.

152.84 **3) Propriété exclusive de chaque partenaire : les biens à caractère personnel.** La formule renvoie directement à l'article 1404 du Code civil qui vise également « *tous les droits exclusivement attachés à la personne* ». Il s'agit, sous le régime légal de communauté, de la catégorie des biens propres en raison de leur nature. La notion de droits exclusivement attachés à la personne étant très largement redondante avec celle de biens à caractère personnel, on peut sans peine renvoyer aux solutions dégagées sous le régime légal de communauté.

Seront ainsi considérés comme des biens personnels à l'un ou l'autre des partenaires :

– des **meubles corporels** tels que les vêtements et linges à l'usage personnel de l'un des époux, décorations, lettres missives, souvenirs de famille (mais pas les bijoux, sauf s'ils ont été donnés), les instruments de travail (sauf s'ils sont considérés comme l'accessoire d'un bien indivis);

– des **créances** telles que les actions en réparation d'un dommage corporel ou moral, les créances et pensions incessibles (pensions alimentaires, de retraite, d'invalidité), salaire différé (on pourrait discuter pour cette dernière créance car ce n'est pas tant en raison du caractère personnel que le bien est qualifié de propre sous le régime légal, qu'en raison que cette créance, exigible au moment du décès du débiteur, ressemble à s'y méprendre à une part successorale supplémentaire, ce qui justifie l'existence d'un texte spécial, l'article L. 321-14 du Code rural). Toutefois, il serait possible d'assimiler le salaire différé à un salaire, qui est considéré comme personnel sous le régime de l'indivision des acquêts (sur les deniers perçus, v. s[s] n° 152.82).

Certaines créances pourraient faire difficultés comme le **droit au bail**, le **capital versé au titre de l'assurance-vie** ou les **rentes viagères**. Sous le régime légal de communauté, on les range dans la catégorie de biens personnels non pas tellement en raison de leur nature, mais parce que ou bien elles sont exclusivement attachées à la personne (catégorie non visée par l'article 515-5-2) ou bien un texte spécial le précise expressément. Le sort de ces créances, dans le cadre d'un PACS, ne fait l'objet d'aucune qualification spécifique. Un raisonnement analogique devrait toutefois conduire aux mêmes solutions que sous le régime de communauté, mais également aux mêmes incertitudes juridiques car c'est à propos de ces créances que les hésitations doctrinales et jurisprudentielles sont, parfois, les plus vives.

Les **propriétés incorporelles**, comme les offices ministériels et les clientèles de professions libérales, certains droits d'associés, et le droit de propriété littéraire et artistique, parce qu'ils exigent de leurs titulaires des **qualités personnelles particulières** devraient être considérés comme des **biens personnels** sous le régime de l'indivision des acquêts, à l'instar des solutions qui ont été dégagées par la jurisprudence sous le régime de communauté.

Mais pour de tels biens une différence importante existe avec le régime de communauté : **la distinction du titre (bien propre) et de la finance (bien commun) ne leur est pas applicable**, et ces biens resteront personnels pour le tout au partenaire créateur.

152.85 4) Propriété exclusive de chaque partenaire : les biens ou portions de biens acquis au moyen de deniers appartenant à un partenaire antérieurement à l'enregistrement de la convention initiale ou modificative aux termes de laquelle ce régime a été choisi. Cette formule est à rapprocher du mécanisme de l'emploi sous le régime la communauté (v. C. civ., art. 1406, al. 2). Par l'effet d'une subrogation réelle subordonnée à une manifestation de volonté, les biens ou portions de biens acquis à l'aide de deniers personnels resteront la propriété exclusive de l'un des partenaires. La **technique de l'emploi** est confirmée par le dernier alinéa de l'article 515-5-2 puisque « *l'emploi de deniers tels que définis aux 4° et 5° fait l'objet d'une mention dans l'acte d'acquisition. À défaut, le bien est réputé indivis par moitié et ne donne lieu qu'à une créance entre partenaires* ».

Ce mécanisme ne manque pas de susciter de nombreuses interrogations.

1° On peut tout d'abord s'interroger sur la notion de deniers appartenant à un partenaire **antérieurement à l'enregistrement de la convention initiale ou modificative, aux termes de laquelle ce régime a été choisi.** La règle rappelle inéluctablement celle qui est posée sous le régime de la communauté réduite aux acquêts où les deniers perçus avant le mariage restent propres en tant que biens présents (C. civ., art. 1405). Toutefois, à la différence du régime légal de communauté, sous le régime de l'indivision entre partenaires, les deniers restent la propriété exclusive de chaque partenaire (C. civ., art. 515-5-2, 1°). Faut-il en déduire que le mécanisme de l'emploi est impossible en cours de régime avec des deniers appartenant à un partenaire postérieurement à l'enregistrement de la convention, et qu'un bien acquis avec des deniers personnels de l'un des partenaires tombe automatiquement dans l'indivision (C. civ., art. 515-5-1), et ce sans recours possible entre partenaires ? La solution ne serait pas si surprenante. Il conviendrait alors de distinguer les **deniers antérieurs à l'enregistrement** de la convention et les **deniers postérieurs** à cet enregistrement. Si tous les deniers ont un caractère personnel, en revanche, **seuls les deniers antérieurs à l'enregistrement peuvent fait l'objet d'une déclaration d'emploi dans l'acte d'acquisition**, permettant ainsi de conférer un caractère personnel au bien acquis. En revanche, l'acquisition en cours de régime, avec des **deniers postérieurs** à l'enregistrement de la convention, conférerait un **caractère indivis au bien acquis sans recours contributif.** La raison d'être de cette différence pourrait s'expliquer par la volonté du législateur de créer un « *esprit communautaire* » à ce régime d'indivision en faisant participer le partenaire aux acquêts à partir du début du régime.

Reste que la **notion de deniers appartenant à un partenaire antérieurement à l'enregistrement** est susceptible de susciter des difficultés pratiques importantes. Faut-il s'en tenir à un critère de perception : seuls les deniers perçus avant l'enregistrement pourraient faire l'objet d'une déclaration d'emploi ? La solution ne serait simple qu'en apparence puisque bien souvent les deniers sont mélangés, quelle que soit la date de leur perception sur un compte et il sera, parfois, bien délicat de distinguer et de ventiler la part exacte provenant avant l'enregistrement. Le plus sage serait de fixer dans la convention le montant des deniers personnels à chacun des partenaires au jour de l'enregistrement de la convention, ce qui éviterait, de faire naître un contentieux inutile au moment d'une éventuelle séparation du couple.

En outre, en visant les **deniers appartenant à un partenaire**, la formule semble implicitement autoriser que demeurent la propriété exclusive d'un des partenaires, les biens acquis à l'aide de deniers appartenant éventuellement à l'autre. Sans doute n'était-ce pas l'intention du législateur qui souhaitait uniquement viser l'acquisition par des deniers personnels appartenant au partenaire acquéreur. Il n'en demeure pas moins que si l'on admettait qu'il existe là un moyen d'écarter la présomption d'indivision d'acquêts, l'opération donnerait lieu au règlement d'une créance entre partenaires lors de la liquidation des intérêts des partenaires.

2° La **notion de portions de biens** risque de susciter des difficultés. Elle peut être appréhendée comme « *la partie d'un tout, quotité d'une universalité (succession ou autre masse indivise)* »[1]. Si l'on raisonne sur l'acquisition d'une quote-part indivise, un partenaire pourrait, par une **déclaration d'emploi des deniers antérieurs dans l'acte**, conférer à cette portion un caractère personnel. Le souhait du législateur est sans doute d'éviter que se superposent des indivisions sur un même bien. En effet, à défaut d'une telle règle, la quote-part indivise serait tombée dans l'indivision conventionnelle des partenaires (C. civ., art. 515-5-1). C'est un résultat du même ordre que l'article 1408 du Code civil vise à éviter sous le régime légal de la communauté en qualifiant de « *propres* » les parts indivises d'un bien propre lorsque l'un des époux, originairement copropriétaire, souhaite acquérir de nouvelles parts indivises : à défaut s'établirait une seconde indivision qui serait complexe, entre l'époux considéré et la communauté[2]. Le souci d'unification de la propriété explique la règle énoncée par le législateur. Toutefois, le 4° de l'article 515-5-2 fait très largement doublon avec le 6° qui prévoit expressément l'hypothèse de l'acquisition par un partenaire d'une portion d'une part indivise d'un bien dont il est déjà copropriétaire (v. s[s] n° 152.87).

1. G. Cornu, *Vocabulaire juridique*, Assoc. Henri Capitant, PUF, *V° Portion*.
2. EN CE SENS, V. FLOUR et CHAMPENOIS, n° 285.

152.86 **5) Propriété exclusive de chaque partenaire : les biens ou portion de biens acquis au moyen de deniers reçus par donation ou succession.** Le souhait du législateur est, ici, de prévoir que le bien acquis avec des deniers provenant de la famille du partenaire, par donation ou succession (comp. pour le régime de communauté, C. civ., art. 1405), ne tombe pas dans l'indivision conventionnelle. Il est donc possible, comme sous le régime de la communauté (C. civ., art. 1436), de faire une **déclaration d'emploi des deniers dans l'acte**, et de qualifier de personnel au partenaire, un bien qui, en l'absence d'une telle règle, serait tombé dans l'indivision. **La subrogation nécessite une manifestation de volonté**, et à défaut, le bien est réputé indivis pour moitié et donne lieu à une créance entre partenaires (C. civ., art. 515-5-2, al. dern.).

La règle est susceptible de susciter toutefois des difficultés de qualification toutes les fois que le partenaire aura financé l'acquisition du bien ou portion de bien pour partie avec des deniers provenant de deniers reçus par donation ou succession, et pour partie avec des deniers indivis.

En effet, le texte ne tient pas compte pas de la **règle *major pars***, c'est-à-dire de savoir qui a financé majoritairement, de l'indivision ou des deniers personnels, ledit bien. Sous le régime de communauté légale, il n'est pas possible de qualifier de propre un bien qui a été financé majoritairement par la communauté.

En théorie, plusieurs qualifications sont concevables. On pourrait, en premier lieu, songer à qualifier le **bien** de **personnel au partenaire acquéreur** à la condition que l'emploi des deniers ait fait l'objet d'une mention dans l'acte acquisition. Toutefois, cette qualification heurte de plein fouet la présomption d'acquêt de l'article 515-5-1 du Code civil.

On doit aussi écarter, en second lieu, semble-t-il une **qualification mixte**, pour partie personnelle et pour partie indivise tant elle semble contraire à l'esprit du texte qui vise justement, par le mécanisme de la déclaration d'emploi, à unifier la propriété.

Dès lors, il nous paraît plus rigoureux de considérer que dès lors le partenaire utilise des deniers indivis, le bien doit être qualifié de **bien indivis**, même si la part de financement provient majoritairement de deniers reçus par donation ou succession. L'esprit « communautaire » de ce régime d'indivision d'acquêts pourrait justifier une telle impossibilité de faire jouer le mécanisme de l'emploi toute les fois que le financement aurait pour origine, même pour partie, des deniers indivis.

Dans ce cas, le bien serait réputé **indivis par moitié**, mais le partenaire acquéreur, pourrait faire valoir une **créance à l'encontre de son partenaire pour la part contributive provenant de ses deniers personnels.**

152.87 **6) Propriété exclusive de chaque partenaire : les portions de biens acquises à titre de licitation de tout ou partie d'un bien dont l'un des partenaires était propriétaire au sein d'une indivision successorale ou par suite d'une donation.** Le législateur a souhaité, ici, à l'instar du régime légal de la communauté entre époux (comp. C. civ., art. 1408), que lorsqu'un partenaire est copropriétaire indivis d'un bien à la suite d'une succession ou d'une donation, et que ce partenaire acquiert à titre de licitation, les parts indivises, une partie, ou même une seule de ces parts indivises, **la portion de biens acquises restent la propriété exclusive du partenaire.** L'hypothèse la plus fréquente est celle d'un immeuble recueilli par l'un des partenaires dans la succession de ses parents conjointement avec ses frères et sœurs. Comme sous le régime légal, la volonté du législateur est d'éviter d'établir une seconde indivision complexe entre le partenaire considéré et l'indivision conventionnelle.

Il existe toutefois des différences importantes entre l'article 1408 et l'article 515-5-2, 6° du Code civil.

Le domaine d'application de ce dernier texte est, en effet, plus restreint : seules les indivisions résultant d'une succession ou d'une donation sont concernées alors que pour l'article 1408 du Code civil, l'origine de l'indivision importe peu.

Entre partenaires, seule la licitation comme mode d'acquisition est envisagée, alors qu'entre époux, l'acquisition peut être faite à titre de licitation ou autrement.

Enfin et surtout, et de manière plus regrettable, la loi du 23 juin 2006 reste silencieuse sur l'existence d'une éventuelle créance entre partenaires, alors que l'article 1408 du Code civil énonce clairement, que lorsque la communauté a financé l'acquisition, une récompense lui est due. Certes, en pratique, le financement par des deniers indivis, devrait rester marginal puisque sous le régime conventionnel de l'indivision, les revenus, gains et salaires restent la propriété exclusive de chacun des partenaires (C. civ., art. 515-5-2, 1° – V. s^s n° 152.82). Ainsi, lorsque le partenaire utilisera ces deniers pour financer l'acquisition, le bien sera sa propriété exclusive sans avoir à s'interroger sur une éventuelle créance due à l'indivision. Et lorsque l'autre partenaire a fourni des deniers pour financer le bien, il est certain que l'opération donne lieu, à une créance entre partenaires qui devra être évaluée conformément à l'article 515-7 alinéa 11 du Code civil. Il est toutefois dommage que le législateur soit resté muet sur une éventuelle créance due au profit de l'indivision lorsque celle-ci a financé partiellement ou totalement l'opération même si, logiquement, une indemnité devra être due à l'indivision.

152.88 **7) Propriété exclusive de chaque partenaire : les biens personnels oubliés.** Un certain nombre de biens, oubliés de la liste, doivent pourtant être nécessairement considérés comme personnels aux partenaires[1].

Il en est ainsi des biens reçus par donation ou succession (comp. pour le régime de communauté, C. civ., art. 1405; solution qui peut se dégager *a fortiori* de l'article 515-5-2, 5°).

La même solution ne fait pas de doute pour les « biens présents », c'est-à-dire, les biens appartenant à chaque partenaire au jour de la conclusion de la convention initiale ou de la convention modificative.

Comme sous le régime de la communauté, **le mécanisme de l'accession ou de l'accessoire doit nécessairement jouer**, même en l'absence de texte spécifique (comp. pour le régime de communauté, C. civ., art. 1406, al. 1er), pour qualifier de biens personnels, les constructions édifiées sur un terrain personnel; les plus-values acquises sur un bien personnel, les « *valeurs nouvelles et autres accroissements se rattachant à des valeurs mobilières propres* »[2].

Un auteur envisage l'hypothèse[3] plus délicate de **l'acquisition avec des deniers provenant de la vente d'un bien personnel.** Pour cet auteur, il serait possible, même en l'absence de texte, de faire une déclaration d'emploi des deniers dans l'acte et de conférer le caractère personnel par un mécanisme de subrogation réelle volontaire. Il convient, cependant, de rester prudent sur une telle faculté. S'il ne fait pas de doute que la créance d'un bien personnel reste personnelle au partenaire par un mécanisme de subrogation réelle automatique (comp. pour le régime de communauté, C. civ., art. 1406, al. 2), la possibilité d'utiliser le **mécanisme de l'emploi** – et non du remploi – n'est envisagée dans les textes que pour l'utilisation de deniers **appartenant à un partenaire antérieurement à l'enregistrement de la convention initiale ou modificative** (C. civ., art. 515-5-2, 4°) et **de deniers reçus par donation ou succession** (C. civ., art. 515-5-2, 5°). Il convient, en effet, de remarquer qu'en n'envisageant que les deniers antérieurs à l'enregistrement de la convention, le législateur semble avoir exclu implicitement l'utilisation de l'emploi pour conférer un caractère

1. EN CE SENS, v. les développements de H. Fulchiron, « Le nouveau PACS est arrivé ! », *Defrénois* 2006, p. 1647 s.
2. V. les biens concernés par cette catégorie FLOUR et CHAMPENOIS, n°s 281 s.
3. V. H. Fulchiron, « Le nouveau PACS est arrivé ! », *Defrénois* 2006, p. 1647.

personnel à un bien acquis avec des deniers personnels. Dans ces conditions, on voit mal comment on pourrait admettre en cours de régime, l'application du mécanisme du remploi. Encore une fois, une telle solution peut s'expliquer par l'esprit « communautaire » du régime conventionnel mis en place par le législateur : tous les biens acquis par l'un des partenaires sont réputés indivis par moitié, sans recours de l'un des partenaires contre l'autre au titre d'une contribution inégale (C. civ., art. 515-5-1).

4°
Répartition du passif

152.91 **Répartition du passif.** Aucun texte ne traite directement de la question de savoir sur quels biens et selon quelles modalités se répartit le passif des créanciers. Ce sont donc les **règles de droit commun** qui s'appliquent. Comme sous le régime de la communauté légale réduite aux acquêts, les créanciers se trouvent en présence de trois masses de biens, les **deux masses personnelles** à chacun des partenaires et la **masse indivise.** Toutefois, le rapprochement de cette indivision d'acquêts avec la communauté légale n'est qu'imparfait : les dettes restent, en effet, personnelles à chacun des partenaires, tant du point de vue de l'obligation que de la contribution à la dette (comp. pour le régime de communauté, C. civ., art. 1413). Si l'on met à part les créanciers de l'indivision – ceux dont le droit est né à l'occasion de la gestion de l'indivision (v. C. civ., art. 815-17, al. 1er) –, **les créanciers personnels d'un indivisaire ne peuvent saisir les biens indivis,** mais **seulement provoquer le partage** (C. civ., art. 815-17, al. 2 et al. 3). Si l'on souhaite pousser plus avant la comparaison avec le régime de communauté, on remarquera que la protection des créanciers d'un PACS est particulièrement mal assurée puisque les conventions de PACS sont librement modifiables : l'article 515-3 du Code civil ne prévoit qu'une condition d'enregistrement et de publicité sans envisager ni l'exigence d'un acte notarié, ni la liquidation de l'indivision (v. ss no 152.121 – et comp. nouvel article 1397 du Code civil sur le changement de régime matrimonial).

5°
Pouvoirs sur les biens personnels et indivis

152.101 **Gestion des biens personnels.** Les pouvoirs de chaque partenaire sur ses biens personnels ne posent pas de difficultés : unique propriétaire, il détient seul la capacité de faire des **actes d'administration, de conservation et de disposition.** Seules des questions de preuve pourraient venir contester le caractère propre des biens, mais les règles applicables lorsque les partenaires sont soumis au régime légal de la séparation de biens, doivent ici être transposées (v. ss no 152.51).

152.102 **Gestion des biens indivis.** L'article 515-5-3 alinéa 1er du Code civil prévoit qu'« *à défaut de dispositions contraires dans la convention, chaque partenaire est gérant de l'indivision et peut exercer les pouvoirs reconnus par les articles 1873-6 à 1873-8* ». Il en résulte que les pouvoirs qui sont conférés aux partenaires sur les biens indivis sont proches de ceux dont un époux commun en biens est investi sur la communauté. Chaque partenaire administre avec un **pouvoir de gestion concurrente** les **biens indivis.** Toutefois il ne peut disposer des meubles corporels que pour les besoins d'une exploitation normale ou s'il s'agit de denrées périssables à conserver. Dans la limite de ces pouvoirs, le partenaire représente son partenaire indivis dans les actes qu'il passe et les procès qu'il soutient. Ces règles ne sont toutefois que supplétives de la volonté : rien n'interdit aux partenaires de modifier les règles de pouvoirs (v. C. civ., art. 515-5-3 : « *À défaut de dispositions contraires dans la convention* [...] »).

Si les partenaires souhaitent aller plus loin dans l'organisation de la gestion de leur indivision, la loi leur réserve expressément la possibilité de passer une **convention d'indivision** proprement dite pour l'administration des biens indivis. Celle-ci est alors soumise au régime des conventions d'indivision fixé aux articles 1873-1 à 1873-15 du Code civil (C. civ., art. 515-5-3, al. 2). Pour assurer la sécurité des tiers, cette convention doit être, à l'occasion de chaque acte d'acquisition d'un bien soumis à publicité foncière, publiée à la conservation des hypothèques (C. civ., art. 515-5-3, al. 3). Cette convention est réputée conclue pour la durée du pacte (dérogation ici nécessaire à l'article 1873-3 du Code civil). Les partenaires peuvent même décider d'en prolonger ses effets au-delà de la dissolution de celui-ci (C. civ., art. 515-5-3, al. 3).

6°
Nature du régime conventionnel et caractère d'ordre public

152.111 **Nature de ce régime patrimonial légal conventionnel des partenaires – Convergences et divergences avec la communauté réduite aux acquêts des époux mariés sans contrat.** À l'examen, les articles 515-5-1, 515-5-2 et 515-5-3 constituent un ensemble de dispositions qui fournissent aux partenaires un **modèle légal cohérent et novateur de régime patrimonial conventionnel d'indivision.**

Ce régime est **cohérent** parce qu'il propose aux partenaires à partir des règles de l'indivision d'adopter un régime qui, dans l'esprit, est inspiré du régime légal de la communauté réduite aux acquêts[1].

Ce régime est **novateur** parce qu'il s'éloigne ainsi des conventions d'indivisions de concubinage jusqu'ici proposées par la pratique[2] qui ne pouvaient qu'aménager conventionnellement le régime légal de l'indivision et qui n'ont guère connu de succès parce que les règles conventionnelles de l'indivision ne sont guère adaptées à l'organisation patrimoniale d'une vie de couple.

Ce constat explique, sans doute le souhait des artisans de ce **contrat légal** de trouver un régime plus adapté aux aspirations des partenaires qui souhaiteraient une certaine union de leurs intérêts patrimoniaux.

Il est notable que la situation des partenaires se trouve ici inversée par rapport à celles des époux : **le régime légal est un régime séparatiste, le régime conventionnel est un régime** où les **emprunts** au **régime légal de la communauté réduite aux acquêts** sont nombreux.

Du régime communautaire, on retrouve dans ce **modèle légal conventionnel** proposé aux partenaires, à la fois **l'idée d'association et de partage des richesses et des pertes** mais aussi **l'idée d'indépendance**.

Quant à la propriété, à l'instar du régime des époux mariés sans contrat, tous les acquêts tombent dans une indivision dont le fonctionnement se rapproche de la communauté. Les acquêts sont réputés indivis par moitié sans recours de l'un des partenaires contre l'autre au titre d'une contribution inégale. Au jour de la dissolution, le plus faible économiquement des deux aura vocation à bénéficier des acquêts réalisés par l'autre. Cette **présomption d'indivision d'acquêts** poursuit la même finalité que la communauté : aboutir à un **partage des richesses** qui constitue l'essence même de tout régime communautaire. Cette indivision d'acquêts s'analyse, comme la communauté, au plan des biens, comme **un reflet de l'union des personnes**.

Quant aux pouvoirs des partenaires sur les biens indivis, ils se rapprochent de ceux reconnus par les époux sur la masse commune, puisque chaque partenaire peut exercer les pouvoirs attribués par les articles 1873-6 à 1873-8 dont on sait qu'ils font écho aux articles 1421 et suivants du Code civil. Or le propre de ces dispositions est d'assurer, de manière égalitaire, depuis la loi du 23 décembre 1985 portant réforme des régimes matrimoniaux[3], une **indépendance des époux et désormais des partenaires** dans le cadre de ce régime conventionnel. Cette indépendance passe par la mise en place d'un **système de gestion exclusive ou concurrente**, réduisant ainsi les hypothèses de cogestion des biens indivis.

Toutefois, ces ressemblances ne sauraient masquer toutes les différences, importantes, qui demeurent, au moins techniquement, entre le régime d'indivision d'acquêts et le régime de la communauté réduite aux acquêts. On signalera ici les principales.

Sur le terrain de la propriété, la composition de la masse « indivise » est très différente de la masse commune en particulier parce que la catégorie importante en pratique des **gains et salaires ne tombe pas dans la masse indivise**, ce qui pourrait, à première vue, donner le sentiment que ce régime est plus séparatiste que le régime légal communautaire. Toutefois, cet élément est largement contrebalancé par le fait que **le législateur a limité considérablement les possibilités de recourir à la technique de l'emploi ou du remploi** pour qualifier de personnels des biens qui ne pourront en définitive qu'alimenter la masse indivise.

Sur le terrain des pouvoirs, et plus spécifiquement sur la question de l'engagement de la masse indivise par un partenaire, il convient, en particulier, de souligner que les règles de l'indivision sont différentes (C. civ., art. 815-17) de celles applicables sous le régime de la communauté (C. civ., art. 1413 s.). Sur ce point, ce régime conventionnel des partenaires a le mérite de mettre en exergue ce qui constitue une des faiblesses les plus dénoncés du régime matrimonial : l'engagement de toute la communauté par un époux commun en bien (C. civ., art. 1413) alors **que les créanciers personnels d'un des partenaires ne peuvent pas saisir directement les biens indivis** (C. civ., art. 815-17). La plus grande protection dont bénéficient les partenaires ne manquera pas de fournir des arguments supplémentaires à ceux qui souhaitent non pas changer de régime matrimonial, mais une réforme du régime matrimonial[4].

1. Sur la comparaison entre les deux régimes, v. H. Bosse-Platière, « Indivision et communauté dans le régime des biens aujourd'hui », *Mél. Professeur Gilles Goubeaux*, Dalloz-LGDJ, 2009, p. 37 s.
2. En particulier, v. Charlin, *JCP N* 1991, I, 459 : formule de contrat de concubinage.
3. L. nº 85-1372, 23 déc. 1985, relative à l'égalité des époux dans les régimes matrimoniaux et des parents dans la gestion des biens des enfants mineurs, *JO* 16 déc., p. 15111.
4. Sur cette question, v. G. Champenois, « L'article 1413 condamne-t-il le régime légal de communauté ? », *Études Ponsard*, Litec, 2003, p. 129 – Pur une critique virulente de l'article 1413 du Code civil, v. P. Simler, « Pour une révision du droit des régimes matrimoniaux », *Perspectives de réformes en droit de la famille*, colloque organisé par le Centre de droit fondamental de la faculté de Grenoble, 26-27 nov. 1999, *Dr. fam.* déc. 2000, HS nº 12, p. 12.

152.112 Caractère d'ordre public des articles 515-5-1, 515-5-2, et 515-5-3 du Code civil ? Les partenaires qui souhaitent écarter le régime légal séparatiste et adopter un régime conventionnel n'ont-ils d'autres choix que de se soumettre au régime d'indivision d'acquêts organisé par le législateur aux articles 515-5-1 et suivants ? S'agit-il d'un simple modèle conventionnel proposé par le législateur, à l'instar des régimes matrimoniaux conventionnels offerts au choix des époux, que les parties sont libres d'aménager à leur guise, voire même d'écarter totalement en s'inspirant d'un autre fonctionnement ?

Il est probable qu'en pratique la question ne se posera pas fréquemment. Il est, en effet, vraisemblable, que la plupart des partenaires s'en remettent au régime légal séparatiste qui correspond, sans doute, bien à l'esprit de ce contrat. Et si malgré tout, ils choisissent un régime conventionnel, un renvoi pur et simple aux articles 515-5-1 et suivants du Code civil sera sans doute le plus usité car le plus commode.

Il n'en demeure pas moins que dès lors qu'un régime conventionnel sera adopté, les partenaires pourraient souhaiter aménager leur indivision. Ils pourraient, par exemple, mettre en place une indivision qui prendrait en compte au moment de la dissolution la part de financement provenant de chacun des partenaires dans l'acquisition du bien. Ils pourraient par convention restreindre le domaine de l'indivision, et ne soumettre à l'indivision que certains biens, à l'instar de la société d'acquêts sous le régime de la séparation de biens. À l'inverse, ils pourraient souhaiter augmenter la masse des biens indivis.

En faveur du caractère d'ordre public de ce régime légal conventionnel, on ne peut, en définitive, qu'avancer des arguments de texte. Le législateur utilise l'indicatif présent laissant supposer que le législateur souhaite **imposer** un régime d'esprit communautaire aux époux : « *Ces biens sont réputés indivis* [...] *sans recours de l'un* » (C. civ., art. 515-5-1) ; « *demeurent la propriété exclusive* » (C. civ., art. 515-5-2) [1].

Cependant, les arguments **en défaveur du caractère d'ordre public** de ces dispositions paraissent, à l'examen, davantage pertinents. Il est probable que dans l'esprit du législateur, cette convention ne soit que supplétive de la volonté des partenaires, et devant être assimilée à un **régime légal conventionnel**, à l'instar des régimes matrimoniaux conventionnels proposés aux époux. En outre, comme le souligne un auteur, étant donné l'esprit de liberté qui anime ce contrat, on a du mal à envisager que « *le législateur réussisse en 2006 le tour de force de créer pour les concubins un système plus contraignant que pour les époux* » [2].

Il n'en demeure pas moins que même admise, **cette liberté contractuelle ne sera pas sans limite.** Ainsi il n'est pas concevable d'envisager que des partenaires optent pour un régime matrimonial comme celui de la communauté réduite aux acquêts ou de la communauté universelle. En effet, ces régimes matrimoniaux sont évidemment réservés aux époux puisque les conventions matrimoniales ne prennent effet qu'au jour de la célébration du mariage (C. civ., art. 1395). Il en résulte que si les partenaires souhaitent rédiger une convention, les possibilités d'organisation de leur patrimoine se trouveraient réduites à un **aménagement du régime légal de la séparation de biens, du régime conventionnel légal de l'indivision**, ou encore éventuellement, à la possibilité de recourir à la **technique sociétaire.**

On voit bien ici toute la difficulté qui demeure à souhaiter rapprocher le PACS du mariage sans souhaiter l'assimiler. Le PACS porte atteinte, comme l'avait souligné le Doyen Carbonnier avant même son adoption, aux monopoles des effets civils du mariage. Il en résulte qu'il est bien difficile, sinon impossible, de créer *ex nihilo*, un régime matrimonial nouveau, qui n'ose pas dire son nom, alors que les époux ont, à leur disposition, toute la panoplie, éprouvée, des conventions matrimoniales. Il n'est dès lors pas surprenant que sur le terrain des régimes matrimoniaux, le législateur ne puisse guère proposer aux partenaires d'un PACS, contrat épris de liberté, que l'indivision, qui, même organisée, demeure plus contraignante que les régimes matrimoniaux conventionnels des époux.

§ 3
Changement de régime patrimonial

152.121 Les partenaires peuvent, à tout moment, changer leur convention de PACS (C. civ., art. 515-3, al. 3 – sur les conditions de forme, v. s[s] n° 151.71). Cette convention modificative est remise ou adressée au greffe du tribunal qui a reçu l'acte afin d'y être enregistrée. La sécurité des tiers est mal assurée puisque ni l'exigence de la forme notariée, ni la liquidation de l'indivision, n'est prévue. Quant au contenu de cette modification, elle reste libre dans les limites des dispositions d'ordre public.

1. EN CE SENS, mais avec une position nuancée, v. P. Simler et P. Hilt, « Le nouveau visage du PACS : un quasi-mariage », *JCP* 2006, I, 161, spéc. n° 32.

2. H. Fulchiron, « Le nouveau PACS est arrivé ! », *Defrénois* 2006, p. 1621.

SECTION 2
DROITS COMPLÉMENTAIRES

§ 1
Principe d'égalité et différences de traitement entre PACS et mariage

152.131 Pluralité des modes de conjugalités. La volonté politique de gommer les différences de traitement entre partenaires et époux a conduit le législateur, chaque fois qu'il élabore un texte visant le statut d'époux, à s'interroger sur la nécessité d'assimiler époux, partenaires ou concubins. Il en résulte, depuis 1999, une législation foisonnante touchant tous les domaines du droit qui, de près ou de loin, concernent les partenaires d'un PACS. Il n'est pas possible, ici, de reprendre l'ensemble de ces dispositions. Quand certaines sont traitées par ailleurs dans cet ouvrage, un renvoi sera opéré.

152.132 Principe d'égalité devant les juridictions administratives. À partir de la loi du 15 novembre 1999 relative au PACS, on était en droit de s'interroger pour savoir si les nombreux textes, d'origine réglementaire, ou décisions administratives individuelles réservant des droits aux personnes mariées, n'étaient pas devenu illégaux en raison de l'atteinte portée au principe d'égalité et de non-discrimination.

La première décision rendue le fut par le Conseil d'État, le 28 juin 2002, conformément aux conclusions de Madame Boissard[1]. Cette arrêt est riche d'enseignement parce qu'il illustre la démarche que la plus Haute juridiction administrative adopte lorsqu'elle est confrontée à une telle situation.

En l'espèce, il s'agissait d'apprécier la légalité de différents textes réservant aux seuls agents mariés le versement de compléments de rémunération liés à leur situation de famille. Un conseiller des affaires étrangères, après conclusion d'un PACS, exerce un recours pour excès de pouvoir contre une circulaire du ministre des Affaires étrangères, en date du 13 mars 2000, affirmant que la loi du 15 novembre 1999 n'avait pas pour effet d'étendre de plein droit aux agents ayant conclu un PACS les avantages financiers consentis aux agents mariés en poste à l'étranger (supplément familial de traitement, prise en charge des frais de voyage et versement d'une indemnité de transport de bagages).

Les différents textes accordant les avantages financiers en question étaient tous antérieurs à la loi du 15 novembre 1999. Selon la requérante ils étaient illégaux car contraires au principe d'égalité, en ce qu'ils réservaient le bénéfice des avantages qu'ils instituent aux seuls agents mariés.

La Haute assemblée pose nettement que « *les liens juridiques qui unissent les personnes ayant conclu un PACS ont été organisés par le législateur de manière différente, notamment du point de vue de leur intensité et de leur stabilité, de ceux qui existent entre deux conjoints; que ces deux catégories de personnes étant placées dans des situations juridiques différentes, le principe d'égalité n'impose pas qu'elles soient traitées, dans tous les cas, de manière identique* » et affirme, que lorsque la loi crée une situation juridique nouvelle, il appartient au pouvoir réglementaire de « *tirer toutes les conséquences* [...] *en apportant dans un délai raisonnable, les modifications qui sont rendues nécessaires* [...] *par les exigences inhérentes à la hiérarchie des normes* [...] *tels que le principe d'égalité* ».

Les leçons à tirer de l'arrêt sont multiples.

152.133 Principe d'égalité : absence d'exigence de traitement identique des époux et des partenaires. Le principe d'égalité n'oblige pas à traiter de manière identique les époux, les partenaires d'un PACS, et plus généralement d'autres formes de vie à deux[2].

C'est d'ailleurs le même raisonnement et la même conclusion qui avaient prévalu devant la Cour de justice des Communautés européennes, le 31 mai 2001, lorsqu'elle eut à se prononcer sur la légalité d'une décision refusant à un agent communautaire lié par un partenariat enregistré selon la loi suédoise, le bénéfice de compléments de rémunérations familiaux réservés aux agents mariés[3].

Pour la Cour, on ne peut assimiler au mariage des situations légales qui en sont distinctes. Lorsque les prérogatives accordées aux époux le sont précisément en considération du mariage, rien ne devrait forcer le législateur à attribuer ces mêmes prérogatives aux couples non mariés, concubins ordinaires ou partenaires d'un PACS, hétérosexuels ou homosexuels.

V. par ex., à rebours, l'absence de discrimination violant l'article 14 de la Convention européenne des droits de l'homme dans le fait qu'une pension de réversion d'un régime de retraite complémentaire soit supprimée en cas de remariage et maintenue en cas de concubinage ou de PACS. Le droit invoqué n'est pas visé par l'article 14 précité et la différence de traitement correspond à une différence de situation[4].

1. CE, ass., 28 juin 2002, req. n° 220361 et n° 228325, *RFDA* 2002, 723, concl. Boissard; *AJ fam.* 2002, 304, obs. S. D.-B. – Donnat et Casas, *AJDA* 2002, 586; *JCP* 2003, I, 101, chron. dr. fam., obs. Bosse-Platière; *RTD civ.* 2002, 785, obs. Hauser.
2. CEDH, gr. ch., 29 avr. 2008, req. n° 13378/05CF, Bruden c/Royaume-Uni : absence de violation de l'art. 14 de la conv. EDH et de l'art. 1er du protocole n° 1 dans le fait que les dispositions fiscales favorables accordées en matière de succession aux époux et aux membres d'un partenariat civil ne soient pas étendues à deux sœurs vivant ensemble, même depuis de longues années.
3. CJCE 31 mai 2001, aff. C-122-99, D... et Royaume de Suède c/Conseil de l'Union européenne, *AJDA* 2001, 941; *D.* 2001, 3380, note Nourissat et Devers; *RTD civ.* 2002, 76 obs. Hauser.
4. CA Paris, 25e ch., sect. B, 21 déc. 2001, *Juris-Data* n° 166597 – CA Paris, 1re ch., sect. A, 10 déc. 2002, *Juris-Data* n° 200550.

152.134 Principe d'égalité : extension des dispositions accordées au conjoint au partenaire lorsque les différences de traitement ne sont pas justifiées. À ce titre, l'exclusion des avantages financiers en cause dans la décision du Conseil d'État du 28 juin 2002 à l'égard des partenaires ne s'explique ni par l'objet du PACS qui, comme le mariage, organise la vie d'un couple, ni par l'objet des mesures critiquées qui est d'aider pécuniairement les membres du couple, époux ou partenaires, lorsqu'ils se trouvent contraints, pour des raisons professionnelles, de transférer leur résidence à l'étranger. Le Conseil d'État lui-même avait déjà admis, dans un avis du 12 décembre 1993, à propos des concubinages hétérosexuels et homosexuels, que les concubins salariés devaient, comme les époux, bénéficier de la déduction de frais réels de transport entre leur domicile et leur lieu de travail[1]. De même, la Cour de cassation a eu à considérer que le partenaire d'un PACS conclu avec un fonctionnaire bénéficie des dispositions de l'article L. 30, 1° du Code électoral, qui permettent aux fonctionnaires mutés et aux « *membres de leur famille domiciliés avec eux* » d'être inscrits sur les listes électorales en dehors des périodes de révision de ces listes[2].

152.135 Illégalité des textes réglementaires créant une différence de traitement injustifiée. Le principe d'égalité rend illégaux les textes réglementaires qui créent une différence de traitement non justifiée, et fondée sur la seule prise en compte des modes de conjugalité, mariage, concubinages, pacte de solidarité (ainsi, prononçant l'illégalité d'un décret n'ayant pas été modifié pour tenir compte de la loi du 15 novembre 1995 sur le PACS[3]; ou encore, prononçant l'invalidation de la disposition d'un arrêté prévoyant des taux forfaitaires de changements de résidence, pour concubins ou pacsés, différents selon le lieu de mutation, métropole ou DOM[4]; ou bien encore, prononçant l'invalidation d'une circulaire du 10 décembre 1999 précisant les conditions d'examen du lien personnel, dont se prévaut un étranger pour l'octroi d'un titre de séjour, en ce qu'elle fait une distinction selon la nationalité du partenaire ou sa qualité d'étudiant[5]).

152.136 Cas particulier de la pension de réversion réservée au conjoint survivant. En raison sans doute du coût financier que représenterait une telle mesure, l'extension de la pension de réversion accordée au conjoint survivant au bénéfice du partenaire survivant demeure, depuis l'origine du PACS, un sujet sensible. L'arrêt *Maruko* rendu le 1er avril 2008 par la Cour de justice des Communautés européennes[6] pourrait inciter le législateur français à accélérer sa réflexion.

Monsieur Maruko, de nationalité allemande, avait conclu en Allemagne, avec son compagnon homosexuel, de nationalité allemande, un partenariat enregistré. Quand son partenaire vint à décéder en 2005, M. Maruko demanda à bénéficier, auprès de la caisse de retraite de la pension de réversion prévue par celle-ci pour le veuf ou la veuve d'un assuré. Or cette demande fut rejetée par la caisse, au motif que la pension en question n'était prévue qu'au profit du « *conjoint survivant* » et non du « *partenaire enregistré survivant* ». M. Maruko fit valoir, en justice, que le refus de lui accorder la pension de réversion en question constituait ni plus ni moins qu'une discrimination fondée sur l'orientation sexuelle. Une telle discrimination était contraire à l'article 141 du traité CE, qui énonce un principe d'égalité de traitement dans la rémunération (devenu l'article 157 du traité TFUE), et à la directive n° 2000/78[7], prise sur le fondement de l'article 141, pour prohiber les discriminations sur l'orientation sexuelle. La Cour de justice des Communautés européennes, saisie à titre préjudiciel, décide que :

1) La pension de réversion de droit allemand demandée est jugée rémunératoire et, par conséquent, tombe sous le coup de la directive n° 2000/78;

2) Les dispositions combinées des articles 1er et 2 de la directive n° 2000/78 s'opposent à une règlementation en vertu de laquelle, après le décès de son partenaire de vie, le partenaire ne perçoit pas une prestation de survie équivalente à celle octroyée à un époux survivant alors que, en droit national, le partenariat de vie placerait les personnes de même sexe dans une situation comparable à celle des époux pour cette prestation de survie, ce qu'il appartient à la juridiction de renvoi de vérifier;

3) La loi précitée ne rend pas illégales par elle-même, dès son entrée en vigueur, comme contraire au principe d'égalité, les textes réglementaires réservant des droits ou des avantages à des conjoints, mais il appartient au pouvoir réglementaire, afin d'assurer la pleine application de la loi, d'apporter dans un délai raisonnable à la réglementation applicable les modifications nécessaires, en évitant toute différence de traitement manifestement disproportionnée ou sans rapport avec l'objet de la norme en cause.

En France, le partenaire lié au défunt par un PACS n'a, à la différence du conjoint survivant,

1. V. J. Rubellin-Devichi, « Les concubinages, mise à jour », *Liber amicorum à la mémoire de D. Huet-Weiller*, 1994, p. 402, notes 37 et 63.
2. Civ. 2e, 25 mars 2004, n° 04-60.134, *Bull. civ.* II, n° 144; *D.* 2004, IR 1125; *RTD civ.* 2004, 489, obs. Hauser.
3. CE 8 juill. 2005, req. n° 267636, *D.* 2006, pan. 1422, obs. Lemouland et Vigneau; *AJ fam.* 2005, 410, obs. F. C.; *RTD civ.* 2005, 760, obs. Hauser.
4. CE 2 avr. 2003, req. n° 22528.
5. CE 29 juill. 2002, req. n° 231158.
6. CJCE, gr. ch., 1er avr. 2008, aff. n° C-267/06, Maruko; *JCP* 2008, II, 10143, obs. Devers et Viangalli; *JCP* 2008, act. 253; *Dr. fam.* 2008, comm. 92, note Devers; *Europe* 2008, comm. 150, note Driguez; *JCP S* 2008, 1416, note Cavallini; *D.* 2008, 1873, note Weisse-Marchal.
7. Cons. UE, 27 nov. 2000, dir. n° 2000/78, art. 1er, *JOUE* n° L 303, 2 déc. 2000, p. 16.

aucun droit à réversion des pensions civiles et militaires de retraite. Des propositions de lois[1], suivant en cela les préconisations de la Haute autorité de lutte contre les discriminations et pour l'égalité (HALDE)[2] et du Médiateur de la République[3] vont dans le sens d'une assimilation de la situation du partenaire à celle du conjoint survivant. Aux yeux de certains commentateurs[4], l'arrêt *Maruko*, laisse présager que le droit à réversion sera prochainement étendu au partenaire survivant. Il faudrait pour cela que deux conditions soient réunies :

1) Que la pension de réversion puisse être assimilée au regard du droit communautaire à une rémunération.

2) Que les partenaires soient considérés en droit français dans une situation comparable, à propos de cette prestation à celle des époux.

Une intervention prochaine du législateur est attendue[5], à moins qu'une juridiction administrative, saisie par un particulier, ne prenne les devants[6].

Dans un arrêt rendu le 20 janvier 2009, la Cour européenne des droits de l'homme[7] apporte sa pierre à l'édifice en estimant qu'un couple marié uniquement religieusement ne peut prétendre au bénéfice d'une pension de réversion. Dans cette arrêt, l'approche des juges de Strasbourg pourrait être appelée à avoir une portée plus générale que la seule question du droit à pension de réversion. La Cour s'oriente vers une distinction, somme toute classique, entre **union de fait** et **union institutionnalisée** en assimilant les couples mariés et les couples liés par un partenariat et en les opposant à ceux qui n'ont pas contracté d'engagement public juridique contraignant (les concubins).

1. V. NOT., Sénat, prop. loi n° 461, *JO Sénat* 16 juin 2009; Ass. nat., prop. loi n° 1278, *JOAN* 26 nov. 2008 – M. Bruggeman, « Vers un renforcement des droits des partenaires « , *Dr. fam.* 2009, alerte 58.
2. V. les délibérations du 29 septembre 2009 et du 1er février 2010, *Dr. fam.* 2010, comm. 56 et 69, obs. Beignier).
3. Médiateur de la République, communiqué 23 févr. 2009, *Dr. fam.* 2009, alerte 28, obs. Bruggeman.
4. V. NOT., A. Devers et F. Viangalli, *JCP* 2008, act. 253.
5. Sur ce point, v. la position du Conseil d'orientation des retraites selon qui une telle extension ne peut se faire sans une adaptation des règles de partage des pensions de réversion. Il conviendrait de prévoir que la pension de réversion soit partagée au *prorata temporis* entre le conjoint survivant ou le partenaire survivant et les ex-conjoints et ex-partenaires : 4e rapport 2007, *Retraites. Questions et orientations pour 2008*, Doc. fr., 2008, p. 111 et 112.
6. V. DÉJÀ, dans le sens d'une non-discrimination (mais la question posée était différente) : CE 6 déc. 2006, req. n° 262096, *Dr. fam.* 2007, comm. 27, Larribau-Terneyre.
7. CEDH, sect. II, 20 janv. 2009, req. n° 3976/05, Serife Yigit c/Turquie, *JCP* 2009, 115, chron. Gouttenoire, ss dir. Rubellin-Devichi.

§ 2
PACS et droit international privé

152.141 Droit international privé. (v. ss nos 425.10 à 425.203). Avant l'introduction dans notre Code civil, d'une règle de conflit de loi par la loi n° 2009-526 du 12 mai 2009, de simplification et de clarification du droit et d'allégement des procédures, la doctrine a beaucoup discuté des règles de conflit applicable au PACS du droit français et aux diverses formes de partenariat enregistré que connaissent les droits étrangers. Les solutions proposées dépendaient de la qualification juridique donnée à ces contrats hors mariage. Certains avaient mis l'accent dans un premier temps sur l'aspect contractuel du PACS[8]; d'autres à l'inverse estimaient possible de rattacher ces partenariats au mariage, en faisant prévaloir que de nombreuses règles sont, en réalité, prévues par imitation du mariage[9]. Une troisième approche considérait que ces partenariats sont des contrats dont l'objet est d'organiser la vie du couple et qu'à ce titre, il convenait de considérer ces différents partenariats européens comme une catégorie autonome du statut personnel[10]. **La différence de qualification conduisait naturellement à des solutions différentes quant à la loi applicable.**

Pour les tenants d'une analyse purement contractuelle du PACS, la convention de Rome du 19 juin 1980, sur la loi applicable aux obligations contractuelles est tout à fait envisageable[11]. Pour les autres, l'utilisation des règles du statut du mariage aboutit à des difficultés redoutables[12], ce qui conduit certains à proposer des solutions nouvelles comme le rattachement à la loi de l'institution, combinée, en ce qui concerne les biens, à la loi d'autonomie[13].

8. V. M. Revillard, « Le pacte de solidarité en droit international privé », *Defrénois* 2000, p. 337.
9. V. H. Chanteloup, « Menus propos autour du PACS en droit international privé », *Gaz. Pal.* 1er-3 oct. 2000, 4.
10. H. Fulchiron, « Réflexions sur les unions hors mariage en droit international privé », *JDI* 4/2000, p. 890.
11. Pour une analyse détaillée des solutions alors retenues, v. M. Revillard, « Le pacte de solidarité en droit international privé », *Defrénois* 2000, p. 337.
12. V. M. Josselin-Gall, « Pacte civil de solidarité : quelques éléments de droit international privé », *JCP N* 2000, n° 11, p. 489.
13. EN CE SENS, v. H. Fulchiron, « Réflexions sur les unions hors mariage en droit international privé », *JDI* 4/2000, p. 890 – Sur l'ensemble de la question, v. A. Devers, *Les concubinages en droit international privé* (préf. H. Fulchiron), th. Lyon, LGDJ, 2004; G. Kessler, *Les partenariats enregistrés en droit international privé*, LGDJ, 2004; « Reconnaissance des partenariats étrangers : les enseignements de la loi du 23 juin 2006 », *AJ fam.* 2007, 23; G. Kairallah, « Les partenariats organisés en droit international privé », *Rev. crit. DIP* 2000, 317 s.

La loi n° 2009-526 du 12 mai 2009, a retenu, à titre principal, la loi du lieu d'enregistrement : « *Les conditions de formation et les effets d'un partenariat enregistré ainsi que les causes et les effets de sa dissolution sont soumis aux dispositions matérielles de l'État de l'autorité qui a procédé à son enregistrement* » (C. civ., art. 515-7-1). Toutes les difficultés ne sont pas autant réglées [1].

Deux instructions fiscales du 29 et 30 décembre 2009 tirent les conséquences de la reconnaissance des partenariats étrangers en France : les partenaires étrangers résidant régulièrement en France bénéficient des mêmes droits que les personnes ayant conclu un PACS français dans la mesure où leur partenariat n'est pas contraire à l'ordre public français (principalement, imposition commune, exonération des droits de succession et abattement pour la perception des droits de mutation à titre gratuit entre vifs). Il suffit aux partenaires de produire leur partenariat et d'établir qu'il a bien été enregistré par une autorité compétente dans le pays considéré.

152.142 Nationalité. Le PACS ne confère **aucun droit à la nationalité**, à la différence du mariage qui confère au conjoint étranger, après l'écoulement d'un certain délai et à certaines conditions, le droit à la nationalité française.

152.143 Droit des étrangers. « *La conclusion d'un pacte civil de solidarité constitue l'un des éléments d'appréciation des liens personnels en France, au sens du 7° de l'article 12 bis de l'ordonnance n° 45-2658 du 2 novembre 1945, relative aux conditions d'entrée et de séjour des étrangers en France, pour l'obtention d'un titre de séjour.* [2] » Depuis le 1er mars 2005, date d'entrée en vigueur du Code de l'entrée et du séjour des étrangers et du droit d'asile (CESEDA), les dispositions de l'article 12 *bis*, 7° figurent à l'article L. 313-11, 7° de ce code [3].

Par cet article 12 *bis*, la loi du 15 novembre 1999, a adopté une position prudente, en matière de droits des étrangers de peur de voir apparaître des « *PACS blancs* ».

L'assimilation du PACS au mariage ayant été constamment écartée au cours des travaux préparatoires de la loi du 15 novembre 1999, le PACS ne produit aucun effet en matière de nationalité (v. toutefois une réponse ministérielle estimant que la signature d'un PACS doit être prise en compte dans l'appréciation de l'assimilation à la communauté française [4]) et ne permet pas l'obtention de plein droit d'un titre de séjour.

Certes, l'article 12 *bis*, 7° de l'ordonnance du 2 novembre 1945 prévoit qu'une **carte de séjour temporaire** portant mention « *vie privée et familiale* » est délivrée de plein droit « *à l'étranger dont les liens personnels et familiaux en France sont tels que le refus d'autoriser son séjour porterait à son droit au respect de la vie privée et familiale et une atteinte disproportionnée au regard des motifs du refus* ». Une loi du 24 juillet 2006 est venue préciser que les liens personnels et familiaux dont il est fait référence doivent être « *appréciés notamment au regard de leur intensité, de leur ancienneté et de leur stabilité, des conditions d'existence de l'intéressé, de son insertion dans la société française ainsi que de la nature de ses liens avec la famille restée dans le pays d'origine* » [5].

Il faut considérer que ce droit n'est pas accordé, en tant que tel, aux partenaires d'un PACS : ce dernier constitue seulement **un élément d'appréciation de la situation personnelle de l'étranger** qui sollicite une carte de séjour temporaire. En d'autres termes, comme le souligne le Professeur Fulchiron [6] : « *Le PACS n'est qu'un aspect d'une situation qu'il appartient à l'Administration d'apprécier, sous le contrôle du juge administratif* [7] ».

Le texte n'offre donc pas de droits spécifiques pour les partenaires hétérosexuels d'un PACS qui se voient déjà offrir des droits similaires en tant que concubins. La disposition a, en définitive, surtout, profité aux concubins homosexuels que l'Administration refusait de prendre en considération sur le terrain de la vie privée et familiale.

Le tribunal administratif de Lyon avait dès le lendemain du vote de la loi ordonné la reconduite à la frontière d'un ressortissant algérien pacsé, avocat, en France depuis 1998 [8].

1. V. V. Larribau-Terneyre, *Dr. fam.* 2009, comm. 84 – Y. Broussolle « La loi de simplification et de clarification du droit et d'allégement des procédures », *Defrénois* 2009, art. 38974, p. 1449 – P. Callé, « L'introduction en droit français d'une règle de conflit propre aux partenariats enregistrés », *Defrénois* 2009, n° spéc. droit international privé et droit communautaire, art. 38989, p. 1662 – N. Joubert et B. Morel, « Les partenariats enregistrés en droit international privé depuis la loi du 12 mai 2009 », *JCP N* 2009, 1985.
2. V. H. Fulchiron, « Le PACS et le droit des étrangers », *Dr. fam.* déc. 1999, HS chron. 12.
3. V. A. Richez-Pons, « PACS et droit de séjour des étrangers en France », *AJ fam.* 2007, 22.
4. Rép. min. n° 39653, *JOAN* Q, 22 mai 2000, p. 3134; *RJPF* 2000, n° 7, p. 18.
5. L. n° 2006-911, 24 juill. 2006, relative à l'immigration et à l'intégration, *JO* 25 juill., p. 11047; rect *JO* 16 sept., p. 13642.
6. M. Fulchiron, « Le PACS et le droit des étrangers », *Dr. fam.* déc. 1999, HS chron. 12.
7. EN CE SENS, v. rép. min. n° 36632, *JOAN* Q, 7 févr. 2000, p. 898 – Et la note de F.-J. Pansier, « Obtention d'une carte de séjour "vie privée et familiale" par le signataire d'un PACS : une réponse ministérielle restrictive », *RJPF* mai 2000, 5/11, p. 20.
8. TA Lyon, 6 avr. 2000, *JCP* 2000, II, 10349, note Fulchiron.

Une circulaire ministérielle du 10 décembre 1999 [1] était venue préciser les modalités d'application de l'article 12 *bis*, 7°. Elle reprenait, en partie, les critères posés par une circulaire du 12 mai 1998, prise en application de la loi du 11 mai 1998 relative à l'entrée et au séjour des étrangers en France et au droit d'asile, dite « loi Chevènement » ou « loi Reseda » [2]. Toutefois, un arrêt du Conseil d'État du 29 juillet 2002 [3] a annulé cette circulaire en ce qu'elle ajoute aux termes de la loi en prévoyant d'une part une distinction entre les demandeurs de carte de séjour selon la nationalité de leur partenaire (nationalité de l'un des pays membres de l'Union européenne et les autres), et d'autre part, en excluant, par principe, les étrangers qui ont conclu un pacte de solidarité avec le titulaire d'une carte de séjour temporaire portant la mention étudiant. Depuis cette annulation, le ministère de l'Intérieur dans un télégramme adressé le 4 avril 2002 aux préfectures, considère comme suffisamment révélatrice de la stabilité du lien personnel une **durée de vie commune d'une année en France.** Cette précision a été reprise dans une circulaire du 30 octobre 2004 [4].

En pratique, l'Administration prend en compte plusieurs éléments appréciés cumulativement : l'exigence de la justification du caractère **notoire** et relativement **ancien de la relation de couple en France** qui n'est jamais présumée et **l'absence de possibilités de poursuivre cette relation à l'étranger.**

Très peu de décisions annulent l'arrêté de reconduite à la frontière d'un étranger ayant conclu un PACS avec un ressortissant français ou avec un étranger en situation régulière. Le Conseil d'État reste très vigilant, ne souhaitant pas sans doute que le PACS soit un moyen juridique détourné de régler une question politique, la régularisation des sans-papiers.

L'argument avancé devant le Conseil d'État est toujours le même : l'arrêté d'expulsion porte une atteinte disproportionnée au droit de l'intéressé ayant conclu un PACS au respect de sa vie privée et familiale défendue par l'article 8 de la Convention européenne des droits de l'homme. La Haute juridiction administrative semble d'ailleurs admettre désormais qu'un étranger homosexuel « pacsé » puisse se prévaloir du droit au respect de la vie privée et familiale de l'article 8 [5], et non uniquement du droit au respect de la vie privée comme elle l'avait pourtant laissé entendre dans des décisions plus anciennes [6]. Implicitement, le Conseil d'État reconnaît donc que le concubinage homosexuel est constitutif d'une vie familiale au sens de l'article 8 de la Convention européenne ce que n'a jamais admis la Cour de Strasbourg. Cette dernière n'accorde une protection aux homosexuels que lorsqu'elle est fondée sur la vie privée [7]. Quel que soit le fondement, la demande n'aboutit presque jamais [8]. La première raison vient du fait que les PACS sont, dans la quasi-totalité des affaires, signés après l'arrêté du Préfet de reconduite à la frontière, ce qui laisse planer un doute sérieux sur l'intensité et la nature du lien qui unit les partenaires. La deuxième raison est liée à l'absence de durée des PACS, ce qui ne permet pas de considérer comme constitué le lien personnel nécessaire à l'obtention d'un titre de séjour. D'ailleurs, dans les décisions où le Conseil d'État a annulé l'arrêté de reconduite, ce n'est pas tant le PACS qui a été un argument, que l'ancienneté de la relation de concubinage.

Dans l'affaire rendue, le 22 février 2002 [9], l'intéressé de nationalité algérienne entretient une relation avec une ressortissante française avec laquelle il a souscrit un PACS postérieurement à l'arrêté, mais il est entré en France en 1984 et y réside habituellement depuis cette date. De même, dans l'arrêt rendu le 14 novembre 2001 [10], l'individu de nationalité congolaise entré en France en 1981, vit en concubinage avec une ressortissante de la même nationalité mais en situation régulière, a un enfant sur qui il détient l'autorité parentale et le PACS a été conclu postérieurement à la décision attaquée. Dès lors, l'argument tiré de la conclusion récente d'un PACS paraît aujourd'hui inopérant devant le Conseil d'État : en l'état actuel du droit, il n'a d'intérêt que s'il est ancien...

Une telle attitude de la part du Conseil d'État enlève tout intérêt à la fraude ce qui devrait avoir pour conséquence de tarir à la source les « *PACS blancs* ». Les magistrats de l'ordre administratif prennent cependant en compte aussi les effets d'une mesure de reconduite à la frontière.

§ 3
PACS et droits à finalité sociale

152.150 Droits à finalité sociale. La loi du 15 novembre 1999 a pris en compte la situation des partenaires d'un PACS dans tous les domaines qui

1. Circ. min. 10 déc. 1999, NOR : INTD9900251C, *BO min. int.* n° 4/99.
2. Pour une présentation critique de ces critères, v. H. Fulchiron, *Réforme du droit des étrangers*, Litec, 1999, n° 63.
3. CE 29 juill. 2002, req. n° 231158, GISTI et a., *D.* 2002, IR 2655.
4. Circ. 30 oct. 2004, NOR : INTD0400134C.
5. EN CE SENS, CE 28 déc. 2001, n° 234198, inédit.
6. V. NOT., CE 28 juill. 2000, n° 210591, *Dr. adm.* nov. 2000, p. 23, note R. S.
7. V. C.-A. Meyer, « L'homosexualité dans la jurisprudence de la Cour et de la commission EDH », *Homosexualité et droit*, 2ᵉ éd., PU, 1999, p. 155.
8. V. NOT., CE 29 juin 2001, *RJPF* nov. 2001, p. 12 note Putman.
9. CE 22 févr. 2002, req. n° 230267, NP.
10. CE 14 nov. 2001, req. n° 231216, NP.

relèvent des droits à finalité sociale : droit des loyers (A), droits sociaux (B), droit du travail (C).

A.
Droits des loyers

152.151 Bail d'habitation. S'agissant du droit des loyers, la loi du 6 juillet 1989 avait instauré, en son article 14, deux dispositions : d'une part, la continuation du contrat de bail au bénéfice du concubin notoire en cas d'abandon du domicile par le concubin locataire et d'autre part, le transfert du contrat de location au profit du concubin notoire lors du décès du concubin locataire.

Dans son dernier état avant la loi du 15 novembre 1999, la Cour de cassation refusait toujours d'assimiler au concubinage notoire le concubinage homosexuel[1]. Pour certains, ces arrêts ont fait, peut-être sans le vouloir, beaucoup pour relancer le débat qui allait aboutir au PACS.

La loi du 15 novembre 1999 a repris la loi du 6 juillet 1989 et enrichi l'article 14 dans ses deux dispositions. Désormais, **le partenaire lié au locataire par un PACS** bénéficie à la fois de la **continuation du contrat de location en cas d'abandon du domicile**[2] de ce dernier et du **transfert de ce même contrat en cas de décès du partenaire locataire.**

L'article 15 de cette même loi autorise également le bailleur à effectuer la **reprise du logement, au bénéfice** non seulement du **concubin notoire du bailleur**, mais aussi du **partenaire auquel il est lié par un PACS.**

Le législateur a introduit de manière surprenante lors du vote de la loi solidarité et renouvellement urbains, dite « loi SRU », du 13 décembre 2000[3], une disposition qui prévoit, à l'instar des époux, que les **notifications** ou les **significations** faites par le bailleur sont **de plein droit opposables au partenaire du locataire** lorsque l'existence de ce partenaire n'a pas été portée à la connaissance du bailleur. Dès lors, il convient de distinguer deux situations. Ou bien, il n'a pas connaissance de l'existence d'un PACS et le congé délivré est opposable à l'égard du partenaire de l'autre partenaire. Ou bien le bailleur a connaissance de l'existence d'un PACS unissant les locataires et il doit délivrer deux congés distincts. À défaut, le congé délivré sera inopposable à l'autre partenaire qui seul peut se prévaloir de cette inopposabilité. Ces dispositions, prévues traditionnellement pour les époux, s'expliquent traditionnellement par la cotitularité du bail édicté à l'article 1751 du Code civil : le bailleur doit délivrer un congé aux deux époux s'il souhaite faire tomber le bail. Faut-il désormais en déduire une cotitularité du bail entre partenaires ?[4]. Le législateur ne l'avait pourtant pas dit[5]. Il paraît difficile de considérer que la solidarité pour le paiement des loyers prévue implicitement à l'article 515-4 implique la cotitularité du bail entre partenaires[6].

En cas de bail d'habitation, les partenaires liés par un PACS sont en droit d'obtenir des quittances de loyers libellées à leurs deux noms[7].

Mais l'assimilation n'est pas encore totale : selon une réponse ministérielle, une **SCI constituée exclusivement entre deux partenaires** ne peut être assimilée à une **SCI familiale**[8]. Il en résulte que seule une SCI familiale peut conclure un bail pour une durée minimum de trois ans, à l'instar d'un bailleur personne physique (L. n° 89-462, 6 juill. 1989, art. 13). Les partenaires créateurs de la SCI n'étant ni parents, ni alliés jusqu'au quatrième degré inclus, la société bailleresse conclut un bail pour une durée minimale de six ans.

B.
Droits sociaux

152.161 Droits sociaux. Dès l'origine de l'institution, la loi a fait bénéficier les titulaires du PACS de droits en matière sociale. La loi du 15 novembre

1. À propos du transfert du droit au bail au concubin homosexuel ; v. Civ. 3e, 17 déc. 1997, n° 95-20.779, *Bull. civ.* III, n° 225 ; *D.* 1998, 111, concl. contraires av. gén. Weber, note Aubert.
2. La tendance la plus récente de la Cour de cassation est d'apprécier de manière extensive la notion d'abandon de domicile qui s'entendrait non plus comme un départ brusque et imprévisible mais comme un départ définitif et imposé : Civ. 3e, 26 nov. 2008, n° 07-17.728, *Bull. civ.* III, n° 186 ; *AJ fam.* 2009, 36, obs. Chénedé ; *D.* 2009, 1231, obs. Monges ; *JCP N* 2009, 1057, note Donnier ; *RTD civ.* 2009, 93, obs. Hauser (en l'esp., il s'agissait d'un placement définitif d'un locataire en maison de retraite imposé à des personnes mentionnées à l'article 14 de la loi du 6 juillet 1989) – Sur ce sujet, v. A. Djigo, « L'abandon de domicile par le preneur : un départ définitif imposé au co-occupant », *Loyers et copr.* 2009, étude 12).
3. L. n° 2000-1208, 13 déc. 2000, relative à la solidarité et au renouvellement urbains, *JO* 14 déc., p. 19777. Cette loi a amendé la loi n° 89-462, du 6 juillet 1989, en y insérant un art. 9-1.
4. Pour une ANALYSE CRITIQUE, v. F. Vauvillé, « PACS et SRU : un mauvais mariage », *RJPF* 2001-5/25.
5. V. J. Lafond, « La loi SRU et les baux d'habitation », *JCP N* 2001, p. 573.
6. Sur l'ensemble de la question, v. C. Coutant-Lapalus, « La résiliation du bail du logement familial : de la cotitularité à la solidarité », *Logement et famille : des droits en question* (M. Barré-Pépin et Ch. Coutant-Lapalus, dir. et J. Rubellin-Devichi, préf.), « Thèmes et commentaires », Dalloz, 2005, p. 135 – C. Coutant-Lapalus, « PACS et logement : dix ans après », *Dr. fam.* 2010, étude 9.
7. CA Paris, 6e ch., sect. B, 13 mai 2004, *Juris-Data* n° 240888.
8. Rép. min. n° 25671, *JO Sénat* Q, 3 mai 2007, p. 906 ; *JCP N* 2007, act. 393.

1999, complétée par deux décrets du 3 février 2000[1] a ainsi apporté quelques modifications au droit de la sécurité sociale[2]. Le décret du 3 février 2000 a posé un principe général d'**assimilation des pacsés au régime des personnes vivant en concubinage défini par le Code de la sécurité sociale.** Mais il faut avoir conscience que ces modifications sont mineures et ne posaient pas de difficultés particulières puisque les diverses prestations avaient déjà, avant 1999, été étendues aux concubins. Il eût été impensable de refuser aux partenaires ce qui était, d'ores et déjà, octroyé aux concubins. Depuis, le mouvement d'assimilation dans les textes n'a cessé de s'étendre. Les spécialistes recenseraient près de cinq cents textes évoquant les titulaires de PACS[3]. Il n'est donc guère possible d'envisager un recensement exhaustif. Tout au plus, peut-on essayer de les regrouper par grandes catégories.

152.162 Droit de la sécurité sociale. La loi du 15 novembre 1999 a étendu aux partenaires la plupart des prestations de sécurité sociale.

L'article L. 161-14 du Code de la sécurité sociale permet, à l'instar du conjoint ou du concubin, une **affiliation à la sécurité sociale immédiate du pacsé,** en qualité d'ayant droit de son partenaire, assuré social, si lui-même ne peut bénéficier de la qualité d'associé social à un autre titre.

Il en résulte que le partenaire a droit à **l'assurance-maladie, à l'assurance-maternité et au capital-décès** de son partenaire au titre du régime général de la sécurité sociale (CSS, art. L. 361-4).

Les partenaires d'un PACS bénéficient des prestations en nature, des assurances maladies et maternité. La disposition ne constitue pas une avancée considérable puisque déjà, grâce à la loi du 27 janvier 1993 qui avait échappé à la censure du Conseil constitutionnel, le concubin homosexuel bénéficiait des mêmes droits (CSS, art. L. 161-14, al. 2). La seule différence – mais elle est importante pour éviter les contestations tatillonnes – est que pour bénéficier de ces droits, le partenaire n'aura pas à être à la charge effective, totale et permanente de l'assuré. Contrairement au simple concubin, le partenaire signant un PACS peut bénéficier du capital décès.

En revanche, **certaines prestations n'ont pas été étendues aux partenaires :**

– le bénéfice de l'allocation de repos maternel et l'indemnité de remplacement prévues au profit des conjoints collaborateurs des travailleurs indépendants (CSS, art. L. 613-19-1) ;

– le bénéfice de la pension de veuf ou de veuve invalide;

– le bénéfice du droit au reversement au profit du conjoint de la rente d'incapacité permanente dont bénéficiait le conjoint décédé;

– le PACS n'est pas pris en compte pour l'attribution au survivant de l'allocation veuvage. (CSS, art. L. 353-1).

Le point le plus important concerne **l'absence de pension de réversion**[4]. Prévue exclusivement au profit du conjoint, beaucoup souhaiteraient étendre la pension de réversion au profit du partenaire survivant. Le rapport remis au garde des Sceaux le 30 novembre 2004 préconisait d'étendre aux partenaires le bénéfice de toutes les prestations, mais de subordonner le droit à pension de réversion à une durée de PACS d'au moins deux ans avant le décès. Les prises de position officielles se succèdent (HALDE, Médiateur de la République) en faveur de l'extension de la pension de réversion au profit des partenaires. Certaines propositions de loi sont déposées en ce sens. L'attitude de la Cour de justice des communautés européennes devrait conduire le législateur à intervenir (v. s[s] n° 152.136).

Enfin, le titulaire du droit à l'allocation de soutien familial (CSS, art. L. 523-2) perd ce droit, non seulement s'il se marie ou vit en concubinage, mais aussi s'il conclut un PACS.

152.163 Prestations familiales et prestations sociales. Le principe est clair : **les partenaires sont considérés comme des concubins au regard des prestations familiales et des prestations sociales.** Leurs droits sont donc identiques.

Cette situation n'est pas toujours favorable par rapport à une personne célibataire : les revenus des partenaires doivent être cumulés pour calculer leurs droits à prestations sociales et familiales[5].

1. Décr. n° 2000-97, 3 févr. 2000, portant application de la loi n° 99-944 du 15 novembre 1999 relative au PACS en matière de prestations sociales et de sécurité sociale et modifiant le Code de la sécurité sociale, *JO* 5 févr., p. 1888 – Et Décr. n° 2000-98, 3 févr. 2000, étendant aux partenaires d'un PACS les dispositions applicables aux concubins en matière d'allocation de logement familiale et d'allocation aux adultes handicapés, *JO* 5 févr., p. 1889 – *RJPF* 2000, 3/36, obs. Valory.
2. V. F. Taquet, « PACS et sécurité sociale... premières réflexions », *Gaz. Pal.* 23-25 juill. 2000, 10 – F. Monéger, « Pacte civil de solidarité, aspects sociaux », *JCP N* 2000, p. 452 – F.-J. Pansier, « Aspects sociaux du PACS : présentation synthétique », *Dr. et patr.* avr. 2000, p. 73 – A. Benoît, « Aspects sociaux », *Dr. fam.* déc. 1999, HS préc., p. 42.
3. EN CE SENS, v. L. Pécaut-Rivolier, « Avantages et droits sociaux des pacsés », *AJ fam.* 2007, 20.
4. Pour la pension de retraite pour le survivant d'un couple pacsé, v. rép. min. Économie, n° 115585, *JOAN* Q, 13 mars 2007, p. 2666; *JCP N* 2007, act. 273-274.
5. EN CE SENS, v. Décr. n° 2000-97, 3 févr. 2000, portant application de la loi n° 99-944 du 15 novembre 1999 relative au pacte civil de solidarité en matière de prestations sociales et de sécurité sociale et modifiant le Code de la sécurité sociale (deuxième partie : Décrets en Conseil d'État), *JO* 5 févr., p. 1888.

Il en résulte, par exemple, que la conclusion d'un pacte emporte automatiquement la suppression de **l'allocation de parent isolé** (API).

La conclusion d'un pacte est prise en compte pour le calcul du revenu de solidarité active, les modalités de son versement, sa réduction ou sa suspension. Il en est de même pour la fixation du droit à **l'allocation adulte handicapé** (AAH), l'allocation de solidarité spécifique, la prime pour l'emploi.

Pour la détermination de **l'aide personnalisée au logement** (APL), les ressources de toutes les personnes vivant à la résidence principale sont prises en compte (en cas de sommes trop perçues, les pacsés sont tenus solidairement au remboursement des sommes versées au titre de l'APL[1]).

Le partenaire d'un fonctionnaire ou d'un agent d'une administration peut, s'il est domicilié avec lui à la date de la mutation ou de la mise à la retraite, **être inscrit sur les listes électorales**, en dehors des périodes de révision, en sa qualité de membre de famille au sens de l'article L. 30, 1° du Code électoral[2]. Mais il ne bénéficie pas des dispositions de l'article L. 11, 2° du même code, réservées au conjoint : selon ce texte, tout électeur ou toute électrice peut être inscrit sur la même liste que son conjoint, ce qui aux yeux de la Cour de cassation ne peut s'entendre d'un partenaire[3].

L'article R. 351-29 du Code de la construction et de l'habitation pose un principe d'égalité entre les conjoints, les concubins et les partenaires pour **l'allocation de logement social.** Est assimilé au conjoint, le bénéficiaire de l'aide personnalisée au logement ou le partenaire lié à celui-ci par un PACS. En outre, la notion de couple mentionnée à l'article R. 351-16 du Code de la construction et de l'habitation s'applique aux personnes mariées, vivant en concubinage ou liées par un PACS.

De plus, un certain nombre de textes récents, faisant référence à un certain nombre de droits spécifiques octroyés au conjoint, étendent également ces droits aux pacsés. Ainsi, à titre d'exemple, on peut citer l'article R. 6152-622 du Code de la santé publique qui, offre aux praticiens hospitaliers une autorisation d'absence de cinq jours pour un mariage ou la conclusion d'un PACS ou le décret du 26 mai 2006 en matière de concession de plage[4] qui assimile, en matière de sous-traitant de plage, le conjoint, le descendant et l'ascendant, et le titulaire d'un PACS.

Il n'est donc pas impensable qu'à l'avenir en matière de droits sociaux, le partenaire soit purement et simplement assimilé au conjoint[5]. En revanche, le partenaire du parent ne saurait bénéficier des droits attribués au titre de la parenté et non de la parentalité. Ainsi, la compagne de la mère ne peut bénéficier d'un congé de paternité puisqu'il « *est ouvert, à raison de l'existence d'un lien de filiation juridique, au père de l'enfant* »[6]. À ce titre, le PACS demeure selon la formule du Doyen Carbonnier, « *un contrat de pure conjugalité* ».

C.
Droit du travail

152.171 Droit du travail. Le Code du travail prévoit un congé simultané pour les partenaires travaillant dans la même entreprise (C. trav., art. L. 3141-15), des autorisations d'absence pour les événements familiaux (C. trav., art. L. 3142-1, 4°, congé spécial de deux jours en cas de décès du partenaire ou de naissance d'un enfant).

Il a été jugé que le droit de conclure un PACS constituant une liberté fondamentale, l'employeur ne peut y apporter que des restrictions justifiées par la nature de la tâche à accomplir et proportionnelle au but recherché. Ainsi dans une espèce, où l'employeur refusait à l'employé pacsé l'octroi d'une autorisation d'absence pour événements familiaux, la résiliation du contrat à durée déterminée pour absence injustifiée a été considérée comme abusive[7].

Le partenaire d'un PACS bénéficie également des dispositions de la loi du 11 janvier 1984 relative à la fonction publique d'État relatives au **rapprochement des conjoints** (L. 11 janv. 1984, art. 60, mod. par L. n° 2006-728, 23 juin 2006 : une priorité est accordée, en matière d'affectation, aux fonctionnaires séparés pour des raisons professionnelles de leur conjoint ou de leur partenaire). Ce droit est toutefois subordonné à la preuve qu'ils se soumettent à **l'obligation d'imposition commune.**

En revanche, le Code du travail n'ouvre droit à aucun congé pour la conclusion d'un PACS, même si de nombreuses conventions collectives pallient ce manque[8].

1. CE 9 juill. 2003, req. n° 255110, *D.* 2004, somm. 2967, obs. Lemouland; *RTD civ.* 2004, 69, obs. Hauser.
2. Civ. 2e, 25 mars 2004, n° 04-60.134, *Bull. civ.* II, n° 144; *D.* 2004, IR 1125; *RTD civ.* 2004, 489, obs. Hauser.
3. Civ. 2e, 5 mars 2008, n° 08-60.229, *Bull. civ.* II, n° 55; *D.* 2008, pan. 1794, obs. Lemouland et Vigneau; *Dr. fam.* 2008, n° 51, obs. Larribau-Terneyre; *RJPF* 2008-6/38, obs. Valory; *RTD civ.* 2008, 458, obs. Hauser.
4. Décr. n° 2006-608, 26 mai 2006, relatif aux concessions de plage, *JO* 28 mai, p. 7981.
5. Sur ce point, v. les propositions émises par le rapport remis au garde des Sceaux le 30 novembre 2004, *Le PACS, réflexions et propositions de réforme*.
6. Civ. 2e, 11 mars 2010, n° 09-65.853, *Bull. civ.* I; *Dr. fam.* 2010, comm. 92, obs. Devers.
7. CA Paris, 18e ch., sect. D, 11 oct. 2005, *Juris-Data* n° 286889.
8. EN CE SENS, v. les ex. donnés par L. Pécaut-Rivolier, « Avantages et droits sociaux des pacsés », *AJ fam.* 2007, 21 – ▶

Le 11 février 2008, la Haute autorité de lutte contre les discriminations (HALDE) a rendu une délibération relative au caractère discriminatoire d'une convention collective qui réserve le bénéfice de congés pour événements familiaux aux seuls salariés mariés [1]. La HALDE a considéré que les dispositions de la convention collective relatives aux congés pour événements familiaux et à la prime de mariage constituent une discrimination en raison de la situation de famille des salariés, méconnaissant l'article L. 1132-1 du Code du travail. La Haute autorité recommande que soit consacrée dans la convention collective l'extension du bénéfice des avantages rémunérés pour événements familiaux aux salariés unis par un PACS et suggère au ministre du Travail, des Relations sociales et de la Solidarité de faire procéder à l'amendement de l'article L. 3142-1 du Code du travail afin d'étendre l'ensemble des congés pour événements familiaux réservés aux seuls salariés mariés aux salariés unis par un PACS. La HALDE réitère sa position dans un rapport spécial du 28 septembre 2009 [2].

§ 4
Droit procédural

152.181 Représentation et assistance en justice. L'article 2 de la loi n° 2007-1787 du 20 décembre 2007 [3] est venu corriger les conséquences excessives d'une décision du Conseil d'État [4] en modifiant expressément les modalités de représentation et d'assistance devant le tribunal d'instance, le conseil de prud'hommes, la juridiction de proximité [5], le tribunal paritaire des baux ruraux [6] et le tribunal des affaires de sécurité sociale (CSS, art. 144-3). Il en ressort que les parties peuvent se faire assister ou représenter par leur « *concubin* » ou, et de manière nouvelle, par la « *personne avec laquelle elles ont conclu un pacte civil de solidarité* ».

► V. AUSSI, les propositions émises par le rapport remis au Garde des sceaux, le 30 novembre 2004, préc. : extension de certaines dispositions réservées aux époux : statut de travailleur à domicile, cas de recours aux contrats à durée déterminée...

§ 5
PACS et droit de l'entreprise

152.191 Droit de l'entreprise. Les droits du partenaire sur l'entreprise de son partenaire sont tributaires à la fois du régime patrimonial adopté (C. civ., art 515-1 s.) et des dispositions du Code de commerce. En prévoyant comme régime légal une séparation des patrimoines, la loi du 23 juin 2006 a facilité la création et la gestion de son entreprise par un partenaire. C'est uniquement lorsque les partenaires ont opté pour le régime de l'indivision (sur le régime des biens, v. s^s n°s 152.61 s.) que les difficultés suscitées par le régime de l'indivision présumée, issue de la loi du 15 novembre 1999, risquent de ressurgir. En particulier, en cas d'apport d'un bien à une société, les parts sociales ou actions reçues en contrepartie étaient présumées indivises, ce qui pouvait conduire à conférer la qualité d'associé à l'autre partenaire [7].

La loi n° 2008-776 du 4 août 2008 de modernisation de l'économie [8] a mis fin à l'absence de statut légal dans l'entreprise du partenaire. [9].

Désormais, le partenaire bénéficie du **statut de conjoint collaborateur du chef d'entreprise** qui a été profondément rénové par la loi du 2 août 2005. Les divers statuts – il peut opter pour l'un des trois statuts disponibles : collaborateur, salarié ou associé – que le Code de commerce offre pour le conjoint du chef d'une entreprise artisanale, commerciale ou libérale qui y exerce de manière régulière une activité professionnelle (C. com., art. L. 121-1 s.) sont étendus aux « *personnes qui sont liées au chef d'entreprise par un pacte civil de solidarité* » (C. com., art. L. 121-8 nouv.).

Ce statut de collaborateur offre au partenaire qui collabore à l'activité de son partenaire entrepreneur d'une part, du **mandat légal de gestion** dans les rapports avec les tiers (C. com., art. L. 121-7), et d'autre part, du **statut social correspondant** (régime d'affiliation obligatoire à un régime d'assurance vieillesse). Un décret n° 2008-1488 du 30 décem-

1. HALDE, délib. n° 2007-366, 11 févr. 2008, *JCP N* 2008, act. 301.
2. HALDE, délib. n° 2009-336, 28 sept. 2009, *JO* 14 mars 2010; *Dr. fam.* 2010, comm. 56, obs. Beignier.
3. L. n° 2007-1787, 20 déc. 2007, relative à la simplification du droit, *JO* 21 déc, p. 20639.
4. CE 6 avr. 2001, req. n° 205136, Ordre des avocats au barreau du Mans; *JCP E* 2001, p. 2059, note Boulmier.
5. L. n° 71-1130, 23 janv. 1990, portant réforme de certaines professions judiciaires et juridiques, *JO* 5 janv., p. 131, art. 4.
6. L. n° 90-85, 23 janv. 1985, complémentaire à la loi n° 88-1202 du 30 décembre 1988 relative à l'adaptation de l'exploitation agricole à son environnement économique et social, *JO* 25 janv., p. 998, art. 83.
7. Sur cette question, v. R. Besnard Goudet, « Réflexions sur le PACS et le droit des sociétés », *JCP E* 2001, p. 1128 – L. Burtin, « Le pacte de solidarité et l'entreprise », *Dr. et patr.* 2000, n° 81 – H. Novasse (avec M. Deslandes et R. Gentilhomme), « PACS et sociétés », *Actes pratiques*, 2000, n° 55 – D. Velardocchio, « Le PACS et le droit des sociétés : une liaison dangereuse... », *RLDA* avr. 2000, p. 5.
8. L. n° 2008-776, 4 août 2008, de modernisation de l'économie, *JO* 5 août, p. 12471.
9. V. C. Malecki, « Conjoints, pacsés : que reste-t-il de leurs différences en droit des sociétés après la loi n° 2006-728 du 23 juin 2006 ? », *JCP E* 2006, 2409 – M. Stork, « Droits sur l'entreprise du partenaire », *AJ fam.* 2007, 19.

bre 2008, pris en application de la loi de modernisation de l'économie[1], précise que la partie réglementaire du Code de commerce consacrée aux commerçants est applicable à la personne qui est liée au chef d'entreprise par un PACS (C. com., art. R. 121-6). En matière d'immatriculation, il est désormais prévu que les nom, nom d'usage pseudonyme, prénoms, date et lieu de naissance, domicile, lorsqu'il est différent du sien, et nationalité de la personne liée au chef d'entreprise par un PACS qui collabore effectivement à son activité commerciale, soient déclarés par la personne physique qui demande son immatriculation (C. com., art. R. 123-37).

En outre, le conjoint du **gérant associé unique** ou du **gérant associé majoritaire d'un SARL ou d'une SELARL** fait l'objet d'une mention au registre du commerce et des sociétés (RCS). Il en de même pour le partenaire (C. com., art. R. 123-55). Enfin, au même titre que le conjoint collaborateur d'une personne physique, du gérant associé unique ou du gérant associé majoritaire d'une SARL immatriculée au **répertoire des métiers** qui remplit les conditions fixées pour le bénéfice du statut de conjoint collaborateur, la personne liée au chef d'entreprise par un PACS fait l'objet d'une mention à ce répertoire.

Le droit rural avait sur ce point devancé le Code de commerce (v. s^s^ n° 152.82), puisque en la matière, la loi d'orientation agricole du 5 janvier 2006 a, pour la quasi-totalité de ses dispositions, purement et simplement assimilé le partenaire au conjoint.

Malgré ces assimilations, le droit de l'entreprise ignorant le plus souvent le partenaire, les **dispositions du droit des sociétés édictant des interdictions pour le conjoint** d'un associé ne sont **pas transposables aux partenaires d'un PACS**. Ainsi, par exemple, dans une société anonyme, il est possible de prévoir dans les statuts qu'une transmission d'actions par voie successorale ou par cession à un partenaire pourra être soumise à l'agrément de la société (comp. l'interdiction d'une telle clause pour le conjoint prévu à l'article L. 228-23 du Code de commerce). De même, le partenaire ne peut revendiquer la qualité d'associé par application de l'article 1832-2 du Code civil. Contrairement au conjoint, le partenaire d'un associé peut contracter auprès de la société un emprunt, faire cautionner par celle-ci des engagements envers les ou se faire consentir un découvert (pour l'époux, les interdits sont posés aux articles L. 225-43 et L. 223-21 du Code de commerce pour les gérants et associés d'une société à responsabilité limitée), à moins de considérer que le partenaire a été une personne interposée au sens des articles L. 225-43 et L. 223-21.

Par manifestation de volonté, rien n'interdit à un entrepreneur qu'il soit marié, pacsé ou non, de protéger son patrimoine familial lorsqu'il exerce son activité à titre individuel en limitant le droit de poursuite des créanciers, en **déclarant insaisissable la résidence principale** (C. com., art. L. 526-1 à L. 526-4, L. 1er août 2003), ou en **limitant les poursuites aux seuls biens professionnels** (C. mon. fin., art. L. 313-21). En revanche, les mesures qui permettent au tribunal de grande instance de décider de faire supporter la charge exclusive des dettes, qui ont été consenties par les époux, solidairement ou séparément, dans le cadre de la gestion d'une entreprise, au conjoint qui conserve le patrimoine professionnel, ne sont évidemment pas transposables au partenaire puisqu'elles ne sont prévues qu'en cas de divorce (C. civ., art. 1387-1, L. 2 août 2005).

§ 6
PACS et droit rural

152.201 **Droit rural.** La loi d'orientation agricole du 5 janvier 2006[2] a étendu au partenaire d'un PACS un certain nombre des dispositions du Code rural bénéficiant au conjoint[3].

– **Le partenaire d'un PACS est assimilé au conjoint du preneur** pour la faculté de conclure des conventions d'occupation précaire (C. rur., art. L. 411-2), pour l'association et la cession du droit au bail (C. rur., art. L. 411-35), pour l'hébergement dans les bâtiments d'habitation loués par le preneur (C. rur., art. L. 411-35), pour bénéficier de la transmission du droit au bail à cause de mort (C. rur., art. L. 411-34), du droit au renouvellement en cas de départ de son partenaire (C. rur., art. L. 411-46), de la cession du droit au bail lorsque le preneur se trouve évincé en raison de son âge (C. rur., art. L. 411-64) et des dispositions relatives à l'exercice du droit de préemption (C. rur., art. L. 412-5).

– **Le partenaire d'un PACS est assimilé au conjoint du bailleur** pour la clause de reprise sexennale (C. rur., art. L. 411-6) et pour bénéficier des dispo-

1. Décr. n° 2008-1488, 30 déc. 2008, portant diverses mesures destinées à favoriser le développement des petites entreprises, pris en application des articles 8, 14, 16, 56 et 59 de la loi n° 2008-776 du 4 août 2008 de modernisation de l'économie, *JO* 31 déc., p. 20637.

2. L. n° 2006-11, 5 janv. 2006, d'orientation agricole, *JO* 6 janv., p. 229.

3. V. H. Bosse-Platière, « Le droit rural et le PACS », *Dr. fam.* 2006, comm. 86; *RTD civ.* 2006, 390 s., obs. Leroyer; H. Bosse-Platière, « L'avenir familial de l'exploitation agricole », colloque *Les mutations de la famille agricole, Conséquences pour les politiques publiques*, Société française d'économie rurale, Sorbonne, 22 et 23 avr. 2004, *Rev. éco. rur.*, sept.-déc. 2005, p. 10.

sitions relatives à l'exercice du droit de reprise du bailleur (C. rur., art. L. 411-48, L. 411-58, L. 411-60).

Un certain nombre de dispositions du Code rural ont été oubliées de ce toilettage législatif. Par exemple, la présomption de mandat entre époux agriculteurs de l'article L. 321-1 du Code rural n'a pas été étendue au PACS[1], mais il est vrai que la mesure n'a plus grande utilité depuis que la loi du 23 décembre 1985 a prévu pour tous les époux, agriculteurs ou non, une règle similaire à l'article 1421, en instaurant - mais uniquement sur les biens communs à la différence de l'article L. 321-1 - une gestion exclusive pour l'exercice de la profession séparée.

Il en est de même de l'article L. 411-68 du Code rural, issu de la loi d'orientation agricole du 4 juillet 1980, qui interdit à l'époux titulaire du bail sans le consentement de son conjoint participant aux travaux de rompre le contrat. Mais est-ce seulement un oubli ? Ces dispositions auraient pu, sans grandes difficultés être étendues aux partenaires d'un PACS mais sans doute pour ces deux dispositions (C. rur., art. L. 321-1 et L. 411-68), considérées parfois comme un développement sectoriel du régime primaire des époux, la filiation avec le mariage est encore trop forte pour qu'une loi d'orientation agricole ose franchir le pas.

La loi d'orientation agricole du 5 janvier 2006 a également étendu le **statut de collaborateur d'exploitation aux personnes qui sont liées par un pacte civil de solidarité** (C. rur., L. 321-5, al. dern.). Il semble toutefois que ce **statut, obligatoire pour le conjoint**, demeure **facultatif pour le partenaire**[2]. S'il opte pour ce statut, le partenaire bénéficie d'un certain nombre de droits : en particulier assurance-vieillesse des non salariés agricoles et créance de salaire différé. Le droit à salaire différé reste tributaire de l'option du partenaire pour le statut de partenaire collaborateur (v. C. rur., art. L. 321-21-1 qui ne vise que le conjoint)[3].

Quant à l'**attribution préférentielle de l'entreprise agricole**, ce droit demeure théorique, en l'absence de disposition testamentaire accordant au partenaire survivant des droits dans le partage, puisque ce dernier n'est pas un héritier *ab intestat* de son partenaire défunt.

§ 7
PACS et droit fiscal

152.211 **Impôt sur le revenu.** La loi du 15 novembre 1999 avait mis en place un régime particulier : les partenaires étaient soumis à l'impôt sur le revenu au bout de trois ans[4]. Ils bénéficient depuis l'imposition de revenu 2004 (CGI, art. 6, 1, *in fine*), comme les gens mariés, du **quotient familial dès l'année de conclusion du contrat**. Si l'un des deux partenaires a un enfant, le foyer bénéficiera de 2,5 parts de quotient familial.

L'année de conclusion du PACS, il y a lieu de souscrire trois déclarations de revenus : **une déclaration personnelle pour chacun** des membres du couple pour les revenus perçus entre le premier janvier et le jour de la signature du contrat et une autre **déclaration commune pour le couple** de ce jour jusqu'au 31 décembre.

L'imposition commune est toutefois subordonnée à la condition que le pacte ne soit pas rompu l'année de sa souscription ou l'année suivante. L'imposition commune serait alors remise en cause de façon rétroactive et les impositions recalculées comme si le PACS n'avait jamais existé. Si elle intervient plus tard, le bénéfice de l'imposition commune est conservé uniquement pour l'année de la rupture.

En cas de **décès**, le partenaire est **fiscalement considéré comme veuf** : il conserve le bénéfice du quotient familial qui était attribué au foyer. L'année du décès, il est établi une imposition commune du 1er janvier à la date du décès, puis une imposition personnelle au nom du partenaire survivant, en fonction du quotient familial attribué au couple, pour les revenus perçus entre la date du décès et le 31 décembre.

152.212 **Droits de mutation à titre gratuit.** La loi du 21 août 2007 en faveur du travail, de l'emploi et du pouvoir d'achat[5] a aligné la situation des partenaires sur celle des époux au regard des **droits de mutation à titre gratuit.**

La loi du 15 novembre 1999 avait prévu un abattement de 375 000 francs lors de la perception des droits de mutation à titre gratuit, ce qui avait conduit, du

1. On pourrait hésiter à être aussi affirmatif : les textes sur la présomption de mandat se situent, au sein du Code rural, dans une sous-section intitulée, depuis la loi du 5 janvier 2006, « Les rapports entre époux, les personnes liées par un pacte civil de solidarité ». Mais l'intitulé d'une sous-section ne modifie pas généralement la lettre des articles; or ceux applicables à la présomption de mandat visent exclusivement le conjoint et non les partenaires et concubins.
2. EN CE SENS, v. Barrabé-Bouchard et M. Hérail, *Droit rural*, « Droit notarial », Ellipses, 2007, n° 118.
3. V. antérieurement, rép. min. n° 44056, 22 mai 2000, *JCP N* 2000, p. 1046.
4. Pour des précisions sur l'instr. 30 déc. 1999, relative aux effets du PACS en matière d'impôt sur le revenu et d'impôts directs locaux, v. *JCP N* 2000, p. 283 – Instr. 19 mars 2003, *BOI* 5 B-9-03, n° 52; *RJPF* 2003-5/29, obs. Vauvillé.
5. L. n° 2007-1223, 21 août 2007, en faveur du travail, de l'emploi et du pouvoir d'achat, *JO* 22 août, p. 13945.

même coup, le législateur à réévaluer le montant de l'abattement entre époux qui passait de 330 000 à 500 000 francs. Le tarif applicable aux fractions de part nette taxables va de 40 % à 50 % (comp. CGI, art. 777, pour les époux); il y avait de quoi donner, aux concubins hétérosexuels, taxés à 60 % en matière de donation et successions, l'envie de souscrire un PACS. Par la suite, le partenaire survivant bénéficiait d'un abattement de 57 000 euros sur la part nette taxable. Une fois l'abattement appliqué, la part nette revenant au pacsé était soumise à un taux d'imposition de 40 % pour la fraction n'excédant pas 15 000 euros et à un taux de 50 % au-delà. À l'origine, l'abattement ne s'appliquait que si, à la date du fait générateur des droits, les partenaires étaient liés depuis au moins deux ans par un PACS. Cette condition avait été supprimée à compter du 1er janvier 2005.

Désormais, pour la perception des droits de mutation à titre gratuit entre vifs, il est effectué un abattement, pour l'année 2009, de 79 222 euros sur la part du partenaire lié au donateur par un PACS (CGI, art. 790 F). L'abattement est remis en cause si le PACS est rompu dans l'année de sa conclusion ou de l'année suivante pour un motif autre que le mariage entre les partenaires ou le décès de l'un d'entre eux.

En ce qui concerne les **droits de mutation par décès**, le partenaire lié au défunt par un PACS s'en trouve **exonéré** (CGI., art. 796-0 *bis*). Dans la mesure où le partenaire n'est pas un héritier *ab intestat* (v. ss no 152.101), la disposition a vocation à s'appliquer pour les successions testamentaires.

Enfin, le tarif des droits applicables aux époux a également été étendu aux partenaires d'un PACS (CGI, art. 777).

En ce qui concerne, les biens recueillis en vertu d'une **clause de tontine**, ils sont réputés d'un point de vue fiscal (CGI., art. 754 A) transmis à titre gratuit à chacun des bénéficiaires de l'accroissement. Lorsque le bénéficiaire de la clause de tontine est le conjoint survivant ou le partenaire lié au défunt par un pacte civil de solidarité, celui-ci pourra bénéficier de **l'exonération** prévue à l'article 796-0 *bis* du CGI[1].

Depuis la loi de finances pour 2008[2] un nouvel alinéa aux articles 748 et 750, II du Code général des impôts a été ajouté. À compter du 1er janvier 2008, le droit de 1,1 % s'applique aux partages et aux licitations de biens indivis : acquis par des époux avant ou pendant le mariage quel que soit leur régime matrimonial; acquis par des partenaires liés par un PACS, avant ou pendant la durée du pacte; reçus par voie de donation-partage.

1. EN CE SENS, v. Rép. min. no 39875, *JOAN* Q, 9 juin 2009, p. 5623.
2. L. no 2007-1822, 24 déc. 2007, loi de finances pour 2008, *JO* 27 déc., p. 21211, art. 18; *JCP N* 2008, no 3, 1021.

152.213 Impôt de solidarité sur la fortune. L'assiette de l'impôt de solidarité sur la fortune (ISF) est constituée par la valeur de l'ensemble des biens, droits et valeurs imposables appartenant d'une part, à l'un et l'autre des concubins et, d'autre part, à leurs enfants mineurs lorsqu'ils ont l'administration légale des biens de ceux-ci (CGI, art. 885 E, al. 2). Il en va de même pour les signataires d'un PACS (CGI, art. 885 A, al. 5). Les partenaires ont l'obligation de signer conjointement la déclaration de leur fortune (CGI, art. 1723 *ter*-00 B). Sont exclues du patrimoine imposable à l'ISF des personnes bénéficiaires, les **rentes ou indemnités perçues en réparation de dommages corporels liés à un accident ou à une maladie**, que les sommes concernées soient versées à la victime ou à ses ayants droit. Depuis la loi de finances rectificative pour 2007, le champ d'application de cette exonération a été étendu à la valeur de capitalisation des rentes ou indemnités perçues par la victime avant son décès, puis transmises par succession au conjoint survivant. L'Administration a notamment précisé que l'exonération s'applique aux rentes ou indemnités versées au titre non seulement d'un dommage corporel lié à un accident ou une maladie, mais également au titre du **préjudice moral ou économique du fait d'un dommage corporel causé à un proche**. L'Administration admet que le partenaire lié au défunt par un PACS bénéficie également de ces dispositions.

152.214 Plus-values immobilières. Une instruction administrative du 24 juillet 2007 a pour objet d'adapter certaines mesures, applicables en matière de plus-values immobilières des particuliers, aux concubins et aux partenaires liés par un pacte civil de solidarité (PACS) :

– l'exonération prévue en faveur de la résidence principale s'applique aux immeubles cédés en cours de construction destinés à devenir l'habitation principale des concubins qui se séparent ou des partenaires qui rompent un PACS;

– l'exonération prévue en faveur de la résidence principale s'applique aux immeubles cédés qui constituaient la résidence principale des concubins ou des partenaires liés par un PACS lors de la séparation; le bénéfice de l'exonération n'est subordonné à aucun délai particulier entre la date de séparation et la date de mise en vente[3];

– le partage de biens indivis provenant d'une indivision entre concubins ou partenaires liés par un PACS ne constitue pas un fait générateur d'impôt sur le revenu.

3. Rép. min. no 14197, *JOAN* Q, 8 avr. 2008; *JCP N* 2008, act. 401.

Elle prévoit également un assouplissement pour la cession de l'ancienne habitation principale d'un contribuable incarcéré. Ces dispositions s'appliquent aux cessions intervenues à compter de la date de publication de la présente instruction administrative et, en tant que de besoin, au règlement des litiges en cours[1].

152.215 **Taxes locales.** La taxe foncière sur propriété bâtie ou sur propriété non bâtie est établie au nom du propriétaire de l'immeuble, le concubinage et le PACS ne produisant aucun effet particulier. La taxe d'habitation est établie :

– s'agissant de **deux concubins**, au nom de celui qui a effectivement la qualité d'occupant en titre, autrement dit au **nom du titulaire du bail ou du propriétaire du logement** (les deux concubins peuvent demander qu'il soit tenu compte, pour le calcul des abattements, des enfants à charge du cohabitant, celui-ci ayant également la disposition privative du logement; par ailleurs, contrairement aux couples mariés, les concubins ne sont pas tenus solidairement au paiement de la taxe);

– s'agissant de **deux partenaires pacsés**, le paiement de la taxe incombe aux **deux partenaires** dès lors qu'ils vivent sous le même toit, comme pour les couples mariés.

Les concubins peuvent demander qu'il soit tenu compte, pour le calcul des abattements, des enfants à charge du cohabitant, celui-ci ayant également la disposition privative du logement. Contrairement aux couples mariés, les concubins ne sont pas tenus solidairement au paiement de la taxe. En revanche, la solidarité s'applique aux partenaires liés par un PACS.

152.216 **Cession d'entreprise à un proche du cédant**[2]. L'article 732 *ter*, I du Code général des impôts instaure, pour la liquidation des droits, un abattement de 300 000 euros du prix de cession de la pleine propriété des entreprises commerciales, artisanales, agricoles ou des clientèles ou sur la fraction de la valeur des droits sociaux représentative de la valeur desdites entreprises composant l'actif d'une société. Les cessionnaires bénéficiant de l'abattement sont[3] : le conjoint du cédant au jour de la cession; son partenaire uni dans un PACS; ses ascendants; ses descendants en ligne directe à tous les degrés; ses frères et sœurs germains. Aucune durée effective du PACS n'est exigée. Le cédant peut être une personne physique, une entreprise individuelle ou une société quelle que soit sa forme juridique. La cession doit porter sur une entreprise individuelle exerçant une activité industrielle, commerciale, artisanale, agricole ou libérale. Le ou les cessionnaires sont soumis à une **double et indivisible obligation de poursuite de l'activité professionnelle pendant cinq ans** et d'exercice de fonctions dirigeantes au sein de l'entreprise ou de la société pendant ce même délai.

§ 8
PACS et droit pénal

152.221 **Droit pénal.** Les liens qu'entretient le droit pénal et le PACS sont multiples[4] en raison de la diversité des infractions susceptibles de concerner les partenaires d'un pacte civil de solidarité (pour une analyse plus complète, v. s^{s} n°s 511.10 s.). On citera deux exemples où le droit pénal prend en compte spécifiquement le pacte civil de solidarité.

1) Pour lutter contre le fléau que constituent les violences conjugales, sur le terrain civil, la loi du 26 mai 2004 réformant le divorce, donne au juge aux affaires familiales le pouvoir d'ordonner, par le biais de mesures urgentes et provisoires, une forme d'**expulsion du conjoint violent hors du domicile conjugal** (C. civ., art. 220-1). En effet, « *lorsque les violences exercées par l'un des époux mettent en danger son conjoint, un ou plusieurs enfants, le juge peut statuer sur la résidence séparée des époux, en précisant lequel des deux continuera à résider dans le logement* ». Sauf circonstances particulières, la jouissance de ce logement est attribuée au conjoint qui n'est pas l'auteur de violences conjugales. Cette mesure est toutefois caduque si le conjoint victime, n'a pas dans un délai de quatre mois déposé une requête en divorce ou en séparation de corps.

Il reste que cette disposition ne peut, sauf à aller au-delà de la lettre du texte, être étendue au concubinage ou au PACS, même si les raisons qui ont poussé le législateur à légiférer devraient justifier que la mesure d'éloignement s'applique quel que soit le mode de conjugalité envisagé[5].

La loi n° 2006-399 du 4 avril 2006 renforçant la prévention et la répression des violences conjugales au sein du couple ou commises contre les

1. Source : Instr. DGI, 24 juill. 2007, *BOI* 8 M-2-07.
2. V. C. Delory, « Cession d'entreprises à un proche du cédant ou aux salariés : un régime fiscal très incitatif », *JCP N* 2009, 1282.
3. Instr. n° 7 D-1-09, 2 avr. 2009, *BOI* n° 37.
4. Sur les liens entre droit pénal et PACS, v. F. Alt-Maes « Le PACS à l'épreuve du droit pénal », *JCP* 2000, I, 275 – A. Bourrat-Gueguen « Les incidences du PACS en droit pénal », *Études offertes à J. Rubellin-Devichi, Des concubinages, droit interne, droit international, droit comparé*, Litec, 2002, p. 213.
5. EN CE SENS, v. X. Labbée, obs s^{s} TGI Lille, 21 févr. 2006, *D.* 2006, 1350 : le juge civil ne vient pas au secours de la concubine.

mineurs[1] a **étendu les pouvoirs du procureur de la République**, préalablement à toute décision sur l'action publique. Il peut faire cesser le trouble par une prise en charge médicale, sociale, ou psychologique du membre de la famille violent ou s'il n'est pas d'autres solutions, par la **fixation de la résidence de l'auteur des faits hors du domicile et/ou l'interdiction d'être aux abords de celui-ci**. La protection concerne **tous les couples (mariés, concubins, pacsés)** et leurs enfants dès que les violences ont été commises par l'un des membres du couple (modification C. pr. pén., art. 41-1, 6°; 41-2, 14°; 138, 17°). Ces dispositions sont également applicables lorsque l'infraction est commise par **l'ancien conjoint ou concubin de la victime, ou par la personne ayant été liée à elle par un PACS**, le domicile concerné étant alors celui de la victime. Ces pouvoirs conférés au ministère public sont préalables à toute décision sur une éventuelle action publique et ont même pour effet de suspendre la prescription de l'action publique.

2) La loi du 4 avril 2006 ne se contente pas de lutter contre les violences à l'intérieur du couple, pacsé ou non. Elle incrimine expressément le **viol dans le couple** « *quelle que soit la nature des relations existant entre l'agresseur et la victime* » (C. pén., art. 222-22, al. 2). Le texte prend le soin de préciser « *y compris s'ils sont unis par les liens du mariage* ». Il faudrait ajouter, ce qui va de soi, « *y compris s'ils sont liés par un pacte civil de solidarité.* »

La loi considère aussi, comme une **circonstance aggravante** le fait que le **viol** soit **commis** par le conjoint, le concubin de la victime ou **le partenaire lié à la victime par un pacte civil de solidarité** (C. pén., art. 222-24, 11°). Si une telle circonstance aggravante existe entre concubins ou entre partenaires, ce ne peut être qu'en raison de la communauté de vie existant entre victime (écho aux définitions que donne le Code civil du concubinage et du partenariat aux articles 515-8 et 515-1 du Code civil). Le viol serait d'autant plus grave qu'il est favorisé par une proximité d'où peuvent naître des liens de dépendance.

1. L. n° 2006-399, 4 avr. 2006, renforçant la prévention et la répression des violences conjugales au sein du couple ou commises contre les mineurs, *JO* 5 avr., p. 5097; *RTD civ.* 2006, 402, comm. Leroyer.

CHAPITRE

153. Dissolution du PACS

HUBERT BOSSE-PLATIÈRE
MAÎTRE DE CONFÉRENCES
À L'UNIVERSITÉ DE DIJON

SECTION 0 ORIENTEUR

153.00 Plan du chapitre.

Divisions. Le principe de liberté dans la rupture du PACS se retrouve tout autant lors de l'examen des causes (sect. 1) que lors de ses conséquences (sect. 2).

153.01 Textes applicables.
* V. s^s n° 150.01

153.02 Jurisprudence de référence.
* V. s^s n° 150.02

153.03 Bibliographie indicative.
* V. s^s n° 150.03

153.04 Questions essentielles.

> Quelles sont les formalités à respecter si un partenaire veut rompre le PACS ?

* V. s^s n° 153.15

> Est-ce qu'un partenaire délaissé peut obtenir des dommages et intérêts pour rupture du PACS ?

* V. s^s n° 153.22

> Quelles sont les conséquences d'une dissolution de PACS sur les biens ?

* V. s^s n°s 153.31 s.

> Est-ce que les partenaires héritent l'un de l'autre ?

* V. s^s n° 153.61

> Quels sont les droits du partenaire sur le logement du couple ?

* V. s^s n° 153.61

SECTION 1 CAUSES DE DISSOLUTION DE PACS

153.11 Pluralité de causes. L'article 515-7 du Code civil énumère un certain nombre de cas où il peut être mis fin à un PACS. On retrouve les mêmes causes qu'en 1999[1], mais le législateur de 2006 a modifié l'ordre de présentation.

Désormais, apparaissent d'abord la dissolution par la **mort** de l'un des partenaires ou le **mariage** de l'un d'eux (C. civ., art. 515-7, al. 1er), ce qui renforce l'idée d'assimilation du PACS au mariage et au statut des personnes alors que la loi du 15 novembre 1999 mettait davantage en avant sa dimension contractuelle.

Viennent ensuite, la **dissolution par déclaration conjointe** ou par **décision unilatérale** des partenaires.

Cette liste de causes est limitative. Doit être rejetée une analyse (trop) contractuelle du PACS qui autoriserait la résolution judiciaire du PACS en présence d'une inexécution des obligations contractuelles sur le fondement de l'article 1184 du Code civil[2]. En effet, la décision du Conseil constitutionnel du 9 novembre 1999 (considérant 28), ainsi

1. V. A. Gouttenoire-Cornut, « *Responsabilité civile et rupture unilatérale du concubinage* », *Des concubinages, droit interne, droit international, droit comparé, Études offertes à J. Rubellin-Devichi*, Litec, 2002, p. 257.
2. Sur cette question, et éventuellement l'insertion de clauses résolutoires, v. H. Lécuyer, « Les dissolutions du PACS », *Regards civilistes sur la loi du 15 novembre 1999 relative au concubinage et au PACS*, colloque du LERADP, avant-propos F. Dekeuwer-Défossez, LGDJ, 2002, p. 101.

que le soin pris par le législateur de 1999 et de 2006 de réglementer minutieusement les causes et la procédure de dissolution du PACS, militent en faveur de cette solution.

153.12 Dissolution par décès. Le décès de l'un des partenaires (ou des deux) met naturellement fin au pacte. La date de dissolution du pacte est la date du décès (C. civ., art. 515-7, al. 1er). Dans la loi du 15 novembre 1999, il était prévu que le survivant ou tout intéressé adresse copie de l'acte de décès au greffe du tribunal d'instance qui avait reçu l'acte initial. Ce régime présentait un risque : en cas d'inertie du survivant, le greffier n'était pas au courant et ne pouvait procéder aux formalités de publicité requises. Désormais, puisque le PACS est inscrit en marge des actes de l'état civil (v. ss nos 151.61 s.), il appartient à l'officier de l'état civil requis pour apposer en marge de l'acte de naissance du ou des partenaires la mention du décès, d'informer du décès le greffe du tribunal d'instance du lieu d'enregistrement du PACS, à charge pour ce dernier d'enregistrer la dissolution du pacte et de procéder aux formalités de publicité (C. civ., art. 515-7, al. 2). Il doit en informer, le cas échéant, le partenaire survivant[1].

153.13 Dissolution par mariage. Le mariage de l'un des partenaires (ou des deux, ensemble, ou séparément) met fin au pacte. La date de dissolution du pacte est la date du mariage (C. civ., art. 515-7, al. 1). Pour le Conseil constitutionnel, « *la cessation du pacte à la date du mariage de l'un des partenaires met en œuvre le principe de valeur constitutionnelle de la liberté du mariage* ». Dès lors, on doit admettre que si l'un des partenaires décide de convoler en « *justes noces* », **le pacte devient caduc.** Il y a là une faveur du mariage sur le PACS qui dénote, toujours, une hiérarchie, dans l'esprit du législateur, dans les modes de conjugalités.

Si le PACS s'apparente, de plus en plus, au mariage, il faut bien lutter contre toutes formes de polygamie et cette cause de dissolution est aussi la contrepartie de la règle posée à l'article 515-2, 2° du Code civil selon laquelle il ne peut y avoir de PACS, à peine de nullité absolue, entre deux personnes dont l'une au moins est engagée dans les liens du mariage.

Dans la loi du 15 novembre 1999, il appartenait à l'ancien partenaire nouvellement marié d'alerter son ancien comparse de son nouvel état matrimonial, ce qui n'était pas nécessairement élégant et risquait surtout de conduire à l'inobservation des formalités de rupture. Il en résultait que certains PACS toujours enregistrés n'avaient, cependant, plus d'existence juridique. La loi du 23 juin 2006 prévoit, à l'instar de la dissolution par décès, qu'il appartient à l'officier de l'état civil, requis pour apposer en marge de l'acte de naissance du ou des partenaires la mention du mariage, d'aviser sans délai le greffe du tribunal d'instance du lieu d'enregistrement du pacte (C. civ., art. 515-7, al. 2 - *adde* Décr. 23 déc. 2006, art. 3). Le greffier enregistre la dissolution et en informe les deux partenaires (Décr. 23 déc. 2006, art. 3), ce qui évitera que le partenaire délaissé ne découvre la dissolution du PACS à l'occasion d'une demande d'une copie de son acte de naissance.

Logiquement, la conclusion d'un nouveau PACS devrait conduire au même résultat, mais la question n'est pas expressément prévue. Il est vrai que, en pratique, elle devrait se poser différemment, puisque c'est la conclusion d'un nouveau pacte qui est impossible (interdiction d'une fausse polygamie) dès lors que l'un des protagonistes est déjà engagé dans les liens du pacte sous peine de nullité absolue (C. civ., art. 515-2, 3°). À la différence de la rupture par nouveau mariage, les formalités de cessation du premier PACS doivent avoir été effectuées pour que le second puisse prendre effet : c'est qu'il n'existe pas un principe de valeur constitutionnelle affirmant la liberté à conclure un PACS.

153.14 Dissolution par déclaration conjointe. La rupture d'un commun accord est prévue à l'article 515-7, alinéas 3 et 4. Il aurait été curieux de négliger la possibilité de séparation amiable alors que, dans les revendications des protagonistes, pointe notamment la recherche d'une plus grande liberté dans la rupture. La multiplication et l'allongement des procédures de divorce expliquent sans doute une certaine désaffection pour le mariage, mais le recours à un juge, quoi qu'en disent les défenseurs du divorce à la mairie, constitue toujours le garde-fou le plus sûr pour vérifier la liberté des consentements et ainsi protéger le plus faible des deux. Il est dommage que le législateur de 2006, en renforçant le statut de couple du PACS, ait ainsi écarté le juge de la séparation des partenaires.

La **date de la dissolution** a été modifiée par la loi du 23 juin 2006. Initialement, la loi du 15 novembre 1999 prévoyait que le PACS prenait fin dès la mention en marge de l'acte initial de la déclaration conjointe (C. civ., art. 515-7, al. 8 anc.). Cette solution présentait un inconvénient : la date était, le plus souvent, inconnue des partenaires. Désormais, « *la dissolution du PACS prend effet dans les rapports entre partenaires à la date de son enregistrement au greffe* ». À l'instar du mariage (C. civ., art. 262), la date de la dissolution du PACS, à l'égard des tiers est la date à laquelle « *les formalités de publicité ont*

1. Décr. no 2006-1806, 23 déc. 2006, relatif à la déclaration, la modification, la dissolution et la publicité du pacte civil de solidarité, *JO* 31 déc., p. 20375, art. 3.

été accomplies » (date à laquelle mention de dissolution est portée en marge de l'acte de naissance des partenaires – C. civ., art. 515-7, al. 8).

Sous l'empire de la loi du 15 novembre 1999, la déclaration devait être envoyée au tribunal dans le ressort duquel l'un d'eux avait sa résidence. Le greffier devait inscrire cette déclaration et en faisait porter mention au greffe du tribunal d'instance qui avait reçu la déclaration initiale. C'est cette dernière formalité qui attestait de la fin du PACS.

La loi du 23 juin 2006 a simplifié les formalités : il suffit aux deux partenaires, s'ils sont d'accord, de remettre **une déclaration conjointe écrite au greffe du tribunal d'instance** du lieu de l'enregistrement. Elle peut être adressée par lettre recommandée avec demande d'avis de réception (C. civ., art. 515-7, al. 4 – Décr. n° 2006-1806, 23 déc. 2006, art. 4); dans ce cas, il est nécessaire de joindre une photocopie d'un document d'identité (v. Décr. 23 déc. 2006, art. 1er, al. 2). Le greffier enregistre la déclaration et fait procéder aux formalités de **publicité** (C. civ., art. 515-7, al. 6) : il donne récépissé de cette déclaration aux partenaires. Le greffier avise ensuite sans délai l'officier de l'état civil détenteur de l'acte de naissance de chaque partenaire afin qu'il soit procédé aux formalités de publicité dans les conditions de l'article 49 du Code civil (Décr. 23 déc. 2006, art. 6).

153.15 Dissolution par volonté unilatérale. Par décision unilatérale, un des partenaires peut mettre fin au pacte (C. civ., art. 515-7, al. 3). Sans aller jusqu'à parler de répudiation il faut bien admettre que l'on se trouve en présence d'un « *divorce foudroyant* » selon l'image utilisée par le Doyen Carbonnier.

L'auteur de la rupture doit signifier, par **voie d'huissier**, à son partenaire sa décision de rompre, et adresser **copie de cette signification au greffe du tribunal d'instance** du lieu de son enregistrement (C. civ., art. 515-7, al. 5 – V. aussi Décr. 23 déc. 2006, art. 5). À l'instar de la dissolution par déclaration conjointe, lorsque l'un des partenaires est placé sous tutelle, le **tuteur autorisé par le conseil de famille**, ou, à défaut par le **juge des tutelles**, peut mettre fin au pacte dans les conditions prévues à l'article 515-7. (C. civ., art. 462, al. 5 – sur les modifications apportées par la loi n° 2007-308 du 5 mars 2007, v. ss n° 153.16).

Le greffier enregistre la déclaration, il en avise les partenaires (Décr. 23 déc. 2006, art. 5) et fait procéder aux formalités de **publicité** (C. civ., art. 515-7, al. 6). Le greffier doit informer sans délai l'officier d'état civil détenteur de l'acte de naissance de chaque partenaire, ou le greffier en chef du tribunal de grande instance de Paris si l'un des partenaires est de nationalité étrangère et né à l'étranger (Décr. 23 déc. 2006, art. 6, al. 2).

Entre partenaires, la dissolution du PACS prend effet à la date de l'enregistrement au greffe (C. civ., art. 515-7, al. 7). Il faut en déduire que, dans l'hypothèse, où la signification faite au partenaire ne serait pas transmise au greffe, la déclaration ne produit aucun effet.

À l'égard des tiers, la dissolution du PACS prend effet à la date d'accomplissement des formalités de publicité (C. civ., art. 515-7, al. 8 – Comp. sous le système antérieur : la fin du PACS ne prenait pas effet avec la réception mais seulement trois mois après la signification).

153.16 Majeurs protégés et dissolutions du PACS. La loi n° 2007-308 du 5 mars 2007, portant réforme de la protection juridique des majeurs, est venue préciser les modalités de dissolution d'un PACS lorsque l'un des partenaires est placé sous un régime de protection. Ces dispositions sont entrées en vigueur au 1er janvier 2009.

– Le **majeur en tutelle** peut rompre le pacte non seulement par **déclaration conjointe** mais aussi par **décision unilatérale** (C. civ., art. 462, al. 4). Mais étant donné la gravité d'un tel acte, le législateur s'est efforcé d'entourer cette libre rupture par un certain nombre de mesures visant à sauvegarder les droits du majeur en tutelle :

1° Pour être valable, la **rupture unilatérale** par l'autre partenaire devra être **signifiée au tuteur**;

2° Le **tuteur** pourra rompre le pacte sur **autorisation du conseil de famille ou du juge**, après audition du tutélaire, et, éventuellement, le recueil de ses proches (C. civ., art. 462, al. 5);

3° Les **opérations de liquidation des droits et obligations**, ainsi que celles relatives à l'évaluation des créances entre les partenaires, ne pourront être accomplies que par le **tuteur** (C. civ., art. 462, al. 7).

– Le **majeur en curatelle** peut également rompre le pacte par **déclaration conjointe** ou **rupture unilatérale** (C. civ., art. 461, al. 3). À l'instar du majeur en tutelle, la capacité juridique du majeur sous curatelle se trouve limitée pour certains actes. Si le majeur peut remettre seul la déclaration conjointe au greffe du tribunal d'instance, il doit, en revanche, être **assisté par son curateur pour signifier une rupture unilatérale** à son partenaire et en adresser la copie au greffe. L'assistance du curateur est également requise pour procéder aux **opérations de liquidation** et pour **évaluer les créances** entre partenaires.

En tutelle comme en curatelle, la **conclusion**, la **modification** ou la **rupture** d'un pacte, entraîne la **nomination d'un tuteur *ad hoc*, en cas d'exercice de la tutelle ou de la curatelle, par le partenaire du majeur protégé** (pour la tutelle : C. civ., art. 462, al. 8 - pour la curatelle : C. civ., art. 461, al. 5). La règle s'explique aisément par le souci d'éviter tout conflit d'intérêts. La notion d'opposition d'intérêts n'aura pas besoin d'être appréciée par un juge puisque selon les textes, le curateur ou le tuteur, selon les cas, sont réputés être en opposition d'intérêts. La loi reste en revanche muette sur les conditions de nomination d'un tuteur *ad hoc*. Il convient de s'en remettre au droit commun. La nomination d'un tuteur *ad hoc* ne sera nécessaire qu'en l'absence de subrogé tuteur.

SECTION 2
CONSÉQUENCES DE LA DISSOLUTION D'UN PACS

153.20 Liberté et droit commun. La dissolution du PACS met fin à tous les droits et obligations nés du contrat (régime primaire, régimes des biens, *etc*). La fin du pacte met un terme aux obligations des partenaires, c'est-à-dire essentiellement à leurs obligations mutuelles et matérielles ainsi qu'à leur solidarité à l'égard des tiers. **Le recours au juge n'est pas prévu,** c'est un principe de liberté dans la rupture qui est ainsi affirmé, mais le juge risque de réapparaître (sur la faiblesse quantitative du contentieux, v. s^s^ n° 150.52) dès lors que les partenaires ne s'entendent pas non plus pour régler les conséquences de leur désunion. **Le juge aux affaires familiales est ainsi compétent** comme en matière de rupture de concubinage pour statuer sur les questions relatives à l'autorité parentale, aux droits de visite, d'hébergement, de pension alimentaire.

Inéluctablement, la rupture montre aux partenaires qu'il est difficile de se passer du droit.

Si la rupture est libre, les circonstances de la rupture peuvent être fautives : se pose alors la question de l'indemnisation du partenaire victime d'un préjudice.

Si le PACS a duré un minimum de temps, il convient, éventuellement, de liquider les intérêts patrimoniaux du couple.

Si le PACS a été dissous par décès, la loi du 23 juin 2006 a timidement fait entrer le partenaire survivant dans le droit des successions *ab intestat*.

§ 1
Responsabilités

153.21 Responsabilité civile. Il ne peut y avoir de faute dans la rupture elle-même puisque la rupture est libre. L'article 515-7 alinéa 10 du Code civil réserve toutefois la faculté pour le partenaire auquel la rupture est imposée, d'agir en responsabilité contre l'autre pour réparer le préjudice éventuellement subi à l'occasion de la liquidation.

Le Conseil constitutionnel, dans sa décision du 9 novembre 1999, a énergiquement énoncé que la **faute** pouvait tenir notamment aux **conditions de la rupture** et que le droit d'agir sur le fondement de la responsabilité délictuelle est garanti constitutionnellement par l'article 4 de la Déclaration des droits de l'homme et du citoyen de 1789 [1].

Le caractère d'ordre public du droit à réparation ne fait pas de doute. Il en résulte que les partenaires ne pourraient insérer une clause interdisant à l'un des partenaires d'agir en responsabilité. Mais le régime de cette responsabilité - essentiellement dans sa portée - demeure incertain.

Peut-on réparer tous les dommages causés par l'un des partenaires, y compris ceux qui auraient été causés pendant la vie commune du PACS ou faut-il se contenter d'une réparation visant uniquement les seuls dommages causés par la rupture ? L'article 515-7 alinéa 10 du Code civil semble ne prendre en compte que la réparation du dommage éventuellement subi à l'occasion de la rupture.

On se trouve, en définitive, dans une situation analogue au concubinage simple : la rupture ne peut justifier l'allocation de dommages et intérêts, seules les circonstances sont de nature à établir une faute de son auteur; ce qui est le cas, par exemple, lorsque le concubin marié abandonne sa concubine après l'avoir incitée à déménager en quittant son emploi tout en lui interdisant de travailler et après s'être engagé formellement à subvenir à ses besoins [2]. Naturellement, la faute dans la rupture, qui relève de l'application de l'article 1382 du Code civil, doit être indemnisée dans les conditions ordinaires [3].

153.22 Responsabilité contractuelle. L'article 515-7 alinéa 10 du Code civil interdit-il d'agir sur le fondement d'une responsabilité contractuelle, pour obtenir l'indemnisation d'un préjudice causé par la violation d'une obligation contractuelle ? La question reste discutée même si elle se pose en des termes différents en **présence ou** en l'**absence de clause** en sa faveur.

En son absence, le non-respect d'une obligation contractuelle née du contrat devrait entraîner le jeu de la responsabilité dès lors que les autres conditions sont remplies (préjudice, lien de causalité). Le contentieux est toutefois inexistant.

1. Sur cette constitutionnalisation de l'article 1382 du Code civil : B. Blacher et J.-B. Seube, « Le PACS à l'épreuve de la constitution », *RD publ.* 2001, p. 203 s.
2. Civ. 1re, 7 avr. 1998, n° 96-10.581, NPT; *Dr. fam.* 1998, chron. 81, note Lécuyer.
3. Pour un ex. de rupture d'un PACS, jugée non abusive et non fautive : CA Paris, 2e ch., sect. B, 9 nov. 2006, *Dr. fam.* 2007, comm. 30, obs. Larribau-Terneyre; *JCP* 2007, I, 170, n° 2, obs. Bosse-Platière.

La présence d'**une clause d'indemnisation** dans le pacte a d'autant plus de sens que le législateur n'a prévu aucun mécanisme semblable à la prestation compensatoire. Mais à cet égard, il conviendrait de distinguer la nature de la clause, **clause pénale** ou **clause limitative de responsabilité**.

– La validité de la **clause pénale** prévoyant le paiement d'une indemnité forfaitaire, quelles que soient les circonstances de la rupture est sujette à discussion [1]. Conformément au droit commun des contrats (C. civ., art. 1152, al. 1er), une clause fixant, amiablement, et préventivement le montant d'une indemnisation en cas de rupture du PACS, ne paraît pas entachée de nullité puisque l'on peut y voir simplement la manifestation de la part des parties de compenser en équité les disparités nées de la rupture. La validité de cette clause est toutefois subordonnée à la condition, que dans son montant, ou dans ses modalités, elle ne porte pas atteinte à la liberté de rompre le PACS [2]. En outre, en cas de différends sur le montant de la clause pénale, le juge a la possibilité « *de modérer ou d'augmenter la peine qui avait été convenue, si elle est manifestement excessive ou dérisoire. Toute stipulation contraire serait réputée non écrite.* » (C. civ., art. 1152).

– La question de la validité d'une **clause**, non plus pénale, mais, **limitative de responsabilité**, qui aurait pour objet de limiter, voire d'exclure, la réparation quel que soit le préjudice subi ou la faute commise est plus délicate. Si l'on se réfère au droit commun des contrats, ces clauses doivent être considérées comme **valables**, simplement elles sont **inefficaces en cas de dol** (faute intentionnelle) ou de **faute lourde**. En outre, la validité de clauses limitatives de responsabilité reste discutée lorsqu'elles concernent les **dommages causés à l'intégrité physique de la personne**.

153.23 Obligation naturelle. Comme en matière de rupture de concubinage (v. ss nos 143.31 s.), les tribunaux pourraient parfois considérer qu'il existe à la charge du partenaire, à l'origine de la rupture, une obligation naturelle qui consiste à ne pas laisser démuni celui qui est abandonné.

1. Sur cette question, v. A. Gouttenoire-Cornut, « Responsabilité civile et rupture unilatérale du concubinage », *Des concubinages, droit interne, droit international, droit comparé, Études offertes à J. Rubellin-Devichi*, Litec, 2002, p. 257 s. – F. Dekeuwer-Défossez et F. Vauvillé, « La fin du PACS », *Dr. et patr.* mars 2001, 28.
2. Dans le cadre d'une convention de concubinage, annulant une clause pénale portant atteinte à la liberté de rompre, v. Civ. 1re, 20 juin 2006, no 05-17.475, *Bull. civ.* I, no 312; *JCP* 2006, I, obs. Bosse-Platière; *AJ fam.* 2006, 324, obs. Chénedé; *RJPF* 2006-9/49, obs. Valory; *Dr. fam.* 2006, 155, obs. Larribau-Terneyre; *RTD civ.* 2006, 740, obs. Hauser.

§ 2
Liquidation des intérêts patrimoniaux

153.31 Liquidation des intérêts patrimoniaux. La liquidation des droits et obligations doit être effectuée par les partenaires eux-mêmes. Le législateur de 1999, comme celui de 2006 énonce expressément ce principe (C. civ., art. 515-7, al. 10). À défaut d'accord, c'est le juge qui statue sur les conséquences patrimoniales de la rupture.

En l'**absence de régime conventionnel de l'indivision**, il appartient à chacun des partenaires de **prouver, par tous moyens**, qu'il a la **propriété** exclusive de tel ou tel bien (C. civ., art. 515-5, al. 2). À défaut, le bien est réputé indivis, à chacun pour moitié et sera partagé comme tel.

Rien n'interdit aux partenaires, même sous le régime légal de la séparation de biens, d'acheter ensemble, un bien en indivision (v. ss no 152.41). Dans ce cas, le plus simple, pour éviter tout contentieux inutile est de **prévoir dans l'acte d'acquisition, quelle est la part de financement de chacun.** Si tel est le cas, le partage se fera en fonction de la contribution respective des partenaires.

Dans le cadre du **régime conventionnel de l'indivision**, les biens sont **réputés indivis par moitié** et aucun recours de l'un des partenaires contre l'autre n'est possible au titre d'une contribution inégale (C. civ., art. 515-5-1). Il en résulte que le partage s'effectue automatiquement par moitié même si la part contributive de l'un est supérieure à l'autre : le législateur a manifestement souhaité, à l'instar du régime de communauté, que le moins fortuné bénéficie au moment du partage de la richesse du couple (v. ss no 152.111).

153.32 Créances entre partenaires. Selon le nouvel article 515-7 alinéa dernier du Code civil, « *sauf convention contraire, les créances entre partenaires sont évaluées selon les règles prévues à l'article 1469* ». Il convient de retenir en la matière, les **règles de calcul prévues pour les récompenses entre époux communs en biens.**

L'application pratique qui est faite de l'article 1469 du Code civil conduit à qualifier l'opération en cause.

S'il agit d'une **dépense jugée nécessaire**, la créance sera de la **plus forte des deux sommes** que représente la **dépense faite** ou le **profit subsistant.**

Tout **autre type de dépense** se calcule selon le **profit subsistant** en appliquant les règles prévues à l'alinéa 3 de l'article 1469. La créance ne pourra être moindre que le profit subsistant « *quand la valeur empruntée a servi à acquérir, à conserver, à améliorer un bien qui se retrouve au jour de la liquida-*

tion [...] dans le patrimoine emprunteur ». « *Si le bien acquis, conservé ou amélioré a été aliéné avant la liquidation, le profit est évalué au jour de l'aliénation; si un nouveau bien a été subrogé au bien aliéné, le profit est évalué sur ce nouveau bien.* »

153.33 Transposition des règles de calcul des récompenses au calcul des créances entre partenaires. Cette transposition appelle quelques observations.

En premier lieu, la technique des récompenses et celle des créances entre partenaires ne visent pas à rétablir, en équité, au jour de la dissolution du couple, les mêmes mouvements de valeurs ayant eu lieu pendant la vie du couple. Alors que les **récompenses** concernent les **relations financières entre** la **masse commune** et **l'une des masses propres**, les **créances entre partenaires** ne devraient concerner que les **flux financiers entre les masses personnelles des partenaires**. Il en résulte que dans le PACS, les relations entre masse indivise et patrimoine des indivisaires sont régies par les règles de l'indivision (C. civ., art. 815-8 s.). La loi sur le PACS n'est toutefois pas exempte d'une certaine ambiguïté à cet égard en qualifiant de « *créances entre partenaires* » des relations financières entre la masse indivise et la masse personnelle d'un des partenaires (v. C. civ., art. 515-5-1 *in fine*).

En deuxième lieu, le législateur n'a pas repris entre partenaires les règles particulières qui s'appliquent aux créances entre époux au titre de l'article 1479 alinéa 2 (cette disposition ne renvoie qu'à l'alinéa 3 de l'article 1469 et non à l'ensemble des alinéas). Selon l'interprétation dominante qui est faite de ce texte[1], le calcul de la créance entre époux selon les **règles du profit subsistant**, c'est-à-dire le mécanisme de la **dette de valeur**, ne joue que pour les **opérations d'investissement (dépenses d'acquisition, d'amélioration ou de conservation d'un bien)**. Pour les autres opérations, le principe du nominalisme monétaire s'applique. La loi du 23 juin 2006 n'a pas eu ce raffinement juridique et opte, quel que soit le type de dépense, pour le mécanisme de la dette de valeur.

En troisième lieu, **les règles d'évaluation des créances entre partenaires**, à l'instar de celles applicables entre époux, ne sont **pas d'ordre public**. Le texte réserve expressément la possibilité pour les partenaires de déroger à l'application de l'article 1469 du Code civil (C. civ., art. 515-7, al. 11). Cette dérogation peut intervenir au moment de la dissolution du couple, elle peut aussi être inscrite par avance dans le contrat.

1. V. les développements de J. Flour et G. Champenois, *Régimes matrimoniaux*, 2e éd., Éd. A. Colin, 2001, n° 680.

153.34 Compensation des créances. Selon l'article 515-7 alinéa dernier du Code civil, « *ces créances peuvent être compensées avec les avantages que leur titulaire a pu retirer de la vie commune notamment en ne contribuant pas à hauteur de ses facultés aux dettes contractées pour les besoins de la vie courante* ». Cette règle légale vise à rétablir l'équité entre partenaires en prenant en compte la **contribution de chacun des partenaires à la vie du couple** au moment de l'évaluation des créances. Elle s'adresse sans doute davantage au juge qu'aux partenaires, qui, en raison de l'absence de caractère d'ordre public de ces dispositions, sont toujours libres d'aménager à leur guise non seulement les règles d'évaluation de ces créances, mais aussi leur existence. Si elle peut utilement venir au secours du juge de la liquidation comme guide d'équité, elle constitue aussi une brèche dans laquelle les avocats ne manqueront pas de s'engouffrer.

153.35 Intervention du juge. À défaut d'accord, le juge statue sur les conséquences patrimoniales de la rupture (C. civ., art. 515-7, al. 10). Depuis la loi n° 2009-526 du 12 mai 2009, de simplification et de clarification du droit et d'allègement des procédures[2], le tribunal de grande instance n'est plus compétent pour statuer sur les litiges relevant de la liquidation et du partage des intérêts patrimoniaux. L'article L. 213-3, 2°, du Code de l'organisation judiciaire, dispose que le **juge aux affaires familiales** connaît de la liquidation et du partage des **intérêts patrimoniaux des personnes liées par un PACS et des concubins**. Cette compétence est applicable aux demandes en justice formées à compter du 1er janvier 2010. Continuent de relever de la compétence du tribunal de grande instance, les liquidations et partages des personnes liées par un PACS consécutifs à un décès ou une déclaration d'absence.

La validité de l'insertion d'une **clause compromissoire** dans le PACS désignant un arbitre pour régler le différent éventuel n'est guère évidente. L'article 2060 du Code civil l'interdit pour les questions relatives aux divorces et aux séparations de corps et il est sans doute délicat de raisonner par analogie. Mais, quand bien même, on persisterait à ne voir dans le PACS, qu'un pur contrat dénué de toute attache familiale, **une telle clause serait nulle si elle était insérée dans le contrat** (C. civ., art. 2061, qui réserve, en principe, la validité d'une telle clause, dans les contrats conclus à raison d'une activité professionnelle). En revanche, une fois le litige né, rien ne semble interdire aux parties de désigner d'un commun accord un arbitre.

2. L. n° 2009-526, 12 mai 2009, de simplification et de clarification du droit et d'allègement des procédures, *JO* 13 mai, p. 7920.

§ 3
Partage

153.41 Actions contre le partage. Dans la mesure où le principe est le partage amiable, il convient de s'interroger sur les possibilités d'actions entre les mains des partenaires ou des créanciers qui se trouveraient lésés.

Pour les partages de communauté entre époux, l'article 1476 du Code civil renvoie expressément aux règles établies au titre des successions pour les partages entre cohéritiers. Nul texte équivalant en matière de PACS, mais il est difficile d'échapper aux règles du partage entre cohéritiers tant les règles légales constituent en la matière le droit commun qui s'applique quelle que soit la nature de l'indivision.

– Il en résulte que le **partenaire** victime d'un partage inéquitable pourrait **agir en nullité** lorsque le consentement de l'un des partenaires a été surpris par **dol** ou extorqué par **violence**. Conformément au droit commun, un **partage rectificatif ou complémentaire (partiel)** devrait pouvoir, à la demande de l'un des partenaires, éviter l'anéantissement de l'édifice complexe que constitue le partage (C. civ., art. 887, al. 3).

De même un partenaire pourrait invoquer la **lésion de plus du quart** de l'article 889 du Code civil. Depuis la loi du 23 juin 2006, entrée en vigueur le 1er janvier 2007, **l'action en rescision** a été remplacée par une **action en complément de part**, ce qui évite les difficultés engendrées par l'annulation du partage.

– Les créanciers peuvent faire **opposition au partage** (C. civ., art. 882) et disposent de **l'action paulienne** (C. civ., art. 1167) afin de révoquer les actes passés par leur débiteur en fraude de leurs droits. Mais pour demander la révocation d'un partage frauduleux, il faut que les créanciers aient fait opposition au partage, et que les partenaires aient passé outre l'opposition.

153.42 Modalité de partage : l'attribution préférentielle. Le législateur de 1999 avait rendu applicable l'attribution préférentielle à l'indivision « pacsale » sauf en ce qui concerne les exploitations agricoles. Si la raison de cette exclusion provient uniquement d'une volonté politique de ne pas heurter le monde rural supposé opposé au PACS, cette attitude était choquante, et le législateur de 2006 a mis fin à cette discrimination. L'article 515-6 du Code civil précise désormais que les règles de l'attribution préférentielle prévues aux articles 831, 831-2, 832-3 et 832-4 sont applicables entre partenaires d'un PACS. Sont concernés aussi bien l'attribution préférentielle du **logement** et le **mobilier** le garnissant, de **l'entreprise agricole, commerciale, industrielle, ou artisanale, local à usage professionnel et objets mobiliers** à usage professionnel le garnissant. Une réserve toutefois : **l'attribution préférentielle du logement est simplement facultative** – le juge n'est pas tenu de la prononcer – alors qu'elle est de droit pour le conjoint survivant. Le partenaire défunt peut toutefois l'avoir rendue obligatoire par testament (C. civ., art. 515-6, al. 2 – Sur le peu d'effectivité de cette attribution préférentielle, v. ss no 153.61). Un concubin ne peut demander, en revanche, l'attribution préférentielle[1].

§ 4
Indivision

153.51 Maintien dans l'indivision. Dans l'hypothèse où les partenaires auraient conclu une convention d'indivision (C. civ., art. 515-5-1), celle-ci prend fin à la dissolution du pacte. En effet, par dérogation à l'article 1873-3 du Code civil, **la convention est réputée conclue pour la durée du PACS** (C. civ., art. 515-5-3, al. 3). Toutefois « *les partenaires peuvent décider qu'elle continue de produire ses effets* » (C. civ., art. 515-5-3, al. 3). Leur décision sera soumise au droit commun de l'indivision (C. civ., art. 1873-1 à 1873-15). Toutefois, on peut s'interroger pour savoir si la convention d'indivision continue à produire pleinement ses effets ou si les partenaires ne se trouvent pas soumis malgré tout au droit commun de l'indivision. La différence se fera, par exemple, sentir au niveau des règles de la composition des masses. La convention d'indivision crée une indivision d'acquêts ce qui signifie que tous les biens acquis par l'un ou l'autre des partenaires ont vocation à accroître cette indivision (C. civ., art. 515-5-1). En droit commun (C. civ., art. 815 s.), l'indivision ne s'accroît pas des biens présents. Dès lors, ne faut-il pas considérer que la convention d'indivision prend fin également à la dissolution du PACS, car la convention d'indivision ne peut exister qu'à la condition que le PACS existe ? La **convention d'indivision** se trouverait alors **novée** en **indivision soumise au droit commun**, c'est-à-dire sans possibilité d'accroissement de biens nouveaux[2].

153.52 Partenaires séparés de fait. Rien n'oblige les partenaires à liquider et partager leur patrimoine au moment de la dissolution. Il est vrai que la situa-

1. Civ. 1re, 9 déc. 2003, no 02-12.884, *Bull. civ.* I, no 253; *D.* 2004, somm. 2967, obs. Vigneau; *JCP* 2004, II, 10035, note Devers; *Defrénois* 2004, 585, note Massip; *AJ fam.* 2004, 63, obs. Bicheron; *Dr. fam.* 2004, no 40, obs. Beignier; *RTD civ.* 2004, 69, obs. Hauser; *RD rur.* 2004, chron. 3, obs. Bosse-Platière.
2. EN CE SENS, v. MALAURIE et FULCHIRON, no 444.

tion a été considérablement améliorée avec la loi du 23 juin 2006 puisque le régime légal est la séparation de biens et que dans cette hypothèse, chacun des partenaires opère une reprise en nature de ses biens personnels. Mais la situation n'est simple qu'en apparence. Tout d'abord, des **mouvements de valeurs** ont pu exister entre les deux patrimoines personnels pendant la vie du couple qui doivent être réglés sous la forme de **créances entre partenaires.** Ensuite, le régime légal de la séparation de biens s'accompagne nécessairement d'un **minimum de propriété indivise** entre partenaires. Enfin, si les partenaires ont souhaité adopter un régime conventionnel de l'indivision, le problème de la liquidation et du partage des biens indivis après la dissolution du pacte demeure entier (comp. pour les époux, les délais issus de la loi du 26 mai 2004 pour liquider et partager les intérêts patrimoniaux, C. civ., art. 267-1). Il en résulte un risque de superposition d'indivisions complexes, lorsqu'un partenaire n'a pas dissous son pacte, et qu'il se marie, ou conclut un pacte avec une autre personne. Le risque est d'autant plus grand dans le PACS que celui-ci se caractérise par une forme de refus du droit et que l'on ne peut écarter totalement l'idée que certains partenaires se séparent sans procéder aux formalités de rupture ou, procédant aux formalités de rupture, ne prennent pas la peine de liquider et de partager leur patrimoine indivis.

§ 5
Droits successoraux *ab intestat*

153.61 Droits des successions. L'exclusion du partenaire survivant du bénéfice de droits successoraux *ab intestat* est une constante législative. La loi du 15 novembre 1999 n'avait accordé aucun droit au partenaire survivant sur la succession de son compagnon[1] mais il est vrai qu'à l'époque, les droits du conjoint survivant étaient ridiculement faibles (1/4 en usufruit en présence d'enfants du *de cujus*). La loi du 3 décembre 2001 qui a amélioré considérablement les droits *ab intestat* du conjoint survivant n'avait pas abordé la question. Avec la loi du 23 juin 2006, le partenaire survivant fait une entrée timide en droit des successions. **Le partenaire survivant se voit conférer des droits sur logement du partenaire défunt** (sur le transfert à cause de mort du bail d'habitation au profit du partenaire, possible depuis 1999, v. s^{s} n° 152.151 – L. 6 juill. 1989, art. 14).

– La *première disposition* concerne **l'attribution préférentielle de la propriété ou du droit au bail** qui lui sert effectivement **d'habitation** à l'époque du décès et du **mobilier** le garnissant (C. civ., art. 515-6, al. 1, qui renvoie à l'art. 831). La portée de la règle est toutefois singulièrement limitée.

En premier lieu, parce que l'attribution préférentielle étant une modalité de partage, elle ne pourra s'exercer toutes les fois que le logement constitue un bien propre du partenaire, ce dernier ne disposant pas de droits *ab intestat,* ne peut être considéré comme un co-partageant.

En second lieu, alors que cette variété d'attribution préférentielle est de droit pour le conjoint survivant (C. civ., art. 831-3, al. 1er), il faut, pour que le partenaire survivant en bénéficie, que le défunt l'ait expressément prévue dans un testament.

– La *seconde disposition* vise à étendre au partenaire survivant **le bénéfice du droit au logement temporaire** octroyé par la loi du 3 décembre 2001 au conjoint survivant (C. civ., art. 763). « *Lorsque le pacte civil prend fin par le décès de l'un des partenaires, le survivant peut se prévaloir des dispositions des deux premiers alinéas de l'article 763.* » (C. civ., art. 515-6, al. 3). Il en résulte tout d'abord, que si, à l'époque du décès, le partenaire habite effectivement, à titre d'habitation principale, un logement appartenant aux partenaires ou dépendant totalement de la succession[2], il a **de plein droit, pendant une année la jouissance de ce logement, ainsi que du mobilier** compris dans la succession qui le garnit. Ensuite, par application de l'article 763 alinéa 2 du Code civil, si l'habitation du partenaire survivant était assurée au moyen d'un bail à loyer ou d'un logement appartenant pour partie indivise au défunt, les loyers ou indemnité d'occupation lui en seront remboursés par la succession pendant l'année, au fur et à mesure de leur acquittement. Enfin, l'article 515-6 Code civil ne renvoie qu'aux deux premiers alinéas de l'article 763. Par conséquent, à la différence de celui octroyé au conjoint, **ce droit temporaire au logement n'a pas un caractère d'ordre public** : le partenaire survivant pourra toujours en être privé par testament.

Ce **droit au logement d'un an** est un moindre mal : il évite que peu de temps après le décès, des héritiers demandent l'expulsion du partenaire occupant sans droit ni titre depuis le décès du partenaire propriétaire du local (en ce sens, v. une espèce dans laquelle l'expulsion du partenaire a été prononcée à la demande des héritiers, mais les juges constatent que l'occupant avait déjà bénéficié de

1. V. F. Sauvage, « PACS; la protection du partenaire survivant », *RJPF* mai 2001-5/11.

2. Rép. min. n° 1375, min. Justice, *JOAN* Q, 25 déc. 2007, p. 8254 : le partenaire survivant d'un PACS est privé du bénéfice de la jouissance du logement de son partenaire prédécédé lorsque ce dernier en était usufruitier.

délais importants depuis le décès et ne justifiait ni de difficultés, ni de démarches pour se loger[1]). Curieusement, toutefois, le **décès du partenaire propriétaire** est moins protecteur que le **décès du partenaire locataire** puisque, dans ce cas, le partenaire survivant bénéficie du transfert du droit au bail (v. s[s] n° 152.151).

Malgré ces dispositions, le partenaire survivant reste, pour l'instant, à la porte du droit des successions[2]. **L'attribution préférentielle** ne concerne que les **biens indivis** et **non les biens propres** dépendant totalement de la succession. Et le droit au logement temporaire d'un an, doit être considéré par analogie avec le mariage, comme un effet direct du PACS, et non comme un effet de la succession (v. C. civ., art. 763, al. 3). Cette dernière disposition est d'ordre public. Du reste, si le partenaire survivant se voit octroyer des droits successoraux sur le logement, il s'agit de **droits-créances contre la succession**; il ne bénéficie, en revanche, d'aucun droit *ab intestat* dans la succession. Il doit toutefois être appelé à l'inventaire (C. pr. civ., art. 1329, inséré par Décr. n° 2006-1805, 23 déc. 2006[3]); il peut également requérir un inventaire (C. pr. civ., art. 1328) ou demander l'apposition des scellés (C. pr. civ., art. 1328).

Toutefois, on ne saurait oublier que la réforme des successions de 2006 a, en faisant reculer l'ordre public successoral, favorisé indirectement la situation du partenaire survivant, en lui permettant d'être plus aisément gratifié par son compagnon. En particulier, pour un couple homosexuel sans enfant, la **suppression de la réserve héréditaire des ascendants** permet désormais au partenaire **de transmettre intégralement en pleine propriété son logement en instituant son partenaire légataire universel ou particulier**[4]. Le partenaire gratifiant évite ainsi au partenaire bénéficiaire de se retrouver, le jour du décès, en concours avec ses propres parents sur le sort du logement.

1. EN CE SENS, v. CA Montpellier, 17 févr. 2003, *Juris-Data* n° 206944.
2. V. D. Jacotot et S. Convers, « Le PACS et le droit des successions et des libéralités, *JCP N* 2009, 1269 – A. Depondt, « Le PACS : aspects patrimoniaux », *Dr. et patr.* 2008, p. 79.
3. Décr. n° 2006-1805, 23 déc. 2006, relatif à la procédure en matière successorale et modifiant certaines dispositions de procédure civile, *JO* 31 déc., p. 20370.
4. Sur cette question, v. » Le partenaire survivant », *AJ fam.* 2007, 16, obs. Coiffard.

LIVRE

2. LES ENFANTS

2.00 **Plan du livre.**

TITRE

21. La filiation par procréation

SECTION 0

Orienteur

21.00 Plan du titre.

CHAPITRE

210. Contexte et évolution

FRÉDÉRIQUE GRANET-LAMBRECHTS
PROFESSEUR À L'UNIVERSITÉ DE STRASBOURG

SECTION 0
ORIENTEUR

210.00 **Plan du chapitre.**

210.01 **Textes applicables.**

> Réforme du droit de la filiation

• **L. n° 72-3, 3 janv. 1972,** relative à la filiation, *JO* 5 janv., p. 145

• **L. n° 2001-1135, 3 déc. 2001,** relative aux droits du conjoint survivant et des enfants adultérins et modernisant diverses dispositions de droit successoral, *JO* 4 déc., p. 19279

• **L. n° 2002-305, 4 mars 2002,** relative à l'autorité parentale, *JO* 5 mars, p. 4161

• **L. n° 2006-911, 24 juill. 2006,** relative à l'immigration et à l'intégration, art. 91, *JO* 25 juill., p. 11047 (ajoutant un 6° à l'article 20-II de l'ordonnance n° 2005-759, 4 juill. 2005, portant réforme de la filiation, *JO* 6 juill., p. 11159)

• **L. n° 2009-61, 16 janv. 2009,** ratifiant l'ordonnance n° 2005-759 du 4 juill. 2005 portant réforme de la filiation et modifiant ou abrogeant diverses dispositions relatives à la filiation, *JO* 18 janv., p. 1062

• **Ord. n° 2005-759, 4 juill. 2005,** portant réforme de la filiation et relative au livret de famille et à la procédure en matière de filiation, *JO* 6 juill., p. 11159

> Textes complémentaires

• **Décr. n° 2006-640, 1er juin 2006,** pris pour l'application de l'ord. n° 2005-759, 4 juill. 2005, *JO* 2 juin, p. 8332

• **Arr. 1er juin 2006,** fixant le modèle de livret de famille, *JO* 2 juin; mod. par Arr. 27 juin 2006, *JO* 30 juin

• **Circ. n° CIV/13/06, 30 juin 2006,** de présentation de l'ordonnance n° 2005-759, 4 juill. 2005, portant réforme de la filiation

* V. texte complet s^s n° 61.13

• **Instr. gén. relative à l'état civil, 11 mai 1999,** *JO* 28 juill., ann. au n° 172; IGREC, « Feuillets mobiles », n° 1902, Éd. Journaux officiels

210.03 **Bibliographie indicative.**

Actualisables. J.-CL. CIV., F. Granet-Lambrechts, Fasc. art. 310, « Filiation », « Principe d'égalité » – RÉP. CIV., C. Labrusse-Riou, *V° Filiation*.

Ouvrages. J. Massip, *Le nouveau droit de la filiation*, Éd. Defrénois, 2006 – F. TERRÉ et D. FENOUILLET, *Les personnes, la famille, les incapacités,* « Précis », 7e éd., Dalloz, 2005, n°s 653 à 684.

Articles. F. Dekeuwer-Défossez, « Le nouveau droit de la filiation : pas si simple ! », *RLDC* 2005, n° 21, p. 34; « La loi du 16 janvier 2009 sur la filiation : bien plus qu'une simple ratification ! », *RLDC* mars 2009, n° 58, p. 37 s. – T. Garé, « Réforme de la filiation. À propos de la loi du 16 janvier 2009 », *JCP N* 2009, act. 188 – F. Granet-Lambrechts, « La réforme de la filiation », *D.* 2006, chron. 17 s.; « Ratification de l'ordonnance du 4 juillet 2005 réformant le droit de la filiation : les modifications », *AJ fam.* 2009, 76 s. – F. Granet-Lambrechts et J. Hauser, « Le nouveau droit de la filiation », *AJ fam.* 2005. 424 s. J. Hauser, « Des filiations à la filiation », *RJPF* 9/2005, p. 6; « La réforme de la filiation et les principes fondamentaux », *Dr. fam.* 2006, étude 1 – J. Massip, « Le nouveau droit de la filiation », *Defrénois* 2006, art. 38303, p. 6 s.; art. 38312, p. 91 s.; art. 38324, p. 209 s.; « La loi du 16 janvier 2009 ratifiant l'ordonnance du 4 juillet 2005 réformant le droit de la filiation », *Defrénois* 2009, art. 38913, p. 591 s. – F. Monéger, « Brèves remarques sur le droit international privé touché par l'ordonnance du 4 juillet 2005 portant réforme de la filiation », *Dr. fam.* 2005, étude n° 19 – H. Péroz, « La légitimation en droit international privé après l'ordonnance du 4 juillet 2005 portant réforme de la filiation », *JDI* 2006, p. 581 – G. Vial, « La recevabilité des actions relatives à la filiation dans la loi n° 2009-61 du 16 janvier 2009 », *Dr. fam.* 2009, étude 18.

210.04 **Questions essentielles.** En son temps, la loi du 3 janvier 1972 avait opéré une modernisation ambitieuse du droit de la filiation. Mais les transformations sociétales, les progrès considérables de la biologie, la percée radicale du principe d'égalité – décliné entre hommes et femmes, aussi bien qu'entre enfants sans considération pour les circonstances de leur naissance – et la chasse aux discriminations contraires aux engagements contractés dans la Convention européenne des droits de l'homme ou l'essor du contentieux de la filiation et des conflits de paternités ont conduit le législateur à réviser le droit de la filiation. Le droit de la famille a profondément évolué et le droit de la filiation n'a pas échappé à ce phénomène : il a été réécrit par l'ordonnance n° 2005-759 du 4 juillet 2005, entrée en vigueur le 1er juillet 2006.

SECTION 1
CONTEXTE ET NOTION

210.11 Quelques indications chiffrées. Selon les indications de l'Insee, on constate une remontée constante de la natalité en France : en effet, si de 879 000 enfants nés en 1971, le chiffre était passé à 729 000 en 1995, il a atteint 778 900 en 2000, 797 000 en 2006, 783 000 en 2007 et plus de 800 000 en 2008 [1], dans un contexte de désir accru d'enfant, y compris dans les couples de même sexe, tandis que les formes de conjugalité sont devenues banalement diversifiées.

La maîtrise de la procréation a pour conséquence que les naissances sont désirées, en mariage comme hors mariage, la plupart des enfants naissant dans un couple. Le nombre des enfants nés hors mariage n'a pas cessé de croître : le taux de natalité hors mariage pour un premier enfant s'élevait à 56,3 % en 2003. Les enfants nés hors mariage représentaient globalement 47,4 % en 2004 [2], 49,5 % en 2006 [3] et 52 % en 2008 [4].

Seuls quelques six cents à sept cents accouchements par an interviennent dans l'anonymat, dont une partie concernant des femmes étrangères en situation de détresse venues se placer sous la protection de la législation française qui leur offre une véritable sécurité en la matière.

210.12 Stérilité et fondation d'une famille. Les stérilités sont aujourd'hui rapidement diagnostiquées et l'évolution des connaissances médicales permet d'en surmonter un certain nombre grâce aux techniques de procréation médicalement assistée, mises en œuvre avec les gamètes du couple ou avec donneur selon les pathologies (v. ss nos 215.09 s.). La procréation assistée ne permet cependant pas de les surmonter toutes, de sorte que bon nombre de couples se tournent vers l'adoption, en dirigeant le plus souvent leurs espérances vers l'adoption internationale du fait de la pénurie d'enfants adoptables en bas âge en France.

210.13 Notions. Parce qu'elle est le lien de droit qui unit un individu à son père (filiation paternelle) ou à sa mère (filiation maternelle) ou à chacun d'eux, la filiation a un fondement juridique. Il n'y a pas lieu de distinguer selon que l'enfant a été conçu par procréation naturelle ou par procréation médicalement assistée, fût-ce avec don de gamètes car même dans cette dernière hypothèse, l'enfant est en principe attribué au couple qui y avait préalablement consenti, la filiation étant alors fondée sur la demande parentale exprimée dans les conditions prévues par les textes (CSP, art. L. 2141-2 – V. ss nos 215.09 s.).

Cette définition générique pourrait valoir aussi pour la filiation par adoption. Mais la filiation adoptive diffère de la filiation par le sang parce qu'elle procède de la volonté législative de créer un lien pour rattacher l'adopté à une personne ou à des époux qu'elle institue parents (v. ss nos 220.11 s.).

Qu'il s'agisse de l'une ou de l'autre, la législation a subi une profonde transformation ces quarante dernières années.

SECTION 2
ÉVOLUTION LÉGISLATIVE

210.21 La grande réforme réalisée par la loi du 3 janvier 1972. Concernant la filiation par le sang, notre droit a considérablement évolué [5]. La loi n° 72-3 du 3 janvier 1972 relative à la filiation a marqué une étape essentielle en ce qu'elle a inscrit dans le Code civil le **principe d'égalité entre enfants légitimes et naturels**, malgré le maintien de cette distinction qui gouvernait le plan du titre septième du livre premier et en dépit des discriminations fulminées à l'endroit des enfants adultérins qui donnaient à l'institution de la légitimation une part majeure de son intérêt.

Avant la réforme de 1972, la filiation de l'enfant naturel simple pouvait être établie envers ses pères et mère. Toutefois, il n'entrait pas dans la famille de son ou ses auteurs, de sorte que sa vocation successorale était limitée à la succession de ceux-ci (allant parfois jusqu'à celle de ses frères et sœurs) et avec des droits réduits en présence d'enfants légitimes, y compris dans la réserve héréditaire et pour sa capacité à recevoir à titre gratuit (C. civ., anc. art. 758,

1. *Bilan démographique pour 2004*, INSEE, résultat société n° 41, sept. 2005.
2. *Bilan démographique pour 2004*, INSEE, résultat société n° 41, sept. 2005.
3. *Population et Sociétés* n° 443, mars 2008, Ined.
4. *INSEE Première* janv. 2009, n° 1220.
5. Sur le droit antérieur et les aspects historiques v. TERRÉ et FENOUILLET, nos 660 s. – Et RÉP. CIV., *V° Filiation*.

al. 2; anc. art. 759; anc. art. 908; anc. art. 93, al. 2). Ces restrictions ont été supprimées par la loi de 1972 (C. civ., anc. art. 334, al. 1 et 2).

Quant à la **filiation de l'enfant adultérin ou incestueux**, elle pouvait être établie exclusivement à l'égard de l'un de ses auteurs du fait de sa divisibilité et il ne pouvait prétendre qu'à des aliments de la part de l'autre selon une règle quelque peu hypocrite (C. civ., anc. art. 335, 342 et 762, al. 2). La loi du 3 janvier 1972 est venue permettre l'établissement de la filiation paternelle et maternelle de l'enfant adultérin et de l'enfant issu d'un inceste relatif. Mais en cas d'inceste absolu, seul l'établissement de l'un des deux liens fut admis. S'agissant de l'enfant adultérin, de sévères restrictions lui furent infligées en droit des successions et des libéralités à l'égard de son parent adultère lorsqu'il se trouvait en concours avec le conjoint ou les enfants nés du mariage bafoué (C. civ., anc. art. 334, al. 3), ses droits successoraux étant réduits à la moitié de ce qu'il aurait reçu s'il avait été un enfant légitime (C. civ., anc. art. 759 et 760), de même que sa part dans la réserve héréditaire (C. civ., anc. art. 915) ou sa capacité à recevoir des libéralités (C. civ., anc. art. 908).

210.22 Condamnation de la France par la Cour européenne des droits de l'homme. Sur ce point, le législateur est intervenu par la loi n° 2001-1135 du 3 décembre 2001 relative aux **droits du conjoint survivant et des enfants adultérins** et modernisant diverses dispositions de droit successoral[1]. Cette loi fut votée après la condamnation de la France par la Cour européenne des droits de l'homme dans l'arrêt *Mazurek* pour violation de l'article 1er du protocole n° 1 combiné avec l'article 14 de la convention[2].

210.23 Égalité de statut. Marquant une nouvelle avancée importante de l'égalité, la loi n° 2002-305 du 4 mars 2002 relative à l'autorité parentale a abrogé les dernières scories de l'inégalité statutaire des enfants adultérins et a inséré, en guise d'introduction au chapitre premier alors consacré aux « Dispositions communes à la filiation légitime et naturelle », un nouvel article 310 rédigé en ces termes : « *Tous les enfants dont la filiation est légalement établie ont les mêmes droits et les mêmes devoirs dans leurs rapports avec leur père et mère. Ils entrent dans la famille de chacun d'eux.* »

1. L. n° 2001-1135, 3 déc. 2001, relative aux droits du conjoint survivant et des enfants adultérins et modernisant diverses dispositions de droit successoral, *JO* 4 déc., p. 19279.
2. CEDH 1er févr. 2000, req. n° 34406-97, Mazurek c/ France, *GACEDH* n° 51, 3e éd., « Thémis », PUF, 2005.

Néanmoins, la mise en œuvre de l'entière égalité de droits ainsi proclamée suppose que la filiation soit légalement établie. Or l'établissement de la filiation naturelle était moins aisé que celui de la filiation légitime et sa contestation était admise plus largement que celle de la filiation légitime. De la sorte, si sous l'impulsion de la condamnation de la France par la Cour européenne des droits de l'homme, le législateur s'était bien attaché à réaliser une véritable égalité des effets de la filiation, il n'avait pas pour autant réalisé en amont la nécessaire réforme du droit de la filiation. C'est l'ordonnance n° 2005-759 du 4 juillet 2005[3] qui est venue réformer le droit de la filiation[4].

210.24 Loi d'habilitation. Par la loi n° 2004-1343 du 9 décembre 2004 de simplification du droit[5], le Parlement a habilité le gouvernement à réformer le droit de la filiation par voie d'ordonnance. Après l'adoption du projet de loi par l'Assemblée nationale, le texte a été soumis au Sénat. Il a entendu circonscrire la sphère de l'habilitation qui s'est ainsi trouvée limitée aux objectifs suivants (L. 9 déc. 2004, art. 4) :

- tirer en droit de la filiation les conséquences de l'égalité de statut entre enfants quelles que soient les circonstances de leur naissance;
- unifier les modes d'établissement de la filiation maternelle;
- préciser les conditions de la constatation de la possession d'état;
- harmoniser le régime procédural de l'établissement judiciaire de la filiation;
- sécuriser le lien de filiation;
- préserver les enfants des conflits de filiations;
- simplifier et harmoniser le régime des actions en contestation, dans un souci d'égalité et de stabilité du lien de filiation.

Ce faisant, la réforme à réaliser n'incluait ni les articles 311-14 à 311-18 du Code civil concernant les règles de conflits de lois[6], sous réserve de l'abrogation de l'article 311-16 relatif à la légitimation[7], ni les dispositions spécifiques relatives à la filiation

3. Ord. n° 2005-759, 4 juill. 2005, portant réforme de la filiation, *JO* 6 juill., p. 11159.
4. V. TERRÉ et FENOUILLET, n° 662-1.
5. L. n° 2004-1343, 9 déc. 2004, de simplification du droit, *JO* 10 déc., p. 20857.
6. V. F. Monéger, « Brèves remarques sur le droit international privé touché par l'ordonnance du 4 juillet 2005 portant réforme de la filiation », *Dr. fam.* 2005, étude 19 – H. Péroz, « La légitimation en droit international privé après l'ordonnance du 4 juillet 2005 portant réforme de la filiation », *JDI* 2006, p. 581.
7. Pour des CRITIQUES,v. H. Péroz, « La légitimation en droit international privé après l'ordonnance du 4 juillet 2005 portant réforme de la filiation », *JDI* 2006, p. 581.

de l'enfant conçu par procréation assistée avec don de gamètes (C. civ., art. 311-19 et 311-20, non modifiés par L. n° 2004-800, 6 août 2004, portant révision des lois de bioéthique), ni l'action à fins de subsides (C. civ., art. 342 à 342-8) hormis quelques retouches ou adaptations des textes.

210.25 Ordonnance du 4 juillet 2005. Parachevant la construction entreprise dans l'orientation donnée par la loi de 2002, l'ordonnance du 4 juillet 2005 maintient l'article 310-1 sans changement, si ce n'est dans sa numérotation puisqu'il remonte à l'article 310, devenu vacant, et elle réalise une réforme du titre septième du livre premier du Code civil[1] qu'elle restructure entièrement à partir de la suppression de la distinction entre filiation légitime et filiation naturelle comme l'avaient déjà fait d'autres législations en Europe. Elle procède corrélativement au toilettage des textes, législatifs ou réglementaires, qui faisaient mention des expressions « *enfant légitime* » ou « *enfant naturel* ». Elle supprime la légitimation, qui n'avait plus d'intérêt pécuniaire[2] mais présentait probablement encore pour certains parents un attrait d'ordre psychologique. En outre, elle harmonise les règles relatives à l'établissement et à la contestation de la filiation en mariage et hors mariage selon les objectifs impartis par la loi d'habilitation. Elle est applicable depuis le 1er juillet 2006 conformément à son article 21, sans qu'à cette époque le Parlement ne se soit préoccupé de sa ratification; mais le projet de loi de ratification ayant été déposé dans le délai imparti, il n'y avait pas d'obstacle à son entrée en vigueur.

210.26 Nouvelle réforme opérée par la loi de ratification. Le projet de loi de ratification fut en effet enregistré au Sénat le 22 septembre 2005, dans le respect du délai imparti par l'article 92 de la loi du 9 décembre 2004[3], de sorte que l'ordonnance est entrée en vigueur à la date expressément prévue par l'une de ses dispositions, à savoir le 1er juillet 2006 (art. 21).

Cette date fut retenue afin d'éviter les difficultés qui auraient pu être provoquées par l'application dans le temps des lois de 2002 et 2003 relatives au nom de l'enfant et des nouvelles dispositions issues de l'ordonnance du 4 juillet 2005. Le 30 juin 2006 a en effet marqué la fin de la période transitoire (comprise entre le 1er janvier 2005 et le 30 juin 2006) pendant laquelle les parents ont pu demander pour l'aîné de leurs enfants communs, s'il était âgé de moins de treize ans le 1er septembre 2003, qu'il acquière par adjonction en seconde position le nom de celui d'entre eux qui ne lui avait pas transmis son nom.

Une tentative de ratification fut faite par la loi n° 2007-308 du 5 mars 2007[4] réformant la protection juridique des majeurs (projet de loi, art. 38). Toutefois, la disposition votée ayant été introduite grâce à un amendement sans lien avec l'objet du texte débattu sur la protection des personnes majeures vulnérables, elle fut déclarée inconstitutionnelle par le Conseil constitutionnel dans sa décision du 1er mars 2007[5].

Le projet de loi de ratification de l'ordonnance qui conservait sa valeur a été ensuite soumis au Parlement et inscrit à l'ordre du jour du Sénat. Or, des amendements y furent déposés. Ainsi amendé, le projet de loi y fut voté le 15 janvier 2008 et le Sénat modifia alors de façon plus ou moins profonde plusieurs dispositions du Code civil issues de l'ordonnance. Puis l'Assemblée nationale adopta le projet de loi dans les mêmes termes que le Sénat.

L'ordonnance du 4 juillet 2005 est donc ratifiée par la loi n° 2009-61 du 16 janvier 2009[6], mais des modifications importantes lui ont été apportées. S'est ainsi trouvée réalisée une nouvelle réforme du droit de la filiation et elle n'est pas dénuée d'importance dans la mesure où elle affecte la cohérence des dispositions de l'ordonnance dans le but de **favoriser l'établissement de la paternité du mari,** tout en limitant la portée du principe chronologique destiné à prévenir en droit les conflits de paternités.

210.27 Plan du titre septième du Code civil. Dorénavant, le titre septième est divisé en quatre chapitres.

Le chapitre premier contient les diverses dispositions générales relatives aux modes d'établissement et de preuve de la filiation, à l'empêchement lié à l'inceste absolu et aux présomptions relatives à la filiation.

1. V. NOT., F. Granet-Lambrechts et J. Hauser, « Le nouveau droit de la filiation », *AJ fam.* 2005, 424 s.; « La réforme de la filiation », *D.* 2006, chron. 17 s. – J. Massip, « Le nouveau droit de la filiation », *Defrénois* 2006, art. 38303, p. 6 s.; art. 38312, p. 91 s.; art. 38324, p. 209 s. – J. Hauser, « Des filiations à la filiation », *RJPF* 9/2005, p. 6 – F. Dekeuwer-Défossez, « Le nouveau droit de la filiation : pas si simple ! », *RLDC* 2005, n° 21, p. 34 – *Dr. fam.* 2006, études 1 à 11, par divers auteurs.
2. V. J. Massip, « Le nouveau droit de la filiation », *Defrénois* 2006, art. 38303, n° 2.
3. L. 2004-1343, 9 déc. 2004, de simplification du droit, *JO* 10 déc., p. 20857.
4. L. n° 2007-308, 5 mars 2007, portant réforme de la protection juridique des majeurs, *JO* 7 mars, p. 4325.
5. Cons. const., décis. n° 2007-552 DC, 1er mars 2007, *Rec. Cons. const.* 90; *JO* 7 mars 2007, p. 4365 – V. A. Astaix, « Protection juridique des majeurs : le Conseil constitutionnel censure les cavaliers législatifs », *D.* 2007, 645.
6. L. n° 2009-61, 16 janv. 2009, [...] portant réforme de la filiation et modifiant ou abrogeant diverses dispositions relatives à la filiation, *JO* 18 janv. 2009, p. 1062.

Le chapitre deuxième concerne l'établissement non contentieux de la filiation maternelle et paternelle.

Le chapitre troisième est consacré aux actions relatives à la filiation, qu'elles aient pour objet son établissement ou sa contestation, leur nombre étant nettement réduit dans une perspective de simplification.

Enfin, le chapitre quatrième traite de l'action à fins de subsides.

SECTION 3
NOUVEAU DROIT DE LA FILIATION

210.31 Esprit du nouveau droit de la filiation. L'abandon, dans le plan du Code civil, de la distinction entre filiation légitime et naturelle n'impliquait pas de façon générale l'unification des modes d'établissement de la filiation. Une véritable uniformisation est bien réalisée pour la filiation maternelle parce que cela est rationnellement justifié. Mais cela n'était guère possible pour la filiation paternelle en raison de la présomption « *Pater is est* » qui découle des obligations réciproques entre époux.

En revanche, on constate une harmonisation confinant à l'unification dans le régime de la contestation de la filiation tant maternelle que paternelle, en mariage comme hors mariage, afin de garantir la nécessaire sécurisation et stabilisation du lien de filiation.

En outre, la vérité biologique n'a pas cessé de gagner de l'importance dans le droit de la filiation depuis la loi de 1972 qui avait su lui réserver un développement à venir que les progrès scientifiques en matière d'examens comparés des sangs puis d'analyses génétiques par l'ADN allaient effectivement permettre. Pour autant, la loi de 1972 n'ignorait pas la réalité sociologique et affective car elle donnait aussi un rôle important à la possession d'état. L'ordonnance du 4 juillet 2005 ne revient pas sur le rôle majeur, pour ne pas dire le plus souvent décisif, de la vérité biologique dans l'axe de la jurisprudence de la Cour de cassation (v. s^s^ n° 211.41) et de la jurisprudence de la Cour européenne des droits de l'homme. Cependant, elle valorise plus fortement la possession d'état, à la fois comme mode d'établissement de la filiation et comme fin de non-recevoir à une demande en contestation lorsqu'elle conforte un titre, tout en solennisant sa constatation.

210.32 Textes complémentaires. Plusieurs textes de nature règlementaire sont venus compléter l'ordonnance : le décret n° 2006-640 du 1er juin 2006 pris pour l'application de l'ordonnance n° 2005-759 du 4 juillet 2005 portant réforme de la filiation et relatif au livret de famille et à la procédure en matière de filiation[1]; l'arrêté du 1er juin 2006 fixant le modèle de livret de famille[2], modifié par l'arrêté du 27 juin 2006[3].

Par ailleurs, à destination des juridictions, l'importante circulaire n° CIV/13/06 du 30 juin 2006 de présentation de l'ordonnance n° 759-2005 du 4 juillet 2005 portant réforme de la filiation (v. texte complet s^s^ n° 61.13) est venue analyser la réforme ainsi réalisée.

Enfin, l'instruction générale relative à l'état civil du 11 mai 1999[4] nécessite encore un profond remaniement.

1. Décr. n° 2006-640, 1er juin 2006, pris pour l'application de l'ord. n° 2005-759, 4 juill. 2005, portant réforme de la filiation et relatif au livret de famille et à la procédure en matière de filiation, *JO* 2 juin, p. 8332.
2. Arr. 1er juin 2006, fixant le modèle de livret de famille, *JO* 2 juin, p. 8335.
3. Arr. 27 juin 2006, modifiant Arr. 1er juin 2006 fixant le modèle de livret de famille, *JO* 30 juin, p. 9790.
4. IGREC 11 mai 1999, *JO* 28 juill., ann. au n° 172 – IGREC, « Feuillets mobiles », n° 1902, Éd. Journaux officiels.

CHAPITRE

211. Dispositions générales

FRÉDÉRIQUE GRANET-LAMBRECHTS
PROFESSEUR À L'UNIVERSITÉ DE STRASBOURG

SECTION 0 ORIENTEUR

211.00 Plan du chapitre.

211.01 Textes applicables.

> Modes d'établissement de la filiation

C. civ., art. 310-1

> Inceste : prohibition de l'établissement de la filiation à l'égard du deuxième parent par le sang

C. civ., art. 310-2

> Preuve de la filiation

C. civ., art. 310-3

> Présomptions relatives à la conception

C. civ., art. 311

> Possession d'état

C. civ., art. 311-1 et 311-2

211.02 Jurisprudence de référence.

> En cas d'inceste absolu, l'établissement d'un seul des liens maternel et paternel de filiation par le sang étant permis par une disposition légale d'ordre public, celle-ci ne saurait être contournée au moyen d'une adoption simple par le géniteur de l'enfant lorsque la filiation maternelle est établie.

• **Civ. 1re, 6 janv. 2004, n° 01-01.600,** *Bull. civ.* I, n° 2

* V. ss n° 211.23

« Vu l'article 334-10 [ancien] du Code civil... Attendu que... la requête en adoption présentée par M. Y... contrevient aux dispositions d'ordre public édictées par l'ancien article 334-10 du Code civil interdisant l'établissement du double lien de filiation en cas d'inceste absolu, la cour d'appel [qui avait fait droit à la requête en adoption simple de l'enfant par le demi-frère de sa mère, alors que la filiation maternelle de l'enfant était établie] a violé le texte susvisé. »

> Opérant un revirement, la Cour de cassation fait une application anticipée de l'article 311-25 du Code civil issu de l'ordonnance du 4 juillet 2005, en décidant que la désignation de la mère dans l'acte de naissance d'un enfant naturel suffisait à établir sa filiation maternelle sous l'empire du droit antérieur.

• **Civ. 1re, 14 févr. 2006, n° 05-13.006,** *Bull. civ.* I, n° 73

* V. ss n° 211.33

« Attendu que Mme Aïcha X... Y... épouse Z... A..., agissant tant en son nom personnel qu'en sa qualité de représentante légale de ses enfants mineurs Ghezlene et Yahia, et Mlle Himmène Z... A..., sa fille majeure, ont engagé une action déclaratoire de nationalité française fondée sur l'article 18 du Code civil en faisant valoir que leur père et grand-père, M. Amar X... Y..., né en 1931 en Algérie, avait la nationalité française et l'avait conservée à la suite de l'indépendance de l'Algérie, sa propre mère, Mekna B..., française d'origine israélite, étant soumise au statut civil de droit commun en vertu du décret du 24 octobre 1870;

Attendu que pour débouter les intéressés de leur demande et constater leur extranéité, l'arrêt attaqué retient que faute de reconnaissance par M. Amar X... Y... par Mekna B... et en l'absence de possession d'état ou de mariage démontré de ses parents, son acte de naissance ne pouvait suffire à établir sa filiation maternelle;

Qu'en statuant ainsi, alors que Mekna B... était désignée en tant que mère dans l'acte de naissance de M. Amar X... Y..., ce dont il résultait que la filiation maternelle de celui-ci était établie, la cour d'appel a violé les textes susvisés ».

* V. s[s] n° 211.33

> Sous l'empire du droit antérieur à l'ordonnance du 4 juillet 2005, lorsque la filiation légitime était établie par un titre et la possession d'état conforme, une action en contestation de la paternité du mari exercée par un tiers qui avait reconnu l'enfant était irrecevable, d'où le fondement du refus par les juges du fond d'ordonner une expertise biologique.

• **Civ. 1re, 14 févr. 2006, n° 03-19.533,** *Bull. civ.* I, n° 78

* V. s[s] n° 211.52

« Attendu que l'arrêt relève qu'avant la reconnaissance de l'enfant par M. Y..., M. X... avait parfaitement connaissance de la grossesse de sa femme et manifesté par tout son comportement qu'il considérait l'enfant à naître comme le sien, celui-ci étant présenté tant à la famille qu'aux tiers comme étant celui du couple X..., et qu'une possession d'état d'enfant légitime paisible et sans ambiguïté s'était ainsi constituée avant la reconnaissance, puis s'était poursuivie de façon continue pendant plusieurs années après la naissance de l'enfant;

Que la cour d'appel [...] a pu en déduire que la reconnaissance effectuée par M. Y..., même si elle était antérieure à la naissance, ne rendait pas recevable son action en contestation de paternité légitime et sa demande d'expertise biologique dès lors qu'il était justifié que cet enfant avait une possession d'état d'enfant légitime conforme à son titre de naissance ».

> La Cour de cassation décide que dans une action relative à la filiation, l'expertise biologique doit être ordonnée par les juges, sauf pour eux à préciser spécialement la motivation de leur refus.

• **Civ. 1re, 28 mars 2000, n° 98-12.806,** *Bull. civ.* I, n° 103

* V. s[s] n° 211.43

« Attendu que l'expertise biologique est de droit en matière de filiation, sauf s'il existe un motif légitime de ne pas y procéder ».

211.03 Bibliographie indicative.

Actualisables. J.-Cl. civ., F. Granet-Lambrechts, Fasc. art. 310, « Filiation », « Principe d'égalité »; Fasc. art. 310-1 et 310-2, « Filiation, Dispositions générales, modes d'établissement de la filiation, restrictions à l'établissement de la filiation incestueuse »; Fasc. art. 310-3 à 311-2, « Filiation, Dispositions générales, preuves et présomptions » – Rép. civ., C. Labrusse-Riou, *V° Filiation*; J. Hérail, *V° Acte de notoriété*; F. Granet-Lambrechts, *V° Possession d'état*.

Ouvrages. A. Breton, *L'enfant incestueux*, t. I, *Mél. Ancel*, p. 309 s. – F. Terré et D. Fenouillet, *Les personnes, la famille, les incapacités*, « Précis », 7e éd., Dalloz, 2005, nos 667 à 684; 733 à 750 – J. Massip, *Le nouveau droit de la filiation*, Éd. Defrénois, 2006.

Rapport. A. Pascal et M. Trapero, « Vérité biologique et filiation dans la jurisprudence récente de la Cour de cassation », *R.* 2004, Doc. fr.

Thèse. V. Morgant-Cantégrit, *La possession d'état*, th. Lille, 1993.

Articles. A. Batteur, « L'interdit de l'inceste », *RTD civ.* 2000. 759 – F. Dekeuwer-Défossez, « La loi du 16 janvier 2009 sur la filiation : bien plus qu'une simple ratification ! », *RLDC* mars 2009, n° 58, p. 37 – D. Fenouillet, « L'adoption de l'enfant incestueux par le demi-frère de sa mère, ou comment l'intérêt prétendu de l'enfant tient lieu de seule règle de droit », *Dr. fam.* 2003, chron. 29 – F. Granet-Lambrechts, *D.* 2006, pan. 1141 à 1144 – J. Hauser, « La réforme de la filiation et les principes fondamentaux, » *Dr. fam.* 2006, étude 1; « Ratification de l'ordonnance du 4 juillet 2005 réformant le droit de la filiation : les modifications », *AJ fam.* 2009, 76 s. – A. Lefèbvre-Teillard, « *Infans conceptus*. Existence physique et existence juridique », *Rev. hist. dr. français et étranger* 1994, p. 499 s. – J. Massip, « La loi du 16 janvier 2009 ratifiant l'ordonnance du 4 juillet 2005 réformant le droit de la filiation », *Defrénois* 2009, art. 38913, p. 591 s. – O. Matocq, « Le rapport d'expertise biologique dans le droit de la filiation deviendra-t-il le passage obligé ? », *Dr. fam.* 2006, étude 7 – P. Murat, « L'action de l'ordonnance du 4 juillet 2005 sur la possession d'état », *Dr. fam.* 2006, étude 5 – C. Neirinck, « La maternité », *Dr. fam.* 2006, étude 2.

211.04 Questions essentielles. Sur la base du principe d'égalité entre enfants, dont découle la suppression de toutes formes de légitimation, sont analysées les règles générales concernant d'une part les modes d'établissement du lien de filiation, non contentieux ou contentieux, et d'autre part, les modes de preuve corrélatifs avec des développements particuliers portant sur les expertises biologiques. En principe, l'établissement de la filiation maternelle et paternelle de tout enfant est permis sauf en cas d'inceste absolu : la filiation ne peut alors être légalement établie qu'à l'égard de l'un des auteurs de l'enfant.

SECTION 1

DISPOSITIONS INTRODUCTIVES

211.10 Dispositions introductives. Le chapitre 1er du titre 7 du livre 1er du Code civil s'ouvre sur deux dispositions introductives : les articles 310-1 et 310-2 du Code civil (v. s[s] n°s 211.11 s.). Elles sont suivies de quatre sections traitant respectivement « Des preuves et présomptions » (v. s[s] n°s 211.31 s.), « Du conflit des lois relatives à la filiation », « De l'assistance médicale à la procréation » (v. s[s] n°s 215.09 s.) et « Des règles de dévolution du nom de famille » (v. s[s] n°s 231.11 s.).

§ 1
Établissement de la filiation

211.11 Modes d'établissement de la filiation. L'article 310-1 du Code civil énumère les modes d'établissement de la filiation. La filiation peut tout d'abord être légalement établie de façon non contentieuse dans les conditions prévues au chapitre II du titre VII, soit par l'effet autoritaire de la loi, soit par une reconnaissance volontaire, soit par la possession d'état constatée dans un acte de notoriété (C. civ., art. 310-1, al. 1er). À défaut, la filiation peut l'être par un jugement, dans les conditions du chapitre III (C. civ., art. 310-1, al. 2). L'article 310-3 vient ensuite indiquer les modes de preuve correspondants (v. s[s] n°s 211.31 s.).

§ 2
Établissement de la filiation incestueuse : prohibition relative

211.21 Interdit tiré de l'inceste absolu. Déjà **avant la réforme de 1972**, la loi n'opposait pas une totale prohibition à l'établissement de la filiation incestueuse[1], la divisibilité de la filiation naturelle permettant de valider la reconnaissance du père ou de la mère si l'autre auteur de l'enfant n'y était pas désigné. Et lorsque le mariage avait été célébré entre les père et mère, puis annulé en raison de l'empêchement légal, sa putativité, l'un des époux au moins étant de bonne foi, les enfants nés après sa célébration étaient admis à conserver leur légitimité.

La loi du 3 janvier 1972, qui avait généralisé les effets du mariage putatif à l'égard des enfants, avait permis l'établissement des **deux liens de filiation en cas d'inceste relatif**, mais pas en cas d'inceste absolu au sens des articles 161 et 162 du Code civil[2]. L'ordonnance du 4 juillet 2005 maintient cette prohibition de l'établissement du deuxième lien de filiation à l'article 310-2 et elle la renforce même, pour interdire aussi une adoption simple de l'enfant par son deuxième auteur, de sorte que cet enfant ne peut avoir qu'une **filiation partielle**, établie à l'égard de l'un de ses parents biologiques. En dehors de l'hypothèse des conflits de filiations dont la prévention résulte, en règle générale, du principe chronologique posé par l'article 320, c'est la seule situation où une entrave, partielle subsiste à la liberté de l'établissement d'un lien de filiation.

211.22 Conditions d'application de l'article 310-2 du Code civil. Ne sont visés que les cas d'inceste les plus graves, entre ascendant et descendant ou entre frère et sœur, et entre lesquels la loi élève un empêchement à mariage non susceptible d'une dispense du Président de la République.

En revanche, dans les situations d'inceste relatif, la filiation peut être établie à l'égard des père et mère comme dans le droit antérieur, par exemple s'il s'agit de relations entre oncle et nièce, ou tante et neveu, ou entre alliés en ligne directe, pour lesquels la prohibition du mariage ne semble d'ailleurs guère conforme à l'article 12 de la Convention européenne des droits de l'homme depuis l'arrêt B. L. c/Royaume-Uni[3].

211.23 Mesure de l'interdiction. L'interdit de l'inceste touche aux valeurs fondamentales de la société et à l'essence même du lien de filiation[4], comme l'a fermement rappelé la Cour de cassation en interdisant également l'adoption simple de l'enfant par son second auteur[5]. En l'espèce, l'enfant était issu des relations entre une femme et son demi-frère. Il avait été reconnu par sa mère, puis par son géniteur. Cette reconnaissance paternelle avait été annulée comme visant un enfant dont l'établissement de la filiation à l'égard de cet homme était prohibé par les dispositions d'ordre public de l'ancien article 334-10[6]. Mais un arrêt ultérieur avait fait droit à la requête en adoption simple formée par le géniteur, au motif notamment que les adoptions simples intrafamiliales ne sont pas interdites par la loi, y compris l'adoption par une personne de son propre enfant, et que les experts

1. V. A. Breton, *L'enfant incestueux*, t. I, *Mél. Ancel*, p. 309 s.
2. V. A. Batteur, « L'interdit de l'inceste », *RTD civ.* 2000, 759.
3. CEDH 13 sept. 2005, req. n° 36536/02, B. L. c/Royaume-Uni, *Dr. fam.* 2005, comm. 234, note Gouttenoire et Lamarche.
4. V. D. Fenouillet, « L'adoption de l'enfant incestueux par le demi-frère de sa mère, ou comment l'intérêt prétendu de l'enfant tient lieu de seule règle de droit », *Dr. fam.* 2003, chron. 29.
5. Civ. 1re, 6 janv. 2004, n° 01-01.600, *Bull. civ.* I, n° 2; *D.* 2004, J. 362, concl. Sainte-Rose; 365, note Vigneau; et *D.* 2004, somm. 1419, obs. Granet-Lambrechts; *RTD civ.* 2004, 75, obs. Hauser; *AJ fam.* 2004, 66, obs. Bicheron; *JCP* 2004, II, 10064, p. 783, note Labrusse-Riou; *RJPF* 2004-3, p. 34, note Garé; *Dr. fam.* 2004, comm. 16, note Fenouillet.
6. CA Rennes, 24 janv. 2000, *D.* 2002, somm. 2020, obs. Granet-Lambrechts; *RTD civ.* 2000, 819, obs. Hauser.

avaient conclu que tel était l'intérêt de l'enfant[1]. Saisie par le parquet d'un pourvoi, la Cour de cassation a cassé cet arrêt, sous le visa de l'ancien article 334-10, au motif que « *la requête en adoption présentée par M. Y... contrevient aux dispositions d'ordre public édictées par l'article 334-10 du Code civil interdisant l'établissement du double lien de filiation en cas d'inceste absolu, la cour d'appel a violé le texte susvisé* ». Sur renvoi, la cour de Paris a décidé que « *la loi sur l'adoption a pour but de créer une filiation;* [...] *que selon l'article 334-10 du Code civil, s'il existe entre les père et mère de l'enfant naturel un des empêchements à mariage pour cause de parenté, la filiation étant déjà établie à l'égard de l'un, il est interdit de l'établir à l'égard de l'autre;* [...] *que par suite, l'adoption de Marie étant sollicitée par le frère consanguin de la mère se heurte à l'interdiction posée par la loi de l'établissement d'une double filiation de l'enfant issue de l'article 334-10 du Code civil* »[2].

Pour des raisons d'ordre moral et dans le souci de préserver l'intérêt de l'enfant autant que l'ordre social, l'ordonnance du 4 juillet 2005 permet donc l'établissement de l'un des liens de filiation seulement, tout en consacrant cette jurisprudence et en durcissant ainsi la prohibition de l'article 310-2 par rapport à celle de l'ancien article 334-10[3]. Si la filiation maternelle est établie, la filiation paternelle ne peut l'être par aucun moyen et réciproquement.

211.24 Portée pratique. Dans le droit antérieur, la maternité était généralement établie en premier lieu, d'où un empêchement irréversible à l'établissement de la paternité du géniteur. Une action à fins de subsides était en revanche ouverte contre lui[4].

Aujourd'hui, l'article 311-25 du Code civil tend même à renforcer cette tendance, puisqu'il pose en règle générale que « *la filiation est établie, à l'égard de la mère, par la désignation de celle-ci dans l'acte de naissance de l'enfant* ». Le plus souvent, la filiation maternelle est légalement établie dans l'acte de naissance, ce qui interdit irrémédiablement l'établissement de la paternité du géniteur « *par quelque moyen que ce soit* » selon la lettre de l'article 310-2, y compris par voie d'adoption simple. Comme dans le droit antérieur, l'enfant a alors vocation à des subsides de son géniteur (v. s[s] n°s 214.09 s.)[5].

211.25 Nullité de l'établissement du second lien de filiation. La violation de l'article 310-2 du Code civil est sanctionnée par la nullité de la reconnaissance ou de l'acte de notoriété qui aurait été délivré aux fins de constater la possession d'état de l'enfant à l'égard de son second auteur. De même, une action en recherche est irrecevable.

211.26 Incidences sur l'état civil. Dans l'hypothèse où le second lien de filiation aurait été inscrit dans les registres de l'état civil, son annulation emporterait la rectification des actes ainsi affectés. Sur ce point, la circulaire du 30 juin 2006 indique que si « *la filiation maternelle est établie par l'indication de la mère dans l'acte de naissance,* [cela] *rend impossible l'établissement de la paternité après la déclaration de naissance, quel qu'en soit le moyen. Ainsi, si le père vient déclarer la naissance et reconnaître en même temps l'enfant, alors que le nom de la mère figure dans l'acte, l'officier de l'état civil doit refuser de recevoir cette reconnaissance dès lors qu'il a connaissance du lien de parenté existant entre les père et mère. Il en est de même en cas de reconnaissance conjointe* » (circ. 30 juin 2006, 1re partie, I, 1.3)[6]. Elle relève cependant que l'officier de l'état civil ne peut pas procéder à des recherches relatives à l'enfant, ni exiger la production de son acte de naissance ou de celui de l'auteur de la reconnaissance, de sorte que le lien de parenté entre les auteurs de l'enfant ne lui apparaîtra pas en toute occurrence, et notamment s'ils n'ont pas le même nom. Ce sera donc par la suite que sera constatée la contrariété de la reconnaissance à l'article 310-2. L'officier devra donc en aviser aussitôt le parquet qui en demandera la nullité absolue sur le fondement de l'article 423 du Code de procédure civile.

En revanche, dans l'hypothèse d'une reconnaissance paternelle prénatale, l'officier qui en serait informé devrait refuser d'inscrire le nom de la mère dans l'acte de naissance, la paternité ayant été valablement établie auparavant. S'il ignore cette reconnaissance lorsqu'il dresse l'acte de naissance et y inscrit le nom de la mère sur les indications du déclarant, le parquet devra en être avisé dès la

1. CA Rennes, 22 janv. 2001, *Dr. fam.* 2003, chron. 29, D. Fenouillet, « L'adoption de l'enfant incestueux par le demi-frère de sa mère, ou comment l'intérêt prétendu de l'enfant tient lieu de seule règle de droit ».
2. CA Paris, 5 avr. 2005, *Dr. fam.* 2005, comm. 242, note Murat.
3. V. Lemouland, note crit. s[s] Civ. 1re, 18 mai 2005, n° 02-16.336, *Bull. civ.* I, n° 211; *D.* 2005, J. 2125.
4. Sur l'hypothèse d'un viol incestueux : Crim. 4 févr. 1998, n° 97-80.305, *Bull. crim.*, n° 43 – Sur la réparation accordée à l'enfant du préjudice subi « *par ricochet des dommages causés à la mère, victime d'un inceste paternel* », v. Hauser, *RTD civ.* 1999, 64 – Et sur la réparation accordée à l'enfant du préjudice subi du fait de la privation de sa filiation paternelle : EN CE SENS, v. TGI Lille, 6 mai 1996, *D.* 1997, J. 543, note Labbée; *RTD civ.* 1999, 64, obs. Hauser.
5. V. PAR EX., CA Aix-en-Provence, 26 mars 2009, *Juris-Data* n° 2009-005091 : où l'enfant étant issu d'un viol commis sur sa sœur par un homme incarcéré pour ces faits et qui est condamné au paiement de subsides.
6. Circ. n° CIV/13/06, 30 juin 2006, de présentation de l'ordonnance n° 759-2005, 4 juill. 2005, portant réforme de la filiation.

découverte de cette situation afin de poursuivre l'annulation de la filiation maternelle et corrélativement de l'acte de naissance. Un nouvel acte sera dressé, sans désignation de la mère.

211.27 Suppression de la légitimation par autorité de justice. Dans le droit antérieur, la loi de 1972 permettait à l'enfant d'être légitimé par autorité de justice à la demande de son parent légal, dont le mariage avec l'autre était impossible au sens de l'ancien article 333 du Code civil. L'ordonnance du 4 juillet 2005 ayant abrogé toutes les formes de légitimation, cette solution n'a plus cours.

211.28 Question essentielle : la preuve de la filiation. La preuve de la filiation est devenue la question centrale, à l'heure de la véritable liberté de l'établissement de la filiation sous réserve de l'inceste absolu, de l'égalité entre enfants et des certitudes scientifiques quant à la paternité. Sur ce point, notre droit a sensiblement évolué depuis la loi de 1972 et la Cour de cassation a su parfois anticiper avec bonheur.

Outre le nouvel article 310-3 du Code civil qui énumère les moyens de preuve correspondant aux divers modes d'établissement du lien de filiation (v. s^s^ n°s 211.11 s. et 212.10 s.), l'article 311 subsiste sans changement. Au contraire, les articles 311-1 et 311-2 consacrés à la possession d'état sont modernisés et complétés.

SECTION 2
MODES DE PREUVE DE LA FILIATION

§ 1
Preuve de la filiation par un acte ou par un titre

211.31 Énumération. Selon l'article 310-3 du Code civil, la filiation peut être prouvée « *par l'acte de naissance, ou par l'acte de reconnaissance, ou par l'acte de notoriété constatant la possession d'état* », ou par le jugement rendu dans l'action engagée à cette fin et dans laquelle, si elle est recevable, tous moyens de preuve sont admissibles.

211.32 Preuve par titre d'état civil. Constitue un titre, propre à établir légalement le lien de filiation, un acte de naissance ou un acte de reconnaissance qui en fait corrélativement preuve, étant entendu qu'il reste à préciser le rôle respectif de chacun de ces actes authentiques.

211.33 Preuve par l'acte de naissance. Malgré la suppression de la distinction entre filiation légitime et filiation naturelle, la filiation en mariage conserve la particularité d'unir un enfant à ses père et mère indivisiblement par le simple effet combiné de la désignation de la mère mariée dans l'acte de naissance et de la présomption de paternité du mari, excepté les cas d'exclusion *a priori* de celle-ci. Cela a évidemment des répercussions sur la preuve de la filiation. L'acte de naissance désignant pour la mère une femme mariée, joint à l'application de la présomption « *Pater is est* », prouve globalement la filiation maternelle et paternelle à l'égard des deux époux selon une règle traditionnelle. En revanche, là où l'ordonnance du 4 juillet 2005 innove en réalisant enfin la réforme tant attendue et à laquelle la loi du 8 janvier 1993 n'avait malheureusement pas procédé, c'est de faire de l'acte de naissance, lorsqu'il désigne la mère, la **preuve de la filiation maternelle hors mariage**. Désormais, il constitue donc la preuve normale de la maternité (C. civ., art. 311-25). Cette disposition est également applicable aux enfants nés avant le 1er juillet 2006 (ord. 4 juill. 2005, art. 20, I et II, 1° et 3°), sans toutefois que cela puisse entraîner une modification de leur nom, ni qu'ils puissent se prévaloir de leur filiation maternelle dans les successions déjà liquidées.

Il convient de noter que la Cour de cassation a anticipé sur cette réforme par un important revirement de sa jurisprudence en décidant, au visa des articles 8 et 14 de la Convention européenne des droits de l'homme, qu'une femme étant « *désignée en tant que mère dans l'acte de naissance de M. X..., il* [en] *résultait que la filiation maternelle de celui-ci était établie* »[1]. Or afin de limiter les conséquences de cet arrêt en matière de nationalité, la loi n° 2006-911 du 24 juillet 2006[2], relative à l'immigration et à l'intégration, a complété, dans son article 91, les dispositions transitoires de l'ordonnance du 4 juillet 2005 en ajoutant un 6° à l'article 20 : « *Les dispositions de la présente ordonnance n'ont pas d'effet sur la nationalité des personnes majeures à la date de son entrée en vigueur* ». Cela constitue une

1. Civ. 1re, 14 févr. 2006, n° 05-13.006, *Bull. civ.* I, n° 73; *D.* 2006, pan. 1140, obs. Granet-Lambrechts; *D.* 2006, J. 1029, note Kessler; *Dr. fam.* 2006, comm. 107, note Murat; *AJ fam.* 2006, J. 162, obs. Chénedé; *RLDC* 2006, n° 29, p. 41, note Meyzeaud-Garaud; *RJPF* 2006, n° 5, p. 25, note Garé; *Defrénois* 2006, art. 38415, p. 1058, obs. Massip – RAPPR. : Civ. 1re, 23 mai 2006, n° 05-16.702, *Bull. civ.* I, n° 257; *D.* 2007, pan. 1460, obs. Granet-Lambrechts – Civ. 1re, 25 avr. 2006, n° 04-19.341 et n° 05-16.841, 2 esp., NP; *LPA* mai 2007, n° 91, p. 12, note Dekeuwer-Défossez – Et concernant Civ. 1re, 25 avr. 2006, n° 04-19.341, NP, après CASSATION AVEC RENVOI : CA Bordeaux, 6 mars 2007, *Dr. fam.* 2007, comm. 201, note Lamarche; *RTD civ.* 2007, 763, n° 15, obs. Hauser.
2. L. n° 2006-911, 24 juill. 2006, relative à l'immigration et à l'intégration, *JO* 25 juill., p. 11047.

troisième limitation aux effets de l'établissement de la filiation maternelle des enfants nés hors mariage avant le 1er juillet 2006 : seuls les enfants mineurs dont l'acte de naissance indique le nom de leur mère alors qu'ils n'ont pas été reconnus par elle peuvent acquérir la nationalité française de celle-ci.

Il convient enfin de souligner le fait qu'à la différence de la plupart des États européens, l'indication du nom de la mère dans l'acte de naissance n'est pas obligatoire en droit français et que la possibilité pour une femme d'accoucher sous X ou de remettre son enfant à l'Aide sociale à l'enfance y est expressément prévue. Dans le cas où la mère ne serait pas inscrite dans l'acte de naissance, la filiation pourrait être établie envers elle par une reconnaissance volontaire (v. ss n° 212.54) ou par la possession d'état constatée par un acte de notoriété pareillement soumis à publicité et qui en ferait preuve (v. ss nos 212.101 s.).

211.34 **Preuve par l'acte de reconnaissance.** Une reconnaissance maternelle ou paternelle doit à peine de nullité être faite en la forme authentique et dressée par un officier public. Elle est mentionnée en marge de l'acte de naissance qui en fait preuve, sauf hypothèse d'une reconnaissance par acte notarié et que son auteur ne souhaite pas rendre publique. Elle n'a plus guère d'intérêt pratique pour ce qui concerne la filiation maternelle dont l'établissement résulte, dans l'immense majorité des cas, de l'acte de naissance à moins que la femme accouchée ait exprimé la volonté de n'y être pas désignée[1].

En ce qui concerne la **paternité hors mariage**, un acte de reconnaissance est le procédé le plus fréquent d'établissement et de preuve de la filiation. Enfin, la loi n° 2009-61 du 16 janvier 2009[2] portant ratification de l'ordonnance n° 2005-759 du 4 juillet 2005[3] est venue admettre les reconnaissances maritales, afin d'offrir un moyen simple et rapide d'établir sa paternité à un homme marié que son épouse aurait tenté de priver de sa paternité en déclarant la naissance sans indiquer son nom en qualité de père (C. civ., art. 313 et 315 mod.). Le mari peut alors préférer reconnaître l'enfant, si la paternité d'un tiers n'est pas déjà établie, plutôt que d'avoir à exercer une action en rétablissement des effets de la présomption de paternité sur le fondement de l'article 329 du Code civil[4] et l'acte de reconnaissance prouve la filiation paternelle.

1. V. C. Neirinck, « La maternité », *Dr. fam.* 2006, étude 2.
2. L. n° 2009-61, 16 janv. 2009, portant réforme de la filiation et modifiant ou abrogeant diverses dispositions relatives à la filiation, *JO* 18 janv., p. 1062.
3. Ord. n° 2005-759, 4 juill. 2005, portant réforme de la filiation, *JO* 6 juill., p. 11159.

211.35 **Possession d'état « entitrée ».** La possession d'état est un mode autonome d'établissement de la filiation en mariage selon une solution traditionnelle, cette hypothèse étant cependant rare de nos jours. Depuis la loi du 25 juin 1982[5], la possession d'état est également un mode d'établissement de la filiation hors mariage. Cependant, l'ordonnance du 4 juillet 2005 a entendu renforcer sur ce point la sécurité juridique en évitant les filiations de fait occultes. C'est pourquoi elle exige dorénavant la constatation de la possession d'état par un acte de notoriété. Mention marginale de l'acte de notoriété est portée dans le registre des naissances, ce qui fait preuve du lien de filiation (v. circ. 30 juin 2006, 1re partie, I, 2.1 – V. ss n° 61.13).

§ 2
Preuve judiciaire de la filiation

211.40 **Preuve judiciaire.** Sous l'empire du droit antérieur, la preuve était libre en défense dans les actions relatives à la filiation. Depuis l'ordonnance du 4 juillet 2005, la liberté de la preuve se trouve généralisée, en défense comme en demande et dans toutes les actions relatives à la filiation. Il en est de même que dans l'action à fins de subsides où la solution n'est pas nouvelle. L'innovation consiste à avoir supprimé l'exigence désuète de présomptions ou d'indices graves dans les actions en recherche, ainsi que la Cour de cassation en avait d'ailleurs déjà décidé en matière de recherche de paternité naturelle quelques temps avant la réforme[6].

Toutefois, la preuve n'est légalement admissible que si l'action est recevable, ainsi que le précise prudemment l'article 310-3 alinéa 2 du Code civil. Il s'agit, lorsque l'action est irrecevable, d'empêcher un inutile débat sur le fond, donc sur la réalité du lien de filiation revendiqué, et notamment de ne

4. V. F. Dekeuwer-Défossez, « La loi du 16 janvier 2009 sur la filiation : bien plus qu'une simple ratification ! », *RLDC* mars 2009, n° 58, p. 37 – J. Massip, « La loi du 16 janvier 2009 ratifiant l'ordonnance du 4 juillet 2005 réformant le droit de la filiation », *Defrénois* 2009, art. 38913, p. 591 s. – F. Granet-Lambrechts, « Ratification de l'ordonnance du 4 juillet 2005 réformant le droit de la filiation : les modifications », *AJ fam.* 2009, 76 s.
5. L. n° 82-536, 25 juin 1982, relative à l'établissement de la filiation naturelle, *JO* 26 juin, p. 2026.
6. Civ. 1re, 8 janv. 2002, n° 99-14.195, NPT; *D.* 2002, somm. 2023, obs. Granet-Lambrechts; *Dr. fam.* 2002, comm. 98, note Murat – Civ. 1re, 12 mai 2004, n° 02-16.152, NP; *D.* 2005, J. 1766, note Mirabail; *D.* 2005, pan. 1751, obs. Granet-Lambrechts; *RJPF* 2004-9/40, note Garé – Civ. 1re, 14 juin 2005, n° 04-15.445, *Bull. civ.* I, n° 251; *Dr. fam.* 2005, comm. 182, note Murat; *RJPF* 11/2005, p. 20, note Garé.

pas permettre qu'une mesure d'instruction soit ordonnée prématurément.

A. Expertise biologique

211.41 Évolution de la science et du droit. En effet, dans la plupart des cas, la preuve de la paternité aussi bien que de la non-paternité résulte d'une expertise biologique, bien que tous les moyens de preuve soient recevables s'agissant de circonstances de fait. Dans ce domaine, il y a eu une considérable évolution scientifique qui a bouleversé la question de la preuve dans le contentieux de la filiation.

Avant la loi du 15 juillet 1955[1], la comparaison des groupes sanguins fut parfois utilisée, mais sans permettre de tirer d'autres conclusions qu'une simple compatibilité et la jurisprudence était ainsi peu encline à y recourir.

À partir de la loi de 1955, le recours à l'examen des sangs devint plus fréquent, la Cour de cassation ayant décidé que les juges pouvaient l'ordonner d'office ou à la demande de la mère ou de l'enfant à titre de simple mesure d'instruction propre à établir la vérité[2]. Par la suite, cette tendance n'a fait que s'amplifier dans le profil des progrès scientifiques. La preuve d'une certitude quasi absolue de paternité a pu être acquise grâce aux examens comparés des sangs ou à la méthode des empreintes génétiques sans risque d'erreur.

211.42. Expertise biologique de droit. Dans ce contexte, par un revirement remarqué, la Cour de cassation a décidé qu'en matière de filiation, l'expertise biologique est de droit, sauf motif légitime de ne pas y procéder[3], solution qu'elle n'a plus cessé de répéter[4]. La **preuve** est ainsi devenue essentiellement **scientifique et objective**, en France comme dans bien d'autres États européens. Il suffit que l'une des parties réclame une expertise biologique pour que les juges doivent l'ordonner sauf à motiver leur refus, ce qui renvoie à la question essentielle de savoir quelles circonstances sont susceptibles de constituer un motif légitime de ne pas faire droit à la demande (v. s^s^ n° 211.53).

La valorisation de la vérité biologique dans le contentieux de la filiation s'inscrit d'ailleurs pleinement dans l'évolution de la jurisprudence de la Cour européenne des droits de l'homme[5], même si celle-ci prend également en considération l'intérêt de l'enfant et les liens affectifs l'unissant au parent à l'égard duquel la filiation est contestée. On peut ainsi songer notamment aux arrêts *Rozanski*, *Mizzi* et *Paulik*.

Dans l'arrêt *Rozanski*, elle a décidé que le fait d'empêcher le père biologique d'établir sa paternité, au motif que la paternité du nouveau compagnon de la mère était déjà établie, constitue une violation du droit du requérant au respect de sa vie privée familiale[6].

Dans les arrêts *Mizzi* et *Paulik*, la Cour reconnaît que la loi doit assurer la sécurité des rapports juridiques et des liens familiaux et qu'elle doit protéger les intérêts des enfants. Toutefois, dans l'arrêt *Mizzi*, c'est à l'unanimité qu'elle retient une violation du droit au respect de la vie privée du requérant et des articles 8 et 14 combinés de la Convention européenne, le droit Maltais n'ayant pas permis à cet homme de renverser la présomption de sa paternité au-delà des six mois de la naissance, en dépit des résultats d'une analyse de l'ADN pratiquée alors que l'enfant avait atteint l'âge adulte et prouvant sa non-paternité, alors que l'intérêt potentiel de l'enfant à bénéficier de la possession d'état d'enfant du requérant ne peut excéder le droit légitime de ce dernier à avoir au moins une occasion de contester sa paternité[7].

Dans l'arrêt *Paulik*, c'est encore à l'unanimité que la Cour admet une violation de l'article 8, le requérant dont la paternité avait été judiciairement déclaré en son temps s'étant vu ensuite opposer l'autorité de la chose jugée, lorsqu'il avait engagé une action en contestation de sa paternité en grâce aux résultats d'une expertise par l'ADN excluant sa paternité. En l'espèce, c'était l'enfant qui, à l'âge de quarante ans, avait été à l'origine de l'analyse génétique et il n'était pas opposé à la contestation de sa filiation. Cet ensemble de circonstances a conduit la Cour à constater que l'impossibilité d'agir opposée au

1. L. n° 55-934, 15 juill. 1955, reconnaissance des enfants naturels, *JO* 16 juill., p. 7084.
2. Civ. 1re, 2 nov. 1982 et 24 mai 1984, *JCP* 1986, IV, p. 190 – Civ. 1re, 28 avr. 1986, n° 84-15.050, *Bull. civ.* I, n° 102.
3. Civ. 1re, 28 mars 2000, n° 98-12.806, *Bull. civ.* I, n° 103; *D.* 2000, J. 731, note Garé; et *D.* 2001, somm. 976, obs. Granet-Lambrechts, 1427, obs. Gaumont-Prat et 2868, obs. Desnoyer; *LPA* 27 nov. 2000, 13, note Daburon; *LPA* 5 sept. 2000, 8, note Nevejans-Bataille; *JCP* 2000, II, 10409, concl. Petit et note Montsallier-Saint Mleux; *JCP* 2000, I, 253, n° 11, obs. Byk; *JCP* 2001, I, 362, obs. Cadiet, n°s 21 et 332, p. 1273, n° 2, obs. Favier; *Dr. fam.* 2000, comm. 72, note Murat; *RJPF* n° 5/2000, p. 23; *RTD civ.* 2000, 304, obs. Hauser; *Defrénois* 2000, art. 37194, p. 769, obs. Massip – V. AUSSI, S. Le Gac-Pech, « De Louis XVII à Z... », *D.* 2001, chron. 404.
4. V. F. Granet-Lambrechts, *D.* 2004, somm. 1419; *D.* 2005, pan. 1751; *D.* 2006, pan. 1141; *D.* 2007, pan. 1462; *D.* 2008, pan. 1373; *D.* 2009, pan. 775.
5. V. NOT., CEDH 7 févr. 2002, req. n° 53176/99, Mikulic c/ Croatie – CEDH 13 juill. 2006, req. n° 58757/00, Jäggi c/Suisse, *Dr. fam.* 2008, étude 14; *RTD civ.* 2006, 727, obs. Marguénaud; *RTD civ.* 2007, 99, obs. Hauser; *Defrénois* 2008, p. 573, n° 5, obs. Massip; *Médecine et droit* 2007, p. 109, note Berthiau – CEDH 18 mai 2006, req. n° 55339/00, Rozanski c/Pologne, *Dr. fam.* 2006, alerte 54; *RLDC* 2006/33, p. 33, obs. Flauss-Diem – V. s^s^ n° 211.52.
6. CEDH 18 mai 2006, req. n° 55339/00, Rozanski c/Pologne, préc. s^s^ prés^t^ n°.
7. CEDH 12 janv. 2006, req. n° 26111/02, Mizzi c/Malte.

requérant heurtait les souhaits communs des intéressés, sans que cela ne profitât à quiconque[1].

211.43 Notion d'expertise biologique. Dans son arrêt du 28 mars 2000[2], la Cour de cassation a certainement visé les deux types de techniques pratiquées, à savoir les **examens comparés des sangs** et les **analyses de l'ADN**[3]. Pourtant, curieusement, le droit français ne les soumet pas au même régime juridique[4].

En effet, les **expertises par l'ADN** sont régies par les articles 16-11 et 16-12 du Code civil, issus des lois de bioéthique (L. n° 94-653, 29 juill. 1994)[5]. En 1994, le législateur a entendu prévenir toute atteinte aux droits fondamentaux de l'homme et à la paix des familles et il n'a autorisé l'identification d'une personne par ses empreintes génétiques que dans le cadre des mesures d'enquête ou d'instruction diligentées lors d'une procédure judiciaire ou à des fins médicales ou de recherche scientifique. En matière civile, il n'est permis de procéder à cette identification qu'en exécution d'une mesure d'instruction ordonnée par le juge saisi d'une action en établissement ou en contestation d'un lien de filiation, ou d'une action à fins de subsides. La mise en œuvre d'une telle mesure exige le consentement des personnes qui y sont soumises (C. civ., art. 16-11, al. 1 et 2).

Avant la première révision des lois de bioéthique par la loi n° 2004-800 du 6 août 2004[6], la Première chambre civile de la Cour de cassation avait décidé qu'une expertise génétique *post mortem* pouvait être réalisée avec le consentement des héritiers[7] et qu'inversement, leur refus interdisait d'effectuer des prélèvements sur le cadavre[8].

Puis la loi n° 2004-800 du 6 août 2004, portant révision des lois de 1994, a complété le deuxième alinéa de l'article 16-11 pour interdire l'exhumation d'un cadavre dans les procès de filiation[9] et empêcher tout renouvellement des circonstances de l'affaire *Montand*[10]. Aucune identification par les empreintes génétiques ne peut plus être réalisée si le défunt n'y avait pas expressément consenti de son vivant. Comme la jurisprudence l'a déjà admis, une expertise pourrait certes être pratiquée sur des proches parents du défunt, mais avec des résultats probatoires nécessairement moindres, ce dont l'affaire *Montand* constitue précisément un bon exemple puisque l'expert conclut alors à l'exclusion de la paternité[11].

Enfin, selon l'article 16-12, sont seules habilitées à procéder aux expertises par l'ADN les **personnes inscrites sur une liste d'experts judiciaires et agréments** dans les conditions prévues par le décret n° 97-109 du 6 février 1997[12]. Ces analyses font l'objet d'un contrôle de qualité (CSP, art. L. 1131-5).

B.
Procédure et rôle du juge

211.51 Portée de l'article 16-11 du Code civil. À propos de l'application dans le temps de cette disposition dans sa rédaction issue de la loi n° 2004-800 du 6 août 2004, la Première chambre civile de la Cour de cassation en a admis l'effet immédiat dans les situations en cours selon la règle générale relative à l'applicabilité d'une loi nouvelle sur les effets futurs des situations non contractuelles[13] :

« *Attendu que l'article 16-11 du Code civil, dans sa rédaction issue de la loi n° 2004-800 du 6 août 2004, selon lequel* "sauf accord exprès de la personne manifesté de son vivant, aucune identification par empreintes généti-

1. CEDH 10 oct. 2006, req. n° 10699/05, Paulik c/Slovaquie.
2. Civ. 1re, 28 mars 2000, n° 98-12.806, *Bull. civ.* I, n° 103; *D.* 2000, J. 731, note Garé; et *D.* 2001, somm. 976, obs. Granet-Lambrechts, 1427, obs. Gaumont-Prat et 2868, obs. Desnoyer.
3. Cela paraît bien être confirmé par l'étude de A. Pascal et M. Trapero : « Vérité biologique et filiation dans la jurisprudence récente de la Cour de cassation », *R.* 2004, Doc. fr.
4. V. J. Massip, « Le nouveau droit de la filiation », *Defrénois* 2006, art. 38312, p. 91 s., spéct n° 36 – V. AUSSI, TERRÉ et FENOUILLET, n° 765 – F. Granet-Lambrechts, « Ratification de l'ordonnance du 4 juillet 2005 réformant le droit de la filiation : les modifications », *AJ fam.* 2009, 76 s.
5. V. P. Rougier, *Les empreintes génétiques*, « Que sais-je ? », PUF, n° 3569.
6. L. n° 2004-800, 6 août 2004, relative à la bioéthique, *JO* 7 août, p. 14040.
7. V. Civ. 1re, 3 juill. 2001, n° 00-10.254, *Bull. civ.* I, n° 203; *D.* 2002, somm. 2023, obs. Granet-Lambrechts; *Dr. et patr.* nov. 2001, p. 104, obs. Loiseau; *RTD civ.* 2001, 863, obs. Hauser.
8. EN CE SENS, v. Civ. 1re, 25 oct. 2005, n° 03-14.101, *AJ fam.* 2006, 78, obs. Chénedé.
9. V. Hauser, *RTD civ.* 2001, 118, n° 15, obs. crit.
10. V. TGI Paris, 6 sept. 1993, et CA Paris, 4 juill. 1996, *D.* 1997, somm. 158, obs. Granet-Lambrechts; *Defrénois* 1998, p. 314, obs. Massip; *LPA* 20 mai 1998, 10, chron. Pech-Le Gac; *Gaz. Pal.* 1997, J. 703, note Garé; *Dr. fam.* 1997, comm. 4, note Murat; *JCP* 1998, I, 101, n° 3, obs. Rubellin-Devichi; *D.* 1998, J. 122, note Malaurie; *D.* 1998, somm. 161, obs. Gaumont-Prat.
11. CA Paris, 17 déc. 1998 : *D.* 1999, J. 476, note Beignier – V. AUSSI, P. Catala, « La jeune fille et le mort », *Dr. fam.* 1997, chron. 12.
12. Décr. n° 97-109, 6 févr. 1997, relatif aux conditions d'agrément des personnes habilitées à procéder à des identifications par empreintes génétiques dans le cadre d'une procédure judiciaire, *JO* 9 févr., p. 2249.
13. Civ. 1re, 2 avr. 2008, n° 06-10.256, *Bull. civ.* I, n° 101; *Juris-Data* n° 2008-043427; *D.* 2008, chron. 2363, obs. Chauvin; *D.* 2008, J. 2121, note Bonnet; *D.* 2008, act. 1145, obs. Gallmeister; *RTD civ.* 2008, 464, n° 17, obs. Hauser; *Dr. fam.* 2008, comm. 86, note Murat; *AJ fam.* 2008, J. 209, obs. Chénedé; *Defrénois* 2008, art. 38829, p. 1842, obs. Massip.

ques ne peut être réalisée après sa mort", *est immédiatement applicable aux situations en cours; qu'ayant relevé que la preuve du consentement de M. Y... à ce que les échantillons déposés auprès du CECOS, dans un but d'autoconservation puissent servir à son identification par empreintes génétiques, n'était pas rapportée, et que celui-ci n'avait pas exprimé de son vivant son accord pour une expertise génétique quels qu'en soient le procédé et la forme, la cour d'appel n'a pu qu'en déduire que la demande de Mme X. devait être écartée* ».

La Cour a exprimé ainsi son « *souci d'uniformiser les situations juridiques qui justifie le principe de l'effet immédiat : après l'incertitude résultant de la loi de 1994 quant à l'identification* post mortem, *convenons qu'une solution différente de celle qui a été retenue n'aurait pas manqué de créer une confusion dans une matière particulièrement sensible dès lors qu'elle touche à la volonté des morts* »[1].

Ensuite, à propos de la portée matérielle de l'article 16-11 du Code civil, dans une action en recherche de filiation paternelle naturelle engagée par un enfant majeur devant une juridiction tchèque, la Cour de cassation a rejeté le pourvoi formé contre un arrêt qui avait autorisé, en vue d'une expertise médico-légale, la communication d'éléments déjà prélevés en France où ils étaient conservés, en considérant qu'il ne s'agissait pas d'une mesure d'identification d'une personne par ses empreintes génétiques soumise à l'article 16-11 du Code civil[2].

211.52 Convention européenne des droits de l'homme. Aujourd'hui, face à la jurisprudence de la Cour européenne des droits de l'homme postérieure à la loi du 6 août 2004, la conformité de l'article 16-11 du Code civil à l'article 8 de la Convention européenne des droits de l'homme est aujourd'hui vivement discutée, notamment en confrontation de l'arrêt *Jäggi*[3]. Dans cette affaire, la Cour a jugé qu'un prélèvement d'ADN impliquant une exhumation ne porte pas atteinte à la vie privée du défunt et qu'une atteinte disproportionnée au droit de connaître ses origines et de savoir si le défunt était bien son géniteur est portée à une personne âgée de soixante-dix ans, à laquelle a été opposé un refus de faire exhumer le corps en vue de réaliser une expertise génétique. Il est vrai qu'en retenant que « *les personnes essayant d'établir leur ascendance ont un intérêt vital, protégé par la convention, à obtenir les informations qui leur sont indispensables pour découvrir la vérité sur un aspect important de leur identité personnelle* », la Cour s'est fondée sur le droit à la connaissance des origines et non sur un droit à établir sa filiation véritable résultant de la protection de la vie privée, mais elle a exprimé encore sa faveur pour la vérité biologique en matière de filiation (v. s^s n° 211.42).

Dans ce contexte, il est permis de penser que la prohibition par la loi française des expertises par l'ADN sur des personnes décédées, au motif qu'elles n'y ont pas expressément consenti de leur vivant, impliquerait un réexamen à l'occasion de la nouvelle révision des lois de bioéthique en cours d'élaboration.

211.53 Motif légitime de ne pas ordonner une expertise biologique. Selon la jurisprudence de la Cour de cassation, une expertise biologique étant de droit, sauf motif légitime de ne pas y procéder (v. s^s n° 211.42), un refus des juges du fond impose une motivation spéciale sur laquelle la Cour opère un contrôle de droit[4].

Sur ce point, avant même que l'article 310-3 alinéa 2 du Code civil soit venu le mentionner, il allait de soi qu'il n'y avait pas lieu d'ordonner une analyse biologique lorsque l'action se heurtait à une fin de non-recevoir, parce que cela empêchait tous débats sur la preuve[5].

Tel était le cas par exemple lorsque la paternité du mari étant établie par un titre et par une possession d'état conforme, une action en contestation était exercée sur le fondement des anciens articles 322[6] ou 334-9 du Code civil[7].

Tel était aussi le cas lorsqu'une reconnaissance paternelle était contestée par son auteur, par la mère, par le prétendu père véritable ou par l'enfant, alors qu'elle était corroborée par la possession d'état depuis dix années[8],

1. V. P. Chauvin, « Chronique de la Cour de cassation, première chambre civile », *D.* 2008, p. 2363.
2. Civ. 1re, 4 juin 2007, n° 04-15.080, *Bull. civ.* I, n° 224; *RJPF* 2007-10/27, note Garé; *AJ fam.* 2007, 354, obs. Chénedé; *JCP* 2008, I, 102, n° 3, obs. Favier; *Dr. fam.* 2007, comm. 170, note Murat; *RTD civ.* 2007, 555, obs. Hauser; *Defrénois* 2007, p. 1644, obs. Massip; *RLDC* 2008, 2882, obs. Dekeuwer-Défossez.
3. CEDH 13 juil. 2006, req. n° 58757/00, Jäggi c/Suisse, *Dr. fam.* 2008, étude 14; *RTD civ.* 2006, 727, obs. Marguénaud; *RTD civ.* 2007, 99, obs. Hauser; *Defrénois* 2008, p. 573, n° 5, obs. Massip; *Médecine et droit* 2007, p. 109, note Berthiau.
4. V. A. Pascal et M. Trapero, « Vérité biologique et filiation dans la jurisprudence récente de la Cour de cassation », *R.* 2004, Doc. fr. – O. Matocq, « Le rapport d'expertise biologique dans le droit de la filiation deviendra-t-il le passage obligé ? », *Dr. fam.* 2006, étude 7 – F. Granet-Lambrechts, *D.* 2006, pan. 1142.
5. Civ. 1re, 14 juin 2005, n° 03-19.582, *Bull. civ.* I, n° 250; *D.* 2006, pan. 1142, obs. Granet-Lambrechts; *Dr. fam.* 2005, comm. 182, note Murat; *RJPF* 11/2005, p. 20, note Garé – Civ. 1re, 14 févr. 2006, n° 03-19.533, *Bull. civ.* I, n° 78; *D.* 2006, IR 603.
6. EN CE SENS, v. Civ. 1re, 14 juin 2005, n° 03-19.582, préc. s^s prés^t n°; *Dr. fam.* 2005, comm. 182, note Murat; *RJPF* 11/2005, p. 20, note Garé.
7. EN CE SENS, v. Civ. 1re, 14 févr. 2006, n° 03-19.533, *Bull. civ.* I, n° 78.
8. EN CE SENS, v. en vertu de l'ancien art. 339, al. 3 du Code civil : CA Aix-en-Provence, 4 janv. 2005, *Juris-Data* n° 2005-267108.

ou encore lorsqu'elle était contestée par tout autre intéressé en dehors du délai de prescription trentenaire[1].

Ces solutions conservent leur valeur dans une action en contestation de maternité ou de paternité engagée dans les conditions des nouveaux articles 332 et 333 du Code civil. Il y a lieu d'opposer un refus à une demande d'expertise biologique dans une action en contestation lorsque la filiation est établie par un titre et une possession d'état conforme continue, paisible et publique depuis cinq ans à compter de la naissance ou de la reconnaissance. L'action est encore irrecevable pour cause d'expiration du délai de prescription, ce qui justifie un refus par les juges du fond d'ordonner une expertise biologique[2].

Par ailleurs, la Cour de cassation a retenu un **motif légitime** de ne pas faire droit à une demande d'expertise lorsque la mise en œuvre d'une telle mesure est matériellement impossible, notamment faute de pouvoir localiser le père prétendu[3] ou même dans une hypothèse où le père, qui avait reconnu l'enfant dès la naissance et l'avait toujours élevé, avait refusé de présenter le mineur à l'expert, empêchant ainsi la réalisation du prélèvement sanguin ordonné dans le cadre de l'action en contestation engagée par un ancien amant de la mère[4].

Il n'y a pas lieu non plus d'ordonner une expertise qui serait inutile à la solution du litige[5] ou qui procède d'une demande abusive, par exemple parce qu'elle a été formée par pure rancune, ou par simple curiosité[6]. Il en est encore ainsi lorsqu'une expertise est réclamée dans un but dilatoire, notamment après la réalisation d'une précédente expertise réalisée grâce à une méthode médicale certaine et qui a fourni des résultats suffisamment probants; la demande d'expertise complémentaire est alors écartée[7].

Il convient toutefois de rappeler que le décès du père ou de la mère de l'enfant n'élève pas un empêchement matériel absolu à la réalisation d'un examen comparé des sangs quand le défunt laisse des proches parents comme ses père et mère ou des frères ou sœurs, même si les résultats ne présenteront pas le même degré de valeur probante[8].

211.54 Compétence du juge. Dans le système de preuve adminiculaire prévu avant l'ordonnance du 4 juillet 2005, le **tribunal de grande instance** était seul compétent pour ordonner la mesure d'expertise, à l'exclusion du juge des référés[9] ou du juge de la mise en état[10], solution qui devrait conserver sa

1. EN CE SENS, v. par ex. : Civ. 1re, 25 avr. 2007, n° 06-13.872, *Bull. civ.* I, n° 163; *AJ fam.* 2007, 273, obs. Chénedé; *Dr. fam.* 2007, comm. 170, note Murat; *JCP* 2008, I, 102, n° 3, obs. Favier : la Cour décide qu'est exactement retenue l'existence d'un motif légitime de refuser d'ordonner une expertise biologique à la demande du grand-père paternel dans l'action entreprise par lui en contestation de la reconnaissance d'un enfant faite par son fils défunt, car ce dernier avait toujours traité l'enfant comme le sien jusqu'à sa mort, lui donnant ainsi une possession d'état continue et conforme à la reconnaissance – TGI Lyon, 5 juill. 2007, *D.* 2007, J. 3052, note Gouttenoire : est écartée la demande d'expertise génétique faite par la mère qui contestait la reconnaissance paternelle faite par l'homme ayant toujours traité comme le sien l'enfant alors âgé de quinze ans et dont elle-même ne s'était jamais occupée; en l'espèce, outre le fait que ses allégations relatives à la non-paternité ne reposaient sur aucun élément probant, l'intérêt supérieur du mineur a été retenu comme une considération primordiale selon les termes de la Convention de New York, directement applicable devant les juridictions françaises, de nature à « *constituer un motif légitime de refus de la mesure sollicitée* ».
2. EN CE SENS, v. CA Paris, 7 nov. 2008, *Juris-Data* n° 2009-003489 : est écartée, sur le fondement des articles 333 du Code civil et 145 du Code de procédure civile, la demande d'expertise biologique formée par le mari qui contestait sa paternité, alors qu'ayant conféré à l'enfant pendant plus de quarante ans la possession d'état conforme à son acte de naissance, toute action était devenue irrecevable.
3. Civ. 1re, 14 juin 2005, n° 03-19.582, *Bull. civ.* I, n° 250; *Dr. fam.* 2005, comm. 182, note Murat; *RJPF* 11/2005, p. 20, note Garé – Civ. 1re, 3 janv. 2006, n° 04-14.904, NP; *Dr. fam.* 2006, comm. 108, note Murat.
4. Civ. 1re, 14 févr. 2006, n° 05-11.669, NP.
5. Civ. 1re, 31 mai 2005, n° 02-11.784, NP.
6. V. NOT., CA Metz, 4 déc. 2007, *Juris-Data* n° 2008-370082 : la cour refuse d'ordonner une expertise demandée par l'auteur d'une reconnaissance qui entendait vérifier être le père de l'enfant de sa compagne.
7. Civ. 1re, 12 juin 2001, n° 98-21.796, *Bull. civ.* I, n° 169; *RTD civ.* 2001, 574, obs. Hauser; *Dr. fam.* 2002, comm. 2, note Murat; *Defrénois* 2001, p. 1355, obs. Massip – Civ. 1re, 24 sept. 2002, n° 00-22.466, *Bull. civ.* I, n° 216; *D.* 2003, somm. 1793, obs. Cocteau-Senn; *AJ fam.* 2002, J. 417, obs. Deis-Beauquesne; *RTD civ.* 2003, 71, obs. Hauser; *Defrénois* 2003, p. 124, obs. Massip; *Dr. fam.* 2003, comm. 25, note Murat; *RJPF* 1/2003, p. 22; *JCP* 2003, I, 148, p. 1253, obs. Rubellin-Devichi; *JCP* 2003, II, 10053, note Garé – Civ. 1re, 25 oct. 2005, n° 04-10.667, NP – EN CE SENS, v. aussi : A. Pascal et M. Trapero, « Vérité biologique et filiation dans la jurisprudence récente de la Cour de cassation », *R.* 2004, Doc. fr.
8. V. ss n° 211.43 – EN CE SENS, V. NOT. Civ. 1re, 16 nov. 1983, *Gaz. Pal.* 1984, 1, p. 247, note Massip; *JCP* 1984, II, 20235, note Durry; *JCP* 1984, I, 3165, note Atias – SUR L'ARRÊT DE RENVOI, CA Nîmes, aud. sol., 26 févr. 1991, *D.* 1993, somm. 46, obs. Granet-Lambrechts et réf. citées.
9. TGI Toulouse, réf., 27 mars 1996, *JCP* 1997, II, 22787, note Ardeef.
10. CA Toulouse, 21 juin 1994, *D.* 1995, J. 98, note Mirabail; *D.* 1995, somm. 223, obs. Granet-Lambrechts; *JCP* 1996, II, 22585, note Ardeef; *JCP* 1995, I, 3813, obs. Bernigaud – V. AUSSI sur la question, N. Arcaute, « Le référé probatoire dans le droit de la filiation », *Dr. fam.* 1999, chron. 11.

valeur pour les analyses de l'ADN conformément à l'article 16-11 du Code civil[1].

Toutefois, la compétence du **juge des référés** fut admise sur le fondement de l'article 145 du Code de procédure civile pour ordonner une mesure d'instruction lorsqu'il existait un motif légitime de conserver ou d'établir avant tout procès la preuve des faits dont pourrait dépendre la solution du litige et pour autoriser à titre conservatoire la réalisation et la conservation d'un échantillon sanguin sur le cadavre du père prétendu aussitôt après sa mort[2].

De même aujourd'hui, la cour de Paris a pu décider sur ce fondement qu'une **mesure d'instruction** peut être ordonnée à la demande de tout intéressé, sur requête ou en référé, quand il y a un motif légitime d'établir ou de conserver avant tout procès la preuve de faits dont pourrait dépendre la solution d'un litige et qu'il y a un risque de dépérissement des preuves, mais elle a relevé que l'appréciation de ce motif doit être faite en considération de l'appréciation de l'existence d'une chance de succès de l'action[3].

Il a encore été admis qu'une expertise biologique peut être réclamée pour la première fois en appel. Le **conseiller de la mise en état** est exclusivement compétent pour l'ordonner en vertu de l'article 771 du Code de procédure civile[4]. Cette solution conserve sa valeur.

211.55 Loyauté et contradictoire. La mesure d'expertise doit être réalisée dans le respect des principes de loyauté et du contradictoire[5] dont l'une des parties peut invoquer la méconnaissance[6]. Dans cette hypothèse, la Cour de cassation exige des juges du fond qu'ils répondent à toutes les critiques formulées.

Toutefois, on peut signaler que s'agissant d'une mesure d'instruction à caractère scientifique, l'expert n'est pas tenu d'entendre les parties avant de leur communiquer son rapport[7].

211.56 Voies de recours. La Cour de cassation a décidé que le jugement ordonnant une expertise biologique constitue un **jugement avant dire droit** qui ne tranche pas une partie du principal et qu'en conséquence, selon les articles 544 et 545 du Code de procédure civile, il n'est pas susceptible d'un appel immédiat indépendamment de la décision sur le fond[8]. La même solution vaut pour un pourvoi[9]. Cette jurisprudence conserve sa valeur.

211.57 Refus de se soumettre à la mesure. La jurisprudence est assez abondante en ce qui concerne l'interprétation et la portée données au refus par l'une des parties de se soumettre au prélèvement ordonné[10] et qui sont laissées à l'appréciation

1. EN CE SENS, v. CA Montpellier, 17 mai 2004, *Juris-Data* n° 2004-252689; *D.* 2005, pan. 538, obs. Gaumont-Prat – V. AUSSI s[s] n° 211.43.
2. Civ. 1re, 22 avr. 1975, *D.* 1975, IR 152 : prélèvement sanguin sur le défunt ordonné en référé à la demande des enfants du premier lit en vue d'une action en contestation de la reconnaissance de l'enfant légitimé par le remariage du *de cujus* – TGI Lille, ord., 19 nov. 1997, *D.* 1998, J. 467, note Labbée : prélèvement sanguin opéré sur le cadavre du père prétendu au lendemain du décès, alors qu'il n'avait pas reconnu l'enfant, dans la perspective de ménager une preuve à produire dans une action en recherche – TGI Orléans, ord., 18 oct. 1999, *RTD civ.* 2000, 814, obs. Hauser; *D.* 2000, J. 620, note Beignier; *Dr. fam.* 1999, comm. 134, note Murat – CA Dijon, 15 sept. 1999, *D.* 2000, J. 875, note Beignier; *RTD civ.* 2000, 98, obs. Hauser – Puis rejet du pourv. par Civ. 1re, 3 juill. 2001, n° 00-10.254, *Bull. civ.* I, n° 203; *D.* 2002, somm. 2023, obs. Granet-Lambrechts; *Defrénois* 2002, p. 190, obs. Massip; *RJPF* 12/2001, p. 20, note Bossu – V. AUSSI, J. Massip, « Le nouveau droit de la filiation », *Defrénois* 2006, art. 38312, p. 91 s., spéc[t] n° 36 – TERRÉ et FENOUILLET, n° 765.
3. EN CE SENS, v. CA Paris, 7 nov. 2008, *Juris-Data* n° 2008-003489.
4. CA Nancy, 20 févr. 2004, *Juris-Data* n° 2004-288759.
5. V. TERRÉ et FENOUILLET, n° 765 – J. Massip, « Le nouveau droit de la filiation », *Defrénois* 2006, art. 38312, p. 91 s., spéc[t] n° 36.
6. EN CE SENS, v. Civ. 1re, 15 nov. 1994, n° 92-22.069, *Bull. civ.* I, n° 330; *RTD civ.* 1995, 343, n° 30, obs. Hauser; *Defrénois* 1995, art. 36100, p. 726, obs. Massip : défaut de présence de l'expert lors du prélèvement sanguin sur le défendeur – CA Paris, 30 mai 1991, *Juris-Data* n° 022192 : absence de l'une des parties lors du prélèvement sanguin sur l'autre – CA Bordeaux, 20 nov. 2007, *Juris-Data* n° 2007-347914 : est écartée une prétendue preuve de non-paternité tirée d'une analyse salivaire réalisée aux États-Unis en dehors de toute mesure d'instruction légale.
7. EN CE SENS, v. CA Paris, 20 févr. 2002, *AJ fam.* 2002, J. 147, obs. Deis.
8. Civ. 1re, 24 févr. 1993, n° 91-12.456 et n° 91-17.001, *Bull. civ.* I, n° 81 – Civ. 1re, 21 nov. 1995, n° 93-21.069, NPT; *Defrénois* 1996, art. 36354, p. 721, n° 43, obs. Massip – Civ. 1re, 24 oct. 2000, n° 98-20.150, *Bull. civ.* I, n° 259, *RTD civ.* 2001, 118, n° 16, obs. Hauser; *Dr. fam.* 2001, comm. 70, note Murat – Civ. 1re, 2 mars 2004, *AJ fam.* 2004, J. 142, obs. Bicheron – Civ. 1re, 28 nov. 2007, n° 06-19.157, *Bull. civ.* I, n° 371; *Juris-Data* n° 2007-041616; *RTD civ.* 2008, 284, n° 19, obs. Hauser; *AJ fam.* 2008, 37, obs. Chénedé; *D.* 2008, pan. 1374, obs. Granet-Lambrechts; *RJPF* 2008-2/33, note Garé; *Procédures* 2008, comm. 49, note Douchy-Oudot – Civ. 1re, 22 oct. 2008, n° 07-20.211, NP – EN CE SENS, v. encore : CA Pau, 28 oct. 1996, *D.* 1998, J. 281, note Lathelize-Bonnemaizon – CA Reims, 21 sept. 2000, *LPA* 11 févr. 2002, n° 30, p. 13, note Bigot – CA Reims, 18 avr. 2002, *Juris-Data* n° 2002-180932 – CA Riom, 12 juin 2002, *Juris-Data* n° 2002-182348.
9. Civ. 1re, 18 nov. 1997, n° 95-17.458, NP; *Defrénois* 1998, art. 36815, p. 718, n° 56, obs. Massip – Civ. 1re, 2 mars 2004, n° 01-11.678, NP; *AJ fam.* 2004, J. 142, obs. Bicheron.
10. V. F. Granet-Lambrechts, *D.* 2006, pan. 1143 et 1144.

souveraine des juges du fond (C. pr. civ., art. 11, al. 1er). Les solutions sont nuancées[1].

Le plus souvent, un tel refus est jugé **illégitime**, d'autant plus que les techniques modernes peuvent être mises en œuvre en ne portant qu'une atteinte infime au corps des parties, par exemple grâce au recueil de salive ou de cheveux en vue d'une analyse de l'ADN[2]. Contre l'auteur d'un refus sans motif légitime, les juges du fond tirent donc fréquemment un aveu implicite au regard de l'ensemble des circonstances de fait[3] et notamment contre celui des deux pères prétendus qui s'est dérobé à la mesure d'instruction dans une situation de conflit de paternités[4].

Néanmoins, un refus peut être jugé **justifié** ou insuffisant en soi en confrontation à d'autres éléments de preuve fournis par son auteur, de sorte qu'il n'est pas alors interprété contre lui[5].

211.58 Appréciation des juges. Par conséquent, les juges du fond apprécient souverainement l'ensemble des preuves produites, parmi lesquelles il peut y avoir les conclusions du rapport d'expertise[6] ou la portée du refus illégitime de se soumettre à la mesure d'instruction par l'une des parties, qu'il s'agisse d'un examen comparé des sangs ou d'une analyse des empreintes génétiques (v. ss no 211.57).

La Cour de cassation procède à un contrôle de droit des motifs des décisions frappées d'un pourvoi « *en exigeant la réunion d'un minimum d'éléments objectifs et une motivation spéciale* [...], *sans toutefois remettre en question le pouvoir souverain d'appréciation des faits reconnu aux juges du fond* »[7].

1. V. NOT., A. Pascal et M. Trapero, « Vérité biologique et filiation dans la jurisprudence récente de la Cour de cassation », *R.* 2004, Doc. fr. – Sur ce point, v. encore J. Massip, « Le nouveau droit de la filiation », *Defrénois* 2006, art. 38312, p. 91 s., spéct no 35 – TERRÉ et FENOUILLET, no 765.
2. CA Bordeaux, 2 avr. 2003, *AJ fam.* 2003, 387, obs. Bicheron; *RTD civ.* 2004, 73, obs. Hauser: allégation de sa religion musulmane par un homme aux fins de ne pas se soumettre à une expertise par l'ADN, ce refus étant jugé illégitime et interprété comme un aveu.
3. Civ. 1re, 30 juin 2004, no 02-10.665, NP.
4. Civ. 1re, 31 janv. 2006, no 05-12.876, *Bull. civ.* I, no 46; *D.* 2006, IR 469; *AJ fam.* 2006, J. 168, obs. Chénedé; *RJPF* 2006, no 4, p. 23, note Garé : dans une action exercée par le prétendu père véritable en contestation de reconnaissance et de légitimation de l'enfant par le mari, refus sans motif légitime par ce dernier et par la mère de se soumettre à une expertise sanguine et retenu contre lui comme un aveu implicite de sa non-paternité – Civ. 1re, 23 janv. 2007, no 06-10.461, NP; *D.* 2007, pan. 1460, obs. Granet-Lambrechts; *RJPF* 2007-4/30, note Garé : dans un conflit entre deux reconnaissances paternelles, est jugé insuffisant à prouver le caractère mensonger de la première en date et qui était contestée par l'auteur de la reconnaissance postérieure, le refus du défendeur de se soumettre à l'expertise sanguine alors qu'il avait démontré qu'à l'époque de la conception, la mère avait une vie agitée et qu'elle avait fait des déclarations contradictoires.
5. Civ. 1re, 17 sept. 2003, no 01-13.856, NPT; *D.* 2004, J. 659, note Massip et somm. 1420, obs. Granet-Lambrechts; *RJPF* 1/2004, p. 23, note Garé; *Dr. fam.* 2004, comm. 3, note Murat – Civ. 1re, 3 janv. 2006, no 03-19.737, NP; *D.* 2006, pan. 1143 s., obs. Granet-Lambrechts.
6. Civ. 1re, 23 avr. 2003, no 01-14.940, NPT; *RJPF* 7-8/2003, p. 22, note Garé.
7. EN CE SENS, v. A. Pascal et M. Trapero, « Vérité biologique et filiation dans la jurisprudence récente de la Cour de cassation », *R.* 2004, Doc. fr. – Civ. 1re, 30 juin 2004, no 03-15.013, NP; *RJPF* 10/2004, 49.

SECTION 3
PRÉSOMPTIONS

211.61 Présentation. Depuis 1804, le Code civil pose des présomptions à propos de l'époque de la conception de l'enfant. La possession d'état traduit une réalité sociologique et affective dont la loi retient une présomption de filiation tirée de sa vraisemblance.

§ 1
Présomptions relatives à la conception de l'enfant

211.70 Division. Pour déterminer la filiation d'un individu, il convient de savoir quand et par qui il a été conçu, cette preuve n'étant pas évidente tout au moins pour la paternité. Contrairement à la date de la naissance qui est le plus souvent connue et portée dans l'acte de naissance par l'officier de l'état civil, la date de la conception ne peut être prouvée directement. À cette fin, deux présomptions complémentaires sont posées par l'article 311 du Code civil en fonction de la vérité biologique, par déclenchement d'un calcul à rebours depuis l'accouchement. La première concerne la durée de la grossesse, la seconde la date de la conception. Sachant que le résultat procède nécessairement d'une approximation, il s'agit de présomptions simples.

A.
Détermination de la période légale de conception

211.71 Motifs. L'article 311 alinéa 1er du Code civil « *présume que l'enfant a été conçu pendant la période qui s'étend du trois centième aux cent quatre-vingtièmes jours, inclusivement, avant la date de la naissance* ». Lors de l'élaboration du Code civil, ces dates avaient été retenues après consultation de Fourcroy, autorité médicale en ce temps-là, pour fixer les limites du domaine d'application de la présomption de paternité légitime (C. civ., art. 312, réd. 1804). Lors de la réforme de 1972, le Parlement rendit les dispositions de l'article 311 communes à la filiation légitime et naturelle et s'interrogea sur la nécessité de modifier ces seuils. Il prit l'avis du professeur Henrion qui évalua, lui aussi, la durée moyenne des grossesses à deux cent quatre vingt jours. Les chiffres retenus par l'article 311 réservant ainsi une marge de sécurité suffisante pour pouvoir inclure des naissances postmaturées ou prématurées, ils furent conservés. Mais le caractère irréfragable de la présomption fut abandonné dans un souci de vérité biologique et la possibilité de prouver une grossesse exceptionnellement courte ou longue fut admise.

L'ordonnance du 4 juillet 2005 n'a pas entendu remettre en question ces solutions, les critiques avancées à propos de l'inadaptation de ces seuils à certaines techniques de procréation assistée réalisées grâce à du sperme ou à des embryons conservés par congélation[1] n'étant plus d'actualité du fait de la prohibition de ces méthodes depuis les lois de bioéthique n° 94-653 et n° 94-654 du 29 juillet 1994, non modifiées sur ce point par la loi n° 2004-600 du 6 août 2004.

211.72 **Durée.** Dans l'article 311 du Code civil, les seuils sont exprimés en jours. Ils sont traditionnellement computés par jour de zéro heure à minuit, et non par heure[2], *dies a quo* et *dies ad quem* compris comme l'indique l'adverbe « *inclusivement* ».

Connaissant la date de naissance de l'enfant, ce dernier est présumé conçu entre le 300e et le 180e jour inclusivement avant sa naissance, soit dans une période de cent vingt et un jours. Selon la maxime « *Infans conceptus pro nato habetur* », quoique non encore né, il est réputé déjà conçu si tel est son intérêt[3]. Toutefois, il reste à déterminer lequel de ces cent vingt et un jours doit être retenu pour celui de la conception.

B. Choix du jour de la conception à l'intérieur de la période légale : la présomption *omni meliore momento*

211.81 **Origine et finalités.** Selon le deuxième alinéa de l'article 311 du Code civil : « *La conception est présumée avoir eu lieu à un moment quelconque de cette période, suivant ce qui est demandé dans l'intérêt de l'enfant.* » Cette disposition, issue de la loi de 1972, a consacré une solution prétorienne reposant sur l'idée que le doute sur la date précise de la conception à l'intérieur de la période légale doit profiter à l'enfant, dans son intérêt[4].

211.82 **Utilité de la présomption.** En posant le principe d'égalité des filiations, la loi de 1972 avait déjà réduit l'utilité de la présomption « *omni meliore momento* », mais elle conservait un intérêt du fait des restrictions qui frappaient les enfants adultérins. En effet, lorsque pendant la période de conception, le père naturel avait épousé une autre femme que la mère, l'enfant pouvait situer sa conception avant cette union pour ne pas être réputé adultérin. Ces restrictions sont aujourd'hui supprimées.

Par ailleurs, la présomption « *omni meliore momento* » pouvait encore permettre de trancher certains conflits de filiations, soit entre deux filiations légitimes dues à la bigamie de l'un des parents ou au remariage de la mère au mépris du délai de viduité, ou entre une filiation légitime et une filiation naturelle, par exemple en cas de naissance survenue entre le 180e et le 300e jour après la dissolution du mariage, alors que l'enfant déclaré sous le nom du mari en qualité de père était reconnu par un tiers. Mais on a pu constater que sous l'empire de la loi de 1972, la pratique n'avait guère révélé de telles situations, la loi n° 2004-439 du 26 mai 2004 réformant le divorce ayant même supprimé le délai de viduité car il fut alors considéré comme une exigence archaïque[5]. En outre, l'ordonnance du 4 juillet 2005 a posé en règle générale un mécanisme préventif en droit des conflits de filiations avec le principe chronologique (C. civ., art. 320).

L'utilité de la présomption « *omni meliore momento* » paraît ainsi désormais bien mince.

C. Force des présomptions relatives à la conception

211.91 **Présomptions simples.** Avant la réforme de 1972, la jurisprudence en avait fait des présomptions irréfragables par faveur pour la filiation légitime, sans considération pour la vérité biologique[6].

1. V. TGI Angers, 10 nov. 1992, *D.* 1994, somm. 30, obs. Labbée.
2. Civ. 8 févr. 1869, *D.* 1869, 1, 181.
3. A. Lefèbvre-Teillard, « *Infans conceptus.* Existence physique et existence juridique », *Rev. hist. dr. français et étranger* 1994, p. 499 s.
4. V. TOUTEFOIS, pour une application contraire à l'intérêt de l'enfant : Civ. 1re, 13 nov. 1985, *D.* 1987, somm. 317, obs. Huet-Weiller.
5. L. n° 2004-439, 26 mai 2004, relative au divorce, *JO* 27 mai, p. 9319.
6. PAR EX. l'affaire *Ogez* sur la présomption de durée de la grossesse : Civ. 1re, 9 juin 1959, *D.* 1959, J. 557 ; *JCP* 1959, II, 11158, note P. E. – Et SUR RENVOI, refus par la cour d'Orléans de s'incliner : CA Orléans, 24 janv. 1962, *JCP* 1962, II, 12551, note P. E.

Dans la filiation naturelle, au contraire, la jurisprudence faisait des présomptions concernant la conception des présomptions simples[1].

La loi de 1972 avait posé en règle générale que : « *La preuve contraire est recevable pour combattre ces présomptions* » (C. civ., art. 311, al. 3), permettant ainsi la preuve d'une gestation exceptionnellement longue ou brève ou la contestation de la date choisie par l'enfant pour sa conception[2].

L'ordonnance du 4 juillet 2005 ne modifie pas cette solution.

211.92 **Preuve contraire.** La charge de la preuve incombe au demandeur, selon le droit commun. L'objet en est délicat puisqu'il repose essentiellement sur des constatations médicales, faites pendant la grossesse et lors de l'accouchement, sur le degré de maturité de l'enfant. Quoique généralement répertoriées en pratique, ces données sont couvertes par le secret médical. Une expertise pourrait néanmoins être ordonnée, mais les résultats n'en seraient pas toujours suffisamment probants.

§ 2
Possession d'état, présomption de filiation

211.101 **Réalité sociologique et présomption de filiation.** Avec la possession d'état, on quitte l'arithmétique des présomptions relatives à la conception pour pénétrer dans le flou inquantifiable des liens du cœur qui se tissent au fil du temps. La possession d'état, c'est l'autre vérité, sociologique et affective, qui peut aussi fonder le lien de filiation depuis la loi de 1972. Elle peut venir en conformité ou en contradiction avec la vérité biologique.

On peut aussi rencontrer des possessions d'état successives et divergentes, ou des possessions d'état concurrentes dont l'une peut concorder avec la vérité biologique mais pas nécessairement.

Posséder un état, c'est en effet le vivre et en être généralement réputé titulaire, par présomption légale, qu'il s'agisse d'un enfant né en mariage ou hors mariage.

211.102 **Rôle.** La possession d'état n'est pas une découverte de la loi de 1972, les solutions actuelles puisant leurs origines dans l'histoire. Mais elle n'a cessé d'être valorisée par la loi depuis 1972[3], puis à nouveau par l'ordonnance du 4 juillet 2005[4] et par la loi de ratification n° 2009-61 du 16 janvier 2009.

Elle est un mode d'établissement du lien de filiation, en mariage depuis le Code civil de 1804, ou hors mariage depuis la loi n° 82-836 du 25 juin 1982 votée dans le contexte de l'affaire *Law King*[5]. En outre, à condition que l'enfant n'ait pas une filiation paternelle déjà établie à l'égard d'un tiers, l'existence de la possession d'état envers le mari emporte pour conséquence de rétablir de plein droit les effets de la présomption « *Pater is est* » (C. civ., art. 314, mod. par L. n° 2009-61, 16 janv. 2009), alors qu'elle se trouvait écartée *a priori* dans les conditions de l'article 313 du Code civil, soit parce que l'acte de naissance ne désignait pas le mari en qualité de père, soit parce que l'enfant avait été conçu en période de séparation légale des époux. Enfin, lorsque la possession d'état est conforme à un titre (acte de naissance ou acte de reconnaissance), la contestation du lien de filiation est soumise à des conditions plus sévères et devient même irrecevable quand la possession d'état a duré au moins cinq années depuis la naissance ou la reconnaissance (C. civ., art. 333, al. 2).

211.103 **Enjeux et perspectives.** Par nature même, la possession d'état est floue, malléable et peut susciter incertitudes ou abus. Cependant, elle est une réalité digne de considération dans l'intérêt de l'enfant, tout au moins lorsqu'elle s'est constituée de façon paisible et non équivoque. À cet égard, si elle a une durée suffisante, elle est un mode d'établissement du lien de filiation (v. s[s] n°s 211.101 s.) et génère une fin de non-recevoir à une action en contestation (v. s[s] n° 213.335).

A.
Notion de possession d'état

211.111 **Définition.** Avant la loi de 1972, l'ancien article 321 du Code civil définissait seulement la possession d'état d'enfant légitime. S'inspi-

1. Civ. 11 juill. 1923, *D.* 1924, I, 113, note Hugueney – Civ. 16 mars 1926, *D.* 1926, I, 145, note Rouast.
2. V. NOT., Civ. 1re, 27 nov. 1979, *Gaz. Pal.* 1980, 1, 259, note J. M.
3. V. J. Lautour, *La possession d'état*, th. Paris II, 1975 – V. Morgant-Cantégrit, *La possession d'état*, th. Lille, 1993.
4. V. P. Murat, « L'action de l'ordonnance du 4 juillet 2005 sur la possession d'état », *Dr. fam.* 2006, étude 5.
5. V. Civ. 1re, 8 mai 1979, *D.* 1979, J. 477, note Huet-Weiller; *JCP* 1980, II, 19301, note Paire; *RTD civ.* 1979, 791 s., obs. Nerson et Rubellin-Devichi; P. Raynaud, « L'inégalité des filiations légitime et naturelle quant à leur mode d'établissement; où va la jurisprudence ? », *D.* 1980, chron. 1 s.; *GAJC*, 11e éd., Dalloz, 2000, n°s 43 et 44 – Puis sur RENVOI APRÈS CASSATION : CA Saint-Denis de la Réunion, 4 juill. 1980, *D.* 1981, J. 58, note Vialard; *Defrénois* 1981, art. 32757, p. 1391, obs. Souleau; W. Jeandidier, « L'établissement de la filiation naturelle par la possession d'état. Les deux aspects d'un arrêt dissident », *D.* 1981, chron. 41 – Enfin, la cour de renvoi ayant refusé de s'incliner : Cass. ass. plén., 9 juill. 1982, n° 80-17.084, *Bull. ass. plén.*, n° 4; arrêt rendu au lendemain de la publication de la loi complétant l'article 334-8, *JCP* 1983, II, 19993, concl. Cabannes; *Gaz. Pal.* 1982, 2, 513; *Defrénois* 1982, art. 32935, p. 1265, note Massip.

rant de cette disposition, la loi de 1972 en avait énoncé une définition commune à la filiation légitime et à la filiation naturelle dans l'article 311-1 alinéa 1er dont le libellé est demeuré très proche sur le fond dans l'ordonnance du 4 juillet 2005 : « *La possession d'état s'établit par une réunion suffisante de faits qui révèlent le lien de filiation et de parenté entre une personne et la famille à laquelle elle est dite appartenir* ». Son existence implique donc un ensemble d'éléments convergents.

211.112 ***Tractatus, fama, nomen.*** Comme par le passé, l'article 311-1 du Code civil énumère à titre indicatif les principaux éléments constitutifs de la possession d'état, à savoir : « 1° *que cette personne a été traitée par celui ou ceux dont on la dit issue comme leur enfant et qu'elle-même les a traités comme son ou ses parents;*

2° *Que ceux-ci ont, en cette qualité, pourvu à son éducation, à son entretien ou à son installation;*

3° *Que cette personne est reconnue comme leur enfant, dans la société et par la famille;*

4° *Qu'elle est considérée comme telle par l'autorité publique;*

5° *Qu'elle porte le nom de celui ou de ceux dont on la dit issue* », ce que l'on peut résumer par cette trilogie non limitative : *tractatus, fama, nomen.* L'ordonnance du 4 juillet 2005 modifie l'ordre de cette énumération, en plaçant le nom en dernière position pour tenir compte de l'importance probatoire effective de chacun d'eux, étant entendu que le nom n'était déjà plus un révélateur du lien de filiation avant que la loi n° 2002-304 du 4 mars 2002, modifiée par la loi n° 2003-516 du 18 juin 2003, offre aux père et mère la possibilité de choisir le nom transmis à leurs enfants communs dans les conditions qu'elles fixent.

211.113 **Énumération indicative.** Il convient de souligner que les faits ainsi mentionnés par la loi ne sont pas exhaustifs, de sorte que tout autre élément pourrait être pris en considération (par ex., déclaration de la naissance faite par le père prétendu lui-même, croyance en sa paternité par lui et des tiers, *etc.*), y compris des circonstances anténatales, notamment en cas de décès du père survenu avant la naissance conformément à l'article 317 alinéa 2 (v. ss n° 212.117).

1°
Le traitement (*tractatus*)

211.121 **Actes et faits constitutifs.** Le traitement est certainement l'élément le plus caractéristique de la possession d'état, puisqu'il se dégage de la réalité familiale effective et du comportement du père et/ou de la mère, le ou les parents pourvoyant en cette qualité (et non par charité ou en exécution d'une obligation naturelle) à l'éducation, à l'entretien et à l'installation de l'enfant. Ce dernier terme a été substitué à celui « *d'établissement* », considéré comme désuet, et vise plus largement tout ce qui se rapporte à l'« *aide aux études, la participation aux frais d'installation professionnelle ou matérielle (caution, aide à l'équipement du logement...)* » selon la circulaire du 30 juin 2006 (circ. 30 juin 2006, 1re partie, I, 2.3.1 - V. ss n° 61.13). Il peut s'agir par exemple de la participation volontaire du père prétendu à l'entretien de l'enfant[1], ou du versement d'un capital en vue de son installation dans la vie active. En tout cas, il importe que ces actes aient été réalisés en qualité de père ou de mère[2] et non par un tiers qui aurait recueilli l'enfant ou agi par intention libérale ou en exécution d'une obligation naturelle ou d'une condamnation alimentaire[3]. Sous réserve de la participation à l'installation dans la vie du jeune adulte qui peut résulter d'un acte unique, ils doivent encore traduire un comportement habituel, visant les relations quotidiennes de l'enfant avec son ou ses parents même s'il ne vit pas ou ne vit plus avec ses père et mère[4]. Des faits isolés ou passagers seraient insuffisants, faute de continuité au sens de l'article 311-2 (v. ss nos 211.161 s.).

211.122 **Réciprocité.** Le *tractatus* doit être réciproque, tout au moins dès que l'enfant est en âge de répondre à l'attitude de ses parents, puisqu'auparavant il émane unilatéralement de ces derniers. Œuvre des parents, il peut donner lieu à des manœuvres frauduleuses de l'un d'eux dans l'objectif de rompre la continuité de la possession d'état de l'enfant envers l'autre, notamment dans la perspective d'écarter la fin de non-recevoir à une contestation du lien de filiation tirée de la conformité du titre et de la possession d'état. Mais sur ce point, la Cour de cassation se montre ferme en privant d'effets de tels comportements émanant de la mère[5] ou du père[6]. Cependant, en cas de divorce ou de

1. CA Pau, 24 juill. 2001, *Juris-Data* n° 175525 : en l'espèce, participation du père prétendu à l'entretien de l'intéressé durant toute son enfance, jointe à un écrit dans lequel il s'engageait à l'élever.
2. CA Versailles, 12 avr. 1983, *D.* 1983, J. 554, note Huet-Weiller.
3. Civ. 1re, 28 mai 1991, n° 89-19.335, *Bull. civ.* I, n° 166.
4. Civ. 1re, 2 juin 1993, n° 92-13.896, *Bull. civ.* I, n° 194 – Civ. 1re, 3 mars 1992, n° 90-15.313, *Bull. civ.* I, n° 69; *RTD civ.* 1993, 109, obs. Hauser.
5. V. Civ. 1re, 30 juin 1992, n° 90-20.252, *Bull. civ.* I, n° 207; *RTD civ.* 1993, 108, obs. Hauser – Civ. 1re, 14 févr. 2006, n° 03-16.101, *Bull. civ.* I, n° 70.
6. V. Civ. 1re, 15 juill. 1993, n° 91-21.693, *Bull. civ.* I, n° 256; *D.* 1994, somm. 115, obs. Granet-Lambrechts – Civ. 1re, 14 juin 2000, n° 98-16.122, NPT; *D.* 2001, somm. 969, obs. Granet-Lambrechts; *D.* 2001, 2798, obs. Dekeuwer-Défossez; *Defrénois* 2000, art. 37261, p. 1313, obs. Massip; *Dr. fam.* 2000, comm. 109, note Murat.

séparation des parents, le comportement de l'un d'eux peut être déterminant, notamment la négation par le mari de sa paternité lors de la procédure ou à l'origine de la demande en divorce. En revanche, le paiement d'une pension alimentaire n'est pas un élément déterminant car il découle d'une obligation légale issue de l'établissement de la filiation.

2°
La réputation (*fama*)

211.131 **Autrui.** Le *tractatus* engendre le plus souvent la *fama* et c'est le plus souvent par leur convergence qu'elle trouve toute sa valeur probante. En effet, alors qu'il révèle une réalité interne à la famille, la *fama* consiste en la croyance par les tiers et l'autorité publique que l'enfant est bien celui de l'homme ou de la femme qui l'élèvent en tant que père et mère. Il est ainsi reconnu comme tel par la famille, la société (les voisins, les amis, le personnel de l'établissement scolaire ou de la crèche fréquenté par l'enfant, le médecin de famille, *etc.*) et l'autorité publique ou les services sociaux (le maire ou d'autres officiers de l'état civil, les services administratifs, les juges, la caisse d'allocations familiales, *etc.*). La *fama* est l'aspect social de la possession d'état, telle qu'elle est l'œuvre des tiers, non des père et mère bien que ces derniers puissent concourir à sa formation, ce qui contribue à sa publicité et lui donne précisément sa crédibilité. « *Elle joue un rôle déterminant en cas de décès et notamment pour constater une possession d'état prénatale* », dont l'ordonnance du 4 juillet 2005 a expressément prévu la possibilité afin d'épargner une action judiciaire au parent survivant ou l'enfant en l'absence de reconnaissance anténatale par le défunt[1].

La *fama* peut ressortir de divers documents administratifs (carte nationale d'identité, passeport, attestations établies par des services sociaux administratifs, *etc.*) délivrés par des autorités officielles françaises ou même étrangères[2].

Elle n'est cependant pas indispensable à l'existence de la possession d'état et peut parfois être trompeuse, comme la jurisprudence a pu révéler des situations où un enfant passait par exemple pour celui du mari dans la famille et l'entourage de celui-ci et pour l'enfant de l'amant de la mère auprès des proches et des amis de ce dernier[3].

3°
Le nom (*nomen*)

211.141 **Élément non déterminant.** Auparavant cité en premier rang, le nom est relégué en ultime position par l'ordonnance du 4 juillet 2005, dans la mesure où « *la réalité sociologique du lien de filiation vécu* [...] *regroupe les 1° et 2° de l'article 311-1°* » (circ. 30 juin 2006, 1re partie, I, 2.3.1 – V. ss n° 61.13) et où la loi n° 2002-304 du 4 mars 2002 a offert la possibilité aux père et mère d'un choix en ce qui concerne l'attribution de son nom à l'enfant. Comme dans le droit antérieur, le fait que l'enfant n'ait pas acquis, ou qu'il ne porte pas à titre de nom d'usage, le nom du parent prétendu n'affecte pas l'existence de la possession d'état et cette solution est encore plus réaliste désormais. Inversement, l'acquisition ou le port du nom d'une personne ne suffit pas à constituer la possession d'état d'enfant à son égard, d'autant que depuis la loi n° 93-22 du 8 janvier 1993, la modification de l'état de l'enfant suite à l'établissement ou à l'annulation de sa filiation après sa majorité ne peut entraîner un changement de son nom qu'avec son consentement (C. civ., art. 63-2, al. 2)[4], tandis que s'il survient durant sa minorité, la perte du nom est de droit (C. civ., art. 61-3, al. 1) et la possession d'état ne peut empêcher cette conséquence car elle n'est pas un mode autonome d'acquisition du nom[5]. Selon les circonstances, le nom est ou non un signe d'appartenance à une famille et est bien alors de nature à participer à la possession d'état en concours avec d'autres faits (en l'espèce, à côté d'une reconnaissance nulle en la forme pour avoir été faite par acte sous seing privé, l'enfant produisait son livret militaire, son brevet de parachutisme et un bordereau bancaire dans lesquels le nom de son père prétendu était accolé au sien sans que cela n'ait jamais été contesté par quiconque[6]). Ainsi, le nom n'est pas à lui seul un élément déterminant de l'existence de possession d'état[7]. D'ailleurs, il résulte de l'établissement du lien de filiation, mais

1. Ce qui consacre une solution admise par la jurisprudence sous l'empire du droit antérieur : TGI Nanterre, 8 juin 1988, *D.* 1988, J. 400, note Huet-Weiller (où des jumeaux avaient la réputation auprès de l'équipe médicale, qui avait pratiqué la fécondation *in vitro* avec les gamètes du couple, d'être les enfants du concubin de la mère décédé accidentellement avant leur naissance) – V. DÉSORMAIS circ. 30 juin 2006, 1re partie, I, 2.3.1, n° 127.
2. V. CA Aix-en-Provence, 30 mai 1995, *D.* 1996, somm. 382, obs. Granet-Lambrechts.
3. V. spéct TGI Paris, 13 mai 1975, *D.* 1975, J. 597, note Huet-Weiller – Et pour le refus de délivrer un acte de notoriété, v. TGI Paris, ord. juge des tutelles, 17 janv. 1975, *D.* 1975, J. 458, note Massip.
4. V. NOT., CA Versailles, 29 avr. 1993, *D.* 1993, somm. 328, obs. Granet-Lambrechts; *RTD civ.* 1993, 557, obs. Hauser.
5. Civ. 1re, 16 juin 1998, n° 96-16.277, *Bull. civ.* I, n° 215; *Dr. fam.* 1998, comm. 151, note Murat; *JCP* 1998, II, 10157, note Guttmann.
6. V. NOT., CA Pau, 24 juill. 2001, *Juris-Data* n° 175525.
7. V. NOT., CA Paris, 1er juin 1982, *Juris-Data* n° 025717.

il n'en est pas une condition même s'il implique l'exclusion *a priori* de la présomption « *Pater is est* » dans l'article 313 du Code civil.

4°
L'ensemble : un faisceau d'indices révélateurs du lien de filiation

211.151 Jurisprudence. Les solutions jurisprudentielles classiques conservent leur valeur. Ainsi, la réunion de tous les éléments énumérés par la loi n'est pas requise[1]. En revanche, il faut un ensemble de faits suffisamment probants, souverainement appréciés par les juges du fond avec plus ou moins de rigueur selon les affaires. En principe, un fait unique ne saurait suffire selon la lettre même de l'article 311-1 du Code civil, non modifié sur ce point par l'ordonnance du 4 juillet 2005. La Cour de cassation opère un contrôle de droit sur la motivation des décisions des juges du fond[2] et elle casse celles qui ne sont pas fondées sur un faisceau d'éléments[3].

Dans des circonstances particulières il est vrai, la Cour de cassation a eu l'occasion de préciser que les faits allégués doivent être appréciés par les juges du fond dans leur contexte spécifique, cassant ainsi un arrêt[4] qui avait débouté un homme, né sous X et non reconnu valablement à défaut d'acte authentique, de sa demande en constatation de sa possession d'état malgré les écrits laissés par son père prétendu, incarcéré, condamné à mort puis exécuté, où il faisait part de sa conviction quant à sa paternité et de sa volonté de l'établir. Par un attendu ferme, la Cour a décidé « *qu'en considérant isolément chacun de ces faits, sans rechercher si, précisément et compte tenu qu'un temps très bref s'était écoulé entre la naissance de l'enfant, alors que J... F... était déjà emprisonné, et l'exécution de celui-ci, ces écrits, confortés par l'ensemble des faits invoqués par M. G... D..., ne constituaient pas une réunion suffisante de faits établissant sa possession d'état, la cour d'appel n'a pas donné de base légale à sa décision* »[5].

Par ailleurs, il n'est pas nécessaire que chaque élément pris en considération ait duré pendant toute la période considérée[6], certains d'entre eux disparaissant au fil des années corrélativement à la survenance de faits nouveaux, selon la nature même de la possession d'état qui est mouvante et évolutive. Avant l'entrée en vigueur de l'ordonnance du 4 juillet 2005, la jurisprudence avait pu aussi retenir des faits prénataux[7], voire même admettre l'existence de la possession d'état à partir de circonstances exclusivement antérieures à la naissance[8] dans des situations de décès du père prétendu. L'ordonnance du 4 juillet 2005 a entendu consacrer cette solution dans l'article 317 du Code civil (v. s^s^ n° 212.117).

B.
Qualités de la possession d'état

211.161 Continue et non viciée. Selon l'article 311-2 du Code civil, « *la possession d'état doit être continue, paisible, publique et non équivoque* » pour produire des effets légaux[9]. Dans sa lettre, cette disposition se montre plus exigeante que l'ancien article 311-1 qui ne mentionnait que la

1. V. NOT., Civ. 1re, 13 oct. 1981, n° 80-10.841, *Bull. civ.* I, n° 284 – Civ. 1re, 1er déc. 1987, *Gaz. Pal.* 1988, 1, 857 – Civ. 1re, 5 juill. 1988, *D.* 1989, J. 398, concl. Charbonnier; *RTD civ.* 1988, 722, obs. Rubellin-Devichi – Civ. 1re, 6 mars 1996, n° 94-14.969, *Bull. civ.* I, n° 120; *D.* 1996, somm. 383, obs. Granet-Lambrechts; *D.* 1997, J. 48, note Massip; *RTD civ.* 1996, 374, obs. Hauser – Civ. 1re, 16 mars 1999, n° 97-11.717, *Bull. civ.* I, n° 98; *D.* 1999, somm. 195, obs. Granet-Lambrechts, 2e esp.; *Dr. fam.* 1999, comm. 112, note Murat – Civ. 1re, 2 mars 1999, n° 97-15.958, *Bull. civ.* I, n° 76; *Defrénois* 1999, art. 37031, p. 936, obs. Massip – Civ. 1re, 20 févr. 2001, n° 99-14.566, NP; *Defrénois* 2001, art. 37394, p. 1008, obs. Massip.
2. V. NOT., Civ. 1re, 16 mars 1999, n° 97-11.717, *Bull. civ.* I, n° 98; *D.* 1999, somm. 195, 2e esp., obs. Granet-Lambrechts – Civ. 1re, 2 mars 1999, n° 97-15.958, *Bull. civ.* I, n° 76; *Defrénois* 1999, art. 37031, p. 936, obs. Massip – Civ. 1re, 12 juill. 2001, n° 99-14.644, NPT; *D.* 2002, somm. 2019, obs. Granet-Lambrechts; *Dr. fam.* 2002, comm. 56, note Murat; *Defrénois* 2002, p. 188, obs. Massip.
3. Civ. 1re, 19 mars 1985, *D.* 1986, J. 34, note Massip – Civ. 1re, 5 juill. 1988, *D.* 1989, J. 398, concl. Charbonnier; *RTD civ.* 1988, 722, obs. Rubellin-Devichi – Civ. 1re, 12 juin 1990, n° 88-12.622, *Bull. civ.* I, n° 157 – Civ. 1re, 28 mai 1991, n° 89-19.335, *Bull. civ.* I, n° 166 – Civ. 1re, 12 juill. 2001, n° 99-14.644, NPT; *D.* 2002, somm. 2019, obs. Granet-Lambrechts; *Dr. fam.* 2002, comm. 56, note Murat; *Defrénois* 2002, p. 188, obs. Massip.
4. CA Paris, 4 avr. 2003, *D.* 2003, somm. 2119, obs. Granet-Lambrechts; *D.* 2004, J. 463, note Desnoyer; *RTD civ.* 2003, 487, obs. Hauser; *Dr. fam.* 2003, comm. 141, note Murat – INFIRMANT TGI Créteil, 21 févr. 2002, *D.* 2002, somm. 1710, obs. Granet-Lambrechts; *Dr. fam.* 2002, comm. 97, note Murat.
5. Civ. 1re, 25 oct. 2005, n° 03-19.274, NP; *D.* 2006, pan. 1142, obs. Granet-Lambrechts; *Dr. fam.* 2006, comm. 2, note Murat; *LPA* n° 121, 19 juin 2006, 10, note Serra; *RJPF* 2006, n° 1, p. 25, note Garé.
6. Civ. 1re, 6 mars 1996, n° 94-14.969, *Bull. civ.* I, n° 120; *D.* 1996, somm. 383, obs. Granet-Lambrechts; *D.* 1997, J. 48, note Massip; *RTD civ.* 1996, 374, obs. Hauser.
7. V. NOT., Civ. 1re, 14 févr. 2006, n° 03-19.533, *Bull. civ.* I, n° 78; *Juris-Data* n° 032181.
8. TGI Nanterre, 8 juin 1988, *D.* 1988, J. 400, note Huet-Weiller – Rappr. TGI Angers, 10 nov. 1992, *D.* 1994, somm. 30, obs. Labbée.
9. V. P. Murat, « L'action de l'ordonnance du 4 juillet 2005 sur la possession d'état », *Dr. fam.* 2006, étude 5.

continuité, même si elle ne fait que consacrer la jurisprudence antérieure qui avait transposé les solutions appliquées à la possession en droit des biens. Ainsi, la possession d'état d'enfant doit aussi être non viciée.

211.162 Possession d'état continue. Avant la loi de 1972, l'ancien article 320 du Code civil exigeait à propos de la possession d'état d'enfant légitime qu'elle fût « *constante* ». Cela avait suscité des incertitudes en jurisprudence. D'abord interprété par la Cour de cassation comme se référant à une possession d'état avérée et incontestée[1], ce terme avait ensuite été réputé se rapporter à une possession d'état ininterrompue[2]. La loi de 1972 avait visé une possession d'état « *continue* », sans pour autant tarir toutes discussions, même si les travaux préparatoires révèlent que le législateur n'a pas voulu exiger une possession d'état ininterrompue[3].

Mais les questions soulevées portèrent alors surtout sur la durée nécessaire à la continuité de la possession d'état, sur la nécessité qu'elle remontât ou non à la naissance et qu'elle subsistât au jour où l'enfant s'en prévalait.

L'ordonnance du 4 juillet 2005 pourrait favoriser une clarification en ce que l'article 311-2 du Code civil enjoint aux juges du fond de motiver leurs décisions et d'y relever chacune des qualités requises de la possession d'état pour qu'elle produise ses effets de droit.

Sur le point de savoir quel est le temps nécessaire à la constitution de la possession d'état, la jurisprudence varie au vu des circonstances de fait, elles-mêmes fort diverses. *A priori*, des faits habituels quoique non permanents sont requis, à l'exclusion d'éléments isolés, épisodiques ou ayant disparu de longue date[4]. Cependant, la jurisprudence est nuancée et va jusqu'à constater parfois une possession d'état fort brève mais créée dès le début de la vie de l'enfant, notamment lorsqu'il est décédé de façon précoce[5], ou de manière plus discutable dans des situations de conflits de paternités[6]. Il a encore été tenu compte de circonstances anténatales[7], parfois même seules existantes mais dans une situation de prédécès du futur père dont la paternité était médicalement avérée[8]. Cette solution a d'ailleurs été inscrite par l'ordonnance du 4 juillet 2005 à l'article 317 alinéa 2 du Code civil, selon lequel : « *Quand le parent prétendu est décédé avant la déclaration de naissance de l'enfant, l'acte de notoriété peut être délivré en prouvant une réunion suffisante de faits au sens de l'article 311-1* ».

La continuité de la possession d'état implique encore sa stabilité, ce qu'exclut sa cessation très rapide dans la mesure où les faits seraient alors insuffisamment consistants[9], sauf situation particulière[10].

Les juges du fond apprécient souverainement la durée des faits sur lesquels ils se fondent pour conclure à l'existence de la possession d'état, leurs décisions devant évidemment être motivées pour que la Cour de cassation soit en mesure d'exercer son contrôle de droit[11].

211.163 Possession d'état actuelle. La question de savoir si la possession d'état doit ou non être actuelle, c'est-à-dire si elle doit ou non encore exister au jour où l'enfant s'en prévaut, a été discutée, tout particulièrement dans des hypothèses de possessions d'état successives.

Sur ce point, il convient de nuancer selon le rôle qu'elle est appelée à jouer, les circonstances de l'espèce et le moment où le problème est soulevé. Ainsi, une possession d'état qui a cessé n'en est pas moins jugée continue si elle a duré jusqu'au décès du parent prétendu[12].

211.164 Possession d'état depuis la naissance. On s'est encore demandé si la continuité impliquait ou non que la possession d'état eût commencé à se constituer dès la naissance. L'ancien article 311-2 du Code civil pouvait le laisser entendre en exigeant que l'enfant eût « *toujours* » porté le nom de ceux dont on le dit issu. Toutefois, pas plus que le reste des anciennes dispositions légales, le nouvel article 311-1 n'est si sévère.

1. Req. 9 juin 1915, *DP* 1916, 1, p. 237.
2. Req. 7 janv. 1929, *S.* 1929, 1, p. 104, à propos de la possession d'état d'époux.
3. V. J. Foyer, rapp. AN, n° 1926, p. 44.
4. Civ. 1re, 11 mars 1997, n° 95-12.406, NP; *Juris-Data* n° 005602.
5. V. NOT., CA Douai, 12 janv. 1977, *D.* 1979, IR 242, obs. Huet-Weiller.
6. V. CA Paris, 5 févr. 1976, *D.* 1976, J. 573, note Paire – V. ENCORE, Civ. 1re, 14 févr. 2006, n° 03-16.101, *Bull. civ.* I, n° 70; *Juris-Data* n° 032181 – CA Douai, 12 janv. 1977, *D.* 1979, IR 242, obs. Huet-Weiller.
7. V. NOT., CA Paris, 5 févr. 1976, *JCP* 1976, II, 18487, note Groslière.
8. TGI Nanterre, 8 juin 1988, *D.* 1988, J. 400, note Huet-Weiller.
9. V. NOT., CA Paris, 29 mars 1984, *D.* 1986, IR 57, obs. Huet-Weiller – CA Versailles, 29 avr. 1997, *D.* 1998, somm. 25, obs. Granet-Lambrechts – CA Paris, 4 avr. 2003, *AJ fam.* 2003, J. 231, obs. Bicheron – Cet arrêt infirme TGI Créteil, 21 févr. 2002, *Juris-Data* n° 175484; *D.* 2002, J. 1710, note Granet-Lambrechts; *Dr. fam.* 2002, comm. 97, note Murat.
10. Ainsi par ex. dans l'affaire *Fesch* : Civ. 1re, 25 oct. 2005, n° 03-19.274, NP; *D.* 2006, pan. 1142, obs. Granet-Lambrechts; *Dr. fam.* 2006, note Murat; *LPA* n° 121, 19 juin 2006, 10, note Serra.
11. V. NOT., l'arrêt *Fesch*, préc. ss prést n°.
12. V. NOT., CA Pau, 24 juill. 2001, *Juris-Data* n° 175525.

211.165 Difficultés en cas de possessions d'état successives ou concurrentes. Sous l'empire du droit antérieur, en cas de possessions d'état successives ou concurrentes, plusieurs solutions avaient été envisagées par la jurisprudence : donner la préférence à la possession d'état actuelle comme étant la plus récente, notamment en présence de possessions d'état successives[1], ou a contraire, à la possession d'état la plus ancienne comme première en date[2], ou encore considérer que chacune rendait l'autre équivoque de sorte qu'elles se trouvaient privées d'effets juridiques.

Le nouvel article 320 du Code civil entend clarifier le problème par application du principe chronologique qui conduit à faire prévaloir la possession d'état constatée la première, tout au moins tant qu'elle n'a pas été contestée avec succès dans les conditions de l'article 335 du même code (v. circ. 30 juin 2006, 1re partie, I, 2.3.2).

211.166 Absence de vices. Sous l'empire du droit antérieur, la jurisprudence avait transposé les solutions retenues pour la possession en droit des biens (C. civ., art. 2279) en exigeant l'absence de vices, c'est-à-dire que la possession d'état d'enfant fût paisible, publique et non équivoque[3].

L'ordonnance du 4 juillet 2005 exige désormais expressément une possession d'état non équivoque dans l'article 311-1 alinéa 2 du Code civil, ce qui invite les juges du fond à un contrôle attentif en vue de la motivation de leurs décisions.

211.167 Indivisibilité en mariage. Par ailleurs, en raison de la suppression de la distinction entre filiation légitime et filiation naturelle par l'ordonnance du 4 juillet 2005, l'article 321 du Code civil qui visait l'indivisibilité de la possession d'état d'enfant légitime est abrogé, sans pour autant remettre en cause l'indivisibilité de principe de la filiation en mariage découlant de son établissement envers les deux époux par l'effet conjugué de l'acte de naissance de l'enfant désignant pour la mère une femme mariée et de la présomption « *Pater is est* » du mari de celle-ci.

211.168 Preuve de la possession d'état et établissement de la filiation. La possession d'état est un mode autonome d'établissement de la filiation (C. civ., art. 310-1). Lorsque l'enfant s'en prévaut, il doit en faire la preuve et sur ce point, l'ordonnance du 4 juillet 2005 entend entourer la possession d'état d'un certain formalisme par souci de sécurité, afin d'éviter des filiations occultes et non inscrites dans les registres de l'état civil. C'est ainsi que pour produire ses effets juridiques, la possession d'état doit être constatée (circ. 30 juin 2006, 1re partie, I, 2.3 – V. ss no 61.13)[4], soit dans un acte de notoriété délivré dans les conditions de l'article 317 (v. ss nos 212.111 s.), soit par un jugement rendu dans les termes de l'article 330 (v. ss nos 213.260 s.), ce qui donnera lieu à une inscription dans l'acte de naissance de l'enfant.

À cette fin, les faits constitutifs de la possession d'état peuvent être prouvés par tous moyens, essentiellement en pratique grâce à des témoignages, à des photographies, à des lettres, à un testament en faveur de l'enfant... La preuve contraire du défaut de possession d'état ou d'un vice affectant celle-ci et la privant des effets allégués ou la preuve de la non-conformité de la prétendue filiation à la vérité biologique est pareillement libre (C. civ., art. 335 – V. ss nos 213.361 s.).

1. V. NOT., Civ. 1re, 25 nov. 1980, *D.* 1981, IR 296, obs. Huet-Weiller – Civ. 1re, 23 juin 1987, *D.* 1987, J. 613, note Massip – Civ. 1re, 5 nov. 1991, no 89-16.591, *Bull. civ.* I, no 298 – Civ. 1re, 18 févr. 1992, no 90-15.141, *Bull. civ.* I, no 76; *D.* 1992, somm. 317, obs. Granet-Lambrechts.
2. V. NOT., TGI Paris, 2 déc. 1975, *RDSS* 1976, 563, obs. Raynaud; *D.* 1976, J. 156 – TGI Paris, 13 mai 1975, *JCP* 1975, II, 18112, note Vidal.
3. Possession d'état jugée équivoque : V. NOT., TGI Paris, ord. juge tutelles, 17 janv. 1975, *D.* 1975, J. 458, note Massip – Civ. 1re, 7 févr. 1989, *D.* 1989, J. 509, note Massip – Possession d'état jugée non équivoque : V. NOT., Civ. 1re, 2 mars 1999, no 97-15.958, *Bull. civ.* I, no 76; *Defrénois* 1999, art. 37031, p. 936, obs. Massip – Civ. 1re, 17 juin 1997, no 95-14.907, NPT; *Defrénois* 1998, art. 36815, p. 716, obs. Massip.
4. V. P. Murat, « L'action de l'ordonnance du 4 juillet 2005 sur la possession d'état », *Dr. fam.* 2006, étude 5.

CHAPITRE

212. Établissement non contentieux de la filiation

FRÉDÉRIQUE GRANET-LAMBRECHTS
PROFESSEUR À L'UNIVERSITÉ DE STRASBOURG

SECTION 0
ORIENTEUR

212.00 Plan du chapitre.

212.01 Textes applicables.

> Filiation maternelle : établissement par désignation de la mère dans l'acte de naissance

C. civ., art. 311-25

> Filiation paternelle : établissement par présomption de paternité

C. civ., art. 312 à 315

> Filiation : établissement par reconnaissance

C. civ., art. 316

> Filiation : établissement par possession d'état

C. civ., art. 317

212.02 Jurisprudence de référence.

> Opérant un revirement, la Cour de cassation fait une application anticipée de l'article 311-25 du Code civil issu de l'ordonnance du 4 juillet 2005, en décidant que la désignation de la mère dans l'acte de naissance d'un enfant naturel suffisait à établir sa filiation maternelle sous l'empire du droit antérieur.

• Civ. 1re, 14 févr. 2006, n° 05-13.006, *Bull. civ.* I, n° 73

* V. ss n° 212.113

« Vu les articles 8 et 14 de la Convention européenne de sauvegarde des droits de l'homme et des libertés fondamentales [...] Attendu que pour débouter les intéressées de leur demande et constater leur extranéité, l'arrêt attaqué retient que faute de reconnaissance de M. Amar Z... X... par Mekna B... et en l'absence de possession d'état ou de mariage démontré de ses parents, son acte de naissance ne pouvait suffire à établir sa filiation maternelle; qu'en statuant ainsi, alors que Mekna B... était désignée en tant que mère dans l'acte de naissance de M. Amar Z... X..., ce dont il résultait que la filiation maternelle de celui-ci était établie, la cour d'appel a violé les textes susvisés [...] ».

> Statuant sur la réclamation formée par un homme avant que le conseil de famille des pupilles de l'État ait donné son consentement à l'adoption de l'enfant, né sous X mais que cet homme avait reconnu, la Cour de cassation décide que l'enfant ayant déjà été identifié par son père à cette date, la reconnaissance produisait ses effets et établissait la filiation paternelle depuis la naissance, de sorte que le consentement à l'adoption ainsi donné était inopérant.

• Civ. 1re, 7 avr. 2006, n° 05-11.285, *Bull. civ.* I, n° 195

* V. ss n° 212.75

« Vu l'article 7-1 de la Convention de New York relative aux droits de l'enfant, ensemble les articles 335, 336, 341-1, 348-1 et 352 du Code civil [...] Attendu que, pour déclarer irrecevable la demande de restitution formée par M. P., donner effet au consentement du conseil de famille à l'adoption et pour prononcer l'adoption plénière de Benjamin Damien Y. par les époux F., le premier arrêt retient d'abord que la reconnaissance s'est trouvée privée de toute efficacité du fait de la décision de la mère d'accoucher anonymement, l'identification de l'enfant par sa mère, contenue dans la reconnaissance, étant devenue inopérante et ensuite que la reconnaissance paternelle n'est jamais devenue effective, l'enfant n'ayant été identifié qu'après son placement en vue de l'adoption; que le second arrêt énonce, d'une part, que le consentement à l'adoption, donné le 26 avril 2001, par le conseil de famille, est régulier, la réclamation de M. P. ayant été faite le 19 janvier 2001, à une date où le placement antérieur en vue de l'adoption faisait obstacle à toute demande de restitution et d'autre part que l'adoption plénière est conforme à l'intérêt de l'enfant; Qu'en statuant ainsi, alors que, l'enfant ayant été identifié par M. P. à une date antérieure au consentement à l'adoption, la reconnaissance prénatale avait établi la filiation paternelle de l'enfant avec effet au jour de sa naissance, de sorte que le conseil de famille des pupilles de l'État, qui était informé de cette reconnaissance, ne pouvait plus, le 26 avril 2001, consentir valablement à l'adoption de l'enfant, ce qui relevait du seul pouvoir de son père naturel, la cour d'appel, qui a méconnu le droit de l'enfant de connaître son père déclaré, a violé les textes susvisés ».

> Les conventions portant sur la procréation ou sur la gestation pour autrui sont nulles et cette prohibition est d'ordre public. Le ministère public est recevable à demander l'annulation de la transcription dans les registres français de l'état civil des actes de naissance dressés à l'étranger en conformité de la loi locale concernant des jumelles nées d'une mère porteuse américaine ayant conclu avec un couple français une convention de maternité pour autrui.

• **Civ. 1re, 17 déc. 2008, n° 07-20.468,** *Bull. civ.* I, n° 289

* V. ss n° 212.15

« Vu l'article 423 du Code de procédure civile, ensemble l'article 16-7 du Code civil [...];

Attendu que, pour déclarer irrecevable l'action du ministère public fondée sur une contrariété à l'ordre public, la cour d'appel retient que le ministère public ne contestait ni l'opposabilité en France du jugement américain, ni la foi à accorder, au sens de l'article 47 du Code civil, aux actes dressés en Californie, dans les formes usitées dans cet État;

Qu'en se déterminant par ces motifs, alors qu'il ressort de ses propres constatations que les énonciations inscrites sur les actes d'état civil ne pouvaient résulter que d'une convention portant sur la gestation pour autrui, de sorte que le ministère public justifiait d'un intérêt à agir en nullité des transcriptions, la cour d'appel a violé les textes susvisés ».

212.03 Bibliographie indicative.

Actualisables. J.-Cl. civ., F. Granet-Lambrechts, Fasc. art. 311-25, « Établissement de la filiation par la loi, Filiation maternelle »; X. Henry (avec coll. M. Garnier), Fasc. art. 312 à 315, « Établissement de la filiation par la loi, Présomption de paternité »; F. Granet-Lambrechts, Fasc. art. 316, « Établissement de la filiation par la reconnaissance »; Fasc. art. 317, « Établissement de la filiation par la possession d'état constatée dans un acte de notoriété »; Fasc. appendice art. 310 à 342-8, « Filiation, Dispositions transitoires » – Rép. civ., C. Labrusse-Riou *V° Filiation*, nos 124 à 180; 222 à 235; J. Hérail, *V° Acte de notoriété*; F. Granet-Lambrechts, *V° Possession d'état*.

Ouvrages. J. Carbonnier, *Droit civil, Les personnes, La famille*, « Quadrige », PUF, 2004, n° 290 – F. Terré et D. Fenouillet, *Les personnes, la famille, les incapacités*, « Précis », 7e éd., Dalloz, 2005, nos 685 à 750.

Articles. N. Baillon-Wirtz, « L'établissement de la filiation maternelle par l'acte de naissance. Présentation de l'ordonnance n° 2005-759 du 4 juillet 2005 portant réforme de la filiation », *JCP N* 2005, étude 1491, p. 2020 – F. Dekeuwer-Défossez, « Le nouveau droit de la filiation : pas si simple ! », *RLDC* 2005, n° 21, p. 34; « La loi du 16 janvier 2009 sur la filiation : bien plus qu'une simple ratification ! », *RLDC* 2009, n° 58, p. 37 s. – T. Garé, « Réforme de la filiation. À propos de la loi du 16 janvier 2009 », *JCP N* 2009, act. 188 – F. Granet-Lambrechts, « La présomption de paternité », *Dr. fam.* 2006, étude 3; « La réforme du droit de la filiation », *AJ fam.* 2005, 424 s.; « Le nouveau droit de la filiation », *D.* 2006, chron. 17; « Ratification de l'ordonnance du 4 juillet 2005 réformant le droit de la filiation : les modifications », *AJ fam.* 2009, 76 s. – J. Hauser, « Le nouveau droit de la filiation, Les dispositions transitoires », *D.* 2006, chron. 17 s.; « Les dispositions transitoires », *AJ fam.* 2005, dossier « Le nouveau droit de la filiation », 432; « Des filiations à la filiation », *RJPF* 9/2005, p. 6 – G. Kessler, « La consolidation des situations illicites dans l'intérêt de l'enfant », *Dr. fam.* 2005, étude 16 – J. Massip, « Le nouveau droit de la filiation », *Defrénois* 2006, art. 38303, p. 6 s.; art. 38312, p. 91 s.; art. 38324, p. 209 s.; « La loi du 16 janvier 2009 ratifiant l'ordonnance du 4 juillet 2005 réformant le droit de la filiation », *Defrénois* 2009, art. 38913, p. 591 s. – P. Murat, « L'action de l'ordonnance du 4 juillet 2005 sur la possession d'état », *Dr. fam.* 2006, étude 5 – C. Neirinck, « La maternité », *Dr. fam.* 2006, étude 2 – P. Salvage-Gerest, « La reconnaissance d'enfant, ou de quelques surprises réservées par l'ordonnance du 4 juillet 2005 », *Dr. fam.* 2006, étude 4 – J. Vassaux, « Premières vues sur la réforme du droit de la filiation. Ordonnance n° 2005-759, 4 juill. 2005 », *JCP N* 2005, étude 1458, p. 1911 – G. Vial, « La recevabilité des actions relatives à la filiation dans la loi n° 2009-61 du 16 janvier 2009 », *Dr. fam.* 2009, étude 18.

Thèses. M. Lamarche, *Les degrés du mariage*, (préf. J. Hauser), th. 1999, PUAM – G. Vial, *La preuve en droit extrapatrimonial de la famille*, (préf. P. Murat), « Nouvelle Bibliothèque des thèses », vol. 80, Dalloz, 2008.

212.04 Questions essentielles. L'ordonnance du 4 juillet 2005 réalise des innovations sensibles en ce qui concerne l'établissement non contentieux de la filiation : d'une part, en généralisant enfin la règle de l'établissement de la filiation maternelle par l'acte de naissance s'il désigne la mère (v. s[s] n°s 212.11 à 212.15); d'autre part, en apportant diverses retouches aux règles applicables à la présomption « *Pater is est* » (v. s[s] n°s 212.21 à 212.46), que la loi de ratification n° 2009-61 du 16 janvier 2009[1] est venue modifier de nouveau; enfin, en subordonnant les effets de la possession d'état comme mode d'établissement du lien de filiation à sa constatation par le juge d'instance dans un acte de notoriété dont la délivrance est désormais soumise à un délai de prescription (v. s[s] n°s 212.100 à 212.225).

212.09 Division. Sont désormais envisagés dans trois sections distinctes l'établissement de la filiation par l'effet de la loi (sect. 1), ce qui vise l'établissement de la filiation maternelle en mariage comme hors mariage et la présomption de paternité du mari; puis l'établissement de la filiation par une reconnaissance volontaire, de maternité ou de paternité (sect. 2); enfin l'établissement de la filiation, maternelle ou paternelle, en mariage ou hors mariage, par la possession d'état à condition qu'elle soit constatée (sect. 3 - V. s[s] n°s 212.100 et 212.111).

Parmi les objectifs fixés au gouvernement pour élaborer la réforme, la loi n° 2004-1343 du 9 décembre 2004[2] mentionnait **l'unification des conditions d'établissement de la filiation maternelle** que la loi n° 93-22 du 8 janvier 1993[3] n'avait pas voulu réaliser, un amendement tendant à faire de l'acte de naissance le moyen de preuve usuel de la maternité naturelle lorsqu'il indiquait le nom de la mère ayant été repoussé[4]. L'article 311-25 du Code civil a remédié à ce qui constituait une déplorable lacune de notre droit.

Quant à l'établissement de la filiation paternelle, le mariage et les devoirs réciproques que la loi y attache entre les époux, implique comme partout en Europe de continuer à distinguer entre enfants conçus ou nés dans le mariage et enfants nés hors mariage puisque la présomption de paternité du mari est attachée aux obligations conjugales de cohabitation et de fidélité et qu'elle bénéficie en principe aux premiers, tandis qu'une manifestation de volonté est nécessaire pour établir la filiation paternelle des seconds (reconnaissance ou possession d'état constatée). Cependant, consacrant l'interprétation préconisée par la circulaire du 30 juin 2006[5] (v. s[s] n° 61.13), la loi de ratification n° 2009-61 du 16 janvier 2009 a admis la possibilité d'une **reconnaissance par le mari de l'enfant de son épouse** pour lui éviter d'avoir à entreprendre une action en rétablissement des effets de la présomption « *Pater is est* » lorsqu'elle se trouve écartée *a priori* par la loi[6], de sorte que le droit français présente dorénavant sur ce point une originalité certaine, en rupture avec son ignorance délibérée de la reconnaissance d'enfant légitime quand bien même elle serait émanée de deux époux conjointement[7].

SECTION 1
ÉTABLISSEMENT DE LA FILIATION PAR L'EFFET DE LA LOI

212.10 Autorité de la loi. La filiation peut se trouver établie par l'autorité de la loi et donc sans aucune démarche particulière à accomplir. Il s'agit tout d'abord de la filiation maternelle qui résulte de la désignation de la mère dans le registre des naissances (§ 1). Il s'agit ensuite de la filiation paternelle à l'égard du mari qui est en principe traditionnellement présumée du fait des devoirs imposés aux époux par le mariage (§ 2).

§ 1
Établissement de la filiation maternelle par l'acte de naissance

212.11 Règle générale. Si l'accouchement fait traditionnellement la mère (C. civ., art. 325) et demeure le seul fondement de la filiation maternelle par le sang, les conventions de maternité pour autrui étant prohibées par l'article 16-7 du Code civil, issu de la loi de bioéthique n° 94-653 du 29 juillet 1994[8] et non modifié par la loi n° 2004-

1. L. n° 2009-61, 16 janv. 2009, ratifiant l'ordonnance n° 2005-759 du 4 juill. 2005 portant réforme de la filiation et modifiant ou abrogeant diverses dispositions relatives à la filiation, *JO* 18 janv., p. 1062.
2. L. n° 2004-1343, 9 déc. 2004, de simplification du droit, *JO* 10 déc., p. 20857.
3. L. n° 93-22, 8 janv. 1993, modifiant le Code civil relative à l'état civil, à la famille et aux droits de l'enfant et instituant le juge aux affaires familiales, *JO* 9 janv., p. 495.
4. V. D. Cacheux, *JOAN Q* 29 avr. 1992, p. 721 – N. Ameline, *JOAN Q* 16 mai 1992, p. 1287.
5. Circ. 30 juin 2006, 1re partie, 2, 2.1.1, a.
6. C. civ., art. 315, mod. L. n° 2009-61 du 16 janv. 2009.
7. V. Carbonnier, *La famille*, n° 290 – V. F. Dekeuwer-Défossez, « La loi du 16 janvier 2009 sur la filiation : bien plus qu'une simple ratification ! », *RLDC* mars 2009, n° 58, p. 37 s. – T. Garé, « Réforme de la filiation. À propos de la loi du 16 janvier 2009 », *JCP N* 2009, act. 188 – F. Granet-Lambrechts, « Ratification de l'ordonnance du 4 juillet 2005 réformant le droit de la filiation : les modifications », *AJ fam.* 2009, 76 s. – J. Massip, « La loi du 16 janvier 2009 ratifiant l'ordonnance du 4 juillet 2005 réformant le droit de la filiation », *Defrénois* 2009, art. 38913, p. 591 s.
8. L. n° 94-653, 29 juill. 1994, relative au respect du corps humain, *JO* 30 juill., p. 11056.

800 du 6 août 2004[1], l'acte de naissance est dorénavant le mode usuel d'établissement de la filiation maternelle. En effet, l'article 311-25 du Code civil dispose que : « *La filiation est établie, à l'égard de la mère, par la désignation de celle-ci dans l'acte de naissance de l'enfant* »[2]. En dépit de l'arrêt *Marckx*[3], cette règle, pourtant classique dans quasiment tous les pays européens, ne valait en France que pour l'enfant né d'une femme mariée, sans distinguer selon qu'il était couvert par la présomption de paternité (C. civ., anc. art. 319) ou non (C. civ., anc. art. 313-2, al. 1er), ce dont il résultait une inégalité fort regrettable entre enfants légitimes et naturels[4].

212.12 Application dans le temps. Selon l'article 20-I de l'ordonnance du 4 juillet 2005, « *sous réserve des décisions de justice passées en force de chose jugée, la présente ordonnance est applicable aux enfants nés avant comme après son entrée en vigueur* ». En conséquence, lorsqu'elle ne l'était pas déjà par un autre procédé, la filiation maternelle de tous les enfants nés avant le 1er juillet 2006 se trouve désormais légalement établie si l'acte de naissance désigne la mère. Mais plusieurs réserves sont apportées à ses effets :

En premier lieu, conformément à l'article 20-II, 1° de l'ordonnance du 4 juillet 2005, « *les enfants nés avant l'entrée en vigueur de la présente ordonnance ne peuvent s'en prévaloir dans les successions déjà liquidées* ».

En deuxième lieu, selon l'article 20-II, 3° de l'ordonnance du 4 juillet 2005, « *l'application de l'article 311-25 du Code civil, tel qu'il résulte de la présente ordonnance, aux enfants nés avant son entrée en vigueur ne peut avoir pour effet de changer leur nom*[5]« .

En troisième lieu, la loi n° 2006-911 du 24 juillet 2006[6], relative à l'immigration et à l'intégration, a complété, dans son article 91, les dispositions transitoires de l'ordonnance du 4 juillet 2005 en ajoutant un 6° à l'article 20-II, selon lequel : « *Les dispositions de la présente ordonnance n'ont pas d'effet sur la nationalité des personnes majeures à la date de son entrée en vigueur* ». Cela constitue une limitation supplémentaire aux effets de l'établissement de la filiation maternelle des enfants nés hors mariage avant le 1er juillet 2006, en vertu de laquelle peuvent seuls acquérir la nationalité française de leur mère les mineurs dont l'acte de naissance indique le nom de celle-ci alors qu'ils n'ont pas été reconnus par elle. Cette loi a été votée en réaction à un arrêt de la Cour de cassation qui avait anticipé sur la réforme par un important revirement de sa jurisprudence[7] en décidant, au visa des articles 8 et 14 de la Convention européenne des droits de l'homme, « *qu'une femme étant désignée en tant que mère dans l'acte de naissance de M. X..., il* [en] *résultait que la filiation maternelle de celui-ci était établie* ».[8]

212.13 Volonté de la femme accouchée. À la différence des autres législations européennes où, exceptés l'Italie et le Luxembourg, la mère est obligatoirement désignée dans l'acte de naissance, une femme peut en France accoucher sous X ou exprimer la volonté de ne pas être nommée dans l'acte[9], de sorte qu'à vrai dire, la maternité repose à la fois sur l'accouchement et sur la volonté expresse ou tacite de la femme accouchée d'être désignée pour la mère dans l'acte de naissance. La personne qui déclare la naissance affirme en effet le fait matériel

1. L. n° 2004-800, 6 août 2004, relative à la bioéthique, *JO* 7 août, p. 14040.
2. V. C. Neirinck, « La maternité », *Dr. fam.* 2006, étude 2 – N. Baillon-Wirtz, « L'établissement de la filiation maternelle par l'acte de naissance. Présentation de l'ordonnance n° 2005-759 du 4 juillet 2005 portant réforme de la filiation », *JCP N* 2005, étude 1491, p. 2020 – J. Massip, « Le nouveau droit de la filiation », *Defrénois* 2006, art. 38303, p. 6 s. ; *Defrénois* 2006, art. 38312, p. 91 s. – F. Dekeuwer-Défossez, « Le nouveau droit de la filiation : pas si simple ! », *RLDC* 2005, n° 21, p. 34.
3. CEDH 13 juin 1979, série A, n° 31, Marckx c/Belgique, *GACEDH* 2e éd., « Thémis », PUF, 2003, n° 41 et réf. citées.
4. V. P. Raynaud, « L'inégalité des filiations légitime et naturelle quant à leur mode d'établissement. Où va la jurisprudence ? », *D.* 1980, chron. 1 s.
5. V. J. Hauser, « Les dispositions transitoires », *AJ fam.* 2005, dossier « Le nouveau droit de la filiation », 432 – M.-L. Cicile-Delfosse, « Mesures transitoires de la réforme du droit de la filiation », *Dr. fam.* 2006, étude 11, spéct nos 14 et 15 – J. Massip, « Le nouveau droit de la filiation », *Defrénois* 2006, art. 38324, p. 209 s.
6. L. n° 2006-911, 24 juill. 2006, relative à l'immigration et à l'intégration, *JO* 25 juill., p. 11047.
7. Civ. 1re, 14 févr. 2006, n° 05-13.006, *Bull. civ.* I, n° 73 ; *D.* 2006, pan. 1140, obs. Granet-Lambrechts; *D.* 2006, J. 1029, note Kessler; *Dr. fam.* 2006, comm. 107, note Murat; *AJ fam.* 2006, J. 162, obs. Chénédé; *RLDC* 2006, n° 29, p. 41, note Meyzeaud-Garaud; *RJPF* 2006, n° 5, p. 25, note Garé; *Defrénois* 2006, art. 38415, p. 1058, obs. Massip.
8. Civ. 1re, 14 févr. 2006, n° 05-13.006, *D.* 2006, pan. 1140, obs. Granet-Lambrechts (arrêt préc. avec références ssprést n°) – Rappr. : Civ. 1re, 23 mai 2006, n° 05-16.702, *Juris-Data* n° 033595 ; *D.* 2007, pan. 1460, obs. Granet-Lambrechts – Civ. 1re, 25 avr. 2006, n° 04-19.341 et n° 05-16.841, 2 esp., NP; *LPA* n° 91, 7 mai 2007, p. 12, note Dekeuwer-Défossez, et concernant cet arrêt, après cassation avec renvoi : CA Bordeaux, 6 mars 2007, *Dr. fam.* 2007, comm. 201, note Lamarche; *RTD civ.* 2007, 763, n° 15, obs. Hauser – Civ. 1re, 20 févr. 2008, n° 07-13.642, NP; *D.* 2008, pan. 1372, obs. Granet-Lambrechts.
9. V. F. Granet-Lambrechts, « L'application en matière d'état civil des principes posés par la Convention européenne des droits de l'homme », *RTD eur.* 1997, 653.

de l'accouchement, mais elle n'est aucunement tenue de faire connaître l'identité de la femme accouchée.

Dans ce contexte particulier, le nouvel article 316 du Code civil prévoit la possibilité d'une reconnaissance maternelle (v. s^s n° 212.54), ce qui permet de réparer une omission et surtout à une femme ayant accouché dans l'anonymat puis demandant que l'enfant lui soit remis d'établir sa maternité comme elle est tenue de le faire préalablement[1] (v. circ. 30 juin 2006, 1re partie, I, 1.1.1 et 2.1.2, b - V. ss n° 61.13).

212.14 Preuve. La maternité se décompose en deux éléments : l'accouchement d'une part, et l'identité de l'enfant avec celui dont la femme est accouchée d'autre part.

L'enfant n'est pas tenu de prouver le second élément, sauf contestation de sa filiation. Mais, hormis l'hypothèse d'une substitution d'enfants, tout à fait exceptionnelle en raison des précautions prises dans les établissements médicaux où sont pratiqués la plupart des accouchements, ou d'une manœuvre frauduleuse de supposition d'enfant, la pratique n'a pas révélé de difficultés dans le passé.

Quant à l'accouchement, il doit être déclaré à l'officier de l'état civil tenu de dresser immédiatement l'acte de naissance qui fera la preuve de la filiation maternelle à l'égard de la femme accouchée si elle y est dénommée.

Selon l'article 55 du Code civil, toute naissance doit être déclarée par l'une des personnes énumérées à l'article 56 (par le père ou à défaut, par le médecin ou la sage-femme ayant pratiqué l'accouchement, ou par toute personne y ayant assisté, ou encore par la mère) dans un délai de trois jours à l'officier de l'état civil du lieu de la naissance. À défaut, il faut un jugement déclaratif de naissance rendu par le tribunal de grande instance (C. civ., art. 55). Si la naissance survient à l'étranger, la déclaration doit être faite aux agents diplomatiques ou consulaires dans un délai de quinze jours, sauf prolongation par décret dans certaines circonscriptions consulaires.

Les indications inscrites dans l'acte de naissance relatives à la filiation font foi jusqu'à la preuve contraire. En effet, la filiation maternelle pourra être contestée conformément à l'article 332 alinéa 1er du Code civil dans des conditions plus ou moins rigoureuses selon que l'acte est corroboré par la possession d'état ou non et la preuve contraire sera alors libre (C. civ., art. 310-3, al. 2).

212.15 Filiation maternelle et convention de gestation pour autrui. Avant que la loi de bioéthique n° 94-653 du 29 juillet 1994 soit venue prohiber les conventions de maternité pour autrui dans l'article 16-7 du Code civil qui est une disposition d'ordre public, la Cour de cassation avait refusé fermement de faire droit à une requête aux fins d'adoption par l'épouse de l'auteur d'une reconnaissance paternelle[2].

Du fait de l'interdiction en France des conventions de maternité pour autrui, un certain nombre de couples sont allés à l'étranger pour conclure de tels accords[3]. C'est ainsi que la jurisprudence a de nouveau été saisie de la question de la validité d'une reconnaissance maternelle par la femme commanditaire dans une situation de convention de maternité pour autrui passée entre un couple de concubins français et des époux californiens et sur les incidences à en tirer en matière d'état civil. Conformément à la décision étrangère rendue à cet effet, les actes de naissance américains désignaient la femme française pour la mère des jumelles conçues par FIV avec les gamètes du couple commanditaire, bien qu'elle n'en soit pas accouchée. Mais après transcription, ces actes furent annulés à la demande du parquet de Nantes, de même que les reconnaissances maternelles faites devant un officier de l'état civil en France, tandis que les reconnaissances de paternité souscrites par le concubin étaient réputées valablement faites par interprétation du principe de la divisibilité de la filiation hors mariage en faveur des enfants[4].

Puis, le tribunal de grande instance de Lille a jugé que le ministère public avait refusé à bon droit de mentionner dans le registre des naissances un acte

1. EN CE SENS, Civ. 1re, 6 avr. 2004, n° 03-19.026, *Bull. civ.* I, n° 107; *AJ fam.* 2004, J. 241, obs. Bicheron; *D.* 2005, pan. 1749, obs. Granet-Lambrechts; *Dr. fam.* 2004, comm. 120, note Murat; *RDSS* 2004, 691, note Monéger.

2. Cass. ass. plén., 31 mai 1991, n° 90-20.105, *Bull. ass. plén.*, n° 4; *JCP* 1991, II, 21752, avis Bernard, concl. Dontenwille et note Terré; *D.* 1991, J. 417, rapp. Chartier, note Thouvenin; *Defrénois* 1991, p. 1267, obs. Aubert; *RTD civ.* 1991, 517, obs. Huet-Weiller - Civ. 1re, 29 juin 1994, n° 92-13.563, *Bull. civ.* I, n° 226; *D.* 1994, J. 581, note Chartier; *RTD civ.* 1994, 842, obs. Hauser - Civ. 1re, 9 déc. 2003, n° 01-03.927, *Bull. civ.* I, n° 252; *Dr. fam.* 2004, somm. 17, note Murat; *RTD civ.* 2004, 75, obs. Hauser; *RJPF* 2004-4/35, note Garé; *D.* 2004, J. 1998, note Poisson-Drocourt; *Defrénois* 2004, p. 592, obs. Massip.

3. V. F. Granet-Lambrechts, « Maternités de substitution, filiation et état civil. Panorama européen », *Dr. fam.* 2007, étude 34.

4. CA Rennes, 4 juill. 2002, *D.* 2002, J. 2902, note Granet-Lambrechts; *Dr. fam.* 2002, comm. 142, note Murat - V. AUSSI, Kessler, « La consolidation des situations illicites dans l'intérêt de l'enfant », *Dr. fam.* 2005, étude 16 - S'agissant d'un arrêt confirmatif : TGI Nantes, 1er févr. 2001, *D.* 2002, somm. 2902, obs. Granet-Lambrechts; *Dr. fam.* 2002, comm. 142, note Murat.

de notoriété constatant la possession d'état et l'établissement de la filiation légitime d'un enfant né d'une convention conclue par des époux français avec une mère porteuse américaine, au motif que l'illicéité de la convention de maternité pour autrui, conclue intentionnellement en fraude à la loi française, entachait d'un vice la prétendue possession d'état et la privait d'effets [1].

Enfin, par un arrêt du 25 octobre 2007 rendu au profit d'époux français et visant l'intérêt supérieur de jumelles conçues avec les gamètes du mari et d'une mère porteuse californienne qui leur avait donné naissance, la cour d'appel de Paris a au contraire décidé qu'était valablement faite la transcription dans les registres français des actes de naissance californiens mentionnant les deux époux en qualité de père et mère [2]. Mais cet arrêt a été frappé d'un pourvoi et cassé par la Première chambre civile au visa des articles 423 du Code de procédure civile et 16-7 du Code civil : « *Attendu que pour déclarer irrecevable l'action du ministère public fondée sur une contrariété à l'ordre public, la cour d'appel retient que le ministère public ne contestait ni l'opposabilité en France du jugement américain, ni la foi à accorder, au sens de l'article 47 du code civil, aux actes dressés en Californie, dans les formes usitées dans cet État; qu'en se déterminant par ces motifs, alors qu'il ressort de ses propres constatations que les énonciations inscrites sur les actes d'état civil ne pouvaient résulter que d'une convention portant sur la gestation pour autrui, de sorte que le ministère public justifiait d'un intérêt à agir en nullité des transcriptions, la cour d'appel a violé les textes susvisés* [...] » [3].

§ 2
Établissement de la filiation paternelle par l'effet de la présomption « *Pater is est* »

212.21 Nature et fondement. La maxime « *Pater is est quem nuptiae demonstrant* » puise son origine dans le droit romain de l'époque du jurisconsulte Paul et est connue de toutes les législations en Europe : le père est celui que le mariage désigne. En 1804, les rédacteurs du Code civil reprirent cette règle, inscrite à l'article 312, mais dont la portée et la force ont profondément évolué au fil du temps, particulièrement depuis la loi de 1972.

En effet, avant cette loi, la présomption couvrait tout enfant conçu ou né dans le mariage et seul le mari pouvait la renverser grâce à une action en désaveu très strictement encadrée. Elle constituait une règle de fond destinée à assurer la stabilité de la famille légitime et au-delà, l'ordre social, sans considération pour la vérité biologique. La réforme de 1972 en a limité le domaine en prévoyant des cas d'exclusion et réduit la force en ouvrant plus largement les possibilités de la renverser [4]. La présomption « *Pater is est* » est devenue une **présomption simple**, une commodité de preuve, mais elle reste l'un des effets majeurs du mariage [5].

Plusieurs fondements ont été proposés en doctrine. On dit traditionnellement que la présomption de paternité repose sur les devoirs réciproques entre époux de cohabitation (au sens charnel) et de fidélité, même si cela n'inclut pas les enfants nés dans les cent soixante-dix-neuf premiers jours du mariage et qui en sont couverts comme ceux qui sont présumés conçus durant l'union. On a encore vu dans la présomption de paternité du mari une reconnaissance tacite par le mari, lors du mariage, des enfants à naître de son épouse (thèse d'Ambroise Colin), ce qui peut inclure les enfants nés dans les cent soixante-dix-neuf premiers jours du mariage. On a enfin songé à un fondement empirique, tiré du *plerumque fit* et d'une vraisemblance de filiation.

212.22 Division. Les articles 312 à 315 du Code civil reprennent avec certaines modifications les dispositions du droit antérieur relatives à la présomption « *Pater is est* » qui, lorsqu'elle s'applique, dispense l'enfant de prouver distinctement sa filiation maternelle et sa filiation paternelle à l'égard de chacun des époux puisqu'elle est légalement établie indivisiblement envers chacun d'eux par l'effet combiné de son acte de naissance désignant la mère et de la présomption de paternité du mari [6].

1. TGI Lille, 22 mars 2007, *D.* 2007, J. 1251, note Labbée; *Dr. fam.* 2007, comm. 122, note Murat; *RTD civ.* 2007, 556, obs. Hauser.
2. CA Paris, 25 oct. 2007, *D.* 2007, AJ 2953; *JCP* 2007, n° 46, p. 13; *Dr. fam.* 2007, alerte 87, obs. Lamarche; *AJ fam.* 2007, 478, obs. Chénédé; *LPA* 21 juill. 2008, n° 145, p. 11, note Vasseur-Lambry – V. AUSSI, V. Larribau-Terneyre, *Dr. fam.* 2008, repère 8.
3. Civ. 1re, 17 déc. 2008, n° 07-20.468, *Bull. civ.* I, n° 289; *D.* 2009, AJ 166, obs. Egéa; *D.* 2009, pan. 773, obs. Granet-Lambrechts; *D.* 2009, J. 332, avis Sarcelet; *D.* 2009, 340, note Brunet; *Dr. fam.* 2009, comm. 15, note Murat; *Gaz. Pal.* 2009, nos 70 et 71, p. 39, note Gabriel.
4. V. NOT., G. Champenois, « La loi du 3 janvier 1972 a-t-elle supprimé la présomption *"Pater is est" quem nuptiae demonstrant ?* », *JCP* 1975, I, 2686.
5. V. M. Lamarche, *Les degrés du mariage*, (préf. J. Hauser), PUAM, 1999.
6. V. F. Granet-Lambrechts, « La réforme du droit de la filiation », *AJ fam.* 2005, 424 s.; « La présomption de paternité », *Dr. fam.* 2006, étude 3 – J. Hauser, « Des filiations à la filiation », *RJPF* 9/2005, p. 6 – J. Massip, « Le nouveau droit de la filiation », *Defrénois* 2006, art. 38303, p. 6 s. – F. Dekeuwer-Défossez, « Le nouveau droit de la filiation : pas si simple ! », *RLDC* 2005, n° 21, p. 34 – J. Vassaux, « Premières vues sur la réforme du droit de la filiation. Ordonnance n° 2005-759, 4 juill. 2005 », *JCP N* 2005, étude 1458, p. 1911.

Si c'est intentionnellement que l'ordonnance du 4 juillet 2005 maintient en effet la présomption « *Pater is est* » à l'article 312, « *disposition phare* » de la filiation en mariage et qu'elle n'en modifie pas le domaine, la portée de la présomption de paternité du mari se trouve pourtant substantiellement affectée par l'interprétation suggérée dans la circulaire du 30 juin 2006 et consacrée par la loi de ratification n° 2009-61 du 16 janvier 2009. En effet, le législateur a modifié de façon importante l'ordonnance du 4 juillet 2005 en admettant la possibilité d'une **reconnaissance par le mari de l'enfant né de son épouse et déclaré par elle sans indication de son conjoint en qualité de père**[1]. Cela permet au mari, s'il veut établir la filiation de l'enfant à son égard, d'éviter d'entreprendre une action en justice aux fins de rétablissement de la présomption de paternité fondée sur l'article 329 du Code civil (v. s^s^ n°s 212.44 s. et 213.201 s.).

A.
Domaine d'application de la présomption « *Pater is est* »

212.31 Dualité de sources. C'est la conception pendant le mariage qui fait présumer la paternité du mari, mais la solution est traditionnellement étendue à la naissance en mariage. Dans sa nouvelle rédaction, l'article 312 du Code civil formule ces deux règles en combinant celle qui était énoncée par l'ancien article 312 alinéa 1er du Code civil et celle de l'ancien article 314 alinéa 1er : l'enfant est en principe couvert par la présomption de paternité s'il est présumé conçu pendant le mariage ou s'il est né dans le mariage. Sa filiation est légalement établie indivisiblement à l'égard des deux époux par son acte de naissance désignant la mère et par la présomption « *Pater is est* » à l'égard du mari[2].

Au contraire, l'enfant né plus de trois cents jours après la dissolution du mariage n'étant pas présumé conçu durant celui-ci, il ne bénéficie pas de la présomption de paternité. L'ancien article 315 l'énonçait expressément. Il a été abrogé par l'ordonnance du 4 juillet 2005, cette solution découlant tout simplement des articles 311 et 312 combinés. La circulaire du 30 juin 2006 précise que si le nom du mari était alors inscrit dans l'acte de naissance, cette erreur matérielle pourrait être rectifiée selon les instructions du procureur de la République dans les conditions de l'article 99 alinéa 4 du Code civil (v. circ. 30 juin 2006, 1re partie, II, 1.2.1 - V. s^s^ n° 61.13).

Dans l'hypothèse, très peu probable, d'une gestation de plus de trois cents jours, la preuve en serait admissible et pourrait être faite par tous moyens.

L'ancien article 315 visait encore l'enfant né plus de trois cents jours après la disparition du mari judiciairement déclaré absent et donc présumé conçu après celle-ci pour écarter la présomption « *Pater is est* ». La situation ne s'étant pas présentée en jurisprudence et ayant vocation à être tout à fait marginale, elle n'est plus spécialement envisagée. Le jugement déclaratif d'absence produisant les effets d'un décès établi, la présomption serait néanmoins inapplicable faute pour l'enfant d'être né ou conçu avant la dissolution de l'union.

Quant à l'enfant conçu avant le mariage mais né après sa célébration, dans les cent soixante-dix-neuf premiers jours du mariage, il est, selon une règle traditionnelle, attribué au mari, réputé accepter comme le sien l'enfant à naître de son épouse.

B.
Cas d'exclusion de rétablissement de la présomption « *Pater is est* » et modalités de son rétablissement

212.41 Paternité non vraisemblable. Depuis la loi de 1972, dans un souci de réalisme et de vérité biologique, le Code civil renonce à présumer la paternité du mari lorsqu'elle n'est guère vraisemblable parce qu'à l'époque présumée de la conception, les époux vivaient légalement séparés ou étaient probablement séparés de fait. L'ordonnance du 4 juillet 2005 avait conservé des dispositions distinctes pour écarter la présomption de paternité dans chacune de ces deux situations (C. civ., anc. art. 313 et 314). La loi de ratification n° 2009-61 du 16 janvier 2009 a regroupé dans l'article 313 les deux cas d'exclusion de la présomption « *Pater is est* », tout en modifiant les conditions d'application de l'un d'eux.

212.42 Séparation de fait. Reprenant l'esprit de l'ancien article 313-1 du Code civil mais en précisant sa rédaction, l'ordonnance du 4 juillet 2005 avait, à l'article 314 du même code, écarté la présomption de paternité du mari dans le cas d'une déclaration de l'enfant à l'état civil sans indication du mari en qualité de père et d'un défaut de possession d'état à son égard, aucun signe ne permettant

1. F. Dekeuwer-Défossez, « La loi du 16 janvier 2009 sur la filiation : bien plus qu'une simple ratification ! », *RLDC* 2009, n° 58, mars 2009, p. 37 s. – T. Garé, « Réforme de la filiation. À propos de la loi du 16 janvier 2009 », *JCP N* 2009, act. 188 – F. Granet-Lambrechts, « Ratification de l'ordonnance du 4 juillet 2005 réformant le droit de la filiation : les modifications », *AJ fam.* 2009, 76 s. – J. Massip, « La loi du 16 janvier 2009 ratifiant l'ordonnance du 4 juillet 2005 réformant le droit de la filiation », *Defrénois* 2009, art. 38913, p. 591 s.
2. V. F. Granet-Lambrechts, « La présomption de paternité », *Dr. fam.* 2006, étude 3 – J. Massip, « Le nouveau droit de la filiation », *Defrénois* 2006, art. 38303, p. 6 s.

d'attribuer au mari le nouveau-né très probablement conçu alors que les époux vivent séparés de fait. Bien souvent d'ailleurs, le mari ignore même la naissance en de telles circonstances.

L'ancien article 313-1 visait l'absence de désignation du mari lors de l'enregistrement de la naissance et le fait que l'enfant n'ait la possession d'état qu'envers sa mère. Lors de la rédaction de l'ordonnance du 4 juillet 2005, il a paru plus clair et donc préférable de se référer à l'absence de possession d'état à l'égard du mari, puisque c'est cet élément, joint au silence de l'acte de naissance sur la paternité du mari, qui la rend fort improbable.

La loi de ratification ne se réfère plus au défaut de possession d'état et écarte la présomption dès que le mari n'est pas inscrit en qualité de père dans l'acte de naissance. L'article 313, dans sa nouvelle rédaction, dispose en effet que : « *La présomption de paternité est écartée lorsque l'acte de naissance de l'enfant ne désigne pas le mari en qualité de père* ».

Un tiers peut reconnaître l'enfant sans avoir à contester préalablement la paternité du mari car elle n'est pas légalement établie.

212.43 Séparation légale. L'article 313 du Code civil vise ensuite le cas de l'enfant présumé en période de séparation légale. Sur ce point, l'ordonnance du 4 juillet 2005 ne lui a apporté que des retouches terminologiques d'adaptation à la loi n° 2004-439 du 26 mai 2004 [1] réformant le divorce et la loi de ratification n'en a pas modifié la rédaction. La présomption « *Pater is est* » se trouve écartée en cas de demande en divorce ou en séparation de corps, lorsque l'enfant est né plus de trois cents jours après la date de l'homologation de la convention réglant les conséquences du divorce ou des mesures provisoires ou depuis l'ordonnance de non-conciliation et moins de cent quatre-vingts jours depuis le rejet définitif de la demande ou la réconciliation. Les époux n'étant pas tenus de cohabiter au temps de la conception, la probabilité de paternité du mari est très faible et la loi écarte la présomption « *Pater is est* ». L'enfant peut ainsi être reconnu par un tiers sans qu'il soit nécessaire de contester préalablement la paternité du mari.

Peu importent les modalités de l'organisation de la séparation légale. Il a pu être jugé dans le droit antérieur que l'article 313 alinéa 1er était applicable même quand les époux avaient été autorisés à résider séparément sous un même toit, encore que cette hypothèse demeurât très marginale [2], mais la solution conserverait sa valeur.

Il importe toutefois que la naissance soit survenue plus de trois cents jours après la décision du juge marquant la séparation des époux, ce qui avait conduit la jurisprudence, sous l'empire du droit antérieur, à ne pas faire application de l'article 313 en cas de naissance le trois centième jour après l'ordonnance de résidence séparée [3]. Cette solution resterait valable aujourd'hui, étant précisé que le second cas d'exclusion de la présomption serait alors probablement applicable comme dans l'affaire précédemment citée [4].

Dans le cas où le divorce ne serait pas prononcé et où les mesures provisoires pour l'instance deviendraient caduques, il fut jugé dans le droit antérieur que la présomption de paternité ne pouvait alors être écartée que si la mesure relative à la résidence séparée n'était pas déjà frappée de caducité au début de la période de conception [5]. Mais cette solution fut critiquée car la cessation de la procédure n'empêche pas les époux de continuer à vivre séparément [6]. En pareilles circonstances, c'est vraisemblablement en vertu du premier cas envisagé par le nouvel article 313 que la présomption « *Pater is est* » serait généralement écartée.

212.44 Rétablissement de la présomption « *Pater is est* ». Depuis la réforme du 3 janvier 1972, la loi prévoit la possibilité de rétablir la présomption de paternité du mari soit au nom de la réalité sociologique et de la paix du ménage, soit au nom de la vérité biologique. La loi de ratification n° 2009-61 du 16 janvier 2009 permet en outre d'établir la paternité du mari par sa volonté déclarée dans un acte de reconnaissance (v. ss nos 212.53, 213.202 et 213.211).

212.45 Rétablissement de plein droit de la paternité du mari au nom de la réalité affective. Selon la loi de 1972, dans le cas où la présomption de paternité avait été écartée en vertu de l'alinéa 1er de l'article 313 du Code civil, le rétablissement de plein droit de ses effets par la possession d'état à l'égard des deux époux était prévu par l'ancien article 313 alinéa 2 du Code civil, en songeant à une réconciliation des époux, à l'abandon de la procédure de divorce, au pardon de l'adultère par le mari et à l'acceptation de l'enfant comme étant le sien. L'entente retrouvée du ménage conduisait donc le législateur à prévoir le rétablissement de plein droit de la présomption de paternité au titre

1. L. n° 2004-439, 26 mai 2004, relative au divorce, *JO* 27 mai, p. 9319.
2. Civ. 1re, 18 mars 1981, *D.* 1982, IR 254, obs. Huet-Weiller.
3. TGI Paris, 2 déc. 1975, *Gaz. Pal.* 1976, I, 156 – CONFIRMÉ par CA Paris, 15 mars 1977, *D.* 1978, J. 266.
4. TGI Paris, 2 déc. 1975, préc. ss prést n°.
5. TGI Paris, 11 févr. 1980, *D.* 1980, IR 422, 1re esp., obs. Huet-Weiller.
6. V. R. Nerson et J. Rubellin-Devichi, obs. ss TGI Paris, 11 févr. 1980, *RTD civ.* 1981, 369.

de la volonté commune des époux d'élever ensemble l'enfant à leur foyer et de la paix de la famille.

L'ordonnance du 4 juillet 2005 avait maintenu cette disposition en exigeant aussi l'absence de filiation déjà établie envers un tiers, pour éviter un conflit de paternités et ne pas priver le véritable père d'un enfant qui était le sien et qu'il entendait élever comme tel. Ces deux conditions se trouvant réunies, la paternité du mari était alors présumée, même si la possession d'état ne remontait pas à la naissance, la réconciliation étant intervenue postérieurement (v. circ. 30 juin 2006, 1re partie, II, 1.2.3 - V. ss n° 61.13).

La loi de ratification n° 2009-61 du 16 janvier 2009 a valorisé la possession d'état et facilité le rétablissement de plein droit de la présomption de paternité en l'admettant dans les deux cas où elle se trouve *a priori* écartée par le nouvel article 313. En effet, le nouvel article 314 dispose que : « *Si elle a été écartée en application de l'article 313, la présomption de paternité se trouve rétablie de plein droit si l'enfant a la possession d'état à l'égard du mari et s'il n'a pas une filiation paternelle déjà établie à l'égard d'un tiers* ».

La circulaire du 30 juin 2006 prévoit que les époux peuvent alors demander un acte de notoriété constatant la possession d'état de l'enfant à l'égard de chacun d'eux et l'acte de naissance sera mis à jour pour indiquer le nom du mari sur les instructions du procureur de la République, sans qu'une rectification judiciaire ne leur soit imposée (v. circ. 30 juin 2006, 1re partie, II, 1.2.3 - V. ss n° 61.13).

Cependant, la loi de ratification ayant aussi admis la possibilité pour le mari de reconnaître l'enfant lorsqu'il n'est pas désigné dans l'acte de naissance en qualité de père (C. civ., art. 315 mod.), ce mode d'établissement de sa paternité peut être préféré par les époux qui l'estiment plus simple et plus rapide que la demande d'un acte de notoriété et *a fortiori* qu'une action en rétablissement de la présomption sur le fondement de l'article 329. L'établissement de la maternité ayant précédé l'inscription de la paternité, les époux peuvent corrélativement faire devant l'officier de l'état civil une déclaration conjointe de changement du nom de l'enfant conformément à l'article 311-23, alinéa 2 (v. circ. 30 juin 2006, 1re partie, II, 1.2.3 - V. ss n° 61.13). Ils le peuvent aussi à la suite du rétablissement de la présomption par la possession d'état.

En revanche, si un tiers a reconnu l'enfant, ils doivent d'abord contester dans les conditions légales (C. civ., art. 333 ou 334 - V. ss nos 213.321 s.) ce lien de filiation et en obtenir l'annulation (C. civ., art. 320 et 313, al. 2 - V. circ. 30 juin 2006, 1re partie, II, 1.2.3 - V. ss n° 61.13). Dans cette hypothèse, c'est la voie de la demande de rétablissement de la présomption dans les conditions de l'article 329, jointe à la demande en contestation de la paternité du tiers, qui est à préconiser.

212.46 Rétablissement judiciaire de la paternité du mari au nom de la vérité biologique. Comme dans le droit antérieur, l'ordonnance du 4 juillet 2005 prévoit la possibilité d'un rétablissement de la présomption « *Pater is est* » par un jugement rendu sur la preuve que le mari est le père véritable, qu'elle ait été écartée sur le fondement de l'article 313 alinéa 1er ou de l'article 314 du Code civil. Cette action était prévue par l'ancien article 313-2 alinéa 2. Son existence est maintenue, mais s'agissant d'une action relative à la filiation, elle est désormais envisagée dans le troisième chapitre du titre septième, à l'article 329 (v. ss nos 213.201 s.). Son domaine est toutefois réduit depuis que la loi de ratification n° 2009-61 du 16 janvier 2009 a admis que le mari puisse tout simplement reconnaître l'enfant conçu durant le mariage et que son épouse a déclaré à l'état civil sans le désigner en qualité de père (C. civ., art. 315 mod.)[1].

SECTION 2

ÉTABLISSEMENT DE LA FILIATION PAR UNE RECONNAISSANCE

212.51 Définition. La reconnaissance est l'acte juridique par lequel la mère ou le père d'un enfant avoue sa maternité ou sa paternité et s'engage à en assumer les conséquences légales. Selon l'analyse d'Ambroise Colin, elle est à la fois une « *confession* », un aveu, et une « *admission* », un lien créateur d'obligations attachées à la parenté.

212.52 Texte. L'article 316 du Code civil dispose que : « *Lorsque la filiation n'est pas établie dans les conditions prévues à la section I du présent chapitre, elle peut l'être par une reconnaissance de paternité ou de maternité, faite avant ou après la naissance* ». Il précise que la reconnaissance étant un acte juridique unilatéral, elle « *n'établit la filiation qu'à l'égard de son auteur* ».

212.53 Enfants bénéficiaires. En règle générale, tout enfant né hors mariage peut être reconnu par ses père et mère, tout au moins s'il n'a pas déjà un lien de filiation contraire établi à l'égard d'un tiers. C'est ainsi que dans l'hypothèse où la filiation maternelle ne se trouve pas légalement établie par la désignation de la mère dans l'acte de naissance, ce qui devrait devenir une situation marginale, l'enfant peut être volontairement reconnu par celle-

1. Sur les commentaires de la loi du 16 janvier 2009, v. note ss n° 212.22 *in fine*.

ci, même lorsqu'elle est mariée. Il peut aussi être reconnu par son père.

Seul l'enfant issu d'un inceste absolu ne peut pas être reconnu par chacun de ses père et mère par le sang, sa filiation ne pouvant être légalement établie qu'envers l'un d'eux (v. s^s^ n°s 211.21 s.).

Dorénavant, par effet réflexe du nouvel article 311-25, la reconnaissance a essentiellement vocation à établir la paternité hors mariage (v. circ. 30 juin 2006, 1re partie, II, 2 et 2.1.1 – V. s^s^ n° 61.13).

Toutefois, la loi de ratification n° 2009-61 du 16 janvier 2009 ayant complété l'article 315 du Code civil pour offrir au mari la possibilité de reconnaître l'enfant conçu pendant le mariage et né de son épouse lorsque celle-ci a déclaré la naissance sans le désigner en qualité de père, la reconnaissance constitue également un mode d'établissement de la paternité du mari à condition que la paternité d'un tiers ne soit pas déjà légalement établie.

212.54 Reconnaissance de maternité. L'article 311-25 du Code civil ayant fait de la désignation de la mère dans l'acte de naissance le mode normal d'établissement de la maternité, cela rend inutile une démarche supplémentaire de la mère (v. s^s^ n°s 212.11 s. – Et circ. 30 juin 2006, 1re partie, II, 1.1.2 et 2.1.2 – V. s^s^ n° 61.13). Les reconnaissances maternelles devraient donc devenir fort rares. Pourtant, elles conservent pour la mère l'intérêt d'établir la filiation de l'enfant envers elle avant une reconnaissance paternelle, notamment grâce à une reconnaissance prénatale, aux fins de transmettre son nom à l'enfant (v. s^s^ n°s 231.51 s.).

En outre, en l'absence de l'indication du nom de la mère dans l'acte de naissance, qui n'est pas obligatoire, et que la cause en soit accidentelle (ce qui est fort rare) ou procède de la volonté de l'intéressée, celle-ci peut reconnaître son enfant afin d'établir légalement sa filiation envers elle. Il peut en être ainsi lorsqu'une femme a souhaité conserver l'anonymat lors de l'accouchement et qu'elle demande ensuite que l'enfant lui soit remis. Elle doit alors le reconnaître auparavant[1].

212.55 Reconnaissance de paternité. La paternité hors mariage peut être établie par une reconnaissance volontaire, comme dans le droit antérieur. La jurisprudence a cependant révélé les difficultés particulières auxquelles peut se heurter l'auteur d'une reconnaissance en cas d'accouchement sous X malgré les améliorations que la loi n° 2002-93 du 22 janvier 2002 a tenté d'apporter en insérant l'article 62-1 dans le Code civil (v. s^s^ n° 212.75).

Par ailleurs, l'interprétation de la formule introductive de l'article 316 ayant été discutée et comme l'avaient envisagé certains commentateurs[2] puis la circulaire du 30 juin 2006 (v. circ. 30 juin 2006, 1re partie, II, 2.1.1, a – V. s^s^ n° 61.13), le mari peut faire une reconnaissance paternelle dans les conditions des articles 316 et 320 du Code civil au profit de l'enfant né de son épouse durant le mariage, lorsque la présomption « *Pater is est* » se trouve écartée en vertu de l'article 313 (v. s^s^ n° 61.13 – V. aussi s^s^ n°s 212.53, 213.202 et 213.211).

§ 1 Caractères de la reconnaissance

212.61 Présentation. Outre son caractère unilatéral, rappelé par l'article 316 du Code civil (v. s^s^ n° 212.52), et solennel (v. s^s^ n°s 212.81 s.), la reconnaissance est un acte strictement personnel et discrétionnaire et l'engagement ainsi déclaré ne peut être librement rétracté.

212.62 Acte juridique personnel. La reconnaissance est un acte juridique personnel qui ne peut être fait que par le père ou la mère, à l'exclusion de ses héritiers ou des tiers, sauf procuration spéciale et authentique. C'est ainsi que la Cour de cassation a décidé que « *la simple indication de la filiation du défunt dans un acte de décès dressé sur les déclarations d'un tiers ne peut valoir reconnaissance* »[3].

Aucune condition de capacité n'est exigée. Il est traditionnellement admis qu'en raison du caractère strictement personnel d'une reconnaissance de maternité ou de paternité, son auteur peut la souscrire sous sa seule signature, dès lors qu'il est conscient de la portée de cet acte. Cette solution est reprise par l'article 458 du Code civil : « *Sous réserve des dispositions particulières prévues par la loi, l'accomplissement des actes dont la nature implique un consentement strictement personnel ne peut jamais donner lieu à assistance ou représentation de la personne protégée. Sont réputés strictement personnels la déclaration de naissance d'un enfant, sa reconnaissance, les actes de l'autorité parentale relatifs à la personne d'un enfant, la déclaration du choix ou du chan-*

1. EN CE SENS, Civ. 1re, 6 avr. 2004, n° 03-19.026, *Bull. civ.* I, n° 107 ; *D.* 2005, pan. 1748, obs. Granet-Lambrechts ; *AJ fam.* 2004, J. 241, obs. Bicheron ; *RDSS* 2004, 691, note Monéger ; *Dr. fam.* 2004, comm. 120, note Murat.

2. F. Dekeuwer-Défossez, « Le nouveau droit de la filiation : pas si simple ! », *RLDC* nov. 2005, n° 21, p. 2 – J. Vassaux, « Premières vues sur la réforme du droit de la filiation », *JCP N* 2005, p. 1458 – P. Salvage-Gerest, « La reconnaissance d'enfant, ou de quelques surprises réservées par l'ordonnance du 4 juillet 2005 », *Dr. fam.* 2006, étude 4 – TERRÉ et FENOUILLET, n° 662-1.
3. Civ. 1re, 14 janv. 2009, n° 07-11.555, *Bull civ.* I, n° 5 ; *RLDC* 2009, n° 62, 3502, p. 32, note Siffrein-Blanc.

gement du nom d'un enfant et le consentement donné à sa propre adoption ou à celle de son enfant »[1].

Enfin, un parent n'a pas besoin du consentement de l'autre pour reconnaître son enfant, ni du consentement de l'enfant lui-même.

212.63 Acte discrétionnaire. La reconnaissance est laissée à la volonté discrétionnaire de son auteur, de sorte qu'en principe, l'enfant non reconnu ou reconnu tardivement ne peut pas réclamer réparation du préjudice ainsi subi, sauf le cas particulier de l'enfant conçu par procréation assistée avec don de sperme et non reconnu par le compagnon de sa mère en dépit de l'engagement pris et non rétracté en temps utile (C. civ., art. 311-20, al. 4 – V. ss nos 215.26 et 215.27).

212.64 Acte déclaratif. La reconnaissance est déclarative du lien de filiation qu'elle établit rétroactivement depuis la naissance, voire depuis la conception et elle produit donc tous ses effets légaux à compter de cette date.

212.65 Acte irrévocable. La reconnaissance est enfin irrévocable, de sorte que son auteur ne peut pas la rétracter par sa seule volonté, même en accord avec l'autre parent, selon une jurisprudence classique[2]. En revanche, il peut en contester la véracité dans les conditions prévues par la loi (v. ss nos 213.321 s.).

§ 2
Conditions de validité de la reconnaissance

212.70 Division. Une reconnaissance est soumise à des conditions de fond (A) et de forme (B) dont le non-respect (C) constitue une cause de nullité.

A.
Conditions de fond

212.71 Condition tenant à l'auteur de la reconnaissance. S'agissant d'un acte juridique, la reconnaissance implique la manifestation de volonté de son auteur. Elle est en revanche seule nécessaire, à l'exclusion de celle de l'autre parent qui, dès qu'il a été informé de son existence conformément à l'article 57-1 du Code civil, peut néanmoins en contester la véracité si elle est mensongère (v. ss nos 213.321 s.). Du fait du caractère personnel de la reconnaissance (v. ss no 212.62), aucune condition de capacité n'est requise, de sorte qu'un mineur peut par sa seule volonté reconnaître son enfant, sans autorisation de ses représentants légaux, même s'il n'a pas été émancipé et un officier de l'état civil ne peut pas refuser de la recevoir sous prétexte de minorité de son auteur. Il en est de même pour un majeur en curatelle qui n'a pas besoin d'être représenté ou assisté, ou d'un majeur sous tutelle à condition qu'il exprime sa volonté dans un moment de lucidité (C. civ., art. 458 – V. ss no 212.62).

212.72 Condition tenant à l'enfant. Tout enfant né hors mariage peut être reconnu sous deux réserves :

La première résulte de l'empêchement fulminé par l'article 310-2 du Code civil en cas d'inceste absolu (v. ss nos 211.21 s.).

La seconde résulte de l'établissement antérieur d'un lien de filiation contraire à l'égard d'un tiers; dans ce cas, le parent prétendu doit auparavant agir en contestation aux fins d'en obtenir l'annulation en vertu du principe chronologique (C. civ., art. 320 – V. ss nos 213.71 s.). Il peut néanmoins reconnaître aussitôt l'enfant et l'officier de l'état civil doit dresser l'acte à titre conservatoire en raison du caractère personnel de la reconnaissance. Mais celle-ci ne pourra produire ses effets qu'une fois le jugement d'annulation du lien de filiation contesté devenu définitif.

Enfin, la loi no 2009-61 du 16 janvier 2009 a admis la possibilité d'une reconnaissance maritale postnatale lorsque la présomption « *Pater is est* » se trouve écartée en vertu de l'article 313 du Code civil et que l'enfant n'a pas déjà une filiation paternelle légalement établie envers un tiers (v. ss nos 212.46 et 213.201).

212.73 Condition d'âge. Un enfant peut être reconnu à tout âge, même après sa majorité et son consentement n'est pas requis. Il peut aussi l'être après son décès ou avant sa naissance à condition d'être déjà conçu, mais la reconnaissance prénatale ne produit ses effets que s'il naît vivant et viable.

Dans l'intérêt de l'enfant et en raison de son caractère personnel, la jurisprudence admettait traditionnellement la validité d'une reconnaissance prénatale et l'ordonnance du 4 juillet 2005 a jugé utile d'inscrire cette solution dans l'article 316 du Code civil. Toutefois, un enfant né sans vie ne peut pas être reconnu (IGREC, 11 mai 1999, nos 461 s.).

Lorsque la présomption « *Pater is est* » se trouve écartée selon l'article 313 du Code civil, une reconnaissance par le mari de l'enfant conçu pendant le mariage et né de son épouse ne peut cependant être faite qu'après la naissance. Elle n'a en effet d'objet qu'en raison du défaut d'établissement de sa pater-

1. Réd. L. no 2007-308, 5 mars 2007 portant protection juridique des majeurs, *JO* 7 mars, p. 4325.
2. V. NOT., Civ. 1re, 4 juill. 1995, no 93-13.532, *Bull civ.* I, no 292; *RTD civ.* 1995, 872, obs. Hauser – S. Mirabail, *La rétractation en droit privé français*, (préf. J.-P. Marty), « Bibl. dr. privé », LGDJ, 1997, t. 284.

nité par l'effet de la loi, ce qui résulte des indications portées dans l'acte de naissance.

212.74 Condition tenant au contenu de la reconnaissance. Il est indispensable que son auteur et l'enfant bénéficiaire soient clairement identifiés et que l'aveu soit sans équivoque. La reconnaissance du père n'a pas besoin de contenir le nom de la mère.

Il ne doit d'ailleurs pas y figurer et devrait en être radié en cas d'accouchement sous X (C. civ., art. 62, al. 2).

212.75 Reconnaissance paternelle en cas d'accouchement sous X. L'accouchement sous X n'empêche pas la mère de naissance de reconnaître l'enfant, ni le père de le faire. Il est cependant très rare que le géniteur se manifeste, ignorant même souvent sa paternité et la naissance. Pourtant, la jurisprudence a révélé plusieurs affaires où un homme avait reconnu son enfant avant l'accouchement de la mère dans l'anonymat, avant de rencontrer de graves difficultés à faire inscrire la reconnaissance dans l'acte de naissance afin de faire obstacle à un placement suivi d'un jugement d'adoption, faute d'avoir pu identifier rapidement l'enfant auquel elle se rapportait. À la suite d'une telle situation où une reconnaissance notariée prénatale fut jugée sans valeur faute d'avoir pu être corrélée à l'enfant bénéficiaire antérieurement à son placement chez les futurs adoptants[1] et, en l'absence de fraude ou de dol imputable aux adoptants, le père ayant été débouté de la tierce opposition formée contre le jugement ayant prononcé l'adoption simple et sursis à statuer sur la demande d'adoption plénière[2], le législateur[3] a tenté de remédier à certaines de ces difficultés[4] en prévoyant dans un nouvel article 62-1 du Code civil que : « *Si la transcription de la reconnaissance paternelle s'avère impossible, du fait du secret de son identité opposé par la mère, le père peut en informer le procureur de la République. Celui-ci procède à la recherche des date et lieu d'établissement de l'acte de naissance de l'enfant* ».

Peu après, une autre espèce très médiatisée a montré que toutes difficultés n'étaient pas pour autant résolues et donné l'occasion à la Cour de cassation de se prononcer. Les deux jugements rendus dans cette affaire avaient écarté les demandes en adoption tant simple que plénière présentées par les époux chez lesquels l'enfant valablement reconnu par son auteur avant la naissance sous X avait été placé et ordonné sa remise à son père[5]. Mais ils furent infirmés en appel où la cour prononça l'adoption en décidant inexactement que la reconnaissance paternelle se trouvait privée d'efficacité du fait de la volonté de la mère de dissimuler la naissance[6]. Saisie d'un pourvoi, la Première chambre civile a cassé et décidé, au visa de l'article 7-1 de la Convention de New York du 26 janvier 1990 et des articles 335, 336, 341-1, 348-1 [anciens] et 352 du Code civil, « *qu'en statuant ainsi, alors que l'enfant ayant été identifié par M. X... à une date antérieure au consentement à l'adoption, la reconnaissance prénatale avait établi la filiation paternelle de l'enfant avec effet au jour de sa naissance, de sorte que le conseil des familles des pupilles de l'État, qui était informé de cette reconnaissance, ne pouvait plus, le 26 avril 2001, consentir valablement à l'adoption de l'enfant, ce qui relevait du seul pouvoir de son père naturel, la cour d'appel, qui a méconnu le droit de l'enfant de connaître son père déclaré, a violé les textes susvisés* »[7].

La circulaire du 30 juin 2006[8] se réfère à cette décision et rappelle l'interprétation ainsi retenue en ces termes : « *L'accouchement secret ne peut avoir*

1. TGI Cusset, 10 avr. 1997, *Dr. fam.* 1998, comm. 150, note Murat – SUR APPEL, CA Riom, 16 déc. 1997, *D.* 1998, somm. 301, obs. Bourgault-Coudevylle; *D.* 1999, 198, obs. Granet-Lambrechts; *RTD civ.* 1998, 891, obs. Hauser; *Dr. fam.* 1996, comm. 150, note Murat; *JCP* 1998, II, 10147, note Garé.
2. CA Riom, 16 déc. 2003, *Dr. fam.* 2004, comm. 18, note Murat.
3. L. n° 2002-93, 22 janv. 2002, relative à l'accès aux origines des personnes adoptées et pupilles de l'État, *JO* 23 janv., p. 1519.
4. V. ensuite PAR EX., TGI Grenoble, 22 janv. 2004, *Juris-Data* n° 235203.
5. TGI Nancy, 16 mai 2003, *RTD civ.* 2003, 488, obs. Hauser; *Dr. fam.* 2003, comm. 88, note Murat; *RJPF* 11/2003, p. 22, note Garé; *D.* 2003, somm. 2120, obs. Granet-Lambrechts; *AJ fam.* 2003, J. 310, obs. Bicheron.
6. CA Nancy, 23 févr. 2004, *RTD civ.* 2004, 275, obs. Hauser; *AJ fam.* 2004, 242, obs. Bicheron; *D.* 2004, J. 2249, note Poisson-Drocourt; *D.* 2004, somm. 1422, obs. Granet-Lambrechts; *JCP* 2004, II, 10073, note Garnier; *RJPF* 4/2004, p. 21, note Le Boursicot; *Dr. fam.* 2004, comm. 48, note Murat – V. AUSSI, P. Verdier, « L'affaire Benjamin : des effets de la reconnaissance paternelle d'un enfant né sous X », *AJ fam.* 2004, 358; P. Salvage-Gerest, « Benjamin encore... Une indispensable mise au point », *AJ fam.* 2005, 18.
7. Civ. 1re, 7 avr. 2006, n° 05-11.285, *Bull. civ.* I, n° 171; *D.* 2006, J. 1707, note Revel; 2293, Tribune par B. Mallet-Bricourt; *AJ fam.* 2006, 249, obs. Chénédé; *Dr. fam.* 2006, comm. 124, note Murat; *RJPF* 6/2006, p. 23, note Le Boursicot; *LPA* n° 140-141, 14-17 juill. 2006, 17, note Massip; *LPA* n° 91, 7 mai 2007, note Bourgault-Coudevylle – V. AUSSI, P. Verdier, « L'affaire Benjamin : des effets de la reconnaissance paternelle d'un enfant né sous X », *AJ fam.* 2004, 358 – P. Salvage-Gerest, « Benjamin encore... Une indispensable mise au point », *AJ fam.* 2005, 18 – SUR RENVOI : CA Reims, 12 déc. 2006, prononçant une adoption simple avec le consentement de l'auteur de la reconnaissance paternelle : v. P. Salvage-Gerest, « Un autre regard sur l'affaire Benjamin », *D.* 2007, chron. 879.
8. Circ. 30 juin 2006, de présentation de l'ordonnance n° 759-2005 du 4 juill. 2005, portant réforme de la filiation.

pour conséquence de priver le père de sa paternité, lorsqu'il a reconnu et identifié l'enfant avant le placement en vue de son adoption [...]. L'identification de l'enfant devant impérativement être effectuée avant le placement de l'enfant, faute de quoi la reconnaissance paternelle se verrait privée d'effet, le procureur doit immédiatement être alerté ». Elle suggère en outre l'application de cette solution à une reconnaissance faite par un homme marié dont l'épouse accoucherait sous X, la présomption « *Pater is est* » ne pouvant être mise en œuvre en l'absence d'identification de la mère (circ. 30 juin 2006, 1re partie, I, 2.1.1, b - V. ss no 61.13).

Sur ce problème juridiquement et humainement délicat, une réponse satisfaisante n'est guère aisée et la course de vitesse qui semble imposée à l'auteur de la reconnaissance ne l'est pas davantage. On peut d'ailleurs signaler que la Cour européenne des droits de l'homme a retenu à l'unanimité une violation de l'article 8 de la Convention européenne des droits de l'homme et du droit au respect de la vie privée et familiale garantie par cette disposition dans l'affaire *Görgülü* contre l'Allemagne[1], où le père avait reconnu son enfant après l'accueil du nouveau-né, âgé de quatre jours, par les futurs adoptants et ayant revendiqué ses droits de père, il avait obtenu un droit de visite et la dévolution de l'autorité parentale. Mais en appel, son droit de visite avait été suspendu et l'autorité parentale ne lui avait pas été attribuée. La Cour a décidé que le respect effectif de la vie familiale implique que les liens à venir entre les parents et leur enfant ne soient pas déterminés par le simple écoulement du temps qui ferait obstacle au rapprochement entre les intéressés (§ 45).

B. Formalisme *ad validitatem*

212.81 Acte authentique. Selon l'article 316 du Code civil, une reconnaissance « *est faite dans l'acte de naissance, par acte reçu par l'officier de l'état civil ou par tout autre acte authentique. L'acte comporte les énonciations prévues à l'article 62 et la mention que l'auteur de la reconnaissance a été informé du caractère divisible du lien de filiation ainsi établi* ».

212.82 Acte de l'état civil. Le père peut reconnaître l'enfant dans l'acte de naissance. Chacun des père et mère peut le faire dans un acte distinct, dressé avant la naissance ou postérieurement à l'enregistrement de celle-ci, à supposer pour la mère qu'elle ne soit pas désignée dans l'acte de naissance car une reconnaissance maternelle serait alors sans objet (v. C. civ., art. 311-25). Une reconnaissance peut ainsi être faite devant un officier de l'état civil à l'occasion de l'établissement d'un acte de mariage ou d'un acte de décès[2]. Tout officier de l'état civil peut recevoir une reconnaissance. En cas de perte fortuite ou de destruction des registres, une reconnaissance peut être remplacée par un jugement (C. civ., art. 46) rendu sur la preuve, rapportée par tous moyens, de son existence et de son contenu[3].

212.83 Jugement. La reconnaissance peut aussi être contenue dans un jugement, ou dans des conclusions à condition qu'elles soient signées par leur auteur, ou dans un procès-verbal de comparution personnelle signé par lui[4]. Mais un aveu de paternité ne saurait être tiré d'un jugement rendu par défaut, le défendeur n'ayant pas comparu[5].

212.84 Mention marginale. Faite devant un officier de l'état civil ou devant un juge, la reconnaissance est mentionnée en marge de l'acte de naissance de l'enfant, ce qui assure la publicité du lien de filiation. Cependant, sa validité n'est pas subordonnée à cette mesure de publicité, dès lors que l'identité de l'enfant n'est pas discutée[6].

212.85 Acte notarié. La reconnaissance peut encore être faite devant tout notaire, du moment qu'il agit dans les limites de sa compétence territoriale[7]. Il peut s'agir d'un acte de reconnaissance. La reconnaissance peut aussi figurer dans un contrat de mariage, un testament ou une donation. Une reconnaissance notariée peut être secrète si son auteur le souhaite et elle n'est donc pas inscrite en marge de l'acte de naissance, cette mesure de publicité étant différée au jour où des effets juridiques lui seront attachés.

212.86 Nullité d'une reconnaissance sous seing privé. L'authenticité de l'acte étant exigée pour sa validité, une reconnaissance par acte sous seing privé est nulle pour irrégularité de forme, comme la Cour de cassation le répète à chaque occasion.

1. CEDH 26 févr. 2004, no 74969/01, *Görgülü*.
2. Civ. 1re, 1er juill. 1981, *D.* 1982, J. 105, note Huet-Weiller; *Defrénois* 1982, I, p. 556, note Massip.
3. Civ. 1re, 10 oct. 1984, *D.* 1985, J. 85, note J. M.
4. V. NOT., CA Limoges, 27 févr. 1986, *D.* 1987, somm. 319, obs. Huet-Weiller – TGI Paris, 19 avr. 1983, *D.* 1986, IR 58, 1re esp., obs. Huet-Weiller – TGI Paris, 5 déc. 1978, *D.* 1979, IR 246, obs. Huet-Weiller – TGI Paris, 21 mai 1985, *D.* 1986, IR 63, obs. Huet-Weiller – Civ. 1re, 1er juill. 1981, *Gaz. Pal.* 1982, 1, 258, 2e esp., note Massip.
5. Civ. 1re, 24 mars 1993, no 91-18.646, *Bull. civ.* I, no 123; *D.* 1994, J. 346, note Massip – Civ. 1re, 23 mars 1994, no 92-15.169, *Bull. civ.* I, no 106; *D.* 1995, somm. 116, obs. Granet-Lambrechts.
6. Civ. 1re, 17 févr. 1982, *Bull. civ.* I, no 78; *D.* 1983, IR 331, obs. Huet-Weiller.
7. Civ. 1re, 13 nov. 1973, *D.* 1974, J. 156.

C.
Sanction : la nullité d'une reconnaissance irrégulière

212.91 **Cas de nullité.** La validité de l'acte juridique peut être attaquée lorsqu'il ne respecte pas les conditions imposées par la loi. La **nullité absolue** est encourue en cas de violation de l'article 310-2 du Code civil ou de vice de forme. La **nullité relative** peut être demandée en cas de vice ou de défaut de consentement de son auteur (C. civ., art. 458, al. 2).

Quant à son exactitude et à sa sincérité, elles peuvent être contestées dans les conditions des articles 332 à 334 du Code civil (v. s^s n°s 213.321 s.).

SECTION 3
ÉTABLISSEMENT DE LA FILIATION PAR LA POSSESSION D'ÉTAT CONSTATÉE DANS UN ACTE DE NOTORIÉTÉ

212.100 **Division.** La filiation peut encore se trouver légalement établie par la possession d'état (sur cette notion, v. s^s n°s 211.111 s.), comme dans le droit antérieur. Toutefois, dans le souci d'assurer la sécurité juridique en évitant des filiations occultes par défaut d'inscription dans les registres, l'ordonnance du 4 juillet 2005 entoure la possession d'état d'une solennité nouvelle en subordonnant ses effets légaux à sa constatation, dans le délai nouvellement institué, suivie d'une mention marginale dans l'acte de naissance de l'enfant (C. civ., art. 310-1, al. 1er; art. 310-3, al. 1er et art. 317, al. 1er - V. aussi circ. 30 juin 2006, 1re partie, I, 2.1 et 3 - V. s^s n° 61.13)[1]. La possession d'état peut être ainsi constatée soit dans un acte de notoriété dans les conditions de l'article 317, soit par un jugement rendu à l'issue d'une action en constatation prévue par l'article 330 du Code civil (v. s^s n°s 213.260 s.), ce qui fera preuve du lien de filiation. L'établissement de la filiation par la possession d'état passe donc par la constatation et corrélativement par la preuve de la possession d'état.

§ 1
Établissement non contentieux de la filiation par la possession d'état

212.101 **Portée pratique.** Tout lien de filiation maternelle ou paternelle, en mariage comme hors mariage, peut théoriquement être établi par la possession d'état. Mais concrètement, la possession d'état n'a d'utilité comme mode d'établissement autonome de la filiation que dans les cas où le lien maternel ou paternel n'est pas établi par l'effet de la loi ou par une reconnaissance et qu'il n'est pas ainsi inscrit dans les registres de l'état civil. C'est précisément dans une telle circonstance que l'ordonnance du 4 juillet 2005 a entendu développer son rôle en prévoyant expressément la constatation d'une possession d'état prénatale.

S'agissant d'un **enfant conçu ou né en mariage,** déclaré avec l'indication de la mère et couvert par la présomption de paternité, sa filiation est établie par l'effet de la loi et sa possession d'état conforme à son acte de naissance peut servir de preuve de la filiation en cas de perte ou de destruction des registres. Il est rare qu'elle soit invoquée à titre autonome comme mode d'établissement de la filiation[2]. Elle contribue aussi d'une part, à limiter les titulaires et la durée du délai d'une action en contestation de la filiation lorsqu'elle vient corroborer un acte de naissance ou de reconnaissance et d'autre part, à élever une fin de non-recevoir à toute demande en contestation lorsqu'elle a existé de façon continue depuis cinq années en conformité avec un tel titre (C. civ., art. 333, al. 1 et 2).

Il en est de même s'agissant d'un **enfant né hors mariage** et déclaré avec indication de la mère et reconnu par son père.

Par conséquent, étant entendu qu'en pratique la maternité est quasiment toujours établie par l'acte de naissance dans les termes de l'article 311-25 du Code civil, la possession d'état conserve sa vocation à établir essentiellement la paternité hors mariage dans le cas où le père n'a pas reconnu l'enfant mais l'a élevé et où, suite à son décès, ce dernier se prévaut de sa filiation et de sa qualité d'héritier.

212.102 **Incidence du principe chronologique.** La généralisation du principe chronologique posé par l'article 320 du Code civil implique cependant la nécessité de contester aux fins d'annulation un lien de filiation déjà établi légalement, avant de pouvoir invoquer utilement une filiation contraire établie par la possession d'état constatée dans un acte de notoriété (v. s^s n°s 213.71 s.). Par conséquent, si l'enfant a une filiation paternelle déjà établie et si, dans l'ignorance de cette circonstance, le juge d'instance délivre néanmoins un acte de notoriété constatant une possession d'état envers un tiers, l'acte ne peut être mentionné en marge du

1. V. AUSSI, P. Murat, « L'action de l'ordonnance du 4 juillet 2005 sur la possession d'état », *Dr. fam.* 2006, étude 5 – J. Massip, « Le nouveau droit de la filiation », *Defrénois* 2006, art. 38303, p. 6 s.

2. V. TOUTEFOIS, Civ. 1re, 19 avr. 2005, n° 02-14.953, *Bull. civ.* I, n° 196; *Dr. fam.* 2005, comm. 181, note Murat – SUR RENVOI : CA Bourges, 13 avr. 2006, *Juris-Data* n° 322669.

registre des naissances qu'après le jugement définitif ayant annulé la filiation contestée[1]. Une solution identique vaudrait dans l'hypothèse de la prévention d'un conflit de maternités, mais on sait que la pratique n'en révèle guère d'exemples.

212.103 **Âge de l'enfant.** La filiation de l'enfant peut être légalement établie par la possession d'état à tout âge, sous réserve du délai imparti par la loi pour la faire constater dans un acte de notoriété (v. s^s n° 212.119) ou dans un jugement (v. s^s n°s 213.260 s.).

212.104 **Décès du parent prétendu.** Rien n'empêche l'enfant d'alléguer sa possession d'état comme mode d'établissement de sa filiation du vivant du parent prétendu. Mais le plus souvent, c'est après son décès qu'il est conduit à le faire pour prouver sa qualité d'héritier. C'est d'ailleurs à cette situation que le législateur songeait en votant la loi du 25 juin 1982[2] et que la jurisprudence a été confrontée essentiellement dans le passé.

212.105 **Application de la loi dans le temps.** Les dispositions nouvelles issues de l'ordonnance du 4 juillet 2005 sont applicables aux enfants nés avant le 1er juillet 2006 comme à ceux qui sont nés depuis cette date (ord. n° 2005-759, 4 juill. 2005, art. 20-I[3]). Cependant, pour la sécurité des règlements successoraux intervenus avant le 1er juillet 2006, l'article 20-II, 1° de l'ordonnance en limite la portée en prévoyant, sur le modèle de l'article 2 de la loi du 25 juin 1982, que : « *Les enfants nés avant l'entrée en vigueur de la présente ordonnance ne peuvent s'en prévaloir dans les successions déjà liquidées* »[4]. Toutefois, rien ne les empêche de faire constater leur possession d'état dans le délai quinquennal prévu par l'article 317 du Code civil pour obtenir un acte de notoriété ou dans le délai décennal de prescription pour engager une action en constatation aux fins d'établir leur lien de filiation à l'égard du parent défunt car ils y ont un intérêt au moins moral, mais sans pouvoir remettre en cause une succession liquidée[5]. La Cour de cassation a eu l'occasion d'interpréter la notion de « *succession déjà liquidée* », en considérant qu'en cas de pluralité d'héritiers, il s'agit de l'hypothèse où un acte de partage définitif est intervenu[6] et qu'en cas d'héritier unique, de l'hypothèse où il a pris possession complète et effective de la succession de façon paisible, publique et non équivoque[7]. Elle s'est aussi prononcée positivement sur la conformité de la règle transitoire posée par l'article 2 de la loi de 1982 au Protocole n° 1 combiné avec l'article 14 de la Convention européenne des droits de l'homme[8] et la même solution vaut certainement pour l'article 20-II, 1° de l'ordonnance du 4 juillet 2005.

§ 2
Preuve de la possession d'état par un acte de notoriété délivré par le juge

212.111 **Évolution.** Pour prouver l'établissement de la filiation par la possession d'état, la loi de 1972 (C. civ., anc. art. 311-3) avait prévu qu'un acte de notoriété pouvait être délivré par le juge des tutelles à la demande des père et mère, de l'un d'eux, ou de l'enfant. Puis, pour assurer la publicité du lien de filiation, la loi n° 93-22 du 8 janvier 1993 avait ajouté un alinéa à l'ancien article 311-3 pour prévoir que « *le lien de filiation établi par la possession d'état constatée dans l'acte de notoriété est mentionné en marge de l'acte de naissance de l'enfant* » (v. aussi C. pr. civ., art. 1157 et 1157-1).

L'ordonnance du 4 juillet 2005 a innové à son tour sur plusieurs points dans la perspective d'une meilleure sécurité juridique.

212.112 **Modalités de délivrance d'un acte de notoriété.** Selon l'article 317 du Code civil dans sa rédaction issue de l'ordonnance du 4 juillet 2005 : « *Chacun des parents ou l'enfant peut demander au juge que lui soit délivré, dans les conditions prévues*

1. V. J. Massip, « Le nouveau droit de la filiation », *Defrénois* 2006, art. 38303, p. 6 s., spéc^t n° 29.
2. V. *JO Sénat CR* 3 juin 1982, p. 2520 s. – Et *JOAN* CR 17 juin 1982, p. 3478 s.
3. Ord. n° 2005-759, 4 juill. 2005, portant réforme de la filiation, *JO* 6 juill., p. 11159.
4. V. J. Hauser, « Le nouveau droit de la filiation », *D.* 2006, chron. 17 s. – M.-L. Cicille-Delfosse, « Mesures transitoires de la réforme du droit de la filiation », *Dr. fam.* 2006, étude 11 – J. Massip, « Le nouveau droit de la filiation », *Defrénois* 2006, art. 38324, p. 209 s.
5. Comp. sous l'empire du droit antérieur : Civ. 1re, 25 févr. 2003, *Dr. fam.* 2003, comm. 70, note Murat; *RJPF* n° 5/2003, p. 23, note Garé – CA Bordeaux, 12 déc. 2000, *Juris-Data* n° 132359 – CA Montpellier, 15 janv. 2002, *Juris-Data* n° 171275 – Civ. 1re, 25 mai 2004, n° 02-12.799, *Bull. civ.* I, n° 144; *D.* 2005, somm. 1754, obs. Granet-Lambrechts – Civ. 1re, 25 oct. 2005, n° 03-19.274, NP; *Dr. fam.* 2006, comm. 2, note Murat – Civ. 1re, 23 janv. 2008, n° 05-20.727, *Bull. civ.* I, n° 28; *D.* 2008, act. 547 et chron. C. cass., 547, obs. Chauvin et Creton; *RTD civ.* 2008, 285, n° 20, obs. Hauser.
6. Civ. 1re, 3 nov. 1988, n° 86-18.744, *Bull. civ.* I, n° 301; *Defrénois* 1989, p. 483, obs. Champenois – Civ. 1re, 25 mai 2004, n° 02-12.799, *Bull. civ.* I, n° 144.
7. Civ. 1re, 25 févr. 2003, n° 01-03.158, *Bull. civ.* I, n° 59; *RTD civ.* 2003, 487, obs. Hauser; *Dr. fam.* 2003, comm. 70, note Murat; *RJPF* n° 5/2003, p. 33, note Garé.
8. Civ. 1re, 25 mai 2004, n° 02-12.799, *Bull. civ.* I, n° 144; *RTD civ.* 2004, 494, obs. Hauser; *AJ fam.* 2004, 410, obs. Bicheron; *Defrénois* 2004, p. 1687, obs. Massip; *Dr. fam.* 2004, comm. 153, note Beignier; *JCP* 2005, II, 10032, note Lefeuvre.

aux articles 71 et 72, un acte de notoriété qui fera foi de la possession d'état jusqu'à preuve contraire.

Quand le parent prétendu est décédé avant la déclaration de naissance de l'enfant, l'acte de notoriété peut être délivré en prouvant une réunion suffisante de faits au sens de l'article 311-1.

La délivrance de l'acte de notoriété ne peut être demandée que dans un délai de cinq ans à compter de la cessation de la possession d'état alléguée.

La filiation établie par la possession d'état constatée dans l'acte de notoriété est mentionnée en marge de l'acte de naissance de l'enfant ».

Il a été justement relevé que la possession d'état ne cesse pas brutalement du simple fait du décès du parent prétendu[1], de sorte que la loi de ratification n° 2009-61 du 16 janvier 2009 a complété l'alinéa 3 pour préciser les modalités de computation du délai en cas de décès de l'auteur de l'enfant. Dans cette hypothèse, le délai de cinq années court « *à compter du décès du parent prétendu* ».

212.113 Compétence. L'alinéa 1er de l'article 317 du Code civil mentionne « *le juge* ». À la différence de l'ancien article 311-3 qui visait expressément le juge des tutelles, la compétence matérielle est attribuée au **juge d'instance**, ce qui ne change rien en pratique, puisque le juge d'instance exerce très généralement les compétences du juge des tutelles.

Quant à la compétence territoriale, elle est dévolue au « *juge d'instance du lieu de la naissance ou du domicile de l'intéressé* » (circ. 30 juin 2006, 1re partie, I, 3.1.1 - V. ss n° 61.13).

212.114 Bénéficiaires. Comme dans le droit antérieur, peuvent seuls solliciter la délivrance d'un acte de notoriété chacun des père et mère, individuellement ou conjointement, du vivant de l'enfant ou après son décès, et l'enfant lui-même du vivant de son parent prétendu ou après son décès. Peu importe que l'enfant soit mineur ou majeur au moment où l'acte est demandé.

212.115 Pouvoir d'appréciation du juge. Comme le rappelle la circulaire du 30 juin 2006, une vigilance particulière est nécessaire, d'autant plus que la filiation établie par la possession d'état constatée dans un acte de notoriété est acquise et aucune contestation n'en est plus recevable à l'expiration d'un délai fixé à cinq ans par l'ordonnance du 4 juillet 2005 mais porté à dix années par la loi de ratification du 16 janvier 2009. La prescription décennale d'une action en contestation court à compter de la délivrance de l'acte (circ. 30 juin 2006, 1re partie, I, 3.1.1), alors que la prescription trentenaire était applicable dans le droit antérieur.

L'allongement du délai de prescription d'une action en contestation de la possession d'état par la loi de ratification n° 2009-61 du 16 janvier 2009 répond à un objectif d'harmonisation avec le délai de la tierce opposition ouverte contre un jugement rendu sur le fondement de l'article 330 du Code civil à l'issue d'une action en constatation de la possession d'état.

Saisi d'une demande d'acte de notoriété, le juge est invité à procéder à toutes investigations utiles, outre les témoignages produits, tant pour vérifier l'existence d'une réunion d'éléments suffisants à constituer la possession d'état alléguée que les qualités requises de celle-ci pour produire ses effets de droit (v. ss nos 211.111 s.).

212.116 Établissement légal antérieur d'un lien de filiation contraire. Dans le respect de l'article 320 du Code civil, le juge doit encore s'assurer par tous moyens adéquats que l'enfant n'a pas un lien de filiation contraire établi à l'égard d'un tiers, notamment en demandant la production du livret de famille ou une copie intégrale de l'acte de naissance. Dans le cas où il constate l'établissement d'un lien de filiation contraire à celui allégué, la circulaire du 30 juin 2006 l'enjoint de « *refuser de dresser l'acte de notoriété tant que cette filiation n'a pas été valablement contestée et [d']en informer le demandeur* » (circ. 30 juin 2006, 1re partie, I, 3.1.1 - V. ss n° 61.13).

212.117 Constatation d'une possession d'état prénatale. L'alinéa 2 de l'article 317 du Code civil envisage spécialement le cas du décès du père survenu avant l'enregistrement de la naissance et sans qu'il ait fait une reconnaissance prénatale : « *Quand le parent prétendu est décédé avant la déclaration de naissance de l'enfant, l'acte de notoriété peut être délivré en prouvant une réunion suffisante de faits au sens de l'article 311-1* »[2]. Sous l'empire du droit antérieur, la jurisprudence fut saisie de telles situations, notamment dans l'affaire *Pironi*[3]. Le nouvel article 317 entend éviter à la mère, éprouvée par les circonstances, les tracas d'une action en recherche, d'autant qu'elle serait dirigée contre les héritiers du défunt, c'est-à-dire bien souvent contre les prétendus grands-parents paternels de l'enfant. Elle pourra plus simplement demander un acte de notoriété en prouvant tous faits de nature à caractériser l'existence d'une possession d'état prénatale à l'égard du

1. V. P. Murat, « L'action de l'ordonnance du 4 juillet 2005 sur la possession d'état », *Dr. fam.* 2006, étude 5.

2. V. F. Granet-Lambrechts, « Le nouveau droit de la filiation », *D.* 2006, chron. 17 – P. Murat, « L'action de l'ordonnance du 4 juillet 2005 sur la possession d'état », *Dr. fam.* 2006, étude 5 – J. Massip, « Le nouveau droit de la filiation », *Defrénois* 2006, art. 38303, p. 6 s.
3. V. TGI Nanterre, 8 juin 1988, *D.* 1988, J. 400, note Huet-Weiller.

de cujus tels que sa participation au choix du ou des prénoms de l'enfant, sa présence aux côtés de la future mère durant le suivi médical de la grossesse, l'annonce faite à la famille et aux tiers de la naissance, la réalisation de démarches en vue d'inscrire l'enfant dans une crèche ou la recherche d'une nourrice, l'achat de mobilier ou de vêtements pour lui (v. circ. 30 juin 2006, 1re partie, I, 3 - V. ss no 61.13).

212.118 Incidences sur le nom de l'enfant à naître. En outre, dans une telle situation, la circulaire du 30 juin 2006 indique que la délivrance de l'acte de notoriété peut être sollicitée avant l'accouchement, celui-ci ne prenant effet que si l'enfant naît vivant et viable par analogie avec une reconnaissance prénatale. L'intérêt tient alors dans la possibilité de transmettre à l'enfant le nom de son père défunt, ce qui présente notamment l'avantage d'assurer l'unité du nom d'une fratrie lorsque l'article 311-21 du Code civil est inapplicable ou qu'un autre enfant commun est né avant le 1er janvier 2005 (circ. 30 juin 2006, 1re partie, I, 3 - V. ss no 61.13).

212.119 Délai créé : délai de délivrance d'un acte de notoriété. Pour remédier à une lacune du droit antérieur, l'alinéa 3 de l'article 317 du Code civil a apporté une importante innovation en soumettant la délivrance d'un acte de notoriété à un délai.

En effet, au lendemain de la loi no 82-536 du 25 juin 1982[1], l'action en constatation de la possession d'état d'enfant naturel fut dégagée de l'article 334-8 (abrogé) par la jurisprudence qui, à défaut de délai spécial, la soumit à la prescription trentenaire du droit commun instituée par l'ancien article 311-7 du Code civil. En revanche, aucun délai n'était imposé pour demander au juge un acte de notoriété.

Le **délai de cinq ans** court désormais à compter du jour où la possession d'état a cessé ou à compter du décès du parent prétendu, cette seconde hypothèse étant la plus fréquente en pratique puisque l'enfant éprouve alors véritablement un intérêt à se prévaloir de sa filiation et à la prouver pour revendiquer corrélativement sa qualité d'héritier.

S'il laisse expirer le délai de cinq ans sans avoir demandé un acte de notoriété, il lui reste la possibilité d'engager une action en constatation de sa possession d'état (C. civ., art. 330) devant le tribunal de grande instance, dans le délai de dix ans à compter du jour où il a été privé de l'état qu'il réclame ou à partir du décès du parent prétendu. La prescription est suspendue en sa faveur pendant sa minorité (C. civ., art. 321 - V. ss nos 213.260 s.).

212.221 Droit transitoire. En ce qui concerne les enfants nés avant le 1er juillet 2006 et auxquels la réforme est applicable (ord. no 759-2005, 4 juill. 2005, art. 20-1), la circulaire du 30 juin 2006 préconise de faire courir le délai créé à partir du 1er juillet 2006 pour éviter tout effet rétroactif (circ. 30 juin 2006, 1re partie, IV, 2.1 - V. ss no 61.13), reprenant ainsi les suggestions d'un auteur[2].

212.222 Publicité du lien de filiation. La filiation établie par la possession d'état doit être rendue publique. À cette fin, l'acte de notoriété est inscrit en marge de l'acte de naissance, conformément à l'article 317 alinéa 4 du Code civil qui maintient le système institué par la loi du 8 janvier 1993[3].

212.223. Présomption de véracité. L'acte de notoriété fait foi jusqu'à preuve contraire (C. civ., art. 317, al. 1er) comme dans le droit antérieur, de sorte qu'il renverse la charge de la preuve. La preuve contraire incombe en effet aux adversaires de l'enfant s'ils contestent l'existence ou les qualités de sa possession d'état ou s'ils prétendent que sa filiation n'est pas conforme à la vérité biologique. Selon l'article 335, tout intéressé peut en effet engager une action en contestation de la filiation établie par la possession d'état constatée dans un acte de notoriété (v. ss nos 213.361 s.).

212.224 Refus de délivrer l'acte de notoriété. À l'instar du droit antérieur, le refus de délivrance d'un acte de notoriété n'est susceptible d'aucun recours (C. civ., art. 72), mais il ne fait pas obstacle à l'exercice d'une action en constatation de la possession d'état dans les conditions de l'article 330 (v. ss nos 213.260 s. - Et circ. 30 juin 2006, 1re partie, I, 3.1.3 - V. ss no 61.13).

212.225 Modes d'établissement contentieux. Conformément à l'article 310-1 alinéa 2 du Code civil, lorsqu'elle n'est pas établie de façon non contentieuse dans les conditions précédentes, la filiation peut l'être par un jugement, rendu à l'issue de l'une des actions prévues par la loi (v. ss nos 213.90 s.)[4].

1. L. no 82-536, 25 juin 1982, relative à l'établissement de la filiation naturelle, *JO* 26 juin, p. 2026.

2. V. J. Hauser, « Le nouveau droit de la filiation, Les dispositions transitoires », *D.* 2006, chron. 17 s.
3. V. TOUTEFOIS NOTE CRIT., J. Massip, « Le nouveau droit de la filiation », *Defrénois* 2006, art. 38303, p. 6 s., spéct no 29.
4. V. AUSSI, F. Granet-Lambrechts, « La réforme du droit de la filiation », *AJ fam.* 2005, 424 s. - A. Gouttenoire, « Les actions relatives à la filiation après la réforme du 4 juillet 2005 », *Dr. fam.* 2006, étude 6 - J. Massip, « Le nouveau droit de la filiation », *Defrénois* 2006, art. 38312, p. 91 s.

CHAPITRE

213. Actions relatives à la filiation

Frédérique GRANET-LAMBRECHTS
Professeur à l'Université de Strasbourg

SECTION 0

Orienteur

213.00 Plan du chapitre.

213.01 Textes applicables.

> Actions relatives à la filiation : dispositions générales
C. civ., art. 318 à 324

> Actions aux fins d'établissement de la filiation
C. civ., art. 325 à 331

> Actions en contestation de la filiation
C. civ., art. 332 à 337

213.02 Jurisprudence de référence.

> La Cour de cassation décide que dans une action relative à la filiation, l'expertise biologique doit être ordonnée par les juges, sauf pour eux à préciser spécialement la motivation de leur refus.

• **Civ. 1re, 28 mars 2000, no 98-12.806,** *Bull. civ.* I, no 103
* V. ss nos 213.132, 213.181 et 213.241

« Attendu qu'en matière de filiation, l'expertise biologique est de droit, sauf motif légitime de ne pas y procéder. »

La Cour de cassation n'a pas cessé de répéter ensuite cette solution.

• **Civ. 1re, 6 févr. 2008, nos 06-16.498, 06-16.499 et 06-16.500,** *Bull. civ.* I, nos 41, 42 et 43

* V. ss no 213.61.

« En statuant ainsi, alors que l'article 79-1, alinéa 2, du Code civil ne subordonne l'établissement d'un acte d'enfant sans vie ni au poids du fœtus, ni à la durée de la grossesse, la cour d'appel, qui a ajouté au texte des conditions qu'il ne prévoit pas, l'a violé ».

213.03 Bibliographie indicative.

Actualisables. J.-CL. CIV., F. Granet-Lambrechts : Fasc. art. 318 à 324, « Actions relatives à la filiation, Dispositions générales » ; Fasc. art. 325, 326 et 328, « Actions relatives à la filiation, Recherche de maternité » ; Fasc. art. 327 et 328, « Actions relatives à la filiation, Recherche de paternité hors mariage » ; Fasc. art. 329, « Actions relatives à la filiation, Action en rétablissement des effets de la présomption de paternité » ; Fasc. art. 330, « Actions relatives à la filiation, Action en constatation de la possession d'état » ; F. Granet-Lambrechts, Fasc. art. 331, « Actions aux fins d'établissement de la filiation, Mesures accessoires » ; Fasc. art. 332 à 337, « Actions relatives à la filiation, Actions en contestation de la filiation » ; Fasc. appendice, art. 310 à 342-8, « Filiation, Dispositions transitoires » – RÉP. CIV., C. Labrusse-Riou, *V° Filiation*, « Actions relatives à la filiation » nos 181 à 235.

Ouvrages. F. TERRÉ et D. FENOUILLET, *Les personnes, la famille, les incapacités*, « Précis », 7e éd., Dalloz, 2005, nos 751 à 852.

Rapports. F. Dekeuwer-Défossez, *Rénover le droit de la famille, Propositions pour un droit adapté aux réalités et aux aspirations de notre temps*, « Rapports officiels », Doc. fr., 1999 – A. Pascal et M. Trapero, « Vérité biologique et filiation dans la jurisprudence récente de la Cour de cassation », *R. 2004*, Doc. fr., 2005 – I. Théry, *Couple, filiation et parenté aujourd'hui*, O. Jacob/Doc. fr., 1998, p. 178 et 179.

Thèse. G. Vial, *La preuve en droit extrapatrimonial de la famille* (préf. P. Murat), « Nouvelle Bibliothèque des thèses », vol. 80, Dalloz, 2008.

Articles.

> **Filiation.** F. Dekeuwer-Défossez, « Le nouveau droit de la filiation : pas si simple ! », *RLDC* 2005, no 21, p. 34 ; « La loi du 16 janvier 2009 sur la filiation : bien plus qu'une simple ratification ! », *RLDC* mars 2009, no 58, p. 37 s. – A. Gouttenoire, « Les actions relatives à la filiation après la réforme du 4 juillet 2005 », *Dr. fam.* 2006, étude 6, spéc. no 3 – T. Garé, « Réforme de la filiation. À propos de la loi du 16 janvier 2009 », *JCP N* 2009, act. 188 – F. Granet-Lambrechts, « La présomption de paternité », *Dr. fam.* 2006, étude 3 ; « La réforme du droit de la filiation », *AJ fam.* 2005, 424 s. ; « Ratification de l'ordonnance du 4 juillet 2005 réformant le droit de la filiation : les modifications », *AJ fam.* 2009, 76 s. – J. Hauser, « Des filiations à la filiation », *RJPF* no 9/2005, p. 6, spéc. p. 11 – D. Huet-Weiller, « Réflexions sur l'indisponibilité des actions relatives à la filiation », *D.* 1978, chron. 234 – M.-C. Le Boursicot, « L'abrogation de la fin de non-recevoir à la recherche de maternité résultant du secret de l'accouchement », *RJPF* 2009, no 4, p. 8 – J. Massip, « Le nouveau droit de la filiation », *Defrénois* 2006, art. 38303, p. 6 s. ; art. 38312, p. 91 s. – J. Massip, « La loi du 16 janvier 2009 ratifiant l'ordonnance du 4 juillet 2005 réformant le droit de la filiation », *Defrénois* 2009, art. 38913, p. 591 s. – O. Matocq, « Le rapport d'expertise biologique dans le droit de la filiation deviendra-t-il le passage obligé ? », *Dr. fam.* 2006, étude 7 – P. Murat, « Décès périnatal et individualisation juridique de l'être humain », *RDSS* 1995, 451 – C. Philippe, « La viabilité de l'enfant nouveau-né », *D.* 1996, chron. 29 – A. Ton Nu Lan, « L'insuffisance de l'information délivrée aux parents de naissance avant le placement de l'enfant en vue de son adoption », *Dr. fam.* 2005, étude 11 – J. Vassaux, « Premières vues sur la réforme du droit de la filiation. Ordonnance no 2005-759, 4 juill. 2005 », *JCP N* 2005, étude 1458, p. 1911, spéc. no 23 – G. Vial, « La recevabilité des actions relatives à la filiation dans la loi no 2009-61 du 16 janvier 2009 », *Dr. fam.* 2009, étude 18.

> **Accès aux origines personnelles.** M.-C. Le Boursicot, « Consécration du droit à la connaissance des origines », *RJPF* 3/2002, p. 6 – B. Mallet-Bricourt, « À propos de la loi du 22 janvier 2002, réforme de l'accouchement sous X. Quel équilibre entre les droits de l'enfant et les droits de la mère biologique ? », *JCP* 2002, I, 119, p. 485 – J. Rubellin-Devichi, « La recherche des origines personnelles et le droit à l'accouchement sous X dans la loi du 22 janvier 2002 », *Dr. fam.* 2002, chron. 11 – F. Bellivier, « Accès aux origines. La loi du 22 janvier 2002 », *RTD civ.* 2002, 368 – M.-C. Le Boursicot, « Du secret absolu au secret relatif », *AJ fam.* 2003, 86 – G. Delaisi de Parseval, « Origines ou histoire ? Plutôt tenter de se construire une identité narrative », *AJ fam.* 2003, 94 – F. Granet-Lambrechts, « Confidentialité, secret ou anonymat autour d'une naissance : de quelques aspects des droits européens », *AJ fam.* 2003, 95 – R. Henrion, « À propos de l'accouchement sous X, réflexions d'un médecin », *AJ fam.* 2003, 90 – C. Neirinck, « La loi relative à l'accès aux origines des personnes adoptées et pupilles de l'État : la découverte de la face cachée de la lune ? », *RDSS* 2002, 189 ; « Comprendre le secret de la filiation », *RJPF* no 3/2003, p. 6 – P. Verdier, « La loi du 22 janvier 2002 constitue-t-elle une avancée pour le droit à la connaissance de ses origines ? », *AJ fam.* 2003, 92 – M.-C. Le Boursicot, « Un nouveau décret vient compléter le dispositif de l'accès aux origines personnelles », *RJPF* no 10/2003, p. 20 – Sur le premier bilan du CNAOP : *AJ fam.* 2003, 326.

213.04 Questions essentielles.

> L'ordonnance du 4 juillet 2005[1] transforme radicalement la typologie et le régime général des actions relatives à la filiation dans un esprit tout à la fois d'égalité entre

1. Ord. no 2005-759, 4 juill. 2005, portant réforme de la filiation et modifiant ou abrogeant diverses dispositions relatives à la filiation, *JO* 6 juin., p. 11159.

enfants, qu'ils soient nés en mariage ou hors mariage, et d'harmonisation entre filiation paternelle et maternelle (v. s^{s} n°s 213.11 s.). La loi n° 2009-61 du 16 janvier 2009[1] a ratifié cette ordonnance, mais en apportant des modifications importantes à certaines de ses dispositions. Le droit de la filiation a ainsi subi une nouvelle réforme.

> Diverses innovations affectent le régime juridique des actions, spécialement en ce qui concerne le délai de prescription du droit commun qui est désormais décennal (v. s^{s} n°s 213.41 et 213.42).

> Le nombre des actions est substantiellement réduit, ce qui rend le droit de la filiation plus simple et mieux coordonné.

> **Trois actions aux fins d'établissement du lien de filiation** et fondées sur la **preuve de la vérité biologique** subsistent :

– une action en recherche de maternité dans laquelle la loi de ratification a supprimé la fin de non-recevoir tirée auparavant de l'accouchement sous X (v. s^{s} n°s 213.91 à 213.141);

– une action en recherche de paternité hors mariage (v. s^{s} n°s 213.150 à 213.191);

– une action en rétablissement des effets de la présomption de paternité du mari dont la portée se trouve réduite par la possibilité, offerte au mari par la loi de ratification, de préférer reconnaître l'enfant (v. s^{s} n°s 212.53, 213.201, 213.211 et 213.251).

> Une quatrième action, en constatation de la possession d'état, repose sur la preuve de la réalité sociologique (v. s^{s} n°s 213.260 à 213.302).

> Quant aux **actions en contestation d'un lien de filiation**, il n'y en a plus que trois :

– une action en contestation de maternité (v. s^{s} n°s 213.321 à 213.354);

– une action en contestation de paternité (v. s^{s} n°s 213.321 à 213.354);

– et une action en contestation de la possession d'état constatée par acte de notoriété dont le délai, fixé à cinq ans par l'ordonnance du 4 juillet 2005, a été allongé à dix années par la loi de ratification (v. s^{s} n°s 213.361 à 213.365).

> Quant aux deux premières, le régime applicable dépend des modes d'établissement du lien contesté, selon qu'il est établi par un titre seul ou par un titre corroboré par la possession d'état et dans la seconde hypothèse, la filiation est dorénavant contestable mais dans un délai limité, ce qui vaut pour la paternité du mari comme pour la paternité hors mariage.

> Selon une solution dégagée par la Cour de cassation et désormais bien établie, dans toutes ces actions, à l'exception de la constatation judiciaire de la possession d'état, l'expertise biologique est de droit, sauf motif légitime de ne pas y procéder, de sorte qu'elle occupe un rôle essentiel et la jurisprudence se précise sans cesse sur cette question.

> Le parquet peut contester la filiation lorsque des indices tirés des actes eux-mêmes la rendent invraisemblable ou en cas de fraude à la loi. En outre, il doit saisir le tribunal de grande instance d'une action aux fins de trancher certains conflits de paternités, la loi de ratification ayant ainsi étendu son rôle.

213.05 **Délais.** Les actions aux fins d'établissement de la filiation sont en principe soumises à la **prescription décennale du droit commun** (C. civ., art. 321 – V. s^{s} n°s 213.41 et 213.42).

L'action en rétablissement des effets de la présomption de paternité du mari est toutefois ouverte aux époux pendant toute la minorité de l'enfant (v. s^{s} n°s 213.221 et 213.222).

Dans les actions en contestation de maternité ou de paternité, il faut distinguer selon les modes d'établissement du lien de filiation :

– s'il est établi par un titre et la possession d'état conforme, le délai de prescription est de **cinq années** à compter du jour où la possession d'état a cessé ou à compter du décès du parent à l'égard duquel la filiation est contestée (v. s^{s} n° 213.334);

– si la filiation est établie par un titre non corroboré par la possession d'état, la durée du délai est de **dix ans** à compter du jour où l'enfant a joui de l'état contesté (v. s^{s} n° 213.343);

– l'action en contestation de la possession d'état constatée dans un acte de notoriété est enfermée dans un délai de **dix ans** à compter de la délivrance de l'acte (v. s^{s} n° 213.363).

213.06 **Fins de non-recevoir.** La loi n° 93-22 du 8 janvier 1993[2] avait prévu que l'**action en recherche de maternité** était irrecevable en cas d'accouchement sous X et l'ordonnance du 4 juillet 2005 n'avait pas modifié cette règle. La loi de ratification a supprimé cette fin de non-recevoir.

Par ailleurs, l'**action en contestation de maternité ou de paternité** est irrecevable à l'initiative de quiconque à l'exception du parquet, lorsque la possession d'état conforme au titre a duré au moins **cinq ans** depuis la naissance, ou depuis la reconnaissance si elle a été faite ultérieurement. L'action du parquet est soumise à la prescription décennale.

213.10 **Division.** On distingue classiquement deux catégories d'actions : les unes tendent à faire déclarer en justice l'établissement du lien de filiation (sect. 2); les autres ont pour objet de contester le lien de filiation légalement établi aux fins d'annulation (sect. 1).

1. L. n° 2009-61, 16 janv. 2009, ratifiant l'ordonnance n° 2005-759 du 4 juill. 2005 portant réforme de la filiation, et modifiant ou abrogeant diverses dispositions relatives à la filiation, *JO* 18 janv., p. 1062.

2. L. n° 93-22, 8 janv. 1993, modifiant le Code civil relative à l'état civil, à la famille et aux droits de l'enfant et instituant le juge aux affaires familiales, *JO* 9 janv., p. 495.

Parmi les objectifs impartis par l'article 4 de la loi d'habilitation du 9 décembre 2004[1], tendant à une simplification du droit, étaient mentionnés en la matière l'harmonisation du régime procédural de l'établissement judiciaire de la filiation, la nécessité de sécuriser le lien de filiation et de préserver les enfants des conflits de filiations, enfin la simplification et l'harmonisation du régime des actions en contestation, dans une perspective d'égalité et de stabilité de la filiation. On peut penser que ces objectifs sont assez largement atteints par l'ordonnance du 4 juillet 2005 : elle ne prévoit plus qu'une seule action en établissement de la maternité et deux actions en établissement de la paternité, l'une pour rétablir les effets de la présomption « *Pater is est* », l'autre pour faire déclarer la paternité hors mariage. Par ailleurs, elle réduit considérablement le nombre des actions en contestation tout en unifiant véritablement le régime auquel elles sont soumises.

En outre, elle prévoit diverses dispositions générales concernant le régime de ces actions (sect. 3).

Le troisième chapitre du titre VII du livre Ier du Code civil se compose ainsi de trois sections : la première énumère les « Dispositions générales », la deuxième traite « Des actions aux fins d'établissement de la filiation » et la troisième « Des actions en contestation de la filiation », étant rappelé que dans toutes ces actions, l'alinéa 2 de l'article 310-3 du Code civil prévoit désormais que « [...] *la filiation se prouve et se conteste par tous moyens, sous réserve de la recevabilité de l'action* ».

SECTION 1

RÈGLES GÉNÉRALES APPLICABLES AUX ACTIONS RELATIVES À LA FILIATION

213.11 Méthode. Reprenant certaines des règles prévues aux anciens articles 311-4 à 311-13 du Code civil, parfois à la lettre, tout en apportant des innovations importantes tout particulièrement en ce qui concerne les délais et les conflits de filiations, les articles 318 à 324 du Code civil contiennent les dispositions générales auxquelles sont soumises les actions relatives à la filiation sauf règles spéciales à l'une ou l'autre. En matière de conflits de paternités, la loi de ratification n° 2009-61 du 16 janvier 2009 a ajouté dans le Code civil un article 336-1 dans l'objectif clairement annoncé de **donner un avantage au mari sur l'auteur d'une reconnaissance prénatale faite par un tiers**; la portée de cette disposition est néanmoins plus large puisqu'elle a également vocation à s'appliquer au **conflit entre deux reconnaissances de paternités,** l'une prénatale, l'autre faite dans l'acte de naissance.

213.12 Notion. Sont seules soumises à ces dispositions les actions relatives à la filiation, c'est-à-dire celles qui ont pour objet l'établissement du lien de filiation ou sa contestation et l'action à fins de subsides. Elles sont prévues par les articles 325, 327, 329, 330, 332 et 335 et par l'article 342 du Code civil pour l'action à fins de subsides.

Elles sont distinctes d'autres actions ayant un objet différent, comme les actions en reconstitution de généalogie à des fins successorales qui ne remettent pas en cause la filiation du successible[2]; ou les actions en rectification d'un acte de l'état civil qui tendent à réparer une omission ou à corriger une mention inexacte et ne sont pas des actions d'état. Ces dernières relèvent soit de la compétence du procureur de la République s'il s'agit d'une erreur ou d'une omission purement matérielle, soit de celle du président du tribunal de grande instance (C. civ., art. 99) et sont alors instruites puis jugées comme en matière gracieuse (C. pr. civ., art. 1051). La distinction avec les actions relatives à la filiation n'est cependant pas toujours aisée.

§ 1

Nature des actions relatives à la filiation

213.21 Actions déclaratives de filiation. Les actions ayant pour objet l'établissement d'un lien de filiation ainsi que les actions tendant à le contester et à le faire annuler sont déclaratives. Elles produisent des effets rétroactivement depuis la naissance. Il en est de même de l'action en constatation de la possession d'état dont découle l'établissement légal du lien de filiation.

213.22 Actions constitutives. Au contraire, dans le droit antérieur, les actions en légitimation *post nuptias* ou en légitimation par autorité de justice étaient constitutives. Elles ne produisaient donc pas d'effets rétroactifs. Du fait du principe d'égalité entre enfants (C. civ., art. 310 – V. s^s^ n° 210.25), l'ordonnance du 4 juillet 2005 a supprimé toutes les formes de légitimation.

En revanche, il reste une action de nature constitutive, mais qui n'a pas pour objet l'établissement du lien de filiation : c'est **l'action à fins de subsides.** En effet, sous l'empire du droit antérieur, la Cour de cassation a affirmé le caractère constitutif du

1. L. n° 2004-1343, 9 déc. 2004, de simplification du droit, *JO* 10 déc., p. 20857.

2. V. NOT., Civ. 1re, 2 juin 1987, *D.* 1988, J. 405, note Massip.

jugement allouant des subsides[1], bien qu'il repose sur une situation préexistante, en l'occurrence sur une possibilité de paternité dont il s'agit de tirer des conséquences alimentaires. À l'époque où cette interprétation fut admise, elle s'expliquait peut-être par le souci d'éviter une condamnation trop lourde en l'absence d'une certitude de paternité. Elle est devenue incongrue dans le contexte de la jurisprudence récente, selon laquelle une expertise biologique est de droit dans l'action à fins de subsides, sauf motif légitime de ne pas y procéder (v. s[s] n° 214.72).

L'avenir de l'action mériterait une discussion qui s'est trouvée évincée lors de l'élaboration de l'ordonnance du 4 juillet 2005 parce que la loi d'habilitation[2] ne l'incluait pas. La loi de ratification n° 2009-61 du 16 janvier 2009 a néanmoins maintenu l'action à fins de subsides, allongeant même son délai en faveur de l'enfant majeur. Il est vrai que **c'est l'unique action ouverte à un enfant issu d'un inceste absolu** lorsque sa filiation maternelle est légalement établie par la désignation de la mère dans l'acte de naissance, l'établissement de la véritable paternité étant alors prohibé par l'article 310-2 du Code civil.

§ 2 Caractères des actions relatives à la filiation

213.30 **Spécificité.** Par certains côtés, les actions relatives à la filiation se rapprochent du droit commun. Par d'autres, elles présentent des spécificités en raison de leur objet particulier, à savoir l'état des personnes. En effet, classiquement en matière d'actions d'état, celles qui concernent la filiation sont indisponibles (A). En revanche, la règle de l'imprescriptibilité a été abandonnée depuis la loi du 3 janvier 1972 (B) et celle de l'intransmissibilité (C) n'a pas cessé de régresser.

A. Indisponibilité des actions relatives à la filiation

213.31 **Prohibition d'une renonciation à l'action.** Le principe de l'indisponibilité des actions relatives à la filiation rejoint le principe général de l'indisponibilité de l'état des personnes. Il fut inscrit par la loi du 3 janvier 1972 dans l'ancien article 319 du Code civil. Les termes n'en sont pas modifiés par l'article 323 selon lequel : « *Les actions relatives à la filiation ne peuvent faire l'objet de renonciation* »[3].

Une personne ne peut donc pas valablement renoncer à une action qui lui est ouverte par la loi relativement à sa filiation. La jurisprudence considère traditionnellement que **le désistement d'action est sans effet**, une personne ne pouvant pas valablement renoncer définitivement à son droit d'agir[4]. Cependant, le simple désistement d'instance est possible.

De façon plus générale, est prohibée toute convention portant sur le lien de filiation car il est hors du commerce juridique au sens de l'article 1128 du Code civil. Avant l'insertion dans le Code civil par la loi n° 94-653 du 29 juillet 1994[5] de l'article 16-7, non modifié par la loi n° 2004-800 du 6 août 2004[6] portant révision des lois de bioéthique et qui frappe de nullité toute convention portant sur la procréation ou sur la gestation pour le compte d'autrui, la Cour de cassation avait déjà annulé sur ce fondement une convention de maternité pour autrui comme contraire au principe d'ordre public de l'indisponibilité du corps humain et de l'état des personnes[7]. Aujourd'hui, des couples se tournent vers des États étrangers dont la législation le permet pour y conclure de telles conventions. Mais la Cour de cassation maintient sa rigueur. Au visa des articles 423 du Code de procédure civile et 16-7 du Code civil, elle a admis la **recevabilité de l'action du parquet aux fins d'annulation de la transcription dans les registres français** des actes de naissance américains de jumelles nées d'une mère porteuse californienne avec laquelle des époux français avaient conclu une convention de mère porteuse[8].

Il faut réserver les dispositions de l'article 311-20 du Code civil relatives à la **filiation d'un enfant conçu par procréation médicalement assistée avec don de gamètes** car les époux ou les concubins doivent alors préalablement exprimer leur **consentement** dans un **écrit** dressé en la **forme authentique** par un juge ou un notaire. En principe, ils ne peu-

1. Civ. 1re, 19 mars 1985, *D.* 1986, IR 61, obs. Huet-Weiller; *JCP* 1986, II, 20665, note Joly; *Defrénois* 1985, I, p. 1003, obs. Massip.
2. L. n° 2004-1343, 9 déc. 2004, de simplification du droit, *JO* 10 déc., p. 20857.
3. V. J. Massip, « Le nouveau droit de la filiation », *Defrénois* 2006, art. 38312, p. 91 s., spéc[t] n° 32.
4. Civ. 1re, 17 juin 1957, *Bull. civ.* I, n° 279; *RTD civ.* 1958, 135, obs. Raynaud – Civ. 1re, 20 janv. 1981, *Bull. civ.* I, n° 22 – D. Huet-Weiller, « Réflexions sur l'indisponibilité des actions relatives à la filiation », *D.* 1978, chron. 234.
5. L. n° 94-653, 29 juill. 1994, relative au respect du corps humain, *JO* 30 juill., p. 11056.
6. L. n° 2004-800, 6 août 2004, relative à la bioéthique, *JO* 7 août, p. 14040.
7. Cass. ass. plén., 31 mai 1991, n° 90-20.105, *Bull. ass. plén.*, n° 4; *D.* 1991, J. 417, rapp. Chartier et note Thouvenin; *JCP* 1991, II, 21752, communic. Bernard, concl. Dontenwille et note Terré; *Defrénois* 1991, p. 948, note Massip; *RTD civ.* 1991, 517, obs. Huet-Weiller – Puis Civ. 1re, 29 juin 1994, n° 92-13.563, *Bull. civ.* I, n° 226; *D.* 1994, J. 581, note Chartier.
8. Civ. 1re, 17 déc. 2008, n° 07-20.468, *Bull. civ.* I, n° 289; *D.* 2009, J. 332, avis Sarcelet.

vent pas contester la filiation établie à leur égard, sauf s'il est soutenu que l'enfant n'est pas issu de la procréation médicalement assistée ou que le consentement exprimé a été privé d'effet dans les circonstances visées à l'alinéa 3 de cette disposition, et la loi n° 2004-800 du 6 août 2004 n'a pas modifié l'article 311-20 du Code civil.

213.32 Prohibition d'un acquiescement au jugement. L'indisponibilité des actions relatives à la filiation interdit aussi d'acquiescer au jugement qui tranche l'affaire au fond[1] et une renonciation anticipée à faire appel n'a pas d'effets[2]. Mais la jurisprudence admet un acquiescement du parent assigné en recherche ou sa renonciation à l'appel car il aurait pu volontairement reconnaître l'enfant[3].

B.
Délai de prescription

213.41 Délai décennal de droit commun. L'article 321 du Code civil dispose que : « *Sauf lorsqu'elles sont enfermées par la loi dans un autre délai, les actions relatives à la filiation se prescrivent par dix ans à compter du jour où la personne a été privée de l'état qu'elle réclame, ou a commencé à jouir de l'état qui lui est contesté. À l'égard de l'enfant, ce délai est suspendu pendant sa minorité* ». Il substitue un délai de dix années à celui de trente ans prévu par l'ancien article 311-7, en conservant son mécanisme de computation et le principe classique de suspension pour cause de minorité en faveur de l'enfant.

La prescription décennale est applicable à l'**action en recherche de maternité** (C. civ., art. 325), à l'**action en recherche de paternité hors mariage** (C. civ., art. 327), à l'**action en constatation de la possession d'état** (C. civ., art. 330) et à l'**action en rétablissement des effets de la présomption « *Pater is est* »** lorsqu'elle est exercée par l'enfant majeur (C. civ., art. 329), tandis qu'à l'initiative de l'un ou l'autre époux, elle ne peut plus être exercée que pendant la minorité de l'enfant, ce qui constitue un délai spécial. Est aussi enfermée dans un délai de dix ans l'**action en contestation de la filiation paternelle ou maternelle** sans distinguer selon que l'enfant est né en mariage ou hors mariage dans le cas où sa filiation est établie par un titre non corroboré par la possession d'état (C. civ., art. 332 et 334), alors qu'elle est assujettie à une prescription abrégée de cinq ans dans le cas où la filiation est établie par un titre corroboré par la possession d'état (C. civ., art. 332 et 333, al. 1er) et qu'en outre, excepté le parquet dont l'action est soumise à la prescription décennale, nul ne peut plus agir en contestation lorsque la possession d'état a duré depuis cinq ans à partir de la naissance si le titre est l'acte de naissance, ou à partir de l'acte de reconnaissance si celle-ci a été faite postérieurement (C. civ., art. 333, al. 2). Enfin, l'action en contestation de la filiation établie par la possession d'état constatée dans un acte de notoriété est également ouverte dans les dix années de la délivrance de cet acte (C. civ., art. 335, mod. par L. n° 2009-61, 16 janv. 2009), en cohérence avec la prescription décennale applicable à la tierce opposition formée contre un jugement rendu en vertu de l'article 330 du Code civil dans une action en constatation de la possession d'état.

En définitive, en matière d'**établissement de la filiation paternelle** (action en recherche de paternité hors mariage et action en rétablissement des effets de la présomption de paternité du mari), l'ordonnance du 4 juillet 2005 entend **donner à l'enfant majeur un temps de réflexion suffisant,** l'extinction de ces actions à l'âge de vingt ans dans le droit antérieur ayant été unanimement critiquée comme étant tout à fait inadaptée. L'**action en recherche de maternité**, elle, est dorénavant soumise pareillement à un **délai décennal** et non plus trentenaire, mais en harmonie avec les deux actions précédentes aux fins d'établissement de la paternité. Quant aux **actions en constatation et en contestation de la possession d'état,** elles sont aussi enfermées dans un **délai réduit à dix années.** Enfin, pour toutes les demandes en contestation, la durée des délais est fortement limitée de façon plus radicale en cas de concours d'un titre et de la possession d'état, parce que la vraisemblance renforcée du lien de filiation justifie une protection supérieure.

213.42 Computation. Le délai commence à courir « *à compter du jour où la personne a été privée de l'état qu'elle réclame* », c'est-à-dire à compter de la naissance dans l'**action en recherche de maternité ou en recherche de paternité hors mariage** et dans l'**action en rétablissement des effets de la présomption « *Pater is est* »** si elle est exercée par l'enfant majeur. La prescription est suspendue en faveur du mineur conformément à la jurisprudence antérieure[4]. L'enfant peut donc agir jusqu'à l'âge de **vingt-huit ans**, date à laquelle elle se trouve éteinte.

1. V. J. Massip, note s^s Cass. ass. plén., 31 mai 1991, n° 90-20.105, *Bull. ass. plén.*, n° 4; *Defrénois* 1991, p. 948, note Massip.
2. Req. 30 mai 1902, *DP* 1902, 1, p. 343 – Civ., 3 août 1908, *S.* 1908, 1, p. 328; *DP* 1908, 1, p. 456.
3. CA Paris, 18 juill. 1947, *Gaz. Pal.* 1947, 2, 244 – CA Paris, 6 avr. 1978, *D.* 1978, chron. annexe 239, Huet-Weiller – Civ. 1re, 7 mars 2000, n° 97-21.278, inédit, *Defrénois* 2000, art. 37229, p. 1058.
4. Civ. 1re, 10 janv. 1990, n° 88-14.404, *Bull. civ.* I, n° 8; *D.* 1990, J. 193, note Huet-Weiller – Civ. 1re, 27 nov. 2001, n° 00-12.012, *Bull. civ.* I, n° 293.

Dans l'**action en constatation de la possession d'état**, le délai court à partir de la cessation de la possession d'état[1] ou, conformément à la précision apportée par la loi de ratification n° 2009-61 du 16 janvier 2009 qui consacre l'interprétation proposée par la circulaire du 30 juin 2006, à compter du décès du parent prétendu (v. circ. 30 juin 2006, 1re partie, III, 1.3.2. – V. s^s n° 61.13)[2], à moins que la possession d'état ait pris fin du vivant du père prétendu, ce qui n'est pas inconcevable dans la mesure où la possession d'état n'a pas besoin d'avoir duré jusqu'au jour où l'on s'en prévaut.

Dans les **actions en contestation d'un lien de filiation**, le délai court « *à compter du jour où la personne* [...] *a commencé à jouir de l'état qui lui est contesté* » (C. civ., art. 321), c'est-à-dire à partir du jour où sa filiation a été légalement établie. Si elle l'est par l'acte de naissance, le délai court à partir de la naissance. Si elle l'est par une reconnaissance, il court à compter de la date de celle-ci. Lorsqu'elle est établie par la possession d'état constatée dans un acte de notoriété, l'action n'est ouverte que dans les dix années de la délivrance de l'acte (C. civ., art. 335). Le délai commence donc à courir à la date de l'acte de notoriété et non de sa publicité en marge de l'acte de naissance.

C. Transmissibilité active aux héritiers

213.51 Évolution. Il était initialement admis qu'en matière d'état des personnes, les actions étaient intransmissibles en raison de leur caractère personnel. Cette solution valait pour les actions relatives à la filiation, de sorte qu'après le décès de leur titulaire, elles ne pouvaient pas être engagées par ses héritiers, ni par ses créanciers par la voie oblique. Mais depuis la loi du 3 janvier 1972, l'ancien article 311-8 du Code civil avait déjà apporté un tempérament à ce principe dans certaines actions pour permettre aux héritiers ou aux légataires d'un enfant décédé durant sa minorité ou dans les cinq ans de sa majorité d'entreprendre l'action de leur auteur dont l'inertie ne pouvait être considérée comme découlant d'une volonté délibérée en raison du caractère précoce du décès, d'autant plus qu'elle résultait même d'une impossibilité juridique pour cause d'incapacité liée à la minorité lorsque la mort avait frappé l'enfant avant l'âge de la majorité. De plus, si l'enfant avait engagé l'action de son vivant, mais était décédé en cours d'instance, ses héritiers pouvaient poursuivre l'instance à condition cependant qu'elle demeurât pendante.

Le nouvel article 322 dispose que : « *L'action peut être exercée par les héritiers d'une personne décédée avant l'expiration du délai qui était imparti à celle-ci pour agir.*

Les héritiers peuvent également poursuivre l'action déjà engagée, à moins qu'il n'y ait eu désistement ou péremption d'instance »[3].

Il admet ainsi la transmissibilité aux héritiers de l'action qui était ouverte au défunt relativement à sa filiation. Cependant, ils doivent l'exercer dans le délai qui lui était imparti. En revanche, les créanciers demeurent exclus.

§ 3 Règles de compétence et de procédure

213.61 Recevabilité des actions et viabilité de l'enfant. L'ancien article 311-4 du Code civil avait posé le principe général de l'irrecevabilité de toute action ayant pour sujet un enfant né non viable, les éléments propres à caractériser la viabilité n'étant toutefois déterminés par aucune norme contraignante[4].

Le nouvel article 318 continue à subordonner la recevabilité de toute action relative à la filiation à la viabilité de l'enfant.

Sur cette question humainement délicate, il faut distinguer entre d'une part l'acquisition de la personnalité juridique, conditionnée par la naissance en état de vie et de viabilité et à laquelle est associée la possibilité d'établir légalement la filiation de l'enfant; et d'autre part, le défaut de vie ou de viabilité et corrélativement d'acquisition de la personnalité juridique, d'où découle l'irrecevabilité de toute

1. V. AUSSI, J. Massip, « Le nouveau droit de la filiation », *Defrénois* 2006, art. 38312, p. 91 s., spéc^t n° 34 – J. Hauser, « Des filiations à la filiation », *RJPF* n° 9/2005, p. 6, spéc^t p. 11 – F. Dekeuwer-Défossez, « Le nouveau droit de la filiation : pas si simple ! », *RLDC* 2005, n° 21, p. 34 – J. Vassaux, « Premières vues sur la réforme du droit de la filiation. Ordonnance n° 2005-759, 4 juill. 2005 », *JCP N* 2005, étude 1458, p. 1911, spéc^t n° 23 – TERRÉ et FENOUILLET, n° 749 – EN CE SENS, sous l'empire du droit antérieur : CA Paris, 25 janv. 1994, *D.* 1994, somm. 117, obs. Granet-Lambrechts; *RTD civ.* 1994, 338, obs. Hauser – HAUSER et HUET-WEILLER, n° 762.
2. V. P. Murat, « L'action de l'ordonnance du 4 juillet 2005 sur la possession d'état », *Dr. fam.* 2006, étude 5, spéc^t n° 13 – A. Gouttenoire, « Les actions relatives à la filiation après la réforme du 4 juillet 2005 », *Dr. fam.* 2006, étude 6, spéc^t n° 3.
3. V. J. Massip, « Le nouveau droit de la filiation », *Defrénois* 2006, art. 38312, p. 91 s., spéc^t n° 34.
4. V. P. Salvage, « La viabilité de l'enfant nouveau-né », *RTD civ.* 1976, 725 – C. Philippe, « La viabilité de l'enfant nouveau-né », *D.* 1996, chron. 29 – P. Murat, « Décès périnatal et individualisation juridique de l'être humain », *RDSS* 1995, 451 – F. Duval-Arnoud, *Le corps de l'enfant*, « Bibl. dr. privé », t. 238, LGDJ.

action concernant la filiation, ce qui n'exclut pas tout aspect d'état civil.

Les modalités de l'enregistrement à l'état civil des enfants nés vivants mais décédés peu après la naissance ont été modifiées par la loi n° 93-22 du 8 janvier 1993 pour tenir compte de la détresse des parents. L'article 79-1 du Code civil envisage ainsi deux situations : si **l'enfant est né en vie** mais est décédé avant l'enregistrement de sa naissance, quelle que soit la durée de la gestation [1], l'officier de l'état civil dresse à la fois un **acte de naissance** et un **acte de décès** sur production d'un certificat médical indiquant que l'enfant est né vivant et viable et les jour et heure de sa naissance et de son décès [2]; cet enfant a acquis la **personnalité juridique**. Sa filiation peut donc être légalement établie par l'un des modes prévus par la loi.

En l'absence d'un tel certificat médical ou lorsque **l'enfant est mort-né**, l'officier établit à sa date dans le registre des décès un **acte spécial d'enfant sans vie** où il renseigne les rubriques concernant les père et mère chaque fois qu'il en est informé (v. circ. 30 juin 2006, 2e partie, II, 2 – V. ss n° 61.13). L'acte ne préjuge pas de savoir si l'enfant a vécu ou non et tout intéressé peut saisir le tribunal de grande instance à l'effet de statuer sur la question. L'enfant né sans vie n'acquiert pas la personnalité juridique, de sorte que sa filiation ne peut pas être légalement établie et qu'il ne peut pas recevoir un nom. Néanmoins, des **prénoms** peuvent lui être attribués et il peut figurer dans le **livret de famille**. Le père ou la mère dispose d'un délai de dix jours à compter de l'accouchement pour réclamer le corps de l'enfant qui doit lui être remis sans délai (CSP, art. R. 1112-75) [3]; à défaut, dans un délai de deux jours francs, l'établissement sanitaire doit prendre les mesures en vue de procéder à sa charge à sa crémation ou, si une convention avec la commune le prévoit, à son inhumation.

Les conditions dans lesquelles un acte d'enfant sans vie doit être dressé à la demande des parents ont évolué. Selon la circulaire interministérielle n° 2001-576 du 30 novembre 2001 [4], un acte d'enfant sans vie devait être établi pour un enfant né vivant mais non viable quelle que soit la durée de la gestation et pour un enfant mort-né après vingt-deux semaines d'aménorrhée ou s'il avait atteint un poids de cinq cents grammes selon les préconisations de l'Organisation mondiale de la santé [5].

Or dans trois arrêts de principe rendus le 6 février 2008 [6], la Première chambre civile de la Cour de cassation a cassé et annulé, au visa de l'article 79-1 alinéa 2 du Code civil, des arrêts par lesquels la cour de Nîmes avait écarté des demandes faites par des couples aux fins d'établissement d'un acte d'enfant sans vie pour des fœtus n'ayant pas atteint les seuils de viabilité retenus par l'Organisation mondiale de la santé : « *En statuant ainsi, alors que l'article 79-1, alinéa 2, du Code civil ne subordonne l'établissement d'un acte d'enfant sans vie ni au poids du fœtus, ni à la durée de la grossesse, la cour d'appel, qui a ajouté au texte des conditions qu'il ne prévoit pas, l'a violé* ».

Deux décrets et deux arrêtés ont été publiés quelques mois plus tard [7]. Ces textes ne fixent aucun seuil pour l'établissement d'un acte d'enfant sans vie et ne donnent aucune définition de la viabilité [8],

1. V. instr. gén. relative à l'état civil (IGREC), 11 mai 1999, « Feuillets mobiles », n° 1902, Éd. Journaux officiels, nos 461, 461-1 et 287.
2. Pour les modèles de ce certificat, v. IGREC, « Feuillets mobiles », n° 1902, Éd. Journaux officiels, n° 461-3.
3. Décr. n° 2006-965, 1er août 2006, relatif au décès des personnes hospitalisées et aux enfants pouvant être déclarés sans vie à l'état civil dans les établissements publics de santé, *JO* 3 août, p. 11572.
4. Circ. inter min. DHOS/E4/DGS/DACS/DGCL, n° 2001-576, 30 nov. 2001, relative à l'enregistrement à l'état civil et à la prise en charge des corps des enfants décédés avant la déclaration de naissance (d'application immédiate, non parue au *JO*).
5. V. N. Baillon-Wirtz, « La condition juridique de l'enfant sans vie : retour sur les incohérences du droit français », *Dr. fam.* 2007, étude 13, p. 24 – M. Pierre, « L'épreuve affective : le cas de l'enfant sans vie », *L'état civil dans tous ses états* (dir. C. Neirinck), coll. « Droit et société », LGDJ, 2008, n° 47, p. 57.
6. Civ. 1re, 6 févr. 2008, nos 06-16.498, 06-16.499 et 06-16.500, *Bull. civ.* I, nos 41, 42 et 43; *D.* 2008, pan. 1371, obs. Granet-Lambrechts; act. 483, obs. Guiomard; J. 1862, note Roujou de Boubée et Vigneau; chron. C. cass., Première chambre civile, pan. J. 638, Chauvin; *Dr. fam.* 2008, comm. 34, note Murat; Lamarche, focus 22; Beignier, repère n° 3; *RTD civ.* 2008, 268, obs. Hauser; *AJ fam.* 2008, 165, obs. Chénédé; *RLDC* 2008/47, n° 2916, obs. Marraud des Grottes; *RLDC* 2008, n° 2915, entretien avec J.-P. Delevoye, médiateur de la République; *RJPF* 2008, p. 13, note Sauvage; *JCP* 2008, II, 10045, note Loiseau; *LPA* 21 juil. 2008, n° 132, note Massip; n° 145, p. 5, obs. Desnoyer; p. 7, note Pichard.
7. Décr. n° 2008-798, 20 août 2008, modifiant le décret n° 74-449 du 15 mai 1974 relatif au livret de famille, *JO* 22 août, p. 13144 – Décr. n° 2008-800, 20 août 2008, modifiant le décret n° 74-449 du 15 mai 1974 relatif à l'application du second alinéa de l'article 79-1 du Code civil, *JO* 22 août 2008, p. 13145 – Arr. 20 août 2008 modifiant l'arrêté du 1er juin 2006 fixant le modèle du livret de famille, *JO* 22 août 2008, p. 13145 – Arr. 20 août 2008, relatif au modèle de certificat médical d'accouchement en vue d'une demande d'établissement d'un acte d'enfant sans vie, *JO* 22 août, p. 13165.
8. V. G. Loiseau, « L'acte II d'enfant sans vie », *Dr. fam.* 2008, comm. 135 – M. Lamarche, « Actes d'enfant sans vie, livret de famille et certificat médical : peut-on se satisfaire de la nouvelle règlementation ? », *Dr. fam.* 2008, focus 67 – F. Sauvage, « L'acte d'enfant sans vie discrètement réglementé », *AJ fam.* 2008, 392 – L. Dargent, *D.* 2008, act. 2061.

mais l'un des arrêtés contient en annexe un modèle de certificat médical d'accouchement nécessaire en vue d'une demande d'acte d'enfant sans vie. Il indique qu'un tel certificat peut être remis aux parents en cas d'accouchement spontané ou provoqué pour une raison médicale, ce qui inclut l'hypothèse d'une interruption médicale de grossesse. Un acte d'enfant sans vie peut corrélativement être inscrit dans le registre des décès à la demande des père et mère. Au contraire, dans les autres cas, ce certificat d'accouchement ne pouvant pas être établi, un acte d'enfant sans vie ne peut pas l'être non plus, notamment dans l'hypothèse d'interruption volontaire de grossesse ou d'interruption spontanée et précoce de grossesse (fausse-couche précoce).

De plus, le décret n° 2008-798 et le second arrêté du 20 août 2008 ont admis la délivrance d'un livret de famille mentionnant l'acte d'enfant sans vie aux parents qui en étaient dépourvus, faute d'être mariés ou d'avoir eu un enfant né antérieurement.

Outre la possibilité offerte aux parents de donner un ou des prénoms à l'enfant sans vie et de faire procéder à son inhumation ou à sa crémation, à l'exclusion toutefois de celle de lui transmettre un nom et d'établir des liens de filiation, **l'acte d'enfant sans vie ouvre des droits sociaux**, à savoir : des indemnités journalières de repos pour la femme accouchée au titre de l'assurance maternité (CSS, art. L. 331-3 et R. 331-5), ainsi que la protection contre le licenciement durant la période du congé de maternité et des indemnités journalières pour le père au titre du congé de paternité[1] (CSS, art. D. 331-4 et D. 613-10; mod. par Décr. n° 2008-32, 9 janv. 2008, et Arr. 9 janv. 2008).

Il reste qu'**aucun lien de filiation ne pouvant être établi**, l'enfant sans vie ne peut pas être reconnu et qu'aucune action ne peut être exercée aux fins d'établir sa filiation. S'il avait fait l'objet d'une reconnaissance prénatale, celle-ci serait sans effet et frappée de caducité corrélativement à l'établissement de l'acte d'enfant sans vie.

Or, en dépit de l'assouplissement progressif des textes, les parents concernés continuent à revendiquer le droit d'établir la filiation de leur enfant, solution qui a été suggérée par le Médiateur de la République[2]. Dans cette orientation, il faut indiquer que la Cour européenne des droits de l'homme a condamné la Russie pour avoir refusé de rendre à un enfant mort-né sa véritable filiation paternelle, l'autorité publique ayant ainsi manqué à son obligation de garantir le respect effectif de la vie privée et familiale de la mère[3]. Dans ce contexte, le droit français pourrait évoluer vers la possibilité d'établir légalement la filiation d'un enfant sans vie, mais en restreignant ses effets dans l'esprit du mariage posthume.

213.62 Compétence juridictionnelle. L'article 318-1 du Code civil maintient inchangée la règle, au demeurant classique en matière d'état des personnes, de la **compétence exclusive du tribunal de grande instance** siégeant en formation collégiale. Les débats ont lieu en chambre du conseil (C. pr. civ., art. 1149, al. 1er); seul le jugement est rendu en audience publique (C. pr. civ., art. 1149, al. 2). La compétence exclusive du tribunal de grande instance est **d'ordre public**, de sorte qu'une autre juridiction saisie d'une action relative à la filiation pourrait d'office se déclarer incompétente (C. pr. civ., art. 92, al. 1er), encore que la jurisprudence antérieure n'en fournisse guère d'exemples. Cette règle est aussi applicable à l'action à fins de subsides.

Quant à la compétence territoriale, elle est soumise au droit commun (C. pr. civ., art. 42). Si une autre juridiction se trouve saisie à titre incident d'une question de filiation, elle doit surseoir à statuer dans l'attente qu'elle soit tranchée par le tribunal de grande instance[4]. Cependant, le juge aux affaires familiales saisi d'une demande en divorce peut constater que la présomption de paternité du mari se trouve écartée de plein droit en vertu de l'article 313 du Code civil et ne pas condamner le mari à verser une pension alimentaire à l'enfant de son épouse[5].

La représentation est obligatoire (C. pr. civ., art. 751).

213.63 Communication au parquet. Toute procédure relative à une action aux fins d'établissement ou en contestation de la filiation, ainsi que toute demande de subsides[6], sauf si elle ne porte

1. Pour percevoir l'indemnité journalière versée au titre du congé de paternité, un assuré doit alors transmettre à sa caisse de sécurité sociale une copie de l'acte d'enfant sans vie accompagnée d'un certificat médical d'accouchement d'un enfant mort-né et viable; ces dispositions sont applicables aux accouchements survenus à compter du 12 janvier 2008 : v. M. Bruggeman, « Enfant sans vie : un congé de paternité sans "paternité" » *Dr. fam.* 2008, alerte 18.
2. V. *AJ fam.* 2005, act. 339.
3. CEDH 2 juin 2005, req. n° 77785/01, Znamenskaya c/ Russie, *JCP* 2005, I, 179, n° 14, obs. Sudre; *RTD civ.* 2005, 737, obs. Marguénaud.
4. V. Terré et Fenouillet, n° 754.
5. V. Civ. 1re, 13 avr. 1988, *D.* 1988, somm. 339, obs. Huet-Weiller – Civ. 1re, 7 juin 1989, *D.* 1989, somm. 362, obs. Huet-Weiller; *D.* 1990, J. 33, note Massip.
6. Civ. 1re, 7 oct. 1980, n° 79-14.980, *Bull. civ.* I, n° 243; *D.* 1981, IR 298, obs. Huet-Weiller; *Defrénois* 1981, art. 32682, p. 837, obs. Massip – Civ. 1re, 29 mai 1985, n° 84-11.007, *Bull. civ.* I, n° 168 – Civ. 1re, 12 mai 1987, n° 85-16.899, *Bull. civ.* I, n° 149 – Civ. 1re, 17 oct. 2007, n° 06-16.923, *Bull. civ.* I, n° 325; *Dr. fam.* 2007, comm. 202, note Murat; *Procédures* 2008, comm. 50, note Douchy-Oudot; *RJPF* 2008-1/38, note Garé – Civ. 1re, 30 sept. 2009, n° 08-14.875, NP; *Juris-Data* n° 2009-049724.

que sur une révision du montant des subsides alloués par une précédente décision [1], doivent impérativement être communiquées au parquet [2]. C'est également une règle d'ordre public (C. pr. civ., art. 425, 1°).

En revanche, la Cour de cassation avait décidé que « *les dispositions de l'article 425 du Code de procédure civile n'ont pas lieu de s'appliquer aux demandes d'actes de notoriété adressées au juge des tutelles sur le fondement de l'ancien article 311-3 du Code civil* ». Cette solution conserve certainement sa valeur pour l'application de l'article 317 du Code civil issu de l'ordonnance du 4 juillet 2005 [3].

213.64 Représentation de l'enfant mineur. Dans le cas, fréquent en matière de contestation du lien de filiation, où il existe une opposition d'intérêts entre le mineur et son ou ses administrateurs légaux, ces derniers doivent faire désigner un administrateur *ad hoc* par le juge des tutelles. À défaut de diligence, le juge peut procéder à cette nomination à la demande du parquet, ou à celle du mineur, ou même encore d'office (C. civ., art. 389-3, al. 2).

La Cour de cassation a eu à se prononcer sur la représentation d'une mineure dans une action en contestation de la paternité du mari engagée par un tiers contre les époux qui, pour tenter d'y faire échec, reprochaient à l'arrêt critiqué d'avoir écarté la fin de non-recevoir soulevée par eux et tirée de l'absence de mise en cause de l'enfant au motif que ses intérêts n'étaient pas opposés à ceux de ses parents légaux. L'arrêt de rejet relève que « *l'action a été exercée contre M. et Mme Z... qui sont les représentants de l'enfant et dont les intérêts ne sont pas en opposition avec ceux des époux Z...; que la cour d'appel a ainsi fait ressortir que les époux Z... avaient été attraits à la procédure tant en leur nom personnel qu'en leur qualité de représentants légaux de l'enfant; que le moyen n'est pas fondé* » [4].

213.65 Protection de la vie privée. En droit de la filiation, les débats se rapportent à des faits de la vie privée et intime des parties et de l'enfant, de sorte qu'ils ont lieu traditionnellement en chambre du conseil. Seul le jugement est rendu en audience publique (C. pr. civ., art. 1149).

Les débats ne peuvent pas non plus être relatés dans la presse sous peine de sanctions pénales, à l'exception du dispositif qui peut être publié [5].

213.66 Opposabilité du jugement et pouvoirs du tribunal. La loi de 1972 avait posé le **principe de l'autorité relative et de l'opposabilité absolue des jugements rendus en matière de filiation.** Cette solution est maintenue par le nouvel article 324 du Code civil. Il consacre en outre la jurisprudence de la Cour de cassation selon laquelle **la tierce opposition est irrecevable dans les actions réservées** [6]. Il dispose en effet que : « *Les jugements rendus en matière de filiation sont opposables aux personnes qui n'y ont point été parties. Celles-ci ont le droit d'y former tierce opposition dans le délai mentionné à l'article 321 si l'action leur était ouverte.*

Les juges peuvent d'office ordonner que soient mis en cause tous les intéressés auxquels ils estiment que le jugement doit être rendu commun. »

Le tribunal a le pouvoir d'appeler à la cause tous les intéressés auxquels il juge opportun de rendre le jugement commun et de fermer ainsi la voie de la tierce opposition [7], cette règle étant d'autant plus pragmatique qu'en cas de succès de la demande la décision ne serait inopposable qu'au tiers opposant [8]. Les parties peuvent, elles aussi, solliciter la mise en cause de tiers. Sur ce point, la Cour de cassation a décidé que la mise en cause des tiers n'est pas subordonnée au délai de l'action engagée [9].

La plupart des actions relatives à la filiation étant réservées en demande, la tierce opposition devrait demeurer marginale; elle n'est donc envisageable qu'à la suite d'un jugement rendu à l'issue d'une action ouverte à tout intéressé, à savoir l'action en constatation de la possession d'état, l'action en contestation de la possession d'état ou l'action en contestation de maternité ou de paternité dans le cas où la filiation est établie par un titre non corroboré par la possession d'état. Lorsqu'elle est possible, elle est soumise au délai de **prescription du droit commun de dix ans** à compter du jour où l'enfant a joui de l'état contesté.

213.67 Question préjudicielle de filiation. De portée plus large et plus rigoureuse que celle de l'ancien article 311-6 qui avait été inséré dans le Code civil par la loi n° 72-3 du 3 janvier 1972, le nouvel article 319 prévoit que : « *En cas d'infraction portant atteinte à la filiation d'une personne, il ne peut*

1. Civ. 1re, 5 janv. 1999, n° 97-11.121, *Bull. civ.* I, n° 8.
2. V. Civ. 1re, 25 juin 1991, n° 90-10.545, *Bull. civ.* I, n° 211; *Defrénois* 1991, p. 1253, obs. Massip (sol. implicite).
3. V. Civ. 1re, 4 juill. 2007, n° 05-20.204, *Bull. civ.* I, n° 256; *AJ fam.* 2007, 362, obs. Chénedé; *Dr. fam.* 2007, comm. 169, note Murat; *RTD civ.* 2007, 751, obs. Hauser; *Defrénois* 2007, p. 1637, obs. Massip.
4. V. Civ. 1re, 19 mars 2008, n° 07-11.573, *Bull. civ.* I, n° 84; *AJ fam.* 2008, J. 210, obs. Chénedé; *Dr. fam.* 2008, comm. 85, note Murat.
5. L. 29 juill. 1881, art. 39, mod. L. n° 72-3, 3 janv. 1972.
6. Civ. 1re, 11 juin 1991, n° 89-20.962, *Bull. civ.* I, n° 200; *Gaz. Pal.* 1992, 1, 138, note Massip; *RTD civ.* 1991, 724, obs. Huet-Weiller – Civ. 1re, 7 juin 1995, n° 93-16.089, *Bull. civ.* I, n° 237; *D.* 1996, somm. 149, obs. Granet-Lambrechts; *RTD civ.* 1995, 610, obs. Hauser; *Defrénois* 1996, p. 329, obs. Massip.
7. EN CE SENS, v. Civ. 1re, 21 juill. 1987, *JCP* 1987, act. 39.
8. V. J. Massip, « Le nouveau droit de la filiation », *Defrénois* 2006, art. 38312, p. 91 s., spécᵗ n° 32 et réf. citées.
9. Civ. 1re, 16 déc. 1992, n° 91-12.096, *Bull. civ.* I, n° 312.

être statué sur l'action pénale qu'après le jugement passé en force de chose jugée sur la question de filiation ». Il vise désormais toute infraction portant atteinte à la filiation d'un individu et non plus seulement les délits, à la différence du droit antérieur. La circulaire du 30 juin 2006 indique sur ce point que « *les conséquences en terme de filiation d'un éventuel clonage reproductif, qui constitue un crime en vertu des dispositions de l'article 214-2 du Code pénal sont désormais couvertes par la nouvelle rédaction* » (circ. 30 juin 2006, 1re partie, III, 1.1.2 – V. ss n° 61.13). La question de filiation est préjudicielle au jugement répressif, le civil tenant ici le pénal en l'état afin d'éviter toute contrariété de décisions sur la filiation. Toutefois, depuis la loi de 1972, elle n'élève pas d'obstacle au déclenchement de l'action publique que le parquet[1].

§ 4
Prévention des conflits de filiations

213.71 Principe chronologique. Un conflit de filiations surgit en droit lorsque la filiation d'un enfant se trouve légalement établie simultanément à l'égard de deux hommes ou à l'égard de deux femmes. Le principe chronologique a vocation à empêcher un tel conflit de monter à la vie juridique en subordonnant la validité d'un lien de filiation contraire à l'annulation préalable de celui qui a été établi en premier lieu; au demeurant, le conflit existe en fait.

La loi du 15 juillet 1955 avait recouru au principe chronologique dans l'ancien article 342 *bis* qui subordonnait la validité de la reconnaissance d'un enfant à l'absence de filiation établie antérieurement envers une autre personne du même sexe.

Puis la loi du 3 janvier 1972 en avait fait une application limitée à certains conflits, préférant toutefois poser pour les autres une règle générale de solution *a posteriori* selon laquelle le juge devait trancher en faveur de la filiation la plus vraisemblable (C. civ., anc. art. 311-12).

Ayant pour objectif de stabiliser et de sécuriser la filiation tout en préservant l'enfant des conflits de filiations, l'ordonnance du 4 juillet 2005[2] a très logiquement élevé au rang de règle générale le principe chronologique, seul à même d'empêcher la coexistence en droit de deux liens contraires de filiation, ce qui ne peut cependant pas éradiquer toute difficulté en fait. Selon l'article 320 du Code civil, lorsque l'enfant a déjà un lien de filiation légalement établi, celui qui prétendrait établir un lien contraire doit en principe obtenir préalablement l'annulation du premier, à supposer que sa demande en contestation soit recevable et que soit rapportée la preuve de la non-conformité du lien contesté à la vérité biologique.

213.72 Situations concrètes. Comme dans le droit antérieur, s'agissant d'une reconnaissance concernant un enfant ayant déjà une filiation établie envers un tiers, l'officier de l'état civil doit la recevoir à titre conservatoire car c'est un acte strictement personnel et il doit en dresser acte aussitôt. Mais elle pourra produire ses effets de droit et être mentionnée en marge du registre des naissances seulement une fois que le jugement annulant la filiation contestée sera devenu définitif (v. circ. 30 juin 2006, 1re partie, III, 1.2 – V. ss n° 61.13)[3]. Un acte de notoriété constatant la possession d'état d'un enfant ayant fait l'objet d'une reconnaissance antérieure contraire ne peut être inscrit en marge de l'acte de naissance qu'après annulation de celle-ci (v. circ. 30 juin 2006 – V. ss n° 61.13 et ss n° 213.71). De même, dans le cas où un acte de notoriété est porté en marge de l'acte de naissance, une reconnaissance ultérieure contraire ne peut produire ses effets qu'après la contestation de ce lien de filiation par la preuve de l'inexistence ou d'un vice de la possession d'état ou encore de la non-conformité de la filiation ainsi établie à la vérité biologique.

Si l'enfant agit en recherche de sa prétendue filiation véritable alors qu'il a déjà un lien de filiation contraire à l'égard d'un tiers, il peut former une demande principale en contestation à laquelle il joindra sa demande en recherche pour se mettre à l'abri de la prescription, même si la durée du délai des actions en recherche a été allongée.

Toutes les difficultés pratiques ne peuvent pas nécessairement être évitées. La circulaire du 30 juin 2006 a notamment relevé qu'« *il peut arriver que le lien de filiation mentionné dans l'acte de naissance soit en réalité établi postérieurement à une autre filiation contraire, dont l'officier de l'état civil n'avait pas connaissance lors de l'établissement de l'acte de naissance* ». Et la circulaire de citer par exemple le cas d'une reconnaissance prénatale, alors que l'enfant est déclaré par le mari qui indique son nom en qualité de père ou bien par un tiers qui déclare le reconnaître à cette occasion. La circulaire préconise dans de telles hypothèses que « *l'officier de l'état civil qui découvre cette situation à l'occasion de l'apposition de la mention marginale relative à la reconnaissance prénatale doit en référer sans délai au ministère public afin que celui-ci informe son auteur de l'existence d'une filia-*

1. V. J. Massip, « Le nouveau droit de la filiation », *Defrénois* 2006, art. 38312, p. 91 s., spéct n° 32.
2. Ord. n° 2005-759, 4 juill. 2005, portant réforme de la filiation, *JO* 6 juill., p. 11159.
3. V. AUSSI, IGREC, « Feuillets mobiles », n° 1902, Éd. Journaux officiels, nos 300 s.

tion contradictoire dans l'acte de naissance de l'enfant. L'auteur de cette reconnaissance prénatale peut alors engager une action en contestation de la filiation figurant dans l'acte » (C. civ., art. 332) (circ. 30 juin 2006, 1re partie, III, 1.2 - V. ss no 61.13). La suggestion ainsi formulée a pu paraître contraire à l'article 320, puisque la reconnaissance prénatale est première en date, même si elle n'a pu être mentionnée dans l'acte de naissance avant qu'il soit dressé, ce qui ne remet aucunement en cause sa validité.

Dans le but avoué de valoriser le mariage et de privilégier la paternité du mari établie « *par l'effet de la loi* » (C. civ., art. 310-1) tandis qu'une reconnaissance figurerait comme un mode d'établissement subsidiaire de la filiation à défaut d'établissement par l'effet de la loi (C. civ., art. 316), une règle spéciale a été inscrite dans un nouvel article 336-1 du Code civil par la loi de ratification no 2009-61 du 16 janvier 2009. Cette nouvelle disposition déroge au mécanisme chronologique de l'article 320 en prévoyant que : « *Lorsqu'il détient une reconnaissance paternelle prénatale dont les énonciations relatives à son auteur sont contredites par les informations concernant le père que lui communique le déclarant, l'officier de l'état civil compétent en application de l'article 55 établit l'acte de naissance au vu des informations communiquées par le déclarant. Il en avise sans délai le procureur de la République qui élève le conflit sur le fondement de l'article 336* »[1]. C'est donc la paternité du mari qui est préférée *a priori*, provisoirement au moins et à charge pour l'auteur de la reconnaissance prénatale de prouver qu'elle est contraire à la vérité biologique dans le cadre de l'action diligentée par le parquet aux fins de trancher le conflit de paternités. Rappelons qu'en matière de filiation, l'expertise biologique est de droit, sauf motif légitime de ne pas y procéder et qu'une telle mesure d'instruction sera le plus souvent ordonnée, au besoin d'office par le tribunal (v. ss nos 211.40 s.).

Il est judicieux de n'avoir pas laissé perdurer la dualité de filiations paternelles[2], à l'image du conflit provoqué par l'interprétation *a contrario* de l'article 334-9 du Code civil sous l'empire du droit antérieur. Il reste que le rôle ainsi dévolu au ministère public a pu surprendre, *a fortiori* du fait de son fondement tiré de l'article 336 du Code civil car il ne s'agit pas d'une situation de fraude[3]; en revanche, par une interprétation rénovée de l'expression, il s'agirait de considérer qu'il y a une invraisemblance de l'une ou l'autre des filiations paternelles découlant des titres contraires. On peut aussi relever que le parquet ne sera pas toujours à même d'élever le conflit « *sans délai* » car l'officier de l'état civil ne sera pas nécessairement informé de l'existence de la reconnaissance prénatale faite par un tiers quand elle aura été dressée dans un autre lieu. En outre, le champ d'application de l'article 336-1 dépasse la situation à laquelle le législateur entendait apporter une protection particulière car il est aussi applicable à l'hypothèse d'une reconnaissance faite par un homme dans l'acte de naissance, alors qu'un tiers a déjà reconnu l'enfant avant sa naissance. Dans ce cas, la justification avancée au soutien de la dérogation apportée au principe chronologique par l'article 336-1 ne tient plus guère[4].

§ 5
Mesures accessoires

213.81 Jugements déclaratifs de filiation. Selon l'article 331 du Code civil, lorsqu'une action aux fins d'établissement de la filiation est exercée avec succès, **le tribunal peut statuer** s'il y a lieu dans le même jugement sur l'exercice de l'autorité parentale, la contribution à l'entretien et à l'éducation de l'enfant et sur le nom, par **dérogation à la compétence du juge aux affaires familiales** afin d'éviter une procédure ultérieure sur ces conséquences du lien de filiation (circ. 30 juin 2006, 1re partie, III, 2.6 à 2.6.3 - V. ss no 61.13).

1. V. F. Dekeuwer-Défossez, « La loi du 16 janvier 2009 sur la filiation : bien plus qu'une simple ratification ! », *RLDC* mars 2009, no 58, p. 37 s. – T. Garé, « Réforme de la filiation. À propos de la loi du 16 janvier 2009 », *JCP N* 2009, act. 188 – F. Granet-Lambrechts, « Ratification de l'ordonnance du 4 juillet 2005 réformant le droit de la filiation : les modifications », *AJ fam.* 2009, 76 s. – J. Massip, « La loi du 16 janvier 2009 ratifiant l'ordonnance du 4 juillet 2005 réformant le droit de la filiation », *Defrénois* 2009, art. 38913, p. 591 s. – G. Vial, « La recevabilité des actions relatives à la filiation dans la loi no 2009-61 du 16 janvier 2009 », *Dr. fam.* 2009, étude 18.
2. V. F. Dekeuwer-Défossez, « La loi du 16 janvier 2009 sur la filiation : bien plus qu'une simple ratification ! », *RLDC* mars 2009, no 58, p. 37 s. – F. Granet-Lambrechts, « Ratification de l'ordonnance du 4 juillet 2005 réformant le droit de la filiation : les modifications », *AJ fam.* 2009, 76 s.
3. F. Granet-Lambrechts, « Ratification de l'ordonnance du 4 juillet 2005 réformant le droit de la filiation : les modifications », *AJ fam.* 2009, 76 s. – J. Massip, « La loi du 16 janvier 2009 ratifiant l'ordonnance du 4 juillet 2005 réformant le droit de la filiation », *Defrénois* 2009, art. 38913, p. 591 s. – G. Vial, « La recevabilité des actions relatives à la filiation dans la loi no 2009-61 du 16 janvier 2009 », *Dr. fam.* 2009, étude 18.
4. F. Granet-Lambrechts, « Ratification de l'ordonnance du 4 juillet 2005 réformant le droit de la filiation : les modifications », *AJ fam.* 2009, 76 s. – J. Massip, « La loi du 16 janvier 2009 ratifiant l'ordonnance du 4 juillet 2005 réformant le droit de la filiation », *Defrénois* 2009, art. 38913, p. 591 s.

213.82 Jugements annulant un lien de filiation. Reprenant la **mesure consolatrice** prévue par l'ancien article 311-13, l'article 337 du Code civil prévoit que lorsqu'ils prononcent l'annulation du lien de filiation contesté, les juges peuvent fixer les relations entre l'enfant et la personne réputée l'avoir élevé en fait, si tel est l'intérêt du mineur afin de lui épargner une rupture brutale. Un **droit de visite et/ou de correspondance** peut ainsi être aménagé. La circulaire du 30 juin 2006 suggère même la possibilité de fixer la résidence de l'enfant chez la personne à l'égard de laquelle le lien de filiation a été anéanti (circ. 30 juin 2006, 1re partie, III, 3.3 - V. ss no 61.13), si les circonstances particulières le justifient[1].

SECTION 2
ACTIONS AUX FINS D'ÉTABLISSEMENT DE LA FILIATION

213.90 Esprit de la réforme. Dans la perspective de transposer en droit de la filiation l'égalité entre enfants quelles que soient les circonstances de la naissance (C. civ., art. 310), l'ordonnance a simplifié la typologie des actions déclaratives de filiation et en a assez nettement harmonisé le régime.

Ne subsistent que quatre actions, dont les trois premières sont fondées sur la **vérité biologique**, tandis que la quatrième est fondée sur la **réalité sociologique et affective** :

- l'**action en recherche de maternité**, prévue par l'article 325, et désormais commune à la filiation en mariage et hors mariage (§ 1);
- l'**action en recherche de paternité hors mariage**, prévue par l'article 327 (§ 2);
- l'**action en rétablissement des effets de la présomption de paternité du mari**, prévue par l'article 329 (§ 3);
- enfin, l'**action en constatation de la possession d'état**, prévue par l'article 330 (§ 4).

Sauf dispositions spéciales, les règles générales étudiées précédemment leur sont applicables (v. ss nos 213.11 s.).

§ 1
Action en recherche de maternité

213.91 Évolution. Conformément à l'objectif fixé par la loi d'habilitation[2] et visant à unifier les conditions de l'établissement de la filiation maternelle, cette action remplace la réclamation d'état d'enfant légitime (C. civ., anc. art. 323) et la recherche de maternité naturelle (C. civ., anc. art. 341). Il n'existe donc plus qu'une action aux fins d'établir la filiation maternelle.

Dans l'ordonnance du 4 juillet 2005, l'article 325 était rédigé de la manière suivante : « *À défaut de titre et de possession d'état, la recherche de maternité est admise sous réserve de l'application de l'article 326.*

L'action est réservée à l'enfant qui est tenu de prouver qu'il est celui dont la mère prétendue a accouché ».

Or la loi de ratification no 2009-61 du 16 janvier 2009 y a apporté une modification substantielle en supprimant dans l'alinéa 1er l'expression « *sous réserve de l'application de l'article 326* » : elle a en effet supprimé ainsi la fin de non-recevoir tirée de l'accouchement sous X[3].

213.92 Domaine. Étant déjà une rareté sous l'empire de la loi de 1972, la recherche judiciaire de la filiation maternelle devrait devenir marginale par l'effet réflexe de l'article 311-25 du Code civil puisque dans l'immense majorité des cas, la mère est désignée dans l'acte de naissance, ce qui suffit toujours désormais à établir la filiation à son égard, y compris au profit des enfants nés avant le 1er juillet 2006 (v. ss no 212.12). En conséquence, l'action n'a d'objet que si la filiation maternelle n'est pas établie volontairement par la mère, que ce soit par l'acte de naissance ou à défaut, par une reconnaissance ou par la possession d'état constatée dans les conditions légales.

A.
Les parties

213.101 Action réservée. Comme dans le droit antérieur, l'action n'appartient qu'à l'enfant qui l'exerce contre sa prétendue mère ou ses héritiers. En ce qui concerne les parties, l'article 328 du Code civil pose des règles communes à l'action en recher-

1. CA Rennes, 2 juill. 2001, *Juris-Data* no 147934 : en l'espèce, état dépressif de la mère justifiant la fixation de la résidence du mineur chez l'homme dont la paternité est annulée.

2. L. no 2004-1343, 9 déc. 2004, loi de simplification du droit, *JO* 10 déc., p. 20857.
3. F. Dekeuwer-Défossez, « La loi du 16 janvier 2009 sur la filiation : bien plus qu'une simple ratification ! », *RLDC* mars 2009, no 58, p. 37 s. – T. Garé, « Réforme de la filiation. À propos de la loi du 16 janvier 2009 », *JCP N* 2009, act. 188 – F. Granet-Lambrechts, « Ratification de l'ordonnance du 4 juillet 2005 réformant le droit de la filiation : les modifications », *AJ fam.* 2009, 76 s. – M.-C. Le Boursicot, « L'abrogation de la fin de non-recevoir à la recherche de maternité résultant du secret de l'accouchement », *RJPF* 2009, no 4, p. 8 – J. Massip, « La loi du 16 janvier 2009 ratifiant l'ordonnance du 4 juillet 2005 réformant le droit de la filiation », *Defrénois* 2009, art. 38913, p. 591 s. – G. Vial, « La recevabilité des actions relatives à la filiation dans la loi no 2009-61 du 16 janvier 2009 », *Dr. fam.* 2009, étude 18.

che de paternité hors mariage et inspirées du régime de celle-ci dans le droit antérieur.

213.102 Demandeur. Majeur ou émancipé, l'enfant a la capacité d'agir personnellement. Mais durant sa minorité, la question de sa représentation se pose. Si la filiation paternelle est établie, le père, même s'il est aussi mineur, a seul qualité pour agir au nom de l'enfant. À défaut de filiation paternelle établie ou si le père est décédé ou hors d'état de manifester sa volonté, l'action est faite au nom de l'enfant mineur par son tuteur avec l'autorisation du conseil de famille (C. civ., art. 408, al. 2, réd. L. 5 mars 2007), conformément aux dispositions de l'article 408 du Code civil.

Dans l'hypothèse où l'enfant est décédé, ses héritiers peuvent engager ou poursuivre l'action dans les conditions de l'article 322 [1] (v. s^s n° 213.51). Le droit d'agir n'est accordé à aucune autre personne, ce qui exclut donc les tiers et notamment les créanciers de l'enfant quel que soit leur intérêt pécuniaire.

213.103 Défenderesse. L'action est dirigée contre la mère prétendue qui, si elle est mineure, doit être représentée par son ou ses représentants légaux. Cependant, en raison du caractère intime des faits débattus, il convient de la mettre en cause personnellement, comme cela était déjà admis par la jurisprudence pour l'action en recherche de paternité naturelle dans le droit antérieur.

Si la mère majeure a fait l'objet d'une mesure de curatelle ou de tutelle, l'action est dirigée contre son tuteur ou son curateur et elle doit aussi être mise en cause.

Lorsqu'elle est décédée, l'action est dirigée contre ses héritiers [2] ou, à défaut d'héritiers ou si tous ont renoncé à la succession, contre l'État représenté par le parquet [3], mais les héritiers renonçants doivent alors être appelés à la procédure pour faire valoir leurs droits moraux (transmission du nom, entrée dans la famille...).

Dans l'hypothèse où la défenderesse était mariée à l'époque présumée de la conception, on peut penser que le succès de l'action conduit seulement à l'établissement de la filiation maternelle, la présomption de paternité du mari étant réputée écartée *a priori* en vertu de l'article 313 du Code civil du fait de l'absence d'indication de celui-ci en qualité de père dans l'acte de naissance (v. circ. 30 juin 2006, 1re partie, III, 2.1.3 – V. s^s n° 61.13). Sur ce point, la circulaire du 30 juin 2006 préconise néanmoins de mettre en cause le mari, afin qu'il puisse le cas échéant soulever la question de sa paternité et qu'elle soit tranchée en même temps que celle de la maternité, le jugement étant rendu commun aux deux époux.

B.
Délai de prescription

213.111 Durée. À la prescription trentenaire prévue dans le droit antérieur est substitué le **délai décennal du droit commun** institué par l'article 321 du Code civil (v. s^s n°s 213.41 s.). Il court à compter de la naissance, mais la prescription demeure suspendue en faveur de l'enfant mineur, de sorte qu'il est **recevable à agir jusqu'à l'âge de vingt-huit ans.** Ensuite, l'action est éteinte.

Il a semblé opportun de ne pas troubler la vie de la mère au-delà de cette durée, ce qui laisse à l'enfant un temps raisonnable de réflexion, de recherche de toutes informations utiles et d'acquisition d'une maturité suffisante pour prendre une décision.

Sous l'empire du droit antérieur où le délai laissé à l'enfant majeur pour rechercher son père naturel n'était que de deux ans, la Cour de cassation avait décidé qu'il pouvait agir jusqu'à l'âge de vingt ans même s'il avait été émancipé [4]. Cette solution pourrait sans excès être maintenue pour la mise en œuvre du nouveau délai de l'article 321, de sorte que l'on pourrait permettre à l'enfant émancipé de rechercher sa filiation maternelle jusqu'à l'âge de vingt-huit ans.

C.
Fins de non-recevoir

213.121 Établissement antérieur de la filiation. Plusieurs situations sont envisageables. Conformément au principe chronologique, dans l'hypothèse où la filiation de l'enfant serait déjà établie à l'égard d'une femme, il devrait d'abord agir en contestation aux fins d'annulation avant d'être admis à prouver sa prétendue filiation maternelle à l'égard d'une autre femme (C. civ., art. 320). Cela impliquerait qu'il y ait eu une **supposition ou une substi-**

1. Cette situation a été très rare jusqu'à présent. Sous l'empire du droit antérieur, V. NOT., CA Pau, 18 mai 1994, *Juris-Data* n° 043520.
2. V. déjà EN CE SENS, par interprétation analogique avec la recherche de paternité naturelle, Civ. 1re, 1er juill. 2003, n° 00-21.126, *Bull. civ.* I, n° 152; *D.* 2004, somm. 1421, obs. Granet-Lambrechts; *AJ fam.* 2003, 387, obs. Bicheron; *RTD civ.* 2003, 693, obs. Hauser; *Dr. fam.* 2003, comm. 99, note Murat; *RJPF* n° 11/2003, p. 22, note Garé.
3. V. déjà EN CE SENS, Civ. 1re, 13 janv. 1998, n° 96-12.355, *Bull. civ.* I, n° 11; *D.* 1998, somm. 358, 1re esp., obs. Granet-Lambrechts; *RTD civ.* 1998, 356, obs. Hauser.
4. Civ. 1re, 14 mars 1978, *Bull. civ.* I, n° 104; *D.* 1978, J. 469, note J. M.

tution d'enfants, accidentelle ou frauduleuse, mais ces événements sont tous deux particulièrement exceptionnels en pratique.

Dans le cas où l'enfant sans filiation a bénéficié d'une **adoption plénière**, il ne peut pas prétendre établir sa filiation par le sang. Une action en recherche contre sa mère par le sang est irrecevable (C. civ., art. 356, al. 1er). En revanche, le prononcé d'une **adoption simple** n'empêche pas l'enfant de faire déclarer judiciairement sa filiation à l'égard de sa véritable mère (C. civ., art. 369).

Enfin, en cas d'**inceste absolu**, si la paternité du géniteur est légalement établie, la maternité ne peut plus l'être. Une action en recherche de maternité est ainsi irrecevable car elle se heurte à la prohibition d'ordre public de l'article 310-2, étant précisé qu'une requête en adoption simple présentée par la mère par le sang est pareillement vouée à l'échec (v. ss nos 211.21 s.).

213.122 Accouchement sous X. Reprenant à la lettre l'ancien article 341-1 du Code civil relatif à l'action en recherche de maternité naturelle, l'ordonnance du 4 juillet 2005 a maintenu dans l'article 326 du Code civil le droit pour toute femme d'accoucher en demandant « *que le secret de son admission et de son identité soit préservé* » et la loi de ratification n° 2009-61 du 16 janvier 2009 n'a apporté aucune modification sur ce point, ainsi que cela a été souligné à plusieurs reprises au Sénat, puis à l'Assemblée nationale[1]. En revanche, si l'article 325 du Code civil, sous la rédaction de l'ordonnance du 4 juillet 2005 et à l'instar de l'ancien article 341, continuait de tirer de l'article 326 une fin de non-recevoir à une demande en recherche de maternité, la loi de ratification a supprimé cette fin de non-recevoir[2].

Dans le droit antérieur, à l'occasion des débats qui aboutirent à la loi n° 93-22 du 8 janvier 1993, ces dispositions suscitèrent de très vives discussions et une opposition entre le Sénat et l'Assemblée nationale, les opposants arguant notamment de l'impossibilité de maintenir le droit au secret et à l'anonymat de la femme accouchée (alors prévu par l'article 47 du Code de la famille), le considérant comme incompatible avec l'article 7-1 de la Convention de New York relative aux droits de l'enfant selon lequel « *l'enfant est enregistré aussitôt sa naissance et a dès celle-ci le droit à un nom, le droit d'acquérir une nationalité et, dans la mesure du possible, le droit de connaître ses parents et d'être élevé par eux* ».

Lors des débats concernant la réforme de l'adoption par la loi n° 96-604 du 5 juillet 1996[3], le Parlement avait rappelé qu'il n'entendait pas revenir sur ces dispositions.

La question de leur conformité aux articles 8 et 14 de la Convention européenne des droits de l'homme fut soulevée en doctrine[4]. On a pu en effet se demander si l'ancien article 341-1 du Code civil ne contrevenait pas à la convention dans la mesure où la fin de non-recevoir tirée de l'accouchement sous X reposait sur la seule volonté de la femme concernée et que, depuis la loi de 1993, les fins de non-recevoir à une demande en recherche de paternité naturelle avaient été supprimées, question qui a d'ailleurs été rappelée à propos du nouvel article 326[5].

La conformité de la législation française à la Convention européenne des droits de l'homme s'est alors trouvée portée devant la Cour européenne des droits de l'homme dans l'affaire *Odièvre*[6], puis dans

1. V. H. de Richemont, rapp. n° 145, 2007-2008, fait au nom de la Commission des lois au Sénat, *JO Sénat* CR, séance 15 janv. 2008 – G. Bourdouleix, rapp. n° 770, 2008, fait au nom de la Commission des lois à l'Assemblée nationale, *JOAN* CR, séance du 6 janv. 2009 – A. Vidalies, *JOAN* CR, séance du 6 janv. 2009.
2. V. M.-C. Le Boursicot, « L'abrogation de la fin de non-recevoir à la recherche de maternité résultant du secret de l'accouchement », *RJPF* 2009, n° 4, p. 8 – F. Dekeuwer-Défossez, « La loi du 16 janvier 2009 sur la filiation : bien plus qu'une simple ratification ! », *RLDC* mars 2009, n° 58, p. 37 s. – T. Garé, « Réforme de la filiation. À propos de la loi du 16 janvier 2009 », *JCP N* 2009, act. 188 – F. Granet-Lambrechts, « Ratification de l'ordonnance du 4 juillet 2005 réformant le droit de la filiation : les modifications », *AJ fam.* 2009, 76 s. – J. Massip, « La loi du 16 janvier 2009 ratifiant l'ordonnance du 4 juillet 2005 réformant le droit de la filiation », *Defrénois* 2009, art. 38913, p. 591 s. – G. Vial, « La recevabilité des actions relatives à la filiation dans la loi n° 2009-61 du 16 janvier 2009 », *Dr. fam.* 2009, étude 18.
3. L. n° 96-604, 5 juill. 1996, relative à l'adoption, *JO* 6 juill., p. 10208.
4. V. NOT. avec les réf. citées : F. Granet-Lambrechts, « Quelles réformes en droit de la filiation ? », *Dr. fam.* 1999, chron. n° 15 – *Quel droit, pour quelles familles ?*, Actes du colloque organisé par min. Justice, Paris 4 mai 2000, Doc. fr., 2001 – I. Théry, *Couple, filiation et parenté aujourd'hui*, 1998, Éd. O. Jacob/Doc. fr., p. 178 et 179 – F. Dekeuwer-Défossez, *Rénover le droit de la famille, Propositions pour un droit adapté aux réalités et aux aspirations de notre temps*, « Rapports officiels », 1999, Doc. fr. – P. Murat, « L'égalité des filiations légitime et naturelle quant à leur mode d'établissement, jusqu'où aller ? », *Dr. fam.* 1998, chron. 14; « Vers la fin des filiations légitime et naturelle », *Dr. fam.* 2000, HS, chron. 7 – Rubellin-Devichi, *JCP* 1999, I, 101, n° 3.
5. V. A. Gouttenoire, « Les actions relatives à la filiation après la réforme du 4 juillet 2005 », *Dr. fam.* 2006, étude 6, spéct n° 9 – À propos de la ratification de l'ordonnance du 4 juillet 2005, V. AUSSI, H. de Richemont, rapport n° 145, au nom de la Commission des lois du Sénat, p. 32.
6. CEDH 13 févr. 2003, req. n° 42326/98, *JCP* 2003, II, 10049, note Gouttenoire et Sudre; *RTD civ.* 2003, 276, obs. Hauser; 375, obs. Marguénaud – V. AUSSI, J.-CL. CIV., art. 325, 326 et 328 par F. Granet-Lambrechts, nos 45 à 51.

l'affaire *Kearns*[1]. La France n'a été condamnée ni dans l'une, ni dans l'autre.

Dans l'arrêt *Odièvre*, où il ne s'agissait pas d'un accouchement sous X mais d'une remise de l'enfant avec demande de secret, la Cour européenne ne l'a pas tranchée directement. Cependant, en l'absence de consensus sur ce sujet humainement complexe, elle a reconnu aux États parties une nécessaire marge d'appréciation que la France n'avait pas excédée en l'occurrence. La Cour a tenu compte du fait que la loi n° 2002-93 du 22 janvier 2002[2] a admis et organisé le droit pour un enfant d'accéder à la connaissance de ses origines personnelles et créé le Conseil national pour l'accès aux origines personnelles qui est une autorité indépendante[3]. La Cour y a vu une mesure propre « *à assurer équitablement la conciliation entre la protection de cette dernière et la demande légitime de la requérante* » (§ 47 et 49).

En effet, alors que le recours était pendant, le législateur français a voté la loi du 22 janvier 2002 dans le souci de ménager les intérêts divergents de la mère de naissance et de l'enfant : si toute femme, mariée ou non, française ou étrangère, mineure ou majeure, peut demander le secret de son identité lors de son admission dans un établissement de santé où elle peut ainsi accoucher sans révéler son identité, elle est invitée à laisser à l'intention de l'enfant des renseignements, non identifiants ou identifiants à son gré, sous pli fermé et conservé sous l'autorité du CNAOP. S'il en fait la demande et si elle a effectivement laissé des informations, elles sont alors communiquées à l'enfant; mais l'identité de la mère de naissance ne peut lui être transmise sans le consentement de celle-ci.

Il convient de rappeler que si après avoir accouché dans le secret, la mère de naissance revient sur sa décision, elle peut réclamer la remise de l'enfant dans les conditions prévues par la loi[4]. Cela implique qu'elle le reconnaisse[5] et que l'enfant n'ait pas fait auparavant l'objet d'une mesure de placement en vue de son adoption.

C'est dans ce contexte particulier que l'ordonnance du 4 juillet 2005 a pu maintenir les textes antérieurs, étant entendu il est vrai que la loi d'habilitation[6] ne permettait guère un débat de fond sur le problème.

Par la suite, la Cour européenne a de nouveau été saisie d'une requête mettant en cause le droit français. **Dans l'affaire *Kearns***, il s'agissait bien cette fois d'un accouchement dans l'anonymat par une femme étrangère venue spécialement en France. En l'espèce, « *eu égard à la marge d'appréciation dont doivent jouir les États face à la diversité des systèmes et traditions juridiques et des pratiques* », la Cour a considéré que « *les dispositions du droit français relatives à l'accouchement sous X et à la remise du nouveau-né à l'Aide sociale accompagnée des informations données à la mère de naissance respectent le nécessaire équilibre entre les droits de la mère de naissance et les droits et intérêts de l'enfant* [...] ».

Lors des trop brefs débats relatifs au projet de loi de ratification de l'ordonnance de 2005, il a été rappelé que le droit d'accoucher sous X n'était pas remis en question et que la découverte de l'identité de sa mère de naissance par l'enfant sera très vraisemblablement une hypothèse d'école lorsqu'elle n'acceptera pas la levée du secret car il en résultera un obstacle de fait à une action en recherche faite par un enfant non adopté plénièrement, faute pour lui de savoir contre qui l'exercer. Il n'en demeure pas moins que la **suppression de la fin de non-recevoir par la loi du 16 janvier** est de nature à affecter

1. CEDH 10 janv. 2008, req. n° 35991/04, *JCP* 2008, I, 167, p. 28, obs. Sudre; *RJPF* févr. 2008, n° 2868, obs. Marraud des Grottes; *RTD civ.* 2008, 285, obs. Hauser; 252, obs. Marguénaud; *D.* 2008, act. 415, obs. Guiomard; *AJ fam.* 2008, J. 78, obs. Chénedé; *RJPF* 2008-4/23, obs. Garé – V. AUSSI, C. Neirinck, « Retour sur l'accouchement sous X validé par la Cour européenne des droits de l'homme », *RDSS* 2008, 353; *Dr. fam.* 2008, étude 14, Gouttenoire.
2. L. n° 2002-93, 22 janv. 2002, relative à l'accès aux origines des personnes adoptées et pupilles de l'État, *JO* 23 janv., p. 1519.
3. V. NOT., M.-C. Le Boursicot, « Consécration du droit à la connaissance des origines », *RJPF* 3/2002, p. 6 – B. Mallet-Bricourt, « À propos de la loi du 22 janvier 2002, réforme de l'accouchement sous X. Quel équilibre entre les droits de l'enfant et les droits de la mère biologique ? », *JCP* 2002, I, 119, p. 485 – J. Rubellin-Devichi, « La recherche des origines personnelles et le droit à l'accouchement sous X dans la loi du 22 janvier 2002 », *Dr. fam.* 2002, chron. 11 – F. Bellivier, « Accès aux origines. La loi du 22 janvier 2002 », *RTD civ.* 2002, 368 – M.-C. Le Boursicot, « Du secret absolu au secret relatif », *AJ fam.* 2003, 86 – G. Delaisi de Parseval, « Origines ou histoire ? Plutôt tenter de se construire une identité narrative », *AJ fam.* 2003, 94 – F. Granet-Lambrechts, « Confidentialité, secret ou anonymat autour d'une naissance : de quelques aspects des droits européens », *AJ fam.* 2003, 95 – R. Henrion, « À propos de l'accouchement sous X, réflexions d'un médecin », *AJ fam.* 2003, 90 – C. Neirinck, « La loi relative à l'accès aux origines des personnes adoptées et pupilles de l'État : la découverte de la face cachée de la lune ? », *RDSS* 2002, 189; « Comprendre le secret de la filiation », *RJPF* n° 3/2003, p. 6 – P. Verdier, « La loi du 22 janvier 2002 constitue-t-elle une avancée pour le droit à la connaissance de ses origines ? », *AJ fam.* 2003, 92 – M.-C. Le Boursicot, « Un nouveau décret vient compléter le dispositif de l'accès aux origines personnelles », *RJPF* n° 10/2003, p. 20 – Sur le premier bilan du CNAOP, v. *AJ fam.* 2003, 326.
4. V. A. Ton Nu Lan, « L'insuffisance de l'information délivrée aux parents de naissance avant le placement de l'enfant en vue de son adoption », *Dr. fam.* 2005, étude 11.
5. Civ. 1re, 6 avr. 2004, n° 03-19.026, *Bull. civ.* I, n° 107; *AJ fam.* 2004, J. 241, obs. Bicheron; *D.* 2005, pan. 1749, obs. Granet-Lambrechts; *Dr. fam.* 2004, comm. n° 120, note Murat; *RDSS* 2004, 691, note Monéger.
6. Sur les commentaires de cette loi, v. les commentaires de l'arrêt *Odièvre* préc. ss prést n°.

de façon incidente l'équilibre difficile qu'avait tenté de réaliser la loi du 22 janvier 2002 sur l'accès aux origines entre des droits naturellement antagonistes : le **droit d'accoucher dans l'anonymat** et le **droit à l'accès aux origines**, même si le second est bien distinct de l'établissement d'un lien de filiation. Alors qu'en cas d'accouchement sous X, il est vivement recommandé à une femme de laisser le maximum d'informations à destination de l'enfant, voire même son identité si elle le veut bien, tant il est important pour tout individu de connaître le début de son histoire, il est possible dorénavant qu'elle n'accepte plus de le faire dans la crainte qu'il ne soit pas adopté et qu'il réussisse un jour à percer le secret de sa naissance, fût-ce accidentellement, quand cela ne serait pas résulté des confidences de l'auteur d'une reconnaissance faite par le véritable père comme la jurisprudence en a révélé des exemples[1]. La suppression de la fin de non-recevoir pourrait donc inciter à la remise d'une enveloppe vide, à l'opposé de l'objectif de la loi de 2002 et de la promotion du droit de chacun à connaître ses origines personnelles. À vrai dire, on peut à la fois regretter la suppression de la fin de non-recevoir et le fait que le Parlement n'ait pas mené une réflexion globale sur les règles à appliquer en cas d'accouchement dans l'anonymat[2].

D. Preuve

213.131 **Objet de la preuve.** L'article 325 alinéa 2 du Code civil détermine clairement l'objet de la preuve : c'est celle de l'accouchement de la mère prétendue, seul fondement de la maternité, jointe à la preuve distincte de l'identité de l'enfant avec celui dont est accouchée cette femme (v. circ. 30 juin 2006, 1re partie, III, 2.1.1 - V. s^s^ n° 61.13), ce qui ne suscite guère de difficultés en pratique du fait des précautions prises dans les établissements de santé où ont lieu la plupart des naissances. En outre, une expertise biologique serait le plus souvent ordonnée (v. s^s^ n°s 211.40 s.).

213.132 **Liberté de la preuve.** L'ordonnance du 4 juillet 2005 a renoncé au système désuet de la preuve adminiculaire dans les actions en recherche, consacrant ainsi la jurisprudence de la Cour de cassation en matière de recherche de paternité (v. s^s^ n° 213.181). La preuve peut ainsi être rapportée par tous moyens, à condition toutefois que l'action soit recevable car il s'agit d'éviter tous débats sur la véracité du lien de filiation allégué lorsque la demande en recherche se heurte à une fin de non-recevoir (v. s^s^ n°s 213.121 s.).

La Cour de cassation a étendu à toutes les actions relatives à la filiation, à l'exception de l'action en constatation de la possession d'état, la solution selon laquelle l'expertise biologique est de droit, sauf motif légitime de ne pas y procéder (v. s^s^ n°s 211.40 s.)[3]. Cette solution vaut pour l'action en recherche de maternité.

E. Jugement

213.141 **Effets.** Dans l'hypothèse où une action en recherche de maternité est exercée avec succès, la filiation maternelle de l'enfant est déclarée rétroactivement établie. À défaut de lien de filiation paternelle antérieurement établi, l'enfant acquiert le nom de sa mère s'il est mineur. S'il est déjà majeur, il ne change de nom que s'il y consent (C. civ., art. 61-3, al. 2).

Le jugement est doté d'une opposabilité absolue, puisque la tierce opposition est irrecevable dans les actions réservées (C. civ., art. 324). Il est aussitôt procédé à la mise à jour des actes de l'état civil de l'enfant.

§ 2 Action en recherche de la filiation paternelle hors mariage

213.150 **Action en recherche de paternité.** Créée par une loi du 16 novembre 1912, l'action est demeurée soumise à un régime très sévère jusqu'à la loi du 8 janvier 1993. En effet, d'une part, elle était enfermée dans des **cas d'ouverture** (l'article 340 du Code civil, dans sa rédaction issue de la loi de 1972, en énumérait cinq : 1. enlèvement ou viol de la mère au cours de la période légale de conception; 2. séduction accomplie à l'aide de manœuvres dolosives, abus d'autorité, promesse de mariage ou fiançailles; 3. production d'écrits émanant du père prétendu et propres à établir sa paternité sans équivoque; 4. concubinage entre la mère et du père prétendu résultant, à défaut de communauté de vie, de relations stables et continues pendant la période légale de conception; 5. par-

1. V. Civ. 1re, 7 avr. 2006, n° 05-11.285, *Bull. civ.* I, n° 195; *Dr. fam.* 2006, comm. 124, note Murat; *LPA* 14-17 juill. 2006, n° 140-141, p. 17, note Massip; *LPA* 7 mai 2007, n° 91, p. 15, note Bourgault-Coudevylle; *AJ fam.* 2006, J. 249, obs. Chénedé – J. Revel, « Une nouvelle famille unilinéaire : l'enfant né sous X et son père », *D.* 2006, chron. 1707 – B. Mallet-Bricourt, *D.* 2006, tribune 1177; *RJPF* 2006, n° 6, p. 23, note Le Boursicot.
2. V. H. de Richemont, rapp. n° 145, p. 49 (préc. s^s^ n° 213.122).
3. Civ. 1re, 28 mars 2000, n° 98-12.806, *Bull. civ.* I, n° 103 (préc. s^s^ n°s 211.43).

ticipation du père prétendu à l'entretien, à l'éducation ou à l'établissement de l'enfant en qualité de père). D'autre part, elle était soumise à des **fins de non-recevoir**[1].

La réforme de 1993 les avait supprimés, mais elle avait substitué aux cas d'ouverture un système de preuve adminiculaire que l'ordonnance du 4 juillet 2005 a enfin abandonné.

Selon l'article 327 du Code civil : « *La paternité hors mariage peut être judiciairement déclarée.*

L'action en recherche de paternité est réservée à l'enfant. »

En ce qui concerne les parties (A), le régime de cette action, commun à l'action en recherche de maternité, est prévu par l'article 328 du Code civil dont les termes sont repris des anciens articles 340-2 et 340-3. Pour le reste (B), (C), (D) et (E), les règles générales relatives aux actions en matière de filiation sont applicables (v. s[s] n°s 213.11 s.).

A. Parties

213.151 **Action réservée.** Comme dans le droit antérieur, l'action n'appartient qu'**à l'enfant** qui l'exerce contre son père prétendu ou, s'il est décédé, contre ses héritiers.

213.152 **Demandeur.** L'enfant est seul titulaire de l'action qu'il exerce personnellement quand il est majeur. Il en est de même, selon une jurisprudence classique, lorsqu'il a été émancipé[2]. Dans l'hypothèse où l'enfant majeur est placé sous tutelle, son tuteur peut agir avec l'autorisation du conseil de famille (C. civ., art. 408). S'il est placé sous curatelle, il peut agir personnellement, mais il doit être assisté de son curateur.

En cas de décès de l'enfant, ses héritiers peuvent engager ou poursuivre l'action qui appartenait à leur auteur dans les conditions de l'article 322 du Code civil (v. s[s] n° 213.51).

En revanche, aucune tierce personne ne peut intenter l'action. Les créanciers de l'enfant sont donc irrecevables, quel que soit l'intérêt pécuniaire qu'ils pourraient alléguer.

En pratique, l'action est fréquemment engagée durant la minorité de l'enfant qui doit ainsi y être représenté. Comme dans le droit antérieur, la mère, même mineure elle-même, a seule qualité pour agir au nom de l'enfant dès lors que la filiation est légalement établie envers elle, ce qui est désormais le cas chaque fois qu'elle est désignée dans l'acte de naissance. Il s'agit d'un droit personnel, attaché à sa qualité de mère et qui ne découle pas de l'administration légale. Elle n'a pas donc besoin d'être autorisée par le juge des tutelles[3].

De ce pouvoir exclusif attribué à la mère mineure de représenter l'enfant mineur découle l'irrecevabilité d'une action à l'initiative de toute autre personne, comme par exemple ses propres parents[4]. Toutefois, la jurisprudence admet que la procédure se trouve régularisée si, devenue majeure, la mère se substitue à eux et reprend l'instance[5].

Dans l'hypothèse du décès de la mère ou si elle est dans l'impossibilité de manifester sa volonté, l'action est faite par le tuteur de l'enfant mineur avec l'autorisation du conseil de famille (C. civ., art. 408, al. 2, réd. L. 5 mars 2007).

213.153 **Défendeur.** L'action est dirigée contre le père prétendu. S'il est mineur, il doit être néanmoins personnellement partie à l'action, en raison de son caractère personnel, en présence de son ou ses représentants légaux.

Lorsque le père prétendu est un majeur protégé, l'action est dirigée contre son tuteur s'il est sous tutelle, ou contre le majeur et son curateur s'il est placé sous curatelle.

Si le père prétendu est décédé, la demande en recherche est formée contre ses héritiers quand ils acceptent la succession. Elle peut ainsi être dirigée contre son conjoint survivant quand le défunt était marié. Dans le droit antérieur, la jurisprudence avait admis que l'assignation de l'un ou de certains des héritiers dans le délai légal permettait à l'enfant de mettre les autres en cause sans condition de délai[6] et cette solution devrait conserver sa valeur.

Lorsque tous les héritiers ont renoncé à la succession, l'action est faite contre l'État, représenté par le parquet (C. pr civ., art. 1151). Cependant, ils doivent être appelés à la procédure pour y faire valoir leurs droits moraux (v. s[s] n° 213.103).

B. Délai de prescription

213.161 **Évolution.** L'action en recherche de paternité est demeurée soumise à un délai très rigoureux depuis sa création en 1912 jusqu'à l'ordonnance du 4 juillet 2005. Outre sa durée brève (**deux années** à compter de la naissance, ou de la

1. Sur le droit antérieur, v. TERRÉ et FENOUILLET, n°s 791 s.
2. Civ. 1re, 14 mars 1978, *D.* 1978, J. 469, note J. M.; et *D.* 1978, IR 399, obs. Huet-Weiller; *Defrénois* 1978, art. 31788, p. 995, obs. Souleau.
3. EN CE SENS, Civ. 1re, 12 oct. 1983, n° 82-16.139, *Bull. civ.* I, n° 230; *D.* 1984, J. 238, note Massip; *Gaz. Pal.* 1984, I, pan. J. 53, obs. Grimaldi.
4. CA Aix-en-Provence, 9 mars 1999, *Juris-Data* n° 042144.
5. Civ. 1re, 22 févr. 1972, *RTD civ.* 1972, 627, obs. Hébraud; *JCP* 1972, II, 17111, note Lindon – Civ. 1re, 19 oct. 1976, n° 75-13.423, *Bull. civ.* I, n° 301.
6. Civ. 1re, 16 déc. 1992, n° 91-12.096, *Bull. civ.* I, n° 312.

cessation du concubinage ou de la participation à l'entretien de l'enfant si l'action était faite pendant sa minorité; ou à défaut, deux années à compter de sa majorité), **il s'agissait d'un délai d'ordre public préfix et institué à peine de déchéance**.

La réforme innove en élargissant substantiellement la durée du délai dont la nature est aussi modifiée car il s'agit dorénavant d'un **délai de prescription**, prévu par l'article 321 du Code civil (v. s[s] n°s 213.41 s.), selon lequel l'action se prescrit « *par dix ans à compter du jour où la personne a été privée de l'état qu'elle réclame* [...]. *À l'égard de l'enfant, ce délai est suspendu pendant sa minorité* »[1]. Par conséquent, l'action est ouverte pendant toute la minorité de l'enfant et le reste jusqu'à ce qu'il ait atteint vingt-huit ans, âge à partir duquel elle se trouve éteinte. Il a semblé raisonnable de donner à l'enfant un temps suffisamment long pour collecter des éléments de preuve en vue de décider de rechercher ou non sa filiation paternelle et de le laisser atteindre une certaine maturité, tout en ne lui permettant plus de troubler la vie du géniteur par une telle procédure au-delà de vingt-huit années.

C.
Fins de non-recevoir

213.171 Évolution. Après la suppression par la loi du 3 janvier 1972 de la fin de non-recevoir résultant de la nature adultérine ou incestueuse de la filiation en cas d'inceste relatif, la loi du 8 janvier 1993 vint assouplir le régime de l'action en abrogeant les fins de non-recevoir qui étaient instituées par l'ancien article 340-1 du Code civil, à savoir le commerce de la mère avec un tiers durant la période présumée de la conception (*exceptio plurium concubentium*), l'inconduite notoire de la mère pendant cette période et l'impossibilité de paternité établie par expertise sanguine ou par toute autre méthode médicale certaine.

Depuis l'ordonnance du 4 juillet 2005, outre l'irrecevabilité de l'action due à l'expiration du délai de prescription, une action en recherche de paternité ne semble plus se heurter qu'aux obstacles généraux tirés de la prohibition de l'établissement des deux liens de filiation de l'enfant issu d'un inceste absolu ou de l'établissement antérieur d'une autre filiation paternelle. On peut encore s'interroger sur la portée de la chose jugée au regard d'une action en recherche, soit que la décision antérieure ait été rendue à propos de subsides, soit qu'elle ait écarté une précédente demande en recherche de paternité.

213.172 Inceste absolu. Lorsque la filiation maternelle de l'enfant né d'un inceste absolu est légalement établie, ce qui est le cas chaque fois qu'elle est désignée dans l'acte de naissance sauf hypothèse d'une reconnaissance paternelle prénatale, l'article 310-2 du Code civil prohibe tout établissement de la paternité du géniteur, ce qui élève une **fin de non-recevoir d'ordre public** à une action en recherche contre lui (v. s[s] n°s 211.21 s.).

213.173 Établissement antérieur d'une autre filiation. Selon l'article 320 du Code civil, si l'enfant a déjà une filiation paternelle légalement établie, il doit la contester et la faire annuler en justice avant de prétendre faire déclarer sa prétendue filiation véritable à l'égard d'un tiers. Cependant, pour éviter le risque d'extinction de l'action due à l'écoulement de la prescription, même si le délai de l'action en recherche a été élargi, **l'enfant peut joindre ses deux demandes, la demande en recherche ne pouvant prospérer que sous condition du bien-fondé de la contestation**[2].

Il convient encore de rappeler que l'**adoption plénière** élève un empêchement à tout établissement de la filiation par le sang (C. civ., art. 356), mais que le prononcé d'une **adoption simple** n'interdit pas à l'enfant de rechercher son véritable père (C. civ., art. 369).

213.174 Autorité de la chose jugée et assouplissement du régime de l'action en recherche. Dans le droit antérieur, l'échec de la mère ayant agi en recherche durant la minorité de l'enfant n'élevait une fin de non-recevoir à une nouvelle action faite par l'enfant majeur que si la demande avait été jugée sur le fond et, avant la loi du 8 janvier 1993, seulement pour le ou les cas d'ouverture allégués par elle. Cette loi les ayant supprimés, la Cour de cassation a décidé qu'une cour d'appel avait à bon droit jugé recevable une demande en recherche de paternité formée par un enfant majeur, alors que durant sa minorité, faute de produire une preuve convaincante, sa mère avait été déboutée par un arrêt devenu définitif et qui avait été rendu sur le fondement du troisième des cas d'ouverture prévus par l'ancien article 340. Cet arrêt avait néanmoins alloué des subsides à l'enfant, la preuve des relations intimes durant la période de conception étant rapportée et confortée par les résultats d'une expertise sanguine[3], ce qui constituait, selon l'arrêt frappé

1. V. J. Hauser, « Des filiations à la filiation », *RJPF* 9/2005, p. 6 – J. Massip, « Le nouveau droit de la filiation », *Defrénois* 2006, art. 38312, p. 91 s., spéc[t] n° 45.

2. V. J. Massip, « Le nouveau droit de la filiation », *Defrénois* 2006, art. 38312, p. 91 s., spéc[t] n° 44.
3. Civ. 1re, 21 sept. 2005, n° 02-15.586, *Bull. civ.* I, n° 340; *D.* 2006, J. 207, note Lamarche; *D.* 2006, pan. 1145, obs. Granet-Lambrechts; *RTD civ.* 2005, 769, obs. Hauser; *Dr. fam.* 2005, comm. 239, note Murat; *LPA* 20 mars 2006, n° 56, p. 12, note Massip.

du pourvoi, des indices graves au sens de l'article 340 dans sa rédaction issue de la loi de 1993 et applicable au jour où l'enfant avait engagé la procédure.

On peut s'interroger sur la portée de cette décision au regard de la mise en œuvre de l'ordonnance du 4 juillet 2005 et sur la transposition de l'interprétation retenue par la Cour de cassation à une demande en recherche introduite par l'enfant majeur lorsque sa mère avait été déboutée, pour n'avoir pas pu produire d'indices graves, par une décision définitive rendue durant sa minorité et avant que la Cour ait elle-même escamoté la règle de la preuve adminiculaire (v. s[s] n° 213.181). En revanche, comme par le passé, l'enfant majeur sera bien sûr irrecevable à agir en recherche contre le même homme, quand sa mère aura été déboutée durant sa minorité parce qu'une expertise biologique aura exclu de façon certaine la paternité du défendeur. Au demeurant, cela ne l'empêcherait pas de rechercher la paternité d'un tiers.

213.175 Autorité de la chose jugée et jugement ayant alloué des subsides. Comme dans le droit antérieur, l'allocation de subsides n'élève pas de fin de non-recevoir à une action en recherche de paternité dirigée contre le débiteur ni contre un tiers car il n'y a pas d'identité de cause dans le premier cas, ni même de parties dans le second. Sur ce point, l'article 342-8 alinéa 1er du Code civil qui n'a pas été modifié, énonce en effet que : « *La chose jugée sur l'action à fins de subsides n'élève aucune fin de non-recevoir contre une action ultérieure en recherche de paternité* ». D'ailleurs, si elle est intentée contre le débiteur, les relations intimes entretenues avec la mère à l'époque présumée de la conception auront été prouvées, ce qui sera mentionné dans les motifs en soutien du dispositif du jugement et celui-ci devenu définitif, la question ne pourra plus être à nouveau débattue dans le cadre d'une action ultérieure en recherche[1].

Quant à l'hypothèse d'une action en recherche dirigée contre un autre homme, elle a vraisemblablement vocation à disparaître par l'effet de la jurisprudence de la Cour de cassation selon laquelle en matière de subsides, l'expertise biologique est de droit, sauf motif légitime de ne pas y procéder (v. s[s] n° 214.52), et la demande de subsides serait écartée en cas d'impossibilité ainsi démontrée de la paternité de l'homme assigné.

D. Preuve

213.181 Évolution. Lors de sa création en 1912, le demandeur devait prouver un ou plusieurs des cas d'ouverture prévus par l'ancien article 340 du Code civil qui furent repris presque tels par la loi de 1972 (v. s[s] n° 213.150). La Cour de cassation avait toujours veillé au strict respect de ce texte et elle avait cassé fermement pour violation de la loi deux arrêts par lesquels la cour d'appel de Paris[2] avait jugé que l'action en recherche de paternité étant irrecevable lorsque le père prétendu établissait par un examen des sangs ou par toute autre méthode médicale certaine qu'il ne pouvait être le père de l'enfant (C. civ., anc. art. 340-1), il en résultait *a contrario* que si le lien de paternité biologique était établi par une telle méthode, l'action était non seulement recevable, mais encore nécessairement bien fondée compte tenu de la preuve produite et de son caractère irréfutable. En effet, par un arrêt de principe, elle avait ainsi décidé qu'« *il résulte de ce texte que la paternité hors mariage ne peut être déclarée que dans les cinq cas qu'il énumère limitativement* »[3].

Lors de la suppression des cas d'ouverture par la réforme de 1993, le législateur ne se résolut pas à poser le principe de la liberté de la preuve et préféra instaurer un système adminiculaire, par crainte d'actions scandaleuses ou de chantages. La jurisprudence continua néanmoins à s'inspirer des solutions antérieures pour interpréter l'article 340 ainsi modifié, les circonstances constitutives des anciens cas d'ouverture pouvant être analysées comme des indices de la paternité prétendue et de nature à rendre admissible toute preuve complémentaire. Il n'en demeure pas moins que la loi de 1993 assouplit nettement le régime de l'action, en dépit de ce mécanisme de preuve en deux temps : à la démonstration par le demandeur de la recevabilité de l'action par la preuve d'un ou de plusieurs cas d'ouverture puis de celle de son bien-fondé, fut substituée celle de l'admissibilité de la preuve au fond par la production de présomptions ou indices graves, suivie de celle du bien-fondé de la demande. De façon générale, une jurisprudence assez souple retenait toutes circonstances rendant la paternité prétendue vraisemblable, voire même simplement possible, avant d'ordonner le plus souvent une expertise biologique.

1. EN CE SENS, Civ. 1re, 4 janv. 1995, n° 93-10.870, *Bull. civ.* I, n° 7; *D.* 1995, somm. 225, obs. Granet-Lambrechts; *Defrénois* 1995, art. 36145, p. 1024, obs. Massip; *D.* 1996, somm. 231, obs. Dekeuwer-Défossez.
2. CA Paris, 21 févr. 1986, *D.* 1986, J. 323 – CA Paris, 11 juill. 1986, *D.* 1987, somm. 317, obs. Huet-Weiller.
3. Civ. 1re, 5 juill. 1988, *D.* 1988, somm. 403, obs. Huet-Weiller; *D.* 1989, J. 227, note Massip; *JCP* 1989, II, 21353, note Agostini.

La Cour de cassation évolua également dans un sens favorable à l'enfant, tout en exploitant de plus en plus largement les ressources de la biologie moderne (v. s[s] n°s 211.40 s.). Si l'expertise biologique ne pouvait que venir compléter les indices préalablement fournis par le demandeur et n'était donc pas admise en leur absence, la Cour avait en revanche décidé que la preuve de la paternité naturelle pouvait résulter de ces présomptions ou indices eux-mêmes[1]. Puis, anticipant dans le sens de la réforme annoncée, elle finit par escamoter le mécanisme de la preuve adminiculaire en cassant des arrêts qui, par une lecture stricte de l'article 340, avaient refusé de faire droit à la demande par la mère d'une expertise biologique au motif qu'elle n'avait pas produit préalablement d'indices graves[2].

Peu de temps après, l'ordonnance du 4 juillet 2005 est venue généraliser la liberté de la preuve dans toutes les actions relatives à la filiation prévues par le titre VII du livre Ier du Code civil (C. civ., art. 310-3, al. 2), tout en subordonnant prudemment son admissibilité à la recevabilité de l'action, de sorte qu'avant d'ordonner une mesure d'instruction, le tribunal doit d'abord former sa conviction sur la recevabilité de la demande en recherche au regard de la personne du demandeur s'agissant d'une action réservée, du délai de prescription et de l'absence de lien de filiation antérieurement établi empêchant l'établissement de la filiation paternelle revendiquée[3].

En pratique, si une expertise biologique est le plus souvent ordonnée, d'autant qu'elle est de droit sauf motif légitime de ne pas y procéder[4], il arrive parfois que d'autres éléments de preuve soient fournis et qu'ils soient suffisamment convaincants pour que les juges puissent former leur conviction[5].

En jurisprudence, le refus injustifié du père prétendu de se soumettre à la mesure d'expertise, le plus souvent corroboré par divers indices produits par le demandeur de nature à démontrer l'existence de relations intimes avec la mère à l'époque présumée de la conception, est généralement interprété comme un aveu implicite de sa paternité (v. s[s] n° 211.57).

E.
Jugement

213.191 Effet déclaratif et incidences. Le jugement qui fait droit à la demande est déclaratif, de sorte que **la filiation paternelle est réputée rétroactivement établie.** L'acte de naissance de l'enfant est aussitôt mis à jour. L'enfant peut réclamer tous les droits attachés à sa filiation depuis sa naissance[6], ce qui a des incidences notamment sur l'étendue de l'obligation d'entretien à la charge de son père[7]. Sur ce point, lorsque la mère ayant formé une action à fin de subsides et que l'enfant devenu majeur s'étant joint à la procédure pour demander l'établissement de sa filiation à l'égard du défendeur, il obtient satisfaction, la demande de subsides devient irrecevable puisque le père est tenu d'une obligation d'entretien depuis la naissance[8].

L'ordonnance du 4 juillet 2005 a abrogé l'article 340-5 du Code civil qui permettait au tribunal de condamner le père à rembourser à la mère tout ou partie de ses frais de maternité et d'entretien pendant les trois mois qui avaient précédé et les trois mois qui avaient suivi la naissance, sans préjudice des dommages et intérêts auxquels elle pouvait prétendre selon le droit commun sur le fondement

1. Civ. 1re, 11 févr. 1997, n° 95-13.215, NPT; *D.* 1998, somm. 29, obs. Granet-Lambrechts; *RTD civ.* 1998, 358, obs. Hauser; *Dr. fam.* 1997, comm. 57, note Murat – Civ. 1re, 27 janv. 1998, n° 95-18.951, NPT; *D.* 1998, somm. 356, obs. Granet-Lambrechts – Civ. 1re, 19 mai 1998, n° 96-14.301, NPT; *Juris-Data* n° 002343.
2. Civ. 1[re], 8 janv. 2002, n° 99-14.195, NPT; *D.* 2002, somm. 2023, obs. Granet-Lambrechts; *Dr. fam.* 2002, comm. n° 98, note Murat – Civ. 1re, 12 mai 2004, n° 02-16.152, NP; *D.* 2005, J. 1766, note Mirabail; *D.* 2005, pan. 1751, obs. Granet-Lambrechts; J. 1766, note Mirabail; *RJPF* 9/2004, p. 40, note Garé – Et SUR RENVOI : CA Bordeaux, 18 mars 2008, *Juris-Data* n° 359261 – Civ. 1re, 14 juin 2005, n° 04-15.445, *Bull. civ.* I, n° 251; *Dr. fam.* 2005, comm. n° 182, note Murat; *RJPF* 11/2005, p. 20, note Garé – Civ. 1re, 7 juin 2006, n°s 03-16.204 et 04-16.838, *Bull. civ.* I, n° 291; *Dr. fam.* 2006, comm. 185, 1re esp., note Murat – Cass. ass. plén., 23 nov. 2007, n°s 05-17.975 et 06-10.039, *Bull. ass. plén.*, n° 8; *Dr. fam.* 2008, comm. 5, note Murat; *RTD civ.* 2008, 284, n° 19, obs. Hauser; *Procédures* 2008, comm. 15, note Douchy-Oudot; *RJPF* 2008-2/33, obs. Garé; *RLDC* 2008, n° 2826, obs. Marraud des Grottes; *AJ fam.* 2008, J. 36, obs. Chénedé – V. AUSSI, S. Mirabail, « Les obstacles juridiques à la recherche de la vérité biologique en matière de filiation : discordances et anachronismes », *D.* 2000, chron. 146.
3. COMP. EN CE SENS, dans la jurisprudence antérieure : Civ. 2e, 7 mars 2002, n° 00-15.978, *Bull. civ.* II, n° 34; *D.* 2002, 2022, obs. Granet-Lambrechts; *Dr. fam.* 2002, comm. 65, note Murat.
4. Civ. 1re, 28 mars 2000, n° 98-12.806, préc. s[s] n° 213.132.
5. V. NOT., CA Rennes, 20 mars 2007, *Juris-Data* n° 347126 : en l'espèce, le père prétendu était décédé, mais la mère prouvait avoir eu avec lui une relation suivie jusqu'à son hospitalisation; il avait aussi signé divers documents scolaires pour chacun des enfants, ouvert des placements bancaires en leur faveur, tous ces éléments étant en outre confortés par des photographies familiales.
6. Civ. 1re, 16 févr. 1982, n° 80-15.758, *Bull. civ.* I, n° 69.
7. V. NOT., Civ. 1re, 14 févr. 2006, n° 05-13.738, *Bull. civ.* I, n° 79; *Dr. fam.* 2006, comm. 87, note Murat; *AJ fam.* 2006, J. 167, obs. Chénedé; *RJPF* 2006, n° 5, p. 32, note Valory – CA Paris, 30 sept. 2004, *Juris-Data* n° 264318.
8. EN CE SENS, Civ. 1re, 23 mai 2006, n° 05-18.644, NP; *Dr. fam.* 2006, comm. 186, note Murat.

de l'article 1382, lequel demeure bien sûr applicable[1]. La mère peut même réclamer réparation du préjudice subi pour la première fois en appel puisqu'il s'agit d'une demande accessoire ou complémentaire de la demande en recherche de paternité (C. pr. civ., art. 566).

A aussi été abrogé l'article 340-6 du Code civil auquel est substitué le nouvel article 331, désormais commun aux quatre actions aux fins d'établissement de la filiation et qui dispose que : « *Lorsqu'une action est exercée en application de la présente section, le tribunal statue, s'il y a lieu, sur l'exercice de l'autorité parentale, la contribution à l'entretien et à l'éducation de l'enfant et l'attribution du nom.* »

Est enfin abrogé l'article 340-7 qui énonçait qu'« *en rejetant la demande, les juges pourront, néanmoins, allouer des subsides à l'enfant, si les relations entre la mère et le défendeur ont été démontrées dans les conditions prévues aux articles 342 et suivants* ». Le législateur avait ainsi entendu éviter à l'enfant, en cas d'échec de sa demande en recherche, d'avoir à exercer une nouvelle action aux fins de réclamer des subsides lorsque les conditions exigées par les articles 342 et suivants étaient d'ores et déjà établies. Dans cette situation, le tribunal pouvait modifier l'objet de la demande et allouer des subsides à l'enfant. Depuis la suppression par la loi de 1993 des cas d'ouverture à l'action en recherche, l'article 340-7 s'était trouvé privé d'une bonne partie de son utilité. La liberté de la preuve, désormais admise, jointe à l'utilisation très large des expertises biologiques par la jurisprudence ont rendu cette disposition désuète et inutile, de sorte qu'elle pouvait être supprimée.

§ 3
Action aux fins de rétablissement des effets de la présomption « *Pater is est* » à l'égard du mari

213.201 Domaine. Quand la présomption de paternité se trouve *a priori* écartée conformément à l'article 313 du Code civil, ses effets peuvent être rétablis par un jugement. En effet, l'article 329 du Code civil prévoit que durant la minorité de l'enfant, chacun des époux peut demander que ses effets soient rétablis en prouvant que le mari est le père. L'action est ouverte à l'enfant pendant les dix années qui suivent sa majorité[2].

Cette disposition est directement inspirée de l'ancien article 313-2 tel qu'il avait été complété par la loi n° 93-22 du 8 janvier 1993 qui, remédiant à une lacune de la loi de 1972, avait ouvert l'action à l'enfant. Toutefois, l'ordonnance du 4 juillet 2005 a apporté d'importantes modifications au régime de l'action puisqu'en sa faveur, le délai est sensiblement élargi et qu'une fois devenu majeur, il est dorénavant seul admis à l'exercer. En outre, la loi de ratification n° 2009-61 du 16 janvier 2009 ayant permis au mari de faire une reconnaissance de paternité pour lui éviter d'avoir à engager l'action de l'article 329 quand la paternité d'un tiers n'est pas déjà établie (C. civ., art. 315 mod.)[3], il est probable qu'il préfèrera cette solution plus aisée, plus rapide et n'impliquant pas la représentation par avocat. Cela limite l'utilité de l'article 329.

213.202 Utilité concrète. Comme le mentionnait très clairement le rapport au Président de la République dans sa présentation des articles du projet d'ordonnance (v. *Rapport* II, 1°), « *les articles 312 à 315 relatifs à la présomption de paternité du mari sont conservés. Seuls quelques aménagements visent à simplifier son régime, codifier la jurisprudence et éviter les conflits de filiation* [...]. *La possibilité de rétablir en justice la présomption, prévue dans son principe à l'article 313-2, est organisée au chapitre III, qui regroupe toutes les actions judiciaires* ».

Après avoir maintenu la règle de l'article 312, désormais combinée dans un article unique avec celle de l'ancien article 314 alinéa 1er, l'ordonnance avait conservé aux articles 313 et 314 les deux cas d'exclusion *a priori* de la présomption « *Pater is est* » (v. ss nos 212.41 s.), accompagnés des cas de rétablissement de ses effets de plein droit ou en vertu d'un jugement rendu à l'issue d'une action spécifique prévue par l'article 329.

Proposant une interprétation originale de l'article 316 tendant à favoriser le mari, la circulaire du 30 juin 2006 (circ. 30 juin 2006, 1re partie, II, 1.2.3 – V. ss n° 61.13) avait offert à celui-ci une

1. V. NOT., Civ. 1re, 12 juill. 2007, n° 06-16.869, NP; *Dr. fam.* 2007, comm. 171, note Rouxel; *RLDC* 2008, n° 2882, p. 18, obs. Dekeuwer-Défossez; *Defrénois* 2008, art. 38732, p. 575, n° 6, obs. Massip – Civ. 1re, 2 avr. 2008, nos 07-13.704 et 07-13.756 (jonction), NP; *Dr. fam.* 2008, comm. n° 87, note Murat.

2. V. F. Granet-Lambrechts, « La réforme du droit de la filiation », *AJ fam.* 2005, 424 s.; « La présomption de paternité », *Dr. fam.* 2006, étude 3 – J. Massip, « Le nouveau droit de la filiation », *Defrénois* 2006, art. 38303, p. 6 s.; art. 38312, p. 91 s.

3. V. F. Dekeuwer-Défossez, « La loi du 16 janvier 2009 sur la filiation : bien plus qu'une simple ratification ! », *RLDC* mars 2009, n° 58, p. 37 s. – T. Garé, « Réforme de la filiation. À propos de la loi du 16 janvier 2009 », *JCP N* 2009, act. 188 – F. Granet-Lambrechts, « Ratification de l'ordonnance du 4 juillet 2005 réformant le droit de la filiation : les modifications », *AJ fam.* 2009, 76 s. – J. Massip, « La loi du 16 janvier 2009 ratifiant l'ordonnance du 4 juillet 2005 réformant le droit de la filiation », *Defrénois* 2009, art. 38913, p. 591 s.

alternative entre l'action de l'article 329 et une reconnaissance paternelle, au motif que « *lorsque la présomption de paternité a été écartée, la filiation n'est donc pas établie à l'égard du mari par l'effet de la loi, ce qui lui permet de reconnaître l'enfant dans les mêmes conditions que le père non marié* » (v. circ. 30 juin 2006, 1re partie, II, 2.1.1, a - V. s^s^ n° 61.13). La loi de ratification n° 2009-61 du 16 janvier 2009 est venue consacrer cette solution et l'inscrire à l'article 315 du Code civil (v. s^s^ n°s 212.53 et 213.211).

A.
Parties

213.211 Action réservée en demande. Comme dans le droit antérieur, l'action n'appartient qu'aux époux, qui peuvent l'exercer séparément ou conjointement, et à l'enfant majeur. Il s'agit pour les époux d'un droit propre, de sorte que l'un ou l'autre n'agit pas au nom de l'enfant mineur et n'a donc pas besoin d'y être autorisé par le juge des tutelles à la différence de l'action en recherche de maternité ou de paternité. Mais depuis la loi de ratification du 16 janvier 2009, il est vraisemblable que le mari préfèrera le plus souvent reconnaître l'enfant, comme il est dorénavant admis à le faire par l'article 315 du Code civil, excepté dans le cas d'une reconnaissance antérieure par un tiers (v. s^s^ n°s 212.46 et 212.55). En effet, dans cette dernière hypothèse, le mari doit d'abord agir en contestation de cette reconnaissance et en obtenir l'annulation; il peut y joindre sa demande en rétablissement des effets de la présomption de paternité et s'il prouve qu'il est le véritable père, la démonstration de l'inexactitude de la reconnaissance du tiers est faite du même coup.

Quant à l'enfant, lorsqu'il a été émancipé, il peut certainement exercer l'action sans attendre sa majorité.

213.212 Défendeur. Si l'action est exercée par l'un seulement des époux, ce qui en pratique va désormais viser généralement la mère, elle est dirigée contre son mari ou, en cas de décès, contre ses héritiers. Si elle est engagée conjointement par les deux époux, elle est dirigée contre le parquet ou contre le tiers qui aurait auparavant reconnu l'enfant. Lorsque l'enfant est sans filiation paternelle établie, les époux ont même la possibilité de former une requête conjointe gracieuse (v. circ. 30 juin 2006, 1re partie, I, 2.4.1, b - V. s^s^ n° 61.13).

B.
Délai de prescription

213.221 Modification. Dans le droit antérieur, les époux étaient recevables à agir dans le délai trentenaire du droit commun courant à compter de la naissance. La loi du 8 janvier 1993 avait ouvert l'action à l'enfant, mais seulement dans les deux années de sa majorité. L'ordonnance du 4 juillet 2005 a apporté des modifications sur ce point puisque **les époux ne sont recevables à agir que durant toute la minorité de l'enfant.** Puis l'action est strictement réservée à ce dernier à compter de sa majorité. Elle lui est alors ouverte, par analogie à l'action en recherche de paternité hors mariage, **jusqu'à l'âge de vingt-huit ans,** y compris sans doute dans le cas où il avait été émancipé[1] (v. s^s^ n° 213.161). Mais quand il a atteint l'âge de vingt-huit ans, l'action est éteinte.

213.222 Droit transitoire. Applicable aux enfants nés avant son entrée en vigueur, l'ordonnance du 4 juillet 2005 contient une disposition transitoire dans son article 20-IV selon lequel : « *Sous réserve des décisions de justice passées en force de chose jugée, les actions prévues par les articles 327 et 329 du Code civil, tels qu'ils résultent de la présente ordonnance, peuvent être exercées, sans que puisse être opposée la forclusion tirée de la loi ancienne, lorsque, à la date de l'entrée en vigueur de cette ordonnance, la prescription prévue par l'article 321, tel qu'il résulte de la même ordonnance, n'est pas acquise. L'action doit alors être exercée dans le délai restant à courir à la date d'entrée en vigueur de la présente ordonnance, sans que ce délai puisse être inférieur à un an*[2] ».

Par conséquent, sous réserve des décisions passées en force de chose jugée, les enfants âgés de plus de vingt ans et de moins de vingt-huit ans le 1er juillet 2006 sont recevables à agir en rétablissement des effets de la présomption de paternité. Dans le cas où ils approchaient de l'âge de vingt-huit ans, ils ont disposé d'un délai raisonnable qui ne pouvait être inférieur à une année.

C.
Prévention des conflits de paternités

213.231 Jurisprudence antérieure. Pour l'application de l'ancien article 313-2 du Code civil, la Cour de cassation avait décidé dans un arrêt de principe que le rétablissement de la présomption de paternité impliquait la preuve de la paternité du mari, ce qui excluait la paternité d'un tiers dont la reconnaissance antérieure était corrélativement

1. Rappr. Civ. 1re, 14 mars 1978, n° 76-12.992, *Bull. civ.* I, n° 104.
2. V. J. Hauser, « La réforme du droit de la filiation. Dispositions transitoires », *AJ fam.* 2005, 432; *D.* 2006, chron. 17 – J. Massip, « Le nouveau droit de la filiation », *Defrénois* 2006, art. 38324, p. 209 s.

annulée, de sorte que le conflit de paternités était ainsi résolu[1].

213.232 Incidences du principe chronologique. Depuis l'ordonnance du 4 juillet 2005, le principe chronologique prévu à l'article 320 du Code civil (v. s[s] n°s 213.71 s.) emporte pour conséquence, dans une action aux fins de rétablissement des effets de la présomption « *Pater is est* », l'obligation pour le demandeur de contester avec succès la paternité antérieurement établie d'un tiers, les deux demandes pouvant néanmoins être jointes (v. circ. 30 juin 2006, 1re partie, I, 2.4.1 - V. s[s] n° 61.13). Sur ce point, comme dans la jurisprudence antérieure, la preuve que le mari est le véritable père (v. s[s] n° 213.241) inclut celle de la non-paternité du tiers et le rétablissement de la présomption en faveur du mari continue à entraîner l'annulation de la reconnaissance faite par un tiers avant ou après la naissance (v. circ. 30 juin 2006, 1re partie, I, 2.4.1 - V. s[s] n° 61.13).

Toutefois, dans la situation particulière visée à l'article 336-1 du Code civil où le mari est inscrit en qualité de père dans l'acte de naissance alors qu'une reconnaissance paternelle prénatale a été faite par un tiers, le parquet doit sans délai saisir le tribunal de grande instance aux fins de résoudre ce conflit de filiations (v. s[s] n° 213.72).

D.
Preuve

213.241 Expertise biologique. Sous l'empire du droit antérieur, la Cour de cassation avait décidé que dans une action en rétablissement des effets de la présomption « *Pater is est* », l'expertise biologique est de droit, sauf motif légitime de ne pas y procéder[2], comme dans toute action relative à la filiation hormis l'action en constatation de la possession d'état (v. s[s] n° 213.292). Cette solution conserve toute sa valeur pour la mise en œuvre de l'article 329 du Code civil. En demande ou en défense, chacune des parties peut donc réclamer une expertise biologique. Le tribunal peut aussi ordonner d'office une telle mesure d'instruction[3].

E.
Jugement

213.251 Effet déclaratif. Le jugement qui fait droit à la demande a un caractère déclaratif. La paternité du mari est donc réputée établie rétroactivement depuis la naissance. Le mari est ainsi débiteur d'une obligation d'entretien à l'égard de l'enfant à compter de la naissance et au titre des mesures accessoires, le tribunal peut dans la même décision statuer en application de l'article 331 du Code civil sur la contribution mise à sa charge (v. s[s] n° 213.81), ainsi que sur l'exercice de l'autorité parentale, notamment lorsque les époux sont divorcés ou vivent séparés.

Par ailleurs, selon l'article 311-23 alinéa 2 du Code civil, les époux ont la faculté de faire une déclaration conjointe de changement du nom de leur enfant mineur devant l'officier de l'état civil du lieu de sa résidence habituelle (v. circ. 30 juin 2006, 1re partie, I, 2.4.2 - V. s[s] n° 61.13). L'enfant majeur ne peut plus demander une modification de son nom.

Enfin, le tribunal ordonne la mise à jour des registres de l'état civil est mis à jour.

§ 4
Action en constatation de la possession d'état de l'enfant

213.260 Particularités. L'ordonnance du 4 juillet 2005 a consacré l'existence de l'action en constatation de la possession d'état qui avait été dégagée par la jurisprudence de l'ancien article 334-8 du Code civil, tel qu'il fut complété par la loi du 25 juin 1982 dans le contexte de l'affaire *Law King*[4]. Lors des débats parlementaires, c'est à l'établissement de la **paternité naturelle** que les parlementaires avaient songé et cela devrait demeurer le domaine privilégié de cette action, puisqu'en mariage, la paternité du mari découle de la présomption de l'article 312 du Code civil. De la sorte, l'enfant conçu ou né dans le mariage n'est quasiment jamais conduit à prouver sa filiation par sa possession d'état à l'égard des époux[5]. Théoriquement, la solution valait aussi pour

1. Civ. 1re, 25 juin 1991, n° 90-13.881, *Bull. civ.* I, n° 208; *Gaz. Pal.* 1992, 1, 139, note Massip.
2. Civ. 1re, 28 mars 2000, n° 98-12.806, préc. s[s] n°s 213.132 et 213.181 – Civ. 1re, 29 mai 2001, n° 99-21.830, *Bull. civ.* I, n° 152; *D.* 2002, J. 1588, note Cocteau-Senn; *D.* 2002, somm. 2018, obs. Granet-Lambrechts; *RTD civ.* 2001, 572, obs. Hauser; *Dr. fam.* 2001, comm. n° 93, note Murat; *JCP* 2001, II, 10605, concl. Sainte-Rose et note Arnaudin; *RJPF* 11/2001, p. 37, note Vassaux – Puis SUR RENVOI : CA Bordeaux, 9 sept. 2003, *Dr. fam.* 2004, comm. 33, note Murat – Et REJET DU POURVOI FORMÉ CONTRE CET ARRÊT par : Civ. 1re, 3 janv. 2006, n° 04-14.904, NP; *Juris-Data* n° 031496.
3. V. TERRÉ et FENOUILLET, n° 765 – O. Matocq, « Le rapport d'expertise biologique dans le droit de la filiation deviendra-t-il le passage obligé ? », *Dr. fam.* 2006, étude 7.
4. Cass. ass. plén., 9 juill. 1982, n° 80-17.084, *Bull. ass. plén.*, n° 4; *JCP* 1983, II, 19993, concl. Cabannes; *Gaz. Pal.* 1982, 2, 513; *Defrénois* 1982, art. 32935, p. 1265, note Massip.
5. Pour une espèce particulière où la filiation fut prouvée par un acte de notoriété constatant la possession d'état de l'enfant légitime : Civ. 1re, 19 avr. 2005, n° 02-14.953, *Bull. civ.* I, n° 196; *Dr. fam.* 2005, comm. n° 181, note Murat.

la maternité naturelle, mais il n'y a pas eu de jurisprudence sur ce point et une telle hypothèse apparaît désormais comme tout à fait marginale du fait du nouvel article 311-25 (v. s^{s} n°s 212.11 s.).

Pour éviter des filiations occultes, l'ordonnance du 4 juillet 2005 a innové en subordonnant les **effets de droit attachés à la possession d'état** à sa **constatation dans un acte de notoriété** délivré dans les conditions de l'article 317 (v. s^{s} n°s 212.111 s.) ou dans un **jugement rendu à l'issue d'une action en constatation** régie par l'article 330.

S'il n'y a pas de hiérarchie entre ces deux dispositions, le régime juridique qu'elles prévoient respectivement est différent. Un **acte de notoriété** ne peut être demandé que par les père et mère ou par l'enfant et dans un délai de cinq années à compter du jour où la possession d'état a cessé; en cas de décès du parent prétendu, le délai court à compter de cet événement. La compétence est attribuée au **juge d'instance** et il s'agit d'une **procédure gracieuse.** L'acte est délivré sur la production de trois témoignages, ce qui n'empêche pas le juge de procéder à toutes autres investigations. L'acte renverse la charge de la preuve sur ceux qui prétendraient ensuite contester la filiation de l'enfant ainsi établie.

En revanche, **l'action en constatation de la possession d'état** est une véritable action relative à la filiation et comme telle, elle est de la compétence du **tribunal de grande instance** (v. s^{s} n° 213.62). Lorsque le délai pour obtenir un acte de notoriété est expiré ou si le juge a refusé de délivrer l'acte demandé, la voie de l'action en constatation n'en est pas moins ouverte, dans le respect des conditions auxquelles elle est assujettie. Rappelons que l'article 317 du Code civil mentionne désormais expressément la possibilité de faire constater par acte de notoriété une possession d'état prénatale pour épargner à la mère une action fondée sur l'article 330 en cas de décès du futur père survenant avant la naissance[1].

En outre, par rapport aux actions en recherche de maternité ou de paternité ou à l'action en rétablissement des effets de la présomption de paternité, elle présente des **particularités.** C'est la seule des quatre actions aux fins d'établissement de la filiation à ne pas être réservée en demande et à être ouverte à tout intéressé (A). Elle est soumise au délai de prescription décennale du droit commun (B) (v. s^{s} n° 213.271) et à la fin de non-recevoir tirée du principe chronologique (C). L'objet de la preuve présente une spécificité : il porte non pas sur la vérité biologique à la différence des trois autres actions, mais sur l'existence et les qualités de la possession d'état et donc sur la réalité sociologique (D), second fondement possible du lien de filiation, ce dont la Cour de cassation tire pour conséquence que l'expertise biologique n'est pas de droit (v. s^{s} n° 213.292). En outre, si le jugement a classiquement un effet déclaratif du lien de filiation, il peut être attaqué par la voie de la tierce opposition (E).

1. Sur ce cas, v. affaire *Pironi* : TGI Nanterre, 8 juin 1988, *D.* 1988, somm. 400, obs. Huet-Weiller.

A.
Ouverture de l'action

213.261 Action ouverte à tout intéressé. Sous l'empire de la loi de 1982, la Cour de cassation avait cassé un arrêt qui, considérant que l'action n'appartenait qu'à l'enfant à l'instar de la recherche de paternité naturelle, avait jugé des grands-parents irrecevables à agir en constatation de la possession d'état de leur petit-fils à l'égard de leur fils prédécédé[2]. Elle avait décidé que l'action était ouverte à tout intéressé, après avoir affirmé à diverses reprises qu'il s'agissait de deux actions distinctes (v. s^{s} n° 213.150)[3]. Au soutien de cette interprétation, on avait relevé qu'elle n'avait pas pour objet de prouver un état, ce qui aurait justifié un caractère attitré, mais la possession d'état déjà existante d'où découlait l'établissement du lien de filiation, de sorte que cette action devait être ouverte à tout intéressé.

L'article 330 du Code civil consacre cette solution, même si la réforme traite de l'action en constatation de la possession d'état parmi les « *actions aux fins d'établissement de la filiation* ». Toutefois, elle continue à la soumettre à un régime spécifique par rapport aux actions en recherche de maternité ou de paternité ou en rétablissement des effets de la présomption « *Pater is est* ».

213.262 Domaine de l'action. L'établissement de la filiation peut être prouvé en justice par tout intéressé, que ce soit du vivant du parent prétendu ou à des fins successorales après son décès, comme cela a été le cas le plus souvent dans la jurisprudence antérieure. Bien sûr, l'intérêt à agir suppose que la filiation alléguée ne soit pas déjà établie par l'effet de la loi ou par une reconnaissance valablement effectuée. En revanche, il n'est pas subordonné à l'irrecevabilité ou à l'échec d'une demande en recherche de paternité car il s'agit d'actions dis-

2. Civ. 1re, 10 mars 1998, n° 96-11.250, *Bull. civ.* I, n° 99; *D.* 1998, somm. 299, obs. Job; *D.* 1998, 355, obs. Granet-Lambrechts; *RTD civ.* 1998, 665, obs. Hauser; *Dr. fam.* 1998, comm. 96, note Murat; *Defrénois* 1998, art. 36860, p. 1021, obs. Massip; *LPA* 21 et 23 oct. 1998, n° 126, 19; n° 127, 23, note Raoul-Cormeil.
3. V. AUSSI, TERRÉ et FENOUILLET, n° 749.

tinctes dans leur cause et dans la nature de leur objet, comme l'a rappelé à plusieurs reprises la Cour de cassation depuis la loi de 1982[1] et cette jurisprudence conserve sa valeur.

B. Délai de prescription

213.271 Délai décennal du droit commun. Sous l'empire du droit antérieur, en raison de la spécificité de son objet, l'action induite de la loi de 1982 ne tendant pas à réclamer un lien de filiation mais à faire judiciairement constater qu'il était d'ores et déjà établi par la possession d'état, l'opinion avait été émise en doctrine qu'elle était imprescriptible[2], ainsi que certains jugements l'avaient admis[3], tandis que d'autres retenaient le principe de la prescription trentenaire du droit commun prévu par l'ancien article 311-7[4] du Code civil avec l'approbation d'une partie de la doctrine[5]. La Cour de cassation se prononça fermement en faveur de cette seconde opinion[6] : « *Distincte de l'action en recherche de paternité, l'action en constatation de possession d'état n'est pas soumise au délai préfix prévu par l'article 340-4 du Code civil, mais à la prescription de trente ans telle qu'instaurée par l'article 311-7 du même code* ».

1. Civ. 1re, 27 oct. 1992, n° 91-11.751, *Bull. civ.* I, n° 273; *RTD civ.* 1993, 627, obs. Patarin; *JCP* 1993, I, 3688, obs. Bernigaud; *Defrénois* 1993, p. 718, obs. Massip – Civ. 1re, 10 févr. 1993, n° 91-14.544, *Bull. civ.* I, n° 67; *D.* 1993, J. 490, note Hauser et Nicoleau; *D.* 1993, somm. 325, obs. Granet-Lambrechts; *JCP* 1993, I, 3688, obs. Bernigaud; *Defrénois* 1993, p. 718, obs. Massip; *Defrénois* 1994, p. 547, note De Saint-Affrique – Civ. 1re, 10 mars 1998, n° 96-11.250, *Bull. civ.* I, n° 99; *D.* 1998, somm. 299, obs. Job; *D.* 1998, 355, obs. Granet-Lambrechts; *LPA* 4 nov. 1998, n° 132, 29; *Defrénois* 1998, p. 1021, obs. Massip; *Dr. fam.* 1998, comm. 96, note Murat; *LPA* 21 et 23 oct. 1998, n° 126, 19 et n° 127, 23, note Raoul-Cormeil; *RTD civ.* 1998, 665, n° 19, obs. Hauser – Civ. 1re, 27 juin 2000, n° 98-23.065, NPT; *RTD civ.* 2001, 121, n° 19, obs. Hauser; *RJPF* 11/2000, p. 20, note Vassaux; *Dr. fam.* 2000, comm. 140, note Murat; *D.* 2001, somm. 974, obs. Granet-Lambrechts – V. encore TERRÉ et FENOUILLET, n° 749.
2. D. Huet-Weiller, note ss Civ. 1re, 10 janv. 1990, n° 88-14.404, *Bull. civ.* I, n° 8; *D.* 1990, J. 195 et réf. citées – HAUSER et HUET-WEILLER, n° 756.
3. V. NOT., TGI Paris, 21 mars 1989, *D.* 1989, somm. 366, 2e esp., obs. Huet-Weiller.
4. V. NOT., TGI Saint-Nazaire, 25 mars 1985, *Juris-Data* n° 044423.
5. V. NOT., J. Massip, *Defrénois* 1982, art. 32935, p. 1265, n° 7.
6. Civ. 1re, 10 févr. 1993, n° 91-14.544, *Bull. civ.* I, n° 67; *D.* 1993, J. 490, note Hauser et Nicoleau; *D.* 1993, somm. 325, obs. Granet-Lambrechts; *Defrénois* 1993, p. 718, obs. Massip.

L'ordonnance du 4 juillet 2005 soumet en principe les actions relatives à la filiation à une prescription décennale et ce délai est applicable à l'action en constatation de la possession d'état par référence expresse à l'article 321 du Code civil.

213.272 Computation. Selon l'article 321 du Code civil, la prescription court « *à compter du jour où la personne a été privée de l'état qu'elle réclame* [...] », c'est-à-dire en l'occurrence à partir du jour où sa possession d'état a cessé[7]. À moins que la possession d'état ait pris fin du vivant du parent prétendu, le délai commence à courir le plus souvent à partir du jour du décès du parent prétendu qui avait élevé l'enfant auparavant (circ. 30 juin 2006, 1re partie, III, 2.5.1, b – V. ss n° 61.13)[8], comme la loi de ratification n° 2009-61 du 16 janvier 2009 a pris soin de le préciser en complétant l'article 330 du Code civil.

À la différence des actions en recherche de maternité, ou en recherche de paternité hors mariage, ou en rétablissement des effets de la présomption « *Pater is est* » que l'enfant peut exercer dans les dix ans de sa majorité du fait de la suspension de la prescription en sa faveur pour cause de minorité, l'action en constatation de la possession d'état peut être engagée plus tardivement. En effet, à la différence des trois autres actions, le point de départ du délai décennal est la cessation de la possession d'état et non pas la naissance (v. circ. 30 juin 2006, 1re partie, III, 2.5.1, b – V. ss n° 61.13)[9]. Mais l'action est éteinte lorsque la possession d'état a cessé depuis plus de dix ans.

213.273 Droit transitoire. En ce qui concerne les enfants nés avant l'entrée en vigueur de la réforme, il a été suggéré de ne faire courir le délai de dix ans institué par l'article 321 qu'à compter du 1er juillet 2006[10]. Cette interprétation a été retenue par la circulaire du 30 juin 2006 (circ. 30 juin 2006,

7. V. J. Massip, « Le nouveau droit de la filiation », *Defrénois* 2006, art. 38312, p. 91 s., spéct n° 34.
8. EN CE SENS, V. aussi TERRÉ et FENOUILLET, n° 749 – J. Hauser, « Des filiations à la filiation », *RJPF* 9/2005, p. 6, spéct p. 11 – F. Dekeuwer-Défossez, « Le nouveau droit de la filiation : pas si simple ! », *RLDC* 2005, n° 21, p. 34 – J. Vassaux, « Premières vues sur la réforme du droit de la filiation. L'ordonnance n° 2005-759 du 4 juillet 2005 », *JCP N* 2005, étude 1458, p. 1911, spéct n° 23 – Pour des OPINIONS NUANCÉES OU CRITIQUES : A. Gouttenoire, « Les actions relatives à la filiation après la réforme du 4 juillet 2005 », *Dr. fam.* 2006, étude 6, spéct n° 3 – P. Murat, « L'action de l'ordonnance du 4 juillet 2005 sur la possession d'état », *Dr. fam.* 2006, étude 5, spéct n° 13.
9. V. AUSSI, J. Massip, « Le nouveau droit de la filiation », *Defrénois* 2006, art. 38312, p. 91 s., spéct n° 48.
10. J. Hauser, « Le nouveau droit de la filiation », *D.* 2006, chron. 17; « Les dispositions transitoires », *AJ fam.* 2005, 432.

1re partie, IV, 2.1 - V. ss n° 61.13). Dans le cas où la possession d'état aurait cessé avant le 1er juillet 2006 et où l'enfant se trouvait alors encore dans le délai trentenaire prévu par le droit antérieur pour la faire constater en justice, l'action ne serait pas prescrite et pourrait être exercée pendant dix ans, soit jusqu'en 2016.

C. Fins de non-recevoir

213.281 Établissement antérieur d'un lien de filiation contraire. Outre l'extinction de l'action par prescription, l'action peut se heurter à un obstacle résultant de l'établissement d'une filiation contraire. En effet, comme dans toutes les actions aux fins d'établir la filiation, le principe chronologique prévu par l'article 320 du Code civil est en principe applicable. Par conséquent, si l'enfant a déjà un lien de filiation légalement établi, l'établissement d'une filiation contraire par la possession d'état à l'égard d'un tiers implique la contestation et l'annulation de la filiation établie en premier lieu.

213.282 Échec antérieur d'une action en recherche. En revanche, en cas d'échec d'une précédente action en recherche, l'autorité de la chose jugée ne rend pas irrecevable une demande en constatation de la possession d'état, comme la Cour de cassation l'a décidé sous l'empire du droit antérieur, car il n'y a pas d'identité d'objet ni de cause dans ces deux actions[1]. Cette solution conserve sa valeur.

D. Preuve judiciaire de la possession d'état

213.291 Preuve par tous moyens. La preuve d'une réunion suffisante d'éléments constitutifs de la possession et des qualités requises de celle-ci pour qu'elle produise ses effets de droit (v. ss nos 211.111 s.) porte sur des éléments de fait. Elle peut être rapportée par tous moyens. C'est d'ailleurs la règle générale dans toutes les actions relatives à la filiation, selon l'article 310-3 alinéa 2 du Code civil. Cette disposition subordonne cependant l'admissibilité de la preuve à la recevabilité de l'action.

213.292 Originalité. La possession d'état révèle la réalité sociologique qu'une expertise biologique est impropre à prouver[2] et qui n'est pas toujours conforme à la vérité biologique. La Cour de cassation a ainsi décidé que dans l'action en constatation de la possession d'état où la preuve est libre, l'expertise biologique n'est pas de droit[3] (v. aussi circ. 30 juin 2006, 1re partie, III, 2.5.1, c - V. ss n° 61.13), à la différence des actions en recherche ou en rétablissement des effets de la présomption « *Pater is est* » (v. ss nos 213.181 et 213.241).

213.293 Appréciation souveraine des juges du fond. La preuve d'une réunion d'éléments suffisants et de l'absence de vice de la possession d'état est appréciée souverainement par les juges du fond. Ils doivent veiller à motiver leur décision pour permettre à la Cour de cassation d'opérer un contrôle de droit (circ. 30 juin 2006, 1re partie, III, 2.5.1, c - V. ss n° 61.13).

213.294 Contrôle de la Cour de cassation. En effet, la Cour de cassation exerce un contrôle limité au respect du droit, mais qui peut être très proche des faits comme l'a bien montré l'affaire *Fesch*[4].

E. Jugement

213.301 Jugement déclaratif. Lorsque l'action est jugée recevable et bien fondée, la filiation établie par la possession d'état judiciairement constatée est réputée l'être rétroactivement depuis la naissance[5], le jugement étant déclaratif. Il ordonne la mise à jour des actes de l'état civil de l'enfant pour y inscrire le lien de filiation (circ. 30 juin 2006, 1re partie, III, 2.5.2 - V. ss n° 61.13).

213.302 Tierce opposition. Le jugement est opposable *erga omnes*. Mais s'agissant d'une action ouverte à tout intéressé, la tierce opposition est

1. Civ. 1re, 27 juin 2000, n° 98-23.065, NPT; *D.* 2001, somm. 974, obs. Granet-Lambrechts; *D.* 2001, 2870, obs. Serra; *RTD civ.* 2001, 121, obs. Hauser; *Dr. fam.* 2000, comm. 140, note Murat; *RJPF* 2000-11/35, note Vassaux.
2. EN CE SENS, Civ. 1re, 6 janv. 2004, n° 00-11.453, NP; *Juris-Data* n° 021915; *D.* 2004, somm. 1423, obs. Granet-Lambrechts – V. AUSSI, A. Pascal et M. Trapero, « Vérité biologique et filiation dans la jurisprudence récente de la Cour de cassation », *R.* 2004, Doc. fr., 2005.
3. Civ. 1re, 6 déc. 2005, n° 03-15.588, *Bull. civ.* I, n° 476; *D.* 2006, pan. 1141, obs. Granet-Lambrechts; *Dr. fam.* 2006, comm. 26, note Murat.
4. Civ. 1re, 25 oct. 2005, n° 03-19.274, NP; *D.* 2006, pan. 1142, obs. Granet-Lambrechts; *Dr. fam.* 2006, comm. 2, note Murat – V. AUPARAVANT dans cette affaire, TGI Créteil, 21 févr. 2002, *D.* 2002, J. 1710, note Granet-Lambrechts; *Dr. fam.* 2002, comm. 97, note Murat; *RTD civ.* 2002, 495, obs. Hauser – INFIRMATION DE CE JUGEMENT par : CA Paris, 4 avr. 2003, *Dr. fam.* 2003, comm. 141, note Murat.
5. V. P. Murat, « L'action de l'ordonnance du 4 juillet 2005 sur la possession d'état », *Dr. fam.* 2006, étude 5.

recevable (C. civ., art. 324 - V. ss n° 213.66)[1]. Le tiers opposant peut ainsi contester l'établissement du lien de filiation, en arguant soit de l'inexistence ou du caractère vicié de la possession d'état, soit de la non-conformité de la filiation à la vérité biologique et dans cette perspective, il peut réclamer une expertise biologique (circ. 30 juin 2006, 1re partie, III, 2.5.2 - V. ss n° 61.13) de la même manière que lorsqu'un acte de notoriété est contesté sur le fondement de l'article 335 du Code civil (v. ss nos 213.361 s.).

SECTION 3

ACTIONS EN CONTESTATION DE LA FILIATION

213.311 Objectifs de la réforme. Dans le droit antérieur où l'on ne rencontrait guère de contestations de maternité sous réserve de situations marginales de supposition ou de substitution d'enfants, les contestations de paternité légitime ou naturelle représentaient au contraire un contentieux excessivement abondant. Le nombre et le régime variable des actions étaient en outre à l'origine d'une grande complexité. S'agissant de la contestation de la paternité légitime, à côté du désaveu réservé au mari ou à ses héritiers après son décès et enfermé dans un très bref délai institué à peine de déchéance, la loi de 1972 avait permis à la mère de contester la paternité de son ex-mari aux fins de légitimer en justice l'enfant sur la demande formée conjointement par elle et par le véritable père avec lequel elle s'était remariée. Cette action était aussi subordonnée à des conditions strictes de délai (C. civ., anc. art. 318 à 318-2). La Cour de cassation avait néanmoins dénaturé la rigueur de la loi par interprétation *a contrario* de l'ancien article 334-9 du Code civil puis de l'ancien article 322, en ouvrant la contestation à tout intéressé et dans un délai de trente années lorsque la filiation était établie par un titre non corroboré par la possession d'état (l'enfant, lui, pouvant même agir jusqu'à l'âge de quarante-huit ans du fait de la suspension de la prescription en sa faveur pour cause de minorité).

S'agissant de la paternité naturelle, une reconnaissance pouvait être contestée par tout intéressé dans le délai trentenaire du droit commun. Toutefois, lorsqu'elle était corroborée par la possession d'état depuis dix années, seuls pouvaient encore agir l'autre parent, le prétendu parent véritable et l'enfant.

Les conditions de recevabilité et le régime de toutes ces actions variaient selon la nature de la filiation. Il régnait ainsi désordre et confusion en ce domaine, au détriment de la stabilité de la filiation de façon très regrettable et au mépris du principe d'égalité entre enfants légitimes et enfants naturels.

L'ordonnance du 4 juillet 2005 innove sensiblement dans le but de préserver la **stabilité** et la **sécurité de la filiation** en même temps qu'elle simplifie et clarifie les modalités de la contestation de la filiation dans une perspective d'harmonisation et d'égalité entre filiation en mariage et filiation hors mariage, conformément à la loi d'habilitation[2].

213.312 Modifications successives des textes. Dans l'ordonnance du 4 juillet 2005, seules trois actions en contestation ont été prévues (circ. 30 juin 2006, 1re partie, III, 3 - V. ss n° 61.13). Le nombre des dispositions correspondantes s'en est trouvé corrélativement diminué de façon conséquente. Selon l'article 332 du Code civil : « *La maternité peut être contestée en rapportant la preuve que la mère n'a pas accouché de l'enfant.*

La paternité peut être contestée en rapportant la preuve que le mari ou l'auteur de la reconnaissance n'est pas le père. »

Et l'article 335 du Code civil a maintenu l'action en contestation de la possession d'état, lorsqu'un acte de notoriété constatant la possession d'état de l'enfant a été délivré, puis que le lien de filiation a été inscrit en marge de son acte de naissance.

La loi de ratification n° 2009-61 du 16 janvier 2009 est cependant venue ajouter au Code civil un nouvel article 336-1 aux termes duquel : « *Lorsqu'il détient une reconnaissance paternelle prénatale dont les énonciations relatives à son auteur sont contredites par les informations concernant le père que lui communique le déclarant, l'officier de l'état civil compétent en application de l'article 55 établit l'acte de naissance au vu des informations communiquées par le déclarant. Il en avise sans délai le procureur de la République qui élève le conflit de paternités sur le fondement de l'article 336* ».

Le Parlement a ainsi étendu le **rôle du ministère public** à certains conflits de paternités, spécialement à l'hypothèse d'un **conflit résultant d'un acte de naissance indiquant le mari en qualité de père** et d'une **reconnaissance prénatale par un tiers**. La loi du 16 janvier 2009 a alors entendu « *fixer une règle de résolution des conflits de filiation respectueuse de la présomption* "pater is est" » , au motif que « *le principe chronologique posé par l'ordonnance du 4 juillet 2005 ne permet pas de prévenir tous les conflits de filiation, contrairement à l'objectif recherché, et peut aboutir à des situations choquantes* »[3]. Si l'officier de

1. V. AUSSI, J. Massip, « Le nouveau droit de la filiation », *Defrénois* 2006, art. 38312, p. 91 s., spéct nos 47 et 49.

2. L. n° 2004-1343, 9 déc. 2004, de simplification du droit, *JO* 10 déc., p. 20857.

3. H. de Richemont, rapp. au Sénat n° 145.

l'état civil constate au moment de l'établissement de l'acte de naissance que les indications relatives au père sont contradictoires avec celles figurant dans une reconnaissance paternelle prénatale en sa possession, il doit porter dans l'acte de naissance les indications communiquées par la personne qui lui déclare la naissance. Il doit en aviser sans délai le procureur de la République pour qu'il saisisse le tribunal de grande instance qui tranchera ce conflit.

Par entorse au principe chronologique et pour valoriser le mariage et la paternité du mari, le législateur a voulu éviter qu'un couple marié se trouve empêché de faire jouer la présomption de paternité du mari parce qu'un tiers a reconnu l'enfant avant sa naissance et épargner aux époux une action en rétablissement de ses effets. Toutefois, il s'agit de ne pas laisser perdurer l'établissement des deux liens de filiation paternelle contraires. Le **conflit de filiations** doit être tranché par le **tribunal de grande instance** sur **saisine du procureur de la République** (v. s[s] n°s 212.53, 213.202 et 213.211).

La même solution est applicable aux conflits de filiations résultant de **reconnaissances de paternités contradictoires concernant un enfant né hors mariage**, l'une faite avant la naissance et l'autre dans l'acte de naissance.

La mise en œuvre de l'article 336-1 du Code civil ne sera pas nécessairement aisée. En effet, à moins de détenir le registre des naissances, l'officier qui dressera l'acte ignorera l'existence de la reconnaissance prénatale et cela retardera la résolution du conflit.

En outre, la référence à l'article 336 du Code civil dans l'article 336-1 est surprenante dans la mesure où la situation concrète ne correspondra pas le plus souvent à une fraude à la loi [1].

213.313 Harmonisation du régime juridique. L'action en contestation de maternité et l'action en contestation de paternité ont été assujetties à un régime commun. De plus, du fait de la suppression de la distinction entre filiation légitime et filiation naturelle, il n'y a plus de distinction selon les circonstances de la naissance de l'enfant dont la filiation est contestée. Le lien de filiation paternelle ou maternelle, en mariage comme hors mariage, est entouré d'une égale protection dont le degré varie en fonction de ses modes d'établissement (circ. 30 juin 2006, 1re partie, III, 3.1 – V. s[s] n° 61.13). Parce que sa vraisemblance est plus forte, la filiation établie par un titre (acte de naissance ou de reconnaissance selon le cas, à l'exclusion d'un acte de notoriété constatant la possession d'état) et la possession d'état conforme bénéficie d'une protection supérieure à celle résultant d'un titre non corroboré par la possession d'état. La réforme innove profondément en la matière, notamment en permettant de contester la paternité du mari bien qu'elle soit établie par un acte de naissance et par la possession d'état, contrairement au principe posé par l'ancien article 322 du Code civil.

Lorsque la filiation est établie par la possession d'état constatée dans un acte de notoriété, l'action en contestation obéit à des règles spécifiques, très novatrices du fait de la valeur accrue reconnue à la réalité sociologique.

Sous réserve des règles particulières prévues par les articles 332 à 337 du Code civil, les dispositions générales concernant les actions relatives à la filiation sont applicables (v. s[s] n°s 213.11 s.).

1. V. G. Vial, « La recevabilité des actions relatives à la filiation dans la loi n° 2009-61 du 16 janvier 2009 », *Dr. fam.* 2009, étude 18 – J. Massip, « La loi du 16 janvier 2009 ratifiant l'ordonnance du 4 juillet 2005 réformant le droit de la filiation », *Defrénois* 2009, art. 38913, p. 591.

§ 1
Action en contestation de maternité ou de paternité

213.321 Objet de la preuve. La maternité étant fondée exclusivement sur l'accouchement, l'action en contestation de maternité implique de prouver que la femme désignée pour la mère dans l'acte de naissance ou, à défaut, qui a reconnu l'enfant, n'a pas accouché de lui. Cela implique qu'il y ait eu une supposition ou une substitution d'enfants.

L'action en contestation de paternité conduit à prouver que le mari ou l'auteur d'une reconnaissance paternelle n'est pas le père véritable.

213.322 Preuve par tous moyens. En principe, la preuve est libre et les éléments fournis sont souverainement appréciés par les juges du fond. Bien sûr, une expertise biologique sera le plus souvent ordonnée : dès que l'une des parties en fait la demande, elle est même de droit sauf motif légitime de ne pas y procéder (v. s[s] n°s 211.41 s.), selon la jurisprudence antérieure qui reste d'actualité.

En revanche, lorsque le parquet forme une demande en contestation, il doit fournir une preuve intrinsèque de l'inexactitude du lien de filiation ou démontrer qu'il a été établi en fraude à la loi (C. civ., art. 336).

L'article 336-1 renvoie à l'article 336 dans l'hypothèse où le ministère public doit saisir le tribunal de grande instance d'une action aux fins de trancher certains conflits de paternités, le législateur ayant sans doute considéré qu'en raison de la contradiction entre deux titres d'état civil, l'invraisemblance de la filiation s'en dégage de façon intrinsèque (v. s[s] n°s 212.53, 213.202 et 213.211).

213.323 **Admissibilité de la preuve.** Selon l'article 310-3 alinéa 2 du Code civil, la preuve n'est admissible que si l'action est recevable. Or sur ce point, qu'il s'agisse des titulaires ou du délai de l'action, son régime dépend du mode d'établissement de la filiation contestée.

A. Contestation de la filiation établie par un titre corroboré par la possession d'état

213.331 **Conditions d'ouverture de l'action.** Aux termes de l'article 333 alinéa 1er du Code civil : « *Lorsque la possession d'état est conforme au titre, seuls peuvent agir l'enfant, l'un de ses père et mère ou celui qui se prétend le parent véritable. L'action se prescrit par cinq ans à compter du jour où la possession d'état a cessé ou du décès du parent dont le lien de filiation est contesté* ».

213.332 **Titulaires déterminés.** Les personnes admises à contester la filiation sont limitativement énumérées par cette disposition, dans l'esprit de l'ancien article 339 alinéa 3 du Code civil qui concernait l'action en contestation d'une reconnaissance d'enfant naturel. Sont seuls recevables à agir l'enfant lui-même, qui doit être représenté pour cause de minorité, chacun de ses père et mère et le prétendu parent véritable. Aucune autre personne n'est admise à exercer l'action.

L'article 336 du Code civil permet en outre au ministère public, de façon générale c'est-à-dire sans distinguer selon les modes d'établissement de la filiation légalement établie, de la contester à condition que des indices tirés des actes eux-mêmes la rendent invraisemblable ou qu'il y ait eu une fraude à la loi, ce qui pourrait se produire par exemple en cas de reconnaissance paternelle faite par un transsexuel de sexe biologique féminin, ou de trop faible différence d'âge entre l'enfant et l'auteur de la reconnaissance. Mais il s'agit de situations tout à fait marginales (circ. 30 juin 2006, 1re partie, III, 3.1.1, c - V. s[s] n° 61.13). En revanche, le parquet pourrait poursuivre la nullité d'une filiation maternelle en rapportant la preuve d'une supposition d'enfant consécutive à une convention de maternité pour autrui illicite. Enfin, par référence à l'article 336, l'article 336-1 enjoint au parquet de saisir le tribunal de grande instance d'une action aux fins de trancher un conflit de paternités opposant un acte de naissance indiquant le mari en qualité de père ou incluant une reconnaissance de paternité faite par le déclarant à une reconnaissance paternelle prénatale faite par un tiers (v. s[s] n°s 212.53, 213.202 et 213.211).

213.333 **En défense.** Quand elle est engagée par le prétendu parent véritable, l'action est dirigée contre l'enfant et ses parents légaux. Lorsque le père conteste sa paternité ou si la mère conteste sa maternité, la demande est formée contre l'enfant. La présence de l'autre parent aux débats s'impose en raison du caractère intime et personnel des faits. D'ailleurs, le tribunal a le pouvoir de mettre en cause d'office l'autre parent afin de lui rendre le jugement commun (C. civ., art. 324). Dans le cas où l'un des père et mère conteste la filiation de l'enfant à l'égard de l'autre, il doit exercer l'action contre l'enfant et contre celui dont il conteste le lien de parenté. En raison de l'opposition d'intérêts entre l'enfant mineur et ses représentants légaux, celui-ci doit être représenté par un administrateur *ad hoc*, conformément à l'article 389-3 alinéa 2 du Code civil.

213.334 **Délai de prescription.** L'action est enfermée dans un **délai de cinq ans** qui court à compter du jour de la cessation de la possession d'état ou du décès du parent envers lequel le lien de filiation est contesté (C. civ., art. 333, al. 1er). La durée du délai est donc plus brève qu'en droit commun (comp. C. civ., art. 321 - V. s[s] n° 213.32).

En revanche, un auteur a relevé que s'agissant d'un délai de prescription, il est vraisemblablement suspendu durant sa minorité en faveur de l'enfant, comme pour la mise en œuvre de l'article 321 du Code civil[1].

213.335 **Fin de non-recevoir.** Le second alinéa de l'article 333 du Code civil édicte en outre une fin de non-recevoir à toute action en contestation exercée par quiconque à l'exception du parquet, quand l'enfant jouit de la possession d'état conforme à son titre de filiation depuis cinq années.

Dans l'hypothèse où le titre est un acte de naissance qui est corroboré par la possession d'état depuis cinq ans, l'action est éteinte lorsque l'enfant est âgé de cinq ans.

Dans celle où la filiation est établie par une reconnaissance, le délai de cinq ans court à compter de celle-ci.

Une fois le délai expiré, toute demande en contestation est devenue irrecevable, hormis une demande émanant du ministère public, soumise à la prescription décennale. Le délai visé par l'alinéa 2 de l'article 333 est préfix et prévu à peine de déchéance (circ. 30 juin 2006, 1re partie, III, 3.1.1, c - V. s[s] n° 61.13). Il s'agit certainement d'une disposition

1. V. J. Massip, « Le nouveau droit de la filiation », *Defrénois* 2006, art. 38312, p. 91 s., spéc[t] n° 57.

d'ordre public, de sorte que si elle est soulevée par le défendeur ou d'office par le parquet[1], le tribunal doit statuer sur ce point avant d'ordonner toute mesure d'instruction et qu'à défaut, il doit relever d'office cette fin de non-recevoir (C. pr. civ., art. 125).

B. Contestation de la filiation établie par un titre non corroboré par la possession d'état

213.341 Ouverture plus large de l'action. La filiation établie par un titre nu, non conforté par la possession d'état, présente *a priori* une vraisemblance bien moindre. Cela peut donc justifier des conditions d'ouverture moins strictes pour une action en contestation et l'absence de fin de non-recevoir spécifique. Ainsi, l'article 334 du Code civil dispose que : « *À défaut de possession d'état conforme au titre, l'action en contestation peut être engagée par toute personne qui y a intérêt dans le délai prévu à l'article 321* ».

213.342 Titulaires. L'action est ouverte à toute personne qui y a un intérêt matériel ou moral. Outre chacun des père et mère, l'enfant ou le prétendu parent véritable, il peut s'agir de demi-frères ou sœurs de l'enfant ou encore d'autres membres de la famille. Néanmoins, sur ce dernier point, il convient de rappeler qu'en matière de contestation d'une reconnaissance paternelle dans le droit antérieur, la jurisprudence considérait que les grands-parents n'avaient pas d'intérêt moral de principe à agir au seul prétexte du respect de la vérité biologique et qu'ils devaient justifier d'un intérêt personnel et pertinent[2]. Ces solutions conservent sans doute leur valeur pour la mise en œuvre de l'article 334 du Code civil.

L'article 336 donne aussi au parquet le droit de contester la filiation dans les conditions spécifiques qu'il mentionne (v. s^{s} n° 213.332). L'article 336-1 donne aussi compétence au ministère public pour saisir le tribunal de grande instance d'une action aux fins de trancher certains conflits de paternités (v. s^{s} n°s 212.53, 213.72, 213.202 et 213.211).

Quant à l'ouverture de l'action aux créanciers du parent légal ou de l'enfant, la question fut discutée dans le droit antérieur où l'on a considéré que s'agissant d'une action exclusivement attachée à la personne au sens de l'article 1166 du Code civil, elle devait leur être refusée.

213.343 Délai. L'action est soumise à la prescription décennale du droit commun, qui est suspendue en faveur de l'enfant durant sa minorité (C. civ., art. 321). Le délai court à compter de la naissance lorsque la filiation est établie par l'acte de naissance ou à compter de la reconnaissance maternelle ou paternelle faite ultérieurement. En cas de contestation d'une reconnaissance prénatale, le délai court à partir de la naissance[3].

C. Jugement

213.351 Annulation rétroactive. Lorsqu'il est fait droit à la demande, la filiation contestée est rétroactivement annulée, le jugement étant déclaratif. Le lien de filiation est réputé n'avoir jamais été établi, ce qui génère des conséquences très importantes. Outre la mise à jour des actes de l'état civil de l'enfant, l'obligation d'entretien et la responsabilité attachée à l'autorité parentale disparaissent rétroactivement. Cela avait conduit la jurisprudence antérieure à accorder un droit à répétition de l'indu au mari[4], ou au père naturel père évincé sauf dans l'hypothèse d'une reconnaissance de complaisance suivie d'une contestation par son auteur. La jurisprudence avait aussi relevé l'effacement rétroactif de la responsabilité parentale, l'homme dont la paternité était annulée échappant à l'engagement de sa responsabilité de plein droit en cas de dommage causé par l'enfant[5].

Réciproquement, l'enfant qui conteste avec succès sa filiation ne peut être tenu d'acquitter à un établissement de santé ou à une maison de retraite les frais afférant à un séjour de la personne envers laquelle tout lien de parenté est anéanti[6].

Ces solutions conservent leur valeur.

213.352 Réparation du préjudice causé à l'enfant. La jurisprudence antérieure condamnait l'auteur d'une reconnaissance mensongère, quand il en obtenait l'annulation, à réparer le dommage matériel et/ou moral ainsi causé à l'enfant. Cette solution conserve également sa valeur.

1. À propos de la fin de non-recevoir tirée de la conformité à la reconnaissance de la possession d'état pendant dix ans dans l'ancien article 339 du Code civil, RAPPR. : CA Aix-en-Provence, 4 janv. 2005, *Juris-Data* n° 267108.
2. CA Paris, 17 avr. 1992, *D.* 1993, somm. 163, obs. Granet-Lambrechts – CA Paris, 8 avr. 1999, *D.* 2000, somm. 171, obs. Desnoyer et Dumaine – Civ. 1re, 1er févr. 1965, *Bull. civ.* I, n° 84.
3. V. J. Massip, « Le nouveau droit de la filiation », *Defrénois* 2006, art. 38312, p. 91 s., spéc^{t} n° 58.
4. Civ. 1re, 1er févr. 1984, *D.* 1984, J. 388, note Massip – Civ. 1re, 13 févr. 1985, *D.* 1985, J. 462, note J. M.; *D.* 1986, IR 57, obs. Huet-Weiller.
5. Crim. 8 déc. 2004, n° 03-84.715, *Bull. crim.*, n° 315; *AJ fam.* 2005, J. 105, obs. Chénedé; *Dr. fam.* 2005, comm. n° 50, note Murat.
6. CA Besançon, 17 févr. 2000, *Juris-Data* n° 135874.

213.353 **Nom.** L'annulation de la filiation prononcée à une date où l'enfant est devenu majeur ne peut entraîner un changement de son nom de famille que s'il y consent. Au contraire, si elle a lieu pendant sa minorité, l'enfant perd de plein droit le nom de son auteur quand il l'avait acquis (C. civ., art. 61-3).

213.354 **Mesure consolatrice.** L'article 337 du Code civil permet au tribunal, dans l'intérêt de l'enfant élevé auparavant par le parent évincé, d'aménager les relations entre eux afin d'éviter une rupture brutale et douloureuse pour le mineur.

§ 2 Action en contestation de la possession d'état

213.361 **Objet.** La possession d'état établit la filiation, à condition d'avoir été constatée dans un acte de notoriété (v. s[s] n°s 212.10 s.) ou un jugement (v. s[s] n°s 213.260 s.) et ce lien de filiation est inscrit dans les registres de l'état civil.

La filiation établie par la possession d'état constatée dans un acte de notoriété peut être contestée, comme l'avait admis la jurisprudence dans le droit antérieur. En effet, selon l'article 335 du Code civil, « *la filiation établie par la possession d'état constatée par un acte de notoriété peut être contestée par toute personne qui y a intérêt en rapportant la preuve contraire, dans le délai de dix ans à compter de la délivrance de l'acte* ».

213.362 **Ouverture de l'action.** Comme l'action en contestation de maternité ou de paternité lorsque la filiation est établie par un titre seul (v. s[s] n°s 213.341 s.), l'action en contestation de la possession d'état est ouverte à toute personne justifiant d'un intérêt légitime. La circulaire du 30 juin 2006 mentionne également le ministère public qui, sur le fondement de l'article 336 du Code civil ou de l'article 423 du Code de procédure civile, peut contester la filiation « *lorsque l'acte de notoriété constatant la possession d'état a été sollicité afin de contourner les règles légales interdisant d'établir la filiation, notamment en cas de fraude aux règles régissant l'adoption ou interdisant la gestation pour le compte d'autrui* »[1] (circ. 30 juin 2006, 1re partie, III, 3.2.1 - V. s[s] n° 61.13).

213.363 **Délai.** L'action est recevable dans le **délai de dix ans** à compter de la délivrance de l'acte de notoriété, et non à compter de la publicité du lien de filiation dans le registre des naissances. Sur ce point, dans un souci de cohérence avec le délai décennal de la tierce opposition formée contre un jugement rendu à l'issue d'une action en constatation de la possession d'état, la loi de ratification n° 2009-61 du 16 janvier 2009 a porté à dix années la durée du délai de prescription, alors qu'elle avait été fixée à cinq ans par l'ordonnance du 4 juillet 2005.

Quand bien même il serait contraire à la vérité biologique, le lien de filiation ainsi établi est acquis et échappe à toute contestation au terme de ce délai[2]. Il est ainsi entouré d'une protection substantiellement renforcée par rapport au droit antérieur à la réforme issue de l'ordonnance du 4 juillet 2005 et de la loi de ratification du 16 janvier 2009.

213.364 **Preuve.** L'acte de notoriété génère une **présomption simple** de filiation qui peut être combattue. Il renverse la charge de la preuve sur le demandeur en contestation (v. circ. 30 juin 2006, 1re partie, III, 3.2 - V. s[s] n° 61.13).

La preuve a pour objet le défaut d'existence de la possession d'état ou un vice affectant celle-ci et propre à la priver de ses effets légaux, ou encore le fait que la filiation ne correspond pas à la vérité biologique. Sur ce dernier point, à l'instar des autres actions relatives à la filiation, excepté l'action en constatation de la possession d'état, la Cour de cassation avait décidé sous l'empire du droit antérieur que l'expertise biologique était de droit, sauf motif légitime de ne pas y procéder (v. s[s] n°s 211.41 s.). Cette solution conserve sa valeur (v. circ. 30 juin 2006, 1re partie, III, 3.2.3 - V. s[s] n° 61.13).

213.365 **Jugement déclaratif.** Si l'action est exercée avec succès, le lien de filiation est rétroactivement annulé, ce qui emporte des effets identiques à ceux de l'action en contestation fondée sur l'article 332 du Code civil (circ. 30 juin 2006, 1re partie, III, 3.3 - V. s[s] n° 61.13 et aussi s[s] n°s 213.351 à 213.354).

1. V. TGI Lille, 22 mars 2007, *D.* 2007, J. 1251, note Labbée; *Dr. fam.* 2007, comm. 122, note Murat; *RTD civ.* 2007, 556, obs. Hauser : c'est à bon droit que le parquet a refusé de mentionner en marge de l'acte de naissance d'un enfant un acte de notoriété constatant sa possession d'état et sa prétendue filiation à l'égard de deux époux français, la possession d'état alléguée étant viciée du fait de l'illicéité de la convention de maternité pour autrui conclue par eux intentionnellement en fraude à la loi française avec une mère porteuse américaine.
2. EN CE SENS, v. dans le droit antérieur par l'effet de la prescription trentenaire du droit commun alors en vigueur : Civ. 1re, 16 mai 2000, n° 98-15.566, NPT; *RTD civ.* 2001, 345, obs. Hauser; *Dr. fam.* 2002, comm. 19, note Murat; *Defrénois* 2000, art. 37229, obs. Massip.

CHAPITRE

214. Action à fins de subsides

FRÉDÉRIQUE GRANET-LAMBRECHTS
PROFESSEUR À L'UNIVERSITÉ DE STRASBOURG

SECTION 0
ORIENTEUR

214.00 Plan du chapitre.

214.01 Textes applicables.

> Action à fins de subsides

C. civ., art. 342 à 342-8

214.02 Jurisprudence de référence.

> Comme dans les actions aux fins d'établissement d'un lien de filiation, exception faite de l'action en constatation de la possession d'état, et dans les actions en contestation (Civ. 1re, 28 mars 2000, préc. ss nos 211.42 et 211.43; *Bull. civ.* I, n° 103), l'expertise biologique est de droit, sauf motif légitime de ne pas y procéder, dans une demande de subsides.

• **Civ. 1re, 14 juin 2005, n° 03-12.641, n° 04-13.901,** 2 esp., *Bull. civ.* I, nos 253 et 254.

* V. ss n° 214.52

« En matière de subsides, l'expertise biologique est de droit, sauf motif légitime de ne pas y procéder ».

214.03 Bibliographie indicative.

Actualisables. J.-CL. CIV., F. Granet-Lambrechts, Fasc. art. 342 à 342-8, « Filiation, Action à fins de subsides »; Fasc. appendice, art. 310 à 342-8, « Filiation, Dispositions transitoires » – RÉP. CIV., C. Labrusse-Riou, *V° Filiation*, n° 186; *V° Aliments*, « Action à fins de subsides », nos 83 à 115, M. Kornprobst.

Ouvrage. F. TERRÉ et D. FENOUILLET, *Les personnes, la famille, les incapacités*, « Précis », 7e éd., 2005, Dalloz, nos 841 à 852.

Article. O. Matocq, « Le rapport d'expertise biologique dans le droit de la filiation deviendra-t-il le passage obligé ? », *Dr. fam.* 2006, étude 7.

214.04 Questions essentielles. L'ordonnance n° 2005-759 du 4 juillet 2005 [1] n'a apporté que de légères modifications aux dispositions applicables à l'action à fins de subsides et pour la plupart d'entre elles, les solutions antérieures conservent leur valeur. L'action à fins de subsides étant maintenue, la mère garde le choix, durant la minorité de l'enfant, entre cette action à finalité alimentaire et l'exercice de l'action en recherche de paternité, l'enfant créancier de subsides pouvant rechercher sa filiation paternelle une fois devenu majeur. Les expertises biologiques jouent un rôle important dans les deux types d'actions.

214.05 Délais. L'action à fins de subsides est ouverte durant toute la minorité de l'enfant; il peut encore agir **dans les dix ans de sa majorité** si l'action n'a pas été exercée pendant sa minorité (v. ss n° 214.41). En effet, la loi de ratification n° 2009-61 du 16 janvier 2009 [2] a augmenté la durée du délai de l'action en faveur de l'enfant, la portant à dix années à partir de sa majorité, par alignement avec le délai de l'action en recherche de paternité.

1. Ord. n° 2005-759, 4 juill. 2005, portant réforme de la filiation, *JO* 6 juill., p. 11159.
2. L. n° 2009-61, 16 janv. 2009, ratifiant l'ordonnance n° 2005-759 du 4 juill. 2005 portant réforme de la filiation et modifiant ou abrogeant diverses dispositions relatives à la filiation, *JO* 18 janv., p. 1062.

214.09 Maintien de l'action. La loi d'habilitation ne visait pas l'action à fins de subsides, qui est donc conservée, bien que la subsistance d'une dualité d'actions, l'une en recherche de paternité, l'autre à effets limités à des aliments, eût mérité une discussion approfondie. Il peut encore sembler paradoxal de fonder à l'heure actuelle une action sur une possibilité, sur un risque de paternité du fait des techniques actuelles d'analyses biologiques[1]. À côté des actions d'état qui, exception faite de l'action en constatation de la possession d'état, sont fondées sur une filiation biologique prouvée, l'action à fins de subsides a un fondement hybride, mi-alimentaire, mi-indemnitaire. Dans la loi du 3 janvier 1972, elle constituait un correctif à la rigueur de l'action en recherche, alors enfermée dans des cas d'ouverture et des délais étroits et bridée par des fins de non-recevoir. L'action à fins de subsides fut d'ailleurs soumise à des délais identiques avant que la loi n° 77-1456 du 29 décembre 1977[2] l'ouvre à l'enfant pendant toute sa minorité. La suppression des cas d'ouverture et des fins de non-recevoir à l'action en recherche de paternité naturelle par la loi n° 93-22 du 8 janvier 1993[3] aurait déjà mérité que l'on s'interroge sur le devenir de l'action à fins de subsides. Mais dans la crainte d'abus ou de chantages, le législateur avait institué un système de preuve adminiculaire de la paternité judiciairement réclamée, de sorte que l'action à fins de subsides a pu offrir à la mère une ressource fort utile lorsque son amant s'était montré si discret qu'elle ne pouvait produire aucun indice car ensuite, muni du jugement lui allouant des subsides au vu des résultats d'une analyse comparée des sangs, l'enfant majeur obtenait sans difficulté l'établissement de sa filiation paternelle à l'égard du débiteur, l'adminicule et la preuve au fond en découlant tout à la fois.

Aujourd'hui, la suppression de l'action à fins de subsides ne s'impose pas pour autant à l'évidence, car elle est seule possible contre le géniteur en cas d'inceste absolu dès que la filiation maternelle est établie, la mère étant désignée dans l'acte de naissance, situation qui sera la plus fréquente. L'opportunité d'une action en recherche de paternité mérite aussi discussion lorsque l'enfant est issu d'un viol. Les subsides ne constituent-ils pas alors un correctif pour l'enfant sans père[4] ?

Les dispositions relatives aux subsides, issues de la loi de 1972, subissent quelques retouches terminologiques pour supprimer les expressions « *enfant naturel* » ou « *enfant légitime* » ainsi que l'une ou l'autre modification nécessaire de modernisation des textes et d'harmonisation avec la réforme.

SECTION 1
CONDITIONS D'EXERCICE DE L'ACTION

214.10 Division. Les conditions d'exercice de l'action concernent la procédure (§ 1), les parties (§ 2) et le délai (§ 3).

§ 1
Règles procédurales

214.11 Règles générales. L'action est soumise dans l'ensemble aux règles générales applicables aux actions relatives à l'établissement ou à la contestation du lien de filiation. Elle est de la compétence exclusive du tribunal de grande instance (C. civ., art. 318-1) du ressort de la résidence du créancier d'aliments ou du débiteur, au choix de l'enfant (C. pr. civ., art. 46, al. 5). La cause doit être communiquée au parquet lorsqu'il s'agit d'une demande de subsides[5], mais cette exigence ne concerne pas une demande de révision de la pension alimentaire allouée par une précédente décision[6].

214.12 Action autonome. L'action à fins de subsides est une action autonome par rapport à l'action en recherche de paternité, de sorte que sa recevabilité n'est pas subordonnée à l'échec antérieur d'une demande en recherche, pas plus que son bien-fondé n'empêche une action ultérieure en recherche (v. s^s^ n°s 214.90 s.).

§ 2
Parties

214.20 Particularités. Il s'agit d'une action réservée en demande (A), à l'instar de l'action en

1. V. O. Matocq, « Le rapport d'expertise biologique dans le droit de la filiation deviendra-t-il le passage obligé ? », *Dr. fam.* 2006, étude 7.
2. L. n° 77-1456, 29 déc. 1977, modifiant les articles 342 et 342-6 du Code civil relatifs aux modalités de mise en œuvre de l'action à fins de subsides (issus de l'art. 1er de la loi n° 72-3, 3 janv. 1972), *JO* 30 déc., p. 6283.
3. L. n° 93-22, 8 janv. 1993, modifiant le Code civil relative à l'état civil, à la famille et aux droits de l'enfant et instituant le juge aux affaires familiales, *JO* 9 janv., p. 495.
4. V. NOT., CA Aix-en-Provence, 26 mars 2009, *Juris-Data* n° 2009-005091.
5. EN CE SENS, v. Civ. 1re, 17 oct. 2007, n° 06-16.923, *Bull. civ.* I, n° 325; *Dr. fam.* 2007, comm. 202, note Murat; *Procédures* 2008, comm. 50, note Douchy-Oudot.
6. Civ. 1re, 7 oct. 1980, *Gaz. Pal.* 1980, 2, 497, note J. M. – Civ. 1re, 29 mai 1985, n° 84-11.007, *Bull. civ.* I, n° 168 – Civ. 1re, 12 mai 1987, n° 85-16.899, *Bull. civ.* I, n° 149 – Civ. 1re, 5 janv. 1999, n° 97-11.121, *Bull. civ.* I, n° 8.

recherche de paternité dont le régime lui est assez largement transposé par la loi. En défense (B), elle est dirigée contre un père possible, ce qui en constitue l'originalité.

A. Demandeur

214.21 L'enfant. L'action n'appartient qu'à l'enfant (C. civ., art. 342-6 et 327). Selon l'article 342 du Code civil, elle est ouverte à tout enfant dont la filiation paternelle n'est pas établie quelle qu'en soit la raison et même en cas d'inceste absolu (C. civ., art. 342, al. 3 - V. s[s] n° 214.09). Peu importe que la mère soit célibataire ou mariée.

L'ordonnance du 4 juillet 2005 ayant renoncé à la distinction entre enfants légitimes et enfants naturels, elle a abrogé l'article 342-1 qui ouvrait l'action à l'enfant légitime dont le titre n'était pas corroboré par la possession d'état. Cette disposition n'avait d'ailleurs guère suscité de jurisprudence et il suffit à l'épouse, lorsqu'elle élève seule l'enfant et n'entend pas l'attribuer à son mari, de déclarer la naissance sans désigner ce dernier en qualité de père, de sorte que la présomption « *Pater is est* » est écartée (C. civ., art. 313). Si le mari était par inadvertance inscrit dans l'acte, sa paternité pourrait être contestée et annulée à la demande de tout intéressé dans les dix années de la naissance et par l'enfant majeur jusqu'à l'âge de vingt-huit ans (C. civ., art. 332, al. 2 et 334).

214.22 Représentation du mineur. Sur renvoi à l'article 328 du Code civil, l'article 342-6 prévoit que durant la minorité de l'enfant, la mère seule peut exercer l'action, même si elle est mineure. Il s'agit d'un droit propre, attaché à sa qualité de mère, de sorte qu'elle n'a pas besoin d'y être autorisée par le juge des tutelles. À l'instar de l'action en recherche de paternité, la jurisprudence admet que si l'action a été engagée par son ou ses représentants légaux, il suffit que la mère se substitue à eux, fût-ce en cause d'appel, pour que la procédure se trouve régularisée. En outre, elle est réputée agir au nom de l'enfant même si elle ne l'a pas expressément mentionné dans l'acte introductif d'instance.

B. Défendeur

214.31 Un homme. L'action est dirigée contre un homme : celui qui a entretenu avec la mère des relations intimes pendant la période présumée de la conception (C. civ., art. 342, al. 1er). Peu importe qu'il soit célibataire ou marié.

L'ordonnance du 4 juillet 2005 a abrogé l'article 342-3 qui permettait à la mère d'assigner un ou plusieurs hommes avec lesquels elle avait eu des relations intimes pendant la période de conception lorsqu'ils avaient commis une faute envers elle (par ex. un viol) ou pris des engagements antérieurs envers l'enfant (par ex. une promesse d'entretien), chacun d'eux pouvant en défense prouver l'impossibilité de sa paternité pour être mis hors de cause. Les progrès des analyses biologiques joints à la jurisprudence de la Cour de cassation selon laquelle en matière de subsides, comme dans les actions relatives à la filiation à l'exception de l'action en constatation de la possession d'état, l'expertise biologique est de droit, sauf motif légitime de ne pas y procéder, ont conduit à supprimer cette disposition qui n'avait d'ailleurs guère suscité d'applications.

214.32 Représentation du défendeur. Le mineur est personnellement partie au procès, en présence de son ou ses représentants légaux, comme dans l'action en recherche (C. civ., art. 342-6 et 328).

214.33 Décès. Si l'homme qui a eu des relations intimes avec la mère à l'époque de la conception est décédé, l'action est dirigée contre ses héritiers acceptants (C. civ., art. 342-6 et 328, al. 3) et les subsides seront prélevés sur l'hérédité (v. s[s] n° 214.75).

À défaut d'héritiers ou si tous renoncent à la succession, l'action est dirigée contre l'État représenté par le parquet (C. civ., art. 342-6 et 328, al. 3 - C. pr. civ., art. 1151).

§ 3 Délai

214.41 Durée. Initialement, l'action fut enfermée dans les délais sévères de l'action en recherche de paternité naturelle (v. s[s] n° 214.09), jusqu'à la loi du 29 décembre 1977 qui en étendit la durée à toute la minorité de l'enfant et dans les deux années de sa majorité lorsqu'elle n'avait pas été exercée auparavant (C. civ., anc. art. 342, al. 2). La loi d'habilitation du 9 décembre 2004[1] n'ayant pas visé l'action à fins de subsides, l'ordonnance du 4 juillet 2005[2] n'a pas pu y apporter de modifications substantielles, alors qu'elle a élargi notablement le délai de l'action en recherche en l'accordant à l'enfant jusqu'à l'âge de vingt-huit ans. Cela a abouti à soumettre l'action à fins de subsides à un délai plus rigoureux. La loi de ratification n° 2009-61 du 16 janvier 2009 a rétabli l'équilibre en soumettant les deux actions

1. L. n° 2004-1343, 9 déc. 2004, de simplification du droit, *JO* 10 déc., p. 20857.
2. Ord. n° 2005-759, 4 juill. 2005, portant réforme de la filiation, *JO* 6 juill., p. 11159.

à la **prescription décennale.** L'enfant est recevable à engager la demande jusqu'à l'âge de vingt-huit ans à condition d'établir qu'il est dans le besoin et que sa situation ne lui est pas imputable (v. s[s] n° 214.74).

SECTION 2
PREUVE

214.51 Objet de la preuve. Le demandeur doit prouver l'existence de relations intimes entre la mère et le défendeur à l'époque présumée de la conception (C. civ., art. 342). À la différence de l'action en recherche qui repose sur la paternité prouvée, l'action à fins de subsides produit des effets qui sont bien plus réduits puisqu'elle ne peut aboutir qu'au versement d'aliments. Elle est fondée sur une simple possibilité de paternité. Mais en défense, la preuve de sa non-paternité par le défendeur lui permet d'être mis hors de cause, de sorte que la vérité biologique n'a jamais été étrangère aux débats (v. s[s] n° 214.53).

214.52 Liberté de la preuve. Tous les moyens de preuve sont recevables, en demande comme en défense. Le demandeur peut donc produire par exemple une correspondance échangée entre la mère et le défendeur, ou des témoignages révélant des relations de concubinage, voire une liaison passagère ou même occasionnelle à l'époque de la conception. En général, la jurisprudence ne se contente pas des déclarations de la mère et se fonde sur un faisceau d'indices concordants. L'aveu exprès ou tacite du défendeur peut aussi être retenu et résulter notamment de son refus de se soumettre à l'expertise biologique ordonnée par le tribunal. En effet, les juges du fond ordonnaient déjà très souvent une telle mesure d'instruction, avant même que la Cour de cassation ait décidé qu'en matière de subsides, elle est de droit, sauf motif légitime de ne pas y procéder (v. s[s] n°s 211.41 s.), qu'elle soit réclamée par le demandeur[1], ou par le défendeur dans l'espoir d'être mis hors de cause.

Lorsqu'une expertise biologique est réclamée par l'une des parties, les juges du fond doivent l'ordonner et un refus implique une motivation spéciale qui ne saurait résulter d'une absence d'indice produit préalablement par la mère[2].

214.53 Défense au fond. L'article 342-4 du Code civil dispose que le défendeur peut écarter la demande en prouvant par tous moyens sa non-paternité. À cette fin, il peut réclamer une expertise biologique qui est de droit, sauf motif légitime de ne pas y procéder[3].

SECTION 3
JUGEMENT

214.60 Étendue des effets du jugement. Lorsqu'il est fait droit à la demande, le jugement produit des conséquences essentiellement mais non exclusivement pécuniaires (§ 1). Il n'élève pas d'obstacle à une demande ultérieure en recherche de paternité dans la mesure où l'enfant demeure sans filiation paternelle établie (§ 2).

§ 1
Effets du jugement

214.70 Nature. Outre ses effets pécuniaires (A), il produit certains effets personnels prévus par la loi (B). Cette dualité de nature des conséquences attachées au jugement découle du fondement mixte de l'action (v. s[s] n° 214.09).

A.
Effets pécuniaires

214.71 Allocation de subsides et évaluation. Selon l'article 342-2 du Code civil, les subsides sont réglés sous forme de pension alimentaire; ils ne le sont pas sous la forme d'un capital. S'agissant d'aliments, ils sont évalués souverainement par les juges du fond en fonction des besoins de l'enfant et des

1. Civ. 1re, 14 juin 2005, n° 03-12.641, n° 04-13.901, 2 esp., *Bull. civ.* I, n°s 253 et 254; *Dr. fam.* 2005, comm. 182, note Murat; *RJPF* 11/2005, p. 20, note Garé; *Defrénois* 2005, p. 1848, obs. Massip.– Civ. 1re, 8 juill. 2009, *Juris-Data* n° 2009-049077 – V. AUSSI IMPLICITEMENT, Civ. 1re, 17 sept. 2003, n° 01-13.856, NPT; *D.* 2004, somm. 1420, obs. Granet-Lambrechts; *RJPF* 1/2004, p. 23, note Garé; *Dr. fam.* 2004, comm. 3, note Murat.

2. EN CE SENS, v. Civ. 1re, 9 janv. 2007, *Juris-Data* n° 2007-036880 – Civ. 1re, 12 déc. 2007, *Juris-Data* n° 2007-041931 – RAPPR. de l'action en recherche de paternité : Cass. ass. plén., 23 nov. 2007, n°s 05-17.975 et 06-10.039, *Bull. ass. plén.*, n° 8; *Juris-Data* n° 2007-041612; *Dr. fam.* 2008, comm. 5, note Murat; *RTD civ.* 2008, 284, n° 19, obs. Hauser; *Procédures* 2008, comm. 15, note Douchy-Oudot; *RJPF* 2008-2/33, obs. Garé; *RLDC* 2008, n° 2826, obs. Marraud des Grottes; *AJ fam.* 2008, J. 36, obs. Chénedé.

3. Civ. 1re, 8 janv. 2002, n° 99-14.195, NPT; *D.* 2002, somm. 2023, obs. Granet-Lambrechts; *RJPF* 4/ 2002, p. 23, note Garé – Civ. 1re, 6 déc. 2005, n° 05-11.150, *Bull. civ.* I, n° 478; *Juris-Data* n° 031132 – Civ. 1re, 31 janv. 2006, n° 05-12.876, *Bull. civ.* I, n° 46; *Juris-Data* n° 031960.

ressources du débiteur ainsi que de sa situation familiale[1], ce dernier pouvant en effet être tenu par ailleurs d'une obligation d'entretien à l'égard de ses enfants ou d'un devoir de secours envers son épouse lorsqu'il est marié. Pour évaluer les besoins de l'enfant, les juges prennent en considération les ressources et charges de la mère, celle-ci étant tenue d'un devoir d'entretien vers l'enfant[2].

214.72 Jugement constitutif. À la différence de l'obligation parentale d'entretien mise rétroactivement à la charge de l'homme dont la paternité est déclarée en justice, le jugement qui alloue des subsides est constitutif[3]. Par conséquent, les subsides ne sont dus qu'à compter de l'assignation[4].

214.73 Indexation et révision. Les juges peuvent, même d'office, indexer la pension alimentaire (C. civ., art. 208, al. 2), dont le montant est révisable conformément au droit commun en la matière. Quant à la révision du montant alloué par une précédente décision, la compétence matérielle avait été discutée sous l'empire de la loi de 1972. La loi n° 93-22 du 8 janvier 1993 l'a attribuée au juge aux affaires familiales. La demande implique un nouveau débat au fond sur les besoins et les ressources actuels du créancier et du débiteur.

214.74 Majorité de l'enfant. La pension peut être due au-delà de la majorité de l'enfant s'il est encore dans le besoin et si cet état ne lui est pas imputable à faute[5] (v. s^s^ n° 214.41). Ces circonstances doivent être cumulativement relevées par les juges du fond dans la motivation de leur décision lorsqu'ils maintiennent les versements dus au jeune majeur[6]. Mais il a été jugé que les subsides cessent d'être dus à un enfant majeur qui fait le choix de poursuivre ses études alors qu'il a obtenu un diplôme de nature à lui permettre d'exercer une activité professionnelle stable et rémunératrice[7].

214.75 Décès du débiteur. En cas de décès du débiteur, la dette de subsides est transmise à sa succession. Dans sa rédaction issue de la loi de 1972, l'article 342-5 du Code civil prévoyait la transmissibilité de la dette aux héritiers selon les règles de l'article 207-1, de sorte que ceux-ci n'étaient tenus qu'*intra vires hereditatis*. La loi n° 2001-1135 du 3 décembre 2001[8] a abrogé l'article 207-1 et a retouché l'article 342-5 qui dispose désormais que la charge des subsides se transmet à la succession du débiteur dans les termes de l'article 767, non modifié par la loi n° 2006-728 du 23 juin 2006[9], réformant les successions et les libéralités. La dette de subsides doit être réclamée à la succession dans le délai d'un an à compter du décès ou du jour où les héritiers ont cessé les versements qu'ils fournissaient à l'enfant, le délai pouvant en outre être prolongé en cas d'indivision jusqu'à la fin des opérations de partage. Dans l'hypothèse d'une insuffisance de l'actif, les légataires particuliers sont tenus proportionnellement à leur émolument, sauf clause particulière par laquelle le défunt aurait stipulé qu'un legs serait acquitté par préférence aux autres car celui-là ne serait réduit qu'en cas d'insuffisance des autres (C. civ., art. 927).

214.76 Responsabilité civile. L'ancien article 342-6 du Code civil renvoyait à l'ancien article 340-5 et permettait au tribunal de prononcer des condamnations complémentaires, d'une part à des dommages et intérêts lorsque le débiteur avait commis une faute envers la mère, d'autre part au remboursement à celle-ci de ses frais de gésine pour les trois mois précédant et les trois mois suivant l'accouchement. L'article 342-6 a été modifié par coordination avec les changements apportés au régime de l'action en recherche de paternité prévu par les nouveaux articles 327 et 328. Ces textes ont sup-

1. V. NOT., le cas d'un enfant issu d'un viol commis sur sa sœur par un homme incarcéré pour ces faits et condamné au paiement de subsides évalués en fonction de ses ressources, même de faibles montants : CA Aix-en-Provence, 26 mars 2009, *Juris-Data* n° 2009-005091 – V. AUSSI, sur la prise en considération du train de vie du débiteur : Civ. 1re, 20 avr. 1977, n° 76-10.826, *Bull. civ.* I, n° 179; *D.* 1977, IR 435, obs. Huet-Weiller – V. AUSSI, sur le train de vie trop fastueux du débiteur ayant contracté d'importants crédits après sa condamnation aux subsides aux fins de se rendre insolvable, ce qui lui est imputé et ne le dégage donc pas de sa dette d'aliments : CA Nancy, 9 déc. 1991, *Juris-Data* n° 1991-052434.
2. Civ. 1re, 6 oct. 1982, *D.* 1982, IR 537.
3. EN CE SENS, V. CA Paris, 16 févr. 1993, *Juris-Data* n° 1993-020290 – CA Toulouse, 20 déc. 1995, *Juris-Data* n° 1995-053409 – CA Paris, 18 oct. 2001, *Juris-Data* n° 2001-156068 – CA Nancy, 22 nov. 2004, *Juris-Data* n° 2004-272484 – CA Aix-en-Provence, 25 juill. 2007, *Juris-Data* n° 2007-343745.
4. Civ. 1re, 19 mars 1985, *D.* 1985, J. 533, note Massip; *JCP* 1986, II, 20665, note Joly – CA Paris, 5 juill. 2001, *Juris-Data* n° 2001-149528 – CA Besançon, 26 sept. 2001, *Juris-Data* n° 2001-174474 – CA Bordeaux, 28 juin 2004, *Juris-Data* n° 2004-247493 – CA Paris, 26 mai 2005, *Juris-Data* n° 2005-275282 – CA Rennes, 18 juin 2007, *Juris-Data* n° 2007-347757 – CA Aix-en-Provence, 25 juill. 2007, *Juris-Data* n° 2007-343745.
5. EN CE SENS, V. CA Paris, 13 mai 2004, *Juris-Data* n° 2004-241208.
6. EN CE SENS, V. Civ. 1re, 4 juill. 2006, n° 03-16.964, NP; *Juris-Data* n° 2006-034640; *Dr. fam.* 2006, comm. 187, obs. Murat.
7. CA Rennes, 31 mars 2003, *Juris-Data* n° 238508.
8. L. n° 2001-1135, 3 déc. 2001, relative aux droits du conjoint survivant et des enfants adultérins et modernisant diverses dispositions de droit successoral, *JO* 4 déc., p. 19279.
9. L. n° 2006-728, 23 juin 2006, portant réforme des successions et des libéralités, *JO* 24 juin, p. 9513.

primé le remboursement des frais de gésine dans la mesure où la mère perçoit le plus souvent des prestations sociales destinées à couvrir ses frais de maternité et d'accouchement. En outre, même si la loi ne fait plus référence aux articles 1382 et 1383, rien n'empêche le tribunal de condamner aujourd'hui comme hier le débiteur à réparer le préjudice qu'il a causé par sa faute à la mère (par ex., brusque abandon de la mère à l'annonce de sa grossesse), selon le droit commun de la responsabilité civile.

B.
Effets personnels

214.81 Empêchements à mariage. Bien qu'il ne tende pas à l'établissement d'un lien de filiation paternelle, le jugement allouant des subsides crée un empêchement à mariage, non susceptible d'une dispense, entre l'enfant et le débiteur et, le cas échéant, entre chacun d'eux et les parents ou le conjoint de l'autre (C. civ., art. 342-7). Le législateur entend ainsi interdire un mariage qui pourrait être incestueux.

En revanche, le jugement n'a aucune conséquence sur le nom de l'enfant.

§ 2
Portée de l'autorité de la chose jugée

214.90 Incidences de l'autonomie de l'action à fins de subsides. Aux termes de l'article 342-8 du Code civil, l'allocation de subsides n'élève pas de fin de non-recevoir à une action en recherche de paternité, qu'elle soit dirigée contre le débiteur (A) ou contre un tiers (B). Les deux hypothèses méritent toutefois d'être distinguées.

A.
Exercice d'une action en recherche de paternité contre le débiteur

214.91 Choix initial réversible. Lorsqu'à la demande de la mère formée durant la minorité de l'enfant, le tribunal a condamné le défendeur, la mère ou l'enfant devenu majeur peut ensuite agir en recherche de paternité contre cet homme sans que l'autorité de la chose jugée sur le fondement de l'article 342 du Code civil puisse lui être opposée. En effet, il n'y a pas d'identité d'objet ni de cause dans les deux actions[1]. La mère a pu faire le choix de ne pas agir en recherche et se contenter de réclamer des subsides pour élever son enfant, sans priver ce dernier de la possibilité de faire établir sa filiation paternelle à sa majorité.

Et même mieux, comme l'a admis la Cour de cassation dont la solution conserve sa valeur, si les motifs décisoires du jugement allouant des subsides se réfèrent aux conclusions d'une expertise biologique ayant révélé une quasi-certitude de paternité, la preuve requise dans l'action d'état est ainsi fournie, ces éléments ayant acquis force de chose jugée et ne pouvant plus être discutés[2].

Dans l'hypothèse où la mère a engagé une action à fins de subsides et où l'enfant étant devenu majeur, il se joint à la procédure en demandant l'établissement de sa filiation paternelle à l'égard du défendeur et obtient satisfaction, la demande de subsides cesse d'être recevable en raison du caractère déclaratif du jugement. En effet, la paternité étant alors rétroactivement établie, le père a l'obligation de contribuer à l'entretien de l'enfant depuis la naissance[3].

B.
Exercice d'une action en recherche de paternité contre un tiers

214.101 Rareté de la situation. La deuxième hypothèse visée par l'article 342-8 du Code civil, où une action en recherche serait exercée avec succès contre un autre homme que le débiteur de subsides, était déjà peu fréquente dans le droit antérieur et elle a certainement vocation à devenir très marginale, voire à disparaître, par l'effet réflexe de la jurisprudence de la Cour de cassation selon laquelle en matière de subsides, l'expertise biologique est de droit, sauf motif légitime de ne pas y procéder (v. s^s n°s 214.52 et 214.53). De la sorte, le fondement de la condamnation à payer des subsides est désormais tiré d'une paternité prouvée quoique non établie en justice.

Cependant, si l'hypothèse se présentait et si la filiation venait à être légalement établie à l'égard d'un tiers, notamment après une condamnation à subsides prononcée à une époque où le recours aux analyses biologiques et leurs performances n'étaient pas ceux d'aujourd'hui, l'allocation des subsides ne

1. EN CE SENS, v. Civ. 1re, 17 juill. 1979, *Juris-Data* n° 1979-799214 ; *D.* 1980, J. 185, 2e esp., note Massip – Civ. 1re, 21 oct. 1980, *Gaz. Pal.* 1981, 2, 475, note J. M. – CA Paris, 27 sept. 1974, *D.* 1975, J. 507, note Massip – CA Aix-en-Provence, 21 déc. 2006, *Juris-Data* n° 2007-341752.
2. Civ. 1re, 4 janv. 1995, n° 93-10.870, *Bull. civ.* I, n° 7 ; *D.* 1995, somm. 225, obs. Granet-Lambrechts ; *D.* 1996, J. 49, note Massip ; *D.* 1996, somm. 231, obs. Dekeuwer-Défossez – Civ. 1re, 14 févr. 1995, n° 93-13.369, *Bull. civ.* I, n° 81 ; *D.* 1995, somm. 224, obs. Granet-Lambrechts ; *D.* 1996, J. 111, note Massip ; *RTD civ.* 1995, 343, obs. Hauser ; *JCP* 1996, II, 22569, note Puigelier.
3. EN CE SENS, v. Civ. 1re, 23 mai 2006, n° 05-18.644, NP ; *Dr. fam.* 2006, comm. 186, obs. Murat.

cesserait que pour l'avenir selon les termes clairs de l'article 342-8 alinéa 2[1]. Le débiteur ne pourrait donc pas en demander répétition au père, bien que la paternité de ce dernier se trouve rétroactivement établie. Cette solution illogique fut critiquée dès la loi de 1972 et nécessiterait une modification. L'ordonnance du 4 juillet 2005 n'y a pas procédé, faute pour l'action à fins de subsides d'être incluse dans le domaine de la loi d'habilitation. Il est regrettable que la loi de ratification n° 2009-61 du 16 janvier 2009 n'ait pas saisi l'opportunité de remédier à cette incohérence.

1. V. TGI Rouen, 23 oct. 1978, *D.* 1979, IR 245, obs. Huet-Weiller – CA Riom, 24 mars 1987, *Juris-Data* n° 051455 – CA Aix-en-Provence, 5 juill. 2005, *Dr. fam.* 2005, comm. 240, obs. Murat.

CHAPITRE

215. Filiation de l'enfant conçu par procréation assistée avec don de gamètes : dispositions spéciales

FRÉDÉRIQUE GRANET-LAMBRECHTS
PROFESSEUR À L'UNIVERSITÉ DE STRASBOURG

SECTION 0
ORIENTEUR

215.00 **Plan du chapitre.**

215.01 **Textes applicables.**

TEXTES SOURCES

• Code civil

> Assistance médicale à la procréation

C. civ., art. 311-19 et 311-20

• Code de la santé publique

> Don et utilisation de gamètes

CSP, art. L. 1244-1 à L. 1244-4, L. 1244-6 à L. 1244-7

> Assistance médicale à la procréation

CSP, art. L. 2141-1 à L. 2141-11-1

> Conditions d'autorisation et de fonctionnement des établissements de santé, des laboratoires de biologie médicale et autres organismes pratiquant l'assistance médicale à la procréation.

CSP, art. L. 2142-1 à L. 2142-4

> Recherche sur l'embryon et les cellules embryonnaires

CSP, art. L. 2151-1 à L. 2151-7

SÉLECTION THÉMATIQUE ET ALPHABÉTIQUE DE TEXTES *IN EXTENSO* *(à l'exception des articles du Code civil et du Code de procédure civile)*

> Assistance médicale à la procréation

[CSP, art. L. 2141-1 à L. 2141-11-1]

CSP, art. L. 2141-1

L'assistance médicale à la procréation s'entend des pratiques cliniques et biologiques permettant la conception *in vitro*, le transfert d'embryons et l'insémination artificielle, ainsi que toute technique d'effet équivalent permettant la procréation en dehors du processus naturel, dont la liste est fixée par arrêté du ministre chargé de la santé, après avis de l'Agence de la biomédecine.

La stimulation ovarienne, y compris lorsqu'elle est mise en œuvre indépendamment d'une technique d'assistance médicale à la procréation, est soumise à des recommandations de bonnes pratiques.

CSP, art. L. 2141-2

L'assistance médicale à la procréation est destinée à répondre à la demande parentale d'un couple.

Elle a pour objet de remédier à l'infertilité dont le caractère pathologique a été médicalement diagnostiqué ou d'éviter la transmission à l'enfant ou à un membre du couple d'une maladie d'une particulière gravité.

L'homme et la femme formant le couple doivent être vivants, en âge de procréer, mariés ou en mesure d'apporter la preuve d'une vie commune d'au moins deux ans et consentant préalablement au transfert des embryons ou à l'insémination. Font obstacle à l'insémination ou au transfert des embryons le décès d'un des membres du couple, le dépôt d'une requête en divorce ou en séparation de corps ou la cessation de la communauté de vie, ainsi que la révocation par écrit du consentement par l'homme ou la femme auprès du médecin chargé de mettre en œuvre l'assistance médicale à la procréation.

CSP, art. L. 2141-3

Un embryon ne peut être conçu *in vitro* que dans le cadre et selon les objectifs d'une assistance médicale à la procréation telle que définie à l'article L. 2141-2. Il ne peut être conçu avec des gamètes ne provenant pas d'un au moins des membres du couple.

Compte tenu de l'état des techniques médicales, les membres du couple peuvent consentir par écrit à ce que soit tentée la fécondation d'un nombre d'ovocytes pouvant rendre nécessaire la conservation d'embryons, dans l'intention de réaliser ultérieurement leur projet parental.

Une information détaillée est remise aux membres du couple sur les possibilités de devenir de leurs embryons conservés qui ne feraient plus l'objet d'un projet parental.

Les membres du couple peuvent consentir par écrit à ce que les embryons, non susceptibles d'être transférés ou conservés, fassent l'objet d'une recherche dans les conditions prévues à l'article L. 2151-5.

Un couple dont des embryons ont été conservés ne peut bénéficier d'une nouvelle tentative de fécondation *in vitro* avant le transfert de ceux-ci sauf si un problème de qualité affecte ces embryons.

CSP, art. L. 2141-4

Les deux membres du couple dont des embryons sont conservés sont consultés chaque année par écrit sur le point de savoir s'ils maintiennent leur projet parental.

S'ils n'ont plus de projet parental ou en cas de décès de l'un d'entre eux, les deux membres d'un couple, ou le membre survivant, peuvent consentir à ce que leurs embryons soient accueillis par un autre couple dans les conditions fixées aux articles L. 2141-5 et L. 2141-6, ou à ce qu'ils fassent l'objet d'une recherche dans les conditions prévues à l'article L. 2151-5, ou à ce qu'il soit mis fin à leur conservation. Dans tous les cas, le consentement ou la demande est exprimé par écrit et fait l'objet d'une confirmation par écrit après un délai de réflexion de trois mois.

Dans le cas où l'un des deux membres du couple consultés à plusieurs reprises ne répond pas sur le point de savoir s'il maintient ou non son projet parental, il est mis fin à la conservation des embryons si la durée de celle-ci est au moins égale à cinq ans. Il en est de même en cas de désaccord des membres du couple sur le maintien du projet parental ou sur le devenir des embryons.

Lorsque les deux membres d'un couple, ou le membre survivant, ont consenti, dans les conditions prévues aux articles L. 2141-5 et L. 2141-6, à l'accueil de leurs embryons et que ceux-ci n'ont pas été accueillis dans un délai de cinq ans à compter du jour où ce consentement a été exprimé par écrit, il est mis fin à la conservation de ces embryons.

CSP, art. L. 2141-5

À titre exceptionnel, les deux membres du couple peuvent consentir par écrit à ce que les embryons conservés soient accueillis par un autre couple dans les conditions prévues à l'article L. 2141-6.

En cas de décès d'un membre du couple, le membre survivant est consulté par écrit sur le point de savoir s'il consent à ce que les embryons conservés soient accueillis par un autre couple dans les conditions prévues à l'article L. 2141-6.

CSP, art. L. 2141-6

À titre exceptionnel, un couple répondant aux conditions prévues à l'article L. 2141-2 et pour lequel une assistance médicale à la procréation sans recours à un tiers donneur ne peut aboutir peut accueillir un embryon. Le couple accueillant l'embryon est préalablement informé des risques entraînés par la mise en œuvre de l'assistance médicale à la procréation pour l'enfant à naître.

L'accueil de l'embryon est subordonné à une décision de l'autorité judiciaire, qui reçoit préalablement le consentement écrit du couple à l'origine de sa conception. Le juge s'assure que le couple demandeur remplit les conditions prévues à l'article L. 2141-2 et fait procéder à toutes investigations permettant d'apprécier les conditions d'accueil que ce couple est susceptible d'offrir à l'enfant à naître sur les plans familial, éducatif et psychologique. L'autorisation d'accueil est délivrée pour une durée de trois ans renouvelable.

Le couple accueillant l'embryon et celui y ayant renoncé ne peuvent connaître leurs identités respectives.

Toutefois, en cas de nécessité thérapeutique, un médecin pourra accéder aux informations médicales non identifiantes concernant le couple ayant renoncé à l'embryon.

Aucun paiement, quelle qu'en soit la forme, ne peut être alloué au couple ayant renoncé à l'embryon.

L'accueil de l'embryon est subordonné à des règles de sécurité sanitaire. Ces règles comprennent notamment des tests de dépistage des maladies infectieuses.

Seuls les établissements publics ou privés à but non lucratif autorisés à cet effet peuvent conserver les embryons destinés à être accueillis et mettre en œuvre la procédure d'accueil.

CSP, art. L. 2141-7

L'assistance médicale à la procréation avec tiers donneur peut être mise en œuvre lorsqu'il existe un risque de transmission d'une maladie d'une particulière gravité à l'enfant ou à un membre du couple, lorsque les techniques d'assistance médicale à la procréation au sein du couple ne peuvent aboutir ou lorsque le couple, dûment informé dans les conditions prévues à l'article L. 2141-10, y renonce.

CSP, art. L. 2141-8

Un embryon humain ne peut être conçu ni utilisé à des fins commerciales ou industrielles.

CSP, art. L. 2141-9

Seuls les embryons conçus avec les gamètes de l'un au moins des membres d'un couple et dans le respect des principes fondamentaux prévus par les articles 16 à 16-8 du Code civil peuvent entrer sur le territoire où s'applique le présent code ou en sortir. Ces déplacements d'embryons sont exclusivement destinés à permettre la poursuite du projet parental de ce couple; ils sont soumis à l'autorisation de l'Agence de la biomédecine.

CSP, art. L. 2141-10

La mise en œuvre de l'assistance médicale à la procréation doit être précédée d'entretiens particuliers des demandeurs avec les membres de l'équipe médicale clinicobiologique pluridisciplinaire du centre, qui peut faire appel, en tant que de besoin, au service social institué au titre VI du Code de la famille et de l'aide sociale.

Ils doivent notamment :

1° Vérifier la motivation de l'homme et de la femme formant le couple et leur rappeler les possibilités ouvertes par la loi en matière d'adoption;

2° Informer ceux-ci des possibilités de réussite et d'échec des techniques d'assistance médicale à la procréation, de leurs effets secondaires et de leurs risques à court et à long terme, ainsi que de leur pénibilité et des contraintes qu'elles peuvent entraîner;

2° *bis* Informer ceux-ci de l'impossibilité de réaliser un transfert des embryons conservés en cas de rupture du couple ou de décès d'un de ses membres;

3° Leur remettre un dossier-guide comportant notamment :

a) Le rappel des dispositions législatives et réglementaires relatives à l'assistance médicale à la procréation;

b) Un descriptif de ces techniques;

c) Le rappel des dispositions législatives et réglementaires relatives à l'adoption, ainsi que l'adresse des associations et organismes susceptibles de compléter leur information à ce sujet.

La demande ne peut être confirmée qu'à l'expiration d'un délai de réflexion d'un mois à l'issue du dernier entretien.

La confirmation de la demande est faite par écrit.

L'assistance médicale à la procréation est subordonnée à des règles de sécurité sanitaire.

Elle ne peut être mise en œuvre par le médecin lorsque les demandeurs ne remplissent pas les conditions prévues par le présent titre ou lorsque le médecin, après concertation au sein de l'équipe clinicobiologique pluridisciplinaire, estime qu'un délai de réflexion supplémentaire est nécessaire aux demandeurs dans l'intérêt de l'enfant à naître.

Les époux ou les concubins qui, pour procréer, recourent à une assistance médicale nécessitant l'intervention d'un tiers donneur doivent préalablement donner, dans les conditions prévues par le Code civil, leur consentement au juge ou au notaire.

CSP, art. L. 2141-11 *(mod. ord. nº 2008-480, 22 mai 2008, art. 3)*

Toute personne dont la prise en charge médicale est susceptible d'altérer la fertilité, ou dont la fertilité risque d'être prématurément altérée, peut bénéficier du recueil et de la conservation de ses gamètes ou de ses tissus germinaux, en vue de la réalisation ultérieure, à son bénéfice, d'une assistance médicale à la procréation, ou en vue de la préservation et de la restauration de sa fertilité. Ce recueil et cette conservation sont subordonnés au consentement de l'intéressé et, le cas échéant, de celui de l'un des titulaires de l'autorité parentale, ou du tuteur, lorsque l'intéressé, mineur ou majeur, fait l'objet d'une mesure de tutelle. [...]

CSP, art. L. 2141-11-1 *(créé par ord. nº 2008-480, 22 mai 2008, art. 3)*

L'importation et l'exportation de gamètes ou de tissus germinaux issus du corps humain sont soumises à une autorisation délivrée par l'Agence de la biomédecine.

Seul un établissement, un organisme ou un laboratoire titulaire de l'autorisation prévue à l'article L. 2142-1 pour exercer une activité biologique d'assistance médicale à la procréation peut obtenir l'autorisation prévue au présent article.

Seuls les gamètes et les tissus germinaux recueillis et destinés à être utilisés conformément aux normes de qualité et de sécurité en vigueur, ainsi qu'aux principes mentionnés aux articles L. 1244-3, L. 1244-4, L. 2141-2, L. 2141-3, L. 2141-7 et L. 2141-11 du présent code et aux articles 16 à 16-8 du Code civil, peuvent faire l'objet d'une autorisation d'importation ou d'exportation.

Toute violation des prescriptions fixées par l'autorisation d'importation ou d'exportation de gamètes ou de tissus germinaux entraîne la suspension ou le retrait de cette autorisation par l'Agence de la biomédecine.

> Conditions d'autorisation et de fonctionnement des établissements pratiquant l'assistance médicale à la procréation

[CSP, art. L. 2142-1 à L. 2142-4]

CSP, art. L. 2142-1 *(mod. par ord. nº 2010-49, 13 janv. 2010, art. 3)*

Les activités cliniques d'assistance médicale à la procréation, à l'exception de l'insémination artificielle et de la stimulation ovarienne, ne peuvent être pratiquées que dans des établissements de santé.

Sous réserve de l'alinéa suivant, les activités biologiques d'assistance médicale à la procréation ne peuvent être pratiquées que dans les laboratoires de biologie médicale accrédités selon les modalités prévues par les dispositions du chapitre Ier du titre II du livre II de la sixième partie.

Les activités cliniques et biologiques d'assistance médicale à la procréation relatives aux gamètes en vue de don ne peuvent être pratiquées que dans des organismes et établissements de santé publics, ou dans des organismes et établissements de santé privés à but non lucratif. Aucune rémunération à l'acte ne peut être perçue par les praticiens au titre de ces activités.

À l'exception de l'insémination artificielle et de la stimulation ovarienne, les activités, tant cliniques que biologiques, d'assistance médicale à la procréation doivent être autorisées suivant les modalités prévues par les dispositions du chapitre II du titre II du livre Ier de la partie VI du présent code.

Pour être autorisés à exercer ces activités, les établissements, les laboratoires et les organismes mentionnés aux premier, deuxième et troisième alinéas doivent remplir les conditions déterminées en application des dispositions susmentionnées de la partie VI du présent code et des conditions de fonctionnement déterminées par voie réglementaire.

L'autorisation porte sur une ou plusieurs des activités d'assistance médicale à la procréation, avec ou sans tiers donneur. Elle est délivrée pour une durée de cinq ans.

La mise en œuvre de la fécondation *in vitro* est subordonnée à la réunion des autorisations clinique et biologique mentionnées au quatrième alinéa.

CSP, art. L. 2142-2 *(mod. par ord. nº 2010-177, 23 févr. 2010, art. 9)*

Tout établissement, organisme ou laboratoire autorisé à pratiquer des activités d'assistance médicale à la procréation est tenu de présenter à l'agence régionale de santé et à l'Agence de la biomédecine un rapport annuel d'activité suivant des modalités déterminées par arrêté du ministre chargé de la santé.

Il est également tenu d'établir et de conserver des registres relatifs aux gamètes, aux tissus germinaux et aux embryons qu'il conserve.

CSP, art. L. 2142-3 *(mod. par ord. n° 2008-480, 22 mai 2008, art. 4)*
Toute violation constatée dans un établissement, un organisme ou un laboratoire, et du fait de celui-ci, des prescriptions législatives et réglementaires applicables à l'assistance médicale à la procréation, entraîne le retrait temporaire ou définitif des autorisations prévues à l'article L. 2142-1, dans les conditions fixées à l'article L. 6122-13.

Le retrait de l'autorisation est également encouru en cas de violation des prescriptions fixées par l'autorisation ou si le volume d'activité ou la qualité des résultats sont insuffisants.

CSP, art. L. 2142-3-1 *(mod. par ord. n° 2010-49, 13 janv. 2010, art. 6)*
Dans chaque établissement, organisme ou laboratoire autorisé à pratiquer des activités biologiques d'assistance médicale à la procréation, il est désigné une personne responsable, chargée de veiller au respect des dispositions législatives et réglementaires relatives à la qualité et à la sécurité des gamètes, des tissus germinaux et des embryons. La personne responsable est titulaire de l'agrément mentionné à l'article L. 2142-1-1.

Dans les laboratoires d'examens de biologie médicale, la personne responsable est le directeur ou un directeur adjoint du laboratoire.

CSP, art. L. 2142-4 *(mod. par ord. n° 2008-480, 22 mai 2008, art. 4)*
Les modalités d'application du présent chapitre sont déterminées par décret en Conseil d'État, et notamment :

1° Les activités cliniques et biologiques d'assistance médicale à la procréation;

2° Les conditions de fonctionnement que doivent remplir les établissements, les organismes et les laboratoires mentionnés aux premier et deuxième alinéas de l'article L. 2142-1 pour être autorisés à exercer des activités d'assistance médicale à la procréation;

3° Les conditions de formation et d'expérience requises des praticiens pour qu'ils soient agréés pour pratiquer des activités d'assistance médicale à la procréation;

4° Les conditions d'exercice et d'organisation de l'ensemble des activités d'assistance médicale à la procréation définies à l'article L. 2141-1;

5° Les conditions dans lesquelles les établissements et laboratoires sont tenus d'établir et de conserver des registres relatifs aux gamètes, aux tissus germinaux et aux embryons qu'ils conservent et les obligations auxquelles ils sont tenus au regard de la conservation des gamètes, des tissus germinaux et des embryons, notamment lorsqu'ils cessent leur activité;

6° Les dispositions précisant les modalités pratiques de la mise en œuvre des déplacements d'embryons prévus à l'article L. 2141-9;

7° Les conditions de formation et d'expérience ainsi que les missions de la personne responsable mentionnée à l'article L. 2142-3-1.

> Don et utilisation de gamètes
[CSP, art. L. 1244-1 à L. 1244-4, L. 1244-6 à L. 1244-7]

CSP, art. L. 1244-1
Le don de gamètes consiste en l'apport par un tiers de spermatozoïdes ou d'ovocytes en vue d'une assistance médicale à la procréation.

CSP, art. L. 1244-2
Le donneur doit avoir procréé. Son consentement et, s'il fait partie d'un couple, celui de l'autre membre du couple sont recueillis par écrit et peuvent être révoqués à tout moment jusqu'à l'utilisation des gamètes.

Il en est de même du consentement des deux membres du couple receveur.

CSP, art. L. 1244-3
L'insémination artificielle par sperme frais provenant d'un don et le mélange de spermes sont interdits.

CSP, art. L. 1244-4
Le recours aux gamètes d'un même donneur ne peut délibérément conduire à la naissance de plus de dix enfants.

CSP, art. L. 1244-6 *(mod. par ord. n° 2008-480, 22 mai 2008, art. 1er)*
Les organismes et établissements autorisés dans les conditions prévues à l'article L. 2142-1 fournissent aux autorités sanitaires les informations utiles relatives aux donneurs. Un médecin peut accéder aux informations médicales non identifiantes en cas de nécessité thérapeutique concernant un enfant conçu à partir de gamètes issus de don.

CSP, art. L. 1244-7
Le bénéfice d'un don de gamètes ne peut en aucune manière être subordonné à la désignation par le couple receveur d'une personne ayant volontairement accepté de procéder à un tel don en faveur d'un couple tiers anonyme.

La donneuse d'ovocytes doit être particulièrement informée des conditions de la stimulation ovarienne et du prélèvement ovocytaire, des risques et des contraintes liés à cette technique, lors des entretiens avec l'équipe médicale pluridisciplinaire. Elle est informée des conditions légales du don, notamment du principe d'anonymat et du principe de gratuité. Elle bénéficie du remboursement des frais engagés pour le don.

> Recherche sur l'embryon et les cellules embryonnaires
[CSP, art. L. 2151-1 à L. 2151-7]

CSP, art. L. 2151-1
Comme il est dit au troisième alinéa de l'article 16-4 du Code civil ci-après reproduit :

Art. 16-4 (troisième alinéa). – Est interdite toute intervention ayant pour but de faire naître un enfant génétiquement identique à une autre personne vivante ou décédée.

CSP, art. L. 2151-2
La conception *in vitro* d'embryon ou la constitution par clonage d'embryon humain à des fins de recherche est interdite.

CSP, art. L. 2151-3
Un embryon humain ne peut être ni conçu, ni constitué par clonage, ni utilisé, à des fins commerciales ou industrielles.

CSP, art. L. 2151-4
Est également interdite toute constitution par clonage d'un embryon humain à des fins thérapeutiques.

CSP, art. L. 2151-5
La recherche sur l'embryon humain est interdite.

À titre exceptionnel, lorsque l'homme et la femme qui forment le couple y consentent, des études ne portant pas atteinte à l'embryon peuvent être autorisées sous réserve du respect des conditions posées aux quatrième, cinquième, sixième et septième alinéas.

Par dérogation au premier alinéa, et pour une période limitée à cinq ans à compter de la publication du décret en Conseil d'État prévu à l'article L. 2151-8, les recherches peuvent être autorisées sur l'embryon et les cellules embryonnaires lorsqu'elles sont susceptibles de permettre des progrès thérapeutiques majeurs et à la condition de ne pouvoir être poursuivies par une méthode alternative d'efficacité comparable, en l'état des connaissances scientifiques. Les recherches dont les protocoles ont été autorisés dans ce délai de cinq ans et qui n'ont pu être menées à leur terme dans le cadre dudit protocole peuvent néanmoins être poursuivies dans le respect des conditions du présent article, notamment en ce qui concerne leur régime d'autorisation.

Une recherche ne peut être conduite que sur les embryons conçus *in vitro* dans le cadre d'une assistance médicale à la procréation qui ne font plus l'objet d'un projet parental. Elle ne peut être effectuée qu'avec le consentement écrit préalable du couple dont ils sont issus, ou du membre survivant de ce couple, par ailleurs dûment informés des possibilités d'accueil des embryons par un autre couple ou d'arrêt de leur conservation. À l'exception des situations mentionnées au dernier alinéa de l'article L. 2131-4 et au troisième alinéa de l'article L. 2141-3, le consentement doit être confirmé à l'issue d'un délai de réflexion de trois mois. Dans tous les cas, le consentement des deux membres du couple est révocable à tout moment et sans motif.

Une recherche ne peut être entreprise que si son protocole a fait l'objet d'une autorisation par l'Agence de la biomédecine. La décision d'autorisation est prise en fonction de la pertinence scientifique du projet de recherche, de ses conditions de mise en œuvre au regard des principes éthiques et de son intérêt pour la santé publique. La décision de l'agence, assortie de l'avis du conseil d'orientation, est communiquée aux ministres chargés de la santé et de la recherche qui peuvent, lorsque la décision autorise un protocole, interdire ou suspendre la réalisation de ce protocole lorsque sa pertinence scientifique n'est pas établie ou lorsque le respect des principes éthiques n'est pas assuré.

En cas de violation des prescriptions législatives et réglementaires ou de celles fixées par l'autorisation, l'agence suspend l'autorisation de la recherche ou la retire. Les ministres chargés de la santé et de la recherche peuvent, en cas de refus d'un protocole de recherche par l'agence, demander à celle-ci, dans l'intérêt de la santé publique ou de la recherche scientifique, de procéder dans un délai de trente jours à un nouvel examen du dossier ayant servi de fondement à la décision.

Les embryons sur lesquels une recherche a été conduite ne peuvent être transférés à des fins de gestation.

CSP, art. L. 2151-6
L'importation de tissus ou de cellules embryonnaires ou fœtaux aux fins de recherche est soumise à l'autorisation préalable de l'Agence de la biomédecine. Cette autorisation ne peut être accordée que si ces tissus ou cellules ont été obtenus dans le respect des principes fondamentaux prévus par les articles 16 à 16-8 du code civil.

L'exportation de tissus ou de cellules embryonnaires ou fœtaux aux fins de recherche est soumise aux mêmes conditions que l'importation définie au précédent alinéa. Elle est subordonnée en outre à la condition de la participation d'un organisme de recherche français au programme de recherche international.

CSP, art. L. 2151-7
Tout organisme qui assure, à des fins scientifiques, la conservation de cellules souches embryonnaires doit être titulaire d'une autorisation délivrée par l'Agence de la biomédecine.

La délivrance de l'autorisation est subordonnée au respect des dispositions du titre Ier du livre II de la première partie du présent code, des règles en vigueur en matière de sécurité des personnes exerçant une activité professionnelle sur le site et des dispositions applicables en matière de protection de l'environnement, ainsi qu'au respect des règles de sécurité sanitaire.

En cas de non-respect des dispositions mentionnées au deuxième alinéa, l'Agence de la biomédecine peut, à tout moment, suspendre ou retirer l'autorisation.

L'Agence française de sécurité sanitaire des produits de santé est informée des activités de conservation à des fins scientifiques de cellules souches embryonnaires réalisées sur le même site que des activités autorisées par elle en application des articles L. 1243-2 et L. 1243-5.

Les organismes mentionnés au premier alinéa ne peuvent céder des cellules souches embryonnaires qu'à un organisme titulaire d'une autorisation délivrée en application du présent article ou de l'article L. 2151-5. L'Agence de la biomédecine est informée préalablement de toute cession. […]

215.02 Jurisprudence de référence.

> En l'absence de consensus européen sur le moment du commencement de la vie pour la mise en œuvre de l'article 2 de la Convention européenne des droits de l'homme, la question relève de l'appréciation de États.

• **CEDH 8 juill. 2004, req. n° 53924/00,** VO c/France, *Dr. fam.* 2004, comm. 194, note Murat

* V. s[s] n° 215.13

Le point de départ du droit à la vie relève de la marge d'appréciation des États dont la Cour tend à considérer qu'elle doit leur être reconnue dans ce domaine, même dans le cadre d'une interprétation évolutive de la Convention, qui est « un instrument vivant, à interpréter à la lumière des conditions de vie actuelles […]. La Cour est convaincue qu'il n'est ni souhaitable ni même possible actuellement de répondre dans l'abstrait à la question de savoir si l'enfant à naître est "une personne" au sens de l'article 2 de la Convention […]. Il n'est pas nécessaire d'examiner le point de savoir si la fin brutale de la grossesse de Mme V. entre ou non dans le champ d'application de l'article 2, dans la mesure où, à supposer même que celui-ci s'appliquerait, les exigences liées à la préservation de la vie dans le domaine de la santé publique n'ont pas été méconnues par l'État défendeur [...]. [La Cour] observe qu'en l'absence de statut juridique clair de l'enfant à naître, celui-ci n'est pas pour autant privé de toute protection en droit français [...] ».

215.03 Bibliographie indicative.
Actualisables. J.-Cl. civ., art. 311-19 et 311-20, J. Hauser, « Filiation », « Identification génétique », « Procréation médicalement assistée » – Rép. civ., C. Labrusse-Riou, V° *Filiation en cas de procréation médicalement assistée*, n°s 236 à 310.

Ouvrage. F. Terré et D. Fenouillet, *Les personnes, La famille, Les incapacités*, « Précis », 7e éd., Dalloz, 2005, n°s 913 à 979.

215.04 Questions essentielles. Tandis que les règles du droit commun sont applicables à la filiation de l'enfant conçu par procréation médicalement assistée réalisée avec les gamètes du couple parental, des dispositions spéciales (C. civ., art. 311-19 et 311-20) régissent l'établissement et la contestation de la filiation en cas de don de gamètes (v. s[s] n°s 215.21 à 215.28). Ces dispositions n'ont subi que quelques retouches terminologiques de coordination dans l'ordonnance n° 2005-759 du 4 juillet 2005[1].

215.09 Législation spéciale. Les lois de bioéthique n°s 94-653[2] et n° 94-654[3] du 29 juillet 1994, révisées et complétées par la loi n° 2004-800 du 6 août 2004[4], ont soumis à un encadrement très strict les activités médicales d'assistance à la procréation et ont entendu en garantir le respect par des sanctions particulièrement sévères. Les conditions de mise en œuvre des activités médicales d'assistance à la procréation sont traitées dans le Code de la santé publique et il convient de les présenter de manière synthétique avant d'analyser les dispositions spécifiques insérées dans le Code civil en ce qui concerne la filiation de l'enfant conçu grâce à un don de gamètes (C. civ., art. 311-19 et 311-20).

Les dispositions du Code civil n'ont subi que des retouches terminologiques dans l'ordonnance n° 2005-759 du 4 juillet 2005, le droit commun étant au contraire tout naturellement applicable à la filiation de l'enfant conçu avec les gamètes du couple parental à l'origine de la demande d'assistance médicale.

SECTION 1

CONDITIONS DE MISE EN ŒUVRE DE L'ASSISTANCE MÉDICALE À LA PROCRÉATION

215.11 Définition. « *L'assistance médicale à la procréation s'entend des pratiques cliniques et biologiques permettant la conception in vitro, le transfert d'embryons et l'insémination artificielle, ainsi que toute technique d'effet équivalent permettant la procréation en dehors du processus naturel* [...] » (CSP, art. L. 2141-1, al. 1er). La mise en œuvre de telles techniques médicales est strictement encadrée quant à ses finalités et limitée quant à ses bénéficiaires.

215.12 Finalités. L'assistance médicale à la procréation tend « *à répondre à la demande parentale d'un couple. Elle a pour objet de remédier à l'infertilité dont le caractère pathologique a été médicalement diagnostiqué ou d'éviter la transmission à l'enfant ou à un membre du couple d'une maladie d'une particulière gravité* » (CSP, art. L. 2141-2).

L'ordonnance n° 2008-480 du 22 mai 2008[5] a modifié l'article L. 2141-11 du Code de la santé publique et permet désormais à une personne dont la fertilité peut être altérée prématurément de faire procéder au recueil et à la conservation de ses gamètes et tissus germinaux en vue d'une assistance médicale à la procréation ou d'une restauration ultérieure de sa fertilité[6].

À l'exclusion très ferme de toute finalité de pure convenance privée, l'assistance médicale à la procréation repose sur un **diagnostic médical** pour lequel l'une ou l'autre technique serait de nature à apporter une solution.

On peut signaler que dans l'affaire Dickson c/Royaume-Uni[7], la Cour européenne des droits de l'homme a été saisie d'une requête où était posée la question de l'impossibilité matérielle pour un couple britannique de concevoir

1. L. n° 2009-61, 16 janv. 2009, ratifiant l'ordonnance n° 2005-759 du 4 juill. 2005 portant réforme de la filiation et modifiant ou abrogeant diverses dispositions relatives à la filiation, *JO* 18 janv., p. 1062.
2. L. n° 94-653, 29 juill. 1994, relative au respect du corps humain, *JO* 30 juill., p. 11056.
3. L. n° 94-654, 29 juill. 1994, relative au don et à l'utilisation des éléments et produits du corps humain, à l'assistance médicale à la procréation et au diagnostic prénatal, *JO* 30 juill., p. 11059.
4. L. n° 2004-800, 6 août 2004, relative à la bioéthique, *JO* 7 août, p. 14040.
5. Ord. n° 2008-480, 22 mai 2008, transposant en matière de don de gamètes et d'assistance médicale à la procréation la directive n° 2004/23/CE du Parlement européen et du Conseil du 31 mars 2004, *JO* 23 mai, p. 8386.
6. V. *Dr. fam.* 2008, alerte 76; *RTD civ.* 2008, 468, n° 20, obs. Hauser; *RTD civ.* 2008, 560, n° 7, obs. Leroyer.
7. CEDH, gr. ch., 4 déc. 2007, req. n° 44362/04, Dickson c/Royaume-Uni, *RLDC* 2008, n° 2829 – Auparavant, v. l'arrêt de chambre, CEDH 18 avr. 2006, req. n° 44362/04, Dickson c/Royaume-Uni, qui, par quatre voix avait conclu à l'absence de violation des articles 8 et 12, et trois voix pour une telle violation.

un enfant par procréation naturelle en raison de l'incarcération de l'homme, âgé de vingt-sept ans et condamné à la prison à perpétuité, avec une peine de sûreté de quinze années. Il avait épousé une femme de quarante-et-un ans. Le couple n'avait pas obtenu l'autorisation de concevoir un enfant par procréation assistée, le refus étant motivé par l'intérêt de l'enfant et de la société. Il avait alors déposé une requête auprès de la Cour européenne des droits de l'homme, fondée sur une prétendue violation de l'article 8 de la Convention européenne pour atteinte à sa vie privée et familiale et de l'article 12 en raison d'une méconnaissance de son droit de fonder une famille. La Cour a retenu une violation de l'article 8, faute de préservation d'un juste équilibre entre intérêts privés et intérêts publics.

215.13 **Bénéficiaires.** L'assistance médicale à la procréation n'est offerte qu'à des bénéficiaires déterminés. Il ne peut s'agir que d'un **couple constitué d'un homme et d'une femme**, sans distinguer selon qu'ils sont ou non mariés ensemble. Mais les couples de même sexe et les personnes seules demeurent exclues, présentement tout au moins, en dépit de fortes revendications et certains n'hésitent guère à se rendre à l'étranger dans des pays où la procréation assistée n'est pas assujettie à des règles aussi strictes. Sur cette question politiquement très sensible, la législation française évoluera peut-être dans les années à venir en fonction de la majorité politique au Parlement.

L'homme et la femme formant le couple doivent être **mariés**, sans exigence alors de durée de leur union, ou **vivre en concubinage depuis deux années** au moins afin de s'assurer d'une certaine stabilité de cette union libre. Néanmoins d'un point de vue concret, cela correspond approximativement au temps nécessaire au diagnostic médical de stérilité pathologique pour tout couple. Ni la preuve du concubinage, ni celle de son ancienneté n'ont suscité de difficultés en pratique.

L'homme et la femme doivent encore être « *en âge de procréer* » (CSP, art. L. 2141-2, al. 3), ce qui écarte toute demande tardive de nature à perturber l'ordre naturel des générations.

Enfin, tous deux doivent être vivants au moment de la réalisation de l'insémination ou du transfert des embryons cryoconservés (CSP, art. L. 2141-2, al. 3). La question de l'insémination ou celle de la gestation *post mortem*, qui s'était posée avant leur prohibition par les lois de bioéthique, a toujours été controversée. Cependant, elle ne mérite pas nécessairement d'être abordée en termes identiques dans les deux cas.

S'agissant de **l'insémination *post mortem***, la jurisprudence fut divisée.

Un tribunal ordonna la restitution à une veuve des paillettes congelées de sperme de son mari[1]. D'autres jugèrent par la suite qu'un CECOS avait pu refuser une telle restitution tout en ordonnant même leur destruction[2], comme le suggérait la doctrine dominante[3].

En revanche, une réflexion plus nuancée fut dégagée à propos de la **gestation *post mortem*** où était en cause non pas la conception *in vitro* éventuelle d'un enfant après le décès du mari ou du compagnon, mais l'implantation d'embryons déjà constitués et conservés par congélation au moment du décès.

Sur ce point, un jugement décida à propos de sa filiation que l'enfant ainsi conçu avec les gamètes des deux époux et né plus d'un an après la mort du mari était couvert par la présomption de paternité malgré la gestation différée, en le réputant conçu durant le mariage comme les deux enfants du couple conçus par fécondation *in vitro* et nés du vivant du père[4]. D'autres décisions se prononcèrent sur la demande formée par la veuve de l'implantation des embryons après la mort de son conjoint et y opposèrent un refus[5]. Saisie d'un pourvoi contre cet arrêt qui avait en outre ordonné la destruction des embryons, la Cour de cassation le cassa sans renvoi et l'annula partiellement en ce qu'il avait ordonné la destruction des embryons, au motif que les lois de bioéthique promulguées entre-temps offraient l'alternative de leur éventuel accueil par un autre couple[6].

Les lois de bioéthique ont effectivement interdit la gestation *post mortem*, mais permis à la veuve de faire don des embryons conservés à un autre couple stérile (CSP, art. L. 2141-4, al. 2). Le **consentement donné par les deux membres d'un couple ou par le survivant de l'un d'eux** à l'accueil de ses embryons par un couple tiers doit être inscrit dans un formulaire spécial qui a été modifié par un arrêté du 22 août 2008[7]. Le consentement ainsi exprimé doit être confirmé dans un second formulaire à l'expiration d'un délai de réflexion de trois mois au moins.

1. TGI Créteil, 1er août 1984, *RTD civ.* 1984, 703, obs. Nerson et Rubellin-Devichi; *JCP* 1984, II, 20321, note Corone; *Gaz. Pal.* 1984, 2, 560, concl. Lesec.
2. TGI Toulouse, 26 mars 1991, *D.* 1992, somm. 61, obs. Labbée; *RTD civ.* 1991, 310, obs. Hauser; *JCP* 1992, II, 21800, note Pédrot – EN CE SENS, v. aussi, TGI Créteil, 4 avr. 1995, *LPA* n° 154, 14 déc. 1997, note Taglione.
3. V. J. Rubellin-Devichi, « Procréations assistées, état des questions », *RTD civ.* 1990, 452.
4. TGI Angers, 10 nov. 1992, *D.* 1994, somm. 30, obs. Labbée; *RTD civ.* 1994, 579, obs. Hauser; *JCP* 1994, I, 3763, obs. Byk.
5. TGI Rennes, 30 juin 1993, *JCP* 1994, II, 22250, note Neirinck – CA Toulouse, 18 avr. 1994, *JCP* 1995, II, 22472, note Neirinck.
6. Civ. 1re, 9 janv. 1996, n° 94-15.998, *Bull. civ.* I, n° 21; *D.* 1996, J. 376, obs. Dreifuss-Netter; *RTD civ.* 1996, 359, obs. Hauser; *Defrénois* 1996, p. 532, obs. Massip; *JCP* 1996, II, 22666, note Neirinck.
7. Arr. 22 août 2008, relatif au consentement et à la confirmation du consentement d'un couple ou du membre survivant en cas de décès de l'autre membre du couple à l'accueil de son ou de ses embryons par un couple tiers, *JO* 2 sept. p. 13744.

Peut également être soulevée la question du **sort des embryons conservés par congélation en cas de rupture du couple** et de rétractation du consentement de l'homme ou de la femme. Sur ce point, la Cour européenne des droits de l'homme a été saisie d'une requête mettant en cause la législation du Royaume-Uni dans l'affaire *Evans*.

La requérante invoquait plusieurs arguments. Elle prétendait tout d'abord qu'en imposant la destruction des embryons obtenus par un couple en cas de rétractation de son consentement par l'un de ses deux membres (en l'occurrence, le mari), il en résultait une atteinte au droit à la vie des embryons en violation de l'article 2 de la Convention. Cet argument fut écarté à l'unanimité[1], confirmant la solution donnée dans l'affaire Vo c/ France[2]. La requérante avait ensuite invoqué une atteinte à sa vie privée et familiale en raison de l'impossibilité d'obtenir l'implantation de ses embryons et pour elle d'avoir un enfant qui serait génétiquement le sien du fait de l'ovariectomie qu'elle avait subie et qui était à l'origine de la conception *in vitro* et de la conservation des embryons au titre du projet parental. Elle avait enfin allégué une violation de l'article 14.

En l'absence de consensus européen et en raison de l'absence de toute ambiguïté dans la législation applicable qui avait bien été portée à la connaissance de la requérante et qui aménageait un juste équilibre entre les intérêts en conflit, la Cour conclut dans un arrêt rendu en Grande chambre qu'il n'y a pas eu de violation de l'article 8, ni de l'article 14 combiné avec l'article 8, dans la mesure où une femme apte à procréer naturellement pourrait choisir librement quel doit être le sort réservé à ses ovules fécondés[3].

En France, la question de la réalisation d'une assistance médicale à la procréation après le décès d'un des deux membres du couple ou après une rupture ou la rétractation de l'un d'eux demeure très controversée.

215.14 Projet parental et maintien du consentement du couple. Chacun des deux membres du couple doit exprimer son consentement à la mise en œuvre de la technique d'assistance médicale à la procréation dans des formes solennelles et dans des conditions garantissant le secret. La déclaration est en effet recueillie dans un **acte authentique** dressé par le président du tribunal de grande instance ou un magistrat délégué par lui, ou par un notaire (C. pr. civ., art. 1157-2, al. 2) qui les informe préalablement des règles particulières applicables à la filiation de l'enfant pouvant ainsi être conçu (C. pr. civ., art. 1157-3). Elle doit être enregistrée sans aucun contrôle d'opportunité.

Le consentement donné doit persister. En effet, il sera privé d'effet en cas de décès de l'un d'eux, ou de dépôt d'une requête en divorce ou en séparation de corps des époux, ou en cas de cessation de la vie commune entre les concubins survenant avant la réalisation de la procréation assistée. Il est encore privé d'effet si l'un d'eux le révoque par écrit avant réalisation de la procréation auprès du médecin chargé de la mettre en œuvre (C. civ., art. 311-20, al. 3 – Et CSP, art. L. 2141-2).

Dans l'hypothèse particulière de **l'accueil d'un embryon**, que le législateur a entendu considérer comme exceptionnelle (CSP, art. L. 2141-4), les garanties sont renforcées et inspirées de l'adoption. Il doit s'agir d'un embryon surnuméraire émanant d'époux ou de concubins pour lesquels il ne fait plus l'objet d'un projet parental ou dont l'un d'eux est décédé et qui ont consenti à son accueil par un autre couple (qui ne pourrait pas bénéficier d'un double don de gamètes, ce procédé étant interdit). Le juge doit recevoir le consentement écrit du couple qui a conçu l'embryon; il s'assure encore que le couple pressenti pour l'accueillir remplit les conditions exigées par la loi et fait procéder à toutes investigations pour s'assurer des conditions d'accueil qu'il pourrait offrir à l'enfant qui viendrait à naître sur les plans familial, éducatif et psychologique (CSP, art. L. 2141-5).

SECTION 2

FILIATION DE L'ENFANT CONÇU PAR PROCRÉATION ASSISTÉE RÉALISÉE GRÂCE À UN DON

215.21 Particularités. Lorsque l'assistance médicale à la procréation est mise en œuvre grâce aux gamètes du couple, elle n'entraîne aucune conséquence particulière en droit de la filiation. L'enfant est biologiquement issu des deux membres du couple comme s'il avait été conçu par procréation naturelle. Le droit commun de la filiation est applicable.

Au contraire, en cas de **don de gamètes** ou **d'accueil d'embryon**, le législateur a prévu des dispositions spéciales en ce qui concerne le donneur et le couple receveur.

1. CEDH 7 mars 2006, req. nº 6339/05, Evans c/Royaume-Uni, (arrêt de chambre), *RTD civ.* 2006, 255, obs. Marguénaud, « Le triste sort des embryons *in vitro* du couple séparé ».
2. CEDH 8 juill. 2004, req. nº 53924/00, VO c/France, *RTD civ.* 2004, 799, obs. Marguénaud, « Les tergiversations de la Cour européenne des droits de l'homme face au droit à la vie de l'enfant à naître »; *RJPF* 2004-9/48, chron. Fricero; *D.* 2004, pan. 2535, obs. Berro-Lefèvre; *D.* 2004, 2754, obs. Roujou de Boubée; *D.* 2004, J. 2456, note Pradel – V. AUSSI, *D.* 2004, 2801, chron. Serverin.
3. CEDH, gr. ch., 10 avr. 2007, req. nº 6339/05, Evans c/ Royaume-Uni, *D.* 2007, act. 1203, obs. Delaporte-Carré; *JCP* 2007, I, 137, obs. Byk; *RTD civ.* 2007, 295, obs. Marguénaud, « La triste fin des embryons *in vitro* du couple séparé : la Cour de Strasbourg, Cour européenne des droits du Mâle »; *RDSS* 2007, 810, note Roman.

215.22 Prohibition de l'établissement de la filiation à l'égard du donneur. Corrélativement à la règle de l'anonymat des dons de gamètes (CSP, art. L. 1244-7) [1], l'article 311-19 du Code civil prohibe de façon ferme et absolue l'établissement de la filiation à l'égard du donneur et prend la précaution d'interdire aussi toute action en responsabilité contre lui, même s'il semble peu concevable d'imaginer une faute susceptible de lui être imputée. Le législateur a néanmoins ménagé l'intérêt de la santé d'un enfant conçu grâce à un don de gamètes et prévu la possibilité pour le médecin traitant d'accéder dans un but thérapeutique à des informations médicales non identifiantes relatives au donneur (CSP, art. L. 1244-6).

215.23 Établissement de la filiation à l'égard du couple receveur. Lors de l'enregistrement de la naissance, rien ne permet à l'officier de l'état civil de connaître les circonstances particulières de la conception de l'enfant, puisque la loi enveloppe d'un **secret absolu** le recours à l'assistance médicale et le don. Les règles du droit commun sont applicables à l'établissement volontaire de la filiation, étant entendu que l'hypothèse d'un accouchement sous X ne serait pas exclue même si elle est hautement improbable.

215.24 Établissement de la filiation dans un couple marié. Lorsque l'assistance médicale à la procréation est mise en œuvre en faveur d'un couple marié, la filiation de l'enfant est établie selon le droit commun par l'acte de naissance désignant la mère et par la présomption « *Pater is est* ». Il ne serait toutefois pas absolument impossible que la présomption soit écartée dans les conditions de l'article 314 du Code civil parce que l'enfant a été enregistré sans indication du mari en qualité de père. La preuve de la véritable paternité du mari, requise au soutien de l'action en rétablissement prévue par l'article 329 étant par hypothèse exclue en cas de don de sperme, le mari pourrait néanmoins reconnaître l'enfant comme le lui permet l'article 315 tel qu'il a été complété par la loi n° 2009-61 du 16 janvier 2009.

215.25 Établissement de la filiation dans un couple non marié. À l'égard de la mère, la filiation est établie par l'acte de naissance la désignant comme telle (C. civ., art. 311-25). À l'égard du concubin, elle est établie par une reconnaissance (C. civ., art. 316). Elle pourrait aussi l'être par la possession d'état constatée dans un acte de notoriété (C. civ., art. 317).

Toutefois, l'alinéa 4 de l'article 311-20 prévoit que celui qui, après avoir consenti à la procréation assistée, ne reconnaît pas l'enfant engage sa responsabilité envers lui et envers la mère. De plus, la mère durant la minorité de l'enfant ou l'enfant devenu majeur et jusqu'à l'âge de vingt-huit ans (C. civ., art. 327 et 328) peut agir en recherche de paternité (C. civ., art. 311-20, al. 5). Dans cette action, la preuve ne porte pas alors sur la vérité de la paternité alléguée, qui par hypothèse est exclue en cas de don de sperme, mais seulement sur le **consentement donné à la procréation et non révoqué en temps utile**. Ce système peut être critiqué pour sa complexité. Il aurait été préférable de décider que le consentement donné en la forme authentique à la procréation vaudrait reconnaissance dans l'hypothèse où un enfant viendrait à naître.

Outre ces particularités, c'est surtout en ce qui concerne la **contestation de la filiation** que la loi a posé des règles dérogatoires au droit commun.

215.26 Principe général. Selon l'article 311-20 alinéa 2 du Code civil, le consentement donné à la procréation assistée avec don de gamètes interdit en principe toute action en contestation de la filiation établie à l'égard des époux ou des concubins et toute action aux fins d'établissement d'un autre lien de filiation. Le législateur entend ainsi faire acquérir à l'enfant sa filiation de façon définitive en attribuant à un homme une paternité irréversible qui, en tant que paternité forcée, sera le plus souvent bien pauvre affectivement en cas de rupture du couple.

Cependant, le principe comporte deux tempéraments dont l'un est tout aussi regrettable.

215.27 Recevabilité d'une demande en contestation. Le premier tempérament prévu par l'article 311-20 alinéa 2 du Code civil vise l'hypothèse où la procréation aurait été réalisée par le médecin alors que le consentement exprimé par le mari ou par le compagnon de la mère était privé d'effet. Une telle situation semble néanmoins fort improbable en pratique en raison des précautions imposées à l'équipe médicale.

C'est à vrai dire le second tempérament qui a suscité des discussions et des critiques : une demande en contestation est recevable s'il est allégué que l'enfant n'est pas issu de la procréation assistée. D'une part, une simple allégation a pu paraître bien mince. Et surtout, du fait de l'anonymat du don de gamètes, la preuve du bien-fondé de la demande en contestation impliquerait de désigner l'homme avec lequel l'épouse ou la concubine a eu des relations charnelles. Or même à le supposer identifié, on voit mal comment une expertise biologique pourrait être ordonnée sur sa personne en l'absence pour lui d'intérêt à l'action.

1. Sur l'anonymat des dons de gamètes en droit comparé, v. l'étude de législation comparée réalisée par le Sénat, n° 186, 4 sept. 2008, *L'anonymat du don de gamètes*.

215.28 Perspectives d'évolution. À côté des diverses critiques dont les articles 311-19 et 311-20 du Code civil ont pu faire l'objet, un débat s'est développé sur le droit pour chacun à la connaissance de ses origines, en l'occurrence génétiques, et sur la légitimité du droit à opposer à certaines personnes l'un ou l'autre secret (don de gamètes ou accueil d'embryon, accouchement sous X, filiation de naissance pour l'enfant adoptif...). La réflexion se poursuit et des perspectives d'évolution législative sont envisageables, notamment sous l'impulsion de la Cour européenne des droits de l'homme et du droit à la connaissance des origines.

TITRE

22. La filiation par adoption

22.00 Plan du titre.

CHAPITRE

220. Présentation, évolution et perspectives de l'adoption

PASCALE SALVAGE-GEREST
PROFESSEUR ÉMÉRITE DE L'UNIVERSITÉ
PIERRE MENDÈS-FRANCE (GRENOBLE 2)

SECTION 0
ORIENTEUR

220.00 **Plan du chapitre.**

220.01 **Textes applicables.**

TEXTES SOURCES

- **Code civil**

> Nationalité de l'adopté – Adoption plénière
C. civ., art. 20

> Nationalité de l'adopté – Adoption simple
C. civ., art. 21, 21-12

> État civil de l'adopté simple étranger
C. civ., art. 98

> Adoption plénière
C. civ., art. 343 à 359

> Adoption simple
C. civ., art. 360 à 370-2

> Adoption de l'enfant du conjoint
C. civ., art. 343-2, 344, 345-1, 348-5, 356, 365

> Adoption internationale
C. civ., art. 370-3 à 370-5

> Consentement à adoption (absence de délégation)
C. civ., art. 377-3

> Adoption d'un mineur émancipé
C. civ., art. 413-6

> Consentement à l'adoption d'un majeur protégé ou par un majeur protégé
C. civ., art. 458

> Successions
C. civ., art. 733

> Révocation des donations
C. civ., art. 962 et 966

> Successions : action en retranchement en cas d'adoption simple de l'enfant du conjoint
C. civ., art. 1527

- **Code de l'action sociale et des familles**

> Accompagnement des familles adoptives
CASF, art. L. 225-18

> Agence française de l'adoption
CASF, art. L. 225-15 et L. 225-16; R. 225-47 à R. 225-52

> Agrément requis pour adopter un pupille de l'État, un enfant recueilli en France par un organisme autorisé pour l'adoption ou un enfant étranger
CASF, art. L. 225-2 à L. 225-8, L. 225-17; R. 225-1 à R. 225-11, R. 225-41, al. 1er

> Autorité centrale pour l'adoption internationale (ACAI)
CASF, art. L. 148-2, R. 148-4 à R. 148-11-2

> Conseil national pour l'accès aux origines personnelles (CNAOP)
CASF, art. L. 147-1 à L. 147-11; R. 147-1 à R. 147-33

> Conseil supérieur de l'adoption (CSA)
CASF, art. L. 148-1; D. 148-1 à D. 148-3

> Obligation alimentaire
CASF, art. L. 132-6

> Organismes autorisés pour l'adoption (OAA)
CASF, art. L. 225-11 à L. 225-14-2; R. 225-12 à R. 225-46

> Organismes autorisés pour l'adoption et habilités pour l'adoption internationale
CASF, art. L. 225-13

> Pupilles de l'État
CASF, art. L. 224-1 à L. 225-10; R. 224-1 à R. 224-25

• Code de l'entrée et du séjour des étrangers et du droit d'asile (CESEDA)

> Motivation des refus de visa

CESEDA, art. L. 211-2

> Carte de séjour temporaire portant la mention « vie privée et familiale » et carte de résident

CESEDA, art. L. 313-11 et L. 314-11

> Pièces à fournir

CESEDA, art. R. 421-5 et R. 811-1

• Code général des impôts

> Impôt sur le revenu

CGI, art. 195 et 196

> Droits de mutation à titre gratuit

CGI, art. 786]

• Code de l'organisation judiciaire

> Tribunaux de grande instance compétents pour connaître des actions aux fins d'adoption ainsi que des actions au fins de reconnaissance des jugements d'adoption rendue à l'étranger, lorsque l'enfant, résidant habituellement à l'étranger, a été, ou doit être déplacé vers la France.

COJ, art. L. 211-13 et D. 211-11, annexe VIII-I

• Code pénal

> Provocation à l'abandon et entremise

C. pén., art. 227-12, 227-14, 227-29 et 227-30

• Code de procédure civile

> Déclaration judiciaire d'abandon de l'article 350 du Code civil

C. pr. civ., art. 1158 à 1164

> Consentement à l'adoption

C. pr. civ., art. 1165

> Procédure d'adoption

C. pr. civ., art. 1166 à 1176

> Procédure relative à la révocation de l'adoption simple

C. pr. civ., art. 1177 à 1178

> Suspension de la décision relative à l'adoption

C. pr. civ., art. 1178-1

• Code de procédure pénale

> Casier judiciaire du demandeur d'agrément en vue d'adoption

C. pr. pén., art. 776, 5°

• Code de la sécurité sociale

> Indemnité journalière de repos maternel

CSS, art. L. 331-7; R. 313-4, R. 331-7, R. 382-31-1, R. 753-5-1, R. 753-1

> Prestations familiales

CSS, art. L. 512-4; D. 553-1

> Prestation pour l'accueil du jeune enfant (PAJE)

CSS, art. L. 531-1 à L. 531-3; R. 531-1, R. 531-2; D. 531-2, D. 531-3

> Complément de libre choix d'activité

CSS, art. L. 531-4, L. 532-2; R. 531-2; D. 531-14, D. 531-15, D. 531-16, 1

> Allocation journalière de présence parentale

CSS, art. L. 544-9

> Allocation forfaitaire de repos maternel

CSS, art. L. 613-19, L. 722-8, L. 722-8-1; D. 613-4-1, D. 613-4-2, D. 613-4-3

> Assurance vieillesse

CSS, art. R. 161-11, D. 351-1-7

> Droit aux prestations : maladie, maternité, décès

CSS, art. R. 313-1

> Assurance complémentaire de santé

CSS, art. R. 863-6

> Création ou reprise d'entreprise

CSS, art. D. 161-1-2

• Code du travail

> Calcul de l'effectif de l'entreprise

C. trav., art. L. 1111-2

> Congés annuels

C. trav., art. D. 3141-4

> Congés liés à l'adoption

C. trav., art. L. 1225-70

> Congés d'adoption

C. trav., art. L. 1225-37 à L. 1225-46; R. 1225-9 à R. 1225-11

> Congé parental d'éducation et passage à temps partiel

C. trav., art. L. 1225-47 à L. 1225-60

> Congés payés

C. trav., art. L. 1251-19, L. 3141-2, L. 3141-5

> Congés pour événements familiaux

C. trav., art. L. 3142-1

> Contrats de travail aidés

C. trav., art. R. 5134-61, D. 5134-124

> Conventions et accords collectifs

C. trav., art. L. 1142-3

> Droit individuel à la formation

C. trav., art. L. 6323-2, D. 6323-3

> Intéressement

C. trav., art. L. 3314-5, R. 3314-3

> Participation aux résultats de l'entreprise

C. trav., art. L. 3324-6, R. 3324-22, R. 3314-3, D. 3324-11

> Pénalités

C. trav., art. R. 1227-5

> Démission pour élever un enfant

C. trav., art. L. 1225-66

• Lois, décrets, instruction, circulaires

L. 29 juill. 1881, relative à la liberté de la presse, art. 39 *quater* (réd. ord. n° 2000-916, 19 sept. 2000, *JO* 22 sept., art. 3) [interdiction de publier une information sur la filiation d'origine d'une personne adoptée]

Décr. n° 62-921, 3 août 1962, modifiant certaines règles relatives aux actes de l'état civil, *JO* 9 août, p. 7918, art 12 (mod. par Décr. n° 68-148, 15 févr. 1968, modifiant les art. 2, 3, 8 (al. 1er), 9, 10, 11, 12 et 13 du décret n° 62921 du 3 août 1962, *JO* 17 févr., p. 1780) [extraits d'actes]

Décr. n° 74-449, 15 mai 1974, relatif au livret de famille, *JO* 18 mai, p. 5349, art. 1, 3° (réd. Décr. n° 2006-640, 1er juin 2006, pris pour l'application de l'ordonnance n° 2005-759 du 4 juillet 2005, portant réforme de la filiation et relatif au livret de famille et à la procédure en matière de filiation, *JO* 2 juin, p. 8332)

Décr. n° 93-1362, 30 déc. 1993, relatif à la manifestation de volonté, aux déclarations de nationalité, aux décisions de naturalisation, de réintégration, de perte, de déchéance et de retrait de la nationalité française, *JO* 31 déc., p. 18559, art. 10 (réd. Décr. n° 2005-25, 14 janv. 2005) [déclarations de nationalité des mineurs adoptés par un Français ou recueillis en France]

Circ. FP/4 n° 1864, 9 août 1995, relative au congé de maternité ou d'adoption et autorisations d'absence liées à la naissance pour les fonctionnaires et agents de l'État, *BO* n° 44, 30 nov. 1995

Décr. n° 99-179, 10 mars 1999, pris pour l'application de l'article 9 de l'ordonnance n° 45-2658 du 2 novembre 1945 modifiée, relative aux conditions d'entrée et de séjour des étrangers en France, instituant un document de circulation pour étranger mineur, *JO* 15 mars, p. 3680

Circ. n° NOR/INT/D/99/00094/C, 19 avr. 1999, relative aux conditions de délivrance du document de circulation pour étrangers mineurs (DCEM)

Instr. gén. relative à l'état civil (IGREC), 11 mai 1999, *JO* 27 juill., p. 11272, mod. 29 mars 2002, *JO* 28 avr., p. 7719

Circ. DGAS/SD/2, n° 2003-126, 17 mars 2003, n° NOR SANA0330146C, d'application du décret du 18 avril 2002 relatif aux organismes autorisés et habilités pour l'adoption (décret codifié depuis au CASF, art. R. 225-12 à R. 224-46)

Circ. CIV/18/04, 6 déc. 2004, de présentation de la loi n° 2002-304 du 4 mars 2002 relative au nom de famille, mod. par L. n° 2003-516 du 18 juin 2003 relative à la dévolution du nom de famille

* V. texte complet ss n° 61.12

• Textes internationaux

Conv. eur. en matière d'adoption des enfants, Strasbourg 24 avr. 1967, révision ouverte à la signature le 27 nov. 2008

Conv. internat. relative aux droits de l'enfant (CIDE), 20 nov. 1989, art. 20 et 21 [droits de l'enfant]

* V. texte complet ss n° 63.14

Conv. de La Haye, 29 mai 1993, sur la protection des enfants et la coopération en matière d'adoption internationale, *JCP* 1993, I, 3710 (annexe) et Décr. n° 98-815, 11 sept. 1998, portant publication de la convention, *JO* 13 sept., p. 13997 (annexe)

* V. texte complet de la convention ss n° 63.15

Dir. n° 2003/86/CE du Conseil, 22 sept. 2003, relative au droit au regroupement familial, art. 4 et 16, *JOUE* 3 oct., L. 251/14

SÉLECTION THÉMATIQUE ET ALPHABÉTIQUE DE TEXTES *IN EXTENSO* ET RENVOIS *(à l'exception des articles du Code civil et du Code de procédure civile)*

> Accompagnement des familles adoptives

CASF, art. L. 225-18

Le mineur placé en vue d'adoption ou adopté bénéficie d'un accompagnement par le service de l'aide sociale à l'enfance ou l'organisme mentionné à l'article L. 225-11 à compter de son arrivée au foyer de l'adoptant et jusqu'au prononcé de l'adoption plénière en France ou jusqu'à la transcription du jugement étranger. Cet accompagnement est prolongé si l'adoptant le demande, notamment s'il s'y est engagé envers l'État d'origine de l'enfant. Dans ce dernier cas, il s'effectue selon les modalités de calendrier déterminées au moment de l'engagement.

> Agence française de l'adoption (AFA)

[CASF, art. L. 225-15 et L. 225-16; art. R. 225-47 à R. 225-52]

CASF, art. L. 225-15

Il est créé une Agence française de l'adoption qui a pour mission d'informer, de conseiller et de servir d'intermédiaire pour l'adoption de mineurs étrangers de quinze ans.

L'État, les départements et des personnes morales de droit privé constituent à cette fin un groupement d'intérêt public.

L'Agence française de l'adoption est autorisée à intervenir comme intermédiaire pour l'adoption dans l'ensemble des départements.

Elle est habilitée à intervenir comme intermédiaire pour l'adoption dans les États parties à la convention de La Haye du 29 mai 1993 sur la protection des enfants et la coopération en matière d'adoption internationale. À la demande du ministre chargé des affaires étrangères, après avis de l'Autorité centrale pour l'adoption internationale, l'Agence française de l'adoption suspend ou cesse son activité dans l'un de ces pays si les procédures d'adoption ne peuvent plus être menées dans les conditions définies par la convention précitée, et la reprend, le cas échéant, lorsque ces conditions peuvent de nouveau être respectées. Pour exercer son activité dans les autres pays d'origine des mineurs, elle doit obtenir l'habilitation du ministre chargé des affaires étrangères prévue à l'article L. 225-12.

Pour l'exercice de son activité, dans les pays d'origine, elle s'appuie sur un réseau de correspondants.

Elle assure ses compétences dans le strict respect des principes d'égalité et de neutralité.

CASF, art. L. 225-16

Dans chaque département, le président du conseil général désigne au sein de ses services au moins une personne chargée d'assurer les relations avec l'Agence française de l'adoption.

Outre les moyens mis à la disposition de l'agence par les personnes morales de droit privé qui en sont membres, l'État et les départements assurent sa prise en charge financière selon des modalités définies par voie réglementaire.

Le personnel de l'agence est soumis au secret professionnel dans les conditions prévues aux articles 226-13 et 226-14 du Code pénal.

Les dispositions des articles L. 225-14-1 et L. 225-14-2 du présent code sont applicables à l'agence.

CASF, art. R. 225-47

L'Agence française de l'adoption exerce les activités prévues aux 1° et 2° de l'article R. 225-12 [*aide à la préparation du projet d'adoption et conseils pour la constitution du dossier; information sur les aspects techniques et juridiques de la procédure d'adoption NDA*] et à l'article R. 225-13 [*détermination de choix d'une famille adoptive, acheminement des dossiers des candidats à l'adoption vers les personnes ou institutions compétentes pour prononcer l'adoption, conduite et suivi de la procédure prévue conformément au droit en vigueur NDA*].

L'activité prévue au 3° de l'article R. 225-12 [*accompagnement de la famille à partir de l'arrivée de l'enfant NDA*] est exercée par le service de l'aide sociale à l'enfance du département où réside l'enfant dans les conditions fixées à l'article L. 225-18.

• **Communication des dossiers**

* V. CASF, art. R. 225-50 (et renvoi à l'article R. 225-44)

• **Correspondants départementaux**

* V. CASF, art. R. 225-49

• **Définition du projet d'adoption**

* V. CASF, art. R. 225-51

• **Financement**

* V. CASF, art. R. 225-52

• **Habilitation**

* V. CASF, art. R. 225-48, R. 224-50 (et renvoi aux articles R. 225-24 à R. 225-37, R. 225-38 sauf 1°, R. 225-39)

> Agrément requis pour adopter un pupille de l'État, un enfant recueilli en France par un OAA ou un enfant étranger

[CASF, art. L. 225-2 à L. 225-8; L. 225-17; R. 225-1 à R. 225-11, R. 225-41, al. 1er]

CASF, art. L. 225-2

Les pupilles de l'État peuvent être adoptés soit par les personnes à qui le service de l'Aide sociale à l'enfance les a confiés pour en assurer la garde lorsque les liens affectifs qui se sont établis entre eux justifient cette mesure, soit par des personnes agréées à cet effet, soit, si tel est l'intérêt desdits pupilles, par des personnes dont l'aptitude à les accueillir a été régulièrement constatée dans un État autre que la France, en cas d'accord international engageant à cette fin ledit État.

L'agrément est accordé pour cinq ans, dans un délai de neuf mois, par le président du conseil général après avis d'une commission dont la composition est fixée par voie réglementaire. Le délai court à compter de la date à laquelle la personne confirme sa demande d'agrément dans les conditions fixées par voie réglementaire. L'agrément est délivré par un arrêté dont la forme et le contenu sont définis par décret.

L'agrément est délivré pour l'accueil d'un ou de plusieurs enfants simultanément. Une notice, dont la forme et le contenu sont définis par décret, décrivant le projet d'adoption des personnes agréées est jointe à l'agrément. Cette notice peut être révisée par le président du conseil général sur demande du candidat à l'adoption.

L'agrément est caduc à compter de l'arrivée au foyer d'au moins un enfant français ou étranger, ou de plusieurs simultanément.

CASF, art. L. 225-17

Les personnes qui accueillent, en vue de son adoption, un enfant étranger doivent avoir obtenu l'agrément prévu aux articles L. 225-2 à L. 225-7.

CASF, art. R. 225-41, al. 1

L'organisme autorisé pour l'adoption s'assure que les personnes qui s'adressent à lui sont titulaires de l'agrément prévu par l'article 351-3 du Code civil ou les articles L. 225-2 et L. 225-15.

• **Actualisation du dossier**

* V. CASF, art. R. 225-7

• **Arrêté (modèle)**

* V. CASF, art. D. 225-6

• **Caducité de l'agrément**

* V. CASF, art. L. 225-2, al. 4

• **Changement de département de résidence après agrément, refus ou retrait**

* V. CASF, art. L. 225-6

• **Changement de département de résidence après agrément**

* V. CASF, art. R. 225-8

• **Commission d'agrément**

* V. CASF, art. L. 225-8, R. 225-9 à R. 225-8 à 11

• **Confirmation de la demande**

* V. CASF, art. L. 225-7

• **Déclaration sur l'honneur des changements intervenus dans la vie familiale**

* V. CASF, art. R. 225-7

• **Délai pour présenter une nouvelle demande après un refus ou un retrait**

* V. CASF, art. L. 225-6

• **Entretien avec le candidat**

* V. CASF, art. R. 225-7

• **Garanties accordées au candidat**

* V. CASF, art. L. 225-3

• **Informations à donner au candidat**

* V. CASF, art. R. 225-2

• **Instruction de la demande**

* V. CASF, art. R. 225-4

• **Maintien de plein droit jusqu'au prononcé de l'adoption**

* V. CASF, art. R. 224-17

• **Modalités de la demande**

* V. CASF, art. R. 225-1

• **Modalités de la prise de décision**

* V. CASF, art. R. 225-5

• **Notice (modèle)**

* V. CASF, art. D. 225-6

• **Pièces à fournir lors de la confirmation de la demande**

* V. CASF, art. R. 225-3

• **Refus d'agrément**

* V. CASF, art. L. 225-4

• **Retrait d'agrément**

* V. CASF, art. L. 225-4

• **Réunions d'information**

* V. CASF, art. L. 225-3

• **Transmission des décisions au président du conseil général**

* V. CASF, art. L. 225-7

• **Vérification par les OAA**

* V. CASF, art. R. 225-41, al. 1

> Autorité centrale pour l'adoption internationale (ACAI)

[CASF, art. L. 148-2; R. 148-4 à R. 148-11-2]

CASF, art. L. 148-2

Il est institué une Autorité centrale pour l'adoption chargée d'orienter et de coordonner l'action des administrations et des autorités compétentes en matière d'adoption internationale.

Un décret en Conseil d'État précise les conditions d'application du présent article.

CASF, art. R. 148-4

Le service chargé de l'adoption internationale du Ministère des Affaires étrangères constitue l'Autorité centrale pour l'adoption internationale.

> Casier judiciaire

[CASF, art. R. 225-3 et C. pr. pén., art. 776, 5°]

CASF, art. R. 225-3

Au moment de la confirmation de sa demande [d'agrément], l'intéressé doit communiquer au Président du Conseil général [...] 2° Un bulletin n° 3 de casier judiciaire.

C. pr. pén., art. 776, 5°

Le bulletin n° 2 du casier judiciaire est délivré :

[...]

5° Aux présidents de conseils généraux saisis d'une demande d'agrément en vue d'adoption prévu à l'article L. 225-2 du Code de l'action sociale et des familles.

> Congés

C. trav., art. L. 1225-70

Toute convention contraire aux articles [...] L. 1225-35 à L. 1225-69, relatifs à [...] l'adoption et l'éducation des enfants est nulle.

> Congés d'adoption

[C. trav., art. L. 1225-37 à L. 1225-46]

C. trav., art. L. 1225-37

Le salarié à qui l'autorité administrative ou tout organisme désigné par voie réglementaire confie un enfant en vue de son adoption a le droit de bénéficier d'un congé d'adoption d'une durée de dix semaines au plus à dater de l'arrivée de l'enfant au foyer. Ce congé peut précéder de sept jours consécutifs, au plus, l'arrivée de l'enfant au foyer.

Le congé d'adoption est porté à :

1° Dix-huit semaines lorsque l'adoption porte à trois ou plus le nombre d'enfants dont le salarié ou le foyer assume la charge;

2° Vingt-deux semaines en cas d'adoptions multiples.

C. trav., art. L. 1225-38

Le congé d'adoption suspend le contrat de travail. Pendant la suspension, les parents salariés bénéficient de la protection contre le licenciement prévue aux articles L. 1225-4 et L. 1225-5. L'application de ces articles ne fait pas obstacle à l'échéance du contrat de travail à durée déterminée.

C. trav., art. L. 1225-39

Le licenciement d'un salarié est annulé lorsque, dans un délai de quinze jours à compter de sa notification, l'intéressé envoie à son employeur, dans des conditions déterminées par voie réglementaire, une attestation justifiant l'arrivée à son foyer, dans un délai de quinze jours, d'un enfant placé en vue de son adoption. Cette attestation est délivrée par l'autorité administrative ou par l'organisme autorisé pour l'adoption qui procède au placement.

Ces dispositions ne s'appliquent pas lorsque le licenciement est prononcé pour une faute grave non liée à l'adoption ou par impossibilité de maintenir le contrat de travail pour un motif étranger à l'adoption.

C. trav., art. L. 1225-40

Lorsque la durée du congé d'adoption est répartie entre les deux parents, l'adoption d'un enfant par un couple de parents salariés ouvre droit à onze jours supplémentaires de congé d'adoption ou à dix-huit jours en cas d'adoptions multiples.

La durée du congé ne peut être fractionnée qu'en deux périodes, dont la plus courte est au moins égale à onze jours.

Ces deux périodes peuvent être simultanées.

C. trav., art. L. 1225-41

Le salarié titulaire de l'agrément mentionné aux articles L. 225-2 et L. 225-17 du Code de l'action sociale et des familles bénéficie du congé d'adoption lorsqu'il adopte ou accueille un enfant en vue de son adoption par décision de l'autorité étrangère compétente, à condition que l'enfant ait été autorisé, à ce titre, à entrer sur le territoire national.

C. trav., art. L. 1225-42

Le salarié avertit l'employeur du motif de son absence et de la date à laquelle il entend mettre fin à la suspension de son contrat de travail.

La durée du congé d'adoption est assimilée à une période de travail effectif pour la détermination des droits que le salarié tient de son ancienneté.

C. trav., art. L. 1225-43

À l'issue du congé d'adoption, le salarié retrouve son précédent emploi ou un emploi similaire assorti d'une rémunération au moins équivalente.

C. trav., art. L. 1225-44

En l'absence d'accord collectif de branche ou d'entreprise déterminant des garanties d'évolution de la rémunération des salariés, pendant le congé d'adoption et à la suite de ce congé, au moins aussi favorables que celles mentionnées dans le présent article, cette rémunération, au sens de l'article L. 3221-3, est majorée, à la suite de ce congé, des augmentations générales ainsi que de la moyenne des augmentations individuelles perçues pendant la durée de ce congé par les salariés relevant de la même catégorie professionnelle ou, à défaut, de la moyenne des augmentations individuelles dans l'entreprise.

Cette règle n'est pas applicable aux accords collectifs de branche ou d'entreprise conclus antérieurement à l'entrée en vigueur de la loi n° 2006-340 du 23 mars 2006 relative à l'égalité salariale entre les femmes et les hommes.

C. trav., art. L. 1225-45

Toute stipulation d'une convention ou d'un accord collectif de travail comportant en faveur des salariées en congé de maternité un avantage lié à la naissance s'applique de plein droit aux salariés en congé d'adoption.

C. trav., art. L. 1225-46

Tout salarié titulaire de l'agrément mentionné aux articles L. 225-2 et L. 225-17 du Code de l'action sociale et des familles a le droit de bénéficier d'un congé d'adoption internationale et extra-métropolitaine non rémunéré lorsque, en vue de l'adoption d'un enfant, il se rend à l'étranger ou dans un département d'outre-mer, une collectivité d'outre-mer ou en Nouvelle-Calédonie, depuis un département métropolitain, un autre département d'outre-mer ou depuis Saint-Barthélemy, Saint-Martin ou Saint-Pierre-et-Miquelon.

Le droit au congé est ouvert pour une durée maximale de six semaines par agrément.

Le salarié informe son employeur au moins deux semaines avant son départ du point de départ et de la durée envisagée du congé.

Le salarié a le droit de reprendre son activité initiale lorsqu'il interrompt son congé avant la date prévue.

À l'issue de son congé, le salarié retrouve son précédent emploi ou un emploi similaire assorti d'une rémunération au moins équivalente.

> Congé parental d'éducation et passage à temps partiel

[C. trav., art. L. 1225-47 à L. 1225-50]

C. trav., art. L. 1225-47

Pendant la période qui suit l'expiration du congé de maternité ou d'adoption, tout salarié justifiant d'une ancienneté minimale d'une année à la date de naissance de son enfant, adopté ou confié en vue de son adoption, ou de l'arrivée au foyer d'un enfant qui n'a pas encore atteint l'âge de la fin de l'obligation scolaire a le droit :

1° Soit au bénéfice d'un congé parental d'éducation durant lequel le contrat de travail est suspendu;

2° Soit à la réduction de sa durée de travail, sans que cette activité à temps partiel puisse être inférieure à seize heures hebdomadaires.

C. trav., art. L. 1225-48

Le congé parental d'éducation et la période d'activité à temps partiel ont une durée initiale d'un an au plus. Ils peuvent être prolongés deux fois pour prendre fin au plus tard au terme des périodes définies aux deuxième et troisième alinéas, quelle que soit la date de leur début.

Le congé parental d'éducation et la période d'activité à temps partiel prennent fin au plus tard au troisième anniversaire de l'enfant.

En cas d'adoption d'un enfant de moins de trois ans, le congé parental et la période d'activité à temps partiel prennent fin à l'expiration d'un délai de trois ans à compter de l'arrivée au foyer de l'enfant.

Lorsque l'enfant adopté ou confié en vue de son adoption est âgé de plus de trois ans mais n'a pas encore atteint l'âge de la fin de l'obligation scolaire, le congé parental et la période d'activité à temps partiel ne peuvent excéder une année à compter de l'arrivée au foyer.

C. trav., art. L. 1225-49

En cas de maladie, d'accident ou de handicap graves de l'enfant appréciés selon des modalités définies par décret en Conseil d'État, le congé parental et la période d'activité à temps partiel prennent fin au plus tard une année après les dates limites définies à l'article L. 1225-48.

C. trav., art. L. 1225-50

Le salarié informe son employeur du point de départ et de la durée de la période pendant laquelle il entend bénéficier soit d'un congé parental d'éducation, soit d'une réduction de sa durée du travail.

Lorsque cette période suit immédiatement le congé de maternité ou le congé d'adoption, le salarié informe l'employeur au moins un mois avant le terme de ce congé. Dans le cas contraire, l'information est donnée à l'employeur deux mois au moins avant le début du congé parental d'éducation ou de l'activité à temps partiel.

> Congé pour événements familiaux

C. trav., art. L. 3142-1

Tout salarié bénéficie, sur justification et à l'occasion de certains événements familiaux, d'une autorisation exceptionnelle d'absence de [...] 2° Trois jours pour chaque naissance survenue à son foyer ou pour l'arrivée d'un enfant placé en vue de son adoption. Ces jours d'absence ne se cumulent pas avec les congés accordés pour ce même enfant dans le cadre du congé de maternité [...].

> Congés payés annuels

[C. trav., art. 1251-19, L. 3141-2 et L. 3141-5]

C. trav., art. 1251-19

Le salarié temporaire a droit à une indemnité compensatrice de congé payé pour chaque mission qu'il effectue, quelle qu'en ait été la durée.

Le montant de l'indemnité est calculé en fonction de la durée de la mission et ne peut être inférieur au dixième de la rémunération totale brute perçue par le salarié pendant la mission. L'indemnité est versée à la fin de la mission.

Pour l'appréciation des droits du salarié, sont assimilées à un temps de mission :

1° Les périodes de congé légal de maternité et d'adoption;

[...]

C. trav., art. L. 3141-2

Les salariés de retour d'un congé de maternité prévu à l'article L. 1225-17 ou d'un congé d'adoption prévu à l'article L. 1225-37 ont droit à leur congé payé annuel, quelle que soit la période de congé payé retenue, par accord collectif ou par l'employeur, pour le personnel de l'entreprise.

C. trav., art. L. 3141-5

Sont considérées comme périodes de travail effectif pour la détermination de la durée du congé :

1° Les périodes de congé payé ;

2° Les périodes de congé maternité, paternité et d'adoption ;

[...]

> Conseil national pour l'accès aux origines personnelles (CNAOP)

[CASF, art. L. 147-1 à L. 147-11 ; R. 147-1 à R. 147-33]

CASF, art. L. 147-8

Le procureur de la République communique au conseil national, sur sa demande, les éléments figurant dans les actes de naissance d'origine, lorsque ceux-ci sont considérés comme nuls en application de l'article 354 du Code civil.

Sous réserve des dispositions de l'article 6 de la loi n° 51-711 du 7 juin 1951 sur l'obligation, la coordination et le secret en matière de statistiques, les administrations ou services de l'État et des collectivités publiques, les organismes de sécurité sociale et les organismes qui assurent la gestion des prestations sociales sont tenus de réunir et de communiquer au conseil national les renseignements dont ils disposent permettant de déterminer les adresses de la mère et du père de naissance.

> Conseil supérieur de l'adoption (CSA)

[CASF, art. L. 148-1 ; D. 148-1 à R. 148-3]

CASF, art. L. 148-1

Il est créé un Conseil supérieur de l'adoption.

Il est composé de parlementaires, de représentants de l'État, de représentants des conseils généraux, de magistrats, de représentants des organismes autorisés ou habilités pour l'adoption, de représentants des associations de familles adoptives, de personnes adoptées et de pupilles de l'État, d'un représentant du service social d'aide aux émigrants, d'un représentant de la mission pour l'adoption internationale, ainsi que de personnalités qualifiées.

Il se réunit à la demande de son président, du garde des Sceaux, ministre de la Justice, du ministre chargé de la Famille, du ministre des Affaires étrangères ou de la majorité de ses membres, et au moins une fois par semestre.

Le Conseil supérieur de l'adoption émet des avis et formule toutes propositions utiles relatives à l'adoption, y compris l'adoption internationale. Il est consulté sur les mesures législatives et réglementaires prises en ce domaine.

Les modalités d'application du présent article sont fixées par décret.

• Composition

* V. CASF, art. D. 148-1

• Présidence

* V. CASF, art. D. 148-2

• Secrétariat

* V. CASF, art. D. 148-3

> Démission pour élever un enfant

C. trav., art. L. 1225-66

Pour élever son enfant, le salarié peut, sous réserve d'en informer son employeur au moins quinze jours à l'avance, rompre son contrat de travail à l'issue du congé de maternité ou d'adoption ou, le cas échéant, deux mois après la naissance ou l'arrivée au foyer de l'enfant, sans être tenu de respecter le délai de préavis, ni de devoir de ce fait d'indemnité de rupture.

> Droits de l'enfant

[Conv. internat. relative aux droits de l'enfant (CIDE), 20 nov. 1989, art. 20 et 21]

* V. texte complet s[s] n° 63.14

> Impôt sur le revenu

[CGI, art. 195 et 196]

CGI, art. 195

1. Par dérogation aux dispositions qui précèdent, le revenu imposable des contribuables célibataires, divorcés ou veufs n'ayant pas d'enfant à leur charge, exclusive, principale ou réputée également partagée entre les parents [*application pour l'imposition des revenus des années 2003 et suivantes*], est divisé par 1,5 lorsque ces contribuables :

[...]

e. Vivent seuls et ont adopté un enfant, à la condition que, si l'adoption a eu lieu alors que l'enfant était âgé de plus de dix ans, cet enfant ait été à la charge de l'adoptant comme enfant recueilli dans les conditions prévues à l'article 196 depuis l'âge de dix ans. Cette disposition n'est pas applicable si l'enfant adopté est décédé avant d'avoir atteint l'âge de seize ans ;

[...]

CGI, art. 196

Sont considérés comme étant à la charge du contribuable, que celle-ci soit exclusive, principale ou réputée également partagée entre les parents [*application pour l'imposition des revenus des années 2003 et suivantes*], à la condition de n'avoir pas de revenus distincts de ceux qui servent de base à l'imposition de ce dernier :

1° Ses enfants âgés de moins de 18 ans ou infirmes ;

2° Sous les mêmes conditions, les enfants qu'il a recueillis à son propre foyer (1).

> Indemnité journalière de repos

CSS, art. L. 331-7

L'indemnité journalière de repos est accordée à la femme assurée à qui un service départemental d'aide sociale à l'enfance, un organisme français autorisé pour l'adoption ou l'Agence française de l'adoption confie un enfant en vue de son adoption. Cette indemnité est également accordée à la personne assurée titulaire de l'agrément mentionné aux articles L. 225-2 à L. 225-7 et L. 225-18 ou L. 225-15 du Code de l'action sociale et des familles lorsqu'elle adopte ou accueille un enfant en vue de son adoption par décision de l'autorité étrangère compétente, à condition que l'enfant ait été autorisé, à ce titre, à entrer sur le territoire français.

L'indemnité journalière de repos est due, pendant dix semaines au plus ou vingt-deux semaines au plus en cas d'adoptions multiples, à la condition que l'intéressée cesse tout travail salarié durant la période d'indemnisation. Celle-ci débute à compter de l'arrivée de l'enfant au foyer ou dans les sept jours qui précèdent la date prévue de cette arrivée.

La période d'indemnisation est portée à dix-huit semaines lorsque, du fait de l'adoption, l'assurée ou le ménage assume la charge de trois enfants au moins dans les conditions prévues aux premier et quatrième alinéas de l'article L. 521-2.

Toutefois, lorsque les deux conjoints assurés sociaux travaillent, l'indemnité journalière de repos est accordée, dans les conditions prévues aux alinéas précédents, à la mère ou au père adoptif; l'un des conjoints doit alors avoir renoncé à son droit.

La période d'indemnisation prévue au présent article peut faire l'objet d'une répartition entre la mère et le père adoptifs lorsque l'un et l'autre ont vocation à bénéficier de l'indemnité journalière de repos. Dans ce cas, la période d'indemnisation est augmentée de onze jours ou de dix-huit jours en cas d'adoptions multiples et ne peut être fractionnée en plus de deux parties, dont la plus courte est au moins égale à onze jours.

> Interdiction de publier une information sur la filiation d'origine d'une personne adoptée

[L. 29 juill. 1881, relative à la liberté de la presse]

Art. 39 *quater*

Il est interdit, moins de trente ans après la mort de l'adopté, de publier par le livre, la presse, la radiodiffusion, le cinématographe ou de quelque manière que ce soit, une information relative à la filiation d'origine d'une personne ayant fait l'objet d'une adoption plénière.

Les infractions à la disposition qui précède sont punies de 6 000 euros d'amende; en cas de récidive un emprisonnement de deux ans pourra être prononcé.

> Mutations à titre gratuit

CGI, art. 786

Pour la perception des droits de mutation à titre gratuit, il n'est pas tenu compte du lien de parenté résultant de l'adoption simple.

Cette disposition n'est pas applicable aux transmissions entrant dans les prévisions de l'alinéa 1er de l'article 368-1 du Code civil, ainsi qu'à celles faites en faveur :

1° D'enfants issus d'un premier mariage du conjoint de l'adoptant;

2° De pupilles de l'État ou de la Nation ainsi que d'orphelins d'un père mort pour la France;

3° D'adoptés qui, soit dans leur minorité et pendant cinq ans au moins, soit dans leur minorité et leur majorité et pendant dix ans au moins, auront reçu de l'adoptant des secours et des soins non interrompus;

4° D'adoptés dont le ou les adoptants ont perdu, morts pour la France, tous leurs descendants en ligne directe;

5° D'adoptés dont les liens de parenté avec la famille naturelle ont été déclarés rompus par le tribunal saisi de la requête en adoption, sous le régime antérieur à l'entrée en vigueur de la loi n° 66-500 du 11 juillet 1966;

6° Des successibles en ligne directe descendante des personnes visées aux 1° à 5°;

7° D'adoptés, anciens déportés politiques ou enfants de déportés n'ayant pas de famille naturelle en ligne directe.

> Obligation alimentaire

CASF, art. L. 132-6, al. 2 et 3

[...] Les enfants qui ont été retirés de leur milieu familial par décision judiciaire durant une période d'au moins trente-six mois cumulés au cours des douze premières années de leur vie sont, sous réserve d'une décision contraire du juge aux affaires familiales, dispensés de droit de fournir cette aide.

Cette dispense s'étend aux descendants des enfants susvisés. [...]

> Organismes autorisés pour l'adoption (OAA)

[CASF, art. L. 225-11 à L. 225-14-2; R. 225-12 à R. 225-46]

CASF, art. L. 225-11

Tout organisme, personne morale de droit privé, qui sert d'intermédiaire pour l'adoption ou le placement en vue d'adoption de mineurs de quinze ans, doit avoir obtenu une autorisation préalable d'exercer cette activité auprès du président du conseil général de chaque département dans lequel elle envisage de placer les mineurs concernés.

Toutefois, l'organisme autorisé dans un département au minimum peut servir d'intermédiaire pour l'adoption ou le placement en vue de l'adoption de mineurs de quinze ans dans d'autres départements, sous réserve d'adresser préalablement une déclaration de fonctionnement au président de chaque conseil général concerné. Le président du conseil général peut à tout moment interdire dans son département l'activité de l'organisme si celui-ci ne présente pas de garanties suffisantes pour assurer la protection des enfants, de leurs parents ou des futurs adoptants.

CASF, art. L. 225-12

Les organismes autorisés doivent obtenir une habilitation du ministre chargé des affaires étrangères pour exercer leur activité au profit de mineurs étrangers.

• Aide de l'État

* V. CASF, art. R. 225-46

• Archives

* V. CASF, art. L. 225-14-2, R. 225-32, al. 2

• Autorisation d'exercice (demande)

* V. CASF, art. R. 225-15 à R. 225-21

• Autorisation d'exercice (décision)

* V. CASF, art. L. 225-13

• Compétences exigées pour exercer la mission

* V. CASF, art. R. 225-12

• **Communication des dossiers individuels**
* V. CASF, art. L. 225-14-1
• **Conventions entre OAA**
* V. CASF, art. R. 225-45
• **Coopération entre OAA**
* V. CASF, art. R. 225-45
• **Déclaration d'activité dans un autre département**
* V. CASF, art. R. 225-22 et R. 225-23
• **Exercice illégal de l'activité**
* V. CASF, art. L. 225-19
• **Formation des dirigeants**
* V. CASF, art. R. 225-40
• **Impossibilité de réaliser le projet prévu**
* V. CASF, art. R. 225-43
• **Informations à donner à la personne qui remet un enfant**
* V. CASF, art. R. 225-25 et R. 225-26
• **Interdiction des dons avant adoption**
* V. CASF, art. R. 225-31
• **Interdiction d'exercer la mission**
* V. CASF, art. L. 225-13; R. 225-14
• **Interdiction de fonctionnement après déclaration d'activité**
* V. CASF, art. R. 225-30 à R. 225-32
• **Modification du lieu de placement de l'enfant**
* V. CASF, art. R. 225-43
• **Œuvres d'adoption**
* V. CASF, art. L. 225-14
• **Placement d'un enfant recueilli en France**
* V. CASF, art. R. 225-28
• **Rapport annuel d'activité**
* V. CASF, art. R. 225-21
• **Rapport après arrivée de l'enfant**
* V. CASF, art. R. 225-42
• **Recueil d'enfants nés sur le territoire français**
* V. CASF, art. R. 225-24 à R. 225-29
• **Retrait d'autorisation**
* V. CASF, art. R. 225-30 à R. 225-32
• **Vérification d'agrément**
* V. CASF, art. R. 225-41

> Organismes autorisés pour l'adoption (OAA) et habilités pour l'adoption internationale
• **Autorisation d'exercice (décision)**
* V. CASF, art. L. 225-13
• **Cessation d'activité dans un pays donné**
* V. CASF, art. R. 225-35
• **Communication à la famille du dossier de l'enfant**
* V. CASF, art. R. 225-37
• **Communication au président du Conseil général de la décision étrangère confiant l'enfant**
* V. CASF, art. R. 225-37
• **Compétences exigées pour exercer la mission**
* V. CASF, art. R. 225-13, R. 225-33
• **Demande d'habilitation**
* V. CASF, art. R. 225-33
• **Décision d'habilitation**
* V. CASF, art. R. 225-34
• **Difficultés de mise en œuvre de la Convention de La Haye du 29 mai 1993**
* V. CASF, art. R. 225-36
• **Impossibilité de réaliser le projet prévu**
* V. CASF, art. R. 225-43
• **Interdiction d'exercice**
* V. CASF, art. R. 225-13
• **Interdiction de percevoir de l'argent avant définition du projet de mise en relation**
* V. CASF, art. R. 225-41
• **Mise en relation du candidat avec l'enfant**
* V. CASF, art. R. 225-41
• **Modification des éléments fournis en vue de l'habilitation**
* V. CASF, art. R. 225-35
• **Modification de l'habilitation**
* V. CASF, art. R. 225-38
• **Modification du lieu de placement de l'enfant**
* V. CASF, art. R. 225-43
• **Rapport annuel d'activité**
* V. CASF, art. R. 225-35
• **Retrait de l'habilitation**
* V. CASF, art. R. 225-38 et R. 225-39
• **Suspension de l'habilitation**
* V. CASF, art. R. 225-34

> Prestation pour l'accueil du jeune enfant (PAJE)
[CSS, art. L. 531-1 et L. 531-3]

CSS, art. L. 531-1

Ouvrent droit à la prestation d'accueil du jeune enfant l'enfant à naître et l'enfant né dont l'âge est inférieur à un âge limite.

Cette prestation comprend :

1° Une prime à la naissance ou à l'adoption, versée dans les conditions définies à l'article L. 531-2;

2° Une allocation de base, versée dans les conditions définies à l'article L. 531-3, visant à compenser le coût lié à l'entretien de l'enfant;

3° Un complément de libre choix d'activité versé, dans les conditions définies à l'article L. 531-4, à celui des parents qui choisit de ne plus exercer d'activité professionnelle ou de travailler à temps partiel pour s'occuper d'un enfant;

4° Un complément de libre choix du mode de garde, versé, dans les conditions définies aux articles L. 531-5 à L. 531-9, pour compenser le coût de la garde d'un enfant.

La personne ou le ménage qui ne répond pas à la condition de ressources pour percevoir la prime à la naissance ou à l'adoption mentionnée au 1° et l'allocation de base mentionnée au 2° peut toutefois percevoir les compléments prévus aux 3° et 4°.

Le bénéfice du complément mentionné au 3° peut être cumulé avec celui mentionné au 4°.

CSS, art. L. 531-3

L'allocation de base est attribuée, à compter de la date de la naissance du ou des enfants, au ménage ou à la personne dont les ressources ne dépassent pas un plafond. Elle est versée jusqu'au dernier jour du mois civil précédant celui au cours duquel l'enfant atteint l'âge limite prévu au premier alinéa de l'article L. 531-1.

L'allocation est versée à compter de la date de l'arrivée au foyer, pour chaque enfant adopté ou confié en vue d'adoption. Dans ce cas, elle est versée même si l'enfant a un âge supérieur à l'âge limite mentionné au premier alinéa de l'article L. 531-1, mais inférieur à l'âge limite mentionné au 2° de l'article L. 512-3. La durée de versement de l'allocation est égale à celle définie à l'alinéa précédent.

Le plafond de ressources est celui défini à l'article L. 531-2.

Plusieurs allocations de base ne peuvent se cumuler que pour les enfants issus de naissances multiples ou en cas d'adoptions multiples simultanées.

> Pupilles de l'État

[CASF, art. L. 224-1 à L. 225-10; R. 224-1 à R. 224-25]

CASF, art. L. 225-1

Les enfants admis en qualité de pupilles de l'État en application des articles L. 224-4 et L. 224-8 doivent faire l'objet d'un projet d'adoption dans les meilleurs délais. Lorsque le tuteur considère que l'adoption n'est pas adaptée à la situation de l'enfant, il doit indiquer ses motifs au conseil de famille. Le conseil de famille, sur le rapport du service de l'aide sociale à l'enfance, s'assure de la validité de ces motifs qui doit être confirmée à l'occasion de l'examen annuel de la situation de l'enfant.

La définition du projet d'adoption, simple ou plénière suivant les circonstances particulières à la situation de l'enfant ainsi que le choix des adoptants éventuels sont assurés par le tuteur, avec l'accord du conseil de famille; le mineur capable de discernement est préalablement entendu par le tuteur ou son représentant et par le conseil de famille ou l'un de ses membres désignés par lui à cet effet.

Les dossiers des enfants pour lesquels aucun projet d'adoption n'est formé plus de six mois après leur admission en qualité de pupille de l'État sont, sous forme non nominative, communiqués obligatoirement au ministre chargé de la famille par le tuteur qui indique les raisons de cette situation.

• Admission en qualité de pupille

* V. CASF, art. L. 224-4

• Adoption par un étranger

* V. CASF, art. L. 225-2

• Adoption par la famille d'accueil

* V. CASF, art. L. 225-2, L. 225-9, R. 225-15 et R. 225-16

• Adoption par une personne ou un couple agréé

* V. Agrément

• Audition

* V. CASF, art. L. 225-1

• Communication du dossier au procureur de la République

* V. CASF, art. L. 221-7

• Conseil de famille

* V. CASF, art. L. 224-1 à L. 224-3; R. 224-1 à R. 224-25

• Consentement à l'adoption par les parents

* V. CASF, art. L. 224-5

• Consentement à l'adoption par le conseil de famille

* V. CASF, art. L. 224-5; R. 224-18

• Conservation des renseignements sur la famille

* V. CASF, art. R. 224-7

• Déclaration d'admission à titre provisoire

* V. CASF, art. L. 224-6

• Fixation de la date du placement en vue de l'adoption

* V. CASF, art. R. 224-15 et R. 224-17

• Fixation de la date à laquelle le pupille est confié en vue d'une adoption simple

* V. CASF, art. R. 225-17

• Informations données à la personne qui remet l'enfant

* V. CASF, art. L. 224-5

• Informations données à l'adoptant sur le pupille

* V. CASF, art. R. 224-19

• Rapport statistique annuel du gouvernement au parlement

* V. CASF, art. L. 225-10

• Recours contre l'admission

* V. CASF, art. L. 224-8; R. 224-18

• Restitution à la famille

* V. CASF, art. L. 224-6; R. 224-25

• Tuteur

* V. CASF, art. L. 224-1

220.02 Jurisprudence de référence.

JURISPRUDENCE DE LA COUR EUROPÉENNE DES DROITS DE L'HOMME

> Absence de « droit à l'adoption »

• CEDH 26 févr. 2002, req. n° 36515/97, Fretté c/France, *D.* 2002, somm. 2024, obs. Granet

* V. s^s n°s 221.21 et 221.243

« [...] Les autorités nationales [...] ont légitimement et raisonnablement pu considérer que le droit de pouvoir adopter dont le requérant se prévalait selon l'article 343-1 du code civil trouvait sa limite dans l'intérêt des enfants susceptibles d'être adoptés, nonobstant les aspirations légitimes du requérant et sans que soient remis en cause ses choix personnels. »

> Droit d'accès aux origines personnelles

• CEDH, gr. ch., 13 févr. 2003, req. n° 42326/98, Odièvre c/France, v. B. Mallet-Bricout, « Droit d'accès aux origines personnelles : l'embarras de la CEDH », *D.* 2003, chron. 1240; *RTD civ.* 2003, 276, obs. Hauser; *RTD civ.* 2003, 375, obs. Marguénaud; *RDSS* 2003, 219, note Monéger

* V. s^s n°s 221.161 et 221.315

« La Cour estime que la France n'a pas excédé la marge d'appréciation qui doit lui être reconnue en raison du caractère complexe et délicat de la question que soulève le secret des origines au regard du droit de chacun à son histoire, du choix des parents biologiques, du lien familial existant et des parents adoptifs. »

> Accouchement anonyme et adoption

• **CEDH 10 janv. 2008, req. n° 35991/2004,** Kearns c/ France, *RTD civ.* 2008, 285, obs. Hauser; *RDSS* 2008, 353, obs. Neirinck (recours contre : Civ. 1re, 6 avr. 2004, n° 03-19.026, *Bull. civ.* I, n° 107)

* V. ss n° 221.171

« Eu égard à la marge d'appréciation dont doivent jouir les États face à la diversité des systèmes et traditions juridiques et des pratiques, (arrêt *Odièvre* précité, § 49, et *Evans* précité, § 77), la Cour estime que le délai prévu par la législation française [délai accordé à la mère qui a accouché « sous X » pour reprendre son enfant] vise à atteindre un équilibre et une proportionnalité suffisants entre les intérêts en cause. »

> Orientation sexuelle et agrément en vue de l'adoption

• **CEDH 22 janv. 2008, req. n° 43546/02,** E. B. c/France, *AJ fam.* 2008, 118, obs. Chénedé; *RTD civ.* 2008, 287, obs. Hauser; 249, obs. Marguénaud

* V. ss n° 221.243

« [...] Les autorités internes ont, pour rejeter la demande d'agrément en vue d'adopter présentée par la requérante, opéré une distinction dictée par des considérations tenant à son orientation sexuelle, distinction qu'on ne saurait tolérer d'après la Convention [...]. En conséquence, [...] la Cour estime que la décision litigieuse est incompatible avec les dispositions de l'article 14 combiné avec l'article 8 [de la convention européenne des droits de l'homme]. »

JURISPRUDENCE DE LA COUR DE CASSATION

> Maternité de substitution et adoption

• **Cass. ass. plén., 31 mai 1991, n° 90-20.105,** *Bull. ass. plén.*, n° 4

* V. s n° 221.111

Viole les articles 6 et 1128 du Code civil, ensemble l'article 353 du même code, l'arrêt qui prononce l'adoption plénière d'un enfant porté par une mère de substitution, alors que « cette adoption n'était que l'ultime phase d'un processus d'ensemble destiné à permettre à un couple l'accueil à son foyer d'un enfant, conçu en exécution d'un contrat tendant à l'abandon à sa naissance par sa mère, et que, portant atteinte aux principes de l'indisponibilité du corps humain et de l'état des personnes, ce processus constituait un détournement de l'institution de l'adoption ».

> Interdiction pour le second parent d'adopter l'enfant en cas d'inceste absolu

• **Civ. 1re, 6 janv. 2004, n° 01-01.600,** *Bull. civ.* I, n° 2

* V. ss n° 223.12

« La requête en adoption présentée par M. Y... contrevient aux dispositions d'ordre public édictées par l'article 334-10 du Code civil [ancien] interdisant l'établissement du double lien de filiation en cas d'inceste absolu »

> En l'absence de filiation établie, le consentement à l'adoption par la mère n'a pas à être constaté lors de la remise de l'enfant au service de l'Aide sociale à l'enfance

• **Civ. 1re, 6 avr. 2004, n° 03-19.026,** *Bull. civ.* I, n° 107

* V. ss n° 221.171

« En l'absence de reconnaissance, la filiation n'était pas établie de sorte que le consentement de Mme Z... n'avait pas à être constaté lors de la remise de l'enfant au service de l'Aide sociale à l'enfance, la cour d'appel a violé le texte susvisé; [...] ».

> Applicabilité directe de la Convention internationale relative aux droits de l'enfant du 29 novembre 1989

Civ. 1re, 7 avr. 2006, n° 05-11.285, *Bull. civ.* I, n° 195

* V. ss nos 220.15, 221.152 et 224.09

« Vu l'article 7.1 de la Convention de New-York du 26 janvier 1990 relative aux droits de l'enfant, ensemble les articles 335, 336, 341-1, 348-1 et 352 du Code civil;

Attendu que, selon le premier de ces textes, applicable directement devant les tribunaux français [...]. »

> Distinction de la *kafala* et de l'adoption

• **Civ. 1re, 10 oct. 2006, n° 06-15.264, n° 06-15.265,** 2 esp., *Bull. civ.* I, nos 431 et 432

* V. ss n° 224.42

« En assimilant la *kafala* à l'adoption simple pour considérer que la loi marocaine [ou algérienne] autorise l'adoption simple, alors que la *kafala* ne crée aucun lien de filiation entre l'enfant et les personnes qui le prennent en charge, contrairement à l'adoption simple qui crée ce lien de filiation entre l'enfant et ses adoptants, l'arrêt de la cour d'appel de Reims paraît entaché d'une erreur de droit. »

> Homoparentalité et adoption

• **Civ. 1re, 20 févr. 2007, n° 06-15.647,** *Bull. civ.* I, n° 71

* V. ss n° 223.62

« Viole l'article 365 du Code civil la cour d'appel qui prononce l'adoption simple d'un enfant par la partenaire de PACS de sa mère « alors que cette adoption réalisait un transfert des droits d'autorité parentale sur l'enfant en privant la mère biologique, qui entendait continuer à élever l'enfant, de ses propres droits ».

220.03 Bibliographie indicative.

Actualisable. RÉP. CIV., F. Eudier, *V° Adoption*.

Ouvrages généraux de droit civil. J. CARBONNIER, *Droit civil, La famille*, 21e éd. [refondue], PUF, 2002 – G. CORNU, *Droit civil, La famille*, « Domat », 9e éd., Montchrestien, 2006 – PH. MALAURIE et H. FULCHIRON, *Droit civil, La famille*, 3e éd., Éd. Defrénois, 2009 – F. TERRÉ et D. FENOUILLET, *Droit civil, Les personnes, la famille, les incapacités*, « Précis », 7e éd., Dalloz, 2005.

Ouvrages généraux de droit international privé. B. AUDIT, *Droit international privé*, 4e éd., Economica, 2006 – Y. LOUSSOUARN, P. BOUREL, P. de VAREILLES-SOMMIÈRES, *Droit international privé*, 9e éd., « Précis », Dalloz, 2007 – P. MAYER, V. HEUZÉ, *Droit international privé*,

8e éd., « Domat », Montchrestien, 2004 – M. Revillard, *Droit international privé et communautaire, pratique notariale,* 6e éd., Éd. Defrénois, 2006 – T. Vignal, *Droit international privé,* Éd. Armand Colin, 2005.

Articles. Actes du colloque de l'association Louis Chatin, *L'adoption internationale en droit comparé,* avr. 2003, *LPA* 25-26 mars 2004, nos 61 et 62 – A. Demange, « L'adoption internationale dans l'espace européen », *RRJ* 2006, 3/1405 – S. Grenier, « Le régime de la communication des dossiers personnels des enfants remis en vue de l'adoption », *RDSS* 2001, 13 – F. Laroche-Gisserot, « L'adoption ouverte (*open adoption*) aux États-Unis : règles, pratiques, avenir en Europe », *RID comp.* 1998, 1095 – F. Millet, « L'adoption : d'un intérêt à l'autre », *RRJ* 2003, 3/1777.

220.06 Délais.

> Accompagnement obligatoire de la famille adoptive par l'Aide sociale à l'enfance ou l'organisme autorisé pour l'adoption intermédiaire : jusqu'au prononcé de l'adoption plénière en France ou la transcription de l'adoption plénière prononcée à l'étranger.

* V. ss nos 221.261 et 224.21

> Agrément pour adopter

• Information du requérant par le président du conseil général : **deux mois** à partir de la demande.

* V. ss no 221.242

• Délivrance ou refus d'agrément : **neuf mois** après la confirmation de la demande.

* V. ss no 221.242

• Nouvelle demande après refus : **trente mois** à partir de la notification de la décision de refus.

* V. ss no 221.243

• Durée de validité de l'agrément : **cinq ans**.

* V. ss no 221.242

• Confirmation du projet d'adoption : **chaque année** après la délivrance de l'agrément.

* V. ss no 221.242

• Actualisation du dossier : **deux ans** au plus tard après l'obtention de l'agrément.

* V. ss no 221.242

• Déclaration sur l'honneur de changement dans la situation familiale de l'adoptant : **à tout moment** après obtention de l'agrément

* V. ss no 221.242

> Consentement parental à l'adoption

• Demande de restitution de l'enfant sous réserve d'acceptation par celui qui a recueilli l'enfant : jusqu'au placement en vue de l'adoption.

* V. ss no 221.121

• Recours devant le tribunal de grande instance contre le refus de restitution de l'enfant non placé en vue de l'adoption par celui qui a recueilli l'enfant : **aucun délai**.

* V. ss no 221.121

• Rétractation libre : **deux mois** à partir de l'acte constatant le consentement.

* V. ss no 221.121

> Déclaration judiciaire d'abandon

• Appel : **un mois** à partir de la notification du jugement.

* V. ss no 221.193

• Obligation de la demander : dès constatation du fait que les parents se sont désintéressés de l'enfant pendant **un an**.

* V. ss no 221.181

• Sursis à statuer pour recherche des parents : **six mois**.

* V. ss no 221.192

• Tierce opposition : **trente ans**.

* V. ss no 221.193

> Effets de l'adoption : au jour de la requête.

* V. ss no 221.320

> Effets de la révocation (adoption simple) : au jour de la demande.

* V. ss no 222.246

> Établissement de la filiation de l'enfant susceptible de produire effet : jusqu'au placement en vue de l'adoption plénière.

* V. ss no 221.262

> État civil

• Annulation de l'acte de naissance de l'enfant né en France et adopté en adoption plénière : **aucun délai**.

* V. ss no 221.312

• Établissement d'un acte servant d'acte de naissance à l'adopté simple étranger ayant acquis la nationalité française : **aucun délai.**

* V. ss no 224.181

• Mention en marge de l'acte de naissance de l'adopté simple né en France : **quinze jours** du jugement devenu définitif.

* V. ss no 222.62

• Transcription du jugement d'adoption plénière prononcé en France : **quinze jours** du jugement devenu définitif.

* V. ss no 221.311

• Transcription directe du jugement d'adoption plénière prononcé à l'étranger : **aucun délai**.

* V. ss no 224.101

> Nationalité française de l'adopté (adoption plénière)

• Attribution comme nationalité d'origine, rétroactivement au jour de la naissance.

* V. ss no 224.134

> Nationalité française de l'adopté (adoption simple)

• Acquisition par déclaration : après jugement français ou *exequatur* de décision étrangère d'adoption.

* V. ss no 224.181

> Placement en vue de l'adoption

• Par un organisme autorisé pour l'adoption : deux mois après le recueil de l'enfant.

* V. ss no 221.121

• Par le conseil de famille (pupille de l'État) : une fois l'enfant admis en qualité de pupille à titre définitif.

* V. s^{s} n° 221.231

> **Procédure de l'adoption**

• Accueil de l'enfant avant prononcé d'une adoption plénière : **six mois**.

* V. s^{s} n° 221.221

• Appel : dans les **quinze jours** de la notification du jugement.

* V. s^{s} n° 221.301

• *Exequatur* d'une adoption prononcée à l'étranger : **aucun délai**.

* V. s^{s} n° 224.181

• Jugement : dans les **six mois** de la saisine du tribunal de grande instance.

* V. s^{s} n° 221.291

• Tierce opposition : **trente ans**.

* V. s^{s} n° 221.303

• Transmission de la requête, par le procureur de la République, au tribunal : aucun délai

* V. s^{s} n° 221.182

> **Pupille de l'État**

• Admission en qualité de pupille à titre définitif :

– **deux mois** après l'arrêté déclarant l'admission à titre provisoire (enfant dont la filiation n'est pas établie ou est inconnue, enfant remis à l'ASE par son ou ses parents connus, orphelin).

* V. s^{s} n°s 221.161 et 221.163

– **six mois** après l'arrêté déclarant l'admission à titre provisoire (enfant remis par un seul de ses parents, l'autre étant connu).

* V. s^{s} n° 221.161

– **immédiate** (déclaration judiciaire d'abandon, retrait d'autorité parentale).

* V. s^{s} n° 221.162

• Consentement à l'adoption par le conseil de famille des pupilles de l'État : avant le placement effectif de l'enfant en vue de l'adoption.

* V. s^{s} n° 221.171

• Déclaration en qualité de pupille à titre provisoire : au moment du recueil par l'Aide sociale à l'enfance.

* V. s^{s} n° 221.151

• Droit de repentir de la mère à l'égard de laquelle la filiation n'est pas établie : deux mois à partir de la naissance.

* V. s^{s} n° 221.151

• Droit de libre reprise de l'enfant par le parent qui a remis l'enfant à l'ASE : **deux mois** après la déclaration d'admission à titre provisoire.

* V. s^{s} n° 221.151

• Droit de libre reprise de l'enfant par le parent connu qui ne l'a pas remis à l'ASE : **six mois** après la déclaration d'admission à titre provisoire (v. s^{s} n° 221.161).

• Recours contre l'arrêté d'admission définitive : **trente jours** de l'arrêté.

* V. s^{s} n° 221.151

• Recours contre les décisions du conseil de famille : **quinze jours** de la décision.

* V. s^{s} n° 221.82

• Recours contre le refus de restitution de l'enfant non placé en vue de l'adoption : **aucun délai**.

* V. s^{s} n° 221.121

220.07 Documents : transcription de jugement d'adoption plénière, extrait de transcription, acte de naissance de l'article 98 du Code civil.

> **Transcription de jugement d'adoption plénière tenant lieu d'acte de naissance à l'adopté**

Fac-similé (ici enfant étranger adopté en France par un couple marié) : c'est le document reçu du service de l'état civil en cas de demande de copie intégrale d'acte de naissance.

(JUG) TR-DIVERS.

Année [...] n^{o} [...]

Date de délivrance de la copie [...]

TRANSCRIPTION

N^{o} : [...]

Adoption plénière

de

(prénoms) [...]

(nom de l'adopté) [...]

Par transmission en date du [...] *(date de la transmission)* le procureur de la République près le tribunal de grande instance de [...] *(lieu du siège du tribunal)* a requis de Nous la transcription du dispositif d'un jugement d'adoption plénière prononcé le [...] *(date du jugement)* par le tribunal de grande instance de [...] *(lieu du siège du tribunal)*.

De ce jugement dont la transcription tiendra désormais lieu d'acte de naissance, il résulte que le [...] *(date de naissance)* **à** [...] *(lieu de naissance de l'enfant)* **est né un enfant du sexe** [...] *(masculin ou féminin)*, **prénommé** [...] *(prénoms de l'enfant tels qu'ils résultent du jugement)*, **fils /fille de** [...] *(nom, date et lieu de naissance, profession du père adoptif)* **et de** [...] *(nom)*, son épouse, **née** [...] *(date et lieu de naissance, profession de la mère adoptive)*, domiciliés [...] *(lieu du domicile des parents adoptifs)*.

Acte transcrit par Nous, [...] *(nom)*, officier de l'état civil au service central de l'état civil *du ministère des Affaires étrangères à Nantes, le [...] (date de la transcription)*.

Dossier n^{o} [...]

Signature et cachet de l'officier de l'état civil

[Depuis le 1er juillet 2006, mention marginale relative au nom de famille dans le cas d'une adoption par un couple marié (circ. CIV./18/04, 6 déc. 2004).]

> **Extrait de transcription de jugement d'adoption plénière**

Fac-similé : c'est le document reçu de l'état civil en cas de demande d'extrait d'acte de naissance (même dossier).

(JUG) TR-DIVERS.

Année [...]

n^{o} [...]

Date de délivrance de l'extrait [...]

EXTRAIT D'ACTE DE NAISSANCE

de [...] *(nom et prénoms de l'intéressé)*

Le [...] *(date de naissance)*

Est né(e) à [...] *(lieu de naissance)*

Prénom [...]

Nom [...]

du sexe [...] *(masculin ou féminin)*

de [...] *(prénom, nom, date et lieu de naissance du père adoptif)*

et de [...] *(prénom, nom, date et lieu de naissance de la mère adoptive)*

Lieu et date de délivrance de l'extrait

Signature et cachet de l'officier de l'état civil

[Depuis le 1er juillet 2006, mention marginale relative au nom de famille dans le cas d'une adoption par un couple marié (circ. CIV./18/04 6 déc. 2004).]

> Acte de naissance de l'article 98 du Code civil (enfants étrangers adoptés en adoption simple)

(ACQ) Référence

Date

COPIE D'ACTE DE NAISSANCE

Nom [...]

Prénom [...]

Sexe [...]

Né le [...] *(date)*

À [...] *(lieu de naissance)*

Nom du père [...]

Prénoms [...]

Né le [...]

À [...]

Nom de la mère [...]

Prénoms [...]

Née le [...]

À [...]

Adresse [...]

Français par : Déclaration d'acquisition souscrite le [...] *(date)* devant le juge d'instance de [...] *(lieu)* enregistrée sous le n° [...] (Art. 21-12 du Code civil : dossier n°...)

Acte établi par nous [...] *(nom)*, officier de l'état civil du service central de l'état civil du ministère des affaires étrangères (loi n° 78-731 du 12 juillet 1978 modifiée)

Nantes, le [...] *(date)*

MENTIONS MARGINALES :

Adopté en la forme de l'adoption simple par [...] *(identité du ou des adoptants)*. Arrêt de [...] *(juridiction et date du jugement)*.

Signature et cachet de l'officier de l'état civil.

SECTION 1
PRÉSENTATION ET ÉVOLUTION DE L'ADOPTION

220.11 Définition. « *L'adoption est la création par jugement d'un lien de filiation entre deux personnes qui, sous le rapport du sang, sont généralement étrangères l'une à l'autre* »[1].

De cette définition ressort clairement le but de l'institution : il ne s'agit pas seulement, et pas toujours, de prendre une mesure s'inscrivant dans la protection de l'enfance, mais bien de créer pour l'avenir un lien de filiation entre l'adopté et l'adoptant, et un lien de parenté avec la famille de celui-ci, donc d'agir sur l'état des personnes.

Le caractère volontaire de la démarche y apparaît moins. Certes l'adoption est prononcée par un tribunal, mais il s'agit de juridiction gracieuse (C. pr. civ., art. 1167) : l'adoption repose toujours sur la volonté de celui ou ceux qui y consentent (le ou les représentants de l'adopté, l'adopté lui-même si son âge le permet) et celle du ou des adoptants, mais la société impose de faire contrôler ces manifestations de volonté par le juge en raison de la gravité particulière de leurs effets (sur la juridiction gracieuse en général, v. C. pr. civ., art. 25). C'est d'ailleurs parce qu'elle repose uniquement sur la volonté que la filiation adoptive est dite « *élective* »[2]. Mais à l'instar de la filiation établie par la possession d'état lorsqu'elle ne correspond pas à la vérité biologique, elle devrait être qualifiée de « *sociale* » plutôt que de « *fictive* » comme elle l'est trop souvent. Le **jugement d'adoption** est **constitutif** et **non déclaratif**, il n'y est pas prétendu que l'adopté est issu de l'adoptant – ce qui serait effectivement de la fiction – il y est simplement décidé que l'adopté entrera plus ou moins complètement, pour l'avenir, dans une nouvelle famille suite à la défaillance de la première. L'idée d'une filiation ainsi choisie n'est pas neuve puisqu'elle date de la plus Haute Antiquité romaine[3].

220.12 Évolution antérieure à la loi du 11 juillet 1966. Bien qu'elle puise ses racines au plus profond des civilisations, l'adoption telle qu'elle se pratique en France aujourd'hui est récente.

L'Ancien Droit l'ignorait, du moins officiellement, la conception chrétienne faisant reposer la famille essentiellement sur le mariage et la filiation légitime.

La Révolution a souhaité l'introduire, par engouement pour les institutions romaines, attendrissement pour les enfants sans famille, ou dessein de diviser

1. S. Guinchard et G. Montagnier, *Lexique des termes juridiques*, 17e éd., Dalloz, 2010.
2. J. Rubellin-Devichi, « Une filiation élective : abandon et adoption, liens du sang, liens d'amour », B. Trillat (dir.), *Autrement*, n° 96, p. 104.
3. Sur l'histoire de l'adoption depuis l'Antiquité, V. NOT. J.-Ph. Lévy et A. Castaldo, *Histoire du droit civil*, « Précis », 1re éd., Dalloz, 2002, nos 133 s. – R. Szramkiewicz, *Histoire du droit de la famille*, « Connaissance du droit », Dalloz, 1995 – A. Lefebvre-Teillard, *Introduction historique au droit des personnes et de la famille*, PUF, 1996 – J.-P. Gutton, *Histoire de l'adoption en France*, Publisud, 1993 – A. Fine, « Regard anthropologique et historique sur l'adoption. Des sociétés lointaines aux formes contemporaines », in *Heurts et bonheurs de l'adoption*, *Info. soc.* mars 2008, n° 146, p. 8.

les fortunes… mais les textes qui la prévoyaient n'ont jamais été promulgués [1].

C'est finalement Bonaparte, lui-même sans héritier et empreint de préoccupations dynastiques, – encore que, semble-t-il, cela ait moins joué qu'on ne le dit généralement [2] – qui la fait introduire dans le Code civil. Mais elle est alors bien loin de constituer ce qu'elle était en projet, « *la consolation des mariages stériles et une vaste carrière de secours pour les enfants pauvres* » [3] : réservée aux majeurs, elle s'effectue par contrat soumis à homologation judiciaire, et n'apparaît finalement que comme un moyen pour l'adoptant de transmettre son nom et sa fortune, même si elle pouvait être précédée pendant la minorité de l'adopté de la « *tutelle officieuse* » [4].

La guerre de 1914-1918 sera à l'origine de la transformation radicale de l'institution. Il fallait trouver un moyen de donner un foyer aux nombreux orphelins que le conflit avait laissés : la loi du 19 juin 1923 autorise pour la première fois l'adoption des mineurs pourvu qu'elle soit fondée sur de « *justes motifs* » et qu'elle présente des « *avantages pour l'adopté* ». Mais si elle confère la puissance paternelle à l'adoptant, elle n'entraîne pas de rupture entre l'adopté et sa famille d'origine, et devient révocable s'il est justifié de « *motifs très graves* ». Devant le succès de l'institution, un nouveau pas est franchi avec la création, par le décret-loi du 29 juillet 1939, connu sous le nom de Code de la famille, de la légitimation adoptive.

La légitimation adoptive, qui ne se substitue pas à l'adoption mais la complète, ne résulte plus d'un contrat judiciairement homologué mais d'une décision judiciaire. Elle n'est ouverte qu'aux couples mariés de plus de quarante ans sans postérité, au profit d'enfants de moins de cinq ans dont les parents sont inconnus, décédés, ou qui les ont abandonnés (pupilles de l'Assistance publique). Elle confère à l'adopté, pour l'avenir, les mêmes droits que s'il était issu du mariage : le terme de « *légitimation* » décrit donc bien l'institution en ce qu'elle exclut clairement la rétroactivité au-delà de la date de la requête en adoption.

Au cours des années suivantes, divers textes réforment la matière, en particulier une ordonnance du 23 décembre 1958 et une loi du 1er mars 1963.

Toutefois ces remodelages successifs rendaient la matière confuse et l'imprécision de la réglementation avait été à l'origine de dramatiques litiges entre familles d'origine et adoptives : l'affaire *Novack*, finalement tranchée par l'assemblée plénière de la Cour de cassation après dix ans de procédure, reste encore dans les mémoires [5]. Une refonte d'ensemble s'imposait : tel a été l'objet de la loi n° 66-500 du 11 juillet 1966 [6], laquelle, plusieurs fois retouchée, reste le texte de base de la matière, dans les articles 343 et suivants qui constituent le titre VIII du livre I du Code civil sous le titre « De la filiation adoptive », et non plus « De l'adoption », ce qui mérite d'être souligné.

220.13 La loi du 11 juillet 1966. La loi du 11 juillet 1966 consacre les deux formes de l'adoption, mais en change à la fois les dénominations et l'importance respective. La légitimation adoptive devient **l'adoption plénière** et, réservée en principe aux **mineurs de quinze ans**, est réglementée à titre principal. L'adoption classique devient **l'adoption simple** et elle est très largement traitée par renvoi aux dispositions relatives à la première (C. civ., art. 361), dont elle se distingue essentiellement par le fait qu'elle ne rompt pas les liens juridiques existant entre l'adopté et sa famille d'origine. Elle est donc plutôt destinée aux **majeurs.**

Afin de promouvoir l'adoption plénière, le législateur l'ouvre aux personnes seules, et plus seulement aux couples mariés, et élargit les critères d'adoptabilité des enfants. En même temps il tente de garantir la sécurité de tous les intéressés en précisant nettement les droits des familles d'origine et ceux des familles adoptives : en principe, les premières ne risquent plus d'être irrévocablement privées d'un enfant qu'elles n'avaient pas l'intention de délaisser définitivement; les secondes ne peuvent plus être « inquiétées » une fois l'enfant placé chez elles en vue de l'adoption [7], et *a fortiori* adopté.

Tout n'a pourtant pas été résolu et la loi a été à plusieurs reprises remaniée plus ou moins profondément depuis 1966.

220.14 Évolution depuis la loi du 11 juillet 1966. *Dans un premier temps*, il est apparu que trop d'enfants restaient délaissés alors que le nombre d'adoptants potentiels s'était accru. C'est une des raisons pour lesquelles la loi n° 76-1179 du 22 décembre 1976 [8] a décidé qu'il ne serait plus nécessaire d'être sans postérité pour adopter : il n'est donc plus d'actualité de dire que l'adoption est « *la consolation des ménages stériles* », la coexistence d'enfants issus de l'adoptant et d'enfants adoptifs au sein d'une même famille étant de plus en

1. J.-Ph. Lévy et A. Castaldo, *Histoire du droit civil*, « Précis », 1re éd., Dalloz, 2002, n° 140.
2. J.-Ph. Lévy et A. Castaldo (préc. ss prést n°).
3. J.-Ph. Lévy et A. Castaldo (préc. ss prést n°).
4. V. P. Murat, « Les transformations de la famille, quel impact sur les finalités de l'adoption ? », *Inf. soc.* mars 2008, p. 20.
5. Cass. ass. plén., 10 juin 1966, n° 64-11.924, *Bull. ass. plén.*, n° 4; *DS* 1966, J. 604; *JCP* 1966, II, 14778.
6. L. n° 66-500, 11 juill. 1966, portant réforme de l'adoption, *JO* 12 juill., p. 5956.
7. Sur cette loi, v. Raynaud, *D.* 1967, chron. 77.
8. L. n° 76-1179, 22 déc. 1976, modifiant certaines dispositions concernant l'adoption (simplification), *JO* 23 déc., p. 7364.

plus fréquente. Cette loi a aussi assoupli, dans le même esprit, les conditions de la déclaration judiciaire d'abandon, prévue par l'article 350 du Code civil, grâce à laquelle les enfants dont les parents se sont manifestement désintéressés depuis un an deviennent adoptables sans consentement familial [1].

Près de vingt ans plus tard, après quelques modifications éparses introduites par la loi n° 93-22 du 8 janvier 1993 [2], le souhait a été exprimé de « *rendre les processus de l'adoption plus simples, plus sûrs et plus justes* » [3] : tel a été l'objectif de la loi n° 96-604 du 5 juillet 1996 [4].

Enfin, en raison du nombre croissant d'**adoptions d'enfants étrangers recueillis à l'étranger** et de la difficulté de résoudre certaines situations délicates, le législateur a créé, par la loi n° 2001-111 du 6 février 2001 [5], sous le titre « Du conflit des lois relatives à la filiation adoptive et de l'effet en France des adoptions prononcées à l'étranger », un nouveau corps de textes, les articles 370-3 à 370-5 du Code civil [6]. Il a rendu ainsi caduque la circulaire très controversée du 16 février 1999, dite « circulaire Guigou », qui avait le même objet [7].

La loi n° 2005-774 du 4 juillet 2005 [8], envisagée par ses promoteurs comme un premier pas vers une refonte d'ensemble de la matière, n'opère qu'une réforme « technique » de divers aspects de celle-ci, mais n'en touche pas le fond [9].

En 2008, un **rapport remis au Président de la République** dénonçait les très nombreux dysfonctionnements de l'adoption nationale, mais surtout internationale, et proposait de réfléchir à de nouvelles réformes [10]. L'une d'elles, qui était urgente et pouvait être opérée par décret, est intervenue au cours de l'année 2009 [11]; d'autres sont en cours ou encore à l'état de projet. Cependant le projet de loi présené au printemps 2009 ne porte que sur des

1. Sur cette loi, v. F. Boulanger, « La toile de Pénélope ou le dernier visage de l'adoption », *JCP* 1977, I, 2845 – Y. Patureau, « L'adoption en présence de descendants », *D.* 1977, chron. 259 – J.-P. Dumas, *Defrénois* 1977, 417.
2. L. n° 93-22, 8 janv. 1993, modifiant le Code civil, relative à l'état civil, à la famille et aux droits de l'enfant et instituant le juge aux affaires familiales, *JO* 9 janv., p. 495.
3. F. Mattei, *Enfants d'ici, enfants d'ailleurs,* rapport au Premier ministre, Doc. fr., 1995.
4. L. n° 96-604, 5 juill. 1996, relative à l'adoption, *JO* 6 juill., p. 10208 – Sur cette loi v. NOT. J. Massip, *Defrénois* 1997, 193 – F. Monéger, « Regard critique sur la réforme de l'adoption », *RDSS* 1997, 1 – C. Philippe, « Les nouvelles règles de l'adoption », *Dr. et patr.* 1996, n°s 43 et 48 – F. Proal, « La loi du 5 juillet 1996 relative à l'adoption : un exemple de pragmatisme de l'action législative », *RRJ* 1997/2, 651 – T. Revet, *RTD civ.* 1996, 999 – J. Rubellin-Devichi, « Permanence et modernité dans l'adoption après la loi du 5 juillet 1996 », *JCP* 1996, I, 3979.
5. L. n° 2001-111, 6 févr. 2001, relative à l'adoption internationale, *JO* 8 févr., p. 2136.
6. Sur cette loi, avant et après son vote, v. not. I. Barrière-Brousse, « La loi du 6 février 2001 relative à l'adoption internationale », *RRJ* 2001/4, 1299 – M.-O. Baur, « Les derniers développements de l'adoption internationale », *LPA* 28 mars 2001, 42 p. – A. Bottiau, « Autour de l'adoption internationale », *D.* 2000, chron. 510 – F. Boulanger, « Une réforme médiatique mais porteuse de controverses », *D.* 2001, Point de vue, 708; « La codification des règles conflictuelles en matière d'adoption internationale », *Dr. et patr.* nov. 2001, 44 s. – B. Bourdelois, « Le nouveau régime de l'adoption internationale : les articles 370-3 à 370-5 du Code civil », *Gaz. Pal.* 2001, doctr. 1926 – C. Brière, *LPA* 29 mai 2002, 13 – M. Josselin-Gall, « Adoption internationale, la difficile élaboration législative d'une règle de conflit », *JCP N* ► 2000, 1319; « Adoption internationale : changement de logique », *JCP N* 2002, 1235 – P. Lagarde, « La loi du 6 février 2001 : une opportune clarification », *Rev. crit. DIP* 2001, 275 – M.-C. Le Boursicot, « Commentaire de la loi du 6 février 2001 relative à l'adoption internationale », *RJPF* 2001-3/6 – F. Monéger, « L'adoption internationale après la loi du 6 février 2001 », *Dr. fam.* 2001, étude 15; *RDSS* 2001, 382 – J.-F. Mattei (entretien avec), « Genèse et application de la loi du 6 février 2001 », *AJ fam.* 2002, 12 – H. Muir-Watt, « La loi nationale de l'enfant comme métaphore : le nouveau régime de l'adoption internationale », *JDI* 2001, 995 – E. Poisson-Drocourt, « Codification des règles de droit international en matière d'adoption », *D.* 2001, chron. 1404 – M. Revillard, *Defrénois* 2001, 333 – J. Rubellin-Devichi, « L'adoption à la fin du XXe siècle », *Le droit privé à la fin du XXe siècle, Études offertes à Pierre Catala*, 2001, Litec, p. 341.
7. Sur cette circulaire du 16 févr. 1999, NOR : JUSI9980193 C, V. NOT. M.-C. Le Boursicot, « Vingt ans plus tard, une nouvelle circulaire du ministre de la Justice », *Gaz. Pal.* 1999, doctr. 724 – H. Muir-Watt, « À propos de la circulaire du 16 février 1999 : vers l'inadoptabilité de l'enfant étranger », *Rev. crit. DIP* 1999, 469 – M. Revillard, *Defrénois* 1999, 917 – J. Rubellin-Devichi, *JCP* 1999, I, 160; « Faut-il réformer l'adoption ? », *Actes du colloque Perspectives de réforme en droit de la famille,* Grenoble 26-27 nov. 1999, *Dr. fam.* 2000, HS, n° 9 – P. Salvage-Gerest, « La circulaire "Guigou" : quelles perspectives pour l'adoption internationale ? », *Dr. fam.* 1999, chron. 14.
8. L. n° 2005-744, 4 juill. 2005, portant réforme de l'adoption, *JO* 5 juill., p. 11072.
9. Sur cette loi, v. en particulier le dossier *AJ fam.* 2005, 340 s. – M.-C. Le Boursicot, « Une nouvelle loi pour réformer l'adoption », *RJPF* 2005, 10/6 – D. Montoux, « L'adoption facilitée par la loi du 4 juillet 2005 », *JCP N* 2005, act. 387 – E. Poisson-Drocourt, « Une nouvelle loi sur l'adoption », *D.* 2005, 2028 – P. Salvage-Gerest, « Les modifications apportées au Code de l'action sociale et des familles par la loi du 4 juillet 2005 portant réforme de l'adoption », *Dr. fam.* 2005, étude 22.
10. J.-M. Colombani, *Rapport au Président de la République*, mars 2008, Doc. fr., www.ladocumentationfrancaise.fr – V. P. Salvage-Gerest, « Adoption : le rapport de la mission Colombani », *Dr. fam.*, étude 13 – M.-C. Le Boursicot, « Le rapport Colombani sur l'adoption : réorganisation de l'adoption en France », *RLDC* sept. 2008, n° 52, p. 61 – E. Poisson-Drocourt, « Des réformes en perspective pour l'adoption », *D.* 2008, 2804.
11. Décr. n° 2009-407, 4 avr. 2009, relatif à l'Autorité centrale pour l'adoption internationale, *JO* 16 avr., p. 6561.

points de détail par rapport à ce qui serait nécessaire pour que le droit de l'adoption qui, contrairement à la toile de Pénélope évoquée à son sujet, n'est pratiquement jamais défait pour être refait[1], mais toujours alourdi et compliqué par des ajouts, redevienne enfin lisible par ceux, juristes et surtout non juristes, qui ont à l'appliquer[2].

Néanmoins le doyen Carbonnier, déjà en 2002, craignait que cette lisibilité soit difficile à retrouver : « *À l'heure actuelle, l'adoption est arrivée à un tel point d'organisation et de complexité avec autour d'elle tout un corps soudé de spécialistes, de fonctionnaires, d'associations, et tant de convictions, d'intérêts, de textes, que tout retour en arrière vers plus de simplicité* [...] *lui est comme physiquement interdit* »[3].

220.15 Textes complémentaires du Code civil. Les textes civils précités ne constituent que les principes généraux d'une matière caractérisée par un enchevêtrement de textes totalement indigeste.

Ces textes se combinent en effet avec les dispositions particulières du Code de l'action sociale et des familles (CASF, anc. Code de la famille et de l'aide sociale) qui concernent :

– les pupilles de l'État et leur adoption : CASF, art. L. 224-1 s. et R. 224-1 s.;

– le Conseil supérieur de l'adoption, organisme consultatif (CSA) : CASF, art. L. 148-1 et 2, et R. 148-1 à 3;

– les organismes privés autorisés à servir d'intermédiaires pour l'adoption (OAA) : CASF, art. L. 225-11 s., et R. 225-12 s.;

– l'Autorité centrale pour l'adoption internationale (ACAI) : CASF, art. R. 148-4 s.;

– l'Agence française pour l'adoption (AFA) : CASF, art. L. 225-15 et L. 225-16, et R. 225 47 s.;

– le Conseil national pour l'accès aux origines personnelles (CNAOP) : CASF, art. L. 147-1 s., et R. 147-1 s.;

– l'agrément nécessaire à ceux qui veulent adopter un pupille de l'État, un enfant confié à un OAA français ou un enfant étranger recueilli à l'étranger : CASF, art. L. 225-2 s., L. 225-17 et R. 225-1 s.;

– l'accompagnement des familles adoptives (CASF, art. L. 225-18).

Il est heureux qu'aient été regroupés dans la partie réglementaire de ce dernier code l'ensemble des décrets jusque-là dispersés qui traitaient de ces questions, mais l'impression de disparité et d'aléa dans la présentation demeure. À titre d'exemple, c'est sous le titre « Adoption internationale » que se trouve l'article L. 225-19 qui traite de l'exercice illégal de l'activité d'intermédiaire pour l'adoption, bien que cette activité soit certainement punissable aussi si l'intermédiaire agit sur le territoire français !

Ces textes du Code civil et du Code de l'action sociale et des familles sont en outre complétés par quelques dispositions du Code de procédure civile, sans oublier les renvois faits au droit civil des incapacités, des successions ou autres, au droit fiscal et au droit social.

Enfin il ne peut être passé sous silence que la France a ratifié, entre autres, la Convention de La Haye du 29 mai 1993 sur la protection des enfants et la coopération en matière d'adoption internationale[4], ainsi que, auparavant, la Convention relative aux droits de l'Enfant du 20 novembre 1989, jugée directement applicable et effectivement appliquée pour la première fois par la Cour de cassation dans une affaire d'adoption en 2007[5]. Quant à la Convention européenne des droits de l'homme, elle a déjà donné lieu à plusieurs arrêts de la Cour européenne des droits de l'homme, certains concernant directement la France[6].

1. V. F. Boulanger, « La toile de Pénélope ou le dernier visage de l'adoption », *JCP* 1977, I, 2845.
2. Projet de loi n° 317 (2008-2009), déposé au Sénat le 2 avril 2009, *JO Sénat* CR, 28 avr. 2008.
3. Carbonnier, t. 2, 21ᵉ éd. p. 213, cité par J. Rubellin-Devichi, « Réflexions sur le devenir de l'adoption internationale », *Inf. soc.* mars 2008, n° 146, p. 39.
4. Sur cette convention, v. not. P. Courbe, *AJ fam.* 2002, 8 – N. Meyer-Fabre, *Rev. crit. DIP* 1994, 259 – E. Poisson-Drocourt, « Les effets en France d'une décision étrangère d'adoption et la Convention de La Haye du 29 mai 1993 », *D.* 1995, chron. 147 – B. Sturlèse, *JCP* 1993, I, 3710.
5. Civ. 1re, 7 avr. 2006, n° 05-11.285, *Bull. civ.* I, n° 195; *AJ fam.* 2006, 249, obs. Chénedé; *Gaz. Pal.* 3 sept. 2006, 20, note Guittet; *RTD civ.* 2006, 292, obs. Hauser; *RJPF* 2006, 6/38, obs. Le Boursicot; *Defrénois* 2006, 1127, note Massip; *Dr. fam.* 2006, n° 124, note Murat; *RDSS* 2006, 576, obs. Neirinck; *D.* 2006, J. 2293, note Poisson-Drocourt; *LPA* 2007, n° 91, 15, note Bourgault-Coudevylle – v. aussi, J. Revel, *D.* 2006, chron. 1707; J. Rubellin-Devichi, *JCP* 2006, I, 199, n° 1; P. Salvage-Gerest, « Un autre regard sur l'affaire Benjamin », *D.* 2007, chron. 879.
6. CEDH 26 févr. 2002, req. n° 36515/97, Fretté c/France, *D.* 2002, somm. 2024, obs. Granet; et *D.* 2002, 2569, obs. Courtin; *JCP* 2002, II, 10074, note Gouttenoire-Cornut et Sudre; *JCP* 2002, I, 165, n° 6, obs. Favier; *RJPF* 2002-4/30, obs. Le Boursicot; *Dr. et patr.* juin 2002, 107, obs. Loiseau; *AJDA* 2002, 401, étude Poirot-Mazères, « De la *gay pride*... au Palais-Royal »; *LPA* 10 juill. 2002, 10, note Vasseur-Lambry et Carius; *Dr. fam.* 2002, étude Debet, n° 19; *RTD civ.* 2002, 280, obs. Hauser; *RTD civ.* 2002, 389, obs. Marguénaud – CEDH, gr. ch., 13 févr. 2003, req. n° 42326/98, Odièvre c/France – B. Mallet-Bricout, « Droit d'accès aux origines personnelles : l'embarras de la Cour européenne des droits de l'homme », *D.* 2003, chron. 1240; *JCP* 2003, II, 10049, note Gouttenoire-Cornut et Sudre; *JCP* 2003, I, 120, « La Cour européenne des droits de l'homme et le « droit » de connaître ses origines », étude Malaurie; *Gaz. Pal.* 2005, 411, note Royant; ▶

Il n'existe pas de texte européen spécifique en vigueur en France, bien que le Conseil de l'Europe s'en préoccupe[1] : la Convention de Strasbourg du 24 avril 1967 a fait l'objet d'une révision, et est ouverte à la signature depuis le mois de novembre 2008.

220.16 Caractère protéiforme de l'institution. Dans l'opinion commune, l'adoption se réduit à l'intégration, dans leur famille, par des parents adoptifs, de mineurs français ou étrangers délaissés. C'est pourquoi c'est essentiellement à cet aspect de celle-ci que sont en général consacrés les innombrables ouvrages centrés sur les aspects pratiques, psychologiques et sociologiques de l'adoption[2], mais aussi les études juridiques spécialisées[3]. Il ne faut pas négliger néanmoins que sont autorisées, et pratiquées, plus souvent qu'on ne le croirait, l'adoption de majeurs, voire de personnes - majeures ou mineures -de sa propre famille, les chiffres sont là pour le montrer.

Statistique. Bien qu'aucune statistique *précise* ne puisse être donnée, le nombre de ces adoptions « *atypiques* » est certainement en forte hausse, si l'on en juge par les résultats d'une enquête effectuée par le ministère de la Justice[4]. En 2007, il y aurait eu près de 9 400 adoptions intrafamiliales (essentiellement adoption de l'enfant du conjoint) sur un total d'environ 15 000, soit 60 %, les adoptés étant dans ce cas, pour un tiers d'entre eux, majeurs au moment du projet.

220.17 Adoption plénière et adoption simple. Comme cela a été indiqué (v. s^s n° 220.13), il existe depuis 1966 deux sortes d'adoption, plénière (v. s^s n°s 221.00 s.) et simple (v. s^s n°s 222.00 s.), proches dans leurs conditions et leur procédure, différentes en degré dans leurs effets. Lorsque l'adoption a lieu entre deux personnes déjà parentes ou alliées entre elles, elle est, suivant le cas, plénière ou simple; ce sont ses conditions qui sont originales : les différentes hypothèses dans lesquelles elle intervient méritent donc d'être envisagées à part (v. s^s n°s 223.00 s.). L'adoption internationale peut aussi être plénière ou simple : du fait qu'elle représente actuellement la très grande majorité des adoptions « *classiques* », et surtout que son régime est très mal connu dans son détail, elle mérite aussi une présentation séparée et surtout concrète (v. s^s n°s 224.00 s.).

Statistiques. Selon l'étude précitée du ministère de la Justice (v. s^s n° 220.16)[5], il y aurait eu en 2007 environ 5 300 adoptions plénières, dont 72 % internationales, et environ 9 400 adoptions simples, dont 95 % intrafamiliales. Cela confirme que l'adoption plénière d'enfants recueillis en France, qui a servi de modèle à l'ensemble de l'institution, est devenue largement minoritaire, mais aussi que globalement l'adoption des mineurs reste, pour l'essentiel, plénière.

SECTION 2
PERSPECTIVES

220.21 Pour une évolution raisonnée. En deux siècles, l'adoption a beaucoup évolué, mais les mentalités à son propos beaucoup moins. L'adoption plénière est encore présentée comme une « *fiction* », alors qu'elle est tout aussi réelle qu'une filiation établie par la possession d'état, plus discrètement et plus justement qualifiée de « *sociale* » ou « *sociologique* » (v. s^s n° 220.11). On reprend encore à son propos une formule en vogue à l'époque napoléonienne, selon laquelle elle permettrait de « *singer la nature* », alors qu'elle ne peut avoir lieu que sous contrôle judiciaire, donc publiquement, et qu'elle n'aura d'effets que pour l'avenir. Elle resterait encore « *la consolation des*

► *RJPF* 2003-4/34, obs. Le Boursicot; *Dr. fam.* 2003, n° 58, note Murat; *Dr. fam.* 2003, Gaumont-Prat, étude 14; *LPA* 11 juin 2003, 11, note Roy; *RTD civ.* 2003, 276, obs. Hauser; *RTD civ.* 2003, 375, obs. Marguénaud; *RDSS* 2003, 219, note Monéger; *JDI* 2004, 696, note Leclercq-Delapierre : absence de violation de l'article 8 de la Conv. EDH sur la protection de la vie privée – CEDH 10 janv. 2008, req. n° 35991/2004, Kearns c/France, *AJ fam.* 2008, 78, obs. Chénedé; *Dr. fam.* 2008, alerte 13, obs. Bruggeman; *D.* 2008, 415, obs. Guiomard; *Procédure* 2008, n° 77, obs. Fricero; *RTD civ.* 2008, 285, obs. Hauser; *RJPF* 2008-4/29, note Garé; *RDSS* 2008, 353, obs. Neirinck (rejet du recours contre l'arrêt Civ. 1re, 6 avr. 2004, n° 03-19.026, *Bull. civ.* I, n° 107) – CEDH 22 janv. 2008, req. n° 43546/02, E B. c/France, *JCP* 2008, II, 10071, note Gouttenoire et Sudre; *AJ fam.* 2008, 118, obs. Chénedé; *LPA* 2008, 118, n° 28 p. 9, note Cheltiel; *Gaz. Pal.* 27 mai 2008, p. 13, note Tahri; *Dr. fam.*, alerte 14; *RTD civ.* 2008, 287, obs. Hauser; 249, obs. Marguénaud.

1. Cons. Europe, ass. parlementaire, recomm. 1828, relative à la disparition de nouveau-nés aux fins d'adoption illégale en Europe, adoptée le 24 janv. 2008 (v. http://assembly.coe.int) – Conv. européenne en matière d'adoption des enfants de 1967 (non ratifiée par la France) révisée, ouverte à la signature le 27 nov. 2008 (aucune ratification) (v. http://conventions.coe.int) – V. AUSSI, J. Rubellin-Devichi, « Réflexions sur le devenir de l'adoption internationale », *Info. soc.* mars 2008, n° 146, p. 38.
2. Pour une bibliographie sélective sur l'ensemble des questions autres que purement juridiques soulevées par l'adoption, v. le site : www.adoptionefa.org.
3. F. Boulanger, *Enjeux et défis de l'adoption, Études comparatives et internationales,* 2001, Economica – Et pour une bibliographie très détaillée sur le sujet : C. Lavallée, *L'enfant, sa famille et les institutions de l'adoption, droit français et québécois,* Éd. Wilson et Lafleur, 2005 – Pour une vue synthétique des aspects historiques, sociologiques et de pratique législative et judiciaire de la matière, v. CARBONNIER, p. 361.
4. Z. Belmokhtar, *Les adoptions simples et plénières en 2007,* min. Justice, Secrétariat général, juin 2009, SDSE/BDSE/ZB, www.justice.gouv.fr
5. Z. Belmokhtar, *Les adoptions simples et plénières en 2007,* min. Justice, Secrétariat général, juin 2009, SDSE/BDSE/ZB, www.justice.gouv.fr

ménages stériles », alors qu'elle n'est plus depuis plus de trente cinq ans l'apanage des personnes sans enfants et que nombre de parents adoptifs ont déjà ou auront des enfants issus d'eux. Elle se traduirait par un « *mensonge d'état civil* » faisant apparaître l'adopté comme *né de* l'adoptant, alors qu'il suffit de consulter les documents d'état civil autrement que sous forme d'extraits pour savoir qu'il n'en est rien (v. doc. s[s] n° 220.07 : *fac simile* de transcription d'adoption plénière tenant lieu d'acte de naissance à l'adopté). Mal aimée en France depuis quelques années, on lui reproche, principalement, de couper l'adopté de ses « *racines* », familiales mais aussi géographiques, voire ethniques, lorsqu'il s'agit d'adoption internationale, et de compromettre de ce fait sa construction psychologique. En résumé, le choix de l'adoption plénière serait un choix égoïste fait par les adoptants dans leur propre intérêt, et de plus en plus souvent les tribunaux hésitent à la prononcer, lui préférant l'adoption simple – déjà imposée par la loi dans la plupart des adoptions intrafamiliales. Pourtant, c'est bien souvent aux fins de permettre aux adoptants une parenté « *à l'essai* » que leur est proposée une adoption révocable, ce qui est pour le moins paradoxal et difficilement conciliable avec l'intérêt des mineurs concernés déjà fragilisés par un premier abandon.

Personne ne niera qu'un enfant adopté, quelle que soit d'ailleurs la forme de son adoption, est un enfant qui n'a pas la chance de vivre au sein de la famille que la nature lui a donnée et que cette situation peut lui être cause de souffrance, quel que soit son bien-être matériel et affectif dans la famille qui a été choisie pour lui par la société. Mais peut-on oublier que ce n'est pas l'adoption qui coupe l'enfant de son milieu, mais la situation qui l'a rendu adoptable, l'adoption n'étant que l'aboutissement d'un état de fait ? Et ne doit-on pas faire clairement une distinction entre la simple connaissance de sa famille d'origine et le maintien d'un lien juridique avec elle, ce que font d'ailleurs assez bien les adoptés eux-mêmes lorsqu'ils s'en préoccupent ?

Depuis la loi du 22 janvier 2002 surtout, le fait que l'adoption soit plénière n'est plus un obstacle à la connaissance, par l'adopté né en France, de ses origines familiales si sa famille accepte de laisser sa trace, et il ne l'a jamais été dans l'adoption internationale. Le seul point important est donc de savoir s'il est opportun que l'adopté conserve un lien juridique avec sa famille biologique. Les avis peuvent être partagés, la question est débattue et mérite de l'être à des niveaux autres que purement juridiques. Mais dans l'immédiat, c'est faire œuvre d'apprenti sorcier que de conclure trop vite, comme on le fait souvent, à la supériorité de principe de l'adoption simple sur l'adoption plénière au vu d'un seul paramètre, le *passé* de l'enfant, ses « *racines* », sans tenir aucun compte du fait que la loi française l'a traitée comme le parent pauvre de l'institution et qu'elle est moins protectrice de l'avenir des mineurs. Avant d'envisager de réformer encore et encore le droit de l'adoption, mieux vaudrait acquérir des certitudes sur les bienfaits des changements suggérés. Dans son arrêt du 28 juin 2007 en tout cas, la Cour européenne des droits de l'homme ne s'est pas montrée convaincue de la supériorité de l'adoption simple[1].

1. CEDH 28 juin 2007, req. n° 76240/01, Wagner et J. H. W. L. c/Luxembourg, *D.* 2007, 2700, note Marchadier ; *RJPF* 2007-11/23, obs. Le Boursicot ; *JDI* 2008, 810, obs. Dressayre ; *RTD civ.* 2007, 738, obs. Marguénaud.

CHAPITRE

221. Adoption plénière

PASCALE SALVAGE-GEREST
PROFESSEUR ÉMÉRITE DE L'UNIVERSITÉ
PIERRE MENDÈS-FRANCE (GRENOBLE 2)

SECTION 0

ORIENTEUR

221.00 **Plan du chapitre.**

Divisions. Multiplicité des conditions, simplicité des effets. Le Code civil consacre de nombreux articles aux conditions requises pour l'adoption plénière (sect. 1), quelques unes au placement en vue de celle-ci (sect. 2) et au jugement qui la prononce (sect. 3), et très peu à ses effets qui sont ceux – mais seulement pour l'avenir – de la filiation biologique établie (sect. 4).

221.01 Textes applicables.
* V. s[s] n° 220.01

221.02 Jurisprudence de référence.
* V. s[s] n° 220.02

221.03 Bibliographie indicative.
* V. s[s] n° 220.03

221.06 Délais.
* V. s[s] n° 220.06

221.07 Documents : transcription de jugement d'adoption et extrait de transcription.
* V. s[s] n° 220.07

SECTION 1
CONDITIONS DE L'ADOPTION PLÉNIÈRE

221.10 Intérêt de l'enfant. Bien avant que la France n'adhère à la Convention internationale relative aux droits de l'enfant (CIDE), en 1990, l'ensemble des conditions posées par la loi pour l'adoption plénière s'articulait déjà, pour l'essentiel, autour de la notion d'intérêt de l'enfant (C. civ., art. 353)[1]. Pour assurer le respect de cet intérêt, quelle que soit l'appréciation qu'on peut en faire au cas par cas, il faut d'abord que la filiation créée, qui va être assimilée **pour l'avenir** à une filiation par le sang, présente une certaine vraisemblance : c'est ce qui justifie une série de conditions relatives à la personne même des intéressés (§ 1). Mais il faut aussi que l'enfant soit bien « *disponible* » pour l'adoption, ce qui implique pour lui des conditions strictes d'adoptabilité (§ 2). Il faut enfin que l'adoption, qui sera irrévocable, ne soit prononcée qu'une fois ses chances de succès vérifiées à l'issue d'une période d'adaptation réciproque, matérialisée par l'accueil de l'adopté au foyer de l'adoptant (§ 3).

1. F. Millet, « L'adoption : d'un intérêt à l'autre », *RRJ* 2003, 3/1777.

§ 1
Conditions générales relatives à la personne des intéressés

221.20 Conditions objectives. Il s'agit essentiellement de conditions liées à l'état des personnes. Elles concernent bien entendu autant le ou les adoptants (A) que l'adopté (B).

A.
Conditions relatives à l'adoptant

221.21 Absence de « droit à l'adoption ». L'adoption est sans aucun doute un acte reposant sur la volonté. Mais la volonté d'adopter ne suffit pas : la Cour européenne des droits de l'homme a affirmé sans ambiguïté que la Convention du même nom ne garantit pas, en tant que tel, un droit d'adopter[2]. En conséquence, un tribunal peut parfaitement refuser de prononcer une adoption même si les conditions légales en sont remplies, dès lors qu'il estime qu'elle n'est pas dans l'intérêt de l'enfant ou qu'elle risque de compromettre la vie familiale de l'adoptant s'il a déjà des descendants. Inversement, rien ne lui permet de passer outre aux conditions légales sous prétexte que l'adoption serait conforme à l'intérêt de l'enfant. Sur ce point néanmoins, l'application directe de la CIDE par la Cour de cassation est venue sérieusement brouiller les pistes.

Il en est de même, dans le cadre de l'adoption internationale il est vrai, de l'arrêt Wagner et J. H. W. L. c/ Luxembourg rendu par la Cour européenne des droits de l'homme le 28 juin 2007, dans lequel il est reproché aux juges luxembourgeois de ne pas avoir donné effet à une adoption plénière prononcée au Pérou dans une hypothèse où ils n'avaient fait qu'appliquer la loi luxembourgeoise qui ne les autorisait pas à le faire[3]. Un reproche du même type, celui d'avoir appliqué de façon mécanique et aveugle des dispositions de la loi à une situation très particulière pour lesquelles elles n'étaient manifestement pas prévues, a été fait par cette même Cour, dans l'arrêt *Emonet et autres*, aux autorités suisses : celles-ci, conformément à la loi de la Confédération, avaient con-

2. CEDH 26 févr. 2002, req. n° 36515-97, Fretté c/ France, *D.* 2002, somm. 2024, obs. Granet; et *D.* 2002, 2569, obs. Courtin; *JCP* 2002, II, 10074, note Gouttenoire-Cornut et Sudre; *JCP* 2002, I, 165, n° 6, obs. Favier; *RJPF* 2002-4/30, obs. Le Boursicot; *Dr. et patr.* juin 2002, 107, obs. Loiseau; *AJDA* 2002, 401, étude Poirot-Mazères, « De la *gay pride*... au Palais-Royal »; *LPA* 10 juill. 2002, 10, note Vasseur-Lambry et Carius; *Dr. fam.* 2002, étude Debet, n° 19; *RTD civ.* 2002, 280, obs. Hauser; *RTD civ.* 2002, 389, obs. Marguénaud.
3. CEDH 28 juin 2007, req. n° 76240/01, Wagner et J. H. W. L. c/Luxembourg, *D.* 2007, 2700, note Marchadier; *RJPF* 2007-11/36, note Le Boursicot; *JDI* 2008, 810, obs. Dressaye; *RTD civ.* 2007, 738, obs. Marguénaud.

sidéré comme rompus les liens existants entre une mère et sa fille majeure handicapée adoptée par le concubin de la première [1].

221.22 Adoption par un couple marié. Dans sa rédaction la plus récente [2], l'article 343 du Code civil – qui a été maintes fois modifié dans le sens de l'allégement – énonce que « *l'adoption peut être demandée par deux époux non séparés de corps, mariés depuis plus de deux ans ou âgés l'un et l'autre de plus de vingt-huit ans* ». Il est complété par l'article 346 alinéa 1er qui est on ne peut plus clair lorsqu'il édicte que « *nul ne peut être adopté par plusieurs personnes si ce n'est par deux époux* » : des concubins ou des partenaires de PACS ne sont pas des époux, donc ne peuvent pas adopter ensemble.

Le fait de réserver l'adoption aux couples mariés est de moins en moins bien compris, particulièrement depuis que la procréation médicalement assistée est ouverte aux couples hétérosexuels pouvant justifier d'une vie commune d'au moins deux ans (CSP, art. L. 2141-2) [3]. Toutefois les deux démarches sont totalement différentes, et le débat n'est pas le même, même si dans la pratique l'orientation vers l'adoption est souvent motivée par l'échec de la procréation : l'adoption ne présuppose pas d'incapacité à procréer et a pour but essentiel de **donner une famille à un enfant déjà né** qui en est privé, il est donc indispensable de garantir autant qu'il est possible à cet enfant, qui a déjà en général un passé chargé, la plus grande stabilité possible.

Le principe de l'adoption par des couples homosexuels, par hypothèse non mariés eux aussi en l'état actuel du droit français, soulèverait des problèmes supplémentaires. Dans l'immédiat, les seules questions posées en droit positif sont :

– celle de savoir si l'homosexualité peut être une cause de refus d'agrément pour une adoption qui ne peut être qu'individuelle (v. ss no 221.243),

– et si l'un des concubins ou partenaires de PACS, de même sexe ou non, peut adopter l'enfant de l'autre (v. ss no 223.62).

Les réponses à ces questions sont, en l'état actuel de la jurisprudence, l'une et l'autre négatives.

Ces conditions d'âge ou de durée du mariage, et d'absence de séparation de corps – mais des époux nourriraient-ils un tel projet commun dans cette situation ? – sont les seules prévues par la loi s'agissant de la personne des adoptants mariés. Elles ne souffrent pas de dérogation.

221.23 Adoption individuelle. La possibilité d'adopter individuellement un enfant en adoption plénière a été très discutée lorsqu'elle a été introduite en 1966. Il est vrai que, à l'époque, faire de l'enfant adoptif l'enfant légitime d'un seul parent pouvait paraître incongru, tant les concepts de mariage et de légitimité restaient indissociables. Quarante ans plus tard, les notions mêmes d'enfant légitime et naturel ont disparu avec l'ordonnance no 2005-759 du 4 juillet 2005 [4]. Ainsi, même si l'adoption individuelle est, dans les faits, bien moins fréquente que l'adoption en couple et concerne plus les femmes que les hommes (du moins hors adoptions intrafamiliales où c'est l'inverse) [5], elle n'est plus, depuis longtemps, l'objet de controverse quant à son principe : l'adoptant unique peut être homme ou femme, célibataire, marié, veuf(ve) ou divorcé(e). En cela, la France fait partie des États membres du Conseil de l'Europe les plus généreux [6].

Pour pouvoir adopter individuellement, une seule condition est normalement requise : **avoir vingt-huit ans** (C. civ., art. 343-1, al. 1er). Toutefois si l'adoptant est marié, il doit obtenir le **consentement de son conjoint**, sauf s'il est séparé de corps ou si ce conjoint est dans l'impossibilité de manifester sa volonté (C. civ., art. 343-1, al. 2). La forme du consentement du conjoint de l'adoptant n'est pas précisée : s'il ne peut certainement viser qu'un projet déterminé, il peut être sous seing privé, l'article 348-3 du Code civil ne lui étant pas applicable [7]. Pour la même raison, il n'est pas sûr qu'il puisse être librement rétracté [8].

221.24 Différence d'âge avec l'adopté. Puisque l'adoption est une filiation, elle doit être aussi vraisemblable que si elle reposait sur la biologie. Il n'est donc pas surprenant que le législateur exige que l'adoptant ait au moins **quinze ans de plus** que l'adopté (C. civ., art. 344, al. 1er). Néanmoins le tribunal peut prononcer l'adoption malgré une différence d'âge inférieure « *s'il y a de justes motifs* ». Il semble que cette possibilité de dispense soit peu uti-

1. CEDH 13 déc. 2007, req. no 39051/03, *AJ fam.* 2008, 76, obs. Chénedé; *JDI* 2008, p. 815, obs. Jaureguiberry; *RTD civ.* 2008, 249, obs. Marguénaud.
2. L. no 96-604, 5 juill. 1996, relative à l'adoption, *JO* 6 juill., p. 10208.
3. C. Philippe, « Un droit de la famille résolument tourné vers la diversité », *Dr. fam.* 2007, étude 3.
4. Ord. no 2005-759, 4 juill. 2005, portant réforme de la filiation, *JO* 6 juill., p. 11159.
5. Z. Belmokhtar, « Les adoptions simples et plénières en 2007 », SDSE/BDSE/ZB, min. Justice, Secrétariat général, juin 2009, www.justice.gouv.fr
6. CEDH 28 juin 2007, req. no 76240/01, Wagner et J. H. W. L. c/ Luxembourg, spéct § 66 s.
7. Civ. 1re, 13 mars 2007, no 04-13.925, *Bull. civ.* I, no 108.
8. Civ. 1re, 2 déc. 1997, no 95-17.508, *Bull. civ.* I, no 333; *JCP* 1998, II, 10028, concl. contraires Sainte-Rose et 10038, note Dreifuss-Netter; *Defrénois* 1998, 1026, obs. Massip; *Dr. fam.* 1998, no 3, note Murat.

lisée, et qu'elle le soit plus dans le cadre d'adoptions intrafamiliales ou de majeurs que dans celui de l'adoption plénière de mineurs, où il faudrait supposer, par exemple, qu'une personne âgée de vingt-huit ans se propose d'adopter un enfant de plus de treize ans.

La question posée à l'heure actuelle est d'ailleurs moins celle d'un minimum que celle d'un maximum dans la différence d'âge entre adoptant et adopté. Il a été proposé, à l'occasion des débats ayant précédé la loi du 4 juillet 2005, d'y inscrire que l'adoptant (ou le plus jeune des deux dans un couple) ne devrait pas avoir au-delà de quarante-cinq ans de plus que l'adopté[1]. Cette proposition n'a pas été retenue et l'**appréciation de l'intérêt de l'enfant**, en cas de décalage de générations trop marqué, reste du ressort de deux autorités : le **tribunal de grande instance**, dans tous les cas; le **président du conseil général**, en plus, si l'adoptant envisage l'adoption d'un pupille de l'État, d'un enfant confié à un organisme autorisé pour l'adoption (OAA) ou d'un enfant étranger et doit à ce titre être porteur d'un agrément administratif (v. s^s^ n°s 221.241 s.).

221.25 Incidence de la présence de descendants. Le fait que l'adoptant ait déjà un ou des descendants n'est plus un obstacle de principe à l'adoption plénière depuis 1976 (v. s^s^ n° 220.14) : l'adoption n'est donc plus aucunement conditionnée par l'infécondité. Simplement, si l'adoptant a un ou des descendants, le tribunal doit vérifier, avant de statuer, « *si l'adoption n'est pas de nature à compromettre la vie familiale* » (C. civ., art. 353, al. 2).

En l'absence de précision, le terme de « *descendants* » englobe aussi bien les enfants issus de l'adoptant que les adoptés[2], ce qui n'est pas anormal puisque tous ont les mêmes droits et les mêmes devoirs au sein de leur famille, mais donne à réfléchir sur le sens de la disposition : les personnes en âge de procréer n'ont pas à consulter leurs descendants lorsqu'elles décident de mettre au monde un nouvel enfant.

L'appréciation des incidences de l'adoption sur la vie familiale relève du pouvoir souverain des juges du fond[3], qui recueillent l'avis des intéressés, majeurs ou mineurs, vivant ou non au foyer de l'adoptant, s'ils sont pourvus du discernement suffisant, sans pour autant nécessairement suivre ces avis.

221.26 Décès de l'adoptant après le dépôt de la requête. Étant donné que **l'adoption prend effet rétroactivement au jour de la requête**, elle peut être prononcée même en cas de décès de l'adoptant en cours de procédure, avec toutes les conséquences qui y sont attachées. La **continuation de l'action par les héritiers** de l'adoptant ne s'analyse donc pas en une nouvelle action[4], mais l'objet peut en être modifié : ainsi, saisis initialement par le mari, décédé depuis, d'une demande d'adoption plénière, les juges peuvent prononcer une adoption simple à la demande de sa veuve poursuivant l'instance[5]. L'adopté potentiel peut demander à ce que l'adoption poursuive son cours[6]. En revanche, lorsque, l'adoptant étant décédé en cours d'instance, le tribunal a déclaré l'action éteinte et la juridiction dessaisie, l'adopté est irrecevable à agir en réitération de la requête initiale car, n'ayant pas été appelé en première instance, il n'est pas partie défaillante au sens de l'article 478 du Code de procédure civile[7].

221.27 Décès de l'adoptant avant le dépôt de la requête. Le législateur est cependant allé plus loin : si l'adoptant décède après avoir « *régulièrement recueilli l'enfant en vue de son adoption* », la requête peut encore être présentée en son nom par son **conjoint survivant ou l'un de ses héritiers** (C. civ., art. 353, al. 3). Si c'est le cas, l'adopté prendra le nom de l'adoptant dans les conditions de l'article 357 du Code civil mais ne sera pas son héritier, n'ayant aucun lien de parenté avec lui au jour de son décès, date d'ouverture de la succession[8]. Il sera en revanche héritier des membres de sa famille qui viendraient à décéder ultérieurement, et eux-mêmes deviendront ses seuls héritiers s'il décède sans postérité.

Reste à savoir ce qu'il faut entendre par l'expression « *régulièrement recueilli en vue de l'adoption* ». Elle vise à coup sûr l'enfant expressément « *placé* » en vue de l'adoption par un intermédiaire officiel (Aide sociale à l'enfance [ASE] ou organisme autorisé pour l'adoption [OAA] - V. s^s^ n°s 221.230 s.), moins sûrement celui que le défunt a « *recueilli* » à un titre quelconque mais qu'il se proposait d'adopter quand le délai de six mois d'accueil requis par l'article 345 du Code civil serait écoulé. Il faut,

1. Sénat, *Compte rendu intégral des débats,* séance 26 juin 2005, www.sénat.fr
2. EN CE SENS, CA Paris, 8 janv. 1981, *Gaz. Pal.* 1981, 2, 572, note Viatte.
3. Civ. 1re, 2 mai 1990, n° 87-16.985, *Bull. civ.* I, n° 93; *Defrénois* 1990, 960, obs. Massip.
4. Civ. 1re, 3 févr. 1981, *D.* 1981, 548, note J. M.; *JCP* 1982, II, 19771, note Chartier – Civ. 1re, 13 mars 2007, n° 04-13.925, *Bull. civ.* I, n° 108; *AJ fam.* 2007, 231, obs. F. C.
5. Civ. 1re, 3 juill. 1996, n° 94-17.876, NPT; *Defrénois* 1997, 316, obs. Massip.
6. Civ. 1re, 11 juill. 2006, n° 04-10.839, *Bull. civ.* I, n° 383; *AJ fam.* 2006, 374, obs. Chénedé; *RTD civ.* 2006, 750, obs. Hauser; *Dr. fam.* 2006, n° 205, note Murat.
7. Civ. 1re, 14 févr. 2006, n° 05-12.384, NP; *Dr. fam.* 2006, n° 205, note Murat.
8. EN CE SENS, CA Versailles, 3 nov. 1987, *D.* 1989, J. 458, note Nicolas-Maguin et rect. 588.

pour admettre qu'il est aussi visé, considérer que la preuve de l'intention du *de cujus* de l'adopter peut se faire par tous moyens, ce qu'a déjà fait une cour d'appel[1].

221.28 Adoptant majeur protégé. Dans un arrêt antérieur à l'entrée en vigueur de la loi n° 2007-308 du 5 mars 2007[2], la Cour de cassation avait décidé que la présentation d'une requête en adoption était une action dont la nature impliquait un consentement strictement personnel et qui ne pouvait donner lieu à représentation de l'adoptant placé sous tutelle[3]. Les commentateurs de l'arrêt ont, dans leur ensemble, estimé que, ce faisant, elle anticipait sur le nouvel l'article 458 du Code civil issu de la loi 5 mars 2007, bien que ce texte n'y fasse pas allusion. Cette analyse, qui conduit à dire que l'adoptant en tutelle ne peut être ni assisté ni représenté dans la présentation de sa requête, paraît erronée. En effet, **l'adoption fait partie des actions extrapatrimoniales** pour lesquelles la loi prévoit expressément une **représentation par le tuteur, autorisé par le juge des tutelles ou le conseil de famille** suivant les cas (C. civ., art. 475). Outre qu'elle est conforme à la loi, cette solution est la seule protectrice de l'intéressé. Certes, c'est surtout pour décourager les tentatives faites par des adultes de se faire adopter par des personnes âgées et vulnérables qu'elle est indispensable, mais là où la loi ne distingue pas, il n'y a pas lieu de distinguer. Certes il est gênant que les protecteurs du malade puissent prendre ce genre de décision à sa place, mais il paraît évident que s'ils abusaient de leurs pouvoirs, le tribunal saisi saurait juger leur initiative contraire à la dignité de l'intéressé[4].

B. Conditions relatives à l'adopté

221.41 Âge, consentement personnel, absence d'adoption antérieure. Outre que l'enfant doit être juridiquement adoptable (v. s[s] n°s 221.50 s.), la loi précise qu'il ne doit pas être trop âgé, qu'il doit, dans certains cas, consentir lui-même à sa propre adoption, enfin qu'il ne doit pas avoir fait l'objet d'une première adoption.

221.42 Âge maximum. Il est souvent soutenu que plus l'adoption est précoce dans la vie de l'enfant, plus elle a de chances de réussir. En effet, même si le mineur déjà grand ne peut qu'améliorer son sort matériellement - dans l'immédiat, en étant reçu dans un véritable foyer, pour l'avenir grâce à son appartenance définitive à une famille - le changement de mode de vie, d'état et de nom que cela implique risque pour lui d'être difficile. De ce point de vue, la fixation de l'âge maximum d'adoptabilité à quinze ans par la loi de 1966 peut paraître excessive (l'âge maximum de la légitimation adoptive était initialement de cinq ans). Pourtant, là encore, mieux vaut s'en remettre à la sagesse des tribunaux que de prévoir des règles restrictives rigides : dans toutes sortes de situations, une adoption tardive peut être le couronnement d'une longue prise en charge au cours de laquelle se seront tissés des liens affectifs solides. Dans ces conditions, la possibilité de prononcer l'adoption plénière jusqu'aux vingt ans de l'enfant s'il a été accueilli avant ses quinze ans par une ou des personnes qui ne remplissaient pas les conditions pour adopter ou s'il a fait l'objet d'une adoption simple ne peut qu'être approuvée (C. civ., art. 345, al. 2)[5] : de toute façon, une adoption tardive ne peut avoir lieu sans le consentement de l'intéressé, et même s'il est émancipé les conditions de son adoptabilité ne sont pas modifiées (C. civ., art. 413-6, al. 2).

Le délai de deux ans après la majorité est préfix[6]; a donc dû être cassée, dans l'intérêt de la loi, la décision non frappée d'appel qui prononçait une adoption plénière alors que l'adopté avait... quarante-huit ans[7].

221.43 Consentement personnel. « *S'il a plus de treize ans, l'adopté doit consentir personnellement à son adoption plénière* ». Cette disposition de l'article 345 alinéa 3 du Code civil n'étant complétée par aucune autre, on peut tout d'abord se demander ce qu'il en est de l'enfant de plus de treize ans inapte à exprimer une volonté - ce qui est loin d'être une hypothèse d'école -, certains OAA se donnant pour mission de favoriser l'adoption des enfants handicapés, et l'État lui-même ayant mis en place un système d'information pour l'aide à l'adoption des pupilles de l'État (SIAPE) à cet effet[8]. D'aucuns prônent dans ce cas la nomination d'un administrateur *ad hoc* chargé de consentir à sa

1. CA Aix-en-Provence, 15 juill. 1998, *Juris-Data* n° 043419.
2. L. n° 2007-308, 5 mars 2007, portant réforme de la protection juridique des majeurs, *JO* 7 mars, p. 4325.
3. Civ. 1re, 4 juin 2007, n° 05-20.243, *Bull. civ.* I, n° 218; *D.* 2007, 1791, note Fossier; *Defrénois* 2007, p. 1323, obs. Massip; *AJ fam.* 2007, 355, obs. Pécaut-Rivolier; *Dr. fam.* 2007, n° 192, note Murat; *RTD civ.* 2007, 547, obs. Hauser.
4. P. Salvage-Gerest, « Les actes dont la nature implique un consentement strictement personnel du majeur en tutelle (C. civ., art. 458, L. n° 2007-308, 5 mars 2007) : une catégorie à revoir d'urgence », *Dr. fam.* 2009, étude 17.
5. V. NOT., TGI Sens, 21 sept. 2007, inédit.
6. CA Besançon, 12 janv. 2005, *Juris-Data* n° 265056.
7. Civ. 1re, 2 oct. 2001, n° 01-03.779, NPT.
8. SIAPE, arr. 23 juin 2003, *JO* 18 juill., p. 12163; *RDSS* 2003, 671, obs. Monéger.

place, mais on peut préférer, plutôt que faire intervenir artificiellement un représentant purement occasionnel, le traiter comme un *infans,* donc se contenter du consentement de son représentant légal une fois son inaptitude médicalement constatée : c'est d'ailleurs ce qui semble se faire en pratique.

La loi du 5 mars 2007 relative à la protection juridique des majeurs a néanmoins suscité une nouvelle interrogation en décidant que, pour un majeur, le consentement à sa propre adoption est, par nature, un **acte strictement personnel** pour lequel il ne peut être ni assisté ni représenté (C. civ., art. 458 - V. s[s] n° 222.41). *A priori* cette loi ne devrait rien changer à la situation du mineur de **plus de treize ans** : puisque le consentement de son représentant légal reste requis jusqu'à sa majorité, le sien ne peut être qualifié de strictement personnel[1]. On reste néanmoins perplexe à l'idée que la nature d'un consentement dépendrait ainsi de l'âge de celui qui doit le donner !

S'agissant des enfants de **moins de treize ans,** seul leur avis leur est demandé dans la mesure où ils sont capables de le donner : pour les pupilles de l'État, en vertu du Code de l'action sociale et des familles, qui prévoit que, une fois le projet d'adoption établi par le tuteur et avant que le conseil de famille ne se prononce sur lui, le mineur capable de discernement est entendu par le tuteur ou son représentant et par le conseil de famille ou l'un de ses membres désigné par lui à cet effet (CASF, art. L. 225-1, al. 2). Pour tous, l'adoption fait partie des procédures au cours desquelles le mineur capable de discernement doit être entendu, s'il le demande, dans les conditions de l'article 388-1 du Code civil.

Enfin, à défaut de précision textuelle, il est généralement admis que ce consentement doit être recueilli dans un acte authentique, et qu'il est librement rétractable.

221.44 Absence d'adoption antérieure. « *Adoption sur adoption ne vaut* », pourrait-on dire en évoquant l'article 346 du Code civil. Toutefois il est nécessaire de préciser clairement ce qui est permis par ce texte et ce qui ne l'est pas.

En vertu de l'alinéa 1er, il ne peut y avoir d'adoption commune, simultanée ou successive, par deux personnes non mariées ensemble (v. s[s] n° 221.22). En revanche, rien ne devrait s'opposer, lorsqu'un enfant a été adopté individuellement par une personne, à ce qu'il soit ensuite adopté par l'époux de ce premier adoptant, que la première adoption soit antérieure ou postérieure au mariage (v. s[s] n° 223.53).

En vertu de l'alinéa 2, l'enfant peut, après être devenu totalement orphelin, par décès de son parent unique dans le cadre d'une adoption individuelle, ou de ses deux parents s'il était adopté par un couple, faire l'objet d'une nouvelle adoption par une personne seule ou un couple marié.

En vertu du même alinéa, il peut, s'il a été initialement adopté par un couple et est devenu orphelin de père, être adopté par le nouveau mari de sa mère survivante, et inversement. Toutefois, on peut penser que dans une telle hypothèse, la seconde adoption est désormais soumise à la restriction posée à l'article 345-1, 3°, par la loi du 5 juillet 1996 : elle ne devrait pouvoir être plénière que si le parent adoptif défunt n'a pas laissé d'ascendants au premier degré ou si ceux-ci se sont manifestement désintéressés de l'enfant[2]. S'il en est ainsi, l'enfant adoptif se trouve exactement dans la même situation qu'un enfant biologique, qui peut lui aussi être adopté lorsqu'il est totalement orphelin, ou être adopté par le conjoint de son parent survivant.

La seule question qui reste en suspens est celle de savoir si l'adopté peut faire l'objet d'une nouvelle adoption plénière du vivant même de son ou ses parents adoptifs, autrement dit s'il peut redevenir adoptable d'une façon ou d'une autre : elle dépend totalement de la portée donnée à l'irrévocabilité de l'adoption plénière (v. s[s] n° 221.341).

221.45 Décès avant la fin de la procédure. De même que pour l'adoptant, le décès de l'adopté n'empêche pas la continuation de la procédure, voire son introduction si l'événement se produit alors qu'il a été « *régulièrement recueilli* » en vue de son adoption (v. s[s] n°s 221.26 et 221.27). Dans ce second cas le jugement produit effet le jour précédant le décès et emporte uniquement modification de l'état civil de l'enfant (C. civ., art. 353, al. 3) : il faut voir là le souhait du législateur de 1996 d'aider au réconfort moral dont les adoptants peuvent avoir grand besoin dans de telles circonstances tout en ne leur permettant pas un accès indu à des droits sociaux.

§ 2
Conditions spécifiques d'adoptabilité de l'enfant

221.50 Différentes catégories d'enfants adoptables. Un enfant n'est « *disponible* » pour l'adoption

1. P. Salvage-Gerest, étude préc. s[s] n° 221.28 – V. AUSSI, Murat, note s[s] Civ. 1re, 8 oct. 2008, n° 07-16.094, *Bull. civ.* I, n° 223 ; *Dr. fam.* 2008, n° 173.

2. EN CE SENS, J. Hauser, obs. s[s] CA Paris, 23 mai 1996, *RTD civ.* 1996, 596 – V. AUSSI, *JCP* 1997, I, 3996, n° 11, obs. Favier.

que lorsque ses liens avec sa famille d'origine sont déjà rompus en fait, de sorte que l'adoption plénière ne fera que consacrer cette rupture en droit. C'est ce que l'on constate à la lecture de l'article 347 du Code civil qui déclare adoptables trois catégories de mineurs : ceux pour lesquels les père et mère ou le conseil de famille ont valablement consenti à l'adoption (A); ceux qui ont été admis en qualité de pupilles de l'État (B); enfin ceux qui ont été judiciairement déclarés abandonnés dans les conditions de l'article 350 du même code (C). Il faut d'ores et déjà signaler que ces trois catégories se chevauchent, et en particulier que, le plus souvent, un enfant dont la famille a consenti à l'adoption, ou qui a été déclaré abandonné, passe par le statut de pupille de l'État. Il faut aussi préciser que ce texte ignore les enfants sans filiation établie ou connue qui ne sont pas admis en qualité de pupilles de l'État mais sont recueillis par un OAA en France, bien que le Code de l'action sociale et des familles envisage cette quatrième catégorie d'enfants adoptables (D).

A. Enfants dont la famille d'origine a valablement consenti à l'adoption

221.60 Gravité de la décision. Le consentement à l'adoption plénière étant, dans l'ordre familial, la décision la plus grave qui puisse être prise, le législateur en réserve le monopole à des personnes déterminées (1°), le soumet à des conditions de validité spécifiques (2°), et permet qu'il soit révoqué (3°). Toutefois, si tout est prévu pour qu'il n'y ait pas de consentements inconsidérés, tout est prévu aussi pour qu'il n'y ait pas de refus inconsidérés : le tribunal peut ainsi passer outre à un refus de consentir à l'adoption qu'il estimerait abusif (4°).

1° Personnes appelées à consentir

221.70 Père et/ou mère, ou conseil de famille de droit commun. Seuls peuvent consentir à l'adoption les père et mère investis de l'autorité parentale (a), et ce tant qu'ils détiennent ne serait-ce qu'une parcelle d'autorité puisque « *le droit de consentir à l'adoption n'est jamais délégué* » (C. civ., art. 377-3). À défaut de tout parent, le consentement est donné par le conseil de famille (b). Mais alors que le **consentement parental** est **discrétionnaire**, celui du **conseil de famille** est susceptible de **recours.** Il faut probablement voir là une séquelle de l'époque où le père était investi de la puissance paternelle : le droit de consentir à l'adoption, après l'interdiction quasi-totale du mariage des mineurs par la loi nº 2006-399 du 4 avril 2006[1], resterait le dernier bastion du pouvoir absolu des parents sur leurs enfants.

a) Père et/ou mère

221.71 Principe : consentement des deux parents. En vertu de l'article 348 alinéa 1er du Code civil, le consentement des père et mère est nécessaire : c'est dire que, en la matière, le dissentiment ou la rétractation de l'un d'eux vaut refus[2]. Ce double consentement est indispensable même lorsque, les deux parents étant titulaires de l'autorité parentale, un seul l'exerce, notamment pour des raisons liées à l'établissement des filiations (C. civ., art. 372, al. 2) ou parce que le juge aux affaires familiales en a décidé ainsi à l'occasion d'une séparation (C. civ., art. 373-2-1, al. 1er). Il n'en va pas de même lorsqu'un parent est « *privé de l'exercice de l'autorité parentale* » en application de l'article 373 du Code civil (v. ss nº 221.74) : dans ce cas le consentement du parent non privé de l'exercice de l'autorité parentale suffit.

221.72 Exception : un seul parent est titulaire de l'autorité parentale. Cette exigence de double consentement ne peut évidemment être remplie que lorsque la filiation de l'enfant est établie à l'égard de ses deux parents, que tous deux sont vivants et titulaires de l'autorité parentale. Dans le cas contraire, c'est-à-dire si sa filiation n'est établie qu'à l'égard d'un de ses parents ou que l'un d'eux est mort, le consentement du seul parent existant juridiquement est suffisant (C. civ., art. 348-1 et 348, al. 2). À cet égard, il est parfois reproché au législateur de faire peu de cas des grands-parents que l'enfant peut avoir dans la ligne de son parent décédé, qui peuvent se voir privés de leur petit-enfant sans avoir eu leur mot à dire : c'est au tribunal qu'il appartient de s'informer et d'éviter cette conséquence si elle n'est pas conforme à l'intérêt de l'enfant. Le législateur n'a pris de disposition pour éviter une rupture non désirée entre grands-parents et petits-enfants que dans le cadre de l'adoption de l'enfant du conjoint (v. ss nº 223.33).

221.73 Exception : un parent a « perdu ses droits d'autorité parentale ». Même lorsque la filiation est établie à l'égard des deux parents et que tous deux sont vivants, le consentement d'un seul sera suffisant si l'autre « *a perdu ses droits d'autorité parentale* » (C. civ., art. 348, al. 2). Par cette formule qui n'a pas de sens précis en elle-même, le

1. L. nº 2006-399, 4 avr. 2006, renforçant la prévention et la répression des violences au sein du couple ou commises contre les mineurs, *JO* 5 avr., p. 5097.
2. Civ. 1re, 22 avr. 1975, *D.* 1975, J. 496.

législateur n'a pu viser que le parent auquel l'autorité parentale a été totalement retirée par une juridiction répressive ou un tribunal de grande instance en application des articles 378 et suivants du Code civil.

Il faut être conscient de ce que, dans ce cas, le parent qui consent seul à une adoption plénière irrévocable prive l'autre de la possibilité que lui donne l'article 381 de reprendre ses droits d'autorité parentale en cas de circonstances nouvelles : seul l'intérêt de l'enfant peut justifier une solution d'une telle gravité.

221.74 Exception : un parent est « dans l'impossibilité de manifester sa volonté ». Le parent « *dans l'impossibilité de manifester sa volonté en raison de son absence, de son incapacité ou de toute autre cause* » est, en vertu de l'article 373 du Code civil, « *privé de l'exercice de l'autorité parentale* ». Dans ce cas, s'il y a un second parent, il exerce seul cette autorité (C. civ., art. 373-1) et consent seul à l'adoption (C. civ., art. 348). Sinon, la tutelle s'ouvre pour l'enfant (C. civ., art. 390) et c'est son conseil de famille qui consent à l'adoption (C. civ., art. 348-2).

Il se trouve que ces dispositions, claires en théorie, sont pratiquement lettre morte dans la réalité. En effet, hormis dans le cas de l'absence, aucune juridiction n'est désignée pour constater ou prononcer cette perte de l'exercice de l'autorité parentale : ni le juge des tutelles qui ouvre un régime de protection pour le parent, ni le juge aux affaires familiales (le juge des tutelles des mineurs jusqu'au 1er janvier 2010), ni le tribunal de grande instance.

Une cour d'appel a ainsi pu décider qu'une mère en tutelle pouvait consentir à l'adoption de son enfant avec l'assistance de son tuteur si elle avait la capacité naturelle de le faire[1]. Ce faisant, d'une part elle constatait que, malgré son incapacité, cette mère n'était pas privée de l'exercice de l'autorité parentale; d'autre part, elle décidait que c'était à la juridiction chargée de l'adoption qu'il appartenait de dire si cette mère devait être appelée à donner son consentement à l'adoption – éventuellement conjointement avec le père –, ou si le père devait consentir seul, ou à défaut s'il fallait ouvrir une tutelle à l'enfant pour le doter d'un conseil de famille appelé à se substituer à la mère malade.

Il est parfaitement anormal que la ou les personnes appelées à consentir à l'adoption d'un enfant ne soient pas clairement désignées avant la mise en œuvre de celle-ci. En effet, selon l'article 370-3, alinéa 3 du Code civil, c'est le consentement du représentant légal de l'enfant qui est requis « *quelle que soit la loi applicable* », ce qui à l'évidence vise autant la loi française que les lois étrangères : ne pas savoir qui doit consentir revient à ne pas savoir qui est le représentant légal de l'enfant, ce qui est tout de même plutôt grave. Pourtant les choses ne devraient pas s'améliorer, du moins dans un avenir immédiat.

221.75 Problème : l'article 458 du Code civil issu de la loi n° 2007-308 du 5 mars 2007. La loi du 5 mars 2007 relative à la protection juridique des majeurs est venue accroître la confusion là où régnait déjà un flou assez peu conforme à l'intérêt des enfants concernés. Le nouvel article 458 du Code civil indique en effet que le consentement à l'adoption de son enfant est un acte strictement personnel qui ne peut donner lieu ni à représentation ni même à assistance, mais « *sous réserve des dispositions particulières prévues par la loi* », donc sans abrogation des textes existants.

Il est impossible de sortir de la contradiction qui existe entre cet article 458 qui, d'après les travaux préparatoires de la loi, signifie qu'un parent ne peut jamais être privé du droit de consentir à l'adoption de son enfant quel que soit son état mental – de sorte que l'adoption n'aura pas lieu si cet état ne lui permet pas d'y consentir –, et les articles 348 et suivants qui affirment que le consentement doit être donné par d'autres que lui s'il est hors d'état de le donner[2]. L'enjeu est pourtant d'importance, puisque c'est **l'adoptabilité des enfants dont les parents sont gravement malades mentaux** qui est en jeu. Leur non-adoptabilité, conséquence d'une absence de représentation légale digne de ce nom, ne manquerait pas d'être condamnée par la Cour européenne des droits de l'homme. Celle-ci en effet n'a pas jugé anormal que la mère d'un enfant, gravement schizophrène et de ce fait privée de l'exercice de l'autorité parentale, n'ait pas été appelée à consentir à l'adoption de sa fille avec laquelle elle avait gardé des liens : si elle a condamné la Croatie, en l'espèce, c'est parce que cette mère n'avait même pas été **informée** de la procédure[3].

b)
Conseil de famille

221.81 Enfant en tutelle de droit commun ou en tutelle départementale. Lorsqu'un enfant, pour quelque raison que ce soit, n'a plus aucun parent apte à consentir à son adoption (décès, retrait total de l'autorité parentale, perte de l'exercice de celle-ci en application de l'article 373 du Code civil), il est automatiquement placé sous le régime de la tutelle, et c'est alors son conseil de famille qui doit donner son consentement, après avis de la personne qui en

1. CA Nîmes, 7 déc. 2004, *Dr. fam.* 2005, n° 154, note Murat.

2. V. P. Salvage-Gerest, étude préc. s^s n°s 221.28 et 221.43.
3. V. CEDH 17 juill. 2006, req. n° 11223/04, X… c/Croatie.

fait prend soin de lui (C. civ., art. 348-2). S'il n'a pas été remis au service de l'ASE en vue de son admission en qualité de pupille de l'État, la tâche d'organiser la tutelle incombe toujours au juge aux affaires familiales (à partir du 1er janvier 2010, auparavant au juge des tutelles).

Le juge doit d'abord s'efforcer d'organiser une **tutelle de droit commun**, dont il présidera le conseil de famille. À défaut de trouver suffisamment d'adultes dans l'entourage de l'enfant susceptibles d'assurer les fonctions de tuteur, subrogé tuteur et membre du conseil de famille, il déclare la tutelle vacante et la défère à l'ASE (C. civ., art. 411). Cette **tutelle, dite « départementale »** (autrefois « d'État »), est une tutelle simplifiée qui ne comporte ni subrogé tuteur ni conseil de famille, et « *la personne désignée pour exercer cette tutelle* » – qui n'est même pas qualifiée de tuteur –, a « *sur les biens du mineur* », les pouvoirs d'un administrateur légal sous contrôle judiciaire. Personne n'ayant apparemment à se préoccuper spécifiquement de sa personne, il faudra réunir un conseil de famille *ad hoc* si un projet d'adoption se dessine pour lui. Toutefois cette éventualité est bien peu probable, et il y a bien des chances pour qu'il garde ce statut, le plus défavorable qu'il puisse avoir, jusqu'à sa majorité, dès lors que personne n'a le devoir de se soucier de l'en faire sortir comme ce serait le cas s'il était pupille de l'État[1].

Statistiques. En 2004, il y avait environ 4 000 enfants en tutelle départementale, soit une augmentation de 92 % depuis 1992, pour 2 712 pupilles de l'État, soit une diminution de 40 % dans le même temps[2]. Le nombre exact des enfants sous ce statut n'est même pas connu.

221.82 Possibilité de recours. Le Code de procédure civile prévoit que, sauf disposition contraire, les décisions du conseil de famille sont susceptibles de recours (C. pr. civ., art. 1239, mod. Décr. n° 2008-1276, 5 déc. 2008[3]). Ce recours semble devoir être porté devant la **cour d'appel** (le tribunal de grande instance avant le 1er janvier 2010). Mais il ne peut être formé que par le tuteur, le subrogé tuteur, un membre du conseil de famille, le juge ou le ministère public (C. pr. civ., art. 1239-3 et 1240).

1. Pour un cas exceptionnel d'adoption d'enfant rwandais en tutelle départementale, v. Civ. 1re, 30 sept. 2003, n° 01-02.630, *Bull. civ.* I, n° 194; *Defrénois* 2004, 155, note Massip.
2. *Deuxième rapport de l'ONED au parlement et au gouvernement,* déc. 2006, oned.gouv.fr, p. 45 – Sur ce rapport, v. P. Salvage-Gerest, « Le rapport de l'ONED sur la situation des pupilles de l'État », *Dr. fam.* 2007, étude 24.
3. Décr. n° 2008-1276, 5 déc. 2008, relatif à la protection juridique des mineurs et des majeurs et modifiant le Code de procédure civile, *JO* 7 déc., p. 18646.

2° Validité du consentement

221.90 Exigences diverses. Le consentement à l'adoption doit obéir à certaines formes (a) et avoir un certain contenu (b). Mais même présenté comme il doit l'être, il reste sans valeur pour les enfants de moins de deux ans qui n'auraient pas été effectivement remis à un service de l'ASE ou à un OAA (c).

a) Forme de l'acte

221.91 En cas de consentement parental. Lorsqu'il émane des parents, le consentement doit être donné devant le greffier en chef du tribunal d'instance du domicile de la personne qui consent, un notaire français ou étranger, ou un agent diplomatique ou consulaire français, autrement dit il doit faire l'objet d'un **acte authentique**[4]. Le recours à l'une de ces autorités reste nécessaire lorsque l'enfant est remis par son ou ses parents à un OAA. En revanche il ne l'est pas lorsque l'enfant est remis à l'ASE : le consentement peut dans ce cas être recueilli par ce service et être porté sur le **procès-verbal** déclarant l'enfant pupille de l'État à titre provisoire (C. civ., art. 348-3, al. 1 et CASF, art. L. 224-5, al. 3).

Dans tous les cas, les parents doivent être informés par l'autorité qui reçoit leur consentement de la possibilité de le rétracter et des modalités de la **rétractation**, et l'acte doit mentionner que cette information a bien été donnée (C. pr. civ., art. 1165 et CASF, art. L. 224-5, al. 3 pour l'ASE). Le **devoir de conseil** des uns et des autres n'est néanmoins pas le même : si les notaires engagent leur **responsabilité** en ne le respectant pas, il n'est pas certain qu'il en aille de même des greffiers en chef des tribunaux d'instance ou autres autorités compétentes : c'est peut-être la raison pour laquelle le rapport Guinchard conclut à la nécessité de supprimer la compétence au moins des greffiers en chef[5].

Les parents mineurs – particulièrement les mères – n'étant ni assistés ni représentés à l'occasion de l'acte, une attention toute spéciale doit être portée à leur information (v. ss n° 221.101).

Les OAA auxquels les enfants peuvent être confiés ont une **obligation particulière personnelle d'information** (CASF, art. R. 225-25 et R. 225-26). Quelques auteurs doutent que cette obligation soit suffisante, bien qu'ils doivent aller jusqu'à fournir

4. Sur le rôle des notaires, v. E. Mallet, « L'adoption, de sa formation… à ses effets civils », *JCP N* 1995, prat. 3366.
5. S. Guinchard, *L'ambition raisonnée d'une justice apaisée*, rapport au garde des Sceaux, Doc. fr., 2008, www.ladocumentationfrancaise.fr

aux parents un **modèle de lettre de rétractation** avec l'adresse à laquelle celle-ci doit être envoyée le cas échéant[1].

221.92 En cas de consentement par un conseil de famille. Lorsqu'il émane d'un conseil de famille constitué de proches de l'enfant, le consentement à l'adoption est contenu dans un **procès-verbal de délibération** répondant aux dispositions ordinaires en la matière. La délibération peut être annulée en cas de dol ou de fraude ou si des formalités substantielles ont été omises, sous réserve de nouvelle délibération valant confirmation de la première (C. civ., art. 402). Elle peut aussi, comme cela a été vu, faire l'objet d'un recours (v. s^{s} n° 221.82). Aucune autorité autre que le magistrat qui préside ce conseil, et éventuellement l'OAA auquel l'enfant est confié, n'a d'obligation spécifique d'information.

b)
Contenu de l'acte

221.101 Nature de l'adoption, plus rarement identité de l'adoptant. Pour éviter toute équivoque, l'acte doit indiquer que le consentement est donné pour une adoption **plénière**, et il relève aussi du devoir de conseil de la personne qui le recueille d'informer l'intéressé du caractère radical des effets qui sont attachés à ce type d'adoption : à défaut de précision, l'acte serait vraisemblablement interprété comme un consentement à une adoption simple (néanmoins, le consentement donné à l'ASE ne peut pas, dans les faits, se limiter à une adoption simple - V. s^{s} n°s 221.171 et 222.21). Cette information est d'autant plus essentielle que, une fois le consentement donné, plus aucun contrôle de son intégrité ne sera effectué dans la suite de la procédure et que, une fois l'adoption devenue définitive, aucun vice du consentement ne pourra plus être invoqué de façon indépendante (v. s^{s} n° 221.304). Il faut insister à ce sujet sur le fait que les parents mineurs, le plus souvent les mères, donnent leur consentement sans représentation ni assistance quel que soit leur âge[2].

Il est rare en revanche que l'acte comporte indication du nom de la personne ou du couple auquel la famille entend « donner » l'enfant. En effet, lorsque ce dernier a moins de deux ans et n'est pas parent ou allié de l'adoptant jusqu'au sixième degré, il doit obligatoirement être remis à l'ASE ou à un OAA (C. civ., art. 348-5), et c'est dans ce cas le tuteur des pupilles de l'État ou celui de la tutelle organisée à l'initiative de l'OAA qui choisit l'adoptant avec l'accord du conseil de famille (C. civ., art. 348-4). S'il est plus âgé, cette remise, qui a pour but principal de lutter contre les trafics de nourrissons, n'est plus obligatoire, mais sauf cas particulier, les parents et plus encore les conseils de famille de droit commun qui souhaitent voir adopté l'enfant dont ils ont la charge, le confient à l'ASE ou à un OAA, et le résultat est finalement le même. La pratique de l'adoption « ouverte » qui existe dans certains pays, et que rien n'interdirait en France pour les enfants de plus de deux ans, ne semble pas être dans notre culture, même si, bien sûr, les choses sont toujours susceptibles d'évoluer[3].

Il n'est donc pas faux d'affirmer que le **consentement familial à l'adoption** est en réalité, dans la majorité des cas, un **acte d'abandon** que ni le législateur ni la pratique n'ont voulu voir nommer ainsi. Simplement le mot d'abandon, utilisé avant 1966, était malvenu, en raison de la charge de culpabilité dont il est porteur, et parce qu'il n'éclairait pas assez les parents sur la portée de leur décision. Mais le terme de consentement à l'adoption est lui-même source de confusion en ce qu'il laisse à penser que le consentement émanant de la famille a le même sens et la même portée que celui exprimé par le conseil de famille des pupilles de l'État ou celui organisé à l'initiative d'un OAA, alors qu'il n'en est rien (v. s^{s} n°s 221.171 et 221.201).

c)
Enfant de moins de deux ans : remise effective à l'Aide sociale à l'enfance ou à un organisme autorisé pour l'adoption

221.111 Cas général. Le but avéré de l'article 348-5 du Code civil, qui édicte le passage obligé par un intermédiaire officiel lorsque l'enfant a moins de deux ans, est d'interdire aussi bien les conventions isolées entre candidats à l'adoption et parents ou futurs parents que la création d'officines prêtes à offrir leurs services sans contrôle, à propos d'**enfants nés ou à naître**. Cette remise ne peut donc s'entendre d'un simple transit qui laisserait aux parents la faculté de désigner l'adoptant[4], et tous les procédés qui conduiraient à contourner cette obligation sont sanctionnés à un titre ou à un autre.

1. A. Ton Nu Lan, « L'insuffisance de l'information délivrée aux parents de naissance avant le placement en vue de l'adoption », *Dr. fam.* 2005, étude 11.
2. Civ. 1re, 5 nov. 1996, n° 96-11.073, *Bull. civ.* I, n° 368; *D.* 1997, 587, note Massip; *D.* 1997, somm. 161, obs. Granet; *JCP* 1997, II, 22749, note Ardeef; *RTD civ.* 1997, 98, obs. Hauser.
3. Sur cette pratique, v. F. Laroche-Gisserot, « L'adoption ouverte (open adoption) aux États-Unis : règles, pratiques, avenir en Europe », *RID comp.* 1998, 1095; « De la recherche des origines à l'adoption ouverte en Europe », *D.* 2004, point de vue, 2443.
4. TGI Montpellier, 10 mai 1990, *RTD civ.* 1990, 249, obs. Rubellin-Devichi.

L'ordonnance du 4 juillet 2005 réformant le droit de la filiation n'a pas repris la disposition, introduite par la loi du 11 juillet 1996 dans l'ancien article 339 du Code civil, qui permettait au ministère public de demander l'annulation d'une reconnaissance lorsque celle-ci était faite « *en fraude des règles régissant l'adoption* », mais nul doute que le recours à la notion d'ordre public l'y autorise encore (C. pr. civ., art. 423).

La **maternité de substitution** restant encore interdite en France[1], l'adoption par l'épouse du père « déclaré » (vrai ou auteur d'une reconnaissance mensongère) d'un enfant né dans ces conditions ne doit pas être prononcée car il s'agirait d'un détournement de l'institution. De même, si la naissance a eu lieu à l'étranger dans un État qui autorise le procédé, la mère mentionnée sur les registres de l'état civil français ne peut pas être la mère « adoptive »[2].

La seule dérogation prévue à l'application de l'article 348-5 du Code civil est l'existence d'un lien de parenté ou d'alliance jusqu'au sixième degré entre adoptant et adopté, car le risque de trafic est peu susceptible de se présenter dans ce cas. Il est tout de même important de préciser que même après avoir été réformé par la loi n° 2006-728 du 23 juin 2006[3], le pacte civil de solidarité (PACS) entre partenaires hétérosexuels ou homosexuels n'entre pas plus dans le champ de la dérogation que le concubinage car il ne crée pas d'alliance au sens propre du terme (v. s^s^ n° 223.62).

221.112 Cas particulier : la Polynésie française. L'obligation de confier l'enfant à l'ASE ou à un OAA ne peut pas toujours être respectée faute pour de tels organismes d'exister là où se trouve l'enfant. Il en a été longtemps ainsi en Polynésie française, où continue de perdurer une procédure originale. Afin qu'il ne soit pas dérogé à la règle de l'article 348-5 du Code civil, les juges locaux prononcent dans un premier temps une **délégation de l'autorité parentale** (DAP) au profit du candidat à l'adoption agréé en vue de celle-ci. Ce n'est qu'après le deuxième anniversaire de l'enfant que le consentement véritable à l'adoption est donné[4]. Dans une espèce au moins, cette façon de procéder, qui ne fait pas l'unanimité, a eu des conséquences dramatiques : le père, initialement inconnu, ayant été informé de sa paternité par la mère avant que l'enfant ait atteint l'âge de deux ans, l'a reconnu et réclamé, et il n'y a pas eu d'autre choix que de faire droit à sa demande, bien que l'enfant, pratiquement depuis sa naissance, n'ait connu que ses parents « adoptifs », en réalité simples délégataires de l'autorité parentale[5]. Il arrive pourtant parfois que le refus de consentir soit jugé abusif en application de l'article 348-6 du Code civil[6] (sur l'art. 348-6, v. s^s^ n° 221.131).

La cour d'appel de Nîmes, saisie d'une tierce opposition par une jeune fille adoptée dans ces conditions et devenue majeure, n'a pas jugé les parents adoptifs coupables de fraude ou de dol pour avoir suivi cette procédure[7].

3°

Possibilité de rétracter le consentement donné et de demander à reprendre l'enfant

221.121 Principes. Afin d'équilibrer les droits de chacun et surtout d'éviter un contentieux tardif néfaste à tous égards pour les enfants déjà ébranlés dans leur stabilité par la modification de leurs conditions de vie, le législateur de 1966 a permis à la famille d'origine, dans certaines limites, d'exercer un **droit de repentir**. À cet égard, deux périodes sont à distinguer, du moins s'agissant des parents car pour le conseil de famille les choses sont moins claires (v. s^s^ n° 221.124). Dans un premier temps, il est question de **rétractation du consentement**, c'est-à-dire d'expression d'une volonté contraire à celle initialement exprimée; dans un second temps, il n'est plus question que de **demande de restitution** rendant caduc le consentement s'il y est fait droit.

1. C. civ., art. 16-7, réd. L. n° 94-653, 29 juill. 1994, relative au respect du corps humain, *JO* 30 juill., p. 11056, faisant suite à Cass. ass plén., 31 mai 1991, n° 90-20.105, *Bull. ass. plén.*, n° 4; *GAJC*, 11e éd., Dalloz, t. I, n° 49.
2. Pour un refus de transcription d'acte de naissance établi aux États Unis et indiquant comme mère la mère « adoptive », v. Civ. 1re, 17 déc. 2008, n° 07-20.468, *Bull. civ.* I, n° 289; *D.* 2009, 332, concl. Sarcelet; 340, note Brunet; 778, pan. Granet; 1920, obs. Gouttenoire; 2004, obs. Chevalier; *JCP* 2009, II, 10020, note Mirkovic; 10021, note Davout; *Defrénois* 2009, p. 549, obs. Massip; *RTD civ.* 2009, 106, obs. Hauser; *AJ fam.* 2009, 81, obs. Chénedé – V. AUSSI, CA Paris, 26 févr. 2009, *Dr. fam.* 2009, n° 75, note Murat – Sur renvoi, CA Paris, 18 mars 2010, inédit.
3. L. n° 2006-728, 23 juin 2006, portant réforme des successions et des libéralités, *JO* 24 juin, p. 9513.
4. M.-N. Charles, « Réflexions sur l'adoption en Polynésie française », *RRJ* 1997/1, 89 – F. Ribot-Astier et N. Charles, « Le placement en vue de l'adoption des enfants de Polynésie française est-il conforme au droit français ? », *JCP* 1997, I, 4073 – P. Gourdon, « Quelques réflexions sur l'amélioration du processus d'adoption des enfants polynésiens », *Dr. fam.* 2004, étude 18.
5. CA Chambéry, 19 mars 1996, *JCP* 1996, IV, 2574; *Juris-Data* n° 044266 – ARRÊT CASSÉ pour motif disciplinaire par Civ. 1re, 29 oct. 1996, n° 96-13.346, *Bull. civ.* I, n° 367; *D.* 1997, somm. 160, obs. Granet – SUR RENVOI, CA Grenoble, 13 mai 1997, *Gaz. Pal.* 1997, doctr. 1593.
6. TGI Grenoble, 8 janv. 2007, inédit, adoption simple.
7. CA Nîmes, 19 déc. 2006, *LPA* 5 déc. 2007, p. 11, note Lamoureux – POURVOI REJETÉ par Civ. 1re, 5 nov. 2008, n° 07-20.868, NP; *RTD civ.* 2009, 107, obs. Hauser.

Pendant deux mois, les parents peuvent rétracter leur consentement de façon totalement libre (C. civ., art. 348-3, al. 1er), mais selon des modalités précises (v. ss no 221.122). Pendant ce laps de temps, si le consentement accompagnait une remise de l'enfant à l'ASE, celui-ci, immédiatement admis en qualité de pupille de l'État, ne l'est qu'à titre provisoire (CASF, art. L. 224-4, 2° et L. 224-6, al. 1er combinés) et ne doit pas être placé en vue de l'adoption puisqu'il n'a pas été « définitivement consenti » à l'adoption (C. civ., art. 351, al. 1er). La même interdiction s'impose aux OAA puisque le consentement n'est pas « définitif » (C. civ., art. 351). Si celui qui se rétracte ainsi réclame que l'enfant lui soit restitué, il doit être fait droit à sa demande « *immédiatement et sans formalités* » s'il est pupille de l'État (CASF, art. L. 224-6, al. 2).

Au delà des deux mois, le consentement ne peut plus être rétracté librement, mais le ou les parents qui l'ont donné peuvent prétendre à ce que l'enfant leur soit restitué tant qu'il n'est pas placé en vue de l'adoption (C. civ., art. 348-3, al. 3, et CASF, art. L. 224-6, al. 3) ou, bien que ce soit implicite, s'il est mis fin au placement sans qu'une adoption s'ensuive (C. civ., art. 352, al. 2). Les conditions de cette restitution mériteraient d'être mieux précisées qu'elles ne le sont, eu égard à l'importance de la question.

L'article 348-3 alinéa 3 du Code civil indique que les parents peuvent demander la restitution de l'enfant et que, si « *la personne qui l'a accueilli* » refuse de le leur rendre, ils peuvent saisir le tribunal qui appréciera s'il y a lieu d'ordonner cette restitution. L'article 351 alinéa 3 indique, lui, que le placement en vue de l'adoption [par le conseil de famille des pupilles de l'État ou celui d'un OAA] ne peut avoir lieu lorsque les parents ont demandé la restitution de l'enfant et qu'il n'a pas été statué sur le bien-fondé de cette demande à la requête **de la partie la plus diligente**. À l'article L. 224-6 alinéa 3 du Code de l'action sociale et des familles, ce sont, s'agissant des pupilles de l'État, les **demandeurs à la restitution** qui peuvent saisir le tribunal en cas de refus de restitution opposé « *par le tuteur* ». Outre le fait qu'il serait souhaitable que l'on sache exactement qui peut saisir la justice en cas de conflit entre les parents et la personne ou l'organisme, privé ou public, qui a recueilli l'enfant, il serait indispensable qu'un délai clair soit imparti pour cette saisine, à peine de risquer de voir perdurer la situation pendant toute la minorité de l'enfant.

Enfin il est impossible de savoir, depuis l'entrée en vigueur de la loi du 12 mai 2009, si c'est encore le tribunal de grande instance qui est compétent pour connaître des demandes de restitution des enfants pupilles de l'État ou confiés à un OAA dès lors que c'est la cour d'appel qui connaît désormais des recours contre les décisions prises par les conseils de famille des mineurs. Certes, la décision de refus est ici, apparemment, prise par le tuteur... mais il ne peut ester en justice, s'agissant d'une question relative à la personne de l'enfant, qu'avec l'autorisation ou sur injonction du conseil de famille (C. civ., art. 408, al. 2) [1]. Qui pourrait comprendre que deux juridictions différentes (le tribunal de grande instance si l'enfant a été recueilli par un particulier; la cour d'appel s'il a été confié à l'État ou à un OAA) soient compétentes s'agissant d'une demande ayant le même objet ?

Il est à préciser, au passage, que lorsque les deux parents sont titulaires de l'autorité parentale mais qu'un seul des deux a confié l'enfant à l'ASE en consentant à son adoption, l'autre dispose d'un **délai de six mois** pendant lequel il peut demander à reprendre l'enfant, pupille de l'État à titre provisoire, sans risquer qu'il soit déjà placé en vue de l'adoption (CASF, art. L. 224-4, 3° – V. ss no 221.161).

221.122 Modalités de la rétractation du consentement. La rétractation doit normalement être faite par **lettre recommandée avec demande d'avis de réception** adressée à la personne ou au service qui avait reçu le consentement, mais la loi admet que la remise de l'enfant, même sur simple demande verbale, vaut également preuve de la rétractation (C. civ., art. 348-3, al. 2). L'exigence d'une lettre recommandée n'est ainsi envisagée que comme un moyen de se ménager une **preuve**, non comme une condition de validité de la rétractation.

Le procédé de la lettre recommandée adressée au service qui a reçu le consentement est adapté si ce consentement a été donné au service de l'ASE : on peut faire confiance à ce service pour transmettre la lettre au conseil de famille. En revanche, il faudrait pouvoir être sûr que le notaire ou toute autre autorité qui a reçu le consentement a la possibilité de transmettre l'information et la transmet effectivement, en particulier à l'OAA intermédiaire s'il y en a un, de façon à éviter qu'un placement ne soit effectué, ou une procédure d'adoption engagée ou continuée, dans l'ignorance de la rétractation.

221.123 Effets. L'adoption supposant le consentement des deux parents, la rétractation régulière de celui-ci par l'un d'eux est assimilée à un refus de consentement de sa part [2]. Il faudrait, pour que l'adoption soit malgré tout prononcée dans ce cas, que le tribunal décide de passer outre à ce refus en le déclarant abusif (v. ss no 221.131).

1. L. no 2009-526, 12 mai 2009, de simplification et de clarification du droit et d'allégement des procédures, *JO* 13 mai 2009, p. 7920.
2. Civ. 1re, 22 avr. 1975, *D.* 1975, J. 496.

Il peut arriver qu'un parent, ou les deux, consentent à l'adoption, puis se rétractent, puis reviennent sur leur rétractation. Dans ce cas, il a été jugé que, la rétractation ayant eu pour effet d'anéantir l'acte de consentement, un nouvel acte devait être formalisé dans les conditions de l'article 348-3 alinéa 1er du Code civil[1].

La restitution de l'enfant à sa famille, lorsqu'elle n'est pas la manifestation ou la conséquence d'une rétractation du consentement, rend celui-ci caduc (C. civ., art. 348-3, al. 3).

221.124 Cas particulier du consentement donné par le conseil de famille. Après avoir précisé que le consentement serait donné par le conseil de famille à défaut de parents, le législateur n'a plus évoqué cette possibilité dans la suite de ses développements. S'agissant des modalités de la rétractation, elles ne sont pas adaptées à un consentement donné dans un procès-verbal de délibération et non devant une autorité extérieure; et les articles 348-3 alinéas 2 et 3, et 351 alinéa 3, envisagent la restitution de l'enfant uniquement à ses « *parents* ». Cela laisse à penser, sans aucune certitude, que le conseil de famille, une fois qu'il a donné son consentement et que celui-ci n'a pas fait l'objet d'un recours, peut, peut-être, le rétracter par une nouvelle délibération, mais ne peut, au-delà, prétendre reprendre l'enfant autrement qu'à l'amiable.

4°
Possibilité pour le tribunal de passer outre au refus de consentement

221.131 Hypothèse : refus abusif de consentement. L'article 348-6 du Code civil autorise le tribunal à prononcer l'adoption s'il estime abusif le refus de consentement opposé par les parents ou par l'un d'entre eux seulement, lorsqu'ils se sont désintéressés de l'enfant au risque d'en compromettre la santé ou la moralité. Cette disposition est une survivance qui s'intègre mal au régime de l'adoption plénière mis en place... en 1966.

Si l'adoption concerne un **enfant confié à un OAA**, le placement en vue de l'adoption n'a pu avoir lieu qu'une fois le délai de rétractation passé ou le conflit au sujet de la restitution de l'enfant tranché (v. s[s] n°s 221.121 s.), la question du consentement est donc normalement hors du débat lorsque la requête en adoption est déposée par l'adoptant au tribunal de grande instance. À notre connaissance, il n'y a d'ailleurs pas d'exemple de ce problème en jurisprudence.

Dans les cas où **l'adoption a lieu sans intermédiaire**, notamment dans le cadre intrafamilial, il faut admettre, pour que l'article 348-6 puisse recevoir application, que l'adoptant potentiel peut efficacement présenter sa requête en adoption sans que la condition essentielle de celle-ci – le consentement parental constaté par acte authentique – soit remplie, ce qui évidemment présente un risque non négligeable et surtout s'accorde mal avec le caractère gracieux de la procédure. Il a néanmoins été jugé que cela était possible, mais que dans ce cas, puisqu'il y avait litige, le tribunal devait être saisi selon les règles de la **procédure contentieuse**[2]. La rare jurisprudence existante sur le sujet retient en tout cas que si l'article 348-6 a pour principal fondement l'intérêt de l'enfant, il n'en exige pas moins la **double condition que le désintérêt des parents soit susceptible de compromettre la santé ou la moralité de l'enfant** et que le refus soit abusif[3]. Elle estime en outre que le désintérêt doit être **volontaire**[4].

L'article 348-6 est aussi applicable, théoriquement mais là encore sans exemple en pratique, en cas de refus abusif du conseil de famille de droit commun (al. 2). La seule question qui reste posée est donc celle de savoir si le conseil de famille des pupilles de l'État est lui aussi concerné : la réponse est nuancée (v. s[s] n° 221.173).

B.
Pupilles de l'État

221.140 Adoptabilité de principe. Un pupille de l'État est adoptable, en adoption plénière ou simple, du seul fait de son statut (C. civ., art. 347, 2°). Les textes imposent même qu'un projet d'adoption soit fait pour lui « *dans les meilleurs délais* » sauf justification, réexaminée chaque année, que cette solution ne paraît pas adaptée à son cas particulier (CASF, art. L. 225-1). La société s'engage ainsi, dans toute la mesure de ses possibilités, à procurer une famille à un enfant qui lui a été confié, et les candidats à cet accueil définitif dans leur famille des enfants délaissés ne manquent pas.

Données chiffrées. Au 31 décembre 2005, il y avait environ 27 400 personnes ou couples titulaires d'un agré-

1. Civ. 1re, 24 févr. 1998, n° 95-20.450, *Bull. civ.* I, n° 72; *Defrénois* 1998, 1025, obs. Massip; *Dr. fam.* 1998, n° 134, note Murat.

2. Civ. 1re, 5 janv. 1999, n° 96-13.882, *Bull. civ.* I, n° 9; *Dr. fam.* 1999, n° 38, note Murat.
3. Civ. 1re, 16 déc. 1980, *Bull. civ.* I, n° 334; *D.* 1981, 514, note J. M.; *RDSS* 1981, 136, obs. Raynaud – Civ. 1re, 18 nov. 1997, n° 95-20.777, NPT; *Dr. fam.* 1998, n° 20, note Murat; *Defrénois* 1998, 722, obs. Massip – V. AUSSI, CARBONNIER, p. 367 : « *Dans une interprétation large, on inclinera à dénoncer l'abus dès que le refus semblera contraire à l'intérêt de l'enfant.* »
4. Civ. 1re, 19 juill. 1989, *JCP* 1990, II, 21443, note Salvage-Gerest; *Defrénois* 1344, obs. Massip.

ment en cours de validité[1], et ce nombre n'a pas diminué depuis : il était de 28 181 au 31 décembre 2008. Toutefois le nombre des agréments demandés et celui des agréments accordés sont en constante diminution depuis 2005[2].

Dans ces conditions, et afin d'éviter toute pression et toute précipitation dans le projet adoptif, il est essentiel de déterminer avec précision le moment à partir duquel le pupille peut être placé en vue de l'adoption, et surtout d'en informer précisément les familles[3] (1°). Doivent aussi être précisées les décisions à prendre à cet effet (2°).

1°
Moment à partir duquel le pupille peut être placé en vue de l'adoption

221.150 Différentes situations. Il peut être distingué, pour examiner clairement cette question, suivant que l'enfant devient pupille parce qu'il n'a pas de filiation établie ou connue, donc pas de famille juridiquement (a), ou parce que sa famille est devenue défaillante (b).

a)
Enfant n'ayant pas juridiquement de famille

221.151 Accouchement « sous X », filiation non établie à la naissance ou inconnue. Lorsqu'une mère accouche « sous X », c'est-à-dire en demandant à la maternité le secret de son accouchement et de son identité, et en empêchant par voie de conséquence que son nom figure sur l'acte de naissance de l'enfant, ce dernier est le plus souvent immédiatement recueilli par l'ASE en tant qu'enfant « *dont la filiation n'est pas établie ou est inconnue* » (CASF, art. L. 224-4, 1°)[4].

Statistiques. En 2008, 538 enfants ont été accueillis dans ces conditions[5].

Il en est de même lorsque la mère – ce qui est beaucoup plus rare – donne son identité à la maternité mais fait en sorte que son nom ne figure pas sur l'acte de naissance de l'enfant puisque, dans ce cas encore, la filiation de l'enfant n'est pas établie. Il faut d'ailleurs attirer l'attention sur le fait que, depuis l'entrée en vigueur de l'ordonnance du 4 juillet 2005 relative à la filiation, la seule indication du nom de la mère dans l'acte de naissance de l'enfant établit la filiation à son égard, de sorte que dans ce cas, c'est elle qui remet, **en tant que mère**, l'enfant à l'ASE, et donc qu'**elle doit être invitée à consentir à l'adoption** (C. civ., art. 311-25 et CASF, art. L. 224-4, 2° et L. 224-5 – V. s[s] n° 221.161).

Ce recueil est constaté par procès-verbal (CASF, art. L. 224-5, al. 1er) et l'enfant est « *déclaré pupille de l'État à titre provisoire* » (CASF, art. L. 224-6, al. 1er). Il le reste pendant **deux mois**, pendant lesquels sa mère (ou son père) peut exercer un **droit de repentir**, établir sa filiation et demander à le reprendre. En d'autres termes, il est tout de suite placé sous le régime de protection organisé pour les pupilles (tutelle) puisqu'il n'a pas et n'a jamais eu de parent titulaire de l'autorité parentale, mais il n'acquiert définitivement le statut de pupille adoptable qu'au bout de **deux mois**, par arrêté d'admission pris par le président du conseil général (CASF, art. L. 224-8, al. 1er). Cet arrêté est néanmoins susceptible de **recours devant le tribunal de grande instance** dans les **trente jours** suivant sa date (CASF, art. L. 224-8, al. 1er), de la part de diverses personnes autres que les parents, de sorte que, contrairement à l'opinion courante, c'est un délai de **trois mois** et non de deux qu'il est prudent d'observer avant le placement effectif de l'enfant en vue de l'adoption : deux mois au titre de l'article 351 alinéa 2 du Code civil, puis trente jours au titre de l'article L. 224-8 du Code de l'action sociale et des familles. C'est en effet à tort que certains estiment que le délai de recours contre l'admission court du jour où l'enfant est « *déclaré pupille à titre provisoire* », puisque la loi ne prévoit pas à ce moment-là un arrêté mais un procès-verbal[6].

Il serait impératif que le Code civil (C. civ., art. 351, al. 2) – qui indiquent un délai de deux mois – et le Code de l'action sociale et des familles (CASF, art. L. 224-8, al. 1er) – qui suggère un délai de trois mois – soient mis en harmonie l'un avec l'autre, de façon à ce que les professionnels et les familles soient correctement informés sur un sujet aussi grave. De même faudrait-il que le point de départ du délai de recours contre l'arrêté d'admission en qualité de pupille de l'État soit fixé de façon ferme et définitive, afin qu'un tel recours ne puisse pas être engagé alors que l'enfant est déjà placé en vue de l'adoption, voire adopté.

Certes, selon la loi (CASF, art. L. 224-8, al. 1er), ce délai court du jour de l'arrêté, mais la cour d'appel de Grenoble a pu estimer, de façon incidente, qu'il n'avait

1. ONED, *Rapport sur la situation des pupilles de l'État au 31 décembre 2005,* www.oned.gouv.fr – Sur ce rapport, v. P. Salvage-Gerest, « Le rapport de l'ONED sur la situation des pupilles de l'État », *Dr. fam.* 2007, étude 24.
2. ONED, *Rapport sur la situation des pupilles de l'État au 31 décembre 2008,* www.oned.gouv.fr
3. A. Ton Nu Lan, « L'insuffisance de l'information délivrée aux parents de naissance avant le placement en vue de l'adoption », *Dr. fam.* 2005, étude 11.
4. Sur la notion de filiation inconnue, v. P. Salvage-Gerest, « Benjamin... encore, une indispensable mise au point », *AJ fam.* 2005, 18, en réponse à P. Verdier, *AJ fam.* 2004, 358.
5. ONED, *Rapport sur la situation des pupilles de l'État au 31 décembre 2007*, www.oned.gouv.fr
6. Sur cette question, v. A. Ton Nu Lan, « Le délai de recours contre l'arrêté d'admission d'un enfant en qualité de pupille de l'État », *RJPF* 2004-2/6.

pas pu commencer à courir contre des grands-parents auxquels il n'avait pas été notifié, sachant qu'aucune notification de ce type d'arrêté n'est prévue[1]. Le juge des référés du tribunal de grande instance d'Angers a à son tour jugé que « *le recours contre l'arrêté n'est pas manifestement irrecevable pour n'avoir pas été introduit dans le délai d'un mois dès lors qu'il n'est pas douteux que ce délai ne peut commencer à courir que du jour de la notification dudit arrêté et qu'il est constant, pour n'être pas contesté, qu'il ne l'a pas été aux époux O.* » [parents de la mère de l'enfant qui avait accouché « sous X »]. L'ennui est que la notification des arrêtés à qui que ce soit n'est pas prévue et qu'il est difficile de l'envisager lorsque la mère a demandé que son identité reste secrète[2].

221.152 Problème posé par le père en cas d'accouchement « sous X » de la mère. Dans l'affaire jugée par la Cour de cassation le 7 avril 2006[3], le père de l'enfant avait fait une **reconnaissance prénatale** dans laquelle il indiquait le nom de la mère, mais cette reconnaissance n'avait pu être mentionnée en marge de l'acte de naissance de l'enfant puisque la mère, perdue de vue par le père, avait finalement accouché « sous X »[4]. Deux mois après sa naissance, soit en juillet 2000, l'enfant, recueilli par l'ASE, a été régulièrement admis en qualité de pupille de l'État en tant qu'enfant n'ayant pas de filiation établie ou connue, en application de l'article L. 224-4, 1° du Code de l'action sociale et des familles. En octobre 2000, soit dans le respect scrupuleux de tous les délais prévus pour cela, il a été placé en vue de l'adoption. Ce n'est qu'en janvier 2001 que le père, ayant finalement réussi à savoir dans quel département son fils avait été recueilli, s'est fait connaître au service de l'ASE de ce département et a demandé qu'il lui soit restitué. Un refus lui ayant immédiatement été opposé, conformément tant à l'article 352 du Code civil qu'à l'article L. 224-6 du Code de l'action sociale et des familles, qui interdisent toute restitution de l'enfant à sa famille d'origine une fois qu'il est placé en vue de l'adoption, il a saisi le tribunal de grande instance de Nancy en juillet 2001, alors qu'entre-temps les adoptants – ignorant son existence – avaient déposé leur requête en adoption devant la même juridiction[5]. La première chambre civile décide que « *l'enfant ayant été identifié par M. X... à une date antérieure au consentement à l'adoption, la reconnaissance prénatale avait établi la filiation de l'enfant avec effet au jour de sa naissance, de sorte que le conseil de famille des pupilles de l'État, qui était informé de cette reconnaissance, ne pouvait plus, le 26 avril 2001, consentir valablement à l'adoption de l'enfant, ce qui relevait du seul pouvoir de son père naturel* ».

Il résulte clairement de cet arrêt – à la suite duquel la famille adoptive, dans un souci d'apaisement, a finalement accepté l'adoption simple consentie par le père[6] – que la décision de la mère d'accoucher « sous X » n'empêche pas le père de reconnaître valablement l'enfant et de faire valoir ses droits de père. La loi du n° 2002-93 du 22 janvier 2002[7], entrée en vigueur alors que l'affaire était pendante, l'avait déjà laissé entendre en introduisant dans le Code civil un article 62-1 en vertu duquel : « *Si la transcription* (sic) *de la reconnaissance paternelle s'avère impossible, du fait du secret de son identité opposé par la mère, le père peut en informer le procureur de la République. Celui-ci procède à la*

1. CA Grenoble, 3 sept. 2007, *Juris-Data* n° 2007-344150; *JCP* 2007, IV, 3242 – ARRÊT CASSÉ par Civ. 1re, 5 nov. 2008, n° 07-20.426, *Bull. civ.* I, n° 248; *Procédures* 2008, n° 17, note Douchy-Oudot; *RTD civ.* 2009, 107, obs. Hauser; *Defrénois* 2009, p. 552, obs. Massip (uniquement parce que la cour d'appel avait prononcé une adoption simple sans le consentement de l'adoptant).
2. TGI Angers, ord. prés, 8 oct. 2009, *Dr. fam.* 2009, n° 152, note Murat; *RJPF* 2009-12/28, note Le Boursicot; *RTD civ.* 2009, 708, obs. Hauser – V. AUSSI, F. Boulanger, « L'accouchement sous X et l'affaiblissement du principe du secret de la naissance », *JCP* 2009, Retour sur..., n° 504.
3. Civ. 1re, 7 avr. 2006, n° 05-11.285, *Bull. civ.* I, n° 195; *D.* 2006, J. 2293, note Poisson-Drocourt; *AJ fam.* 2006, 249, obs. Chénedé; *Gaz. Pal.* 3 sept. 2006, 20, note Guittet; *RTD civ.* 2006, 292, obs. Hauser; *RJPF* 2006, 6/38, obs. Le Boursicot; *Defrénois* 2006, 1127, note Massip; *Dr. fam.* 2006, n° 124, note Murat; *RDSS* 2006, 576, obs. Neirinck; *LPA* 2007, n° 91, 15, note Bourgault-Coudevylle – V. AUSSI, Revel, *D.* 2006, chron. 1707; Rubellin-Devichi, *JCP* 2006, I, 199, n° 1; P. Salvage-Gerest, « Un autre regard sur l'affaire "Benjamin" », *D.* 2007, chron. 879.
4. V. auparavant, pour un cas similaire, CA Riom, 16 déc. 1997, *D.* 1998, somm. 301, obs. Bourgault-Coudevylle; et *D.* 1999, somm. 198, obs. Granet; *RTD civ.* 1998, 891, obs. Hauser; *JCP* 1998, II, 10147, note Garé; *Dr. fam.* 1998, n° 150, note Murat – Dans la même affaire, sur tierce opposition du père, CA Riom, 16 déc. 2003, *AJ fam.* 2004, 138, obs. Bicheron; *JCP* 2004, I, 167, n° 11, obs. Rubellin-Devichi et Favier; *Dr. fam.* 2004, n° 18, note Murat; *RTD civ.* 2004, 74, obs. Hauser.
5. Sur la procédure antérieure, CA Nancy, 23 févr. 2004, *D.* 2004, 2249, note Poisson-Drocourt; *D.* 2004, somm. 1422, obs. Granet-Lambrechts; *JCP* 2004, II, 10073, note Garnier; *JCP* 2004, I, 167, n° 10, obs. Rubellin-Devichi et Favier; *Dr. fam.* 2004, n° 48, note Murat; *RJPF* 2004-4/33, note Le Boursicot; *RTD civ.* 2004, 275, obs. Hauser – Deux arrêts du même jour réformaient deux jugements du même jour : TGI Nancy, 16 mai 2003, *D.* 2003, 2910, note Poisson-Drocourt; *D.* 2003, somm. 2120, obs. Granet-Lambrechts; *D.* 2004, somm. 465, obs. Bourgault-Coudevylle; *JCP* 2004, II, 10036, note Massip; *Gaz. Pal.* 2004, 450, note Raby; *Dr. fam.* 2003, n° 88, note Murat; *JCP* 2003, I, 148, n° 2, obs. Rubellin-Devichi; *AJ fam.* 2003, 310, obs. F. B.; *RJPF* 2003-11/36, note Garé; *RTD civ.* 2003, 488, obs. Hauser.
6. CA Reims, 12 déc. 2006, *RTD civ.* 2007, 558, obs. Hauser.
7. L. n° 2002-93, 22 janv. 2002, relative à l'accès aux origines des personnes adoptées et pupilles de l'État, *JO* 23 janv., p. 1519.

recherche des date et lieu d'établissement de l'acte de naissance de l'enfant. » (en règle générale, il n'y a pas lieu à « transcription » des reconnaissances, mais à mention de celles-ci en marge de l'acte de naissance de l'enfant, ce qui est très différent).

Mais il reste vrai, après comme avant l'arrêt, que si, au moment où le père se fait connaître, l'enfant a déjà été **régulièrement** placé en vue de l'adoption, sa réclamation ne peut aboutir : « *L'identification de l'enfant devant impérativement être effectuée avant le placement de l'enfant, faute de quoi la reconnaissance paternelle se verrait privée d'effet, le procureur doit immédiatement être alerté* »[1]. C'est parce que, en l'espèce, il y aurait eu, selon la Cour, une irrégularité dans le **consentement** à l'adoption que l'ensemble du processus adoptif aurait été vicié (sur cette question du consentement, v. s[s] n° 221.171). *A contrario* donc, un placement effectué au vu d'un consentement régulier aurait logiquement abouti à la solution inverse.

Il doit rester vrai aussi que si l'enfant est **pupille de l'État mais non encore régulièrement placé en vue de l'adoption**, le père ne retrouve le pouvoir de consentir à celle-ci que si l'autorité parentale lui est conférée, donc s'il est mis fin à la tutelle de l'État dans le respect tant de l'article 351 alinéa 3 du Code civil que de l'article L. 224-6 du Code de l'action sociale et des familles. Il est anormal que la Cour, en l'espèce, ait fait totalement abstraction du fait que l'enfant était pupille de l'État, donc que le père n'était pas (encore) titulaire de l'autorité parentale, pour dire que, une fois qu'il avait « identifié » l'enfant, c'est à lui qu'il appartenait de consentir à l'adoption de celui-ci : **le pouvoir de consentir à l'adoption ne résulte pas du seul établissement de la filiation, il implique d'être titulaire de l'autorité parentale** (v. s[s] n°s 221.70 s.).

Il faut espérer que cet arrêt pour le moins imprudent, rendu il est vrai sous une pression médiatique peu commune[2], tombera vite dans l'oubli et ne provoquera pas une trop grande frilosité dans les conseils de famille des pupilles de l'État en présence d'enfants dont la filiation n'est pas établie au moment de leur admission en qualité de pupilles[3]. La loi du 22 janvier 2002 permet désormais à coup sûr aux pères – ce qui était discuté au début de l'affaire – de faire entendre leur voix lorsque la mère de l'enfant envisage de leur cacher la naissance; il n'y a donc pas lieu, par crainte d'une très hypothétique revendication paternelle, de compromettre l'avenir des pupilles que malheureusement personne ne réclamera jamais.

221.153 Problème posé par les grands-parents « de fait » de l'enfant en cas d'accouchement « sous X ». Pour la première fois semble-t-il, la Justice a été saisie, par les grands-parents de naissance d'un enfant né « sous X » et déjà régulièrement placé en vue de l'adoption, aux fins de restitution de celui-ci : ils n'avaient eu connaissance de la grossesse et de l'accouchement de leur fille qu'après le suicide de celle-ci, grâce aux révélations du Conseil national pour l'accès aux origines personnelles (CNAOP) ou d'un généalogiste, selon les sources (dans les deux cas, ils n'ont pu accéder aux informations nécessaires à leur démarche que grâce à une ou plusieurs indiscrétions, pour ne pas dire violations de secret professionnel)[4]. La cour d'appel de Paris, dans un arrêt confirmatif, déclarait irrecevable leur intervention dans la procédure d'adoption engagée, au motif que la volonté d'anonymat de la mère rendait impossible l'établissement d'un lien de filiation dans la ligne maternelle de l'enfant[5]. L'obstacle était infranchissable puisque, avant la réforme de l'article 325 du Code civil par la loi du 16 janvier 2009, la demande de secret de l'accouchement interdisait l'action en recherche de maternité, donc l'établissement d'un lien juridique entre l'enfant et sa famille maternelle, et que toute immixtion dans une question concernant l'état d'un enfant suppose au moins un lien de parenté établi avec lui[6].

La Première chambre civile de la Cour de cassation, le 8 juillet 2009, a rejeté le pourvoi formé contre cet arrêt[7]. Il est regrettable qu'à aucun moment de la procédure les juridictions n'aient relevé que le seul véritable obstacle à la remise de l'enfant à ses grands-parents « de fait » n'était pas l'absence de lien de parenté entre lui et eux – qui n'aurait pas

1. Circ. CIV/13/06, NOR : JUSC0620513C, de présentation de l'ordonnance n° 2005-759 portant réforme de la filiation (v. texte complet s[s] n° 61.13).
2. V. l'avis de l'avocat général sur le pourvoi contre l'arrêt prononçant l'adoption : « *Je crains que le confort d'un rejet ne renforce la conviction de ceux qui voient dans l'accouchement* "sous X" *l'antichambre de l'adoption, que cette législation doit disparaître* ».
3. P. Salvage-Gerest, « Un autre regard sur l'affaire "Benjamin" », *D.* 2007, chron. 879.
4. EN CE SENS, v. Dekeuwer-Défossez, *LPA* 1er juin 2009, p. 9; Murat, *Dr. fam.* 2008, n° 102, s[s] CA Paris, 10 avr. 2008.
5. CA Paris, 10 avr. 2008, *Dr. fam.* 2008, n° 102, note Murat; *D.* 2009, pan. 775, obs. Granet; *AJ fam.* 2008, 252, obs. Chénedé; *LPA* 1er juin 2009, p. 9, note Dekeuwer-Défossez; *RJPF* 2009-4, obs. Le Boursicot.
6. M.-C. Le Boursicot, « L'abrogation de la fin de non-recevoir à la recherche de maternité résultant du secret de l'accouchement », *RJPF* 2009-4/10.
7. Civ. 1re, 8 juill. 2009, n° 08-20.153, *Bull. civ.* I, n° 158; *Dr. fam.* 2009, n° 108, note Murat; *D.* 2009, 1973, note Le Douaron; *JCP* 2009, n° 31 p. 11, obs. Favier; *AJ fam.* 2009, 350, obs. Chénedé; *RJPF* 2009-9/37, obs. Le Boursicot; *Gaz. Pal.* 30 déc. 2009, p. 4, obs. Massip – V. AUSSI, P. Salvage-Gerest, « Les grands-parents et l'adoption de leurs petits-enfants (à l'occasion de l'arrêt de la Cour de cassation du 8 juillet 2009) », *Dr. fam.* 2009, étude 32.

empêché de leur déférer la tutelle – mais son placement, dont la régularité n'était pas contestée, en vue d'une adoption plénière (C. civ., art. 352).

b)
Enfant dont la famille est défaillante

221.161 Enfant remis à l'Aide sociale à l'enfance par ses parents ou l'un d'eux, ou son conseil de famille. Étant précisé que le terme de « parent » s'entend de celui ou celle à l'égard de qui la filiation de l'enfant est établie (sinon c'est l'expression de « *père ou mère de naissance* » qui est utilisée, notamment à l'article L. 224-5 du Code de l'action sociale et des familles), il est important de rappeler que, jusqu'à la loi du 22 janvier 2002, ceux-ci pouvaient demander, lors de la remise, le secret de leur identité, quel que soit l'âge de l'enfant jusqu'à la loi du 5 juillet 1996, avant qu'il ait atteint l'âge d'un an ensuite. Si c'était le cas, un acte « *tenant lieu d'acte de naissance* » à l'enfant était dressé dans les conditions prévues à l'article 57 alinéa 2 du Code civil (nom et prénoms choisis par l'officier de l'état civil) afin que ce secret puisse être gardé : c'était le cas dans l'affaire *Odièvre*[1] pourtant presque toujours présentée comme la suite d'un accouchement « sous X ». Au-delà de cette précision, plusieurs hypothèses doivent être envisagées.

1. L'enfant peut avoir ses deux filiations établies et être expressément remis à l'ASE par ses père et mère, qui sont ceux qui ont « *qualité pour consentir à l'adoption* » (CASF, art. L. 224-4, 2°). Dans ce cas, ces parents, qui sont encore titulaires de l'autorité parentale, sont informés de l'ensemble de leurs droits et « *invités* » à donner leur consentement à l'adoption (CASF, art. L. 224-5, al. 2 et 3). S'ils ne répondent pas à cette invitation, l'enfant sera néanmoins adoptable une fois admis définitivement en qualité de pupille et le consentement sera donné par le conseil de famille des pupilles de l'État (v. s^{s} n° 221.171). Il ne serait en effet pas concevable que des parent confient définitivement leur enfant à la société sans pour autant permettre à celle-ci d'assurer son avenir : en d'autres domaines, cela serait exprimé par l'adage « *donner et retenir ne vaut* ». L'enfant pourra être placé en vue de l'adoption deux mois après avoir été remis à l'ASE, étant rappelé qu'il est plus prudent d'attendre trois mois en raison du risque de recours, d'une part contre la décision du conseil de famille – quinze jours –, d'autre part contre l'admission de l'enfant en qualité de pupille de l'État – trente jours (v. s^{s} n° 221.151).

2. Tout en ayant ses deux filiations établies et connues, l'enfant peut n'être remis à l'ASE que par un seul de ses parents (CASF, art. L. 224-4, 3°). Dans ce cas son autre parent, s'il est aussi titulaire de l'autorité parentale, dispose de **six mois** pour faire connaître au service son intention d'en assumer la charge, le service devant pendant ce délai s'employer, dans la mesure du possible, à connaître ses intentions, et le conseil de famille s'assurer qu'il a bien été informé de la situation (CASF, art. R. 224-13, al. 2). Au bout de six mois, si ce parent n'a pas manifesté son intention de le reprendre, l'enfant est définitivement admis en qualité de pupille avec un délai de recours de trente jours.

3. L'enfant n'ayant qu'une filiation établie ou connue ne peut être « expressément *remis* » à l'ASE que par celui de ses parents à l'égard duquel elle l'est (CASF, art. L. 224-4, 2°), lequel sera soumis au régime ci-dessus (1.). Mais rien n'empêche l'autre parent d'établir la filiation à son propre égard, ou de la faire connaître si elle l'était déjà, avant que l'enfant ne soit admis définitivement en qualité de pupille. On peut penser que dans ce cas, si du moins l'ASE a eu connaissance de cet établissement, c'est le délai de six mois qui s'applique.

221.162 Enfant judiciairement déclaré abandonné ou dont les parents se sont vu retirer l'autorité parentale. Les enfants confiés à l'ASE après un retrait total d'autorité parentale prononcé en vertu des articles 378 ou 378-1 du Code civil, ainsi que ceux qui ont fait l'objet d'une déclaration judiciaire d'abandon en application de l'article 350 du même code, sont admis en qualité de pupilles de l'État sans déclaration provisoire (CASF, art. L. 224, 5° et 6°). Un recours peut être exercé contre cette admission, mais uniquement par leurs proches, pas par leurs parents, ce qui est logique (CASF, art. L. 224-8, al. 1er). Ils peuvent donc être placés en vue de leur adoption immédiatement, mais plus prudemment **un mois – délai de recours – après avoir été recueillis par le service**, étant rappelé que ce placement ne doit être effectué que lorsqu'il n'y a pas d'espoir que les parents auxquels l'autorité a été retirée redeviennent aptes à exercer leurs prérogatives (v. s^{s} n° 221.71).

221.163 Orphelin de père et de mère. L'enfant orphelin recueilli par l'ASE devient pupille de l'État

1. CEDH, gr. ch., 13 févr. 2003, req. n° 42326/98, Odièvre c/France – B. Mallet-Bricout, « Droit d'accès aux origines personnelles : l'embarras de la Cour européenne des droits de l'homme », *D.* 2003, chron. 1240; *JCP* 2003, II, 10049, note Gouttenoire-Cornut et Sudre; *JCP* 2003, I, 120, « La Cour européenne des droits de l'homme et le "droit " de connaître ses origines », étude Malaurie; *Gaz. Pal.* 2005, 411, note Royant; *RJPF* 2003-4/34, obs. Le Boursicot; *Dr. fam.* 2003, n° 58, note Murat; *Dr. fam.* 2003, Gaumont-Prat, étude 14; *LPA* 11 juin 2003, 11, note Roy; *RTD civ.* 2003, 276, obs. Hauser; *RTD civ.* 2003, 375, obs. Marguénaud; *RDSS* 2003, 219, note Monéger; *JDI* 2004, 696, note Leclercq-Delapierre : absence de violation de Conv. EDH, art. 8 sur la protection de la vie privée.

deux mois après son recueil (CASF, art. L. 224-4, 4°) mais il est possible qu'une personne de son entourage se manifeste et exerce dans les **trente jours** un recours contre son admission en cette qualité (CASF, art. L. 224-8).

2° Décisions nécessaires au placement en vue de l'adoption

221.171 Cas d'une adoption par une personne ou un couple agréé à cet effet. « *Pour les pupilles de l'État dont les parents n'ont pas consenti à l'adoption, le consentement est donné par le conseil de famille de ces pupilles* » (C. civ., art. 349).

Cette disposition concerne à l'évidence tous les enfants qui n'ont pas été « *expressément remis à l'ASE* » par leurs parents, mais ont été « *recueillis* » par elle, quel que soit l'auteur de la remise. Sont en particulier visés les enfants nés « sous X » : la Cour de cassation a en effet clairement rappelé à deux reprises que dans ce cas, un consentement donné par la mère est sans objet dès lors qu'il n'y a aucun lien juridique entre elle et l'enfant[1], et elle n'a pas été démentie par la Cour européenne des droits de l'homme[2]. Mais sont aussi visés les enfants dont la filiation n'est pas établie ou pas connue, les orphelins et les enfants dont les parents se sont vu retirer l'autorité parentale ou ont été judiciairement déclarés abandonnés.

Ce texte concerne aussi indubitablement ceux dont les parents ont été « *invités* » à consentir lors de la remise de leur enfant à l'ASE en vue de son admission en qualité de pupille de l'État et ne l'ont pas fait (v. s^{s} n° 221.161). En réalité, inviter les parents à consentir à l'adoption sans leur donner le choix ni de la nature de l'adoption, ni de l'adoptant – autrement dit les inviter à donner un consentement « *en blanc* » – est uniquement l'occasion de les informer clairement des conséquences de ce qui de leur part est, en fait, un abandon (v. s^{s} n° 221.101) : cette information est d'ailleurs obligatoire (CASF, art. L. 224-5).

Ce consentement « *dans les conditions de l'article 349 du Code civil* » apparaît donc comme supplétif de celui des parents, alors qu'en réalité il ne l'est pas. En effet, contrairement à celui des parents, il ne porte pas sur le principe de l'adoption puisque l'enfant est déjà juridiquement adoptable en tant que pupille de l'État (C. civ., art. 347) et que ce sont au contraire les obstacles de fait à l'adoption que le conseil de famille est appelé à entériner (CASF, art. L. 225-1, al. 1er). Il ne porte pas non plus sur la mise en œuvre de l'adoption puisque le conseil de famille doit donner son « accord » au projet de placement élaboré par le tuteur (CASF, art. L. 225-1, al. 2), et qu'on voit mal qu'il le fasse sans y consentir. Dans ces conditions, l'utilité de ce consentement n'est pas vraiment perceptible et l'exigence de l'article 349 ne fait que semer la confusion.

Quoi qu'il en soit, ce consentement doit être donné avant le placement effectif de l'enfant en vue de l'adoption (CASF, art. R. 224-18, 2°). Il n'est en rien un « *feu vert* » donné à l'adoptant pour présenter sa requête en adoption à l'issue du placement et n'a pas à être réitéré à ce moment-là, bien que certains conseils de famille le fassent[3]. Il peut donc sans dommage être inclus, comme c'est la pratique la plus courante, dans la même délibération que celle qui contient l'accord pour le placement... ce qui illustre mieux que tout son caractère purement formel.

221.172 Cas d'une adoption par la famille d'accueil à laquelle l'enfant a été confié. L'exigence d'un consentement du conseil de famille retrouve peut-être un intérêt lorsque l'adoption est demandée, non pas par un adoptant quelconque agréé à cet effet, mais par la famille d'accueil à laquelle l'enfant a été confié en tant que pupille de l'État, sachant qu'une telle demande est prioritaire, qu'aucun autre projet ne peut être examiné tant qu'il n'a pas été statué sur elle (CASF, art. R. 224-16), et que si elle aboutit, le département accorde à l'adoptant une aide financière sous condition de ressources (CASF, art. L. 225-9).

Étant donné que dans ce cas le placement en vue de l'adoption modifie le statut de l'enfant sans changer ses conditions matérielles de vie (CASF, art. R. 224-15), le consentement du conseil de famille ne fait pas double emploi avec l'accord sur le choix de l'adoptant. C'est donc dans ce seul cadre que peut se poser la question de savoir si le refus du

1. Civ. 1re, 5 nov. 1996, n° 96-11.073, *Bull. civ.* I, n° 368; *D.* 1997, 587, note Massip; *D.* 1997, somm. 161, obs. Granet; *JCP* 1997, II, 22749, note Ardeef; *RTD civ.* 1997, 98, obs. Hauser – Civ. 1re, 6 avr. 2004, n° 03-19.026, *Bull. civ.* I, n° 107; *JCP* 2004, 10145, note Geffroy; et *JCP* 2004, I, 167, n° 12, obs. Rubellin-Devichi et Favier; *Defrénois* 2004, 1238, obs. Massip; *AJ fam.* 2004, 241, obs. Bicheron; *Dr. fam.* 2004, n° 120, note Murat; *RJPF* 2004-7-8/32, note Ton Nu Lan; *RDSS* 2004, 691, obs. Monéger; *RTD civ.* 2004, 496, obs. Hauser.
2. CEDH 10 janv. 2008, req. n° 35991/04, Kearns c/ France, *AJ fam.* 2008, 78, obs. Chénedé; *Procédures* 2008, n° 77, obs. Fricero; *RDSS* 2008, 353, obs. Neirinck; *RTD civ.* 2008, 285, obs. Hauser; *D.* 2008, 415, obs. Guiomard; *RJPF* 2008-4/23, obs. Garé – V. AUSSI, *Dr. fam.* 2008, étude 14, Gouttenoire.
3. P. Salvage-Gerest, « Un autre regard sur l'affaire "Benjamin" », *D.* 2007, chron. 879.

conseil de famille peut être considéré comme abusif, et c'est d'ailleurs dans ce seul cadre que la question a été posée en jurisprudence.

Statistiques. Au cours de l'année 2007, 36 % des pupilles de l'État étaient placés dans des familles qui avaient le projet de les adopter [1].

221.173 Refus abusif de consentir ? Comme cela a été vu, le tribunal peut passer outre au refus de consentement des parents ou du conseil de famille de droit commun (v. s[s] n° 221.131). La question a été débattue de savoir s'il en était de même du refus émanant du conseil de famille des pupilles de l'État [2] : plusieurs raisons militent dans le sens de la négative, malgré l'avis des auteurs cités et la réponse ambiguë de la Cour de cassation.

Tout d'abord, il est manifeste que l'article 347 du Code civil distingue **trois catégories différentes d'enfants adoptables**; que l'article 348 et ses six subdivisions développent le 1° de cet article (consentement familial), l'article 349 le 2° (pupilles de l'État), et l'article 350 le 3° (déclaration judiciaire d'abandon). L'article 348-6 ne peut donc concerner que les enfants dont l'adoptabilité repose sur le consentement familial, non les pupilles de l'État dont l'adoptabilité résulte de leur admission en cette qualité.

En deuxième lieu, le conseil de famille des pupilles de l'État est composé de personnalités dont on peut présumer, vu leur profil, qu'elles sont sensibles au sort des enfants qui leur sont confiés (CASF, art. R. 224-3, R. 224-15 et R. 224-24), ce qui n'est pas nécessairement le cas des conseils de famille de droit commun.

En troisième lieu, il ne pourrait y avoir, de la part des conseils de famille des pupilles de l'État, refus de consentir à l'adoption que si les candidats à celle-ci demandaient eux-mêmes à adopter tel ou tel enfant déterminé et que le conseil de famille exprimait son refus dans une délibération. Or pour chaque pupille, c'est le service de l'ASE qui présente au conseil de famille les dossiers des personnes agréées susceptibles d'adopter l'enfant dont le cas est examiné : seule apparaît dans la délibération l'identité de la famille finalement choisie; celles qui sont écartées n'ont en principe même pas connaissance du fait qu'elles ont été pressenties.

Enfin, il faut se souvenir que le conseil de famille des pupilles de l'État n'a à consentir à l'adoption des enfants que lorsque leurs parents n'y ont pas eux-mêmes consenti, au plus tard au moment où ils les ont remis à l'ASE, de sorte que le refus de consentement ne serait abusif que là où ce consentement est requis, ce qui n'a pas grand sens (v. s[s] n° 221.171).

En tout état de cause, une action sur le fondement de l'article 348-6 ne serait pas recevable de la part de la personne à laquelle est confié l'enfant, puisque les recours contre les décisions du conseil de famille ne lui sont pas ouverts (C. pr. civ., art. 1239-3, 1240 et 1261, et CASF, art. L. 224-1 combinés), bien qu'il ait pu en être jugé autrement [3]. L'intérêt de la question est donc limité.

Statistiques. La grande majorité des enfants admis en qualité de pupilles de l'État sont des enfants dont la mère a accouché dans le secret (581 sur les 956 de tous âges admis en 2007). La majorité d'entre eux sont rapidement placés en vue de l'adoption et adoptés (72 % des enfants de moins d'un an placés ou adoptés en 2007) [4].

C.
Enfants judiciairement déclarés abandonnés (C. civ., art. 350)

221.180 Généralités. La déclaration judiciaire d'abandon est traitée, dans le Code civil, comme un préalable à l'adoption lorsque les parents, vivants et titulaires de l'autorité parentale, n'ont pas consenti à celle-ci tout en s'étant totalement désintéressés de leur enfant. Mais il faut se convaincre qu'elle n'est pas que « *l'antichambre de l'adoption* » et pas nécessairement cela : elle doit être considérée avant tout comme le moyen de conférer à un enfant « oublié » le statut de pupille de l'État, plus stable et plus favorable à son avenir que toutes les autres situations dans lesquelles il peut être placé (placement administratif provisoire, assistance éducative, délégation de l'autorité parentale, tutelle départementale), même s'il ne fait pas l'objet ensuite d'un projet d'adoption [5].

Déjà remanié à plusieurs reprises depuis son apparition en 1966, l'article 350 du Code civil est de ceux qui donnent l'impression de ne jamais pouvoir donner satisfaction, qu'il s'agisse des conditions de la déclaration (1), de sa procédure (2) ou de ses effets (3).

1. ONED, *Rapport sur la situation des pupilles de l'État en 2008*, www.oned.gouv.fr
2. CA Rennes, 16 mars 1993, *D.* 1995, 113, note Geffroy et Desgue – CA Paris, 18 nov. 1999, *RDSS* 2000, 159, obs. Monéger – Et SUR POURVOI, Civ. 1re, 27 nov. 2001, n° 00-10.624, NP; *Gaz. Pal.* 2002, somm. 1518, obs. Massip.
3. Civ. 1re, 8 nov. 2005, n° 03-16.750, *Bull. civ.* I, n° 408; *Dr. fam.* 2006, n° 137, note Salvage-Gerest.
4. ONED, *Rapport sur la situation des pupilles de l'État au 31 décembre 2007*, www.oned.gouv.fr – Sur le rapport de 2005, v. P. Salvage-Gerest, « Le rapport de l'ONED sur la situation des pupilles de l'État », *Dr. fam.* 2007, étude 24.
5. EN CE SENS, Civ. 1re, 8 mai 1979, n° 77-14.349, *Bull. civ.* I, n° 133.

1°
Conditions de la déclaration

221.181 Obligation faite à celui qui a recueilli l'enfant de saisir le tribunal. Le particulier, l'établissement ou le service de l'ASE qui a recueilli un enfant doit « obligatoirement », lorsqu'il constate que les parents de celui-ci s'en sont manifestement désintéressés pendant un an, saisir le tribunal de grande instance d'une demande de déclaration d'abandon. Telle est du moins la théorie, qui en pratique se heurte à plusieurs obstacles.

Tout d'abord, la personne physique ou morale qui a recueilli l'enfant l'a fait la plupart du temps en application d'une mesure émanant du juge des enfants (assistance éducative), du juge aux affaires familiales (délégation de l'autorité parentale) ou du tribunal de grande instance (retrait partiel de l'autorité parentale), la Cour de cassation ayant jugé que l'abandon pouvait être déclaré quelle que soit la situation juridique de l'enfant pourvu qu'il soit abandonné en fait[1]. Il est donc assez peu plausible que cette personne prenne l'initiative de saisir le tribunal de grande instance sans en référer au juge qui a pris la mesure – en particulier au juge des enfants qui doit suivre la mesure qu'il a prise – juge qui fera nécessairement lui-même une première appréciation de la situation.

En deuxième lieu, la fixation du moment où le désintérêt a commencé n'est pas aisé à fixer dès lors que celui-ci a pu être progressif.

En troisième lieu, les personnels de l'ASE auxquels il est avant tout demandé d'œuvrer à maintenir ou recréer des liens entre l'enfant qu'ils ont en charge et ses parents ne peuvent vivre que comme un échec le fait de devoir en arriver à faire constater l'abandon, ce qui explique leur hésitation à le faire.

Enfin, la notion de désintérêt manifeste est de celles qui, malgré les critères proposés aux alinéas 2 et 3 de l'article 350 du Code civil, sont nécessairement floues : le « gardien » de l'enfant peut estimer que la conduite des parents ne justifie pas la saisine du tribunal alors que celui-ci, s'il était saisi, serait enclin à déclarer l'abandon [2].

Une chose est certaine, c'est que personne n'a le pouvoir de faire sanctionner la réticence, voire la négligence de celui qui a recueilli l'enfant et ne prend pas l'initiative de le faire déclarer abandonné. Ne pourrait-on pas dire, dans ces conditions, et sans jeu de mot, que l'enfant est « *judiciairement déclaré abandonné* » lorsque l'abandon est prononcé, et qu'il devrait être « *déclaré judiciairement abandonné* » lorsque la Justice n'a pas rempli son rôle ?

221.182 Situation des parents. Selon l'article 350 du Code civil, les parents doivent s'être « *manifestement désintéressés* » de l'enfant (al. 1er). Il faut entendre par là qu'ils n'ont pas entretenu avec lui les relations nécessaires au maintien de liens affectifs (al. 2), ou n'ont manifesté que des velléités de s'occuper de lui (rétractation d'un consentement à l'adoption, demande de nouvelles, intention exprimée mais non suivie d'effet de reprendre l'enfant – al. 3).

Depuis longtemps, la Cour de cassation exige que le **désintérêt** des parents soit **volontaire,** en dépit du fait, soulevé par certains professionnels, mais surtout dans le passé, qu'il serait peut-être plus propice à l'avenir des enfants de pouvoir intégrer une nouvelle famille, ou au moins acquérir le statut de pupilles, lorsque leurs parents sont dans l'incapacité totale et durable de maintenir des liens avec eux[3]. Mais il n'est pas nécessaire que les parents aient commis une faute[4] et si c'est aux requérants qu'il appartient d'apporter la preuve du désintérêt des parents, c'est à ces derniers qu'il appartient de prouver en défense le caractère involontaire de leur désintérêt[5].

La loi du 5 juillet 1996 avait en outre décidé que l'abandon ne devrait pas être déclaré si les parents étaient en **situation de grande détresse.** Cette exception, très diversement appréciée, a été supprimée par la loi du 4 juillet 2005 : il est néanmoins peu probable que cette réforme à elle seule porte un coup d'arrêt à la lente désuétude dans laquelle paraît tomber l'article 350[6]. On peut d'ailleurs se demander si la loi n° 2007-293 du 5 mars 2007[7] relative à la protection de l'enfance n'a pas apporté le « coup de grâce » à l'article 350 en permettant au juge des enfants de prendre des **mesures de placement de longue durée** (plus de deux ans, sans limite)

1. Civ. 1re, 4 janv. 1978, n° 76-13.470, *Bull. civ.* I, n° 1; *RDSS* 1978, 283, obs. Raynaud – Civ. 1re, 18 déc. 1978, n° 77-14.987, *Bull. civ.* I, n° 392; *RDSS* 1978, 580, obs. Raynaud.
2. Sur la notion de désintérêt, v. déjà Y. Patureau, « Le désintérêt de l'enfant déclaré judiciairement abandonné », *D.* 1978, chron. 167.
3. Civ. 1re, 23 oct. 1973, *D.* 1974, 135, note Gaury – Civ. 1re, 3 oct. 1978, n° 77-11.469, *Bull. civ.* I, n° 286; *RDSS* 1979, 279, note Raynaud – Civ. 1re, 29 oct. 1979, n° 78-10.699, *Bull. civ.* I, n° 265; *JCP* 1980, II, 19366; *RDSS* 1980, 148, obs. Raynaud.
4. CA Reims, 28 févr. 1977, *JCP N* 1980, II, 16 – CA Lyon, 27 févr. 1985, *D.* 1987, 349, note Maymon-Goutaloy.
5. Civ. 1re, 6 mars 1985, n° 83-17.320, *Bull. civ.* I, n° 88; *D.* 1986, J. 193, note J. M.; *RTD civ.* 1986, 730, obs. Rubellin-Devichi.
6. P. Salvage-Gerest, *Dr. fam.* 2005, focus 61; « Genèse d'une quatrième réforme, ou l'introuvable article 350 alinéa 1er du Code civil », *AJ fam.* 2005, 350.
7. L. n° 2007-293, 5 mars 2007, réformant la protection de l'enfance, *JO* 6 mars, p. 4215.

et sous la seule réserve d'un rapport annuel « *lorsque les parents présentent des difficultés relationnelles et éducatives graves, sévères et chroniques* [...] *affectant durablement leurs compétences dans l'exercice de leur responsabilité parentale* [...] *afin de permettre à l'enfant de bénéficier d'une continuité relationnelle, affective et géographique dans son lieu de vie dès lors qu'il est adapté à ses besoins immédiats et à venir.* » (C. civ., art. 375, al. 4, nouv.). Cette disposition favorise, certes, la pérennité des placements en famille d'accueil - ce qui du point de vue de la stabilité des enfants pendant leur minorité est une bonne chose; mais en même temps elle dispense de s'interroger sur le futur des enfants ainsi placés, dont l'absence de réelle famille deviendra criante à la majorité.

Pour que l'abandon soit déclaré, il faut que les deux parents, s'ils sont tous deux titulaires de l'autorité parentale, aient délaissé l'enfant : tel n'est pas le cas lorsque le père, conscient de ne pas pouvoir assumer son rôle, a simplement signé une lettre de consentement à l'adoption de l'enfant[1]. Pourtant, le fait que la mère ait déclaré ne pas être opposée à l'adoption de son enfant par sa famille d'accueil n'est pas une cause de refus de la déclaration, si les conditions de l'article 350 sont remplies...[2] Qu'en penser ?

221.183 Intérêt de l'enfant. En principe, le tribunal doit déclarer l'abandon dès lors qu'est constaté le désintérêt des parents pendant l'année qui précède la demande. L'attitude des parents postérieure à celle-ci doit donc normalement être sans incidence[3]. Toutefois, même si les conditions de l'article 350 du Code civil sont réunies, l'intérêt de l'enfant peut justifier le rejet de la requête[4], et l'appréciation de cet intérêt relève du pouvoir souverain des juges du fond[5]. À une époque où, dans l'opinion dominante, l'intérêt de l'enfant est *a priori* de garder des liens avec sa famille d'origine quelle que soit la qualité de ces liens, on peut penser que les juges hésitent à déclarer l'abandon dès lors que les parents ne sont pas totalement inexistants, à supposer d'ailleurs que l'obligation de les saisir ait été respectée, et l'ait été dans un temps raisonnable (v. s^s^ n° 221.181).

Statistiques. En 1989, il y avait, dans les services de l'ASE, 2 313 enfants déclarés abandonnés; il y en avait 703, fin 2005 (137 prononcées en 2005); 630, fin 2008. En moyenne, les enfants sont pris en charge par l'ASE près de six ans avant d'être déclarés abandonnés[6].

221.184 Place des membres de la famille de l'enfant autres que les parents. L'abandon n'est pas déclaré si, pendant l'année qui précède la requête, un membre de la famille autre que les père et mère a demandé à assumer la charge de l'enfant et que cette demande est jugée conforme à l'intérêt de ce dernier (C. civ., art. 350, al. 4)[7].

Si celui qui a recueilli l'enfant est l'ASE ou un établissement, le seul risque est qu'il demande au tribunal de déclarer l'abandon sans l'informer de cette offre de prise en charge.

Mais la question s'est posée de savoir si, l'enfant ayant été recueilli par un membre de sa famille, ce dernier pouvait lui-même demander au tribunal de le déclarer abandonné. La Cour de cassation a estimé que si l'abandon ne devait pas être déclaré lorsqu'un membre de la famille s'était proposé pour prendre en charge l'enfant, *a fortiori* il ne devait pas l'être si cette personne en assumait déjà la charge effective[8]. On peut être d'un avis contraire : en effet, selon la jurisprudence même de la haute juridiction, c'est dans la personne des père et mère que s'apprécie l'abandon, et l'intérêt de l'enfant serait certainement de pouvoir être adopté par celui qui l'a pris en charge - ce qui motivait nécessairement sa requête - plutôt que d'être laissé dans une situation précaire susceptible de cesser à tout moment. La démarche du membre de la famille qui saisit le tribunal pour pouvoir adopter l'enfant (C. civ., art. 350, al. 1er) n'est pas la même que celle du membre de la famille qui veut simplement éviter à celui-ci d'être confié à la collectivité (C. civ., art. 350, al. 4) : mieux vaudrait donc apprécier au cas par cas l'opportunité d'une adoption intrafamiliale que de poser une règle de principe rigide et peu convaincante.

2°
Procédure (C. pr. civ., art. 1158 s.)

221.191 Modalités de la demande. La demande de déclaration judiciaire d'abandon est portée devant

1. Civ. 1re, 6 mai 2003, n° 01-10.849, NPT; *JCP* 2004, I, 109, n° 4, obs. Favier; *Defrénois* 2003, 1493, obs. crit. Massip – V. AUSSI, obs. Favier, s^s^ CA Douai, 17 mars 2003, CA Pau, 9 sept. 2002, CA Bourges 20 oct. 2003, *JCP* 2004, IV, 1826.
2. Civ. 1re, 28 nov. 2000, n° 98-14.737, NPT; *Dr. fam.* 2001, n° 56, note Murat.
3. Civ. 1re, 15 nov. 1994, n° 93-10-458, *Bull. civ.* I, n° 329; *Defrénois* 1995, 728, obs. Massip; *JCP* 1995, I, 3855, n° 8, obs. Favier.
4. Civ. 1re, 6 janv. 1981, *D.* 1981, J. 495, note Raynaud.
5. Civ. 1re, 2 déc. 1997, n° 96-12.309, NP.
6. ONED, *Rapport sur la situation des pupilles de l'État au 31 décembre 2005* – Sur ce rapport, v. P. Salvage-Gerest, « Le rapport de l'ONED sur la situation des pupilles de l'État », *Dr. fam.* 2007, étude 24 – V. AUSSI, *Rapport ONED pour 2007*, www.oned.gouv.fr
7. Civ. 1re, 3 oct. 1978, n° 77-80.010, *Bull. civ.* I, n° 287.
8. Civ. 1re, 24 mars 1987, *D.* 1988, 153, NOTE CRIT. Roujou de Boubée; *Defrénois* 1987, 1078, NOTE APPROB. Massip; *JCP* 1988, II, 21076, NOTE CRIT. Salvage-Gerest; *RTD civ.* 1987, 708, obs. Rubellin-Devichi.

le tribunal de grande instance du lieu où demeure l'enfant, ou celui du chef-lieu du département où il a été recueilli s'il l'a été par un service de l'ASE.

Bien que cela ne soit pas précisé, la demande émane nécessairement de la personne physique ou morale qui a recueilli l'enfant, mais il n'est pas nécessaire que le demandeur l'ait lui-même accueilli pendant toute l'année de référence[1].

La demande est présentée sous forme de requête remise au greffe de la juridiction mais, le ministère d'avocat n'étant pas obligatoire, elle peut aussi l'être par le demandeur en personne, au procureur de la République chargé de la transmettre. Même dans ce cas, le procureur de la République n'est pas partie requérante[2].

221.192 Instruction, débats, jugement, notification. L'instance est contentieuse, l'affaire est instruite et débattue en chambre du conseil en présence du requérant, après avis du ministère public et audition des parents ou du tuteur de l'enfant. Si ceux-ci ont disparu, le tribunal peut faire procéder à une recherche dans l'intérêt des familles et surseoir à la décision pour un délai de six mois maximum.

Le jugement est rendu en audience publique, et notifié par le greffier au demandeur, aux parents et, le cas échéant, au tuteur.

Bien que les textes le prévoient, on ne voit pas très bien comment un tuteur peut être associé à la procédure, dès lors que seul l'abandon par les parents est prévu et que la tutelle suppose une absence de parents exerçant l'autorité parentale.

221.193 Voies de recours. La décision est susceptible d'**appel** devant la cour d'appel à l'initiative de la personne qui avait demandé la déclaration, des parents et le cas échéant du tuteur, ou du ministère public, dans le mois qui suit sa notification.

L'appel est formé selon les règles de la procédure sans représentation obligatoire, et instruit et jugé selon les règles applicables en première instance.

Si l'instance a eu lieu en l'absence des parents parce qu'ils n'ont pas été retrouvés, la notification sera faite au parquet, ce qui permettra au délai de courir, donc de ne pas compromettre le placement en vue de l'adoption s'il doit avoir lieu.

La décision est aussi susceptible de **tierces oppositions** à titre principal pendant trente ans, mais celle-ci n'est recevable qu'en cas de dol, fraude ou erreur sur l'identité de l'enfant (C. civ., art. 350, al. 6; C. pr. civ., art. 586 s.)[3].

En cas de **pourvoi**, il n'y a pas de dispense du ministère d'avocat à la Cour de cassation[4].

3°
Effets

221.201 À l'égard du requérant. Lorsqu'il déclare l'enfant abandonné, le tribunal délègue par la même décision les droits d'autorité parentale sur l'enfant au service de l'ASE, à l'établissement ou au particulier qui a recueilli l'enfant ou à qui ce dernier a été confié (C. civ., art. 350, al. 5). Cette délégation ne sera évidemment pas nécessaire si elle avait déjà été décidée par le juge aux affaires familiales, et elle sera de courte durée si la demande émane de l'ASE puisque l'enfant sera immédiatement admis en qualité de pupille de l'État (CASF, art. L. 224-4, 6°). Si une mesure d'assistance éducative était en cours, elle devrait être automatiquement considérée comme levée, ce qui soulève à nouveau la question de la place du juge des enfants dans le dispositif (v. s^s^ n° 221.181).

221.202 À l'égard des parents de l'enfant. Contrairement à une opinion répandue, un enfant déclaré abandonné sur le fondement de l'article 350 du Code civil garde ses liens juridiques avec sa famille d'origine : seule une **adoption plénière**, si elle intervient, opérera rupture de ces liens. C'est pourquoi il n'est pas exclu par principe que l'enfant soit finalement remis à ses parents si c'est dans son intérêt, du moins tant qu'il n'a pas été placé en vue de l'adoption : l'article 1164 du Code de procédure civile prévoit les modalités des demandes de restitution, mais l'intérêt de l'enfant est apprécié souverainement par les juges du fond[5].

221.203 Consentement à l'adoption ? Indubitablement, il résulte de l'article 347 du Code civil que l'enfant judiciairement déclaré abandonné est, comme le pupille de l'État, de plein droit adoptable. Il faut donc considérer que, lorsque l'article 377-3 du Code civil énonce que « *le droit de consentir à l'adoption n'est jamais délégué* », il vise uniquement la délégation d'autorité parentale décidée par le juge aux affaires familiales dans laquelle les parents restent titulaires de l'autorité, pas celle prononcée par le tribunal à l'occasion de la déclaration d'abandon. Il est donc évident qu'il n'y a pas à demander leur consentement aux parents[6].

1. Civ. 1re, 16 nov. 1976, n° 75-14.800, *Bull. civ.* I, n° 346; *JCP* 1978, II, 18906, note Furkel.
2. Civ. 1re, 1er mars 1977, n° 74-15.144, *Bull. civ.* I, n° 111; *JCP* 1977, II, 18763, note Fournié.
3. Civ. 1re, 2 déc. 1997, n° 96-11.323, NPT; *Dr. fam.* 1998, n° 21, note Murat.
4. Civ. 1re, 14 mai 1992, n° 91-19.675, NPT.
5. Civ. 1re, 22 juill. 1986, n° 85-11.645, *Bull. civ.* I, n° 218; *Gaz. Pal.* 1988, 5, note Massip – V. AUSSI, Civ. 1re, 2 juin 1987, *Bull. civ.* I, n° 176; *Defrénois* 1987, 1077, obs. Massip.
6. TGI Lille, 26 nov. 1976, *D.* 1978, 499, NOTE CRIT. Patureau; *RDSS* 1978, 560, OBS. CRIT. Raynaud.

Au-delà, si consentement il doit y avoir, c'est à un projet précis, le plus souvent mis en œuvre par les organes de la tutelle des pupilles de l'État ou de celle constituée à l'initiative d'un OAA.

D.
Enfant sans filiation établie ou connue recueilli par un OAA en France

221.211 **Insuffisance législative.** À lire les seuls articles du Code civil relatifs à l'adoptabilité des enfants, en particulier l'article 347, un OAA aurait interdiction de recueillir, donc de placer en vue de l'adoption, un enfant dont la filiation ne serait pas établie ou pas connue. Effectivement, s'agissant des enfants pour lesquels il a été « *valablement et définitivement consenti à l'adoption* » visés par l'article 347, 1° du Code civil, l'article 348 et ses subdivisions montrent qu'il ne peut s'agir que de ceux pour lesquels un consentement familial a été donné, et les enfants sans famille recueillis par les OAA ne sont ni pupilles de l'État (C. civ., art. 347, 2°), ni déclarés abandonnés (C. civ., art. 347, 3°). Néanmoins, si le Code civil ne fait pas allusion à cette possibilité, elle est envisagée clairement au moins par les articles L. 147-1, L. 147-5, L. 223-7 (à valeur législative) et R. 225-25 du Code de l'action sociale et des familles, relatifs au Conseil national pour l'accès aux origines personnelles (CNAOP). C'est d'ailleurs ce qu'a jugé le tribunal de grande instance de Montargis le 29 mai 2009[1].

Depuis la nuit des temps les enfants sans filiation établie ont été recueillis par des œuvre privées qui les ont fait adopter dans une assez grande liberté; il n'est donc pas très réaliste de dire que « *faute de dispositions législatives créant une nouvelle catégorie d'enfants adoptables, il devrait être interdit de remettre valablement un enfant né "sous X" à un organisme autorisé pour l'adoption* »[2]. Tout ce que l'on peut dire, c'est que le législateur, dans son entreprise tout à fait louable de contrôle des organismes privés d'adoption, aurait dû faire montre de plus de rigueur : il ne faut pas oublier en effet que l'adoption est l'institution qui porte l'atteinte la plus grave à l'état des enfants, et qu'il est malsain que la possibilité de s'engouffrer dans les failles de la loi aboutisse à compromettre leur stabilité pendant parfois de longues année.

1. TGI Montargis, 28 mai 2009, *RJPF* 2009-7-8/24, obs. Le Boursicot.
2. RÉP. CIV., *V° Adoption*, n° 230, F. Eudier – V. AUSSI, sur le sujet, C. Neirinck, « La loi relative aux origines des personnes adoptées et pupilles de l'État : la découverte de la face cachée de la lune ? », *RDSS* 2002, 189.

§ 3
Accueil de l'enfant au foyer de l'adoptant

221.221 **Distinction entre accueil et placement en vue de l'adoption.** La loi est sur ce point intransigeante : l'adoption n'est permise qu'en faveur des enfants « *accueillis au foyer de l'adoptant depuis au moins six mois* » (C. civ., art. 345, al. 1er). Il est aisé de comprendre que, avant de prendre une décision de l'importance de l'adoption plénière, le tribunal doit être en mesure de s'assurer de l'adaptation réciproque entre futurs membres d'une même famille, adaptation qui suppose nécessairement un temps de vie en commun. Dans une affaire dramatique où le futur père adoptif avait été faussement accusé de sévices sur l'enfant et où celui-ci avait, en conséquence, été temporairement retiré de son foyer, une cour d'appel a jugé que les six mois requis par la loi pouvaient ne pas être consécutifs. En l'espèce, l'affaire se doublait d'un problème d'adoption posthume, car cet homme avait fini par se suicider[3].

L'accueil est réalisé dans le cadre d'un placement en vue de l'adoption lorsque le ou les candidats se sont adressés à l'ASE ou à un OAA pour mener à bien leur projet, ce qui est obligatoire lorsque l'enfant a moins de deux ans sans être membre de la famille de l'adoptant (v. ss n° 221.101).

Les termes « accueil » et « placement » ne sont donc pas synonymes : l'accueil est une condition de l'adoption, le placement une étape éventuelle de la procédure.

SECTION 2
PLACEMENT EN VUE DE L'ADOPTION PLÉNIÈRE DES ENFANTS PUPILLES DE L'ÉTAT OU RECUEILLIS PAR UN ORGANISME AUTORISÉ POUR L'ADOPTION

221.230 **Vue générale.** Comme il vient d'être dit, il n'y a lieu à placement en vue de l'adoption que lorsque l'enfant à adopter est pupille de l'État ou confié à un OAA (§ 1). Le placement ne peut être effectué qu'au foyer de personnes ayant obtenu un agrément à cet effet ou de la famille à laquelle a été confié un pupille de l'État (§ 2). Les modalités de sa mise en œuvre sont précises (§ 3). Une fois réalisé, il produit des effets importants (§ 4), mais il peut y être mis fin si l'adoption n'est finalement pas possible ou pas opportune (§ 5).

3. CA Dijon, 27 juill. 2006, inédit.

§ 1
Organismes publics et privés susceptibles de placer des enfants en vue de leur adoption

221.231 Conseils de famille et tuteur des pupilles de l'État, service de l'Aide sociale à l'enfance : répartition des rôles. Les pupilles de l'État sont placés sous la tutelle du préfet du département et d'un conseil de famille dont la composition et les attributions sont précisées dans le Code de l'action sociale et des familles (CASF, art. L. 224-1 et L. 224-2, et R. 224-1 à R. 224-25). Toutefois ils sont physiquement confiés à l'ASE, service non personnalisé du conseil général, placé sous l'autorité du président de ce conseil (CASF, art. L. 221-1 et L. 221-2). Pour s'en tenir aux cas simples, le président du conseil général, via le service, présente au tuteur et au conseil de famille, dans lequel il est représenté, la liste des personnes agréées par lui qu'il estime susceptibles d'offrir les conditions les plus favorables au pupille dont l'adoption est envisagée (CASF, art. R. 224-17). C'est le tuteur (le préfet représenté par le directeur des affaires sanitaires et sociales) qui définit le projet (choix de l'adoptant, date du placement) avec l'accord du conseil de famille (CASF, art. L. 225-1, al. 2), et le conseil de famille qui donne son consentement à l'adoption, avant le placement, si les parents ne l'ont pas donné avant l'admission de l'enfant en qualité de pupille (v. s[s] n° 221.171). L'ASE n'assure donc que l'aspect matériel du placement et l'accompagnement de la famille (CASF, art. L. 225-18) ; les décisions importantes sont prises par les organes de la tutelle.

Il est prudent que le placement effectif de l'enfant n'ait lieu que quinze jours au moins après la délibération du conseil de famille l'autorisant, puisque cette délibération est susceptible de recours dans ce délai (CASF, art. L. 224-3). Ce délai est, le cas échéant, englobé dans celui d'un mois prévu contre l'arrêté d'admission de l'enfant en qualité de pupille de l'État (v. s[s] n° 221.151).

221.232 Organismes autorisés pour l'adoption (OAA). Il existe en France une quarantaine d'organismes privés autorisés pour l'adoption (nommés « *œuvres d'adoption* » avant la loi du 5 juillet 1996), beaucoup plus orientés d'ailleurs vers l'adoption internationale que vers l'adoption interne. S'ils pouvaient autrefois agir avec une grande marge de liberté, ils sont actuellement encadrés par des règles strictes (CASF, art. L. 225-11 s., et R. 225-12 s.)[1].

Il ne peut s'agir que de personnes morales, dûment autorisées à exercer leur activité par le président du conseil général du département du lieu de leur siège social après que celui-ci aura vérifié qu'ils présentaient des garanties suffisantes pour assurer la protection des enfants, de leurs parents et des futurs adoptants. Ils exercent leur activité sous le contrôle étroit du président du conseil général, qui peut leur retirer l'autorisation donnée lorsqu'ils ne présentent plus ces garanties. Ils peuvent agir dans des départements autres que celui dans lequel ils sont autorisés, à condition de faire une déclaration de fonctionnement au président du conseil général de chaque département concerné.

Lorsqu'un enfant leur a été remis en vue de son adoption, les OAA doivent prendre sans délai toutes dispositions pour faire assurer l'ouverture d'une tutelle. Cette obligation, qui figurait expressément dans l'article 14 du décret n° 89-95 du 10 février 1989[2], n'a été reprise ni dans le décret du 18 avril 2002, ni dans la partie réglementaire du Code de l'action sociale et des familles qui en est issue, mais elle résulte implicitement de l'article 348-4 du Code civil.

Des dispositions ont été prises pour que les archives de ces organismes ne soient pas perdues, ce qui n'est pas un détail pour les adoptés à la recherche de leurs origines (CASF, art. L. 225-14-2 et R. 225-32, al. 2).

Le fait d'exercer l'activité d'intermédiaire pour l'adoption sans autorisation ou malgré une interdiction est pénalement sanctionné (CASF, art. L. 225-19). Étrangement, c'est au titre de l'adoption internationale qu'est placée cette disposition, mais il va de soi, puisque c'est l'absence d'autorisation du conseil général qui est visée, et non l'habilitation du ministère des Affaires étrangères, qu'elle s'applique même si l'activité est développée en France[3].

§ 2
Agrément requis des candidats à l'adoption

221.241 Nécessité. L'article 353-1 du Code civil impose au tribunal saisi d'une requête en adoption de vérifier que le ou les requérants ont obtenu l'agrément pour adopter ou en étaient dispensés, tout en indiquant que s'il a été refusé ou n'a pas été

1. Ces règles sont issues du décr. n° 2002-575, 18 avr. 2002, relatif aux organismes autorisés et habilités pour l'adoption, *JO* 25 avr., p. 7383 – Sur ce décret, v. E. Poisson-Drocourt, « Du nouveau en matière d'adoption : le décret du 18 avril 2002 », *D.* 2003, chron. 295 – A. Moreno, « Suite inachevée de l'adoption internationale : décret du 18 avril 2002 », *JCP* 2002, act. 269.
2. Décr. n° 89-95, 10 févr. 1989, relatif aux œuvres d'adoption, *JO* 14 févr., p. 2116.
3. Pour une application du Code de l'action sociale et des familles (CASF, art. L. 225-19), v. Crim. 18 mars 2008, n° 07-83.342, *Bull. crim.*, n° 66 ; *Dr. fam.* 2008, n° 84, note Salvage-Gerest ; *RDSS* 2008, 740, obs. Castella.

délivré dans le délai imparti (**neuf mois**), l'adoption pourra malgré tout être prononcée si les requérants sont aptes à accueillir l'enfant et qu'elle est conforme à son intérêt. En réalité il est peu plausible que, en France, un enfant soit placé par l'ASE ou un OAA dans une famille non agréée, et la disposition n'est pas plus réaliste dans le cadre de l'adoption internationale (v. ss n° 224.34) [1]. La façon dont est rédigé le texte laisse à penser, en tout cas, que le tribunal ne doit pas prononcer l'adoption si l'agrément n'a pas été obtenu pour la raison qu'il n'a pas été demandé.

221.242 **Régime.** Cet agrément fait l'objet de dispositions très détaillées (principalement CASF, art. L. 225-1 s. et R. 225-1 s.). Chronologiquement, le demandeur présente sa **demande au président du conseil général du lieu de sa résidence**, reçoit dans les deux mois les informations indispensables à la poursuite de sa démarche, après quoi il doit confirmer sa demande, sans qu'aucun délai ne lui soit imposé pour cela. L'instruction de son dossier ne doit, à partir de cette confirmation, pas durer plus de neuf mois, pendant lesquels il est invité à participer à des réunions d'information, mais ce délai, non assorti de sanction véritable, est très inégalement respecté suivant les départements. Au cours de cette période, le président du conseil général s'assure que les conditions qu'il offre sur les plans familial, éducatif et psychologique correspondent aux besoins et à l'intérêt d'un enfant adopté. Pour cela il demande, entre autres, un bulletin n° 3 du casier judiciaire mais il peut aussi se faire délivrer un bulletin n° 2 (C. pr. pén., art. 776, 5°) [2], et il fait procéder à diverses investigations par des professionnels qualifiés avant de recueillir l'**avis d'une commission spéciale.** Au cours de cette procédure, le postulant bénéficie de garanties : investigations accomplies une seconde fois par d'autres personnes que celles auxquelles elles avaient été confiées, informations sur le déroulement de l'instruction du dossier, communication des documents figurant dans celui-ci, présentation d'observations, assistance d'une tierce personne, audition par la commission, *etc.*

La loi du 4 juillet 2005, complétée par deux décrets, respectivement n° 2006-981 du 1er août 2006 [3], et n° 2006-1272 du 17 octobre 2006 [4], intégrés dans le Code de l'action sociale et des familles, a unifié les modalités de délivrance des agréments en prévoyant un **modèle unique d'arrêté**, les pratiques étant jusque là par trop diverses selon les départements [5] – ce qui était nuisible d'ailleurs surtout dans le cadre de l'adoption internationale, où les autorités des pays d'origine des enfants trouvaient peu lisibles les agréments français.

L'agrément, obligatoirement accompagné d'une notice – révisable – décrivant le projet, **est délivré pour cinq ans**, mais le demandeur doit chaque année confirmer qu'il maintient son projet et, au plus tard au terme de la deuxième année de validité de son agrément, il est convié à un entretien destiné à actualiser son dossier. Il doit, au moment de sa confirmation mais aussi à tout moment après obtention de l'agrément, faire une déclaration sur l'honneur des modifications intervenues dans sa situation matrimoniale ou la composition de sa famille. À défaut de confirmation ou de déclaration sur l'honneur, ou si une modification des conditions d'accueil intervenue depuis la délivrance de l'agrément le nécessite, le président du conseil général peut faire procéder à des investigations complémentaires et, le cas échéant, modifier ou retirer l'agrément après avis de la commission : par exemple, lorsque l'agrément a été donné à un couple marié qui par la suite divorce, une modification de l'agrément est indispensable pour que l'un des membres de celui-ci puisse mener seul à bien le projet.

221.243 **Refus et retrait.** Le refus d'agrément, comme son retrait lorsqu'il a été délivré, doivent être **motivés.** Le délai à partir duquel une **nouvelle demande** peut être déposée après un refus ou un retrait est de **trente mois**, le point de départ de ce délai étant la date de la notification du refus, et non celle de la confirmation du refus si un recours administratif a été intenté.

L'agrément ne peut être refusé pour des raisons abstraites d'âge, de situation matrimoniale, d'orientation sexuelle, de présence d'enfant au foyer, de religion... : l'appréciation de l'aptitude à devenir parent doit être faite ***in concreto*** [6], le critère à retenir étant l'**intérêt de l'enfant** [7]. Ainsi, l'appartenance à

1. Sur l'agrément en général, v. J. Rubellin-Devichi, « La phase administrative de l'adoption : l'agrément délivré par les services de l'Aide sociale à l'enfance », *RFDA* 1992, 897.
2. Réd. L. n° 2007-293, 5 mars 2007, réformant la protection de l'enfance, *JO* 6 mars, p. 4215.
3. Décr. n° 2006-981, 1er août 2006, relatif à l'agrément des personnes souhaitant adopter un pupille de l'État ou un enfant étranger et modifiant le Code de l'action sociale et des familles (partie réglementaire), *JO* 4 août, p. 11691.
4. Décr. n° 2006-1272, 17 oct. 2006, relatif aux modèles d'arrêté et de notice pour l'agrément des personnes souhaitant adopter un pupille de l'État ou un enfant étranger, *JO* 19 oct., p. 15500.
5. Sur l'ensemble de la réforme de l'agrément, v. A. Ton Nu Lan, « Les dispositions de la loi du 4 juillet 2005 relatives à l'agrément et à l'accompagnement des candidats à l'adoption », *AJ fam.* 2005, 345.
6. Terré et Fenouillet, n° 897.
7. H. Rihal, « L'intérêt de l'enfant et la jurisprudence du Conseil d'État concernant les agréments en matière d'adoption », *RDSS* 1997, 503.

une **religion** ne peut être retenue pour elle-même, mais le danger que sa pratique pourrait faire courir à l'enfant peut être un motif de refus[1]. N'est-il pas toutefois paradoxal que des étrangers algériens ou marocains ne puissent pas se voir refuser un agrément pour raisons religieuses alors que la loi française elle-même leur refuse le droit d'adopter parce que leur loi personnelle, fondée sur la religion, le leur interdit (v. s[s] n° 224.32) ?

L'**homosexualité du demandeur** a fait l'objet de plusieurs décisions jurisprudentielles importantes[2] et de diverses études plus ou moins générales[3].

Il faut en tout cas savoir que « *sauf erreur ou dénaturation des faits de l'espèce, l'appréciation des conditions d'accueil offertes par la personne qui demande un agrément n'est pas susceptible d'être discutée devant le juge de cassation* »[4], et que l'annulation d'une décision de refus ou de retrait d'agrément ne vaut pas agrément, donc que le ou les intéressés doivent présenter une nouvelle demande, qui ouvre de nouveaux délais et implique de nouvelles investigations. Toutefois, il arrive que la juridiction administrative enjoigne au président du conseil général de délivrer l'agrément[5].

L'**injonction du tribunal administratif de délivrer l'agrément** a pu soulever en pratique une difficulté. En effet, cet agrément doit obligatoirement être accompagné d'une notice, qui évidemment n'a pas été confectionnée à l'occasion de l'instruction de l'agrément refusé. Cette confection nécessitant de réexaminer le projet précis du ou des postulants, il est arrivé qu'un conseil général obtempère à l'ordre de délivrer l'agrément mais refuse de procéder aux actes nécessaires à la confection de la notice.

L'**agrément** ayant une durée de **validité de cinq ans**, il devient automatiquement caduc à l'expiration de ce délai. Étant donné qu'il est accordé pour l'**accueil d'un enfant ou plusieurs simultanément**, il devient aussi caduc à compter de l'arrivée au foyer d'au moins un enfant français ou étranger, ce qui veut dire que l'accueil d'un nouvel enfant avec le même agrément n'est plus possible (CASF, art. L. 225-2, al. 4). Mais il reste maintenu de plein droit, pour le ou les enfants arrivés, jusqu'à l'intervention du jugement d'adoption (CASF, art. R. 224-17, al. 4) : il n'y aura donc pas de risque, pour l'enfant accueilli, que le tribunal juge l'agrément périmé.

Il n'est pas interdit de poser sa candidature pour l'**adoption d'un pupille de l'État** dans un département autre que celui du lieu de sa résidence. En cas de changement de département de résidence, l'agrément reste valable pourvu que le demandeur en fasse la déclaration au président du conseil général du département de sa nouvelle résidence. De la même façon, un refus prononcé dans un département est opposable à l'intéressé dans les autres (CASF, art. L. 225-6 et R. 225-8)[6].

§ 3
Mise en œuvre du placement

221.251 **Modalités.** Que l'enfant soit pupille de l'État ou confié à un OAA, la réalisation du placement s'effectue par la remise effective de l'enfant au(x) futur(s) adoptant(s) (C. civ., art. 351).

S'agissant des pupilles de l'État, cette remise doit être précédée de deux préalables : un **consentement**

1. V. note J. Hauser s[s] CEDH 23 juin 1993, req. n° 12875/87, arrêt *Hoffmann*, *D.* 1994, 326 – CE 24 avr. 1992, req. n° 110178, *RDSS* 1992, 712, concl. Hubert; *D.* 1993, 234, note Rouvière-Perrier; et *D.* 1993, somm. 121, obs. Bourgault-Coudevylle; *RTD civ.* 1992, 550, obs. Hauser et Huet-Weiller.
2. En particulier : CEDH 26 févr. 2002, req. n° 36515-97, Fretté c/France, *D.* 2002, somm. 2024, obs. Granet; et *D.* 2002, 2569, obs. Courtin; *JCP* 2002, II, 10074, note Gouttenoire-Cornut et Sudre; *JCP* 2002, I, 165, n° 6, obs. Favier; *RJPF* 2002-4/30, obs. Le Boursicot; *Dr. et patr.* 2002, n° 105, 107, obs. Loiseau; *AJDA* 2002, 401, étude Poirot-Mazères, « De la *gay pride*... au Palais-Royal »; *LPA* 10 juill. 2002, 10, note Vasseur-Lambry et Carius; *Dr. fam.* 2002, étude Debet, n° 19; *RTD civ.* 2002, 280, obs. Hauser; *RTD civ.* 2002, 389, obs. Marguénaud – V. AUSSI, après cet arrêt, CE 5 juin 2002, req. n° 230533, *AJ fam.* 2002, 259, note D.-B. – CEDH 22 janv. 2008, req. n° 43546/02, E. B. c/France; *JCP* 2008, II, 10071, note Gouttenoire et Sudre; *AJ fam.* 2008, 118, obs. Chénedé; *LPA* 2008, n° 28 p. 9, note Cheltiel; *Gaz. Pal.* 25 juill. 2008, p. 13, note Tahri; *Dr. fam.* 2008, alerte 14; *RTD civ.* 2008, 287, obs. Hauser et 249, obs. Marguénaud.
3. T. Anatrella, A. Beauquier et C. Eoche-Duval, « Adoption et homoparentalité : l'éclairage des droits de l'homme », *Dr. fam.* 2003, étude 27 – F. Millet, « Homoparentalité, essai d'une approche juridique », *Defrénois* 2005, 743 – P. Murat, « Vers la famille homosexuelle d'adoption », *Dr. fam.* 2000, étude 8 – C. Neirinck, « Homosexualité et adoption », *Études en l'honneur de P. Catala*, 2001, Litec, p. 353 s. – I. Poirot-Mazères, « De la *gay pride*... au Palais-Royal », *AJDA* 2002, 401 – J. Rubellin-Devichi, « Faut-il réformer l'adoption ? », *Actes du colloque Perspectives de réforme en droit de la famille*, Grenoble 26-27 nov. 1999, *Dr. fam.* n° spéc., déc. 2000, étude 9 – V. AUSSI, sur cette question, MALAURIE ET FULCHIRON, n° 1406; et le dossier sur l'homoparentalité, *AJ fam.* 2006, 392 s.
4. CE 20 oct. 2004, req. n° 262946, *Gaz. Pal.* 2005, somm. 1279.
5. TA Besançon, 10 nov. 2009 (dans l'affaire ayant donné lieu à l'arrêt de la Cour européenne des droits de l'homme du 22 janvier 2008, préc.), *D.* 2009, 2807, AJ obs. Lavric; *AJ fam.* 2009, 489, obs. Chénedé.
6. Sur la pratique de l'agrément, v. J. Bassoul, « Le placement en vue de l'adoption, de l'agrément à l'accompagnement », *Info. soc.* n° 146, mars 2008, p. 66.

à l'adoption émanant de la famille (parents ou conseil de famille) ou du conseil de famille des pupilles de l'État (v. s[s] n° 221.171); **un accord du conseil de famille des pupilles** portant sur le placement et la date à laquelle il doit intervenir. Le tuteur adresse sans délai à la personne ou au couple choisi un **extrait du procès-verbal de la réunion du conseil de famille** faisant état de l'accord de ce conseil (CASF, art. R. 224-10, al. 6) : il ne peut s'agir que d'un extrait, dans la mesure où il n'est pas rare que le conseil de famille prévoie, subsidiairement, le placement de l'enfant dans une autre famille si la première refuse. La remise de l'enfant fait à son tour l'objet d'un **procès-verbal**, qui marquera le point de départ du délai de **six mois** avant lequel l'adoption plénière ne peut être prononcée : cette formalisation est importante, notamment parce que la prise en charge de l'enfant par ses futurs parents adoptifs se fait en général de façon progressive.

S'agissant des enfants recueillis par les OAA, le **consentement** à l'adoption a dû aussi être donné préalablement, soit par la famille, soit par le conseil de famille constitué à la demande de l'OAA. L'organisme doit, lors de la réalisation du placement, en avertir, dans un délai de **huit jours**, le président du conseil général du département où résident le ou les futurs adoptants. Cette notification doit mentionner les éléments relatifs à l'état civil de l'enfant dont l'organisme dispose, la date et les conditions dans lesquelles a été donné le consentement à l'adoption ainsi que le nom de la personne qui assurera l'accompagnement de l'enfant et de sa famille (CASF, art. R. 225-28).

§ 4
Effets du placement

221.261 Effets civils à l'égard de la future famille adoptive de l'enfant. Tant que le jugement d'adoption n'est pas devenu définitif, l'enfant pupille de l'État reste sous la tutelle du préfet et du conseil de famille des pupilles. Néanmoins, il vit au foyer de son ou de ses futurs parents adoptifs, qui accomplissent tous les actes qui relevaient jusque-là de l'ASE (hébergement, entretien, santé, éducation, loisirs, *etc.*), à leurs frais, mais doivent solliciter du tuteur toute autorisation requise du représentant légal de l'enfant et restent en relation avec le conseil de famille (CASF, art. R. 224-24) et l'ASE qui les accompagne. Il en va de même pour les enfants dont l'adoption se fait par l'intermédiaire d'un OAA : ils restent soumis à la tutelle mise en place par cet organisme.

221.262 Effets civils à l'égard de la famille de naissance de l'enfant. Lorsque le placement intervient, le délai laissé aux père et mère de l'enfant pour le reprendre, ou pour établir sa filiation à leur égard si elle ne l'était pas, est nécessairement dépassé, et si un problème de restitution s'est posé, il a normalement été résolu faute de quoi le placement n'aurait pas eu lieu (C. civ., art. 351). C'est ce qui permet de comprendre pourquoi ce placement met obstacle à toute restitution de l'enfant à sa famille d'origine et fait échec « *à toute déclaration de filiation et à toute reconnaissance* », autrement dit à tout établissement de filiation par quelque moyen que ce soit (C. civ., art. 352, al. 1er).

Dans une affaire où la mère avait rétracté son consentement et demandé la restitution de l'enfant avant son placement, et où il avait été placé malgré cela, ce placement a été jugé irrégulier[1].

Dans une espèce où la mère avait accouché « sous X » et où le père avait reconnu l'enfant après son placement et prétendait le reprendre, la cour d'appel de Grenoble a estimé, dans un arrêt infirmatif, que si la reconnaissance paternelle était valable, elle était privée d'effet pour avoir été faite après le placement[2]. Le tribunal, auparavant, avait estimé pouvoir passer outre à la loi en donnant effet à cette reconnaissance, allant jusqu'à ordonner l'exécution provisoire de son jugement, c'est-à-dire le retrait de l'enfant de la famille dans laquelle il était placé bien que celle-ci n'ait pas été informée de l'action du père[3] : le premier président de la cour d'appel a naturellement, sur demande du préfet, ordonné l'arrêt de cette exécution provisoire pour le moins prématurée[4].

Dans une autre espèce où, l'enfant ayant été déclaré à l'état civil de parents non dénommés, son père et sa mère l'avaient reconnu puis avaient fait mentionner leurs reconnaissances en marge de son acte de naissance après son placement en vue de l'adoption, la cour d'appel de Paris, par arrêt confirmatif, a annulé ces reconnaissances[5], alors que l'annulation des seules mentions en marge de l'acte de naissance aurait été suffisante.

On souhaiterait trouver à l'article 352 du Code civil une formulation plus explicite que celle de « *fait échec à* », qui laisse la porte ouverte à deux interprétations opposées mais tout aussi cohérente l'une que l'autre.

1. Civ. 1re, 22 nov. 1989, n° 88-10.596, *Bull. civ.* I, n° 357; *RTD civ.* 1990, 258, obs. Rubellin-Devichi.
2. CA Grenoble, 9 juill. 2004, *Dr. fam.* 2004, n° 141, note Murat; *RTD civ.* 2004, 723, obs. Hauser – DANS LE MÊME SENS, CA Rennes, 1er sept. 2003, *JCP* 2004, IV, 3328; *Juris-Data* n° 238511, mais la cour concluait à la nullité de la reconnaissance.
3. P. Murat, note s[s] TGI Grenoble, 22 janv. 2004, infirmé par l'arrêt cité ci-dessus, *Dr. fam.* 2004, n° 48 – V. AUSSI, *D.* 2004, somm. 1422, obs. Granet-Lambrechts; *JCP* 2004, I, 167, n° 8, obs. Rubellin-Devichi et Favier.
4. CA Grenoble, ord. 1er prés., 11 févr. 2004, *RJPF* 2004-7/33, note Garé.
5. CA Paris, 25 févr. 2010, inédit – AUPARAVANT, TGI Paris, 20 janv. 2009, *RJPF* 2009-4/34, obs. Le Boursicot.

221.263 **Effets sociaux et fiscaux.** À partir du moment où l'enfant leur est confié, les futurs parents adoptifs bénéficient d'avantages sociaux[1]. Dans le nouveau Code du travail, ces avantages sont en général prévus de façon spécifique et non plus par référence à ceux accordés à la naissance, ce qui est évidemment plus clair. Pour s'en tenir au cas des salariés, existent principalement un **congé d'adoption**, similaire au congé de maternité, et assorti d'une **indemnité journalière de repos** versée par la Sécurité sociale, auquel il faut ajouter une **autorisation d'absence lors de l'arrivée de l'enfant**, un **droit au congé parental d'éducation** ou au **passage à temps partiel**. La prestation pour l'accueil du jeune enfant (PAJE) est soumise aux mêmes conditions de ressources que pour les enfants biologiques, mais la prime qui en fait partie est majorée par rapport à celle qui est allouée en cas de naissance.

En matière d'impôt sur le revenu, sont considérés comme étant à charge du contribuable « *les enfants qu'il a recueillis à son propre foyer* » (CGI, art. 196).

§ 5
Fin du placement

221.271 **Adoption ou retrait de l'enfant de la famille dans laquelle il a été placé.** Normalement le placement prend fin lorsque le jugement d'adoption est devenu définitif; c'est aussi à ce moment que l'enfant perd pour l'avenir la qualité de pupille de l'État s'il l'était ou, plus généralement, cesse d'être sous le régime de protection qui était le sien.

Toutefois, il peut arriver qu'il soit mis fin prématurément au placement, si le projet d'adoption ne peut ou ne doit pas aller à son terme, soit à la demande de la famille dans laquelle l'enfant a été placé, soit contre son gré. Logiquement la décision de retirer l'enfant de son foyer adoptif potentiel doit être prise par le conseil de famille, puisque le placement s'est fait à partir de son accord. Il semble aussi qu'aucun recours ne soit ouvert aux adoptants potentiels contre une telle décision, puisqu'ils ne font pas partie des personnes qualifiées pour contester les décisions du conseil de famille.

Il peut aussi arriver que le tribunal saisi de la requête en adoption refuse de prononcer celle-ci, en particulier s'il estime qu'elle n'est pas dans l'intérêt de l'enfant ou qu'elle risque de compromettre la vie familiale de l'adoptant. Dans ce cas, l'enfant redevient un pupille de l'État non placé en vue de l'adoption. Son éventuelle restitution à ses parents ou à l'un d'eux relève du tuteur avec l'accord du conseil de famille, et en cas de refus, de la Justice comme avant son placement (CASF, art. L. 224-6, al. 3 - V. s[s] n° 221.121). Les conséquences sont nécessairement similaires si l'enfant a été placé par un OAA.

Lorsque le placement est ainsi interrompu, ses effets civils sont rétroactivement résolus (C. civ., art. 352, *in fine*). Cette rétroactivité ne concerne pas les effets sociaux de celui-ci, qui sont liés à une prise en charge matérielle, non à un lien familial qui n'existe pas encore.

SECTION 3
Procédure judiciaire, jugement d'adoption, voies de recours et transcription du jugement d'adoption à l'état civil

§ 1
Procédure judiciaire

221.281 **Éparpillement des textes.** Pour connaître la procédure applicable à l'adoption, il faut certes se reporter aux articles du Code de procédure civile qui lui sont spécifiquement consacrés (C. pr. civ., art. 1166 à 1176, et 1178-1), mais aussi aux articles, disséminés dans celui-ci, qui concernent de façon générale la procédure gracieuse.

221.282 **Modalités de présentation de la demande.** Pour s'en tenir à l'hypothèse d'un requérant ou d'un couple de requérants français vivant en France, le tribunal de grande instance territorialement compétent est celui du lieu où ils demeurent (C. pr. civ., art. 1166, al. 2).

La procédure étant **gracieuse** (C. pr. civ., art. 1167), le tribunal doit être saisi par voie de **requête** (C. pr. civ., art. 60 et 1168, al. 1er). Celle-ci doit préciser qu'elle est présentée en vue d'une adoption plénière et non simple (C. pr. civ., art. 1169). Elle doit aussi indiquer, le cas échéant, les choix opérés par le ou les requérants à propos du prénom et du nom à venir de l'enfant (C. civ., art. 357 et C. pr. civ., art. 1175, à propos du prénom). En revanche, rien n'indique que le ou les requérants doivent joindre à leur requête, lorsque l'enfant a été placé en vue de l'adoption par un intermédiaire (ASE ou OAA), un quelconque document attestant que le placement est toujours d'actualité et a été satisfaisant. Il s'agit très certainement là d'une lacune de la législation, car les pratiques sont diverses et leurs conséquences parfois graves. Les tribunaux exigeant bien évidemment une **preuve du succès du placement**, certains conseils de famille réitèrent le consentement qu'ils avaient déjà donné

1. Sur l'ensemble des textes du Code du travail et du Code de la sécurité sociale, v. s[s] n° 220.01.

avant le placement de l'enfant, d'autres se contentent d'une attestation de suivi. Dans l'affaire *Benjamin*, la Cour de cassation s'est fondée uniquement sur une réitération du consentement effectuée pour venir à l'appui de la requête en adoption, pour conclure que « le consentement » avait été donné après que le conseil de famille des pupilles de l'État avait eu connaissance de la revendication du père de l'enfant et annuler l'adoption pour cette raison (v. s[s] n° 221.152) [1].

Le ministère d'avocat n'étant pas obligatoire si l'enfant a été accueilli au foyer du requérant avant l'âge de quinze ans - ce qui est la règle pour l'adoption plénière -, la requête peut ne pas être déposée par remise au secrétariat de la juridiction en application de l'article 61 du Code de procédure civile, mais être adressée directement au procureur de la République qui doit la transmettre au tribunal (C. pr. civ., art. 1168, al. 2). Même s'il en est ainsi, le ministère public n'acquiert pas la qualité de représentant de l'adoptant, ni celle de partie principale à l'instance : l'article précité « *se borne à lui imposer de transmettre la requête au tribunal* » [2]. Il ne peut donc évidemment pas, bien que cela soit déjà arrivé dans le cadre de l'adoption internationale, refuser de transmettre la requête au tribunal sous prétexte, par exemple, que selon lui seule serait recevable une demande d'adoption simple.

À ce stade de la procédure, le procureur de la République n'est qu'une « *courroie de transmission* », de sorte qu'il devrait effectuer cette transmission dans les meilleurs délais, après un examen sommaire lui permettant de vérifier que le dossier est complet. Dans les faits, il en est très rarement ainsi, surtout dans le cadre de l'adoption internationale : le plus souvent, le parquet garde le dossier par devers lui plusieurs semaines voire plusieurs mois pour effectuer une sorte « d'enquête préliminaire », à l'issue de laquelle il transmet le dossier au tribunal avec son avis écrit, parfois sans même avoir informé *préalablement* le requérant du sens de cet avis. Il s'agit là d'une pratique anormale qui a, entre autres inconvénients éventuellement plus graves, celui de pénaliser les adoptants qui n'ont pas recours à un avocat alors que cette dispense est envisagée comme une faveur : en effet, cela retarde fortement la date à laquelle le jugement peut être rendu dès lors que le délai de six mois imparti au tribunal pour statuer part du jour du dépôt de la requête ou de sa transmission par le parquet (C. pr. civ., art. 1171, al. 1er) [3]. Il aurait été indispensable, à cet égard, que le rapport statistique du ministère de la Justice pour l'année 2007, fort optimiste sur la durée moyenne des procédures d'adoption devant les tribunaux de grande instance, indique précisément si celle-ci est décomptée à partir du dépôt de la requête au tribunal ou de sa transmission à celui-ci par le parquet [4].

221.283 Instruction et débats. C'est le tribunal qui est chargé de l'instruction du dossier, celle-ci, ainsi que les débats, ayant lieu en chambre du conseil (C. pr. civ., art. 436 et 1170).

Le tribunal peut demander à une personne qualifiée d'effectuer une enquête, ou à un médecin de procéder à tout examen qui lui paraîtrait nécessaire (C. pr. civ., art. 1171, al. 1er).

Il peut aussi demander au procureur de la République de recueillir les renseignements qu'il souhaite obtenir si l'enfant concerné est un pupille de l'État (C. pr. civ., art. 1171, al. 2, renvoyant à CASF, art. L. 221-7 et L. 221-8).

Plus généralement il peut, s'agissant de matière gracieuse, « *procéder à toutes les investigations utiles et entendre sans formalité les personnes qui peuvent l'éclairer ainsi que celles dont les intérêts risquent d'être affectés par sa décision* » (C. pr. civ., art. 27) : cela concerne, au premier chef, les descendants de l'adoptant, s'il en a, puisque dans ce cas l'adoption ne doit pas compromettre la vie familiale (v. s[s] n° 221.25); cela concerne aussi, éventuellement, des membres de la famille de l'enfant.

Le tribunal ou le procureur de la République peut demander communication des dossiers détenus par les OAA à propos des futurs adoptants et des enfants (CASF, art. R. 225-44).

Le tribunal peut aussi, bien sûr, entendre le mineur pourvu de discernement, conformément à l'article 388-1 du Code civil et aux articles 338-1 à 338-12 du Code de procédure civile, même si celui-ci a pu être entendu avant l'instance, voire avoir déjà donné son consentement à son adoption s'il a plus de treize ans.

Le tribunal peut enfin se prononcer sans débat (C. pr. civ., art. 28).

221.284 Rôle du ministère public. En ce qui concerne le ministère public, auquel les dossiers d'adoption sont communicables (C. pr. civ., art. 798) et qui est partie jointe, c'est à la diligence du tribunal que le dossier lui est communiqué, « *en temps*

1. P. Salvage-Gerest, « Un autre regard sur l'affaire "Benjamin" », *D.* 2007, chron. 879.
2. Civ. 1re, 31 janv. 1990, n° 87-18.955, *Bull. civ.* I, n° 29; *D.* 1991, 105, note Boulanger; *Gaz. Pal.* 1990, 2, 481, note Sturlèse; *JCP* 1991, II, 21635, note Muir-Watt.
3. P. Salvage-Gerest, « L'adoption internationale dans le rapport Guinchard sur la répartition des contentieux », *Dr. fam.* 2008, étude 19.
4. Z. Belmokhtar, « Les adoptions simples et plénières en 2007 », min. Justice, Secrétariat général, SDSE/BDSE/ZB, juin 2009, www.justice.gouv.fr

voulu pour ne pas retarder le jugement » (C. pr. civ., art. 428). Il doit en effet donner son avis « *sur l'application de la loi, spécialement sur la conformité de l'adoption à l'intérêt de l'enfant* »[1].

Il peut donner cet avis par **conclusions écrites** soumises aux parties avant l'audience - ce qui ne veut pas dire avant l'instruction (v. s[s] n° 221.283) - auquel cas il n'est pas obligé d'assister à l'audience (C. pr. civ., art. 431), à moins qu'il y ait débat (C. pr. civ., art. 800). S'il y assiste, il a le dernier la parole (C. pr. civ., art. 443), sauf exception (C. pr. civ., art. 445).

Une fois la décision rendue, le procureur de la République est chargé d'en faire **transcrire le dispositif sur les registres de l'état civil** du lieu de naissance de l'adopté s'il est né en France, sur ceux du Service central de l'état civil à Nantes, s'il n'a pas d'acte de naissance tenu par un officier de l'état civil français.

221.285 Place de l'enfant. L'enfant, principal intéressé à son changement d'état, n'est pas partie à l'instance et n'y est donc normalement pas représenté : sa participation se limite à son audition s'il a le discernement suffisant et le demande (v. s[s] n° 221.283). Cela n'est pas anormal dès lors que son représentant légal, et éventuellement lui-même, ont donné leur consentement préalablement à l'instance, dans des conditions de nature à en assurer l'existence et l'intégrité, et que cette instance n'a pour but que de vérifier que ce ou ces consentements sont conformes à la loi et à l'intérêt de l'enfant, et que l'adoption ne compromettra pas la vie familiale de l'adoptant.

Pourtant, dans l'affaire jugée par la Cour de cassation le 7 avril 2006, le juge des tutelles a accepté, au stade de l'appel, de nommer à l'enfant un administrateur *ad hoc* pour le représenter à la place du préfet, déjà présent puisque l'affaire était devenue contentieuse, et l'intervention volontaire de cet administrateur a été déclarée recevable par la cour d'appel de Nancy.

Une telle nomination était critiquable, car c'est faire bien peu confiance au tuteur et au ministère public, l'un et l'autre chargés par l'État de veiller à ce que l'intérêt de l'enfant soit respecté, que de leur adjoindre un troisième personnage, qui plus est privé. Mais l'acceptation de l'intervention de l'administrateur *ad hoc* était encore plus critiquable, car une telle démarche fait de l'enfant une partie à la procédure, qui devient contentieuse si elle ne l'était déjà, et le fait apparaître à la fois en opposition d'intérêts avec son représentant légal en titre et adversaire de l'adoptant. Est-ce la raison pour laquelle, en l'espèce, cet administrateur n'a pas été admis à se pourvoir en cassation au motif qu'il n'avait été nommé que « *pour les instances pendantes devant la cour d'appel* » ?[2]...

Une autre cour d'appel avait déjà admis l'intervention d'un pupille de l'État dans la procédure le concernant[3].

221.286 Place des tiers. Les tiers susceptibles d'être intéressés à une instance en adoption sont, outre l'enfant lui-même, les membres de sa famille, y compris parfois ses parents, et ceux de la famille de l'adoptant, principalement les descendants de celui-ci.

En tant que tels, ces tiers peuvent être autorisés à **consulter le dossier et s'en faire délivrer copie** s'ils justifient d'un intérêt légitime (C. pr. civ., art. 29), sous réserve des documents dont la communication est réservée aux magistrats de l'ordre judiciaire, tels le procès-verbal par lequel il est constaté qu'une mère a remis son enfant au service de l'ASE avec demande d'anonymat[4].

Ils peuvent aussi être **mis en cause sur ordre du tribunal** « *si leurs droits et charges risquent d'être affectés par la décision à prendre* » (C. pr. civ., art. 332, al. 2).

La question de savoir s'ils peuvent **intervenir volontairement à l'instance**, pour élever une prétention contraire à celle du requérant (C. pr. civ., art. 329, al. 1er), est plus délicate car ils doivent, pour qu'elle soit recevable, avoir « *le droit d'agir relativement à cette prétention* » (C. pr. civ., art. 329, al. 2). L'intervention volontaire de **descendants de l'adoptant** arguant de ce que leur vie familiale serait compromise a pu être jugée recevable par une cour d'appel[5]. Pour sa part la Cour de cassation a, le 8 juillet 2009, approuvé la cour d'appel de Paris d'avoir déclaré irrecevable l'intervention des **grands-parents d'un enfant** dont la mère était décédée après avoir accouché « sous X », au motif que leur lien de parenté avec l'enfant n'était pas établi et ne pouvait pas l'être[6]. Il est vrai que cette absence de lien leur interdisait de s'immiscer dans quelque action relative à l'état de l'enfant que ce soit, y compris son adoption. Mais il faut avoir à l'esprit

1. Civ. 1re, 31 janv. 1990, n° 87-18.955, *Bull. civ.* I, n° 29; *D.* 1991, 105, note Boulanger; *Gaz. Pal.* 1990, 2, 481, note Sturlèse; *JCP* 1991, II, 21635, note Muir-Watt.

2. Civ. 1re, 7 avr. 2006, n° 05-11.285, *Bull. civ.* I, n° 195 – P. Salvage-Gerest, « Un autre regard sur l'affaire "Benjamin" », *D.* 2007, chron. 879.
3. CA Rennes, 16 mars 1993, *Juris-Data* n° 046441.
4. CA Paris, 10 avr. 2008, *LPA* 1er juin 2009, p. 9, note Dekeuwer-Défossez; *Dr. fam.* 2008, n° 102, note Murat (faisant référence à CASF, art. L. 221-7).
5. CA Versailles, 21 mai 1984, *Juris-Data* n° 041493.
6. Civ. 1re, 8 juill. 2009, n° 08-20153, *Dr. fam.* 2009, n° 108, note Murat; *D.* 2009, 1973, obs. Le Douaron; *JCP* 2009, n° 31 p. 11, obs. Favier; *AJ fam.* 2009, 350, obs. Chénedé.

que, même si le lien avait été établi, le placement régulier de l'enfant en vue de son adoption leur aurait interdit de réclamer sa restitution, de sorte que leur intervention n'aurait pas non plus été recevable (C. civ., art. 352)[1].

L'intervention à l'instance en adoption ne devrait pas non plus être jugée recevable lorsque la famille de l'enfant prétend contester, en amont de l'adoption, les conditions du recueil ou du placement de l'enfant par l'ASE ou un OAA, l'acceptation de leur démarche conduisant à faire d'eux des parties dans une instance à laquelle leur adversaire ne l'est pas[2]. À cet égard il faut noter que si, *a posteriori,* la tierce opposition au jugement d'adoption n'est pas recevable lorsque c'est à l'intermédiaire qu'un dol ou une fraude est imputé, c'est probablement parce qu'il n'est pas partie à l'instance (v. s[s] n° 221.303). Il devrait donc en être de même de l'intervention : c'est une action spécifique qui devrait être intentée contre l'intermédiaire qui n'aurait pas respecté ses obligations, quitte à ce que la procédure d'adoption soit suspendue le temps que le litige soit réglé.

Les tiers ayant la possibilité de faire valoir leur point de vue dans le cadre de la procédure gracieuse (v. s[s] n° 221.283) mais n'ayant pas qualité pour consentir à l'adoption ou la refuser, ce qui correspond au « droit d'agir » prévu par l'article 329 du Code de procédure civile, leur intervention volontaire, en règle générale, ne se justifie pas.

§ 2
Jugement d'adoption plénière

221.291 Décision : moment. Le jugement doit normalement être rendu dans les **six mois** à compter du moment où le tribunal est saisi, soit par le dépôt de la requête, soit par la transmission que lui en a faite le procureur de la République (v. s n° 221.282). Toutefois, d'une part il n'y a aucune sanction en cas de retard, ce qui donne à cette obligation un caractère de vœu pieux, d'autre part ce délai – réglementaire –, inscrit à l'article 1171 du Code de procédure civile pour permettre que le nouvel état de l'enfant soit rapidement consolidé, ne s'accorde pas avec celui – légal – édicté antérieurement à l'article 345 du Code civil, qui prévoit que le **jugement** ne peut intervenir tant que l'enfant n'a pas été accueilli six mois au foyer de l'adoptant. Les adoptants déduisent de l'article 345 qu'ils peuvent présenter leur requête plus tôt, voire au tout début du placement, mais si les tribunaux acceptaient cela, ils devraient avoir statué le jour suivant la fin de la durée d'accueil obligatoire, ce qui est évidemment impensable. Dans ces conditions, certaines juridictions acceptent les requêtes quel que soit le moment où elles sont présentées mais ne statuent pas dans les six mois; d'autres estiment que c'est la **requête** qui ne peut être déposée qu'après un délai de six mois d'accueil et la retournent au requérant sans l'avoir enregistrée. Il ne serait pas difficile de mettre fin à ce genre de malentendu persistant, déstabilisant pour les intéressés et source d'inégalité de traitement dès lors que les effets de l'adoption, une fois prononcée, remontent au jour du dépôt de la requête.

Le fait que le tribunal doive statuer dans les six mois du dépôt de la requête ou de sa transmission par le procureur de la République confirme en tout cas que cette transmission doit être faite dans un temps raisonnable, et qu'il n'est pas demandé au parquet de faire une « pré-instruction » complète du dossier (v. s[s] n° 221.282).

221.292 Décision : modalités et contenu. Le jugement est rendu en audience publique (C. pr. civ., art. 1174).

Si l'adoption est prononcée, le jugement « *n'est pas motivé* » (C. civ., art. 353, al. dern.). Cela est normal puisque le tribunal a seulement à contrôler, une fois les consentements donnés, que les conditions légales de l'adoption sont remplies et à apprécier souverainement son opportunité, le tout dans le cadre d'une procédure gracieuse qui n'implique même pas nécessairement de débat (v. s[s] n° 221.283). Sa décision tient donc dans l'ordre donné au procureur de la République de faire mentionner sur les registres de l'état civil la nouvelle identité de l'adopté. Il n'est pourtant pas rare, surtout d'ailleurs dans le cadre de l'adoption internationale lorsqu'il y a eu débat, que les magistrats motivent longuement leurs décisions.

Le jugement qui prononce l'adoption doit en revanche impérativement comporter dans son dispositif les **indications nécessaires à la transcription** qui en sera faite sur les registres de l'état civil, en particulier le nouveau nom de famille de l'enfant et, si un changement lui a été demandé, son ou ses nouveaux prénoms (C. pr. civ., art. 1174 et 1056). Il a aussi été admis à plusieurs reprises, mais surtout dans le cadre de l'adoption internationale, que le tribunal modifie la date de naissance « officielle » de l'enfant pour lui en attribuer, après expertise, une plus conforme à la vraisemblance.

Le **refus d'adoption**, lui, doit au contraire être **motivé** : conditions légales non remplies, risque de compromettre la vie familiale si l'adoptant a des

1. P. Salvage-Gerest, « Les grands-parents et l'adoption de leurs petits-enfants (à l'occasion de l'arrêt de la Cour de cassation du 8 juillet 2009 », *Dr. fam.* 2009, étude 32.
2. V. CEP., TGI Montargis, 28 mai 2009, *RJPF* 2009,7-8/24, obs. Le Boursicot.

descendants et intérêt de l'enfant sont les trois motifs possibles de rejet de la requête.

Entre ces deux extrêmes, existe la possibilité pour le tribunal de prononcer une **adoption simple** bien qu'il soit saisi d'une demande d'adoption plénière, mais il ne peut le faire sans l'accord du requérant[1]. Cela expose celui-ci, s'il refuse, à ne pas voir l'adoption prononcée du tout (C. pr. civ., art. 1173), et s'il accepte, à ne pas pouvoir faire appel d'une décision que pourtant il n'a pas véritablement souhaitée. Peut-on vraiment dire, dans ces conditions, que le prononcé d'une adoption simple est soumis à l'accord de l'adoptant ? Si une telle alternative était inscrite dans un acte juridique quelconque, il serait à coup sûr considéré que le consentement n'a pas été libre : mieux vaudrait donc inscrire dans les textes que le tribunal doit prendre seul la responsabilité de sa décision et prononcer une adoption simple « *après avoir entendu l'adoptant* ».

221.293 Décision : notifications. En matière gracieuse, les jugements sont notifiés aux parties et aux tiers dont les intérêts risquent d'être affectés par la décision, ainsi qu'au ministère public lorsqu'un recours lui est ouvert (C. pr. civ., art. 679), ce qui est le cas en matière d'adoption (C. pr. civ., art. 1176). Les notifications aux particuliers le sont normalement sous forme de lettre recommandée avec demande d'avis de réception (C. pr. civ., art. 675).

§ 3
Voies de recours

221.301 Appel. Les jugements rendus en matière d'adoption sont susceptibles d'appel. Sont toujours autorisés à utiliser cette voie de recours les adoptants parce qu'ils sont parties principales à l'instance, et le ministère public parce qu'un texte le prévoit (C. pr. civ., art. 1176). Mais le sont aussi les tiers auxquels le jugement aura été notifié (C. pr. civ., art. 546, al. 2) : il peut s'agir, par exemple, de membres de la famille d'origine de l'adopté autres que ses parents, de descendants de l'adoptant ou encore du tuteur. Il est logique de penser que l'appel est aussi ouvert aux parents de l'enfant si le tribunal a passé outre à leur refus de consentement sur le fondement de l'article 348-6 du Code civil, ceci d'autant plus que dans ce cas la procédure est devenue contentieuse (v. s[s] n° 221.131). Dans une espèce particulière, il a été jugé que l'appel était ouvert au conjoint de l'adoptant qui, après avoir consenti à l'adoption s'était rétracté, et que le tribunal avait pour cette raison appelé à comparaître, bien que la décision ne lui ait pas ensuite été notifiée[2].

Le délai d'appel est de quinze jours à compter de la notification du jugement (C. pr. civ., art. 538).

L'appel est formé selon les modalités prévues pour la matière gracieuse (C. pr. civ., art. 950 à 953), qui sont particulières. En effet, il est formé par déclaration au secrétariat de la juridiction qui a rendu la décision, juridiction qui peut, sur cette déclaration, choisir de modifier ou rétracter sa décision, ou de la transmettre à la cour d'appel, et qui doit informer l'appelant de son choix dans le délai d'un mois.

Si le dossier est transmis à la cour d'appel, le recours est instruit et jugé selon les règles applicables à la matière gracieuse devant le tribunal de grande instance, du moins lorsque c'est l'adoptant qui fait appel d'un refus. En revanche, lorsque c'est le ministère public qui s'oppose à l'adoption prononcée, ce sont les règles de la procédure contentieuse qui ont pu être considérées comme s'appliquant en ce qui concerne tant la formulation et le délai d'appel que la représentation[3].

L'arrêt d'appel doit dans tous les cas être motivé[4].

221.302 Pourvoi en cassation. Le pourvoi doit être formé dans les deux mois de la notification de l'arrêt d'appel (C. pr. civ., art. 612). L'adoption ne fait pas l'objet de dispositions spéciales qui dispenseraient du ministère d'un avocat à la Cour de cassation et au Conseil d'État (C. pr. civ., art. 983).

Jusqu'en 2006, le pourvoi n'était pas suspensif d'exécution, de sorte que, lorsque la Cour de cassation annulait une adoption prononcée par une cour d'appel, l'enfant devait reprendre son identité antérieure, éventuellement redevenir pupille de l'État, le tout de façon provisoire si finalement l'adoption était à nouveau prononcée et devenait définitive.

En même temps qu'il a rendu suspensif le pourvoi en cassation en matière de filiation, le décret

1. Sur la nécessité de l'accord du requérant, v. Civ. 1re, 8 mars 2005, n° 02-12.740, *Bull. civ.* I, n° 120; *AJ fam.* 2005, 191, obs. Chénedé; *Defrénois* 2005, 1356, note Massip; *Dr. fam.* 2005, n° 98, note Murat – Civ. 1re, 5 nov. 2008, n° 07-20.426, *Bull. civ.* I, n° 248; *Procédures* 2008, n° 17, note Douchy-Oudot; *RTD civ.* 2009, 107, obs. Hauser; *Defrénois* 2009, 552, obs. Massip.
2. Civ. 1re, 2 déc. 1997, n° 95-17.508, *Bull. civ.* I, n° 333; *JCP* 1998, II, 10028, concl. contr. Sainte-Rose; 10038, note Dreifuss-Netter; *Defrénois* 1998, 1026, obs. Massip; *Dr. fam.* 1998, n° 3, note Murat.
3. CA Paris, 21 déc. 2006, annexe 2, in P. Salvage-Gerest, « Adoption internationale : halte à la présomption irréfragable de vice du consentement (à propos de l'arrêt de la cour d'appel de Rennes du 29 janvier 2007) », *Dr. fam.* 2007, étude 8.
4. CA Paris, 22 sept. 1972, *D.* 1974, J. 199, note Foulon-Pigagniol.

n° 2006-640 du 1er juin 2006[1] a introduit un article 1178-1 dans le Code de procédure civile, ainsi rédigé : « *Le délai de pourvoi en cassation suspend l'exécution de la décision relative à l'adoption. Le pourvoi en cassation exercé dans ce délai est également suspensif* ».

221.303 Tierce opposition. La tierce opposition est ouverte sans limitation particulière ni quant aux personnes admises à l'exercer (C. civ., art. 353-2), ni quant au délai pour la mettre en œuvre (trente ans si elle est faite à titre principal, C. pr. civ., art. 586 s.).

Ainsi a-t-il été jugé à plusieurs reprises que l'adopté lui-même pouvait y recourir dès lors qu'il n'avait pas été partie à la procédure et qu'elle ne lui avait pas été notifiée[2]. Il en a été de même pour des grands-parents d'origine dans une affaire où les adoptants avaient caché au tribunal que l'enfant, bien que pupille de l'État, conservait des relations avec eux[3] : sans connaître l'affaire dans son détail, on est tout de même étonné que le conseil de famille des pupilles de l'État, ayant nécessairement connaissance de la présence des grands-parents, n'ait pas limité son accord à une adoption simple.

La tierce opposition suppose une **fraude ou un dol**[4], imputable à l'adoptant et non à l'intermédiaire s'il y en a eu un (ASE ou OAA)[5]. Cette solution, qui pourrait être jugée restrictive à l'excès, est pourtant la seule convenable dès lors que l'intermédiaire n'est pas partie à l'instance en adoption : rien n'empêche qu'il soit attrait dans une instance distincte, avant ou après l'adoption, et mieux vaut, pour la sérénité de l'enfant particulièrement, que sa famille adoptive ne soit pas mêlée à un conflit auquel elle est étrangère s'il se révèle que l'attitude de l'intermédiaire n'était finalement pas répréhensible.

L'appréciation du dol ou de la fraude relève du pouvoir souverain des juges du fond[6]. Toutefois, la Cour de cassation a donné de la fraude une interprétation étroite : dans une espèce où une femme avait instauré sa légataire universelle puis adopté, sa compagne – ce qui, à l'époque, privait ses neveux de la donation qu'elle leur avait préalablement faite de ses parts dans une SCI –, elle a déclaré que ces neveux n'étaient pas recevables dans leur tierce opposition au jugement d'adoption. On comprend de cette décision, même si elle a été rendue à propos d'une adoption simple de majeur, qu'il n'appartient pas aux particuliers de dénoncer dans leur propre intérêt, ce qui peut être considéré comme un détournement de l'institution contraire à l'ordre public (v. s^s n° 222.33)[7].

221.304 Annulation de l'adoption pour vice du consentement ? Il a été jugé, à propos d'une adoption simple, mais c'est sans incidence, qu'une adoption ne peut être annulée pour vice du consentement indépendamment d'une remise en cause directe du jugement par les voies de recours, le consentement à l'adoption et le jugement qui le constate et prononce l'adoption étant indivisibles[8]. La question était auparavant discutée.

§ 4
Jugement d'adoption plénière et état civil

221.311 Transcription du jugement sur les registres de l'état civil. Dans les quinze jours de la date à laquelle elle est passée en force de chose jugée, la décision prononçant l'adoption plénière – en tout cas son dispositif – est transcrite, à la requête du procureur de la République, sur les registres de l'état civil du lieu de naissance de l'adopté, ou sur ceux du Service central de l'état civil du ministère des Affaires étrangères de Nantes, si son acte de naissance n'est pas détenu par un officier de l'état civil français (C. civ., art. 354, al. 1 et 2). Si son lieu de naissance n'est pas connu, un acte de naissance provisoire lui aura été établi au lieu où il aura été trouvé, en application de l'article 58 alinéa 4 du Code civil, et c'est là que se fera la transcription.

Cette transcription est ainsi rédigée, dans le cas d'un enfant adopté par un couple : « *Par transmission en date du* (date de la transmission) *le procureur*

1. Décr. n° 2006-640, 1er juin 2006, pris pour l'application de l'ordonnance n° 2005-759, 4 juill. 2005, portant réforme de la filiation, et relatif au livret de famille et à la procédure en matière de filiation, *JO* 2 juin, p. 8332.
2. CA Nancy, 17 mai 2004, *JCP* 2005, II, 10002, note Garnier; *Dr. fam.* 2005, n° 28, note Murat (mais l'espèce, internationale, était très particulière) – V. AUSSI, CA Nîmes, 19 févr. 2006, *LPA* 5 déc. 2007, n° 243, p. 11, note Lamoureux.
3. CA Grenoble, 3 sept. 2007, *Juris-Data* n° 2007-344150; *JCP* 2007, IV, 3242 – ARRÊT CASSÉ par Civ. 1re, 5 nov. 2008, n° 07-20.426, *Bull. civ.* I, n° 248; *Procédures* 2008, n° 17, note Douchy-Oudot; *RTD civ.* 2009, 106, obs. Hauser; *Defrénois* 2009, 552, obs. Massip (au motif que la cour d'appel avait « déclassé » l'adoption en adoption simple sans l'accord de l'adoptant).
4. CA Riom, 16 déc. 2003, *AJ fam.* 2004, 138, obs. Bicheron; *JCP* 2004, I, 167, n° 11, obs. Rubellin-Devichi et Favier; *Dr. fam.* 2004, n° 18, note Murat; *RTD civ.* 2004, 74, obs. Hauser.
5. Civ. 1re, 23 oct. 1973, n° 71-12.867, *Bull. civ.* I, n° 278; *JCP* 1974, II, 17689, 3e esp., note De La Marnierre.
6. Civ. 1re, 8 juin 1999, n° 06-18.908, *Bull. civ.* I, n° 195; *Dr. fam.* 1999, n° 124, note Murat; *RTD civ.* 1999, 610, obs. Hauser.
7. Civ. 1re, 6 févr. 2008, n° 06-20.054, *Bull. civ.* I, n° 46; *D.* 2008, 643, obs. Chauvin; *Gaz. Pal.* 2008, 16, obs. Clavier; *Dr. fam.* 2008, n° 59, note Murat.
8. Civ. 1re, 27 nov. 2001, n° 00-10.151, *Bull. civ.* I, n° 292; *JCP* 2002, I, 165, n° 7, obs. Rubellin-Devichi; *Dr. fam.* 2002, n° 57, note Murat; *AJ fam.* 2002, 63, et les obs.; *RTD civ.* 2002, 82, obs. Hauser.

de la République près le tribunal de grande instance de (lieu du siège du tribunal) *a requis de nous la transcription du dispositif d'un jugement d'adoption plénière prononcé le* (date du jugement) *par le tribunal de grande instance de* (lieu du siège du tribunal). *De ce jugement, dont la transcription tiendra désormais lieu d'acte de naissance, il résulte que le* (date réelle de naissance) *à* (lieu réel de naissance) *est né un enfant du sexe* (masculin ou féminin) *prénommé* (prénoms de l'enfant tels qu'ils résultent du jugement), *fils/fille de* (nom, prénom, date et lieu de naissance, profession du père adoptif) *et de* (nom, prénom, date et lieu de naissance, profession de la mère adoptive), *son épouse, domiciliés* (lieu du domicile des parents adoptifs) ». Elle ne contient en revanche aucune indication relative à la filiation d'origine de l'enfant (C. civ., art. 354, al. 3 – il aurait été préférable que ce texte se réfère à la **filiation « d'origine »** de l'enfant, comme c'est le cas à l'article 356, plutôt qu'à sa **filiation « réelle »**, car la filiation adoptive est, elle aussi, tout à fait réelle même si elle repose sur un fondement social et non biologique).

Il est aisé de constater que cette transcription, qui « *tient lieu d'acte de naissance* » à l'adopté (C. civ., art. 354, al. 4), ne ressemble en rien à un tel acte (v. doc. s^s^ n° 220.07). Dire, comme on le fait pratiquement tout le temps, qu'est établi pour l'adopté un nouvel acte de naissance « mensonger », le faisant apparaître comme né de l'adoptant, est donc... mensonger. En réalité il y a probablement, dans l'esprit du public mais aussi de nombre de professionnels, une confusion entre transcription d'une adoption plénière et établissement d'un acte tenant lieu d'acte de naissance aux pupilles de l'État dont les parents avaient demandé le secret lors de la remise de l'enfant à l'ASE, à l'époque où c'était autorisé (v. s^s^ n° 221.161). Cela montre en tout cas clairement que le caractère adoptif de la filiation n'est nullement nié, qu'il n'y a pas création d'une filiation « fictive » qui ferait apparaître l'adopté comme né de l'adoptant, mais simplement création d'une **filiation « sociale »**, ayant à partir du jour de la requête les effets d'une filiation biologique pour permettre à l'adopté de vivre une vie familiale normale. L'établissement de la filiation adoptive, contrairement à celui de la filiation biologique, n'est pas une « preuve », c'est une « fondation »[1], mais une fois cet établissement effectué, il n'y a plus à distinguer, juridiquement et pour l'avenir, entre les enfants adoptés plénièrement et les enfants issus de leurs parents.

221.312 Annulation de l'acte de naissance originaire de l'adopté. Il est vrai qu'en même temps qu'est transcrit le jugement d'adoption, l'acte de naissance originaire de l'adopté, du moins bien sûr s'il est détenu par un officier de l'état civil français, est revêtu de la mention « adoption » et considéré comme nul (C. civ., art. 354 *in fine*). L'officier de l'état civil qui le détient ne doit dès lors plus en divulguer le contenu, mais il n'est pas pour autant détruit et certaines personnes pourront y avoir accès, notamment dans le cadre de la recherche par l'adopté de ses origines familiales. En effet, le procureur de la République doit communiquer au CNAOP (Conseil national pour l'accès aux origines personnelles), « *sur sa demande, les éléments figurant dans les actes de naissance d'origine, lorsque ceux-ci sont considérés comme nuls en application de l'article 354 du Code civil* » (CASF, art. L. 147-8, al. 1er).

De même un tel acte devrait nécessairement servir de preuve à l'occasion du mariage de l'adopté, si d'aventure était alléguée une interdiction de mariage entre lui et son futur conjoint pour cause d'inceste (C. civ., art. 356, al. 1er).

Ainsi, au seul vu d'une copie intégrale de son titre de naissance, l'adopté ne peut ignorer la particularité de sa filiation. Ce qu'il ignore encore, mais pas forcément de façon définitive, c'est son identité initiale (v. s^s^ n° 221.315).

221.313 Délivrance de copies intégrales et extraits du jugement transcrit. Comme pour les actes de naissance, les **copies intégrales** de transcription ne peuvent normalement être délivrées qu'aux intéressés majeurs ou émancipés, leurs ascendants et descendants, et éventuellement leurs représentants légaux autres que leurs parents; elles ne peuvent être exigées que par des autorités administratives ou personnes dûment autorisées[2]. Dans le cas de filiation adoptive, il est particulièrement important que ces restrictions soient scrupuleusement respectées, comme elles doivent l'être dans tous les autres cas où les intéressés souhaitent ne pas révéler à tous un élément particulier de leur vie privée (divorce, transsexualisme, contestation de filiation ou autre). Malheureusement, la pratique n'est pas toujours en ce sens...

En revanche, les **extraits** doivent être délivrés à toute personne qui en fait la demande[3]. Ces extraits, destinés à informer les tiers sur l'identité actuelle de l'intéressé, font apparaître l'adopté comme « né » à telle date et en tel lieu « de » l'adoptant[4]. Certains souhaiteraient, à juste titre, que sur tous les extraits d'acte de naissance, quelle que soit la nature de la filiation, la formule « né(e) de », soit remplacée par

1. Cornu, n° 274.

2. Décr. n° 62-921, 3 août 1962, réd. décr. n° 97-852, 16 sept. 1977, et décr. n° 68-148, 15 févr. 1968, art. 9.
3. Décr. 3 août 1962, réd. décr. 16 sept. 1997, art. 10.
4. Décr. 3 août 1962, réd. décr. 16 sept. 1997, art. 12 – V. doc. s^s^ n° 220.07.

celle de « fils de » ou « fille de », car c'est en grande partie parce que ces documents sont les plus répandus que s'est forgée la légende tenace selon laquelle l'enfant adopté en adoption plénière aurait, à l'état civil, une filiation « mensongère » (v. s[s] n° 221.311).

221.314 Livret de famille. Le livret de famille est, on le sait, un recueil « portatif » d'extraits des actes de l'état civil concernant les membres d'une même famille. Si l'adoption est le fait d'un couple marié, l'adopté figurera sur le livret qui aura été établi à l'occasion du mariage; si elle est le fait d'une personne seule, ce livret sera délivré lors de la transcription du jugement d'adoption concernant le premier enfant[1]. Il n'est pas mentionné sur ce document que la filiation est adoptive, mais il porte les références de la transcription du jugement d'adoption, et celle-ci étant nécessairement éloignée de la date de la naissance de l'enfant, il est difficile de croire, là encore contrairement à l'opinion la plus répandue, que la façon dont ce livret est conçu est faite pour laisser ignorer à l'adopté le caractère particulier de sa filiation. On peut même se demander, depuis que les fiches d'état civil ont été supprimées et que sont fournies aux administrations des photocopies du livret de famille plutôt que des extraits d'actes de naissance, si l'intimité de la vie privée des adoptés est suffisamment sauvegardée[2].

Rien n'est dit nulle part de ce qu'il advient du livret de famille des parents d'origine de l'adopté, et il est fort peu probable qu'ils fassent eux-mêmes la démarche d'y faire mentionner l'adoption, donc l'exclusion de l'adopté de leur famille. Il est donc à craindre, sauf erreur, que celle-ci n'y apparaisse jamais...

221.315 Accès de l'intéressé à ses origines personnelles. En prescrivant l'annulation de l'acte de naissance originaire de l'adopté (v. s[s] n° 221.312), le législateur de 1966 n'a pu avoir dans l'idée que de sauvegarder l'intimité de la famille biologique de celui-ci : cette famille ayant accepté ou décidé de rompre tous les liens juridiques qui l'unissaient à l'enfant et ayant emprunté pour ce faire une voie légale, elle est en droit d'obtenir sinon l'effacement, du moins la mise entre parenthèses de tout ce qui pourrait ramener à elle celui qu'elle a exclu. C'est dans le même esprit qu'est interdite la divulgation par la presse d'une information relative à la famille d'origine d'une personne ayant fait l'objet d'une adoption plénière jusqu'aux trente années suivant le décès de l'adopté[3].

Le fait que la transcription du jugement d'adoption ne fasse aucune allusion à la filiation d'origine de l'adopté (v. s[s] n° 221.311) va bien sûr dans le même sens, mais c'est aussi un moyen de protéger la nouvelle famille – y compris l'adopté – contre toute intrusion de la première, moyen qui apparaît comme le prolongement naturel du fait que, lorsque l'enfant est placé en vue de l'adoption par l'ASE ou un OAA, les parents ne choisissent pas la famille adoptive et n'ont même pas connaissance de son identité.

Le fait que les extraits de transcription se présentent comme des extraits d'acte de naissance, sans indication de la nature de la filiation, est encore le moyen d'assurer à l'adopté le respect de sa vie privée à l'égard des tiers, auxquels il peut ne pas vouloir divulguer sa qualité d'adopté, comme d'autres préfèrent ne pas divulguer qu'ils sont nés hors mariage ou toute autre particularité de leur identité (v. s[s] n° 221.313).

Le système ainsi mis en place en 1966 était donc juridiquement cohérent : l'intimité de tous les intéressés était protégée, l'adopté pouvait connaître la particularité de sa filiation en se procurant une copie de la transcription du jugement, voire du jugement lui-même, ou tout simplement le livret de famille de ses parents, l'ignorance de son identité passée étant le corollaire logique de sa rupture totale avec sa famille d'origine. C'était en tout cas certainement un progrès par rapport au système mis en place dans le cadre de la légitimation adoptive, où l'adoption était simplement mentionnée en marge de l'acte de naissance : les agents de l'état civil ayant ordre dans ce cas de ne pas délivrer de copies des actes de naissance ainsi annotés, les personnes ayant fait l'objet d'une légitimation adoptive entre 1939 et 1966 ont eu les pires difficultés à obtenir un passeport pendant la période, heureusement courte, où une copie intégrale d'acte de naissance a été exigée pour sa délivrance ou son renouvellement[4].

Toutefois le postulat selon lequel moins l'enfant en saurait sur ses origines, mieux il s'intégrerait dans sa famille adoptive, surtout s'il était très jeune au moment de son adoption, est loin de s'être vérifié, et la culture du secret qui prévalait en la matière a certainement eu des effets pervers. Des adoptés en quête de leurs origines ont éprouvé une réelle souf-

1. Décr. n° 74-449, 15 mai 1974, art. 1, 3°, réd. décr. n° 2006-640, 1er juin 2006.
2. Décr. n° 2000-1277, 26 déc. 2000, art. 2.
3. L. 29 juill. 1881, art. 39 *quater*, réd. ord. n° 2000-916, 19 sept. 2000 – Sur les obligations de l'Administration, v. Grenier, « Le régime de la communication des dossiers personnels des enfants remis en vue de l'adoption », *RDSS* 2001, 13.
4. Arr. 26 mai 2008, relatif aux actes de l'état civil requis pour la délivrance ou le renouvellement du passeport, abrogeant et remplaçant l'arrêté du 30 juillet 2001, relatif aux pièces d'état civil requises pour la délivrance du passeport, et l'arrêté du 31 mars 2006, relatif aux actes de l'état civil requis pour la délivrance du passeport électronique.

france et l'ont fait savoir, parfois même avec une certaine virulence. C'est pourquoi le législateur a, par la loi du 22 janvier 2002, tenté de trouver un compromis entre le droit des parents de garder secrète leur identité et le droit des enfants d'accéder à leurs origines. À cet effet a été créé, par la loi du 22 janvier 2002, relative à l'accès aux origines des adoptés et pupilles de l'État, un organisme spécial, le CNAOP (CASF, art. L. 147-1 à L. 147-11; art. R. 147-1 à R. 147-33)[1]. La Cour européenne des droits de l'homme a jugé, dans un arrêt Odièvre c/France, que par cette loi, qui s'efforce d'assurer équitablement la conciliation entre la protection du secret de la filiation et la demande légitime de l'enfant concernant ses origines, la France n'avait pas excédé la marge d'appréciation qui doit lui être reconnue en raison du caractère complexe et délicat de la question que soulève le secret des origines au regard du droit de chacun à son histoire, du choix des parents biologiques, du lien familial existant et des parents adoptifs[2]. Il est toutefois à remarquer que, dans cette affaire comme dans bien d'autres, ce n'est pas le fait que l'adoption était plénière qui empêchait l'intéressée de connaître sa famille d'origine, ni même le fait que l'accouchement avait été « sous X » puisque ce n'était pas le cas, mais le fait qu'il n'y avait pas d'information disponible sur celle-ci, parce que sa mère avait demandé le secret lors de sa remise à l'ASE – ce qui n'est plus autorisé depuis la loi du 22 janvier 2002 (v. s[s] n° 221.161). Il ne faut donc pas confondre, là encore, le droit des mères d'accoucher « sous X » et le droit – aboli – des parents de confier eux-mêmes leurs enfants à l'ASE en demandant le secret de leur identité – qui peuvent n'être suivis d'aucune adoption ou être suivis d'une adoption simple –, avec les effets de l'adoption plénière. Depuis la loi du 22 janvier 2002 en tout cas, ce n'est jamais le caractère plénier de l'adoption qui pourra empêcher l'adopté né en France d'accéder à la connaissance de ses origines (v. s[s] n° 221.312) : ce qui pourra l'en empêcher, c'est l'absence d'informations sur celles-ci, ou le refus de sa famille biologique de le laisser y accéder[3]. L'incapacité de la mère, et particulièrement son placement sous tutelle au moment de l'accouchement ou au moment où le CNAOP est saisi, peut aussi être un obstacle[4].

Le débat porte donc sur la filiation, l'autorité parentale et la capacité beaucoup plus que sur l'adoption et son caractère simple ou plénier : il est dommage que soit toujours entretenue – volontairement ou non – la confusion à ce propos.

SECTION 4

EFFETS DE L'ADOPTION PLÉNIÈRE

221.320 Simplicité, mais absence de rétroactivité des effets. Alors que le Code civil ne consacre pas moins de dix-sept articles aux conditions de l'adoption plénière, auxquels s'ajoutent tous les textes complémentaires mentionnés, seuls cinq articles du même code sont consacrés à ses effets civils. Il faut dire que ceux-ci sont tellement radicaux qu'ils en deviennent simples : sous réserve des interdictions à mariage qu'il conserve dans sa famille d'origine (§ 1), l'adopté est assimilé, à compter de la requête en adoption – donc avec une rétroactivité limitée et purement procédurale – à un enfant « *dont la filiation est établie en application du titre VII, livre I du Code civil* » (plus simplement dit : un enfant biologique) (§ 2), et ce de façon irrévocable (§ 3). Le jugement d'adoption est ainsi constitutif, et l'adoption, dont il faut rappeler qu'elle doit avoir lieu dans l'intérêt de l'enfant, doit, à l'époque moderne, être considérée comme une institution de solidarité sociale permettant aux enfants isolés de prétendre une vie familiale « normale » et non comme une fiction : selon la Cour européenne des droits de l'homme, les relations entre adoptant et adopté « *sont en principe de même nature que les relations familiales protégées par l'article 8* », et cette protection s'étend à l'adoption même seulement projetée[5].

1. M.-C. Le Boursicot, « Accéder à ses origines personnelles », *Info. soc.* 2008, p. 78; « Y a-t-il un avenir pour le CNAOP ? », *RLDC*, n° 59, avr. 2009, p. 61.
2. CEDH, gr. ch., 13 févr. 2003, req. n° 42326-98, Odièvre c/France; B. Mallet-Bricout, « Droit d'accès aux origines personnelles : l'embarras de la Cour européenne des droits de l'homme », *D.* 2003, chron. 1240; *JCP* 2003, II, 10049, note Gouttenoire-Cornut et Sudre; *JCP* 2003, I, 120, « La Cour européenne des droits de l'homme et le "droit" de connaître ses origines », étude Malaurie; *Gaz. Pal.* 2005, 411, note Royant; *RJPF* 2003-4/34, obs. Le Boursicot; *Dr. fam.* 2003, n° 58, note Murat; *Dr. fam.*, étude 14, Gaumont-Prat; *LPA* 11 juin 2003, 11, note Roy; *RTD civ.* 2003, 276, obs. Hauser; *RTD civ.* 2003, 375, obs. Marguénaud; *RDSS* 2003, 219, note Monéger; *JDI* 2004, 696, note Leclercq-Delapierre, absence de violation de l'art. 8 de la Conv. EDH sur la protection de la vie privée).
3. Pour un refus exprimé par la mère, v. CE, réf., 25 oct. 2007, n° 310125, *Dr. fam.* 2008, n° 6, note Murat.
4. C. Lacour, « Accouchement anonyme et levée du secret des origines à l'épreuve de l'incapacité », *RDSS* 2009, 328.
5. CEDH 22 juin 2004, req. n° 78028/01, Pini et a. – V. A. Gouttenoire et P. Salvage-Gerest, « Droit au respect de la vie familiale et adoption internationale, une « première » déconcertante, l'arrêt de la Cour européenne des droits de l'homme du 22 juin 2004 », *Dr. fam.* 2005, étude 30 – V. AUSSI, *JCP* 2004, I, 16, obs. Sudre; *JDI* 2004, 519, note C. R.; *D.* 2005, somm. 1748 et *D.* 2004, J. 3026, note Renucci et Berro-Lefebvre.

La filiation qui résulte de l'adoption est en tout cas certainement moins « fictive » que celle qui résulte d'une procréation médicalement assistée avec donneur(s) où l'enfant est traité comme s'il avait été conçu par un ou des parents dont en fait il n'a pas les gènes, avec interdiction de prouver le contraire. Mais faut-il absolument recourir à l'idée de fiction pour définir les filiations « sociales » et non « biologiques », dans une société qui a su se débarrasser enfin, par ailleurs, des concepts de « légitimité » et « illégitimité » de ses enfants ?

§ 1
Rupture des liens de l'adopté avec sa famille d'origine

221.321 **Étendue de la rupture.** « *L'adoption confère à l'enfant une filiation qui se substitue à sa filiation d'origine : l'adopté cesse d'appartenir à sa famille par le sang, sous réserve des prohibitions au mariage visées aux articles 161 à 164* » (C. civ., art. 356, al. 1er). Le fait que l'enfant adopté plénièrement continue à se voir interdire le mariage au sein de sa famille d'origine alors que tous ses liens juridiques avec elle sont rompus est révélateur de la force du tabou multiséculaire qu'est l'inceste. Toutefois on peut penser que l'interdiction est devenue presque symbolique eu égard aux règles de l'état civil qui viennent d'être décrites. À partir du moment où la transcription du jugement d'adoption ne fait aucune allusion à la famille d'origine de l'adopté, la copie qu'en recevra l'officier de l'état civil chargé de célébrer l'union ne le renseignera en rien. Il ne pourra être prévenu de l'empêchement au mariage projeté que par les voies ordinaires de l'opposition ou de l'avis officieux. Le cas échéant, la preuve de la réalité du lien pourra être faite par l'acte de naissance originaire de l'intéressé (v. ss n° 221.312).

En dehors de cette séquelle plus symbolique que pratique, il ne reste rien à l'adopté de ses premières attaches. Sur le plan personnel il ne peut plus porter son nom de famille initial et ses parents ne disposent plus sur lui de la moindre parcelle d'autorité parentale - mais sur ce point le jugement d'adoption n'est que la traduction juridique d'une situation de fait déjà créée, vu les conditions auxquelles est soumise son adoptabilité. Sur le plan pécuniaire, obligation alimentaire et droit de succession disparaissent entièrement. Bien sûr, si l'enfant n'avait pas de filiation établie, celle-ci ne pourra plus l'être, à supposer que cet effet n'ait pas été déjà acquis avec le placement (v. ss n° 221.262).

Cette rupture des liens n'intervient que du jour de la requête en adoption, de sorte que l'adopté conserve ce qu'il avait déjà acquis. Ainsi n'a-t-il pas à restituer une succession déjà reçue; ainsi conserve-t-il un droit à pension d'orphelin déjà ouvert, et ce jusqu'au terme prévu [1].

Peut-être faut-il souligner que la rupture des liens juridiques entre l'enfant et sa famille d'origine n'empêche pas nécessairement, dans des cas exceptionnels, que soit octroyé un droit de visite à des membres de celle-ci, y compris aux parents assimilés à des tiers, sur le fondement de l'article 371-4 alinéa 2 du Code civil en vertu duquel : »*Si tel est l'intérêt de l'enfant, le juge aux affaires familiales fixe les modalités des relations entre l'enfant et un tiers, parent ou non* » : rupture des liens juridiques n'est en effet pas nécessairement synonyme de rupture des liens personnels [2].

§ 2
Création, pour l'avenir, d'un lien de famille identique à celui créé par la filiation biologique dans la famille du ou des adoptants

221.331 **Nom de famille et prénom.** L'article 357 alinéa 1er du Code civil pose en principe que l'adopté prend le nom de l'adoptant.

Si l'adoption est individuelle, cela ne pose pas de problème, sauf à préciser que si l'adoptant est marié, l'enfant pourra porter le nom du conjoint de l'adoptant, ou les noms accolés des deux époux, dans les conditions posées aux alinéas 4 et 5 du texte. Cette disposition, calquée sur celle qui permettait que l'enfant naturel, et notamment adultérin, porte le nom du conjoint de son parent unique, aurait logiquement dû être abrogée en même temps que l'a été l'article 334-5 du Code civil. La circulaire de présentation des lois n° 2002-304 du 4 mars 2002 [3] et n° 2003-516 du 23 juin 2003 [4], relatives à la dévolution du nom de famille, datée du 6 décembre 2004, précise que la demande d'attribution du nom du conjoint doit être formulée dans la requête aux fins d'adoption [5] (v. ss n° 221.282).

Si l'adoption est le fait d'un couple marié, le nom conféré à l'enfant « *est déterminé en application*

1. Soc. 21 juill. 1986, *D.* 1987, 142, note Massip; *RTD civ.* 1988, 715, obs. Rubellin-Devichi.
2. EN CE SENS, Civ. 1re, 21 juill. 1987, n° 85-15.521, *Bull. civ.* I, n° 235 – Civ. 1re, 16 juill. 1997, n° 95-17.210, NPT; *Dr. fam.* 1997, n° 173, note Murat; *Defrénois* 1998, 720, obs. Massip (demande de droit de visite par des grands-parents jugée recevable mais inopportune).
3. L. n° 2002-304, 4 mars 2002, relative au nom de famille, *JO* 5 mars, p. 4159.
4. L. n° 2003-516, 18 juin 2003, relative à la dévolution du nom de famille, *JO* 19 juin, p. 10240.
5. Circ. CIV./18/04 6 déc. 2004, p. 48.

des règles énoncées à l'article 311-21 », c'est-à-dire comme pour les enfants biologiques. L'enfant adopté est assimilé sur ce point à un enfant dont la filiation est établie à l'égard de ses deux parents simultanément après la déclaration de sa naissance.

La détermination du nom de famille de l'enfant adopté par un couple marié est à l'origine d'un problème de droit transitoire et de divergences de jurisprudence. En effet, selon l'article 23 modifié de la loi du 4 mars 2002, les nouvelles règles de dévolution du nom sont applicables aux **enfants nés après le 1er janvier 2005**, et selon la circulaire précitée, cette disposition s'applique telle quelle à la filiation adoptive (v. ss no 61.12)[1]. Ainsi, en supposant, à titre d'exemple, qu'un couple marié ait choisi de faire porter à son premier enfant, né en 2005, le nom de sa mère, et qu'il adopte en 2008 un enfant né avant le 31 décembre 2004 – ce qui est loin d'être une hypothèse d'école, surtout dans le cadre de l'adoption internationale –, il faudrait appliquer à celui-ci les anciennes règles de dévolution du nom, donc lui faire porter le nom du mari, en contradiction avec l'article 311-21 alinéa 3 du Code civil qui veut que tous les enfants communs d'un couple portent le même nom.

À l'évidence, le législateur, en édictant cet article 23, n'a pas songé aux enfants adoptés, ce que quelques tribunaux ont compris en permettant aux adoptants dont les **enfants** sont **nés avant le 1er janvier 2005 mais ont été adoptés ultérieurement** de bénéficier des options nouvelles proposées. En revanche, le procureur de la République de Nantes, chargé d'ordonner la transcription directe, sur les registres du Service central de l'état civil, des adoptions plénières prononcées à l'étranger, ne peut que retenir l'interprétation de la circulaire. Une vue plus compréhensive de la part de la Chancellerie, qui aurait tenu compte du fait que le nom, dans tous les cas, s'acquiert à l'occasion de l'entrée de l'enfant dans la famille et non à l'occasion de sa naissance, même si les deux sont le plus souvent simultanées, aurait évité ces divergences évidemment mal comprises par les intéressés.

L'adoptant peut choisir de modifier le prénom de l'adopté, et le tribunal doit statuer sur ce point (C. civ., art. 357, al. 3 – V. ss no 221.282).

221.332 Autorité parentale. L'autorité parentale est totalement dévolue au(x) parent(s) adoptif(s). Il semble bien, à ce sujet, que la seule restriction à une identité complète avec l'enfant biologique – encore est-elle très loin d'être certaine – concerne le droit de rendre l'enfant à nouveau adoptable (v. ss no 221.341).

1. Circ. CIV./18/04 6 déc. 2004, p. 43.

221.333 Obligation alimentaire. L'adopté mineur doit être entretenu par son ou ses parents adoptifs comme doit l'être tout mineur.

Il a le droit de réclamer des aliments non seulement à ses parents, mais aussi à ses autres ascendants adoptifs en ligne directe; inversement, une fois majeur, il pourra être tenu de secourir ces mêmes personnes.

221.334 Successions. L'article 733 alinéa 2 du Code civil indique que : « *Les droits* [successoraux] *résultant de la filiation adoptive sont réglés au titre de l'adoption* ». S'agissant de l'adoption plénière, le chapitre qui la régit n'évoque pas directement la question, mais il y est indiqué que l'adopté a, dans la famille de l'adoptant, les mêmes droits et les mêmes obligations qu'un enfant issu de ses parents (C. civ., art. 358). L'adopté bénéficie donc des droits successoraux les plus complets dans le patrimoine de ses parents, ascendants et collatéraux; inversement s'il décède sans héritiers directs ce sont eux qui recevront ses biens. Il est parfois remarqué que ces effets se produisent alors même que les membres de la famille adoptive n'ont pris aucune part au projet, voire s'y sont opposés, mais les familles biologiques sont placées à la même enseigne... Cette remarque n'est d'ailleurs pas totalement exacte : d'une part, les membres de la famille ont éventuellement pu se faire entendre au cours de la procédure; d'autre part, si l'adoptant avait déjà des descendants, ils ont pu donner leur avis sur l'adoption projetée, et il arrive qu'ils s'y montrent défavorables justement pour des raisons successorales.

221.335 Donations entre vifs : révocation pour survenance d'enfant. Depuis la loi no 2006-728 du 23 juin 2006, la révocation des donations entre vifs pour cause de survenance d'enfant fait l'objet des articles 960 à 966 du Code civil. La révocation n'a lieu que si l'acte de donation le prévoit, et à la demande du seul donateur, qui doit intenter l'action dans un délai de **cinq ans** à compter de la naissance ou de l'adoption du dernier enfant et peut y renoncer à tout moment. L'important ici est de signaler que l'adoption d'un enfant en la forme plénière – mais non en la forme simple (v. ss no 222.221) est expressément visée comme une cause de révocation possible.

221.336 Fiscalité. La loi fiscale consacre l'identité des filiations par le sang et adoptive en prévoyant un régime unique de fiscalité en cas de mutations à titre gratuit, c'est-à-dire de donations et de successions. Le régime dérogatoire prévu à l'article 786 du Code général des impôts ne vise que les adoptés simples, et encore seulement une partie d'entre eux.

En matière d'impôt sur le revenu, l'avantage particulier accordé, dans divers cas, aux contribuables vivant seuls, est accordé sous condition à ceux qui ont adopté un enfant mineur (CGI, art. 195, 1. e). En revanche, les contribuables ne peuvent pas déduire de leur revenu global les frais occasionnés par l'adoption d'un enfant, car ils constituent des dépenses d'ordre privé[1].

221.337 **Avantages sociaux.** Les avantages sociaux accordés aux familles adoptives sont en général moins liés à l'adoption proprement dite qu'à la prise en charge de l'enfant : il en a déjà été traité (v. s^{s} n° 221.263).

§ 3
Caractère irrévocable de l'adoption plénière

221.341 **Imprécision de la notion**[2]. L'adoption plénière est « irrévocable » (C. civ., art. 359). En revanche, l'adoption simple peut être « révoquée » par le tribunal de grande instance pour motifs graves, à la demande de l'adoptant, de l'adopté, de membres de la famille d'origine de celui-ci ou du ministère public suivant les cas (C. civ., art. 370 - V. s^{s} n° 222.246). La révocation de l'adoption simple faisant cesser pour l'avenir tous les effets de celle-ci (C. civ., art. 370-2), il faut à coup sûr comprendre que, *a contrario*, il n'est pas possible de saisir le tribunal pour lui demander de faire cesser les effets d'une adoption plénière, autrement dit à la fois de rétablir le lien rompu et de détruire le lien créé.

Il est évident que le tribunal ne serait pas en mesure d'ordonner le rétablissement du lien de filiation rompu par la volonté, expresse ou tacite, de la famille d'origine de l'adopté, de sorte que l'irrévocabilité s'attache sans conteste à la rupture de ce lien. Mais il paraît excessif de considérer qu'elle concerne aussi sans nuance le lien adoptif créé, autrement dit qu'elle interdit tout nouveau projet d'adoption en cas de défaillance de la première famille adoptive liée à des événements nouveaux survenus au sein de celle-ci.

Les hésitations sur le sujet pourraient provenir de l'article 346 du Code civil. Celui-ci prévoit en effet que, en cas de décès du ou des adoptants, l'enfant peut faire l'objet d'une nouvelle adoption plénière (C. civ., art. 346 - V. s^{s} n° 221.44). Cela laisse à penser qu'il redevient automatiquement adoptable dans ce cas et ne le redevient que dans ce cas, ce qui n'est pas la vérité. L'enfant adopté plénièrement devenu orphelin ne redevient adoptable que si son conseil de famille y consent ou s'il est admis en qualité de pupille de l'État à ce titre, il est donc exactement dans la même situation que n'importe quel autre orphelin : l'article 346 paraît donc inutile, et il n'y a aucune raison pour que la similitude de situation soit limitée au décès des parents.

Par ailleurs, si l'irrévocabilité de la filiation adoptive interdit de la détruire, il devrait en aller de même de toutes les filiations biologiques qui, une fois établies juridiquement, sont tout aussi irrévocables, la possibilité de les contester étant tout autre chose. Certes, l'établissement des filiations fondées sur la biologie est déclaratif alors que l'adoption est constitutive, mais les effets de l'un et de l'autre sont identiques. Dès lors que l'adoption plénière confère à l'adopté une filiation qui se substitue à sa filiation d'origine (C. civ., art. 356), on voit mal au nom de quoi la possibilité de redevenir adoptable, en particulier en devenant ou redevenant pupille de l'État si c'est son intérêt, serait exclue pour lui.

Enfin, l'article 370-5 du Code civil considère comme équivalente à une adoption plénière française une adoption prononcée à l'étranger (sous-entendu « *en application d'une loi étrangère* »), « *si elle rompt de manière complète et irrévocable le lien de filiation préexistant* » : aucune référence n'est faite à l'irrévocabilité du lien créé (v. s^{s} n°s 224.81 s.).

Si cette analyse, partagée par quelques uns[3], est exacte, on comprend mal le procédé « *bien alambiqué* »[4] introduit en 1996 pour parer à ce qu'il est convenu d'appeler les « échecs », heureusement peu nombreux, de l'adoption[5], procédé qui consiste à prononcer une adoption simple par une seconde famille « par-dessus » une adoption plénière s'il est justifié de motifs graves (C. civ., art. 360, al. 2 - V. s^{s} n° 222.21). Ce procédé - qui implique tout de même que l'enfant soit redevenu adoptable, sans qu'on sache comment - ne peut avoir pour but que d'accélérer et simplifier dans l'immédiat les démarches pour que l'enfant soit accueilli dans une structure familiale adaptée. Mais les conditions et les effets de cette imbrication de familles n'étant nulle part précisés, il est à redouter que, à terme, elle ne ressemble à un véritable nœud gordien.

1. Rép. min. n° 958, *JOAN* Q 2 oct. 2007, p. 5983; *AJ fam.* 2007, 413.
2. Sur cette notion, v. C. Neirinck, « L'irrévocabilité de l'adoption en question », *RDSS* 2006, 1076.
3. J. Rubellin-Devichi, *JCP* 2002, I, 165, pour qui « *la loi de 1996 a supprimé toute controverse sur la remise d'un enfant adopté aux services de l'Aide sociale à l'enfance et permet, si besoin, d'en faire un pupille de l'État, qui à ce titre, pourra être adopté* ».
4. Carbonnier, p. 373.
5. Y. Favier, « Les échecs de l'adoption, le paradoxe de l'adoption plénière », *Info. soc.* mars 2008, n° 146, p. 122.

CHAPITRE

222. Adoption simple

PASCALE SALVAGE-GEREST
PROFESSEUR ÉMÉRITE DE L'UNIVERSITÉ
PIERRE MENDÈS-FRANCE (GRENOBLE 2)

SECTION 0
ORIENTEUR

222.00 **Plan du chapitre.**

Divisions. L'adoption simple est, dans ses conditions et sa procédure, suffisamment proche de l'adoption plénière pour qu'on s'y arrête en général assez peu (sect. 1 et 2). Ses effets retiennent davantage l'attention car ils sont plus originaux : les liens juridiques de l'adopté avec sa famille d'origine sont seulement distendus, et ni lui ni ses descendants n'entrent complètement dans sa famille adoptive (sect. 3).

222.01 **Textes applicables.**
* V. s[s] n° 220.01

222.02 **Jurisprudence de référence.**
* V. s[s] n° 220.02

222.03 **Bibliographie indicative.**
* V. s[s] n° 220.03

222.06 **Délais.**
* V. s[s] n° 220.06

SECTION 1
CONDITIONS DE L'ADOPTION SIMPLE

222.10 **Renvois partiels aux conditions de l'adoption plénière.** Pour réglementer les conditions de l'adoption simple, le législateur a très largement procédé par renvoi à celles de l'adoption plénière, dans l'article 361 du Code civil. Le renvoi est intégral s'agissant des conditions relatives à l'adoptant (§ 1) et partiel s'agissant des conditions relatives à l'adopté (§ 2). Mais l'adoption simple ne présuppose pas d'accueil de l'adopté par l'adoptant (§ 3).

§ 1
Conditions relatives à l'adoptant

222.11 Conditions identiques à celles de l'adoption plénière. Les conditions relatives à l'adoptant ou aux couples d'adoptants sont exactement calquées sur celles de l'adoption plénière (renvoi de l'article 361 aux articles 343, 343-1, 343-2, 344 et 353 du Code civil). Il suffit donc de rappeler ici, sommairement (pour le détail, v. s[s] n°s 221.22 à 221.28) :

- que l'adoption peut être demandée par un **couple marié depuis plus de deux ans** ou dont chacun des membres a **plus de vingt-huit ans et non séparé de corps**, ou d'une personne âgée de plus de vingt-huit ans, dont le conjoint aura consenti à l'adoption si elle est mariée;

- que l'adoptant doit avoir **quinze ans de plus que l'adopté** sauf dérogation accordée par le tribunal;

- enfin que le fait qu'il ait des descendants n'est pas un obstacle pourvu que l'adoption projetée ne compromette pas sa vie familiale.

Lorsque l'adoptant envisage l'adoption d'un **pupille de l'État ou d'un enfant confié à un organisme autorisé pour l'adoption (OAA)**, il doit être titulaire de **l'agrément** délivré par le président du Conseil général (v. s[s] n°s 221.241 à 221.243).

L'adoption simple peut sans difficulté être menée à son terme en cas de décès de l'adoptant en cours d'instance. En revanche, le fait qu'elle n'ait pas à être précédée d'un recueil de l'adopté par l'adoptant permet d'hésiter sur le point de savoir si l'action peut être intentée en cas de décès de l'adoptant ou de l'adopté avant le dépôt de la requête (v. s[s] n°s 221.27, 221.45 et 222.52).

§ 2
Conditions relatives à l'adopté

222.20 Adopté en général. L'adoption simple étant permise quel que soit l'âge de l'adopté, celui-ci peut donc être mineur (A) ou majeur (B). Mais il est évident que son âge influe sur les conditions de son adoption[1].

1. K. de la Asuncion-Planes, « Les enjeux contemporains de l'adoption simple à travers le contentieux judiciaire », *RRJ* 2008, 191.

A.
Adopté mineur

222.21 Renvoi aux conditions de l'adoption plénière. Si l'adopté est mineur, il doit répondre aux critères d'adoptabilité définis pour l'adoption plénière : consentement familial, admission en qualité de pupille de l'État ou déclaration judiciaire d'abandon (renvoi de l'article 361 aux articles 346 à 350 du Code civil - V. s[s] n°s 221.50 s.). Il en est ainsi même s'il a **entre quinze et dix-huit ans**, âge auquel l'adoption plénière n'est normalement plus permise : étant encore mineur, il ne peut consentir seul à son changement d'état, même s'il a été émancipé (C. civ., art. 413-6 - V. s n° 221.42). S'il a **moins de deux ans** et n'est pas membre de la famille de l'adoptant jusqu'au sixième degré, il doit être remis à l'Aide sociale à l'enfance (ASE) pour devenir pupille de l'État, ou à un OAA.

Il faut aussi rappeler qu'est **adoptable en adoption simple par une seconde famille un enfant adopté en adoption plénière**, s'il est justifié de **motifs graves** (C. civ., art. 360, al. 2 - V. s[s] n° 221.341). La recherche des motifs graves doit se faire *in concreto* et au regard du seul intérêt de l'enfant[2]. Il semble que jusqu'à présent cette possibilité ait été surtout mise en œuvre après la séparation de couples d'adoptants pour permettre au nouveau conjoint de l'un d'entre eux d'adopter à son tour l'enfant, du moins si l'on en juge par la jurisprudence publiée[3]. Elle a pourtant été pensée essentiellement dans la perspective de l'adoption internationale dans laquelle les échecs sont plus à redouter.

L'adopté doit **consentir personnellement** à son adoption s'il a **plus de treize ans** (C. civ., art. 360, al. 3). La seule raison qui explique que cette disposition ne soit pas incluse dans les renvois de l'article 361 du Code civil est que, avant la loi du 5 juillet 1996, l'âge auquel l'adopté devait donner son consentement personnel n'était pas le même suivant que l'adoption projetée était plénière ou simple. L'impossibilité pour lui de donner un consentement valable en raison de son état mental doit être envisagée de la même façon que dans l'adoption plénière (v. s[s] n° 221.43).

On peut voir dans le fait que les **critères d'adoptabilité** ne sont **pas plus souples que pour l'adoption plénière** une première inadaptation de l'adoption simple aux mineurs. En particulier, il est

2. CA Versailles, 25 mars 2004, *Dr. fam.* 2004, n° 219, note Murat; *RTD civ.* 2004, 497, obs. Hauser.
3. V. NOT., TGI Paris, 15 mars 2000, *D.* 2001, somm. 2799, obs. Henneron; *RTD civ.* 2001, 122, obs. Hauser – CA Poitiers, 29 mai 2001, *D.* 2002, somm. 1874, obs. Henneron – CA Paris, 16 janv. 2003, *AJ fam.* 2003, 181, obs. F. B; *RTD civ.* 2003, 280, obs. Hauser (refus).

dommage d'avoir à recourir à la déclaration judiciaire d'abandon de l'article 350 du Code civil, longue, lourde et culpabilisante pour les parents, lorsque leur consentement ne peut pas être acquis, dès lors qu'il n'est pas prévu de rompre les liens de l'enfant avec eux.

Par ailleurs, lorsque les parents remettent leur enfant à l'ASE en vue de son admission en qualité de pupille de l'État, ils ne se voient pas offrir de choix : c'est le tuteur, avec l'accord du conseil de famille, qui décidera si l'adoption sera plénière ou simple suivant les circonstances propres à la situation de l'enfant, de sorte que c'est nécessairement un consentement à une adoption plénière qu'ils sont invités à donner (CASF, art. L. 225-1, al. 2 - V. ss n° 221.161). Certes, l'enfant peut être confié à l'ASE sans être pupille de l'État (placement administratif provisoire, assistance éducative, délégation d'autorité parentale, tutelle départementale) et rien n'empêche ses parents de consentir à une adoption simple dans ce cas. Mais qui est alors susceptible d'orienter vers cette solution, qui est chargé de le mettre en relation avec une famille - agréée ou non - prête à le recevoir, sauf cas tout à fait particulier ?

B. Adopté majeur

222.30 Distinctions. L'adoption d'un majeur est une démarche qui n'est pas « naturelle », dès lors qu'il s'agit de procurer une nouvelle filiation à un adulte qui la plupart du temps en a déjà une. Les motivations ne sont donc pas du tout les mêmes suivant qu'il s'agit d'un majeur quelconque (1°) ou d'un majeur protégé (2°).

1° Adopté majeur en général

222.31 Personnalité de l'adoptant. Un majeur peut être adopté en adoption simple par toute personne ayant **plus de quinze ans de plus que lui.** C'est pourquoi les faits ayant donné lieu à l'arrêt Emonet c/Suisse de la Cour européenne des droits de l'homme n'auraient pas soulevé de difficulté particulière s'ils s'étaient produits en France.

En l'espèce, une jeune femme avait été adoptée par le concubin de sa mère, ce qui selon l'article 267 du Code civil suisse rompait les liens de famille entre elle et sa mère dès lors que l'adoptant était un « étranger » et non le conjoint de celle-ci. Cette jeune femme étant gravement handicapée physiquement, la Cour a pu conclure que cette conséquence était excessive et qu'il y avait eu violation de l'article 8 de la Convention européenne des droits de l'homme[1].

En France, cette adoption n'aurait même pas nécessité le consentement de la mère de l'adoptée et n'aurait pas rompu les liens entre sa fille et elle, à la seule nuance près que l'obligation alimentaire entre la mère et la fille serait devenue subsidiaire (v. ss n° 222.170). Accessoirement, on reste un peu perplexe devant le fait que les intéressés aient pu mener l'adoption à son terme sans avoir été avertis ni par leur conseil ni par le tribunal de ses conséquences, pourtant prévues par un texte parfaitement accessible et clair.

222.32 Consentement de l'adopté. L'adoption de majeurs a été admise en France sans discontinuer depuis le Code civil de 1804, c'était même, on l'a vu (v. ss n° 220.12), la seule autorisée jusqu'en 1923. La loi actuelle, après en avoir admis le principe, est pratiquement muette à propos de ses conditions : il faut donc procéder par déductions.

Étant donné que l'adopté majeur n'est plus sous l'autorité de ses parents ou la tutelle d'un conseil de famille, il suffit qu'il consente lui-même à son adoption : aucun **consentement** n'est requis de sa famille, pas même semble-t-il de son conjoint s'il est marié puisque la loi de 1966 n'a pas repris les dispositions antérieures le prévoyant[2].

En ce qui concerne la possibilité de **rétractation de son consentement**, il a été jugé qu'il n'était pas concerné par les dispositions de l'article 348-3 du Code civil, donc que l'absence d'avertissement sur ce point n'était pas une cause de nullité de l'adoption[3].

On peut considérer qu'une personne majeure adoptée plénièrement au cours de sa minorité - qui a les mêmes droits et les mêmes devoirs qu'un enfant biologique - doit pouvoir comme tout un chacun être adoptée en adoption simple, si elle y consent, par une tierce personne, sans qu'il soit nécessaire d'invoquer l'article 360 alinéa 2 du Code civil, c'est-à-dire un motif grave. Encore faut-il que l'adoption projetée ait, elle, un **motif légitime**, et ne constitue pas un **détournement de l'institution.**

Ainsi la cour d'appel de Grenoble a-t-elle refusé une adoption simple par les parents biologiques de l'adopté après une adoption plénière, vingt ans auparavant, par sa tante, le tout pour des motifs purement patrimoniaux[4].

222.33 Risques de détournement de l'institution. Malgré cette facilité, l'adoption de majeurs est toujours restée **rare**, encore qu'elle tende à se déve-

1. CEDH 13 déc. 2007, req. n° 39051/03, Emonet et a. c/ Suisse, *AJ fam.* 2008, 76, obs. Chénedé; *JCP* 2008, I, 110, n° 9, obs. Sudre; *RTD civ.* 2008, 255, obs. Marguénaud; *JDI* 2008, 815.
2. EN CE SENS, implicitement, CA Bordeaux, 30 mars 2005, *Juris-Data* n° 270234.
3. CA Bourges, 8 nov. 2000, *JCP* 2001, IV, 1995; *Juris-Data* n° 135779 ; *RTD civ.* 2001, 577, obs. Hauser.
4. CA Grenoble, 17 juin 2004, *Dr. fam.* 2005, n° 100, note Murat.

lopper dans le cadre de l'adoption de l'enfant du conjoint (v. s[s] n°s 223.30 s.). Il faut dire que, compte tenu des faibles effets qui y sont attachés, elle présente un **intérêt limité**. C'est pourquoi ce qui est à craindre, et que les tribunaux sont depuis longtemps attentifs à déjouer, ce sont les tentatives de détournement de l'institution à des fins autres que la création d'une filiation, donc sans rapport avec son esprit[1].

L'utilisation de l'adoption en vue de la **création d'un lien de couple homosexuel** est certes moins à craindre depuis qu'existe le PACS[2], mais restent, entre autres, le souhait de faciliter le séjour, voire la **naturalisation d'un étranger** - bien que le procédé soit en principe inefficace (v. s n°s 224.134 et 234.180) - ou, pour une personne mariée, celui de **concrétiser un lien** avec un amant ou une maîtresse plus jeune[3].

Encore faut-il, pour que l'adoption soit refusée, que soit recherché le « *motif déterminant* » de l'adoption.

Par exemple, le désir de l'adoptant d'éviter que l'adopté soit expulsé du territoire français n'est pas incompatible avec une réelle volonté de créer avec lui un lien de famille[4]. De même la recherche d'objectifs successoraux n'empêche pas que l'adoption ait des visées affectives : c'est si elle n'avait que des visées successorales qu'elle constituerait un détournement de l'institution. Cela a été jugé à propos de l'adoption d'une nièce par son oncle, qui privait les autres neveux de celui-ci de leur héritage[5].

Encore faut-il aussi que la personne qui conteste le bien-fondé de l'adoption soit recevable à le faire : la Cour de cassation a déclaré irrecevable la tierce opposition présentée par les neveux d'une femme qui, après avoir leur fait donation de ses parts dans une SCI, avait adopté sa compagne, ce qui, à l'époque, entraînait la révocation de la donation. En donnant pour motif de sa décision que « *la recevabilité de la tierce opposition au jugement d'adoption ne se confond pas avec le bien-fondé de la demande en adoption* », la Cour veut, semble-t-il, dire qu'il n'appartient pas aux particuliers de dénoncer les détournements de l'adoption si c'est pour leur propre profit qu'ils le font[6].

Savoir si l'adoption constitue ou non un détournement de l'institution relève du **pouvoir souverain des juges du fond**[7].

L'adopté potentiel est parfois, lui-même, très préoccupé par les incidences successorales de l'institution, si l'on en juge par l'arrêt rendu par la cour d'appel de Paris le 6 mai 2008, à propos d'une action en responsabilité intentée contre l'avocat de l'adoptant qui n'avait pas réussi à présenter la requête avant le décès de son client[8].

2°
Adopté majeur protégé

222.41 Adopté majeur protégé. Le 8 octobre 2008, la Première chambre civile de la Cour de cassation a rendu un arrêt dont le moins que l'on puisse dire est qu'il a été mal accueilli par la majorité de ses commentateurs[9]. Elle a estimé qu'un majeur en tutelle totalement hors d'état de manifester sa volonté ne pouvait donner son consentement à sa propre adoption par l'intermédiaire de son représentant; elle réservait toutefois la possibilité, pour un majeur moins gravement atteint, d'être assisté pour cela.

En l'espèce, cela revenait à interdire l'adoption d'une jeune fille gravement autiste par la seconde épouse de son père avec laquelle elle avait tissé des liens solides et qui s'engageait par là à la prendre en charge en tant que sa fille si besoin était.

L'article 458 du Code civil, issu de la loi n° 2007-308 du 5 mars 2007[10], est encore plus critiquable puisqu'il fait du consentement à sa propre adoption un acte impliquant un consentement « *strictement personnel* » qui ne peut donner lieu ni à représentation ni même à assistance : il est vraisemblable qu'une telle rigidité ne trouverait pas grâce devant

1. J. Hauser, « L'adoption à tout faire », *D.* 1987, chron. 205.
2. Civ. 1re, 8 juin 1999, n° 06-18.908, *Bull. civ.* I, n° 195; *Dr. fam.* 1999, n° 124, note Murat; *RTD civ.* 1999, 610, obs. Hauser.
3. J. Hauser, « L'adoption à tout faire », *D.* 1987, chron. 205 – P. Raynaud, « Un abus de l'adoption simple : les couples adoptifs », *D.* 1983, chron. 39 – V. ENCORE, Civ. 1re, 22 juin 2004, n° 02-10.136, NP; *Dr. fam.* 2005, n° 30, note Murat.
4. Civ. 1re, 14 mai 1996, n° 94-10.693, *Bull. civ.* I, n° 204; *Dr. fam.* 1996, n° 8, note Murat.
5. Civ. 1re, 11 juill. 2006, n° 04-10.839, *Bull. civ.* I, n° 383; *AJ fam.* 2006, 374, obs. Chénedé; *RTD civ.* 2006, 750, obs. Hauser; *Dr. fam.* 2006, n° 205, note Murat – V. AUSSI, Civ. 1re, 16 oct. 2001, n° 00-10.665, *Bull. civ.* I, n° 256; *AJ fam.* 2002, 26 – CA Grenoble, 17 juin 2004, *Dr. fam.* 2005, n° 100, obs. Murat.
6. Civ. 1re, 6 févr. 2008, n° 06-20.054, *Bull. civ.* I, n° 46; *D.* 2008, 643, obs. Chauvin; *Gaz. Pal.* 2008, 16 nov., p. 16, obs. Clavier; *Dr. fam.* 2008, n° 59, note Murat; *RTD civ.* 2008, 286, obs. Hauser.
7. Civ. 1re, 25 janv. 2005, n° 01-12.108, NP, *Defrénois* 2005, 1061.
8. CA Paris, 6 mai 2008, *Dr. fam.* 2008, n° 144, note Murat.
9. Civ. 1re, 8 oct. 2008, n° 07-16.094, *AJ fam.* 2008, 435, obs. Pécaut-Révolier; *Dr. fam.* 2008, n° 173, note Murat; *D.* 2008, 2833, note approb. Norguin; *JCP* 2008, II, 10012, note Favier; *Gaz. Pal.* 2009, 25 févr., p. 24, note Massip; *RJPF* 2008-12/13, obs. Le Boursicot; *RTD civ.* 2008, 655, obs. Hauser – V. AUSSI, C. Neirinck, « L'adoption de la personne handicapée mentale », *RDSS* 2009, 176.
10. L. n° 2007-308, 5 mars 2007, portant réforme de la protection juridique des majeurs, *JO* 7 mars, p. 4325.

la Cour européenne des droits de l'homme[1]. En effet, l'idée émise selon laquelle le tribunal saisi de la requête en adoption doit prononcer celle-ci en se passant de tout consentement si, après expertise, il est avéré que le majeur en cause n'est pas en mesure de le donner, n'est ni conforme à l'esprit de la loi du 5 mars 2007, ni réaliste[2].

§ 3
Absence de condition d'accueil de l'adopté par l'adoptant

222.51 **Principe.** Alors que l'adoption plénière ne peut être prononcée tant que l'enfant n'a pas été accueilli pendant au moins six mois au foyer de l'adoptant, aucune condition de ce type n'est posée pour l'adoption simple, même si l'adopté est mineur : c'est une nouvelle illustration du fait que, sauf cas particuliers, elle a plutôt pour vocation de s'appliquer aux majeurs.

Il en résulte que lorsque c'est un projet de cette nature qui est formé pour un pupille de l'État, celui-ci n'est pas « *placé en vue de l'adoption* » mais simplement « *confié* » au(x) futur(s) adoptant(s) (absence de renvoi de l'article 361 aux articles 351 et 352 du Code civil, et CASF, art. R. 224-17, al. 3 et R. 224-18, 2°). Il n'empêche que, sauf dérogation si l'adoptant est la personne à laquelle l'enfant était déjà confié en tant que pupille, **l'agrément** prévu à l'article L. 225-2 alinéa 1 du Code de l'action sociale et des familles est indispensable.

222.52 **Problème posé par l'adoption posthume.** L'absence de condition d'accueil impose de s'interroger sur la portée du renvoi fait par l'article 361 du Code civil à l'article 353 alinéa 3, qui permet au **conjoint** ou aux **héritiers de l'adoptant** qui serait décédé après avoir régulièrement recueilli l'enfant en vue de son adoption **de présenter la requête en son nom** (v. s[s] n°s 221.26 et 221.45).

Dans un arrêt du 20 novembre 1990, la Cour de cassation approuvait une cour d'appel d'avoir rejeté la requête concernant deux majeurs qui n'avaient jamais été accueillis au foyer de l'adoptant, au motif que l'article 353 alinéa 3 est rédigé en termes généraux et ne fait aucune distinction en fonction de l'âge de l'adopté[3].

1. P. Salvage-Gerest, « Les actes dont la nature implique un consentement strictement personnel du majeur en tutelle (C. civ., art. 458, L. n° 2007-308, 5 mars 2007) : une catégorie à revoir d'urgence », *Dr. fam.* 2009, étude 17.
2. C. Neirinck, « L'adoption de la personne handicapée mentale », *RDSS* 2009, 176.
3. Civ. 1re, 20 nov. 1990, n° 89-14.565, *Bull. civ.* I, n° 254; *D.* 1991, 230, note Betant-Robet – EN CE SENS, v. CA Angers, 6 mai 1996, *Dr. fam.* 1997, n° 135, note Murat.

SECTION 2
PROCÉDURE D'ADOPTION SIMPLE

222.61 **Instruction, jugement, voies de recours.** La procédure d'adoption simple est en tous points identique à celle de l'adoption plénière, en ce qui concerne tant son déroulement devant le tribunal de grande instance que les voies de recours auxquelles elle peut donner lieu (v. s[s] n°s 221.282 s.). Il faut d'ailleurs rappeler à ce sujet que le tribunal peut prononcer une adoption simple lorsque c'est une adoption plénière qui lui est demandée, mais qu'il ne peut le faire qu'avec l'accord du requérant (v. s[s] n° 221.292).

On doit considérer que la présence d'un **avocat** n'est pas nécessaire si le futur adopté a été accueilli au foyer de l'adoptant avant l'âge de quinze ans à quelque titre que ce soit, et quel que soit son âge au moment de la requête, dès lors que l'article 1168 du Code de procédure civile ne précise pas qu'il doit s'agir d'un recueil « *en vue de l'adoption* ».

L'article 1175 du Code de procédure civile, dont la rédaction résulte du décret n° 93-1091 du 16 septembre 1993[4], mériterait d'être réécrit pour être conforme à la loi. Il laisse à penser que le tribunal peut statuer sur le prénom de l'adopté dans tous les cas, alors que l'article 361 du Code civil ne renvoie pas à l'article 357 alinéa 2, qui autorise ce changement en cas d'adoption plénière. Inversement, il suggère qu'il n'y a lieu de statuer sur le nom de famille de l'adopté qu'en cas d'adoption simple, alors que la loi du 4 mars 2002, applicable depuis le 1er janvier 2005, accorde des options en cas d'adoption plénière par un couple marié (v. s[s] n° 221.331).

222.62 **Mention en marge, exceptionnellement transcription du jugement sur les registres de l'état civil.** L'adoption simple n'emportant pas rupture des liens juridiques unissant l'adopté et sa famille d'origine, il n'y a pas lieu d'annuler son acte de naissance. C'est pourquoi c'est une simple **mention** qui est apposée, à la diligence du procureur de la République, dans les quinze jours de la date à laquelle la décision est passée en force de chose jugée, en marge de son acte de naissance. Il n'y a lieu à **transcription** du jugement sur les registres de l'état civil que si l'adopté, français, n'a pas d'acte de naissance détenu par un officier de l'état civil français (C. civ., art. 362).

4. Décr. n° 93-1091, 16 sept. 1993, fixant certaines modalités d'application de la loi n° 93-22 du 9 janvier 1993 modifiant le Code civil relative à l'état civil, à la famille et aux droits de l'enfant et instituant le juge aux affaires familiales, *JO* 17 sept., p. 12987.

La mention doit être apposée non seulement sur l'**acte de naissance** de l'adopté, mais aussi, le cas échéant, sur son **acte de mariage** (voire de décès en cas d'adoption posthume) et sur l'acte de naissance de son conjoint en raison de la mention du mariage en marge de celui-ci. Elle est aussi apposée sans conteste sur les actes de naissance de ses enfants mineurs. Pour les majeurs, elle devrait l'être aussi même si l'adoption n'avait pas pour conséquence de changer leur nom en raison des implications, notamment successorales, qu'a l'adoption de leur auteur pour eux (v. s^s^ n°s 222.90 à 222.121 s.).

Cette mention indique les noms, prénoms, date et lieu de naissance du ou des adoptants, la date de la décision et la juridiction qui l'a rendue, ainsi que le nouveau nom de l'adopté.

222.63 Délivrance de copies et extraits de l'acte de naissance. La délivrance des copies intégrales d'acte de naissance obéit aux mêmes règles que celle des transcriptions de jugements d'adoption plénière (v. s^s^ n° 221.313). Quant aux extraits, ils ne mentionnent que le ou les parents adoptifs comme père et mère, sans référence au jugement, lorsqu'ils sont les seuls parents légalement connus (Décr. 3 août 1962, art. 12, al. 2, mod. par Décr. n° 68-148, 15 févr. 1968). Il faut en déduire que, dans le cas contraire, ces extraits indiquent les deux filiations de l'adopté.

222.64 Livret de famille. Depuis le décret n° 97-853 du 16 septembre 1997[1], toutes les restrictions à l'inscription des adoptions simples sur les livrets de famille ont été levées[2], mais rien n'est dit de ce qu'il advient du livret des parents biologiques de l'adopté. La mise à jour des livrets étant à la diligence des intéressés, il y a fort à parier, comme en cas d'adoption plénière d'ailleurs (v. s^s^ n° 221.314), que beaucoup ne sont pas conformes à la réalité des situations.

SECTION 3
EFFETS DE L'ADOPTION SIMPLE

222.70 Dualité de familles pour l'adopté. Bien que l'adoption soit qualifiée de « simple », ses **effets** sont beaucoup plus **complexes** que ceux de l'adoption plénière, puisque l'adopté ne cesse pas d'appartenir à sa première famille tout en appartenant désormais aussi à sa famille adoptive; il en est même qui sont totalement incertains, ce qui serait une raison d'y recourir avec modération pour les mineurs tant que ces incertitudes ne seront pas levées (§ 1). Par ailleurs le statut acquis par l'adopté à la date de la requête en adoption peut ne pas être définitif : l'adoption est révocable (§ 2), mais elle peut aussi être convertie en adoption plénière (§ 3).

§ 1
Statut de l'adopté

222.80 Caractère hybride du statut de l'adopté. L'adoption simple est créatrice d'une filiation (c'est le terme utilisé par le Code civil, dans le titre consacré à la matière), mais elle ne fait pas disparaître la filiation d'origine si elle était établie et n'empêche pas son établissement ultérieur si elle ne l'était pas : c'est la raison pour laquelle on suggère parfois de la nommer « **complétive** » plutôt que « simple ». Elle n'inscrit pas non plus totalement l'adopté dans la généalogie de l'adoptant puisqu'il est enseigné qu'elle « *ne crée pas en principe de lien de parenté entre l'adopté et la famille de l'adoptant* »[3]. En réalité, ce type d'adoption modifie le statut de l'adopté au regard du nom (A), mais pas du prénom (B), des empêchements à mariage (C), de l'autorité parentale (D), de l'obligation alimentaire (E), des successions (F), des donations (G), et a des incidences sociales et fiscales (H). Au vu de toutes ces incidences, nul ne pourrait dire si l'adopté reste plus dans sa famille d'origine qu'il n'entre dans sa famille adoptive ou l'inverse, tant les solutions sont variées en fonction du thème abordé.

Ce qui est sûr, c'est que, **historiquement pensée pour s'appliquer aux majeurs**, elle reste mal adaptée aux mineurs dans sa configuration actuelle, même si, sur le principe, elle a de plus en plus la faveur de l'opinion et des juges, certains estimant même qu'on ne redonnera à l'adoption un crédit et une dynamique que si l'on cesse d'en exclure les parents biologiques[4]. Elle risque, entre autres, de rendre la vie familiale difficile s'il y a plusieurs enfants au même foyer, avec éventuellement des statuts différents : chacun aura son nom de famille; les uns auront des relations avec leur famille biologique, les autres non; certains auront, à l'égard des grands-parents, des droits et devoirs que les autres n'auront pas; certains pourront même être rejetés de la famille par la révocation... sans compter les arcanes que cela créera en matière de fiscalité. En d'autres termes, la question de la préférence entre les deux types d'adoption pour les mineurs ne se satisfait pas d'une vue superficielle qui ne fait

1. Décr. n° 97-853, 16 sept. 1997, modifiant le décret n° 74-449 du 15 mai 1974 relatif au livret de famille, *JO* 18 sept., p. 13550.
2. Murat, *Dr. fam.* 1997, n° 172.
3. TERRÉ et FENOUILLET, n° 908.
4. F. Laroche-Gisserot, « De la recherche des origines à l'adoption ouverte en Europe », *D.* 2004, 2443, Point de vue.

entrer en ligne de compte qu'un seul paramètre, le respect des origines et non sa simple connaissance, dont il a été vu qu'elle était de moins en moins en cause depuis la loi du 22 janvier 2002 (v. s[s] n° 221.315). L'avenir de l'adopté et de l'ensemble de la famille adoptive est un paramètre tout aussi essentiel.

A.
Nom de famille

222.90 **Principes.** Ils tiennent pour l'essentiel, en la matière, dans l'article 363 du Code civil. Normalement l'adopté simple conserve son nom d'origine, auquel est accolé le nom qu'il acquiert par l'adoption, c'est-à-dire le nom de l'adoptant, exceptionnellement le nom du conjoint de l'adoptant (C. civ., art. 361, renvoyant à l'article 357, deux derniers alinéas)[1]; toutefois le tribunal peut, à la demande de l'adoptant et avec le consentement de l'adopté s'il a plus de treize ans, décider que celui-ci ne portera que le nom conféré par l'adoption, qui sera ainsi substitué au sien.

Le consentement de l'adopté n'est requis que pour la **substitution** de nom, pas pour **l'adjonction** qui constitue le droit commun[2], et cette demande de substitution, qui doit normalement accompagner la requête en adoption, peut intervenir après le prononcé de celle-ci. Mieux vaut tout de même la présenter avant le prononcé de l'adoption pour éviter un éventuel problème de compétence (tribunal ou juge aux affaires familiales) et pour que la mention du jugement en marge des actes d'état civil des divers intéressés (l'adopté, son conjoint et ses enfants, s'il en a) n'ait pas à être corrigée.

Rien ne dit que l'adoptant soit obligé de faire le même choix pour tous ses enfants, ni que les adoptés soient tenus par le choix du plus âgé d'entre eux. Rien ne dit non plus que les choix soient limités lorsqu'il y a déjà des enfants, biologiques ou adoptés en adoption plénière, dans la même famille. Il se peut d'ailleurs que la famille d'origine de l'adopté subordonne son consentement au maintien, ou au contraire à la suppression, du nom initial de l'adopté.

Au delà de ces principes de base, il faut s'interroger sur les incidences de l'instauration, par la loi du 4 mars 2002[3], du double nom (1°). Il faut aussi se demander si le changement de nom est une obligation pour l'adopté lui-même (2°) et pour ses enfants (3°).

1°
Incidences de l'instauration du double nom par la loi du 4 mars 2002

222.100 **« Parangon de sophistication ».** La loi n° 2002-304 du 4 mars 2002, modifiée par la loi n° 2003-516 du 18 juin 2003[4] ayant instauré la possibilité pour tout un chacun de porter à la naissance les noms accolés de ses deux parents (C. civ., art. 311-21), il pourra de plus en plus se faire que le ou les adoptants et l'adopté aient des doubles noms. Il faudra alors choisir le ou les noms de l'adopté de façon à ce qu'il ait au plus un nom double, et non triple ou quadruple, ce qui ne sera pas toujours garanti. Pour présenter le système mis en place en cas de doubles noms, « *parangon de sophistication* »[5], il sera distingué suivant que l'adoptant est unique (a) ou qu'il s'agit d'un couple d'adoptants mariés (b), et suivant qu'est envisagée une **adjonction** ou une **substitution** de nom.

Pour éviter la confusion entre les **doubles noms**, nouveaux et susceptibles d'être divisés lors de leur transmission, et les **noms composés**, déjà existants et indivisibles, la circulaire du ministre de la Justice du 6 décembre 2004 imposait aux officiers de l'état civil de placer deux tirets alignés (et non superposés qui se seraient confondus avec le signe « égal ») entre les vocables composant les doubles noms[6]. Selon le ministre de la Justice, cette exigence – que certains magistrats ont immédiatement refusé d'appliquer[7] –, ne constituait pas une règle de droit nouvelle, mais une simple mesure technique, nécessaire à la bonne application de la loi, afin d'en assurer l'application uniforme sur l'ensemble du territoire[8]. Le Conseil d'État, par arrêt du 4 décembre

1. A. Lapoyade-Deschamps, « Le nom de famille de l'adopté simple, réflexions sur le rôle du nom », *Dr. fam.* 1998, étude 15.
2. Civ. 1re, 25 nov. 2003, n° 01-03.334, *Bull. civ.* I, n° 240; *RJPF* 2004-3/14, obs. Valory; *Dr. fam.* 2004, n° 69, note Gouttenoire; *Dr. et patr.* juin 2004, 95, obs. Loiseau; *RTD civ.* 2004, 262, obs. Hauser.
3. L. n° 2002-304, 4 mars 2002, relative au nom de famille, *JO* 5 mars, p. 4159.
4. L. n° 2003-516, 18 juin 2003, relative à la dévolution du nom de famille, *JO* 19 juin, p. 10240.
5. Hauser, obs. s[s] Civ. 1re, 25 nov. 2003, n° 01-03.334, *Bull. civ.* I, n° 240; *RTD civ.* 2004, 262; « *que le législateur s'est ingénié à compliquer d'une extraordinaire façon* », selon J. Massip, note s[s] Civ. 1re, 11 juill. 2006, n° 03-14.747, *Bull. civ.* I, n° 383; *Gaz. Pal.* 2006, 24 déc. 2006, 29.
6. Circ. CIV/18/04, 6 déc. 2004, circulaire de présentation de la loi n° 2002-304 du 4 mars 2002 relative au nom de famille, modifiée par la loi n° 2003-516 du 18 juin 2003 relative à la dévolution du nom de famille (v. texte complet de la circulaire s[s] n° 61.12) – L. Cimar, « Le double nom : du double tiret séparateur au double trait d'union », *Dr. fam.* 2005, étude 8.
7. TGI Lille, 3 juill. 2008, *Defrénois* 2008, p. 2064, obs. Massip.
8. Rép. min. Justice n° 06758, *JO Sénat* 14 mai 2009, p. 1229.

2009, a néanmoins déclaré la circulaire entachée d'incompétence, de sorte qu'elle est abrogée sur ce point[1]. Pour l'heure, la façon de distinguer les doubles noms des noms composés n'étant pas (encore ?) connue, ils seront matérialisés ici, arbitrairement, par le signe « / ». L'adopté portant comme nom d'origine un double nom sera désigné sous le nom de Y/Z, l'adoptant individuel A/B, le mari du couple adoptif C/D et son épouse E/F.

a)

Adoptant individuel ayant un double nom (A/B)

222.101 Adjonction de nom. L'adoptant (A/B) choisit, avec le consentement de l'adopté (Y/Z), s'il a plus de treize ans, les vocables qui seront conservés : le nom de l'adopté pourra donc être Y-A, Y-B, Z-A ou Z-B, ou encore A-Y, A-Z, B-Y ou B-Z si le nom de l'adoptant peut être placé en premier, ce qu'au moins deux cours d'appel ont admis[2]. À défaut d'accord ou de choix, le nom de l'adopté sera composé des premiers noms de chacun, donc sera Y-A. L'un ou l'autre de ces noms étant **composé et non double** (ce ne sont pas les noms des deux parents qui sont accolés), ce nom sera transmis dans son entier aux enfants de l'adopté. Ces derniers auront donc quatre noms si leur autre parent leur transmet lui aussi un nom composé.

Si l'adoptant individuel est néanmoins marié, d'autres combinaisons seront possibles avec le nom de son conjoint; il en sera fait grâce ici (C. civ., art. 361, renvoyant à l'art. 357, deux derniers alinéas).

222.102 Substitution de nom. L'adopté perdra ici son nom Y/Z et s'appellera normalement A/B, comme son parent adoptif. Ce nom étant le double nom du parent devrait être divisible lors de sa transmission pour permettre l'adjonction du ou des noms de l'autre parent de l'enfant de l'adopté.

L'adopté peut aussi certainement ne prendre que l'un des deux noms de son parent (A ou B), puisque, en cas de double nom, les parents peuvent, s'ils le souhaitent, n'en transmettre qu'un seul, selon l'article 311-21 dernier alinéa du Code civil.

Là encore, si l'adoptant individuel est marié, d'autres combinaisons sont possibles avec le nom de son conjoint (v. s[s] n° 222.101).

1. CE 4 déc. 2009, req. n° 315818, Mme D..., *Lebon; AJ fam.* 2010, 46, obs. Gallmeister.
2. CA Douai, 10 mai 1989, *D.* 1991, 205, note Guiho; *RTD civ.* 1991, 497, obs. Hauser – CA Douai, 28 juin 1999, *Dr. fam.* 2001, n° 30, note Murat; *RTD civ.* 2000, 540, obs. Hauser – CA Paris, 9 nov. 1993, *RTD civ.* 1994, 74, obs. Hauser.

b)

Adoptants mariés ayant chacun un double nom (C/D et E/F)

222.111 Adjonction de nom. Le **nom conservé par l'adopté** est choisi par les adoptants avec le consentement de l'adopté de plus de treize ans, et à défaut d'accord ou de choix, c'est son premier nom qui est gardé; le **nom des parents adoptifs transmis à l'adopté** est choisi par eux (l'article 363 alinéa 3 du Code civil, pris à la lettre, n'associe pas l'adopté à ce choix), et à défaut d'accord c'est le premier nom du mari qui s'impose. Ainsi l'adopté pourra s'appeler Y-C, Y-D, Y-E, Y-F, Z-C, Z-D, Z-E ou Z-F, ou encore, s'il existe un choix dans l'ordre des noms (v. s[s] n° 222.101) C-Y, D-Y, E-Y, F-Y, C-Z, D-Z, E-Z ou F-Z, le nom de Y-C s'imposant si aucun choix n'a été fait ou aucun accord obtenu.

Le nom de l'adopté ne résultant pas d'une combinaison de ceux des deux parents mais étant un nom **composé**, sera transmis à ses enfants.

222.112 Substitution de nom. L'adopté perdra son nom Y/Z et prendra soit le nom du mari en entier ou en partie, soit celui de l'épouse, en entier ou en partie, soit l'un des noms de chacun d'eux accolés dans l'ordre choisi par eux. Il pourra donc s'appeler C, D, E, F, C/D, E/F, C/E, C/F, D/E, D/F, E/C, E/D, F/C ou encore F/D !

L'adopté de plus de treize ans devra donner son consentement au **principe** de la substitution, mais là encore il est difficile de savoir s'il participe ou non au **choix** du ou des noms substitués au sien (v. s[s] n° 222.111).

Le nom finalement obtenu résultant d'une combinaison des noms des deux parents, donc étant un double nom sera divisible lors de sa transmission aux enfants de l'adopté.

c)

Nom double et nom composé combinés

222.121 Un véritable casse-tête. Comme cela a été vu, le **nom de l'adopté simple** constitué de son nom et de celui de l'adoptant accolés, est un **nom composé** et non un double nom, qui se transmet à ses enfants dans son intégralité. Dès lors, cette transmission conduira à un nom triple ou quadruple si l'autre parent de l'enfant de l'adopté a aussi un nom composé (par ex., Y-A/V-W). Ce nom sera susceptible d'être divisé, mais seulement au milieu Y-A/V-W)[3]. Mieux vaut dans ces conditions ne pas imaginer les cauchemars dont ne manqueront pas de souffrir les officiers de l'état civil et surtout les procureurs de la République chargés de la supervi-

3. En ce sens, circ. CIV/18/04, 6 déc. 2004, p. 43 – V. s[s] n° 61.12.

sion des registres, surtout si d'aventure des adoptions simples ont lieu plusieurs générations de suite dans une même famille. Ceci à moins que le principe du double tiret ne soit rétabli par la loi ou qu'un autre signe distinctif soit imaginé.

2°
Obligation pour l'adopté de prendre le nom de l'adoptant, seul ou accolé au sien

222.131 Incertitudes. Si l'adopté peut ne pas garder son nom d'origine, il est à l'inverse, en principe, obligé de prendre le nom de l'adoptant, seul ou ajouté au sien.

Ce changement de nom imposé peut être - et est en pratique - un réel obstacle à l'adoption de majeurs, et encore plus s'ils sont déjà parents eux-mêmes et ont transmis leur nom initial à leurs enfants. Cet obstacle est particulièrement mal ressenti lorsque l'adoption est projetée par un beau-parent au profit des enfants de son conjoint. Il est vrai qu'on voit mal pourquoi, par exemple, celui qui n'aura jamais porté le nom de son père biologique bien qu'il l'ait reconnu devrait impérativement porter celui de son père adoptif, ou pourquoi celui qui n'a jamais porté le nom de sa mère biologique devrait porter celui de sa mère adoptive... D'un autre côté, l'une des raisons d'être principales de l'adoption de majeurs est, depuis toujours, la transmission de son nom par l'adoptant, et elle ne peut avoir lieu sans le consentement de l'adopté. C'est probablement pourquoi la Cour de cassation est longtemps restée ferme sur ce point[1].

Un arrêt récent laissait entrapercevoir que la situation pourrait évoluer : il suggérait que l'article 61-3 alinéa 2 du Code civil, qui veut qu'un majeur ne peut changer de nom, en cas d'établissement ou de modification de sa filiation, qu'avec son consentement, aurait pu être invoqué en l'espèce avant le jugement d'adoption, mais que les dispositions du jugement ne pouvaient plus être contestées que par les voies de recours ordinaires[2]. Dans un autre arrêt du même jour[3], la Haute juridiction relevait que le tribunal de grande instance avait prononcé une adoption simple en disant « *que l'adoptée conserverait son nom* », mais ce fait n'entrait pas dans le cadre du pourvoi, de sorte qu'aucun indice ne pouvait en être tiré. Un nouvel arrêt du 8 octobre 2008, qui concerne le nom des enfants de l'adopté, semble montrer une volonté de la cour de cassation de s'en tenir à une interprétation littérale des textes relatifs à l'adoption simple[4].

222.132 Nom des enfants de l'adopté. Dans l'affaire ayant donné lieu à l'arrêt du 8 octobre 2008, un homme avait constaté, après avoir été lui-même adopté, que les actes de naissance de ses enfants, tous âgés de moins de treize ans, avaient été modifiés comme le sien sans son consentement, ni celui de leur mère, ni le leur[5]. La cour d'appel ayant entériné ce changement, la Première chambre civile l'approuve en s'appuyant sur l'article 366 du Code civil, en vertu duquel le lien de filiation créé par l'adoption simple s'étend aux enfants de l'adopté. Cette solution est en adéquation avec l'article 61-3 alinéa 1er du Code civil selon lequel, implicitement, le changement de nom des enfants de moins de treize ans n'implique jamais leur consentement personnel. Mais la question reste posée pour les mineurs de plus de treize ans et pour les majeurs.

S'agissant des **mineurs de plus de treize ans**, une interprétation *a contrario* de l'article article 61-3 alinéa 1er du Code civil, qui énonce que : « *Tout changement de nom de l'enfant de plus de treize ans nécessite son consentement personnel lorsque ce changement ne résulte pas de l'établissement ou d'une modification d'un lien de filiation* » paraît inéluctable : le changement de nom de leur auteur, motivé par l'établissement d'un lien de filiation, entraîne le changement de leur propre nom.

Restent les **enfants de l'adopté déjà majeurs**, et éventuellement déjà parents eux-mêmes, au moment de l'adoption. D'un côté, le lien de filiation établi par l'adoption simple de leur parent s'étend à eux, avec tous ses effets, en application de l'article 366 du Code civil. Mais de l'autre côté, **contrairement à leur auteur**, ils n'ont pas été appelés à consentir à la création de ce lien qui leur est imposé. Ils se trouvent ainsi dans une situation similaire à celle qui a été à l'origine de l'introduction de l'article 61-3 alinéa 2 du Code civil par la loi du 8 janvier 1993 : il s'est agi, à l'époque, de permettre aux majeurs légitimés malgré eux par le mariage tardif de leurs parents de ne pas prendre le nom de leur père, alors que jusque là ils avaient

1. Civ. 1re, 22 févr. 2005, n° 03-14.332, *Bull. civ.* I, n° 92; *AJ fam.* 2005, 153, obs. F. C.; *Dr. fam.* 2005, n° 72, note Murat; *RJPF* 2005-5/13, note Vasseur-Lambry; *D.* 2006, pan. 1139, obs. Granet-Lambrechts; *RTD civ.* 2005, 361, obs. Hauser – Tout aussi ferme; CA Aix-en-Provence, 9 avr. 2009, *LPA* 5 nov. 2009, p. 3, note Siffrein-Blanc.
2. Civ. 1re, 11 juill. 2006, n° 03-14.747, *Bull. civ.* I, n° 383; *Gaz. Pal.* 2006, 24 déc., p. 29, note Massip; *AJ fam.* 2006, 374, obs. Chénedé; *RTD civ.* 2006, 750, obs. Hauser.
3. Civ. 1re, 11 juill. 2006, n° 04-10.839, *Bull. civ.* I, n° 383; *AJ fam.* 2006, 374, obs. Chénedé; *RTD civ.* 2006, 750, obs. Hauser; *Dr. fam.* 2006, n° 205, note Murat.
4. Civ. 1re, 8 oct. 2008, nos 07-16.067 et 07-18.811, *Bull. civ.* I, n° 220; *JCP* 2008, I, info., n° 614, obs. Favier; *D.* 2009, pan. 779, obs. Granet; *D.* 2008, AJ 2598, obs. Égéa; *RTD civ.* 2008, 652, obs. Hauser; *AJ fam.* 2008, obs. Chénedé.
5. Civ. 1re, 8 oct. 2008, n° 07-16.067 et n° 07-18.811, préc. ss n° 222.131.

porté celui de leur mère, s'ils n'y consentaient pas. Si l'article 61-3 alinéa 2 a eu pour but d'éviter que les enfants subissent les conséquences du mariage de leur parent qui leur nuisent, il serait logique, *mutatis mutandis*, qu'il en aille de même de l'adoption de ceux-ci.

L'interprétation rigide de la loi telle qu'elle est faite actuellement impliquerait que le tribunal, qui doit s'assurer que l'adoption n'est pas de nature à compromettre la vie familiale **de l'adoptant**, devrait se préoccuper aussi de la vie familiale **de l'adopté**.

B.
Prénoms de l'adopté

222.141 **Intangibilité de principe.** L'article 361 du Code civil ne renvoyant pas à l'article 357 alinéa 2 et la question n'étant pas abordée au titre des effets de l'adoption simple, force est d'admettre que le ou les prénoms de l'enfant ne peuvent pas être modifiés à l'occasion du jugement d'adoption, bien que l'article 1175 du Code de procédure civile ne fasse pas de distinction sur ce point entre adoption plénière et simple (v. s n° 222.61). La seule possibilité pour ce faire est de saisir le juge aux affaires familiales dans les conditions du droit commun (C. civ., art. 60 et 61-4). Ce paraît être un détour bien inutile si le changement est dans l'intérêt de l'adopté mineur, et il l'est souvent dans le cadre de l'adoption internationale (v. s[s] n°s 224.111 et 224.182).

C.
Empêchements à mariage

222.151 **Empêchements dans les deux familles.** Le mariage reste naturellement prohibé entre l'adopté et ses parents ou alliés d'origine, puisque même l'adoption plénière laisse subsister les interdictions fondées sur l'appartenance à une famille biologique (C. civ., art. 364, al. 2 - et v. s[s] n° 221.321). C'est dans le cadre de la famille adoptive que les choses sont à la fois plus nuancées et plus compliquées (C. civ., art. 366).

L'adopté n'est autorisé à épouser ni l'adoptant, ni le conjoint de celui-ci (après son divorce ou son décès, bien sûr), ni ses enfants, qu'ils soient biologiques ou adoptifs. L'adoptant, lui, ne peut convoler, outre l'adopté, ni avec le conjoint de celui-ci après son divorce ou son décès, ni avec ses descendants : le Président de la République peut, cependant, accorder des dispenses pour causes graves dans certains cas, mais on peut douter que ces cas soient légion. On constate ainsi que les **prohibitions** sont à la fois **moins étendues et moins radicales que dans l'adoption plénière** : moins étendues parce qu'elles ne concernent pas les membres de la famille de l'adoptant autres que son conjoint et ses enfants - donc pas ses ascendants ni ses frères et sœurs, pourtant « grands-parents » et « oncles ou tantes » de l'adopté; moins radicales parce qu'elles laissent place à des dispenses, notamment entre frères et sœurs, impensables dans l'adoption plénière.

D.
Autorité parentale sur l'adopté mineur

222.161 **Primauté du lien adoptif.** C'est ici sans équivoque une primauté du lien adoptif qui est affirmée. Dès lors que l'adopté est mineur, c'est l'adoptant qui est investi sur lui de **tous les droits et devoirs de l'autorité parentale**, tant sur sa personne que sur ses biens dans le cadre de l'administration légale, comme s'il était son enfant biologique (C. civ., art. 365). Les père et mère par le sang n'ont pas qualité pour contrôler voire contester les décisions prises relativement à l'éducation de l'enfant[1]; en cas de décès du ou des adoptants, l'autorité ne leur reviendrait même pas et une tutelle devrait être organisée[2]; et s'ils désirent entretenir avec leur enfant des relations malgré le refus de la famille adoptive, ils ne peuvent que demander au juge aux affaires familiales un droit de visite sur le fondement de l'article 371-4 alinéa 2 du Code civil, qu'ils obtiendront si l'intérêt de l'enfant ne s'y oppose pas.

Malgré l'ampleur des prérogatives accordées à l'adoptant, il ne peut tout de même pas être assimilé totalement à un parent « *à part entière* ». À supposer par exemple qu'il envisage plus tard une adoption plénière, avant la majorité de l'adopté, il lui faudrait encore le consentement des parents par le sang. De plus ceux-ci conservent la possibilité de demander la révocation de l'adoption s'ils ont à lui reprocher de graves carences dans l'éducation de leur enfant, ce qui leur confère implicitement mais nécessairement un droit de regard sur celle-ci (v. s[s] n° 222.242).

E.
Obligation alimentaire

222.170 **Flou législatif.** Cette question est réglée de façon extrêmement floue par le législateur, bien

1. Civ. 1re, 11 mai 1977, n° 74-15.104, *Bull. civ.* I, n° 223; *JCP* 1978, II, 18833, note Carbonnier; *RTD civ.* 1977, 552, obs. Raynaud; *RTD civ.* 1978, 339, obs. Nerson et Rubellin-Devichi.
2. C. civ., art. 373-5 : « *S'il ne reste plus ni père ni mère en état d'exercer l'autorité parentale, il y aura lieu à l'ouverture d'une tutelle ainsi qu'il est dit à l'article 390 ci-dessous* ».

qu'elle ne soit pas accessoire, loin de là. En effet, si l'accent est mis avec insistance sur la nécessité pour les adoptés de connaître leurs origines et de garder des liens avec leur famille biologique, la crainte, voire l'angoisse de ceux-ci - souvent constatée en pratique - de se voir réclamer sur le tard des aliments par des parents qui ne se sont pas occupés d'eux, voire les ont maltraités ou volontairement abandonnés, n'a que rarement été évoquée jusqu'à la loi n° 2007-293 du 5 mars 2007 réformant la protection de l'enfance.

Il est énoncé à l'article 364 alinéa 1er du Code civil que l'adopté reste dans sa famille d'origine et y conserve tous ses droits (sans allusion à ses devoirs), et à l'article 366 alinéa 1er que le lien de parenté résultant de l'adoption s'étend aux enfants de l'adopté, mais ces dispositions générales sont en partie contredites par l'article 367[1]. Il faut donc examiner la situation de l'adopté dans ses rapports avec ses parents - par le sang (1°) et adoptifs (2°) - et ses grands-parents dans ses deux familles (3°). Doit aussi être évoqué, accessoirement, le cas des enfants de l'adopté dans leurs rapports avec leurs grands-parents, là encore dans les deux familles (4°).

1°
L'adopté et ses père et mère biologiques

222.171 Réciprocité, mais non identité des devoirs. « *Les père et mère de l'adopté ne sont tenus de lui fournir des aliments que s'il ne peut les obtenir de l'adoptant. L'obligation de fournir des aliments à ses père et mère cesse pour l'adopté dès lors qu'il a été admis en qualité de pupille de l'État ou pris en charge dans les délais prescrits à l'article L. 132-6 du Code de l'action sociale et des familles* » (C. civ., art. 367, al. 2). Il apparaît ainsi sans conteste que le devoir des parents à l'égard de leur enfant est toujours subsidiaire; il en résulte alors aussi clairement que celui de leur enfant majeur ou devenu majeur à leur égard ne peut faire l'objet que de dispenses au cas par cas.

Le **caractère subsidiaire de l'obligation parentale** a été clairement rappelé par la cour de cassation dans un arrêt du 22 mai 2007, dans les termes suivants : « *Attendu qu'après avoir rappelé, à bon droit, que l'obligation alimentaire de M. Y...* [le père biologique] *était devenue subsidiaire du seul fait de l'adoption simple de son fils, la cour d'appel a relevé qu'il n'était pas soutenu que M. Z...* [l'adoptant] *avait été dans l'impossibilité de satisfaire à son obligation alimentaire, ni démontré que M. Y... avait eu connaissance du jugement prononçant l'adoption simple de son fils; qu'elle a pu en déduire, sans inverser la charge de la preuve, que M. Y... n'ayant pas exécuté une obligation naturelle en versant les sommes réclamées, il était fondé à solliciter le remboursement des pensions versées depuis le jugement d'adoption* »[2]. Il n'est pas inutile de préciser que, en l'espèce, c'est à l'occasion d'une demande de prolongation de l'obligation d'entretien au profit de l'adopté, majeur au moment de son adoption, que sa mère a été condamnée à rembourser une très forte somme.

Le fait que **l'adopté** soit désormais **de plein droit dispensé de son devoir alimentaire à l'égard de ses père et mère** lorsqu'il a été admis pendant sa minorité en qualité de pupille de l'État est heureux, puisqu'il n'a pu l'être qu'en raison de l'abandon de ceux-ci, volontaire ou déclaré judiciairement. Il est heureux aussi qu'il soit dispensé de ce devoir lorsqu'il a été retiré de son milieu familial par décision judiciaire « *durant une période d'au moins trente-six mois cumulés au cours des douze premières années de sa vie* », du moins si ce retrait était dû à une carence parentale dans sa protection, ce qui justifie qu'un pouvoir d'appréciation soit laissé dans ce cas au juge aux affaires familiales (CASF, art. L. 132-6)[3]. Il faut simplement espérer que les juges ne considéreront pas ces deux hypothèses comme les seuls cas de dispense, et sauront continuer à appliquer l'article 207 alinéa 2 du Code civil, qui leur permet de décharger un débiteur de sa dette alimentaire lorsque le créancier a gravement manqué à ses devoirs envers lui.

2°
L'adopté et l'adoptant

222.181 Adopté et adoptant. « *L'adopté doit des aliments à l'adoptant s'il est dans le besoin et, réciproquement, l'adoptant doit des aliments à l'adopté* » (C. civ., art. 367, al. 1er). On peut s'étonner de voir l'obligation de l'adopté passer, dans le texte, avant celle de l'adoptant, mais c'est sans conséquence pratique.

3°
L'adopté et ses grands-parents biologiques et adoptifs

222.191 Huit grands-parents, quatre ou aucun ? Si l'adopté reste tenu de verser des aliments à ses pères et mère biologiques, il n'est pas sûr qu'il reste tenu de la même obligation à l'égard de ses ascendants biologiques, car l'article 367 du Code civil vise expressément ses **père et mère.** Il n'est pas sûr non plus qu'il puisse leur en réclamer. Certes il

1. C. civ., art. 367 (réd. L. n° 2007-293, 5 mars 2007, réformant la protection de l'enfance, *JO* 6 mars, p. 4215).

2. Civ. 1re, 22 mai 2007, n° 06-17.980, *Bull. civ.* I, n° 204; *Defrénois* 2007, p. 1321, obs. Massip; *AJ fam.* 2007, 312, obs. Chénedé; *RTD civ.* 2007, 764, obs. Hauser.

3. CASF, art. L. 132-6 (réd. L. 5 mars 2007).

serait bizarre que les ascendants aient une obligation plus forte que celle des parents, mais d'un autre côté le caractère subsidiaire de l'obligation des parents pourrait apparaître comme une exception, à interpréter restrictivement, au principe selon lequel l'enfant conserve tous ses droits dans sa famille...

Il serait cohérent que l'adopté perde tout lien alimentaire avec ses grands-parents biologiques s'il s'en créait un avec ses grands-parents adoptifs, or tel ne paraît pas être le cas puisque là encore, l'article 367 ne vise que l'adoptant. C'est pourquoi, selon une opinion, les ascendants biologiques doivent être assimilés aux parents, conformément à l'article 205 du Code civil, dès lors que l'adopté reste dans sa famille d'origine[1].

Finalement, l'adopté n'est tenu à coup (presque) sûr de fournir des aliments qu'à ses parents adoptifs et, sauf exception, à ses parents biologiques (v. s^s^ n° 222.171), et il peut en recevoir des uns comme des autres, de façon principale et subsidiaire. En revanche, du point de vue alimentaire, il est impossible de savoir s'il est susceptible d'avoir huit grands-parents, quatre, ou aucun, qu'il s'agisse de se faire secourir par eux ou au contraire de les aider.

4°
Les descendants de l'adopté

222.201 **Descendants de l'adopté.** Si le lien de parenté résultant de l'adoption s'étend aux enfants de l'adopté (C. civ., art. 366, al. 1er), il faut en conclure qu'un lien alimentaire réciproque s'est créé entre l'adoptant et ses petits-enfants. Mais dès lors qu'il n'y a pas eu rupture du lien de famille entre l'adopté et sa famille d'origine, l'enfant de l'adopté pourrait bien un jour se voir réclamer des aliments par ses grands-parents biologiques, ou leur en réclamer : la dispense prévue au profit de l'adopté retiré de son milieu familial s'étend à eux (CASF, art. L. 132-6, al. 3), mais rien n'est dit pour les enfants des pupilles de l'État... et restent tous les autres adoptés : combien de générations dure la double appartenance familiale de l'adopté simple ?

F.
Successions

222.211 **Successions au profit de l'adopté : divergence entre droit civil et droit fiscal.** Au chapitre des successions, il est simplement indiqué que les droits résultant de la filiation adoptive son réglés au titre de l'adoption (C. civ., art. 733, al. 2).

Du point de vue civil, l'adopté simple est *a priori* plutôt avantagé : il garde tous ses droits héréditaires dans sa famille d'origine (C. civ., art. 364, al. 1er) ; dans sa famille adoptive, il a les mêmes droits qu'un enfant biologique, droits dont bénéficient aussi ses propres descendants, sauf que ni lui ni eux ne sont réservataires dans le patrimoine « *des ascendants de l'adoptant* » – dont il faut souligner au passage qu'ils ne sont pas nommés « *ses* » ascendants adoptifs (C. civ., art. 368). Pour les descendants de l'adopté, cette exception joue aussi bien lorsqu'ils viennent de leur chef que lorsqu'ils viennent par représentation à la succession de l'ascendant de l'adoptant[2].

La *loi fiscale* est cependant moins généreuse que la loi civile puisque, sauf cas particuliers, il n'est pas tenu compte, pour la perception des droits de mutation à titre gratuit, du lien de parenté résultant de l'adoption simple (CGI, art. 786), sauf cas particuliers jugés suffisamment nombreux pour que ne soit pas envisagée de réforme à ce propos[3].Ces cas particuliers ont à leur tour été considérés par la Chambre commerciale de la Cour de cassation comme de nature à établir un équilibre permettant de ne pas considérer le texte comme discriminatoire[4].

L'un de ces cas particuliers est que l'adopté était pupille de l'État. Un autre est qu'il a reçu des soins non interrompus de la part de l'adoptant, soit pendant cinq ans au cours de sa minorité, soit pendant dix ans, minorité et majorité confondues : les juges du fond apprécient souverainement la notion de soins, qui ne peuvent se réduire à une simple participation aux frais d'éducation et d'entretien[5].

Le risque que fait courir à l'adopté l'exigence d'un délai de cinq ans avant qu'il puisse bénéficier de la succession de ses parents adoptifs sans droits de mutation à taux plein devrait être prise en considération par les tribunaux lorsqu'ils hésitent, à propos d'un mineur, notamment étranger, entre une adoption simple et une adoption plénière. Les parents, quant à eux, seront bien inspirés de prendre des dispositions testamentaires adaptées s'ils veulent éviter, en cas de décès prématuré, que leurs enfants adoptés en adoption simple soient considé-

1. TERRÉ et FENOUILLET, n° 909, note 3.

2. Civ. 1re, 1er mars 1977, n° 75-14.696, *Bull. civ.* I, n° 113; *D.* 1977, 541 note Donnier (à propos d'une légitimation adoptive) – V. AUSSI, F. Sauvage, « Adoptions simples et successions complexes », *AJ fam.* 2008, 457.
3. Rép. min. n° 69624, *JOAN* 6 juin 2006, p. 5911; *Dr. fam.* 2006, alertes, n° 50.
4. Com. 15 déc. 2009, n° 08-19.407, NP – V. E. Baraduc, « Discrimination : l'adopté simple discriminé par le fisc ? », *JCP* 2010, n° 165.
5. Com. 7 avr. 2009, n° 08-14.407, *Bull. civ.* IV, n° 52; *AJ fam.* 2009, 258, obs. Chénedé; *Dr. fam.* 2009, n° 77, note Murat – V. AUSSI : F. Sauvage, « Adoptions simples et successions complexes », *AJ fam.* 2008, 457 et F. Douet, « Les principales conséquences fiscales de l'adoption simple », *AJ fam.* 2008, 461.

rés comme étrangers à leur famille : il est déjà arrivé, malheureusement, qu'un parent décède moins de cinq ans après l'adoption de son enfant... et dans le cas évoqué, l'Administration fiscale n'a pas dérogé à la règle (v. s^{s} n° 224.153).

222.212 **Succession de l'adopté.** S'agissant de la succession de l'adopté, s'il meurt sans laisser de descendants ou de conjoint survivant, elle se partage par moitié entre ses deux familles, sous la réserve que les biens qu'il avait reçus à titre gratuit de l'adoptant retournent en principe à celui-ci et à ses descendants s'ils existent encore en nature à son décès, et que ceux qu'il avait reçus de ses père et mère retournent pareillement à ceux-ci et leurs descendants (C. civ., art. 368-1). Ce **droit de retour légal** n'est pas sans soulever quelques difficultés, si l'on en juge par les écrits des spécialistes[1].

G.
Donations

222.221 **Suppression de la révocabilité pour cause de survenance d'enfant.** En vertu de l'article 962 du Code civil issu de la loi du 23 juin 2006, la survenance d'enfant n'est plus une cause de révocabilité des donations si cette survenance est la conséquence d'une adoption simple. Il est dommage qu'aucune distinction ne soit faite à ce sujet suivant que l'adopté est majeur ou mineur. En effet, s'il avait pu paraître choquant qu'une donation faite à des neveux puisse être révoquée en raison de l'adoption par la donatrice d'une femme mariée devenue sa compagne (v. s^{s} n° 222.33), il paraît maintenant encore plus choquant qu'elle ne puisse pas être révoquée au profit d'un mineur, particulièrement étranger, dont l'adoption n'aura été « que » simple pour des raisons ne tenant pas à la volonté des intéressés, mais à des subtilités juridiques pas toujours convaincantes (v. s^{s} n° 224.82).

H.
Droits sociaux et impôts sur le revenu

222.231 **Renvois à l'adoption plénière.** Dans la nouvelle rédaction du Code du travail, les congés accordés à l'occasion de l'arrivée d'un enfant dans son futur foyer adoptif apparaissent liés au fait qu'il est « *confié* » (C. trav., art. L. 1225-37) ou « *placé* » (C. trav, art. L. 1225-39) par une autorité administrative ou un organisme autorisé, ou « *accueilli* » en vue de son adoption sur décision d'une autorité étrangère (C. trav., art. L. 1225-39). Il n'y a donc pas lieu de distinguer suivant que l'adoption projetée est plénière ou simple, ceci d'autant plus qu'une adoption simple peut être prononcée bien que le projet initial soit d'une adoption plénière (v. s^{s} n° 221.292).

L'avantage accordé par l'article 195, e du Code général des impôts en matière d'impôt sur le revenu est lié à l'âge de l'adopté au moment de son recueil et à la durée de celui-ci, non à la nature de l'adoption.

§ 2
Révocabilité de l'adoption

222.241 **Principe.** C'est la loi du 19 juin 1923 qui, en même temps qu'elle élargissait les possibilités d'adoption, a instauré la révocabilité de celle-ci[2]. Mais l'adoption étant une institution, sa révocation n'est pas un acte libre : elle est **prononcée par le tribunal de grande instance**, s'il est justifié de motifs graves, de sorte que même le souhait partagé des parties ne serait pas suffisant à lui seul[3]. Contrairement à l'adoption, sa révocation est **contentieuse**.

222.242 **Initiative de la demande de révocation.** La révocation peut être demandée, suivant les cas, par **l'adoptant**, **l'adopté**, des membres de sa **famille biologique** ou le **ministère public** (C. civ., art. 370). Le décès de l'adoptant ou de l'adopté en cours d'instance n'empêche pas les héritiers de l'adoptant de la poursuivre et la juridiction saisie de statuer sur elle bien que l'action lui soit personnelle[4]. En revanche, les héritiers de l'adopté seraient irrecevables à exercer un recours en révision contre la révocation de l'adoption non engagée par lui de son vivant[5].

L'adoptant peut demander la révocation de l'adoption dès que l'adopté a atteint l'âge de quinze ans, ce qui paraît encore bien jeune[6]. En effet, le fait de savoir que l'adoptant peut envisager de le rejeter

1. C. civ., art. 368-1 (réd. L. n° 2006-728, 23 juin 2006) – V. AUSSI, sur les successions anomales, DALLOZ ACTION DR. PATR. FAM. 2008/2009 (dir. M. Grimaldi), M.-C. de Roton-Catala, n°s 235.11 s. – N. Levillain, « Nouvelles règles de dévolution de la succession de l'adopté : une réforme incomplète », *JCP N* 2007, 1223 – V. David-Balestrerio, « La succession de l'adopté (simple) après la loi du 23 juin 2006 », *Defrénois* 2007, p. 1085 – F. Sauvage, « Adoptions simples et successions complexes », *AJ fam.* 2008, 457 – F. Douet, « Les principales conséquences fiscales de l'adoption simple », *AJ fam.* 2008, 461.

2. Sur la révocation en général, v. M. Le Bihan-Guénolé, « La révocation de l'adoption », *JCP* 1991, I, 3539 – Sur les motifs, v. F. Granet, « Les motifs de révocation de l'adoption simple », *AJ fam.* 2002, 24.
3. TGI Paris, 28 mai 1996, *D.* 1997, somm. 162, obs. Granet.
4. Civ. 1re, 21 juin 1989, *Bull. civ.* I, n° 249; *D.* 1990, J. 182, note Lesca; *JCP* 1990, II, 21547, note Charles.
5. Civ. 1re, 6 déc. 2005, n° 04-11.689, *Bull. civ.* I, n° 477; *Dr. fam.* 2006, n° 52, note Murat; *RTD civ.* 2006, 100, obs. Hauser.
6. EN CE SENS, implicitement, CA Poitiers, 7 févr. 2007, *AJ fam.* 2007, 322, obs. Chénedé.

dans la phase la plus fragile de son existence n'est certainement pas de nature à favoriser la construction psychologique de l'adopté, qui déjà doit supporter – ce qui n'est jamais aisé – la blessure d'un premier abandon; de même la possibilité de recourir à cette solution si l'adolescent se révèle difficile n'est pas de nature à encourager l'adoptant à faire les efforts nécessaires pour consolider un lien difficile à maintenir. Ne faudrait-il pas au moins attendre que l'adopté soit majeur, ou à la rigueur émancipé, pour autoriser cette démarche, surtout si c'est « *ajouter à l'article 370 une condition qu'il ne comporte pas* » que de prendre en considération les conséquences de la révocation pour l'adopté[1] ?

Tant que l'adopté est mineur et non émancipé, l'action ne peut être intentée en son nom que par le ministère public, mais un membre de sa famille biologique jusqu'au degré de cousin germain inclus peut aussi en prendre l'initiative à titre personnel. Il faut pour une telle initiative que le comportement de l'adoptant l'impose, mais dans ce cas un retrait de l'autorité parentale peut aussi être envisagé, ce qui préserverait au moins les droits patrimoniaux de l'adopté[2].

L'adopté peut faire lui-même cette demande lorsqu'il est majeur ou émancipé.

L'article 370 du Code civil faisant référence à « l'adoptant », rien ne dit si une révocation peut être demandée par un seul des deux membres du couple adoptif ou « contre » lui, ni si la révocation peut n'avoir d'effet qu'à l'égard de l'un des adoptants. La question ne paraît pas avoir été évoquée, mais elle mériterait de l'être. Ce qui a été jugé, c'est que la révocation peut être demandée par un membre du couple adoptif après le décès de l'autre, et que cette révocation n'a lieu qu'à son propre égard[3].

222.243 **Motifs susceptibles d'entraîner la révocation.** Le droit de demander la révocation n'est pas discrétionnaire, la demande doit s'appuyer sur des **motifs graves** dont l'appréciation relève du pouvoir souverain des juges du fond[4]. À peine de voir fleurir des adoptions insuffisamment réfléchies et donc manquées, une extrême rigueur dans l'appréciation de ces motifs paraît indispensable, ce qui semble bien être la tendance des tribunaux de grande instance et cours d'appel, conscients de ce que les différends les plus graves peuvent intervenir dans toutes les familles[5] (a pour cette raison été refusée la révocation de l'adoption par la seconde épouse du père décédé, la demande faisant suite à un litige à propos de la succession de ce père[6]).

222.244 **Procédure.** L'instance en révocation d'adoption obéit aux règles de la procédure en matière contentieuse, l'affaire est instruite et débattue en chambre du conseil, après avis du ministère public, et le jugement est prononcé en audience publique (C. pr. civ., art. 1177).

L'appel est formé comme en matière contentieuse, et est instruit et jugé selon les règles applicables en première instance (C. pr. civ., art. 1178).

Le pourvoi en cassation est suspensif d'exécution (C. pr. civ., art. 1178-1).

Le jugement révoquant l'adoption doit être **motivé**, ce qui laisserait à penser, *a contrario* mais sans certitude, que le jugement refusant la révocation n'a pas à l'être, tout comme celui qui prononce l'adoption (C. civ., art. 370-1, al. 1er).

222.245 **Publicité du jugement.** Le dispositif du jugement révoquant l'adoption est mentionné en marge de l'acte de naissance de l'adopté (C. civ., art. 370-1, al. 2). Il doit bien sûr l'être aussi en marge de tous les actes sur lesquels l'adoption avait été portée (v. ss no 222.62).

222.246 **Effets du jugement.** En vertu de l'arrêt du 21 juin 1989 précité[7], la révocation prend effet rétroactivement au jour de la demande. Elle fait cesser tous les effets de l'adoption, mais seulement pour l'avenir (C. civ., art. 370-2). Ainsi, si l'adopté avait reçu des biens à titre gratuit de la part de sa famille adoptive, il les conservera nonobstant le droit de retour successoral, à supposer bien sûr que la demande de révocation ne se soit pas accompagnée d'une révocation de la donation si c'était possible. En revanche, toutes les conséquences personnelles et pécuniaires de l'adoption disparaîtront et l'adopté ne conservera plus que sa première filiation.

Savoir ce que devient l'ex-adopté, du point de vue de **l'autorité parentale**, s'il est encore mineur au moment de la révocation, est assez difficile. Il est peu plausible, dans la majorité des cas, que cette autorité puisse revenir à ses parents biologiques, sauf peut-être si ce sont eux qui ont demandé la révocation et qu'ils sont en mesure de l'assumer. Plus vraisemblablement, dans cette situation, l'enfant ex-adopté doit être considéré comme n'ayant plus de parent en état d'exercer sur lui l'autorité parentale et être placé, en application de l'article 373-5 du Code civil, sous le régime de la **tutelle**. S'il était

1. CA Dijon, 28 janv. 1997, *BICC* 15 juill. 1997, no 865.
2. Carbonnier, p. 378.
3. TGI Paris, 28 oct. 1980, *Juris-Data* no 080551.
4. TGI Paris, 2 févr. 1993, *D.* 1993, somm. 327, obs. Granet-Lambrechts.
5. F. Granet, « Les motifs de révocation d'une adoption simple », *AJ fam.* 2002, 24.
6. CA Bordeaux, 8 nov. 2006, *JCP* 2007, IV, 1933; *Juris-Data* no 318432.
7. Civ. 1re, 21 juin 1989, no 87-19.742, *Bull. civ.* I, no 249; *D.* 1990, J. 182, note Lesca; *JCP* 1990, II, 21547, note M. N. Charles.

pupille de l'État avant son adoption, il devrait le redevenir, encore que le cas ne soit pas expressément prévu par l'article L. 224-4 du Code de l'action sociale et des familles.

On ne peut s'empêcher de se demander, en outre, ce qu'il adviendra de celui qui aurait été adopté en adoption plénière, puis en adoption simple par une autre famille parce qu'il était justifié de motifs graves (v. ss no 221.341), et dont l'adoption simple sera à son tour révoquée pour motifs graves...

Ce serait une des raisons de reprendre sérieusement l'ensemble du droit de l'adoption simple, de la réglementer pour elle-même en tenant compte de ses anciennes et nouvelles utilisations, effectives ou souhaitées, et en abandonnant la pratique du renvoi de texte, dont tout ce qui précède montre le caractère inévitablement lacunaire [1].

§ 3
Possibilité de convertir l'adoption simple en adoption plénière

222.251 **L'article 345 alinéa 2 du Code civil.** Il est prévu à l'article 345 alinéa 2 du Code civil qu'une adoption plénière peut être prononcée jusqu'aux vingt ans de l'enfant lorsqu'il a fait l'objet d'une adoption simple avant l'âge de quinze ans. Bien que le législateur ne précise rien à ce propos, il serait logique de penser que si elle est demandée alors que l'enfant a entre quinze et dix-huit ans, le consentement de son représentant légal initial est indispensable afin que soit respectée la portée du consentement qu'il a donné... mais par hypothèse ce représentant légal ne l'a plus en charge au titre de l'autorité parentale ou de la tutelle suivant le cas. Il est donc plus cohérent d'attendre que l'adopté soit majeur pour entreprendre la démarche, car il sera alors seul à devoir y consentir.

C'est surtout dans le cadre de **l'adoption de l'enfant du conjoint** – qui dans la majorité des cas ne peut être que simple pendant la minorité de l'enfant (v. ss no 223.33) –, et dans le cadre de **l'adoption internationale** – où les tribunaux sont de plus en plus tentés par cette solution sans toujours en mesurer la portée réelle – que cette disposition est bienvenue dès lors que le tribunal est à même d'en contrôler les abus toujours susceptibles d'intervenir.

1. Hauser, *RTD civ.* 2001, 577.

CHAPITRE

223. Adoptions intrafamiliales

PASCALE SALVAGE-GEREST
PROFESSEUR ÉMÉRITE DE L'UNIVERSITÉ
PIERRE MENDÈS-FRANCE (GRENOBLE 2)

SECTION 0
ORIENTEUR

223.00 Plan du chapitre.

223.01 Textes applicables.
* V. s^{s} n° 220.01

223.02 Jurisprudence de référence.
* V. s^{s} n° 220.02

223.03 Bibliographie indicative.
* V. s^{s} n° 220.03

223.06 Délais.
* V. s^{s} n° 220.06

223.07 Documents : transcription de jugement d'adoption et extrait de transcription.
* V. s^{s} n° 220.07

Divisions. Diversité des hypothèses. Il n'y a pas de modèle spécifique d'adoption qui serait organisé pour s'appliquer à l'intérieur d'une famille déjà constituée. Ce sont les règles de l'adoption plénière et de l'adoption simple qui ont à jouer dans ce cadre. Il s'agit toujours, soit de renforcer des liens de parenté ou d'alliance déjà existants entre parents et enfants, ascendants et descendants, ou collatéraux entre eux (sect. 1), soit, beaucoup plus fréquemment, surtout depuis que se sont multipliées les situations de recomposition familiale, de faire que l'enfant d'une personne mariée devienne celui du couple (sect. 2). Enfin, bien que la loi n'en prévoie pas la possibilité, il n'est plus possible d'ignorer les pressions en faveur de l'adoption au sein de couples non mariés – concubins ou partenaires de PACS, hétérosexuels ou homosexuels (sect. 3).

SECTION 1
ADOPTION RENFORCEMENT D'UN LIEN DE PARENTÉ OU D'ALLIANCE PRÉEXISTANT

223.10 Hypothèses. La loi n'exclut *a priori* ni l'adoption de son propre enfant (§ 1), ni celle de descendants ou collatéraux (§ 2).

§ 1
Adoption de son propre enfant

223.11 Cas général : inutilité. Jusqu'à la loi du 11 juillet 1966, l'adoption pouvait être demandée par une personne seule, contrairement à la légitimation adoptive. La jurisprudence, après quelques fluctuations, avait admis qu'elle pouvait porter sur son propre enfant naturel, afin de lui donner un statut juridique plus favorable. Après la loi de 1966 a même été autorisée et pratiquée l'adoption plénière de son propre enfant naturel, mais dès 1972 cette pratique est devenue de peu d'intérêt dès lors que les enfants naturels, même adultérins, ont pu bénéficier de la légitimation par autorité de justice qui leur procurait le même avantage, celui d'avoir pour l'avenir le statut d'enfant légitime de leur parent unique.

L'égalisation du statut de tous les enfants biologiques quel que soit le contexte de leur naissance a rendu inutile le recours à l'adoption, sauf à propos des enfants incestueux... pour lesquels le procédé est interdit.

223.12 Enfants incestueux : interdiction. L'enfant incestueux, qui peut se définir comme celui dont les parents ne peuvent se marier entre eux pour cause de parenté ou d'alliance (C. civ., art. 161 et 162), est le seul, dans notre société, à ne pas pouvoir avoir ses deux filiations, paternelle et maternelle, établies, du moins si l'interdiction de mariage est fondée sur la parenté et non l'alliance (C. civ., art. 310-2).

Dans un arrêt remarqué, la Cour de cassation a considéré que serait contraire à l'ordre public l'adoption simple d'un enfant par son père, qui se trouvait être le demi-frère de la mère, à l'égard de laquelle la filiation était établie[1]. La cour d'appel de Paris, sur renvoi, a jugé que le caractère discriminatoire de la solution au regard de la Convention internationale des droits de l'enfant n'était pas prouvé[2].

L'ordonnance du 4 juillet 2005[3] l'a en tout cas expressément entérinée en interdisant, à l'article 310-2, que la filiation soit établie « *par quelque moyen que ce soit* », ce qui inclut nécessairement l'adoption.

§ 2 Adoption d'un descendant ou d'un collatéral

223.21 Conditions. L'adoption de descendants ou de collatéraux (le plus souvent neveux ou nièces, plus rarement cousins, voire frères ou sœurs), ne présente, en ce qui concerne ses conditions, qu'une seule particularité par rapport à l'adoption d'étrangers à la famille : dès lors qu'il existe un lien de parenté ou d'alliance jusqu'au sixième degré inclus entre les parties – soit le degré de cousins issus de germains pour la même génération – l'intermédiaire de l'Aide sociale à l'enfance (ASE) ou d'un organisme autorisé pour l'adoption (OAA), donc la détention d'un **agrément, n'est pas requis** alors même que l'enfant aurait moins de deux ans (C. civ., art. 348-5).

Comme pour toutes les adoptions, un mineur n'est adoptable par un membre de sa famille que si ses parents ou son conseil de famille y ont consenti, ou s'il a été judiciairement déclaré abandonné en application de l'article 350 du Code civil, ou s'il est pupille de l'État. S'agissant du consentement parental, c'est dans ce contexte que le caractère abusif du refus peut le plus aisément être envisagé (v. s^s^ n° 221.131). S'agissant de la déclaration d'abandon, il a été vu qu'elle pouvait soulever des problèmes dans cette situation (v. s^s^ n° 221.184). Enfin, si un membre de la famille veut adopter un enfant susceptible d'être admis en qualité de pupille de l'État, mieux vaut qu'il s'y prenne avant l'admission de l'enfant en cette qualité, ou au plus tard dans le délai d'un mois pendant lequel il peut exercer un recours contre cette admission, faute de quoi un autre projet pourrait être mis en place sans qu'il puisse s'y opposer (CASF, art. L. 224-8).

223.22 Effets. En ce qui concerne ses effets, l'adoption d'un descendant ou d'un collatéral ne présente pas non plus d'originalité notoire, sinon la confusion qu'elle engendre dans les repères familiaux. Si elle est simple, elle n'entraîne d'effets fiscaux favorables que si l'adoptant a dispensé à l'adopté des secours et des soins ininterrompus, pendant cinq ans à l'époque de sa minorité, ou dix ans, entre sa minorité et sa majorité (CGI, art. 786, 3° – V. s^s^ n° 222.211).

223.23 Opportunité. L'adoption intrafamiliale ne doit être envisagée que dans des circonstances tout à fait exceptionnelles, en raison des inconvénients qu'elle présente sur le plan personnel. Il n'est pas indifférent, par exemple, qu'un enfant se retrouve juridiquement frère ou sœur de son père ou de sa mère pour avoir été adopté par ses grands-parents, ou encore frère ou sœur de ses neveux et nièces si c'est par son propre frère ou sa propre sœur qu'il l'a été. Les situations se compliquent encore si l'adoption est simple, puisqu'il n'y a pas de rupture des liens initiaux. C'est pourquoi les tribunaux font en général preuve de la plus grande **circonspection** en ce domaine, et on ne peut que les approuver de déjouer les manœuvres qui consistent à tenter de se servir de l'adoption pour obtenir des résultats sans rapport avec son esprit (par ex., adoption plénière d'un enfant par ses grands-parents maternels dans le seul but d'empêcher le père de le reconnaître)[4].

L'adoption de leurs petits-enfants par les grands-parents, dans la mesure où elle aurait des visées

1. Civ. 1re, 6 janv. 2004, n° 01-01.600, *Bull. civ.* I, n° 2; *D.* 2004, 362, concl. Sainte-Rose; *D.* 2004, 365, note Vigneau; *D.* 2004, somm. 1419, obs. Granet-Lambrechts; *JCP* 2004, II, 10064, note Labrusse-Riou; *JCP* 2004, I, 109, n° 2, obs. Rubellin-Devichi; *Defrénois* 2004, 594, obs. Massip; *AJ fam.* 2004, 66, obs. Bicheron; *Dr. fam.* 2004, n° 16, note Fenouillet; *RJPF* 2004-3/34, note Garé; *LPA* 8 avr. 2004, 13, note Voisin; *RTD civ.* 2004, 76, obs. Hauser; *RRJ* 2004, 2637, obs. Debily – V. AUPARAVANT, D. Fenouillet, « L'adoption de l'enfant incestueux par le demi-frère de sa mère, ou comment l'intérêt prétendu de l'enfant tient lieu de seule règle de droit », *Dr. fam.* 2003, étude 29 – Sur cette question, V. AUSSI, CORNU, n° 275.
2. CA Paris, 5 avr. 2005, *Gaz. Pal.* 2005, 3 mai 8, concl Gizardin; *Dr. fam.* 2005, n° 242, note Murat.
3. Ord. n° 2005-759, 4 juill. 2005, portant réforme de la filiation, *JO* 6 juill., p. 11159.
4. Sur l'adoption par des grands-parents, v. M. Schmitt, *AJ fam.* 2002, 91.

purement successorales, devrait toutefois perdre beaucoup de son intérêt avec la loi du 23 juin 2006[1] qui facilite la transmission intergénérationnelle des biens.

SECTION 2
ADOPTION DE L'ENFANT DU CONJOINT

223.30 Généralités. Institution confidentielle il y a encore une trentaine d'années, cette catégorie d'adoptions a pris un essor considérable avec la multiplication des familles dites recomposées, car elle est, pour l'instant, le seul moyen de donner au « beau-parent » la place qui lui revient, du moins lorsque le parent qui n'est pas son conjoint se désintéresse suffisamment de l'enfant s'il est mineur alors que lui-même l'élève et que s'est créé un fort attachement réciproque. Elle a fait l'objet de plusieurs retouches législatives, d'abord avec la loi du 22 décembre 1976[2], puis celles du 8 janvier 1993 et 5 juillet 1996. Bien entendu, elle ne suppose **ni agrément, ni intermédiaire** de l'ASE ou d'un OAA, même si l'adopté a moins de deux ans (C. civ., art. 348-5). Elle obéit aux règles de procédure ordinaires en la matière et, avant de la prononcer, le tribunal doit vérifier qu'elle ne compromettra pas la vie d'une famille qui comporterait déjà un ou plusieurs descendants : il n'est d'ailleurs pas rare que les enfants d'un premier lit s'opposent à l'adoption, par leur parent, de l'enfant du nouveau conjoint de celui-ci. Reste à en préciser les particularités : conditions (§ 1), effets(§ 2) et cas particuliers (§ 3).

§ 1
Conditions

223.31 Conditions allégées par rapport à celles du droit commun. L'adoption de l'enfant du conjoint n'implique ni âge minimum de l'adoptant (C. civ., art. 343-2), ni durée du mariage puisqu'une telle durée ne s'applique qu'à l'adoption par un couple. La différence d'âge entre l'adoptant et l'adopté est réduite à dix ans au lieu de quinze, et même moins en cas de « *justes motifs* » (C. civ., art. 344)[3]. La légèreté de ces conditions n'empêche pas les tribunaux d'apprécier l'opportunité de l'adoption.

1. L. n° 2006-728, 23 juin 2006, portant réforme des successions et des libéralités, *JO* 24 juin, p. 9513.
2. P. Salvage-Gerest, « L'adoption plénière de l'enfant du conjoint après la loi du 22 décembre 1976 », *JCP* 1982, I, 3071.
3. Pour une application de la dispense d'âge, v. CA Dijon, 13 avr. 2006, *JCP* 2007, 2219; *Juris-Data* n° 2006-31-2114.

223.32 Consentements. L'adoption de l'enfant mineur du conjoint n'est pas envisageable autrement qu'avec le **consentement du parent non conjoint de l'adoptant**, s'il est vivant et en mesure de le donner, car l'enfant n'est à l'évidence ni pupille de l'État ni abandonné. Néanmoins, le tribunal peut, en appliquant l'article 348-6 du Code civil, estimer le refus de consentement abusif (v. s^{s} n° 221.131)[4].

En cas de décès de ce parent, ou d'impossibilité de manifester sa volonté, le **consentement du conjoint de l'adoptant**, toujours requis lui aussi, au double titre de parent de l'adopté et de conjoint non séparé de corps de l'adoptant est suffisant : la nomination d'un administrateur *ad hoc* pour représenter l'enfant n'a, à notre connaissance, jamais été évoquée. Si l'adopté a plus de treize ans, il y a obligation de lui demander son consentement.

L'enfant majeur consent seul à son adoption[5]. Il ne semble toutefois pas que l'adoption pourrait avoir lieu contre la volonté du parent conjoint de l'adoptant, qui devra toujours donner son consentement à ce titre (C. civ., renvoi de l'art. 361 à l'art. 343-1, al. 2).

223.33 Nature de l'adoption (plénière ou simple). Depuis la loi du 5 juillet 1996, l'adoption plénière de l'enfant du conjoint n'est autorisée que dans trois hypothèses : l'enfant n'a de filiation établie qu'à l'égard de ce conjoint; l'autre parent que le conjoint s'est vu retirer totalement l'autorité parentale; cet autre parent est décédé sans laisser d'ascendants au premier degré (grands-parents de l'enfant) ou ceux-ci se sont manifestement désintéressés de l'enfant. En résumé, **un parent ne peut jamais consentir à l'adoption plénière de son enfant par le conjoint de l'autre parent** de celui-ci (C. civ., art. 345-1).

La première hypothèse n'appelle pas de remarque particulière : l'adoption plénière est certainement la solution qui permet le mieux à l'enfant d'être rattaché au couple, et ne « lèse » pas une famille d'origine qui n'existe pas en droit.

La troisième est le résultat de la constatation selon laquelle, trop souvent, l'adoption plénière consentie par le seul parent conjoint de l'adoptant avait pour résultat, sinon pour but, d'évincer les grands-parents dans la ligne du parent défunt sans qu'ils puissent s'y opposer. Elle s'harmonise avec la disposition qui veut que, au nombre des droits de l'enfant, se trouve celui d'entretenir des relations avec ses ascendants (C. civ., art. 371-4).

4. CA Riom, 6 mars 2007, *Juris-Data* n° 2007-334871, *JCP* 2007, IV, 1607.
5. Sur le cas du majeur dans l'impossibilité de manifester sa volonté, v. s^{s} n° 222.41.

La deuxième est plus discutable dès lors que, comme cela a été vu, le retrait de l'autorité parentale, normalement réversible, ne le sera plus une fois l'adoption devenue définitive (v. s[s] n° 221.71). En outre, dans ce cas, une interprétation littérale du texte conduit à ce que les ascendants de l'enfant soient placés dans la situation de tiers au regard de l'article 371-4 du Code civil, alors que le retrait de l'autorité parentale ne devrait atteindre que le parent qui y est condamné.

§ 2
Effets

223.41 Effets de l'adoption à l'égard du parent non conjoint de l'adoptant et de sa famille. Dans la plupart des cas, l'adoption sera une adoption simple (v. s[s] n° 223.33). Il n'est donc pas exclu que le parent non conjoint de l'adoptant subordonne son consentement, par exemple, au maintien de son nom si l'enfant le portait, ou à l'octroi d'un droit de visite. Il ne pourrait pas, en revanche, le subordonner valablement à une renonciation de la part du couple à lui réclamer des aliments pour l'enfant dans le cadre de l'obligation subsidiaire qui est maintenue, la matière étant d'ordre public (v. s[s] n° 222.170). Les ascendants de l'enfant pourront eux aussi réclamer un droit de visite qui leur serait refusé (sur leur obligation alimentaire, v. s[s] n° 222.170). D'autres membres de la famille le pourront aussi, mais au titre de tiers membres de la famille de l'enfant.

Il faut aussi insister sur le fait que, une fois l'adoption prononcée, l'obligation alimentaire qui incombe au parent non conjoint de l'adoptant n'est que subsidiaire, donc que celui-ci est fondé à demander restitution de la pension qu'il aurait continué à verser depuis cette date, du moins s'il n'a pas eu connaissance du jugement d'adoption et que le parent adoptif était en mesure de satisfaire à sa propre obligation (v. s[s] n° 222.171)[1].

223.42 Effets de l'adoption à l'égard du parent conjoint de l'adoptant et de sa famille. « *L'adoption* [plénière – NDA] *de l'enfant du conjoint laisse subsister sa filiation d'origine à l'égard de ce conjoint et de sa famille. Elle produit, pour le surplus, les effets d'une adoption par deux époux* » (C. civ., art. 356, al. 2). Cette disposition, introduite par la loi du 22 décembre 1976, est heureuse : la rupture des liens de l'enfant avec son parent qui souhaitait l'intégrer à son couple interdisait auparavant, en pratique, le recours à ce type d'adoption. Tout se passe donc désormais comme si l'enfant était adopté plénièrement par les deux membres du couple – et non pas né d'eux, mais pratiquement cela ne fait pas de différence sensible –, à partir du jour de la requête en adoption.

En cas d'adoption simple, il est logique de penser, puisque l'article 361 du Code civil ne renvoie pas à l'article 356 et qu'il n'existe aucune disposition spécifique, que les effets de l'adoption n'affectent pas les liens existant dans la famille du conjoint de l'adoptant. Cette solution paraît sous-entendue dans le fait que c'est ce dernier qui conserve l'exercice de l'autorité parentale sur l'adopté mineur, sauf déclaration conjointe faite auprès du greffier en chef du tribunal de grande instance aux fins d'exercice en commun de celle-ci avec l'adoptant (C. civ., art. 365 – V. s[s] n° 223.43) : puisqu'elle ne transfère pas l'exercice de l'autorité parentale à l'adoptant, ce n'est pas une adoption simple ordinaire.

Du point de vue successoral, il a été jugé que l'action en retranchement, accordée par l'article 1527 alinéa 2 du Code civil, relatif à la communauté universelle, aux enfants non issus des deux époux, ne bénéficie pas à l'enfant adopté par l'épouse de son père dans la succession de celui-ci. Le motif retenu est qu'il est héritier réservataire présomptif dans la succession de sa mère adoptive[2].

223.43 Effets de l'adoption à l'égard de l'adoptant et de sa famille. L'adoption *plénière* ne présente pas de particularité par rapport à une adoption plénière « normale ». L'adoption *simple*, elle, mérite qu'on s'y arrête sur plusieurs points : nom, autorité parentale, fiscalité.

Comme cela a été indiqué, l'adopté, même majeur, même déjà parent lui-même, est obligé de prendre le **nom de l'adoptant** (v. s[s] n°s 222.90 s.). Il semble toutefois qu'il puisse échapper à cette obligation, au moins dans certains cas, par un biais inattendu. L'article 361 du Code civil renvoie aux deux derniers alinéas de l'article 357, dont le quatrième en vertu duquel, si l'adoptant est marié, il peut être décidé que c'est le nom de son conjoint qui sera conféré à l'adopté. Il devrait donc être possible, par exemple lorsqu'une épouse adopte l'enfant de son mari qui portait le nom de celui-ci, de décider qu'une fois adopté, c'est le nom du mari qu'il prendra, autrement dit qu'il ne changera pas de nom. De telles circonvolutions, qui ne peuvent

1. Civ. 1re, 22 mai 2007, n° 06-17.980, *Bull. civ.* I, n° 204; *AJ fam.* 2007, 312, obs. Chénedé; *Defrénois* 2007, p. 1309, obs. Massip; *Dr. fam.* 2008, n° 173, note Murat; *RTD civ.* 2007, 764, obs. Hauser.

2. Civ. 1re, 7 juin 2006, n° 03-14.884, *Bull. civ.* I, n° 295; *Defrénois* 2006, 1758, obs. Vareille – Civ. 1re, 11 févr. 2009, n° 07-21.421, *Bull. civ.* I, n° 30; *Dr. fam.* 2009, n° 44, note Basgugnana; *Gaz. Pal.* 2009, 10 juin, p. 15; *RJPF* 2009-5/17, obs. Vauvillé.

profiter qu'à une partie des personnes concernées, ne sont cependant jamais bien saines.

L'adoption simple ne confère au parent adoptif que la **titularité de l'autorité parentale, pas son exercice** (v. s[s] n° 223.42). À l'expérience, il se révèle que bien souvent les adoptants dans cette situation ne le savent même pas, et l'apprennent - parfois - alors que l'éducation de l'enfant est terminée et qu'ils ont accompli tous les actes qu'impliquait cet exercice sans que leurs interlocuteurs l'aient su plus qu'eux. Cela n'empêche pas de se demander si, une fois la déclaration faite, une déclaration en sens inverse est possible, ou si le juge aux affaires familiales serait compétent pour revenir sur l'exercice en commun de l'autorité ainsi décidé : rien dans les textes ne l'indique. Il est préconisé, dans le rapport Guinchard, de partager de plein droit l'exercice de l'autorité parentale entre les deux conjoints[1].

Fiscalement, l'**adoption simple de l'enfant du conjoint** est prise en considération comme l'adoption plénière en ce qui concerne les **droits de mutation à titre gratuit**. L'article 786 du Code général des impôts, dont la dernière rédaction date de 1986, réserve cet avantage à l'enfant « *issu d'un premier mariage du conjoint de l'adoptant* », mais il doit être considéré, puisque tous les enfants ont les mêmes droits et les mêmes devoirs dans leur famille, que la disposition s'applique aussi à l'enfant né hors mariage et à l'enfant adoptif du conjoint.

§ 3 Cas particuliers

223.51 Adoption après le décès du parent conjoint de l'adoptant. Peut-on encore parler d'adoption de l'enfant du conjoint lorsque l'époux de l'adoptant est décédé ? Le mariage étant dissous, on pourrait considérer qu'il s'agit d'une adoption par un tiers quelconque. Il serait pourtant absurde, par exemple, si l'enfant a moins de deux ans, d'exiger qu'il soit confié à l'ASE ou à un OAA et que l'adoptant potentiel soit titulaire d'un agrément. L'intention de l'adoptant est certainement d'adopter cet enfant-là en raison du lien qu'il a tissé avec lui, et non un enfant quelconque. Il est même probable qu'il n'aurait pas été candidat à l'adoption si les circonstances ne l'y avaient poussé. Il serait aussi absurde de couper les liens entre l'enfant et la famille de son parent décédé si l'adoption devait être plénière : certes, elle ne pourrait pas l'être en présence de grands-parents s'intéressant à l'enfant (v. s[s] n° 223.33), mais dans une famille, il n'y a pas que des grands-parents !

223.52 Adoption après le décès de l'adoptant. L'adoption après le décès de l'adoptant est possible dans les conditions du droit commun, c'est-à-dire qu'elle peut être continuée après le décès si elle a été introduite auparavant (v. s[s] n° 221.26) ou qu'elle peut être introduite après le décès si l'enfant avait été « *régulièrement accueilli au foyer de l'adoptant* », à supposer résolue la question du « *recueil régulier* » (v. s[s] n° 221.27).

223.53 Adoption de l'enfant adoptif du conjoint. « *Nul ne peut être adopté par deux personnes si ce n'est par deux époux* » (C. civ., art. 346, al. 1er). Ce texte interdit à coup sûr à deux personnes non mariées ensemble d'adopter conjointement un même enfant. En revanche, il n'exige aucunement que l'adoption par les deux époux soit simultanée. Ainsi doit-on admettre que lorsqu'une personne mariée adopte seule avec le consentement de son conjoint, comme l'y autorise l'article 343-1 alinéa 2 du Code civil, ce conjoint peut à son tour décider d'adopter l'enfant s'il remplit les conditions pour cela.

De même, lorsqu'une personne a adopté en tant que célibataire et se marie par la suite, rien ne s'oppose à ce que son époux adopte à son tour, bien que ce soit parfois discuté. Dans les agréments délivrés à des célibataires, le fait qu'ils vivent en couple est souvent vu comme un point positif, et on imagine mal quel intérêt il y aurait à ce qu'un enfant soit définitivement privé du droit d'avoir un père et une mère[2], sachant que récemment, certains juges du fond ont accepté qu'ils aient deux pères ou deux mères non mariés ensemble (v. s[s] n° 223.62)... Une fois adoptés, les enfants ont les mêmes droits que les autres, pourquoi n'auraient-ils pas celui d'être adoptés par le conjoint de leur parent ?

SECTION 3 ADOPTION AU SEIN D'UN COUPLE NON MARIÉ ?

223.61 Interdiction de principe[3]. Comme cela a été vu, la loi prévoit expressément que nul ne peut être adopté par deux personnes, si ce n'est par deux époux (v. s[s] n° 221.22), et si l'adoption de l'enfant du conjoint est prévue et organisée (v. s[s] n°s 223.30 s.), celle de l'enfant du concubin ou du partenaire de PACS ne l'est pas. Le 25 mars 2010, le

1. S. Guinchard, *L'ambition raisonnée d'une justice apaisée*, Rapport au garde des Sceaux, Doc. fr., 2008, www.ladocumentationfrancaise.fr

2. J. Hauser et P. Delmas-Saint-Hilaire, « Deux exercices d'exégèse sur l'adoption », *Defrénois* 2000, 1009.
3. F. Boulanger, « Réflexions sur la requête en adoption de couples de concubins (étude prospective) », *Dr. fam.* 2008, étude 20.

Sénat a rejeté une proposition de loi tendant à autoriser l'adoption par les couples pacsés [1].

Près de quinze ans après la dernière grande réforme de l'adoption (1996), qui n'a apporté aucun assouplissement sur ce point, il est toujours vrai que les tribunaux ne prononceraient pas une adoption, plénière ou simple, qui serait demandée conjointement par deux concubins ou deux partenaires de PACS de sexes opposés – ce qui serait trop ostensiblement contraire à un texte ancien et non équivoque (C. civ., art. 346, al. 1er – V. s n° 221.22 et aussi un cas de refus d'*exequatur*, pour contrariété à l'ordre public international, à une décision étrangère prononçant l'adoption d'un enfant par un couple de concubins, le jugement n'étant déclaré opposable qu'à l'égard d'un seul des adoptants [2]). En revanche, il est déjà arrivé à plusieurs reprises que soit prononcée l'adoption simple de l'enfant mineur d'une femme – « officiellement » né d'une procréation médicalement assistée pratiquée à l'étranger faute d'être autorisée en France – par sa partenaire (pour un majeur, la question ne se poserait pas : v. s n° 222.31). Ce procédé n'a toutefois pas trouvé grâce devant la Cour de cassation (v. ss n° 223.62).

223.62 Tentatives d'assouplissement au profit des couples homosexuels. Dans une décision remarquée parce qu'elle était la première du genre, le tribunal de grande instance de Paris a prononcé l'adoption simple de trois fillettes par la partenaire de PACS de leur mère, et cette solution a souvent été approuvée dans l'immédiat comme étant dans l'intérêt des enfants [3]. Il a tout de même fallu par la suite, mais cela s'est fait beaucoup plus discrètement, que le juge aux affaires familiales délègue une partie de l'autorité parentale à la mère biologique pour rétablir un équilibre au moins apparent entre les prérogatives des deux parentes [4]. En outre la question des **risques créés par les effets de l'adoption simple**, autres que l'autorité parentale, n'a semble-t-il même pas été effleurée à l'occasion de la décision. Pourtant, ces risques ne sont pas négligeables.

En cas de **mésentente du couple**, il peut parfaitement être mis fin à cette délégation; la compagne adoptante peut parfaitement prétendre à ce que les enfants ne portent plus que son nom; rien n'empêcherait éventuellement une adoption plénière dans les deux ans suivant la majorité des enfants, à moins que la mère biologique ne s'engage plus tôt dans la voie de la révocation de l'adoption.

En cas de **décès de l'adoptante**, la délégation cesse automatiquement puisqu'il n'y a plus d'autorité parentale à déléguer, et la mère ne redevient pas titulaire de cette autorité (v. ss n° 222.161); elle est tout au plus tutrice si la mère adoptive n'a pas désigné quelqu'un d'autre dans un testament (C. civ., art. 403)...

Dans ces conditions, on peut douter que, dans l'espèce en cause, la mère ait été correctement conseillée et ait suffisamment pesé les choses avant de « *renoncer à l'autorité parentale – un peu comme la mère du jugement de Salomon – parce qu'elle* [savait] *que l'enfant* [allait] *gagner, par son renoncement, une protection juridique qui lui* [faisait] *défaut* » [5].

Malgré ces dangers, le tribunal de grande instance de Paris a fait école et a été suivi, par quelques tribunaux de grande instance et cours d'appel [6]. Il ne l'a pas été par celle de Riom, bien qu'elle ait jugé les conditions de l'adoption remplies alors que la mère avait donné son consentement quelques jours seulement après la naissance de l'enfant, qui aurait donc dû être remis à l'ASE ou à un OAA [7]. En outre, dans cette affaire, le tribunal de Clermont-Ferrand avait résolu la question de l'autorité parentale en décidant sans scrupule que « *l'adoptant pacsé doit être assimilé à un conjoint au sens de l'article 365 du Code civil et comme tel a l'autorité parentale concurremment avec son conjoint* ». Cela était évidemment doublement faux : d'une part, comme l'a rectifié la cour d'appel, le PACS n'est pas un mariage et n'a aucun effet sur les enfants; d'autre part, dans l'adoption simple de l'enfant du conjoint, c'est le parent biologique qui conserve seul l'exercice de l'autorité parentale (v. ss nos 223.42 et 223.43).

Que l'adoption au sein des couples homosexuels soit souhaitable ou pas est un problème de société qui doit être réfléchi et résolu au plus haut niveau. Mais dire que la réticence des tribunaux à la prononcer est « *vraisemblablement due à la méconnaissance de la situation des parents homosexuels et à l'opprobre fort qui pèse encore sur l'homosexualité* » [8] est peut-être aller un peu vite en besogne. Le législa-

1. Compte rendu intégral des débats, séance du 25 mars 2010, www.sénat.fr
2. V. AUSSI, CA Pau, 26 janv. 2004, *Dr. fam.* 2004, n° 214, note Farge.
3. TGI Paris, 27 juin 2001, *D.* 2003, somm. 1941, obs. Lemouland; et *D.* 2003, 655, note Desnoyer; *JCP* 2002, I, 101, n° 9, obs. Rubellin-Devichi; *Dr. fam.* 2001, n° 116, note Murat; *RTD civ.* 2002, 84, obs. Hauser; *RDSS* 2002. 121, note Monéger.
4. TGI Paris, 2 juill. 2004, *AJ fam.* 2004, 361, obs. Chénedé.
5. C. Mécary, « Homoparentalité, protection de l'enfant », *AJ fam.* 2006, 398.
6. CA Nîmes, 17 févr. 2002, *JCP* 2004, IV, 2337; *Juris-Data* n° 205989, adoption par l'ami du père veuf – CA Amiens, 14 févr. 2007, *Juris-Data* n° 2007-32-5132; *RTD civ.* 2008, 97, obs. Hauser.
7. CA Riom, 27 juin 2006, *Gaz. Pal.* 15 sept. 2006, 6, note Mécary; *Dr. fam.* 2006, n° 204, note Murat.
8. C. Mécary, note ss CA Riom, 27 juin 2006, *Gaz. Pal.* 15 sept. 2006, 6.

teur a prévu et organisé l'adoption de **l'enfant du conjoint**, qui finalement n'est qu'un complément nécessaire de la possibilité d'adopter en couple à condition d'être marié. Dans ces conditions, il serait illogique de continuer à interdire l'adoption par un couple non marié tout en permettant à un membre de celui-ci d'adopter l'enfant de l'autre, et à notre connaissance, jusqu'à présent, l'adoption de l'enfant mineur d'une personne par son concubin hétérosexuel n'a jamais été accordée : beaucoup ont dû faire le « sacrifice » de leur liberté et se marier, s'ils le pouvaient, pour concrétiser leur projet d'enfant commun. La jurisprudence « initiée » par le tribunal de grande instance de Paris, si elle avait prospéré, aurait donc nécessairement ouvert la porte à l'adoption de l'enfant **du** concubin, qu'il soit hétérosexuel ou homosexuel, et finalement à l'adoption **par des** concubins, ce que le législateur n'a pas encore voulu décider. Mieux vaudrait, si cela doit se faire, que cela se fasse dans de bonnes conditions, plutôt que par des solutions de bricolage desquelles il n'est pas si sûr que l'intérêt de l'enfant sorte victorieux.

D'un autre point de vue, pourrait-on encore soutenir, après de telles décisions, que l'adoption a pour but de donner une famille à un enfant, dès lors que la procréation assistée à l'origine de la naissance de l'enfant, qui s'est faite dans des conditions illégales au regard du droit français (CSP, art. L. 2141-2), avait pour but de donner un enfant à une femme « seule », et l'adoption de donner le même enfant à une autre femme, les deux n'ayant pu le concevoir ensemble ? Si **l'adoption de l'enfant du conjoint après une maternité de substitution est condamnée** – ce qu'elle est toujours, y compris pénalement (v. s[s] n° 221.111) –, au nom de quoi une adoption par un ou une partenaire après une procréation médicalement assistée effectuée dans des conditions tout aussi illégales serait-elle autorisée ?

Indépendamment de tout débat idéologique, ce sont probablement ces considérations qui ont conduit la Cour de cassation à stopper, dans ses deux arrêts du 20 février 2007, le développement de la jurisprudence initiée par le tribunal de grande instance de Paris[1]. Dans le second, qui a toutes les allures d'un arrêt de principe, elle considère que l'adoption simple priverait la mère biologique de ses droits d'autorité parentale, ce qui serait antinomique avec son souhait de continuer à élever l'enfant. Cette solution vaut donc pour tous les couples non mariés, hétérosexuels et homosexuels, et quel que soit le mode par lequel le premier parent a acquis cette qualité. Pour l'heure, le ou la compagne non marié(e) d'un parent peut tout au plus obtenir une délégation de l'autorité parentale pendant la minorité de l'enfant. À sa majorité, une adoption simple sera possible avec son seul consentement (v. s[s] n° 222.33).

Si la légalisation de la maternité de substitution, sérieusement envisagée à l'occasion de la révision des lois relatives à la bioéthique de 1994[2], devait aboutir malgré les fortes résistances qu'elle suscite, elle devrait n'être qu'un volet d'une réforme plus vaste intégrant l'ensemble des paramètres ci-dessus décrits.

1. Civ. 1re, 20 févr. 2007, n° 04-15.676, *Bull. civ.* I, n° 70, rejet du pourvoi contre un arrêt de la cour d'appel de Paris du 6 mai 2004 qui refusait l'adoption simple – Et Civ. 1re, 20 févr. 2007, n° 06-15.647, *Bull. civ.* I, n° 71, cassation d'un arrêt de la cour d'appel de Bourges du 13 avril 2006 qui la prononçait; *D.* 2007, 722, obs. Delaporte-Carre; *D.* 2007, 1047, note Vigneau; *AJ fam.* 2007, 182, obs. Chénedé; *Defrénois* 2007, 791, obs. Massip; *Dr. fam.* 2007, n° 80, note Murat; *JCP* 2007, II, 10068, note Neireinck – V. AUSSI, Civ. 1re, 6 févr. 2008, n° 07-12.948, NP; *Dr. fam.* 2008, 61, obs. Murat; *Defrénois* 2008, p. 1119, obs. Massip – Civ. 1re, 19 déc. 2007, n° 06-21.369, *Bull. civ.* I, n° 392; *D.* 2008, 1028, note Maugier-Vielpeau; *AJ fam.* 2008, 75, obs. Chénedé; *JCP* 2008, II, 10046, note Favier; *Dr. fam.* 2008, 28, note Murat; *Defrénois* 2008, 119, obs. Massip.
2. *Rapp. Sénat* n° 421, 2007/2008.

CHAPITRE

224. Adoption internationale

PASCALE SALVAGE-GEREST
PROFESSEUR ÉMÉRITE DE L'UNIVERSITÉ
PIERRE MENDÈS-FRANCE (GRENOBLE 2)

SECTION 0
ORIENTEUR

224.00 **Plan du chapitre.**

224.01 **Textes applicables.**
* V. s^s n° 220.01

224.02 **Jurisprudence de référence.**
* V. s^s n° 220.02

224.03 **Bibliographie indicative.**
* V. s^s n° 220.03

224.06 **Délais.**
* V. s^s n° 220.06

224.07 **Documents : transcription de jugement d'adoption; extrait de transcription (adoption plénière); acte de naissance de l'article 98 du Code civil (adoption simple).**
* V. s^s n° 220.07

224.08 **Notion – Complexité.** Sous le vocable « adoption internationale », peuvent être entendues l'adoption d'enfants français par des étrangers, l'adoption d'enfants étrangers en France par des étrangers, et enfin l'adoption d'enfants étrangers par des français, en France ou à l'étranger.

La *première hypothèse* est suffisamment rare pour qu'on se contente de signaler la seule disposition qui la concerne directement : l'article L. 225-2 du Code de l'action sociale et des familles, qui énonce, dans son premier alinéa, que les pupilles de l'État peuvent être adoptés, si c'est leur intérêt, par « *des personnes dont l'aptitude à les accueillir a été régulièrement constatée dans un État autre que la France, en cas d'accord international engageant à cette fin le dit État* ».

La *deuxième hypothèse* est moins rare, il y sera occasionnellement fait allusion, étant précisé d'emblée que, si la demande est présentée en France, le tribunal saisi doit appliquer la loi personnelle de l'adoptant (C. civ., art. 370-3, al. 1er).

C'est évidemment la *troisième* qui mérite d'être développée : il sera supposé, pour la suite et sauf précision contraire, que le ou les adoptants sont français et résident en France, et que l'enfant doit être déplacé de son pays d'origine vers son pays d'accueil, la France.

Même ainsi délimitée, l'adoption internationale est une matière complexe juridiquement, moins en raison du contenu des règles qui la concernent qu'en raison de la **variété des questions qu'elle soulève**. Ces questions sont en effet, au minimum, celles de savoir :

- qui peut adopter en général ?
- qui peut adopter un enfant étranger (agrément) ?
- quels enfants peuvent être adoptés ?
- quelles voies sont autorisées (obligation ou non d'avoir recours à un intermédiaire officiel) ?
- quelle procédure doit être suivie, à l'étranger et en France, pour la réalisation du projet ?
- à quelles conditions l'adopté est-il admis à entrer et séjourner en France (visa) ?
- quelle est la situation de l'adopté tant que son adoption n'est pas reconnue ou prononcée en France – situation qui, à l'heure actuelle, peut durer plusieurs années ?
- comment est établi l'état civil de l'adopté en France ?
- quels sont les effets civils de l'adoption (filiation, nom, prénom, nationalité, successions, obligation alimentaire...) ?
- quels sont les effets fiscaux et sociaux de l'adoption ?

Pour une partie de ces questions, il faut en outre tenir compte de deux variables : l'adoption peut être **plénière** ou **simple**, et être ou non soumise à la **convention de La Haye du 29 mai 1993 sur la protection des enfants et la coopération en matière d'adoption internationale.**

Cette variété des questions se traduit naturellement par une dispersion des sources de droit applicables : pour cerner à peu près l'ensemble du sujet, il faut se reporter à pas moins de sept codes français (Code civil, Code de procédure civile, Code de l'action sociale et des familles, Code de l'entrée et du séjour des étrangers et du droit d'asile, Code du travail, Code de la Sécurité sociale, Code pénal), sans compter quelques conventions internationales et les jurisprudences civile et administrative, ainsi que celle, encore rare, de la Cour européenne des droits de l'homme.

Cette dispersion des sources s'accompagne elle-même d'une rareté et d'une compartimentation de la documentation : les ouvrages généraux de droit international privé, en particulier, sont peu diserts sur le sujet, et se limitent le plus souvent – c'est leur objet – à la détermination de la loi applicable à la matière, qui n'est que rarement objet de controverse dans la pratique[1].

224.09 Évolution. En une vingtaine d'années, l'adoption internationale a pris dans tous les pays occidentaux un développement exponentiel dont les motivations psychologiques, sociologiques, démographiques, politiques et économiques sont certainement très complexes. En France, elle représente la grande majorité des adoptions plénières annuellement prononcées.

Statistiques. Selon les statistiques du Service de l'Adoption Internationale du ministère des Affaires étrangères, le nombre de visas pour adoption d'enfants étrangers est passé de 935 en 1990 à 3 017 en 2009, avec un « pic » de 4 136 en 2005. En 2009, 535 enfants sont venus d'Asie, 992 d'Amérique, 991 d'Afrique et 499 d'Europe. Bien que les enfants aient été, au total, originaires de 68 États différents, près de 54 % d'entre eux sont venus de quatre États seulement : Haïti, Éthiopie, Russie, Colombie. La majorité des enfants (31 %) avaient deux ans et moins, mais encore près de 12 % avaient plus de sept ans à leur arrivée en France[2]. Tous ces chiffres varient sensiblement d'une année à l'autre.

La communauté internationale s'est en tout cas mobilisée pour mettre en place les instruments communs que le développement de cette pratique nécessitait, et deux conventions multilatérales auxquelles la France est partie la concernent : la convention internationale relative aux droits de l'Enfant du 20 novembre 1989 applicable en France depuis 1990 (CIDE – V. texte complet s^s n° 63.14) et la

1. Sur le droit international privé de l'adoption dans ses aspects théoriques, v. B. Audit, *Droit international privé*, 4e éd., Economica, 2006, n°s 749 s. – Y. Loussouarn, P. Bourel, P. de Vareilles-Sommières, *Droit international privé*, « Précis », 9e éd., Dalloz, 2007, n°s 359 s. – P. Mayer, V. Heuzé, *Droit international privé*, 8e éd., « Domat », Montchrestien, 2004, n°s 626 s. – M. Revillard, *Droit international privé et communautaire, pratique notariale*, 6e éd., Éd. Defrénois, 2006, n°s 394 s. – T. Vignal, *Droit international privé*, Éd. Armand Colin, 2005, n°s 309 s.
2. Statistiques annuelles disponibles sur www.diplomatie.gouv.fr

convention de La Haye du 29 mai 1993 depuis 1998 (v. texte complet s[s] n° 63.15 - en 2008, il n'y a eu en France que 28 % d'adoptions réalisées dans le cadre de cette convention[1]). De rares conventions bilatérales existent aussi, dont la plus récente en même temps que la plus importante, du moins pour le nombre de cas auxquels elle s'applique, est la convention franco-vietnamienne du 1er février 2000[2], mais l'adoption internationale n'a pas encore vraiment trouvé sa place dans l'espace européen, bien que le Conseil de l'Europe ne s'y montre pas indifférent[3].

La CIDE - appliquée directement en France par la Cour de cassation, mais à propos d'une adoption interne[4] - met l'accent sur la responsabilité qui incombe aux États de pourvoir à la protection des mineurs privés de leur milieu familial en instaurant des mesures de remplacement, au nombre desquelles se trouve l'adoption internationale, qui ne constitue toutefois qu'un dernier recours (CIDE, art. 20). Elle insiste sur la nécessité de prévenir l'enlèvement, la vente et la traite d'enfants, ainsi que sur celle de prendre en compte l'origine ethnique, religieuse, culturelle et linguistique du mineur privé de son milieu familial dans le **choix** de la mesure de protection. On peut d'ores et déjà se demander si cette dernière recommandation, si elle est appliquée sans discernement dans le cadre de l'adoption internationale **une fois cette solution choisie**, ne risque pas d'être source de discrimination dans le pays d'accueil de l'enfant, notamment en France, dont on sait qu'elle est particulièrement attentive à ce risque. On peut aussi se préoccuper de ce que l'adoption est traitée par ce document comme une simple mesure de protection de l'enfance, dont les effets, implicitement, pourraient cesser à la majorité, alors qu'elle est beaucoup plus que cela puisqu'elle crée une véritable filiation : il faut donc savoir l'appliquer avec discernement, de façon à ce qu'elle ne se retourne pas contre l'intérêt de ceux qu'elle est censée protéger.

La convention de La Haye, dont le préambule se réfère à la première tout en précisant que l'adoption internationale peut présenter l'avantage de donner une famille « permanente » à l'enfant, affiche clairement un souci de moralisation de cette institution, dont le développement quelque peu anarchique a sans aucun doute été à l'origine d'abus (mais n'y a-t-il pas aussi d'abus à présenter des enlèvements et des achats ostensibles comme des adoptions), et met en place un dispositif concret de coopération entre les États qui veulent bien y adhérer pour que soient garantis l'intérêt supérieur de l'enfant et le respect de ses droits fondamentaux[5]. Il s'agit toutefois, comme son nom l'indique, uniquement d'un dispositif de coopération, limité à l'acceptation de principes généraux communs, la coordination des procédures et la reconnaissance mutuelle des décisions prises par chacun des États membres, **les États restant souverains pour édicter les règles matérielles ou de conflit qu'ils jugent à propos, dans le respect des principes qu'elle pose.** C'est pourquoi le titre consacré au « Conflit des lois relatives à la filiation adoptive » et à « L'effet en France des adoptions prononcées à l'étranger » (C. civ., art. 370-3 à 370-5), introduit par la loi n° 2001-111 du 6 février 2001[6], est applicable quel que soit l'État d'origine de l'enfant, partie ou non à la convention[7].

Avant de songer à s'intéresser à l'adoption elle-même, c'est-à-dire à ses conditions (sect. 2), et aux modalités de reconnaissance des adoptions prononcées à l'étranger et de prononcé des adoptions en France, suivant le cas (sect. 3), il paraît indispensable de décrire la pléthore d'organismes qui ont à en connaître en France, surtout depuis les années 1980 (sect. 1).

SECTION 1
ACTEURS INSTITUTIONNELS DE L'ADOPTION INTERNATIONALE

224.10 Généralités. Ne seront développés ici que les organismes qui ont vocation à intervenir, à

1. Statistiques annuelles disponibles sur www.diplomatie.gouv.fr, chiffres non publiés pour 2009.
2. Sur ces conventions, v. R. Crône, M. Revillard et B. Gelot, *L'adoption, aspects internes et internationaux*, Éd. Defrénois, 2006, n° 170 – P. Lagarde, « La loi du 6 février 2001 : une opportune clarification », *Rev. crit. DIP* 2001, 275, n° 3.
3. Cons. Europe, ass., recomm. 1828, relative à la disparition de nouveau-nés aux fins d'adoption illégale en Europe, adoptée le 24 janv. 2008 – Conv. eur. en matière d'adoption des enfants de 1967 (non ratifiée par la France), révisée, ouverte à la signature le 27 nov. 2008.
4. Civ. 1re, 7 avr. 2006, n° 05-11.285, *Bull. civ.* I, n° 195; *AJ fam.* 2006, 249, obs. Chénedé; *Gaz. Pal.* 3 sept. 2006, 20, note Guittet; *RTD civ.* 2006, 292, obs. Hauser; *RJPF* 2006, 6/ 38, obs. Le Boursicot; *Defénois* 2006, 1127, note Massip; *Dr. fam.* 2006, n° 124, note Murat; *RDSS* 2006, 576, obs. Neirinck; *D.* 2006, J. 2293, note Poisson-Drocourt; *LPA* 2007, n° 91 15, note Bourgault-Coudevylle – V. AUSSI, J. Revel, *D.* 2006, chron. 1707 – J. Rubellin-Devichi, *JCP* 2006, I, 199, n° 1 – P. Salvage-Gerest, « Un autre regard sur l'affaire Benjamin », *D.* 2007, chron. 879.
5. La liste des États contractants – au nombre de 81 en février 2010 – est disponible sur le site internet de la conférence de droit international privé de La Haye : www.hcch.net
6. L. n° 2001-111, 6 févr. 2001, relative à l'adoption internationale, *JO* 8 févr., p. 2136.
7. N. Meyer-Fabre, *Rev. crit. DIP* 1994, 259, n° 17.

des titres divers, dans les dossiers individuels. Certains ont l'adoption internationale pour seule vocation (§ 1). Pour les autres, elle n'est qu'une partie, parfois minime, de leur activité (§ 2).

§ 1
Organismes ayant l'adoption internationale pour vocation

224.11 Hiérarchie. Indépendamment d'un comité interministériel, fort des représentants de quatre ministères autour du Premier ministre (Famille, Intérieur, Affaires étrangères, Justice), chargé de coordonner l'action du gouvernement en matière d'adoption en général [1], et du Conseil supérieur de l'adoption (CSA) dont le rôle n'est que consultatif, le Service de l'Adoption Internationale du ministère des Affaires étrangères (SAI) est la « *clé de voûte de l'ensemble du dispositif* » [2]. Les organismes autorisés pour l'adoption (OAA) et l'Agence française de l'adoption (AFA) sont les « *opérateurs de terrain* ».

224.12 Le Service de l'Adoption Internationale. La convention de La Haye du 29 mai 1993 (art. 6) imposait à chaque État la désignation d'une autorité centrale chargée de veiller à ce que soient satisfaites les obligations imposées par elle [3]. Cette autorité, prévue par la loi du 5 juillet 1996, donc avant l'entrée en vigueur de la convention, a été mise en place, sous le nom d'Autorité Centrale pour l'Adoption Internationale (ACAI) par le décret n° 98-863 du 23 septembre 1998 [4]. Elle était dotée d'un Secrétariat permanent (SGAI) et coexistait avec la Mission pour l'Adoption Internationale créée en 1986 (MAI).

Par décret n° 2006-1128 du 8 septembre 2006 [5], jugé conforme à la Constitution, l'Autorité centrale a été placée auprès du ministre des Affaires étrangères et non plus du Premier ministre, et elle est devenue un organisme totalement public puisque les OAA et associations de familles adoptives, qui y avaient voix consultative, n'y sont plus représentés [6].

La MAI a été dissoute par arrêté du 3 août 2007.

Par décret n° 2009-407 du 14 avril 2009 [7], pris à la suite du rapport rendu au Président de la République par la mission Colombani [8], l'Autorité centrale est devenue, sous le nom de Service de l'Adoption internationale (SAI), un service à part entière du ministère des Affaires étrangères régi par les articles L. 148-2 et R. 148-4 à R. 148-11-2 du Code de l'action sociale et des familles [9].

Le SAI a d'abord à remplir les missions que lui attribue la convention de La Haye, sachant qu'il peut déléguer à l'AFA et aux OAA les fonctions que lui attribue l'article 9 de la convention dans le déroulement des procédures [10]. Mais plus généralement, il a pour vocation d'« *orienter et de coordonner l'action des administrations et des autorités compétentes en matière d'adoption internationale* » (CASF, art. L. 148-2), en liaison avec l'organisme consultatif qu'est le conseil supérieur de l'adoption (CSA – CASF, art. L. 148-1 et R. 148-1). Le détail de ses attributions est précisément décrit aux articles réglementaires cités ci-dessus. Il faut néanmoins mentionner, parmi celles-ci, tout ce qui concerne l'habilitation des OAA (v. s[s] n° 224.13).

224.13 Organismes français autorisés et habilités pour l'adoption. Lorsqu'un OAA souhaite exercer son activité sur le territoire national, il lui suffit d'être **autorisé** par le département (v. s[s] n° 221.232). Pour agir à l'étranger, il doit en plus être **habilité** par le ministère des Affaires étrangères via le SAI, et ne l'est que pour le ou les pays expressément indiqués dans l'habilitation (CASF, art. R. 148-10 et R. 225-34). Il faut aussi, bien sûr, que l'État concerné l'accrédite, sous une dénomination ou une autre.

L'absence d'autorisation départementale expose toute personne, physique ou morale, qui voudrait servir d'intermédiaire pour l'adoption, à des sanctions pénales graves (CASF, art. L. 225-19) [11].

Le recours à un intermédiaire (OAA, ou plus récemment AFA) n'est obligatoire que dans le cadre de la convention de La Haye, et force est de constater que beaucoup d'adoptions « hors convention » se font encore sans intermédiaire, par démarche

1. Décr. n° 2009-117, 30 janv. 2009, portant création d'un comité interministériel pour l'adoption, *JO* 1er févr., texte 11.
2. Meyer-Fabre, *Rev. crit. DIP* 1994, 259, n° 26.
3. R. de Gouttes, « L'Autorité centrale pour l'adoption internationale », *LPA* 2001, 28 mars, 37.
4. Décr. n° 98-863, 23 sept. 1998, relatif à l'Autorité centrale pour l'adoption internationale, *JO* 26 sept., p. 14700.
5. Décr. n° 2006-1128, 8 sept. 2006, relatif à l'Autorité centrale pour l'adoption internationale et modifiant le Code de l'action sociale et des familles, *JO* 9 sept., p. 13371.
6. Cons. const. 13 oct. 2005, n° 2005-201 DC, *LPA* 2005, 7 déc., 17, note Schœttl.
7. Décr. n° 2009-407, 14 avr. 2009, relatif à l'Autorité centrale pour l'adoption internationale, *JO* 16 avr., p. 6561.
8. J.-M. Colombani, *Rapport au Président de la République*, Doc. fr., mars 2008, www.ladocumentationfrancaise.fr
9. E. Poisson-Drocourt, « La nouvelle Autorité centrale pour l'adoption », *D.* 2009, Le point sur..., 2435.
10. B. Sturlèse, *JCP* 1993, I, 3710, n° 16.
11. Crim. 18 mars 2008, n° 07-83.342, *Bull. crim.*, n° 66; *Dr. fam.* 2008, n° 84, note Salvage-Gerest – V. AUSSI, P. Salvage-Gerest, « Arche de Zoé, l'étrange habillage "juridique" d'une opération "humanitaire" », *D.* 2008, Le point sur..., 1422.

dite « purement individuelle », c'est-à-dire par contacts directs dans le pays d'origine de l'enfant si ledit pays l'accepte – ce qui paraît être une spécificité française[1]. Assez fréquemment, des personnes qui ont adopté des enfants dans un pays déterminé se groupent en associations, dites « *associations par pays d'origine* » (APPO), qui n'ont aucune fonction officielle mais aident les candidats à l'adoption dans leurs démarches. Il faut dire que beaucoup d'OAA français reposent sur le bénévolat et n'ont qu'une activité réduite, qu'ils sont donc fort loin de pouvoir satisfaire la demande, bien que les choses aillent constamment en s'améliorant.

C'est devant la nécessité de limiter voire d'encadrer les démarches individuelles, *a priori* les plus risquées, et pour remédier à la faiblesse des OAA privés, qu'a été créée l'Agence française de l'adoption.

224.14 Agence française de l'adoption. Matériellement, l'AFA, régie par les articles L. 225-15 et suivants et R. 225-47 et suivants du Code de l'action sociale et des familles, se présente sous la forme d'un groupement d'intérêt public (GIP) composé de l'État, des départements et de « *personnes morales de droit privé* ». Afin de pouvoir exercer ses diverses activités dans les meilleures conditions, elle s'appuie, dans les pays d'origine des enfants, sur un **réseau de correspondants**; elle dispose en outre, dans chaque département, d'au moins une personne nommée par le président du Conseil général pour assurer les relations avec elle. La loi indique laconiquement que cet organisme a « *pour mission d'informer, de conseiller et de servir d'intermédiaire pour l'adoption internationale* » : c'est son rôle d'intermédiaire qui en fait un organisme complémentaire des OAA, mais son rôle d'information et de conseil est loin d'être négligeable.

L'AFA est autorisée à servir d'intermédiaire dans l'ensemble des départements, et est habilitée de plein droit à intervenir comme intermédiaire dans les États parties à la convention de La Haye. Elle doit obtenir l'habilitation du ministère des Affaires étrangères pour exercer son activité dans les États non parties à la convention de La Haye.

Contrairement aux OAA qui peuvent, par exemple, être confessionnels, l'AFA « *assure ses compétences dans le strict respect des principes d'égalité et de neutralité* ». Bien sûr, il faut aussi qu'elle soit accréditée dans les États d'origine des enfants pour pouvoir y exercer ses activités[2].

Sa compétence en tant qu'intermédiaire se limite aux mineurs de quinze ans, bien que, en France, un mineur même plus âgé puisse être adopté, normalement en adoption simple, exceptionnellement en adoption plénière, et que la convention de La Haye s'applique aux mineurs de dix-huit ans (art. 3) : pourquoi ce hiatus ?

L'AFA a aussi été conçue pour accompagner les démarches individuelles de ceux qui le souhaiteraient et dans la mesure où les États d'origine des enfants – de moins en moins nombreux – l'acceptent : en même temps qu'elle est là pour informer, conseiller et aider à la constitution des dossiers, elle transmet aussi ces dossiers dans les États étrangers, de sorte que son intervention devrait constituer pour ceux-ci la garantie de la « caution » de l'État français pour le projet.

L'AFA, créée en 2006, n'ayant semble-t-il pas rempli toutes ses promesses à ses débuts, un projet de loi, en grande partie destiné à la réformer, a été déposé au Sénat le 2 avril 2009[3].

Statistiques. Selon les statistiques pour 2008 : sur le total des adoptions, approximativement 37 % se sont faites par démarche individuelle, 43 % par l'intermédiaire d'un OAA français, 17 % par l'intermédiaire de l'AFA, le faible pourcentage restant correspondant à des adoptions effectuées par des français résidant à l'étranger[4].

§ 2 Organismes non spécialisés dans l'adoption internationale

224.21 Services de l'Aide sociale à l'enfance : agrément et accompagnement. Actuellement toute adoption d'un mineur étranger nécessite, pour les adoptants potentiels, l'obtention d'un agrément délivré par le président du Conseil général du département, sauf dispense lorsque l'adoption est celle de l'enfant du conjoint (v. s[s] n° 224.34).

Les services de l'ASE seront aussi présents une fois l'enfant arrivé au foyer de l'adoptant, du moins s'il n'y a pas eu d'OAA français intermédiaire auquel incombera cette tâche. Ils seront en effet chargés de l'accompagnement du mineur au moins jusqu'au prononcé de l'adoption, si elle doit être prononcée en France, et jusqu'à la transcription de la décision étrangère sur les registres du service central de l'état civil du ministère des Affaires étrangères à Nantes, s'il s'agit d'une adoption plénière prononcée à l'étranger. Ils devront éventuellement prolonger cet accompagnement beaucoup plus longtemps, à la demande de l'adoptant, notamment si

1. M.-C. Le Boursicot, « La création de l'Agence française de l'Adoption », *AJ fam.* 2005, 341; « Une nouvelle loi pour réformer l'adoption », *RJPF* 2005-10/6.
2. M.-C. Le Boursicot, « La création de l'Agence française de l'adoption », *RJPF* 2005-10/6.
3. *JO Sénat*, projet de loi n° 317, 2 avr. 2009.
4. SAI, statistiques, www.diplomatie.gouv.fr, chiffres non publiés pour 2009, sauf AFA, 17%.

celui-ci s'est engagé envers l'État d'origine de l'adopté à envoyer des rapports périodiques : prévoir cet accompagnement sans la demande de l'adoptant aurait été porter atteinte à sa vie privée, car les services sociaux n'ont à intervenir d'autorité dans les familles, quelles qu'elles soient, que lorsque des dysfonctionnements l'imposent.

Pour une raison inconnue, l'article L. 225-18 du Code de l'action sociale et des familles qui contient ces dispositions ne mentionne pas l'éventualité d'un accompagnement en cas d'adoption simple, puisqu'il ne mentionne que « *l'adoption plénière prononcée en France* » et « *la transcription du jugement étranger* » : les adoptions simples prononcées à l'étranger ne sont pas « *transcrites* » (v. s^s^ n° 224.150). N'est-ce pas une raison de penser que l'adoption simple n'a que rarement sa place dans le domaine international ?

C'est pour une raison tout aussi inconnue que l'accompagnement de la famille adoptive est obligatoire « *jusqu'au prononcé de l'adoption plénière en France ou jusqu'à la transcription du jugement étranger* » (CASF, art. L. 225-18) : pourquoi ne pas avoir fixé l'arrêt de cet accompagnement uniformément au jour de la transcription qui a lieu dans tous les cas ? (v. s^s^ n° 224.112).

224.22 Consulats de France à l'étranger. Pour la majorité des enfants dont l'adoption a été prononcée dans leur État d'origine, ou qui ont été confiés à des Français en vue de leur adoption en France, un **visa de long séjour** est nécessaire puisqu'ils restent étrangers tant que leur adoption n'a pas été prononcée en France ou y a été déclarée opposable. Ces visas sont délivrés sur place, par les consuls, sur instructions du SAI.

L'obtention du visa fait présumer la régularité de la procédure suivie, et l'absence de visa fait présumer l'inverse [1]. Toutefois, seules des autorités judiciaires peuvent décider de l'opposabilité en France des décisions étrangères : en l'occurrence les tribunaux de grande instance ou le procureur de la République de Nantes (v. s^s^ n°s 224.100 s.). Ces contrôles *a posteriori*, inévitables, mais qui parfois ne sont pas achevés lorsque le visa de l'enfant expire, sont une source d'inquiétude et de difficultés pratiques pour les familles adoptives, même lorsqu'elles ont mené leur projet dans la plus grande transparence. En particulier, si les mineurs sont dispensés de titre de séjour, ils doivent être en possession d'un document particulier, le document de circulation des étrangers mineurs (DCEM), délivré par les préfectures, pour pouvoir quitter le territoire et surtout y rentrer s'ils en sont sortis [2].

224.23 Tribunaux de grande instance. Les tribunaux de grande instance peuvent être appelés, suivant les cas, soit à donner l'*exequatur* à des décisions étrangères, soit à convertir des adoptions simples prononcées à l'étranger en adoptions plénières françaises, soit à prononcer eux-mêmes des adoptions, plénières ou simples. Jusqu'à présent, tous les tribunaux de grande instance étaient compétents. À la suite du rapport de la commission Guinchard, rendu au Garde des Sceaux en 2008 [3], la loi de simplification du droit du 12 mai 2009 [4] a posé le principe de la spécialisation de tribunaux déterminés sur le territoire : les tribunaux restés compétents (un par ressort de cour d'appel) ont été désignés par décret [5].

224.24 Tribunaux d'instance. L'adoption simple ne produisant aucun effet de plein droit en matière de nationalité française, les mineurs étrangers adoptés ainsi sont contraints de faire une **déclaration d'acquisition de nationalité**, sur le fondement de l'article 21-12 du Code civil, auprès du greffier en chef du tribunal d'instance compétent de leur département. S'ils ont moins de seize ans, cette déclaration est effectuée par leur(s) parent(s) adoptif(s) (v. s^s^ n° 224.181).

224.25 Procureur de la République du tribunal de grande instance de Nantes et Service central de l'état civil du ministère des Affaires étrangères de Nantes. L'essentiel d'un jugement d'adoption rendu en France, on l'a vu, tient dans l'ordre donné au procureur de la République de faire porter, sur les registres de l'état civil du lieu de naissance de l'adopté, la nouvelle identité de celui-ci (v. s^s^ n° 221.292). Cette formalité est effectuée sur les registres du service central de l'état civil de Nantes, à l'initiative du procureur de la République du tribunal qui a prononcé l'adoption, si cela ne peut être fait sur les registres du lieu de naissance de

1. R. Crône, M. Revillard et B. Gelot, *L'adoption, aspects internes et internationaux,* Éd. Defrénois, 2006, n° 191.
2. CESEDA, art. L. 321-4.
3. S. Guinchard, *L'ambition raisonnée d'une justice apaisée*, Rapport au garde des Sceaux, Doc. fr., 2009, www.ladocumentationfrancaise.fr – P. Salvage-Gerest, « L'adoption internationale dans le rapport de la commission Guinchard sur la répartition des contentieux », *Dr. fam.* 2008, étude 19.
4. L. n° 2009-526, 12 mai 2009, de simplification et de clarification du droit et d'allègement des procédures, *JO* 13 mai, p. 4920.
5. L. n° 2009-526, 12 mai 2009, art. 17 (COJ, art. L. 211-13, en vigueur le 1er janv. 2010 : « *Des tribunaux de grande instance spécialement désignés connaissent des actions aux fins d'adoption ainsi que des actions aux fins de reconnaissance des jugements d'adoption rendus à l'étranger, lorsque l'enfant, résidant habituellement à l'étranger, a été, ou doit être déplacé vers la France* » – Décr. n° 2009-1221, 12 oct. 2009, *JO* 14 oct.; COJ, art. D. 211-11 et liste des tribunaux restés compétents, COJ, art. D. 211-11, annexe VIII-1.

l'adopté parce qu'il est né à l'étranger. Il en va de même des décisions d'*exequatur* des décisions étrangères.

Toutefois, lorsqu'une adoption équivalente à une adoption **plénière** française a été prononcée à l'étranger, il est possible de la faire transcrire directement sur les registres du Service central de l'état civil de Nantes, sans *exequatur*, afin qu'elle produise en France tous les effets que la loi française attache à cette institution. Bien que le Service central de l'État civil fasse partie du ministère des Affaires étrangères, c'est le procureur de la République du tribunal de grande instance de Nantes, en charge de la tenue des registres de ce service, qui ordonne la transcription après avoir contrôlé l'opposabilité de la décision étrangère comme le ferait le juge de l'*exequatur* (v. s[s] n° 224.101).

SECTION 2
CONDITIONS DE L'ADOPTION INTERNATIONALE

224.30 Adoptant et adopté. Les conditions relatives à l'adoptant (§ 1) sont moins complexes que celles relatives à l'adopté, qui ont toujours soulevé et soulèvent encore d'épineux problèmes (§ 2).

§ 1
Conditions relatives à l'adoptant

224.31 Adoptant(s) français. Lorsque l'adoptant est un adoptant individuel français, il est « naturellement » soumis aux exigences de la loi française. D'abord parce que le droit d'adopter relève de son statut personnel, mais aussi parce que l'article 370-3 du Code civil énonce que « *Les conditions de l'adoption sont soumises à la loi nationale de l'adoptant* ». Il en va de même lorsque les deux membres du couple adoptif sont français.

Il faut donc souligner que, même si les couples non mariés orientent leur projet vers un État qui accepte l'adoption par des concubins, voire par des concubins homosexuels ou engagés dans un partenariat tel le PACS français, l'adoption qui pourrait être prononcée à l'étranger ne serait pas opposable en France : les services de l'ASE qui délivrent les agréments doivent mettre leur point d'honneur à les en informer clairement, même si l'agrément n'est pas encore l'adoption[1]. Inversement, les États d'origine ne confieront pas un enfant à des adoptants, français ou autres, qui ne rempliraient pas les conditions que leur loi impose (âge, mariage, absence d'enfant biologique, religion ou autre) : on est donc là dans une situation où l'application cumulative des règles nationales est inévitable.

224.32 Adoptant(s) étranger(s). Si l'adoptant **individuel est étranger**, les conditions de l'adoption – pas seulement celles relatives à sa personne – sont soumises à sa loi nationale (C. civ., art. 370-3, al. 1er). Cette règle n'est cependant pas toujours respectée par les juridictions françaises, au nom, semble-t-il, de l'ordre public : la cour d'appel de Grenoble a ainsi refusé à une adoptante belge l'adoption d'un enfant algérien, alors que la loi belge ne l'interdit pas, au motif que le droit français s'oppose à ce que soit « *prononcée en France* » l'adoption d'enfants dont la loi personnelle prohibe cette institution[2]. Il est vrai que l'article 370-3 alinéa 2 du Code civil est ambigu lorsqu'il édicte que l'adoption « *ne peut être prononcée* » dans ce cas et que, curieusement, les effets de l'adoption « *prononcée en France* » (et non « *selon la loi française* ») sont ceux de la loi française quelle que soit la nationalité du requérant (C. civ., art. 370-4)[3] : ces formulations sont inattendues sous le titre « Du conflit des lois ».

Si les deux adoptants sont étrangers, les conditions de l'adoption sont soumises à la loi qui régit les effets de leur union, c'est-à-dire leur loi nationale commune, à défaut la loi du lieu de leur domicile commun; en revanche, comme il vient d'être vu, les effets de l'adoption, si elle est prononcée en France, sont soumis à la loi française. Comment faudra-il alors, par exemple, traiter en France une demande d'adoption présentée par un couple homosexuel valablement marié à l'étranger ? Le cas ne paraissant pas s'être encore présenté, on en est réduit aux conjectures : il faudrait probablement déclarer la demande recevable comme conforme à la loi personnelle des adoptants – encore qu'il s'agirait de la « *prononcer en France* » –, mais refuser de la prononcer en raison des effets qu'elle produirait en France, et qui seraient contraires à notre ordre public.

Il est enfin précisé par la loi que **l'adoption ne peut être prononcée si la loi nationale de l'un et l'autre époux la prohibe** : il s'est agi, par cette disposition, d'éviter, pour ne parler que des probabilités

1. F. Monéger, « L'adoption internationale et les concubins », *Les concubinages, Droit interne, droit international et droit comparé, Études offertes à J. Rubellin-Devichi*, Litec, 2002, 567 – Pour un REFUS D'*EXEQUATUR* (adoption par un couple homosexuel), v. : CA Paris, 9 oct. 2008, *AJ fam.* 2008, 475 – Pour un *EXEQUATUR* au profit d'un seul membre du couple hétérosexuel : CA Pau, 26 janv. 2004, *Dr. fam.* 2004, n° 214, note Farge.
2. CA Grenoble, 2 févr. 2005, *Juris-Data* n° 270333.
3. Pour une approbation – rare – de la dissociation entre les conditions et les effets de l'adoption, s'agissant de la loi qui leur est applicable, v. P. Lagarde, « La loi du 6 février 2001 : une opportune clarification », *Rev. crit. DIP* 2001, 275, n° 12.

les plus fréquentes, qu'un Algérien et une Marocaine (ou inversement), dont les lois nationales sont l'une et l'autre considérées comme prohibitives, puissent adopter un enfant selon la loi française si elle est la loi applicable aux effets de leur mariage alors que deux Algériens ou deux Marocains ne le pourraient pas dans la même situation (C. civ., art. 370-3, al. 1er). On doit déduire de cette interdiction que des ressortissants algériens et/ou marocains, même domiciliés en France, ne peuvent pas adopter un enfant de la même nationalité qu'eux, même si celui-ci est adoptable pour être né et résider habituellement en France (v. ss no 224.42)... Il faut aussi et surtout mentionner que, s'ils recueillent un enfant en ***kafala*** (v. ss nos 224.41 s.), ils ne bénéficient pas des droits sociaux accordés aux personnes qui accueillent des enfants en vue de leur adoption[1].

224.33 Couple mixte français-étranger. Dans le cas d'un couple mixte franco-marocain ou algérien, force est de considérer, *in concreto,* que l'adoption n'est possible par le couple que si la loi française est la loi qui régit les effets de leur mariage. Si ce n'est pas le cas, la question se pose de savoir si celui des deux qui est français peut adopter seul. Il ne peut en effet le faire qu'avec le consentement de son conjoint (v. ss no 221.23)... dont la loi personnelle prohibe l'institution ! Il faut donc soit admettre que l'étranger peut consentir à une adoption que sa loi prohibe, soit soumettre le français aux impératifs de la loi étrangère : comment choisir ?

224.34 Agrément. Toute personne qui se propose d'adopter un mineur étranger, quel que soit l'âge de celui-ci, doit être titulaire d'un agrément, sauf s'il s'agit de l'enfant de son conjoint (C. civ., art. 353-1 – V. ss no 224.21). La dispense d'agrément pour les autres membres de la famille de l'adoptant, qui existe en droit interne, ne joue donc pas dans l'ordre international. Par ailleurs, la nécessité d'un agrément n'est pas liée, comme dans l'ordre interne, au « placement » de l'enfant dans sa famille adoptive par un intermédiaire officiel. En matière d'adoption internationale, les enfants ne font d'ailleurs jamais l'objet d'un « placement » qui aurait les effets que la loi lui attache dans l'ordre interne, même si ce terme est souvent utilisé dans la pratique.

L'agrément requis ne diffère en rien de celui qui est exigé pour l'adoption des enfants recueillis en France par l'ASE ou un OAA quant à son régime (v. ss no 221.241 s).

Lorsque l'adoption doit être prononcée en France, le tribunal vérifie, avant de la prononcer, que le ou les requérants ont obtenu l'agrément ou en étaient dispensés, mais s'il a été refusé ou n'a pas été délivré dans le délai légal – ce qui suppose qu'il ait été au moins demandé –, il peut prononcer l'adoption s'il estime que les requérants sont aptes à accueillir l'enfant et qu'elle est conforme à l'intérêt de celui-ci (C. civ., art. 353, al. 2). Cette dérogation, peu utile dans l'ordre interne, est assez peu réaliste dans l'ordre international : en effet, les États d'origine des enfants exigent pratiquement toujours ce document et s'ils le font, ils ne se contentent certainement pas d'une attestation selon laquelle il n'a pas été délivré dans le délai légal; ce document est aussi exigé en vue de la délivrance des visas nécessaires à l'entrée et au séjour des enfants en France. C'est donc prendre un grand risque que de tenter de s'en passer (dans une espèce tout à fait exceptionnelle, la Cour de cassation a estimé valablement prononcée l'adoption plénière d'un enfant rwandais pour lequel il n'y avait pas d'agrément : un projet d'adoption, pour lequel un agrément avait été donné, portait sur le jeune frère de l'intéressé, mais le père de celui-ci, veuf, avait donné sur place son consentement à l'adoption, aussi, de l'aîné[2]).

De même, si d'aventure une adoption équivalente à une adoption plénière française a été prononcée à l'étranger malgré l'absence d'agrément, elle ne pourra pas faire l'objet d'une transcription directe au service central de l'état civil de Nantes et ne sera donc pas opposable en France, puisque cette pièce est exigée (IGREC, no 585-2). Une adoption simple ne recevra pas l'*exequatur*.

§ 2
Conditions relatives à l'adopté

224.40 Adoptabilité, consentement à l'adoption. Malgré l'article 370-3 alinéa 1er du Code civil en vertu duquel les conditions de l'adoption, sans distinction, sont soumises à la loi nationale de l'adoptant – donc à la loi française si l'adoptant est français –, la question de l'adoptabilité de l'enfant est d'abord appréciée, dans les faits, selon sa loi personnelle dès lors que c'est dans son État d'origine qu'il est déclaré adoptable. Toutefois d'une part la théorie de l'équivalence peut jouer, d'autre part rien n'empêche les autorités françaises de refuser d'autoriser ou de déclarer opposables en France les adoptions effectuées dans des États d'origine qui auraient des pratiques par trop contraires à l'intérêt de l'enfant tel que décrit, notamment, par la CIDE et la convention de La Haye du 29 mai 1993. Épisodiquement, les candidats sont avertis que les autorités

1. Civ. 2e, 11 juin 2009, no 08-15.571, *Bull. civ.* II, no 158 (à propos des allocations versées au titre de la prestation pour accueil d'un jeune enfant [PAJE]).

2. Civ. 1re, 30 sept. 2003, no 01-02.565, NP; *Defrénois* 2004, 155, obs. Massip.

en charge de l'adoption internationale au ministère des Affaires étrangères n'accepteront plus, au moins momentanément, les adoptions dans tel ou tel pays qui ne donne pas suffisamment de garanties à ce sujet[1] : ce qu'il est convenu d'appeler la « fermeture » de tel ou tel État par les autorités françaises intervient parfois du jour au lendemain sans préavis pour les dossiers en cours.

Plus délicat est le cas des enfants dont l'État d'origine prohibe l'institution, tels l'Algérie et le Maroc, que l'article 370-3 alinéa 2 du Code civil déclare non adoptables (A). Pour les autres enfants, l'article 370-3 alinéa 3 exige, quelle que soit la loi applicable, un consentement présentant des caractéristiques précises (B).

A. Adoptabilité (problème posé par la *kafala*)

224.41 La non-adoptabilité édictée par l'article 370-3 alinéa 2 du Code civil. L'article 370-3 alinéa 2 du Code civil édicte que « *l'adoption d'un mineur étranger ne peut être prononcée si sa loi personnelle prohibe cette institution, sauf si ce mineur est né et réside habituellement en France* ». Il est donc tout de suite à remarquer, d'une part que l'exception édictée n'empêche pas des étrangers de statut prohibitif résidant en France de consentir à l'adoption de leurs propres enfants alors qu'eux-mêmes ne pourraient pas adopter ceux des autres, d'autre part que l'interdiction est limitée à l'adoption des mineurs. En fin de compte, une personne dont la loi personnelle prohibe l'adoption ne peut pas adopter elle-même, sauf le cas échéant si son conjoint a une nationalité qui le lui permet (v. s^s^ n° 224.33), mais elle peut être adoptée, exceptionnellement pendant sa minorité si elle est née et réside habituellement en France, et avec son seul consentement lorsqu'elle est majeure[2]. Ces remarques sont à mettre en relation avec ce qui a provoqué l'introduction de l'article 370-3 alinéa 2 dans le Code civil : l'accueil en France de mineurs confiés dans leur État d'origine, le plus souvent en Algérie ou au Maroc, à des Français résidant en France, dans le cadre d'une *kafala*.

224.42 Cas des enfants confiés en *kafala* à des Français résidant en France[3]. La *kafala*, institution de droit coranique souvent traduite par l'expression de « *recueil légal* », permet de confier un enfant à une personne musulmane pour prendre en charge le gîte, l'entretien, l'éducation et la protection de la personne de cet enfant, et s'il y a lieu de ses biens. Elle s'inscrit dans le contexte islamique de la **prohibition de l'adoption**, et n'entend donc pas substituer aux parents biologiques de l'enfant des parents adoptifs. Elle peut concerner un enfant ayant une famille qui y consent, ou un enfant sans famille ou abandonné : seul le second cas est ici en cause. Sa procédure et ses effets ne sont pas identiques suivant les pays et la situation familiale de l'enfant, mais elle est en général assimilée, par commodité et suivant les cas, à une tutelle[4] ou une délégation de l'autorité parentale françaises[5], bien qu'elle ne ressemble ni à l'une ni à l'autre.

Dans la *kafala* algérienne, le *kafil* s'engage à pourvoir à l'éducation de l'enfant, et celui-ci peut aller jusqu'à prendre son nom et recevoir un tiers de ses biens par testament; la *kafala* marocaine paraît impliquer un couple marié et avoir des effets plus limités[6]. Dans la tutelle française, le tuteur - dont il faut rappeler qu'il n'est que le « pouvoir exécutif » par rapport au conseil de famille - ne confère pas son nom au mineur, ne prend pas l'engagement de l'entretenir, ne lui transmet pas son patrimoine par succession et peut envisager de se faire délivrer de sa charge par le juge avant l'accès du pupille à la majorité. Quant à la délégation de l'autorité parentale, elle suppose qu'il y ait une autorité à déléguer, donc des parents titulaires de celle-ci et susceptibles d'en reprendre l'exercice le cas échéant, ce qui n'est pas le cas d'un enfant abandonné ou orphelin; par ailleurs le délégataire n'a aucunement l'obligation d'entretenir l'enfant et peut à tout moment demander au juge de mettre fin à la délégation; enfin nul ne sait, dans cette situation, qui administre les biens de l'enfant, s'il en a[7].

Avant la loi du 6 février 2001, la Cour de cassation avait élaboré une jurisprudence quelque peu complexe, mais qui avait l'avantage de donner une solution humaine à un problème éminemment difficile[8].

1. Cette information, particulièrement fluctuante, est même disponible « en temps réel » sur les sites internet du SAI (www.diplomatie.gouv.fr) et de l'AFA (www.agence-adoption.fr).
2. EN CE SENS, CA Amiens, 5 mai 2004, *JCP* 2004, IV, 1649; *Juris-Data* n° 261641 – V. CEP., CA Colmar, 7 mars 2002, *RJPF* 2002-6/36, obs. Garé.
3. Sur l'ensemble, v. *Dr. fam.* 2009, dossier *Kafala*, études 1 à 12.
4. J.-M. Plazy, « La recherche d'équivalent : la tutelle », *Dr. fam.* 2009, étude 10.
5. A. Gouttenoire et M. Lamarche, « La recherche d'équivalent : l'autorité parentale », *Dr. fam.* 2009, étude 9.
6. Sur les différents régimes de *kafala*, v. M. Revillard, note s^s^ Civ. 1re, 10 oct. 2006, n° 06-15.264, n° 06-15.265, 2 esp., *Bull. civ.* I, n°s 431 et 432; *Defrénois* 2007, 135 – V. AUSSI, H. Fulchiron, « Adoption sur *kafala* ne vaut (à propos des arrêts du 10 octobre 2006) », *D.* 2007, chron. 816.
7. Sur l'organisation – très sommaire – de la délégation de l'autorité parentale en France, v. C. civ., art. 376 s.
8. Sur le détail des décisions, v. R. Crône, M. Revillard et B. Gelot, *L'adoption, aspects internes et internationaux*, Éd. Defrénois, 2006, n° 200.

Le législateur a volontairement « cassé » cette jurisprudence en interdisant par principe l'adoption des mineurs dont la loi personnelle prohibe cette institution, qui sont en général ceux dont la loi personnelle organise la *kafala*. Le moins qu'on puisse dire est que cette loi a été très mal respectée dans les premières années de son entrée en vigueur : en consultant des décisions le plus souvent non publiées, on constate que certaines juridictions sont allées jusqu'à nier que les lois marocaine ou algérienne soient prohibitives et ont prononcé des adoptions plénières; que d'autres ont estimé la *kafala* similaire à l'adoption simple et l'ont prononcée; que d'autres enfin ont appliqué la loi dans toute sa rigueur et rejeté les demandes quelles qu'elles soient.

Dans *deux arrêts du 10 octobre 2006, rendus sur pourvoi dans l'intérêt de la loi*, la Première chambre civile de la Cour de cassation a tenté de mettre fin à ce désordre en excluant toute possibilité d'adoption, tant simple que plénière [1], mais elle n'a pas pour autant mis fin à la « fronde » de certains juges du fond et a dû réaffirmer sa position à plusieurs reprises [2]. La Deuxième chambre civile, en 2009, a suivi la même ligne ans une affaire relative à la prestation pour l'accueil du jeune enfant (PAJE) [3]. Certes, la solution a l'avantage d'être conforme à la loi, mais la loi, « *qui a eu pour cible privilégiée le cas du mineur de statut prohibitif* [...], *symbole du conflit de civilisations opposant le dogme coranique de l'allégeance éternelle à l'égard de la famille par le sang à la primauté que la culture occidentale reconnaît au désir d'enfant* » [4], est-elle bien conforme aux principes de la CIDE de laquelle se réclame la haute juridiction en d'autres occasions ?

1. Civ. 1re, 10 oct. 2006, nº 06-15.264 et nº 06-15.265, 2 esp., *AJ fam.* 2007, 32, obs. crit. Boiché; *Dr. fam.* 2007, nº 96; *JCP* 2007, II, 10072, notes Farge; *Defrénois* 2007, 135, note Revillard; *JDI* 2007, 564, note crit. Brière; *JCP* 2007, I, 170, nº 2, obs. crit. Rubellin-Devichi; *LPA* 10 oct. 2007, p. 10, note Kerkhove – V. AUSSI, H. Fulchiron, « Adoption sur *kafala* ne vaut (à propos des arrêts du 10 octobre 2006) », *D.* 2007, chron. 816.
2. Civ.1re, 9 juill. 2008, nº 07-20.279, *Bull. civ.* I, nº 198; *D.* 2008, 2144, obs. Egea; *AJ fam.* 2008, 401, obs. Boiché; *Defrénois* 2008, p. 2181, obs. Revillard; *JDI* 2009, 154, obs. Fongaro; *Dr. fam.* 2008, nº 133, note Farge; *Rev. crit. DIP* 2008, 829, obs. Lagarde – Civ. 1re, 28 janv. 2009, nº 08-10.034, *Bull. civ.* I, nº 17; *AJ fam.* 2009, 170, obs. Boiché; *RTD civ.* 2009, 308, obs. Hauser – Civ. 1re, 25 févr. 2009, nº 08-11.033, *Bull. civ.* I, nº 41; *D.* 2009, 730, obs. Egéa; *JCP* 2009, 10072, note Gouttenoire; *Dr. fam.* 2009, nº 82, note Farge; *RTD civ.* 2009, 308, obs. Hauser.
3. Civ. 2e, 11 juin 2009, nº 08-15571, *Bull. civ.* II, nº 158.
4. H. Muir-Watt, « La loi nationale de l'enfant comme métaphore : le nouveau régime de l'adoption internationale », *JDI* 2001, 995, nº 2 – V. AUSSI, M.-C. Le Boursicot, « La situation des enfants recueillis en *kafala* », *RJPF* 2006-10/33.

D'après la CIDE – qui, il est vrai, compte la *kafala* au nombre des mesures de protection de l'enfance –, il faut éventuellement tenir compte de la religion de l'enfant dans le **choix** de la mesure, mais on peut penser que cette disposition est surtout destinée à s'appliquer aux États multiconfessionnels dans lesquels le statut personnel dépend de la religion (v. ss nos 224.40 s.). Il est en tout cas normal à cet égard que les autorités des pays qui prohibent l'adoption au nom d'une religion d'État ne prononcent « que » des *kafala*, seule mesure que leur loi les autorise à prendre. Mais si les autorités de ces États – qui ont eux aussi ratifié la CIDE [5] –, décident, après avoir étudié la possibilité d'une solution à l'intérieur de leurs frontières, que l'intérêt supérieur d'un enfant est d'être confié à une ou des personnes dont elles savent parfaitement qu'elles l'éduqueront dans un État laïc qui n'a pas les mêmes modes de protection, ne s'engagent-elles pas à accepter que cet enfant bénéficie, dans son pays d'accueil, du statut le plus favorable qui puisse lui être offert ?

D'un autre point de vue, peut-on accepter, en France, que des enfants soient exclus de ce statut le plus favorable sur le seul fondement de la religion de parents qui auraient pu valablement consentir à leur adoption s'ils avaient vécu en France ?

En dehors de l'adoption, et pour ne se préoccuper que de l'aspect « protection de l'enfance » de la question, **il n'existe en France aucun statut aussi protecteur que la *kafala* au sein d'une famille** : ni la tutelle, ni la délégation de l'autorité parentale, comme cela a été vu ci-dessus, ni le placement en assistance éducative, ni le placement en famille d'accueil sous une forme ou une autre n'engagent les « recueillants » ne serait-ce qu'à entretenir l'enfant; il est en outre douteux que les tribunaux français puissent les contraindre à exécuter un engagement inconnu du droit français qu'ils ont pris à l'étranger. Même la solution qui consisterait à ne donner accès à ces enfants « qu'à » l'adoption simple, souvent prônée faute de mieux, serait discriminatoire.

224.43 Solution mise en œuvre pour tenter de sortir de l'impasse. À supposer que rien, malgré les nombreuses tentatives, y compris d'origine parlementaire, en ce sens, ne vienne atténuer cette position « dogmatique » de la loi française [6], reste la solution qui se dessine de plus en plus : prononcer une adoption plénière lorsque l'enfant a changé de

5. Le 16 avril 1993 pour l'Algérie, le 21 juin 1993 pour le Maroc.
6. Boiché, obs. ss Civ. 1re, 10 oct. 2006, nos 06-15.264, nº 06-15.265, 2 esp., *Bull. civ.* I, nos 431 et 432; *AJ fam.* 2007, 32 – H. Fulchiron, « Adoption sur *kafala* ne vaut (à propos des arrêts du 10 octobre 2006) », *D.* 2007, chron. 816.

statut personnel, autrement dit est devenu français. Cela revient *a priori* à appliquer la théorie du conflit mobile et nécessite qu'un conseil de famille constitué en France consente à cette adoption en lieu et place des parents d'origine de l'enfant.

Peut réclamer la nationalité française, et l'acquérir par déclaration, « *l'enfant qui, depuis au moins cinq années, est recueilli en France et élevé par une personne de nationalité française* » (C. civ., art. 21-12, al. 3, 1°) : si dans les cas de *kafala*, le **point de départ du recueil** se situe à l'étranger, la **situation de recueil** se déroule en France une fois que l'enfant a reçu l'autorisation d'y entrer et d'y séjourner, et c'est manifestement la seconde acception du mot « recueil » que la Chancellerie et la jurisprudence retiennent en l'occurrence.

En dehors du problème spécifique posé par la prohibition, la possibilité de réunir un conseil de famille en France pour qu'il consente à l'adoption d'un enfant pour lequel il n'y a pas eu de consentement dans son État d'origine peut se discuter.

Dans un premier temps, et dans une espèce où l'enfant, rwandais, n'était pas encore français, la Cour de cassation a décidé que le consentement d'un conseil de famille constitué en France ne pouvait pas être substitué au consentement parental[1]. Elle a par la suite admis cette possibilité pour un enfant, là encore rwandais, mais devenu français[2]. La cour d'appel de Paris avait déjà statué en ce sens à propos d'un enfant marocain[3], et la cour d'appel d'Aix-en-Provence, tout en refusant de prononcer l'adoption demandée, a pu ajouter que l'acquisition de la nationalité française par l'enfant, susceptible d'intervenir rapidement, permettrait de faire droit à une demande d'adoption[4]. La Chancellerie, quant à elle, estime que la prohibition ne joue que tant que l'enfant n'est pas français[5], ce qui implique nécessairement qu'il puisse être consenti, en France, à son adoption.

On ne peut que se réjouir de ce que les pouvoirs publics tentent d'atténuer les effets d'une loi qui conduit à des situations bien peu humaines et dont la cohérence laisse à désirer, et il n'est pas nouveau que la nationalité acquise d'un individu lui autorise ce que l'ancienne lui interdisait : cela a été jugé depuis longtemps en matière de divorce, par exemple. Ce qui est différent, ici, c'est que c'est un représentant légal qui a consenti à confier l'enfant dans le cadre d'une institution aux effets limités et qu'il est fait fi des limites de son consentement.

Le principe d'un consentement donné par un conseil de famille, éventuellement constitué *ad hoc*, une fois l'enfant devenu français, conduit à d'autres anomalies graves.

224.44 Inadaptation de la solution mise en œuvre. Lorsque l'enfant est originaire d'un État dans lequel seule est connue l'adoption simple, il peut bénéficier d'une adoption plénière en France « *si son représentant légal a consenti à une rupture complète et irrévocable de ses liens avec sa famille d'origine* » : cela revient à ne pas tenir compte du contenu de sa loi personnelle, ce que la convention de La Haye du 29 mai 1993 elle-même autorise (conv. La Haye, art. 27). Toutefois le prononcé de l'adoption plénière n'est possible que si le **consentement du représentant légal** a été « éclairé » sur les effets de l'adoption plénière française, et les tribunaux font en général scrupuleusement respecter cette exigence de l'article 370-5 du Code civil quel que soit l'auteur du consentement : parent, directeur d'orphelinat, juge... (v. s[s] n° 224.151). À notre connaissance, il n'a jamais été envisagé que, en l'absence de ce consentement, l'enfant puisse malgré tout bénéficier d'une adoption plénière une fois devenu français.

La comparaison s'impose donc d'évidence : si l'enfant est de statut prohibitif, l'absence de consentement de son représentant légal à une rupture complète et irrévocable de son lien de filiation initial – et même l'absence totale de consentement à une adoption – deviendra indifférente dès qu'il sera français, et il pourra être adopté en adoption plénière; s'il est ressortissant d'un État simplement moins généreux que la France pour ne connaître que l'adoption simple, la même absence aura un caractère définitif. On pourrait objecter que, dans le cas de la *kafala*, il est possible de placer l'enfant en tutelle – donc de lui constituer un conseil de famille *ad hoc* susceptible de consentir à son adoption – alors que l'adopté simple est déjà placé sous l'autorité de ses parents adoptifs : un tel argument ne tromperait évidemment personne...

C'est en effet aux États d'origine qu'il appartient de décider à quels pays ils acceptent de confier leurs ressortissants mineurs, eu égard aux conditions d'accueil que ces pays proposent; ce n'est pas aux États d'accueil qu'il appartient de moduler les conditions de cet accueil en fonction des lois personnelles des enfants, surtout si cela doit se faire sans cohérence. La seule distinction à opérer entre les enfants, s'il y en a une, est entre ceux qui ont, dans leur État d'origine, une famille avec laquelle ils sont susceptibles de maintenir des liens et qui a entendu

1. Civ. 1re, 22 oct. 2002, n° 00-12.360, *Bull. civ.* I, n° 236; *JCP* 2003, I, 148, obs. Favier; *AJ fam.* 2003, 100, obs. D.-B.; *RJPF* 2003-1/19, note Le Boursicot.
2. Civ. 1re, 30 sept. 2003, n° 01-02.630, *Bull. civ.* I, n° 194; *RJPF* 2004, 2/21, obs. Le Boursicot; *Defrénois* 2004, 155, obs. Massip.
3. CA Paris, 13 oct. 2001, *AJ fam.* 2002, 26.
4. CA Aix-en-Provence, 10 déc. 2008, *Juris-Data* n° 2008-005605, *JCP* 2009, n° 25, p. 8.
5. Rép. min. Justice, QE n° 00293 (P. Schillinger), *JO Sénat* QE, 30 août 2007, p. 1545 : « *Ces dispositions* [de l'article 370-3, al. 2 du Code civil] *prennent fin le jour où le mineur acquiert la nationalité française postérieurement à son arrivée en France, dans les conditions de l'article 21-12 du Code civil* ».

les maintenir, et ceux qui n'en ont pas : la Cour de cassation l'avait compris...

B. Consentements à l'adoption

224.50 Distinction entre l'adopté majeur et l'adopté mineur. Comme dans le cadre interne, **l'adoption d'un majeur étranger n'implique** que son propre consentement (v. s nº 222.32). Il faut toutefois d'emblée rappeler qu'une telle adoption, nécessairement simple au regard du droit français, même si d'aventure elle était plénière à l'étranger, n'aura aucun effet direct sur la nationalité de l'adopté et ne sera pas non plus prise en compte pour le calcul des droits de mutation lors du décès de l'adoptant, ce qui la rend en général assez peu attractive lorsque l'adopté n'a pas été recueilli par l'adoptant pendant sa minorité. L'adopté pourra obtenir, à certaines conditions, une **carte de résident**, mais sous réserve de vérification de la régularité de l'adoption, par le ministère public, si elle a été prononcée à l'étranger. Cette disposition est étrange dès lors que le contrôle de la régularité des adoptions étrangères n'est pas du ressort du ministère public; à moins qu'il ne s'agisse d'un contrôle simplifié ayant uniquement pour but l'obtention de ladite carte (CESEDA, art. L. 314-11).

L'adoption d'un mineur, qui sera seule envisagée dans la suite des développements, suppose que celui-ci soit adoptable, ce qui implique, outre son propre consentement s'il a le discernement suffisant, un **consentement donné par son ou ses représentants légaux**, c'est-à-dire ses parents, ou l'autorité qui les remplace s'ils sont décédés, dans l'incapacité de manifester leur volonté ou s'ils l'ont abandonné. La désignation du représentant légal apte à donner son consentement – qui fait partie non du droit de l'adoption mais du droit des incapacités – relève nécessairement de la loi personnelle de l'enfant, mais la France est particulièrement attentive à ce que ce consentement et éventuellement celui de l'enfant aient été donnés dans des conditions qui laissent à penser qu'ils ont eu toutes les qualités requises des consentements en général. À ce propos, une distinction est à faire entre les adoptions soumises à la convention de La Haye (1) et les autres (2).

1° Adoptions soumises à la convention de La Haye du 29 mai 1993

224.51 Caractères et contrôle du consentement. Les États qui ont adhéré à la convention de La Haye – dont il faut rappeler qu'elle est une convention de coopération et non une convention portant droit uniforme – se sont tous pareillement engagés à en respecter les principes, en particulier à lutter contre l'enlèvement, la vente ou le trafic d'enfants. C'est pourquoi c'est à l'État d'origine de l'enfant qu'il appartient de s'assurer :

– que le représentant légal de celui-ci a été entouré des conseils nécessaires, a été informé sur les conséquences de son consentement, en particulier sur le maintien ou la rupture des liens de droit entre l'enfant et sa famille d'origine;

– qu'il a donné librement son consentement dans les formes requises (par écrit);

– qu'il n'a pas retiré celui-ci, et ne l'a pas donné moyennant paiement ou autre contrepartie.

Il opère le même contrôle, le cas échéant, sur le consentement de l'enfant (Conv. La Haye, art. 4, c et d).

Dans ces conditions, il est normal que la preuve du ou des consentements requis – que l'autorité centrale de l'État d'origine de l'enfant doit transmettre à celle de son État d'accueil au moyen d'un certificat (Conv. La Haye, art. 16, 2 et 23) – soit suffisante au prononcé ou à la reconnaissance de l'adoption dans l'État d'accueil.

Ainsi, idéalement, en France, le tribunal de grande instance ou le procureur de la République chargé du Service central de l'état civil à Nantes, suivant les cas, n'auront pas à vérifier que les exigences de l'article 370-3 alinéa 3 du Code civil, qui sont celles mêmes de la convention de La Haye, ont été respectées, car l'Autorité centrale française aura dû donner son accord à la poursuite de la procédure au vu du certificat de conformité reçu de l'Autorité centrale de l'État d'origine de l'enfant (Conv. La Haye, art. 17, c).

Il faudrait, pour que les effets de l'adoption soient refusés en France, que celle-ci soit manifestement contraire à notre ordre public, compte tenu de l'intérêt supérieur de l'enfant (Conv. La Haye, art. 24).

2° Adoptions non soumises à la convention de La Haye du 29 mai 1993

224.61 Mêmes caractères du consentement mais contrôles accrus. Comme il vient d'être vu, l'article 370-3 alinéa 3 du Code civil reprend les exigences de l'article 4 de la convention de La Haye. Il n'est pas totalement utile de s'y référer lorsque le ou les adoptants sont français puisque la loi applicable aux conditions de l'adoption est la loi française, et que le législateur n'a pas attendu cette convention pour exiger que le consentement existe[1],

1. Civ. 1re, 18 juill. 2000, nº 99-10.848, *Bull. civ.* I, nº 219; *Rev. crit. DIP* 2001, 349, note Muir-Watt; *RJPF* 2001, 1/20, note Le Boursicot.

soit donné après la naissance de l'enfant (un consentement donné avant la naissance de l'enfant au profit de l'adoptant serait compris comme une convention relevant de l'interdiction de la maternité de substitution), sans contrepartie (l'existence d'une contrepartie serait contraire au principe du droit français selon lequel la personne humaine est hors du commerce)[1], et soit exempt des vices de violence ou d'erreur, auxquels renvoient les mots « libre » et « éclairé ». Sa première vertu est donc surtout d'ordre pédagogique, et il joue comme une loi de police : il avertit clairement les candidats, quelle que soit leur loi personnelle, de ce qui les attend s'ils « commandent » un enfant à des parents étrangers en les payant, ou extorquent leur consentement par la violence, ou les induisent en erreur sur la portée de leur engagement...

Le seul problème posé par les **consentements donnés à l'étranger** – et il est particulièrement délicat – est celui de l'**étendue du contrôle** que doivent exercer les **juges français** ou le **procureur de la République de Nantes** à leur propos, en particulier s'agissant de leur caractère « éclairé » sur les effets de l'adoption projetée[2]. Ce contrôle est nécessairement plus serré que pour les adoptions réalisées dans la cadre de la convention de La Haye puisque l'État d'origine de l'enfant n'adhère pas nécessairement aux principes élémentaires de celle-ci. Mais vérifier *a posteriori*, et parfois à des milliers de kilomètres de distance, qu'un consentement parental « a été donné » en connaissance de cause des effets attachés à l'adoption est impossible; exiger la « garantie » qu'il l'a été est irréaliste et revient à le présumer vicié sans même que le parent intéressé puisse être invité à apporter la preuve du contraire. Seule peut être contrôlée, en fait, la qualité de l'information donnée. Dans ces conditions, contrôler que les consentements donnés à l'étranger l'ont été dans des conditions conformes à notre ordre public est indispensable, mais ce contrôle devrait être fait avec plus d'humanité qu'il ne l'est parfois, sachant que le refus de l'adoption revient à condamner l'enfant à une **situation d'adoption boiteuse, non reconnue dans le pays dans lequel il a son avenir**[3]. Par ailleurs, lorsque le doute provient de ce que les procédures en vigueur dans un État étranger n'apparaissent pas de nature à garantir des consentements hors de tout soupçon, c'est par la voie diplomatique qu'il faut agir auprès de ces États : sanctionner des familles qui n'ont pas de responsabilité à ce sujet, c'est manifestement se tromper de cible.

224.62 Non-applicabilité de l'article 348-5 du Code civil. L'article 348-5, on l'a vu, soumet, en France, la validité du consentement à l'adoption d'un enfant de moins de deux ans à sa remise effective à l'ASE ou à un OAA, s'il n'est pas parent ou allié de l'adoptant (v. s^{s} n° 221.111). La question de savoir si ce texte est applicable à l'adoption internationale se pose depuis longtemps. Elle est grave, car une réponse positive conduit inéluctablement à refuser de prononcer en France, ou à refuser de reconnaître en France, l'adoption d'un enfant en bas âge pour lequel cette exigence n'a pas été respectée, non pas dans un esprit de fraude mais tout bonnement parce qu'elle n'est pas prévue par la législation de son État d'origine. Il y a donc là une « mine » d'adoptions boiteuses, qui atteignent des enfants auxquels, en général, le ministère des Affaires étrangères a accordé le visa nécessaire à leur entrée et leur séjour en France, et qui se trouvent déjà, parfois depuis longtemps, au foyer du ou des adoptants sans aucune perspective, bien sûr, de retour dans leur pays d'origine, le tout alors que les adoptants sont de bonne foi.

Le seul argument juridique avancé en faveur de l'application de l'article 348-5 à l'adoption internationale est que, selon l'article 370-3 alinéa 1er du Code civil, les conditions de l'adoption sont soumises à la loi personnelle de l'adoptant, donc la loi française si l'adoptant est français. Certes, mais nul n'aurait l'idée de déclarer sans valeur un consentement parental donné à l'étranger devant une autorité qui ne serait pas notaire, greffier en chef de tribunal d'instance ou agent diplomatique ou consulaire français, au motif que l'article 348-3 du Code civil ne vise que ces personnes et pas, par exemple, un juge ! À l'évidence, la remise de l'enfant à un intermédiaire est une manifestation qui relève de la forme, donc de la loi locale. D'ailleurs les cours d'appel qui se sont prononcées à ce propos ont statué en ce sens[4], et le procureur de la République de Nantes, qui un temps formulait cette exigence dans le cadre de la transcription directe des adoptions plénières prononcées à l'étranger, sui-

1. V. A. Moreno, « Aspects contractuels de l'adoption internationale », *Rev. crit. DIP* 2001, 301.
2. L. D. Hubert, « Opposabilité en France des décisions étrangères d'adoption : le rôle du parquet », *AJ fam.* 2002, 14.
3. P. Salvage-Gerest, « Adoption internationale : halte à la présomption irréfragable de vice du consentement (à propos de l'arrêt de la cour d'appel de Rennes du 29 janvier 2007) », *Dr. fam.* 2007, étude 8 – Sur cet arrêt, V. AUSSI M.-C. Le Boursicot, « Adoption internationale : coup de frein à la reconnaissance des jugements étrangers », *RJPF* 2007-4/29.
4. Depuis l'entrée en vigueur de la loi du 6 février 2001 : CA Metz, 4 févr. 2003, *RJPF* 2004-1/ 33, note Le Boursicot – CA Paris, 8 juin 2006, *RJPF* 2006-10/24, obs. Le Boursicot – DANS LE MÊME SENS, R. Crône, M. Revillard et B. Gelot, *L'adoption, aspects internes et internationaux,* Éd. Defrénois, 2006, n° 208.

vant ainsi la circulaire du 16 février 1999 rendue obsolète par la loi du 6 février 2001[1], semble l'avoir abandonnée.

SECTION 3

Reconnaissance des adoptions prononcées à l'étranger ou prononcé des adoptions en France

224.70 Complexité du système français. Le système français est ainsi fait que toute adoption d'un enfant étranger suppose **deux types de contrôles** totalement indépendants les uns des autres. Pour pouvoir entrer en France et y séjourner, l'enfant doit être muni d'un **visa**, délivré après vérification par une autorité relevant du ministère des Affaires étrangères, de la décision le confiant à l'adoptant. Une fois en France, c'est une **autorité relevant du ministère de la Justice** qui décidera s'il peut jouir totalement, sur le territoire, du statut d'adopté. Les commissions Colombani et Guinchard se sont toutes deux préoccupées de la complexité de ce système et des lenteurs qu'il engendre, sans toutefois s'y attarder[2], et pour l'heure les choses ne sont pas allées au delà de la dénonciation, hormis le principe, acquis, de la spécialisation d'un tribunal de grande instance par ressort de cour d'appel (v. s^s n° 224.23).

À propos du visa, il sera simplement indiqué que son refus doit être motivé, mais seulement si l'adoption a déjà été prononcée à l'étranger et qu'elle est « plénière », ce qui est bizarre car la nature de l'adoption prononcée restera incertaine tant qu'elle n'aura pas été contrôlée par un autorité française relevant du ministère de la Justice (CESEDA, art. L. 211-2, 3°).

À propos du contrôle par une autorité relevant du ministère de la Justice, il sera distingué suivant que l'adoption a déjà été prononcée dans l'État d'origine de l'enfant (§ 1) ou non (§ 2).

§ 1

Adoption déjà prononcée à l'étranger

224.71 Autorité de chose jugée et opposabilité en France des décisions étrangères. Comme toutes les décisions relatives à l'état des personnes, les décisions d'adoption prises à l'étranger ont l'autorité de la chose jugée sans *exequatur*, ce que la Cour de cassation a pu rappeler à propos de l'obligation alimentaire incombant à l'adoptant[3]. Néanmoins, elles ne peuvent produire tous leurs effets en France qu'après que leur opposabilité y aura été contrôlée : il serait surprenant, par exemple, que soit conférée à l'enfant la nationalité française à partir d'une décision étrangère non vérifiée.

Il arrive parfois que l'adoptant, pour une raison ou une autre, regrette sa démarche et prétende faire déclarer l'adoption non pas opposable, mais inopposable en France. La Cour de cassation ne l'accepte pas : plusieurs décisions le démontrent[4]. La décision étrangère peut donc être déclarée opposable en France à partir d'une demande en sens contraire, mais c'est tout à fait exceptionnel. La plupart du temps, l'adoptant souhaite que l'enfant soit intégré aussi vite que possible à sa famille et à la société française.

224.72 Adoption plénière ou simple : les enjeux. La première question à se poser, au vu d'une décision étrangère d'adoption, est celle de savoir si elle est équivalente à une adoption plénière ou simple de droit français (A). Indépendamment du fait que leurs effets ne seront pas les mêmes, les démarches à accomplir une fois l'enfant en France seront beaucoup moins lourdes dans le premier cas (B) que dans le second (C).

A.

Critère d'appréciation du caractère plénier ou simple de l'adoption prononcée

224.81 Rupture ou non du lien de filiation préexistant. Selon l'article 370-5 du Code civil, une adoption régulièrement prononcée à l'étranger (sous-entendu en application d'une loi étrangère) produit en France les effets de l'adoption plénière,

1. Circ. 16 févr. 1999, NOR : JUSI9980193C, relative à l'adoption internationale, *JO* 2 avr., p. 4930 – V. NOT., M.-C. Le Boursicot, « Vingt ans plus tard, une nouvelle circulaire du ministre de la Justice », *Gaz. Pal.* 1999, doctr. 724 – H. Muir-Watt, « À propos de la circulaire du 16 février 1999 : vers l'inadoptabilité de l'enfant étranger », *Rev. crit. DIP* 1999, 469 – M. Revillard, *Defrénois* 1999, 917 – J. Rubellin-Devichi, *JCP* 1999, I, 160; « Faut-il réformer l'adoption ? », *Actes du colloque, Perspectives de réforme en droit de la famille,* Grenoble 26-27 nov. 1999, *Dr. fam.* 2000, HS, n° 9 – P. Salvage-Gerest, « La circulaire "Guigou" : quelles perspectives pour l'adoption internationale ? », *Dr. fam.* 1999, chron. 14.
2. J.-M. Colombani, *Rapport au Président de la République sur l'adoption*, Doc. fr., 2008, www.ladocumentationfrancaise.fr – S. Guinchard, *L'ambition raisonnée d'une justice apaisée*, Rapport au garde des Sceaux, Doc. fr., 2008, www.ladocumentationfrancaise.fr
3. Civ. 1re, 16 déc. 1997, n° 97-05.020, NPT.
4. Civ. 1re, 18 mai 2005, n° 02-21.075, *Bull. civ.* I, n° 210; *Rev. crit. DIP* 2005, 483, note Muir-Watt; *LPA* 2006, n° 66, 9, note Brière (dans le cadre de la convention de La Haye) – Civ. 1re, 4 oct. 2005, n° 02-20.258, NP; *JDI* 2006, 162, note Jault-Seseke; *Rev. crit. DIP* 2006, 401, note Muir-Watt (hors convention de La Haye).

si elle rompt de manière complète et irrévocable le lien de filiation préexistant : ce texte appelle plusieurs remarques.

Tout d'abord, ce texte indique que **l'adoption doit avoir été « régulièrement » prononcée à l'étranger**. Il paraît aller de soi, à peine de faire perdre tout intérêt à la disposition et même si les avis sont partagés sur ce sujet, qu'il ne suffit pas que la décision soit jugée régulière là où elle a été rendue, donc qu'elle doit être estimée régulière par une autorité française. Cela étant, elle a l'autorité de la chose jugée de plein droit, elle pourrait seulement être déclarée inopposable en France.

En deuxième lieu, ce texte exige un **consentement à une rupture « complète » du lien de filiation préexistant**. Les autorités françaises ne devraient pas, à ce sujet, être plus royalistes que le roi dans l'analyse des décisions étrangères : le consentement à l'adoption plénière française n'est pas un consentement à une rupture parfaitement complète puisque subsisteront indéfiniment les effets passés du lien de famille et les empêchements à mariage (v. s[s] n°s 221.320 et 221.321).

En troisième lieu, ce texte exige un **consentement à une rupture « irrévocable » du lien existant**, sans référence au caractère irrévocable ou non du lien créé par l'adoption qui sera ensuite prononcée. En cela, cet article reprend finalement l'esprit de l'adoption interne : les parents qui consentent à l'adoption de leur enfant en le confiant à l'ASE ou à un OAA consentent à rompre tout lien avec lui mais ne savent pas si, ensuite, ce lien sera rompu ou non, autrement dit si l'adoption finalement prononcée sera plénière ou simple : l'enfant, même adopté en adoption simple, ne leur sera pas « rendu » en cas de révocation. Il est donc anormal de déduire de la seule révocabilité d'une adoption prononcée à l'étranger, sans s'interroger sur le sort de l'adopté en cas de révocation, qu'elle n'est pas plénière au sens du droit français : **dans l'ordre international, c'est au seul consentement à la rupture qu'il faut s'attacher**.

En quatrième lieu, et bien que l'opinion contraire ait pu être émise[1], il semble que l'exigence d'un **consentement à une rupture « complète » et « irrévocable » doive s'appliquer quel que soit l'État d'origine de l'adopté**, et pas seulement si l'adoption a lieu hors convention de La Haye, à moins que ces termes ne doivent être réputés non écrits pour que soit assurée l'égalité de tous devant la loi. En effet, la convention étant uniquement « de coopération », les États parties ont été invités à mettre leur législation en harmonie avec ses principes, et c'est ce qu'a fait la France avec la loi du 6 février 2001 en introduisant les articles 370-3 à 370-5 dans le Code civil, applicables à toutes les adoptions internationales : l'article 370-3 alinéa 3 précise d'ailleurs que « *quelle que soit la loi applicable* », le consentement doit être « *éclairé* », s'il est donné en vue d'une adoption plénière, sur le caractère complet et irrévocable de la rupture du lien de filiation préexistant. Il paraît donc discutable de considérer que, en application de l'article 26, 2° de la convention de La Haye, les adoptions effectuées dans le cadre de celle-ci sont plénières au sens du droit français dès lors qu'il a été consenti à une « rupture » sans autre qualificatif : il serait contraire à l'esprit de la convention que les seuls parents à se voir imposer la création d'un lien de filiation adoptive à la fois **complète** et **irrévocable** alors qu'ils n'ont consenti qu'à une rupture **incomplète** ou **révocable** soient ceux dont l'État a adhéré à une convention censée les protéger !

Un arrêt de la Cour de cassation du 18 mai 2005, rendu au visa de l'article 26, 2° de la convention, a certes pu laisser planer le doute sur ce point, mais d'une part il a été rendu à propos de faits antérieurs à l'entrée en vigueur de l'article 370-5 du Code civil – de sorte qu'il ne peut justifier une distinction entre les États parties à la convention et les autres –, d'autre part il y est question de la révocabilité de l'adoption prononcée, pas de celle de la rupture consentie : bien qu'aucune indication ne soit fournie par l'arrêt sur ce point, il n'est pas exclu que les parents de la jeune fille en cause aient consenti à une rupture complète et irrévocable du lien avec elle, donc que la révocation prononcée en Roumanie dans cette affaire n'ait pas eu pour conséquence de la renvoyer auprès d'eux si elle avait été suivie d'effet[2].

L'article 26, 2° de la convention, qui énonce : « *Si l'adoption a pour effet de rompre le lien préexistant de filiation, l'enfant jouit, dans l'État d'accueil et dans tout autre État contractant où l'adoption est reconnue, des droits équivalents à ceux résultant d'une adoption produisant cet effet dans chacun de ces États* », a manifestement été écrit pour faire respecter, dans les États d'accueil qui ne connaîtraient que des adoptions sans rupture des liens de filiation, la rupture consentie et prononcée dans les États d'origine des enfants. Interprété comme autorisant l'État d'accueil à faire produire à l'adoption des effets au-delà de ce qui a été consenti est dénaturer son sens. Pourtant ce texte, en imposant de respecter une rupture décidée dans l'État d'origine, interdit, en France, de limiter les effets de l'adoption prononcée à l'étranger à ceux d'une adoption simple française... Force est donc de constater que la rigidité de l'article 370-5 du Code civil s'accorde mal avec le

1. EN PARTICULIER, v. A. Boiché, « Adoption simple en droit international privé », *AJ fam.* 2008, 464.

2. Civ. 1re, 18 mai 2005, n° 02-21.075, *Bull. civ.* I, n° 210; *Rev. crit. DIP* 2005, 483, note Muir-Watt; *LPA* 2006, n° 66, 9, note Brière.

flou de l'article 26, 2° de la convention, de sorte que le législateur aurait été mieux inspiré en n'allant pas au-delà des termes de celle-ci pour faire produire aux adoptions prononcées à l'étranger les effets de l'adoption plénière française...

224.82 **Difficultés d'application du critère.** À partir du critère posé par l'article 370-5 du Code civil, il est sûr, dans certains cas, que l'adoption prononcée à l'étranger n'est pas plénière, parce que l'État dans lequel elle l'a été ne connaît pas d'adoption avec rupture complète et irrévocable du lien de filiation préexistant et que les juges de cet État ont appliqué leur loi : il est rare en effet que les États d'origine des enfants aient un système de conflit de lois suffisamment élaboré pour leur ordonner d'appliquer, comme cela se fait en France, la loi nationale de l'adoptant[1]. Dans d'autres cas, il est sûr en revanche que l'adoption est plénière parce que l'État en cause ne connaît que ce type d'adoption, que le consentement est clair et que la décision l'indique sans équivoque. Mais sachant que, en 2009, les français ont adopté des enfants dans pas moins de soixante-huit États[2], on peut imaginer que la frange de décisions à propos desquelles l'hésitation est permise est importante compte tenu de l'extrême variété des législations. Peut-on dire à coup sûr, par exemple, qu'une législation qui associe maintien des liens familiaux et perte de la nationalité, comme c'est le cas parfois, n'ait vraiment en vue qu'une adoption simple ?

Deux types de difficultés d'interprétation peuvent donc se présenter : celles liées à la **législation appliquée** et celles liées à l'**étendue du consentement.** Il est normal que les secondes soient résolues par l'autorité – tribunal de grande instance ou procureur de la République de Nantes – en charge du dossier. Mais on peut s'inquiéter de ce qu'il y ait autant de possibilités d'interprétation des législations étrangères que d'autorités impliquées dans le processus d'adoption internationale. En effet, le ministère des Affaires étrangères, auquel les adoptants croient pouvoir se fier puisqu'il est leur seul interlocuteur officiel tout au long de leurs démarches, diffuse ses propres interprétations, en particulier sur les « *fiches pays* » de son site internet, mais ces fiches – qui n'ont même pas valeur de circulaire – ne lient ni le procureur de la République de Nantes, qui se fait sa propre religion, ni les juridictions judiciaires qui, selon le droit des conflits de lois, apprécient souverainement le contenu des lois étrangères. Le résultat est une incompréhension totale des familles devant des divergences de solution criantes en fonction du chemin que suivent les dossiers[3] : il faut espérer que la **spécialisation de quelques tribunaux de grande instance** (v. s[s] n° 224.23) sera un premier pas vers une indispensable coordination.

1. V. CEP., à titre d'ex., l'art. 165 du Code de la famille de la Fédération de Russie : « *L'adoption ou sa révocation* [cancellation], *sur le territoire de la Fédération de Russie, par des citoyens étrangers ou des apatrides, d'un enfant citoyen de la Fédération de Russie, sera effectuée conformément à la législation de l'État dont l'adoptant est citoyen. S'il est apatride, la législation appliquée sera celle de l'État dans lequel il a sa résidence permanente au moment de sa demande d'adoption ou de révocation de l'adoption* [traduction libre NDA] ».
2. SAI, statistiques 2009 : www.diplomatie.gouv.fr

B. Adoption plénière

224.90 **Trois voies, une issue.** Lorsque l'adoption prononcée à l'étranger est assimilable à une adoption plénière française, l'adoptant se voit offrir le choix entre trois voies pour lui faire produire effet en France (1°). Mais quelle que soit la voie choisie, l'issue sera toujours la même en cas de succès : l'adoption plénière entrée dans l'ordre juridique français sera transcrite sur les registres de l'état civil et produira alors tous ses effets, l'adopté se voyant attribuer la nationalité française comme nationalité d'origine (2°).

1° Les trois voies offertes à l'adoptant

224.100 **Voie administrative, voies judiciaires.** L'adoptant peut demander à ce que l'adoption soit transcrite directement sur les registres du Service central de l'état civil à Nantes (a). Il peut aussi présenter une nouvelle requête en adoption plénière devant un tribunal de grande instance (b). Il peut enfin – mais le cas est rare pour ne pas dire rarissime – demander l'*exequatur* de la décision étrangère (c).

a) Demande de transcription directe sur les registres du Service central de l'état civil

224.101 **Contrôle du procureur de la République du tribunal de grande instance de Nantes.** Une décision étrangère d'adoption plénière – jugement ou autre – étant une décision relative à l'état des personnes, a autorité de chose jugée sans *exequatur* et n'appelle pas de mesure d'exécution particulière. Elle peut donc figurer directement sur les registres du Service central de l'état civil puisque par hypothèse l'enfant est né à l'étranger, pourvu toutefois que son **opposabilité en France** ait été **contrô-**

3. P. Salvage-Gerest, « L'adoption internationale dans le rapport Guinchard sur la répartition des contentieux », *Dr. fam.* 2008, étude 19.

lée. Ce contrôle est effectué par le procureur de la République du tribunal de grande instance de Nantes : les limites de son contrôle sont celles qui s'imposent au juge de l'*exequatur* (IGREC, n°s 585 s.). La transcription devant être effectuée sans qu'un délai particulier soit imposé, le délai entre le dépôt du dossier et l'accomplissement de la formalité se compte le plus souvent en mois.

224.102 Incidences du refus de transcription directe. Le refus de transcription, qui n'est pas une décision juridictionnelle mais une **décision de type administratif**, est signifié à l'adoptant par lettre recommandée avec demande d'avis de réception (LRAR).

L'adoptant qui se voit opposer un tel refus a le choix entre deux solutions :

- contester le refus et **assigner le procureur de la République** devant le tribunal de grande instance de Nantes pour qu'il ordonne la transcription refusée, à charge d'appel devant la cour d'appel de Rennes;

- ou saisir le tribunal de grande instance compétent dans le ressort de la cour d'appel d'une **requête en adoption plénière**.

L'assignation n'est en général pas la voie suivie : elle implique une procédure contentieuse nécessitant un avocat, dans laquelle le procureur de la République est un adversaire alors que normalement, en ce domaine, il ne fait que formuler un avis; le tribunal de grande instance de Nantes n'a pas à respecter de délai précis pour prendre sa décision, et si celle-ci est négative, l'adoptant pourra saisir le tribunal de grande instance local pour qu'il prononce l'adoption souhaitée, de sorte que la première démarche aura été inutile.

Il n'est pas anormal que, après un refus de transcription directe, l'adoptant puisse présenter une requête en adoption devant un tribunal de grande instance, en tout cas le principe « *non bis in idem* » n'est pas violé par cette requête. En effet, le procureur de la République de Nantes est appelé à apprécier l'opposabilité en France d'une décision étrangère afin d'en assurer la publication, et son refus peut être motivé par toutes sortes de raisons liées à cette décision. Le tribunal est appelé, lui, à dire si, compte tenu du dossier, et en particulier du ou des consentements donnés en amont de la décision étrangère – dont il peut faire totalement abstraction –, les conditions sont remplies pour que l'enfant puisse bénéficier du statut d'adopté en France. Il a donc, entre autres, à prendre en compte **l'intérêt de l'enfant**, que le procureur de la République de Nantes, lui, n'a pas à faire entrer dans ses éléments d'appréciation.

Après un refus de transcription directe, l'adoptant pourrait aussi demander l'*exequatur* de la décision étrangère (v. s^{s} n° 224.161).

b)

Requête en adoption plénière auprès du tribunal de grande instance compétent

224.111 Raisons possibles du choix. *A priori* la demande de transcription directe est la voie la plus simple puisqu'elle n'implique pas de procédure judiciaire. Elle demeure néanmoins un choix, non une obligation, que l'adoption soit soumise ou non à la convention de La Haye. Il est donc anormal que des tribunaux de grande instance déclarent une requête irrecevable – voire que le dépôt de celle-ci ne soit même pas accepté par le greffe du tribunal – au motif que le jugement étranger devrait être transcrit directement à Nantes.

Plusieurs raisons – pas seulement la crainte d'un contrôle plus étroit du procureur de la République de Nantes[1] – peuvent conduire un adoptant à choisir de présenter une requête au tribunal local. Tout d'abord, il peut ne pas être sûr que l'adoption prononcée à l'étranger sera considérée comme plénière en France. Il peut aussi souhaiter, symboliquement, avoir une décision française, ou craindre que la décision étrangère n'ait pas la même force qu'un jugement français : il est vrai qu'il y a un risque, même s'il est infime, pour que la décision étrangère non *exequaturée* soit contestée. Enfin, il peut souhaiter que le tribunal prenne une décision annexe, telle un changement de prénom ou d'ordre dans les prénoms, ou un changement de lieu ou de date de naissance, que la transcription directe de la décision étrangère ne permet pas d'obtenir. La **demande de changement de prénom** est particulièrement justifiée lorsque le prénom étranger de l'adopté risque de lui causer des soucis dans son environnement, ne serait-ce que parce qu'il est difficile à prononcer ou à écrire : bien souvent les adoptants choisissent de conserver à l'enfant son prénom d'origine, mais comme prénom non usuel. Le **changement de lieu de naissance** peut être rendu nécessaire dès lors que la loi française impose que figure sur les actes de l'état civil le lieu de naissance réel de l'enfant alors que certains États le fixent, fictivement, au lieu du domicile de l'adoptant : pour la Cour de cassation, cette règle, applicable aux actes de naissance établis en vertu de l'article 57 du Code civil, l'est aussi aux transcriptions de jugements d'adoption qui en tiennent lieu[2]. Quant au **changement de date de nais-**

1. S. Guinchard, *L'ambition raisonnée d'une justice apaisée*, Rapport au garde des Sceaux, Doc. fr., 2008, www.ladocumentationfrancaise.fr
2. Civ. 1re, 12 nov. 1986, n° 85-10.183, n° 85-10.907, *Bull. civ.* I, n° 258; *D.* 1987, 157, note Massip; *Rev. crit. DIP* 1987, 557, note Poisson-Drocourt; *JDI* 1987, 322, note Gaudemet-Tallon – Civ. 1re, 20 nov. 1990, n° 89-13.726, *Bull. civ.* I, n° 253; *Defrénois* 1991, 290, obs. Massip – Civ. 1re, 19 nov. 1991, n° 90-19.377, *Bull. civ.* I, n° 315.

sance, il est avéré que les documents émanant de certains États d'origine ne sont pas vraiment fiables quant à l'âge réel de l'enfant, mais seule une expertise ordonnée par le tribunal peut permettre de rétablir les choses[1].

224.112 Décisions possibles de la part du tribunal. Le tribunal de grande instance saisi d'une requête en adoption plénière a **trois options possibles.**

Il peut bien sûr **faire droit à la requête,** auquel cas il ordonnera au procureur de la République de la juridiction de faire le nécessaire pour que son jugement soit transcrit à Nantes.

Il peut estimer que le consentement donné par le représentant légal ne permet qu'une **adoption simple,** mais il ne peut prononcer celle-ci qu'avec l'accord de l'adoptant : ce qu'il faut penser de cette nécessité de consentement de l'adoptant a déjà été indiqué (v. s^s^ n° 221.292). Il doit aussi avoir à l'esprit, à cet égard, que si une adoption plénière a été prononcée dans l'État d'origine de l'enfant, sa décision ne fera pas revivre le lien considéré comme rompu dans cet État, donc que l'enfant sera dans une situation d'adoption boiteuse.

Il peut enfin considérer que **l'adoption** ne peut pas être prononcée en l'état parce que le consentement ne le lui permet pas ou qu'il décèle une fraude quelconque, et donc **refuser de la prononcer.** Mais il est assez curieux de constater que tant le procureur de la République de Nantes que les tribunaux de grande instance orientent parfois les adoptants vers l'adoption simple alors qu'ils estiment que le consentement n'a pas été donné par la bonne personne, ou ne l'a pas été dans les formes voulues, ou est entaché d'un vice qui porte sur autre chose que son étendue : c'est faire de l'adoption simple une adoption « au rabais », au moment même où beaucoup de voix s'élèvent pour lui donner une meilleure part dans la pratique. Mieux vaudrait mettre en balance la gravité de la contrariété à l'ordre public et l'intérêt supérieur de l'enfant comme y invite la convention de La Haye (conv. La Haye, art. 24)[2].

Les **voies de recours ordinaires** sont ouvertes au requérant et au ministère public, mais il est certain qu'il sera difficile au requérant de faire appel d'une décision d'adoption simple s'il y a – au moins apparemment – consenti.

c)
Demande d'*exequatur*

224.121 Pour mémoire... Il peut paraître étonnant d'évoquer l'*exequatur* dès lors que les décisions étrangères d'adoption plénière en sont dispensées. Mais à partir du moment où le législateur lui-même fait allusion à cette possibilité, à propos du nom de l'adopté (C. civ., art. 357-1, al. 3), il ne peut en être fait l'économie.

Le seul exemple qui puisse être donné de recours à cette procédure concerne une affaire où le recueil d'un nouveau-né brésilien et son entrée en France, en 1993, étaient entachés d'une fraude dont les auteurs ont dû répondre devant la justice pénale : le procureur de la République de Nantes ayant refusé de transcrire le jugement d'adoption finalement rendu au Brésil, le tribunal de grande instance de Paris a considéré qu'il était saisi dans le cadre d'une procédure incidente à une difficulté de transcription à l'état civil et a procédé au contrôle des conditions nécessaires à l'*exequatur* du jugement étranger[3]. Sous réserve d'une connaissance plus précise du dossier, c'est devant le tribunal de grande instance de Nantes, et non celui de Paris, que le refus de transcription aurait dû être contesté... (v. s^s^ n° 224.102).

2°
Effets de l'adoption transcrite directement ou après nouveau jugement en France

224.131 Date d'effet de l'adoption. S'agissant de la date à laquelle l'adoption prend effet, il est difficile de la situer. En effet, dans l'ordre interne, cette date est fixée au jour du dépôt de la requête (v. s^s^ n° 221.320). Afin d'assurer l'égalité de tous, cette date devrait, dans l'ordre international, être la même quelle que soit la voie choisie (transcription directe, *exequatur*, requête en adoption devant un tribunal français), du moins lorsqu'une décision d'adoption a déjà été rendue à l'étranger. Il faut penser que la question sera résolue le jour où se posera le seul véritable problème que soulève la fixation de cette date : celui des **successions**, notamment – mais pas seulement car on peut hériter d'autres personnes que ses parents –, en cas d'**adoption posthume.**

Accessoirement mais étrangement, l'accompagnement de la famille adoptive par l'ASE ou l'OAA intermédiaire est obligatoire « *jusqu'au prononcé de l'adoption plénière en France ou jusqu'à la transcription du jugement étranger* » (CASF, art. L. 225-18) : pourquoi ne pas avoir fixé l'arrêt de cet accompagnement uniformément au jour de la transcription qui a lieu dans tous les cas ?

224.132 État civil, accès aux origines. Comme dans l'ordre interne, **la transcription de l'adoption sur les registres de l'état civil tient lieu d'acte de naissance à l'adopté.** Il faut rappeler avec insistance qu'il ne lui est pas établi de nouvel acte de nais-

1. CA Rennes, 6 août 2007, *Juris-Data* n° 2007-347765; *JCP* 2008, IV, 1896.
2. G. Kessler, « La consolidation de situations illicites dans l'intérêt de l'enfant », *Dr. fam.* 2005, étude 16.
3. TGI Paris, 26 mars 2008, *Gaz. Pal.* 16 sept. 2008, p. 15, note Meininger-Bothorel.

sance qui le ferait fictivement apparaître comme né de l'adoptant (v. s^s n° 221.311).

Par ailleurs, aucune autorité française – tribunal ou autre – n'a le pouvoir d'ordonner l'annulation de l'acte de naissance originaire de l'adopté, qui par hypothèse n'est pas « *conservé par un officier de l'état civil français* » (C. civ., art. 354, al. 4) : il arrive pourtant que des jugements contiennent par erreur cet ordre dans leur dispositif. Il faut donc insister là encore sur le fait que, dans l'adoption internationale, la nature de l'adoption – plénière ou simple – n'influe en rien sur la connaissance que peut avoir l'adopté de ses origines familiales : s'il ne peut y avoir accès, c'est que la politique de son État d'origine l'interdit. La convention de La Haye elle-même enjoint aux autorités centrales des États contractants de veiller « *à ne pas révéler l'identité de la mère et du père si, dans l'État d'origine, cette identité ne peut pas être divulguée* » (Conv. La Haye, art. 16, 2), et demande aux États parties de donner accès à ces informations aux adoptés « *dans la mesure permise par la loi de leur État* » (Conv. La Haye, art. 30, 2). Beaucoup souhaiteraient une harmonisation des législations sur ce point crucial. En France, le Conseil national pour l'accès aux origines personnelles (CNAOP) peut éventuellement aider aux recherches.

224.133 Nom de l'adopté. En ce qui concerne le nom de l'adopté, ce sera **celui de l'adoptant** quelle que soit la décision étrangère sur ce point. Pour permettre une égalité de traitement entre les enfants adoptés et les autres, les couples adoptifs peuvent bénéficier des options offertes par l'article 311-21 du Code civil.

La déclaration d'option doit être présentée, suivant le cas, dans la demande de transcription directe, dans la requête en adoption ou dans la demande d'*exequatur* (C. civ., art. 357-1). Il est dommage que l'article 357-1 indique, dans son dernier alinéa, que la mention du nom choisi est opérée « *dans l'acte de naissance de l'enfant* » puisqu'il ne lui est pas, à proprement parler, dressé un tel acte (v. s^s n°s 221.311 et 224.132).

224.134 Nationalité de l'adopté. Enfin, l'adoption plénière confère à l'adopté la **nationalité française de l'adoptant**, s'il l'a. Il s'agit d'une nationalité « attribuée » ou nationalité « d'origine » (C. civ., art. 20, al. 1 et 2). Bien des adoptants, pourtant, lorsqu'ils remplissent les formulaires nécessaires à la confection de documents d'identité pour leur enfant, indiquent sa nationalité d'origine « réelle » (étrangère) et non sa nationalité d'origine « juridique » (française) et se voient demander pour lui des preuves « d'acquisition » de la nationalité française que naturellement ils ne peuvent pas fournir. Qui, en dehors des juristes chevronnés, ne ferait la même erreur faute d'être informé sur cette particularité de langage ?

Bien entendu, cette attribution de la nationalité française ne préjuge en rien du maintien ou de la perte, par l'adopté, de sa première nationalité : c'est à chaque État qu'il appartient de dire qui a ou n'a pas sa nationalité, qui l'acquiert et qui la perd, donc à chaque adopté (ou ses parents) de se renseigner auprès des agents diplomatiques de son État d'origine sur le point de savoir s'il a ou non une double nationalité, s'il a ou non des démarches particulières à faire, et à quel âge, pour conserver ou perdre cette première allégeance, décision qui n'est pas anodine lorsque se posent, en particulier pour les garçons, des questions de service militaire. Les mêmes questions doivent être posées lorsque l'adoption est simple, car dans certains États, la nationalité se perd à l'occasion de l'acquisition d'une autre, de sorte que la nature de l'adoption est sans incidence sur le sujet.

C.
Adoption simple

224.140 Trois voies, deux issues. Comme à propos de l'adoption plénière, l'adoptant se voit offrir trois voies pour « finaliser » son projet en France (1°). L'une de ces voies étant la conversion en adoption plénière, ne seront examinés que les effets de l'adoption restée simple (2°).

1°
Les trois voies offertes à l'adoptant

224.150 Trois voies judiciaires. Il n'y a pas, lorsque c'est une adoption assimilable à une adoption simple qui a été prononcée à l'étranger, l'équivalent de la transcription directe des adoptions plénières. Les trois voies offertes sont : la conversion en adoption plénière (a), l'*exequatur* de la décision étrangère (b), ou une nouvelle requête en adoption simple (c).

a)
Requête en conversion de l'adoption simple en plénière

224.151 Hypothèse. Une adoption prononcée à l'étranger est pratiquement toujours simple lorsque l'État dans lequel elle a été prononcée ne connaît que cette forme de l'institution (v. s^s n°s 224.72 s.). Toutefois l'article 370-5 du Code civil prévoit que, lorsque le consentement a été donné pour une adoption emportant rupture définitive des liens juridiques avec la famille d'origine, elle peut être convertie en adoption plénière.

Ce qu'exige l'article 370-5, c'est un consentement à une **rupture complète et irrévocable du lien**

de filiation préexistant[1], on ne voit d'ailleurs pas pourquoi ni comment il pourrait exiger un consentement à la création d'un lien adoptif irrévocable. Lorsque, en France, les parents confient leurs enfants à l'ASE pour qu'ils deviennent pupilles de l'État, ils sont invités à consentir à leur adoption sans savoir si celle-ci sera plénière ou simple, c'est donc bien à la seule rupture qu'ils ont consenti au cas où elle interviendrait (v. s[s] n° 221.171). Il n'est donc pas normal, par exemple, que les autorités françaises (procureur de la République de Nantes ou tribunal de grande instance) considèrent qu'il n'y a pas de consentement à une adoption plénière lorsque *l'adoptant* n'a pas signé de renonciation à la révocation de l'adoption prévue dans l'État d'origine de l'adopté : comme cela a été vu d'ailleurs, il perd le droit de prétendre à cette révocation une fois l'adoption entrée dans l'ordre juridique français puisque l'adoption produit en France les effets qu'y attache la loi française (C. civ., art. 370-4) (v. s[s] n° 224.32).

224.152 Modalités. Cette conversion ne peut naturellement être opérée que par le tribunal de grande instance, dont la tâche principale consiste à analyser l'étendue du consentement.

Il faut simplement rappeler à ce propos que, si la requête est adressée au procureur de la République, il **doit** la transmettre au tribunal : n'étant pas partie requérante, il peut tout au plus donner un avis défavorable à la conversion s'il ne l'estime pas recevable ou pas justifiée au fond (v. s[s] n° 221.283).

Il faut aussi, et surtout, rappeler que **la possibilité de conversion a été édictée essentiellement dans l'intérêt des enfants** dont la loi personnelle ne connaît que l'adoption simple, donc que les tribunaux se trompent en motivant leur refus sur le contenu de cette loi sans examiner la teneur du consentement... Dans le cadre de la convention de La Haye, qui prévoit expressément cette possibilité de conversion (Conv. La Haye, art. 27), il n'y a pas de risque d'adoption boiteuse puisqu'elle prévoit que l'adoption plénière s'impose comme telle à tous les États parties qui la reconnaissent - donc y compris à l'État d'origine de l'enfant (Conv. La Haye, art. 26, 2°). Hors convention, ce risque d'adoption boiteuse existe, mais à partir du moment où la loi autorise les juges à le prendre, elle doit être appliquée[2]. Les tribunaux prennent d'ailleurs un plus grand risque, en sens inverse, lorsque, souvent après un refus de transcription directe, ils prononcent une adoption simple alors que c'est une adoption plénière qui a, en fait, été prononcée dans l'État d'origine de l'enfant. (v. s[s] n° 224.112).

224.153 Effets. Une fois convertie, l'adoption simple a tous les effets de l'adoption plénière française. La question est posée, à nouveau, de savoir quel est le **point de départ des effets** de celle-ci (v. s[s] n° 224.131). Il est en effet déjà arrivé qu'un parent adoptif décède après l'entrée en France de l'enfant adopté en adoption simple dans son pays, mais avant le dépôt de la requête en conversion : dans une affaire de ce type, l'Administration fiscale a estimé que, pour le calcul des droits de mutation relatifs à la succession du parent défunt, il ne devait pas être tenu compte de cette adoption datant de moins de cinq ans (CGI, art. 786 - V. s[s] n° 222.211).

b) Demande d'*exequatur*

224.161 Absence de dispense. La ou les raisons pour lesquelles il n'y a pas de dispense d'*exequatur* après une adoption simple, pourtant jugement d'état comme l'adoption plénière, ne sont pas très explicites, et les intérêts qu'il y a à le faire prononcer alors que la décision étrangère a l'autorité de la chose jugée peuvent être divers. La seule chose certaine est qu'un texte l'exige en vue de l'acquisition de la nationalité française[3].

L'*exequatur* doit être demandé au **tribunal de grande instance**. Étant donné qu'il ne s'agit pas d'une requête en adoption proprement dite, il semble qu'il n'y ait **ni dispense d'avocat ni délai imposé** au tribunal pour statuer. Il ne semble pas non plus que, à l'occasion de cette demande, l'adoptant puisse demander à changer le **prénom** de l'enfant. En revanche, il serait logique qu'il puisse bénéficier des innombrables options qu'offre la loi française à propos de son **nom** bien que cette possibilité ne soit nulle part indiquée (v. s[s] n°s 222.90 s.).

L'*exequatur* une fois obtenu doit faire l'objet d'une transcription au Service central de l'état civil à Nantes, à l'initiative du procureur de la République. Cette transcription, effectuée sur un registre spécial « *dès que le service est en possession des documents nécessaires* » (IGREC, § 216), est une simple mesure de publicité valant preuve que le jugement d'*exequatur* est devenu définitif (IGREC, § 585-3). Pour le profane, il n'est pas aisé de comprendre

1. B. Sturlèse, *JCP* 1993, I, 3710, n° 32 – N. Meyer-Fabre, *Rev. crit. DIP* 1994, 259, n° 52; P. Lagarde, « La loi du 6 février 2001 : une opportune clarification », *Rev. crit. DIP* 2001, 275, n° 16.
2. Pour la conversion de l'adoption d'un enfant originaire d'Éthiopie, CA Grenoble, 15 oct. 2008, *Juris-Data* n° 2008-007575; *JCP* 2009, n° 66.
3. Décr. n° 93-1362, 30 déc. 1993, relatif à la manifestation de volonté, aux déclarations de nationalité, aux décisions de naturalisation, de réintégration, de perte, de déchéance et de retrait de la nationalité française, *JO* 31 déc., p. 18559, art. 16, 3°.

qu'une même formalité, la « transcription », a une portée totalement différente suivant que l'adoption prononcée à l'étranger est plénière ou simple...

c)
Demande de nouveau jugement d'adoption simple

224.171 Intérêt ? On pourrait penser *a priori* que, dès lors qu'existe la possibilité de demander l'*exequatur* de la décision étrangère, un nouveau jugement d'adoption en France n'a pas d'intérêt. Pourtant cette possibilité n'est pas à négliger, au delà de la satisfaction, pour l'adoptant, d'avoir une **décision française incontestable** : de façon très matérielle, la présence d'un avocat n'est pas nécessaire, et le tribunal doit normalement statuer dans un délai de six mois.

2°
Effets de l'adoption restée simple

224.181 Nationalité, état civil, nom de famille. L'adoption simple, qu'elle soit prononcée à l'étranger et reconnue en France, ou prononcée en France, ne fait pas obtenir à l'adopté la nationalité française de l'adoptant, contrairement à l'adoption plénière (v. s[s] n° 224.134). Une **déclaration d'acquisition de la nationalité** en application des articles 21-12 alinéa 1er, et 26 et suivants du Code civil, doit être effectuée auprès du greffier en chef du tribunal d'instance compétent dans le département du domicile de l'adoptant.

Ce n'est qu'une fois la nationalité française acquise que l'adopté se verra établir l'**acte de naissance simplifié** de l'article 98 du Code civil destiné à ceux qui ont acquis la nationalité française au cours de leur vie par déclaration ou naturalisation : cet acte énonce les noms, prénoms et sexe de l'intéressé et indique la date et le lieu de sa naissance, sa filiation si elle est connue, sa résidence à la date de l'acquisition de la nationalité française; l'adoption est portée en marge de l'acte (v. doc. s[s] n° 220.07).

S'agissant du **nom de famille** de l'adopté, la question peut se poser de savoir lequel est porté sur l'acte. En effet, il est probable que les parents n'ont pas pu, si l'adoption a été prononcée à l'étranger, profiter des innombrables options que leur offre le droit français et dont il n'y a aucune raison de les priver, ou même, plus simplement, le nom conféré à l'adopté par le jugement étranger n'est conforme à aucune des solutions du droit français. Or, parmi les nombreux renvois faits aux règles de l'adoption plénière par l'article 361 du Code civil, aucun ne vise l'article 357-1 alinéa 2, et l'article 363-1 ne prévoit d'option que lorsque l'acte de naissance de l'enfant est « *conservé en France* ». Il faut en déduire que, pour que l'adopté puisse porter le nom qu'il serait en droit de porter, il faudra recourir au **changement de nom par décret** en application de l'article 61 du Code civil.

224.182 Changement de prénom, de date ou de lieu de naissance. Tout changement de prénom, de date ou de lieu de naissance impliquera une **procédure séparée devant le juge compétent** (juge aux affaires familiales ou tribunal de grande instance suivant la demande). La juridiction territorialement compétente pourra être différente de celle chargée de l'adoption depuis que seuls quelques tribunaux sont restés compétents pour connaître de l'adoption internationale : simplification des procédures ?...

224.183 Révocabilité. La révocation de l'adoption, si elle intervient, n'a pas d'incidence sur la nationalité de l'adopté, pas plus que n'en aurait un divorce après une acquisition de la nationalité française par mariage, qui emprunte aussi la voie de la déclaration. En revanche, l'ex-adopté devient un mineur sans famille qui selon toutes probabilités restera en France. Que le tribunal n'ait pas à se préoccuper de son devenir, comme cela a été vu à propos de l'adoption interne, laisse donc un peu songeur (v. s[s] n° 222.241).

§ 2
Adoption non prononcée à l'étranger

224.191 Situation rare. Il arrive, mais de plus en plus rarement, que l'enfant ait été simplement confié à l'adoptant dans son État d'origine, dans le cadre d'une **tutelle ou équivalent**. Dans ce cas, suivant le consentement qui aura été donné sur place, l'adoption, nécessairement prononcée par un tribunal de grande instance français, sera plénière ou simple. Le tribunal effectuera les contrôles habituels : respect des conditions relatives à l'adoptant, adoptabilité de l'enfant, existence et intégrité du consentement, intérêt de l'enfant et répercussions sur la vie familiale. Dans les faits, le prisme à travers lequel il étudie le dossier ne peut être que déformé par le fait qu'il n'est pas question que l'enfant soit renvoyé dans son pays d'origine.

TITRE

23. La condition juridique de l'enfant

SECTION 0

ORIENTEUR

23.00 Plan du titre.

CHAPITRE

231. Nom et prénom de l'enfant

STÉPHANIE FOURNIER
PROFESSEUR À L'UNIVERSITÉ
DES ANTILLES ET DE LA GUYANE

MICHEL FARGE
MAÎTRE DE CONFÉRENCES À L'UNIVERSITÉ
PIERRE MENDÈS-FRANCE (GRENOBLE 2)

SECTION 0
ORIENTEUR

231.00 **Plan du chapitre.**

231.01 **Textes applicables.**

> Nom

• **C. civ.,** art. 60 à 61-4, 311-21 à 311-24; 357 et 363

• **L. n° 85-1372, 23 déc. 1985,** relative à l'égalité des époux dans les régimes matrimoniaux et des parents dans la gestion des biens des enfants mineurs, art. 43 [nom d'usage], *JO* 26 déc., p. 15111.

Art. 43

Toute personne majeure peut ajouter à son nom, à titre d'usage, le nom de celui de ses parents qui ne lui a pas transmis le sien.

À l'égard des enfants mineurs, cette faculté est mise en œuvre par les titulaires de l'exercice de l'autorité parentale.

• **Décr. n° 2004-1159, 29 oct. 2004,** portant application de la loi n° 2002-304 du 4 mars 2002 modifiée relative au nom de famille et modifiant diverses dispositions relatives à l'état civil, *JO* 31 oct., p. 18496.

• **Circ. CIV./18/04 6 déc. 2004,** circulaire de présentation de la loi n° 2002-304 du 4 mars 2002, relative au nom de famille, modifiée par la loi n° 2003-516 du 18 juin 2003 relative à la dévolution du nom de famille. Cette circulaire étant toutefois vraisemblablement abrogée depuis le 1er mai 2009, par application du décret n° 2008-1281 du 8 décembre 2008.

* V. texte complet s^s n° 61.12

> Prénom.

• **C. civ.,** art. 57 et 60

• **L. n° 72-964, 25 oct. 1972,** modifiant le Code civil, relative à l'état civil, à la famille et aux droits de l'enfant et instituant le juge aux affaires familiales, art. 2 s., *JO* 9 janv., p. 495.

Art. 2 *(mod. par L. nº 93-22, 8 janv. 1993, art. 11)*
La francisation d'un nom consiste soit dans la traduction en langue française de son nom, soit dans la modification nécessaire pour faire perdre à ce nom son apparence, sa consonance ou son caractère étranger.

Cette modification peut consister également dans la reprise du nom que des personnes réintégrées dans la nationalité française avaient perdu par décision d'un État étranger ou dans la reprise du nom porté par un ascendant français.

La francisation d'un prénom consiste dans la substitution à ce prénom d'un prénom français ou dans l'attribution complémentaire d'un tel prénom ou, en cas de pluralité de prénoms, dans la suppression du prénom étranger pour ne laisser substituer que le prénom français.

Art. 3 *(mod. par L. nº 73-42, 9 janv. 1973)*
Toute personne mentionnée à l'article 1er qui ne possède pas de prénom peut demander l'attribution d'un prénom français même lorsqu'elle ne demande pas la francisation de son nom.

Art. 4 *(mod. par L. nº 73-42, 8 janv. 1973, art. 29 II)*
Les personnes mentionnées à l'article 1er peuvent demander la francisation des prénoms ou de l'un des prénoms de leurs enfants mineurs bénéficiaires des articles 84 et 143 du Code de la nationalité. Elles peuvent également demander l'attribution à ces enfants d'un prénom français, s'ils ne possèdent aucun prénom.

Art. 5 *(mod. par L. nº 73-42, 9 janv. 1973, art. 29 IX)*
Lorsqu'une demande de francisation de nom est faite par ou pour une personne qui ne possède pas de prénom, elle doit être assortie d'une demande d'attribution d'un prénom français.

Art. 6 *(abrogé par L. nº 93-22, 8 janv. 1993, art. 60, 3°)*

Art. 7 *(mod. par L. nº 74-631, 5 juill. 1974, art. 8)*
Les personnes mentionnées à l'article 1er peuvent, lorsqu'elles sont mineures, demander la francisation de leur nom, de leurs prénoms ou de l'un d'eux et l'attribution d'un prénom français si elles sont autorisées ou représentées dans les conditions déterminées par le Code de la nationalité française.

Art. 8 *(mod. par L. nº 2005-32, 18 janv. 2005, art. 150)*
La demande de francisation de nom ou de prénoms ou d'attribution de prénom peut être présentée lors de la demande de naturalisation ou de réintégration ou lors de la déclaration d'acquisition de la nationalité française ou de réintégration. Elle peut l'être également dans le délai d'un an suivant l'acquisition de la nationalité française ou la réintégration dans cette nationalité.

Il est fait droit aux demandes de francisation de prénoms présentées, sans condition de délai, par des personnes ayant acquis ou recouvré la nationalité française et justifiant de l'utilisation de prénoms précédemment francisés à l'initiative des autorités françaises.

Art. 9 *(mod. par L. nº 73-42, 9 janv. 1973, art. 29 VII, IX)*
La francisation du nom et des prénoms ainsi que l'attribution de prénom sont accordées sur le rapport du ministre chargé des autorisations, soit par le décret conférant la naturalisation ou la réintégration, soit par un décret postérieur à l'acquisition de la nationalité française.

Art. 10 *(mod. par L. nº 73-42, 9 janv. 1973, art. 29 VIII, IX)*
La francisation du nom s'étend de plein droit, sans qu'il soit nécessaire d'en faire mention dans le décret relatif à leur auteur, et sous réserve que ces enfants n'aient pas usé de la faculté qui leur est ouverte par l'article 7 :

1° Aux enfants mineurs bénéficiaires de l'effet collectif prévu dans le Code de la nationalité française;

2° Aux enfants mineurs, français à un autre titre, lorsque le parent dont ils portent le nom requiert ou recouvre la nationalité française.

Art. 11 *(mod. par L. nº 93-22, 8 janv. 1993, art. 11)*
Tout intéressé peut faire opposition au décret portant francisation du nom dans le délai de deux mois à compter de sa publication au Journal officiel.

Art. 12 *(mod. par L. nº 93-22, 8 janv. 1993, art. 11)*
Le décret portant francisation de nom prend effet, s'il n'y a pas eu d'opposition, à l'expiration du délai de deux mois pendant lequel l'opposition est recevable ou, dans le cas contraire, après le rejet de l'opposition.

Le décret portant seulement francisation ou attribution de prénoms prend effet au jour de sa signature.

Mention du nom et, éventuellement, du ou des prénoms francisés ou attribués sera portée d'office sur réquisition du procureur de la République du lieu de domicile du bénéficiaire en marge de ses actes de l'état civil et, le cas échéant, de ceux de son conjoint et de ses enfants.

Art. 12-1 *(créé par L. nº 93-22, 8 janv. 1993, art. 11, II)*
Les noms et prénoms francisés peuvent faire l'objet des changements prévus aux articles 60 à 61-4 du Code civil aux conditions définies par lesdits articles.

231.02 **Jurisprudence de référence.** On fera observer que les références sont ici nécessairement limitées dans la mesure où l'essentiel de ce chapitre porte sur des dispositions législatives relativement nouvelles n'ayant pas encore donné lieu à des décisions jurisprudentielles significatives.

> Par application de l'alinéa 2 de l'article 61-3 du Code civil, l'enfant majeur qui s'est vu attribuer le nom de son père n'a pas à changer nécessairement de nom à la suite du succès d'une action en contestation de paternité : son consentement est requis.

• **Civ. 1re, 27 nov. 2001, nº 00-12.012,** *Bull. civ.* I, nº 293
* V. ss nº 231.21

« La modification du lien de filiation n'emporte le changement du patronyme des enfants majeurs que sous réserve de leur consentement. »

> La possession d'état n'étant pas un mode autonome d'acquisition du nom, en cas de succès d'une action en contestation de reconnaissance ayant pour effet de détruire le rattachement à l'égard du parent dont l'enfant mineur portait le nom, ce dernier perd nécessairement ce nom.

• **Civ. 1re, 16 juin 1998, nº 96-16.277,** *Bull. civ.* I, nº 215
* V. ss nº 231.41

« La possession d'état n'est pas un mode autonome d'acquisition du nom patronymique; [...] la cour d'appel a donc, à bon droit, décidé que l'annulation de la reconnaissance entraînait le changement de patronyme de l'enfant mineur. »

> Lorsque l'autorité parentale est exercée par un seul parent, il est seul à pouvoir décider, durant la minorité de son enfant, de l'adjonction ou de la suppression d'un nom d'usage pour cet enfant. Une autorisation judiciaire n'est pas nécessaire.

• **Civ. 2e, 17 mai 1995, no 93-16.379,** *Bull. civ.* II, no 138

* V. ss no 231.181

« L'article 43 de la loi du 23 décembre 1985 dispose que toute personne majeure, peut ajouter à son nom, à titre d'usage, le nom de celui de ses parents qui ne lui a pas transmis le sien; qu'à l'égard des enfants mineurs cette faculté est mise en œuvre par les titulaires de l'exercice de l'autorité parentale; qu'en l'espèce la mère investie de l'autorité parentale peut, sans autorisation judiciaire adjoindre à titre d'usage son nom à celui de son enfant mineur. »

> Lorsque l'autorité parentale est exercée conjointement par les deux parents, l'un d'eux ne peut adjoindre, à titre d'usage, son nom à celui de l'autre sans recueillir, au préalable, l'accord de ce dernier.

• **Civ. 1re, 3 mars 2009, no 05-17.163,** *Bull. civ.* I, no 42

* V. ss no 231.181

« Lorsque les parents sont investis conjointement de l'autorité parentale sur leur enfant mineur, l'un d'eux ne peut adjoindre, seul, à titre d'usage, son nom à celui de l'autre, sans recueillir, au préalable l'accord de ce dernier; [...] à défaut, le juge peut autoriser cette adjonction ».

> L'article 60 du Code civil, qui ouvre la possibilité d'un changement de prénom, ne permet pas d'obtenir une modification de l'ordre des prénoms. Puisque rien ne s'oppose à ce que soit utilisé, comme prénom usuel, l'un quelconque des prénoms figurant sur les registres de l'état civil, une telle modification apparaît inutile.

• **Civ. 1re, 4 avr. 1991, no 89-19.701,** *Bull. civ.* I, no 117

* V. ss nos 231.202 et 231.212

« Rien ne s'oppose à ce que soit utilisé, en tant que prénom usuel, l'un quelconque des prénoms figurant sur les registres de l'état civil et qu'un tel usage s'impose aux tiers comme aux autorités publiques. »

> L'usage prolongé d'un autre prénom peut constituer un intérêt légitime au changement de prénom sollicité par l'intéressé.

• **Civ. 1re, 3 févr. 1981, no 79-10.523,** *Bull. civ.* I, no 41

• **Civ. 1re, 10 oct. 1984,** no 83-13.934, *Bull. civ.* I, no 255

• **Civ. 1re, 14 févr. 1990, no 88-13.947,** *Bull. civ.* I, no 48

* V. ss no 231.213

« Attendu que pour rejeter la requête l'arrêt attaqué énonce que le seul usage d'un prénom ne suffit pas à caractériser l'intérêt légitime nécessaire pour que soit prononcée la modification d'état civil sollicitée; Attendu qu'en se déterminant par un tel motif d'ordre général sans rechercher si, eu égard aux circonstances de l'espèce, l'état de fait invoqué n'était pas de nature à constituer pour l'intéressé un intérêt légitime au changement de prénom, la cour d'appel n'a pas donné de base légale à sa décision. »

> L'intérêt légitime au changement de prénom sollicité doit être apprécié in concreto et les juges ne doivent pas se fonder sur des motifs généraux. Par exemple, les juges du fond ne peuvent pas refuser la reprise d'un prénom étranger volontairement abandonné lors d'une première procédure au motif que l'intérêt du requérant ne peut pas être de s'éloigner de la communauté française.

• **Civ. 1re, 2 mars 1999, no 97-15.958,** *Bull. civ.* I, no 76

• **Civ. 1re, 22 juin 1999, no 97-14.794,** *Bull. civ.* I, no 211

• **Civ. 1re, 11 févr. 2003, no 00-20.961,** NPT; *RTD civ.* 2003, 265, obs. Hauser.

* V. ss no 231.218

231.03 Bibliographie indicative.

Actualisables. J.-Cl. civ., M.-L. Cicile-Delfosse, « La dévolution du nom de famille », art. 311-21 à 311-23; J.-Cl. civ. annexes, C. Marie, « Nom », fasc. 50 (sur le prénom seul) – Rép. civ., F. Laroche-Gisserot, *Vo Nom-Prénom.*

Ouvrages. J. Carbonnier, *Droit civil,* t. I, *Les personnes,* 21e éd., 2000, PUF – G. Cornu, *Droit civil. Les personnes,* Domat, « Droit privé », 13e éd., Montchrestien, 2007, nos 48 s. – F. Dekeuwer-Défossez (dir.), *Rénover le droit de la famille,* Doc. fr., 1999 – F. Laroche-Gisserot, *Les droits de l'enfant,* 2e éd., Dalloz, 2003 – Ph. Malaurie, *Les personnes, les incapacités,* 4e éd., Éd. Defrénois, 2009, nos 108 s. – J. Massip, *Le nom de famille,* 2005, Éd. Defrénois – F. Terré et D. Fenouillet, *Droit civil. Les personnes. La famille. Les incapacités,* 7e éd., « Précis », 7e éd., Dalloz, 2005, nos 152 s. – F. Zenati-Castaing et T. Revet, *Manuel de droit des personnes,* PUF, 2006, nos 40 s.

Articles. G. Auvolat, « Le nouveau nom de famille », *AJ fam.* 2005, 44 – M.-P. Baudin-Maurin, « Faut-il aller encore plus loin dans la réforme des règles de dévolution du nom de famille ?... », *Dr. fam.* 2005, étude 23 – F. Bellivier, « Dévolution du nom de famille », *RTD civ.* 2003, 554 – C. Bernard, « Le nom de l'enfant né après l'entrée en vigueur de la loi du 4 mars 2002 relative au nom de famille », *Dr. fam.* 2002, chron. 16 – C. Brière, « L'attribution du nom de famille : entre modernité et tradition », *LPA* 21 mars 2002, 4 – L. Cimar, « Le double nom : du double tiret séparateur au double trait d'union », *Dr. fam.* 2005, étude 8 – I. Corpart, « La vision égalitaire de la dévolution du nom de famille », *D.* 2003, 2845 – F. Dekeuwer-Défossez, « Commentaire de la loi relative au nom de famille », *RJPF* 2002, nos 7 et 8 – L.-A. Devillairs, « Le nom de l'enfant : de nouvelles perspectives », *AJ fam.* 2002, 256 – J. Foyer, « Du nom patronymique au nom de famille, Progrès ou régression », *Mél. Decocq,* 2004, p. 241 – T. Garé, « La loi relative à la dévolution de famille », *JCP* 2003, act. 370 – M. Gobert, « Le nom ou la redécouverte d'un masque », *JCP* 1980, I, 2966; « L'attribution du nom : égalité ou liberté (à propos de la proposition de loi Gouzes) », *LPA* 23 mai 2001, 4 – F. Granet-Lambrechts, « Le nom de l'enfant dans les législations européennes », *AJ fam.* 2005, 53 – M. Grimaldi, « Approche critique sur le nom d'usage », *La nouvelle loi sur le nom,* Colloque du Laboratoire d'études et de recherches de l'Université de Lille II, LGDJ, 1988 – J. Hauser, « La loi, le juge et la volonté dans les réformes de la famille », *Mél. Simler,* Dalloz, 2006, p. 155 – H. Lécuyer, « Avant-dernière réforme du nom de famille », *Dr. fam.* 2003, repères 7 – R. Lindon, « La nouvelle disposition législative relative à la transmission de l'usage du nom », *D.* 1986, chron. 81 s. – R. Lindon et D. Amson, « Une gestation difficile : le nom d'usage », *D.* 1986, chron. 267 – G. Loiseau, « Le nom dans tous ses états », *Dr. et patr.* 2002, p. 106 – C. Marie, « Le nom de l'enfant », *AJ fam.* 2009, 199 – J. Massip, « Possession d'état, nom et état civil », *Dr. fam.* 2000, chron. 19; « La loi du 4 mars 2002 relative au nom de famille », *Defrénois* 2002, p. 795; « Suggestions pour une modification des règles du Code civil relatives au nom et aux prénoms », *Defrénois* 2002, p. 1062; « La modification de la loi sur le nom de famille ou l'histoire d'une occasion manquée », *Defrénois* 2003, p. 1221; « Commentaire de la loi n° 2002-304 du 4 mars 2002, de la loi n° 2003-516 du 18 juin 2003 et de leurs textes d'application », *Defrénois* 2005, p. 272 à 290 et 372 à 394; « Réforme de la filiation (suite et fin) », *Defrénois* 2006, p. 212 s., n°s 71 s.; « Incidences de l'ordonnance relative à la filiation sur le nom de famille », *Dr. fam.* 2006, 8 – P. Murat, « La saga du séparateur "--" », *Dr. fam.* 2010, repère 2 – F.-J. Pansier et C. Charbonneau, « Présentation de la loi du 4 mars 2002 », *LPA* 9 avr. 2002, 4; « Présentation de la loi du 18 juin 2003 relative à la dévolution du nom de famille », *Gaz. Pal.* 2003, 2, 2253 – M.-C. Rivier, « Question de noms : famille, patronyme, usage, naissance, mariage et jeune fille », *D.* 2002, chron. 1915 – F. Zénati, « Le crépuscule du patronyme », *RTD civ.* 1986, 207.

231.04 Questions essentielles.

> La réforme du nom, opérée par la loi du 4 mars 2002 modifiée par celle du 18 juin 2003, s'applique-t-elle aux enfants nés avant son entrée en vigueur ?

* V. s^s^ n° 231.12

> Quelles sont les règles de dévolution du nom applicables aux enfants nés avant le 1er janvier 2005 ?

* V. s^s^ n°s 231.21 s.

> Dans le nouveau régime de dévolution du nom, lorsque le choix du nom est effectif, quelles sont les possibilités ouvertes et notamment, qu'en est-il lorsque l'un des parents porte déjà un nom double ?

* V. s^s^ n°s 231.103 s.

> À quel moment et sous quelle forme ce choix du nom de l'enfant peut-il s'opérer ?

* V. s^s^ n°s 231.107 et 231.108

> Quelles sont les possibilités de choix en présence d'une pluralité d'enfants communs ?

* V. s^s^ n° 231.113

> Quels sont les enfants pour lesquels le choix entre le nom de la mère, celui du père ou les deux noms accolés est ouvert ?

* V. s^s^ n°s 231.130 s.

> Quel est le nom attribué à l'enfant dans les cas où ce choix n'existe pas ?

* V. s^s^ n°s 231.141 s.

> Est-il possible, et selon quelles modalités, de modifier le nom initialement attribué à un enfant né hors mariage, lorsque la filiation vient à être établie à l'égard du second parent ?

* V. s^s^ n°s 231.143 et 231.144

> Quelles possibilités le nom d'usage offre-t-il ?

* V. s^s^ n° 231.171

> Qui peut prendre l'initiative de conférer à l'enfant un nom d'usage ?

* V. s^s^ n° 231.171

> Qui choisit les prénoms d'un enfant ?

* V. s^s^ n° 231.201

> L'officier de l'état civil peut-il refuser d'inscrire un prénom choisi par les parents et quelles limites existe-t-il à la liberté de choix du prénom ?

* V. s^s^ n° 231.203

> Peut-on obtenir une modification de l'ordre des prénoms ?

* V. s^s^ n° 231.212

> En quoi peut consister l'intérêt légitime au changement de prénom requis par l'article 60 du Code civil ?

* V. s^s^ n°s 231.213 s.

> Quelle sorte de modification du prénom la francisation permet-elle ?

* V. s^s^ n° 231.232

231.07 Renvoi.

> Sur le nom de l'enfant adopté, v. s^s^ n°s 231.71 à 231.73, et aussi n°s 221.331 et 220.100 à 222.132.

> Sur la dévolution du nom en droit international privé, v. s^s^ n° 431.135.

> Sur la filiation, v. s^s^ n°s 211.112, 211.141, 212.118, 213.141, 213.191, 213.251 et 213.353.

SECTION 1

RÉFORME DU NOM DE L'ENFANT

231.11 Patronyme, nom de famille et nom d'usage. Les modifications récentes dans la législation relative au nom de l'enfant sont probablement les plus révélatrices des changements profonds survenus dans la conception de la famille. L'idée d'**égalité entre les parents** avait conduit le législateur à insérer, dans le texte de la loi du 23 décembre 1985, en même temps qu'il « re-réformait » les régimes matrimoniaux, un article 43 permettant à toute personne majeure d'« *ajouter à son nom, à titre d'usage, le nom de celui de ses parents qui ne lui a pas transmis le sien* ». Cette innovation, destinée à atténuer la prépondérance paternelle et, ainsi, satisfaire au moins provisoirement les revendications féministes, n'a pas eu le succès escompté, peut-être parce que le nom d'usage, par nature intransmissible, était « *en contradiction avec la raison majeure* *pour laquelle un parent, dont le nom n'a pas été transmis à l'enfant, veut en conférer l'usage à ce dernier* »[1]. L'innovation n'a pas non plus été servie par des circulaires d'application restrictives et par la réception que lui ont réservée les administrations.

Avec l'entrée en vigueur de la **loi du 4 mars 2002**, telle que corrigée par la **loi du 18 juin 2003**, l'égalité entre les parents, imparfaitement réalisée par la création du nom d'usage de l'enfant, est l'objet d'une véritable consécration. Formellement, la rupture est manifeste puisque le législateur a traqué, dans les articles du Code civil, l'expression connotée de « patronyme » pour lui substituer celle de « *nom de famille* ». Comme souvent en droit de la famille, cette conquête de l'égalité se réalise par un retrait de la loi au profit des volontés individuelles[2] : les parents seront libres de choisir, à partir d'une triple option - nom du père, nom de la mère ou les deux noms accolés -, le nom à donner à leurs enfants[3]. On observera toutefois que cette égalité n'est pas absolue. S'il n'est plus possible de parler de principe patronymique ou, plus exactement patrilinéaire, il demeure une certaine prééminence du nom paternel. Celle-ci intervient lorsque la filiation est établie simultanément à l'égard des parents et qu'ils n'ont pas manifesté de volonté quant au nom de leur enfant ou lorsqu'ils ne sont pas parvenus à un accord. En pareilles hypothèses, l'enfant portera le nom de son père. De principe, la prééminence du nom du père est devenue une règle subsidiaire, de secours. Il y a là matière à un savoureux paradoxe : la loi consacre dans le Code civil une primauté paternelle à l'occasion d'une réforme destinée à abolir un principe patrilinéaire qui, d'origine coutumière, n'était nulle part clairement inscrit dans les textes. Quoi qu'il en soit, avec la loi du 4 mars 2002, complétée par celle du 18 juin 2003, les commentaires de la loi du 23 décembre 1985[4], qui insistaient sur le caractère nécessairement transitoire du pis-aller accordé aux femmes, apparaissent comme des prédictions doctrinales. Cependant, il faut observer que, si la réforme a aboli le patronyme au profit du **nom de famille**, elle a laissé intact le **nom d'usage**, sans que l'on puisse réellement augurer son rôle dans le futur droit du nom.

1. R. Lindon, « La nouvelle disposition législative relative à la transmission de l'usage du nom », *D.* 1986, chron. 81 s., spéc^t 87.
2. J. Hauser, « La loi, le juge et la volonté dans les réformes de la famille », *Mél. Simler,* Dalloz, 2006, p. 155.
3. G. Cornu, *Droit civil. Introduction. Les personnes. Les biens,* « Domat Droit privé », 12e éd., Montchrestien, 2005, n° 606.
4. L. n° 85-1372, 23 déc. 1985, relative à l'égalité des époux dans les régimes matrimoniaux et des parents dans la gestion des biens des enfants mineurs, *JO* 26 déc., p. 15111.

231.12 Entrée en vigueur des lois du 4 mars 2002[5] et du 18 juin 2003[6] relatives au nom de famille. La réforme destinée à accorder aux père et mère la possibilité de choisir, dans une certaine mesure, le nom de leur enfant n'est **entrée en vigueur que le 1er janvier 2005** afin de laisser aux administrations un temps d'adaptation aux nouvelles règles (v. L. 18 juin 2003, art. 13, modifiant L. 4 mars 2002, art. 25, al. 1er, qui fixait son entrée en vigueur au 1er septembre 2003).

Concernant les situations en cours, le principe est posé par l'article 23 de la loi du 4 mars 2002, tel qu'il résulte de l'article 11 de la loi du 18 juin 2003 : la réforme « *n'est pas applicable aux enfants nés avant la date de son entrée en vigueur* ». Toutefois, cette règle a fait l'objet d'une importante dérogation par le biais d'une mesure temporaire instaurant une sorte de rétroactivité limitée. En effet, pour les enfants nés avant l'entrée en vigueur de la réforme, une possibilité d'adjonction, en deuxième position, du nom du parent qui ne leur a pas transmis le sien (dans la limite d'un seul nom de famille) a été ouverte, pour une période transitoire de dix-huit mois. Pour pouvoir bénéficier de cette possibilité, il fallait remplir certaines conditions.

1) Cette possibilité n'a été ouverte que pendant « *un délai de dix-huit mois* » suivant l'entrée en vigueur de la réforme (fixée le 1er janvier 2005). Dès lors, pour les enfants nés avant le 1er janvier 2005, il n'est désormais plus possible d'utiliser cette faculté, si elle n'a pas été mise en œuvre avant le 1er juillet 2006.

2) Pour cela, il fallait une déclaration conjointe à l'officier de l'état civil par « *les parents exerçant l'autorité parentale* ». Cette disposition se distingue de celle retenue par l'article 311-21 du Code civil qui ouvre la faculté de choix aux parents à la seule condition que leurs filiations avec l'enfant soient simultanément établies, sans que soient prises en compte les modalités de l'exercice de l'autorité parentale. Quant à la question de savoir si un recours au juge était possible en cas de désaccord des parents, la cour d'appel de Versailles s'est prononcée pour la négative dans un arrêt du 29 juillet 2005, mais une solution différente aurait pu, selon certains annotateurs, être retenue[7].

3) L'enfant intéressé devait être âgé « *de moins de treize ans au 1er septembre 2003 ou à la date de la déclaration* ». Le seuil du 1er septembre 2003 corres-

5. L. n° 2002-304, 4 mars 2002, relative au nom de famille, *JO* 5 mars, p. 4159.
6. L. n° 2003-516, 18 juin 2003, relative à la dévolution du nom de famille, *JO* 19 juin, p. 10240.
7. CA Versailles, 29 juill. 2005, *JCP 2005,* II, 10138, note Fossier; *Dr. fam.* 2005, 209, obs. Murat; *RTD civ.* 2005, 754, obs. Hauser.

pondait à la date initiale d'entrée en vigueur de la loi du 4 mars 2002 qui prévoyait la même rétroactivité au profit des enfants mineurs de 13 ans à cette date. Il a donc été repris pour ne pas décevoir les familles qui, se fondant sur le calendrier annoncé, entendaient bénéficier de la procédure d'adjonction, mais dont l'enfant aurait atteint l'âge de treize ans entre le 1er septembre 2003 et la date à laquelle l'entrée en vigueur de la réforme a été reportée, soit le 1er janvier 2005. Toutefois, la formule adoptée n'est sans doute pas des plus heureuses et on aurait pu simplement énoncer que l'enfant devait être né après le 1er septembre 1990[1].

4) Si la « *faculté est exercée par les parents d'un enfant âgé de plus de treize ans, le consentement de ce dernier est nécessaire* ». Cette exigence est une reprise de la règle de principe de l'article 61-3 alinéa 1er du Code civil, et elle n'a pu s'appliquer qu'aux enfants qui ont fêté leur treizième anniversaire entre le 1er septembre 2003 et le jour où la déclaration a été faite.

5) En cas de fratrie, la demande ne pouvait être faite qu'« *au bénéfice de l'aîné des enfants communs* ». La loi n'a pas ainsi consacré un privilège d'aînesse. Cette exigence devait se lire en combinaison avec le principe d'unité du nom de la fratrie en vertu duquel l'adjonction de nom de l'aîné « *s'étend à tous les enfants du couple nés ou à naître* ». Il s'agissait donc seulement de s'assurer que la substitution ne serait pas sollicitée au profit d'un cadet afin de permettre à son aîné de plus de treize ans d'en bénéficier par le jeu de l'effet collectif.

231.13 Modifications apportées par l'ordonnance du 4 juillet 2005 portant réforme de la filiation[2]. Les nouvelles règles relatives à la dévolution du nom étaient donc ainsi entrées en vigueur depuis seulement six mois, lorsque la **réforme de la filiation** est intervenue[3]. Or, cette dernière a nécessairement des répercussions sur le nom, puisque sa dévolution est conditionnée par les modalités d'établissement de la filiation. Pour ne prendre qu'un exemple, on peut penser à la circonstance que, désormais, la simple indication du nom de la mère dans l'acte de naissance suffit, quelle que soit la situation matrimoniale de celle-ci, à établir la filiation à son égard (C. civ., art. 311-25). À partir de là, il est clair que la situation des enfants qui naissent aujourd'hui hors mariage se trouve modifiée par rapport à celle des enfants qui naissaient dans les mêmes circonstances par le passé et ce, dans des conditions de nature à affecter, indirectement mais nécessairement, le jeu des règles de dévolution du nom.

En outre, la réforme de la filiation a également été l'occasion d'apporter, directement, certaines retouches aux règles relatives au nom[4]. Au titre de celles-ci, on peut en retenir deux.

D'une part, l'ordonnance du 4 juillet 2005 a apporté certains éclaircissements quant aux règles relatives à la mise en œuvre du **choix du nom en présence d'une fratrie**. Notamment, quant à la possibilité d'exercer ce choix pour les parents d'un enfant né après le 1er janvier 2005, en présence d'un autre enfant commun né avant cette date (C. civ., art. 311-21, al 3 et 311-23, al. 3).

D'autre part, elle a **abrogé l'article 334-3 du Code civil qui réservait au cas de l'enfant né hors mariage une possibilité de recourir au juge**, en cas de désaccord des parents, pour obtenir un changement du nom initialement porté. Désormais, le juge aux affaires familiales n'est pas plus compétent pour trancher un différend relatif à la détermination du nom d'un enfant né hors mariage, qu'il ne l'est pour un enfant issu d'un couple marié.

Quant à **l'application dans le temps** des modifications induites par la réforme de la filiation, elle se révèle complexe lorsqu'il s'agit de composer avec les nouvelles dispositions relatives à la dévolution du nom et qui obéissent, quant à elles, à des règles d'application dans le temps différentes. En effet, tandis que la réforme du nom ne concerne que les enfants nés depuis le 1er janvier 2005, la réforme de la filiation, entrée en vigueur le 1er juillet 2006, est d'application immédiate aux enfants nés avant comme après cette date[5]. Une des conséquences que la réforme, opérée par l'ordonnance du 4 juillet 2005, aurait pu avoir sur le nom d'enfants nés avant son entrée en vigueur a toutefois été expressément écartée. Ainsi, l'article 20, II, 3°, de l'ordonnance dispose que « *l'application de l'article 311-25 du Code civil, tel qu'il résulte de la présente ordonnance, aux enfants nés avant son entrée en vigueur ne peut avoir pour effet de changer leur nom* ». Prenons le cas d'un enfant né, hors mariage, avant l'entrée en vigueur de la réforme de la filiation et qui aurait été reconnu par son père dans les jours suivant la naissance et, postérieurement, par la mère. Un tel enfant, qu'il soit né avant ou après l'entrée en

1. J. Massip, « Le nom de famille », *Defrénois* 2005, n° 44, note 22.
2. Ord. n° 2005-759, 4 juill. 2005, portant réforme de la filiation, *JO* 6 juill., p. 11159.
3. Sur cette réforme de la filiation : « Dossier spécial filiation », *Dr. fam.* janv. 2006 – T. Garé, « L'ordonnance portant réforme de la filiation », *JCP* 2006, I, 144 – F. Granet-Lambrechts et J. Hauser, « Le nouveau droit de la filiation », *AJ fam.* 2005, 424; et *D.* 2006, chron. 17 – J. Massip, *Le nouveau droit de la filiation,* Éd. Defrénois, 2006.
4. Aux modifications issues de l'ordonnance du 4 juillet 2005, il faut aussi désormais ajouter celles qui résultent de la loi de ratification n° 2009-61 du 16 janvier 2009.
5. Sur cette question : J. Massip, « Le nouveau droit de la filiation (suite et fin) », *Defrénois* 2006, p. 209 s., nos 88 s.

vigueur de la réforme du nom, s'est vu attribuer le nom de son père. Quel aurait dû être le sort du nom de cet enfant, en l'absence de la disposition précédente, au cas où le nom de la mère aurait été indiqué dans son acte de naissance ? Depuis le 1er juillet 2006, cette indication du nom de la mère dans l'acte de naissance suffit, même pour un enfant né avant, à établir la filiation maternelle. À partir de là, on aurait pu prétendre que la filiation maternelle se révélant désormais avoir été établie avant la filiation paternelle, c'est le nom de la mère qui devrait être dévolu à l'enfant. C'est, précisément, une conséquence qu'écarte la disposition précitée.

231.14 Coexistence de deux régimes concernant le nom. Compte tenu des règles gouvernant l'application dans le temps des nouvelles dispositions relatives au nom de famille, il y aura encore, pendant un certain nombre d'années, des enfants soumis à l'ancien système. C'est ainsi que tous les enfants nés avant le 1er septembre 1990 n'ont, en aucune manière, pu bénéficier des nouvelles possibilités et continuent de voir leur nom exclusivement régi par les « anciennes » dispositions (ayant eu plus de treize ans au 1er septembre 2003 et donc *a fortiori* au jour ou une déclaration aurait pu être envisagée). Il en va de même aussi pour les enfants nés depuis cette date et jusqu'au 1er janvier 2005, dans le cas où leurs parents n'auraient pas usé, avant le 1er juillet 2006, de la faculté de leur faire profiter du régime transitoire. Bref, c'est seulement lorsque seront décédées toutes les personnes nées avant le 1er janvier 2005, que l'« ancien » dispositif aura véritablement vécu. Aussi bien, les règles antérieures aux lois du 4 mars 2002 et du 18 juin 2003 doivent-elles toujours être exposées avant d'envisager la révolution réalisée par ces dernières. En outre, le législateur n'ayant pas jugé nécessaire d'abolir le nom d'usage de l'enfant, il faut toujours envisager l'institution, dont le rôle devient, cependant, difficile à déterminer puisque fluctuant selon que les enfants bénéficieront ou non de la réforme.

SECTION 2
DÉVOLUTION DU NOM PATRONYMIQUE AUX ENFANTS NÉS AVANT LE 1ER JANVIER 2005

231.21 Effet du lien de filiation. Dans le système applicable aux enfants nés avant le 1er janvier 2005 (et sous réserve des dispositions transitoires dont ont pu bénéficier, jusqu'au 1er juillet 2006, les enfants nés entre le 1er septembre 1990 et le 1er juillet 2005), les règles de dévolution du nom sont liées à l'établissement de la filiation, mais divergent aussi selon qu'il s'agit de l'enfant issu d'un couple marié (appelé, avant la réforme de la filiation, « légitime »), de celui qui serait né hors mariage (appelé, par le passé, « naturel ») ou d'un enfant adopté[1]. Toutefois, il existe un embryon de régime général à l'article 61-3 du Code civil issu de la loi du 8 janvier 1993 (article qui n'a, en substance, pas été affecté par les récentes réformes). Ce texte déconnecte, dans une certaine mesure, le nom de la filiation. Il assure, en effet, une certaine stabilité du nom en évitant que celui-ci soit *ipso facto* modifié lorsque l'ascendant qui l'a transmis vient lui-même à changer de nom.

L'article 61-3 alinéa 2 du Code civil, prévoit que : « *L'établissement ou la modification du lien de filiation n'emporte cependant le changement du* "patronyme" [remplacé aujourd'hui par "nom de famille"] *des enfants majeurs que sous réserve de leur consentement.* » Cette règle, saluée par la doctrine[2], met fin à ce qui constituait l'un des inconvénients des annulations de reconnaissance et de légitimation : l'obligation pour l'enfant majeur de changer de patronyme, alors qu'il avait parfois lui-même fondé une famille. Elle a dû être rappelée par la Cour de cassation à des juges du fond qui avaient considéré que des enfants majeurs devaient nécessairement changer de nom à la suite du succès d'une action en contestation de paternité légitime intentée par leurs frère et sœur utérins[3].

L'article 61-3 alinéa 1er du Code civil dispose quant à lui : « *Tout changement de nom de l'enfant de plus de treize ans nécessite son consentement personnel lorsque ce changement ne résulte pas de l'établissement ou d'une modification d'un lien de filiation.* » C'est dire que les enfants mineurs âgés de plus de treize ans peuvent s'opposer à un bouleversement de leur identité, si celui-ci résulte d'un changement de nom volontaire.

Un arrêt de la cour d'appel de Toulouse révèle, au demeurant, que la distinction entre le changement volontaire et celui résultant de l'établissement ou d'une modification « *d'un lien de filiation* » n'est pas toujours facile[4]. En l'occurrence, il s'agissait de changements de nom en cascade : M. C... avait fait judiciairement constater qu'il avait la possession d'état d'enfant naturel à l'égard d'un M. D... dont il allait désormais porter le nom. Son fils majeur, M. T... C... avait alors fait le choix, en application de l'article 61-3 alinéa 2 du Code civil, de s'appeler également D... Ses propres enfants, dont l'un était alors âgé de plus de treize ans, avaient vu leur acte

1. R. Nerson, « Le nom de l'enfant », *Mél. Marc Ancel,* 1975, Pédone, I, 345.
2. J. Rubellin-Devichi, « Une importante réforme en droit de la famille : la loi n° 93-22 du 8 janvier 1993 », *JCP* 1993, I, 3659 – J. Hauser, *RTD civ.* 1993, 557.
3. Civ. 1re, 27 nov. 2001, n° 00-12.012, *Bull. civ.* I, n° 293; *D.* 2002, somm. 2019, obs. Granet; *RTD civ.* 2002, 71, obs. Hauser; *Defrénois* 2002, p. 192, obs. Massip.
4. CA Toulouse, 20 juin 2001, *RTD civ.* 2002, 269, obs. Hauser; *D.* 2002, J. 131, note Mirabail.

de naissance rectifié par le parquet. L'épouse divorcée de M. T... C... contestait ce changement. Elle était appuyée dans sa demande par l'un des enfants devenu majeur qui soutenait que son consentement aurait dû être recueilli puisqu'il était âgé de plus de treize ans au moment du changement. La cour d'appel les déboute aux motifs que l'article 61-3 alinéa 2 n'impose pas le consentement de l'intéressé de plus de treize ans lorsqu'il résulte de l'établissement ou d'une modification de la filiation. En admettant que le changement de nom puisse s'opérer sans le consentement du petit-enfant de plus de treize ans, la Cour considère qu'il résulte du changement de filiation du grand-père et non de la décision volontaire du père. L'arrêt se fonde sur la lettre de l'article 61-3 alinéa 2 qui « *ne précise pas que le lien de filiation établi ou modifié est nécessairement celui unissant l'enfant à son père ou à sa mère. Il convient donc de considérer qu'il fait référence à tout lien de parenté en ligne directe* ».

Avantageuse, parce qu'elle assure l'unité de nom au sein de la famille, la solution laisse perplexe dans la mesure où s'intercale entre le changement de filiation du grand-père et le changement de nom des enfants, une décision volontaire du père, ce qui jette un doute sur la nature finale du changement imposé aux enfants[1].

Mis à part ces règles générales, le droit du nom diffère selon que l'enfant est issu d'un couple marié (§ 1), ou qu'il est né hors mariage (§ 2) ou bien encore qu'il s'agit d'un enfant adopté (§ 3). En outre, en l'absence de filiation connue (§ 4), le nom est nécessairement attribué par l'autorité administrative (ou judiciaire).

§ 1
Enfant issu d'un couple marié

231.31 Principe patronymique. L'enfant né, avant le 1er janvier 2005, d'un couple marié, a pris le nom de son père. La règle, d'origine coutumière, était sous-jacente à l'article 57 du Code civil qui, en ne prescrivant de ne mentionner dans l'acte de naissance de l'enfant que « *les prénoms qui lui seront donnés* », admettait tacitement que l'attribution du nom ne soulevait pas de difficultés. Cette transmission paternelle du nom, appelée principe patronymique, traduit une conception patriarcale de la famille ou, plus précisément, patrilinéaire[2], illustrée par la situation des filles qui portent le nom de leur père, mais ne pourront le transmettre à leur enfant né en mariage. La règle ne supporte aucune dérogation. Par conséquent, l'enfant né, avant le 1er janvier 2005, d'un couple marié ne peut pas avoir pris – ni prendre désormais – pour nom « patronymique », selon la terminologie alors applicable, le nom maternel, sauf à utiliser la procédure administrative de changement de nom régie par l'article 61 du Code civil[3] – et réserve faite du cas de l'enfant né après le 1er septembre 1990 qui aurait pu profiter, jusqu'au 1er juillet 2006, de la faculté d'ajouter ce nom maternel au nom paternel (v. s^s n° 231.12).

Bien évidemment, l'obligation et le droit de porter le nom du mari cessent si la présomption de paternité est contestée avec succès. En pareille hypothèse, seuls les enfants majeurs peuvent s'opposer à la substitution du nom maternel au nom qu'ils portaient (C. civ., art. 61-3, al. 2). S'agissant des enfants mineurs, qui changent automatiquement de nom, un arrêt de la Cour d'appel de Toulouse[4] a eu à statuer sur une prétention inédite. En l'espèce, l'administrateur *ad hoc* de l'enfant âgé de huit ans avait fait une demande de dommages-intérêts à la mère pour réparer le dommage issu du changement de nom consécutif à l'admission de l'action en contestation de la paternité de son mari qu'elle avait intentée sur le fondement de la possibilité alors ouverte par l'ancien article 322 alinéa 2 du Code civil interprété *a contrario*. Une telle indemnisation, fréquemment prononcée à la charge du père de l'enfant né hors mariage qui conteste la reconnaissance qu'il avait sciemment souscrite, est ici refusée concernant la mère au motif – certainement choisi par défaut et guère probant – que le préjudice de l'enfant n'est pas établi, puisqu'il n'apparaît pas que ce dernier ait souffert un tant soit peu de ce changement purement formel dans la mesure où il n'a jamais vécu avec l'ex-mari de sa mère, qu'il n'a que huit ans et que l'administrateur *ad hoc* ne rapporte pas la moindre confidence de l'enfant allant dans le sens de ses prétentions.

231.32 Ancien cas de l'enfant légitimé. De la situation de l'enfant né d'un couple marié au jour de la conception ou à celui de la naissance, il faut rapprocher celle de l'enfant qui a pu bénéficier, avant l'entrée en vigueur de la réforme de la filiation, de la légitimation qui faisait l'objet des anciens articles 329 et suivants du Code civil. Cette institution, qui avait déjà perdu une grande part de son utilité avec l'effacement progressif des différences de statut entre les enfants, ne pouvait pas survivre à la disparition, au moins formelle, de toute distinction entre les enfants selon le statut matrimonial de leurs parents et au bannissement des vocables catégoriels d'enfant légitime et naturel. Rien d'étonnant donc à ce que la légitimation, qui avait pour objet

1. V. Hauser, obs. s^s CA Toulouse, 20 juin 2001, *RTD civ.* 2002, 269.
2. Carbonnier, t. I, 21e éd., 2000, n° 30.
3. J. Rubellin-Devichi, « Le droit, le nom et la nomination », *Le nom et la nomination : source, sens et pouvoir*, Erès, 1990, p. 137 s.
4. CA Toulouse, 15 mai 2001, *D.* 2002, somm. 1878, obs. Dekeuwer-Défossez.

de conférer à un enfant alors dit « naturel », la condition juridique d'enfant dit « légitime », ait été supprimée par l'ordonnance de 2005. Toutefois, les légitimations qui ont pu intervenir par le passé, ont définitivement produit leurs effets, et il convient de rappeler brièvement ceux d'entre eux qui ont concerné le nom des intéressés.

S'agissant de la **légitimation par mariage**[1], l'enfant prenait le nom de son père. Depuis la loi du 8 janvier 1993, le changement de nom n'était plus automatique pour l'enfant majeur qui devait consentir à la modification de son état civil en vertu de l'ancien article 332-1 alinéa 2 du Code civil[2]. En revanche, pour les enfants mineurs, le changement s'est produit de plein droit, et ce, même s'ils étaient âgés de plus de treize ans, puisqu'il ne s'agissait pas, pour l'enfant légitimé, d'un changement de nom volontaire (C. civ., art. 61-3, al. 1er).

Quant à la **légitimation par autorité de justice**, la nature divisible de cette institution conduisait à faire une distinction[3] : en cas de légitimation conjointe, l'enfant - avec son consentement lorsqu'il était majeur - se voyait attribuer le nom du père (C. civ., anc. art. 333-5); en cas de légitimation unilatérale, le principe était qu'aucune modification n'était apportée au nom de l'enfant (C. civ., anc. art. 333-4, al. 2). Par exemple, l'enfant dont la filiation avait été établie en premier à l'égard de la mère continuait à porter le nom maternel en dépit d'une légitimation prononcée par la suite à l'égard du père. Mais la règle n'était pas absolue puisqu'elle pouvait être écartée par une décision contraire du tribunal (C. civ., anc. art. 333-4, al. 2, *in fine*) : le nom du père légitimant ayant alors pu être substitué à celui de la mère[4].

§ 2
Enfant né hors mariage

231.41 Lien entre le nom et la filiation. Il résulte d'un arrêt de la Cour de cassation du 16 juin 1998[5], que l'enfant, alors dénommé « naturel », perd nécessairement son nom en cas de succès d'une action en contestation de reconnaissance ayant pour effet de détruire le rattachement à l'égard du parent dont il portait jusque-là le nom. Avec cette décision, la Haute cour a tranché la controverse entre les deux lectures possibles de l'énigmatique ancien article 334-6 du Code civil : « *Les règles d'attribution du nom de l'enfant naturel ne préjudicient pas aux effets de la possession d'état* ». Selon une lecture audacieuse envisagée par le doyen Carbonnier[6], le texte aurait pu signifier que la possession prolongée d'un nom ouvrait le droit de l'acquérir nonobstant les règles prévues aux anciens articles 334-1 à 334-5 du Code civil. Cette interprétation, permettant de stabiliser l'identité de l'enfant en évitant qu'il souffre de la fragilité de la filiation naturelle, a séduit certains juges du fond[7]. Elle a été condamnée par la Cour de cassation, selon laquelle : « *La possession d'état n'est pas un mode autonome d'acquisition du nom.* » En conséquence, l'ancien article 334-6 signifiait seulement, conformément à une lecture classique, qu'une différence de nom ne fait pas obstacle à la constitution d'une possession d'état relative à la filiation. Pratiquement, le choix de cette interprétation fait que l'enfant doit irrémédiablement changer de nom si la filiation, à l'égard de l'homme dont il portait le nom, est anéantie. Un nouveau cas de dissociation entre le nom et la filiation est ainsi évité. Toutefois, cette jurisprudence ne concerne pas les majeurs puisque l'article 61-3 alinéa 2 du Code civil dispose que : « *L'établissement ou la modification du lien de filiation n'emporte cependant le changement du* "patronyme" [version antérieure à l'application de la réforme de 2002] *des enfants majeurs que sous réserve de leur consentement* ».

231.42 Caractère divisible de la filiation hors mariage. La particularité de la filiation hors mariage (que la réforme de la filiation n'a, au demeurant, et malgré son souci d'uniformisation, pas pu gommer) est de s'établir distinctement à l'égard de la mère et du père. À partir de là, il va sans dire que l'enfant dont la filiation n'est établie qu'à l'égard d'un seul de ses parents ne peut porter que le nom de ce dernier. En revanche, l'attribution du nom suscite davantage de difficultés lorsque la filiation est établie à l'égard des deux auteurs. Dans ce dernier cas, pour les enfants nés avant le 1er janvier 2005, la règle de principe faisait dépendre l'attribution du

1. HAUSER et HUET-WEILLER, t. I, 1993, n° 853.
2. J. Rubellin-Devichi, « Une importante réforme en droit de la famille : la loi n° 93-22 du 8 janvier 1993 », *JCP* 1993, I, 3659, spéct n° 8 – Hauser, *RTD civ.* 1993, 557 – Sur les conséquences fâcheuses du droit antérieur pour l'enfant majeur et, le cas échéant, ses descendants : R. Nerson et J. Rubellin-Devichi, *RTD civ.* 1981, 613 – Sur l'intérêt du nom d'usage pour atténuer les inconvénients du droit antérieur : Rubellin-Devichi, *RTD civ.* 1987, 67.
3. HAUSER et HUET-WEILLER, t. I, 1993, nos 874 et 875.
4. POUR UNE ILLUSTRATION : CA Aix-en-Provence, 30 mai 1996, *D.* 1998, somm. 26, obs. Granet.
5. Civ. 1re, 16 juin 1998, n° 96-16.277, *Bull. civ.* I, n° 215; *JCP* 1999, I, 101, obs. Farge; *D.* 1998, somm. 355, obs. Granet; *JCP* 1998, II, 10 157, note Gutmann; *RTD civ.* 1998, 879, obs. Hauser; *Dr. fam.* 1998, n° 151, note Murat; *D.* 1999, 360, note Massip; *Gaz. Pal.* 1999, 1, 143, note Sainte-Rose.
6. CARBONNIER, t. I, 2000, n° 44.
7. CA Rennes, 1er avr. 1996, *Juris-Data* n° 048140 – T. Cayenne, ord. JAF, 29 mai 1988 et 23 avr. 1999, *RTD civ.* 1998, 652; et *RTD civ.* 1999, 600, obs. Hauser.

nom de la chronologie de l'établissement des filiations maternelle et paternelle. Toutefois, plusieurs possibilités de modification du nom initialement attribué existaient, apportant des tempéraments à ce principe.

A.
La règle de principe : la priorité chronologique

231.51 Principe chronologique. Pour une personne née hors mariage avant le 1er janvier 2005, si les deux liens de filiation sont certains, quel qu'en soit le mode d'établissement, le principe (C. civ., anc. art. 334-1) est que l'enfant acquiert le nom de celui de ses parents à l'égard de qui sa filiation est établie en premier lieu. L'application de la règle est délicate lorsque la filiation naturelle est établie par la possession d'état puisqu'il est difficile de situer exactement la date à partir de laquelle la filiation doit être considérée comme établie[1]. De plus, l'établissement de la filiation par la possession d'état a été invoqué - sans succès - pour contrarier l'effet attributif de nom de la reconnaissance paternelle intervenue avant celle de la mère (v. s[s] n° 231.52). Le principe chronologique entraîne deux conséquences.

D'une part, il assure, en fait, une prééminence maternelle conforme à l'intérêt - statistiquement majoritaire - de l'enfant anciennement appelé « naturel ». En effet, la pratique a montré que lorsqu'il y a une reconnaissance isolée, celle-ci émane presque toujours de la mère. Par conséquent, l'ancien article 334-1 du Code civil protège l'enfant d'un changement automatique et parfois préjudiciable de nom lorsque sa filiation paternelle est postérieurement établie. Toutefois, la Cour d'appel de Paris, le 13 novembre 1990, a jugé que la prédominance maternelle doit également s'appliquer lorsque l'établissement des deux filiations résulte de reconnaissances prénatales régularisées, dès lors que celle de la mère a précédé - fût-ce de vingt-quatre heures - celle du père[2].

D'autre part, le principe chronologique met à mal le principe d'égalité des filiations puisque la famille hors mariage a pu choisir pour l'enfant le nom maternel en jouant simplement sur la chronologie des reconnaissances, alors que la famille en mariage n'avait d'autre possibilité que de transmettre le nom du père[3].

1. HAUSER et HUET-WEILLER, t. I, 1993, n°s 760 s., spéc[t] n° 770.
2. CA Paris, 13 nov. 1990, *D.* 1991, IR 8.
3. Sur la réelle portée de cette inégalité, notamment en raison de la faculté offerte aux parents mariés d'utiliser le nom d'usage : P. Murat, « Le nom de l'enfant : plaidoyer pour un *statu quo* », *LPA* 3 mai 1995, n° 53.

231.52 Établissement simultané : prééminence paternelle. Si les deux liens de filiation ont été établis simultanément, l'enfant porte le nom du père[4]. Mais la notion de simultanéité ne doit pas être interprétée de façon matérielle et vétilleuse sous peine de sombrer dans le ridicule. Pourtant un arrêt de la cour d'appel de Toulouse[5] a refusé ce caractère à des reconnaissances faites à cinq minutes d'intervalle. Parce que l'attribution du nom du père à l'enfant né hors mariage dépendait de la volonté concomitante des parents de le reconnaître et non de l'ordre dans lequel instruit l'officier de l'état civil, il faut approuver les cours d'appels de Reims et de Nice d'avoir estimé qu'une différence respectivement d'un quart d'heure et d'une demi-heure, correspondant au temps nécessaire pour dresser l'acte de reconnaissance, ne permettait pas de tenir les reconnaissances pour successives[6]. Un arrêt de la cour d'appel de Nîmes[7] est dans le même sens, qui admet la simultanéité de reconnaissances prénatales faites le même jour, l'une par la mère à 11 h 50, l'autre par le père à 15 h 15. Mais il se fonde sur des motifs qui paraîtront à certains d'un autre âge ou, tout au moins provocateurs, à l'égard de la réforme du nom. Il est fait référence à « *un usage multiséculaire selon lequel en France l'enfant porte le nom de son père d'où le qualificatif de nom patronymique* » et à l'intérêt pour l'enfant de porter le nom paternel « *puisqu'il grandira en présence d'enfants qui en majorité porteront le nom de leur père* ».

Quitte à proposer un délai pour conclure à l'absence de simultanéité, il a pu être suggéré de le fixer à une journée[8]. Ce critère objectif n'est pas retenu par la cour d'appel de Paris[9] qui lui préfère

4. Pour une application alors que les filiations avaient été établies par deux reconnaissances prénatales simultanées : TGI Lille, 3 févr. 1987, *JCP* 1990, II, 21447, note Labbée.
5. CA Toulouse, 28 mars 1995, *D.* 1996, somm. 152, obs. Granet.
6. CA Reims, 30 janv. 1997, *Dr. fam.* 1997, comm. 133, obs. Murat; *Defrénois* 1998, art. 36753, p. 301, note Massip - CA Nîmes, 24 févr. 1998, *Juris-Data* n° 030702; *JCP* 1999, IV, 1312; *RTD civ.* 1999, 357, obs. Hauser.
7. CA Nîmes, 6 févr. 2002, *Dr. fam.* 2002, comm. 82, obs. Murat.
8. Murat, obs. s[s] CA Reims, 30 janv. 1997, *Dr. fam.* 1997, comm. 133 - COMP. Massip, note s[s] CA Reims, 30 janv. 1997, *Defrénois* 1998, art. 36753, p. 301 - V. AUSSI, CA Paris, 13 nov. 1990, *D.* 1991, IR 8 : jugeant que l'ordre des reconnaissances prénatales ne pouvant être annulé par une fiction juridique conduisant à les considérer comme faites simultanément au jour de la naissance, l'enfant doit porter le nom de la mère lorsque la reconnaissance faite par celle-ci est antérieure à celle faite par le père, le lendemain.
9. CA Paris, 21 janv. 1999, *D.* 1999, somm. 197, obs. Granet; *RTD civ.* 1999, 357, obs. Hauser; *D.* 1999, IR 61; *JCP* 1999, IV, 250.

une périlleuse interprétation de la volonté des parents pour savoir s'ils ont consciemment joué avec l'ordre des reconnaissances : même si celles-ci ont été établies à cinq minutes d'intervalle, la règle de l'antériorité s'applique dès lors que la mère démontre qu'elle a volontairement reconnu l'enfant la première sur les conseils prodigués par l'officier de l'état civil à la demande des deux parents désirant que l'enfant à naître porte le nom maternel.

Pour combattre la prééminence paternelle, des mères ont tenté de torturer l'ancien article 337 du Code civil qui disposait alors (avant la réforme de la filiation) que l'acte de naissance portant l'indication de la mère vaut reconnaissance, lorsqu'il est corroboré par la possession d'état. Il a été soutenu qu'en cas de reconnaissances simultanées postérieures de quinze jours à la naissance, l'enfant devait nécessairement porter le nom de la mère, puisque la filiation maternelle était déjà établie, au jour des reconnaissances, par l'effet de l'indication de la mère dans la déclaration de naissance corroborée par la possession d'état. Usant de son pouvoir d'appréciation, la cour d'appel de Nîmes, dans un arrêt rendu le 24 février 1998[1], refuse ce raisonnement en affirmant qu'une période de quinze jours n'est pas suffisante pour constituer une possession d'état maternelle antérieure à la reconnaissance. Il faut regretter que les juges aient accepté de se placer sur le terrain de l'appréciation de la possession d'état et n'aient pas rejeté, dans son principe, l'application de l'article 337 dans un tel litige. La raison d'être de ce texte était, en effet, uniquement de pallier l'absence de reconnaissance des femmes ignorant que l'acte de naissance ne suffisait pas à établir la maternité. Dès lors, en cas de reconnaissance expresse de la mère, cet article, avec les conséquences que l'on voulait lui attacher en matière de nom, était tout simplement inapplicable. De plus, admettre que cette disposition puisse interférer dans les règles d'attribution du nom aurait conduit à donner une priorité systématique au nom maternel chaque fois que l'enfant est reconnu postérieurement à la naissance.

Le but de la prééminence paternelle en cas d'établissement simultané était, du temps où on distinguait filiation légitime et filiation naturelle, de donner à l'enfant une apparence de légitimité afin que, dans son intérêt, sa situation d'enfant alors « naturel » ne soit pas révélée aux tiers. Cette attirance pour le modèle dit « légitime » se retrouvait aussi dans les différents tempéraments au principe chronologique.

1. CA Nîmes, 24 févr. 1998, *JCP* 1999, IV, 1312 – EN CE SENS, CA Aix-en-Provence, 27 juin 1996, *Dr. fam.* 1997, comm. 40, 1re esp., obs. Murat; *D.* 1998, somm. 28, obs. Granet – CA Limoges, 26 oct. 1995, *Dr. fam.* 1997, comm. 40, 2e esp., note Murat.

B.
Tempéraments au principe

231.61 Instabilité du nom de l'enfant naturel. Le Code civil, dans sa version antérieure aux réformes de 2002 et 2003, prévoyait **trois tempéraments** pour modifier le nom attribué primitivement à l'enfant né hors mariage. Ils étaient utilisés en général pour dissimuler la qualité de l'enfant par le rétablissement du principe patronymique. Ils avaient néanmoins pour inconvénient de conférer au nom de l'enfant né hors mariage une grande instabilité par rapport à celui de l'enfant né d'un couple marié[2].

231.62 1) Déclaration conjointe. Le premier tempérament, prévu par l'ancien article 334-2 du Code civil, intéressait exclusivement l'enfant dont la filiation paternelle n'avait été établie qu'en second lieu et qui, par conséquent, portait le nom de sa mère. Pendant sa minorité, il appartenait aux parents de substituer le nom paternel à celui de la mère par le biais d'une déclaration conjointe faite, depuis la loi du 8 février 1995, devant le greffier en chef du tribunal de grande instance – et avec le consentement de cet enfant s'il avait plus de treize ans. Cet article 334-2 du Code civil, d'abord modifié par la loi du 4 mars 2002 (qui a envisagé, plus généralement, la substitution du nom de l'un des parents à l'autre et ajouté la possibilité d'une adjonction), puis par celle du 18 juin 2003 (qui a transféré la compétence pour recevoir la déclaration du greffier en chef du tribunal de grande instance à l'officier d'état civil), a finalement été abrogé par l'ordonnance du 4 juillet 2005, pour être remplacé par l'article 311-23 alinéa 2 du même code.

Les enfants nés avant le 1er janvier 2005 ont, dans un premier temps, été maladroitement exclus du bénéfice de la nouvelle disposition.

Cette exclusion pouvait en effet être source d'hésitation quant au maintien, après le 1er juillet 2006, d'une possibilité de modification par déclaration conjointe du nom des enfants nés avant le 1er janvier 2005. La circulaire de 2005 considérait qu'à compter de l'entrée en vigueur de l'ordonnance du 4 juillet 2005, l'article 334-3 du Code civil se trouvait implicitement abrogé – même pour les enfants nés avant le 1er janvier et auxquels, pourtant, les nouvelles dispositions n'étaient pas applicables. Cette solution était contestable puisque l'on pouvait aussi prétendre que l'abrogation de l'ancien article 334-3 n'était effective que dans la mesure où les dispositions de ce texte étaient reprises par le nouvel article 311-23 et que donc, pour les enfants auxquels ces nouvelles dispositions n'étaient pas applicables, l'ancien article 334-3 demeurait en vigueur.

2. Sur les inconvénients de cette instabilité, v. Garé, note ss CA Nîmes, 25 oct. 1990, *JCP* 1992, II, 21812.

Mais cette erreur a depuis été réparée par la loi n° 2009-61 du 16 janvier 2009[1]. La même possibilité d'adjonction ou de substitution du nom d'un parent à l'autre par déclaration conjointe existe donc pour tous les enfants dont les filiations paternelle et maternelle ont été établies successivement – que ces enfants soient nés avant ou après le 1er janvier 2005 (v. ss n° 231.143).

231.63 **2) Substitution judiciaire.** Le second tempérament à la règle, figurant à l'ancien article 334-3 du Code civil, consistait en un changement judiciaire du nom à l'initiative de l'un des parents ou de l'enfant lui-même. En général, il s'agissait de la substitution du nom paternel à celui de la mère[2], mais la substitution inverse était aussi envisageable[3]. Après une importante controverse doctrinale et jurisprudentielle, la Cour de cassation avait précisé, dans un arrêt en date du 16 novembre 1982[4], que l'ancien article 334-3 ne permettait au juge que de substituer le nom de l'un des parents à celui de l'autre et non de les adjoindre. Rendue au motif que l'addition des deux noms ouvrirait à l'enfant dit, à l'époque, « naturel » une possibilité qui n'appartenait alors pas à l'enfant dit « légitime », cette solution aurait pu être remise en cause par la jurisprudence. Cette dernière aurait en effet pu accepter de s'inspirer de la réforme, opérée par les lois du 4 mars 2002 et du 18 juin 2003, autorisant les parents à choisir un double nom. Il y aurait ainsi eu, par le biais du caractère rétroactif ou au moins déclaratif des arrêts de la Cour de cassation, un moyen d'étendre la solution nouvelle au mépris des règles transitoires de la loi du 18 juin 2003 (v. ss n° 231.12).

Mais telle n'a pas été l'orientation prise par la Haute juridiction[5]. De toute façon, cette possibilité de modification judiciaire du nom n'a pas survécu à l'éradication, par l'ordonnance du 4 juillet 2005, de toute distinction entre filiation légitime et naturelle. Partant, une telle modification judiciaire n'est incontestablement plus possible, même pour un enfant né avant le 1er janvier 2005[6].

231.64 **3) Dation de nom.** Le dernier tempérament, prévu à l'ancien article 334-5 du Code civil, permettait à l'enfant sans filiation paternelle établie, de porter le nom du mari de sa mère par substitution à celui de celle-ci. Innovation de la loi du 3 janvier 1972, cette faculté bouleversait le rattachement traditionnel du nom à la filiation puisqu'elle conduisait l'enfant à porter le nom d'un tiers avec lequel il n'a qu'un simple lien d'alliance. Dation de nom, « *adoption en mineur* »[7] ou « *adoption quant au nom seulement* (ad nomen tantum) »[8], les expressions ne manquaient pas pour désigner le mécanisme destiné à créer l'apparence de la légitimité. Ainsi, la règle pouvait permettre d'assurer une identité de nom, d'une part, entre l'enfant et la mère portant, à titre d'usage, le nom de son époux (v. ss n° 231.191) et, d'autre part, entre tous les enfants de la famille vivant dans le même foyer. En doctrine cette dissociation du nom et de la filiation, créatrice de fausses situations familiales, a suscité des critiques. On a souligné la complexité de ce « *jeu subtil [...] qui consiste, tout en détachant le nom de la filiation, à spéculer de la croyance du contraire* »[9]. On a également remarqué combien le texte semblait devenir inutile et passéiste dans une société qui reconnaît d'autres modèles familiaux que la famille légitime[10].

Cette possibilité de substitution du nom du mari au nom de la mère n'a pas été reprise dans le dernier état de la réforme du nom, et l'article 334-5 du Code civil a finalement été abrogé (la loi du 18 juin 2003 ayant modifié l'article 13 de la loi du 4 mars 2002 qui, initialement, avait maintenu la dation de nom en la bilatéralisant). Mais cette abrogation ne concerne pas les enfants nés avant le 1er janvier 2005, pour lesquels cette faculté a pu être mise en œuvre et pouvait encore l'être jusqu'à leur accession à la majorité. Donc, jusqu'au 31 décembre 2012, date à laquelle les derniers enfants nés avant le 1er janvier 2005 accéderont à la majorité, on pouvait, après la réforme du nom, encore envisager une

1. L. n° 2009-61, 16 janv. 2009, ratifiant l'ordonnance n° 2005-759 du 4 juillet 2005 portant réforme de la filiation et modifiant ou abrogeant diverses dispositions relatives à la filiation, *JO* 18 janv., p. 1062.
2. Pour un ex. récent : Civ. 1re, 11 juill. 2006, n° 03-16.168, *Bull. civ.* I, n° 387; *RTD civ.* 2006, 736, obs. Hauser.
3. CA Nîmes, 25 oct. 1990, *JCP* 1992, II, 21812; *RTD civ.* 1991, 293, obs. Hauser – CA Paris, 15 nov. 1994, *JCP* 1995, IV, 653 – CA Paris, 26 mai 2005, *RTD civ.* 2005, 571, obs. Hauser – Civ. 1re, 5 nov. 2008, n° 07-19.355, NP; *RJPF* 2009-1/14, obs. Corpart, refusant la substitution au nom de l'intérêt de l'enfant à conserver un lien avec son père biologique en présence d'une mère faisant obstructions aux droits du père.
4. Civ. 1re, 16 nov. 1982, *JCP* 1983, II, 19954, rapp. Ponsard, note Gobert; *D.* 1983, J. 17, note Huet-Weiller – Sur la discussion doctrinale, R. Nerson et J. Rubellin-Devichi, *RTD civ.* 1981, 603.
5. Civ. 1re, 9 janv. 2007, n° 02-21.174, *Bull. civ.* I, n° 9; *AJ fam.* 2007, 141, obs. Chénedé; *RTD civ.* 2007, 307, obs. Hauser – Civ. 1re, 6 janv. 2010, n° 08-18.871, *Dr. fam.* 2010, comm. 39, note Murat.
6. J. Massip, « Incidences de l'ordonnance relative à la filiation sur le nom de famille », *Dr. fam.*, 2006, études 8, n° 7 – *Adde*, CA Bordeaux, 3 nov. 2008, RG n° 08/0215, M. C... c/Mme P., *RJPF* 2009-6/14, obs. Corpart.
7. J. Foyer, rapp. AN n° 1926, p. 76.
8. Carbonnier, t. I, 2000, n° 32.
9. M. Gobert, « Le nom ou la redécouverte d'un masque », *JCP* 1980, I, 2966.
10. M. Grimaldi, « Patronyme et famille : l'attribution du nom », *Defrénois* 1987, art. 34117.

dation de nom[1], celle-ci supposant une déclaration de la mère et de son mari devant le greffier en chef du tribunal de grande instance[2] et requérant le consentement de l'enfant de plus de treize ans. Il faut noter que l'enfant qui se serait ainsi vu donner le nom du mari de sa mère pouvait, dans les deux années suivant sa majorité, saisir le juge aux affaires familiales pour reprendre son nom originel (C. civ., anc. art. 334-5, al. 2). Toutefois, on peut se demander si ces possibilités (de dation de nom ou, au contraire, de reprise du nom originel) pour un enfant né avant le 1er janvier 2005 sont encore susceptibles d'être mises en œuvre depuis le 1er juillet 2006 - date d'entrée en vigueur de la réforme de la filiation. Monsieur Massip[3] considère que l'ordonnance de 2005 ayant maintenu la suppression de la dation de nom, celle-ci n'est plus possible depuis l'entrée en vigueur de cette ordonnance. Néanmoins, on peut aussi prétendre que la suppression de la dation de nom n'étant pas expressément visée par l'ordonnance du 4 juillet 2005 (puisque, par hypothèse, cette ordonnance ne pouvait concerner l'article 334-5, déjà abrogé), cette dernière laisse intacte la possibilité, pour les enfants nés avant le 1er janvier 2005, d'invoquer les dispositions de cet article.

§ 3
Enfant adopté

231.71 **Intégration familiale.** La volonté d'intégrer l'enfant adopté dans la famille adoptive se traduit naturellement et symboliquement par une modification du nom de l'enfant[4]. Mais cette modification est fonction de l'ampleur de l'intégration de l'enfant. De ce point de vue, la situation de l'enfant adopté né avant le 1er janvier 2005 n'est pas spécifique. Comme c'est encore le cas aujourd'hui, il faut distinguer entre adoption plénière et adoption simple.

231.72 **Adoption plénière.** Dans le cas d'une adoption plénière, le principe est que « *l'adoption confère à l'enfant le nom de l'adoptant* » (C. civ., art. 357, al. 1er). De façon plus précise, l'enfant adopté prend obligatoirement, par substitution, le nom de l'adoptant et perd irrémédiablement son nom originaire, ce qui est la conséquence de son intégration totale dans sa famille adoptive et le signe de la rupture définitive de ses liens avec sa famille d'origine.

Là où la situation de l'enfant né avant le 1er janvier 2005 diffère de celle de l'enfant né depuis, c'est qu'en cas d'adoption par un couple - même si l'adoption est, quant à elle, postérieure à cette date - le nom ainsi substitué au nom d'origine est, nécessairement et exclusivement, celui du mari.

Si l'adoption est réalisée par une personne seule, l'enfant prend le nom de cette personne - homme ou femme - en vertu de la règle générale et neutre de l'article 357. Mais, par dérogation, si cette personne est, pour ce qui concerne l'adoption d'un enfant né avant le 1er janvier 2005, une femme mariée seulement (pour les enfants nés après cette date, la règle est bilatéralisée, v. s^s^ n° 231.154), le tribunal peut conférer à l'enfant adoptif le nom du mari de l'adoptante, après avoir constaté le consentement de ce dernier ou consulté ses héritiers ou successibles les plus proches s'il est décédé ou dans l'impossibilité de manifester sa volonté (C. civ., anc. art. 357, al. 3).

231.73 **Adoption simple.** Tirant les conséquences de la dualité de filiation de l'enfant, l'article 363 alinéa 1er du Code civil pose en principe que « *l'adoption simple confère le nom de l'adoptant à l'adopté en l'ajoutant à ce dernier* ». Cette disposition, applicable de plein droit à l'adopté simple, fait de lui le seul individu qui, en droit français, a pu disposer, avant même la réforme opérée par les lois de 2002 et 2003, d'un **double nom transmissible.** Une question s'est posée au sujet de la composition de ce double nom : le verbe « ajouter » signifie-t-il que le nom de l'adoptant doive toujours apparaître en second ? Si le tribunal de grande instance de Dijon[5] avait implicitement penché pour l'affirmative, la cour d'appel de Douai[6] a pris la position inverse en acceptant que le nom de l'adoptant précède celui de l'adopté. Cette dernière solution trouve une justification rationnelle en doctrine[7] dans un argument *a fortiori* : la simple inversion de l'ordre des noms doit être possible, puisque le législateur autorise la substitution du nom de l'adoptant à celui de l'adopté.

1. J. Massip, *Le nom de famille,* Éd. Defrénois, 2005, n° 41.
2. Puisque le transfert de compétence à l'officier de l'état civil, opéré par la loi de 2003 (ayant modifié l'article 334-2 auquel renvoyait cet ancien article 334-5), ne s'applique pas aux enfants nés avant le 1er janvier 2005.
3. J. Massip, « Incidences de l'ordonnance relative à la filiation sur le nom de famille », *Dr. fam.,* 2006, étude 8, n° 8.
4. Carbonnier, t. I, n° 32 – Cornu, 2005, n°s 584 – G. Goubeaux, *Les personnes,* LGDJ, 1989, n° 119 – Ph. Malaurie, *Les personnes,* 2e éd., Éd. Defrénois, 2005, n° 135 – Hauser et Huet-Weiller, t. I, 1993, n°s 964 et 980.
5. TGI Dijon, 4 déc. 1973, *Gaz. Pal.* 1974, 1, 198, concl. Garnier; *RTD civ.* 1974, 797, obs. Nerson.
6. CA Douai, 10 mai 1989, *D.* 1991, J. 205, note Guiho; *RTD civ.* 1991, 497, obs. Hauser – CA Douai, 28 juin 1999, *Dr. fam.* 2001, n° 30, note Murat; *RTD civ.* 2000, 540, obs. Hauser.
7. Guiho, note s^s^ CA Douai, 10 mai 1989, *D.* 1991, J. 205.

En effet, une **exception au principe du double nom** est prévue : le tribunal peut décider que l'adopté ne portera que le nom de l'adoptant. Cette **substitution** de nom peut être décidée, sur demande de l'adoptant, non seulement dans le jugement d'adoption, mais aussi, depuis la loi du 8 janvier 1993, postérieurement à l'adoption « *afin de faciliter l'intégration progressive de l'enfant dans sa nouvelle famille* »[1]. Dans les deux cas le consentement de l'enfant de plus de treize ans est requis (C. civ., art. 61-3, al. 3, applicable ici puisque le changement de nom ne résulte pas d'un changement de filiation, mais d'une décision judiciaire), mais pas celui des parents d'origine[2] – lesquels ont toutefois des recours contre la décision de substitution[3]. En revanche, la modification du nom paraît inéluctable, en ce sens que l'adopté ne peut pas conserver son seul nom d'origine[4].

La spécificité de la situation de l'enfant né avant le 1er janvier 2005 tient alors au nom de l'adoptant qui est ainsi ajouté ou, exceptionnellement, substitué au nom d'origine, dans le cas d'une adoption par un couple : ce nom est nécessairement celui du mari.

En outre, il faut préciser que, par le jeu d'un renvoi opéré par l'article 361 du Code civil à l'ancien troisième alinéa de l'article 357 du même code, lorsque l'adoptant d'un enfant est une femme mariée (seulement une femme, pour un enfant né avant le 1er janvier 2005), le tribunal peut conférer à l'adopté le nom du mari avec le consentement de ce dernier ou après consultation de ses héritiers.

§ 4
Enfant né de parents inconnus

231.81 Attribution par l'autorité administrative (ou judiciaire). Lorsqu'aucun lien de filiation n'est établi, l'attribution du nom se fait par voie administrative[5]. Par conséquent, quand un enfant est né de parents non dénommés ou a été trouvé, il appartient à l'officier d'état civil (ou au tribunal de grande instance si l'enfant n'est pas de ceux visés par l'article 58) de lui attribuer, souverainement, plusieurs prénoms, dont le dernier lui servira de nom patronymique (C. civ., art. 57, al. 2). En cas d'établissement postérieur de sa filiation, l'intérêt de la solution est que ce « prénom-patronyme » (selon l'expression du doyen Carbonnier[6]) pourra discrètement être relégué au rang de dernier prénom. Toutefois, dès avant que l'ordonnance du 4 juillet 2005 ne vienne prévoir que l'indication du nom de la mère dans l'acte de naissance suffit à établir la filiation à son égard et qu'anticipant sur l'entrée en vigueur de cette réforme, la Cour de cassation l'admette aussi[7], il était acquis que l'enfant prenne le nom de la mère, dès lors que celui-ci était indiqué dans l'acte de naissance, même en l'absence de reconnaissance maternelle. Ainsi pouvait se trouver constitué l'un des éléments de la possession d'état, de nature à corroborer l'acte de naissance pour valoir reconnaissance maternelle (C. civ., anc. art. 337).

231.82 Nom de l'enfant né sous X. L'enfant trouvé ou l'enfant non dénommé porte comme nom le troisième prénom qui lui a été attribué. Dans le système antérieur à la loi du 8 janvier 1993, lorsque la mère accouchait sous X, c'était le déclarant (en général, le préposé de l'hôpital) qui choisissait les prénoms de l'enfant, en accord avec la mère ou en corrélation avec l'ethnie de l'enfant. La solution figurait expressément dans l'instruction générale relative à l'état civil (IGREC), à l'article 280-1 : « *Les prénoms sont choisis par le père, la mère, ou en leur absence par le déclarant. Toutefois, l'officier de l'état civil attribue lui-même les prénoms quand il s'agit d'un enfant trouvé ou d'un enfant né de parents non dénommés et pour lequel le déclarant n'a pas lui-même indiqué de prénoms.* » Les hypothèses qui figurent à l'article 58 du Code civil, inchangé d'ailleurs, confirment cette interprétation. Cependant, et d'une façon parfois odieuse, certains officiers de l'état civil s'arrogeaient le droit de donner des prénoms (Bienvenue, Dieudonné, Désiré) pour des enfants nés sous X, ou encore, des noms rappelant une couleur (Blanche, Claire, Bruno) pour des enfants typés. Par inadvertance sans doute, la loi du 8 janvier 1993 a confié à l'officier d'état civil le droit de décider, souverainement et arbitrairement, du choix des prénoms[8]. Cependant, tenant compte des observations

1. Circ. 3 mars 1993, relative à l'état civil, à la famille, et aux droits de l'enfant, art. 4.2, publiée au J.-CL. CIV., art. 61 à 61-4, fasc. 30.
2. CA Bourges, 9 mai 2005, *Juris-Data* n° 281183.
3. Civ. 1re, 21 mai 1974, *Bull. civ.* I, n° 153; *D.* 1976, 173, note Le Guidec – Civ. 1re, 25 nov. 2003, n° 01-03.334, *Bull. civ.* I, n° 240; *RTD civ.* 2004, 262, obs. Hauser.
4. Civ. 1re, 22 févr. 2005, n° 03-14.332, *Bull. civ.* I, n° 92; *AJ fam.* 2005, 153, obs. F. C.; *Dr. fam.* 2005, n° 72, note Murat – V. toutefois, Civ. 1re, 11 juill. 2006, n° 03-14.747, *Bull. civ.* I, n° 383; *D.* 2006, IR 2273; *RTD civ.* 2006, 735, obs. Hauser.
5. CORNU, 2005, n° 579 – TERRÉ et FENOUILLET, n° 170 – Avant la loi du 8 janvier 1993, v. G. Goubeaux, *Les personnes,* LGDJ, 1989, n° 127.
6. CARBONNIER, t. I, 2000, n° 32.
7. Civ. 1re, 14 févr. 2006, n° 03-19.533, *Bull. civ.* I, n° 78; *D.* 2006, IR 603, obs. Gallmeister; *D.* 2006, pan. 1139, obs. Granet-Lambrechts; *Dr. fam.* 2006, n° 107, note Murat; *Defrénois* 2006, p. 1058, obs. Massip.
8. J. Rubellin-Devichi, « Une importante réforme en droit de la famille : la loi n° 93-22 du 8 janvier 1993 », *JCP* 1993, I, 3659.

des travailleurs sociaux, qui insistent, en outre, sur les perturbations que subira le nouveau-né en changeant encore de prénom lorsqu'il deviendra pupille de l'État, puis lorsqu'il sera adopté, la loi du 5 juillet 1996, relative à l'adoption, a apporté une modification de l'article 57 du Code civil selon laquelle : « *La femme qui a demandé le secret de son identité lors de l'accouchement peut faire connaître les prénoms qu'elle souhaite voir attribuer à l'enfant. À défaut, ou lorsque les parents de celui-ci ne sont pas connus, l'officier de l'état civil choisit trois prénoms dont le dernier tient lieu de patronyme à l'enfant* » (C. civ., art. 57, al. 2, mod. par L. n° 96-604, 5 juill. 1996).

SECTION 3
DÉVOLUTION DU NOM DE FAMILLE AUX ENFANTS NÉS DEPUIS LE 1ER JANVIER 2005

231.91 Appréciation de la réforme. L'objet de cet ouvrage n'étant pas d'apprécier l'opportunité d'une telle réforme, on renverra simplement à l'ensemble des commentaires dont elle a pu être l'objet[1, 2], ainsi qu'au rapport Dekeuwer-Défossez[3] lequel, après une analyse serrée des avantages et inconvénients d'une modification profonde, préconisait le maintien de la prééminence paternelle principalement parce que le nom constitue un marqueur de paternité et que l'avantage masculin pouvait être conçu comme la contrepartie du rôle maternel prépondérant dans le processus de la naissance. Laissant de côté l'opportunité de la réforme, on peut souligner le caractère contestable de la méthode législative utilisée. Votée dans la précipitation à la veille de la fermeture de l'hémicycle, la loi du 4 mars 2002 a dû être corrigée par celle du 18 juin 2003 qui a également retardé son entrée en vigueur. En outre, cette entrée en vigueur a également nécessité, très naturellement, un complément réalisé par le décret n° 2004-1159 du 29 octobre 2004[4]. Enfin on peut se demander s'il n'aurait pas été souhaitable d'attendre que la filiation soit réformée pour modifier les règles de dévolution du nom, ainsi aurait-on pu éviter que ces dernières soient une nouvelle fois modifiées par l'ordonnance du 4 juillet 2005, puis encore retouchées par la loi de ratification du 16 janvier 2009.

Au-delà de ces considérations, on peut aussi débattre de la pertinence du système adopté. S'il est vrai que le principe patronymique a été également abandonné par plusieurs législations étrangères[5], il reste qu'elles n'ont pas, pour autant, adopté un système identique au nôtre. Notamment, l'exemple de l'Allemagne, a pu suggérer à certains auteurs[6] une réforme plus globale du nom (incluant la question du nom porté par les personnes mariées) où les époux pourraient, lors de la célébration du mariage, opter pour un nom conjugal qui serait alors celui dévolu à leurs enfants.

231.92 Assimilation des filiations. Dès avant la réforme de la filiation, le législateur a voulu, conformément à une tendance contemporaine, gommer la distinction entre filiation légitime et filiation naturelle. Pour ce faire, la loi du 4 mars 2002 a inséré dans le Code civil une nouvelle section relative aux « Règles de dévolution du nom de famille » qui a été placée dans le chapitre I, à l'époque intitulé « Dispositions communes à la filiation légitime et à la filiation naturelle » et contenue dans le titre VII, du livre Ier, consacré à la filiation. Au demeurant, on peut se demander si ces règles

1. Sur la loi n° 2002-304 du 4 mars 2002 relative au nom de famille : C. Bernard, « Le nom de l'enfant né après l'entrée en vigueur de la loi du 4 mars 2002 relative au nom de famille », *Dr. fam.* 2002, chron. 16 – C. Brière, « L'attribution du nom de famille : entre modernité et tradition », *LPA* 21 mars 2002, 4 – F. Dekeuwer-Défossez, « Commentaire de la loi relative au nom de famille », *RJPF* 2002, n°s 7 et 8 – L.-A. Devillairs, « Le nom de l'enfant : de nouvelles perspectives », *AJ fam.* 2002, 256 – M. Gobert, « L'attribution du nom : égalité ou liberté (à propos de la proposition de loi Gouzes) », *LPA* 23 mai 2001, 4 – J.-J. Lemouland, « Aperçu rapide », *JCP N* 2002, p. 53 et 54 – G. Loiseau, « Le nom dans tous ses états », *Dr. et patr.* 2002, p. 106 – J. Massip, « La loi du 4 mars 2002 relative au nom de famille », *Defrénois* 2002, p. 795 – F.-J. Pansier et C. Charbonneau, « Présentation de la loi du 4 mars 2002 », *LPA* 9 avr. 2002, 4 – M.-C. Rivier, « Question de noms : famille, patronyme, usage, naissance, mariage et jeune fille », *D.* 2002, chron. 1915 – B. Teyssié, « Droit des personnes », *JCP* 2002, I, n° 138.
2. Sur la loi n° 2003-516 du 18 juin 2003 relative à la dévolution du nom de famille : F. Bellivier, « Dévolution du nom de famille », *RTD civ.* 2003, 554 – I. Corpart, « La vision égalitaire de la dévolution du nom de famille », *D.* 2003, 2845 – T. Garé, « La loi relative à la dévolution de famille », *JCP* 2003, act. 370 – T. Kévarec et E. Mallet, « Nom de famille », *JCP N* 2003, p. 141 – H. Lécuyer, « Avant-dernière réforme du nom de famille », *Dr. fam.* 2003, Repères n° 7 – J. Massip, « La modification de la loi sur le nom de famille ou l'histoire d'une occasion manquée », *Defrénois* 2003, p. 1221 – F.-J. Pansier et C. Charbonneau, « Présentation de la loi du 18 juin 2003 relative à la dévolution du nom de famille », *Gaz. Pal.* 6-8 juill. 2003, 8.
3. Dekeuwer-Défossez, *Rénover le droit de la famille,* Rapport au garde des Sceaux, Doc. fr., 1999, p. 65 s.
4. Décr. n° 2004-1159, 29 oct. 2004, portant application de la loi n° 2002-304 du 4 mars 2002 modifiée relative au nom de famille et modifiant diverses dispositions relatives à l'état civil, *JO* 31 oct., p. 18496.
5. F. Granet-Lambrechts, « Le nom de l'enfant dans les législations européennes », *AJ fam.* 2005, 53.
6. J. Massip, « Suggestions pour une modification des règles du Code civil relatives au nom et aux prénoms », *Defrénois* 2002, p. 1062 s.

n'auraient pas pu trouver une place encore plus naturelle dans le titre II du même livre. En effet, ce titre contenait déjà un embryon de régime général avec l'article 61-3 – dont les dispositions (présentées s[s] n° 231.21) n'ont, en substance, pas été modifiées par la réforme – et il aurait donc pu aussi accueillir les nouvelles règles de dévolution du nom. Il reste que le mouvement d'assimilation a, depuis lors, connu son aboutissement avec la réforme opérée par l'ordonnance de 2005 qui a supprimé, au moins formellement, toute distinction entre les filiations et qui a banni les termes de « légitime » et de « naturel » du Code civil. C'est ainsi que les règles de dévolution du nom prennent place dans un chapitre dont le titre a été revisité et qui s'intitule désormais : « Dispositions générales ». Toutefois, il demeure que l'assimilation des filiations présente des limites. De fait, la dévolution du nom dépendant des règles d'établissement de la filiation, celle-là ne peut pas s'opérer de la même manière selon que les parents sont mariés ou non. De plus l'attribution du nom consécutive à une adoption obéit à des règles propres, puisque la filiation est alors établie par un jugement. Dans ces conditions, si la modernité commande d'envisager les règles communes, il faut ensuite présenter des distinctions selon les modalités d'établissement de la filiation, lesquelles conduisent, sinon à ressusciter l'opposition entre les filiations, du moins à opérer certaines différenciations selon la situation matrimoniale des parents.

§ 1
Règles communes

231.101 Principe de l'option. Ce principe est posé par l'article 311-21 alinéa 1er, première phrase, du Code civil : « *Lorsque la filiation d'un enfant est établie à l'égard de ses deux parents au plus tard le jour de la déclaration de sa naissance ou par la suite mais simultanément, ces derniers choisissent le nom de famille qui lui est dévolu : soit le nom du père, soit le nom de la mère, soit leurs deux noms accolés dans l'ordre choisi par eux dans la limite d'un nom de famille pour chacun d'eux* ».

231.102 Le choix de l'expression « nom de famille ». D'emblée, il faut préciser que si le législateur n'a pas choisi l'expression de « nom » sans autre précision, c'est sans doute qu'il voulait marquer la différence entre le nom issu de la réforme et le nom d'usage qu'il a maintenu. En faveur de l'expression de « nom de famille », on observera qu'elle présente l'avantage – si l'on admet que cela en soit un – d'être déjà couramment employée par les Français. Une précision s'impose concernant le nouveau « **nom de famille** » : cette expression n'est pas définie par la loi qui entretient par ailleurs une confusion dès la première phrase de l'article 311-21 du Code civil. Du début de celle-ci, on déduit que le nom de famille pourra être un nom unique – celui formé du nom simple du père ou de la mère – mais qu'il pourra aussi être double, « paterno-maternel » dira-t-on par la suite. Mais la même disposition précise que, si le nom de l'enfant résulte ainsi d'une adjonction, celle-ci n'est possible que dans « *la limite d'un nom de famille* ». La finalité est claire : empêcher un nom composé de trois éléments ou plus. Cette restriction est maladroitement rédigée puisque le nom de famille présenté au début de l'article peut être double. Conformément à l'intention évidente du législateur, il faut lire le texte ainsi : le nom de famille choisi par les parents peut être constitué de leurs deux noms accolés dans la limite d'un vocable pour chacun d'eux lorsque leur propre nom de famille est double (seuls sont envisagés dans cette explication les doubles noms résultant de l'application de la réforme, à l'exclusion des noms composés préexistant à celle-ci, sur ces derniers v. s[s] n° 231.104). Bizarrement, la formule ambiguë « *dans la limite d'un nom de famille* » est reprise de nombreuses fois dans la loi nouvelle à l'exception de l'article 363 alinéa 2 du Code civil relatif à l'adoption simple, lequel est rédigé selon une tournure plus proche de l'intention du législateur. Il dispose, en effet, que « *lorsque l'adopté* [simple] *et l'adoptant, ou l'un d'eux portent un double nom de famille, le nom conféré à l'adopté résulte de l'adjonction du nom de l'adoptant à son propre nom, dans la limite d'un nom pour chacun d'eux* ».

231.103 Étendue du choix. Le choix comporte **trois options** puisque le nom de famille pourra être « *soit le nom du père, soit le nom de la mère, soit leurs deux noms accolés dans l'ordre choisi par eux dans la limite d'un nom de famille pour chacun d'eux* ». Avec cette dernière limite, le législateur a envisagé que la réforme survive à plus d'une génération. Il s'agit, en effet, d'éviter une multiplication des éléments composant le nom dans l'hypothèse où le choix est exercé par un ou des parents portant déjà le nom de ses père et mère. On précisera, ce faisant, qu'il s'agit de la seule limite s'imposant aux parents et que ceux-ci sont libres, sous cette réserve, de choisir librement le nom transmis à leur enfant. Il en résulte que l'officier de l'état civil ne peut exercer aucun contrôle de l'opportunité de ce choix et que seul un non-respect des règles légales pourrait rendre irrecevable la déclaration des parents.

231.104 Hypothèse des noms composés existant avant la réforme. Une question n'a pas été envisagée par le législateur : comment le nouveau régime doit-il s'appliquer aux personnes qui portaient déjà, avant la réforme, un nom composé de deux vocables, tels que Lyon-Caen, Jolliot-Curie, Lerebours-Pigeonnière, Baudry-Lacantinerie ? Deux solutions sont envisageables :

– Ou bien l'assimilation de ce nom à celui créé par la loi nouvelle est refusée de sorte que des enfants pourront bénéficier (*sic*) d'un nom de famille triple ou même quadruple si les père et mère portaient chacun un nom composé.

– Ou bien, il faut appliquer de manière générale la limitation à deux vocables en traitant identiquement les noms composés portés avant la réforme et les doubles noms qui résultent du choix des père et mère sur le fondement de l'article 311-21 du Code civil.

Une volonté de simplicité conduirait à préférer la seconde solution, en relevant en outre que la nécessité d'amputer son nom d'un de ses éléments paraîtra moins surprenante si le double nom de l'article 311-21 entre dans les mœurs. Un auteur[1] a défendu la première solution, en faisant entrer dans la discussion une autre difficulté : celle posée par les noms composés ne comportant pas de trait d'union. Par exemple, dans le cas d'un nom tel que Drieu La Rochelle, il est difficile de ne pas les considérer comme un nom de famille unique et d'imposer à leur titulaire d'en abandonner une partie lorsque l'autre parent désire également que l'enfant commun porte son nom.

C'est dans ce sens qu'était allée la **circulaire de présentation des lois relatives à la dévolution du nom de famille du 6 décembre 2004**[2] (v. texte de la circulaire s^s n° 61.12). Aux termes de celle-ci, une distinction devait être faite entre, d'une part les **noms composés** préexistant à l'entrée en vigueur de la réforme, et d'autre part les **doubles noms issus de la réforme.**

Pour les premiers, qui peuvent être des « *noms acquis sur plusieurs générations comportant un ou plusieurs vocables, noms à particules, noms résultant d'une adjonction de nom de l'adoptant à celui de l'adopté à la suite d'une adoption simple* », ils constituent « *une entité unique, indivisible, transmissible dans leur intégralité, sans aucune césure possible* » (v. s^s n° 61.12). À partir de là, et d'après la circulaire, M. Lerebours-Pigeonnière et Mme Drieu La Rochelle, pourraient désormais choisir pour leur enfant un nom double, constitué des noms Lerebours-Pigeonnière et Drieu La Rochelle accolés, puisque ces noms paternel et maternel tous deux composés, sont chacun considérés comme un seul nom de famille.

1. J. Massip, « La loi du 4 mars 2002 relative au nom de famille », *Defrénois* 2002, p. 799.
2. Circ. CIV/18/04, 6 déc. 2004. Cette circulaire étant toutefois vraisemblablement abrogée depuis le 1er mai 2009 (v. s^s n° 231.106).

231.105. Hypothèse des doubles noms résultant de la réforme. Pour les doubles noms, résultant de la faculté désormais offerte aux parents de choisir d'accoler leurs deux noms pour constituer celui de leurs enfants, la circulaire recommandait l'utilisation d'un **double tiret « séparateur »** destiné, précisément, à distinguer ces doubles noms résultant de la réforme, des noms composés préexistant à celle-ci (ainsi, dans l'exemple précédent, le nom de l'enfant devrait être présenté de la manière suivante : Lerebours-Pigeonnière--Drieu La Rochelle). L'importance de la distinction vient alors de la circonstance que le double nom, identifiable par le séparateur « -- », est, contrairement au nom composé, identifiable, le cas échéant, par un simple trait d'union, « *divisible, sécable et... comme tel, peut être transmis soit intégralement, soit en partie selon les circonstances et le choix des parents, dans le respect des règles nouvelles* »[3].

À partir de là, dès la deuxième génération soumise à la réforme, on pourra assister à la situation suivante : M. A--B et Mme C--D (doubles noms constitués, pour chacun d'eux, des noms de leurs père et mère respectifs) ont un enfant, ils disposent pour le nommer d'un choix entre dix possibilités : A--B (nom du père), C--D (nom de la mère), A--C ou C--A, A--D ou D--A, B--C ou C--B, B--D ou D--B. On pouvait aussi hésiter quant à la possibilité de modifier l'ordre des vocables composants le nom d'un parent et de choisir pour l'enfant le nom de B--A ou celui de D--C, mais cette solution, qui pouvait paraître condamnée par la lettre de l'article 311-21, a été expressément écartée par la circulaire du 6 décembre 2004 (v. s^s n° 61.12). Dans la même configuration, est néanmoins laissée aux parents, qui seraient adeptes de la simplicité, la possibilité de décider de revenir à une unité de nom en choisissant pour l'enfant un seul des noms composant leurs doubles noms respectifs (c'est-à-dire A ou B ou C ou D). L'alinéa 4 de l'article 311-21 du Code civil les y autorise en effet par le biais d'une déclaration écrite conjointe. En définitive, les parents pourront donc avoir l'embarras d'un choix entre quatorze possibilités.

231.106 Refus d'un double tiret séparateur. Les parents et leur enfant peuvent-il échapper à l'inélégant double tiret séparateur ?

Le tribunal de grande instance de Lille l'a admis au motif, d'une part, que la circulaire du 6 novembre 2004 était par nature un document à simple portée explicative à destination principalement des officiers de l'état civil, et, d'autre part, que le double tiret est un signe inconnu de la langue française, pourtant langue officielle de l'État français conformément à l'article 2 de la Constitution,

3. L. Cimar, « Le double nom : du double tiret séparateur au double trait d'union », *Dr. fam.* 2005, études 8.

et ne peut donc, comme tel, sans avis de l'Académie française, figurer dans un acte public français. En conséquence, un enfant a pu être désigné dans son acte de naissance avec les noms de ses parents réunis par un **simple tiret**[1].

Et à suivre ce raisonnement fondé sur le constat que l'article 311-21 du Code civil ne prévoit rien et qu'une circulaire est sans portée normative, il serait même concevable, selon M. Massip, que les noms de chacun des parents soient seulement séparés par un espacement. Pour alimenter cette discussion, on pourrait se demander si deux noms peuvent être **« accolés » par le biais d'un espacement** ? La résistance à la circulaire, illustrée par la position des juges Lillois, n'a pas eu d'échos auprès du garde des Sceaux qui a indiqué, dans une réponse ministérielle, que les parents ne pouvaient pas échapper au double tiret séparateur[2]. En revanche, le Conseil d'État s'est prononcé dans le sens de l'incompétence de la circulaire à imposer un double tiret non prévu par les dispositions législatives et a affirmé que le garde des Sceaux était tenu de procéder à l'abrogation de cette directive[3]. La cause est donc entendue : **le double tiret séparateur ne s'impose pas.** Quant au sort de la circulaire, il est possible que celui-ci ait été scellé dès avant l'arrêt du Conseil d'État et que son abrogation soit effective depuis le 1er mai 2009, date à laquelle, au terme du décret n° 2008-1281 du 8 décembre 2008, les circulaires antérieures à cette date sont réputées abrogées si elles n'ont pas été reprises sur le site internet relevant du Premier ministre, site sur lequel on ne retrouve pas la circulaire du 6 décembre 2004[4].

231.107 Moment de l'option. L'article 311-21 du Code civil ne précise pas à quel moment le choix du nom doit être exprimé par les parents. Pourtant, la réponse à cette question n'est pas sans incidence sur la mise en œuvre de certaines règles de la réforme. C'est la raison pour laquelle, le **décret d'application du 29 octobre 2004** s'est, quant à lui, préoccupé de cette question.

Pour l'enfant dont la **filiation est établie à l'égard de ses deux parents au plus tard le jour de sa déclaration de naissance**, le choix doit être opéré lors de l'établissement de l'acte de naissance, ou même plus précisément avant celui-ci, puisque la déclaration conjointe doit être remise à l'officier de l'état civil chargé d'établir l'acte de naissance (Décr. 29 oct. 2004, art. 2). Tel est le cas pour l'enfant issu d'un couple marié, ainsi que pour l'enfant issu d'un couple non marié lorsque sa filiation est établie à l'égard de ses deux parents, successivement ou simultanément, avant ou lors de la déclaration de naissance.

Dans le cas où la **filiation est établie par acte de reconnaissance simultanée des deux parents postérieure à la déclaration de naissance**, l'option est aussi possible au jour de cet acte de reconnaissance (Décr. 29 oct. 2004, art. 3). D'une manière plus générale, on doit admettre qu'en cas d'établissement simultané des filiations paternelle et maternelle postérieurement à la naissance, le choix doit être exprimé lors de cet établissement (ce qui permet d'inclure l'éventualité d'un choix ouvert aux parents en cas d'établissement simultané par la possession d'état, v. ss n° 231.142).

Enfin, **en cas d'adoption**, l'option, lorsqu'elle est possible, doit vraisemblablement être constatée dans le jugement prononçant l'adoption. Il ne pourrait en aller différemment qu'en cas d'adoption simple, si on admettait que l'option soit de nouveau ouverte lorsque les adoptants sollicitent, postérieurement au jugement d'adoption, la substitution de nom[5]. Si l'adoption a été régulièrement prononcée à l'étranger, le choix pourra, à certaines conditions, être exercé lors de la demande de transcription du jugement étranger ou à l'occasion de l'instance en *exequatur* du jugement d'adoption (v. ss nos 224.101 s.).

Précisons, que pour un **enfant né à l'étranger ou acquérant la nationalité française**, le décret du 29 octobre 2004 prescrit les règles applicables (Décr. 29 oct. 2004, art. 4 à 9).

En revanche, la loi du 18 juin 2003 a supprimé, au nom du principe de l'immutabilité[6], la possibilité, qui avait été prévue par celle du 4 mars 2002 (C. civ., anc. art. 311-22), pour toute personne majeure qui n'aurait reçu que le nom d'un de ses parents par application de l'article 311-21, d'y adjoindre ultérieurement le nom de son autre parent (à titre de composante du nom de famille, et non pas seulement à titre de nom d'usage, comme on l'admet aujourd'hui – V. ss nos 231.161 s.).

231.108 Modalités de l'option. Des articles 311-21 et 57 du Code civil, il résulte que le choix du nom doit être fait par **déclaration conjointe des père et mère à l'officier de l'état civil.** La règle ne vaut, bien évidemment, que pour les **filiations par le sang.** Cette formalité peut poser des difficultés pratiques. Notamment, que décider dans le cas où le choix doit être opéré lors de la déclaration de naissance, laquelle doit intervenir, selon l'article 55

1. TGI Lille, 3 juill. 2008, *RTD civ.* 2009, 90, obs. Hauser; *LPA* 31 oct. 2008, p. 4, obs. Massip; *Defrénois* 2008, p. 2064, note Massip.
2. Rép. min. n° 06758, *JO Sénat Q* 14 mai 2009, p. 1219 – *RJPF* 2009-9/13, obs. Corpart.
3. CE 2e et 7e ss-sect., 4 déc. 2009, n° 315818, *Lebon*.
4. Sur cette question, v. P. Murat, « La saga du séparateur "--" », *Dr. fam.* 2010, repère 2.
5. DANS LE SENS DU REJET d'une telle faculté : J.-CL. CIV., M.-L. Cicile-Delfosse, art. 311-21 à 311-23, n° 56.
6. TERRÉ et FENOUILLET, 2005, n° 157.

du Code civil, dans les trois jours de l'accouchement, c'est-à-dire à une époque où la mère est retenue à la maternité ? Dans ce cas, le choix du nom ne serait-il concevable que si un officier de l'état civil se déplace à la maternité pour recevoir la déclaration conjointe, ce qui suppose que le père soit, lors de cette visite, lui aussi présent ? On conviendra que, subordonné à cette situation, le nouveau dispositif serait d'une effectivité très limitée. Pour sortir de cette impasse, M. Massip[1], s'est interrogé sur l'opportunité d'une déclaration prénatale, pour finalement préconiser aux rédacteurs du futur décret d'application d'admettre que la déclaration de l'article 311-21 puisse s'entendre comme une déclaration écrite des intéressés remise à l'officier de l'état civil. Ce vœu a été entendu et, selon l'article 1er du décret du 29 octobre 2004, « *la déclaration conjointe* [...] *est faite par écrit* ». D'après la circulaire du 6 décembre 2004 (v. ss n° 61.12), cet écrit peut être un acte sous seing privé ou un acte authentique, rédigé en français ou accompagné d'une traduction par un traducteur assermenté, et qui doit en principe être un document unique signé par les père et mère à la même date, mais qui peut aussi, en cas d'empêchement de l'un ou l'autre des parents, être ou bien un document unique signé à des dates différentes par chacun des deux parents, ou bien deux documents distincts signés le même jour, voire à deux dates différentes « *dès lors qu'ils témoignent de leur intention commune de conférer à leur enfant un nom concordant* » (ce qui, au demeurant, ne peut que s'imposer aussi pour le document unique...). La déclaration doit comporter certaines mentions obligatoires énumérées par l'alinéa 2 de l'article 1er du décret de 2004 : « *prénom(s), nom, date et lieu de naissance, domicile des père et mère, l'indication du nom de famille choisi ainsi que, si l'enfant est né* [ce qui revient à admettre la possibilité d'une déclaration prénatale], *ses prénom(s), date et lieu de naissance* ».

231.109 Rédaction de l'acte de naissance. Avant la réforme du nom, l'acte de naissance mentionnait seulement les prénoms de l'enfant. Le nom, quant à lui, se déduisait de l'interprétation des mentions relatives à la filiation. L'article 57 du Code civil a été complété par la loi du 4 mars 2002 et prévoit désormais que sera indiqué, après les prénoms de l'enfant, « *le nom de famille, suivi le cas échéant de la déclaration conjointe de ses parents quant au choix effectué* ». À partir de là, s'il s'agit d'un enfant pour lequel le choix du nom doit être opéré lors de l'établissement de l'acte de naissance, la déclaration conjointe doit être remise « *simultanément par les parents, l'un d'entre eux ou l'une des personnes énumérées à l'article 56 [notamment, membre du personnel de la maternité ayant assisté à l'accouchement et habilité, par ce texte, à faire la déclaration de naissance] du Code civil à l'officier d'état civil* » (Décr. 29 oct. 2004, art. 2), et l'acte de naissance sera rédigé en conséquence. Si, au contraire, il s'agit d'un enfant pour lequel le choix du nom peut être fait postérieurement à l'établissement de l'acte de naissance, il faudra procéder à une mention de la déclaration conjointe en marge de son acte de naissance. Ainsi en va-t-il du cas de l'enfant dont la filiation résulte d'un acte de reconnaissance simultanée, mais postérieure à la naissance, pour lequel la déclaration conjointe doit être remise « *par les parents ou l'un d'entre eux, à l'officier d'état civil ou au notaire chargé d'établir cet acte* » (Décr. 29 oct. 2004, art. 3), et devra ensuite être transmise à l'officier d'état civil détenteur de l'acte de naissance de l'enfant. Au demeurant, il faut aussi prévoir de mentionner en marge de l'acte de naissance toutes les éventuelles modifications ultérieures du nom (v. ss n° 231.143).

231.111 Absence d'exercice de l'option : vestige de la prééminence paternelle. En l'absence de choix des parents, la réforme n'a pas retenu, comme règle subsidiaire, une transmission automatique d'un double nom composé de l'un des noms du père et de l'un des noms de la mère, déterminés par ordre alphabétique. Cette solution a été écartée par le Sénat au profit d'une **transmission automatique du nom du père**. Tel est le cas pour l'enfant issu d'un couple marié, comme pour l'enfant né hors mariage lorsque ses liens de filiations maternelle et paternelle ont été établis simultanément, ou encore dans l'hypothèse de l'adoption par deux époux (C. civ., art. 357, al. 2). Seul l'enfant dont la filiation a été successivement établie a finalement échappé à cette suprématie du nom du père pour se voir, quant à lui, attribuer le nom du parent à l'égard duquel la filiation a été établie en premier lieu (l'article 311-21 du Code civil, tel qu'il résultait de la loi du 4 mars 2002 et qui prévoyait, même dans le cas d'établissement successif antérieur à la déclaration de naissance, une attribution du nom du père, ayant été modifié sur ce point par la loi du 18 juin 2003).

Plusieurs remarques s'imposent. Tout d'abord, ce vestige de transmission patrilinéaire peut favoriser une revanche des mœurs sur la modernité de la loi. L'hypothèse n'est pas saugrenue et se vérifie par le faible nombre de choix opérés par les parents depuis l'entrée en vigueur de la réforme[2]. Ensuite,

1. J. Massip, « La loi du 4 mars 2002 relative au nom de famille », *Defrénois* 2002, p. 795 s., n° 10.

2. V. P. Robert-Diard, *Le Monde* 7 janv. 2010 : 95 % des parents continueraient de donner le nom du père à leur enfant.

cette règle subsidiaire laisse, pour certains auteurs, planer sur le droit français le spectre d'une condamnation par la Cour européenne des droits de l'homme fondée sur le principe d'égalité des sexes[1]. Enfin, la primauté accordée au nom du père ne distinguant pas selon les causes de l'absence de déclaration, elle semble devoir s'appliquer aussi bien en cas de négligence ou d'ignorance, que d'impossibilité (père décédé lors de la naissance, par ex.[2]) ou de conflit. Certains auteurs déplorent alors que les parents ne se voient pas ouvrir une possibilité de modification du nom de l'enfant lorsqu'après une attribution initiale du nom du père par inertie des parents, ceux-ci viennent ensuite à se séparer[3].

231.112 Conflits entre parents. La perspective de conflits au sein du couple, éventuellement attisés par l'intervention des grands-parents, constitue l'une des principales craintes suscitées par la réforme. Un tel conflit n'a pas réellement été envisagé par le législateur, sauf à constater que l'absence de déclaration produira les mêmes effets, qu'elle résulte d'une volonté commune des parents ou de leur désaccord. Donc, si les parents ne parviennent pas à se mettre d'accord pour effectuer un choix par déclaration conjointe, l'enfant portera le nom du père, sauf dans l'hypothèse de l'enfant né hors mariage et dont la filiation a été successivement établie, dont le nom dépendra de la chronologie dans l'établissement de la filiation. Il n'est certainement pas concevable d'assigner l'autre parent devant le juge aux affaires familiales pour demander à ce dernier de trancher le différend. Plus délicate sera la discussion juridique lorsqu'un parent soutiendra que la déclaration réalisée n'était pas conforme à sa volonté réelle parce son accord a été surpris par un dol (une erreur de droit provoquée par l'autre parent, par ex.) ou extorqué par violence.

231.113 Unité de nom au sein de la fratrie. La volonté d'assurer une identité du nom porté par les enfants communs d'un même couple avait tout d'abord conduit le législateur à énoncer que : « *Le nom dévolu au premier enfant vaut pour les autres enfants communs* » (C. civ., art. 311-21, réd. L. 4 mars 2002, non modifié sur ce point par L. 18 juin 2003). La règle ainsi posée suscitait une difficulté d'interprétation. Que décider, en effet, dans le cas d'un enfant naissant après l'entrée en vigueur de la réforme, alors que ses parents avaient déjà un enfant commun né, quant à lui, avant le 1er janvier 2005 ? Selon une première interprétation, on pouvait décider que le deuxième enfant devait nécessairement porter le même nom que le premier, et donc refuser à des enfants nés après le 1er janvier 2005 le bénéfice éventuel d'une réforme qui se déclarait pourtant leur être applicable, pour le motif qu'un aîné ne pouvait pas en bénéficier. Selon une autre interprétation, on pouvait prétendre que les différentes dispositions de l'article 311-21 ne devaient pas être isolées les unes des autres, et que c'est seulement dans le cas où les parents ont exercé, expressément ou implicitement, leur choix, que le texte leur interdit de faire un choix différent pour un autre enfant commun[4]. C'est dans ce dernier sens que s'est prononcée l'ordonnance du 4 juillet 2005 qui a profité de la réforme de la filiation pour donner au troisième alinéa de l'article 311-21 une nouvelle rédaction. Désormais, l'ambiguïté est levée : c'est seulement « *lorsqu'il a déjà été fait application du présent article* [...] *à l'égard d'un enfant commun,* [que] *le nom précédemment dévolu ou choisi vaut pour les autres enfants communs* ». Donc, si des parents mariés ont eu un premier enfant né avant le 1er janvier 2005 qui, comme le voulait alors la règle, s'est vu attribuer le nom du père, **ils peuvent désormais, lors de la naissance de leur deuxième enfant, exercer la faculté de choix qu'ils n'avaient pas pour le premier**[5]. La nouvelle formulation retenue pour ce troisième alinéa de l'article 311-21 donne, par la même occasion, la réponse à la question de savoir si des parents peuvent exercer leur faculté de choix pour le nom d'un puîné lorsque, pour un aîné, ils n'avaient pas eu un tel choix compte tenu des modalités d'établissement de la filiation. Par exemple, un couple non marié a un premier enfant dont la filiation est établie à l'égard de la mère dès la naissance par l'indication du nom de celle-ci dans l'acte (C. civ., art. 311-25) et, quelque temps plus tard, à l'égard du père par reconnaissance. Cet enfant se voit attribuer le nom de sa mère (v. ss no 231.141). Si le même couple a un deuxième enfant pour lequel, cette fois, paternité et maternité sont toutes deux établies au jour de la déclaration de naissance, les parents vont pouvoir exercer la faculté de choix qui leur est ouverte par l'alinéa 1er de l'article 311-21, sans être bridés par la règle énoncée par le troisième alinéa du même texte. Autrement dit, ils pourront parfaitement choisir pour ce deuxième enfant un double nom ou même le seul nom du père, de sorte qu'il pourra

1. CEDH 22 févr. 1994, req. no 16213/90, série A, no 280-B, Burghartz c/Suisse; *D.* 1995, J. 5, note Marguénaud.
2. F. Laroche-Gisserot, *Les droits de l'enfant,* 2e éd., Dalloz, 2003.
3. Hauser, obs. ss CA Agen, 2 juill. 2009, *RTD civ.* 2009, 694.
4. J. Massip, *Le nom de famille,* Éd. Defrénois, 2005, nos 17 et 40.
5. J. Massip, « Incidences de l'ordonnance relative à la filiation sur le nom de famille (suite et fin) », *Dr. fam.* 2006, étude 8, nos 2 et 10; *Le nouveau droit de la filiation,* Éd. Defrénois, 2006, p. 209 s., no 72.

porter un nom différent de celui attribué au premier enfant.

Une autre difficulté a également été réglée par l'ordonnance du 4 juillet 2005 qui avait trait, précisément, au cas des enfants issus de couples non mariés pour lesquels les filiations maternelle et paternelle peuvent être établies successivement, postérieurement à la naissance. Pour prendre le même exemple que précédemment, il s'agit du cas du premier enfant du couple. Pour un tel enfant qui, initialement, se voit attribuer le nom de la mère, la loi prévoit une possibilité de changement de nom. En effet, les parents peuvent, lors de l'établissement de la paternité, choisir, par déclaration conjointe, de substituer le nom du père au nom de la mère ou de faire bénéficier l'enfant d'un double nom (v. s[s] n° 231.143). Les parents peuvent-ils, dans ce cas, faire par cette déclaration conjointe un choix différent de celui qu'ils ont pu faire, dans l'intervalle, pour leur deuxième enfant ? Ou encore, et inversement, peuvent-ils, après avoir obtenu la modification du nom de leur premier enfant, faire, lors de la naissance du deuxième, le choix d'un nom différent de celui désormais porté par le premier ? La réponse à ces questions est donnée par l'ordonnance du 4 juillet 2005, respectivement, aux alinéas troisièmes de l'article 311-23 : « *Lorsqu'il a déjà été fait application de l'article 311-21 ou du deuxième alinéa du présent article à l'égard d'un enfant commun, la déclaration de changement de nom ne peut avoir d'autre effet que de donner le nom précédemment dévolu ou choisi* » et de l'article 311-21 : « *Lorsqu'il a déjà été fait application du présent article ou du deuxième alinéa de l'article 311-23 à l'égard d'un enfant commun, le nom précédemment dévolu ou choisi vaut pour les autres enfants communs.* » Bref, dans ces cas de changement de nom, le respect des choix opérés au sein de la fratrie s'impose.

Toutefois, il reste que **l'unité au sein de la fratrie ne s'impose que dans les cas où un choix (exprès ou tacite) a été opéré**, de sorte que les hypothèses où les différents enfants d'un même couple ne portent pas le même nom, pourtant dit « de famille », ne sont pas d'école. Prenons, de nouveau, le cas d'un aîné ayant fait l'objet d'un établissement de la maternité à la naissance et de la paternité après celle-ci et qui, donc, porte le nom de sa mère. Outre le cas, déjà évoqué, du second enfant pour lequel les parents bénéficieraient d'une possibilité de choix, on peut aussi penser à l'hypothèse où ce second enfant ne serait pas non plus dans une configuration ouvrant un choix. Ainsi, si le second enfant a eu sa filiation établie à l'égard du père à la naissance, et à l'égard de la mère par reconnaissance postérieure (cette situation n'a certes pas vocation à être fréquente, mais le cas d'une absence d'indication du nom de la mère dans l'acte de naissance est tout de même possible), il va, quant à lui, se voir attribuer le nom de son père. En outre, si les parents souhaitent obtenir la modification du nom du premier ou du second enfant par déclaration conjointe, ils ne sont pas tenus, là non plus, de choisir le nom attribué à l'autre enfant. De plus, on peut relever que les règles destinées à assurer l'unité de nom ne sont pas applicables à l'enfant faisant l'objet d'une adoption simple et qui peut ainsi fort bien se voir attribuer un nom différent de celui des autres enfants, par le sang ou adoptifs, du même couple (v. s[s] n°s 222.90 s.). En définitive, même si les réformes récentes ont entendu gommer toute différence entre les filiations, on doit se rendre à l'évidence que, comme par le passé, **c'est seulement pour les enfants communs d'un couple marié que l'unité de nom est véritablement effective**.

La portée de la règle étant ainsi circonscrite, il reste qu'elle a vocation à s'appliquer à toutes les formes de nom, que celui-ci soit monoparental ou biparental et qu'il résulte de l'accord des parents ou de la règle subsidiaire posée par la loi (à cet égard, la dualité de vocables, « dévolu ou choisi », utilisée par les textes est éloquente). Cela étant, en pratique, la mise en œuvre de la règle ne sera pas facile à réaliser puisque l'existence d'enfants plus âgés pourra être cachée à l'officier de l'état civil. Une telle fraude est aisée dans la famille hors mariage dans laquelle la possession d'un livret de famille n'est que facultative. Elle n'est pas inconcevable en présence d'enfants issus d'un couple marié, dans la mesure où l'officier de l'état civil sera conduit à se fier à la déclaration des parents s'ils soutiennent avoir égaré ou oublié leur livret de famille. Certes, le décret du 29 octobre 2004 a perçu la difficulté et a entendu y remédier. Toutefois, en imposant, dans son article 1er, que par leur déclaration conjointe opérant mise en œuvre de l'option, « *les parents attestent sur l'honneur que le choix de nom concerne leur premier enfant commun* », il ne fait que s'en remettre à la probité des parents. Moins confiante en cette dernière, la circulaire du 6 décembre 2004 (v. s[s] n° 61.12), prescrivait aux officiers de l'état civil d'exiger une copie intégrale de l'acte de naissance du premier enfant commun et, en l'absence de cette pièce, d'enregistrer la naissance en faisant application des dispositions supplétives de l'article 311-21 du Code civil. Cette solution, qui conduit à ne pas tenir compte de la déclaration conjointe des parents, n'est pas satisfaisante[1]. Elle revient, en quelque sorte, à présumer la fraude des parents, là où il serait préférable d'admettre seulement l'exer-

1. J. Massip, « Commentaire de la loi n° 2002-304 du 4 mars 2002, de la loi n° 2003-516 du 18 juin 2003 et de leurs textes d'application », *Defrénois* 2005, n° 10, p. 279.

cice, *a posteriori*, d'une action en rectification, fondée sur l'article 99 du Code civil, dans le cas où l'inexactitude de la déclaration serait établie.

231.114 Principe de l'irrévocabilité du nom choisi. L'article 311-24 du Code civil, précise que la faculté de choix, ouverte en application des articles 311-21 et 311-23, ne peut être exercée qu'une seule fois. La solution, de bon sens, s'impose par un raisonnement *a fortiori* tiré des règles énoncées pour le cas des fratries : si les parents, à qui une faculté de choix a déjà été ouverte pour un enfant, ne peuvent pas, pour un autre enfant commun, exercer un choix aboutissant à lui conférer un nom différent de celui attribué au premier, il est clair qu'ils peuvent encore moins, pour un même enfant, exercer une nouvelle fois une faculté de choix qui leur a déjà été ouverte. Cela étant, l'utilité de la précision ainsi donnée, aujourd'hui par l'article 311-24, se vérifiait surtout à l'époque où elle a été introduite par la loi du 18 juin 2003 (C. civ., anc. art. 311-23), époque où la légitimation existait encore[1].

§ 2
Distinctions selon l'établissement de la filiation

231.120 Nouvelle *summa divisio*. Transcendant les différentes formes de filiations, dont la disparition n'a été consommée que par l'ordonnance du 4 juillet 2005, la réforme du nom a retenu une nouvelle distinction fondée sur une considération d'ordre exclusivement chronologique de l'établissement de la filiation et conditionnant principalement l'existence d'une faculté d'option. De deux choses l'une, en effet. Ou bien la filiation de l'enfant est établie à l'égard de ses deux parents au plus tard le jour de la déclaration de naissance ou après, mais simultanément, et la règle est alors que les parents vont pouvoir choisir le nom dévolu à leur enfant (A). Ou bien, tel n'est pas le cas, et ce choix n'existe pas. Au demeurant, dans cette seconde configuration, on peut opérer une nouvelle distinction et différencier le cas d'une filiation établie successivement après la déclaration de naissance (B), et celui d'une filiation établie à l'égard d'un seul parent (C).

On observera que ces distinctions laissent à la marge les enfants nés de parents inconnus, pour lesquels les lois nouvelles n'ont pas apporté de modifications, de sorte que, pour ce qui les concerne, on renverra aux développements qui leur ont été préalablement consacrés (v. s[s] n°s 231.81 et 231.82).

A.
Filiation établie à l'égard des deux parents au jour de la déclaration ou postérieurement mais simultanément

231.130 Enfants concernés. C'est là que, sans l'avouer, les nouvelles règles de dévolution du nom conduisent nécessairement à réintroduire une distinction selon la situation matrimoniale des parents de l'enfant. En effet, l'enfant issu d'un couple marié ne pourra être que dans cette configuration d'une filiation simultanément établie à l'égard des deux parents, et ce n'est que pour l'enfant issu d'un couple non marié que tel peut ne pas être le cas. Autrement dit, sont ici visés tous les enfants issus d'un couple marié, auxquels il convient d'assimiler, dans une certaine mesure, les enfants adoptés par un couple (qui ne peut être que marié); tandis que, pour les enfants issus de parents non mariés, seuls certains d'entre eux sont concernés.

231.131 Enfants issus d'un couple marié. En règle générale, ces enfants seront dans la situation d'une filiation établie simultanément à l'égard des deux parents au jour de la déclaration de naissance (puisque l'indication du nom de la mère dans l'acte établira la filiation à l'égard de celle-ci et déclenchera l'application de la présomption de paternité à l'égard de son mari). Pour eux, les parents pourront donc choisir le nom qu'ils souhaitent lui transmettre. Ce choix doit alors être opéré au moment de l'établissement de l'acte de naissance du premier enfant du couple pour lequel ce choix a été ouvert (v. s[s] n°s 231.107 et 231.113), à défaut c'est le nom du père qui sera censé avoir été choisi et qui s'imposera pour les autres enfants du couple. Dans ce cas, une modification du nom attribué à la naissance ne pourrait se réaliser que selon la procédure générale de changement de nom prévue par l'article 61 du Code civil.

Bien évidemment, **ce choix sera en revanche impossible pour les enfants nés d'une femme mariée lorsque la présomption de paternité est écartée,** soit que l'enfant ait été conçu pendant une période de séparation légale, soit que l'acte de naissance ne désigne pas le mari en qualité de père (C. civ., art. 313). Dans les deux cas, l'enfant n'est pas issu du couple marié et est soumis aux règles qui gouvernent le nom de l'enfant né hors mariage (si la filiation paternelle d'un tiers n'est pas établie lors de la naissance, il se verra attribuer le nom de sa mère à l'égard de laquelle la filiation est seule établie par l'indication de son nom dans l'acte de naissance).

1. J. Massip, « La modification de la loi sur le nom de famille ou l'histoire d'une occasion manquée », *Defrénois* 2003, p. 1221 s., et plus précisément, n° 8.

Une difficulté peut en revanche naître de la circonstance que la paternité du mari, *a priori* exclue, peut, en définitive, être avérée. Trois hypothèses peuvent poser des difficultés :

– la présomption de paternité, écartée sur le fondement de l'article 313, est rétablie de plein droit par la possession d'état conformément à l'article 314 du Code civil;

– la présomption de paternité, pareillement écartée est rétablie judiciairement par la preuve de la paternité du mari en vertu des articles 315 et 329,

– la paternité du mari est établie par une reconnaissance, ainsi que le prévoit l'article 315 qui renvoie alors aux articles 316 et 320.

En pareilles situations, l'enfant se verra initialement attribuer un nom qui ne sera pas choisi par ses parents. La question est alors de savoir si, après rétablissement de la paternité, on peut – au moins dans les deux premières hypothèses – considérer la filiation comme établie simultanément au sens de l'article 311-21 du Code civil. À l'admettre, il faudrait considérer que l'enfant dont la filiation est ainsi établie pourrait faire l'objet d'une déclaration conjointe conduisant – par le biais d'une action en rectification d'état ? – à rectifier son nom. Et, surtout, en cas de désaccord entre les parents d'un enfant portant le nom de sa mère, l'un des parents pourra-t-il alors exiger l'application de la règle subsidiaire de l'article 311-21 désignant le nom du père ? Pour éviter les discussions, peut-on soutenir que la déclaration devant être faite avant la déclaration de naissance, l'option n'est plus ouverte si la filiation à l'égard du couple est rétablie – pourtant de façon logiquement rétroactive – postérieurement ? Selon nous, il serait plus sage d'admettre que, dans ces hypothèses, la fiction de la rétroactivité doit être écartée. L'établissement de la paternité n'est, en pratique, effectif qu'au moment de l'établissement de l'acte de notoriété ou au moment où la preuve de la paternité est rapportée et, *a fortiori* dans le dernier cas, seulement lors de la reconnaissance, de sorte que la filiation n'est pas établie simultanément à l'égard des deux époux (v. s[s] n° 231.142).

Quant au cas d'une **filiation établie simultanément à l'égard des deux membres du couple, postérieurement à la naissance**, on peut douter qu'il soit concevable. L'hypothèse à envisager est alors celle d'une action en recherche de maternité (C. civ., art. 325) intentée après la naissance. Si cette action concerne une femme mariée, l'établissement de la filiation maternelle ne peut-il pas déclencher l'application de la présomption de paternité qui pèserait sur le mari ? Sans qu'il soit ici question d'entrer dans le débat (sur la filiation par procréation, v. s[s] n°s 210.11 s.), on peut seulement dire que certains auteurs doutent que l'action en recherche de maternité puisse avoir un effet étendu au mari[1] et que surtout, à notre sens, même si tel pouvait être le cas, on serait, en pratique, vraisemblablement en présence d'une exclusion de la présomption de paternité (si l'action en recherche de maternité peut être exercée, c'est que l'enfant n'a ni titre, ni possession d'état à l'égard de la mère; dans ce cas, l'acte de naissance ne pourra pas désigner le mari en qualité de père).

231.132 Enfants adoptés par deux époux. En cas d'**adoption plénière par deux époux**, on se trouve dans une situation où, par hypothèse, la filiation va être établie simultanément à l'égard des deux parents adoptifs. Aussi, rien d'étonnant à ce qu'un renvoi soit alors fait aux règles de l'article 311-21 (C. civ., art. 357, al. 2). Le nom d'origine disparaît (C. civ., art. 357, al. 1er) et est remplacé par celui que choisissent les adoptants. S'ouvre à eux le triple choix entre le nom du père, celui de la mère ou les deux noms accolés selon les modalités générales (v. s[s] n°s 231.103 s.). À défaut d'exercice du choix ouvert, l'enfant prendra le nom du mari. La seule hésitation pouvait concerner l'**adoption plénière de l'enfant du conjoint** : l'option devait-elle être ouverte dans ce cas, alors que, par hypothèse, paternité et maternité ne sont pas établies simultanément ? Dans la mesure où, selon le deuxième alinéa de l'article 356 du Code civil, une telle adoption laisse subsister la filiation d'origine à l'égard du conjoint de l'adoptant et « *produit, pour le surplus, les effets d'une adoption par deux époux* », on pouvait penser que le choix du nom pouvait s'exercer, et c'est dans ce sens que s'est prononcé la circulaire du 6 décembre 2004 (v. s[s] n° 61.12).

En matière d'**adoption simple par deux époux**, le nom ajouté au nom de l'adopté est, selon le troisième alinéa de l'article 363, « *à la demande des adoptants, soit celui du mari, soit celui de la femme, dans la limite d'un nom pour chacun d'eux* ». À défaut d'accord entre eux, il s'agira du premier nom du mari. Pour éviter que l'enfant dispose d'un nom triple, la loi prévoit que s'il portait à l'origine un double nom de famille, le choix du nom conservé appartient aux adoptants, sous réserve du consentement de l'adopté de plus de treize ans. En cas de désaccord ou à défaut de choix, la loi tranche en faveur du premier nom de l'adopté auquel est ajouté le nom choisi par les adoptants ou, à défaut, celui du mari. Précisons que dans tous ces cas d'adjonction, le nom qui en résultera sera un nom composé, et non pas un double nom, avec cette conséquence qu'il ne pourra pas être divisé pour les descendants (v. s[s] n° 231.104). La prohibition du nom de famille à trois éléments conduira les adop-

1. J. Massip, *Le nouveau droit de la filiation,* Éd. Defrénois, 2006, n° 40 – MALAURIE et FULCHIRON, n°s 1262 et 1263.

tants désirant que l'enfant porte le nom de chacun d'eux à introduire, sur le fondement de l'alinéa 4 de l'article 363, une demande de substitution des noms des adoptants à celui de l'adopté. Cette substitution, subordonnée au consentement de l'adopté âgé de plus de treize ans, offre alors (du moins, quand elle est mise en œuvre lors du jugement d'adoption, v. s^s n° 231.107) le triple choix entre le nom du mari, celui de la femme, ou bien encore leurs deux noms accolés (dans l'ordre choisi par eux et dans la limite d'un seul nom pour chacun), sans que la loi précise le nom attribué en cas de désaccord des adoptants. On observera que le législateur n'a pas saisi l'occasion d'accorder, à l'adopté simple majeur, la possibilité de conserver intact son nom d'origine (v. s^s n° 231.73), mais on rappellera aussi que la Cour de cassation, quant à elle, est peut-être prête à s'engager dans cette voie [1].

Pour des exemples concrets des possibilités ouvertes en cas d'adoption, le lecteur voudra bien se référer aux développements relatifs à cette institution (sur l'adoption, v. s^s n°s 220.11 s. à 224.11 s.).

231.133 Enfants nés hors mariage. En filigrane de l'article 311-21 alinéa 1er du Code civil, il est possible de distinguer **trois hypothèses** dans lesquelles **le nom transmis à l'enfant né hors mariage pourra être choisi**. Tel est le cas lorsque la filiation est établie à l'égard des deux parents au plus tard lors de la déclaration de naissance, ou bien simultanément, ainsi par reconnaissances concomitantes faites avant la naissance ou lors de la déclaration (1re hypothèse), ou bien successivement, par exemple par reconnaissance prénatale du père et par indication du nom de la mère dans l'acte de naissance (2e hypothèse) et également, quoique plus rarement, lorsque la filiation est établie simultanément à l'égard des deux parents après la naissance (3e hypothèse). Une difficulté peut surgir dans la dernière hypothèse, c'est-à-dire en pratique en cas de reconnaissances simultanées postérieures à la déclaration de naissance. En effet, l'existence de reconnaissances simultanées n'implique pas nécessairement que la filiation ait été établie simultanément à l'égard des deux parents [2]. Ainsi est-il concevable que la filiation maternelle soit préalablement établie par l'indication du nom de la mère dans l'acte de naissance, en application de l'article 311-25. Elle peut aussi l'être par la seule possession d'état constatée par un acte de notoriété. Dans de telles situations, la condition de simultanéité posée par l'article 311-21 n'apparaît pas remplie. Dès lors, la déclaration conjointe relative au nom devrait être impossible. La solution n'est guère satisfaisante. D'une part, elle réduit comme une peau de chagrin la seconde hypothèse de l'article 311-21 alinéa 1er. D'autre part, elle méprise la volonté commune des parents exprimée à l'occasion de leurs reconnaissances concomitantes. Il n'en demeure pas moins que, ni l'officier de l'état civil, ni le procureur de la République par voie de rectification administrative, ni le président du tribunal de grande instance n'ont le pouvoir de modifier le nom de l'enfant tel qu'il résulte de l'acte de naissance. Heureusement, il sera dans ce cas possible aux parents d'exprimer leur choix par le biais de la déclaration conjointe du deuxième alinéa de l'article 311-23 du Code civil (v. s^s n° 231.143).

Quoi qu'il en soit, rappelons brièvement, que pour cet enfant né hors mariage dont la filiation est établie dans les conditions de l'article 311-21 alinéa 1er, les parents pourront choisir le nom transmis entre les trois branches de l'option générale qui leur est ouverte. À défaut d'un choix exprimé par eux, le nom attribué à l'enfant va, dans la première et la troisième hypothèse, être celui du père et, dans la deuxième, sera déterminé par la règle de la priorité chronologique.

B.
Filiation établie successivement à l'égard des deux parents après la déclaration de naissance

231.141 Inégalité entre les enfants selon le statut matrimonial de leurs parents. En présence d'une **filiation établie de manière successive après la déclaration de naissance**, le principe est celui de **l'absence d'option**. Cette hypothèse ne peut pas concerner l'enfant commun d'un couple marié, pour lequel la filiation est nécessairement établie simultanément à l'égard de la mère et de son mari. Tout au plus peut-il y avoir hésitation, ainsi que nous l'avons déjà suggéré (v. s^s n° 231.131), pour le cas d'un rétablissement de la présomption de paternité. Sous cette réserve éventuelle, il apparaît que ce sont seulement les enfants issus d'une relation hors mariage qui peuvent être placés dans une situation où l'option n'existe pas.

Dans ce cas, le nom est imposé et ne peut pas être choisi.

C'est alors l'alinéa 1er de l'article 311-23 du Code civil qui, aujourd'hui [3], dispose que « *lorsque la filia-*

1. Civ. 1re, 11 juill. 2006, n° 03-14.747, *Bull. civ.* I, n° 383 ; *D.* 2006, IR. 2273 ; *RTD civ.* 2006, 735, obs. Hauser.
2. J. Massip, « Commentaire de la loi n° 2002-304 du 4 mars 2002, de la loi n° 2003-516 du 18 juin 2003 et de leurs textes d'application », *Defrénois* 2005, n° 15.
3. V. Ord. 4 juill. 2005, ayant abrogé les articles 334-1 et 334-2 et modifié en conséquence l'article 311-23 – lequel a, depuis lors, été retouché par la loi n° 2009-61 du 16 janvier 2009.

tion n'est établie qu'à l'égard d'un parent, l'enfant prend le nom de ce parent ». Le texte poursuit en prévoyant, lors de l'établissement du second lien de filiation, une possibilité de modification du nom initialement dévolu (C. civ., art. 311-23, al. 2).

Ce texte concerne, en premier lieu, l'enfant qui avait sa filiation établie à l'égard d'un de ses parents lors de la déclaration de naissance et dont la filiation à l'égard de l'autre parent n'a été établie qu'ultérieurement. En particulier, il pourra s'agir d'un enfant pour lequel la maternité a été établie par l'indication du nom de la mère dans l'acte de naissance (ainsi qu'en dispose, aujourd'hui, l'article 311-25), et qui a ensuite fait l'objet d'une reconnaissance par le père.

Mais, il régit aussi le sort de l'enfant dont la filiation vient à être établie, à l'égard de chacun des deux parents, postérieurement à la naissance et de manière successive. Cette situation - qui n'a certes pas vocation à se rencontrer fréquemment - n'était pas expressément réglée par le texte tel qu'il était résulté de l'ordonnance du 4 juillet 2005, lequel texte ne concernait alors, à la lettre, que l'hypothèse où « *la filiation n'est établie qu'à l'égard d'un parent **à la date de la déclaration de naissance*** ». Monsieur Massip, avait d'ailleurs relevé l'existence d'« un trou » ainsi laissé par la rédaction de l'article 311-23, « trou » qui n'existe plus avec la modification apportée à ce texte par la loi de ratification n° 2009-61 du 16 janvier 2009.[1]

Dans ces différents cas, le nom attribué à l'enfant est en effet imposé par l'ordre chronologique d'établissement de la maternité et de la paternité. Toutefois, ce nom va pouvoir ensuite être modifié et les parents pourront alors exercer l'option par le biais d'une déclaration conjointe (C. civ., art. 311-23, al. 2).

231.142 Principe chronologique. Si la filiation d'un enfant, par hypothèse issu d'un couple non marié, n'est pas établie à l'égard de ses deux parents, successivement ou simultanément, au plus tard lors de la rédaction de l'acte de naissance et qu'après cette déclaration elle ne l'est pas simultanément, l'enfant prend, comme par le passé, le nom de celui de ses parents à l'égard duquel la filiation a été établie en premier lieu. Outre l'irritante hypothèse des reconnaissances faites à quelques minutes ou quelques heures d'intervalle (v. s[s] n° 231.52), la question de la chronologie de l'établissement des filiations maternelle et paternelle peut toujours se poser dans le cas d'un établissement par la possession d'état. En effet, quel est alors le moment qui doit être retenu comme marquant la date d'établissement de la filiation par la possession d'état ? Logiquement, on devrait se référer à la date à laquelle celle-ci a été constituée, sans tenir compte de la date de sa constatation qui peut être tardive[2]. Néanmoins, on doit convenir qu'il serait plus pratique de s'en tenir à la date à laquelle la preuve de la possession d'état est rapportée, c'est-à-dire la date de l'acte de notoriété[3]. En ce sens, on peut faire valoir l'article 310-1 qui dispose que « *la filiation est légalement établie* [...] *par l'effet de la loi, par la reconnaissance volontaire ou par la possession d'état **constatée par un acte de notoriété*** ». Dans un même ordre d'idée, lorsque l'établissement de la filiation résulte d'un jugement - que ce jugement soit rendu sur action en recherche de maternité ou de paternité, sur action en rétablissement de la présomption de paternité, ou sur action en constatation de la possession d'état - c'est la date du jugement (ou, plus précisément, celle à laquelle il est devenu irrévocable) qui, raisonnablement, doit être prise en compte. À partir de là, si les liens maternel et paternel sont tous deux établis par jugement, il ne pourra s'agir que de deux jugements distincts, rendus à des dates que l'on peut espérer aussi distinctes, de sorte que le principe chronologique déterminera le nom attribué à l'enfant. Mais, dans un tel cas, il est vrai que le nom ainsi dévolu à l'enfant pourra être modifié, soit sur déclaration conjointe (ce qui est néanmoins peu probable), soit peut-être sur décision du juge statuant sur la seconde action si l'on en croit l'article 331 du Code civil (ce qui constituerait le seul cas où, depuis l'entrée en vigueur de la réforme de la filiation, une modification judiciaire serait admise, v. s[s] n° 231.144).

231.143 Correctif de la déclaration conjointe. En vertu de l'alinéa 2 l'article 311-23 du Code civil, les parents pourront, « *lors de l'établissement du second lien de filiation puis durant la minorité de l'enfant* », décider, par une déclaration conjointe faite devant l'officier de l'état que l'enfant prendra ou bien, par substitution, le nom de celui de ses parents à l'égard duquel la filiation a été établie en second lieu ou bien, par adjonction, leurs deux noms accolés, dans l'ordre choisi par eux, et dans la limite d'un nom de famille (c'est-à-dire d'un élément composant le nom de famille en cas de nom double) pour chacun d'eux. Bien évidemment, le

1. J. Massip, « Incidences de l'ordonnance relative à la filiation sur le nom de famille », *Dr. fam.* 2006, étude 8, n° 3.

2. EN CE SENS, HAUSER et HUET-WEILLER, t. I, 1993, n° 766 – RÉP. CIV., F. Laroche-Gisserot, *V° Nom-Prénom*, n° 27 – J. Massip, « Possession d'état, nom et état civil », *Dr. fam.* 2000, chron. 19.

3. EN CE SENS, J.-CL. CIV., M.-L. Cicile-Delfosse, art. 311-21 à 311-23, n°s 81 s. – D. Huet-Weiller, « L'établissement de la filiation naturelle par la possession d'état », *D.* 1982, chron. 185.

consentement du mineur âgé de plus de treize ans est alors nécessaire. Quant à la question de savoir s'il est possible, le cas échéant, de conférer à l'enfant uniquement une partie du double nom de l'un de ses parents, elle n'est pas résolue par l'article 311-23, mais il paraîtrait logique de l'admettre par imitation du cas où l'option est initialement ouverte (C. civ., art. 311-21, al. dern.).

Pour cette déclaration conjointe modificative, l'article 10 du décret du 29 octobre 2004, précise qu'elle requiert la comparution personnelle des père et mère devant l'officier de l'état civil. En revanche, le consentement de l'enfant âgé de plus de treize ans, ne nécessite pas forcément sa présence et il pourra aussi résulter de la présentation d'un écrit.

La question qui se pose est celle de savoir à quel moment doit se faire cette déclaration : doit-elle nécessairement être effectuée au moment de l'établissement du second lien de filiation ou peut-elle intervenir durant toute la minorité de l'enfant ? La seconde solution est celle qui correspond à l'intention du législateur (en ce sens : anc. art. 334-2, réd. L. 4 mars 2002).

231.144 Disparition de la modification judiciaire. Les lois de 2002 et 2003 avaient maintenu la possibilité d'obtenir une modification du nom de l'enfant, alors dit « naturel », par demande adressée au juge aux affaires familiales (C. civ., anc. art. 334-3). Mais l'ordonnance du 4 juillet 2005 a abrogé cette disposition, de sorte que, depuis le 1er juillet 2006 (date d'entrée en vigueur de cette ordonnance d'application immédiate, v. ss no 231.13), il n'est plus possible, en l'absence d'accord des parents, d'obtenir une modification du nom de l'enfant en saisissant le juge. La seule réserve concerne l'hypothèse d'un établissement judiciaire du second lien, puisque l'article 331 maintient alors la possibilité pour le juge de statuer, s'il y a lieu, sur l'attribution du nom, mais on peut penser qu'il s'agit seulement d'une inadvertance des rédacteurs de l'ordonnance[1].

C.
Filiation établie à l'égard d'un seul parent

231.151 Enfants concernés. Sous cet intitulé, il convient d'envisager, non seulement le cas de la famille par le sang dans laquelle la filiation ne serait établie qu'à l'égard d'un seul parent (ce qui, au demeurant, ne peut se produire que pour un enfant né hors mariage), mais aussi celui de l'enfant adopté par une personne seule.

231.152 Enfant né hors mariage et dont la filiation n'est établie qu'à l'égard d'un parent. Les enfants dont la filiation n'est établie qu'à l'égard d'un seul parent n'entrent pas dans le domaine de l'article 311-21 du Code civil. Quant à l'article 311-23 dans sa rédaction antérieure à la loi du 16 janvier 2009, il ne concernait expressément, là aussi (v. ss no 231.141), que l'enfant dont l'unique filiation aurait été établie dès la déclaration de naissance et laissait en suspens le sort de celui pour qui ce lien unique serait établi ultérieurement. Avec la nouvelle rédaction donnée à l'article 311-23 par la loi du 16 janvier 2009 on doit incontestablement admettre que, dans un cas comme dans l'autre, ces enfants porteront nécessairement le nom de leur parent. Le seul cas à mettre à part serait celui de l'enfant, sans filiation établie au jour de la naissance et pour qui, comme c'est alors la règle, l'officier de l'état civil a choisi trois prénoms dont le dernier tient lieu de nom de famille (C. civ., art. 57). Si la filiation vient ensuite à être établie après la majorité de l'intéressé, cela n'emportera, conformément à la règle énoncée par le second alinéa de l'article 61-3 (dont la substance n'a pas été affectée par les réformes récentes), modification du nom de l'enfant majeur que s'il y consent, de sorte qu'il pourrait ne pas prendre le nom de son parent.

Reste que l'on peut se demander quelles sont les possibilités, lorsque l'enfant prend le nom de son unique parent, mais qu'il se trouve qu'il s'agit d'un double nom ? Le double nom est-il inéluctable ou est-il possible de choisir de ne transmettre à l'enfant qu'un seul élément de ce nom ? Les textes ne le prévoient pas et on ne peut se servir ici d'une analogie avec la règle énoncée par le dernier alinéa de l'article 311-21, puisqu'aucune déclaration « conjointe » n'est envisageable.

231.153 Suppression de la dation de nom. En aucun cas, l'enfant n'ayant de filiation établie qu'à l'égard d'un seul parent ne pourra se voir attribuer le nom d'une tierce personne. La dation de nom, qui existait auparavant (v. ss no 231.64), était très contestée, en ce qu'elle aboutissait à donner à l'enfant le nom d'un pseudo-père à l'égard duquel aucun lien de filiation n'était établi, de sorte qu'il s'agissait simplement de reproduire fictivement le modèle patriarcal au risque de causer un inutile préjudice à l'enfant en cas de divorce du couple. De telles critiques ont été finalement entendues par le législateur puisque, après avoir maintenu la dation de nom en la bilatéralisant dans la loi du 4 mars 2002, il l'a finalement supprimée avec celle du 18 juin 2003. De façon surprenante, l'abolition de cette fiction n'a pas été absolue, puisque le législa-

1. J. Massip, « Incidences de l'ordonnance relative à la filiation sur le nom de famille », *Dr. fam.* 2006, étude 8, no 4.

teur a laissé survivre une hypothèse de dation au bénéfice (*sic*) de l'enfant adopté.

231.154 Adoption plénière par une seule personne. Dans ce cas (qui doit être différencié de celui d'une adoption de l'enfant du conjoint, v. s[s] n° 231.132), l'enfant prendra le **nom de l'adoptant** (C. civ., art. 357, al. 1er, inchangé). La loi ne précise pas si, dans l'éventualité où l'adoptant porterait un double nom, il est possible de ne conférer à l'adopté qu'un seul élément de ce double nom et on peut penser qu'une telle possibilité est ici aussi exclue (v. s[s] n° 231.152). De façon incompréhensible, la loi du 18 juin 2003 a conservé, dans cette hypothèse, l'institution de la **dation de nom** tout en la bilatéralisant (C. civ., art. 357, al. 4). Ainsi si l'adoptant, homme ou femme, est marié, le tribunal peut, dans le jugement d'adoption, décider, à la demande de l'adoptant, que le nom de son conjoint, sous réserve du consentement de celui-ci, sera conféré à l'enfant. Bien évidemment, la règle devait aussi prendre acte du principal apport de la réforme : le **double nom de famille**. Aussi, le texte s'allonge-t-il par rapport à son ancienne version pour préciser que le tribunal peut également, à la demande de l'adoptant et sous réserve du consentement de son conjoint, conférer à l'enfant les **noms accolés des époux** dans l'ordre choisi par eux et dans la limite d'un nom de famille pour chacun d'eux. Quant au cinquième alinéa de l'article 357, il précise, de manière là aussi bilatéralisée, que : « *Si le mari ou la femme de l'adoptant est décédé ou dans l'impossibilité de manifester sa volonté, le tribunal apprécie souverainement la demande après avoir consulté les héritiers du défunt ou ses successibles les plus proches* ». Cette dernière hypothèse met en exergue l'étrangeté de l'institution. Elle admet qu'un enfant adopté puisse porter le nom d'un mort avec lequel il n'a jamais eu de lien de parenté et avec lequel, par hypothèse, il ne vivra pas. Conservant de façon contestable la dation de nom, le législateur aurait pu au moins transposer la faculté, accordée par le passé à l'enfant, dit « naturel », devenu majeur, dans l'ancien article 334-5 alinéa 2, de saisir le juge aux affaires familiales pour abandonner ce nom qu'il peut juger artificiel. Tel n'est pas le cas et si l'adopté souhaite se « débarrasser » de ce nom, il n'a pas de facilité particulière et peut seulement solliciter un changement de nom par application de l'article 61 du Code civil.

231.155 Adoption simple par une personne seule. La règle, inchangée, est toujours celle selon laquelle : « *L'adoption simple confère le nom de l'adoptant à l'adopté en l'ajoutant au nom de ce dernier* » (C. civ., art. 363). Le législateur est tout de même intervenu pour **limiter à deux le nombre des vocables pouvant composer le nom de l'adopté.** Si l'adopté et l'adoptant ou l'un d'entre eux portent un double nom de famille, le nom conféré à l'adopté résulte de l'adjonction du nom de l'adoptant à son propre nom, dans la limite d'un nom de famille (c'est-à-dire d'un vocable composant le nom de famille s'il est double) pour chacun d'eux. Le choix appartient à l'adoptant, qui doit recueillir le consentement de l'adopté si celui-ci est âgé de plus de treize ans. En cas de désaccord ou à défaut de choix, le législateur a retenu une règle de dévolution automatique et nécessairement arbitraire : le nom conféré à l'adopté résulte de l'adjonction du premier nom de l'adoptant au premier nom de l'adopté. Cet automatisme pourrait-il être adouci par le juge ? Celui-ci peut incontestablement alerter les intéressés sur leur possibilité d'exercer un choix. En revanche, il ne semble pas être en mesure, en cas de désaccord, de bouleverser la dévolution légale en donnant la possibilité à l'enfant de plus de treize ans et à l'adoptant de choisir leur second nom pour composer le nom double. Cette faculté créerait, il est vrai, une figure singulière. Elle aboutirait à un nom double qui serait le fruit d'un désaccord, mais qui serait composé de noms choisis conformément aux vœux de leur titulaire : en désaccord entre eux, en accord avec eux-mêmes ! Quoi qu'il en soit, il convient de rappeler que le nom qui résultera de l'adjonction d'une composante au moins du nom de l'adoptant, sera alors un nom composé (indivisible) et non pas un double nom[1] (v. s[s] n° 61.12). Indiquons, également brièvement, que si l'adoptant est marié, les dispositions des quatrième et cinquième alinéas de l'article 357 concernant l'adoption plénière sont applicables (renvoi opéré par l'art. 361). Enfin, rappelons aussi que, par exception, le tribunal peut décider, avec l'accord de l'enfant s'il a plus de treize ans, d'une substitution du nom de l'adoptant à celui de l'adopté (C. civ., art. 363, al. 4). Dans ce cas, si l'adoptant porte un double nom, il sera conféré, dans son intégralité à l'adopté, mais en conservant son caractère divisible[2] (v. s[s] n° 61.12).

SECTION 4
ADJONCTION D'UN NOM D'USAGE

231.161 Historique. À l'occasion du vote d'une loi relative à l'égalité des époux dans les régimes matrimoniaux et des parents dans la gestion des biens des enfants mineurs, la question avait été soulevée de savoir si le même souci d'égalité ne devait pas être étendu à la transmission du nom,

1. Circ. CIV./18/04 6 déc. 2004.
2. Circ. CIV./8/04, 6 déc. 2004.

alors dit patronymique. Finalement, le législateur refusa de modifier les règles de transmission du nom et préféra adapter à l'enfant la notion de **nom d'usage** connue jusqu'alors seulement par la femme mariée. Ainsi, les enfants allaient continuer à se voir transmis le nom d'un seul de leurs parents, souvent celui du père. Mais ce nom transmis allait désormais pouvoir être complété, à titre d'usage, par le nom de l'autre parent. L'article 43 de la loi du 23 décembre 1985[1] dispose : « *Toute personne majeure peut ajouter à son nom, à titre d'usage, le nom de celui de ses parents qui ne lui a pas transmis le sien. À l'égard des enfants mineurs, cette faculté est mise en œuvre par les titulaires de l'exercice de l'autorité parentale* ».

Ce « nouveau » nom plural ainsi créé reste difficile à nommer juridiquement[2]. L'expression « *nom d'usage* », telle qu'elle est utilisée dans la circulaire d'application du 26 juin 1986[3] et par certains auteurs[4], désigne l'ensemble constitué par les deux noms accolés. On peut néanmoins préférer, avec d'autres auteurs[5], réserver l'expression de nom d'usage au seul nom emprunté. Ainsi, la spécificité des deux éléments composant le nom est mieux illustrée : d'une part, le nom de famille (ou nom « patronymique », selon le vocabulaire juridique usité à l'époque de cette innovation) de l'enfant, c'est-à-dire le nom qui, dans le régime antérieur, lui a nécessairement été imposé en conséquence de sa filiation, nom dont il a bien sûr l'usage mais qui est, surtout, en principe indéfectiblement attaché à sa personne et transmissible à ses descendants; et, d'autre part, le nom d'usage, ainsi qualifié parce que l'usage en est, précisément, la marque essentielle, en ce sens qu'il appartient à l'enfant de l'utiliser ou non en l'adjoignant à son patronyme, mais il ne peut le transmettre à sa descendance.

En pratique, ce nom d'usage n'a pas eu un grand succès, sans doute parce qu'il est souvent méconnu ou mal compris (même par le garde des Sceaux[6]) et qu'il fait parfois l'objet de la résistance des administrations, notamment des écoles, réticentes à accepter ce facteur de complications.

1. Sur la genèse de la loi, R. Lindon, « La nouvelle disposition législative relative à la transmission du nom d'usage », *D.* 1986, chron. 82 – D. Cacheux, « La genèse de la législation sur le nom d'usage », *La nouvelle loi sur le nom : article 43 de la loi du 23 décembre 1985,* Journées d'études 15-16 déc. 1986 (organisées par le Laboratoire d'études et de recherches appliquées au droit privé), LGDJ, 1988.
2. Cornu, n° 642, spéc^t note 114.
3. Circ. 26 juin 1986, *D.* 1986, 393.
4. M. Grimaldi, « Approche critique sur le nom d'usage », *La nouvelle loi sur le nom,* colloque du Laboratoire d'études et de recherches de l'Université de Lille II, LGDJ, 1988.
5. Carbonnier, t. I, 2000, n° 29 – G. Goubeaux, *Les personnes,* LGDJ, 1989, n°s 134 et 138.
6. Rép. min. n° 14503, *JO Sénat* 27 mai 1999, p. 1772, commentée par J. Hauser, *RTD civ.* 2000, 84.

231.162 Destinée du nom d'usage. Le maintien de ce pis-aller dans la loi du 4 mars 2002 peut surprendre puisque les parents peuvent désormais conférer à l'enfant un double nom transmissible. Trois justifications peuvent néanmoins être proposées. Tout d'abord, la réforme n'a pas été immédiatement applicable et, même après son entrée en vigueur, de nombreux enfants restent soumis à l'ancien système (v. s^s n° 231.12). Ensuite, la possibilité d'une option devra être assimilée par les parents. Enfin, l'option doit parfois être exercée dans un court laps de temps et pourra alors parfois être impossible pour une raison extérieure à la volonté des parties. Il en est ainsi pour un enfant issu d'un couple marié, lorsque le père n'est pas présent lors de la déclaration de naissance. Dès lors, le nom d'usage pourra constituer une consolation pour les parents dont l'enfant est né trop tôt, mais aussi pour ceux qui n'ont pas eu accès à la réforme, soit parce qu'ils en ignoraient l'existence, soit parce qu'ils étaient dans l'impossibilité d'en solliciter le bénéfice. Par un curieux paradoxe, les deux premières justifications laissent intact le caractère transitoire du nom d'usage. Naguère présenté comme une transition vers un système plus égalitaire, il constitue désormais une transition avant l'entrée en vigueur, dans le droit et dans les mœurs, de la réforme.

§ 1
Caractères du nom d'usage

231.171 Un nom d'emprunt. Le nom d'usage est un nom d'emprunt[7]. Le nom emprunté par l'enfant est nécessairement le nom de famille du parent qui ne lui a pas transmis le sien. Ce ne peut donc pas être, d'une part le nom d'usage qu'en sa qualité d'enfant le parent aurait lui-même ajouté à son propre nom de famille, d'autre part le nom d'usage porté par le parent en sa qualité d'époux, c'est-à-dire qu'un enfant qui porte le nom de son père ne peut pas y ajouter, à titre d'usage, le nom du mari de sa mère que cette dernière aurait choisi de porter. Si M. A, fils de A et B, a un enfant avec Mme C, fille de C et D, et que l'enfant se voit attribuer le nom de son père, il va pouvoir ajouter à son nom, A, celui de sa mère et utiliser A-C comme nom. En revanche, cet enfant ne peut pas utiliser le nom D, même si sa mère en fait usage : il ne peut

7. M. Grimaldi, « Approche critique sur le nom d'usage », *La nouvelle loi sur le nom,* colloque du Laboratoire d'études et de recherches de l'Université de Lille II, LGDJ, 1988.

pas utiliser comme nom A-D et encore moins A-C-D. De même, si Mme C est mariée à un tiers, M. Y, et qu'elle fait usage du nom de son mari, l'enfant de celle-ci et de M. A, ne peut pas utiliser le nom de Y et se faire appeler A-Y ou A-C-Y. En outre, la circulaire d'application du 26 juin 1986, exclut toute possibilité de cumul de nom d'usage, en ce sens qu'une personne peut prendre l'usage du nom de son second parent, ou l'usage du nom de son conjoint, mais pas les deux. Ainsi, Mme C peut se faire appeler C-D ou C-Y, mais pas C-D-Y. Mais si son mari utilise lui-même le nom de sa mère, Z, et se fait appeler Y-Z, Mme C pourra se faire appeler C-Y-Z[1].

On peut en revanche se demander si ce nom d'emprunt peut être un double nom tel que résultant de la réforme du nom de famille et s'il peut s'ajouter au nom de famille de l'enfant dans le cas où ce dernier serait lui-même double. Par exemple, si le père porte le double nom A--B et qu'il est, cette fois, marié à la mère qui porte le double nom C--D, leur enfant qui, en l'absence de déclaration conjointe, porte le nom de son père (soit A--B), peut-il faire usage de la faculté prévue par l'article 43 de la loi du 23 décembre 1985 et utiliser le nom de A--B-C--D; doit-on, à l'opposé, lui refuser l'usage d'un nom d'emprunt sous prétexte qu'il a déjà un double nom; ou encore, peut-on lui permettre de renoncer à certains éléments composant les deux doubles noms pour pouvoir les accoler ? Par imitation des possibilités offertes, par l'article 311-21, aux parents dont l'un au moins porte un double nom, on serait tenté d'opter pour la dernière solution (et permettre à l'enfant de se faire appeler A-C, A-D, B-C ou B-D). Mais ce serait oublier que c'est le double nom du père qui a été attribué à l'enfant par la règle supplétive, et que l'irrévocabilité de cette option tacite s'impose (v. s[s] n° 231.114), de sorte que le nom de famille de l'enfant est A--B et que c'est seulement pour ses propres enfants qu'il pourra, éventuellement, dissocier les deux composantes de son nom.

Délicate peut aussi être la question de l'éventualité d'un nom d'usage en cas d'adoption simple. Certes, si une substitution du nom de l'adoptant a été décidée, on ne peut pas considérer le nom d'origine comme un nom qui pourrait être ajouté, à titre d'usage, au nom de l'adoptant[2]. En effet, ce nom d'origine, par exemple le nom du père par le sang, ne peut pas être considéré comme le nom du parent qui n'a pas transmis le sien, puisque, précisément, il avait, dans un premier temps été transmis. Mais, dans le cas normal d'une adjonction du nom de l'adoptant au nom de l'adopté, que doit-on décider dans l'hypothèse d'une adoption par un couple pour ce qui concerne le nom du membre de ce couple qui n'a pas été transmis ? Un enfant nommé Z qui fait l'objet d'une adoption par un couple composé de A et B, va se voir attribuer le nom de Z-A (nom composé, caractérisé par un trait d'union) ou celui de Z-B (outre, éventuellement, une possibilité d'interversion de l'ordre des noms ce que, par le passé, certains juges du fond ont pu admettre, v. s[s] n° 231.73). Dans une telle configuration, est-il possible d'ajouter à ce nom, à titre d'usage, le nom de B ou celui de A, selon le cas, et permettre ainsi à l'enfant de porter un triple nom ? *A priori*, aucun argument tiré des textes ne s'y oppose. Si, dans la même hypothèse, une substitution de nom a été décidée et que, en l'absence de choix des adoptants, l'enfant se soit vu attribuer le nom du mari, on admettrait que le nom de la mère adoptive constitue bien, pour cet enfant, « *le nom de celui de ses parents qui n'a pas transmis le sien* » et qui, en tant que tel, peut être ajouté à titre d'usage.

231.172 Un nom précaire. Le nom d'usage est précaire, en premier lieu, parce que l'adjonction est une simple faculté et qu'il est possible, après avoir adopté le double nom, de revenir au nom de famille simple. Notamment, les mineurs qui se sont vu imposer un nom d'usage par leurs parents peuvent, à leur majorité, l'abandonner sans perdre pour autant la possibilité de le reprendre par la suite. Précaire, en second lieu, parce que le nom d'usage n'est pas transmissible. C'était, au demeurant, la faiblesse originelle de ce nom d'usage en tant que moyen de promouvoir l'égalité des père et mère quant à la transmission du nom. En présence d'un enfant issu d'un couple marié, appelé enfant « légitime » lors de la réforme opérée par la loi du 23 décembre 1985, la création, par cette dernière, du nom d'usage permettait seulement de retarder la disparition du nom maternel d'une génération.

§ 2
Mise en œuvre du nom d'usage

231.181 Adjonction du nom d'usage. Au sein de la famille, l'adjonction du nom d'usage est un acte d'autorité parentale lorsque l'enfant est mineur. Le consentement ou l'avis de l'enfant n'est pas exigé par la loi du 23 décembre 1985, ni par sa circulaire d'application. L'article 61-3 alinéa 1er du Code civil qui exige le consentement personnel de l'enfant de plus de treize ans ne vise expressément que le changement de nom, il ne semble pas, par conséquent, pouvoir s'appliquer à l'adjonction d'un simple nom d'usage[3].

1. Rép. civ., F. Laroche-Gisserot, *V° Nom-Prénom*, n° 87.
2. Civ. 1re, 9 janv. 1996, n° 94-20.800, *Bull. civ.* I, n° 24; *D.* 1996, 600, note Massip – pour une critique : Cornu, 2005, p. 311.
3. Hauser, *RTD civ.* 1995, 861.

Quand les deux parents exercent en commun l'autorité parentale, cette faculté leur appartient donc à tous deux[1]. On a alors pu se demander si l'adjonction d'un nom d'usage pouvait être considérée comme un acte usuel qu'un seul des deux titulaires de l'exercice de l'autorité parentale pouvait accomplir sans le concours de l'autre - seule une opposition de l'autre parent faisant obstacle à l'adjonction ainsi que le préconise la circulaire du 26 juin 1986 qui enjoint à l'Administration de s'abstenir dans ce cas de déférer à la demande, jusqu'à ce que les parents aient saisi le juge pour faire trancher la difficulté[2]. Telle n'est pas la solution qui a été retenue par la Cour de cassation, laquelle exige l'accord préalable des deux parents pour solliciter l'adjonction, étant précisé qu'à défaut d'accord le juge peut autoriser cette adjonction[3].

Si l'autorité parentale est exercée par un seul parent, celui-ci décide seul de l'adjonction, la circulaire précisant que l'Administration n'a pas à tenir compte de l'opposition manifestée par l'autre parent. Par conséquent, il appartient à un seul parent de doter ou de dépouiller l'enfant de l'usage du nom de l'autre parent (sans qu'une autorisation judiciaire ne soit pour cela nécessaire, a précisé la Cour de cassation[4]). Ainsi, la faculté de donner à l'enfant le nom du père à titre d'usage peut constituer une compensation symbolique pour la mère délaissée qui, après l'établissement judiciaire de la filiation paternelle de son enfant, se heurterait au refus du père de procéder à une déclaration conjointe modificative du nom. À l'inverse, le père en conflit avec la mère exerçant seule l'autorité parentale sur un enfant né hors mariage, ne peut pas obtenir l'adjonction, à titre d'usage, de son nom à celui de la mère porté par l'enfant[5]. Cette situation a pu être critiquée et un auteur[6] a proposé, *de lege ferenda*, d'élargir la faculté de demander l'ajout, à titre d'usage, de son nom à celui de son enfant à tout parent dont la filiation est établie. Mais les modifications législatives récentes n'ont pas été l'occasion choisie pour le faire.

231.182 Liberté accordée aux intéressés. À l'égard de la société, la faculté d'adjonction est laissée par la circulaire à la volonté discrétionnaire des intéressés. Sans avoir besoin d'une autorisation de la puissance publique, toute personne peut exiger des administrations de se faire désigner par son nom de famille accompagné du nom d'usage, sous réserve d'apporter la justification du droit qu'elle fait valoir sur le nom d'un tiers. Sur les documents administratifs (passeport, carte d'identité...), les deux éléments du nom sont mentionnés de manière distincte afin d'éviter une confusion entre le nom de famille et le nom d'usage. L'ordre dans lequel est composé le nom est choisi librement. En revanche, le nom d'usage, comme celui de la femme mariée, ne donne lieu à aucune mention sur les registres de l'état civil et sur le livret de famille.

§ 3
Intérêt du nom d'usage

231.191 Utilité du nom d'usage. Pour les enfants soumis au nouveau régime de dévolution du nom, le nom d'usage n'a plus qu'un intérêt résiduel, sur lequel on ne reviendra pas (v. s[s] n° 231.162).

En revanche, c'est pour les enfants soumis au système antérieur à la réforme que la possibilité de les doter d'un nom d'usage a pu être considérée comme permettant de régler de nombreuses difficultés familiales relatives au nom[7]. Elle constitue un moyen souple et efficace pour que, dans l'intérêt de l'enfant, son identité ne soit plus aussi révélatrice de sa condition ou des bouleversements de la vie affective de ses parents. La loi du 23 décembre 1985 a ainsi œuvré pour l'égalité entre enfants et entre familles : elle a permis de rendre impossible, de l'extérieur et lorsque les parents ont fait bénéficier leurs enfants du nom d'usage, la distinction entre l'enfant né d'un couple de concubins et celui né d'un couple marié. En outre, lorsqu'il porte, même seulement à titre d'usage, le nom de ses deux parents, l'enfant d'un couple qui vient à divorcer, n'aura pas à souffrir de la perte, par sa mère, de l'usage du nom de son ex-mari. Le port du nom d'usage permet, également, d'atténuer les conséquences pour un enfant de la perte de l'une de ses filiations[8]. Par exemple, l'anéantissement d'une filia-

1. M. Grimaldi, « Approche critique sur le nom d'usage », *La nouvelle loi sur le nom,* colloque du Laboratoire d'études et de recherches de l'Université de Lille II, LGDJ, 1988.
2. R. Lindon et D. Anson, « Une gestation difficile : le nom d'usage », *D.* 1986, chron. 267.
3. Civ. 1re, 3 mars 2009, n° 05-17.163, *Bull. civ.* I, n° 42; *RJPF* 2009-6/43, note Corpart; *D.* 2009, 803, obs. Egea; *AJ fam.* 2009, 177, obs. Chénédé; *JCP* 2009, II, 10062, note Garé; *RTD civ.* 2009, 294, obs. Hauser; *Defrénois* 2009, p. 1152, obs. Massip; *Dr. fam.* 2009, comm. 57, obs. Murat; *JCP* 2009, act. 137, obs. Thouret.
4. Civ. 2e, 17 mai 1995, n° 93-16.379, *Bull. civ.* II, n° 138; *JCP* 1995, IV, 1654; *D.* 1995, IR 160; *D.* 1996, 237, obs. Dubaele; *RTD civ.* 1995, 861, obs. Hauser; *Defrénois* 1996, 320, obs. Massip.
5. CA Paris, 11 déc. 1990, *D.* 1991, IR 46; *RTD civ.* 1991, 293.
6. J. Hauser, *RTD civ.* 1991, 293.
7. Rubellin-Devichi, *RTD civ.* 1987, 67.
8. Rubellin-Devichi, préc. s[s] prés[t] n°.

tion paternelle consécutive à la preuve de la non-paternité du mari ou de l'auteur d'une reconnaissance ne fera perdre à l'enfant qu'un seul des éléments du nom sous lequel il est habituellement désigné. La loi du 23 décembre 1985 a aussi fait beaucoup pour l'égalité entre l'homme et la femme. En effet, il n'était pas anodin dans une matière, alors à forte empreinte patriarcale, de permettre à l'enfant dont la filiation maternelle et paternelle est établie d'afficher sa double appartenance familiale. Ce faisant, la loi a contribué à assouvir un désir de vérité en offrant, à ceux qui le veulent, la possibilité de donner un « *reflet complet* » de leur « *ascendance réelle* »[1]. Mais, plus que la satisfaction de ce désir, la finalité poursuivie par le législateur en 1985 était d'offrir à la femme la possibilité de faire, elle aussi, porter son nom à ses descendants. La loi du 23 décembre 1985 est donc venue remédier à cet inconvénient par le biais de l'usage du nom maternel, mais a aussi laissé la possibilité, à ceux qui préféraient ne pas compliquer les choses, de pouvoir continuer à vivre réunis sous le même nom[2]. La souplesse de la solution retenue a été critiquée. On a reproché au législateur de n'avoir accordé aux aspirations féminines qu'une satisfaction immédiate en refusant de modifier les règles de transmission du nom[3]. En effet, le « patronyme » de l'enfant restait son véritable nom, le seul transmissible. C'est la raison pour laquelle beaucoup d'auteurs[4] ont proposé de ne voir dans la loi du 23 décembre 1985 qu'une loi de transition ou expérimentale, annonciatrice de modifications plus radicales. L'entrée en vigueur de la loi du 4 mars 2002 a conféré à ce pronostic la valeur d'une prédiction doctrinale.

SECTION 5
PRÉNOM DE L'ENFANT

231.200 **Fonctions.** Le prénom est un vocable qui précède le nom (ainsi que commande son origine étymologique : du latin *praenomen*) et permet de distinguer les personnes d'une même famille. Il remplit deux fonctions différentes. La première est juridique : il se présente comme un complément du nom qui, permettant d'éviter des confusions entre membres d'une même famille ou homonymes, participe à l'identification des individus. Au titre de cette première fonction, son importance a décliné au profit de systèmes fondés sur des numéros d'identification (par ex. : numéro de Sécurité sociale). La seconde fonction, restant elle essentielle, relève de l'intimité familiale. Le choix du prénom appartient à un domaine réservé à l'expression de la personnalité des parents. Pouvant être considérée comme la première manifestation ostensible de l'amour ou de la possessivité parentale, le prénom choisi peut avoir des origines diverses : la fidélité à un usage familial, les croyances religieuses ou politiques, la fascination pour une idole, l'attrait de la mode, la volonté de singulariser l'enfant, ou à l'inverse, celle de choisir un prénom qui ne le désigne pas trop à l'attention de ses camarades...[5].

La complexité de l'intervention législative en la matière réside dans la difficulté d'appréhender le prénom dans cette deuxième dimension, psychologique et sociologique, qui a tendance à prendre le pas sur la fonction juridique. Cette difficulté n'a pas semblé insurmontable au législateur, en 1993, qui a accentué la liberté des parents dans le choix du prénom de leur enfant (§ 1) et modifié le régime du changement de prénom (§ 2) qui peut servir de remède à un usage préjudiciable de cette liberté.

§ 1
Choix du prénom

231.201 **Principe du choix.** L'attribution du prénom procède d'une décision des parents. Traditionnellement, il s'agissait là d'une différence très marquée avec le patronyme qui échappait, quant à lui, à l'emprise de la volonté individuelle, pour s'opérer de plein droit en conséquence de l'établissement de la filiation. Mais, si cette différence s'est estompée avec les récentes réformes du nom de famille, il n'en demeure pas moins que, même lorsque le nom peut faire l'objet d'un choix, il s'agit d'un choix limité à une option ouverte par la loi entre des noms que celle-ci désigne, tandis que, pour le prénom, l'attribution est exclusivement volontaire. Considéré comme un acte relevant de l'exercice de l'autorité parentale, le choix des prénoms est effectué par les père et mère (C. civ., art. 57). En pratique, le déclarant est présumé avoir reçu mandat des parents à cet effet (et s'il commet une erreur lors de la déclaration, une rectification est possible[6]). Si ces derniers ne sont pas connus, l'officier de l'état civil choisit souverainement les prénoms de l'enfant. Mais la loi du 5 juillet 1996, relative à l'adoption, a modifié l'article 57 du Code civil en permettant désormais à la mère qui a demandé le secret de son iden-

1. CORNU, 2005, n° 642, p. 312.
2. Rubellin-Devichi, préc. s^s prés^t n°.
3. J. Menjucq, *La nouvelle loi sur le nom,* colloque du Laboratoire d'études et de recherches de l'Université de Lille II, LGDJ, 1988, p. 177.
4. F. Zénati, « Le crépuscule du patronyme », *RTD civ.* 1986, chron. lég. 207 – G. Goubeaux, *Les personnes,* LGDJ, 1989, n° 138.
5. CORNU, 2005, n°s 624 s.
6. CA Aix-en-Provence, 29 avr. 2005, *Juris-Data* n° 272608.

tité lors de son accouchement de faire connaître les prénoms qu'elle souhaite voir attribuer à l'enfant.

231.202 Objet du choix. Tout enfant reçoit obligatoirement un prénom, mais il est d'usage d'en donner plusieurs (ce que recommande, au demeurant, l'Instruction générale relative à l'état civil[1]). Au demeurant, lorsque c'est l'officier de l'état civil qui opère le choix, le texte lui commande de déterminer trois prénoms dont le dernier tient lieu de nom de famille (v. s[s] n° 231.81). Depuis la loi du 8 janvier 1993, il est précisé que tout prénom inscrit peut être choisi comme prénom usuel[2].

231.203 Contrôle du choix. Avant 1993, la liberté des parents était limitée par la loi du 11 germinal an XI qui imposait de choisir les prénoms dans les différents calendriers en usage ou parmi les noms des personnages connus de l'histoire ancienne. La portée de ce texte avait été sensiblement amoindrie par la jurisprudence et la pratique administrative qui acceptaient de nouveaux prénoms, sous réserve qu'ils ne soient pas ridicules, pour ne pas s'opposer à l'évolution des mœurs[3]. Toutefois l'appréciation du caractère ridicule d'un prénom, par nature empreinte d'arbitraire, était différente d'une mairie à l'autre[4]. La loi du 8 janvier 1993, abrogeant la loi de l'an XI[5], a inversé le mécanisme : désormais, le choix des parents est entièrement libre et le contrôle judiciaire ne s'exerce plus *a priori*, mais seulement *a posteriori* (C. civ., art. 57). Ainsi l'officier de l'état civil, respectueux de la liberté des parents, est désormais tenu de porter immédiatement sur l'acte de naissance les prénoms choisis, sans appréciation possible de sa part. Cependant, lorsque les prénoms choisis ou l'un deux, seul ou associé au nom, lui paraissent contraires à l'intérêt de l'enfant ou au droit des tiers à voir protéger leur nom de famille, l'officier de l'état civil avise sans délai le procureur de la République qui peut saisir le juge aux affaires familiales. Celui-ci ordonne la suppression du prénom sur les registres de l'état civil s'il estime la contestation fondée. Il appartient alors aux parents d'exercer un nouveau choix; à défaut (ou si les parents s'obstinent à opter pour un prénom contraire à l'intérêt de l'enfant ou des tiers), le juge attribue à l'enfant un autre prénom qu'il détermine lui-même. Depuis la réforme de 1993, ce contrôle *a posteriori* a été rarement exercé avec succès.

Ainsi un arrêt de la cour d'appel de Caen, rendu le 30 avril 1998[6], a considéré que le prénom de Tokalie, « *en dehors de son originalité incontestable* » n'était apparemment pas contraire à l'intérêt de l'enfant. Pour la cour d'appel de Rennes[7], la demande, formée par le ministère public, de suppression du prénom de Mégane, choisi sans arrière-pensées précisent les juges, par M. et Mme Renaud, doit être rejetée dès lors qu'un changement de prénom entraînerait un trouble certain pour l'enfant, alors que le modèle automobile en cause, déjà ancien, est appelé à disparaître lorsque l'enfant sera en âge d'être scolarisé. Est-ce à dire qu'un tribunal retiendrait une solution inverse si des Wolkswagen avaient choisi d'appeler leur fille Coccinelle, aux motifs que le modèle automobile suggéré demeure dans la mémoire collective ? Par ailleurs, le prénom de Zébulon a été considéré comme conforme à l'intérêt de l'enfant puisqu'il n'a pas une apparence ridicule, péjorative ou grossière, ne fait pas référence à un personnage déconsidéré de l'histoire ou de la littérature, n'est pas complexe et donc facile à porter[8]. Encore, le prénom de Canta donné à leur enfant par des admirateurs d'un chanteur ayant fait l'objet d'une condamnation pénale, n'a pas été jugé contraire à l'intérêt de cet enfant par la cour d'appel de Bordeaux[9]. Mais tout n'est pas permis. Une cour d'appel[10] a considéré que le désir de parents d'appeler leur fils Martí, orthographié selon la langue catalane avec un accent aigu sur le « i », ne faisait pas partie de ces petites choses dont le juge peut n'avoir cure. Au contraire, il est jugé, sur le fondement des articles 1er et 2 de la Constitution du 4 octobre 1958 assurant l'indivisibilité de la République française dont la langue est le français, qu'une langue régionale utilisée sur le territoire français ne peut être imposée ni aux administrations, ni aux services publics, et que la transcription du prénom choisi par les parents doit être conforme à l'alphabet romain et à la structure fondamentale de la langue française. En pratique, l'enfant s'appellera bien « Marti », mais la Cour met un point sur le « i »... là où les parents avaient placé un accent aigu. De façon plus convaincante, la même juridiction a pu considérer, dans un autre cas, que les prénoms de « Joyeux » et de « Patriste » étaient susceptibles de créer une gêne pour l'enfant, compte tenu de leur caractère fantaisiste, voire ridicule[11]. En conséquence, elle a approuvé les premiers juges d'avoir ordonné la suppression de ces deux prénoms et leur remplacement par ceux de « Roger » et de « Raymond », côtoyant à l'avenir celui de « Soleil » par lequel l'enfant est appelé

1. IGREC, n° 280, réd. 11 mai 1999, *JO* 28 juill. 1999, annexe n° 172.
2. Auparavant : Civ. 1re, 4 avr. 1991, n° 89-19.701, *Bull. civ.* I, n° 117; *Defrénois* 1991, p. 941, obs. Massip; *RTD civ.* 1991, 497, obs. Hauser.
3. V. ex. donnés par Malaurie, 2005, n° 122, note 18.
4. Rubellin-Devichi, *RTD civ.* 1987, 79.
5. Hauser, *RTD civ.* 1993, 558 – Pour une critique de cette abrogation, v. L. Roquette, « Adieu, Germinal ! », *Gaz. Pal.* 14-15 sept. 1994, doctr. 5.
6. CA Caen, 30 avr. 1998, *RTD civ.* 1999, 813, obs. Hauser.
7. CA Rennes, 4 mai 2000, *JCP* 2001, IV, 2655.
8. CA Besançon, 18 nov. 1999, *D.* 2001, 1133, note Philippe et Pouëch.
9. CA Bordeaux, 6e ch., 22 oct. 2009, *Dr. fam.* 2010, alerte 1, obs. Lamarche.
10. CA Montpellier, 26 nov. 2001, *Dr. fam.* 2002, comm. 120, obs. Murat.
11. CA Montpellier, 4 oct. 2006, *Juris-Data* n° 323114; *JCP* 2007, IV, 1944.

depuis plus de deux ans et qu'il n'y a pas lieu de supprimer n'étant pas, quant à lui, ridicule...

§ 2
Changement de prénom

231.210 Principe d'immutabilité. Le prénom est, comme le nom, en principe immuable. Selon l'article 1er de la loi du 6 *fructidor* an II, « *aucun citoyen ne pourra porter de nom ni de prénom autres que ceux exprimés dans son acte de naissance* ». Le principe souffre trois exceptions : la première qui est générale, les deux autres qui constituent des régimes particuliers.

A.
Régime général

231.211 Changement de prénom judiciairement autorisé. Conservant le principe introduit par la loi du 12 novembre 1955, l'article 60 du Code civil, dans sa rédaction issue de la loi du 8 janvier 1993, dispose que toute personne peut demander à changer de prénom. La matière provoque un contentieux nourri puisque le nombre de demandes est très élevé[1]. La décision appartient au **juge aux affaires familiales** qui statue à la requête de l'intéressé ou, s'il s'agit d'un incapable, à la requête de son représentant légal. Si l'enfant a plus de treize ans, son consentement est requis. La seule condition de fond de la procédure réside dans la démonstration par le requérant de l'existence d'un **intérêt légitime** justifiant le changement. On peut penser avec un auteur[2] que l'esprit libéral de la loi du 8 janvier 1993 peut contribuer à assouplir la conception jurisprudentielle souvent restrictive de la notion d'intérêt légitime (conception regrettée par de nombreux auteurs[3]). Ainsi, certains juges du fond ont parfois refusé d'accorder le changement de prénom de nature à entraîner des persécutions raciales ou à freiner un désir d'intégration[4]. Même si des décisions, faisant application de l'article 60, commencent à être connues, la jurisprudence antérieure à la loi du 8 janvier 1993 mérite toujours attention parce qu'elle illustre l'unique condition du changement de prénom : l'existence d'un intérêt légitime qui ne doit pas nécessairement être « *un intérêt majeur* »[5]. D'ailleurs, il a été jugé[6] que la promulgation de la loi du 8 janvier 1993, d'application immédiate, ne pouvait, à elle seule, fonder une nouvelle action lorsque la première avait été rejetée pour défaut d'intérêt. Dès lors que la seule condition, avant comme après la réforme, est la démonstration d'un intérêt légitime, la nouvelle demande se heurte à l'autorité de la chose jugée sous l'empire de la loi ancienne que la loi nouvelle a reprise. La portée de la solution ne doit pas être surestimée. Une nouvelle demande demeure possible si l'intérêt invoqué a changé ou est devenu plus manifeste. Dans un contentieux par essence casuel, il semble possible de regrouper les décisions autour de plusieurs pôles.

231.212 Diversité des modifications. Depuis 1993, la loi précise que le changement proprement dit n'est pas la seule modification possible : « [...] *L'adjonction ou la suppression de prénoms peut pareillement être décidée* » (C. civ., art. 60, al. 1er, *in fine*). La précaution textuelle a consacré en partie la jurisprudence antérieure qui acceptait des modifications comme la suppression du prénom[7] ou celle des seuls prénoms étrangers avec maintien des prénoms à consonance française[8]. La modification a pu également prendre la forme d'une adjonction, soit de deux prénoms nouveaux[9], soit d'un seul, accompagnée d'une interversion[10]. Il a été jugé que le remplacement pouvait affecter tous les prénoms[11]. En revanche, la suppression d'un trait d'union à l'intérieur d'un double prénom a été refusée, faute d'intérêt légitime[12]. Antérieurement à la réforme, les juridictions du fond s'étaient divisées quant à la modification de l'ordre des prénoms[13]. Par un arrêt du 4 avril 1991[14], la Cour de cassation avait estimé

1. *Annuaire statistique de la Justice 2007*, p. 45 : 2 589 demandes en 2005.
2. CARBONNIER, 2000, n° 49.
3. V. NOT., CORNU, 2005, n° 634 – MALAURIE, 2005, n° 156.
4. CA Paris, 14 mai 1960, *D.* 1960, J. 623 – CA Paris, 29 avr. 1962, *JCP* 1963, II, 13011 – TGI Nevers, 4 déc. 1974, *D.* 1975, J. 568, note Malaurie; *RTD civ.* 1975, 698, obs. Nerson – Pour des appréciations inverses, Civ. 1re, 26 janv. 1965, *JCP* 1965, II, 14064, concl. Lindon; *RTD civ.* 1965, 335, obs. Desbois – TGI Saumur, 3 mars 1977, *JCP* 1978, II, 18968, note T. P.
5. Civ. 1re, 12 oct. 1981, *Gaz. Pal.* 1982, 2, 388, note Massip.
6. CA Dijon, 23 sept. 1997, *BICC* 1998, n° 462; *RTD civ.* 1998, 653.
7. CA Douai, 29 janv. 1991, *Juris-Data* n° 041992.
8. CA Montpellier, 4 juin 1992, *Juris-Data* n° 034426.
9. CA Paris, 10 juill. 1992, *Juris-Data* n° 022346.
10. CA Poitiers, 5 sept. 1990, *Juris-Data* n° 048854.
11. CA Paris, 12 déc. 1991, *Juris-Data* n° 024806.
12. CA Paris, 22 oct. 1985, *Juris-Data* n° 026227.
13. En faveur de l'interversion, CA Paris, 20 janv. 1987, *D.* 1988, IR 30 – CA Paris, 29 mars 1990, *D.* 1990, IR 121 – CA Versailles, 30 nov. 1989, *D.* 1990, IR 17 – Présence d'un premier prénom musulman dans les actes officiels ne facilitant pas l'intégration, CA Versailles, 14 nov. 1991, *JCP* 1992, IV, 815 – *CONTRA,* CA Reims, 10 oct. 1991, *JCP* 1992, IV, 1214 – CA Reims, 10 oct. 1991, *JCP* 1992, IV, 1215.
14. Civ. 1re, 4 avr. 1991, n° 89-19.701, *Bull. civ.* I, n° 117; *Defrénois* 1991, p. 941, obs. Massip; *RTD civ.* 1991, 498, obs. Hauser.

qu'une demande d'interversion devait être repoussée comme inutile puisque « *rien ne s'oppose à ce que soit utilisé, en tant que prénom usuel, l'un quelconque des prénoms figurant sur les registres de l'état civil, un tel usage s'imposant au tiers comme aux autorités publiques* ». Mais, l'abandon de cette solution est envisageable. D'une part, elle est difficilement conciliable avec la réforme de 1993. En effet, si, au titre du changement, il faut entendre, en vertu de l'article 60, l'adjonction et la suppression de prénoms, il est difficile de ne pas admettre également l'interversion. De plus et surtout, l'argument consistant à dire que l'interversion des prénoms doit être repoussée comme inutile, puisque chacun a, en fait, le pouvoir de choisir l'ordre de ses prénoms, prouve trop[1]. En effet, à prolonger ce raisonnement, il faut reconnaître que toutes les autres demandes de modification du prénom devraient également être refusées puisque l'on peut, dans la vie quotidienne, user librement de n'importe quel prénom; de sorte que c'est tout le régime juridique du changement de prénom qui devient superflu. Cependant, les tribunaux semblent vouloir conserver la ligne posée par la Cour de cassation dans son arrêt du 4 avril 1991. De nombreuses juridictions ont ainsi refusé l'interversion, alors même que l'intéressé se faisait appeler, en fait, par son deuxième prénom depuis toujours[2]. Cette position est néanmoins peut-être en passe de s'infléchir et des décisions plus récentes ont pu admettre une modification dans l'ordre des prénoms. Ainsi, la cour d'appel de Reims[3] a admis la modification tendant à ce que le prénom de l'enfant dont il est fait usage, tant dans la famille que dans l'environnement scolaire ou social, soit placé en premier, tandis que l'ancien premier prénom est relégué en dernière place.

231.213 Port habituel du prénom. L'usage prolongé d'un prénom différent des prénoms officiels est souvent retenu, isolément ou en lien avec d'autres éléments, pour admettre l'existence d'un intérêt légitime[4]. Pour la Cour de cassation d'ailleurs, les juges du fond ne peuvent refuser le changement de prénom sans rechercher si l'état de fait constitué par l'usage prolongé du prénom demandé n'est pas de nature à constituer pour l'intéressé un intérêt légitime au changement qu'il sollicite[5]. Néanmoins, quelques décisions sont dissonantes, soit parce qu'elles estiment qu'il ne peut y avoir « *d'acquisition par possession d'état* »[6], soit parce qu'elles constatent l'origine personnelle et provoquée par le demandeur du changement[7]. Ce dernier arrêt laisse entendre que le demandeur ne doit pas s'être constitué lui-même un prénom de fait, mais que celui-ci doit lui avoir été attribué au moins par son entourage. L'exigence d'un élément d'extériorité (par ex., le fait pour une enfant d'être connue à l'école maternelle sous un prénom[8]), d'ailleurs implicitement posée par la Cour de cassation dans l'arrêt précité du 3 février 1981[9], contribue à refuser le changement par pure convenance personnelle, même s'il a déjà été réalisé en fait[10].

231.214 Intégration dans une communauté étrangère. Il faut remarquer que cette frange du contentieux est aujourd'hui aussi importante qu'ambivalente, puisque le souci d'intégration dans la société française voisine désormais avec le désir de retrouver des liens avec sa communauté d'origine.

Une jurisprudence abondante considère que le désir d'intégration dans la société française constitue un intérêt légitime[11]. Un certain nombre d'arrêts estime que cette volonté d'intégration n'est pas satisfaite par une simple adjonction, mais doit entraîner une substitution[12]. Toutefois, il a été jugé que l'adjonction d'un prénom français ne se justifie pas concernant un enfant n'ayant pas vocation à acquérir automatiquement la nationalité française[13].

1. EN CE SENS, v. Hauser, *RTD civ.* 1996, 580.
2. CA Toulouse, 27 mars 1996, *RTD civ.* 1996, 580, obs. Hauser – CA Paris, 16 janv. 2003, *RTD civ.* 2003, 265, obs. Hauser – CA Grenoble, 27 mars 2002, *JCP* 2002, IV, n° 3088.
3. CA Reims, 18 mai 2006, *Juris-Data* n° 312077.
4. CA Paris, 7 déc. 1982, *Gaz. Pal.* 1983, 2, 477, note Massip – CA Versailles, 9 janv. 1989, *D.* 1989, IR 69 – CA Paris, 21 nov. 1995, *D.* 1996, J. 355, note Garé; *RTD civ.* 1996, 356, obs. Hauser – CA Toulouse, 4 avr. 2006, *Juris-Data* n° 304859.
5. Civ. 1re, 3 févr. 1981, *Bull. civ.* I, n° 41; *Defrénois* 1981, p. 1224, obs. Massip; *D.* 1981, J. 550, note Massip – Civ. 1re, 10 oct. 1984, *Gaz. Pal.* 1985, I, 187, note Massip – Civ. 1re, 14 févr. 1990, n° 88-13.947, *Bull. civ.* I, n° 48; *Gaz. Pal.* 1990, II, pan. 124.
6. CA Reims, 17 nov. 1988, *Juris-Data* n° 049322.
7. CA Montpellier, 24 mars 1988, *Juris-Data* n° 048929.
8. CA Besançon, 18 mai 2006, *Juris-Data* n° 312101.
9. Civ. 1re, 3 févr. 1981, n° 79-10.523, *Bull. civ.* I, n° 41; *Defrénois* 1981, p. 1224, obs. Massip; *D.* 1981, J. 550, note Massip.
10. CONTRA, semble-t-il, CA Paris, 21 nov. 1995, *D.* 1996, J. 355, note Garé.
11. CA Paris, 20 nov. 1987, *D.* 1988, IR 39 – CA Paris, 20 déc. 1988, *D.* 1988, IR 37 – CA Agen, 27 déc. 1990, *Juris-Data* n° 047582 – CA Paris, 17 sept. 1996, *D.* 1996, somm. 384, obs. Granet – Désir de faire cesser des plaisanteries racistes, CA Douai, 29 janv. 1991, *Juris-Data* n° 041992 – CA Montpellier, 4 juin 1992, *Juris-Data* n° 034426 – CA Montpellier, 13 avr. 1993, *Juris-Data* n° 034659 – CA Toulouse, 4 avr. 2006, *Juris-Data* n° 304859.
12. CA Paris, 20 déc. 1988, *D.* 1988, IR 37 – CA Paris, 16 nov. 1989, *Juris-Data* n° 027152 – CA Paris, 9 oct. 1990, *Juris-Data* n° 024621.
13. CA Reims, 5 mars 1987, *JCP* 1988, IV, 37.

S'agissant, à l'inverse, de la volonté de prendre un prénom marquant ses liens avec un pays d'origine, la jurisprudence est plus nuancée. Certains juges du fond prononcent le changement de prénom, notamment lorsqu'un parent est de nationalité étrangère (par ex., prénom musulman remplaçant un prénom français pour faciliter les voyages dans le pays du père[1] ou même, simplement, pour ne pas occulter le rattachement au père étranger[2]), ou que l'intéressé réside à l'étranger (et, notamment, exerce une activité professionnelle à l'étranger[3]). Il a également été jugé qu'un étranger, ayant acquis la nationalité française, avait un intérêt à retrouver le prénom attribué à sa naissance[4]. Cependant, d'autres juridictions s'opposent à de telles demandes en estimant que l'attachement à la communauté d'origine ne suffit pas à constituer un intérêt légitime[5] et peut être qualifié d'affectif ou de sentimental[6], ou en soulignant la possibilité pour l'intéressé d'utiliser un pseudonyme[7], ou encore en relevant que la preuve n'est pas rapportée de la gêne psychologique liée au port d'un prénom français ou commun dans la société française[8], ou en refusant de tenir compte des railleries de la communauté d'origine à l'égard de prénoms chrétiens, par ailleurs non ridicules et portés constamment[9], ou enfin, en considérant que le désir d'intégration dans la communauté étrangère, en vue d'un mariage avec un conjoint algérien, ne constitue pas un intérêt légitime pour un Français résidant et né en France de parents musulmans, dès lors que l'intéressé ne désire pas partir à l'étranger et que le port d'un prénom français ne fait obstacle ni à la célébration du mariage, ni à l'exercice d'une pratique religieuse[10].

Ces deux courants opposés, devant la volonté d'utiliser le changement de prénom pour affirmer symboliquement une identité culturelle, reflètent les hésitations des juges, lorsqu'ils doivent connaître de questions liées à l'intégration des étrangers dans la société française. Entre les extrêmes, que sont le refus ou l'acceptation du changement, il semble d'ailleurs possible, particulièrement lorsqu'il s'agit de mineurs, de trouver un compromis. Aussi les juges décident-ils parfois de conserver le prénom à consonance française en lui adjoignant le prénom étranger, désiré par les parents[11] (sans qu'il en aille nécessairement de même dans le cas où c'est un seul des parents qui veut imposer cette adjonction[12]). La solution emporte l'adhésion non seulement parce qu'elle évite un changement radical et peut-être traumatisant, mais aussi parce qu'elle préserve la liberté ultérieure de l'enfant.

231.215 Appartenance à une communauté religieuse. Souvent invoquée simultanément avec le désir de renouer avec ses origines, la volonté de marquer son appartenance à une communauté religieuse est l'occasion d'un contentieux fourni. De telles considérations ont pu justifier le changement de prénom qu'il s'agisse de la religion chrétienne[13], musulmane[14] ou juive (reprise d'un prénom juif traditionnel perdu au moment de la naturalisation[15], ou conversion d'une chrétienne au judaïsme entraînant le remplacement de tous les prénoms[16]). D'autres juridictions se montrent cependant plus réticentes (par ex. la cour d'appel de Toulouse[17] a pu refuser le changement en considérant que la motivation repose sur une interprétation religieuse liée à une activité politique éloignée de la France, alors que le Coran n'interdit pas le port d'un prénom chrétien par un musulman). La Cour de cassation semble, au demeurant, aller dans ce sens puisque, par un arrêt du 18 janvier 2007[18], elle a approuvé les juges du fond d'avoir estimé que le port d'un prénom français n'interdisant pas la pratique de la religion hébraïque, ni n'empêchant de revenir à ses racines, la demande tendant à remplacer ce prénom français par un prénom juif ne reposait pas sur un motif légitime. Déjà, par un arrêt du 4 octobre 1988[19], la Haute juridiction avait pu préciser que, dans un cas similaire, le refus de substitution, accompagné d'une autorisation d'adjonction, pourtant non demandée, ne constituait pas un cas

1. CA Besançon, 9 avr. 1992, *Juris-Data* n° 044195.
2. CA Caen, 22 févr. 2007, *Juris-Data* n° 330473.
3. CA Paris, 7 déc. 1982, *Juris-Data* n° 028372.
4. CA Paris, 15 déc. 1987, *Juris-Data* n° 028289.
5. CA Besançon, 7 juin 2006, *Juris-Data* n° 312110.
6. CA Douai, 21 nov. 1988, *Juris-Data* n° 052003.
7. CA Douai, 30 mai 1990, *Juris-Data* n° 046065.
8. CA Dijon, 25 juin 2002, *Juris-Data* n° 188259 – CA Toulouse, 6 déc. 2005, *Juris-Data* n° 296313.
9. CA Douai, 24 juin 1991, *Juris-Data* n° 042585.
10. CA Orléans, 14 déc. 1993, *Juris-Data* n° 046410.
11. CA Versailles, 8 juill. 1988, *JCP* 1988, IV, 37 – CA Versailles, 24 mai 1988, *Juris-Data* n° 043223 – COMP., substitution dans le sens d'une francisation puis adjonction du prénom algérien enlevé, CA Aix-en-Provence, 15 nov. 1990, *Juris-Data* n° 051373.
12. CA Bordeaux, 28 sept. 2005, *Juris-Data* n° 281965.
13. CA Poitiers, 5 sept. 1990, *Juris-Data* n° 048854.
14. CA Orléans, 23 janv. 1992, *JCP* 1993, II, 22065, note De Monredon – Prénom chrétien pouvant constituer un obstacle au pèlerinage à la Mecque; CA Nîmes, 22 mars 1989, *Juris-Data* n° 047183 – Prénom non conforme aux traditions de l'islam; CA Versailles, 12 oct. 1989, *Gaz. Pal.* 1989, 2, somm. 417, obs. Estoup – CA Rouen, 18 sept. 2008, *JCP* 2009, IV, 1344; *RTD civ.* 2009, 295, obs. Hauser, changement du seul second prénom chrétien.
15. CA Paris, 4 déc. 1987, *D.* 1988, IR 30.
16. CA Paris, 12 déc. 1991, *Juris-Data* n° 024906.
17. CA Toulouse, 13 janv. 1993, *Juris-Data* n° 042502.
18. Civ. 1re, 18 janv. 2007, n° 05-20.951, NP; *Juris-Data* n° 036957.
19. Civ. 1re, 4 oct. 1988, n° 87-11.255, NPT – *CONTRA*, CA Reims, 11 déc. 1986, inédit.

d'ouverture à cassation. L'adjonction se présente ainsi parfois comme un compromis dans les litiges qui reflètent, de façon plus ou moins explicite, une opposition entre les juges et les parents quant à l'intérêt de l'enfant, souvent né en France, où il a toujours porté un prénom à consonance française (refus d'un changement fondé sur la conversion de la mère et des enfants à la religion musulmane au motif que le jeune âge des enfants ne leur permet pas de s'exprimer librement[1]). Dans ce type de contentieux, l'exigence du consentement du mineur de plus de treize ans, posée par la loi du 8 janvier 1993, pourra sans doute être décisive.

231.216 Changement de sexe. Depuis que l'Assemblée plénière de la Cour de cassation a admis, sous la « contrainte » de la Cour européenne des droits de l'homme[2], la possibilité pour un transsexuel d'obtenir la modification de la mention de son sexe sur les actes de l'état civil[3], il est clair qu'une telle modification doit nécessairement constituer un motif légitime d'obtenir, par voie de conséquence, une modification des prénoms[4] ou, du moins, de leur genre (telle une féminisation d'un prénom masculin ou inversement, à l'instar de la francisation admise accessoirement à une naturalisation, v. s^s^ n° 231.162). Selon certains auteurs[5], la modification de la mention du sexe devrait même entraîner automatiquement le changement de prénom, sans qu'il y ait à se référer à l'existence d'un intérêt légitime. Quant à la question de savoir si une même modification des prénoms est possible à titre principal, en l'absence de modification de la mention du sexe, elle est, à notre sens, ouverte. En effet, une telle modification du prénom seul avait pu être admise par le passé, du temps où la Cour de cassation refusait à un transsexuel la modification de la mention de son sexe[6]. Pour certains auteurs[7], une telle solution doit, *a fortiori*, se maintenir à présent que la haute juridiction admet l'existence du syndrome transsexuel. Inversement, on peut prétendre que puisque, désormais, il est possible d'obtenir la modification du sexe dans les actes de l'état civil, de deux choses l'une : ou bien on demande cette modification et l'on peut, en conséquence, obtenir la modification de ses prénoms[8]; ou bien on choisit de ne pas demander la modification de la mention de son sexe et l'on peut donc être considéré comme n'ayant pas plus d'intérêt au changement de prénom[9]. Quant aux modalités de ces modifications, à l'heure actuelle, les services de l'état civil procèdent à ces modifications du sexe et des prénoms de façon apparente, avec mention du dispositif du jugement en marge de l'acte de naissance. La question de savoir si un tel procédé n'est pas de nature à préjudicier à l'intéressé, et s'il ne faudrait pas parvenir à un effacement des anciennes indications et à leur remplacement par les nouvelles, a été pour l'instant éludée par la Cour de cassation[10].

En dehors du cas des transsexuels, la question d'une modification des prénoms liée à un changement de l'indication du sexe dans les actes de l'état civil peut également se poser, dans des termes sensiblement différents, en présence de malformations ayant conduit à une appréciation de la nature du sexe à la naissance qui, ensuite, apparaît erronée. Ainsi en va-t-il en cas d'intersexualité ou d'hermaphrodisme où on doit nécessairement admettre la possibilité d'une action en rectification d'état civil (et non plus d'une action d'état), permettant la modification du sexe et des prénoms[11].

231.217 Décision judiciaire étrangère. La circonstance qu'une juridiction étrangère ait, d'ores et déjà, autorisé le changement de prénom d'une personne ayant la double nationalité, suffit à caractériser le motif légitime. C'est la raison pour laquelle la Cour de cassation[12] censure les juges du fond qui avaient cru pouvoir refuser à une requérante, ayant la double nationalité suisse et française, le changement du prénom de « Brigitte » en « Bibi », au motif que ce changement, tendant à adopter un diminutif à « *caractère plutôt ridicule pour une femme de quarante-deux ans* », ne reposait ainsi pas sur un intérêt légitime. Pour la Haute juridiction, la circonstance que les autorités helvétiques aient déjà autorisé la requérante à porter le prénom de « Bibi Marie » constitue un « *élément permettant à lui seul de caractériser l'intérêt légitime* ».

231.218 Reprise d'un prénom. Une personne peut-elle reprendre un prénom qu'elle avait volon-

1. CA Dijon, 13 déc. 1989, *Gaz. Pal.* 1994, 1, somm. 216.
2. CEDH 25 mars 1992, req. n° 13343/87, *D.* 1993, J. 101, note Marguénaud; *JCP* 1992, II, 21955, note Garé; *RTD civ.* 1992, 540, obs. Hauser et Huet-Weiller.
3. Cass. ass. plén., 11 déc. 1992, n° 91-11.900, *Bull. ass. plén.*, n° 13; *JCP* 1993, II, 21991, note Mémeteau; *Gaz. Pal.* 1993,1, 180, concl. Jéol; *Defrénois* 1993, note Massip; *RTD civ.* 1993, 97, obs. Hauser.
4. CA Paris, 2 juill. 1998, *JCP* 1999, II, 10005, note Garé.
5. J.-CL. CIV. ANNEXES, C. Marie, « Nom » fasc. 50, n°s 104 s. et, particulièrement, n° 108.
6. CA Paris, 24 févr. 1978, *JCP* 1979, II, 19202, note Penneau – TGI Saint-Étienne, 26 mars 1980, *D.* 1981, 270 – V. AUSSI, Civ. 1re, 16 déc. 1975, *D.* 1976, 397, 2e esp., note Lindon.
7. RÉP. CIV., F. Laroche-Gisserot, *V° Nom-Prénom*, n° 313.
8. CA Nîmes, 20 juin 2006, *Juris-Data* n° 313844.
9. CONTRA, CA Rennes, 9 mai 2006, *Juris-Data* n° 321160; *JCP* 2007, IV, 1801.
10. Civ. 1re, 14 nov. 2006, n° 04-10.058, *Bull. civ.* I, n° 478.
11. CA Versailles, 22 juin 2000, *JCP* 2001, II, 10596, note Guez; *RTD civ.* 2001, 849, obs. Hauser.
12. Civ. 1re, 25 oct. 2005, n° 03-10.040, *Bull. civ.* I, n° 391; *AJ fam.* 2006, 32, obs. Chénedé; *RTD civ.* 2006, 86, obs. Hauser.

tairement abandonné lors d'une première procédure de changement de nom ? La question semble diviser les juges du fond. Plusieurs décisions ont accepté la volte-face [1]. D'autres juges la refusent se fondant notamment sur le caractère volontaire du premier choix [2], ou sur le fait que la requête concerne un prénom de deuxième rang [3]. La Cour de cassation [4] a rendu une décision favorable à la reprise du prénom d'origine.

Une personne, naturalisée française en 1947 et résidant en France, qui avait obtenu en 1976 le changement de son prénom (Marcel Paul remplaçant Mourad), pour des raisons d'intégration dans la communauté française, avait déposé une seconde requête afin de reprendre son prénom initial en vue de favoriser la pratique de sa religion et, plus spécialement, la réalisation d'un pèlerinage à La Mecque. Les juges du fond, ayant pris en considération la première requête pour estimer qu'il appartenait alors à l'intéressé de se renseigner auprès des autorités religieuses sur les conséquences de la substitution sollicitée, sont censurés au motif que l'intérêt légitime doit être apprécié en fonction des éléments existant au moment où le juge statue et qu'il en résulte qu'une demande de changement de prénom ne peut être rejetée, faute d'intérêt légitime, pour la seule raison qu'un premier changement a été obtenu antérieurement [5]. Statuant comme juridiction de renvoi, la cour d'appel d'Orléans, le 23 janvier 1992 [6] a conclu à l'existence d'un intérêt légitime après s'être fondée tout à la fois sur la Déclaration des droits de l'homme et du citoyen, la Constitution du 4 octobre 1958 et la Convention européenne des droits de l'homme et des libertés fondamentales, pour affirmer que « *le principe de la laïcité qui implique nécessairement le respect de toutes les croyances, n'interdit nullement à un citoyen français de porter un prénom musulman* ». La Cour de cassation a confirmé sa volonté de respecter l'évolution du sentiment d'identité. Elle censure les nombreux arrêts d'appel qui, au lieu d'apprécier *in concreto* l'intérêt légitime, se fondent sur des motifs généraux en considérant que l'intérêt du requérant n'est pas de s'éloigner de la communauté française, mais de persévérer dans sa volonté d'intégration, ou que son désir d'affirmer ses liens avec sa communauté d'origine est impropre à remettre en cause un choix fait naguère, et en connaissance de cause [7]. La leçon paraît, au demeurant, avoir désormais été retenue par au moins certaines juridictions du fond [8].

En dehors de ces litiges où s'opposent la crainte du communautarisme et le souci de respecter les sentiments individuels, le désir de reprendre un ancien prénom a été admis dans une hypothèse inédite : une femme née sous X a un intérêt légitime à reprendre son prénom « d'origine » – peut-être attribué sans aucun rapport avec ses origines – auquel avait été substitué un autre prénom à l'occasion d'une adoption [9].

231.219 Convenance personnelle. À n'en pas douter, la convenance personnelle participe toujours plus ou moins des motivations des requérants. Mais, invoquée isolément, elle ne peut, en principe, suffire à caractériser l'intérêt légitime [10]. En d'autres termes, l'exigence d'un intérêt légitime signifie que le prénom ne doit pas être entièrement soumis à la volonté individuelle, influencée notamment par les caprices de la mode. En effet, si la doctrine s'accorde pour constater que le droit est passé d'une conception sociale à une conception psychologique du prénom, le refus du changement pour convenance personnelle se présente comme une ultime barrière à une évolution qui pourrait aboutir à la possibilité offerte à chacun, à sa majorité par exemple, d'affirmer son identité individuelle en faisant inscrire sur son acte de naissance le prénom de son choix. Certaines décisions ne sont d'ailleurs pas étrangères à cette idée, en se fondant pour partie sur la volonté de l'intéressé (par ex. démarche personnelle réfléchie et profonde pour trouver son identité [11] ou désir de substitution manifesté depuis longtemps par l'enfant [12]).

1. CA Versailles, 24 mai 1988, *Juris-Data* n° 043223 – CA Aix-en-Provence, 4 sept. 1989, *Juris-Data* n° 052088 – CA Aix-en-Provence, 5 juill. 2005, *Juris-Data* n° 279359 – Substitution dans le sens d'une francisation puis adjonction du prénom algérien enlevé, CA Aix-en-Provence, 15 nov. 1990, *Juris-Data* n° 051373 – CA Paris, 17 janv. 2002, *D.* 2002, IR 695.
2. CA Paris, 15 avr. 1988, *D.* 1988, IR 134 – CA Douai, 30 mai 1990, *Juris-Data* n° 046065 – CA Aix-en-Provence, 16 mai 2006, *Juris-Data* n° 309707.
3. CA Versailles, 27 mai 1999, *RTD civ.* 1999, 598.
4. Civ. 1re, 6 mars 1990, n° 88-15.150, *Bull. civ.* I, n° 62; *D.* 1990, J. 477, note Massip – *Adde,* F. Monéger, « Les musulmans devant le juge français », *JDI* 1994, 346, spéct p. 352.
5. EN CE SENS, CA Paris, 26 sept. 1996, *LPA* 2 juin 1997, note Yamba; *Defrénois* 1997, art. 36634, n° 95, p. 94, obs. Massip.
6. CA Orléans, 23 janv. 1992, *JCP* 1992, II, 22065.
7. Civ. 1re, 2 mars 1999, n° 97-15.958, *Bull. civ.* I, n° 78; *JCP* 1999, II, 10089, note Garé; *JCP* 1999, IV, 1789; *Defrénois* 1999, p. 934, note Massip; *RTD civ.* 1999, 358; *D.* 1999, IR 89 – Civ. 1re, 22 juin 1999, n° 97-14.794, *Bull. civ.* I, n° 211; *JCP* 1999, IV, 2548 – Civ. 1re, 11 févr. 2003, n° 00-20.961, NPT; *RTD civ.* 2003, 265, obs. Hauser – POUR APPROBATION de cette jurisprudence, v. M. Farge, *Le statut familial des étrangers en France : de la loi nationale à la loi de la résidence habituelle,* L'Harmattan, 2003, nos 730 s.
8. CA Agen, 21 déc. 2006, *Juris-Data* n° 322804 – CA Angers, 30 nov. 2005, *Juris-Data* n° 304826, admettant la suppression du prénom français donné lors d'une adoption à une personne aujourd'hui en recherche d'identité – V. TOUTEFOIS, CA Besançon, 7 juin 2006, *Juris-Data* n° 312110.
9. TGI Paris, 23 oct. 2002, *LPA* 17 févr. 2003, n° 34, obs. Royant; *RTD civ.* 2003, 265, obs. Hauser.
10. TGI Agen, 19 juin 1992, *D.* 1994, J. 86, note Nicoleau; *Defrénois* 1994, 772, obs. Massip.
11. TGI Angers, 7 déc. 1991, *Gaz. Pal.* 1993, I, somm. 58, obs. Cukier.
12. CA Orléans, 22 févr. 1994, *Juris-Data* n° 040396.

Dans un arrêt du 20 février 1996[1], la Cour de cassation marque son refus d'une conception trop libérale du changement de prénom conduisant à admettre toutes les fantaisies. La cour d'appel est approuvée pour avoir estimé que « *le désir de substituer à ses prénoms - Édith, Catherine - leurs diminutifs* « Éd., Cath. », *déjà habituellement utilisés dans la vie courante, ne reposait pas sur un intérêt de nature à justifier sa demande* ». Cependant, des arrêts sont très tolérants en accordant, par exemple, une adjonction comme premier prénom à une dame prénommée Claude du surnom Cookie qu'elle pouvait avoir toujours porté[2]. En revanche, est refusée la modification du prénom de « Bernadette » en « Bernadeth », dès lors qu'elle n'est motivée par aucune raison d'ordre religieux ou tenant à un souhait d'intégration dans une communauté ou une famille, mais procède seulement d'une convenance personnelle tenant à un souhait de modernisation du prénom[3].

B. Régimes particuliers

231.231 Adoption plénière. En matière d'adoption plénière, le tribunal peut, à la demande du ou des adoptants (C. civ., art. 357, al. 3), modifier les prénoms de l'enfant. Le dessein poursuivi est de faciliter l'assimilation de l'enfant dans sa nouvelle cellule familiale. L'exigence d'un consentement de l'enfant de plus de treize ans n'est pas évoquée par le texte, mais certaines juridictions du fond paraissent considérer que ce consentement au changement de prénom est requis[4].

231.232 Acquisition de la nationalité française. La francisation des prénoms, ou de l'un d'eux, est régie par la loi du 25 octobre 1972[5], telle que modifiée par celle du 8 janvier 1993, et peut être demandée éventuellement conjointement avec une demande de francisation du nom[6]. Cette possibilité est reconnue aux personnes qui acquièrent ou recouvrent la nationalité française, lorsque l'apparence, la consonance ou le caractère étranger du prénom peut gêner l'intégration dans la communauté française (L. 25 oct. 1972, art. 1er). Il ne peut alors s'agir que de substituer à ce prénom un prénom « français » (c'est-à-dire un prénom habituellement utilisé en France[7]) ou d'adjoindre un tel prénom ou encore, le cas échéant, de supprimer un prénom étranger pour ne laisser subsister qu'un prénom français (L. 25 oct. 1972, art. 2, al. 3). En revanche, si c'est une modification plus radicale du prénom qui est souhaitée, il faut recourir à la procédure générale de l'article 60 du Code civil (v. ss nos 231.211 s.). De même, c'est aussi à cette procédure qu'il faut recourir si l'on souhaite, après francisation de son prénom, recouvrer son ancien prénom étranger (L. 25 oct. 1972, art. 12-1), mais encore faut-il alors établir l'existence d'un intérêt légitime à un tel retour aux origines (v. ss nos 231.214 et 231.218).

1. Civ. 1re, 20 févr. 1996, no 94-12.313, *Bull. civ.* I, no 98; *Defrénois* 1997, art. 36381, no 86, p. 985, obs. Massip; *Defrénois* 1997, art. 36667, p. 1199, obs. Ruel; *RTD civ.* 1996, 357, obs. Hauser.
2. CA Paris, 5 avr. 1996, *RTD civ.* 1996, 580, Hauser et réf. cit.
3. CA Aix-en-Provence, 23 mai 2006, *Juris-Data* no 309708.
4. CA Paris, 5 oct. 2006, *Juris-Data* no 327050.
5. Sur les changements apportés par la loi de 1972 : J. Bouton et G. Auvolat, « Des prénoms francisés », Liber amicorum *à la mémoire de Danièle Huet-Weiller*, 1994, p. 27.
6. Sur cette francisation du nom, v. not. RÉP. CIV., F. Laroche-Gisserot, *V° Nom-Prénom*, nos 240 s.
7. J.-CL. CIV. ANNEXES, C. Marie, « Nom », fasc. 50, no 44.

CHAPITRE

232. Autorité parentale

ADELINE GOUTTENOIRE
PROFESSEUR À L'UNIVERSITÉ MONTESQUIEU
(BORDEAUX IV)

SECTION 0
ORIENTEUR

232.00 Plan du chapitre.

232.01 Textes applicables.

TEXTES SOURCES

- **Code civil**

> Autorité parentale relativement à la personne de l'enfant

C. civ., art. 371 à 371-5

> Exercice de l'autorité parentale (principes généraux)

C. civ., art. 372 à 373-1

> Exercice de l'autorité parentale (par les parents séparés)

C. civ., art. 373-2 à 373-2-5

> Intervention du juge aux affaires familiales

C. civ., art. 373-2-6 à 373-2-13

> Intervention des tiers

C. civ., art. 373-3 à 374-2

- **Code de procédure civile**

> Exercice de l'autorité parentale

C. pr. civ., art. 1179 à 1180-2

> Assistance éducative

C. pr. civ., art. 1181 à 1200-1

> Délégation, retrait total et partiel de l'autorité parentale

C. pr. civ., art. 1202 à 1210

> Dispositions relatives à l'administrateur *ad hoc*

C. pr. civ., art. 1210-1 à 1210-3

> Déplacement illicite international d'enfants

C. pr. civ., art. 1210-4 à 1210-6

- **Code pénal**

> Atteintes à l'exercice de l'autorité parentale

C. pén., art. 227-5 à 277-11

- **Traités internationaux**

> Droits de l'enfant

Convention internationale des droits de l'enfant (CIDE), 20 nov. 1989

* V. s^s texte complet s^s n° 63.14

> Droit au respect de la vie privée et familiale

Convention européenne des droits de l'homme : Conv. EDH, art. 8

SÉLECTION THÉMATIQUE ET ALPHABÉTIQUE DE TEXTES *IN EXTENSO*
(à l'exception du Code civil et du Code de procédure civile)

> Atteintes à l'exercice de l'autorité parentale
[C. pén., art. 227-5 à 227-11]

C. pén., art. 227-5
Le fait de refuser indûment de représenter un enfant mineur à la personne qui a le droit de le réclamer est puni d'un an d'emprisonnement et de 15 000 euros d'amende.

C. pén., art. 227-6
Le fait, pour une personne qui transfère son domicile en un autre lieu, alors que ses enfants résident habituellement chez elle, de ne pas notifier son changement de domicile, dans un délai d'un mois à compter de ce changement, à ceux qui peuvent exercer à l'égard des enfants un droit de visite ou d'hébergement en vertu d'un jugement ou d'une convention judiciairement homologuée, est puni de six mois d'emprisonnement et de 7 500 euros d'amende.

C. pén., art. 227-7
Le fait, par tout ascendant, de soustraire un enfant mineur des mains de ceux qui exercent l'autorité parentale ou auxquels il a été confié ou chez qui il a sa résidence habituelle, est puni d'un an d'emprisonnement et de 15 000 euros d'amende.

C. pén., art. 227-8
Le fait, par une personne autre que celles mentionnées à l'article 227-7 de soustraire, sans fraude ni violence, un enfant mineur des mains de ceux qui exercent l'autorité parentale ou auxquels il a été confié ou chez qui il a sa résidence habituelle, est puni de cinq ans d'emprisonnement et de 75 000 euros d'amende.

C. pén., art. 227-9
Les faits définis par les articles 227-5 et 227-7 sont punis de trois ans d'emprisonnement et de 45 000 euros d'amende :

1° Si l'enfant mineur est retenu au-delà de cinq jours sans que ceux qui ont le droit de réclamer qu'il leur soit représenté sachent où il se trouve;

2° Si l'enfant mineur est retenu indûment hors du territoire de la République.

C. pén., art. 227-10
Si la personne coupable des faits définis par les articles 227-5 et 227-7 a été déchue de l'autorité parentale, ces faits sont punis de trois ans d'emprisonnement et de 45 000 euros d'amende.

C. pén., art. 227-11

La tentative des infractions prévues aux articles 227-7 et 227-8 est punie des mêmes peines.

> Droit au respect de la vie privée et familiale
[Conv. EDH, art. 8]

1. Toute personne a droit au respect de sa vie privée et familiale, de son domicile et de sa correspondance.

2. Il ne peut y avoir ingérence d'une autorité publique dans l'exercice de ce droit que pour autant que cette ingérence est prévue par la loi et qu'elle constitue une mesure qui, dans une société démocratique, est nécessaire à la sécurité nationale, à la sûreté publique, au bien-être économique du pays, à la défense de l'ordre et à la prévention des infractions pénales, à la protection de la santé ou de la morale, ou à la protection des droits et libertés d'autrui.

232.02 Jurisprudence de référence.

> Responsabilité du tiers qui est passé outre un refus d'un des parents que soit effectué un acte concernant l'enfant.

• **Civ. 1re, 27 févr. 2007, n° 06-14.273,** *Bull. civ.* I, n° 78

* V. s^s n°s 232.171 et 232.176

« Par des motifs propres et adoptés, la cour d'appel a relevé le préjudice moral direct et certain éprouvé par Mme Y..., et tiré de la méconnaissance de ses prérogatives d'autorité parentale. »

> Le juge ne peut soumettre l'exercice du droit de visite et d'hébergement au bon vouloir de l'enfant.

• **Civ. 2e, 7 oct. 1987, n° 86-15.026,** *Bull. civ.* II, n° 190

« Attendu que les juges, lorsqu'ils fixent les modalités d'exercice du droit de visite accordé sur ses enfants au parent non attributaire de la garde, ne peuvent déléguer sur ce point les pouvoirs que leur confère la loi »

* V. s^s n° 232.287

• **Civ. 1re, 3 déc. 2008, n° 07-19.767,** *Bull. civ.* I, n° 276

« Vu les articles 373-2 et 373-2-8 du Code civil;
Attendu que les juges, lorsqu'ils fixent les modalités d'exercice de l'autorité parentale d'un parent à l'égard de ses enfants, ne peuvent déléguer les pouvoirs que la loi leur confère; [...] »

* V. s^s n° 232.286

> Dans le cadre de la séparation, le juge n'est tenu de tenir compte des sentiments du mineur que dans la mesure où ils sont exprimés.

• **Civ. 2e, 14 janv. 1998, n° 96-15.327,** NPT

* V. s^s n° 232.212

« Mais attendu qu'aux termes de l'article 290-3 du Code civil, le juge, statuant sur les modalités de l'exercice de l'autorité parentale, tient compte des sentiments exprimés par les enfants mineurs dans les conditions prévues à l'article 388-1 dudit code; qu'il est satisfait aux exigences de l'article 290-3 lorsque le juge, qui, en l'absence de demande du mineur à cette fin, n'a pas à écarter son audition par une décision spécialement motivée, constate que l'enfant a été entendu au cours de l'enquête sociale. »

> L'orientation religieuse d'un parent ne peut à elle seule justifier une atteinte à ses droits parentaux; la répartition des droits parentaux ne doit pas être fondée sur une appréciation *in abstracto* mais une appréciation *in concreto* de l'influence de la religion d'un parent sur la vie de l'enfant.

• **CEDH 16 déc. 2003, req. n° 64927/01,** Palau-Martinez c/ France, *JCP* 2004, II, 10122, note Gouttenoire; *AJ fam.* 2004, 62, obs. Plana

* V. s^s n° 232.253

> Lorsque les parents ne sont pas d'accord pour mettre en place une résidence alternée et que le juge l'impose, il n'est pas tenu d'organiser une période d'essai.

• **Civ. 1re, 14 févr. 2006, n° 05-13.202,** *Bull. civ.* I, n° 65

* V. s^s n° 232.233

« Attendu que le juge n'est pas tenu, en cas de désaccord des parents, d'ordonner la résidence en alternance à titre provisoire. »

> La Cour de cassation a donné une sorte de mode d'emploi du partage de l'autorité parentale dans le contexte particulier de « l'homoparentalité ». Elle a accepté une délégation de l'exercice de l'autorité parentale au profit de la concubine de la mère compte tenu du fait que celle-ci participe réellement à la prise en charge des enfants et aurait besoin de cette délégation pour continuer à le faire en cas d'accident de la mère.

• **Civ. 1re, 24 févr. 2006, n° 04-17.090,** *Bull. civ.* I, n° 101

* V. s^s n°s 232.392, 232.393 et 232.395

« Mais attendu que l'article 377 alinéa 1er du Code civil ne s'oppose pas à ce qu'une mère seule titulaire de l'autorité parentale en délègue tout ou partie de l'exercice à la femme avec laquelle elle vit en union stable et continue, dès lors que les circonstances l'exigent et que la mesure est conforme à l'intérêt supérieur de l'enfant. »

> Dans le cadre de l'exercice en commun de l'autorité parentale, le parent qui n'a pas la résidence de l'enfant ne peut se voir refuser un droit de visite et d'hébergement que pour des motifs graves tenant à son intérêt supérieur.

• **Civ. 1re, 14 mars 2006, n° 04-19.527,** *Bull. civ.* I, n° 147

* V. s^s n° 232.292

« Attendu que le parent qui exerce conjointement l'autorité parentale ne peut se voir refuser un droit de visite et d'hébergement que pour des motifs graves tenant à l'intérêt supérieur de l'enfant; Attendu que pour "réserver" le droit de visite et d'hébergement de M. X... sur son fils Louis, la cour d'appel a retenu que même s'il n'existait pas de motifs graves permettant de supprimer ce droit, il n'était pas envisageable d'instaurer un droit de visite et d'hébergement conforme à la demande du père, qui risquerait de perturber gravement l'équilibre psychologique de l'enfant; Qu'en statuant ainsi, la cour d'appel a violé les textes susvisés. »

> La Cour européenne des droits de l'homme énonce que le droit à la vie familiale (Conv. EDH, art. 8) inclut le droit pour le parent divorcé non investi du droit de

garde de rendre visite à son enfant ou d'avoir des contacts avec lui.

• **CEDH 28 juin 2005, req. n° 60145/00,** Fourchon c/ France

* V. s[s] n°s 232.204 et 232.288

> Casse l'arrêt d'appel qui avait fixé la résidence des enfants chez la mère en lui reprochant de ne pas avoir recherché si le comportement de celle-ci ne traduisait pas son refus de respecter le droit des enfants à entretenir des relations régulières avec leur père.

• **Civ. 1re, 4 juill. 2006, n° 05-17.883,** *Bull. civ.* I, n° 339

* V. s[s] n° 232.213

> La Cour de cassation a refusé l'adoption simple d'un enfant par la concubine de la mère au motif qu'elle entraînerait une suppression des liens avec la mère contraire à l'intérêt de l'enfant.

• **Civ. 1re, 20 févr. 2007, n° 04-15.676,** *Bull. civ.* I, n° 70

* V. s[s] n° 232.163

> Prise en compte de l'aptitude d'un parent à respecter les droits de l'autre

• **Civ. 1re, 27 mars 2008, n° 07-14.301,** NP

* V. s[s] n° 232.213

« Mais attendu que l'arrêt relève d'une part, qu'il ressort de très nombreux témoignages circonstanciés que pendant la vie commune, M. X... en raison de sa parfaite disponibilité, étant à la retraite, consacrait une grande partie de son temps à Maelyse dont il s'occupait au quotidien et qu'il justifie continuer à habiter dans la maison qui était celle du couple et de l'enfant; que, par ailleurs, le maintien de relations mère-enfant régulières était indispensable à l'équilibre de Maelyse et qu'il était primordial que l'enfant puisse passer au moins deux mois entiers chaque année avec sa mère; que l'arrêt relève d'autre part que Mme Y..., tout en reconnaissant l'existence de liens très forts entre l'enfant et son père, a quitté brusquement et à l'insu de ce dernier le domicile commun, sollicite l'exercice exclusif de l'autorité parentale et demande que M. X... ne bénéficie d'aucun droit de visite et d'hébergement; que la cour d'appel, qui a pris en considération les besoins de l'enfant, a souverainement estimé qu'il était de son intérêt de fixer sa résidence chez son père, qui apparaissait le plus apte à respecter les droits de l'autre parent; qu'elle a ainsi légalement justifié sa décision. »

> Le principe est le maintien des liens de l'enfant avec ses grands-parents

• **Civ. 1re, 14 janv. 2009, n° 08-11.035,** *Bull. civ.* I, n° 2

* V. s[s] n° 232.55

« Mais attendu qu'après avoir énoncé, à bon droit, que pour faire obstacle à l'exercice du droit d'un enfant à entretenir des relations personnelles avec ses ascendants, seul l'intérêt de l'enfant doit être pris en considération, c'est par une appréciation souveraine et une décision motivée que la cour d'appel a relevé, d'abord, qu'il résultait du rapport d'expertise médico-psychologique, d'une part que la démarche actuelle des grands-parents ne constituait pas un geste de malveillance mais un désir inconscient de réparation; d'autre part qu'il apparaissait non seulement souhaitable mais nécessaire qu'à plus ou moins long terme les enfants puissent entretenir des relations avec leurs grands-parents paternels; ensuite, qu'à l'audience, les grands-parents s'étaient engagés à ne pas dénigrer les parents, de sorte qu'il était dans l'intérêt des petits-enfants de nouer progressivement des relations avec leurs grands-parents paternels; qu'en se déterminant ainsi en considération de l'intérêt des enfants, elle a légalement justifié sa décision. »

* V. s[s] n°s 232.54 et 232.55

> Défaut de qualité pour agir du tiers dans les procédures relatives à l'autorité parentale

• **Civ. 1re, 25 févr. 2009, n° 07-14.849,** *Bull. civ.* I, n° 38

* V. s[s] n° 232.272

« Mais attendu que les dispositions de l'article 373-3, alinéa 2, du Code civil, permettent au juge, à titre exceptionnel et si l'intérêt de l'enfant l'exige, de décider de confier un enfant à un tiers; que cette faculté n'est pas limitée au cas où l'un des parents est décédé ou se trouve privé de l'exercice de l'autorité parentale; que le grief n'est pas fondé. [...]

Qu'en statuant ainsi, alors que seuls les parents et le ministère public, lui même éventuellement saisi par un tiers, peuvent saisir le juge aux affaires familiales à l'effet de voir confier un enfant à un tiers, la cour d'appel a violé les textes susvisés. »

> Pas de priorité pour les membres de la famille dans le cadre de la délégation de l'exercice de l'autorité parentale

• **Civ. 1re, 16 avr. 2008, n° 07-11.273,** *Bull. civ.* I, n° 106

* V. s[s] n°s 232.364, 232.291 et 232.393

« Mais attendu, d'abord, qu'aucune disposition légale n'impose au juge de choisir par priorité parmi les membres de la famille, le tiers à qui il délègue tout ou partie de l'autorité parentale; qu'il lui appartient seulement de rechercher si les circonstances exigent une telle délégation et si elle est conforme à l'intérêt de l'enfant. »

232.03 Bibliographie indicative.

Actualisables. Rép. civ., A. Gouttenoire et H. Fulchiron, *V° Autorité parentale.*

Ouvrages. C. Albigès (dir.), *L'autorité parentale et ses juges,* « Carré droit », 1re éd., LexisNexis/Litec, 2004 – P. Bonfils et A. Gouttenoire, *Droit des mineurs,* « Précis », 1re éd., Dalloz, 2008 – L. Gareil, *L'exercice de l'autorité parentale,* « Bibliothèque de droit privé », t. 413, LGDJ, 2004 – T. Garé, *Les grands-parents dans le droit de la famille,* CNRS, 1989 – F. Sudre, J.-P. Marguénaud, J. Adrinatsimbazovina, A. Gouttenoire et M. Levinet, *Les grands arrêts de la Cour européenne des droits de l'homme* [*GACEDH*], 4e éd., PUF, 2007, spéc. comm. 50 et 51.

Articles. « La coparentalité », *AJ fam.* 2009, dossier spéc. n° 4 – H. Bosse-Platière, « La légalisation de la résidence alternée », *JCP* 2002, I, 165 – F. Boulanger, « La loi du 4 mars 2002 relative à l'autorité parentale : modernisation ou utopie ? », *D.* 2002, 1571 – H. Fulchiron et A. Gouttenoire, « Actualité de la Convention de La Haye du 25 octobre 1980 sur les aspects civils de l'enlèvement d'enfants », *Dr. fam.* 2003, chron. 26 – H. Fulchiron,

« L'exercice de l'autorité parentale en cas de décès d'un des parents »; « Autorité parentale et familles recomposées », *Droit des personnes et de la famille, Mél. D. Huet-Weiller,* 1994, PUS/LGDJ, p. 141 s.; « L'exercice de l'autorité parentale en cas de décès d'un des parents », *JCP* 1990, I, 3462; « L'autorité parentale rénovée », *Defrénois* 2002, art. 37580, p. 959 –A. Gouttenoire, « Le logement de l'enfant », *AJ fam.* 2008, 371; « Les décisions des parents séparés relatives à l'enfant », *AJ fam.* 2010, 12 – A. Gouttenoire-Cornut, « La consécration de la coparentalité par la loi du 4 mars 2002 », *Dr. fam.* 2002, chron. 27 – A. Gouttenoire et P. Murat, « L'intervention d'un tiers dans la vie de l'enfant », *Dr. fam.* 2003, chron. 1 – J. Hauser, « Vers une théorie générale du droit familial ? », *D.* 1991, chron. 56 – C. Lienhard, « Les nouvelles actions dont le juge aux affaires familiales peut être saisi en matière d'autorité parentale », *AJ fam.* 2002, 128 – I. Moine-Dupuis, « Le droit de visite du parent incarcéré », *D.* 1999, chron. 251.

232.04 Questions essentielles.

> Les décisions relatives à l'enfant dans le cadre de l'exercice en commun de l'autorité parentale

* V. s[s] n°s 232.93 et 232.179

> Le maintien des liens de l'enfant avec chacun de ses parents en cas de séparation parentale

* V. s[s] n° 232.301

> La rupture exceptionnelle des liens entre l'enfant et ses parents

* V. s[s] n°s 232.401 s.

> La prise en compte de la volonté de l'enfant

* V. s[s] n°s 232.131 s.

> L'intervention d'un tiers dans la vie de l'enfant

* V. s[s] n°s 232.271 et 232.391 s.

232.09 Division. L'autorité parentale (sect. 1) dévolue aux parents suppose des attributs (sect. 2) pour son exercice (sect. 3) et peut aussi leur être retirée (sect. 4).

SECTION 1
SOURCES, DÉFINITION ET CONTOURS DE L'AUTORITÉ PARENTALE

232.11 Définition. L'autorité parentale peut être définie comme l'ensemble des droits et pouvoirs que la loi reconnaît aux père et mère quant à la personne et quant aux biens de leurs enfants mineurs non émancipés, afin d'accomplir les devoirs de protection, d'éducation et d'entretien qui leur incombent.

Selon la présentation qu'en donne le Code civil (livre 1er, titre IX), l'autorité parentale concerne non seulement la personne, mais aussi les biens de l'enfant (administration et jouissance légale). Il ne sera question ici que de l'autorité parentale relative à la personne de l'enfant.

Parce que les parents se séparent plus et plus tôt que naguère, souvent pour fonder une nouvelle famille, et qu'il faut régler des problèmes nouveaux, tâcher d'en finir avec les vieilles idées de suprématie maternelle et d'indifférence paternelle, l'autorité parentale est, depuis ces dernières années, l'une des préoccupations primordiales du législateur. Le concept moderne d'autorité parentale date de la *loi du 4 juin 1970*[1] qui a supprimé la puissance paternelle et a restauré le rôle de la mère. La *loi du 22 juillet 1987*[2] sur l'exercice de l'autorité parentale, dite « loi Malhuret » eut pour objectif de permettre aux père et mère d'exercer conjointement leur autorité quel que soit le devenir du couple : elle consacra **l'exercice conjoint de l'autorité parentale** en cas de divorce et en facilita l'accès dans la famille naturelle. De plus, elle rééquilibra, au moins en principe, les droits des parents en cas d'exercice unilatéral de l'autorité parentale, en reconnaissant les droits du père naturel et en définissant le droit de surveillance. La *loi n° 93-22 du 8 janvier 1993*, modifiant le Code civil, relative à l'état civil, à la famille et aux droits de l'enfant, et instituant le juge aux affaires familiales (JAF)[3], a posé en principe l'exercice en commun de l'autorité parentale qu'elle subordonne cependant encore dans la famille naturelle à la reconnaissance de l'enfant par les deux parents dans l'année de sa naissance et par la cohabitation de ces derniers lors de la seconde reconnaissance. Enfin, la *loi n° 2002-305 du 4 mars 2002*[4], relative à l'autorité parentale, consacre définitivement la **coparentalité** (v. s[s] n° 232.14), déjà présente à des degrés divers dans les lois du 22 juillet 1987 et du 8 janvier 1993, conformément aux propositions formulées tant dans le rapport d'Irène Théry[5] que dans celui de la commission dirigée par le professeur Dekeuwer-Défossez[6].

232.12 Sources de l'autorité parentale : la loi du 4 mars 2002. La loi du 4 mars 2002, relative à l'autorité parentale, a procédé à une sorte de « recodification » des textes relatifs à l'autorité parentale qui sont désormais tous regroupés dans un

1. L. n° 70-459, 4 juin 1970, relative à l'autorité parentale, *JO* 5 juin, p. 5227.
2. L. n° 87-570, 22 juill. 1987, sur l'exercice de l'autorité parentale, *JO* 24 juill., p. 8253.
3. L. n° 93-22, 8 janv. 1993, modifiant le Code civil relative à l'état civil, à la famille et aux droits de l'enfant et instituant le juge aux affaires familiales, *JO* 9 janv., p. 493.
4. L. n° 2002-305, 4 mars 2002, relative à l'autorité parentale, *JO* 5 mars, p. 4161.
5. I. Théry, *Couple, filiation et parenté aujourd'hui : le droit face aux mutations de la famille et de la vie privée,* Doc. fr., 1998.
6. F. Dekeuwer-Défossez, *Rénover le droit de la famille : propositions pour un droit adapté aux réalités et aux aspirations de notre temps,* Doc. fr., 1999.

chapitre unique contenant les articles 371 à 374-2 du Code civil et applicables à tous les enfants, qu'ils soient nés en ou hors mariage, que leurs parents soient unis ou séparés. Les dispositions relatives à l'autorité parentale qui étaient contenues dans la partie du Code civil concernant le divorce sont supprimées, les articles 286 et 256 du Code civil (relatifs aux effets du divorce et de la séparation de corps) renvoyant aux dispositions communes.

232.13 Sources de l'autorité parentale : textes internationaux. Constituent également des sources de l'autorité parentale, certaines conventions internationales signées par la France, particulièrement la **Convention internationale des droits de l'enfant du 20 novembre 1989** (CIDE – V. s[s] n° 63.14), mais également la **convention de La Haye du 25 octobre 1980** sur les aspects civils de l'enlèvement international d'enfants (v. s[s] n° 63.13), la **convention de La Haye du 19 octobre 1996** concernant la compétence, la loi applicable, la reconnaissance, l'exécution et la coopération en matière de responsabilité parentale et de mesures de protection des enfants[1] (v. s[s] n° 63.17). On peut également citer des conventions européennes : la **Convention européenne des droits de l'homme**, la **Convention européenne sur l'exercice des droits de l'enfant du 25 janvier 1995**, entrée en vigueur en France à la suite de la loi n° 2007-1155 du 1er août 2007 autorisant sa ratification[2] (v. s[s] n° 63.16) ou encore la **Convention sur les relations personnelles concernant les enfants** du 15 mai 2003.

La portée de ces textes internationaux est variable. **Certains d'entre eux peuvent être directement invoqués devant le juge interne**, il en va ainsi de la Convention européenne des droits de l'homme qui peut également fonder une requête devant la Cour européenne des droits de l'homme. Celle-ci a récemment développé une jurisprudence conséquente relative aux droits parentaux[3]. La Convention internationale des droits de l'enfant est, au moins pour certaines dispositions, considérée par la Cour de cassation comme étant d'applicabilité directe depuis son revirement de jurisprudence du 18 mai 2005[4]. Le Conseil d'État avait, à plusieurs reprises[5], adopté la même position, en acceptant de distinguer entre les différentes dispositions de la Convention celles qui sont d'applicabilité directe. La mise en œuvre de la convention de La Haye sur les aspects civils des enlèvements internationaux d'enfants, d'applicabilité directe, fait également l'objet d'une jurisprudence interne comme européenne importante[6].

D'autres conventions ne sont pas encore entrées en vigueur faute de ratification par le nombre suffisant d'États, il en va ainsi de la Convention européenne sur les relations personnelles concernant les enfants[7]. Tous ces textes ont cependant exercé une influence incontestable en matière d'autorité parentale.

Un certain nombre de textes élaborés dans le cadre de l'Union européenne s'appliquent en outre en matière d'autorité parentale, utilisant plutôt l'expression de « responsabilité parentale », particulièrement sur le plan procédural; ainsi, les règlements de Bruxelles II[8] et de Bruxelles II *bis*[9]. Il faut également mentionner la **Charte des droits fondamentaux de l'Union européenne**, entrée en vigueur le 1er décembre 2009 avec le Traité de Lisbonne.

Sur les aspects internationaux de l'autorité parentale, v. s n°s 432.00 à 434.168.

232.14 Droit de l'enfant d'être élevé par ses deux parents. L'article 18-1 de la Convention inter-

1. P. Lagarde, « La nouvelle convention de La Haye sur la protection des mineurs », *Rev. crit. DIP* 1997, 217.
2. L. n° 2007-1155, 1er août 2007, autorisant l'approbation de la Convention européenne sur l'exercice des droits des enfants, *JO* 2 août, p. 12986.
3. *GACEDH* 2007, comm. 50.
4. Civ. 1re, 18 mai 2005, n° 02-20.613, *Bull. civ.* I, n° 212; *Dr. fam.* 2005, comm. 156, obs. Gouttenoire; *D.* 2005, 1909, Egéa – POUR LA JURISPRUDENCE ANTÉRIEURE : M.-C. Rondeau-Rivier, « La Convention des Nations Unies sur les droits de l'enfant devant la Cour de cassation : un traité mis hors jeu », *D.* 1993, chron. 203; F. Dekeuwer-Défossez, « L'application de la Convention de New York sur les droits de l'enfant », note s[s] Civ. 1re, 10 mars 1993, n° 91-11.310, *Bull. civ.* I, n° 103 – Et Civ. 1re, 2 juin 1993, n° 91-17.487, *Bull. civ.* I, n° 195; *D.* 1994, somm. 34 – J. Rubellin-Devichi, « La réception des conventions internationales par les juges français en droit de la famille », *JCP* 1993, I, 3688.
5. CE 30 juin 1993, req. n° 136601, Caméara, *JDJ* nov. 1993, p. 33 – CE 29 juill. 1994, n° 143866, *DEF* 3/1994, n° 40, p. 129; *AJDA* 1994, 841, concl. Denis-Linton; *RDSS* 1995, 167, obs. Monéger – CE 10 mars 1995, n° 141083, Demirpence, *D.* 1995, 617, note Benhamou; *D.* 1998, 15, concl. Abraham – CE 3 juill. 1996, req. n° 140872, *Paturel*, *JCP* 1996, I, 2279, obs. Rouault; Rubellin-Devichi, chron. dr. fam., *JCP* 1997, I, 3996.
6. H. Fulchiron (dir.), *Les enlèvements d'enfants à travers les frontières*, Bruylant, 2004.
7. J.-P. Laborde, « Les instruments internationaux de protection des mineurs », *La condition juridique du mineur*, J.-J. Lemouland (dir.), Litec, 2004, p. 71 – J. Rubellin-Devichi (dir.), *L'enfant et les conventions internationales*, PUL, 1996.
8. Règl. (CE) Bruxelles II, n° 1347/2000, 29 mai 2000.
9. Règl. (CE) Bruxelles II *bis*, n° 2201/2003, 27 nov. 2003 – H. Fulchiron et C. Nourissat (dir.), *Le nouveau droit communautaire du divorce et de la responsabilité parentale*, « Thèmes et commentaires », Dalloz, 2005 – H. Gaudemet-Tallon, « La compétence, la reconnaissance et l'exécution des décisions concernant les enfants au sein de l'Union européenne », *La condition juridique du mineur*, J.-J. Lemouland (dir.), Litec, 2004, p. 85.

nationale des droits de l'enfant dispose que : « *Les États parties s'emploient de leur mieux à assurer la reconnaissance du principe selon lequel les deux parents ont une responsabilité commune pour ce qui est d'élever l'enfant et d'assurer son développement* ». Le droit de l'enfant d'être élevé par ses deux parents se traduit ainsi par la consécration de la coparentalité qui peut se définir comme la prise en charge et l'éducation de l'enfant par l'un et l'autre de ses parents[1]. Cette consécration est fondée sur l'idée que la participation des deux parents à l'éducation et à la prise en charge de l'enfant est conforme à l'intérêt de celui-ci. Conformément aux dispositions internationales, le droit français a procédé à une consécration progressive de la coparentalité par les différents lois relatives à l'autorité parentale (v. s^s^ n°s 232.11 s.).

232.15 Nature de l'autorité parentale : fonction propre et commune aux père et mère. L'article 371-1 du Code civil issu de la loi du 4 mars 2002 définit l'autorité parentale comme « *un ensemble de droits et de devoirs ayant pour finalité l'intérêt de l'enfant* ». Ce texte permet de comprendre la nature de l'autorité parentale.

L'autorité parentale est une **fonction**, c'est-à-dire un ensemble de droits et de devoirs corrélatifs, chaque droit reconnu aux père et mère étant en même temps un devoir qui leur est imposé.

L'autorité parentale est une **fonction qui appartient aux père et mère** en ce sens que la loi reconnaît que les père et mère ont une vocation première, naturelle, à assurer la protection et l'éducation de l'enfant. Le principe est en harmonie avec l'article 5 de la Convention internationale relative aux droits de l'enfant, selon lequel : « *Les États parties respectent la responsabilité, le droit et le devoir qu'ont les parents* [...] *de donner à* [l'enfant] *d'une manière qui corresponde au développement de ses capacités, l'orientation et les conseils appropriés à l'exercice des droits que lui reconnaît la présente convention* ».

Cette fonction appartient aux père et mère en commun et à égalité[2]. Elle appartient aux père et mère et à eux seuls. Dès lors que la filiation de l'enfant est établie, les père et mère sont titulaires de l'autorité parentale. Ils ne perdent leur fonction qu'en cas de retrait (v. s^s^ n°s 232.401 s.). Le tiers auquel l'enfant peut être confié par le JAF ou par le juge des enfants ne dispose que de pouvoirs restreints : en toute hypothèse, les parents restent titulaires de l'autorité parentale et l'un d'eux au moins en conserve l'exercice.

Les autres membres de la famille n'ont pas, à proprement parler, de droits d'autorité parentale. La loi les place en revanche en première ligne pour assurer la protection de l'enfant en cas de défaillance des père et mère (C. civ., art. 378-1 et 408). Même les ascendants, à qui la loi reconnaît cependant un certain nombre de prérogatives[3], ne sont pas titulaires de droits d'autorité parentale au sens strict malgré la rédaction pour le moins ambiguë de l'article 378 alinéa 2 du Code civil qui envisage la déchéance des ascendants « *autres que les père et mère pour la part d'autorité parentale qui peut leur revenir sur leurs descendants.* »

232.16 Nature de l'autorité parentale : fonction instaurée dans l'intérêt de l'enfant. L'autorité parentale est une fonction finalisée dans l'intérêt de l'enfant. Les droits et devoirs des père et mère se déploient dans l'intérêt de l'enfant. Un auteur a pu affirmer que « *les droits de l'enfant exigent des parents des obligations positives : protéger, nourrir, éduquer* [...]. *Plus qu'un pouvoir, l'autorité parentale est un devoir de satisfaire les droits naturels de l'enfant.* »[4]. C'est la raison pour laquelle l'autorité parentale n'est pas incompatible avec les droits de l'enfant, la valorisation des devoirs parentaux étant en effet plutôt favorable au respect des droits du mineur, surtout lorsque cette valorisation profite aux deux parents et qu'elle est fondée sur le droit de l'enfant d'être élevé par ses deux parents[5].

La notion d'**intérêt de l'enfant** constitue la pierre angulaire de l'autorité parentale et du droit de l'enfance en général (la convention internationale relative aux droits de l'enfant utilise l'expression « *d'intérêt supérieur de l'enfant* »). Notion souple et évolutive, l'intérêt de l'enfant doit être apprécié dans le cas de chaque enfant particulier. Elle conditionne l'intervention de l'État dans l'hypothèse où les père et mère se révéleraient incapables ou indignes de remplir leur mission.

232.17 Nature de l'autorité parentale : fonction d'ordre public. L'autorité parentale est une

1. F. Vauvillé, « Du principe de coparentalité et de sa mise en œuvre », F. Dekeuwer-Défossez et C. Choain (dir.), *L'autorité parentale en question*, LEDRAP, PU du Septentrion, 2003, p. 119.
2. Rappr. CIDE, art. 18-1 – A. Gouttenoire-Cornut, « La consécration de la coparentalité par la loi du 4 mars 2002 », *Dr. fam.* 2002 chron. 27 – E. Moulon-Monteran, « La nouvelle autorité parentale », *RJPF* 2002/12 – S. Thouret, « La loi du 4 mars 2002 relative à l'autorité parentale ou la recherche d'une véritable coparentalité », *Procédures* mai 2002, p. 8 – F. Vauville, « Du principe de coparentalité », *LPA* 2002, n° 209, 4.
3. T. Garé, *Les grands-parents dans le droit de la famille*, CNRS, 1989 – H. Bosse-Platière, « La présence des grands-parents dans le contentieux familial », *JCP* 1997, I, 4030.
4. D. Youf, *Penser les droits de l'enfant*, « Questions d'éthiques », PUF, 2002, p. 18.
5. L. Leveneur, « Renforcer l'autorité parentale », F. Dekeuwer-Defossez et C. Choain (dir.), *L'autorité parentale en question*, LEDRAP, PU du Septentrion, 2003, p. 43.

fonction d'ordre public. Le caractère d'ordre public de l'autorité parentale est affirmé à l'article 376 du Code civil (*adde*, C. civ., art. 1388). Il s'impose aux parents comme aux tiers.

Ainsi, les parents ne peuvent renoncer à exercer leurs droits ou les déléguer à un tiers si ce n'est dans les cas strictement prévus par la loi (v. s[s] n°s 232.350 s.).

La loi fait cependant une place de plus en plus importante aux accords passés par les père et mère. L'article 373-2-7 du Code civil prévoit ainsi la possibilité d'organiser les modalités d'exercice de l'autorité parentale par une convention homologuée par le juge et le recours à la médiation familiale est envisagé par l'article 373-2-10 du même code.

232.18 Durée de l'autorité parentale. On peut considérer que le point de départ de l'autorité parentale se situe au moment de la naissance même si certaines décisions, au demeurant contestables, ont pu, par anticipation, fixer les modalités de l'exercice de l'autorité parentale alors que l'enfant n'était pas encore né[1]. L'autorité parentale dure jusqu'à la majorité de l'enfant ou son émancipation (C. civ., art. 371-1). Certaines prérogatives liées à l'autorité parentale disparaissent cependant plus tôt (en matière de nationalité, C. civ., art. 17-3 – en matière de jouissance légale, C. civ., art. 384) ou sont subordonnées à l'accord de l'enfant (en matière de nom, C. civ., art. 61-3 – en matière d'adoption, C. civ., art. 345 – en matière de soins, d'essais thérapeutiques, d'interruption volontaire de grossesse, de contraception, v. s[s] n° 232.112). L'autorité parentale apparaît comme une mission évolutive : les rapports entre parents et enfant évoluent selon l'âge de l'enfant. Même si le droit français ignore la « *pré-majorité* »[2], il semble que de plus en plus l'enfant se voit reconnaître une autonomie croissante au fur et à mesure qu'il grandit[3]. Cette tendance a été renforcée par la reconnaissance des droits de l'enfant.

À l'inverse, quelques parcelles d'autorité parentale survivent à la majorité et à l'émancipation. L'article 371 du Code civil qui ouvre le titre de l'autorité parentale, proclame : « *L'enfant, à tout âge, doit honneur et respect à ses père et mère.* » La portée de ce texte a été discutée[4], notamment au moment du vote de la loi du 4 mars 2002. Aujourd'hui, il a avant tout valeur de symbole (v. cep., à propos du droit à indemnité d'un enfant qui avait subvenu aux besoins de ses parents dans les dernières années de leur vie[5] – *adde*, visant ce texte pour condamner l'enfant, même renonçant, à assumer les frais d'obsèques de ses parents en cas d'insuffisance de l'actif successoral[6]). Il a en outre reçu son pendant dans la définition de l'autorité parentale de l'article 371-1 du Code civil qui impose aux parents de l'exercer dans le respect de la personne de l'enfant.

232.19 Domaines respectifs de l'autorité parentale et de la tutelle. En principe, l'autorité parentale est le régime de protection applicable à la personne et aux biens des enfants dont l'un des parents au moins est vivant. Si l'enfant n'a pas de filiation établie, ou que ses père et mère sont décédés, sa personne et ses biens sont placés sous le régime de la tutelle (C. civ., art. 390). Il en va de même lorsque les père et mère sont privés de l'exercice de l'autorité parentale (C. civ., art. 373, 379 et 390 combinés).

Dans certains cas cependant **l'autorité parentale sur la personne** et la **tutelle quant aux biens** coexistent. Tel est le cas lorsque la filiation d'un enfant n'a pas été établie par reconnaissance (C. civ., art. 374-1 et 390, al. 2) ou en cas de délégation de l'autorité parentale (C. civ., art. 377, 377-1, 373-2 et 390). De façon générale, le JAF qui estimerait nécessaire de renforcer la protection des biens de l'enfant peut décider de remplacer l'administration légale par une tutelle aux biens (C. civ., art. 391).

Dans des hypothèses très particulières, **autorité parentale et tutelle se combinent**. La superposition des deux régimes de protection de la personne de l'enfant, en principe alternatifs, tend à renforcer cette protection, sans pour autant dépouiller les parents de leur fonction. La loi envisage ainsi **quatre situations** de crise dans lesquelles le juge, appelé à statuer sur l'exercice de l'autorité parentale, peut

1. TGI Lille, Jaf, 13 févr. 1998, *D.* 1999, 177, note Labbée; *RTD civ.* 1999, 356, obs. Hauser – CONTRA, une décision selon laquelle l'épouse ne peut se prévaloir de l'autorité parentale sur l'ovule fécondé congelé : TGI Rennes, 30 juin 1993, *JCP* 1994, II, 22250, note Neirinck.
2. J. Roques, « La prémajorité », *Dr. fam.* 2009, étude 20.
3. G. Cornu, « L'âge civil », *Mél. P. Roubier,* t. II, Dalloz, 1961, p. 9 s. – F. Gisser, « Réflexions en vue d'une réforme de la capacité des incapables mineurs. Une institution en cours de formation : la prémajorité », *JCP* 1984, I, 3142 – P. Bonfils et A. Gouttenoire, *Droit des mineurs,* « Précis », 1re éd., Dalloz, 2008, n°s 1097 s.
4. A. Sériaux, « Tes père et mère honoreras, réflexions sur l'autorité parentale en droit français contemporain », *RTD civ.* 1986, 265.
5. Civ. 1re, 12 juill. 1994, n° 92-18.639, *Bull. civ.* I, n° 250; *Defrénois* 1994, 151, note Savatier.
6. Civ. 1re, 14 mai 1992, n° 90-18.967, *Bull. civ.* I, n° 140; *D.* 1993, J. 247, note Eschylle; *JCP* 1993, II, 22097, note Testu; *JCP N* 1993, II, 137, note Salvage; *Defrénois* 1992, 1435, obs. Massip; *RTD civ.* 1993, 171, obs. Patarin.

confier l'enfant à un tiers, à charge pour celui-ci de requérir l'ouverture de la tutelle :

- après la séparation, notamment lorsque l'un des parents est privé de l'exercice de l'autorité parentale (C. civ., art. 373-3, al. 2; par ex. dans un cas d'incarcération[1]);

- en prévention des conséquences du décès du parent qui exerce l'autorité parentale ou chez qui la résidence habituelle du mineur a été fixée (C. civ., art. 373-3, al. 3);

- après l'établissement de la filiation d'un enfant par jugement (C. civ., art. 374-1);

- après le retrait de l'autorité parentale (C. civ., art. 380, al. 1er).

Dans de telles hypothèses, le partage des responsabilités s'effectue de la façon suivante : les père et mère restés titulaires de l'autorité parentale conservent le droit de consentir au mariage, à l'adoption et à l'émancipation de l'enfant; ils bénéficient d'un droit d'entretenir des relations personnelles avec l'enfant et d'un droit de surveillance. Pour le reste, les organes de la tutelle se répartissent les pouvoirs conformément aux règles de droit commun.

SECTION 2
ATTRIBUTS DE L'AUTORITÉ PARENTALE

232.30 Des attributs plus larges que les seuls droits de garde et de surveillance. La suppression par la loi du 4 mars 2002 de la référence aux droits de garde et de surveillance dans la définition de l'autorité parentale contenue dans l'article 371-1 du Code civil ne signifie pas que ces attributs n'existent plus, mais qu'ils constituent désormais seulement un moyen parmi d'autres pour parvenir au but poursuivi[2], qui consiste non seulement à protéger la sécurité, la santé et la moralité de l'enfant, mais encore à « *assurer son éducation et permettre son développement dans le respect dû à sa personne* ». Dans l'exercice de leurs attributs, les parents doivent conformément à l'article 371-1 alinéa 3 du Code civil associer l'enfant aux décisions qui le concernent selon son âge et son degré de maturité.

Les parents disposent par ailleurs de trois prérogatives fondamentales, en ce sens qu'elles ont pour conséquences de mettre fin à leur autorité : droit de consentir au mariage de l'enfant (C. civ., art. 148), à son émancipation (C. civ., art. 413-2) et à son adoption (C. civ., art. 348).

1. Civ. 1re, 8 nov. 1982, n° 80-12.309, *Bull. civ.* I, n° 323; *Gaz. Pal.* 1983, 2, 517.
2. H. Fulchiron, « L'autorité parentale rénovée », *Defrénois* 2002, art. 37580, p. 959.

Les droits et devoirs de garde (§ 1), surveillance (§ 2) et d'éducation (§ 3), ainsi que la protection de la santé de l'enfant (§ 4), restent donc les principaux attributs de l'autorité parentale; ils doivent être exercés en associant l'enfant (§ 5).

§ 1
Droit et devoir de garde

232.31 Notion. La garde peut se définir comme le droit de fixer la résidence de l'enfant et d'exiger qu'il y demeure effectivement.

En cas d'exercice en commun de l'autorité parentale, les deux parents sont titulaires du droit et du devoir de garde comme des autres attributs de l'autorité parentale. Il leur appartient donc de fixer la résidence habituelle de l'enfant (sauf au juge à intervenir en cas de séparation, C. civ., art. 373-2-9). En cas d'exercice unilatéral, le parent exerçant l'autorité parentale est titulaire du droit de garde.

232.32 Règle. Selon l'article 371-3 du Code civil : « *L'enfant ne peut, sans permission des père et mère, quitter la maison familiale et il ne peut en être retiré que dans les cas de nécessité que détermine la loi* ». Le domicile de l'enfant est fixé chez ses parents en vertu de l'article 108-2 du Code civil. L'enfant a donc un domicile légal au sens où il est déterminé par la loi.

La règle s'impose aux tiers comme à l'enfant lui-même. Les parents peuvent agir en justice pour obtenir le secours de la force publique en vue de faire réintégrer par l'enfant la maison familiale ou pour faire condamner le tiers entre les mains duquel se trouverait l'enfant à le leur remettre (aucune décision de justice ne l'ayant confié à sa grand-mère maternelle chez qui il réside depuis plusieurs années, il convient de constater que l'enfant doit réintégrer le domicile de ses parents en vertu de l'article 371-3 du Code civil et ce malgré sa volonté contraire, dès lors que son intérêt le commande[3]).

Soustraction et non-représentation d'enfants (C. pén., art. 227-6 et 227-5), sont pénalement sanctionnées. Le délit implique un acte positif consistant à déplacer ou à obtenir le déplacement du mineur du lieu où l'avait placé le titulaire de l'exercice de l'autorité parentale ou celui à qui l'enfant a été confié. **Le consentement du mineur n'empêche pas la constitution de l'infraction** qui est justement destinée à protéger les mineurs, et particulièrement les adolescents, même contre leur gré, d'influences ou d'entraînements susceptibles de

3. CA Amiens, 13 nov. 2002, *Juris-Data* n° 201360.

leur porter préjudice[1]. Le fait que le mineur quitte de son plein gré sa résidence habituelle pour rejoindre volontairement son ravisseur ne saurait ainsi exonérer ce dernier[2]. Le fait pour un parent de ne pas respecter le droit de garde de l'autre et d'emmener l'enfant dans un autre État constitue **un déplacement illicite ou un enlèvement international d'enfant** (v. s[s] n°s 432.81 à 432.111).

La règle s'impose également à l'État : celui-ci ne peut enlever l'enfant à ses père et mère que dans des hypothèses et selon une procédure strictement définies par la loi (v. s[s] n°s 232.401 s.).

232.33 **Devoir parental.** Comme les autres attributs de l'autorité parentale, la garde est à la fois un droit et un devoir. Le logement de l'enfant fait d'ailleurs partie des charges relevant de l'obligation d'entretien des parents[3]. S'ils ne peuvent eux-mêmes assurer son hébergement, les parents doivent confier l'enfant à un tiers, particulier ou établissement, ou demander au juge de prendre une mesure d'assistance éducative. La loi prévoit également, mais selon une procédure très stricte, la possibilité d'un abandon (CASF, art. L. 224-4 s.). Hors ces hypothèses, le père ou la mère qui se soustrairait à ses obligations encourt la **perte de l'exercice de l'autorité parentale** ou la **perte de l'autorité parentale elle-même** (sur le retrait total ou partiel de l'autorité parentale v. s[s] n°s 232.401 à 232.465) ainsi que des **sanctions pénales** (C. pén., art. 227-15 et 227-17)[4].

232.34 **Acte grave soumis à cogestion.** Dans le cadre de l'exercice en commun de l'autorité parentale, la **détermination de la résidence de** l'enfant relève d'une décision commune des père et mère du mineur, cette décision étant évidemment un acte grave puisqu'il détermine les conditions de vie de l'enfant. L'article 215 alinéa 2 du Code civil réaffirme cette règle dans le cadre du mariage en prévoyant que « *la résidence de la famille est au lieu que* [les époux] *choisissent d'un commun accord* ». Lorsque les parents vivent ensemble, le logement de l'enfant est en principe celui de ses parents.

232.35 **Responsabilité civile.** Les défaillances du ou des parents « gardiens » peuvent conduire à la mise en jeu de leur responsabilité civile lorsque l'enfant est à l'origine d'un dommage (C. civ., art. 1384, al. 4)[5]. Toutefois, depuis la loi du 4 mars 2002, ce n'est plus la garde mais **l'exercice de l'autorité parentale qui conditionne la responsabilité des parents.** Cette responsabilité est devenue une **responsabilité objective**[6] qui peut être engagée même si le fait du mineur n'est pas fautif[7], dès lors que le parent concerné exerce l'autorité parentale et que la résidence de l'enfant est fixée chez lui. La condition de cohabitation maintenue après l'arrêt *Bertrand* du 19 février 1997 est en effet entendue par la Cour de cassation comme la résidence de l'enfant telle que déterminée par la loi ou une décision judiciaire[8]. La Cour de cassation considère que cette cohabitation ne cesse que lorsque l'enfant est confié à un tiers par une décision judiciaire[9].

§ 2
Droit et devoir de surveillance

232.40 **Définition.** Le droit de surveillance est étroitement lié au droit de garde car il assure le contrôle de la vie de l'enfant dans la maison familiale et hors de celle-ci. Le droit de surveillance se définit comme le droit (et le devoir) de veiller sur l'enfant, en aménageant et en contrôlant ses allées et venues, ses relations avec les membres de la famille et avec les tiers, ainsi que sa correspondance et aujourd'hui ses communications en général.

Le droit de surveillance n'a cependant rien d'absolu. Il doit en effet être exercé dans l'intérêt de l'enfant. Sa force varie avec l'âge de l'enfant et avec les mœurs. Il faut également tenir compte des droits qui lui sont reconnus par les textes internationaux (droit à la liberté d'expression [CIDE,

1. L'infraction de soustraction de mineur par un tiers peut permettre de réprimer des comportements tendant à attirer le mineur dans un mouvement sectaire en le coupant de ses proches – V. F. Dreiffus-Neitter, « Atteintes à l'exercice de l'autorité parentale », J.-CL. PÉNAL, art. 227-5 à 227-11 – La loi n° 2001-504 du 12 juin 2001 (*JO* 23 juin, p. 9337), tendant à renforcer la prévention et la répression des mouvements sectaires portant atteinte aux droits de l'homme et aux libertés fondamentales, inclut d'ailleurs la soustraction dans les infractions qui permettent de sanctionner une personne morale.
2. Crim. 12 mai 1959, *JCP* 1959, II, 11148 – Crim. 24 juill. 1957, *D.* 1958, 2888, note M. P.
3. A. Gouttenoire, « Le logement de l'enfant », *AJ fam.* 2008, 371.
4. A. Gouttenoire, RÉP. PÉN. PR. PÉN., *V° Abandon d'enfant ou de personne hors d'état de se protéger.*
5. Sur la condition d'application de ce texte, V. NOT., Civ. 2e, 19 févr. 1997, n° 94-21.111, *Bull. civ.* I, n° 56; *JCP* 1997, II, 22848, concl. Kessous, note Viney; *D.* 1997, 265, note Jourdain – *Adde,* C. Radé, « Le renouveau de la responsabilité du fait d'autrui », *D.* 1997, chron. 280; P. Murat, « Responsabilité du fait des mineurs. Bref bilan après révolution », *Dr. fam.* 1997, n° 83 et réf. citées.
6. Civ. 2e, 19 févr. 1997, n° 94-21.111, préc. s[s] prés[t] n°.
7. Cass. ass. plén., 13 déc. 2002, n° 01-14.007, *Bull. ass. plén.*, n° 4; *JCP* 2003, II, 10010, obs. Hervio Lelong; *D.* 2003, 231, note Jourdain.
8. Civ. 2e, 20 janv. 2000, n° 98-14.479, *Bull. civ.* II, n° 14 – Civ. 1re, 9 mars 2000, n° 98-18.095, *Bull. civ.* I, n° 44; *JCP* 2000, II, 10374, comm. Gouttenoire-Cornut.
9. P. Bonfils et A. Gouttenoire, *Droit des mineurs,* « Précis », 1re éd., Dalloz, 2008, n° 1210.

art. 13]; droit à ne pas faire l'objet d'immixtions dans sa vie privée, sa famille et sa correspondance [CIDE, art. 16]). Il est enfin limité par les droits reconnus aux grands-parents (v. s^s n°s 232.51 à 232.56) et, dans des circonstances exceptionnelles à certains tiers, parents ou non (v. s^s n°s 232.61 à 232.63).

Le droit de surveillance est aussi un devoir. Le manque de surveillance qui mettrait l'enfant en danger, le désintérêt, le défaut de soins ou le manque de direction, pourraient conduire à des mesures d'assistance éducative, à une délégation ou à un retrait de l'autorité parentale. Il pourrait également permettre la constitution de l'infraction pénale de délaissement de mineur (C. pén., art. 227-1) ou de privation de soins (C. pén., art. 227-15).

A.
Contenu du droit de surveillance

232.41 Contenu substantiel. Les titulaires de l'autorité parentale peuvent limiter voire interdire les relations de l'enfant, quelle que soit leur forme, avec des tiers, sous réserve cependant du droit de certains tiers (et notamment les grands-parents) d'entretenir des relations personnelles avec l'enfant lorsque celles-ci sont conformes à l'intérêt de ce dernier (v. s^s n°s 232.51 s.).

Il était traditionnellement admis que les père et mère pouvaient décacheter et examiner la correspondance de leurs enfants, intercepter ou confisquer au besoin les lettres écrites par eux : le secret et l'inviolabilité des lettres missives n'existeraient pas pour les mineurs. On notera cependant que les juridictions, tout en affirmant un tel droit, ne lui ont jamais reconnu un caractère absolu[1]. Le principe demeure[2], et pourrait sans doute être transposé aux communications téléphoniques ou aux mails; mais il est probable que les juges, prenant appui sur la lettre de la loi (C. civ., art. 371-4), hésiteront moins à limiter le pouvoir de contrôle des parents, d'autant que l'enfant a acquis de nos jours une certaine autonomie, consacrée par la Convention internationale des droits de l'enfant (v. CIDE, art. 13, sur le droit de l'enfant à la liberté d'expression, et CIDE, art. 16, sur le droit de l'enfant à ne pas faire l'objet d'immixtions dans sa vie privée, sa famille et sa correspondance, ce dernier texte ayant été considéré par le Conseil d'État comme ayant un effet direct[3]).

En tant qu'ils exercent l'autorité parentale, les père et mère sont également investis de la mission de protéger la personnalité du mineur (ainsi, en matière de droit à l'image[4], ou en matière de vie privée[5]). Le consentement des parents est donc nécessaire pour autoriser une atteinte au droit à la vie privée du mineur. La Cour européenne des droits de l'homme a considéré que prendre des photographies d'un nouveau-né à la maternité sans le consentement de ses parents constituaient une violation de l'article 8 de la Convention[6].

Ainsi la cour d'appel d'Agen a-t-elle écarté le journal intime d'un mineur des débats relatifs à l'exercice de l'autorité parentale dans une décision du 26 juin 2008[7] au motif que, d'une part « *on ne sait rien des conditions de son obtention alors que, par définition, il s'agit d'un ouvrage confidentiel et que d'autre part, il convenait que les parents soient d'accord pour sa production, attendu qu'ils sont tous deux détenteurs de l'autorité parentale* ».

Les attributs de l'autorité parentale permettent sans doute, par ailleurs, au moins en théorie, aux parents de passer outre le refus du mineur de divulguer des informations sur sa vie privée. Toutefois, l'autorisation de porter atteinte aux droits de la personnalité de l'enfant paraît beaucoup plus difficilement admissible lorsqu'elle est refusée par le mineur car elle serait contraire à l'article 16 de la Convention internationale des droits de l'enfant. La jurisprudence a parfois admis cette nécessité et exigé le consentement de l'enfant lorsque la divulgation de son image porte atteinte à son intimité personnelle[8].

La loi reconnaît également aux titulaires de l'autorité parentale le droit de régler les funérailles de l'enfant et de choisir le lieu de sa sépulture (L. 15 nov. 1887, art. 3)[9].

B.
Limites du droit de surveillance : les relations de l'enfant avec des tiers

232.50 Droit aux relations personnelles. Le pouvoir de contrôle des relations de l'enfant par le titulaire de l'exercice de l'autorité parentale n'est pas discrétionnaire. Lorsque l'autorité parentale est exercée par un seul des parents, l'autre dispose d'un

1. CA Paris, 9 juill. 1913, *DP* 1915, 2, 54 – V. AUSSI, CA Caen, 11 juill. 1866, *S.* 1867, 2, 151.
2. V. CA Paris, 4 oct. 1990, *D.* 1990, IR 252.
3. CE 10 mars 1995, req. n° 141083, Demirpence, NPT; *Lebon* T; *D.* 1995, 617, concl. Abraham, note Benhamou.
4. Civ. 1re, 27 mars 1990, n° 88-18.396, *Bull. civ.* I, n° 72 – J. Hauser, « L'enfant ou l'enfance ? Le droit à l'image », *D.* 2009, 214 (contribution au XXe anniversaire de la Convention internationale des droits de l'enfant).
5. Civ. 1re, 18 mai 1972, *JCP* 1972, II, 17209, concl. Lindon.
6. CEDH 15 nov. 2009, req. n° 1234/05, Reklos et Davourlis c/Grèce, *RTD civ.* 2009, 283, obs. Marguénaud.
7. CA Agen, 26 juin 2008, RG n° 07/01517.
8. Civ. 1re, 27 mars 1990, n° 88-18.396, *Bull. civ.* I, n° 72.
9. P. Barbier, « Religion, puissance paternelle et modalités de funérailles d'un enfant », *Gaz. Pal.* 1962, 1, doctr. 57.

droit de visite et d'hébergement (C. civ., art. 373-2-1). Il en va de même, selon la jurisprudence, en cas d'exercice en commun de l'autorité parentale au profit du père ou de la mère chez qui la résidence de l'enfant n'a pas été fixée (v. s[s] n°s 232.230 s.).

La loi reconnaît également à certaines personnes un droit d'entretenir des relations personnelles avec l'enfant (2°). Parmi celles-ci les grands-parents (1°) font figure de privilégiés puisqu'ils n'ont pas à démontrer, contrairement aux autres tiers, que leur relation avec l'enfant est conforme à l'intérêt de celui-ci.

1°
Relations personnelles entre l'enfant et ses grands-parents

232.51 Fondements textuels. Dès la loi du 4 juin 1970, relative à l'autorité parentale, le droit français a reconnu aux grands-parents une position privilégiée, fondée jadis sur le respect dû aux ascendants (C. civ., art. 371) ou sur la part d'autorité parentale qui leur reviendrait et que l'on justifie plutôt aujourd'hui par l'intérêt présumé de l'enfant à entretenir des relations avec ses grands-parents. La loi du 4 mars 2002, puis la loi du 5 mars 2007[1], ont modifié l'article 371-4 alinéa 1er du Code civil qui dispose désormais que : « *L'enfant a le droit d'entretenir des relations personnelles avec ses ascendants. Seul l'intérêt de l'enfant peut faire obstacle à l'exercice de ce droit* »[2].

232.52 Titulaires. En consacrant un droit de l'enfant et non plus un droit des grands-parents, la loi du 4 mars 2002 modifie la physionomie du texte et on peut penser qu'il permet désormais à l'enfant, représenté, par l'un de ses parents ou par un administrateur *ad hoc*, d'engager une action pour solliciter du juge l'organisation de ses relations avec ses grands-parents. Il est cependant probable, et souhaitable, que les magistrats procèdent à une lecture de la disposition à la lumière de la jurisprudence antérieure et considèrent que les grands-parents sont également titulaires d'un droit de visite et d'hébergement concernant leurs petits-enfants. Les décisions relatives à cette question font effectivement apparaître que la grande majorité des décisions sont rendues à la demande de grands-parents. Les parents bénéficient en effet des pouvoirs pour faire concrètement obstacle aux relations de l'enfant avec ses grands-parents. Les grands-parents se voient alors contraints de saisir le JAF pour obtenir une décision judiciaire s'imposant aux parents de l'enfant et les autorisant à voir leurs petits-enfants. L'application de ce texte aux ascendants autres que les grands-parents entérine la solution jurisprudentielle[3].

Bénéficient de l'article 371-4 alinéa 1er du Code civil tous les grands-parents par le sang, que l'enfant soit né dans ou hors mariage. Il en va de même, en cas d'adoption simple, pour les grands-parents adoptifs comme pour les grands-parents « d'origine », conformément au principe général énoncé à l'article 364, alinéa 1er. En revanche, l'adoption plénière rompant les liens avec la famille d'origine, met fin au droit à des relations personnelles des grands-parents biologiques. Les grands-parents d'origine, désormais rangés dans la catégorie des tiers, pourraient cependant agir sur le fondement de l'article 371-4 alinéa 2 (v. s[s] n°s 232.61 à 232.63).

232.53 Modalités. L'article 371-4 alinéa 1er du Code civil utilise le terme de « *relations personnelles* ». Il faut entendre par là un droit de visite et d'hébergement (C. civ., art. 371-4, al. 2) ainsi qu'un droit de correspondance. Dans des circonstances parfois très conflictuelles (not. en cas de séparation des parents ou de décès de l'un d'eux), il appartient au juge d'aménager les liens au mieux de l'intérêt de l'enfant[4]. Le juge peut ordonner une enquête sociale[5] ou, dans le souci d'apaiser les tensions, décider d'une mesure de médiation[6].

La séparation des parents peut entraîner plusieurs demandes de droit de visite et d'hébergement. Pour éviter leur multiplication, le juge peut décider que les grands-parents entretiendront des relations personnelles avec leurs petits-enfants dans le cadre du droit de visite et d'hébergement déjà reconnu à leurs propres enfants.

232.54 Intérêt de l'enfant. Avant la loi du 5 mars 2007, les relations personnelles de l'enfant avec ses ascendants pouvaient être exclues par des motifs graves que le juge appréciait souverainement. La loi a une nouvelle fois modifié l'article 371-4 du Code civil et prévoit désormais que : « *Seul l'intérêt de l'enfant peut faire obstacle à l'exercice de ce droit.* » On peut penser que la jurisprudence antérieure à la loi du 4 mars 2002, selon laquelle le droit de visite des grands-parents est présumé conforme à l'intérêt de l'enfant, les parents qui s'opposent à son exercice devant rapporter la preuve contraire[7], est tou-

1. L. n° 2007-293, 5 mars 2007, sur la protection de l'enfance, *JO* 6 mars, p. 4215.
2. N. Roxand-Pourias, « Les relations entre grands-parents et petits-enfants depuis la loi du 4 mars 2002 sur l'autorité parentale », *JCP* 2003, I, 100.
3. TGI Paris, 3 juin 1976, *D.* 1977, 303, note Cazals.
4. V. NOT., les ex. cités par G. Sutton, « Du droit des grands-parents aux relations avec leurs petits-enfants », *JCP* 1972, I, 2504.
5. Civ. 1re, 11 févr. 1986, n° 84-15.226, *Bull. civ.* I, n° 20.
6. TGI La Rochelle, 17 févr. 1988, *D.* 1989, J. 41, note Lienhard.
7. Civ. 1re, 1er déc. 1982, n° 81-14.627, *Bull. civ.* I, n° 346 – Civ. 1re, 15 juill. 1999, n° 97-17.497, NPT.

jours applicable. En pratique, la plupart des litiges naissent dans des circonstances très passionnelles, notamment après le décès de l'un des parents et le remariage de l'autre ou après un divorce, prolongeant très souvent un conflit préexistant entre les parents. Dans de telles hypothèses, le souci de préserver l'équilibre psychologique et affectif des enfants menacés par le conflit familial peut justifier un rejet de la demande des grands-parents[1].

C'est en ce sens que s'est par exemple prononcée la cour d'appel de Lyon dans un arrêt du 24 juin 2009[2], considérant que « *la grand-mère et la mère de l'enfant n'ont pas, de longue date, de bonnes relations et qu'il n'est pas dans l'intérêt supérieur de l'enfant qui vit avec ses parents d'entretenir des relations suivies avec sa grand-mère maternelle alors que le climat familial entre ses parents et sa grand-mère maternelle n'a jamais été bon et que la réelle mésentente existant entre la mère et la grand-mère constitue un motif grave mettant obstacle à une relation sereine et épanouissante pour l'enfant dont la vie actuelle est sereine et équilibrée.* » La même juridiction a refusé le 29 janvier 2008[3] un droit de visite aux grands-parents au motif que « *l'intérêt des enfants commande que les grands-parents, dont l'attitude a été si nocive à l'égard de leur belle-fille, et ce faisant, à l'égard des petits-enfants, soient encore tenus à l'écart de leurs petits-enfants afin que le père puisse peu à peu prendre sa vraie place de père, de façon autonome de ses propres parents.* »

Le rejet d'un droit de visite des grands-parents peut être fondé sur le refus des petits-enfants qui affichent une opposition systématique à la suite de violents incidents entre parents et grands-parents[4]. Le passé familial de la mère (instabilité de ses parents, alcoolisme et violence de son père) peut également faire obstacle au droit de visite des grands-parents[5].

La modification du texte ne paraît pas conduire les juges à admettre plus facilement l'exclusion du droit de visite des grands-parents.

Il avait été jugé que « *le lien unissant la petite-fille et la grand-mère est qualifié de vital alors que l'enfant est placée dans un établissement, que sa mère lui manifeste peu d'intérêt, que son père a été condamné pour atteintes sexuelles sur sa fille, la grand-mère veillant à ce que les rencontres père-fille n'aient pas lieu*[6]. »

À l'inverse, la mère du père incarcéré pour attouchement sur l'enfant s'est vue refuser un droit de visite au motif qu'elle ne croyait pas l'enfant et qu'elle risquait d'exercer sur lui des pressions[7].

Depuis la réforme de 2007, la Cour de cassation s'est montrée plutôt favorable aux grands parents.

Ainsi a-t-elle approuvé, dans un arrêt du 11 juin 2008[8], la cour d'appel qui avait considéré que « *les enfants devaient* [quand même] *pouvoir continuer à bénéficier des moments heureux passés auprès de leurs grands-parents, favorables à l'épanouissement de leur personnalité* » et qu'il n'existait pas de motifs graves pour faire obstacle aux relations personnelles des enfants avec leur grands-parents, dans une hypothèse où le père, fils des demandeurs et vivant chez eux, s'était vu retirer son droit de visite. Les juges du fond ont procédé à une évaluation concrète de la relation des enfants concernés avec leurs grands-parents constatant qu'elles « *étaient empreintes d'affection et de tendresse réciproques* » et favorisaient la rencontre des enfants avec leurs cousins. Dans l'affaire faisant l'objet de la décision du 11 juin 2008, les juges ont pris le parti de faire confiance aux grands-parents qui s'étaient engagés par écrit à recevoir les enfants hors de la présence de leur père, alors même que celui-ci vivait chez eux. Le risque n'en est pas moins réel et le fait que les magistrats aient accepté de le prendre témoigne de l'importance qu'ils accordent au maintien des relations des enfants avec leurs grands-parents. En soi, l'interdiction faite au père de voir ses enfants ne constitue pas un motif grave pour suspendre le droit de visite des grands-parents dès lors que des garanties concrètes sont prises pour respecter cette prohibition. L'arrêt du 11 juin 2008 s'inscrit dans la lignée de plusieurs arrêts de cours d'appel tendant à maintenir les relations de l'enfant avec ses grands-parents alors que les liens avec son parent sont rompus, donnant ainsi à ces relations une autonomie certaine et lui accordant sans doute une importance d'autant plus grande que l'enfant est privé de l'un de ses parents. Ainsi a-t-il été jugé qu'une grand-mère ne peut se voir pénalisée pour les agissements de son fils condamné à une peine de dix ans de réclusion criminelle pour tentative d'assassinat de sa femme alors qu'il n'y a pas de risque que les enfants rencontrent leur père au domicile de la grand-mère[9].

La formulation nouvelle de l'article 371-4 oblige les parents à établir, *in concreto*, que les relations de l'enfant avec ses grands-parents sont contraires à son intérêt. L'exclusivité du critère de l'intérêt de l'enfant implique de centrer le débat sur la seule relation grands-parents/enfants. C'est d'ailleurs dans cet objectif que le texte a été modifié par la loi du 5 mars 2007, « *la nouvelle rédaction de l'alinéa 1er de l'article 371-4 invite les juridictions du fond à porter leur appréciation sur l'opportunité pour l'enfant, d'une*

1. Civ. 1re, 13 déc. 1989, n° 87-20.205, *Bull. civ.* I, n° 389; *Defrénois* 1990, obs. Massip.
2. CA Lyon, 24 juin 2009, RG n° 08/06202.
3. CA Lyon, 29 janv. 2008, RG n° 07/02819.
4. CA Bourges, 30 sept. 2002, *Juris-Data* n° 190324.
5. CA Lyon, 14 mars 2000, *RJPF* 2000, p. 18, comm. Berthet.
6. CA Besançon, 30 juill. 2002, *Juris-Data* n° 199962.
7. CA Dijon, 6 févr. 2003, *JCP* 2004, IV, 2673.
8. Civ. 1re, 11 juin 2008, n° 07-11.425, NP.
9. CA Riom, 20 févr. 2001, *Juris-Data* n° 135647 – Le lien unissant la petite-fille et la grand mère est qualifiée de vital alors que l'enfant est placée dans un établissement, que sa mère lui manifeste peu d'intérêt, que son père a été condamné pour atteintes sexuelles sur sa fille, la grand-mère veillant à ce que les rencontres père-fille n'aient pas lieu : CA Besançon, 30 juill. 2002, *Juris-Data* n° 199962.

relation avec ses ascendants et non sur le conflit qui oppose ceux-ci à ses parents »[1]. L'existence de lien entre l'enfant et ses ascendants est particulièrement importante lorsque le parent de la même branche se désintéresse de l'enfant.

Ainsi la cour d'appel de Lyon dans un arrêt du 9 septembre 2008[2], accueille la demande de droit de visite d'une grand-mère paternelle en constatant que le père de l'enfant ne se manifeste pas auprès d'elle [l'enfant] et qu'il est conforme à l'intérêt de celle-ci de connaître sa branche paternelle en rencontrant régulièrement sa grand-mère, malgré le conflit opposant celle-ci à la mère de l'enfant.

232.55 Conflit parents/grands-parents. Le conflit pouvant exister entre les parents et les grands-parents de l'enfant ne suffit pas à faire obstacle aux relations de celui-ci avec ses grands-parents dès lors qu'il n'est pas établi qu'il a des conséquences directes sur ces relations. À l'inverse, lorsque le conflit ne peut qu'avoir une influence négative sur ces relations, il semble de l'intérêt de l'enfant de les suspendre.

La Cour de cassation avait ainsi jugé dans un arrêt du 28 février 2006[3], rendu sous l'empire de la loi ancienne, que « *si la mésentente des grands-parents et des parents ne constitue pas en elle-même un motif grave de refus de droit de visite, ce n'est qu'à la condition que cette mésentente ne rejaillisse pas sur l'enfant et ne présente pas un risque quelconque pour lui* ». En l'espèce, la cour d'appel avait relevé que « *la fillette se retrouverait alors au centre d'un conflit qui la dépasserait et qu'il ressortait en outre des écritures [du grand-père] que celui-ci souhaitait en réalité participer à l'éducation de sa petite-fille qu'il estimait mal assurée par les parents de l'enfant, qu'il n'hésitait pas à critiquer et à discréditer de façon virulente* ». Dans l'affaire ayant donné lieu à un arrêt de la Cour de cassation du 14 janvier 2009[4], les grands-parents s'étaient au contraire engagés à ne pas dénigrer les parents auprès des enfants. Ce faisant, ils manifestaient la volonté ne pas faire peser sur ces derniers le poids du conflit qui les opposent à leurs propres enfants. La capacité des grands-parents à distinguer leurs - mauvaises - relations avec leurs propres enfants et leurs liens avec leurs petits-enfants constitue un élément déterminant de l'appréciation des juges. À l'inverse, les propos inconvenants et dévalorisants tenus par la grand-mère à propos de sa fille devant sa petite-fille et le fait qu'elle ne s'est pas manifestée auprès de ses petits-enfants pendant cinq ans permet à la cour d'appel d'Agen de conclure, dans une décision du 26 mars 2008[5], que « *dans ce contexte, il serait néfaste et contraire à l'intérêt des trois enfants d'autoriser l'instauration de relations personnelles entre eux et leur grand-mère maternelle, qui n'offre pas de garanties suffisantes* », tout en ayant au préalable rappelé que « *la simple mésintelligence entre l'appelante et sa fille et son gendre ne serait, à elle seule, pas suffisante pour constituer un obstacle aux relations réclamées par la grand-mère, s'il ne s'agissait au cas précis d'un véritable conflit, profond, ancien et relativement virulent* ».

232.56 Procédure. La loi du 8 janvier 1993 avait confié le contentieux de l'article 371-4 du Code civil au JAF et la loi du 4 mars 2002 n'a pas modifié cette compétence (sur la possibilité de saisir le JAF en la forme des référés[6]). Selon l'article 1180 du Code de procédure civile, la demande obéit aux règles de procédure en matière contentieuse. Communication doit être faite au ministère public[7]. Les deux parents doivent être mis en cause, et pas seulement le parent qui s'était opposé au droit de visite[8].

232.57 Enfant placé. On peut cependant s'interroger sur la compétence du **juge des enfants** pour fixer un droit de visite des grands-parents lorsque l'enfant fait l'objet d'un placement. La Cour de cassation[9], faisant une application extensive de l'article 375-3 alinéa 2 du Code civil exigeant un fait nouveau pour permettre au juge des enfants de modifier une décision prise antérieurement par le JAF, a pu considérer que le juge des enfants ne pouvait accorder un droit de visite aux grands-parents lorsqu'il n'y avait aucun fait nouveau mettant l'enfant en danger; il appartenait donc aux grands-parents de saisir le JAF. La nouvelle formulation de l'article 375-4 pourrait cependant sans doute permettre au juge des enfants de fixer un droit de visite aux grands-parents d'un enfant placé, lequel pourrait faire partie, le cas échéant, des mesures consécutives au placement. On aboutit toutefois à un **élargissement de la compétence du juge des enfants** en matière d'autorité parentale au détriment de celle du JAF, contre lequel certaines juridictions de fond se sont élevées[10].

2°
Relations de l'enfant avec d'autres personnes que les grands-parents

232.61 Critère de l'intérêt de l'enfant. Le second alinéa de l'article 371-4 du Code civil a été

1. Eudier, obs. s^s Civ. 1re, 18 janv. 2007, *RRJ* 2007-4, p. 29.
2. CA Lyon, 9 sept. 2008, RG n° 07/08184.
3. Civ. 1re, 28 févr. 2006, n° 05-14.484, NP.
4. Civ. 1re, 14 janv. 2009, n° 08-11.035, *Bull. civ.* I, n° 2.
5. CA Agen, 26 mars 2008, RG n° 07/00362.
6. CA Agen, 24 juill. 1996, *D.* 1997, J. 578, note Nicoleau et Talbert – CA Dijon, 12 janv. 1999, *D.* 1999, IR 93.
7. Civ. 1re, 17 juin 1986, n° 84-13.127, *Bull. civ.* I, n° 172; *Defrénois* 1986, 1036, obs. Massip.
8. CA Nancy, 24 juin 1996, *Dr. fam.* 1997, comm. 137, obs. Murat.
9. Civ. 1re, 2 déc. 1997, n° 96-05.128, *Bull. civ.* I, n° 344; *RTD civ.* 1998, 359, obs. Hauser.
10. CA Caen, 10 déc. 1998, *RTD civ.* 1999, 829, obs. Hauser – P. Bonfils et A. Gouttenoire, *Droit des mineurs*, « Précis », 1re éd., Dalloz, 2008, n° 689.

modifié, dans un sens extensif. Alors que l'ancien texte subordonnait ces relations à l'existence de circonstances exceptionnelles, il se contente désormais d'exiger que cette relation soit conforme à l'intérêt de l'enfant. Il s'agit pour les tiers de faire la démonstration de cette conformité.

232.62 Bénéficiaires. L'article 371-4 alinéa 2 du Code civil peut bénéficier à d'autres personnes que les grands-parents, « *parents ou non* ». Peuvent ainsi assurer la continuité de leurs liens avec l'enfant des personnes qui l'auraient pris en charge pendant un certain temps ou auraient entretenu avec lui des rapports étroits : tante maternelle ayant élevé les enfants abandonnés par leur mère[1], parents nourriciers[2], sœur utérine séparée de sa demi-sœur après le décès de la mère[3]. Il en va de même pour un homme dont la filiation à l'égard de l'enfant aurait été détruite : le mari de la mère par renversement de la présomption de paternité[4] ou le concubin de la mère après la chute d'une reconnaissance mensongère[5] (rappr., pour le concubin qui avait accueilli au foyer commun l'enfant adopté plénièrement par sa compagne[6]).

Aujourd'hui, l'article 371-4 alinéa 2 du Code civil peut surtout être utile au beau-parent, ou à d'autres membres de la « *seconde famille* » en cas de séparation[7] (ainsi, pour le concubin[8]). La Cour de cassation a même considéré comme étant conforme à l'intérêt supérieur de l'enfant, la fixation d'un droit de visite au bénéfice d'un transsexuel, dont la reconnaissance avait été annulée, et qui avait vécu, avant sa conversion sexuelle et après, avec la mère et l'enfant[9].

L'article 371-4 alinéa 2 du Code civil a également été utilisé pour permettre le maintien de liens entre l'enfant et ses grands parents par le sang au lendemain d'une adoption plénière. Devenus juridiquement étrangers à l'enfant, les grands-parents par le sang ne peuvent en effet user de l'article 371-4 alinéa 1er du Code civil. Pour limiter les conséquences de ce qui s'apparentait parfois à un véritable détournement d'adoption, la Cour de cassation, par un arrêt du 21 juillet 1987[10], a posé le principe que « *l'existence d'une parenté réelle, même si elle n'est plus reconnue juridiquement, entre les grands-parents par le sang et leur petit-fils, adopté en la forme plénière, est constitutive d'une situation exceptionnelle au sens de l'article 371-4 précité* ». Le législateur a entendu mettre fin à ces douloureux problèmes en encadrant l'adoption plénière de l'enfant du conjoint dans de strictes conditions (C. civ., art. 345-1, réd. L. n° 96-604, 5 juill. 1996).

Cette jurisprudence pourrait permettre l'établissement de lien personnel entre un parent ou un grand-parent biologique et l'enfant lorsque la filiation ne peut être juridiquement établie. Il en est ainsi en cas d'accouchement sous X par exemple.

L'article 371-4 alinéa 2 du Code civil peut aussi servir à résoudre les délicates questions que posent les nouvelles techniques de procréation médicalement assistée (ainsi, un jugement accordant un large droit de visite à une mère porteuse[11]).

Comme l'existence de relations de l'enfant avec ses ascendants, l'existence de relations de l'enfant avec ses frères et sœurs, est présumée conforme à son intérêt, la loi du 4 mars 2002 n'ayant pas modifié l'article 371-5 du Code civil qui interdit la séparation des frères et sœurs et permet au juge de statuer, s'il y a lieu, sur les relations personnelles entre les frères et sœurs. Il est conforme à l'intérêt de l'enfant d'accorder un droit de visite et d'hébergement à ses demi-frères et demi-sœurs sur le fondement de l'article 371-4 alinéa 2[12].

Dès avant l'entrée en vigueur de la loi du 4 mars 2002, aussi exceptionnelles que soient les circonstances, le droit à entretenir des relations personnelles n'était aménagé par le juge que si celui-ci estimait qu'il était conforme à l'intérêt de l'enfant (ainsi, un cas où la Cour de cassation estime que c'est dans l'exercice de leur pouvoir souverain d'appréciation que les juges du fond ont pu refuser à une grand-mère un droit de visite et d'hébergement sur ses petits-enfants qui avaient fait l'objet d'une adoption plénière[13]).

Dans son rapport du 20 novembre 2006, intitulé *L'enfant au cœur des nouvelles parentalités*, la Défenseure des enfants, Dominique Versini, invite le législateur à élaborer un statut pour les tiers ayant

1. Civ. 1re, 1er déc. 1982, n° 81-14.627, *Bull. civ.* I, n° 346; *D.* 1983, IR 143.
2. Civ. 1re, 20 mars 1979, *D.* 1979, IR 431.
3. Civ. 1re, 4 nov. 1987, n° 85-18.190, *Bull. civ.* I, n° 284.
4. CA Paris, 16 déc. 1976, *D.* 1977, J. 133, note Massip.
5. CA Rennes, 11 mai 2000, *Juris-Data* n° 120016.
6. CA Grenoble, 15 déc. 1997, *Dr. fam.* 1997, comm. 38, obs. Murat.
7. Civ. 1re, 5 juill. 1988, n° 87-11.562, *Bull. civ.* I, n° 220; *DEF* 1989-2, 44, obs. Fulchiron – H. Fulchiron, « Autorité parentale et famille recomposée », Liber amicorum *à la mémoire de Danièle Huet-Weiller*, 1994, PUS/LGDJ, 1994, p. 141.
8. CA Nîmes, 13 sept. 2000, *Juris-Data* n° 126870.
9. Civ. 1re, 18 mai 2005, n° 02-16.336, *Bull. civ.* I, n° 211; *AJ fam.* 2005, 321; *D.* 2005, 2125, obs. Lemouland.
10. Civ. 1re, 21 juill. 1987, n° 85-15.521, *Bull. civ.* I, n° 235; *D.* 1987, IR 191; *Defrénois* 1988, obs. Massip; *RTD civ.* 1988, 319, obs. Rubellin-Devichi.
11. CA Paris, 19 févr. 1988, *RTD civ.* 1988, 328, obs. Rubellin-Devichi.
12. CA Rennes, 8 janv. 2001, *Juris-Data* n° 136245 – CA Pau, 5 juill. 2000, *Juris-Data* n° 122459.
13. Civ. 1re, 16 juill. 1997, n° 95-17.210, NPT; *Defrénois* 1998, art. 36815, obs. Massip; *Dr. fam.* 1997, n° 173, obs. Murat.

établi des liens affectifs forts avec un enfant, notamment du fait de la vie commune. Elle propose de consacrer, dans un alinéa supplémentaire de l'article 371-4, « *un droit de l'enfant à entretenir des relations personnelles avec le tiers, parent ou non, qui a partagé sa vie quotidienne et avec lequel il a noué des liens affectifs étroits* ».

232.63 Aménagements. L'article 371-4 alinéa 2 du Code civil envisage plus largement les relations entre l'enfant et les tiers, sans restreindre celles-ci au droit de correspondance ou de visite de l'ancien texte tel qu'interprété par la jurisprudence (le texte ne prévoyait que l'octroi « *d'un droit de correspondance et de visite* », mais la Cour de cassation avait affirmé que le droit d'hébergement « *ne constitue qu'une des modalités du droit de visite* »[1]). Cette formulation permet notamment au juge d'accorder un droit d'hébergement au tiers ou d'envisager tout autre mode de relations.

En vertu de l'article 371-4 du Code civil, c'est le JAF qui est compétent pour statuer sur le droit de visite d'un tiers.

§ 3
Droit et devoir d'éducation

232.71 Définitions. Protection et éducation de l'enfant sont les raisons d'être de l'autorité parentale.

Par éducation, il faut entendre non seulement l'éducation scolaire, mais aussi l'éducation professionnelle, religieuse, morale, civique et politique sans parler de cette éducation quotidienne qui doit permettre à l'enfant de faire l'apprentissage de la vie en société.

232.72 Obligations. Les parents disposent en la matière d'un certain nombre de droits antérieurs à ceux de la société (CIDE, art. 5), mais doivent aussi respecter un certain nombre d'obligations. Une défaillance de leur part conduirait à la mise en œuvre de mesures d'assistance éducative (v. s[s] n° 232.81). Ils doivent également tenir compte des opinions exprimées par l'enfant en vertu de l'article 371-1 alinéa 3 (v. s[s] n°s 232.131 s.). La difficulté de réaliser un équilibre entre responsabilité parentale, contrôle de la société dans l'intérêt de l'enfant et prise en compte de la volonté de l'enfant, se manifeste tout particulièrement en matière d'éducation scolaire et professionnelle et d'éducation religieuse (ainsi, pour le cas particulier d'un enfant de nationalité ou d'origine étrangère[2]).

1. Civ. 1re, 5 mai 1986, *D.* 1986, J. 496, note Massip.

A.
Éducation scolaire et professionnelle

232.81 Éducation. Le droit à l'éducation, proclamé par l'article 28 de la Convention internationale relative aux droits de l'enfant et l'article 2 du protocole 1 de la Convention européenne des droits de l'homme, est mis en œuvre par les père et mère de l'enfant. Il leur appartient de choisir le genre d'éducation de l'enfant, de déterminer l'établissement public ou privé, dans lequel il sera placé (à moins que les parents ne préfèrent instruire l'enfant eux-mêmes), de décider de son orientation, du choix des langues, des filières ou du type d'enseignement, d'opter éventuellement pour l'arrêt des études (sur le droit de surveiller l'enseignement dispensé dans un établissement public[3]). La Cour européenne des droits de l'homme fait peser sur les États l'obligation de respecter un certain pluralisme éducatif, permettant de ménager les convictions religieuses et philosophiques des parents en se fondant sur une combinaison de l'article 2 du protocole 1, qui consacre le droit à l'instruction et le droit des parents au respect de leurs convictions religieuses et philosophiques, et de l'article 9 de la Convention consacrant la liberté de pensée et de conscience. Si les parents ne peuvent s'opposer à l'intégration dans les programmes, d'enseignements ayant directement ou non un caractère religieux ou philosophique, l'État doit veiller à ce que les informations ou connaissances intégrées dans ces enseignements, soient diffusées de manière objective, critique et pluraliste sans poursuivre un but d'endoctrinement[4]. L'article 14, alinéa 3, de la Charte des droits fondamentaux de l'Union européenne consacre également le droit des parents d'assurer l'éducation et l'enseignement de leurs enfants conformément à leurs convictions religieuses, philosophiques et pédagogiques[5].

Le droit des parents de décider de l'éducation de leur enfant s'exerce cependant dans le cadre fixé par la loi et par les règlements, particulièrement nombreux en la matière (L. 11 juill. 1975, fixant l'obligation scolaire à l'âge de seize ans). Le fait de ne pas inscrire un enfant à l'école constitue une infraction

2. H. Fulchiron, « L'éducation de l'enfant étranger », *Le droit de la famille à l'épreuve des migrations internationales,* LGDJ, 1993, p. 197.
3. V. la célèbre affaire *Morizot :* T. corr., 2 juin 1908, Morizot, *D.* 1908, 3, 57.
4. CEDH 7 déc. 1976, req. n° 5095/71, n° 5920/72, n° 5926/72, Kjeldsen, Busk Madsen et Pedersen c/ Danemarck, *GACEDH* 2007, comm. 50.
5. J. Pertek, « Article II-74 », in L. Burgorgue-Larsen, A. Levade, F. Picod (dir.), *Traité établissant une Constitution pour l'Europe,* partie II, p. 203 – G. Braibant, *La Charte des droits fondamentaux de l'Union européenne,* « Points cool. Essais », p. 129.

réprimée par l'article 227-17-1 du Code pénal[1]. Mais les père et mère restent tenus d'assurer l'éducation de l'enfant au-delà de l'âge de la scolarité obligatoire. L'article L. 122-2 du Code de l'éducation prévoit en effet expressément le droit de l'enfant de poursuivre sa scolarité après cet âge, nonobstant l'opposition de ses représentants légaux, permettant au juge des enfants de prendre une mesure d'assistance éducative pour rendre ce droit effectif[2].

L'obligation des parents d'assumer les frais d'études de leur enfant fait partie de l'obligation parentale d'entretien (v. s[s] n°s 232.206, 232.321 et 232.383).

232.82 Formation professionnelle. L'éducation professionnelle prolonge l'obligation scolaire. Plus encore que pour la première, le pouvoir d'initiative et de décision des parents doit se combiner avec la capacité embryonnaire du grand mineur (C. trav., art. L. 6224-1, précisant que le mineur signe lui-même son contrat d'apprentissage, avec l'autorisation de son représentant légal[3]).

B.
Éducation religieuse

232.91 Une question sensible. L'éducation religieuse constitue l'un des problèmes les plus sensibles du droit de l'autorité parentale, dans lequel la loi et la jurisprudence ne s'aventurent qu'avec une extrême prudence, notamment lorsqu'il s'agit d'arbitrer des conflits entre parents, ou entre parents et enfant.[4].

232.92 Prérogatives d'autorité parentale. L'éducation religieuse de l'enfant appartient aux père et mère : il leur revient donc de choisir la religion de l'enfant, de veiller au suivi de son enseignement et de ses pratiques, ou de décider de n'élever l'enfant dans aucune religion. La liberté des parents en la matière est garantie par différents textes de droit interne[5] et par la Convention internationale relative aux droits de l'enfant dont l'article 14-2° affirme que : « *Les États parties respectent le droit et le devoir des parents, ou, le cas échéant, des représentants légaux de l'enfant, de guider celui-ci dans l'exercice du droit susmentionné* [le droit à la liberté de pensée, de conscience et de religion] *d'une manière qui corresponde au développement de ses capacités* ». Ce texte fournit une première réponse à la question de savoir comment se concilient le pouvoir de contrôle que les titulaires de l'exercice de l'autorité parentale exercent sur la vie de l'enfant, et la reconnaissance de la liberté de pensée, de conscience et de religion de celui-ci[6]. Le parent dispose du pouvoir de prendre les décisions relatives à la religion de l'enfant à condition cependant d'exercer ses prérogatives dans le respect de la personne de l'enfant, ce qui implique que son autorité soit exercée dans la limite de l'intérêt de celui-ci, dont la volonté doit être respectée, dans la mesure du possible, au moins à partir d'un certain âge. Il paraît ainsi impossible d'admettre, dès lors que le mineur bénéficie d'une maturité suffisante, que ses parents puissent le contraindre à pratiquer une religion à laquelle il n'adhère pas, sauf à procéder à une violation manifeste de sa liberté de conscience et de religion consacrée par l'article 14 de la Convention internationale des droits de l'enfant. La possibilité pour le mineur d'imposer son choix en matière de religion, et notamment de se convertir à une religion distincte de celle choisie pour lui par ses parents est plus discutable notamment parce qu'elle est susceptible d'exposer l'enfant à des risques d'endoctrinement contre lesquels les prérogatives parentales sont justement destinées à le protéger.

232.93 Désaccord des parents. En cas d'exercice en commun de l'autorité parentale, le choix de l'éducation religieuse doit être fait en commun par les père et mère. Si l'autorité parentale est exercée par un seul des parents, celui-ci ne dispose pas d'un pouvoir discrétionnaire. Au titre du droit de surveillance, il doit informer l'autre parent de ses projets. En cas de désaccord, ce dernier peut saisir le JAF qui statuera selon l'intérêt de l'enfant.

En pratique, il semble que les juges se montrent soucieux avant tout de rechercher un accord entre les parents et, en cas de conflit irréductible, de maintenir le *statu quo ante*[7].

Il arrive cependant que les juges tranchent, notamment lorsque le choix de l'un des parents met en danger l'équilibre de l'enfant. L'intérêt de l'enfant peut conduire le juge à limiter les droits des parents. Tel peut être le cas lorsque la religion du père le conduit à obliger ses filles à porter le voile et à leur interdire l'accès des piscines publiques (ainsi, un cas où le juge supprime le droit de visite ou d'hébergement du père[8]). La Cour de cassation a

1. A. Gouttenoire, RÉP. PÉN. PR. PÉN., V° *Abandon d'enfant ou de personne hors d'état de se protéger.*
2. P. Bonfils et A. Gouttenoire, *Droit des mineurs*, « Précis », 1re éd., Dalloz, 2008, n°s 635 s.
3. P. Bonfils et A. Gouttenoire, *Droit des mineurs*, « Précis », 1re éd., Dalloz, 2008, n°s 1152 s.
4. V. NOT., S. Plana, *Le prosélytisme religieux à l'épreuve du droit privé*, th. Grenoble, 2005.
5. P. Colombel, « Le droit privé français devant le fait religieux », *RTD civ.* 1956, 1.
6. A. Gouttenoire, C. Gris, M. Martinez, B. Maumont et P. Murat, « La Convention internationale des droits de l'enfant, vingt ans après, commentaire article par article », *Dr. fam.* 2009, p. 11 s., étude 13.
7. Civ. 1re, 11 juin 1991, n° 89-20.878, *Bull. civ.* I, n° 196; *D.* 1991, J. 521, note Malaurie; *D.* 1992, somm. 65, obs. Deschamps; *RTD civ.* 1992, 75, obs. Hauser.
8. Civ. 1re, 24 oct. 2000, n° 98-14.386, *Bull. civ.* I, n° 262; *RTD civ.* 2001, 126, obs. Hauser.

dans le même sens approuvé la cour d'appel qui avait interdit à la mère de mettre ses enfants en contact avec des membres du mouvement raëlien, auquel elle appartenait, compte tenu de la dangerosité de cette secte[1].

Toutefois le principe reste que l'orientation religieuse d'un parent ne peut à elle seule justifier une atteinte à ses droits parentaux conformément aux prescriptions de la Cour européenne des droits de l'homme pour qui les croyances religieuses, et même l'appartenance à une secte, ne sauraient en elles-mêmes constituer un critère de détermination des relations du parent et de son enfant[2].

232.94 **Tiers.** Le choix des parents s'impose aux tiers. En cas de décès des père et mère, leur volonté doit être respectée par les personnes qui assument la charge des enfants (C. civ., art. 401 – rappr. de la célèbre affaire des enfants *Finaly*[3]).

Enfin les convictions religieuses et leurs manifestations à l'école doivent s'exercer « *dans le respect du pluralisme et de la liberté d'autrui, et sans qu'il soit porté atteinte aux activités d'enseignement, au contenu des programmes et à l'obligation d'assiduité* » (v. ainsi sur l'affaire du foulard islamique[4]). Les droits des parents en matière d'éducation religieuse de leur enfant trouvent en tout état de cause une limite dans la loi du 15 mars 2004[5] « *encadrant en application du principe de laïcité le port de signes ou de tenues manifestant une appartenance religieuse dans les écoles, collèges et lycées publics* ».

C.
Droit de correction

232.101 **Définition.** Le Code civil de 1804 reconnaissait au père un droit de correction, entendu comme le droit pour lui de faire détenir l'enfant pendant un certain temps, dans l'hypothèse où il aurait « *des sujets de mécontentement très graves sur la conduite de l'enfant* ».

232.102 **Droit coutumier.** Le droit coutumier de correction, entendu comme le droit d'infliger à l'enfant des **châtiments corporels** à des fins d'éducation, il est laissé à la discrétion des parents selon les usages et les cultures. Le juge civil comme le juge pénal veille cependant à ce que les parents ne confondent pas nécessités pédagogiques et **maltraitance.** Les violences exercées par les parents sur leur enfant même à titre éducatif relèvent en effet de l'article 222-13 du Code pénal qui réprime les violences volontaires. Les poursuites sont cependant rares et les juridictions pénales écartent le plus souvent l'application de l'article 222-13 du Code pénal sauf lorsque les violences peuvent être considérées comme excessives[6]. Il en va notamment ainsi lorsque les coups ont provoqué des ecchymoses[7]. A été, à l'inverse, admis le fait pour un instituteur d'empoigner un élève par son sweat-shirt et de le tirer sans ménagement jusqu'à son bureau deux étages plus haut[8] ou la claque sur la couche infligé par une nourrice à un enfant de vingt-trois mois[9]. La Cour de cassation considère cependant que le caractère dégradant du traitement exclut son caractère éducatif et par là même sa justification par le recours à la notion de droit de correction[10]. Elle rejoint sur ce point la jurisprudence de la Cour européenne des droits de l'homme qui, dans certaines hypothèses, n'hésite pas à qualifier les châtiments corporels de traitements inhumains et dégradants lorsqu'ils atteignent un certain seuil de gravité[11].

232.103 **Interdiction de la fessée.** Une évolution se fait clairement jour en Europe et dans le cadre de certaines instances internationales pour ne plus admettre les châtiments corporels, même les plus légers, et pour les prohiber formellement. Le Comité

1. Civ. 1re, 22 févr. 2000, nº 98-12.338, *Bull. civ.* I, nº 54; *D.* 2001, 422, note Courtin.
2. CEDH 23 juin 1993, req. nº 12875/87, Hoffmann c/ Autriche, *D.* 1994, 327, note Hauser – CEDH 16 déc. 2003, req. nº 64927/01, Palau-Martinez c/France, *JCP* 2004, II, 10122, note Gouttenoire – *GACEDH* 2007, p. 520, à propos d'une mère témoin de Jéhovah.
3. Civ. 1re, 23 juin 1953, *D.* 1954, note Nerson; *JCP* 1953, II, 7683, rapp. Jacquillard; *Gaz. Pal.* 1953, 2, 52, concl. Rey.
4. CE 2 nov. 1992, req. nº 130394, *RFDA* 1993, 113, concl. Kessler; *AJDA* 1992, 790, obs. Maugüé et Schwartz; *D.* 1993, 108, note Koubi; *JCP* 1993, II, 21998, note Tedeschi – *Adde,* « Le temps de l'école et le temps de Dieu », concl. Aguila ss CE ass., 14 avr. 1995, req. nº 125148, nº 157653, 2 esp., Consistoire central des israélites de France et a., M. Koen, *RFDA* 1995, 585; *JCP* 1995, II, 22437, note Van Tuong.
5. L. nº 2004-228, 15 mars 2004, encadrant, en application du principe de laïcité, le port de signes ou de tenues manifestant une appartenance religieuse dans les écoles, collèges et lycées publics, *JO* 17 mars 2004.
6. M. Herzog-Evans, « Châtiments corporels : vers la fin d'une exception culturelle ? », *AJ fam.* 2005, 212.
7. Crim. 3 mai 1984, nº 84-90.397, *Bull. crim.*, nº 54.
8. CA Caen, 4 mai 1998, RG nº 970667.
9. Crim. 17 juin 2007, nº 02-84.986, NP.
10. Crim. 2 déc. 1998, nº 97-84.937, *Bull. crim.*, nº 327; *D.* 2000 somm. 32, obs. Mayaud; *Dr. pénal* 1999, nº 83, obs. Véron, pour des éducateurs qui avaient privé des enfants autistes de repas, les avaient enfermés dans des placards, administrer des douches froides et contraints à ramasser leurs excréments.
11. Dans les arrêts relatifs à des châtiments corporels dans les établissements scolaires, la Cour a pu admettre l'applicabilité de l'article 3 de la Convention (CEDH 25 avr. 1978, série A, nº 26, Tyrer c/Royaume Uni, *JDI* 1980, p. 457, obs. Rolland) ou au contraire considérer que le seuil de gravité exigé par ce texte n'était pas atteint (CEDH 25 févr. 1982, Campbell et Cosans c/ Royaume Uni, *JDI* 1985, p. 191 – CEDH 25 mars 1994, série A, nº 247-C, Costello-Roberts c/Royaume Uni).

des droits de l'enfant de l'ONU a, à plusieurs reprises, fait des recommandations en ce sens en se fondant sur l'article 19 de la CIDE qui enjoint aux États de protéger l'enfant contre toute forme de maltraitance[1]. L'Assemblée parlementaire du Conseil de l'Europe a également émis, le 4 juin 2004, une recommandation intitulée « Interdire le châtiment corporel des enfants en Europe »[2]. Le Comité européen des droits sociaux interprète l'article 17 de la Charte sociale révisée[3] selon lequel « *les enfants et les adolescents ont droit à une protection sociale, juridique et économique appropriée* », comme impliquant l'interdiction par la loi de toute forme de violence contre les enfants, à la maison et dans toute institution. Il a ainsi pu considérer que la situation de la France n'était pas en conformité avec ce texte puisque les châtiments corporels ne sont pas, en tant que tels, prohibés par le droit français, l'article 222-13 du Code pénal n'étant pas sur ce point suffisamment explicite[4].

§ 4
Protection de la santé de l'enfant

232.110 **Pouvoirs des parents et contrôle de la société.** Si la protection de la santé de l'enfant relève des pouvoirs des père et mère (A), ceux-ci font l'objet d'un contrôle de la société (B), et ces pouvoirs doivent en tout état de cause s'exercer en associant l'enfant aux décisions qui le concernent (v. s[s] n°s 232.131 s.).

A.
Pouvoirs des père et mère

232.111 **Principes.** De façon générale, les soins, traitements, opérations, *etc.*, rendus nécessaires par l'état de l'enfant relèvent de l'autorité parentale des pères et mère (C. civ., art. 371-1, al. 2). Il leur appartient de choisir un traitement, de demander l'admission de l'enfant à et plus généralement de décider des soins à donner à l'enfant[5]. Sauf urgence, et cas particuliers, aucun acte médical ne peut être pratiqué sur un mineur sans le consentement du ou des titulaires de l'exercice de l'autorité parentale. La loi n° 2002-303 du 4 mars 2002[6], relative aux droits des malades et à la qualité du système de santé, prévoit que les droits du malade mineur et notamment son droit d'être informé et de consentir à l'acte médical sont exercés par les titulaires de l'exercice de l'autorité parentale (CSP, L. 1111-1 s., et not. art. L. 1111-2, al. 5; L. 1111-4, al. 6; L. 1111-5), le mineur devant être cependant associé à la décision (v. s[s] n°s 232.131 s.).

232.112 **Exceptions.** Des lois récentes ont cependant supprimé l'exigence de consentement des titulaires de l'autorité parentale pour certains actes médicaux. L'article L. 5134-1, I, du Code de la santé publique, issu de la loi du 4 juillet 2001[7], affirme en effet que : « *Le consentement des titulaires de l'autorité parentale ou le cas échéant du représentant légal n'est pas requis pour la prescription, la délivrance ou l'administration de contraceptifs aux personnes mineures* ». En outre, depuis la loi du 4 juillet 2001, relative à l'interruption volontaire de grossesse, la mineure peut se passer du consentement parental pour subir une interruption volontaire de grossesse. Le mineur peut enfin solliciter seul certains actes médicaux dans le cadre de l'exercice de son droit au secret consacré par l'article L. 1111-5 du Code de la santé publique selon lequel « *par dérogation à l'article 371-1 du Code civil, le médecin peut se dispenser d'obtenir le consentement du ou des titulaires de l'autorité parentale sur les décisions à prendre lorsque le traitement ou l'intervention s'impose pour sauvegarder la santé d'une personne mineure, dans les cas où celle-ci s'oppose expressément à la consultation du ou des titulaires de l'autorité parentale afin de garder le secret sur son état de santé* ».

B.
Contrôle de la société

232.121 **Contrôle médical.** La loi impose aux parents certains soins. Il en va ainsi des vaccinations obligatoires. L'article L. 3116-4 du Code la santé publique érige en infraction le fait de refuser de soumettre ceux sur lesquels on exerce l'autorité

1. V. NOT., session du comité des droits de l'enfant du 13 oct. 1994, *Rapport du comité des droits de l'enfant*, 27 nov. 1995.
2. Cons. Europe, ass. parlementaire, 4 juin 2004, recomm. n° 1666 (2004), doc. n° 10199.
3. Charte sociale européenne (révisée), traité ouvert à la signature des États membres du Conseil de l'Europe à Strasbourg, le 3 mai 1996 (STE n° 163, entrée en vigueur le 1er juillet 1999).
4. Comité européen des droits sociaux (CEDS), conclusions France 2005, p. 10 (v. sur le site du Conseil de l'Europe : www.coe.int/procéduredérapports/conclusions). Cette analyse était partagée par Claire Brisset, défenseure des enfants (v. site internet du Défenseur des enfants : http//www.defenseurdesenfants).
5. P. Bonfils et A. Gouttenoire, *Droit des mineurs*, « Précis », 1re éd., Dalloz, 2008, n°s 618 s.
6. L. n° 2002-303, 4 mars 2002, relative aux droits des malades et à la qualité du système de santé, *JO* 5 mars, p. 4118.
7. L. n° 2001-588, 4 juill. 2001, relative à l'interruption volontaire de grossesse et à la contraception, *JO* 7 juill., p. 10823.

parentale à la vaccination obligatoire. Par ailleurs, selon l'article L. 1111-4 alinéa 6 du Code de la santé publique, « *dans le cas où un refus de traitement par la personne titulaire de l'autorité parentale ou le tuteur risque d'entraîner des conséquences graves pour la santé du mineur, le médecin délivre les soins indispensables* ».

Hors cas de nécessité, le médecin doit respecter la volonté des parents, sauf à saisir le ministère public afin de provoquer la mesure d'assistance éducative lui permettant de donner les soins qui s'imposent. L'enfant pourra également saisir le juge des enfants dans la même hypothèse.

232.122 Intervention judiciaire. De façon générale, le juge des enfants qui estimerait que les décisions prises par les parents mettent l'enfant en situation de danger peut prendre des mesures d'assistance éducative[1] À l'évidence, l'intervention du juge est pour le moins délicate, surtout lorsque la décision des parents se fonde sur leurs convictions religieuses[2]. Il n'en reste pas moins que contrairement à ce qui a pu être affirmé[3] il paraît opportun de reconnaître un tel pouvoir au juge (dans l'espèce citée, la mère, en accord avec sa fille, avait décidé d'abandonner un traitement lourd, comportant des effets secondaires déplaisants au profit d'un traitement alternatif « *aussi inoffensif qu'inefficace* »).

§ 5
Association de l'enfant aux décisions qui le concernent

232.131 Principe. Caractéristique de la conception moderne des droits de l'enfant, la tendance actuelle consiste à associer l'enfant aux décisions susceptibles d'exercer une influence sur sa situation personnelle. Cette évolution est apparue en filigrane dans différents textes internationaux, au premier rang desquels figurent la Convention internationale des droits de l'enfant de 1989 et la Convention européenne sur l'exercice des droits de l'enfant de 1996 (émanant du Conseil de l'Europe et ratifiée par la France, par un décret du 10 janvier 2008[4], après qu'une loi du 1er août 2007[5] a autorisé cette ratification en France). La loi du 4 mars 2002, relative à l'autorité parentale, l'a consacrée dans l'article 371-1, alinéa 3, du Code civil en vertu duquel : « *Les parents associent l'enfant aux décisions qui le concernent, selon son âge et son degré de maturité* ». La loi du 4 mars 2002, relative aux droits des malades, impose également au médecin de rechercher le consentement du mineur à l'acte médical, même si le consentement du ou des titulaires de l'exercice de l'autorité parentale demeure nécessaire et suffisant[6].

232.132 Modalités. L'association de l'enfant aux décisions qui le concernent implique tout d'abord que l'enfant soit **informé**. L'article L. 1111-2 alinéa 5 du Code de la santé publique prévoit notamment que les mineurs malades ont « *le droit de recevoir eux-mêmes une information et de participer à la prise de décision les concernant, d'une manière adaptée à leur degré de maturité* ». La Convention européenne sur l'exercice des droits de l'enfant affirme également dans son préambule que les enfants doivent recevoir des informations pertinentes afin que leurs droits et leurs intérêts supérieurs puissent être promus.

L'enfant doit ensuite être **consulté** sur les décisions qui le concernent. Dans le cadre des procédures judiciaires, l'article 388-1 alinéa 1er du Code civil prévoit que « *le mineur peut être entendu dans toutes procédures le concernant* » et le décret du 20 mai 2009[7] organise son information relativement à ce droit (v. ss nos 233.41 s.). En matière médicale, le consentement de l'enfant doit être recherché (CSP, art. L. 1111-4).

Dans certains cas, le **consentement de l'enfant est exigé**. Il en va ainsi en matière d'adoption et de changement de nom ou de prénom pour les enfants de plus de treize ans (C. civ., art. 60, 61-3, 334-2 et 360). En matière de recherche médicale (CSP, art. L. 1122-2) et de prélèvement de moelle osseuse (CSP, art. L. 1241-3), le refus du mineur fait obstacle à la recherche ou au prélèvementDe manière plus générale, on peut s'interroger sur le point de savoir si l'adolescent ne pourrait pas se voir reconnaître une plus grande autonomie, une plus grande capacité pour agir lui-même, particulièrement lorsque les actes concernent sa personne ou l'exercice de ses libertés de l'esprit.

1. A. Deiss, « Le juge des enfants et la santé des mineurs », *JCP* 1983, I, 3125.
2. H. de Touzalin, « Le refus de consentement à un traitement par les parents d'un enfant mineur en danger de mort », *JCP* 1974, I, 2672.
3. CA Nancy, 3 déc. 1982, *JCP* 1983, II, 20081, note Raymond; *Gaz. Pal.* 1984, 1, 132, note Dosner-Dolivet.
4. Décr. no 2008-36, 10 janv. 2008, portant publication de la Convention européenne sur l'exercice des droits des enfants, adoptée à Strasbourg le 25 janv. 1996, *JO* 12 janv., p. 674.
5. L. no 2007-1155, 1er août 2007, autorisant l'approbation de la Convention européenne sur l'exercice des droits de l'enfant, *JO* 2 août, p. 12986.
6. P. Bonfils et A. Gouttenoire, *Droit des mineurs*, « Précis », 1re éd., Dalloz, 2008, nos 1124 s.
7. Décr. no 2009-572, 20 mai 2009, relatif à l'audition de l'enfant en justice, *JO* 24 mai, p. 8649.

SECTION 3
EXERCICE DE L'AUTORITÉ PARENTALE

232.140 Historique. Titulaires de l'autorité parentale dès lors que la filiation de l'enfant est établie à leur égard, les père et mère n'en ont pas toujours l'exercice.

Les lois du 4 juin 1970[1] et du 8 janvier 1993[2] ont consacré de plus en plus largement le principe de l'exercice en commun de l'autorité parentale dans la famille légitime comme dans la famille naturelle et la loi du 4 mars 2002 a parachevé la consécration de ce principe pour tous les enfants quel que soit le lien unissant leur père et mère[3]. Cette évolution est conforme à la Convention internationale relative aux droits de l'enfant qui, en son article 18, dispose que : « *Les États parties s'emploient de leur mieux à assurer la reconnaissance du principe selon lequel les deux parents ont une responsabilité commune pour ce qui est d'élever l'enfant et d'assurer son développement* ».

L'abolition de la distinction entre enfant légitime et enfant naturel a permis l'élaboration d'un droit commun de l'autorité parentale. Il convient d'étudier les modalités d'exercice de l'autorité parentale (§ 1), avant d'examiner les cas de perte de l'exercice de l'autorité parentale (§ 2) et la délégation de l'autorité parentale (§ 3).

§ 1
Modalités d'exercice de l'autorité parentale

232.150 Unification du droit de l'autorité parentale. Depuis l'entrée en vigueur de la loi du 4 mars 2002, l'exercice de l'autorité parentale est régi par les mêmes règles pour tous les enfants, quelle que soit leur filiation ou la situation du couple de leurs parents. Le Code civil pose désormais un certain nombre de principes généraux (A) en la matière et des règles particulières destinées à s'appliquer en cas de séparation des parents (B).

A.
Principes généraux

232.160 Principe et exception. La loi du 4 mars 2002 a parachevé l'évolution vers la coparentalité. Le principe est donc l'exercice en commun de l'autorité parentale (1°) pour tous les enfants, quelle que soit la situation de leur parent, lequel principe souffre cependant certaines exceptions (2°).

1°
Principe : exercice en commun de l'autorité parentale

a)
Consécration du principe

232.161 Généralisation de l'exercice en commun de l'autorité parentale. L'article 372 du Code civil, d'une généralité sans précédent, affirme que « *les père et mère exercent en commun l'autorité parentale* ». La conception de l'autorité parentale comme une conséquence de la parenté, quelle que soit la nature de la filiation, se traduit par une suppression des différences antérieures entre enfant légitime et enfant naturel. Plus largement, selon le nouvel article 310 du Code civil « *tous les enfants dont la filiation est légalement établie ont les mêmes droits et les mêmes devoirs dans leurs rapports avec leurs père et mère. Ils entrent dans la famille de chacun d'eux* ».

L'exercice en commun de l'autorité parentale est définitivement la règle inconditionnelle, même dans la famille hors mariage, la condition de cohabitation des parents lors de la seconde reconnaissance de l'enfant naturel ayant disparu depuis 2002, la seule exigence de l'exercice en commun de l'autorité parentale pour les parents qui ne sont pas mariés résidant désormais dans une reconnaissance de l'enfant dans sa première année.

232.162 Adoption plénière. Les textes relatifs à l'adoption plénière ne disent rien de l'autorité parentale. La volonté du législateur ne fait cependant aucun doute : il convient d'appliquer les règles communes. Si l'enfant est adopté par une seule personne, celle-ci exerce seule l'autorité parentale. Si l'enfant est adopté par deux époux, il y a lieu à exercice en commun de l'autorité parentale (rappr. C. civ., art. 358 et art. 356, dans le cas de l'adoption de l'enfant du conjoint).

232.163 Adoption simple. Bien que l'enfant adopté en la forme simple conserve des liens avec sa

1. V. NOT., R. Legeais, « L'autorité parentale », *Defrénois* 1972, art. 30111, p. 593 – F. Dekeuwer et F. Vauvillé, « Droits de l'homme et droits de l'enfant, commentaire de la loi Malhuret du 22 juillet 1987 », *D.* 1988, J. 7.
2. V. NOT., J. Rubellin-Devichi, « Une importante réforme en droit de la famille, la loi n° 93-22 du 8 janv. 1993 », *JCP* 1993, I, 3659 – H. Fulchiron, « Une nouvelle réforme de l'autorité parentale, commentaire de la loi n° 93-22 du 8 janv. 1993 à la lumière de l'application de la loi Malhuret », *D.* 1993, J. 117.
3. F. Boulanger, « La loi du 4 mars 2002 relative à l'autorité parentale : modernisation ou utopie ? », *D.* 2002,1571 – H. Fulchiron, « L'autorité parentale rénovée », *Defrénois* 2002, art. 37580, p. 959 – A. Gouttenoire-Cornut, « La consécration de la coparentalité par la loi du 4 mars 2002 », *Dr. fam.* 2002, chron. 27 – C. Lienhard, « Les nouvelles actions dont le juge aux affaires familiales peut être saisi en matière d'autorité parentale », *AJ fam.* 2002, 128.

famille d'origine, l'article 365 alinéa 1er du Code civil dispose que « *l'adoptant est seul investi à l'égard de l'adopté de tous les droits d'autorité parentale, inclus celui de consentir au mariage de l'adopté* ». Les parents par le sang perdent donc tout droit d'autorité parentale (sur les résultats parfois cruels de cette règle[1]). Le juge peut cependant leur accorder un droit de visite sur le fondement de l'article 371-4 (v. ss nos 232.51 s.). L'autorité parentale est exercée par le ou les adoptants dans les conditions prévues par les articles 371 s.

232.164 Adoption de l'enfant du conjoint. En cas d'adoption de l'enfant du conjoint, l'article 365 du Code civil prévoit que le parent par le sang conserve seul l'exercice de l'autorité parentale « *sous réserve d'une déclaration conjointe avec l'adoptant devant le greffier en chef du tribunal de grande instance aux fins d'un exercice en commun de l'autorité parentale* ». Cette **disposition** n'étant applicable qu'aux époux, elle **ne bénéficie pas au couple de concubins.** C'est la raison pour laquelle, la Cour de cassation a refusé l'adoption simple d'un enfant par la concubine de la mère[2], la perte par la mère biologique de ses droits parentaux sur l'enfant n'étant pas conforme à l'intérêt de ce dernier. La différence de traitement subie par les concubins pourrait susciter une condamnation de la Cour européenne qui a déjà sanctionné une atteinte similaire au droit à la vie familiale[3].

b)

Mise en œuvre du principe

232.171 Exercice conjoint. Égaux en droits et en devoirs, les père et mère disposent des mêmes pouvoirs qu'ils sont appelés à mettre en œuvre conjointement. Toute décision suppose donc en principe l'accord des deux parents : il y a exercice conjoint et non pas concurrent de pouvoirs identiques (comp., pour des époux les pouvoirs concurrents qui leur sont accordés par C. civ., art. 220 et 1421, en ce qui concerne leurs biens – rappr. C. civ., art. 389 s., posant le principe d'une administration conjointe des biens des enfants mineurs). L'interprétation *a contrario* de l'article 372-2 du Code civil impose à chacun des parents de solliciter l'accord de l'autre pour les actes qui ne sont pas usuels et cette obligation s'impose au tiers. Le non-respect de cette règle peut engager la responsabilité du parent et du tiers (responsabilité d'un médecin et du père du fait de la circoncision rituelle de son enfant sans le consentement de la mère[4]; décision de la Cour de cassation qui sanctionne la décision unilatérale relative à la circoncision d'un enfant du père en le privant de tout droit de visite et d'hébergement[5]; responsabilité de l'éditeur d'une photographie d'un mineur malgré l'opposition de la mère[6]; responsabilité du médecin psychiatre pour avoir délivrer des soins auxquels le père s'était opposé[7]). Des incidents répétés pourraient également conduire le juge à mettre fin à l'exercice en commun de l'autorité parentale.

Un tel système ne peut évidemment fonctionner que si la loi prévoit des assouplissements pour les actes quotidiens et une procédure de règlement des conflits parentaux.

232.172 Présomption d'accord pour les actes usuels. L'article 372-2 du Code civil dispose : « *À l'égard des tiers de bonne foi, chacun des parents est réputé agir avec l'accord de l'autre, quand il fait seul un acte usuel de l'autorité parentale relativement à la personne de l'enfant.* » La règle vaut à la fois dispense de preuve de l'accord des parents et décharge de responsabilité au profit des tiers de bonne foi. Elle ne joue cependant que si deux conditions sont réunies. La présomption ne joue que pour les **actes usuels** de l'autorité parentale relativement à la personne de l'enfant. Il s'agit là d'une « notion cadre » dont le contenu est laissé à l'appréciation du juge appelé à statuer au cas par cas. Le projet de réforme relative à l'autorité parentale présenté en 2009 par Madame Morano propose de définir l'**acte important** comme celui qui engage l'avenir de l'enfant et porte atteinte à ses droits fondamentaux.

Faute de liste préétablie, un critère négatif peut guider le tiers partie à l'acte ou le juge appelé à trancher, généralement *a posteriori* : l'acte ne peut plus être considéré comme usuel s'il rompt avec le passé ou, surtout, s'il engage l'avenir de l'enfant. Pour le savoir, il importe de se livrer à une double appréciation *in abstracto* et *in concreto*, en fonction des circonstances particulières de l'espèce.

232.173 Scolarité. S'agissant de l'éducation scolaire, constitue un acte usuel la réinscription d'un enfant dans un établissement ou son inscription dans un établissement similaire. Il n'en est plus de même s'il y a **changement de type d'établissement** (d'un établissement public à un établissement confessionnel par ex.).

1. Civ. 1re, 11 mars 1977, *Bull. civ.* I, no 233; *JCP* 1978, II, 18833, note Carbonnier; *RTD civ.* 1977, 552, obs. Raynaud; *RTD civ.* 1978, 339, obs. Rubellin-Devichi.
2. Civ. 1re, 20 févr. 2007, no 04-15.676, no 06-15.647, 2 esp., *Bull. civ.* I. nos 70 et 71.
3. CEDH 13 déc. 2007, req. no 39051/03, Emonet c/Suisse.
4. CA Paris, 29 sept. 2000, *D.* 2001, 1585, note Duvert.
5. Civ. 1re, 26 janv. 1994, no 92-10.838, *Bull. civ.* I, no 31; *D.* 1995, 226, note Chroain.
6. Civ. 1re, 27 févr. 2007, no 06-14.273, *Bull. civ.* I., no 78; *RTD civ.* 2007, 327, obs. Hauser.
7. CA Nîmes, 15 sept. 2009, RG no 014362.

Le rapport Léonetti, relatif à l'autorité parentale et aux droits des tiers, remis le 7 novembre 2009 au Premier ministre, considère ainsi que « *l'école d'origine, saisie par un seul des parents d'une demande de certificat de radiation en plein milieu d'année scolaire, sachant que l'enfant a un autre parent codétenteur de l'autorité parentale, ne peut faire l'économie de vérifier le consentement de ce dernier à une telle démarche non usuelle. De même, l'école d'accueil est légalement tenue pour le moins de demander au parent de produire une décision judiciaire fixant à son domicile la résidence de l'enfant et, à défaut, de solliciter l'accord de l'autre parent qui apparaît sur l'acte de naissance.* » Plus largement, les décisions relatives à la scolarité de l'enfant telles que le choix d'une langue étrangère ou d'une option sont soumises à la cogestion[1], de mêmes que les décisions relatives aux activités sportives ou culturelles. En revanche, les décisions qui relèvent du quotidien scolaire : inscription à la cantine, voyage scolaire, autorisation d'absence, inscription à l'aide aux devoirs ou au soutien scolaire, *etc.*, doivent pouvoir être prises par un seul parent agissant pour le compte des deux, dès lors bien entendu qu'aucun indice ne laisse à penser qu'un désaccord pourrait exister. La jurisprudence administrative semble toutefois peu favorable à l'exigence de cogestion. Selon le rapport Léonetti, « *en l'état actuel de la jurisprudence, chacun des parents peut obtenir, au titre des actes usuels bénéficiant de la présomption d'accord de l'autre parent, l'inscription ou la radiation d'une école de leur enfant mineur,* "sans qu'il soit besoin d'établir qu'il dispose de l'accord exprès de l'autre parent, dès lors qu'il justifie exercer, conjointement ou exclusivement, l'autorité parentale sur cet enfant et qu'aucun élément ne permet à l'administration de mettre en doute l'accord réputé acquis de l'autre parent" »[2]. Ce qui paraît très contestable. En revanche, l'affirmation selon laquelle « *les justifications des absences scolaires, ponctuelles et brèves, de l'enfant, même présentées seulement par oral par la mère ou le père sont des actes usuels qui n'ont pas à être portés à la connaissance de l'autre parent par l'administration*[3] » est plus conforme au dispositif de l'article 373-2 du Code civil.

232.174 Soins médicaux. En matière de soins, il semble que les soins obligatoires comme certaines vaccinations, les soins courants (blessures légères, soins dentaires, maladies infantiles courantes) ou les soins habituels pour tel ou tel enfant, entrent dans la catégorie des actes usuels. Ne peut en revanche recevoir cette qualification la décision de soumettre l'enfant à un **traitement « lourd »** ou à une **hospitalisation prolongée.** En ce sens, une opération chirurgicale telle qu'une opération de l'appendicite, semble nécessiter le consentement des deux parents, étant entendu qu'en cas d'urgence le médecin devra opérer, conformément aux règles propres à sa profession. L'enfant ne peut être suivi par un médecin que la mère a pris seule l'initiative de consulter alors que cette décision destinée à protéger la santé de l'enfant appartient aux deux parents titulaires de l'autorité parentale[4]. Il semble également, que la mise en place d'un traitement d'orthodontie, nonobstant son caractère courant voire quasi-systématique, nécessite le consentement des deux parents, son suivi relevant ensuite de la catégorie des actes usuels. Certains actes peuvent alternativement appartenir à l'une ou l'autre catégorie selon le contexte dans lequel ils s'inscrivent. La Cour de cassation a ainsi admis qu'une circoncision pouvait être un acte usuel si elle relève de la nécessité médicale mais il n'en va pas de même s'il s'agit d'une circoncision rituelle[5]. La vaccination peut également relever de l'une ou l'autre des catégories selon qu'elle est ou non obligatoire. Ainsi la vaccination contre la grippe A/H1N1 exige sans aucun doute le consentement des deux parents, comme celui contre l'hépatite B ou encore celui destiné à prévenir le cancer du col de l'utérus[6].

232.175 Identité. Les décisions relatives à l'identité ou l'identification de l'enfant relèvent de la catégorie des actes importants. En rappelant que « *lorsque les parents sont investis conjointement de l'autorité parentale sur leur enfant mineur, l'un d'eux ne peut adjoindre, seul, à titre d'usage, son nom à celui de l'autre, sans recueillir, au préalable l'accord de ce dernier* », l'arrêt du 3 mars 2009, de la première chambre civile de la Cour de cassation[7], a rappelé l'exigence d'une **participation des deux parents au choix du nom d'usage de l'enfant.** Cette décision ne saurait en effet être qualifiée d'acte usuel, d'autant que depuis la réforme du nom, complétée très récemment par la loi du 16 janvier 2009[8], la seule possibilité pour l'enfant de porter un nom composé du nom de ses deux parents repose sur un accord de ses derniers; il serait peu opportun que cette exi-

1. CONTRA : *Rapport Léonetti*, p. 47.
2. CAA Paris, 2 oct. 2007, *Giammarco X.*
3. TA Melun, 18 déc. 2007, P... c/Recteur de l'académie de Créteil.
4. CA Toulouse, 7 nov. 2000, *Juris-Data* n° 144843.
5. Civ. 1re, 26 janv. 1994, *D.* 1995 p. 226 note Choain – TGI Paris, 6 nov. 1973, *Gaz. Pal.* 1974, 1, p. 299, note Barbier – CA Paris, 2 sept. 2000, *D.* 2001, 1585, note Duvert (qui admet la responsabilité du médecin ayant pratiqué une circoncision rituelle sans le consentement d'un des deux parents).
6. A. Gouttenoire, « Les décisions des parents séparés relatives à l'enfant », *AJ fam.* 2010, p. 12.
7. Civ. 1re, 3 mars 2009, n° 05-17.163, *Bull. civ.* I, n° 42.
8. C. civ., art. 311-23, mod. L. 16 janv. 2009, permet désormais aux parents de modifier par adjonction ou substitution le nom de l'enfant pendant toute sa minorité.

gence d'accord soit contournée par le recours au nom d'usage. La modification d'un prénom à consonance étrangère constitue également une décision qu'un parent ne saurait prendre seul[1].

232.176 Droits de la personnalité. Plusieurs décisions ont également affirmé que les décisions relatives aux droits de la personnalité de l'enfant doivent être prises par les deux parents.

Ainsi, la cour d'appel de Versailles a-t-elle considéré que le passage de l'enfant à la télévision n'est pas un acte usuel et nécessite l'accord des deux parents[2], tandis que la Cour de cassation dans un arrêt du 27 février 2007[3], adopte la même solution pour la publication d'une photographie. Le 27 août 2009, la cour d'appel de Bordeaux a condamné à 3 000 euros de dommages et intérêts par enfant une société qui avait utilisé l'image de mineurs dénudés avec le consentement de leur père mais sans celui de la mère[4].

232.177 Passeport. Prenant parti sur une question discutée en raison des risques d'enlèvement courus par l'enfant, le Conseil d'État a affirmé que chacun des parents pouvait obtenir l'inscription sur son passeport de ses enfants mineurs, sans avoir à établir qu'il dispose de l'accord de l'autre[5]. Cette solution pourrait sans doute être contestée au regard des conséquences qu'elle pourrait avoir pour l'avenir de l'enfant[6]. L'avant-projet de réforme relatif à l'autorité parentale et au droit des tiers propose d'ailleurs la solution inverse. Au-delà, se pose la question de savoir si la sortie de territoire de l'enfant constitue en elle-même une décision exigeant le consentement des deux parents. Les juridictions sont partagées sur ce point et la Cour de cassation, qui en a pourtant eu l'occasion n'a pas tranché la question[7].

232.178 Bonne foi. La bonne foi se présumant, il appartient au parent qui conteste l'acte de prouver la mauvaise foi du tiers. Tel serait le cas si le tiers avait connaissance du désaccord des parents ou si divers indices ne pouvaient qu'éveiller son attention.

La présomption de l'article 372-2 du Code civil ne joue que pour les actes usuels de l'autorité parentale relativement à la personne de l'enfant. Elle est relayée, en ce qui concerne les conséquences pécuniaires de ces actes, par les présomptions complémentaires des articles 220, 222 et 389-4 du Code civil.

232.179 Règlement des désaccords des parents. Le système d'exercice en commun de l'autorité parentale par des parents disposant de pouvoirs identiques, comporte évidemment des risques de paralysie. L'ancien article 372-1-1 du Code civil qui disposait que : « *Si les père et mère ne parvenaient pas à s'accorder sur ce qu'exige l'intérêt de l'enfant, la pratique qu'ils avaient précédemment suivie leur tiendrait lieu de règle. À défaut d'une telle pratique ou en cas de contestation sur son existence ou son bien-fondé, le parent le plus diligent pourra saisir le juge aux affaires familiales qui statuera après avoir tenté de concilier les parties* » a été abrogé par la loi du 4 mars 2002 sans être remplacé par aucun texte équivalent. Pour certains auteurs[8], le **JAF** n'a plus compétence pour régler ce genre de conflits, considérant qu'à défaut de danger pour l'enfant, lequel fonderait la compétence du **juge des enfants**, les parents doivent résoudre leur conflit si besoin en recourant à un **médiateur**. Les conflits qui surgissent dans le cadre de l'exercice en commun de l'autorité parentale pourraient en effet être un domaine privilégié pour la médiation familiale. Les conflits entre les parents ne pourront cependant pas toujours être résolus par le recours à la médiation et il paraît indispensable que le JAF puisse être saisi pour, le cas échéant, les résoudre. Sa compétence pourrait être fondée sur l'article 373-2-6 du Code civil en vertu duquel le JAF « *règle les questions qui lui sont soumises dans le présent chapitre en veillant spécialement à la sauvegarde des intérêts des enfants mineurs* ». La généralité de ce texte, qui s'applique à l'ensemble des dispositions relatives à l'autorité parentale, permet sans doute de considérer que le JAF a compétence pour trancher les conflits parentaux résultant d'un exercice en commun de l'autorité parentale.

En pratique, les interventions du juge pour trancher un litige entre les parents à propos d'une décision concernant l'enfant sont relativement rares, même dans les hypothèses où les parents vivent séparément[9]. Le rapport Léonetti constate cependant que, fréquemment, à l'occasion des débats en matière de contribution à l'entretien des enfants, de fixation de résidence ou des droits de visite, l'un des parents se plaint d'être tenu à l'écart des décisions prises par l'autre concernant l'enfant. Il semble que les conflits se cristallisent particulièrement

1. CA Dijon, 27 nov. 2007, *Juris-Data* n° 358152.
2. CA Versailles, 11 sept. 2003, *AJ fam.* 2003, 383.
3. Civ. 1re, 27 févr. 2007, n° 06-14.273, *Bull. civ.* I., n° 78; *RTD civ.* 2007, 327, obs. Hauser.
4. Cite par J. Hauser, « L'enfant ou l'enfance ? Le droit à l'image », *D.* 2009, 214 (contribution au XXe anniversaire de la Convention internationale des droits de l'enfant).
5. CE 8 févr. 1999, req. n° 173126, *Dr. fam.* 1999, n° 40, obs. Murat; *D.* 1999, IR 73; *D.* 2000, 161, obs. Vauvillé; *Defrénois* 1999, 37031, obs. Massip.
6. EN CE SENS, v. I. Gallmeister, « Le principe de coparentalité », *AJ fam.* 2009, 148.
7. Civ. 1re, 3 mars 2010, n° 08-21.059, NP.
8. P. Salvage-Gerest, « Le juge aux affaires familiales (De l'homme orchestre du divorce à l'homme orchestre de l'autorité parentale) », *Dr. fam.* 2003, chron. 12.
9. I. Gallmeister, art. préc. ss prést n°.

autour des questions relatives à l'école et aux actes administratifs. En acceptant, dans un arrêt du 8 novembre 2005[1], que le juge se prononce uniquement sur une question relative à la scolarité des enfants, la Cour de cassation semble admettre la compétence du JAF pour régler ce type de litige dans le cadre de l'exercice en commun de l'autorité parentale.

Dans cet arrêt, la Cour de cassation, au visa de l'article 3-1 de la Convention internationale des droits de l'enfant et de l'article 371-1 du Code civil, reproche à une cour d'appel d'avoir, au nom de la coparentalité effective, imposé à une mère de scolariser ses enfants dans une école francophone pour qu'ils maîtrisent la langue de leur père; les hauts magistrats considèrent que la motivation des juges du fond est fondée sur l'intérêt du père et non sur celui des enfants ! La cassation pour défaut de base légale pourrait laisser penser que la Haute cour sanctionne moins le fond de la décision que sa motivation; il s'agit peut-être seulement d'obliger les juges du fond à intégrer l'article 3-1 de la Convention internationale dans leur raisonnement et de les contraindre à se référer systématiquement à l'intérêt de l'enfant.

La cour administrative d'appel de Nancy a également affirmé que « *si les parents séparés ne sont pas d'accord sur le ode de scolarisation de leur enfant et si l'Administration en est informée, seul le juge pour enfant peut résoudre le différend et non l'administration scolaire* »[2]. À défaut d'accord entre les parents, le juge indique quelle est la décision la plus conforme à l'intérêt de l'enfant.

2° Exception : exercice unilatéral de l'autorité parentale

a) Hypothèses d'exercice unilatéral de l'autorité parentale

232.191 Hypothèses visées. Le principe de l'exercice en commun de l'autorité parentale est écarté, selon l'alinéa 2 de l'article 372 du Code civil, lorsque la filiation à l'égard de l'un des parents n'est pas établie dans l'année de la naissance ou lorsque la filiation de l'enfant est judiciairement déclarée à l'égard de ce parent.

Le cas échéant, l'autorité parentale est exercée unilatéralement par le parent qui a reconnu l'enfant en premier, sans que la mère ne soit expressément privilégiée comme c'était le cas sous l'empire du droit antérieur à l'entrée en vigueur de la loi du 4 mars 2002.

Dans ces deux hypothèses, un exercice en commun peut cependant être mis en place à la suite d'une déclaration conjointe des parents ou d'une décision du JAF (C. civ., art. 372, al. 3).

232.192 Déclaration conjointe. Le système de la déclaration conjointe fut inauguré par la loi du 22 juillet 1987 qui confia au **juge aux affaires matrimoniales** le soin de la recevoir. La loi du 8 janvier 1993 a transféré cette compétence au **JAF.** La Cour de cassation ayant affirmé à plusieurs reprises que le juge ne disposait d'aucun pouvoir d'appréciation en opportunité, le législateur du 8 février 1995, soucieux de décharger les magistrats de fonctions assumées pour l'essentiel par le greffe, a confié au **greffier en chef du tribunal de grande instance** (TGI) la mission de recevoir la déclaration conjointe.

La déclaration des parents se fait donc désormais devant le greffier en chef du TGI. Celui-ci a seulement pour mission de recevoir la déclaration après avoir vérifié que les conditions en étaient réunies (c'est-à-dire que la filiation de l'enfant était bien établie à l'égard de ses deux parents). Il n'est évidemment pas compétent pour vérifier l'opportunité de la déclaration et, s'il suspecte une fraude, il ne peut refuser de recevoir la déclaration, quitte à saisir le ministère public.

Au lendemain de la loi du 22 juillet 1987, certains **juges des tutelles** s'étaient reconnu un pouvoir d'apprécier la sincérité de la déclaration et son opportunité au regard de l'intérêt de l'enfant[3]. La question s'était notamment posée dans des hypothèses de fraude aux règles relatives à l'entrée et au séjour en France[4]. Mais dans un arrêt du 26 juin 1990[5], la Cour de cassation a affirmé que l'article 374 alinéa 2 du Code civil ne conférait pas au juge des tutelles le pouvoir d'apprécier l'opportunité de la déclaration ni celui de contrôler la légitimité de ses motifs : « *Le juge était tenu d'enregistrer ladite déclaration dès lors qu'il existe un accord entre ceux qui ont légalement reconnu l'enfant* ». Le transfert de compétences au greffier en chef ne fait que renforcer ce principe. La loi du 24 août 1993 avait ôté à la fraude aux règles sur l'entrée et le séjour en France la plupart de ses attraits[6].

1. Civ. 1re, 8 nov. 2005, n° 02-18.360, *Bull. civ.* I., n° 404; *Dr. fam.* 2006, comm. 28, obs. Gouttenoire.
2. CAA Nancy, 27 janv. 2005, Min. Éduc. nat. c/Y..., cité dans le rapport Léonetti.
3. TI Amiens, ord., 9 févr. 1988, *Gaz. Pal.* 2, 715, note Guilhal; *DEF* 1989, 35, obs. Fulchiron.
4. J.-C. Bonichot, « Le problème de l'autorité parentale et l'expulsion des étrangers », concl. sur CE sect., 24 janv. 1986, *RFDA* 1986, 155 – *Adde*, F. Vauvillé, « Droits de l'homme et droits de l'enfant, commentaire de la loi Malhuret du 22 juillet 1987 », *D.* 1988, J. 7.
5. Civ. 1re, 26 juin 1990, n° 88-19.279, *Bull. civ.* I, n° 178; *JCP* 1991, II, 21688, note Vauvillé; *D.* 1991, J. 315, note Massip; *RTD civ.* 1990, 447, obs. Rubellin-Devichi; *DEF* 1990-3, 48, obs. Fulchiron.
6. F. Monéger, « La protection de l'enfant d'origine étrangère après la loi du 24 août 1993 sur la maîtrise de l'immigration », *RDSS* 1994, 329.

La **déclaration conjointe** entraîne la **mise en place de l'exercice en commun de l'autorité parentale**. La loi ne prévoit aucun aménagement particulier. Dans l'hypothèse où les parents vivraient séparément, il leur appartient de décider d'un commun accord quelle sera la résidence habituelle de l'enfant. En cas de difficultés ultérieures, le JAF pourra organiser les modalités d'exercice de l'autorité parentale dans l'intérêt de l'enfant.

Il faut ajouter à ces deux hypothèses d'exercice unilatéral le cas où, dans le cadre d'une séparation, le juge considère que l'exercice unilatéral de l'autorité parentale est plus conforme à l'intérêt de l'enfant, contrairement au principe inverse posé par la loi (C. civ., art. 373-2-1, al. 1er – V. ss no 232.222).

b) Droits des parents en cas d'exercice unilatéral de l'autorité parentale

232.201 Droits et devoirs du parent qui exerce l'autorité parentale. Le père ou la mère qui exerce l'autorité parentale protège l'enfant dans sa santé, sa sécurité et sa moralité. Il fixe la résidence de l'enfant qui est domicilié chez lui (C. civ., art. 108-2). Il conduit son éducation. Ses droits ne sont cependant pas sans limite : il doit en effet respecter les droits que la loi reconnaît à l'autre parent. Il est en outre responsable du fait de l'enfant en vertu de l'article 1384 alinéa 4 du Code civil. L'exercice exclusif de l'autorité parentale ne peut à lui seul permettre à son titulaire de changer le nom des enfants mineurs du couple sans recueillir l'accord de l'autre parent; en cas de désaccord il faut saisir le JAF[1].

232.202 Droits et devoirs du parent qui n'exerce pas l'autorité parentale. Titulaire de l'autorité parentale même s'il n'en a pas l'exercice, le parent qui, selon la loi ou selon une décision judiciaire, n'exerce pas l'autorité parentale dispose d'un certain nombre de droits qui ne sont que la contrepartie des devoirs dont il est tenu à l'égard de l'enfant. Les lois du 22 juillet 1987 et du 8 janvier 1993 ont renforcé son rôle afin d'assurer un meilleur équilibre dans les relations entre l'enfant et ses père et mère et de garantir le respect des principes posés par les articles 9 et 18 de la Convention internationale relative aux droits de l'enfant.

232.203 Prérogatives fondamentales. Le parent qui n'exerce pas l'autorité parentale jouit des prérogatives fondamentales attachées à cette fonction, en ce sens que de leur exercice dépend l'existence même de l'autorité parentale : droit de consentir au mariage (C. civ., art. 148), à l'adoption (C. civ., art. 348) et à l'émancipation (C. civ., art. 413-2).

232.204 Droit de visite et d'hébergement. Le père ou la mère qui n'exerce pas l'autorité parentale bénéficie d'un droit à entretenir des relations personnelles avec l'enfant, que l'article 373-2-1 formule de façon négative : « *l'exercice du droit de visite et d'hébergement ne peut être refusé à l'autre parent que pour des motifs graves* ». Ce droit s'inscrit dans la ligne de l'article 9-3° de la Convention internationale sur les droits de l'enfant : « *Les États parties respectent le droit de l'enfant séparé de ses deux parents ou de l'un d'eux d'entretenir régulièrement des relations personnelles et des contacts directs avec ses deux parents, sauf si cela est contraire à l'intérêt supérieur de l'enfant.* » Dans l'arrêt Fourchon c/France du 28 juin 2005[2], la Cour européenne des droits de l'homme énonce clairement que le droit à la vie familiale (Conv. EDH, art. 8) inclut le droit pour le parent divorcé non investi du droit de garde de rendre visite à son enfant ou d'avoir des contacts avec lui. Elle veille à ce que les États prennent toutes les mesures nécessaires pour que le parent puisse effectivement exercer son droit de visite[3].

Ce droit prend la forme d'un droit de visite (chez le parent qui exerce l'autorité parentale, chez un membre de la famille, chez un tiers ou dans un établissement tel qu'un « *lieu neutre* ») ou d'hébergement, à moins que les circonstances ne conduisent à le réduire à un simple droit de correspondance.

Ce droit existe cependant dans l'**intérêt de l'enfant**. Il peut donc être supprimé s'il est établi que son exercice risque d'être contraire à l'intérêt de l'enfant, ou aménagé en conséquence, la loi précisant toutefois qu'un tel droit ne peut être refusé que pour motifs graves. Le **juge** dispose en la matière d'un **pouvoir souverain d'appréciation**. De façon générale, il semble que les juges interprètent de plus en plus restrictivement la **notion de motifs graves** (v. ss nos 232.281 et 232.292). Le juge ne peut fixer un droit de visite au bénéfice d'un père détenu qui s'exercerait selon l'accord des parties et selon des modalités à définir avec l'administration pénitentiaire[4]. Il convient d'adapter les modalités du droit de visite et d'hébergement à la situation professionnelle du père qui est matelot afin qu'il entretienne des relations régulières avec l'enfant : il

1. CE 27 juill. 2005, req. no 265340, *JCP* 2005, IV, 3150.

2. CEDH 28 juin 2005, req. no 60145/00, Fourchon c/ France.
3. CEDH 28 juin 2005, req. no 60145/00, Fourchon c/ France, préc. ss prést no – CEDH 30 juin 2005, req. no 30595/02, Bove c/Italie – CEDH 29 juin 2004, req. no 63627/00, Volesky c/République Tchèque, *Dr. fam.*, étude 14, obs. Gouttenoire.
4. Civ. 1re, 6 déc. 2005, no 04-19.180, *Bull. civ.* I, no 464; *D.* 2006, 2149, obs. Herzog-Evans.

prendra l'enfant les cinq premiers jours de ses congés en prenant soin de prévenir la mère vingt-quatre heures à l'avance[1].

L'exercice d'un droit de visite et (ou) d'hébergement n'opère nullement transfert d'exercice de l'autorité parentale[2]. Tout au plus le parent à qui l'enfant est confié peut-il accomplir les actes usuels relatifs à la surveillance et à l'éducation de l'enfant (rappr. C. civ., art. 373-4). Pour les actes plus graves ou si un conflit opposait les père et mère, il reviendrait à celui qui exerce l'autorité parentale de trancher (sauf recours au juge par l'autre parent dans le cadre de son droit de surveillance).

Les droits de chacun des parents sont garantis par un certain nombre de **dispositions pénales**. Il est en revanche délicat de trouver un moyen juridique pour obliger le titulaire du droit de visite et d'hébergement à respecter son obligation de recevoir l'enfant. La Cour de cassation a rappelé qu'il n'était pas possible de lier le droit de visite et d'hébergement au paiement de la pension alimentaire[3]. L'enfant se voit certes reconnaître un droit d'entretenir des relations personnelles avec chacun de ses parents par la Convention internationale des droits de l'enfant et la Charte des droits fondamentaux de l'Union européenne. Il paraît toutefois difficile d'imposer l'exécution forcée de ce droit à un parent qui ne souhaite pas voir son enfant.

232.205 **Droit de correspondance.** Dans certains cas, le droit de visite et (ou) d'hébergement peut être réduit à un droit de correspondance avec l'enfant. De façon générale, cette prérogative existe de plein droit au profit du parent qui n'exerce pas l'autorité parentale, sauf à être réglementée ou supprimée si le juge l'estime nécessaire au vu de l'intérêt de l'enfant (pour un refus très contestable d'un droit de communication téléphonique[4]).

232.206 **Droit de surveillance.** Le droit de surveillance du parent qui n'exerce pas l'autorité parentale est contenu dans l'article 373-2-1 alinéa 4 du Code civil : « *Le parent conserve le droit de surveiller l'entretien et l'éducation des enfants. Il doit être informé des choix importants relatifs à la vie de ces derniers.* » Ce droit est parfois rappelé par le juge qui fixe ou maintient un exercice unilatéral de l'autorité parentale : ainsi, par exemple, la Cour d'appel de Lyon[5] rappelle à la mère que « *selon la loi, le père conserve le droit et le devoir de surveiller l'entretien et l'éducation de l'enfant et qu'il doit être informé des choix importants relatifs à la vie de l'enfant* ». L'article 373-2-1 du Code civil précise également que le parent doit respecter son obligation d'entretien. Le droit de surveillance est automatiquement dévolu au parent qui n'exerce pas l'autorité parentale et n'a pas à être demandé[6]. Le droit de surveillance donne à son titulaire le **droit de contrôler si l'autre parent accomplit sa mission dans l'intérêt de l'enfant.** Il s'étend à tous les aspects de la vie de l'enfant : formation scolaire et professionnelle, intellectuelle et religieuse, santé, sécurité et moralité. Soucieux d'éviter que le droit de surveillance ne se transforme en droit d'ingérence, la jurisprudence a précisé que ce droit ne donne pas à son titulaire le pouvoir d'agir[7], ni celui d'interdire ou d'autoriser, ni même celui d'être averti de toutes les décisions prises par l'autre parent ou d'être informé par les tiers de tous les renseignements qu'ils communiquent au parent qui exerce l'autorité parentale (par ex., en matière scolaire, affirmant que le parent qui n'exerce par l'autorité parentale a le droit « *d'être informé, d'être consulté et de proposer, mais en aucun cas un droit d'exiger ou d'interdire qui reste un attribut exclusif de l'autorité parentale* » et que si le chef d'établissement ou le professeur principal peut lui transmettre toutes les décisions importantes relatives à la scolarité de l'enfant, « *il n'y a pas lieu de lui communiquer tous les détails de la vie scolaire de l'enfant* »[8]). Le droit de surveillance donne simplement le droit d'être informé des choix importants relatifs à la vie de l'enfant. Cette information est nécessairement préalable à la mise en œuvre de la décision. Reste à définir la notion de choix important relatif à la vie de l'enfant. On peut y voir une sorte de négatif des actes qui n'entrent pas dans la catégorie des actes usuels de l'article 372-2 du Code civil, c'est-à-dire des actes qui engagent l'avenir de l'enfant (v. s^s^ n° 232.172).

232.207 **Intervention judiciaire.** Si le parent qui n'exerce pas l'autorité parentale conteste telle ou telle décision envisagée par l'autre, ou s'il constate quelque carence, il peut saisir le **JAF**. Il ne lui suffit cependant pas de prétendre que les solutions qu'il propose sont meilleures que celles qu'a retenues l'autre parent : il doit **prouver** que, par son action ou son inaction, l'autre parent va **à l'encontre de l'intérêt de l'enfant**[9]. Si le juge estime que la demande est fondée, il peut interdire que la déci-

1. CA Poitiers, 8 déc. 2004, *JCP* 2005, IV, 3259.
2. COMP., R. Legeais, « L'autorité parentale », *Defrénois* 1973, n° 103.
3. Civ. 2e, 29 avr. 1998, n° 96-18.460, *Bull. civ.* I, n° 133; *JCP* 1998, IV, 2322; *RTD civ.* 1998 896, obs. Hauser.
4. CA Bordeaux, 1er avr. 1992, *RTD civ.* 1994, 91, obs. Hauser.
5. CA Lyon, 20 mai 2008, RG n° 06/07914.
6. Civ. 1re, 6 févr. 2001, n° 99-18.569, NP; *RJPF* 2001-5/48.
7. Civ. 2e, 16 mai 1973, n° 72-11.861, *Bull. civ.* II, n° 166; *RTD civ.* 1974, 139, obs. Nerson.
8. Circ. n° 94-149, 13 avr. 1994, *BOME* n° 16, 21 avr., p. 1210.
9. CA Paris, 15 avr. 1988, *D.* 1988, IR 132.

sion projetée soit exécutée, ordonner le retour au *statu quo ante* ou imposer l'orientation proposée par l'autre parent[1]. Pendant longtemps doctrine et jurisprudence se sont montrées soucieuses avant tout de garantir la liberté d'action du parent chargé d'exercer l'autorité parentale[2].

En pratique, la nécessité de passer par une action en justice pour exercer son droit de surveillance risque cependant de limiter considérablement son efficacité. D'ailleurs, la situation créée par l'autre parent est parfois irréversible (ainsi, dans une affaire jugée par le TGI de Paris, le 15 mai 1984, inédite : le père demandait au juge la nullité du baptême décidé par la mère seule). On peut également s'interroger sur les sanctions du non-respect du droit de surveillance (dommages-intérêts, ou en cas de manquement répété à l'obligation d'informer l'autre parent, transfert de l'exercice de l'autorité parentale).

B. Exercice de l'autorité parentale par les parents séparés

232.211 **Notion de « parents séparés ».** L'expression « *séparation des parents* », utilisée dans le Code civil depuis l'entrée en vigueur de la loi du 4 mars 2002, confère aux articles 373-2 et suivants du Code civil un champ d'application étendu comprenant le divorce et l'après-divorce, la séparation de fait des couples mariés et la séparation des concubins. Une différence perdure cependant entre les parents mariés et les parents non mariés qui se séparent. Les premiers, dans le cadre de leur divorce, doivent obligatoirement, obtenir une décision du JAF relatives à l'autorité parentale. À l'inverse, dans le cadre de leur séparation, les parents non mariés ne sont pas tenus de saisir le JAF pour qu'il statue sur l'exercice de l'autorité parentale.

Le JAF qui fixe les modalités d'exercice de l'autorité parentale peut être saisi, en vertu de l'article 373-2-8 du Code civil par les parents et par le ministère public, lequel peut lui-même être saisi par un tiers, parent ou non, alors que sous l'empire du droit antérieur les membres de la famille pouvaient directement saisir le juge[3]. Les modalités d'exercice de l'autorité parentale sont toujours susceptibles d'être modifiées par le juge à la demande des parents ou du ministère public.

1. CA Paris, 9 déc. 1967, *JCP* 1968, II, 15345, note J. A.; *RDSS* 1968, 56, obs. Raynaud.
2. CA Paris, 14 août 1986, *Gaz. Pal.* 1986, 2, 653, note Brazier – CE 10 déc. 1986, *Gaz. Pal.* 1987, 2, pan. 424.
3. A. Gouttenoire et P. Murat, « L'intervention d'un tiers dans la vie de l'enfant », *Dr. fam.* 2003 chron. 1.

232.212 **Éléments que le juge doit prendre en compte.** L'article 373-2-11 du Code civil établit une liste des éléments que le JAF doit prendre en compte lorsqu'il se prononce sur les modalités d'exercice de l'autorité parentale, l'adverbe « *notamment* » qui précède cette liste indiquant cependant qu'elle ne saurait être exhaustive. La pratique antérieurement suivie par les parents est située en tête de l'énumération avec les accords que les parents auraient pu conclure antérieurement. Viennent ensuite les sentiments exprimés par l'enfant mineur dans les conditions prévues à l'article 388-1. Cette disposition n'oblige pas le magistrat à entendre lui-même le mineur lorsque celui-ci ne le demande pas. Dans le cadre de la séparation, le juge n'est tenu de tenir compte des sentiments du mineur que dans la mesure où ils sont exprimés[4] et il peut s'informer de l'opinion de l'enfant par des moyens indirects, tels que l'enquête sociale, mesure qui apparaît en dernier lieu dans l'énumération de l'article 373-2-11 et dont l'article 373-2-12 fixe le régime.

232.213 **Respect des droits de l'autre parent.** La liste comporte en outre l'aptitude de chacun des parents à assumer ses devoirs et respecter les droits de l'autre, dite « *clause californienne* ». Le maintien des liens de l'enfant avec ses deux parents constitue une obligation pour chacun des parents. L'article 373-2 du Code civil exige en effet, non seulement que chacun des parents maintienne des relations personnelles avec l'enfant, mais encore qu'il respecte les liens de celui-ci avec son autre parent. La prise en compte de l'aptitude d'un parent à respecter les droits de l'autre consacre une tendance déjà remarquée chez les juges aux affaires familiales à sanctionner le parent qui dénigre l'autre aux yeux de l'enfant[5].

La Cour de cassation a mis en œuvre cette disposition dans un arrêt du 4 juillet 2006[6] concernant une affaire dans laquelle la mère avait emmené les enfants en secret et sans concertation avec le père. Elle casse l'arrêt d'appel qui avait fixé la résidence des enfants chez la mère en lui reprochant de ne pas avoir recherché si le comportement de celle-ci ne traduisait pas son refus de respecter le droit des enfants à entretenir des relations régulières avec leur père. Dans un arrêt du 27 mars 2008[7], la Cour de cassation approuve la cour d'appel d'avoir pris en considération les besoins de l'enfant et d'avoir souverainement estimé qu'il était de son intérêt

4. Civ. 2e, 14 janv. 1998, no 96-15.327, NPT; *JCP* 1999, I, 101, obs. Favier.
5. EN CE SENS : CA Rennes, 29 janv. 2001, *Juris-Data* no 142421 – CA Paris, 10 févr. 2000, *Juris-Data* no 117377.
6. Civ. 1re, 4 juill. 2006, no 05-17.883, *Bull. civ.* I, no 339; *Dr. fam.* 2006, comm. 188, obs. Murat.
7. Civ. 1re, 27 mars 2008, no 07-14.301, NP.

de fixer sa résidence chez son père, qui apparaissait le plus apte à respecter les droits de l'autre parent.

Dans le même sens, la cour d'appel de Bordeaux[1] n'a pas hésité à « *rappeler à la mère que la résidence habituelle fixée chez elle n'est pas un avantage qui lui est concédé mais une mesure prise dans le seul intérêt de l'enfant, intérêt qui s'apprécie notamment par référence à la capacité qu'elle a de maintenir des bonnes relations entre le père et l'enfant, si bien que le refus persistant et non motivé de respecter le droit de visite judiciairement fixé est de nature à entraîner le changement du lieu de résidence* ».

Le déménagement du parent chez qui l'enfant réside peut jouer contre lui lorsque la question de la résidence se pose après son départ avec les enfants.

Ainsi la cour d'appel de Bordeaux, dans un arrêt du 2 septembre 2008[2] considère que la mère, en partant s'installer dans la Vienne, a fait perdre aux enfants leurs repères et leur milieu de vie habituels. Constatant en outre que « *les deux aînés, entendus séparément, ont affirmé de manière convergente vouloir absolument revenir vivre chez leur père à partir de la rentrée scolaire de septembre 2008, en précisant que leur père leur manque beaucoup, qu'à leur avis leur mère ne leur manquera pas de la même façon, qu'ils parlent plus facilement avec leur père, et que celui-ci devrait faciliter davantage leur liens avec leur mère que l'inverse* », elle transfère la résidence des trois enfants chez leur père.

Une décision du 15 septembre 2009 rendue par un JAF du TGI de Bordeaux[3] constitue une autre illustration assez remarquable du refus de laisser l'un des parents détruire les relations de l'enfant avec l'autre. Il impose en effet l'effectivité du maintien des liens de l'enfant avec ses deux parents malgré une opposition persistante de la mère. Celle-ci, qui avait été victime de violence de la part de son ex-compagnon au moment de la séparation, faisait systématiquement obstruction au droit de visite du père depuis la séparation et ce, malgré plusieurs décisions du JAF l'enjoignant de respecter les droits du père, et de plusieurs condamnations, pour non-représentation d'enfant, du tribunal correctionnel. La ténacité du père, qui a multiplié les démarches et les procédures pour voir son enfant, a trouvé un écho favorable auprès du JAF comme d'ailleurs auprès du juge pénal. Après avoir tenté à plusieurs reprises d'obliger la mère à respecter le droit du visite du père, le JAF n'a finalement pas hésité, face à son obstination, à modifier la résidence de l'enfant, seule façon d'obtenir le maintien du lien de l'enfant avec son père.

Dans le même sens, la cour d'appel de Lyon[4] n'a pas hésité, non seulement à transférer la résidence chez la mère de l'enfant dont le père n'a pas respecté le droit de visite, mais également à priver celui-ci de l'exercice de l'autorité parentale, maintenant cependant un droit de visite et d'hébergement « d'usage » et non pas en lieu neutre comme le demandait la mère. De même la cour d'appel de La Réunion[5] a modifié la résidence de l'enfant dont la mère avait proféré contre le père de graves accusations d'agression sexuelles qui se sont révélées infondées et a ensuite quitté la métropole pour La Réunion, sans saisine préalable du JAF pour faire organiser la situation nouvelle. Tout en affirmant que « *l'attitude de la mère qui tente de couper systématiquement l'enfant du père est contraire à l'intérêt de l'enfant* », la cour d'appel note que l'enfant n'avait montré aucune réticence à l'encontre du père. Elle conclut ainsi que « *compte tenu de l'attitude d'obstruction systématique de la mère aux relations père/enfant, l'intérêt de L... commande que sa résidence soit fixée chez le père qui seul donne toute garantie pour respecter les droits de l'autre parent et de l'enfant* ».

Allant plus loin, certains magistrats tiennent compte de l'attitude des parents durant la procédure relative à l'autorité parentale.

Ainsi la cour d'appel de Montpellier, dans une décision du 24 juin 2008[6], considère-t-elle que « *l'utilisation pendant l'instance en appel d'un détective privé pour surveiller de façon méticuleuse les allées et venues d'un parent afin de solliciter une diminution du temps passé par celui-ci avec l'enfant, constitue une immixtion dans sa vie privée et une détermination à exercer une extrême surveillance assez éloignées du respect que chacun des père et mère doit observer à l'égard des liens de l'enfant avec l'autre parent au sens de l'article 373-2 du Code civil* ».

232.214 **Intérêt supérieur de l'enfant.** Après le revirement de jurisprudence admettant l'applicabilité directe de certaines dispositions de la Convention internationale des droits de l'enfant du 18 mai 2005[7], et particulièrement de l'article 3-1 qui impose la primauté de l'intérêt supérieur de l'enfant dans toute décision le concernant, la Cour de cassation a imposé aux juges du fond une référence systématique et formelle à l'intérêt supérieur de l'enfant dans

1. CA Bordeaux, 3 oct. 2006, *Juris-Data* n° 315794.
2. CA Bordeaux, 2 sept. 2008, RG n° 08/01199.
3. TGI Bordeaux, 15 sept. 209, *Lexbase Hebdo*, éd. privée générale, n° N9309BLD.
4. CA Lyon, 2 avr. 2009, RG n° 07/00552 : « *Attendu, sur l'autorité parentale, que depuis la séparation des parents, M... X... ne s'est jamais conformé aux décisions qui réservaient un droit de visite et d'hébergement à la mère, ce malgré plusieurs poursuites devant le tribunal correctionnel de Lyon pour non-représentation d'enfants, percevant manifestement la clémence dont il a bénéficié comme une faiblesse lui permettant d'agir à sa guise; qu'il a ainsi montré son incapacité foncière à respecter la place et le rôle de la mère, nuisant gravement à la formation de la personnalité de ses filles qu'il a, consciemment ou non, exclues de la vie de l'intimée; Attendu que dans ces conditions, l'intérêt bien compris de l'enfant C... exige que l'autorité parentale soit exercée par la mère seule, son partage ne pouvant conduire qu'à la perpétuation et à l'exacerbation du conflit parental.* »
5. CA Saint-Denis-de-La-Réunion, 2 déc. 2008, RG n° 07/01911.
6. CA Montpellier, 24 juin 2008, RG n° 07/06728.
7. Civ. 1re, 18 mai 2005, n° 02-20.613, *Bull. civ.* I, n° 212; *JCP* 2005, note Granet-Lambrechts et Strickler; *D.* 2005, 1909, note Egéa; *Dr. fam.* 2005, comm. 156, note Gouttenoire.

toutes les décisions relatives à l'autorité parentale, n'hésitant pas, pour faire respecter cette exigence, à procéder à des cassations disciplinaires, pour défaut de base légale, lorsque la décision du juge du fond, aussi opportune soit-elle, n'était pas fondée sur l'intérêt supérieur de l'enfant[1]. Il semble cependant que la Cour de cassation se contente désormais d'une **conformité substantielle de la décision rendue à l'intérêt supérieur de l'enfant.** Elle a en effet considéré, dans un arrêt du 19 novembre 2009[2], qu'une cour d'appel qui s'était fondée sur l'intérêt de l'enfant et d'autres éléments comme son besoin de stabilité, « *a ainsi souverainement estimé qu'il était de l'intérêt supérieur des enfants de rester en France avec* [le père]. » Elle assimile ainsi, et sans aucun doute à juste titre, l'intérêt supérieur de l'enfant tel que visé par l'article 3-1 de la Convention internationale des droits de l'enfant et l'intérêt de l'enfant visé par les dispositions du Code civil. L'essentiel est que la décision soit fondée sur l'intérêt de l'enfant et que cette considération l'emporte sur toutes les autres, sans que la formulation du raisonnement n'ait beaucoup d'importance. Il est heureux que la Cour de cassation dépasse désormais le stade du respect formel du principe de primauté de l'intérêt supérieur de l'enfant, pour seulement s'assurer que de manière substantielle l'intérêt de l'enfant fonde la décision du juge. D'autant plus que les textes du Code civil, notamment ceux qui sont postérieurs à l'entrée en vigueur de la Convention internationale des droits de l'enfant, ne visent jamais l'intérêt supérieur de l'enfant mais l'intérêt - simple - de l'enfant et qu'il serait absurde de considérer qu'ils ne seraient pas conformes, pour cette seule raison formelle, à l'article 3-1 de la Convention internationale des droits de l'enfant.

232.215 Intérêt de l'enfant. En matière d'autorité parentale, l'article 373-2-6 du Code civil dispose que le JAF « *règle les questions* [...] *en veillant spécialement à la sauvegarde des intérêts de l'enfant* ». C'est donc bien ce critère qui doit fonder la décision du juge et qui la fondent en réalité, comme l'atteste l'ensemble de la jurisprudence relative à cette question. Ainsi peut-on par exemple citer les décisions qui refusent d'attribuer l'exercice unilatéral de l'autorité parentale à la mère conformément à l'accord des parents en estimant que cet accord ne suffit pas pour instaurer un exercice unilatéral si ce dernier ne correspond pas à l'intérêt supérieur de l'enfant[3]. Plus spécialement, de nombreuses dispositions du Code civil relatives à l'autorité parentale se réfèrent à l'intérêt de l'enfant. Il en va ainsi, notamment, de l'article 373-2-1 qui dispose que « *si l'intérêt de l'enfant le commande, le juge peut confier l'exercice de l'autorité parentale à l'un des deux parents* », de l'article 373-3 alinéa 2 selon lequel « *le juge peut, à titre exceptionnel et si l'intérêt de l'enfant l'exige,* [...] *décider de confier l'enfant à un tiers* » ou encore de l'article 371-4 en vertu duquel « *l'enfant a le droit d'entretenir des relations personnelles avec ses ascendants. Seul l'intérêt de l'enfant peut faire obstacle à l'exercice de ce droit* ». Pour la détermination des modalités d'exercice de l'autorité parentale ou plus largement des relations de l'enfant avec ses deux parents et les membres de sa famille, le dispositif légal correspond à un modèle commun : la loi pose une présomption selon laquelle l'intérêt de l'enfant est satisfait par une situation définie (exercice en commun de l'autorité parentale, droit de visite du parent avec qui il ne vit pas, relations personnelles avec ses grands-parents, vie commune avec ses frères et sœurs), le juge pouvant préférer la situation inverse s'il établit que c'est elle qui serait conforme à l'intérêt de l'enfant. Ainsi, pour fixer un exercice unilatéral de l'autorité parentale, le juge doit établir que des circonstances particulières rendent cette situation préférable au regard de l'intérêt de l'enfant. Dans le même sens, la Cour de cassation a admis à plusieurs reprises la **séparation d'une fratrie**, dès lors que l'intérêt de l'enfant justifiait de faire prévaloir un autre besoin de ce dernier, notamment celui du maintien des liens avec un parent[4].

232.216 Appréciation *in concreto*. L'intérêt de l'enfant sur lequel le juge se fonde en matière d'autorité parentale doit être apprécié *in concreto*. La Cour européenne a ainsi condamné la France dans l'arrêt ***Palau Martinez c/France*** du 16 décembre 2003[5], qui s'inscrit dans la lignée de l'arrêt ***Hoffman c/Autriche*** du 23 juin 1993[6], pour discrimination à l'encontre d'une mère témoin de Jéhovah, au motif que le juge n'avait pas démontré en quoi cette orientation religieuse était concrètement contraire

1. A. Gouttenoire, « Intérêt de l'enfant : point trop n'en faut », *Dr. fam.* 2006, comm. 28, s[s] Civ. 1re, 8 et 22 nov. 2005 – Gouttenoire et Bonfils, *D.* 2008, pan. 1854, droits de l'enfant, s[s] Civ. 1re, 13 mars 2007, 2 esp.
2. Civ. 1re, 19 nov. 2009, n° 09-68.179, NP.
3. CA Paris, 10 nov. 2004, *Dr. fam.* 2005, comm. 101, obs. Murat (qui refuse l'exercice unilatéral par la mère à l'égard d'un adolescent qui a particulièrement besoin de l'investissement de son père dans sa prise en charge) – CA Metz, 11 janv. 2005, *Dr. fam.* 2005, comm. 101, obs. Murat.
4. Civ. 1re, 19 nov. 2009, n° 09-68.179, NP; préc. s[s] n° 232.214.
5. CEDH 16 déc. 2003, req. n° 64927/01, Palau Martinez c/France, *Dr. fam.* 2004, comm. 30, obs. De Lamy; *AJ fam.* 2004, n° 2, p. 62, obs. Plana; *D.* 2004, 1261, comm. Boulanger; *JCP* 2004, I, 107, obs. Sudre; *JCP* 2004, II, 10122, obs. Gouttenoire.
6. CEDH 23 juin. 1993, req. n° 15/1992/360/434, série A, n° 225 C, *RTDH* 1994, p. 405 s., obs. Morage; *D.* 1994, 326, obs. Hauser; *GACEDH*, PUF, 2003, p. 386.

à l'intérêt de l'enfant. Le juge avait en effet refusé d'ordonner une enquête sociale et avait fondé sa décision attribuant la résidence au père sur l'appartenance de la mère aux témoins de Jéhovah. Reprenant la même analyse que celle à laquelle elle avait procédée dans l'arrêt Salgueiro Da Silva Mouta c/ Portugal[1], la Cour n'affirme pas que l'appartenance religieuse comme l'orientation sexuelle doivent être indifférentes lorsqu'il s'agit de fixer les modalités des relations de l'enfant avec ses père et mère; elles constituent au contraire des éléments à prendre en considération dans l'appréciation de l'intérêt de l'enfant, mais de manière concrète et spéciale, sans que le droit à la non discrimination n'ait à en souffrir.

232.220 Division. En cas de séparation des parents, la dévolution de l'exercice de l'autorité parentale (1°), la résidence de l'enfant (2°) et les modalités des relations personnelles de l'enfant avec ses deux parents (3°) suscitent une réflexion particulière. Ces trois questions devant, dans la mesure du possible, faire l'objet d'un accord parental (4°).

1°
Dévolution de l'exercice de l'autorité parentale

232.221 Principe de l'exercice en commun. L'article 373-2 alinéa 2 du Code civil pose la règle selon laquelle « *la séparation des parents est sans incidence sur les règles de dévolution de l'exercice de l'autorité parentale* ». En conséquence, dans la famille unie comme dans la famille désunie, le principe reste l'exercice en commun de l'autorité parentale. Le juge n'a pas à rechercher si, en l'espèce, l'exercice en commun de l'autorité parentale est ou non la meilleure solution pour l'enfant (a ainsi justifié sa décision la cour d'appel qui a attribué aux deux parents l'exercice en commun de l'autorité parentale sur leur enfant mineur, sans que l'on puisse lui reprocher de ne pas avoir recherché de manière concrète l'intérêt de l'enfant[2]) et il n'est évidemment pas question de poser comme condition à la mise en place de ce système des exigences telles que la proximité des résidences[3] ou l'accord des parents.

La cour d'appel de Paris rappelle ainsi, dans un arrêt du 10 janvier 2008[4], « *que l'autorité parentale est déléguée par la loi aux parents pour protéger les enfants dans leur santé, leur sécurité, leur moralité et les conditions de leur éducation; qu'en l'espèce, l'existence d'un conflit aigu entre les parents n'interdit pas l'exercice en commun de l'autorité parentale qui permet au contraire que tous deux restent concernés par le devenir de chacun des enfants* ».

232.222 Exception de l'exercice unilatéral. L'article 373-2-1 du Code civil permet cependant au juge d'écarter l'exercice en commun de l'autorité parentale si l'intérêt de l'enfant le commande. Le recours à un exercice unilatéral de l'autorité parentale apparaît ainsi comme une solution tout à fait exceptionnelle au regard du faible nombre de situations qu'il concerne[5]. La Cour de cassation vérifie que les juges du fond motivent particulièrement leur décision fixant un exercice unilatéral de l'autorité parentale. Elle casse l'arrêt d'appel qui « *confie, dans son dispositif, l'exercice exclusif de l'autorité parentale sur l'enfant mineur à sa mère, sans s'expliquer, dans sa motivation, sur la modification apportée à l'exercice de l'autorité parentale* »[6].

L'exercice unilatéral de l'autorité parentale est en général **réservé par les juges aux cas les plus graves.**

Certaines décisions ont admis l'attribution de l'autorité parentale à l'un des parents en invoquant le manque de disponibilité de l'autre[7], sa fragilité psychologique[8], son passé pénal[9], son incarcération[10], ses gestes de maltraitance vis-à-vis des enfants[11], ou encore son désintérêt et son manque d'investissement à l'égard des enfants (ainsi, pour un père n'exerçant pas son droit de visite et d'hébergement[12]; de même, une espèce où l'exercice unilatéral de l'autorité parentale est dévolu à la mère car le père, en situation irrégulière, semble vouloir conserver l'exercice de l'autorité parentale surtout pour obtenir une carte de séjour[13]). L'exercice unilatéral a été également accordé à la mère d'enfants gravement malades pour faciliter les prises de décision concernant leur santé[14].

En réalité, l'exercice conjoint de l'autorité parentale est écarté seulement lorsque l'**un des parents constitue une menace pour l'enfant.**

Ainsi la Cour de cassation, dans un arrêt du 11 février 2009[15], a considéré que « *les motifs graves, tenant à*

1. CEDH 21 déc. 1999, req. n° 33290/96, Salgueiro Da Silva Mouta, *Dr. fam.*, 2000, comm. 145, obs. Gouttenoire.
2. Civ. 2e, 12 juin 1996, n° 94-15.594, *Bull. civ.* II, n° 148.
3. TGI Paris, 13 févr. 1990, *RTD civ.* 1990, 443, obs. Rubellin-Devichi.
4. CA Paris, 10 janv. 2008, RG n° 06/11349.
5. Civ. 2e, 2 avr. 1996, n° 94-15.605, *Bull. civ.* II, n° 85; *D.* 1997, J. 146, note Massip – Civ. 2e, 27 janv. 2000, n° 96-11.410, *Bull. civ.* I, n° 17; *D.* 2000, IR 96 – Civ. 1re, 14 nov. 2006, n° 05-18.116, NP.
6. Civ. 1re, 9 juill. 2008, n° 07-19.217 et n° 07-19.218, 2 esp., NP.
7. CA Douai, 3 déc. 1998, *Juris-Data* n° 048057.
8. CA Reims, 29 avr. 1999, *Juris-Data* n° 041587.
9. CA Pau, 21 oct. 1997, *Juris-Data* n° 047871.
10. CA Riom, 16 janv. 2001, *Juris-Data* n° 135266.
11. CA Rennes, 15 mai 2000, *Juris-Data* n° 120003.
12. Civ. 1re, 3 avr. 2001, n° 99-19.143, NP; *RJPF* 2001/9-25 – CA Paris, 27 juin 2002, *Juris-Data* n° 187611.
13. CA Toulouse, 13 mars 2003, *JCP* 2004, IV, 1178.
14. CA Nîmes, 10 oct. 2001, *JCP* 2002, IV, 2069 – CA Paris, 11 juill. 2002, *Juris-Data* n° 187306 – CA Riom, 17 sept. 2002, *Juris-Data* n° 196016.
15. Civ. 1re, 11 févr. 2009, n° 08-11.337, NP.

l'intérêt des enfants, qui commandaient l'exercice, par la mère seule, de l'autorité parentale et qui justifiaient la limitation du droit de visite et d'hébergement du père à l'égard de ses filles, étaient caractérisés dès lors que le père, animé par la volonté constante de reprendre la vie commune avec la mère, envahissait la sphère intime de ses enfants de ses problèmes personnels et que son mode de relation harcelant mettait en danger leur équilibre psychique. »

Le **risque de blocage qu'implique le principe de codécision** en cas d'exercice en commun de l'autorité parentale justifie que le parent qui en réalité assume seul et en totalité la prise en charge des enfants se voie confier l'exercice de l'autorité parentale à titre exclusif.

C'est en ce sens que s'est prononcée la cour d'appel de Montpellier, dans un arrêt du 6 octobre 2009[1], au motif que « *le père se désintéresse totalement du sort de ses enfants, n'exerçant aucun droit de visite et d'hébergement, ne prenant jamais de leurs nouvelles et ne versant pas un euro à titre de contribution à leur entretien et à leur éducation et qu'il est de l'intérêt des enfants que la mère puisse prendre toutes les décisions, y compris les plus importantes les concernant, sans risquer de se voir opposer la nécessité de l'accord du père en raison de l'exercice conjoint de l'autorité parentale alors qu'elle est dans l'incapacité, du fait de la carence de ce dernier dans son rôle de père, de pouvoir le joindre.* »

Le refus d'un parent de collaborer avec l'autre est un motif pour confier l'exercice unilatéral à l'autre parent[2], de même que l'impossibilité pour les parents de se mettre d'accord sur le plan éducatif[3], ou le fait que la résidence du père est située au Maroc et qu'il utilise l'enfant pour porter atteinte à son ex-épouse[4]. Dans un autre cas, le juge constate : « *Compte tenu du comportement difficile du père, très excessif dans ses propos et dans son attitude, du fait qu'il ne cherche que le conflit, il s'avère impossible d'envisager l'autorité parentale conjointe* »[5].

L'exercice unilatéral de l'autorité parentale peut constituer une **sanction** lorsque le comportement du parent aboutit à une violation grave et délibérée de l'exercice conjoint de l'autorité parentale (ainsi, pour un père ayant pris l'initiative de décider seul de faire circoncire son fils en cachette de la mère[6]).

Il peut également être une **protection** notamment **contre le risque de voir partir le parent à l'étranger avec l'enfant** (ainsi, d'une espèce où l'exercice unilatéral confié à la mère est fondé sur la détermination du père à imposer sa propre loi, le fait qu'il a gardé un enfant à Manille au mépris d'une décision de justice et son absence d'effort pour normaliser ses relations avec la mère dans l'intérêt des enfants[7]).

En revanche, l'éloignement géographique n'est pas considéré, à lui seul, comme suffisant pour justifier l'exercice unilatéral de l'autorité parentale[8], de même que l'intensité du conflit entre les parents[9], ou l'abandon des enfants par la mère pendant plusieurs années, à la suite de son départ du domicile conjugal[10]. De même, la condamnation du père pour abandon de famille n'entraîne pas nécessairement la perte de l'exercice en commun de l'autorité parentale[11]. De même encore, et malgré les plaintes pour sévices sexuels par ascendant déposées par la mère contre le père, celui-ci n'ayant été à ce jour ni condamné ni même poursuivi, l'exercice en commun de l'autorité parentale doit être maintenu même s'il convient de suspendre le droit d'hébergement du père[12].

2°
Résidence de l'enfant

232.230 Modalités de résidence de l'enfant. L'article 373-2-9 alinéa 1er du Code civil prévoit que la résidence de l'enfant peut être fixée en alternance au domicile de chacun de ses parents (a) ou au domicile de l'un d'entre eux (b), sans privilégier l'un ou l'autre mode d'hébergement. La loi du 4 mars 2002 a en outre maintenu la possibilité de confier l'enfant à un tiers (c). Les litiges relatifs à la résidence de l'enfant, et plus généralement relatifs aux relations de l'enfant avec ses parents séparés, doivent être tranchés par le juge en s'attachant à rechercher l'intérêt supérieur de l'enfant[13].

a)
Résidence alternée

232.231 Consécration de la résidence alternée. Alors que la Cour de cassation avait condamné la garde alternée dans un arrêt du 2 mai 1984[14] et qu'en 1993 le législateur avait maintenu l'exigence d'une résidence habituelle de l'enfant qui semblait l'exclure, la résidence alternée n'en était pas moins

1. CA Montpellier, 6 oct. 2009, RG n° 08/04014.
2. Civ. 1re, 10 mai 2001, n° 00-11.083, NP; *RJPF* 2001/9-25 – CA Paris, 29 mars 2001, *Juris-Data* n° 139971.
3. CA Bordeaux, 21 mars 2001, *JCP* 2001, I, 332, obs. Bosse-Platière.
4. CA Aix-en-Provence, 8 juin 2006, *Juris-Data* n° 316465.
5. CA Rouen, 19 oct. 2006, *Juris-Data* n° 317494.
6. CA Poitiers, 21 nov. 2000, *Juris-Data* n° 146397.
7. Civ. 1re, 17 janv. 2006, n° 03-14.421, *Bull. civ.* I, n° 10; *JCP* 2006, II, 10177, obs. Boulanger; *RJPF* 2006, n° 6, p. 27, obs. Eudier.
8. CA Rennes, 29 mars 1999, *Juris-Data* n° 044208; *JCP* 2001, I, 332, obs. Bosse-Platière.
9. CA Paris, 14 mars 2001, *Juris-Data* n° 137838.
10. CA Lyon, 14 nov. 2000, *Juris-Data* n° 133228.
11. Civ. 2e, 15 mars 2001, n° 99-14.948, NP; *RJPF* 2001/6-23, obs. Blanc.
12. CA Paris, 17 mai 2001, *Juris-Data* n° 142937.
13. CA Toulouse, 1er juill. 2008, RG n° 07/04933.
14. Civ. 1re, 2 mai 1984, *RTD civ.* 1984, 691, obs. Rubellin-Devichi.

présente, au grand jour ou sous le déguisement d'un droit de visite et d'hébergement élargi, dans les décisions des juges du fond[1]. Avec la loi du 4 mars 2002 la résidence alternée constitue la première des branches de l'alternative offerte au juge et aux parents, lorsqu'ils doivent fixer la résidence de l'enfant (pour une application en cas d'accord des parents[2]).

232.232 Accord des parents. L'article 373-2-9 renvoie à l'article 373-2-7 du Code civil qui prévoit l'homologation par le juge d'une convention par laquelle les parents organisent les modalités d'exercice de l'autorité parentale. Il est donc possible, et sans doute préférable que la résidence alternée soit fixée par un accord des parents. Certains magistrats en font une **condition de fait de la résidence alternée**[3].

Ainsi de la cour d'appel d'Agen qui affirme que : « *Ce mode de résidence suppose une entente entre les parents, une attitude que la seule teneur des conclusions du père exclut. Le fait, qu'alors même que la procédure d'appel était engagée, il ait cru bon de déposer une main courante à la gendarmerie est la démonstration de l'incapacité absolue pour l'instant de Monsieur X... à entamer une relation apaisée avec la mère de sa fille*[4] ».

Dans le même sens, la cour d'appel de Paris a refusé, dans un arrêt du 11 juillet 2008[5], la résidence alternée sollicitée par le père en rappelant « *qu'aux termes de l'article 373-2, alinéa 2, chacun des père et mère doit maintenir des relations personnelles avec l'enfant et respecter les liens de celui-ci avec l'autre parent; que l'instauration d'une résidence en alternance donne le cadre le meilleur à la mise en œuvre de cette disposition; que cela passe aussi, dans l'intérêt supérieur de l'enfant, par une attitude, sinon bienveillante, du moins neutre et en tout cas dénuée de tout dénigrement à l'égard de l'autre parent dont le rôle doit être respecté, les deux parents étant, avec leurs qualités et leurs défauts, irremplaçables auprès de leurs enfants qui ont besoin pour se construire d'en avoir une image valorisée.* » De même, la cour d'appel de Versailles a considéré, dans une décision du 4 mars 2008[6], « *que les relations extrêmement conflictuelles entre les parents et la dévalorisation incessante du rôle maternel, A... Y... étant décrite comme incapable de prendre en charge le suivi médical de L..., ne permettent pas, malgré la proximité des domiciles, d'ordonner une résidence alternée* ». La Cour de cassation a approuvé ce raisonnement dans un arrêt du 3 mars 2009[7], selon lequel : « *Attendu qu'ayant relevé, d'abord, que C... avait toujours vécu auprès de sa mère qui présentait les aptitudes nécessaires pour l'élever et qu'en raison de graves dissensions entre les parents, le régime d'une résidence alternée n'apparaissait pas compatible avec les besoins d'épanouissement et d'équilibre de l'enfant, puis qu'il y avait lieu d'organiser les contacts de C... avec son père suivant une périodicité appropriée à la résorption des tensions familiales, la cour d'appel, qui n'était pas tenue de suivre les parties dans le détail de leur argumentation, a, par une décision motivée, fixé souverainement les modalités d'exercice de l'autorité parentale sur l'enfant* ».

La résidence alternée n'est toutefois pas subordonnée à l'accord des parents[8]. À l'inverse, l'accord des parents ne suffit pas pour fixer la résidence de l'enfant en alternance, si ce mode d'hébergement n'apparaît pas comme conforme à son intérêt. L'accord des parents sur une résidence alternée n'exclut pas le contrôle d'opportunité du juge sur le principe et les modalités de la résidence alternée prévue par les parents[9]. On peut ainsi citer une décision qui refuse la résidence alternée au motif que l'enfant est épanoui en vivant chez son père et que l'éloignement des domiciles parentaux ne pourrait que bouleverser son rythme de vie et constituer des contraintes de fatigue liées aux multiples déplacements[10].

232.233 Résidence alternée temporaire. L'alinéa 2 de l'article 373-2-9 du Code civil permet au juge, en cas de désaccord entre eux, d'ordonner une résidence alternée « *à titre provisoire* » pour une durée déterminée, au terme de laquelle il statue définitivement sur la résidence de l'enfant. Cette durée relève du pouvoir d'appréciation du juge, aucune durée maximum n'étant fixée. Si pendant cette « période d'essai », le parent qui refuse la résidence en alternance fait en sorte de rendre la mesure inapplicable, il court le risque de voir la résidence de l'enfant fixer chez l'autre parent, son attitude pouvant être considérée comme ne respectant pas les droits de ce dernier (C. civ., art. 373-2-11). L'article 1180-2 du Code de procédure civile, issu du décret n° 2002-1436 du 3 décembre

1. CA Lyon, 5 oct. 1993, *JCP* 1994, II, 22231, note Fulchiron – CA Paris, 10 févr. 1999, *JCP* 1999, II, 10170, note Garé – H. Bosse-Platière, « La légalisation de la résidence alternée », *JCP* 2002, I, 165.
2. CA Paris, 28 mars 2002, *AJ fam.* 2002, 221, obs. D.-B.
3. CA Agen, 29 mai 2008, RG n° 07/01180.
4. CA Agen, 11 sept. 2008, RG n° 08/00034.
5. CA Paris, 11 juill. 2008, RG n° 07/15819.
6. CA Versailles, 4 mars 2008, RG n° 07/2580.
7. Civ. 1re, 3 mars 2009, n° 05-17163, *Bull. civ.* I, n° 42.
8. CA St-Denis-de-la-Réunion, 26 déc. 2003, et CA Bastia, 23 déc. 2003, *AJ fam.* 2004, 100.
9. Refus d'une résidence alternée par année entière : CA Douai, 23 oct. 2003, *Juris-Data* n° 03-05632 – Ou lorsque le dialogue est inexistant entre les parents : CA Riom, 25 juin 2002, *Dr. fam.* 2003, comm. 2 – Ou lorsqu'un des parents a une méthode éducative beaucoup plus rigide que l'autre : CA Nîmes, 3 juill. 2002, *AJ fam.* 2002, 339 – T. Fossier, « L'exercice de l'autorité parentale par les parents séparés Quarante mois d'application de la loi du 4 mars 2002 », *Dr. fam.* 2005, étude 15 – P. Murat, « L'homologation des accords parentaux à propos de la résidence de l'enfant : le fond et la forme », obs. ss CA Douai, 29 janv. 2004, *Dr. fam.* 2005, comm. 210.
10. CA Rennes, 20 mars 2006, *Juris-Data* n° 316612 – EN CE SENS, CA Aix-en-Provence, 1er juin 2007, *Juris-Data* n° 2007-340465.

2002[1], prévoit que l'ordonnance qui fixe à titre provisoire la résidence alternée de l'enfant mentionne outre la durée de la mesure, les lieux, jour et heure de l'audience à laquelle il sera statué à nouveau sur la résidence, évitant ainsi le risque d'une indétermination de la résidence à l'issue de la « période d'essai » en cas d'inertie des parents.

La Cour de cassation a toutefois affirmé, dans un arrêt du 14 février 2006[2], que lorsque les parents ne sont pas d'accord pour mettre en place une résidence alternée et que le juge l'impose, il n'est pas tenu d'organiser une période d'essai. Selon l'alinéa 2 de l'article 373-2-9 du Code civil, en cas de désaccord des parents sur le mode de résidence de l'enfant, le juge peut, et non pas doit, ordonner une résidence alternée à titre provisoire. On ne saurait donc reprocher à un juge d'avoir, comme c'était le cas dans l'arrêt du 14 février 2006, imposé une résidence alternée une semaine sur deux à la mère qui s'y refusait sans en limiter le délai.

Il semblerait que les juges marquent une certaine réticence face à la possibilité que la loi leur accorde d'imposer une résidence alternée (ainsi, d'une décision qui refuse la résidence alternée en raison des difficultés de mise en œuvre sur le plan financier et fiscal[3]).

232.234 Intérêt de l'enfant. Le partage de l'hébergement de l'enfant est incontestablement de nature à favoriser une prise en charge plus égalitaire de celui-ci et un réel maintien de ses liens avec ses deux parents, même si on peut douter qu'un tel système fonctionne sans leur accord. La résidence alternée est cependant avant tout subordonnée à l'intérêt de l'enfant et elle ne saurait devenir un droit des parents[4] (ainsi, d'un arrêt qui considère qu'il n'est pas dans l'intérêt de l'enfant de poursuivre l'alternance de la résidence au regard du relatif désintérêt du père et de ses méthodes éducatives autoritaires[5]; un autre qui refuse la résidence alternée en raison du contexte très conflictuel existant entre les parents[6]). Il est possible d'organiser la résidence alternée pour éviter que l'enfant ne soit confronté aux pratiques religieuses de ses parents : la cour d'appel d'Aix-en-Provence[7] a ainsi décidé de « *maintenir la résidence alternée mise en place par les parents. Cependant dans la mesure où il ne semble pas être dans l'intérêt d'une enfant de six ans de participer aux réunions des témoins de Jéhovah auxquelles son père participe tous les mardis soirs, il convient de dire que les périodes de résidence chez le père se termineront le mardi à 18 heures au lieu du mercredi à 10 heures* ».

La résidence alternée n'est pas adaptée à tous les enfants. L'âge de ce dernier, mais également le type d'attachement qui le lie à ses parents, sa capacité à se séparer, doivent être pris en compte tant pour le choix d'une résidence en alternance que pour ses modalités. Le jeune âge de l'enfant est pour certains magistrats un obstacle[8] alors que d'autres considèrent qu'il n'exclut pas le partage de l'hébergement[9]. De même, l'éloignement des domiciles est dans certain cas résolu par une alternance annuelle de l'hébergement chez chacun des parents[10] ou par l'acquisition par le père d'une résidence secondaire près de la résidence de la mère lui permettant d'héberger ses enfants une semaine sur deux[11]. Un certain nombre de décisions font par ailleurs état de l'adhésion des enfants comme facteur favorisant la résidence alternée[12], certains magistrats l'érigeant même en condition nécessaire à la résidence alternée[13].

232.235 Fin de la résidence alternée. Les juges n'hésitent pas à mettre fin à la résidence alternée lorsque apparaissent les premiers signes de dysfonctionnement[14]. Certains auteurs considèrent que la

1. Décr. n° 2002-1436, 3 déc. 2002, modifiant le Code de l'organisation judiciaire, le Code de procédure civile, le nouveau Code de procédure civile et le décret n° 96-1080 du 12 décembre 1996 portant tarif des huissiers de justice en matière civile et commerciale, *JO* 12 déc., p. 20482.
2. Civ. 1re, 14 févr. 2006, n° 05-13.202, *Bull. civ.* I, n° 65; *JCP* 2006, I, 199, obs. Bosse-Platière; *RTD civ.* 2006, 300, obs. Hauser; *RJPF* 2006, p. 27, obs. Eudier.
3. P. Hilt, « Loi du 4 mars 2002 : les juges ne suivent pas toujours », *AJ fam.* 2003, 288, citant not. CA Riom, 25 juin 2002, *Dr. fam.* 2003, n° 2, obs. Oudin.
4. M. Lasbats, « Résidence alternée et besoins de l'enfant : l'opinion des psychologues », *AJ fam.* 2005, 140.
5. CA Nîmes, 3 juill. 2002, *AJ fam.* 2003, 339.
6. CA Lyon, 6 juin 2006, *Juris-Data* n° 317910.
7. CA Aix-en-Provence, 13 avr. 2006, *Juris-Data* n° 316445.
8. Refus d'une résidence alternée pour un enfant d'un an et à laquelle la mère est hostile : CA Toulouse, 14 nov. 2006, *Juris-Data* n° 2006-330021 – Ou pour un enfant de deux ans et demi : CA Toulouse, 1er juin 2007, *Juris-Data* n° 2007-340465.
9. Résidence alternée admise pour un enfant de dix-sept mois : CA Caen, 25 janv. 2007, *Juris-Data* n° 328386 – Pour un enfant de trois ans : CA Aix-en-Provence, 27 févr. 2007, *Juris-Data* n° 342859.
10. CA Orléans, 8 août 2006, *Juris-Data* n° 2006-332061.
11. CA Aix-en-Provence, 24 févr. 2005, *Juris-Data* n° 2005-272592.
12. CA Aix-en-Provence, 22 août 2007, *Juris-Data* n° 2007-344305 – CA Amiens, 13 juin 2007, *Juris-Data* n° 2007-336305.
13. CA Caen, 9 nov. 2006, *Juris-Data* n° 2006-322076.
14. CA Dijon, 30 avr. 2003, *Juris-Data* n° 224187, qui met fin à la résidence alternée au motif que l'enfant âgé de quinze ans accuse une baisse dans ses résultats scolaires et a indiqué à l'enquêteur social qu'il trouvait ce système trop lourd – CA Lyon, 23 mai 2006, *Juris-Data* n° 317920, qui supprime la résidence alternée en raison de la baisse des résultats scolaires et des problèmes de comportements à l'école de la préadolescente de douze ans qui a besoin de stabilité et de repères, lesquels ne lui sont pas offerts par son père.

résidence alternée constitue une organisation provisoire : « *Elle a néanmoins, nous semble-t-il, la vertu de conserver la place des parents auprès de leurs enfants et de rendre évidente la permanence du couple parental malgré la séparation; et l'apaisement étant atteint, la séparation étant digérée, il est du rôle des parents, ou à défaut, du juge, de faire évoluer ce mode de résidence en fonction des besoins des enfants.* »[1]

Des suspicions d'attouchements sexuels peuvent également justifier, tout en maintenant le principe de l'exercice conjoint de l'autorité parentale par les deux parents, lequel ne saurait être remis en cause, de mettre un terme, dans l'attente notamment du résultat de l'enquête préliminaire, au principe de la résidence alternée, et de le remplacer par un droit de visite que le père pourra exercer le samedi dans des conditions fixées dans le dispositif dans un « point rencontre »[2].

232.236 Organisation concrète de la résidence alternée. Le rythme de la résidence alternée est laissé par la loi à l'appréciation du juge, qui le plus souvent entérine, le cas échéant, l'accord des parents sur ce point[3]. La résidence alternée n'implique pas nécessairement un partage égalitaire du temps de garde de chaque parent[4]. Lorsque les juges fixent la résidence de l'enfant en alternance chez l'un et l'autre de ses parents, ils veillent le plus souvent ce qu'elle soit organisée de manière précise et à prévoir le partage des charges matérielles qui en découlent[5]. Certains refusent toutefois de régler les difficultés qui découlent de la résidence alternée telles que la question de savoir si l'enfant doit manger à la cantine ou s'il doit participer aux pratiques religieuses de ses parents[6], considérant à juste titre que ce mode d'hébergement de l'enfant implique que les parents soient en mesure de régler eux-mêmes ces questions[7].

232.237 Responsabilité des parents. La consécration de la résidence alternée est susceptible de susciter un certain nombre de difficultés en matière de **responsabilité des parents du fait de leurs enfants** (C. civ., art. 1384, al. 4). La condition de cohabitation maintenue après l'arrêt Bertrand du 19 février 1997[8] étant entendue par la Cour de cassation comme la résidence de l'enfant telle que déterminée par la loi ou une décision judiciaire[9], on peut en effet se demander si les parents seront responsables de leur enfant alternativement selon son lieu de vie ou cumulativement en permanence. L'acception juridique et abstraite de la notion de cohabitation qui est celle de la Cour de cassation se satisferait sans doute mal d'une analyse concrète des conditions de vie de l'enfant et il est plus probable qu'en cas de résidence alternée, la seconde solution l'emporte. Si tel devait être le cas, il serait opportun que chacun des parents vérifie que son **assurance** couvre les dommages commis par l'enfant dont l'hébergement est partagé[10].

232.238 Droit fiscal et social. En vertu de l'article 196 du Code général des impôts, en cas de résidence alternée et sauf accord contraire des parents, le **bénéfice de la majoration du quotient familial** est **partagé** entre eux.

Dans deux avis du 26 juin 2006, rendus à la demande du tribunal des affaires de sécurité sociale du Mans[11], la Cour de cassation avait affirmé que la qualité d'allocataire est déterminée par le tribunal des affaires de la sécurité sociale et non par le JAF dont la décision sur ce point ne s'impose pas aux caisses d'allocations familiales. La loi du 21 décembre 2006, de financement de la sécurité sociale[12], a modifié l'article L. 521-2 du Code de la sécurité sociale pour permettre aux parents de partager les allocations familiales lorsque les enfants dont ils ont la charge résident alternativement chez l'un et chez l'autre. La **répartition par moitié des**

1. S. Hébrard, « La question du point de vue du juge aux affaires familiales », in C. ALbigès (dir.), *L'autorité parentale et ses juges*, « Carré droit », LexisNexis Litec, 2004, p. 61.
2. CA Agen, 9 juill. 2008, RG n° 08/010311.
3. Pour une alternance mensuelle : CA Toulouse, 15 mai 2007, *Juris-Data* n° 2007-341320 – CA Aix-en-Provence, 13 avr. 2006, *Juris-Data* n° 316445.
4. Civ. 1re, 25 avr. 2007, n° 06-16.886, *Bull. civ.* I, n° 156; *AJ fam.* 2007, 276, obs. Chénedé; *RTD civ.* 2007, 560; *Dr. fam.* 2007, comm. 143, obs. Murat – La loi belge du 18 juillet 2006 a, à l'inverse, consacré le principe d'un partage égalitaire du temps de l'enfant entre ses deux parents : G. Hiernaux, « La loi du 18 juillet 2006 tendant à privilégier l'hébergement égalitaire de l'enfant dont les parents sont séparés et réglementant l'exécution forcée en matière d'hébergement de l'enfant », *RTD fam.* 2007, Bruxelles, éd. Lancier, p. 9 – D. Thevenet-Montfrond, « L'hébergement alterné égalitaire des enfants en cas de crise familiale », *RLDC* 2008.
5. CA Aix-en-provence, 23 janv. 2003, *Dr. fam.* 2003 comm. 60, obs. Murat – CA Paris 28 mars 2002, *AJ fam.* 2002, n° 6, 221 – CA Lyon, 4 juin 2002, CA Paris, 4 juill. 2002, CA Riom, 25 juin 2002, *Dr. fam.* 2003 comm. 2, obs. Oudin.
6. CA Aix-en-Provence, 10 mars 2006, *Juris-Data* n° 2006-304805.
7. CA Aix-en-Provence, 14 juin 2004, *Juris-Data* n° 2004-257202.
8. Civ. 2e, 19 févr. 1997, n° 94-21.111, *Bull. civ.* II, n° 56; *JCP* 1997, II, 22848, concl. Kessous, note Viney; *D.* 1997, 265, note Jourdain.
9. Civ. 2e, 20 janv. 2000, n° 98-14.479, *Bull. civ.* II, n° 14 – Civ. 2e, 9 mars 2000, n° 98-18.095, *Bull. civ.* II, n° 44; *JCP* 2000, II, 10374, comm. Gouttenoire-Cornut.
10. A. Gouttenoire-Cornut, « La consécration de la coparentalité », *Dr. fam.* 2002, chron. 24.
11. Cass. avis, 26 juin 2006, n° 06-00.004, n° 06-00.005, 2 esp., *Bull. avis,* nos 3 et 4; *JCP* 2006, 1788, note Paillet.
12. L. n° 2006-1640, 21 déc. 2006, de financement de la sécurité sociale pour 2007, *JO* 22 déc., p. 19315.

allocations familiales entre les parents s'imposera s'ils n'expriment pas d'autre souhait ou s'ils ne sont pas d'accord sur la désignation de l'allocataire. Les modalités d'application de ce partage ont été fixées par décret en Conseil d'État du 13 avril 2007, codifié à l'article R. 522-1 du Code de la sécurité sociale[1]. Selon la Cour de cassation, cette répartition des allocations familiales n'est pas subordonnée à la minorité ou l'émancipation de l'enfant[2].

Selon la cour d'appel de Nîmes, **cette règle n'est pas rétroactive** et ne permet pas à un père de réclamer à la mère le remboursement des allocations familiales perçues par celle-ci dans la période précédant l'entrée en vigueur de la loi[3]. La décision se fonde notamment sur l'intérêt des enfants, protégé par les articles 3-1 et 26 de la Convention internationale des droits de l'enfant, qui interdit de donner à la loi de 2006 un effet rétroactif, les prestations étant avant tout destinées aux enfants et une rétroactivité obligeant alors le parent qui les a perçues et dépensées pour leur bien-être, à les rembourser à leur préjudice. Cette décision, se référant aux travaux parlementaires, affirme que les prestations familiales autres que les allocations familiales conservent leur régime propre et ne sont pas partagées entre les parents en cas de résidence alternée.

b) Résidence de l'enfant au domicile d'un de ses parents

232.250 Pouvoir d'appréciation du juge. La détermination de la résidence de l'enfant chez l'un ou l'autre de ses parents peut relever d'un accord des parents ou d'une décision du juge qui tranche un conflit sur ce point. Il dispose alors d'un pouvoir souverain d'appréciation (ex., alors que les aptitudes et qualités éducatives des parents ne sont pas sérieusement contestées, l'intérêt de l'enfant âgé de deux ans est d'être confié à son père, plus disponible que sa mère qui s'adonne à une activité de péripatéticienne[4]). La Cour de cassation a rappelé, dans un arrêt du 13 mars 2007[5], que la décision des juges relative à la résidence de l'enfant doit être fondée sur son **intérêt supérieur**.

La détermination de la résidence habituelle de l'enfant se fonde sur différents critères dont la stabilité de l'enfant[6], sa sécurité (fixation de la résidence chez le père en raison de l'immaturité de la mère et de son tabagisme[7]; fixation de la résidence chez la mère en raison des violences du père[8] ou de son alcoolisme[9]), la plus grande disponibilité d'un parent[10], le fait que l'un des parents respecte mieux les droits de l'autre[11]. La résidence de l'enfant qui fait l'objet d'une mesure d'assistance éducative en milieu ouvert doit être maintenue chez la mère dès lors que l'enfant n'avait pas revu son père depuis plusieurs années, celui-ci bénéficiant d'un droit de visite dont les modalités permettent une reprise progressive des relations[12]. Ces critères ne sont toutefois pas utilisés de manière manichéenne par les juges. Ainsi par exemple, la cour d'appel d'Agen, affirme-t-elle que « *l'intérêt de l'enfant ne se limite pas à la seule disponibilité de ses parents et que le fait d'avoir des activités citoyennes et de loisirs démontrent un engagement, une ouverture d'esprit dont l'éducation de l'enfant ne peut que profiter* »[13].

232.251 Volonté de l'enfant. Les décisions relatives à la détermination de la résidence de l'enfant font fréquemment état de la volonté de l'enfant, même si les juges en nuancent la portée en précisant que ce n'est pas à l'enfant de décider.

Ainsi, la cour d'appel de Caen refuse-t-elle le changement de résidence de deux adolescents au motif qu'ils y sont fermement opposés, et ce même si cette décision implique la séparation de la fratrie[14]. La Cour de cassation, dans un arrêt du 17 décembre 2008[15], a approuvé la cour d'appel qui, « *après avoir procédé à l'audition des enfants, se référant, sans le dénaturer, au contenu de l'enquête sociale, et relevant d'abord que les enfants avaient clairement manifesté le désir de vivre avec leur mère et que l'évolution de leurs sentiments apparaissait conforme à leur intérêt, ensuite que la mère, en congé parental, était disponible, enfin qu'elle pouvait offrir aux enfants un excellent environnement matériel ainsi que des possibilités de scolarisation, a estimé, par ces constatations souveraines, qu'il était de l'intérêt des enfants de transférer leur résidence au domicile de leur mère à compter de la rentrée scolaire 2008* ».

232.252 Enfant en bas âge. L'argument selon lequel un enfant en bas âge doit résider auprès de sa mère, souvent invoqué, est parfois remis en cause par certains magistrats. Pour refuser de modifier la

1. Décr. n° 2007-550, 13 avr. 2007, relatif aux modalités de calcul et de partage des allocations familiales en cas de résidence alternée des enfants au domicile de chacun des parents et modifiant le Code de la sécurité sociale (deuxième partie : décrets en Conseil d'État), *JO* 14 avr., p. 6854 (codifié à CSS, art. R. 522-1).
2. Civ. 2, 14 janv. 2010, n° 09-13.061, *Bull. civ.* II.
3. CA Nîmes, 16 juin 2009, RG n° 08/02274.
4. CA Toulouse, 3 mars 1999, *JCP* 1999, IV, p. 1905.
5. Civ. 1re, 13 mars 2007, n° 06-17.869, *Bull. civ.* I, n° 103; *RTD civ.* 2007, 330, comm. Hauser.
6. CA Paris, 31 août 2000, *Juris-Data* n° 123687 – CA Rennes, 10 avr. 2000, *Juris-Data* n° 123342.
7. TGI Marseille, 9 mars 2000, *Juris-Data* n° 139758.
8. Civ. 2e, 11 janv. 2001, *Juris-Data* n° 007719.
9. CA Riom, 31 juill. 2001, *Juris-Data* n° 149209.
10. CA Besançon, 18 nov. 1999, *Juris-Data* n° 135850 – CA Bourges, 8 nov. 2000, *Juris-Data* n° 135774.
11. CA Riom, 1er juill. 2003, *JCP* 2004, IV, 1496.
12. Civ. 1re, 23 janv. 2007, n° 05-16.615, NP; *RRJ* 2007-4, p. 29.
13. CA Agen, 11 sept. 2008, RG n° 08/00034.
14. CA Caen, 28 févr. 2008, RG n° 07/00032.
15. Civ. 1re, 17 déc. 2008, n° 08-13.985, NP.

résidence de l'enfant fixée chez son père en première instance, la cour d'appel d'Agen, dans une décision du 27 mars 2008[1], considère ainsi que « *l'appelante ne démontre pas de manière indiscutable que la place d'un enfant de deux ans est par principe auprès de sa mère; aucun élément scientifique n'est produit aux débats pour en attester et établir que seul le sexe du parent et non ses capacités doivent entrer en ligne de compte.* » Un certain nombre de décisions tiennent toutefois compte de l'allaitement de l'enfant par sa mère[2].

232.253 Orientation religieuse d'un parent. La détermination de la résidence de l'enfant nécessite un examen des circonstances concrètes de la vie de l'enfant. L'appartenance d'un parent à une secte ou un mouvement religieux ne saurait être en elle-même suffisante pour ne pas fixer la résidence de l'enfant chez ce parent (ainsi, à propos d'une mère témoin de Jéhovah[3]). Le juge doit apprécier si l'orientation religieuse du parent porte concrètement atteinte à l'intérêt de l'enfant. Certaines décisions ont ainsi admis que la résidence soit fixée ou maintenue chez le parent adhérant à la secte[4], alors que d'autres ont considéré que l'orientation religieuse du parent avait une influence négative sur la vie de l'enfant[5]. Le parent chez qui est fixée la résidence de l'enfant peut se voir interdire de mettre ses enfants en contact avec des membres du mouvement religieux auquel il adhère, ainsi que de faire sortir l'enfant du territoire, sans que ces limitations constituent une atteinte excessive aux droits à sa vie privée puisqu'elles sont justifiées par l'intérêt de l'enfant[6].

232.254 Homosexualité d'un des parents. Le même raisonnement doit être tenu par le juge en cas d'homosexualité d'un des parents qui, en elle-même, ne peut suffire à déterminer les modalités d'exercice des droits parentaux[7]. Si certaines décisions françaises ont refusé l'exercice en commun de l'autorité parentale au seul motif que le parent partage sa vie avec une personne du même sexe, d'autres admettent que le parent homosexuel vive avec l'enfant[8].

232.255 Fratrie. Selon l'article 371-5 du Code civil, l'enfant ne peut être qu'exceptionnellement séparé de ses frères et sœurs. Ce principe issu du « Parlement des enfants » assure à la relation entre l'enfant et ses frères et sœurs une protection qui lui confère incontestablement et légitimement une importance particulière[9]. La **règle du maintien des liens entre frères et sœurs** est destinée à être mis en œuvre dans les hypothèses de crise familiale pouvant aboutir à une séparation des enfants et trouvant sa traduction dans une procédure judiciaire d'assistance éducative ou relative aux modalités d'exercice de l'autorité parentale. Elle s'applique au demi-frère et sœur[10]. Le principe de vie commune des frères et sœurs semble ainsi revêtir, au regard de la jurisprudence, la force contraignante d'une présomption simple qui ne paraît pas si aisée à renverser, même si **la démonstration que l'intérêt de l'enfant commande de séparer la fratrie reste possible.** Le handicap d'un enfant justifie la séparation de la fratrie lors des droits de visite et d'hébergement pour permettre à l'autre enfant d'avoir une relation personnelle avec son père[11]. La **différence d'âge entre les enfants** est diversement appréciée par les juridictions. Certains juges considèrent qu'elle justifie, au regard des exigences posées par l'article 371-5 du Code civil, la fixation de résidences distinctes pour les enfants (ainsi d'un cas où la Cour souligne notamment que l'enfant, en raison de son jeune âge, a besoin de vivre auprès de sa mère[12]; un autre, où il convient de déroger au principe du maintien de l'unité de la fratrie dans le cas de deux enfants dont l'un, âgé de quatorze ans, a besoin de l'autorité paternelle et dont l'autre, âgé de huit ans, a besoin de la présence maternelle, droit de visite et d'hébergement adapté permettant de réunir la fratrie[13]). La séparation de la fratrie peut être compensée par la réunion des enfants en fin de semaine[14]. À l'inverse, la cour d'appel de Paris,

1. CA Agen, 27 mars 2008, RG n° 06/01599.
2. CA Angers, 26 mars 2008, RG n° 07/01392, qui organise l'exercice du droit de visite du père de manière particulière jusqu'au sevrage de l'enfant âgé de deux ans.
3. CEDH 16 déc. 2003, req. n° 64927/01, Palau-Martinez c/ France, *JCP* 2004, II, 10122, note Gouttenoire; *GACEDH* 2007, p. 520.
4. Civ. 2e, 11 avr. 2002, n° 00-15.819, NP; *RTD civ.* 2002, 800, obs. Hauser – CA Paris, 27 juin 2002, *Juris-Data* n° 184758 – CA Reims, 27 juin 2002, *Dr. fam.* 2003, comm. 42, obs. Gouttenoire.
5. Civ. 2e, 13 juill. 2000, n° 98-13.673, NPT; *RJPF* 2000, n° 10, p. 18, obs. Valory; *RTD civ.* 2000, 822, obs. Hauser – CA Bordeaux, 10 févr. 2000, *JCP* 2000, IV, 2569.
6. Civ. 1re, 22 févr. 2000, n° 98-12.338, *Bull. civ.* I, n° 54; *D.* 2000, somm. 273, obs. Lepage; *RJPF* 2000/6-28, obs. Nys.
7. CEDH 21 déc. 1999, préc. ss n° 232.216.
8. CA Paris, 4 nov. 1997, *Juris-Data* n° 023971 – CA Paris, 18 sept. 1997, *Juris-Data* n° 023961 – CA Paris, 7 mai 2003, *AJ fam.* 2003, 269.
9. P. Murat, « La loi du 30 décembre 1996 relative au maintien des liens entre frères et sœurs ou comment ressurgit la question des droits de l'enfant », *Dr. fam.* 1997, chron. 4.
10. CA Paris, 7 mai 2003, *Dr. fam.* 2004, comm. 144, obs. Gouttenoire.
11. CA Nîmes, 6 avr. 2005, *JCP* 2005, IV, 3632.
12. Civ. 2e, 19 nov. 1998, n° 97-12.472, NPT; *Dr. fam.* 1999, n° 26, note Murat; *Defrénois* 1999, art. 36998, obs. Massip.
13. CA Paris, 10 janv. 2001, *Juris-Data* n° 132962.
14. CA Paris, 29 juin 2000, *Juris-Data* n° 120918.

dans deux arrêts du 7 mai 3003[1], a considéré que la différence d'âge entre l'enfant concerné par la procédure et ses frères et sœurs plus âgés, invoquée par la mère dans les deux affaires, ne conduit pas à remettre en cause le principe selon lequel l'enfant doit vivre avec ceux-ci et que le lien entre la mère et l'enfant « *encore jeune* », dont les juges reconnaissent « *qu'il doit être protégé* », ne suffit pas non plus à modifier la résidence de l'enfant au profit de cette dernière.

Dans un arrêt du 19 novembre 2009[2], la Cour de cassation a constaté que « *l'analyse de l'intérêt de l'enfant faite par la cour d'appel justifie la séparation, certes dommageable, d'une fratrie dans le cadre d'une famille recomposée* ». Ce faisant, la Cour de cassation confirme la jurisprudence selon laquelle la démonstration que l'intérêt de l'enfant est d'être séparé de ses frères et sœur, est nécessaire et suffisante au regard de l'article 371-5 du Code civil, et précise qu'elle est suffisante au regard des exigences liées à l'intérêt supérieur de l'enfant. Contrairement à ce que prétendait la mère qui souhaitait emmener ses deux fils, issus de son premier mariage, à l'étranger avec leur sœur, issue de son second mariage, la décision des juges du fond fait bien apparaître que ce n'est pas d'un côté le droit de la mère et de l'autre côté le droit du père qui ont été mis en balance, mais bien d'un côté l'intérêt des enfants de ne pas être séparés de leur sœur et de l'autre l'intérêt des enfants de continuer à vivre dans leur contexte familial habituel. Pour faire prévaloir le second, la cour d'appel tient compte de l'âge des enfants et de leurs besoins spécifiques. La séparation de la fratrie peut également résulter de refus des juges d'aller à l'encontre de la volonté clairement exprimée des enfants concernés[3].

232.256 Respect des droits de l'autre parent. L'aptitude d'un parent à respecter les droits de l'autre est érigée en critère de détermination des modalités d'exercice de l'autorité parentale par l'article 373-2-11 du Code civil. Les juges français hésitent de moins en moins à se référer à l'aptitude d'un parent à respecter les droits de l'autre pour déterminer la résidence de l'enfant comme en témoigne l'arrêt de la première chambre civile de la Cour de cassation du 4 juillet 2006[4], concernant une affaire dans laquelle la mère avait emmené les enfants en secret et sans concertation avec le père.

La Haute juridiction casse l'arrêt d'appel qui avait fixé la résidence des enfants chez la mère, en lui reprochant de ne pas avoir recherché si le comportement de celle-ci ne traduisait pas son refus de respecter le droit des enfants à entretenir des relations régulières avec leur père (dans le même sens, v. arrêt de la cour d'appel de Bordeaux du 3 octobre 2006 et attendus, cité s^s^ n° 232.213).

Dans le même sens également, la cour d'appel de Lyon refuse de revenir sur l'exercice unilatéral de l'autorité parentale par la mère en se fondant notamment sur le fait que le père a été condamné pour soustraction illicite de l'enfant pendant cinq mois[5].

La décision du 15 septembre 2009 rendue par un JAF du TGI de Bordeaux constitue une illustration assez remarquable du refus de laisser l'un des parents détruire les relations de l'enfant avec l'autre. Il impose en effet l'effectivité du maintien des liens de l'enfant avec ses deux parents malgré une opposition persistante de la mère (v. arrêt et attendus cités s^s^ n° 232.213).

La Cour de cassation rappelle cependant que la décision de transférer la résidence de l'enfant au motif que le parent hébergeant faisait obstacle aux relations de l'enfant avec l'autre parent doit être conforme à l'intérêt de l'enfant. Ainsi a-t-elle cassé une décision qui transférait la résidence de l'enfant au père en constatant que la mère faisait obstacle à l'exercice de ces droits, au motif que la cour d'appel, par ces constatations souveraines, a fait ressortir que l'intérêt de l'enfant était de maintenir sa résidence auprès de sa mère[6].

232.257 Parents vivant dans des États différents. Le respect des droits de l'autre parent est d'autant plus essentiel lorsque les parents sont de nationalités différentes ou vivent dans des États différents. La détermination par le juge de la résidence de l'enfant chez l'un ou l'autre de ses parents constitue une décision aux conséquences beaucoup plus lourdes.

Dans un arrêt du 7 juillet 2008, la cour d'appel de Limoges, confrontée à une telle situation, procède à une analyse particulièrement minutieuse de l'intérêt de l'enfant dans laquelle la volonté de celui-ci joue un rôle essentiel[7]. Elle fait au préalable observer que, « *quel que soit le lieu fixé pour être la résidence habituelle des enfants, ceux-ci ne peuvent se construire sans conserver des liens étroits avec le parent chez qui ils ne vivront pas; qu'il s'ensuit que chaque parent doit respecter l'autre et conforter les enfants dans ce même respect, et ce quels que soient le mode de vie et la culture de chacun; que l'observance de ce principe ne peut d'ailleurs, en l'espèce, que conduire les enfants à un enrichissement d'autant qu'il ressort de l'ensemble des éléments du dossier que les parents sont tous deux aimants, dotés l'un et l'autre de capacités éducatives certaines et en mesure en outre de leur apporter, de par leur personnalité et leurs intérêts propres, une ouverture certaine sur le monde extérieur.* » Elle constate ensuite « *qu'il ressort de l'audition des enfants, dont il convient de rappeler qu'ils ont vécu en Turquie jusqu'en 2004, date à laquelle l'un était âgé de 10 ans et l'autre de 7 ans, qu'ils se sentent*

1. CA Paris, 7 mai 2003, *Dr. fam.* 2004, comm. 144, obs. Gouttenoire.
2. Civ. 1re, 19 nov. 2009, n° 09-68.179, préc. s^s^ n° 232.215.
3. CA Caen, 28 févr. 2008, RG n° 07/00032.
4. Civ. 1re, 4 juill. 2006, n° 05-17.883, *Bull. civ.* I, n° 339; *Dr. fam.* 2006, comm. 188, obs. Murat – Gouttenoire et Brunet, pan. droits de l'enfant, *D.* 2007, 2192; *RTD civ.* 2006, 751, obs. Hauser.
5. CA Lyon, 20 mai 2008, RG n° 06/07914.
6. Civ. 1re, 25 juin 2008, n° 07-14.789, NP.
7. CA Limoges, 7 juill. 2008, RG n° 07/01221.

encore déracinés en France et regrettent leur vie à Istanbul; que leur père leur manque, comme leur manquent les relations, selon eux très chaleureuses, qu'ils entretenaient avec leur famille turque; que leur vie en France, à laquelle ils avaient en 2006 paru s'adapter, leur pose désormais difficulté; que les relations parfois tendues que semblent entretenir les enfants avec leur mère ne peuvent par ailleurs que conduire à s'interroger sur l'opportunité de maintenir, contre leur gré, leur résidence en France ». Dans ces conditions, la cour d'appel fixe en Turquie, au domicile du père, la résidence habituelle des enfants.

232.258 Famille recomposée. La nécessité de maintenir les liens de l'enfant avec ses deux parents est régulièrement rappelée par les magistrats notamment lorsque l'un ou les deux parents paraît nier l'existence de l'autre.

Ainsi, la cour d'appel de Toulouse rappelle, dans un arrêt du 1er juillet 2008[1], à chacun des parents « *que la circonstance qu'il a refait sa vie avec un tiers permet certes à chacun d'eux un équilibre personnel et relationnel favorable au développement de l'enfant, mais que cet état de fait ne peut suppléer la nécessité pour l'enfant d'entretenir avec chacun de ses parents des relations régulières exemptes de la crainte de déplaire ce faisant à l'autre parent* ». Dans le même sens, la cour d'appel de Douai[2] n'hésite pas à « *faire la leçon* » à la mère chez qui l'enfant réside : « *la mère doit prendre conscience que sa fille risque à terme de rechercher le père dont elle l'a privé pendant des années et que son mari actuel ne peut remplacer ce père; que laisser A... appeler celui-ci "papa" pose problème car cela crée une confusion des genres qui est contraire à l'intérêt de l'enfant et ne peut que la renforcer dans sa dénégation de L... X... comme père, ce qui l'empêche de construire sereinement sa personnalité.* »

232.259 Changement de résidence. La stabilité de l'enfant étant un critère essentiel pour le JAF, le transfert de résidence chez l'autre parent « *suppose qu'un élément nouveau soit apparu et que l'intérêt de l'enfant commande de bouleverser ses habitudes de vie ainsi acquises* »[3].

Ainsi, par exemple, la cour d'appel d'Agen, se référant à l'**enquête sociale** selon laquelle « *l'enfant évoluait de manière satisfaisante dans une organisation familiale qui lui convient* [...] *et où elle a établi des repères certains; s'il paraît essentiel de favoriser au mieux les rencontres mère/enfant, une modification du mode de vie d'A...* [...] *pourrait sans doute la perturber et la gêner dans son évolution* », considère que si l'intérêt de l'enfant est à tout le moins de se rapprocher de sa mère, elle ne paraît devoir gagner à un changement de résidence[4].

Toutefois un tel changement de résidence peut être justifié par la **volonté des enfants** et leur **évolution**, comme le montre un arrêt de la cour d'appel de Paris du 20 mars 2008[5] qui transfère la résidence des enfants chez leur mère : « *Considérant que les enfants, tout en exprimant leur égal attachement à leurs deux parents, ont clairement manifesté leur désir d'habiter avec leur mère; que, si naturellement ce ne sont pas les enfants qui décident de leur lieu de résidence, il convient d'entendre ce désir qui n'apparaît pas dicté par une quelconque emprise de leur mère, ni guidé par la préférence d'un parent, qui serait plus permissif, au parent vécu comme plus sévère, mais correspond à une évolution de leurs sentiments à un moment donné de leur vie et apparaît, en l'espèce, conforme à leur intérêt.* » Dans un arrêt du 6 février 2008[6], la Cour de cassation approuve le raisonnement d'une cour d'appel qui, « *dans l'exercice de son pouvoir souverain d'appréciation des éléments versés aux débats et des résultats de l'enquête sociale contradictoirement débattus et après avoir relevé la stabilité de la situation du père, l'équilibre actuel de l'enfant auprès de celui-ci et la nécessité de ne pas modifier une nouvelle fois ses conditions de vie, fixe la résidence de l'enfant chez son père* ».

c)
Enfant confié à un tiers

232.271 Caractère exceptionnel. Selon l'article 373-3 du Code civil : « *Le juge peut, à titre exceptionnel et si l'intérêt de l'enfant l'exige, notamment lorsqu'un des parents est privé de l'exercice de l'autorité parentale, décider de confier l'enfant à un tiers, choisi de préférence dans sa parenté* ». Selon l'article 373-4 dans cette hypothèse, « *l'autorité parentale continue à être exercée par les père et mère; toutefois, la personne à qui l'enfant a été confié accomplit tous les actes usuels relatifs à sa surveillance et à son éducation.* » Il ressort clairement de la lettre du texte que cette solution ne peut être que tout à fait exceptionnelle : la prise en charge de l'enfant revient en premier lieu aux père et mère.

232.272 Procédure. Un arrêt de la Première chambre civile de la Cour de cassation du 25 février 2009[7] montre cependant à quel point les règles procédurales sont susceptibles d'entraver le jeu des règles substantielles en matière familiale. En l'espèce, un homme dont la filiation avait été remise en cause, s'est vu confier par le juge l'enfant de son ancienne compagne sur le fondement de l'article 373-3 du Code civil, après que sa reconnaissance de paternité ait été annulée. Le problème est que cette décision est intervenue dans une procédure qui, au départ, avait pour objet de fixer les modalités d'exercice de l'autorité parentale et notamment la résidence de l'enfant entre les parents séparés à la demande du père. En perdant

1. CA Toulouse, 1er juill. 2008, RG n° 07/04933.
2. CA Douai, 6 juin 2008, RG n° 06/06914.
3. CA Douai, 6 juin 2008, préc. ss n° 232.258.
4. CA Agen, 22 mai 2008, RG n° 07/01183.
5. CA Paris, 20 mars 2008, RG n° 07/14007.
6. Civ. 1re, 6 févr. 2008, n° 06-17.006, *Bull. civ.* I, n° 37.
7. Civ. 1re, 25 févr. 2009, n° 07-14.849, NPT; *D.* 2009, 1918, obs. Gouttenoire et Bonfils; *JCP* 2009, II 10076, obs. Brusorio-Aillaud; *Dr. fam.* 2009, comm. 58, obs. Gareil-Sutter; *RJPF* 2009, p. 21.

sa qualité de père, le demandeur perdait aussi la possibilité de s'adresser directement au JAF pour demander que **l'enfant** lui soit confié. Il aurait fallu qu'il demande au ministère public de solliciter le juge en ce sens, à défaut sa demande de se voir confier l'enfant était irrecevable.

Cette solution montre à quel point l'impossibilité pour les tiers de saisir directement le JAF, qui leur a été retirée par la loi du 4 mars 2002 relative à l'autorité parentale [1], pour se voir octroyer des pouvoirs à l'égard de l'enfant est illogique et inopportune. Il serait urgent que l'article 373-3 du Code civil soit modifié pour permettre au tiers de demander lui-même que l'enfant lui soit confié. On peut, de ce point de vue, regretter que cette modification ne figure pas dans l'avant-projet de loi sur l'autorité parentale et les droits des tiers, récemment présenté par Madame Morano, secrétaire d'État chargé de la famille [2], alors qu'elle avait été proposé par la Défenseure des enfants dans son rapport pour l'année 2006 [3]. Celle-ci suggérait en outre d'améliorer la prise en charge de l'enfant par le beau-parent en cas de décès du parent qui vivait avec lui en clarifiant la possibilité pour le JAF de lui confier l'enfant sur le fondement de l'article 373-3 du Code civil.

232.273 **Actes usuels.** La notion d'actes usuels relatifs à la surveillance et à l'éducation de l'enfant est à rapprocher de celle d'actes usuels de l'autorité parentale relativement à la personne de l'enfant (C. civ., art. 372-2 - V. s n°s 232.172 s.). *A priori*, le champ des actes fixés à l'article 373-4 du Code civil est plus restreint que celui de l'article 372-2 puisqu'il ne concerne que l'éducation de l'enfant et non sa personne en général. Il semble cependant nécessaire d'entendre les termes d'éducation et de surveillance de façon très large, en y englobant notamment la santé. Il appartient au juge d'apprécier le caractère usuel ou non de l'acte (sur ce critère, v. s^s^ n° 232.172). Pour toute décision excédant ces pouvoirs, le tiers à qui l'enfant a été confié doit solliciter **l'accord du ou des parents exerçant l'autorité parentale.** En cas de conflit ou en cas de silence des père et mère qui se désintéresseraient de l'enfant, le tiers peut saisir le JAF qui tranchera selon l'intérêt de l'enfant. Lorsque l'enfant est confié à un tiers dans le cadre d'une **mesure d'assistance éducative**, l'article 375-7 alinéa 2 du Code civil permet au **juge des enfants**, lorsque l'intérêt de l'enfant le justifie, d'autoriser la personne, le service ou l'établissement à qui il a été confié d'accomplir un acte relevant de l'autorité parentale, en cas de refus abusif ou de négligence des détenteurs de l'autorité parentale, à charge pour le tiers de prouver la nécessité de lui accorder cette extension de pouvoirs au regard de l'intérêt de l'enfant.

3°
Relations personnelles de l'enfant avec ses parents séparés

232.280 **Maintien des liens.** La loi du 4 mars 2002 a posé le principe du maintien des liens de l'enfant avec ses deux parents séparés qui figure désormais à l'article 373-2 alinéa 2 du Code civil sous forme d'injonction adressée aux parents : « *Chacun des père et mère doit maintenir des relations personnelles avec l'enfant et respecter les liens de celui-ci avec l'autre parent.* » Cette disposition constitue une intégration, quasi à l'identique, en droit interne, de l'article 9 alinéa 3 de la Convention internationale des droits de l'enfant, selon lequel : « *Les États parties respectent le droit de l'enfant séparé de ses deux parents ou de l'un d'eux d'entretenir régulièrement des relations personnelles et des contacts directs avec ses deux parents, sauf si cela est contraire à l'intérêt supérieur de l'enfant* ».

Non contente d'affirmer le principe du maintien des liens de l'enfant avec ses parents séparés, la loi du 4 mars 2002 lui a conféré une effectivité incontestable à travers plusieurs dispositions. Celles-ci permettent d'ajouter au droit de visite et d'hébergement fixé par le juge en cas de résidence de l'enfant chez l'un de ses parents (a), des mesures particulières destinées à garantir le maintien des liens (b).

a)
Droit de visite et d'hébergement

232.281 **Droit de visite et d'hébergement en cas d'exercice unilatéral.** Le droit de visite et d'hébergement du parent qui ne vit pas avec l'enfant est expressément prévu par l'article 373-2-1 du Code civil en cas d'exercice unilatéral de l'autorité parentale et ne peut être écarté sauf motifs graves. Soucieux de maintenir des relations personnelles entre l'enfant et chacun de ses parents, les juges semblent de plus en plus réticents à refuser tout droit de visite et d'hébergement au parent qui n'exerce pas l'autorité parentale.

Est ainsi accordé un droit de visite et d'hébergement à la mère, nonobstant sa profession de prostituée, en raison « *des sentiments profonds qu'elle porte à ses enfants et*

1. A. Gouttenoire et P. Murat, « L'intervention d'un tiers dans la vie de l'enfant », *Dr. fam.* 2003, étude 1.
2. L'avant-projet prévoit seulement qu'en cas de décès du parent qui résidait avec l'enfant et un tiers, ou lorsque ce parent est hors d'état de se manifester, ce tiers pourra saisir directement le JAF en vue de se voir déléguer tout ou partie de l'autorité parentale en vertu de C. civ., art. 377.
3. D. Versini, « L'enfant au cœur des nouvelles parentalités », *Rapport de la Défenseure des enfants au Président de la République*, 20 nov. 2006.

qui sont de nature à favoriser leur épanouissement »[1], à un père dont l'homosexualité est avérée[2], ou qui vit un phénomène de transsexualité[3]. De même, a obtenu son droit de visite et d'hébergement un père « *malgré la séropositivité de celui-ci et celle de sa concubine, qui entraînent pour l'enfant des risques plus théoriques que réels.* »[4].

La Cour de cassation ne s'en remet pas à l'appréciation souveraine des juges du fond et contrôle l'existence de motifs graves : ainsi est cassée la décision qui suspend le droit de visite du père auprès d'adolescents ne souhaitant pas revoir leur père, dont les rencontres seraient l'occasion de nouveaux déchirements et de traumatismes[5].

232.282 Refus du droit de visite. Si les juges sont très réticents à refuser un droit de visite au parent non titulaire de l'exercice de l'autorité parentale, ils admettent toutefois que certaines circonstances les y obligent.

Il en va ainsi lorsque le père est violent, se livre à la boisson et que la mère produit un jugement d'annulation de la reconnaissance du père sur l'enfant[6]. Il en va de même lorsque la mère est alcoolique et se livre régulièrement à son domicile à des soirées de libation avec plusieurs hommes[7]. La condamnation du père par le tribunal correctionnel pour faits d'agression sexuelle sur ses filles mineures de quinze ans constitue le motif grave justifiant le refus de lui accorder un droit de visite en détention[8].

Si certains motifs paraissent particulièrement graves, encore faut-il préciser que **le juge doit en apprécier l'impact** au regard du ou des enfants considérés.

Le fait que le père ait laissé s'installer entre lui et sa fille une distance depuis plusieurs années ne constitue pas un motif grave de nature à consacrer la rupture des relations avec l'enfant[9]. Il en va de même de l'irrégularité dans l'exercice du droit de visite qui ne saurait à elle seule justifier sa suppression[10]. Mais le fait que le père se désintéresse totalement du sort de ses enfants, n'exerçant pas son droit de visite et n'exécutant pas ses obligations alimentaires justifie la suppression du droit de visite[11]. Il est également fait droit à la demande de la mère de supprimer le droit de visite du père en raison de l'exercice irrégulier de ce droit, qui nuit au développement psycho-affectif de l'enfant, et des habitudes éthyliques du père[12].

232.283 Droit de visite conditionnel. Le juge peut éventuellement assortir l'octroi du droit de visite et d'hébergement de telle ou telle condition destinée à préserver l'intérêt de l'enfant ou décider qu'il se déroulera chez un tiers (par ex. les grands-parents) ou en « milieu protégé », notamment dans un « point-rencontre » (v. s^s^ n° 232.289).

Le **risque d'enlèvement d'enfant** peut également être pris en considération pour refuser ou conditionner un droit de visite et d'hébergement[13]. Dans ce cas cependant, le juge peut préférer accorder un droit de visite et d'hébergement assorti d'une interdiction de sortie du territoire. Il convient toutefois de lever l'interdiction de sortie du territoire de l'enfant que son père a le droit d'emmener en Afrique pour connaître ses origines alors qu'aucune raison ne fait craindre un enlèvement d'enfant[14].

Le juge peut également préciser dans la décision certaines obligations parentales, comme par exemple celle de remettre le **carnet de santé** lors de chaque exercice du droit de visite et d'hébergement[15].

232.284 Parent incarcéré. Les juridictions statuent différemment selon les circonstances.

Dans le cas, par exemple, d'un père incarcéré, la cour d'appel d'Aix-en-Provence[16] accorde un droit de visite sur un enfant âgé de quatre ans, en soulignant le caractère imprescriptible de ce droit, la sécurité assurée par le personnel pénitentiaire et l'existence de lieux spécialement prévus.

La cour d'appel de Pau[17] refuse en revanche un tel droit pour un enfant de trois ans, de santé délicate et de nature angoissée[18].

La cour d'appel de Rennes[19] refuse d'accorder un droit de visite à la mère de l'enfant qui purge une peine de dix ans de réclusion criminelle du chef de coups volontaires sur la personne de son fils aîné ayant entraîné la mort sans intention de la donner : « *Il convient de laisser à l'enfant le temps de la maturation et une analyse personnelle des faits qui pourra être confrontée à celle de sa mère dans une relation qui nécessitera un accompagnement et qui ne peut se concevoir dans le cadre et la brièveté des parloirs* ».

232.285 Modalités du droit de visite. Les modalités du droit de visite et d'hébergement doivent être

1. CA Limoges, 13 juin 1991, *JCP* 1992, I, 3639, obs. Fulchiron; *D.* 1993, somm. 122, obs. Petit-Bayaert.
2. CA Grenoble, 31 janv. 1996, *JCP* 1996, IV, 2221.
3. CA Nancy, 15 mai 1992, *RTD civ.* 1993, 111, obs. Hauser; *JCP* 1993, I, 3639, obs. Fulchiron.
4. CA Paris, 23 janv. 1994, *DEF* 1994-3, p. 187, obs. Fulchiron.
5. Civ. 2e, 29 avr. 1998, n° 96-18.460, *Bull. civ.* II, n° 133; *JCP* 1998, IV, 2322.
6. CA Douai, 21 oct. 1999, *Juris-Data* n° 119688.
7. CA Riom, 27 févr. 2001, *Juris-Data* n° 135307.
8. CA Bordeaux, 26 mars 2001, *Juris-Data* n° 140284.
9. CA Douai, 25 mai 2000, *Juris-Data* n° 117413.
10. CA Lyon, 26 févr. 2009, RG n° 08/02274.
11. CA Montpellier, 6 oct. 2009, RG n° 08/04011.
12. CA Rennes, 15 mai 2006, *Juris-Data* n° 316626.
13. V. les décisions citées par H. Bosse-Platière, *JCP* 1995, I, 3813.
14. CA Aix-en-Provence, 13 avr. 2006, *Juris-Data* n° 316400.
15. CA Angers, 26 mars 2008, RG n° 07/01392.
16. CA Aix-en-Provence, 30 mars 1993, *JCP* 1993, IV, 2565; *RTD civ.* 1994, 92, obs. Hauser.
17. CA Pau, 22 oct. 1992, *RTD civ.* 1994, 92, obs. Hauser.
18. I. Moine-Dupuis, « Le droit de visite du parent incarcéré », *D.* 1999, chron. 251.
19. CA Rennes, 15 nov. 2005, *Juris-Data* n° 316595.

fixées par le juge en fonction de **l'intérêt de l'enfant**. Le juge détermine en principe sa fréquence, sa durée, en précisant éventuellement, si l'un des parents le sollicite l'heure à laquelle l'enfant doit être ramené à son lieu de résidence. Ces modalités peuvent être modifiées si l'intérêt de l'enfant l'exige pour préserver à la fois son équilibre et maintenir le meilleur lien possible avec le parent avec qui il ne vit pas.

C'est en recherchant cet équilibre que la cour d'appel de Lyon modifie, dans un arrêt du 2 avril 2009 [1], le droit de visite du père. Elle considère tout d'abord qu'il apparaît « *directement contraire à l'intérêt bien compris de l'enfant d'étendre le droit de visite et d'hébergement du père aux mercredis de chaque semaine en période de classe car cela obligerait la petite fille, déjà fort occupée les mercredis, à des déplacements répétés et fatigants; elle constate ensuite que la mère a fait très justement observer que le retour de l'enfant de chez son père, fixé au lundi matin à 8 heures 30 à l'école, est source de fatigue excessive pour elle, puisque le temps de trajet étant d'environ une heure par voie routière, elle est contrainte de se lever très tôt pour se présenter à l'heure en classe et qu'il échet, en conséquence de fixer le retour de l'enfant les fins de semaine réservées au père en période de classe au dimanche à 19 heures.* » En revanche, la demande de l'appelant tendant à « *l'extension de son droit de visite et d'hébergement aux jours fériés qui précèdent ou suivent immédiatement les fins de semaine qui lui sont réservées en période de classe* » est à la fois parfaitement légitime et conforme à l'intérêt de l'enfant.

232.286 Volonté de l'enfant. La Cour de cassation interdit au juge de déléguer son pouvoir de décision en matière de fixation du droit de visite et d'hébergement en subordonnant celui-ci à l'accord de l'enfant [2]. Il semble cependant que les juges du fond résistent à cette prohibition [3], particulièrement lorsqu'ils ont affaire à des adolescents en rupture avec l'un de leurs parents.

Ainsi, par exemple, la cour d'appel d'Agen, dans une décision du 27 novembre 2008 [4], constatant que l'enfant réitère les mêmes griefs et les mêmes craintes à l'égard d'un père décrit comme instable, peu investi dans son rôle, ayant des réactions violentes et inadaptées, spécialement au plan affectif, affirme que « *on ne peut, en raison de l'âge de l'enfant, faire fi de ses dires et surtout de ses sentiments, bref de ce qu'il ressent face à un père insécure; qu'il n'est dans ces conditions pas possible d'imposer à l'enfant une relation, même très limitée qui, à tort ou à raison, le traumatise et qu'il ne souhaite manifestement pas, ce qu'il exprime avec force* ». Elle conclut que « *faute d'être juridiquement possible de laisser les modalités d'exercice du droit d'accueil du père au gré exclusif de l'enfant mineur, il convient de dire que les relations de G... et de son père seront amiablement déterminées entre parents* ».

À l'inverse, certains juges rappellent que ce ne sont pas les enfants qui décident de leurs relations avec leurs parents.

Ainsi, la cour d'appel de Paris [5] affirme que « *les parents doivent permettre aux enfants d'entretenir avec chacun d'eux des relations habituelles et harmonieuses; qu'il est de l'intérêt des enfants et du devoir de chacun des parents de privilégier ces relations; qu'il n'appartient pas à un adolescent de 14 ans de n'aller voir son père que lorsqu'il en a envie; que le jugement sera confirmé* ». Elle précise par ailleurs que « *ces mesures sont prises sauf meilleur accord entre les parents, ces derniers pouvant les assouplir conformément aux besoins de leur enfant par un dialogue responsable; que ce dialogue, indispensable à l'épanouissement de leur enfant, doit être recherché avec l'aide, le cas échéant, d'une médiation familiale qui peut être entreprise par eux en dehors de toute procédure judiciaire pour trouver, dans l'exercice d'une véritable coparentalité nécessaire à l'équilibre et au bon développement de leur enfant, les solutions les plus adaptées* ».

De même, la cour d'appel de Montpellier dans une décision du 5 février 2008 [6] affirme « *qu'il n'est pas possible de laisser à l'appréciation d'un enfant mineur, fût-il adolescent, l'exercice d'un droit de visite et d'hébergement dont bénéficie l'un ou l'autre de ses parents, la Cour de Cassation censurant toute décision le faisant au motif que le Juge ne peut déléguer ses prérogatives en la matière et rejette la demande de Madame X... tendant à ce que le droit de visite et d'hébergement de M. Y... s'exerce librement selon la volonté de sa fille* ».

Encore faut-il pour qu'un droit de visite et d'hébergement soit accordé à un parent que ce dernier le **sollicite**. Dans le cas contraire, les juges semblent ne pas souhaiter fixer un tel droit surtout lorsque tel n'est pas le souhait de l'enfant.

Ainsi, la cour d'appel de Riom, dans une décision du 12 novembre 2008 [7], après avoir constaté que « *la jeune C... correspondait régulièrement avec son père mais ne souhaitait pas le rencontrer davantage et que celui-ci ne sollicite pas dans ses écritures l'organisation de son droit de visite et d'hébergement, affirme qu'il lui appartiendra, s'il l'estime utile, de saisir à cette fin le juge aux affaires familiales.* »

232.287 Aide à la décision. Le juge dispose d'un pouvoir souverain d'appréciation, aidé dans ces matières délicates par les dispositions de l'article 373-2-11 du Code civil qui lui permet, avant toute décision fixant les modalités d'exercice de l'autorité

1. CA Lyon, 2 avr. 2009, RG n° 06/08134.
2. Civ. 2e, 7 oct. 1987, n° 86-15026 et n° 86-15198, 2 esp., *Bull. civ.* II, n° 190 – Civ. 2e, 11 oct. 1995, n° 93-15.415, *Bull. civ.* II, n° 232; *D.* 1995, IR 232 – EN CE SENS, Civ. 1re, 3 déc. 2008, n° 07-19.767, *Bull. civ.* I, n° 276; *D.* 2009, 747, chron. jur. C. cass. (1re ch. civ.), Chauvin et Creton; *Dr. fam.* 2008, n° 17, obs. Murat – Gouttenoire et Brunet, pan. droits de l'enfant, *D.* 2007, préc.
3. P. Murat, « Influence de la volonté des enfants sur les relations familiales », note ss CA Bourges, 28 mars 1995 et CA Rennes, 18 juill. 1995, *Dr. fam.* 1997, n° 4, p. 14.
4. CA Agen, 27 nov. 2008, RG n° 08/00350.
5. CA Paris, 28 févr. 2008, RG n° 07/01394.
6. CA Montpellier, 5 févr. 2008, RG n° 03/747.
7. CA Rion, 12 nov. 2008, RG n° 08/00291.

parentale ou du droit de visite, de donner mission à toute personne qualifiée d'effectuer une enquête sociale. Il doit également tenir compte des sentiments exprimés par les enfants concernés (C. civ., art. 373-2-11), notamment dans le cadre de leur audition (C. civ., art. 388-1). Mais pas plus que les résultats de l'enquête sociale, l'avis de l'enfant ne lie le juge[1], le juge ne pouvant en principe soumettre l'exercice de ce droit au bon-vouloir de l'enfant[2]. Les juridictions du fond semblent quelque peu réticentes à suivre cette dernière règle, notamment lorsqu'il s'agit de grands adolescents[3].

232.288 Jurisprudence de la Cour européenne des droits de l'homme. La Cour européenne des droits de l'homme applique également aux hypothèses de séparations parentales le principe selon lequel pour un parent et son enfant, être ensemble représente un élément fondamental de la vie familiale, pour en déduire que la vie familiale des parents avec leur enfant ne prend pas fin avec le divorce, notamment dans l'arrêt Fourchon c/France du 28 juin 2005[4].

La Cour énonce clairement que l'article 8 inclut le droit pour le parent divorcé non investi du droit de garde de rendre visite à son enfant ou d'avoir des contacts avec lui. L'effectivité de ce droit conduit la Cour européenne à imposer aux États une obligation positive de prendre les mesures propres à assurer l'exécution du droit de visite[5]. Conformément à sa volonté de garantir des droits concrets et effectifs et non pas seulement théoriques et illusoires, la Cour européenne procède à un contrôle de l'exécution par les autorités étatiques des décisions de justice octroyant un droit de visite à un parent. Dans les différents arrêts[6], la Cour s'interroge sur le point de savoir si l'on pouvait reprocher aux autorités une responsabilité fautive dans le défaut d'exécution du droit de visite du requérant.

Dans l'arrêt Bove c/Italie, la Cour européenne considère que l'inaction des autorités compétentes a été la cause de l'inobservation du droit de visite du requérant et conclut à une violation du droit de ce dernier au respect de sa vie familiale. En l'espèce, le droit de visite avait été fixé dans un point-rencontre et n'avait pas pu être exercé du fait de l'attitude de la mère et de l'insuffisance des structures d'accueil. La Cour estime que les autorités n'ont pas consenti d'efforts raisonnables pour faciliter la réunion du requérant et de sa fille.

Dans l'arrêt ***Reidago Ramos c/Portugal***, les autorités portugaises se voient reprocher par les juges de Strasbourg leur manque de diligence dans la mise en œuvre des mesures propres à permettre au requérant d'exercer son droit de visite à l'égard de sa fille qu'il n'a pas pu voir pendant plus de cinq ans. Si la Cour européenne admet que l'impossibilité de déposer une plainte pénale en l'espèce, n'est pas condamnable, les États disposant d'une large marge d'appréciation quant à leurs choix législatifs surtout s'agissant de politique criminelle, il appartient à chaque État de se doter d'un arsenal juridique adéquat et suffisant pour assurer le respect des obligations positives qui lui incombent en vertu de l'article 8 de la Convention.

Dans les arrêts ***Zavrel c/République Tchèque***, du 18 janvier 2007, et ***Lafargue c/Roumanie***, du 22 juillet 2006, la Cour considère que les autorités ne se sont pas montrées suffisamment systématiques dans leur recours aux différents moyens d'exécution prévus par le droit interne. Elle rappelle que « *les procédures relatives à l'autorité parentale et au droit de visite, y compris l'exécution de la décision rendue à leur issue, appellent un traitement urgent, car le passage du temps peut avoir des conséquences irrémédiables sur les relations entre l'enfant et le parent qui ne vit pas avec lui* ».

Les juges européens admettent cependant que l'obligation pour les autorités nationales de prendre des mesures positives pour garantir le droit d'un parent de maintenir des liens avec son enfant n'est pas absolue, leur obligation de recourir à la coercition en la matière étant limitée, au regard particulièrement de l'intérêt de l'enfant. Celui-ci peut en effet justifier qu'une atteinte soit portée au droit du parent d'exercer son droit de visite.

Dans l'arrêt *Fourchon*[7], la Cour se fondant sur l'intérêt supérieur de l'enfant, considère ainsi la relaxe de la mère, poursuivie pour non-représentation d'enfant, comme étant justifiée au regard des circonstances de l'espèce, les enfants ayant refusé de voir leur père et la mère n'ayant pu les y contraindre sans mettre en péril leur santé et leur équilibre psychologique.

Dans l'arrêt ***Patera c/République Tchèque*** du 26 avril 2007[8], les juges européens considèrent que « *les circonstances difficiles de l'espèce* », la volonté de l'enfant, proche de la majorité, qui refusait de voir son père et son intérêt supérieur, empêchaient semble-t-il les autorités d'aller au-delà de ce qui a été fait.

1. Civ. 2e, 25 mai 1993, n° 91-21.248, *Bull. civ.* II, n° 185.
2. Civ. 2e, 7 oct. 1987, n° 86-15.026, *Bull. civ.* II, n° 190; *RTD civ.* 1988, p. 321, obs. Rubellin-Devichi – Civ. 2e, 11 oct. 1995, n° 93-15.415, *Bull. civ.* II, n° 232; *RTD civ.* 1996, 142, obs. Hauser – Civ. 2e, 22 oct. 1997, n° 96-12.011, *Bull. civ.* II, n° 255; *RTD civ.* 1998, 95, obs. Hauser; *JCP* 1998, II, 10014, note Garé.
3. CA Riom, 4 juill. 2000, *Juris-Data* n° 119623 – CA Rennes, 10 avr. 2000, *Juris-Data* n° 123343.
4. CEDH 28 juin2005, req. n° 60145/00, Fourchon c/France, préc. ss n° 232.204.
5. CEDH 28 juin 2005, req. n° 60145/00, Fourchon c/France, préc. ss prést n° – CEDH 30 juin 2005, req. n° 30595/02, Bove c/Italie, préc. ss n° 232.204.
6. CEDH 28 juin 2005, req. n° 60145/00, Fourchon c/France, préc. ss prést n° – CEDH 30 juin 2005, req. n° 30595/02, Bove c/Italie, préc. ss prést n° – CEDH 22 nov. 2005, req. n° 73229/01, Reigado Ramos c/Portugal.
7. CEDH 28 juin 2005, req. n° 60145/00, Fourchon c/France, préc. ss prést n°.
8. CEDH 26 avr. 2007, req. n° 25326-03, Patera c/République Tchèque, *AJ fam.* 2007, 275.

232.289 **Point-rencontre.** Le recours à un **droit de visite médiatisé**, c'est-à-dire dans un lieu neutre et en présence de tiers garants de la sécurité de l'enfant, est prévu dans plusieurs hypothèses dans la loi du 5 mars 2007. Il permet en effet de maintenir des liens entre l'enfant et son parent dans des situations particulièrement délicates, dans lesquelles, le juge aurait, sans cette possibilité, vraisemblablement supprimé le droit de visite. Les points de rencontre « médiatisés » constituent en effet un espace dans lequel l'enfant est protégé et où l'intervention de tiers, spécialement formés, est possible dès qu'une difficulté apparaît entre le parent et son enfant. La consécration légale de l'organisation des droits de visite dans un lieu neutre confère aux points-rencontres organisés par l'Aide sociale à l'enfance ou par des structures associatives une assise juridique de nature à favoriser leur financement. Le droit de visite dans un lieu neutre est notamment prévu par la loi nouvelle dans le cadre d'un exercice unilatéral de l'autorité parentale dans l'article 373-2-1 alinéa 3 du Code civil qui prévoit que : « [...] *Lorsque la continuité et l'effectivité des liens de l'enfant avec ce parent l'exigent, le juge aux affaires familiales peut organiser le droit de visite dans un espace de rencontre désigné à cet effet* [...] ». Le droit de visite en lieu neutre ne peut toutefois être que **temporaire**, dans le but de recréer des liens distendus du fait des événements qui ont pu opposer les parents ou un de ceux-ci avec les enfants mais doit à terme déboucher sur une reprise de contacts plus importants[1]. Il en va ainsi lorsque l'association dans laquelle ont lieu les rencontres préconise la fin des rencontres en lieu neutre, le père ayant démontré ses capacités à s'occuper de sa fille et à donner des réponses adaptées à ses besoins[2].

232.291 **Droit de visite et d'hébergement en cas d'exercice en commun de l'autorité parentale.** Pas plus que les lois du 22 juillet 1987 et du 8 janvier 1993, la loi du 4 mars 2002 n'avait réglé cette question. Certains avaient estimé que, dans le silence de la loi, le juge n'avait pas à intervenir en la matière : puisque les parents exerçaient en commun leur autorité, il leur appartenait de résoudre la question à l'amiable. En réalité, l'expression « *statuer sur les modalités de l'exercice de l'autorité parentale* » qu'utilisait le législateur était assez large pour permettre au juge d'intervenir également sur ce point. Le JAF était compétent pour fixer les modalités d'organisation plus contraignantes à défaut d'accord entre les parties[3]. En pratique, les magistrats semblent fixer quasi systématiquement les droits de visite et d'hébergement du parent avec lequel les enfants n'avaient pas leur résidence habituelle. La détermination des droits de visite et d'hébergement paraissait *a priori* purement formelle lorsque les parents sont d'accord. Elle n'en était pas moins utile. Elle fixe, en effet, une norme à laquelle se référer si des problèmes surgissent ultérieurement. Elle peut également permettre des poursuites sur le fondement des articles 227-5 à 227-11 du Code pénal, si l'un des parents ne respecte pas ses obligations. C'est pourquoi la loi du 5 mars 2007 a mis les textes en conformité avec la pratique en prévoyant dans l'article 373-2-9 alinéa 3 du Code civil que : « *Lorsque la résidence de l'enfant est fixée au domicile de l'un des parents, le juge aux affaires familiales statue sur les modalités du droit de visite de l'autre parent* ».

232.292 **Suppression ou réduction du droit de visite ou d'hébergement en cas d'exercice en commun de l'autorité parentale.** Le nouvel article 373-2-9 du Code civil ne prévoit pas l'exclusion du droit de visite en cas de motifs graves mais seulement la possibilité d'organiser le droit de visite dans un lien neutre si l'intérêt de l'enfant le commande. Il semble cependant que ce texte ne contredise pas l'arrêt de la Cour de cassation du 14 mars 2006[4], selon lequel le parent qui n'a pas la résidence de l'enfant ne peut se voir refuser un droit de visite et d'hébergement que pour des motifs graves tenant à son intérêt supérieur. Un certain nombre de décisions avaient réduit voire supprimé le droit de visite et d'hébergement avant la loi du 5 mars 2007, alors même que les parents exerçaient en commun l'autorité parentale. Il avait cependant été jugé que la suppression du droit de visite et d'hébergement ne peut se fonder que sur des motifs graves que ne constituent ni le comportement du père lié à sa souffrance d'être séparé de ses enfants[5], ni son homosexualité (une décision a cependant suspendu le droit de visite en raison du refus catégorique de l'enfant d'avoir tout contact avec son père[6]).

Dans un arrêt du 17 juin 2009[7], la Cour de cassation rejette un pourvoi tendant à la réduction du droit de visite et d'hébergement du père au motif « *qu'après avoir exactement énoncé que la mère ne faisait état d'aucun motif grave justifiant de restreindre les droits d'accueil du père qui exerçait avec elle l'autorité parentale sur l'enfant, la cour d'appel a souverainement estimé qu'il était de l'intérêt de l'enfant d'être hébergé les fins de semaine par son père afin de maintenir des liens entre le père et sa fille* ».

La **suppression du droit de visite et d'hébergement** peut en revanche être **justifiée** lorsque les

1. CA Douai, 6 juin 2008, RG n° 06/06914.
2. CA Lyon, 6 juin 2006, *Juris-Data* n° 317917.
3. CA Lyon, 10 oct. 2000, *Juris-Data* n° 136439.
4. Civ. 1re, 14 mars 2006, n° 04-19.527, *Bull. civ.* I, n° 147 ; *Dr. fam.* 2006, comm. 157, obs. Murat.
5. CA Paris, 26 avr. 2000, *Juris-Data* n° 116986.
6. CA Pau, 16 juin 2000, *Juris-Data* n° 122426.
7. Civ. 1re, 17 juin 2009, n° 08-17.139, NP.

pressions morales et psychologiques exercées par le père sur ses filles encore très jeunes, notamment en exigeant le port du « voile islamique » et le respect de l'interdiction de se baigner dans des piscines publiques, et compte tenu de l'absence de « *signe d'évolution de sa réflexion pour prendre en compte leur développement psycho-affectif et laisser une place à la mère* »[1], ou lorsque le père ne justifie ni d'un domicile ni de quelconques revenus et qu'il avait, en 2005, faussement déclaré la perte du passeport de l'enfant pour l'emmener en Tunisie, ce qui avait gravement perturbé l'enfant; ces éléments caractérisent les motifs graves tenant à l'intérêt supérieur de l'enfant et permettent de refuser un droit de visite et d'hébergement à un parent qui exerce conjointement l'autorité parentale[2].

Le **droit de visite et d'hébergement** peut être **réduit** (limité à un droit de visite, réduit dans le temps ou/et exercé en lieu neutre) en raison des doutes quant aux conditions d'hébergement de l'enfant[3], des relations difficiles que le parent entretient avec l'enfant[4] ou des suspicions d'abus sexuels[5].

b) Autres mesures destinées à garantir le maintien des liens de l'enfant avec ses deux parents

232.301 Risque d'enlèvement d'enfant et déménagement. L'article 373-2-6 alinéa 2 du Code civil dispose que « *le juge peut prendre les mesures permettant de garantir la continuité et l'effectivité du maintien des liens de l'enfant avec chacun de ses parents.* » Outre un pouvoir général que le juge peut exercer à la demande de l'un des parents ou du ministère public (C. civ., art. 373-2-8), la loi du 4 mars 2002 a prévu deux hypothèses particulières dans lesquelles il est incité à intervenir pour assurer le respect des liens de l'enfant avec ses deux parents : la première est prévue par l'alinéa 3 du même texte et tend à éviter le risque d'enlèvement d'enfant, tandis que la seconde prévue par l'article 373-2 alinéa 3 du Code civil impose au parent qui réside avec l'enfant d'avertir l'autre de son déménagement.

232.302 Pouvoir général. Le pouvoir général dont le juge dispose désormais lui permet de prendre toute mesure qu'il jugera utile pour maintenir les liens de l'enfant et du parent avec lequel il ne vit pas. Il pourrait notamment subordonner l'exercice des droits de chacun des parents à certaines conditions : respect des décisions communes, limitation des déplacements de l'enfant avec le parent...

232.303 Passeport de l'enfant. La première mesure spécifique destinée à rendre effectif le maintien des liens entre l'enfant et ses deux parents tient à la faculté offerte au juge « [...] *d'ordonner l'inscription sur le passeport des parents de l'interdiction de sortie de l'enfant du territoire français sans l'autorisation des deux parents* » (C. civ., art. 373-2-6, al. 3). Cette mesure s'inscrit dans la politique de lutte contre les enlèvements internationaux d'enfants[6] et pourrait s'inspirer de la jurisprudence récente de la Cour européenne des droits de l'homme qui impose aux États l'obligation positive de mettre en œuvre toutes les mesures nécessaires pour permettre le maintien des liens de l'enfant avec ses deux parents dans le cadre d'un déplacement illicite d'enfant[7]. La mise en œuvre de l'article 373-2-6 alinéa 3 du Code civil pourrait cependant se heurter à une décision contestable du Conseil d'État selon laquelle l'inscription par l'un des parents de l'enfant sur son passeport ne nécessitait pas le consentement de l'autre, ce qui revenait à qualifier une telle inscription d'acte usuel[8]. L'inscription sur le passeport de **l'interdiction de sortie de territoire doit être justifiée par un motif suffisant**[9]. Il semble que les juges se montrent relativement prudents quant à l'inscription sur le passeport de l'interdiction de sortie de territoire de l'enfant. La Cour de cassation exige que soient établies les circonstances justifiant cette mesure[10]. Certains considèrent tout d'abord, sans doute à juste titre, que cette interdiction découle en réalité de l'exercice de l'autorité parentale. Il en va évidemment ainsi lorsqu'un seul parent exerce l'autorité parentale[11] mais on peut sans doute considérer également que lorsque les père et mère exercent conjointement l'autorité parentale, la sortie de l'enfant du territoire national constitue un acte

1. Civ. 1re, 24 oct. 2000, n° 98-94.386, *Bull. civ.* I, n° 262; *RTD civ.* 2001, 126.
2. Civ. 1re, 25 mars 2009, n° 08-14.917, NP.
3. CA Paris, 24 mai 2000, *Juris-Data* n° 119043.
4. CA Poitiers, 12 sept. 2000, *Juris-Data* n° 147622.
5. CA Riom, 28 nov. 2000, *Juris-Data* n° 130206 – CA Rennes, 15 janv. 2001, *Juris-Data* n° 136249.
6. S. Grataloup, « L'interprétation de la Convention européenne des droits de l'homme à la lumière de la Convention de La Haye du 25 octobre 1980 sur l'enlèvement international d'enfant », *Dr. fam.* 2002, chron. 2.
7. H. Fulchiron et A. Gouttenoire, « Actualité de la Convention de La Haye du 25 octobre 1980 sur les aspects civils de l'enlèvement d'enfants », *Dr. fam.* 2003, chron. 26 – A. Gouttenoire, « Le droit de la famille dans la jurisprudence de la Cour européenne des droits de l'homme », *Dr. fam.* 2008, étude 14; « Le droit de la famille dans la jurisprudence de la Cour européenne des droits de l'homme », *Dr. fam.* 2010, étude n° 1.
8. CE 8 févr. 1999, n° 173126, *Dr. fam.* 1999 comm. 40, obs. Murat; *D.* 2000, 161, obs. Vauvillé.
9. CA Besançon, 4 nov. 2005, *JCP* 2006, IV, 1499.
10. Civ. 1re, 3 mars 2010, n° 08-21.059, NP.
11. CA Bordeaux, 5 févr. 2007, RG n° 05/06633, *Cahiers jur. Aquitaine et Midi-Pyrénées* 2008-2, p. 443.

non usuel qui exige le consentement des deux parents[1]. On peut alors s'étonner des décisions qui refusent de prononcer une interdiction de sortie du territoire, au motif que l'enfant doit pouvoir connaître le pays d'origine de chacun de ses parents, sans rappeler que ces voyages doivent être autorisés par le père et la mère[2]. La mention sur le passeport de l'interdiction de sortie de territoire semble constituer une **mesure préventive** destinée à s'appliquer dans les hypothèses dans lesquelles un des parents, ou les deux, entretiennent des liens avec l'étranger. Il en va particulièrement ainsi lorsque l'un des parents est de nationalité étrangère. Mais dans cette dernière hypothèse, l'article 373-2-6 du Code civil ne peut s'appliquer car, comme l'affirme certaines décisions, **un juge français ne peut faire apposer une mention sur un passeport étranger**[3]. Si la mention de l'interdiction de sortie de l'enfant du territoire national reste exceptionnelle, elle est cependant utilisée par les magistrats lorsque les circonstances laissent à penser que l'un des parents pourrait partir à l'étranger avec l'enfant.

C'est ainsi pour « *éviter tout départ inopiné de l'enfant en Algérie qui serait contraire en l'état à son intérêt, compte tenu de l'absence de liens avec sa famille paternelle et de la nécessité de préserver la stabilité de l'enfant dans son milieu de vie actuelle* », que la cour d'appel de Pau[4] confirme, dans un arrêt du 31 janvier 2005, la limitation du droit de visite et d'hébergement du père au territoire national. Dans le même sens, la cour d'appel d'Agen considère, dans un arrêt du 16 décembre 2004[5], que la mère peut, au vu des circonstances, craindre que les menaces du père de repartir dans son pays d'origine en emmenant l'enfant soient fondées et interdit au père de sortir du territoire français avec l'enfant.

232.304 Refus d'autorisation de sortie de territoire. Certains consulats, et notamment ceux d'Algérie, exigeant, logiquement, le consentement exprès des deux parents pour qu'un enfant sorte du territoire national, l'un des parents peut être confronté au refus de l'autre de donner cette autorisation.

La cour d'appel de Lyon[6] a, de manière discutable, refusé d'examiner une telle demande en considérant que dans le cadre d'un exercice en commun de l'autorité parentale, aucune disposition légale ne prévoit que le juge puisse autoriser un enfant à quitter le territoire français malgré l'opposition du père. Elle en conclut que, soit le père comprend qu'il est de l'intérêt des enfants de pouvoir partir en Algérie avec leur mère pour rencontrer la famille maternelle et donne son autorisation, soit il fait un usage abusif de l'exercice de l'autorité parentale, et la mère peut être bien-fondée à solliciter un exercice exclusif de l'autorité parentale !

232.305 Déménagement du parent. L'hypothèse visée par la seconde disposition spécifique destinée à rendre effectif le maintien des liens de l'enfant avec ses parents est celle du **changement de résidence d'un parent**. L'article 373-2 alinéa 3 du Code civil impose au parent concerné, dès lors que ce changement implique une modification des modalités d'exercice de l'autorité parentale, d'en informer préalablement l'autre parent en temps utile, permettant à celui-ci, en cas de désaccord, de saisir le JAF pour qu'il modifie en conséquence, « *selon ce qu'exige l'intérêt de l'enfant* », les dispositions relatives aux relations de l'enfant avec ses deux parents. Cette mesure permet de lutter contre la primauté du parent hébergeant pouvant parfois imposer à l'autre un éloignement géographique de l'enfant. Les juges du fond apportaient des réponses diverses à une telle situation.

La cour d'appel d'Amiens[7] avait considéré que le déménagement de la mère loin du domicile du père et sans l'accord de celui-ci ayant considérablement bouleversé les conditions de vie des enfants, il convenait de fixer désormais leur résidence habituelle chez le père; à l'inverse, la cour d'appel de Toulouse avait décidé que l'intérêt de l'enfant devait primer sur toute autre considération et que le déménagement du parent gardien ne justifiait pas à lui seul un transfert de la résidence chez l'autre parent[8].

4°
Recherche d'un accord parental

232.311 Accord. Dans la détermination des modalités d'exercice de l'autorité parentale, les textes issus de la loi du 4 mars 2002 favorisent incontestablement l'accord des parents. L'article 373-2-11 du Code civil place ainsi en première position la pratique des parents et leurs accords dans la liste des éléments que le juge doit prendre en considération lorsqu'il se prononce sur les modalités d'exercice de l'autorité parentale.

232.312 Convention. La réforme de l'autorité parentale du 4 mars 2002 est allée plus loin en permettant aux parents, en vertu de l'article 373-2-7 du Code civil, d'organiser les modalités de l'exercice de l'autorité parentale par une convention judiciairement homologuée[9]. Une telle convention peut

1. CA Riom, 11 juin 2004, RG n° 03/02435, *Cahiers jur. Aquitaine et Midi-Pyrénées* 2008-2, p. 443.
2. CA Bordeaux, 20 févr., RG n° 05/004315 – CA Bordeaux, 16 mai 2007, RG n° 06/047850.
3. CA Montpellier, 6 nov. 2007, RG n° 07/2988 – CA Bordeaux, 20 févr. et 16 mai 2007, préc. s[s] prés[t] n°.
4. CA Pau, 31 janv. 2005, RG n° 497/05.
5. CA Agen,16 déc. 2004, RG n° 04/00155.
6. CA Lyon, 26 mars 2009, RG n° 08/04683.
7. CA Amiens, 22 sept. 1999, *JCP* 2000, IV, 2114.
8. CA Toulouse, 27 juin 2000, *Dr. fam.* 2000, comm. 95, obs. Murat.
9. A. Laouenan, « Les conventions sur l'autorité parentale depuis la loi du 4 mars 2002 », *JCP* 2003, I, 149.

être soumise au JAF par des parents mariés qui se séparent sans qu'une procédure de divorce ne soit engagée.

232.313 Médiation familiale. En outre l'article 373-2-10 du Code civil dispose que : « *À l'effet de faciliter la recherche par les parents d'un exercice consensuel de l'autorité parentale, le juge peut leur proposer une mesure de médiation et, après avoir recueilli leur accord, désigner un médiateur familial pour y procéder* ». L'entrée de la médiation familiale dans le Code civil en 2002 constitue l'ultime étape d'un processus de reconnaissance progressive de ce mode alternatif de règlement des conflits en France et en Europe[1]. Le magistrat peut également enjoindre aux parents de rencontrer un médiateur familial qui les informera de l'objet et du déroulement de la médiation. Sans imposer la médiation en elle-même, ce qui paraît peu réaliste, le juge peut ainsi fortement inciter les parents à recourir à cette tentative de conciliation. L'article 1071 du Code de procédure civile, issu du décret du 3 décembre 2002, a fermé toutes les voies de recours contre la décision enjoignant aux parties de rencontrer un médiateur familial en application de l'article 373-2-10 du Code civil. Dans les faits, on a pu constater que là où existent des médiateurs familiaux, notamment dans le ressort de la cour d'appel de Paris, on peut d'ores et déjà constater un engagement fort pour la mise en œuvre de la médiation familiale et une tendance très nette des magistrats à la favoriser[2]. Il semble cependant que dans l'ensemble des juridictions le recours à la médiation reste faible (en octobre 2001, les mesures de médiation familiale représentaient 1,6 % des affaires traitées par les TGI et 2,3 % de celles traitées par les cours d'appel[3]). Un projet de loi se fondant sur une expérimentation en cours prévoit de faire du recours à la médiation une obligation préalable à la saisine du juge aux affaires familiales pour modifier les modalités d'exercice de l'autorité parentale.

§ 2. Perte de l'exercice de l'autorité parentale

232.320 Cas de perte automatique de l'exercice de l'autorité parentale. La perte ou la privation provisoire de l'exercice de l'autorité parentale peuvent résulter d'un jugement, lors de l'aménagement judiciaire de la séparation des parents (v. ss nos 232.211 s.), ou être la conséquence d'une procédure de délégation ou de retrait de l'autorité parentale (v. ss nos 232.321 s.) (A). Mais il arrive également que cette perte survienne automatiquement : tel est le cas lorsque l'un des parents décède (C. civ., art. 373-1 et 373-2) ou se trouve dans l'une des hypothèses visées à l'article 373 du Code civil (B).

A. Perte ou privation provisoire de l'exercice de l'autorité parentale en vertu de l'article 373 du Code civil

232.321 Cas de perte visé par l'article 373 du Code civil. *Avant l'entrée en vigueur de la loi du 4 mars 2002*, le père ou la mère, légitime, naturel ou adoptif, pouvait perdre l'exercice de l'autorité parentale dans quatre hypothèses :

- lorsqu'il se trouvait hors d'état de manifester sa volonté en raison de son incapacité, de son éloignement ou de toute autre cause (C. civ., anc. art. 373, 1°);
- lorsqu'il avait consenti une délégation de ses droits;
- lorsqu'il avait été condamné sous l'un des divers chefs de l'abandon de famille;
- lorsqu'un jugement de retrait total ou partiel de l'autorité parentale avait été rendu contre lui.

Dans le souci de préserver les liens entre l'enfant et ses deux parents, la *loi du 4 mars 2002* a réduit les hypothèses de privation automatique de l'exercice de l'autorité parentale prévues par l'article 373 du Code civil. Seule **l'impossibilité d'un parent de manifester sa volonté** est encore susceptible d'entraîner une telle conséquence. La suppression remarquable de l'abandon de famille comme cause automatique de privation de l'autorité parentale peut s'expliquer par le caractère ambigu du lien qu'elle impliquait entre exercice de l'autorité parentale et obligation d'entretien. La disparition de la délégation de l'autorité parentale parmi les causes de privation de l'exercice de l'autorité parentale s'explique quant à elle par la nouvelle conception de la délégation instaurée par la loi du 4 mars 2002 qui rend possible un partage de l'exercice de l'autorité parentale entre le délégant et le délégataire (C. civ., art. 377-1, al. 2). L'absence du retrait de l'autorité parentale dans l'article 373 est justifiée par le caractère inutile de la référence antérieure à cette hypothèse, le retrait de l'autorité parentale emportant obligatoirement la privation de son exercice.

232.322 Impossibilité d'exprimer sa volonté. L'impossibilité pour un parent d'exprimer sa

1. M. Sassier, *Construire la médiation familiale,* Dunod, 2001.
2. C. Lienhard, « Médiation familiale, pratiques judiciaires : premières impressions », *AJ fam.* 2003, 52.
3. P. Hilt, « Loi du 4 mars 2002 : les juges ne suivent pas toujours », *AJ fam.* 2003, 288.

volonté qui constitue désormais le seul cas de privation de l'exercice de l'autorité parentale peut avoir plusieurs causes : l'incapacité, l'éloignement ou toute autre cause. La règle recouvre aussi bien des hypothèses juridiquement bien définies (incapacité, C. civ., art. 488 s. - absence, C. civ., art. 112 s.), mais aussi des situations beaucoup plus vagues : captivité (le texte trouve son origine dans une loi du 23 juillet 1942), emprisonnement[1], maladie entraînant perte de conscience ou amoindrissement des facultés mentales, usage de stupéfiants... Encore faut-il cependant que l'intéressé soit bien hors d'état de manifester sa volonté. Tel n'est pas nécessairement le cas d'un individu placé sous un régime de protection (ainsi, dans une affaire où les deux parents avaient été placés en tutelle[2]), ou, plus encore, lorsque l'un des parents est emprisonné.

De plus, s'il y a perte ou privation automatique en ce sens que le juge n'a pas à en décider, encore faut-il que la situation qui entraîne cette perte ou cette privation soit établie : dans la plupart des cas, **l'intervention du juge** est donc nécessaire pour constater que les conditions qui déclenchent le mécanisme de transfert sont bien réunies.

Enfin, si la situation est au moins théoriquement provisoire, encore faut-il qu'elle s'inscrive dans **une certaine durée** : on pourrait craindre sinon que l'un des parents ne tente d'utiliser les articles 373 et 373-1 du Code civil pour tourner le principe de coresponsabilité parentale.

232.323 Dévolution de l'exercice de l'autorité parentale à l'autre parent. Lorsque l'un des parents est privé de l'exercice de l'autorité parentale, « *l'autre exerce seul cette autorité* » (C. civ., art. 373-1). Perte et dévolution s'opèrent de plein droit, sans qu'il soit besoin de la demander ou de la faire constater en justice[3].

Si les deux parents sont concernés ou si l'autre parent est décédé, il y a lieu à l'ouverture d'une tutelle (C. civ., art. 373-5).

232.324 Restitution de l'exercice de l'autorité parentale. On peut penser que si le parent redevient capable d'exprimer sa volonté, il peut à nouveau exercer l'autorité parentale. Il semble cependant que dans la mesure où la privation de l'exercice de l'autorité parentale résulte d'un **jugement**, il doit solliciter du **JAF** une décision le rétablissant dans ses droits.

B. Décès des parents

232.330 Articles 373-1 et 373-5 du Code civil. Selon l'article 373-1 du Code civil, « si l'un des pères et mère décède [...], l'autre exerce seul cette autorité » (1°). Si les deux parents décèdent (2°), il y a lieu à ouverture d'une tutelle (C. civ., art. 373-5).

1° Décès de l'un des parents

232.331 Principe : dévolution automatique de l'exercice de l'autorité parentale au parent survivant. Énoncé à l'article 373-1 du Code civil, le principe de la dévolution automatique de l'exercice de l'autorité parentale au parent survivant se justifie parfaitement au regard des règles de l'autorité parentale (C. civ., art. 371-1). La règle vaut dans la famille unie comme dans la famille désunie. Encore faut-il évidemment que l'autre parent soit titulaire de l'autorité parentale, c'est-à-dire notamment que la filiation ait été juridiquement établie à son égard.

La dévolution au parent survivant se fait de plein droit. Nul n'est besoin d'un jugement[4]. Si les parents exerçaient en commun leur autorité parentale, l'autre parent est désormais seul investi de cet exercice; si les père et mère vivaient séparément et que la résidence habituelle avait été fixée chez le parent décédé, il appartient au parent survivant de fixer la résidence de l'enfant, chez lui ou auprès d'un tiers. En cas d'exercice unilatéral de l'autorité parentale, il y a transfert automatique au parent survivant.

232.332 Tempérament : possibilité de confier l'enfant à un tiers (C. civ., art. 373-3, al. 3). Si un tel transfert est en principe conforme à l'intérêt de l'enfant, il est cependant des hypothèses dans lesquelles l'application « aveugle » de la règle risquerait d'être contraire à cet intérêt : tel est notamment le cas lorsque le parent survivant ne s'est guère occupé de l'enfant par le passé et semble peu disposé, incapable ou même indigne de le prendre en charge pour l'avenir, alors que l'enfant est parfaitement intégré dans le milieu où il vivait jusqu'alors et que des grands-parents, oncle, tante, frère, sœur ou beaux-parents souhaitent continuer à s'en occuper[5]. La possibilité pour le juge de confier l'enfant à un tiers en cas de décès de l'un des

1. Civ. 1re, 8 nov. 1982, n° 80-12.309, *Bull. civ.* I, n° 323; *JCP* 1983, IV, 30; *Defrénois* 1983, 777, obs. Massip.
2. TI Saint-Omer, 3 mai 1989, *JCP* 1990, II, 21514, note Fossier.
3. Sur les difficultés d'application du texte, H. Fulchiron et A. Gouttenoire, RÉP. CIV., *V° Autorité parentale*.
4. H. Fulchiron, « L'exercice de l'autorité parentale en cas de décès d'un des parents », *JCP* 1990, I, 3462.
5. Sur cette question, H. Fulchiron, « L'exercice de l'autorité parentale en cas de décès d'un des parents », *JCP* 1990, I, 3462; « Autorité parentale et familles recomposées », *Droit des personnes et de la famille, Mél. D. Huet-Weiller,* 1994, PUS/LGDJ, p. 141 s.

parents et ce faisant d'écarter la dévolution automatique de l'autorité parentale au parent survivant, a été étendue à tous les enfants et à tous les cas de séparation par la loi du 4 mars 2002 alors que l'ancien texte visait seulement le divorce ou la séparation de corps même si le dernier alinéa de l'article 373-3 l'avait d'ores et déjà rendu applicable aux enfants naturels. Le texte semble applicable aux seules hypothèses d'exercice unilatéral de l'autorité parentale puisque le parent décédé est désigné comme « *celui d'entre eux qui exerce l'autorité parentale.* » Le juge peut prendre la décision de confier l'enfant à un tiers soit de manière préventive avant le décès du parent, et probablement sur la demande de celui-ci, soit après le décès du parent. Dans ce dernier cas le tiers qui désire se voir confier l'enfant doit saisir le ministère public puisqu'il n'a pas la qualité pour agir lui-même.

232.333 Circonstances exceptionnelles. Conscient du caractère tout à fait extraordinaire au regard des règles de l'autorité parentale, de la mesure préventive envisagée à l'article 373-3 alinéa 3 du Code civil, conscient également de sa portée symbolique (elle risque d'être ressentie par le défendeur comme une marque de défiance, ou comme une sanction), soucieux par ailleurs d'éviter que cette disposition ne soit utilisée dans le cadre d'un règlement de comptes après divorce entre parents ou entre familles, le législateur, dès 1970, l'a soumise à l'exigence de « circonstances exceptionnelles ». Le juge est appelé à faire usage de son pouvoir avec la plus grande circonspection : à lui d'apprécier si, en l'espèce, il existe bien un risque potentiel pour l'enfant, risque dont il convient d'éviter la réalisation. Le texte peut être utile non seulement dans les familles où se posent de graves problèmes tels que la violence ou la rupture prolongée de toutes relations entre l'enfant et « l'autre parent »[1], mais aussi dans les familles recomposées[2]. Toutefois, il n'y a pas lieu de prévoir qu'en cas de décès de la mère, les enfants, qui résident chez elle seront confiés à son nouveau mari, dès lors que le père qui a l'exercice conjoint de l'autorité parentale ne paraît pas être incapable de prendre en charge les enfants le cas échéant; le fait que les enfants disposent avec le nouveau mari de la mère d'un père de substitution disposé à se les voir confier et que la fratrie s'est élargie par des enfants de ce nouveau lit constitue un cas de figure beaucoup trop courant désormais pour constituer des circonstances exceptionnelles[3].

232.334 Aménagement des règles relatives à l'autorité parentale. L'article 373-3 du Code civil est moins une exception qu'un aménagement des règles relatives à l'exercice de l'autorité parentale. Que la décision soit prise avant ou après le décès, le parent concerné conserve en principe l'exercice de l'autorité parentale, ou la vocation à exercer cette autorité après le décès de l'autre parent (C. civ., art. 373-4). La dévolution prévue à l'article 373-1 du Code civil n'est donc pas remise en cause par elle-même : l'enfant est seulement confié à un tiers qui, précise l'article 373-4 du même code, n'a que le pouvoir d'accomplir les actes usuels relatifs à la surveillance et à l'éducation de l'enfant. On se trouve donc dans la même situation que celle où le juge lors de la séparation, confie, à titre exceptionnel, l'enfant à un tiers, membre de la parenté ou non (C. civ., art. 373-3, al. 3). Pour toute décision excédant ses pouvoirs, le tiers à qui l'enfant a été confié doit solliciter l'accord du ou des parents exerçant l'autorité parentale. En cas de conflit ou en cas de silence des père et mère qui se désintéresseraient de l'enfant, le tiers peut saisir le juge (le JAF) qui tranchera selon l'intérêt de l'enfant.

232.335 Renforcement de la protection. Le juge peut cependant estimer nécessaire de renforcer la protection de l'enfant et charger le tiers de requérir l'ouverture d'une tutelle (C. civ., art. 373-4, al. 2). Il y aura dans ce cas coexistence de l'autorité parentale et de la tutelle; celle-ci pouvant porter non seulement sur les biens, mais aussi sur la personne de l'enfant (sur l'organisation de cette situation, v. s^s^ n°s 232.19 s. – et sur les différentes techniques juridiques permettant d'élargir les pouvoirs du tiers auquel l'enfant a été confié, v. H. Fulchiron[4]).

Quelle que soit la solution retenue, la mesure prise est toujours **provisoire** : s'il « s'amende » (pour reprendre l'expression consacrée), le père ou la mère visé(e) par l'application de l'article 373-3, alinéas 2 ou 3, peut par la suite demander la restitution de ses droits.

2°
Décès des deux parents

232.341 Ouverture d'une tutelle. Selon l'article 373-5 : « *S'il ne reste ni père ni mère en état d'exercer l'autorité parentale, il y aura lieu à l'ouverture d'une tutelle* [...] ». Le parent ou celui des parents qui décède le second et qui, au jour de sa mort, a conservé l'exercice de l'autorité parentale

1. H. Fulchiron, « L'exercice de l'autorité parentale en cas de décès d'un des parents », *JCP* 1990, I, 3462.
2. H. Fulchiron, « Autorité parentale et famille recomposées », *Droit des personnes et de la famille, Mél. D. Huet-Weiller*, 1994, PUS/LGDJ, p. 141 s.
3. CA Bordeaux, 8 mars 2005, *JCP* 2005, IV, 3038.
4. H. Fulchiron, « Autorité parentale et familles recomposées », *Droit des personnes et de la famille, Mél. D. Huet-Weiller*, 1994, PUS/LGDJ, p. 141 s.

peut désigner telle ou telle personne pour remplir les fonctions de tuteur (C. civ., art. 397).

§ 3
Délégation de l'exercice de l'autorité parentale

232.350 Deux formes distinctes de délégation. Prévue par les articles 377 et 377-1 du Code civil, la délégation de l'exercice de l'autorité parentale revêt en réalité deux formes distinctes depuis la loi du 4 mars 2002 : la délégation traditionnelle, dite « supplétive » (A), destinée à suppléer les carences des parents, et la délégation partage (B) destinée à permettre à un tiers d'intervenir dans la vie de l'enfant.

A.
Délégation « supplétive »

232.360 Un régime simplifié. La loi du 4 mars 2002 a considérablement simplifié le régime de la délégation de l'autorité parentale[1]. En vertu des articles 377 et 377-1 du Code civil, la délégation de l'autorité parentale peut être consentie par les parents (1°) ou demandée par le tiers qui a recueilli l'enfant (2°). Les conséquences de la délégation sont cependant les mêmes (3°).

1°
Délégation consentie par le ou les titulaires de l'autorité parentale

232.361 Demandeur. L'article 377 alinéa 1er du Code civil indique que les parents peuvent déléguer leur autorité **ensemble ou séparément**. Si les parents exercent conjointement leur autorité, la délégation suppose l'accord des père et mère puisque toute décision doit être prise en commun. Si, en revanche, un seul des parents exerce l'autorité parentale, lui seul est apte à déléguer son autorité. S'agissant toutefois d'une décision importante relative à la vie de l'enfant, il doit en avertir l'autre parent au titre du droit de surveillance (C. civ., art. 373-2-1, al. 3). Le JAF (C. civ., art. 377-1, al. 1er) doit vérifier que l'autre parent a bien été informé de la procédure. Dès lors, ou bien l'autre parent consent à la délégation, ou bien il s'y oppose. Dans la première hypothèse, le juge prononce la délégation et transfère au tiers délégataire l'exercice de l'autorité parentale. Dans la seconde, il semble nécessaire de reconnaître au juge une certaine marge de manœuvre. Si le père ou la mère qui s'oppose à la délégation sollicite le transfert à son profit de l'exercice de l'autorité parentale et semble capable d'en assumer la charge, le juge peut accéder à sa demande et ordonner le transfert à son profit; il pourrait cependant préciser que la résidence de l'enfant sera fixée chez un tiers (et le ministère public, présent à l'instance, pourrait saisir le juge des enfants afin que soient prises des mesures d'assistance éducative). Si, en revanche, le juge estime que la demande de délégation est conforme à l'intérêt de l'enfant, il peut prononcer cette délégation nonobstant le refus de l'autre parent. Le fait que le père ou la mère qui n'exerçait pas jusque-là l'autorité parentale, s'oppose à la délégation ne signifie pas en effet qu'il soit prêt, ou apte, à s'occuper de l'enfant. Mais le juge ne saurait la prononcer si la demande émanait d'un père ou d'une mère qui n'a pas l'exercice de l'autorité parentale (même s'il l'exerce en fait) : on ne peut déléguer que ce que l'on exerce. Le parent qui n'exerce pas l'autorité parentale peut interjeter appel du jugement qui accède à la demande de délégation de l'autorité parentale.

232.362 Enfant de moins de deux ans. La délégation de l'autorité parentale par les parents sur un enfant de moins de deux ans à une personne qui souhaite l'adopter, permet de contourner la règle de l'article 348-5 du Code civil, qui impose la remise de l'enfant de moins de deux ans à l'Aide sociale à l'enfance, et permet aux parents de choisir les futurs parents adoptifs de leur enfant qui, en attendant, vivra déjà auprès d'eux. Cette démarche permet cependant, d'une part, au délégant de revenir sur la délégation et ne fait pas obstacle, d'autre part, à l'établissement de la filiation de l'enfant à l'égard de l'autre parent.

232.363 Circonstances particulières. La loi du 4 mars 2002 a considérablement élargi le champ d'application de la délégation en supprimant la condition de remise de l'enfant par ses parents au délégataire, laquelle s'avérait souvent difficile à constater[2]. La condition de la remise de l'enfant a été remplacée par une autre exigence : l'article 377 nouveau du Code civil souligne le caractère exceptionnel de la mesure en imposant au juge de vérifier que les « *circonstances l'exigent* ».

232.364 Tiers délégataire. L'article 377 du Code civil envisage trois catégories de délégataires : parti-

1. D. Autem, « La nouvelle physionomie de la délégation d'autorité parentale », *RJPF* 1/2003, p. 6 – B. Py, « La délégation de l'autorité parentale et l'obligation d'entretien des père et mère à l'égard de leur enfant mineur », *RDSS* 1996, 229 – A. Gouttenoire-Cornut et P. Murat, « L'intervention d'un tiers dans la vie de l'enfant », *Dr. fam.* 2003, chron. 1.

2. A. Gouttenoire et P. Murat, « L'intervention d'un tiers dans la vie de l'enfant », *Dr. fam.* 2003, chron. 1.

culiers, établissements ou service départemental de l'Aide sociale à l'enfance (ASE). Les particuliers peuvent être des parents, des amis ou toute autre personne choisie par les parents. Le tiers délégataire peut être choisi en dehors de la famille, sans que les membres de la famille soient prioritaires[1]; la délégation peut avoir lieu au profit d'un couple[2]. Les tiers doivent être « *dignes de confiance* », ce qu'il appartient au juge d'apprécier. Si tel ne semble pas être le cas, le juge rejette la requête. Il ne peut désigner une autre personne, ou décider que l'enfant sera confié à l'ASE : cette dernière éventualité n'est prévue que pour la délégation forcée (C. civ., art. 377-1, al. 3). En cas de refus, il revient aux père et mère de prendre d'autres dispositions ou au ministère public, présent à l'instance, de provoquer des mesures d'assistance éducative. L'enfant peut également être remis à un « établissement agréé », c'est-à-dire habilité par l'ASE. Le service départemental de l'Aide sociale à l'enfance peut d'ailleurs se voir directement confier l'enfant.

232.365 ***Kafala.*** La jurisprudence française, judiciaire[3] comme administrative[4], assimile la *kafala*, institution d'origine musulmane qui consiste en un recueil et en une prise en charge d'un enfant, sans conséquence sur le lien de filiation, à la délégation de l'exercice de l'autorité parentale, même si cette recherche d'équivalence repose sur des fondements incertains et produit en outre des résultats imparfaits[5].

2°
Délégation à la demande d'un tiers

232.371 **Deux hypothèses visées.** La délégation à la demande d'un tiers est prévue à l'article 377 alinéa 2 du Code civil tel qu'issu de la loi du 4 mars 2002. Le nouvel article 377 alinéa 2 en n'exigeant plus qu'un « recueil » de l'enfant, met fin à la nécessité d'une remise volontaire et ne reprend pas l'exigence d'une déclaration aux autorités administratives existant dans l'ancienne législation. La jurisprudence avait déjà opté pour une approche souple de la condition de remise de l'enfant en considérant que la délégation de l'autorité parentale pour désintérêt des parents peut cependant être décidée à la seule requête du délégataire (C. civ., art. 377, al. 3) lorsque l'enfant a été placé par autorité de justice et pas seulement lorsque le mineur a été remis volontairement par ses parents[6].

L'article 377 alinéa 2 dispose que : « *En cas de désintérêt manifeste ou si les parents sont dans l'impossibilité d'exercer tout ou partie de l'autorité parentale, le particulier, l'établissement ou le service départemental de l'Aide sociale à l'enfance qui a recueilli l'enfant peut également saisir le juge aux fins de se faire déléguer totalement ou partiellement l'exercice de l'autorité parentale* ». La délégation de l'autorité parentale peut donc être demandée par le tiers qui a recueilli l'enfant dans deux hypothèses : celle du désintérêt des parents et celle de l'impossibilité pour ces derniers d'exercer tout ou partie de l'autorité parentale.

232.372 **1) Désintérêt des parents.** La loi du 4 mars 2002 a supprimé l'exigence de durée d'un an dans le nouvel article 377 alinéa 2 du Code civil, se contentant d'un **désintérêt manifeste**. Sous l'empire du droit antérieur, il avait été décidé que le désintérêt des parents devait exister au jour de la demande[7], l'ancien article 377 alinéa 3 précisant que la délégation pouvait être décidée lorsque les parents se sont désintéressés de l'enfant depuis plus d'un an (et non pendant plus d'un an[8]). Si la formulation de l'article 377-1 alinéa 2 ne permet pas de procéder à la même analyse littérale, on peut penser que seul le **désintérêt actuel** des parents peut permette la délégation de l'autorité parentale. L'existence et la durée du désintérêt sont désormais, du fait de la suppression de la durée d'un an, entièrement soumises à au **pouvoir souverain d'appréciation** des juges du fond. La jurisprudence élaborée à propos de l'article 350 du Code civil qui vise également le critère de l'abandon manifeste est applicable à la délégation forcée de l'autorité parentale (v. s^s^ n°s 232.375 s.). La Cour de cassation adopte une conception subjective et volontaire du désintérêt.

La délégation de l'autorité parentale doit ainsi être rejetée dès lors qu'il ne peut être démontré la volonté éclairée du père d'autoriser cette délégation, entraînant

1. Civ. 1re, 16 avr. 2008, n° 07-11.273, *Bull. civ.* I, n° 106; *D.* 2008, 773, obs. Granet-Lambrechts; *RTD civ.* 2008, 470.
2. CA Lyon, 1er mars 1994, *Juris-Data* n° 049670 (pour des grands-parents).
3. CA Paris, 28 juin 2006, RG n° CT0183 – CA Versailles, 27 nov. 2003, Lexbase n° A8903DBD – CA Paris, 16 févr. 2006, Lexbase n° A3757DNH.
4. CE 28 déc. 2007, req. n° 303956 et n° 304202 – CE 9 nov. 2007, req. n° 279743 – CE 7 mars 2007, req. n° 285679 et n° 288637 – CE 24 janv. 2007, req. n° 290066 – CE 29 nov. 2006, req. n° 266156.
5. A. Gouttenoire et M. Lamarche, « La recherche d'équivalent : la délégation d'autorité parentale », dossier spécial *Kafala*, *Dr. fam.* 2009, étude 9, et réf. cit.
6. Cass. avis, 27 sept. 1999, n° 09-90.010, *Bull. civ. avis*, n° 6; *RTD civ.* 2000, 102, obs. Hauser – Civ. 1re, 26 juin 2001, n° 00-05.018, *Bull. civ.* I, n° 184; *D.* 2001, IR 2176; *Dr. fam.* 2002, comm. 3, obs. Murat; *JCP* 2002 I 165, obs. Fossier; *Gaz. Pal.* 2002, 15, obs. Massip; *RTD civ.* 2001, 867, obs. Hauser.
7. Civ. 1re, 3 févr. 1971, 1re esp., *JCP* 1971, II, 16893, note Raynaud; *D.* 1971, 627, *RDSS* 1972, 113, obs. Raynaud.
8. Civ. 1re, 8 déc. 1981, n° 80-14.808, *Bull. civ.* I, n° 365; *D.* 1982, IR 95.

la suppression de ses droits, et que n'est pas établi son désintérêt manifeste pour ses enfants, dont il a reçu la visite pendant son incarcération[1].

La cour d'appel de Dijon rappelle, dans un arrêt du 8 février 2008[2], que « *l'article 377 du Code civil ne tend pas à faciliter l'exercice par l'ASE de sa mission vis-à-vis d'un enfant et que les situations de blocage qui pourraient apparaître entre les parents et le service dans la prise d'une décision relative à l'éducation et/ou la santé du mineur peuvent être soumises au juge des enfants, auquel revient, en application de l'article 375-7 du Code civil, la possibilité d'autoriser le gardien à prendre telle décision à laquelle s'opposeraient abusivement les parents. L'hostilité arguée des parents, tant à l'égard de la famille d'accueil de l'enfant qu'à celui de l'ASE, ne saurait suffire à fonder la délégation sollicitée par le président du Conseil général, étant constaté par la cour que la situation d'impossibilité pour les parents d'exercer en tout ou partie l'autorité parentale sur leur fille, au sens de l'article 377 du Code civil, n'est nullement établie par le demandeur à la délégation, les parents étant régulièrement domiciliés et susceptibles d'être joints par l'ASE pour toute décision à prendre dans l'intérêt de l'enfant.* »

La requête déposée par la mère pour obtenir le transfert de la résidence de l'enfant à son domicile ne constitue pas une manifestation d'intérêt suffisante pour rejeter la demande de délégation d'autorité parentale formulée par la grand-mère étant précisé qu'un droit de visite accordé à la mère n'a jamais été exercé par celle-ci[3]. Les grands-parents sont bien fondés à réclamer la délégation de l'autorité parentale sur leurs petits-enfants à leur profit alors qu'il est établi que le père est absent de la vie des enfants depuis plus de huit ans et qu'il n'a jamais versé spontanément de pension alimentaire depuis le divorce[4]. Au contraire, il n'y a pas désintérêt lorsque, au moment où est présentée la requête, les parents cherchaient à reprendre l'enfant depuis plusieurs années et se heurtaient au refus des demandeurs[5].

La **charge de la preuve du désintérêt** incombe au **demandeur** dont la tâche pourrait se révéler difficile puisqu'il s'agit d'établir un fait négatif.

232.373 **2) Impossibilité pour les parents d'exercer l'autorité parentale.** « *L'impossibilité d'exercer tout ou partie de l'autorité parentale* » est un critère de délégation de l'autorité parentale plus novateur qui se rapproche de la situation du parent « *hors d'état de manifester sa volonté, en raison de son incapacité, de son absence ou de toute autre cause* » de l'article 373 du Code civil (v. s^{s} n° 232.321). On peut en effet penser que celui qui est hors d'état de manifester sa volonté, par suite d'un obstacle d'ordre physique ou intellectuel, se trouve dans l'impossibilité d'exercer l'autorité parentale. L'impossibilité d'exercer l'autorité parentale est **appréciée de manière subjective par la Cour de cassation** qui admet que tel peut être le cas lorsque le père est difficilement joignable et ne prend pas réellement en compte les besoins de sa fille au regard des démarches inhérentes à l'autorité parentale[6].

232.374 **Intérêt de l'enfant.** Le désintérêt ou l'impossibilité d'exercer l'autorité parentale des père et mère ne saurait cependant suffire à permettre la délégation de l'autorité parentale qui doit en tout état de cause être conforme à l'intérêt de l'enfant. Tel n'est pas le cas lorsque l'enfant n'a pas réussi à trouver au foyer de sa tante des repères stables et fait l'objet d'une mesure de placement provisoire dans une famille d'accueil[7]. En outre, selon l'alinéa 3 de l'article 377 du Code civil, lorsque l'enfant fait l'objet d'une mesure d'assistance éducative, la délégation ne peut intervenir qu'après l'avis du juge des enfants.

232.375 **Autres cas de délégation.** Aux hypothèses prévues par les articles 377 et 377-1 du Code civil, il convient d'ajouter deux autres cas de délégation. Selon l'article L. 224-8 du Code de l'action sociale et des familles : « *L'admission en qualité de pupille de l'État peut faire l'objet d'un recours* [...] *devant le tribunal de grande instance, par les parents, en l'absence d'une déclaration judiciaire d'abandon ou d'un retrait total de l'autorité parentale, par les alliés de l'enfant ou toute personne justifiant d'un lien avec lui, notamment pour avoir assuré sa garde, de droit ou de fait, et qui demande à en assurer la charge.* » (al. 1er). « *S'il juge cette demande conforme à l'intérêt de l'enfant, le tribunal confie sa garde au demandeur, à charge pour ce dernier de requérir l'organisation de la tutelle, ou lui délègue les droits de l'autorité parentale et prononce l'annulation de l'arrêté d'admission* »[8]. L'article 350 alinéa 5 du Code civil prévoit également que : « *Lorsqu'il déclare l'enfant abandonné, le tribunal délègue par la même décision les droits d'autorité parentale sur l'enfant au service de l'Aide sociale à l'enfance, à l'établissement ou au particulier qui a recueilli l'enfant ou à qui ce dernier a été confié* ».

232.376 **Procédure de la délégation**[9]. La présence du **ministère public** dans les instances en délégation de l'autorité parentale est obligatoire en vertu de l'article 1208 alinéa 2 du Code de procédure civile[10].

1. CA Lyon, 7 mai 2002, *Juris-Data* n° 197874.
2. CA Dijon, 8 févr. 2008, RG n° 08/00011.
3. CA Rennes, 20 mars 2000, *Juris-Data* n° 134933.
4. CA Rennes, 29 mai 2000, *Juris-Data* n° 123346.
5. Civ. 1re, 8 déc. 1981, n° 80-14.808, préc. s^{s} prés^{t} n°.
6. Civ. 1re, 5 avr. 2005, n° 04-05.019, *Bull, civ.* I, n° 162; *AJ fam.* 2005, 273, obs. Gratadour.
7. CA Pau, 27 nov. 2000, *Juris-Data* n° 130981.
8. S. Bétant-Robet, « Les recours ouverts aux parents d'un enfant admis en qualité de pupille de l'État », *RDSS* 1987, 495.
9. V. RÉP. PR. CIV., *V° Autorité parentale*.
10. Civ. 1re, 9 juill. 2002, n° 00-17.072, *Bull. civ.* I, n° 185; *Dr. fam.* 2003, comm. 1, obs. Murat; *AJ fam.* 2002, 339, comm. Bicheron.

3° Conséquences de la délégation

232.381 Transfert de l'autorité parentale. La délégation a pour effet de transférer à son bénéficiaire l'exercice de tout ou partie de l'autorité parentale. Il ne s'agit que de **l'exercice de l'autorité parentale**, les père et mère restant titulaires de leur fonction. Cette analyse est conforme à la lettre des textes : l'article 377 alinéa 1er du Code civil indique que les parents peuvent « *déléguer tout ou partie de l'exercice de leur autorité* » et l'alinéa 2 du même texte prévoit que le tiers saisit le juge aux fins de se voir déléguer « *l'exercice de l'autorité parentale* ». Elle est également en harmonie avec les principes qui gouvernent la matière : l'autorité parentale est d'ordre public, elle appartient aux père et mère qui ne peuvent en disposer; la part qui est faite à leur volonté réelle ou présumée ne concerne que l'exercice de leur fonction (v. C. civ., art. 376-1), sous le contrôle du juge. Surtout, cette interprétation permet de bien distinguer délégation et retrait, les parents qui se voient retirer l'autorité parentale perdant l'autorité parentale elle-même et non seulement son exercice (v. ss nos 232.401 s.).

232.382 Étendue de la délégation. La délégation est **totale** ou **partielle** : au juge (en cas de délégation forcée) ou aux parents en accord avec le délégant, sous le contrôle du juge (en cas de délégation volontaire), de préciser au besoin quels sont les droits dont l'exercice est confié à des tiers. À défaut de précision, la délégation est nécessairement totale. Dans ce cas, elle porte même sur les droits de consentir au mariage et à l'émancipation. **Il n'est qu'un droit qui ne peut être délégué, celui de consentir à l'adoption** : c'est que le consentement à l'adoption, en rompant le lien de filiation, a des conséquences infiniment plus graves que l'usage des autres attributs de l'autorité parentale; ce droit reste donc aux parents (comp. avec le retrait, C. civ., art. 348-2). La distinction entre la délégation et l'adoption permet d'ailleurs aux enfants originaires de pays musulmans dans lesquels l'adoption est prohibée de bénéficier d'une délégation de l'autorité parentale assimilée à la *kafala* qui s'analyse uniquement en une prise en charge de l'enfant[1].

Dès lors qu'un grand-père s'est vu confié sa petite-fille par un tribunal de grande instance marocain par un acte de *kafala* et qu'un TGI français a accordé l'*exequatur* à cet acte de *kafala* en indiquant qu'il valait délégation de l'autorité parentale, le grand-père exerce l'autorité parentale sur sa petite-fille et a qualité pour agir en son nom notamment pour contester un refus de visa d'entrée en France[2].

232.383 Droits des parents. La mesure prise peut également réserver aux père et mère un droit de visite. D'après la Cour de cassation, il s'agit alors nécessairement d'une **délégation partielle**[3], « *du seul fait qu'un droit de visite ait été reconnu au père, la décision critiquée s'analyse [...] en une délégation partielle de l'autorité parentale* ». Il est cependant permis de penser que même si la délégation est totale, le tribunal peut organiser un droit de visite et d'hébergement, ou pourrait en organiser un ultérieurement : le droit à des relations personnelles appartient en principe aux parents, à moins qu'il ne se révèle contraire à l'intérêt de l'enfant. La règle vaut quelle que soit la personne à laquelle l'autorité parentale a été déléguée. L'aménagement d'un droit de visite, d'hébergement ou de correspondance au profit du parent délégant semble en pratique relativement fréquent (ex. d'une décision qui précise que ce droit s'exercera avec l'accord du délégataire[4]).

La délégation ne met pas, en tout état de cause, fin à l'obligation d'entretien des parents, et le délégataire peut obtenir d'eux une contribution financière à la prise en charge de l'enfant[5].

232.384 Cessation ou transfert de la délégation. Selon l'article 377-2 alinéa 1er du Code civil : « *La délégation pourra, dans tous les cas, prendre fin ou être transférée par un nouveau jugement, s'il est justifié de circonstances nouvelles.*[...] » La règle, qui vise toutes les hypothèses de délégation, volontaire ou forcée, prévoit donc deux possibilités : la restitution de leurs droits aux père et mère (ou à l'un d'eux) et le transfert de la délégation au bénéfice d'un tiers (particulier, établissement ou ASE).

232.385 1) Fin de la délégation : restitution de l'exercice de l'autorité parentale aux père et mère. Les parents, ou l'un d'entre eux, peuvent obtenir la restitution de leurs droits à condition de justifier de « circonstances nouvelles ». Il appartient donc au demandeur d'établir l'existence d'éléments nouveaux susceptibles de modifier l'appréciation faite antérieurement de l'intérêt de l'enfant. Le juge apprécie souverainement. La demande de restitution est formée par requête devant le tribunal du lieu où demeure la personne à laquelle l'autorité parentale a été déléguée. Elle est notifiée à cette personne. La procédure est soumise en principe aux mêmes règles que la procédure de délégation

1. A. Gouttenoire et M. Lamarche, « La recherche d'équivalent : l'autorité parentale », dossier spécial *Kafala*, *Dr. fam.* 2009, étude 9 et réf. cit.
2. CE 30 juin 2003, n° 227844, *Juris-Data* n° 065698.
3. Civ. 1re, 14 févr. 1989, n° 86-80.038, *Bull. civ.* I, n° 77; *Gaz. Pal.* 1990, 1, 130, note Massip.
4. CA Bourges, 19 oct. 1993, *Juris-Data* n° 046499 – CA Rennes, 16 déc. 1996, *Juris-Data* n° 049896.
5. CA Poitiers, 28 févr. 1990, *Juris-Data* n° 044207.

(C. pr. civ., art. 1210). Un administrateur *ad hoc* peut être désigné pour représenter les intérêts de l'enfant lorsque le père demande que soit mis fin à la délégation de l'autorité parentale consentie par la mère[1].

Le bénéficiaire d'une délégation de l'autorité parentale consentie par un parent ne doit pas considérer qu'il est à l'abri d'une demande de levée de cette délégation par l'autre parent et se comporter comme son parent adoptif (ainsi d'une espèce dans laquelle des époux qui avaient été désignés comme délégataires par la mère dans les premiers jours après la naissance de l'enfant refusaient de rendre l'enfant à son père qui avait ignoré son existence et l'avait reconnu lorsqu'il en a été informé[2]).

Dans le cas où la restitution leur est accordée, le JAF peut mettre à la charge des père et mère, s'ils ne sont pas indigents, le remboursement de tout ou partie des frais d'entretien (C. civ., art. 377-2, al. 2). Le délégataire peut également obtenir un droit de visite et d'hébergement qui lui permette de maintenir les liens personnels tissés avec l'enfant pendant le temps de la délégation en vertu de l'article 371-4 alinéa 2, les tribunaux ont d'ailleurs souvent utilisé cette disposition pour tempérer les effets d'une remise à ses parents d'un enfant élevé plus ou moins longtemps par des tiers. L'hypothèse de la délégation correspond parfaitement à cette jurisprudence. Encore faut-il cependant que la demande du tiers apparaisse conforme à l'intérêt de l'enfant. Il en va de même lorsque la délégation est intervenue dans le cadre de l'article 350 du Code civil. Si le changement de situation professionnelle et familiale de la mère a constitué un élément d'appréciation pour les juges, il est évident que c'est l'intérêt de l'enfant qui constitue le critère prépondérant[3]. L'instabilité des parents, les conditions de logement et le caractère conflictuel des rapports entre la mère et ses enfants constituent des éléments susceptibles de faire échec à la restitution[4]. En revanche, l'autorité parentale est restituée à la mère qui apporte la preuve de la bonne intégration des enfants (réfugiés étrangers) dans des conditions matérielles et morales satisfaisantes[5].

232.386 **2) Transfert de la délégation.** L'article 377-2 du Code civil évoque la possibilité d'ordonner un transfert de la délégation au profit d'un autre tiers, sans en préciser les modalités. S'agissant d'une simple mesure de transfert, il ne semble pas nécessaire que les conditions requises pour la délégation initiale soient toujours respectées. Elles le seront obligatoirement pour la **délégation volontaire** puisque celle-ci repose sur la volonté concordante du délégant et du délégataire. Mais, dans les hypothèses de **délégation forcée**, il devrait suffire d'établir l'existence de circonstances nouvelles justifiant le changement de délégataire. Bien qu'aucun texte n'y oblige, il semble nécessaire que les parents soient appelés à l'instance; ils pourraient alors présenter une demande reconventionnelle en restitution.

B. Délégation « partage »

232.391 **Délégation volontaire opérant un partage des prérogatives entre délégant et délégataire.** Instauré par la loi du 4 mars 2002, le partage avec le tiers délégataire de l'autorité parentale de l'article 377-1 alinéa 2 du Code civil est intégré dans les textes relatifs à la délégation de l'autorité parentale. Il s'agit toutefois d'une délégation particulière puisque d'une part elle est obligatoirement volontaire, d'autre part, elle n'implique pas de limitation des pouvoirs du parent délégant mais bien un partage de ses prérogatives avec le délégataire. Celui-ci reçoit en réalité une sorte de **mandat** pour exercer certains des attributs de l'autorité parentale sans que leur titulaire n'en soit privé. Le but est de permettre à un tiers d'obtenir, grâce à une délégation, la consécration juridique de rapports de fait qu'il entretient souvent déjà avec le mineur. Cette forme de délégation de l'autorité parentale paraît en effet plus destinée à faciliter la prise en charge quotidienne de l'enfant dans le cadre d'une famille recomposée qu'à répondre à des difficultés insurmontables rencontrées par les titulaires de l'autorité parentale.

Les applications qui en ont été faites concernent essentiellement des couples pour lesquels l'adoption simple de l'enfant d'un de ses membres par l'autre est impossible (v. s^{s} n°s 222.251, 223.30 s. et 232.164).

La Cour de cassation a en effet fermé la voie de l'adoption simple de l'enfant par la concubine de sa mère en 2007[6] et a réitéré cette solution dans un arrêt du 16 avril 2008[7], au même motif, au demeurant légitime, que cette adoption réalisait un transfert des droits d'autorité parentale sur l'enfant en privant la mère biologique, qui entendait continuer à élever l'enfant, de ses propres droits.

1. Civ. 1re, 23 févr. 1999, n° 97-15.098, n° 97-20.514, 2 esp., *Bull. civ.* I, n° 66; *Dr. fam.* 2000, comm. 146, obs. Gouttenoire-Cornut.
2. Affaire Buratti : Civ. 1re, 29 oct. 1996, n° 96-13.346, *Bull. civ.* I, n° 367; *D.* 1997, somm. 160, obs. Granet.
3. CA Papeete, 15 avr. 1999, *JCP* 2001, I, 293, obs. Favier.
4. CA Versailles, 3 juill. 1997, *Juris-Data* n° 047377.
5. CA Paris, 5 mai 1987, *Juris-Data* n° 023382.
6. Civ. 1re, 19 déc. 2007, n° 06-21.369, *Bull. civ.* I, n° 392; *JCP* 2008, II, 10046, note Favier.
7. Civ. 1re, 16 avr. 2008, n° 07-11.273, *Bull. civ.* I, n° 106; *Dr. fam.* 2008, comm. 30, obs. Murat – EN CE SENS : CA Amiens, 17 sept. 2008, RG n° 08/01051.

Il faut noter que l'adoption de l'enfant du conjoint n'entraîne pas cette conséquence; les inconvénients de l'adoption de l'enfant de la concubine pourraient être supprimés si on la faisait bénéficier du même régime, suivant en cela la voie indiquée par la Cour européenne des droits de l'homme dans l'arrêt Emonet c/Suisse du 13 décembre 2007 [1]. Dans la mesure où elle concerne une situation dans laquelle la délégation de l'autorité parentale a davantage pour objectif de consacrer le rôle d'un tiers dans la prise en charge de l'enfant, aux côtés de son parent, plutôt que de pallier ses défaillances, la reconnaissance d'une certaine autonomie du partage de l'autorité parentale par rapport à la délégation d'autorité parentale « classique » paraît souhaitable. Elle pourrait passer au moins par une appréciation spécifique des conditions de l'article 377 du Code civil et notamment du cantonnement de la délégation aux hypothèses dans lesquelles « *les circonstances l'exigent* » de la part du juge. Il semble que le seul fait que l'enfant n'ait pas d'autre parent pourrait suffire à caractériser ces circonstances.

232.392 Critères du partage de l'autorité parentale. L'article 377-1 alinéa 2 du Code civil vise « *les besoins d'éducation de l'enfant.* » Dans l'arrêt rendu le 24 février 2006 [2], la Cour de cassation a donné une sorte de mode d'emploi du partage de l'autorité parentale dans le contexte particulier de « l'homoparentalité ». Elle exige que des circonstances particulières rendent le partage de l'autorité parentale nécessaire; ce faisant, elle aligne le partage de l'autorité parentale sur le régime de la délégation de l'autorité parentale de droit commun [3]. La Cour de cassation exerce un contrôle attentif sur ces conditions de fait, n'hésitant pas à les caractériser au regard des circonstances constatées par la cour d'appel. Elle relève que les enfants étaient épanouis et équilibrés et que la relation de la mère avec la délégataire, stable et harmonieuse, participait à leur équilibre. Elle note par ailleurs que l'absence de filiation paternelle, et donc d'un autre parent susceptible de prendre en charge les enfants en cas de défaillance du parent hébergeant, rend particulièrement nécessaire leur prise en charge par le délégataire. Un arrêt de la cour d'appel de Paris du 5 mai 2006 [4] offre une nouvelle illustration de délégation d'autorité parentale au sein d'un couple homosexuel et applique à la lettre les critères dégagés par la Cour de cassation.

1. CEDH 13 déc. 2007, req. n° 39051/03, Emonet c/Suisse, *JCP* 2008, I, 110, obs. Sudre; *AJ fam.* 2008, 76, obs. Chénedé.
2. Civ. 1re, 24 févr. 2006, n° 04-17.090, *Bull. civ.* I, n° 101; *AJ fam.* 2006, 159, obs. Chénedé; *Dr. fam.* 2006, comm. 89, obs. Murat.
3. P. Murat, comm. préc. ss prést n°.
4. CA Paris, 5 mai 2006, *AJ fam.* 2006, 333.

232.393 Application au « beau-parent » homosexuel. Contrairement à ce que prétendait le ministère public dans l'affaire tranchée par l'arrêt du 24 février 2006 [5], l'exercice de l'autorité parentale peut être délégué à une personne de même sexe, avec qui le parent vit en union stable et continue, la Cour de cassation marquant clairement, et légitimement, son intention de ne pas faire de l'orientation sexuelle un critère abstrait de répartition des droits découlant de l'exercice de l'autorité parentale, validant ainsi plusieurs décisions de juges du fond allant dans le même sens [6]. Ce raisonnement constitue sans aucun doute un modèle à suivre pour toutes les délégations d'autorité parentale au profit du beau-parent : il doit être démontré qu'il exerce un rôle réel et positif auprès des enfants et que le cadre juridique de la délégation parentale est nécessaire pour lui permettre de le poursuive, notamment en cas d'impossibilité pour le parent de l'enfant d'assumer son rôle. Une telle hypothèse correspond particulièrement aux situations des familles monoparentales dans laquelle intervient un nouveau conjoint dans le cadre d'une relation stable et durable. Il en ira particulièrement ainsi lorsque l'arrivée de l'enfant, rattaché biologiquement à l'un seulement des membres du couple, se fonde néanmoins sur un projet commun [7]. Certaines décisions ont même admis une délégation-partage de l'autorité parentale après la séparation du couple [8] ou après le décès de la concubine mère de l'enfant, affirmant ainsi que les membres de la famille ne bénéficient pas dans cette hypothèse d'une primauté obligeant le juge à les préférer à la concubine de la mère décédée [9].

232.394 Accord de l'autre parent. Le partage avec le tiers délégataire de l'exercice de l'autorité parentale pour faciliter l'organisation de la vie de l'enfant, notamment dans le cadre de famille recomposée, est cependant subordonné à la condition de l'accord de l'autre parent s'il exerce l'autorité parentale. Il est à noter que l'accord des titulaires de l'exercice de l'autorité parentale, et par hypothèse du tiers délégataire, n'est pas suffisant pour entraîner le partage de l'autorité parentale qui doit faire

5. Civ. 1re, 24 févr. 2006, n° 04-17.090, *Bull. civ.* I, n° 101; *AJ fam.* 2006, 159, obs. Chénedé; *Dr. fam.* 2006, comm. 89, obs. Murat.
6. TGI Nice, 8 juill. 2003, 7 avr. 2004, 30 juin 2004, *AJ fam.* 2004, 453, obs. Chénedé; *CONTRA* : TGI Paris, 2 avr. 2004.
7. Pour une délégation croisée de l'autorité parentale sur deux enfants au bénéfice de leur mère respective : TGI Lille, 11 déc. 2007, *AJ fam.* 2008, 119, obs. Chénedé; *RTD civ.* 2008, 290, obs. Hauser.
8. TGI Lille, 18 déc. 2007, *Dr. fam.* 2008, comm. 59, obs. Murat.
9. Civ. 1re, 16 avr. 2008, n° 07-11.273, *Bull. civ.* I, n° 106.

l'objet d'une décision du JAF. L'article 377-2 du Code civil en vertu duquel « *la délégation pourra, dans tous les cas, prendre fin ou être transférée par un nouveau jugement, s'il est justifié de circonstances nouvelles* » est applicable au partage de l'exercice de l'autorité parentale de l'article 377-1 alinéa 2.

232.395 Étendue du partage de l'autorité parentale. La question de l'étendue de la délégation de l'autorité parentale semble pour l'instant peu claire. Le texte permet de déléguer « *tout ou partie de l'exercice de l'autorité parentale* ». La Cour de cassation dans l'arrêt du 24 février 2006[1] a admis une délégation partielle de l'exercice de l'autorité parentale sans précision des droits délégués et a considéré qu'elle n'équivalait pas à une délégation totale. Cette affirmation signifie que la délégation de l'exercice de l'autorité parentale partielle n'impose pas au juge de préciser les éléments de l'autorité parentale délégués. La répartition des prérogatives découlant de l'exercice de l'autorité parentale risque alors d'être concrètement difficile à mettre à en œuvre. Compte tenu des motivations ayant justifié la délégation, on peut considérer qu'elle confère des pouvoirs supplétifs au délégataire qui ne serait appelé à les exercer qu'en cas d'empêchement de la mère. On voit mal en revanche comment cette délégation pourrait correspondre à une répartition distributive entre le délégant et le délégataire des différentes prérogatives découlant de l'autorité parentale. Si une telle répartition peut se concevoir dans les faits, par un accord entre elles, elle ne saurait en tout état de cause être opposable aux tiers puisqu'elle n'a pas été décidée ou avalisée par le jugement.

232.396 Actes usuels. Selon l'article 377 alinéas 2 et 3 du Code civil, la **présomption d'accord pour les actes usuels** de l'article 372-2 est applicable à ce partage de l'autorité parentale. Le **JAF** est compétent pour arbitrer les difficultés que cet exercice partagé de l'autorité parentale pourrait engendrer.

SECTION 4
RETRAIT DE L'AUTORITÉ PARENTALE

232.401 Définition. Le retrait de l'autorité parentale est prononcé à la suite de graves fautes commises par les parents, qu'il s'agisse d'actes ou de manquements dont l'enfant est la victime directe (mauvais traitements, défaut de soins, *etc.*), ou de comportements qui constituent indirectement une menace pour l'enfant (crime ou acte de délinquance, par ex.). Mais, dans les deux cas, le retrait de l'autorité parentale a pour raison d'être de protéger l'enfant et non de sanctionner les parents. Ainsi le retrait de l'autorité parentale est-il toujours **facultatif**, qu'il soit prononcé par le juge civil ou par le juge pénal : peu importe la gravité en soi du comportement qui fonde la demande; tout dépend de la menace que ce comportement fait peser sur l'enfant.

232.402 Père, mère et autres ascendants. Peuvent se voir retirer l'autorité parentale, les père et mère par le sang ou adoptifs, en tant qu'ils sont titulaires de l'autorité parentale : peu importe qu'ils exercent ou non cette autorité; dans ce dernier cas, en effet, ils n'en disposent pas moins d'un certain nombre de prérogatives et gardent toujours vocation à l'exercer[2]. L'irresponsabilité pénale des parents pour démence ne fait pas obstacle au prononcé du retrait de l'autorité parentale[3].

Le retrait de l'autorité parentale est également applicable « *aux ascendants autres que les père et mère pour la part d'autorité parentale qui peut leur revenir sur leurs descendants* ». À vrai dire la règle est surprenante car les grands-parents et autres ascendants ne sont nullement titulaires de l'autorité parentale (v. s^s n°s 232.15 s.). Prononcer le retrait de l'autorité parentale à leur égard aura avant tout une valeur symbolique. Elle permettra aussi d'écarter, sans même que le juge ait à intervenir, leur prétention à maintenir des relations personnelles avec l'enfant (C. civ., art. 371-4, al. 1er – V. s^s n°s 232.51 s.) ou à donner leur consentement au mariage de leurs descendants (C. civ., art. 150).

232.403 Enfants mineurs déjà nés au moment du jugement. Le retrait de l'autorité parentale ne concerne plus aujourd'hui que les enfants déjà nés au moment du jugement (C. civ., art. 379) ou certains d'entre eux seulement, si le tribunal estime que tous ne courent pas le même danger (C. civ., art. 379-1). La prise en compte de la date à laquelle le jugement est prononcé et non de la date à laquelle les faits reprochés se sont produits est en accord avec la nature protectrice et non sanctionnatrice du retrait de l'autorité parentale : au juge d'apprécier si la mesure de protection sollicitée est nécessaire au jour où il statue. Le retrait de l'autorité parentale peut avoir effet à l'égard d'un mineur émancipé. Les parents seront privés des seuls droits qui survivent à l'émancipation et principalement le droit de consentir à l'adoption (C. civ., art. 413-6, al. 2). Le retrait de l'autorité parentale ne peut en

1. Civ. 1re, 24 févr. 2006, n° 04-17.090, préc. s^s n° 232.393.

2. Crim. 23 juin 1993, n° 92-84.565, NPT – Crim. 21 oct. 1992, n° 92-80.200, *Bull. crim.*, n° 333; *RTD civ.* 1993, 340, obs. Hauser.
3. Civ. 1re, 14 avr. 1982, n° 80-80.014 et n° 80-80.015, 2 esp., *Bull. civ.* I, n° 125; *D.* 1983, 294, note J. M.; *Defrénois* 1983, art. 33022, p. 327, note Massip.

revanche concerner un enfant devenu majeur[1]. Le retrait de l'autorité parentale s'applique à tout enfant présent sur le territoire national quelle que soit sa nationalité ou celle de ses auteurs[2].

§ 1
Cas de retrait de l'autorité parentale

A.
Retrait de l'autorité parentale prononcé par un jugement pénal

232.411 Appréciation souveraine. Selon l'article 378 alinéa 1er du Code civil : « *Peuvent se voir retirer totalement l'autorité parentale par une disposition expresse du jugement pénal, les père et mère qui sont condamnés, soit comme auteurs, coauteurs ou complices d'un crime ou délit commis sur la personne de leur enfant, soit comme coauteurs ou complices d'un crime ou délit commis par leur enfant* ». Le juge dispose d'un pouvoir souverain d'appréciation sur l'opportunité de la mesure par rapport à l'intérêt du mineur (ex. d'une mère coupable de complicité de viol aggravé sur sa fille et à qui la cour d'assises n'a pas retiré l'autorité parentale[3]).

La loi du 12 décembre 2005[4], relative au traitement de la récidive des infractions pénales, prévoit qu'en matière de viol et d'agression sexuelle ou d'autres atteintes sexuelles, lorsque les faits sont commis contre un mineur par une personne titulaire sur celui-ci de l'autorité parentale, « *la juridiction de jugement doit se prononcer sur le retrait total ou partiel de cette autorité en application des dispositions des articles 378 et 379-1 du Code civil* ». La juridiction de jugement peut également statuer sur le retrait de l'autorité parentale concernant les frères et sœurs mineurs de la victime. Lorsque les poursuites ont lieu devant la cour d'assises, celle-ci statue sur cette question sans l'assistance des jurés (C. pén., art. 222-31-1 et 227-28-2). Cette nouvelle disposition s'explique par la tendance des juridictions répressives à faire un usage limité de la faculté de retirer l'autorité parentale prévue par l'article 378 du Code civil. Désormais la question du retrait de l'autorité parentale sera systématiquement posée lorsque l'enfant a été victime d'actes particulièrement graves de la part de ses parents ou de l'un d'eux et on peut penser – voire espérer – qu'il y sera plus fréquemment répondu de manière positive.

Sur l'appréciation des atteintes à l'autorité parentale en droit pénal et la mise en péril du mineur, v. s[s] n°s 521.11 à 521.214.

232.412 Infraction sur ou par un mineur. L'article 378 du Code civil vise non seulement le cas de l'enfant victime, mais aussi celui de l'enfant délinquant; en fait, dans la seconde hypothèse, il s'agira généralement d'un enfant ayant agi à l'instigation de ses parents ou ayant été leur complice.

L'article 378 du Code civil vise les délits ou les crimes commis sur la **personne de l'enfant.** Tel n'est pas le cas, selon la Cour de cassation, du délit d'abandon de famille[5], lequel ne constitue plus une cause de privation de l'exercice de l'autorité parentale (v. s[s] n° 232.321). Le comportement du parent condamné pour abandon de famille pourrait cependant être invoqué à l'appui d'une demande de retrait de l'autorité parentale formulée devant le juge civil.

B.
Retrait de l'autorité parentale prononcée par un jugement civil

232.420 Mise en danger de l'enfant ou désintérêt des parents. En dehors de toute condamnation pénale, peuvent se voir retirer totalement l'autorité parentale les parents qui ont gravement manqué à leur fonction. En vertu de l'article 1202 du Code de procédure civile : « *Les demandes en retrait total ou partiel de l'autorité parentale sont portées devant le tribunal de grande instance du lieu où demeure l'ascendant contre lequel l'action est exercée.* » L'article 378-1 du Code civil envisage deux hypothèses : celle des parents dont le comportement est dangereux pour l'enfant (1°) et celle du désintérêt des parents après la mise en œuvre d'une mesure d'assistance éducative (2°).

1°
Mise en danger de l'enfant

232.421 Définition. Selon l'article 378-1 alinéa 1er du Code civil : « *Peuvent se voir retirer totalement l'autorité parentale, en dehors de toute condamnation pénale, les père et mère qui, soit par de mauvais traitements, soit par une consommation habituelle et excessive d'alcool ou un usage de stupéfiants, soit par une inconduite notoire ou des comportements délictueux, soit par un défaut de soins ou un manque de direction, mettent manifestement en danger la sécurité, la santé ou la moralité de l'enfant.* »

1. Crim. 30 sept. 1998, n° 97-83.021, *Bull. crim.*, n° 242; *RTD civ.* 1999, 76, obs. Hauser.
2. Crim. 4 nov. 1992, n° 91-86.938, *Bull. crim.*, n° 355; *D.* 1994, 11, note Boulanger.
3. Crim. 9 nov. 1994, n° 94-80.691, NP.
4. L. n° 2005-1549, 12 déc. 2005, relative au traitement de la récidive des infractions pénales, *JO* 13 déc., p. 19152.
5. Crim. 11 déc. 1984, n° 83-91.042, *Bull. crim.*, n° 393; *Gaz. Pal.* 1985, 2, 654, note Doucet; *D.* 1985, IR 236, obs. J.-M. R.

Le **retrait total** de l'autorité parentale est donc soumis à une **double condition**. Il faut, tout d'abord, qu'existe **un des comportements incriminés** par l'article 378-1. Il faut, ensuite, que ce comportement engendre un **danger pour l'enfant**. Perdent ainsi leur autorité parentale les parents qui, par leurs actes ou par leur abstention, non seulement se révèlent incapables d'assumer leur fonction (on en resterait alors aux mesures d'assistance éducative), mais, bien plus, constituent une menace pour l'enfant. L'adverbe *manifestement* souligne, s'il en était besoin, que le retrait de l'autorité parentale ne doit être prononcé qu'en ultime recours.

Le **désintérêt total d'un parent** semble être considéré comme une source de danger pour l'enfant par certaines cours d'appel qui n'hésitent à considérer qu'il justifie le retrait de l'autorité parentale, particulièrement lorsque par ailleurs l'enfant est élevé par le mari ou le compagnon de sa mère qui souhaite l'adopter.

L'arrêt du 12 février 2009 de la cour d'appel de Nîmes[1] constitue une illustration particulièrement bien justifiée de l'opportunité et de l'intérêt du retrait de l'autorité parentale fondée sur l'article 378-1 du Code Civil, dans une telle hypothèse. En l'espèce, le père n'avait plus de relation avec son enfant, âgé de quatre ans, quasiment depuis sa naissance et il ne s'opposait pas à la demande de retrait de l'autorité parentale. La Cour relève que ce désintérêt et l'abandon matériel et affectif total du père biologique sont sources d'un danger psychologique avéré pour l'enfant placé dans une situation différente de sa petite sœur; le père de cette dernière, très investi par l'enfant, est en effet présent. La mesure de retrait total de l'autorité parentale, condition préalable à une possibilité d'adoption de l'enfant par celui qui l'élève effectivement aux côtés de la mère, est donc jugée comme justifiée au regard du danger encouru par l'enfant et dans l'intérêt supérieur de ce dernier.

La cour d'appel de Nîmes s'est prononcée dans le même sens dans un arrêt du 18 décembre 2008[2] en considérant que « *le manque de soins et le désintérêt persistant du père à l'égard de sa fille génèrent pour celle-ci un danger psychologique manifeste en suscitant chez elle une grande incompréhension et des questionnements à l'égard de celui qui est officiellement son père, auxquels elle ne peut répondre que par un sentiment de culpabilité* » et que « *la mesure de retrait total de l'autorité parentale, condition préalable à une possibilité d'adoption de l'enfant par celui qui l'élève effectivement depuis plusieurs années, s'avère en l'espèce justifiée dans l'intérêt supérieur de l'enfant* ».

232.422 **Condamnation pénale.** Bien que le texte s'applique « *en dehors de toute condamnation pénale* », une telle condamnation, ou plus exactement les faits qui ont entraîné cette condamnation, peuvent être invoqués à l'appui d'une demande de retrait de l'autorité parentale, qu'il s'agisse d'une condamnation visée par l'article 378 du Code civil mais que le juge pénal n'aurait pas assortie du retrait de l'autorité parentale[3], ou d'une condamnation subie pour une infraction qui n'entre pas dans le cadre de l'article 378, telle que des crimes ou des délits ne portant pas **sur la personne de l'enfant** ou de simples contraventions. Plus généralement l'article 378-1 prévoit les « *comportements délictueux* » parmi les causes possibles de retrait de l'autorité parentale. Toutefois ce qui compte n'est pas la gravité de l'infraction, mais le mauvais exemple donné à l'enfant ou plus largement les **conséquences morales** que risque d'avoir cette infraction sur l'enfant : au juge d'apprécier.

Ainsi : « *Caractérise suffisamment les conditions d'application de l'article 378-1 du Code civil, une cour d'appel qui, après avoir constaté la réalité des mauvais traitements sur la personne de l'enfant, l'intention manifestée par le père de tuer son épouse et sa fille, ainsi que le choc psychologique important causé à l'enfant par la commission d'assassinats survenus en sa présence, énonce qu'il est nécessaire, pour que son équilibre et sa sécurité ne soient pas mis en danger, de déchoir le père de l'autorité parentale.* »[4]

Il en va de même pour un enfant dont le frère a été victime d'acte de pédophilie de la part de son père[5]. Également, la fuite du père à la suite du crime qu'il a commis sur la mère et la difficulté d'imposer aux enfants des relations avec le meurtrier de leur mère justifie le retrait de l'autorité parentale[6].

232.423 **Défaut de soins.** Le défaut de soins ou le manque de direction doivent également être entendus au sens le plus large : il s'agit non seulement de l'abandon, mais aussi du désintérêt, de l'incapacité à s'occuper des enfants, à assurer leur éducation, à lutter contre leurs mauvais penchants (dans le cas, par ex., de jeunes délinquants) ou à les protéger contre l'autre parent. Cette sanction civile trouve sa correspondance dans les infractions de privation de soins (C. pén., art. 227-15) et d'abandon moral d'enfant (C. pén., art. 227-17)[7].

Sur le défaut de soins et la soustraction d'un parent à ses obligations légales, v. s^s^ n°s 521.170 à 521.214.

232.424 **Danger.** Le seul risque d'une éventuelle mise en danger de l'enfant ne permet pas de prononcer le retrait de l'autorité parentale; le comporte-

1. CA Nîmes, 12 févr. 2009, RG n° 08/00173.
2. CA Nîmes, 18 déc. 2008, RG n° 08/00108.
3. Civ. 1re, 16 févr. 1988, n° 86-14.183, *Bull. civ.* I, n° 43; *D.* 1988, 373, note Massip; *Defrénois* 1988, art. 34255, n° 49, obs. Massip.
4. Civ. 1re, 15 mai 1990, n° 87-05.071, n° 87-05.072, *Bull. civ.* I, n° 107.
5. CA Nîmes, 4 juill. 2006, *Juris-Data* n° 313856.
6. Civ. 1re, 29 mai 2001, n° 99-05.015, NPT; *RJPF* 2001-12/31.
7. A. Gouttenoire, RÉP. PÉN. PR. PÉN., *V° Abandon d'enfant et de personne hors d'état de se protéger.*

ment du titulaire de l'autorité parentale, même s'il est pénalement répréhensible[1], ne suffit pas à justifier le retrait. Le comportement même condamnable du parent n'est pas en soi une cause de retrait de l'autorité parentale, dès lors qu'il ne constitue pas un danger pour l'enfant et qu'il est de l'intérêt de ce dernier de conserver des liens avec son parent (pour un père qui a assassiné la mère devant les enfants[2]).

La Cour de cassation a, dans un arrêt du 16 avril 2008[3], approuvé une cour d'appel d'avoir « *exactement énoncé que le seul risque d'une mise en danger ne suffisait pas à justifier un retrait de l'autorité parentale; la cour d'appel ayant relevé que M. Y..., dont le droit de visite et d'hébergement était suspendu, avait disparu de la vie de sa fille qu'il n'avait pas rencontrée depuis des années, a pu souverainement estimé, en se plaçant au moment où elle statuait, qu'il ne présentait pas de danger pour sa santé, sa sécurité et sa moralité* ».

Dans d'autres cas : l'atteinte sexuelle commise par le père sur sa nièce ne justifie pas un retrait total de l'autorité parentale sur ses enfants[4]; la carence du père absent ne caractérise pas suffisamment le danger couru par l'enfant[5]; le fait pour un père naturel de ne pas rendre visite à son fils pendant quatre ans et demi n'est pas nécessairement une cause de retrait de l'autorité parentale d'autant que cette abstention s'explique par l'hostilité de la mère naturelle[6]. De même, a légalement justifié son refus de retirer l'autorité parentale à la mère, la cour d'appel qui constate que même si celle-ci s'est désintéressée de son enfant, il n'est pas démontré que la sécurité, la santé ou la moralité de celui-ci était en danger dès lors qu'il était confié au couple ayant procédé à la procréation médicalement assistée[7]. L'état de danger doit exister au moment du retrait[8]. À l'inverse, le prosélytisme religieux du père destiné à acquérir l'adhésion des enfants à des pratiques dont ils ont été victimes peut être une cause de retrait de l'autorité parentale[9].

2°
Désintérêt des parents dont l'enfant fait l'objet d'une mesure d'assistance éducative

232.431 Désintérêt de deux ans. Si, pendant plus de deux ans, les père et mère d'un enfant à l'égard de qui une mesure d'assistance éducative a été prise s'abstiennent volontairement d'exercer les droits parentaux compatibles avec la mesure d'assistance éducative (v. s^{s} n°s 235.274) et de remplir leurs devoirs, le retrait de l'autorité parentale peut être prononcé. Dans l'esprit du législateur, il s'agissait d'inciter ainsi les père et mère à remplir leurs devoirs. En pratique, la règle présente surtout l'avantage de substituer à l'assistance éducative un régime plus stable : en enlevant leur autorité à des parents qui, pendant deux ans, ont manifesté leur désintérêt pour l'enfant, on permet **l'instauration d'une tutelle ou la remise de l'enfant à l'ASE, prélude à l'adoption**. Il se peut, cependant, que la preuve de l'abstention volontaire soit difficile à apporter, dans le cas notamment de parents qui ne disposent que de peu de ressources, dont la situation matérielle est mal assurée, ou dont les facultés mentales sont altérées; de plus les relations avec l'enfant peuvent être difficiles en raison de l'éloignement, ou de l'attitude du tiers auquel l'enfant a été confié. Il appartient au juge d'apprécier.

On a critiqué la longueur du délai de deux ans (comp. avec le délai d'un an prévu avant la loi du 4 mars 2002 pour la délégation à l'art. 377, al. 3, ou pour la déclaration judiciaire d'abandon de l'art. 350). On remarquera seulement que si la protection de l'enfant rend le retrait de l'autorité parentale nécessaire avant que le délai de deux ans ne se soit écoulé, cette mesure peut être prononcée sur le fondement des articles 378 et 378-1 alinéa 1er, du Code civil. On pourrait considérer que l'article 378-1 alinéa 2 fait double emploi avec l'article 350. En fait, le but poursuivi dans l'un et l'autre cas n'est pas forcément le même : l'article 350 constitue une première étape vers l'adoption, alors que l'article 378-1 alinéa 2 peut aussi préluder à la prise en charge de l'enfant par un membre de la famille ou par toute personne qui lui porte intérêt, après organisation d'une tutelle.

Lorsque les deux conditions de durée et de volonté visées à l'article 378-1 alinéa 2 du Code civil sont remplies, le retrait peut être prononcé sans qu'il soit nécessaire de rechercher si le comportement des parents met manifestement l'enfant en danger[10].

§ 2
Effets du retrait de l'autorité parentale

232.440 Perte des attributs de l'autorité parentale pour le parent déchu. Le retrait de l'autorité parentale entraîne la perte, par le parent déchu, des attributs de l'autorité parentale ou de certains d'entre eux. Dès lors, il convient d'organiser la pro-

1. Civ. 1re, 6 juill. 1999, n° 97-16.654, NPT; *Dr. fam.* 2000, comm. 4, obs. Murat – Civ. 1re, 6 mars 2001, n° 99-14.948, NP; *RJPF* 2001/6-23, obs. Blanc.
2. CA Grenoble, 24 janv. 1994, *Juris-Data* n° 041527.
3. Civ. 1re, 16 avr. 2008, n° 06-21.405, NP.
4. CA Lyon, 22 mai 2001, *JCP* 2002, II, 10177, obs. Garé.
5. Civ. 1re, 17 déc. 1991, n° 91-05.030, NPT – Civ. 1re, 22 nov. 1989, n° 88-15.039, NPT.
6. Civ. 1re, 14 févr. 1995, n° 92-15.579, NPT.
7. Civ. 1re, 23 avr. 2003, n° 01-05.143, NPT; *Dr. fam.* 2003, comm. 143, obs. Murat; *RJPF* 2003, n° 7/8, p. 23, obs. Blanc; *JCP* 2004, II, 10058, comm. Bourrat-Gueguen.
8. Civ. 1re, 15 mai 1990, n° 87-05.071, n° 87-05.072, 2 esp., *Bull. civ.* I, n° 107.
9. CA Paris, 19 sept. 1997, *Juris-Data* n° 020892.

10. Civ. 1re, 4 juin 1991, n° 90-05.063, NP; *Juridisque Lamy.*

tection de l'enfant, à moins que l'autre parent ne soit en état d'exercer seul son autorité.

A.
Portée du retrait

232.441 Retrait total de l'autorité parentale. Comme le précise l'article 379 alinéa 1er du Code civil, le retrait total de l'autorité parentale « *porte de plein droit sur tous les attributs, tant patrimoniaux que personnels, se rattachant à l'autorité parentale* ». Il entraîne donc perte des droits et devoirs de protection et d'éducation, du droit de consentir au mariage ou à l'émancipation, de l'administration légale et de la jouissance légale, des différentes charges de la tutelle. (Contrairement à la délégation, il porte également sur le droit de consentir à l'adoption. L'enfant pour lequel le retrait de l'autorité parentale a été prononcé peut donc faire l'objet d'une adoption plénière.

Échappent, en revanche, au retrait de l'autorité parentale les droits et devoirs qui ne sont pas liés à l'autorité parentale, mais à la filiation (qui, elle, n'est pas atteinte par la mesure) : subsistent notamment les droits de succession (sauf les cas d'indignité prévus à C. civ., art. 727) et l'obligation alimentaire. Par exception, l'article 379 alinéa 2 du Code civil précise que le retrait de l'autorité parentale « *emporte pour l'enfant dispense de l'obligation alimentaire, par dérogation aux articles 205 à 207, sauf disposition contraire dans le jugement de retrait* ».

La survivance du lien de parenté semble justifier la reconnaissance, au profit du parent déchu, d'un **droit de visite et de correspondance**. Du moins, le retrait de l'autorité parentale ne fait-il pas, à lui seul, obstacle à l'aménagement d'un tel droit. Il appartient au tribunal d'en préciser l'étendue et les modalités, dans le jugement prononçant le retrait de l'autorité parentale ou dans une décision postérieure.

Absolu, le retrait de l'autorité parentale l'est aussi quant aux enfants concernés par la mesure. Selon l'article 379 alinéa 1er *in fine*, « *à défaut d'autre détermination, il s'étend à tous les enfants mineurs déjà nés au moment du jugement* ». Toutefois, le tribunal peut décider de limiter les effets du retrait de l'autorité parentale à tel ou tel enfant déjà né (C. civ., art. 379-1). Au juge d'apprécier si certains enfants, en raison notamment de leur âge ou de l'attitude des parents à leur égard, peuvent leur être laissés, quitte à ce que, pour plus de précautions, le ministère public, présent à l'instance, saisisse le juge des enfants pour que soient prises des mesures d'assistance éducative.

Le parent à qui l'autorité parentale a été retirée n'est plus responsable du fait de son enfant mineur sur le fondement de l'article 1384 alinéa 4 du Code civil[1].

232.442 Retrait partiel des droits d'autorité parentale. Selon l'article 379-1 du Code civil, « *le jugement peut, au lieu du retrait total de l'autorité parentale, se borner à prononcer un retrait partiel de droits, limité aux attributs qu'il spécifie* ». Le jugement peut ainsi limiter la mesure à la prise en charge quotidienne de l'enfant, tout en laissant aux parents un minimum de droits. **La protection est en effet beaucoup plus complète que celle qu'offre l'assistance éducative** et peut être mise en place dans les cas où la délégation n'est pas possible (lorsque, par ex., les parents s'intéressent, mais trop mal, à leurs enfants). Les parents conservent cependant les prérogatives « exceptionnelles » de l'autorité parentale, telles que le droit de consentir au mariage, à l'adoption et à l'émancipation. Or ces trois prérogatives sont essentielles en ce qu'elles mettent fin à l'autorité : en particulier, il est important que les parents conservent le droit de consentir à l'adoption car le retrait de l'autorité parentale est souvent le prélude à la rupture du lien de filiation. De plus, le père ou la mère qui n'a été frappé que d'un retrait partiel de son autorité conserve plus aisément un droit à des relations personnelles avec l'enfant, dont il revient au tribunal de préciser les modalités. Le retrait partiel des droits de l'autorité parentale n'entraîne pas dispense de l'obligation alimentaire pour les enfants (arg. *a contrario* C. civ., art. 379, al. 2). Comme le retrait total de l'autorité parentale, il peut ne concerner que certains des enfants nés au moment du jugement (C. civ., art. 379-1). Le retrait partiel des droits de l'autorité parentale offre donc l'intérêt d'assurer une protection efficace de l'enfant sans avoir la portée pratique et surtout symbolique du retrait total de l'autorité parentale.

B.
Aménagement de la protection de l'enfant

232.451 Nouveau système de protection de l'enfant. Le prononcé du retrait de l'autorité parentale entraîne l'organisation d'un nouveau système de protection de l'enfant. Les modalités de ce système diffèrent selon qu'il reste ou non un parent en état d'exercer l'autorité parentale.

1. Civ. 2e, 25 janv. 1995, no 92-18.802, *Bull. civ.* II, no 29; *Dr. et patr.* 1995, no 33, p. 103, obs. Chabas; *RCA* 1995, comm. 120; *RTD civ.* 1995, 614, obs. Hauser; *JCP* 1995, I, 3853, no 15, obs. Viney; *D.* 1995, somm. 232, obs. Delebecque.

232.452 Ni père ni mère en état d'exercer l'autorité parentale. Il se peut que les deux parents se soient vu retirer l'autorité parentale ou que l'autre parent ait perdu l'exercice de l'autorité parentale sur le fondement de l'article 373 du Code civil. Dans ce cas l'article 380 donne au juge le choix entre deux types de protection : « *En prononçant le retrait total de l'autorité parentale ou du droit de garde, la juridiction saisie devra, si l'autre parent est décédé ou s'il a perdu l'exercice de l'autorité parentale, soit désigner un tiers auquel l'enfant sera provisoirement confié, à charge pour lui de requérir l'organisation de la tutelle, soit confier l'enfant au service départemental de l'Aide sociale à l'enfance* ». On remarquera que si le tribunal apprécie souverainement l'opportunité de retenir un système plutôt que l'autre, la loi lui fait une obligation de statuer.

232.453 Un des parents en état d'exercer l'autorité parentale. En principe, si l'un des père et mère se voit retirer l'autorité parentale, l'exercice de cette autorité est dévolu à l'autre (C. civ., art. 373-1). Le tribunal peut cependant s'opposer à cet effet automatique du retrait de l'autorité parentale et adopter l'une des mesures envisagées dans l'hypothèse précédente (C. civ., art. 380, al. 2).

S'il ne s'agit que d'un **retrait partiel**, les droits qui n'ont pas été retirés au défendeur restent partagés entre les parents. Dans les deux hypothèses, il n'est pas besoin de mesure de protection particulière, sauf au ministère public, présent à l'instance, à saisir le juge des enfants pour que soient prises des mesures d'assistance éducative : une telle intervention serait, par exemple, nécessaire si les parents continuaient à vivre ensemble ou si le parent non déchu semblait dans l'impossibilité de prendre l'enfant chez lui ou de diriger son éducation sans aide extérieure.

Selon l'article 380 alinéa 2 du Code civil, la juridiction qui prononce le **retrait total** ou partiel de l'autorité parentale « *pourra prendre les mêmes mesures lorsque l'autorité parentale est dévolue à l'un des parents par l'effet du retrait de l'autorité parentale prononcée contre l'autre* ». Il ne s'agit là que d'une simple possibilité, tout à fait exceptionnelle : le juge ne peut paralyser le jeu normal des articles 373-4° et 373-1 que si l'intérêt de l'enfant l'exige. Dans l'esprit du législateur, une telle mesure permettrait d'éviter que l'enfant ne coure un danger en restant au foyer (du fait, par ex., de la promiscuité avec le parent déchu); on pense également à un père ou à une mère qui ne se serait jamais occupé de l'enfant ou qui en paraîtrait incapable. Le tribunal apprécie souverainement l'opportunité de déroger aux règles de droit commun; à lui de choisir aussi entre les deux solutions proposées à l'article 380 alinéa 1er.

§ 3
Restitution de l'autorité parentale

232.461 Caractère provisoire du retrait de l'autorité parentale. Comme toutes les mesures relatives à l'autorité parentale, le retrait de l'autorité parentale a un caractère provisoire : « *Les père et mère qui ont fait l'objet d'un retrait de l'autorité parentale ou d'un retrait de droits pour l'une des causes prévues aux articles 378 et 378-1, pourront, par requête, obtenir du tribunal de grande instance, en justifiant de circonstances nouvelles, que leur soient restitués, en tout ou partie, les droits dont ils avaient été privés* » (C. civ., art. 381, al. 1er).

232.462 Circonstances nouvelles. Le **parent demandeur** doit faire la **preuve** que la situation dans laquelle il se trouve actuellement lui permet d'assumer à nouveau ses fonctions : il se peut, par exemple, qu'un enfant soit élevé correctement par ses parents; on en tirera argument pour affirmer que les autres enfants peuvent être de nouveau confiés à ces derniers. Il appartient au juge d'apprécier : les graves circonstances qui ont entraîné le retrait de l'autorité parentale devraient le rendre particulièrement exigeant.

232.463 Écoulement d'un délai d'un an. La demande en restitution ne peut être formée qu'un an au plus tôt après que le jugement de retrait total ou partie de l'autorité parentale soit devenu irrévocable (C. civ., art. 381, al. 2). En retenant des délais aussi brefs, le législateur de 1970 a voulu « humaniser » une mesure que les juges hésitaient jusque-là à prononcer, alors même qu'elle s'imposait, en raison de sa trop grande rigueur.

232.464 Absence de placement en vue de l'adoption. Selon l'article 381 alinéa 2 *in fine*, du Code civil, « *aucune demande ne sera recevable lorsque, avant le dépôt de la requête, l'enfant aura été placé en vue de l'adoption* ». Cette disposition est à rapprocher de l'article 352, d'après lequel « *le placement en vue de l'adoption met obstacle à toute restitution de l'enfant à sa famille d'origine* ». La perte de l'autorité risque donc d'entraîner une rupture définitive des liens de filiation reliant l'enfant à la famille par le sang ou à une partie de celle-ci.

232.465 Effets de la restitution. La restitution concerne tout ou partie des droits dont les père et mère avaient été privés, comme elle peut ne concerner que certains enfants seulement. Une **restitution partielle** pourrait, par exemple, rendre aux parents les prérogatives extraordinaires de l'autorité parentale (not. le droit de consentir à l'adoption, ce qui écarterait loin d'eux le spectre de la rupture des liens de filiation) et aménager à leur profit un droit de visite, et de surveillance, première étape vers une restitution complète. Quant à la **restitution totale** des droits, elle ne signifie pas que le père ou la mère déchu retrouve l'exercice de l'autorité parentale.

Si un seul des parents a été déchu, celui-ci recouvre seulement, outre les **prérogatives extraordinaires** de l'autorité parentale, les droits de visite, d'hébergement et de surveillance et la vocation à exercer cette autorité. Le juge pourrait cependant ordonner un exercice conjoint de l'autorité parentale.

Si les deux parents ont été déchus, ou que l'autre parent se trouve hors d'état d'exercer l'autorité parentale, le père ou la mère qui recouvre la totalité de ses droits exerce seul son autorité. En toute hypothèse, le législateur a entendu prévenir les difficultés que risquait d'entraîner la restitution des droits : l'article 381 alinéa 3, du Code civil précise que « *si la restitution est accordée, le ministère public requerra, le cas échéant, des mesures d'assistance éducative* ».

CHAPITRE

233. Audition du mineur

ADELINE GOUTTENOIRE
PROFESSEUR À L'UNIVERSITÉ MONTESQUIEU
(BORDEAUX IV)

SECTION 0
ORIENTEUR

233.00 Plan du chapitre.

233.01 Textes applicables.

TEXTES SOURCES

• **Code civil**

> Audition du mineur par le juge aux affaires familiales en matière d'autorité parentale

C. civ., art. 373-2-11

> Audition du mineur par le juge en matière d'émancipation

C. civ., art. 388-1 et 413-2

• **Code de procédure civile**

> Audition du mineur en justice

C. pr. civ., art. 338-1 à 338-12

> Audition du mineur lors de l'ouverture de la procédure d'assistance éducative

C. pr. civ., art. 1182

• Traités internationaux

> Droits de l'enfant

Convention internationale des droits de l'enfant (CIDE), ONU, 20 nov. 1989, art. 12

* V. s[s] n° 63.14 le texte complet

Convention européenne sur l'exercice des droits de l'enfant, 25 janv. 1996

* V. s[s] n° 63.16 le texte complet

Charte des droits fondamentaux, 7 déc. 2000, art. 24

SÉLECTION THÉMATIQUE ET ALPHABÉTIQUE DE TEXTES *IN EXTENSO* *(à l'exception du Code civil et du Code de procédure civile)*

> Droits de l'enfant : droit à la protection, liberté d'expression, primauté de l'intérêt supérieur de l'enfant, droit d'entretenir des relations avec les deux parents

Charte des droits fondamentaux, art. 24

1. Les enfants ont droit à la protection et aux soins nécessaires à leur bien-être. Ils peuvent exprimer leur opinion librement. Celle-ci est prise en considération pour les sujets qui les concernent, en fonction de leur âge et de leur maturité.

2. Dans tous les actes relatifs aux enfants, qu'ils soient accomplis par des autorités publiques ou des institutions privées, l'intérêt supérieur de l'enfant doit être une considération primordiale.

3. Tout enfant a le droit d'entretenir régulièrement des relations personnelles et des contacts directs avec ses deux parents, sauf si cela est contraire à son intérêt.

> Droits de l'enfant : intérêt supérieur de l'enfant et mesures procédurales destinées à garantir l'exercice de ses droits

* V. texte complet de la Convention européenne sur l'exercice des droits de l'enfant s[s] n° 63.16

> Droits de l'enfant : liberté d'expression et droit d'être entendu

CIDE, art. 12

1. Les États parties garantissent à l'enfant qui est capable de discernement le droit d'exprimer librement son opinion sur toute question l'intéressant, les opinions de l'enfant étant dûment prises en considération eu égard à son âge et à son degré de maturité.

2. À cette fin, on donnera notamment à l'enfant la possibilité être entendu dans toute procédure judiciaire ou administrative l'intéressant, soit directement, soit par l'intermédiaire d'un représentant ou d'un organisme approprié, de façon compatible avec les règles de procédure de la législation nationale.

233.02 Jurisprudence de référence.

> Applicabilité directe de la convention internationale des droits de l'enfant

• Civ. 1re, 10 mars 1993, n° 91-11.310, *Bull. civ.* I, n° 103

* V. s[s] n° 233.14

« Attendu, sur la première branche, que les dispositions de la convention relative aux droits de l'enfant, signée à New York le 26 janvier 1990, ne peuvent être invoquées devant les tribunaux, cette Convention, qui ne créé des obligations qu'à la charge des États parties, n'étant pas directement applicable en droit interne. »

• Civ. 1re, 18 mai 2005, n° 02-20.613, *Bull. civ.* I, n° 212

* V. s[s] n° 233.14

« Vu les articles 3-1 et 12-2 de la convention de New York du 26 janvier 1990 relative aux droits de l'enfant, ensemble les articles 388-1 du Code civil et 338-1, 338-2 du Nouveau Code de procédure civile; Attendu que dans toutes les décisions qui concernent les enfants, l'intérêt supérieur de l'enfant doit être une considération primordiale; que lorsque le mineur capable de discernement demande à être entendu, il peut présenter sa demande au juge en tout état de la procédure et même, pour la première fois, en cause d'appel; que son audition ne peut être écartée que par une décision spécialement motivée. »

> Audition de droit dans la procédure d'assistance éducative

• Civ. 1re, 25 juin 1991, n° 90-05.006, n° 90-05.015, *Bull. civ.* I, n° 210

* V. s[s] n° 233.61

L'audition de l'enfant est obligatoire dans le cadre de la procédure d'assistance éducative.

• Civ. 1re, 14 févr. 2006, n° 05-13.627, NP

* V. s[s] n°s 233.64 et 233.65

Admettant que l'absence de discernement, motif du refus d'audition, puisse se déduire des circonstances rapportées par le juge et que l'audition est obligatoire dans la procédure mais pas à l'audience.

> Demande d'audition du mineur

• Civ. 1re, 19 sept. 2007, n° 06-18.379, *Bull. civ.* I, n° 286

* V. s[s] n° 233.144

« Attendu que la demande d'audition du mineur doit être présentée au juge par l'intéressé; que la cour d'appel n'était pas tenue de répondre, par une décision spécialement motivée, à une attestation rédigée par un tiers faisant indirectement état du souhait de l'enfant d'être entendu, et, prenant en considération son intérêt, ainsi que les conséquences tant matérielles que psychologiques d'une résidence alternée, a souverainement retenu que le maintien d'une telle mesure exposerait Rose à une tension quasi quotidienne et à des situations douloureuses en raison de l'absence totale de communication entre ses parents; que le moyen n'est pas fondé. »

> Audition de l'avocat de l'enfant

• Civ. 1re, 22 nov. 2005, n° 03-17.912, *Bull. civ.* I, n° 434

* V. s[s] n° 233.242

Au nom de l'intérêt supérieur de l'enfant, le juge doit accepter d'entendre l'avocat de l'enfant plutôt que le mineur lui-même

> Droit d'être accompagné d'un avocat

• Civ. 1re, 17 oct. 2007, n° 07-11.449, *Bull. civ.* I, n° 320

• Civ. 1re, 9 déc. 2009, n° 08-18.145, NP

* V. s[s] n°s 233.102 et 233.232

« Mais attendu qu'il ressort, d'une part des pièces de la procédure, que la convocation adressée au mineur en vue de son audition l'informait, conformément à l'article 338-5 du Code de procédure civile, qu'il pouvait être entendu seul, accompagné d'une personne de son choix ou d'un avocat, et qu'il bénéficiait, de droit, de l'aide juridictionnelle; d'autre part du procès-verbal d'audition du 6 septembre 2006, que Guillaume a accepté d'être entendu sans son avocate, de sorte que la cour d'appel a régulièrement informé l'enfant de son droit à être assisté par un avocat. »

> Effets de l'audition

• **Civ. 2e, 25 mai 1993, n° 91-21.248,** *Bull. civ.* II, n° 185

* V. s^s^ n° 233.291

Le juge ne peut subordonner l'exercice du droit de visite à l'accord de l'enfant.

233.03 Bibliographie indicative.

Actualisables. RÉP. CIV., *V° Mineurs,* A. Gouttenoire.

Ouvrages. P. Bonfils et A. Gouttenoire, *Droit des mineurs*, « Précis », 1re éd., Dalloz, 2008 – D. Chagnollaud, *Code junior*, 5e éd., Dalloz, 2008 – L. Francoz-Terminal, *La capacité de l'enfant dans les droits français, anglais et écossais*, Éd. Stämpli, 2008 – S. Royal, *Les droits de l'enfants,* « À savoir », Dalloz, 2007.

Articles. Dossier spécial, « L'audition de l'enfant », *AJ fam.* 2009, n° 9 – F. Alt-Maes, « Le discernement et la parole du mineur en justice », *JCP* 1996, I, n° 3913 – I. Barrière-Brousse, « L'enfant et les conventions internationales », *JDI* 1996, 844 – Y. Benhamou, « La Convention européenne sur l'exercice des droits des enfants. Regard critique », *RTDH* 1996, 23 – L. Francoz-Terminal, « Le nouveau régime de l'audition en justice de l'enfant concerné par une procédure judiciaire », *Dr. fam.* 2009, étude 30 – A. Gouttenoire, « L'enfant dans les procédures judiciaires : un statut en devenir », *AJ fam.* 2003, 368; « Dessine-moi une procédure ou le statut procédural de l'enfant en Europe », *Le statut juridique de l'enfant dans l'espace européen* (D. Gadbin et F. Kernaleguen, dir.), Bruylant, 2004, p. 319; « Article II-84 », *Traité établissant une constitution pour l'Europe,* partie II, *La Charte des droits fondamentaux de l'Union* (A. Burgorgue-Larsen, A. Levade, F. Picod, dir.), Bruylant, 2005, p. 332; « La parole de l'enfant enlevé », *Les enlèvements d'enfants à travers les frontières* (H. Fulchiron, dir.), Bruylant, 2005, p. 337; « Les modes de participation de l'enfant aux procédures qui le concernent », *Dr. fam.* 2006, étude 29 – P. Klötgen, « La portée juridique donnée à la parole de l'enfant, propos critiques », *Les enlèvements d'enfants à travers les frontières* (H. Fulchiron, dir.), Bruylant, 2005, p. 349 – J.-P. Laborde, « Les instruments internationaux de protection des mineurs », *La condition juridique du mineur : aspects internes et internationaux, questions d'actualité,* (J.-J. Lemouland, dir.), Litec, 2004 – P. Murat, « La participation de l'enfant aux procédures relatives à l'autorité parentale : bref regard critique sur la diversité des situations », *Dr. fam.* 2006, étude 31 – D. Turpin, « L'enfant dans tous ses droits », *LPA* 1990, n° 5, 17.

233.04 Questions essentielles.

> Applicabilité directe de la Convention internationale des droits de l'enfant

* V. s^s^ n° 233.14

> Droit d'être entendu

* V. s^s^ n°s 233.10 s.

> Droit de l'enfant de se taire

* V. s^s^ n° 233.191

> Discernement

* V. s^s^ n° 233.62

> Forme de la demande d'audition

* V. s^s^ n° 233.162

> Audition et principe du contradictoire

* V. s^s^ n°s 233.281 s.

233.07 Droit du mineur de participer à la décision qui le concerne. L'audition du mineur dans les procédures judiciaires le concernant, essentiellement les procédures familiales, se rattache au droit plus général du mineur d'être associé aux décisions qui le concernent[1]. La consécration de ce droit est sans doute l'acquis le plus important et le plus incontestable dans l'évolution contemporaine des droits de l'enfant. Elle repose sur une modification de la conception de l'enfant qui admet davantage son autonomie et sa capacité à exprimer une volonté propre. L'évolution contemporaine des droits de l'enfant, notamment sur le plan international et européen, a mis en lumière l'idée que l'enfant ne peut subir les décisions des adultes le concernant, fussent-ils ses parents ou un juge, sans être au moins consulté[2]. L'article 371-1 du Code civil qui définit l'autorité parentale impose dans son dernier alinéa aux parents d'associer l'enfant aux décisions qui le concernent. Le cadre procédural constitue un cadre particulièrement propice à la mise en œuvre du droit de l'enfant de participer aux décisions qui le concernent.

233.08 Droit du mineur de participer aux procédures qui le concernent. Alors qu'il est privé de capacité ou de qualité pour agir en justice, l'enfant peut être concerné par une procédure judiciaire. Parmi les modes de participation de l'enfant aux procédures qui le concernent, l'audition de l'enfant est sans conteste la plus innovante et la plus importante. L'audition du mineur se distingue de toutes les autres mesures prises dans le cadre du procès car, **sans être partie à la procédure**, le mineur est au premier rang des personnes concernées par la situation à propos de laquelle il est entendu. La consécration de l'audition de l'enfant dans la procédure

1. P. Bonfils et A. Gouttenoire, *Droit des mineurs*, « Précis », 1re éd., Dalloz, 2008, n°s 1057 s.
2. A. Gouttenoire, « Les modes de participation de l'enfant aux procédures qui le concernent », *Dr. fam.* 2006, étude 29.

judiciaire permet ainsi la reconnaissance d'une nouvelle place de l'enfant dans la procédure.

L'audition du mineur dans les procédures judiciaires le concernant correspond à la mise en œuvre du droit de l'enfant d'être entendu en justice définitivement consacré en droit français par la loi du 5 mars 2007[1], sous l'influence conjuguée des sources internationales et européennes (sect. préliminaire). L'existence de ce droit est cependant subordonnée à plusieurs conditions qui constituent les préalables à l'audition (sect. 1), dont le déroulement (sect. 2) et les effets (sect. 3) ont récemment fait l'objet d'une réglementation précise.

233.09 Deux fondements textuels. L'audition de l'enfant en justice, considérée comme une avancée essentielle des droits de l'enfant, repose sur deux sortes de fondements : les conventions internationales et européennes relatives aux droits de l'enfant et les textes de droit interne relatifs à la participation du mineur à la procédure judiciaire.

SECTION PRÉLIMINAIRE

CONSÉCRATION D'UN DROIT DU MINEUR D'ÊTRE ENTENDU DANS LES PROCÉDURES JUDICIAIRES LE CONCERNANT

§ 1

Sources internationales et européennes

233.10 Textes internationaux et européens. L'enfant a été, durant ces vingt dernières années, au cœur des préoccupations des organisations internationales. La Convention internationale des droits de l'enfant du 20 novembre 1989 (A) est sans aucun doute le texte le plus fondateur des droits de l'enfant et particulièrement du droit d'être entendu. Toutefois, un certain nombre de textes européens ont également consacré ce droit (B).

A. Convention internationale des droits de l'enfant

233.11 Liberté d'expression. La liberté d'expression de l'enfant est consacrée par l'article 13 de la Convention internationale des droits de l'enfant qui ne fait que reprendre une liberté reconnue à tout sujet de droit par d'autres textes fondamentaux (not. Conv. EDH, art. 10). L'article 13 la définit comme « *la liberté de rechercher, de recevoir et de répandre des informations et des idées de toute espèce, sans considération de frontières, sous une forme orale, écrite, imprimée ou artistique, ou par tout autre moyen du choix de l'enfant* » et précise qu'elle peut être limitée par le respect des droits ou de la réputation d'autrui ou la sauvegarde de la sécurité nationale, de l'ordre public, de la santé ou de la moralité publiques.

233.12 Droit d'exprimer son opinion. C'est l'article 12 de la Convention internationale sur les droits de l'enfant qui consacre le droit de l'enfant d'exprimer son opinion. Le premier alinéa de ce texte consacre un **droit général de l'enfant** « *d'exprimer librement son opinion sur toute question l'intéressant, les opinions de l'enfant étant dûment prises en considération eu égard à son âge et à son degré de maturité* », tandis que le second alinéa consacre plus particulièrement le **droit de l'enfant d'être entendu dans le contexte judiciaire** en affirmant que « *on donnera notamment à l'enfant la possibilité être entendu dans toute procédure judiciaire ou administrative l'intéressant, soit directement, soit par l'intermédiaire d'un représentant ou d'un organisme approprié, de façon compatible avec les règles de procédure de la législation nationale* ». Il faut préciser que deux autres dispositions de la convention envisagent la prise en compte des **sentiments de l'enfant** dans des procédures déterminées : l'article 9 alinéa 2 prévoit que toutes les personnes intéressées, dont le mineur, doivent avoir la possibilité de participer aux débats relatifs à la séparation du mineur et de ses parents, et l'article 21 exige que le consentement à l'adoption des personnes intéressées soit éclairé.

233.13 Applicabilité directe. La Cour de cassation admet désormais l'applicabilité directe de certaines dispositions de la Convention internationale sur les droits de l'enfant alors qu'elle a longtemps considéré que ce traité ne créait d'obligations qu'à la charge des États parties[2]. La Haute cour a opéré un spectaculaire **revirement de jurisprudence** dans l'arrêt du 18 mai 2005[3], dans lequel elle a admis l'applicabilité directe des articles 3-1 et 12-2 de la Convention internationale des droits de l'enfant. Ce faisant, elle rejoint la position du Conseil d'État qui admet depuis le départ l'applicabilité directe de certaines dispositions de la convention. Le Conseil

1. L. n° 2007-293, 5 mars 2007, réformant la protection de l'enfance, *JO* 6 mars, p. 4215.

2. Civ. 1re, 10 mars 1993, n° 91-11.310, *Bull. civ.* I, n° 103; *D.* 1993, chron. 203, obs. Rondeau-Rivier; *JCP* 1993, I, 3688, obs. Rubellin-Devichi – Civ. 1re, 15 juill. 1993, n° 92-05.015, *Bull. civ.* I, n° 259; *JCP* 1994, II, 22219, obs. Benhamou; *D.* 1994, 191, note Massip.
3. Civ. 1re, 18 mai 2005, n° 02-20.613, *Bull. civ.* I, n° 212; *JCP* 2005, note Granet-Lambrecht et Strickler; *D.* 2005, 1909, note Egéa; *Dr. fam.* 2005, comm. 156, note Gouttenoire.

d'État avait, en effet, à plusieurs reprises[1] adopté une position plus nuancée, en acceptant de **distinguer entre les différentes dispositions de la convention celles qui sont d'applicabilité directe.** La Haute juridiction administrative avait cependant rangé l'article 12-2 de la Convention dans la catégorie des décisions qui ne produisaient pas d'effet direct et ce dans l'arrêt *Paturel* du 3 juillet 1996[2]. La divergence entre la Cour de cassation et le Conseil d'État à propos de l'effet direct de l'article 12-2 de la Convention a cependant été supprimée par l'arrêt du Conseil d'État, *Mme Étarh* du 27 juin 2008[3] qui a reconnu l'applicabilité directe de cette disposition. L'article 12-2 de la Convention peut ainsi être invoqué directement devant le juge interne. Cette possibilité est toutefois d'une utilité relative depuis que le droit interne consacre le droit de l'enfant d'être entendu en justice; elle est cependant, sans aucun doute, à l'origine de cette consécration.

B.
Conventions du Conseil de l'Europe

233.21 La Convention européenne des droits de l'homme. Même si la Convention européenne des droits de l'homme ne contient pas de dispositions spécifiques à l'audition du mineur en justice, la Cour européenne des droits de l'homme, accorde une importance non négligeable à la **volonté de l'enfant**.

Ainsi dans l'arrêt ***Hokkannen c/Finlande*** du 23 septembre 1994[4], la Cour a considéré que « *la fille du requérant était suffisamment mûre pour que l'on tienne compte de son avis et qu'il ne fallait pas autoriser des visites de son père contre le gré de l'enfant* ». De même dans l'affaire Bronda c/Italie du 9 juin 1998[5], la Cour attache une importance particulière au fait que « *la jeune fille de quatorze ans avait manifesté fermement sa volonté de ne pas quitter sa famille d'accueil.* »

Toutefois, la Grande chambre de la Cour a considéré que « *ce serait aller trop loin* » que d'imposer systématiquement aux tribunaux une audition de l'enfant[6]. La Cour européenne a par ailleurs précisé que l'avis de l'enfant ne peut être pris en compte que s'il est exprimé dans un contexte serein excluant les pressions parentales[7]. La Cour a reproché à une juridiction finlandaise, dans une affaire opposant un père à la compagne de la mère décédée des enfants, d'avoir exclusivement pris en compte les souhaits exprimés par ces derniers, sans tenir d'audience ni prendre de mesure d'expertise[8].

233.22 La Convention européenne sur l'exercice des droits de l'enfant du 25 janvier 1996. La Convention européenne sur l'exercice des droits de l'enfant est entrée en vigueur le 1er juillet 2000 du fait de sa ratification par le nombre nécessaire d'États[9]. La loi du 1er août 2007[10], autorisant l'approbation de la Convention européenne sur l'exercice des droits de l'enfant, et le décret du 10 janvier 2008[11], portant publication de la même convention, ont enfin permis à la France de prendre place parmi ces États alors qu'elle avait été un des premiers pays à signer le traité, le 4 juin 1996, soit quelques mois après son adoption par le Comité des ministres du Conseil de l'Europe[12]. Le préambule du traité expose clairement l'objectif de cette Convention en affirmant que les États signataires sont convaincus que les droits et les intérêts supérieurs des enfants doivent être promus et qu'à cet effet, les enfants doivent avoir la possibilité d'exercer ces droits, en particulier dans les procédures familiales les intéressant. Le texte proclame ainsi le **droit de l'enfant d'être informé et de participer aux procédures judiciaires l'intéressant** et notamment le droit, subordonné au discernement, d'exprimer son opinion dans les procédures le concernant (art. 3, a et b). La Convention assure en outre à l'enfant le droit d'être informé des conséquences éventuelles de la mise en pratique de son opinion et des conséquences éventuelles de toute décision (art. 3, c).

1. CE 30 juin 1993, Caméara, *JDJ* nov. 1993, p. 33 – CE 29 juill. 1994, req. n° 143866, *AJDA* 1994, 841, concl. Denis-Linton; *RDSS* 1995, 167, obs. Monéger – CE 10 mars 1995, req. n° 141083, Demirpence, *D.* 1995, 617, note Benhamou; *D.* 1998, 15, concl. Abraham – CE 3 juill. 1996, req. n° 140872, Paturel, *JCP* 1996, I, 2279, obs. Rouault.
2. CE 3 juill. 1996, req. n° 140872, Paturel, préc. s[s] prés[t] n°.
3. CE 27 juin 2008, req. n° 291561, Lebon 2008; Gouttenoire et Bonfils, panorama droits de l'enfant, juin 2008-mai 2009, *D.* 2009, 1918; *AJ fam.* 2008. 342, obs. Chénedé; *AJDA* 2008, 1296; *RTD civ.* 2008, 665, obs. Hauser.
4. CEDH 23 sept. 1994, req. n° 19823/92, Hokkannen c/ Finlande, série A, n° 299-A.
5. CEDH 9 juin 1998, req. n° 22430/93, Bronda c/Italie, *Rec.* 1998-IV, fasc. 77, p. 1489.
6. CEDH 8 juill. 2003, req. n° 30943/96, Sahin c/Allemagne, *RTD civ.* 2003, 760, obs. Marguénaud.
7. CEDH 23 sept. 2003, req. n° 36141/97, Sophia Gudrun Hansen c/Turquie.
8. CEDH 9 mai 2006, req. n° 18249/02, C... c/Finlande.
9. Y. Benhamou, « La Convention européenne sur l'exercice des droits des enfants. Regard critique », *RTDH* 1996,p. 23.
10. L. n° 2007-1155, 1er août 2007, autorisant l'approbation de la Convention européenne sur l'exercice des droits des enfants, *JO* 2 août, p. 12986.
11. Décr. n° 2008-36, 10 janv. 2008, portant publication de la Convention européenne sur l'exercice des droits des enfants, adoptée à Strasbourg le 25 janvier 1996, *JO* 12 janv. 2008, p. 674 s.
12. *D.* 2008, 1854, pan. droits de l'enfant, obs. Gouttenoire et Bonfils.

233.23 **Recommandations.** L'Assemblée parlementaire du Conseil de l'Europe a adopté le 13 mars 2009, une recommandation n° 1864 intitulée « Promouvoir la participation des enfants aux décisions qui les concernent »[1]. Dans cette recommandation, notamment, « *l'Assemblée soutient l'initiative et les conclusions de la Conférence des ministres européens de la Justice tenue à Lanzarote en octobre 2007 en ce qui concerne la participation des enfants aux procédures judiciaires dans lesquelles ils sont impliqués en tant que composante importante d'une justice moderne et équitable, et invite le Comité des ministres, via ses organes compétents, à préparer des lignes directrices européennes pour une justice adaptée aux enfants.* »

C.
Droit communautaire

233.31 **Charte des droits fondamentaux.** Largement inspiré de la Convention internationale des droits de l'enfant, même si celle-ci n'est pas expressément visée, l'article 24 de la Charte des droits fondamentaux consacre un corpus de droits spécifiques aux enfants[2]. Les trois paragraphes de l'article 24 consacrent les principaux droits de l'enfant : le **droit à la protection**, le **droit de s'exprimer librement** et le **droit d'entretenir des relations personnelles avec ses deux parents**. Ils érigent par ailleurs l'intérêt supérieur de l'enfant en critère de toutes les décisions et actes concernant celui-ci.

La Charte des droits fondamentaux consacre, de manière générale, la possibilité pour les enfants d'exprimer librement leur opinion. L'article 24 de la Charte, en affirmant que « *l'opinion des enfants est prise en considération pour les sujets qui les concernent en fonction de leur âge et de leur maturité* », consacre sans doute plus une **liberté de l'enfant** qu'un droit subjectif dans la mesure où il n'impose pas aux États d'organiser l'audition de l'enfant, et qu'il ne consacre qu'une possibilité et non un droit. Le texte ne fait aucune application de cette possibilité accordée à l'enfant de s'exprimer dans des circonstances particulières, notamment dans les procédures judiciaires, à l'instar de l'article 12-2 de la Convention internationale des droits de l'enfant. En ne prévoyant qu'une liberté pour l'enfant de s'exprimer, la Charte des droits fondamentaux se situe en retrait par rapport aux autres textes, internationaux et internes, qui consacrent indubitablement un véritable droit de l'enfant de participer à l'élaboration des décisions qui le concernent.

233.32 **Bruxelles II *bis*.** Le règlement communautaire du 27 novembre 2003, n° 2201/2003, relatif à la compétence, la reconnaissance et l'exécution des décisions en matière matrimoniale[3], offre à la participation de l'enfant une place remarquable puisque pas moins de quatre articles se réfèrent à la possibilité pour l'enfant d'être entendu :

– l'article 11 concernant la mise en œuvre de la Convention de La Haye du 25 octobre 1980 sur les aspects civils de l'enlèvement international d'enfants et particulièrement le retour de l'enfant enlevé par un des parents;

– l'article 23 relatif aux motifs de non-reconnaissance des décisions en matière de responsabilité parentale;

– les articles 41 et 42 relatifs à la force exécutoire des décisions concernant respectivement le droit de visite et le retour de l'enfant après un enlèvement international.

Le préambule du règlement affirme, en outre, que « *l'audition de l'enfant joue un rôle important dans l'application du présent règlement, sans que cet instrument ait pour objet de modifier les procédures nationales en la matière* ».

« *La possibilité de l'enfant d'être entendu* » fait au moins peser sur les États de l'Union européenne l'obligation positive d'organiser l'audition de l'enfant dans les procédures relatives à la responsabilité parentale et de permettre, notamment par le biais de l'information de celui-ci sur ses droits, l'accès de l'enfant au processus d'audition. Le Guide pratique pour l'application du nouveau règlement dispose à propos de l'article 41 que, « *bien que cela ne soit pas réglé par le règlement, il est préférable que les juges intègrent dans leurs décisions les raisons pour lesquelles un enfant n'a pas eu la possibilité d'être entendu* ».

Les différents articles ne soumettent pas l'audition de l'enfant aux mêmes conditions. Les articles 11, 41 et 42 prévoient que l'audition peut être écartée si **l'âge ou le degré de maturité de l'enfant** la rende inappropriée, ce qui revient à formuler, de manière négative, la condition du **discernement**. Le juge peut donc, en vertu de ces dispositions, refuser d'entendre un enfant qu'il estime inapte à s'exprimer sur la question du droit de visite ou de son

1. Cons. Europe, Ass. parlementaire, recomm. n° 1864, « Promouvoir la participation des enfants aux décisions qui les concernent » (texte adopté par la Commission permanente, agissant au nom de l'Assemblée, le 13 mars 2009) – V. doc. 11615, rapport de la commission des questions sociales, de la santé et de la famille, 2 juin 2008, rapporteur : Mme Cliveti – V. ces documents sur : http://assembly.coe.int
2. A. Gouttenoire, « Article II-84 », *Traité établissant une constitution pour l'Europe,* partie II, *La Charte des droits fondamentaux de l'Union,* A. Burgorgue-Larsen, A. Levade et F. Picod (dir.), Bruylant, 2005, p. 332.
3. Règl. CE n° 2210/2003, 27 nov. 2003, relatif à la compétence, la reconnaissance et l'exécution des décisions en matière matrimoniale et en matière de responsabilité parentale, *JOUE* 23 déc. 2003, n° L 338, p. 1.

retour. Les **critères** posés par le texte étant relatifs **à la personne de l'enfant, et non pas au contexte de l'audition**, le juge ne saurait s'en prévaloir pour écarter celle-ci au nom de l'intérêt de l'enfant. Il serait par ailleurs opportun que, nonobstant l'absence de référence à l'âge et au degré de maturité de l'enfant dans l'article 23 du règlement relatif aux motifs de non-reconnaissance des décisions en matière de responsabilité parentale, ces critères soient appliqués dans le cadre de sa mise en œuvre. L'article 23 prévoit que l'audition de l'enfant peut être écartée en cas d'**urgence**.

L'existence ou l'absence d'audition peut avoir des conséquences différentes selon le texte auquel on se réfère. Trois des quatre articles envisagent en effet l'audition de manière négative en érigeant **l'absence d'audition** en obstacle à la reconnaissance de la décision. L'article 23 b mentionne l'absence d'audition dans la liste des motifs de non-reconnaissance des décisions en matière de responsabilité parentale, et les articles 41 et 42, chacun dans son domaine, respectivement le droit de visite et le retour de l'enfant, font de l'absence d'audition, alors que les conditions de celle-ci étaient réunies, un obstacle à la délivrance du certificat par le juge d'origine donnant force exécutoire à la décision dans un autre État membre. Il faut souligner que, dans tous les cas, la formulation du texte, qui utilise l'indicatif présent, est impérative : il ne s'agit pas pour le juge d'origine, ou, dans le cadre de l'article 23, pour le juge de l'État requis, d'une possibilité de refuser de reconnaître la force exécutoire de la décision lorsque l'enfant n'a pas eu la possibilité d'être entendu, mais bien d'une obligation, ou plutôt d'une prohibition. Le magistrat se voit donc contraint de vérifier systématiquement que cette possibilité a été ouverte à l'enfant.

Il n'est cependant pas nécessaire que l'enfant soit entendu au cours d'une audience devant une juridiction, l'enfant pouvant être entendu notamment par un travailleur social qui présente un rapport à la juridiction, dans lequel sont mentionnés les souhaits ou les sentiments de l'enfant. Le règlement précise en effet dans son préambule qu'il n'a pas pour objet de modifier les procédures nationales applicables en matière d'audition. L'essentiel étant que l'enfant ait pu, s'il le souhaite, s'exprimer, les modalités de l'audition de l'enfant important finalement peu. L'audition ne revêtira sans doute pas la même forme ni la même portée selon l'objet de la procédure dans laquelle elle s'inscrit.

§ 2
Sources internes

233.40 Historique. La loi de 1975 sur le divorce[1] avait reconnu au juge la faculté de procéder à l'audition du mineur dans la mesure où elle était nécessaire et ne comportait pas d'inconvénients pour ce dernier. La loi du 22 juillet 1987[2] a ensuite posé le principe de l'obligation du juge d'entendre tout mineur de plus de treize ans dans le cadre de la procédure de divorce de ses parents. S'il n'entendait pas le mineur de plus de treize ans, le magistrat devait motiver sa décision. En outre, l'audition des enfants de moins de treize ans était possible, à condition qu'elle ne comporte pas d'inconvénients pour eux (C. civ., anc. art. 290-3). Sans doute inspiré par l'échec de la loi de 1987, le législateur de 1993 a opéré un choix vers une procédure souple et dirigée par le magistrat, lequel pouvait refuser d'entendre l'enfant à condition de motiver son refus lorsque c'était l'enfant qui sollicitait l'audition[3]. L'obligation du juge de motiver son refus d'entendre l'enfant qui le demande, et *a fortiori* celle de lui répondre, est érigée en une véritable obligation procédurale, cette réponse devant être contenue dans la décision statuant sur le fond, même si aucun recours n'est recevable contre le refus d'audition). La loi n° 2007-308 du 5 mars 2007, sur la protection de l'enfance, a modifié l'article 388-1 du Code civil pour le rendre conforme aux exigences internationales et communautaires relatives à l'audition de l'enfant en justice.

A.
L'article 388-1 du Code civil

233.41 Droit de l'enfant d'être entendu dans les procédures le concernant. Selon l'article 388-1 du Code civil : « *Dans toute procédure le concernant, le mineur capable de discernement peut, sans préjudice des dispositions prévoyant son intervention ou son consentement, être entendu par le juge ou, lorsque son intérêt le commande, par la personne désignée par le juge à cet effet. Cette audition est de droit lorsque le mineur en fait la demande. Lorsque le mineur refuse d'être entendu, le juge apprécie le bien-fondé de ce refus.* [...] » Ce texte consacre sans discussion possible un véritable droit de l'enfant d'être entendu dans toutes les procédures le concernant lorsqu'il souhaite cette audition. Alors que le juge pouvait, avant la loi du 5 mars 2007, refuser d'entendre un enfant qui souhaitait l'être à condition de motiver spécialement son refus, il est désormais tenu de l'entendre,

1. L. n° 75-617, 11 juill. 1975, portant réforme du divorce, *JO* 12 juill., p. 7171; *D.* 1975, 247.
2. L. n° 87-570, 22 juill. 1987, sur l'exercice de l'autorité parentale, *JO* 24 juill., p. 8253; *D.* 1987, 319.
3. Civ. 1re, 18 mai 2005, n° 02-20.613, *Bull. civ.* I, n° 212 (préc. ss n° 233.14) : l'enfant, indiscutablement concerné par la procédure relative à sa résidence, avait en l'espèce demandé son audition à la cour d'appel qui n'avait pas statué sur sa demande.

si le mineur satisfait les conditions énumérées par le texte (v. s[s] n°s 233.110 s.). La modification de l'article 388-1 du Code civil permet de le rendre conforme aux exigences internationales et communautaires relatives à l'audition de l'enfant en justice. La reconnaissance de l'applicabilité directe de la Convention internationale des droits de l'enfant en 2005 risquait en effet de provoquer l'éviction de l'article 388-1 du Code civil au profit de l'article 12 du traité, plus favorable au mineur qui souhaitait être entendu dans la procédure.

233.42 Régime de l'audition. Le décret n° 2009-572 du 20 mai 2009 relatif l'audition de l'enfant[1] vient opportunément préciser le régime du recueil de la parole de l'enfant en justice tel que prévu à l'article 388-1 du Code civil. Selon la circulaire de la Chancellerie du 3 juillet 2009[2], « *si l'audition du mineur constitue une mesure d'information permettant à la juridiction saisie de recueillir des éléments de nature à éclairer sa décision, elle correspond également à l'expression d'un droit substantiel du mineur, qui justifie qu'elle soit régie par des règles procédurales propres, distinctes du droit commun des mesures d'instruction.* » Le régime de l'audition du mineur dans les procédures le concernant est désormais contenu aux articles 338-1 à 338-12 du Code de procédure civile, du moins lorsque l'audition est ordonnée en vertu de l'article 388-1 du Code civil.

233.43 Textes spécifiques. L'article 388-1 du Code civil consacre un droit général de l'enfant d'être entendu dans toute procédure le concernant et semble rendre inutiles tous les autres textes spécifiques permettant l'audition du mineur dans telle ou telle procédure. Ces derniers conservent toutefois une certaine utilité en ce qu'ils rappellent au juge chargé de la procédure qu'il doit tenir compte de la parole de l'enfant, et dans certains cas provoquer l'audition du mineur même lorsque celui-ci n'en fait pas la demande.

B. Textes particuliers relatifs à l'audition de l'enfant

1° Audition de l'enfant dans les procédures relatives à l'autorité parentale

233.51 Audition de l'enfant dans les procédures relatives à l'autorité parentale. L'article 373-2-11 du Code civil indique au **juge aux affaires familiales les** éléments qui doivent être pris en compte dans la décision relative à l'autorité parentale sur les enfants mineurs. Le deuxième alinéa de cet article, enjoint au juge de tenir compte des **sentiments exprimés par le mineur** dans les conditions prévues à l'article 388-1. Cette disposition ne réaffirme pas seulement le principe du droit du mineur à être entendu dans la procédure relative à l'autorité parentale, elle incite également le juge à aller au-devant de l'enfant pour connaître ses sentiments. Le principe de l'audition de l'enfant est donc doublement renforcé puisqu'il permet **l'initiative de l'enfant**, par la référence à l'article 388-1 et favorise **l'initiative du magistrat.** Toutefois, cette disposition n'oblige pas le magistrat à entendre lui-même le mineur lorsque celui-ci ne le demande pas. La Cour de cassation, dans un arrêt du 14 janvier 1998[3], a considéré qu'« *il est satisfait aux exigences de l'article 290-3°* [anc.], *lorsque le juge, qui, en l'absence de demande du mineur à cette fin, n'a pas à écarter son audition par une décision spécialement motivée, constate que l'enfant a été entendu au cours de l'enquête sociale* ». Cette décision confirme l'idée que, dans le cadre des procédures relatives à l'autorité parentale, le juge n'est tenu de tenir compte des sentiments du mineur que dans la mesure où ils sont exprimés et qu'il peut s'informer de l'opinion de l'enfant par des moyens indirects tels que l'enquête sociale.

2° Audition de l'enfant dans le cadre de l'assistance éducative

233.61 Audition de droit. À plusieurs reprises, la Cour de cassation a rappelé que l'audition du mineur dans la procédure d'assistance éducative est de droit, et l'a qualifiée de **mesure d'ordre public**[4]. Avant l'entrée en vigueur du décret du 15 mars 2002[5], le juge disposait du pouvoir d'écarter l'audition lorsqu'elle serait trop difficile à supporter pour le mineur[6], si son âge[7] ou son état (le juge pouvait notamment déroger à la règle de l'audition obligatoire si elle entraînait un traumatisme pour

1. Décr. n° 2009-572, 20 mai 2009, relatif à l'audition de l'enfant en justice, *JO* 24 mai, p. 8649.
2. Circ. CIV/10/09, 3 juill. 2009, de présentation du décret n° 2009-572 du 20 mai 2009 relatif à l'audition de l'enfant en justice.
3. Civ. 2e, 14 janv. 1998, n° 96-15.327, NPT; *JCP* 1999, I, 101, obs. Favier.
4. Civ. 1re, 30 juin 1981, *Gaz. Pal.* 1982, 1, 391, note Massip – Civ. 1re, 25 juin 1991, 2 esp., n° 90-05.006, n° 90-05.015, *Bull. civ.* I, n° 210; *D.* 1992, 51.
5. Décr. n° 2002-361, 15 mars 2002, modifiant le nouveau Code de procédure civile et relatif à l'assistance éducative, *JO* 17 mars, p. 4860.
6. J. Hauser, « L'audition du mineur dans l'assistance éducative », *RTD civ.* 1991, 728.
7. Civ. 1re, 17 nov. 1981, 2 esp., n° 81-80.006 et n° 81-80.011, *Bull. civ.* I, n° 336 – Civ. 1re, 15 juill. 1993, n° 92-05.015, *Bull. civ.* I, n° 259.

l'enfant[1]) ne permettait pas de l'entendre. Les motifs du refus d'audition ont fait l'objet d'une jurisprudence relativement extensive. Ainsi, l'état du mineur, auquel se référait l'article 1183 du Code de procédure civile, s'entendait aussi bien de difficultés physiques, qu'intellectuelles ou psychologiques. La Cour de cassation avait précisé que « *l'état de l'enfant recouvre non seulement sa santé, ses facultés intellectuelles, mais également sa vulnérabilité, dans la mesure où son état mental et sa santé pourraient se trouver altérés par l'audition* »[2]. Le critère résidait donc dans le risque de traumatisme pour l'enfant, risque qui devait être relevé par le juge pour motiver l'absence d'audition[3].

233.62 Discernement. Le décret du 15 mars 2002 a supprimé la possibilité pour le juge d'écarter l'audition du mineur en raison de son âge ou de son état, mais il a **subordonné l'audition au discernement du mineur.** L'article 1182 du Code de procédure civile affirme désormais que le juge « *entend le mineur capable de discernement* ». On peut penser qu'en réalité, les éléments permettant au juge de considérer que le mineur est ou non doué de discernement recouvreront les critères auparavant utilisés pour apprécier si l'âge ou l'état du mineur permettait de l'entendre. L'obligation d'entendre le mineur dans le cadre de la procédure d'assistance éducative a une portée plus grande que le droit d'être entendu consacré par l'article 388-1 du Code civil puisque ce dernier n'oblige le juge à entendre le mineur que dans la seule hypothèse où ce dernier sollicite son audition. À l'inverse l'article 1182 du Code de procédure civile **impose systématiquement l'audition du mineur, sans que celui-ci n'ait besoin de la solliciter.** Sous l'empire du droit antérieur au décret du 15 mars 2002, la Cour de cassation avait pu décider que l'appréciation de l'état de l'enfant pour son audition par le juge était conforme à la Convention européenne des droits de l'homme et que l'entretien de l'enfant avec un expert en dehors de la présence des parties n'était pas contraire au principe du contradictoire[4].

233.63 Absence d'audition. Il peut également arriver que l'audition n'ait pas lieu du fait de **l'urgence** (C. pr. civ., art. 1184). Le défaut d'audition n'entraîne pas non plus la nullité de la procédure si le mineur a été convoqué et qu'il ne s'est pas présenté devant le juge des enfants[5].

233.64 Mention dans la décision. La cassation est encourue dès lors qu'il n'est pas mentionné au dossier que l'enfant a été entendu par les juges du fond, qui par ailleurs n'ont pas constaté l'existence de circonstances rendant cette audition inopportune[6].

Dans un arrêt du 14 février 2006[7], la Cour de cassation se montre plutôt moins exigeante qu'auparavant en considérant qu'il ne peut être reproché à la cour d'appel de ne pas avoir expressément expliqué pourquoi le mineur n'avait pas été entendu au cours de la procédure dès lors qu'il ressortait des énonciations des juges du fond que l'enfant en cause n'était pas doué du discernement nécessaire à son audition.

233.65 Modalités de l'audition. Lorsque la juridiction de jugement procède à l'audition du mineur, celui-ci est, le plus souvent, entendu hors de la présence des adultes et des avocats[8]. Il peut également être dispensé de comparaître à l'audience (C. pr. civ., art. 1189, al. 1er, *in fine*). En effet, dans l'arrêt du 14 février 2006 précité[9], la Cour de cassation précise que l'audition de l'enfant, sous réserve qu'il soit doué de discernement, est **obligatoire dans la procédure mais pas à l'audience** : il résulte des articles 1188, alinéa 2, 1189 et 1193 du Code de procédure civile que la convocation, la présence et l'audition des mineurs à l'audience ne sont que facultatives; en l'espèce il suffisait que les enfants aient été entendus par le juge des enfants.

La pratique de l'audition du mineur diffère sensiblement selon qu'elle a lieu devant le **juge aux affaires familiales** ou le **juge des enfants.** Il semble que cette différence ne « *repose pas uniquement sur la différence de culture professionnelles mais plutôt sur la question qui se pose aux magistrats de la place à accorder à l'enfant dans les différentes procédures qui le concernent* »[10]. Le mineur occupe en effet une place plus centrale dans le cadre de l'assistance éducative.

3° Obligation d'entendre l'enfant avant d'émanciper le mineur

233.71 L'audition du mineur, condition de l'émancipation. L'article 413-2 alinéa 2 du Code

1. Civ. 1re, 20 févr. 1985, *Gaz. Pal.* 1985, 2, 756, obs. Massip.
2. Civ. 1re, 20 févr. 1985, n° 83-80.055.
3. J. Hauser, « L'audition de l'enfant dans l'assistance éducative », *RTD civ.* 1991, 728.
4. Civ. 1re, 26 juin 2001, n° 00-05.003, *JCP* 2002, I, 101 obs. Fossier.
5. Civ. 1re, 3 oct. 2000, n° 99-05.072, *Bull. civ.* I, n° 230; *JCP* 2000, IV, 2709.
6. Civ. 1re, 8 juin 1999, n° 99-05.001, NPT; *RJPF* 1999, n° 7, p. 23.
7. Civ. 1re, 14 févr. 2006, n° 05-13.627, NP; *Dr. fam.* 2006, comm. 162, obs. Murat.
8. Civ. 1re, 11 févr. 1986, *Defrénois* 1986, 728, obs. Massip.
9. Civ. 1re, 14 févr. 2006, n° 05-13.627, NP; *Dr. fam.* 2006, comm. 162, obs. Murat.
10. M. Crebessa, « L'audition de l'enfant par le juge aux affaires familiales et le juge des enfants », *AJ fam.* 2009, 328.

civil, impose au juge d'entendre le mineur avant de prononcer son émancipation. Plus qu'une faculté pour l'enfant d'être entendu, ce texte édicte une condition de l'émancipation. Le juge ne peut émanciper le mineur sans avoir procédé à son audition. Cet article modifie sensiblement le rôle du juge dans l'audition du mineur en justice puisqu'il l'oblige à prendre l'initiative de l'audition[1]. Cependant cette obligation d'entendre le mineur avant de l'émanciper n'exclut pas une émancipation contre sa volonté puisqu'il ne s'agit pas d'obtenir son consentement. En outre, l'audition du mineur n'est obligatoire que lorsque le juge décide d'émanciper le mineur. À l'inverse, un jugement rejetant la demande d'émancipation n'est pas subordonné à l'audition du mineur. Le mineur peut cependant solliciter son audition en se fondant sur l'article 388-1 du Code civil.

4°
Obligation de recueillir le consentement de l'enfant de plus de treize ans

233.81 **Hypothèses.** Plus encore qu'une audition de droit, qu'il implique cependant, le consentement du mineur garantit sa participation à la procédure. Le droit positif fait un usage restreint de cette mesure qui n'est obligatoire que pour l'élaboration de deux décisions judiciaires : le **changement de nom et de prénom** (C. civ., art. 61-3 et 60, al. 2) et l'**adoption** (C. civ., art. 345, al. 3), et uniquement lorsqu'il s'agit d'enfant de plus de treize ans. Cette exigence de consentement doit se distinguer de la recherche de l'adhésion du mineur à la décision envisagée, présente dans le cadre de l'assistance éducative ou encore en matière médicale où le consentement de l'enfant doit être recherché mais pas exigé. Le consentement de l'enfant s'inscrit dans le cadre de procédures dans lesquelles l'enfant n'a ni qualité ni capacité pour agir. Qu'il s'agisse du nom ou de l'adoption, les procédures dans lesquelles le consentement du mineur est exigé mettent en effet en œuvre des **droits parentaux** et **non des droits subjectifs de l'enfant**. Toutefois, à la différence de l'audition dont l'objectif est de connaître l'avis de l'enfant sur la réalité factuelle de sa situation, le consentement implique une prise de position à propos d'une décision relative à sa situation juridique, l'adoption comme le changement de nom modifiant son état civil.

233.82 **Présomption de discernement.** L'exigence du consentement du mineur âgé de treize ans repose sur une présomption de discernement quasi irréfragable. La loi du 8 janvier 1993 a harmonisé ce critère puisque, avant cette date, il était de quinze ans pour l'adoption simple (C. civ., anc. art. 340). Le maintien de ce seuil d'âge qui exclut en fait la plupart des enfants concernés par l'adoption a fait l'objet de nombreuses critiques[2]. Il permet en effet, l'adoption contre leur gré de mineurs n'ayant pas atteint l'âge requis.

233.83 **Sanction.** En matière d'adoption, l'absence ou le vice du consentement du mineur entraîne la **nullité** de la décision[3]. La jurisprudence a ainsi dû pallier l'impossibilité pour un mineur de plus de treize ans de donner son consentement faute de discernement par la nomination d'un administrateur *ad hoc* pour apprécier l'intérêt du mineur et donner son consentement à sa place[4]. Cette solution ne correspond pas véritablement à l'objectif visé par l'exigence du consentement du mineur, c'est-à-dire assurer à ce dernier une participation personnelle à la prise de décision, puisque l'administrateur *ad hoc* ne peut se substituer à une volonté qui est par hypothèse inexistante.

5°
Audition du mineur sous tutelle

233.91 **Audition du mineur sous tutelle.** Même s'il ne s'agit pas d'une procédure judiciaire, il n'est pas sans intérêt de préciser que le décret n° 2008-1276 du 5 décembre 2008, relatif à la protection juridique des mineurs et des majeurs et modifiant le Code de procédure civile[5], reprend les dispositions de la loi n° 98-381 du 14 mai 1998, relative à la participation du mineur aux réunions du conseil de famille dans la tutelle[6], qui avaient été supprimées par la loi n° 2007-308 du 5 mars 2007, portant réforme de la protection juridique des majeurs.

L'article 1234 du Code de procédure civile permet désormais au **mineur âgé de seize ans** révolus de **solliciter la réunion du conseil de famille auprès du juge des tutelles** qui ne pourra pas s'y opposer. Lorsque le mineur, doté de discernement, est âgé de moins de seize ans, le juge de tutelles peut refuser de convoquer le conseil de famille à la demande du mineur par une décision spécialement motivée. Par ailleurs, l'article 1236 du Code de procédure civile

1. F. Vauvillé, « La pratique de l'émancipation ou l'ambivalence d'une institution marginale », *D.* 1990, chron. 283 – J. Bonnard, « La garde du mineur et son sentiment personnel », *RTD civ.* 1991, 49.

2. J. Rubellin-Devichi, « Réflexions pour d'indispensables réformes en matière d'adoption », *D.* 1991, chron. 209.
3. CA Versailles, 26 nov. 1979, *Gaz. Pal.* 1980, 2, pan. 471.
4. CA Châlons-sur-Marne, juge des tutelles, 1er juin 1977, *Gaz. Pal.* 1978, 1, 175, note Décheix.
5. Décr. n° 2008-1276, 5 déc. 2008, relatif à la protection juridique des mineurs et des majeurs et modifiant le Code de procédure civile, *JO* 7 déc., p. 18646.
6. L. n° 98-381, 14 mai 1998, permettant à l'enfant orphelin de participer au conseil de famille, *JO* 19 mai, p. 7590.

impose au juge des tutelles d'entendre le mineur doué de discernement préalablement à la réunion du conseil de famille, dans les conditions prévues à l'article 388-1 du Code civil. Enfin, l'article 1234-7 du Code de procédure civile donne au mineur la possibilité d'assister à la réunion du conseil de famille, à titre consultatif, sauf si le juge des tutelles l'estime contraire à son intérêt.

6°
Droit de veto du mineur

233.101 **Définition.** Il faut entendre par droit de veto le mécanisme selon lequel **la décision est subordonnée à l'absence de refus de l'enfant**; dans une telle hypothèse, l'opposition de l'enfant interdit que la décision soit prise; elle peut en revanche être rendue si l'enfant acquiesce ou n'exprime rien. Ce mécanisme ne conduit pas à imposer l'audition de l'enfant, ni à suivre son avis lorsqu'il est positif, mais seulement à ne pas lui imposer une décision qu'il rejette.

233.102 **Enlèvement d'enfant.** La Convention de La Haye du 25 octobre 1980, relative aux enlèvements internationaux d'enfant, accorde ainsi au mineur un véritable droit de veto en permettant à l'autorité administrative ou judiciaire compétente pour ordonner son retour, de ne pas prendre cette décision lorsque l'enfant refuse de retourner dans son pays d'origine[1]. La Cour de cassation semble cependant faire une **interprétation restrictive de cette disposition** en considérant que la seule opposition de l'enfant ne peut justifier le rejet de la demande de retour[2] (la cour d'appel retient que les éléments de fait invoqués par les enfants pour s'opposer à leur retour au Canada, lieu de résidence de leur père ne sont manifestement plus actuels et ne peuvent caractériser un danger futur de nature à les placer dans une situation intolérable lorsqu'ils sont sous la responsabilité paternelle, semblant opérer un contrôle sur les motivations avancées par l'enfant pour justifier son refus de retourner dans le pays de sa résidence habituelle). La Cour européenne des droits de l'homme s'est également parfois montrée **réservée** à l'égard du refus de l'enfant de retourner auprès du parent à qui il a été enlevé, affirmant que l'avis de l'enfant enlevé ne peut être pris en compte que s'il est exprimé dans un contexte serein excluant les pressions du parent auteur de l'enlèvement[3], ce qui ne saurait être le cas lorsque l'enfant âgé de quatre ans est totalement soumis aux pressions de sa mère[4]. Une meilleure prise en considération par la Cour de cassation du refus de l'enfant enlevé de retourner dans son État d'origine apparaît toutefois dans un arrêt du 17 octobre 2007[5].

La Cour affirme en effet que l'enfant « *qui avait acquis un degré de maturité lui permettant d'exprimer ses sentiments, avait émis le souhait de continuer à vivre avec ses parents biologiques et sa sœur aînée dans son cadre de vie actuel dans lequel elle est parfaitement intégrée* ». Elle note cependant que, par ailleurs, « *le retour de l'enfant dans l'État de sa résidence habituelle, la placerait dans une situation intolérable et dangereuse pour son équilibre, de sorte que l'exception à son retour se trouve doublement justifiée au regard de l'article 13 b de la Convention de La Haye du 25 octobre 1980 sur les aspects civils de l'enlèvement international* ».

233.103 **Moelle osseuse.** Un tel droit de veto est également accordé à l'enfant en droit français dans le cadre d'un prélèvement de moelle osseuse (CSP, art. L. 1241-3, al. 4 *in fine* : « *Le refus du mineur fait obstacle au prélèvement* »).

SECTION 1
PRÉALABLES À L'AUDITION

233.110 **Obligation du juge et conditions de l'audition.** Le juge saisi d'une procédure qui concerne le mineur, en pratique, le plus souvent, le juge aux affaires familiales, ne pourra refuser d'entendre l'enfant qui le demande dès lors qu'il satisfait aux conditions de l'audition. Un certain nombre de préalables concernant l'enfant (§ 1), la procédure visée (§ 2) et la demande d'audition (§ 3) doivent en effet être réunis.

§ 1
L'enfant

233.111 **Critère du discernement.** Le critère du discernement conditionne l'accès du mineur à l'audition et son absence paraît donc entraîner l'irrecevabilité de sa demande. Cependant, le discernement de l'enfant nécessite une **appréciation subjective** qui risque de poser quelques difficultés dans l'application de l'article 388-1 du Code civil[6]. Cette notion appelle en effet une vérification judiciaire

1. A. Gouttenoire, « La parole de l'enfant enlevé », *Les enlèvements d'enfants à travers les frontières,* H. Fulchiron (dir.), Bruylant, 2004, p. 348 s.
2. Civ. 1re, 14 févr. 2006, n° 05-14.646, *Bull. civ.* I, n° 69; *D.* 2006, IR 672.
3. CEDH 23 sept. 2003, req. n° 36141/97, Sophia Gudrun Hansen c/Turquie (préc. ss n° 233.21).
4. CEDH 22 juin 2006, req. n° 7548/04, Bianchi c/Suisse.
5. Civ. 1re, 17 oct. 2007, n° 07-11.449, *Bull. civ.* I, n° 320; *D.* 2008, 1854, pan. droits de l'enfant.
6. F. Alt-Maes, « Le discernement et la parole du mineur en justice », *JCP* 1996, I, 3913.

des capacités mentales de l'enfant, lequel est absent de la procédure jusqu'à son audition. La circulaire du 3 mars 1993, relative à l'application de la loi du 8 janvier 1993, se référait au **degré de compréhension** et à la **maturité du mineur**. Ainsi, le discernement ne s'analyse pas en fonction de l'âge mais de la maturité, elle-même tributaire de l'intelligence et du milieu dans lequel vit l'enfant. La Convention internationale sur les droits de l'enfant procède d'ailleurs à une distinction, se référant expressément à l'âge et au degré de maturité du mineur pour la prise en considération des sentiments de l'enfant. La difficulté d'appréhender la notion de discernement permet de mesurer l'ampleur de la tâche qui incombe au juge sollicité pour entendre un mineur. Celui-ci dispose généralement de peu d'éléments pour apprécier le discernement de l'enfant et une mesure spécifiquement destinée à la détermination de ce critère est peu probable. En l'absence d'une telle démarche, ou lorsque la demande de l'enfant ne permet pas d'évaluer son discernement, le juge peut avoir tendance à se référer à l'âge du mineur. En pratique, lorsque l'audition de l'enfant est demandée par son avocat, ce dernier atteste, dans la lettre qu'il adresse au juge, du discernement de l'enfant.

Le Comité des droits de l'enfant des Nations unies considère que la détermination d'un seuil d'âge pour prendre en considération de la parole de l'enfant serait une source potentielle d'inégalités. Il a d'ailleurs reproché au Danemark de ne pas prévoir la faculté d'être entendu pour les enfants âgés de moins de douze ans.

Toutefois, la Cour européenne des droits de l'homme a admis, dans l'arrêt *Mamousseau Washington* du 6 décembre 2007[1], que le juge national pouvait refuser d'entendre un enfant de quatre ans, considérant que sa parole n'était pas décisive.

§ 2
La procédure

233.121 Procédure existante. L'audition du mineur ne peut avoir lieu que dans le cadre d'une procédure préexistante, le mineur ne pouvant pas provoquer une procédure aux seules fins d'être entendu. L'incapacité du mineur d'ester en justice ne tolérant que peu d'exceptions, l'enfant ne peut que rarement jouer un rôle quant à l'existence de la procédure et, par conséquent, sur la condition préalable à son audition. L'article 388-1 du Code civil ne prévoit pas le moment de l'audition, ce qui laisse supposer qu'elle n'est pas soumise à la réalisation de plusieurs actes de procédure.

L'article 338-2 (réd. Décr. n° 2009-572, 20 mai 2009), du Code de procédure civile précise à ce propos que l'audition de l'enfant peut intervenir à tous les niveaux de la procédure et notamment pour la première fois en appel.

233.122 Intérêt d'être entendu. L'article 388-1 du Code civil impose que l'enfant soit **concerné** par la procédure dans le cadre de laquelle il demande à être entendu sans préciser toutefois quelle doit être l'intensité du rapport entre l'enjeu de la procédure et le mineur. D'après la circulaire de 1993, les décisions prises dans le cadre de la procédure doivent être susceptibles d'exercer une **modification des conditions de vie du mineur et mettre en jeu ses intérêts**. Cette influence doit être directe, mais ce terme est entendu de manière relativement large puisque la circulaire se réfère aux procédures de divorce mais aussi à la procédure de changement de régime matrimonial des parents du mineur.

La circulaire précise encore que pour être entendu le mineur doit invoquer des **intérêts personnels**. Les procédures relatives à l'autorité parentale correspondent particulièrement à ce critère. Ce sont ces décisions qui vont, le plus souvent, modifier les conditions de vie du mineur. Le mineur peut donc s'exprimer exclusivement dans le cadre d'une instance relative à son propre avenir.

Toutefois, il peut sans doute être entendu lorsque la procédure concerne une personne dont le devenir influe directement sur le sien. Le mineur dont les parents veulent adopter un autre enfant pourrait ainsi demander à être entendu pour exprimer ses sentiments sur le projet parental; l'audition de l'enfant lors du changement de régime matrimonial de ses parents, expressément visé par la circulaire de mars 1993, relève du même ordre d'idées.

La circulaire du 3 juillet 2009[2] établit une **liste non exhaustive de procédures** dans lesquelles le droit de l'enfant d'être entendu doit être mis en œuvre, au moins par une **information** de l'enfant. Certaines d'entre elles sont incontestablement des procédures qui concernent l'enfant directement : il en va ainsi des procédures ayant pour objet l'autorité parentale, le changement de prénom, l'adoption de l'enfant. Pour d'autres, le lien entre l'enfant et la procédure paraît plus discutable, il en va ainsi du changement de régime matrimonial des parents ou l'éviction du conjoint violent du domicile conjugal. Enfin pour certaines des procédures visées par la circulaire, on peut s'interroger sur l'intérêt de recueillir le sentiment de l'enfant dans la mesure où la décision judiciaire doit en principe être fondée

1. CEDH 6 déc. 2007, req. n° 39388/05, Mamousseau Washington, *Dr. fam.* 2008, étude 14, obs. Gouttenoire; *AJ fam.* 2008, 83, obs. Boiché.

2. Circ. CIV/10/09, 3 juill. 2009 (préc. s[s] n° 233.42).

sur des critères objectifs. Il en est ainsi de la procédure relative à l'image de l'enfant ou à la réparation d'un préjudice qu'il aurait subi ou des procédures relatives à la filiation. Dans ces dernières hypothèses c'est moins sur le résultat de l'action que sur l'opportunité même de celle-ci que le mineur pourrait avoir un sentiment.

Ainsi, les rapports de l'enfant avec la procédure se concrétisent par l'existence d'un **intérêt de l'enfant à être entendu**. Cet intérêt est plus large que l'intérêt à agir qui doit être positif, concret, juridique ou légitime, né et actuel. L'enfant peut demander à être entendu alors même que l'intérêt qu'il invoque n'est ni concret ni juridique mais seulement moral ou psychologique; l'intérêt à être entendu est constitué par l'avantage que la prise en considération de ses sentiments par le juge procure au mineur. Une telle définition repose sur la présomption selon laquelle il va de l'intérêt du mineur de ne pas se voir imposer une décision sans être consulté. Cette présomption se traduit en termes normatifs par la combinaison effectuée par la Cour de cassation, dans l'arrêt du 18 mai 2005[1], entre les articles 3-1 et 12-2 de la Convention internationale des droits de l'enfant.

La distinction de l'intérêt à agir et l'intérêt à être entendu réside dans le fait que le premier exige une prétention juridique alors que le second peut se fonder sur un **lien de fait entre le mineur et la procédure**. L'intérêt à être entendu se manifeste lors de l'exercice d'un droit subjectif par une personne autre que le mineur. L'exercice d'un droit de visite et d'hébergement susceptible d'être accordé à l'un des parents de l'enfant permet, par exemple, à ce dernier de justifier d'un intérêt à être entendu lors de la détermination de cette prérogative juridique. Ainsi, l'intérêt à être entendu apparaît lorsque le mineur, dépourvu de prérogatives juridiques pour agir sur sa situation personnelle, désire néanmoins participer à la procédure.

§ 3 Demande d'audition

A. Information de l'enfant

233.131 Obligation des parents. L'article 338-1 du Code de procédure civile dispose que le mineur capable de discernement est informé par les titulaires de l'exercice de l'autorité parentale, le tuteur ou le cas échéant, par la personne ou le service à qui il a été confié, de son droit d'être entendu et à être assisté d'un avocat dans toutes les procédures le concernant. Selon la circulaire du 3 juillet 2009[2], les personnes ayant la charge de l'enfant apparaissent les plus aptes à lui parler dans un langage adapté à sa compréhension. Le ministre de la Justice estime qu'il s'agit « *d'inciter les parents à assumer pleinement leurs devoirs parentaux* »[3].

L'acte introductif d'instance, requête ou assignation, doit être accompagné d'un **avis** rappelant les dispositions de ce texte et l'obligation qui incombe aux parents d'informer leur enfant de son droit d'être entendu. Ce dispositif peut toutefois s'avérer insuffisant lorsqu'une procédure relative à l'exercice de l'autorité parentale est ouverte devant le juge aux affaires familiales alors que l'enfant est placé. Il serait alors opportun de prévoir une **notification** de ses droits au service qui en a la charge.

233.132 Obligation du juge. En tout état de cause, l'article 388-1 *in fine* du Code civil enjoint au juge chargé de la procédure de s'assurer que le mineur a été informé de son droit à être entendu et à être assisté d'un avocat. Le cas échéant, le juge pourrait pallier la défaillance parentale en usant d'un autre moyen, notamment une notification directe à l'enfant de son droit d'être entendu.

Cette notification personnelle pourrait s'inspirer du droit écossais qui prévoit que les procédures concernant l'enfant lui soient directement notifiées[4].

Les parents pourraient également justifier le défaut d'information de l'enfant par leur volonté d'éviter l'audition de celui-ci compte tenu de certaines circonstances.

Le droit écossais prévoit que lorsque les parents ne souhaite pas que l'enfant soit informé de son droit d'être entendu, ils introduisent une demande de dispense de notification accompagné des éléments qui fondent cette demande, la décision finale d'informer ou pas l'enfant revenant en dernier lieu au juge[5].

233.133 Inspiration européenne. Cette obligation de vérifier que l'enfant a été informé de ses droits s'inspire directement de la Convention du Conseil de l'Europe sur l'exercice des droits de l'enfant, entrée en vigueur le 1er juillet 2000[6]. La Convention européenne sur l'exercice des droits de l'enfant combine en effet le **droit de l'enfant d'expri-**

1. Civ. 1re, 18 mai 2005, n° 02-20.613, *Bull. civ.* I, n° 212 (préc. s^s n° 233.40).
2. Circ. CIV/10/09, 3 juill. 2009 (préc. s^s n° 233.42).
3. Rép. min. n° 36623, *JO* 30 juin 2009, p. 6646.
4. L. Francoz-Terminal, « Le nouveau régime de l'audition en justice de l'enfant concerné par une procédure judiciaire », *Dr. fam.* 2009, étude 30.
5. L. Francoz-Terminal, art. préc. s^s prés^t n°.
6. A. Gouttenoire, « Dessine-moi une procédure ou le statut procédural de l'enfant en Europe », *Le statut juridique de l'enfant dans l'espace européen,* D. Gadbin et F. Kernaleguen (dir.), Bruylant, 2004, p. 319.

mer son opinion dans les procédures le concernant avec le **droit de celui-ci d'être informé**; cette information porte non seulement sur son droit d'être entendu, sur les conséquences éventuelles de toute décision mais également sur les **conséquences éventuelles** de la mise en pratique de son opinion. La Convention sur les relations personnelles concernant les enfants du 15 mai 2003 (émanant du Conseil de l'Europe) consacre le même droit de l'enfant de recevoir toute information pertinente, comme préalable indispensable à son droit d'être consulté.

233.134 Absence de demande d'audition. En l'absence de demande d'audition, pour démontrer que l'enfant a bien été informé de son droit d'être entendu, un doute peut planer sur la réalité de cette information. Ce doute peut s'avérer gênant, particulièrement lorsque la décision du juge aux affaires familiales est appelé à être exécutée dans un autre État européen. Le règlement Bruxelles II *bis* (v. s^s^ n° 233.32) permet en effet à un juge d'écarter une décision étrangère lorsqu'il n'est pas établi que l'enfant a eu la possibilité d'être entendu. Or, cette possibilité impose au moins que le mineur ait été informé de son droit d'être entendu par le juge.

Une circulaire du 16 mars 2007, relative à l'audition de l'enfant pour l'application du règlement Bruxelles II *bis* concernant les décisions sur la responsabilité parentale [1], rappelle que le respect des exigences du règlement en matière d'audition de l'enfant concerné par les modalités d'exercice de l'autorité parentale « *conditionne l'effectivité, dans l'espace judiciaire européen, des décisions rendues par la justice française en matière familiale* ». Dans la mesure où il est difficile de savoir, au moment où la décision est rendue, si elle est susceptible de faire l'objet d'une mise en œuvre en dehors du territoire français, toutes les décisions doivent respecter les exigences communautaires. Toutefois, pour répondre à celles-ci, la circulaire de 2007 proposait seulement d'insérer dans toutes les décisions relatives à l'autorité parentale et aux modalités de son exercice une motivation selon laquelle « *L'enfant a eu la possibilité d'être entendu conformément aux dispositions de l'article 388-1 du Code civil. Cependant, les parties n'ont pas souhaité faire usage de cette possibilité eu égard à l'absence de conflit sur les dispositions concernant le mineur. Par ailleurs, ce dernier, informé de son droit à être entendu, n'a pas fait de demande en ce sens* ».

La circulaire du 3 juillet 2009 [2] se montre plus précise : « *en l'absence de demande d'audition de la part du mineur capable de discernement, la preuve ce de qu'il a bien été destinataire des renseignements exigés par l'article 388-1 du Code civil pourra notamment être rapportée par un écrit signé des parents, mentionnant qu'ils ont informé le mineur de ses droits et que celui-ci ne souhaite pas en faire usage. Dans le cadre des procédures orales, le magistrat devra interroger les parties à l'audience et faire porter une mention sur ce point dans les notes d'audience. En toute hypothèse, il apparaît nécessaire que la décision comporte une motivation spécifique sur la question de l'information du mineur* ». On pourrait imaginer que, comme c'est le cas dans certains pays [3], le mineur exprime expressément sa volonté de ne pas être entendu.

B.
Demande d'audition

233.141 Demande du mineur – Obligation du juge. La demande d'audition peut émaner, selon l'article 338-2 du Code de procédure civile, du mineur ou des parties. Dans les deux cas, il faut rappeler qu'elle n'est soumise à aucun formalisme et qu'elle peut être présentée à tous les stades de la procédure. En vertu de l'article 338-4 du Code de procédure civile, « *lorsque la demande est formée par le mineur, le refus d'audition ne peut être fondé que sur son absence de discernement ou sur le fait que la procédure ne le concerne pas.* » Le juge ne dispose donc d'aucun pouvoir d'appréciation sur son opportunité conformément à l'article 388-1 du Code civil tel qu'issu de la loi du 5 mars 2007 relative à la protection de l'enfance.

233.142 Absence de recours. L'article 338-5 du Code de procédure civile précise que « *la décision statuant sur la demande d'audition formée par le mineur n'est susceptible d'aucun recours* ». Le mineur ne peut contester le refus du juge de l'entendre fondé sur son défaut de discernement ou de son lien insuffisant avec la procédure. Les parents ne pourront pas non plus contester la décision du juge relative à l'audition lorsque c'est l'enfant qui aura demandé à être entendu. On peut penser que de telles situations se présenteront en réalité assez rarement, puisqu'en dans la majeure partie des cas, lorsque l'enfant formule une demande d'audition c'est qu'il est doué de discernement et concerné par la procédure. En outre, lorsque cette demande passe par l'intermédiaire d'un avocat d'enfant, celui-ci peut attester de l'existence du discernement de son jeune client. Toutefois on peut se demander dans quelle mesure cette impossibilité de recours ne pourrait pas fragiliser l'effectivité du droit de l'enfant d'être entendu, puisque celui-ci ne peut discuter de l'appréciation faite par le juge de son discernement ou de son lien avec la procédure.

1. Circ. n° 2007-06, 16 mars 2007, NOR : JUSC0720262C, de la Direction des affaires civiles et du Sceau, relative à l'audition de l'enfant pour l'application du règlement Bruxelles II *bis* concernant les décisions sur la responsabilité parentale.
2. Circ. CIV/10/09, 3 juill. 2009 (préc. s^s^ n° 233.42).
3. V. NOT., en droit écossais : L. Francoz-Terminal, *Dr. fam.* 2009, étude 30.

233.143 **Statut de la demande du mineur** L'article 388-1 alinéa 3 du Code civil précise expressément que le mineur entendu n'est pas partie à la procédure (v. ss n° 233.251). Il est donc exclu que la demande constitue une prétention, laquelle émane obligatoirement d'une partie (C. pr. civ., art. 53, 64 et 65). Cette initiative, qui constitue un acte de procédure autonome de l'enfant a pourtant un point commun avec une prétention juridique émanant d'une partie : **elle oblige le juge à examiner la requête** et, qui plus est, en principe, à y répondre favorablement.

233.144 **Forme de la demande du mineur.** L'article 338-2 du Code de procédure civile exclut tout formalisme de la demande d'audition : « *La demande d'audition est présentée sans forme au juge par le mineur lui-même ou par les parties.* » Le mineur bénéficie donc, dans les textes, d'une liberté totale pour choisir la forme de sa demande, ce qui démontre la volonté de favoriser l'accès du mineur à l'audition.

La Cour de cassation semblait cependant vouloir se montrer exigeante sur le **caractère direct de la demande d'audition de l'enfant.**

Elle a en effet considéré dans un arrêt du 19 septembre 2007[1] que « *la demande d'audition du mineur doit être présentée au juge par l'intéressé* » et a considéré que la cour d'appel n'était pas tenue de répondre à une attestation faite par une assistance sociale faisant état du souhait du mineur d'être entendu par le juge à propos de sa résidence. Il semble cependant que cette décision ne doit pas être interprétée comme faisant obstacle à une demande d'audition de l'enfant formulée par un tiers et particulièrement par un avocat. Dans de nombreuses hypothèses en effet, la demande de l'enfant se traduit par une lettre de l'avocat – en général spécialisé – qu'il est allé consulter, et qui demande, en son nom au juge de l'entendre, faisant par ailleurs état du discernement de son client. Cette demande de l'enfant ne doit cependant pas être qualifiée de conclusions.

Le décret d'application du 16 septembre 1993 envisageait plus particulièrement la demande orale et directe du mineur en présence de toutes les parties. La situation envisagée par le texte était celle du mineur qui vient avec ses parents à l'audience de conciliation ou à l'audience de jugement et demande à être entendu. Cette possibilité du juge d'entendre le mineur « *sur le champ* » est cependant exclue par la circulaire du 3 juillet 2009 puisque les dispositions de l'ancien article 388-6 du Code de procédure civile qui offraient cette faculté n'ont pas été reprises par le décret du 20 mai 2009. Cette exclusion peut être discutée. Le cas échéant, il est sans doute plus prudent de recueillir l'accord des parties avant de procéder à cette audition.

233.145 **Moment de la demande.** L'article 338-2 du Code de procédure civile précise que la demande d'audition, qu'elle émane du mineur ou des parties, peut être faite **en tout état de la procédure** et même pour la première fois en cause d'appel. On peut penser, au regard de l'exigence des textes, que le juge d'appel ne peut pas refuser d'entendre un mineur qui le demande au motif qu'il a déjà été entendu en première instance.

233.146 **Initiative du juge.** Le magistrat saisi de la procédure n'est pas tenu de prendre l'initiative de l'audition mais il a la possibilité de le faire s'il estime que l'audition de l'enfant est opportune. Cette initiative pose en réalité surtout la question du **droit de l'enfant de ne pas être entendu dans la procédure** (v. ss n° 233.191). La demande d'audition n'est donc pas un préalable nécessaire à l'audition du mineur. Elle est ou non suffisante pour provoquer cette dernière selon la qualité de son auteur. Il n'en reste pas moins qu'en l'absence d'initiative de l'enfant, l'audition ne sera pas une obligation pour le juge. Dans ses observations finales relatives à la France émises en juin 2009[2], le Comité des droits de l'enfant, s'il souligne l'apport de la loi du 5 mars 2007 pour ce qui concerne l'audition, se dit une nouvelle fois préoccupé par le fait que, pour pouvoir exercer son droit d'être entendu, l'enfant doit en faire personnellement la demande. Dès lors, la seule issue possible pour rendre notre dispositif conforme aux exigences du Comité serait d'admettre que la demande d'audition puisse émaner d'un représentant de l'enfant.

Le droit espagnol, par exemple, prévoit que le mineur peut exercer son droit d'être entendu, lui-même, ou par l'intermédiaire d'un représentant, à condition qu'il ait un « *jugement suffisant* »[3].

233.147 **Demande des parents.** L'article 388-1 du Code civil dispose que l'enfant « *peut être entendu* » et envisage son initiative comme l'une des possibilités mais pas la seule. L'initiative de l'audition peut provenir, comme c'est fréquemment le cas en pratique, des parents de l'enfant.

Le décret du 20 mai 2009 a clarifié le régime de la demande d'audition des parties à la procédure, c'est-à-dire, en général, des parents de l'enfant, laquelle ne contraint pas le juge à entendre le

1. Civ. 1re, 19 sept. 2007, n° 06-18.379, *Bull. civ.* I, n° 286; *Dr. fam.* 2007, comm. 192, obs. Murat; *AJ fam.* 2007, 432, obs. Thierry; *RTD civ.* 2008, 100.

2. Nations Unies, Comité des droits de l'enfant, 22 juin 2009, CRC/C/FRA/CO4, observations finales du Comité des droits de l'enfance : France, § 9 – V. http://www.dei-france.org/rapports

3. Nations Unies, Comité des droits de l'enfant, 12 nov. 2001, CRC/C/70/Add. 9, § 652, rapports périodiques des États parties devant être présentés en 1999 : Espagne.

mineur. Celui-ci dispose en effet dans cette hypothèse d'un pourvoi d'appréciation lui permettant de refuser l'audition s'il « *ne l'estime pas nécessaire à la solution du litige ou si elle lui paraît contraire à l'intérêt du mineur* » (C. pr. civ., art. 338-4, al. 2).

233.148 **Recours.** Les parents disposent contre la décision du juge statuant sur leur demande d'audition d'un recours soumis aux articles 150 et 152 du Code de procédure civile, c'est-à-dire qu'ils ne peuvent la contester qu'avec la décision au fond. Ce régime permet de contester le refus d'audition devant la cour d'appel, laquelle peut entendre l'enfant si elle estime que cette audition est opportune. En revanche, le régime de ce recours ne permet pas à un parent d'empêcher l'audition de l'enfant qui aura lieu, par hypothèse, avant que la décision au fond soit rendue.

C.
Décision du juge relative à l'audition

1°
Acceptation du juge

233.161 **Principe.** Sauf à prétendre que l'enfant n'a pas le discernement nécessaire (v. s[s] n° 233.111), ou que la procédure ne le concerne pas (v. s[s] n°s 233.121 et 233.122), le juge ne peut refuser à un enfant de l'entendre si celui-ci le souhaite.

233.162 **Forme de la décision d'acceptation.** Lorsque le juge accepte d'entendre le mineur, la décision ordonnant l'audition peut revêtir la forme d'une simple mention au dossier ou au registre d'audience (C. pr. civ., art. 338-3). Cette absence de formalisme s'explique, selon la circulaire du 3 juillet 2009, par le fait que la décision statuant sur la demande d'audition formée par le mineur n'est pas susceptible de recours et que celle statuant sur la demande d'audition formée par les parties ne peut être contestée indépendamment de la décision au fond.

Le mineur est convoqué par lettre simple, en vue de son audition par le juge, par le greffe ou par la personne désignée pour l'entendre; la convocation informe le mineur de son droit à être entendu seul ou avec un avocat, le juge devant ensuite vérifier que l'enfant a bien reçu cette information (C. civ., art. 388-1, al. 4). Selon la circulaire, la formalité de la lettre recommandée prévue antérieurement constituait une « *précaution inutilement coûteuse, le mineur n'ayant pas la capacité juridique de signer lui-même un avis de réception* ».

Les parties et leur conseil sont également avisés des modalités de l'audition, sur lesquelles elles ne peuvent *a priori* émettre de contestations, au moins tant que la décision au fond n'a pas été rendue. Ni les parties, ni le mineur ne peuvent en effet critiquer, avant que l'audition n'ait lieu, le fait que le juge délègue l'audition à une tierce personne ou qu'il ait ou non accepté que l'enfant soit entendu avec telle ou telle personne. L'information concernant les modalités de l'audition ne leur est donc délivrée qu'à titre indicatif. La décision du juge concernant les modalités de l'audition s'impose toutefois aux titulaires de l'exercice de l'autorité parentale et notamment à celui chez qui l'enfant réside au moment de son audition.

2°
Refus du juge

233.171 **Forme de la décision de refus.** Quel que soit l'auteur de la demande d'audition, l'article 338-4 *in fine* du Code de procédure civile précise que « *le mineur et les parties sont avisés du refus par tout moyen* » et que « *dans tous les cas les motifs du refus sont mentionnés dans la décision au fond* ». La circulaire du 3 juillet 2009 incite les magistrats à apporter une attention particulière au respect de cette disposition pour les décisions rendues en matière familiale et relevant du champ d'application du règlement Bruxelles II *bis*. La lettre recommandée avertissant le mineur du refus d'audition prévue par l'ancien article 338-8 du Code de procédure civile est supprimée.

233.172 **Recours.** Le recours contre le refus du juge d'entendre l'enfant dépendra de l'auteur de la demande d'audition.

S'il s'agit de l'enfant lui-même, aucun recours n'est envisageable. La motivation du refus ne revêt alors qu'un intérêt pédagogique.

En revanche **si la demande émanait de l'une des parties**, celle-ci peut intenter un recours avec la décision au fond en démontrant non seulement que le mineur remplissait les conditions légales pour être entendu mais également qu'il était de son intérêt de l'être. Ce recours ne peut cependant avoir lieu qu'avec la décision au fond et ne sera donc examiné, par hypothèse, que par la cour d'appel. Il sera alors aussi simple de formuler une autre demande d'audition devant cette dernière juridiction. Cette possibilité est ouverte au mineur, puisqu'il ne s'agit pas d'un recours exclu par la loi (v. s[s] n° 233.142 *supra*) mais d'une nouvelle demande d'audition, laquelle peut être présentée à tout moment de la procédure. Le parent qui souhaite que l'enfant soit entendu a intérêt à ce que la demande soit formulée directement par ce dernier. Dans l'hypothèse où la cour d'appel refuserait d'entendre le mineur alors qu'il l'a lui-même demandé, on peut se demander si la Cour de cassation pourrait être saisie d'une contestation de ce refus. La réponse est *a priori* négative puisque l'article 338-5 du Code de procédure civile exclut tout recours, dont le pourvoi en cassation fait partie, contre le refus d'audition lorsque la demande émane du mineur. Ne peut-on pas considérer cependant que lorsque le mineur est discernant et qu'il est concerné par la procédure, le refus du juge de l'entendre constitue une atteinte à son droit d'être entendu tel que consacré par l'article 12 alinéa 2 de la Convention, nonobstant l'article 338-5 du Code de procédure civile ? Un pourvoi en cassation fondé sur ce dernier texte et émanant d'une des parties, le mineur n'ayant pas qualité pour agir, pourrait ainsi être accueilli par la Cour de cassation.

3°
Silence du juge

233.181 **Silence du juge.** L'arrêt du 18 mai 2005[1] démontre qu'à défaut de réponse, la décision du juge prise sans entendre le mineur et sans répondre à sa demande d'audition, pourra être remise en cause, et notamment faire l'objet d'une cassation. Même s'il a été rendu avant l'entrée en vigueur du décret du 20 mai 2009, cet arrêt établit que l'absence de réponse à une demande d'audition est incompatible avec le droit de l'enfant d'être entendu par le juge tel qu'il résulte des articles 3-1 et 12-2 de la Convention internationale des droits de l'enfant. Il n'est pas certain que l'article 338-5 du Code de procédure civile, qui exclut tout recours contre le refus d'audition, modifie cette solution. Dans la mesure où le juge n'a pas pris de décision concernant l'audition on peut en effet considérer que ce dernier texte n'est pas applicable en cas de silence du magistrat. Et même en le supposant applicable, on pourrait considérer qu'il n'est pas conforme à l'article 12-2 et l'écarter (v. s[s] n°s 233.12 et 233.13).

D.
Décision de l'enfant relative à l'audition : le droit de se taire

233.191 **Droit de l'enfant de se taire ?** Si l'on considère que le droit de l'enfant d'être entendu constitue un droit subjectif – celui de donner son avis dans une procédure qui le concerne –, le mineur a le choix entre exercer ou non son droit. Même si l'article 388-1 du Code civil envisage l'audition de l'enfant en dehors d'une demande en ce sens de celui-ci, il semble que l'audition de l'enfant a pour objectif de le faire participer au processus d'élaboration de la décision qui le concerne. L'audition ne peut donc être qu'acceptée par le mineur qui ne peut être tenu de parler au juge.

Il est alors très regrettable que les auteurs de la loi du 5 mars 2007 aient cru bon d'ajouter dans l'article 388-1 du Code civil une formule selon laquelle « *lorsque le mineur refuse d'être entendu, le juge apprécie le bien-fondé de ce refus* ». Il est à craindre que cette affirmation signifie que le juge pourrait contraindre l'enfant à être entendu... faisant ainsi de lui un témoin dans une procédure opposant généralement ses deux parents. Or, l'audition a bien pour but de permettre à l'enfant, juridiquement incapable et n'ayant pas la qualité pour être partie à la procédure, de donner un avis sur une décision le concernant parce qu'il souhaite que sa volonté soit exprimée. Elle permet d'associer l'enfant à une procédure dont les conséquences sur son mode de vie seront importantes : il ne peut s'agir que d'un droit et en aucun cas d'une obligation ! Il est particulièrement dommageable que le législateur ait pu se laisser aller à cette confusion par une formule pour le moins ambiguë. Il reste à espérer que les magistrats seront plus raisonnables que les parlementaires et n'auront même pas l'idée de « convoquer » le mineur pour le faire parler. En tout état de cause, il faut compter sur les avocats d'enfants pour expliquer à leur jeune client qu'il est en droit de se taire...

Dans le cadre de l'audition en matière d'assistance éducative (C. pr. civ., art. 1183) ou d'émancipation (C. civ., art. 413-2, al. 2), le mineur peut également refuser de s'exprimer alors même que l'audition constitue une obligation pour le juge.

SECTION 2
DÉROULEMENT DE L'AUDITION

233.200 **Modalités de l'audition.** La loi du 5 mars 2007 a affirmé le principe d'une audition de l'enfant par le juge lui-même (§ 1), l'enfant pouvant être accompagné par un avocat ou la personne de son choix, les modalités de l'audition énoncées dans les articles 338-1 et suivants du Code de procédure civile étant les mêmes pour l'audition directe ou indirecte (§ 2).

§ 1
L'écoutant

233.210 **Énoncé.** L'article 388-1 du Code civil prévoit une alternative entre l'audition du mineur par le juge ou par une personne déléguée par lui. Comme l'avaient déjà fait les textes d'application de la loi du 8 janvier 1993[2], la loi du 5 mars 2007 a clairement instauré une priorité pour l'audition

1. Civ. 1re, 18 mai 2005, n° 02-20.613, *Bull. civ.* I, n° 212 (préc. s[s] n° 233.122).

2. Circ. 3 mars 1993 et Décr. 16 sept. 1993.

directe du mineur. Selon l'article 388-1 du Code civil tel qu'il ressort de la loi de 2007, l'enfant est entendu par le juge ou « *lorsque son intérêt le commande par une personne déléguée par lui* ». Ce n'est donc que si une circonstance particulière l'exige que le mineur sera entendu par une autre personne que le juge.

A.
Principe de l'audition par le juge

233.211 Nature de la décision. La délégation de son pouvoir d'audition par le juge est une mesure visant à assurer la bonne marche de la procédure, à permettre l'audition de l'enfant dans les meilleures conditions. Elle se rapproche de la délégation par le président du tribunal de grande instance de fonctions qui lui sont propres (C. pr. civ., art. 820). Il s'agit donc d'une **mesure d'administration judiciaire** susceptible d'aucun recours (C. pr. civ., art. 537) contrairement aux décisions ordonnant une enquête sociale ou une expertise qui peuvent faire l'objet d'un recours avec la décision sur le fond, puisque l'ordonnance du juge aux affaires familiales ordonnant une enquête ou une expertise est qualifiée de jugement « avant dire droit ».

233.212 Formation collégiale. L'article 338-8 du Code de procédure civile envisage l'hypothèse d'une audition de l'enfant par une formation collégiale, notamment la cour d'appel, et prévoit que cette dernière peut soit entendre le mineur elle-même, soit désigner l'un de ses membres pour procéder à l'audition et lui en rendre compte.

233.213 Modalités concrètes. Selon la circulaire du 3 juillet 2009, le juge qui entend l'enfant n'est pas tenu de s'adjoindre systématiquement un greffier, même si la présence de ce dernier peut s'avérer souhaitable dans certains cas. Le déroulement même de l'audition est laissé à l'appréciation des juges dont les pratiques sur ce point sont assez différentes. En effet, « *certains juges aux affaires familiales souhaitent poser au mineur des questions précises pour les aider à la prise de décision, d'autres utilisent l'audition pour permettre à l'enfant de s'exprimer sur sa vie et de se faire une idée sur sa personne, sans même lui demander son avis sur les modalités de sa résidence.* »[1] Il serait toutefois souhaitable que le juge laisse l'enfant s'exprimer librement sans trop lui poser de questions afin d'éviter de lui faire révéler des faits qui n'iraient pas dans le sens des sentiments qu'il est venu exprimer. L'audition a en effet pour objectif de permettre à l'enfant de participer au processus de décision et non de faire de lui un témoin de la réalité de la vie familiale.

233.214 Moment de l'audition. Le juge est libre de fixer le moment de l'audition à tout moment de la procédure. La circulaire du 3 juillet 2009 précise que le décret n'interdit pas de fixer l'audition immédiatement avant l'audience des débats. Son auteur fait cependant remarquer qu'il est plus conforme à l'intérêt de l'enfant « *de distinguer clairement le temps de l'audience de celui de l'audition afin d'éviter que* [l'enfant] *subisse la tension pouvant exister entre les parties, en particulier en matière familiale.* » La circulaire, rappelle en outre que l'audition de l'enfant en cours de délibéré oblige le juge à procéder à une réouverture des débats.

B.
Délégation exceptionnelle de l'audition à un tiers

233.221 Convention internationale des droits de l'enfant. L'alinéa 2 de l'article 12 de la Convention internationale des droits de l'enfant, qui consacre le droit de l'enfant d'être entendu en justice, exige un acte positif des autorités compétentes pour provoquer l'audition du mineur, tout en laissant à celui-ci le choix d'accepter ou non d'être entendu. Plusieurs modalités d'audition de l'enfant sont prévues par le texte, permettant aux autorités compétentes de choisir la formule qui leur paraît la plus appropriée.

233.222 Décision motivée. Selon l'article 388-1 du Code civil, le juge ne peut déléguer l'audition à un tiers que si l'intérêt de l'enfant le commande. Le juge qui n'entend pas l'enfant lui-même mais qui charge une autre personne de l'entendre à sa place doit motiver sa décision au regard de l'intérêt de l'enfant, notamment en raison des pressions psychologiques subies par l'enfant ou la nécessité de faire intervenir un professionnel de l'écoute. Si les juges du fond ont jusqu'à présent eu très peu recours à cette possibilité de déléguer l'audition de l'enfant, un certain nombre d'entre eux envisagent aujourd'hui de l'organiser de manière plus fréquente, si les prévisions d'une augmentation sensible du nombre de demandes d'audition se réalisaient. Un certain nombre de magistrats estiment en effet que la mention dans les convocations des parents de la possibilité pour l'enfant d'être entendu pourrait provoquer un afflux de demandes, auquel ils ne pourraient faire face compte tenu du manque de juges. La délégation de l'audition permettrait alors une audition de l'enfant dans des conditions plus favorables et serait alors conforme à son intérêt... Les avocats d'enfants sont, quant à eux, plutôt défavorables à cette délégation. Le cas échéant, ils

1. M. Juston, « Les enfants peuvent-ils faire la loi ou dire leurs besoins ? », *AJ fam.* 299, 320.

sollicitent l'accompagnement systématique par un avocat des enfants lorsqu'ils ne sont pas entendus par le juge.

233.223 Qualité du tiers chargé d'entendre l'enfant. La délégation à un tiers du pouvoir du juge d'entendre l'enfant doit être considérée comme une modalité particulière de l'audition et non comme la faculté de substituer à l'audition une autre mesure d'investigation. Le juge choisit la personne chargée d'entendre l'enfant en fonction de l'intérêt de ce dernier, de la qualification et de la neutralité de la personne déléguée, et détermine sa mission. L'article 338-9 du Code de procédure civile précise que la personne désignée par le juge pour procéder à l'audition de l'enfant ne doit entretenir de liens ni avec le mineur ni avec une partie - ce qui garantit son impartialité - et qu'elle doit exercer ou avoir exercé une activité dans le domaine social, psychologique ou médico-psychologique. La circulaire du 3 juillet 2009 considère que le profil exigé incite le juge à choisir la personne à qui il délègue l'audition parmi les **enquêteurs sociaux** ou les **psychologues.** Elle précise que « *aucun obstacle juridique ne s'oppose à ce qu'une personne choisie pour une enquête sociale soit également désignée comme tiers pour entendre l'enfant dans le cadre de la même procédure.* » On peut cependant douter de l'opportunité d'une telle désignation qui risque d'entraîner une confusion dommageable entre **audition** et **enquête sociale.** Ces précisions du décret quant à la qualité du tiers susceptible d'entendre l'enfant **excluent clairement les avocats** et condamne la pratique pourtant admise par la Cour de cassation de l'avocat qui après avoir reçu l'enfant, rapporte ses propos au magistrat[1].

233.224 Modalités de l'audition par une personne déléguée. La personne chargée d'entendre le mineur est avisée par le greffe de sa mission sans délai. Il est en effet impératif que l'audition de l'enfant intervienne dans les plus brefs délais pour ne pas retarder excessivement la procédure. La circulaire du 3 juillet 2009 propose un **délai d'un mois** pour la réalisation de cette mission en l'absence de difficulté particulière. L'article 338-10 du Code de procédure civile prévoit que si la personne chargée d'entendre le mineur rencontre des difficultés, notamment pour contacter l'enfant ou pour que celui-ci se rendre auprès d'elle pour être entendu, il en réfère sans délai au juge. L'article 338-11 du Code de procédure civile prévoit que les modalités de l'audition peuvent être modifiées en cas de motif grave s'opposant à ce que le mineur soit entendu dans les conditions initialement prévues.

1. Civ. 1re, 22 nov. 2005, no 03-17.912, *Bull. civ.* I, no 434; *Dr. fam.* 2006, comm. 28, obs. Gouttenoire.

233.225 Indemnisation. L'indemnisation de la personne chargée par le juge d'entendre le mineur est prévue par les articles 2 et 3 du décret du 20 mai 2009. Le premier de ces textes fait tout d'abord entrer la rémunération de la personne désignée par le juge pour entendre le mineur, en application de l'article 388-1 du Code civil, dans les dépens afférant aux instances de l'article 695 du Code de procédure civile. Le second précise que : « *il est alloué à la personne désignée par le juge pour entendre le mineur, en application de l'article 388-1 du Code civil, en sus du remboursement de ses frais de déplacement calculés dans les conditions fixées pour les déplacements des personnels civils de l'État, une rémunération forfaitaire fixée par arrêté conjoint du garde des Sceaux, ministre de la Justice, et du ministre chargé du Budget.* » En application de ce texte, l'arrêté du 20 mai 2009[2] a fixé cette indemnité à **40 euros pour une personne physique** et **70 euros pour une personne morale.** « *Lorsque cette personne n'a pu remplir sa mission en raison de la carence du mineur qui n'a pas déféré aux convocations, elle se voit allouer une indemnité forfaitaire de 10 euros pour une personne physique et 20 euros pour une personne morale.* »

§ 2
L'écouté

A.
Accompagnement de l'enfant

233.231 Choix du mineur. L'alinéa 2 de l'article 388-1 du Code civil dispose que le mineur « *peut être entendu seul, avec un avocat ou une personne de son choix.* » La loi du 8 janvier 1993 a modifié la loi du 10 juillet 1991 relative à l'aide juridique[3], en prévoyant que dans toute procédure le concernant, le mineur entendu dans les conditions mentionnées à l'article 388-1 du Code civil, s'il choisit d'être entendu avec un avocat ou si le juge procède à la désignation d'un avocat, bénéficie de l'aide juridictionnelle. La loi offre trois possibilités à l'enfant : être entendu seul, avec un avocat ou avec une personne de son choix. La faculté du mineur d'être entendu seul est citée en premier lieu. Puis vient l'avocat, placé avant « *la personne de son choix* », et qui bénéficie sans doute, de ce fait, de la préférence du législateur. Ainsi, sans exclure l'avocat, l'élaboration du texte a remis en cause son monopole, en matière d'audition en justice.

2. Arr. 20 mai 2009, NOR : JUSC0823351A, pris en application de l'article 3 du décret no 2009-572 du 20 mai 2009, relatif à l'audition de l'enfant en justice, *JO* 24 mai, p. 8650.
3. L. no 91-647, 10 juill. 1991, *D.* 1991, lég. 310; art. 10, mod. par L. 8 janv. 1993.

233.232 **Information de l'enfant.** L'article 338-1 du Code de procédure civile exige que la convocation du mineur à son audition mentionne son droit d'être accompagné. La loi du 5 mars 2007 a ajouté un alinéa à l'article 388-1 du Code civil selon lequel « *le juge s'assure que le mineur a été informé de son droit à [...] être assisté par un avocat* ». Cette formulation renforce la faveur de la loi pour l'avocat dans le cadre de l'audition de l'enfant. Lorsque l'enfant se présente seul en vue de son audition, le juge doit lui donner avis de son droit d'être entendu avec un avocat ou une autre personne de son choix. Si le mineur exerce ce droit, l'audition est renvoyée à une date ultérieure. Dès lors que les exigences formelles relatives à l'information du mineur prévues par les textes ont bien été respectées, la Cour de cassation considère qu'il n'est pas nécessaire d'en faire mention dans la décision, confirmant dans un arrêt du 9 décembre 2009 [1] la solution posée précédemment dans un arrêt du 17 octobre 2007 [2]. Toutefois, alors qu'en 2007, la Cour de cassation n'avait pas répondu à l'argument selon lequel la mention du contrôle du juge sur la réalité de l'information de l'enfant ne figurait pas dans le procès verbal d'audition, elle souligne à l'inverse, dans l'arrêt du 9 décembre 2009 « *qu'il ressort du procès-verbal d'audition du 6 septembre 2006, que Guillaume a accepté d'être entendu sans son avocate* » et en conclut que les exigences relatives à l'information du mineur ont bien été satisfaites. On peut déduire de cette décision que le procès verbal doit, lorsque le mineur a été entendu seul, préciser que l'enfant a bien été informé par le juge, au moment d'être entendu, qu'il pouvait être accompagné d'un avocat. Encore faut-il que le compte rendu d'audition soit écrit, ce que n'exigent pas les dispositions du Code de procédure civile relatives à l'audition. Dans le cas contraire, il serait préférable que le juge mentionne dans la décision qu'il s'est bien assuré que le mineur avait choisi d'être entendu seul.

233.233 **Désignation de l'avocat.** Lorsque le mineur exprime le souhait d'être entendu avec un avocat sans procéder à un choix nominatif, l'article 338-7 du Code de procédure civile dispose que le juge saisit le bâtonnier qui désigne un avocat à l'enfant.

233.234 **Pouvoir d'appréciation du juge.** L'article 388-1 du Code civil confère au juge un pouvoir d'appréciation lui permettant de rejeter le choix du mineur et de lui substituer une autre personne pour l'accompagner lors de son audition. Ce pouvoir d'appréciation du juge paraît concerner la **seule hypothèse où le mineur choisit une autre personne qu'un avocat**. L'article 388-1 alinéa 2 du Code civil dispose « *qu'il peut être entendu, seul avec un avocat ou une personne de son choix. Si ce choix n'apparaît pas conforme à l'intérêt de l'enfant, le juge peut procéder à la désignation d'une autre personne.* » Le contrôle du juge ne s'exerce donc pas sur le choix de l'avocat. Le magistrat ne peut pas non plus s'opposer au choix du mineur d'être entendu seul. Malgré cette restriction, le pouvoir accordé au juge sur l'accompagnement du mineur reste exorbitant puisqu'il lui permet de remettre en cause le choix d'un justiciable sur une modalité procédurale le concernant personnellement. Le contrôle du juge n'est, en effet, aucunement fondé sur les nécessités de la procédure ou le respect des droits et garanties accordées aux parties, mais il l'autorise à s'immiscer dans l'exercice, par le mineur, de son propre droit. Un tel pouvoir du magistrat est totalement inconcevable à l'égard d'un adulte, il est cependant envisageable, dans le cadre de l'audition du mineur, parce que ce dernier est présumé ne pas savoir déterminer seul ce qui est conforme à son intérêt.

L'article 388-1 du Code civil précise que le critère de l'appréciation du juge est **l'intérêt de l'enfant**. Dans ce cadre, l'intérêt de l'enfant réside dans son **indépendance**. L'objectif est d'éviter que son audition permette à l'une des parties d'utiliser à son profit la parole de l'enfant. Les parties elles-mêmes sont exclues ainsi que tous leurs proches. Le magistrat est certainement le plus à même d'apprécier les rapports de l'enfant avec la personne qui l'accompagne [3] et son contrôle est souverain, puisqu'il s'agit d'une pure question de fait. Le juge ne tranche alors aucune contestation, et l'objectif de sa décision réside surtout dans l'amélioration de la qualité de l'audition, ce qui permet de conclure que le **rejet du choix de l'enfant par le juge** constitue une **mesure d'administration judiciaire** et ne peut faire l'objet d'aucun recours. Les textes, par leur silence sur cette question, laissent au magistrat toute latitude quant au choix de « l'autre personne » qu'il substitue à celle que l'enfant a désignée. L'article 338-7 du Code de procédure civile prévoit uniquement la faculté pour le juge de demander au bâtonnier de désigner un avocat pour accompagner le mineur lors de son audition. Toutefois, le magistrat peut également désigner un travailleur social pour accompagner le mineur. Quoi qu'il en soit, le choix du juge s'impose à l'enfant.

1. Civ. 1re, 9 déc. 2009, no 08-18.145, NP.
2. Civ. 1re, 17 oct. 2007, no 07-11.449, *Bull. civ.* I, no 320; *Dr. fam.* 2007, comm. no 204, obs. Murat; Gouttenoire et Bonfils, panorama droits de l'enfant, juin 2008-mai 2009, *D.* 2009, 1918.
3. J. Rubellin-Devichi, « Une importante réforme en droit de la famille. La loi no 93-22 du 8 janvier 1993 », *JCP* 1993, I, 3659.

B. Exclusion de la représentation de l'enfant

233.241 Rôle de la personne avec qui l'enfant est entendu. La personne avec qui l'enfant est entendu joue, certes, un certain rôle dans l'expression de sa volonté, puisqu'elle est censée la favoriser, elle n'est pourtant pas chargée de la transmettre au juge. La personne qui accompagne le mineur n'est pas son porte-parole puisque l'enfant livre lui-même ses sentiments au magistrat. Elle rassure le mineur par sa présence et ses éventuels propos sont exclusivement destinés à inciter le mineur à faire part au juge de son opinion sur telle ou telle question. Elle ne remplit aucun rôle de contradiction, puisque l'enfant n'est pas placé dans une position nécessitant l'intervention d'un contre-pouvoir. L'avocat est susceptible de fournir à l'enfant des explications sur le déroulement de la procédure pour situer l'audition dans son contexte. Toutefois, il n'a pas à s'assurer du respect des droits du mineur puisque l'audition n'entraîne la mise en œuvre d'aucune prérogative juridique. L'avocat peut toutefois vérifier que le mineur a bien été informé de son droit d'être accompagné lors de son audition et de son droit de se taire lorsque l'audition n'a pas lieu à sa demande.

L'avocat joue un rôle essentiel dans la préparation de l'enfant à son audition; au cours de celle-ci, « *sa mission consiste à faciliter et à libérer la parole de l'enfant, l'avocat pouvant être amené à reformuler des questions et à aider l'enfant à exprimer sa pensée sans pour autant se substituer à lui.*[1] » Il semble cependant que l'avocat peut intervenir au cours de l'audition, si l'enfant est en difficulté et ne parvient pas à reformuler devant le juge les propos qu'il a tenus à l'avocat dans le cabinet de ce dernier[2]. Dans l'hypothèse, qui n'est pas d'école, dans laquelle l'enfant tiendrait au juge des propos différents voire contradictoires avec ceux qu'il a tenus auparavant à l'avocat, ce dernier est placé dans une situation délicate. S'il intervient pour relever la contradiction, il suscite en effet le doute dans l'esprit du juge sur la sincérité de la parole de l'enfant. Il est donc préférable qu'il n'intervienne pas, sauf peut être à demander un entretien seul à seul avec son jeune client pour faire prendre conscience à ce dernier du caractère contradictoire de ses propos.

233.242 Représentation par l'avocat exclue par le décret du 20 mai 2009. Dans un arrêt rendu par la Première chambre civile de la Cour de cassation le 22 novembre 2005[3], la Cour de cassation avait admis, sur le fondement des articles 3-1 et 12-2 de la Convention internationale des droits de l'enfant, la pratique consistant, pour le juge aux affaires familiales, à entendre non pas l'enfant lui-même mais l'avocat qui lui a été désigné, « *intervenu à la procédure pour l'enfant* », et qui est chargé de rapporter ses sentiments. Cette pratique est désormais écartée par les termes mêmes du décret du 20 mai 2009 qui n'envisage que l'audition de l'enfant lui-même.

Cette solution est sans doute plus conforme à la lettre de la loi; toutefois, la pratique consistant à permette à l'avocat de porter la parole du mineur au juge n'est pas, à la réflexion, sans comporter certains avantages. Elle permet tout d'abord d'éviter le traumatisme de la confrontation de l'enfant à un juge; elle permet ensuite d'être certain que seuls les sentiments de l'enfant seront transmis au juge. Une expérience menée au tribunal de grande instance de Libourne à partir de 2005, consistant à laisser aux enfants souhaitant faire part de leurs sentiments au juge, le choix d'être entendu directement par ce dernier ou de se faire représenter par leur avocat, établit que dans leur grande majorité, les enfants ont préféré la seconde solution ![4] Ce résultat concret laisse à penser que l'assimilation entre recueil des sentiments exprimés par l'enfant et audition de l'enfant n'est finalement peut-être pas toujours nécessaire...

SECTION 3 EFFETS DE L'AUDITION

§ 1 Statut de l'enfant entendu

233.251 Exclusion du statut de partie. Alors que les juridictions du fond étaient plutôt partagées sur la recevabilité, sur le fondement de l'article 12 de la Convention internationale sur les droits de l'enfant, de l'intervention d'un mineur souhaitant être entendu dans une procédure dans laquelle ses droits procéduraux n'étaient pas mis en cause[5], le législateur de 1993 a mis fin aux hésitations en affirmant explicitement que **le mineur n'est pas partie à la**

1. L. Francoz-Terminal, « Le nouveau régime de l'audition en justice de l'enfant concerné par une procédure judiciaire », *Dr. fam.* 2009, étude 30.
2. D. Attias, « L'avocat d'enfants et l'audition de l'enfant devant le juge aux affaires familiales », *AJ fam.* 2009, 330.
3. Civ. 1re, 22 nov. 2005, no 03-17.912, *Bull. civ.* I, no 434; *Dr. fam.* 2006, comm. 28, obs. Gouttenoire.
4. L. Gebler, « Le juge aux affaires familiales et la parole de l'enfant : et si on avançait ? », *JDJ* 2007, no 1 p. 15.
5. CA Paris, 12 juill. 1991, *D.* 1993, 176; *D.* 1992, somm. 62 – CA Montpellier, 3 févr. 1992, *JCP* 1992, II, 21904, comm. Gouron-Mazel.

procédure du fait de son audition. La Cour de cassation a eu l'occasion depuis l'entrée en vigueur de la loi de 1993 d'affirmer l'irrecevabilité de l'intervention d'un mineur, en particulier dans le cadre de la procédure de divorce. Toutefois, alors que dans un arrêt du 4 janvier 1995[1], la Première chambre civile a accepté d'examiner le pourvoi introduit par le mineur contre un arrêt qui avait déclaré son intervention directe par l'intermédiaire d'un avocat irrecevable, tout en le rejetant par application des textes sur la procédure de divorce, la Deuxième chambre civile, dans un arrêt du 25 octobre 1995[2], a déclaré le pourvoi irrecevable en invoquant les mêmes arguments[3]. L'arrêt de la Deuxième chambre civile du 22 mai 1996[4] est susceptible de soulever un doute quant à la place de l'enfant dans la procédure de divorce. Il affirme que « *le pourvoi en cassation de Jérôme X... représenté par un seul de ses parents n'est pas recevable* ». Faut-il comprendre qu'une représentation des deux parents de l'enfant aurait permis l'intervention de ce dernier dans la procédure ? Aucune représentation ne saurait pallier le défaut de qualité pour agir de l'enfant dans les procédures relatives à l'autorité parentale. Le mineur peut être entendu par le juge mais il ne peut en aucun cas être partie à la procédure, sauf à revoir fondamentalement les critères classiques de la notion de partie[5]. L'arrêt du 22 novembre 2005 précité[6] sème également la confusion en semblant admettre l'intervention du mineur à travers la représentation de son avocat.

L'audition ne rend pas pour autant impossible toute hypothèse d'un mineur partie à la procédure. En effet, l'article 388-1 du Code civil affirme que le mineur peut être entendu sans préjudice de son intervention. Il est donc concevable que l'audition se conjugue avec le statut de partie dans la procédure. Il en est ainsi, notamment, dans le cadre de l'**assistance éducative** ou pour le **mineur délinquant**.

233.252 Situation procédurale originale. L'originalité de la situation procédurale de l'enfant entendu réside dans le fait qu'il est physiquement présent dans la procédure tout en ne bénéficiant d'**aucun droit d'action**. Ainsi, l'enfant peut prendre part à la discussion judiciaire relative à son émancipation alors que, seuls, ses parents sont titulaires du droit de la solliciter. De même, l'audition du mineur lui permet de donner un avis sur l'exercice d'un droit de visite et d'hébergement alors qu'il n'est titulaire d'aucune prérogative juridique lui permettant d'imposer ou de rejeter l'exercice de ce droit. Le mineur intervient dans l'appréciation de son intérêt par le juge. Même si elle est obligatoire, l'audition de l'enfant se situe à la périphérie de l'instance puisqu'elle exclut toute relation procédurale avec les prétentions des parties. L'audition de l'enfant est ainsi indépendante de l'exercice, par les parties, de leurs droits substantiels ou procéduraux.

§ 2
La parole de l'enfant

A.
Diffusion de la parole de l'enfant

233.261 Compte rendu d'audition. La nouveauté la plus marquante apportée par le décret du 20 mai 2009 réside sans aucun doute dans l'article 338-12 du Code de procédure civile qui dispose que : « *Dans le respect de l'intérêt de l'enfant, il est fait un compte rendu de cette audition. Ce compte rendu est soumis au respect du contradictoire* ». Cette disposition mérite d'être saluée comme mettant fin à de nombreuses incertitudes sur la transmission de la parole de l'enfant aux parties sans faire pour autant abstraction des difficultés qu'une transcription complète des propos de l'enfant peut susciter.

1°
Obligation de rendre compte conformément à l'intérêt de l'enfant

233.271 Obligation de rendre compte. Il faut tout d'abord noter que l'article 338-12 du Code de procédure civile impose au juge de faire un compte rendu de l'audition de l'enfant, ce qui ne relevait pas toujours de l'évidence. Il faut déduire des termes mêmes du texte que d'une part la personne qui entend l'enfant doit établir un compte rendu relatif à l'audition du mineur et que d'autre part le compte rendu n'est pas un procès verbal au sens strict. Il n'est donc pas obligatoire ni même souhaitable que soient retranscrits intégralement les propos de l'enfant au cours de l'audition, ce dont il faut sans doute se féliciter. La circulaire du 3 juillet 2009 va dans le même sens et considère que « *le magistrat ou le tiers ne sont donc pas tenus de rapporter* in extenso *les dires de l'enfant. Il peut s'agir d'une synthèse, qui fait état de la teneur des sentiments exprimés par le mineur, dès lors qu'ils présentent une*

1. Civ. 1re, 4 janv. 1995, n° 92-20.682, *Bull. civ.* I, n° 2.
2. Civ. 2e, 25 oct. 1995, n° 93-16.275, *Bull. civ.* II, n° 253.
3. J. Hauser, « L'enfant et la Cour de cassation », *RTD civ.* 1996, 382.
4. Civ. 2e, 22 mai 1996, n° 94-12.671, *Bull. civ.* II, n° 100; *D.* 1997. 340, note Massip.
5. Pour une reconnaissance possible du statut de partie de l'enfant dans les procédures relatives à l'autorité parentale, v. P. Murat, « La participation de l'enfant aux procédures relatives à l'autorité parentale : bref regard critique sur la diversité des situations », *Dr. fam.* 2006, étude 31.
6. Civ. 1re, 22 nov. 2005, n° 03-17.912, *Bull. civ.* I, n° 434.

utilité par rapport à la prise de décision du juge. » On peut penser que le compte rendu doit être écrit et contenu dans le dossier mais il n'est pas certain qu'un simple compte rendu oral ne satisfasse pas les exigences du texte. La circulaire considère qu'aucune forme particulière n'est exigée pour ce compte rendu, qui peut donc être **écrit** ou **oral**, précisant que « *la nature de la procédure est sans incidence sur la forme du compte rendu, puisque dans le cadre d'une procédure écrite, il peut être rendu compte de l'audition oralement au cours d'une audience* ».

233.272 Limite de l'intérêt de l'enfant. En précisant que le compte rendu de l'audition doit être effectué en tenant compte de l'intérêt de l'enfant, l'article 338-12 du Code de procédure civile permet en effet à la personne qui entend l'enfant d'édulcorer les propos de ce dernier et de ne pas insister sur les points qui pourraient porter atteinte aux relations de l'enfant avec l'un de ses parents. Elle permet également de faciliter l'expression de la parole de l'enfant qui pourra ensuite déterminer avec le juge, ou la personne qu'il a chargée d'entendre l'enfant, les termes du compte rendu. Il est en effet sans aucun doute préférable que l'enfant soit associé à la rédaction du compte rendu de l'audition : cela « *permet à la fois au magistrat de s'assurer que les opinions qu'il retranscrit sont effectivement celles que l'enfant a voulu exprimer dans le cadre de leur entretien. Par ailleurs, l'enfant se trouve de son côté rassuré sur le contenu qui sera communiqué aux parents* »[1].

L'avocat de l'enfant est désormais tenu d'avertir l'enfant qui souhaite être entendu par le juge qu'un compte rendu de l'audition sera rédigé et qu'il ne peut exiger le secret sur ses propos, ce dont certains déduisent que « *la liberté de parole de l'enfant sera amoindrie* »[2], alors que d'autres, à l'inverse considèrent que « *jusqu'à présent, ça n'a jamais empêché* [les enfants] *de s'exprimer d'autant plus que ceux qui ont demandé leur audition directe par le juge sont presque toujours ceux qui revendiquent haut et fort leur positionnement et qui n'ont jamais dissimulé leurs sentiments à leurs parents* »[3].

Les quelques applications pratiques du texte qu'il nous a été données de voir montre que le compte rendu est souvent assez succinct et contient un résumé du sentiment, souvent assez clair, de l'enfant quant à ses relations avec chacun de ses parents. Le compte rendu peut comporter des précisions quant à l'attitude plus ou moins réservée de l'enfant durant l'audition et de l'impression qu'il a pu donner d'être plutôt à l'aise ou plutôt embarrassé. Ces indications, particulièrement importantes lorsque ce n'est pas le juge qui entend l'enfant, peuvent constituer des indices quant à l'état d'esprit dans lequel se trouve l'enfant.

1. L. Francoz-Terminal, « Le nouveau régime de l'audition en justice de l'enfant concerné par une procédure judiciaire », *Dr. fam.* 2009, étude 30.
2. D. Attias, « L'avocat d'enfants et l'audition de l'enfant devant le juge aux affaires familiales », *AJ fam.* 2009, 330.
3. L. Gebler, « Le juge aux affaires familiales et la parole de l'enfant : et si on avançait ? », *JDJ* 2007, n° 1 p. 15.

2°
Respect du principe du contradictoire

233.281 Principe. Il convient de se féliciter de l'affirmation selon laquelle l'audition et le compte rendu dont elle fait l'objet n'échappent pas au principe du contradictoire. Cette affirmation devrait satisfaire les exigences de la Cour de cassation qui dans un arrêt du 3 décembre 2008[4] a affirmé qu'il doit ressortir de la décision attaquée ou du dossier de procédure que les parents des enfants ou leurs conseils ont été avisés de l'audition de l'enfant par le juge. Comme l'affirme la circulaire, « *dès lors que le compte rendu est soumis au principe du contradictoire, il semble opportun que le magistrat ou le tiers explique à l'enfant, préalablement à son audition, que les parties à la procédure auront connaissance du contenu de ses propos.* »

233.282 Modalités. En dehors d'une affirmation de principe, le décret du 20 mai 2009 ne donne **aucune précision sur les modalités de transmission du compte rendu d'audition aux parties.** Il ressort de l'affirmation même que le juge doit porter à la connaissance des parties le compte rendu de l'audition, ce qui condamne les pratiques consistant à interdire aux parties l'accès au compte rendu écrit et *a fortiori* l'absence de compte rendu. Pour le reste, le texte n'impose aucune transmission du compte rendu aux parties, ni à leur avocat, le principe du contradictoire pouvant parfaitement être respecté par une transmission orale du contenu général de l'audition ou une mise à disposition du compte rendu dans le dossier. Il est probable que les pratiques des magistrats vont diverger sur ce point. Certains vont transmettre aux parties ou à leurs avocats, le compte rendu de l'audition, tandis que d'autres se contenteront d'expliquer aux parents lors d'une audience (ce qui suppose que l'audition ait lieu avant l'audience ou qu'une nouvelle audience soit provoquée après l'audition) les sentiments de leur enfant. Faire suivre l'audition de l'enfant d'une comparution personnelle des parents permet en effet au juge d'expliquer le contenu de

4. Civ. 1re, 3 déc. 2008, n° 07-11.552, *Bull. civ.* I, n° 279 ; *D.* 2008, act. 3086, obs. Granet-Lambrechts ; *Dr. fam.* 2009, comm. 27, obs. Murat ; *AJ fam.* 2009, 31, obs. Robineau ; *RTD civ.* 2009, 110, obs. Hauser.

ses échanges avec l'enfant et « *souvent d'amorcer ainsi un rapprochement des positions*[1].

233.283 **Refus du mineur.** Il peut arriver que le mineur refuse que certains de ses propos soient mentionnés dans le compte rendu. Dans le cadre d'une **audition indirecte**, la personne chargée d'entendre le mineur peut accéder à sa demande mais en lui expliquant qu'elle ne peut alors transmettre ses propos au juge, le principe du contradictoire exigeant que les parties aient connaissance de tous les éléments transmis au juge. Dans le cadre d'une **audition par le juge lui-même**, la situation est très délicate et le juge devrait en théorie refuser de ne pas faire figurer dans le compte rendu, au moins de manière édulcorée, un propos de l'enfant dès lors que celui-ci peut exercer une influence sur sa décision. Il paraît en effet difficile pour le juge, de ne pas tenir compte d'un élément important révélé par le mineur dans sa décision au motif que l'enfant a refusé qu'il figure dans le procès verbal.

233.284 **Danger.** La circulaire du 3 juillet 2009 rappelle que si l'enfant fait état d'élément de nature à révéler l'existence d'une infraction ou d'un danger, le juge saisi de la procédure doit signaler la situation au parquet qui mettra en œuvre les mesures permettant d'assurer la protection de l'enfant.

233.285 **Assistance éducative.** Dans le cadre de l'assistance éducative, l'article 1187 du Code de procédure civile qui permet au juge des enfants, pour protéger l'enfant, d'écarter une pièce du dossier lorsque celui-ci est consulté par les parents, pourrait fonder l'exclusion du compte rendu de l'audition du mineur[2]. Toutefois, « *ce qui peut être légitimé par l'intérêt supérieur de la protection de l'enfant ne l'est pas nécessairement dans un litige civil, ou* a priori, *les parents ne sont pas suspects de mettre l'enfant en danger mais seulement en désaccord sur les mesures qui le concernent.*[3] »

233.286 **Référence dans la décision.** Les différents textes instituant une obligation d'entendre le mineur imposent l'audition sans contraindre le magistrat à motiver sa décision par le désir de l'enfant. La Cour de cassation avait décidé, dans le cadre d'une procédure d'assistance d'éducative, qu'« *aucune disposition légale n'impose de rapporter dans l'arrêt les propos [que le mineur] a pu tenir* »[4].

Toutefois, la Haute cour par une décision du 20 novembre 1996[5], a cassé un arrêt de la cour d'appel d'Amiens qui n'avait pas précisé « *si elle avait tenu compte des sentiments exprimés par* [le mineur] ». Cette exigence a été réitérée dans un arrêt du 10 juin 1998[6] qui affirme, de manière générale, que **le juge doit tenir compte des sentiments du mineur entendu.** Selon la Cour de cassation, le juge doit d'une part prendre en compte les sentiments de l'enfant parmi les éléments fondant sa décision, d'autre part préciser qu'il a souscrit à cette obligation. Il ne s'agit pas d'exiger du magistrat qu'il précise s'il a ou non statué en conformité avec les sentiments exprimés par l'enfant, ce qui reviendrait à exiger qu'il rapporte au moins le sens de ces derniers. Tenir compte n'est pas rendre compte. L'exigence imposée par la Cour de cassation se limite à une exigence de forme : le juge doit faire part des éléments qui ont fondé sa décision et parmi eux, le cas échéant, l'audition de l'enfant, sans pour autant mentionner les sentiments de l'enfant.

B.
Poids de la parole de l'enfant

233.291 **Pouvoir souverain d'appréciation du juge.** L'article 388-1 du Code civil ne fournit aucune indication sur le poids que comporte la parole du mineur recueillie par le magistrat ou la personne déléguée par lui (il en va de même pour l'article 413-2 du Code civil relatif à l'émancipation). Le silence du législateur revient à confier au magistrat un pouvoir souverain d'appréciation du poids à accorder à la parole du mineur. En effet, les propos de l'enfant constituent des **éléments de fait** dont la prise en considération dépend du juge. L'ensemble des dispositions relatives au mineur se réfèrent à **l'intérêt de l'enfant** et enjoignent au juge de fonder sa décision sur ce critère. L'audition constitue, sans nul doute, un moyen d'apprécier cet intérêt. Il n'empêche que cette opinion peut, selon le juge, ne pas correspondre à l'intérêt du mineur. Dans cette hypothèse, le magistrat doit faire prévaloir l'intérêt de l'enfant sur sa volonté.

L'article 373-2-11 du Code civil prévoit que le juge doit tenir compte d'un certain nombre d'éléments pour prendre sa décision, parmi lesquels les

1. J. Bigot et C. Schauder, « Les dangers de l'audition de l'enfant par le juge aux affaires familiales », *AJ fam.* 2009, 324.
2. M. Crebessa, « L'audition de l'enfant par le juge aux affaires familiales et le juge des enfants », *AJ fam.* 2009, 328.
3. L. Gebler, « Le juge aux affaires familiales et la parole de l'enfant : et si on avançait ? », *JDJ* 2007, n° 1, p. 15.
4. Civ. 1re, 20 nov. 1985, *Gaz. Pal.* 1986, 2, 609.
5. J. Hauser, « Audition de l'enfant : application immédiate et motivation des décisions », *RTD civ.* 1997, 112 – P. Murat, « Précisions sur la portée processuelle de l'audition du mineur », *Dr. fam.* 1997, n° 2, 14 – Y. Benhamou, note ss Civ. 2e, 20 nov. 1996, n° 93-19.937, *Bull. civ.* II, n° 253; *D.* 1997, 192.
6. Civ. 2e, 10 juin 1998, n° 96-15.327, NPT; *JCP* 1999, 101, obs. Favier.

sentiments des mineurs. Cet avis intervient en troisième position dans une liste évidemment non exhaustive. Les sentiments des enfants bénéficient de l'avantage d'être cités parmi les points que le magistrat doit aborder lors de sa réflexion. Toutefois, les dispositions de l'article 373-2-11 du Code civil n'imposent pas au juge de se conformer aux souhaits des enfants en ce qui concerne les modalités d'exercice de l'autorité parentale[1].

233.292 Degré de maturité de l'enfant. La Convention internationale sur les droits de l'enfant, dans son article 12 alinéa 2, précise que « *les opinions de l'enfant doivent être dûment prises en considération eu égard à son âge et à son degré de maturité* ». Le critère est donc celui du développement psychologique du mineur.

Le règlement Bruxelles II *bis* ne fournit, en revanche, aucune précision sur le poids que doit revêtir la parole de l'enfant, alors même qu'il impose aux États de donner à l'enfant la possibilité d'être entendu, plaçant implicitement sa parole au même rang que celle des adultes, c'est-à-dire constituant pour le juge un élément, parmi d'autres, destiné à éclairer sa décision.

233.293 Droit de veto. La Convention de La Haye relative aux enlèvements d'enfant contient un mécanisme original de prise en compte de la parole de l'enfant, lequel a cependant été repris dans certaines dispositions de droit interne. À propos de la question centrale en matière d'enlèvement international, du retour de l'enfant, elle accorde à celui-ci un véritable droit de veto, l'opposition de l'enfant permettant à l'autorité administrative ou judiciaire compétente pour ordonner son retour de refuser celui-ci (v. s^s^ n° 233.102).

233.294 Interdiction de déléguer à l'enfant. À l'inverse, la Cour de cassation interdit au juge de déléguer son pouvoir de décision en matière de fixation du droit de visite et d'hébergement en subordonnant celui-ci à l'accord de l'enfant[2]. À propos de la portée de l'audition de l'enfant et de son influence sur la décision judiciaire, la Cour de cassation a une nouvelle fois rappelé, dans un autre arrêt du 3 décembre 2008[3], que le juge aux affaires familiales ne saurait déléguer ses pouvoirs en subordonnant sa décision relative au droit de visite et d'hébergement du père à la volonté des enfants. Ce rappel de la Cour de cassation est le signe de la résistance des juges du fond[4] qui, lorsqu'ils ont affaire à des adolescents en rupture avec l'un de leurs parents, peuvent difficilement leur imposer l'exercice par ce dernier d'un droit de visite tout en répugnant, à l'inverse, à supprimer toutes relations entre l'enfant et son parent.

En matière d'assistance éducative, l'article 375-1 du Code civil sous-entend toutefois la nécessité pour le juge de prendre en considération l'avis de l'enfant en lui enjoignant de s'efforcer de recueillir l'adhésion de la famille et donc du mineur à la décision envisagée. Cependant, le juge peut, à défaut d'adhésion du mineur, lui imposer sa décision.

1. Civ. 2e, 25 mai 1993, n° 91-21.248, *Bull. civ.* II, n° 185; *D.* 1993, IR 163.
2. Civ. 2e, 7 oct. 1987, n°s 86-15.026 et 86-15.198, *Bull. civ.* II, n° 190 – Civ. 2e, 11 oct. 1995, n° 93-15.415, *Bull. civ.* II, n° 232; *D.* 1995, IR 232.
3. Civ. 1re, 3 déc. 2008, n° 07-19.767, *Bull. civ.* I, n° 276; *AJ fam.* 2009, 32; *Dr. fam.* 2008, n° 17, obs. Murat; Gouttenoire et Bonfils, panorama droits de l'enfant, juin 2008-mai 2009, *D.* 2009, 1918.
4. P. Murat, « Influence de la volonté des enfants sur les relations familiales », note s^s^ CA Bourges, 28 mars 1995 et CA Rennes, 18 juill. 1995, *Dr. fam.* 1997, n° 4, p. 14.

CHAPITRE

234. Représentation et administration légale

THIERRY FOSSIER
PRÉSIDENT DE LA CHAMBRE DE LA RÉGULATION
DE LA COUR D'APPEL DE PARIS
PROFESSEUR ASSOCIÉ
À L'UNIVERSITÉ DE CLERMONT-FERRAND I

SECTION 0 ORIENTEUR

234.00 Plan du chapitre.

234.01 Textes applicables.

TEXTES SOURCES

- **Code civil**

> Domicile du mineur non émancipé

C. civ., art. 108-2

> Exercice de l'autorité parentale

C. civ., art. 373-1 à 373-4

> Retrait total ou partiel de l'autorité parentale

C. civ., art. 380

> Autorité parentale et biens de l'enfant

C. civ., art. 382 à 387

> Rôle du juge des tutelles et du procureur de la République

C. civ., art. 388-3

> Minorité et émancipation

C. civ., art. 389-1 à 389-5

> Administration légale
C. civ., art. 389-7

> Gestion patrimoniale pour le compte du mineur
C. civ., art. 496 à 514

> Incapacité de contracter des mineurs non émancipés et des majeurs protégés
C. civ., art. 1124

> Action en nullité ou rescision des conventions du mineur non émancipé ou du majeur protégé
C. civ., art. 1304 à 1314

> Confirmation ou ratification d'une obligation contre laquelle la loi admet l'action en nullité ou en rescision
C. civ., art. 1338

• Code de procédure civile

> Juge des tutelles territorialement compétent
C. pr. civ., art. 1211

> Amende civile
C. pr. civ., art. 1216

> Saisine du juge par requête
C. pr. civ., art. 1217

> Consultation du dossier et délivrance de copies
C. pr. civ., art. 1222 à 1224

> Audience
C. pr. civ., art. 1226

> Délai, notification, exécution de la décision du juge des tutelles
C. pr. civ., art. 1229 à 1233

> Voies de recours
C. pr. civ., art. 1239 à 1247

> Inventaire
C. pr. civ., art. 1253

> Vérification et approbation annuelle du compte de gestion
C. pr. civ., art. 1254

• Code de la santé publique

> Information des usagers du système de santé et expression de leur volonté
CSP, art. L. 1111-2, L. 1111-4, L. 1111-5, L. 1111-7

> Information de la personne qui se prête à une recherche biomédicale et recueil de son consentement
CSP, art. L. 1122-2

> Transfusion sanguine, prélèvement et collecte des tissus, cellules, produits du corps humain et de leurs dérivés
CSP, art. L. 1221-1 et 1241-1

> Interruption volontaire de grossesse
CSP, art. L. 2212-7

> Contraceptifs
CSP, art. L. 5134-1

• Décret

Décr. n° 2008-1484, 22 déc. 2008, relatif aux actes de gestion du patrimoine des personnes placées en curatelle ou en tutelle, et pris en application des articles 452, 496 et 502 du Code civil, *JO* 31 déc., p. 20631

SÉLECTION THÉMATIQUE ET ALPHABÉTIQUE DE TEXTES *IN EXTENSO*
(à l'exception du Code civil et du Code de procédure civile)

> Contraceptifs

CSP, art. L. 5134-1

I. – Le consentement des titulaires de l'autorité parentale ou, le cas échéant, du représentant légal n'est pas requis pour la prescription, la délivrance ou l'administration de contraceptifs aux personnes mineures.

La délivrance aux mineures des médicaments ayant pour but la contraception d'urgence et qui ne sont pas soumis à prescription médicale obligatoire s'effectue à titre gratuit dans les pharmacies selon des conditions définies par décret. Dans les établissements d'enseignement du second degré, si un médecin ou un centre de planification ou d'éducation familiale n'est pas immédiatement accessible, les infirmiers peuvent, à titre exceptionnel et en application d'un protocole national déterminé par décret, dans les cas d'urgence et de détresse caractérisés, administrer aux élèves mineures et majeures une contraception d'urgence. Ils s'assurent de l'accompagnement psychologique de l'élève et veillent à la mise en œuvre d'un suivi médical.

II. – Les contraceptifs intra-utérins ainsi que les diaphragmes et les capes ne peuvent être délivrés que sur prescription médicale et uniquement en pharmacie ou dans les centres de planification ou d'éducation familiale mentionnés à l'article L. 2311-4. Les sages-femmes sont habilitées à prescrire les diaphragmes, les capes, ainsi que les contraceptifs locaux. La première pose du diaphragme ou de la cape doit être faite par un médecin ou une sage-femme.

L'insertion des contraceptifs intra-utérins ne peut être pratiquée que par un médecin. Elle est faite soit au lieu d'exercice du médecin, soit dans un établissement de santé ou dans un centre de soins agréé.

III. – Les sages-femmes sont habilitées à prescrire une contraception hormonale dans les suites de couches, lors de l'examen postnatal et après une interruption volontaire de grossesse.

Dans les services de médecine de prévention des universités, la délivrance de médicaments ayant pour but la contraception, et notamment la contraception d'urgence, s'effectue dans des conditions définies par décret. Ces services s'assurent de l'accompagnement psychologique de l'étudiant et veillent à la mise en œuvre d'un suivi médical.

> Information de la personne qui se prête à une recherche biomédicale et recueil de son consentement

CSP, art. L. 1122-2

I. – Les mineurs non émancipés, les majeurs protégés ou les majeurs hors d'état d'exprimer leur consentement et qui ne font pas l'objet d'une mesure de protection juridique reçoivent, lorsque leur participation à une recherche biomédicale est envisagée, l'information prévue à l'article L. 1122-1 adaptée à leur capacité de compréhension, tant de la part de l'investigateur que des personnes, organes ou autorités chargés de les assister, de les représenter ou d'autoriser la recherche, eux-mêmes informés par l'investigateur.

Ils sont consultés dans la mesure où leur état le permet. Leur adhésion personnelle en vue de leur participation à la recherche biomédicale est recherchée. En toute hypothèse, il ne peut être passé outre à leur refus ou à la révocation de leur acceptation.

II. – Lorsqu'une recherche biomédicale est effectuée sur un mineur non émancipé, l'autorisation est donnée par les titulaires de l'exercice de l'autorité parentale. Toutefois, cette autorisation peut être donnée par le seul titulaire de l'exercice de l'autorité parentale présent, sous réserve du respect des conditions suivantes :

– la recherche ne comporte que des risques et des contraintes négligeables et n'a aucune influence sur la prise en charge médicale du mineur qui s'y prête;

– la recherche est réalisée à l'occasion d'actes de soins;

– l'autre titulaire de l'exercice de l'autorité parentale ne peut donner son autorisation dans des délais compatibles avec les exigences méthodologiques propres à la réalisation de la recherche au regard de ses finalités.

Lorsqu'une recherche biomédicale est effectuée sur une personne mineure ou majeure sous tutelle, l'autorisation est donnée par son représentant légal et, si le comité mentionné à l'article L. 1123-1 considère que la recherche comporte, par l'importance des contraintes ou par la spécificité des interventions auxquelles elle conduit, un risque sérieux d'atteinte à la vie privée ou à l'intégrité du corps humain, par le conseil de famille s'il a été institué, ou par le juge des tutelles.

Une personne faisant l'objet d'une mesure de sauvegarde de justice ne peut être sollicitée aux fins de participer à une recherche biomédicale.

Lorsqu'une recherche biomédicale est effectuée sur une personne majeure sous curatelle, le consentement est donné par l'intéressé assisté par son curateur. Toutefois, si la personne majeure sous curatelle est sollicitée en vue de sa participation à une recherche dont le comité mentionné à l'article L. 1123-1 considère qu'elle comporte, par l'importance des contraintes ou par la spécificité des interventions auxquelles elle conduit, un risque sérieux d'atteinte à la vie privée ou à l'intégrité du corps humain, le juge des tutelles est saisi aux fins de s'assurer de l'aptitude à consentir du majeur. En cas d'inaptitude, le juge prend la décision d'autoriser ou non la recherche biomédicale.

Lorsqu'une recherche biomédicale satisfaisant aux conditions édictées par l'article L. 1121-8 est envisagée sur une personne majeure hors d'état d'exprimer son consentement et ne faisant pas l'objet d'une mesure de protection juridique, l'autorisation est donnée par la personne de confiance prévue à l'article L. 1111-6, à défaut de celle-ci, par la famille, ou, à défaut, par une personne entretenant avec l'intéressé des liens étroits et stables. Toutefois, si le comité mentionné à l'article L. 1123-1 considère que la recherche comporte, par l'importance des contraintes ou par la spécificité des interventions auxquelles elle conduit, un risque sérieux d'atteinte à la vie privée ou à l'intégrité du corps humain, l'autorisation est donnée par le juge des tutelles.

III. – Le consentement prévu au septième alinéa du II est donné dans les formes de l'article L. 1122-1-1. Les autorisations prévues aux premier, cinquième, septième et huitième alinéas dudit II sont données par écrit.

> Information des usagers du système de santé et expression de leur volonté
[CSP, art. L. 1111-1 à L. 1111-9]

CSP, art. L. 1111-2

Toute personne a le droit d'être informée sur son état de santé. Cette information porte sur les différentes investigations, traitements ou actions de prévention qui sont proposés, leur utilité, leur urgence éventuelle, leurs conséquences, les risques fréquents ou graves normalement prévisibles qu'ils comportent ainsi que sur les autres solutions possibles et sur les conséquences prévisibles en cas de refus. Lorsque, postérieurement à l'exécution des investigations, traitements ou actions de prévention, des risques nouveaux sont identifiés, la personne concernée doit en être informée, sauf en cas d'impossibilité de la retrouver.

Cette information incombe à tout professionnel de santé dans le cadre de ses compétences et dans le respect des règles professionnelles qui lui sont applicables. Seules l'urgence ou l'impossibilité d'informer peuvent l'en dispenser.

Cette information est délivrée au cours d'un entretien individuel.

La volonté d'une personne d'être tenue dans l'ignorance d'un diagnostic ou d'un pronostic doit être respectée, sauf lorsque des tiers sont exposés à un risque de transmission.

Les droits des mineurs ou des majeurs sous tutelle mentionnés au présent article sont exercés, selon les cas, par les titulaires de l'autorité parentale ou par le tuteur. Ceux-ci reçoivent l'information prévue par le présent article, sous réserve des dispositions de l'article L. 1111-5. Les intéressés ont le droit de recevoir eux-mêmes une information et de participer à la prise de décision les concernant, d'une manière adaptée soit à leur degré de maturité s'agissant des mineurs, soit à leurs facultés de discernement s'agissant des majeurs sous tutelle.

Des recommandations de bonnes pratiques sur la délivrance de l'information sont établies par la Haute Autorité de santé et homologuées par arrêté du ministre chargé de la santé.

En cas de litige, il appartient au professionnel ou à l'établissement de santé d'apporter la preuve que l'information a été délivrée à l'intéressé dans les conditions prévues au présent article. Cette preuve peut être apportée par tout moyen.

L'établissement de santé recueille auprès du patient hospitalisé les coordonnées des professionnels de santé auprès desquels il souhaite que soient recueillies les informations nécessaires à sa prise en charge durant son séjour et que soient transmises celles utiles à la continuité des soins après sa sortie.

CSP, art. L. 1111-4

Toute personne prend, avec le professionnel de santé et compte tenu des informations et des préconisations qu'il lui fournit, les décisions concernant sa santé.

Le médecin doit respecter la volonté de la personne après l'avoir informée des conséquences de ses choix. Si la volonté de la personne de refuser ou d'interrompre tout traitement met sa vie en danger, le médecin doit tout mettre en œuvre pour la convaincre d'accepter les soins indispensables. Il peut faire appel à un autre membre du corps médical. Dans tous les cas, le malade doit réitérer sa décision après un délai raisonnable. Celle-ci est inscrite dans son dossier médical. Le médecin sauvegarde la dignité du mourant et assure la qualité de sa fin de vie en dispensant les soins visés à l'article L. 1110-10.

Aucun acte médical ni aucun traitement ne peut être pratiqué sans le consentement libre et éclairé de la personne et ce consentement peut être retiré à tout moment.

Lorsque la personne est hors d'état d'exprimer sa volonté, aucune intervention ou investigation ne peut être réalisée, sauf urgence ou impossibilité, sans que la personne de confiance prévue à l'article L. 1111-6, ou la famille, ou à défaut, un de ses proches ait été consulté.

Lorsque la personne est hors d'état d'exprimer sa volonté, la limitation ou l'arrêt de traitement susceptible de mettre sa vie en danger ne peut être réalisé sans avoir respecté la procédure collégiale définie par le Code de déontologie médicale et sans que la personne de confiance prévue à l'article L. 1111-6 ou la famille ou, à défaut, un de ses proches et, le cas échéant, les directives anticipées de la personne, aient été consultés. La décision motivée de limitation ou d'arrêt de traitement est inscrite dans le dossier médical.

Le consentement du mineur ou du majeur sous tutelle doit être systématiquement recherché s'il est apte à exprimer sa volonté et à participer à la décision. Dans le cas où le refus d'un traitement par la personne titulaire de l'autorité parentale ou par le tuteur risque d'entraîner des conséquences graves pour la santé du mineur ou du majeur sous tutelle, le médecin délivre les soins indispensables.

L'examen d'une personne malade dans le cadre d'un enseignement clinique requiert son consentement préalable. Les étudiants qui reçoivent cet enseignement doivent être au préalable informés de la nécessité de respecter les droits des malades énoncés au présent titre.

Les dispositions du présent article s'appliquent sans préjudice des dispositions particulières relatives au consentement de la personne pour certaines catégories de soins ou d'interventions.

CSP, art. L. 1111-5

Par dérogation à l'article 371-2 du Code civil, le médecin peut se dispenser d'obtenir le consentement du ou des titulaires de l'autorité parentale sur les décisions médicales à prendre lorsque le traitement ou l'intervention s'impose pour sauvegarder la santé d'une personne mineure, dans le cas où cette dernière s'oppose expressément à la consultation du ou des titulaires de l'autorité parentale afin de garder le secret sur son état de santé. Toutefois, le médecin doit dans un premier temps s'efforcer d'obtenir le consentement du mineur à cette consultation. Dans le cas où le mineur maintient son opposition, le médecin peut mettre en œuvre le traitement ou l'intervention. Dans ce cas, le mineur se fait accompagner d'une personne majeure de son choix.

Lorsqu'une personne mineure, dont les liens de famille sont rompus, bénéficie à titre personnel du remboursement des prestations en nature de l'assurance-maladie et maternité et de la couverture complémentaire mise en place par la loi n° 99-641 du 27 juillet 1999 portant création d'une couverture maladie universelle, son seul consentement est requis.

CSP, art. L. 1111-7

Toute personne a accès à l'ensemble des informations concernant sa santé détenues, à quelque titre que ce soit, par des professionnels et établissements de santé, qui sont formalisées ou ont fait l'objet d'échanges écrits entre professionnels de santé, notamment des résultats d'examen, comptes rendus de consultation, d'intervention, d'exploration ou d'hospitalisation, des protocoles et prescriptions thérapeutiques mis en œuvre, feuilles de surveillance, correspondances entre professionnels de santé, à l'exception des informations mentionnant qu'elles ont été recueillies auprès de tiers n'intervenant pas dans la prise en charge thérapeutique ou concernant un tel tiers.

Elle peut accéder à ces informations directement ou par l'intermédiaire d'un médecin qu'elle désigne et en obtenir communication, dans des conditions définies par voie réglementaire au plus tard dans les huit jours suivant sa demande et au plus tôt après qu'un délai de réflexion de quarante-huit heures aura été observé. Ce délai est porté à deux mois lorsque les informations médicales datent de plus de cinq ans ou lorsque la commission départementale des hospitalisations psychiatriques est saisie en application du quatrième alinéa.

La présence d'une tierce personne lors de la consultation de certaines informations peut être recommandée par le médecin les ayant établies ou en étant dépositaire, pour des motifs tenant aux risques que leur connaissance sans accompagnement ferait courir à la personne concernée. Le refus de cette dernière ne fait pas obstacle à la communication de ces informations.

À titre exceptionnel, la consultation des informations recueillies, dans le cadre d'une hospitalisation sur demande d'un tiers ou d'une hospitalisation d'office, peut être subordonnée à la présence d'un médecin désigné par le demandeur en cas de risques d'une gravité particulière. En cas de refus du demandeur, la commission départementale des hospitalisations psychiatriques est saisie. Son avis s'impose au détenteur des informations comme au demandeur.

Sous réserve de l'opposition prévue à l'article L. 1111-5, dans le cas d'une personne mineure, le droit d'accès est exercé par le ou les titulaires de l'autorité parentale. À la demande du mineur, cet accès a lieu par l'intermédiaire d'un médecin.

En cas de décès du malade, l'accès des ayants droit à son dossier médical s'effectue dans les conditions prévues par le dernier alinéa de l'article L. 1110-4.

La consultation sur place des informations est gratuite. Lorsque le demandeur souhaite la délivrance de copies, quel qu'en soit le support, les frais laissés à sa charge ne peuvent excéder le coût de la reproduction et, le cas échéant, de l'envoi des documents.

> Interruption volontaire de grossesse

CSP, art. L. 2212-7

Si la femme est mineure non émancipée, le consentement de l'un des titulaires de l'autorité parentale ou, le cas échéant, du représentant légal est recueilli. Ce consentement est joint à la demande qu'elle présente au médecin en dehors de la présence de toute autre personne.

Si la femme mineure non émancipée désire garder le secret, le médecin doit s'efforcer, dans l'intérêt de celle-ci, d'obtenir son consentement pour que le ou les titulaires de l'autorité parentale ou, le cas échéant, le représentant légal soient consultés ou doit vérifier que cette démarche a été faite lors de l'entretien mentionné à l'article L. 2212-4.

Si la mineure ne veut pas effectuer cette démarche ou si le consentement n'est pas obtenu, l'interruption volontaire de grossesse ainsi que les actes médicaux et les soins qui lui sont liés peuvent être pratiqués à la demande de l'intéressée, présentée dans les conditions prévues au premier alinéa. Dans ce cas, la mineure se fait accompagner dans sa démarche par la personne majeure de son choix.

Après l'intervention, une deuxième consultation, ayant notamment pour but une nouvelle information sur la contraception, est obligatoirement proposée aux mineures.

> Transfusion sanguine, prélèvement et collecte des tissus, cellules, produits du corps humain et de leurs dérivés [CSP, art. L. 1221-1 et L. 1241-1]

CSP, art. L. 1221-1

La transfusion sanguine s'effectue dans l'intérêt du receveur et relève des principes éthiques du bénévolat et de l'anonymat du don, et de l'absence de profit, dans les conditions définies par le présent livre.

CSP, art. L. 1241-1

Le prélèvement de tissus ou de cellules ou la collecte de produits du corps humain sur une personne vivante en vue de don ne peut être opéré que dans un but thérapeutique ou scientifique ou de réalisation ou de contrôle des dispositifs médicaux de diagnostic *in vitro* ou de contrôle de qualité des analyses de biologie médicale ou dans le cadre des expertises et des contrôles techniques réalisés sur les tissus ou sur les cellules ou sur les produits du corps humain par l'Agence française de sécurité sanitaire des produits de santé en application du 1° de l'article L. 5311-2. Seuls peuvent être prélevés en vue de don à des fins thérapeutiques les tissus figurant sur une liste prévue à cet effet, à l'exception des tissus prélevés dans le cadre d'une recherche biomédicale.

Le prélèvement de tissus ou de cellules autres que les cellules hématopoïétiques issues de la moelle osseuse, ou la collecte de produits du corps humain en vue de don à des fins thérapeutiques ou en vue de réalisation ou de contrôle des dispositifs médicaux de diagnostic *in vitro* ou en vue du contrôle de qualité des analyses de biologie médicale ou dans le cadre des expertises et des contrôles techniques réalisés sur les tissus ou sur les cellules ou sur les produits du corps humain par l'Agence française de sécurité sanitaire des produits de santé en application du 1° de l'article L. 5311-2 ne peut avoir lieu qu'à la condition que le donneur, dûment informé de l'objet du prélèvement ou de la collecte et de leurs conséquences et des risques qui y sont attachés, ait donné son consentement par écrit. Ce consentement est révocable sans forme et à tout moment. Toutefois, les conditions d'expression du consentement et d'obtention d'une autorisation prévues à l'article L. 1231-1 s'appliquent, lorsque la nature du prélèvement et ses conséquences pour le donneur le justifient.

Le prélèvement de cellules hématopoïétiques issues de la moelle osseuse en vue de don à des fins thérapeutiques ne peut avoir lieu qu'à la condition que le donneur, préalablement informé des risques qu'il encourt et des conséquences éventuelles du prélèvement, ait exprimé son consentement devant le président du tribunal de grande instance ou le magistrat désigné par lui, qui s'assure au préalable que le consentement est libre et éclairé. En cas d'urgence vitale, le consentement est recueilli, par tout moyen, par le procureur de la République. Le consentement est révocable sans forme et à tout moment.

234.02 Jurisprudence de référence.

> Précisant le mécanisme des actes de la vie courante

• **Civ. 1re, 12 nov. 1998, n° 97-13.248,** NPT

* V. ss n° 234.32

> Limitant le pouvoir du représentant légal aux droits subjectifs du représenté

• **Cass. ch. mixte, 9 févr. 2001, n° 98-18.661,** *Bull. ch. mixte*, n° 1

* V. ss nos 234.13 et 234.143

> Imposant au juge de rendre des décisions formalisées

• **Civ. 1re, 22 oct. 2008, n° 07-19.964,** *Bull. civ.* I, n° 239

* V. ss n° 234.65

234.03 Bibliographie indicative.

Actualisable. RÉP. CIV., *V° Administration légale et tutelle*, par G. Raymond.

Ouvrages. F. Arbellot, *Droit des tutelles*, « Praxis », 2e éd., Dalloz, 2007, nos 21.00 s. et 22.00 s. – M. Bauer, T. Fossier et L. Pécaut-Rivolier, *La réforme des tutelles, ombres et lumières*, Dalloz, 2006, chap. 1.1 à 1.9 – M. Bauer et T. Fossier, *Les tutelles, protection juridique et sociale des enfants et des adultes*, 4e éd., ESF, 2008 – T. Fossier (dir.), *Tutelle, curatelle et accompagnements*, 1re éd., Litec, 2009 – J. Massip, *Tutelle des mineurs et protection juridique des majeurs*, 1re éd., Éd. Defrénois, 2009, p. 11 à 54 et 511 à 592 – F. TERRÉ et D. FENOUILLET, *Droit civil, Les personnes, La famille, Les incapacités*, « Précis », 7e éd., Dalloz, 2005, nos 1090 à 1111.

Articles. P. Conte, « L'article 389-4 du Code civil », *JCP* 1991, I, 3513 – P. Conte et J.-C. Montanier, « Les actes patrimoniaux du mineur non émancipé », *JCP N* 1986, 1, 401 – T. Fossier, « L'administration légale à l'épreuve de la pratique », *L'enfant, la famille et l'argent*, LGDJ; « Noces d'émeraude entre notaires et juges : vers une réforme des tutelles ? », *Dr. fam.* 2006, chron. 26; « La représentation légale des incapables, une théorie à construire », *Dr. fam.* 2004, chron. 10; « Noces de perle entre les familles, les notaires et les juges : 30 ans d'application de la nouvelle tutelle des mineurs », *LPA* n° spéc., Congrès des Notaires, mai 1995; « Petits dits et gros non-dits, filiation nouvelle et autorité parentale », *Dr. fam.* 2006, chron. 10 – J. Hauser, « De la nature juridique de la représentation légale des mineurs, à propos de Cass. ch. mixte 9 févr. 2001 », *RJPF* juin 2001, p. 6 – G. Rebecq, « La gestion ordinaire des biens du mineur en période de conflit parental », *JCP N* 1998, I, p. 1015 – I. Tardy-Joubert, « La jouissance légale, un droit aux oubliettes », *Dr. fam.* juin 2007, n° spéc. sur la réforme des tutelles – M. Vion, « L'administration légale après la loi du 23 décembre 1985 », *Defrénois* 1987, art. 33843, p. 65.

234.04 Questions essentielles.

> Faut-il exiger des comptes annuels à la charge des administrateurs légaux purs et simples ?

* V. s^s n° 234.84.

> Comment les père et mère, notamment s'ils sont séparés, peuvent-ils concevoir ensemble les actes de disposition ?

* V. s^s n°s 234.191 s.

> Comment surveiller efficacement les administrations légales sous contrôle judiciaire alors que n'existent dans les textes ni administrateur subrogé ni obligations de collaboration des tiers ?

* V. s^s n°s 234.191 s.

234.05 Délais.

> Les articles 1304 et 2252 du Code civil soumettent à une **prescription quinquennale**, à compter de la majorité de l'enfant, les actions en nullité; celles-ci peuvent néanmoins être engagées par le représentant légal dès avant la majorité, mais alors dans les **cinq ans** de l'acte nul.

* V. s^s n° 234.71

> L'article 1215 du Code de procédure civile soumet à un délai de **quinze jours** à compter de la notification (ou à compter du prononcé pour les présents) le recours devant le tribunal de grande instance contre les décisions du juge des tutelles.

* V. s^s n° 234.66

SECTION 1
CONTENU DE L'ADMINISTRATION LÉGALE

234.10 Émanation de l'autorité parentale. En application de l'article 382 du Code civil, le ou les titulaires de l'autorité parentale ont l'administration et la jouissance (§ 3) des biens de leur enfant. L'administration légale se décompose à son tour en une position générale de représentation (§ 1) et en une mission précise de gestion du patrimoine (§ 2) du mineur.

§ 1
Représentation légale

A.
Le principe

234.11 Réforme du 5 mars 2007. La loi du 5 mars 2007[1], portant réforme de la protection juridique des majeurs, n'affecte pas la théorie de la représentation légale, ni même les conditions concrètes de son application. Tout au plus, les possibilités des tiers d'interférer dans la protection du pupille seront-elles limitées. Cette réforme n'entrera est entrée en vigueur le 1er janvier 2009.

234.12 Définition légale de la représentation. L'article 389-3 du Code civil indique que l'administrateur légal représentera le mineur dans tous les actes civils. La fonction de représentation légale paraît ainsi devoir se traduire par des actes au sens du droit civil, et consister en une administration, ou même n'être qu'un aspect de l'administration plutôt que l'inverse. Ces deux affirmations légales ont été critiquées[2] mais cet ouvrage n'est pas le lieu de développer un débat essentiellement doctrinal. Il faut simplement admettre, pour la bonne compréhension de la suite, que la représentation légale est une fonction qui englobe l'administration légale, mais qu'elle ne s'y résume pas : **la représentation aménage toute l'incapacité du mineur et protège celui-ci en toutes circonstances**, l'administration concerne avant tout la gestion de ses intérêts juridiques – patrimoine, actes civils relatifs à la personne.

La représentation légale s'impose à tout mineur de dix-huit ans non émancipé, sauf dans deux cas : lorsque le mineur se dispense de représentant légal (v. s^s n° 234.21), et lorsqu'un tiers se voit provisoirement confier la mission de représentation légale (v. s^s n°s 234.131 et 234.141).

234.13 Mécanisme de la représentation. La représentation légale signifie au premier abord que son titulaire est **celui que la loi désigne pour agir, ou ne pas agir**, pour le compte du mineur et en engageant ce mineur : c'est la consécration publique d'un lien de dépendance entre un individu et un autre.

En outre, pour agir ou ne pas agir, il est indispensable que le représentant légal dispose d'un pouvoir, ou si l'on préfère, d'une compétence propre qui lui soit conférée par la loi : il n'est pas le subordonné d'**autres organes de la protection du**

1. L. n° 2007-308, 5 mars 2007, portant réforme de la protection juridique des majeurs, *JO* 7 mars, p. 4325.
2. T. Fossier, « La représentation légale des incapables, une théorie à construire », *Dr. fam.* 2004, chron. 10.

mineur[1], ces autres organes donnent des **autorisations** mais jamais des ordres et n'endossent d'ailleurs pas la responsabilité de la représentation et de l'administration légales (v. s[s] n° 234.72). Cette dimension de « *légitimité supérieure* » de la représentation légale est particulièrement forte lorsque son titulaire est en même temps l'un des titulaires de l'autorité parentale[2].

Ensuite, cette **compétence générale**, dont nous avons dit qu'elle ne se résume pas à une gestion, excède les hypothèses dans lesquelles il faut se prononcer à propos d'un acte juridique, au sens de l'exercice volontaire d'un droit : c'est aussi dans toute démarche administrative, dans toute relation avec les tiers, face à tous les faits qui surviennent, que l'administrateur légal « est » le mineur.

Enfin, **la représentation est dite « parfaite »**, parce que le patrimoine ou la personnalité de l'administrateur et représentant légal lui-même sont sans importance. C'est toujours le mineur, mais soutenu ou grandi par son représentant légal, qui est en cause, c'est toujours lui, et lui seul, qui est engagé. Réciproquement, le représentant légal n'a pas d'autres prérogatives que celles du mineur lui-même (ainsi jugé à propos d'un administrateur *ad hoc*, mais extensible à toute représentation légale[3]).

234.14 Exclusivité. Cette compétence légale implique nécessairement une exclusivité. Le mineur d'abord en connaît les effets : la représentation légale est une garantie et une protection, mais elle prive le représenté des « pouvoirs » correspondants (pour des applications à l'administration des biens d'un majeur incapable, transposables à la représentation légale du mineur[4]). Les tiers ensuite doivent aussi respecter le mécanisme de représentation : ils ne sauraient, même de bonne foi, s'adresser directement au mineur. L'école, le médecin, le commerçant, la victime d'un dommage, ne doivent en principe se tourner que vers l'administrateur légal, en tant que représentant obligé du mineur.

On soulignera encore que la représentation légale est un **mécanisme qui vise à pallier la défaillance du représenté**, son incapacité : les rapports légaux entre le représentant et le juge ne concernent pas les tiers, qui ne sauraient par exemple faire prescrire quoi que ce soit au représentant par le juge.

234.15 Autonomie et indivisibilité. Enfin, la représentation légale au sens strict, c'est-à-dire abstraction faite du gouvernement des intérêts juridiques de l'enfant, n'est pas soumise à un contrôle : elle s'exerce en de multiples circonstances, on voit mal qu'elle puisse dégénérer en préjudice pour le mineur, ou qu'elle puisse nécessiter un compte rendu détaillé, en somme elle est autonome. Pour des raisons comparables, la représentation légale, toujours au sens le plus strict, ne donne pas lieu à une répartition de compétences entre père ou mère ou organes judiciaires : elle est indivisible.

B.
L'exception : la compétence propre du mineur

234.21 Énoncé légal. La fin du premier alinéa de l'article 389-3 du Code civil indique que la représentation légale cesse dans les cas où la loi ou l'usage autorise les mineurs à agir eux-mêmes. Comme le début du texte, examiné ci-dessus, cette formulation trahit les **insuffisances de la définition théorique de la représentation légale**. En effet, elle recouvre à la fois la notion de « *capacité naturelle* » (v. s[s] n° 234.22), c'est-à-dire l'idée selon laquelle un mineur se dispense de représentation légale pour certains actes strictement personnels, et la notion de « *pré-majorité* », c'est-à-dire le foisonnement contemporain des libertés purement patrimoniales laissées aux adolescents, voire aux enfants (v. s[s] n°s 234.31 et 234.32).

En outre, la formulation de l'article 389-3 semble procéder d'un « tout ou rien » : l'enfant est représenté ou alors, autonome. Le droit positif présente cependant quantité de **situations intermédiaires** dans lesquelles le mineur est assisté, c'est-à-dire agit seul mais avec une autorisation préalable ou avec un contreseing de ses représentants légaux (v. s[s] n° 234.41).

234.22 Capacité naturelle. Certaines prérogatives de l'individu sont rétives à la représentation, parce qu'elles constituent l'expression de la conscience, même si elles ont une dimension d'acte civil et public, voire des conséquences patrimoniales. Ces **droits subjectifs** sont donc mis en œuvre par le mineur, et lui seul. Par suite, s'il agit – ou s'abstient – au rebours de ses intérêts, le représentant légal ne peut se substituer à lui : la saisine du juge des enfants est la seule ressource, sur la preuve d'un danger effectif. Sur un plan théorique, il est concevable de présenter ces hypothèses comme des exceptions à la représentation légale, ce que nous faisons ici, ou comme des exceptions à l'autorité

1. Civ. 25 févr. 1879, *S.* 1879, I, p. 275; *DP* 1879, I, p. 157.
2. J. Hauser, « De la nature juridique de la représentation légale des mineurs », *RJPF* juin 2001, p. 6.
3. Cass. ch. mixte, 9 févr. 2001, n° 98-18.661, *Bull. ch. mixte,* n° 1; *RJPF* 2001, p. 6, note crit. Hauser; *JCP* 2001, II, 10514, note crit. Fossier; *RJPF* avr. 2001, p. 38, note Guerder; *Dr. fam.* 2001, comm. 53, obs. Gouttenoire; *RDSS* 2001, 833, note Bruggeman.
4. Civ. 1re, 9 nov. 1982, *D.* 1983, 358, note Massip – CA Bourges, 2 mai 2002, *Dr. fam.* 2002, comm. 15, obs. Fossier.

parentale, les droits en question étant d'ordre extra-patrimonial.

Traditionnellement, **les faits et les actes qui entourent la procréation** sont le siège de la capacité naturelle. Ainsi en est-il de la **reconnaissance d'un enfant naturel** (C. civ., art. 316, réd. ord. n° 2005-759, 4 juill. 2005, remplaçant les anciens articles 334-8 et 335 du Code civil)[1], de l'**action en recherche de paternité** (v. s[s] n°s 213.130 s. et anc. C. civ., art. 340-2 – Comp. C. civ., art. 327, al. 2, et 328 nouv.)[2]. Dans le même ordre d'idées, en quelque sorte pour faire suite à l'acte procréatif, l'autorité parentale est conservée au mineur sur ses propres enfants (comp. pour un majeur[3]) : une tutelle ou une délégation n'iront pas de soi (v. s[s] n°s 232.350 s. et n°s 234.161 s.).

Il est en revanche des situations touchant à la procréation, qui échappent tant au consentement du mineur qu'à celui de son représentant légal, soit parce qu'il s'agit d'actes interdits avant le dix-huitième anniversaire (stérilisation à fin contraceptive : CSP, art. L. 2123-1), soit parce que le recueil du consentement n'est pas requis (décision d'accoucher anonymement, v. n° 212.14 : jugé sur le fondement de l'incapacité[4] – jugé de même mais sur le fondement du dol[5]).

Plus récemment, des objectifs de protection de l'enfant contre l'indiscrétion, voire l'incurie, de ses représentants légaux, ont amené le législateur à priver ceux-ci de leur pouvoir normal. Le **droit de saisine du juge des enfants** (v. s[s] n°s 235.191 s.) en est le seul cas de droit civil. Mais dans le domaine de la santé, l'**interruption d'une grossesse** (CSP, art. L. 2212-7, réd. L. 4 juill. 2001, qui laisse quand même une chance à une information aux père et mère); la **délivrance de préservatifs** (CSP, art. L. 5134-1); les **soins de médecine somatique** lorsque l'enfant les veut secrets (CSP, art. L. 1111-5; sur le cas où il n'exige pas le secret, v. s[s] n° 232.112) sont autant d'hypothèses qui illustrent aussi la notion de capacité naturelle.

De manière plus floue, la convention de New York du 26 janvier 1990, dite « Convention des Nations Unies sur les droits de l'enfant » (v. s[s] n° 63.14), qui peut être invoquée directement en droit interne, comporte un certain nombre de dispositions qui permettent ainsi à l'enfant d'échapper à la représentation légale au nom de principes supérieurs qui touchent à la conscience de l'individu (art. 13 sur la **liberté d'expression**; art. 16 sur la **liberté d'association**, sur la **vie privée**, sur la **réputation** et l'**honneur**; art. 9 sur la **liberté de conscience**). Des traductions concrètes de ces directives supranationales sont intervenues dans des textes de droit interne dès 1993, qui écartent le représentant légal (sur l'**audition de l'enfant en procédure civile**, v. s[s] n°s 233.08 s.). La jurisprudence aura à édifier la suite de la construction.

234.31 Pré-majorité patrimoniale, 1/ Testament et travail. Il ne relève pas d'une capacité naturelle que le mineur puisse agir seul sur son patrimoine; au contraire, l'article 1124 du Code civil fait de l'incapacité la « *nature des choses* » pour l'enfant ou l'adolescent de moins de dix-huit ans. Il n'en demeure pas moins qu'à l'approche de ses dix-huit ans, le jeune homme ou la jeune fille se voient dotés de possibilités importantes, qui excluent le représentant légal[6].

La plus traditionnelle de ces possibilités est le **droit de tester** à partir de seize ans, pour la moitié de la quotité disponible (C. civ., art. 904 et 907, inchangés, L. n° 2006-728, 23 juin 2006[7]). De manière presque aussi ancienne, le mineur peut **passer un contrat de travail** dès qu'il a atteint la limite d'âge de la scolarisation obligatoire (l'arrêt ne propose que la sanction de la rescision en cas de lésion et non celle de la nullité[8]), et **adhérer** en conséquence **à un syndicat ou à une mutuelle** (C. trav., art. L. 2131-4; C. mut., art. 3 – V. aussi, C. civ., art. 1308) même s'il ne peut gérer les salaires qui lui seront payés[9] (ces revenus échapperont quand même à la jouissance légale, v. s[s] n° 234.82).

234.32 Pré-majorité patrimoniale, 2/ Mandat et actes usuels ou de la vie courante. Inchangé en ce qui concerne le mineur depuis 1804, l'article 1990 du Code civil permet à un mineur d'être mandataire : somme toute, le mandant saura à quoi il s'expose...

C'est d'ailleurs sur une présomption de mandat que les grands enfants ont pu, notamment à l'épo-

1. Civ. 23 juin 1813, *S.* 1813, 1, p. 281 – COMP. pour un majeur, TI Quimperlé, 16 oct. 1999, *JCP* 2000, II, 10252, note Garé; *RTD civ.* 2000, 85, obs. Hauser; *LPA* 2000, n° 131, obs. Massip.
2. Civ. 1re, 12 oct. 1983, *D.* 1984, 328, obs. Massip.
3. TI Saint-Omer, 3 mai 1989, *JCP* 1990, II, 21514, note Fossier – Civ. 1re, 14 juin 1988, *D.* 1988, 2, 797, note Massip.
4. Civ. 1re, 5 nov. 1996, n° 96-11.073, *Bull. civ.* I, n° 368; *D.* 1997, 587, note Massip; *D.* 1997, somm. 161, obs. Granet; *RTD civ.* 1997, 98, obs. Hauser.
5. Civ. 1re, 6 avr. 2004, n° 03-19.026, *Bull. civ.* I, n° 107; *Dr. fam.* 2004, comm. 120, obs. Murat; *AJ fam.* 2004, 242.
6. V. F. Gisser, « Réflexions en vue d'une réforme de la capacité des incapables mineurs, une institution en cours de formation, la pré-majorité », *JCP N* 1985, 1, 56 – A. Cermolacce, « Les contrats du mineur », *Dr. fam.* 2006, chron. 27.
7. L. n° 2006-728, 23 juin 2006, portant réforme des successions et des libéralités, *JO* 24 juin, p. 9513.
8. Soc. 4 oct. 1966, *Dr. soc.* 1967, 178, obs. Savatier.
9. Civ. 10 févr. 1926, *DP* 1927, 1, 20.

que où la majorité survenait tard, faire eux-mêmes des actes simples sur leur propre patrimoine. La base juridique était fragile et le visa de « l'usage » dans l'article 389-3 tel que rédigé en 1964, a permis, avec plus de sûreté, de reconnaître au mineur agissant seul le droit d'accomplir des actes que la doctrine a baptisés « *de la vie courante* ». Il ne s'agira pas d'actes dont la dimension personnelle est aussi forte que dans le testament ou le contrat de travail, mais d'**actes patrimoniaux de toutes sortes, y compris d'actes de disposition.** Il faut bien comprendre que la notion a été créée pour que la nullité de ces actes ne puisse pas être soulevée par le représentant légal lorsque celui-ci découvrira ce à quoi s'est engagé isolément le mineur : il n'existe donc pas de définition, moins encore de liste de ces actes[1]. La reconnaissance du caractère d'« acte de la vie courante » d'une opération donnée ne relève que des juges saisis d'une action en nullité, usant ici de leur pouvoir souverain[2] mais tenus d'opérer cette recherche, c'est-à-dire d'écarter expressément la qualification d'acte de la vie courante s'ils veulent annuler[3]. Les décisions accessibles de cours d'appel (v. *Mégacode civil* Dalloz, s^s art. 389-3) conduisent à dégager trois critères, cumulatifs : pour relever de la « *vie courante* » du mineur (formulation doctrinale) ou de l'« *usage* » (formulation légale), il faut que l'acte soit à la fois **proportionné à l'état de fortune du mineur, conforme à ses habitudes de vie** et à celles de la famille, et **conforme à la maturité du mineur**. Que l'acte ait été préjudiciable au mineur n'empêchera pas de considérer qu'il relevait de la vie courante : sinon, une action en dommages et intérêts se substituerait trop facilement à l'action en nullité que l'on veut faire échouer.

Naturellement, les tiers sont hors d'état de prévoir que ces critères sont ou ne sont pas satisfaits; mais précisément, la jurisprudence ne souhaite pas les encourager à spéculer sur un refus d'annulation de l'acte en justice.

Conformément à cette **conjonction de critères subjectifs**, la notion ne s'entendra pas exactement de même pour un majeur incapable (v. s^s n°s 332.56 s.).

234.33 Pré-majorité patrimoniale – 3/ Banque. Enfin, dans une période récente, les banques ont proposé qu'un mineur puisse faire ouvrir un compte d'épargne ou livret (sur lesquels les positions débitrices ne soient pas tolérées, parce qu'alors, le Code de la consommation s'appliquerait) et puisse y disposer, par tout moyen y compris une carte électronique, des fonds qui y sont déposés; pour contourner le principe d'incapacité du mineur, le compte est ouvert par les soins et au nom du représentant légal, qui donne mandat au mineur de le faire fonctionner (sur le droit de choisir un mineur comme mandataire, v. s^s n° 234.32). L'article L. 221-4 du Code monétaire et financier (anc^t C. caisses d'épargne, art. 13) a dès longtemps comporté une prévision de ce type pour les caisses d'épargne. Il paraît très difficile de la refuser aux autres établissements financiers[4].

234.41 Assistance se substituant à la représentation. Le mécanisme de la **co-action associant le mineur et son représentant légal** tend à retenir de plus en plus le choix du législateur ou à se développer dans la pratique sociale[5]. La forme normale de l'assistance veut que le mineur conserve le monopole de l'acte mais soit contraint d'obtenir le contreseing de son représentant légal. Le mariage et le contrat de mariage font appel à cette technique (v. s^s n°s 111.151 s.), parce que le temps n'est plus où le représentant légal prenait l'initiative de marier les enfants... Il en est de même pour le contrat de travail avant l'âge de seize ans[6] ou le contrat d'apprentissage (C. trav., art. L. 6223-5 à L. 6223-8 et R. 6223-22 à R. 6223-23) et les droits d'ester correspondants. La jurisprudence a aussi considéré que le mineur pouvait engager son image (cinéma, publicité, *press-book*...) mais avec l'autorisation parentale[7]. On observera que le mineur peut aussi participer à un spectacle ou faire de la publicité sans que la décision du représentant légal soit suffisante ni même nécessaire : une commission administrative s'y substitue (C. trav., art. L. 7124-1 s., réd. L. n° 2008-67, 21 janv. 2008)[8].

234.42 Droit de veto du mineur. La co-action peut aussi se traduire ainsi : l'initiative d'un acte est laissée au représentant légal, le mineur étant appelé à donner son consentement et disposant de ce fait d'un véritable droit de veto, au-delà duquel il n'est

1. V. P. Conte et J.-C Montanier, « Les actes patrimoniaux du mineur non émancipé », *JCP N* 1986, 1, 401 – M. Grimaldi, « L'administration légale à l'épreuve de l'adolescence », *Defrénois* 1991, art. 34999.
2. Civ. 1re, 4 nov. 1970, *D.* 1971, 186; *JCP* 1971, II, 16631; *RTD civ.* 1971, 613, obs. Nerson – Civ. 1re, 3 juin 1980, *Defrénois* 1981, art. 32599, obs. Massip.
3. Civ. 1re, 12 nov. 1998, n° 97-13.248, NPT; *Dr. fam.* 1999, comm. 35, obs. Fossier; *JCP* 1999, II, 10053, note Garé; *RTD civ.* 1999, 360, obs. Hauser; *D.* 2000, J. 39, note Farge.
4. Civ. 1re, 12 nov. 1998, n° 97-13.248, NPT, préc. s^s n° 234.32 – V. Rizzo, « L'activité bancaire du mineur non émancipé », *RJPF* 2000, 4/12.
5. V. J.-J. Lemouland, « L'assistance du mineur, une voie possible entre l'autonomie et la représentation », *RTD civ.* 1997, 1.
6. Jurisprudence préc., *a contrario*.
7. Civ. 1re, 27 mars 1990, n° 88-18.396, *Bull. civ.* I, n° 72.
8. Antérieurement à la loi n° 2004-1, du 2 janvier 2004, v. A. Bruel, « L'exploitation de l'image de l'enfant en France », *LPA* 1999, n° 238, 14.

pas possible de passer, sinon en saisissant le juge des enfants au motif d'un danger. Le **droit de la santé publique** fait volontiers appel à cette technique (CSP, art. L. 1122-2, sur les **recherches biomédicales**; CSP, art. L. 1221-1 et L. 1241-1, sur les **prélèvements**; CSP, art. L. 1111-2, 1111-4 et 1111-7, sur les **soins** si le mineur n'a pas voulu le secret). Le droit civil n'y est pas hostile, comme on le constate dans les **procédures d'adoption** (v. s[s] n° 221.41), ou celle du **changement de prénom** (v. s[s] n° 231.210).

On ne confondra pas cette autorisation demandée au mineur, avec un simple avis (par ex., CASF, art. L. 223-4), qui n'empêchera jamais les adultes d'agir.

§ 2
Gestion des biens

A.
Accomplissement des actes de la vie civile

234.51 Définition de l'administration légale des biens du mineur. L'article 1124 du Code civil pose le principe de l'incapacité du mineur non émancipé de contracter, ce qui implique l'incapacité plus générale de gérer ses intérêts patrimoniaux. Il faut donc que le représentant légal soit chargé par la loi d'agir, ou de ne pas agir, au nom du mineur : cette fonction est l'administration légale, dont nous avons vu aussi que curieusement, elle est présentée par la loi comme incluant la représentation légale, plutôt que l'inverse. Nous avons dit (v. s[s] n°s 234.10 s.) que cette disposition n'est pas ou n'est plus tout à fait exacte : puisque la représentation légale connaît des limitations, la gestion de ses propres biens incombe parfois au mineur lui-même, en sorte que l'administrateur légal doit s'effacer. Nous n'y reviendrons pas.

234.52 Réforme du 5 mars 2007. La loi n° 2007-308 du 5 mars 2007, n'a pas apporté de changements fondamentaux aux modalités de gestion des biens du mineur. Elle a regroupé l'ensemble de ces règles dans un nouveau titre XII du livre I du Code civil, de sorte à éviter les renvois de la tutelle vers l'administration légale (ou vers la protection des majeurs, v. s[s] n° 332.00 s.). Un décret d'application n° 2008-1484, du 22 décembre. 2008 [1], complète les règles légales.

1. Décr. n° 2008-1484, 22 déc. 2008, relatif aux actes de gestion du patrimoine des personnes placées en curatelle ou en tutelle, et pris en application des articles 452, 496 et 502 du Code civil, *JO* 31 déc., p. 20631.

234.53 Principe d'assimilation à la tutelle des mineurs. L'article 389-5 alinéa 1er du Code civil, dont nous verrons (v. s[s] n° 234.91) qu'il s'applique aux cas de concours de deux administrateurs légaux, évoque « *les actes qu'un tuteur ne pourrait faire qu'avec l'autorisation du conseil de famille* ». L'article 389-6, qui s'applique aux cas où le mineur n'a qu'un seul administrateur légal (v. s[s] n° 234.181), évoque « *les actes qu'un tuteur ne pourrait faire qu'avec une autorisation* » (sous entendu : du conseil de famille, du subrogé tuteur ou du juge des tutelles). L'article 389-7 opère finalement pour les deux cas (un seul ou deux administrateurs légaux) un renvoi implicite aux articles 450 à 468 qui régissent la gestion du tuteur : actes que celui-ci peut faire seul, actes pour lesquels il doit demander une autorisation ou accomplir une formalité spéciale, actes purement et simplement interdits.

Conformément à cette présentation légale, nous renvoyons donc à ce qui sera dit de la gestion patrimoniale à propos de la tutelle avec conseil de famille, et aux ouvrages les plus complets de droit patrimonial de la famille, sauf les précisions sommaires ci-après.

234.54 Répartition des actes de la vie civile. Il faut seulement rappeler pour la bonne compréhension de la suite, que la **distribution des pouvoirs,** donc des **responsabilités**, repose sur une **classification des actes de la vie civile**, par ordre de gravité : si le mineur ou un organe de la protection du mineur outrepasse ses pouvoirs, l'acte est nul, éventuellement rescindable (v. s[s] n° 234.71). La classification des actes a été donnée par le décret d'application de l'article 496 nouveau du Code civil [2]. Ce décret n'évoque qu'indirectement les **actes conservatoires**, de sorte qu'il faut en redonner la définition généralement admise.

Est acte conservatoire un **acte nécessaire et urgent qui prévient un risque ou évite une perte**; ainsi, l'interruption d'une prescription, le paiement d'une dette incontestable, les menus travaux indispensables. Ce type d'acte est autorisé à l'un ou à l'autre des administrateurs légaux quand ils sont deux, sans consultation de l'autre; à l'administrateur légal qui est seul, sans consultation du juge; et en principe au mineur lui-même.

Pour les **actes d'administration et de disposition**, le décret en donne d'une part une définition générale, d'autre part des listes, l'une obligatoire, l'autre indicative pour le tuteur. Le décret, auquel on se reportera, s'exprime comme suit.

Art. 1 : « Constituent des actes d'administration les actes d'exploitation ou de mise en valeur du patrimoine de la personne protégée dénués de risque anormal. Figure

2. Décr. n° 2008-1484, 22 déc. 2008.

dans la colonne 1 du tableau constituant l'annexe 1 du présent décret une liste des actes qui sont regardés comme des actes d'administration. Figure dans la colonne 1 du tableau constituant l'annexe 2 du présent décret une liste non exhaustive d'actes qui sont regardés comme des actes d'administration, à moins que les circonstances d'espèce ne permettent pas au tuteur de considérer qu'ils répondent aux critères de l'alinéa 1er en raison de leurs conséquences importantes sur le contenu ou la valeur du patrimoine de la personne protégée, sur les prérogatives de celle-ci ou sur son mode de vie ».

Art. 2 : « Constituent des actes de disposition les actes qui engagent le patrimoine de la personne protégée, pour le présent ou l'avenir, par une modification importante de son contenu, une dépréciation significative de sa valeur en capital ou une altération durable des prérogatives de son titulaire. Figure dans la colonne 2 du tableau constituant l'annexe 1 du présent décret une liste des actes qui sont regardés comme des actes de disposition. Figure dans la colonne 2 du tableau constituant l'annexe 2 du présent décret une liste non exhaustive d'actes qui sont regardés comme des actes de disposition, à moins que les circonstances d'espèce ne permettent pas au tuteur de considérer qu'ils répondent aux critères de l'alinéa 1er en raison de leurs faibles conséquences sur le contenu ou la valeur du patrimoine de la personne protégée, sur les prérogatives de celle-ci ou sur son mode de vie. »

234.55 Actes interdits. La protection patrimoniale de l'incapable utilise, au-delà des catégories d'actes que reconnaît l'ensemble du droit civil, une notion spécifique d'actes interdits.

La loi du 5 mars 2007 en a simplement rénové la liste (C. civ., art. 509), liste complétée par la loi n° 2008-776 du 4 août 2008[1]. Le tuteur ne peut, même avec une autorisation :

« 1° Accomplir des actes qui emportent une aliénation gratuite des biens ou des droits de la personne protégée sauf ce qui est dit à propos des donations, tels que la remise de dette, la renonciation gratuite à un droit acquis, la renonciation anticipée à l'action en réduction visée aux articles 929 à 930-5, la mainlevée d'hypothèque ou de sûreté sans paiement ou la constitution gratuite d'une servitude ou d'une sûreté pour garantir la dette d'un tiers;

2° Acquérir d'un tiers un droit ou une créance que ce dernier détient contre la personne protégée;

3° Exercer le commerce ou une profession libérale au nom de la personne protégée;

4° Acheter les biens de la personne protégée ainsi que les prendre à bail ou à ferme, sous réserve des dispositions de l'article 508;

5° Transférer dans un patrimoine fiduciaire les biens ou droits d'un majeur protégé ».

1. L. n° 2008-776, 4 août 2008, de modernisation de l'économie, *JO* 5 août, p. 12471.

B. Hypothèses de contrôle judiciaire

234.61 Absence de conseil de famille; autorisations d'actes. Les administrations légales ne connaissent pas le conseil de famille : émanations de l'autorité parentale, elles se dispensent des suggestions, plus encore des autorisations, des grands-parents, alliés et amis...

Mais les administrations légales ne sont pas, comme le serait éventuellement la représentation légale en général, des situations dénuées de contrôles; ce sont au contraire des missions légales, dont la finalité est l'intérêt propre de l'enfant et qui sont donc soumises aux intrusions de l'autorité publique.

C'est ainsi que l'article 389-5 alinéa 3 du Code civil soumet les **administrateurs légaux œuvrant à deux** à un **contrôle du juge des tutelles pour certains actes** : il s'agit d'un **contrôle ponctuel**, prévu dans des cas plus restreints que dans la tutelle avec conseil de famille (v. s[s] n° 234.92).

Quant à l'article 389-6, applicable aux **administrateurs légaux « solitaires »**, il **généralise le contrôle judiciaire à tous les actes de disposition**, à l'imitation de ce que fait le conseil de famille dans la tutelle (v. s[s] n° 234.191).

234.62 Rôle du juge en général. Alors que dans la tutelle avec conseil de famille, le juge est surtout membre du conseil, il prend dans les administrations légales une place, donc une responsabilité, plus originale et spécifique. Ce **juge** exerce une **surveillance générale sur les administrations légales** de son ressort, que celles-ci soient pures et simples ou contrôlées (C. civ., art. 388-3). La règle est la même que pour les tutelles.

Il faut d'abord préciser que surveillance n'est pas supériorité hiérarchique. Conformément à la théorie générale de la représentation (v. bibliographie s[s] n° 234.03), le juge ne se substitue pas à l'administrateur légal dans la gestion de la fortune du mineur. Il demeure un **contrôleur**, chargé de déceler les cas aberrants dans lesquels les père ou mère ne s'acquittent pas de leur rôle. Il ne donne pas d'ordres en matière de gestion, il avalise ou pas les solutions qui lui sont proposées et le gestionnaire reste libre d'exécuter ou pas l'autorisation donnée. Par suite, il est essentiel de noter que :

– l'**intervention du juge des tutelles** ne purge pas les actes qui y font suite de leurs nullités (v. s[s] n° 234.71);

– cette intervention ne fait pas écran à la **responsabilité civile du tuteur** pour mauvaise gestion (v. s[s] n° 234.72);

– le juge des tutelles, contrôleur et aussi conseil ou interlocuteur mis par la loi à disposition des administrateurs légaux, n'est saisi en principe que par eux et ne statue que sous réserve des droits des tiers; ces tiers n'ont donc pas qualité pour saisir le juge des tutelles aux fins de contraindre le tuteur à quoi que ce soit, ni même qualité pour frapper du recours les décisions de ce magistrat qui leur déplairaient : ils doivent se pourvoir devant le juge de droit commun contre le ou les administrateurs[1].

La loi donne des indications sur les moyens de surveillance du juge et la jurisprudence a complété, notamment en offrant une sorte d'immunité à qui renseignera le juge sur les manquements des administrateurs légaux ou tuteurs[2].

Le juge peut aussi convoquer les administrateurs légaux, tuteurs et autres organes tutélaires, leur réclamer des éclaircissements, leur adresser des observations, prononcer contre eux des injonctions (C. civ., art. 388-3).

Il peut condamner à une amende civile, ceux qui, sans excuse légitime, n'auront pas déféré à ses injonctions (C. civ., art. 388-3).

Enfin, le juge peut (et parfois doit, v. s[s] n°s 233.110 s.) entendre le mineur protégé, ce qui lui donnera des renseignements complémentaires utiles.

Le juge des tutelles est encore libre de substituer la tutelle à l'administration légale pure et simple ou sous contrôle judiciaire, pour sanctionner les agissements ou la carence de l'administrateur légal.

234.63 Compétence et désignation. Pour mettre fin à des ambigüités antérieures, le Code de procédure civile énonce à l'article 1211 (réd. Décr. n° 2008-1276, 5 déc. 2008[3]) : « *Le juge des tutelles territorialement compétent est celui de la résidence habituelle de la personne à protéger ou protégée ou celui du domicile du tuteur.* »

Selon l'article L. 213-3-1 du Code de l'organisation judiciaire, créé par la loi n° 2009-526 du 12 mai 2009, art. 13 (V)[4] :

« *Le juge aux affaires familiales exerce les fonctions de juge des tutelles des mineurs.*

Il connaît :

1° De l'émancipation;

2° De l'administration légale et de la tutelle des mineurs;

3° De la tutelle des pupilles de la nation. »

Le décret n° 2009-1628 du 23 décembre 2009 (art. 22-II)[5], énonce : « *Au 1er janvier 2010, les dossiers en cours relatifs à la protection juridique des mineurs sont transférés de plein droit au juge aux affaires familiales. Il n'y a pas lieu de renouveler les actes, formalités et jugements régulièrement intervenus antérieurement au transfert des procédures, à l'exception des actes valant convocation devant le juge des tutelles à une date postérieure au 1er janvier 2010* ».

Mais à la demande de la Chancellerie, les présidents de tribunal de grande instance usant des pouvoirs d'organisation qui sont les leurs, ont re-délégué les fonctions tutélaires des juges aux affaires familiales (JAF) aux juges d'instance, par ailleurs (COJ, art. L. 221-3) juges des tutelles des majeurs et, jusqu'à la loi du 12 mai 2009, chargés aussi des mineurs. Les dispositions du décret du 23 décembre 2009 resteront donc sans suite pour le moment.

Les articles 339 et 341 du Code de procédure civile, relatifs à la récusation et à l'abstention de juge, sont applicables au juge des tutelles. Le juge des tutelles constitue une juridiction distincte, sur le plan de la procédure et de la responsabilité professionnelle sinon sur le plan administratif, du tribunal de grande instance.

234.64 Greffe. La multiplicité des compétences du juge des tutelles nécessite la mise en place d'un service du greffe spécialisé. Le **greffier des tutelles** constitue le dossier de l'administration légale ou de la tutelle, conformément au nouveau répertoire général des affaires civiles.

Il assiste le juge dans ses **fonctions juridictionnelles** (circ. Justice, 1er juill. 1966, n° 24, qu'il faut considérer comme encore applicable sur ce point).

Il formalise les éventuelles **inscriptions hypothécaires**. Il est chargé des **convocations**, reçoit les **recours**, conserve les **minutes d'ordonnances et de jugements**. Lorsque le juge a requis sa présence à une audition, il en dresse **procès-verbal** lui-même, bien que l'habitude se soit établie d'écrire sous la dictée du juge. Le greffier des tutelles prépare et instruit les **mémoires des frais de justice** pour que s'exerce l'appréciation du juge si nécessaire. Comme tout greffier du tribunal d'instance, il peut être amené à décider l'**apposition de scellés** dans les cas prévus par la loi (C. pr. civ., art. 1305 et 1326).

234.65 Procédure en première instance. La procédure à suivre est désormais régie par les articles 1211, 1213, 1216, 1217, 1222 à 1224, 1226,

1. V. T. Fossier, « La représentation légale des incapables, une théorie à construire », *Dr. fam.* 2004, chron. 10, not. § 23 s.
2. Civ. 2e, 27 mai 1998, n° 95-15.502, *Bull. civ.* II, n° 168; *Dr. fam.* 1998, comm. 110, obs. Fossier.
3. Décr. n° 2008-1276, 5 déc. 2008, relatif à la protection juridique des mineurs et des majeurs et modifiant le Code de procédure civile, *JO* 7 déc., p. 18646.
4. L. n° 2009-526, 12 mai 2009, de simplification et de clarification du droit et d'allègement des procédures, *JO* 13 mai, p. 7920.
5. Décr. n° 2009-1628, 23 déc. 2009, relatif à l'appel contre les décisions du juge des tutelles et les délibérations du conseil de famille et modifiant diverses dispositions concernant la protection juridique des mineurs et des majeurs, *JO* 26 déc., p. 22311.

1229 à 1233, 1239 à 1247, 1253 et 1254 du Code de procédure civile. Il s'agit d'une **procédure sur requête**, que les textes nouveaux ont cherché à aligner sur les autres procédures du même type. Le principe contradictoire peut même trouver une place, si le juge l'estime nécessaire (C. pr. civ., art. 1213). Les décisions doivent être **motivées** et **notifiées** (v. déjà sous la régime antérieur et à propos du formalisme minimum des décisions du juge des tutelles [1]). L'accès au dossier du juge est organisé.

234.66 **Recours.** La loi du 12 mai 2009 a modifié les mécanismes du recours. pour en faire un **appel** : si la remise en cause de la décision de première instance est nécessairement plus limitée que dans un recours, le droit commun de l'appel permettra en revanche de répondre à des questions demeurées auparavant sans réponse.

L'article 1239 du Code de procédure civile (mod. par Décr. n° 2009-1628, 23 déc. 2009, art. 2) dispose :

« *Sauf disposition contraire, les décisions du juge des tutelles et les délibérations du conseil de famille sont susceptibles d'appel.*

Sans préjudice des dispositions prévues par les articles 1239-1 à 1239-3, l'appel est ouvert aux personnes énumérées à l'article 430 du Code civil, même si elles ne sont pas intervenues à l'instance.

Le délai d'appel est de quinze jours.

Les parties ne sont pas tenues de constituer avocat ou avoué ».

Le décret du 23 décembre 2009, dans son article 22, énonce à son tour :

« *I. — L'article 2 du présent décret entre en vigueur le 1er janvier 2010. Il ne s'applique pas aux recours formés avant cette date.*

II. — Au 1er janvier 2010, les dossiers en cours relatifs à la protection juridique des mineurs sont transférés de plein droit au juge aux affaires familiales.

Il n'y a pas lieu de renouveler les actes, formalités et jugements régulièrement intervenus antérieurement au transfert des procédures, à l'exception des actes valant convocation devant le juge des tutelles à une date postérieure au 1er janvier 2010. »

Sur la **tierce opposition**, la loi n° 2007-308 du 5 mars 2007 a entendu mettre fin à certains errements jurisprudentiels et a énoncé, dans un article 499 alinéa 3 du Code civil, que « *la tierce opposition contre les autorisations du conseil de famille ou du juge ne peut être exercée que par les créanciers de la personne protégée et en cas de fraude à leurs droits* ».

234.67 **Frais.** Les services du juge des tutelles à proprement parler sont totalement gratuits.

L'article R. 93 du Code de procédure pénale assimile aux frais de justice criminelle, les dépenses qui résultent des procédures suivies en matière d'administration légale : enquête sociale, expertise comptable, prisée et inventaire, pour les juges et greffiers, indemnités de séjour et frais de voyage, *etc.*

L'assimilation réglementaire aux frais de justice permet au juge des tutelles :

- de taxer selon le barème du Code de procédure pénale, si la dépense est d'un type qui est visé par ledit barème;
- de faire supporter les frais par le mineur, s'il en a les moyens;
- de les faire avancer par le Trésor public, qui les recouvrera ensuite sur le mineur, si celui-ci en reçoit ultérieurement les moyens;
- de rendre ordonnance constatant l'impécuniosité du mineur, et de laisser ainsi définitivement les frais à la charge du Trésor public (C. pr. pén., art. R. 214 et R. 217).

234.68 **Rôle du ministère public.** Alors que le **parquet** doit avoir communication des affaires relatives à l'organisation de la tutelle des mineurs (C. pr. civ., art. 425; l'organisation s'entend ici au sens juridique, comme ce qui se différencie du fonctionnement), il n'intervient pas en matière d'administration légale, sinon sur le fondement très général de l'article 426, pratiquement inusité en la matière. Il est néanmoins chargé, par le nouvel article 388-3 du Code civil, d'une **mission de surveillance**, au même titre que le juge des tutelles.

C.
Sanctions, comptes et responsabilités

234.71 **Nullité et rescision.** Pour garantir une efficacité minimale à la répartition des compétences qu'elle organise, la loi prévoit des sanctions civiles, précisément des actions en nullité ou en rescision. Dans le Code civil, le siège de la matière n'est pas dans le titre X du livre I qui nous occupe ici, mais dans les règles des contrats (C. civ., art. 1304 à 1314 et 1338). Nous nous contenterons donc d'en rappeler les grandes lignes, pour la commodité du lecteur.

Les actes que le mineur a faits seul alors que même son représentant légal n'aurait pas pu les faire, sont nuls sur la simple preuve de la minorité au jour de l'acte (C. civ., art. 1108 et 1124). Les actes que le mineur a faits seul alors qu'il appartenait à son représentant légal de les faire pour lui sont nuls, soit si le mineur manquait de discernement (jurisprudence développée sur l'article 1124 du C. civ.), soit si l'acte est lésionnaire pour le mineur (C. civ., art. 1305).

1. Civ. 1re, 22 oct. 2008, n° 07-19.964, *Bull. civ.* I, n° 239; *Dr. fam.* 2008, 176, note Fossier.

Les actes que le représentant légal a faits seul alors qu'ils devaient être autorisés par le juge des tutelles, sont eux aussi nuls, même s'ils n'ont pas occasionné de lésion des intérêts du mineur (pour une application[1]). Il en est de même lorsque le juge est saisi non pas d'un projet, mais d'un acte fait sans son autorisation et simplement assorti d'une condition suspensive de son autorisation[2] (la même règle s'appliquant naturellement en matière de tutelle).

Les actes autorisés par le juge des tutelles peuvent encore souffrir des causes de nullité, extérieures au droit des incapacités : nullité formelle, vice du consentement, objet indéterminé ou appartenant à autrui, cause illicite, *etc.* L'autorisation judiciaire donnée, de passer un tel acte ne purgerait pas cet acte de ses nullités si l'on se réfère à la doctrine et à la jurisprudence dominantes sur la matière gracieuse (v. cep. C. civ., art. 1314).

À moins que le cocontractant convienne de l'irrégularité, ou bien qu'il soit encore temps de résister à l'exécution de l'acte, la nullité ou la rescision nécessiteront une action en justice, engagée au plus tard cinq ans après la majorité ou l'émancipation. En tout cas, il y aura lieu à restitution des prestations réciproques, ce qui fait hésiter avant d'engager l'action en nullité. Cependant, dans le cas où le mineur a reçu une somme à l'occasion de l'acte nul ou lésionnaire, il n'en doit restitution qu'à hauteur du profit qu'il a retiré effectivement de l'opération (C. civ., art. 1312).

Sur le rôle de « sauvetage » que peut jouer la gestion d'affaires dans certains cas, la jurisprudence tend à s'assouplir[3]. De même, les possibilités de confirmation des actes nuls existent, comme en droit commun[4].

234.72 Inventaire, comptes et responsabilités. L'article 389-5 du Code civil, dans son 4ᵉ et dernier alinéa, indique que si un acte cause un préjudice au mineur, les **administrateurs légaux** en sont **responsables solidairement**. Dans le même ordre de considérations, le titre XII du livre I du Code civil, intégralement applicable aux administrations légales, prévoit des précautions qui devraient garantir au mineur une gestion sans aléas : **inventaire, hypothèque légale, responsabilité de l'État** et bien entendu – si le juge n'en dispense pas expressément les père et mère –, **reddition de comptes**.

Mais en pratique, parce que l'administration légale est normalement exercée par les géniteurs, dans des cas bien plus rares par un délégataire de l'autorité parentale qui a la confiance *a priori* des juges, l'administration légale ne fait pas l'objet d'un suivi aussi rigoureux que la tutelle avec conseil de famille, qui échoit à des parents plus éloignés, alliés ou amis.

Il peut en résulter, toujours dans le domaine de la pratique, que le mineur devenu majeur sera moins renseigné sur son patrimoine après avoir bénéficié d'une administration légale qu'après avoir été sous tutelle avec conseil de famille... Il est de fait que, ramenées au nombre de cas concernés, les actions en reddition de compte ou en dommages et intérêts sont plutôt plus nombreuses contre d'anciens administrateurs légaux que contre d'anciens tuteurs.

234.73 Budget de l'administration légale. Le législateur ne peut pas avoir voulu régir la situation d'un enfant qui bénéficie de l'autorité parentale et de l'obligation d'éducation et d'entretien qui procède de la généralisation de l'article 203 du Code civil, comme celle de l'enfant qui n'a plus ses parents, ou bien dont ceux-ci ne jouent plus aucun rôle : les exigences du juge, la contribution du patrimoine du mineur, ne peuvent être identiques dans les deux cas. Ces considérations nous conduisent, *contra legem*, à faire exception au renvoi qu'opère l'article 389-7 aux règles de la tutelle sur un point important : le budget de l'administration légale (comp. C. civ., art. 500, al. 1ᵉʳ), autrement dit :

– les frais d'éducation et d'entretien de l'enfant, qui ne se règlent que selon l'article 203 ;

– les dépenses d'administration de ses biens, qui nous semblent relever des charges d'éducation ;

– ainsi que les indemnités éventuelles payées au représentant légal, qui feraient double emploi avec la jouissance légale examinée ci-après.

§ 3.
La jouissance légale

234.81 Texte. Le principe de l'autorité parentale relativement aux biens de l'enfant inclut selon l'article 382 du Code civil le droit de jouissance des biens de l'enfant. Plus loin dans le code, la jouissance légale est attachée à l'administration légale ; elle appartient soit aux deux administrateurs conjointement, soit à celui qui a la charge de l'administration (C. civ., art. 383, al. 2).

1. Cass. ass. plén., 28 mai 1982, nᵒ 79-13.660, *Bull. ass. plén.*, nᵒ 3 ; *D.* 1983, 117, concl. Cabannes, et 349, note Gaillard.
2. Cass. ch. réun., 21 mai 1897, *DP* 1897, 1, 277, concl. Manaud – Civ. 1ʳᵉ, 7 févr. 1984, *Defrénois* 1984, art. 33278 – Civ. 3ᵉ, 23 juin 2004, nᵒ 03-11.311, *Bull. civ.* I, nᵒ 130 ; *Defrénois* 2005, art. 38121, obs. Massip ; *RJPF* 2004-10, p. 10, obs. Valory.
3. CA Toulouse, 28 nov. 2002, *JCP N* 2003, II, 1663, note Plazy – Soc. 13 juill. 2005, *Dr. fam.* 2005, comm. 279, obs. Fossier.
4. Civ. 1ʳᵉ, 6 déc. 2005, nᵒ 03-19.188, NP ; *Dr. fam.* 2006, comm. 115, obs. Fossier ; *RJPF* 2006, 3/19, obs. Pansier.

On peut critiquer ce rattachement, la jouissance légale étant historiquement et naturellement le pendant de l'obligation d'entretien, laquelle concerne tous les parents, et non pas seulement ceux qui administrent les biens de leur enfant. Pour comble de confusion, l'article 384, 2°, indique que sont privés de la jouissance légale les père ou mère qui perdent l'autorité parentale, ou son exercice, ou dont l'administration légale a été convertie en tutelle.

Quant à la rationalité et l'utilité de la jouissance légale, elles sont fortement et justement contestées [1].

234.82 Prérogatives de la jouissance légale : droit aux fruits et produits. Le droit de jouissance légale est un **usufruit**. Pour s'en tenir provisoirement à la dimension de *fructus* (sur l'*usus*, v. s[s] n° 234.84), le titulaire a le droit d'encaisser les revenus périodiques destinés au mineur (par ex., les pensions alimentaires, les prestations sociales, les revenus du travail), d'utiliser gratuitement tout ce qui appartient au mineur en propre (par ex., un immeuble dont il a hérité seul ou en indivision), d'en recueillir les fruits (par ex., le loyer d'un immeuble donné à bail, les intérêts d'un compte rémunéré) et les produits. L'*abusus* des immeubles, capitaux, *etc.*, demeure au mineur : la distinction des patrimoines, dimension fondamentale de la représentation moderne, interdit que le représentant, serait-il père ou mère du représenté, accapare les biens du mineur, se dispense des formes de la loi pour faire des actes de disposition. Il n'est, par exemple, pas licite qu'un capital reçu après le décès d'un parent ou après un accident handicapant le mineur, serve à nourrir celui-ci, autrement dit à soulager le patrimoine parental de l'obligation d'entretien (sur laquelle, v. s[s] n° 234.83).

La répartition des tâches et charges entre l'usufruitier et celui qu'on dénomme « nu-propriétaire » (en l'occurrence, le mineur) fait l'objet de règles contenues notamment dans les articles 595 et suivants du Code civil. On se reportera à ce sujet aux ouvrages de droit civil des biens. On notera simplement que l'usufruitier et le représentant légal du mineur se confondant en une seule personne, son père ou sa mère, il peut y avoir lieu de désigner un administrateur *ad hoc* en cas d'opposition d'intérêts (v. s[s] n° 234.141).

La jouissance légale est cependant un usufruit d'une nature particulière. D'abord, il est **indisponible**, à la différence des autres usufruits : les père et mère ne peuvent pas céder leur jouissance légale à un tiers, et nul n'en hérite à leur mort, et il est de même **insaisissable** [2]. Par ailleurs, la jouissance légale est un usufruit **limité dans le temps** : elle disparaît lorsque le mineur atteint seize ans. Enfin, l'usufruit est généralement universel, il porte sur tous les biens du nu-propriétaire, alors que la jouissance légale est limitée; l'article 387 du Code civil énumère les biens de l'enfant qui ne sont pas soumis au droit de jouissance :

– les biens que l'enfant acquiert par son travail ou qui en découlent (notamment les rémunérations qu'il peut percevoir comme apprenti ou comme artiste) ; ces biens seront gérés par le ou les administrateurs légaux, qui n'en tireront cependant pas de profit, sinon celui d'alléger indirectement leur propre obligation d'entretien;

– les biens légués ou donnés à l'enfant « *sous la condition expresse que les père et mère n'en jouiront pas* » (v. s[s] n° 234.131).

234.83 Obligations de la jouissance légale; entretien du mineur. L'administrateur légal qui possède le droit de jouissance légale, est soumis à certaines charges que l'article 385 du Code civil énumère :

– les charges propres à tout usufruit, notamment certains **frais d'entretien des biens du mineur**; l'article 601 dispense cependant le titulaire de la jouissance légale de fournir une caution;

– les **dettes grevant la succession recueillie par l'enfant**, en tant qu'elles auraient dû être acquittées sur les revenus; cette règle, générale au droit des successions, n'appelle pas de commentaires ici;

– mais aussi **la nourriture, l'entretien et l'éducation** de l'enfant selon sa fortune.

Ceci signifie d'abord que le titulaire de la jouissance légale doit prélever sur son usufruit, et non pas sur les capitaux de l'enfant, les frais d'éducation et d'entretien de ce dernier; au besoin, l'usufruitier devra compléter par lui-même pour couvrir ces frais, s'il en est tenu au titre de l'article 203 [3].

Mais ceci signifie réciproquement que l'administrateur usufruitier est soulagé d'autant sur ses biens et ressources personnels : si le patrimoine de l'enfant dégage en fruits et produits de quoi subvenir à ses propres besoins, il n'est pas injuste que l'article 203 reçoive exception.

Ceci signifie encore que quand cesse la jouissance légale, donc à partir du seizième anniversaire, les débiteurs de l'obligation d'entretien et d'éducation ne sont tenus de prélever sur leurs propres ressources les frais pour l'enfant que si celui-ci ne dispose pas d'un revenu suffisant dégagé par ses capitaux.

Ceci signifie enfin que si l'usufruit rapporte plus que ce que coûtent l'éducation et l'entretien de

1. V. Terré et Fenouillet, n° 1109.
2. CA Bordeaux, 21 févr. 1893, *DP* 1893, 2, 361.
3. Civ. 30 nov. 1910, *DP* 1912, 74.

l'enfant, le surplus des fruits et produits est conservé par le titulaire de la jouissance légale.

234.84 Obligations de la jouissance légale – Placement des capitaux et reddition de comptes ? Usufruit, la jouissance légale emporte l'*usus*. Il en a été déduit, par un courant de la pratique, que le titulaire de ce droit n'était pas obligé de distinguer les biens du mineur des siens propres, notamment de placer les capitaux du mineur sur un ou des comptes bloqués, ouverts au nom du pupille. Dans le même ordre de considérations, il a été affirmé que le titulaire de la jouissance légale pouvait se contenter de faire inventaire en début de protection et de tenir cet inventaire à jour, sans avoir à rendre des comptes annuels (v. s[s] n° 234.72), qui feraient apparaître les modalités de son *usus*.

La question a trouvé une nouvelle actualité avec le **renforcement des droits du conjoint survivant** par la loi du 3 décembre 2001[1] : la plupart des mineurs disposant d'un patrimoine significatif sont soumis à l'exercice de ces droits nouveaux, notamment à l'usufruit de la totalité des actifs leur revenant.

Mais précisément, l'article 1094-3 du Code civil, qui impose à l'usufruitier d'employer les capitaux liquides, nous paraît donner la piste : l'*usus*, en l'occurrence celui de la jouissance légale, ne permet pas à son titulaire de conserver le bien qui en est l'objet sans distinction d'avec son patrimoine. Rares seront les cas où le titulaire de la jouissance légale pourra agir en quasi-usufruitier, donc en disposant des biens sans en référer au juge des tutelles, et à seule charge de les restituer à la fin de son usufruit (ainsi d'un cas où il est admis à le faire, à propos des stocks d'un fonds de commerce[2]).

Il est en revanche concevable, toujours selon nous, de dispenser le titulaire de la jouissance légale de rendre des comptes chaque année[3].

234.85 Contentieux de la jouissance légale. L'abus du droit de jouissance légale existe : tel administrateur effectue des placements qui ruinent le capital mais dégagent beaucoup de revenus qu'il pourra accaparer; tel autre cantonne le train de vie du mineur à ce que « rapporte » le patrimoine de cet enfant pour n'avoir rien à payer... Ceci peut donner lieu, dès avant la reddition des comptes au jeune majeur, à des actions en justice : d'un administrateur légal mécontent de l'autre, d'un administrateur *ad hoc* désigné spécialement par le juge des tutelles. Nous sommes d'avis que ces conflits se règlent comme en matière d'administration légale, puisque la loi rattache cette institution et la jouissance légale (v. s[s] n° 234.111).

1. L. n° 2001-1135, 3 déc. 2001, relative aux droits du conjoint survivant et des enfants adultérins et modernisant diverses dispositions de droit successoral, *JO* 4 déc., p. 19279.
2. Com. 18 nov. 1968, *Bull. civ.* I, n° 324.
3. Req. 17 nov. 1903, *DP* 1904, 1, 11 – Au contraire, lorsque arrive le seizième anniversaire : CA Paris, 8e ch. A, 11 mai 1993, *JCP* 1993, IV, 2140, obs. Catala; *RTD civ.* 1993, 813, obs. Hauser – CA Grenoble, 14 févr. 2000, *Juris-Data* n° 114302 – CA Pau, 30 avr. 1997, *D.* 1998, somm. 302, obs. Le Doujet-Thomas.

SECTION 2
DÉVOLUTION DE L'ADMINISTRATION LÉGALE AUX PÈRE ET MÈRE

§ 1
Principe de partage

234.91 Égalité parentale. L'ampleur de la tâche décrite précédemment, et son importance pour la protection et le bon développement de l'enfant, ont conduit le législateur à faire peser les obligations de l'administration légale et de la représentation légale conjointement sur les deux parents. Les articles 382, 383 alinéa 1er, 389 et 389-1 du Code civil, inchangés depuis que l'égalité des père et mère a été renforcée par la loi du 23 décembre 1985, sont concordants : les père et mère exercent conjointement ces responsabilités, qui prennent la dénomination (différente de celle qu'utilise l'article 372 pour l'autorité parentale) d'administration légale pure et simple.

Dès lors, imitant complètement le droit de l'autorité parentale, l'administration et la représentation légales seront partagées entre les père et mère dans tous les cas, désormais très largement majoritaires si les deux parents sont vivants, où l'autorité parentale est conjointe (v. s[s] n°s 232.141 s.).

Cet exercice conjoint est régi par les articles 389-4 et 389-5 du Code civil. Le principe directeur en est le suivant : **les parents accomplissent ensemble les actes qu'un tuteur ne pourrait faire qu'avec l'autorisation du conseil de famille** (globalement les actes de disposition et assimilés – V. s[s] n° 234.85); ils peuvent accomplir séparément les autres actes (sur la notion d'« *accomplissement conjoint* », qui ne doit pas être interprétée de manière formaliste, comp. C. civ., art. 1422 à 1425; une procuration ou un contreseing suffiront à démontrer la conjonction des deux volontés de bout en bout).

Ceci ne pose guère de difficultés lorsque la vie juridique du mineur est ordinaire. Il suffit alors que les tiers sachent quelle attitude adopter, ce que résout une **présomption légale de mandat** (v. s[s] n°s 234.101 s.). Mais il peut arriver que des actes graves soient nécessaires, et la loi en prévoit en matière patrimoniale, qui vont imposer l'intervention du juge (v. s[s] n° 234.92). Il se peut aussi, notamment lorsque les deux administrateurs légaux vivent séparément, que la représentation légale et surtout la gestion des biens occasionnent des litiges (v. s[s] n°s 234.111 s.).

234.92 Actes graves. Quelques actes de disposition, seraient-ils décidés conjointement par les deux parents, sont soumis au contrôle judiciaire (C. civ., art. 389-5, al. 3). Le juge des tutelles doit être saisi (par le plus diligent des deux parents ou par les deux conjointement, à défaut de précisions du texte sur ce point) pour autoriser :

- la **vente de gré à gré** ou l'**apport en société** d'un **immeuble** ou d'un **fonds de commerce**;
- l'**emprunt**;
- la **renonciation à un droit** (en ce compris les transactions, par ex. avec un assureur après un accident);
- le **partage amiable** (dont nous rappellerons qu'il n'est plus soumis à l'homologation du tribunal de grande instance depuis la loi n° 2006-728 du 23 juin 2006).

Cette liste est **exhaustive** et n'appelle pas de commentaires particuliers dans un ouvrage de droit de la famille : il est inutile de saisir le juge des tutelles pour passer un autre type d'acte, comme un remploi de capitaux. Une pratique se rencontre parfois, qui ne devrait avoir cours qu'en cas d'administration légale sous contrôle judiciaire : après transaction sur un montant d'indemnisation, l'assureur débiteur du capital exige du juge une ordonnance prescrivant un placement déterminé aux administrateurs légaux. De même, il ne nous semble pas que les honoraires de l'avocat qui a négocié la transaction avant de la soumettre au juge soient soumis à l'appréciation de ce dernier : il s'agit d'une utilisation partielle du capital, laissée à l'appréciation des administrateurs légaux purs et simples.

La compétence et la procédure sont celles du droit commun en la matière (v. s[s] n° 234.65).

§ 2
Présomption de mandat

234.101 Principe. Les tiers n'ont que faire des discussions familiales qui préludent aux décisions éducatives ou patrimoniales, voire des discordes entre père et mère. L'article 389-4 du Code civil en tire les conséquences en matière d'administration légale des intérêts et du patrimoine du mineur et de représentation légale.

En même temps, il n'est pas possible de généraliser une sorte de mandat apparent, ce qui favoriserait les coups de force, notamment dans les périodes de tension entre les père et mère.

C'est dans cette perspective que l'article 389-4 du Code civil a restreint aux **actes d'administration** la règle selon laquelle chacun des parents est réputé, à l'égard des tiers, avoir reçu de l'autre le pouvoir de faire un acte.

Bien qu'énoncée à propos de la gestion du patrimoine, cette règle est le pendant de l'article 372-2 qui régit l'autorité parentale (v. s[s] n°s 232.161 s.).

234.102 Difficultés. La présomption de pouvoir est moins commode pour les tiers que la « gestion concurrente » prévue dans les régimes matrimoniaux (C. civ., art. 1421). Elle a posé quelques difficultés[1], par exemple lorsqu'il s'est agi d'engager une action en justice[2] ou de passer un acte d'administration assez risqué comme un **bail**[3].

Il n'est pas certain non plus que l'article 389-4 du Code civil suffise à désamorcer les conflits possibles entre les deux titulaires de l'administration légale : que tous deux s'abstiennent d'agir, ou au contraire que tous deux prennent des initiatives contradictoires, la loi ne résout rien et la saisine du juge des tutelles finira par apparaître nécessaire (v. s[s] n°s 331.71 s.).

§ 3
Règlement des litiges entre administrateurs légaux

A.
Principe de l'article 389-5 alinéa 2 du Code civil

234.111 Arbitrages. Les actes d'administration ne nécessitent pas d'accord préalable des cotitulaires de l'exercice de l'autorité parentale et sont en outre couverts par la présomption de pouvoirs de l'article 389-4. Ils n'en peuvent pas moins dégénérer en conflits : les actes d'administration faits par l'un des parents, parce qu'ils sous-tendent souvent toute l'éducation de l'enfant, peuvent disconvenir à l'autre. Ce constat se vérifie surtout au sujet de ce qui est fait des sommes (**capitaux, pension alimentaire**) qui reviennent en droit au mineur.

La jouissance légale donne lieu aussi éventuellement à des conflits, sur ces mêmes thèmes (v. s[s] n° 234.85).

1. P. Conte, « L'article 389-4 du Code civil », *JCP* 1993, 1, 3513.
2. Civ. 1re, 6 nov. 1985, n° 84-12.874, *Bull. civ.* I, n° 291.
3. Civ. 3e, 15 mars 2000, n° 98-14.608, *Bull. civ.* III, n° 60; *RTD civ.* 2000, 544, obs. Hauser.

Quant aux actes de disposition, nous savons déjà (v. s[s] n° 234.54) que l'accord des père et mère est requis par la loi. Des désaccords peuvent surgir, notamment lorsque les parents sont séparés mais demeurent chargés conjointement de l'administration des biens de leur enfant. Ces désaccords sont désamorcés dans un cas : lorsque l'acte de disposition est grave, au point de nécessiter la décision du juge de toute façon (v. s[s] n° 234.92).

B. Compétence et procédure

234.121 **Compétence.** L'article 389-5 alinéa 2 du Code civil désigne le **juge des tutelles** pour trancher ces désaccords, à propos des **actes de disposition**. Il faut étendre cette compétence à **tous les désaccords sur la gestion des biens**, y compris sur les **actes d'administration**; à défaut, la procédure de l'article 372-1-1 devant le juge aux affaires familiales serait appliquée, et le juge des tutelles manquerait à son rôle de surveillance générale des administrations légales.

Au rebours de la pratique de très loin la plus répandue, le juge aux affaires familiales n'a pas compétence pour trancher les litiges qui naissent entre père et mère à propos de la façon d'administrer le patrimoine de l'enfant, aussi modeste soit ce patrimoine.

Pour le surplus des règles de compétence, v. s[s] n° 234.63.

234.122 **Procédure ordinaire devant le juge des tutelles.** La procédure n'est pas régie spécifiquement par le Code de procédure civile dont l'article 1213 nouveau énonce que : « *À la demande de tout intéressé ou d'office, notamment,* [NDA : mais non exclusivement], *lorsqu'il est fait application des articles 217 et 219, du deuxième alinéa de l'article 397, de l'article 417, du quatrième alinéa de l'article 459, de l'article 459-2, des deuxième et troisième alinéas de l'article 469, du 4° de l'article 483 ou de l'article 484 du Code civil, le juge des tutelles peut ordonner que l'examen de la requête donne lieu à un débat contradictoire* ». La pratique devra déterminer les modalités précises de ce débat.

§ 4 Intervention de tiers

A. Biens donnés ou légués sous condition

234.131 **Rôle des tiers désigné par un testateur ou donateur.** Aux termes de l'article 389-3 alinéa 3 du Code civil : « *Ne sont pas soumis à l'administration légale, les biens qui auraient été donnés ou légués au mineur sous la condition qu'ils seraient administrés par un tiers. Ce tiers administrateur aura les pouvoirs qui lui auront été conférés par la donation ou le testament; à défaut, ceux d'un administrateur légal sous contrôle judiciaire* ».

Cette règle ancienne n'a pas été remise en cause par la réforme des libéralités du 23 juin 2006. Elle se justifie par l'idée que le gratifiant, libre de faire ou non une libéralité, peut *a fortiori* la soumettre à toute modalité qu'il juge utile, sous la réserve de l'ordre public. Le mécanisme en est simple : en donnant ou en léguant, l'auteur de la libéralité désigne un tiers qui administrera le bien donné ou légué. Il est donc permis que l'**administrateur spécial** reçoive des pouvoirs plus larges que ceux d'un administrateur légal ou d'un tuteur[1], et même, selon la lettre du texte, soit dispensé de tout contrôle ou autorisation du juge des tutelles; en pareil cas, celui-ci n'engagera pas sa responsabilité[2].

Enfin, il est de plus en plus admis que le tiers désigné peut recevoir mission de gérer non seulement la **quotité disponible**, sphère normale de liberté du testateur ou du donateur, mais aussi la **réserve**, qui normalement lui échappe[3].

Il n'est donc guère possible ici de décrire d'une façon globale les pouvoirs de ces tiers administrateurs spéciaux.

234.132 **Rôle des grands-parents.** Dans le même ordre d'idées, les dispositions de l'article 935 alinéa 2 du Code civil permettent aux ascendants d'agir au lieu et place du tuteur pour l'acceptation d'une donation. La question est abordée dans les ouvrages relatifs aux libéralités[4].

B. Opposition d'intérêts

234.141 **Définition de l'opposition d'intérêts.** Selon l'article 389-3 alinéa 2 du Code civil, « *quand ses intérêts sont en opposition avec ceux du mineur, le représentant légal doit faire nommer un administrateur ad hoc par le juge des tutelles. À défaut de diligence*

1. T. civ. Seine, 17 avr. 1894, *DP* 1896, 2, 427, pour une donation avec dispense d'emploi des fonds – *Adde*, CA Douai, 4 oct. 1967, *JCP A* 1968, IV, 5214, obs. J. A.
2. TGI Paris, 28 oct. 1992, *Juris-Data* n° 048374.
3. EN CE SENS, D. Boulanger, « L'efficacité totale des clauses d'exclusion de la jouissance ou de l'administration légale », *JCP N* 1994, I, p. 363 – J. Massip, *Les incapacités, étude théorique et pratique*, Éd. Defrénois, 2002, n° 24.
4. M. Grimaldi (dir.), DALLOZ ACTION DR. PATR. FAM., 3e éd., 2008/2009, Livre 3, n°s 3.00 s.

du représentant légal, le juge des tutelles peut procéder à cette nomination à la demande du ministère public, du mineur lui-même ou d'office. »

Cette disposition se présente aujourd'hui comme le pendant - pour les **droits substantiels** - de l'article 388-2, qui s'applique quant à lui aux **droits formels** (v. s^s n°s 232.19 s.). En réalité, l'article 389-3 est l'ancêtre de toutes les dispositions, maintenant assez nombreuses, qui prévoient l'intervention d'un administrateur *ad hoc*.

En matière de droits substantiels, autrement dit sur le contenu spécifique de la représentation légale et de l'administration légale, la détermination de l'opposition d'intérêts relève partiellement du pouvoir souverain des juges du fond[1], mais d'une part, la cour contrôle la qualification des faits[2]; d'autre part, il existe des hypothèses pour lesquelles la loi a présumé cette opposition d'intérêts (C. civ., art. 450, al. 3, auquel renvoie l'article 389-7) et ne laisse donc pas de choix au juge.

La jurisprudence s'est fixée autour des **liens contractuels entre le mineur et son représentant légal.** L'opposition d'intérêts ne résulte cependant pas seulement de ce que le mineur et son représentant sont conjointement intéressés par une même opération; il faut que celle-ci aboutisse à déterminer les droits de l'un par rapport à ceux de l'autre. Ainsi, ne recèle pas *a priori* d'opposition d'intérêts la vente d'un bien indivis entre les deux intéressés à un tiers[3] ou le congé délivré par les deux à un tiers[4], car les intérêts du mineur et ceux de son représentant légal sont alors concordants : obtenir le meilleur prix, évincer un occupant, *etc.*

Au contraire, les contrats passés entre l'administrateur et le mineur mettent ceux-ci en opposition naturelle, tel le **bail**, expressément visé par l'article 450 alinéa 3 du Code civil, la **vente** ou la **cession** de droits expressément prohibés par le même article, ou **l'emprunt**, fréquemment sollicité en pratique. Il en va de même en cas de **partage d'un bien indivis** entre le mineur et son représentant : l'allotissement de l'un ne peut pas manquer de retirer quelque chose à l'autre. En ce qui concerne les démembrements de la propriété, notamment l'usufruit du conjoint survivant ou la jouissance légale, la Cour de cassation se montre peu exigeante[5].

1. Civ. 1re, 7 déc. 1977, *D.* 1978, 221, note Savatier – Civ. 1re, 5 janv. 1999, n° 96-19.759, NPT; *Dr. fam.* 1999, comm. 58, obs. Fossier; *RTD civ.* 1999, 814, obs. Hauser.
2. Civ. 12 mai 1953, *D.* 1953, J. 514; *JCP* 1953, II, 7740, note Rodière.
3. Civ. 1re, 7 juin 1955, *Bull. civ.* I, n° 237.
4. Soc. 17 déc. 1964, *Bull. civ.* IV, n° 711.
5. Civ. 3e, 10 nov. 1987, *JCP* 1989, II, 21165, note Fossier et Guihal.

L'opposition doit dépasser le simple risque mais peut n'être que probable[6]. Il est admis que l'opposition d'intérêts n'existe pas dans les actes ou actions purement conservatoires ou d'administration.

Il peut même être admis que l'opposition d'intérêts résulte d'une **situation d'ensemble**, plutôt que de la passation d'un acte déterminé (à propos d'une disparité de fortune entre un mineur riche et sa mère démunie[7]).

La pratique a d'autre part admis le recours à un administrateur ou à un tuteur *ad hoc* lorsque le représentant normal du mineur se dérobe à l'exécution d'un acte précis par négligence ou ignorance, sans cependant que des amendes civiles réitérées ou la destitution (conversion de l'administration en tutelle, v. s^s n° 234.150) soient opportunes. Ainsi en cas d'utilisation des fonds du mineur par son représentant légal avec la complicité d'une banque ou d'une compagnie d'assurances[8]. Par extension, les abus de la jouissance légale (v. s^s n° 234.85) pourraient conduire le juge à désigner un administrateur *ad hoc*.

Il reste à déterminer, dans les cas où le mineur a deux représentants légaux, ses père et mère, s'il faut désigner un seul administrateur *ad hoc* se substituant aux deux, ou deux administrateurs *ad hoc* ou même désigner comme administrateur *ad hoc* celui des deux représentants légaux qui n'aurait pas d'opposition personnelle d'intérêts avec le mineur. La jurisprudence n'est pas fixée mais nous sommes d'avis qu'il faille désigner un administrateur *ad hoc* se substituant aux deux représentants légaux, dès qu'apparaît l'opposition d'intérêts de l'un des deux avec le mineur : cette solution est seule acceptable pour les père et mère.

234.142 Procédure, compétence et choix. Bien que le Code de procédure civile n'édicte pas de règles particulières pour la désignation d'un administrateur *ad hoc* par le juge des tutelles, il ne faudra pas négliger la dimension contentieuse que comportera une telle désignation. Nous sommes d'avis, en conséquence, d'adopter la même procédure que pour la conversion d'une administration légale en tutelle (v. s^s n° 234.164).

Quant à la compétence, le juge des tutelles apparaît comme le « *juge de droit commun de l'opposition d'intérêts* », habile à intervenir d'emblée ou lorsque les autres magistrats disposant de ce même pouvoir n'ont pas agi[9].

6. Civ. 1re, 7 juin 1955, *JCP* 1956, II, 9259.
7. Civ. 1re, 5 janv. 1999, n° 96-19.759, NPT, préc. s^s prés^t n°.
8. CA Pau, 14 avr. 1999, *Juris-Data* n° 042836.
9. Civ. 1re, 25 oct. 2005, n° 03-14.404, *Bull. civ.* I, n° 390; *JCP* 2005, 1, 199, n° 13, obs. Fossier; *Dr. fam.* 2006, comm. 77, obs. Gouttenoire.

Le même arrêt laisse au juge des tutelles une liberté de principe dans le choix de l'administrateur *ad hoc*, ce qui suscité une critique[1].

234.143 Statut de l'administrateur *ad hoc*. Une fois désigné, l'administrateur *ad hoc* ou tuteur *ad hoc* dispose d'une **mission spécifique**; mais dans les limites de cette mission, il a les **mêmes droits et devoirs qu'un administrateur légal**[2]. Il doit notamment respecter les pouvoirs propres du mineur[3], il ne peut pas revenir sur les actes régulièrement passés par le représentant légal avant que soit relevée l'opposition d'intérêts[4] (l'administrateur *ad hoc* pourrait cependant engager des actions en nullité en cas d'irrégularité et c'est même souvent l'une des missions expresses qui lui sont confiées).

Ces règles sont applicables à tous les administrateurs *ad hoc* et étudiées à ce titre avec l'autorité parentale sur la personne de l'enfant (v. s[s] n°s 232.11 s.). Elles ne sont au demeurant pas complètes et le « statut » de l'administrateur *ad hoc* comporte encore de larges zones d'ombre, notamment quant aux **responsabilités** et aux **contrôles**, dont il faut espérer que les mineurs n'en subiront jamais les conséquences. (Pour une approche actualisée de ce « statut » de l'administrateur *ad hoc*[5].)

§ 5
Conversion de l'administration légale pure et simple

234.150 Énoncé. Alors que les deux liens de filiation sont établis et que les parents sont vivants, il arrive que l'administration légale cède la place à une tutelle avec conseil de famille, voire dans certains cas à une administration légale par un seul des deux père ou mère.

A.
La tutelle après désignation d'un tiers de confiance

234.151 Énoncé. La loi n° 2002-305 du 4 mars 2002 relative à l'autorité parentale, a laissé subsister presqu'à l'identique l'institution du tiers de confiance, telle que l'antépénultième réforme de la matière, en 1970, l'avait répandue. Il s'agit d'hypothèses dans lesquelles les père et mère sont normalement titulaires de l'exercice de l'autorité parentale (sur les cas où ils en sont privés, v. s[s] n°s 232.401 s.), mais apparaissent à l'occasion d'une procédure familiale comme insusceptibles d'en exercer tout ou partie des attributs. Un tiers est alors désigné, qui reçoit des compétences en principe limitées, mais peut aussi être chargé de faire convertir l'administration légale en tutelle avec conseil de famille.

234.152 Première hypothèse : décès après séparation des père et mère. La séparation des parents est sans incidence sur les règles de dévolution de l'autorité parentale (C. civ., art. 373-2). Donc, au décès de l'un des deux parents, l'article 373-1 va produire son effet comme pour des parents non séparés : le survivant sera représentant légal et administrateur légal (sous contrôle judiciaire).

Il se peut que cette perspective ne soit pas favorable au mineur. L'article 373-3 du Code civil y remédie, pour les « circonstances exceptionnelles » (v. s[s] n° 232.333; le texte vise « *notamment* » le cas où le parent non gardien a été privé de tout ou partie de son autorité parentale, en application surtout de l'article 373-2-1, mais il ne s'agit que d'un ex.). Il donne au **juge aux affaires familiales** le **pouvoir de désigner un tiers de confiance**, soit après le premier décès, soit même du vivant des deux, en quelque sorte à titre préventif.

La procédure est celle des articles 373-2-8 et 373-2-11 du Code civil (saisine par les père ou mère ou le ministère public, instruction particulière de la cause, v. s[s] n° 232.332). **Le juge des tutelles n'intervient nullement.**

Les **pouvoirs de ce tiers** sont aussi laissés **à l'appréciation du juge aux affaires familiales** : le juge peut ne lui confier que l'accomplissement d'actes usuels relatifs à l'éducation et à la surveillance de l'enfant, ou bien décider qu'il y aura lieu à l'ouverture d'une tutelle (C. civ., art. 373-3, al. 2, et art. 373-4). Dans ce second cas, le tiers doit s'exécuter, c'est-à-dire saisir le juge des tutelles, lequel ne pourra pas refuser de composer et réunir un conseil de famille. Le tiers de confiance n'est en

1. M. Bruggeman, « L'administrateur *ad hoc*, reddition sans condition de la Cour de cassation », *Dr. fam.* 2006, chron. 28.
2. Civ. 1re, 8 mars 1988, *Gaz. Pal.* 1989, 1, 43, note Massip.
3. Cass. ch. mixte, 9 févr. 2001, n° 98-18.661, *Bull. ch. mixte*, n° 1; *RJPF* 2001, p. 6, note crit. Hauser; *JCP* 2001, II, 10514, note crit. Fossier, *RJPF* avr. 2001, p. 38, note Guerder; *Dr. fam.* 2001, comm. 53, obs. Gouttenoire; *RDSS* 2001, 833, note Bruggeman.
4. Civ. 1re, 16 avr. 1991, n° 89-10.248, *Bull. civ.* I, n° 143; *RTD civ.* 1991, 500, obs. Hauser; *Defrénois* 1991, p. 952, obs. Massip.
5. A. Gouttenoire, « L'administrateur *ad hoc* », *Dr. fam.* 1998, chron. 6 – T. Fossier, « L'administrateur *ad hoc*, actualité d'une vieille question », *JDJ* 2006, p. 16 – T. Fossier, « Vers un statut de l'administrateur *ad hoc* (décret du 18 sept. 1999) », *Dr. fam.* 1999, n° 131 – C. Neirinck, « La dualité de régime de l'administrateur *ad hoc* des mineurs », *JCP* 2000, I, 228 – Ouvr. coll. (dir. Fondation pour l'Enfance), *L'administrateur* ad hoc, Erès, 2002.

revanche pas contraint de se proposer à la fonction de tuteur.

Bien entendu, la faculté ainsi donnée au juge aux affaires familiales ne fait pas obstacle à ce que le juge des tutelles décide, lorsque le juge de la séparation n'a pas fait usage des possibilités que lui ouvre l'article 373-4, de transformer l'administration légale en tutelle, en application de l'article 391 du Code civil.

234.153 Deuxième hypothèse : retrait d'autorité parentale. Le deuxième alinéa de l'article 380 du Code civil permet enfin l'ouverture de la tutelle lorsque l'un des parents s'est vu retirer l'autorité parentale ou que le droit d'héberger son enfant lui a été retiré. En ce cas, l'exercice de l'autorité parentale est dévolu en entier à l'autre parent (C. civ., art. 373-1). Mais cette situation peut être dangereuse pour l'enfant si ses parents continuent de vivre ensemble. C'est pourquoi le tribunal qui prononce le retrait de l'autorité parentale contre un seul des parents peut désigner un tiers qui assumera provisoirement la charge de l'enfant, à charge pour ce tiers de confiance de requérir l'organisation de la tutelle.

234.154 Effet sur la personne et sur les biens. Lorsque l'**ouverture d'une tutelle** est **décidée par le juge aux affaires familiales ou par le tribunal** qui prononce le retrait total ou partiel de l'autorité parentale, elle concerne tout à la fois la personne de l'enfant et la gestion de ses biens (C. civ., art. 373-4). Une telle tutelle pourrait être ouverte même s'il n'y avait aucun bien à administrer.

La tutelle pourrait d'ailleurs être confiée à l'un des père et mère, mais ses pouvoirs se trouveraient réduits par rapport à ceux qui seraient les siens s'il était demeuré administrateur légal : le conseil de famille exercerait son pouvoir. C'est précisément dans cette perspective de contrôle renforcé, que les juges des tutelles adoptent parfois cette solution d'apparence contradictoire.

B.
La tutelle pour cause grave

234.161 Hypothèse. Par application de l'article 391 alinéa 2 du Code civil, le juge des tutelles peut décider, soit d'office, soit à la requête des parents, alliés ou du ministère public, d'ouvrir la tutelle, mais la loi lui commande de le faire « *seulement pour cause grave* » (C. civ., art. 391, al. 2).

Cette expression montre qu'il ne faut pas convertir une administration légale pure et simple en tutelle au seul motif des erreurs ou des imprudences ou des négligences des deux représentants légaux. De même, on n'imagine pas que puissent être retenus, à titre de causes graves, les simples motifs de dispense de la tutelle, ou ceux qui conduiraient à une assistance éducative sans placement. L'immixtion de l'autorité publique dans la vie familiale ne doit pas aller jusque-là : des injonctions, des amendes, pourront généralement suffire.

Le juge des tutelles pourrait se référer, dans une décision qu'il motivera expressément, soit aux **causes de perte, provisoire ou définitive, ou de retrait, total ou partiel, de l'autorité parentale**, soit aux **causes graves d'exclusion et de destitution** visées aux articles 442, 443 et 444 du Code civil, soit encore aux circonstances qui peuvent conduire, en raison d'un **grave danger**, au placement d'un enfant par le juge des enfants.

234.162 Indivisibilité de la conversion. On observera que l'article 391 ne permet pas de convertir l'administration légale pure et simple en administration légale sous contrôle judiciaire (sur ce mécanisme restreint, v. s^s n° 234.171). Sans doute, le législateur a-t-il voulu éviter que le juge des tutelles n'aggrave d'éventuelles dissensions entre père et mère en écartant l'un(e) et pas l'autre. On exceptera bien entendu de cette affirmation, le cas dans lequel l'administration légale pure et simple passe sous contrôle judiciaire « de plein droit », à la suite du décès ou de l'empêchement d'un des deux parents.

234.163 Effets limités aux biens. La décision d'ouvrir la tutelle prise en application de l'article 391 du Code civil est sans effet sur l'autorité parentale.

La solution se fonde notamment sur l'article 389-7 du Code civil qui dispose que les règles de la tutelle et de l'administration légale ne préjudicient pas aux droits que les père et mère tiennent du titre « De l'autorité parentale ». Elle est conforme à la position prise par la Chancellerie dans sa circulaire du 1er juillet 1966 (n° 37). La jurisprudence est aussi en ce sens depuis longtemps[1].

1. Civ. 1re, 8 nov. 1982, n° 80-12.309, *Bull. civ.* I, n° 323; *Defrénois* 1983, art. 33082, n° 47; *Gaz. Pal.* 1983.2.517, note Massip – Civ. 1re, 26 juin 1985, *Defrénois* 1986, art. 33735, n° 46; *Gaz. Pal.* 1986, 2, 681, note Massip – Civ. 1re, 18 oct. 1994, n° 92-21.735, *Bull. civ.* I, n° 294; *Defrénois* 1995, art. 36024, n° 10, obs. Massip; *RTD civ.* 1995, 600, obs. Hauser – Civ. 1re, 12 oct. 1999, n° 97-17.018, NP; *Defrénois* 2000, art. 37179 (2e esp.), obs. Massip – Civ. 1re, 24 oct. 2000, n° 98-20.340, *Bull. civ.* I, n° 264; *Defrénois* 2001, art. 37287, n° 5, p. 97, obs. Massip; *JCP* 2001, II, 10548, note Fossier; *Dr. fam.* 2001, comm. 19, obs. Salvage-Gerest; *RTD civ.* 2001, 109, obs. Hauser – Civ. 1re, 3 nov. 2004, n° 03-05.056, *Bull. civ.* I, n° 246; *JCP* 2005, I, 116, obs. Fossier; *AJ fam.* 2005, 20.

Il s'ensuit que, dans les cas où la tutelle est ouverte par décision du juge des tutelles, l'autorité parentale continue à s'exercer sur la personne de l'enfant indépendamment de la tutelle, sans que le conseil de famille ait à intervenir à ce sujet. Cette coexistence n'est pas toujours harmonieuse, car les décisions sur la personne retentissent nécessairement sur les biens; la réciproque est moins vraie.

234.164 Procédure devant le juge des tutelles. Avant de mettre fin aux fonctions de l'administrateur légal, le juge des tutelles doit - sauf en cas d'urgence - le convoquer, afin de recueillir ses explications et lui permettre de présenter sa défense (C. civ., art. 391, al. 1er).

Dès cet instant, et jusqu'à ce qu'une décision définitive intervienne, l'administrateur légal (sous contrôle judiciaire) ne peut faire - sauf cas d'urgence - aucun acte qui requerrait l'autorisation du conseil de famille si la tutelle était ouverte (C. civ., art. 391, al. 1er).

Les détails de la procédure à suivre ne sont pas précisés par les textes, comme ils le sont pour la destitution d'un tuteur par exemple (C. civ., art. 447 et 448 - V. ss no 331.93). Au minimum, vu l'article 6 § 1 de la Convention européenne des droits de l'Homme, l'**audition des administrateurs légaux**, expressément prescrite par la loi, doit pouvoir se faire avec **assistance d'un avocat**, et une **décision** doit être **formalisée**, de sorte de permettre l'exercice d'un recours, devant le tribunal de grande instance, comme il se doit en la matière. Mais pour aller au-delà du minimum, nous sommes d'avis que le juge des tutelles devra s'assurer d'un parfait **respect de la contradiction** : le contentieux est latent. À cette fin, il convoquera les deux administrateurs légaux par lettre recommandée, les fera citer en cas d'échec, les invitera au besoin à constituer avocat, même si la précaution est facultative devant ce magistrat. La communication de la cause au parquet présentera un avantage particulier. Après une audience où le greffier tiendra la plume de manière effective, la décision du juge sera motivée.

Le surplus des règles de procédure devant le juge des tutelles (v. ss no 234.65) est bien entendu applicable.

Naturellement, le juge des tutelles pourrait, si les circonstances venaient à changer, mettre fin à la tutelle et revenir au régime de droit commun de l'administration légale[1].

1. Civ. 1re, 24 oct. 2000, no 98-20.340, *Bull. civ.* I, no 264; *Defrénois* 2001, art. 37287, no 5, p. 97, obs. Massip; *JCP* 2001, II, 10548, note Fossier; *Dr. fam.* 2001, comm. 19, obs. Salvage-Gerest; *RTD civ.* 2001, 109, obs. Hauser.

C. Conversion en administration légale sous contrôle judiciaire

234.171 Première hypothèse : en cas de séparation. L'article 373-2-1 du Code civil prévoit qu'en cas de séparation des père et mère, et si l'intérêt de l'enfant le commande, le juge aux affaires familiales confiera l'exercice de l'autorité parentale à un seul des deux parents (v. ss nos 232.211 s.). Ce dernier monopolisera alors la fonction de représentant légal et d'administrateur légal, et exercera la gestion des intérêts du mineur sous le contrôle du juge des tutelles, mais sans conseil de famille.

234.172 Deuxième hypothèse : en cas de privation de l'autorité parentale. « *Est privé de l'exercice de l'autorité parentale le père ou la mère qui est hors d'état de manifester sa volonté, en raison de son incapacité, de son absence ou de toute autre cause* » (C. civ., art. 373). Cette disposition relative à l'autorité parentale, dont la mise en œuvre recèle des obscurités importantes (v. s nos 232.321 s.), a inévitablement des effets sur l'administration légale : celle-ci, de pure et simple, va passer sous contrôle judiciaire (C. civ., art. 389-2). La juridiction qui constate la cause d'empêchement (tribunal de grande instance, juge des tutelles des majeurs, selon le cas) et connaît l'existence d'enfants mineurs, saisira le juge des tutelles des mineurs pour qu'il ouvre un dossier d'administration légale sous contrôle judiciaire au nom de cet enfant mineur. Nous sommes d'avis que ces divers magistrats ont tous une faculté d'appréciation et que l'article 373 n'a rien d'automatique.

Opère également privation de l'exercice de l'autorité parentale, la mesure beaucoup plus large du retrait d'autorité parentale (C. civ., art. 380). En ce cas, l'exercice de l'autorité parentale est dévolu en entier à l'autre parent (C. civ., art. 373-1) et l'administration légale est placée sous contrôle judiciaire.

234.173 Troisième hypothèse : tutelle d'un des parents. L'article 442 du Code civil, sorte de réduction de l'article 373 dont il vient d'être question, prive les majeurs en tutelle ou en curatelle de la possibilité de gérer les intérêts de leurs enfants. La règle est normale : hors d'état de gérer leurs propres affaires, ces majeurs ne sauraient gérer celles d'autrui. Lorsque le juge des tutelles « des majeurs » ouvre une tutelle ou une curatelle pour un père ou une mère d'enfant mineur, il saisit son homologue chargé des tutelles des mineurs pour qu'il ouvre un dossier d'administration légale sous contrôle judiciaire au nom de cet enfant mineur. Nous sommes d'avis qu'ici, les magistrats concernés n'ont pas de liberté d'appréciation.

SECTION 3
LE PLACEMENT DE L'ADMINISTRATION LÉGALE SOUS CONTRÔLE JUDICIAIRE

§ 1
Cas

234.181 Textes. Les articles 383 et 389-2 du Code civil prévoient que l'administration légale est placée sous le contrôle du juge des tutelles lorsque l'un ou l'autre des deux parents est décédé, ou se trouve privé de l'exercice de l'autorité parentale; elle l'est également en cas d'exercice unilatéral de l'autorité parentale.

L'article 392 du Code civil prévoit quant à lui qu'une tutelle pourrait être convertie en administration légale sous contrôle judiciaire si le mineur, initialement non reconnu et relevant donc du conseil de famille (v. s[s] n° 331.61), l'était après l'ouverture de la tutelle.

Autrement dit, la loi poursuit le strict parallélisme avec l'autorité parentale, qu'elle prône à propos de l'administration légale pure et simple (v. s[s] n° 234.91). Dans tous les cas d'autorité parentale exercée unilatéralement, *ab initio* (enfant reconnu par un seul parent) ou après une période d'exercice conjoint (parent décédé, ou privé de l'exercice, notamment après séparation, ou objet d'un retrait de l'autorité parentale), l'administration légale est placée sous contrôle.

Enfin, nous proposons de déduire de l'article 390 alinéa 2 *a contrario*, un ultime cas d'administration légale sous contrôle judiciaire, alors que le surplus de l'autorité parentale peut suivre un autre sort (C. civ., art. 331, réd. Ord. n° 2005-759, 4 juill. 2005) : le cas d'un enfant qui a été reconnu volontairement par un de ses parents, et reconnu judiciairement par l'autre.

234.182 Mécanisme général. L'administration légale sous contrôle judiciaire n'est pas un régime spécifique de représentation légale ou de gestion. Les règles développées précédemment dans ce chapitre lui sont presque toutes applicables, comme nous le redirons point par point. **Il s'agit seulement ici de faire intervenir le juge des tutelles plus souvent** que lorsque les père et mère sont conjointement en charge de la gestion des intérêts du mineur. L'administration légale sous contrôle judiciaire a été créée en 1964 pour éviter les tutelles avec conseil de famille alors que l'un des deux parents est encore vivant et apte à gérer.

§ 2
Fonctionnement

A.
Étendue du contrôle judiciaire

234.191 Actes de disposition. L'article 389-6 du Code civil prévoit que dans l'administration légale sous contrôle judiciaire, l'administrateur doit se pourvoir d'une autorisation du juge des tutelles pour accomplir les actes qu'un tuteur ne pourrait faire qu'avec une autorisation. Il peut faire seul les autres actes (sur la classification des actes civils, v. s[s] n° 234.54).

Par application de l'article 389-7, les actes que le tuteur ne peut faire qu'avec une autorisation sont ceux que visent le titre XII (nouv.) du livre I du Code civil, et son décret d'application n° 2008-1484 du 22 décembre 2008 (v. s[s] n° 234.54).

En revanche, un tuteur ne demande des autorisations à proprement parler qu'au conseil de famille (ou au juge des tutelles s'y substituant), jamais au subrogé tuteur, qui ne fait que l'assister, le contrôler ou le suppléer. Il en résulte que la réception des capitaux par l'administrateur légal sous contrôle judiciaire n'est pas soumise à autorisation[1].

B.
Compétence et procédure

234.201 Assimilation aux autres administrations légales. Le juge des tutelles, le greffe et le parquet ne présentent pas ici de quelconques particularités, ni quant à leur compétence, ni quant à leur manière d'opérer (v. s[s] n° 234.62).

C.
Renvoi aux autres règles de l'administration légale

234.211 Assimilation aux autres administrations légales. La représentation légale et ses exceptions, la prohibition de certains actes, la jouissance légale, l'intervention de tiers (biens donnés ou légués sous l'administration d'un tiers, opposition d'intérêts), les inventaires, comptes et les responsabilités, les nullités et rescisions se conjuguent au singulier mais n'offrent pas d'autres particularités par rapport à l'administration légale pure et simple. Tout au plus, et sur un plan pratique, le **juge des tutelles** sera-t-il spécialement vigilant sur les comptes, puis-

1. Civ. 1re, 20 mars 1989, *D.* 1980, 406, note Massip; *JCP N* 1990, 2, 33, note Fossier.

que nul autre que lui n'aura de regard sur la gestion « solitaire » de l'administrateur.

234.212 Nuances. Dans l'administration légale sous contrôle judiciaire, la notion d'« actes graves », qui impose aux administrateurs conjoints de saisir le juge, n'a évidemment plus cours. Il en est de même de la présomption de mandat, qui prévient les difficultés entre administrateurs conjoints ou entre ceux-ci et les tiers; et des règlements des litiges entre administrateurs conjoints.

§ 3 Conversion de l'administration légale sous contrôle judiciaire

A. La tutelle après privation de l'autorité parentale ou de tout ou partie de son exercice

234.221 Privation de l'autorité parentale. L'article 390 alinéa 1er du Code civil prescrit l'ouverture de la tutelle avec conseil de famille lorsque l'administrateur légal sous contrôle judiciaire se trouve privé de l'exercice de l'autorité parentale (sur cette notion, v. ss n° 234.161). Nous visons donc ici, sans commentaire spécifique, les hypothèses régies par les articles 373, 380, et 442 du Code civil, lorsqu'elles concernent le seul parent encore vivant et jusqu'alors en charge juridique du mineur.

B. La tutelle pour autres causes

234.231 Différence d'avec l'administration légale pure et simple. L'article 391 du Code civil, en son premier alinéa, admet la conversion d'une administration légale sous contrôle judiciaire en tutelle. Cette substitution n'exige pas, au fond, l'existence d'une « cause grave » comme en matière d'administration légale pure et simple. Le juge pourrait se référer, en sus des cas de perte, de retrait ou de placement qui n'auraient pas abouti aux procédures appropriées, aux causes d'assistance éducative sans placement ou de dispense des fonctions tutélaires. Le motif ainsi retenu par le juge des tutelles pourra être **l'inexpérience ou l'impéritie** compromettant les intérêts purement patrimoniaux du mineur mais aussi les **risques** que feraient courir une veuve malhabile au patrimoine du mineur ou le danger constitué par un parâtre mal intentionné sur ledit patrimoine ou encore le refus par l'administrateur légal d'assumer ses fonctions. Inversement l'absence de patrimoine significatif rendra inutile la conversion (sur un cas d'ouverture de la tutelle pour impéritie de l'administratrice légale[1]).

234.232 Procédure. La procédure de l'article 391 du Code civil est identique à celle que suivra le juge des tutelles pour convertir une administration légale pure et simple (v. ss n° 234.164). Le surplus des règles de procédure devant le juge des tutelles (v. ss n° 234.65) est bien entendu applicable.

C. Conversion en administration légale pure et simple

234.241 Énoncé. Dans tous les cas où les conditions de l'administration légale pure et simple sont réunies alors que le contrôle judiciaire s'exerce encore, la conversion s'opérera, en général de plein droits : par exemple, la cause de privation de l'exercice de l'autorité parentale cesse, le juge aux affaires familiales revient sur une décision qui réservait l'exercice de l'autorité à un seul parent, le tribunal de grande instance met fin au retrait de l'autorité parentale, le parent majeur en tutelle ou en curatelle retrouve la pleine capacité, le parent qui s'était abstenu de reconnaître l'enfant procède à cet acte, *etc.*

1. V. TGI Annecy, 4 févr. 1970, *Defrénois* 1971, art. 29806, note Massip.

TITRE

24. La protection de l'enfant par l'autorité publique

SECTION 0
ORIENTEUR

24.00 **Plan du titre.**

24.01 **Textes applicables.**

> Protection de l'enfance et droit des personnes

L. n° 2007-293, 5 mars 2007, réformant la protection de l'enfance, *JO* 6 mars, p. 4215

L. n° 2007-308, 5 mars 2007, portant réforme de la protection juridique des majeurs *JO* 7 mars, p. 4325

L. n° 2004-1, 2 janv. 2004, relative à l'accueil et à la protection de l'enfance, *JO* 3 janv., p. 184

L. n° 2000-196, 6 mars 2000, instituant un Défenseur des enfants *JO* 7 mars, p. 3536

L. n° 93-22, 8 janv. 1993, modifiant le Code civil, relative à l'état civil, à la famille et aux droits de l'enfant et instituant le juge aux affaires familiales, *JO* 9 janv., p. 495

L. n° 89-487, 10 juill. 1989, relative à la prévention des mauvais traitements à l'égard des mineurs et à la protection de l'enfance, *JO* 14 juill., p. 8869

L. n° 84-422, 6 juin 1984, relative aux droits des familles dans leurs rapports avec les services chargés de la protection de la famille et de l'enfance et aux pupilles, *JO* 7 juin, p. 1762

Décr. n° 2002-361, 15 mars 2002, modifiant le nouveau Code de procédure civile et relatif à l'assistance éducative, *JO* 17 mars, p. 4860

Ord. n° 58-1301, 23 déc. 1958, relative à la protection judiciaire de l'enfance et de l'adolescence en danger, *JO* 24 déc, p. 11770

> Organisation et décentralisation de l'Aide sociale à l'enfance

L. n° 2004-809, 13 août 2004, relative aux libertés et responsabilités locales, *JO* 17 août, p. 14545

L. n° 86-17, 6 janv. 1986, adaptant la législation sanitaire et sociale aux transferts de compétences en matière d'aide sociale et de santé, *JO* 8 janv., p. 372

L. n° 83-663, 22 juill. 1983, complétant la loi n° 838 du 7 janvier 1983 relative à la répartition des compétences entre les communes, les départements, les régions et l'État, *JO* 23 juill., p. 2286

Décr. n° 64-783, 30 juill. 1964, portant réorganisation et attribution des services extérieurs de l'État chargés de l'action sanitaire et social, *JO* 1er août, p. 6934

> Prévention de la délinquance

L. n° 2007-291, 5 mars 2007, tendant à renforcer l'équilibre de la procédure pénale, *JO* 6 mars, p. 4206

L. n° 2007-297, 5 mars 2007, relative à la prévention de la délinquance, *JO* 7 mars, p. 4297

L. n° 98-468, 17 juin 1998, relative à la prévention et à la répression des infractions sexuelles ainsi qu'à la protection des mineurs, *JO* 18 juin, p. 9255

Ord. n° 45-174, 2 févr. 1945, relative à l'enfance délinquante, *JO* 4 févr., p. 530

> Établissements et autres structures d'accueil

L. n° 2002-2, 2 janv. 2002, rénovant l'action sociale et médico-sociale, *JO* 3 janv., p. 124

Décr. n° 2004-1444, 23 déc. 2004, relatif aux conditions techniques minimales d'organisation et de fonctionnement des lieux de vie et d'accueil mentionnés au III de l'article L. 312-1 du Code de l'action sociale et des familles, *JO* 30 déc, p. 22297

Décr. n° 2006-422, 7 avr. 2006, relatif à la gestion budgétaire, comptable et financière, et aux modalités de financement et de tarification des établissements et services sociaux et médico-sociaux et des lieux de vie et d'accueil et modifiant le Code de l'action sociale et des familles (partie réglementaire), *JO* 9 avr., p. 5360

CHAPITRE

241. Action sociale en faveur de l'enfance

SYLVIE BERNIGAUD
MAÎTRE DE CONFÉRENCES
À L'UNIVERSITÉ DE LYON (LUMIÈRE-LYON 2)

SECTION 0 ORIENTEUR

241.00 Plan du chapitre.

241.01 Textes applicables.

* V. aussi textes applicables s[s] n° 24.01

TEXTES SOURCES

• **Code de l'action sociale et des familles**

> Protection de l'enfance (définition)
CASF, art. L. 112-3 et L. 112-4

> Partage d'informations et secret professionnel
CASF, art. L. 121-6-2 et L. 226-2-2

> Aide sociale à l'enfance (organisation du service)
CASF, art. L. 221-1 à L. 221-6

> Aide sociale à l'enfance (prestations)
CASF, art. L. 222-2 à L. 222-5

> Aide sociale à l'enfance (droits des familles dans leurs rapports avec le service)
CASF, art. L. 223-1 à L. 223-5

> Pupilles de l'État (organes chargés de la tutelle)
CASF, art. L. 224-1

> Pupilles de l'État (statut)
CASF, art. L. 224-9 à L. 224-11

> Protection des mineurs en danger et recueil des informations préoccupantes
CASF, art. L. 226-1 à art. L. 226-13

• **Code de la santé publique**

> Protection maternelle et infantile (missions)
CSP, art. L. 1423-1 et L. 2111-1 à L. 2111-2

• **Code de l'éducation**

> Éducation nationale et visite médicale
C. éduc., art. L. 541-1

• **Code de procédure pénale**

> Procureur de la République (réquisitions)
C. pr. pén., art. 60-1

• **Code pénal**

> Omission de porter secours
C. pén., art. 223-6

> Dénonciation calomnieuse
C. pén., art. 226-10

> Saisine de la justice (entraves)
C. pén., art. 434-1 et art. 434-3

SÉLECTION THÉMATIQUE ET ALPHABÉTIQUE DE TEXTES *IN EXTENSO* *(à l'exception du Code civil et du Code de procédure civile)*

> Aide sociale à l'enfance (droits des familles dans leurs rapports avec le service)
[CASF, art. L. 223-1 à L. 223-5]

CASF, art. L. 223-1

Toute personne qui demande une prestation prévue au présent titre ou qui en bénéficie est informée par les services chargés de la protection de la famille et de l'enfance des conditions d'attribution et des conséquences de cette prestation sur les droits et obligations de l'enfant et de son représentant légal.

Elle peut être accompagnée de la personne de son choix, représentant ou non une association, dans ses démarches auprès du service. Néanmoins, celui-ci a la possibilité de proposer également un entretien individuel dans l'intérêt du demandeur.

Le deuxième alinéa s'applique en outre aux démarches du père, de la mère, de toute autre personne exerçant l'autorité parentale ou du tuteur, auprès des services et établissements accueillant les mineurs mentionnés aux 1° et 3° de l'article L. 222-5.

L'attribution d'une ou plusieurs prestations prévues au présent titre est précédée d'une évaluation de la situation prenant en compte l'état du mineur, la situation de la famille et les aides auxquelles elle peut faire appel dans son environnement.

Les services départementaux et les titulaires de l'autorité parentale établissent un document intitulé « projet pour l'enfant » qui précise les actions qui seront menées auprès de l'enfant, des parents et de son environnement, le rôle des parents, les objectifs visés et les délais de leur mise en œuvre. Il mentionne l'institution et la personne chargées d'assurer la cohérence et la continuité des interventions. Ce document est cosigné par le président du conseil général et les représentants légaux du mineur ainsi que par un responsable de chacun des organismes chargés de mettre en œuvre les interventions. Il est porté à la connaissance du mineur et, pour l'application de l'article L. 223-3-1, transmis au juge.

Sur la base des informations dont il dispose, le président du conseil général veille à assurer le suivi et, dans la mesure du possible, la continuité des interventions mises en œuvre pour un enfant et sa famille au titre de la protection de l'enfance.

CASF, art. L. 223-2

Sauf si un enfant est confié au service par décision judiciaire ou s'il s'agit de prestations en espèces, aucune décision sur le principe ou les modalités de l'admission dans le service de l'aide sociale à l'enfance ne peut être prise sans l'accord écrit des représentants légaux ou du représentant légal du mineur ou du bénéficiaire lui-même s'il est mineur émancipé.

En cas d'urgence et lorsque le représentant légal du mineur est dans l'impossibilité de donner son accord, l'enfant est recueilli provisoirement par le service qui en avise immédiatement le procureur de la République.

Si le représentant légal est en mesure de donner son accord mais le refuse, le service saisit l'autorité judiciaire en vue de l'application de l'article 375-5 du Code civil.

Si, dans le cas prévu au deuxième alinéa du présent article, l'enfant n'a pas pu être remis à sa famille ou le représentant légal n'a pas pu ou a refusé de donner son accord dans un délai de cinq jours, le service saisit également l'autorité judiciaire en vue de l'application de l'article 375-5 du Code civil.

En cas de danger immédiat ou de suspicion de danger immédiat concernant un mineur ayant abandonné le domicile familial, le service peut, dans le cadre des actions de prévention, pendant une durée maximale de soixante-douze heures, accueillir le mineur, sous réserve d'en informer sans délai les parents, toute autre personne exerçant l'autorité parentale ou le tuteur, ainsi que le procureur de la République. Si au terme de ce délai le retour de l'enfant dans sa famille n'a pas pu être organisé, une procédure d'admission à l'aide sociale à l'enfance ou, à défaut d'accord des parents ou du représentant légal, une saisine de l'autorité judiciaire est engagée.

Pour toutes les décisions relatives au lieu et au mode de placement des enfants déjà admis dans le service, l'accord des représentants légaux ou du représentant légal est réputé acquis si celui-ci n'a pas fait connaître son opposition dans un délai de quatre semaines à compter du jour où il a reçu la notification de la demande du service, ou de six semaines à compter de la date d'envoi s'il n'a pas accusé réception de la notification.

Sous réserve des pouvoirs reconnus à l'autorité judiciaire, les mesures prises dans le cadre du présent chapitre ne peuvent en aucun cas porter atteinte à l'autorité parentale que détiennent le ou les représentants légaux de l'enfant, et notamment au droit de visite et au droit d'hébergement.

CASF, art. L. 223-3

Pour l'application des décisions judiciaires prises en vertu du 4° de l'article 10, du 4° de l'article 15 et du deuxième alinéa de l'article 17 de l'ordonnance n° 45-174 du 2 février 1945 relative à l'enfance délinquante, du 3° de l'article 375-3 et des articles 377 à 380 du Code civil, le représentant légal du mineur donne son avis par écrit préalablement au choix du mode et du lieu de placement et à toute modification apportée à cette décision.

CASF, art. L. 223-3-1

Si l'enfant est confié au service départemental de l'aide sociale à l'enfance en application du 3° de l'article 375-3 du Code civil, le juge fixe la nature et la fréquence des droits de visite et d'hébergement des parents et peut décider que leurs conditions d'exercice sont déterminées conjointement entre le service et les parents dans le cadre du document prévu à l'article L. 223-1 du présent code. Ce document lui est adressé. Il est saisi de tout désaccord.

CASF, art. L. 223-5

Sauf dans les cas où un enfant est confié au service par décision judiciaire, aucune mesure ne peut être prise pour une durée supérieure à un an. Elle est renouvelable dans les mêmes conditions.

Le service élabore au moins une fois par an un rapport, établi après une évaluation pluridisciplinaire, sur la situation de tout enfant accueilli ou faisant l'objet d'une mesure éducative.

Lorsque l'enfant est confié au service de l'aide sociale à l'enfance en application du 3° de l'article L. 222-5 du présent code et du 3° de l'article 375-3 du Code civil, ce rapport est transmis à l'autorité judiciaire.

Sans préjudice des dispositions relatives à la procédure d'assistance éducative, le contenu et les conclusions de ce rapport sont portés à la connaissance du père, de la mère, de toute autre personne exerçant l'autorité parentale, du tuteur et du mineur, en fonction de son âge et de sa maturité.

> Aide sociale à l'enfance (organisation du service)
[CASF, art. L. 221-1 à L. 221-6]

CASF, art. L. 221-1

Le service de l'aide sociale à l'enfance est un service non personnalisé du département chargé des missions suivantes :

1° Apporter un soutien matériel, éducatif et psychologique tant aux mineurs et à leur famille ou à tout détenteur de l'autorité parentale, confrontés à des difficultés risquant de mettre en danger la santé, la sécurité, la moralité de ces mineurs ou de compromettre gravement leur éducation ou leur développement physique, affectif, intellectuel et social, qu'aux mineurs émancipés et majeurs de moins de vingt et un ans confrontés à des difficultés familiales, sociales et éducatives susceptibles de compromettre gravement leur équilibre ;

2° Organiser, dans les lieux où se manifestent des risques d'inadaptation sociale, des actions collectives visant à prévenir la marginalisation et à faciliter l'insertion ou la promotion sociale des jeunes et des familles, notamment celles visées au 2° de l'article L. 121-2 ;

3° Mener en urgence des actions de protection en faveur des mineurs mentionnés au 1° du présent article ;

4° Pourvoir à l'ensemble des besoins des mineurs confiés au service et veiller à leur orientation, en collaboration avec leur famille ou leur représentant légal ;

5° Mener, notamment à l'occasion de l'ensemble de ces interventions, des actions de prévention des situations de danger à l'égard des mineurs et, sans préjudice des compétences de l'autorité judiciaire, organiser le recueil et la transmission, dans les conditions prévues à l'article L. 226-3, des informations préoccupantes relatives aux mineurs dont la santé, la sécurité, la moralité sont en danger ou risquent de l'être ou dont l'éducation ou le développement sont compromis ou risquent de l'être, et participer à leur protection ;

6° Veiller à ce que les liens d'attachement noués par l'enfant avec d'autres personnes que ses parents soient maintenus, voire développés, dans son intérêt supérieur.

Pour l'accomplissement de ses missions, et sans préjudice de ses responsabilités vis-à-vis des enfants qui lui sont confiés, le service de l'aide sociale à l'enfance peut faire appel à des organismes publics ou privés habilités dans les conditions prévues aux articles L. 313-8, L. 313-8-1 et L. 313-9 ou à des personnes physiques.

Le service contrôle les personnes physiques ou morales à qui il a confié des mineurs, en vue de s'assurer des conditions matérielles et morales de leur placement.

CASF, art. L. 221-2

Le service de l'aide sociale à l'enfance est placé sous l'autorité du président du conseil général.

Le département organise sur une base territoriale les moyens nécessaires à l'accueil et à l'hébergement des enfants confiés au service. Un projet de service de l'aide sociale à l'enfance est élaboré dans chaque département. Il précise notamment les possibilités d'accueil d'urgence, les modalités de recrutement par le département des assistants familiaux ainsi que l'organisation et le fonctionnement des équipes travaillant avec les assistants familiaux, qui en sont membres à part entière. Le département doit en outre disposer de structures d'accueil pour les femmes enceintes et les mères avec leurs enfants.

Pour l'application de l'alinéa précédent, le département peut conclure des conventions avec d'autres collectivités territoriales ou recourir à des établissements et services habilités.

CASF, art. L. 221-3

Les conditions dans lesquelles le service de l'aide sociale à l'enfance d'un département accède aux demandes de renseignements relatives à une famille ou à un mineur formulées par le service de l'aide sociale à l'enfance d'un autre département pour l'accomplissement de ses missions, sont déterminées par voie réglementaire.

CASF, art. L. 221-4

Lorsqu'il est avisé par le juge des enfants d'une mesure d'assistance éducative prise en application des articles 375 à 375-8 du Code civil ou d'une mesure judiciaire d'aide à la gestion du budget familial prise en application des articles 375-9-1 et 375-9-2 du même code, le président du conseil général lui communique les informations dont il dispose sur le mineur et sa situation familiale.

Lorsqu'un enfant bénéficie d'une mesure prévue à l'article 375-2 ou aux 1°, 2°, 4° et 5° de l'article 375-3 du Code civil, le président du conseil général organise, sans préjudice des prérogatives de l'autorité judiciaire, entre les services du département et les services chargés de l'exécution de la mesure, les modalités de coordination en amont, en cours et en fin de mesure, aux fins de garantir la continuité et la cohérence des actions menées. Le service qui a été chargé de l'exécution de la mesure transmet au président du conseil général un rapport circonstancié sur la situation et sur l'action ou les actions déjà menées. Il en avise, sauf en cas de danger pour l'enfant, le père, la mère, toute personne exerçant l'autorité parentale ou le tuteur.

CASF, art. L. 221-5

Les règles relatives aux missions du Défenseur des enfants sont fixées par les dispositions du deuxième alinéa de l'article 4 de la loi n° 2000-196 du 6 mars 2000 instituant un Défenseur des enfants ci-après reproduites :

« Il informe le président du conseil général compétent des affaires susceptibles de justifier une intervention du service de l'aide sociale à l'enfance. »

CASF, art. L. 221-6

Toute personne participant aux missions du service de l'aide sociale à l'enfance est tenue au secret professionnel sous les peines et dans les conditions prévues par les articles 226-13 et 226-14 du Code pénal.

Elle est tenue de transmettre sans délai au président du conseil général ou au responsable désigné par lui toute information nécessaire pour déterminer les mesures dont les mineurs et leur famille peuvent bénéficier, et notamment toute information sur les situations de mineurs susceptibles de relever du chapitre VI du présent titre.

L'article 226-13 du Code pénal n'est pas applicable aux personnes qui transmettent des informations dans les conditions prévues par l'alinéa précédent ou dans les conditions prévues par l'article L. 221-3 du présent code.

> Aide sociale à l'enfance (prestations)
[CASF, art. L. 222-2 à L. 222-5]

CASF, art. L. 222-2

L'aide à domicile est attribuée sur sa demande, ou avec son accord, à la mère, au père ou, à défaut, à la personne qui assume la charge effective de l'enfant, lorsque la santé de celui-ci, sa sécurité, son entretien ou son éducation l'exigent et, pour les prestations financières, lorsque le demandeur ne dispose pas de ressources suffisantes.

Elle est accordée aux femmes enceintes confrontées à des difficultés médicales ou sociales et financières, lorsque leur santé ou celle de l'enfant l'exige.

Elle peut concourir à prévenir une interruption volontaire de grossesse.

Elle peut être accordée aux mineurs émancipés et aux majeurs âgés de moins de vingt et un ans, confrontés à des difficultés sociales.

CASF, art. L. 222-3

L'aide à domicile comporte, ensemble ou séparément :

– l'action d'un technicien ou d'une technicienne de l'intervention sociale et familiale ou d'une aide ménagère;

– un accompagnement en économie sociale et familiale;

– l'intervention d'un service d'action éducative;

– le versement d'aides financières, effectué sous forme soit de secours exceptionnels, soit d'allocations mensuelles, à titre définitif ou sous condition de remboursement, éventuellement délivrés en espèces.

CASF, art. L. 222-4-2

Sur décision du président du conseil général, le service de l'aide à l'enfance et les services habilités accueillent tout mineur, pendant tout ou partie de la journée, dans un lieu situé, si possible, à proximité de son domicile, afin de lui apporter un soutien éducatif, ainsi qu'un accompagnement à sa famille dans l'exercice de sa fonction parentale.

CASF, art. L. 222-5

Sont pris en charge par le service de l'aide sociale à l'enfance sur décision du président du conseil général :

1° Les mineurs qui ne peuvent demeurer provisoirement dans leur milieu de vie habituel et dont la situation requiert un accueil à temps complet ou partiel, modulable selon leurs besoins, en particulier de stabilité affective, ainsi que les mineurs rencontrant des difficultés particulières nécessitant un accueil spécialisé, familial ou dans un établissement ou dans un service tel que prévu au 12° du I de l'article L. 312-1;

2° Les pupilles de l'État remis aux services dans les conditions prévues aux articles L. 224-4, L. 224-5, L. 224-6 et L. 224-8;

3° Les mineurs confiés au service en application du 3° de l'article 375-3 du Code civil, des articles 375-5, 377, 377-1, 380, 411 du même code ou du 4° de l'article 10 et du 4° de l'article 15 de l'ordonnance n° 45-174 du 2 février 1945 relative à l'enfance délinquante;

4° Les femmes enceintes et les mères isolées avec leurs enfants de moins de trois ans qui ont besoin d'un soutien matériel et psychologique, notamment parce qu'elles sont sans domicile. Ces dispositions ne font pas obstacle à ce que les établissements ou services qui accueillent ces femmes organisent des dispositifs visant à préserver ou à restaurer des relations avec le père de l'enfant, lorsque celles-ci sont conformes à l'intérêt de celui-ci.

Peuvent être également pris en charge à titre temporaire par le service chargé de l'aide sociale à l'enfance les mineurs émancipés et les majeurs âgés de moins de vingt et un ans qui éprouvent des difficultés d'insertion sociale faute de ressources ou d'un soutien familial suffisants.

> Dénonciation calomnieuse

C. pén., art. 226-10

La dénonciation, effectuée par tout moyen et dirigée contre une personne déterminée, d'un fait qui est de nature à entraîner des sanctions judiciaires, administratives ou disciplinaires et que l'on sait totalement ou partiellement inexact, lorsqu'elle est adressée soit à un officier de justice ou de police administrative ou judiciaire, soit à une autorité ayant le pouvoir d'y donner suite ou de saisir l'autorité compétente, soit aux supérieurs hiérarchiques ou à l'employeur de la personne dénoncée, est punie de cinq ans d'emprisonnement et de 45 000 euros d'amende.

La fausseté du fait dénoncé résulte nécessairement de la décision, devenue définitive, d'acquittement, de relaxe ou de non-lieu déclarant que la réalité du fait n'est pas établie ou que celui-ci n'est pas imputable à la personne dénoncée.

En tout autre cas, le tribunal saisi des poursuites contre le dénonciateur apprécie la pertinence des accusations portées par celui-ci.

> Éducation nationale et visite médicale

C. éduc., art. L. 541-1

Au cours de leur sixième, neuvième, douzième et quinzièmes années, tous les enfants sont obligatoirement soumis à une visite médicale au cours de laquelle un bilan de leur état de santé physique et psychologique est réalisé. Ces visites ne donnent pas lieu à contribution pécuniaire de la part des familles.

Les parents ou tuteurs sont tenus, sur convocation administrative, de présenter les enfants à ces visites, sauf s'ils sont en mesure de fournir un certificat médical attestant que le bilan mentionné au premier alinéa a été assuré par un professionnel de santé de leur choix.

À l'occasion de la visite de la sixième année, un dépistage des troubles spécifiques du langage et de l'apprentissage est organisé. Les médecins de l'Éducation nationale travaillent en lien avec l'équipe éducative, les professionnels de santé et les parents, afin que, pour chaque enfant, une prise en charge et un suivi adaptés soient réalisés suite à ces visites.

Le ministère de la santé détermine, par voie réglementaire, pour chacune des visites obligatoires, le contenu de l'examen médical de prévention et de dépistage.

Des examens médicaux périodiques sont également effectués pendant tout le cours de la scolarité et le suivi sanitaire des élèves est exercé avec le concours d'un service social et, dans les établissements du second degré, de l'infirmière qui leur est affectée.

Les visites obligatoires des neuvième, douzième et quinzième années sont assurées pour la moitié au moins de la classe d'âge concernée dans un délai de trois ans et, pour toute la classe d'âge concernée, dans un délai de six ans à compter de la publication de la loi n° 2007-293 du 5 mars 2007 réformant la protection de l'enfance.

> Omission de porter secours

C. pén., art. 223-6

Quiconque pouvant empêcher par son action immédiate, sans risque pour lui ou pour les tiers, soit un crime, soit un délit contre l'intégrité corporelle de la personne s'abstient volontairement de le faire est puni de cinq ans d'emprisonnement et de 75 000 euros d'amende.

Sera puni des mêmes peines quiconque s'abstient volontairement de porter à une personne en péril l'assistance que, sans risque pour lui ou pour les tiers, il pouvait lui prêter soit par son action personnelle, soit en provoquant un secours.

> Partage d'informations et secret professionnel

[CASF, art. L. 121-6-2 et L. 226-2-2]

CASF, art. L. 121-6-2

Lorsqu'un professionnel de l'action sociale, définie à l'article L. 116-1, constate que l'aggravation des difficultés sociales, éducatives ou matérielles d'une personne ou d'une famille appelle l'intervention de plusieurs professionnels, il en informe le maire de la commune de résidence et le président du conseil général. L'article 226-13 du Code pénal n'est pas applicable aux personnes qui transmettent des informations confidentielles dans les conditions et aux fins prévues au présent alinéa.

Lorsque l'efficacité et la continuité de l'action sociale le rendent nécessaire, le maire, saisi dans les conditions prévues au premier alinéa ou par le président du conseil général, ou de sa propre initiative, désigne parmi les professionnels qui interviennent auprès d'une même personne ou d'une même famille un coordonnateur, après accord de l'autorité dont il relève et consultation du président du conseil général.

Lorsque les professionnels concernés relèvent tous de l'autorité du président du conseil général, le maire désigne le coordonnateur parmi eux, sur la proposition du président du conseil général.

Le coordonnateur est soumis au secret professionnel dans les conditions prévues aux articles 226-13 et 226-14 du Code pénal.

Par exception à l'article 226-13 du même code, les professionnels qui interviennent auprès d'une même personne ou d'une même famille sont autorisés à partager entre eux des informations à caractère secret, afin d'évaluer leur situation, de déterminer les mesures d'action sociale nécessaires et de les mettre en œuvre. Le coordonnateur a connaissance des informations ainsi transmises. Le partage de ces informations est limité à ce qui est strictement nécessaire à l'accomplissement de la mission d'action sociale.

Le professionnel intervenant seul dans les conditions prévues au premier alinéa ou le coordonnateur sont autorisés à révéler au maire et au président du conseil général, ou à leur représentant au sens des articles L. 2122-18 et L. 3221-3 du Code général des collectivités territoriales, les informations confidentielles qui sont strictement nécessaires à l'exercice de leurs compétences. Les informations ainsi transmises ne peuvent être communiquées à des tiers sous peine des sanctions prévues à l'article 226-13 du Code pénal.

Lorsqu'il apparaît qu'un mineur est susceptible d'être en danger au sens de l'article 375 du Code civil, le coordonnateur ou le professionnel intervenant seul dans les conditions prévues au premier alinéa du présent article en informe sans délai le président du conseil général; le maire est informé de cette transmission.

CASF, art. L. 226-2-2

Par exception à l'article 226-13 du Code pénal, les personnes soumises au secret professionnel qui mettent en œuvre la politique de protection de l'enfance définie à l'article L. 112-3 ou qui lui apportent leur concours sont autorisées à partager entre elles des informations à caractère secret afin d'évaluer une situation individuelle, de déterminer et de mettre en œuvre les actions de protection et d'aide dont les mineurs et leur famille peuvent bénéficier. Le partage des informations relatives à une situation individuelle est strictement limité à ce qui est nécessaire à l'accomplissement de la mission de protection de l'enfance. Le père, la mère, toute autre personne exerçant l'autorité parentale, le tuteur, l'enfant en fonction de son âge et de sa maturité sont préalablement informés, selon des modalités adaptées, sauf si cette information est contraire à l'intérêt de l'enfant.

> Procureur de la République (réquisitions)

C. pr. pén., art. 60-1

Le procureur de la République ou l'officier de police judiciaire peut, par tout moyen, requérir de toute personne, de tout établissement ou organisme privé ou public ou de toute administration publique qui sont susceptibles de détenir des documents intéressant l'enquête, y compris ceux issus d'un système informatique ou d'un traitement de données nominatives, de lui remettre ces documents, notamment sous forme numérique, sans que puisse lui être opposée, sans motif légitime, l'obligation au secret professionnel. Lorsque les réquisitions concernent des personnes mentionnées aux articles 56-1 à 56-3, la remise des documents ne peut intervenir qu'avec leur accord.

À l'exception des personnes mentionnées aux articles 56-1 à 56-3, le fait de s'abstenir de répondre dans les meilleurs délais à cette réquisition est puni d'une amende de 3 750 euros.

> Protection de l'enfance (définition)

[CASF, art. L. 112-3 et L. 112-4]

CASF, art. L. 112-3

La protection de l'enfance a pour but de prévenir les difficultés auxquelles les parents peuvent être confrontés dans l'exercice de leurs responsabilités éducatives, d'accompagner les familles et d'assurer, le cas échéant, selon des modalités adaptées à leurs besoins, une prise en charge partielle ou totale des mineurs. Elle comporte à cet effet un ensemble d'interventions en faveur de ceux-ci et de leurs parents. Ces interventions peuvent également être destinées à des majeurs de moins de vingt et un ans connaissant des difficultés susceptibles de compromettre gravement leur équilibre. La protection de l'enfance a également pour but de prévenir les difficultés que peuvent rencontrer les mineurs privés temporairement ou définitivement de la protection de leur famille et d'assurer leur prise en charge.

CASF, art. L. 112-4

L'intérêt de l'enfant, la prise en compte de ses besoins fondamentaux, physiques, intellectuels, sociaux et affectifs ainsi que le respect de ses droits doivent guider toutes décisions le concernant.

> Protection des mineurs en danger et recueil des informations préoccupantes

[CASF, art. L. 226-1 à art. L. 226-6]

CASF, art. L. 226-1

Les missions définies au 5° de l'article L. 221-1 sont menées par le service de l'aide sociale à l'enfance, en liaison avec le service départemental de protection maternelle et infantile mentionné à l'article L. 2112-1 du Code de la santé publique, et le service départemental d'action sociale mentionné à l'article L. 123-2 du présent code ainsi qu'avec les autres services publics compétents.

CASF, art. L. 226-2

Ces missions comportent notamment l'information et la sensibilisation de la population et des personnes concernées par les situations de mineurs en danger ou qui risquent de l'être ainsi que la publicité du dispositif de recueil d'informations prévu à l'article L. 226-3.

Le président du conseil général peut faire appel aux associations concourant à la protection de l'enfance et de la famille pour participer aux actions d'information et de sensibilisation prévues à l'alinéa précédent.

CASF, art. L. 226-2-1

Sans préjudice des dispositions du II de l'article L. 226-4, les personnes qui mettent en œuvre la politique de protection de l'enfance définie à l'article L. 112-3 ainsi que celles qui lui apportent leur concours transmettent sans délai au président du conseil général ou au responsable désigné par lui, conformément à l'article L. 226-3, toute information préoccupante sur un mineur en danger ou risquant de l'être, au sens de l'article 375 du Code civil. Lorsque cette information est couverte par le secret professionnel, sa transmission est assurée dans le respect de l'article L. 226-2-2 du présent Code. Cette transmission a pour but de permettre d'évaluer la situation du mineur et de déterminer les actions de protection et d'aide dont ce mineur et sa famille peuvent bénéficier. Sauf intérêt contraire de l'enfant, le père, la mère, toute autre personne exerçant l'autorité parentale ou le tuteur sont préalablement informés de cette transmission, selon des modalités adaptées.

CASF, art. L. 226-3

Le président du conseil général est chargé du recueil, du traitement et de l'évaluation, à tout moment et quelle qu'en soit l'origine, des informations préoccupantes relatives aux mineurs en danger ou qui risquent de l'être. Le représentant de l'État et l'autorité judiciaire lui apportent leur concours.

Des protocoles sont établis à cette fin entre le président du conseil général, le représentant de l'État dans le département, les partenaires institutionnels concernés et l'autorité judiciaire en vue de centraliser le recueil des informations préoccupantes au sein d'une cellule de recueil, de traitement et d'évaluation de ces informations.

Après évaluation, les informations individuelles font, si nécessaire, l'objet d'un signalement à l'autorité judiciaire.

Les services publics, ainsi que les établissements publics et privés susceptibles de connaître des situations de mineurs en danger ou qui risquent de l'être, participent au dispositif départemental. Le président du conseil général peut requérir la collaboration d'associations concourant à la protection de l'enfance.

Les informations mentionnées au premier alinéa ne peuvent être collectées, conservées et utilisées que pour assurer les missions prévues au 5° de l'article L. 221-1. Elles sont transmises sous forme anonyme à l'observatoire départemental de la protection de l'enfance prévu à l'article L. 226-3-1 et à l'Observatoire national de l'enfance en danger prévu à l'article L. 226-6. La nature et les modalités de transmission de ces informations sont fixées par décret.

CASF, art. L. 226-3-1

Dans chaque département, un observatoire départemental de la protection de l'enfance, placé sous l'autorité du président du conseil général, a pour missions :

1° De recueillir, d'examiner et d'analyser les données relatives à l'enfance en danger dans le département, au regard notamment des informations anonymes transmises dans les conditions prévues à l'article L. 226-3. Ces données sont ensuite adressées par chaque département à l'Observatoire national de l'enfance en danger;

2° D'être informé de toute évaluation des services et établissements intervenant dans le domaine de la protection de l'enfance et assurée en application de l'article L. 312-8;

3° De suivre la mise en œuvre du schéma départemental prévu à l'article L. 312-5 en tant qu'il concerne les établissements et services mentionnés aux 1° et 4° du I de l'article L. 312-1, et de formuler des avis;

4° De formuler des propositions et avis sur la mise en œuvre de la politique de protection de l'enfance dans le département.

L'observatoire départemental de la protection de l'enfance comprend notamment des représentants des services du conseil général, de l'autorité judiciaire dans le département et des autres services de l'État ainsi que des représentants de tout service et établissement dans ce département qui participe ou apporte son concours à la protection de l'enfance, et des représentants des associations concourant à la protection de l'enfance et de la famille.

L'observatoire départemental de la protection de l'enfance établit des statistiques qui sont portées à la connaissance de l'assemblée départementale et transmises aux représentants de l'État et de l'autorité judiciaire.

CASF, art. L. 226-4

I. – Le président du conseil général avise sans délai le procureur de la République lorsqu'un mineur est en danger au sens de l'article 375 du Code civil et :

1° Qu'il a déjà fait l'objet d'une ou plusieurs actions mentionnées aux articles L. 222-3 et L. 222-4-2 et au 1° de l'article L. 222-5, et que celles-ci n'ont pas permis de remédier à la situation;

2° Que, bien que n'ayant fait l'objet d'aucune des actions mentionnées au 1°, celles-ci ne peuvent être mises en place en raison du refus de la famille d'accepter l'intervention du service de l'aide sociale à l'enfance ou de l'impossibilité dans laquelle elle se trouve de collaborer avec ce service.

Il avise également sans délai le procureur de la République lorsqu'un mineur est présumé être en situation de danger au sens de l'article 375 du Code civil mais qu'il est impossible d'évaluer cette situation.

Le président du conseil général fait connaître au procureur de la République les actions déjà menées, le cas échéant, auprès du mineur et de la famille intéressés.

Le procureur de la République informe dans les meilleurs délais le président du conseil général des suites qui ont été données à sa saisine.

II. – Toute personne travaillant au sein des organismes mentionnés au quatrième alinéa de l'article L. 226-3 qui avise directement, du fait de la gravité de la situation, le procureur de la République de la situation d'un mineur en danger adresse une copie de cette transmission au président du conseil général. Lorsque le procureur a été avisé par une autre personne, il transmet au président du conseil général les informations qui sont nécessaires à l'accomplissement de la mission de protection de l'enfance confiée à ce dernier et il informe cette personne des suites réservées à son signalement, dans les conditions prévues aux articles 40-1 et 40-2 du Code de procédure pénale.

CASF, art. L. 226-5

Le président du conseil général informe les personnes qui lui ont communiqué des informations dont elles ont eu connaissance à l'occasion de l'exercice de leur activité professionnelle ou d'un mandat électif des suites qui leur ont été données.

Sur leur demande, il fait savoir aux autres personnes l'ayant informé si une suite a été donnée.

En cas de saisine de l'autorité judiciaire, il en informe par écrit les parents de l'enfant ou son représentant légal.

CASF, art. L. 226-6

L'État, les départements et des personnes morales de droit public ou privé constituent un groupement d'intérêt public pour gérer un service d'accueil téléphonique gratuit ainsi qu'un Observatoire de l'enfance en danger afin d'exercer, à l'échelon national, les missions d'observation, d'analyse et de prévention des mauvais traitements et de protection des mineurs en danger prévues au présent chapitre.

Le service d'accueil téléphonique répond, à tout moment, aux demandes d'information ou de conseil concernant les situations de mineurs en danger ou présumés l'être. Il transmet immédiatement au président du conseil général, selon le dispositif mis en place en application de l'article L. 226-3, les informations qu'il recueille et les appréciations qu'il formule à propos de ces mineurs. À cette fin, le président du conseil général informe le groupement des modalités de fonctionnement permanent du dispositif départemental.

L'Observatoire de l'enfance en danger contribue au recueil et à l'analyse des données et des études concernant la protection de l'enfance, en provenance de l'État, des collectivités territoriales, des établissements publics, des fondations et des associations œuvrant en ce domaine. Il contribue à la mise en cohérence des différentes données et informations, à l'amélioration de la connaissance des phénomènes de mise en danger des mineurs et recense les pratiques de prévention ainsi que de dépistage et de prise en charge médico-sociale et judiciaire des mineurs en danger, dont les résultats évalués ont été jugés concluants, afin d'en assurer la promotion auprès de l'État, des collectivités territoriales, des établissements publics, des fondations et des associations œuvrant dans ce domaine. Il présente au Gouvernement et au Parlement un rapport annuel rendu public.

> Protection maternelle et infantile (missions)
[CSP, art. L. 1423-1, L. 2111-1 et L. 2111-2]

CSP, art. L. 1423-1

Le département est responsable de la protection sanitaire de la famille et de l'enfance dans les conditions prévues au livre Ier de la deuxième partie.

CSP, art. L. 2111-1

L'État, les collectivités territoriales et les organismes de sécurité sociale participent, dans les conditions prévues par le présent livre, à la protection et à la promotion de la santé maternelle et infantile qui comprend notamment :

1° Des mesures de prévention médicales, psychologiques, sociales et d'éducation pour la santé en faveur des futurs parents et des enfants;

2° Des actions d'accompagnement psychologique et social des femmes enceintes et des jeunes mères de famille, particulièrement les plus démunies;

3° Des actions de prévention et de dépistage des handicaps des enfants de moins de six ans ainsi que de conseil aux familles pour la prise en charge de ces handicaps;

4° La surveillance et le contrôle des établissements et services d'accueil des enfants de moins de six ans ainsi que le contrôle, la surveillance et l'accompagnement des assistants maternels mentionnés à l'article L. 421-1 du Code de l'action sociale et des familles.

CSP, art. L. 2111-2

Les services et consultations de santé maternelle et infantile, les activités de protection de la santé maternelle et infantile à domicile, l'agrément des assistants familiaux ainsi que l'agrément, le contrôle, la formation mentionnée à l'article L. 421-14 du Code de l'action sociale et des familles et la surveillance des assistants maternels, relèvent de la compétence du département qui en assure l'organisation et le financement sous réserve des dispositions des articles L. 2112-7, L. 2112-8, L. 2214-1, L. 2322-6 et L. 2323-2.

> Pupilles de l'État (organe chargé de la tutelle)

CASF, art. L. 224-1

Les organes chargés de la tutelle des pupilles de l'État mentionnée au présent chapitre sont le représentant de l'État dans le département, qui exerce la fonction de tuteur et peut se faire représenter, et le conseil de famille des pupilles de l'État; la tutelle des pupilles de l'État ne comporte pas de juge de tutelle ni de subrogé tuteur.

Le tuteur et le conseil de famille des pupilles de l'État exercent les attributions conférées à ces organes selon le régime de droit commun. À cette fin, le conseil de famille doit examiner au moins une fois par an la situation de chaque pupille. Avant toute décision du président du conseil général relative au lieu et au mode de placement des pupilles de l'État, l'accord du tuteur et celui du conseil de famille doivent être recueillis, ainsi que l'avis du mineur dans les conditions prévues à l'article L. 223-4. Le mineur capable de discernement est, en outre, entendu par le tuteur, ou son représentant, et par le conseil de famille, ou l'un de ses membres désignés par lui à cet effet.

Lorsque le mineur se trouve dans une situation de danger manifeste, le tuteur, ou son représentant, prend toutes les mesures d'urgence que l'intérêt de celui-ci exige.

> Pupilles de l'État (statut)
[CASF, art. L. 224-9 à L. 224-11]

CASF, art. L. 224-9

Les deniers des pupilles de l'État sont confiés au trésorier-payeur général.

Le tuteur peut autoriser, au profit du pupille, le retrait de tout ou partie des fonds lui appartenant.

Les revenus des biens et capitaux appartenant aux pupilles sont perçus au profit du département jusqu'à leur majorité, à titre d'indemnité d'entretien et dans la limite des prestations qui leur ont été allouées. Lors de la reddition des comptes, le tuteur, à son initiative ou à la demande du conseil de famille, peut proposer, avec l'accord de ce dernier, au président du conseil général toute remise jugée équitable à cet égard.

Les héritiers, autres que les frères et sœurs élevés eux-mêmes par le service, qui se présentent pour recueillir la succession d'un pupille, doivent rembourser au département les frais d'entretien du pupille, déduction faite des revenus que le département avait perçus.

Lorsque aucun héritier ne se présente, les biens des pupilles de l'État décédés sont recueillis par le département et utilisés pour l'attribution de dons ou de prêts aux pupilles et anciens pupilles de l'État.

Les biens du tuteur ne sont pas soumis à l'hypothèque légale instituée à l'article 2400 du Code civil.

CASF, art. L. 224-10

Lorsque les père ou mère d'un ancien pupille sont appelés à sa succession, ils sont tenus, dans la limite de l'actif net qu'ils recueillent dans cette succession, d'effectuer au département le remboursement des frais d'entretien de l'enfant, à moins qu'ils n'aient obtenu la remise de l'enfant pendant sa minorité, ou que le président du conseil général ne leur accorde une exonération totale ou partielle dudit remboursement.

CASF, art. L. 224-11

L'association départementale d'entraide entre les pupilles et anciens pupilles de l'État participe à l'effort d'insertion sociale des personnes admises ou ayant été admises dans le service de l'aide sociale à l'enfance. À cet effet, elle peut notamment leur attribuer des secours, primes diverses et prêts d'honneur.

Ses ressources sont constituées par les cotisations de ses membres, les subventions du département, des communes, de l'État, les dons et legs.

Le conseil d'administration comporte deux membres des conseils de famille des pupilles de l'État.

> Saisine de la justice (entraves)

[C. pén., art. L. 434-1 et L. 434-3]

C. pén., art. L. 434-1

Le fait, pour quiconque ayant connaissance d'un crime dont il est encore possible de prévenir ou de limiter les effets, ou dont les auteurs sont susceptibles de commettre de nouveaux crimes qui pourraient être empêchés, de ne pas en informer les autorités judiciaires ou administratives est puni de trois ans d'emprisonnement et de 45 000 euros d'amende.

Sont exceptés des dispositions qui précèdent, sauf en ce qui concerne les crimes commis sur les mineurs de quinze ans :

1° Les parents en ligne directe et leurs conjoints, ainsi que les frères et sœurs et leurs conjoints, de l'auteur ou du complice du crime;

2° Le conjoint de l'auteur ou du complice du crime, ou la personne qui vit notoirement en situation maritale avec lui.

Sont également exceptées des dispositions du premier alinéa les personnes astreintes au secret dans les conditions prévues par l'article 226-13.

C. pén., art. L. 434-3

Le fait, pour quiconque ayant eu connaissance de privations, de mauvais traitements ou d'atteintes sexuelles infligés à un mineur de quinze ans ou à une personne qui n'est pas en mesure de se protéger en raison de son âge, d'une maladie, d'une infirmité, d'une déficience physique ou psychique ou d'un état de grossesse, de ne pas en informer les autorités judiciaires ou administratives est puni de trois ans d'emprisonnement et de 45 000 euros d'amende.

Sauf lorsque la loi en dispose autrement, sont exceptées des dispositions qui précèdent les personnes astreintes au secret dans les conditions prévues par l'article 226-13.

241.03 Bibliographie indicative.

Ouvrages. A. Gouttenoire et Ph. Bonfils, *Droit des mineurs*, « Précis », 1re éd., Dalloz, 2008 – M. Borgetto et R. Lafore, *Droit de l'aide et de l'action sociales*, « Domat droit public », 7e éd., Montchrestien, 2009 – J.-P. Hardy et J.-M. Lhuillier, *L'aide sociale aujourd'hui*, 16e éd., ESF, 2008 – J.-M. Lhuillier, *Le droit des usagers dans les établissements et les services médico-sociaux,* Éd. ENSP, 2007.

Articles. S. Bernigaud, « Du signalement à la prise en charge des mineurs en danger. *Statu quo* ou clarification du dispositif fonctionnel de protection de l'enfance », *RDSS* 2007, 29; « Les enjeux de la réforme de la protection de l'enfance », *Dr. fam.* 2007, étude 23 – J.-P. Bischwiller, « La protection de l'enfance dans le cadre départemental : l'articulation entre protections administrative et judiciaire », *Droit de l'enfant et de la famille*, (ouvr. coll.), PU Nancy, 1998 – S. Boujut et I. Frechon « Inégalités de genre en protection de l'enfance », *RDSS* 2009, 1003 s. – E. Camoux, « Les schémas départementaux de protection de l'enfance : un outil de concertation sous-exploité », *RDSS* 2006, 515 s. – F. Eudier « Un décret organise sous forme anonyme, des informations relatives à un mineur en danger », *RJPF*-2009-4/37 – F. Eudier et P. Chamboncel-Saligue, « La loi n° 2007-293 du 5 mars 2007 sur la protection de l'enfance », *RJPF* 2007-11/11 – T. Fossier, « La mission élargie des départements en matière d'assistance éducative » *RDSS* 2005, 49 – A. Gouttenoire, « La loi n° 2007-293 du 5 mars 2007 réformant la protection de l'enfance », *D.* 2007, 1090 s. – R. Lafore, « Les montages institutionnels de la protection de l'enfance : entre justice et administration », *RDSS* 2007, 15 s.; « Le secteur médico-social et la santé publique », *RDSS* 2008, 443 – M. Lagraula-Fabre, « La loi du 2 janvier 2002 rénovant l'action sociale et médico-sociale : pare-feu contre la maltraitance ? », *RDSS* 2006, 969 s. – J.-M. Lhuillier, « Le secret professionnel des travailleurs sociaux. Des exceptions qui infirment la règle », *ASH Magazine*, mars-avr. 2007, n° 20, p. 50. – C. Neirinck, « L'enfant, être vulnérable », *RDSS* 2007, 5 – H. Rihal, « La séparation des professions d'assistant maternel et d'assistant familial, commentaire de la loi n° 2005-706 du 25 juin 2005 », *RDSS* 2005, 798 s. – J.-P. Rosenczveig, « Une rénovation de la protection de l'enfance au service de l'enfant », *AJ fam.* 2007, 57 – P. Villeneuve, « Les compétences sanitaires des collectivités territoriales », *RDSS* 2009, 86 s.

Rapports. Conseil d'État, section du rapport et des études, *Rapport sur la protection de l'enfance et le statut de l'enfant*, mai 1990 – Cour des comptes, *Rapport sur la protection de l'enfance,* Doc. fr., oct. 2009 – Défenseur des enfants, *Rapports annuels*, Doc. fr., 2002 à 2008 – Observatoire national de l'enfance en danger (ONED), *Rapports annuels de ONED* (disponibles sur Oned.gouv.fr); *Enquête sur la situation des pupilles de l'État en 2007* (disponibles sur Oned.gouv.fr).

241.04 Questions essentielles.

> Les missions de la Protection maternelle et infantile sont-elles limitées à la gestion des risques sanitaires ?

* V. ss n° 241.162

> Quelles sont les conditions légales pour qu'un service d'aide sociale à l'enfance accueille un mineur en situation d'urgence et en dehors de toute ordonnance de placement provisoire (OPP) ?

* V. ss n° 241.122

> À quelles conditions le procureur peut-il être saisi dans le cadre des dispositions de la loi n° 2007-293 du 5 mars 2007 réformant la protection de l'enfance ?

* V. s[s] n°s 241.221 s.

> L'information préoccupante transmise sous le couvert de l'anonymat est-elle un obstacle aux réquisitions aux fins d'information du procureur de la République ?

* V. s[s] n° 241.203

> Quelles sont les conditions pour qu'un établissement puisse accueillir un mineur au titre de la protection de l'enfance en danger ?

* V. s[s] n°s 241.161 et 241.162

241.05 Loi du 5 mars 2007 réformant la protection de l'enfance[1]**.** L'attention des pouvoirs publics s'est concentrée ces dernières années sur les problématiques liées à la **protection de l'enfance en difficulté**, à **l'enfance en danger** et à **l'enfance dangereuse**. Ce phénomène s'est doublé d'une méfiance grandissante contre l'institution judiciaire, qui était, depuis 1958, la régulatrice naturelle des droits subjectifs, ceux de l'enfant comme ceux des parents, et des tensions en jeu dans ce segment de la vie sociale.

En 1989, les **départements** sont devenus les pivots d'une action bien déterminée, la lutte contre les mauvais traitements, et **l'Éducation nationale s'est trouvée assujettie à l'action départementale**.

C'est finalement avec la loi n° 2007-293 du 5 mars 2007 que l'évolution délibérée vers la **toute-puissance des départements** a franchi un nouveau pas[2]. Cette loi déplace la ligne de partage entre l'administratif et le judiciaire. Autrefois établie autour de la notion de **simple risque** (le département), distinct du **danger avéré** (la justice), ou encore autour de la notion d'**action consentie** (l'Administration) et d'**action imposée aux familles** (le juge), cette ligne ceinture désormais le juge des enfants, dont l'intervention devient expressément subsidiaire et soumise en outre à une « coordination » du conseil général; le juge des enfants est ainsi renvoyé à l'exercice prioritaire de ses missions pénales, dont l'exposé ne relève pas du présent ouvrage.

241.06 Loi du 5 mars 2007 relative à la prévention de la délinquance[3] **et loi du 5 mars 2007 réformant la protection juridique des majeurs**[4]**.** Convaincu que les dispositifs civils sont de bons moyens de prévention de la délinquance juvénile, et parallèlement que les droits civils des parents doivent être mis en cause lorsque l'enfant commet un délit ou un crime, le législateur de 2007 a fait de la loi de prévention de la délinquance le réceptacle d'une institution nouvelle : la **mesure judiciaire d'aide à la gestion du budget familial**. Cette mesure prend, à vrai dire, le relais d'une mesure ancienne, la **tutelle aux prestations sociales des enfants**, dont le succès était retombé alors qu'elle permet de porter un regard, voire de mener une action, sur le carrefour des comportements familiaux : l'argent, en l'occurrence les prestations sociales. Le nouveau dispositif est détaillé dans une autre loi, pourtant étrangère aux difficultés de la jeunesse, la loi réformant la protection juridique des majeurs.

SECTION 1
SERVICES DÉPARTEMENTAUX

241.10 Division. Depuis les lois de décentralisation[5], la mise en œuvre de la protection de l'enfance prend en compte, les compétences confiées par la loi aux départements, aux autres collectivités territoriales, ainsi qu'aux organismes de sécurité sociale (CASF, art. L. 121-1). Le **département**, en tant que collectivité territoriale, occupe une place privilégiée dans le champ de la protection de l'enfance. À ce titre, il lui appartient d'organiser et de financer sur une base territoriale le **service de l'Aide sociale à l'enfance** (ASE - CASF, art. L. 123-1), prévu par le titre II du livre II du Code de l'action sociale et des familles (§ 1), le **service de Protection maternelle et infantile** (PMI) mentionné à l'article L. 2112-1 du Code de la santé publique (§ 2), et le **service départemental d'action sociale** prévu à l'article L. 123-2 du Code de l'action sociale et des familles.

§ 1
Service de l'Aide sociale à l'enfance

241.11 Un service départemental. L'ASE, service non personnalisé du département, demeure une

1. L. n° 2007-293, 5 mars 2007, réformant la protection de l'enfance, *JO* 6 mars, p. 4215.
2. R. Lafore, « Les montages institutionnels de la protection de l'enfance : entre justice et administration », *RDSS* 2007, 15 s. – T. Fossier, « La mission élargie des départements en matière d'assistance éducative », *RDSS* 2005, 49.
3. L. n° 2007-297, 5 mars 2007, relative à la prévention de la délinquance, *JO* 7 mars, p. 4297.
4. L. n° 2007-308, 5 mars 2007, réformant la protection juridique des majeurs, *JO* 7 mars, p. 4325.
5. L. n° 82-213, 2 mars 1982, relative au droit et libertés des communes, des départements et des régions, *JO* 3 mars, p. 730 – L. n° 83-8, 7 janv. 1983, relative à la répartition des compétences entre les communes, les départements, les régions et l'État, *JO* 9 janv., p. 215 – L. n° 83-663, 22 juill. 1983, complétant la loi n° 838 du 7 janv. 1983, relative à la répartition des compétences entre les communes, les départements, les régions et l'État, *JO* 23 juill., p. 2286 – L. n° 86-17, 6 janv. 1986, adaptant la législation sanitaire et sociale aux transferts de compétences en matière d'aide sociale et de la santé, *JO* 8 janv., p. 372.

tâche essentielle à la charge de cette collectivité territoriale. Ses missions sont définies par l'article L. 221-1 du Code de l'action sociale et des familles. Son intervention vise tout d'abord à apporter un **soutien matériel, éducatif et psychologique aux mineurs et à leur famille** en difficulté dès lors que celles-ci risquent de mettre en danger la santé, la sécurité, la moralité de ces mineurs ou de compromettre gravement leur éducation ou leur développement physique, affectif, intellectuel et social (CASF, L. 221-1, 1°). Cette modalité d'action est étendue aux **mineurs émancipés** et aux **majeurs de moins de vingt et un ans confrontés à des difficultés** familiales, sociales et éducatives susceptibles de compromettre gravement leur équilibre. Elle se caractérise par **l'attribution d'aides** financières et par la mise en place de soutiens psychologiques et d'actions éducatives en faveur des personnes vulnérables précitées. La **prévention** s'articule également autour des risques de marginalisation des jeunes (CASF, L. 221-1, 2°). Les actions collectives mises en œuvre tendent alors à favoriser leur insertion sociale ou leur promotion sociale et elles font appel à la compétence et au travail des équipes de prévention.

241.12 Prévention des situations de danger à l'égard des mineurs. L'ASE s'attache par ailleurs à concentrer ses efforts dans le cadre des actions de prévention des situations de danger à l'égard des mineurs (CASF, art. L. 221-1, 3°, 4° et 5°). « *Dans chaque département, le président du conseil général est chargé d'exercer une action sociale préventive auprès des familles dont les conditions d'existence risquent de mettre en danger la santé, la sécurité, la moralité ou l'éducation de leurs enfants* » (CASF, art. R. 221-1). Ces objectifs ont été renforcés dans le cadre de la loi n° 2007-293 du 5 mars 2007, portant réforme de la protection de l'enfance. Le **département** est investi à titre principal, mais sans préjudice des attributions de l'autorité judiciaire, de la **charge de faire fonctionner le dispositif de protection de l'enfance en danger** (v. s^s^ n°s 242.00 s.). « *S'agissant de mineurs émancipés ou de majeurs âgés de moins de vingt et un ans, le président du conseil général ne peut agir que sur demande des intéressés et lorsque ces derniers éprouvent des difficultés d'insertion sociale faute de ressources ou d'un soutien familial suffisants* » (CASF, art. R. 221-2, al. 3). La prévention des risques et des situations de danger passe également par les moyens mis en place pour favoriser ou développer les liens d'attachement noués par l'enfant, avec d'autres personnes que ses parents. L'accomplissement de ces différentes missions nécessite le plus souvent que le département puisse faire appel, dans les conditions prévues par la loi, et sans méconnaître ses responsabilités à l'égard des enfants qui lui sont confiés, à des **organismes publics ou privés habilités, ou à des personnes physiques** (CASF, art. L. 221-1, al. 2 et 3).

§ 2
Service de protection maternelle et infantile

241.21 Les missions du service de protection maternelle et infantile (PMI). Elles s'appuient tout d'abord sur l'ordonnance n° 45-2720 du 2 novembre 1945[1] et les lois qui l'ont complétée, c'est-à-dire la loi n° 70-633 du 15 juillet 1970[2] et la loi n° 89-899 du 18 décembre 1989[3]. Le service de PMI n'intervient plus seulement dans le **champ sanitaire**. Le **volet social** est tout aussi important et a été renforcé avec la loi n° 2007-293 du 5 mars 2007. Ses missions sont aujourd'hui codifiées aux articles L. 2112-1 et L. 21112-2 du Code de la santé publique. Son organisation, ses activités et les qualifications de ses professionnels relèvent du décret n° 92-785 du 6 août 1992[4]. Ses différentes compétences sont organisées sous la responsabilité du président du conseil général. Il constitue également un service non personnalisé du département et il est dirigé par un médecin. Il comprend des personnels qualifiés notamment dans les domaines médical, paramédical, social et psychologique (CSP, art. L. 2112-1).

À l'échelle d'un territoire, il accompagne, prend en charge les familles et les personnes en situation de grande précarité, les enfants et les adolescents. Il apporte sa collaboration aux différentes actions liées à la prise en charge des mineurs en danger, en lien avec le service d'aide sociale à l'enfance et le service social départemental. Il prend pleinement en charge l'agrément, le suivi, le contrôle des assistantes familiales et des assistantes maternelles et la surveillance et le contrôle, des établissements et services d'accueil des enfants de moins de six ans (CSP, art. L. 2111-1). Il cumule ainsi des missions sanitaires et sociales, tout en opérant en amont de l'action sociale, ce qui conforte l'idée selon laquelle il y aurait là encore « *superposition du médical et du social* »[5].

1. Ord. n° 45-2720, 2 nov. 1945, sur la protection maternelle et infantile, *JO* 5 nov., p. 7297.
2. L. n° 70-633, 15 juill. 1970, relative à la délivrance obligatoire de certificats de santé à l'occasion de certains examens médicaux préventifs, *JO* 17 juill., p. 6657.
3. L. n° 89-899, 18 déc. 1989, relative à la protection et à la promotion de la santé de la famille et de l'enfance et adaptant la législation sanitaire et sociale aux transferts de compétences en matière d'aide sociale et de santé, *JO* 19 déc., p. 15735.
4. Décr. n° 92-785, 6 août 1992, relatif à la protection maternelle et infantile, *JO* 12 août, p. 10972.
5. EN CE SENS, R. Lafore, « Le secteur médico-social et la santé publique », *RDSS* 2008, 443 – P. Villeneuve, « les compétences sanitaires des collectivités territoriales », *RDSS* 2009, 86.

§ 3
Service public départemental d'action sociale

241.31 Un service non personnalisé du département. C'est un service qui peut être désigné sous le nom de service de développement social (SDS) ou service social départemental (SSD). Il s'agit aussi d'un service non personnalisé du département, présent sur chaque territoire (CASF, art. L. 123-2). Il est demandé à l'ensemble des professionnels – travailleurs sociaux – d'investir leurs missions en lien avec l'ensemble des professionnels de l'action sociale, l'État, les communes et les organismes de sécurité sociale, voire l'autorité judiciaire. La **coordination des différents professionnels** œuvrant pour une même situation individuelle, est apparue comme une nécessité pour le législateur en 2007. La loi n° 2007-297 du 5 mars 2007, relative à la prévention de la délinquance, a inséré dans le Code de l'action sociale et des familles, un article L. 121-6-2 alinéa 1er, qui énonce que : « *Lorsqu'un professionnel de l'action sociale, défini à l'article L. 116-1, constate que l'aggravation des difficultés sociales, éducatives ou matérielles d'une personne ou d'une famille appelle l'intervention de plusieurs professionnels, il en informe le maire de la commune de résidence et le président du conseil général. L'article 226-13 du Code pénal n'est pas applicable aux personnes qui transmettent des informations confidentielles dans les conditions et aux fins prévues au présent alinéa* ». La mise en œuvre de cette disposition légale n'est pas sans difficulté. Elle implique tout d'abord que soit établie « *l'aggravation* » de la situation de la personne ou de la famille concernée. Le **président du conseil général** peut donc désormais être informé de toute situation sociale préoccupante, et pas seulement pour ce qui relève de la protection de l'enfance. Le **maire** peut aussi être informé dans les mêmes conditions, lequel désignera le cas échéant un coordonnateur[1]. Cette possibilité risque en pratique de se heurter à un obstacle sérieux : l'absence d'accord entre un maire et le président du conseil général. Il n'en demeure pas moins que l'action sociale relève pour l'essentiel de la compétence des départements. La loi précitée a accordé aux communes, à la suite d'une convention passée avec le département, la possibilité d'exercer tout ou partie de ses compétences, dans le champ de l'action sociale (CASF, art. L. 121-1 et L. 121-2).

1. Cette information reste facultative; EN CE SENS, v. circ. NOR INT/K/07/00061/C, 9 mai 2007, relative à l'application des art. 8 à 10 de la loi n° 2007-297 du 5 mars 2007, relative à la prévention de la délinquance (les articles 8 à 10 concernent l'action sociale).

SECTION 2
SERVICES ÉTATIQUES

241.40 Division. La protection de l'enfance en danger par l'autorité publique ne relève pas de la compétence exclusive des conseils généraux. L'État investit ce champ, notamment par le biais du service de promotion de la santé des élèves (§ 1) et de la pédopsychiatrie (§ 2).

§ 1
Service de promotion de la santé des élèves

241.41 Surveillance médico-sociale des enfants d'âge scolaire. Le principe de la surveillance médico-sociale des enfants d'âge scolaire est posé par les articles L. 541-1 à L. 541-6 du Code de l'éducation nationale et l'article L. 2325-1 du Code de la Santé publique. Rattaché alternativement au ministère de la Santé ou à celui de l'Éducation nationale, le service de santé scolaire est transformé en « Mission de promotion de la santé » avec la circulaire n° 2001-012 du 12 janvier 2001[2], tout en étant intégré à l'Éducation nationale par le décret n° 84-1194 du 21 décembre 1984[3]. Ce service de santé constituait jusqu'en 1984, avec la PMI et l'ASE, le service unifié de l'enfance participant directement à la protection de l'enfance.

241.42 Autorité des recteurs et des inspecteurs d'académie. Le service de promotion de la santé des élèves est placé sous l'autorité des recteurs et des inspecteurs d'académie. Il est orienté à la fois vers des **missions éducatives et de soin** (promotion de la santé), sans méconnaître pour autant sa participation à la **prévention et à la protection des mineurs en danger ou en risque de danger.** À ce titre, la loi n° 2007-293 du 5 mars 2007, portant réforme de la protection de l'enfance, prévoit la mise en place de **bilans de santé** à des périodes fixées par la loi (C. éduc., art. L. 541-1). Ces bilans s'imposent aux familles qui sont tenues, sur convocation administrative, de présenter les enfants à ces visites, sauf s'ils sont en mesure de fournir un certificat médical attestant que le bilan médical a été assuré par un professionnel de santé de leur choix (C. éduc., art. L. 541-1, al. 2). Ces bilans ne donnent lieu à aucune contribution pécuniaire des parents. Par ailleurs, un **examen spécifique** est prévu **au cours de la sixième année.** Il s'agit en effet de dépister les

2. Circ. n° 2001-012, NOR MEN/E/00/03330/C, 12 janv. 2001, politique de santé en faveur des élèves (orientations générales pour la politique de santé en faveur des élèves), *BOMEN* spécial, n° 1, 25 janv. 2001.
3. Décr. n° 84-1194, 21 déc. 1984, relatif aux attributions du ministre de l'Éducation nationale, *JO* 29 déc., p. 4023.

troubles spécifiques du langage et de l'apprentissage afin d'être en mesure de proposer une prise en charge et un suivi adaptés à la suite de ces visites (C. éduc., art. L. 541-1, al. 3). Le cadre scolaire permet aussi au président du conseil général d'organiser des **consultations** et des **actions de prévention médico-sociale** en faveur des enfants de moins de six ans ainsi que l'établissement d'un **bilan de santé** pour les **enfants âgés de trois à quatre ans**, notamment en école maternelle (C. éduc., art. L. 542-2). Les modalités retenues ont pour objectif de prévenir et de détecter les cas d'enfants maltraités (CSP, art. L. 2325-6, par réf. à C. éduc., art. L. 542-2).

§ 2
Pédopsychiatrie

241.51 Départements, autorité judiciaire et institutions de soins psychologiques ou psychiatriques. Les relations existant entre les départements, l'autorité judiciaire et les institutions de soins psychologiques et psychiatriques, pour ce qui relève de l'enfance en danger, ont donné lieu à quelques soubresauts par le passé. L'État reste toutefois présent dans le secteur du soin psychiatrique. La pédopsychiatrie est la branche de la psychiatrie consacrée aux enfants, depuis la naissance jusqu'à l'entrée dans l'âge adulte. La pédopsychiatrie recouvre l'étude, le diagnostic, le traitement et la prévention des troubles psychologiques et mentaux qui affectent les mineurs[1]. À des degrés divers, les structures d'accueil pour les mineurs et les jeunes adultes ont pour objectif de mener de façon concertée des **actions médicales, éducatives et pédagogiques**. La réintégration ou le maintien avec le milieu scolaire est un souci permanent. Lorsque le maintien ou le retour à domicile ne paraît pas souhaitable ou possible, la recherche d'alternatives à l'hospitalisation peut se révéler pertinente, comme **l'accueil familial thérapeutique**. Il s'agit là d'une phase de réadaptation et d'acquisition d'une certaine autonomie au cours de laquelle la prise en charge sociale et affective prend une dimension importante Ces différentes structures sont placées sous la responsabilité d'un médecin psychiatre.

SECTION 3
PRESTATIONS FOURNIES AU TITRE DE L'AIDE À L'ENFANCE ET À LA FAMILLE

241.60 Division. C'est la loi n° 86-17 du 6 janvier 1986, adaptant la législation sanitaire et sociale aux transferts de compétences en matière d'aide sociale et de la santé, qui a d'abord fait mention de la notion de missions concernant l'ASE[2]. L'ASE occupe une place privilégiée dans le dispositif de protection de l'enfance. Cela tient non seulement à l'histoire qui est la sienne, mais aussi au cadre légal de son intervention, comme peuvent l'illustrer les prestations d'aide sociale apportées à l'enfance et à la famille (§ 1), prestations qui gardent un lien étroit avec celles offertes par les autres services du conseil général en matière de protection de l'enfance (§ 2).

§ 1
Prestations d'aide sociale à la famille et à l'enfance

241.70 Division. Les prestations proposées aux familles en difficulté concernent **tous les mineurs, sans distinction de nationalité ou d'âge**; elles ne peuvent être mises en œuvre qu'avec l'**accord des familles.** Cette protection est plus ou moins étendue selon que les mineurs protégés sont pourvus ou non d'une famille. Mais « *l'intérêt de l'enfant, la prise en compte de ses besoins fondamentaux, physiques, intellectuels, sociaux et affectifs ainsi que le respect de ses droits doivent guider toutes décisions le concernant* » (CASF, art. L. 112-4). Il en est notamment ainsi pour l'aide à domicile (A) et le contrat de responsabilité parentale (B).

A.
Aide à domicile

241.71 Bénéficiaires. L'aide à domicile comporte un certain nombre d'interventions qui peuvent être mises en œuvre ensemble ou séparément, en intégrant une approche globale des difficultés rencontrées par la famille. Elle a pour objectif principal d'éviter que l'enfant soit séparé de sa famille ou du moins, de différer l'admission de l'enfant protégé à l'ASE (CASF, art. L. 222-2 s.), en organisant son accueil chez un assistant familial ou dans un établissement (v. s^s n° 241.160). Les bénéficiaires de l'aide à domicile sont clairement identifiés par le législateur. L'aide est attribuée sur sa demande, ou avec son accord, à la mère, au père ou, à défaut, à la personne qui assume la charge effective de l'enfant, lorsque la santé de celui-ci, sa sécurité, son entretien ou son éducation l'exigent et, pour les prestations financières, lorsque le demandeur ne dispose pas de ressources suffisantes. Elle concerne

1. Sur l'organisation de la psychiatrie infanto-juvénile, v. CSP, art. R. 3221-1, R. 3221-4 et R. 3221-5, al. 4.

2. M. Borgetto et R. Lafore, *Droit de l'aide et de l'action sociales*, « Domat droit public », Montchrestien, 2006, n° 281.

aussi les femmes enceintes confrontées à des difficultés médicales ou sociales et financières, lorsque leur santé ou celle de l'enfant l'exige. Elle vise par ailleurs à prévenir une interruption volontaire de grossesse. Le fait de ne plus relever de l'autorité parentale ne constitue pas une fin de non-recevoir. Il en est ainsi pour les **mineurs émancipés** et pour les **majeurs âgés de moins de vingt et un ans**, confrontés à des difficultés sociales qui risquent de compromettre gravement leur équilibre. À l'égard de cette dernière catégorie de bénéficiaires, les modalités d'accompagnement et d'aide sociale ont été étendues, sans méconnaître pour autant l'accès à l'autonomie. Les **femmes enceintes** et les **mères isolées avec leurs enfants de moins de trois ans**, qui ont besoin d'un soutien matériel et psychologique, ainsi que les mineurs émancipés et les majeurs âgés de moins de vingt et un ans, qui éprouvent des difficultés d'insertion sociale faute de ressources ou d'un soutien familial suffisants, sont pris en charge par l'ASE sur décision du président du conseil général (CASF, art. L. 222-5, 4° et dern. al.).

241.72 Bénéficiaires : conditions d'attribution. Le bénéficiaire éventuel de l'aide à domicile présente sa demande en insistant sur les besoins qui sont les siens. Ses ressources sont évaluées lorsque la demande concerne l'octroi d'une aide financière (sur la prise en charge de l'aide à domicile, v. CASF, art. R. 222-1 à R. 222-4). Quelle que soit l'aide accordée, elle ne saurait dépasser initialement le délai d'un an. En effet, la révision des différentes situations s'impose chaque année pour l'ASE (CASF, art. L. 223-5, al. 1er – Sur les droits des familles dans leurs relations avec l'ASE, v. ss n° 241.251).

241.73 Consistance de l'aide à domicile. L'action d'un technicien de l'intervention sociale et familiale ou d'une aide ménagère, l'accompagnement en économie sociale et familiale, l'intervention d'un service d'action éducative et le versement d'aides financières, caractérisent l'aide à domicile (CASF, art. L. 222-3). Le conseil général peut attribuer une aide financière désignée sous le qualificatif de « *secours d'urgence* » ou « *aide mensuelle temporaire* » (AMT) en faveur des familles en difficulté pour l'alimentation, les soins ou l'éducation de leurs enfants. « *Les secours et allocations mensuelles d'aide à domicile sont incessibles et insaisissables. Toutefois, à la demande du bénéficiaire, ils peuvent être versés à toute personne temporairement chargée de l'enfant. Lorsqu'un délégué aux prestations familiales a été nommé, il reçoit de plein droit les allocations mensuelles d'aide à domicile* » (CASF, art. L. 222-4). Les familles présentent leur demande au département du lieu où ils résident. Les secours d'urgence sont délivrés dans les trésoreries municipales ou par la régie de l'ASE et les AMT sont délivrées sous forme de lettre chèque adressée à la famille bénéficiaire.

241.74 Intervention d'un service d'action éducative à domicile (AED). Cette prestation constitue une aide sociale éducative. Elle peut être retenue lorsque la santé, la sécurité, ou l'éducation d'un ou plusieurs enfants l'exigent. Elle tient compte des conditions de vie de l'ensemble de la famille et peut faire l'objet d'une intervention commune de plusieurs professionnels spécialisés (assistantes sociales, éducateurs, psychologues, *etc.*). Elle est mise en place avec l'accord des parents pour éviter une admission provisoire ou judiciaire à l'ASE, ou pour préparer un tel placement. Elle peut encore être actionnée pour préparer le retour de l'enfant dans sa famille.

241.75 Accompagnement en vie sociale et familiale : mesure d'accompagnement social personnalisé (MASP) [1]. C'est une **mesure administrative de nature contractuelle** dont le but est de permettre au majeur concerné de gérer à nouveau ses prestations sociales de manière autonome. La personne protégée bénéficie d'une aide à la gestion de ses prestations sociales et d'un accompagnement social individualisé, mis en œuvre par les services sociaux du département. La mesure prend la forme d'un contrat d'accompagnement social personnalisé, susceptible d'être modifié. Il contient des engagements réciproques entre le département et la personne concernée (CASF, art. L. 271-1, al. 2). Le bénéficiaire du contrat peut autoriser le département à percevoir et à gérer pour son compte tout ou partie des prestations sociales qu'il perçoit, en les affectant en priorité au paiement du loyer et des charges locatives en cours (CASF, art. L. 271-2, al. 2). Si le majeur refuse ou ne respecte pas le contrat, et qu'il n'a pas payé son loyer depuis deux mois, le président du conseil général peut demander au juge d'instance que les prestations sociales soient directement versées au bailleur à hauteur du loyer et des charges dues. Ce prélèvement ne peut excéder deux ans renouvelables, sans que sa durée puisse excéder quatre ans (CASF, art. L. 271-2, al. 3). Il ne peut pas avoir pour effet de le priver des ressources nécessaires à sa subsistance et à celle des personnes qu'il a à sa charge. Le président du conseil général peut à tout moment demander au juge de faire cesser cette mesure. Une contribution peut être demandée à la personne ayant conclu un contrat d'accompagnement social

1. V. Mikalef-Toudic, « Les mesures d'accompagnement social personnalisé : une mission nouvelle pour les conseils généraux », *RDSS* 2008, 513 – T. Fossier, « Le droit des tutelles après sa réforme : nouvelle branche du droit de l'action sociale ? » *RDSS* 2007, 672 s.

personnalisé. Son montant est fixé par le président du conseil général en fonction des ressources de l'intéressé, dans la limite d'un plafond (CASF, art. L. 271-4). La mesure prend fin au terme du contrat, s'il a fourni les effets souhaités mais le président du conseil général peut à tout moment saisir le juge pour mettre fin à la mesure (CASF, art. L. 271-5, al. 5).

241.76 **Bilan.** Le président du conseil général rapporte au procureur de la République la situation sociale, financière et médicale de la personne ainsi que le bilan des actions menées auprès d'elle. Le procureur est alors susceptible de saisir le juge pour ouvrir une mesure plus contraignante : mesure d'accompagnement judiciaire, sauvegarde de justice, curatelle, tutelle (CASF, art. L. 271-6). Le département peut déléguer la mesure à une autre collectivité territoriale, une association, un organisme à but non lucratif, ou à un organisme débiteur de prestations sociales.

B. Contrat de responsabilité parentale

241.81 **Origine du contrat.** Mis en place par la loi n° 2006-396 du 31 mars 2006 pour l'égalité des chances[1] et modifié par la loi n° 2007-293 du 5 mars 2007 sur la protection de l'enfance, le contrat de responsabilité parentale constitue une mesure d'aide sociale à l'enfance dont la finalité a été proposée par le législateur lui-même. Ce contrat rappelle aux parents leurs droits et leurs devoirs et leur offre un accompagnement social afin de les soutenir dans l'exercice de leurs responsabilités vis-à-vis de leurs enfants (CASF, art. L. 222-4-1). Les faits qui peuvent conduire à la mise en place de ce contrat relèvent de l'**absentéisme scolaire**, du **trouble porté au fonctionnement d'un établissement scolaire** ou de toute autre difficulté liée à une **carence de l'autorité parentale**. Informé, le président du conseil général peut donc proposer cette mesure. Il est saisi à cette fin par l'inspecteur d'académie, le chef d'un établissement d'enseignement, le maire de la commune de résidence du mineur, le directeur de l'organisme débiteur des prestations familiales ou le préfet (CASF, art. L. 222-4-1 al 1er et R. 222-4-2, al. 1er).

241.82 **Contenu du contrat.** La mise en œuvre de ce contrat de responsabilité parentale relève du décret n° 2006-1104 du 1er septembre 2006[2]. Le contrat peut rappeler les mesures d'aide déjà mises en place par les autorités ayant saisi le président du conseil général, notamment par le responsable du dispositif de réussite éducative ou par d'autres autorités concourant à l'accompagnement de la famille. Le contenu, la durée et les modalités de ce contrat sont fixés par le décret du 1er septembre 2006. La durée de ce contrat ne peut excéder **six mois** et **un an** s'il fait l'objet d'un renouvellement (CASF, art. R. 222-4-1, 5°).

241.83 **Acceptation du contrat.** Il appartient au président du conseil général de veiller à la coordination avec les mesures prévues par le contrat de responsabilité parentale (CASF, art. R. 222-4-1, al. 2). La volonté de recourir à un tel contrat implique un certain formalisme. Il doit notifier une proposition de contrat, lors d'un entretien ou par voie postale, aux parents ou au représentant légal du mineur (CASF, R. 222-4-3, al. 1er). Les parents ou le représentant légal, disposent alors d'un délai de quinze jours à compter de cette notification pour donner leur accord au contrat et le signer. En cas de désaccord, ils doivent faire part de leurs observations et, le cas échéant, de leurs propositions ainsi que des motifs justifiant leur refus (CASF, art. R. 222-4-3, al. 2).

241.84 **Refus du contrat.** Au regard des difficultés rencontrées, il est possible que la famille refuse de signer le contrat ou refuse de respecter les engagements liés à un tel contrat. Les familles ont été informées des sanctions encourues (CASF, art. R. 222-4-5). Le président du conseil général peut alors demander au directeur de l'organisme débiteur des prestations familiales la suspension du versement de tout ou partie des prestations afférentes à l'enfant, en application de l'article L. 552-3 du Code de la sécurité sociale. Il peut saisir le procureur de la République de faits susceptibles de constituer une infraction pénale ou saisir l'autorité judiciaire pour qu'il soit fait application, s'il y a lieu, des dispositions de l'article 375-9-1 du Code civil (CASF, L. 222-4-1, al. 2).

241.85 **Suspension de tout ou partie des prestations familiales.** La décision de suspendre tout ou partie des prestations familiales afférentes au mineur suppose, au préalable, que le président du conseil général informe les parents ou le représentant légal du mineur, de son projet et des motifs qui le fondent. Les parents peuvent se faire assister dans la phase de notification du recours à ce type de contrat, et réagir par la présentation de leurs propres observations. La décision de suspension sera motivée et notifiée aux intéressés. Les mêmes dispositions sont applicables lorsqu'il s'agit de demander le renouvellement de la mesure, ou de s'opposer à son rétablissement avec effet rétroactif, à l'issue

1. L. n° 2006-396, 31 mars 2006, pour l'égalité des chances, *JO* 2 avr., p. 4950.
2. Décr. n° 2006-1104, 1er sept. 2006, relatif au contrat de responsabilité parentale, *JO* 2 sept., p. 13095.

d'une période de suspension de 12 mois (CASF, art. R. 222-4-5).

En s'adressant au directeur de l'organisme débiteur des prestations familiales, le président du conseil général lui transmet l'identité de l'enfant concerné, les prestations visées, leur proportion et le délai retenu. La décision par l'organisme débiteur des prestations de suspendre les prestations familiales prend effet dans le mois qui suit la réception de la décision du président du conseil général.

241.86 **Faible mobilisation des départements.** La redondance des dispositifs d'accompagnement parental explique sans doute la faible mobilisation des départements. Par ailleurs, l'enchevêtrement des textes ne plaide pas en faveur de la mise en place des nouveaux outils d'aide et d'accompagnement des familles en difficulté. En effet, la loi n° 2007-297 du 5 mars 2007, de prévention de la délinquance, permet à un « Conseil pour les droits et devoirs des familles », présidé par le maire, « *d'examiner avec la famille les mesures d'aide à l'exercice de la fonction parentale susceptibles de lui être proposées* ». En cas de refus, le président du conseil général peut être saisi par le maire « *en vue de la conclusion éventuelle du contrat de responsabilité parentale* » (CASF, art. L. 141-1 et D. 141-1).

§ 2
Prestations fournies par les autres services du conseil général

241.90 **Division.** Une approche globale des difficultés de la famille et la présence en son sein de jeunes enfants justifient pleinement l'intervention du service de protection maternelle et infantile (A) et celle du service départemental d'action sociale (B).

A.
Prestations assurées par la protection maternelle et infantile

241.91 **Missions du service de la protection maternelle et infantile.** Insérées dans le Code de la santé publique, les missions de la PMI avaient pour objectif principal de **lutter contre la mortalité infantile**. Si cet objectif n'est pas perdu de vue, les missions de la PMI se sont diversifiées dans le but de **promouvoir la santé publique** et de **réduire les inégalités dans le champ de la santé**. En ce sens, l'action des professionnels de la PMI, est de **nature médico-sociale**. Il en est ainsi avec la mise en place des **consultations prénuptiales, prénatales et postnatales** et des **actions de prévention médico-sociale en faveur des femmes enceintes**, des consultations et des actions de **prévention médico-sociale** en faveur des enfants de moins de six ans ainsi que l'établissement d'un bilan de santé pour les enfants âgés de trois à quatre ans, notamment en école maternelle. À ces actions s'ajoutent les activités de **planification familiale** et d'**éducation familiale** ainsi que la pratique d'**interruptions volontaires de grossesse par voie médicamenteuse** dans les conditions prévues par la loi et les **actions médico-sociales préventives à domicile pour les femmes enceintes. L'accord des personnes** suivies ou bénéficiant de la prise en charge est **fondamental**. Par ailleurs, ces interventions peuvent être proposées en liaison avec le médecin traitant et les services hospitaliers concernés (CSP, art. L. 2112-2, 1° à 4°). Ce service constitue donc un service public à part entière œuvrant en faveur de la future mère, de la mère et des jeunes enfants. L'environnement des familles est appréhendé dans son ensemble et permet à la PMI de développer à la fois une action médico-sociale générale et une action en faveur de l'enfant dans son milieu de vie.

Le **recueil d'informations en épidémiologie et en santé publique**, ainsi que le **traitement de ces informations, l'édition et la diffusion des supports d'information sanitaire** destinés aux futurs conjoints, ainsi que les actions d'information sur la profession d'assistant maternel et les actions de formation initiale destinées à aider les assistants maternels dans leurs tâches éducatives, font partie des missions traditionnelles de la PMI (CSP, art. L. 2112-2, 5° à 7°).

241.92 **Protection de l'enfance en danger et la lutte contre les mauvais traitements.** En 2007, le législateur a souhaité renforcer l'action de la PMI dans le domaine de la protection de l'enfance en danger et la lutte contre les mauvais traitements (CSP, art. L. 2112-2). Il s'agit tout d'abord de **former et diffuser les informations relatives à l'enfance en danger** en y associant les **personnels de PMI**, du **service social**, des **maternités** et les **médecins libéraux**. La prévention des négligences graves et des sévices repose ensuite sur le **dépistage** et le **suivi des situations à risque**. En ce sens, l'action des professionnels, dès la sortie de la maternité, peut se révéler particulièrement pertinente. Il en est de même s'agissant de la présence de ces mêmes professionnels (**puéricultrices, infirmières, assistants sociaux**), présents dans les locaux où un enfant a été hospitalisé. Une circulaire DGS/407/2B du 9 juillet 1985 a mis l'accent sur le rôle de l'hôpital en ce domaine[1]. Le service de PMI col-

1. Circ. n° DGS/407/2B, 9 juill. 1985, relative à l'accueil et à la prise en charge, par les établissements d'hospitalisation publics et privés, des enfants en danger, victimes de sévices ou de délaissement, *BOMS* n° 85/16 *bis*, fascicule spécial.

labore enfin de manière très étroite avec l'ASE s'agissant de la prise en charge des enfants confiés sur décision de justice ou à la demande de leurs parents. Les questions d'accès aux soins et les graves négligences constatées dans ce domaine sont à prendre en compte dans l'approche globale des difficultés familiales, et de la protection du mineur en risque de danger.

B. Prestations assurées par le service départemental d'action sociale

241.101 Mission de lutte contre l'exclusion en lien direct avec la protection des mineurs en danger. Sa mission est générale et a pour objet d'aider les personnes en difficulté dans des domaines aussi divers que l'insertion sociale, l'environnement et l'habitat, les difficultés budgétaires, la santé et l'accès aux soins, l'emploi, *etc.* (CASF, art. L. 123-2). La mise en œuvre de ces aides implique une connaissance approfondie de la situation de ces personnes et ce service peut intervenir par le biais des enquêtes sociales, diligentées pour le compte et à la demande des autorités compétentes de l'État (CASF, art. L. 123-2, al. 2). La lutte contre les différentes formes d'exclusion est en lien direct avec la protection des mineurs en danger et, à ce titre, la compétence du département et de ses partenaires est parfaitement justifiée.

§ 3 Prise en charge des mineurs sur décision du président du conseil général

241.110 Division. Quatre groupes de personnes peuvent être admis à l'ASE sur décision du président du conseil général. Il s'agit des mineurs confiés sur décision judiciaire au titre de l'enfance délinquante (A), des mineurs confiés par les personnes exerçant sur eux l'autorité parentale (B), des pupilles de l'État (C) et des jeunes majeurs (D).

A. Mineurs confiés sur décision judiciaire

241.111 L'autorité judiciaire peut confier les mineurs au département. Ils sont alors pris en charge par le service d'ASE sur décision du président du conseil général (CASF, art. L. 222-5, 3°). Il appartient alors à l'ASE de mettre en œuvre la mesure judiciaire ordonnée par le juge et au conseil général d'en assurer le financement. Cela concerne les enfants confiés au tire de l'**assistance éducative** (v. s^s n°s 242.00 s.), les mineurs ayant fait l'objet d'une **délégation d'autorité parentale** (v. s^s n° 242.43), ou d'une **déclaration judiciaire d'abandon** (v. s^s n°s 221.180 s.), ou ceux pour lesquels la **tutelle** a été déclarée **vacante** (v. s^s n° 242.42). Ces situations se distinguent de celles où le juge ordonnance le placement direct dans un établissement (v. s^s n° 242.221). Le conseil général reste tenu du financement de la mesure même s'il n'en assure pas la mise en œuvre (v. s^s n° 242.221).

241.112 Enfants confiés au titre de l'enfance délinquante. Sur le plan pénal, l'ASE prend en charge, sur décision du président du conseil général, les enfants confiés au titre de l'enfance délinquante. Le **juge des enfants**, le **juge d'instruction**, le **juge des libertés et de la détention** peuvent confier provisoirement à l'ASE les mineurs ayant commis des actes de délinquance[1]. Leur intervention se situe dans le cadre de **mesures éducatives**, au début de la procédure. Le tribunal pour enfants comme la Cour d'assises pour mineurs, peuvent confier un **mineur de moins de treize ans** au service de l'ASE[2]. Le placement dans le même service reste plus exceptionnel dès lors que le mineur délinquant a plus de treize ans. En effet, il faut supposer que ce mineur ait besoin d'un traitement médical et qu'il est orphelin, ou que ses parents aient fait l'objet d'un retrait de l'autorité parentale.

B. Mineurs confiés au service d'Aide sociale à l'enfance par les personnes exerçant l'autorité parentale

241.120 Enfants ne pouvant être maintenus dans leur milieu de vie familiale. Cette situation concerne les enfants qui ne peuvent être maintenus provisoirement dans leur milieu de vie habituel. Ils sont admis à l'ASE sur décision du président du conseil général, à la demande ou sur proposition présentée par le service et acceptée par les représentants légaux de l'enfant (CASF, art. L. 222-5, 1°). L'accueil peut être effectué **à temps partiel ou complet** et reste modulable selon les besoins de l'enfant. Il concerne aussi les mineurs qui ont besoin de stabilité affective et ceux qui ont été confrontés à des difficultés nécessitant un accueil spécialisé, familial ou dans un établissement ou dans un service tel que prévu au 12° du I de l'article L. 312-1 du Code de l'action sociale et des familles. Il est donc tenu compte des difficultés rencontrées par les familles dans la prise en charge éducative de leurs enfants.

1. Ord. n° 45-174, 2 févr. 1945, relative à l'enfance délinquante, *JO* 4 févr., p. 530, art. 10 et 10-2.
2. Ord. n° 45-174, 2 févr. 1945, relative à l'enfance délinquante, *JO* 4 févr., p. 530, art. 15.

Les parents conservent pour l'essentiel, leurs prérogatives d'autorité parentale et leurs droits de visite et d'hébergement. Ils restent informés du lieu de placement et de son suivi, et de toutes les décisions qui sont prises dans l'intérêt de l'enfant. **Le caractère contractuel de l'accueil provisoire** peut conduire l'un des deux contractants à mettre un terme anticipé au contrat. Les parents peuvent donc reprendre leur enfant à tout moment, sauf à l'ASE à signaler au procureur de la République les situations qui caractérisent un danger manifeste pour l'enfant. L'ASE a donc la charge de pourvoir à l'ensemble des besoins des mineurs qui lui sont confiés mais elle doit le faire en collaboration avec les parents. Ainsi, s'agissant de l'hospitalisation d'un mineur confié au service dans le cadre d'un accueil provisoire, ce sont les parents de l'enfant qui sont habilités à faire procéder à son admission dans un établissement hospitalier, sauf à ne pouvoir être joints en temps utile. Dans de telles circonstances, l'admission est alors demandée par l'ASE (CSP, art. R. 1112-34).

241.121 Enfant en danger. Cette mesure prend toute sa place dans le dispositif de protection sociale de l'enfant en risque de danger ou en danger avéré. Elle reste juridiquement contestable dans l'hypothèse où le juge des enfants s'est déclaré compétent et a ordonné la mise en place d'une mesure d'action éducative en milieu ouvert (AEMO) et qu'il apparaît nécessaire, en cours de mesure, d'organiser temporairement la prise en charge physique du mineur (v. s[s] n° 242.182). En effet, le juge des enfants peut modifier ou compléter à tout moment la mesure initialement prise (C. civ., art. 375-6). Par ailleurs, les nouvelles dispositions légales issues de la réforme de la protection de l'enfance ont adopté des règles qui permettent d'envisager l'organisation de l'hébergement du mineur protégé dans le cadre d'une AEMO judiciaire (v. s[s] n° 242.183). Tel n'est pas le cas pour l'accueil provisoire qui constitue une mesure administrative où l'enfant est confié à l'ASE.

241.122 Accueil provisoire et situation d'urgence. L'accueil provisoire peut par ailleurs être actionné dans des conditions liées à l'urgence. En effet, le service de l'ASE est légitimé à accueillir provisoirement le mineur lorsque les parents sont dans l'impossibilité de donner leur accord. Le procureur de la République doit alors être avisé immédiatement.(CASF, art. L. 223-2, al. 2). Une évaluation rapide de la situation doit permettre à l'ASE de déterminer si les parents du mineur recueilli sont en mesure de donner leur accord ou s'ils le refusent. Dans ce dernier cas, **le procureur de la République doit être saisi dans un délai maximum de cinq jours**, aux fins de mise en des mesures d'assistance éducative (CASF, art. L. 223-2, al. 2, 3 et 4). Cette modalité constitue parfois le seul fondement légal à l'accueil des mineurs étrangers isolés, pour lesquels le procureur de la République a ordonné au préalable une expertise osseuse, avant de rendre son ordonnance de placement provisoire (v. s[s] n° 243.152).

241.123 Accueil provisoire et danger immédiat (ou suspicion d'un tel danger). En cas de danger immédiat ou de suspicion de danger immédiat concernant un mineur ayant abandonné le domicile familial, le service peut, dans le cadre des **actions de prévention**, pendant une **durée maximale de soixante-douze heures**, accueillir le mineur, sous réserve d'en informer sans délai les **parents**, toute autre **personne exerçant l'autorité parentale** ou le **tuteur**, ainsi que le **procureur de la République**. Si au terme de ce délai, le retour de l'enfant dans sa famille n'a pas pu être organisé, une procédure d'admission à l'ASE ou, à défaut d'accord des parents ou du représentant légal, une saisine de l'autorité judiciaire est engagée (CASF, art. 223-2, al. 4).

241.124 Accueil provisoire en cas d'abandon du domicile familial. L'accueil provisoire peut encore constituer un lieu d'observation privilégié de la situation du mineur, lorsque celui-ci a abandonné le domicile familial et qu'il se met ainsi en danger. Le service de l'ASE dispose de la possibilité d'accueillir le mineur dans le cadre des **actions de prévention**, et pendant une **durée maximale de soixante-douze heures**, sous réserve d'en informer sans délai les **parents**, toute autre **personne exerçant l'autorité parentale** ou le **tuteur**, ainsi que le **procureur de la République**. Aux termes de ce délai et à supposer que le retour de l'enfant dans sa famille n'ait pas pu être organisé, une procédure d'admission à l'ASE ou, à défaut d'accord des parents ou du représentant légal, une saisine de l'autorité judiciaire est engagée (CASF, art. 223-2, al. 5).

C. Cas particulier des pupilles de l'État

1° Admission et statut des pupilles de l'État

241.131 Renvoi. V. s[s] n°s 221.00 s.

2° Organes et fonctionnement de la tutelle

241.141 Fonctionnement de la tutelle. Dès lors que le mineur a été admis en qualité de pupille de l'État, il est pris en charge par l'ASE sur décision du président du conseil général (CASF, art. L. 222-5, 2°). Le nombre des pupilles de l'État a tendance à diminuer dans des proportions importantes. On peut voir là les effets d'une volonté clairement affichée par les conseils généraux depuis 1984, de veiller à ce que ces pupilles soient placés, sauf exception, en vue d'adoption. Il appartient aux organes en charge de la tutelle de prendre les décisions qui s'imposent dans leur intérêt. En réalité, une distinction doit être établie selon que l'on parle des prérogatives liées à l'exercice de l'autorité parentale, de celles liées à la gestion des biens du pupille ou de la prise en charge physique du mineur.

Le préfet, représenté la plupart du temps par le directeur départemental des affaires sanitaires et sociales, est tuteur des enfants admis en qualité de pupille de l'État et il est assisté dans ses fonctions par le Conseil de familles des pupilles de l'État (CASF, art. L. 224-1 – sur le fonctionnement des conseils de famille, v. CASF, art. R. 224-7 à R. 224-11). Le tuteur et le Conseil de famille des pupilles de l'État exercent les attributions conférées à ces organes selon le régime de droit commun. Chaque pupille de l'État est confié au même Conseil de famille des pupilles de l'État (CASF, art. R. 224-1 à R. 224-6). Même si leur nombre est en baisse, il est possible que l'effectif des pupilles de l'État d'un département justifie la création de plusieurs conseils de famille. Le préfet fixe alors leur nombre ainsi que la liste des pupilles relevant de chacun d'entre eux. Il doit obligatoirement confier les frères et sœurs à un même conseil de famille. La situation des enfants définitivement admis en qualité de pupilles de l'État en application de l'article L. 224-4 du Code de l'action sociale et des familles doit être examinée par le conseil de famille dans un délai de deux mois à compter de la date d'admission, même lorsque celle-ci a fait l'objet d'un recours (CASF, art. R. 224-12). Le conseil doit notamment s'assurer des dispositions prises pour informer le père ou la mère qui n'a pas remis l'enfant au service et qui doit être informé par le conseil de famille des pupilles de l'État, de l'éventuelle admission de leur enfant en qualité de pupille de l'État et des conséquences de celle-ci (CASF, art. R. 224-13). La situation de toutes les personnes susceptibles de devenir pupille doit aussi être examinée par le conseil de famille qui est garant des projets d'adoption quand celle-ci est possible. Il examine les demandes d'adoption des personnes chez qui l'enfant a été accueilli. Cet examen est prioritaire (CASF, art. R. 224-12 à R. 224-25).

D.
Cas particulier des jeunes majeurs

241.151 **Renvoi.** V. s[s] n° 242.351.

§ 4
Lieux de prise en charge

241.160 **Division.** Traditionnellement, les conseils généraux habilitent un certain nombre d'établissements (A) et agréent et recrutent des assistants familiaux (B) pour accueillir les mineurs confiés au service de l'ASE, soit dans le cadre d'une mesure judiciaire, soit dans le cadre d'un accueil provisoire. La recherche de dispositifs innovants n'est pour autant pas exclue.

A.
Accueil du mineur dans un établissement habilité

241.161 **Associations ou fondations.** Les structures qui accueillent les mineurs confiés par le juge fonctionnement sous la forme d'associations ou de fondations[1]. La loi n° 2002-2, rénovant l'action sociale et médico-sociale[2], définit leurs règles de création, de fonctionnement et d'évaluation. Le **département** bénéficie aussi de **structures d'hébergement** et il a aussi la possibilité de déléguer à des associations la mise en œuvre des mesures qui lui sont notifiées par le juge des enfants. Quant à la **protection judiciaire de la jeunesse**, son rôle dans la prise en charge des mineurs en danger apparaît aujourd'hui comme résiduel. Les **conseils généraux** disposent donc d'une **liberté totale pour organiser leurs modes d'accueil**. La plupart d'entre d'eux possèdent un ou plusieurs **foyers de l'enfance** dont la finalité est de constituer à la fois une « *porte d'entrée* » pour les mineurs admis à l'ASE, quel que soit leur âge, et une « *porte de sortie* » du service, mais la loi n'impose plus ce type de structures. Il s'agit le plus souvent d'**établissements publics.**

Certains foyers de l'enfance ont adopté le **statut d'établissement autonome** et qui relève d'un **conseil d'administration.**

S'ils ne disposent pas de la personnalité morale, ils sont **gérés en régie par les départements.** Ils sont alors administrés par une **commission de surveillance.**

Les **maisons d'enfants à caractère social**, établissements créés et financés par les conseils généraux,

1. Sur le fait que de telles structures font partie intégrante des schémas départementaux, outils indispensables à la protection de l'enfance, v. E. Camoux, « Les schémas départementaux de protection de l'enfance : un outil de concertation sous-exploité », *RDSS* 2006, 515.
2. L. n° 2002-2, 2 janv. 2002, rénovant l'action sociale et médico-sociale, *JO* 3 janv., p. 124 – M. Lagraula-Fabre, « La loi du 2 janvier 2002 rénovant l'action sociale et médico sociale : pare-feu contre la maltraitance ? » *RDSS* 2006, 969 s.

fonctionnant le plus souvent sous la **forme associative**, ont en charge l'accueil des mineurs pour lesquels l'accueil doit être envisagé de manière durable au regard des difficultés auxquelles leurs familles sont confrontées.

Mais de nouvelles formes d'accueil qui avaient vu le jour avant 2007 ont été légalisées par la réforme de la protection de l'enfance. Il en est ainsi pour les **lieux de vie** (CASF, art. L. 312-1) qui constituent de petites structures qui privilégient la prise en charge individuelle et la resocialisation du jeune mineur en difficulté. Leur création doit être autorisée par le président du conseil général du lieu où elles sont situées.

L'accueil peut aussi être envisagé en dehors de toute structure d'hébergement. Il s'agit pour le service de l'Aide à l'enfance et les services habilités, d'accueillir tout mineur, pendant tout ou partie de la journée, dans un lieu situé, si possible, à proximité de son domicile, afin de lui apporter un soutien éducatif, ainsi qu'un accompagnement à sa famille dans l'exercice de sa fonction parentale (CASF, art. L. 222-4-2).

241.162 Double habilitation. Les établissements qui souhaitent accueillir des mineurs confiés par décision judiciaire en placement direct, ou des mineurs confiés par l'ASE ont bénéficié d'une double habilitation.

Il existe d'une part, **l'habilitation du conseil général** qui a une incidence financière directe (CASF, art. L. 313-6). Par cette habilitation, le conseil général s'engage à financer le placement d'un mineur dans un établissement à hauteur du prix de journée qui a été fixée.

D'autre part, **l'habilitation justice** peut être sollicitée par les établissements qui souhaitent accueillir des mineurs au titre de l'enfance en danger ou de l'enfance délinquante. Cette habilitation est **délivrée pour une période de cinq ans par le Préfet, après avis du président du conseil général.** « *L'habilitation au titre de l'enfance délinquante et celle donnée au titre de l'assistance éducative peuvent être délivrées simultanément par une même décision* » (CASF, art. L. 313-10 *in fine*).

B. Accueil du mineur chez un(e) assistant(e) familial(e)

241.171 Accueil habituel et permanent contre rémunération. L'orientation des mineurs vers telle ou telle structure d'accueil ou chez une personne physique se révèle déterminante pour son avenir et nécessite qu'un certain nombre de garanties soient prises. S'agissant de **l'accueil familial**, c'est la loi n° 2005-706 du 27 juin 2005 relative aux assistants maternels et aux assistants familiaux qui s'applique[1]. Ce sont ces derniers qui accueillent de manière permanente à leur domicile les mineurs qui leur sont confiés, soit par un service d'ASE, soit par d'autres services sociaux bénéficiant d'une habilitation justice. L'assistant familial est une personne qui accueille habituellement et de façon permanente des mineurs et des jeunes majeurs de moins de vingt et un ans, moyennant rémunération (CASF, art. L. 421-2). Il doit avoir obtenu au préalable un agrément délivré par le président du conseil général (CASF, art. L. 421-3) et qui est accordé pour une période de cinq ans[2]. Cet agrément lui est accordé dès lors qu'il est établi que les conditions d'accueil garantissent la sécurité, la santé et l'épanouissement des mineurs ou des majeurs de moins de vingt et un ans. Ce type de placement est favorisé, lorsqu'il est recherché dans l'intérêt de l'enfant pour une insertion psychoaffective de qualité.

Dans le choix de la famille d'accueil, il appartient au service gardien de l'enfant de privilégier notamment la **proximité géographique**. À ce titre, la loi n° 2007-293 du 5 mars 2007 a complété le Code de l'action sociale et des familles pour prendre en compte **l'accord**, ou du moins, **l'absence d'opposition des représentants légaux.** En effet, « *pour toutes les décisions relatives au lieu et au mode de placement des enfants déjà admis dans le service, l'accord des représentants légaux ou du représentant légal est réputé acquis si celui-ci n'a pas fait connaître son opposition dans un délai de quatre semaines à compter du jour où il a reçu la notification de la demande du service, ou de six semaines à compter de la date d'envoi s'il n'a pas accusé réception de la notification* » (CASF, art. L. 223-2, al. 6).

SECTION 4 PROTECTION DES MINEURS EN DANGER ET RECUEIL DES INFORMATIONS PRÉOCCUPANTES

241.180 Division. L'exercice des missions dévolues aux présidents des Conseils généraux a pour point de départ les informations préoccupantes qui

1. L. n° 2005-706, 27 juin 2005, relative aux assistants maternels et aux assistants familiaux, *JO* 28 juin, p. 10665 – H. Rihal, « La séparation des professions d'assistant maternel et d'assistant familial, commentaire de la loi n° 2005-706 du 25 juin 2005 », *RDSS* 2005, 798.
2. Sur les conditions à remplir pour obtenir l'agrément, v. : L. n° 2005-706, 27 juin 2005 (préc. s^s^ prés^t^ n°) et Décr. n° 2006-1153, 14 sept. 2006, relatif à l'agrément des assistants maternels et des assistants familiaux et modifiant le Code de l'action sociale et des familles, *JO* 15 sept., p. 13643.

leur sont transmises et dont le traitement et l'évaluation doivent conduire à protéger les mineurs en danger (§ 1). La transversalité et la complexité des problématiques inhérentes à la protection des mineurs exigent que ce dispositif soit accompagné de lieux d'écoute et d'analyse à l'échelle nationale et nationale (§ 2).

§ 1
Missions dévolues aux présidents des conseils généraux

241.190 **Division.** Pivots du dispositif de protection de l'enfance en danger, les missions des conseils généraux se devaient d'être clarifiées. Le moins que l'on puisse constater est que le champ de ces missions a été élargi (A), sans remettre en cause les droits des familles dans leurs rapports avec les services de l'ASE (C). Cet objectif ne pouvait être rempli qu'avec la mise en place de règles claires et respectueuses concernant la transmission et le retour d'informations (B).

A.
Des missions élargies

241.200 **Division.** Les actions de nature préventive, et les orientations données aux situations de danger ne sont pas nouvelles dans le champ de la protection de l'enfance. Mais pour mener à bien ces missions, les conseils généraux se sont vus investis de la mission de recueillir, traiter et évaluer les informations préoccupantes (1°) en établissant, le cas échéant, les protocoles nécessaires à cet effet (2°). La saisine de l'autorité judiciaire reste possible, sous certaines conditions (3°), et le partage d'informations, confronté au secret professionnel, devient une réalité légale (4°).

1°
Recueil, traitement et évaluation des informations préoccupantes

241.201 **Rôle du président du conseil général.** Le président du conseil général est aujourd'hui le destinataire prioritaire des informations préoccupantes[1] recueillies par les différents professionnels qui mettent en œuvre la politique de protection de l'enfance, dès lors que celles-ci révèlent une situation de danger ou qui risque d'apparaître comme telle. Le principe s'applique aussi à toute personne participant aux missions du service de l'ASE, et qui est tenue de transmettre sans délai au président du conseil général ou au responsable désigné par lui, toute information nécessaire pour déterminer les mesures dont les mineurs et leur famille peuvent bénéficier (CASF, art. L. 221-6). Le nouveau dispositif s'explique aussi par la volonté du législateur de 2007 de lutter contre la perte ou la non-prise en compte d'informations essentielles concernant les mineurs en danger ou qui risqueraient de l'être, en multipliant les circuits de signalement. Le service de l'ASE s'est vu attribuer la responsabilité d'organiser le recueil et la transmission des informations préoccupantes, dans les conditions prévues à l'article L. 221-1, 5° du Code de l'action sociale et des familles, dès lors que de telles informations sont susceptibles d'être recueillies dans le cadre des missions de prévention de ce service. En réalité, la responsabilité en incombe au président du conseil général qui doit aussi mettre en place les dispositifs d'évaluation, quelle que soit l'origine de l'information et le moment où elle est recueillie (CASF, art. L. 226-3).

241.202 **Mineurs en danger ou susceptibles de l'être.** Il faut saluer ici le changement de terminologie (v. s^s^ n° 242.21) opéré par le législateur. Les mineurs dont les situations sont prises en compte, sont des mineurs en danger ou qui risquent de l'être. Le régime antérieur à la réforme s'attachait au concept d'« *enfant maltraité ou présumé maltraité* », introduit par la loi n° 89-487 du 10 juillet 1989[2], et aux critères retenus par l'Observatoire décentralisé de l'action sociale (ODAS). Ce changement de terminologie est d'autant plus pertinent qu'il permet d'appréhender ces situations avec les **mêmes critères légaux** que ceux auxquels se réfèrent le **procureur de la République** et le **juge des enfants** (C. civ., art. 375). Il faut pourtant mettre en évidence les réserves que suscite le concept « *d'informations préoccupantes*[3] » dont le contenu est sujet à interprétation au sein même du conseil général et de ses partenaires. Une clarification légale s'impose tout comme l'élaboration de référentiels destinés aux acteurs institutionnels et à toute personne participant au dispositif de protection de l'enfance.

241.203 **Anonymat et réquisitions du procureur de la République.** La mise en place de dispositifs d'alerte pour tout ce qui a trait à l'enfance en danger révèle aussi les limites incontournables de ce

1. ONED, *État des lieux de la mise en place des cellules de recueil, de traitement et d'évaluation des informations préoccupantes : nouvelle estimation du nombre d'enfants bénéficiant d'une mesure*, rapport 2008, (oned.gouv.fr).
2. L. n° 89-487, 10 juill. 1989, relative à la prévention des mauvais traitements à l'égard des mineurs et à la protection de l'enfance, *JO* 14 juill., p. 8869.
3. Cour des Comptes, *Rapport sur la protection de l'enfance*, oct. 2009, Doc. fr., p. 40.

type de dispositifs. En effet, il n'est pas rare que les informations transmises au président du conseil général le soient sous le couvert de **l'anonymat.** Cet état de fait n'est pas un obstacle juridique en soi dans la mesure où il appartient au président du conseil général de traiter toute information quelle que soit son origine (v. s^s n° 241.201). En ne faisant pas état du nom de l'informateur dans les écrits transmis ultérieurement et si nécessaire au procureur de la République, les conseils généraux restent dans les limites de leur champ d'intervention, mais aussi dans celles de la loi pénale. En effet, la dénonciation des faits qui sont en lien direct avec la protection de l'enfance, et qui peuvent recevoir une qualification pénale par le procureur de la République et ses services, relève de l'obligation qui incombe à chaque personne, en sa qualité de citoyen. Elle lui évite notamment d'avoir à répondre par exemple, au titre de l'entrave à la justice (C. pén., art. 434-1 et 434-3) ou de l'omission de porter secours (C. pén., art. 223-6). Elle n'exige pas qu'il soit fait mention de l'identité, qu'elle soit connue ou non, de la personne qui a transmis les informations préoccupantes au président du conseil général. Cet équilibre se trouve quelque peu menacé lorsque le procureur de la République et ses services, saisis d'une plainte pour dénonciation calomnieuse (C. pén., art. 226-10), exigent par réquisition des services du conseil général, que leur soit communiqué le nom de « *l'informateur* » ayant transmis les informations préoccupantes. Le procureur de la République ou l'officier de police judiciaire peut, en effet, par tout moyen « *requérir de toute personne, de tout établissement ou organisme privé ou public ou de toute administration publique qui sont susceptibles de détenir des documents intéressant l'enquête, y compris ceux issus d'un système informatique ou d'un traitement de données nominatives, de lui remettre ces documents, notamment sous forme numérique, sans que puisse lui être opposée, sans motif légitime, l'obligation au secret professionnel* » (C. pr. pén., art. 60-1; v. aussi C. pr. pén., art. 77-1-1). Les services du conseil général ne peuvent donc *a priori* s'opposer à une éventuelle réquisition demandée par le parquet, dès lors que ce qui est demandé est un document « *intéressant l'enquête* », et non pas une demande d'information sur l'identité du signalant. Encore faut-il rappeler que bon nombre de professionnels des services départementaux, et notamment ceux qui participent aux missions de l'ASE, sont astreints au **secret professionnel** (CASF, art. L. 221-6; v. aussi CASF, art. L. 411-3). On ne saurait faire preuve d'audace démesurée en rappelant aussi que l'essence même du travail effectué par les professionnels de l'enfance n'est possible qu'avec la garantie d'une certaine confidentialité. On peut donc y trouver là les « *motifs légitimes* » pouvant être opposés à une demande de réquisition du parquet, dès lors que la protection de l'enfance n'est pas en cause.

2°
Établissement des protocoles

241.211 Protocoles et coopérations institutionnels. L'établissement de protocoles concerne la plupart des départements[1]. La concentration des prérogatives légales entre les mains du président du conseil général n'exclut aucunement les partenaires institutionnels du dispositif de protection de l'enfance. L'étendue des responsabilités suscite de fait la **coopération entre le département, le Préfet, l'autorité judiciaire et les autres acteurs institutionnels.** L'établissement de protocoles est donc incontournable pour favoriser la centralisation des informations au sein d'une cellule de recueil, de traitement et d'évaluation de ces informations (CASF, art. L. 226-3, al. 2). Les départements conservent toutefois une certaine liberté sur leur contenu, tout particulièrement pour déterminer les acteurs en charge du traitement et de l'évaluation de ces informations. L'**engagement de l'autorité** judiciaire n'est pas sans conséquence. Il doit permettre de clarifier les conditions dans lesquelles l'autorité judiciaire acceptera de se saisir de faits qui lui sont directement transmis. L'**implication des services publics**, des établissements publics et privés susceptibles de connaître des situations de mineurs en danger ou qui risquent de l'être est tout aussi pertinente. Par ailleurs, le président du conseil général exerce son libre-arbitre en acceptant ou en excluant la collaboration d'associations concourant à la protection de l'enfance (CASF, art. L. 226-3, al. 1er et 4).

3°
Saisine de l'autorité judiciaire

241.220 Trois situations distinctes. En donnant la primauté à la mise en place de la protection socio-administrative pour les mineurs en situation de danger ou de risque de danger, le législateur n'a pas entendu pour autant écarter toute saisine de l'autorité judiciaire. Le recueil, le traitement et l'évaluation d'une situation individuelle peuvent donc conduire, si nécessaire, à un signalement à l'autorité judiciaire (CASF, art. 226-3, al. 3). La saisine de l'autorité judiciaire est donc encadrée par la loi.

Trois situations doivent être distinguées. Elles concernent tout d'abord les conditions dans lesquelles le président du conseil général saisit le pro-

1. V. Cour des comptes, *Rapport sur la protection de l'enfance,* oct. 2009, Doc. fr., p. 18.

cureur de la République. Elles prennent ensuite en compte les saisines du parquet par les professionnels participant au dispositif de protection de l'enfance et ceux qui y apportent leur concours. Elles s'intéressent enfin, à la situation du simple citoyen qui dénonce directement des faits de danger ou de risque de danger, au procureur de la République.

241.221 Saisine du procureur de la République par le conseil général. Le dispositif antérieur à la réforme de 2007 s'intéressait déjà aux conditions dans lesquelles le procureur de la République pouvait être saisi par le président du conseil général. En tout état de cause, lorsque la saisine du parquet est envisagée au regard des conditions posées par l'article L. 226-4 du Code de l'action sociale et des familles, elle doit se faire sans délai parce qu'un enfant est en danger. L'interprétation de la notion de « *sans délai* » a pu susciter ici et là quelques divergences d'appréciation. La référence aux termes « *sans délai* » s'explique tout d'abord par l'exigence d'une transmission d'information rapide au parquet, pour lui permettre de mettre en œuvre les moyens qui s'imposent pour ordonner le cas échéant, la mise à l'abri du mineur dans le cadre d'une ordonnance de placement provisoire (v. s^s^ n° 242.34) et diligenter les enquêtes pénales nécessaires. Les professionnels du conseil général ne sont pas pour autant dispensés d'une évaluation de la situation du mineur, du moins lorsque cette évaluation reste possible et qu'elle ne concerne pas d'éventuelles agressions sexuelles subies par la personne mineure. Ce sont les éléments apportés dans le cadre de cette évaluation qui conduisent le procureur de la République à opter pour la saisine du juge des enfants, un complément d'évaluation et/ou d'enquête, ou encore le placement de l'enfant (v. s^s^ n° 242.34).

241.222 Saisine du parquet par les professionnels de la protection de l'enfance. L'existence d'un danger auquel le mineur est confronté n'est plus en soi suffisante pour justifier la saisine du procureur de la République. Le rapport qui lui est transmis doit également faire état de la mise en place de **mesures administratives** qui n'ont pas permis de remédier à la situation, ou du **refus de la famille de collaborer avec l'ASE**, ou encore de l'**impossibilité pour les travailleurs sociaux d'évaluer la situation** (CASF, art. L. 226-4, I, 1° et 2°). La même démarche s'impose lorsqu'un certain nombre de faits laissent présumer que le mineur est en danger sans avoir pu pour autant évaluer la situation (CASF, art. L. 226-4, I, al. 3.). Le président du conseil général intervient auprès de l'autorité judiciaire en signalant, soit au **procureur de la République**, soit au **juge des enfants**, les cas qui lui paraissent relever des articles 375 à 375-8 du Code civil (CASF, art. R. 221-2, al. 2). Le procureur de la République doit pour sa part vérifier, avant toute saisine du juge des enfants sur le fondement de l'article 375 du Code civil, lorsqu'il est saisi par l'ASE, que le conseil général a tenté d'évaluer la situation et/ou de mettre en œuvre des mesures de protection pour le mineur concerné (C. civ., art. 375, al. 1er). L'efficacité du dispositif repose sur une double information : le président du conseil général fait connaître au procureur de la République les actions déjà menées le cas échéant, auprès du mineur et de la famille intéressés; quant au procureur de la République, il doit informer dans les meilleurs délais le président du conseil général des suites qui ont été données à sa saisine (CASF, art. L. 226-4, I, al. 3 et 4).

241.223 Saisine directe du procureur de la République. Elle reste possible et est liée à l'appréciation de la gravité de la situation du mineur. En effet, seule l'autorité judiciaire peut le cas échéant, exiger en urgence, le retrait de l'enfant de son milieu de vie habituel. Cette saisine est donc envisageable pour tous les professionnels des services publics, ainsi que les établissements publics et privés qui sont susceptibles de connaître des situations de mineurs en danger ou qui risquent de l'être (CASF, art. L. 226-4, II). Le maintien de cette transmission directe au parquet est d'autant plus important que la mise à l'abri immédiate d'un enfant en danger s'impose comme la nécessité d'éviter le renouvellement de faits graves sur la personne d'un mineur. L'appréciation de la « *gravité* » est très subjective. Elle implique le plus souvent une approche pluridisciplinaire de la situation de l'enfant et de son environnement familial. Cette exigence légale présente un autre intérêt. Elle n'altère en rien le rôle prépondérant du conseil général. En effet, le signalant doit adresser une copie de son signalement au président du conseil général. Lorsque le procureur de la République est avisé par une personne autre qu'un professionnel, il peut, d'une part, transmettre au président du conseil général les informations ainsi recueillies afin qu'il soit en mesure d'exercer ses responsabilités. Il doit, d'autre part, dans les conditions prévues aux articles 40-1 et 40-2 du Code de procédure pénale, informer le citoyen à l'origine du signalement des suites qui lui ont été données.

4°
Partage d'informations confronté au secret professionnel

241.231 Double enjeu du partage d'informations : garantie de l'efficacité de la protection de l'enfance et respect du secret professionnel. L'efficacité du dispositif de protection de l'enfance repose sur un meilleur partage d'informations entre les professionnels, mais aussi entre les institutions et les services concernés. La loi n° 2007-293 du 5 mars 2007 officialise le partage d'informations entre les personnes soumises au secret professionnel et qui mettent en œuvre la politique de protection de l'enfance, et celles qui apportent leur concours. Les fondements légaux de la confidentialité, du secret professionnel, de l'obligation de discrétion, et le respect de la vie privée et du droit des familles, ne sont pas occultés par le législateur. La loi responsabilise les professionnels de la protection de l'enfance et leurs partenaires puisque la décision de partager ou non des informations à caractère secret leur appartient. En effet, la seule garantie apportée par le législateur est que ce partage d'informations ne relève pas de la violation du secret professionnel au sens de l'article 226-13 du Code pénal. Toutefois, il importe également de rappeler que le partage d'informations n'est pas une fin en soi. Il est accepté comme élément incontournable du travail social. Il appartient au professionnel qui s'engage dans cette voie d'établir que les éléments partagés concernent une situation individuelle qu'il s'agit d'évaluer, que ce partage d'informations est nécessaire pour mettre en œuvre les actions de protection et d'aide, et que les membres de la famille, dont le mineur, ont été préalablement informés (CASF, art. L. 226-2-2). Cette dernière condition n'est pas retenue pour ce qui relève du partage d'informations, tel qu'envisagé par la loi sur la prévention de la délinquance (CASF, art. L. 226-2-2, dern. phrase). Le partage d'informations est concevable entre les services départementaux de la protection de l'enfance et les agents du service d'accueil téléphonique dans la mesure où ces agents, comme ceux de l'Observatoire de l'enfance en danger, sont astreints au secret professionnel (CASF, art. L. 226-9) et peuvent détenir des informations indispensables à la compréhension d'une situation individuelle.

B.
Transmission et retour d'informations

241.241 Retour d'informations selon la qualité de l'informateur. L'information des familles s'impose en cas de saisine de l'autorité judiciaire (v. s^s^ n° 242.253), mais dès 1989, le législateur s'est intéressé au retour d'informations dont pouvaient bénéficier les personnes qui avaient apporté leur contribution au signalement des situations de maltraitance ou présumées comme telles. L'étendue de ce retour d'information dépend de la qualité de l'informateur.

Lorsque l'information transmise au conseil général est le fait de **professionnels** ou de personnes **titulaires d'un mandat électif**, le président du conseil général et ses services l'informent des suites qui ont été données au signalement (CASF, art. L. 226-5, al. 1er). Le principe retenu est d'autant plus justifié qu'il prend en compte les partenariats existant entre les différents acteurs institutionnels de la protection de l'enfance, et les protocoles établis à cette fin. Par ailleurs, la loi elle-même organise le partage et la transmission d'informations préoccupantes entre les professionnels confrontés à ce type d'informations dans le cadre de leur profession et le président du conseil général (CASF, art. L. 226-2-1).

Le retour d'information ne soulève pas le même enjeu lorsque les éléments transmis l'ont été par un **simple particulier**. Il n'est prévu que si l'intéressé en a fait la demande et reste limité à l'existence ou non d'une suite donnée au signalement (CASF, art. L. 226-5, al. 2).

241.242 Transmission d'informations au juge des enfants. La transmission d'informations s'organise aussi lorsqu'un président du conseil général est informé par un juge des enfants qu'une mesure d'assistance éducative ou une mesure judiciaire d'aide à la gestion du budget familial a été prise. Le président du conseil général doit alors lui communiquer les informations dont il dispose sur le mineur et sa situation familiale (CASF, art. L. 221-4, al. 2 et R. 221-4).

C.
Droits des familles dans leurs rapports avec les services de l'Aide sociale à l'enfance

241.251 Information des familles et contractualisation des rapports Aide sociale à l'enfance/famille. Depuis 1984 [1], les droits des familles dans leurs relations avec l'ASE sont au cœur des dispositifs liés à la protection des mineurs. L'information est donnée aux familles sur les conditions d'attribution d'une prestation et de leurs conséquences sur les droits et obligations de l'enfant et de son représentant légal (CASF, art. L. 223-1, al. 1er). En dehors des décisions judiciaires concernant l'enfant (v. s^s^ n° 242.171) et des prestations versées en espèces, les père et mère de l'enfant sont appelés à consentir sur le principe et les modalités de l'admission au service de l'Aide sociale à l'enfance (CASF, art. L. 223-2, al. 1er et art. R. 223-1 à R. 223-11). Les droits des parents sur la personne de leur enfant sont maintenus dans le cadre de la mise en œuvre des mesures administratives (sur les droits des parents

1. L. n° 84-422, 6 juin 1984, relative aux droits des familles dans leurs rapports avec les services chargés de la protection de la famille et de l'enfance, et au statut des pupilles de l'État, *JO* 7 juin, p. 1762.

lorsque l'enfant est confié au service sur décision judiciaire, v. s[s] n° 242.251). L'exercice de ces droits est protégé. Ainsi les parents de l'enfant peuvent être accompagnés de la personne de leur choix pour accomplir leurs démarches auprès du service ou de l'établissement accueillant leur enfant. Un entretien individuel peut aussi leur être proposé par l'ASE (CASF, art. L. 223-1, al. 2). La réforme de 2007 s'inscrit pleinement dans cet esprit tout en favorisant la contractualisation des rapports avec la famille.

241.252 Projet pour l'enfant. La prise en charge de l'enfant par les services du département, dans le cadre de la protection de l'enfance en danger, donne lieu à l'établissement d'un document intitulé « *projet pour l'enfant* » formalisant ainsi les initiatives prises par l'ASE. Il est toutefois difficile d'être en mesure d'appréhender immédiatement la situation et la manière dont elle pourrait évoluer. L'article L. 223-1 du Code de l'action sociale et des familles définit le contenu de ce document et la finalité qui lui est attribuée. Le projet pour l'enfant précise « *les actions qui seront menées auprès de l'enfant, des parents et de son environnement, le rôle des parents, les objectifs visés et les délais de leur mise en œuvre [ainsi que] l'institution et la personne chargées d'assurer la cohérence et la continuité des interventions* » (CASF, art. L. 223-1, al. 5). Le président du conseil général, le responsable de chacun des organismes chargés de mettre en œuvre les interventions et les représentants légaux du mineur sont les signataires de ce document qui est porté à la connaissance du mineur et transmis au juge des enfants pour l'organisation des droits de visite et d'hébergement (CASF, art. L. 223-3-1 et L. 223-1, al. 5). Ce document, qui n'est pas figé dans son contenu et qui peut donc être révisé chaque fois que cela est nécessaire, constitue aussi un outil intéressant pour le conseil général et ses services. En effet, il leur incombe d'assurer le suivi et la continuité des interventions mises en œuvre pour un enfant et sa famille au titre de la protection de l'enfance (CASF, art. L. 223-1, al. 6 et L. 221-4, al. 1er). Le mineur protégé occupe quant à lui une place à part entière. L'ASE doit examiner avec lui toute décision le concernant et recueillir son avis (CASF, art. L. 223-4). Les conditions dans lesquelles il a été recueilli font l'objet d'un rapport établi par la personne mandatée auprès de lui, par l'ASE.

241.253 Information des familles en cas de saisine de l'autorité judiciaire. La saisine du parquet par le président du conseil général, à propos de la situation d'un ou plusieurs enfants d'une même famille, doit conduire celui-ci à informer les parents de l'existence de cette saisine. La loi exige que l'information qui leur est transmise le soit par écrit (CASF, art. L. 226-5, al. 3). Il faut noter que la loi n'impose pas au président du conseil général d'organiser une information préalable, qui peut être, dans un premier temps, en contradiction avec les exigences liées à une enquête pénale en cours. Elle ne l'oblige pas davantage à préciser les motifs qui l'ont conduit à cette saisine du parquet, bien qu'il soit judicieux de rappeler qu'elle s'inscrit dans le cadre des missions légales attribuées au département.

241.254 Information des familles en cas de transmission d'informations par le Défenseur des enfants. L'échange d'informations concernant les familles entre services ou institutions n'est pas toujours entouré de garanties aussi précises. Le législateur s'est ainsi montré beaucoup moins précis s'agissant des conséquences liées à une transmission d'information par le Défenseur des enfants. Il incombe à ce dernier d'informer le président du conseil général compétent des affaires susceptibles de justifier une intervention de l'ASE [1]. Mais on imagine mal un conseil général ne pas rendre compte de la suite donnée à la situation d'un enfant et de sa famille, dès lors que le Défenseur des enfants s'est impliqué dans l'examen de leur situation personnelle. Par ailleurs, le déplacement des familles d'un département à l'autre et la nécessité de ne pas interrompre l'aide et l'accompagnement des familles, justifient que soient échangés dans les conditions fixées par la loi, les renseignements obtenus par le département d'origine (CASF, art. L. 221-3).

§ 2
Dispositifs d'écoute et d'analyse de l'enfance en danger

241.260 Division. La prévention des situations de maltraitance et la prise en charge des mineurs en situation de danger exigent que ces situations soient connues afin de mettre en place les mesures qui s'imposent. La création du Service national d'accueil téléphonique pour l'enfance en danger (A) et des Observatoires de l'enfance en danger (B) concourent à la réalisation de cet objectif.

A.
Création du Service national d'accueil téléphonique pour l'enfance en danger

241.261 Création, fonctionnement et structure. Le Service national d'accueil téléphonique pour l'enfance maltraitée (SNATEM), devenu depuis la loi du 5 mars 2007 « Service national d'accueil téléphonique de l'enfance en danger » (SNATED), a été créé

1. L. n° 2000-196, 6 mars 2000, instituant le Défenseur des enfants, *JO* 7 mars, p. 3536, art. 4.

par la loi n° 89-487 du 10 juillet 1989, relative à la prévention des mauvais traitements et la protection des mineurs[1]. Il est accessible via un numéro vert national, le 119 (« Allô, enfance maltraitée ») qui fonctionne tous les jours, 24 heures sur 24. Il permet en toute confidentialité et à toute personne, y compris les mineurs, de signaler les situations de danger auxquels ils sont confrontés. C'est la raison pour laquelle l'affichage des coordonnées du service d'accueil téléphonique est obligatoire dans tous les établissements et services recevant de façon habituelle des mineurs (CASF, art. L. 226-8 et L. 226-9). Le SNATED est constitué sous la forme d'un **groupement d'intérêt public** qui associe l'État, les départements et des personnes morales de droit public ou privé. Il est financé à parts égales par l'État et les départements, au prorata du nombre d'habitants (CASF, art. L. 226-10). Les décisions importantes sont prises par le **conseil d'administration**. Le SNATED est également assisté par un **comité technique composé de spécialistes de l'enfance**.

241.262 Missions et collaboration avec les autres institutions. Ce groupement a une mission, à l'échelon national, d'observation, d'analyse et de prévention des mauvais traitements et de protection des mineurs en danger (CASF, art. L. 226-6). Il collabore de manière très étroite avec les conseils généraux qui doivent en retour informer le SNATED du fonctionnement des dispositifs départementaux. En effet, il leur transmet sans délai les informations qu'il a recueillies et les appréciations qu'il formule à propos des situations de mineurs en danger ou qui sont présumés l'être. Il peut aussi être conduit à répondre aux demandes d'information ou de conseil les concernant (CASF, art. L. 226-6, al. 2).

B.
Observatoire de l'enfance en danger

241.271 Création et missions. L'Observatoire national de l'enfance en danger (ONED) a été créé par la loi n° 2004-1 du 2 janvier 2004[2] et s'inscrit au sein du groupement d'intérêt public (GIP) « Enfance maltraitée ». Ses travaux ont pour axe principal le système de protection de l'enfance, la mise en cohérence des données chiffrées sur les enfants maltraités ou en danger, et l'analyse de pratiques de prévention de dépistage et de prise en charge des mineurs. Il contribue donc à l'amélioration de la connaissance des phénomènes de mise en danger des mineurs. Il est géré par le GIP « Enfance en danger ». L'ONED a aussi un rôle d'appui des politiques de protection de l'enfance, telles qu'elles sont définies par l'État et mises en œuvre par tous les acteurs de la protection de l'enfance. Il remet chaque année son rapport au Parlement et au Gouvernement. La loi n° 2007-293 du 5 mars 2007, réformant la protection de l'enfance, renforce, en les élargissant, les missions de cet observatoire (CASF, art. L. 226-6, al. 3). Ses travaux sont nourris par les observatoires départementaux de la protection de l'enfance, créés en 2007, et qui constituent un outil d'observation et d'analyse de la mise en œuvre de la protection de l'enfance dans chaque département[3]. Ces observatoires départementaux ont été mis en place pour favoriser une culture commune de la protection de l'enfance en créant des outils statistiques et en menant des analyses partagées par toutes les institutions concernées (CASF, art. L. 226-3-1 et art. D. 226-3-1 à D. 326-3-5).

1. L. n° 89-487, 10 juill. 1989, relative à la prévention des mauvais traitements à l'égard des mineurs et à la protection de l'enfance, *JO* 14 juill., p. 8869.

2. L. n° 2004-1, 2 janv. 2004, relative à l'accueil et à la protection de l'enfance, *JO* 3 janv., p. 184.
3. Décr. n° 2008-1422, 19 déc. 2008, organisant la transmission d'informations sous forme anonyme aux observatoires départementaux de la protection de l'enfance et à l'Observatoire national de l'enfance en danger, *JO* 27 déc., p. 20137 – F. Eudier « Un décret organise sous forme anonyme, des informations relatives à un mineur en danger », *RJPF* 2009-4/37 – V. AUSSI, S. Boujut et I. Frechon, « Inégalités de genre en protection de l'enfance », *RDSS* 2009, 1003 s.

CHAPITRE

242. Dispositif judiciaire de l'enfance en danger : l'assistance éducative

SYLVIE BERNIGAUD
MAÎTRE DE CONFÉRENCES
À L'UNIVERSITÉ DE LYON (LUMIÈRE-LYON 2)

SECTION 0
ORIENTEUR

242.00 **Plan du chapitre.**

242.01 **Textes applicables.**

* V. textes applicables cités s[s] n° 24.01

ASSISTANCE ÉDUCATIVE

[C. civ., art. 375 à 375-9 et C. pr. civ., art. 1181 à 1200-1]

* V. aussi *infra* AUTORITÉ PARENTALE

> Audience

C. pr. civ., art. 1188 et 1189

> Auditions

C. pr. civ., art. 1182 et 1184

> Compétence du juge des enfants

C. civ., art. 375-1 à 375-6 et C. pr. civ., art. 1199 à 1200-1

> Compétence territoriale

C. pr. civ., art. 1181, 1188 et 1199

> Dossier (consultation et communication)

C. pr. civ., art. 1187 et 1187-1

> Convictions religieuses ou philosophiques du mineur et de sa famille (prise en compte)

C. pr. civ., art. 1200

> Décision (modification)

C. civ., art. 375-6

> Décision (renouvellement)

C. pr. civ., art. 1200-1

> Décision sur le fond (délai de six mois)

C. pr. civ., art. 1185

> Droit à l'assistance d'un conseil

C. pr. civ., art. 1186

> Frais d'entretien et d'éducation

C. civ., art. 375-8

> Frais de justice (charge totale ou participation fixée par le juge)

C. pr. civ., art. 1197

> Mesures d'information diligentées par le juge

C. pr. civ., art. 1183

> Mesures provisoires et urgence

C. civ., art. 375-5

> Mineur confié à un établissement recevant des personnes hospitalisées pour troubles mentaux

C. civ., art. 375-9

> Modalités de l'assistance éducative : maintien du mineur dans le milieu familial assorti d'aide et conseil extérieurs, ou enfant confié

C. civ., art. 375-2 à 375-4

> Notifications et convocations

C. pr. civ., art. 1190 et 1195

> Procédure (avis d'ouverture et auditions)

C. pr. civ., art. 1182

> Procédure (conditions d'ouverture)

C. civ., art. 375

> Rapport sur la situation et l'évolution du mineur

C. pr. civ., art. 1199-1

> Recours contre la décision du juge

C. pr. civ., art. 1191 à 1194, et 1196

> Visite du mineur confié exercée ou diligentée par le juge

C. pr. civ., art. 1198

AIDE À LA GESTION DU BUDGET FAMILIAL

[C. civ., art. 375-9-1 et 375-9-2 et C. pr. civ., art. 1200-2 à 1200-13]

> Audience (et instruction)

C. pr. civ., art. 1200-8

> Compétences du juge des enfants

C. pr. civ., art. 1200-2 et 1200-9

> Décision (modification)

C. pr. civ., art. 1200-9

> Délégué aux prestations familiales

C. civ., art. 375-9-1

> Dossier (consultation et communication)

C. pr. civ., art. 1200-6 et 1200-7

> Droit à l'assistance d'un conseil

C. pr. civ., art. 1200-5

> Notifications

C. pr. civ., art. 1200-10 et 1200-13

> Procédure (avis d'ouverture et convocations)

C. pr. civ., art. 1200-4

> Recours contre la décision du juge

C. pr. civ., art. 1200-11 et 1200-12

> Saisine du juge des enfants

C. civ., art. 375-9-2 et C. pr. civ., art. 1200-3

AUTORITÉ PARENTALE

[C. civ., art. 375-7 et 377]

> Délégation

C. civ., art. 377

> Exercice

C. civ., art. 375-7

TUTELLE VACANTE

C. civ., art. 411

242.02 Jurisprudence de référence.

> Appel en matière d'assistance éducative et droit à être représenté

• **Civ. 1re, 30 sept. 2009, no 08-16.147,** NP

* V. ss no 242.155

« Vu l'article 6, paragraphe 1, de la Convention européenne des droits de l'homme, ensemble les articles 931, 1186, 1189 et 1192 du Code de procédure civile;

Attendu que, selon le premier de ces textes, le droit à un procès équitable exige que soit donné à chacun l'accès au juge chargé de statuer sur sa demande; que, selon les derniers, en matière d'assistance éducative, les parties se défendent elles-mêmes et ont la faculté de se faire assister;

Attendu que pour considérer comme non soutenu l'appel interjeté par Mme X..., l'arrêt retient qu'en application de l'article 1189 du Code de procédure civile, applicable devant la chambre des mineurs, les parties doivent comparaître en personne pour être entendues et ne peuvent se faire représenter par un avocat; Qu'en se déterminant ainsi et en privant Mme X... de la possibilité de faire valoir ses moyens d'appel, alors que son avocat était présent à l'audience et déclarait vouloir la représenter, la cour d'appel a méconnu les exigences des textes susvisés. »

> Assistance éducative et fixation des droits de visite

• **Civ. 1re, 1er juill. 2009, no 08-12.712,** NP

* V. ss no 242.261

« Attendu qu'en donnant à Mme X... un droit de visite dont le juge du fond a déterminé la périodicité minimale, tout en laissant aux parties la possibilité de convenir une extension de ce droit, la cour d'appel, qui, en outre, a dit qu'il en serait référé au juge des enfants en cas de difficulté, n'a pas délégué ses pouvoirs; que le moyen n'est pas fondé. »

> Exclusion de certaines pièces de la consultation du dossier d'assistance éducative

• **Civ. 1re, 6 juill. 2005, no 04-05.011,** *Bull. civ.* I, no 312

* V. ss no 242.143

« Mais attendu que par motifs propres et adoptés, la cour d'appel a estimé, que compte tenu du climat familial très conflictuel et virulent et des nombreuses procédures opposant les parents de la mineure, la consultation de certains documents du dossier risquait d'exposer l'enfant à un danger physique ou moral grave de la part de son père; qu'elle a ainsi par une décision motivée et sans encourir le grief du moyen, légalement justifié sa décision au regard du texte susvisé. »

> Saisine du juge des enfants et élément nouveau

• **Civ. 1re, 14 mars 2006, no 05-13.360,** *Bull. civ.* I, no 143

* V. ss no 242.41

« Attendu que pour ordonner la mainlevée de cette mesure, le placement provisoire des deux enfants chez leur père pour une durée d'un an à compter du 11 mars 2005 et fixer les modalités du droit de visite et d'hébergement de la mère, l'arrêt attaqué énonce, d'une part, qu'il résulte des rapports des services sociaux que le placement chez le père apparaît la solution la plus adaptée à l'équilibre des enfants qui ont exprimé le désir de vivre chez ce dernier, d'autre part que le premier juge a relevé que la mère mettait les enfants en danger par une pression psychologique, tout en estimant qu'il n'était pas souhaitable de les confier dans l'urgence et sans préparation au père et, enfin qu'à ce jour le changement de résidence a pu être préparé, que l'on ne se trouve plus dans l'urgence et qu'il est de l'intérêt des enfants d'être confiés à leur père;

Qu'en statuant ainsi, sans caractériser, au jour où elle statuait, l'état de danger dans lequel se trouvaient les mineurs en raison d'un fait nouveau survenu postérieurement à l'ordonnance de non-conciliation justifiant le retrait des enfants de leur milieu actuel, la cour d'appel n'a pas donné de base légale à sa décision. »

> Saisine du juge des enfants et tutelle

• **Civ. 1re, 3 nov. 2004, no 03-05.056,** *Bull. civ.* I, no 246.

* V. ss no 242.42

« Mais attendu, d'abord, que la cour d'appel a justement énoncé que si la tutelle avait été ouverte en application de l'article 391 du Code civil, alors que le mineur se trouvait sous l'administration légale sous contrôle judiciaire de son père, le juge des tutelles en avait constaté la vacance et l'avait déférée au Service de l'aide sociale à l'enfance, de sorte que celle-ci était régie par l'article 433 du Code civil et le décret no 74-930 du 6 novembre 1974 portant organisation de la tutelle d'État;

Qu'ensuite, la cour d'appel a déclaré, à bon droit, que la tutelle ayant été déférée au Service de l'aide sociale à l'enfance au motif que le père n'avait plus de relations avec son fils dont il se désintéressait, cette tutelle portait tant sur la personne du mineur que sur l'administration de ses biens;

Qu'enfin, ayant constaté que le père n'avait plus l'exercice de l'autorité parentale, même s'il en conservait le droit et que le mineur était pris en charge par le Service de l'aide sociale à l'enfance qui en assumait la garde en application de l'article L. 222-5 du Code de l'action sociale et des familles, la cour d'appel a estimé souverainement que l'état de danger dans lequel se trouvait l'enfant lors du renouvellement de la mesure de placement du 28 août 2002 avait disparu. »

> Enfant confié et mise en œuvre de la responsabilité civile

• **Crim. 8 janv. 2008, no 07-81.725,** *Bull. crim.*, no 3

* V. ss no 242.292

« Qu'en effet, une association, chargée par décision du juge des enfants d'organiser et de contrôler à titre permanent le mode de vie d'un mineur, demeure, en application de l'article 1384, alinéa 1er du Code civil, responsable de plein droit du fait dommageable commis par ce mineur, même lorsque celui-ci est hébergé par ses parents, dès lors qu'aucune décision judiciaire n'a suspendu ou interrompu cette mission éducative. »

242.03 Bibliographie indicative.

Actualisables. Rép. civ., A. Gouttenoire et H. Fulchiron, *V° Autorité parentale*; C. Neireinck, *V° Enfance*, nos 169 à 222; G. Raymond, *V° Assistance éducative*.

Ouvrages.

* V. les références bibliographiques citées ss n° 241.03

Articles.

> **Audition de l'enfant en justice.** L. Francoz-Terminal, « Le nouveau régime de l'audition en justice de l'enfant concerné par une procédure judiciaire », *Dr. fam.* 2009, étude, n° 30 – J.-M. Hayat et N. Fricero, « La réforme de l'audition de l'enfant en justice : un subtil équilibre entre intérêt supérieur de l'enfant et l'équité du procès », *RJPF* 2009-10/10 – M. Juton, « Les enfants peuvent-ils faire la loi ou dire leurs besoins », *AJ. fam.* 2009, 320.

> **Enfant confié à un tiers.** A. Gouttenoire et P. Murat, « L'intervention d'un tiers dans la vie de l'enfant », *Dr. fam.* 2003, étude n° 1 – A.-M. Lécuyer, « L'enfant confié à un tiers : de l'autorité parentale à l'autorité familiale », *RTD civ.* 1998, 587.

> **Établissements sociaux et médico-sociaux.** A. Courrèges, « La réglementation des lieux de vie et d'accueil des jeunes en souffrance », (concl. sur CE 21 nov. 2008, req. nos 293960 et 294079), *RFDA* 2009, 151 – M. Lagraula-Fabre, « La loi du 2 janvier 2002 rénovant l'action sociale et médico-sociale : pare-feu contre la maltraitance ? », *RDSS* 2006, 969 s.

> **Procédure d'assistance éducative.** P. Chaillou, « Le juge des enfants est-il compétent pour statuer sur le droit de visite de grands-parents ou de tiers dans le cadre de la procédure d'assistance éducative ? », *AJ fam.* 2007, 222 – L. Gebler « Le nouveau bloc de compétence du juge aux affaires familiales », *AJ* fam. 2009, 256 – A. Gouttenoire-Cornut, « La réforme imparfaite de la procédure d'assistance éducative », *Dr. fam.* 2002, chron. 14 – C. Marchal, « La place de l'enfant dans les procédures familiales », *AJ fam.* 2009, 472.

> **Prévention de la délinquance.** H. Rihal, « L'appel au maire », *RDSS* 2007, 47 s. – J. Rochfeld, « Autorité parentale, prévention de la délinquance, loi n° 2007-297 du 5 mars 2007 relative à la prévention de la délinquance », *RTD civ.* 2007, 408.

> **Protection de l'enfance.** S. Bernigaud, « Les enjeux de la réforme de la protection de l'enfance », *Dr. fam.* 2007, étude 23 – Eudier et Chamboncel-Saligue, « La loi n° 2007-293 du 5 mars 2007 sur la protection de l'enfance », *RJPF* 2007-11/11 – T. Fossier, « La mission élargie des départements en matière d'assistance éducative », *RDSS* 2005, 49 – A. Gouttenoire « La loi n° 2007-293 du 5 mars 2007 réformant la protection de l'enfance », *D.* 2007, 1090 s. – H. Rihal, « Du nouveau sur l'accueil et la protection de l'enfance, commentaire de la loi n° 2004-1 du 2 janvier 2004 relative à l'accueil et à la protection de l'enfance », *RDSS* 2004, 433 – J-P. Rosenczveig, « Une rénovation de la protection de l'enfance au service de l'enfant », *AJ fam.* 2007, 57.

> **Placement de l'enfant.** I. Corpart, « Placement et droits de l'enfant », *AJ fam.* 2007, 66 – E. Durand « La vie de l'enfant après la séparation des parents, illustrations concrètes par un juge des enfants », *AF fam.* 2010, 20 – T. Fossier, « Les droits des parents en cas de placement éducatif », *AJ fam.* 2007, 60 – A. Gouttenoire et P. Murat, « L'intervention d'un tiers dans la vie de l'enfant », *Dr. fam.* 2003, chron. n° 1; *D.* 2007, chron. 1090 – A. Gouttenoire et C. Radé, « La responsabilité du fait du mineur placé », *AJ fam.* 2007, 68 – M. Huyette, « La contradiction et la procédure d'assistance éducative », *D.* 2001, chron. 1803; « Le placement de l'enfant en assistance éducative », *AJ fam.* 2007, 54 – M. Lasbats, « Le maintien des liens avec les parents », *AJ fam.* 2007 72 – C. Neirinck, « Les services sociaux face à la médiatisation du droit de visite », *RDSS* 2009, 941 s. – F. Rault, « Le rôle de l'avocat dans le placement de l'enfant », *AJ fam.* 2007, 76.

> **Responsabilité de l'État et du gardien public.** D. Chalus, « La responsabilité de l'État du fait des mineurs délinquants », *AJDA* 2008, 101 – D. Cristol, « Ancrage et extensions de la responsabilité pour risque de l'État du fait des mineurs délinquants » (note ss CE 26 juill. 2007, req. n° 292391), *RDSS* 2008, 360 – F.-X. Fort, « La garde, fondement consacré de la responsabilité sans faute des personnes publiques », *AJDA* 2008, 2081 – C. Landais, F. Lenica, « La responsabilité sans faute du gardien public d'un mineur délinquant », *AJDA* 2006, 586.

> **Santé de l'enfant.** A. Kimmel-Alcover, « L'autorité parentale à l'épreuve de la santé des mineurs : chronique d'un déclin annoncé », *RDSS* 2005, 265 s.

242.04 Questions essentielles.

> Quelles sont les mesures d'information qui permettent d'appréhender la personnalité et les conditions de vie d'un mineur ?

* V. ss nos 242.91 s.

> La présence d'un avocat est-elle nécessaire pour consulter le dossier judiciaire d'assistance éducative ?

* V. ss n° 242.143

> À quelle échéance, le juge doit-il convoquer les parties à une audience lorsque le mineur est confié à un établissement ou à un service pour une durée supérieure à deux ans ?

* V. ss n° 242.242

> Quel est le juge compétent pour fixer le droit de visite des grands-parents à l'égard d'un mineur confié au titre de l'assistance éducative ?

* V. ss n° 242.282

> Le service d'Aide sociale à l'enfance peut-il faire appel de toute décision du juge des enfants ?

* V. ss n° 242.154

> Le juge des enfants peut-il à la fois confier un mineur au service de l'Aide sociale à l'enfance et prendre une mesure d'action éducative en milieu ouvert ?
* V. s[s] n° 242.213

SECTION 1
LE DANGER, FONDEMENT DE LA COMPÉTENCE DU JUGE DES ENFANTS

242.10 Division. L'intervention principale du juge des enfants est maintenue lorsque le dispositif judiciaire est actionné (§ 1) même si sa compétence est parfois discutée par rapport à celles qui concernent d'autres juges de l'ordre judiciaire (§ 3), discussion qui s'impose aussi à propos de sa compétence territoriale (§ 2). Le dispositif mis en place ne saurait être complet sans la prise en compte des modalités procédurales qui entourent le régime de l'assistance éducative (§ 4), assorties d'un certain nombre de garanties procédurales (§ 5).

§ 1
Compétence *ratione materiae* du juge des enfants

242.20 Division. Le danger, critère principal de la saisine du juge des enfants, a retrouvé ses lettres de noblesse avec le choix des termes retenus par le législateur de 2007, même si la notion de danger a elle-même évolué au cours de ces dernières années. La subsidiarité de l'intervention judiciaire reste caractérisée par les limites reconnues à la mise en place de la mesure administrative ou à l'impossibilité d'y recourir.

242.21 Choix terminologique. Depuis 1958[1], les mineurs de vingt et un ans (puis dix-huit ans avec l'abaissement de l'âge de la majorité en 1974, v. s[s] n° 242.351) dont la santé, la sécurité, la moralité sont en danger, ou dont les conditions d'éducation sont compromises, peuvent faire l'objet de mesures d'assistance éducative. Cette définition qui fixe à la fois le champ de compétence du juge des enfants en matière civile et les critères pris en compte pour apprécier le danger, a été quelque peu malmenée par le renvoi qui était fait à la catégorie « *enfant maltraité* » (non définie par la loi), introduite par la loi du 10 juillet 1989 relative à la prévention des mauvais traitements. L'absence d'interprétation commune, sur le terrain juridico-légal, était renforcée par les définitions proposées par l'Observatoire décentralisé de l'action sociale (ODAS), qui incluait dans la catégorie d'enfants en danger, « *les enfants maltraités* » et « *les enfants en risque* ». Les rapporteurs du projet de loi portant réforme de la protection de l'enfance en 2007, M. Lardeux (Sénat), et Mme Pécresse (Assemblée nationale) ont affiché leur volonté de clarifier la terminologie juridique employée. Cet objectif a été atteint puisque les deux sources principales que sont le Code civil et le Code de l'action sociale et des familles renvoient à la notion d'enfant en danger, telle que définie par l'article 375 du Code civil. La généralité du critère n'occulte pas les divergences d'appréciation entre les services du conseil général et l'autorité judiciaire concernant les faits constitutifs de danger. À ce titre, **l'élaboration de référentiels sur la notion de danger** et les critères légaux qui participent à cette définition sont d'un apport incontestable pour les professionnels de la protection de l'enfance. L'évaluation sociale de la situation du mineur dans l'environnement familial qui est le sien, est tout aussi fondamentale, et constitue l'essence même du travail social. Le juge des enfants n'en demeure pas moins souverain pour dire s'il y a danger[2] lorsqu'il est saisi à cette fin.

242.22 Évolution de la notion de danger. Les professionnels de l'enfance en danger, magistrats et travailleurs sociaux, ont laissé entendre au cours des vingt dernières années que pour un grand nombre de situations, le danger trouvait sa source dans l'existence de **carences éducatives importantes**, compromettant le devenir de l'enfant si aucune intervention sociale ou judiciaire ne venait y remédier. L'article 375 du Code civil a donc été modifié en intégrant au titre des éléments constitutifs de danger chez l'enfant « *les conditions de son développement physique, affectif*[3]*, intellectuel et social qui pourraient être gravement compromises* ».

242.23 Limites de la mesure administrative ou impossibilité d'y recourir. Dans l'esprit de la réforme de la protection de l'enfance de 2007, le **président du conseil général** apparaît comme le **destinataire prioritaire des informations préoccupantes recueillies par les différents professionnels** qui mettent en œuvre la politique de protection de l'enfance, dès lors que celles-ci révèlent une situation de danger ou qui risque d'apparaître comme telle (v. s[s] n° 241.201). Par ailleurs, la subsidiarité de la saisine du juge des enfants est mise en œuvre

1. Ord. n° 58-1301, 23 déc. 1958, relative à la protection de l'enfance et de l'adolescence en danger, *JO* 24 déc., p. 11770.
2. Sur la crainte non fondée de la perte de ses compétences en matière d'assistance éducative par le juge des enfants, v. L. Gebler « Le nouveau bloc de compétence du juge aux affaires familiales », *AJ fam.* 2009, 256.
3. Sur le fait que la mesure d'assistance éducative peut concerner dans de telles circonstances, la mère, mineure, et son enfant, v. CA Agen, ch. mineurs, 15 mai 2008, RG n° 08/002801, *JDJ* oct. 2009, 57.

par le ministère public (v. s^s n° 241.221). **Le ministère public doit donc opérer un filtrage** à partir des situations préoccupantes qui lui sont transmises par le président du conseil général. Le procureur de la République et ses services se sont donc vu investis du contrôle préalable de leur saisine par le président du conseil général (C. civ., art. 375, al. 1er; CASF, art. L. 226-4), limitant ainsi le nombre de saisines du juge des enfants. Cette **vérification préalable de la compétence judiciaire en matière de protection de l'enfance en danger**, peut amener le procureur de la république à différer la saisine du juge des enfants, en adressant aux services du conseil général une demande aux fins d'évaluation de la situation d'un mineur. Ce scénario est privilégié lorsque le parquet a été saisi sur le fondement de l'article L. 226-4, II° du Code de l'action sociale et des familles, par un particulier, ou par un professionnel de l'action sociale ne relevant pas du conseil général (v. s^s n° 241.223). Limiter le nombre de saisines du juge des enfants est un objectif louable en soi mais qui a été sévèrement remis en cause par la Cour de comptes, du moins si les départements ne réorganisent pas leurs circuits de signalement[1].

§ 2
Juge des enfants territorialement compétent

242.31 Principes. Le Code de procédure civile détermine des critères très précis concernant la compétence territoriale du juge des enfants, agissant au titre de l'assistance éducative. Le magistrat saisi est en effet celui du lieu où demeure, selon les cas, le père, la mère, le tuteur du mineur, la personne ou le service à qui l'enfant a été confié; à défaut, le juge des enfants compétent est celui du lieu où demeure le mineur (C. pr. civ., art. 1181, al. 1er). Ces dispositions sont également applicables à la situation des enfants de nationalité étrangère ou dont les parents relèvent d'une nationalité différente. La première chambre civile de la Cour de cassation a ainsi rappelé qu'au regard de l'article 3 du Code civil, « *les dispositions relatives à la protection de l'enfance en danger sont applicables sur le territoire français à tous les enfants qui s'y trouvent, quelle que soit leur nationalité ou celle de leurs parents* »[2]. Mais à l'inverse, ces mêmes dispositions étant d'application territoriale, des mesures d'assistance éducative ne peuvent être prises par un juge des enfants français à l'égard d'un mineur résidant à l'étranger[3].

242.32 Dessaisissement du juge des enfants. La procédure d'assistance éducative prend également en considération le possible changement de résidence de l'une des personnes visées par l'alinéa 1er de l'article 1181 du Code de procédure civile. Le juge de la nouvelle résidence de la famille peut alors se trouver en charge du dossier de mineurs faisant déjà l'objet d'une mesure d'assistance éducative. La règle est d'autant plus justifiée que la mesure d'assistance éducative est exercée hors de la compétence territoriale du juge initialement saisi. Le dessaisissement du premier magistrat est donc devenu la règle (C. pr. civ., art. 1181, al. 2 - mod. par décr. n° 2002-361, 15 mars 2002), excepté si le juge est en mesure de rendre une ordonnance contraire, motivée en considération de l'intérêt de l'enfant[4]. Cette décision, susceptible d'appel[5], n'est pas sans conséquence sur le financement de la mesure (v. s^s n° 242.351).

242.33 Délégation de compétence. Cette situation se présente dans le contexte où il s'agit à la fois de concilier la volonté du juge initialement saisi, de conserver la compétence qui est la sienne au regard de la situation de mineurs relevant de l'assistance éducative, tout en favorisant le suivi du déroulement de la mesure par un autre magistrat. Le lieu d'exécution de la mesure judiciaire (choix d'un établissement relevant d'un autre département, par ex.) est ainsi pris en compte. La compétence du juge initialement saisi est alors déléguée à un autre juge des enfants. La personne, l'établissement ou le service habilité à exercer la mesure doit alors rendre compte au juge délégataire de sa mission et ce dernier transmet le rapport au juge mandant, seul habilité pour modifier ou rapporter la mesure (C. pr. civ., art. 1199-1).

242.34 Cas particulier. La procédure d'assistance éducative s'est aussi adaptée aux circonstances exceptionnelles. En effet, l'urgence peut conduire le procureur de la République du lieu où l'enfant a été trouvé, à prendre des mesures au titre de l'assistance éducative, à charge pour lui de saisir dans les huit jours le juge des enfants compétents, qui pourra maintenir, modifier ou rapporter la mesure (C. civ., art. 375-5, al. 2).

§ 3
Compétence discutée du juge des enfants

242.40 Annonce. Ce cas de figure se présente plus particulièrement lorsque les parents de l'enfant

1. *Rapport de la Cour des comptes sur la protection de l'enfance*, Doc. fr., oct. 2009, p. 28.
2. Civ. 1re, 27 oct. 1964, *D.* 1965, 81.
3. Civ. 1re, 6 avr. 1994, n° 93-05.024, *Bull. civ.* I, n° 139.
4. CA Aix-en-Provence, ch. mineurs, 23 janv. 2009, RG n° 08/00205, *JDJ* déc. 2009, p. 53.
5. Civ. 1re, 11 mars 2009, n° 08-12.097, *Bull. civ.* I, n° 57; *D.* 2009,1504 note Huyette; *Dr. fam.* 2009, comm. n° 56, note Murat; *RJPF*-2009-7-8/25, obs. Eudier; *JDJ* déc. 2009, p. 54, comm. Huyette.

protégé divorcent ou se séparent, lorsqu'une tutelle est ouverte ou en cas de délégation de l'autorité parentale.

242.41 En cas de séparation ou de divorce des père et mère de l'enfant protégé. Le juge naturel du conflit conjugal est le **juge aux affaires familiales**, quelle que soit la situation matrimoniale des parents de l'enfant. Il n'est pas exclu pour autant que le conflit conjugal soit à la source d'une crise aiguë et que l'intervention du **juge des enfants** soit sollicitée, même si l'on conviendra avec d'autres que la saisine du juge des enfants en matière d'assistance éducative n'est pas « *systématiquement nécessaire dans un contexte de séparation liée à des violences conjugales* »[1]. Les décisions de ce dernier ont comme première finalité de remédier à la situation de danger. Elles n'ont pas vocation à régir la situation du mineur pour l'avenir, sur le terrain de l'exercice de l'autorité parentale. La tentation de saisir le juge des enfants comme juge d'appel des décisions est grande, lorsque les parties concernées n'ont pas exercé l'appel dans le délai requis. **La loi portant réforme de la protection de l'enfance fait prévaloir la décision du juge aux affaires familiales sur celle du juge des enfants, sauf si un danger nouveau pour l'enfant apparaît postérieurement à la décision du juge**, comme le prévoit l'article 375-3, alinéa 2, du Code civil. Le juge des enfants peut donc prendre une mesure d'assistance éducative si un fait nouveau de nature à entraîner un danger pour le mineur, s'est révélé postérieurement à la décision statuant sur les modalités d'exercice de l'autorité parentale[2]. Ainsi, si une cour d'appel est saisie d'un recours contre une décision du juge des enfants, elle ne peut en profiter pour modifier la décision du juge aux affaires familiales[3]. La Cour de cassation a en effet considéré qu'une cour d'appel qui statue en matière d'assistance éducative excède ses pouvoirs en remettant l'enfant à son père alors que le juge aux affaires familiales avait établi la résidence de l'enfant chez sa grand-mère[4].

Il faut réserver le cas où l'appelant peut se prévaloir d'un **élément nouveau** et de l'existence d'un **lien de connexité** entre les deux affaires[5]. Être en mesure de justifier de l'existence de cet élément nouveau conditionne la recevabilité de la requête adressée au juge des enfants.

Tel est le cas, lorsque l'évolution de l'état de santé de la mère fait obstacle à l'exécution de la mesure d'action éducative en milieu ouvert (AEMO) et qu'il n'est plus possible d'assurer la protection du mineur[6].

À l'inverse, la simple réticence d'un mineur à rencontrer l'un de ses parents, selon les modalités fixées par le juge aux affaires familiales, ne constitue pas un fait nouveau autorisant le juge des enfants à intervenir[7].

242.42 Ouverture de la tutelle Lorsque la tutelle est déclarée vacante, c'est-à-dire lorsqu'aucun membre de l'entourage familial n'est en mesure d'en assumer la charge, elle est déférée au service de l'Aide sociale à l'enfance (ASE – C. civ., art. 411). Le président du conseil général devient gardien et tuteur de l'enfant confié. L'exercice de la tutelle est placé sous le contrôle du juge des tutelles et elle est souvent désignée sous le nom de **tutelle sociale** ou **tutelle départementale**. Son fonctionnement est donc identique à celui d'une **administration légale sous contrôle judiciaire.** Les frais d'entretien et d'éducation du mineur sont pris en charge par l'ASE du département du siège de la juridiction qui a prononcé la mesure en première instance. L'ASE est tenu d'adresser chaque année au juge des tutelles un rapport de synthèse sur la situation de l'enfant confié par décision judiciaire (CASF, art. L. 223-5). Pour autant, bien que pris en charge et donc protégé au titre de la tutelle, il n'est pas exclu que le mineur ainsi protégé l'ait été, antérieurement à la saisine du juge des tutelles, dans le cadre de l'assistance éducative. La Cour de cassation a estimé pour sa part que le changement de statut ainsi opéré[8] ne justifiait plus le maintien de la mesure éducative, infirmant ainsi sa jurisprudence antérieure[9].

242.43 En cas de délégation d'autorité parentale. Il existe un **lien direct** entre les deux procédures, l'**assistance éducative** et la **délégation de l'autorité parentale**. En effet, si le mineur concerné fait déjà l'objet d'un suivi au titre de l'assistance éducative, le juge des enfants est sollicité pour donner son avis préalable sur le recours à cette mesure (C. civ., art. 377, al. 3). L'article 1205 alinéa 2 du Code de procédure civile ajoute que lorsqu'une procédure d'assistance éducative a été diligentée à

1. E. Durand, « La vie de l'enfant après la séparation des parents, illustrations concrètes par un juge des enfants », *AF fam.* 2010, 20.
2. Civ. 1re, 11 juill. 2006, n° 05-17.814, *Bull. civ.* I, n° 385.
3. Civ. 1re, 14 mars 2006, n° 05-16.347, NP.; *RTD civ.* 2006, 299, obs. Hauser – V. AUSSI, Civ. 1re, 14 nov. 2007, n° 06-18.104, *Bull. civ.* I, n° 358; *Dr. fam.* 2008, 7, obs. Murat; *RTD civ.* 2008, 289, obs. Hauser.
4. Civ. 1re, 14 nov. 2007, n° 06-18.104, *Bull. civ.* I, n° 358; *Defrénois* 2008, 577, obs. Massip; *Dr. fam.* 2008, n° 7, note Murat; *RJPF* 2008-2/37, obs. Eudier.
5. Civ. 1re, 13 mars 2007, n° 05-21.770, NP.
6. Civ. 1re, 12 janv. 1994, n° 92-05.030, *Bull. civ.* I, n° 17 – EN CE SENS, Civ. 1re, 14 mars 2006, n° 05-13.360, *Bull. civ.* I, n° 143.
7. T. enfants, 18 avr. 1988, *D.* 1988. 574, note Renucci.
8. Civ. 1re, 3 nov. 2004, n° 03-05.056, *Bull. civ.* I, n° 246; *RTD civ.* 2005, 100, obs. Hauser.
9. Civ. 1re, 3 déc. 1991, n° 90-05.011, *Bull. civ.* I, n° 340 : le maintien de la mesure d'assistance éducative est possible alors même que la tutelle est exercée par l'ASE (consultable sur legifrance).

l'égard d'un ou plusieurs enfants, le dossier en est communiqué au juge. Il n'est pas rare en effet qu'une requête en délégation de l'autorité parentale soit déposée par l'ASE, alors que l'enfant fait l'objet d'une assistance éducative, au moment du dépôt de la requête. Le juge aux affaires familiales peut d'ailleurs commettre le juge des enfants aux fins de procéder ou de faire procéder à toutes les investigations utiles et notamment aux mesures d'information prévues à l'article 1183 du Code de procédure civile (v. aussi C. pr. civ., art. 1205, al. 1er). Les conditions de mise en œuvre sont pourtant spécifiques à chacune des deux procédures, et le choix d'une procédure ne dépend pas des avantages que l'on peut en retirer ce que n'a pas manqué de rappeler la cour d'appel de Dijon dans son arrêt du 8 février 2008[1] en rappelant « *que l'article 377 du Code civil ne tend pas à faciliter l'exercice par le service de l'Aide Sociale à l'Enfance de sa mission* [...] *et que les situations de blocages qui pourraient apparaître entre les parents et le service dans la prise d'une décision relative à l'éducation et/ou la santé* [de l'enfant] *peuvent être soumises au juge des enfants, auquel revient, en application de l'article 375-7 du Code civil, la possibilité d'autoriser le gardien à prendre telle décision à laquelle s'opposeraient abusivement les parents* ».

§ 4
Autres modalités du dispositif procédural de l'assistance éducative

242.50 Division. L'assistance éducative conserve une spécificité procédurale qui la distingue des autres mesures judiciaires modifiant plus ou moins seulement l'exercice de l'autorité parentale. Il en est ainsi pour les modes de saisine du juge des enfants (A), l'information du parquet et l'avis qui lui est donné quant à l'ouverture de la procédure d'assistance éducative (B). Cette différence existe aussi pour ce qui relève de la convocation des parties et leur audition (C), du recours aux mesures d'instruction (D) et aux autres mesures d'information propres au contexte de l'assistance éducative (E), à l'exécution provisoire (F), et à la notification des décisions de justice (G).

A.
Modes de saisine du juge des enfants

242.51 Conditions de la saisine du juge des enfants. Elles sont énoncées à l'article 375 du Code civil. La saisine peut être le fait du père et de la mère conjointement, ou de l'un d'eux, de la personne ou du service à qui l'enfant a été confié, du service départemental de l'ASE en sa qualité de gardien de l'enfant, du tuteur, du mineur et du procureur de la République. Le juge des enfants peut aussi se saisir d'office à titre exceptionnel (C. civ., art. 375). Du côté de la famille du mineur en danger, la loi n'impose aucune démarche commune obligatoire, attestant ainsi de la responsabilité propre à chaque parent de prendre les dispositions qui s'imposent pour protéger son enfant. Le droit de saisine accordé au père et à la mère n'est pas sans incidence sur la gestion du conflit conjugal. Le législateur n'a pas manqué de rappeler, dans le cadre de la loi n° 2007-293 du 5 mars 2007, les conditions de la saisine du juge des enfants (v. ss n° 242.23).

242.52 Cas du mineur. L'initiative procédurale appartient donc aussi au mineur. Elle présente tout particulièrement un intérêt pour les **mineurs adolescents confrontés à une crise familiale** et elle est **dérogatoire au droit commun qui ne permet pas au mineur d'ester en justice**. Le juge des enfants doit être en mesure de vérifier que la demande émane bien du mineur lui-même, ce qui a conduit la Cour de cassation à ériger en principe l'exigence de discernement chez le mineur requérant[2].

242.53 Saisine d'office. Cette saisine ne peut être envisagée qu'**à titre exceptionnel**. Elle implique au préalable que le juge des enfants ait été officieusement informé par un tiers, qui ne dispose pas du droit de le saisir directement. Elle présente un intérêt dans les situations où le parquet maintient sa position en refusant la saisine judiciaire, dans le cadre de l'enfance en danger. Elle ne peut être invoquée pour contourner la subsidiarité de la protection judiciaire, sauf à trahir l'esprit de la loi portant réforme de la protection de l'enfance. Le caractère exceptionnel de cette saisine peut encore se justifier par le fait que le juge des enfants ne dispose pas dans l'immédiat d'une évaluation de la situation du mineur lorsqu'il se saisit d'office; sans oublier le fait que l'absence d'urgence ne l'oblige pas, même à titre provisoire, à confier judiciairement le mineur à d'autres personnes que son père et sa mère.

242.54 Saisine par le parquet. V. ss n° 241.223.

242.55 Modes de saisine. Les interventions successives du législateur ne l'ont pas conduit à imposer un certain formalisme dans la saisine du juge des enfants. Le magistrat peut être saisi par **simple lettre** de l'une des personnes visées par l'article 375 du Code civil et il peut faire droit à une **demande**

1. CA Dijon, ch. mineurs, 8 févr. 2008, RG n° 08/00011, *JDJ* 2009, n° 288, p. 56 (consultable sur legifrance).

2. Civ. 1re, 21 nov. 1995, n° 94-05.102, *Bull. civ.* I, n° 418; *D.* 1996, J. 420, note Gouttenoire; *Defrénois* 1996, 724, obs. Massip.

d'audition dans les mêmes conditions (C. pr. civ., art. 1183). La lettre adressée au juge des enfants fait état des **motifs** de sa saisine et de la **demande** qui lui est adressée (**requête**). Le mineur peut encore faire le choix d'exposer sa requête en se présentant devant le juge des enfants. Il a déjà été indiqué par ailleurs que le président du conseil général ne pouvait saisir directement le juge des enfants (v. s^{s} n° 242.51), sauf à se prévaloir de sa qualité de gardien. Néanmoins, l'échange d'informations entre les services mettant en œuvre la protection de l'enfance est primordial. À ce titre, rappelons que le juge des enfants informe les services d'aide à l'enfance du conseil général de l'ouverture d'une procédure d'assistance éducative et le président du conseil général doit lui communiquer les informations recueillies par ses services sur la situation de l'enfant et de sa famille (CASF, art. L. 226-2, al. 1er).

B.
Information du parquet : avis d'ouverture de la procédure d'assistance éducative

242.61 Une exigence légale. Il a déjà été indiqué que le procureur de la République et ses services jouaient un rôle déterminant pour limiter la saisine du juge des enfants dans le contexte de l'enfance en danger (v. s^{s} n°s 241.221 et 241.223). Il n'en demeure pas moins qu'il doit être avisé de l'ouverture de la procédure d'assistance éducative (C. pr. civ., art. 1182). Cette exigence légale présente un intérêt. Elle permet ainsi d'informer le ministère public que le juge des enfants accepte de se saisir au titre de l'assistance éducative. En effet, l'objectif poursuivi est de permettre au parquet de faire connaître le point de vue qui est le sien même s'il intervient peu dans le cadre de la procédure d'assistance éducative. Il lui appartient par ailleurs de prendre toute initiative qui lui apparaîtrait nécessaire, notamment de diligenter une enquête pénale. Il doit aussi informer les personnes qui sont à l'origine du signalement des suites qui lui ont été données dans les conditions prévues aux articles 40-1 et 40-2 du Code de procédure pénale (v. s^{s} n° 241.223).

C.
Convocation et audition des parties

242.71 Convocation des parties. L'information et la convocation aux fins d'ouverture de la procédure d'assistance éducative permettent au juge des enfants d'entendre les parties. Cette possibilité est étendue à toute personne dont l'audition lui paraît utile (C. pr. civ., art. 1182, al. 3). Cette convocation emprunte un certain **formalisme**. Elle doit être envoyée **huit jours au moins avant l'audience** et les conseils des parties doivent être avisés (C. pr. civ., art. 1188, al. 2). Cette audience se tient au siège du tribunal pour enfants ou au siège d'un tribunal d'instance situé dans le ressort territorial auquel se réfère la convocation (C. pr. civ., art. 1188, al. 1er). La régularité de la convocation n'est pas contestée lorsqu'elle a fait l'objet d'un envoi en recommandé[1]. Il importe donc peu qu'elle n'ait pas été réceptionnée mais cela suppose toutefois l'exactitude de l'adresse retenue pour la convocation[2].

242.72 Audition des parties. C'est une garantie du respect des droits fondamentaux des parties. L'urgence de la mesure autorise cependant le juge des enfants à ne pas recourir dans l'immédiat à cette audition[3]. Le juge des enfants concerné devrait tout au moins indiquer dans sa décision de placement, les motifs qui l'ont conduit d'une part, à ne pas être en mesure de convoquer les parents, et d'autre part, à ne pas procéder à cette audition. En cas d'urgence, les dispositions procédurales issues du décret n° 2002-361 du 15 mars 2002[4] mettent l'accent sur la nécessaire convocation des parties par le juge des enfants dans un délai maximum de quinze jours à compter de sa décision, faute de quoi l'enfant lui-même pourrait être remis aux personnes qui en font la demande (C. pr. civ., art. 1184, al. 2). L'audition des parties est de droit et le législateur en a tiré toutes les conséquences puisque les mesures provisoires ou les mesures d'information, hors le cas d'urgence, ne peuvent être prises que s'il a été procédé à cette audition. L'audition doit être maintenue lorsqu'il s'agit de renouveler la mesure éducative, faute de quoi la décision pourrait faire l'objet d'une annulation[5].

242.73 Audition obligatoire et personnelle des parents – Audition facultative du mineur. Il résulte de la combinaison des articles 1186, 1192, 931 et 1182 du Code de procédure civile que les **parents** doivent être personnellement entendus par la cour ou le tribunal et non par l'intermédiaire d'un représentant, fut-il un avocat (qui, par contre, peut les assister)[6].

S'agissant du **mineur**, la première chambre civile de la Cour de cassation a considéré qu'en matière d'assistance éducative, la convocation, la présence et l'audition du mineur à l'audience ne sont que

1. Civ. 1re, 17 déc. 1998, n° 97-05.005, NP.
2. Civ. 1re, 7 avr. 1998, n° 97-05.082, NP.
3. Civ. 1re, 22 mai 1985, n° 84-80.019, *Bull. civ.* I, n° 161.
4. Décr. n° 2002-361, 15 mars 2002, modifiant le Nouveau Code de procédure civile et relatif à l'assistance éducative, *JO* 17 mars, p. 4860.
5. CA Versailles, 7 mars 2002, *D.* 2002, IR 1464.
6. CA Colmar, 4 sept. 2007, RG n° 07/00122.

facultatives en vertu des articles 1188, alinéa 2, et 1189 du Code de procédure civile[1]. En outre, le simple fait d'avoir été convoqué et d'être assisté, ne lui permet pas de plein droit d'assister à l'ensemble des débats ou d'être entendu par le juge des enfants[2]. Le juge des enfants peut d'ailleurs dispenser le mineur de se présenter ou ordonner qu'il se retire pendant tout ou partie des débats (C. pr. civ., art. 1189, al. 1er).

Le décret n° 93-1091 du 16 septembre 1993[3] avait inséré dans le Code de procédure civile un Titre IX *bis* relatif à l'audition de l'enfant en justice, remplacé par le décret n° 2009-572 du 20 mai 2009, relatif à l'audition de l'enfant en justice[4] (C. civ., art. 338-1 à 338-9). **Le mineur dispose désormais d'une alternative** : être entendu[5] ou refuser de l'être par le juge. S'il est capable de discernement, il est informé par le ou les titulaires de l'exercice de l'autorité parentale, le tuteur, voire la personne ou le service à qui il a été confié, de son droit à être entendu[6] et à être assisté d'un avocat dans toutes les procédures le concernant (C. pr. civ., art. 338-1). Cette demande d'audition est présentée sans forme au juge par le mineur lui-même (lettre de l'enfant ou de son conseil chargé de lui apporter une assistance juridique) ou par les parties. Elle peut l'être en tout état de la procédure et même pour la première fois en cause d'appel (C. pr. civ., art. 338-2). Lorsque la demande est présentée par requête, la convocation à l'audience adressée au mineur est accompagnée d'un avis qui rappelle les dispositions de l'article 388-1 du Code civil. « *Il en est de même lorsque la procédure est introduite par acte d'huissier, l'avis mentionné à l'alinéa précédent est joint à celui-ci* » (C. pr. civ., art. 338-1, al. 2 et 3).

1. Civ. 1re, 28 nov. 2006, n° 04-05.095, *Bull. civ.* I, n° 528.
2. Civ. 1re, 29 mai 1985, n° 84-80.026, *Bull. civ.* I, n° 164.
3. Décr. n° 93-1091, 16 sept. 1993, fixant certaines modalités d'application de la loi n° 93-22 du 9 janvier 1993, modifiant le Code civil et relative à l'état civil, à la famille et aux droits de l'enfant et instituant le juge aux affaires familiales, *JO* 17 sept., p. 12987.
4. Décr. n° 2009-572, 20 mai 2009, relatif à l'audition de l'enfant en justice, *JO* 24 mai, p. 8649 – Gouttenoire et Bonfils, *D.* 2009, 1921, pan. droits de l'enfant – Sur le compte-rendu de l'audition de l'enfant, v. M. Juton, « Les enfants peuvent-ils faire la loi ou dire leurs besoins », *AJ fam.* 2009, 320 – J.-M. Hayat et N. Fricero, « La réforme de l'audition de l'enfant en justice : un subtil équilibre entre intérêt supérieur de l'enfant et l'équité du procès », *RJPF*-2009-10/10 – L. Francoz-Terminal, « Le nouveau régime de l'audition en justice de l'enfant concerné par une procédure judiciaire », *Dr. fam.* 2009, étude n° 30.
5. Une personne peut être désignée pour entendre le mineur. En sus du remboursement de ses frais de déplacement, elle perçoit une rémunération forfaitaire (Décr. 20 mai 2009, préc.). Un arrêté du 20 mai 2009, pris en application de l'art. 3 du décret précité, fixe cette indemnité à 40 euros pour une personne physique et à 70 euros pour une personne morale. Lorsque cette personne n'a pu remplir sa mission, en raison de la carence du mineur, il lui est alloué une indemnité d'un montant de 10 euros pour une personne physique et de 20 euros pour une personne morale.
6. Sur le fait que la décision d'entendre l'enfant doit respecter le principe du contradictoire en toute circonstance, y compris si la demande d'audition est formée au cours du délibéré : Civ. 1re, 3 déc. 2008, n° 07-11.552, *Bull. civ.* I, n° 279; *AJ fam.* 2009, 31, obs. Robineau; *RTD civ.* 2009,110, obs. Hauser.

D.
Recours aux mesures d'instruction

242.81 **Services spécialisés de l'instruction.** Dès lors que la question de sa compétence n'est plus discutée, le juge des enfants doit veiller à la protection du mineur et adapter la mesure d'assistance éducative aux faits de danger répertoriés. À cet effet, il peut envisager de recourir à des **mesures d'instruction** et dispose de nombreux **moyens d'investigation**. Leur mise en œuvre est confiée la plupart du temps à des services spécialisés. Le juge des enfants reste cependant seul habilité à ordonner toute mesure d'information concernant la personnalité et les conditions de vie du mineur et de ses parents, en particulier par le moyen d'une **enquête sociale**, d'**examens médicaux, d'expertises psychiatriques et psychologiques**, ou d'une **mesure d'investigation et d'orientation éducative**.

242.82 **Expertises.** Elles peuvent porter sur l'état de santé actuel du mineur, et notamment sur sa santé mentale, compte tenu de sa condition physique et psychique et de ses facultés intellectuelles. L'**expert judiciaire** désigné à cette fin doit éclairer le juge des enfants sur les éléments qui lui sont demandés, sans en tirer de conséquences juridiques. Cette prérogative n'appartient qu'au juge des enfants qui doit aussi veiller au bon déroulement de la mesure d'instruction que constitue l'expertise. L'expertise peut concerner le mineur mais s'agissant de ses parents, la question fait l'objet de controverse. La Cour de cassation n'a pas hésité à admettre que l'expertise peut aussi concerner le père ou la mère du mineur en danger, à charge pour le juge des enfants d'en apprécier l'opportunité[7]. Il ne dispose pour autant d'aucun moyen pour imposer cet examen aux parents s'ils le refusent, sous peine de porter une atteinte à l'intégrité physique de la personne.

242.83 **Fondement de la mesure d'instruction : requête ou décision d'office du juge.** Le choix d'une mesure d'instruction, ou tout simplement la nécessité d'y recourir, relève d'une requête des par-

7. Civ. 1re, 29 oct. 1979, n° 79-80.011, *Bull. civ.* I, n° 259.

ties ou de l'une d'elles, du ministère public ou d'une décision prise d'office par le juge des enfants (C. pr. civ., art. 1183). La procédure d'assistance éducative est une procédure qui se déroule dans un cadre civil et, à ce titre, le juge des enfants peut ordonner toute mesure qui lui permette de se forger une conviction sur la nature et l'existence éventuelle d'un danger pour le mineur.

242.84 Remise d'un rapport dans un délai de six mois. Les services et les personnes en charge de ces mesures d'investigation[1] doivent remettre leur rapport au juge des enfants dans un délai de six mois. Une **prorogation** de ce délai est possible sans excéder pour autant six mois (C. pr. civ., art. 1185). Dans le cas contraire, il faut alors considérer que le juge des enfants excède ses pouvoirs s'il statue au fond au-delà de ce délai sans avoir procédé à une quelconque prorogation[2].

E.
Mesures d'information propres au contexte de l'assistance éducative

242.91 De la mesure d'investigation et d'orientation éducative (IOE) à la mesure d'observation en milieu ouvert (OMO). La mesure IOE permet d'appréhender les **personnalités et conditions de vie du mineur et de ses parents**. Elle s'attache à cerner l'enfant dans son individualité. Les parties n'ont pas d'autre alternative juridique que de s'y soumettre. En effet, l'ordonnance aux fins d'investigation et d'orientation éducative est une mesure provisoire prise dans le cadre de l'instruction, et, à ce titre, l'appel ne peut être envisagé indépendamment du jugement sur le fond. L'appréciation du contexte économique, sociologique et psychologique de l'enfant peut conduire le juge des enfants à demander une **consultation d'orientation éducative (COE)** qui est une mesure pluridisciplinaire permettant d'atteindre l'objectif visé ci-dessus.

Il peut encore opter pour une mesure OMO qui est avant tout une **mesure d'investigation s'inscrivant dans la durée** (contrairement à l'enquête sociale) et qui présente un intérêt certain lorsque le juge peine à cerner le contexte familial. Une telle mesure suppose toutefois que le danger soit suffisamment caractérisé. Il importe par ailleurs que cette mesure soit **limitée dans le temps**, même si aucune durée n'est précisée par les textes. Si au terme de cette période d'observation, le juge des enfants estime que le mineur n'est pas en danger, il met fin au dossier par un jugement de non-lieu à assistance éducative. Si le danger est établi, il doit prendre une mesure définitive, adaptée à la situation du mineur et à son environnement familial (v. s[s] n°s 242.180 et 242.200).

242.92 Enquête sociale. C'est un moyen d'information, bien connu dans le cadre des procédures judiciaires ayant trait à l'autorité parentale (v. s[s] n° 232.287), qui permet notamment de recueillir des éléments sur l'histoire familiale et de repérer les dysfonctionnements relationnels, et d'apprécier ainsi le cadre de vie de l'enfant (conditions matérielles, morales et affectives de l'enfant et le comportement qui est le sien). Ces enquêtes sont le plus souvent réalisées par des professionnels confirmés, ayant une approche pluridisciplinaire des questions de l'enfance et de la famille. Leur expertise vient d'être reconnue par le législateur, avec la mise en place d'un **statut officiel d'enquêteur social**[3]. Dans le contexte de l'assistance éducative, l'objectif est de recenser les éléments qui permettent d'établir un danger au sens de l'article 375 du Code civil. La loi n'a pas défini le régime juridique de l'enquête sociale dans ce domaine. Elle retient une conception plus générale de cette mesure dès lors que l'aménagement ou la suspension de l'exercice de l'autorité parentale est en jeu. Les éléments ainsi recueillis par l'enquêteur social sont soumis au **principe du contradictoire** dans le cadre de la procédure d'assistance éducative (sur la compétence discutée du juge des enfants, v. s[s] n°s 242.40 à 242.43).

F.
Exécution provisoire en matière d'assistance éducative

242.101 Décisions provisoires. Les règles de la procédure civile s'appliquent à l'assistance éducative, sauf dérogation expresse visée par le législateur. Deux catégories de décisions peuvent être prises par le juge des enfants : les **décisions provisoires** et les **décisions sur le fond**.

Dans le premier cas, il en est ainsi de la remise provisoire du mineur à un tiers, sur le fondement de l'article 375-5 du Code civil et de l'article 1184 du Code de procédure civile. On peut en déduire qu'il a été procédé à l'audition des parties, excepté

1. Il s'agit là d'une mesure d'instruction qui ne peut être frappée immédiatement d'appel, v. Civ. 1re, 11 févr. 2009, n° 07-20.288, NP; *Dr. fam.* 2009, comm. 43, obs. Murat.
2. Civ. 1re, 25 févr. 1997, n° 96-05.045, *Bull. civ.* I, n° 71.
3. Décr. n° 2009-285, 12 mars 2009, relatif aux enquêteurs sociaux et à la tarification des enquêtes sociales en matière civile, *JO* 14 mars, p. 4722 – Sur la tarification de leur rémunération, v. Arr. 12 mars 2009, pris en application de l'article 12 du décret préc. – V. AUSSI, rép. min. n° 51589, *JOAN* Q 30 juin 2009.

le cas de l'urgence. Par ailleurs, l'article 514 du Code de procédure civile prévoit que **l'exécution provisoire est de droit pour les décisions qui prescrivent des mesures provisoires.** De ce fait, les mesures prises par le juge des enfants, à titre provisoire, peuvent être mises en œuvre avant l'expiration du délai de recours, et, à ce titre, le Premier président de la cour d'appel, statuant en référé, ne peut pas, nous semble-t-il, arrêter l'exécution provisoire dont une décision est assortie de plein droit, par l'effet de la loi.

242.102 **Décisions sur le fond.** S'agissant des décisions rendues sur le fond, leur mise en œuvre relève du **droit commun, après expiration des délais de recours.** En matière d'assistance éducative, l'appel formé devant la Chambre des mineurs de la cour d'appel est suspensif. Dès lors, prendre la responsabilité d'assortir la décision sur le fond de l'exécution provisoire peut être discuté. En effet, l'exécution provisoire ajoutée à un jugement réduit considérablement les effets de l'appel, puisque l'arrêt – qui pourrait être infirmatif –n'aurait d'effet que pour l'avenir. Ainsi, lorsque le mineur protégé est confié à une personne physique autre que son père et/ou sa mère, ou à une personne morale (établissement ou conseil général), l'exécution provisoire officialise la séparation de l'enfant avec son milieu familial, du moins tant que cette décision n'est pas infirmée par l'arrêt d'une cour d'appel, ou que l'arrêt de l'exécution provisoire n'est pas ordonné. Tel serait le cas, nous semble-t-il, si l'exécution provisoire d'un jugement confiant le mineur en danger à un tiers risque d'entraîner des conséquences manifestement excessives (fugue, par ex.) alors qu'il est encore possible de différer la mise en œuvre de cette mesure de protection jusqu'à la décision de la Chambre des mineurs de la cour d'appel. La décision d'un Premier président d'une cour d'appel qui serait saisi sur le fondement de l'article 524, alinéa 4 du Code de procédure civile, et qui statuerait en ce sens, nous semblerait alors fondée en fait et en droit.

G.
Notification des décisions de justice

242.111 **Une garantie fondamentale.** La notification de la décision de justice est une garantie fondamentale inhérente à l'exercice des droits fondamentaux dans le cadre du procès civil ou pénal. Elle s'impose donc naturellement dans le contexte de l'assistance éducative. La décision du juge des enfants doit être notifiée aux parties. Le législateur a tenu compte de leur situation particulière en prévoyant que la **notification de la décision** intervienne **dans les huit jours**, lorsqu'elle vise les père, mère, tuteur, personne ou service à qui l'enfant a été confié, ainsi que le conseil du mineur lorsqu'il en a été désigné un. **Le dispositif de la décision est notifié au mineur de plus de seize ans**, à moins que son état ne le permette pas. Dans tous les cas, **un avis de notification** est donné au **procureur de la République.**

242.112 **Notification à une seule personne.** Par ailleurs, la notification peut être limitée à une seule personne. Il en est ainsi lorsqu'une demande est adressée au juge des enfants pour écarter de la consultation certaines pièces du dossier d'assistance éducative (C. pr. civ., art. 1187, al. 4). Dans cette hypothèse, la notification est faite dans les huit jours à la seule partie qui a demandé que le juge des enfants se prononce ainsi (C. pr. civ., art. 1190, al. 3). Elle est faite par lettre recommandée, doublée d'un envoi par lettre simple. Les modalités de recours doivent alors être expressément indiquées.

§ 5
Garanties procédurales inhérentes à la procédure d'assistance éducative

242.120 **Division.** L'assistance éducative relève tout d'abord du régime général de la procédure civile de droit commun et de règles particulières qui la caractérisent, qu'il s'agisse d'entendre ou de défendre le mineur protégé (A), de l'accès au dossier judiciaire (B) ou de l'exercice des voies de recours (C).

A.
Mineur entendu et défendu

242.131 **Mineur entendu**. V. s n° 242.72 [audition des parties].

242.132 **Mineur défendu.** Dans le cadre de la procédure d'assistance éducative, le mineur capable de discernement peut bénéficier de l'assistance d'un avocat. Ce choix peut être fait par le mineur lui-même; le juge des enfants peut aussi demander que le bâtonnier lui en désigne un d'office. La désignation doit intervenir dans les huit jours de la demande (C. pr. civ., art. 1186). Ces dispositions se trouvent renforcées par les dispositions légales qui garantissent au mineur le droit d'être entendu par un juge notamment en présence de son avocat (C. pr. civ., art. 338-1 – V. s^{s} n° 242.72). Le bénéfice de l'aide juridictionnelle[1] est attribué de plein droit au mineur, dès lors qu'il est impliqué dans une procédure. Les mineurs ne peuvent toutefois pas agir en justice pour défendre leurs propres intérêts. Lorsque leurs représentants légaux sont défaillants ou ont des intérêts non conciliables avec

1. L. n° 91-647, 10 juill. 1991, relative à l'aide juridique, *JO* 13 juill., p. 9170, art. 9-1.

ceux de leur enfant mineur, la désignation d'un administrateur *ad hoc* s'impose. Il s'agit d'une personne physique ou morale qui se substitue aux représentants légaux et qui est désignée par le juge pour exercer les droits aux nom et place du mineur le temps de la procédure (C. civ., art. 388-2 et 388-3 - C. pr. pén., art. 706-50 à 706-51-1)[1]. La loi nouvelle rend la désignation de l'administrateur *ad hoc* obligatoire, sauf décision spécialement motivée du procureur de la République ou du juge d'instruction, dès lors que les faits sont qualifiés d'incestueux au sens des articles 222-31-1 ou 227-27-2 du Code pénal.

(Pour l'administrateur *ad hoc* désigné pour les mineurs étrangers, v. s^s n° 243.61.)

Il est le plus souvent désigné par le juge des tutelles mais la loi désigne tout juge saisi d'une instance civile. Une cour d'appel a toutefois nuancé l'application qui est faite de l'article 388-2 du Code civil. En effet, dans un arrêt rendu le 20 janvier 2009 par la Chambre des mineurs de la cour d'appel de Douai[2], les juges du fond ont considéré qu'en matière d'assistance éducative, et du fait de son discernement, le mineur disposait d'une capacité procédurale particulière, qui lui permettait de faire face aux détenteurs de l'autorité parentale. De ce fait, ces dispositions « *dérogeraient aux dispositions générales de droit commun de l'article 388-2 du Code civil et l'utilité de la désignation d'un administrateur* ad hoc *ne serait pas démontrée* ».

B.
Accès au dossier judiciaire

242.141 Personnes bénéficiant de l'accès au dossier judiciaire. Le père, la mère, le tuteur de l'enfant et le mineur lui-même doivent être en mesure de répondre aux éléments de fait soulevés par le juge des enfants dans le cadre de la procédure d'assistance éducative. Il en est de même pour la personne ou le service à qui l'enfant a été confié. À ce titre, la possibilité de consulter les pièces contenues dans le dossier judiciaire du mineur contribue à renforcer l'exercice de la contradiction dans le cadre de la procédure d'assistance éducative. La consultation du dossier d'un mineur relevant de cette procédure suscite un regain d'intérêt depuis l'entrée en vigueur du **décret n° 2009-398 du 10 avril 2009, relatif à la communication de pièces entre le juge aux affaires familiales, le juge des enfants et le juge des tutelles**[3]. Ce décret a inséré dans le Code de procédure civile un article 1187-1 qui prend en compte l'impact de la diversité des démarches procédurales entreprises par une même famille, sur des fondements juridiques distincts. Il reste tout à fait envisageable, par exemple, que les questions de danger qui concernent un mineur, et de divorce pour un couple parental - voire l'ouverture d'une mesure de tutelle, si le père et la mère sont dans l'impossibilité d'exercer l'autorité parentale (C. civ., art. 39, al. 1er) - conduisent les différents juges du fond, mais aussi les parties à l'instance, à prendre connaissance des pièces des différentes procédures engagées devant les juridictions compétentes. De ce fait, le juge aux affaires familiales ou le juge des tutelles doit transmettre copie de sa décision au juge des enfants ainsi que toute pièce que celui-ci estime utile, dans les conditions prévues aux articles 1072-2 et 1221-2 du Code de procédure civile (v. aussi, C. pr. civ., art. 1187-1, al. 2). La communication entre juges du fond est ainsi facilitée, le juge des enfants étant pour sa part assujetti à des obligations de nature semblable (C. pr. civ., art. 1187-1, al. 1er). Nul doute que les parties intéressées à cette communication de pièces d'une instance à l'autre puissent faire une requête directe auprès du juge des enfants en ce sens. Pour autant, et conformément à l'avis formulé en son temps par la Cour de cassation[4], rien ne s'oppose à ce qu'une partie engagée simultanément ou successivement devant le juge aux affaires familiales et devant le juge des enfants, puisse, par l'intermédiaire de son avocat, se prévaloir des pièces de l'une ou l'autre des procédures engagées[5]. Dans son avis précité, la Cour de cassation posait **deux conditions** :

- d'une part, les mêmes personnes doivent être impliquées dans les deux procédures,

- et d'autre part, les pièces du dossier, réclamées à un juge distinct de celui du lieu où la communication des pièces est requise, restent soumises au principe du contradictoire[6].

1. Mod. par L. n° 2010-121, 8 févr. 2010, tendant à inscrire l'inceste commis sur les mineurs dans le Code pénal, et à améliorer la détection et la prise en charge des victimes d'actes incestueux, art. 5, *JO* 9 févr.
2. CA Douai, ch. mineurs, 20 janv. 2009, RG n° 23/2009 *JDJ* avr. 2009, p. 60, comm. Verdier.
3. Décr. n° 2009-398, 10 avr. 2009, relatif à la communication de pièces entre le juge aux affaires familiales, le juge des enfants et le juge des tutelles, *JO* 12 avr., p. 6418 – Gouttenoire et Bonfils, *D.* 2009, 1921, pan. droits de l'enfant; *RJPF*-2009-7-8/26, obs. Eudier.
4. Cass. avis, 1er mars 2004, n° 00-40.001, *Bull. civ. avis*, n° 1; *D.* 2005, pan. 1826.
5. La copie intégrale des pièces du dossier d'assistance éducative n'est cependant pas autorisée; EN CE SENS, Civ. 1re, 28 nov. 2006, n° 04-05.095, *Bull. civ.* I, n° 528; *RTD civ.* 2007, 101, obs. Hauser; *D.* 2007, 552, note Huyette.
6. V. J. Hauser, « Du contradictoire dans la procédure d'assistance éducative », obs. s^s CA Versailles, 7 mars 2002, *RTD civ.* 2002, 497 – A. Gouttenoire-Cornut, « La réforme imparfaite de la procédure d'assistance éducative », *Dr. fam.* 2002, chron. 14.

242.142 Accès au et consultation du dossier d'assistance éducative : organisation par les tribunaux. En matière d'assistance éducative, le **décret n° 2002-361 du 15 mars 2002** a modifié le contenu et le régime juridique de l'article 1187 du Code de procédure civile, relatif à la consultation du dossier d'assistance éducative. Ce décret a été complété par une **circulaire du 26 avril 2002**[1]. Les textes nouveaux définissent les modalités d'accès au dossier par les personnes évoquées ci-dessus. La consultation des dossiers par des personnes multiples, augmente le facteur de perte de l'une ou l'autre de ces pièces. De ce fait, les greffes des tribunaux pour enfants ont été appelés, depuis 2002, à organiser une **cotation des pièces** du dossier d'assistance éducative, comme en matière d'instruction. Cette démarche s'accompagne de la réalisation d'un **double intégral du dossier** susvisé. En pratique, le double du dossier d'assistance éducative est mis à la disposition des parties et l'original est conservé dans le cabinet du juge des enfants. Les juridictions ont donc été amenées à procéder à la mise en place d'une nouvelle organisation liée à l'accueil des familles au sein des greffes des tribunaux pour enfants, tout en favorisant des modalités concrètes pour la consultation des dossiers. Dans la mesure où ces familles ont une connaissance directe des écrits établis par les équipes de professionnels de l'enfance en danger, des conséquences en ont été tirées sur la qualité de ces écrits. Un effort particulier sur l'argumentaire développé par un professionnel, ainsi qu'une plus grande rigueur dans l'observation des délais de remise de ces rapports, imposé par les juges des enfants, doivent être consentis.

242.143 Consultation du dossier d'assistance éducative : rôle de l'avocat[2]. La consultation du dossier d'un mineur relevant de l'assistance éducative se déroule au **secrétariat-greffe du tribunal pour enfants**, jusqu'à la veille de l'audition des parties ou de l'audience, par l'avocat du mineur et celui de son père, de sa mère, de son tuteur, de la personne ou du service à qui l'enfant a été confié. Lorsque le juge des enfants estime que certaines pièces du dossier d'assistance éducative sont de nature à créer un danger pour le mineur, il est également autorisé à enlever les pièces litigieuses, de la consultation du dossier judiciaire[3].

L'avocat peut se faire délivrer copie de tout ou partie des pièces du dossier pour l'usage exclusif de la procédure d'assistance éducative. Il ne peut donc transmettre directement les copies des pièces et autres documents ainsi obtenus à son client.

S'agissant du **mineur**, cette consultation ne peut se faire qu'en présence de son père, de sa mère ou de son avocat. En cas de refus exprimé par les parents du mineur ou de l'un d'eux, la consultation ne peut être faite qu'en présence d'un avocat qui peut être désigné par le bâtonnier. Le juge des enfants peut aussi autoriser le service éducatif chargé de la mesure à l'accompagner pour cette consultation (C. pr. civ., art. 1187, al. 3).

L'absence d'avocat a aussi des conséquences sur les modalités de consultation de dossier, dans la mesure où le juge peut se réserver la possibilité d'exclure tout ou partie des pièces de la consultation par l'un ou l'autre des parents, le tuteur, la personne ou le représentant du service à qui l'enfant a été confié ou le mineur. Il faut toutefois que cette consultation fasse courir un danger physique ou moral grave au mineur, à une partie ou à un tiers.

242.144 Accès et consultation du dossier judiciaire d'aide à la gestion du budget familial. Au-delà des modalités d'accès au dossier judiciaire de l'assistance éducative, de nouvelles dispositions réglementaires donnent un intérêt supplémentaire à cette consultation, tout en assignant au juge des enfants de nouvelles responsabilités en la matière. La loi n° 2007-293 du 5 mars 2007, réformant la protection de l'enfance, a transféré dans le Code civil l'**ancienne tutelle aux prestations familiales**, désignée aujourd'hui sous le nom de « *mesure judiciaire d'aide à la gestion du budget familial* », mesure relevant de la compétence du juge des enfants. Le **décret n° 2008-1486 du 30 décembre 2008, relatif au placement des mineurs et à la mesure judiciaire d'aide à la gestion du budget familial**[4], complète le Code de procédure civile en insérant un article 1200-6 qui définit les modalités d'accès et de consultation du dossier judiciaire relevant de cette mesure. Force est de constater que les dispositions réglementaires précitées sont calquées sur le décret n° 2002-361 du 15 mars 2002 (v. ss nos 242.142 et 242.143), relatif à la consultation du dossier d'assistance éducative. L'avocat des parties est assujetti aux mêmes obligations vis-à-vis de son client, s'agissant de la mesure judiciaire d'aide à la gestion du budget familial. La protection de la vie privée peut conduire le juge des enfants à exclure du dossier, en l'absence d'avocat et en le motivant, les pièces dont la consultation porterait une atteinte excessive à la vie privée de l'une ou l'autre des parties, ou d'une personne tierce. La personne ayant

1. Circ. n° NOR JUS F 0250055 C, 26 avr. 2002, de la Direction judiciaire de la protection de la jeunesse.
2. Sur le rôle de l'avocat en matière d'assistance éducative, v. C. Marchal, « La place de l'enfant dans les procédures familiales », *AJ fam.* 2009, 472.
3. Civ. 1re, 6 juill. 2005, n° 04-05.011, *Bull. civ.* I, n° 312.
4. Décr. n° 2008-1486, 30 déc. 2008, relatif au placement des mineurs et à la mesure judiciaire d'aide à la gestion du budget familial, *JO* 31 déc., p. 20635.

formulé une telle requête auprès du juge des enfants se verra notifier sa décision dans les huit jours, et le procureur de la République est avisé de cette notification. Le dossier peut par ailleurs être consulté par le délégué aux prestations familiales.

C.
Exercice des voies de recours

242.150 Division. L'exercice des voies de recours et l'examen de la situation de l'enfant par une juridiction supérieure participent à la mise en œuvre des garanties procédurales dont peut se prévaloir chaque partie à l'instance engagée devant la juridiction pour enfant. L'appel constitue la voie de recours de droit commun (1°) mais le pourvoi en cassation et la tierce opposition demeurent possibles, sous réserve des conditions posées par la loi (2°).

1°
Appel

242.151 Le juge des enfants statue à charge d'appel. Cette prérogative du juge des enfants concerne toutes les mesures d'assistance éducative (C. civ., art. 375-1), à l'exception des mesures d'investigation. Il en est ainsi pour les décisions qui statuent sur le fond de l'affaire et de celles qui prescrivent des mesures provisoires, comme le placement provisoire du mineur qui permet de le confier à une personne tierce (C. civ., art. 375-5, al. 1er). Dans ce cas, lorsque la chambre des mineurs de la cour d'appel est saisie, l'arrêt d'appel doit être rendu dans les **trois mois** à compter de la déclaration d'appel (C. pr. civ., art. 1193, al. 2).

242.152 Personnes ayant la qualité d'appelant. Cette voie de recours est ouverte au père, à la mère, au tuteur, à la personne ou au service à qui l'enfant a été confié, au mineur et au délégué aux prestations familiales, s'agissant de la mesure judiciaire d'aide à la gestion du budget (C. pr. civ., art. 1200-11). Le délai pour faire appel est de **quinze jours** à compter de la notification de la décision. Cette notification peut être faite par lettre recommandée ou signifiée par huissier. À défaut, le délai d'appel ne court pas et l'appel reste recevable à tout moment[1]. L'appel n'est recevable que si la partie qui fait appel dispose d'un **intérêt à agir**. Tel n'est pas le cas pour le parent qui a obtenu du juge des enfants la décision qu'il souhaite[2]. De même, le parent qui, après avoir fait appel, ne se présente pas à l'audience, peut être condamné à verser des dommages-intérêts à l'autre parent qui s'est présenté et a engagé des frais[3]. Le fait de ne pas comparaître entraîne une autre conséquence : la cour d'appel ne peut que confirmer le jugement[4]. Cela se justifie par le fait que la **procédure d'assistance éducative est une procédure orale**, pour laquelle **les demandes doivent être présentées à l'audience par le parent ou son représentant**[5].

242.153 Cas du mineur appelant. S'agissant du mineur, ce délai peut commencer à courir **du jour où il a eu connaissance de la décision**, si celle-ci ne lui avait pas été notifiée. Dans un arrêt rendu par la première chambre civile le 21 novembre 1995, **la Cour de cassation a ajouté une condition à la loi en exigeant que le mineur, pour faire appel, soit discernant**[6]. L'appel formé par le procureur de la République relève d'un régime particulier. Le point de départ du délai pour exercer ce recours est fixé à la remise de l'avis qui lui a été donné (C. pr. civ., art. 1191, al. 4).

242.154 Cas particuliers. Le président du conseil général ne peut interjeter appel qu'en sa qualité de gardien d'un enfant confié au service de l'ASE (C. pr. civ., art. 1191). Ce service non personnalisé du département, placé sous l'autorité du président du conseil général, est dépourvu de tout droit d'agir, y compris en appel[7]. En tout état de cause, la question de **l'appel** est intimement liée à la qualité de **partie à la procédure de l'assistance éducative.** L'article 1191 du Code de procédure civile ne saurait donc avoir un contenu limitatif. Ainsi, le droit d'appel appartient à toute personne qui a été partie en première instance et qui y a intérêt; un service habilité au titre de l'exercice d'une AEMO, et destinataire d'une telle mesure, ne dispose pas d'une telle prérogative.

242.155 Régime de l'appel. Il obéit aux règles générales prévues par les articles 931 à 934 du Code de procédure civile. Il en est ainsi des règles relatives à l'assistance et à la représentation des parties devant la cour d'appel, du formalisme de la déclaration d'appel, et de son enregistrement. Encore faut-il que la décision attaquée soit qualifiée de jugement au sens de l'article 543 du Code de procédure civile. Tel n'est pas le cas pour le courrier administratif adressé par un juge des enfants en réponse à la demande de consultation d'un dossier archivé[8].

1. Civ. 1re, 3 févr. 2004, n° 02-05.118, NP.
2. Civ. 1re, 23 janv. 1996, n° 95-05.002, NP.
3. Civ. 1re, 12 mai 2004, n° 03-05.055, NP.
4. Civ. 1re, 4 oct. 2001 n° 00-05.106, NP.
5. Civ. 1re, 30 mars 2004, n° 03-05.001, NP.
6. Civ. 1re, 21 nov. 1995, n° 94-05.102 (préc. ss n° 242.52).
7. Civ. 1re, 14 nov. 2006, n° 05-05.016, NP – Civ. 1re, 12 mai 2004, n° 03-05.055, NP – Civ. 1re, 4 oct. 2001, n° 00-05.106, NP – Civ. 1re, 30 mars 2004, n° 03-05.001 (préc. ss n° 242.152).
8. Civ. 1re, 1er juill. 2009, n° 08-11.043, NP; *RJPF* 2009/11-36, obs. Eudier; *JDJ* nov. 2009, p. 54, comm. Huyette.

S'agissant de leur défense le Code de procédure civile pose le principe selon lequel les parties se défendent elles-mêmes, comparaissent en personne et disposent de la faculté de se faire représenter par un avocat ou un avoué (C. pr. civ., art. 931). La Cour de cassation[1] n'a pas manqué de censurer les juges du fond qui ont considéré qu'en vertu de l'article 1189 du Code de procédure civile, la partie ne pouvait pas se faire représenter par un avocat. La solution est d'autant plus justifiée que la partie en cause avait été privée de faire valoir ses moyens en appel alors que son avocat était présent à l'audience et avait déclaré vouloir la représenter. Par ailleurs, il est fait obligation au greffier d'aviser de l'appel, par lettre simple, ceux des père, mère, tuteur, personne ou service à qui l'enfant a été confié et le mineur de plus de seize ans lui-même qui ne l'auraient pas eux-mêmes formé et les informe qu'ils seront ultérieurement convoqués devant la cour (C. pr. civ., art. 1192). L'appel est instruit et jugé en priorité en Chambre du conseil, par la chambre de la cour d'appel chargée des affaires de mineurs, et suivant la procédure applicable devant le juge des enfants (C. pr. civ., art. 1193).

242.156 Prérogatives de la cour d'appel. La cour d'appel peut donc infirmer la décision du juge des enfants, la confirmer ou la modifier. Les juges du fond doivent **apprécier la situation à la date à laquelle la décision contestée a été rendue.** S'il existe des **éléments postérieurs à cette contestation**, de nature à remettre en cause la décision initiale du juge des enfants, une **instance modificative** devrait être introduite devant le même juge des enfants. Il reste saisi de la situation du mineur. Néanmoins, il n'est pas rare que l'appel formé par l'une des parties permette à l'appelant, ou au service en charge de l'application de la mesure, d'**évoquer devant la cour d'appel des éléments liés à la situation de l'enfant et son environnement familial**, éléments postérieurs à la décision du juge des enfants. Il n'est pas rare que le magistrat présidant la chambre des mineurs puisse demander au service gardien une note de situation concernant l'enfant pour lequel la mesure d'assistance éducative fait l'objet d'un appel. Dans la mesure où ces éléments sont débattus de manière contradictoire, la cour d'appel ne manque pas d'exercer son rôle de juridiction supérieure, tout en se prévalant, le cas échéant, d'un pouvoir d'évocation *sui generis*. L'évocation de l'affaire peut avoir une conséquence non préméditée. L'exécution provisoire de la décision du juge des enfants se trouve privée d'effet, non pas tant par l'exercice de la voie d'appel, que par la mise en œuvre de ce **pouvoir d'évocation de la cour d'appel,** qui peut amener les juges du fond à infirmer la décision du juge de première instance.

2°
Recours en cassation et tierce opposition

242.161 Pourvoi en cassation. Jusqu'à l'entrée en vigueur le 1er janvier 2005 du décret n° 2004-836 du 20 août 2004[2], le pourvoi en cassation était ouvert aux **parties à l'instance** ainsi qu'au **procureur de la République**, et devait être exercé dans un **délai de deux mois à compter de la décision contestée.** Le ministère d'avocat n'était alors pas obligatoire. Ce dispositif procédural « allégé » se justifiait par le fait que la mesure avait été instituée en faveur des justiciables aux revenus souvent modestes. Cette dispense du ministère d'avocat aux Conseils ne permettait pas toujours d'assurer un accès égal et effectif au juge de cassation, dans le respect du principe de la contradiction. Ce ministère d'avocat est désormais requis devant la Cour de cassation. Le pourvoi est ouvert contre les décisions qui prescrivent des mesures d'assistance éducative, fût-ce à titre provisoire. Il a donc été implicitement admis, par dérogation aux articles 606 et 608 du Code de procédure civile, que les décisions prescrivant de telles mesures pouvaient faire l'objet d'un pourvoi en cassation, indépendamment de la décision au fond.

242.162 Tierce opposition. Le régime procédural de cette **voie de recours extraordinaire** est prévu par l'article 582 du Code de procédure civile. Elle permet à des personnes qui n'étaient pas parties à la procédure de l'assistance éducative, de contester les décisions du juge des enfants qui leur font grief, comme n'a pas manqué de le rappeler la première chambre civile de la Cour de cassation, dans un arrêt du 17 juin 1986[3]. Elle prend le soin de déclarer non fondé l'argument selon lequel la tierce opposition ne serait pas ouverte aux personnes qui n'ont pas qualité pour saisir le juge des enfants.

SECTION 2
MISE EN ŒUVRE DES MESURES D'ASSISTANCE ÉDUCATIVE

242.170 Division. L'un des enjeux de la réforme de la protection de l'enfance en 2007 était de faire évoluer les modes d'intervention à l'égard des

1. Civ. 1re, 30 sept. 2009, n° 08-16.147, *Bull. civ.* I, n° 194; *RJPF* 2009-12/31, obs. Eudier; *Dr. fam.* 2009, n° 4, note Murat.
2. Décr. n° 2004-836, 20 août 2004, portant modification de la procédure civile, *JO* 22 août, p. 15032.
3. Civ. 1re, 17 juin 1986, n° 85-80.007, *Bull. civ.* I, n° 165.

mineurs en situation de danger. Cela impliquait d'être en mesure de faire le deuil d'un schéma alternatif qui a perduré pendant de longues années, et qui amenait le juge des enfants a opté nécessairement, soit pour la mesure éducative en milieu ouvert, soit pour le placement. L'option en faveur du maintien à domicile n'est pas remise en cause (§ 2) et l'enfant peut toujours être confié à un service ou à un établissement (§ 3), mais une place a été laissée aux solutions innovantes. En tout état de cause les mesures sont prises dans l'intérêt de l'enfant et en s'efforçant de rechercher l'adhésion de la famille (§ 1). Le placement du mineur suscite toujours autant de questions, qu'il s'agisse d'en mesurer les incidences sur la mise en œuvre du régime de responsabilité civile ou administrative des structures d'accueil de l'enfant (§ 4) ou de rappeler l'existence d'obligations légales spécifiques liées à cette mesure (§ 5).

§ 1
Prise en compte de l'intérêt de l'enfant et recherche d'adhésion de la famille

242.171 Adhésion de la famille. La recherche de l'adhésion de la famille est inscrite dans la loi depuis l'ordonnance du 23 décembre 1958 (C. civ., art. 375-1, al. 2). Elle constitue l'une des clefs de la réussite de l'action éducative et judiciaire. La mise en œuvre d'une mesure d'assistance éducative rencontre moins de difficultés et la mesure elle-même est plus efficace dès lors que la famille donne son approbation. Tel sera le cas lorsque la décision du juge des enfants s'inscrit dans le respect des convictions religieuses et philosophiques du mineur et de sa famille (C. pr. civ., art. 1200). L'adhésion ainsi manifestée par la famille à la mesure éducative atténue le caractère contraignant de la mesure, liée à sa nature judiciaire. Le dialogue instauré au cours des auditions des différentes parties constitue déjà l'amorce de cette adhésion de la famille, même si l'intervention du juge n'est pas subordonnée à cette adhésion mais à la protection de l'enfant face au danger qui le menace. Le juge des enfants n'est tenu à aucune obligation de résultat, le cadre légal l'autorisant à imposer sa décision à la famille lorsque cette dernière a déjà utilisé tous les moyens pour faire échec à une aide éducative, dans un cadre socio-administratif, ou ne laisse envisager qu'une adhésion purement formelle au dispositif d'aide et d'accompagnement social. L'adhésion de la famille n'est donc pas une fin en soi, d'autant plus qu'elle doit être confrontée à l'intérêt de l'enfant, fil conducteur de toute décision prise par le juge des enfants ou le procureur de la République (v. s^{s} n° 242.172).

242.172 Intérêt de l'enfant. La **loi n° 2004-1 du 2 janvier 2004, relative à l'accueil et à la protection de l'enfance**[1], prévoit que le juge des enfants doit se prononcer en stricte considération de l'intérêt de l'enfant (C. civ., art. 375-1, al. 2). Les dispositions précitées témoignent de la volonté du législateur français d'appliquer en droit interne, l'un des principes clefs de la **Convention internationale sur les droits de l'enfant du 20 novembre 1989**. En effet, l'article 3-1° de cette convention prévoit que : « *Dans toutes les décisions qui concernent les enfants, qu'elles soient le fait des institutions publiques ou privées de protection sociale, des tribunaux, des autorités administratives ou des organes législatifs, l'intérêt supérieur de l'enfant doit être une considération primordiale* ». L'appréciation de l'intérêt de l'enfant est l'objet d'une subjectivité certaine de la part de l'autorité investie du pouvoir décisionnel. Il n'en demeure pas moins que la démonstration de cet intérêt doit être apportée dans les décisions qui concernent le mineur, sujet de l'assistance éducative. Le procureur de la République est guidé par le même principe lorsque, dans les situations d'urgence, il fixe la nature et la fréquence du droit de correspondance, de visite et d'hébergement des parents. La loi n° 2007-293 du 5 mars 2007 lui donne par ailleurs la possibilité de ne pas se prononcer sur cette question si l'intérêt de l'enfant l'exige (C. civ., art. 375-5, al. 2). Il en est de même pour le juge des enfants (C. civ., art. 375-7, al. 4). L'appréciation de l'intérêt de l'enfant est confrontée le plus souvent à son environnement familial et aux prérogatives invoquées par chaque membre de la famille. Selon les cas, l'intérêt de l'enfant est caractérisé si, dans la recherche d'un lieu d'accueil, il est tenu compte des moyens tendant à faciliter l'exercice d'un droit de visite ou d'hébergement (C. civ., art. 375-7, al. 3), alors que d'autres circonstances peuvent notamment amener le juge des enfants à privilégier l'anonymat du lieu d'accueil (C. civ., art. 375-7, al. 4 et 5).

§ 2
Option en faveur du maintien à domicile

242.180 Division. Le fait de confier l'enfant à une personne tierce reste exceptionnel. L'AEMO conserve donc tout son attrait dans le cadre de la protection judiciaire de l'enfance en danger (A).

1. L. n° 2004-1, 2 janv. 2004, relative à l'accueil et à la protection de l'enfance, *JO* 3 janv., p. 184 – H. Rihal, « Du nouveau sur l'accueil et la protection de l'enfance, commentaire de la loi n° 2004-1 du 2 janvier 2004 relative à l'accueil et à la protection de l'enfance », *RDSS* 2004, 433 s.

Les difficultés multiples rencontrées par les familles et, parmi celles-ci, les questions financières et leurs conséquences sur les risques de danger auxquels les mineurs sont exposés, justifient que l'on s'intéresse plus particulièrement à l'aide apportée à la gestion du budget familial (B).

A.
Action éducative en milieu ouvert

242.181 Dispositif privilégié. Confier le mineur protégé à d'autres personnes que son père et sa mère n'est pas la mesure privilégiée en toutes circonstances, dès lors que le juge des enfants statue au titre de l'assistance éducative. Depuis 1958, le principe qui guide son intervention est de favoriser, chaque fois que cela est possible, le maintien du mineur dans le milieu de vie qui est le sien. Ce choix ne présente de réel intérêt que si le juge prévoit dans le même temps, un suivi éducatif en milieu ouvert (AEMO judiciaire) ou subordonne le maintien de l'enfant dans son milieu de vie actuel à des obligations particulières, comme celle de fréquenter un établissement spécialisé. Les difficultés repérées dans la sphère familiale témoignent de l'existence de carences éducatives certaines qui justifient la désignation par le juge des enfants d'un service d'AEMO; ce service aura pour mission d'apporter une aide et des conseils à la famille, afin de surmonter les difficultés matérielles ou morales qui sont les siennes (C. civ., art. 375-2).

242.182 Dispositif nouveau. La loi n° 2007-293 **du 5 mars 2007, portant réforme de la protection de l'enfance**, a complété le texte susvisé en introduisant la possibilité d'organiser un hébergement exceptionnel ou périodique pour les enfants confiés à un service en milieu ouvert par le juge au titre de l'assistance éducative (C. civ., art. 375-2, al. 2). Cette possibilité peut se révéler intéressante en cas de crise majeure (une rupture temporaire avec le milieu familial s'impose pour le mineur) ou lorsque la famille monoparentale est temporairement indisponible (parent hospitalisé). La mesure ne peut être mise en œuvre que si le service d'AEMO est habilité à organiser un hébergement exceptionnel. Une double habilitation justice/conseil général présenterait l'avantage d'inscrire la mesure dans le cadre judiciaire qui est le sien, sans occulter l'obligation faite au conseil général d'assurer la protection des mineurs accueillis hors de leur domicile (CASF, art. L. 227-1, al. 1er et 2).

242.183 Modalités retenues. La souplesse du dispositif repose sur l'existence d'une **autorisation préalable accordée au service habilité**, ce qui lui évite à chaque fois de saisir préalablement le juge des enfants. L'organisation de cet hébergement exceptionnel ou périodique n'est pas sans contrôle. Chaque fois que le dispositif est actionné par le service d'AEMO habilité à cet effet, une information est donnée aux parents, au juge et au président du conseil général. Le lieu d'hébergement ne peut être sollicité qu'en l'absence d'opposition de la part des personnes exerçant l'autorité parentale. La loi a prévu un garde-fou avec la saisine du juge des enfants en cas de désaccord portant sur la décision de mettre en place ce type d'hébergement, ou sur le choix de la personne ou de la structure d'hébergement. Ce nouveau dispositif a été bien accueilli par les services d'AEMO judiciaires concernés, bien qu'ils soient confrontés à une autre réalité. En effet, pour la plupart d'entre eux, le manque de locaux ou de dispositifs relais ne leur permet pas de se prévaloir des dispositions nouvelles introduites par la loi n° 2007-293 du 5 mars 2007. Lorsque le mineur ne peut être accueilli temporairement au domicile parental ou au domicile d'un autre membre de la famille, le service d'AEMO judiciaire concerné sollicite l'aide du conseil général et notamment celle de l'ASE, en vue d'accueillir le mineur à titre provisoire. Cette initiative est contestable sur le plan juridique dans la mesure où elle fait coexister une mesure administrative dans le cadre judiciaire de la protection de l'enfance (v. ss n° 242.211). La confusion résulte de l'absence de distinction opérée entre l'hébergement, pour lequel l'ASE peut notamment être sollicitée, et la garde juridique qui est transférée de fait, au service gardien, lorsque les personnes exerçant l'autorité parentale signent un accueil provisoire.

B.
Aide à la gestion du budget familial

242.191 Lien entre difficultés économiques et carences éducatives. Les difficultés économiques et sociales auxquelles sont confrontées les familles ne sont pas étrangères aux questions de protection de l'enfance, tout particulièrement lorsqu'elles ont un lien direct avec les carences éducatives. Des actions de prévention s'imposaient donc aussi dans le domaine de la gestion du budget, pour les familles les plus en difficulté. La loi n° 2007-293 du 5 mars 2007 instaure une mesure judiciaire d'aide à la gestion du budget familial dans les conditions prévues par le nouvel article 375-9-1 du Code civil et par les articles L. 552-6 et 755-4 du Code de la sécurité sociale. L'article L. 375-9-1 du Code civil prévoit que « *lorsque les prestations familiales ne sont pas employées pour les besoins liés à l'entretien, à la santé et à l'éducation des enfants et que l'accompagnement en économie sociale et familiale prévu à l'article L. 222-3 du Code de l'action sociale et des familles n'apparaît pas suffisant, le juge des enfants* *peut ordonner qu'elles soient, en tout ou partie, versées à une personne qualifiée, dite déléguée aux prestations familiales* ».

242.192 Point de départ de la mesure judiciaire. La mesure judiciaire prend naturellement le relais de la mesure administrative d'accompagnement en économie sociale et familiale, dès lors que celle-ci s'est révélée insuffisante dans sa mise en œuvre ou ses conséquences. Dans le système antérieur à la loi du 5 mars 2007, l'intervention du juge était justifiée lorsque les enfants étaient élevés dans des « *conditions d'alimentation, de logement et d'hygiène manifestement défectueuses* ». La loi nouvelle prévoit l'intervention du juge des enfants lorsque les prestations familiales sont détournées de leur finalité.

242.193 Délégué aux prestations sociales. Dans la mesure où l'idée d'une tutelle aux prestations sociales n'emporte pas de conséquences sur le plan de la capacité juridique, un changement de référence légale et de terminologie juridique s'imposait. Il n'est plus fait référence au « *tuteur aux prestations sociales* » mais au « *délégué aux prestations sociales* ». Le délégué est une personne physique ou une personne morale. Au moment du vote de la loi, ces délégués étaient le plus souvent des **salariés d'associations** à qui était confiée la mission d'exercer la tutelle aux prestations familiales. La loi n° 2007-297 du 5 mars 2007, relative à la prévention de la délinquance[1], a prévu également que le délégué aux prestations sociales puisse être le **coordinateur nommé par la maire**[2], selon la procédure prévue par l'article L. 121-6-1 du Code de l'aide sociale et des familles. En tout état de cause, la décision d'instaurer une telle mesure appartient au juge des enfants (C. civ., art. 375-9-2).

242.194 Mesure d'accompagnement judiciaire. Pour être complet, le dispositif nouvellement adopté, devait intégrer le fait que les parents de l'enfant, qui fait l'objet de la mesure, puissent eux-mêmes être admis au bénéfice d'une prestation sociale. La **loi n° 2008-1249 du 1er décembre 2008, généralisant le revenu de solidarité active et réformant les politiques d'insertion**[3], pose les limites de la frontière qui existe entre l'aide à la gestion du budget familial et la mesure d'accompagnement judiciaire. La loi exclut de la mesure concernant les parents du mineur, les prestations sociales prises en compte par le juge des enfants, au titre de la mesure d'aide à la gestion du budget familial (C. civ., art. 495-5, al. 1er). La cohérence dans la mise en œuvre des deux mesures précitées nécessite que les personnes chargées respectivement pour un même foyer de l'exécution de chacune de ces mesures – mandataire judiciaire à la protection des majeurs (C. civ., art. 495-6) et délégués aux prestations familiales – s'informent mutuellement des décisions qu'elles prennent (C. civ., art. 495-5, al. 2).

242.195 Délégué aux prestations familiales : inscription sur une liste, agrément et déclaration semestrielle. Les délégués aux prestations familiales exercent à titre habituel les mesures ordonnées par l'autorité judiciaire en application de l'article 375-9-1 du Code civil. Ils sont inscrits sur une liste dressée et tenue à jour par le représentant de l'État dans le département. Leur demande d'agrément ès qualités a fait l'objet de dispositions réglementaires[4]. Ils sont assujettis à une déclaration semestrielle, au regard du nombre de mesures judiciaires d'aide à la gestion du budget familial[5].

242.196 Association de la famille à la gestion des prestations par le délégué aux prestations familiales. La loi nouvelle invite par ailleurs les délégués aux prestations familiales à associer au maximum les familles à la gestion des prestations, afin de les aider à retrouver une autonomie sociale et financière. Ce délégué prend toutes décisions, en s'efforçant de recueillir l'adhésion des bénéficiaires des prestations familiales, pour améliorer les conditions de vie des enfants; il exerce auprès de la famille une **action éducative visant à rétablir les conditions d'une gestion autonome des prestations.** La liste des personnes habilitées à saisir le juge aux fins d'ordonner cette mesure d'aide est fixée par décret. La décision fixe la **durée de la mesure.** Celle-ci ne peut excéder **deux ans.** Elle peut être **renouvelée par décision motivée.** Les prestations visées par la loi sont la prestation d'accueil du jeune enfant, les allocations familiales, le complément familial, l'allocation logement, l'allocation d'éducation de l'enfant handicapé, l'allocation de soutien familial, l'allocation de rentrée scolaire, l'allocation de parent isolé et l'allocation journalière de présence paren-

1. J. Rochfeld, « Autorité parentale, prévention de la délinquance, loi n° 2007-297 du 5 mars 2007 relative à la prévention de la délinquance », *RTD civ.* 2007, 408.
2. H. Rihal, « L'appel au maire », *RDSS* 2007, 47 s.
3. L. n° 2008-1249, 1er déc. 2008, généralisant le revenu de solidarité active et réformant les politiques d'insertion, *JO* 3 déc., p. 18424.
4. Décr. n° 2008-1553, 31 déc. 2008, relatif à l'exercice à titre individuel de l'activité de mandataire judiciaire à la protection des majeurs et de l'activité de délégué aux prestations familiales, *JO* 1er janv. 2009, p. 88, art. 3, codifié à CASF, art. R. 474-16.
5. Arr. 29 juill. 2009, relatif au formulaire de déclaration semestrielle du nombre de mesures judiciaires d'aide à la gestion du budget familial et de secrétaires spécialisés des personnes agréées pour exercer à titre individuel l'activité de délégué aux prestations familiales, *JO* 15 août, p. 13566 [NOR MTSA0918413A].

tale. Le délégué aux prestations familiales reçoit de plein droit les allocations mensuelles d'aide à domicile (CASF, art. L. 222-4) et le juge peut également décider que la rente accident du travail, lorsqu'elle est versée aux enfants en cas de décès de son bénéficiaire, soit aussi gérée dans le cadre de cette mesure (CSS, art. L. 434-1). S'agissant du financement de la mesure, les articles L. 552-6 et L. 755-4 du Code de la sécurité sociale posent le principe d'une prise en charge des frais par l'organisme débiteur des prestations.

§ 3
Enfant confié dans le cadre de l'assistance éducative

242.200 **Division.** Les institutions et les professionnels de l'enfance ont largement anticipé sur la réforme de la protection de l'enfance et sont à l'origine de la diversification des modes d'intervention dans le cadre de la protection judiciaire de l'enfance en danger. Le retrait de l'enfant de son milieu familial n'a pas disparu (B), même si l'accueil à la journée suscite un intérêt non négligeable (A). La question de la durée du placement est de ce fait revisitée (C). Œuvrer dans le sens d'un retour à domicile de l'enfant sera d'autant plus envisageable que les prérogatives d'autorité parentale auront été maintenues (D), ainsi que le droit aux relations personnelles dont le mineur peut se prévaloir (E).

A.
Accueil à la journée

242.201 **Une modalité d'accueil modulable et évolutive.** Dans le cadre de la protection judiciaire de l'enfance en danger, l'accueil du mineur à la journée peut être retenu par le juge des enfants lorsque le but visé est d'apporter au mineur un **soutien psycho-éducatif ou un accompagnement social ou scolaire**. Il trouve son fondement légal dans l'article 375-3, 4° du Code civil selon lequel : « *Si la protection de l'enfant l'exige, le juge des enfants peut décider de le confier* : [...] 4° *À un service ou à un établissement habilité pour l'accueil de mineurs à la journée ou suivant toute autre modalité de prise en charge* ». L'enfant qui bénéficie de cette modalité d'accueil est bien un **enfant confié**. De ce fait, la **garde juridique** est bien transférée au service ou à l'établissement habilité, que cet accueil soit ou non accompagné d'un hébergement en dehors du domicile parental. L'enfant peut donc être confié directement à un service ou à un établissement habilité, mais la décision du juge peut ajouter que l'enfant réside chez ses parents, les fins de semaine, ou chaque fin de journée. Cet accueil modulable permet, avec l'accord des parents, de concilier l'hébergement à domicile avec un accueil par séquence, en dehors du domicile familial, en l'ajustant au fur et à mesure aux besoins de l'enfant et à l'évolution de la situation familiale. Cette modalité d'accueil peut aussi être une transition entre le maintien à domicile (hébergement) et un placement dans un lieu d'hébergement différent, si la situation familiale vient à se dégrader en exposant l'enfant à un danger plus important. Le dispositif peut aussi être actionné, après un « *placement classique* », en famille d'accueil ou en institution, et avant d'envisager une mainlevée de la mesure d'assistance éducative. L'objectif est alors de faire aussi de cet accueil séquentiel un lieu d'observation de l'enfant, de retour dans son environnement familial.

B.
Retrait de l'enfant du lieu de vie habituel

242.210 **Division.** Le retrait de l'enfant de son milieu familial constitue une entorse importante à l'exercice de l'autorité parentale. Dans le cadre de l'assistance éducative, une telle mesure ne peut relever que du juge des enfants. Le cadre judiciaire est alors le garant d'une mesure qui s'impose aux parents de l'enfant, dans les cas où la dégradation de la situation familiale ne laisse pas d'autre alternative. La loi n° 2007-293 du 5 mars 2007, portant réforme de la protection de l'enfance, a modifié le vocabulaire juridique. La protection du mineur peut amener le juge des enfants à le confier à un service de l'Aide sociale à l'enfance (1°), à une autre personne morale (2°) ou encore à une personne physique (3°).

1°
Enfant confié à un service d'Aide sociale à l'enfance

242.211 **Le département, via le service de l'Aide sociale à l'enfance (ASE), est la principale institution qui se voit confier les mineurs par les juges des enfants.** Les juges des enfants disposent ainsi d'une liberté toute relative. Le fait de pouvoir confier directement les mineurs en danger à l'ASE les dispense dans une certaine mesure d'effectuer eux-mêmes les recherches de places disponibles dans les établissements. Ils ne sont pas dans l'obligation de confier l'enfant au service de l'ASE (C. civ., art. 375-3, 3°), situé dans le même ressort territorial que leur juridiction. En effet, la loi leur offre l'opportunité de désigner un autre service de l'ASE (par ex., celui d'un département limitrophe). Cette modalité peut se révéler intéressante lorsqu'il s'agit à la fois d'attribuer la garde juridique du mineur confié à un service départemental de l'ASE, tout en favorisant son accueil dans un établissement relevant de la surveillance administrative du service départemental désigné. De ce fait, le juge des enfants n'est pas l'obligation de recourir au placement direct.

242.212 Choix entre placement en famille d'accueil et placement en établissement. Lorsque le mineur est confié à l'ASE, il appartient au service gardien de déterminer le lieu de placement et de faire un choix entre placement en famille d'accueil et placement en établissement[1]. Son placement de l'enfant engendre en pratique un certain nombre de difficultés. Les contraintes imposées aux départements par les juges des enfants sont à l'origine de nombreux contentieux entre l'autorité judiciaire, qui ordonne la mesure de protection, et le département, qui en assure le financement (CASF, art. L. 228-3). Ces difficultés peuvent expliquer le choix qui a été fait par quelques départements, dans le cadre du dispositif expérimental de la **loi n° 2004-809 du 13 août 2004, relative aux libertés et responsabilités locales**[2]. L'objectif poursuivi est de transférer les responsabilités du juge des enfants au conseil général, s'agissant de la mise en œuvre de mesures d'assistance éducative.

Dans ce contexte particulier lié à la décentralisation, la jurisprudence a été amenée à fixer les prérogatives des juges des enfants, et celles des départements concernant le placement des mineurs. Si le juge des enfants ne peut pas préciser le lieu d'accueil des mineurs qu'il place au service de l'ASE, il peut demander que soit privilégié un placement en famille d'accueil[3] ou que la remise à l'ASE soit assortie de l'obligation de fréquenter un établissement sanitaire ou d'éducation, ordinaire ou spécialisé[4]. Cette obligation fixée par le juge peut donc être à l'origine du placement du mineur dans un établissement choisi par le juge[5].

242.213 Placement judiciaire et mesure d'action éducative en milieu ouvert : la question des doubles mesures. Le financement des mesures de protection de l'enfance est un enjeu fondamental pour les départements. De ce fait, il est légitime que certains d'entre eux aient contesté devant les juridictions supérieures, et notamment la Cour de cassation, l'obligation de financer doublement les mesures de protection judiciaire. Un juge des enfants peut assortir la mesure de placement d'une mesure éducative en milieu ouvert, dès lors que l'enfant n'est pas confié au service de l'ASE (C. civ., art. 375-4, al. 1er). À l'inverse, le fait que le département, via le service de l'ASE, soit désigné comme gardien de l'enfant, fait obstacle à la pratique des doubles mesures judiciaires (placement et AEMO)[6]. Les départements soutenaient à juste titre que les doubles mesures n'étaient pas justifiées. Ils ont fait valoir que l'action éducative peut se mettre en place dans le cadre du placement, sans recourir à la mesure d'AEMO judiciaire. Dans les faits, la poursuite temporaire d'une mesure éducative en milieu ouvert, alors que l'enfant a été confié à l'ASE, peut se révéler opportune si l'objectif poursuivi est d'assurer une meilleure continuité dans l'action éducative en faveur l'enfant confié.

2°
Enfant confié à une autre personne morale : désignation d'un service ou d'un établissement habilité

242.221 Placement dans un établissement psychiatrique. Le placement direct doit encore être privilégié lorsqu'un juge des enfants entend confier le mineur à un établissement recevant des personnes hospitalisées en raison de troubles mentaux (C. civ., art. 375-9). Cette décision ne peut être prise qu'après un **avis médical circonstancié d'un médecin extérieur à l'établissement** et ne peut excéder **quinze jours.** Le non-respect de ce délai est susceptible de caractériser une atteinte à la liberté d'aller et venir et est sanctionné par les juridictions. Une prolongation de la mesure est possible pour une période d'un mois renouvelable dès lors que le juge des enfants a obtenu l'avis conforme d'un médecin psychiatre. En l'absence de toute mesure judiciaire, il appartient alors au conseil de famille, et en son absence au tuteur avec l'autorisation préalable du juge des tutelles, de demander l'internement du mineur en hôpital psychiatrique, ou sa sortie, du fait des troubles psychopathologiques qui peuvent être les siens (CSP, art. L. 3211-10).

1. I. Corpart, « Placement et droits de l'enfant », *AJ fam.* 2007, 66 – F. Rault, « Le rôle de l'avocat dans le placement de l'enfant », *AJ fam.* 2007, 76 – T. Fossier, « Les droits des parents en cas de placement éducatif », *AJ fam.* 2007, 60 – M. Lasbats, « Le maintien des liens avec les parents », *AJ fam.* 2007, 72.
2. L. n° 2004-809, 13 août 2004, relative aux libertés et responsabilités locales, *JO* 17 août, p. 14545 – T. Fossier, « La mission élargie des départements en matière d'assistance éducative », *RDSS* 2005, 49.
3. Civ. 1re, 23 janv. 2001, n° 99-05.087, *Bull. civ.* I, n° 10.
4. Civ. 1re, 15 mai 1990, n° 88-05.045, *Bull. civ.* I, n° 105; *JCP* 1991, II, 21666, note Curiel.
5. Civ. 1re, 10 mars 1993, n° 91-05.089, *Bull. civ.* I, n° 105; *JCP* 1994, II, 22244, obs. Allaix – Civ. 1re, 17 mai 1993, n° 91-05.090, NPT; *Defrénois* 1993, 1371, obs. Massip.
6. Civ. 1re, 29 juin 1994, n° 92.05.043, *Bull. civ.* I, n° 229; *Defrénois* 1995, p. 321, obs. Massip – Civ. 1re, 27 mai 2003, n° 03-05.025, *Bull. civ.* I, n° 128; *D.* 2003, 1601; *JCP* 2004, I, 109, n° 5, obs. Fossier; *Defrénois* 2003, 1496, obs. Massip; *RDSS* 2003.480, obs. Monéger – Civ. 1re, 21 sept. 2005, n° 04-05.5117, NP.

242.222 Placement en lieu de vie. Certaines structures suscitent aujourd'hui un certain intérêt (CASF, art. L. 312-1 - Décr. n° 2004-1444, 23 déc. 2004[1]). Il s'agit des lieux de vie[2] qui constituent des modes d'accueil non traditionnels, adaptés aux enfants confrontés à de graves difficultés et qui n'acceptent ni de vivre en collectivité, ni de vivre dans un établissement ou en famille d'accueil. Il s'agit de petites structures entre trois et sept places, où les personnes en charge de l'accueil de ces mineurs vivent en permanence avec les jeunes, généralement à la campagne. Le but poursuivi est de favoriser la resocialisation des adolescents dans le cadre d'un séjour dit « *de rupture* ».

3°
Enfant confié à une personne physique

242.230 Deux possibilités. La règle n'est pas nouvelle. Elle peut concerner, soit l'un des parents de l'enfant, soit un autre membre de la famille, voire une personne désignée en qualité de tiers digne de confiance.

242.231 Option en faveur du père ou de la mère de l'enfant. Le juge des enfants peut considérer que le parent chez qui l'enfant n'a pas sa résidence habituelle reste suffisamment protecteur vis-à-vis de la personne de son enfant, suivant en ce sens les principes posés par la Convention internationale sur les droits de l'enfant, qui énoncent le fait que parents sont les premières personnes visées en tant que protecteurs de leur enfant. La décision du juge des enfants n'a toutefois pas pour objectif de statuer de manière définitive sur la résidence des enfants et les droits parentaux. Elle relève, à ce titre, du régime général des décisions prises dans le cadre de l'assistance éducative, et notamment de l'article 375-6 du Code civil. Les risques d'un conflit de compétence avec le juge aux affaires familiales, notamment en cas de séparation du couple conjugal, reste limité si le champ d'intervention de chaque magistrat est respecté. La communication des pièces d'un dossier judiciaire entre juges du siège (v. s[s] n° 242.141) doit contribuer à une meilleure compréhension des décisions prises par l'un ou l'autre des magistrats, sans être lié par les décisions de l'autre.

242.232 Enfant confié à un tiers digne de confiance ou à un membre de la famille. L'accueil de l'enfant par un proche parent ou une personne désignée en qualité de tiers digne de confiance contribue à privilégier un placement dans un cadre familial pour l'enfant tout en permettant à la solidarité familiale de s'exprimer[3]. L'alternative évoquée dans le 2° de l'article 375-3 du Code civil laisse tout d'abord entendre que la personne à qui l'enfant est confiée est une personne qualifiée pour l'accueillir, du fait du lien de parenté ou d'alliance qui existe entre eux. Elle montre ensuite que les liens affectifs noués avec l'enfant, en dehors de la parenté, permettent au tiers de se prévaloir de la qualité de tiers digne de confiance. En tout état de cause, la qualité de « *tiers digne de confiance* » ne peut être attribuée qu'à une **personne physique** et exclut donc toute référence à une personne morale. Cette thèse prend appui sur le fait que la loi offre au juge des enfants des possibilités multiples (C. civ., art. 375-3) et que la situation du tiers digne de confiance est distincte de celle des autres personnes morales, citées dans le même texte. La situation du tiers désigné ès qualités, peut concerner un membre de la famille, même si le législateur offre au juge des enfants la possibilité de confier le mineur à l'un de ses parents ou alliés, sans référence au critère du « *tiers digne de confiance* ». Le Code de l'action sociale et des familles prévoit le versement d'une indemnité d'entretien, notamment aux personnes physiques qui prennent en charge un enfant, au titre de l'assistance éducative (CASF, art. L. 228-3 et R. 228-3). Les textes susvisés n'opèrent pas de distinction entre la qualité de membre de la famille et celle de tiers digne de confiance. Il n'en demeure pas moins que le département peut se prévaloir de l'obligation alimentaire[4] qui existe dans les rapports entre ascendants et descendants (C. civ., art. 205 s.) pour ne pas être contraint au versement de cette indemnité.

C.
Durée du placement

242.241 Principe : placement d'une durée au plus égale à deux ans avec possibilité de renouvellement. Les dispositions issues de la loi n° 2007-293 du 5 mars 2007 ne remettent pas en cause le principe selon lequel le juge des enfants ne peut envisager qu'un **placement dont la durée ne peut pas excéder deux ans**, dès lors que le mineur est confié à une institution (C. civ., art. 375, al. 3). Le

1. Décr. n° 2004-1444, 23 déc. 2004, relatif aux conditions techniques minimales d'organisation et de fonctionnement des lieux de vie et d'accueil mentionnés au III de l'article L. 312-1 du Code de l'action sociale et des familles, *JO* 30 déc., p. 22297.
2. A. Courrèges, « La réglementation des lieux de vie et d'accueil des jeunes en souffrance », *RFDA* 2009, 151.
3. A.-M. Lécuyer, « L'enfant confié à un tiers : de l'autorité parentale à l'autorité familiale », *RTD civ.* 1998, 587 – A. Gouttenoire et P. Murat, « L'intervention d'un tiers dans la vie de l'enfant », *Dr. fam.* 2003, étude n° 1.
4. Rép. min. n° 28469, *JOAN* Q 26 mai 2009, p. 5149; et sur le fait qu'aucun texte ne fixe le montant de cette indemnité et que la plupart des départements se réfèrent au montant de l'indemnité versée aux assistants familiaux, v. rép. min. *JO* 17 nov. 2009, p. 10965.

renouvellement de la mesure d'assistance éducative est possible dès lors que la décision est motivée. Lorsque l'enfant est confié à l'ASE, sa situation fait l'objet d'une révision chaque année par le service gardien, quelle que soit la durée pour laquelle le mineur lui est confié (CASF, art. L. 223-5, al. 2 et 3). Lorsque le mineur est remis au même service à titre de mesure provisoire, la durée du placement ne peut excéder **six mois** (C. pr. civ., art. 1185, al. 1er).

242.242 Divergences sur la durée du placement. Les débats liés à la réforme de la protection de l'enfance n'ont pas manqué de faire apparaître des divergences sur la durée de placement, tout particulièrement lorsque l'un des parents est confronté à de graves difficultés. L'article 375 du Code civil a été complété d'un alinéa 4 qui prend en compte les circonstances exceptionnelles justifiant un placement sur la durée, par principe supérieure à deux ans, pour permettre à l'enfant « *de bénéficier d'une continuité relationnelle, affective et géographique dans son lieu de vie dès lors qu'il est adapté à ses besoins immédiats et à venir* ». Les conditions de mise en œuvre de cette nouvelle disposition légale présentent toutefois quelques difficultés. Si un juge des enfants retient la possibilité d'un placement supérieur à deux ans, il devra alors au préalable établir l'existence, chez les parents de l'enfant de « *difficultés relationnelles et éducatives graves, sévères et chroniques, évaluées comme telles dans l'état actuel des connaissances, affectant durablement leurs compétences dans l'exercice de leur responsabilité parentale* ». Un tel constat sera difficile à établir sans l'aide d'experts psychologues et psychiatres sollicités à cette fin. Les limites de l'expertise ne doivent pas être occultées ainsi que le défaut de coopération de la famille avec l'autorité judiciaire et les experts désignés par celle-ci. Par ailleurs, on peut se demander si les juridictions d'appel accueilleront favorablement les placements dits de « *longue durée* ». La censure des juridictions supérieures devrait être évitée dès lors que les conditions de mise en œuvre sont remplies. Par ailleurs, le placement envisagé sur le long terme n'empêchera pas le juge des enfants de se prononcer sur la question des droits de visite des parents de l'enfant, et de revoir annuellement sa situation (C. civ., art. 375, al. dern.) [1]. La loi nouvelle n'a jamais eu pour objectif de donner au juge des enfants la possibilité légale d'entériner une rupture, juridique et de fait, entre l'enfant et ses parents confrontés à des « *difficultés chroniques* ». Ce point de vue se trouve renforcé avec les dispositions issues du décret n° 2008-1486 du 30 décembre 2008. L'institution ou le service chargé de l'exécution de la mesure doit adresser un rapport au juge des enfants selon la périodicité qui est fixée par la décision ou, à défaut, annuellement. La non-transmission de ce rapport fait l'objet d'une sanction directe. En effet, le juge des enfants doit alors convoquer les parties à une audience pour établir un bilan de la situation du mineur placé (C. pr. civ., art. 1199-1, al. 2). Il devra par ailleurs veiller à convoquer les parties à l'instance dans les mêmes conditions, pour une audience qui devra se tenir au moins tous les trois ans, lorsque le placement est supérieur à deux ans (C. pr. civ., art. 1200-1, al. 2).

D.
Maintien des prérogatives d'autorité parentale

242.250 Division. Parce que le mineur protégé est confié sur décision judiciaire à une personne physique ou à une personne morale, les prérogatives d'autorité parentale seront le plus souvent partagées entre le service ou l'établissement gardien et les père et mère de l'enfant (1°), ces derniers conservant au minimum, sauf motif grave, des droits de visite et de correspondance avec leur enfant (2°) et restant tenus au titre de l'obligation alimentaire (3°).

1°
Principe : partage de l'exercice des prérogatives d'autorité parentale

242.251 Aménagement de l'exercice de l'autorité parentale. L'article 375-7 alinéa 1er du Code civil prévoit que « *les père et mère dont l'enfant a donné lieu à une mesure d'assistance éducative conservent sur lui leur autorité parentale et en exercent tous les attributs qui ne sont pas inconciliables avec l'application de la mesure* ». L'assistance éducative ne supprime donc pas l'exercice de l'autorité parentale mais l'aménage lorsque la protection de l'enfant n'est plus assurée [2]. Dans la mesure où le législateur

1. La Cour européenne des droits de l'homme veille tout particulièrement à ce que le placement prolongé d'un enfant dans une famille d'accueil ne constitue pas une violation du droit au respect de la vie familiale; EN CE SENS, CEDH 16 mars 2010, O. D. et A. D. c/Royaume Uni, req. n° 28680/06.

2. TOUTEFOIS, lorsque les faits de danger sont qualifiés pénalement et renvoient un ascendant devant une juridiction pénale, le retrait d'autorité parentale, mesure de nature civile, peut être prononcé par les juridictions pénales, même s'il échappe à la compétence des jurés (C. pén., art. 222-31-2) – V. Crim. 23 sept. 2008, n° 08-80.489, *Bull. crim.*, n° 195; *AJ fam.* 2009, 32, obs. F. C. La juridiction de jugement doit aujourd'hui se prononcer sur le retrait total ou partiel de l'autorité parentale lorsqu'une personne titulaire de l'autorité parentale doit répondre de ses actes au titre d'une atteinte sexuelle incestueuse commise sur un mineur; le retrait d'autorité parentale peut aussi concerner les frères et sœurs de l'enfant victime (C. pén., art. 222-31-2 et 227-27-23 dans sa rédaction issue de la loi n° 2010-121 du 8 février 2010.

pose une limite à l'exercice de ces prérogatives d'autorité parentale, la détermination des prérogatives de chacune des parties concernées – parents et établissement ou service à qui l'enfant a été confié – s'impose[1].

242.252 Répartition des prérogatives entre gardien de l'enfant et parents. Lorsque le mineur en danger est confié avec hébergement à une structure d'accueil ou au service de l'ASE, la garde physique du mineur, ainsi que le droit de surveillance qui lui est rattaché, leur sont transférés. Lorsqu'il s'agit de prendre une décision relative à l'éducation, à sa santé ou à son orientation du mineur protégé, ses parents doivent êtres consultés. Leur accord sera exigé pour toute décision déterminante (par ex. : éducation religieuse, mise en place d'une psychothérapie, délivrance de documents d'identité pour l'enfant). Établir une frontière nette entre les prérogatives du gardien de l'enfant et celles de ses parents, n'est pas une chose aisée. L'article 375-7 alinéa 2 du Code civil prévoit que « *sans préjudice de l'article 373-4 et des dispositions particulières autorisant un tiers à accomplir un acte non usuel sans l'accord des détenteurs de l'autorité parentale, le juge des enfants peut exceptionnellement, dans tous les cas où l'intérêt de l'enfant le justifie, autoriser la personne, le service ou l'établissement à qui est confié l'enfant à exercer un acte relevant de l'autorité parentale en cas de refus abusif ou injustifié ou en cas de négligence des détenteurs de l'autorité parentale, à charge pour le demandeur de rapporter la preuve de la nécessité de cette mesure* [...] ». L'intention du législateur avait pour objectif de donner plus de prérogatives aux services et établissements. Une distinction est ainsi faite entre les actes usuels et non usuels de l'autorité parentale. Les **actes usuels** qui concernent la vie quotidienne de l'enfant appartiennent au **gardien**, les **actes non usuels** appartiennent aux **parents** qui sont toujours détenteurs de l'autorité parentale (par ex. : orientation scolaire, santé, *etc.*). La notion d'actes usuels n'est pas définie par la loi et, de ce fait, elle est à l'origine de nombreux conflits entre le service gardien et les détenteurs de l'autorité parentale. Aucune norme légale ou réglementaire ne définit comment doivent s'établir les relations entre l'autorité gardienne de l'enfant et les détenteurs de l'autorité parentale. Le droit commun de l'autorité parentale doit continuer à s'appliquer pour tout ce qui relève de l'obligation d'information à l'égard des parents, la recherche de leur accord exprès ou les décharges de responsabilité. Il n'en demeure pas moins que l'intervention du législateur est fondamentale dans certaines circonstances. Il en est ainsi en matière de santé.

242.253 Questions relatives à la santé du mineur confié. Les questions relatives à la santé du mineur confié font appel à une vigilance accrue des services ou institutions concernés. L'admission à l'hôpital d'un mineur relevant du régime de l'assistance éducative a été prise en compte dans le cadre de la **loi n° 2002-303 du 4 mars 2002, relative aux droits des malades et à la qualité du système de santé**[2]. Il est aujourd'hui possible pour un directeur d'établissement (placement direct), pour un particulier désigné comme gardien de l'enfant et pour le service de l'ASE, de **prononcer l'admission du mineur dans un hôpital ou une clinique (CSP, art. R. 1112-34)**. Mais ce sont les parents du mineur qui sont habilités à **consentir aux soins.** En cas d'impossibilité de les joindre ou en cas d'urgence, voire lorsque le refus de consentir des parents met l'enfant en danger, il appartient au médecin responsable de saisir le ministère public, afin de provoquer les mesures d'assistance éducative lui permettant de donner les soins nécessaires (CSP, art. R. 1112-35).

242.254 Saisine possible du juge des enfants en cas de conflit entre le service ou l'établissement gardien de l'enfant confié et ses parents. En dehors du champ médical et en cas de conflit sérieux entre le service ou établissement gardien avec les parents, sur un acte non usuel relevant de l'autorité parentale, le juge des enfants peut être saisi. Les circonstances autorisant l'intervention du magistrat ont été précisées par la loi n° 2007-293 du 5 mars 2007. Le requérant doit, d'une part, rapporter la **preuve de la nécessité de la mesure** et, d'autre part, établir que le **refus parental** est **abusif ou injustifié.** Il peut aussi établir qu'il y a eu négligence des détenteurs de l'autorité parentale. L'autorisation d'agir sans l'aval des parents de l'enfant confié est donc strictement encadrée. Cette autorisation ne sera pas donnée par le juge des enfants à partir d'un simple refus exprimé par les détenteurs de l'autorité parentale. En matière d'assistance éducative, les parents de l'enfant conservent la possibilité d'opposer un tel refus au service gardien, s'il n'est pas établi qu'il est contraire à l'intérêt de l'enfant.

1. V. la recommandation de l'ANESM (Agence Nationale de l'évaluation et de la qualité des établissements et services sociaux et médicaux sociaux) sur l'exercice de l'autorité parentale en cas de placement (mars 2010 – disponible sur www.anesm.sante.gouv.fr).

2. L. n° 2002-303, 4 mars 2002, relative aux droits des malades et à la qualité du système de santé, *JO* 5 mars, p. 4118 – V. AUSSI, A. Kimmel-Alcover, « L'autorité parentale à l'épreuve de la santé des mineurs : chronique d'un déclin annoncé », *RDSS* 2005, 265.

2°
Droit de correspondance et droits de visite accordés aux père et mère de l'enfant

242.261 Fixation des droits de visite par le juge des enfants (jurisprudence de la Cour de cassation). À maintes reprises, la Cour de cassation rappelait, avant la réforme de la protection de l'enfance, qu'il appartenait au juge lui-même de fixer les modalités des droits de visite des parents pour un enfant confié au titre de l'assistance éducative. La fixation des droits de visite en la matière a donné lieu à un contentieux important[1]. En tout état de cause, le juge des enfants était tenu à une obligation minimum, fixer la **fréquence** et le **lieu des visites**, en tenant compte notamment de **circonstances exceptionnelles**, telles que la **situation d'un parent incarcéré**[2].

242.262 Modalités des droits de visite instaurés. Les dispositions nouvelles de la **loi n° 2007-293 du 5 mars 2007**[3], **réformant la protection de l'enfance** (C. civ., art. 375-7), s'inscrivent dans la droite ligne de cette jurisprudence qui se montrait plutôt pragmatique sur la question. Les modalités retenues permettent de constater que le juge des enfants dispose de moyens légaux divers pour encadrer l'exercice du droit de visite et d'hébergement des parents. Le juge des enfants peut toujours restreindre ou suspendre le droit de visite des parents lorsque l'intérêt d'un enfant l'exige au regard du comportement ou de l'attitude de l'un de ses parents[4]. Mais il peut aussi subordonner l'exercice de ces droits à la **présence d'un tiers, par exemple un professionnel de l'action sociale**[5]. Lorsque les relations entre parents et service gardien sont pacifiées, le juge peut être plus souple dans la détermination du droit de visite et renvoyer au document de prise en charge cosigné par les parents et le service de l'ASE. Ce document constitue la référence pour les modalités pratiques d'exercice liées à l'exercice du droit de visite et d'hébergement. En cas de litige portant sur l'application de l'accord trouvé entre les parents et l'établissement, le juge recouvrera naturellement toute sa compétence (C. civ., art. 375-7).

1. Civ. 1re, 13 oct. 1998, n° 98-05.008, *Bull. civ.* I, n° 297 – Civ. 1re, 4 oct. 2001, n° 99-05.088, NPT; *Dr. fam.* 2002, n° 58, note Murat – Civ. 1re, 11 mars 2003, n° 01-05.152, *Bull. civ.* I, n° 69; *JCP* 2004, I, 109, n° 5, obs. Fossier; *AJ fam.* 2003, 182, note F. B.; *Dr. fam.* 2003, n° 59, note Gouttenoire; *RTD civ.* 2003, 281, obs. Hauser – Civ. 1re, 30 oct. 2006, n° 05-16.321, *Bull. civ.* I, n° 452; *D.* 2007, pan. 1465, obs. Granet-Lambrechts; *AJ fam.* 2006, 460, obs. Chénédé – Civ. 1re, 13 mars 2007, n° 06-11.674, *Bull. civ.* I, n° 112; *D.* 2007, AJ 1084, pan. 2195, obs. Gouttenoire; *AJ fam.* 2007, 231, obs. F. C.; *RTD civ.* 2007, 329, obs. Hauser – Civ. 1re, 9 juill. 2008, n° 07-12.633, NP – Le fait pour le juge de déterminer la périodicité minimale du droit de visite des parents, tout en laissant aux parties la possibilité de convenir d'une extension de ce droit, ne constitue pas une délégation de l'exercice des droits de visite : Civ. 1re, 1er juill. 2009, n° 08-12.712, NP; *JDJ* n° 290, p. 62, comm. Huyette – CONTRA : Civ. 1re, 28 mai 2008, n° 07-13.863, NP, qui sanctionne le juge du fond pour avoir considéré que « *le service gardien pouvait adapter les droits de visite à l'évolution de l'état de santé de la mère dans le respect des souhaits et de la sensibilité de l'enfant* » sans pour autant en fixer la fréquence.
2. Civ. 1re, 13 mars 2007, n° 06-11.674 (préc. ss prést n°).
3. L. n° 2007-293, 5 mars 2007, réformant la protection de l'enfance, *JO* 6 mars, p. 4215.
4. Civ. 1re, 30 oct. 2006, n° 05-16.321 (préc. ss n° 242.261).
5. Pour un maintien du placement à l'aide sociale à l'enfance après le décès de la mère de l'enfant et un exercice des droits de visite médiatisé pour le père, v. Civ. 1re, 11 févr. 2009, n° 08-11.337, NP – V. AUSSI, C. Neirinck, « Les services sociaux face à la médiatisation du droit de visite », *RDSS* 2009, 941.

3°
Obligation alimentaire et perte du droit aux aliments

242.271 Persistance de l'obligation alimentaire des parents de l'enfant confié. Le fait que le mineur soit confié à un service ou à un établissement ne dispense pas son père et sa mère, et tout autre ascendant le cas échéant, de leur obligation alimentaire à son égard. Leur part contributive est donc fixée par le juge des enfants ou, à défaut lorsque le juge n'a pas statué sur cette contribution, par le président du conseil général. Ce dernier détermine la somme qui est due par les parents de l'enfant confié, dans les limites fixées par le règlement départemental d'aide sociale et dans la limite d'un plafond fixé par voie réglementaire (CASF, art. L. 228-2). Cette question impose également de prendre en compte la situation des parents en qualité d'allocataire des prestations familiales. La mise en œuvre du droit aux prestations familiales est fondée sur le critère d'une prise en charge permanente de l'enfant (CSS, art. L. 521-2, al. 1er). Le fait qu'un mineur soit confié à l'ASE entraîne des conséquences sur les modalités d'évaluation des prestations familiales et sur leur versement. Le quatrième alinéa de l'article précité précise que dans ce cas, « *les allocations familiales continuent d'être évaluées en tenant compte à la fois des enfants présents au foyer et du ou des enfants confiés au service de l'Aide sociale à l'enfance. La part des allocations familiales dues à la famille pour cet enfant est versée à ce service. Toutefois, le juge peut décider, d'office ou sur saisine du président du conseil général, à la suite d'une mesure prise en application des articles 375-3 et 375-5 du Code civil ou des articles 15, 16, 16* bis *et 28 de l'ordonnance* *n° 45-174 du 2 février 1945, relative à l'enfance délinquante*[1], *de maintenir le versement des allocations à la famille, lorsque celle-ci participe à la prise en charge morale ou matérielle de l'enfant ou en vue de faciliter le retour de l'enfant dans son foyer* ». Lorsque les prestations familiales sont versées au service de l'ASE, celui-ci doit déduire du montant de la contribution exigée des parents de l'enfant la part d'allocations familiales qui a été versée (CASF, art. R. 228-2). Par ailleurs, le fait d'avoir ou non contribué à l'entretien de son enfant lorsque celui-ci était confié n'écarte pas la question du bien-fondé de l'action aux fins d'obligation alimentaire, diligentée par le parent, demain créancier éventuel à l'égard de don descendant.

242.272 Dispense de l'obligation alimentaire de l'enfant confié vis-à-vis de ses ascendants (avant la loi du 5 mars 2007). La loi du 2 janvier 2004, relative à l'accueil et à la protection de l'enfance (v. s[s] n° 241.271), prévoyait déjà dans son article 18 que les enfants qui avaient été pris en charge par les services du conseil général, suite à une mesure de retrait judiciaire, puissent être dispensés de plein droit de l'obligation alimentaire à l'égard de leur ascendant, sauf décision contraire du juge aux affaires familiales. La loi posait alors une double condition. Il fallait établir que ce retrait faisait suite à un signalement de l'ASE et que l'enfant avait été placé durant une période de trente-six mois cumulés au cours des douze premières années de leur vie. Cette dispense était étendue aux descendants des enfants concernés.

242.273 Dispense simplifiée de l'obligation alimentaire de l'enfant confié vis-à-vis de ses ascendants (après la loi du 5 mars 2007). Le débat sur la **dispense de plein droit** de l'obligation alimentaire accordée aux enfants confiés à un établissement ou à un service gardien a été relancé au Parlement dans le cadre de la réforme de la protection de l'enfance. Le principe posé par l'alinéa 2 de l'article L. 132-6 du Code de l'action sociale et des familles n'a guère été altéré par la loi n° 2007-293 du 5 mars 2007. La question de la durée du retrait n'a pas été modifiée et la mise en œuvre de cette dispense est simplifiée. Il n'est plus nécessaire d'établir que ce retrait a pour origine un signalement effectué par l'ASE. La loi reste par ailleurs muette sur l'éventuelle participation des parents à leur obligation d'entretien, alors même que le service ou l'établissement gardien assurait aussi l'hébergement du mineur. Il est cependant légitime de considérer que le parent qui se verrait ultérieurement opposer une fin de non-recevoir à sa demande d'aide alimentaire puisse se prévaloir de l'exécution de son obligation durant le temps du placement du mineur. L'article L. 132-6 du Code de l'action sociale et des familles laisse entrevoir cette possibilité, se situant ainsi dans la droite ligne du régime général de l'obligation alimentaire (C. civ., art. 205 à 207). Cette dispense était déjà prévue dans le champ administratif, pour les pupilles de l'État « *élevés par le service de l'Aide sociale à l'enfance jusqu'à la fin de la scolarité obligatoire* » dès lors que les frais d'entretien occasionnés par le pupille remis ultérieurement à ses parents n'ont pas été remboursés au département (CASF, art. L. 228-1, al. 2, *a contrario*).

E.
Droit de l'enfant confié à entretenir des relations personnelles

242.281 Avec ses ascendants. Depuis la réforme introduite par la **loi n° 2002-305 du 4 mars 2002, réformant l'autorité parentale**[2], les relations de l'enfant avec ses ascendants sont envisagées de manière plus large et ne se limitent pas au droit de correspondance ou au droit de visite. À ce titre, la Cour de cassation a rappelé que le droit d'hébergement ne constitue qu'une des modalités du droit de visite[3]. Le droit aux relations personnelles de l'enfant avec les personnes, membres ou non de sa parenté, est donc susceptible de se décliner de différentes façons. La loi du 4 mars 2002 a modifié l'alinéa premier de l'article 371-4 du Code civil, en mettant l'accent sur le droit de l'enfant d'entretenir des relations personnelles avec ses ascendants, excepté dans l'hypothèse où des **motifs graves** pourraient être retenus. La loi n° 2007-293 du 5 mars 2007 a aussi apporté sa contribution et l'article 371-4 précité a donc été modifié. **Seul l'intérêt de l'enfant peut aujourd'hui faire obstacle à l'exercice de ce droit.** Pour autant, le critère des motifs graves n'est pas totalement occulté. L'intérêt de l'enfant serait compromis si l'absence de motifs graves conduisait à empêcher toute relation personnelle de l'enfant par rapport à l'un de ses ascendants[4]. Les ascendants ne sont pas les bénéficiaires exclusifs d'un droit à des relations personnelles avec le mineur. Le juge peut statuer dans les mêmes conditions lorsque la demande émane d'une personne tierce (C. civ., art. 371-4, al. 2).

242.282 Compétence du juge aux affaires familiales. La compétence du juge aux affaires familiales est maintenue. Son intervention vise tout d'abord à

1. Ord. n° 45-174, 2 févr. 1945, relative à l'enfance délinquante, *JO* 4 févr., p. 530.

2. L. n° 2002-305, 4 mars 2002, relative à l'autorité parentale, *JO* 5 mars, p. 4161.
3. Civ. 1re, 5 mai 1986, *D.* 1986, J. 496, note Massip.
4. M. André Lardeux, *Rapp. Sénat* n° 205, 2006-2007.

reconnaître l'existence de ce droit aux relations personnelles, fondé sur l'intérêt de l'enfant[1], et d'en fixer ensuite les modalités. La compétence du juge des enfants est donc exclue, au profit de celle du juge aux affaires familiales lorsque la fixation du droit de visite concerne les grands-parents, y compris dans le cadre de l'assistance éducative[2]. Il est certes regrettable que le juge des enfants[3] n'exerce pas sa compétence en la matière mais la rédaction de l'article 371-4 du Code civil ne laisse place à aucune autre interprétation. Cette absence de compétence du juge des enfants est parfois d'autant plus incomprise que rien ne s'oppose à ce qu'il suspende les droits reconnus à un ascendant par un juge aux affaires familiales[4], si cette décision est motivée par la protection du mineur. Par ailleurs, les grands-parents et autres membres de la famille peuvent toujours demander à être entendus par le juge des enfants (C. pr. civ., art. 1182, al. 3) aux fins, notamment, de se voir ainsi confier le cas échéant leur petit-enfant (C. civ., art. 375-3, 2° – V. s[s] n°s 242.41 et 242.232).

242.283 Avec ses frères et sœurs. Le bien-être du mineur peut être un motif suffisant pour que l'enfant confié et ses frères et sœurs puissent ne pas être séparés[5] ou, à l'inverse, l'objectif visé peut conduire un juge saisi de l'instance à suspendre de telles relations (C. civ., art. 371-5). Ainsi, lorsque le juge des enfants doit confier toute une fratrie à un établissement ou à un service gardien, l'importance en nombre de la fratrie peut faire obstacle à leur placement en un lieu unique. Dans de telles circonstances, le juge sera tout au plus amené à statuer sur les relations personnelles entre les frères et sœurs. Depuis l'entrée en vigueur de la loi n° 96-1238 du 30 décembre 1996[6], le principe retenu est celui de la non-séparation de l'enfant avec ses frères et sœurs lorsque le juge statue sur la résidence des enfants ou sur l'opportunité de les confier à une tierce personne. Il ne s'agit aucunement d'une obligation de résultat pour le juge saisi.

242.284 Renvoi. V. s[s] n°s 232.50 s., 232.255 et 232.280 s.

§ 4
Incidence du placement sur la mise en œuvre de la responsabilité civile ou administrative

242.291 Controverses jurisprudentielles en matière de responsabilité du fait des mineurs confiés ou accueillis par un service ou un établissement. Durant de nombreuses années, les services gardiens de mineurs confiés, soit au titre de la protection judiciaire, soit à la demande de leurs parents, et notamment les départements, étaient confrontés à une **diversité de régimes juridiques en matière de responsabilité**. Le Conseil d'État s'efforce, depuis 2005, d'uniformiser le contentieux, en érigeant une **responsabilité sans faute fondée sur la notion de garde**[7]. La jurisprudence administrative, confortée par les analyses successives de la Cour de cassation, a tout d'abord retenu que la responsabilité du département remplaçait celle des parents, s'agissant d'un pupille de l'État[8]. Cette responsabilité n'était pas retenue dès lors qu'il était établi que le fait dommageable n'avait pu être évité ou que la faute de la victime était établie. La Cour de cassation se montrait aussi audacieuse en considérant que l'énumération des cas de responsabilité pour autrui figurant à l'article 1384 du Code civil n'était plus limitative[9], retenant ainsi un principe général de responsabilité du fait d'autrui. Dès lors, le juge judiciaire appliquera aux victimes de mineurs placés auprès de structures privées un régime de responsabilité sans faute[10].

242.292 Régime juridique de la responsabilité pour des faits imputables au mineur bénéficiant d'une mesure d'action éducative en milieu ouvert judiciaire. Le principe reste applicable dans la situation du mineur qui se trouve être à l'origine d'un fait dommageable, à l'occasion de l'exercice d'un droit de visite et d'hébergement de ses parents[11]. Un arrêt de la chambre criminelle de la Cour de cassation, en date du 8 janvier 2008, a unifié les positions de la chambre civile et de la chambre criminelle dans ce domaine[12]. Ainsi, lorsque le

1. Civ. 1re, 14 janv. 2009, n° 08-11.035, *Bull. civ.* I, n° 2; *AJ fam.* 128, obs. Brusorio-Aillaud; Gouttenoire et Bonfils, *D.* 2009, 1923, pan. droits de l'enfant; *Dr. fam.* 2009, comm. 41, note Murat.
2. Civ. 1re, 22 oct. 2002, n° 01-05.049, NP; *RJPF* 2003 2/49, obs. Blanc.
3. EN CE SENS, v. P. Chaillou, « Le juge des enfants est-il compétent pour statuer sur le droit de visite de grands-parents ou de tiers dans le cadre de la procédure d'assistance éducative ? », *AJ fam.* 2007, 222.
4. Civ. 1re, 3 oct. 2006, n° 05-15.902, NP.
5. CA Paris, 27 mars 2003, *AJ fam.* 2003, 267, obs F. B.
6. L. n° 96-1238, 30 déc. 1996, relative au maintien des liens entre frères et sœurs, *JO* 1er janv., p. 21.
7. V. F.-X. Fort, « La garde, fondement consacré de la responsabilité sans faute des personnes publiques », *AJDA* 2008, 2081.
8. CE 19 oct. 1990, Ingremeau, *Lebon* 284; *AJDA* 1990, 869, chron. Honorat-Baptiste; *RD publ.* 1990, p. 1866, concl. De La Verpillire.
9. Cass. ass. plén., 29 mars 1991, n° 89-15.231, *Bull. civ. ass. plén.*, n° 1; *D.* 1991, 324.
10. Crim. 10 oct. 1996, n° 95-84.186, Foyer Saint-Joseph, *Bull. crim.*, n° 357; *D.* 1997, 309, note Huyette.
11. Civ. 2e, 6 juin 2002, n° 00-12.014, *Bull. civ.* II, n° 120.
12. Crim. 8 janv. 2008, n° 07-81.725, *Bull. crim.*, n° 3; *AJ fam.* 2008, 169, obs. F. C.

juge prononce uniquement une mesure éducative en milieu ouvert, la responsabilité des services destinataires d'une mesure d'assistance éducative en milieu ouvert n'est pas retenue, alors qu'un fait dommageable imputable au mineur est établi. La solution est d'autant plus justifiée qu'il n'appartient pas à ces services d'organiser, de diriger et de prendre en charge à titre permanent ces mineurs [1].

242.293 Enfant confié au service ou à l'établissement gardien : un régime de responsabilité sans faute. Dans le cadre de la protection de l'enfance, le Conseil d'État considère que la décision du juge des enfants « *transfère à la personne à qui est confié le mineur la responsabilité d'organiser, de diriger et de contrôler* [sa] *vie* » [2]. En raison des pouvoirs dont la collectivité territoriale ou l'établissement se trouve investi, sa responsabilité est engagée, même sans faute, pour les dommages causés aux tiers par ce mineur. Cette responsabilité n'est susceptible d'être atténuée ou supprimée que dans le cas où elle est imputable à un cas de **force majeure** ou à une **faute de la victime**. Le fait que le mineur soit placé au sein d'un organisme privé désigné par le juge des enfants dans le cadre de l'assistance éducative a été jugé sans incidence sur le transfert au département de la responsabilité d'organiser, diriger et contrôler la vie du mineur [3]. Il en est de même lorsque la décision du juge des enfants confie le mineur à l'ASE, tout en maintenant l'hébergement du mineur chez ses parents [4].

242.294 Enfant accueilli à titre provisoire et situation du mineur étranger non accompagné : un régime de responsabilité sans faute pour le service ou l'établissement gardien. Ce principe est également retenu par la Haute juridiction administrative s'agissant de la prise en charge du mineur par un département, en dehors de toute admission au titre de l'assistance éducative. Le Conseil d'État justifie sa position en en raison des pouvoirs dont le département se trouve ainsi investi dans le cadre d'un accueil provisoire [5]. La même analyse avait été retenue pour l'accueil des mineurs étrangers isolés. Les juges judiciaires et administratifs ont, dans deux affaires liées aux agissements d'un même enfant, retenu la responsabilité du département mais en engageant celle-ci sur des fondements différents [6].

242.295 Prise en charge des mineurs délinquants : le maintien d'une responsabilité sans faute fondée sur le risque spécial crée pour les tiers. Les services, comme l'ASE, ou les établissements bénéficiant d'une habilitation justice/conseil général, peuvent accueillir non seulement des mineurs au titre de la protection de l'enfance, mais aussi ceux qui leur sont confiés au titre de l'enfance en danger. Dans sa décision du 1er février 2006 [7], le Conseil d'État a estimé que la responsabilité de la personne publique ou privée à laquelle une juridiction des mineurs confie la garde d'un mineur délinquant, peut être engagée, même sans faute, pour les dommages causés aux tiers par ce dernier. L'action qui peut être dirigée contre le gardien « *direct* » ne fait pas obstacle à ce que soit également recherchée, devant une juridiction administrative, la responsabilité de l'État en raison du risque spécial créé pour les tiers du fait de la mise en œuvre d'une des mesures de liberté surveillée prévues par l'ordonnance du 2 février 1945 [8]. Le Conseil d'État a maintenu sa jurisprudence avec son arrêt du 26 juillet 2007 [9]. Il précise que le fait, pour des grands-parents, de se voir confier par le juge des enfants, au titre de l'ordonnance du 2 novembre 1945, la garde du mineur délinquant, les désigne comme « *personnes dignes de confiance* » et qu'ainsi il n'y a pas d'obstacle à la mise en œuvre de la responsabilité pour risque.

242.296 Fondement de la responsabilité sans faute : la garde juridique du mineur accueilli ou confié est transférée. Cette responsabilité de la personne qui assume la garde de l'enfant est donc aujourd'hui recherchée, tant en ce qui concerne l'État que les collectivités territoriales, qu'il s'agisse de mineur faisant l'objet d'une mesure judiciaire de placement soit au titre de l'assistance éducative,

1. Civ. 2e, 19 juin 2008, no 07-12.533, *Bull. civ.* II, no 144; *AJ fam.* 2008, 399, obs. Chénedé; *Dr. fam.* 2008, comm. 163, note Rouxel; *RTD civ.* 2008, 667, obs. Hauser; *RTD civ.* 2008, 682, obs. Jourdain – C. Nicolétis, « Chroniques de la Cour de cassation, Deuxième chambre civile », *D.* 2009, 769.
2. CE 11 févr. 2005, no 252169, GIE Axa Courtage, *Lebon* 45; *RFDA* 2005, 595, concl. Devys; *RFDA* 2005, 602, note Bon; *AJDA* 2005, 663, chron. Landais et Lenica; *D.* 2005, 1762, note Lemaire; *BJCL* 2005, 260, note Robineau-Israël et Vialettes.
3. CE 13 févr. 2009, no 294265, *AJDA* 2009, 286.
4. CE 3 juin 2009, no 300924, *Lebon* T.
5. CE 26 mai 2008, Département des Côtes d'Armor, no 290495, *AJDA* 2008, 1071.
6. Civ. 2e, 7 oct. 2004, no 03-16.078, *Bull. civ.* II, no 453; *AJDA* 2005, 280.
7. Décis. CE, sect. cont., 1er févr. 2006, no 268147, min. Justice c/MAIF, *Lebon* T.
8. V. C. Landais et F. Lenica, « La responsabilité sans faute du gardien public d'un mineur délinquant », *AJDA* 2006, 586 – EN CE SENS, v. D. Cristol, « Ancrage et extension de la responsabilité pour risque de l'État du fait des mineurs délinquants », *RDSS* 2008, 360 – Sur l'extension de la garde aux dommages subis par les usagers du service public, V. AUSSI A. Van Lang, note ss CE 13 nov. 2009, req. no 306517, *JCP* 2010, no 32, p. 41.
9. V. D. Chalus, « La responsabilité de l'État du fait des mineurs délinquants », *AJDA* 2008, 101.

soit au titre de l'ordonnance du 2 février 1945, ou qu'il s'agisse d'un placement à la demande des parents. Cette évolution jurisprudentielle a mis fin à l'inégalité de traitement dont faisait l'objet les victimes de dommages causés par les mineurs placés au titre de l'assistance éducative, lorsque ces mineurs étaient placés auprès d'une personne publique. En effet, ces victimes n'ont plus à faire la preuve d'une faute commise par les structures de l'assistance éducative. Cette évolution est d'autant plus justifiée que les deux catégories principales de mineurs confiés (assistance éducative et enfance délinquante) peuvent relever des mêmes établissements et être confrontés à des méthodes éducatives très proches.

§ 5
Obligations légales inhérentes à la mise en œuvre du placement

242.300 **Division.** La mise en œuvre du placement s'accompagne d'un certain nombre d'obligations pour les acteurs institutionnels. Le service ou l'établissement à qui incombe la responsabilité d'organiser la mesure est tenu d'en rendre compte au juge des enfants (A), la situation du mineur étant révisée à des échéances précises (B). Parce que cette mesure s'accompagne parfois de mesures complémentaires faisant appel à d'autres institutions, la loi n° 2007-293 du 5 mars 2007 a investi le département de la charge de coordonnateur dans le suivi des différentes mesures (C) et il reste en charge du financement de la plupart de ces mesures (D). Quant au mineur, les garanties principales qui lui sont apportées concernent la visite de la structure qui l'accueille et la possibilité de prolonger la prise en charge à l'âge de dix-huit ans avec le dispositif concernant les jeunes majeurs (F).

A.
Obligation de rendre compte au juge des enfants

242.301 **Nécessité de compte rendus réguliers au juge des enfants.** Le mineur protégé au titre de l'assistance éducative n'a pas vocation à relever indéfiniment de ce régime de protection. L'assistance apportée à la famille n'a pas plus de vocation à la perpétuité. Cet objectif ne peut être atteint que si les personnes et autres institutions destinataires de la mise en œuvre de la mesure, rendent compte de manière régulière de la situation du mineur au juge des enfants. L'évolution de la situation familiale et l'ensemble des informations et rapports portés à sa connaissance lui permettent de décider de l'arrêt ou de la poursuite de la mesure judiciaire, précédemment adoptée. Le réexamen de la situation d'un mineur s'impose si des éléments importants sont portés à sa connaissance (mesure d'AEMO judiciaire inexerçable, dégradation de la situation du mineur, *etc.*). La décision du juge des enfants peut être rapportée à tout moment (C. civ., art. 375-6) dès lors qu'il est saisi par l'une des personnes habilitées à le faire (C. civ., art. 375, al. 1er) ou par l'institution en charge de la mesure. L'échéance de la mesure ne constitue donc pas la seule circonstance autorisant le magistrat à revoir sa position, le cas échéant. Au vu des éléments portés à sa connaissance, le juge des enfants peut opter pour un complément d'intervention (ex. : demande d'un suivi thérapeutique en plus de la mesure d'AEMO judiciaire) ou modifier substantiellement la mesure judiciaire en répondant favorablement à une demande de placement du mineur. L'alinéa 3 de l'article L. 223-5 du Code de l'action sociale et des familles prévoit que « *lorsque l'enfant est confié au service de l'Aide sociale à l'enfance en application du 3° de l'article L. 222-5 du présent code et du 3° de l'article 375-3 du Code civil, ce rapport est transmis à l'autorité judiciaire* ». Ce rapport est élaboré par le service concerné, au moins une fois par an et après une évaluation pluridisciplinaire, sur la situation de tout enfant accueilli ou faisant l'objet d'une mesure éducative (CASF, art. L. 223-5, al. 2).

B.
Révision de la situation du mineur

242.311 **Nécessité de la révision.** Cette question est en lien avec les développements exposés ci-dessus et trouve son fondement dans l'idée de ne pas faire des enfants confiés les enfants « *oubliés de l'Assistance publique* ». La révision de la situation de l'enfant s'impose parce que la loi fixe un terme maximum qui n'est pas négociable ou bien parce que le juge lui-même a fixé cette échéance.

242.312 **Mesures provisoires.** La première hypothèse concerne tout particulièrement les mesures provisoires (v. ss nos 242.91 et 242.101). Deux situations sont à distinguer : le juge des enfants du lieu où le mineur a été trouvé a pris de telles mesures dans **l'urgence**. La loi lui fait alors obligation de se dessaisir dans le mois au profit du juge territorialement compétent (v. ss n° 242.32). Cette situation se distingue de celle où le juge des enfants, hors situation d'urgence, a pris des mesures provisoires. Dans la mesure où la décision sur le fond doit intervenir dans un délai de six mois, le magistrat doit convoquer les parties au plus tard à cette date pour dire s'il y a lieu ou non à assistance éducative, faute de quoi, les mesures provisoires seraient frappées de caducité (C. pr. civ., art. 1185, al. 2)[1]. Un juge des enfants ne manquerait pas de se voir imputer un excès de pouvoir s'il ne prend pas au préalable la décision de proroger les mesures provisoires[2].

242.313 Décision sur le fond. Lorsque la mesure judiciaire est une décision sur le fond, et en dehors de situation exceptionnelle (pour le placement de longue durée et la délégation de compétence, v. s^s n° 242.33), la révision de la situation du mineur trouve son fondement dans l'obligation légale à laquelle sont assujettis les services et établissements concernés de rendre compte au juge des enfants (v. s^s n° 242.301). Force est de constater enfin que dans les situations où l'enfant est confié à une personne tierce digne de confiance, ou à l'un de ses parents, la loi n'a retenu aucune échéance pour la révision de la situation du mineur. Cela n'empêche pas le juge de fixer lui-même cette échéance et aux parties concernées d'être vigilantes pour saisir en temps utile le magistrat concerné.

C. Rôle de coordonnateur du département dans le suivi des différentes mesures

242.321 Coordination des différents acteurs et obligation réciproque d'échanges d'informations. Lors des débats précédant l'adoption de la loi portant réforme de la protection de l'enfance, les députés et sénateurs n'ont pas manqué d'attirer l'attention sur les effets néfastes d'une absence de coordination entre les services lors de la prise en charge du mineur. Un dispositif de coordination entre les conseils généraux et les acteurs judiciaires existait déjà, et le plus souvent sur la base de conventions entre les deux autorités compétentes. Il a été complété par la mise en place d'une obligation d'information réciproque du président du conseil général et du juge des enfants, concernant la situation des mineurs protégés. Le partage d'informations est tout aussi essentiel entre les services qui interviennent en amont ou en aval du dispositif de protection de l'enfant. À cet effet, pour garantir la continuité et la cohérence des actions menées, la loi n° 2007-293 du 5 mars 2007 s'attache à définir les modalités de la coordination entre les services, que l'enfant soit accueilli ou confié au titre de la protection de l'enfance.

242.322 Enfants confiés sur décision judiciaire (assistance éducative) : nouveau rôle du président du conseil général. Pour les enfants confiés sur décision judiciaire (assistance éducative), le président du conseil général se voit investi de nouvelles responsabilités. Il lui appartient d'organiser les modalités de coordination entre les différents services chargés de l'exécution de la mesure, notamment en cas de placement direct par le juge. L'audace du législateur est certaine même si elle révèle davantage l'existence d'une **obligation de moyens** que de résultat à leur charge. En pratique, les textes nouveaux peuvent susciter quelques résistances ici et là. En effet, les services de l'ASE ne sont pas toujours informés du placement direct de l'enfant dans un établissement. Par ailleurs, il existe une certaine réserve chez les associations et services habilités, qui craignent de voir resurgir, avec ce rôle de coordonnateur, une volonté de contrôler la fréquence et leurs modes d'intervention auprès des familles. L'élaboration de protocoles entre les services concernés devrait permettre à chaque partenaire de clarifier sa position dans le dispositif départemental. Il n'en demeure pas moins que le président du conseil général a la possibilité de se faire communiquer par les services accueillant l'enfant toutes les informations nécessaires à l'accomplissement de sa mission de protection de l'enfance. La pertinence de ce nouveau dispositif implique aussi que le service, ou l'institution en charge de la mesure, transmette au président du conseil général un **rapport circonstancié** sur la situation et sur l'action ou les actions déjà menées (CASF, art. L. 223-1).

D. Financement de la mesure

242.331 Persistance de l'obligation d'entretien par ses parents de l'enfant confié. Il s'agit tout d'abord de rappeler la distinction qui existe entre le maintien des obligations des parents de l'enfant, au titre de leur obligation d'entretien à son égard (v. s^s n° 242.271), et le coût financier de la mesure judiciaire ou administrative, tout particulièrement lorsque le placement de l'enfant va de pair avec l'organisation et la prise en charge de son hébergement, hors du domicile parental.

242.332 Prise en charge du coût de la mesure judiciaire ou administrative par le département. Depuis la mise en œuvre des lois de décentralisation, les départements prennent en charge le financement des mesures administratives et judiciaires au titre de : l'accueil provisoire, du statut de pupille de l'État, de l'assistance éducative, de la délégation de l'autorité parentale, et des mineurs confiés dans le cadre d'une mesure de retrait de l'autorité parentale, de la vacance constatée de la tutelle (C. civ., art. 411) ou de l'ordonnance n° 45-174 du 2 février

1. Civ. 1re, 26 janv. 1982, n° 80-80.027, *Bull. civ.* I, n° 38.
2. Civ. 1re, 25 févr. 1997, n° 96-05.045, *Bull civ.* I, n° 71.

1945[1] (enfance délinquante). Lorsque les mineurs sont accueillis dans des établissements ou services habilités par le conseil général, après avoir été confiés à l'ASE, les dépenses d'entretien et d'éducation de chaque mineur sont supportés par le département. Il prend également en charge les dépenses afférentes aux mesures d'AEMO exercées sur le mineur et sa famille en application des articles 375-2, 375-4 et 375-5 du Code civil et confiées soit à des personnes physiques, établissements et services publics ou privés, soit au service de l'ASE (CASF, art. L. 228-3).

E.
Visite du mineur faisant l'objet d'une mesure de placement

242.341 Droit de visite par ou à l'initiative du juge des enfants. Le Code de procédure civile prévoit dans son article 1198 que « *le juge* [des enfants] *peut visiter ou faire visiter tout mineur faisant l'objet d'une mesure de placement prise en application des articles 375-3 et 375-5 du Code civil.* » Cette obligation légale permet au juge des enfants de **contrôler les conditions dans lesquelles l'accueil des mineurs est effectué** et, de ce fait, il apprécie les prestations offertes par l'établissement ou le service, au regard de la problématique des jeunes confiés. Le juge des enfants ne dispose pas pour autant d'un pouvoir de contrôle sur les structures et autres lieux d'accueil. Le constat qui peut être effectué au cours de l'une de ses visites d'une défaillance ou d'un dysfonctionnement graves du lieu d'accueil peut le conduire à en référer à l'autorité qui a délivré l'habilitation. Dans le cadre de l'application de la loi n° 2007-293 du 5 mars 2007, le fonctionnement de certaines structures se présente avec de nouvelles exigences. En effet, le législateur demande aujourd'hui aux établissements (L. 5 mars, art. 14) qui accueillent dans leur structure des mineurs dont la prise en charge repose sur des motifs divers (enfance en danger ou enfance délinquante) de s'organiser en fonction des motifs ayant justifié leur prise en charge et de leur situation personnelle (CASF, art. L. 312-1). Ils doivent veiller au confort et à la qualité du séjour de la personne prise en charge. Cette organisation est fondamentale lorsqu'un mineur protégé est susceptible de rencontrer dans un lieu d'accueil des mineurs déjà condamnés pénalement ou dans l'attente de leur procès pénal – pour agression sexuelle, par ex. – alors que lui-même, ou d'autres mineurs, y sont accueillis en qualité de victimes de tels agissements.

1. CASF, art. L. 222-5.

F.
Protection judiciaire des jeunes majeurs

242.351 Extension de certaines mesures au bénéfice de jeunes majeurs. Lorsque la loi n° 74-631 du 5 juillet 1974 a abaissé l'âge de la majorité de vingt et un à dix-huit ans, la question s'est posée de savoir ce que deviendraient les jeunes gens de plus de dix-huit ans ne bénéficiant plus des mesures éducatives et qui restaient confrontés, dans le quotidien, à de sérieuses difficultés. Le législateur a fait le choix d'étendre le bénéfice de certaines mesures judiciaires aux jeunes majeurs. Le décret n° 75-96 du 18 février 1975[2] fixe les modalités de mise en œuvre d'une action de protection judiciaire en leur faveur. Le dispositif mis en place peut concerner une **personne majeure ou mineure émancipée** qui est **confrontée à de graves difficultés d'insertion sociale.** Lorsqu'elle répond à ces conditions, elle peut demander au juge des enfants, et jusqu'à l'âge de vingt et un ans, la prolongation ou l'organisation d'une action de protection judiciaire. L'initiative relève du bénéficiaire éventuel de la mesure dont la mise en œuvre reste liée à l'accord préalable du juge des enfants. L'opportunité de recourir à une telle mesure est parfois discutée dans le cadre judiciaire[3]. La question de l'existence d'un danger n'est alors plus à l'ordre du jour, du moins tel qu'on l'entend dans le cadre de l'assistance éducative. Par ailleurs, le juge des enfants n'est pas le seul interlocuteur qui peut être sollicité pour obtenir une aide ou un accompagnement social. Le service de l'ASE peut proposer au jeune confronté à de telles difficultés une prise en charge, selon des modalités qui restent à définir (CASF, art. L. 221-1°). L'intervention de ce service non personnalisé du département n'est pas automatique. Elle dépend à la fois du parcours du jeune en difficulté, de l'existence d'une prise en charge antérieure et de ses projets (CASF, art. R. 221-2, al. 2). Par ailleurs, les réalités budgétaires des conseils généraux peuvent les conduire, par le biais des délibérations départementales, à privilégier les situations des jeunes majeurs bénéficiant antérieurement d'un suivi, soit au titre de l'assistance éducative, soit au titre des mesures administratives. Cette réalité des finances publiques vient prendre

2. Décr. n° 75-96, 18 févr. 1975, fixant les modalités de mise en œuvre d'une action de protection judiciaire en faveur de jeunes majeurs, *JO* 19 févr., p. 2030.
3. Concernant la protection judiciaire en faveur des jeunes majeurs, il a été demandé aux services de la protection judiciaire de la jeunesse de recentrer la protection judiciaire sur les jeunes majeurs les plus en difficulté (Circ. n° NOR JUSF0550041C, 21 mars 2005 et rép. min QE n° 09667 *JO Sénat* 29 oct. 2009, p. 2538).

à contre-pied les objectifs du législateur de 2007. En effet, l'article L. 112-3 du Code de l'action sociale et des familles témoigne d'un intérêt certain pour cette catégorie d'usagers des services sociaux, dont la situation a été prise en compte dans la définition légale de la protection de l'enfance. Le texte précité n'opère aucune distinction entre les jeunes majeurs, selon qu'ils ont ou non bénéficié d'une prise en charge par les services sociaux du département, avant leurs dix-huit ans (sur la situation des mineurs étrangers devenant majeurs, v. s[s] n° 242.271).

CHAPITRE

243. Situation du mineur étranger non accompagné

SYLVIE BERNIGAUD
MAÎTRE DE CONFÉRENCES
À L'UNIVERSITÉ DE LYON (LUMIÈRE-LYON 2)

SECTION 0 ORIENTEUR

243.00 Plan du chapitre.

243.01 Textes applicables.

TEXTES SOURCES

• **Code civil**

> Nationalité française – Acquisition par déclaration
C. civ., art. 21-12 et 26-1

> Mineur étranger – Prise en charge
C. civ., art. 375, 377 et 411

• **Code de l'entrée et du séjour des étrangers et du droit d'asile (CESEDA)**

> Maintien en zone d'attente
CESEDA, art. L. 221-1 et L. 221-5

> Documents de séjour
CESEDA, art. L. 211-1, L. 311-1 et L. 311-3

> Carte de séjour temporaire portant la mention « vie privée et familiale »
CESEDA, art. L. 311-11

> Étranger mineur – Expulsion (non)
CESEDA, art. L. 521-4

> Aide à l'entrée et au séjour irrégulier
CESEDA, art. L. 622-1

> Protection subsidiaire
CESEDA, art. L. 712-1 à L. 712-3

> Cour nationale du droit d'asile (CNDA)
CESEDA, art. L. 731-1 à L. 731-3

> Document de circulation délivré à l'étranger mineur
CESEDA, art. D. 321-16 à D. 321-21

> Administrateurs *ad hoc* désignés pour la représentation des mineurs maintenus en zone d'attente ou demandeurs du statut de réfugié
CESEDA, art. R. 111-13 à R. 111-19

> Demande d'asile
CESEDA, art. R. 213-2

> Refus d'entrée sur le territoire
CESEDA, art. R. 213-3

> Office français de protection des réfugiés et des apatrides (OFPRA)
CESEDA, art. R. 721-1

> Demande d'asile
CESEDA, art. R. 723-1 à R. 723-5

• Code de la sécurité sociale

> Protection sociale
CSS, art. L. 161-14-1

• Code de l'éducation nationale

> Droit à l'éducation
C. éduc., art. L. 111-1

> Instruction obligatoire
C. éduc., art. L. 131-1

• L. n° 2003-1176, 10 déc. 2003, modifiant la loi n° 52-893 du 25 juillet 1952, relative au droit d'asile, *JO* 11 déc., p. 21081

• Circ. n° NOR INT/D/05/00051/C, 22 avr. 2005, concernant l'application de la loi n° 2003-1176 du 10 décembre 2003

• Circ. n° CIV/01/05, 14 avr. 2005, prise en application du décret n° 2003-841 du 2 septembre 2003 relatif aux modalités de désignation et d'indemnisation des administrateurs *ad hoc* institués par l'article 17 de la loi n° 2002-305 du 4 mars 2002 relative à l'autorité parentale, *BOMJ* n° 2005/98, p. 33-42

• Circ. n° NOR INT/D05/00053/C, 2 mai 2005, relative aux modalités d'admission au séjour des ressortissants étrangers entrés en France, de manière isolée, avant l'âge de 18 ans, et ayant fait l'objet d'une mesure judiciaire de placement en structure d'accueil (disponible sur circulaires.gouv.fr)

SÉLECTION THÉMATIQUE ET ALPHABÉTIQUE DE TEXTES *IN EXTENSO*

> Administrateurs *ad hoc* désignés pour la représentation des mineurs maintenus en zone d'attente ou demandeurs du statut de réfugié
[CESEDA, art. R. 111-13 à R. 111-19]

CESEDA, art. R. 111-13
Il est dressé tous les quatre ans, dans le ressort de chaque cour d'appel, une liste des administrateurs *ad hoc* désignés pour la représentation des mineurs maintenus en zone d'attente ou demandeurs du statut de réfugié en application des dispositions des articles L. 221-5 et L. 751-1. Cette liste peut, en tant que de besoin, faire l'objet de mises à jour.

La liste des administrateurs *ad hoc* est tenue à la disposition du public dans les locaux du secrétariat-greffe de la cour d'appel et des tribunaux de grande instance.

Elle peut également être affichée dans ces locaux.

CESEDA, art. R. 111-14
Une personne physique ne peut être inscrite sur la liste que si elle remplit les conditions suivantes :

1° Être âgée de trente ans au moins et soixante-dix ans au plus;

2° S'être signalée depuis un temps suffisant par l'intérêt qu'elle porte aux questions de l'enfance et par sa compétence;

3° Avoir sa résidence dans le ressort de la cour d'appel;

4° N'avoir pas été l'auteur de faits ayant donné lieu à condamnation pénale ou à sanction disciplinaire ou administrative pour agissements contraires à l'honneur, à la probité ou aux bonnes mœurs;

5° N'avoir pas été frappée de faillite personnelle ou d'une autre sanction en application du livre VI du Code de commerce relatif aux difficultés des entreprises.

CESEDA, art. R. 111-15
En vue de l'inscription d'une personne morale sur la liste d'administrateurs *ad hoc*, il doit être justifié :

1° Que les dirigeants de la personne morale remplissent les conditions prévues aux 4° et 5° de l'article R. 111-14;

2° Que chacune des personnes susceptibles d'exercer pour le compte de la personne morale une mission d'administrateur *ad hoc* remplit les conditions prévues audit article.

CESEDA, art. R. 111-16
Les demandes d'inscription sont adressées au procureur de la République près le tribunal de grande instance dans le ressort duquel le candidat a sa résidence. Le procureur instruit les demandes. Il recueille l'avis du juge des tutelles, du juge des enfants, du juge des libertés et de la détention, du président du conseil général et du directeur régional de la protection judiciaire de la jeunesse.

Il transmet le dossier, pour avis de l'assemblée générale de la juridiction, au président du tribunal de grande instance.

Le procureur de la République transmet ensuite le dossier avec l'avis de l'assemblée générale du tribunal au procureur général qui en saisit le premier président de la cour d'appel aux fins d'examen par l'assemblée générale de la cour.

L'assemblée générale dresse la liste des administrateurs *ad hoc*, après avoir entendu le magistrat chargé du rapport et le ministère public.

CESEDA, art. R. 111-17
Tous les quatre ans, les administrateurs *ad hoc* figurant sur la liste prévue à l'article R. 111-13 formulent une nouvelle demande d'inscription qui est instruite conformément aux dispositions de l'article R. 111-16. Ils justifient à

cette occasion qu'ils ont respecté les obligations résultant des missions qui leur ont été confiées, et notamment celles qui figurent à l'article R. 111-19.

CESEDA, art. R. 111-18

La radiation d'un administrateur *ad hoc* peut être prononcée chaque année par l'assemblée générale de la cour d'appel, soit à la demande de l'intéressé, soit sur l'initiative du premier président ou du procureur général après que l'intéressé a été mis à même de présenter ses observations, dès lors que l'une des conditions prévues aux articles R. 111-14 et R. 111-15 cesse d'être remplie ou que l'administrateur *ad hoc* n'a pas respecté les obligations résultant de sa mission.

En cas d'urgence, et après avoir mis l'intéressé en mesure de présenter ses observations, le premier président peut prononcer, à titre provisoire, la suspension de l'administrateur *ad hoc*.

Les décisions prises en vertu du présent article ne peuvent donner lieu qu'à un recours devant la Cour de cassation dans un délai d'un mois suivant leur notification.

CESEDA, art. R. 111-19

Dans le mois de l'achèvement de chaque mission, l'administrateur *ad hoc* transmet au procureur de la République un rapport détaillant les démarches effectuées et, le cas échéant, aux fins d'assurer au mieux sa protection, les éléments d'information recueillis sur le mineur.

> Aide à l'entrée et au séjour irréguliers

CESEDA, art. L. 622-1

Toute personne qui aura, par aide directe ou indirecte, facilité ou tenté de faciliter l'entrée, la circulation ou le séjour irréguliers, d'un étranger en France sera punie d'un emprisonnement de cinq ans et d'une amende de 30 000 euros.

Sera puni des mêmes peines celui qui, quelle que soit sa nationalité, aura commis le délit défini au premier alinéa du présent article alors qu'il se trouvait sur le territoire d'un État partie à la convention signée à Schengen le 19 juin 1990 autre que la France.

Sera puni des mêmes peines celui qui aura facilité ou tenté de faciliter l'entrée, la circulation ou le séjour irréguliers d'un étranger sur le territoire d'un autre État partie à la convention signée à Schengen le 19 juin 1990.

Sera puni de mêmes peines celui qui aura facilité ou tenté de faciliter l'entrée, la circulation ou le séjour irréguliers d'un étranger sur le territoire d'un État partie au protocole contre le trafic illicite de migrants par terre, air et mer, additionnel à la convention des Nations unies contre la criminalité transnationale organisée, signée à Palerme le 12 décembre 2000.

Les dispositions du précédent alinéa sont applicables en France à compter de la date de publication au Journal officiel de la République française de ce protocole.

> Carte de séjour temporaire portant la mention « vie privée et familiale »

CESEDA, art. L. 313-11

Sauf si sa présence constitue une menace pour l'ordre public, la carte de séjour temporaire portant la mention « vie privée et familiale » est délivrée de plein droit : [...]

2° *bis* À l'étranger dans l'année qui suit son dix-huitième anniversaire ou entrant dans les prévisions de l'article L. 311-3, qui a été confié, depuis qu'il a atteint au plus l'âge de seize ans, au service de l'aide sociale à l'enfance et sous réserve du caractère réel et sérieux du suivi de la formation, de la nature de ses liens avec la famille restée dans le pays d'origine et de l'avis de la structure d'accueil sur l'insertion de cet étranger dans la société française. La condition prévue à l'article L. 311-7 n'est pas exigée; [...]

> Cour nationale du droit d'asile (CNDA)

[CESEDA, art. L. 731-1 à L. 731-3]

CESEDA, art. L. 731-1

La Cour nationale du droit d'asile est une juridiction administrative, placée sous l'autorité d'un président, membre du Conseil d'État, désigné par le vice-président du Conseil d'État.

CESEDA, art. L. 731-2

La Cour nationale du droit d'asile statue sur les recours formés contre les décisions de l'Office français de protection des réfugiés et apatrides, prises en application des articles L. 711-1, L. 712-1 à L. 712-3 et L. 723-1 à L. 723-3. À peine d'irrecevabilité, ces recours doivent être exercés dans le délai d'un mois à compter de la notification de la décision de l'office.

CESEDA, art. L. 731-3

La Cour nationale du droit d'asile examine les requêtes qui lui sont adressées par les réfugiés visés par l'une des mesures prévues par les articles 31, 32 et 33 de la Convention de Genève du 28 juillet 1951 relative au statut des réfugiés et formule un avis quant au maintien ou à l'annulation de ces mesures. En cette matière, le recours est suspensif d'exécution. Dans ce cas, le droit au recours doit être exercé dans le délai d'une semaine.

> Demande d'asile

[CESEDA, art. R. 213-2 et art. R. 723-1 à R. 723-5]

CESEDA, art. R. 213-2

Lorsque l'étranger qui se présente à la frontière demande à bénéficier du droit d'asile, il est informé sans délai, dans une langue dont il est raisonnable de penser qu'il la comprend, de la procédure de demande d'asile, de ses droits et obligations au cours de cette procédure, des conséquences que pourrait avoir le non-respect de ses obligations ou le refus de coopérer avec les autorités et des moyens dont il dispose pour l'aider à présenter sa demande. La décision de refus d'entrée ne peut être prise qu'après consultation de l'Office français de protection des réfugiés et apatrides, qui procède à l'audition de l'étranger. Lorsque l'audition du demandeur d'asile nécessite l'assistance d'un interprète, sa rétribution est prise en charge par l'État.

CESEDA, art. R. 723-1

À compter de la remise de l'autorisation provisoire de séjour prévue à l'article L. 742-1, l'étranger demandeur d'asile dispose d'un délai de vingt et un jours pour présenter sa demande d'asile complète à l'office.

La demande d'asile ou du statut d'apatride est rédigée en français sur un imprimé établi par l'office. L'imprimé doit être signé et accompagné de deux photographies d'identité récentes et, le cas échéant, du document de voyage et de la copie du document de séjour en cours de validité.

Lorsque la demande est présentée complète dans les délais, l'office l'enregistre sans délai et en informe par lettre le demandeur.

Dans le cas où l'admission au séjour lui a été refusée pour l'un des motifs mentionnés aux 2° à 4° de l'article L. 741-4, l'étranger demandeur d'asile dispose d'un délai de quinze jours pour présenter une demande d'asile complète au préfet de département compétent et, à Paris, au préfet de police. La demande d'asile rédigée sur l'imprimé établi par l'office est remise sous pli fermé.

Le préfet transmet dès réception le dossier à l'office en mentionnant son caractère prioritaire.

CESEDA, art. R. 723-1-1

Le troisième alinéa de l'article R. 213-2 est applicable à l'audition mentionnée au premier alinéa de l'article L. 723-3. Celle-ci fait l'objet d'un rapport écrit qui, outre les raisons justifiant l'asile, comprend les informations relatives à l'identité de l'étranger et celle de sa famille, les lieux et pays traversés ou dans lesquels il a séjourné, sa ou ses nationalités, le cas échéant ses pays de résidence et ses demandes d'asile antérieures, ses documents d'identité et titres de voyage.

Une copie du rapport est transmise à l'intéressé avec la décision du directeur général de l'office lorsque celui-ci refuse la reconnaissance de la qualité de réfugié.

CESEDA, art. R. 723-2

Le directeur général de l'office reconnaît la qualité de réfugié ou d'apatride ou accorde le bénéfice de la protection subsidiaire au terme d'une instruction unique, au vu des pièces et des informations dont il dispose à la date de sa décision.

La collecte d'informations nécessaires à cette instruction ne doit pas avoir pour effet la divulgation directe, aux auteurs présumés de persécutions à l'encontre de l'étranger demandeur d'asile, d'informations concernant la demande d'asile ou le fait qu'une demande d'asile a été introduite.

La décision du directeur général de l'office sur la demande d'asile est communiquée à l'intéressé par lettre recommandée avec demande d'avis de réception et dans les conditions prévues au deuxième alinéa de l'article R. 213-3. Lorsqu'une décision ne peut pas être prise dans le délai de six mois, l'office en informe l'intéressé dans les quinze jours qui précèdent l'expiration de ce délai.

Simultanément, le directeur général de l'office fait connaître le caractère positif ou négatif de sa décision au préfet de département compétent et, à Paris, au préfet de police, ainsi qu'au directeur de l'Office français de l'immigration et de l'intégration. Il communique au préfet intéressé et, à Paris, au préfet de police, lorsque ceux-ci en font la demande, copie de l'avis de réception.

Si le demandeur est placé en rétention administrative, le directeur général de l'office notifie la décision par voie administrative et dans les conditions prévues au deuxième alinéa de l'article R. 213-3. Le chef du centre de rétention est informé simultanément du sens de la décision.

CESEDA, art. R. 723-3

Lorsqu'il est saisi en application de la procédure prioritaire prévue au second alinéa de l'article L. 723-1, l'office statue dans un délai de quinze jours sur la demande d'asile. Ce délai est ramené à 96 heures lorsque le demandeur d'asile est placé en rétention administrative en application de l'article L. 551-1.

Lorsque, à la suite d'une décision de rejet devenue définitive, la personne intéressée entend soumettre à l'office des éléments nouveaux, sa demande de réexamen doit être précédée d'une nouvelle demande d'admission au séjour et être présentée selon la procédure prévue à l'article R. 723-1. Le délai prévu au premier alinéa de cet article est alors limité à huit jours.

La décision du directeur général de l'office sur la demande de réexamen est communiquée par lettre recommandée avec demande d'avis de réception et dans les conditions prévues au deuxième alinéa de l'article R. 213-3.

CESEDA, art. R. 723-4

Le préfet compétent et, à Paris, le préfet de police peut saisir l'office d'une demande de réexamen mentionnée à l'article L. 723-5.

CESEDA, art. R. 723-5

Lorsqu'une demande d'asile est rejetée, le directeur général de l'office transmet la décision motivée au ministre chargé de l'immigration. À la demande de celui-ci, le directeur général de l'office communique les documents mentionnés à l'article L. 723-4 aux agents personnellement et spécialement habilités par arrêté préfectoral en raison de leur mission et de leurs responsabilités dans le domaine de l'application de la réglementation des étrangers ou de son contentieux.

> Document de circulation délivré à l'étranger mineur
[CESEDA, art. D. 321-16 à D. 321-21]

CESEDA, art. D. 321-16

Le document de circulation est délivré de plein droit à l'étranger mineur résidant en France, non titulaire d'un titre de séjour et ne remplissant pas les conditions pour obtenir la délivrance du titre d'identité républicain institué par l'article L. 321-3, s'il satisfait aux conditions posées par l'article L. 321-4.

Le document de circulation peut également être délivré à l'étranger mineur résidant en France, non titulaire d'un titre de séjour et ne remplissant pas les conditions pour obtenir la délivrance du titre d'identité républicain, s'il se trouve dans l'une des situations suivantes :

1° Le mineur est entré en France sous couvert d'un visa d'une durée supérieure à trois mois;

2° Le mineur est ressortissant d'un État membre de la Communauté européenne ou de l'un des autres États parties à l'accord sur l'Espace économique européen et l'un de ses parents au moins est établi en France pour une durée supérieure à trois mois;

3° L'un au moins de ses parents a obtenu soit, en application du livre VII du présent Code, le statut de réfugié, le statut d'apatride ou la protection subsidiaire, soit, en application de l'article 13 de la loi n° 52-893 du 25 juillet 1952 relative au droit d'asile, l'asile territorial, et justifie à ce titre d'une carte de séjour temporaire ou d'une carte de résident;

4° L'un au moins de ses parents a acquis la nationalité française ou celle d'un État membre de la Communauté européenne ou de l'un des autres États parties à l'accord sur l'Espace économique européen.

CESEDA, art. D. 321-17

Le document de circulation pour étranger mineur est délivré par le préfet du département où réside habituellement le mineur et, lorsque ce dernier réside à Paris, par le préfet de police, sur demande de la personne exerçant l'autorité parentale ou de son mandataire.

La demande est déposée à la préfecture ou à la sous-préfecture.

CESEDA, art. D. 321-18

Le demandeur présente :

1° Un document établissant son identité et sa nationalité et un document justifiant de la régularité de son séjour;

2° Les documents attestant qu'il exerce l'autorité parentale sur le mineur pour lequel la demande est souscrite ou qu'il détient un mandat de la personne titulaire de cette autorité;

3° Les documents relatifs à l'identité, la nationalité et la filiation du mineur et justifiant que ce dernier appartient à l'une des catégories mentionnées à l'article D. 321-16.

CESEDA, art. D. 321-19

Le document de circulation pour étranger mineur est établi suivant un modèle défini par arrêté conjoint du ministre de l'intérieur et du ministre chargé de l'immigration.

CESEDA, art. D. 321-20

Le document de circulation pour étranger mineur est délivré pour une durée de cinq ans renouvelable.

Toutefois sa validité cesse, et il doit être restitué par son titulaire, lorsque sont expirés les délais prévus aux 1° et 2° de l'article R. 311-2 ou lorsqu'un titre de séjour ou un titre d'identité républicain lui est délivré.

Il peut être retiré lorsque son titulaire ne remplit plus les autres conditions auxquelles est subordonnée sa délivrance.

CESEDA, art. D. 321-21

Le titulaire du document de circulation pour étranger mineur peut être réadmis en France, en dispense de visa, sur présentation de ce titre.

> Documents de séjour

[CESEDA, art. L. 211-1, L. 311-1 et L. 311-3]

CESEDA, art. L. L211-1

Pour entrer en France, tout étranger doit être muni :

1° Des documents et visas exigés par les conventions internationales et les règlements en vigueur;

2° Sous réserve des conventions internationales, du justificatif d'hébergement prévu à l'article L. 211-3, s'il est requis, et des autres documents prévus par décret en Conseil d'État relatifs, d'une part, à l'objet et aux conditions de son séjour et, d'autre part, s'il y a lieu, à ses moyens d'existence, à la prise en charge par un opérateur d'assurance agréé des dépenses médicales et hospitalières, y compris d'aide sociale, résultant de soins qu'il pourrait engager en France, ainsi qu'aux garanties de son rapatriement;

3° Des documents nécessaires à l'exercice d'une activité professionnelle s'il se propose d'en exercer une.

CESEDA, art. L. 311-1

Sous réserve des dispositions de l'article L. 121-1 ou des stipulations d'un accord international, tout étranger âgé de plus de dix-huit ans qui souhaite séjourner en France doit, après l'expiration d'un délai de trois mois depuis son entrée en France, être muni d'une carte de séjour.

Ce délai de trois mois peut être modifié par décret en Conseil d'État.

CESEDA, art. L. 311-3

Les étrangers âgés de seize à dix-huit ans qui déclarent vouloir exercer une activité professionnelle salariée reçoivent, de plein droit, une carte de séjour temporaire s'ils remplissent les conditions prévues à l'article L. 313-11 ou une carte de résident, s'ils remplissent celles prévues à l'article L. 314-11. Ils peuvent, dans les autres cas, solliciter une carte de séjour temporaire ou une carte de résident en application des articles L. 314-8 et L. 314-9.

> Droit à l'éducation et instruction obligatoire

[C. éduc., art. L. 111-1 et L. 131-1]

C. éduc., art. L. 111-1

L'éducation est la première priorité nationale. Le service public de l'éducation est conçu et organisé en fonction des élèves et des étudiants. Il contribue à l'égalité des chances.

Outre la transmission des connaissances, la Nation fixe comme mission première à l'école de faire partager aux élèves les valeurs de la République.

L'école garantit à tous les élèves l'apprentissage et la maîtrise de la langue française.

Dans l'exercice de leurs fonctions, les personnels mettent en œuvre ces valeurs.

Le droit à l'éducation est garanti à chacun afin de lui permettre de développer sa personnalité, d'élever son niveau de formation initiale et continue, de s'insérer dans la vie sociale et professionnelle, d'exercer sa citoyenneté.

Pour garantir ce droit dans le respect de l'égalité des chances, des aides sont attribuées aux élèves et aux étudiants selon leurs ressources et leurs mérites. La répartition des moyens du service public de l'éducation tient compte des différences de situation, notamment en matière économique et sociale.

Elle a pour but de renforcer l'encadrement des élèves dans les écoles et établissements d'enseignement situés dans des zones d'environnement social défavorisé et des zones d'habitat dispersé, et de permettre de façon générale aux élèves en difficulté, quelle qu'en soit l'origine, en particulier de santé, de bénéficier d'actions de soutien individualisé.

L'acquisition d'une culture générale et d'une qualification reconnue est assurée à tous les jeunes, quelle que soit leur origine sociale, culturelle ou géographique.

C. éduc., art. L. 131-1

L'instruction est obligatoire pour les enfants des deux sexes, français et étrangers, entre six ans et seize ans.

La présente disposition ne fait pas obstacle à l'application des prescriptions particulières imposant une scolarité plus longue.

> Étranger mineur (expulsion – non)

CESEDA, art. L. 521-4

L'étranger mineur de dix-huit ans ne peut faire l'objet d'une mesure d'expulsion.

> Maintien en zone d'attente
[CESEDA, art. L. 221-1 et L. 221-5]

CESEDA, art. L. 221-1

L'étranger qui arrive en France par la voie ferroviaire, maritime ou aérienne et qui, soit n'est pas autorisé à entrer sur le territoire français, soit demande son admission au titre de l'asile, peut être maintenu dans une zone d'attente située dans une gare ferroviaire ouverte au trafic international figurant sur une liste définie par voie réglementaire, dans un port ou à proximité du lieu de débarquement, ou dans un aéroport, pendant le temps strictement nécessaire à son départ et, s'il est demandeur d'asile, à un examen tendant à déterminer si sa demande n'est pas manifestement infondée.

Les dispositions du présent titre s'appliquent également à l'étranger qui se trouve en transit dans une gare, un port ou un aéroport si l'entreprise de transport qui devait l'acheminer dans le pays de destination ultérieure refuse de l'embarquer ou si les autorités du pays de destination lui ont refusé l'entrée et l'ont renvoyé en France.

CESEDA, art. L. 221-5

Lorsqu'un étranger mineur non accompagné d'un représentant légal n'est pas autorisé à entrer en France, le procureur de la République, avisé immédiatement par l'autorité administrative, lui désigne sans délai un administrateur *ad hoc*. Celui-ci assiste le mineur durant son maintien en zone d'attente et assure sa représentation dans le cadre des procédures administratives et juridictionnelles relatives à ce maintien.

Il assure également la représentation du mineur dans toutes les procédures administratives et juridictionnelles afférentes à son entrée en France.

L'administrateur *ad hoc* est désigné par le procureur de la république compétent sur une liste de personnes morales ou physiques dont les modalités de constitution sont fixées par décret en conseil d'État. Ce décret précise également les conditions de leur indemnisation.

> Office français de protection des réfugiés et des apatrides (OFPRA)

CESEDA, art. R. 721-1

L'Office français de protection des réfugiés et apatrides reconnaît la qualité de réfugié ou d'apatride et accorde le bénéfice de la protection subsidiaire.

> Protection sociale

CSS, art. L161-14-1

L'enfant ayant droit d'un assuré social en vertu des 2° et 3° de l'article L. 313-3, qui a atteint l'âge de seize ans peut demander, selon des modalités fixées par décret en Conseil d'État, à être identifié de façon autonome au sein du régime dudit assuré social et à bénéficier à titre personnel du remboursement des prestations en nature de l'assurance maladie et maternité de ce régime. Toutefois, cette identification et ce remboursement à titre personnel sont obligatoires pour l'enfant ayant droit d'un assuré social en vertu des 2° et 3° de l'article L. 313-3, qui a atteint l'âge de seize ans poursuivant des études dans les établissements, écoles ou classes mentionnés à l'article L. 381-4.

Sauf refus exprès de leur part, les ayants droit mentionnés aux 1° et 4° de l'article L. 313-3 et à l'article L. 161-14 sont identifiés de façon autonome au sein du régime de l'assuré et perçoivent à titre personnel les prestations en nature des assurances maladie et maternité.

Les enfants mineurs pris en charge par les services de l'aide sociale à l'enfance peuvent, à la diligence et sur demande des personnes ou des établissements qui en assurent l'accueil ou la garde, être identifiés de façon autonome au sein du régime de l'assuré. Ces personnes ou établissements perçoivent pour le compte de l'assuré les prestations en nature des assurances maladie et maternité.

> Protection subsidiaire
[CESEDA, art. L. 712-1 à L. 712-3]

CESEDA, art. L. 712-1

Sous réserve des dispositions de l'article L. 712-2, le bénéfice de la protection subsidiaire est accordé à toute personne qui ne remplit pas les conditions pour se voir reconnaître la qualité de réfugié mentionnées à l'article L. 711-1 et qui établit qu'elle est exposée dans son pays à l'une des menaces graves suivantes :

a) La peine de mort;

b) La torture ou des peines ou traitements inhumains ou dégradants;

c) S'agissant d'un civil, une menace grave, directe et individuelle contre sa vie ou sa personne en raison d'une violence généralisée résultant d'une situation de conflit armé interne ou international.

CESEDA, art. L. 712-2

La protection subsidiaire n'est pas accordée à une personne s'il existe des raisons sérieuses de penser :

a) Qu'elle a commis un crime contre la paix, un crime de guerre ou un crime contre l'humanité;

b) Qu'elle a commis un crime grave de droit commun;

c) Qu'elle s'est rendue coupable d'agissements contraires aux buts et aux principes des Nations unies;

d) Que son activité sur le territoire constitue une menace grave pour l'ordre public, la sécurité publique ou la sûreté de l'État.

CESEDA, art. L. 712-3

Le bénéfice de la protection subsidiaire est accordé pour une période d'un an renouvelable. Le renouvellement peut être refusé à chaque échéance lorsque les circonstances ayant justifié l'octroi de la protection ont cessé d'exister ou ont connu un changement suffisamment profond pour que celle-ci ne soit plus requise.

Il peut être mis fin à tout moment au bénéfice de la protection subsidiaire pour les motifs énumérés aux a, b, c et d de l'article L. 712-2.

> Refus d'entrée sur le territoire

CESEDA, art. R. 213-3

L'autorité administrative compétente pour prendre la décision mentionnée à l'article R. 213-2 de refuser l'entrée en France à un étranger demandant à bénéficier du droit d'asile est le ministre chargé de l'immigration.

L'étranger est informé du caractère positif ou négatif de cette décision dans une langue dont il est raisonnable de penser qu'il la comprend.

243.02 Jurisprudence de référence.

> Assistance éducative et maintien en zone d'attente

• **Civ. 1re, 25 mars 2009, no 08-14.125,** *Bull. civ.* I, no 66

* V. ss no 243.162

« Sur le moyen unique, pris en sa troisième branche :

Vu les articles L. 221-1 et suivants du Code de l'entrée et du séjour des étrangers et du droit d'asile;

Attendu, selon l'ordonnance attaquée, que M. Imad X..., mineur de nationalité irakienne, a fait l'objet d'une décision de refus d'admission sur le territoire français et a été placé en zone d'attente d'un aéroport; qu'un administrateur *ad hoc* a été désigné; qu'un juge des libertés et de la détention a autorisé son maintien en zone d'attente pour une durée maximale de huit jours;

Attendu que pour ordonner la prolongation de son maintien en zone d'attente pour huit jours, l'ordonnance retient que si tout mineur se trouvant sur le territoire national peut faire l'objet d'une mesure de protection en application des dispositions de l'article 375 du Code civil, cette mesure de protection ne peut être mise en œuvre que sur le territoire national, ce qui n'est pas le cas de l'espèce, M. X... n'ayant pas pour l'instant été autorisé à séjourner en France.

Qu'en statuant ainsi, alors que la zone d'attente se trouve sous contrôle administratif et juridictionnel national, le premier président a méconnu les textes susvisés. »

> Désignation sans délai d'un administrateur *ad hoc* pour le mineur non accompagné maintenu en zone d'attente

• **Civ. 1re, 6 mai 2009, no 08-14.519,** NP

* V. ss no 243.61

« Attendu que, pour rejeter l'exception de nullité prise d'une désignation tardive de l'administrateur *ad hoc*, l'ordonnance retient que le service de la Croix Rouge refuse régulièrement des missions et que, de ce fait, il était compréhensible que la police aux frontières, dans des situations de doute, s'assure de la minorité de la personne avant de solliciter la désignation d'un administrateur *ad hoc*;

Qu'en statuant ainsi, alors que la désignation d'un administrateur *ad hoc* doit, sauf circonstances particulières, intervenir sans délai dès le placement de l'étranger mineur en zone d'attente, le premier président a violé le texte susvisé. »

> Contestation de minorité et recours à l'expertise osseuse

• **Civ. 1re, 23 janv. 2008, no 06-13.344,** *Bull. civ.* I, no 20

* V. ss no 243.52

« Attendu que c'est dans l'exercice de son pouvoir souverain d'appréciation que la cour d'appel a constaté d'une part, que l'attestation de naissance produite par M. X... avait été établie en conformité avec les formes requises par la loi étrangère applicable, d'autre part, qu'aucun élément extérieur à l'acte ne permettait de douter des énonciations y figurant, l'examen radiologique pratiqué sur M. X... ne pouvant être retenu en raison de son imprécision, et qu'elle a déduit de ces constatations, que l'acte d'état civil produit faisait foi de l'âge de l'intéressé, que la cour d'appel a ainsi, hors toute dénaturation, légalement justifié sa décision. »

> Acquisition de la nationalité française d'un mineur étranger confié à l'aide sociale à l'enfance

• **Civ. 1re, 18 mai 2005, no 03-16.617,** *Bull. civ.* I, no 220

* V. ss no 243.121

« Attendu que M. Carlos X... Y..., né le 16 mars 1984 à Luanda (Angola), est arrivé en France après l'assassinat de ses parents dans son pays d'origine; que, par jugement du 18 mai 1999, le juge des tutelles a ouvert la tutelle le concernant, en a constaté la vacance et l'a déférée au service de l'aide sociale à l'enfance; que, statuant sur le recours de M. X... Y... contre le refus d'enregistrement de sa réclamation de nationalité française faite par déclaration du 12 janvier 2000, le tribunal de grande instance a accueilli sa demande;

Attendu que, pour infirmer le jugement et refuser l'enregistrement de la déclaration, l'arrêt attaqué retient que l'intéressé a été pris en charge par le service de l'aide sociale l'âge de quinze ans alors qu'il venait d'arriver en France et que, la déclaration ayant été souscrite huit mois plus tard, ce service n'a pu exercer aucune influence notable sur son éducation alors que l'article 21-12, alinéa 3, 1 du Code civil suppose un placement dont les modalités, et notamment la durée, ont permis aux services éducatifs d'assumer un rôle effectif dans l'éducation du mineur confié;

Attendu qu'en statuant ainsi, la cour d'appel a en y ajoutant une condition qu'il ne prévoit pas, violé le texte susvisé »; [...]

> Légalisation de l'acte de naissance du mineur étranger non accompagné

• **Civ. 1re, 4 juin 2009, no 08-13.541,** *Bull. civ.* I, no 116

* V. ss no 243.122

« Mais attendu que malgré l'abrogation de l'ordonnance de la marine d'août 1681, la formalité de la légalisation des actes de l'état civil établis par une autorité étrangère et destinés à être produits en France demeure, selon la coutume internationale et sauf convention contraire, obligatoire; que la cour d'appel qui a constaté d'une part, que le souscripteur d'une déclaration de nationalité sur le fondement de l'article 21-12 du Code civil devait aux termes de l'article 16-1° du décret du 30 décembre 1993 fournir un extrait de son acte de naissance, d'autre part, que la France n'avait conclu aucune convention permettant une dispense de légalisation avec la République démocratique du Congo, en a déduit à bon droit que l'extrait d'acte de naissance produit par Mme X..., établi le 27 juillet 2002 par une autorité étrangère et non légalisé, ne répondait pas aux exigences légales et ne pouvait recevoir effet en France; que le moyen n'est fondé en aucune de ses branches. »

243.03 Bibliographie indicative.

Articles. S. Bernigaud, « Quels droits pour le mineur étranger isolé ? », *RDSS* 2006, 545 s. – M. Bruggeman, « Zone d'attente et assistance éducative : vers une protection accrue des mineurs étrangers isolés ? », *RDSS* 2009, 550 – I. Coppart, « Les actes d'état civil établis à l'étranger doivent obligatoirement être légalisés », *RJPF*-2009-9/12 – B. Masson, « Un enfant n'est pas un étranger comme les autres », *RTDH* 2007, 824; »Les mesures d'assistance éducative en droit international privé », *Rev. crit. DIP* 1965, 39 – V. Pironon, « Doit des étrangers et droits de l'homme : l'apport de la Cour de cassation », *D.* 2009, 388.

Avis et rapports. Commission nationale consultative des droits de l'homme (CNDCH), *Avis relatif à la situation des étrangers mineurs isolés,* (adoptés par l'Assemblée Plénière le 21 septembre 2000, accessible dans la rubrique « avis » sur : http://www.cncdh.fr); *Avis sur la traite et l'exploitation des êtres humains en France. Enfants, femmes, famille* (adoptée par l'assemblée plénière du 18 décembre 2009 et accessible dans la rubrique « avis » sur : http://www.cncdh.fr) – Commission nationale de la déontologie et de la sécurité (CNDS), *Rapport 2008* (consultable sur cnds.fr) – Comité consultatif d'éthique pour les sciences de la vie et de la santé, « Avis n° 88 du 23 juin 2005 sur les méthodes de détermination de l'âge à des fins juridiques », *Éthique et recherches biomédicale, Rapport 2005*, Doc. fr., 2007 – Défenseur des enfants, *Rapports annuels de 2002 à 2009,* Doc. fr. – Groupe de travail interministériel sur les mineurs étrangers isolés, propositions rendues publiques le 18 novembre 2009 (disponibles sur www.immigration.gouv.fr) – Inspection générale des affaires sociales (IGAS), *Mission d'analyse et de proposition sur les conditions d'accueil des mineurs étrangers isolés en France*, J. Blocquaux, A. Burstin et D. Giorgi (rapport n° 2005/010, janv. 2005, p. 21, accessible sur : http://lesrapports.ladocumentationfrancaise.fr/BRP/054000285/0000.pdf).

243.04 Questions essentielles.

> Quels sont les droits du mineur étranger non accompagné maintenu en zone d'attente ?

* V. s[s] n°s 243.51 s.

> L'ouverture d'une tutelle s'impose-t-elle pour le mineur étranger non accompagné confié à l'Aide sociale à l'enfance ?

* V. s[s] n° 243.172

> Quels sont les titres de séjour qui peuvent être délivrés au mineur non accompagné confié au service de l'Aide sociale à l'enfance ?

* V. s[s] n° 243.111

> Comment déterminer l'âge du mineur non accompagné confié au service de l'Aide sociale à l'enfance ou à une autre structure ?

* V. s[s] n° 243.52

> Un contrat jeune majeur est-il possible pour le jeune étranger accédant à la majorité civile et qui ne dispose pas de titre de séjour ?

* V. s[s] n° 243.181

243.09 Terminologie. Le Haut commissariat des Nations-unies pour les réfugiés (HCR) ainsi que différentes organisations non gouvernementales ont adopté en 2004, un Programme en faveur des enfants séparés en Europe (PESE) et ils ont établi à cette occasion, une déclaration de bonnes pratiques, dans laquelle le HCR donne sa préférence à l'appellation « *enfant séparé* » plutôt que mineur isolé étranger pour définir « *des enfants de moins de 18 ans qui se trouvent en dehors de leur pays d'origine et qui sont séparés de leurs deux parents ou de leur ancien tuteur légal ou coutumier.* » Pour sa part, le Conseil de l'Union européenne, dans l'article 1er de sa résolution du 26 juillet 1997, définit les mineurs étrangers non accompagnés, comme « *tous les nationaux de pays tiers de moins de 18 ans qui entrent dans le territoire des États membres sans être accompagnés d'un adulte qui soit responsable d'eux par effet de la loi ou de fait* [...] »[1]. Conformément à cette définition, le mineur étranger qui se trouve sur le territoire français sans être accompagné d'un adulte responsable, est un mineur étranger isolé. Pour la bonne compréhension des propos qui suivent, nous privilégierons la référence au mineur étranger isolé.

243.10 Division. Quelle que soit la définition retenue, la situation de ces jeunes mineurs étrangers pose deux questions fondamentales : tout d'abord celle relative aux conditions de leur entrée et de leur séjour sur le territoire national (sect. 1), puis celle relative à de leur prise en charge (sect. 2).

SECTION 1
ENTRÉE ET SÉJOUR DU MINEUR ÉTRANGER ISOLÉ EN FRANCE

243.20 Division. Ces mineurs sont aussi des étrangers, ce qui nous renvoie à un élément d'extranéité et donc à l'application de règles propres au

1. Cons. UE, 26 juill. 1997, résolution n° 97/C 221/03.

droit des étrangers. Aucun principe, ni aucune règle constitutionnelle n'assure aux étrangers un droit de caractère général et absolu pour accéder et séjourner sur le territoire national. Mais on soutiendra avec d'autres le fait que dès lors que « *l'État accueille un étranger, il ne peut le priver de ses droits fondamentaux* »[1]. Le mineur non accompagné peut donc être directement interpellé à la frontière (§ 1) à moins qu'il ne soit maintenu dans un premier temps en zone d'attente (§ 2).

§ 1
Interpellation à la frontière

243.30 **Division.** Dès lors qu'il est interpellé à la frontière, le mineur étranger dépourvu de tout document d'identité peut se voir refuser l'accès au territoire national. Il en est différemment pour le mineur étranger qui sollicite l'asile en France.

243.31 **Accès refusé au territoire national.** Le refus d'entrée sur le territoire national est organisé par le Code de l'entrée et du séjour des étrangers et du droit d'asile (CESEDA). L'étranger mineur isolé ne bénéficie pas d'une protection particulière liée à son âge. C'est donc le droit commun qui s'applique en intégrant toutefois un certain nombre de garanties. À ce titre, la décision refusant l'accès au territoire national est une **décision écrite et motivée**. Un double de cette décision est automatiquement remis à l'étranger. Lorsque la personne visée est un mineur, elle peut avertir le **conseil de son choix**, son consulat et la personne chez qui elle devait se rendre. L'étranger peut encore refuser d'être rapatrié avant l'expiration du délai d'un jour franc. La mise en œuvre de la **décision de refus** suppose au préalable qu'elle ait été notifiée par l'Administration et dans une langue comprise par l'étranger. Lorsque le refus est opposé à une personne mineure, il est aussi notifié à son **représentant légal**. Lorsque le mineur étranger voyage sans être accompagné, ce représentant légal fait défaut. Il appartient alors au **procureur de la République** de lui désigner un administrateur *ad hoc* (v. s^s^ n° 243.61).

243.32 **Mineur étranger isolé n'étant pas en possession des documents exigés.** Pour entrer en France, tout étranger doit être muni des documents et visas exigés par les conventions internationales et les règlements en vigueur. Outre le **visa** et le **certificat d'hébergement**, et sous réserve des dispositions propres à l'exercice d'une activité professionnelle, l'étranger doit aussi démontrer qu'il est à même de se prendre en charge pendant son séjour et au moment de quitter le territoire national. Ainsi, il doit être en état d'attester de ses **moyens d'existence** et de présenter des **garanties de rapatriement**. La **loi du 26 novembre 2003**[2] oblige l'étranger à souscrire auprès d'un opérateur agréé la **couverture de ses dépenses médicales hospitalières**. Dans plusieurs de ses rapports, la Défenseure des enfants avait fait état de la situation d'un certain nombre de mineurs non admis sur le territoire national, parce qu'ils n'étaient pas en mesure de se prévaloir des documents exigés. L'intérêt supérieur de l'enfant n'est pas toujours un critère décisif et qui donnerait de plein droits le feu vert, pour entrer et séjourner sur le territoire national. Le Conseil d'État a pu ainsi considérer qu'il n'était pas porté atteinte à l'intérêt supérieur de l'enfant, en lui refusant un visa, dès lors qu'il avait conservé des liens avec son pays d'origine[3]. Le fait qu'il soit confié dans le cadre d'une *kafala* à une personne résidant de manière habituelle en France, n'a pas été un argument décisif pour la Haute juridiction[4]. L'entrée sur le territoire national ne présente pas toujours un obstacle de droit pour un certain nombre de jeunes, qui privilégient la voie de la clandestinité.

243.33 **Mineur demandeur d'asile.** L'Office français de protection des réfugiés et des apatrides (OFPRA) précise dans son rapport de 2008[5] que les demandes d'asile émanant de mineurs étrangers isolés continuent de baisser mais que le nombre de **demandeurs d'asile à la frontière** (305 demandes) a doublé en 2008 par rapport à l'année précédente. L'étranger qui sollicite l'asile à la frontière peut le faire dès son arrivée ou à tout moment durant son maintien en zone d'attente. La **demande personnelle et individuelle** est obligatoirement prise en compte et elle est adressée à la police de l'Air et des Frontières (PAF). Celle-ci doit établir un procès-verbal de demande d'admission au titre de l'asile. Dans la zone d'attente de Roissy-Charles De Gaulle, des modalités particulières sont retenues. La demande d'asile est enregistrée est transmise aux agents de la division Asile aux frontières (DAF). Les demandeurs d'asile sont entendus, une telle **audition** se justifiant pour connaître les motifs de la demande de l'étranger au titre de l'asile et déterminer si elle ne paraît manifestement infondée.

1. V. Pironon, « Droit des étrangers et droits de l'homme : l'apport de la Cour de cassation », *D.* 2009, 388.
2. L. n° 2003-1119, 26 nov. 2003, relative à la maîtrise de l'immigration, au séjour des étrangers en France et à la nationalité, *JO* 27 nov., p. 20136.
3. CE 8 déc. 2008, req. n° 321627, *D.* 2009, 1920, Gouttenoire et Bonfils.
4. CE 18 août 2008, req. n° 286445 – CE 27 juin 2008, req. n° 291561 – CE 28 août 2008, req. n° 317757, *D.* 2009, 1920, Gouttenoire et Bonfils.
5. OFPRA, *Rapport* 2008, p. 13.

Dès lors, l'OFPRA émet un **avis motivé** qu'elle transmet au ministre compétent. Là encore, la minorité du requérant ne lui permet pas de déroger à la procédure. Dès lors qu'il est saisi, le ministère de l'Intérieur, *via* la direction des Libertés publiques et des Affaires juridiques (DLPAJ) dispose de l'alternative suivante.

Soit il met fin au maintien de l'étranger, l'autorise à entrer sur le territoire national et lui délivre un **sauf-conduit**. Ce document permet à l'étranger de se rendre à la préfecture et de déposer sa demande d'asile pour obtenir le statut de réfugié.

Soit un **refus d'admission** est notifié à la personne étrangère lorsque la demande d'asile est considérée comme manifestement infondée. Cette décision implique son **refoulement immédiat**, le plus souvent vers le pays de provenance. Il existe cependant un **recours** contre cette décision qui doit être mis en œuvre dans un délai de **deux mois**, mais il n'a pas d'effet suspensif.

§ 2
Mineur maintenu en zone d'attente

243.41 Définition de la zone d'attente. La zone d'attente est constituée de locaux appartenant à l'Administration, ou réquisitionnés par elle, situés dans les ports (ou à proximité du lieu de débarquement), les aéroports ou les gares ferroviaires. Elle concerne les étrangers non admis sur le territoire français, y compris les mineurs accompagnés ou isolés[1] (CESEDA, art. L. 221-5). Elle se distingue des centres de rétention administrative pour les personnes faisant l'objet d'une mesure d'éloignement[2]. Pour préserver l'unité familiale, le mineur est amené à suivre ses parents avec le titre d'« *accompagnant* », en étant lui-même soumis au régime de la rétention administrative.

Dans deux arrêts rendus par sa Première chambre civile le 10 décembre 2009[3], la Cour de cassation, tout en admettant que l'article 3 de la Convention européenne des droits de l'homme s'appliquait à la situation de **rétention administrative**, a estimé que les conditions de rétention en zone d'attente imposées à des parents accompagnés de leur enfant en bas âge, ne constituaient pas un traitement inhumain et dégradant. Pourtant, les règles élémentaires de protection des mineurs n'y sont pas toujours respectées[4] (CESEDA, art. R. 553-3). Il n'est donc pas surprenant que les juges de la Cour européenne[5] aient considéré pour leur part, que la détention d'enfants dans un centre fermé pour adultes, c'est-à-dire dans une « *infrastructure inadaptée à l'accueil d'enfants* » et constaté l'absence de mesures de protection adéquates, Ils ont donc conclu à la violation de l'article 3 (préc.)

243.50 Division. Le mineur étranger est particulièrement vulnérable et à ce titre justifie les garanties légales qui lui sont octroyées dès lors qu'il est maintenu en zone d'attente. Ces garanties impliquent toutefois que lui soit désigné un administrateur *ad hoc* (B) dès lors que la preuve de sa minorité aura été établie (A).

1. V. les premières propositions issues du groupe de travail interministériel sur les mineurs étrangers isolés, rendues publiques le 18 novembre 2009, et consultables sur www.immigration.gouv.fr. Le groupe de travail préconise une séparation complète des majeurs et des mineurs en zone d'attente.
2. Sur la liste des centres de rétention administrative, v. Décr. n° 2005-617, 30 mai 2005, relatif à la rétention administrative et aux zones d'attente pris en application des articles L. 111-9, L. 551-2, L. 553-6 et L. 821-5 du Code de l'entrée et du séjour des étrangers et du droit d'asile, *JO* 31 mai, p. 9658 – complété par Arr. 4 nov. 2009, pris en application de l'article R. 553-1 du Code de l'entrée et du séjour des étrangers et du droit d'asile, *JO* 14 nov., qui fixe la liste des centres de rétention administrative, et notamment, ceux autorisés à accueillir des familles. Aux termes d'une résolution adoptée le 5 février 2009, concernant la mise en œuvre de la directive n° 2003/9/CE (*JOUE* 6 févr. 2003, L 31/18), sur les conditions d'accueil des demandeurs d'asile et réfugiés, le principe d'une interdiction du recours à la rétention des mineurs a été posé, tout en réservant le caractère exceptionnel de cette rétention pour les mineurs qui accompagnent leurs parents – COMP. sur le plan pénal avec les conditions de la détention d'un mineur laissé auprès de sa mère ou détenu dans le cadre de l'exécution d'une peine pénale : CE 31 oct. 2008, req. n° 293785, section française de l'Observatoire international des prisons, *AJDA* 2008, 2389, chron. Lieber et Geffray; *AJ pénal* 2008, 500, Péchillion; *D.* 2009, 134, note Herzog-Evans; *RFDA* 2009, 73, concl. Guyomar.
3. Civ. 1re, 10 déc. 2009 (deux arrêts), n° 08-21.101, *Bull. civ.* I; *JCP* 2009, act. p. 356; N. Guimezanes, *JCP* note 127 – V. AUSSI, P. Chevalier (avis de l'Avocat général) *AJDA* 2010, 435.
4. V. AUSSI, Dir. Cons. CE n° 2008/115, 16 déc. 2008, 16 déc. 2008, *JOUE* 24 déc. 2008, n° 1, 348/98, concernant le retour de ressortissants des pays tiers en séjour irrégulier (la transposition de cette directive est prévue pour la plupart de ces dispositions au 24 décembre 2010 : des dispositions particulières devront être retenues, notamment pour les mineurs non accompagnés (art. 17 de la directive).
5. CEDH 19 janv. 2010, req. n° 41442/07, Muskhadzhieyeva et a. c/Belgique, *JCP* 2010, act.; *JDJ* févr. 2010, p. 51, comm. Cogulet. La reconnaissance d'une obligation de protection n'est pas nouvelle, tout particulièrement lorsque les personnes vulnérables se trouvent en situation de rétention administrative – EN CE SENS, v. CEDH 27 juill. 2004, req. n° 57671/00, Slimani c/France; CEDH 12 oct. 2006, req. n° 13178//03, Mubilanzila Mayekaet et Kaniki Mitunga, (concernant la rétention d'une mineure de cinq ans), *D.* 2007, 771, note Muzny – B. Masson, « Un enfant n'est pas un étranger comme les autres », *RTDH* 2007, 824 – *JDJ* n° 262, févr. 2007.

A. Expertise osseuse et contestation de minorité

243.51 Maintien en zone d'attente. Les mineurs étrangers peuvent donc être maintenus temporairement dans ces locaux durant le temps strictement nécessaire à l'examen de leur situation ou à la préparation de leur départ. Il s'agit avant tout de s'assurer que la personne qui demande l'accès au territoire national est bien mineure et qu'elle peut bénéficier de l'assistance d'un administrateur *ad hoc*[1]. À ce titre, la Défenseure des enfants a souligné en 2009 dans son rapport que le deuxième motif de sa saisine concernait les mineurs étrangers (16 % des réclamations adressées à la Défenseure des enfants)[2]. Les motifs de ces réclamations font état le plus souvent, du **maintien** des mineurs **en zone d'attente** dans les aéroports, du recours aux **expertises osseuses** dont ils font l'objet – et dont la fiabilité est contestée – et aux **difficultés de** leur **prise en charge.**

243.52 Expertise osseuse[3]**.** Les autorités administratives et judiciaires sont confrontées très vite à la question de la détermination de l'âge de ceux qui se présentent en qualité de personne mineure et qui sont le plus souvent dépourvus de tout document permettant d'attester de leur identité ou alors se prévalent de documents dont le caractère douteux ne laisse place à aucune autre alternative. Des investigations apparaissent alors nécessaires. De ce fait, à la demande des services de la PAF ou du procureur de la République, il est procédé à un **test osseux.** Il s'agit avant tout de déterminer si les mineurs étrangers doivent être écartés des dispositifs institutionnels du fait de leur âge égal ou supérieur à dix-huit ans. Le recours à telles méthodes d'estimation de l'âge a été remis en cause, compte tenu de leur caractère imparfait et peu fiable. Le Comité consultatif d'éthique pour les sciences de la vie et de la santé, dans un avis rendu public[4], n'a pas manqué de rappeler que les informations données par les références médicales le sont à des fins statistiques et non pas individuelles. Les méthodes d'évaluation retenues reposent sur une grande variabilité d'indices relevés, notamment en fonction de l'ethnie à laquelle appartient la personne. L'âge est donné avec une marge d'erreur relative, le sujet pouvant avoir plus ou moins de dix-huit ans. Pour sa part, la Commission nationale de déontologie et de sécurité a estimé que « *toute personne qui se déclare mineure doit bénéficier des garanties liées à ce statut tant que sa majorité n'a pas été établie, en vertu d'une présomption de vérité qui doit prévaloir dans ce type de situation, tant que la preuve n'a pas été rapportée de sa qualité d'adulte*[5] ».

243.53 Respect de la dignité des personnes et preuves de l'âge par tout moyen. Par ailleurs, le respect de la dignité des personnes concernées est malmené lorsque ces examens sont pratiqués sans le consentement de la personne et dans la méconnaissance de toute forme de **contradiction.** Il n'en demeure pas moins que les autorités administratives concernées (v. s[s] n° 243.41), tout comme le procureur de la République (v. s[s] n° 241.152), ont retenu les arguments de la Cour de cassation s'agissant, en matière répressive, de la détermination de l'âge.

Devant les **juridictions pénales**, la preuve de l'âge réel d'un prévenu de nationalité étrangère peut être rapportée par tout moyen a estimé la Haute juridiction (les juges l'apprécient de manière souveraine au vu des éléments de preuve contradictoirement débattus[6]). Ce raisonnement est partagé par la **Première chambre civile** qui a considéré que « *c'est dans l'exercice de son pouvoir souverain d'appréciation de la valeur et de la portée des éléments de preuve que le premier président d'une cour d'appel a retenu que deux expertises osseuses permettaient d'attribuer à l'intéressé un âge supérieur à dix-huit ans* »[7]. Plus récemment, elle n'a pas manqué de rappeler que lorsqu'un acte d'état civil était produit par la personne concernée, il faisait foi de l'âge de l'intéressé dès lors qu'aucun élément extérieur ne permettait de douter des énonciations y figurant. Dès lors, l'examen radiologique pratiqué ne pouvait être retenu en raison de son imprécision[8]. Cette analyse ne semble pas parta-

1. Le groupe de travail précité se prononce en faveur du nombre et de la formation des administrateurs *ad hoc* chargés d'accompagner les mineurs étrangers isolés, non admis à la frontière, et de la mise en place d'une permanence assurée par leurs soins à l'aéroport de Roissy, où transitent la plupart des mineurs.
2. Défenseur des enfants, *Rapport 2009*, Doc. fr., p. 6.
3. La question a été abordée par le groupe de travail précité qui souhaite remplacer l'actuel procédé par une autre méthode, tout en situant le débat à l'échelle européenne.
4. Comité consultatif d'éthique pour les sciences de la vie et de la santé, *Avis n° 88 sur les méthodes de détermination de l'âge à des fins juridiques*, juin 2005 – V. AUSSI le rapport présenté par l'Académie de médecine, *Bull. Académie nat. de Médecine* 2007, p. 191, n° 1, p. 139-142.
5. CNDS, *Rapport* 2008, p. 48.
6. Crim. 17 juill. 1991, n° 91-82.771, *Bull. crim.*, n° 299 – Crim. 1er déc. 1999, n° 98-87.158, *Bull. crim.*, n° 289; *RSC* 2000, 602, obs. Bouloc.
7. Civ. 1re, 10 mai 2006, n° 04-50.149, *Bull. civ.* I, n° 229.
8. Civ. 1re, 23 janv. 2008, n° 06-13.344, *Bull. civ.* I, n° 20; *Dr. fam.* 2008, comm. n° 72, note Murat – EN CE SENS, CA Paris, 24e ch., sect. B, 13 nov. 2001, arrêt n° 441, *JDJ* mai 2009, p. 72 (insuffisance de l'expertise osseuse d'autant qu'un certificat médical confortait les énonciations de l'acte de naissance) – CA Metz, ch. mineurs, 26 sept. 2005, n° 05/00115, *JDJ* mai 2009, p. 70.

gée par le Conseil d'État[1] qui s'est appuyé sur les âges physiologiques résultant de certificats médicaux, pour rejeter le pourvoi formé contre la décision de la commission de recours, statuant contre les décisions de refus de visa d'entrée en France. L'article 22-1 de la loi n° 2000-321 du 12 avril 2000[2] prévoit « *qu'en cas de doute sur l'authenticité ou l'exactitude d'un acte de l'état civil étranger, l'autorité administrative saisie d'une demande d'établissement ou de délivrance d'un acte ou d'un titre, fait procéder, en application de l'article 47 du Code civil, aux vérifications utiles auprès de l'autorité étrangère compétente, le silence gardé pendant huit mois vaut décision de rejet* »[3]. Lorsque la minorité n'est pas contestée, l'assistance accordée au mineur joue de plein droit.

B.
Désignation d'un administrateur *ad hoc* chargé d'assister le mineur étranger

243.61 Nécessité de la désignation d'un administrateur *ad hoc*. La loi n° 2002-305 du 4 mars 2002[4], relative à l'autorité parentale, prévoit la nomination d'un administrateur *ad hoc* pour les mineurs isolés placés en zone d'attente[5]. Le procureur de la République, informé par la PAF, doit désigner sans délai un **administrateur *ad hoc*** chargé d'assister le mineur étranger sans représentant légal et qui n'est pas autorisé à entrer en France[6]. La personne désignée ès qualité, doit se rendre obligatoirement auprès du mineur maintenu pour l'informer de ses droits. Il lui appartient également de désigner un **avocat** qui représentera le mineur devant le juge délégué du tribunal de grande instance, un **interprète** (CESEDA, art. L. 111-7) et de veiller à la **communication du dossier**. Le dispositif ainsi mis en place doit permettre d'assurer le respect des garanties juridiques dues à toute personne (CESEDA, art. L. 221-1 à L. 221-4). Cette assistance doit donc s'exercer durant le maintien du mineur en zone d'attente et pour toutes les procédures administratives et juridictionnelles relatives à ce maintien. De ce fait, si la désignation de l'administrateur *ad hoc* est tardive, une **exception de nullité** pourra être soulevée et, de ce fait, remettre en cause le maintien en zone d'attente[7].

Le fait qu'une association habilitée à représenter le mineur refuse régulièrement des missions de cette nature, ne remet pas en cause la nécessité de solliciter la désignation d'un administrateur *ad hoc*[8]. Cette situation diffère de celle des intervenants associatifs en centres de rétention administrative, pour lesquels la question de la prise en compte de l'incapacité juridique de la personne n'est pas le but premier. Le Conseil d'État n'a pas manqué de rappeler, au visa des articles L. 553-6 et R. 553-14 du Code de l'entrée et du séjour des étrangers et du droit d'asile, que l'intervention des associations d'aide et de soutien aux étrangers portait non seulement sur l'information des droits des étrangers mais aussi sur l'accueil et le soutien qui leur est accordé, pour permettre l'exercice effectif de leurs droits[9].

243.62 Désignation parfois provisoire d'un administrateur *ad hoc*. La désignation de l'administrateur *ad hoc* peut avoir un caractère provisoire. Il en est ainsi pour les mineurs dont la demande d'asile a été déclarée manifestement fondée et qui ne relèveront pas d'une mesure de tutelle, dans un deuxième temps. La mission de l'administrateur *ad hoc* n'est toutefois pas limitée à l'assistance des mineurs qui demandent à **entrer sur le territoire national**. Elle concerne aussi le mineur qui entend présenter sa **demande d'asile pour l'obtention du statut de réfugié** et elle s'achève à la sortie de la zone d'attente.

1. CE 2e ss-sect., 18 déc. 2008, req. n° 296370, *JDJ* mai 2009, p. 73, comm. Rongé – Sur la contradiction des résultats d'examens médicaux qui conduisent à déclarer sans effet les expertises d'examen osseux qui ont été pratiqués, CAA Douai, 8 janv. 2009, n° 08DA01199, *JDJ* mai 2009, p. 77.
2. L. n° 2000-321, 12 avr. 2000, relative aux droits des citoyens dans leurs relations avec les administrations, art. 22-1, *JO* 13 avr., p. 5646. L'article 22-1 de la loi a été modifié par l'article 7 de la loi n° 2006-1376, 14 nov. 2006, relative au contrôle de la validité des mariages, *JO* 15 nov., p. 17113.
3. Il semblerait que l'on peut déduire de la décision précitée du Conseil d'État, que la Commission de recours statuant contre les décisions de refus de visa d'entrée en France, n'ait pas procédé à ces investigations (réf. préc.).
4. L. n° 2002-305, 4 mars 2002, relative à l'autorité parentale, *JO* 5 mars, p. 4161.
5. V. AUSSI circ. n° CIV/01/05, 14 avr. 2005, prise en application du décret n° 2003-841, 2 sept. 2003, relatif aux modalités de désignation et d'indemnisation des administrateurs *ad hoc* institués par l'art. 17 de la loi n° 2002-305, 4 mars 2002, relative à l'autorité parentale, *BOMJ* n° 2005/98, p. 33-42.
6. Le maintien dans cette zone, au-delà des quatre jours suivant la décision initiale de maintien, ne peut être autorisé que par le juge des libertés et de la détention. La décision de ce juge (ordonnance) est susceptible d'appel, dans les 24 heures de son prononcé, devant le premier président de la cour d'appel ou son délégué. Celui-ci doit statuer dans les 48 heures de sa saisine. Un pourvoi en cassation est possible contre l'ordonnance du premier président de la cour d'appel ou son délégué. Il est ouvert à l'étranger, ainsi qu'à l'autorité administrative qui a prononcé la mesure, et au ministère public.
7. Civ. 1re, 22 mai 2007, n° 06-17.238, *Bull. civ.* I, n° 202 (cassation sans renvoi) – V. AUSSI EN CE SENS, CA Paris, Ord., 1er août 2008, RG n° 08/00784, *JDJ* mai 2009, p. 67.
8. Civ. 1re, 6 mai 2009, n° 08-14.519, NP.
9. CE 7e et 2e ss-sect. réunies, 16 nov. 2009, req. n° 328826 et n° 328974.

SECTION 2

TRAITEMENT ADMINISTRATIF ET JUDICIAIRE DE LA SITUATION DU MINEUR ÉTRANGER SUR LE TERRITOIRE NATIONAL

243.70 **Division.** La demande d'asile est présentée le plus souvent sur le territoire national (§ 1). Quelle que soit l'issue de la procédure, le jeune étranger sera amené par la suite à entreprendre des démarches pour obtenir un titre de séjour (§ 2) et ultérieurement acquérir la nationalité française s'il remplit les conditions légales (§ 3). Ces objectifs ne seront jamais mis en œuvre pour ceux qui demandent ou se voient opposés une aide au retour dans le pays d'origine (§ 4).

§ 1

Demande d'asile présentée sur le territoire national

243.80 **Division.** Le traitement de la demande d'asile relève à la fois de la compétence des préfectures (A), de l'Office français de protection des réfugiés et des apatrides (B) et la Cour nationale du droit d'asile (C).

A.

Compétence des préfectures

243.81 **Textes applicables.** L'octroi du statut de réfugié relève des nouvelles dispositions entrées en vigueur le 1er janvier 2004 et issues de la loi n° 2003-1176 du 10 décembre 2003[1], modifiant la loi n° 52-893 du 25 juillet 1952[2], relative au droit d'asile. Elle est complétée par une circulaire du ministère de l'Intérieur du 22 avril 2005 qui explicite le contenu des nouvelles dispositions légales et réglementaires en matière d'asile. S'agissant des mineurs étrangers requérant à l'obtention du statut de réfugié, elle opère une distinction entre les **mineurs qui déclarent avoir moins de quatorze ans** et ceux qui mentionnent un **âge supérieur**.

243.82 **Mineur déclarant avoir plus de quatorze ans.** La préfecture doit remettre le formulaire de demande d'asile à l'administrateur *ad hoc* qui aura été désigné. Celui-ci est seul compétent pour signer ce formulaire et le remettre à l'OFPRA qui, par ailleurs, est avisé par la préfecture que le mineur entend déposer une demande d'asile. En application du règlement « Eurodac »[3], la préfecture est autorisée à prendre les empreintes digitales du mineur étranger aux fins d'insertion dans la banque de données. Lorsque le mineur étranger est **âgé de plus de seize ans**, les données le concernant sont enregistrée dans le système informatisé AGDREF[4].

243.83 **Mineur déclarant avoir moins de quatorze ans.** L'administrateur *ad hoc* se voit remettre le même formulaire et la prise en charge du mineur étranger s'organise à partir des informations transmises au procureur de la République.

B.

Procédure devant l'Office français des réfugiés et des apatrides

243.91 **Le choix de la protection demandée relève de l'Office français des réfugiés et des apatrides.** L'OFPRA fait l'objet d'une organisation spécifique. Il appartient à la section 1 de la division en charge de la Protection juridique d'instruire les demandes d'inscriptions des enfants mineurs de moins de seize ans sur les listes de contrôle de l'office, que ces enfants soient ou non entrés dans le cadre de la procédure de regroupement familial. Lorsque le mineur est en mesure d'établir qu'il est exposé dans son pays à une **menace grave, directe et individuelle**, ou à une **violence généralisée**, il peut demander à bénéficier de la **protection subsidiaire**, accordée à toute personne qui ne remplit pas les conditions pour se voir reconnaître la qualité de réfugié (CESEDA, art. L. 712-1). Le choix de la protection demandée ne lui appartient pas, puisqu'il relève de la seule compétence de l'OFPRA qui, au terme d'une instruction unique et sous le contrôle de la Cour nationale du droit d'asile, se prononce en fonction de la situation invoquée[5].

1. L. n° 2003-1176, 10 déc. 2003, modifiant la loi n° 52-893 du 25 juillet 1952 relative au droit d'asile, *JO* 11 déc., p. 21080.
2. L. n° 52-893, 25 juill. 1952, portant création d'un office français de protection des refugies apatrides, *JO* 27 juill., p. 7642.
3. Règl. (CE) n° 2725/2000, 11 déc. 2000, concernant la création du système « Eurodac » pour la comparaison des empreintes digitales aux fins de l'application efficace de la convention de Dublin II. En fait, le règlement (CE) n° 343-2003, du 18 févr. 2003, dit « Dublin II » car faisant suite à la convention de Dublin, permet de déterminer l'État responsable de l'examen d'une demande d'asile.
4. L'AGDREF (Application de gestion des dossiers des ressortissants étrangers en France) est un fichier informatisé placé sous la responsabilité du ministère de l'Intérieur français. Il rassemble à la fois des fichiers départementaux (gérés par les préfectures) et un fichier national géré par le ministère de l'Intérieur.
5. OFPRA, *Rapport 2009*, p. 27 : le nombre de décisions rendues par l'OFPRA sur les dossiers de mineurs isolés s'élève à 490 en 2009, parmi lesquelles 112 sont des décisions d'admission; 103 mineurs ont été reconnus comme réfugiés et 9 comme bénéficiaires de la protection subsidiaire.

243.92 Nécessité d'un représentant légal du mineur étranger. Les mineurs étrangers isolés sont systématiquement convoqués à l'OFPRA, pour être entendus par les officiers de protection, spécialement affectés à la connaissance et au traitement de ces situations particulières. L'OFPRA ne peut prendre sa décision tant que le mineur n'a pas de représentant légal. Elle saisit le procureur de la République à cette fin. Lorsque l'OFPRA accepte la demande présentée par le mineur, celui-ci se voit délivrer un **certificat de réfugié** qui lui permet d'obtenir une **carte de résident de plein droit** pour une durée renouvelable de dix ans (CESEDA, art. L. 314-1 et L. 314-11).

C. Procédure devant la Cour nationale du droit d'asile

243.101 Cour nationale du droit d'asile (CNDA). Elle a pour fonction essentielle de statuer sur les recours formulés par les étrangers et apatrides auxquels l'OFPRA a refusé de reconnaître la qualité de réfugié. Le représentant légal du mineur dispose d'un **délai d'un mois** à partir de la date à laquelle il réceptionne le courrier recommandé avec avis de réception envoyé par l'OFPRA, et qui l'informe de sa décision. Dès que le recours est enregistré, le demandeur se voit délivrer un reçu du recours exercé et il peut être convoqué en séance publique, notamment par les membres de la formation de jugement. À l'issue des plaidoiries, la CNDA annule ou confirme la décision du directeur général de l'OFPRA. Si la décision de l'OFPRA est annulée, le mineur étranger est reconnu comme réfugié. Si la CNDA confirme la décision de l'OFPRA, le mineur étranger, légalement représenté, peut encore, dans certains cas, se pourvoir devant le Conseil d'État avec l'assistance d'un avocat. Sa minorité le protège de toute mesure d'expulsion du territoire français.

§ 2 Obtention d'un titre de séjour

243.111 Document de circulation des mineurs. Jusqu'à dix-huit ans, les mineurs étrangers ne sont pas tenus de disposer d'un titre de séjour, dans la mesure où ils ne peuvent être expulsés du territoire français (CESEDA, art. L. 521-4). L'avantage qui leur est consenti ne les autorise pas pour autant à exiger, et de plein droit, que leur situation soit régularisée en atteignant l'âge de dix-huit ans. Les mineurs concernés peuvent toutefois bénéficier d'un document intitulé « *document de circulation des mineurs* » (DCM). Il permet de faciliter les déplacements transfrontaliers des mineurs étrangers qui résident en France et qui ne possèdent pas de titre de séjour[1]. Il est délivré de plein droit et pour cinq ans (CESEDA, art. D. 321-16 et D. 321-20) au mineur qui ne remplit pas les conditions d'obtention du « *titre d'identité républicain* » (TIR) dont peuvent bénéficier les mineurs nés en France de parents étrangers. La demande aux fins d'obtention du DCM doit être déposée en préfecture ou sous-préfecture et le document demandé est délivré par le préfet du département où réside habituellement le mineur (CESEDA, art. D. 321-17).

243.112 Carte de séjour temporaire et exceptionnelle pour les victimes de la traite des êtres humains et/ou de proxénétisme. Dans des situations exceptionnelles, l'étranger, y compris le mineur, et dont la présence ne constitue pas une menace pour l'ordre public, peut se voir délivrer une carte de séjour temporaire, dès lors qu'il dépose plainte contre une personne mise en cause au titre de la traite des êtres humains et/ou du proxénétisme (CESEDA, art. L. 316-1 et art. R. 316-1 à R. 316-4). La possibilité de disposer de ce titre de séjour implique la volonté de coopérer avec l'autorité judiciaire mais ne concerne en réalité que les mineurs qui souhaitent exercer une activité salariée. En effet, hors ce cas particulier, le mineur n'a pas l'obligation de détenir un titre de séjour. Néanmoins, une circulaire du ministère de l'Intégration, de l'identité nationale et du développement solidaire, prévoit que la délivrance d'un tel titre de séjour concerne aussi les étrangers qui atteignent l'âge de dix-huit ans et qui ont été reconnues victimes d'infractions de traite des êtres humains ou de proxénétisme plusieurs années auparavant[2].

243.113 Mineur pris en charge par un service de l'Aide sociale à l'enfance avant seize ans : carte de séjour temporaire mention « vie privée et familiale ». La régularisation administrative de la situation des mineurs étrangers peut s'imposer dès l'âge de seize ans, lorsqu'ils envisagent de suivre une formation professionnelle, de bénéficier d'un contrat d'apprentissage ou de professionnalisation ou de s'inscrire au Pôle-Emploi. Ils sont amenés à solliciter le plus souvent une **autorisation de travail**. Des dispositions particulières pour les jeunes mineurs étrangers, déjà pris en charge par un ser-

1. Il semble que le document de circulation n'appartienne qu'aux personnes limitativement énumérées par la loi – EN CE SENS, v. E. Putman, « Le document de circulation prévu par le Code des étrangers [L. 321-4] peut être refusé à un enfant objet d'une kamala », note s[s] TA Montpellier, 7 mai 2009, n° 0802179, *RJPF* 2009-10/29.
2. Direction de l'immigration, sous-direction du Travail et du séjour, circ. n° IMIM0900054C, 5 févr. 2009.

vice de l'ASE, ont été adoptées dans le cadre de la loi nº 2005-32 du 18 janvier 2005 de programmation pour la cohésion sociale[1]. Ces dispositions ont été reprises par la nouvelle nomenclature retenue pour le Code du travail. L'article R. 5221-22 de ce code, dans sa version issue du décret nº 2008-244 du 7 mars 2008[2], prévoit que « *la situation de l'emploi ne peut être opposée à la demande d'un étranger qui a été pris en charge par le service de l'Aide sociale à l'enfance avant qu'il ait atteint l'âge de seize ans et qui l'est toujours au moment où il présente sa demande* ». La prise en charge d'un mineur étranger par les services du conseil général conduit à une issue favorable pour le jeune étranger qui atteint l'âge de dix-huit ans. La loi nº 2006-911 du 24 juillet 2006, relative à l'immigration et à l'intégration[3], a introduit dans le Code de l'entrée et du séjour des étrangers et du droit d'asile, un 2 *bis* à l'article L. 313-11 qui prévoit qu'une « *carte de séjour temporaire, portant la mention* « vie privée et familiale » *est délivrée de plein droit* [...] *au mineur qui a été confié, depuis qu'il a atteint au plus l'âge de seize ans, au service de l'aide sociale à l'enfance* [...] ». L'absence de menace pour l'ordre public, le caractère réel et sérieux du suivi de la formation, l'avis de la structure d'accueil et la nature des liens avec la famille restée dans le pays d'origine sont également pris en considération. Les procédures d'attribution des cartes temporaires de séjour varient considérablement selon les départements, certaines préfectures étant plus enclines que d'autres à délivrer telle ou telle autre carte de séjour temporaire (mention « *Étudiant* », « *Salarié* » ou « *Vie privée et familiale* »).

243.114 Mineur de plus de seize ans pris en charge par un service de l'Aide sociale à l'enfance : titre de séjour. L'accès au marché du travail pour ceux qui ont été pris en charge par l'ASE après l'âge de seize ans, est restreint. Dès lors que le mineur étranger accède à la majorité sans toutefois remplir toutes les conditions visées par le Code du travail, il doit justifier qu'il remplit les conditions de droit commun exigées pour tous les salariés étrangers. Ces conditions concernent l'admission au travail (promesse d'embauche, contrat de travail visé par la direction départementale du Travail, de l'emploi et de la formation professionnelle [DDTEFP]). Le formulaire « *Demande d'autorisation d'embauche d'un salarié étranger* » doit être rempli par l'employeur qui s'engage par ailleurs à verser la taxe employeur (TE) à l'Office français de l'immigration et de l'intégration (OFII – CESEDA, art. L. 311-15). L'étranger pris en charge « tardivement » par l'ASE pourra toutefois bénéficier d'un titre de séjour sans que la situation de l'emploi lui soit opposable, dès lors qu'il entend exercer une activité salariée, dans un métier ou une zone géographique caractérisés par des difficultés de recrutement et figurant sur une liste des métiers dits « *en tension* », établie, région par région, au plan national par l'Administration[4]. La concertation entre les services de la préfecture, ceux du conseil général et de leurs partenaires, anticipe de manière favorable, une sortie des dispositifs institutionnels de protection de l'enfance[5].

243.115 Carte de séjour temporaire « Étudiant ». Le jeune majeur peut prétendre également à la délivrance d'une carte de séjour temporaire mention « *Étudiant* » s'il est entré sur le territoire français de manière régulière après l'âge de treize ans, hors regroupement familial. Il doit démontrer son intérêt pour la poursuite d'études secondaires en France, le préfet disposant d'un pouvoir discrétionnaire en l'absence d'un visa long séjour. L'étranger doit alors pouvoir justifier d'une inscription dans un établissement secondaire et produire des justificatifs de moyens d'existence suffisants (ou d'une caution), de domicile et de santé satisfaisantes (certificat médical).

§ 3
Acquisition de la nationalité française par déclaration

243.121 Condition de la demande : mineur étranger confié depuis au moins trois ans à un service de l'Aide sociale à l'enfance. Avant l'adoption de la loi nº 2003-1119 du 26 novembre 2003, relative à la maîtrise de l'immigration, au séjour des étrangers en France et à la nationalité[6], les mineurs étrangers confiés à l'ASE pouvaient demander la nationalité française, sans condition de délai de prise en charge[7]. Les dispositions nouvelles intro-

1. L. nº 2005-32, 18 janv. 2005, de programmation pour la cohésion sociale, *JO* 19 janv., p. 864.
2. Décr. nº 2008-244, 7 mars 2008, relatif au Code du travail (partie réglementaire), *JO* 12 mars, p. 37003.
3. L. nº 2006-911, 24 juill. 2006, relative à l'immigration et à l'intégration, *JO* 25 juill., p. 11047.
4. Arr. 18 janv. 2008, relatif à la délivrance, sans opposition de la situation de l'emploi, des autorisations de travail aux étrangers non ressortissants d'un État membre de l'Union européenne, d'un autre État partie à l'Espace économique européen ou de la Confédération suisse, *JO* 20 janv., p. 1048.
5. Sur la proposition de sécuriser la situation des mineurs placés à l'ASE entre seize et dix-huit ans, v. les conclusions du groupe de travail préc.
6. L. nº 2003-1119, 26 nov. 2003, relative à la maîtrise de l'immigration, au séjour des étrangers en France et à la nationalité, *JO* 27 nov., p. 20136.
7. EN CE SENS, TGI Limoges, 1re ch., 19 sept. 2002, nº 00/00296, *JDJ* mai 2009, p. 75.

duites par la loi précitée prévoient que seuls les mineurs confiés depuis au moins trois ans à l'ASE peuvent solliciter, par déclaration au tribunal d'instance, la nationalité française (C. civ., art. 21-12 et 26-1 qui prévoit la compétence du greffier en chef du tribunal de grande instance depuis le 1er janvier 2010). Interrogé, le ministère de la Justice a précisé que cette condition de délai devait s'appliquer à toutes les déclarations souscrites après l'entrée en vigueur de cette loi, indépendamment de la date de leur placement. Le mineur étranger ne pourra se prévaloir de ces dispositions que s'il est en mesure d'établir qu'il a été pris en charge par les services du département depuis l'âge de quinze ans et qu'il produit son extrait d'acte de naissance[1]. Les pièces produites au soutien de la demande, et notamment l'acte de naissance, ne doivent pas être remis en cause. À ce titre, l'article 47 du Code civil, modifié, par la loi n° 2006-1376 du 14 novembre 2006, relative au contrôle de la validité des mariages[2], prévoit désormais que « *tout acte de l'état civil des Français et des étrangers fait en pays étranger et rédigé dans les formes usitées dans ce pays fait foi, sauf si d'autres actes ou pièces détenus, des données extérieures ou des éléments tirés de l'acte lui-même établissent, le cas échéant après toutes vérifications utiles, que cet acte est irrégulier, falsifié ou que les faits qui y sont déclarés ne correspondent pas à la réalité* ». La première chambre civile de la Cour de cassation n'a pas manqué de le rappeler le 26 janvier 2008.[3] Cette question renvoie par ailleurs aux difficultés liées à l'établissement de l'identité des mineurs étrangers. Dans un avis rendu public le 18 décembre 2009, la Commission nationale consultative des droits de l'homme préconise la création d'un dispositif interdépartemental ayant pour mission d'aider les professionnels impliqués à établir l'identité des mineurs concernés et à retrouver leurs familles à l'étranger[4].

243.122 Acte de naissance établi par une autorité étrangère et procédure de légalisation. Produire un acte de naissance établi par une autorité étrangère ne suffit pas. Lorsque de tels actes sont destinés à être produits en France, ils demeurent soumis à la procédure dite « *de légalisation* »[5], selon la coutume internationale et en l'absence de convention contraire. À défaut, l'acte non légalisé ne répond pas aux exigences de la loi et ne peut recevoir effet en France. Tel était le cas pour une jeune congolaise, confiée durant sa minorité à l'ASE, et qui avait souscrit une déclaration de nationalité française sur le fondement de l'article 21-12 du Code civil[6]. La procédure de légalisation s'impose tout autant lorsque l'acte produit est un acte notarié établi pour justifier de l'état civil de la personne. Elle peut emprunter une forme simplifiée qui conduira le requérant à solliciter son ambassade ou son consulat pour certifier comme étant établi dans les formes prévues par la loi nationale de l'intéressé l'acte d'état civil ou notarié[7]. Le tribunal d'instance, saisi aux fins de déclaration de nationalité, ne peut en revanche exiger d'autres conditions que celles posées par la loi. La Cour de cassation a censuré les juges de fond qui rejetaient de telles demandes lorsqu'ils considéraient que la prise en charge par l'ASE du mineur était insuffisante pour avoir une influence effective sur sa formation et sur son éducation et pour lui assurer un degré satisfaisant d'intégration dans la communauté française[8].

243.123 Absence de registres d'état civil dans le pays dont le mineur étranger est originaire. La légalisation des actes n'est pas sans poser de problème lorsque les autorités du pays d'origine des jeunes étrangers ne disposent pas de registres d'état civil. Il leur est alors possible, sur le fondement de l'article 46 du Code civil, d'obtenir un jugement supplétif tenant lieu d'acte de naissance. Cette procédure ne doit pas être détournée de son objectif. Tel serait le cas si le problème soulevé par le requérant est lié, non pas tant à la perte ou à la destruction des registres d'état civil, qu'à l'impossibilité de se procurer une légalisation des actes auprès des autorités étrangères[9].

1. Décr. n° 93-1362, 30 déc. 1993, relatif aux déclarations de nationalité, aux décisions de naturalisation, de réintégration, de perte, de déchéance et de retrait de nationalité française, *JO* 31 déc., p. 18559.
2. L. n° 2006-1376, 14 nov. 2006, relative au contrôle de la validité des mariages, *JO* 15 nov., p. 17113.
3. Civ. 1re, 26 janv. 2008, n° 06-13.344, *Bull. civ.* I, n° 20, *supra* n°.
4. CNCDH, avis 18 déc. 2009, consultable sur www.cncdh.fr
5. Ord. min. Marine, août 1681, abrogée par ord. n° 2006-460, 21 avr. 2006, relative à la partie législative du Code général de la propriété des personnes publiques, *JO* 22 avr., p. 6024, art. 7, 7°.
6. Civ. 1re, 4 juin 2009, n° 08-13.541, *Bull. civ.* I, n° 116; *AJ fam.* 2009, obs. Chénedé – EN CE SENS, Civ. 1re, 14 nov. 2007, n° 07-10.935, *Bull. civ.* I, n° 356; *Dr. fam.* 2008, comm. Fongaro.
7. Civ. 1re, 4 juin 2009, n° 08-10.962, *Bull. civ.* I, n° 115; *AJ fam.* 2009, obs. Chénedé; *Rev. crit. DIP* 2008, 298, note Revillard – I. Coppart, « Les actes d'état civil établis à l'étranger doivent obligatoirement être légalisés », *RJPF*-2009-9/12 – Précédent : Civ. 1re, 14 nov. 2007, n° 07-10.935, préc. ss prést n° (cassation).
8. Civ. 1re, 14 nov. 2006, n° 05-21.991, NP – Civ. 1re, 4 oct. 2005; n° 03-20.581, NP – Civ. 1re, 18 mai 2005, n° 03-16.617, *Bull. civ.* I, n° 220.
9. TGI Créteil, ch. cons., 17 janv. 2002, n° 10027/2001/6 – TGI Paris, ch. cons., 18 janv. 2006, n° 04/10188 *JDJ* mai 2009, p. 74 – CA Paris, 26 févr. 2009, RG n° 07/14496.

§ 4
Aide au retour

243.131 Aide au retour du mineur étranger dans son pays d'origine et respect de l'intérêt de l'enfant. L'idée selon laquelle des possibilités de retour doivent être mise en œuvre en faveur des mineurs étrangers isolés est largement partagée par les différents acteurs en charge de l'accompagnement des mineurs étrangers. La Défenseure des enfants[1] en avait émis l'idée dès 2002, en mettant l'accent, d'une part sur les conditions de **volontariat chez ces mineurs** et, d'autre part, sur des **exigences de sécurité dans le pays d'origine**. Ce retour ne peut toutefois être envisagé que dans le cadre du **respect de l'intérêt de l'enfant**, notamment en déployant tous les moyens pour réunir les membres d'une même famille.

243.132 Pas de rapatriement qui mettrait le mineur étranger en situation de danger. Le rapatriement sans condition est inenvisageable s'il doit conduire à mettre le mineur en situation de danger. La famille de l'enfant, ou une institution adaptée à sa situation, doit être prête à l'accueillir pour éviter qu'il ne soit victime des réseaux criminels ou mafieux. L'État français est appelé à accroître sa coopération avec les pays d'origine des enfants, pour ralentir le processus d'immigration. Des initiatives ont déjà été adoptées en ce sens. C'est le cas avec la **Roumanie**, dans le cadre d'un premier accord intergouvernemental (4 octobre 2002) qui avait pour finalité de constituer un groupe de liaison opérationnel entre les différentes administrations sociales, policières et judiciaires des deux pays. En réalité, peu de retours ont été organisés depuis la conclusion de cet accord, son application se heurtant à de nombreuses difficultés. Il a été remplacé par l'accord franco-roumain du 1er février 2007, relatif à une coopération en vue de la protection des mineurs roumains isolés sur le territoire de la République française et à leur retour dans leur pays d'origine, ainsi qu'à la lutte contre les réseaux d'exploitation concernant les mineurs. L'**Europe** n'est pas absente de ce débat comme en témoigne la directive n° 2008/115/CE du Parlement européen et du Conseil du 16 décembre 2008 qui fixe un minimum de garanties juridiques pour les ressortissants de pays tiers en séjour irrégulier[2]. Lorsque la décision concernera un mineur non accompagné, il devra être assisté conformément à son intérêt supérieur, et si possible remis à sa famille, ou à une structure d'accueil dans l'État de retour (art. 10).

1. Défenseur des enfants, *Rapport 2002*, p. 192.
2. Dir. Cons. CE n° 2008/115, 16 déc. 2008, *JOUE* 24 déc. 2008, n° 1, 348/98 – V. AUSSI, E. Putman, « L'Union européenne fixe les normes de retour des ressortissants de pays tiers en séjour irrégulier », *RJPF* 2009-3/12.

243.133 Rôle de l'Office français de l'immigration et de l'intégration (OFII). L'idée d'un retour dans le pays d'origine avait aussi été retenue par le groupe de travail sur les modalités d'accès des mineurs isolés sur le territoire français[3]. Le groupe de travail préconisait la mise en place d'une cellule interministérielle, spécialisée dans la recherche de l'autorité parentale, et qui serait un passage obligé, quel que soit le point d'entrée du mineur sur le territoire. Ce travail de recherche devait être poursuivi avec la mise en relation entre les services compétents de l'État d'origine, et ceux organisant le rapatriement du mineur. Mais le délai imparti à la cellule de recherche est beaucoup trop bref pour entreprendre des investigations efficaces. À l'heure actuelle, ce sont les services judiciaires, l'ASE et les associations qui assument cette tâche. L'OFII apporte toutefois sa contribution, puisque dans le cadre d'une procédure de retour d'un mineur étranger dans son pays, il peut être saisi sur demande d'un magistrat ou dans le cadre d'une procédure de réunification familiale dans le pays d'origine. Son intervention est possible en France avant le départ, en vue de procéder à un certain nombre de démarches (établissement des contacts avec la famille en vue de préparer le retour, information des autorités consulaires du pays d'origine du mineur, obtention du document de voyage pour le mineur démuni de passeport, réservation du billet d'avion pour le mineur et l'accompagnant OFII, *etc.*). Il est aussi présent le jour du départ, lors de la prise en charge et de l'accompagnement du mineur au pays de retour, mais aussi lors de la remise du mineur à sa famille à l'aéroport, et après le retour, auprès de l'ensemble des acteurs concernés.

SECTION 3
PRISE EN CHARGE DES MINEURS ÉTRANGERS ISOLÉS

243.140 Division. Véritable défi, la prise en charge des mineurs étrangers isolés est confrontée le plus souvent à la saturation des dispositifs d'accueil (§ 2) alors même que cette prise en charge peut relever de mesures de protection diverses (§ 1). Parce qu'ils sont d'abord mineurs avant d'être étrangers, leur scolarisation et la mise en place d'une couverture sociale s'imposent (§ 3).

3. Groupe de travail présidé par M. le Préfet d'Île-de-France, 2002.

§ 1
Diversité des mesures de protection

243.150 **Division.** Ce sont les mesures habituelles du dispositif de protection de l'enfance qui sont actionnées à l'égard de mineurs étrangers. Ils peuvent ainsi être accueillis à titre provisoire (A), bénéficier d'une mesure d'assistance éducative (B), de tutelle ou de délégation d'autorité parentale (C). Les autorités compétentes s'efforcent également de tout mettre en œuvre pour anticiper la sortie des dispositifs de protection de ces mineurs (D).

A.
Recueil provisoire par les services de l'Aide sociale à l'enfance

243.151 **Texte applicable, procédure et hétérogénéité des situations.** Le service de l'ASE se fonde sur les dispositions de l'article L. 223-2 du Code de l'action sociale et des familles pour recueillir en urgence, et à titre provisoire, un mineur étranger ou présumé comme tel. Le service concerné doit aviser le parquet et saisir l'autorité judiciaire, dans un **délai de cinq jours**, si le mineur n'a pu être remis à ses représentants légaux (v. s[s] n° 241.123). Ce cas de figure doit être envisagé pour le mineur étranger qui n'a pas transité par une zone portuaire ou aéroportuaire, et qui sollicite la protection des services sociaux. Les conseils généraux peuvent donc recourir à la protection administrative, mais d'autres s'y refusent, préférant laisser à l'autorité judiciaire le soin de déterminer si le mineur étranger doit faire l'objet d'une mesure de protection[1]. Il existe de ce fait une forte hétérogénéité dans les circuits administratifs et judiciaires de prise en charge de mineurs étrangers. L'égalité de traitement des mineurs étrangers isolés sur le territoire national n'est donc pas garantie.

243.152 **Absence d'expertise osseuse mais placement provisoire à l'Aide sociale à l'enfance par le parquet.** Les professionnels de l'enfance sont parfois confrontés à une autre réalité. Le parquet peut ne pas être en mesure de financer le recours à l'expertise osseuse, ce qui ne l'empêche pas de prendre une ordonnance de placement provisoire du « *mineur* » étranger à l'ASE et de saisir le juge des enfants aux fins d'ouverture d'une mesure d'assistance éducative. Une telle décision n'est pas toujours fondée en droit et dans les faits, le mineur étranger étant dépourvu d'un représentant légal (v. s[s] n° 243.171). Par ailleurs, l'absence de mesure liée à la détermination de l'âge pour les mineurs dépourvus de tout titre d'identité, conduit les conseils généraux à prendre en charge des mineurs pour lesquels le doute subsiste concernant leur âge. La Mission d'analyse et de proposition sur les conditions d'accueil des mineurs étrangers isolés en France s'est interrogée sur le caractère systématique de la position de certains parquets, qui refusent de saisir le juge des enfants, notamment pour les mineurs les plus éloignés des dispositifs de protection[2]. Elle recommande l'adoption d'une circulaire qui permettrait de mettre fin à la dispersion des pratiques des parquets.

Dans les faits, ce n'est pas toujours la question de la détermination de l'âge qui se pose mais celle des **critères** pris en compte pour retenir un âge inférieur ou supérieur à dix-huit ans. Un auteur[3] a ainsi rappelé que l'âge de la majorité pour un jeune étranger dépendait de la question juridique qui était posée. Les textes d'ordre public, qui concernent plus particulièrement les mineurs étrangers non accompagnés – textes sur l'entrée et le séjour des étrangers, et ceux relatifs à la protection de l'enfance en danger – retiennent l'âge de dix-huit ans. Il en serait différemment si la question se posait par exemple au titre de sa capacité ou de l'établissement de sa filiation[4].

B.
Assistance éducative

243.161 **Évaluation du danger.** La détermination du danger participe de l'essence même du travail effectué par le juge des enfants et peut se révéler déterminante au moment de l'ouverture du dossier d'assistance éducative. Les éléments de danger trouvent leur source dans la défaillance parentale qui est constatée, qu'elle soit volontaire ou non. Elle expose le mineur au danger avec les risques de tomber dans l'errance ou la délinquance ou entre

1. *Mission d'analyse et de proposition sur les conditions d'accueil des mineurs étrangers isolés en France*, J. Blocquaux, A. Burstin et D. Gioirgi, rapport. n° 2005-010, janv. 2005, p. 21.

2. *Mission d'analyse et de proposition sur les conditions d'accueil des mineurs étrangers isolés en France*, préc. s[s] n° 243.151.
3. Monéger, note s CA Paris, 16 mai 2000, Conseil général du Val-de-Marne c/E. Munezero, *RDSS* 2000, 609 s. ; J. Foyer, « Les mesures d'assistance éducative en droit international privé », *Rev. crit. DIP* 1965, 39 – À noter cependant que dans l'affaire concernant des parents et un enfant de statut civil coutumier kanak, la Cour de cassation dans un avis rendu le 16 décembre 2005 a estimé que la juridiction civile de droit commun devait être complétée par des assesseurs coutumiers : Cass. avis, 16 déc. 2005, n° 05-00.026, *RDSS* 2006, 370 s., note Paricard.
4. F. Monéger, préc. s[s] prés[t] n°.

les mains des réseaux criminels. La question de la protection est d'autant plus importante pour les mineurs étrangers qui sont mandatés par leurs familles à des fins économiques. Il serait regrettable d'assimiler systématiquement ces mineurs à des orphelins alors que l'on n'exclut pas, parallèlement, de travailler sur l'idée d'un retour de ces mineurs dans leur famille et leur pays d'origine.

243.162 Juge compétent. C'est précisément par rapport à l'analyse de ces conditions de vie et au risque d'un éventuel danger pesant sur le mineur en cas de retour dans le pays d'origine, que la question de la compétence du juge des enfants a été évoquée[1]. Dans l'affaire soumise à la cour d'appel de Paris, le mineur se trouvait encore en zone d'attente lorsque l'intervention du juge des enfants avait été sollicitée. Le ministère de l'Intérieur avait par ailleurs décidé que la demande d'admission, au titre de l'asile, était infondée. Comme pour tous les étrangers maintenus en zone d'attente, les mineurs sont concernés par la dualité des juges intervenant dans le cadre de la procédure relative au maintien en zone d'attente. Le juge administratif est compétent pour apprécier la légalité du refus d'admission sur le territoire français et le juge judiciaire est saisi lorsqu'il s'agit de se prononcer sur la prolongation du maintien en zone d'attente. La cour d'appel de Paris, dans son arrêt du 20 août 2004, n'écarte pas la compétence du juge des enfants, tout en considérant que le danger était caractérisé par les risques encourus en cas de retour vers le pays d'origine. Ces risques ont été appréciés et évalués indépendamment de l'examen effectué par l'administration au regard de l'asile. Les juges du fond ont ainsi pu constater l'absence de membres de la famille pour assumer la charge du mineur, alors qu'en France un membre de la famille présentait une situation stable et pouvait offrir un accueil permanent au mineur en lui garantissant le droit d'avoir une vie familiale. Au regard du principe de l'intérêt supérieur de l'enfant, la décision est intéressante. Elle conduit au maintien du mineur sur le territoire français tout en organisant sa protection dans le cadre du dispositif de protection judiciaire. Pour sa part, la Cour de cassation a tout d'abord rappelé que la zone d'attente d'un aéroport se trouvait sous contrôle administratif et juridictionnel national et a déclaré infondée la décision d'un premier président de cour d'appel qui considérait que la mesure de protection tirée de l'article 375 du Code civil ne pouvait être mise en œuvre que sur le territoire national[2].

1. CA Paris, 20 août 2004, *Dict. perm. Droit des étrangers*, n° 124, p. 7118 – EN CE SENS, T. enfants Bobigny, Ord., 29 oct. 2008, n° 108/0624, *JDJ* mai 2009, p. 67.

C.
Mesure de tutelle ou délégation de l'autorité parentale

243.171 Saisine du juge des tutelles. La protection mise en place au titre de l'assistance éducative se révèle insuffisante en l'absence de référents parentaux, les services gardiens n'étant pas investis de prérogatives d'autorité parentale très étendues. C'est la raison pour laquelle le juge des tutelles est saisi aux fins d'ouverture d'une tutelle qui est déférée à l'ASE lorsqu'elle est déclarée vacante (C. civ., art. 411)[3]. Cette démarche est indispensable lorsqu'il s'agit de représenter les intérêts du mineur dans le cadre d'une procédure le concernant, et notamment la demande d'accès au statut de réfugié. Sur le plan procédural, un juge des tutelles peut être saisi de la situation d'un mineur étranger isolé, par le parquet des mineurs, à la suite d'un signalement d'un tiers ou de l'ASE. Il peut aussi se saisir d'office. Bien que l'institution de la tutelle soit d'ordre public et que le mineur réside en France et doit être représenté, il s'avère que certains juges des tutelles refusent de se saisir, en faisant part, verbalement ou par simple courrier, de leur prise de position, et en excluant donc de prendre une ordonnance motivée en ce sens, qui permettrait aux services gardiens de faire appel de cette décision.

243.172 Délégation de l'autorité parentale. La compétence du juge des enfants pourrait être écartée si l'on considère que la tutelle doit être déférée à l'ASE lorsque le mineur étranger, entré seul et clandestinement en France, ne peut être récupéré par sa famille et rapatrié. Le débat est relancé aujourd'hui avec le recours à la délégation de l'autorité parentale (C. civ., art. 377), mesure plus souple dans sa mise en œuvre et dans son fonctionnement. Encore faut-il que la demande ne soit pas soutenue par le seul délégataire, lorsque le mineur a encore des contacts téléphoniques avec l'un de ses parents à l'étranger[4].

2. Civ. 1re, 25 mars 2009, n° 08-14.125, *Bull. civ.* I, n° 66; *RJPF*-2009-6/19, p. 19; *AJ fam.* 2009, 225, obs. Gallmeister; *D.* 2009, AJ 1021; *D.* 2009, pan. 1921, obs. Gouttenoire et Bonfils – M. Bruggeman, « Zone d'attente et assistance éducative : vers une protection accrue des mineurs étrangers isolés ? », *RDSS* 2009, 550.
3. Une mission sur les mineurs étrangers isolés a été confiée à Madame le sénateur Isabelle Debré qui devait rendre ses conclusions avant le 31 mars 2010. Un des objets de cette mission était de réfléchir sur la répartition des compétences entre le juge des enfants et le juge des tutelles, et sur les conditions d'accueil de ces mineurs dans les centres de rétention administrative, ainsi que sur les procédures de réacheminement dans leur pays d'origine – V. AUSSI CA Versailles, *RTD civ.* 2004, 77, obs. Hauser; *RDSS* 2004, 187, obs. Monéger.
4. Civ. 1re, 1er juill. 2009, n° 08-12146, NP.

D.

Sortie du dispositif de protection des mineurs

243.181 Dispositif d'aide aux jeunes majeurs. L'accès à la majorité du jeune étranger le confronte aux difficultés de droit commun concernant, d'une part la situation d'étranger, d'autre part l'accès au dispositif légal concernant les jeunes majeurs. En réalité, les deux problématiques sont liées. Les professionnels de l'enfance, et notamment ceux relevant des conseils généraux, se questionnent sur l'opportunité de recourir au dispositif « *jeunes majeurs* », dès lors que l'obtention d'un titre de séjour n'est pas garanti pour le jeune étranger. Il n'en demeure pas moins que le dispositif d'aide aux jeunes majeurs[1] peut être actionné dès lors que les conditions en sont réunies (v. s^s n° 242.351) et elles n'impliquent pas que le titre de séjour soit obtenu dès lors que la personne atteint l'âge de dix-huit ans. De même, la mise en place d'une telle mesure en faveur du jeune étranger concerné ne lui garantit pas le maintien sur le territoire national. Pourtant, le lien existant entre les projets de formation professionnelle ou de poursuite d'études a été mis en évidence devant les juridictions administratives. Ainsi, une cour administrative d'appel a considéré comme non fondée la décision d'un préfet rejetant la demande d'un titre de séjour à un jeune majeur étranger qui avait bénéficié d'un contrat jeune majeur[2]. Dès lors que le jeune majeur fait l'objet d'une mesure d'éloignement et que celle-ci est considérée comme entachée d'erreur manifeste par une juridiction administrative, il est délivré à l'intéressé une autorisation provisoire de séjour, jusqu'à ce que le préfet ait statué sur son cas[3].

1. V. l'avis de la CNCDH (préc. s^s n° 243.121) qui invite à réfléchir à la mise en place d'un dispositif de protection des jeunes majeurs qui « *pourrait consister en la signature systématique d'un contrat jeune majeur entre ceux-ci et le conseil général concerné* ».
2. CAA Versailles, 25 nov. 2008, 3e ch., n° 08VE00153, NP – EN CE SENS, CAA Bordeaux, 6 avr. 2009, 5e ch., n° 08BX00436, NP.
3. CAA Bordeaux, 7 févr. 2007, juge des reconduites à la frontière, n° 06BX02277, NP – EN CE SENS, CAA Bordeaux, 8 févr. 2010, n° 09BX02387, NP – *CONTRA*, pour un jeune majeur n'ayant pas renouvelé son contrat jeune majeur et ayant conservé des attaches familiales à l'étranger, CAA Versailles, 28 janv. 2010, n° 08VE03668, NP; et pour un jeune majeur célibataire et sans enfant dont l'arrivée en France était récente et la prise en charge par l'Aide sociale à l'enfance limitée à six mois dans le cadre d'un contrat jeune majeur, CAA Bordeaux, 15 déc. 2099, n° 09BX00916, NP.

§ 2

Dispositifs d'accueil des mineurs étrangers isolés

243.190 Division. L'accueil des mineurs étrangers ne peut être envisagé sans les efforts concertés des conseils généraux et de l'État (A) et la mobilisation du secteur associatif (B).

A.

Rôle des conseils généraux et de l'État

243.191 Responsabilité essentielle des départements et des conseils généraux[4]. La loi n° 2007-293 du 5 mars 2007, portant réforme de la protection de l'enfance, a inscrit dans la loi, au titre des missions de la protection de l'enfance, la prise en charge des mineurs privés temporairement ou définitivement de la protection de leur famille (CASF, art. L. 112-3). Il est cependant regrettable que le législateur ne se soit pas saisi pour établir plus clairement les responsabilités de l'État par rapport à ces mineurs[5]. Ces jeunes dépendent aujourd'hui des départements et des structures institutionnelles auxquels ils ont demandé protection. La territorialisation et le déplacement de ces mineurs vers des zones géographiques bien ciblées sont non seulement sources de tension, mais génèrent des disparités de prise en charge sur le territoire national en fonction de contingences politiques et géographiques locales.

243.192 Partenariat local associatif et institutionnel. Confrontés depuis quelques années au flux des mineurs isolés, les conseils généraux semblent privilégier les partenariats locaux, qu'ils se situent sur le plan associatif ou institutionnel. Les outils juridiques comme la coopération interdépartementale ou l'expérimentation ne semblent en revanche pas avoir trouvé preneur. Il faut ajouter à cela la spécificité sur le plan juridique du traitement de la demande d'asile et la difficulté à identifier la problématique du jeune errant qui n'entend pas se présenter comme demandeur d'asile. L'inspection générale des Affaires sociales (IGAS), dans son rapport rendu en 2005[6], considérait que pour la plupart des

4. La création d'un référentiel commun de prise en charge des mineurs étrangers isolés et une articulation des responsabilités et des financements, sont proposées par le groupe de travail, préc.
5. Sur la compétence du département pour la prise en charge des mineurs étrangers, v. CAA Bordeaux, 7 avr. 2009, n° 08BX01807, préc. s^s n° 243.181.
6. *Mission d'analyse et de proposition sur les conditions d'accueil des mineurs étrangers isolés en France* (préc. s^s n°s 243.03, 243.151 et 243.152).

mineurs étrangers, les structures d'hébergement de droit commun restaient les mieux adaptées. Elle n'occultait pas pour autant l'importance de la prestation d'investigation et d'orientation éducative.

B.
Mobilisation du secteur associatif

243.201 Mobilité des mineurs étrangers et inadaptation des structures traditionnelles. La caractéristique première des mineurs étrangers est d'être mobiles et c'est en référence au concept de résidence de la personne que s'est organisée leur prise en charge, y compris sur le plan budgétaire. La plupart des structures classiques sont saturées et elles présentent aussi l'inconvénient d'être parfois inadaptées au regard des besoins de ces jeunes mineurs étrangers. Il en est ainsi lorsque l'établissement disponible n'est pas en mesure d'intégrer à la prise en charge un parcours de formation scolaire ou professionnelle. Les difficultés sont exacerbées lorsque les mineurs sont âgés de plus de seize ans, les équipes de professionnels se heurtant, jusqu'à une période relativement récente, sur la quasi-impossibilité de proposer à ces mineurs étrangers une formation professionnelle adaptée.

243.202 Établissements associatifs spécialisés. La protection de ces mineurs nécessite l'intervention d'acteurs multiples sans toutefois pouvoir garantir une prise en charge efficace et le secteur associatif est fortement sollicité. Il en est ainsi pour le Centre d'accueil et d'orientation des mineurs isolés, demandeurs d'asile (CAOMIDA), établissement associatif spécialisé dans l'accueil des mineurs isolés qui veulent obtenir le statut de réfugié. Ils sont adressés à ce centre par les services de l'ASE de la région parisienne, à la suite d'une demande de placement judiciaire et après avis de la Commission nationale d'admission à l'asile (CNAA). Quant au lieu d'accueil et d'orientation (LAO) de Taverny, géré par la Croix-Rouge, les enfants y sont accueillis sur décision du juge des enfants pour une durée maximale de deux mois. Ce temps est mis à profit pour évaluer la situation du mineur isolé et préparer la sortie du centre, soit par un retour au pays d'origine, avec l'accord du jeune mineur, accompagné des garanties nécessaires à sa sécurité, soit par un placement dans un établissement de protection de l'enfance. Mais il est tout aussi difficile de trouver des solutions à la sortie des dispositifs d'urgence[1]. En effet, l'accès à la majorité légale est accompagné d'un certain nombre de difficultés (v. ss n° 243.181).

1. V. l'avis de la CNCDH (préc.) qui plaide pour la mise à l'abri temporaire des mineurs dans des structures d'urgence, suivie d'une prise en charge effective par l'ASE.

C.
Parrainage des mineurs étrangers

243.211 Parrainage des mineurs étrangers et délit d'aide au séjour irrégulier. Dans sa décision n° 2004-492 DC du 2 mars 2004, concernant la loi portant adaptation de la justice aux évolutions de la criminalité, le Conseil constitutionnel faisait valoir que le délit d'aide au séjour irrégulier (CESEDA, art. L. 622-1) « *ne saurait concerner les organismes humanitaires d'aide aux étrangers* » tout en rappelant qu'il n'y a pas de délit sans intention de le commettre. Le ministre de l'Intérieur avait estimé en 2006 que le parrainage d'étrangers en situation irrégulière ne saurait caractériser à lui seul l'infraction[2]. Une réponse différente a été apportée par le ministère de la Justice en 2008. L'accent a été mis sur le caractère assez général du délit d'aide à l'entrée en France d'un étranger et au séjour irrégulier. De ce fait, « *l'abstention délibérée de la part d'un agent public ou d'une personne dépositaire de l'autorité publique, qui a le devoir ou le pouvoir de faire cesser une infraction, et qui volontairement s'en abstient peut caractériser le délit susvisé* »[3]. Le parquet peut donc être amené à engager des poursuites sur le fondement de l'article L. 622-1 du Code de l'entrée et du séjour des étrangers et du droit d'asile. La démonstration en a été faite à Foix, mais le procureur de la République ne semble pas avoir été entendu puisque le tribunal correctionnel a relaxé le 8 septembre 2009 une femme qui était poursuivie pour aide au séjour irrégulier d'un étranger, en retenant l'état de nécessité[4].

§ 3
Scolarisation et couverture sociale du mineur étranger

243.220 Division. La protection accordée à ces jeunes mineurs exige que les pouvoirs publics répon-

2. Rép. min. Int. n° 66968, *JOAN* Q, 1er août 2006, p. 8153.
3. Rép. min. QE n° 05106, *JO Sénat* Q, 29 janv. 2009, p. 1385.
4. TGI Foix, 8 sept. 2009, n° 713/2009; *JDJ* févr. 2010, p. 50, comm Rongé – V. AUSSI la circulaire CRIM 09-13/E1-23-11.09 (disponible sur circulaires.gouv.fr) concernant la mise en œuvre des articles L. 622-1 et L. 622-4 CESEDA. Elle établit une distinction entre les membres d'une association qui, de façon permanente, apportent aide et assistance à titre humanitaire aux étrangers en situation irrégulière, et les personnes physiques, qui sous couvert d'une activité associative peuvent s'écarter du but poursuivi par l'association, circulaire non suspendue par le Conseil d'État : CE 15 janv. 2010, req. n° 334879, Gisti et a., NP.

dent sur le terrain de leur scolarisation (A) et sur celui de leur couverture sociale (B).

A. Scolarisation du mineur étranger

243.221 Principe de l'instruction obligatoire. Le droit à l'éducation pour tous les enfants est garanti par le préambule de la Constitution du 4 octobre 1958 et par un certain nombre de textes internationaux, comme la Convention internationale de 1990 sur les droits de l'enfant (CIDE, art. 2 et 28) ou la Convention européenne de sauvegarde des droits de l'homme et des libertés fondamentales (Conv. EDH, art. 2 et 14). C'est d'abord le principe de l'instruction obligatoire qui a été affirmé (C. éduc., art. L. 111-1 et L. 131-1) et il est le plus souvent effectif lorsque le mineur est scolarisé.

243.222 Le statut d'étranger ne fait pas obstacle à la scolarisation du mineur. La carte de séjour ne peut être exigée comme condition préalable à l'inscription du mineur. Elle est seulement un moyen de pouvoir justifier de l'identité de ses parents. Les mineurs étrangers isolés, pris en charge dans le cadre d'une famille d'accueil ou d'un établissement spécialisé, peuvent être confrontés à un moment donné de leur scolarité à la nécessité de fournir une pièce d'identité pour pouvoir se présenter à un examen. En ce sens, la circulaire du 20 mars 2002 [1] résout la difficulté en autorisant le candidat qui ne dispose pas de ce document à présenter « *un certificat de scolarité très récent, avec une photographie, certifiée par le chef d'établissement d'origine* ».

243.223 Modalités de la scolarisation. L'inscription d'un mineur dans un établissement scolaire est en principe subordonnée au fait que la personne qui l'inscrit exerce, vis-à-vis de sa personne, l'autorité parentale. Dans la situation des mineurs étrangers isolés, deux cas de figure peuvent se présenter. L'absence des parents de l'enfant peut être comblée par la personne physique ou morale (le plus souvent un conseil général) à qui la tutelle sur l'enfant aura été déférée. Lorsqu'une telle mesure n'a pas encore été prise, la preuve doit être rapportée que la personne qui inscrit l'enfant (ou qui agit pour son compte) en a effectivement la charge.

243.224 Plus d'obligation scolaire pour les mineurs étrangers de seize à dix-huit ans. Leur scolarisation doit toutefois pouvoir être assurée, en prenant en compte leur niveau scolaire et leur maîtrise relative de la langue française. C'est précisément pour remédier à cette difficulté qu'ont été mis en place les CASNAV (Centre académique pour la scolarisation des nouveaux arrivants et des enfants du voyage). Officiellement, tout mineur étranger non encore scolarisé est considéré comme nouvel arrivant ou primo-arrivant. Il existe un CASNAV par académie.

243.225 Les jeunes étrangers qui maîtrisent la langue française peuvent être admis dans les collèges et lycées dans les mêmes conditions. Un jeune de plus de dix-huit ans devrait au moins être admis à titre provisoire dans un établissement scolaire puisque, d'une part, cette inscription n'est pas subordonnée à l'existence d'une carte de séjour et, d'autre part, parce que la demande d'une carte de séjour temporaire portant la mention « *étudiant* » est liée à l'existence d'une inscription préalable.

B. Couverture sociale du mineur étranger

243.231 Protection sociale du mineur étranger. La protection sociale dont bénéficie l'enfant est déterminée au regard de son statut de mineur dans le cadre de l'entrée et du séjour sur le territoire français. La situation sanitaire des mineurs étrangers isolés à leur arrivée en France est souvent préoccupante. Leur prise en charge médicale nécessite que des soins leur soient prodigués, bien avant que ne soient achevés les formalités liées à leur statut de mineurs confiés. Ils disposent toutefois de la possibilité de se rendre dans un établissement hospitalier où il existe des permanences de soins santé (PASS) ou de s'adresser aux associations qui proposent elles aussi des permanences concernant les soins dentaires, ophtalmologiques et autres, et ce sans avoir à justifier de leur situation d'assuré social. Le Comité médical pour les exilés (COMEDE) participe également au dispositif permettant d'établir un premier bilan de santé pour les mineurs étrangers isolés.

243.232 Assurance maladie des mineurs étrangers confiés à un service de l'Aide sociale à l'enfance. Au titre de l'assurance-maladie, les mineurs confiés à l'ASE peuvent être identifiés de façon autonome au sein du régime de l'assuré (CSS, art. L. 161-14-1, al. 3). La plupart des caisses primaires d'assurance maladie ont un service chargé de gérer la couverture maladie des jeunes mineurs pris en charge par l'ASE. L'institution ou la personne qui assure leur prise en charge effective perçoit, pour le compte de l'assuré, les prestations en nature des assurances maladie et maternité. Les parents du mineur étranger isolé étant le plus sou-

1. Circ. n° 2002-063, 20 mars 2002, relative aux modalités d'inscription et de scolarisation des élèves de nationalité étrangère des premier et second degrés, *BO* 28 mars, n° 13.

vent absents du territoire, le critère de la résidence ne peut être opposé à ces mineurs pour leur permettre de bénéficier d'une assurance-maladie. Le critère de la domiciliation est toutefois pris en compte (par le conseil général).

243.233 Couverture maladie universelle et mesures complémentaires. Des dispositions complémentaires ont été adoptées. En effet, le fait d'exercer la tutelle sur ces mineurs ou une mesure de délégation d'autorité parentale autorise le service ou l'institution exerçant la mesure, à déposer au nom du mineur une demande de couverture maladie universelle (CMU). Par ailleurs, les personnes mineures ayant atteint l'âge de seize ans, dont les liens avec la vie familiale sont rompus, peuvent bénéficier à titre personnel, à leur demande, sur décision de l'autorité administrative, de la protection complémentaire dans les conditions définies à l'article L. 861-3 du Code de la Sécurité sociale[1].

1. Le régime exposé ne concerne toutefois pas ceux qui, parmi les mineurs isolés, sont désignés comme étant des mineurs « *rejoignants* », et qui, en dehors de la procédure de regroupement familial, souhaitent rejoindre un membre de leur famille sur le territoire national. Ces mineurs « *rejoignants* » relèvent d'un régime spécifique.

LIVRE

3. LES CHARGES DE FAMILLE

SECTION 0

ORIENTEUR

3.00 Plan du livre.

TITRE

31. Les obligations alimentaires : vocation et régime juridique

SECTION 0 ORIENTEUR

31.00 **Plan du titre.**

31.05 **Définition.** L'obligation alimentaire peut être définie comme l'obligation imposée par la loi, à celui qui en a les moyens, de subvenir aux besoins d'une autre personne avec laquelle il est uni par un lien de parenté ou d'alliance. Ce devoir de solidarité familiale comprend les **obligations entre ascendants et descendants** (C. civ., art. 205), les **obligations entre parents et alliés** (C. civ., art. 206) et le **devoir de secours** (C. civ., art. 212). Il englobe également l'**obligation d'entretien** (C. civ., art. 203 et 371-2) et même l'**obligation de fournir des subsides** en l'absence d'un lien de filiation établie (C. civ., art. 342)[1].

Division. Le Code civil définit les personnes qui sont tenues d'un devoir alimentaire mais l'obligation alimentaire ne prend réellement naissance que si ses conditions d'existence sont remplies (chap. 311). Le régime juridique de cette obligation est particulièrement marqué par sa finalité – la satisfaction des besoins d'un membre de la famille – comme en attestent ses caractères essentiels et ses difficultés d'exécution (chap. 312).

Renvoi. Sur les difficultés d'exécution des pensions alimentaires, v. s[s] n°s 321.00 s. à 325.01 s.

1. V. Civ. 1re, 4 juill. 2006, n° 03-16.964, NP; *Dr. fam.* oct. 2006, p. 24.

CHAPITRE

311. Vocation alimentaire

Muriel REBOURG
Maître de conférences
à l'Université de Bretagne occidentale

SECTION 0 ORIENTEUR

311.00 Plan du chapitre.

Division. À l'origine, seule une vocation aux aliments existe entre les personnes désignées par la loi (sect. 1). Celle-ci va se transformer en droit exigible lorsque les conditions d'ouverture du droit aux aliments sont remplies : le besoin du créancier et les ressources du débiteur (sect. 2).

311.01 Textes applicables.

LIEN DE PARENTÉ ET D'ALLIANCE

> Obligations entre ascendants et descendants

C. civ., art. 205 et 207, al. 1er

> Obligations entre parents et alliés

C. civ., art. 206 et 207

> Obligation alimentaire réciproque entre adoptant et adopté

C. civ., art. 367

OBLIGATION D'ENTRETIEN DES PARENTS À L'ÉGARD DES ENFANTS

C. civ., art. 203 et 371-2

Conv. La Haye, 2 oct. 1973, sur la loi applicable aux obligations alimentaires, entrée en vigueur en France le 1er oct. 1977.

* V. texte complet s^s^ n° 63.12

Conv. internationale des droits de l'enfant (CIDE), ONU, 20 nov. 1989, art. 27

* V. texte complet s^s^ n° 63.14

Art. 27

Les États parties reconnaissent le droit de tout enfant à un niveau de vie suffisant pour permettre son développement physique, mental, spirituel, moral et social. C'est aux parents qu'incombent, au premier chef, la responsabilité d'assurer, dans les limites de leurs possibilités et de leurs moyens financiers, les conditions de vie nécessaires au développement de l'enfant.

> Obligation d'entretien après séparation des parents

C. civ., art. 373-2-2

> Homologation de la convention entre parents portant sur l'obligation d'entretien de leur enfant

C. civ., art. 373-2-7

ACTION À FINS DE SUBSIDES

> Obligation de fournir des subsides en l'absence d'un lien de filiation établi

C. civ., art. 342

OBLIGATION ALIMENTAIRE

Règl. (CE) n° 4/2009, du Conseil, 18 déc. 2008, relatif à la compétence, la loi applicable, la reconnaissance et l'exécution des décisions et la coopération en matière d'obligations alimentaires, *JOUE* L 7, 10 janv. 2009

* V. texte complet s^s^ n° 62.16

OBLIGATION ALIMENTAIRE ENTRE ÉPOUX

> Devoir de secours

C. civ., art. 212

> Contribution aux charges du mariage

C. civ., art. 214

> Divorce : mesures provisoires

C. civ., art. 255

311.02 Jurisprudence de référence.

> Lien de parenté et d'alliance

• **CA Paris, 19 mai 1992,** *D.* 1993, somm. 47, obs. Granet-Lambrechts

* V. s[s] n°s 311.23 et 311.33

« Le terme gendre, à distinguer du terme beau-fils, exclut l'application des articles 206 et 207 du Code civil entre l'enfant et le second conjoint de ses père ou mère divorcés ou veufs. »

> Obligation d'entretien des parents à l'égard des enfants

• **Civ. 1re, 6 mars 1974, n° 72-11.070,** *Bull. civ.* I, n° 77

* V. s[s] n° 311.21

• **Civ. 1re, 6 mars 1990, n° 87-14.293,** *Bull. civ.* I, n° 58

* V. s[s] n° 311.21

« L'obligation que l'article 203 du Code civil met à la charge des père et mère de nourrir, entretenir et élever leurs enfants, n'exclut celle que les articles 205 et 207 du même code imposent en leur faveur aux autres ascendants que dans la mesure où les parents peuvent y faire face. »

• **Civ. 1re, 18 mai 1972,** *JCP* 1972, II, 17234

* V. s[s] n° 311.33

« L'article 203 ne lie pas ces obligations à l'autorité parentale », entendue comme les modalités d'exercice de cette fonction.

> Obligation alimentaire entre époux en cas de séparation de fait

• **Civ. 1re, 6 janv. 1981, n° 79-14.105,** *Bull. civ.* I, n° 6

* V. s[s] n° 311.52

« Le devoir de secours et la contribution aux charges du mariage perdurent en cas de séparation de fait des époux car, même en l'absence de communauté de vie, ces devoirs matrimoniaux continuent d'exister, sauf la possibilité pour les juges du fond de tenir compte à cet égard des circonstances de la cause. »

• **Civ. 1re, 17 juill. 1985,** *Gaz. Pal.* 1986, 1, 127, note J. M. et **Civ. 1re, 19 nov. 1991, n° 90-11.320,** NPT; *Defrénois* 1992, 720, obs. Massip

* V. s[s] n° 311.52

« C'est au conjoint tenu par principe du devoir de secours, en application des articles 212 et 214, qu'il appartient de rapporter la preuve des circonstances particulières qui peuvent permettre de le dispenser des obligations qui en découlent ».

> Condition de besoin du créancier alimentaire : insuffisance des revenus du capital

• **Civ. 17 déc. 1965,** *D.* 1966, 465, note Savatier – V. aussi **Civ. 2e, 21 janv. 1976, n° 74-14.266 et n° 74-14.919,** *Bull. civ.* II, n° 17

* V. s[s] n° 311.63

« Il convient pour apprécier les ressources de prendre en considération les revenus qu'une gestion utile du capital pourrait procurer. »

• **Req. 23 févr. 1898,** *DP* 1898, 1, 303, rapp. Denis

* V. s[s] n° 311.63

« Si le capital est insuffisamment productif, on ne peut obliger le demandeur à aliéner son capital pour se procurer les moyens de sa subsistance. »

> Condition de ressources du débiteur alimentaire

• **Civ. 1re, 5 févr. 1991, n° 89-15.412,** *Bull. civ.* I, n° 42

* V. s[s] n° 311.71

« Font parties des ressources tous les revenus du débiteur tels que ses gains et salaires, mais également les pensions de retraite ou d'invalidité. »

311.03 Bibliographie indicative.

Actualisables. RÉP. CIV., M. Kornprobst, *V° Aliments*, n°s 1 à 195 – J.-CL. CIV., L. Leveneur, « Obligation d'entretien », art. 203 et 204, fasc. unique, n°s 5 à 34 – J.-CL. CIV., L. Leveneur « Obligations alimentaires », art. 205 à 211, fasc. 10, n°s 1 à 97.

Ouvrages. G. CORNU, *La famille*, 9e éd., Montchrestien, 2006, n°s 120 à 126 – PH. MALAURIE et H. FULCHIRON, *La famille*, 3e éd., Éd. Defrénois, 2009, n°s 1743 à 1749 et 1780 s. – F. TERRÉ et D. FENOUILLET, *Les personnes, la famille, les incapacités*, « Précis », 7e éd., Dalloz, 2005, n°s 302 s., p. 1117 à 1120.

Thèses. P. Berthet, *Les obligations alimentaires et les transformations de la famille*, L'Harmattan, 2000 – F. Derrida, *L'obligation d'entretien, obligation des parents d'élever leurs enfants*, th. Alger, 1952, Dalloz, p. 335 – J. Pélissier, *Les obligations alimentaires, unité ou diversité*, th. Lyon, 1961, LGDJ.

Articles. C. Chabaut, « Le financement des études par les parents », *Dr. fam.* 1999, chron. 12 – Th. Fossier, « La solidarité familiale en faveur du jeune majeur », *LPA* n° spéc., 95e congrès des Notaires, avr. 1999, 54 s. – M.-J. Gebler, « L'obligation d'entretien des parents à l'égard de leurs enfants majeurs qui poursuivent des études », *D.* 1976, chron. 131 – J. Hauser, « Jeunes majeurs et vieux mineurs », *Liber amicorum M.-T. Meulders-Klein*, 1999, Bruylant; « L'établissement et l'entretien des enfants majeurs : une famille à titre onéreux », *Defrénois* 1999, p. 1217 – R. Lindon et A. Bénabent, « Prestation compensatoire et obligation alimentaire », *JCP* 1986, I, 3234 – M. Rebourg, « Les conventions homologuées en matière d'autorité parentale et de contribution à l'entretien de l'enfant », *Dr. fam.* juill.-août 2004, p. 11 s. – M.-C. Rivier, « Les secondes familles et le droit des obligations alimentaires », *LPA* 1997, n° 121 – F. Sauvage, « Preuves en droit de la famille : l'obligation parentale d'entretien du jeune majeur », *AJ fam.* 2008, 15 – M. Schmitt, « Preuves en droit de la famille : la preuve en matière d'obligations alimentaires », *AJ fam.* 2008, 14 – J. Vine, « Nature de l'obligation d'entretien des enfants majeurs », *RRJ* 2001/3, p. 1289.

311.04 Questions essentielles.

> La loi crée une obligation alimentaire entre des personnes unies par un lien de parenté ou d'alliance (v. s[s] n°s 311.21 s.). Mais la volonté individuelle peut pallier l'absence d'obligation alimentaire légale ou en aménager la mise en œuvre (v. s[s] n° 311.11), notamment en matière d'obligation d'entretien parentale (v. s[s] n°s 311.31 s.).

> Deux conditions d'ouverture du droit aux aliments doivent être remplies : l'état de besoin (v. s^s n°s 311.61 s.) et les ressources suffisantes du débiteur (v. s^s n°s 311.71 s.). Le demandeur d'aliments doit faire la preuve de son état de besoin (v. s^s n° 311.65) et établir que le débiteur dispose de ressources suffisantes (v. s^s n° 311.73).

SECTION 1
SOURCES DE L'OBLIGATION ALIMENTAIRE

311.10 Obligation alimentaire : lien entre personnes assujetties et bénéficiaires. La loi ne prévoit d'obligation alimentaire qu'entre des personnes unies par un lien de parenté ou d'alliance (§ 2). Ainsi il n'existe ni obligation alimentaire ni devoir de secours entre concubins : ils sont civilement étrangers l'un à l'autre et à l'égard de leurs familles respectives[1]. Il n'existe pas non plus d'obligation alimentaire du concubin de la fille envers la mère de celle-ci[2]. Le pacte civil de solidarité (PACS) crée entre partenaires un devoir d'**aide matérielle** et une **assistance réciproques** (C. civ., art. 515-4) qui prennent fin automatiquement à la cessation du PACS. Il ne s'agit pas véritablement d'une obligation alimentaire mais ces devoirs peuvent être rapprochés du devoir de secours et de la contribution aux charges du mariage. Mais la volonté individuelle peut parfois permettre de pallier l'absence d'obligation alimentaire légale entre deux personnes (§ 1). Doit être mis à part le cas de l'obligation d'entretien des parents à l'égard de leurs enfants qui découle d'un lien de filiation mais dont l'objet et le but sont plus larges que l'obligation alimentaire : il ne s'agit pas seulement d'assurer les moyens de subsistance de l'enfant mais aussi son éducation et sa formation[3] (§ 3). Les obligations alimentaires entre époux méritent également une étude particulière (§ 4).

§ 1
Volonté individuelle

311.11 Conventions. Si elles ne portent pas atteinte à l'ordre public ou au **principe d'indisponibilité des créances alimentaires**, des conventions peuvent librement fixer des obligations alimentaires (v. s^s n° 312.41). Cette indisponibilité est destinée à protéger les intérêts du créancier d'aliments. Dès lors, ces conventions ne peuvent avoir pour objet ou effet de faire renoncer une partie à une obligation alimentaire légale, aux garanties légales ou à l'exercice des voies d'exécution par le créancier (ainsi n'est pas valide la renonciation, dans une convention d'après divorce, à demander au père une pension pour l'entretien des enfants[4]).

En revanche, l'indisponibilité des créances alimentaires ne s'oppose pas à ce qu'un contrat puisse créer entre deux personnes une obligation alimentaire conformément au principe de liberté contractuelle. Toute la question est de savoir quel est le régime de l'**obligation alimentaire d'origine conventionnelle** : est-elle ou non soumise à celui de l'obligation alimentaire légale ?

La Cour de cassation a rendu une décision qui aurait pu apporter un élément de réponse. En l'espèce, deux époux avaient prévu le maintien des mesures provisoires pendant un certain temps après le divorce. La cour d'appel a qualifié la « *pension alimentaire de droit d'origine conventionnelle et non d'obligation alimentaire d'origine conventionnelle* ». S'agissant dès lors d'une créance ordinaire, le créancier peut y renoncer puisqu'il s'agit d'un droit de libre disposition et non d'ordre public[5].

Une convention peut également fixer les **modalités d'exécution d'une obligation légale** et déterminer son *quantum* sous le respect des règles légales régissant les aliments, notamment celles propres aux besoins du créancier et aux ressources du débiteur (C. civ., art. 208).

Dans un arrêt rendu le 1er juillet 2003, la Cour de cassation a eu à se prononcer au sujet d'une **donation assortie d'une charge** ayant pour objet le versement, dans le cadre de l'article 205 du Code civil, d'une pension alimentaire. Le fils, donataire d'un bien immobilier devait verser mensuellement une pension alimentaire à sa mère correspondant à la moitié des loyers perçus. Devant les juges du fond, la mère demande la résolution de la donation au motif que son fils se soustrait à son obligation alimentaire. Elle est déboutée par la cour d'appel qui considère que les stipulations de la donation sont claires et qu'elles sont subordonnées à la preuve par la donatrice d'un état de besoin. La Cour de cassation approuve les juges du fond et relève que « *les modalités d'exécution de la charge, de même que son montant, ne modifiaient pas le fondement alimentaire que les parties avaient assigné au versement par le donataire à la donatrice* »[6].

Dans un arrêt du 30 octobre 2008, la Cour de cassation approuve une cour d'appel d'avoir constaté la **cadu-**

1. V. CA Montpellier, 11 oct. 2004, *Dr. fam.* 2005, comm. 49, obs. crit. Larribau-Terneyre – Civ. 1re, 9 janv. 2008, n° 06-21.168, NP.
2. Civ. 1re, 28 mars 2006, n° 04-10.684, *Bull. civ.* I, n° 174; *JCP* 2006, IV, 1933.
3. Sur l'autonomie de cette obligation, v. Derrida, *L'obligation d'entretien, obligation des parents d'élever leurs enfants*, th. Alger, Dalloz, 1952, p. 335.
4. V. Civ. 2e, 2 mai 2001, n° 99-15.714, *Bull. civ.* II, n° 80; *Defrénois* 2001, 1353, obs. Massip; *Dr. fam.* 2001, n° 78, note Lécuyer; *RJPF* 2001-7-8/28, obs. Guerder; *RTD civ.* 2001, 860, obs. Hauser.
5. Civ. 1re, 25 janv. 2005, n° 01-17.784, NP; *Dr. fam.* 2005, comm. 216, obs. Larribau-Terneyre; *JCP* 2005, II, 10104, note Gaboriau, concl. Sainte-Rose.
6. Civ. 1re, 1er juill. 2003, n° 01-11.928, NP; *RJPF* 2003-12.

cité d'un engagement du fait de la disparition de sa cause résultant du transfert de prise en charge des enfants. En l'espèce, un père s'était engagé, à compter du 1er décembre 1972, à payer 360 000 francs par mensualités de 3 000 francs, à son ex-épouse pour l'entretien de leurs enfants qui étaient alors à sa charge. Deux ans plus tard, les enfants sont pris en charge exclusivement par leur père. La mère assigne, plusieurs années après, le père en paiement de la dite somme en se fondant sur une reconnaissance de dette. La cour d'appel de Rennes constatant que cet engagement avait été consenti par le père au titre du paiement d'une pension alimentaire rejette cette demande au motif que la cause a disparu puisque depuis 1974 les enfants sont pris en charge par leur père. Le pourvoi reprochait à la cour d'appel de ne pas avoir apprécié la cause de l'engagement à la date de sa souscription. Mais la Cour de cassation rejette le pourvoi considérant que la cour d'appel a, par une recherche de la commune intention des parties, caractérisé l'engagement à exécution successive du père et constaté la disparition de la cause, partant sa caducité[1].

311.12 Accords entre époux en cas de divorce. Les conventions portant sur des obligations alimentaires ont souvent vocation à intervenir lors de ruptures conjugales. Le législateur incite depuis longtemps les époux à passer des accords entre eux qui pourront ensuite être repris dans le jugement. Dans le cadre du divorce par consentement mutuel, la convention homologuée peut contenir un accord quant au choix d'une pension alimentaire plutôt qu'une prestation compensatoire. L'article 268 du Code civil permet, dans les autres cas de divorce, de conclure des conventions portant sur les conséquences du divorce qui peuvent être le cadre d'accords relatifs aux liens alimentaires entre époux et notamment de remplacer la prestation compensatoire par une pension alimentaire (v. ss n° 311.54).

311.13 Conventions parentales portant sur l'obligation d'entretien. Depuis la loi du 4 mars 2002, les parents ont aussi la possibilité de conclure des conventions portant sur l'obligation d'entretien de leur enfant. L'article 373-2-7 du Code civil énonce en effet que « *les parents peuvent saisir le juge aux affaires familiales afin de faire homologuer la convention par laquelle ils organisent les modalités d'exercice de l'autorité parentale et fixent la contribution à l'entretien et à l'éducation de l'enfant* »[2].

Par ce type de convention, les parents ne peuvent pas porter atteinte au principe de l'obligation d'entretien, c'est-à-dire à l'existence même de ce devoir parental. Ce serait le cas si l'un des parents s'exonérait de toute contribution par le biais de la convention alors même qu'il dispose de ressources suffisantes. Cette solution se justifie par l'indisponibilité des obligations alimentaires. En revanche, ils peuvent en aménager la mise en œuvre tout en respectant les règles régissant les obligations alimentaires (v. ss n° 312.72).

311.14 Obligation naturelle. Entendue comme un devoir de conscience de procurer une aide matérielle à une personne proche dans le besoin, l'obligation naturelle peut jouer un rôle intéressant en matière alimentaire en créant un **devoir d'entraide entre personnes non visées par la loi.** Ainsi, la jurisprudence a reconnu l'existence d'une obligation naturelle au profit de l'enfant de la maîtresse du débiteur de l'obligation, qu'il soit ou non son fils[3], au profit de l'enfant du premier lit et à la charge du second conjoint[4]. On trouve également des illustrations entre frères et sœurs[5] (pour un refus de reconnaître une obligation naturelle[6]) ou encore à l'égard d'un enfant majeur à l'égard de ses parents qui, bien que subvenant lui-même à ses besoins, avait été hébergé gratuitement pendant des années par ces derniers[7].

L'obligation naturelle peut aussi prendre le relais d'une obligation légale insuffisante[8] ou dont les conditions de mise en œuvre ne sont pas réunies[9].

311.15 Effets. La reconnaissance d'un tel devoir de conscience a des **conséquences juridiques importantes.**

1° Elle ferme au débiteur l'action en répétition de l'indu et l'empêche par conséquent de récupérer les sommes dépensées pour le créancier.

Ainsi dans une espèce, des parents ayant hébergé leur fils de dix-sept ans, bénéficiant d'un emploi salarié pendant quatre ans lui ont réclamé le remboursement des frais exposés au terme de cette période. Les juges du fond appréciant souverainement les faits de la cause, ont estimé que, en l'absence de convention expresse, les parents s'étaient volontairement acquittés d'une obligation naturelle non sujette à répétition[10].

Les versements pourraient toutefois donner lieu à remboursement lorsque l'auteur d'une reconnaissance annulée à sa demande a été victime d'un dol. L'annulation rétroactive de la reconnaissance a

1. Civ. 1re, 30 oct. 2008, n° 07-17.646, *Bull. civ.* I, n° 241 ; *RTD civ.* 2009, 111, obs. Hauser.
2. V. M. Rebourg, « Les conventions homologuées en matière d'autorité parentale et de contribution à l'entretien de l'enfant », *Dr. fam.* juill.-août 2004, p. 11 s.
3. CA Paris, 20 avr. 1944, *DA* 1944, 79 – CA Colmar, 20 déc. 1960, *D.* 1961, 207.
4. CA Paris, 1re ch., sect. urg., 23 avr. 1986, *Juris-Data* n° 23210.
5. Civ. 2e, 2 déc. 1959, *D.* 1960, 681.
6. Com. 11 janv. 2005, n° 02-13.569, NP.
7. Civ. 1re, 5 avr. 1993, n° 90-21.734, *Bull. civ.* I, n° 141 ; *D.* 1993, IR 132 ; *RTD civ.* 1993, 576, obs. Hauser.
8. Hauser et Huet-Weiller, t. 1, 1993, n° 1310.
9. V. Civ. 1re, 21 juill. 1987, *D.* 1988, 225, obs. Massip ; *RTD civ.* 1988, 133, obs. Mestre ; *Defrénois* 1988, 313, obs. Massip.
10. Civ. 1re, 5 avr. 1993, n° 90-21.734, *Bull. civ.* I, n° 141 ; *D.* 1993, IR 132 ; *RTD civ.* 1993, 576, obs. crit. Hauser.

pour conséquence de rendre les versements destinés à subvenir aux besoins de l'enfant dépourvus de cause, un tel appauvrissement ouvrant alors droit à agir sur le fondement de l'action *de in rem verso*.

La Cour de cassation a également accordé le bénéfice de cette action à un descendant pour obtenir le remboursement des sommes versées en exécution d'un devoir moral personnel envers ses parents par prélèvement sur l'actif successoral. Ces derniers n'étaient pas dans le besoin, les conditions de l'obligation alimentaire n'étaient pas réunies [1].

2° La reconnaissance d'une obligation naturelle rend impossible l'exécution forcée de l'obligation puisqu'elle est privée de sanction. Le créancier d'une obligation naturelle ne peut pas exiger son paiement en justice et s'agissant d'une prestation à exécution successive telle qu'une pension alimentaire, le débiteur peut l'interrompre à sa guise [2].

3° En revanche, **la transformation de l'obligation naturelle en obligation civile rend l'exécution forcée de l'obligation possible.** Cette transformation « *repose sur un engagement unilatéral d'exécuter l'obligation naturelle* » [3]. La Cour de cassation a ainsi admis à plusieurs reprises en matière de concubinage l'existence d'un devoir moral et d'une obligation naturelle susceptible de fonder un engagement civil de payer en faveur du concubin délaissé ou survivant [4], ou de l'enfant non reconnu [5].

En l'espèce, un jeune homme qui avait intenté une action en recherche de paternité naturelle se désiste de celle-ci après que le défendeur se soit engagé à lui verser, « à titre de subsides », une somme de 3 000 francs mensuelle jusqu'à la fin de ses études aux termes d'un accord formalisé le 3 septembre 1998. Mais en 2001, le père probable ayant cessé tout paiement, le jeune homme a de nouveau saisi le juge aux affaires familiales pour le voir condamner à reprendre les versements mensuels et subsidiairement agir en recherche de paternité à son encontre. La cour d'appel le déboute de sa demande considérant d'une part que l'action intentée est une action à fins de subsides et a été formée trop tardivement et d'autre part, l'accord formalisé le 3 septembre 1998 avec le prétendu père n'est pas une véritable transaction au sens de l'article 2048 du Code civil. La Cour de cassation casse cet arrêt au motif « *qu'en statuant ainsi, sans rechercher comme elle y était invitée, si en s'engageant volontairement à verser à M. X... une somme mensuelle jusqu'à la fin de ses études, M. Y... n'avait pas voulu exécuter un devoir de conscience et n'avait pas ainsi transformé une obligation naturelle en une obligation civile, la cour d'appel n'a pas donné de base légale à sa décision* ». Mais pour admettre la transformation de l'obligation naturelle en obligation civile, il faut apporter la **preuve de l'engagement unilatéral de volonté**. Or si l'engagement peut être **tacite**, la Cour de cassation considère qu'un commencement d'exécution ne suffit pas : il faut que l'existence de l'engagement soit établie clairement et à défaut d'écrit, il appartient aux juges du fond de rechercher la volonté de l'auteur. En l'espèce, la cour d'appel a pu estimer que le concubin qui versait régulièrement une somme d'argent à son ancienne compagne avait exécuté un devoir de conscience mais qu'il ne résultait de son comportement aucun engagement volontaire implicite ou explicite de poursuivre sans limitation de temps l'aide financière octroyée dans les dix mois qui ont suivi la rupture. Elle en a déduit que son devoir de conscience ne s'était pas transformé en obligation civile [6].

§ 2
Lien de parenté et d'alliance

311.21 Entre ascendants et descendants. Le devoir alimentaire naît de la parenté en ligne directe : il concerne les ascendants à l'égard de leurs descendants et réciproquement (C. civ., art. 205 et 207, al. 1er). Il est sans limite de degré et peut donc jouer à l'infini. Les grands-parents sont ainsi tenus de contribuer à l'entretien de leurs petits-enfants, mais seulement à titre subsidiaire, c'est-à-dire lorsque la preuve de la carence totale ou partielle des parents est apportée. La jurisprudence a, en effet, considéré que : « *L'obligation que l'article 203 du Code civil met à la charge des père et mère de nourrir, entretenir et élever leurs enfants, n'exclut celle que les articles 205 et 207 du même code imposent en leur faveur aux autres ascendants que dans la mesure où les parents peuvent y faire face* » [7].

La réciprocité de l'obligation alimentaire impose aux descendants de procurer à leurs parents et/ou grands-parents des moyens de subsistance dès lors que ceux-ci sont dans le besoin.

1. Civ. 1re, 12 juill. 1994, no 92-18.639, *Bull. civ.* I, no 250; *Defrénois* 1994, art. 35949, note Savatier.
2. CA Bourges, 1re ch., 18 nov. 1985, *Juris-Data* no 44357.
3. Civ. 1re, 10 oct. 1995, no 93-20.300, *Bull. civ.* I, no 352; *D.* 1996, somm. 120, note Libchaber; *D.* 1997, chron. 85, note Molfessis; *D.* 1997, J. 155, note Pignarre – V. AUSSI, CA Versailles, 25 janv. 1996, *Dr. fam.* 1997, comm. 21 – Et CA Paris, 11 juin 1998, *Dr. fam.* 1998, no 166, p. 15 : en cas de rupture du concubinage.
4. Civ. 1re, 17 nov. 1999, no 97-17.541, NPT; *Dr. fam.* 2000, comm. 19, note Lécuyer; *D.* 2000, 419, obs. Lemouland – Civ. 1re, 19 févr. 2002, no 99-18.928, NP; *LPA* 24 juin 2002, 16, note Massip; *RTD civ.* 2002, 489, obs. Hauser.
5. Civ. 1re, 3 oct. 2006, no 04-14.388, *Bull. civ.* I, no 428.
6. Civ. 1re, 23 mai 2006, no 04-19.099, *Bull. civ.* I, no 264; *Dr. fam.* 2006, comm. 142, note Larribau-Terneyre; *AJ fam.* 2006, 287, obs. Chénedé; *RTD civ.* 2006, 538, obs. Hauser.
7. Civ. 1re, 6 mars 1974, no 72-11.070, *Bull. civ.* I, no 77; *D.* 1974, 329, note Gaury; *Defrénois* 1974, 1173, obs. Souleau – Civ. 1re, 6 mars 1990, no 87-14.293, *Bull. civ.* I, no 58; *JCP* 1991, II, 21664, 2e esp., comm. Garé; *Defrénois* 1991, art. 34826, no 83, note Massip – CA Versailles, 29 sept. 1989, *D.* 1992, 67, note Garé; *RTD civ.* 1991, 729, obs. Huet-Weiller – Civ. 1re, 17 déc. 1996, no 94-20.073, NPT; *Dr. et patr.* avr. 1997, 1630, p. 69.

L'obligation alimentaire concerne aussi les parents à l'égard de leurs enfants majeurs, après disparition de l'obligation d'entretien. Cette dernière est plus large que l'obligation alimentaire puisqu'aux besoins essentiels (nourriture, vêtements, logement) s'ajoutent les frais d'éducation de l'enfant, même devenu majeur (v. s[s] n° 311.35).

Ce devoir alimentaire est identique pour les enfants nés de parents mariés ou non.

Pour ce qui concerne **l'adoption simple**, il en découle une **obligation alimentaire réciproque entre l'adoptant et l'adopté** (C. civ., art. 367) qui s'étend aux descendants de l'adopté. En revanche, l'adoption simple ne crée pas en principe de lien de parenté entre l'adopté et la famille de l'adoptant. Il n'existe donc pas d'obligation alimentaire entre eux. On peut toutefois souligner qu'en matière successorale, l'adopté et ses descendants ont dans la famille de l'adoptant des droits successoraux (C. civ., art. 368, al. 1), ce qui pourrait infléchir ce principe.

En outre, l'adopté continue d'appartenir à sa **famille d'origine** (C. civ., art. 364) : l'obligation de fournir des aliments continue d'exister entre l'adopté et ses père et mère par le sang. Cependant, ces derniers ne sont tenus de lui fournir une aide alimentaire que s'il ne peut les obtenir de l'adoptant, ce qui institue un principe de subsidiarité en la matière (C. civ., art. 367). Même si le texte ne le précise pas, on doit faire application de cette subsidiarité aux autres ascendants de l'adopté (grands-parents).

Par ailleurs, l'adopté est dispensé de fournir des aliments à ses pères et mère dès lors qu'il a été admis en qualité de pupille de l'État ou qu'il a été retiré de son milieu familial par décision judiciaire pendant une période de plus de trente-six mois cumulés au cours des douze premières années de sa vie (C. civ., art. 367 *in fine* renvoyant à CASF, art. L. 132-6).

En revanche, **l'adoption plénière** a pour conséquence de couper tout lien de l'adopté avec sa famille par le sang : dès lors, toute obligation alimentaire entre l'adopté et les membres de sa famille par le sang disparaît dès le jour du dépôt de la requête en adoption (C. civ., art. 355 et 356). Par exception, l'adoption de l'enfant du conjoint – qui laisse subsister sa filiation d'origine à l'égard de ce conjoint et de sa famille – maintient l'obligation alimentaire entre eux (C. civ., art. 356, al. 2).

311.22 Pension alimentaire des ascendants ordinaires contre la succession. Depuis l'entrée en vigueur de la loi du 3 décembre 2001, il existe une **créance alimentaire contre la succession**, lorsque le conjoint survivant recueille la totalité ou les trois quarts des biens de la succession (C. civ., art. 758). Les ascendants ordinaires du défunt (ascendants autres que les père et mère) qui sont dans le besoin peuvent réclamer cette aide alimentaire dont le régime juridique est identique à celle dont bénéficie le conjoint survivant contre la succession (v. s[s] n° 311.55).

311.23 Entre alliés. Une obligation alimentaire existe entre **alliés en ligne directe** : les gendres et les belles-filles doivent des aliments à leur beau-père et belle-mère (C. civ., art. 206) et réciproquement (C. civ., art. 207). Cette dette alimentaire n'existe qu'entre le gendre ou la bru et leur beau-père ou belle-mère et non entre les enfants du premier lit d'une personne et leur parâtre ou marâtre[1].

Les termes de l'article 206 permettent d'exclure qu'une telle obligation soit reconnue dans les relations entre beaux-frères et belles-sœurs; l'obligation alimentaire entre collatéraux par le sang n'existe pas de surcroît.

De plus, la loi n'envisage expressément cette obligation alimentaire qu'au premier degré, ce qui semble exclure les relations entre les grands-parents et les conjoints des petits-enfants[2]. Cette question est également discutée en doctrine. Certains auteurs considèrent que cette vocation alimentaire ne se limite pas au premier degré : les aliments seraient donc dus par les conjoints des petits-enfants aux grands-parents de ces derniers[3].

Même si un époux n'est pas tenu de fournir des aliments aux grands-parents de son conjoint, ses ressources sont prises en compte lors de l'évaluation des facultés contributives de ce dernier afin d'établir s'il doit des aliments à ses ascendants sur le fondement de l'article 205 du Code civil. En outre, si les époux sont mariés sous le régime de communauté légale, l'article 1409 du Code civil prévoit que les dettes d'aliments font partie du passif commun définitif. Ce texte ne distinguant pas entre les aliments dus par l'un ou les deux époux, la communauté supporte la charge finale de cette dette alimentaire; l'époux non débiteur de l'obligation supporte néanmoins à concurrence de sa part de communauté, l'obligation alimentaire de son conjoint envers ses ascendants.

Cette obligation cesse lorsque celui des époux qui produisait l'affinité décède en l'absence d'enfants vivants issus de l'union. Si les époux n'ont pas eu d'enfant, le décès de l'un fait disparaître l'obligation du survivant envers les alliés. Si les époux ont eu des enfants eux-mêmes décédés, l'obligation cesse égale-

1. CA Grenoble, 10 févr. 1903, *DP* 1904, 2, 469 – CE 24 nov. 1916, Baron, *DP* 1919, 3, 19 – CA Paris, 19 mai 1992, *D.* 1993, somm. 47, obs. Granet-Lambrechts et 127, obs. Blary-Clément.
2. CA Lyon, 13 nov. 1952, *D.* 1953, 755, note Gervesie – CA Angers, 5 févr. 1974, *D.* 1974, 585, note Martin – CONTRA, CA Paris, 31 oct. 1980, *Gaz. Pal.* 1982, 1, somm. 74, note J. M.
3. V. CORNU, n° 124, p. 236.

ment. Lorsque les enfants issus du mariage sont décédés mais qu'ils ont laissé des descendants, l'alliance semble maintenue car les petits-enfants représentent leurs parents décédés, ce qui laisse subsister l'obligation alimentaire[1]. Mais cette solution ne fait pas l'unanimité ni en jurisprudence ni en doctrine. L'obligation n'est en définitive maintenue que lorsque des enfants communs sont toujours en vie[2].

En cas de divorce et même si les enfants communs sont vivants, aucune obligation alimentaire ne subsiste entre alliés[3]. Appliquant l'article 262 du Code civil relatif aux biens des époux, certaines décisions considèrent que les effets alimentaires de l'alliance cessent à la date où le jugement de divorce est transcrit[4]. Pour d'autres, conformément à l'article 260 du Code civil, ils prennent fin dès le jour où la décision prononçant le divorce prend force de chose jugée[5], ce qui semble la solution la plus appropriée. En revanche, les aliments restent dus entre un époux séparé de corps et les parents de son conjoint car la séparation de corps laisse subsister le mariage et donc le lien d'alliance[6]. Il en est de même pendant l'instance en divorce.

311.24 Entre collatéraux. Contrairement au Portugal, il n'existe pas en droit français d'obligation alimentaire entre collatéraux par le sang ou par alliance, notamment entre frères et sœurs. Seule la transformation d'une obligation naturelle par un engagement unilatéral de procurer des aliments pourrait permettre la reconnaissance d'une obligation civile, permettant l'exécution forcée (v. s[s] n° 311.15). La jurisprudence a ainsi depuis longtemps reconnu l'existence d'une obligation naturelle entre collatéraux[7].

§ 3
Obligation d'entretien des parents à l'égard des enfants

311.31 Textes. L'obligation parentale d'entretien découle des articles 203 et 371-2 du Code civil. Elle est également inscrite dans l'article 27 de la Convention internationale des droits de l'enfant : « *Les États parties reconnaissent le droit de tout enfant à un niveau de vie suffisant pour permettre son développement physique, mental, spirituel, moral et social. C'est aux parents qu'incombent, au premier chef, la responsabilité d'assurer, dans les limites de leurs possibilités et de leurs moyens financiers, les conditions de vies nécessaires au développement de l'enfant* » (v. s[s] n° 63.14).

311.32 Devoir d'entretien. « *Les époux contractent ensemble, par le seul fait du mariage, l'obligation de nourrir, entretenir et élever leurs enfants* » (C. civ., art. 203). Cette obligation, bien qu'elle se rattache apparemment au mariage, découle directement de la **filiation** : il est admis depuis fort longtemps que **l'obligation d'entretien incombe tout autant aux parents mariés ou non.** La loi du 3 janvier 1972 avait d'ailleurs corrigé partiellement cet oubli en posant que l'enfant naturel a, en principe, les mêmes droits que l'enfant légitime dans ses rapports avec ses pères et mère. La loi n° 2002-305 du 4 mars 2002[8] impose désormais de ne plus distinguer entre enfants légitimes et naturels. Elle prévoit à l'article 371-2 du Code civil que : « *Chacun des parents contribue à l'entretien et à l'éducation des enfants à proportion de ses ressources, de celles de l'autre parent, ainsi que des besoins de l'enfant.* » En cas de séparation des parents, ou entre ceux-ci et l'enfant, ce devoir d'entretien et d'éducation perdure : chacun des parents doit continuer à entretenir son enfant. Ainsi « *la contribution prend la forme d'une pension alimentaire versée, selon le cas, par l'un des parents à l'autre, ou à la personne à laquelle l'enfant a été confié* » (C. civ., art. 373-2-2). Enfin, « *le parent qui assume à titre principal la charge d'un enfant majeur qui ne peut lui-même subvenir à ses besoins peut demander à l'autre parent de lui verser une contribution à son entretien et à son éducation* » (C. civ., art. 373-2-5).

311.33 Établissement de la filiation. L'obligation d'entretien **dépend directement du lien de filiation**, ce qui signifie qu'elle naît et disparaît avec lui. Elle disparaît ainsi rétroactivement en cas de contestation de paternité judiciairement accueillie[9]. En revanche, la demande de pension alimentaire de l'enfant majeur formée à l'encontre de ses parents est recevable, bien que ces derniers l'aient abandonné à la naissance, aucun jugement d'adoption n'ayant suivi l'abandon[10].

À défaut d'établissement du lien de filiation, l'enfant ne peut exiger la mise en œuvre de l'obligation d'entretien. Un droit à aliments peut exister sur d'autres fondements, tel l'article 342 du Code civil relatif à l'**action à fins de subsides.**

1. T. paix, Juvigny-le-Tertre, 9 mars 1908, *DP* 1910, 5, 4.
2. CA Lyon, 25 janv. 1967, *D.* 1967, 443; *RTD civ.* 1968, 349, obs. Nerson.
3. Civ. 1re, 13 nov. 1962, *Bull. civ.* I, n° 476.
4. CA Bordeaux, 4 mai 1972, *Gaz. Pal.* 1972, 2, 567.
5. CA Paris, 1re ch. urg. A, 6 juill. 1987, *Juris-Data* n° 024350.
6. CA Lyon, 25 janv. 1967, *D.* 1967, 443.
7. Req. 7 mars 1911, *D.* 1913, I, 404.
8. L. n° 2002-305, 4 mars 2002, relative à l'autorité parentale, *JO* 5 mars, p. 4161.
9. Civ. 1re, 1er févr. 1984, *D.* 1984, 388, note Massip; *RTD civ.* 1984, 700, obs. Nerson et Rubellin-Devichi.
10. CA Besançon, 30 mai 2007, 1re ch. civ., sect. B, *JCP* 2008, IV, 1129.

La contribution à l'entretien de l'enfant est de surcroît indépendante de l'exercice de l'autorité parentale (v. s[s] n°s 232.00 s.). Selon la Cour de cassation, « *l'article 203 ne lie pas ces obligations à l'autorité parentale* »[1] entendue comme les modalités d'exercice de cette fonction. Ainsi quel que soit le mode d'exercice de l'autorité parentale – exercice en commun ou unilatéral – le parent conserve cette obligation puisque seuls comptent l'établissement du lien de filiation et « *les événements qui affectent l'autorité parentale n'influencent pas directement l'obligation d'entretien* ».

En l'absence de lien de filiation avec l'enfant, le nouveau conjoint ou concubin du parent n'est pas tenu d'une obligation d'entretien[2]. L'article 203 du Code civil ne s'applique pas au beau-parent étant donné l'absence de lien de droit avec l'enfant[3]. Il peut en revanche être amené à contribuer indirectement à l'entretien de ses beaux-enfants lorsqu'il est marié avec le parent par application de l'article 1409 du Code civil dans le cadre du régime de communauté légale. Le paiement de dettes alimentaires ne peut ouvrir droit à récompense en faveur de la communauté[4]. Pour justifier cette solution, on avance que les aliments sont fonction des ressources appréciées globalement et payés par des revenus du couple qui ont une nature commune...

311.34 Défaillance parentale. Après une séparation du couple, le juge aux affaires familiales peut dans des circonstances exceptionnelles, décider du vivant des parents qu'en cas de décès du parent exerçant l'autorité parentale, l'enfant sera confié à un tiers, et non au parent survivant (C. civ., art. 373-3, al. 3 – V. s[s] n° 232.271). L'enfant peut également être confié à un tiers lorsque ses parents ne sont pas en mesure de s'en occuper et/ou sont défaillants : il s'agit alors des **hypothèses de délégation ou de retrait de l'autorité parentale** (C. civ., art. 377 et 378 – V. s[s] n°s 232.350 à 232.396 pour la délégation, et n°s 232.401 à 232.453 pour le retrait) ou lorsque l'enfant est en danger et qu'une mesure d'assistance éducative est prise par le juge des enfants (C. civ., art. 375).

En principe, ces mesures s'accompagnent du maintien de l'obligation d'entretien à la charge des parents : elle repose sur le lien de parenté et non pas sur le mode d'exercice de l'autorité parentale. Ainsi, même en matière de retrait de l'autorité parentale, qui prive le parent de la titularité de son droit, aucune disposition relative à l'obligation d'entretien n'apparaît aux articles 378 et suivants du Code civil. Selon la doctrine, celle-ci perdure purement et simplement malgré le retrait total ou partiel de l'autorité parentale. L'article 377-2 du Code civil octroie simplement la faculté au juge de dispenser, à titre ponctuel, les parents de leur obligation, s'ils sont indigents. En dehors de cette hypothèse, la contribution à l'entretien est versée au tiers auquel l'enfant a été confié (C. civ., art. 373-2-2, al. 1er).

311.35 Objet de l'obligation d'entretien. Elle a pour objet d'une part, de satisfaire les besoins matériels essentiels de l'enfant (nourriture, vêtements, chauffage, logement, soins médicaux et chirurgicaux à donner à un enfant malade) et d'autre part, de pourvoir à ses besoins d'ordre moraux et intellectuels (frais d'études et de formation intellectuelle). L'obligation d'entretien doit, en effet, viser à donner à l'enfant une autonomie professionnelle qui lui permette de s'assumer financièrement. Elle reste cependant limitée par l'article 204 du Code civil qui dispose que les enfants ne peuvent agir contre leurs parents pour un établissement par mariage ou autrement.

311.36 Prolongation de l'obligation d'entretien au-delà de la majorité. À l'origine, l'obligation d'entretien a été conçue pour **l'enfant mineur.** En prévoyant que « *l'obligation parentale d'entretien ne cesse pas de plein droit à la majorité* » (C. civ., art. 371-2), la loi du 4 mars 2002 a étendu expressément le champ d'application de l'obligation d'entretien au-delà de la minorité, sans poser de conditions particulières; ces dernières avaient été posées par la jurisprudence antérieure ayant admis la prolongation[5].

Les **jeunes majeurs** peuvent agir directement contre leurs parents sur le fondement de l'article 203 du Code civil. En pratique, le parent assumant à titre principal des frais d'études du jeune majeur actionne le plus souvent l'autre parent sur le fondement de l'article 373-2-5 du Code civil (remplaçant l'art. 295 anc.) qui s'applique en cas de divorce ou de séparation des père et mère[6].

1. Civ. 1re, 18 mai 1972, *JCP* 1972, II, 17234.
2. V. M. Rebourg, *La prise en charge de l'enfant par son beau-parent*, th. 2003, Éd. Defrénois, n°s 227 s.
3. CA Paris, 19 mai 1992, *D.* 1993, somm. 127.
4. V. Civ. 1re, 8 nov. 2005, n° 03-14.831, *Bull. civ.* I, n° 403; *D.* 2005, IR 2897; *Dr. fam.* 2005, n° 274, note Beignier; *RJPF* 2006-3/53, obs. S. V.; *AJ fam.* 2006, 33, obs. Hilt.
5. Civ. 2e, 12 juill. 1971, n° 69-14.601, *Bull. civ.* II, n° 254; *D.* 1971, 689.
6. V. M.-J. Gebler, « L'obligation d'entretien des parents à l'égard de leurs enfants majeurs qui poursuivent des études », *D.* 1976, chron. 131 – J. Hauser, « Jeunes majeurs et vieux mineurs », *Liber amicorum M.-T. Meulders-Klein*, Bruylant, 1999; « L'établissement et l'entretien des enfants majeurs : une famille à titre onéreux », *Defrénois* 1999, p. 1217 – Th. Fossier, « La solidarité familiale en faveur du jeune majeur », *LPA* n[o] spéc., 95e congrès des Notaires, avr. 1999, 54 s. – C. Chabaut, « Le financement des études par les parents », *Dr. fam.* 1999, chron. 12.

Le parent condamné à verser une pension alimentaire à des enfants ne peut cesser de sa propre initiative tout versement en prétextant de la majorité de ceux-ci. S'il souhaite se libérer de son obligation, il doit saisir le **juge aux affaires familiales** et apporter la preuve que ses enfants ne sont plus à la charge de l'autre parent (v. s[s] n°s 312.141 s.). À défaut, il peut être condamné à des dommages-intérêts du chef d'**abandon de famille** (v. s[s] n°s 522.11 s.)[1].

311.37 Circonstances justifiant le maintien. Au-delà de la minorité, la jurisprudence antérieure à la loi du 4 mars 2002 exigeait, lorsqu'elle statuait sur le fondement de l'article 203 du Code civil, des circonstances de nature à justifier la continuation du devoir d'entretien et notamment la poursuite d'études afin d'obtenir une qualification professionnelle. Les juges prenaient en compte le caractère « *réel et sérieux* » de la poursuite des études, compte tenu des aptitudes de l'enfant et de ses échecs scolaires ou universitaires[2], de la qualité de son travail[3], de son assiduité[4] pour accorder ou non la pension alimentaire demandée.

Le maintien de l'obligation d'entretien à la charge des parents suppose en outre que le jeune majeur ne dispose pas de moyens propres à lui assurer une existence indépendante. En effet, la jurisprudence semble opter pour une incompatibilité entre la poursuite d'études supérieures et l'exercice d'une activité professionnelle rémunérée[5]. Mais le jeune majeur ne doit pas s'être mis volontairement dans une situation d'impécuniosité[6]. En contrepartie de l'obligation d'entretien, le jeune majeur n'est pas tenu de vivre avec ses parents[7].

La question s'est posée de savoir si l'obligation d'entretien ne pourrait pas être étendue alors même que l'enfant ne poursuit pas ou plus d'études mais se trouve dans le besoin parce qu'il est en recherche d'emploi ou au chômage ou encore parce qu'il n'a pas les capacités physiques ou mentales de travailler[8].

La Cour de cassation avait admis, sur le fondement de l'ancien article 295 du Code civil relatif au divorce (devenu C. civ., art. 373-2-5), qu'il suffisait que l'enfant en recherche d'emploi, ne soit pas en mesure de subvenir à ses besoins et soit à titre principal à la charge de l'un de ses parents pour que l'autre soit obligé de maintenir sa contribution d'entretien[9]. La condition de poursuite d'études légitimes était donc, selon certains auteurs, abandonnée lorsque les parents sont divorcés. Ces décisions aboutissaient à une situation paradoxale : lorsque l'enfant agissait directement contre ses parents (C. civ., art. 203), il était limité dans son action par la nécessité d'invoquer la poursuite d'études légitimes tandis que lorsque le parent divorcé agissait contre l'autre parent, parce qu'il avait la charge du jeune majeur (ce qu'il devait par ailleurs démontrer[10]), il pouvait se contenter d'invoquer l'impossibilité de l'enfant de subvenir seul à ses besoins.

S'appuyant sur cette jurisprudence, la loi du 4 mars 2002 considère que **l'obligation d'entretien ne se limite pas aux seuls enfants majeurs poursuivant des études** (C. civ., art. 371-2). Cette disposition pourrait étendre considérablement les hypothèses de prolongation de l'obligation d'entretien et l'éloigner de son but initial : l'entretien et l'éducation de l'enfant. Elle tendrait alors à confondre l'obligation d'entretien avec l'obligation alimentaire de l'article 205 du Code civil. Une application raisonnable des conditions de la prolongation de cette obligation d'entretien semble donc nécessaire; elle relève dès lors du pouvoir judiciaire et les critères retenus antérieurement devraient continuer de s'appliquer[11]. Les juridictions estiment généralement que l'obligation d'entretien ne joue plus en cas de **chômage**; l'obligation alimentaire prend le relais[12]. Lorsqu'il est en recherche d'emploi, certaines juridictions prolongent tout de même l'obligation d'entretien après la fin des études jusqu'à ce que le majeur ait trouvé un premier emploi[13]; d'autres juridictions lui accordent un délai à la fin de ses études ou à sa majorité[14] afin de lui permettre de trouver un emploi. Mais l'obligation d'entre-

1. Crim. 7 févr. 2007, n° 06-84.771, *Bull. crim.*, n° 34; *AJ fam.* 2007, 188.
2. CA Dijon, ch. civ., sect. C, 19 oct. 2007, *Dr. fam.* 2008, n° 7, comm. 93, note Burgard.
3. Civ. 1re, 20 oct. 1980, *JCP* 1981, II, 1965.
4. CA Bordeaux, 27 sept. 1994, *Juris-Data* n° 04686.
5. CA Nîmes, 1er oct. 2008, RG n° 07/01817, *RJPF* 2009, n° 4.
6. Civ. 1re, 25 juin 1996, n° 94-17.619, NPT; *D.* 1997, 455, note Bougault-Coudevylle; *RTD civ.* 1996, 890, obs. Hauser – CA Versailles, 27 nov. 1992, *Gaz. Pal.* 1993, 1, somm. 164 : enfant majeur incarcéré.
7. Civ. 2e, 11 janv. 1978, n° 76-15.091, *Bull. civ.* II, n° 14 – Civ. 2e, 28 janv. 1981, n° 79-13.209, *Bull. civ.* II, n° 19 – Civ. 2e, 26 sept. 2002, n° 01-12.075, *Bull. civ.* I, n° 191; *RJPF* 2003-1/44, obs. Valory.
8. Maladie : Civ. 2e, 12 juill. 1971, *D.* 1971, 689 – Handicap : CA Montpellier, 7 nov. 1989, *Juris-Data* n° 003470 – Difficultés psychologiques : CA Paris, 22 févr. 1983, *D.* 1983, IR 450, obs. Bénabent.
9. Civ. 2e, 29 mai 1996, n° 94-20.511, 1re esp., *Bull. civ.* II, n° 115; *D.* 1997, 455, note Bourgault-Coudevylle; *RTD civ.* 1996, 602, obs. Hauser.
10. V. Civ. 2e, 27 févr. 2003, n° 01-13.641, NP; *RJPF* 2003-4.
11. V. Cornu, 8e éd., n° 107, p. 212.
12. CA Paris, 29 mars 1985, *D.* 1986, IR 108 – CA Poitiers, 19 nov. 1986, *RDSS* 1987, 667, note Monéger – CA Riom, 28 janv. 1997, *Juris-Data* n° 056661 (enfant ayant déjà travaillé et perçu des allocations chômage).
13. CA Paris, 26 avr. 1994, *RTD civ.* 1994, 582, obs. Hauser.
14. CA Paris, 29 oct. 1984, *Juris-Data* n° 026458 – CA Nancy, 15 janv. 1990, *Juris-Data* n° 041434 – CA Dijon, ch. civ., sect. C, 19 oct. 2007, *Dr. fam.* 2008, n° 7, comm. 93, note Burgard.

tien cesse au-delà de cette période d'adaptation même si l'enfant est sans emploi.

§ 4
Obligations alimentaires entre époux

311.51 **Devoir de secours.** Durant le mariage, le devoir de secours est une forme d'obligation alimentaire (C. civ., art. 212). Il s'agit d'un effet du mariage qui manifeste l'entraide conjugale. Pendant la vie commune, il s'exécute en nature par le biais de la contribution aux charges du mariage (C. civ., art. 214) avec laquelle il se confond, ceci à proportion des facultés respectives de chacun. Néanmoins, à la différence de cette dernière, le devoir de secours remédie à l'impécuniosité d'un époux et apparaît en principe avec l'état de besoin de l'un des conjoints. Il donne lieu au versement d'une pension alimentaire par l'autre conjoint (sur le devoir de secours entre époux, v. s^s^ n°s 116.131 et 116.132 – sur la distinction avec le devoir d'assistance, v. s^s^ n°s 116.111 à 116.113).

311.52 **Séparation de fait.** Le devoir de secours, tout comme la contribution aux charges du mariage, perdure en cas de séparation de fait des époux car, même en l'absence de communauté de vie, ces devoirs matrimoniaux continuent d'exister[1] (sur ce point, v. s^s^ n° 122.33). Le mariage n'est pas dissous; ses effets sont donc maintenus. Néanmoins, le conjoint tenu du devoir de secours peut rapporter la preuve de circonstances particulières lui permettant d'être dispensé de ses obligations[2]. Il peut par exemple se libérer en prouvant que le refus de cohabiter, opposé par son conjoint, n'est pas légitime.

311.53 **Séparation de corps.** Le devoir de secours est en principe maintenu (C. civ., art. 303) et la pension alimentaire est attribuée à l'époux dans le besoin, sans considération des torts (v. s^s^ n°s 121.31 s.). En revanche, le conjoint responsable de la séparation peut se voir appliquer les dispositions de l'article 207 alinéa 2 du Code civil. Ainsi en cas de manquements graves à ses obligations, le conjoint « innocent » peut être déchargé du devoir de secours. Lorsque la consistance des biens du débiteur le permet, la pension alimentaire est remplacée en tout ou partie, par la constitution d'un capital selon les règles applicables à la prestation compensatoire.

311.54 **Divorce.** Le juge peut, au titre des mesures provisoires, fixer la pension alimentaire que l'un des époux devra verser à son conjoint durant la procédure de divorce (C. civ., art. 254 et 255, 6°).

Avant l'entrée en vigueur de la réforme du divorce (1er janvier 2005), seul le **divorce pour rupture de la vie commune** permettait de maintenir le devoir de secours après divorce à la charge de l'époux demandeur. Il prenait la forme d'une pension alimentaire qui « *tend à assurer à l'époux qui en bénéficie le niveau de vie qui aurait été le sien si la vie commune n'avait pas été rompue* »[3].

La loi du 26 mai 2004[4], a remplacé le divorce pour rupture de la vie commune par le **divorce pour altération définitive du lien conjugal** (C. civ., art. 237). Elle modifie également l'article 270 du Code civil qui prévoit désormais que le divorce met fin au devoir de secours sans exception. Il n'y a donc plus de fixation judiciaire de pension alimentaire après divorce. La **prestation compensatoire** (v. s^s^ n°s 134.00 s. et 135.00 s.) est aujourd'hui prévue pour tous les cas de divorce. Elle a une nature alimentaire au moins aussi importante que sa nature indemnitaire[5] : la prestation compensatoire prolonge en effet le lien de solidarité familiale au-delà de la rupture du lien matrimonial, dans la mesure où elle tend à maintenir un niveau de vie mis en péril par la séparation des époux. À ce titre, elle bénéficie des **voies d'exécution** et de **recouvrement** spécifiques aux pensions alimentaires (v. s^s^ n°s 321.00 s.).

Mais en matière de **divorce par consentement mutuel**, rien n'empêche les époux de prévoir une pension alimentaire dans leur convention homologuée. En outre, l'article 268 du Code civil prévoit, pour les autres cas de divorce, la possibilité de conclure des conventions portant sur les conséquences du divorce et qui peuvent être reçues à tout moment par le juge pour homologation. Dès lors, on peut admettre qu'une pension alimentaire pourra également être prévue, par ce biais, dans tous les types de divorce.

Au titre des **mesures provisoires**, le juge peut aussi « [...] *désigner celui ou ceux des époux qui devront assurer le règlement provisoire de tout ou partie des dettes* » (C. civ., art. 255, 6° *in fine*), ce qui vise notamment le remboursement de l'emprunt immobilier contracté lors de l'achat de la résidence familiale en indivision.

1. Civ. 1re, 6 janv. 1981, n° 79-14.105, *Bull. civ.* I, n° 6 – V. égal. à propos d'une jeune mariée retournée vivre chez ses parents : CA Douai, ch. 7, sect. 2, 8 janv. 2009, *JCP* 2009, n° 3, act. 81.
2. Civ. 1re, 17 juill. 1985, *Gaz. Pal.* 1986, 1, 127, note J. M. – Civ. 1re, 19 nov. 1991, n° 90-11.320, NPT; *Defrénois* 1992, 720, obs. Massip.
3. TGI Paris, 25 nov. 1976, *JCP* 1976, II, 18513, note Lindon.
4. L. n° 2004-439, 26 mai 2004, relative au divorce, *JO* 27 mai, p. 9319.
5. V. NOT., Rubellin-Devichi, *RTD civ.* 1980, 761 – R. Lindon et A. Bénabent, « Prestation compensatoire et obligation alimentaire », *JCP* 1986, I, 3234.

Dans une espèce, le juge avait attribué à la femme la jouissance du logement familial en mettant à sa charge le remboursement de l'emprunt souscrit et avait majoré le montant de la pension alimentaire du mari en fonction du montant des échéances de l'emprunt réglées par l'épouse. Cette dernière ayant seule et intégralement payé toutes les mensualités du prêt sollicite ensuite une créance à l'encontre de l'indivision. L'arrêt de la cour d'appel qui estime que le mari lui doit indemnisation est cassé par la Cour de cassation qui relève que le montant de la pension alimentaire due par le mari avait été fixé en fonction du montant des échéances de l'emprunt réglées par l'épouse seule, ce dont il résultait que le mari avait contribué indirectement au financement de l'immeuble indivis[1].

Le juge a ainsi la possibilité de majorer la pension due par l'époux débiteur d'aliments mais il doit dans sa décision faire le lien de manière explicite entre le montant de la pension et le remboursement du crédit pour fermer à l'autre conjoint toute demande en reddition de compte sur le fondement de l'article 815-13 du Code civil.

311.55 Après décès. La succession d'une personne peut être tenue de fournir des aliments à certains membres de la parenté du défunt et notamment au conjoint survivant. Ainsi l'article 767 du Code civil[2], remplaçant l'ancien article 207-1, prévoit qu'une pension au profit du conjoint successible, dans le besoin, pèse sur la succession de l'époux prédécédé. Ce droit à pension constitue la continuation du devoir de secours de l'article 212 du Code civil après le décès d'un des conjoints, en complément de ses droits successoraux. Le conjoint survivant peut donc demander des aliments à la succession du défunt à condition que ses besoins aient été antérieurs au décès de ce dernier[3].

« *La pension alimentaire est prélevée sur la succession* » (C. civ., art. 767, al. 2, réd. L. n° 2009-526, 12 mai 2009, art. 10) : les héritiers sont ainsi tenus de l'acquitter au titre d'un passif successoral et non à titre personnel. Elle est donc limitée aux forces de la succession. Cette pension est ainsi supportée par tous les héritiers et, en cas d'insuffisance, par tous les légataires particuliers, proportionnellement à leur part successorale (C. civ., art. 767, al. 2). Néanmoins, lorsque le défunt a expressément prévu qu'un légataire sera favorisé car son legs sera acquitté de préférence aux autres, ce légataire ne supportera la charge de la pension que lorsque celle-ci aura absorbé à la fois la part des héritiers et celle des autres légataires (C. civ., art. 767, al. 3 et 927).

Le conjoint survivant a « *un an à partir du décès ou du moment où les héritiers cessent d'acquitter les prestations qu'ils fournissaient auparavant au conjoint* » pour réclamer cette pension. En cas d'indivision, ce délai est prolongé jusqu'à l'achèvement du partage.

1. Civ. 1re, 23 janv. 2008, n° 07-10.753, *Bull. civ.* I, n° 24; *AJ fam.* 2008, 164, obs. David; *RJPF* 2008-3/30, obs. Valory.
2. Issu de L. n° 2001-1135, 3 déc. 2001, réformant le droit des successions, *JO* 4 déc. 2001, p. 19279.
3. CA Colmar, 16 avr. 1964, *JCP* 1964, IV, 123.

SECTION 2
CONDITIONS D'OUVERTURE DU DROIT AUX ALIMENTS

311.60 Division. La vocation alimentaire se transforme en droit aux aliments dès lors que les conditions d'ouverture de ce droit se trouvent remplies. Deux conditions sont requises : le besoin de celui qui réclame (§ 1) et les ressources (§ 2) de celui à qui sont réclamés les aliments (C. civ., art. 208).

§ 1
Condition de besoin du créancier alimentaire

311.61 État de besoin. L'enfant mineur est présumé être dans une situation de besoin du fait de son jeune âge. Dans les autres cas, on se réfère à l'état de besoin c'est-à-dire à l'état de celui qui ne peut, par ses seuls moyens, assurer sa propre subsistance totalement ou partiellement. Cela recoupe les **besoins biologiques** et certains **besoins sociaux** considérés, par le groupe social, comme vitaux. Cet état de besoin résulte de l'absence ou de l'insuffisance de ressources qui recoupent différentes situations.

311.62 Impossibilité de subsister par le travail. Le **droit aux aliments** prend naissance lorsque le créancier n'est pas en mesure de travailler pour des raisons liées à son **âge**, sa **santé**, à des **obligations familiales** ou pour cause de **chômage**. En effet, l'oisiveté du créancier exclut le droit de demander des aliments à sa famille; elle peut même entraîner la réduction ou la suppression d'une pension qui lui serait allouée. On prend surtout en considération la possibilité d'exercer une profession et non le fait qu'elle soit ou non suffisamment lucrative.

311.63 Insuffisance des revenus du capital. Le créancier d'aliments qui possède des biens productifs de revenus est considéré dans le besoin lorsque ces revenus sont insuffisants. La jurisprudence admet que l'on puisse réclamer une pension alimentaire lorsque l'on possède un capital, dans la mesure où les revenus tirés de celui-ci sont insuffisants pour vivre. Mais il convient pour apprécier les ressources de prendre en considération les revenus qu'une gestion utile du capital pourrait procurer[1]. Si le capital est insuffisamment productif, on ne peut obliger le demandeur à aliéner son capital pour se procurer les moyens de sa subsistance[2].

311.64 Autres ressources. Pour déterminer si une personne se trouve dans le besoin, on prend en considération ses **indemnités chômage**, les **rentes** consécutives à un **accident du travail** et les **prestations sociales** qu'il perçoit.

Dans le cadre de la **pension alimentaire** accordée par l'article 767 du Code civil au **conjoint survivant contre la succession de son époux prédécédé**, pour déterminer si le conjoint est dans le besoin, il faut tenir compte de toutes ses ressources. Cela comprend les ressources qu'il détenait avant le décès de son conjoint mais également celles que celui-ci peut lui avoir procurées qu'elles soient d'origine légale, testamentaire ou conventionnelle (part successorale, capital-décès de la sécurité sociale, pension de réversion, allocation de veuvage de la sécurité sociale versée au titre de l'assurance veuvage, assurance-vie). L'amélioration du statut successoral du conjoint survivant depuis la loi du 3 décembre 2001 devrait ainsi réduire les demandes de pension alimentaire sur ce fondement.

311.65 Preuve de l'état de besoin. Conformément à l'article 1315 alinéa 1er du Code civil, il appartient à celui qui réclame des aliments de **prouver qu'il est dans le besoin** et donc de faire la preuve des circonstances qui rendent ses ressources insuffisantes.

S'agissant d'une **demande initiale de contribution fondée sur l'obligation parentale d'entretien**, il appartient à l'enfant majeur de prouver sa créance d'entretien lorsqu'il agit contre ses parents sur le fondement des articles 203 et 371-2 du Code civil.

Dès lors, la preuve des besoins d'un enfant majeur hébergé par son père et percevant un salaire n'est pas rapportée et ne justifie pas la demande de fixation d'une pension alimentaire à l'encontre de sa mère[3]. En cas d'appel, le majeur doit rapporter la preuve de la persistance de son état de besoin au moment où la cour d'appel statue. À défaut, le juge d'appel peut suspendre la pension dont le versement a été ordonné en première instance[4].

La **charge de la preuve** incombe également **au parent qui assume la charge du jeune majeur** lorsqu'il agit sur le fondement de l'article 373-2-5 du Code civil contre l'autre parent. Il doit démontrer que l'enfant majeur est non seulement dans le besoin mais également à sa charge principale (sur la preuve requise lors d'une demande de suppression ou de diminution de l'obligation d'entretien, v. ss n° 312.141).

311.66 Modes de preuve. La preuve peut être rapportée **par tous moyens**. Ainsi il peut être demandé de produire certains **documents attestant de la situation fiscale et sociale du créancier** tels qu'un certificat de non-imposition, un justificatif de paiement de l'impôt, des bulletins de salaire ou de fournir les pièces propres à établir la poursuite d'études universitaires...

§ 2
Condition de ressources du débiteur alimentaire

311.71 Nature des ressources. Toutes les **ressources disponibles du débiteur**, quelle que soit leur origine, leur nature (capital ou produits du travail), sont prises en compte et appréciées par les tribunaux[5]. En font partie tous les revenus du débiteur tels que ses **gains** et **salaires**, mais également les **pensions de retraite ou d'invalidité**[6], les **indemnités** perçues au titre d'une fonction élective[7], et les indemnités de chômage. Sont également intégrées dans le calcul des ressources, les allocations telle que l'**allocation compensatrice pour aide d'une tierce personne**, malgré son caractère insaisissable[8]. Mais la Cour de cassation précise que si l'allocation compensatrice doit être incluse dans le calcul des ressources de l'intéressé, c'est à la seule condition que le débiteur dispose d'autres revenus saisissables sur lesquels l'obligation alimentaire sera exécutée, compte tenu des charges inhérentes à son handicap[9].

S'agissant de l'obligation alimentaire pesant sur la succession de l'époux prédécédé (C. civ., art. 767 et 758), celle-ci est prélevée sur la succession. Ainsi les ressources du débiteur se limitent à l'actif successoral entendu comme l'actif net de la succession. On ne tient donc pas compte des ressources personnelles des héritiers pour déterminer l'existence de l'obligation (ce qui n'empêche pas ceux-ci d'être tenus par ailleurs personnellement d'une obligation alimentaire).

1. Civ. 17 déc. 1965, *D.* 1966, 465, note Savatier – V. AUSSI, Civ. 2e, 21 janv. 1976, n° 74-14.266 et n° 74-14.919, 2 esp., *Bull. civ.* II, n° 17.
2. Req. 23 févr. 1898, *DP* 1898, 1, 303, rapp. Denis.
3. CA Lyon, 2e ch. civ., 1er juill. 2008, *JCP*, 2008, IV, 3078.
4. Civ. 1re, 8 avr. 2009, n° 08-13.161, *Dr. fam.* juill. 2009, comm. 92, obs. Murat.
5. CA Paris, 6 oct. 1959, *D.* 1960, 143.
6. Civ. 1re, 5 févr. 1991, n° 89-15.412, *Bull. civ.* I, n° 42; *Defrénois* 1991, 667, obs. Massip.
7. CA Lyon, 2 avr. 2009, RG n° 06/08134.
8. Civ. 2e, 7 juin 1990, n° 89-12.740, *Bull. civ.* II, n° 127; *Defrénois* 1991, art. 35088, n° 64, obs. Massip.
9. Civ. 2e, 7 juin 1990, préc. ss prést n°.

Un cas particulier doit être relevé **lorsqu'un enfant a apporté à ses parents aide et assistance de manière exceptionnelle**, dépassant le devoir moral de piété filiale et l'obligation alimentaire à laquelle il se trouve tenu. La jurisprudence reconnaît qu'il est alors fondé à réclamer à la succession une **indemnité compensatrice** en justifiant des conditions de l'enrichissement sans cause dans les conditions de l'article 1371 du Code civil[1].

311.72 Évaluation. C'est la **situation réelle du débiteur** qui doit être prise en compte; on ne saurait donc exiger que le débiteur change de profession pour une situation plus lucrative[2]. En outre, les revenus provenant des biens du débiteur recoupent ceux « *qu'une gestion utile de son capital pourrait lui procurer* »[3].

Une fois les ressources du débiteur établies, le juge en déduit les charges notamment ses charges familiales pour déterminer le disponible qui permettra à l'obligation alimentaire de prendre naissance. Le débiteur alimentaire doit en premier lieu pourvoir à sa propre subsistance, ce que le juge va donc vérifier.

Les parents ne peuvent échapper à leur obligation d'entretien qu'en démontrant qu'ils sont dans l'impossibilité matérielle de le faire; dès lors, le père qui n'est pas dépourvu de ressources doit contribuer à l'entretien de l'enfant commun mais pour fixer le montant de la pension alimentaire, les juges du fond ne peuvent se borner à énoncer que ce dernier n'est pas dépourvu de ressources, sans rechercher quelles étaient les ressources des parties[4].

Une cour d'appel ayant relevé que les ressources officielles de la mère étaient sans relation avec son train de vie et ses activités multiples, a souverainement estimé que celle-ci ne démontre pas se trouver dans l'impossibilité de s'acquitter de son obligation de subvenir à l'entretien et à l'éducation de sa fille mineure[5].

311.73 Preuve. Il appartient au demandeur d'établir que le débiteur alimentaire a des ressources suffisantes. En pratique, afin de connaître la situation financière des débiteurs alimentaires, une **mesure d'instruction** est possible lorsque la demande de justificatifs récents et complets des revenus n'est pas obtenue pas le juge. Ces mesures d'instruction peuvent néanmoins se révéler difficiles à mettre en œuvre en pratique, compte tenu du coût, de la durée, et de l'activité des magistrats. L'article L. 111, II du Livre des procédures fiscales permet aux créanciers d'aliments dont la qualité est reconnue par une décision de justice de prendre connaissance du **revenu imposable**, de l'**impôt payé** et du nombre de **parts du quotient familial** du débiteur.

Le débiteur alimentaire qui veut limiter sa participation, doit apporter la preuve de ses charges[6] ou de l'insuffisance de ses ressources. Pour se décharger de son obligation, il peut invoquer comme défense l'**ingratitude de son créancier** (C. civ., art. 207, al. 2) mais il devra en rapporter la **preuve** (v. s[s] n°s 312.22 s.). S'il souhaite réduire le montant de la pension alimentaire, il devra invoquer des circonstances nouvelles permettant une révision (v. s[s] n°s 312.131 s.).

1. Civ. 1re, 23 janv. 2001, n° 98-22.937, *Bull. civ.* I, n° 9; *RTD civ.* 2001, 349, obs. Hauser; *D.* 2001, 2940, obs. Vareille; *JCP* 2001, I, 366, n° 1, obs. Le Guidec; *Dr. fam.* 2002, comm. 63, note Chasagnard – CA Angers, 28 janv. 2004, *Dr. fam.* 2004, comm. 188, note Beignier.
2. CA Paris, 13 nov. 1962, *JCP* 1962, II, 12964.
3. Civ. 2e, 21 janv. 1976, n° 74-14.266 et n° 74-14.919, 2 esp., *Bull. civ.* II, n° 17.
4. Civ. 2e, 17 oct. 1985, *Bull. civ.* II, n° 157.
5. Civ. 1re, 6 déc. 2005, n° 02-18.953, NP; *RJPF* n° 202-2006.
6. Civ. 1re, 18 janv. 1989, n° 87-14.849, *Bull. civ.* I, n° 14; *D.* 1989, 343, note Massip.

CHAPITRE

312. Régime juridique de l'obligation alimentaire

MURIEL REBOURG
MAÎTRE DE CONFÉRENCES
À L'UNIVERSITÉ DE BRETAGNE OCCIDENTALE

SECTION 0
ORIENTEUR

312.00 **Plan du chapitre.**

312.01 **Textes applicables.**

> Réciprocité de l'obligation alimentaire sauf indignité

C. civ., art. 207

> Mesure de l'obligation alimentaire

C. civ., art. 208

> Révision de l'obligation alimentaire

C. civ., art. 209

> Modalités d'exécution de l'obligation alimentaire

C. civ., art. 210 et 211

> Forme de l'obligation d'entretien

C. civ., art. 373-2-2 et 373-2-3

> Versement entre les mains de l'enfant majeur de la contribution à l'obligation d'entretien

C. civ., art. 373-2-5

> Prescription quinquennale de droit commun de l'action en paiement des pensions alimentaires

C. civ., art. 2224

312.02 **Jurisprudence de référence.**

> Adage « *Aliments ne s'arréragent pas* »

• **Req. 30 janv. 1933,** *Couchon, DH* 1933, 114, *S.* 1933, 1, 104

* V. s[s] n° 312.111

« Si les aliments ne s'arréragent pas, c'est parce le créancier qui n'a pas réclamé les termes échus peut être considéré comme s'étant trouvé à l'abri du besoin et ayant renoncé à un payement qui n'était pas indispensable à sa subsistance. Mais ces présomptions cèdent à la preuve contraire. »

• **Civ. 2e, 29 oct. 1980,** *JCP* 1981, II, 19665, note Jambu-Merlin

* V. s[s] n° 312.111

« L'adage "*Aliments ne s'arréragent pas*" qui interdit aux créanciers d'aliments de demander l'exécution de l'obligation alimentaire pour la période antérieure à leur demande est sans application en ce qui concerne l'obligation d'entretien. »

> Absence de hiérarchie entre débiteurs alimentaires

• **Civ. 2 janv. 1929,** *Giraud, D.* 1929, 1, 137, note Savatier; *RTD civ.* 1929, 409, Gaudemet

* V. s[s] n° 312.14

« Aucune disposition n'impose au demandeur, contre les divers débiteurs d'aliments, une action commune ou des actions successives selon un ordre déterminé. »

• **Civ. 1re, 6 mars 1974, no 72-11.070,** *Bull. civ.* I, no 77

* V. ss no 312.15

« L'obligation que l'article 203 du Code civil met à la charge des père et mère de nourrir, entretenir et élever leurs enfants, n'exclut celle que les articles 205 et 207 du même code imposent en leur faveur aux autres ascendants que dans la mesure où les parents peuvent y faire face. »

> Condition de besoin du créancier alimentaire

• **Civ. 1re, 22 mars 2005, no 03-13.135,** *Bull. civ.* I, no 140; *D.* 2005, IR 1112

* V. ss no 312.82

Il doit être tenu compte des besoins des enfants eu égard à leur âge et à leurs habitudes de vie.

• **Civ. 2e, 11 juill. 1979, no 78-14.620,** *Bull. civ.* II, no 207

* V. ss no 312.82

« Dans le cadre du devoir de secours, les besoins de l'époux créancier de la pension ne se limitent pas aux seules nécessités matérielles de la vie, mais doivent être évalués *"notamment en fonction du niveau social des époux"* ».

> Prescription quinquennale des créances d'aliments

• **Civ. 1re, 4 oct. 2005, no 03-13.375,** *Bull. civ.* I, no 350

* V. ss no 312.112

« Si le créancier peut poursuivre pendant trente ans l'exécution d'un jugement condamnant au paiement d'une somme payable à termes périodiques, il ne peut, en vertu de l'article 2277 [ancien], applicable en raison de la nature de la créance, obtenir le recouvrement des arriérés échus plus de cinq ans avant la date de la demande. »

312.03 Bibliographie indicative.

Actualisables. RÉP. CIV., M. Kornprobst, *Vo Aliments*, nos 196 à 230 – J.-CL. CIV., L. Leveneur, « Obligation d'entretien », art. 203 et 204, fasc. unique, nos 35 s. – J.-CL. CIV., L. Leveneur, « Obligations alimentaires », art. 205 à 211, fasc. 20, nos 1 à 103, et fasc. 30, nos 1 à 33.

Ouvrages. G. CORNU, *La famille*, 9e éd., Montchrestien, 2006, nos 127 s. – PH. MALAURIE et H. FULCHIRON, *La famille*, 3e éd., Éd. Defrénois, 2009, nos 1750 à 1758, 1781 – F. TERRÉ et D. FENOUILLET, *Les personnes, la famille, les incapacités*, 7e éd., Dalloz, 2005, nos 308 à 315.

Articles. J.-C. Bardout, C. Bourreau-Dubois, I. Sayn, « Une table de référence pour fixer le montant de la contribution à l'entretien et à l'éducation des enfants », *Dr. fam.* 2010, dossier 1 – J.-J. Dupeyroux, « La transmissibilité passive des obligations alimentaires », *D.* 1959, chron. 71 – J. Ghestin, « La règle "aliments ne s'arréragent pas", *Mél. J. Brèthe de la Gressaye*, Éd. Bière, 1967, p. 295 – H. Lécuyer, « De la pluralité de débiteurs de l'obligation alimentaire », *Dr. fam.* 1997, chron. 2 – L. Peyrefitte, « Considérations sur la règle "aliments ne s'arréragent pas", *RTD civ.* 1968, 286 – I. Sayn, « Vers une méthode d'évaluation des pensions alimentaires », *AJ fam.* 2005, p. 88 – H. Sinay, « Les conventions sur les pensions alimentaires », *RTD civ.* 1954, 228.

312.04 Questions essentielles.

> L'obligation alimentaire a un caractère personnel (v. ss nos 312.10 s.), réciproque (v. ss nos 312.21 s.), variable (v. ss no 312.31) et d'ordre public (v. ss nos 312.41 et 312.42).

> La fixation du montant de la pension alimentaire en exécution d'une obligation alimentaire peut être conventionnelle (v. ss no 312.71) ou judiciaire (v. ss no 312.73).

> La pension alimentaire prend en principe naissance au jour de la demande en justice sauf application de la maxime « *Aliments ne s'arréragent pas* » (v. ss no 312.111) ou de la prescription (v. ss no 312.112).

> Elle peut faire l'objet d'une révision sous certaines conditions (v. ss nos 312.131 s.)

312.07 Notion d'aliments. L'obligation alimentaire a pour objet de fournir au créancier des aliments, c'est-à-dire de quoi vivre. Les aliments comprennent donc la **nourriture**, le **logement**, les **vêtements**, mais aussi, selon une jurisprudence ancienne, les **soins de santé**[1]. Compte tenu de l'allongement de la durée de vie et de l'évolution du coût de prise en charge des personnes âgées en perte d'autonomie, la nature alimentaire des frais d'hospitalisation a parfois été discutée[2]. Aujourd'hui, les réformes de tarification des frais hospitaliers, notamment l'institution d'un prix de journée à tarification ternaire (tarif soin, hébergement, dépendance) pour les bénéficiaires de l'allocation personnalisée d'autonomie (APA)[3], devraient permettre de considérer que la contribution des débiteurs alimentaires n'intervient que pour la part **hébergement**, définie et encadrée clairement depuis des décrets du 26 juin 1999[4]. Il existe toutefois un ticket modérateur afférent au tarif dépendance dont le caractère alimentaire pourrait susciter des interrogations s'il était réclamé aux débiteurs alimentaires du résident.

Selon la Cour de cassation, les aliments comprennent également les **frais d'obsèques**. En effet, lorsque l'actif successoral ne permet pas de faire face aux frais d'obsèques, les débiteurs de l'obligation alimentaire à l'égard de leurs ascendants et descendants, doivent, en application des articles 205 et 371 du Code civil, même s'ils ont renoncé à la suc-

1. Civ., 28 févr. 1938, *DH* 1938, 241 – CA Lyon, 13 nov. 1952, *D.* 1953, 755, note Gervésie.
2. V. Alfandari, *RDSS* 1981, 478 – E. Alfandari, « Le recouvrement des frais hospitaliers sur les débiteurs d'aliments », *Études offertes à Jean-Marie Auby*, Dalloz, 1992, p. 675.
3. L. no 2001-647, 20 juill. 2001, relative à la prise en charge de la perte d'autonomie des personnes âgées et à l'allocation personnalisée d'autonomie, *JO* 21 juill., p. 11737.
4. V. M. Borgetto et R. Lafore, *Droit de l'aide et de l'action sociales*, 7e éd., Montchrestien, 2009, nos 393 s.

cession[1], assurer la charge de ces frais dans la proportion de leurs ressources[2]. Cette solution est fondée à la fois sur l'obligation alimentaire et sur le devoir de piété filiale qui incombe aux enfants à l'égard de leurs parents.

Toutefois, dans un arrêt récent, la Cour de cassation semble ne fonder cette solution que sur le seul article 371 du Code civil lorsqu'elle considère que le fait qu'un enfant n'ait pas connu son père, pour être né peu après son décès, n'exclut pas qu'il ait à respecter cette obligation personnelle et indépendante des opérations relatives à la succession, l'existence d'un lien affectif direct n'en constituant pas une condition[3].

Actuellement le **caractère alimentaire de certaines dettes** fait débat en matière de **surendettement des particuliers**[4]. L'article L. 333-1 du Code de la consommation dispose que les dettes alimentaires du débiteur surendetté « *sont exclues de toute remise, de tout rééchelonnement ou effacement* » sauf en cas d'accord de leurs créanciers. La Cour de cassation a récemment été amenée à déterminer si les frais de restauration scolaire, d'accueil périscolaire et de participation à un centre de loisirs pris en charge par des collectivités publiques constituent des dettes d'aliments et sont donc exclus du rééchelonnement ou de l'effacement. Dans un avis rendu en 2007, elle répond par la négative[5] : à l'égard de la collectivité publique, elles ne sont pas des dettes alimentaires du débiteur surendetté[6]. La même solution vaut pour les dettes à l'égard d'établissement de santé pour les frais d'hospitalisation d'une enfant[7] ou pour les dettes à l'égard d'une maison de retraite[8]. Cette solution protégeant le débiteur surendetté s'explique par le fait **que le caractère alimentaire de la dette n'existe qu'à l'égard du créancier d'aliment et non du tiers.**

SECTION 1

CARACTÈRES DE L'OBLIGATION ALIMENTAIRE

§ 1 Caractère personnel de l'obligation alimentaire

312.10 Conséquence du caractère personnel. L'obligation alimentaire a un caractère personnel ce qui signifie qu'elle est liée tant à la personne du créancier qu'à celle du débiteur. Ce caractère emporte plusieurs conséquences, notamment son intransmissibilité mais également l'exclusion de l'action oblique.

312.11 Exclusion de l'action oblique. Le **droit de réclamer des aliments** est « *un droit exclusivement attaché à la personne du créancier d'aliments* », ce qui ferme l'action aux créanciers de ce dernier par voie oblique[9]. Les créanciers du débiteur alimentaire ne peuvent pas non plus réclamer par l'action oblique la **diminution** ou la **suppression** de l'obligation alimentaire.

Par exception, une **action directe** est ouverte aux **établissements publics de santé** contre les débiteurs alimentaires sur le fondement de l'article L. 6145-11 du Code de la santé publique (v. s^s^. n° 322.12).

312.12 Intransmissibilité à cause de mort. L'intransmissibilité de l'obligation alimentaire à cause de mort découle en principe du caractère personnel de l'obligation alimentaire. Cette intransmissibilité vaut tout d'abord pour la **créance d'aliments**. Destinée à faire vivre le créancier d'aliments, celle-ci prend fin à son décès qui marque la fin de son état de besoin[10]. Ses héritiers peuvent seulement, s'ils remplissent les conditions d'ouverture de ce droit, demander en leur nom personnel, des aliments. Elle vaut ensuite pour la **dette d'aliments** qui ne survit pas à son débiteur du fait de la disparition du lien de parenté à l'origine de l'obligation elle-même : elle s'éteint au décès du débiteur sans passer à ses

1. V. AUSSI, C. civ., art. 806 : « *Le renonçant est tenu à proportion de ses moyens au paiement des frais funéraires de l'ascendant ou du descendant à la succession duquel il renonce* » (L. n° 2006-728, 23 juin 2006, portant réforme des successions et des libéralités, *JO* 24 juin, p. 9513).
2. Civ. 1re, 8 juin 2004, n° 02-12.131, *Bull. civ.* I, n° 163; *Dr. fam.* 2004, comm. 152, note Beignier – Civ. 1re, 21 sept. 2005, n° 03-10.679, *Bull. civ.* I, n° 341; *Dr. fam.* 2005, comm. 251, note Beignier.
3. Civ. 1re, 28 janv. 2009, n° 07-14.272, *Bull. civ.* I, n° 12; *D.* 2009, AJ 431; *AJ fam.* 2009, 127, Chénedé; *Defrénois* 2009, p. 748, note Massip.
4. V. G. Lelabourier-Fleury Le Gros, « La notion de créance alimentaire dans les procédures de surendettement des particuliers », *Dr. fam.* 2009, étude 22 – J. Julien, *Droit de la consommation et du surendettement*, « Cours », Montchrestien, 2009, n° 421, p. 462.
5. Cass. avis, 8 oct. 2007, n° 00-70.013, *Bull. civ. avis*, n° 9; *CCC* 2007, n° 313, note Raymond; *D.* 2007, AJ 26669, obs. Rondey; *JCP* 2007, II, 10203, note Dagorne-Labbé; *RTD civ.* 2008, 97, obs. Hauser.
6. Certains juges du fond ont une position divergente en la matière : CA Poitiers, 3 janv. 2006, *CCC* 2006, comm. 242, obs. Raymond – CA Rennes, 23 oct. 2007, *CCC* 2008, comm. 146, note Raymond.
7. Civ. 2e, 23 oct. 2008, n° 07-17.649, *Bull. civ.* II, n° 225; *D.* 2008, 2864.
8. Civ. 2 e, 19 mars 2009, n° 07-20.315, *Bull. civ.* II, n° 79; *D.* 2009, 945, obs. Tchotourian.
9. CORNU, n° 126, p. 236 – CA Caen, 1re ch., sect. 3, 29 mai 2008, RG n° 06/03161 : rejet de l'action oblique invoquée par une maison de retraite privée contre les enfants d'une personne âgée pour le paiement d'un arriéré de frais de séjour.
10. HAUSER et HUET-WEILLER, t. 1, n° 1321 – CORNU, n° 126, p. 239.

héritiers. L'obligation du débiteur d'aliments, « *attachée exclusivement à sa personne et au rapport de parenté qui l'unit au créancier* », ne figure donc pas au passif de la succession[1].

Cette règle est en principe d'application générale en matière alimentaire. Elle a été réaffirmée à propos de la dette d'aliments d'un père envers un enfant naturel et dans des cas où la paternité naturelle n'avait pas été recherchée et déclarée qu'après le décès du père prétendu[2].

312.13 Exceptions. La succession du prédécédé doit des aliments au **conjoint survivant** (C. civ., art. 767). La pension alimentaire est prélevée sur l'hérédité : les héritiers sont tenus de l'acquitter **au titre d'un passif successoral** et non à titre personnel. Elle est ainsi **limitée aux forces de la succession (valeur nette)**. Elle est supportée par tous les héritiers et, en cas d'insuffisance, par les légataires particuliers à proportion de leur part successorale (C. civ., art. 767, al. 2 - V. s[s] n° 311.55).

Parmi les exceptions figurent également la **prestation compensatoire** (v. s[s] n°s 135.290 s.), et les **subsides de l'article 342-5 du Code civil.** La transmission de la charge des subsides à la succession du débiteur s'effectue suivant les règles posées à l'article 767 du Code civil.

312.14 Absence de hiérarchie entre codébiteurs alimentaires. Il est de principe qu'entre débiteurs d'une obligation alimentaire de même nature, il n'existe pas de hiérarchie : « *Aucune disposition n'impose au demandeur, contre les divers débiteurs d'aliments, une action commune ou des actions successives selon un ordre déterminé.* »[3]. Tous les débiteurs alimentaires se trouvent donc sur le même plan face au créancier alimentaire. Ce dernier peut même choisir d'assigner un débiteur en fonction de ses capacités financières[4].

312.15 Primauté de certains devoirs alimentaires. Il existe néanmoins quelques tempéraments dus à la primauté de certains devoirs alimentaires sur d'autres. Ainsi, en faveur d'une personne mariée, il convient de demander d'abord **l'exécution des devoirs nés du mariage** (devoir de secours et contribution aux charges du mariage) avant de réclamer des aliments à ses ascendants, descendants ou alliés[5]. Le devoir de secours entre époux prime ainsi sur les obligations alimentaires des articles 205 et suivants du Code civil et cette règle s'impose même en cas de séparation de fait des époux.

De même, **l'obligation parentale d'entretien** (C. civ., art. 203) prime selon la jurisprudence l'obligation alimentaire des autres ascendants; ces derniers sont tenus subsidiairement de fournir des aliments à leurs petits-enfants lorsque les parents ne peuvent en tout ou partie faire face à leurs obligations[6]. Enfin, dans le cadre d'une adoption simple, « *les père et mère de l'adopté ne sont tenus de lui fournir des aliments que s'il ne peut les obtenir de l'adoptant* » (C. civ., art. 367).

Dès lors un père qui avait continué de contribuer à l'entretien de son fils après son adoption simple est fondé à solliciter le remboursement des pensions versées depuis le jugement d'adoption, la Cour ayant relevé qu'il n'était pas démontré que l'adoptant avait été dans l'impossibilité de satisfaire à son obligation alimentaire ni que le père avait eu connaissance du jugement prononçant l'adoption[7].

Cette absence de hiérarchie conduit à se demander si le créancier peut exiger le paiement intégral de n'importe lequel des débiteurs solidaires ou condamnés *in solidum*, à charge pour lui de se retourner contre ses codébiteurs ou si chacun ne peut être poursuivi que pour sa part (v. s[s] n°s 323.11 à 323.24).

§ 2
Caractère réciproque de l'obligation alimentaire

312.21 Principe. En tant que devoir d'entraide, l'obligation alimentaire comme le devoir de secours (C. civ., art. 212 et 303) sont par principe réciproques. Dès lors chaque personne désignée par la loi peut à tour de rôle être créancier ou débiteur d'une obligation alimentaire. Au contraire, **l'obligation d'entretien est unilatérale**, ce qui montre que son fondement est plutôt l'éducation que l'entre-

1. Civ., 27 nov. 1917, *DP* 1917,1, p. 193 – Pour une OPINION DIVERGENTE, v. J.-J. Dupeyroux, « La transmissibilité passive des obligations alimentaires », *D.* 1959, chron. 71.
2. Civ., sect. IV, 29 mars 1950, *D.* 1950, 593, note Carbonnier – Civ. 1re, 10 mai 1955, *D.* 1955, 484.
3. Civ., 2 janv. 1929, Giraud, *D.* 1929, 1, 137, note Savatier; *S.* 1929, 1, 185, note Audinet; *RTD civ.* 1929, 409, note Gaudemet.
4. Civ. 1[re], 18 mars 1968, *Bull. civ.* I, n° 102; *D.* 1969, 623 – CA Paris, 18 juin 1987, *D.* 1987, IR 175.
5. CA Paris, 20 mars 1952, *JCP* 1952, II, 7219, note G. M. – CA Douai, 28 juill. 1953, *D.* 1954, 477 – CA Versailles, 26 juill. 1978, *Gaz. Pal.* 1981, 2, somm. 187 – CA Douai, 7e ch., sect. 2, 8 janv. 2008, *Juris-Data* n° 000138; *JCP*, act. 81, veille Labbée.
6. Civ. 1re, 6 mars 1974, n° 72-11.070, *Bull. civ.* I, n° 77 – Et Civ. 1re, 6 mars 1990, n° 87-14.293, *Bull. civ.* I, n° 58; *JCP* 1991, II, 21664, note Garé; *Defrénois* 1990, 944, obs. Massip.
7. Civ. 1re, 22 mai 2007, n° 06-17.980, *Bull. civ.* I, n° 204; *Defrénois* 2007, 1321, obs. Massip; *Dr. fam.* 2007, n° 9, comm. 173, note Murat; *AJ fam.* 2007, 312, obs. Chénedé; *RJPF* 2007-9/32, obs. Valory; *RTD civ.* 2007, 764, obs. Hauser.

tien et explique que la faculté de décharger le débiteur de ses obligations, en cas de manquements graves à ses obligations par le créancier, ne s'applique pas à l'obligation d'entretien[1] mais seulement aux obligations alimentaires.

312.22 Perte du droit de réclamer des aliments. L'alinéa 2 de l'article 207 du Code civil prévoit que, « *lorsque le créancier aura lui-même manqué gravement à ses obligations envers le débiteur, le juge pourra décharger celui-ci de tout ou partie de la dette alimentaire* ». Cette faculté concerne les dettes alimentaires régies par les articles 205, 206 et 207 alinéa 1er du Code civil. Cette disposition issue de la loi du 3 janvier 1972 généralise la règle de la **déchéance du droit aux aliments à l'ensemble des obligations alimentaires réciproques**. On la retrouve spécifiquement à l'article 379 alinéa 2 du Code civil au profit de l'enfant dont les parents se sont vu retirer l'autorité parentale. Liée à la faute du créancier d'aliments, elle est également prévue en matière de séparation de corps (C. civ., art. 303, al. 2) pour réduire le montant de la pension alimentaire due au titre du devoir de secours, compte tenu des manquements graves d'un époux à l'égard de l'autre[2]. En revanche, elle n'est applicable ni à l'obligation d'entretien qui pèse sur les père et mère à l'égard de leurs enfants[3], ni à l'obligation alimentaire pesant sur la succession de l'époux prédécédé (C. civ., art. 767) qui n'est que la continuation du devoir de secours[4].

La notion de **manquement grave du créancier à ses obligations** n'est pas définie par le législateur et l'article 207 alinéa 2 ne donne aucune indication sur la nature des obligations visées. Il n'existe pas non plus de liste indicative ou limitative des comportements considérés comme un manquement grave. En matière alimentaire, la loi laisse donc aux **juges** un large **pouvoir d'appréciation** de l'existence et de la gravité du manquement du créancier en fonction des circonstances de fait[5].

Ainsi une cour d'appel a souverainement estimé, au regard des manquements partiels constatés, que la mère n'avait pas gravement manqué à ses obligations, de sorte que l'exception d'indignité ne pouvait lui être opposée[6]. En revanche, est cassé l'arrêt de la cour d'appel qui, pour condamner M. Jean-Yves X... à payer à son frère, M. Alain X..., 41 % de la pension alimentaire que ce dernier a été condamné à payer à Mme Y..., leur mère, retient que si seul M. Alain X... a été condamné à payer à sa mère une pension alimentaire, les autres enfants peuvent aussi y contribuer, sans rechercher, comme elle y était invitée, si Mme Y... n'avait pas gravement manqué à ses obligations à l'égard de M. Jean-Yves X...[7]

Le manquement grave à ses obligations ne peut pas résulter d'une circonstance indépendante de la volonté du créancier d'aliments, telle qu'une maladie. La notion de manquement grave suppose une **attitude volontaire et active du créancier d'aliment.**

Dans une affaire soumise à la Cour de cassation[8], les débiteurs alimentaires d'une personne hébergée à l'hospice de Calais contestaient le montant de la dette alimentaire mise à leur charge par les juges de première instance, montant confirmé par la cour d'appel. Parmi les griefs invoqués dans leur pourvoi, ils reprochaient à la cour d'appel de n'avoir pas appliqué l'article 207 alinéa 2 et relevé l'indignité du demandeur d'aliments. La Cour de cassation leur a répondu que « *la cour d'appel, après voir retenu que le fait que Mme G. C. était constamment malade pouvait expliquer que son fils ait été confié dès son jeune âge à des tiers, a estimé, par une appréciation qui est souveraine, qu'aucune preuve précise n'était apportée quant à des manquements graves de la créancière d'aliments à ses obligations* ».

Les obligations auxquelles le créancier a pu manquer à l'égard des débiteurs alimentaires peuvent être **aussi bien morales que matérielles** ou les deux en même temps.

Ainsi, le manquement grave aux obligations affectives est établi lorsque le père a fait preuve d'une certaine négligence envers sa fille, caractérisée par un manque d'affection et d'attention à son égard, leurs relations se réduisant à cinq minutes de présence lors de l'exercice de son droit de visite[9]. De même, une cour d'appel, approuvée par la Cour de cassation, a relevé que par les violences que l'enfant avait exercées à diverses reprises sur ses parents, celui-ci avait gravement manqué à ses obligations d'honneur et de respect à leur égard, de sorte qu'ils devaient être déchargés de la dette alimentaire[10].

Le manquement aux obligations d'ordre alimentaire se double parfois d'un manquement aux devoirs moraux.

Un établissement de santé est débouté de sa demande de voir fixer la participation des descendants aux frais de

1. Civ. 2e, 17 juill. 1985, no 83-13.552, *Bull. civ.* II, no 139; *Gaz. Pal.* 1987, 1, 175, note Massip; *RTD civ.* 1987, 304, obs. Rubellin-Devichi; *D.* 1986, somm. 109, obs. Bénabent; *RDSS* 1986, 495, obs. Monéger.
2. Civ. 2e, 11 févr. 1981, *Gaz. Pal.* 1982, 1, 105, note Massip.
3. Civ. 2e, 17 juill. 1985, no 83-13.552, *Bull. civ.* II, no 139; *Gaz. Pal.* 1987, 1, 175, note Massip – CA Versailles, 6 avr. 1994, *Juris-Data* no 041177.
4. Civ. 1re, 17 janv. 1995, no 92-21.599, *Bull. civ.* I, no 30; *D.* 1995, somm. 329, obs. Grimaldi; *JCP* 1995, II, 22407, obs. Bénabent; *JCP N* 1995, II, 1087, note Monéger; *Defrénois* 1995, 1022, obs. Massip; *RTD civ.* 1995, 348, obs. Hauser.
5. Civ. 2e, 11 févr. 1981, *Gaz. Pal.* 1982, 1, 105, note Massip.
6. Civ. 1re, 6 juill. 2005, no 02-19.118, NP; *RJPF* 2005, no 1111.
7. Civ. 1re, 6 janv. 2010, no 08-19.120, NP; *RJPF* 2010/2.
8. Civ. 1re, 3 avr. 1990, no 88-18.927, *Bull. civ.* I, no 77.
9. CA Rennes, 11 déc. 2000, *Juris-Data* no 136508.
10. Civ. 1re, 18 janv. 2007, no 06-10.833, *Bull. civ.* I, no 25; *RJPF* 2007, 3/43, p. 29, obs. Valory; *AJ fam.* 2007, 139, obs. Chénedé.

séjour d'une patiente en raison de l'abandon moral et matériel de cette dernière vis-à-vis de ses enfants. Celle-ci ne s'était jamais occupée d'eux et n'avait jamais exercé son droit de visite[1].

Figure également comme **exception au principe de réciprocité**, l'article L. 132-6 alinéa 2 du Code de l'action sociale et des familles, issu de la loi n° 2004-1 du 2 janvier 2004 sur l'accueil et la protection de l'enfance[2], modifié par la loi du 5 mars 2007 réformant la protection de l'enfance[3]. Cette disposition prévoit que les débiteurs d'aliments sont, en matière d'aide sociale, automatiquement déchargés de leur dette alimentaire, sauf décision contraire du juge, lorsqu'ils ont fait l'objet d'un **retrait judiciaire de leur milieu familial durant une période de trente-six mois cumulés au cours des douze premières années de leur vie.** Cette dispense qui complète les dispositions de l'article 207 alinéa 2 du Code civil s'étend à tous les descendants des enfants concernés. Elle s'applique de plein droit sauf décision contraire du juge aux affaires familiales (v. s[s] n° 322.52).

Cette règle a été étendue à l'adopté qui est dispensé de fournir des aliments à ses père et mère dès lors qu'il a été admis en qualité de pupille de l'État ou pris en charge pendant une période de plus de trente-six mois cumulés au cours des douze premières années de sa vie (C. civ., art. 367 *in fine*, renvoyant à CASF, art. L. 132-6).

§ 3
Caractère variable de l'obligation alimentaire

312.31 Variabilité. L'obligation alimentaire repose sur une évaluation des besoins du créancier et de ressources du débiteur. Dès lors l'évolution de l'un de ces deux critères (à la hausse ou à la baisse) entraîne une variation du montant de la pension alimentaire par le biais d'une demande en révision ou en suppression (v. s[s] n°s 312.131 s.).

§ 4
Caractère d'ordre public de l'obligation alimentaire

312.41 Indisponibilité. La vocation alimentaire est en principe indisponible. Il est interdit d'y renoncer par avance en tout ou partie[4] ou de transiger[5] ou encore de céder son droit à un tiers. Le créancier d'aliments ne peut pas non plus renoncer aux sûretés légales ou judiciaires qui garantissent l'obligation; les sûretés conventionnelles sont en revanche librement disponibles[6]. Il existe des tempéraments à ces interdictions : il est ainsi possible de transiger sur des aliments déjà dus, le principe d'indisponibilité s'appliquant aux termes à échoir et non aux termes échus[7].

312.42 Insaisissabilité. L'obligation alimentaire est insaisissable car elle vitale pour le créancier. La loi déclare que « *ne peuvent être saisies les provisions, sommes et pensions à caractère alimentaire sauf pour le paiement des aliments déjà fournis par le saisissant à la partie saisie* » (L. 9 juill. 1991, art. 14, 2°[8]). Les créanciers ne peuvent donc pas saisir les arrérages d'une pension alimentaire pour se payer de ce que leur doit le créancier alimentaire. Cette règle s'applique aux **créances** et aux **sommes déjà versées et individualisées sur un compte.**

La compensation ne peut avoir lieu dans le cas d'une dette ayant pour cause des aliments déclarés insaisissables (C. civ., art. 1293, 3°). Mais le créancier d'aliments peut invoquer une créance pour éteindre des dettes alors que le débiteur ne peut lui opposer la compensation[9].

SECTION 2
EXÉCUTION DES OBLIGATIONS ALIMENTAIRES

312.51 Formes de l'obligation alimentaire. L'obligation alimentaire s'exécute **en nature ou en argent**. Elle prend dans ce dernier cas la forme d'une **pension alimentaire** qui consiste en un versement régulier d'une somme d'argent au créancier. La loi prévoit néanmoins deux cas où la pension peut ne pas prendre une forme monétaire : d'une part, lorsque le débiteur est lui-même trop démuni pour fournir une pension alimentaire en argent, le juge aux affaires familiales peut ordonner qu'il recevra dans sa demeure le créancier d'aliments (C. civ., art. 210); d'autre part, lorsque les père et mère offrent de recevoir, nourrir, entretenir l'enfant dans leur demeure, ils peuvent être dispensés de

1. CA Rennes, 28 févr. 2000, *JCP* 2001, I, 332, p. 1276, obs. Berthet.
2. L. n° 2004-1, 2 janv. 2004, sur l'accueil et la protection de l'enfance, *JO* 3 janv., p. 184 – Mod. par L. n° 2007-293, 5 mars 2007, réformant la protection de l'enfance, *JO* n° 55, 6 mars 2007, p. 4215.
3. L. n° 2007-293, 5 mars 2007, réformant la protection de l'enfance, *JO* 6 mars, p. 4215.
4. Req. 26 juill. 1928, *DH* 1928, 463.
5. Civ. 21 janv. 1930, *S.* 1930, 1, 322 – CA Metz, 2 juin 1992, *Juris-Data* n° 044288.
6. Civ. 11 janv. 1927, *DP* 1927, 1, 129, note Capitant.
7. Civ. 1re, 15 mai 1973, n° 72-10.447, *Bull. civ.* I, n° 164 – CA Metz, 4e ch., 23 mars 2006, RG n° 04/01760.
8. L. n° 91-650, 9 juill. 1991, portant réforme des procédures civiles d'exécution, *JO* 14 juill., p. 9228.
9. CA Paris, 22 mai 1987, *D.* 1987, IR 150.

payer une pension alimentaire (C. civ., art. 211)[1], alors même qu'ils ne justifient pas de l'impossibilité de payer cette pension en argent. Il s'agit d'une faculté pour le **juge** qui dispose d'un **pouvoir d'appréciation**[2]. Entre époux, elle peut prendre la forme d'une collaboration d'un époux à la profession de l'autre.

312.52 Formes de l'obligation d'entretien. En matière d'obligation d'entretien, la loi prévoit plusieurs modalités de paiement de la contribution, outre le versement périodique d'une somme d'argent. En effet, la pension peut prendre, en tout ou partie, la forme **d'une prise en charge directe des frais exposés par l'enfant** ou être servie sous forme d'un **droit d'usage et d'habitation** (C. civ., art. 373-2-2). Lorsque la consistance des biens le permet, elle peut être remplacée, en tout ou partie, par le **versement d'une somme d'argent entre les mains d'un organisme accrédité** chargé d'accorder en contrepartie à l'enfant une rente indexée. Elle peut enfin prendre la forme d'un **abandon de biens en usufruit** ou consister en l'**affectation de biens productifs de revenus** (C. civ., art. 373-2-3). Par ailleurs, pour limiter le montant de l'indemnité d'occupation mise à la charge d'un parent ayant eu la jouissance privative d'un immeuble indivis, les juges du fond ont pu estimer que l'occupation du domicile par les enfants et l'autre parent procédait d'une contribution du premier à leur entretien et leur éducation, de nature à réduire le montant de l'indemnité due[3].

La contribution à l'entretien et l'éducation d'un enfant majeur est en principe versée sous forme de pension alimentaire au parent qui en assume la charge (C. civ., art. 373-2-2, al. 1 et 373-2-5). Ce principe connaît trois exceptions :

- en premier lieu, le paiement de la contribution sera effectué **entre les mains du majeur** si celui-ci agit directement contre son parent (C. civ., art. 203 et 371-2);

- en second lieu, les parents peuvent s'être mis d'accord sur cette modalité de versement;

- enfin, depuis la loi du 4 mars 2002, le juge a la faculté d'ordonner que la contribution d'entretien soit versée directement entre les mains de l'enfant majeur (C. civ., art. 373-2-5).

Le fait que l'enfant soit à la charge de l'un des parents ne fait pas obstacle au versement de la pension entre ses mains[4]. Il n'est pas subordonné à une demande de l'enfant[5] mais relève de l'appréciation souveraine des juges du fond qui peuvent refuser le versement direct sollicité par un parent lorsque l'enfant majeur s'y oppose[6].

§ 1
Règles de compétence

312.61 Juge compétent. Depuis le 1er février 1994, date d'entrée en vigueur de la loi du 8 janvier 1993, **le juge aux affaires familiales** a remplacé le juge aux affaires matrimoniales, et possède une **compétence générale en matière alimentaire.** L'article L. 213-3, 2° du Code de l'organisation judiciaire prévoit en effet que le juge aux affaires familiales connaît « *des actions liées à la fixation de l'obligation alimentaire, de la contribution aux charges du mariage et de l'obligation d'entretien* [...] ». Toutes les obligations alimentaires sont de la compétence du juge aux affaires familiales qu'elles soient d'origine légale ou conventionnelle. Sa compétence porte sur toutes les questions relatives aux pensions alimentaires : détermination du montant de celle-ci ou demande de révision. Le juge aux affaires familiales est également compétent pour prononcer tous types de divorce et prendre des mesures notamment en matière alimentaire (COJ, art. L. 213-3, 1°). C'est par conséquent le juge naturel de l'obligation alimentaire.

Il existe toutefois des **exceptions** qui relèvent du tribunal de grande instance : c'est le cas de l'**action à fins de subsides**, des **droits alimentaires du conjoint survivant** et **des ascendants contre la succession** et des **demandes d'aliments accessoires à une action en recherche de paternité ou de maternité.**

312.62 Compétence territoriale. Elle est déterminée par l'article 46 du Code de procédure civile qui dispose qu'« *en matière d'aliments ou de contribution aux charges du mariage* », « *le demandeur peut saisir à son choix, outre la juridiction du lieu ou demeure le défendeur, la juridiction où demeure le créancier.* » Il s'agit d'une dérogation au droit commun édictée afin de faciliter les démarches du créancier d'aliments qui bénéficie donc d'une option lui permettant de saisir la **juridiction de son domicile**, lors d'une demande initiale ou d'une demande en révision. En revanche, le débiteur qui souhaite-

1. TGI Lille, 3e ch., 10 avr. 2007, n° 06/09393, *JCP* 2007, II, 10121, note Labbée.
2. CA Lyon, 16 févr 1999, *Juris-Data* n° 045270.
3. Civ. 1re, 4 oct. 2005, n° 02-13.645, NP – Et Civ. 1re, 25 oct. 2005, n° 03-11.401, NP; *RJPF* 2006, n° 101-2006.
4. V. NOT., Civ. 1re, 22 mars 2005, n° 03-13.842, *Bull. civ.* I, n° 141; *RTD civ.* 2005, 582, obs. Hauser; *RJPF* 2005, n° 6-2005, obs. Valory – CA Nîmes, 1er oct. 2008, RG n° 07/01817, *RJPF*-2009-4/42.
5. Civ. 1re, 11 févr. 2009, n° 08-11.769, *Bull. civ.* I, n° 26; *Dr. fam.* 2009, comm. 42, obs. Murat; *RJPF*-2009-4/39, obs. Valory; *AJ fam.* 2009, 171, obs. Milleville; *D.* 2009, 630, obs. Egéa; *RTD civ.* 2009, 313, obs. Hauser.
6. Civ. 1re, 4 juin 2009, n° 08-17.106, *Dr. fam.* 2009, comm. 107, obs. Murat; *AJ fam* 2009, 297, obs. Milleville.

rait faire modifier la pension alimentaire ne peut saisir que la juridiction du ressort du domicile du créancier.

312.63 Ministère d'avocat facultatif. L'article 1139 du Code de procédure civile précise que devant le juge aux affaires familiales « *les parties se défendent elles-mêmes; elles ont la faculté de se faire assister ou représenter par un avocat* ». Le ministère d'avocat n'est donc pas obligatoire pour les recours exercés en matière d'obligation alimentaire devant le juge aux affaires familiales. En revanche, pour les actions exercées devant le tribunal de grande instance, la représentation est obligatoire (C. pr. civ., art. 751).

§ 2
Fixation du montant de la pension alimentaire

312.71 Fixation conventionnelle du montant de la pension alimentaire. Conformément au principe de validité des conventions portant sur les modalités d'exécution de l'obligation alimentaire, le créancier et le débiteur peuvent se mettre d'accord sur le montant d'une pension alimentaire exécutée en argent ainsi que la périodicité de son versement. Ces conventions sont considérées comme valables lorsqu'elles ont pour objet les **modalités d'exécution de l'obligation alimentaire**[1]. En revanche, elles ne peuvent porter sur l'existence même de la créance (extinction) compte tenu de l'indisponibilité des créances alimentaires[2]. Ainsi le bénéficiaire d'une obligation alimentaire ne peut renoncer par avance à s'en prévaloir (v. s^{s} n° 312.131). Ces conventions dispensent, en principe, d'avoir recours au juge. Mais elles n'empêchent pas le créancier de demander une **fixation judiciaire** s'il lui apparaît que l'accord conclu porte atteinte à ses droits alimentaires, notamment si le montant prévu n'est pas proportionné à ses besoins et aux ressources du débiteur.

312.72 Convention portant sur l'obligation parentale d'entretien. La loi du 4 mars 2002 a prévu la possibilité pour les parents de conclure des conventions afin d'organiser les modalités d'exercice de l'autorité parentale et la contribution à l'entretien et à l'éducation de l'enfant. Les conventions parentales sont donc envisageables quel que soit le mode de conjugalité adopté par les parents, afin d'organiser leur séparation (C. civ., art. 373-2-7), et notamment aménager la mise en œuvre de l'obligation d'entretien (son montant, sa durée, ses formes, ses garanties). Les parents peuvent ainsi prévoir le montant de la contribution en organisant notamment le partage entre eux selon que la charge de l'enfant est assurée par l'un des parents quotidiennement ou partagée en cas de résidence alternée. Encore faut-il respecter le principe posé à l'article 208 du Code civil et **fixer le montant de la contribution à proportion des ressources des parents et des besoins des enfants** comme le rappelle la première chambre civile de la Cour de cassation, dans une décision rendue le 20 juin 2006[3]. Dans cet arrêt, la stipulation de la convention de parents non mariés, qui fixe la contribution parentale forfaitairement à la moitié des ressources de l'un des concubins est entachée de nullité comme contraire aux dispositions d'ordre public régissant l'obligation alimentaire.

Dans le prolongement, les parents pourraient également déterminer le **rattachement fiscal de l'enfant** à l'un des parents ou aux deux. En effet, pour obtenir la majoration du quotient familial en vertu de l'article 194 alinéa 1er du Code général des impôts, il est nécessaire d'apporter la preuve de la charge effective d'entretien et d'éducation de l'enfant mineur. Lorsque chacun des parents contribue à cette prise en charge, la répartition entre eux de cette charge peut être prévue par une convention dans laquelle les parents précisent leurs contributions respectives et qui fait foi jusqu'à preuve du contraire[4].

L'article 373-2-7 du Code civil prévoit que « *le juge homologue la convention sauf s'il constate qu'elle ne préserve pas suffisamment l'intérêt de l'enfant ou que le consentement des parents n'a pas été donné librement* ». Par le biais de l'homologation, **le juge va procéder à un contrôle d'opportunité** au regard de deux éléments : non seulement, l'intérêt de l'enfant mais aussi la liberté du consentement donné par les parents. Ces deux éléments ne sont pas cumulatifs puisque le texte prévoit que le juge peut refuser l'homologation si l'un **ou** l'autre des deux fait défaut[5].

312.73 Fixation judiciaire du montant de la pension alimentaire. Le juge qui constate que les conditions d'existence de la dette alimentaire sont réunies condamne le débiteur au versement périodique d'une somme d'argent dont il va fixer le

1. Civ. 1re, 6 janv. 1970, *JCP* 1970, II, 16215.
2. Civ. 12 déc. 1921, *DP* 1921, 1, 153, note Capitant.
3. Civ. 1re, 20 juin 2006, n° 05-17.475, *Bull. civ.* I, n° 312; *Dr. fam.* 2006, n° 155, p. 12, note Larribau-Terneyre; *JCP* 2006, I, 199, n° 6, obs. Bosse-Platière.
4. V. CE avis, 14 juin 2002, n° 241036, Mme Mouthe, *JCP* 2002, act. 293, p. 1227.
5. V. M. Rebourg, « Les conventions homologuées en matière d'autorité parentale et de contribution à l'entretien de l'enfant », *Dr. fam.* juill.-août 2004, p. 11 s.

montant en se conformant à l'article 208 du Code civil. Cet article invite le juge à déterminer le montant des aliments « *dans la proportion du besoin de celui qui les réclame et de la fortune de celui qui les doit* ». Les conditions de besoin et de ressources sont ici des éléments de mesure de l'obligation alimentaire. Le juge procède à l'évaluation des ressources et des charges respectives du créancier et du débiteur. Lorsqu'il s'agit de fixer une pension alimentaire pour l'avenir, **le juge doit se placer au jour où il statue** pour apprécier les besoins et les ressources du créancier et du débiteur d'aliments[1]. Lorsqu'il est appelé à fixer une pension alimentaire pour une période antérieure à la date de la décision (relèvement du montant de la contribution à l'entretien de l'enfant du fait d'une augmentation de revenus du débiteur), le juge doit statuer « *en fonction des facultés respectives du créancier et du débiteur au cours de cette période tandis qu'il doit pour l'avenir tenir compte des modifications qui ont pu affecter la situation des parties* »[2].

Les **juges du fond** sont en principe **souverains dans l'appréciation de ces éléments**[3]. Mais **la Cour de cassation contrôle, sur le grief de manque de base légale**, si les éléments de fait qui ont été pris en considération pour apprécier la situation respective des parties devaient ou non être pris en compte. La Cour de cassation rappelle que la contribution à l'entretien de l'enfant ne peut être fixée qu'en fonction des ressources des parents et des besoins de l'enfant[4]. Elle censure une cour d'appel ayant tenu compte de l'attitude adoptée depuis le jugement par le père et de la dissimulation de sa situation actuelle.

Actuellement le débat porte sur l'introduction d'une **méthode uniforme d'évaluation des pensions alimentaires** et notamment l'instauration d'un **barème de fixation** du montant des pensions dues[5].

A.
Évaluation des besoins

312.81 Besoins vitaux. En matière d'obligation alimentaire au sens strict, seuls les besoins vitaux de la personne sont pris en compte lors de l'évaluation par le juge du montant de la pension alimentaire.

312.82 Maintien du train de vie. En matière d'**obligation d'entretien** et de **devoir de secours**, on se réfère au maintien du train de vie pour déterminer le besoin pris en considération. Sont alors pris en compte les **besoins de la vie sociale** intégrant les besoins élémentaires.

Jusqu'à présent, le juge ne recherchait pas les besoins de l'enfant pour fixer la contribution à son entretien[6]. Mais la Cour de cassation, dans une décision du 22 mars 2005, change de position et énonce que le juge a l'obligation de prendre en considération les besoins des enfants, eu égard à leur âge et à leurs habitudes de vie[7]. Cette décision, confirmée en 2008[8], impose au juge d'une part d'apprécier le **train de vie de l'enfant** et, d'autre part, de mentionner dans sa décision qu'il a pris en compte **ses besoins**.

Dans le cadre du devoir de secours, la Cour de cassation estime que les besoins de l'époux créancier de la pension ne se limitent pas aux seules nécessités matérielles de la vie, mais doivent être évalués « *notamment en fonction du niveau social des époux* »[9]. Lorsque le divorce pour rupture de la vie commune était demandé en raison de l'altération des facultés mentales du conjoint (C. civ., anc. art. 238), le devoir de secours couvrait tout ce qui était nécessaire au traitement médical du conjoint.

312.83 Contribution aux charges du mariage. En ce qui concerne la fixation de la contribution aux charges du mariage, l'évaluation de la pension alimentaire doit tenir compte des **capacités financières du couple** et des **facultés respectives des époux**, eu égard à leur âge et à leur état de santé. En cas de séparation, le concubinage du débiteur peut être pris en considération pour permettre l'évaluation de la contribution aux charges du mariage[10].

La Cour de cassation a également eu l'occasion de s'interroger sur les **interactions d'une telle pension avec celle due à l'enfant mineur**. En effet, le pourvoi reprochait à la cour d'appel d'avoir fixé le montant de la contribution aux charges du mariage due à l'épouse par le mari sans s'être expliquée sur la pension due à l'enfant mineur. Le pourvoi est rejeté au motif qu'en statuant sur la contribution aux charges du mariage due à l'épouse avec lequel

1. Civ. 1re, 5 févr. 1991, no 89-13.559, *Bull. civ.* I, no 43.
2. Civ. 1re, 12 juill. 1994, no 92-21.444, *Bull. civ.* I, no 244.
3. Civ. 1re, 17 févr. 1971, no 69-13.442, *Bull. civ.* I, no 54 – Civ. 1re, 9 janv. 2008, no 07-12.215, NP; *RJPF*-2008-3/34.
4. Civ. 1re, 19 juin 2007, no 06-17.722, NP.
5. V. I. Sayn, « Vers une méthode d'évaluation des pensions alimentaires », *AJ fam.* 2005, p. 88.
6. Civ. 2e, 2 mars 1994, no 92-19.313, *Bull. civ.* II, no 77; *RTD civ.* 1994, 847, obs. Hauser.
7. Civ. 1re, 22 mars 2005, no 03-13.135, *Bull. civ.* I, no 140; *D.* 2005, IR 1112.
8. Civ. 1re, 6 févr. 2008, no 07-14.275, NP; *Juris-Data* no 042681.
9. Civ. 2e, 11 juill. 1979, no 78-14.620, *Bull. civ.* II, no 207; *D.* 1980, IR 77, obs. Bénabent – Civ. 1re, 20 mai 1981, no 79-17.171, *Bull. civ.* I, no 176 – Civ. 2e, 16 janv. 1991, no 89-19.185, *Bull. civ.* II, no 19; *JCP* 1991, IV, p. 95.
10. Civ. 1re, 3 oct. 2000, no 98-14.731, NP; *RJPF* 2001-1/33.

réside habituellement l'enfant, le juge se prononce nécessairement sur toutes les charges afférentes à l'éducation et à l'entretien de celui-ci. La cour d'appel a légalement justifié sa décision en écartant la demande de pension alimentaire faite pour l'enfant et en fixant globalement la contribution aux charges du mariage[1]. En l'espèce les époux n'étaient pas séparés légalement, ce qui permet de traiter ensemble les demandes faites sur le fondement des articles 203 et 214 du Code civil. Toutefois, cette confusion opérée en cas de séparation de fait est discutable puisque dans ce cas la créance d'entretien est bien personnelle à l'enfant même si elle est revendiquée par son représentant légal[2].

B.
Évaluation des ressources

312.91 Prise en compte des ressources du conjoint ou concubin. Lorsque le conjoint du débiteur alimentaire n'est pas lui-même tenu de verser des aliments à une personne dans le besoin (ce peut être le cas lorsqu'il s'agit d'enfants issus d'un premier mariage ou concubinage), ses ressources doivent-elles être prises en compte pour établir les capacités contributives de l'obligé alimentaire ? Les textes ne mentionnent pas l'obligation pour le juge de prendre en compte l'ensemble des revenus du foyer. Cependant, la vie commune implique un partage des dépenses de la vie courante, ce qui a conduit la jurisprudence à faire une **appréciation globale des ressources du foyer marié**. Cette solution peut se justifier par la contribution aux charges du mariage (C. civ., art. 214) qui s'impose à chaque époux et qui permet, en diminuant les charges, d'accroître la capacité contributive du débiteur alimentaire. Mais la Cour de cassation rappelle que les ressources du conjoint ne doivent pas simplement être ajoutées à celle du débiteur alimentaire : **les juges doivent apprécier l'économie qui résulte du partage des charges**[3]. La solution est identique lorsque le conjoint débiteur d'une obligation alimentaire à l'égard de ses beaux-parents (C. civ., art. 206) n'est pas actionné par les créanciers[4].

Dès lors si le débiteur d'aliments n'a pas de ressources personnelles, il ne peut lui être imputé de devoir alimentaire, ce qui fait obstacle à la prise en compte des revenus de l'autre[5]. En revanche, le **remariage du créancier** doit être intégré dans l'appréciation de ses charges : les revenus de sa nouvelle épouse doivent être pris en compte lors de l'appréciation des conditions de ressources et de besoin qui permet la fixation de la contribution à l'entretien de l'enfant due par l'autre parent[6].

La situation se pose dans les mêmes termes en matière de **concubinage**. En effet, la jurisprudence considère que les ressources de la personne vivant maritalement avec le débiteur doivent être prises en considération pour évaluer le montant de la dette alimentaire[7]. On tient compte d'une situation économique globale, c'est-à-dire de **l'ensemble des ressources et des charges du foyer du débiteur** parce que la situation de concubinage peut entraîner un partage des charges et une augmentation corrélative des facultés contributives du débiteur alimentaire. De la sorte, le beau-parent non marié contribue indirectement à l'entretien des enfants de son concubin ou partenaire malgré l'absence d'obligation alimentaire à son encontre[8].

Mais la prise en compte de l'incidence du concubinage n'est admissible que dans la mesure où elle n'aboutit pas à rendre le concubin codébiteur d'aliments[9]. Dès lors, le juge qui évalue les ressources du couple ne peut se contenter d'additionner les revenus de chacun des membres mais doit examiner dans quelle mesure, de manière indirecte, la vie de couple permet au débiteur de réaliser des économies[10]. De même, le concubinage ne doit pas être pris en compte dans l'appréciation des ressources du débiteur d'aliments lorsque celui-ci vit entièrement à la charge de son concubin. La Cour de cassation approuve les juges du fond d'avoir décidé que le concubin n'était pas tenu d'une obligation alimentaire envers sa « belle-mère » et d'avoir souverainement relevé que la fille de celle-ci ne percevant aucun revenu ne pouvait satisfaire à son obligation alimentaire[11].

Le garde des Sceaux, dans une réponse ministérielle du 26 avril 2007, reprend ces solutions en

1. Civ. 1re, 28 mars 2006, n° 03-19.2641, *Bull. civ.* I, n° 183; *Dr. fam.* 2006, 106, obs. Larribau-Terneyre.
2. V. Hauser, *RTD civ.* 2006, 548.
3. Civ. 1re, 11 juin 2008, n° 07-10.285, NP; *Dr. fam.* 2008, comm. 125, note Murat.
4. Civ. 1re, 25 avr. 2007, n° 06-12.614, *Bull. civ.* I, n° 155; *AJ fam.* 2007, 269, obs. Chénedé; *Dr. fam.* 2007, comm. 147, note Ardoy; *JCP* 2008, I, 102, n° 8, obs. Rebourg; *JCP* 2007, II, 10167, note Eschylle,
5. Civ. 1re, 28 mars 2006, n° 04-10.684, *Bull. civ.* I, n° 174; *JCP* 2006, IV, 1933.
6. Civ. 1re, 22 mars 2005, n° 02-10.153, *Bull. civ.* I, n° 142.
7. Civ. 2e, 8 nov. 1989, *D.* 1990, somm. 118, obs. Bénabent – Civ. 2e, 21 févr. 2002, n° 00-10.049, *Bull. civ.* II, n° 19; *Dr. fam.* 2002, comm. 100, obs. Lécuyer; *RJPF* 2002-6/43, obs. Valory.
8. V. M. Rebourg, *La prise en charge de l'enfant par son beau-parent*, (dir. B. Beignier, préf. H. Fulchiron), th. 2003, Éd. Defrénois, nos 287 s., p. 115 – Pour de multiples exemples jurisprudentiels : *JCP* 2002, I, 101, nos 11 s., obs. Berthet.
9. Civ. 1re, 9 janv. 2008, n° 06-21.168, NP.
10. V. Garé, note ss Civ. 1re, 17 sept. 2003, n° 01-16.249, NP; *RJPF*-2003-12/22.
11. Civ. 1re, 28 mars 2006, n° 04-10.684, *Bull. civ.* I, n° 174; *JCP* 2006, IV, 1933; *RJPF* 2006-505.

affirmant que le juge aux affaires familiales qui évalue les ressources du débiteur doit prendre en considération ses seuls revenus mais doit tenir compte de la minoration des charges induites par la participation aux dépenses de la vie courante du conjoint, concubin ou partenaire[1].

312.92 Charges prises en compte pour le calcul du disponible. C'est dans l'exercice souverain de leur pouvoir d'appréciation que les juges du fond prennent en considération certaines charges pour déterminer **le disponible du débiteur d'aliments** lors de l'évaluation du montant de la pension alimentaire.

Ainsi une cour d'appel, tenant compte de l'absence de ressources de la mère fixe à 300 euros le montant de la pension alimentaire due par le père qui gagnait 1 931 euros et refuse de prendre en compte les mensualités de remboursement d'un emprunt immobilier contracté par le mari postérieurement à l'assignation en divorce au motif que ce prêt n'était pas dans l'intérêt de la famille[2].

§ 3
Indexation de la pension alimentaire

312.101 Indexation des pensions alimentaires. Pour suivre le coût de la vie, la pension alimentaire peut être indexée. L'article 208 alinéa 2 du Code civil permet au juge, même d'office, et selon les circonstances de l'espèce, d'assortir la pension alimentaire d'une **clause de variation** permise par les lois en vigueur. Cette faculté relève de son **pouvoir souverain** et **échappe donc au contrôle de la Cour de cassation**[3]. Les juges du fond peuvent donc décider qu'il n'y a pas lieu à indexation sans préciser les raisons de leur décision. L'indice peut être librement choisi en matière d'aliments (salaire minimum interprofessionnel de croissance, indice des prix à la consommation). Pour choisir l'indice, le juge tient compte de chaque situation particulière.

§ 4
Point de départ de la pension alimentaire

312.111 Règle « Aliments ne s'arréragent pas ». La pension alimentaire prend en principe naissance au jour de la demande en justice car cela correspond au jour où les conditions d'ouverture du droit aux aliments sont réunies. Par application de la maxime « *Aliments ne s'arréragent pas* », le demandeur ne peut réclamer des aliments pour la période antérieure à son action en justice. Règle coutumière[4] ou prétorienne selon certains auteurs[5], non consacrée par un texte de loi, elle signifie que **le créancier ne peut réclamer l'arriéré de sa créance alimentaire**[6]. En effet, les aliments sont destinés à subvenir aux **besoins présents et futurs** et non à rembourser les dépenses passées. En d'autres termes, la maxime opère une prescription instantanée des arrérages échus et non réclamés. On trouve son fondement dans une décision de la chambre des requêtes rendue en 1933[7] qui énonce que : « *Si les aliments ne s'arréragent pas, c'est parce que le créancier qui n'a pas réclamé les termes échus peut être considéré comme s'étant trouvé à l'abri du besoin et ayant renoncé à un payement qui n'était pas indispensable à sa subsistance. Mais ces présomptions cèdent à la preuve contraire.* » Et la doctrine explique traditionnellement que cette maxime repose sur une **double présomption de renonciation ou d'absence de besoin du créancier** qui n'a pas réclamé son dû : si le paiement n'est pas réclamé, on présume que le créancier n'est pas dans le besoin ou qu'il a renoncé à l'aide alimentaire[8]. Il s'agit d'une **présomption simple** qui peut être combattue par la preuve que le créancier d'aliments qui a satisfait ses besoins a entrepris les démarches possibles pour recouvrer sa créance : il n'est pas resté inactif (ce qui exclut en même temps que le débiteur ait pu ignorer sa dette) ou il a été dans l'impossibilité d'agir[9]. Cette preuve est soumise à l'appréciation des juges du fond à qui il appartient de relever, dans leurs décisions, les faits de nature à tenir la présomption en échec[10], ce qui suscite parfois des divergences d'interprétation. Certains arrêts retiennent simultanément les deux présomptions de renonciation et d'absence de besoin; d'autres arrêts ne se réfèrent qu'à l'une d'elles[11].

Cette règle est conçue comme un moyen de protéger les débiteurs d'aliments contre l'accumulation d'un arriéré important : elle manifeste ainsi un souci d'équilibre dans la prise en compte des intérêts respectifs du créancier et du débiteur d'aliments. Elle tend par là même « *à sauvegarder l'objet même de la*

1. Rép. min. Justice n° 23758, *JO Sénat* Q, 26 avr. 2007, p. 868.
2. Civ. 1re, 26 sept. 2007, n° 06-20.098, NP; *RJPF*-2008-1/46.
3. Civ. 2e, 18 févr. 1976, n° 75-11.012, *Bull. civ.* II, n° 56.
4. Carbonnier, *Droit civil : Introduction*, 26e éd., 1999, PUF, n° 117.
5. Malaurie et Fulchiron, n° 1758, p. 658.
6. J. Ghestin, « La règle "*aliments ne s'arréragent pas*" », *Mél. J. Brèthe de la Gressaye*, Éd. Bière, Paris, 1967, p. 295 – L. Peyrefitte, « Considérations sur la règle "*aliments ne s'arréragent pas*" », *RTD civ.* 1968, 286.
7. Req. 30 janv. 1933, Couchon, *DH* 1933, 114; *S.* 1933, 1, 104.
8. Civ. 1re, 24 oct. 1951, *D.* 1952, 577, note Ponsard.
9. Civ. 1re, 18 janv. 1989, n° 87-14.849, *Bull. civ.* I, n° 14.
10. Civ. 1re, 28 janv. 1963, *Gaz. Pal.* 1963, 1, 420.
11. Civ. 1re, 3 avr. 1990, n° 88-18.927, *Bull. civ.* I, n° 77; *JCP N* 1990, II, 269 : renonciation – Civ. 1re, 1er juin 1976, n° 74-10.604, *Bull. civ.* I, n° 203 : absence de besoin.

créance qui consiste dans la perception de revenus périodiques et non dans la perception d'un capital »[1].

L'application de cette règle est, par principe, liée aux obligations alimentaires. Sont néanmoins **exclues** de son champ d'application tant les **obligations d'entretien**[2], que la **contribution aux charges du mariage**[3] qui présentent pourtant un caractère alimentaire[4], ainsi que le **devoir de secours**[5].

Elle s'applique en revanche en matière d'action à fins de subsides[6], ce qui reste critiquable dans la mesure où les juges appuient leur motivation sur le caractère constitutif et non déclaratif de droits du jugement fondé sur l'article 342 du Code civil. Le recul de la maxime dans les actions exercées au sein de la famille contraste avec l'extension opérée à l'égard des tiers (v. s^{s} n°s 322.17 et 322.51).

312.112 Prescription quinquennale des créances d'aliments. L'ancien article 2277 du Code civil prévoyait que les arrérages des rentes perpétuelles et viagères et ceux des pensions alimentaires se prescrivaient par **cinq ans.** Il s'agissait d'une prescription libératoire extinctive. Si aucune action en paiement n'était intentée dans les cinq ans, les arrérages étaient perdus. L'objectif visé était d'empêcher une dette à caractère périodique de se transformer en une dette de capital, lourde à supporter. Les **arrérages** sont les termes échus d'une rente, d'une pension ou d'une redevance quelconque, qu'il convient de distinguer des **arriérés** qui correspondent à ce qui reste dû en raison d'un retard, soit après paiement partiel, soit en cas de non-paiement à l'échéance et doivent donner lieu à un paiement différé[7].

La Cour de cassation a consacré, depuis longtemps, le **principe de « *non-cumul des mensualités d'aliments* »**[8] malgré l'ancien article 2277 du Code civil et en dépit de la règle selon laquelle la pension alimentaire est due à partir du moment où le besoin apparaît[9].

Selon la Cour de cassation, l'ancien article 2277 du Code civil ne distingue pas entre l'action en paiement du créancier d'aliments et le recours du débiteur qui a payé les sommes excédant sa part contributive[10]. En outre, la Cour de cassation a tout d'abord considéré que **seule la demande initiale en paiement est soumise à la prescription abrégée** « *et non la poursuite de l'exécution de titres portant condamnation au paiement de la pension alimentaire, laquelle est régie par la prescription de droit commun de 30 ans* »[11]. Une fois la condamnation à des aliments intervenue, il serait possible de réclamer pendant trente ans les arrérages impayés. Elle a par la suite affirmé que le **recouvrement des pensions alimentaires et des prestations compensatoires de divorce**, en vertu de **titres exécutoires**, est soumis à la **prescription de droit commun de trente ans**[12]. Cette décision a eu pour effet de réduire le champ de la prescription quinquennale de l'ancien article 2277 du Code civil.

Dans deux décisions rendues le 4 octobre 2005, la Cour de cassation revient sur sa position en considérant que « *si le créancier peut poursuivre pendant trente ans l'exécution d'un jugement condamnant au paiement d'une somme payable à termes périodiques, il ne peut, en vertu de l'article 2277* [ancien], *applicable en raison de la nature de la créance, obtenir le recouvrement des arriérés échus plus de cinq ans avant la date de la demande* »[13]. Il s'agit d'une extension de la solution adoptée par l'assemblée plénière de la Cour de cassation en matière de loyers[14] (pour application en matière de prestation compensatoire[15]) qui permet de préserver la finalité de

1. L. Peyrefitte, « Considérations sur la règle *"aliments ne s'arréragent pas"* », *RTD civ.* 1968, 292.
2. Civ. 2e, 29 oct. 1980, *JCP* 1981, II, 19665, note Jambu-Merlin; *Gaz. Pal.* 1981, 1, 125 – Civ. 2e, 8 déc. 1993, n° 91-17.135, NPT; *Defrénois* 1994, 322 – Civ. 2e, 1er oct. 1996, n° 94-13.217, NPT; *Dr. fam.* 1997, n° 25 – Civ. 2e, 5 oct. 1998, n° 96-17.973, *Bull. civ.* II, n° 66 – Civ. 2e, 6 mars 2003, n° 01-14.664, *Bull. civ.* I, n° 46; *Dr. fam.* déc. 2003, n° 142, p. 20, obs. Murat; *Defrénois* 2003, art. 37802, p. 1081, obs. Massip – Civ. 1re, 12 mai 2004, n° 02-17.441, *Bull. civ.* I, n° 128; *AJ fam.* 2004, 280, obs. Bicheron; *Dr. fam.* sept. 2004, n° 143, p. 29, obs. Murat; *RJPF* 2004-7-8/35, obs. Valory; *RTD civ.* 2004, 494, obs. Hauser – Civ. 1re, 23 janv. 2007, n° 06-10.268, NP – Civ. 1re, 3 déc. 2008, n° 07-12.042, NP – Civ. 1re, 28 janv. 2009, n° 07-15.243, NP.
3. Civ. 1re, 9 mai 1967, *Bull. civ.* I, n° 160 – Civ. 7 juin 1974, *D.* 1975, 461 – Civ. 1re, 8 nov. 1989, n° 87-19.768, *Bull. civ.* I, n° 341; *Defrénois* 1990, 296.
4. Cornu, n° 145.
5. Civ. 1re, 8 nov. 1989, n° 87-19.768, *Bull. civ.* I, n° 341.
6. Civ., 19 mars 1985, *D.* 1985, 533; *Defrénois* 1985, 33581, n° 78; *D.* 1986, IR 61; *JCP* 1986, II, 20665.
7. G. Cornu, *Vocabulaire juridique*, PUF, 2000.
8. Req. 25 nov. 1920, *D.* 1921, I, 79.
9. CA Paris, 23 janv. 1977, *Gaz. Pal.* 1978, II, 369, note Massip.
10. Civ. 1re, 21 nov. 1995, n° 93-20.331, NPT; *Defrénois* 1996, 719, obs. Massip.
11. Civ. 1re, 16 juin 1998, n° 96-18.628, *Bull. civ.* I, n° 214; *D.* 1999, 386, note Massip; *RTD civ.* 1998, 895, obs. Hauser – V. Civ. 1re, 8 févr. 2005, n° 02-19.689, *Bull. civ.* I, n° 74; *Dr. fam.* 2005, n° 74, note Larribau-Terneyre; *RJPF* 2005-6/47.
12. Civ. 1re, 14 janv. 2003, n° 00-21.695, *Bull. civ.* I, n° 8; *RJPF* 2003-4/44, note Valory; *AJ fam.* 2003, 101, obs. F. B.; *RTD civ.* 2003, 275, obs. Hauser.
13. Civ. 1re, 4 oct. 2005, n° 03-13.375, *Bull. civ.* I, n° 350; *Defrénois* 2006, art. 38336, n° 6, p. 341, obs. Massip; *AJ fam.* 2005, 446, obs. Chénedé; *RTD civ.* 2006, 104, obs. Hauser; *RJPF* 2006-1/35, obs. Valory.
14. Cass. ass. plén., 10 juin 2005, n° 03-18.922, *Bull. ass. plén.* n° 6; *Rev. loyers* 2005, p. 432, obs. Rémy; *Defrénois* 2005, art. 38251, note Massip; *Defrénois* 2005, art. 38254, n° 79, note Savaux et n° 80, note Bénabent.
15. Civ. 1re, 28 févr. 2006, n° 04-11.405, NP; *Defrénois* 2006 art. 38441, n° 48, obs. Massip.

l'ancien article 2277 du Code civil. Dans ces deux arrêts, la Cour de cassation a appliqué la **prescription quinquennale** à une **demande de contribution à l'entretien et l'éducation des enfants** alors qu'en la matière la règle « *Aliments ne s'arréragent pas* » est inapplicable.

La loi du 17 juin 2008, réformant le droit de la prescription[1], réduit la **durée de droit commun de la prescription à cinq ans.** L'article 2224 du Code civil qui prévoit que « *les actions personnelles ou mobilières se prescrivent par cinq ans à compter du jour où le titulaire d'un droit a connu ou aurait dû connaître les faits lui permettant de l'exercer* » s'applique désormais aux pensions alimentaires. Cette loi institue également un **délai décennal pour les titres exécutoires** quelle que soit leur nature[2].

En définitive, il convient de distinguer le cas de la **demande initiale en paiement de la pension alimentaire** qui reste régie par la règle « *Aliments ne s'arréragent pas* » interdisant, en principe, toute réclamation d'aliments pour la période antérieure à l'assignation en justice (sauf en matière d'obligation d'entretien). Dans ce cas, la **prescription quinquennale** de l'article 2224 nouveau se trouve, en fait, privée de toute portée pratique en matière d'obligation alimentaire[3]. La prescription ne pourrait trouver une utilité qu'en cas de renversement assez rare de la présomption d'absence de besoin ou d'inactivité.

Différente est la situation des **condamnations au paiement d'une pension alimentaire.** Il est **possible de poursuivre l'exécution du jugement pendant dix ans** et les termes de la pension échus postérieurement au jugement ne peuvent être réclamés que pendant une période de cinq ans à compter de leur échéance.

312.113 Effet déclaratif de l'établissement d'un lien de filiation. Dans une espèce, la mère d'un jeune garçon assigne un homme en recherche de paternité naturelle et sollicite sa condamnation au paiement d'une contribution à l'entretien de l'enfant à titre rétroactif. Les juges d'appel fixent, à la date de la décision, le point de départ de l'obligation d'entretien considérant que la mère n'établit aucun élément particulier de nature à justifier qu'il soit fait droit à la rétroactivité sollicitée. L'arrêt est cassé par la Cour de cassation au visa des articles 203 et 310-1 du Code civil aux motifs que « *les aliments étaient accordés en conséquence d'une déclaration judiciaire de paternité, dont les effets remontent à la naissance de l'enfant, et que la mère sollicitait une contribution à compter de la date de l'assignation* »[4]. L'effet déclaratif de l'établissement du lien de filiation a pour conséquence que l'obligation parentale d'entretien rétroagit au jour de la naissance de l'enfant. La règle « *Aliments ne s'arréragent pas* » étant inapplicable à l'obligation d'entretien, la prescription quinquennale de l'article 2277 ancien du Code civil s'applique à cette demande initiale en paiement d'aliments et la limite aux cinq années antérieures à la date de l'assignation[5].

§ 5
Exécution provisoire de la décision en matière d'aliments

312.121 Exécution provisoire de droit. Depuis l'entrée en vigueur le 1er janvier 2005 du décret n° 2004-1158 du 29 octobre 2004[6], les mesures portant sur la pension alimentaire, la contribution à l'entretien et à l'éducation de l'enfant et la contribution aux charges du mariage, ainsi que toutes les mesures prises en application de l'article 255 du Code civil sont **exécutoires de droit à titre provisoire** (C. pr. civ., art. 1074-1). Cette solution se justifie par la situation de besoin du créancier qui implique un versement rapide de la pension alimentaire fixée par le juge.

§ 6
Révision du montant de la pension alimentaire

A.
Conditions générales de révision et de suppression

312.131 Possibilité de révision. Le droit de demander la révision ou la suppression d'une pension alimentaire est insusceptible de renonciation

1. L. n° 2008-561, 17 juin 2008, portant réforme de la prescription en matière civile, *JO* 18 juin, p. 9856 – *JCP* 2008, act. 443.
2. Art. 3-1 inséré par L. 17 juin 2008, dans L. n° 91-650, 9 juin. 1991, portant réforme des procédures civiles d'exécution, *JO* 14 juill., p. 9228.
3. J. Massip, *D.* 1999, 386.
4. Civ. 1re, 14 févr. 2006, n° 05-13.738, *Bull. civ.* I, n° 79; *Dr. fam.* 2006, n° 4, comm. 87, obs. Murat – V. Civ. 1re, 12 mai 2004, préc. ss n° 312.111.
5. Civ. 1re, 8 févr. 2005, n° 02-19.689, *Bull. civ.* I, n° 74; *RJPF* 2005-6/47 – Civ. 1re, 28 janv. 2009, n° 07-15.243, NP; *RJPF*-2009-4/40.
6. Décr. n° 2004-1158, 29 oct. 2004, portant réforme de la procédure en matière familiale, *JO* 31 oct., p. 18492 – V. L. Miniato, « La réforme des procédures de divorce par la loi du 26 mai 2004 et le décret du 29 octobre 2004 : le changement dans la continuité », *Dr. fam.* déc. 2004, p. 13 s.

car il est d'ordre public[1]. Qu'elle ait été fixée judiciairement ou conventionnellement, une pension alimentaire peut faire l'objet d'une demande de révision. En effet, la décision judiciaire fixant une pension alimentaire ne possède l'autorité de la chose jugée qu'aussi longtemps que demeurent inchangées les circonstances au regard desquelles elle est intervenue. De plus, lorsque le débiteur d'aliments a pris l'engagement d'exécuter partiellement en nature son obligation, elle peut toujours être révisée en cas de survenance d'éléments nouveaux (remariage) sans que puisse être opposée à la convention provisoire la force obligatoire des contrats[2].

La révision peut porter sur le **montant de la pension alimentaire**. En vertu du principe de proportionnalité de la pension aux besoins du créancier et aux ressources du débiteur, si l'un de ces éléments subit une variation, une demande de révision est possible afin **d'augmenter** (même si l'article 209 du Code civil ne le prévoit pas expressément), ou **de diminuer** la pension alimentaire. Si les conditions d'existence de l'obligation alimentaire ne sont plus remplies, une **suppression** de la pension alimentaire est alors envisageable. Il en est de même lorsqu'est invoqué un manquement grave du créancier à ses obligations envers le débiteur (C. civ., art. 207, al. 2).

312.132 **Circonstances nouvelles.** Seule l'apparition de circonstances nouvelles entraînant une modification des ressources et des besoins respectifs des parties ouvre droit à une action en révision. Ainsi la pension peut être révisée à la hausse si les besoins du créancier ou les ressources du débiteur augmentent. Mais une fois les besoins du créancier satisfaits, peu importe que les ressources du débiteur aient augmenté : cela n'induit pas de modification de la pension alimentaire. À l'inverse, une diminution des besoins du créancier (ex : un remariage) et des ressources du débiteur entraîne une réduction ou une suppression de la pension alimentaire (ex. en cas de nouvelles charges du débiteur telles que la naissance d'un enfant ou un remariage ou une baisse de ses revenus lors de la mise à la retraite).

Pour éviter les abus, le comportement des débiteurs est apprécié par les juges qui recherchent si les faits nouveaux invoqués à l'appui d'une demande de révision sont totalement indépendants de la volonté du débiteur. Ce dernier ne doit pas dissimuler ses revenus véritables[3] ni démissionner d'un emploi lucratif pendant quelque temps avant d'introduire sa demande[4]. L'attitude du créancier d'aliments est aussi prise en compte par les juges. Le fait pour une mère, créancière d'une obligation d'entretien pour son enfant, qui refuse sans motif valable un poste administratif conduit à la réduction de sa pension à la demande du débiteur[5].

312.133 **Procédure. La révision n'est pas automatique**; elle suppose nécessairement une **décision de justice**, ce qui la distingue de l'indexation. Dès lors qu'apparaissent des éléments nouveaux (v. s[s] n° 312.132), une demande de révision peut être effectuée. En effet, l'autorité de la chose jugée attachée à la décision initiale est provisoire.

La demande de révision a un caractère **personnel**. Il appartient au seul créancier de demander une augmentation et au seul débiteur de demander une diminution. Leurs créanciers respectifs ne peuvent pas exercer une telle action. Les règles de compétence et de procédure sont en principe identiques à celles de l'action initiale en fixation de la pension alimentaire (v. s[s] n°s 312.61 s.). Dès lors, la demande ne doit pas être nécessairement formée devant la juridiction qui a statué initialement sur la pension. Le créancier peut saisir à son choix la juridiction du lieu où demeure le défendeur ou celle du lieu où il demeure. Le débiteur doit saisir le tribunal du lieu où demeure le créancier. Le recours en révision doit être communiqué au ministère public, ce qui constitue une formalité d'ordre public[6]. La révision prend effet au jour de la demande en justice, qu'il s'agisse d'une demande de réduction ou d'augmentation de la pension alimentaire si la révision est justifiée à ce jour. Les juges du fond ont toutefois la possibilité de faire remonter à la date de la demande en justice les effets de leur décision s'ils constatent que la réduction de la pension était justifiée à cette date[7].

Par ailleurs, la Cour de cassation a précisé que la **modification conventionnelle de la pension alimentaire** due à l'épouse séparée de corps par consentement mutuel est soumise à l'**homologation du juge**. Est cassé l'arrêt d'appel qui fait droit à la demande de diminution d'une pension engagée par le mari qui produisait une lettre adressée à son épouse et sur laquelle elle avait porté la mention « *bon pour accord* »[8].

1. CA Paris, 23 janv. 1984, *D.* 1985, IR 174.
2. Civ. 1re, 16 juin 1993, n° 91-19.904, *Bull. civ.* I, n° 216; *Defrénois* 1993, 1360, obs. Massip.
3. Civ. 1re, 22 nov. 1989, n° 87-14.829, *Bull. civ.* I, n° 360; *JCP* 1990, IV, 23.
4. Civ. 2e, 2 juill. 1980, *D.* 1981, IR 272, obs. Bénabent.
5. CA Versailles, 15 juin 1987, *D.* 1987, IR 175.
6. Civ. 1re, 12 nov. 2009, n° 08-12.157, NP; *RJPF* 2010, n° 2 du 02/2010.
7. Civ. 2e, 27 juin 1985, *JCP* 1986, II, 20644, note Lindon et Bénabent – Civ. 1re, 19 mars 2002, n° 99-14.571, *Bull. civ.* I, n° 93; *AJ fam.* 2002, 178, obs. D.-B.
8. Civ. 1re, 11 janv. 2005, n° 03-16.719, *Bull. civ.* I, n° 16 – V. AUSSI, Civ. 2e, 24 avr. 2003, n° 01-12.968, NPT; *RJPF* n° 909-2003.

B. Contribution parentale à l'entretien et l'éducation de l'enfant

312.141 Causes de révision. Le montant de la contribution à l'entretien et l'éducation de l'enfant peut être révisé lorsque les besoins de l'enfant ou les ressources du débiteur ont évolué. Pour qu'il y ait révision, il faut qu'une décision ait fixé au préalable le montant de la pension alimentaire à l'égard du parent débiteur.

La cour d'appel, qui n'était pas saisie d'une action en révision de pension alimentaire dès lors qu'une décision antérieure transférant la résidence habituelle chez le père n'avait pas statué sur la contribution de la mère à l'entretien des enfants, ne pouvait soumettre la recevabilité de la demande de pension formée par le père à la démonstration d'un fait nouveau[1]. Il s'agissait ici d'une demande de fixation initiale de pension alimentaire à l'égard de la mère et non d'une demande de révision car aucune pension n'avait auparavant été fixée à l'égard de celle-ci.

Un changement dans la situation professionnelle du débiteur de la contribution à l'éducation et l'entretien de l'enfant peut ainsi être une cause de sa révision lorsqu'il aboutit à une baisse de ses ressources. Les juges du fond sont souverains dans leur appréciation des ressources et des charges.

Ainsi est valablement rejetée une demande de réduction de la contribution effectuée par un père invoquant son licenciement en cours d'instance pour faute grave alors qu'il ne recherche pas d'emploi et ne réside pas à titre principal dans l'immeuble qu'il a acquis à l'aide d'un prêt[2]. En revanche, une cour d'appel estime qu'un père en congé parental n'est pas en mesure de verser une pension alimentaire et le dispense de toute contribution à l'entretien et à l'éducation de ses deux enfants[3]. Est cassée au visa de l'article 455 du Code de procédure civile, la décision d'une cour d'appel déboutant une mère de sa demande de révision du montant de la contribution mise à la charge de son ex-mari pour l'entretien de leur enfant faute d'avoir répondu aux conclusions d'appel qui faisaient valoir que la mère avait dû cesser son activité professionnelle depuis 2003 en raison de l'état de santé de sa fille et ne bénéficiait pas d'allocations chômage tandis que le salaire de son ex-mari était 80 % supérieur à celui qu'il percevait au moment du divorce[4].

1. Civ. 1re, 9 déc. 2009, no 08-13.135, NP; *Dr. fam.* 2010, comm. 40, Murat.
2. Civ. 1re, 8 oct. 2008, no 06-21.912, *Bull. civ.* I, no 219; *JCP* 2008, IV, 2741; *AJ fam.* 2008, 430, obs. Chénedé; *RTD civ.* 2009, 111, no 23, obs. Hauser.
3. Civ. 1re, 8 oct. 2008, no 07-16.646, *Bull. civ.* I, no 218; *AJ fam.* 2008, 430, obs. Chénedé, *RTD civ.* 2009, 111, no 23, obs. Hauser.
4. Civ. 1re, 14 nov. 2007, no 06-21.928, NP; *RJPF* 2008-1/47.

312.142 Incidence des recompositions familiales. Les charges découlant de l'arrivée d'un enfant issu d'une nouvelle union sont souvent invoquées lors d'une demande de révision à la baisse de la contribution par le débiteur.

La cour d'appel de Lyon dans un arrêt rendu le 12 octobre 2009[5] considère que « *les choix de vie d'un père et de sa nouvelle épouse ne peuvent avoir pour conséquence de réduire les droits à pension alimentaire de l'enfant né d'un premier lit dès lors qu'ils ne répondent qu'à la satisfaction de convenances qui leur sont strictement personnelles* ».

Dans un arrêt rendu le 25 février 2009 par la Cour de cassation[6], une mère reprochait à la cour d'appel de ne pas tenir compte au titre de ses charges de la naissance d'un enfant issu d'une nouvelle union et de la nouvelle obligation d'entretien qui lui incombe. La cour d'appel avait rejeté sa demande d'augmentation de la contribution de son ancien conjoint à l'égard de leurs enfants communs aux motifs que « *ce dernier n'a pas à subir les conséquences de la venue au monde des enfants de l'appelante nés de la nouvelle union contractée par cette dernière* ». Le moyen est rejeté par la Cour de cassation qui considère qu'il ne tend qu'à remettre en cause le pouvoir souverain des juges du fond dans leur appréciation des charges et ressources des parties du fait que chacun des parents avait des enfants issus d'une nouvelle union et de ce que l'épouse ne travaille pas. Est en revanche cassé un arrêt d'appel qui, pour réformer le jugement de divorce et augmenter le montant de la contribution d'un père à l'entretien de ses trois enfants, énonce que les nouvelles charges de l'intéressé n'ont pas à être prises en considération et qu'il lui incombe de faire son affaire personnelle des obligations qu'il a contractées envers un enfant né pendant la procédure de divorce « *conçu au mépris de l'obligation de fidélité entre époux et dont les droits ne sauraient préjudicier ceux des enfants légitimes* »[7].

312.143 Causes de suppression. L'obligation d'entretien ne cesse que si les parents démontrent qu'ils sont dans l'impossibilité totale de s'en acquitter ou que l'enfant n'est plus dans le besoin[8]. Consacrant la jurisprudence antérieure, la loi du 4 mars 2002 prévoit expressément que l'obligation d'entretien ne cesse pas de plein droit à la majorité de l'enfant (C. civ., art. 371-2). Le débiteur doit donc solliciter sa suppression s'il estime que l'enfant devenu majeur, a acquis son autonomie financière[9].

5. RG : 09/001871.
6. Civ. 1re, 25 févr. 2009, no 07-20.181, NP; *RJPF* 2009-4/41.
7. Civ. 1re, 16 avr. 2008, no 07-17.652, *Bull. civ.* I, no 111; *RTD civ.* 2008, 472, obs. Hauser.
8. Civ. 2e, 18 mars 1992, no 90-20.535, *Bull. civ.* II, no 91 – V. AUSSI, Civ. 1re, 19 juin 2007, no 06-19.708, NP – Civ. 1re, 28 nov. 2007, no 06-21.461, NP; *RJPF*-2008-1/45.
9. Pour des décisions rendues AVANT LA LOI DU 4 MARS 2002 : Civ. 2e, 2 déc. 1987, *JCP* 1988, IV, 55; *D.* 1990, somm. 115, obs. Bénabent – Civ. 2e, 8 févr. 1989, *Bull. civ.* II, no 32 – Civ. 2e, 17 déc. 1997, no 96-15.384, *Bull. civ.* II, no 320; *Gaz. Pal.* 1998, 1, pan. 118.

La solution est identique lorsque la contribution est due en vertu d'une convention homologuée ne précisant pas que cette contribution cesserait à la majorité de l'enfant[1].

312.144 Compétence du juge aux affaires familiales. La modification du montant de la pension alimentaire fixé dans la décision initiale doit être demandée au juge aux affaires familiales et la modification conventionnelle d'une convention homologuée fixant la contribution du père à l'éducation des enfants doit être soumise à homologation. Est cassé l'arrêt qui a considéré qu'il y avait eu accord verbal entre les parents pour réduire le montant de la pension[2].

312.145 Preuve. Lorsqu'un parent a été condamné à contribuer à l'entretien de son enfant, il lui incombe, s'il demande la suppression de cette contribution, de rapporter la preuve des circonstances permettant de l'en décharger[3]. Ainsi une cour d'appel a pu estimer souverainement que le père, débiteur de la contribution, ne rapporte pas la preuve que sa fille occupe un emploi régulier lui permettant de subvenir seule à ses besoins[4].

Mais la Cour de cassation a jugé, au sujet d'une action en contribution formée après la majorité de l'enfant sur l'ancien article 295 du Code civil, que la contribution du parent peut être supprimée si l'autre parent ne produit aucun justificatif de la situation de l'enfant majeur établissant que celui-ci demeure à sa charge principale[5]. Cet arrêt a semé le doute dans l'esprit des commentateurs dont certains ont pu considérer qu'il s'agissait d'un revirement de jurisprudence inversant la charge de la preuve en la faisant reposer sur les épaules de l'enfant majeur ou du parent qui en a la charge. Depuis cette décision, la Cour de cassation a clairement réaffirmé la solution traditionnelle en exigeant du demandeur à la suppression la preuve de « *circonstances permettant de l'en décharger* »[6]. Dans le cas d'une dette judiciairement constatée, il est logique de s'appuyer sur l'article 1315 alinéa 2 du Code civil pour faire supporter la charge de la preuve au débiteur qui en demande la suppression. La preuve reste néanmoins difficile à apporter puisqu'il s'agira de prouver que le jeune majeur n'est pas en mesure de subvenir lui-même à ses besoins. Et surtout, il sera bien difficile au parent débiteur d'obtenir des moyens de preuve nécessaire au succès de sa prétention[7], sachant qu'il a souvent peu ou plus de contacts avec le jeune majeur.

312.146 Date de la suppression. Le juge accordant la suppression peut en fixer librement la date, soit au **jour de l'événement justifiant cette disparition** soit à la **date de l'introduction de la demande**[8].

1. Civ. 2e, 17 déc. 1997, no 96-15.384, *Bull. civ.* II, no 320; *RTD civ.* 1998, 360, obs. Hauser.
2. Civ. 2e, 26 juin 1996, no 94-17.991, *Bull. civ.* II, no 184.
3. Civ. 2e, 29 mai 1996, no 94-10.520, *Bull. civ.* II, no 116 – Civ. 2e, 2 avr. 1997, no 95-18.749, *Bull. civ.* II, no 104.
4. Civ. 2e, 27 janv. 2000, no 96-11.410, *Bull. civ.* II, no 17; *Dr. fam.* 2000, no 73, note Chabault; *RJPF* 2000-4/53, note Valory.
5. Civ. 2e, 26 sept. 2002, no 00-21.234, *Bull. civ.* II, no 192; *JCP* 2003, II, 10039, note Hocquet-Berg; *Defrénois* 2003, art. 37727, p. 613, obs. Massip; *AJ fam.* 2002, 379, obs. F. B.; *RJPF* 2002-12/51, obs. Valory; *RTD civ.* 2003, 74, obs. Hauser.
6. Civ. 1re, 22 févr. 2005, no 03-17.135, *Bull. civ.* I, no 94; *AJ fam.* 2005, 243; *D.* 2005, IR 664; *RJPF* 2005-5/44, obs. Valory; *RTD civ.* 2005, 379, obs. Hauser – Civ. 1re, 14 févr. 2006, no 05-11.001, *Bull. civ.* I, no 64; *D.* 2006, IR 670; *Dr. fam.* 2006, comm. 88, note Murat – Civ. 1re, 12 déc. 2006, no 05-11.945, *Bull. civ.* I, no 543; *Dr. fam.* 2007, comm. 62, note Larribau-Terneyre; *RJPF*-2007-3/42, obs. Valory – Civ. 1re, 9 janv. 2008, no 06-19581, *Bull. civ.* I, no 1; *AJ fam.* 2008, 119; *JCP*, 2008, II, 10064, note Bazin; *Dr. fam.* mars 2008, comm. 35, note Murat – Civ. 1re, 23 janv. 2008, no 06-21.232, NP; *RJPF* 2008-3/33.
7. V. Murat, *Dr. fam.* 2006, comm. 88.
8. Civ. 2e, 17 mars 1993, no 91-19.665, *Bull. civ.* II, no 112; *Defrénois* 1994, 325, obs. Massip.

TITRE

32. Les difficultés d'exécution des pensions alimentaires

SECTION 0

ORIENTEUR

32.00 Plan du titre.

Divisions. En cas de carence du débiteur de la pension alimentaire, différentes procédures sont offertes par la loi au créancier d'aliments aux fins de recouvrement de sa créance. Ces voies d'exécution spécifiques répondent au souci d'une procédure rapide et peu onéreuse (chap. 321).

Lorsque des tiers institutionnels ont subvenu aux besoins d'une personne, ils ont la possibilité de mettre en œuvre les obligations alimentaires afin d'obliger les débiteurs d'aliments à participer à la prise en charge de leur créancier (chap. 322).

Des difficultés d'exécution peuvent enfin surgir en cas de pluralité de débiteurs (chap. 323) ou lors de l'ouverture d'une procédure collective à l'encontre du débiteur d'aliments (chap. 324) ou encore lorsque celui-ci se trouve en situation de surendettement (chap. 325).

CHAPITRE

321. Procédures de recouvrement forcé

MURIEL REBOURG
MAÎTRE DE CONFÉRENCES
À L'UNIVERSITÉ DE BRETAGNE OCCIDENTALE

SECTION 0 ORIENTEUR

321.00 **Plan du chapitre.**

321.01 **Textes applicables.**

TEXTES SOURCES

> Paiement direct des pensions alimentaires

• **L. n° 73-5, 2 janv. 1973,** relative au paiement direct de la pension alimentaire, *JO* 3 janv., p. 135

• **Décr. n° 73-216, 1er mars 1973,** pris pour l'application de la loi n° 73-5 du 2 janvier 1973 relative au paiement direct de la pension alimentaire, *JO* 2 mars, p. 2322

> Recouvrement public des pensions alimentaires

• **L. n° 75-618, 11 juill. 1975,** relative au recouvrement public des pensions alimentaires, *JO* 12 juill., p. 7178

> Recouvrement des pensions alimentaires impayées par les organismes débiteurs des prestations familiales

• **CSS,** art. L. 581-1 à L. 581-10 et R. 581-1 à R. 581-9

• **L. n° 84-1171, 22 déc. 1984,** *JO* 27 déc., p. 3983

• **Décr. n° 85-560, 30 mai 1985,** portant application des dispositions législatives relatives à l'allocation de soutien familial et à l'intervention des organismes débiteurs de prestations familiales pour le recouvrement des créances alimentaires impayées, art. 10 à 18, *JO* 31 mai, p. 6036 *[codifiés au Code de la Sécurité sociale : CSS, art. R. 581-1 à R. 581-9]*

• **Décr. n° 86-1073, 30 sept. 1986,** relatif à l'intervention des organismes débiteurs des prestations familiales pour le recouvrement des créances alimentaires impayées, *JO* 2 oct., p. 11804

SÉLECTION THÉMATIQUE ET ALPHABÉTIQUE DE TEXTES *IN EXTENSO*

> Paiement direct des pensions alimentaires

• **L. n° 73-5, 2 janv. 1973,** *JO* 3 janv., p. 135.

Art. 1

(mod. par L. n° 75-618, 11 juill. 1975, art. 18)

Tout créancier d'une pension alimentaire peut se faire payer directement le montant de cette pension par les tiers débiteurs de sommes liquides et exigibles envers le débiteur de la pension. Il peut notamment exercer ce droit entre les mains de tout débiteur de salaires, produits du travail ou autres revenus, ainsi que de tout dépositaire de fonds.

La demande en paiement direct sera recevable dès qu'une échéance d'une pension alimentaire, fixée par une décision judiciaire devenue exécutoire, n'aura pas été payée à son terme.

Cette procédure est applicable au recouvrement de la contribution aux charges du mariage prévues par l'article 214 du Code civil. Elle l'est aussi au recouvrement de la rente prévue par l'article 276 et des subsides prévus par l'article 342 du même code.

Art. 2

La demande vaut, sans autre procédure et par préférence à tous autres créanciers, attribution au bénéficiaire des sommes qui en font l'objet au fur et à mesure qu'elles deviennent exigibles.

Le tiers est tenu de verser directement ces sommes au bénéficiaire selon les échéances fixées par le jugement.

Art. 3

La demande de paiement direct peut être contestée en justice, sans préjudice de l'exercice d'une action aux fins de révision de la pension alimentaire. Cette contestation ne suspend pas l'obligation incombant au tiers de payer directement les sommes dues au créancier de la pension alimentaire.

Art. 4

Sauf convention contraire, les sommes payées au créancier de la pension alimentaire doivent être versées à son domicile ou à sa résidence. Les frais du paiement direct incombent au débiteur de la pension.

Art. 5

(mod. par L. n° 75-618, 11 juill. 1975, art. 19)

La procédure de paiement direct est applicable aux termes à échoir de la pension alimentaire.

Elle l'est aussi aux termes échus pour les six derniers mois avant la notification de la demande de paiement direct.

Le règlement de ces sommes est fait par fractions égales sur une période de douze mois.

Art. 6

(mod. par L. n° 84-1171, 22 déc. 1984, art. 6)

La demande de paiement direct est faite par l'intermédiaire d'un huissier de justice.

Lorsqu'une administration publique est subrogée dans les droits d'un créancier d'aliments, elle peut elle-même former la demande de paiement direct et se prévaloir des dispositions de l'article 7 ci-dessous.

Lorsqu'un organisme débiteur de prestations familiales agit pour le compte d'un créancier d'aliments, il peut lui-même former la demande de paiement direct.

Art. 7

(mod. par L. n° 75-617, 11 juill. 1975, art. 16-1)

Sous réserve de l'article 6 de la loi n° 51-711 du 7 juin 1951 relative au secret en matière de statistiques, les administrations au service de l'État et des collectivités publiques, les organismes de sécurité sociale et les organismes qui assurent la gestion de prestations sociales sont tenus de réunir et de communiquer, en faisant toutes les diligences nécessaires, à l'huissier de justice chargé par le créancier de former la demande de paiement direct, tous renseignements dont ils disposent ou peuvent disposer permettant de déterminer l'adresse du débiteur de la pension alimentaire, l'identité et l'adresse de son employeur ou de tout tiers débiteur ou dépositaire de sommes liquides ou exigibles.

Un décret en Conseil d'État précisera, en tant que de besoin, les conditions d'exécution de cette obligation et les sanctions qu'entraînera sa violation.

L'obligation de communiquer imposée au tiers saisi, soit par l'article 559 du Code de procédure civile, soit par décret du 18 août 1807, est, pour le surplus, applicable au tiers débiteur faisant l'objet d'une demande de paiement direct.

Art. 7-1

(créé par L. n° 75-617, 11 juill. 1975, art. 16-II)

Les dispositions de la présente loi sont applicables toutes les fois qu'un époux divorcé ou séparé de corps est créancier d'une prestation en forme de rente visée à l'article 276 du Code civil. [...]

• **Décr. n° 73-216, 1er mars 1973,** décret d'application de L. 2 janv., *JO* 2 mars, p. 2322

Art. 1

(mod. par Décr. n° 75-1339, 31 déc. 1975, art. 15)

Le créancier de la pension alimentaire peut charger tout huissier de justice du lieu de sa résidence de notifier la demande de paiement direct au tiers visé à l'article 1er de la loi n° 73-5 du 2 janvier 1973.

Dans les huit jours qui suivent, l'huissier procède à cette notification par lettre recommandée avec demande d'avis de réception.

Si les documents présentés par le créancier de la pension ne permettent pas de procéder à la notification, l'huissier doit mettre en œuvre, dans le même délai de huit jours, les moyens lui permettant d'effectuer cette notification, compte tenu notamment des dispositions du premier alinéa de l'article 7 de la loi du 2 janvier 1973 susvisée.

Le tiers débiteur accuse réception à l'huissier de la demande de paiement direct dans les huit jours suivant la notification, en précisant s'il est ou non en mesure d'y donner suite.

Lorsqu'il notifie la demande de paiement direct au tiers débiteur, l'huissier en avise simultanément le débiteur par lettre recommandée.

Art. 2

(mod. par Décr. n° 75-1339, 31 déc. 1975, art. 16)

La demande de paiement direct produit effet pour le recouvrement des termes à échoir de la pension alimentaire et, le cas échéant, des termes échus pour les six derniers mois avant la notification de cette demande.

Elle cesse de produire effet si l'huissier du créancier en notifie au tiers la mainlevée par lettre recommandée.

Elle prend fin aussi à la demande du débiteur, sur production d'un certificat délivré par un huissier attestant qu'un nouveau jugement a supprimé la pension alimentaire ou constatant qu'en vertu des dispositions légales la pension a cessé d'être due.

Art. 3

Si une nouvelle décision change le montant de la pension alimentaire ou les modalités d'exécution de l'obligation, la demande de paiement direct se trouve de plein droit modifiée en conséquence à compter de la notification de la décision modificative qui est faite au tiers dans les conditions prévues aux alinéas 1er et 2 de l'article 1er.

Art. 4

Le tiers débiteur est tenu d'aviser dans les huit jours le créancier de la pension alimentaire de la cessation ou de la suspension de la rémunération ainsi que de la clôture du compte du débiteur ou de l'insuffisance de provision de ce compte.

Art. 4-1

(créé par Décr. nº 75-1339, 31 déc. 1975, art. 17)

Le tiers débiteur qui, tenu au paiement direct, ne verse pas la pension alimentaire due au créancier sera puni d'une amende de 1 500 euros au plus qui pourra être portée au double en cas de récidive.

Art. 5

Les contestations relatives à la procédure de paiement direct sont portées devant le tribunal d'instance du domicile du débiteur de la pension.

Art. 5-1

(créé par Décr. nº 75-1339, 31 déc. 1975, art. 18)

Les frais du paiement direct d'une pension alimentaire incombant au débiteur, aucune avance ne peut être demandée au créancier pour la mise en œuvre de la procédure. Si le débiteur ne peut être retrouvé ou si le paiement direct ne peut être obtenu, les émoluments de l'huissier sont avancés par le Trésor public selon les modalités prévues à l'article R. 93 (11°) du Code de procédure pénale.

Art. 6

(mod. par Décr. nº 2005-1678, 28 déc. 2005, art. 81, JO 29 déc., en vigueur le 1er mars 2006, à l'exception de l'article 84, et applicable aux procédures en cours)

Le créancier d'aliments qui, de mauvaise foi, aura fait usage de la procédure de paiement direct sera condamné par le tribunal d'instance à une amende civile d'un maximum de 3 000 euros.

Art. 7

Devant le juge saisi d'une demande de pension alimentaire, le débiteur peut accepter que la pension donne lieu à paiement direct. En ce cas, il indique le tiers débiteur qui sera chargé du paiement.

L'extrait du jugement constatant l'accord des parties est notifié au tiers débiteur selon les règles prévues aux alinéas 1er et 2e de l'article 1er.

Art. 8

(mod. par Décr. nº 75-1339, 31 déc. 1975, art. 19)

Les dispositions du présent décret, et notamment celles de son article 7, sont applicables au recouvrement de la contribution aux charges du mariage prévue par l'article 214 du Code civil. Elles le sont aussi au recouvrement des rentes prévues par l'article 276 du même code et des subsides de l'article 342. […]

> Recouvrement public des pensions alimentaires

• **L. nº 75-618, 11 juill. 1975,** *JO* 12 juill., p. 7178

Art. 1

Toute pension alimentaire fixée par une décision judiciaire devenue exécutoire dont le recouvrement total ou partiel n'a pu être obtenu par une des voies d'exécution de droit privé peut être recouvrée pour le compte du créancier par les comptables directs du Trésor.

Art. 2

La demande de recouvrement public des pensions alimentaires est adressée par le créancier au procureur de la République près le tribunal de grande instance dans le ressort duquel se trouve son domicile.

Cette demande est admise si le créancier justifie qu'il a eu recours effectivement à l'une des voies d'exécution de droit privé et que ce recours est resté infructueux.

Art. 3

Le procureur de la République établit un état exécutoire qu'il transmet au Trésor pour le recouvrement des termes à échoir de la pension alimentaire et, le cas échéant, de ceux qui sont échus à compter du sixième mois ayant précédé la date de la demande.

Le procureur doit apporter à cet état exécutoire, soit de son propre chef, soit sur demande du créancier ou du débiteur, les modifications nécessaires, notamment en cas d'augmentation, de réduction ou de suppression de la pension alimentaire.

Art. 4

En cas de contestation relative à l'application des articles 2 et 3, il est statué, comme en matière de référé, par le président du tribunal.

Le président se prononce sur la contestation qui lui est soumise par le procureur de la République. Celui-ci prend, s'il y a lieu, toutes dispositions utiles pour l'exécution de l'ordonnance du président.

Les décisions rendues en application du présent article ne sont susceptibles ni d'opposition, ni d'appel.

La procédure est gratuite et dispensée des droits de timbre et d'enregistrement.

La contestation n'interrompt pas le recouvrement public.

Art. 5

Dès le dépôt de la demande d'admission à la procédure de recouvrement public et jusqu'à la cessation de celle-ci, le créancier ne peut plus exercer aucune autre action pour le recouvrement des sommes qui font l'objet de cette demande.

Art. 6

Pour les sommes qu'il est chargé de recouvrer, le Trésor est subrogé dans les actions et garanties dont dispose le créancier pour le recouvrement de sa pension alimentaire.

Art. 7

Le recouvrement public des sommes à percevoir est effectué par les comptables directs du Trésor selon les procédures applicables en matière de contributions directes.

Le montant de ces sommes est majoré de 10 % au profit du Trésor à titre de frais de recouvrement.

Les frais de poursuites mis à la charge du débiteur sont calculés dans les conditions prévues à l'article 1912 du Code général des impôts.

Art. 8

Sous réserve des dispositions de l'article 6 de la loi nº 51-711 du 7 juin 1951 relative au secret professionnel en matière de statistiques, les administrations ou services de l'État et des collectivités publiques, les organismes de sécurité sociale et les organismes qui assurent la gestion des prestations sociales sont tenus de réunir et de communiquer, en faisant toutes les diligences nécessaires, au comptable du Trésor les renseignements dont ils disposent ou peuvent disposer et qui sont utiles à la mise en œuvre de la procédure de recouvrement public.

Art. 9

À compter de la notification au débiteur des sommes faisant l'objet du recouvrement public, le débiteur ne peut plus s'en libérer valablement qu'entre les mains du comptable du Trésor.

Art. 10

En cas de décès du débiteur ou lorsque l'impossibilité de recouvrer la créance a été constatée par le comptable du Trésor, ce dernier renvoie le titre exécutoire au procureur de la République qui met fin à la procédure de recouvrement public et décharge le comptable public.

Art. 11

Agissant seul ou conjointement avec le débiteur, le créancier de la pension alimentaire peut renoncer à la procédure de recouvrement public. Il adresse sa demande au procureur de la République qui met fin à la procédure de recouvrement public et décharge le comptable public.

Art. 12

Le débiteur qui, ayant acquitté les arriérés de la créance pris en charge par le Trésor, a versé, durant douze mois consécutifs le montant des termes courants de la pension à la caisse du comptable du Trésor, sans que celui-ci ait à exercer des poursuites, peut demander de se libérer à l'avenir directement entre les mains du créancier de la pension. Il adresse sa demande au procureur de la République qui met fin à la procédure de recouvrement public et décharge le comptable public.

En cas de contestation, il est fait application de l'article 4.

Art. 13

Dans le cas d'une nouvelle défaillance du débiteur dans le délai de deux ans après la cessation du recouvrement public, le créancier peut, dès lors que le retard dans le paiement est supérieur à un mois demander à nouveau au procureur de la République la mise en œuvre de la procédure de recouvrement public sans avoir à recourir préalablement à une voie d'exécution de droit privé.

Si la nouvelle demande est admise, il est procédé au recouvrement de toutes les sommes dues depuis l'interruption du recouvrement public. Le montant des termes échus avant cette admission est majoré de 10 % au profit du créancier.

Toutefois, la remise de cette majoration peut être accordée au débiteur par le président du tribunal de grande instance statuant dans les conditions prévues à l'article 4, s'il y a de justes motifs.

Art. 14

(abrogé par L. n° 87-588, 30 juill. 1987, art. 1, 2° et codifié : CSS, art. L. 581-9)

Art. 15

Les dispositions de la présente loi sont aussi applicables pour le recouvrement des sommes dues en exécution d'une décision judiciaire au titre des contributions aux charges du mariage prescrites par l'article 214 du Code civil, des rentes prévues par l'article 276 du même code ou des subsides de l'article 342.

Art. 16

(abrogé par L. n° 85-772, 25 juill. 1985, art. 3, III)

Art. 17

Le créancier d'aliments qui, de mauvaise foi, aura obtenu la mise en œuvre de la procédure de recouvrement public sera condamné par le président du tribunal de grande instance, statuant dans les conditions prévues aux alinéas 1er, 2e et 4e de l'article 4, à une amende civile de 200 à 20 000 F et au remboursement au débiteur des sommes qui auraient été perçues au titre des majorations pour termes échus non payés, des frais de recouvrement et des frais de poursuite, sans préjudice de tous dommages et intérêts.

Art. 18

Tout créancier d'une pension alimentaire peut se faire payer directement le montant de cette pension par les tiers débiteurs de sommes liquides et exigibles envers le débiteur de la pension. Il peut notamment exercer ce droit entre les mains de tout débiteur de salaires, produits du travail ou autres revenus, ainsi que de tout dépositaire de fonds.

La demande en paiement direct sera recevable dès qu'une échéance d'une pension alimentaire, fixée par une décision judiciaire devenue exécutoire, n'aura pas été payée à son terme.

Cette procédure est applicable au recouvrement de la contribution aux charges du mariage prévues par l'article 214 du Code civil. Elle l'est aussi au recouvrement de la rente prévue par l'article 276 et des subsides prévus par l'article 342 du même code.

Art. 19

La procédure de paiement direct est applicable aux termes à échoir de la pension alimentaire.

Elle l'est aussi aux termes échus pour les six derniers mois avant la notification de la demande de paiement direct.

Le règlement de ces sommes est fait par fractions égales sur une période de douze mois. [...]

> Recouvrement des pensions alimentaires par les organismes débiteurs des prestations familiales

• **L. n° 84-1171, 22 déc. 1984,** art. 5 à 7, *JO* 27 déc., p. 3983

Art. 5

Le titulaire d'une créance alimentaire fixée par décision de justice devenue exécutoire en faveur de ses enfants mineurs, s'il ne remplit pas les conditions d'attribution de l'allocation de soutien familial et si une voie d'exécution engagée par ses soins n'a pas abouti, bénéficie, à sa demande, de l'aide des organismes débiteurs de prestations familiales pour le recouvrement des termes échus dans la limite de deux années à compter de la demande de recouvrement et des termes à échoir.

Ce recouvrement est exercé dans les conditions et pour les créances visées à l'article L. 543-5-1 du Code de la sécurité sociale.

Art. 6

I – Par dérogation aux articles 2 et 3 de la loi n° 75-618 du 11 juillet 1975 précitée, le directeur de l'organisme débiteur de prestations familiales intervenant au titre de l'article L. 543-5-1 du Code de la sécurité sociale établit et certifie l'état des sommes à recouvrer et l'adresse au représentant de l'État dans le département. Celui-ci rend cet état exécutoire dans un délai de cinq jours ouvrables et le transmet au trésorier-payeur général du département.

IV – Les organismes débiteurs de prestations familiales peuvent se prévaloir des dispositions de l'article 7 de la loi n° 73-5 du 2 janvier 1973 précitée, pour l'exercice de la mission qui leur est confiée par la présente loi.

(transféré dans : CSS, art. L. 581-7 pour le paragraphe I, et L. 581-8 pour le paragraphe IV)

Art. 7

Un décret en Conseil d'État détermine les conditions d'application de la présente loi et les dates d'entrée en vigueur de chacun des articles, fixées au plus tard au 1er janvier 1986. Il précise les délais dans lesquels les bénéficiaires de l'allocation d'orphelin sont tenus de souscrire au régime de l'allocation de soutien familial.

La présente loi s'appliquera, dans un délai maximum de deux ans, aux personnes bénéficiaires de l'allocation d'orphelin lors de la promulgation de la présente loi. [...]

• CSS, art. L. 581-1 à L. 581-10 et R. 581-1 à R. 581-9

CSS, art. L. 581-1

Les organismes et services auxquels incombe le service des prestations familiales sont habilités à apporter leur aide au recouvrement des créances dues au titre de l'entretien d'enfants, dans les conditions prévues par les dispositions relatives à l'intervention des organismes débiteurs des prestations familiales pour le recouvrement des créances alimentaires impayées.

CSS, art. L. 581-2

Lorsque l'un au moins des parents se soustrait totalement au versement d'une créance alimentaire pour enfants fixée par décision de justice devenue exécutoire, l'allocation de soutien familial est versée à titre d'avance sur créance alimentaire.

L'organisme débiteur des prestations familiales est subrogé dans les droits du créancier, dans la limite du montant de l'allocation de soutien familial ou de la créance d'aliments si celle-ci lui est inférieure.

Lorsque l'un au moins des parents se soustrait partiellement au versement d'une créance alimentaire pour enfants fixée par décision de justice devenue exécutoire, il est versé à titre d'avance une allocation différentielle.

Cette allocation différentielle complète le versement partiel effectué par le débiteur, à hauteur de la créance alimentaire susvisée, sans toutefois pouvoir excéder le montant de l'allocation de soutien familial.

L'organisme débiteur de prestations familiales est subrogé dans les droits du créancier.

CSS, art. L. 581-3

Pour le surplus de la créance, dont le non-paiement a donné lieu au versement de l'allocation de soutien familial, et pour les autres termes à échoir, la demande de ladite allocation emporte mandat du créancier au profit de cet organisme.

L'organisme débiteur des prestations familiales a droit, en priorité sur les sommes recouvrées, au montant de celles versées à titre d'avance.

Avec l'accord du créancier d'aliments, l'organisme débiteur des prestations familiales poursuit également, lorsqu'elle est afférente aux mêmes périodes, le recouvrement de la créance alimentaire du conjoint, de l'ex-conjoint et des autres enfants du débiteur ainsi que les créances des articles 214, 276 et 342 du Code civil.

CSS, art. L. 581-4

Le titulaire de la créance est tenu de communiquer à l'organisme débiteur des prestations familiales les renseignements qui sont de nature à faciliter le recouvrement de la créance.

Le titulaire de la créance peut à tout moment renoncer à percevoir l'allocation de soutien familial. L'organisme débiteur demeure subrogé aux droits du titulaire de la créance jusqu'au recouvrement complet du montant des sommes versées dans les conditions fixées à l'article L. 581-2.

L'organisme débiteur de prestations familiales peut suspendre le versement de l'allocation de soutien familial en cas de refus par le créancier d'aliments de donner le pouvoir spécial de saisie en matière immobilière.

Lorsque le débiteur reprend le service de sa dette, cette dernière peut être acquittée directement au parent créancier, avec l'accord de l'organisme débiteur de prestations familiales.

CSS, art. L. 581-5

Sauf dans le cas où il est fait application du premier alinéa de l'article 7 de la loi n° 75-618 du 11 juillet 1975 relative au recouvrement public des pensions alimentaires, les sommes à recouvrer par l'organisme débiteur sont majorées de frais de gestion et de recouvrement dont le montant est fixé par décret en Conseil d'État.

Ces frais ne peuvent être mis à la charge du créancier d'aliments.

CSS, art. L. 581-6

Le titulaire d'une créance alimentaire fixée par décision de justice devenue exécutoire en faveur de ses enfants mineurs, s'il ne remplit pas les conditions d'attribution de l'allocation de soutien familial et si une voie d'exécution engagée par ses soins n'a pas abouti, bénéficie, à sa demande, de l'aide des organismes débiteurs de prestations familiales pour le recouvrement des termes échus, dans la limite de deux années à compter de la demande de recouvrement, et des termes à échoir.

Ce recouvrement est exercé dans les conditions et pour les créances mentionnées aux articles L. 581-2 et suivants.

CSS, art. L. 581-7

Par dérogation aux articles 2 et 3 de la loi n° 75-618 du 11 juillet 1975, le directeur de l'organisme débiteur de prestations familiales intervenant au titre des articles L. 581-2 et suivants établit et certifie l'état des sommes à recouvrer et l'adresse au représentant de l'État dans le département. Celui-ci rend cet état exécutoire dans un délai de cinq jours ouvrables et le transmet au directeur départemental des finances publiques du département.

CSS, art. L. 581-8

Les organismes débiteurs de prestations familiales peuvent se prévaloir des dispositions de l'article 7 de la loi n° 73-5 du 2 janvier 1973, pour l'exercice de la mission qui leur est confiée en vue du recouvrement des créances alimentaires impayées.

CSS, art. L. 581-9

Les caisses d'allocations familiales sont habilitées à consentir sur leur fonds d'action sanitaire et sociale aux créanciers d'aliments auxquels la loi n° 75-618 du 11 juillet 1975 est applicable, des avances sur pensions. Elles sont alors subrogées de plein droit dans les droits des créanciers, à concurrence du montant des avances, tant à l'égard du débiteur qu'éventuellement à l'égard du Trésor.

CSS, art. L. 581-10

Le recouvrement sur le débiteur d'aliments de toute avance sur pension alimentaire fixée par une décision judiciaire devenue exécutoire et consentie par les organismes débiteurs de prestations familiales peut être confié, pour le compte de ces organismes, aux comptables publics compétents.

Le directeur de l'organisme débiteur de prestations familiales établit et certifie l'état des sommes à recouvrer et l'adresse au représentant de l'État dans le département. Celui-ci rend cet état exécutoire dans un délai de cinq jours ouvrables et le transmet au directeur départemental des finances publiques.

Dès qu'ils ont saisi le représentant de l'État dans le département, les organismes débiteurs de prestations familiales ne peuvent plus, jusqu'à ce qu'ils soient informés de la cessation de la procédure de recouvrement par les comptables publics compétents, exercer aucune action en vue de récupérer les sommes qui font l'objet de leur demande.

En cas de contestation relative à l'application des premier et deuxième alinéas du présent article, il est procédé comme à l'article 4 de la loi n° 75-618 du 11 juillet 1975.

Le recouvrement des avances est poursuivi selon les procédures et dans les conditions prévues par les articles 7 à 9 de la loi du 11 juillet 1975 précitée. Les comptables publics compétents peuvent également mettre en œuvre les actions et garanties dont dispose le créancier pour le recouvrement de sa pension alimentaire.

En cas de recours à une procédure de recouvrement public par le créancier de la pension alimentaire, les sommes recouvrées sont affectées par priorité au règlement de la créance de l'organisme débiteur de prestations familiales.

En cas de décès du débiteur ou lorsque l'impossibilité de recouvrer la créance a été constatée par le comptable public compétent, ce dernier renvoie le titre exécutoire à la caisse d'allocations familiales qui en décharge le comptable public et informe de sa décision le représentant de l'État dans le département.

Lorsqu'un organisme débiteur de prestations familiales poursuit le recouvrement d'une créance alimentaire au titre des articles L. 581-2 à L. 581-5, le présent article est applicable à la totalité de la créance.

CSS, art. R. 581-1

Pour l'application du premier alinéa de l'article L. 581-4, le titulaire de la créance doit fournir à l'organisme débiteur de prestations familiales les éléments prouvant son droit à la créance.

Il fournit également à l'organisme mentionné au premier alinéa les renseignements en sa possession relatifs au débiteur, notamment l'identité, le numéro d'immatriculation à la sécurité sociale, l'adresse ou la dernière adresse connue, la profession, les nom et adresse de l'employeur, la nature, la situation et l'importance du patrimoine ainsi que les sources de revenus du débiteur.

CSS, art. R. 581-2

Lorsque le créancier fait une demande d'aide au recouvrement fondée sur l'article L. 581-6, il joint à sa demande les documents prévus à l'article 2 du décret n° 75-1339 du 31 décembre 1975, ou une attestation d'échec de la procédure de recouvrement public établie par le procureur de la République.

CSS, art. R. 581-3

Pour l'application du troisième alinéa de l'article L. 581-3, l'enfant majeur créancier d'une pension alimentaire fixée par décision de justice devenue exécutoire doit donner mandat à l'organisme débiteur de prestations familiales de recouvrer cette créance pour son compte.

CSS, art. R. 581-4

L'organisme débiteur de prestations familiales notifie au débiteur, par lettre recommandée avec demande d'avis de réception, qu'il a admis la demande au recouvrement faite par le créancier.

Par lettre mentionnée au premier alinéa, l'organisme débiteur de prestations familiales rappelle au débiteur les obligations auxquelles celui-ci est tenu envers le créancier et lui fait connaître qu'à défaut d'exécution volontaire, le recouvrement de la créance sera poursuivi au moyen de toute procédure appropriée. L'organisme débiteur de prestations familiales précise à cet égard que les termes à échoir et les arriérés pour lesquels il n'y a pas subrogation peuvent, avec l'accord de cet organisme, être acquittés directement entre les mains du créancier et qu'à défaut de ce paiement amiable, le débiteur sera tenu de s'acquitter auprès de l'organisme des arriérés de pension ainsi que des termes à échoir pendant une période de douze mois consécutifs à compter du premier versement ainsi effectué.

CSS, art. R. 581-5

L'organisme débiteur de prestations familiales notifie au débiteur l'apurement définitif des arriérés de la dette et la fin de l'obligation de se libérer auprès de lui.

L'organisme débiteur de prestations familiales rend compte au créancier d'aliments des actes effectués pour son compte. Il l'informe, le cas échéant, de l'abandon des poursuites lorsqu'elles s'avèrent vaines ou manifestement contraires aux intérêts du créancier.

CSS, art. R. 581-6

Exception faite des créances recouvrées en application de l'article 7 de la loi n° 75-618 du 11 juillet 1975, le montant des sommes versées à l'organisme débiteur de prestations familiales est majoré, à son profit, de 7,5 % ainsi que du montant des frais effectivement payés aux officiers ministériels et aux auxiliaires de justice; lorsque l'organisme débiteur de prestations familiales ne recourt pas aux services d'un officier ministériel ou d'un auxiliaire de justice une majoration supplémentaire de 2,5 % est appliquée.

CSS, art. R. 581-7

Les majorations mentionnées à l'article R. 581-6 sont recouvrées par les voies et moyens applicables au recouvrement de la créance principale. En cas de difficulté, le recouvrement forcé est soumis aux règles prévues aux articles 704 à 718 du Code de procédure civile. Le tribunal compétent est celui dans le ressort duquel l'organisme débiteur de prestations familiales a son siège.

CSS, art. R. 581-8

Les majorations mentionnées à l'article R. 581-6 constituent une recette de la gestion administrative des organismes débiteurs de prestations familiales.

CSS, art. R. 581-9

Dans tous les cas, le dernier terme échu de la pension alimentaire et des créances des articles 214, 276 et 342 du Code civil est imputé par priorité sur les sommes recouvrées et est reversé au créancier.

• **Décr. n° 86-1073, 30 sept. 1986,** *JO* 2 oct., p. 11804

Art. 1

Le directeur de l'organisme débiteur des prestations familiales établit et certifie, en trois exemplaires, l'état des sommes à recouvrer. Cet état mentionne le jugement qui a fixé la pension alimentaire.

Pour la mise en œuvre de la loi du 11 juillet 1975 précitée, la demande est réputée faite à la date d'établissement de l'état. Celui-ci précise, d'une part, le montant des termes échus et non versés par le débiteur au titre de la période de six mois ayant précédé la date de la demande de recouvrement public et, d'autre part, le montant des termes échus ou à échoir à compter de cette même date.

Pour la mise en œuvre de la loi n° 80-1055 du 23 décembre 1980 portant loi de finances rectificative pour 1980, l'état précise le montant des termes échus et non versés par le débiteur dans la limite de deux ans à compter de la demande d'aide faite à l'organisme débiteur des prestations familiales en vertu de l'article L. 581-6 du Code de la sécurité sociale ou des périodes de versement de l'allocation de soutien familial versée à titre d'avance.

L'état des sommes à recouvrer fait apparaître, en outre, le montant des frais de recouvrement perçus au profit du Trésor.

Art. 2

L'état des sommes à recouvrer est accompagné d'une copie du jugement fixant la pension alimentaire et, si nécessaire, des documents justifiant du caractère exécutoire de celui-ci conformément aux articles 504 et 505 du Code de procédure civile.

Il mentionne également l'identité et l'adresse du créancier de la pension alimentaire, ainsi que tous renseignements relatifs au débiteur et concernant son identité, son adresse ou sa dernière adresse connue, sa profession, les nom et adresse de son employeur, la nature et l'importance de son patrimoine, la situation de ses biens et la source de ses revenus.

Il précise également les diligences entreprises pour obtenir le paiement de la pension et les motifs de leur échec. Pour l'application de la loi du 23 décembre 1980, ces mentions sont facultatives.

Art. 3

Le directeur de l'organisme débiteur des prestations familiales adresse sans délai l'état des sommes à recouvrer au représentant de l'État dans son département.

Celui-ci rend exécutoire cet état, dans un délai de cinq jours ouvrables, et le transmet au trésorier-payeur général du département. Il avise de sa décision le directeur de l'organisme débiteur des prestations familiales.

Art. 4

Dès réception de l'avis adressé par le représentant de l'État, le directeur de l'organisme notifie la décision au débiteur de la pension alimentaire par lettre recommandée avec demande d'avis de réception, confirmée ce même jour par lettre simple. Cette notification précise les sommes sur lesquelles porte le recouvrement public et fait connaître au débiteur qu'il ne peut plus s'en libérer qu'entre les mains d'un comptable du Trésor, suivant les modalités de paiement qui lui seront précisées ultérieurement par ce dernier. Elle indique également au débiteur que la procédure de recouvrement public peut être contestée par lettre simple adressée au procureur de la République du lieu où est établi l'organisme.

Le directeur de l'organisme débiteur des prestations familiales informe également sans délai, par lettre simple, le créancier de la suite réservée à la demande de recouvrement public et lui indique, le cas échéant, que le refus d'admission peut être contesté par lettre simple adressée au procureur de la République du lieu où est établi l'organisme.

Pour l'application de l'article 4 de la loi du 11 juillet 1975, la décision du président du tribunal est notifiée au représentant de l'État dans le département qui établit, le cas échéant, un nouvel état exécutoire.

Art. 5

Le trésorier-payeur général assignataire de l'état exécutoire le confie pour recouvrement au comptable du Trésor du lieu où demeure le débiteur.

Après déduction des frais de poursuites éventuellement engagés et des frais de recouvrement revenant au Trésor, ces derniers étant réduits à due concurrence en cas de recouvrement partiel, les sommes encaissées sont versées à l'organisme débiteur des prestations familiales.

Art. 6

Le représentant de l'État, qui a rendu exécutoire l'état, émet un titre de réduction, après s'être assuré s'il y a lieu auprès du trésorier-payeur général que les conditions sont réunies, s'il y a renonciation du créancier à la procédure de recouvrement public, décès du débiteur, impossibilité de recouvrer la créance constatée par le comptable du Trésor ou acquittement par le débiteur des arriérés de la créance prise en charge par le comptable du Trésor ainsi que des termes courants durant douze mois consécutifs.

Le représentant de l'État en avise le directeur de l'organisme débiteur des prestations familiales.

La renonciation du créancier de la pension alimentaire à la procédure de recouvrement public n'emporte pas renonciation de l'organisme débiteur des prestations familiales pour le montant d'allocation de soutien familial versé à titre d'avance. Dans ce cas, la procédure est poursuivie du seul chef de l'organisme débiteur des prestations familiales et le titre de réduction n'est émis que pour la créance à laquelle il a été renoncé.

Le directeur de l'organisme notifie sans délai, par lettre simple au créancier et au débiteur, qu'il est mis fin au recouvrement public pour tout ou partie de la dette.

Art. 7

Les dispositions des articles 5, 7, 10, 13, 14, 21 et 22 du décret n° 75-1339 du 31 décembre 1975 sont applicables à la mise en œuvre par l'organisme débiteur des prestations familiales de la loi du 11 juillet 1975 précitée.

Art. 8

Le décret n° 81-184 du 26 février 1981 relatif au recouvrement par les comptables directs du Trésor des avances consenties par les caisses d'allocations familiales ou les caisses de mutualité sociale agricole aux créanciers de pensions alimentaires est abrogé. [...]

321.02 Jurisprudence de référence.

> Procédure de paiement direct

• Civ. 2e, 7 mars 2002, n° 00-11.228, *Bull. civ.* II, n° 29

* V. ss n° 321.21

« La fixation de la pension alimentaire résultant d'un contrat judiciaire intervenu entre les parties ne permet pas l'application de la procédure de paiement direct. »

• Civ. 2e, 24 févr. 2005, n° 02-18.173, *Bull. civ.* II, n° 42

* V. ss nos 321.41 et 321.53

Le créancier qui a engagé une procédure de paiement direct n'a pas à adresser à son débiteur alimentaire une sommation de payer avant d'engager des mesures d'exécution forcée.

C'est au débiteur de prouver qu'il s'est acquitté du paiement de la prestation compensatoire pour faire échec à la procédure de paiement direct.

> Recouvrement public des pensions alimentaires

• Civ. 1re, 11 févr. 2009, n° 07-16.993, *Bull. civ.* I, n° 24

* V. ss n° 321.74

La procédure de recouvrement public des pensions alimentaires n'est applicable qu'aux termes à échoir ainsi qu'à ceux qui sont arrivés à échéance à compter du sixième mois ayant précédé la date de la demande d'admission.

> Recouvrement des pensions alimentaires par les organismes débiteurs des prestations familiales

• Civ. 2e, 1er juill. 2003, n° 01-16.145, *Bull. civ.* II, n° 221

* V. ss n° 321.112

La demande de l'allocation de soutien familial emporte mandat du créancier au profit de l'organisme débiteur des prestations familiales pour recouvrer le surplus de la créance d'aliments et lui donne droit, en priorité sur les sommes recouvrées, au montant de celles versées à titre d'avance.

• Civ. 2e, 12 mars 2009, n° 07-20.682, NP

* V. ss n° 321.112

La caisse d'allocations familiales qui a versé une allocation de soutien familial à une créancière d'aliments et qui recouvre le surplus de la créance en application des dispositions de l'article L. 581-3 du Code de sécurité sociale sur le compte de la créancière, bénéfice d'un mandat légal; et attendu qu'il résulte des pièces de la procédure que la caisse agissait tant en sa qualité de subrogée dans les droits de Mme X... à hauteur des sommes versées à celle-ci au titre de l'allocation de soutien familial, qu'en qualité de mandataire légal de l'allocataire pour le recouvrement du surplus de la créance alimentaire et des termes à échoir; qu'ainsi la règle « *Nul ne plaide par procureur* » n'a pas été méconnue.

321.03 Bibliographie indicative.

Actualisables. Rép. civ., M. Kornprobst, *V° Aliments*, nos 245 à 258 – J.-Cl. civ., L. Leveneur, « Obligation d'entretien », art. 203 et 204, fasc. unique, nos 92 s. – J.-Cl. civ., L. Leveneur « Obligations alimentaires », art. 205 à 211, fasc. 30, nos 54 à 104.

Ouvrages. M. Borgetto et R. Lafore, *Droit de l'aide et de l'action sociales*, 7e éd., « Domat », Montchrestien, 2009, nos 311 et 568 – L.-H. Choquet et I. Sayn (dir.), *Obligations alimentaires et solidarités familiales : entre droit civil, protection sociale et réalités familiales*, « Droit et société », LGDJ, 2000 – G. Cornu, *La famille*, 9e éd., Montchrestien, 2006, nos 140 à 146 – Ph. Malaurie et H. Fulchiron, *La famille*, 3e éd., Éd. Defrénois, 2009, n° 1760 – F. Terré et D. Fenouillet, *Les personnes, la famille, les incapacités*, « Précis », 7e éd., Dalloz, 2005, n° 316.

Articles. M.-J. Gebler, « Le paiement direct des pensions alimentaires. Commentaire de la loi n° 73-5 du 2 janvier 1973 », *D.* 1973, chron. 107 – A. Gouttenoire, « Les voies d'exécution au service de la famille : le recouvrement spécifique des pensions alimentaires », *Famille et voies d'exécution*, *AJ fam.* 2006, 60 – R. Le Bohec, « L'intervention des caisses d'allocations familiales pour le recouvrement des pensions alimentaires impayées », *Dr. soc.* 1996, p. 51 – A. Lescaillon, « Le recouvrement des pensions alimentaires, *Rev. huissiers*, 1985, 354 – R. Lindon, « Commentaire du décret du 31 décembre 1975 relatif aux modalités d'application de la loi du 11 juillet 1975 relative au recouvrement public des pensions alimentaires », *JCP* 1976, I, 2763 – J. Massip et

F. Barrayron, « La loi du 2 janvier 1973 relative au paiement direct des pensions alimentaires », *Defrénois* 1973, 545 – J. Vincent et J. Prévault, « La procédure de recouvrement public et ses premières applications », *D.* 1979, chron. 237.

321.04 Questions essentielles.
En cas de carence du débiteur de la pension alimentaire, différentes procédures sont offertes par la loi au créancier d'aliments aux fins de recouvrement de sa créance. Les voies d'exécution de droit commun, notamment les saisies-attribution, peuvent être utilisées afin de faire exécuter les obligations alimentaires. Elles sont toutefois apparues insuffisantes, notamment pour le recouvrement de sommes modestes, c'est pourquoi des **procédures spécifiques de recouvrement des pensions alimentaires** ont vu le jour[1], tels que le paiement direct des pensions alimentaires (v. s^s n° 321.11), le recouvrement public (v. s^s n° 321.61) et le recouvrement par les organismes sociaux (v. s^s n° 321.100).

SECTION 1
PAIEMENT DIRECT DES PENSIONS ALIMENTAIRES

321.11 Définition. La procédure de paiement direct a été mise en œuvre par la loi n° 73-5 du 2 janvier 1973 et le décret n° 73-216 du 1er mars 1973[2], complétés par la loi n° 75-618 du 11 juillet 1975 pour éviter au créancier d'aliments de recourir à la justice en cas de défaillance de son débiteur.

Le paiement direct est un **recouvrement simplifié** qui permet à tout créancier d'une pension alimentaire de se faire payer directement le montant de la pension par les tiers débiteurs de sommes liquides et exigibles envers le débiteur de la pension (L. 2 janv. 1973, art. 1er, al. 1er). L'efficacité de cette procédure tient essentiellement à la simplicité de sa mise en œuvre (moins formaliste, plus rapide et moins onéreuse) qui nécessite préalablement la réunion de certaines conditions.

§ 1
Conditions du paiement direct

321.20 Créances. La procédure de paiement direct repose sur un rapport triangulaire entre le créancier d'aliments, le débiteur d'aliments et un tiers. Elle met en jeu deux types de créances. La créance alimentaire (A), cause de la procédure et la créance du débiteur d'aliments à l'égard du tiers, objet de la procédure (B).

A.
La créance alimentaire

321.21 Fondement. La créance alimentaire à recouvrer porte sur **toutes les pensions alimentaires fondées sur une obligation légale.** Sont ainsi concernées les pensions dues au titre de la parenté, de l'alliance, et celles redevables entre époux. La procédure de paiement direct est également applicable pour le recouvrement des **subsides de l'article 342 du Code civil**, en matière de **contribution aux charges du mariage et de prestation compensatoire** prévues sous forme de rente viagère prévue à l'article 276 du Code civil[3]. Sont en revanche exclues les pensions d'origine contractuelle ainsi que celles résultant d'une rente viagère ou d'un arrangement de famille. La fixation de la pension alimentaire résultant d'un contrat judiciaire intervenu entre les parties ne permet pas non plus l'application de la procédure de paiement direct[4].

321.22 Caractéristiques. Le recours à la procédure de paiement direct exige que la créance prenne la forme d'une **pension.** Cette créance doit être **certaine, liquide** et **exigible**, ce qui implique une décision judiciaire exécutoire régulièrement signifiée et définitive[5]. La procédure de paiement direct ne peut intervenir qu'après **épuisement des voies de recours ou expiration du délai d'appel**, à moins que la décision ne soit revêtue de l'exécution provisoire.

321.23 Défaut de paiement. Cette procédure suppose **au moins une échéance non payée.** Elle peut donc être exercée dès qu'une échéance de la pension alimentaire fixée par décision de justice exécutoire est impayée, partiellement payée ou en retard. Ce dernier doit être imputable à la seule carence du débiteur et non à des circonstances tout à fait indépendantes de sa volonté[6].

La jurisprudence considère que le fait pour le débiteur de ne pas avoir tenu compte lui-même de l'indexation de la pension alimentaire prévue par la décision judiciaire constitue le défaut de paiement

1. A. Gouttenoire, « Les voies d'exécution au service de la famille : le recouvrement spécifique des pensions alimentaires », dossier spécial *Famille et voies d'exécution*, *AJ fam.* 2006, 60.
2. V. M.-J. Gebler, « Le paiement direct des pensions alimentaires. Commentaire de la loi n° 73-5 du 2 janvier 1973 », *D.* 1973, chron. 107 – J. Massip et F. Barrayron, « La loi du 2 janvier 1973 relative au paiement direct des pensions alimentaires », *Defrénois* 1973, 545 – Deis-Beauquesne, *AJ fam.* 2003, 18.
3. Décr. 1er mars 1973, art. 8.
4. Civ. 2e, 7 mars 2002, n° 00-11.228, *Bull. civ.* II, n° 29; *AJ fam.* 2002, 178, obs. S. D.-B.; *LPA* 8 janv. 2003, note Chabot; *RTD civ.* 2002, 792, obs. Hauser, et 567, obs. Perrot.
5. Civ. 2e, 6 janv. 1988, n° 86-16.806, *Bull. civ.* II, n° 1.
6. CA Versailles, 14 juin 1983, *RTD civ.* 1984, 372, obs. Perrot.

permettant la mise en œuvre de la procédure de paiement direct[1]. De même, le versement d'acomptes et l'existence d'un solde échu et exigible permettent la mise en œuvre de la procédure[2]. Le créancier n'a pas à apporter la preuve d'une faute volontaire du débiteur. Cette procédure n'est pas considérée comme une sanction dirigée contre le débiteur, il n'est donc pas nécessaire d'établir sa mauvaise foi.

Le débiteur d'aliments peut empêcher la mise en œuvre de la procédure de paiement direct en invoquant la **force majeure** pour justifier de son défaut de paiement, tel le cas du dysfonctionnement du système de prélèvements automatiques de la banque[3].

321.24 Exceptions. La condition de défaut de paiement est toutefois écartée dans deux hypothèses :

– d'une part, en cas d'**accord du débiteur** à la mise en place de la procédure de paiement direct. Lié par son accord, homologué par le juge, il ne peut plus remettre en cause le paiement direct par décision unilatérale;

– d'autre part, la procédure de paiement direct peut être appliquée sans délai pour le recouvrement de la **contribution aux charges du mariage** fixée par le juge aux affaires familiales. La demande en contribution aux charges du mariage n'est recevable qu'à la condition qu'elle n'ait pas été volontairement payée ou que le montant volontairement payé soit insuffisant.

B. La créance, objet de la saisie

321.31 Nature de la créance. La créance qui est l'objet du paiement direct doit être une **somme d'argent** constituée par un **revenu** ou un **capital.** Elle doit être certaine, déterminée et exigible au moment de l'échéance de la pension et non lors de l'introduction de la demande. En pratique, la créance saisie est le plus souvent une rémunération même si d'autres types de créances peuvent être concernés (pour la saisie d'indemnités journalières entre les mains d'une caisse primaire d'assurance-maladie[4]).

Lorsque la créance saisie a la nature de **salaire**, le paiement direct porte sur la **partie saisissable et insaisissable** sous réserve du respect d'une fraction incompressible du salaire équivalent au montant du revenu de solidarité active (RSA). En effet, la règle de l'insaisissabilité partielle des salaires est inopposable au créancier d'aliments qui procède par voie de paiement direct (C. trav., art. L. 3252-5, al. 1er). Le prélèvement peut dès lors être pratiqué sur l'intégralité de la rémunération d'abord sur la fraction insaisissable puis en cas d'insuffisance sur la quotité saisissable (ce qui permet ainsi aux autres créanciers de concourir sur la fraction saisissable non absorbée par le paiement direct). Mais le législateur a prévu que, pour tous salariés, une partie de la rémunération correspondant au montant du RSA, doit être laissée à sa disposition (C. trav., art. L. 3252-5 al. 2, et R. 3252-5).

321.32 Caractères de la créance. Elle doit être disponible entre les mains du tiers : elle ne doit donc être affectée d'**aucun terme ni condition.** Si les sommes sont bloquées entre les mains du tiers par une convention régulière passée antérieurement à la demande de paiement direct, le créancier d'aliments ne saurait prétendre aux sommes détenues par le tiers, ce qui exclut les sommes portées sur des comptes d'épargne à long terme[5].

La chambre commerciale de la Cour de cassation a décidé dans un arrêt du 15 juillet 1986[6] qu'une procédure collective ne faisait pas obstacle à la procédure de paiement direct[7]. La Cour de cassation a postérieurement décidé que la créance née d'une pension alimentaire n'a pas à être déclarée au passif du débiteur soumis à une procédure collective et échappe ainsi à l'extinction, faute de déclaration[8]. La créance alimentaire échappe donc à cette déclaration. Cette solution nouvelle est favorable au créancier alimentaire négligeant qui ayant omis de déclarer sa créance se voyait auparavant sanctionné par la perte de celle-ci (v. C. com., art. L. 622-7, I). Cela signifie également que la créance alimentaire sera payée sur les revenus dont le débiteur dispose et, à défaut, recouvrée par les procédés de recouvrement forcé tel le paiement direct ou le recouvrement public[9] (v. ss nos 324.01 s.).

1. Civ. 2e, 5 juin 1985, *D.* 1986, IR 113.
2. Civ. 2e, 10 févr. 1988, no 86-17.742, *Bull. civ.* II, no 37.
3. CA Versailles, 14 juin 1983, *RTD civ.* 1984, 372, obs. Perrot.
4. Civ. 1re, 28 juin 2005, no 01-17.730, *Bull. civ.* I, no 277; *D.* 2005, IR 2102; *JCP* 2005, IV, 1587.
5. Rép. min. Justice, *JOAN* Q, 10 avr. 1986, p. 1629.
6. Com. 15 juill. 1986, no 84-16.282, *Bull. civ.* IV, no 158; *D.* 1987, 192, note Massip; *D.* 1988, somm. 7, obs. Derrida.
7. V. AUSSI, CA Nancy, 30 avr. 1999, *BICC* 1999, no 1302 – CA Grenoble, 22 févr. 2000, *Dr. fam.* 2000, no 59, note Gouttenoire-Cornut.
8. Com. 8 oct. 2003, no 99-21.682, *Bull. civ.* IV, no 151; *Dr. fam.* 2003, comm. 132, obs. Lécuyer; *JCP* 2004, II, 10012, note Becqué-Ickowicz; *JCP E* 2004, 336; *AJ fam.* 2004, 23, note David; *D.* 2003, 2637, note Lienhard; *RJPF* 2003-12/34, p. 24, note Valory; *Defrénois* 2004, 151, obs. Massip.
9. V. AUSSI, Com. 1er févr. 2005, no 01-13.943, *Bull. civ.* IV, no 18; *D.* 2005, 2196, note Revel; *D.* 2005, 489, obs. Lienhard; *JCP N* 2005, 1292, étude Raby; *RTD civ.* 2005, 375, obs. Hauser – Com. 4 avr. 2006, no 04-15.833, NP; *D.* 2006, AJ 1166, obs. Lienhard.

§ 2
Procédure de paiement direct

321.41 Demande de paiement direct. La procédure est simplifiée pour permettre un **recouvrement de la créance dans les plus brefs délais.** Elle s'effectue ainsi par **sommation d'huissier.** Le créancier alimentaire doit s'adresser à un huissier de justice du lieu de sa résidence, et lui fournir le jugement relatif à la pension alimentaire ainsi que tout renseignement sur le débiteur d'aliments (son identité, son domicile, l'adresse de son employeur, son immatriculation à la Sécurité sociale). Le créancier qui a engagé une procédure de paiement direct n'a pas à adresser à son débiteur alimentaire une sommation de payer avant d'engager des mesures d'exécution forcée[1].

Par exception, lorsque la procédure est exercée par les **administrations publiques légalement subrogées** dans les droits du créancier d'aliments, le recours à l'huissier n'est pas nécessaire. Celles-ci disposent du pouvoir de procéder elles-mêmes à la mise en place du paiement direct.

321.42 Rôle de l'huissier. L'huissier assure tout d'abord une **mission de contrôle.** Il vérifie le bien-fondé de la demande et la réunion des conditions nécessaires au paiement direct. Au vu des renseignements fournis par le demandeur, il détermine les créanciers du débiteur d'aliments. Face à l'insuffisance de renseignements fournis, le législateur a accordé à l'huissier des **moyens exorbitants de droit commun**, destinés à faciliter ses recherches. Ainsi l'article 7 de la loi du 2 janvier 1973 met à la charge des administrations ou services de l'État, des collectivités publiques, des organismes de sécurité sociale et des organismes assurant la gestion des prestations sociales, une **obligation active de renseignements sur le débiteur de la pension alimentaire.** L'article L. 111, II du Livre des procédures fiscales peut aussi être invoqué. Ainsi l'huissier peut utilement consulter l'Administration fiscale, les services de recherche dans l'intérêt des familles, les organismes de sécurité sociale, l'URSSAF, les services de La Poste. Les tiers sont soumis à cette même obligation, ce qui permet à l'huissier d'être informé sur la situation du débiteur d'aliments par les établissements bancaires.

321.43 Notification. L'huissier notifie ensuite au tiers la demande de paiement direct par **lettre recommandée avec accusé de réception** (LRAR), dans le délai de huit jours à compter de la demande. S'il ne dispose pas des éléments suffisants pour procéder à la notification, il doit faire appel aux administrations et services de l'État. Dans ce cas, il n'existe pas, dans les textes, de délais pour la notification mais on considère que la responsabilité de l'huissier pourrait être engagée s'il n'effectuait pas celle-ci, dès lors qu'il dispose des renseignements suffisants pour le faire.

L'huissier **avise également le débiteur** de cette notification par lettre recommandée. Ce dernier avis n'est pas prescrit à peine de nullité et la responsabilité de l'huissier ne saurait être engagée si le débiteur ne subit pas de préjudice particulier du fait de son absence. Les **frais de la procédure** sont à la charge du débiteur de la pension alimentaire et sont prélevés sur les sommes saisies entre les mains du tiers. Le décret du 1er mars 1973, complété par le décret du 31 décembre 1975, précise (art. 5-1) que l'huissier ne peut exiger du créancier d'aliments qu'il procède à l'avance des frais. Si le débiteur ne peut être retrouvé ou si le paiement direct ne peut être obtenu, ses frais sont pris en charge par le Trésor public selon les modalités du paiement des frais de justice des procédures pénales. Le créancier d'aliments bénéficie ainsi d'un recours gratuit pour obtenir le recouvrement de la pension alimentaire.

Le tiers accuse réception de la demande de paiement direct dans les huit jours en précisant s'il est en mesure de la satisfaire. De même, si après la mise en place du paiement direct, le tiers n'est plus en mesure de répondre à la demande, il doit en aviser le créancier dans les huit jours. Ce dernier peut ainsi chercher à obtenir le paiement direct de la part d'un autre débiteur. La modification du montant ou des modalités de paiement de la pension alimentaire est également notifiée au tiers et cette notification entraîne de plein droit la modification de la demande de paiement direct.

321.44 Contestations. La procédure de paiement direct peut faire l'objet de contestations en justice.

Ce peut être le cas lorsqu'une demande est effectuée malgré des versements réguliers de la pension alimentaire ou en cas d'extinction de la pension alimentaire due à la survenance d'un fait nouveau (retour à meilleure fortune du créancier). Mais la contestation du paiement direct n'a pas pour objet la révision du montant de la pension alimentaire (qui est de la compétence du juge aux affaires familiales) ou l'obtention de délais de paiement. On admet que la contestation est ouverte à tout intéressé : le débiteur comme le tiers ont donc qualité pour agir.

En cas de **contestation sur le défaut de paiement ou l'exigibilité de la créance**, le débiteur d'aliments ou même le tiers créancier peuvent saisir le tribunal

1. Civ. 2e, 24 févr. 2005, no 02-18.173, *Bull. civ.* II, no 42; *D.* 2005, IR 793; *Dr. fam.* 2005, comm. 74, obs. Larribau-Terneyre; *RJPF* 2005-6/606; *Procédures* 2005, comm. 132.

d'instance dans le ressort duquel est domicilié le débiteur d'aliments (Décr. 1er mars 1973, art. 5 – COJ, art. R. 221-8)[1], malgré la compétence de principe du juge de l'exécution instituée par la loi du 9 juillet 1991 et son décret d'application du 31 juillet 1992[2]. **Mais cette contestation ne suspend pas le paiement direct.** C'est pourquoi, en cas de recours dilatoire, le débiteur peut être frappé d'une amende civile d'un montant maximum de 3 000 euros (Décr. 1er mars 1973, art. 6). Toutefois, le défaut de notification au tiers de la diminution ou de la suppression de la pension alimentaire n'entraîne pas la condamnation du créancier au paiement d'une amende civile. Dans ce cas, il est seulement tenu de rembourser au débiteur le trop-perçu, auquel s'ajoutent les dommages-intérêts versés au débiteur, s'il réussit à prouver qu'il a subi un préjudice distinct de celui réparé par le remboursement avec intérêts des sommes perçues[3].

Qu'il y ait eu ou non contestation, la procédure de paiement direct produit des effets dès la notification de la demande au tiers.

§ 3
Effets du paiement direct

321.51 **Cession forcée de créance.** Le paiement direct permet d'obtenir le règlement des termes ou mensualités à venir ainsi que des termes ou mensualités impayés depuis six mois avant la notification de la demande de paiement direct. Dans ce dernier cas, **le règlement des sommes est fait par fractions égales sur une période de douze mois** (L. 2 janv. 1973, art. 5) afin d'éviter que le recouvrement des arriérés ne mette le débiteur dans une situation délicate.

Cette procédure réalise une cession de créance à effets immédiats au profit du créancier d'aliments. **Le tiers devient** par le seul fait de la notification par huissier de la demande de paiement, **directement** et **personnellement obligé** au règlement des sommes déclarées[4]. Il est donc personnellement tenu de verser au créancier la pension alimentaire à chacune de ses échéances, sans qu'une nouvelle procédure soit nécessaire. Cette obligation est permanente car elle se réalise au fur et à mesure que la pension devient exigible.

Le paiement direct s'effectue selon les modalités prévues dans la décision judiciaire fixant la pension alimentaire et déterminant son montant et les échéances de versement. Si la date d'échéance de la dette du tiers et celle de la pension alimentaire sont différentes, les paiements ont lieu à la date d'échéance de la dette du tiers. Sauf convention contraire, les sommes payées au créancier de la pension alimentaire doivent être versées par le tiers à son domicile ou à sa résidence (L. 2 janv. 1973, art. 4).

321.52 **Paiement de la créance d'aliments.** Le tiers débiteur de mauvaise foi qui, tenu au paiement direct, ne verse pas la pension alimentaire due au créancier sera puni des peines d'amendes prévues pour les contraventions de cinquième classe, peine doublées en cas de récidive (Décr. 1er mars 1973, art. 4-1, issu de Décr. 31 déc. 1975)[5]. Cette **amende** est une sanction destinée à inciter le tiers payer à ne pas compromettre le recouvrement[6]; elle ne dispense pas le tiers de payer au créancier alimentaire les sommes objet du paiement direct.

Le tiers ne peut valablement se libérer de son obligation entre les mains du débiteur d'aliments et il est tenu de payer directement la somme due au demandeur par priorité sur les autres créanciers. La chambre criminelle a ainsi condamné un banquier qui avait acquitté une autre dette avant la dette d'aliments, alors qu'il s'était vu notifier une demande de paiement direct[7]. La Cour de cassation a précisé que le **droit de préférence** reconnu au **créancier d'aliments** ne s'applique à la fraction saisissable du salaire qu'en cas de demande de paiement direct[8].

En cas de **pluralité de créanciers alimentaires,** aucune mesure de liquidation collective n'étant organisé, les demandes de paiement direct sont satisfaites selon l'**ordre chronologique** sans qu'il y ait lieu à des paiements proportionnels, hormis dans le cas de demandes simultanées.

321.53 **Modification et extinction de la créance.** En cas de **modification de la créance alimentaire** consécutive à un nouveau jugement, le tiers ne peut interrompre les paiements avant la notification de la modification de la procédure de paiement direct.

À l'**extinction de la créance alimentaire**, la procédure de paiement direct devient sans objet. Le paiement direct ayant pour objet le recouvrement d'une pension alimentaire allouée pour la durée de l'instance cesse à la fin de celle-ci[9]. L'huissier doit faire

1. TGI Compiègne, 5 avr. 1993, *D.* 1993, IR 181.
2. Cass. avis, 8 mars 1996, n° 09-50.016, *Bull. civ. avis*, n° 1; *D.* 1996, somm. 361, obs. Julien; *Defrénois* 1996, 990, obs. Massip.
3. Civ. 2e, 10 févr. 1988, n° 86-17.742, *Bull. civ.* II, n° 37.
4. Civ. 1re, 24 oct. 2000, n° 98-16.299, *Bull. civ.* I, n° 258; *D.* 2000, IR 289; *Defrénois* 2001, 94, obs. Massip.
5. V. Civ. 1re, 28 juin 2005, préc. ss n° 321.31.
6. Perrot, *RTD civ.* 1984, 372.
7. Crim. 29 mai 1984, *RTD civ.* 1985, 221, obs. Perrot.
8. Civ. 2e, 28 sept. 2000, n° 98-17.614, *Bull. civ.* I, n° 137; *Defrénois* 2001, 945, obs. Théry.
9. Civ. 2e, 10 juill. 1991, n° 89-12.901, *Bull. civ.* II, n° 214.

établir, à la demande du créancier, un **certificat** attestant que la dette d'aliments cesse de lui être due. Une notification doit être réalisée auprès du tiers.

Le paiement direct cesse également en cas d'**extinction de la dette du tiers** à l'égard du débiteur d'aliments. Le tiers payeur dont la dette est éteinte doit alors en informer le créancier, dans les huit jours.

Enfin, la Cour de cassation considère qu'il incombe au débiteur d'établir la preuve du paiement pour obtenir la mainlevée de la procédure de paiement direct. A inversé la charge de la preuve, la cour d'appel qui, pour ordonner la mainlevée des procédures de paiement direct, retient que le créancier ne rapporte pas la preuve, qui lui incombe, du bien-fondé de ces procédures [1].

La procédure de paiement direct, rapide et moins onéreuse que les voies d'exécution de droit commun n'est toutefois pas adaptée à toutes les situations, notamment lorsque le débiteur n'est pas salarié ou totalement insolvable. Le législateur a donc mis en place une procédure de recouvrement permettant à des services de l'État d'intervenir, dans l'intérêt du créancier d'aliments.

SECTION 2
RECOUVREMENT PUBLIC DES PENSIONS ALIMENTAIRES

321.61 **Subsidiarité.** La procédure de recouvrement public des pensions alimentaires a été mise en place par la loi n° 75-618 du 11 juillet 1975 [2], dans le cadre de la réforme du divorce afin d'accroître l'efficacité des décisions judiciaires relatives aux conséquences patrimoniales du divorce. Elle consiste à faire recouvrer la pension alimentaire par les comptables du Trésor pour le compte et à la demande du créancier (L. 11 juill. 1975, art. 1er). C'est une **procédure contraignante et exorbitante de droit commun** par laquelle le Trésor public met en œuvre ses propres moyens de recouvrement.

Le recouvrement public des pensions alimentaires nécessite un défaut de paiement du débiteur d'aliments mais il n'est ouvert que lorsque le **recouvrement total ou partiel de la pension n'a pu être obtenu par une voie d'exécution de droit privé** (L. 11 juill. 1975, art. 1 et 2) [3], notamment par la voie du paiement direct. Par exception, le créancier qui présente une nouvelle demande, suite à la défaillance du débiteur intervenant dans le délai de deux ans après la cessation du recouvrement public, n'a pas à recourir préalablement à une voie d'exécution de droit privé (L. 11 juill. 1975, art. 13).

Le procureur de la République n'admet le créancier à la procédure que sur **justification**, par celui-ci, **du caractère infructueux des autres voies** (Décr. 31 déc. 1975, art. 2). Il faut donc prouver l'échec de son action en récupération. La difficulté consiste à déterminer à partir de quel moment le mode de recouvrement doit être considéré comme inefficace, notamment lorsque le débiteur reste introuvable. La Cour de cassation considère que « *le commandement de payer ne constitue qu'une simple formalité préalable à l'exécution* » qui ne peut permettre de considérer cette condition comme remplie [4]. Le fait que sa signification ait été sans effet ne peut donc être considéré comme le recours inefficace à une voie d'exécution de droit privé. Mais la Cour de cassation n'exige pas que la procédure de recouvrement possède un caractère contradictoire [5].

La preuve de l'exercice préalable d'une voie d'exécution de droit privée s'effectue par une **attestation du greffier de la juridiction compétente** ou d'un **huissier de justice**, établissant l'échec du recouvrement par ce biais. À défaut, tout autre document peut être produit. L'attestation ou les autres documents doivent comporter la **justification des diligences effectuées** (par ex. la signification du jugement, procès-verbal de saisie) et leurs dates, ainsi que les résultats obtenus. Ils doivent également indiquer sur quels **biens** ou **revenus** le recouvrement a été tenté et, si possible, leur importance (Décr. 31 déc. 1975, art. 2).

321.62 **Domaine d'application.** Il est identique à celui du paiement direct, c'est-à-dire que le recouvrement public concerne toutes les **créances alimentaires** proprement dites et celles qui leur sont **assimilées** (contribution aux charges du mariage, subsides de l'art. 342 du Code civil et prestation compensatoire versée sous forme de rente). La créance objet du recouvrement doit être constatée dans une **décision judiciaire exécutoire et signifiée** au débiteur, à peine d'irrecevabilité.

§ 1
Mécanisme de recouvrement public

321.71 **Procédure.** Le recouvrement de la pension alimentaire impayée peut être effectué par les

1. Civ. 2e, 24 févr. 2005, n° 02-18.173, *Bull. civ.* II, n° 42; *D.* 2005, IR 793; *Dr. fam.* 2005, comm. 74, obs. Larribau-Terneyre; *RJPF* 2005-6/606; *Procédures* 2005, comm. 132.
2. L. n° 75-618, 11 juill. 1975, *JCP* 1975, I, 2728.
3. J. Vincent et J. Prévault, « La procédure de recouvrement public et ses premières applications », *D.* 1979, chron. 237.
4. Civ. 2e, 6 déc. 1991, n° 89-18.469, *Bull. civ.* II, n° 327.
5. Civ. 2e, 7 janv. 1979, *D.* 1979, IR 79.

comptables directs du Trésor, après une demande formulée au procureur de la République. Le créancier d'aliments adresse, par lettre recommandée avec avis de réception (LRAR ou par dépôt de sa demande aux services du parquet), une demande au procureur de la République près le tribunal de grande instance dans le ressort duquel il est domicilié (L. 11 juill. 1975, art. 2 – et Décr. 31 déc. 1975, art. 1er). La date de la demande est la date d'expédition ou la date du dépôt de la lettre (Décr. 31 déc. 1975, art. 1er, al. 3). Le créancier doit fournir les pièces justifiant de sa créance et de l'exercice infructueux d'une voie d'exécution de droit privé. Il doit aussi fournir des renseignements relatifs au débiteur : identité, adresse ou dernière adresse connue, profession, nom et adresse de l'employeur, situation patrimoniale, source de ses revenus (Décr. 31 déc. 1975, art. 3). L'insuffisance des informations fournies par le créancier ne peut justifier le rejet de sa demande (ainsi de l'absence d'indication de l'adresse du débiteur[1]). Pour retrouver le débiteur d'aliments, il appartient au trésorier-payeur général, chargé de l'exécution du recouvrement public, de procéder aux recherches nécessaires.

321.72 Admission au bénéfice du recouvrement public. Au vu des éléments fournis, le procureur de la République décide d'admettre ou non le créancier au bénéfice du recouvrement public. Il n'est pas juge de l'opportunité de la demande mais seulement de sa régularité.

En cas d'**admission au recouvrement public**, le procureur de la République avise par lettre simple le créancier d'aliments. Celle-ci est également portée à la connaissance du débiteur par LRAR doublée d'une lettre simple (Décr. 31 déc. 1975, art. 4, al. 2) ainsi que la possibilité qui lui est ouverte de contester cette décision.

En cas de **refus**, le créancier est avisé par une lettre simple qui lui indique également qu'il peut contester la décision (Décr. 31 déc. 1975, art. 4, al. 3). Un refus peut intervenir lorsque le procureur estime que les conditions légales ne sont pas remplies ou que le débiteur ne possède ni résidence, ni bien, ni revenus sur le territoire français[2].

321.73 Contestations. Les contestations doivent être formulées au **procureur de la République** par lettre simple. Celui-ci les transmet au **président du tribunal de grande instance**, et non au juge de l'exécution. Le président statue dans les **quinze jours**, comme en matière de référé, après avoir convoqué les parties (L. 11 juill. 1975, art. 4).

La décision du président est rendue en **dernier ressort** : seul un pourvoi en cassation est possible mais le défaut d'utilisation préalable d'une voie d'exécution de droit privé ou le versement régulier des sommes dues ne peut être invoqué pour la première fois devant la Cour de cassation car il constitue un moyen mélangé de droit et de fait[3]. La contestation ne peut porter que sur les **conditions du recouvrement public** et ne peut, en aucun cas, avoir pour objet la modification ou suppression de la pension alimentaire qui relève du juge aux affaires familiales. Cette contestation ne suspend pas le cours de la procédure de recouvrement public (L. 11 juill. 1975, art. 4, al. 5). La loi prévoit des **sanctions** à l'encontre du créancier d'aliments qui utilise abusivement ce mode de recouvrement : une amende civile de 30 à 3 000 euros, la condamnation au remboursement des sommes perçues au titre des majorations pour termes échus et non payés, des frais de recouvrement et des frais de poursuite, sans préjudice de tous les dommages-intérêts (L. 11 juill. 1975, art. 17). L'ordonnance portant condamnation du créancier d'aliments à l'amende civile et au remboursement des majorations et frais est susceptible d'appel (Décr. 31 déc. 1985, art. 13 et 14).

321.74 États exécutoires. En cas d'admission, le procureur de la République établit un état exécutoire de recouvrement qui mentionne le jugement fixant la pension alimentaire et précise le **montant des termes échus et non versés** au titre de la période de six mois ayant précédé la demande ainsi que le montant des termes à échoir à partir de cette même date (L. 11 juill. 1975, art. 3, al. 1er – et Décr. 31 déc. 1975, art. 6)[4]. Il doit tenir compte de l'indexation de la pension alimentaire[5]. En cas de modifications ultérieures des montants à recouvrer, il lui appartient aussi de modifier l'état exécutoire d'office ou à la demande de la partie la plus diligente (L. 11 juill. 1975, art. 3, al. 2). Lors d'une nouvelle demande faisant suite à la défaillance du débiteur qui avait obtenu la cessation du recouvrement public (du fait du versement régulier pendant douze mois), l'état exécutoire doit indiquer la **majoration de 10 % des termes échus** fixée au profit du créancier d'aliments. Cette majoration peut cependant, à la demande du débiteur, être supprimée par une décision du prési-

1. Civ. 2e, 3 janv. 1979, *Gaz. Pal.* 1979, 1, 235.
2. R. Lindon, « Commentaire du décret du 31 décembre 1975 relatif aux modalités d'application de la loi du 11 juillet 1975 relative au recouvrement public des pensions alimentaires », *JCP* 1976, I, 2763.
3. Civ. 2e, 1er juin 1987, *Lexilaser* no 624.
4. Civ. 1re, 11 févr. 2009, no 07-16.993, *Bull. civ.* I, no 24 : la procédure de recouvrement public des pensions alimentaires n'est applicable qu'aux termes à échoir ainsi qu'à ceux qui sont arrivés à échéance à compter du sixième mois ayant précédé la date de la demande d'admission.
5. Civ. 2e, 2 déc. 1981, *Gaz. Pal.* 1981, 2, pan. 153.

dent du tribunal de grande instance. Si la nouvelle demande est admise, « *il est procédé au recouvrement de toutes les sommes dues depuis l'interruption du recouvrement public* » (L. 11 juill. 1975, art. 13).

Une fois l'état exécutoire établi, le procureur de la République le transmet aux services du Trésor, sur justification du caractère infructueux des autres voies d'exécution. Le recouvrement s'effectue ensuite par les comptables publics selon les procédures applicables aux contributions directes.

§ 2
Recouvrement administratif de la créance

321.81 **Transmission de l'état exécutoire.** Le trésorier payeur-général transmet l'état exécutoire au comptable public (trésorier principal, percepteur) du département du domicile ou de la résidence du débiteur d'aliments (Décr. 31 déc. 1975, art. 11). Les administrations ou services de l'État, les services de la sécurité sociale et les organismes débiteurs de prestations sociales ont une **obligation de renseignement à l'égard du Trésor** pour lui permettre de mettre en œuvre la procédure de recouvrement public, notamment lors de la recherche du débiteur d'aliments (L. 11 juill. 1975, art. 8).

321.82 **Poursuites.** Le recouvrement public des sommes à percevoir est effectué par les comptables directs du Trésor selon les **procédures fiscales applicables en matière de contributions directes** (L. 11 juill. 1975, art. 7). Le montant de ces sommes est **majoré de 10 % au profit du Trésor** à titre de frais de recouvrement. Avant d'engager les poursuites, le percepteur adresse au débiteur une **lettre de rappel**. En cas d'échec, il lui notifie un **commandement de payer** par lequel il lui fait sommation d'acquitter le montant de sa dette, sous peine d'y être contraint par la saisie ou la vente forcée de ses biens. Si la dette n'est pas acquittée, le percepteur peut recourir aux mesures réservées au Trésor public, telles que **l'avis à tiers détenteur**. S'il utilise la procédure de paiement direct, le comptable public peut procéder lui-même à la notification au tiers (L. 2 janv. 1973, art. 6).

321.83 **Effets.** Dès le dépôt de la demande d'admission jusqu'à la cessation de la procédure de recouvrement public, le créancier ne peut exercer aucune autre action pour le recouvrement des sommes qui font l'objet de la demande. Pour les sommes qu'il est chargé de recouvrer, le Trésor est subrogé dans les actions et garanties dont dispose le créancier pour le recouvrement de sa pension alimentaire (L. 11 juill. 1975, art. 6)[1]. Le débiteur ne peut plus valablement s'en libérer qu'entre les mains du comptable public (L. 11 juill. 1975, art. 9). Lorsqu'il reçoit les sommes réclamées, ce dernier les verse au fur et à mesure au créancier d'aliments, après avoir prélevé les frais de recouvrement et de poursuite au profit du Trésor public. Il ne peut en revanche procéder à des avances en faveur du créancier.

§ 3
Fin du recouvrement public

321.91 **Causes.** La procédure cesse en cas de **suppression de la pension alimentaire** ou de **décès du débiteur**. Néanmoins, lorsque l'obligation est transmise passivement aux héritiers du débiteur, le créancier doit réclamer ses aliments à ces derniers. Il peut recourir à la procédure de recouvrement public.

Elle cesse également sur **demande du débiteur** prouvant qu'il a régulièrement payé la pension alimentaire entre les mains du comptable public pendant douze mois consécutifs, après s'être acquitté de la totalité des arriérés de la pension alimentaire. En cas de **contestation** de cette demande par le créancier, la compétence pour trancher le litige est dévolue au **président du tribunal de grande instance** (L. 11 juill. 1975, art. 4).

La procédure peut également cesser si le comptable public est dans l'**impossibilité de recouvrer la créance**. Le percepteur renvoie alors le titre exécutoire au procureur de la République qui met fin au recouvrement public et donne **décharge** au percepteur.

321.92 **Procédure.** La demande de cessation de recouvrement direct doit être présentée au procureur de la République qui décharge alors le comptable public de sa mission de recouvrement en émettant un **titre de réduction** et avise sans délai les parties qu'il a mis fin au recouvrement public.

SECTION 3
RECOUVREMENT DES PENSIONS ALIMENTAIRES PAR LES ORGANISMES DÉBITEURS DES PRESTATIONS FAMILIALES

321.100 **Présentation.** (v. s^{s} n°s 137.00 s.) Afin de répondre aux problèmes d'impayés de pensions alimentaires notamment lorsque les débiteurs sont inconnus, sans ressources ou lorsqu'ils ont organisé leur insolvabilité, la loi n° 84-1171 du 22 décembre 1984, et les décrets n° 85-560 du 30 mai 1985 et n° 86-1073 du 30 septembre 1986, ont permis aux

1. Soc. 12 juin 1981 et 24 nov. 1981, *RTD civ.* 1982, 475, obs. Perrot.

caisses d'allocations familiales, organismes débiteurs de prestations familiales, d'attribuer au créancier alimentaire une **avance sur pension alimentaire** et de l'aider à recouvrer celle-ci[1].

L'**allocation de soutien familial** est versée dans les plus brefs délais par les caisses d'allocations familiales afin de permettre au créancier alimentaire de faire face à ses besoins (CSS, art. L. 581-2, al. 1er). Une **aide au recouvrement** accompagne le versement de cette prestation mais aussi le service d'autres prestations telles que le revenu de solidarité active (RSA), qui se substitue à l'allocation de parent isolé (API) et au revenu minimum d'insertion (RMI), depuis la loi du 1er décembre 2008, entrée en vigueur le 1er juin 2009[2]. Elle peut également intervenir, de manière plus exceptionnelle, indépendamment du versement d'une prestation légale, lorsque le créancier ne réunit pas les conditions d'ouverture du droit aux prestations et tout spécialement à l'allocation de soutien familial.

Ce mécanisme permet ainsi de combiner la solidarité nationale, en venant en aide aux familles par l'octroi d'une avance sur pension alimentaire (§ 1), et la solidarité familiale, en permettant aux caisses d'allocations familiales d'apporter leur aide au recouvrement des créances dues au titre de l'entretien des enfants (§ 2).

§ 1
Avance sur pension alimentaire

321.101 Allocation de soutien familial. Lorsque le parent ne verse pas la pension alimentaire à laquelle il a été condamné, l'autre parent, peut bénéficier de l'**allocation de soutien familial** (CSS, art. L. 523-1 à L. 523-3, R. 523-1 à R. 523-8 et D. 523-1), à titre d'avance sur pension alimentaire, en attendant le recouvrement qui sera opéré par les caisses d'allocations familiales. Cette hypothèse recoupe le cas de parents capables d'entretenir l'enfant mais qui volontairement se soustraient totalement ou partiellement « *au versement d'une créance alimentaire fixée par décision de justice devenue exécutoire* » (CSS, art. L. 581-2).

L'allocation de soutien familial versée à titre d'avance sur pension est soumise à plusieurs conditions tenant à l'isolement du parent demandeur et à l'âge de l'enfant mais également à l'existence d'une décision judiciaire exécutoire fixant la pension alimentaire et le non-paiement de celle-ci durant deux mois (CSS, art. L. 523-1, al. 3 et R. 523-1, al. 1er). Toutefois, en l'absence de décision judiciaire, l'allocation de soutien familial peut être versée lorsqu'un parent se soustrait à son obligation d'entretien, à condition qu'une procédure civile soit engagée dans un délai de quatre mois aux fins de fixation de cette obligation (CSS, art. R. 523-3). La prestation est alors versée pour quatre mois seulement pour laisser au créancier le temps d'agir. À défaut, elle sera supprimée. La caisse est subrogée dans les droits de l'allocataire et peut se servir de cette décision devenue exécutoire pour agir en remboursement conformément à la loi du 22 décembre 1984.

En outre, l'allocation de soutien familial est versée sans délai si « *moins d'un an après qu'il a repris ses paiements entre les mains du créancier d'aliments ou de l'organisme débiteur de prestations familiales, l'un des parents se soustrait* [...] *au versement de la pension alimentaire* » (CSS, art. R. 523-1, al. 2).

321.102 Revenu de solidarité active. L'article L. 262-10 du Code de l'action sociale et des familles subordonne le versement du revenu de solidarité active à la condition que « *le foyer fasse valoir ses droits aux prestations sociales, législatives, réglementaires et conventionnelles* [...] [ainsi que] *les créances d'aliments qui lui sont dues au titre des obligations instituées par les articles 203, 212, 214, 255, 342 et 371-2 du Code civil, ainsi qu'à la prestation compensatoire due au titre de l'article 270 du même code* [...] » et aux pensions alimentaires en cas de divorce.

Les services chargés de l'instruction des demandes de RSA doivent assister les demandeurs dans les démarches à entreprendre pour faire valoir leurs droits à ce titre (CASF, art. L. 262-11). « *Une fois ces démarches engagées, l'organisme chargé du service sert, à titre d'avance, le revenu de solidarité active au bénéficiaire et, dans la limite des montants alloués, est subrogé, pour le compte du département, dans les droits du foyer vis-à-vis des organismes sociaux ou de ses débiteurs* » (CASF, art. L. 262-11, al. 2).

Concernant les **créances alimentaires**, le demandeur peut demander à être **dispensé** de ces démarches. Le président du conseil général peut lui accorder cette dispense compte tenu de la situation du débiteur défaillant et après que l'intéressé, assisté le cas échéant de la personne de son choix, a été en mesure de faire connaître ses observations. Le prési-

1. M.-J. Gebler, « Commentaire de la loi du 22 décembre 1984 relative à l'intervention des organismes débiteurs de prestations familiales pour le recouvrement des créances alimentaires impayées », *ALD* 1985,131 – V. AUSSI, L.-H. Choquet et I. Sayn (dir.), *Obligations alimentaires et solidarités familiales : entre droit civil, protection sociale et réalités familiales*, « Droit et société », LGDJ, 2000 – R. Le Bohec, « L'intervention des caisses d'allocations familiales pour le recouvrement des pensions alimentaires impayées », *Dr. soc.* 1996, p. 514.
2. L. n° 2008-1249, 1er déc. 2008, généralisant le revenu de solidarité active et réformant les politiques d'insertion, *JO* 2 déc., p. 18424.

dent du conseil général peut mettre fin au versement du RSA ou le réduire d'un montant au plus égal à celui de la créance alimentaire, lorsqu'elle est fixée, ou à celui de l'allocation de soutien familial (CASF, art. L. 262-12) [1].

§ 2
Aide au recouvrement des pensions alimentaires

321.111 Subrogation. La Caisse d'allocations familiales (CAF) est automatiquement subrogée dans les droits du créancier d'aliments pour le recouvrement des sommes avancées au titre de l'allocation de soutien familial, dans la limite du montant de celle-ci ou de la créance d'aliments si elle est inférieure (CSS, art. L. 581-2, al. 2). Elle n'a donc pas besoin de mandat du créancier pour exercer ses droits.

La CAF est également subrogée dans les droits du créancier lorsqu'elle a versé à titre d'avance une **allocation différentielle** dans l'hypothèse où l'un des parents s'est soustrait partiellement au versement d'une créance alimentaire fixée par décision de justice et devenue exécutoire (CSS, art. L. 581-2, al. 3). Cette allocation différentielle complète le versement partiel réalisé par le débiteur, à hauteur de la créance alimentaire mais sans pouvoir excéder le montant de l'allocation de soutien familial [2].

321.112 Mandat. En outre, la demande d'allocation emporte **mandat du créancier au profit de cet organisme** pour poursuivre tous les termes à échoir, ainsi que les sommes restant dues au titre de la pension alimentaire impayée lorsque le montant de celle-ci est supérieur à celui de l'allocation de soutien familial qui a été versée (CSS, art. L. 581-3, al. 1er) [3], sans que le créancier ait besoin de lui donner un pouvoir spécial [4] ou de donner son accord [5]. Lorsque la caisse obtient le versement de la pension alimentaire, elle se rembourse, en priorité, sur les sommes recouvrées, du montant de celles versées à titre d'avance, après avoir versé au créancier le terme courant de la pension (CSS, art. L. 581-3, al. 2) [6]. La renonciation de l'allocataire au bénéfice de l'allocation de soutien familial ne fait pas obstacle au recouvrement complet par l'organisme de sa créance qui lui est propre (CSS, art. L. 581-4, al. 2).

En outre, la CAF peut procéder au recouvrement « *de la créance alimentaire du conjoint, de l'ex-conjoint et des autres enfants du débiteur ainsi que les créances des articles 214, 276 et 342 du Code civil* » avec l'accord du créancier d'aliments et sur mandat exprès, révocable à tout moment (CSS, art. L. 581-3, al. 3).

L'organisme peut toutefois renoncer aux poursuites lorsqu'elles se révèlent manifestement contraires aux intérêts du créancier (CSS, art. L. 581-5, al. 2), par exemple en cas de règlement amiable avec le débiteur.

321.113 Aide au recouvrement. L'aide au recouvrement des pensions alimentaires des organismes débiteurs des prestations familiales est également octroyée au parent qui ne remplit pas les conditions d'attribution de l'allocation de soutien familial, à condition qu'il réside en France et qu'il bénéficie pour ses enfants mineurs au moment de la demande, d'une pension alimentaire fixée par une décision de justice exécutoire. Le parent doit apporter la preuve de la mise en œuvre d'une voie d'exécution de droit privé et de son échec. Le recouvrement peut alors concerner les **termes échus, dans la limite de deux années à compter de la demande**, et les **termes à échoir** (CSS, art. L. 581-6). Le créancier d'aliments doit dans ce cas donner mandat exprès à l'organisme débiteur de prestations familiales pour obtenir en son nom le versement de la pension alimentaire.

L'aide au recouvrement existe également lorsque les CAF versent le RSA (v. s^s^ n° 321.102). Elles sont alors subrogées dans les droits du créancier d'aliments en cas d'impayés de pensions alimentaires.

321.114 Moyens d'action. Pour accomplir leur tâche, les organismes débiteurs de prestations familiales disposent de moyens accrus leur permettant de retrouver le débiteur de la pension impayée. Ils peuvent en effet se prévaloir des dispositions de l'article 7 de la loi n° 73-5 du 2 janvier 1973 qui confère à l'huissier de justice commis dans le cadre d'une procédure de paiement direct de **larges pouvoirs d'investigation** (CSS, art. L. 581-8). Le créancier est en outre tenu de fournir à la caisse tous les renseignements en sa possession sur la situation du débiteur (CSS, art. R. 581-1).

321.115 Procédure. La CAF doit procéder dans un premier temps à une **tentative de recouvrement amiable** en notifiant au débiteur par LRAR qu'elle a admis la demande d'aide au recouvrement. Elle lui rappelle ses obligations ainsi que les voies d'exécution de la créance alimentaire (CSS, art. R. 581-4).

1. M. Borgetto et R. Lafore, *Droit de l'aide et de l'action sociales*, 7e éd., « Domat », Montchrestien, 2009, n° 568.
2. Soc. 19 mai 1994, n° 90-21.416, *Bull. civ.* V, n° 178.
3. Civ. 2e, 25 oct. 2006, n° 05-10.507, NP – Civ. 2e, 12 mars 2009, n° 07-20.682, NP.
4. Civ. 2e, 6 avr. 2004, n° 02-13.905, *Bull. civ.* II, n° 158; *D.* 2004, IR 1352.
5. Civ. 2e, 1er juill. 2003, n° 01-16.145, *Bull. civ.* II, n° 221; *Defrénois* 2003, n° 22, p. 1482, obs. Massip; *RJPF* 2003-11/46.
6. Civ. 1re, 3 déc. 2002, n° 00-12.164, NP.

L'avis envoyé au débiteur doit préciser les **termes à échoir** et les **arriérés**. Les CAF proposent au débiteur un **échéancier** pour le règlement des termes échus et à échoir. Grâce à cette phase gracieuse préalable, elles peuvent exiger la reprise des paiements avant de demander, éventuellement, le remboursement de la dette accumulée.

À défaut de paiement amiable, le débiteur sera tenu de s'acquitter auprès de l'organisme des **arriérés de pensions** ainsi que des **termes à échoir** pendant une période de douze mois consécutifs à compter du premier mois effectué (CSS, art. R. 581-4). L'allocation de soutien familial cesse d'être due lorsque le débiteur recommence à exécuter son obligation mais le débiteur ne peut s'acquitter de sa dette entre les mains du créancier qu'avec l'accord de l'organisme débiteur de prestations familiales (CSS, art. L. 581-4, al. 4).

321.116 Voies d'exécution. Les CAF disposent de **toutes les voies de droit privé** auxquelles le créancier est tenu d'apporter son concours. Ainsi la CAF peut suspendre le versement de l'allocation de soutien familial si le créancier refuse de lui donner le pouvoir spécial de saisie en matière immobilière (CSS, art. L. 581-4, al. 3). Elles peuvent notamment utiliser une **saisie de rémunérations**[1] ainsi que les procédures de **recouvrement public et de paiement direct**[2]. Dans ce cas, les procédures sont aménagées afin de faciliter leur exercice par les CAF. En cas de recouvrement public, elles établissent elles-mêmes l'état des sommes à recouvrer et le transmettent au préfet qui le communique au trésorier-payeur général du département (CSS, art. L. 581-7). Dans le cadre d'une procédure de paiement direct, les caisses d'allocations familiales sont dispensées du ministère d'huissier et peuvent former directement la demande.

1. Civ. 2e, 2 nov. 2004, n° 03-12.218, NP.
2. Soc. 31 mars 2003, n° 01-12.095, NPT.

321.117 Frais de recouvrement. Les sommes à recouvrer par l'organisme sont **majorées de 7,5 % pour les frais de gestion et de recouvrement.** Lorsqu'il ne recourt pas aux services d'un officier ministériel ou d'un auxiliaire de justice, une majoration supplémentaire de 2,5 % est appliquée (CSS, art. L. 581-5 et R. 581-6). Ces frais sont mis à la charge exclusive du débiteur d'aliments.

321.118 Recours des caisses d'allocations familiales. À côté du rôle qu'elles sont amenées à jouer dans le cadre du recouvrement des pensions alimentaires, les CAF peuvent, conformément à la loi du 11 juillet 1975[3] relative au recouvrement public des pensions alimentaires, exercer des recours contre des débiteurs alimentaires. Les CAF sont habilitées à consentir sur leur fonds d'action sanitaire et sociale, des avances sur pensions (CSS, art. L. 581-9) aux créanciers d'aliments auxquels la loi du 11 juillet 1975 est applicable. Les créanciers alimentaires qui pourraient demander le recouvrement public peuvent donc solliciter cette avance auprès des CAF sauf à remplir certaines conditions : **une pension alimentaire fixée par décision de justice devenue exécutoire dont le recouvrement n'a pu être obtenu par une voie d'exécution de droit privé.** Après versement des sommes demandées, les CAF sont alors subrogées de plein droit dans les droits des créanciers à concurrence du montant des avances (CSS, art. L. 581-9). Elles peuvent ainsi se retourner contre les débiteurs alimentaires et exiger le paiement des sommes correspondant au montant de la créance d'aliments fixée par le juge. À défaut d'acceptation d'un règlement amiable du litige, l'article L. 581-10 du Code de la sécurité sociale prévoit que les CAF peuvent confier, pour leur compte, le recouvrement de ces avances aux comptables directs du Trésor[4].

3. L. n° 75-618, 11 juill. 1975, relative au recouvrement public des pensions alimentaires, *JO* 12 juill., p. 7178.
4. V. Décr. n° 86-1073, 30 sept. 1986, relatif à l'intervention des organismes débiteurs des prestations familiales pour le recouvrement des créances alimentaires impayées, *JO* 2 oct., p. 11804.

CHAPITRE

322. Recours des tiers institutionnels contre les débiteurs alimentaires

MURIEL REBOURG
MAÎTRE DE CONFÉRENCES
À L'UNIVERSITÉ DE BRETAGNE OCCIDENTALE

SECTION 0
ORIENTEUR

322.00 **Plan du chapitre.**

Division. Lorsqu'une personne est hébergée dans un établissement public de santé (sect. 1) ou lorsqu'elle bénéficie de l'Aide sociale (sect. 2), un recours contre les débiteurs alimentaires est ouvert à ces tiers, qui ont subvenu aux besoins du créancier d'aliments. Ces recours sont fondés sur deux textes distincts qui permettent la mise en œuvre de l'obligation alimentaire : d'une part l'article L. 6145-11 du Code de la santé publique et, d'autre part, l'article L. 132-7 du Code de l'action sociale et des familles. Ces deux recours constituent les manifestations d'une solidarité familiale contrainte, imposée par des tiers institutionnels étrangers au rapport alimentaire[1].

1. V. E. Serverin, « Les solidarités familiales à l'épreuve des politiques sociales : aide sociale et soins hospitaliers », *Obligation alimentaire et solidarités familiales, Entre droit civil, protection sociale et réalités familiales*, « Droit et sociétés », LGDJ, 2000, p. 108 s. – M. Rebourg, « Le recours des établissements publics de santé contre les débiteurs alimentaires : l'obligation alimentaire face au règlement des frais d'hébergement des personnes en perte d'autonomie », *RF aff. soc.* 4-2005, p. 35 s.

322.01 **Textes applicables.**

TEXTES SOURCES

• Code civil

> Obligations alimentaires entre ascendants et descendants, entre parents et alliés

C. civ., art. 205, 206 et 207

> Devoir de secours entre époux

C. civ., art. 212

• Code de la santé publique

> Recours des établissements publics de santé

CSP, art. L. 6145-11

• Code de l'action sociale et des familles

> Recours des services d'aide sociale

CASF, art. L. 132-6 et L. 132-7

• Ordonnance

Ord. n° 2005-1477, 1er déc. 2005, portant diverses dispositions relatives aux procédures d'admission à l'Aide sociale et aux établissements et services sociaux et médico-sociaux, *JO* 2 déc., p. 18636

SÉLECTION THÉMATIQUE ET ALPHABÉTIQUE DE TEXTES *IN EXTENSO*
(à l'exception des articles du Code civil et du Code de procédure civile)

> Recours des établissements publics de santé

CSP, art. L. 6145-11

Les établissements publics de santé peuvent toujours exercer leurs recours, s'il y a lieu, contre les hospitalisés, contre leurs débiteurs et contre les personnes désignées par les articles 205, 206, 207 et 212 du Code civil.

Ces recours relèvent de la compétence du juge aux affaires familiales.

> Recours des services d'aide sociale

CASF, art. L. 132-6

Les personnes tenues à l'obligation alimentaire instituée par les articles 205 et suivants du Code civil sont, à l'occasion de toute demande d'aide sociale, invitées à indiquer l'aide qu'elles peuvent allouer aux postulants et à apporter, le cas échéant, la preuve de leur impossibilité de couvrir la totalité des frais.

Les enfants qui ont été retirés de leur milieu familial par décision judiciaire durant une période d'au moins trente-six mois cumulés au cours des douze premières années de leur vie sont, sous réserve d'une décision contraire du juge aux affaires familiales, dispensés de droit de fournir cette aide.

Cette dispense s'étend aux descendants des enfants susvisés.

La proportion de l'aide consentie par les collectivités publiques est fixée en tenant compte du montant de la participation éventuelle des personnes restant tenues à l'obligation alimentaire. La décision peut être révisée sur production par le bénéficiaire de l'Aide sociale d'une décision judiciaire rejetant sa demande d'aliments ou limitant l'obligation alimentaire à une somme inférieure à celle qui avait été envisagée par l'organisme d'admission. La décision fait également l'objet d'une révision lorsque les débiteurs d'aliments ont été condamnés à verser des arrérages supérieurs à ceux qu'elle avait prévus.

CASF, art. L. 132-7

En cas de carence de l'intéressé, le représentant de l'État ou le président du conseil général peut demander en son lieu et place à l'autorité judiciaire la fixation de la dette alimentaire et le versement de son montant, selon le cas, à l'État ou au département qui le reverse au bénéficiaire, augmenté le cas échéant de la quote-part de l'Aide sociale.

322.02 Jurisprudence de référence.

> Recours des établissements publics de santé

• Civ. 1re, 1er déc. 1987, no 86-10.744, *Bull. civ.* I, no 314

* V. ss no 322.12

« Quelles qu'en soient les modalités, et alors même qu'il s'agirait du recours direct prévu par l'article L. 708 du Code de la santé publique, l'action exercée contre un débiteur d'aliments a toujours pour fondement les dispositions du Code civil régissant la dette d'aliments; qu'eu égard à la nature exclusivement civile de l'obligation alimentaire, il n'appartient qu'aux tribunaux de l'ordre judiciaire de se prononcer sur l'existence de cette obligation, tant en ce qui concerne son principe que son étendue; que le débiteur d'aliments est tenu, non pas des dettes de son parent ou allié dans le besoin vis-à-vis d'une personne publique, mais de sa seule obligation alimentaire, qui doit être fixée en ayant notamment égard à ses ressources; qu'il s'ensuit que les ordonnateurs ne peuvent, sans méconnaître le principe de la séparation des pouvoirs, émettre à l'encontre d'un débiteur d'aliments un état exécutoire correspondant non à la dette alimentaire de ce dernier, mais à la dette de son créancier d'aliments vis-à-vis d'une personne publique; qu'il appartient seulement à l'autorité administrative de saisir la juridiction compétente de l'ordre judiciaire aux fins de fixation de la dette d'aliments dans son principe et son montant. »

• Civ. 1re, 8 juin 2004, no 02-12.131, *Bull. civ.* I, no 163

* V. ss no 322.14

« À défaut d'accord amiable, toute action d'un établissement public tendant à obtenir le paiement contre un débiteur alimentaire suppose un recours préalable au juge judiciaire pour fixer le montant de la dette alimentaire et se faire délivrer un titre exécutoire. »

• Civ. 1re, 5 févr. 1991, no 89-17.840, *Bull. civ.* I, no 49

* V. ss no 322.17

« Les établissements publics de santé disposent, par voie d'action directe, d'un recours contre les débiteurs des personnes hospitalisées et, spécialement, contre leurs débiteurs alimentaires, ce recours est à la mesure de ce dont ces débiteurs sont redevables; qu'il est de principe que les aliments ne s'arréragent pas. »

> Recours des services d'aide sociale

• Civ. 1re, 18 janv. 1989, no 87-14.849, *Bull. civ.* I, no 14

* V. ss no 322.51

« L'action prévue à l'article 145 du Code des familles (devenu CASF, art. L. 132-7) ne peut être exercée par le représentant de l'État ou du département qu'au lieu et place du créancier d'aliments, en cas de carence de celui-ci, vis-à-vis des personnes tenues à son égard sur le fondement des articles 205 et suivants du Code civil et emprunte tous ses caractères à l'action alimentaire. Comme il est de principe que les pensions alimentaires ne s'arréragent pas, la pension alimentaire ne peut être accordée qu'à compter de la demande en justice. »

322.03 Bibliographie indicative.

Actualisables. Rép. civ., M. Kornprobst, *Vo Aliments*, nos 235 à 244 – J.-Cl. civ., L. Leveneur « Obligations alimentaires », art. 205 à 211, fasc. 30, nos 105 à 118.

Ouvrages. M. Borgetto et R. Lafore, *Droit de l'aide et de l'action sociales*, « Domat », 7e éd., Montchrestien, 2009, nos 194 s., nos 205 s. et 393 – Rapport du Conseil d'État, *Aide sociale, obligation alimentaire et patrimoine*, Doc. fr., 1999, p. 15 s.

Articles. E. Alfandari, « Le recouvrement des frais hospitaliers sur les débiteurs alimentaires », *Études J.-M. Auby*, Dalloz, 1993, p. 673 – M. Badel, « Subsidiarité et aides sociale, quelle actualité ? » *RDSS* 2007, 1077 – C. Basset, « L'obligation alimentaire : des formes de solidarité à réinventer », *Avis du Conseil économique et social*, mai 2008 – J.-M. Belorgey, « De l'ignorance du droit civil par l'autorité administrative et par le juge ou sur quelques décisions du juge aux affaires familiales en matière d'obligations alimentaires », *RDSS* 2000, 489; « Prestations d'aide sociale, revenus et patrimoine », *RDSS* 2007, 860; « Obligation alimentaire et personnes âgées dépendantes », *AJ fam.* 2003, 250; « Le principe de récupération des prestations d'aide sociale : réalité et perspectives », *RDSS* 2002, 293 – P. Berthet, « Le contentieux du recouvrement des dettes d'aliments par les établissements publics de santé et les Conseils généraux », *JCP* 2001, I, 332, p. 1276 – V. Bonnin, « La récupération des prestations d'aide sociale en question », *RDSS* 2005, 248 – M. Borgetto, « Vingt ans de jurisprudence en matière d'aide sociale, histoires drôles, drôles d'histoires »,

Mél. E. Alfandari, Drôle(s) de droit(s), Dalloz, 1999, p. 3 s. – M. Grévy, « La solidarité familiale intergénérationnelle ascendante : quelle justice sociale ? » *RDSS* 2004, 927 – G. Le Chatelier, « L'appréciation par les commissions d'aide sociale des ressources personnelles et des créances alimentaires du demandeur », concl. s[s] CE 17 mars 1993, *RDSS* 1993, 493 – J. Massip, « Les recours exercés contre les débiteurs d'aliments par les services de l'Aide sociale ou les hôpitaux et hospices », *Gaz. Pal.* 1990, I, 252 – M. Painchaux, « La protection de l'enfant, une dispense automatique à l'obligation alimentaire de l'adulte, Commentaire de l'article 18 de la loi n° 2004-1 du 2 janvier 2004 relative à l'accueil et à la protection de l'enfance », *LPA* 6 déc. 2004, n° 243, 6 – Ph. Potentier, « Obligation alimentaire et aide sociale », *Dr. fam.* 2006, n° 5, étude 22 – M. Rebourg, « Le recours des établissements publics de santé contre les débiteurs alimentaires : l'obligation alimentaire face au règlement des frais d'hébergement des personnes en perte d'autonomie », *RF aff. soc.* 4-2005, p. 35 s. – E. Serverin, « Les solidarités familiales à l'épreuve des politiques sociales : aide sociale et soins hospitaliers », *Obligation alimentaire et solidarités familiales, entre droit civil, protection sociale et réalités familiales*, « Droit et société », LGDJ, 2000, p. 108 s.

322.04 Questions essentielles.

> En cas de créance hospitalière impayée et à défaut de ressources suffisantes de la personne hébergée, les **établissements publics de santé** (v. s[s] n° 322.11) dispose d'une **action directe** (v. s[s] n° 322.12) contre les débiteurs alimentaires leur permettant de saisir le juge aux affaires familiales (v. s[s] n° 322.13) aux fins de fixation du montant de la contribution. Cette action est liée aux obligations alimentaires, et notamment aux limites apportées à ce droit : l'indignité du créancier (v. s[s] n° 322.16) et la règle « *Aliments ne s'arréragent pas* » (v. s[s] n° 322.17).

> Les **services d'aide sociale des conseils généraux** peuvent, en cas de carence d'un bénéficiaire de l'Aide sociale, agir en son lieu et place contre ses débiteurs alimentaires (v. s[s] n°s 322.51 s.). Ils bénéficient également de **recours en récupération** contre une succession, ou un donataire (dans la limite du bien donné) ou un légataire (à concurrence de la valeur des biens légués au jour de l'ouverture de la succession), voire contre le bénéficiaire d'un contrat d'assurance-vie (v. s[s] n°s 322.61 s.)

SECTION 1

RECOURS DES ÉTABLISSEMENTS PUBLICS DE SANTÉ

322.11 Notion d'établissement public de santé. L'article L. 6145-11 du Code de la santé publique prévoit que : « *Les établissements publics de santé peuvent toujours exercer leurs recours, s'il y a lieu, contre les hospitalisés, contre leurs débiteurs et contre les personnes désignées par les articles 205, 206, 207 et 212 du Code civil. Ces recours relèvent de la compétence du juge aux affaires familiales* ».

Le recours prévu à l'article L. 6145-11 du Code de la santé publique (remplaçant l'ancien article L. 708) n'est octroyé qu'aux seuls **établissements publics de santé** et non aux établissements privés. La jurisprudence a eu l'occasion d'affirmer à ce sujet que « *les dispositions de l'article L. 708 du Code de la santé publique, que la loi du 30 juin 1975 n'a pas modifiées, ne donnent une action directe contre les débiteurs d'aliments qu'aux établissements du service public; le fait qu'un établissement privé soit habilité à assurer l'hébergement de personnes âgées ne l'autorise pas à exercer un recours réservé aux seuls organismes publics* »[1].

Les centres **communaux d'action sociale** (CCAS) ne sont pas des établissements publics de santé[2]. Il en est de même des associations hospitalières[3] ou des fondations. La Cour de cassation fait toutefois application en leur faveur de la théorie de l'enrichissement sans cause[4].

Mais conformément aux solutions applicables au recours des établissements publics de santé (v. s[s] n°s 322.15 s.), elle considère que le recours de la **fondation**, exploitant une maison de retraite privée, ne peut s'exercer que dans la limite du montant de l'obligation alimentaire et de la règle « *Aliments ne s'arréragent pas* »[5], ce qui restreint en pratique l'efficacité de l'action *de in rem verso* pour la fondation. Les débiteurs d'aliments ne se sont enrichis que de ce qu'ils devaient au titre de l'obligation alimentaire mais l'établissement privé ne pourra récupérer que les sommes dues à compter du jugement ayant fixé le montant de la créance alimentaire des enfants jusqu'au départ de l'institution de leur mère.

322.12 Nature du recours. La Cour de cassation a statué sur la nature juridique de l'action ouverte aux établissements publics de santé contre les débiteurs alimentaires et a considéré que « *l'exercice de ce recours constitue une action directe exclusive de toute subrogation légale limitativement prévue par l'article 1251 du Code civil* »[6]. L'établissement public n'ayant pas acquitté une dette à la place du créancier d'aliment, il ne peut lui être subrogé : il s'agit donc d'une **action directe en paiement.** Cette action directe est liée à une obligation alimentaire, ce qui conduit à se demander si les règles régissant ces dernières trouvent à s'appliquer lorsque ce recours est exercé. À l'encontre de leur application, on fait

1. Civ. 1re, 5 mai 1993, n° 91-17.037, *Bull. civ.* I, n° 153; *Defrénois* 1993, art. 35667, p. 1361, obs. Massip.
2. CA Aix-en-Provence, 14 janv. 2003, *JCP* 2003, I, 148, n° 12, obs. Berthet.
3. CA Rennes, 28 sept. 2000, *JCP* 2001, I, 332, p. 1276, obs. Berthet.
4. Civ. 1re, 25 févr. 2003, n° 00-18.572, *Bull. civ.* I, n° 55; *JCP* 2003, II, 10124, note Lipinski.
5. Civ. 1re, 14 nov. 2007, n° 06-21.697, NP; *Dr. fam.* 2007, com. 23, obs. Murat; *RJPF* 2008, n° 1, obs. Valory; *RTD civ.* 2008, 290, obs. Hauser.
6. Civ. 2e, 21 févr. 1963, *Bull. civ.* II, n° 181; *D.* 1963, 386.

valoir que ces règles régissent les rapports entre le créancier d'aliments et les débiteurs alimentaires. Or, l'établissement public de santé n'a pas la qualité de créancier d'aliments puisqu'il n'est pas subrogé dans les droits du créancier d'aliments. Insensible à cet argument, la Cour de cassation a déclaré que « *cette action a pour fondement les dispositions du Code civil régissant la dette d'aliment* » : il s'agit donc de la **mise en œuvre de l'obligation alimentaire pesant sur les proches parents par un établissement public de santé à son profit**; selon la juridiction suprême, le caractère direct de l'action ne fait pas obstacle à l'application des **règles du droit civil**[1].

L'action directe consiste, pour le bénéficiaire, à exercer le droit de créance du débiteur principal (personne accueillie). L'action directe des établissements publics de santé a donc pour objet la **dette alimentaire** et **non la dette du créancier alimentaire à l'égard de l'établissement**. En conséquence, les règles relatives aux obligations alimentaires s'appliquent à l'action directe de l'établissement, que ce soient les conditions d'ouverture du droit aux aliments ou les limites apportées à ce droit (v. s[s] n°s 322.16 et 322.17).

322.13 Compétence du juge aux affaires familiales. Le principe et l'étendue de la dette alimentaire relèvent du juge aux affaires familiales (JAF). Cette question qui a fait l'objet d'un débat nourri, durant de nombreuses années, est désormais réglée par la loi n° 93-22 du 8 janvier 1993[2]. La compétence territoriale en matière alimentaire offre le **choix au créancier d'aliments** demandeur de saisir soit la juridiction du lieu où il demeure soit la juridiction du lieu où demeure le débiteur défendeur (C. pr. civ., art. 46).

Jusqu'à récemment, contrairement aux actions exercées par les Conseils généraux en matière d'aide sociale, les règles de procédures contentieuses du tribunal de grande instance s'appliquaient au recours des établissements publics de santé devant le juge aux affaires familiales et constituaient un frein à l'exercice de l'action. Le décret du 29 octobre 2004 réformant la procédure familiale[3] a unifié les procédures en matière familiale (sauf quelques cas spécifiques). Désormais, les recours des établissements publics de santé et des services de l'Aide sociale contre les obligés alimentaires sont tous deux soumis à une procédure identique qui est la **procédure de droit commun applicable devant le JAF.** Ainsi la saisine du JAF s'effectue, dans les deux cas, par simple requête, la présence de l'avocat est facultative et la procédure est orale, ce qui permettra au JAF de jouer un **rôle de médiateur** dans le contentieux des établissements publics de santé, comme il le fait dans celui de l'Aide sociale.

Une seule **disposition particulière** est prévue dans le cadre des recours de tiers institutionnels. **Elle permet à toute partie, en cours d'instance, d'exposer ses moyens par lettre adressée au juge**, à condition de justifier que la partie adverse en a eu connaissance avant l'audience, par lettre recommandée avec demande d'avis de réception. La partie qui use de cette faculté peut ne pas se présenter à l'audience. Le jugement rendu dans ces conditions est contradictoire. Néanmoins, le juge a toujours la faculté d'ordonner que les parties se présentent devant lui (C. pr. civ., art. 1141). On peut s'interroger sur les raisons d'une telle mesure : la multiplication des recours sur ces fondements, la volonté d'accélérer les procédures, de dispenser les parties de se présenter à l'audience même lorsque l'avocat n'est pas requis...

322.14 Interdiction de la pratique des titres exécutoires contre les débiteurs d'aliments. Après plusieurs décisions peu explicites sur cette pratique, la Cour de cassation a rendu, le 8 juin 2004, un arrêt dans lequel elle écarte délibérément les titres exécutoires en affirmant la nécessité pour le Trésor public de saisir préalablement le JAF en fixation du montant de la dette alimentaire et en cassant l'arrêt d'appel qui avait admis leur validité. La Cour de cassation pose ainsi le principe qu'à défaut d'accord amiable, toute action d'un établissement public tendant à obtenir le paiement contre un débiteur alimentaire suppose un **recours préalable au juge judiciaire** pour fixer le montant de la dette alimentaire et se faire délivrer un titre exécutoire[4].

322.15 Conditions d'exercice du recours. La condition préalable est l'existence d'une obligation alimentaire fondée sur les articles 205, 206, 207 et 212 du Code civil. En dehors de celle-ci, il existe deux conditions pour exercer ce recours : une créance hospitalière et un défaut de paiement du résident.

L'établissement public de santé doit être titulaire d'une **créance à l'égard du résidant** au sens où des sommes ont déjà été engagées par les services hospi-

1. Civ. 1re, 1er déc. 1987, n° 86-10.744, *Bull. civ.* I, n° 314; *JCP* 1988, II, 20952, rapp. Sargos.
2. L. n° 93-22, 8 janv. 1993, modifiant le Code civil et relative à l'état civil, à la famille et aux droits de l'enfant et instituant le juge aux affaires familiales, *JO* 9 janv., p. 495.
3. L. Miniato, « La réforme des procédures de divorce par la loi du 26 mai 2004 et le décret du 29 octobre 2004 : le changement dans la continuité », *Dr. fam.* déc. 2004, p. 13 s. – S. Thouret, « La nouvelle procédure en matière familiale », *JCP* 2004, act. 557 – C. Lienhard, « La nouvelle procédure de droit commun devant le juge aux affaires familiales », *AJ fam.* 2005, 58 s.
4. Civ. 1re, 8 juin 2004, n° 02-12.131, *Bull. civ.* I, n° 163; *JCP* 2005, I, 10023, note Rebourg; *Dr. fam.* 2004, n° 144, p. 30, obs. Murat.

taliers pour la fourniture de soins et de services (CSP, art. L. 6111-1).

Pour pouvoir agir contre les débiteurs alimentaires, un **défaut de paiement de la dette hospitalière par le résidant** doit être constaté ainsi qu'une **absence de ressources personnelles suffisantes** de ce dernier. Dans ce cas, l'Aide sociale n'est pas intervenue soit parce qu'aucune demande n'a été faite soit parce qu'elle a été rejetée, ce qui signifie dans cette dernière hypothèse que la commission d'admission à l'Aide sociale a estimé que la solidarité familiale devait prendre en charge cette dépense; les débiteurs alimentaires ayant les ressources suffisantes pour contribuer totalement ou partiellement aux frais d'hébergement.

Pour fixer le montant de sa demande, l'établissement public de santé doit tenir compte de la qualité de débiteur d'aliments du défendeur et notamment des ressources de ce dernier. Afin de protéger les débiteurs d'aliments à qui les établissements pourraient réclamer de lourdes dettes, la Cour de cassation considère, depuis un arrêt du 3 mars 1987[1], que « *le recours des établissements publics de santé est à la mesure de ce dont les débiteurs sont redevables* ». Par conséquent, il ne peut être réclamé au débiteur d'aliments plus que le montant de sa dette alimentaire calculée en fonction de ses ressources et des besoins du créancier[2].

Est censuré un arrêt de la cour d'appel de Lyon qui, pour condamner un petit-fils en paiement de différentes sommes représentant les frais d'hospitalisation de sa grand-mère, se fonde sur la lettre de l'article L. 6145-11 du Code de la santé publique et relève que cette disposition renvoie uniquement aux articles 205, 206, 207 et 212 du Code civil qui désignent les débiteurs d'aliments mais ne renvoie nullement aux articles 208 à 211 du même code. Dès lors, elle en conclut qu'il n'y a pas lieu de le décharger de son obligation vis-à-vis de l'établissement public hospitalier au seul motif de son manque de moyens financiers. La Cour de cassation rejette cet argument et considère que « *l'article L. 6145-11 du Code de la santé publique, qui renvoie aux articles du Code civil désignant les personnes tenues à l'obligation alimentaire, n'exclut pas l'application des autres dispositions du Code civil régissant la dette d'aliments et notamment l'article 208 selon lequel les aliments ne sont accordés que dans la proportion des ressources de celui qui les doit* »[3]. La censure de l'arrêt d'appel était prévisible au regard de la politique de protection des débiteurs d'aliments développée par la Cour de cassation et de sa jurisprudence constante qui vise à appliquer au recours des établissements publics de santé l'ensemble des règles régissant les obligations alimentaires.

1. Civ. 1re, 3 mars 1987, n° 85-13.986, *Bull. civ.* I, n° 80.
2. V. CA Toulouse, 7 juin 1993, *RDSS* 1994, 108.
3. Civ. 1re, 31 oct. 2007, n° 05-21.460, *Bull. civ.* I, n° 339; *AJ fam.* 2009, 33, obs. Chénedé; *Dr. fam.* 2007, n° 12, comm. 23, obs. Murat; *RTD civ.* 2008, obs. Hauser.

322.16 Exception d'indignité. L'exception d'indignité de l'article 207 du Code civil est **opposable aux établissements publics de santé**[4] et fait disparaître tout ou partie de la **dette alimentaire** qui est une des conditions de leur recours.

322.17 Règle « *Aliments ne s'arréragent pas* ». La maxime « *Aliments ne s'arréragent pas* » signifie que le créancier ne peut réclamer l'arriéré de sa créance alimentaire (v. ss n° 312.111). Bien que l'établissement public de santé n'ait pas la qualité de créancier d'aliments puisqu'il n'agit pas au nom du créancier d'aliments mais en son propre nom, la Cour de cassation a décidé que la règle « *Aliments ne s'arréragent pas* » doit trouver application en matière de recours des établissements publics de santé contre les débiteurs alimentaires : « *Les établissements publics de santé disposent, par voie d'action directe, d'un recours contre les débiteurs des personnes hospitalisées et, spécialement, contre leurs débiteurs alimentaires, ce recours est à la mesure de ce dont ces débiteurs sont redevables; qu'il est de principe que les aliments ne s'arréragent pas.* »[5].

La Cour de cassation rappelle d'ailleurs régulièrement que cette maxime est **applicable aux recours des établissements publics de santé**[6].

Selon la jurisprudence, et sauf renversement de la présomption, la règle « *Aliments ne s'arréragent pas* » fait obstacle au paiement des sommes échues antérieurement à l'action en justice. Le **point de départ de la dette alimentaire** est donc fixé au **jour de l'assignation en justice du débiteur alimentaire par l'établissement public de santé** : les arrérages antérieurs à cette date ne seront pas récupérés par l'établissement[7]. Ainsi si l'action est intentée postérieurement au décès, elle ne peut aboutir si la règle « *Aliments ne s'arréragent pas* » est invoquée par le défendeur[8]. En revanche, la maxime ne rend pas irrecevable une action introduite par un établissement public de santé avant le décès du créancier d'aliments (montant dû à compter de l'assignation

4. CA Bordeaux, 18 déc. 1991, *Juris-Data* n° 047211 – CA Lyon, 9 nov. 1993, *Juris-Data* n° 049576 – CA Paris, 29 janv. 1998, 24e ch., sect. D, *Juris-Data* n° 020549 – CA Bordeaux, 28 janv. 1999, *Juris-Data* n° 040170.
5. Civ. 1re, 5 févr. 1991, n° 89-17.840, *Bull. civ.* I, n° 49; *D.* 1991, 469, note Massip.
6. Civ. 1re, 14 janv. 2003, n° 00-20.267, *Bull. civ.* I, n° 6; *D.* 2003, comm. 2265, note Dagorne-Labbé; *JCP* 2004, II, 10040, p. 505, note Guerchoun; *Dr. fam.* 2003, p. 22, obs. Murat – Civ. 1re, 20 janv. 2004, n° 01-13.723, *Bull. civ.* I, n° 19; *JCP* 2004, II, 10043, note Casey; *Dr. fam.* mai 2004, n° 73, p. 23, obs. Murat; *RJPF* 2004-3/46, obs. Valory; *RTD civ.* 2004, 275, obs. Hauser – Civ. 1re, 10 mai 2006, n° 04-16.568, NP.
7. Civ. 1re, 10 mai 2006, n° 04-16.568, NP.
8. Civ. 1re, 20 janv. 2004, n° 01-13.723, *Bull. civ.* I, n° 19, préc. – Civ. 1re, 3 déc. 2008, n° 07-12.566, NP; *RTD civ.* 2009, obs. Hauser.

jusqu'au décès[1]). En outre, la Cour de cassation a décidé que les sommes demandées par l'établissement hospitalier aux débiteurs d'aliments par des conclusions d'appel et échues postérieurement à l'assignation en justice portent sur des arrérages, de sorte que la règle « *Aliments ne s'arréragent pas* » doit recevoir application[2].

La règle « *Aliments ne s'arréragent pas* » repose sur une **présomption simple d'absence de besoin ou de renonciation**[3]. Alors que la présomption d'absence de besoin s'apprécie en la personne du créancier d'aliments, la présomption de renonciation concerne, elle, l'établissement public et non la personne hébergée. Ceci confirme l'idée que la justification principale de la règle « *Aliments ne s'arréragent pas* » est de sanctionner celui qui, en situation d'agir, ne le fait pas et de protéger les débiteurs contre une réclamation tardive d'une somme importante. Ainsi les juges du fond apprécient la diligence de l'établissement public de santé dans le recouvrement de la dette alimentaire et le sanctionnent en cas d'inertie[4]. Pour récupérer les sommes échues antérieurement à l'assignation en justice, l'établissement public de santé doit donc apporter la **preuve d'éléments de fait attestant qu'il n'est pas resté inactif**. Cette preuve est soumise à l'appréciation souveraine des juges du fond à qui il appartient de relever, dans leurs décisions, les faits de nature à tenir la présomption en échec.

Il a ainsi été jugé qu'une demande d'aide sociale et diverses démarches amiables pour récupérer sa créance ne renversent pas la présomption dès lors que les assignations en justice avaient été établies postérieurement au décès de la créancière d'aliments[5]. De la même façon, l'envoi d'un courrier en recommandé avec accusé de réception aux débiteurs alimentaires ne suffit pas, selon certains juges du fond, à mettre en échec la présomption de renonciation du créancier[6].

En définitive, le **renversement de la présomption** de renonciation ou d'absence de besoin est très **difficile**, voire **quasi-impossible**. L'état de la jurisprudence conduit à penser que cette présomption est devenue irréfragable, de telle sorte qu'elle constitue en réalité une véritable règle de fond : les aliments ne sont dus qu'à partir de l'assignation en justice.

322.18 Avenir du recours. La règle « *Aliments ne s'arréragent pas* » joue un rôle important dans la détermination de l'étendue de la dette réclamée par l'établissement public de santé qui, s'il ne saisit pas le juge aux affaires familiales avec diligence, ne pourra pas récupérer les arriérés qu'il a laissé s'accumuler. Mais se pose aussi la question de savoir si ce recours est adapté à une demande en fixation de la dette alimentaire pour l'avenir. Cette dernière est en effet incompatible avec la nature d'action directe : la créance n'est pas certaine puisqu'elle a pour cause des prestations non encore servies, ce qui devrait faire obstacle à ce type d'action.

1. V. Civ. 1re, 14 juin 2005, n° 02-15.587, *Bull. civ.* I, n° 265 ; *AJ fam.* 2005, 327, obs. F. C. ; *RTD civ.* 2005, 586, obs. Hauser.
2. Civ. 1re, 14 janv. 2003, n° 00-20.267, préc. s[s] n° 322.17.
3. Civ. 1re, 28 janv. 1963, *Gaz. Pal.* 1963, 1, 420.
4. Civ. 1re, 28 juin 2005, n° 01-16.233, NP.
5. Civ. 1re, 19 déc. 1995, n° 93-17.268, *Bull. civ.* I, n° 471 ; *Defrénois* 1996, p. 989, obs. Massip ; *JCP* 1997, II, 22769, note Dagorne-Labbé.
6. CA Lyon, 12 sept. 2000, *Juris-Data* n° 139534.

SECTION 2
RECOURS DES SERVICES DE L'AIDE SOCIALE DES CONSEILS GÉNÉRAUX

322.30 Diversité des recours. Il convient de distinguer le recours exercé au titre de l'obligation alimentaire (§ 1) des recours en récupération (§ 2) exercés contre une succession, ou un donataire (dans la limite du bien donné) ou un légataire (à concurrence de la valeur des biens légués au jour de l'ouverture de la succession), voire contre le bénéficiaire d'un contrat d'assurance-vie (v. s[s] n° 322.65).

322.31 Principe de subsidiarité de l'Aide sociale. La législation relative à l'Aide sociale pose le principe de **subsidiarité de la solidarité nationale** et fait ainsi prévaloir la solidarité familiale sur l'aide fournie par la collectivité, par le biais du recours à l'obligation alimentaire. L'article L. 132-6 alinéa 1er du Code de l'action sociale et des familles prévoit en effet que : « *Les personnes tenues à l'obligation alimentaire instituée par les articles 205 et suivants du Code civil sont, à l'occasion de toute demande d'aide sociale, invitées à indiquer l'aide qu'elles peuvent allouer aux postulants et apporter, le cas échéant, la preuve de leur impossibilité de couvrir la totalité des frais* ». C'est en vertu de ce principe que la participation des débiteurs alimentaires est prise en considération avant toute décision d'admission.

Le principe de subsidiarité de l'Aide sociale a vocation à s'appliquer à **toutes les prestations d'aide sociale**. Mais il est de plus en plus fragilisé par la **disparition de recours contre les obligés alimentaires dans de nombreuses prestations**. En effet, il ne s'applique pas à l'aide sociale aux personnes handicapées (APH)[7], ni aux titulaires de la couverture maladie universelle (CMU). Il est exclu pour la part dépendance de l'allocation personnalisée d'autonomie (APA). En ce qui concerne le revenu de solidarité active (RSA), le président du conseil général peut décider de dispenser le demandeur du RSA de faire valoir ses droits à créance d'aliments

7. Sur la prestation de compensation, v. CASF, art. L. 245-7.

(v. s[s] n° 321.102). En revanche, en matière d'aide sociale aux personnes âgées, le principe de la subsidiarité demeure très important puisqu'il s'applique aux frais d'hébergement en établissement.

§ 1
Recours contre les débiteurs alimentaires

A.
Admission à l'Aide sociale

322.41 Conditions d'admission à l'Aide sociale. Pour bénéficier de l'Aide sociale, le demandeur doit être dans une situation de besoin, manquer de ressources personnelles et ne pas pouvoir mettre en œuvre totalement l'obligation alimentaire de ceux qui y sont tenus au titre des articles 205 et suivants (CASF, art. L. 132-6).

322.42 Prise en compte des créances alimentaires. L'instruction d'une demande d'aide sociale est désormais de la compétence du service d'aide sociale du conseil général chargé du versement de cette aide (CASF, art. L. 131-2). Très critiquées, les commissions cantonales d'aide sociale ont en effet été supprimées dans un but de simplification des procédures d'admission en matière d'aide sociale[1].

En matière d'aide sociale, pour fixer la **proportion de l'aide consentie**, la collectivité publique tient compte des **ressources du postulant**[2], des revenus professionnels et autres, et de la valeur en capital des biens non productifs de revenus, qui est évaluée dans les conditions fixées par voie réglementaire (CASF, art. L. 132-1). Elle tient également compte du montant de la participation éventuelle des personnes restant tenues à l'obligation alimentaire (CASF, art. L. 132-6).

Au moment du **dépôt de la demande d'admission à l'Aide sociale**, une **liste nominative** des personnes tenues envers le demandeur à l'obligation alimentaire doit être fournie. Ces dernières sont invitées à fixer leur participation éventuelle aux dépenses susceptibles d'être engagées en faveur du postulant ou à l'entretien de ce dernier et, le cas échéant, à apporter la preuve de leur impossibilité de couvrir la totalité des frais (CASF, art. L. 132-6, al. 1er). Le service qui examine la demande tient ainsi compte des créances alimentaires du demandeur pour fixer la proportion d'aide consentie par la collectivité publique[3]. Il existe cependant une exception pour les personnes dont les enfants, après signalement de l'Aide sociale à l'enfance, « *ont fait l'objet d'un retrait judiciaire de leur milieu familial durant une période de trente-six mois cumulés au cours des douze premières années de leur vie* » (CASF, art. L. 132-6, al. 2) ; ces enfants sont, de droit, dispensés de fournir une aide à leurs parents sous réserve d'une décision contraire du juge aux affaires familiales. Cette dispense s'étend par ailleurs aux descendants des enfants susvisés (v. s[s] n° 322.52).

322.43 Décision d'admission à l'Aide sociale. Elle est prise par le **président du conseil général**. Le rôle de la collectivité est d'accorder ou non l'Aide sociale au regard des renseignements fournis par les débiteurs sur leurs ressources. En cas d'admission à l'Aide sociale, elle fixe, dans sa décision d'attribution, la proportion de l'aide consentie par la collectivité publique (CASF, art. L. 132-6, al. 4). Elle ne procède qu'à une **évaluation globale de la créance alimentaire** pour l'ensemble des débiteurs sans répartition entre eux[4] et sans que cette évaluation ait le caractère d'une fixation définitive de la créance alimentaire[5]. Il s'agit d'une proposition de participation financière. L'évaluation de cette dernière est néanmoins indispensable pour que la commission d'admission puisse fixer le montant de l'aide allouée au demandeur par la collectivité publique au titre de l'Aide sociale. Mais, il n'appartient qu'à l'autorité judiciaire (le juge aux affaires familiales en l'occurrence) d'assigner à chacune des personnes tenues à l'obligation alimentaire le montant et la date d'exigibilité de leur participation aux dépenses laissées à la charge du bénéficiaire de l'Aide sociale. Le Conseil d'État a ainsi jugé que la commission centrale d'aide sociale méconnaît le champ de sa compétence en jugeant que la participation de l'obligé alimentaire prend effet à la même date que l'admission à l'Aide sociale[6].

1. Ord. n° 2005-1477, 1er déc. 2005, portant diverses dispositions relatives aux procédures d'admission à l'Aide sociale et aux établissements et services sociaux et médico-sociaux, *JO* 2 déc. 2005, p. 18636; *ASH* 9 déc. 2005, n° 2433, p. 23 s.
2. Prise en compte des ressources du gendre lui-même tenu d'une obligation alimentaire envers sa belle-mère : CE 23 mars 2009, n° 07627, *JCP* 2009, act. 198; *AJ fam.* 2009, 218.
3. G. Le Chatelier, « L'appréciation par les commissions d'aide sociale des ressources personnelles et des créances alimentaires du demandeur », concl. sur CE 17 mars 1993, n° 98173, n° 121842, n° 97333, n° 94562, 4 esp., *RDSS* 1993, 493.
4. CE 17 mars 1993, n° 121842, Cts Fellous, *RDSS* 1993, 504, concl. Le Chatelier – Comm. centr., 2 janv. 2001, *RDSS* 2001, 336, chron. Ligneau.
5. V. E. Serverin, « La prise en charge des personnes âgées entre la solidarité familiale et solidarité nationale », *La dépendance des personnes âgées*, 2e éd., 1997, *RDSS* n° spéc., p. 133 s.; « Les solidarités familiales à l'épreuve des politiques sociales : aide sociale et soins hospitaliers », *Obligation alimentaire et solidarités familiales, Entre droit civil, protection sociale et réalités familiales*, « Droit et société », LGDJ, 2000, p. 103 s.
6. CE 16 juin 2004, n° 251727, Casteig.

322.44 Contestations. Les débiteurs d'aliments peuvent contester les décisions prises par le président du conseil général devant la commission départementale d'aide sociale (CASF, art. L. 134-1 s.). Le Conseil d'État considère que cette évaluation relève d'une appréciation souveraine, insusceptible de fonder un recours en cassation[1]. Les décisions de la commission départementale sont elles-mêmes sujettes à un **recours devant la commission centrale d'aide sociale** (CASF, art. L. 134-2).

322.45 Révision. Les débiteurs alimentaires peuvent également recourir à la procédure de révision prévue à l'article L. 132-6 alinéa 4 du Code de l'action sociale et des familles. Ce texte précise que « *la décision du service d'admission peut être révisée sur production, par le bénéficiaire de l'Aide sociale, d'une décision judiciaire rejetant sa demande d'aliments ou limitant l'obligation alimentaire à une somme inférieure à celle qui avait été envisagée par l'organisme d'admission* ». Le recours au juge judiciaire peut ainsi permettre aux débiteurs d'obtenir une révision de l'évaluation faite par la commission d'admission à l'Aide sociale, le **juge aux affaires familiales** ayant compétence pour statuer sur l'existence et l'étendue d'une dette alimentaire. Ils doivent alors saisir le juge civil pour la détermination de l'obligation alimentaire, en vertu d'une question préjudicielle.

B. Action contre le débiteur alimentaire

322.51 Action subrogatoire du conseil général. Le créancier d'aliments se voit attribuer une aide qui tient compte de ses créances alimentaires qu'il lui appartient de faire valoir. S'il reste passif, l'article L. 132-7 du Code de l'action sociale et de la famille prévoit « *qu'en cas de carence de l'intéressé, le représentant de l'État ou le président du conseil général peut demander en son lieu et place à l'autorité judiciaire la fixation de la dette alimentaire et le versement de son montant au département, à charge pour celui-ci de la reverser au bénéficiaire, augmenté le cas échéant, de la quote-part de l'Aide sociale* ». Ce système a pour but de poursuivre en justice les débiteurs alimentaires d'une personne lorsque cette dernière hésite à agir contre ses proches. Cette action emprunte tous ses caractères à **l'action alimentaire**[2] et s'exerce donc devant le **juge aux affaires familiales** selon la procédure de droit commun applicable devant lui.

1. CE 1re et 4e ss-sect. réun., 4 nov. 1992, n° 87562, M. et Mme Raymond et a.
2. Civ. 1re, 18 janv. 1989, n° 87-14.849, *Bull. civ.* I, n° 14; *D.* 1989, 383, note Massip.

En pratique, ce recours s'exerce, d'une part, en cas de **refus de la part des débiteurs de divulguer leurs ressources**, ce qui a pu entraîner le rejet de la demande d'aide sociale, d'autre part, en cas de **refus de la proposition de participation** des débiteurs alimentaires formulée par la commission d'aide sociale : le président du conseil général peut alors saisir le juge aux affaires familiales aux fins de reconnaissance, fixation du montant et répartition de la dette alimentaire[3].

Ce recours n'est soumis qu'à la condition d'une demande préalable d'aide sociale et ne requiert pas l'accord du demandeur. Le caractère personnel de la créance alimentaire est ici remis en cause de même que le caractère facultatif du recours à la demande d'aliments qui caractérisent le droit civil.

322.52 Indignité. L'article L. 132-6 du Code de l'action sociale et de la famille prévoit que les débiteurs d'aliments sont, en matière d'aide sociale, automatiquement déchargés de leur dette alimentaire, sauf décision contraire du juge, lorsqu'ils ont fait l'objet d'un retrait judiciaire de leur milieu familial durant une période de trente-six mois cumulés au cours des douze premières années de leur vie. Cette dispense qui complète les dispositions de l'article 207 alinéa 2 du Code civil s'étend à tous les descendants des enfants concernés. Elle s'applique de plein droit sauf décision contraire du juge aux affaires familiales. Ces hypothèses visent ainsi à insérer un cas d'exonération automatique de l'obligation alimentaire que seul le juge pourrait écarter[4].

322.53 Règle « *Aliments ne s'arréragent pas* ». Comme pour les établissements publics de santé, la Cour de cassation considère que « *les aliments ne s'arréragent pas et cette règle s'applique au représentant de l'État ou du département qui ne peut réclamer des aliments qu'à compter de la date à laquelle il saisit le juge compétent* »[5].

Dans la décision rendue le 3 avril 1990[6], la cour d'appel, approuvée par la Cour de cassation, se réfère tout d'abord à la présomption d'absence de besoin de la créancière d'aliment : « *Pour fixer au 1er janvier 1984 le point de départ de la dette alimentaire des époux C.-D., la cour d'appel retient, par motifs adoptés du premier juge, que la règle* "Aliments ne s'arréragent pas" *n'institue qu'une présomption simple de ce que le créancier d'aliments qui n'a pas réclamé*

3. Civ. 1re, 11 oct. 1989, n° 88-14.326, *Bull. civ.* I, n° 319.
4. M. Painchaux, « La protection de l'enfant, une dispense automatique à l'obligation alimentaire de l'adulte, commentaire de l'article 18 de la loi n° 2004-1 du 2 janvier 2004 relative à l'accueil et à la protection de l'enfance », *LPA* 6 déc. 2004, n° 243, 6.
5. Civ. 1re, 18 janv. 1978, n° 74-15.166, *Bull. civ.* I, n° 26 – CA Amiens, 26 févr. 2003, *Juris-Data* n° 2003-20-9594.
6. Civ. 1re, 3 avr. 1990, n° 88-18.927, *Bull. civ.* I, n° 77.

paiement était à l'abri du besoin; qu'en l'espèce, la nécessité où s'est trouvée Mme C., qui jouit seulement d'une retraite mensuelle de 2 400 francs, de recourir, depuis 1962, à l'assistance publique démontre suffisamment son état de besoin. » Puis elle développe l'argument de la présomption de renonciation : « *Cependant la règle selon laquelle le créancier d'aliments ne peut réclamer le versement d'une pension pour la période antérieure à la demande en justice repose aussi sur une présomption de renonciation, qui ne peut être combattue qu'en établissant que le créancier n'est pas resté inactif ou a été dans l'impossibilité d'agir, ce qui n'est pas allégué en l'espèce; que, dès lors, en fixant au 1er janvier 1984 le point de départ de la dette alimentaire incombant aux époux C.-D. alors que le juge judiciaire n'a été saisi de la demande que le 23 février 1987, la cour d'appel a violé le texte et les principes susvisés.* » En l'espèce, la première présomption est propre à la créancière d'aliment qui n'avait pas une retraite mensuelle suffisante pour couvrir les frais d'hospitalisation; tandis que la seconde est reprochée au Conseil général qui n'a pas agi en justice assez rapidement de telle sorte que c'est l'assignation qui fixe le point de départ de la dette alimentaire. En l'espèce, elle lui est opposée car il agit à la place de la créancière d'aliment, ce qui est justifié juridiquement[1] (il en est de même pour une Union départementale des associations familiales agissant en qualité de tutrice[2]).

L'arrêt rendu par la cour d'appel d'Aix-en-Provence le 14 janvier 2003[3] peut fournir une solution pour éviter l'application de la règle « *Aliments ne s'arréragent pas* ». En l'espèce, la résidente d'une maison de retraite s'est vu refuser l'Aide sociale aux motifs que ses ressources et les possibilités contributives de ses débiteurs alimentaires étaient suffisantes. Mais ne réglant pas les frais d'hébergement, la maison de retraite s'est adressée au centre communal d'action sociale (CCAS) qui a accepté de régler les arriérés et d'assigner les débiteurs alimentaires pour obtenir le remboursement des avances ainsi consenties sur le fondement de l'enrichissement sans cause (C. civ., art. 1371).

La cour d'appel relevant que le CCAS ne pouvait agir ni sur le fondement de l'article L. 132-7 du Code de l'action sociale et des familles, ouvert aux seuls débiteurs d'aide sociale, ni sur le fondement de l'article L. 6145-11 du Code de la santé public, réservé aux établissements publics de santé (v. ss no 322.11), en a déduit le caractère subsidiaire de l'action *de in rem verso*. En l'occurrence, le paiement ne trouvait sa source dans aucun acte juridique, il en résultait un enrichissement sans cause des débiteurs d'aliments et un appauvrissement corrélatif du CCAS qui justifiait cette action. Dès lors, aux défendeurs qui invoquaient l'application de la maxime « *Aliments ne s'arréragent pas* », la cour d'appel répond qu'elle ne trouve pas application ici car le CCAS n'était pas subrogé dans les droits du créancier d'aliments sur le fondement des articles 205 et 208 du Code civil ou L. 132-7 du Code de l'action sociale et des familles.

1. Civ. 1re, 10 mars 1993, no 91-15.522, *Bull. civ.* I, no 98; *RTD civ.* 1993, 240; *Defrénois* 1993, 1361 note Massip.
2. Civ. 1re, 12 oct. 1999, no 97-16.921, NPT; *RJPF* 1999, 9-42, obs. Valory.
3. CA Aix-en-Provence, 14 janv. 2003, *JCP* 2003, I, 148, no 13, obs. Berthet.

322.54 Décès du créancier d'aliments. Le caractère alimentaire de l'action intentée par les services de l'Aide sociale implique qu'ils ne peuvent agir après le décès du créancier d'aliments. En effet, à compter de cette date, la créance est éteinte[4]. En revanche, ils peuvent poursuivre le procès après le décès de ce dernier[5].

§ 2
Recours en récupération

322.61 Mécanismes de récupération. En vertu du principe de subsidiarité de l'Aide sociale, des mécanismes de récupération sont prévus aux articles L. 132-8 et L. 132-9 du Code de l'action sociale et des familles. L'article L. 132-8 prévoit que les aides sociales peuvent être récupérées : « *Des recours sont exercés, selon le cas, par l'État ou le département : 1°) contre le bénéficiaire revenu à meilleure fortune ou contre la succession du bénéficiaire; 2°) contre le donataire lorsque la donation est intervenue postérieurement à la demande d'aide sociale ou dans les dix ans qui ont précédé cette demande; 3°) contre le légataire* [...] ».

322.62 Domaine d'application. Ces recours s'exercent lorsqu'une personne a bénéficié du versement de certaines prestations d'aide sociale : sont ainsi concernés par ce recours les frais d'hébergement en établissement (CASF, art. L. 231-5), l'aide à domicile (CASF, art. L. 231-1), la prestation spécifique dépendance, et l'allocation de solidarité aux personnes âgées (CSS, art. L. 815-2).

Cette récupération de l'Aide sociale est, en revanche, exclue pour la couverture médicale universelle (CMU), l'allocation personnalisée d'autonomie (APA) et la prestation de compensation du handicap, pour les frais d'hébergement et d'entretien des personnes handicapées (CASF, art. L. 344-5), lorsque les héritiers du bénéficiaire décédé sont son conjoint, ses enfants, ses parents, ou la personne qui a assumé de façon effective et constante la charge de la personne handicapée et pour le RSA (CASF, art. L. 262-49).

322.63 Retour à meilleure fortune. Ce recours doit être distingué de la révision de l'Aide sociale qui n'a d'effet que pour l'avenir alors que **le recours en récupération pour meilleure fortune aboutit à reprendre des sommes déjà allouées.**

4. Civ. 1re, 3 nov. 1977, *Bull. civ.* I, no 399 – Civ. 1re, 7 juin 1989, *Bull. civ.* I, no 222 – Civ. 1re, 20 janv. 2004, no 01-13.723, *Bull. civ.* I, no 19; *JCP* 2004, II, 10043, note Casey.
5. Civ. 1re, 20 nov. 1985, no 84-14.473, *Bull. civ.* I, no 312.

La notion de meilleure fortune est définie par la jurisprudence comme **un élément nouveau, matériel ou non, qui améliore la situation de l'intéressé** (mariage, héritage, gain exceptionnel)[1]. Mais cet élément n'est pas en lui-même suffisant. L'amélioration doit s'entendre d'une augmentation du patrimoine de l'allocataire aussi bien en capital qu'en revenus (ex : vente d'un bien immobilier si le prix de vente perçu est source de revenus supplémentaires). Sont donc exclues les substitutions de biens au sein du patrimoine. Ainsi ne constitue pas un retour à meilleure fortune la réalisation d'un immeuble dont le bénéficiaire était déjà propriétaire lors de son admission à l'Aide sociale[2]. En revanche le fait de pouvoir payer les intérêts d'un emprunt contracté afin d'augmenter son patrimoine immobilier constitue un retour à meilleure fortune[3]. Est également exclue la perception par le bénéficiaire d'un capital en vue de compenser un handicap physique ou des préjudices matériels et moraux[4].

Enfin, le recours contre le bénéficiaire n'est possible que si l'amélioration de sa situation ne le laisse pas dans le besoin.

322.64 Recours contre la succession. Le caractère subsidiaire de l'Aide sociale permet, une fois le bénéficiaire de l'Aide sociale décédé, d'agir en remboursement des sommes avancées lorsque la consistance du patrimoine le permet. Le recours contre la succession est un recours non contre les héritiers tenus personnellement mais contre la succession de l'assisté (sur l'actif net successoral supérieur à 46 000 euros[5], seules les dépenses supérieures à 760 euros et pour la part excédant ce montant pouvant donner lieu à recouvrement) et dans la limite des prestations versées. Il permet de s'interroger d'une part sur la mobilisation du patrimoine de l'assisté (notamment immobilier), de son vivant pour subvenir à ses propres besoins et d'autre part, sur l'articulation de ce recours avec les obligations alimentaires. En l'absence de débiteurs alimentaires ou de contribution de ces derniers, la transmission successorale sera dès lors amputée de la part revenant à l'Aide sociale.

1. E. Alfandari, « Recours contre les bénéficiaires revenus à meilleure fortune. Notion de meilleure fortune. Distinctions avec le recours en répétition de l'indu », *RDSS* 1980, 248.
2. Comm. centr., 26 juin 1987, *RDSS* 1988, 735, obs. Ligneau – Comm. centr., 22 déc. 2000, *RDSS* 2001, 343, obs. Ligneau.
3. Comm. centr., 24 oct. 1975, Dépt. Gard, req. n° 6/75.
4. Comm. centr., 2 déc. 1987, *RDSS* 1988, 734, chron. Ligneau – Comm. centr., 28 avr. 2000, *RDSS* 2000, 813, chron. Ligneau.
5. Pour l'allocation de solidarité aux personnes âgées, la récupération s'effectue sur l'actif net successoral qui excède 39 000 euros.

Mais ce recours n'est **pas automatique** : il est apprécié au cas par cas et en équité[6], ce qui permet aux instances d'admission de prendre en considération le comportement des héritiers lorsqu'ils sont débiteurs alimentaires[7]. Il n'est soumis à aucune condition de délai, d'action contre les obligés alimentaires avant le décès du bénéficiaire ou d'inscription hypothécaire préalable.

322.65 Recours contre le donataire. Afin d'éviter que le bénéficiaire de l'Aide sociale ne se dépossède de ses biens, de son vivant, au profit de parents ou non, la collectivité se voit reconnaître la possibilité d'agir contre le donataire en récupération des sommes allouées. Il importe peu que la donation ait lieu avant ou après la demande d'aide sociale, car le but est d'éviter que l'allocataire ne soit tenté de donner ses biens avant pour s'appauvrir en vue de bénéficier de l'Aide sociale, ou après l'obtention de l'aide pour éviter la récupération.

Ce recours est laissé à l'appréciation des autorités publiques qui l'exercent en fonction des circonstances de la cause[8]. L'action peut être exercée du vivant de l'allocataire contre le donataire seulement (et non un acquéreur à titre onéreux) ou ses héritiers en cas de décès.

Il est soumis à un **double plafond** : il s'exerce à concurrence des sommes dues et récupérables à partir du premier euro, sans pouvoir excéder la valeur du bien donné appréciée au jour de l'introduction du recours, déduction faite, le cas échéant, des plus-values résultant des impenses ou du travail du donataire.

Le recours est envisageable contre **toutes les donations** : dons manuels, donations indirectes, déguisées, et celles reçues en la forme solennelle.

Les **contrats d'assurance-vie** posent en la matière des difficultés : on considère que si l'élément matériel de la donation caractérisé par le transfert de richesses et l'élément moral (c'est-à-dire intention libérale) sont constatés, une requalification en **donation indirecte** permet de soumettre l'assurance-vie à une action en récupération[9].

322.66 Recours contre le légataire. Afin d'éviter que le legs ne s'exécute, un recours particulier est ouvert à l'Aide sociale. Seul le légataire particulier est visé par le texte. Les autres légataires sont assimilés aux héritiers. Ce recours suit le régime du recours contre le donataire.

6. Comm. centr., 16 oct. 1987, *RFAS* 1988, *Cah. jur.*, n° 1, p. 31.
7. M. Borgetto et R. Lafore, *Droit de l'aide et de l'action sociales*, « Domat », 7e éd., Montchrestien, 2009, n° 207.
8. Comm. centr., 29 oct. 1999, *CJAS* n° 2000/02-03, p. 29.
9. V. CE 19 nov. 2004, M. Ramond et M. Roche, *RDSS* 2005, 89, concl. Devys.

CHAPITRE

323. Recours entre codébiteurs alimentaires

Muriel REBOURG
Maître de conférences
à l'Université de Bretagne occidentale

SECTION 0
Orienteur

323.00 **Plan du chapitre.**

323.01 **Textes applicables.**

> Obligation parentale d'entretien

C. civ., art. 203 et 371-2

> Principe de proportionnalité

C. civ., art. 208

> Absence de présomption de solidarité

C. civ., art. 1202

> Subrogation de plein droit

C. civ., art. 1251, 3°

323.02 **Jurisprudence de référence.**

> Recours de l'un des parents contre l'autre

• **Civ. 27 nov. 1935,** Épx Gibeaux, *GAJC* 11e éd., n° 51-52 (II)

* V. s^s^ n° 323.12

« Si chacun des père et mère est tenu pour le tout de l'obligation de nourrir, entretenir et élever les enfants communs, cette obligation unique au regard des enfants, qui en sont les créanciers, ne s'en divise pas moins entre les parents qui, dans leurs rapports entre eux, doivent en supporter le poids proportionnellement à leurs ressources. Par suite, si l'un d'eux s'est soustrait à l'exécution de ce devoir, celui qui en a assumé la charge a, en principe, un recours contre le défaillant. »

> Recours entre codébiteurs

• **Civ. 1re, 29 mai 1974,** Épx Gerfaud, *D.* 1975, 482, note Magnin

* V. s^s^ n° 323.21

« La personne tenue, en vertu de l'article 205, à une obligation alimentaire, dispose d'un recours contre ses coobligés pour les sommes qu'elle a payées excédant sa part contributive compte tenu des facultés respectives des débiteurs. »

• **Civ. 1re, 22 nov. 2005, n° 02-11.534,** *Bull. civ.* I, n° 419

* V. s^s^ n° 323.22

« Le montant de la dette alimentaire de chacun des débiteurs étant fixé en considération de ses ressources et charges, il n'y a ni solidarité ni obligation *in solidum* entre les codébiteurs d'aliments. »

• **Civ. 1re, 25 avr. 2007, n° 06-12.614,** *Bull. civ.* I, n° 155

* V. s^s^ n° 323.23

« Aucune disposition n'impose à la créancière d'aliments d'engager une action à l'encontre de tous les coobligés ni de préciser la situation des autres coobligés, la dette d'aliments étant une dette personnelle, dont le montant est fixé en considération de ressources du débiteur ».

323.03 **Bibliographie indicative.**

Actualisables. Rép. civ., M. Kornprobst, *V° Aliments*, n°s 231 à 234 – J.-Cl. civ., L. Leveneur « Obligations alimentaires », art. 205 à 211, fasc. 20, n°s 95 à 103 et fasc. 30, n° 121.

Ouvrages. G. Cornu, *La famille*, 9e éd., Montchrestien, 2006, n° 139 – Ph. Malaurie et H. Fulchiron, *La famille*, 3e éd., Éd. Defrénois, 2009, n°s 1750 à 1752 – F. Terré et D. Fenouillet, *Les personnes, la famille, les incapacités*, 7e éd., Dalloz, 2005, n° 311.

Articles. J. Frossard, « Le recours du débiteur alimentaire condamné contre les codébiteurs », *D.* 1967, chron. 23 – H. Lécuyer, « De la pluralité de débiteurs de l'obligation alimentaire », *Dr. fam.* 1997, chron. 2 – A. Lescaillon, « Les rapports entre codébiteurs d'aliments », *Rev. huissiers* 1990, p. 949 – Ch. Rieubernet, « Vers une évolution de la solidarité familiale », *Dr. fam.* 2007, étude 9.

323.04 **Questions essentielles.** En présence de plusieurs débiteurs alimentaires se pose la question de la nature juridique de leur obligation : s'agit-il d'une obligation conjointe, indivisible, solidaire (v. s^s^ n° 323.11), ou *in solidum* (v. s^s^ n° 323.21) ? Cette nature détermine le droit de poursuite du créancier et le droit de recours du débiteur poursuivi.

SECTION 1
EXCLUSION DE LA SOLIDARITÉ ET DE L'OBLIGATION CONJOINTE

323.11 Exclusion de la solidarité. En matière d'aliments, la solidarité est exclue par la jurisprudence. En effet, l'article 1202 du Code civil dispose que la solidarité, qui emporte, entre autres, représentation mutuelle des débiteurs solidaires, ne se présume pas; elle ne peut résulter que de la convention des parties ou de la loi. Or, aucun texte ne la prévoit entre codébiteurs alimentaires : à défaut de convention entre créancier et débiteur d'aliments, elle doit donc être écartée[1]. En outre, la solidarité supposerait, que tous les débiteurs alimentaires soient tenus de la même obligation; or, la dette de chacun doit être déterminée en tenant compte de ses ressources et charges[2].

La Cour de cassation a ainsi considéré qu'« *il n'y a pas de solidarité entre les débiteurs d'aliments; le montant de la dette alimentaire doit être fixé conformément à l'article 208 du Code civil, en ayant notamment égard aux ressources du débiteur* »[3].

323.12 Rejet de l'obligation conjointe. L'obligation alimentaire peut-elle être considérée comme une obligation conjointe, ce qui obligerait le créancier d'aliments à diviser ses poursuites entre ses différents débiteurs ? Elle se définit comme « *celle qui comporte plusieurs créanciers ou débiteurs entre lesquels elle se divise activement ou passivement, de sorte que chaque créancier n'a le droit de réclamer qu'une part dans la créance et chaque débiteur n'est tenu de payer qu'une part de la dette* ». La jurisprudence écarte cette solution lorsqu'elle permet au créancier de demander à l'un quelconque de ses débiteurs de lui fournir la totalité des aliments qui lui sont nécessaires[4]. En outre, un débiteur alimentaire ne peut alléguer de l'existence d'autres débiteurs pour refuser de fournir des aliments ou échapper en partie à son obligation.

La Cour de cassation considère en effet qu'« *en cas de pluralités de débiteurs, le juge qui fixe une dette d'aliments en ayant égard d'une part aux besoins du créancier et d'autre part à la fortune du débiteur, se conforme aux dispositions de l'article 208 du Code civil qui ne lui impose pas de diviser ou limiter cette dette en raison de l'existence d'un autre débiteur* »[5].

Dans la fixation de l'obligation de chaque débiteur à l'égard du créancier, le juge n'a pas à tenir compte de l'existence d'autres débiteurs mais seulement des ressources et charges de l'intéressé.

SECTION 2
OBLIGATION *IN SOLIDUM* PARTICULIÈRE

323.21 Obligation *in solidum* particulière. L'obligation *in solidum* permet de poursuivre chacun des coobligés pour l'**intégralité de la créance** sans avoir à diviser ses poursuites et sans qu'aucun ordre ou hiérarchie ne s'impose[6] (v. s^s^ n° 312.14). Cette notion a été inventée par la jurisprudence, en matière de responsabilité civile pour pallier l'impossibilité de prononcer des condamnations solidaires hors texte ou convention des parties. Ainsi, chacun des débiteurs alimentaires serait tenu de subvenir aux besoins du créancier pour le tout dans la mesure de ses propres ressources, qui n'est pas la même pour chaque coobligé[7], sans qu'il puisse invoquer la pluralité de débiteurs pour demander la division des poursuites. Le créancier alimentaire peut saisir l'un quelconque des débiteurs pour obtenir le paiement de la totalité de la dette de celui-ci, déterminée en tenant compte de ses ressources conformément à l'article 208 du Code civil. Et la personne tenue d'une obligation alimentaire dispose d'un recours contre ses coobligés pour les sommes qu'elle a payées excédant sa part contributive compte tenu des facultés respectives des débiteurs[8]. Ce recours est fondé sur la **subrogation de plein droit** prévue par l'article 1251 alinéa 3 du Code civil et exclut une action fondée sur l'enrichissement sans cause[9].

323.22 Incertitudes. La question de la nature juridique de l'obligation était incertaine tant en doctrine qu'en jurisprudence notamment depuis que la Cour de cassation avait rendu une décision dans laquelle, elle affirmait que « *le montant de la dette alimentaire de chacun des débiteurs étant fixé en considération de ses ressources et charges, il n'y a ni solidarité ni obligation* in solidum *entre les codébiteurs d'aliments* »[10].

1. Civ. 1re, 3 mars 1987, n° 85-13.986, *Bull. civ.* I, n° 80.
2. Civ. 1re, 29 janv. 2002, n° 99-16.519, *Bull. civ.* I, n° 28; *AJ fam.* 2002, 102; *Dr. et patr.* n° 104, mai 2002, n° 3089, obs. Chauvel.
3. Civ. 1re, 5 févr. 1991, n° 89-15.412, *Bull. civ.* I, n° 42; *Defrénois* 1991, 667, note Massip – CA Versailles, 29 mars 1990, *Juris-Data* n° 043535.
4. Civ. 27 nov. 1935, Épx Gibeaux, *GAJC*, 11e éd., n°s 51-52 (II); *DP* 1936, 1, 25, Rouast.
5. Civ. 1re, 5 févr. 1991, n° 89-13.559, *Bull. civ.* I, n° 43; *D.* 1991, IR 57.
6. Civ. 2 janv. 1929, Épx Giraud, *GAJC*, Dalloz, 11e éd., n° 51; *D.* 1929, 1, 137, note Savatier.
7. V. TERRÉ et FENOUILLET, n°s 311 s.
8. Civ. 1re, 29 mai 1974, Épx Gerfaud, *D.* 1975, 482, note Magnin.
9. CA Versailles, 29 sept. 1989, *D.* 1992, 67.
10. Civ. 1re, 22 nov. 2005, n° 02-11.534, *Bull. civ.* I, n° 419; *D.* 2005, IR 3031; *AJ fam.* 2006, 69, note Chénedé; *Defrénois* 2006, art. 38336, n° 7, obs. Massip; *RTD civ.* 2006, 104, obs. Hauser; *Dr. fam.* 2006, comm. 49, obs. Larribau-Terneyre.

En l'espèce quatre enfants avaient été condamnés par la cour d'appel à payer *in solidum* à leur mère une somme mensuelle à titre de pension alimentaire à répartir entre eux au besoin. L'arrêt est cassé logiquement puisque la cour d'appel aurait dû fixer le montant de la dette de chacun des coobligés en fonction de leurs capacités contributives (elle ne l'avait pas fait faute d'avoir obtenu les informations relatives à leurs ressources et charges). Chaque codébiteur aurait pu être poursuivi pour le tout, à charge pour le *solvens* d'exercer ensuite un recours en contribution contre ses codébiteurs. Mais dans cet arrêt, la Cour de cassation paraît opposée à cette solution qui est contraire à l'opinion d'une grande partie de la doctrine.

Ainsi pour certains auteurs, ce n'est pas parce que le montant de la dette alimentaire est fixé en considération des ressources de chacun qu'il n'y a ni solidarité ni obligation *in solidum*[1]. L'arrêt rendu le 22 novembre 2005 semble remettre en cause ces solutions et obliger le créancier à diviser ses poursuites, soit en agissant contre tous les débiteurs d'aliments, soit en précisant la situation des autres coobligés pour permettre au juge de fixer la part contributive du débiteur actionné[2].

323.23 Variété d'« obligation au tout ». Dans un arrêt du 25 avril 2007[3], la Cour de cassation revient à la position traditionnelle qui voit dans l'obligation alimentaire **une obligation au tout** ou *in solidum* particulière.

En l'espèce, une mère avait assigné deux de ses neuf enfants en paiement d'une pension alimentaire mais l'un des fils avait fait valoir qu'en présence de plusieurs débiteurs d'aliments, leur contribution devait être fixée en considération de la fortune de chacun d'eux. La Cour de cassation rejette le pourvoi en affirmant qu'« *aucune disposition n'impose à la créancière d'aliments d'engager une action à l'encontre de tous les coobligés ni de préciser la situation des autres coobligés, la dette d'aliment étant une dette personnelle, dont le montant est fixé en considération de ressources du débiteur* ».

Dès lors, l'un des débiteurs seulement peut être actionné pour le tout et peut donc être tenu au-delà de sa part contributive à charge pour lui d'exercer une **action récursoire** contre les autres. La contribution finale à la dette s'effectue alors *au prorata* des ressources respectives de chacun comme le confirme une réponse ministérielle en date du 26 avril 2007[4] (v. s[s] n° 312.91).

En pratique, il paraît toutefois judicieux d'actionner tous les débiteurs alimentaires car le juge n'a pas à tenir de l'existence d'autres débiteurs pour lesquels il n'a d'ailleurs pas ou peu d'informations sur leurs ressources. Dès lors, il fixe un montant maximum auquel le débiteur peut être tenu, notamment s'il est le seul à assumer l'obligation alimentaire. Lors du recours contre les coobligés, la contribution finale de ce débiteur tient compte des capacités contributives de l'ensemble des obligés : elle correspond à la somme qu'il devra effectivement payer si tous les obligés assument leur obligation, ce qui n'est pas toujours le cas. Et lorsque les autres débiteurs n'ont pas de ressources suffisantes, le débiteur actionné reste seul à contribuer aux besoins du créancier en fonction de sa situation financière; besoins qui peuvent donc ne pas être couverts entièrement.

323.24 Obligation parentale d'entretien (C. civ., art. 203 et 371-2). Le parent dispose d'un recours contre l'autre pour les sommes excédant sa part contributive à l'entretien des enfants communs, compte tenu des facultés respectives des débiteurs[5]. Les facultés respectives doivent être appréciées compte tenu des seules ressources dont disposait le débiteur à l'époque de la créance d'aliments[6]. Dès lors, le débiteur n'aura rien à payer s'il était, à cette date, hors d'état de contribuer à l'entretien des enfants.

1. V. J. Hauser, *RTD civ.* 2006, 104.
2. EN CE SENS, Massip, *Defrénois* 2006, 343; Rieubernet, *Dr. fam.* 2007, n° 9; Chénedé, *AJ fam.* 2006, 69.
3. Civ. 1re, 25 avr. 2007, n° 06-12.614, *Bull. civ.* I, n° 155; *AJ fam.* 2007, 269, obs. Chénedé; *Dr. fam.* 2007, comm. 147, note Ardoy; *JCP* 2008, I, 102, n° 8, obs. Rebourg; *JCP* 2007, II, 10167, note Eschylle.
4. Rép. min. Justice n° 23758, *JO Sénat* Q, 26 avr. 2007, p. 868.
5. Civ. 2e, 28 avr. 1980, n° 78-15.716, *Bull. civ.* II, n° 90 – Civ. 2e, 6 mars 2003, n° 01-14.664, *Bull. civ.* II, n° 46; *Defrénois* 2003, 1081, obs. Massip; *AJ fam.* 2003, 182, obs. F. B.; *Dr. fam.* 2003, n° 142, note Murat – Civ. 1re, 17 juin 2009, n° 07-20.628, NP.
6. Civ. 1re, 17 mai 1993, n° 91-15.658, *Bull. civ.* I, n° 168.

CHAPITRE

324. Créances nées de pensions alimentaires et procédures collectives

MURIEL REBOURG
MAÎTRE DE CONFÉRENCES
À L'UNIVERSITÉ DE BRETAGNE OCCIDENTALE

324.01 Textes applicables.

> Pas de déclaration des créances alimentaires au passif

C. com., art. L. 622-7, I

(réd. Ord. n° 2008-1345, 18 déc. 2008, portant réforme du droit des entreprises en difficulté, art. 22, JO 19 déc., p. 19462)

I.– Le jugement ouvrant la procédure emporte, de plein droit, interdiction de payer toute créance née antérieurement au jugement d'ouverture, à l'exception du paiement par compensation de créances connexes. Il emporte également, de plein droit, interdiction de payer toute créance née après le jugement d'ouverture, non mentionnée au I de l'article L. 622-17. Ces interdictions ne sont pas applicables au paiement des créances alimentaires. [...]

> Cause d'irresponsabilité pénale

C. pén., art. 122-3

N'est pas pénalement responsable la personne qui justifie avoir cru, par une erreur sur le droit qu'elle n'était pas en mesure d'éviter, pouvoir légitimement accomplir l'acte.

324.02 Jurisprudence de référence.

> Créance née de pension alimentaire et procédures collectives

• **Com. 8 oct. 2003, n° 99-21.682,** *Bull. civ.* IV, n° 151

* V. s^{s} n° 324.11

« La créance née d'une pension alimentaire n'a pas à être déclarée au passif du débiteur soumis à une procédure collective et échappe ainsi à l'extinction, faute de déclaration. »

• **Com. 13 juin 2006, n° 05-17.081,** *Bull. civ.* IV, n° 141

* V. s^{s} n° 324.14

« Lorsque le créancier les déclare aussi en vue de leur admission au passif de la procédure collective, les règles relatives à la procédure de déclaration et de vérification des créances et à l'admission dans les répartitions et dividendes leur sont applicables, sans pour autant que la non-admission à ce passif affecte ses droits de créancier d'aliments. »

324.03 Bibliographie indicative.

Actualisable. RÉP. CIV., M. Kornprobst, *V° Aliments*, n°s 246 à 252.

Ouvrages. M. Jeantin et P. Le Cannu, *Droit commercial, entreprises en difficulté*, 7e éd., Dalloz, 2006, n°s 477 à 477-1 – F. Pérochon et R. Bonhomme, *Entreprises en difficulté – Instruments de crédit et de paiement*, 8e éd., LGDJ, 2009, n° 528 – *Droit patrimonial de la famille et entreprises en difficulté*, Colloque du CRAJEFE du 23 mars 2002, *LPA* 24 avr. 2003, 35, n° 1.

Articles. A. Flasaquier, « Le nouveau statut des créances alimentaires dans les procédures collectives », *LPA* 2004, n° 135, 15 – I. Goaziou-Huret, « Divorce et procédures collectives », *RTD com.* 2002, 627 – A. Perrodet, « Le conjoint du débiteur en redressement judiciaire », *TD com.* 1999, 1 – S. Raby, « L'indifférence de la procédure collective sur le recouvrement de la créance née d'une prestation compensatoire », *JCP N* 2005, 1292 – M. Storck, « Pensions alimentaires, prestations compensatoires et procédures de redressement et de liquidation judiciaires », *Rev. proc. coll.* 1989, p. 1 – Ph. Théry, « Le sort de la créance d'aliments dans les procédures collectives », *Mél. Jean Buffet*, Montchrestien, 2004, p. 431, spéc^{t} p. 436 s. – D. Villani-Rondeau, « L'influence de la procédure collective sur les intérêts pécuniaires de l'ex-conjoint », *Dr. et patr.* juill.-août 2000, p. 48, spéc^{t} p. 53.

324.04 Questions essentielles. Lors de l'ouverture d'une procédure collective à l'encontre d'un débiteur d'aliments, il convient de savoir si la pension alimentaire doit nécessairement être déclarée au passif de ce débiteur (v. s^{s} n° 324.11) et quelles seraient les conséquences d'une telle déclaration (v. s^{s} n° 324.14).

324.11 Pas de déclaration de la créance alimentaire au passif. *Avant l'entrée en vigueur de la loi de sauvegarde des entreprises de 2005*, l'article L. 621-43 ancien du Code de commerce imposait la déclaration de toute créance ayant son origine **antérieurement au jugement d'ouverture**, sous peine d'extinction de la créance. En 2003, la Cour de cassation a décidé que la **créance née d'une pension alimentaire**, qui fait naître à la charge du débiteur en procédure collective une dette personnelle, n'a pas à être déclarée au passif et échappe ainsi à l'extinction, faute de déclaration[1]. Le même jour, après avoir observé que la **créance de prestation compensatoire** a pour partie un caractère alimentaire, elle décidait de la faire échapper également à la procédure collective et la dispensait de déclaration au passif. C'est donc bien **le caractère alimentaire de la créance qui justifie cette solution.**

L'intérêt de cette jurisprudence est donc de faire échapper le créancier alimentaire à l'extinction faute de déclaration. Cette solution nouvelle est favorable au créancier alimentaire négligent qui ayant omis de déclarer sa créance se voyait auparavant sanctionné par la perte de celle-ci.

La loi n° 2005-845 du 26 juillet 2005[2], *de sauvegarde des entreprises*, a ensuite précisé à l'article L. 622-24 alinéa 5 ancien du Code de commerce que les **créances d'aliments postérieures au jugement d'ouverture** sont, par exception, dispensées de déclaration au passif. Elles peuvent donc être payées faute d'application à leur égard de l'interdiction des paiements de l'article L. 622-7 du Code de commerce.

Mais la loi de 2005 n'a pas précisé le régime des **créances d'aliments antérieures au jugement d'ouverture**, ce qui a conduit certains auteurs à s'interroger sur l'obligation ou non de déclaration au passif[3]. D'aucuns pensent que la dispense de déclaration des créances alimentaires pourrait être maintenue puisque les raisons qui l'ont fait naître n'ont pas disparu. Mais une interprétation *a contrario* de l'article L. 622-24 alinéa 5 ancien du Code de commerce permettrait de réclamer un changement de jurisprudence[4] puisque l'on pourrait considérer que cet article joue pour les créances alimentaires antérieures à l'ouverture de la procédure collective. Tout dépend de ce que l'on entend par **date de naissance de la créance alimentaire** et notamment s'il s'agit de la condition de besoin qui ouvre le droit aux aliments. D'autres auteurs remarquent « *qu'il est préférable de ne pas multiplier à l'infini les règles juridiques applicables aux créanciers* »[5] d'autant que la loi de sauvegarde des entreprises a supprimé le principe d'extinction des créances non déclarées, ce qui limitera les dommages subis par le créancier d'aliments.

L'ordonnance du 18 décembre 2008 réformant le droit des entreprises en difficultés[6] règle la question en affirmant à l'article L. 622-7 du Code de commerce que les interdictions de payer qui frappent les créances après l'ouverture de la procédure par le jugement ne sont pas applicables au paiement des créances alimentaires. Elle reconnaît ainsi le **droit du créancier d'aliments d'ignorer la procédure collective quelle que soit la date de naissance de sa créance** – qu'elle soit postérieure ou antérieure au jugement d'ouverture.

324.12 Paiement sur les revenus du débiteur ou par procédés de recouvrement forcé. Il résulte également de la jurisprudence de 2003 que la créance alimentaire sera payée sur les revenus dont le débiteur dispose et, à défaut, recouvrée par les procédés de recouvrement forcé, telles les procédures de paiement direct ou de recouvrement public des pensions alimentaires[7] (v. s^s^ n°s 321.00 s.). Mais on observe toutefois « *qu'en cas de liquidation judiciaire, le dessaisissement rend difficile la libre disposition des revenus et le paiement direct suppose que le débiteur en procédure collective soit (encore) créancier de quelqu'un* »[8].

324.13 Erreur de droit. En revanche, le débiteur ne peut se prévaloir de la lettre du représentant des créanciers lui enjoignant de cesser de payer la pension alimentaire pour bénéficier des dispositions de l'article 122-3 du Code pénal relatives à l'erreur de droit. En effet, un simple avis donné par un professionnel de droit, autorité privée, ne saurait constituer une telle erreur. Le non-paiement de la pen-

1. Com. 8 oct. 2003, n° 99-21.682, et n° 00-14.760, *Bull. civ.* IV, n°s 151 et 152; *Dr. fam 2003*, comm. 132, obs. Lécuyer; *JCP* 2004, II, 10012, note Becqué-Ickowicz; *JCP E* 2004, 336; *AJ fam.* 2004, 23, note David; *D.* 2003, 2637, note Lienhard; *RJPF* 2003-12/34, p. 24, note Valory; *Defrénois* 2004, 151, obs. Massip – V. AUSSI, Com. 4 avr. 2006, n° 04-16.672, *Bull. civ.* IV, n° 89; *D.* 2006, 1166, obs. Lienhard.
2. L. n° 2005-845, 26 juill. 2005, de sauvegarde des entreprises, *JO* 27 juill., p. 12187.
3. F. Pérochon et R. Bonhomme, *Entreprises en difficulté – Instruments de crédit et de paiement*, 7e éd., LGDJ, 2006, n° 528.
4. M. Jeantin et P. Le Cannu, *Droit commercial, entreprises en difficulté*, « Précis », 8e éd., Dalloz, 2009, n° 477.
5. Le Corre et Lucas, *D.* 2007, 42.
6. Ord. n° 2008-1345, 18 déc. 2008, portant réforme du droit des entreprises en difficulté, *JO* 19 déc., p. 19462.
7. Com. 1er févr. 2005, n° 01-13.943, *Bull. civ.* IV, n° 18; *D.* 2005, 2196, note Revel; *D.* 2005, 489, obs. Lienhard; *JCP N* 2005, 1292, étude Raby; *RTD civ.* 2005, 375, obs. Hauser.
8. M. Jeantin et P. Le Cannu, *Droit commercial, entreprises en difficulté*, « Précis », 8e éd., Dalloz, 2009, n° 477.

sion alimentaire, même non déclarée, peut donc être sanctionné par le **délit d'abandon de famille**[1].

324.14 Conséquences d'une déclaration de la créance au passif. Dans un arrêt rendu le 13 juin 2006, tout en confirmant les solutions retenues en 2003, la Cour de cassation précise ce qu'il en est lorsque des créances nées d'une prestation compensatoire ou d'une pension alimentaire ont été déclarées : « *Lorsque le créancier les déclare aussi en vue de leur admission au passif de la procédure collective, les règles relatives à la procédure de déclaration et de vérification des créances et à l'admission dans les répartitions et dividendes leur sont applicables, sans pour autant que la non-admission à ce passif affecte ses droits de créancier d'aliments* »[2].

La Cour de cassation donne le **choix au créancier d'aliments** :

– **ou bien il ne déclare pas sa créance** et il sera alors payé sur les revenus dont le débiteur conserve la libre disposition ou par la voie du paiement direct ou du recouvrement public des pensions alimentaires;

– **ou bien il déclare sa créance** et il pourra participer aux répartitions et dividendes dans la procédure collective, comme tout créancier antérieur : il augmente par conséquent ses droits à être payé si le débiteur obtient un plan mais il accepte également les contraintes de cette procédure, notamment en cas de rejet de la créance, il se trouvera dans la même situation que s'il n'avait pas déclaré sa créance[3].

1. Crim. 7 janv. 2004, n° 03-82.337, *Bull. crim.*, n° 5; *D.* 2004, 419, obs. Lienhard; *JCP* 2004, II, 10060, note Pomart; *RJPF* 2004-4/38, obs. Valory – Crim. 9 juin 2004, n° 03-84.029, *Bull. crim.*, n° 158; *D.* 2004, AJ 2157; *AJ fam.* 2004, 326, obs. David; *LPA* 12 avr. 2005, note Zattara; *RTD civ.* 2004, 721, obs. Hauser.
2. Com. 13 juin 2006, n° 05-17081, *Bull. civ.* IV, n° 141; *D.* 2006, 1681, obs. Lienhard; *D.* 2006, 1969, note Vincent; *RTD com.* 2006, 662, obs. Martin-Serf; *AJ fam.* 2006, 333, obs. F. C.; *Dr. fam.* 2006, n° 163, p. 17.
3. OBS. CRIT., Le Corre et Lucas, *D.* 2007, 42.

CHAPITRE

325. Créances nées de pensions alimentaires et droit du surendettement

MURIEL REBOURG
MAÎTRE DE CONFÉRENCES
À L'UNIVERSITÉ DE BRETAGNE OCCIDENTALE

325.01 Textes applicables.

> Suspension des procédures d'exécution portant sur les dettes autres qu'alimentaires

C. consom., art. L. 331-5

> Suspension de l'exigibilité des créances autres qu'alimentaires pour une durée de deux ans

C. consom., art. L. 331-7-1

> Suspension de l'exigibilité des créances autres qu'alimentaires dans la procédure de rétablissement personnel

C. consom., art. L. 332-6

> Exclusion de toute remise, rééchelonnement ou effacement des dettes alimentaires

C. consom., art. L. 333-1

325.02 Jurisprudence de référence.

• **Cass. avis, 8 oct. 2007, n° 07-00.013,** *Bull. civ. avis*, n° 9

* V. s[s] n° 325.14

« Au sens de l'article L. 333-1 du Code de la consommation, ne constituent pas des dettes alimentaires du débiteur surendetté, les dettes à l'égard d'une collectivité publique pour des créances portant sur des frais de restauration scolaire, d'accueil périscolaire ou de centre de loisirs ». Ainsi, en cas de surendettement, ces dettes ne sont-elles pas « exclues de toute remise, de tout rééchelonnement ou effacement ».

• **Civ. 2e, 23 oct. 2008, n° 07-17.649, *Bull. civ.*** II, n° 225

* V. s[s] n° 325.14

« Les dettes à l'égard d'un établissement hospitalier correspondant à des frais d'hospitalisation d'un enfant du débiteur, ne constituent pas des dettes alimentaires au sens de l'article L. 333-1 du Code de la consommation ».

• **Civ. 2e, 19 mars 2009, n° 07-20.315, *Bull. civ.*** II, n° 79

* V. s[s] n° 325.14

« Les dettes à l'égard d'une maison de retraite ne constituent pas des dettes alimentaires au sens de l'article L. 333-1 du Code de la consommation ».

325.03 Bibliographie indicative.

Actualisable. RÉP. CIV., M. Kornprobst, *V° Aliments*, n°s 181 s. – RÉP. CIV., Y. Picod et V. Valette-Ercole, *V[is] Surendettement des particuliers*, n° 34 – J.-CL. NOTARIAL FORMULAIRE, D. Montoux, *V° Surendettement des particuliers*, fasc. 20, n° 129.

Ouvrages. J. Calais-Auloy et F. Steinmetz, *Droit de la consommation*, « Précis », 7e éd., Dalloz, 2006, n°s 524 s. – F. Ferrière et P.-L. Chatain, *Surendettement des particuliers*, « Dalloz Référence », 3e éd., Dalloz, 2006 – J. Julien, *Droit de la consommation et du surendettement*, « Cours », Montchrestien, 2009, n° 421, p. 462 – G. Raymond, *Droit de la consommation*, « Litec Professionnels », LexisNexis/Litec, 2008, 682 s. – V. Vigneau et G.-X. Bourin, *Droit du surendettement des particuliers*, « Litec pratique professionnelle », 1re éd., 2007.

Articles. G. Lelabourier-Fleury Le Gros, « La notion de créance alimentaire dans les procédures de surendettement des particuliers, *Dr. fam.* 2009, étude 22 – G. Paisant, « Surendettement et dettes d'aliments », *RTD com.* 1996, 522 – G. Pignarre, « Droit du surendettement et dettes d'aliments », *JCP E* 1998, I, 150.

325.04 Questions essentielles. Les créanciers alimentaires bénéficient d'un traitement de faveur dans le doit du surendettement en raison de la nature de leur créance. Ils ont droit au paiement de leur créance malgré l'ouverture de la procédure de surendettement à l'encontre de leur débiteur (v. s[s] n° 325.12) et leur créance ne peut faire l'objet de remise, d'effacement ou de rééchelonnement (v. s[s] n° 325.13).

325.10 Situation de surendettement. L'article L. 330-1 alinéa 1er du Code de la consommation définit le surendettement comme « *l'impossibilité manifeste pour une personne physique de bonne foi de faire face à l'ensemble de ses dettes non professionnelles exigibles et à échoir* » ou « *à l'engagement qu'elle a donné de cautionner ou d'acquitter solidairement la dette d'un entrepreneur individuel ou d'une société.* » Dans l'évaluation du surendettement, toutes les dettes non professionnelles sont prises en compte même celles qui ne peuvent pas faire l'objet de mesures d'aménagement telles que les dettes alimentaires[1].

325.11 Traitement spécifique des créances alimentaires. Le droit du surendettement des particuliers vise à permettre à un débiteur surendetté de se sortir de ses difficultés financières. À cette fin, il met en place différents types de mesures susceptibles d'être appliquées voire imposées aux créanciers. Dans le même temps, le créancier d'aliments lutte également pour subvenir à ses besoins. Cette situation explique que les créances alimentaires bénéficient d'un traitement de faveur dans le droit du surendettement des particuliers. Le législateur souhaite ainsi protéger le créancier d'aliments et éviter également que le débiteur surendetté élude le paiement de ses devoirs alimentaires.

325.12 Droit au paiement et à l'exécution de la créance alimentaire. Après l'ouverture d'une procédure de surendettement, si la situation du débiteur l'exige, le juge peut prononcer la **suspension provisoire des procédures d'exécution** entreprises contre le débiteur pour obtenir le paiement de sa créance sauf pour les dettes alimentaires (C. consom., art. L. 331-5 et L. 332-6). Ces dernières ne peuvent donc être suspendues, ce qui permet au créancier d'aliments d'être payé malgré l'ouverture d'une procédure de surendettement.

En cas d'insolvabilité non irrémédiable du débiteur, la commission de surendettement peut recommander soit la **suspension de l'exigibilité des créances** pour une durée qui ne peut excéder deux ans soit, par une proposition spéciale et motivée, **l'effacement partiel des créances**. Par exception, elle ne peut pas recommander la suspension de l'exigibilité des créances alimentaires (C. consom., art. L. 331-7-1).

325.13 Immutabilité de la créance alimentaire. L'article L. 333-1 du Code de la consommation prévoit que **la créance alimentaire est exclue de toute remise, de tout rééchelonnement ou effacement**, sauf si le créancier y consent. Compte tenu de son caractère vital, la créance alimentaire ne peut donc être remise en cause; il paraît en outre peu probable que le créancier dans le besoin accepte l'une de ces mesures.

325.14 Notion de dettes alimentaires. Le traitement spécifique accordé aux dettes alimentaires conduit certains créanciers du débiteur surendetté à tenter de se voir appliquer ce régime en arguant du caractère alimentaire de leur créance. Des interrogations quant à la qualification de certaines dettes ont vu le jour en jurisprudence, le législateur n'ayant pas défini les dettes visées à l'article L. 333-1 du Code de la consommation (v. s^s n° 312.07).

Certains juges du fond avaient considéré que les **dettes de cantine scolaire** constituent des dettes alimentaires et avaient donc conclu à une impossibilité de remise, rééchelonnement ou effacement sauf accord du créancier[2], considérant que la collectivité territoriale se substituait aux parents pour nourrir l'enfant. « *Il y aurait une sorte de subrogation réelle entre l'obligation alimentaire des parents à l'égard de leurs enfants et les sommes dues à la collectivité territoriale* »[3]. Une position identique existait pour les **dettes de santé**[4].

Mais des divergences existaient entre les juges du fond et la Cour de cassation fut saisie d'une demande d'avis. Dans sa réponse, elle considère qu'« *au sens de l'article L. 333-1 du Code de la consommation, ne constituent pas des dettes alimentaires du débiteur surendetté, les dettes à l'égard d'une collectivité publique pour des créances portant sur des frais de restauration scolaire, d'accueil périscolaire ou de centre de loisirs* ». Ainsi, en cas de surendettement, ces dettes ne sont-elles « *pas exclues de toute remise, de tout rééchelonnement ou effacement* »[5].

La même solution vaut pour les dettes à l'égard d'établissement de santé pour les frais d'hospitalisation d'une enfant[6] ou pour les dettes à l'égard d'une maison de retraite[7]. Bien que la créance de la collectivité publique ou de l'établissement de santé

1. Civ. 2e, 22 mars 2006, n° 04-04.124, *Bull. civ.* II, n° 88; *D.* 2006, AJ 1368, obs. Rondey; *RTD com.* 2006, 678, obs. Paisant; *JCP* 2006, IV, 1912; *Dr. et patr.* juin 2007, 90, obs. Macorig-Venier.

2. CA Poitiers, 3 janv. 2006, *CCC* 2006, comm. 242, obs. Raymond – CONTRA : CA Rouen, 20 sept. 2007, *Juris-Data* n° 343186, *CCC* 2008, comm. 121.
3. G. Raymond, *Droit de la consommation*, « Litec Professionnels », Lexis-Nexis/Litec, 2008, 682 s.
4. CA Limoges, 17 janv. 2007, *Jursis-Data* n° 328837, *CCC* 2007, comm. 164.
5. Cass. avis, 8 oct. 2007, n° 07-00.013, *Bull. avis*, n° 9; *CCC* 2007, n° 313, note Raymond; *D.* 2007, AJ 2669, obs. Rondey; *JCP* 2007, II, 10203, note Dagorne Labbé; *RTD civ.* 2008, 97, obs. Hauser; *RTD com* 2008, 193 s., note Paisant.
6. Civ. 2e, 23 oct. 2008, n° 07-17.649, *Bull. civ.* II, n° 225; *D.* 2008, 2864 – V. AUSSI, CA Chambéry, 4 déc. 2007, *CCC* 2008, n° 146, note Raymond.
7. Civ. 2e, 19 mars 2009, n° 07-20.315, *Bull. civ.* II, n° 79; *D.* 2009, 945, obs. Tchotourian.

porte sur une **prestation de service de nature alimentaire**, la créance n'est pas pour autant une créance alimentaire car le créancier (c'est-à-dire la collectivité) n'est pas un créancier alimentaire au sens du droit civil. La collectivité publique ou l'établissement de santé « *sont simplement titulaires d'une créance de somme d'argent à raison des aliments fournis aux enfants en exécution du contrat passé avec leurs parents* »[1]. Cette solution se justifie aussi par l'idée que la collectivité ou l'établissement de santé ne sont pas dans une situation de besoin[2]. En définitive, seule revêt un caractère alimentaire la **créance dont bénéficie une personne, dans le besoin**, directement contre le débiteur surendetté[3].

1. V. G. Lelabourier-Fleury Le Gros, « La notion de créance alimentaire dans les procédures de surendettement des particuliers, *Dr. fam.* 2009, étude 22.
2. V. Paisant, *RTD com* 2008, 193 s.
3. Lelabourier-Fleury Le Gros, préc. s[s] prés[t] n°.

TITRE

33. La protection du faible

SECTION 0

ORIENTEUR

33.00 **Plan du titre.**

CHAPITRE

331. Tutelle du mineur

THIERRY FOSSIER
PRÉSIDENT DE LA CHAMBRE DE LA RÉGULATION
DE LA COUR D'APPEL DE PARIS
PROFESSEUR ASSOCIÉ
À L'UNIVERSITÉ DE CLERMONT-FERRAND I

SECTION 0
ORIENTEUR

331.00 Plan du chapitre.

331.01 Textes applicables.

• Code civil

> Juge des tutelles et procureur de la République – rôles respectifs

C. civ., art. 388-3

> Cas de tutelle et régime

C. civ., art. 393 à 411

> Gestion patrimoniale pour un mineur

C. civ., art. 496 à 514

• Code de procédure civile

> Juge des tutelles – compétence territoriale

C. pr. civ., art. 1211

> Juge des tutelles – amende civile

C. pr. civ., art. 1216

> Juge des tutelles – saisine

C. pr. civ., art. 1217

> Demande de protection judiciaire – consultation du dossier et délivrance de copies

C. pr. civ., art. 1222 à 1224

> Juge des tutelles – décision

C. pr. civ., art. 1226 à 1229

> Juge des tutelles – notification de la décision

C. pr. civ., art. 1230 à 1231

> Juge des tutelles – exécution de la décision

C. pr. civ., art. 1232 à 1233

> Juge des tutelles – voies de recours contre ses décisions

C. pr. civ., art. 1239 à 1247

> Inventaire

C. pr. civ., art. 1253

> Compte de gestion – vérification et approbation annuelle

C. pr. civ., art. 1254

Pupilles de l'État – dispositions particulières

C. pr. civ., art. 1261 et 1261-1

• Décret

Décr. n° 2008-1484, 22 déc. 2008, relatif aux actes de gestion du patrimoine des personnes placées en curatelle ou en tutelle, et pris en application des articles 452, 496 et 502 du Code civil, *JO* 31 déc., p. 20631

331.02 Jurisprudence de référence.

> Forme de la tutelle testamentaire

• Civ. 1re, 24 oct. 1995, n° 93-20.433, *Bull. civ.* I, n° 373

* V. ss nos 331.61 et 331.113

> Conditions de la tutelle départementale

• Civ. 1re, 30 mai 2000, n° 98-13.609, NPT

* V. ss n° 331.85

• **Civ. 1re, 20 nov. 1985,** *JCP N* 1987, II, p. 137, note Fossier
* V. ss no 331.85
• **Civ. 1re, 2 mai 1990, no 88-16.664,** *Bull. civ.* I, no 94
* V. ss no 331.85

> Responsabilité civile du tuteur pour les faits dommageables du mineur
• **Crim. 28 mars 2000, no 99-84.075,** *Bull. crim.*, no 140
* V. ss no 331.112

> Intervention de tiers
• **Civ. 1re, 24 oct. 1995, no 93-20.433,** *Bull. civ.* I, no 373
* V. ss nos 331.61 et 331.113
• **Civ. 1re, 6 juill. 1999, no 97-21.772,** NPT
* V. ss no 331.113
• **Civ. 1re, 12 oct. 1999, no 97-17.017,** NPT
* V. ss no 331.113

> Mécanisme des autorisations du juge ou du conseil de famille
• **Civ. 3e, 23 juin 2004, no 03-11.311,** *Bull. civ.* III, no 130.
* V. ss nos 331.31

331.03 Bibliographie indicative.

Actualisable. RÉP. CIV., G. Raymond, *Vo Administration légale et tutelle.*

Ouvrages. F. Arbellot, *Droit des tutelles*, « Praxis », 2e éd., Dalloz, 2007, nos 24.00 s. à 29.00 s. – M. Bauer, T. Fossier et L. Pécaut-Rivolier, *La réforme des tutelles, ombres et lumières*, Dalloz, 2006, chap. 1.1 à 1.9 – M. Bauer et T. Fossier, *Les tutelles, protection juridique et sociale des enfants et des adultes*, 3e éd., ESF, 1999, p. 144 à 260 – J. Massip, *Les incapacités, étude théorique et pratique*, 1re éd., Éd. Defrénois, 2002, nos 133 à 284 – F. Terré et D. Fenouillet, *Droit civil, Les personnes, La famille, Les incapacités*, « Précis », 7e éd., Dalloz, 2005, nos 1128 à 1199.

Articles. G. Crémont et H. Lenouvel, « La constitution du patrimoine d'une personne vulnérable par le biais d'une société civile », *RJPF* 2006-5/6; « La donation avec charges, alternative patrimoniale à la constitution de revenus pour une personne vulnérable ? », *Defrénois* 2006, p. 541 – G. Crémont, H. Lenouvel et F. Loustalet, « La donation-partage, outil de constitution et de gestion du patrimoine d'une personne vulnérable », *JCP N* 2006, I, 1191 – I. Corpart, « Plus de solidarité familiale pour l'avenir des enfants handicapés (à propos de la réforme des successions et libéralités) », *JCP* 2006, I, 128 – T. Fossier, « De Versailles à Strasbourg... vingt ans de responsabilité notariale en matière d'incapacités », *JCP N* 2006, I, 1141; « La responsabilité du tuteur et du juge des tutelles selon les décisions des trois ordres de juridictions », *RDSS* 2001, 364; Fossier, « Le juge et le bon père de famille, les responsabilités du juge des tutelles dans la gestion du patrimoine du mineur » *AJ fam.* 2002, 363; « Mémoire pour servir à l'histoire d'une loi future, sources d'inspiration de la réforme du droit des incapacités », *Dr. fam.* 2002, chron. 12 et 15; « L'entreprise familiale et l'incapable », *Defrénois* 2001, p. 151; « La représentation légale des incapables, une théorie à construire », *Dr. fam.* 2004, chron. 10; « Noces de perle entre les familles, les notaires et les juges : 30 ans d'application de la nouvelle tutelle des mineurs », *LPA*, no spéc., Congrès des notaires, mai 1995; « Noces d'émeraude entre notaires et juges : vers une réforme des tutelles ? », *Dr. fam.* 2006, chron. 26; « Gestion du patrimoine, tradition et nouveautés (avant-projet de réforme des tutelles) », *JCP N* 2006, I, 1153; « Comptes et responsabilités, un renforcement des contrôles (avant-projet de réforme des tutelles) », *JCP N* 2006, I, 1152 – J. Hauser, « De la nature juridique de la représentation légale des mineurs (à propos de l'arrêt de chambre mixte de la Cour de cassation du 9 février 2001) », *RJPF* juin 2001, p. 6 – E. Naudin, « La protection de l'associé mineur d'une société civile immobilière face aux emprunts contractés par la société », *Dr. fam.* 2006, chron. 26 – F.-J. Pansier, « Le conseil de famille », *RJPF* 2000, no 1, p. 6 – J.-M. Plazy, « Le rajeunissement de la tutelle des mineurs (à propos de l'avant-projet de réforme des tutelles) », *JCP N* 2006, I, 1154.

331.04 Questions essentielles.

> Le juge des tutelles doit-il composer le conseil de famille en tenant d'abord compte de l'intérêt porté au mineur, ou en donnant la priorité à l'ordre naturel de la famille ?
* V. ss no 331.41

> Quel poids véritable doit avoir la volonté des parents défunts dans la tutelle à la personne du mineur ?
* V. ss no 331.111

331.05 Délais.

> Le délai de recours en réformation contre les délibérations du conseil de famille est de **quinze jours**.
* V. ss no 331.55

> Le délai de recours en nullité de la désignation est de **deux ans** à compter de la délibération ou de la majorité du mineur.
* V. ss no 331.54

SECTION 1
CAS D'OUVERTURE DE LA TUTELLE

§ 1
Ouverture automatique

331.11 Tutelles spéciales et tutelle de droit commun. Dans les développements qui vont suivre, nous laisserons délibérément de côté les tutelles spéciales concernant :

– les pupilles de l'État (v. ss nos 241.131 à 241.141);

– les pupilles de la Nation (Décr. no 51-469, 24 avr. 1951, art. 472 s., portant Code des pensions militaires d'invalidité et des victimes de la guerre).

Nous n'examinerons ici que la tutelle de droit commun prévue par le Code civil aux articles 390 à 476, la tutelle familiale et la tutelle départementale (sur laquelle, v. ss no 331.85).

331.12 Ouverture de la tutelle par l'effet de la loi. L'article 390 du Code civil, modifié par la loi n° 2009-61 du 16 janvier 2009[1], en son article 1er, dispose :

« *La tutelle s'ouvre lorsque le père et la mère sont tous deux décédés ou se trouvent privés de l'exercice de l'autorité parentale.*

Elle s'ouvre, aussi, à l'égard d'un enfant dont la filiation n'est pas légalement établie ».

On n'évoquera que pour mémoire la situation de l'enfant sans filiation : la tutelle des pupilles de l'État (v. ss nos 241.131 à 241.141) est presque toujours mise en œuvre, sans délai, dans ce type de cas, de sorte que la tutelle du Code civil n'a pas lieu de s'appliquer concrètement.

À l'égard de tout enfant (jusqu'à la loi du 4 mars 2002[2], le texte restreignait la règle à l'enfant légitime ou légitimé), la tutelle s'ouvre, en principe, au décès du survivant de ses père et mère. En pareil cas, comme l'enfant n'a plus de parent susceptible de prendre en charge la gestion de ses biens, il faut nécessairement lui donner un tuteur (C. civ., art. 390). Il y a également lieu à ouverture de la tutelle lorsque les parents de l'enfant, bien que vivants, viennent à se trouver l'un et l'autre dans l'un des cas prévus à l'article 373 du Code civil (pour une énumération de ces cas, v. ss nos 234.172 s.).

En amalgamant les deux situations qui précèdent, la tutelle s'ouvre encore lorsque, l'un des parents de l'enfant étant décédé, l'autre vient à se trouver dans l'un des cas prévus à l'article 373 du Code civil, ou vice versa. En ce cas, en effet, il ne reste plus ni père ni mère en état d'exercer l'autorité parentale (C. civ., art. 373-5, réd. L. n° 87-570, 22 juill. 1987).

§ 2 Ouverture judiciaire

331.21 Ouverture de la tutelle par décision du juge des tutelles ou du juge aux affaires familiales. En dehors des situations ci-dessus énoncées, qui rendent inévitable l'ouverture de la tutelle, la loi permet au juge des tutelles, parfois à d'autres juridictions familiales, d'ouvrir la tutelle même lorsque le ou les parents de l'enfant sont vivants et ne se trouvent pas dans l'un des cas prévus à l'article 373 du Code civil; mais les conditions dans lesquelles ce magistrat est susceptible d'intervenir varient selon que l'enfant est sous le régime de l'**administration légale sous contrôle judiciaire** ou sous celui de l'**administration légale pure et simple**. Ces conditions, parce qu'elles sont exclusivement relatives au fonctionnement des administrations légales, sont étudiées avec ces institutions (v. ss nos 234.221 s.).

1. L. n° 2009-61, 16 janv. 2009, ratifiant l'ordonnance n° 2005-759 du 4 juillet 2005 portant réforme de la filiation et modifiant ou abrogeant diverses dispositions relatives à la filiation, *JO* 18 janv., p. 1062.
2. L. n° 2002-305, 4 mars 2002, relative à l'autorité parentale, *JO* 5 mars, p. 4161.

SECTION 2 CHARGES TUTÉLAIRES

§ 1 Répartition des compétences

A. Conseil de famille et tuteur

331.31 Articulation générale. Directement issue de l'ancien droit, la tutelle avec conseil de famille repose sur un principe de consensus familial autour du mineur orphelin, pour les décisions graves; et sur la présence d'un représentant légal, dont le rôle est à la fois de conception de tous les actes, de mise en œuvre des délibérations du conseil à propos des actes graves et d'action « autonome » en ce qui concerne les actes moins importants.

Le **conseil de famille** représente, sous réserve des recours devant le tribunal de grande instance, **l'autorité dans la tutelle** :

– il organise la tutelle, par la désignation du tuteur et du subrogé tuteur (v. ss nos 331.63 et 331.81);

– il assume la direction du gouvernement de la personne de l'enfant (v. ss n° 331.112);

– il décide, en matière patrimoniale, d'autoriser les actes de disposition (v. ss n° 331.121);

– il contrôle en partie le tuteur, notamment pour les mouvements de capitaux.

Si les **organes de la tutelle** s'avisaient de ne pas respecter les compétences du conseil de famille, la nullité de leurs actes s'ensuivrait nécessairement. Il en a été jugé ainsi notamment pour des actes de disposition[3]. Il en est de même lorsque le conseil est saisi non pas d'un projet, mais d'un acte fait sans son autorisation et simplement assorti d'une condition suspensive de son autorisation[4].

3. Cass. ass. plén., 28 mai 1982, n° 79-13.660, *Bull. ass. plén.*, n° 3; *D.* 1983, 117, concl. Cabannes, et 349, note Gaillard.
4. Cass. ch. réun., 21 mai 1897, *DP* 1897, 1, 277, concl. Manaud – Civ. 1re, 7 févr. 1984, *Defrénois* 1984, art. 33278 – Civ. 3e, 23 juin 2004, n° 03-11.311, *Bull. civ.* III, n° 130; *AJDI* 2004, 663; *AJ fam.* 2004, 460, obs. Attuel-Mendès; *RTD civ.* 2004, 485, obs. Hauser; *Defrénois* 2005, art. 38121, obs. Massip; *RJPF* 2004-10, p. 10, obs. Valory.

Le juge, qui compose (v. s[s] n° 331.41) et préside (v. s[s] n° 331.51) ce conseil, et qui contrôle pour l'essentiel le tuteur, partage ainsi avec le conseil de famille la **mission d'autorité**.

Quant au **tuteur**, bien que sa désignation procède du conseil de famille, que ses initiatives doivent parfois être consacrées par ce conseil, et qu'une part du contrôle du tuteur revienne au conseil, il demeure **l'organe actif et essentiel de la tutelle** :

- il représente le mineur, sauf dans la sphère d'autonomie de celui-ci ou dans celle de l'intervention de tiers (v. s[s] n° 331.101);
- il dispose d'une sphère d'autonomie (les actes d'administration sauf certains aspects des mouvements de capitaux – V. s[s] n° 331.121);
- il lui revient en outre d'exécuter au jour le jour, avec la liberté que cette tâche peut impliquer, les décisions du conseil de famille en matière de gouvernement de la personne du mineur (v. s[s] n° 331.112);
- il a l'initiative des actes de disposition et use des autorisations qu'il obtient du conseil de famille dans ce domaine, parfois sous le contrôle du subrogé tuteur (v. s[s] n° 331.121);
- il établit les comptes de gestion à destination du greffier en chef et du juge des tutelles;
- à ces divers titres, il peut saisir le conseil de famille et rencontrer sans intermédiaire le juge des tutelles (v. s[s] n° 331.51); il encourt aussi une forte responsabilité.

331.32. Réforme par la loi n° 2007-308 du 5 mars 2007[1]**.** La loi du 5 mars 2007 réformant la protection juridique des majeurs, applicable depuis le 1er janvier 2009, comporte quelques modifications au régime des charges de la tutelle des mineurs.

À titre d'exemples principaux, on relèvera que :

- l'intérêt de l'enfant est devenu le critère fondamental de composition du conseil de famille;
- le nombre normal de membres du conseil de famille passe de « *quatre à six* » à « *au moins quatre* »;
- la tutelle légale des ascendants est supprimée;
- la laborieuse procédure de destitution du tuteur est supprimée;
- la tutelle ne passe plus du tuteur défunt à son conjoint.

1°
Conseil de famille

a)
Composition du conseil de famille

331.41 Composition et modification du conseil de famille. Pour composer le conseil de famille, le juge doit d'abord tenir compte de ce que, selon le nouvel article 395 du Code civil, ne peuvent exercer les différentes charges de la tutelle :

« *1° Les mineurs non émancipés, sauf s'ils sont le père ou la mère du mineur en tutelle;*

2° Les majeurs qui bénéficient d'une mesure de protection juridique prévue par le présent code;

3° Les personnes à qui l'autorité parentale a été retirée;

4° Les personnes à qui l'exercice des charges tutélaires a été interdit en application de l'article 131-26 du Code pénal. »

Cet article est prolongé, **pour le cours de la tutelle**, par les articles 396 et 397 du Code civil. Toute charge tutélaire peut être retirée en raison de l'inaptitude, de la négligence, de l'inconduite ou de la fraude de celui à qui elle a été confiée. Il en est de même lorsqu'un litige ou une contradiction d'intérêts empêche le titulaire de la charge de l'exercer dans l'intérêt du mineur. Il peut être procédé au remplacement de toute personne à qui une charge tutélaire a été confiée en cas de changement important dans sa situation.

Le conseil de famille statue sur les **empêchements, les retraits et les remplacements** qui intéressent le tuteur et le subrogé tuteur. Le juge des tutelles statue sur ceux qui intéressent les autres membres du conseil de famille. Une charge tutélaire ne peut être retirée, par celui qui l'a confiée, qu'après que son titulaire a été entendu ou appelé. Le juge peut, s'il estime qu'il y a urgence, prescrire des mesures provisoires dans l'intérêt du mineur.

Ensuite, le juge doit tenir compte, sans que cela l'arrête dans sa tâche de composer un conseil de famille, de l'existence d'un **tuteur testamentaire** (v. s[s] n° 331.61); ce fait peut conduire le magistrat à rééquilibrer l'assemblée familiale. L'article 398 du Code civil énonce, sans véritable nécessité, que « *même en présence d'un tuteur testamentaire et sauf vacance, la tutelle est organisée avec un conseil de famille.* »

En tout cas, « *le juge des tutelles désigne les membres du conseil de famille pour la durée de la tutelle* » (C. civ., art. 399), même si des démissions peuvent intervenir : ceci évite les aléas de désignations provisoires.

Le conseil de famille est composé d'**au moins quatre membres**, y compris le tuteur et le subrogé tuteur, mais non le juge.

Peuvent être membres du conseil de famille, les parents et alliés des père et mère du mineur ainsi que toute personne, résidant en France ou à l'étranger, qui manifeste un intérêt pour lui. Cette notion d'intérêt, qui tend à élargir le cercle des membres potentiels du conseil, est nouvelle.

Les membres du conseil de famille sont choisis **en considération de l'intérêt du mineur et en fonction de leur aptitude**, des relations habituelles qu'ils

1. L. n° 2007-308, 5 mars 2007, portant réforme de la protection juridique des majeurs, *JO* 7 mars, p. 4325.

entretenaient avec le père ou la mère de celui-ci, des liens affectifs qu'ils ont avec lui ainsi que de la disponibilité qu'ils présentent.

Le juge doit éviter, dans la mesure du possible, de laisser l'une des deux branches, paternelle ou maternelle, sans représentation.

La décision par laquelle le juge des tutelles choisit les membres du conseil de famille prend généralement, mais non obligatoirement, la forme d'une **ordonnance**. Cette ordonnance n'a pas à être notifiée et ne fait donc par l'objet d'un recours[1].

Cependant, si la décision du juge exclut un tuteur légal, elle porte atteinte à un droit et est alors susceptible de recours (C. pr. civ., art. 1239).

D'autre part, une action en nullité des délibérations est ouverte dès lors que le juge, laissé dans l'ignorance de l'existence de parents s'intéressant à l'enfant, n'a pu exercer son appréciation, qui constitue une formalité substantielle[2].

Enfin, l'excès de pouvoir manifeste ou l'irrégularité flagrante permettrait toujours l'engagement du recours prévu par la loi (C. civ., art. 402 – V. s[s] n° 331.54). Il en était jugé ainsi sous l'empire du droit ancien, inchangé par la loi de 2007[3].

b)
Délibérations du conseil de famille

331.51 Convocation et présence obligatoire. Selon l'article 1234 du Code de procédure civile :

« *Le conseil de famille est convoqué par le juge des tutelles. Sa réunion est de droit si elle est requise :*

1° Soit par deux de ses membres;

2° Soit par le tuteur ou le subrogé tuteur;

3° Soit par le mineur lui-même âgé de seize ans révolus;

4° Soit par le majeur protégé.

Le conseil de famille est également convoqué à la demande du mineur âgé de moins de seize ans et capable de discernement, sauf décision contraire spécialement motivée du juge. »

En tout cas, et selon l'article 1236 du Code de procédure civile, « *préalablement à la réunion du conseil de famille d'un mineur, le juge procède ou fait procéder à l'audition de celui-ci, s'il est capable de discernement, dans les conditions prévues à l'article 388-1 du Code civil* ».

La **convocation** est adressée huit jours au moins avant la date de la réunion. Les membres du conseil de famille sont tenus de se rendre en personne à la réunion. Ceux qui, sans excuse légitime, ne s'y présenteraient pas peuvent voir leur charge tutélaire retirée par application des dispositions de l'article 396 du Code civil. Le conseil de famille ne peut délibérer que si la moitié au moins de ses membres est présente. Si ce nombre n'est pas atteint, le juge peut soit ajourner la réunion, soit prendre lui-même la décision en cas d'urgence.

En raison du caractère assez contraignant de ces règles, l'article 1234-4 du Code de procédure civile reprend le mécanisme ancien du **vote par correspondance** : « *Si le juge des tutelles estime que le conseil peut se prononcer sur une délibération sans que la tenue d'une réunion soit nécessaire, il communique à chacun des membres du conseil le texte de la délibération correspondante en y joignant tous éclaircissements utiles. Chaque membre émet son vote dans le délai et selon les modalités impartis par le juge; à défaut, il peut voir sa charge tutélaire retirée par application des dispositions de l'article 396 du Code civil.* »

331.52 Modalités de la délibération. Le Code civil prévoit d'abord (C. civ., art. 400) que « *le conseil de famille est présidé par le juge des tutelles* ». Ses délibérations sont adoptées par vote de ses membres. « *Toutefois, le tuteur ou le subrogé tuteur, dans le cas où il remplace le tuteur, ne vote pas. En cas de partage des voix, celle du juge est prépondérante.* »

Le Code de procédure civile indique à son tour (C. pr. civ., art. 1234-5 à 1235) que toute délibération du conseil de famille est prise à la **majorité simple** des votes exprimés. Les réunions du conseil de famille ne sont **pas publiques** (de sorte qu'elles sont inaccessibles aux avocats des membres du conseil). Les membres du conseil de famille sont tenus à l'**obligation de secret** à l'égard des tiers. Sauf si le juge l'estime contraire à son intérêt, le mineur ou le majeur protégé peut assister à la réunion du conseil, mais seulement à titre consultatif. La délibération du conseil de famille est **motivée**. Toutes les fois qu'elle n'est pas prise à l'unanimité, l'avis de chacun de ses membres est mentionné dans le procès-verbal.

331.53 Procès-verbal et force exécutoire. Les délibérations sont relatées par procès-verbal. Elles ont le caractère d'un jugement. À ce titre :

– elles sont toujours **motivées**; toutes les fois qu'elles ne sont pas prises à l'unanimité, l'avis de chacun des membres est mentionné dans le procès-verbal (C. pr. civ., art. 1235)[4];

– les délibérations sont **exécutoires** par elles-mêmes, sans qu'il soit besoin d'une confirmation par ordonnance du juge. Le juge peut assortir la délibération de l'exécution provisoire. À défaut, l'exécution est suspendue pendant le délai de recours prévu à l'article 1239 du Code de procédure civile,

1. Civ. 1re, 28 mars 1977, n° 76-10.827, *Bull. civ.* I, n° 165; *JCP* 1977, IV, 144; *Defrénois* 1978, art. 31608, p. 160, obs. Blondy – Civ. 1re, 2 nov. 1994, n° 92-14.642, *Bull. civ.* I, n° 313; *RTD civ.* 1995, 327, obs. Hauser; *JCP* 1995, II, 22555, note Fossier; *Defrénois* 1995, p. 1034, obs. Massip.
2. Civ. 1re, 26 avr. 1988, *Gaz. Pal.* 1989, 1, 142, note Massip; *JCP* 1988, IV, 229.
3. COMP., CA Paris, 24 nov. 1981, *D.* 1982, 355.
4. POUR UNE APPLICATION, Civ. 1re, 14 janv. 2003, n° 00-15.573, NPT; *RTD civ.* 2003, 268, obs. Hauser.

puis par le recours lui-même, comme dans le droit commun des recours tutélaires (v. s^s n° 331.55);

– les décisions du conseil de famille sont **modifiables**, du moins jusqu'au commencement de leur exécution[1] et lorsque l'intérêt du mineur l'exige.

331.54 Nullité des délibérations. Deux causes de nullité peuvent affecter les délibérations du conseil de famille (C. civ., art. 402) :

« Les délibérations du conseil de famille sont nulles lorsqu'elles ont été surprises par dol ou fraude ou que des formalités substantielles ont été omises.

La nullité est couverte par une nouvelle délibération valant confirmation selon l'article 1338.

L'action en nullité peut être exercée par le tuteur, le subrogé tuteur, les autres membres du conseil de famille et le procureur de la République, dans les deux années de la délibération ainsi que par le mineur devenu majeur ou émancipé dans les deux années de sa majorité ou de son émancipation. La prescription ne court pas s'il y a eu dol ou fraude tant que le fait qui en est à l'origine n'est pas découvert.

Les actes accomplis en vertu d'une délibération annulée sont annulables de la même manière. Le délai court toutefois de l'acte et non de la délibération. »

1°) pour les cas de **dol ou fraude** : ces hypothèses sont rares : il s'agit essentiellement de renseignements tronqués sur la composition exacte de la famille, les conditions de passation ou les effets d'un acte soumis à la délibération;

2°) lorsque des **formalités substantielles** ont été omises, le législateur n'a pas précisé quelles formalités doivent être considérées comme substantielles.

Avant la réforme de 1964, ouvraient l'action en nullité : l'absence du juge ou du greffier aux séances du conseil, l'absence de *quorum*, un nombre de membres inférieur au minimum légal de quatre, la présence d'un membre incapable, une décision prise sans la majorité absolue. Au contraire, un nombre insuffisant de membres ne semble pas avoir ouvert la voie (v. s^s n° 331.41).

Postérieurement à 1964, la présence dans le conseil d'un membre récusable a permis d'engager l'action en nullité (v. s^s n° 331.93).

Ne seraient pas, au contraire, des formalités substantielles la compétence territoriale du conseil et du juge, l'observation du secret de la délibération, ou encore le fait de refuser indûment voix de délibérative à un membre du conseil[2].

L'**action en nullité** peut être exercée par le **tuteur**, le **subrogé tuteur**, les **membres du conseil de famille** ou par le **ministère public**, dans les deux années de la délibération. Elle peut l'être encore par le **pupille devenu majeur ou émancipé**, dans les deux années de sa majorité ou de son émancipation[3]. La prescription ne court pas s'il y a eu dol ou fraude, jusqu'à ce que le fait ait été découvert (C. civ., art. 402).

Alors que le jugement sur recours au fond contre une délibération du conseil de famille est rendu en dernier ressort, le jugement statuant sur l'action en nullité d'une délibération est, quant à lui, susceptible d'appel[4]. Il doit être rendu en chambre du conseil[5].

Les actes accomplis en vertu d'une délibération annulée sont eux-mêmes annulables de la même manière. Le délai, toutefois, ne court que de l'acte et non de la délibération.

La nullité est couverte par une nouvelle délibération valant confirmation selon l'article 1338 du Code civil : la nouvelle délibération devra rappeler la substance de la précédente, mentionner le motif de l'action en nullité et l'intention de réparer le vice sur lequel cette action est fondée.

331.55 Recours contre les délibérations. Un recours peut être formé contre les délibérations du conseil de famille. Le recours est ouvert aux personnes énumérées à l'article 430 du Code civil même si elles ne sont pas intervenues à l'instance. Le recours est porté devant le **tribunal de grande instance** (L. n° 2009-526, 12 mai 2009[6]). Le délai de recours est de **quinze jours**. L'article 1241-2 du Code de procédure civile précise que « *le délai du recours contre une délibération du conseil de famille court à compter de cette délibération, hors le cas de l'article 1234-4 où il ne court contre les membres du conseil de famille que du jour où la délibération leur a été notifiée* ».

Est ainsi irrecevable le recours contre une délibération du conseil de famille prise dans les formes de l'article 412 ancien du Code civil dès lors que le délai de quinzaine était expiré au moment du dépôt des mémoires, soit plus de quinze jours après la délibération[7].

Le recours est formé par une **requête** remise ou adressée par lettre recommandée avec demande d'avis de réception (LRAR) au greffe du tribunal de grande instance. La requête contient un bref exposé des motifs du recours et est datée et signée par son auteur. Les parties ne sont pas tenues de constituer avocat. La juridiction saisie avise du recours le greffe du tribunal d'instance qui transmet le dossier sans délai.

1. Civ. 1re, 3 juin 1986, n° 84-16.512, *Bull. civ.* I, n° 152.
2. CA Rouen, 24 sept. 1968, *Gaz. Pal.* 1969, 1, 34.
3. TGI Grenoble, 1re ch., 6 avr. 1970, *Gaz. Pal.* 1970, 2, 104, note L. B.
4. Civ. 1re, 28 mars 1977, n° 76-10.827, *Bull. civ.* I, n° 165.
5. Civ. 1re, 13 févr. 1968, *D.* 1968, 320.
6. L. n° 2009-526, 12 mai 2009, de simplification et de clarification du droit et d'allègement des procédures, *JO* 13 mai, p. 7920.
7. TGI Nanterre, 1re ch., 12 sept. 1975, *Gaz. Pal.* 1976, 1, somm. 49.

Lorsque le recours est formé par le juge des tutelles, celui-ci joint au dossier une note exposant les motifs de son recours.

La procédure prévue aux articles 1244 à 1247 du Code de procédure civile est applicable aux recours formés contre les délibérations du conseil de famille.

Le greffier du tribunal de grande instance donne avis de la date d'audience à l'avocat requérant. Il en informe également, par LRAR, le tuteur, le subrogé tuteur et les membres du conseil de famille qui n'ont pas formé le recours.

Le juge des tutelles doit être prévenu aussi par le greffe, qu'il soit ou non auteur du recours; cette formalité est destinée à lui permettre de préparer l'avis que le tribunal est susceptible de lui demander.

Les pouvoirs du tribunal de grande instance saisi sur recours sont les mêmes que dans le droit commun de la procédure tutélaire (v. s[s] n°s 234.00 s.).

331.56 Substitution par une ordonnance du juge des tutelles. Dans tous les cas où l'autorisation du conseil de famille est requise pour la validité d'un acte du tuteur, elle peut être suppléée par celle du juge des tutelles, si l'acte qu'il s'agit de passer porte sur des biens dont la valeur en capital n'excède pas une somme, fixée par le décret du 22 décembre 2008, à 50 000 euros[1]. Cette disposition est extrêmement utilisée, pour épargner aux membres de conseils de famille de statuer sur des opérations de routine.

Le juge des tutelles peut aussi, à la requête du tuteur, autoriser une **vente de valeur mobilière** au lieu et place du conseil de famille, s'il lui apparaît qu'il y aurait péril en la demeure, mais à charge qu'il en soit rendu compte dans le plus bref délai au conseil qui décidera du remploi. Cette disposition, indispensable en matière de ventes d'actions ou d'obligations qui se négocient pratiquement d'heure à heure, ne dégénère pas en dommages si l'on en juge à l'absence de jurisprudence sur la question.

2°
Tuteur

331.61 Désignation du tuteur : tutelle testamentaire. Le droit individuel de choisir un tuteur appartient au dernier mourant des père et mère; il est nécessaire que celui-ci ait conservé, au jour de sa mort, l'exercice de l'administration légale, ou de la tutelle qui l'aurait substituée (C. civ., art. 403). Ces trois conditions (être le dernier mourant, être légalement père ou mère du mineur, être resté administrateur légal ou tuteur) s'apprécient non au jour de la formulation de la volonté mais au jour où cette volonté doit produire effet[2]. Par conséquent, l'expression de la volonté du testateur peut être antérieure au décès du premier mourant des parents. De même, le décès simultané des deux parents priverait le testament d'effets[3]. Dans le même esprit, seul le prédécès de l'autre parent permet à la volonté du testateur d'être respectée, mais ni un divorce, ni la déchéance ou l'incapacité : il y aurait éventuellement lieu dans de telles hypothèses, à tutelle, mais dative. La tutelle testamentaire est possible quelle que soit la nature de la filiation (v. pour le cas où il n'y a qu'un parent, l'autre étant inconnu[4]).

La nomination du tuteur ne peut être faite que dans la forme d'un testament ou d'une déclaration spéciale devant notaire (C. civ., art. 403) : toute autre forme, telle que la lettre missive, fréquemment invoquée devant les juges[5], ou une mention au dossier du juge des tutelles, souvent requise par des parents inquiets ou gravement malades, ne serait qu'une indication morale dans le cadre d'une tutelle dative (v. s[s] n° 331.63). Le fichier central des dernières volontés peut enregistrer les nominations de tuteurs testamentaires. Il revient au juge des tutelles de faire procéder éventuellement à la vérification d'écriture[6].

Le choix de la personne du tuteur est libre, sous réserve qu'aucune cause d'incapacité, d'exclusion ou de récusation n'intervienne. La faculté d'appréciation du conseil de famille est donc nulle : le conseil prend acte de la volonté du testateur, et le tuteur a pu être considéré par la doctrine comme en fonction dès la mort du testateur, sans attendre la première réunion du conseil de famille. La volonté du testateur ne peut cependant conférer au tuteur désigné, des pouvoirs différents de ceux prévus par la loi, et le respect par le testateur, des conditions générales des charges tutélaires est indispensable également.

Le tuteur élu par le père ou la mère n'est pas tenu d'accepter la tutelle, sans avoir à s'en justifier comme sous l'empire de la loi de 1964.

1. Décr. n° 2008-1484, 22 déc. 2008, relatif aux actes de gestion du patrimoine des personnes placées en curatelle ou en tutelle, et pris en application des articles 452, 496 et 502 du Code civil, *JO* 31 déc., p. 20631.

2. SUR LE PRINCIPE, Civ. 1re, 9 févr. 1988, *JCP N* 1988, p. 317, note Fossier; *Gaz. Pal.* 1998, 2, 854, note Massip.
3. Rép. min. n° 67717, *JOAN Q*, 15 juill 1985, p. 3314.
4. Civ. 1re, 9 févr. 1988, préc. s[s] prés[t] n°.
5. Civ. 1re, 24 oct. 1995, n° 93-20.433, *Bull. civ.* I, n° 373; *Defrénois* 1996, p. 999, obs. Massip; *RDSS* 1996, 393, note Monéger; *D.* 1996, somm. 235, obs. Vauvillé; *RTD civ.* 1996, 131, obs. Hauser; *Dr. et patr.* 1996, p. 73, obs. Bénabent.
6. Civ. 1re, 3 nov. 1999, n° 98-22.038, *Bull. civ.* I, n° 291; *Defrénois* 2000, art. 37179, p. 670, obs. Massip.

Pour le cas où le tuteur désigné serait écarté, par le jeu d'une excuse ou d'une cause d'exclusion, le testateur peut prévoir ces tuteurs supplétifs. À leur défaut ou si ces choix sont successivement inopérants, la tutelle devient dative.

Au cas, assez rare (à propos de l'administration légale, v. s[s] n°s 234.181 s.), où un administrateur légal potentiel. apparaîtrait postérieurement à l'ouverture de la tutelle testamentaire, notamment dans l'hypothèse de l'établissement d'une filiation, le juge des tutelles pourrait mettre fin à la tutelle par application de l'article 392 du Code civil, qui mentionne de manière obsolète[1] la seule filiation naturelle.

331.62 Désignation du tuteur : tutelle légale des ascendants. La loi n° 2007-308 du 5 mars 2007 a supprimé la tutelle légale des ascendants : ceux-ci peuvent se porter candidats aux fonctions de tuteur, mais se soumettront au vote du conseil de famille[2].

331.63 Désignation du tuteur : tutelle dative. Elle est la plus fréquente. S'il n'y a pas de tuteur testamentaire ou si le tuteur désigné vient à cesser ses fonctions un tuteur est donné au mineur par le conseil de famille (C. civ., art. 403).

La tutelle est également dative lorsqu'elle a été ouverte sur le fondement de l'article 391 du Code civil (conversion d'administrations légales, du vivant des père et mère) puisqu'en pareil cas, la tutelle testamentaire n'a pas encore vocation à s'appliquer et que la tutelle légale vise elle aussi l'hypothèse de décès des deux parents (v. s[s] n° 331.32).

Le conseil est convoqué par le juge des tutelles :

– soit d'office, s'il a personnellement connaissance du fait susceptible de donner lieu à la nomination, d'un tuteur ou si un semblable fait lui a été dénoncé par toute personne;

– soit sur la réquisition qui lui en a été faite par des parents ou alliés des père et mère, par des créanciers ou autres parties intéressées ou par le ministère public.

Le conseil de famille a, dans le respect des conditions d'accès aux charges tutélaires, un pouvoir souverain pour choisir le tuteur[3]. Il peut même, dans le cadre spécifique d'une conversion d'administration légale, choisir l'ex-titulaire de cette fonction comme tuteur (C. civ., art. 391). Il le fera lorsqu'il jugera que son contrôle et celui du subrogé tuteur sont suffisants pour épargner au mineur les errements anciens de l'administrateur légal. La délibération du conseil et les recours sur son choix ont été examinés (v. s[s] n°s 331.51 et 331.55).

Lorsqu'aucun candidat admissible ne se propose pour exercer la tutelle ou ne peut être contraint de l'accepter, la tutelle reste vacante. Le juge la défère à l'Aide sociale à l'enfance (v. s[s] n° 331.85 – C. civ., art. 411).

B.
Personnels judiciaires

331.71 Énoncé. Le temps n'est plus où le conseil de famille se suffisait à lui-même. Le Code Napoléon avait introduit la présence d'un magistrat, chargé de présider et de départager ces conseils. La réforme de la tutelle des mineurs, en 1964, a fait du juge des tutelles un véritable représentant de l'autorité publique au sein des familles. Le procureur de la République a aussi vu son rôle s'accroître de manière significative. Ces magistrats jouent d'abord le rôle général de surveillance qui leur est aussi imparti en cas d'administration légale. À ce titre, et comme le fait le Code, ce rôle est examiné avec les administrations légales (v. s[s] n°s 234.10 s.). On observera simplement que la « conversion de la tutelle » (pour écarter un tuteur indigne ?), comme on « convertit » une administration légale, n'aurait pas de sens et que des procédures particulières sont proposées par la loi pour destituer les organes de la tutelle (v. s[s] n° 331.93).

Le rôle du greffe (v. s[s] n°s 234.64 s.) n'est pas fondamentalement différent dans la tutelle de ce qu'il est dans les administrations légales.

331.72 Compétence territoriale. L'assimilation à l'administration légale vaut aussi pour la compétence territoriale de ce juge (v. s[s] n° 234.63). Mais ici encore, une observation simple s'impose : par postulat, il n'est pas possible de déterminer le domicile du mineur par référence à celui de son représentant légal, décédé ou empêché... Il est donc décidé qu'au décès du survivant des père et mère, le juge des tutelles du domicile du dernier mourant est compétent pour ouvrir la tutelle[4].

331.73 Rôle spécifique du juge dans chaque tutelle. Le juge des tutelles joue un rôle actif dans l'organisation et le fonctionnement du conseil de famille.

Il peut ouvrir lui-même la tutelle (v. s[s] n° 331.21). Il choisit les membres du conseil de famille ou pourvoit à leur remplacement, même d'office (v. s[s] n° 331.41). Il a de fréquents contacts

1. Ord. n° 2005-759, 4 juill. 2005, portant réforme de la filiation, *JO* 6 juill., p. 11159.
2. L. n° 2007-308, 5 mars 2007, portant réforme de la protection juridique des majeurs, *JO* 7 mars, p. 4325.
3. Civ. 1re, 23 mai 1973, n° 72-10.588, *Bull. civ.* I, n° 179.
4. Circ. Justice, 1er juill. 1966, n° 11.

avec le tuteur ou le subrogé tuteur, en dehors des réunions du conseil.

Le juge convoque le conseil de famille; il prépare les réunions, au besoin par une mesure d'instruction[1].

Le juge préside les réunions du conseil de famille. À ce titre, il en fixe l'ordre du jour et veille au bon déroulement des débats. Il y dispose d'une voix délibérative, prépondérante en cas de partage (v. s^s^ n° 331.52). Il décide si un vote par correspondance semble suffisant (v. s^s^ n° 331.52). Il protège les prérogatives particulières du mineur, notamment à partir de seize ans comme le texte de loi l'indique clairement.

Il est habilité à conférer si nécessaire **l'exécution provisoire** aux délibérations du conseil.

En cas d'urgence, lorsque le *quorum* n'est pas atteint, le **juge peut substituer sa propre décision à celle du conseil de famille** (C. civ., art. 414 – V. s^s^ n° 331.51). L'autorisation du juge des tutelles peut également suppléer celle du conseil dans tous les cas où elle est requise pour la validité d'un acte du tuteur, portant sur des biens dont la valeur en capital n'excède pas un montant de 50 000 euros (v. s^s^ n° 331.51).

Le juge des tutelles peut aussi, à la requête du tuteur, **autoriser une vente de valeurs mobilières** aux lieu et place du conseil de famille, s'il lui apparaît qu'il y aurait péril en la demeure, mais à charge qu'il en soit rendu compte dans le plus bref délai au conseil, qui décidera du remploi.

Si la **tutelle** reste **vacante**, le conseil de famille en prend simplement acte. **Il revient au juge de la déférer à l'Aide sociale à l'enfance** (C. civ., art. 411) et d'augmenter ainsi pour l'avenir sa part d'initiative propre, puisque la tutelle de l'Aide sociale à l'enfance fonctionne comme une administration légale sous contrôle judiciaire (v. s^s^ n° 331.85).

Si les pouvoirs du juge des tutelles des mineurs apparaissent essentiellement patrimoniaux, ils touchent souvent et directement à la personne du mineur :

– lorsque l'administration légale va déboucher sur une tutelle (appréciations données dans le cadre des art. 373, 390 et 391 du C. civ. – V. s^s^ n° 331.21);

– et plus tard, lorsqu'il faut présider le conseil de famille en tranchant une question du gouvernement personnel du mineur (v. s^s^ n° 331.112).

331.74 Procédure propre à la tutelle. Les formes pour procéder devant le juge des tutelles sont réglées par le Code de procédure civile.

1. Civ. 1re, 23 févr. 1972, n° 70-12.902, *Bull. civ.* I, n° 64.

C. Subrogé tuteur et autres organes

331.81 Subrogé tuteur. Le Code civil refondu en 2007 a conservé et même magnifié le subrogé tuteur.

Selon l'article 409 nouveau, « *la tutelle comporte un subrogé tuteur nommé par le conseil de famille parmi ses membres. Si le tuteur est parent ou allié du mineur dans une branche, le subrogé tuteur est choisi, dans la mesure du possible, dans l'autre branche. La charge du subrogé tuteur cesse à la même date que celle du tuteur* ».

L'article 410 reprend dans ses grandes lignes le droit antérieur sur la mission du subrogé tuteur : « *Le subrogé tuteur surveille l'exercice de la mission tutélaire et représente le mineur lorsque les intérêts de celui-ci sont en opposition avec ceux du tuteur. Le subrogé tuteur est informé et consulté avant tout acte important accompli par le tuteur, ce qui constitue une obligation nouvelle du tuteur. À peine d'engager sa responsabilité à l'égard du mineur, il surveille les actes passés par le tuteur en cette qualité et informe sans délai le juge des tutelles s'il constate des fautes dans l'exercice de la mission tutélaire. Il ne remplace pas de plein droit le tuteur en cas de cessation des fonctions de celui-ci; mais il est tenu, sous la même responsabilité, de provoquer la nomination d'un nouveau tuteur* ».

L'article 497 dispose notamment que « *lorsqu'un subrogé tuteur a été nommé, celui-ci atteste auprès du juge du bon déroulement des opérations que le tuteur a l'obligation d'accomplir. Il en est notamment ainsi de l'emploi ou du remploi des capitaux opéré conformément aux prescriptions du conseil de famille ou, à défaut, du juge* ».

331.82 Pluralité de tuteurs. Dans tous les cas où le conseil de famille a le choix du tuteur, il peut diviser la mission tutélaire. La loi propose une division en deux parts, **tutelle aux biens** et **tutelle à la personne** (C. civ., art. 405). La pratique et la doctrine admettent parfois des découpages plus subtils ou plus nombreux (ainsi, pour une pluralité de tuteurs aux biens[2]).

Les tuteurs ainsi désignés doivent tous remplir les conditions générales d'accès à cette fonction. Ils sont indépendants les uns des autres et non responsables les uns envers les autres, sauf si le conseil de famille ordonne qu'ils collaborent les uns avec les autres.

331.83 Subrogé tuteur *ad hoc*. Lorsqu'en raison d'une opposition d'intérêts entre le représentant normal et le mineur, la tutelle ou l'administration légale ne peuvent s'exercer d'une manière satisfaisante, **un mandat limité à une affaire déterminée peut être confié à un tiers.** Dans la tutelle, ce tiers est naturellement le subrogé tuteur; un subrogé tuteur *ad hoc* ne sera donc désigné que si le subrogé

2. TI Châteaubriant, 9 déc. 1975, *Gaz. Pal.* 1977, 1, 347, note Baranger.

tuteur ordinaire, dont l'intervention est par hypothèse nécessaire, joue déjà le rôle de tuteur *ad hoc* ou est lui-même en opposition d'intérêts avec le mineur. Dans l'administration légale, le tiers désigné sera fréquemment un clerc du notaire qui instrumente l'acte, ou encore un gérant de tutelle des incapables majeurs.

La désignation se fera sur réquisition du tuteur mais aussi par le juge des tutelles d'office, ou sur réquisition du parquet ou encore à la demande du mineur lui-même.

Sur la **notion d'opposition d'intérêts**, qui est d'abord énoncée par le Code à propos des administrations légales, v. s[s] n°s 234.141 s.

331.84 Administrateurs spéciaux, dépositaires, gérants. Certains biens du mineur vont échapper à l'emprise directe de l'administrateur légal ou du tuteur.

Les capitaux, titres et valeurs mobilières appartenant au mineur doivent ou peuvent être remis à des professionnels de la banque. Leur aide constitue, parfois sous forme d'un véritable contrat de gestion, un élément fondamental du régime tutélaire (C. civ., art. 500, al. 2).

En outre, l'article 500 alinéa 3 du Code civil prévoit, pour régir leur rémunération, l'intervention d'administrateurs désignés par le tuteur et œuvrant sous sa responsabilité[1].

331.85 Tutelle de l'Aide sociale à l'enfance. L'article 411 du Code civil dispose que si la tutelle d'un mineur est vacante, le juge des tutelles la défère au service de l'Aide sociale à l'enfance (service du Conseil général).

La tutelle de l'Aide sociale à l'enfance trouve son terrain d'élection auprès des **mineurs délaissés ou en danger**. C'est ce qui en fait les risques[2]. Précisément, la confusion avec la tutelle des pupilles de l'État (v. s[s] n°s 241.131 à 241.141) est fréquente, même dans les services départementaux (pour un rappel des pouvoirs du juge des tutelles dans le cadre de l'article 411 du Code civil[3]).

La vacance doit être réelle. Le juge doit au minimum composer le conseil de famille avant de constater la vacance[4]. Ensuite, le conseil et le juge doivent rechercher si aucun des proches ne peut être invité, voire contraint à accepter la tutelle[5] : le juge dispose en effet de moyens suffisants pour pallier les dysfonctionnements du conseil de famille lui-même. Le contentieux sur ces questions est rare en matière de tutelle des mineurs; on se reportera au chapitre consacré aux majeurs protégés pour de plus amples informations (v. s[s] n°s 332.101 s.). Sous ces conditions, le conseil de famille peut constater que l'article 433 a lieu de s'appliquer. Le juge rend alors une ordonnance déférant la charge du tuteur à la collectivité.

Un décret du 6 novembre 1974, modifié en 1985 et en 1988, réglemente le fonctionnement de la tutelle de l'Aide sociale à l'enfance. La tutelle de l'Aide sociale à l'enfance du mineur peut être exercée (le texte dit « confiée ») suivant deux modèles très différents l'un de l'autre :

– **la tutelle privée**, rare; se proposent pour l'exercer un notaire (principalement pour les biens) ou un directeur d'établissement pour la jeunesse (principalement pour la personne)[6];

– **la tutelle publique**, assumée par les conseils généraux. Le Conseil général ne peut pas refuser cette charge[7]. La mission de tuteur n'est évidemment pas exercée par le président du Conseil général : elle est donc **déléguée**. Le mineur peut être remis aux services (maintenant départementaux) d'aide à l'enfance; il peut aussi y avoir délégation de la mesure à une **personne physique ou morale qualifiée, agréée par le parquet**[8]. L'option entre les deux solutions appartient au seul juge des tutelles, qui tiendra compte notamment des capacités (plutôt personnelles ou plutôt patrimoniales) des délégataires potentiels[9]. Le mineur ne devrait pas être immatriculé comme pupille de l'État (sur quoi v. s[s] n°s 241.131 s.) et est donc « *enfant en garde* »; mais un auteur important a signalé les risques de dérive dans l'immatriculation des enfants en garde comme pupilles de l'État au nom d'un prétendu danger et pour éliminer le juge des tutelles[10].

L'administration légale sous contrôle judiciaire devient le modèle de référence unique pour la

1. T. civ. Seine, 23 mai 1986, *Journ. not. et av.* 1968, art. 48.752.
2. V. C. Geffroy, « Pour une autre conception de la tutelle des mineurs », *JCP N* 1993, 1, p. 99; « Entre la tendresse et l'impuissance », *Mél. H. Cosnard*, Economica, 1990.
3. Civ. 1re, 9 oct. 1991, n° 90-11.492, *Bull. civ.* I, n° 258; *RTD civ.* 1992, 49, obs. Hauser.
4. Civ. 1re, 30 mai 2000, n° 98-13.609, NPT; *JCP* 2001, II, 10529, note Fossier; *D.* 2001, somm. 1512, obs. Delmas-Saint-Hilaire.
5. Civ. 1re, 20 nov. 1985, *JCP N* 1987, II, p. 137, note Fossier – Civ. 1re, 2 mai 1990, n° 88-16.664, *Bull. civ.* I, n° 94; *D.* 1990, J. 493, note Massip; *RDSS* 1991, 679, obs. Monéger; *JCP* 1991, II, 21669, note Geffroy et Fossier.
6. Décr. n° 74-930, 6 nov. 1974, portant organisation de la tutelle d'état prévue à l'article 433 du Code civil, *JO* 8 nov., p. 11307, art. 7 et 8.
7. Ord. juge tutelles Villeurbanne, 19 mars 1984, *Defrénois* 1987, art. 33905, p. 325, note Massip.
8. Décr. n° 74-930, 6 nov. 1974, art. 8 et 9.
9. V. chron. Bernigaud, *RDSS* 1992, 368, s[s] Civ. 1re, 9 oct. 1991, n° 90-11.492, *Bull. civ.* I, n° 258.
10. C. Geffroy, « Entre la tendresse et l'impuissance », *Mél. H. Cosnard*, Economica, 1990.

tutelle de l'Aide sociale à l'enfance des mineurs[1]. La gestion des biens s'effectue sans difficulté sur ce modèle (sur lequel v. s[s] n°s 234.51 s.). La surveillance, le mode de placement, plus généralement le gouvernement de la personne, sont régis par l'article 389-7 du Code civil : autorité parentale normale dans les cas rarissimes où les parents seraient encore vivants et non privés de leurs droits; règles de tutelle dans les autres cas, le juge jouant le rôle dévolu par la loi (v. s[s] n° 331.112) au conseil de famille. Celui-ci ne joue plus de rôle sauf adoption, mariage ou émancipation.

Le contrôle de l'Administration se restreint par conséquent au rôle du Trésor public si une personne publique vient à manier les fonds appartenant au mineur, et aux prévisions éventuelles (inopposables aux juges) des conventions passées entre les conseils généraux et les délégués à la tutelle.

§ 2
Régime des charges tutélaires

331.91 La tutelle est une charge publique. « *La tutelle, protection due à l'enfant, est une charge publique* » (C. civ., art. 394). On entend ici qu'elle est instituée pour l'intérêt exclusif d'autrui, en l'occurrence l'enfant. Il en découle que la participation à la tutelle ne saurait procurer aucun revenu (exceptions, v. s[s] n° 331.92). Plus subtilement, le caractère public de la tutelle traduit la solidarité qu'exige le législateur en faveur d'un être naturellement vulnérable. Il est permis d'en déduire que la charge est obligatoire (exceptions, v. s[s] n° 331.93) et qu'en outre l'accès aux fonctions tutélaires est strictement contrôlé. Bien qu'exprimées à propos de la seule fonction de tuteur, les règles développées ci-après s'étendent à toutes les charges tutélaires.

331.92 Exceptions : 1) Cas de rémunération du tuteur. En dehors des cas de tutelle d'un majeur, traités dans un chapitre distinct (v. s[s] n°s 332.11 s.), la tutelle est une charge gratuite, d'autant que le tuteur ne bénéficie pas de la jouissance légale, qui est une prérogative rattachée par la loi à l'autorité parentale (v. s[s] n°s 234.81 s.). Cependant, l'article 500 évoque, à la fin de son alinéa 1er, le droit pour le conseil de famille de faire indemniser aux frais du mineur – donc à hauteur de ses pertes, ce qui ne constituera pas un salaire – le tuteur. Il s'agit d'une simple faculté pour le conseil de famille[2], et le tuteur ne pourrait pas non plus se faire indemniser de sa peine par l'auteur de l'homicide des parents[3].

331.93 Exceptions : 2) Cas d'excuses, incapacité, exclusion, destitution, récusation. Les articles 428 à 440 (excuses), 442 (incapacités), 443 (exclusion ou destitution obligatoires), 444 (exclusions ou destitutions facultatives) et 445 (récusation) du Code civil, dans sa version antérieure à la réforme de 2007, étaient prolixes. La loi nouvelle a mis fin à ces énonciations : le juge compose et modifie la composition du conseil de famille **selon l'intérêt de l'enfant**. Le Code se contente désormais d'un lapidaire article 396 :

> « *Toute charge tutélaire peut être retirée en raison de l'inaptitude, de la négligence, de l'inconduite ou de la fraude de celui à qui elle a été confiée. Il en est de même lorsqu'un litige ou une contradiction d'intérêts empêche le titulaire de la charge de l'exercer dans l'intérêt du mineur. Il peut être procédé au remplacement de toute personne à qui une charge tutélaire a été confiée en cas de changement important dans sa situation.* »

331.94 Autres caractères des fonctions tutélaires. Les fonctions tutélaires sont strictement personnelles (C. civ., art. 407). Elles ne se communiquent pas au conjoint (précision donnée dans le droit antérieur mais omise, bien que certaine, dans le texte nouveau), ni aux héritiers.

SECTION 3
FONCTIONNEMENT DE LA TUTELLE

§ 1
Représentation légale

331.101 Principe. L'article 408 du Code civil confie au tuteur la mission de représentation légale. Celle-ci n'est pas davantage détaillée qu'à propos de l'administration légale, où elle apparaît pour la première fois dans le Code (en conséquence de quoi nous renvoyons aux explications données, v. s[s] n°s 234.10 s.).

Il faut cependant tempérer l'assimilation. Alors que la représentation légale par l'administrateur légal pose des problèmes de conjonction avec l'autorité parentale que détient très généralement par ailleurs cet administrateur, le tuteur n'a pas ladite autorité : sa mission en matière personnelle est même assez nettement « exécutive » (v. s[s] n° 331.112).

Dès lors, il est permis d'affirmer que dans la tutelle avec conseil de famille, la représentation légale est aussi pure que le permet l'état rudimentaire de la théorie française en la matière.

1. Décr. n° 74-930, 6 nov. 1974, art. 4.
2. Civ. 1re, 24 févr. 1998, n° 96-12.155, NPT.
3. Crim. 9 oct. 1996, n° 95-82.788, *Bull. crim.*, n° 352, *RTD civ.* 1997, 398, obs. Hauser.

331.102 Première exception : la compétence propre du mineur. Le mineur sous tutelle n'a aucune raison de ne pas disposer exactement des mêmes possibilités d'autonomie ou d'assistance que le mineur sous administration légale. L'article 408 du Code civil reproduit d'ailleurs la même formule que l'article 389-3 : « *les cas dans lesquels la loi ou l'usage autorise les mineurs à agir eux-mêmes* ». Nous opérons donc un renvoi à ce qui a été dit à ce sujet à propos de l'administration légale (v. s[s] n°s 234.10 s.).

331.103 Deuxième exception : la jouissance légale. Les dispositions sur la jouissance légale, attribut annexe de l'administration légale exercée par les père et mère, ou selon une autre interprétation préférable, attribut de l'autorité parentale, ne s'appliquent pas au tuteur.

Celui-ci ne reçoit donc aucune rétribution pour la peine qu'il prend dans la gestion des intérêts du mineur. Sa charge est légalement gratuite (v. s[s] n° 331.91) sauf ce qui peut être concédé par le conseil de famille (v. s[s] n° 331.92).

§ 2
Direction de la personne du mineur

331.111 Nécessité de la compétence en matière personnelle. Par postulat, et en dehors des cas où un ascendant au premier degré a conservé l'autorité parentale (v. s[s] n° 331.21), la tutelle ne développe pas ses bénéfices pour des mineurs ayant leur père ou mère. Il faut donc que les organes de la tutelle veillent à leur éducation, à leur santé, à leur moralité, à leur sécurité et à leur développement (comp. C. civ., art. 371-1).

La loi ne cherche d'ailleurs pas une substitution pure et simple de l'autorité parentale que l'enfant a pu connaître avant la tutelle. Il ne s'agit pas d'imposer une rupture à un enfant qui en général vient de subir le pire des deuils. Aussi, l'article 449 du Code civil prescrit-il aux organes de la tutelle d'avoir égard à la volonté que les père et mère avaient pu, de leur vivant, exprimer sur la vie personnelle de leur enfant. La tutelle à la personne, ainsi cadrée par la loi, n'a pas la légitimité ni la force d'une autorité parentale.

Cette réminiscence de la volonté parentale n'est quand même pas plus qu'une sorte de ligne directrice. Il ne faut pas se figer dans les habitudes quotidiennes anciennes. Il ne faut pas non plus interpréter à la lettre les documents qu'auraient pu laisser les parents ni extrapoler ce qu'était leur manière de procéder.

331.112 Partage des tâches entre conseil de famille et tuteur. L'article 408 du Code civil laisse au conseil de famille le soin de régler les conditions générales de l'entretien et de l'éducation de l'enfant. C'est notamment le conseil qui déterminera le lieu de résidence de l'enfant[1] (sur le cas où un tiers assumerait cet hébergement, v. s[s] n° 331.113); la religion de l'enfant[2]; le budget, donc le niveau de vie de l'enfant. C'est encore le conseil de famille qui, en vertu de dispositions particulières, statue sur l'adoption du mineur (C. civ., art. 348-2), sur son mariage (C. civ., art. 159), sur son émancipation (C. civ., art. 413-2) et qui a la haute main sur les actions en justice relativement aux droits non patrimoniaux.

Au tuteur revient la mission, selon l'article 450 du Code civil, de prendre soin de la personne du mineur. Il s'agit d'une autorité au quotidien (comp. C. civ., art. 371-1). Le droit et le devoir d'hébergement du mineur (comp. C. civ., art. 371-3) viennent au premier rang et font l'élément fort de la charge de tuteur (sur le cas d'intervention d'un tiers à ce sujet, v. s[s] n° 331.02). Rappelons que le mineur est domicilié de plein droit chez son tuteur (C. civ., art. 108-2). La surveillance et l'éducation sont les attributs qui justifient et corroborent l'hébergement : ce qui a été dit au sujet de ces deux prérogatives à propos de l'autorité parentale (v. s[s] n°s 232.40 et 232.71) est transposable ici, sous la réserve énoncée plus haut du rôle de « *haute tutelle* » que joue le conseil de famille. Le tuteur est encore celui qui veille aux relations de l'enfant avec ses ascendants, ses frères et sœurs et les tiers (comp. C. civ., art. 371-4 et 371-5). Le tuteur est aussi visé par des textes épars, notamment du Code de la santé publique, comme le sont les père et mère (à propos de l'autorité parentale, v. s[s] n°s 232.11 s.) pour donner – ou refuser – son consentement à certaines atteintes corporelles.

En revanche, la mission de tuteur n'emporte par elle-même aucune charge d'entretien (comp. C. civ., art. 371-2) : le mineur y pourvoit lui-même et le tuteur a uniquement pour tâche de poursuivre les éventuels débiteurs d'aliments (et de contribuer lui-même, bien entendu, s'il est l'un de ces débiteurs).

Enfin, la question s'est posée de la responsabilité civile du tuteur, pour les faits dommageables du mineur (comp. C. civ., art. 1384, al. 5, pour les parents). La jurisprudence civile de la Cour de cassation a répondu par la négative s'agissant du tuteur d'un majeur, mais précisément, il n'y a pas pour ces incapables-là d'autorité ou de gouvernement de la personne qui procéderait d'une transpo-

1. Civ. 1re, 5 mai 1986, *Gaz. Pal.* 1986, 2, 772, note Massip; *Defrénois* 1986, art. 33792, obs. Massip.
2. Civ. 1re, 23 juin 1953, *S.* 1954, 1, 37, obs. Nerson.

sition de l'article 450 aux adultes[1]. Dans cette optique, la Chambre criminelle a trouvé toutes raisons de retenir cette responsabilité civile du tuteur d'un mineur[2].

331.113 Mise à contribution de tiers. La charge matérielle et quotidienne d'un enfant est lourde (notamment pour les tuteurs légaux que sont les ascendants) et imprévue (notamment en cas de tutelle dative confiée à un oncle ou une tante déjà chargés de famille).

C'est pourquoi la jurisprudence admet sans réticence que dans l'intérêt du mineur, celui-ci soit confié concrètement à une tierce personne, autre par conséquent que le tuteur; le conseil de famille avisera à ce sujet[3].

Réciproquement, le fait de devoir confier l'enfant à un tiers n'autorise pas le juge des tutelles ni le conseil de famille à évincer le tuteur testamentaire ou légal pour cette seule cause : ce tuteur a « droit » à exercer la mission que lui confie la loi, sauf incapacité ou indignité, et assumera par conséquent toutes les tâches qui lui reviennent hors la garde du mineur (v. pour différents cas de figure[4]).

331.114 Prérogatives du mineur lui-même. Tout ce qui précède est énoncé sous réserve des prérogatives reconnues au mineur en matière personnelle : elles sont identiques à celles des enfants qui connaissent l'autorité parentale (en conséquence, v. s[s] n°s 232.50 s.), le régime de protection ne pouvant faire varier les droits et devoirs du protégé.

§ 3
Gestion des biens

331.121 Renvoi aux règles exposées à propos de l'administration légale. L'article 408 alinéa 3 du Code civil dispose désormais que le tuteur gère les biens du mineur et rend compte de sa gestion conformément aux dispositions du titre XII. Il faut se reporter à ce qui a été dit du contenu de ce titre à propos de l'administration légale (v. s[s] n°s 234.10 s.). La tutelle ne comporte plus de spécificités et ne sert plus de corps de règles de référence. Il en est ainsi non seulement pour la répartition des compétences entre le mineur, le tuteur, le conseil de famille, mais aussi pour les règles relatives aux responsabilités, aux comptes, aux nullités.

1. Civ. 2e, 25 févr. 1998, n° 95-20.419, *Bull. civ.* II, n° 62; *D.* 1998, J. 315, concl. Kessous; chron. 240, obs. Galliou-Scanvion; *JCP* 1998, II, 10149, note Viney; *JCP N* 1998, 1217, note Josselin-Gall; *Defrénois* 1998, p. 1029, obs. Massip; *Gaz. Pal.* 1998, 2, 725, note Bonneau; *RJPF* 1999-1/52, note Chabas; *RTD civ.* 1998, 345, obs. Hauser et 388, obs. Jourdain.
2. Crim. 28 mars 2000, n° 99-84.075, *Bull. crim.*, n° 140, *D.* 2000, somm. 466, obs. Mazeaud; *JCP* 2000, I, 241, n° 9, obs. Viney; *JCP* 2001, II, 10457, note Robaczewski; *RJPF* 2000-7/42, note Chabas; *RTD civ.* 2000, 545, obs. Hauser et 586, obs. Jourdain; *RDSS* 2001, 150, obs. Monéger.
3. Civ. 1re, 25 mai 1992, n° 90-13.661, *Bull. civ.* I, n° 159.
4. Civ. 1re, 17 janv. 1995, n° 93-10.486, *Bull. civ.* I, n° 37; *D.* 1995, J. 639, note Massip; *RTD civ.* 1995, 326, obs. Hauser; *D.* 1996, somm. 235, obs. Vauvillé – Civ. 1re, 24 oct. 1995, n° 93-20.433, *Bull. civ.* I, n° 373; *Defrénois* 1996, p. 999, obs. Massip; *RDSS* 1996, 393, note Monéger; *D.* 1996, somm. 235, obs. Vauvillé; *RTD civ.* 1996, 131, obs. Hauser – Civ. 1re, 6 juill. 1999, n° 97-21.772, NPT; *JCP* 1999, I, 10217, note Garé; *Dr. fam.* 1999, comm. 132, obs. Fossier; *RTD civ.* 2000, 103, obs. Hauser; *Defrénois* 2000, p. 115, obs. Massip – Civ. 1re, 12 oct. 1999, n° 97-17.017, n° 97-17.018, 2 esp., NPT; *Dr. fam.* 2000, comm. 15, obs. Fossier; *Defrénois* 2000, p. 664, obs. Massip.

CHAPITRE

332. Protection du majeur vulnérable

THIERRY FOSSIER
PRÉSIDENT DE LA CHAMBRE DE LA RÉGULATION
DE LA COUR D'APPEL DE PARIS
PROFESSEUR ASSOCIÉ
À L'UNIVERSITÉ DE CLERMONT-FERRAND I

SECTION 0
ORIENTEUR

332.00 Plan du chapitre.

332.01 Textes applicables.

• **Code civil**

> Majeurs protégés par la loi
C. civ., art. 414 à 514

> Fonctionnement des mesures de protection (opposabilité aux tiers)
C. civ., art. 444

> Fonctionnement des mesures de protection (premières mesures de protection)
C. civ., art. 503

> Fonctionnement des mesures de protection (délai de reddition des comptes)
C. civ., art. 514, al. 2

• **Code de procédure civile**

> Dispositions générales
C. pr. civ., art. 1211 à 1216

> Instance devant le juge des tutelles (déroulement)
C. pr. civ., art. 1214, 1225 et 1227

> Fonctionnement des mesures (délai de réponse du juge aux requêtes)
C. pr. civ., art. 1229

> Procédure devant le juge des tutelles
C. pr. civ., art. 1217 à 1233

> Conseil de famille
C. pr. civ., art. 1234 à 1238

> Tutelles avec conseil de famille (règles spécifiques)
C. pr. civ., art. 1234-1 et 1238

> Exercice des voies de recours
C. pr. civ., art. 1233 et 1239

> Voies de recours
C. pr. civ., art. 1239 à 1247

> Sauvegarde de justice
C. pr. civ., art. 1248 à 1252-1

> Curatelle et tutelle
C. pr. civ., art. 1253 à 1257

> Mandat de protection future
C. pr. civ., art. 1258 à 1260

> Pupilles de l'État
C. pr. civ., art. 1261 à 1261-1

> Mesure d'accompagnement judiciaire
C. pr. civ., art. 1262 à 1263

> Mesures d'accompagnement judiciaire (règles spécifiques)
C. pr. civ., art. 1262-7

332.02 Jurisprudence de référence.

> Sur les exigences de double motivation des jugements

• **Civ. 1re, 2 oct. 2001, no 99-15.577,** *Bull. civ.* I, no 238
* V. ss no 332.21

• **Civ. 1re, 19 oct. 1999, no 97-16.966,** NPT
* V. ss no 332.131

> Sur les conditions d'application de l'article 503 du Code civil

• **Civ. 1re, 5 mai 1987,** *JCP* 1988, II, 21109, note Fossier
* V. ss no 332.57

• **Civ. 1re, 24 févr. 1998, no 95-21.473,** *Bull. civ.* I, no 73
* V. ss no 332.57

• **Civ. 1re, 5 nov. 1999, no 96-18.496,** NPT
* V. ss no 332.57

• **Civ. 1re, 4 juill. 2006, no 05-12.005,** NP
* V. ss no 332.57

332.03 Bibliographie indicative.

Actualisables. J.-CL. CIV., art. 388 à 514, T. Fossier, fasc. « Présentation de la réforme du 5 mars 2007 » – J.-CL. CIV., art. 388, Y. Buffelan-Lanore, fasc. « Droits propres de l'enfant » – J.-CL. CIV., art. 415 à 432, A. Batteur, fasc. « Principes directeurs de la protection des majeurs ».

Ouvrages sur le contexte de la réforme de 2007. F. Arbellot, *Droit des tutelles. Protection judiciaire et juridique des mineurs et des majeurs*, « Praxis », 2e éd., Dalloz, 2007 – M. Bauer, T. Fossier, L. Pécaut-Rivolier, *La réforme des tutelles – Ombres et lumières*, Dalloz, 2006 – T. Fossier, M. Bauer, *Les tutelles. Accompagnement et protection juridique des majeurs*, 4e éd., ESF, 2007 – T. Fossier (dir.), *Curatelle, tutelle et accompagnement*, 1re éd., Litec, 2009 – J. Massip, *La tutelle des mineurs et la protection des majeurs*, 1re éd., Éd. Defrénois, 2009 – Notaires de France, *Les personnes vulnérables. Travaux du 102e congrès*, Strasbourg, juin 2006, éd. du Conseil supérieur du notariat – Rapport E. Blessig et H. de Richemont, *Réforme de la protection juridique des majeurs*, respectt Doc. AN 2007, no 3568 et Doc. Sénat 2007 no 212.

Chroniques sur l'histoire et les principes directeurs de la loi du 5 mars 2007. P. Catala, « Regard rétrospectif sur les incapacités établies par le Code civil », *JCP N* 2008, 1267 – A. Cermolacce, « Présentation générale des mesures de protection des majeurs », *JCP N* 2008, 1268 – F. Delbano, « Les difficultés d'application du principe de nécessité et de subsidiarité des régimes de protection des majeurs » *D.* 1999, 408-413 – T. Fossier, « Vingt-cinq ans de protection des majeurs », *JCP N* 1993, I, chron. 164; « Le rapport du groupe Jean Favard sur le dispositif de protection des majeurs », *JCP* 2000, actu. 1055; « Le rapport d'inspection sur le dispositif de protection des majeurs », *JCP* 1998, actu. 2093; « Mémoire pour servir à l'histoire d'une loi future : sources d'inspiration de la réforme du droit des incapacités », *Dr. fam.* 2002, nos 12 et 15; « L'objectif de la réforme du droit des incapacités, protéger sans jamais diminuer », *Defrénois* 2005, no 38076, p. 3; « Noces d'émeraude entre notaires et juges : vers la réforme des tutelles ? », *Dr. fam.* 2006, chron. 25; « La réforme de la protection des majeurs, guide de lecture de la loi du 5 mars 2007 », *JCP* 2007, 1, 118; « Le statut civil de la personne vulnérable gouverné par des principes fondamentaux », *JCP N* 2008, 1277; « Les principaux décrets d'application de la loi réformant la protection des mineurs et majeurs vulnérables » *Dr. fam.* 2009, focus 10; « Du gérant de tutelle libéral au mandataire judiciaire de protection », *Ann. loyers* 2009, p. 124; « Patrimoine et intérêts juridiques, tradition et nouveauté », *AJ fam.* 2009, 52; « Le décret du 22 décembre 2008 relatif aux actes de gestion du patrimoine des personnes protégées », *JCP N* 2009, no 101 et *JCP* 2009, AR 20, p. 5; « À propos du décret du 5 décembre 2008 modifiant le Code de procédure civile », *JCP* 2008, p. 732 – J. Hauser, « Les acteurs de la protection : la famille et l'incapable majeur », dossier « Tutelles », *AJ fam.* 2007, 198; « Des incapables aux personnes vulnérables », dossier « Tutelles », *Dr. fam.* juin 2007, étude 14 – P. Malaurie, « Examen critique du projet de loi portant réforme de la protection des majeur », *Defrénois* 2007, art. 38510; « La réforme de la protection juridique des majeurs », *Defrénois* 2007, art. 38569, p. 557 à 572 – L. Pécaut-Rivolier, T. Verheyde et T. Fossier, « La réforme des tutelles, enfin ! », *AJ fam.* 2007, 155 – M. Rebourg, « Les principes directeurs de la réforme des tutelles », dossier « Tutelles », *Dr. fam.* mai 2007 – J. Rubellin-Devichi, « Le principe de l'intérêt de l'enfant dans la loi et la jurisprudence françaises », *JCP* 1994, I, 3739.

332.04 Questions essentielles.

> La désignation du conjoint comme tuteur est-elle préférable à celle d'un autre tuteur qui sera confronté aux règles du régime matrimonial ?
* V. ss no 332.153

> La discorde familiale ou le caractère difficile du majeur vulnérable sont-ils des causes de vacance permettant de dispenser les proches de leur obligation morale et légale de représenter le malade ?
* V. ss no 332.143

332.05 Renvois.
> Sur la tutelle des mineurs et l'administration légale, v. s[s] n°s 234.150 s.
> Sur la protection internationale des adultes vulnérables, v. s[s] n°s 44.00 s.

SECTION 1
MODIFICATION DU DROIT APPLICABLE

332.11 Loi du 5 mars 2007, principe d'application au 1er janvier 2009. Depuis le 1er janvier 2009 est entrée en vigueur la loi n° 2007-308 du 5 mars 2007[1]. Cette loi, qui porte réforme de la protection juridique des majeurs, a eu pour objectifs principaux :

– d'organiser la protection de la personne du majeur en tutelle, curatelle ou sauvegarde de justice;

– de moderniser la gestion patrimoniale, en la facilitant, en améliorant pourtant les contrôles et l'indemnisation des dommages et en adaptant la gestion au patrimoine et au commerce juridique contemporains;

– de conforter les théories de la représentation, de l'assistance (notamment, en repensant la curatelle) et des nullités;

– de mieux utiliser la sauvegarde de justice;

– de renforcer le recours aux familles, notamment en confortant la priorité dont elles disposent dans la procédure et dans l'exercice des mesures, et en inaugurant des dispositifs d'aide aux tuteurs familiaux;

– d'imposer davantage de précautions procédurales aux juges;

– de limiter les incapacités dans le temps;

– de faire jouer à l'administration départementale un rôle de prévention des difficultés du majeur;

– de fusionner en une seule corporation, subventionnée par le contribuable ou l'assuré social, des professions jusqu'à présent disparates (tuteurs et curateurs d'État, associatifs ou personnes physiques, gérants préposés d'établissements de soins, administrateurs spéciaux personnes morales ou physiques).

Nous donnerons des indications générales sur ces objectifs lorsque l'attention du lecteur devra être attirée sur les évolutions attendues.

332.12 Loi du 5 mars 2007, dispositions d'application anticipée ou différée. L'article 45-III de la loi du 5 mars 2007 a autorisé les particuliers à faire dès 2007 des mandats de protection future (v. s[s] n°s 332.181 s.). Ces mandats n'auront pu produire cependant leurs effets qu'à partir du 1er janvier 2009, car une harmonisation avec le nouveau dispositif de tutelle et de curatelle a été indispensable. Réciproquement, certaines dispositions ont été étalées dans le temps en raison des difficultés matérielles considérables qu'elles posaient aux professionnels : la règle de révision des mesures anciennes et la mise en conformité des tuteurs professionnels avec leur nouveau statut.

1. L. n° 2007-308, 8 mars 2007, portant réforme de la protection juridique des majeurs, *JO* 7 mars, p. 4325.

SECTION 2
MEMBRES VULNÉRABLES DE LA FAMILLE

§ 1
Principe de nécessité : personnes concernées

A.
Altération des facultés personnelles ou inadaptation

332.21 La maladie et ses causes. La charge première, sans doute la plus lourde, des familles à l'égard des adultes qui la composent, est la protection des malades et des handicapés lourds.

Après avoir évoqué (C. civ., art. 414-1 et 414-2.) la protection de la loi à l'occasion d'un acte particulier, le Code civil énonce que lorsque les facultés mentales sont altérées par une maladie, une infirmité ou un affaiblissement dû à l'âge, il est pourvu de manière continue aux intérêts de la personne par l'un des régimes de protection dite « juridique »; cet adjectif étrange distingue les trois mesures que sont la **sauvegarde de justice**, la **curatelle** et la **tutelle** (et son appendice conventionnel, le **mandat de protection future**), des mesures de protection judiciaire ou départementale mais non juridique, dénommées « *accompagnements (judiciaire ou social personnalisé)* ».

332.22 Inadaptation. La prodigalité, l'intempérance et l'oisiveté ont été justiciables de la seule curatelle (C. civ., anc. art. 488, al. 3 et 508-1). Ces dispositions ont été abrogées. L'inadaptation sociale relève tout au plus des **mesures d'accompagnement judiciaire**, dont ni le déclenchement ni l'exercice ne concernent la famille, mais exclusivement le Conseil général, le procureur de la République et le juge des tutelles.

B.
Besoin de représentation ou d'assistance

332.31 Motivation première des protections durables. La maladie, dénuée de définition légale comme il vient d'être dit, ou l'inadaptation, invérifiable scientifiquement, n'ont jamais suffi au législateur, après la réforme de 1968, pour priver un individu de tout ou partie de ses droits civils. Le principe demeure dans la réforme de 2007 : « *La majorité est fixée à dix-huit ans accomplis; à cet âge, chacun est capable d'exercer les droits dont il a la jouissance* » (C. civ., art. 414). Cette capacité et par suite, cette responsabilité, s'étend à la gestion patrimoniale comme au gouvernement de la personne et à l'ensemble des libertés individuelles. Elles définissent la majorité par opposition à la minorité mais aussi par opposition à la protection de la loi qui nous occupe ici et qui ne devrait être que très exceptionnelle.

Ce qui change véritablement, avec la loi du 5 mars 2007, c'est la conception d'ensemble de la prise en charge du malade par le droit civil. **De l'incapacité, on passe à la protection**, et seuls les esprits chagrins ne saisiront pas la réalité de cette révolution.

L'article 415 nouveau énonce : « *Les personnes majeures reçoivent la protection de leur personne et de leurs biens que leur état ou leur situation rend nécessaire selon les modalités prévues au présent titre. Cette protection est instaurée et assurée dans le respect des libertés individuelles, des droits fondamentaux et de la dignité de la personne. Elle a pour finalité l'intérêt de la personne protégée. Elle favorise, dans la mesure du possible, l'autonomie de celle-ci. Elle est un devoir des familles et de la collectivité publique.* »

Cette protection s'exerce soit à l'occasion d'un **acte particulier**, soit **d'une manière continue**. Dans le cas de protection à l'occasion d'un acte particulier, il s'agit d'aménager les manquements, les carences ou les erreurs commises par une personne. La protection se met donc en place *a posteriori*. Dans le cas de protection continue, un tiers va intervenir pour régir tout ou partie des agissements futurs de la personne malade ou gravement handicapée, qui perd ainsi le droit d'exercer elle-même les droits dont elle a la jouissance.

En raison du **caractère « privatif de droit » de toute protection publique**, la loi de 2007 a considérablement renforcé l'ancien **principe dit « de nécessité »**, qui conduisait à exiger une pièce médicale avant d'ouvrir une tutelle ou une curatelle.

L'énoncé moderne de ce principe prend place dans les articles 433 (« *Le juge peut placer sous sauvegarde de justice la personne qui, pour l'une des causes prévues à l'article 425, a besoin d'une protection juridique temporaire ou d'être représentée pour l'accomplissement de certains actes déterminés* ») et 440 (« *La personne qui, sans être hors d'état d'agir elle-même, a besoin, pour l'une des causes prévues à l'article 425, d'être assistée ou contrôlée d'une manière continue dans les actes importants de la vie civile peut être placée en curatelle. La curatelle n'est prononcée que s'il est établi que la sauvegarde de justice ne peut assurer une protection suffisante. La personne qui, pour l'une des causes prévues à l'article 425, doit être représentée d'une manière continue dans les actes de la vie civile, peut être placée en tutelle. La tutelle n'est prononcée que s'il est établi que ni la sauvegarde de justice, ni la curatelle ne peuvent assurer une protection suffisante* »).

Ce principe est non seulement renforcé, mais dédoublé par les **principes de subsidiarité** (C. civ., art. 428, al. 1er : « *La mesure de protection ne peut être ordonnée par le juge qu'en cas de nécessité et lorsqu'il ne peut être suffisamment pourvu aux intérêts de la personne par l'application des règles du droit commun de la représentation, de celles relatives aux droits et devoirs respectifs des époux et des règles des régimes matrimoniaux, en particulier celles prévues aux articles 217, 219, 1426 et 1429, par une autre mesure de protection judiciaire moins contraignante ou par le mandat de protection future conclu par l'intéressé* ») **et d'individualisation** (C. civ., art. 428, al. 2 : « *La mesure est proportionnée et individualisée en fonction du degré d'altération des facultés personnelles de l'intéressé.* »). Les conséquences concrètes en sont multiples (à commencer par le mécanisme de **révision périodique des mesures**) et nous en énoncerons quelques-unes.

332.32 Exigence de motivation des jugements. C'est sur la démonstration de ce besoin que se portera l'essentiel de la motivation, dûment contrôlée par la Cour de cassation (l'appréciation des juges est souveraine et non pas discrétionnaire), des décisions de fond qui ouvrent une protection. Les arrêts de la cour suprême étaient avant la réforme nombreux et insistants [1], et il y a toute raison de penser que la loi nouvelle donnera lieu à un contrôle plus approfondi encore.

§ 2
Principe de proportionnalité : dispositif de représentation

A.
Principe d'assimilation à la minorité

332.41 Énoncé. L'un des ressorts de la loi nouvelle, sur un plan purement légistique, est de constituer un **bloc de règles de gestion patrimoniale commun aux majeurs protégés et aux mineurs** : le titre XII du livre I du Code civil (C. civ., art. 496 à 514). L'article 474 pour la tutelle du majeur, et, par renvoi, l'article 467 relatif à la curatelle, procèdent à un renvoi global à ce titre XII, et nous ferons de même, les règles de gestion patrimoniale étant très sommairement exposées *supra* (v. s^s n°s 234.00 s).

1. V., particulièrement net, Civ. 1re, 19 oct. 1999, no 97-17.942, NPT; *Dr. fam.* 2000, comm. 16, obs. Fossier.

Cet énoncé semble faire de l'adulte malade ou handicapé, un enfant. Ce n'est pas le souhait du législateur, qui a tenu à ce que la mesure de protection, y compris la tutelle, soit strictement proportionnée aux difficultés de son bénéficiaire. Indépendamment même des cas où la loi y veille, la pratique n'a pas pu décalquer sans nuances les règles de la minorité.

332.42 Domaine exact de la similitude. Compte tenu de ce qui précède, il est possible d'avancer que **l'assimilation du majeur** en tutelle au **mineur en tutelle avec conseil de famille** est globalement exacte pour :

- la notion de représentation légale,
- la gestion des capitaux,
- le régime des actes d'administration et celui des actes de disposition, ainsi que celui des actes interdits,
- celui des valeurs mobilières,
- et celui des actions en justice,
- le régime des successions et libéralités en faveur de l'incapable,
- les comptes et les responsabilités, enfin.

Sur tous les autres domaines d'action du majeur ou de son tuteur et des organes divers de la tutelle, la prudence s'impose, comme nous allons le dire, soit en vertu de la loi, soit pour des raisons d'expérience.

B.
Aménagements légaux propres aux adultes

332.51 Absence de référence à l'autorité parentale. Jamais le droit français depuis 1968 n'a voulu reproduire une quelconque tutelle à la personne qui permettrait de gouverner l'adulte malade ou handicapé comme on gouverne un mineur. Il existe seulement une mission importante de « protection » de la personne, qui peut comporter une intervention légitime, mais très contrôlée et exceptionnelle, sur la vie et les actes personnels du majeur (v. s^{s} n° 332.61).

332.52 Caractère provisoire et délégable des mandats tutélaires. La tutelle et la curatelle du majeur sont, selon l'article 415 dernier alinéa du Code civil, « *un devoir des familles et de la collectivité publique* ».

Mais d'une part, parce qu'elle est détachée d'une quelconque autorité parentale, la mission de tutelle sur un majeur ne saurait durer nécessairement autant que l'incapacité. L'article 453 énonce que « *nul n'est tenu de conserver la curatelle ou la tutelle d'une personne au-delà de cinq ans, à l'exception du conjoint, du partenaire du pacte civil de solidarité et des enfants de l'intéressé ainsi que des mandataires judiciaires à la protection des majeurs* ». À l'expiration de ce délai, le tuteur pourra demander et devra obtenir son remplacement.

D'autre part, la délégation du mandat par celui qui l'a reçu à une personne que le juge ne connaîtra pas forcément, rigoureusement prohibée en principe (*contra*[1]), est permise par la loi lorsque le tuteur est une personne morale, ce qui ne concerne pas le présent ouvrage.

332.53 Absence de jouissance légale; aménagements de la gratuité. Puisqu'elle est détachée de toute autorité parentale, la tutelle du majeur n'emporte pas jouissance légale. On se souviendra d'ailleurs que cette institution ne porte ses effets que jusqu'au seizième anniversaire du protégé (v. s^{s} n° 234.82).

Il paraît donc légitime de prévoir une indemnisation du tuteur du majeur pour ses impenses, comme il en existe une dans la tutelle du mineur avec conseil de famille. Ce remboursement atteint à une véritable rémunération lorsque le tuteur n'est pas membre de la famille; le Code de l'action sociale, largement remanié et complété à ce sujet par la loi du 5 mars 2007, comporte des précisions qui, pour ne jamais concerner les familles, ne seront pas évoquées ici.

Même lorsque la loi ne prévoit pas en premier ressort une telle rémunération, donc dans le cas des tutelles familiales, il est loisible au juge d'indemniser quand même le tuteur par application de l'article 500 alinéa 2 du Code civil; il est aussi possible pour les proches d'offrir au tuteur un bien sous la forme d'une libéralité rémunératoire[2] ou sous celle du bail à nourriture[3] ou encore sous celle de la créance d'assistance[4].

332.54 Régime spécial de certains actes : testament, donations, mariage, pacte civil de solidarité. L'assimilation des majeurs vulnérables aux mineurs est totalement impossible pour les **actes de nature mixte**, à la fois personnelle et patrimoniale : les habitudes de vie, l'espérance de vie, la composition de l'entourage, sont sans aucun rapport. Nous renvoyons aux ouvrages de droit patrimonial de la famille pour l'analyse détaillée de ces actes, comme nous l'avons fait à propos des mineurs[5].

1. CA Paris, 7 juin 2002, *Dr. fam.* 2002, comm. 153, obs. crit. Fossier; *RTD civ.* 2003, 269, obs. crit. Hauser.
2. Sur laquelle, v. chron. Couzigou-Suhas et Le Levier, *JCP N* 2006, I, 1190.
3. *Rapp. gén. du 102e congrès des Notaires de France*, Strasbourg 2006, n°s 3153 s.
4. *Rapp. gén. du 102e congrès des Notaires de France*, Strasbourg 2006, n°s 3340 s.
5. V. M. Grimaldi (dir.), DALLOZ ACTION DR. PATR. FAMILLE 2008/2009, 3e éd.

332.55 **Allégement de la tutelle.** Comme le droit antérieur, la loi du 5 mars 2007 prévoit une possibilité d'alléger la tutelle (C. civ., art. 473, al. 2). Le majeur ainsi protégé peut alors disposer de prérogatives bien plus étendues qu'un mineur, même proche de la majorité.

332.56 **Aménagements du régime des nullités et de leurs suites.** La sanction normale de tout le dispositif d'incapacité est la nullité. On sait (v. s[s] n°s 234.71 s.) que pour les mineurs, cette norme connaît quantité d'aménagements. La loi du 5 mars 2007 a entendu assouplir nettement le régime applicable aux majeurs, qui se résumait dans les textes de 1968, à une nullité de droit de tous les actes faits par le majeur après son placement en tutelle. Il faudra donc examiner avec circonspection la jurisprudence antérieure à la réforme de 2007.

L'article 465 du Code civil énonce à cet effet : « *À compter de la publicité du jugement d'ouverture, l'irrégularité des actes accomplis par la personne protégée ou par la personne chargée de la protection est sanctionnée dans les conditions suivantes :*

« *1° Si la personne protégée a accompli seule un acte qu'elle pouvait faire sans l'assistance ou la représentation de la personne chargée de sa protection, l'acte reste sujet aux actions en rescision ou en réduction prévues à l'article 435 comme s'il avait été accompli par une personne placée sous sauvegarde de justice, à moins qu'il ait été expressément autorisé par le juge ou par le conseil de famille s'il a été constitué;*

2° Si la personne protégée a accompli seule un acte pour lequel elle aurait dû être assistée, l'acte ne peut être annulé que s'il est établi que la personne protégée a subi un préjudice;

3° Si la personne protégée a accompli seule un acte pour lequel elle aurait dû être représentée, l'acte est nul de plein droit sans qu'il soit nécessaire de justifier d'un préjudice;

4° Si le tuteur ou le curateur a accompli seul un acte qui aurait dû être fait par la personne protégée soit seule, soit avec son assistance ou qui ne pouvait être accompli qu'avec l'autorisation du juge ou du conseil de famille s'il a été constitué, l'acte est nul de plein droit sans qu'il soit nécessaire de justifier d'un préjudice [...] »

L'article 466 précise que les articles 464 et 465 ne font pas obstacle à l'application des articles 414-1 et 414-2, c'est-à-dire qu'il est permis à un majeur protégé de manière continue, de tirer profit de la protection ponctuelle pour un acte passé sous l'empire d'un trouble mental : cette voie sera suivie pour faire annuler un acte dans la sphère d'action qu'aurait conservée judiciairement le majeur.

332.57 **Période suspecte.** Le nouvel article 464 remplace l'ancien article 503 du Code civil, mais en limite les considérables dangers. Les **obligations** résultant des actes accomplis par la personne protégée **moins de deux ans avant la publicité du jugement d'ouverture de la mesure de protection** – délai qui n'existait pas dans la loi de 1968 – peuvent être **réduites** – et non plus annulées – sur la seule preuve que son inaptitude à défendre ses intérêts, par suite de l'altération de ses facultés personnelles, était notoire ou connue du cocontractant à l'époque où les actes ont été passés. Ces actes peuvent, dans les mêmes conditions, être **annulés** s'il est justifié d'un **préjudice subi par la personne protégée** : cette preuve n'est pas facile à rapporter et il s'agit donc de raréfier autant que possible ce type d'actions. Par dérogation à l'article 2252, l'action doit être introduite dans les **cinq ans** de la date du jugement d'ouverture de la mesure, ce qui n'était pas non plus le cas dans le régime de l'ancien article 503.

332.58 **Régime des actions en nullité.** Le curateur ou le tuteur peut, avec l'autorisation du juge ou du conseil de famille s'il a été constitué, engager seul l'action en nullité, en rescision ou en réduction des actes prévus aux 1°, 2° et 3° de l'article 465. Dans tous les cas, l'action s'éteint par le délai de cinq ans prévu à l'article 1304. Pendant ce délai et tant que la mesure de protection est ouverte, l'acte prévu au 4° peut être confirmé avec l'autorisation du juge ou du conseil de famille s'il a été constitué.

C.
Actes personnels

332.61 **Textes applicables à la protection de la personne.** Dans certaines hypothèses particulières aux majeurs en tutelle, le juge des tutelles rend des ordonnances que la loi entoure de précautions particulières. Les textes qui régissent ces décisions sont intégrés dans le Code civil, mais aussi dans le Code de la santé publique. La jurisprudence en a déduit un principe général, non pas de « tutelle à la personne » comme pour les mineurs, mais de protection de la personne, particulièrement important quand la famille assume la tutelle (v. s[s] n°s 332.151 à 332.162). Cette jurisprudence a été largement consacrée par la loi du 5 mars 2007 (C. civ., art. 457-1 à 463).

§ 3
Principe de proportionnalité : dispositif d'assistance

A.
Répartition des compétences : curateur, majeur et juge

332.71 **Mécanisme général de la curatelle.** Le principe de proportionnalité de la protection du majeur et de la privation de droits qu'elle implique, a conduit le législateur de 1968, comme celui de 2007, à développer considérablement le régime ancien du conseil judiciaire, sous la dénomination de **curatelle**. Il s'agit d'un dispositif qui conjugue **l'autonomie, l'assistance et la représentation**, et que l'article 467 du Code civil définit par son mécanisme principal : la personne en curatelle ne peut, sans l'assistance du curateur, faire aucun acte qui, en cas de tutelle, requerrait une autorisation du juge ou du conseil de famille. Lors de la conclusion d'un acte écrit, l'assistance du curateur se manifeste par l'apposition de sa signature à côté de celle de la personne protégée.

Comme dans le régime de 1968, le curateur voit sa mission confortée par deux autres dispositions légales :

1° « *À peine de nullité, toute signification faite à cette dernière l'est également au curateur* » (C. civ., art. 467); l'assistance est en outre requise pour introduire une action en justice ou y défendre (C. civ., art. 468). Il s'agit de lutter contre les initiatives processuelles, souvent désastreuses, de certains majeurs en curatelle;

2° C. civ., art. 468 : « *Les capitaux revenant à la personne en curatelle sont versés directement sur un compte ouvert à son seul nom et mentionnant son régime de protection, auprès d'un établissement habilité à recevoir des fonds du public. La personne en curatelle ne peut, sans l'assistance du curateur* [...] *faire emploi de ses capitaux.* »

332.72 Motivation des causes de la curatelle. Les exigences de la jurisprudence pour la motivation des jugements de curatelle sont aussi fortes que pour la tutelle (v. s^s n° 332.31) et à vrai dire, aussi méconnues par une part des juges comme en témoigne le nombre persistant des cassations de ce chef[1].

332.73 Différences d'avec la tutelle. Comme l'indiquent les articles 467 et 468 du Code civil, la curatelle fait largement appel aux notions en usage dans la tutelle : actes de disposition et assimilables, actes d'administration et assimilables, circulation des capitaux, *etc*.

De même, la charge de curateur obéit à un régime identique à celle de tuteur d'un majeur (C. civ., art. 446 à 453) : elle est provisoire, elle ne peut pas être déléguée en dehors du cas des personnes morales (*contra*[2]) et elle est en principe gratuite, avec des aménagements considérables.

Mais la similitude s'arrête là. Dans la curatelle, **l'autonomie du majeur** est dans **l'initiative des actes, y compris de disposition** : le curateur ne peut pas se substituer à lui sur ce plan. L'autonomie du majeur est aussi dans l'exécution des actes conservatoires, et des actes d'administration à l'exception de la réception et de l'emploi des capitaux (C. civ., art. 510); on retrouve ici le régime particulier des mouvements de capitaux, déjà rencontré dans le droit de la minorité (v. s^s n°s 234.84). Aux actes d'administration est assimilé le testament (C. civ., art. 513 – V. s^s n° 332.76).

Quant à la représentation, elle fait irruption si le juge des tutelles le décide, sous forme d'un « renforcement » (v. s^s n° 332.81) de la curatelle.

Cet équilibre est délicat. Le curateur ne doit donc pas excéder ses attributions, comme la jurisprudence a eu à le répéter plusieurs fois à propos d'actes de disposition initiés, voire réalisés, par le curateur tout seul[3]. Réciproquement, le majeur en curatelle ne peut pas, sans contreseing, manipuler des capitaux (à propos d'une délivrance de carte de crédit[4] – ou de l'achat d'une voiture[5] – ou de l'embauche d'un détective privé[6]).

332.74 Simples arbitrages judiciaires. Selon l'article 469 du Code civil, le curateur ne peut se substituer à la personne en curatelle pour agir en son nom : les initiatives, en curatelle, appartiennent au majeur, et réciproquement, ses résistances à telle ou telle initiative ne sont pas en elles-mêmes fautives ! Toutefois, le curateur peut, s'il constate que la personne en curatelle compromet gravement ses intérêts, saisir le juge pour être autorisé à accomplir seul un acte déterminé ou provoquer l'ouverture de la tutelle : il s'agit d'une disposition nouvelle, qui porte à l'évidence atteinte à la « logique » de la curatelle, mais qui a paru indispensable aux praticiens, pour éviter des cas de responsabilité.

Réciproquement, et comme dans le droit antérieur, si le curateur refuse son assistance à un acte pour lequel son concours est requis, la personne en curatelle peut demander au juge l'autorisation de l'accomplir seule.

Le Code de procédure civile ne prescrit pas de procédure particulière complète; le majeur agira donc selon ce qui est indiqué à l'article 1217 du Code de procédure civile, c'est-à-dire comme dans le cas où un administrateur légal sous contrôle

1. PAR EX., Civ. 1re, 22 juill. 1987, *Gaz. Pal.* 1988, 1, 257, note Massip – Civ. 1re, 9 mars 1994, n° 92-12.232, *Bull. civ.* I, n° 93; *RTD civ.* 1994, 323, obs. Hauser; *Defrénois* 1994, p. 1103, obs. Massip, à propos d'une altération des facultés corporelles – Civ. 1re, 24 oct. 1995, n° 93-21.484, *Bull. civ.* I, n° 371; *Defrénois* 1995, p. 732, obs. Massip.
2. CA Paris, 7 juin 2002, *Dr. fam.* 2002, comm. 153, obs. crit. Fossier; *RTD civ.* 2003, 269, obs. crit. Hauser.
3. V. Fossier, note *Dr. fam.* 2003, comm. n° 36.
4. Civ. 1re, 21 nov. 1984, *D.* 1985, J. 297, note Lucas de Leyssac.
5. CA Dijon, 17 déc. 1999, *D.* 2001, somm. 1509, obs. Lemouland.
6. CA Toulouse, 2 oct. 2002, *RTD civ.* 2002, 486, obs. Hauser.

judiciaire veut être autorisé à faire un acte de disposition (v. s[s] n°s 234.191 s.).

Saisi de cette façon, le juge des tutelles entendra les deux antagonistes, bien que le texte soit plus restreint (« *Lorsque le majeur en curatelle demande une autorisation supplétive, le juge ne peut statuer qu'après avoir entendu ou au moins appelé le curateur* », C. pr. civ., art. 1257).

Le juge se prononcera, à charge de recours devant le tribunal de grande instance.

332.75 Régime particulier des sanctions. Toutes les sanctions sont désormais exposées par la loi dans un article unique (C. civ., art. 465, évoqué s[s] n° 332.56).

332.76 Testament et donations. Selon l'article 470 du Code civil, la personne en curatelle peut librement tester sous réserve des dispositions de l'article 901. Elle ne peut faire de donation qu'avec l'assistance du curateur. Le curateur est réputé en opposition d'intérêts avec la personne protégée lorsqu'il est bénéficiaire de la donation.

332.77 Régime particulier de la responsabilité des organes de la curatelle. Un adage latin (*Qui auctor est non se obligat*) résume la conception classique du droit français : une autorisation donnée n'engage pas la responsabilité. Or, le curateur, à l'exception des cas rares où il représente le majeur en curatelle (v. s[s] n° 332.81), ne donne jamais que des autorisations : sa responsabilité civile et pénale ne saurait être engagée comme peut l'être celle d'un tuteur. Ainsi en décide le nouvel article 421 du Code civil, qui ne se plie pas aux errements de la jurisprudence ancienne.

B.
Aménagements possibles de la curatelle

332.81 Articles 471 et 472 du Code civil. L'article 471 est une reprise de l'ancien article 511 du Code civil. À tout moment, le juge peut, par dérogation à l'article 467, énumérer certains actes que la personne en curatelle a la capacité de faire seule ou, à l'inverse, ajouter d'autres actes à ceux pour lesquels l'assistance du curateur est exigée. De même, l'article 472 reprend les avantages considérables de l'ancien article 512. Le juge peut également, à tout moment, ordonner une curatelle renforcée. Dans ce cas, le curateur perçoit seul les revenus de la personne en curatelle sur un compte ouvert au nom de cette dernière. Il assure lui-même le règlement des dépenses auprès des tiers et dépose l'excédent sur un compte laissé à la disposition de l'intéressé ou le verse entre ses mains. Sans préjudice des dispositions de l'article 459-2, le juge peut autoriser le curateur à conclure seul un bail d'habitation ou une convention d'hébergement assurant le logement de la personne protégée. La curatelle renforcée est soumise aux dispositions des articles 503 et 510 à 515.

C.
Actes personnels

332.91 Principe de l'assistance. La curatelle, comme la tutelle, a pour objet la protection des biens et de la personne du majeur. La loi du 5 mars 2007 ne confiant en principe aucun rôle autoritaire au tuteur en matière personnelle, et seulement un rôle d'assistance si nécessaire, le curateur a naturellement pu être mis dans la même situation de droit.

Réciproquement, si un majeur en curatelle a absolument besoin d'une représentation en matière personnelle, alors la conversion de la curatelle en tutelle est exigée par l'article 459 du Code civil.

SECTION 3
REQUÊTES DE LA FAMILLE

§ 1
Lignes directrices de la procédure

332.101 Indispensable appréciation judiciaire. À la différence des mécanismes juridiques ponctuels de protection, l'instauration d'une tutelle ou d'une curatelle nécessite **une procédure préalable** et **une organisation judiciaire spécifiques** :

– le principe de capacité dès l'âge de dix-huit ans implique qu'il n'y ait pas de régime de protection « de plein droit », comme la loi en établit pour les mineurs; le régime de protection est établi essentiellement (mais non exclusivement, v. not. C. civ., art. 464) pour l'avenir; son ressort essentiel est la représentation légale ou l'assistance, qui ne sauraient être imposées à un adulte sans une procédure minutieuse;

– dans la phase procédurale, le **principe de nécessité** et le **principe de proportionnalité** impliquent une appréciation individuelle, affranchie de quelconques tables, scores ou barèmes, autrement dit une procédure judiciaire; le principe de la protection ne s'impose qu'à l'issue d'une procédure qui assure le respect d'un troisième principe dit « de subsidiarité »; le degré de la protection et d'incapacité est clairement délimité par la loi, sauf pour la sauvegarde de justice, dont les effets sont restreints.

332.102 Indispensable collaboration de la famille et du corps médical avec le juge. En conséquence de ce qui précède, l'intervention obligatoire et préalable des autorités médicales a été imposée par la loi. Cette exigence prend la forme d'un **certificat médical d'un médecin spécialement agréé** (v. s[s] n° 332.116) et aussi, dans certaines hypothèses, celle de **certificats médicaux du médecin traitant** du majeur.

Mais la **famille du majeur** tient un rôle au moins aussi important dans la mise en place de la mesure de tutelle ou de curatelle, en recevant de la loi une sorte de **monopole de la requête** (v. s[s] n° 332.113) et en étant consultée au cours de l'instruction du dossier par le juge (v. s[s] n° 332.120). Il s'agit en effet, de préparer l'exercice du mandat tutélaire ou curatélaire par la famille et aussi de laisser à la sphère privée une part importante d'initiative dans un domaine où se mêlent souci de protection et atteinte aux libertés.

332.103 Respect de la Convention européenne de sauvegarde des droits de l'homme. La procédure de placement sous tutelle ou sous curatelle doit respecter l'article 6 de la Convention européenne de sauvegarde des droits de l'homme (en ce sens, à propos d'une communication tardive de la pièce médicale, ou d'une convocation trop tardive à l'audience[1] – pour la stigmatisation d'une instruction de trois ans et demi devant la Cour de cassation[2]). Le Code de procédure civile, dans sa version du 5 décembre 2008, a tenté de respecter cette exigence.

332.104 Droit des tiers – Accès au dossier de la protection. L'accès au dossier de la protection est une question très épineuse, en raison du contenu parfois blessant de ce dossier, tant pour le majeur que pour ses proches ou même les tiers. Le Code de procédure civile a résolu d'adopter un **régime assez comparable à celui du dossier d'assistance éducative**, lui aussi « dangereux ».

Selon l'article 1222 du Code de procédure civile, « *jusqu'au prononcé du jugement de mise sous protection, le dossier peut être consulté au greffe par le requérant. Il peut être également consulté, sur autorisation du juge des tutelles, par une des personnes énumérées à l'article 430 du Code civil si elle justifie d'un intérêt légitime. Leurs avocats, si elles en ont constitué un, disposent de la même faculté* ». Cette disposition est propre à la phase antérieure à l'ouverture (ou à la modification) de la protection. L'article suivant est plus général et offre un accès « permanent » au dossier, mais naturellement restreint à certaines personnes (C. pr. civ., art. 1222-1 : « *À tout moment de la procédure, le dossier peut être consulté au greffe de la juridiction qui le détient, sur demande écrite et sans autre restriction que les nécessités du service, par le majeur à protéger ou protégé, le cas échéant, par son avocat ainsi que par la ou les personnes chargées de la protection. Lorsque la demande de consultation du dossier émane du majeur, le juge peut, par ordonnance motivée notifiée à l'intéressé, exclure tout ou partie des pièces de la consultation si celle-ci est susceptible de lui causer un préjudice psychique grave.* »).

La **consultation** est une chose, le **droit de copie** en est une autre, qu'abordent avec prudence les articles 1223 et suivants du Code de procédure civile : l'avocat du majeur protégé peut se faire délivrer copie de tout ou partie des pièces du dossier. Il ne peut communiquer les copies ainsi obtenues ou leur reproduction à son client ou à un tiers. Sous réserve des dispositions de l'article 510 du Code civil relatives à la communication des comptes de gestion, le juge des tutelles peut, après le prononcé du jugement de mise sous protection, autoriser, sur justification d'un intérêt légitime, la délivrance d'une copie d'une ou plusieurs pièces du dossier au majeur protégé ou à la personne chargée de la mesure de protection. Quant aux copies d'autres pièces et pour des personnes autres que l'avocat, l'article 1223-2 confie une lourde responsabilité au juge lui-même : il ne peut être délivré copie des délibérations du conseil de famille et des décisions de justice afférentes à la mesure de protection qu'aux parties et aux personnes investies des charges tutélaires concernées par ces délibérations et décisions; les personnes justifiant d'un intérêt légitime peuvent également en obtenir des extraits sur autorisation du juge des tutelles.

On s'étonnera dans ce contexte litigieux, de lire dans l'article 1224 que « *les décisions du juge prévues aux articles 1222, 1223-1 et 1223-2 sont des mesures d'administration judiciaire* ».

§ 2
Priorité familiale pour la saisine du juge des tutelles

332.111 Renvoi de principe à la tutelle des mineurs et aux administrations légales. La nouvelle présentation du Code de procédure civile mêle à ce point les règles destinées aux mineurs et celles destinées aux majeurs, qu'il est permis d'affirmer que l'assimilation procédurale des seconds aux premiers est voulue. Elle ne manquera pas de se produire en pratique.

1. Civ. 1re, 13 juill. 2004, n° 01-14.506, *Bull. civ.* I, n° 205; *Dr. fam.* 2005, comm. 123, obs. Fossier; *AJ fam.* 2004, 367, note Attuel-Mendès; *D.* 2006, pan. 1570, obs. Plazy; *RTD civ.* 2004, 716, obs. Hauser – Civ. 1re, 28 nov. 2006, n° 04-18.266, *Bull. civ.* I, n° 526; *Dr. fam.* 2007, comm. 21, obs. Fossier; *AJ fam.* 2007, 40, obs. Pécaut-Rivolier; *D.* 2008, pan. 313, obs. Plazy; *RTD civ.* 2007, 91, obs. Hauser.
2. CEDH 17 juin 2003, req. n° 49531/99, *Dr. fam.* 2003, comm. 154, obs. De Lamy.

332.112 **Procédure d'instauration.** La procédure d'instauration de la tutelle ou de la curatelle est régie par le Code de procédure civile (C. pr. civ., art. 1217 à 1221, 1225 à 1233, 1239 à 1247) et aussi par le Code civil (C. civ., art. 430 à 432).

332.113 **Monopole des proches pour faire requête.** Selon l'article 430 du Code civil, « *la demande d'ouverture de la mesure peut être présentée au juge par la personne qu'il y a lieu de protéger ou, selon le cas, par son conjoint, le partenaire avec qui elle a conclu un pacte civil de solidarité ou son concubin* [NDA : cet ajout est une nouveauté de la loi du 5 mars 2007], *à moins que la vie commune ait cessé entre eux, ou par un parent ou un allié, une personne entretenant avec le majeur des liens étroits et stables, ou la personne qui exerce à son égard une mesure de protection juridique. Elle peut être également présentée par le procureur de la République soit d'office, soit à la demande d'un tiers.* »

Les proches disposent donc d'un monopole, dont nous avons déjà dit les raisons de principe. Les autres parents, les alliés, les amis peuvent seulement donner au juge avis de la cause qui justifierait l'ouverture de la tutelle. Il en est de même du médecin traitant et du directeur de l'établissement. Le juge des tutelles reçoit quantité de ces simples avis, émanés de personnes qui s'occupent du malade mais n'ont pas qualité pour faire requête : n'ayant plus le pouvoir de se saisir d'office, il les transmettra au parquet, qui pourra classer le signalement sans suite ou au contraire faire requête à fin d'ouverture.

332.114 **Identité de règles en tutelle et en curatelle.** Selon l'article 430 du Code civil, la curatelle est ouverte et prend fin de la même manière que la tutelle des majeurs. Elle est soumise à la même publicité.

332.115 **Contenu de la requête.** Aux termes de l'article 431 du Code civil : « *La demande est accompagnée, à peine d'irrecevabilité, d'un certificat circonstancié rédigé par un médecin choisi sur une liste établie par le procureur de la République. Le coût de ce certificat est fixé par décret en Conseil d'État.* » Un médecin inscrit sur la liste mentionnée à l'article 431 (liste d'agrément, tenue au parquet) peut solliciter l'avis du médecin traitant de la personne qu'il y a lieu de protéger. Le Code de procédure civile détaille le contenu de la requête et un modèle en est obligatoirement tenu à disposition des familles dans les greffes des tribunaux d'instance.

332.116 **Certificat médical : 1/ Exigence.** Un certificat médical délivré par un médecin spécialiste doit être joint à la requête (v. C. civ., art. 431, cité s^s^ n° 332.115). L'article 431-1° précise : « *Pour l'application du dernier alinéa de l'article 426 et de l'article 431, le médecin inscrit sur la liste mentionnée à l'article 431 peut solliciter l'avis du médecin traitant de la personne qu'il y a lieu de protéger* ». Cette exigence touche évidemment au fond. Elle est rappelée avec beaucoup de vigueur par la Cour de cassation, qui n'accepte pas qu'une tutelle ou une curatelle soit ouverte alors que le médecin spécialiste a été d'un avis contraire[1]. Le Code de procédure civile donne aux médecins certificateurs les indications sur le contenu du document, un modèle en est tenu à disposition dans les greffes et une tarification a été fixée conjointement par les ministères concernés et par les représentants de la profession médicale.

332.117 **Certificat médical : 2/ Majeur réfractaire à la visite médicale.** Une personne qui fait l'objet d'une demande d'ouverture de tutelle ou curatelle ne saurait être fondée à se prévaloir du non-accomplissement de cette formalité alors que c'est par son propre fait que cet examen médical n'a pas eu lieu[2].

Cette solution est heureuse en pratique, car il n'est pas rare de voir le malade se dérober à tout contact, notamment médical ou judiciaire. Cependant, les juges des tutelles devront se fonder sur d'autres éléments objectifs du dossier pour prononcer la tutelle ou curatelle afin de ne pas porter aveuglément atteinte aux droits du malade. Il ne suffirait pas de stigmatiser le comportement d'évitement de l'intéressé pour le placer sous tutelle ou curatelle[3]; mais le juge pourrait utilement invoquer des lettres témoignant d'une altération grave des facultés mentales, ou encore l'existence de dettes considérables à la suite d'actes inconséquents[4]. En pratique, les juges des tutelles ordonneront une enquête sociale, ou exploiteront l'avis du médecin traitant et de la famille, en cas d'échec du médecin spécialiste dans sa mission.

332.118 **Certificat médical : 3/ Dispense faite au procureur de la République.** Contrairement à l'état antérieur du droit, le procureur de la République n'est plus dispensé de fournir un certificat médical lorsqu'il saisit le juge des tutelles. Dès lors, la saisine du parquet par une famille pour n'avoir pas à requérir un médecin, pratique très répandue avant la réforme, paraît désormais vouée à l'échec.

1. Civ. 1re, 15 juin 1994, n° 92-19.680, *Bull. civ.* I, n° 213; *Méd. et droit* 1995, comm. 11, par Fossier; *D.* 1995, J. 37, note Massip; *RTD civ.* 1995, 411, obs. Patarin.
2. Civ. 1re, 18 janv. 1972, *D.* 1972, 373, note Contamine-Raynaud – Civ. 1re, 10 juill. 1984, *D.* 1984, 547, note Massip.
3. Civ. 1re, 23 mai 1979, n° 77-10.082, *Bull. civ.* I, n° 152.
4. Civ. 1re, 10 juill. 1984, *DS* 1984, 547, note J. M. avec les références plus anciennes.

332.119 Audition du majeur. Afin que le juge, saisi de la requête, puisse en apprécier le bien-fondé et pour assurer une protection satisfaisante des droits du malade, le Code de procédure civile prévoit, d'une part, l'audition préalable de la personne intéressée, d'autre part divers moyens d'information, dans lesquels la famille tient une place primordiale. Selon l'article 432 du Code civil, « *le juge statue, la personne entendue ou appelée. L'intéressé peut être accompagné par un avocat ou, sous réserve de l'accord du juge, par toute autre personne de son choix. Le juge peut toutefois, par décision spécialement motivée et sur avis du médecin mentionné à l'article 431, décider qu'il n'y a pas lieu de procéder à l'audition de l'intéressé si celle-ci est de nature à porter atteinte à sa santé ou s'il est hors d'état d'exprimer sa volonté* ».

En raison du **caractère d'ordre public et substantiel de la formalité d'audition**, il en est dressé **procès-verbal**, ce qui explique la présence du greffier. En effet, cette audition ne se confond pas avec les entretiens que peut avoir le juge avec une personne protégée dans toute l'étendue de son ressort ainsi que dans les départements limitrophes de celui où il exerce ses fonctions, sans l'assistance, s'il le souhaite, du greffier.

332.120 Moyens d'information complémentaires et audition de la famille. Le juge des tutelles peut d'abord décider de toute mesure d'information, soit d'office, soit à la requête des parties ou du ministère public. Il a notamment la faculté de faire procéder à une **enquête sociale** sur la situation familiale du malade, son entourage, ses moyens d'existence, mais il dispose également du pouvoir de faire procéder à des **constatations** par telle personne de son choix (C. pr. civ., art. 1221).

Ces dispositions sont destinées à permettre une information aussi complète que possible du magistrat, appelé à prendre une décision particulièrement délicate dans le domaine de la capacité.

La police et la gendarmerie sont parfois requises dans ce cadre.

L'audition des proches peut avoir lieu sur commission rogatoire, de façon à éviter aux intéressés un déplacement. La pratique substitue aussi à cette audition une consultation par écrit lorsque cette mesure paraît suffisante.

Bien que les décisions rendues par le juge des tutelles soient en principe toutes susceptibles de recours (v. s[s] n° 332.131), la plupart des mesures envisagées ici sont de pure administration judiciaire et comme telles insusceptibles de recours, rétractables ou modifiables par le juge.

332.121 Mesures provisoires. Pendant la durée de l'instance, peuvent être prises diverses mesures provisoires : celles qui sont prévues pour tous les majeurs protégés, ou pour tous les régimes de protection; ou encore une sauvegarde de justice, avec ou sans désignation d'un mandataire spécial.

332.131 Fin de l'instruction – Recours. Le juge des tutelles parachève l'instruction du dossier par diverses mesures qui ne feront plus appel à la famille et qui ne nécessitent donc pas de développements ici. Puis il rend jugement sur le degré de protection (tutelle, curatelle et leurs variantes, ou non-lieu) et sur le mode de protection (familial ou pas).

Les articles 1239 et suivants du Code de procédure civile régissent l'appel dans les conditions suivantes (mod. Décr. n° 2009-1628, 23 déc. 2009[1]).

Sauf disposition contraire, les décisions du juge des tutelles et les délibérations du conseil de famille sont susceptibles d'appel.

Sans préjudice des dispositions prévues par les articles 1239-1 à 1239-3, l'appel est ouvert aux personnes énumérées à l'article 430 du Code civil, même si elles ne sont pas intervenues à l'instance.

Le délai d'appel est de quinze jours.

Les parties ne sont pas tenues de constituer avocat ou avoué.

L'appel contre le jugement qui refuse d'ouvrir une mesure de protection à l'égard d'un majeur n'est ouvert qu'au requérant.

Le ministère public peut former appel jusqu'à l'expiration d'un délai de quinze jours suivant la remise de l'avis qui lui a été donné de la délibération prise ou de la décision rendue.

Le délai d'appel contre les jugements statuant sur une mesure de protection à l'égard d'un majeur court :

1° À l'égard du majeur protégé, à compter de la notification prévue à l'article 1230-1;

2° À l'égard des personnes à qui le jugement doit être notifié, à compter de cette notification;

3° À l'égard des autres personnes, à compter du jugement.

L'appel est formé par déclaration faite ou adressée par lettre recommandée avec demande d'avis de réception au greffe de la juridiction de première instance.

Le greffier enregistre l'appel à sa date; il délivre ou adresse par lettre simple, récépissé de la déclaration.

Il transmet sans délai une copie du dossier à la cour.

Lorsque l'appelant restreint son appel à l'un des chefs de la décision autre que l'ouverture de la mesure de protection, notamment s'il ne conteste que le choix du tuteur ou du curateur, il le précise.

1. Décr. n° 2009-1628, 23 déc. 2009, relatif à l'appel contre les décisions du juge des tutelles et les délibérations du conseil de famille et modifiant diverses dispositions concernant la protection juridique des mineurs et des majeurs, *JO* 26 déc., p. 22311.

Le greffier de la cour convoque à l'audience prévue pour les débats :

1° S'il en a constitué un, l'avocat du requérant, par tout moyen;

2° L'appelant et les personnes auxquelles la décision ou la délibération a été notifiée, par lettre recommandée avec demande d'avis de réception, ainsi que, le cas échéant, leurs avocats.

Ces dernières ont le droit d'intervenir devant la cour.

La convocation est adressée, dès la fixation de l'audience prévue pour les débats et au moins quinze jours à l'avance, par lettre recommandée avec demande d'avis de réception. Une copie de la convocation est adressée aux personnes concernées par lettre simple.

La convocation vaut citation.

L'appel est instruit et jugé en chambre du conseil.

La procédure est orale.

Les prétentions des parties ou la référence qu'elles font aux prétentions qu'elles auraient formulées par écrit sont notées au dossier ou consignées dans un procès-verbal.

À l'audience, la cour entend l'appelant, le majeur à protéger ou protégé, sauf application par la cour des dispositions du second alinéa de l'article 432 du Code civil et, le cas échéant, le ministère public.

Les avocats des parties, lorsqu'elles en ont constitué un, sont entendus en leurs observations.

La cour peut, même d'office, substituer une décision nouvelle à celle du juge des tutelles ou à la délibération du conseil de famille.

Jusqu'à la clôture des débats devant la cour, le juge des tutelles et le conseil de famille demeurent compétents pour prendre toute décision ou délibération nécessaire à la préservation des droits et intérêts de la personne protégée. Le greffe de la juridiction de première instance transmet immédiatement copie de cette décision ou délibération au greffe de la cour.

La décision de la cour est notifiée à la diligence de son greffe.

Le dossier, auquel est jointe une copie certifiée conforme de l'arrêt, est alors renvoyé sans délai au greffe de la juridiction de première instance.

Si l'appel formé contre une décision du juge des tutelles est rejeté, celui qui l'a introduit, à l'exception du juge, peut être condamné aux dépens et à des dommages-intérêts.

332.132 **Premières mesures de protection.** Il appartient au tuteur de prendre immédiatement diverses mesures.

En premier lieu, il fera mettre en œuvre, si cela n'a été fait par d'autres, les **mesures provisoires** prévues pour tous majeurs protégés.

En second lieu, il fera lever les scellés s'il en est, fera faire inventaire, accomplira les actes urgents (assurances, actes conservatoires), fixera le budget de la tutelle, déposera en banque les capitaux liquides et emploiera sur les indications légales les surplus de revenus. Le tuteur déclarera les créances qu'il aurait contre son pupille; il ouvrira des comptes et coffres spécialement affectés au pupille; il convertira au nominatif les titres au porteur ou les déposera (sur toutes ces obligations, à propos de l'administration légale et de la tutelle, v. s^{s} n°s 234.00 s.).

332.133 **Cessation de la protection.** L'article 443 du Code civil énonce que la mesure prend fin, en l'absence de renouvellement, à l'expiration du délai fixé, en cas de jugement de mainlevée passé en force de chose jugée ou en cas de décès de l'intéressé. Le juge peut également y mettre fin lorsque la personne protégée réside hors du territoire national, si cet éloignement empêche le suivi et le contrôle de la mesure.

SECTION 4
PRIORITÉ FAMILIALE DANS L'EXERCICE DES MANDATS JUDICIAIRES

§ 1
Personnes que le juge doit désigner

332.141 **Division possible des missions.** L'article 446 du Code civil indique qu'« *un curateur ou un tuteur est désigné pour la personne protégée dans les conditions prévues au présent paragraphe et sous réserve des pouvoirs conférés au conseil de famille s'il a été constitué.* » Dès lors, la première distinction à opérer concerne l'existence ou pas d'un conseil de famille, ce qui relève de l'appréciation du juge des tutelles, sous le contrôle de la juridiction de recours (v. s^{s} n° 332.151).

S'il n'existe pas de conseil de famille, et selon l'article 447, « *le curateur ou le tuteur est désigné par le juge.* »

Celui-ci peut, en considération de la situation de la personne protégée, des aptitudes des intéressés et de la consistance du patrimoine à administrer, désigner plusieurs curateurs ou plusieurs tuteurs pour exercer en commun la mesure de protection. Chaque curateur ou tuteur est réputé, à l'égard des tiers, avoir reçu des autres le pouvoir de faire seul les actes pour lesquels un tuteur n'aurait besoin d'aucune autorisation. Il s'agit d'un mécanisme de « ***cotutelle*** » ou de « ***cocuratelle*** », spécialement imaginé pour les père et mère des handicapés mentaux vivant avec eux, mais accessible en toutes autres hypothèses.

Le juge peut aussi diviser la mesure de protection entre **un curateur ou un tuteur chargé de la protec-**

tion de la personne et un curateur ou un tuteur chargé de la gestion patrimoniale. Il peut confier la gestion de certains biens à un curateur ou à un tuteur adjoint. Le dispositif est donc en tous points comparables à ce lui de la « *division de la tutelle* » prévue pour le mineur (v. s[s] n° 331.82). À moins que le juge en ait décidé autrement, les personnes désignées en application de l'alinéa précédent sont indépendantes et ne sont pas responsables l'une envers l'autre. Elles s'informent toutefois des décisions qu'elles prennent.

332.142 Priorités du juge. L'article 448 du Code civil transpose, non sans prudence, le **mécanisme de la tutelle testamentaire** du mineur au cas du majeur : ici, l'auteur de la désignation sera le majeur lui-même, du temps où il disposait de ses facultés. La désignation par une personne d'une ou plusieurs personnes chargées d'exercer les fonctions de curateur ou de tuteur pour le cas où elle serait placée en curatelle ou en tutelle s'impose au juge, sauf si la personne désignée refuse la mission ou est dans l'impossibilité de l'exercer ou si l'intérêt de la personne protégée commande de l'écarter. En cas de difficulté, le juge statue. Il en est de même lorsque les parents ou le dernier vivant des père et mère, ne faisant pas l'objet d'une mesure de curatelle ou de tutelle, qui exercent l'autorité parentale sur leur enfant mineur ou assument la charge matérielle et affective de leur enfant majeur, désignent une ou plusieurs personnes chargées d'exercer les fonctions de curateur ou de tuteur à compter du jour où eux-mêmes décéderont ou ne pourront plus continuer à prendre soin de l'intéressé.

L'article 449 énonce à titre subsidiaire la priorité familiale si longtemps défendue par la jurisprudence antérieure à 2007. À défaut de désignation faite en application de l'article 448 : « *le juge nomme, comme curateur ou tuteur, le conjoint de la personne protégée, le partenaire avec qui elle a conclu un pacte civil de solidarité ou son concubin, à moins que la vie commune ait cessé entre eux ou qu'une autre cause empêche de lui confier la mesure. À défaut de nomination faite en application de l'alinéa précédent et sous la dernière réserve qui y est mentionnée, le juge désigne un parent, un allié ou une personne résidant avec le majeur protégé et entretenant avec lui des liens étroits et stables. Le juge prend en considération les sentiments exprimés par celui-ci, ses relations habituelles, l'intérêt porté à son égard et les recommandations éventuelles de ses parents et alliés ainsi que de son entourage.* »

332.143 Autres personnes : subsidiarité de la curatelle ou de la tutelle non familiales. L'article 450 du Code civil se substitue à l'ancien article 433 pour ouvrir la voie, subsidiaire mais presque majoritaire dans les faits, de la protection professionnelle, qui absorbe les anciennes tutelles d'état et tutelles en gérance. Lorsqu'aucun membre de la famille ou aucun proche ne peut assumer la curatelle ou la tutelle, le juge désigne un **mandataire judiciaire à la protection des majeurs** inscrit sur la liste prévue à l'article L. 471-2 du Code de l'action sociale et des familles. Ce mandataire ne peut refuser d'accomplir les actes urgents que commande l'intérêt de la personne protégée, notamment les actes conservatoires indispensables à la préservation de son patrimoine.

L'article 451 institue à son tour la **tutelle** et la **curatelle par un préposé d'établissement de soins.** Si l'intérêt de la personne hébergée ou soignée dans un établissement de santé ou dans un établissement social ou médico-social le justifie, le juge peut désigner, en qualité de curateur ou de tuteur, une personne ou un service préposé de l'établissement inscrit sur la liste des mandataires judiciaires à la protection des majeurs au titre du 1° ou du 3° de l'article L. 471-2 du Code de l'action sociale et des familles, qui exerce ses fonctions dans les conditions fixées par décret en Conseil d'État. La mission confiée au mandataire s'étend à la protection de la personne, sauf décision contraire du juge.

332.144 Régime des charges tutélaires et curatélaires. Selon l'article 452 du Code civil, la curatelle et la tutelle sont des charges personnelles. Le curateur et le tuteur peuvent toutefois s'adjoindre, sous leur propre responsabilité, le concours de tiers majeurs ne faisant pas l'objet d'une mesure de protection juridique pour l'accomplissement de certains actes dont la liste est fixée par décret en Conseil d'État.

L'article 453 du Code civil limite le « sacrifice » qu'implique la charge de tuteur ou de curateur familial qui n'est pas immédiatement proche du majeur : « *Nul n'est tenu de conserver la curatelle ou la tutelle d'une personne au-delà de cinq ans, à l'exception du conjoint, du partenaire du pacte civil de solidarité et des enfants de l'intéressé ainsi que des mandataires judiciaires à la protection des majeurs* ».

§ 2 Organisation et fonctionnement de la tutelle familiale

A. Fonctionnement de la tutelle avec conseil de famille

332.151 Hypothèses. Il n'existe aucun cas de constitution obligatoire d'un conseil de famille, contrairement à ce qui concerne la minorité (v. s[s] n°s 331.11 s.). La pratique, en considération de ce que le Code évoque cette forme complexe de tutelle en priorité, s'efforce d'y recourir lorsque les relations familiales sont exceptionnellement tendues, ou au contraire exceptionnellement proches, ou encore lorsque des décisions relevant obligatoirement d'un conseil (mariage...) sont prévues.

332.152 Composition du conseil : nuances d'avec les mineurs. La composition du conseil de famille, dans les cas très rares où il est décidé de recourir à ce mode de protection d'un majeur, ne peut pas être décalquée exactement sur la situation des mineurs : les « parents et alliés des père et mère » de l'incapable (C. civ., art. 408) n'ont aucune prééminence naturelle lorsque le protégé est un adulte.

C'est la raison pour laquelle le juge des tutelles doit disposer de temps et faire preuve d'habileté, pour composer un conseil pour le moins atypique. À cette fin, il peut préparer la tutelle complète en réunissant un conseil de famille exploratoire (C. pr. civ., art. 1249). Il peut aussi composer le conseil de manière beaucoup plus libre que pour un mineur, en tenant compte des particularités de l'entourage du majeur incapable : survie ou pas des père et mère, prééminence immédiate de celui des ascendants ou descendants qui accepterait d'accueillir le protégé à domicile, *etc.*

La loi permet aussi, pour tenir compte de ces diverses difficultés, de ne pas arrêter la composition du conseil de famille dès le jugement d'ouverture de la tutelle, mais de remettre cette décision à plus tard[1]. La pratique n'use guère de cette facilité, un peu déroutante pour le majeur protégé.

332.153 Choix du tuteur. Dans l'état des textes, et quoique le notariat et les familles le déplorent parfois, **il n'existe pas de tutelle testamentaire pour les majeurs**, moins encore de caractère héréditaire de cette charge[2]. Il n'existe même pas de tutelle légale des ascendants, qui pourraient être ici les pères ou mère, parce que la tutelle légale est conçue dans le droit de la minorité pour les orphelins. L'article 496 du Code civil prévoit seulement que l'époux est tuteur de son conjoint, à moins que la communauté de vie n'ait cessé entre eux ou que le juge n'estime qu'une autre cause interdit de lui confier la tutelle. La situation de la personne qui serait à la fois conjoint et tuteur est cependant complexe, comme en témoigne la jurisprudence[3]. Tous autres tuteurs sont datifs, c'est-à-dire élus sans privilège par le conseil de famille.

En dehors des proches, le conseil de famille peut déférer la tutelle à une **personne morale.** En revanche, l'article 496-2 indique que le médecin traitant ne peut être tuteur ni subrogé tuteur du malade. Mais il est toujours loisible au juge des tutelles de l'appeler à participer au conseil de famille à titre consultatif. La tutelle ne peut être déférée à l'établissement de traitement, ni à aucune personne y occupant un emploi rémunéré à moins qu'elle ne soit de celles qui avaient qualité pour demander l'ouverture de la tutelle (en pratique, le directeur; un préposé de l'établissement peut, toutefois, être désigné comme gérant de la tutelle dans le cas prévu à l'article 499 : v. s^{s} n° 332.143).

332.154 Autres délibérations du conseil de famille : assimilation totale aux mineurs. Ces délibérations sont soumises aux dispositions des articles 407 à 416 du Code civil et 1219 à 1223 du Code de procédure civile.

Pour mémoire, rappelons que selon les articles 1219 à 1223 du Code de procédure civile :

– les séances du conseil ne sont pas publiques;

– la délibération est motivée quand elle n'est pas prise à l'unanimité;

– la délibération peut être frappée de recours devant le tribunal de grande instance, dans les quinze jours de la délibération; les articles 1216 à 1218 et 1225 à 1229, qui fixent les obligations du tribunal de grande instance statuant sur recours, sont applicables.

B. Fonctionnement de la tutelle sans conseil de famille

332.161 Hypothèses et fonctionnement. Le conseil de famille étant toujours facultatif pour un majeur, comme nous venons de le dire, la plupart des tutelles fonctionnent selon le schéma de l'administration légale sous contrôle judiciaire; l'article 497 en dispose ainsi (réd. L. n° 96-452, 28 mai 1996) : « *S'il y a un parent ou allié, apte à gérer les biens, le juge des tutelles peut décider qu'il les gérera en qualité d'administrateur légal, sans subrogé tuteur ni conseil de famille, suivant les règles applicables, pour les biens des mineurs, à l'administration légale sous contrôle judiciaire* ». La doctrine continue de se réjouir de ce système simplifié[4].

Ont vocation à devenir administrateur, non pas bien entendu les titulaires de l'autorité parentale, qui n'existe pas sur un majeur, même vulnérable,

1. Civ. 1re, 17 févr. 1982, n° 80-16.834, *Bull. civ.* I, n° 79.
2. Civ. 1re, 20 mars 1989, *JCP N* 1989, II, 278, note Fossier.
3. PAR EX., Civ. 1re, 31 janv. 2006, n° 03-20.021, NP; *Dr. fam.* 2006, comm. 138, obs. Fossier – Civ. 1re, 28 mars 2006, n° 03-20.470, NP; *Dr. fam.* 2006, comm. 172, obs. Fossier.

4. J. Massip, « L'extension du régime de l'administration légale pour les majeurs en tutelle », *Defrénois* 1996, p. 1048.

mais les proches parents et les alliés. La pratique et la doctrine considèrent que la priorité du conjoint, exprimée par la loi à propos de la tutelle avec conseil de famille (v. s[s] n° 332.153), s'applique aussi en cas d'administration légale. Si le conjoint est inexistant ou hors d'état d'assumer cette mission (par ex., en cas de conflit[1]), le choix du juge est libre, dans la limite de la liste donnée par l'article 497, d'ailleurs étendue assez maladroitement par une loi de 1996 (à propos d'un neveu[2]). Il ne lui est pas interdit de respecter le choix du majeur lui-même[3]; ni de tenir compte de l'attitude d'un candidat pendant l'instruction du dossier[4].

332.162 **Rôle du juge.** Les ordonnances du juge des tutelles, notamment celles que rend le magistrat pour autoriser les actes de disposition, sont régies par le droit de l'administration légale des mineurs :

– le juge est saisi par simple **requête** ou par **déclaration écrite** ou même **verbale** au greffe (C. pr. civ., art. 1212);

– la décision du juge, qui prend la forme d'une **ordonnance**, est notifiée à celui qui a requis cette décision, à l'administrateur légal du majeur et à tous ceux dont elle modifie les droits et charges dans l'administration légale (C. pr. civ., art. 1212);

– les ordonnances sont susceptibles d'un **recours devant le tribunal de grande instance**, recours ouvert à ceux à qui la décision a été notifiée - ou aurait dû l'être - (C. pr. civ., art. 1216). Le recours doit être formé dans les **quinze jours** de la notification; les articles 1216 à 1218 et 1225 à 1229, qui fixent les obligations du tribunal de grande instance statuant sur recours, sont applicables.

L'ensemble de ces règles, qui donnent lieu à une abondante jurisprudence, est étudié à propos de l'administration légale (v. s[s] n°s 234.62 s.).

§ 3
Organisation et fonctionnement de la curatelle familiale

332.171 **Énoncé.** L'article 509-1 du Code civil prévoit, conformément à ce qu'est le mécanisme de l'assistance (v. s[s] n° 332.71), qu'il n'y a dans la curatelle d'autre organe que le curateur. En réalité, le juge joue aussi un rôle, mais le texte le sous-entend. L'époux est curateur de son conjoint à moins que la communauté de vie n'ait cessé entre eux ou que le juge n'estime qu'une autre cause interdit de lui confier la curatelle. Tous autres curateurs sont nommés par le juge des tutelles. Le choix de ce juge, s'il ne peut pas désigner le conjoint (pour toute raison même non prévue par la loi[5] – mais en lien avec la charge de curateur[6]) est totalement libre (sur le cas des préposés d'établissement, v. cep. la jurisprudence restrictive[7]).

1. Civ. 1re, 11 mai 1999, n° 97-16.058, NPT; *JCP* 1999, II, 10143, note Fossier; *D.* 2000, somm. 107, obs. Delmas-Saint-Hilaire; *RTD civ.* 1999, 814, obs. Hauser.
2. Civ. 1re, 1er juin 1994, n° 92-13.926, NPT; *Defrénois* 1994, p. 1454, obs. Massip.
3. Civ. 1re, 25 mars 1997, n° 96-12.028, *Bull. civ.* I, n° 107; *D.* 1998, jur. 333, note Massip; *RTD civ.* 1997, 634, obs. Hauser; *Defrénois* 1997, p. 1338, obs. Massip; *JCP* 1997, II, 22882, note Fossier.
4. Civ. 1re, 24 nov. 1987, *JCP* 1988, II, 21129, note Fossier.
5. Civ. 1re, 29 févr. 1984, *D.* 1984, 423, note Massip.
6. Civ. 1re, 5 févr. 1991, n° 89-15.528, *Bull. civ.* I, n° 50; *RTD civ.* 1991, 296, obs. Hauser.
7. Civ. 1re, 30 mars 2004, n° 01-16.914, NP; *RTD civ.* 2004, 716, obs. Hauser; *Dr. fam.* 2004, comm. 112, Fossier.

SECTION 5
MANDAT DE PROTECTION FUTURE

§ 1
Dispositions communes

332.181 **Autonomie du majeur dans l'organisation de sa protection future.** C'est sans attendre le 1er janvier 2009 (v. s[s] n° 332.12) que toute personne majeure ou mineure émancipée ne faisant pas l'objet d'une mesure de tutelle a pu charger une ou plusieurs personnes, par un même mandat, de la représenter pour le cas où, pour l'une des causes médicales prévues par le Code, elle ne pourrait plus pourvoir seule à ses intérêts. Le nouvel article 477 admet ainsi, au rebours du droit actuellement en vigueur, que chacun puisse organiser sa propre protection, pour le cas où il en aurait besoin, et que le juge perde son monopole en la matière.

La personne en curatelle ne peut conclure un **mandat de protection future** qu'avec l'assistance de son curateur.

La loi prévoit en outre un **mandat de protection future « pour autrui »**. Les parents ou le dernier vivant des père et mère, ne faisant pas l'objet d'une mesure de curatelle ou de tutelle, qui exercent l'autorité parentale sur leur enfant mineur ou assument la charge matérielle et affective de leur enfant majeur peuvent, pour le cas où cet enfant ne pourrait plus pourvoir seul à ses intérêts pour l'une des causes médicales prévues, désigner un ou plusieurs mandataires chargés de le représenter. Cette désignation prend effet à compter du jour où le mandant décède ou ne peut plus prendre soin de l'intéressé.

On notera que le mandat conserve la même dénomination de « protection future » même pendant sa période d'effets.

332.182 Forme authentique ou sous seing privé. Le mandat est conclu par acte notarié ou par acte sous seing privé. Toutefois, le mandat permis aux père et mère ne peut être conclu que par acte notarié.

332.183 Référence de principe aux règles du mandat. Le mandat de protection future est soumis aux dispositions des articles 1984 à 2010 du Code civil qui ne sont pas incompatibles avec celles qui vont être exposées maintenant. Cependant, le législateur impose sa volonté lorsqu'il s'agit de régir les actes personnels : lorsque le mandat s'étend à la protection de la personne, les droits et obligations du mandataire sont définis par les futurs articles 457-1 à 459-2 du Code civil, et toute stipulation contraire est réputée non écrite.

Le mandat peut prévoir que le mandataire exercera les missions que le Code de la santé publique et le Code de l'action sociale et des familles confient au représentant de la personne en tutelle ou à la personne de confiance.

Le mandat fixe les modalités de contrôle de son exécution, dans le respect des attributions du juge.

332.184 Choix limité du mandataire. Le mandataire peut être toute personne physique choisie par le mandant ou (mais pour les mandats faits après le 1er janvier 2009 seulement) une personne morale inscrite sur la liste des mandataires judiciaires à la protection des majeurs de l'article L. 471-2 du Code de l'action sociale et des familles. Le mandataire doit, pendant toute l'exécution du mandat, jouir de la capacité civile et remplir les conditions prévues pour les charges tutélaires par le code. Il ne peut, pendant cette exécution, être déchargé de ses fonctions qu'avec l'autorisation du juge des tutelles.

Le mandataire exécute personnellement le mandat. Toutefois, il peut se substituer un tiers pour les actes de gestion du patrimoine mais seulement à titre spécial.

Le mandataire répond de la personne qu'il s'est substitué dans les conditions de l'article 1994.

Par ces précautions, le législateur espère écarter le risque sectaire.

332.185 Contrôle judiciaire limité. L'objectif du législateur est (aussi) de soulager les tribunaux d'une partie des protections.

La mise en œuvre du mandat est faite par production d'une pièce médicale au greffier du tribunal d'instance (C. civ., art. 425).

Il est prévu que la **révocation du mandat** est prononcée par le juge des tutelles à la demande de tout intéressé, lorsqu'il s'avère que les conditions prévues par la loi ne sont pas réunies, lorsque les règles du droit commun de la représentation ou celles relatives aux droits et devoirs respectifs des époux et aux régimes matrimoniaux apparaissent suffisantes pour qu'il soit pourvu aux intérêts de la personne par son conjoint avec qui la communauté de vie n'a pas cessé ou lorsque l'exécution du mandat est de nature à porter atteinte aux intérêts du mandant.

Le juge peut également **suspendre les effets du mandat** pour le temps d'une mesure de sauvegarde de justice.

Tout intéressé peut saisir le juge des tutelles aux fins de contester la mise en œuvre du mandat ou de voir statuer sur les conditions et modalités de son exécution.

Le juge qui met fin au mandat peut ouvrir une mesure de protection juridique dans les conditions et selon les modalités prévues par la loi (tutelle, curatelle, sauvegarde de justice).

Lorsque la mise en œuvre du mandat ne permet pas, en raison de son champ d'application, de protéger suffisamment les intérêts personnels ou patrimoniaux de la personne, le juge peut ouvrir une mesure de protection juridique complémentaire confiée, le cas échéant, au mandataire de protection future. Il peut aussi autoriser ce dernier ou un mandataire *ad hoc* à accomplir un ou plusieurs actes déterminés non couverts par le mandat.

Le mandataire de protection future et les personnes désignées par le juge sont indépendants et ne sont pas responsables l'un envers l'autre; ils s'informent toutefois des décisions qu'ils prennent.

332.186 Garanties offertes au mandant. Le mandataire chargé de l'administration des biens de la personne protégée fait procéder à leur **inventaire** lors de l'ouverture de la mesure. Il assure son actualisation au cours du mandat afin de maintenir à jour l'état du patrimoine.

Il établit annuellement le **compte de sa gestion** qui est vérifié selon les modalités définies par le mandat et que le juge peut en tout état de cause faire vérifier selon les modalités prévues pour la tutelle et la curatelle renforcée.

À l'expiration du mandat et dans les cinq ans qui suivent, le mandataire tient à la disposition de la personne qui est amenée à poursuivre la gestion, de la personne protégée si elle a recouvré ses facultés ou de ses héritiers l'inventaire des biens et les actualisations auxquelles il a donné lieu ainsi que les **cinq derniers comptes de gestion** et les pièces nécessaires pour continuer celle-ci ou assurer la liquidation de la succession de la personne protégée.

Les actes passés et les engagements contractés par une personne faisant l'objet d'un mandat de protection future mis à exécution, pendant la durée du mandat, peuvent être **rescindés pour simple lésion ou réduits** en cas d'excès alors même qu'ils pourraient être annulés en vertu de l'article 414-1 du Code civil. Les tribunaux prennent notamment en considération l'utilité ou l'inutilité de l'opération, l'importance ou la consistance du patrimoine de la personne protégée et la bonne ou mauvaise foi de ceux avec qui elle a contracté.

L'action n'appartient qu'à la personne protégée et, après sa mort, à ses héritiers. Elle s'éteint par le **délai de cinq ans** prévu à l'article 1304 du Code civil.

§ 2
Atouts du mandat notarié

332.191 **Formalités à accomplir.** Lorsque le mandat est établi par acte authentique, il est reçu par un notaire choisi par le mandant. L'acceptation du mandataire est faite dans les mêmes formes.

Tant que le mandat n'a pas pris effet, le mandant peut le modifier dans les mêmes formes ou le révoquer en notifiant sa révocation au mandataire et au notaire et le mandataire peut y renoncer en notifiant sa renonciation au mandant et au notaire.

332.192 **Généralité du mandat notarié.** Par dérogation à l'article 1988 du Code civil, le mandat, même conçu en termes généraux, inclut tous les actes patrimoniaux que le tuteur a le pouvoir d'accomplir seul ou avec une autorisation, autrement dit tant les actes d'administration que les actes de disposition. Toutefois, le mandataire ne peut accomplir un acte de disposition à titre gratuit qu'avec l'autorisation du juge des tutelles.

332.193 **Contrôle des comptes.** Le mandataire rend compte au notaire qui a établi le mandat en lui adressant ses comptes, auxquels sont annexées toutes pièces justificatives utiles. Celui-ci en assure la conservation ainsi que celle de l'inventaire des biens et de ses actualisations.

Le notaire saisit le juge des tutelles de tout mouvement de fonds et de tout acte non justifiés ou n'apparaissant pas conformes aux stipulations du mandat.

§ 3
Limites du mandat sous seing privé

332.201 **Formalités; rôle de l'avocat.** Le mandat établi sous seing privé est daté et signé de la main du mandant. Il est soit contresigné par un avocat, soit établi selon un modèle défini par décret en Conseil d'État, le décret n'étant pas encore intervenu à ce jour.

Le mandataire accepte le mandat en y apposant sa signature.

Tant que le mandat n'a pas reçu exécution, le mandant peut le modifier ou le révoquer dans les mêmes formes et le mandataire peut y renoncer en notifiant sa renonciation au mandant.

Le mandat n'acquiert date certaine que dans les conditions de l'article 1328.

332.202 **Actes d'administration; rôle du juge des tutelles.** Le mandat sous seing privé est limité, quant à la gestion du patrimoine, aux actes qu'un tuteur peut faire sans autorisation, pour résumer aux actes d'administration.

Si l'accomplissement d'un acte qui est soumis à autorisation ou qui n'est pas prévu par le mandat s'avère nécessaire dans l'intérêt du mandant, le mandataire saisit le juge des tutelles pour le voir ordonner.

332.203 **Contrôle des comptes.** Le mandataire conserve l'inventaire des biens et ses actualisations, les cinq derniers comptes de gestion, les pièces justificatives ainsi que celles nécessaires à la continuation de celle-ci.

Il est tenu de les présenter au juge des tutelles ou au procureur de la République.

Il est évident que ce dispositif allégé ne comporte aucune des sécurités du mandat notarié.

LIVRE

4. LE DROIT INTERNATIONAL PRIVÉ DE LA FAMILLE

4.00 Plan du livre.

Terminologie. Le traité de Lisbonne, signé le 13 décembre 2007 et ratifié par chacun des vingt-sept États membres, est entré en vigueur le 1er décembre 2009, conformément à son article 6[1]. À compter de cette date, la Cour de Justice des communautés européennes devient la Cour de Justice de l'Union européenne et le droit communautaire devient le droit de l'Union européenne. Selon la date des textes ou arrêts cités, l'ancienne ou nouvelle terminologie sera utilisée.

4.01 Textes de droit communautaire, européen et international.

> Sur les règlements communautaires et leurs textes d'application, v. ss nos 62.11 à 62.16

> Sur les conventions et protocoles internationaux, v. ss nos 63.11 à 63.19

1. Traité de Lisbonne, 13 déc. 2007, modifiant le traité sur l'Union européenne et le traité instituant la Communauté européenne, *JOUE* 17 déc., C 366/2.

TITRE

41. La mise en œuvre du droit international privé

41.00 **Plan du titre.**

CHAPITRE

410. Internationalisation et européanisation des sources du droit international privé de la famille

MICHEL FARGE
MAÎTRE DE CONFÉRENCES À L'UNIVERSITÉ
PIERRE MENDÈS-FRANCE (GRENOBLE 2)

SECTION 0

ORIENTEUR

410.00 Plan du chapitre.

410.01 Textes applicables.

> Droit communautaire

• **Règl. (CE) n° 2201/2003, du Conseil, dit « Bruxelles II *bis* », 27 nov. 2003,** relatif à la compétence, la reconnaissance et l'exécution des décisions en matière matrimoniale et en matière de responsabilité parentale, abrogeant le règlement (CE) n° 1347/2000, *JOUE* L 338, 23 déc. 2003, p. 1.

* V. texte complet s[s] n° 62.12

• **Règl. (CE) n° 44/2001, dit « Bruxelles I », 22 déc. 2000,** sur la compétence, la reconnaissance et l'exécution des décisions en matières civile et commerciale, *JOUE* L 12, 16 janv. 2001, p. 1.

* V. texte complet s[s] n° 62.11

• **Règl. (CE) n° 4/2009, du Conseil, 18 déc. 2008,** relatif à la compétence, la loi applicable, la reconnaissance et l'exécution des décisions et la coopération en matière d'obligations alimentaires, *JOUE* L 7, p. 1.

* V. texte complet s[s] n° 62.16

> Conventions internationales

• **Conv. La Haye, 2 oct. 1973,** sur la loi applicable aux obligations alimentaires, art. 19

* V. texte complet s[s] n° 63.12

• **Conv. La Haye, 5 oct. 1961,** concernant la compétence des autorités et la loi applicable en matière de protection des mineurs, art. 18, al. 2

* V. texte complet s[s] n° 63.11

410.02 Jurisprudence de référence.

> Sur l'absence de pouvoir du juge judiciaire pour apprécier l'exigence de réciprocité dans l'application des traités

• **Civ. 1re, 6 mars 1984, n° 82-14.008,** *Bull. civ.* I, n° 85

* V. ss n° 410.31

« En l'absence d'initiative prise par le gouvernement pour dénoncer une convention ou en suspendre son application, il n'appartient pas aux juges d'apprécier le respect de la condition prévue dans les rapports entre États par l'article 55 de la Constitution. »

> Sur l'effet extraterritorial de la Convention européenne des droits de l'homme

• **CEDH 20 juill. 2001, req. n° 30882/96,** Pellegrini c/Italie, *Rec. CEDH*, 2001-VIII

* V. ss n° 410.82

La CEDH estime que la procédure canonique suivie par la *Rote* romaine n'était pas conforme aux exigences de la Convention européenne des droits de l'homme et la décision d'une juridiction italienne accordant l'*exequatur* à la décision de la *Rote* romaine annulant un mariage, viole l'article 6, § 1 de la convention.

> Sur l'intervention de la Convention européenne des droits de l'homme pour délimiter les exigences de l'ordre public international français

• **Civ. 1re, 17 févr. 2004, n° 01-11.549, n° 02-11.618,** 2 esp., *Bull. civ.* I, nos 47 et 48

* V. ss n° 410.86

Une répudiation unilatérale prononcée en Algérie est contraire au principe d'égalité des époux lors de la dissolution du mariage reconnu par l'article 5 du protocole du 22 novembre 1984, n° 7, additionnel à la Convention européenne des droits de l'homme que la France s'est engagée à garantir à toute personne relevant de sa juridiction, et donc à l'ordre public international réservé par l'article 1er, d) de la convention franco-algérienne du 27 août 1964, dès lors que les époux ou la femme, sinon les deux, époux sont domiciliés sur le territoire français.

> Sur la nature directe ou indirecte des règles de compétence de la convention franco-marocaine du 10 août 1981

• **Civ. 1re, 28 mars 2006, n° 04-20.362,** *Bull. civ.* I, n° 176

* V. ss nos 410.13 et 410.151

L'article 11 de la convention franco-marocaine du 10 août 1981 n'édicte que des règles indirectes de compétence.

> Sur la conventionalité d'une décision nationale refusant de reconnaître un jugement étranger

• **CEDH 28 juin 2007, req. n° 76240/01,** Wagner c/Luxembourg, *Rec. CEDH*; *D.* 2007, 2700, note Marchadier; *Rev. crit. DIP* 2007, 807, note Kinsh

* V. s nos 410.73 et 410.87

« L'intérêt supérieur de l'enfant devant toujours primer, les juges luxembourgeois ne pouvaient raisonnablement passer outre au statut juridique créé valablement à l'étranger et correspondant à une vie familiale au sens de l'article 8 de la Convention, faisant alors prévaloir les règles de conflit luxembourgeoises sur la réalité sociale et sur la situation des personnes concernées en leur appliquant les limites que la loi luxembourgeoise pose à l'adoption plénière et qui portaient à refuser ainsi en se dispensant d'un examen concret de la situation, la reconnaissance des liens familiaux qui préexistaient *de facto*.

Ce refus de reconnaissance est contraire à l'article 14 dès lors qu'il a pour conséquence que la deuxième requérante [la fillette adoptée] subit au quotidien une différence par rapport à un enfant dont l'adoption plénière est reconnue au Luxembourg, notamment en ce que, d'une part, les liens de l'enfant sont rompus avec sa famille d'origine, mais que, d'autre part, aucun lien de substitution plein et entier n'existe avec sa mère adoptive; quant à cette dernière, elle subit au quotidien, par ricochet, les inconvénients causés à son enfant, dans la mesure où elle doit notamment accomplir toutes les démarches administratives engendrées par la non-obtention de la nationalité luxembourgeoise par la mineur ».

410.03 Bibliographie indicative.

Actualisable. RÉP. INTERNAT., J.-F. Lachaume, *V° Droit international et juridiction judiciaire*.

Ouvrages. B. AUDIT, *Droit international privé*, 5e éd., Economica, 2008 – H. BATIFFOL et P. LAGARDE, *Traité de droit international privé*, t. I, 8e éd., 1993, LGDJ, 1993 – D. Bureau et H. Muir-Watt, *Droit international privé*, t. I et II, « Thémis », PUF, 2007 – L. Chatin et B. Sturlèse, *Recueil pratique des conventions sur l'entraide judiciaire internationale*, Doc. fr., 1990 – P. Courbe, *Droit international privé*, Hachette, 2007 – L. Gannagé, *La hiérarchie des normes et des méthodes du droit international privé, Étude de droit international privé de la famille*, LGDJ, 2001 – D. Gutmann, *Droit international privé*, 6e éd., Dalloz, 2009 – D. Holleaux, J. Foyer et G. de Geouffre de La Pradelle, *Droit international privé*, 1987, Masson, 1987 – Y. LOUSSOUARN, P. BOURREL et P. DE VAREILLES-SOMMIÈRES, *Droit international privé*, « Précis », 9e éd., Dalloz, 2007 – P. MAYER et V. HEUZÉ, *Droit international privé*, 9e éd., Montchrestien, 2007 – F. Monéger, *Droit international privé*, 4e éd., Litec, 2007 – M.-L. NIBOYET et G. DE GEOUFFRE DE LA PRADELLE, *Droit international privé*, 2e éd., LGDJ, 2009 – Th. Vignal, *Droit international privé*, Éd. A. Colin, 2005.

Thèses. C. Brière, *Les conflits de conventions internationales en droit privé*, th. multigr. Paris II, 2000 – D. Bureau, « Les sources informelles du droit dans les relations privées internationales », th. Paris II, 1993 – P. Hammje, *La contribution des principes généraux du droit à la formation du droit international privé*, th. Paris I, 1994 – F. Malan, *Les conflits de conventions en droit international privé (conflits de lois)*, th. multigr., Paris II, 2000.

Articles. S. Amstrong, « L'articulation des règlements communautaires et des conventions de La Haye », *Le nouveau droit communautaire du divorce et de la responsabilité parentale*, H. Fulchiron et C. Nourissat (dir), « Thèmes et commentaires », Dalloz, 2005, p. 111 – D. Cohen, « La Convention européenne des droits de l'homme et le droit international privé français », *Rev. crit. DIP* 1989, 451 – A. Devers, « Le divorce d'époux marocains ou franco-marocains. Les conventions franco-marocaines face aux droits européen et communautaire », *Dr. fam.* 2006, chron. 15; « L'articulation du règlement Bruxelles II *bis* et des autres règlements communautaires », *Le nouveau droit communautaire du divorce et de la responsabilité parentale*, H. Fulchiron et C. Nourissat (dir), « Thèmes et commentaires », Dalloz, 2005, p. 123 – B. Dutoit et F. Majoros, « Le lacis des conflits de conventions et leurs solutions possibles », *Rev. crit. DIP* 1984, 565 – P. Hammje, « L'intérêt de l'enfant face aux sources internationales du droit international privé », *Mél. P. Lagarde*, Dalloz, 2005, p. 365 s. – Y. Lequette, « Le droit international privé et les droits fondamentaux », *Droits et libertés fondamentaux*, R. Cabrillac, M.-A. Frison-Roche et Th. Revet (dir), 13e éd., Dalloz, 2007, p. 99-121; « De Bruxelles à La Haye (Acte II), Réflexions critiques sur la compétence communautaire en matière de droit international privé », *Mél. H. Gaudemet-Tallon*, Dalloz, 2008, p. 503 s. – P. Mayer, « Droit au procès équitable et conflits de juridictions », *Les nouveaux développement du droit au procès équitable au sens de la Convention européenne des droits de l'homme*, Bruylant, 1996, p. 125 s. – C. Nourrissat, « L'articulation des instruments internationaux de protection de l'enfance », *Les enlèvements internationaux d'enfants*, H. Fulchiron (dir.), Bruylant, 2004 – F. Pocar, « Quelques remarques sur la modification du règlement communautaire nº 2201/2003 en ce qui concerne la compétence et loi applicable au divorce », *Mél. M. Revillard*, Éd. Defrénois, 2007, p. 245 s.

410.04 Questions essentielles.

> Quelle est la date exacte d'entrée en vigueur d'une convention internationale ?

* V. ss nº 410.21

> Telle convention bilatérale comporte-t-elle des règles de compétence directe ou indirecte ?

* V. ss nº 410.13

> L'applicabilité d'une convention bilatérale suppose-t-elle nécessairement que les parties au litige soient ressortissantes de l'un ou de l'autre des États signataires ?

* V. ss nos 410.32 et 410.41

> Dans quelle mesure et comment appliquer une convention bilatérale à une personne qui possède la nationalité des deux États signataires ?

* V. ss nº 410.32

> Quel est le rôle des conventions internationales reconnaissant des droits fondamentaux en droit international privé ?

* V. ss nos 410.51 à 410.86

410.08 Accessibilité. La multiplication des sources supranationales du droit international privé de la famille ne peut que susciter l'effroi. Prétendre donner une liste exhaustive de tous les textes relève de la gageure. Ni les pouvoirs publics, ni les éditeurs privés n'en fournissent un recueil complet[1]. Il existe néanmoins des sites Internet dont la consultation est précieuse. Le texte des conventions de La Haye, accompagné d'un inventaire complet, pour chacune d'elles, des déclarations faites par les États, des extensions territoriales ainsi que de leur acceptation par les États contractants, des acceptations aux adhésions, des désignations des autorités compétentes, se trouve sur le site Internet de la Conférence de La Haye de droit international privé (http://www.hcch.net). D'autres sites méritent d'attentives consultations comme celui du réseau judiciaire européen en matière civile et commerciale (http://ec.europa.eu/civiljustice/), de l'Institut de droit international (http://www.idi-iil.org/), du Groupe européen de droit international privé (http://www.gedip-egpil.eu/), de la Commission internationale de l'état civil (http://www.ciec1.org/), de l'Association de droit international (http://www.gedip-egpil.eu/) de la Société de législation comparée (site de droit international privé comparé : http://www.slc-dip.com) ou, enfin, un site comportant le textes des conventions et des règlements et des précieux éléments sur les droits étrangers (http://www.jafbase.fr/).

410.09 Division. Pour essayer de dissiper le sentiment de vertige provoqué par « *la jungle parfois inextricable* » (selon l'expression de B. Dutoit et F. Majoros[2]) des conventions internationales de droit privé et des règlements européens, il faut en exposer la variété (sect. 1), leur modalité de mise en œuvre (sect. 2) et, enfin, signaler l'épineuse question de leur articulation (sect. 3).

SECTION 1

VARIÉTÉ DES NORMES SUPRANATIONALES

410.11 Diversité. Les traités bilatéraux voisinent avec les conventions multilatérales et les règlements européens. Ces différentes normes n'ont pas toutes le même objet. En droit de la famille, il n'existe pas de traité tendant à l'unification des règles de fond si l'on excepte, dans la matière des successions, la convention de Washington du 26 octobre 1973 sur la forme du testament international. Le plus souvent, il s'agit seulement de s'accorder sur des règles de conflits uniformes. Dans l'ordre des conflits de juridictions, certaines conventions dites simples, intéressent seulement la compétence indirecte en se proposant de faciliter la reconnaissance et l'exécution des jugements à l'étranger; d'autres ajoutent à cette préoccupation des mécanismes d'entraide judi-

1. V. le précieux mais ancien L. Chatin et B. Sturlèse, *Recueil pratique des conventions sur l'entraide judiciaire internationale*, 3e éd., Doc. fr., 1990 – *Adde*, MAYER et HEUZÉ, nº 464 : la liste des principaux traités bilatéraux [à l'exclusion de ceux qui ne portent que sur des matières particulières] conclus par la France.
2. B. Dutoit et F. Majoros, « Le lacis des conflits de conventions et leurs solutions possibles », *Rev. crit. DIP* 1984, 565.

ciaire et de coopération entre États ou même l'édiction de règles uniformes de compétence directe. Pour les conventions multilatérales, l'étendue de leurs préoccupations n'est pas un gage de succès. Ainsi la convention de La Haye, du 25 octobre 1980, sur les aspects civils de l'enlèvement international d'enfants (v. texte complet s[s] n° 63.13), et, à un degré moindre, la convention de La Haye, du 29 mai 1993, sur la protection des enfants et la coopération en matière d'adoption internationale (v. texte complet s[s] n° 63.15), sont en général présentées comme des réussites alors qu'elles se limitent à formuler des règles de coopération entre les États parties. Il faut encore ajouter que même les traités reconnaissant des droits fondamentaux peuvent avoir une incidence sur le droit international privé. Tel est le cas de la convention européenne des droits de l'homme (v. déjà pour le droit à l'accès à un juge, issu de l'article 6 de la conv. EDH, pour prévenir un déni de justice : en matière d'immunité d'organisation internationale[1]; en matière d'arbitrage international[2] – *Adde*, la référence désormais constante à l'article 5 du protocole du 22 novembre 1984, n° 7, additionnel à conv. EDH pour s'opposer, au nom de l'ordre public, à l'accueil des répudiations musulmanes – V. s[s] n° 410.86). Tel est également le cas de la convention de New York, du 26 janvier 1990, relative aux droits de l'enfant[3] et de son renfort procédural, la convention européenne sur l'exercice des droits de l'enfant du 25 janvier 1996 (v. texte complet s[s] n° 63.16)[4] À ces sources formelles, il faut enfin ajouter non seulement la jurisprudence de la Cour de justice de l'Union européenne, dont le rôle sera croissant avec la multiplication du droit international privé européen, mais aussi celle de la Cour européenne des droits de l'homme.

410.12 Hésitation sur la portée des règles conventionnelles (l'exemple de la convention franco-marocaine du 10 août 1980). Susceptibles de comporter des règles de nature différente relatives à la coopération judiciaire, les conflits de juridictions ou les conflits de lois, les traités bilatéraux placent parfois le praticien dans l'embarras pour découvrir la nature exacte des règles qu'ils comportent. Pour l'illustrer on peut se référer à la convention franco-marocaine du 10 août 1981 relative au statut de la famille et à la coopération judiciaire. Très fréquemment rencontré par les tribunaux, ce traité porte sur le mariage et sa dissolution, ainsi que sur la garde des enfants et les obligations alimentaires.

410.13 Règles de compétence directe ou de compétence indirecte. Tardivement après son entrée en vigueur, une controverse s'est élevée concernant la nature des règles de compétence posées par les articles 11 et 24 de la convention franco-marocaine. S'agit-il de règles de compétence directe, c'est-à-dire de règles qui doivent être consultées par le juge français pour déterminer s'il est compétent pour connaître d'un litige franco-marocain et qui font échec – article 55 de la Constitution oblige – aux règles françaises de compétence internationale et notamment aux privilèges des articles 14 et 15 du Code civil ? S'agit-il de règles de compétence indirecte seulement destinées à intervenir pour vérifier la compétence du juge marocain, aux yeux de l'ordre juridique français, au stade de la reconnaissance d'une décision marocaine en France ? Dans un arrêt du 2 mars 1999, la Cour de cassation avait affirmé : « *Les règles directes de compétence édictées à l'article 11 de la convention franco-marocaine du 10 août 1981 sont exclusives de l'application de l'article 14 du Code civil.* »[5]. Pratiquement, cette qualification de l'article 11, relatif au divorce, n'était pas neutre. Elle conduisait à juger inapplicable l'article 14 du Code civil à l'action en divorce introduite en France par une Française contre son mari marocain, au profit de l'article 11 de la convention prévoyant la compétence du juge du domicile conjugal, en l'espèce fixé au Maroc. Un arrêt postérieur, malgré une formulation un peu alambiquée, a adopté une autre qualification concernant le contentieux de l'autorité parentale : « *L'article 24 de la convention franco-marocaine du 10 août 1981 n'édicte des*

1. Soc. 25 janv. 2005, n° 04-41.012, *Bull. civ.* V, n° 16; *Rev. crit. DIP* 2005, 477, note Pingel; *JDI* 2005, p. 1142, note Corbion; *D.* 2005, 1540, note Viangalli; *JCP* 2005, II, p. 10185, note Moissinac-Massénat; *D.* 2006, pan. 1503, note Courbe et Jault (en matière d'immunité d'organisation internationale).
2. Civ. 1re, 1er févr. 2005, n° 01-13.742, n° 02-15.237, 2 esp., *Bull. civ.* I, n° 53; *Rev. crit. DIP* 2006, 140, note Clay; *RTD com.* 2005, 266, obs. Loquin; *JCP* 2005, II, 10101, note Kessler; *D.* 2005, 2727, note Hotte; *D.* 2006, pan. 1503, obs. Courbe et Jault; *D.* 2005, pan. 3050.
3. Pour son irruption discutable en matière d'enlèvement illicite d'enfants, v. : Civ. 1re, 13 juill. 2005, n° 05-10.519, *Bull. civ.* I, n° 334; *Dr. fam.* 2006, n° 42, obs. Farge – F. Jault-Seseke et C. Pigache, « Contribution procédurale à l'efficacité de la Convention de La Haye du 25 oct. 1980 sur les aspects civils de l'enlèvement international d'enfants », *D.* 2006, chron. 1778; *RTD civ.* 2005, 763, obs. Hauser – Civ. 1re, 22 mai 2007, n° 06-10.892, *Bull. civ.* I, n° 200; *Dr. fam.* 2007, n° 155, obs. Farge; *AJ fam.* 2007, IR 356.
4. V. A. Gouttenoire, « L'approbation par la France de la Convention européenne sur l'exercice des droits de l'enfant », *Dr. fam.* 2007, focus, n° 62.
5. Civ. 1re, 2 mars 1999, n° 96-21.190, *Bull. civ.* I, n° 73; *JCP* 1999, II, 10220, note Cuniberti; *Dr. et patr.* juin 1999, p. 118, obs. Monéger – V. DÉJÀ, Civ. 1re, 1er juill. 1997, n° 95-17.925, *Bull. civ.* I, n° 222; *Rev. crit. DIP* 1998, 60, note Mayer; *Defrénois* 1998, p. 711, note Massip; *RTD civ.* 1999, 275, note Massip.

règles indirectes de compétence, exclusives de l'application des articles 14 et 15 du Code civil, qu'au stade de la reconnaissance d'une décision marocaine »[1]. Assurant une homogénéité dans l'interprétation des dispositions conventionnelles, la Cour de cassation a opéré un revirement pour l'article 11 en affirmant qu'il « *n'édicte que des règles indirectes de compétence* »[2]. Expressément posée pour les articles 11 et 24, la qualification doit être raisonnablement transposée aux articles 8 et 27 de la convention franco-marocaine. Pour le praticien cette jurisprudence présente un double avantage.

D'une part, elle est conforme à l'analyse retenue pour d'autres traités bilatéraux, susceptibles d'intéresser la matière familiale; le plus souvent, ces traités ont été conclus par la France avec les États d'Afrique qui ont accédé à l'indépendance. Pour la Cour de cassation, ne comportent pas de règles de compétence directe et n'écartent donc pas le jeu des articles 14 et 15 du Code civil lors de l'instance directe par exemple, la convention franco-algérienne du 27 août 1964[3], la convention franco-égyptienne du 15 mars 1982[4], la convention franco-ivoirienne du 24 avril 1961[5], la convention franco-sénégalaise du 29 mars 1974[6], la convention franco-tunisienne du 28 juin 1972[7]. Semblablement, la convention franco-espagnole du 28 mai 1969 ne contient que des règles de compétence indirecte[8] et il en va de même pour toutes les conventions dites « simples », c'est-à-dire ne portant que sur la reconnaissance et l'exécution des décisions.

D'autre part, en considérant que les dispositions de la convention franco-marocaine ne sont plus des règles de compétence directe, la Cour de cassation parvient à désamorcer le conflit de vocation qui se serait immanquablement élevé entre le traité bilatéral et le règlement Bruxelles II *bis*. À poursuivre la ligne de l'arrêt du 2 mars 1999[9], il aurait fallu choisir entre l'article 11 du traité et l'article 3 du règlement Bruxelles II *bis* pour déterminer la compétence des juridictions françaises. Or la solution d'un tel conflit aurait été malaisée à découvrir[10]. La question de la nature des règles de compétence posées par le traité ayant été soulevée par des Français prétendant bénéficier du privilège de l'article 14 du Code civil, il faut signaler que la vocation désormais indiscutable du règlement Bruxelles II *bis* à définir la compétence du juge français pour le contentieux du démariage et de la responsabilité parentale dans les relations franco-marocaines s'accompagne d'une très importante neutralisation de ce privilège (v. s^s^ n° 411.132).

410.14 Existence d'une règle de conflit de lois en matière de contribution aux charges du mariage ? Toujours concernant la convention franco-marocaine, cette question sur laquelle le traité est loin d'être explicite a pu susciter la controverse. Pour une partie de la doctrine cette convention donne compétence à la loi nationale commune pour régir la contribution aux charges du mariage[11]. Sans doute peut-on observer en ce sens que l'esprit de la négociation était de conserver et de sauvegarder la compétence de la loi nationale. Néanmoins son article 7 alinéa 1er prévoit seulement que les effets personnels du mariage sont régis par la loi de celui des deux États dont les époux ont la nationalité commune. Or la convention ne dit pas ce qu'il faut entendre par effets personnels de sorte que l'on ne sait pas s'il faut y inclure l'obligation alimentaire largement entendue. Une telle qualification serait du reste contraire à celle retenue par la Cour de cassation qui, dans un litige entre époux camerounais, a intégré la contribution aux charges du mariage à la catégorie des obligations alimentaires telle que conçue par la convention de La Haye du 2 octobre 1973 sur la loi applicable aux obligations alimentaires; pareille intégration exclut qu'elle demeure dans la catégorie moribonde des effets du mariage[12]. De plus l'alinéa 3 de l'article 7 précise que « *les obli-*

1. Civ. 1re, 20 mai 2003, n° 01-02.959, *Bull. civ.* I, n° 121; *JDI* 2003, p. 827, note Cuniberti; *LPA* 2004, n° 53, 17, obs. Massip; *Dr. et patr.* nov. 2003, p. 98, obs. Monéger; *AJ fam.* 2004, IR 24 – EN CE SENS : Civ. 1re, 22 mai 2007, n° 06-10.892, *Bull. civ.* I, n° 200; *Dr. fam.* 2007, comm. 155, 2e esp., note Farge.
2. Civ. 1re, 28 mars 2006, n° 04-20.362, *Bull. civ.* I, n° 176; *JCP* 2006, II, 10133, note Devers; *Dr. fam.* 2006, comm. 133, note Larribau-Terneyre; *AJ fam.* 2006, 247, note Boiché; *RJPF* 2006-6/19, p. 15, obs. Garé – Civ. 1re, 14 janv. 2009, n° 08-10.205, *Bull. civ.* I, n° 4; *AJ fam.* 2009, 260 (1re esp.), obs. Boiché; *RJPF* 2009-4/21, p. 18 (1re esp.), note Garé.
3. Civ. 1re, 24 nov. 1993, n° 91-21.368, *Bull. civ.* I, n° 338; *Rev. crit. DIP* 1994, 367, note Ancel.
4. Civ. 1re, 20 mars 1989, n° 86-17.204, *Bull. civ.* I, n° 139.
5. Civ. 1re, 18 mai 1994, n° 92-11.429, *Bull. civ.* I, n° 173; *D.* 1994, somm. 355, obs. Audit.
6. Civ. 1re, 18 déc. 1990, n° 89-12.623, *Bull. civ.* I, n° 294; *Rev. crit. DIP* 1991, 759, note Ancel.
7. Civ. 1re, 25 janv. 1983, n° 82-10.275, *Bull. civ.* I, n° 32; *JCP* 1983, IV, 109 – Civ. 1re, 7 juin 1989, n° 87-14.212, *Bull. civ.* I, n° 224; *JCP* 1990, II, 21448, note Rémery.
8. Civ. 1re, 27 mars 1979, n° 77-14.150; *Rev. crit. DIP* 1979, 636, note Lagarde; *D.* 1979, IR 458, obs. Audit.
9. Civ. 1re, 2 mars 1999, n° 96-21.190, *Bull. civ.* I, n° 73; *JCP* 1999, II, 10220, note Cuniberti; *Dr. et patr.* juin 1999, p. 118, obs. Monéger.
10. V. A. Devers, « Le divorce d'époux marocains ou franco-marocains. Les conventions franco-marocaines face aux droit européen et communautaire », *Dr. fam.* 2006, chron. 15, spéc^t^ 1. B.
11. Courbe, note s^s^ CA Versailles, 30 sept. 1988, *Rev. crit. DIP* 1989, 747, spéc^t^ 753.
12. Civ. 1re, 6 nov. 1990, n° 88-15.496, *Bull. civ.* I, n° 232; *Rev. crit. DIP* 1991, 348, note Simon-Dépitre; *Gaz. Pal.* 30 juill. 1991, note Rémery.

gations alimentaires entre époux sont réglées conformément aux dispositions du chapitre III de la présente convention ». Or ce chapitre, intitulé « Garde des enfants, droits de visite et obligations alimentaires », prévoit seulement la mise en place d'un service d'entraide judiciaire en matière de garde et d'aliments et une certaine simplification des conditions d'*exequatur* concernant les décisions judiciaires, en ces mêmes matières. Aucune règle de conflit spéciale aux obligations alimentaires ne semble y figurer. Aussi d'autres auteurs ont-ils estimé que la convention franco-marocaine n'avait pas à intervenir pour la détermination de la loi applicable à la contribution aux charges du mariage[1]. Pareille analyse présente l'avantage de prévenir un conflit de conventions en subordonnant la désignation de la loi applicable à la seule convention de La Haye du 2 octobre 1973. Elle a été consacrée dans un arrêt du 23 janvier 2007 observant : « *L'article 7 de la convention franco-marocaine du 10 août 1981 ne régissant pas les obligations alimentaires entre époux, la loi applicable est déterminée par l'article 4 de la convention de La Haye du 2 octobre 1973, selon lequel la loi qui régit les obligations alimentaires découlant des relations du mariage est la loi interne de la résidence du créancier d'aliments* »[2].

SECTION 2
MISE EN ŒUVRE DES NORMES SUPRANATIONALES

410.20 Applicabilité : triples critères. Avant d'envisager l'application d'un texte européen ou d'origine conventionnelle, il faut se prononcer sur son applicabilité à l'espèce en déterminant son champ d'application temporelle (§ 1), spatiale (§ 2) et matérielle (§ 3). Telle est la démarche suivie dans cet ouvrage lorsqu'une norme supranationale est rencontrée à l'occasion de l'étude d'une institution particulière. Pour l'heure, il s'agit de présenter les principaux écueils susceptibles d'être rencontrés à cette occasion.

§ 1
Champ d'application temporelle

410.21 Traité (ratification). La signature d'un traité par la France n'entraîne pas à elle seule son entrée en vigueur en France. Elle doit être suivie de la ratification après autorisation législative (v. Constitution, art. 53 mentionnant expressément les traités relatifs à l'état des personnes – à défaut d'une ratification régulière, l'application de l'engagement international est écartée par le juge judiciaire civil[3]) et d'une publication par décret au *Journal officiel de la République française* dans la partie, « Lois et décret »[4]. Encore faut-il ajouter que, pour certaines conventions, l'entrée en vigueur est subordonnée à la ratification d'un certain nombre d'États (par ex., trois pour la convention de La Haye du 5 octobre 1961, concernant la compétence des autorités et la loi applicable en matière de protection des mineurs, art. 19 – Sur l'obligation faite au juge d'appliquer les conventions en se référant aux conditions qu'elles fixent quant à leur prise d'effets juridiques, ce qui peut entraîner une application rétroactive par rapport à leur publication[5]).

S'agissant des conventions de La Haye élaborées depuis la moitié du XXe siècle, il est possible de connaître l'état des signatures, des ratifications et des adhésions en se référant aux tableaux annuellement publiés dans la *Revue critique de droit international privé*[6] ou en consultant le site internet de la conférence de La Haye de droit international privé (http://www.hcch.net).

Mais la France, comme beaucoup d'autres États, manque souvent d'empressement pour procéder à la ratification des conventions internationales, y compris celles qui seraient de nature à simplifier le droit positif. Tel a été le cas de la convention de La Haye, du 19 octobre 1996, concernant la compétence, la loi applicable, la reconnaissance, l'exécution et la coopération en matière de responsabilité parentale et de mesures de protection des enfants, que la France a tardé à ratifier alors qu'elle aurait pu opportunément se substituer à la convention de La Haye du 5 octobre 1961, concernant la compétence des autorités et la loi applicable en matière de protection des mineurs dont la mise en œuvre s'est révélée particulièrement complexe.

410.22 Adhésion de l'Union européenne à la conférence de La Haye. Après avoir justifié par ce manque de célérité le recours à des règlements, l'Union européenne a étendu son emprise sur la construction du droit international privé en devant

1. F. Monéger, « La convention franco-marocaine du 10 août 1981… », *Rev. crit. DIP* 1984, 29 s., 267 s. spéct 65 et 280 – Déprez, note ss Civ. 1re, 16 juill. 1992, *JCP* 1993, II, 402.
2. Civ. 1re, 23 janv. 2007, no 05-21.898, *Bull. civ.* I, no 35; *Rev. crit. DIP* 2007, 402, obs.Lagarde; *AJ fam.* 2007, IR 314.
3. Civ. 1re, 29 mai 2001, no 99-16.673, *Bull. civ.* I, no 149; *RTD civ.* 2001, 706, obs. Libchaber.
4. V. J.-F. Lachaume, RÉP. INTERNAT., *Vo Droit international et juridiction judiciaire*, nos 8 s.
5. V. Civ. 1re, 30 nov. 1976, no 75-14.369, *Bull. civ.* I, no 374; *JDI* 1977, p. 83, rapp. Ponsard, note Ruzié – Civ. 1re, 15 mai 1984, no 83-11.951, *Bull. civ.* I, no 160; *Rev. crit. DIP* 1986, 623, note Batiffol.
6. Pour un recensement arrêté au 1er mars 2010, v. : *Rev. crit. DIP* 2010, 230.

membre de la conférence de La Haye[1]. Cette adhésion à la conférence est devenue effective le 3 avril 2007. En application de la **théorie dites « *des compétences externes implicites* »** (issue de l'arrêt *AETR*[2]), l'Union estime qu'elle dispose désormais d'une compétence exclusive, y compris au plan externe (c'est-à-dire pour conclure des accords avec des États tiers), pour ratifier les instruments élaborés par la conférence de La Haye concernant les matières (divorce, responsabilité parentale, obligations alimentaires) dans lesquelles l'Union est déjà intervenue par voie de règlements. En conséquence, les États membres qui souhaiteraient ratifier eux-mêmes des conventions de La Haye dans ces matières ont perdu la possibilité de le faire librement. Comme cette extension des compétences de l'Union européenne a supposé une modification des statuts de la conférence, il avait été prévu, pendant la période transitoire, que la compétence externe pouvait être « déléguée » aux États membres. Tel a été le processus adoptée pour la convention de La Haye du 19 octobre 1996, concernant la compétence, la loi applicable, la reconnaissance, l'exécution et la coopération en matière de responsabilité parentale et de mesures de protection des enfants. Ce processus devait normalement favoriser une ratification rapide de cet instrument. L'objectif n'a pas été atteint. Par décision du Conseil de l'Europe du 19 décembre 2002[3], les États membres ont été autorisés à la signer, dans l'intérêt de l'Union européenne. Pour sa part, la France a signé la convention le 1er avril 2003 et une loi n° 2007-1161 du 1er août 2007 a autorisé l'adhésion à cette convention[4]. Mais la ratification supposait une nouvelle décision du Conseil. Celle-ci est intervenu le 5 juin 2008 pour autoriser la France (comme la Belgique, l'Allemagne, l'Irlande, la Grèce, L'Espagne, l'Italie, Chypre, le Luxembourg, Malte, les Pays-Bas, l'Autriche, la Pologne, le Portugal, la Roumanie, la Finlande, la Suède et le Royaume-Uni) à ratifier l'instrument[5]. Cette décision prévoit que les États membres autorisés à ratifier la convention « *prennent les mesures nécessaires pour déposer simultanément leurs instruments de ratification ou d'adhésion auprès du ministère des Affaires étrangères du Royaume des Pays-Bas, si possible avant le 5 juin 2010* ». Il faut donc espérer qu'à cette date, la Convention sera, enfin, entrée en vigueur pour le meilleur intérêt de la protection des mineurs.

Une manifestation intéressante de la nouvelle emprise de l'Union européenne sur la mise en application des conventions de La Haye a été récemment donnée en matière d'**obligations alimentaires.** En cette matière, il existe un protocole du 23 novembre 2007 sur la loi applicable aux obligations alimentaires destiné à remplacer la convention de La Haye du 2 octobre 1973. Or le règlement (CE) n° 4/2009 relatif à la compétence, la loi applicable, la reconnaissance et l'exécution des décisions et la coopération en matière d'obligations alimentaires a subordonné sa mise en application à celle du protocole. À cet effet, l'article 76 du règlement dispose que ce dernier « *s'applique* [...] *à compter du 18 juin 2011, sous réserve que le protocole de La Haye de 2007 soit applicable dans la communauté à cette date* ». Pour lever l'incertitude liée à la mise en application du protocole, l'Union a approuvé ledit protocole dans une décision du 30 novembre 2009[6]. Ainsi a-t-elle déclaré « *qu'elle appliquera les règles du protocole à titre provisoire à partir du 18 juin 2011, date d'application du règlement (CE) n° 4/2009 du Conseil du 18 décembre 2008 relatif à la compétence, la loi applicable, la reconnaissance et l'exécution des décisions et la coopération en matière d'obligations alimentaires, si le protocole n'est pas entré en vigueur à cette date, conformément à son article 25, paragraphe 1* ». Elle a ajouté « *qu'elle appliquera les règles du protocole également aux aliments réclamés dans l'un de ses États membres pour une période antérieure à l'entrée en vigueur ou à l'application provisoire du protocole dans la Communauté, dans les cas où, au titre du règlement (CE) n° 4/2009 du Conseil du 18 décembre 2008*

1. Pour une APPRÉCIATION CRITIQUE de cette évolution, v. Y. Lequette, « De Bruxelles à La Haye (Acte II), Réflexions critiques sur la compétence communautaire en matière de droit international privé », *Mél. H. Gaudemet-Tallon*, Dalloz, 2008, p. 503 s.
2. CJCE 31 mars 1971, aff. 22/70, AETR, cité par J. Boulouis, R.-M. Chevalier, D. Fasquelle et M. Blanquet, *GACJCE* 5e éd., Dalloz, 2002, t. 2, n° 50.
3. Décis. (CE) n° 2003/93/CE, du Conseil, 19 déc. 2002, autorisant les États membres à signer, dans l'intérêt de la Communauté, la convention de La Haye de 1996 concernant la compétence, la loi applicable, la reconnaissance, l'exécution et la coopération en matière de responsabilité parentale et de mesures de protection des enfants, *JOUE* L 48, 21 févr. 2003, p. 1.
4. L. n° 2007-1161, 1er août 2007, autorisant l'adhésion à la convention de La Haye du 19 oct. 1996 concernant la compétence, la loi applicable, la reconnaissance, l'exécution et la coopération en matière de responsabilité parentale et de mesures de protection des enfants, *JO* 2 août, p. 12988.
5. Décis. (CE) n° 2008/431/CE, du Conseil, 5 juin 2008, autorisant certains États membres à ratifier la convention de La Haye de 1996 concernant la compétence, la loi applicable, la reconnaissance, l'exécution et la coopération en matière de responsabilité parentale et de mesures de protection des enfants ou à y adhérer, dans l'intérêt de la Communauté européenne, et autorisant certains États membres à procéder à une déclaration relative à l'application des règles internes pertinentes du droit communautaire, *JOUE* L 151, 11 juin, p. 36.
6. Décision du Conseil du 30 novembre 2009 relative à la conclusion, par la Communauté européenne, du protocole de La Haye du 23 novembre 2007 sur la loi applicable aux obligations alimentaires : JOUE 16 déc. 2009, n° L 331, p. 17.

relatif à la compétence, la loi applicable, la reconnaissance et l'exécution des décisions et la coopération en matière d'obligations alimentaires, des procédures sont engagées, des transactions judiciaires sont approuvées ou conclues et des actes authentiques sont établis à partir du 18 juin 2011, date d'application dudit règlement ». Ces **règles d'application à titre provisoire** pourraient ne pas avoir à intervenir dans la mesure où le protocole prévoit qu'il entrera en vigueur le premier jour du mois suivant l'expiration d'une période de trois mois après le dépôt du deuxième instrument de ratification, d'acceptation, d'approbation ou d'adhésion (prot. La Haye 2007, art. 25). Il est donc possible qu'intervienne, après celle de l'Union européenne, une seconde adhésion au protocole avant le 18 juin 2011.

410.23 Règlements européens. S'agissant des règlements européens, il n'y a pas, pour la France, de possibilité de déclarations annexes, ni de réserves, et les textes s'appliquent sans qu'il y ait besoin de ratification ou d'adhésion[1]; il s'agit là de simplifications évidentes par rapport au mécanisme conventionnel. Reste que les instances européennes n'hésitent pas à reprendre leur copie selon une périodicité assez brève : un règlement « Rome III » – pour ne pas dire « Bruxelles *ter* »[2] (sur les orientations duquel, v. s^s^ n°s 411.152 et 412.194) – pourrait succéder au règlement (CE) n° 2201/2003, dit Bruxelles II *bis*, du 27 novembre 2003 relatif à la compétence, la reconnaissance et l'exécution des décisions en matière matrimoniale et en matière de responsabilité parentale, entré en vigueur le 1er mars 2005, et qui a, lui-même, abrogé le règlement (CE) n° 1347, dit Bruxelles II, du 29 mai 2000, relatif à la compétence, la reconnaissance et l'exécution des décisions en matière matrimoniale et en matière de responsabilité parentale des enfants communs qui était entré en vigueur le 1er mars 2001. Pour faciliter cette succession, il existe des dispositions transitoires complexes, caractérisées par des passerelles qui seront ultérieurement décrites (v. ss nos 423.51 s.).

410.24 Règlements à venir. Comme on l'a illustré avec la convention de La Haye du 19 octobre 1996, concernant la compétence, la loi applicable, la reconnaissance, l'exécution et la coopération en matière de responsabilité parentale et de mesures de protection des enfants, l'entrée en vigueur d'un nouvel instrument reste fréquemment annoncée comme « imminente » pendant un certain nombre d'années. Pareille situation n'est guère pratique pour les professionnels du droit cherchant à anticiper un bouleversement de leur pratique. Aujourd'hui, il faut compter avec les futurs règlements communautaires dont on ne sait jamais bien quand la gestation parviendra à terme. Outre le règlement « Rome III » sur le divorce, un règlement sur le conflit de lois en matière de régime matrimonial pourrait voir le jour[3] et dans un avenir, vraisemblablement proche, devrait être adopté un règlement relatif aux successions internationales[4]. En cette matière le système envisagé modifierait très largement le droit positif jurisprudentiel français. Au système dualiste ou scissionniste qui conduit à appliquer la loi du dernier domicile du défunt en matière de succession mobilière et la *lex rei sitae* pour les successions immobilières, se substituera un système permettant d'assurer l'unité de la succession en la soumettant intégralement à la loi de la dernière résidence habituelle du défunt. Mais ce rattachement objectif ne s'appliquera pas lorsque le défunt aura préalablement choisi de soumettre sa succession à sa loi nationale. Outre la consécration de l'unité successorale et de la *professio juris*, la proposition comporte des règles de compétence juridictionnelle et d'autres visant à faciliter la circulation des jugements et des actes authentiques en matière successorale. Enfin, elle énonce des règles matérielles créant un certificat successoral européen, un quasi-acte de notoriété européen, produisant des effets substantiels non négligeables.

1. Seuls le Danemark, l'Irlande et le Royaume-Uni doivent choisir de participer au processus d'adoption et se soumettre à l'application des règlements, en raison de protocoles annexés au traité instituant l'Union européenne qui leur offre cette option.
2. Prop. règl. (CE), mod. règl. (CE) n° 2201/2003, en ce qui concerne la compétence et instituant des règles relatives à la loi applicable en matière matrimoniale présentée par la Commission le 17 juill. 2006, COM (2006) 399 final, p. 9 – Pour une présentation, parfois critique, V. NOT. F.-R. Paulino, « Rome III : la compétence juridictionnelle et la loi applicable en matière matrimoniale », *RMCUE* 2007, n° 509, p. 390 – E. Gebhardt, « La proposition de règlement concernant la compétence et la loi applicable en matières matrimoniales », *L'Observateur de Bruxelles* 2008, n° 71, p. 26 – G. Lardeux, « La révision du règlement Bruxelles II *bis* : perspectives communautaires sur les désunions internationales », *D.* 2008, 795 – V. AUSSI, C. Nourissat, « Sur l'élaboration d'une source perturbatrice : à propos du droit international privé communautaire », *D.* 2007, 1098; *Procédures* 2007, comm. 191.
3. *Livre vert de la Commission européenne du 17 juill. 2006 sur le règlement des conflits de lois en matière de régime matrimonial, traitant notamment de la question de la compétence judiciaire et de la reconnaissance mutuelle* (COM [2006] 400).
4. Prop. règl. du Parlement européen et du Conseil IPO9/1508, 14 oct. 2009 – V. H. Péroz, « Vers une simplification du règlement des successions internationales pour la pratique notariale », *JCP N*, n° 43, act. 679; M. Lamarche, « La famille saisie par l'Union européenne : les successions transfrontières », *Dr. fam.* 2009, focus 73 – La proposition a été précédée d'un *Livre vert sur les successions et testaments*, COM (2005) 65 final, 1er mars 2005, sur lequel v. M.-C. de Lambertye-Autrand, « Quel droit européen en droit patrimonial de la famille ? », *Info. soc.* janv. 2006, p. 84 s.

Une nouvelle figure de « *droit en suspension* » est apparue avec le règlement (CE) n° 4/2009 du 18 décembre 2008 relatif à la compétence, la loi applicable, la reconnaissance et l'exécution des décisions et la coopération en matière d'obligations alimentaires[1]. Ce règlement a vocation à modifier « *le règlement (CE) n° 44/2001 en remplaçant les dispositions de celui-ci applicables en matière d'obligations alimentaires* » (règl. [CE] n° 4/2009, cons. 44). Mais à quelle date s'opérera cette substitution ? Si le règlement n° 4/2009 est bien pour l'essentiel, semble-t-il, entré en vigueur avec sa parution au *Journal officiel de l'Union européenne*, le 10 janvier 2009 (v. art. 76), sa mise en application était conditionnelle (règl. [CE] n° 4/2009, préambule, cons. 44) puisque, en vertu de son article 76, il devait « *s'appliquer [...] à compter du 18 juin 2011, sous réserve que le protocole de La Haye du 23 novembre 2007, sur la loi applicable aux obligations alimentaires, soit applicable dans l'Union européenne à cette date* ». À défaut, il était prévu que « *le présent règlement s'applique à compter de la date d'application dudit protocole dans l'Union européenne* ». Cette mise en application n'est désormais plus conditionnelle depuis la décision du 30 novembre 2009[2] où l'Union a « *déclaré qu'elle appliquera les règles du protocole à titre provisoire à partir du 18 juin 2011, date d'application du règlement (CE) n° 4/2009 du Conseil du 18 décembre 2008 relatif à la compétence, la loi applicable, la reconnaissance et l'exécution des décisions et la coopération en matière d'obligations alimentaires, si le protocole n'est pas entré en vigueur à cette date, conformément à son article 25, paragraphe 1* ». Ce dispositif a l'avantage de lever toute incertitude. Comme l'observe la décision, l'application provisoire n'aura pas lieu si, après celle de l'Union européenne, une seconde adhésion au protocole de La Haye intervient avant le 18 juin 2011 (v. s[s] n° 410.22).

§ 2
Champ d'application spatiale

A.
Conventions internationales

410.30 Division. Participant du modèle contractuel, les conventions internationales devraient s'imposer uniquement dans les rapports entre les États qui les ont conclues ou y ont adhéré. En conséquence, elles sont normalement soumises à une exigence de réciprocité (1°), parfois atténuée ou exclue (2°) par l'objet de la norme.

1°
Exigence de réciprocité

410.31 Principe (réciprocité). Sauf indication contraire de la convention elle-même ou réserve formulée par un État, une convention est applicable sur l'ensemble du territoire français et des autres parties contractantes. Il en résulte que le juge judiciaire, après avoir vérifié que la France est liée par une convention internationale, doit normalement s'assurer qu'elle est applicable eu égard à la nationalité des personnes qui se présentent devant lui en qualité de demandeur ou de défendeur ou en considération du lieu où les faits ou les actes juridiques ont pris naissance. Une convention internationale ne peut donc être appliquée par le juge français, dans une instance donnée, que si l'État, dont le demandeur ou le défendeur possèdent la nationalité ou sur le territoire duquel le fait ou l'acte litigieux ont pris naissance, est lié par la convention en cause. Pour s'assurer que la France et l'autre État concerné sont bien liés par les dispositions de la convention applicable en l'espèce, le juge doit éventuellement prendre en considération les réserves dont la France et l'autre État (ou les autres États) ont pu assortir leur ratification ou leur adhésion afin de vérifier que des rapports conventionnels existent bien entre eux dans le domaine où le litige est né[3]. Conséquence du principe de réciprocité, cette démarche peut être illustrée avec une affaire concernant l'effet en France des jugements étrangers (sur cette question, v. s[s] n°s 413.00 s.). Il a ainsi été jugé qu'une partie ne pouvait utilement faire valoir, devant le juge français, qu'une décision émanant d'une juridiction allemande et intervenue en matière de garde d'enfant était de plein droit applicable en France en vertu de la convention de Luxembourg du 20 mai 1980, dès lors que l'Allemagne n'avait pas ratifié cette convention en temps utile, c'est-à-dire au moment où ont été accomplis les faits ou les actes qui ont engendré le litige[4].

Faut-il que le juge judiciaire contrôle plus avant cette exigence de réciprocité en s'assurant que le traité est **effectivement** appliqué dans l'autre État intéressé ? En d'autres termes, un justiciable peut-il invoquer l'article 55 de la Constitution qui subor-

1. Règl. (CE) n° 4/2009, 18 déc. 2008, relatif à la compétence, la loi applicable, la reconnaissance et l'exécution des décisions et la coopération en matière d'obligations alimentaires *JOUE* L 7, 10 janv. 2009, p. 1.
2. Décision du Conseil du 30 novembre 2009 relative à la conclusion, par la Communauté européenne, du protocole de La Haye du 23 novembre 2007 sur la loi applicable aux obligations alimentaires : JOUE 16 déc. 2009, n° L 331, p. 17.
3. V. J.-F. Lachaume, RÉP. INTERNAT., V° *Droit international et juridiction judiciaire*, n°s 79 s.
4. Civ. 1re, 16 déc. 1986, n° 84-17.076, *Bull. civ.* I, n° 300; *Rev. crit. DIP* 1987, 401, note Lagarde.

donne la primauté du traité sur le droit interne « *à son application par l'autre partie* » au soutien d'une exception de non-réciprocité destinée à écarter le jeu du traité ? À cette question, la Première chambre civile répond avec une jurisprudence désormais bien fixée : « *En l'absence d'initiative prise par le gouvernement pour dénoncer une convention ou en suspendre son application, il n'appartient pas aux juges d'apprécier le respect de la condition prévue dans les rapports entre États par l'article 55 de la Constitution* »[1]. C'est dire que le juge n'a pas à apprécier si la condition de réciprocité est effectivement remplie; il ne doit pas non plus interroger le gouvernement, soit d'office, soit à la demande des parties, sur la réalisation de la condition de réciprocité. Mais, si le gouvernement d'un État étranger fait savoir à la France qu'il ne se considère plus lié par une convention internationale à laquelle la France est partie, ce texte ne saurait bénéficier devant le juge français d'une autorité supérieure à celle des lois[2].

410.32 Traités bilatéraux (illustration). S'il est évident qu'une convention bilatérale s'applique dans les relations entre les deux parties dans un domaine donné, cette évidence ne suffit pas à épuiser toutes les discussions sur son champ d'application. Faut-il également que les parties au litige possèdent nécessairement la nationalité de ces États ou encore que les deux nationalités soient représentées ? Une bonne illustration des difficultés est proposée par la convention franco-marocaine du 10 août 1981 relative au statut des personnes et de la famille et à la coopération judiciaire[3]. Il s'agit vraisemblablement du traité bilatéral intéressant la famille, le plus souvent sollicité devant les tribunaux français, avec cette particularité que son jeu est très fréquemment écarté au nom de l'ordre public. Ses deux premiers chapitres comportent des règles de compétence indirecte et de conflit de lois concernant, pour le premier, le mariage, et, pour le second, la dissolution du mariage; un troisième chapitre comporte principalement des règles de coopération judiciaire en matière de garde des enfants, droit de visite et obligations alimentaires. Deux questions, au moins, ont pu être discutées.

Faut-il soumettre aux deux premiers chapitres de la convention les époux qui disposent de la double nationalité franco-marocaine ? En doctrine une réponse négative est jugée parfaitement concevable[4] et même souhaitable[5]. Et il est vrai que ces deux premiers chapitres comportent des dispositions concédées au Maroc afin de permettre aux couples de Marocains, exilés en France, de demeurer soumis à leur loi nationale. De fait, l'objectif principal du Maroc était, avec ce traité, de permettre à ces couples d'échapper à l'application du droit français du divorce désigné par l'article 310 (désormais art. 309) du Code civil issu de la réforme de 1975. Ces considérations personnalistes apparaissent clairement dans le préambule de la convention qui insiste « *sur la nécessité de conserver aux personnes les principes fondamentaux de leur identité nationale* ». Un tel objectif relève de l'impossible en présence de binationaux. Néanmoins, la Cour de cassation n'écarte pas d'emblée l'application du traité en présence de couples composés de franco-marocains; elle le met en œuvre en considérant les intéressés comme exclusivement Français en application du principe de la primauté de la nationalité du *for*; cette nationalité française est également retenue comme un facteur de proximité déclenchant l'intervention de l'ordre public qui s'oppose à la reconnaissance d'une répudiation prononcée au Maroc[6].

Faut-il réserver l'application du troisième chapitre de la convention exclusivement aux ressortissants français ou marocains ? Ce chapitre comporte principalement des règles relatives à la coopération d'autorités, notamment des dispositions visant le déplacement illicite d'enfants, qui, à la différence de celles comprises dans les chapitres 1 et 2, sont dénuées de considérations personnalistes. Dès lors, il a été suggéré que les bénéficiaires de ce chapitre 3 sont les justiciables des États parties à la convention et non leurs ressortissants[7]. Cette conception a été expressément consacrée par la Cour de cassation, pour qui le chapitre 3 « *contient des dispositions d'entraide judiciaire dans le domaine de la garde des enfants et des obligations alimentaires sans qu'il soit fait référence à la nationalité de l'un*

1. Civ. 1re, 6 mars 1984, n° 82-14.008, *Bull. civ.* I, n° 85; *D.* 1985, IR 182, obs. Audit; *Rev. crit. DIP* 1985, 108, note Droz; *JDI* 1984, p. 859, note Chappez.
2. Civ. 1re, 23 mars 1994, n° 92-14.573, *Bull. civ.* I, n° 105; *Rev. crit. DIP* 1995, 51, 2e esp., note Lagarde; *JDI* 1995, p. 119, note Chappez.
3. Pour son commentaire, v. Decroux, *JDI* 1985, p. 53; Monéger, *Rev. crit. DIP* 1984, 29.
4. P. Lagarde, « Vers une approche fonctionnelle du conflit positif de nationalités (à propos notamment de l'arrêt *Dujaque* de la première chambre civile du 22 juill. 1987) », *Rev. crit. DIP* 1988, 50.
5. Civ. 1re, 17 mai 1993, n° 91-12.750, *Bull. civ.* I, n° 173; *JCP* 1993, II, 22172, n° 4, note Déprez; *JDI* 1994, p. 115, 1re esp., note Lequette; *D.* 1993, IR 150.
6. V. Civ. 1re, 17 mai 1993, n° 91-12.750, préc. ss prést n° – Civ. 2e, 14 mars 2002, n° 99-21.639, *Bull. civ.* II, n° 40; *JCP* 2002, II, 10095, note Fulchiron; *RTD civ.* 2002, 277, obs. Hauser – Civ. 1re, 22 mai 2007, n° 06-10.433, NP; *Dr. fam.* 2007, comm. 157, obs. Farge.
7. EN CE SENS, v. E. Gallant, note s Civ. 1re, 9 juill. 2002, n° 01-13.336, *Bull. civ.* I, n° 186; *Rev. crit. DIP* 2003, 466 et réf. citées; *AJ fam.* 2002, 345.

des États », de sorte qu'il peut être appliqué dans un litige impliquant un ressortissant d'un État tiers – en l'espèce un père de nationalité espagnole, domicilié au Maroc[1].

2°
Non-exigence de réciprocité

410.40 Division. Pour deux catégories de normes, l'application spatiale ne peut pas être déterminée selon le schéma de la réciprocité. Il en est ainsi des conventions multilatérales portant des règles de droit international privé à caractère universel (a) et des conventions reconnaissant des droits fondamentaux (b).

a)
Conventions multilatérales portant des règles de droit international privé à caractère universel

410.41 Vocation de droit commun. Toutes les conventions de La Haye récentes posent des **règles de conflit de lois** qui sont, sauf dispositions contraires, à caractère universel. Tel est le cas, par exemple, de la convention de La Haye du 14 mars 1978 sur la loi applicable aux régimes matrimoniaux (conv. La Haye, 14 mars 1978, art. 2). La Cour de cassation a eu l'occasion de le souligner récemment : « *La convention de La Haye du 14 mars 1978 s'applique à tous les mariages célébrés après le 1er septembre 1992, même si la nationalité, la résidence habituelle des époux ou la loi applicable en vertu de cette convention ne sont pas celles d'un État contractant* »[2]. Ce rappel est important car si la pratique soumettait la convention, en violation de son article 2, au système de la réciprocité son application serait réduite à la portion congrue dès lors qu'elle n'a été ratifiée que par la France, le Luxembourg et les Pays-Bas. Un caractère universel est également attaché à la convention de La Haye du 2 octobre 1973, sur la loi applicable aux obligations alimentaires (conv. La Haye, 2 oct. 1973, art. 3) et, au futur instrument destiné à la remplacer, le protocole de La Haye du 23 novembre 2007 sur la loi applicable aux obligations alimentaires (prot. La Haye, 23 nov. 2007, art. 2).

En matière de compétence internationale directe, il arrive également que la France ratifie des instruments dont certaines règles ne doivent pas être appréhendée en termes de réciprocité. Ainsi la convention de La Haye, du 5 octobre 1961, concernant la compétence des autorités et la loi applicable en matière de protection des mineurs, présente un « *caractère quasi universel* »[3] puisqu'elle s'applique à tous les enfants, quelle que soit leur nationalité, à condition qu'ils aient leur résidence habituelle dans l'un des États contractants et qu'ils soient mineurs selon la loi de cet État et selon leur loi nationale. Cette large vocation spatiale s'explique par le fait que la France n'a pas utilisé la réserve de l'alinéa 3 de l'article 13 qui permet de limiter l'application de la convention aux seuls mineurs ressortissants d'un État contractant. Cet exemple est intéressant pour le praticien en démontrant qu'il ne faut pas toujours raisonner en termes de réciprocité; il n'a aujourd'hui guère de portée pratique puisque la primauté du règlement (CE) n° 2001/2003, dit Bruxelles II *bis*, a restreint de manière drastique le domaine de la convention de La Haye du 5 octobre 1961 (v. ss nos 432.161 s.).

410.42 Variation du domaine géographique d'une même convention. La détermination du domaine d'application spatiale d'une convention de La Haye est parfois un véritable casse-tête puisqu'elle peut différer selon l'objet de ses règles. Ainsi en est-il, par exemple, de la convention de La Haye du 13 janvier 2000 sur la protection internationale des adultes. Pour la compétence accordée aux autorités de la résidence habituelle, elle présente un caractère « quasi universel » puisqu'elles s'appliquent à tous les adultes vulnérables, sans considération de nationalité, dès lors qu'ils ont leur résidence habituelle dans un État contractant (v. ss n° 441.71 – Et pour des hypothèses exceptionnelles d'application de la convention à des majeurs résidant dans un État tiers, v. ss n° 441.171). S'agissant des règles permettant de déterminer la loi applicable, la convention leur confère une portée universelle (conv. La Haye, 13 janv. 2000, art. 18 – V. ss nos 442.21 s.). Cette affirmation s'applique sans difficulté au mandat d'inaptitude dans la mesure où il fait l'objet d'une véritable règle de conflit (v. ss nos 442.51 s.). Il est plus difficile d'en déterminer les conséquences lorsqu'il s'agit des mesures de protection. Pour elles, la convention prévoit seulement que l'autorité compétente sur son fondement applique la loi du *for*. *Quid* alors de la loi applicable si l'autorité française est compétente en vertu des articles 14 ou 15 du Code civil (v. ss n° 442.82) ? Concernant les règles de reconnaissance et d'exécution, comme les dispositions en matière de coopération des autorités, il faut se référer au système de la réciprocité (v. ss n° 443.21).

1. Civ. 1re, 22 mai 2007, n° 06-10.892, *Bull. civ.* I, n° 200, 2e esp.; *Dr. fam.* 2007, comm. 155, note Farge; *AJ fam.* 2007, IR 356.
2. Civ. 1re, 12 nov. 2009, n° 08-18.343, *Bull. civ.* I, n° 224; *JCP* 2009, 478, obs. Farge; *AJ fam.* 2009, 498, note Boiché.
3. G. Droz, « La protection des mineurs en droit international privé », *Rev. crit. DIP* 1965, 39.

b)
Conventions reconnaissant des droits fondamentaux

410.51 Irruption récente en droit international privé. Proclamant des droits inhérents à la personne humaine sans considération de sa nationalité ou de sa localisation, pareils instruments ne semblent guère pouvoir être subordonnés à une exigence de réciprocité. Aussi bien est-il fréquemment souligné[1] que, lorsqu'elles sont pourvues d'effet direct, les dispositions conventionnelles liant la France en matière de droits de l'homme doivent être appliquées par le juge judiciaire sans qu'il ait à rechercher si la partie qui les invoque possède la nationalité d'un État partie. C'est du reste le sens de l'article 1er de la convention européenne des droits de l'homme : « *Les Hautes Parties contractantes reconnaissent à toute personne relevant de leur juridiction les droits et liberté définis au titre I de la présente convention* ».

410.60 Division. L'attrait contemporain pour les droits fondamentaux n'a pas manqué de s'exercer dans la sphère du droit international privé[2], là où ils sont susceptibles de provoquer deux débats[3]. Le premier intéresse la conventionnalité des règles de droit international privé (α). Le second, plus stimulant ou inquiétant, concerne le résultat concret produit pas les règles de droit international privé (β).

α)
Premier débat : conventionnalité des règles du droit international privé

410.70 Division. Dans une première fonction qui n'a pas beaucoup été explorée par les plaideurs français, il est concevable d'invoquer l'absence de conformité aux droits fondamentaux de certaines règles françaises de droit international privé. La discussion peut être engagée pour les articles 14 et 15 du Code civil mais également pour les articles 311-14 et 370-3 alinéa 2 du même code.

410.71 Privilèges de juridiction des articles 14 et 15 du Code civil. Pour la compétence des tribunaux français, la question a été soulevée en doctrine de la compatibilité des privilèges de juridiction, fondés sur la nationalité française, avec le droit à un procès équitable de l'article 6-1 de la convention EDH, combiné avec le principe de non-discrimination de l'article 14 du même texte[4]. Cette question n'est pas facile à résoudre, notamment parce que, si l'on suit la démarche de la Cour européenne, le contrôle de conformité à la convention EDH doit s'opérer *in concreto* : les privilèges ne doivent donc pas être jugés dans l'abstrait mais sur le résultat concret qu'ils engendrent. Pour mettre en œuvre cette directive, il faut distinguer selon les privilèges.

Pris dans sa fonction de règle de compétence directe, **le privilège de l'article 15 du Code civil offre à l'étranger la possibilité de saisir le tribunal français contre un défendeur français.** Il peut difficilement donner lieu à discrimination sauf à imaginer que celle-ci s'exerce à l'encontre du justiciable français dans l'hypothèse exceptionnelle où il serait contraint à engager des frais excessifs pour venir se défendre en France, pays avec lequel il n'aurait plus d'autres liens que celui de la nationalité[5]. En revanche, la conventionnalité de l'article 15 était très discutable lorsqu'il était conçu comme un privilège indirect de nationalité permettant aux Français de s'opposer à la reconnaissance en France d'une décision étrangère, même rendue dans des conditions irréprochables, en dénonçant l'incompétence du tribunal étranger. La contrariété de l'article 15, ainsi conçu, aux exigences du procès équitable avait été invoquée[6]. La Cour de cassation avait réussi à écarter le grief au motif que la compétence exclusive des tribunaux français n'était pas plus exorbitante que celle utilisée en l'espèce par le demandeur à l'étranger (il s'agissait de la résidence temporaire dans l'État d'origine). Reste que la Haute cour, en admettant une confrontation, opérée *in concreto*, du privilège indirect de nationalité avec les exigences européennes, avait laissé planer un doute sur le caractère systématique du rempart, fondé sur l'article 15, contre

1. V. J.-F. Lachaume, RÉP. INTERNAT., *V° Droit international et juridiction judiciaire*, n° 83.
2. V. NOT., L. Gannagé, *La hiérarchie des normes et des méthodes du droit international privé, Étude de droit international privé de la famille*, LGDJ, 2001 – F. Matsher, « Le droit international privé face à la Convention européenne des droits de l'homme », séance du 23 mai 1997, *Trav. Com. fr. DIP, années 1995-1998*, Éd. Pédone, 1999, p. 212 s. – F. Marchadier, *Les objectifs généraux du droit international privé à l'épreuve de la Convention européenne des droit de l'homme*, Bruylant, 2007.
3. V. Y. Lequette, « Le droit international privé et les droits fondamentaux », *Droits et libertés fondamentaux*, R. Cabrillac, M.-A. Frison-Roche et Th. Revet (dir), 13e éd., Dalloz, 2007, p. 99-121.
4. D. Cohen, « La Convention européenne des droits de l'homme et le droit international privé français », *Rev. crit. DIP* 1989, 451 – P. Mayer, « Droit au procès équitable et conflits de juridictions », *Les nouveaux développement du droit au procès équitable au sens de la Convention européenne des droits de l'homme*, Bruylant, 1996, p. 125 s. – L. Sinopoli, *Le droit au procès équitable dans les rapports privés internationaux*, th. Paris I, 2000.
5. V. M.-L. NIBOYET et G. DE GEOUFFRE DE LA PRADELLE, n° 401.
6. Civ. 1re, 30 mars 2004, n° 02-17.974, *Bull. civ.* I, n° 100; *JCP* 2004, II, note Egéa; *Gaz. Pal.* 2004, 1970, note Weissberg; *Gaz. Pal.* 3-4 sept. 2004, obs. Niboyet; *Defrénois* 2004, 1235, obs. Massip; *AJ fam.* 2004, 364, obs. David; *RJPF* 2004-6/14, obs. Putman; *LPA* 23 févr. 2005, note Jault; *Rev. crit. DIP* 2005, 89, note Sinopoli.

les décisions étrangères. Un important arrêt *Prieur*[1] a mis fin à l'interprétation critiquable de l'article 15 en écartant son application pour le contrôle de la compétence du juge étranger. Le débat portant sur la compatibilité de ce texte avec le droit à l'exécution d'un jugement obtenu à l'étranger contre un Français est donc devenu sans objet.

La question de la **conventionnalité de l'article 14 du Code civil** demeure en suspens. En tant que règle de compétence directe, **l'attribution de la compétence accordée au demandeur sur le fondement de sa nationalité française lui confère un avantage exorbitant.** Le grief de discrimination semble pouvoir être écarté seulement si le privilège est utilisé sans abus, notamment parce que le défendeur possède des biens en France de sorte que le *forum* de la nationalité corresponde aussi à un *forum patrimonii* ou *arresti*, critères fréquents à l'étranger qui font dépendre la compétence de l'existence de biens à saisir[2]. La discussion a seulement affleuré devant les tribunaux[3], sans doute parce que le domaine des articles 14 et 15 s'est largement réduit en raison de multiplication des traités et des règlements européens.

410.72 Article 311-14 du Code civil. Dans l'ordre des conflits de lois, l'article 311-14 du Code civil n'opère-t-il pas une discrimination fondée sur le sexe en ce qu'il accorde **une compétence de principe, pour l'établissement de la filiation, à la loi nationale de la mère** ? En jurisprudence, le débat n'a jamais été soulevé en France[4]. *A priori*, le grief de discrimination peut être facilement écarté au non de la neutralité de la règle de conflit de facture classique posée à l'article 311-14 : abstraitement inégalitaire en ce qu'il soumet la filiation à la loi nationale de la mère, ce texte peut concrètement désigner une législation parfaitement respectueuse de l'égalité entre les sexes ou une législation favorable aux intérêts de l'un ou de l'autre des géniteurs. À la réflexion, l'argument fondé sur la neutralité de la règle de conflit est contredit par des considérations pratiques : la soumission de la filiation à la loi nationale de la mère entraîne, en principe, l'application d'une loi qui lui est plus familière et accessible, de telle sorte qu'elle la place en meilleure position pour défendre ses intérêts[5]. En conséquence, la confrontation avec le principe d'égalité des sexes ne tend pas uniquement à modifier symboliquement un critère de rattachement pour le rendre aveugle au sexe. Reste qu'il n'y a pas discrimination si la différence de traitement repose sur des considérations légitimes. Et c'est le cas de l'article 311-14 pour lequel le choix de la loi nationale de la mère a été essentiellement présenté comme une conséquence de la certitude de la maternité : *mater semper certa est*[6].

410.73 Article 370-3 alinéa 2 du Code civil. Issu d'une loi n° 2001-111 du 6 avril 2001[7], l'alinéa 2 de l'article 370-3 dispose : « *L'adoption d'un mineur étranger ne peut être prononcée si sa loi personnelle prohibe cette institution, sauf si ce mineur est né et réside habituellement en France* ». Interdisant de métamorphoser une *kafala* algérienne ou marocaine en adoption, cette disposition est très controversée. Retenant une interprétation du texte insusceptible de critiques, la Cour de cassation a fréquemment affirmé, d'une part, que la *kafala* n'équivaut pas une adoption et, d'autre part, que l'adoption d'un enfant dont la loi nationale prohibe l'institution, ne peut être prononcée, conformément à la seule exception prévue par la loi, que si le mineur est né et réside habituellement en France[8]. Cependant, le compromis réalisé en 2001 peut sembler trop strict. Tel est le cas lorsque l'enfant, né et définitivement

1. Civ. 1re, 23 mai 2006, n° 04-12.777, Prieur, *Bull. civ.* I, n° 254; *GADIP* 2006, n° 87; *D.* 2006, 1561, obs. Gallmeister; *AJ fam.* 2006, 324, obs. Boiché; *LPA* 22 sept. 2006, 10, note Courbe; *JCP* 2006, II, note Callé; *Dr. fam.* 2006, comm. 199, note Farge; *Rev. crit. DIP* 2006, 870, note Gaudemet-Tallon; *JDI* 2006, p. 1377, note Chalas – *Adde*, B. Audit, « La fin attendue d'une anomalie jurisprudentielle : retour à la lettre de l'article 15 du Code civil », *D.* 2006, chron. 1846 – Dans le même sens : Civ. 1re, 22 mai 2007, n° 05-20.473, *Bull. civ.* I, n° 196; *D.* 2007, 1596, note Gallmeister.
2. V. M.-L. Niboyet et G. de Geouffre de La Pradelle, n° 400.
3. Civ. 1re, 2 oct. 2001, n° 00-10.404, n° 00-11.369, 2 esp., *Bull. civ.* I, nos 235 et 236; *Gaz. Pal.* 2002, n° 204, 21, note Niboyet, où le moyen n'a été discuté que devant les juges du fond; *AJ fam.* 2001, IR 98.
4. comp., Trib. Karlsruhe, 4 mai 1971, *Rev. crit. DIP* 1974, 58 et Cour const. italienne, 26 févr. 1987, *Rev. crit. DIP*, 1987, 563. Dans les deux cas, le principe de la confrontation des règles de conflit bilatéral aux droits fondamentaux issus de la Constitution a été admis; il a paralysé les règles de conflit contraires à l'exigence constitutionnelle d'égalité entre époux en ce qu'elles donnaient compétence à la loi nationale du mari.
5. v. not., D. Bureau, « Les sources informelles du droit dans les relations privées internationales », th. Paris II, 1993, nos 754 s.
6. Sur cette discussion, alimentée par la réforme française de la filiation, v. not. Y. Lequette, « Le droit international privé et les droits fondamentaux », *Droits et libertés fondamentaux*, R. Cabrillac, M.-A. Frison-Roche et Th. Revet (dir), 13e éd., Dalloz, 2007, p. 99-121.
7. L. n° 2001-111, 6 févr. 2001, relative à l'adoption internationale, *JO* 8 févr., p. 2136.
8. Civ. 1re, 10 oct. 2006, nos 06-15.264 et 06-15.265, 2 esp., *Bull. civ.* I, nos 431 et 432; *AJ fam.* 2007, 32, obs. Boiché; *JDI* 2007, p. 564, note Brire; *Dr. fam.* 2007, comm. 96, note Farge; *JCP* 2007, II, 10072, note Farge; *D.* 2007, 816, obs. Fulchiron; *RJPF* 2007-1/35, note Le Boursicot; *Defrénois* 2007, p. 133, note Révillard; *RLDC* 2007, n° 2610, note Thevenet-Montfrond – Civ. 1re, 9 juill. 2008, n° 07-20.279, *Bull. civ.* I, n° 198; *Defrénois* 2008, p. 2181, note Révillard; *AJ fam.* 2008, 394, obs. Boiché; *JDI* 2009, p. 154, note Fongaro; *Rev. crit. DIP* 2008, 828, note P. L – contra, CA Aix-en-Provence, 24 oct. 2006, *JCP* 2007, II, 10073, note Verdot.

abandonné à l'étranger, a été confié, âgé de quelques semaines, à des Français; cet enfant réside alors en France, mais, faute d'y être né, il ne peut avoir accès à l'adoption même si les autorités étrangères avaient conscience, lors de la mise en place de la *kafala*, du projet d'adoption (v. ss no 224.41 s). Pour nombre d'auteurs, le respect de la prohibition musulmane serait, en pareilles circonstances, inconciliable avec les normes supranationales protectrices des droits de l'enfant[1]. Dans un arrêt du 25 février 2009[2], la Cour de cassation a refusé de contredire le choix législatif. Plus précisément, elle a refusé d'utiliser les droits fondamentaux pour admettre, à côté de l'exception légale (naissance et résidence habituelle en France), une autre exception prétorienne à la prohibition musulmane fondée sur la résidence habituelle de l'enfant en France et le caractère définitif de son abandon. La manière par laquelle l'intervention des droits fondamentaux a été écartée mérite l'attention.

Dans un premier temps, la Cour de cassation a esquivé le débat en restant sur le terrain du droit international privé afin de défendre la cohérence du système français. Elle approuve les juges d'appel pour avoir « *relevé que la règle de conflit de l'article 370-3, alinéa 2, du Code civil, renvoyant à la loi personnelle de l'adopté, était conforme à la convention de La Haye du 29 mai 1993 sur la protection des enfants et la coopération en matière d'adoption internationale, celle-ci n'ayant vocation à s'appliquer qu'aux seuls enfants adoptables, excluant ceux dont le pays d'origine interdit l'adoption* ». Ce motif laisse perplexe dès lors que la convention de La Haye n'était pas applicable à l'espèce puisque l'enfant était algérien, c'est-à-dire ressortissant d'un État qui n'a pas adhéré à cet instrument. Dans ces conditions, mettre en exergue la conformité de l'article 370-3 alinéa 2 du Code civil à cette convention est uniquement destiné à convaincre de la cohérence de la conception française de l'adoption internationale. Le motif fait alors écho à M. Paul Lagarde lorsqu'il souligne : « *La ratification par la France de la Convention de La Haye du 29 mai 1993 sur la protection de l'enfant et la coopération en matière d'adoption internationale implique l'adhésion à sa philosophie, qui est de renvoyer en bloc au droit de l'État d'origine de l'enfant la question de son adoptabilité. À peine de schizophrénie juridique, cette philosophie doit également prévaloir pour les adoptions hors convention* »[3]. Pour filer la métaphore psychologique, on pourrait se demander s'il n'y a pas une forme de névrose juridique à vouloir transposer la méthode retenue par une convention établie entre États connaissant l'adoption aux rapports avec des États la prohibant. Mais il y a là une discussion qui nous éloigne de notre propos, lequel concerne uniquement le contrôle de conventionnalité d'une disposition législative de droit international privé.

Dans un second temps, la Cour de cassation a accepté de procéder au test de conventionnalité en répondant aux griefs fondés sur la violation de l'article 3-1 de la convention de New York et sur celle des articles 8 et 14 de la convention EDH. Pour elle, « *c'est sans établir de différence de traitement au regard de la vie familiale de l'enfant et sans méconnaître le droit au respect de celle-ci, que la cour d'appel, constatant que l'article 46 du Code de la famille algérien prohibe l'adoption mais autorise la* kafala, *a rejeté la requête en adoption, dès lors que la* kafala *est expressément reconnue par l'article 20, alinéa 2, de la Convention de New York du 26 janvier 1990 relative aux droits de l'enfant, comme préservant, au même titre que l'adoption, l'intérêt supérieur de celui-ci* ». Ce motif a été très critiqué[4]. Il révèle combien la Cour de cassation est réticente - à tort ou à raison - à prêter aux droits fondamentaux un effet « bulldozer » permettant de détruire un arbitrage assumé par le législateur[5]. Pour rejeter le pourvoi, la Cour de cassation a sacrifié à une approche abstraite de l'intérêt de l'enfant en observant que la *kafala* et l'adoption sont deux mesures également respectables pour essayer de corriger le drame de l'abandon. À dire vrai, personne ne peut en douter sauf à faire preuve d'un narcissisme juridique inacceptable. En revanche, beaucoup doutent de la capacité de la *kafala* à atteindre cet objectif de protection lorsqu'elle est transposée dans une société qui a fait de l'adoption le meilleur, sinon l'unique, vecteur d'intégration d'un enfant au sein d'une famille et du corps social[6]. Toujours est-il que la Cour de cassation a refusé de créer une clause d'exception prétorienne

1. Sur le débat, v. P. Murat, « Le refus de la transformation en adoption », *Dr. fam.* 2009, Dossier *kafala*, no 8 et réf. citées.
2. Civ. 1re 25 févr. 2009, no 08-11.033, *Bull. civ.* I, no 41; *Dr. fam.* 2009, comm. 82, note Farge; *JCP* 2009, act. 136, obs. Farge; *JCP* 2009, II,10072, note Gouttenoire; *RJPF* 2009/5, p. 24-25, note Garé; *RLDC* 2009, no 60, p. 44-45, note Pouliquen; *Gaz. Pal.* 2009, no 119-120, p. 18-13, note Guerchoun.
3. Lagarde, note ss Civ. 1re, 9 juill. 2008, no 07-20.279, préc. ss prést no – EN CE SENS, Fulchiron, note ss Civ. 1re, 10 oct. 2006, nos 06-15.264 et 06-15.265, préc. ss prést no, *D.* 2007, 816, spéct 817.
4. V. Gouttenoire, note ss Civ. 1re, 25 févr. 2009, no 08-11.033, préc. ss prést no.
5. Sur l'idée que le législateur a privilégié la lutte contre les fraudes et l'intérêt abstrait de l'enfant (éviter les adoptions boiteuses) sur son intérêt concret (laisser aux juges la possibilité d'admettre l'adoption des enfants, nés à l'étranger, mais destinés à s'épanouir en France), v. Farge, note ss Civ. 1re 25 févr. 2009, no 08-11.033, préc. ss prést no; *Dr. fam.* 2009, comm. 82.
6. V. P. Murat, « Le refus de la transformation en adoption », *Dr. fam.* 2009, Dossier *kafala*, no 8, spéct no 23.

fondée sur l'intérêt concret de l'enfant dont la considération est, pourtant, primordiale en vertu de l'article 3-1 de la Convention internationale sur les droits de l'Enfant (CIDE). L'avenir dira vraisemblablement si la Cour européenne des droits de l'homme, devant laquelle la question ne manquera pas de rebondir, aura le même respect du choix législatif réalisé en 2001. Une spécialiste[1] n'hésite pas à présager la condamnation de la France. Pour elle, la Cour pourrait stigmatiser l'excessif respect de la prohibition étrangère, « *en se fondant, comme elle l'a fait récemment dans l'arrêt Wagner c/Luxembourg*[2]*, sur l'intérêt supérieur de l'enfant, lequel peut conduire à imposer au juge interne d'écarter une loi nationale lorsqu'elle s'avère contraire à la fois à l'intérêt supérieur de l'enfant et à la position adoptée par la majorité des pays du Conseil de l'Europe. Or, la France est le seul État européen à maintenir l'interdiction de prononcer l'adoption d'un enfant dont la loi nationale prohibe cette institution* »[3].

410.74 **Transition.** Finalement, cette divergence d'approche de la prohibition musulmane de l'adoption révèle que l'impact des droits fondamentaux est bien distinct selon la manière dont le test de compatibilité est réalisé. En s'en tenant à l'approche abstraite de la Cour de cassation, les règles du droit international privé n'ont guère à craindre des droits fondamentaux : elles ne sont jamais – réserve faite peut-être de l'article 14 du Code civil – en elles-mêmes contraires aux normes protectrices des droits de l'homme. Mais en raisonnant, à la manière de la Cour européenne, sur le résultat concret produit par leur application, l'irruption des droits fondamentaux peut avoir des effets beaucoup plus dévastateurs. Ils peuvent apparaître comme des épées de Damoclès susceptibles de remettre en cause toutes les solutions concrètes produites par les différents modes de coordination de la pluralité d'ordres juridiques nationaux. Cette menace peut conduire à renouveler la question des objectifs mais aussi des méthodes du droit international privé.

β)
Second débat : conventionnalité du résultat produit par les règles de droit international privé

410.80 **Division.** Pour mesurer l'impact des droits fondamentaux sur le droit international privé, il convient de rappeler brièvement les objectifs de la discipline. Ensuite, il faut prendre la mesure de la critique fondée sur le risque d'un hégémonisme de la conception occidentale des droits fondamentaux. Enfin, il faudra donner quelques illustrations de cet impact.

410.81 **Objectifs du droit international privé.** De façon sommaire, ces objectifs peuvent être décrits sous l'angle du **paradoxe.**

D'un côté, ce droit vise à coordonner les différents systèmes nationaux afin de favoriser la **continuité de traitement des situations internationales** : les individus ne doivent pas changer de statut à l'occasion du franchissement d'une frontière. À cet effet, il convient de réserver la compétence des tribunaux français aux seuls litiges qui présentent avec la France des liens significatifs pour que les décisions qu'ils produisent aient quelques chances d'être efficaces à l'étranger. Semblablement, la loi appliquée doit avoir des liens étroits avec la relation internationale; avec cet objectif on espère atteindre l'harmonie internationale des solutions, c'est-à-dire un traitement similaire d'une même situation dans tous les États concernés. Ce premier objectif conduit à un parti pris d'ouverture marqué par la tolérance à l'égard des lois étrangères, même divergentes dans leur esprit de celles du *for*, lorsqu'elles paraissent les mieux à même de régir telle ou telle situation et par une politique d'accueil des décisions émanant de juges étrangers lorsque ceux-ci sont bien placés pour connaître d'un litige.

De l'autre côté, le droit international privé défend, principalement *via* les lois de police et l'ordre public, une certaine **cohésion de la société française, sinon européenne**, en s'opposant à la reconnaissance en France de normes – lois ou jugements – qui contredisent trop les exigences minimales du vivre ensemble au sein de la société des personnes de nationalité française ou domiciliées en France.

Ainsi présentée, la discipline est au carrefour des différents systèmes juridiques : elle invite au **relativisme** puisqu'elle impose d'admettre la possible concurrence de législations étrangères, fondées sur des valeurs différentes, avec les règles du droit français; elle invite également au compromis pour adoucir les chocs produits par les différentes normes en conflits : telle est l'origine de la théorie de l'ordre public atténué, de celle de l'adaptation ou encore du renvoi qui, pour sa part, entendait gommer les conflits de rattachements issus de la diversité des systèmes nationaux de droit international privé (sur la conception moderne du renvoi, v. s[s] n°s 412.321 s.).

Comment la matière, qui est le fruit d'une longue construction théorique souvent suggérée par des affaires rocambolesques, peut-elle se plier à la

1. A. Gouttenoire et Ph. Bonfils, *Droit des mineurs*, « Précis », 1re éd., Dalloz, 2008.
2. CEDH 28 juin 2007, req. n° 76240/01, Wagner c/Luxembourg, *D.* 2007, 2700, note Marchadier; *Rev. crit. DIP* 2007, 807, note Kinsh; *JDI* 2008, p. 183, note Avout; *Gaz. Pal.* 2008, n° 82, p. 30, note Niboyet; *RJPF* nov. 2007, p. 23, obs. Le Boursicot.
3. A. Gouttenoire et Ph. Bonfils, *Droit des mineurs*, « Précis », 1re éd., Dalloz, 2008.

propension actuelle à raisonner en termes de droits fondamentaux ? Par leur absolutisme, les droits fondamentaux peuvent-ils se concilier avec une discipline qui incite au relativisme parce qu'elle se propose de coordonner différents systèmes juridiques qui peuvent non seulement avoir une conception différente de la famille et de son droit mais encore définir autrement les valeurs susceptibles d'être érigées dans la catégorie des droits de l'homme ? Ou, renversant la perspective, comment serait-il possible de justifier une application relative de droits qui sont, par ailleurs, considérés comme fondamentaux et essentiels à la personne humaine ?

410.82 Risque d'hégémonisme ? Accorder le bénéfice des stipulations de la convention EDH à tous justiciables, peut conduire à ce qu'elle soit invoquée pour contrecarrer une norme - loi ou jugement - émanant d'un État non partie à la convention. Cette conséquence, désignée par les spécialistes du droit européen des droits de l'homme, sous l'appellation d'« *effet extraterritorial de la convention* » prête à discussion. En notre matière, elle pourrait conduire à condamner de nombreuses règles musulmanes d'organisation de la famille (répudiation, polygamie, prohibition de l'établissement de la filiation naturelle, discrimination selon le sexe ou la religion en matière de mariage ou de dévolution successorale), auxquelles les règles de droit international privé confrontent parfois les tribunaux français. De fait, leur contrariété avec la conception libérale et égalitaire de la famille, préconisée par la convention EDH, telle qu'interprétée par la Cour européenne des droits de l'homme, saute aux yeux. Donner plein effet à cette évidence ne risque-t-il pas de prêter au reproche d'un hégémonisme de la conception occidentale des droits fondamentaux conduisant à systématiquement condamner les cultures et les systèmes juridiques étrangers fondés sur d'autres valeurs ? *A priori*, ce grief peut être facilement écarté en observant que le débat ne se pose devant le juge français que s'il doit se prononcer sur sa compétence, spécialement lorsque les tribunaux étrangers refusent de connaître d'un différend (v. s^s^ n° 410.84), ou lorsqu'il doit appliquer une loi étrangère ou encore accueillir un jugement étranger. C'est dire que par sa décision, le juge français participe directement ou indirectement à la violation du traité dès lors qu'il accepte de donner effet à une norme étrangère qui lui est contraire. Semblable raisonnement a été consacré par la Cour européenne des droits de l'homme (CEDH) dans la célèbre affaire *Soering*[1], jugeant que le Royaume-Uni (État partie), ayant accepté l'extradition vers les États-Unis (État non-partie) d'un individu alors qu'il risquait la peine de mort[2], ne pouvait invoquer l'incompétence de la Cour pour se prononcer sur les obligations d'un État tiers car : « *Il ne s'agit pas de constater ou prouver la responsabilité de ce pays en droit international général, en vertu de la convention ou autrement. Dans la mesure où une responsabilité se trouve engagée sur le terrain de la convention, c'est celle de l'État contractant qui extrade à raison d'un acte qui a pour résultat direct d'exposer quelqu'un à de mauvais traitements* ». *Avec pragmatisme, il a été souligné que cette jurisprudence ne devait pas conduire à systématiquement brandir la Convention EDH lorsque les règles de droit international privé imposent au juge de la famille d'accueillir la norme - loi ou jugement - d'un États tiers contraire à la conception occidentale de la famille. Une chose « est de remettre une personne aux autorités d'un pays où elle risque la peine de mort, une autre d'accepter qu'une situation valablement créée à l'étranger produise certains effets en France »*[3]. Reste que la CEDH, intervenant dans une affaire relevant directement du droit international privé de la famille, a largement consacré la thèse de l'effet extraterritorial de la Convention pour s'opposer à la décision d'un État tiers qui transgressait un droit fondamental, non en raison de son contenu mais de la procédure qui l'a précédée. Dans un arrêt *Pellegrini*, elle a estimé que la procédure canonique suivie par la *Rote* romaine n'était pas conforme aux exigences de la convention européenne[4]. Dans cette procédure, le défendeur n'est pas informé des motifs de nullité du mariage invoqués par son conjoint, n'a pas accès au dossier avant son audition par le tribunal, ne peut pas en demander des copies (où figurent les dépositions des témoins entendus en faveur du demandeur). Quant à la faculté d'être assisté par un défenseur, elle est discutée par les auteurs et ne donne, en tout cas, lieu à aucune information. En conséquence, la Cour européenne a jugé que la décision d'une juridiction italienne accordant l'*exequatur* à la décision de la *Rote* romaine d'annulation d'un mariage violait l'article 6 paragraphe 1 de la convention européenne. L'État contractant ne peut ainsi

1. CEDH 7 juill. 1989, req. n° 14038/88, Soering c/Royaume-Uni, *Rec. CEDH* série A, n° 161.

2. La CEDH ne se prononce pas sur la conventionnalité de la peine de mort. Elle se limite à observer que l'attente du condamné dans le « couloir de la mort » constitue une atteinte à l'art. 3 de la Conv. EDH.
3. Concernant la réception des répudiations musulmanes, v. Fulchiron, note s^s^ Civ. 2e, 14 mars 2002, n° 99-21.639, *Bull. civ.* II, n° 40 ; *JCP* 2002, II, 10095, spéc^t^ p. 1140.
4. CEDH 20 juill. 2001, req. n° 30882/96, Pellegrini c/Italie, *Rec. CEDH*, 2001-VIII ; *RTDH* 2002, p. 263, note Costa ; *Gaz. Pal.* 2002, 2, doctr. 1157, chron. Sinopoli ; *Rev. crit. DIP* 2004, 106, note Christians ; *JCP* 2002, I, 105, n° 7, obs. Sudre ; *RTD civ.* 2001, 986, obs. Marguénaud ; *RIDC* 2004, p. 231 obs. Marchal.

prêter la main à l'État tiers dont le système juridique produit une norme contraire à la convention.

410.83 Pluralité de domaines d'intervention des droits fondamentaux. Initialement une controverse est apparue pour savoir si les droits fondamentaux devaient seulement être absorbés dans l'instrument classique de l'exception d'ordre public ou devait faire l'objet d'un mode d'intervention plus énergique conformément à la prééminence des valeurs qu'ils défendent[1]. Mais leur réel impact dépasse la question de l'application d'une loi étrangère qui leur serait contraire. Le résultat final produit par les règles relatives à la compétence directe ou celles relatives aux effets en France des jugements étrangers ou encore de celles organisant une coopération entre États, a pu être apprécié et éventuellement contrarié au nom des droits fondamentaux.

410.84 Règles de compétence directe. Si la violation d'un droit fondamental est invoquée, les règles complexes destinées à déterminer de façon raisonnable la compétence des tribunaux français ne risquent-elles pas de voler en éclat au profit d'une appréciation autonome et compréhensive de la notion « *de personnes relevant* » de la juridiction française au sens de l'article 1er de la convention EDH ? Pour l'heure, la jurisprudence s'est gardée d'une telle révolution. Sans doute fait-elle référence à l'accès à un juge, issu de l'article 6 de la convention EDH, mais il s'agit seulement d'étayer une compétence française éprouvée en présence d'un risque de déni de justice (ainsi, en matière d'immunité d'organisation internationale[2] et en matière d'arbitrage international[3]). Un arrêt attire néanmoins l'attention : en présence d'une situation d'esclavage moderne, la Cour de cassation a jugé que « *l'ordre public international s'oppose à ce qu'un employeur puisse se prévaloir des règles de conflit de juridictions et de lois pour décliner la compétence des juridictions nationales et évincer l'application de la loi française dans un différend qui présente un rattachement avec la France - séjour temporaire de la victime sur le territoire français avec son employeur - et qui a été élevé par un salarié placé à son service sans manifestation personnelle de sa volonté et employé dans des conditions ayant méconnu sa liberté individuelle* »[4]. Particulièrement heureuse, parce qu'elle concourt à la défense d'une valeur proclamée par de nombreux traités internationaux et dont le caractère intangible ne prête pas à discussion, cette décision provoque l'embarras au regard des méthodes du droit international privé. L'ordre public international assurant la prohibition de l'esclavage justifie à la fois la compétence des tribunaux français et de la loi française. Quant à la résolution du conflit de lois, la référence à l'ordre public semble se confondre avec le mécanisme des lois de police en ce qu'il chasse moins la loi étrangère éventuellement compétente que l'ensemble du raisonnement conflictuel. L'approche rejoint un courant doctrinal selon lequel les dispositions constatant des droits fondamentaux devraient être appliquées directement et immédiatement par le juge du *for* aux situations présentant un élément d'extranéité. La portée de l'arrêt doit pourtant être mesurée car l'ordre public en question ne peut être assimilé à la notion classique[5]. Toutefois, il témoigne d'une tentation contemporaine de la jurisprudence. Parfois, les juges seraient tentés par une application des droits fondamentaux qui s'effectuerait « *sans la médiation des règles ordinaires de conflits de lois* », c'est-à dire selon un processus qui n'est pas sans rappeler celui des lois d'application immédiate. Les droits fondamentaux ne se contenteraient pas de faire échec à l'application des lois étrangères qui les heurtent, « *ils excluraient préventivement, dans leur domaine, l'appel au droit étranger.* »[6].

410.85 Application d'une loi étrangère. En matière d'état des personnes, un arrêt de la cour d'appel de Paris peut être considéré comme une autre illustration de la tentation précédemment décrite[7]. Pour admettre qu'un transsexuel argentin demeurant en France puisse changer la mention de son

1. Sur ce débat, V. NOT. F. Marchadier, *Les objectifs généraux du droit international privé à l'épreuve de la Convention européenne des droit de l'Homme*, Bruylant, 2007, p. 579 et réf. citées.
2. Soc. 25 janv. 2005, no 04-41.012, *Bull. civ.* V, no 16; *Rev. crit. DIP* 2005, 477, note Pingel; *JDI* 2005, p. 1142, note Corbion; *D.* 2005, 1540, note Viangalli; *JCP* 2005, II, p. 10185, note Moissinac-Massénat; *D.* 2006, pan. 1503, note Courbe et Jault.
3. Civ. 1re, 1er févr. 2005, no 01-13.742, no 02-15.237, *Bull. civ.* I, no 53; *Rev. crit. DIP* 2006, 140, note Clay; *RTD com.* 2005, 266, obs. Loquin; *JCP* 2005, II, 10101, note Kessler; *D.* 2005, 2727, note Hotte; *D.* 2006, pan. 1503, obs. Courbe et Jault; *D.* 2005, pan. 3050.
4. Soc. 10 mai 2006, no 03-46.593, *Bull. civ.* V, no 168; *JCP* 2006, II, note Bollé; *Rev. crit. DIP* 2006, 856, note Pataut et Hammje; *D.* 2006, IR 1400, obs. Guiomard.
5. V. le communiqué relatif à l'arrêt sur le site de la Cour de cassation (www.courdecassation.fr/jurisprudence_2/chambre_sociale_576/communique_8860.html) : « *L'arrêt de la chambre sociale se réfère à un ordre public véritablement international, qui pourrait être tout autant dit transnational ou universel* ». Cette solution s'explique par la situation dramatique vécue par la « *travailleuse* » au cœur de l'affaire.
6. V. Y. Lequette, « Le droit international privé et les droits fondamentaux », *Droits et libertés fondamentaux*, préc., p. 99-121, qui critique de ce processus de réception des droits fondamentaux – *Adde*, pour exposé de ce courant doctrinal, P. Hammje, *La contribution des principes généraux du droit à la formation du droit international privé*, th. Paris I, 1994, nos 824 s., p. 475 s.
7. CA Paris, 14 juin 1994, *Rev. crit. DIP* 1995, Y. Lequette.

sexe à l'état civil, la Cour n'a guère eu de considération pour la loi argentine, normalement applicable, qui ignore le changement de sexe; l'action est jugée recevable aux motifs que l'article 8 de la convention EDH, tel qu'interprété par la Cour de Strasbourg, et la Cour de cassation, consacre le droit de changer de sexe, que ce texte est « *d'application directe en droit français* », que la « *matière des droits de l'homme est d'ordre public et que la protection de ces droits doit être assurée tant à l'égard des nationaux qu'à l'égard des ressortissants des États non parties s'ils sont domiciliés sur le territoire national* » et ceci « *sans considération du statut personnel de l'intéressé* ». Avec un tel raisonnement, les droits fondamentaux, accompagnés de leur propension à l'inflation, pourraient largement altérer la méthodologie du droit international privé. Dès lors, ne faudrait-il pas les absorber dans le mécanisme traditionnel de l'ordre public en considérant qu'ils ne sont que des indications précieuses pour déterminer les grands principes au nom desquels le juge français peut être conduit à écarter une norme étrangère, loi ou jugement[1] ? C'est la position apparemment suivie par la Cour de cassation en matière de répudiation.

410.86 Effets des jugements étrangers (répudiations musulmanes). Longtemps lancinante, la question de l'accueil des répudiations prononcées à l'étranger[2] a également permis de réfléchir sur le mode de réception des droits fondamentaux. À cette occasion, la Cour de cassation n'hésite pas, depuis le milieu des années 1990, à se référer à l'article 5 du protocole additionnel n° 7 à la convention EDH qui proclame l'égalité de l'homme et de la femme lors de la dissolution du mariage. La défense de ce principe est l'occasion d'affronter deux conceptions possibles de l'impact des droits fondamentaux.

Ou bien, il faut privilégier la logique des droits fondamentaux et considérer que l'épouse répudiée doit toujours pouvoir se prévaloir en France du droit à l'égalité des sexes pour dénoncer la répudiation dont elle a été victime. Pareille démarche conduirait à admettre qu'une femme puisse remettre en question une répudiation survenue des années avant son installation sur le territoire français, à une époque où elle n'avait aucun lien avec la société française. Cette conception maximaliste n'était pas totalement étrangère à la motivation des arrêts qui ont initié une jurisprudence désormais bien assise. La Cour de cassation y affirmait, dans la ligne de l'article 1er de la convention EDH, que la France s'est engagée à garantir le respect du principe d'égalité des sexes « *à toutes personnes relevant de sa juridiction* »[3]. Potentiellement, cette conception pourrait conduire à faire de la France « *un asile juridique* » au profit des femmes musulmanes victime de la répudiation.

Ou bien, il faut considérer que l'intervention du droit fondamental à l'égalité des sexes ne doit pas entièrement sacrifier les objectifs de continuité de traitement des situations internationales qui postulent d'accueillir la répudiation, au moins lorsqu'elle est intervenue dans une situation à l'origine purement étrangère[4]. C'est dire que la reconnaissance de la décision étrangère dépendrait du mécanisme traditionnel de l'exception d'ordre public, tel qu'il a été aujourd'hui renouvelé par la possibilité de subordonner son intervention à l'étroitesse des liens entretenus entre la situation et la France.

Faisant expressément référence à l'ordre public, la Cour de cassation suit incontestablement la seconde logique. Le **déclenchement de l'exception d'ordre public** est **subordonné à la nationalité française** ou à la **domiciliation en France de la femme,** sinon des deux époux[5]. Il faut en déduire que la

1. EN CE SENS, v. P. Hammje, « Droits fondamentaux et ordre public », *Rev. crit. DIP*, 1997, 1.
2. V. NOT., parmi de nombreuses études consacrées au sujet, R. El-Husseini, *Le droit international privé français et la répudiation islamique*, LGDJ, 2002 – I. Fadlallah, « Vers la reconnaissance de la répudiation musulmane par le juge français ? », *Rev. crit. DIP* 1981, 17 – P. Lagarde, « La théorie de l'ordre public international face à la polygamie et à la répudiation, L'expérience française », *Hommage à F. Rigaux*, Bruylant, 1993, p. 263 – F. Monéger, « Vers la fin de la reconnaissance des répudiations musulmanes par le juge français », *JDI* 1992, p. 347; « Les musulmans devant le juge français », *JDI* 1994, p. 345; *RIDC* 2006, p. 1 s. avec les contributions de H. Fulchiron, M.-L. Niboyet et L. Gannagé.
3. Civ. 1re, 17 févr. 2004, n° 01-11.549, n° 02-11.618, 2 esp., *Bull. civ.* I, nos 47 et 48; *Dr. fam.* 2004, chron. 9, obs. Prigent; *D.* 2004, 824, concl. Cavarroc; *D.* 2004, 815, obs. Courbe; *D.* 2005, 1266, obs. Chanteloup; *JCP* 2004, II, 10128, note Fulchiron; *Defrénois* 2004, p. 812, note Massip; *Gaz. Pal.* 2004, 567, note Niboyet; *Dr. et patr.* avr. 2004, p. 124, note Monéger; *RTD civ.* 2004, 367, obs. Marguénaud; *Rev. crit. DIP* 2004, 423, note Hammje; *LPA* 5 août 2004, 14, note Péroz – Pour une solution identique, concernant le nouveau « *divorce sous contrôle judiciaire* » marocain (C. fam. marocain, art. 79 et 83) analysé comme une répudiation, v. Civ. 1re, 4 nov. 2009, n° 08-20.574, *Bull. civ.* I, n° 217; *JCP* 2009, n° 48, 477, obs. Devers.
4. EN CE SENS, v. G. Canivet, « La convergence des systèmes juridiques du point de vue du droit privé français », *RIDC* 2003, I, p. 16.
5. Civ. 1re, 17 févr. 2004, n° 01-11.549, n° 02-11.618, préc. ss prést n° – V. ég. Civ. 1re, 10 mai 2006, n° 05-15.707, *Bull. civ.* I, n° 225; *Dr. fam.* 2006, comm. 178, 2e esp., note Farge; *AJ fam.* 2006, 374, note Boiché; *RJPF* 2006-9/29, p. 17, obs. Garé; *D.* 2007, pan. 1751 – Civ. 1re, 20 sept. 2006, n° 05-20.507, n° 04-16.534, 2 esp., *Bull. civ.* I, nos 406 et 407; *RJPF* 2006-12/24, p. 13, obs. Meyzeaud-Garaud; *Dr. fam.* 2007, comm. 95, note Farge; *AJ fam.* 2007, IR 139 – Civ. 1re, 22 mai 2007, n° 06-10.433, NP; *Dr. fam.* 2007, comm. 157, obs. Farge – Civ. 1re, 4 nov. 2009, n° 08-20.574, *Bull. civ.* I, n° 217; *JCP* n° 477, obs. Devers.

Cour de cassation accepterait de reconnaître une répudiation intervenue dans une situation à l'origine purement étrangère, même si par la suite elle a acquis un lien avec la France en raison par exemple d'un changement de résidence de la femme[1]. Pour en être certain, il faudrait que la Haute Cour précise que les liens de la situation avec la France déclenchant l'exception d'ordre public ne s'apprécient pas au jour de la saisine de la juridiction française mais à celui du prononcé de la répudiation. Pour l'heure la Cour de cassation n'a pas eu l'occasion de donner cette précision; de même qu'elle n'a pas pu indiquer qu'un lien avec un État, attaché comme la France à l'égalité dans la dissolution du mariage, doit justifier l'intervention de l'ordre public.

410.87 Effets des jugements étrangers (arrêt *Wagner*). Dans cette affaire très remarquée[2], la CEDH a condamné le Luxembourg pour avoir refusé, par application, de ses règles relatives aux effets des jugements étrangers, de reconnaître un jugement péruvien ayant prononcé l'adoption d'une fillette péruvienne au profit d'une célibataire luxembourgeoise. En l'occurrence, le juge de l'*exequatur* luxembourgeois avait estimé que le juge péruvien n'avait pas appliqué la loi normalement compétente – en l'espèce la loi luxembourgeoise prohibant l'adoption par un célibataire – en vertu du règlement luxembourgeois du conflit de lois. Le refus de l'*exequatur* a été jugé contraire à l'article 8 de la conv. EDH en raison de l'atteinte qu'il portait au droit au respect de la vie familiale des deux intéressés et à l'intérêt de l'enfant. Au-delà des circonstances de fait particulièrement favorables à la reconnaissance de l'adoption (bonne foi de la mère adoptive puisque d'autres enfants péruviens avaient pu être adoptés au Luxembourg par des célibataires), l'arrêt est important. Son impact sur le droit international privé ne peut pas être minoré en observant que la plupart des États signataires ne connaissent pas ou ont abandonné, comme la France (v. s[s] n° 413.21), le contrôle de la compétence de la loi appliquée par le juge étranger. Plus fondamentalement, il paraît imposer, à certaines conditions, aux États signataires de reconnaître des situations familiales constituées à l'étranger. Comme l'observe Mme Niboyet et M. de Geouffre de La Pradelle : « *Cet arrêt peut accréditer l'idée que de pures situations de fait, telle une adoption non juridiquement reconnue* » ou plus vraisemblablement des situations juridiques valables du point de vue de l'État d'origine, « *pourraient engendrer une obligation positive, à la charge des États signataires, de les consacrer juridiquement, lorsqu'un droit protégé par la convention est en cause et que les restrictions apportées à ce droit ne seraient pas jugées légitimes et proportionnées* ». Les mêmes auteurs ajoutent que « *la théorie des obligations inhérentes aux droits et libertés protégés par la convention viendrait ainsi remettre en cause l'indépendance des États dans le choix de leurs règles de droit international privé, relatives à la compétence législative ou aux effets des jugements étrangers* ». Décrédibilisant l'approche traditionnelle destinée à contrôler la régularité d'un jugement étranger au profit d'une obligation d'accepter un statut juridique « *créé valablement à l'étranger* » (§ 133) lorsqu'il correspond à une « *réalité sociale* » (§ 132 et § 133; *mutatis mutandis* : § 117), l'arrêt *Wagner* s'inscrit dans une tendance préconisant de réduire le rôle de la **méthode** conflictuelle au profit de celle **dite de la reconnaissance** (v. s[s] n°s 412.61 s.).

410.88 Règles de coopération (enlèvement international). Pour lutter contre le fléau des enlèvements internationaux d'enfants, plusieurs instruments supranationaux, instaurant une coopération entre États, sont en vigueur (v. s[s] n°s 432.81 s.). La convention de La Haye du 25 octobre 1980, relative aux aspects civils de l'enlèvement international, constitue le texte fondateur. L'économie générale du système est entièrement guidée par la **préservation de l'intérêt de l'enfant**[3]. Fondée sur la considération de son **intérêt abstrait** et *a priori*, elle pose comme principe le **retour de l'enfant dans l'État de sa résidence habituelle avant l'enlèvement**. Cette automaticité du retour conditionne un exercice raisonnable du droit de visite accordé à l'un des parents en contrepartie de la garde attribuée à l'autre. L'efficacité de **l'action directe en remise immédiate** contribue ainsi à garantir le droit de l'enfant à maintenir des relations avec ses deux parents lorsqu'ils résident dans des États différents (CIDE, art. 10 et 11). Mais la convention n'ignore pas son **intérêt concret**; sa prise en considération est, néanmoins, encadrée : seules certaines **exceptions strictement définies** peuvent tenir en échec l'action en remise immédiate de l'enfant. Par exemple, « *s'il existe un risque grave que le retour expose l'enfant à un danger physique ou psychique, ou de tout autre manière ne le place dans une situation intolérable* » (CIDE, art. 13, b). Le compromis ainsi réalisé est subtil : que la convention soit fondée sur l'intérêt de l'enfant ne confère pas au juge, saisi de l'action en retour immédiat, la faculté de rechercher au fond si son meilleur intérêt est de rester auprès de l'auteur de l'enlèvement ou de retourner dans le pays de sa

1. EN CE SENS, NIBOYET et DE GEOUFFRE DE LA PRADELLE, n° 320.
2. CEDH 28 juin 2007, req. n° 76240/01, Wagner c/ Luxembourg, préc. s[s] n° 410.73.
3. P. Hammje, « L'intérêt de l'enfant face aux sources internationales du droit international privé », *Mél. P. Lagarde*, Dalloz, 2005, p. 365 s.

résidence habituelle. Un tel arbitrage touche au fond de la garde et relève de la compétence exclusive des autorités de la résidence habituelle antérieure à l'enlèvement. En d'autres termes, le pouvoir d'appréciation du juge de l'État refuge est cantonné à la caractérisation d'une éventuelle exception au retour strictement définie, par exemple, le danger grave. Lorsque les rôles de chacun sont ainsi juridiquement ciselés, n'est-il pas superflu d'introduire dans la mise en œuvre du système une référence à l'article 3-1 de la CIDE précisant que « *l'intérêt supérieur de l'enfant doit être une considération primordiale* [...] *dans toutes les décisions qui le concerne* » ? Pourtant la Cour de cassation a affirmé que les circonstances susceptibles de faire obstacle au retour de l'enfant, dans le cadre de la mise en œuvre de l'exception de danger de l'article 13, b doivent être appréciées « *en considération de l'intérêt de l'enfant* »[1]. Même s'il ne s'agit pas évidemment de faire de l'intérêt de l'enfant un motif autonome de non-retour, même si dans les différentes affaires où la convention de New York a été mentionnée le retour immédiat a été ordonné[2], la référence à l'intérêt de l'enfant inquiète parce qu'elle sous-tend, dans les habitudes judiciaires françaises, un large pouvoir d'appréciation afin d'atteindre la solution au fond la plus satisfaisante à son bien-être immédiat et futur. Or l'article 13, b cantonne le juge de l'État refuge à statuer sur l'existence d'un risque grave d'atteinte à la santé physique ou psychique, ce qui ne se confond donc pas avec l'appréciation de son intérêt au sens où il est traditionnellement entendu. Cet emboîtement normatif entre la convention de La Haye et la CIDE n'est pas étranger à la CEDH. Mais lorsque cette dernière fait référence à l'intérêt supérieur de l'enfant ce n'est pas à propos de l'appréciation concrète des exceptions au retour[3] mais, pour réaffirmer l'objectif premier de la convention de La Haye : l'intérêt supérieur de l'enfant s'entend « *dans le sens d'une décision rapide relative à sa réintégration immédiate dans son milieu de vie* »[4].

Reste à observer que la référence à l'intérêt de l'enfant introduite pour la Cour de cassation a semble-t-il été bien été comprise par les juges du fond qui ne s'en sont pas saisis pour interpréter plus largement les exceptions au retour. Il en sera vraisemblablement de même d'un autre arrêt[5] dans lequel la Cour régulatrice fait référence aux droits fondamentaux pour refuser le retour. En l'occurrence, il s'agissait d'une mère française qui avait illicitement enlevé au Maroc sa fillette de six ans pour lui faire gagner la France. La Cour de cassation approuve une cour d'appel caractérisant le risque grave, au sens de l'article 25 de la Convention franco-marocaine du 10 août 1981, en relevant principalement que l'intérêt supérieur de l'enfant qui impose de veiller à ce que celui-ci entretienne des relations personnelles avec chacun de ses parents, en application de l'article 9-3 de la convention de New York, était, en l'état, mieux assuré par le maintien de l'enfant en France. Sans doute la décision était-elle opportune car de nombreuses circonstances (mauvaise foi du père titulaire d'un simple droit de visite, quasi-impossibilité de la mère de rencontrer sa fille au Maroc) laissaient à penser que la négation des droits maternels au Maroc était irréversible. Il n'en demeure pas moins que le recours aux droits fondamentaux a justifié la mise à l'écart de l'esprit du droit des enlèvements tout en permettant de ne pas trop stigmatiser les carences de la coopération et de la confiance judiciaire entre le Maroc et la France. Finalement, l'intervention de la CIDE a été l'instrument d'une dénonciation – judiciaire – du traité bilatéral franco-marocain dans cette affaire.

B.
Règlements européens

410.100 **États membres.** Le règlement (CE) n° 2201/2003, du 27 novembre 2003, dit Bruxelles II *bis* (concernant le démariage et la responsabilité parentale) et le règlement (CE) n° 44/2001, 22 décembre 2000, dit Bruxelles I (concernant notamment

1. Pour les précédents : Civ. 1re, 14 juin 2005, n° 04-16.942, *Bull. civ.* I, n° 245; *Defrénois* 2005, p. 1418, obs. Massip; *Rev. crit. DIP* 2005, 679, note Bureau; *JDI* 2005, p. 1131, note Chalas – Civ. 1re, 13 juill. 2005, nos 05-10.519 et 05-10.521, *Bull. civ.* I, n° 334; *D.* 2005, IR 2339; *RTD civ.* 2005, 763, obs. Hauser; *JCP* 2005, I, 199, n° 9, obs. Rubellin-Devichi; *RJPF* 2005, n° 12, p. 22, obs. Eudier; *Dr. fam.* 2006, comm. 42, obs. Farge.
2. EN CE SENS, v. : J.-P. Ancel, « L'application de la Convention de La Haye en France », *AJ fam.* 2006, 178 – Ch. Petitti, « La jurisprudence de la Cour européenne des droits de l'homme et la Convention de La Haye sur les enlèvements d'enfants », *AJ fam.* 2006, 185.
3. Sur le contrôle réduit de la Cour de Strasbourg concernant l'appréciation par les États de l'exception de danger, v. F. Marchadier, « Les contributions de la Cour européenne des droits de l'homme à l'efficacité des conventions de La Haye de coopération judiciaire et administrative », *Rev. crit. DIP* 2007, 677 s. spéct p. 698.
4. CEDH 6 nov. 2008, req. n° 49492/06, Carlson c/Suisse, *JCP* 2009, I, 104, n° 12, obs. Sudre – CEDH 6 déc. 2007, req. n° 39388/05, Maumousseau et Washington c/ France, *Procédures* 2008, comm. 78, note Fricero; *JDI* 2008, chron. 5, n° 26, obs. A. D.; *AJ fam.* 2008, 83, obs. Boiché; *D.* 2008, pan. 1855, obs. Gouttenoire – APPROUVANT : Civ. 1re, 17 oct. 2007, n° 07-11.449, *Bull. civ.* I, n° 320; *AJ fam.* 2007, 481, obs. Boiché; *JCP* 2008, II, 10001, note Boulanger; *RJPF* 2008-1/41, p. 26, obs. Eudier.
5. Civ. 1re, 22 mai 2007, n° 06-10.433, préc. ss n° 410.86.

les obligations alimentaires) s'appliquent immédiatement dans tous les États membres de l'Union européenne. Seul le Danemark fait exception à cette règle. Il ne s'agit pas d'un État membre au sens du règlement dit Bruxelles II *bis*; pour le règlement dit Bruxelles I, il ne doit être considéré comme tel que pour les procédures intentées après le 1er juillet 2007[1]. Pour les procédures antérieures à cette date, il conviendra d'appliquer la convention de Bruxelles du 28 septembre 1968, sur la compétence judiciaire et l'exécution des décisions en matière civile et commerciale.

Spatialement, cette applicabilité est à géométrie variable selon l'objet des dispositions des règlements.

1°
Règles de compétence directe

a)
Règlement (CE) n° 44 /2001, dit Bruxelles I

410.101 Bruxelles I (défendeur domicilié sur le territoire d'un État membre). La compétence, exclusive de l'application des règles de compétence nationales, prévue par l'article 5, § 2, du règlement, dit Bruxelles I, en matière d'obligations alimentaires, suppose que le défendeur soit domicilié sur le territoire d'un État membre (règl. [CE] n° 44/2001, art. 3, § 1,). Pour se prononcer sur l'existence d'un domicile en France, le juge français saisi applique sa loi interne (règl. [CE] n° 44/2001, art. 59, § 1), c'est-à-dire l'article 102 du Code civil. Pour déterminer si le défendeur a son domicile sur le territoire d'un autre État membre, le juge français saisi applique la loi de cet État membre (règl. [CE] n° 44/2001, art. 59, § 2). À partir du moment où le défendeur (sans considération de nationalité) est domicilié dans un État membre, le règlement s'applique même si le demandeur est domicilié dans un État tiers[2]. Le juge national peut-il décliner sa compétence au motif que l'affaire présente des liens plus étroits avec un autre *for* ? Dans une affaire qui ne concernait pas le contentieux de l'obligation alimentaire, l'exception du *forum non conveniens* a été écartée alors que le juge d'un État membre envisageait de renoncer à exercer sa compétence au profit des juridictions d'un États tiers[3]. C'est dire que l'impérativité des règles de compétence conduit à les appliquer à des litiges qui ne sont pas essentiellement localisés au sein de l'Union européenne.

410.102 Bruxelles I (défendeur domicilié sur le territoire d'un État tiers). Le règlement ne se désintéresse pas de cette situation à laquelle il consacre trois règles.

410.103 1° Prorogation de compétence. Si le règlement renvoie en principe aux règles de compétence nationales lorsque le défendeur est domicilié dans un État tiers (v. ss n° 410.104), il précise que ce renvoi s'exerce « *sous réserve de l'application des dispositions des articles 22 et 23* » (règl. [CE] n° 44/2001, art. 4, § 1). Les compétences exclusives énumérées à l'article 22 n'intéressent pas la sphère familiale; l'article 23, § 1, autorise les parties, dont l'une au moins a son domicile sur le territoire d'un État membre, à convenir « *d'un tribunal ou de tribunaux d'un État membre pour connaître des différends nés ou à naître à l'occasion d'un rapport de droit déterminé* ». Même si la pratique ne l'utilise pas, une telle **clause attributive de juridiction** est concevable en matière alimentaire où elle permettrait d'étendre l'emprise du règlement à des litiges dans lesquels le défendeur n'est pas domicilié dans un État membre.

410.104 2° Renvoi aux règles de compétence des États membres. En l'absence de clause attributive de juridiction, le règlement renvoie la possibilité d'assigner le défendeur domicilié dans un État tiers (règl. [CE] n° 44/2001, art. 4, § 1), aux règles de compétence de chaque État membre (en France : C. pr. civ., art. 46 et 1070, et subsidiairement C. civ., art. 14 et 15). On s'est interrogé pour savoir si le renvoi au droit national signifiait que le règlement était inapplicable ou si le renvoi était une technique législative utilisée par l'Union européenne exerçant sa compétence : les actions contre un défendeur domicilié dans un État tiers entreraient alors dans le domaine d'application du règlement qui les régirait par emprunt aux droits nationaux. Un avis de la Cour de justice des Communautés européennes du 7 février 2006 a retenu la seconde conception[4]. Mettant fin à une controverse doctrinale, cet avis était surtout révélateur de la volonté de l'Union européenne d'étendre son emprise à des situations localisées en dehors du territoire des États membres pour lesquelles les futurs règlements poseront désor-

1. Décis. 27 avr. 2006, concernant la conclusion de l'accord entre la Communauté européenne et le Royaume du Danemark sur la compétence judiciaire, la reconnaissance et l'exécution des décisions en matière civile et commerciale, *JOUE* L 120, 5 mai 2006, p. 22.
2. CJCE 13 juill. 2000, aff. n° C-412/98, UGIP c/Group Josi Reinsurne Co. SA, *Rec. CJCE* I-5925, concl. Fennelly; *JDI* 2002, p. 623, note Leclerc.
3. CJCE 1er mars 2005, aff. n° C-281/02, Owusu c/Jackson et a., *Rev. crit. DIP* 2005, 698, note Chalas; *Europe* 2005, comm. 189, note Idot; *JDI* 2005, p. 1183, note Cuniberti; *D.* 2006, 1501, note Courbe et Jault-Seseke; *D.* 2006, pan. 1259.
4. Réf. citée F. Pocar, « Faut-il remplacer le renvoi au droit national par des règles uniformes dans l'article 4 du règlement n° 44/2001 ? », *Mél. H. Gaudemet-Tallon*, Dalloz, 2008, p. 573 s.

mais directement des règles de compétence et abandonneront la technique du renvoi aux droits nationaux. Tel sera le cas en matière d'obligation alimentaire, avec l'entrée en vigueur le 18 juin 2011 du règlement (CE) n° 04/2009 (v. s[s] n°s 410.22 et 410.24).

410.105 **Règlement (CE) n° 4/2009, relatif aux obligations alimentaires.** Ayant vocation à modifier « *le règlement (CE) n° 44/2001 en remplaçant les dispositions de celui-ci applicables en matière d'obligations alimentaires* » (règl. [CE] n° 4/2009, cons. 44), le règlement (CE) n° 4/2009 du 18 décembre 2008, relatif à la compétence, la loi applicable, la reconnaissance et l'exécution des décisions et la coopération en matière d'obligations alimentaires [1], ne cache pas la volonté européenne d'étendre l'emprise des compétences communautaires à des situations n'ayant pas de liens étroits avec le territoire des États membres. En ce sens, son préambule affirme : « *Afin de préserver les intérêts des créanciers d'aliments et de favoriser une bonne administration de la justice au sein de l'Union européenne, les règles relatives à la compétence telles qu'elles résultent du règlement (UE) n° 44/2001 devraient être adaptées. La circonstance qu'un défendeur a sa résidence habituelle dans un État tiers ne devrait plus être de nature à exclure l'application des règles communautaires de compétence, et plus aucun renvoi aux règles de compétence du droit national ne devrait désormais être envisagé* » (règl. [CE] n° 4/2009, préamb., cons. 15). Dans cette perspective, le règlement (UE) n° 4/2009 ne conditionne plus l'applicabilité des règles de compétence communautaire à la domiciliation du défendeur dans un État membre. Désormais, c'est exclusivement les compétences fixées par le règlement qui pourront être mises en œuvre puisqu'il n'y a plus de renvoi aux droits nationaux. La suppression de la condition de domiciliation du défendeur donnera une nouvelle portée à la possibilité offerte au créancier de saisir le juge de sa résidence habituelle. Mais le règlement se préoccupe aussi des ressortissants communautaires résidant dans un État tiers. Ainsi il prévoit une compétence subsidiaire (règl. [CE] n° 4/2009, art. 6) fondée sur la nationalité commune des parties qui permettra, par exemple, à une Française résidant au Mexique d'assigner son époux, également français mais résidant en Égypte, en contribution aux charges du mariage devant la juridiction française. Des personnes résidant dans un État tiers pourront aussi conclure une clause attribuant la compétence à la juridiction d'un État membre si cet État est, par exemple, celui de la nationalité de l'une d'elles (sur les différentes juridictions qui seront susceptibles d'être conventionnellement désignées, v. s[s] n° 411.75). Mieux encore, le règlement consacre un *forum necessitatis* qui permettra de saisir le juge d'un État membre présentant un lien suffisant avec l'affaire lorsqu'aucune juridiction d'un État membre n'est compétente sur le fondement des articles 3 à 6 du règlement et qu'aucune procédure ne peut raisonnablement être introduite dans un État tiers avec lequel le litige à un lien étroit ou s'y révèlerait impossible. Dans toutes ces hypothèses, les compétences consacrées risquent de produire des décisions difficiles à mettre à exécution si le débiteur n'a pas de biens saisissables sur le territoire d'un État membre.

410.106 **3° Remodelage des privilèges de juridiction.** Renvoyant pour l'heure aux règles ordinaires comme aux privilèges de juridictions, le règlement (UE) n° 44/2001 a saisi l'occasion pour redéfinir les bénéficiaires des privilèges. Le § 2 de l'article 4 prévoit que toute personne, quelle que soit sa nationalité, domiciliée sur le territoire d'un État membre, peut, comme les nationaux, y invoquer contre le défendeur domicilié dans un État tiers les règles de compétence qui sont en vigueur et notamment les règles exorbitantes mentionnées dans une liste où figurent les articles 14 et 15 du Code civil (v. s[s] n° 411.133). En matière alimentaire, les privilèges, naguère réservés au Français, appartiennent désormais à toute personne domiciliée en France.

b)

Règlement (CE) n° 2201 /2003, dit Bruxelles II *bis*

410.111 **Absence de critère d'applicabilité spatiale.** À la différence du règlement Bruxelles I, le règlement Bruxelles II *bis* ne fait pas de la localisation du domicile du défendeur sur le territoire d'un État membre un critère cardinal d'applicabilité des compétences qu'il reconnaît. Le texte ne comporte d'ailleurs aucune disposition visant à délimiter son application spatiale (v. sauf peut-être règl. Bruxelles II *bis*, préamb., cons. 8 et 12, dont la valeur juridique est incertaine).

Ainsi en matière de **démariage**, les règles de compétence directe ne sont pas *a priori* réservées aux ménages intégrés à l'espace judiciaire européen, par opposition à ceux qui seraient plus étroitement rattachés à des États tiers. Ces règles sont devenues le droit commun français et doivent être exclusivement utilisées par le juge lorsque l'un des sept critères retenus donne compétence à la juridiction d'un État membre. Aussi bien, le règlement doit-il être prioritairement mis en œuvre sans égard pour le fait que la situation litigieuse n'est pas entièrement rattachée au territoire de l'Union européenne. En conséquence, la compétence du juge français doit donc être retenue sur ce fondement en présence d'époux résidant en France, peu importe qu'ils soient, l'un

1. *JOUE* L 7, 10 janv. 2009, p. 1.

et l'autre, de nationalité algérienne[1] ou en présence de Français, peu importe que le couple réside dans un État tiers[2]. Si aucun chef de compétence n'est concrétisé en faveur de la juridiction d'un État membre, le règlement dit Bruxelles II *bis* (art. 7, § 1) renvoie aux règles nationales de compétence. Ce renvoi est destiné à opérer dans des situations largement extérieures à l'Union européenne comme celle d'époux n'ayant pas de résidence habituelle sur le territoire d'un État membre et n'étant pas ressortissant d'un même État membre. Pour la France, ce renvoi préserve un rôle à l'article 1070 du Code de procédure civile et à l'article 14 du Code civil. Ainsi, une Française peut-elle assigner son mari américain résidant aux États-Unis devant le juge français du divorce sur le fondement de l'article 14 du Code civil[3]. Comme le règlement (CE) n° 44/2001 (v. s^{s} n° 410.106), le règlement Bruxelles II *bis* a élargi la liste des bénéficiaires des privilèges nationaux de juridiction. Tout ressortissant communautaire ayant résidence habituelle sur le territoire d'un État membre pourra se prévaloir des privilèges qui y sont en vigueur pour agir contre un défendeur n'ayant pas sa résidence habituelle sur le territoire d'un État membre ni la nationalité d'un État membre, ni encore, dans le cadre du Royaume-Uni et de l'Irlande, son domicile sur le territoire de l'un de ces États membres au sens des droits de ces pays (règl. [CE] n° 2201/2003, 27 nov. 2003, art. 7, § 2). Sur le fondement de l'article 14 du Code civil, une femme polonaise, résidant en France, pourra, par exemple, assigner en divorce devant le juge français son mari soudanais domicilié au Mexique.

Pour le **contentieux de la responsabilité parentale**, le règlement dit Bruxelles II *bis* est moins propice à des applications à des situations essentiellement localisées en dehors de l'Union européenne puisqu'il pose une compétence de principe pour les juridictions de l'État membre de la résidence habituelle de l'enfant. Mais cette compétence comporte un certain nombre d'exceptions.

Certaines ont vocation à intervenir seulement dans les relations localisées sur le territoire de l'Union européenne.

Tel est le cas, tout d'abord, du maintien temporaire et limité de la compétence des juridictions de l'État de l'ancienne résidence habituelle concernant la modification de la décision relative au droit de visite rendue dans cet État avant que l'enfant ait licitement déménagé dans un autre État membre.

Tel est le cas, ensuite, des règles communautaires destinées à rendre plus efficace la convention de La Haye du 25 octobre 1980, sur les aspects civils de l'enlèvement international d'enfants, qui s'appliquent exclusivement aux enlèvements des enfants résidant habituellement dans un État membre de l'Union européenne et déplacés vers un autre État de l'Union. Le perfectionnement du droit en ce domaine se réalise donc en réseau ce qui conduit le juge français à mettre en œuvre des dispositifs plus ou moins performants selon que l'État de la résidence habituelle de l'enfant, antérieurement à l'enlèvement de l'enfant, est un État membre de l'Union européenne ou un État tiers mais partie à la convention de La Haye du 25 octobre 1980, ou encore un État tiers seulement lié à la France par une convention bilatérale (v. s^{s} n° 433.61).

Tel est le cas, enfin, de la réception réalisée par l'article 15 du règlement Bruxelles II *bis* de la théorie *du forum non conveniens*, permettant un renvoi de compétence à une juridiction qui n'est pas normalement compétente mais qui paraît mieux placée pour connaître de l'affaire. Ce renvoi n'est concevable qu'entre juridictions d'États membres (v. s^{s} n° 432.141).

D'autres chefs de compétence présentant un rôle résiduel pourront, néanmoins, permettre l'application du règlement à un enfant qui a sa résidence habituelle sur le territoire d'un État tiers. Ainsi pourra-t-il en être de la prorogation volontaire de compétence au profit des juridictions d'un État membre (règl. [CE] n° 2201/2003, art. 12) ou, dans certaines hypothèses, de la compétence accordée au juge d'un État membre sur le territoire duquel un enfant est seulement présent (règl. [CE] n° 2201/2003, art. 13).

410.112 Règlement Bruxelles II *ter* ou Rome III. La proposition de règlement (CE)[4] confirme les ten-

1. Civ. 1re, 12 déc. 2006, n° 05-16.705, *Bull. civ.* I, n° 539; *JCP* 2007, II, 10048, 2e esp., note Devers; *RLDC* 2007, n° 2459, obs. Ansault; *D.* 2007, pan. 1751; *D.* 2007, 780, note Mahinga.
2. Civ. 1re, 22 févr. 2005, n° 02-20.409, *Bull. civ.* I, n° 89; *D.* 2005, J. 1459, note Sana-Chaillé de Néré; *RJPF* 2005-5/24, p. 16, obs. Garé; *Defrénois* 2005, art. 38129, p. 1330, note Crône; *Defrénois* 2005, art. 38221, n° 62, p. 1348, obs. Massip; *RLDC* 2005/9, n° 19, p. 32, note Bottiau; *Rev. crit. DIP* 2005, 515, note Pataut; *Dr. fam.* 2005, chron. 24, note Farge; *Procédures* 2005, comm. 12, note Nourissat; *D.* 2006, pan. 1500, obs. Courbe et Jault-Seseke; *AJ fam.* 2005, 277, obs. David; *Gaz. Pal.* 2005, n° 148, 23, chron. Boiché.
3. Civ. 1re, 30 sept. 2009, n° 08-19.793, *Bull. civ.* I, n° 189; *Dr. fam.* 2009, comm. 167, 1re esp., note Abadie; *JCP* 2009, n° 48, 480, 1re esp., note Attal.
4. Prop. règl. (CE), mod. règl. (CE) n° 2201/2003, en ce qui concerne la compétence et instituant des règles relatives à la loi applicable en matière matrimoniale présentée par la Commission le 17 juill. 2006, COM (2006) 399 final, p. 9 – Pour une présentation, parfois critique, V. NOT. F. Pocar, « Quelques remarques sur la modification du règlement communautaire n° 2201/2003 en ce qui concerne la compétence et loi applicable au divorce », *Mél. M. Revillard*, Éd. Defrénois, 2007, ▶

dances déjà dégagées à propos du règlement (CE) nº 4/2009 relatif aux obligations alimentaires. La proposition supprimerait le renvoi aux règles nationales aujourd'hui opéré lorsque le règlement ne donne pas compétence à la juridiction d'un État membre. Elle le remplacerait par des règles de compétence communautaires uniformes et exhaustives. Ainsi, des époux ayant ni l'un ni l'autre de résidence habituelle sur le territoire d'un État tiers et n'étant pas ressortissants du même État membre ne pourraient plus se prévaloir des règles nationales. Mais le règlement ne se désintéresserait pas d'eux : il leur ouvrirait l'accès à la juridiction d'un État membre avec lequel le couple a un lien étroit. Aux termes de article 7 de la proposition de règlement Rome III, les juridictions d'un État membre seraient compétentes si les conjoints ont eu leur précédente résidence habituelle commune sur le territoire dudit État pendant trois années au moins ou si l'un des conjoints a la nationalité de cet État (ou le domicile, dans le cas du Royaume-Uni et de l'Irlande). Un nouveau facteur d'application du règlement à des situations largement localisées en dehors de l'Union européenne résiderait dans la possibilité pour les époux de choisir la juridiction compétente pour leur procédure de divorce ou de séparation de corps. Mais les clauses attributives de juridiction supposeraient que les époux aient des liens étroits avec l'État membre dont ils choisissent la juridiction. Ce lien pourrait être établi dans plusieurs circonstances : la juridiction choisie est l'une de celles désignées par l'un des sept critères de compétence énumérés à l'article 3; ou il s'agit de celle d'un État où les époux ont eu leur dernière résidence habituelle commune pendant une durée d'au moins trois ans; ou, enfin, il s'agit de la juridiction d'un État membre dont l'un des époux est ressortissant (ou a son domicile dans le cas du Royaume-Uni ou de l'Irlande).

2°
Régime de la compétence et effet des jugements étrangers

410.121 **Double attache juridictionnelle.** Si les règles de compétence directe du droit européen sont parfois applicables à des relations largement localisées hors de l'espace européen, il peut difficilement en être de même pour les règles relatives au régime de la compétence (litispendance, connexité) comme pour celles concernant la reconnaissance et l'exécution des décisions. Leur applicabilité est en effet conditionnée par une double attache juridictionnelle aux États membres.

Celle-ci est évidente pour les modalités simplifiées – confiance mutuelle oblige – de réception des décisions qui, pour être mises en œuvre, supposent logiquement la réunion de deux juridictions d'États membres, l'une à l'origine de la décision, l'autre devant laquelle la reconnaissance ou l'exécution est sollicitée.

Concernant le règlement des incidents de compétence, cette double attache produit un résultat singulier. Ainsi, une question de litispendance, entre la juridiction française, compétente sur le fondement d'un des deux règlements communautaires, et celle d'un État tiers, sera résolue devant la juridiction française, à défaut de convention bilatérale applicable[1], par les règles ordinaires françaises, c'est-à-dire sur le fondement de l'article 100 du Code de procédure civile tel qu'il a été adapté pour les besoins des conflits de procédures internationaux[2].

3°
Règles de conflit de lois européennes

410.131 **Cararactère universel.** De même que celles des conventions de La Haye récentes, les règles de conflit de lois communautaires doivent être universelles. En dehors de la sphère familiale, l'universalisme a déjà été retenu en matière contractuelle (règl. [CE] nº 593/2008, 17 juin 2008, sur la loi applicable aux obligations contractuelles, dit « Rome I », art. 2[3]) et délictuelle (règl. [CE] nº 864/2007, 11 juill. 2007, sur la loi applicable aux obligations non contractuelles, dit « Rome II », art. 3[4]).

► p. 245 s. – F. R. Paulino, « Rome III : la compétence juridictionnelle et la loi applicable en matière matrimoniale », *RMCUE* 2007, nº 509, p. 390 – E. Gebhardt, « La proposition de règlement concernant la compétence et la loi applicable en matières matrimoniales », *L'Observateur de Bruxelles* 2008, nº 71, p. 26 – G. Lardeux, « La révision du règlement Bruxelles II *bis* : perspectives communautaires sur les désunions internationales », *D.* 2008, 795 – V. AUSSI, C. Nourissat, « Sur l'élaboration d'une source perturbatrice : à propos du droit international privé communautaire », *D.* 2007, 1098; *Procédures* 2007, comm. 191.

1. V. NOT., Civ. 1re, 6 déc. 2005, nº 03-17.542, *Bull. civ.* I, nº 466; *RJPF* 2006-3/34, p. 20, obs. Garé – Civ. 1re, 14 déc. 2004, nº 03-10.420, *Bull. civ.* I, nº 312; *Rev. crit. DIP* 2006, 597, note Moissinac Massénat.
2. V. Civ. 1re, 12 déc. 2006, nº 04-11.088, *Bull. civ.* I, nº 537; *JCP* 2007, II, 10048, 1re esp., note Devers; *D.* 2007, 780, 2e esp., note Mahinga; *RJPF* 2007-3/24, p. 20, obs. Garé – Civ. 1re, 17 juin 2009, nº 08-12.456, *Bull. civ.* I, nº 130; *JCP* 2009, 369, nº 25, obs. Jeuland; *Defrénois* 2009, p. 1722, note Crône; *Dr. fam.* 2009, comm. 134, note Abadie; *AJ fam.* 2009, 401, obs. Boiché; *RJPF* 2009-10/16, p. 20, note Garé.
3. Règl. (CE) nº 593/2008, du Parlement européen et du Conseil, 17 juin 2008, sur la loi applicable aux obligations contractuelles, dit « Rome I », art. 2, *JOUE* L 177, 4 juill., p. 6.
4. Règl. (CE) nº 864/2007, du Parlement européen et du Conseil, 11 juill. 2007, sur la loi applicable aux obligations non contractuelles, dit « Rome II », art. 3, *JOUE* L 199, 31 juill., p. 40.

La future règle de conflit de l'Union européenne empruntée au protocole de La Haye du 23 novembre 2007, sur la loi applicable aux obligations alimentaires, a un caractère universel. Il devrait en être de même des règles de conflit concernant le divorce (v. s[s] n° 412.194)[1], les successions (v. s[s] n° 410.24)[2] et les régimes matrimoniaux[3] (sur le risque que l'option de législations soit exercée au profit de loi « exotique » en matière de divorce, v. s[s] n°s 412.202 s.).

§ 3
Champ d'application matérielle

410.141 **Éparpillement.** La plupart des normes internationales sont focalisées sur un domaine particulier du statut personnel. Rares sont, en outre, celles qui traitent à la fois de la compétence et de la loi applicable. Il en résulte que le praticien français aux prises avec un dossier est fréquemment conduit à solliciter plusieurs normes pour en régler l'intégralité. Pour s'en convaincre, il suffit d'imaginer une banale requête en divorce seulement compliquée par le fait que les époux, résidant en France, sont, l'un et l'autre, italiens. S'agissant de la compétence des tribunaux français, elle doit être fondée sur le règlement dit Bruxelles II *bis* pour le principe de la désunion, comme pour la détermination de la résidence des enfants communs, mais sur le règlement dit Bruxelles I pour la prestation compensatoire et les parts contributives. Pour déterminer la loi applicable à ces questions, il faut solliciter l'article 309 du Code civil concernant le principe du divorce, la convention de La Haye du 2 octobre 1973, sur la loi applicable aux obligations alimentaires, pour la prestation compensatoire et les parts contributives et, enfin, la convention de La Haye du 5 octobre 1961, concernant la compétence des autorités et la loi applicable en matière de protection des mineurs afin de connaître la loi applicable à la responsabilité parentale. En l'occurrence, l'effort et la discipline intellectuelle exigés peuvent paraître bien excessifs puisque les différents instruments conduiront, finalement, à reconnaître la compétence du juge français comme de la loi française. Plus grave, cette profusion peut entraîner des résultats pratiques très fâcheux en provoquant un dépeçage juridictionnel et/ou législatif marqué par un partage ou un chevauchement des compétences pour une même affaire[4]. Ainsi la Cour de cassation a-t-elle dû souligner que le juge compétent sur le fondement des dispositions communautaires pour statuer sur un divorce ne l'était pas nécessairement pour régler la question de la responsabilité parentale sur les enfants communs[5].

410.142 **Exclusions.** Parfois, le domaine matériel d'une norme est malaisé à définir. Ainsi s'est-on interrogé sur l'applicabilité à la filiation de la convention franco-marocaine du 10 août 1981. Si le texte ne comporte aucune règle de conflit spéciale à l'institution, il a été observé que, visant « *l'état et la capacité* » des personnes physiques pour les soumettre à leurs lois nationales (conv. franco-marocaine, 10 août 1981, art. 1er), il devait englober la filiation et exclure les règles de conflit des articles 311-14 et suivant du Code civil[6]. L'opinion contraire a été soutenue en considération de l'intention des négo-

1. Prop. règl. (CE), mod. règl. (CE) n° 2201/2003 en ce qui concerne la compétence et instituant des règles relatives à la loi applicable en matière matrimoniale présentée par la Commission le 17 juill. 2006, COM (2006) 399 final, p. 9 – Pour une présentation, parfois CRITIQUE, V. NOT. F. Pocar, « Quelques remarques sur la modification du règlement communautaire n° 2201/2003 en ce qui concerne la compétence et loi applicable au divorce », préc., p. 245 s. – F. R. Paulino, « Rome III : la compétence juridictionnelle et la loi applicable en matière matrimoniale », préc, n° 509, p. 390 – E. Gebhardt, « La proposition de règlement concernant la compétence et la loi applicable en matières matrimoniales », préc, n° 71, p. 26 – G. Lardeux, « La révision du règlement Bruxelles II *bis* : perspectives communautaires sur les désunions internationales », préc, 795 – V. AUSSI, C. Nourissat, « Sur l'élaboration d'une source perturbatrice : à propos du droit international privé communautaire », *D.* 2007, 1098; *Procédures* 2007, comm. 191.
2. Prop. règl. du Parlement européen et du Conseil IPO9/1508, 14 oct. 2009 – V. H. Péroz, « Vers une simplification du règlement des successions internationales pour la pratique notariale », *JCP N*, n° 43, act. 679; M. Lamarche, « La famille saisie par l'Union européenne : les successions transfrontières », *Dr. fam.* 2009, focus 73 – La proposition a été précédée d'un *Livre vert sur les successions et testaments*, COM (2005) 65 final, 1er mars 2005, sur lequel, v. M.-C. de Lambertye-Autrand, « Quel droit européen en droit patrimonial de la famille ? » *Info. soc.*, janv. 2006, p. 84 s.
3. *Livre vert de la Commission du 17 juill. 2006 sur le règlement des conflits de lois en matière de régime matrimonial, traitant notamment de la question de la compétence judiciaire et de la reconnaissance mutuelle* (COM [2006] 400).
4. V. A. Devers, « L'articulation du règlement Bruxelles II *bis* et des autres règlements communautaires », *Le nouveau droit communautaire du divorce et de la responsabilité parentale*, H. Fulchiron et C. Nourissat (dir), « Thèmes et commentaires », Dalloz, 2005, p. 123 – S. Amstrong, « L'articulation des règlements communautaires et des conventions de La Haye », *Le nouveau droit communautaire du divorce et de la responsabilité parentale*, H. Fulchiron et C. Nourissat (dir), « Thèmes et commentaires », Dalloz, 2005, p. 111.
5. Civ. 1re, 3 déc. 2008, n° 07-19.657, *Bull. civ.* I, n° 277; *Rev. crit. DIP* 2009, 537; *AJ fam.* 2008, 78, obs. Boiché.
6. F. Monéger, « La convention franco-marocaine du 10 août 1981 relative au statut des personnes et de la famille et à la coopération judiciaire », *Rev. crit. DIP* 1984, 29 et 267, spéc[t] 47.

ciateurs de limiter l'emprise du traité à des institutions bien identifiées (mariage, divorce, garde des enfants, droit de visite et obligations alimentaires) pour lesquelles il prévoit des règles de droit international privé détaillées[1]. La jurisprudence a retenu cette seconde interprétation en estimant que la convention franco-marocaine du 10 août 1981 ne concerne pas les actions relatives à la filiation[2]. Pour les conventions de La Haye et les règlements européens, la démarche est facilitée puisque les textes prennent généralement soin de définir leur champ d'application matérielle, notamment en fournissant la liste des matières exclues. Concernant les conventions de La Haye, la démarche peut être complétée par la consultation de leur rapport explicatif. Cette double recherche permet parfois d'obtenir de précieuses indications sur la nature d'une institution. Tel est le cas pour la *kafala*[3] de droit musulman que certaines cours d'appel françaises avaient accepté d'assimiler à une adoption. Une telle déformation de l'institution est condamnée par la lecture des travaux de la conférence de La Haye. Le recueil légal par *kafala* y figure parmi les mesures de protection qui forment l'objet de la convention de La Haye du 19 octobre 1996, concernant la compétence, la loi applicable, la reconnaissance, l'exécution et la coopération en matière de responsabilité parentale et de mesure de protection des enfants (conv. La Haye 19 oct. 1996, art. 3, e – V. texte complet s^{s} n° 63.17). Et le rapport explicatif justifie cette inclusion en précisant qu'il résulte des travaux préparatoires, et particulièrement des rapports avec la délégation marocaine, que la *kafala* est seulement une institution permettant au juge des tutelles ou à une commission administrative, de confier un enfant à une institution publique ou sociale, ou à une famille musulmane qui s'occupera de sa personne (gîte, entretien, éducation) et s'il y a lieu, de ses biens et qui le cas échéant recevra délégation de la tutelle[4]. Elle ne peut donc être assimilée à une adoption, même simple, faute de comporter le noyau dur de l'institution, à savoir la création d'un lien de filiation. Par voie de conséquence, elle est exclue du champ d'application de la convention de La Haye du 29 mai 1993, sur la protection des enfants et la coopération en matière d'adoption internationale, puisque ses rédacteurs sont convenus que par « adoption » il fallait entendre « *les adoptions établissant un lien de filiation* » (conv. La Haye, 29 mai 1993, art. 2-2 – V. texte complet s^{s} n° 63.15)[5]. Même s'il ne s'agissait pas d'appliquer ces conventions, la Cour de cassation, mettant fin aux hésitations des juges du fond, a retenu la même analyse de l'institution étrangère[6].

410.143 **Définitions.** Fréquemment, les instruments procèdent à la définition des matières qu'ils abordent ou même des notions qu'ils utilisent. À cet égard, le règlement Bruxelles II *bis* est particulièrement riche puisqu'il définit par exemple la notion de « responsabilité parentale »[7] comme celle de « droit de garde », de « droit de visite », *etc.*; il précise également ce qu'il faut entendre par « juridiction », « décision » ou « saisine »[8]. Il arrive, de plus en plus souvent, que de telles définitions figurent dans les conventions de La Haye. Quel que soit l'instrument en cause, le juge français doit respecter la définition posée. Parfois, il doit néanmoins l'adapter au regard des singularités du droit interne. Tel a été le cas de la notion de « saisine » définie par le règlement Bruxelles II *bis*. Au regard de la procédure française de divorce, elle a été placée au jour du dépôt de la requête et non à celui de l'assignation[9]. Procédant à cette adaptation, le juge national doit se fier aux objectifs du règlement communautaire. Que faire lorsqu'une notion de droit n'est pas définie alors que sa compréhension conditionne le domaine de l'instrument ou son fonctionnement ? Cette question se pose différemment selon que le juge français est confronté à un règlement ou une convention supranationale.

1. Decroux, *JDI* 1985, p. 50 et 71.
2. Civ. 1re, 2 oct. 2001, n° 00-10.404, *Bull. civ.* I, n° 235; *AJ fam.* 2001, IR 98 – CA Paris, 28 mars 2002, *Juris-Data* n° 2002-17-8053.
3. Sur cette institution et les rapports de celle-ci avec le droit français, v. dossier spécial *kafala*, *Dr. fam.* 2009, n° 1.
4. V. P. Lagarde, *Rapport explicatif de la convention du 19 octobre 1996 concernant la compétence, la loi applicable, la reconnaissance, l'exécution et la coopération en matière de responsabilité parentale et de mesure de protection des enfants*, p. 44 et 46.
5. SUR CE POINT, v. N. Meyer-Favre, « La convention de La Haye du 29 mai 1993 sur la protection des enfants et la coopération en matière d'adoption internationale », *Rev. crit. DIP* 1994, 259, spéc^{t} 264-265.
6. Civ. 1re, 10 oct. 2006, n°s 06-15.264 et 06-15.265, préc. s^{s} n° 410.73 – Civ. 1re, 9 juill. 2008, n° 07-20.279, préc. s^{s} n° 410.73 – Civ. 1re, 25 févr. 2009, n° 08-11.033, *Bull. civ.* I, n° 41; *Dr. fam.* 2009, comm. 82, note Farge; *JCP* 2009, act. 136, obs. Farge; *JCP* 2009, II,10072, note Gouttenoire; *RJPF* 2009/5, p. 24-25, note. Garé; *RLDC* 2009, n° 60, p. 44-45, note Pouliquen; *Gaz. Pal.* 2009, n° 119-120, p. 18-13, note Guerchoun.
7. F. Jault, « La notion de responsabilité parentale », *Dr. et patr.* 2005, n° 138, p. 58.
8. J. Rey, « La notion de saisine », *Dr. et patr.* 2005, n° 138, p. 70.
9. Civ. 1re, 11 juill. 2006, n° 04-20.405, n° 05-19.231, 2 esp., *Bull. civ.* I, n°s 374 et 375; *Gaz. Pal.* 15-16 sept. 2006, 2, avis Sainte-Rose; *AJ fam.* 2006, 460, obs. Boiché; *RJPF* 2006-11/22, p. 21, obs. Garé; *D.* 2007, pan. 608 – *Adde*, CA Paris, 14 sept. 2006, *Dr. fam.* 2007, 1re esp, note Farge – Comp. J.-CL. DIV., H. Gaudemet-Tallon, fasc. 420, nov. 1997, n°s 107 et réf. cit. – Civ. 1re, 11 juin 2008, n° 06-20.042, *Bull. civ.* I, n° 165; *D.* 2008, 2367, chron. Chauvin; *JCP* 2008, act. 449, obs, Cornut; *Procédures*, comm. Nourissat

410.144 **Règlements européens.** Pour eux, il faut tenir compte des interprétations imposées par la Cour de justice de l'Union européenne dont le rôle est d'uniformiser l'application des textes européens et d'éviter des disparités dans leur mise en œuvre. Dans cet objectif, la Cour de justice devrait privilégier la découverte de notions autonomes de droit communautaire[1]. Tel est le cas pour la mise en œuvre du règlement dit Bruxelles I de la notion d'obligation alimentaire. Pour la Cour de justice elle doit être largement comprise puisqu'elle s'étend à la contribution aux charges du mariage et à la prestation compensatoire, même versée sous forme de capital; il faut et il suffit que la somme versée ait pour objet l'entretien du demandeur[2]. Parfois, la Cour de justice peut, néanmoins, observer « *qu'elle ne peut déceler dans le droit communautaire ou dans ses principes généraux du droit des éléments lui permettant de préciser le contenu et la portée d'une disposition communautaire par une interprétation autonome* »[3]. Il y aura alors renvoi aux droits des États membres, lequel peut prendre la forme d'un renvoi au droit international privé (droit conflictuel) ou d'un renvoi au droit interne (droit substantiel) du juge saisi. Cette technique du renvoi devrait être subsidiaire.

Lorsque l'instrument communautaire est récent, son interprétation donne lieu à une logique période d'incertitude dans l'attente d'une interprétation par la Cour de justice saisie par voie de recours préjudiciel. Ainsi, concernant la notion centrale de **résidence habituelle** au sens du règlement Bruxelles II *bis*, la Première chambre civile de la Cour de cassation a estimé qu'il s'agissait d'une « *notion autonome du droit communautaire* », se définissant « *comme le lieu où l'intéressé a fixé, avec la volonté de lui conférer un caractère stable, le centre permanent ou habituel de ses intérêts.* »[4]. L'arrêt est audacieux en ce que la Cour découvre, elle-même, une notion autonome de résidence habituelle dans des contentieux relatifs au droit matériel communautaire qu'elle décide de transposer pour la mise en œuvre du règlement Bruxelles II *bis*. Il faut, toutefois, observer que la solution de la Cour de cassation française, a été reprise par certaines juridictions étrangères : par la Cour d'appel de Luxembourg dans une décision du 6 juin 2007[5] et par la High Court of England and Wales dans une décision *Marinos* rendue le 3 septembre 2007[6]. Reste à se demander si le concept qui s'est ainsi diffusé est celui qui aurait été retenu par la Cour de justice de l'Union européenne, elle-même, si elle avait été saisie. Un arrêt ambigu de la Cour de justice du 2 avril 2009[7] incite à en douter. S'agissant de déterminer la résidence habituelle de l'enfant au sens de l'article 8, § 1, du règlement (CE) n° 2201/2003, dit Bruxelles II *bis*, la Cour de justice de l'Union européenne affirme qu'il convient, en l'absence de renvoi exprès au droit des États membres, d'en rechercher une interprétation autonome (pt. 35). Mais faisant immédiatement marche arrière, elle concède qu'il s'agit d'une notion fonctionnelle, de sorte que la définition « *retenue dans d'autres domaines du droit de l'Union européenne* [...] *ne saurait être directement transposée dans le cadre de l'appréciation de la résidence habituelle de l'enfant* ». Et surtout, elle préconise une approche casuelle laissant aux juridictions des États membres le soin de l'établir sur le fondement d'un ensemble de circonstances propres à chaque cas d'espèce (pt. 37).

Il faut, enfin, signaler qu'il existe une **procédure préjudicielle d'urgence** prévue aux articles 104 *ter* du règlement de procédure et 23 *bis* du statut de la Cour de justice[8]. Cette nouvelle procédure, réservée aux renvois préjudiciels relatifs à l'espace de liberté, de sécurité et de justice, autorise la « *limitation des parties et autres intéressés* [...] *autorisés à déposer des mémoires ou observations écrites* », voire « *l'omission de la phase écrite de la procédure* ». C'est pourquoi elle ne peut être demandée par la juridiction de renvoi que dans des circonstances où il est absolument nécessaire que la Cour statue sur la question dans les plus brefs délais. À cet égard, la note explicative sur l'introduction de procédures préjudicielles par

1. EN CE SENS, v. C. Nourissat, « La notion de notion dans le règlement Bruxelles II *bis* », *Dr. et patr.* n° 138, juin 2005, p. 48 s.
2. CJCE 6 mars 1980, De Cavel, *Rec. CJCE* 1980, p. 731; *Rev. crit. DIP* 1980, 614, note Droz – CJCE 27 févr. 1997, Van den Boogard, *Rev. crit. DIP* 1998, 466, note Droz; *JDI* 1998, 1re esp., p. 568, note Huet – Sur l'ensemble de la question, v. F. Monéger, « L'obligation alimentaire », *Dr. et patr.*, n° 138, juin 2005, p. 64 s.
3. TIPCE 18 déc. 1992, José Miguel Diaz Garcia, *Rec. CJCE*, II, p. 2619.
4. Civ. 1re, 14 déc. 2005, n° 05-10.951, *Bull. civ.* I, n° 506; *Dr. fam.* 2006, chron. 17, note Farge; *RJPF* 2006/4, p. 14, note Meyzeaud-Garaud; *RLDC* 2006, n° 1042, note Marraud des Grottes; *RLDC* 2006, n° 2193, note Pomart; *D.* 2006, pan. 1503, obs. Courbe et Jault-Seseke; *Gaz. Pal.* 24-25 févr. 2006, 8, obs. Guez; *AJ fam.* 2006, 161, note David – *Adde*, A. Richez-Pons, « La notion de résidence », *Dr. et patr.*, n° 138, juin 2005, p. 53.
5. Disponible (avec des observations de P. Kinsch) sur le site Internet de la Société de législation comparée : www.slc-dip.com
6. Disponible sur le site internet du British and Irish Legal Information Institute : www.bailii.org/cgibin/markup.cgi?doc=/ew/cases/EWHC/Fam/2007/2047.html&query=marinos&method=boolean
7. CJCE 2 avr. 2009, aff. C-523/07, Série A; *AJ fam.* 2009, 294, obs. Boiché; *JCP* 2009, 316, note Boulanger; *Europe* 2009, comm. 265, note Idot.
8. Entrée en vigueur le 1er mars 2008 et consultable sur : http://curia.europa.eu/fr/instit/txtdocfr/index.htm – V. depuis CJCE 12 août 2008, aff. C-296/08, relatif au mandat d'arrêt européen.

les juridictions nationales[1] précise (p. 3) qu'il peut, par exemple, s'agir « *d'un litige concernant l'autorité parentale ou la garde d'enfants, lorsque la compétence du juge saisi au titre du droit communautaire dépend de la réponse à la question préjudicielle* ».Une première application de cette procédure a concerné le contentieux des enlèvements d'enfant au sein de l'Union[2].

410.145 Conventions supranationales. En l'absence de juridiction supranationale en assurant une interprétation uniforme, il appartient au juge français de les interpréter sans avoir à solliciter l'avis du gouvernement[3]. S'agissant de déterminer le domaine matériel des conventions, le juge est tenu de respecter les définitions qui y figurent. Lorsqu'elles n'en proposent pas, il convient normalement d'appliquer le principe de la qualification *lege fori* (v. s[s] n° 412.262). Mais la jurisprudence n'hésite pas à élargir les catégories du *for* pour assurer à certaines conventions une plus grande efficacité. Ainsi la notion d'obligation alimentaire pour la mise en œuvre de la convention de La Haye du 2 octobre 1973, sur la loi applicable aux obligations alimentaires, est largement entendue. Dépassant les controverses du droit interne, la Cour de cassation considère qu'elle englobe tant la contribution aux charges du mariage[4] que la prestation compensatoire[5].

SECTION 3

ARTICULATION DES NORMES SUPRANATIONALES

410.151 Problématique. La ratification de conventions bilatérales ou multilatérales, comme l'adoption de règlements européens, ayant au moins partiellement le même objet est susceptible d'engendrer des conflits. Parfois ceux-ci sont évités de justesse parce que l'une des conditions d'applicabilité d'un des textes apparemment applicables fait défaut. Il arrive aussi qu'un choc frontal attendu soit en définitive évité. Tel a été le cas du potentiel conflit entre le règlement dit Bruxelles II *bis* et la convention franco-marocaine du 10 août 1981. Peu après l'entrée en vigueur du règlement, la Cour de cassation a en effet évité la confrontation en posant que la convention bilatérale ne comportait pas de règles de compétence directe[6].

Mais comment résoudre la difficulté lorsque le praticien est en présence de deux instruments qui, au regard de leurs conditions d'application temporelle, spatiale et matérielle, ont tous les deux vocation à s'appliquer et qu'il y a une incompatibilité entre leurs règles respectives ?

410.152 Recours à des principes généraux de solutions. Pour certains[7], la solution de pareils conflits peut être trouvée dans les règles de droit international public commun, notamment dans la convention de Vienne de 1969 sur le droit des traités, ou, à défaut, dans des principes généraux de ce droit (*lex posteriori derogat priori, speciala generalibus derogant*...). En raison de la particularité des traités de droits internationaux, il a été également suggéré, soit d'appliquer le principe de l'efficacité maximale[8], soit de privilégier celle des conventions dont le rattachement satisfait le mieux les objectifs poursuivis par la règle de conflit à partir des critères déduits de l'ordre juridique du *for*[9]. Enfin, il est souvent préconisé de réserver un sort particulier aux conventions reconnaissant des droits fondamentaux.

410.153 Approche casuelle. Avant d'envisager le recours à des principes généraux de solutions, le praticien doit scruter les instruments applicables pour rechercher s'ils ne comportent pas expressément les modalités de leur articulation. Ainsi les conventions de La Haye peuvent prévoir qu'elles s'effacent devant « *les instruments internationaux auxquels un État contractant est ou sera partie et qui contiennent des dispositions sur les matières réglées*

1. V. http://curia.europa.eu/fr/instit/txtdocfr/index.htm
2. CJCE 11 juill. 2008, aff. C-195/08, PPU, Rinau, pt 89, *Rec. CJCE* I-05271 ; *JCP* 2008, II, 10207, note Devers ; *Procédures* 2008, comm. 298, obs. Nourissat ; *Europe* 2008, comm. 351, obs. Idot ; *Rev. crit. DIP* 2008, 871, note Muir-Watt.
3. Civ. 1re, 19 déc. 1995, n° 93-20.424, *Bull. civ.* I, n° 470 ; *Rev. crit. DIP* 1996, 468, note Oppetit ; *D.* 1996, IR 52.
4. Civ. 1re, 6 nov. 1990, n° 88-15.496, *Bull. civ.* I, n° 232 ; *Rev. crit. DIP* 1991, 348, note Simon-Depitre ; *D.* 1990, IR 274 – Civ. 1re, 9 juill. 2003, n° 01-11.097, NPT ; *JDI* 2004, p. 182, obs. Monéger – Civ. 1re, 23 janv. 2007, n° 05-21.898, *Bull. civ.* I, n° 35 ; *D.* 2007, IR 314 ; *D.* 2007, AJ 511.
5. Civ. 1re, 16 juill. 1992, n° 91-11.262, *Bull. civ.* I, n° 229 ; *Rev. crit. DIP* 1993, 269, note Courbe ; *JCP* 1993, p. 269, note Déprez – Civ. 1re, 28 nov. 2006, n° 04-11.520, *Bull. civ.* I, n° 524 ; *D.* 2007, 280, note Devers.
6. Civ. 1re, 20 mai 2003, n° 01-02.959, *Bull. civ.* I, n° 121 ; *JDI* 2003, p. 827, note Cuniberti ; *LPA* 2004, n° 53, 17, obs. Massip ; *Dr. et patr.* nov. 2003, p. 98, obs. Monéger ; *AJ fam.* 2004, IR 24 – Civ. 1re, 22 mai 2007, n° 06-10.892, *Bull. civ.* I, n° 200 ; *Dr. fam.* 2007, comm. 155, 2e esp., note Farge ; *AJ fam.* 2007, IR 356 – Civ. 1re, 28 mars 2006, n° 04-20.362, *Bull. civ.* I, n° 176 ; *JCP* 2006, II, 10133, note Devers ; *Dr. fam.* 2006, comm. 133, note Larribau-Terneyre ; *AJ fam.* 2006, 247, note Boiché ; *RJPF* 2006-6/19, p. 15, obs. Garé.
7. V. Loussouarn, Bourel et De Vareilles-Sommires, n° 45.
8. V. Dutoit et Majoros, « Le lacis des conflits de conventions et leurs solutions possibles », *Rev. crit. DIP* 1984, 565.
9. V. Malan, *Les conflits de conventions en droit international privé (conflits de lois)*, th. multigr. Paris II, 2000 – *Adde*, C. Brire, *Les conflits de conventions internationales en droit privé*, th. multigr. Paris II, 2000.

par la présente convention »[1] ou « *ne portent pas atteinte aux dispositions d'autres conventions liant au moment de son entrée en vigueur des États contractants* »[2]. De son côté le règlement dit Bruxelles II *bis* contient pas moins de quatre articles consacrés aux relations avec les autres instruments. À leur lecture, il apparaît que le règlement « *remplace, pour les États membres, les conventions existant au moment de l'entrée en vigueur* » de celui-ci (art. 59-1) ou que le règlement « *prévaut* [...] *dans les matières réglées par le présent règlement* » (art. 60), sur une liste de conventions dans laquelle on trouve de nombreuses conventions de La Haye et du Conseil de l'Europe (sur les difficultés de concilier cette solution avec la hiérarchie française des normes[3]). Le règlement l'emporterait aussi sur les conventions bilatérales même conclues par la France avec un État tiers[4].

410.154 Jurisprudence. À vrai dire, peu de conflits de normes ont été soulevés devant les tribunaux. Le conflit le plus fréquemment réglé relève d'une teneur particulière puisqu'il oppose la convention EDH et son principe d'égalité des sexes avec la convention franco-marocaine du 10 août 1981 qui impose à la France une tolérance à l'égard des répudiations prononcées au Maroc. Pour faire prévaloir la première sur la lettre et l'esprit de la seconde, la Cour de cassation a eu recours à une articulation complexe. Elle a combiné la convention EDH à deux conventions franco-marocaines, celle du 10 août 1981, qui assimile répudiation et jugement de divorce, et celle du 5 octobre 1957, qui pose en principe que, pour être reconnu dans les pays signataires, un jugement de divorce ne doit pas heurter l'ordre public du *for*; or, a jugé la Cour régulatrice, « *au titre de cette dernière exigence, figure l'égalité des droits et responsabilités des époux lors de la dissolution du mariage, droit reconnu par le troisième texte précité* [conv. EDH] *et que la France s'est engagée à garantir à toute personne relevant de sa juridiction.* »[5]

1. Conv. La Haye, 2 oct. 1973, sur la loi applicable aux obligations alimentaires, art. 19.
2. Conv. 5 oct. 1961, concernant la compétence des autorités et la loi applicable en matière de protection des mineurs, art. 18, al. 2.
3. C. Nourrissat, « L'articulation des instruments internationaux de protection de l'enfance », *Les enlèvements internationaux d'enfants*, H. Fulchiron (dir.), Bruylant, 2004.
4. EN CE SENS, v. A. Devers, s^s n° 423.53.
5. Pour le précédent, v. Civ. 1re, 11 mars 1997, n° 94-19.447, NPT; *JDI* 1998, p. 110, note Kahn; *D.* 1997, 400, note Niboyet; *JCP* 1998, I, 101, obs. Fulchiron; *RTD civ.* 1998, 520, obs. Marguénaud.

CHAPITRE

411. Compétence des tribunaux français

MICHEL FARGE
MAÎTRE DE CONFÉRENCES À L'UNIVERSITÉ
PIERRE MENDÈS-FRANCE (GRENOBLE 2)

SECTION 0
ORIENTEUR

411.00 **Plan du chapitre.**

411.01 Textes applicables.

> Droit communautaire

• **Règl. (CE) n° 2201/2003, du Conseil, dit « Bruxelles II *bis* », 27 nov. 2003,** relatif à la compétence, la reconnaissance et l'exécution des décisions en matière matrimoniale et en matière de responsabilité parentale, abrogeant le règlement (CE) n° 1347/2000, *JOUE* L 338, 23 déc. 2003, p. 1.

* V. texte complet s[s] n° 62.12

• **Règl. (CE) n° 44/2001, dit « Bruxelles I », 22 déc. 2000,** sur la compétence, la reconnaissance et l'exécution des décisions en matières civile et commerciale, *JOUE* L 12, 16 janv. 2001, p. 1.

* V. texte complet s[s] n° 62.11

• **Règl. (CE) n° 4/2009, du Conseil, 18 déc. 2008,** relatif à la compétence, la loi applicable, la reconnaissance et l'exécution des décisions et la coopération en matière d'obligations alimentaires, *JOUE* L 7, p. 1.

* V. texte complet s[s] n° 62.16

• **Prop. règl. (CE) du Conseil, mod. règl. (CE) n° 2201/2003,** en ce qui concerne la compétence et instituant des règles relatives à la loi applicable en matière matrimoniale, présenté par la Commission le 17 juill. 2006, COM (2006) 399 final.

> Conventions internationales

• **Conv. La Haye, 5 oct. 1961,** concernant la compétence des autorités et la loi applicable en matière de protection des mineurs.

* V. texte complet s[s] n° 63.11

• **Conv. La Haye, 19 oct. 1996,** concernant la compétence, la loi applicable, la reconnaissance, l'exécution et la coopération en matière de responsabilité parentale et de protection des enfants.

* V. texte complet s[s] n° 63.17

> Conventions bilatérales

• **Conv. franco-belge, 8 juill. 1989,** sur la compétence judiciaire, l'autorité et l'exécution des décisions judiciaires, des sentences arbitrales et des actes authentiques.

• **Conv. franco-algérienne, 21 juin 1988,** relative aux enfants issus de couples mixtes séparés franco-algériens.

• **Conv. franco-polonaise, 5 avr. 1967,** relative à la loi applicable, la compétence et l'*exequatur* dans le droit des personnes et de la famille.

• **Conv. franco-yougoslave, 18 mai 1971,** relative à la loi applicable et à la compétence en matière de droit des personnes et de la famille.

411.02 Jurisprudence de référence.

> Sur la possible compétence des juridictions françaises malgré l'extranéité des parties

• **Civ. 30 oct. 1962, n° 61-11.306,** *Scheffel*, *Rev. crit. DIP* 1963, 387, note Francescakis; *D.* 1963, 109, note Holleaux; *GADIP* n° 37

* V. s[s] n° 411.41

« L'extranéité des parties n'est pas une cause d'incompétence des juridictions françaises dont la compétence internationale se détermine par extension des règles de compétence interne. »

> Sur la subsidiarité des privilèges de juridiction des article 14 et 15 du Code civil

• **Civ. 1re, 19 nov. 1985, n° 84-16.001,** Sté Cognacs and Brandies from France c/Sté Orliac, *Bull. civ.* I, n° 306

* V. s[s] n°s 411.42 et 411.110

« L'article 14 du Code civil qui donne compétence à la juridiction française en raison de la nationalité française du demandeur, n'a lieu de s'appliquer que lorsqu'aucun critère ordinaire de compétence territoriale n'est réalisé en France. »

> Sur le caractère facultatif de l'exception de litispendance en droit commun

• **Civ. 1re, 26 nov. 1974, n° 73-13.820,** *Sté Miniera di Fragne*, *Bull. civ.* I, n° 312.

* V. s[s] n°s 411.21, 411.210, 411.241 et 411.246

« L'exception de litispendance peut être reçue devant le juge français, en vertu du droit commun français, en raison d'une instance engagée devant un tribunal étranger également compétent.

Mais elle ne saurait être accueillie, lorsque la décision à intervenir à l'étranger n'est pas susceptible d'être reconnue en France. »

> Sur le renvoi opéré par le règlement (CE) du 27 novembre 2003 (Bruxelles II *bis*) aux règles nationales de compétence

• **Civ. 1re, 30 sept. 2009, n° 08-19.793,** *Bull. civ.* I, n° 189

* V. s[s] n°s 411.123 et 411.132

« Vu l'article 7 du règlement (CE) du 27 novembre 2003 (Bruxelles II *bis*), ensemble les articles 1070 du Code de procédure civile et 14 du Code civil;

Attendu que, selon le premier de ces textes, lorsqu'aucune juridiction d'un État membre n'est compétente en vertu des articles 3, 4 et 5 du règlement, la compétence est, dans chaque État, réglée par la loi de cet État; que cette compétence est, en droit français, énoncée aux articles 1070 du Code de procédure civile et 14 du Code civil; que ce dernier texte, qui donne compétence à la juridiction française du demandeur de nationalité française, s'applique lorsqu'aucun critère ordinaire de compétence n'est réalisé en France. »

411.03 Bibliographie indicative.

Actualisables. RÉP. INTERNAT., H. Gaudemet-Tallon, *V° Règlement Bruxelles I (matières civile et commerciale)*, n°s 255 s.; P. Courbe, *V° Divorce et séparation de corps*; J. Foyer, *V° Adoption;* H. Gaudemet-Tallon, *V° Compétence civile et commerciale* – *J.-CL. INTERNAT.*, A. Huet, fasc. 581-31 et 581-32, « Compétence "privilégiée" des tribunaux français ou compétence fondée sur la nationalité française de l'une des parties »; fasc. 581-40, 581-41, 581-42 et 581-43 « Compétence des tribunaux français à l'égard des litiges internationaux.

Ouvrages. B. AUDIT, *Droit international privé*, 5e éd., Economica, 2008 – H. BATIFFOL et P. LAGARDE, *Traité de droit international privé*, 8e éd., LGDJ, 1993, t. I – D. Bureau et H. Muir-Watt, *Droit international privé*, t. I et II, « Thémis », PUF, 2007 – P. Courbe, *Droit international privé*, Hachette, 2007 – D. Gutmann, *Droit international privé*, 6e éd., Dalloz, 2009 – D. Holleaux, J. Foyer et G. de Geouffre de La

Pradelle *Droit international privé*, Masson, 1987 – Y. Loussouarn, P. Bourrel et P. de Vareilles-Sommières, *Droit international privé*, « Précis », 9e éd., Dalloz, 2007 – P. Mayer et V. Heuzé, *Droit international privé*, 9e éd., Montchrestien, 2007 – F. Monéger, *Droit international privé*, 4e éd., Litec, 2007 – M.-L. Niboyet et G. de Geouffre de La Pradelle, *Droit international privé*, 2e éd., LGDJ, 2009 – T. Vignal, *Droit international privé*, Éd. A. Colin, 2005.

Articles. P. Courbe, « Le règlement communautaire sur le contentieux du divorce international », *LPA* 14 oct. 2003, n° 205, 5, spéc[t] p. 8 – M. Douchy-Oudot, « Le traitement de la litispendance », H. Fulchiron et C. Nourissat (dir.), *Le nouveau droit communautaire du divorce et de la responsabilité parentale*, « Thèmes et commentaires », Dalloz, 2005, p. 209 – H. Gaudemet-Tallon, « Réflexions comparatives sur certaines tendances nouvelles en matière de compétence internationale des juges et des arbitres », *Mél. Marty*, p. 531 s., spéc[t] p. 551 – P. Lagarde, « Vers une approche fonctionnelle du conflit positif de nationalité », *Rev. crit. DIP* 1988, 29 – Y. Lequette, « De Bruxelles à La Haye (Acte II), Réflexions critiques sur la compétence communautaire en matière de droit international privé, *Mél. H. Gaudemet-Tallon*, Dalloz, 2008, p. 503 s. – N. Meyer-Fabre, « La convention de La Haye du 29 mai 1993 sur la protection des enfants et la coopération en matière d'adoption internationale », *Rev. crit. DIP* 1994, 259 s. – P. Monin-Hersant et B. Sturlèse, « L'entrée en vigueur de la convention franco-marocaine du 21 juin 1988 : un nouvel espoir pour les enfants déchirés », *Gaz. Pal.* 1988, 2, doctr. 523 – M.-L. Niboyet, « Office du juge : vérification et exercice de la compétence », *Dr. et patr.*, n° 138, juin 2005, p. 75; « L'éphémère privilège de l'article 14 du Code civil (À propos des arrêts du 30 septembre 2009 de la Cour de cassation) », *Gaz. Pal.* 28 nov. 2009, n° 332, p. 8 s.; « La globalisation du procès civil international dans l'espace judiciaire européen et mondial », *JDI* 2006, p. 937 – J. Rey, « La saisine », H. Fulchiron et C. Nourissat (dir.), *Le nouveau droit communautaire du divorce et de la responsabilité parentale*, « Thèmes et commentaires », Dalloz, 2005, p. 181 – B. Sturlèse, « La convention de La Haye du 29 mai 1993 sur la protection des enfants et la coopération en matière d'adoption internationale », *JCP* 1993, I, 3710.

411.04 Questions essentielles.

> Dans quelle mesure le juge français peut-il être compétent en matière d'obligation alimentaire ?

* V. s[s] n°s 411.64 s.

> Dans quelle mesure est-il possible de recourir aux privilèges de juridiction des articles 14 et 15 du Code civil ?

* V. s[s] n°s 411.110 s.

> Le juge français est-il tenu de contrôler d'office sa compétence ?

* V. s[s] n°s 411.171 s.

> Le juge français est-il tenu d'accueillir une exception de litispendance ou de connexité ?

* V. s[s] n°s 411.201 s. et 411.261 s.

411.09 Notion. Au sein de la matière des conflits de juridictions, seules nous intéressent à présent les **règles de compétence directe**. Elles permettent au juge français de savoir s'il est compétent pour trancher le litige que les parties lui soumettent. En d'autres termes, il s'agit des règles de compétence judiciaire internationale que le juge doit toujours appliquer avant de se prononcer sur le fond. On les oppose aux règles de compétence indirecte qui déterminent à quelles conditions un juge étranger est compétent, au regard de l'ordre juridique français. Dans une conception plus large, l'expression de règles de compétence indirecte désigne toutes les conditions auxquelles est subordonnée l'efficacité en France d'un jugement étranger. Ce sont, autrement dit, des règles relatives à l'effet international des jugements étrangers (v. s[s] n°s 413.00 s.).

Division. L'exposé des règles de compétence (sect. 1) précédera l'étude du régime de la compétence (sect. 2).

SECTION 1
Règles de compétence

411.10 Division. En vertu de l'article 55 de la Constitution et de la primauté du droit de l'Union européenne, les règles françaises de compétence internationale (§ 2) ne s'appliquent qu'à défaut d'une uniformisation par des règles d'origine européenne ou internationale (§ 1).

§ 1
Primauté des règles d'origine européenne ou internationale

411.20 Division. La multiplication des règles répartitrices de compétence internationale (A) oblige les praticiens à définir des stratégies procédurales (B).

A.
Multiplicité des règles répartitrices

411.21 Énumération non exhaustive. Les règles de compétence directe intéressant la famille doivent aujourd'hui être prioritairement recherchées dans les normes européennes, c'est-à-dire dans le **règlement dit Bruxelles II *bis***, en matière de **désunion** (annulation du mariage, divorce séparation de corps) et de **responsabilité parentale**, ainsi que dans le **règlement Bruxelles I**, pour le **contentieux de l'obligation alimentaire** (sur son futur remplacement par la mise en application du règl. [CE] n° 4/2009, 18 déc. 2008, relatif à la compétence, la loi applicable, la reconnaissance et l'exécution des décisions et la coopération en matière d'obligations alimentaires[1], v. s[s] n° 410.24). Et la Cour de cassation a déjà eu l'occasion de veiller à l'apprentissage du réflexe communautaire en sanctionnant une cour d'appel qui avait retenu sa compétence en vertu des règles françaises de compétence internationale au lieu de la justifier sur le fondement du règlement Bruxelles II *bis*[2]. Les conventions de La Haye peuvent également poser des règles de compétence directe. Il en est ainsi non seulement de la convention de La Haye du 5 octobre 1961, sur la compétence des autorités et la loi applicable en matière de protection des mineurs, et de celle de 1996 destinée à la remplacer dans la même matière, mais aussi de la convention de La Haye du 13 janvier 2000 sur la protection des adultes, entrée en vigueur le 1er janvier 2009 (v. s[s] n°s 42.12 s.). Concernant la protection des mineurs, les conventions de La Haye se combinent, plus ou moins harmonieusement[3], avec le règlement dit Bruxelles II *bis* (règl. [CE] n° 2201/2003, art. 60 et 61). Les conventions de La Haye ont, par ailleurs, vocation à être appliquées à certaines situations localisées hors du domaine spatial des textes européens (v. s[s] n° 432.161). Toujours en matière de protection des mineurs, il faut signaler aussi l'existence d'une règle de compétence directe à l'article 5 de la convention franco-algérienne du 21 juin 1988, relative aux enfants issus de couples mixtes séparés franco-algériens[4]. En revanche, il est désormais jugé que la convention franco-marocaine du 10 août 1981, relative au statut des personnes et de la famille et à la coopération judiciaire, ne comporte pas de règles de compétence directe (v. s[s] n°s 410.12 s.).

D'autres conventions bilatérales doivent être écartées parce qu'elles ne comportent pas de règles de compétence directe intéressant la famille. Ainsi, l'article 30 de la convention franco-italienne du 3 juin 1930 a été jugé inapplicable en matière d'état des personnes[5] et son article 19, intéressant les situations de litispendance et de connexité, a été considéré comme ne comportant pas une règle de compétence directe[6]. Reste à mentionner quelques exemples de conventions à portée générale qui intéressent la famille.

411.22 Convention franco-belge du 8 juillet 1899. Portant sur la compétence judiciaire, l'autorité et l'exécution des décisions judiciaires, des sentences arbitrales et des actes authentiques, cette convention comporte un article 6, déclarant le juge de l'ouverture de la tutelle compétent pour toutes les contestations relatives à la tutelle des mineurs ou des interdits. Pour les mineurs, ce texte est devenu lettre morte depuis l'entrée en vigueur du règlement dit Bruxelles II *bis* (règl. [CE] n° 2201/2003, art. 59, § 1). Pour l'instant, il en va différemment de l'article 7 qui donne compétence au tribunal du lieu d'ouverture de la succession pour tous les litiges successoraux; mais cet article 7 a vocation à être jeté aux oubliettes puisque un futur règlement de l'Union européenne devrait uniformiser les règles de compétence juridictionnelle pour les successions internationales[7]. En dehors des domaines couverts par les règlements européens, l'article 4 du traité con-

1. Règl. (CE) n° 4/2009, 18 déc. 2008, relatif à la compétence, la loi applicable, la reconnaissance et l'exécution des décisions et la coopération en matière d'obligations alimentaires, *JOUE* L 7, 10 janv. 2009, p. 1.
2. Civ. 1re, 22 févr. 2005, n° 02-20.409, *Bull. civ.* I, n° 89; *D.* 2005, J. 1459, note Sana-Chaillé de Néré; *RJPF* 2005-5/24, p. 16, obs. Garé; *Defrénois* 2005, art. 38129, p. 1330, note Crône; *Defrénois* 2005, art. 38221, n° 62, p. 1348, obs. Massip; *RLDC* 2005/9, n° 19, p. 32, note Bottiau; *Rev. crit. DIP* 2005, 515, note Pataut; *Dr. fam.* 2005, chron. 24 Farge; *Procédures* 2005, comm. 12, note Nourissat; *D.* 2006, pan. 1500, obs. Courbe et Jault-Seseke; *AJ fam.* 2005, 277, obs. David; *Gaz. Pal.* 2005, n° 148, 23, chron. Boiché; M.-L. Niboyet, « Office du juge : vérification et exercice de la compétence », *Dr. et patr.* n° 138, juin 2005, p. 75 – Civ. 1re, 25 avr. 2007, n° 06-15.381, *Bull. civ.* I, n° 157 (REJET par substitution de motifs).
3. V. NOT., pour une APPROCHE CRITIQUE : Y. Lequette, « De Bruxelles à La Haye (Acte II), Réflexions critiques sur la compétence communautaire en matière de droit international privé », *Mél. H. Gaudemet-Tallon*, Dalloz, 2008, p. 503 s, spéc[t] n° 23.
4. V. F. Monéger, « Commentaire relatif à la convention », *JDI* 1989, p. 41, spéc[t] p. 50-51 – *CONTRA*, P. Monin-Hersant et B. Sturlèse, « L'entrée en vigueur de la convention franco-marocaine du 21 juin 1988 : un nouvel espoir pour les enfants déchirés », *Gaz. Pal.* 1988, 2, doctr. 523 – Sur l'exclusion des enfants nés hors mariage du champ d'application de la convention, v. TGI Dunkerque, 20 juin 1989, *JCP* 1990, II, 21379, note Monéger.
5. V. Civ. 1re, 15 nov. 1988, n° 86-17.112, *Bull. civ.* I, n° 320; *Rev. crit. DIP* 1990, 809 – Pour la transposition de cette solution à Conv. franco-malgache, 4 juin 1973, annexe II, art. 1er, v. RÉP. INTERNAT., H. Gaudemet-Tallon, *V° Compétence civile et commerciale*, n° 195.
6. Civ. 1re, 26 nov. 1974, n° 73-13.820, Sté Miniera di Fragne, *Bull. civ.* I, n° 312; *GADIP*, n° 54; *Rev. crit. DIP* 1975, 491, note Holleaux; *JDI* 1975, p. 108, note Ponsard – Civ. 1re, 3 déc. 1985, n° 84-11.209, *Bull. civ.* I, n° 329; *Rev. crit. DIP* 1986, somm. 766; *D.* 1986, IR 269, obs. Audit – *Adde*, pour une interprétation identique de Conv. franco-espagnole, 28 mai 1969, art. 10, v. Civ. 1re, 27 mars 1979, n° 77-14.150, *Rev. crit. DIP* 1979, 636, note Lagarde; *D.* 1979, IR 458, obs. Audit – Pour une APPRÉCIATION CRITIQUE de cette jurisprudence, v. RÉP. INTERNAT., H. Gaudemet-Tallon, *V° Compétence civile et commerciale*, n° 194.
7. Prop. règl. du Parlement européen et du Conseil, IPO9/1508, 14 oct. 2009 – V. H. Péroz, « Vers une simplification du règlement des successions internationales pour la pratique notariale », *JCP N*, n° 43, act. 679; M. Lamarche, « La famille saisie par l'Union européenne : les successions transfrontières », *Dr. fam.* 2009, focus 73 – La proposition a été précédée d'un *Livre vert sur les successions et testaments*, COM (2005) 65 final, 1er mars 2005, sur lequel, v. M.-C. de Lambertye-Autrand, « Quel droit européen en droit patrimonial de la famille ? », *Info soc.* janv. 2006, p. 84 s.

serve son effectivité pour régler les exceptions de litispendance ou connexité lorsque des instances sont en cours dans chacun des États contractants[1].

411.23 Convention franco-polonaise du 5 avril 1967. Elle intéresse exclusivement notre discipline puisqu'elle est relative à la loi applicable, la compétence et l'*exequatur* dans le droit des personnes et de la famille. Elle est applicable depuis le 1er mars 1969. Les règles de compétence judiciaire directe, contenues dans les articles 9 (mariage, relations entre époux, divorce et séparation de corps), 11 (relations entre parents et enfants), 13 (adoption), 16 et 17 (tutelle) de la convention, donnent toujours compétence aux tribunaux de l'État du domicile des intéressés (sous réserve d'une exception à l'art. 17, § 1er); ce domicile est défini par l'article 1er comme étant « *la résidence habituelle* » d'une personne. Pour les matières couvertes par la convention, ces règles de compétence excluent le jeu des articles 14 et 15 du Code civil dans les rapports entre Français et Polonais. Le controversé arrêt *Dujaque*[2] a clairement jugé que la convention était applicable non seulement aux litiges entre Français et Polonais, mais aussi aux litiges qui peuvent opposer des parties de même nationalité (toutes françaises ou toutes polonaises) mais ayant leur domicile sur le territoire de l'État contractant dont elles n'ont pas la nationalité.

Le domaine de la convention a été largement amoindri par l'irruption du droit judiciaire communautaire. Quand elles intéressent les contentieux de la désunion ou/et de la responsabilité parentale, telles que définies par le règlement dit Bruxelles II *bis*, les règles de compétence directe posées par la convention sont remplacées par celles dudit règlement (règl. [CE] n° 2201/2003, art. 59, § 1).

411.24 Convention franco-yougoslave du 18 mai 1971. Relative à la loi applicable et à la compétence en matière de droit des personnes et de la famille, cette convention était entrée en vigueur le 1er décembre 1972. Elle comporte des règles de compétence directe concernant les mesures de protection d'un ressortissant de l'un des États contractants, mineur ou majeur (art. 2), les litiges relatifs aux effets personnels ou patrimoniaux du mariage (art. 7), le divorce (art. 9) la filiation (art. 12) et l'adoption (art. 15 et 16). Sa vocation est doublement résiduelle. D'une part, après l'éclatement de la Yougoslavie en diverses Républiques indépendantes à l'égard desquelles elle n'est pas automatiquement demeurée en vigueur, la convention suppose pour être applicable une manifestation de volonté des États intéressés. Tel est le cas dans les relations entre la France et la Slovénie en raison d'un échange de lettres ayant pris effet à partir du 25 mai 1994[3]. D'autre part, la convention est remplacée par le règlement dit Bruxelles II *bis* pour les matières qu'il règle.

B. Stratégie procédurale

411.31 Alourdissement du devoir de conseil de l'avocat. À l'époque où chaque État connaissait exclusivement ses propres règles de compétence internationale, le devoir de conseil de l'avocat en droit international privé était étrangement moins complexe. Consulté pour un litige international, il devait envisager si les tribunaux français accepteraient d'en connaître et il était difficile de lui reprocher de ne faire que des spéculations sur la vocation des autres ordres juridiques intéressés à se déclarer compétents. Aujourd'hui, sa mission a changé en raison principalement des règlements européens qui mettent en place parmi les États membres de l'Union des **règles répartitrices de compétence facilement accessibles**. Cette nouvelle donne saute aux yeux en matière de désunion. Dès lors que les chefs de compétence du règlement dit Bruxelles II *bis* (règl. [CE] n° 2201/2003, art. 3) ne sont pas hiérarchisés[4], il est fréquent que la compétence de plusieurs juges européens soit concurremment fondée. Voici un couple marié de Français qui vivaient en Italie où ils se sont séparés. Le mari est parti vivre en Allemagne et la femme est demeurée en Italie. Deux ans après la célébration, la femme consulte un avocat français pour engager une procédure de divorce. Constatant la compétence possible de trois juridictions d'États membres (française, allemande et italienne) sur le fondement de l'article 3 du règlement, le conseil du praticien est tout sauf aisé. Il doit prendre en compte une pluralité de paramètres : compé-

1. V. TGI Metz, 4 nov. 1970, *JDI* 1972, p. 314, obs. Kahn.
2. Civ. 1re, 22 juill. 1987, n° 85-16.948, Dujaque, *Bull. civ.* I, n° 253; *Rev. crit. DIP* 1988, 85 – P. Lagarde, « Vers une approche fonctionnelle du conflit positif de nationalité », *Rev. crit. DIP* 1988, 29.
3. Décr. n° 96-229, 15 mars 1996, portant publication de l'accord sous forme d'échange de lettres entre le Gouvernement de la République française et le Gouvernement de la République de Slovénie relatif à la succession en matière de traités conclus entre la France et la République socialiste fédérative de Yougoslavie (ensemble deux annexes), signé à Paris le 28 mars 1994 et à Ljubljana le 25 mai 1994, *JO* 22 mars, p. 4442 – Sur cette question, v. RÉP. INTERNAT., H. Gaudemet-Tallon, *V° Compétence civile et commerciale*, n° 203 et réf. citées.
4. CJCE 16 juill. 2009, aff. C-168/08, Hadadi, pt 48, NEP; *AJ fam.* 2009, 348, obs. Boiché; *D.* 2009, 2106, obs. Égéa – V. AUSSI, Civ. 1re, 24 sept. 2008, n° 07-20.248, *Bull. civ.* I, n° 208; *Dr. fam.* 2009, comm. 20, note Farge; *Procédures* 2008, comm. 296, note Nourissat; *AJ fam.* 2008, 432, obs. Boiché; *RJPF* 2008-12/20, p. 22, obs. Garé; *Gaz. Pal.* 9 juin 2009, n° 160, p. 36, note Eppler.

tence du juge de la désunion pour connaître des contentieux liés au divorce, de l'obligation alimentaire et de la responsabilité parentale, avantages ou inconvénients des lois applicables à ces différentes questions dans les États membres compétents, coût du divorce, célérité ou lenteur des différentes justices, *etc.* Et il n'a guère de temps pour élaborer une stratégie avantageuse pour sa cliente car il doit craindre que son conjoint ne la prenne de vitesse en saisissant l'une des trois juridictions pour fixer la compétence la plus conforme à ses propres intérêts...

411.32 Apparition d'une anticipation conventionnelle du contentieux familial. L'expansion des accords de volonté en droit de la famille semble destinée à se répercuter en matière de compétence juridictionnelle internationale. Demain, nombre de matières traditionnellement considérées en France comme indisponibles (v. s^s n° 411.161), pourront donner lieu à des **clauses d'élection de *for***. Déjà admises en matière d'obligations alimentaires (v. s^s n° 410.103 et demain, v. s^s n° 411.175), de telles clauses sont envisagées pour le principe du divorce (v. s^s n° 411.152). Considérées comme aptes à restaurer une certaine prévisibilité à la compétence internationale, les **clauses attributives de juridiction** conféreront une nouvelle mission aux avocats mais aussi aux notaires qui pourront les rédiger pour les intégrer dans un contrat de mariage (sur cette même tendance en matière de conflit de lois, v. s^s n° 412.181). Les stratégies contentieuses actuellement de mise pourront diminuer au profit d'un devoir de conseil et de prévoyance intervenant avant tout différend.

§ 2
Subsidiarité des règles françaises de compétence internationale

411.41 Genèse du système français. La gestation des règles françaises de compétence internationale a été difficile. La raison principale réside dans la pauvreté du Code civil de 1804 qui ne comporte quasiment que les articles 14 et 15 accordant un privilège de juridiction aux Français. À partir d'une interprétation *a contrario* de ces textes, la jurisprudence avait déduit une conséquence très fâcheuse : l'incompétence des tribunaux français dans les litiges entre étrangers. Il a fallu attendre le milieu du XXe siècle pour que cette solution soit clairement abandonnée avec un arrêt *Sheffel* : « *L'extranéité des parties n'est pas une cause d'incompétence des juridictions françaises* »[1]. Une fois écartée la conception nationaliste de l'accès aux juridictions françaises, encore fallait-il, en l'absence de texte, découvrir des règles fixant la compétence internationale des tribunaux français. Tel a été l'autre apport de l'arrêt *Scheffel* : « *La compétence internationale* [des tribunaux français] *se détermine par extension des règles de compétence territoriale interne.* »

411.42 Hiérarchie des règles françaises. Affirmée par l'arrêt *Scheffel*, l'extension des règles de compétence territoriale interne devait encore être conciliée avec les privilèges de juridictions octroyés aux Français par les articles 14 et 15 du Code civil. L'arrêt *Sté Cognacs and Brandies from France* opère cette articulation : « *L'article 14 du Code civil qui donne compétence à la juridiction française, en raison de la nationalité française du demandeur, n'a lieu de s'appliquer que lorsqu'aucun critère ordinaire de compétence territoriale n'est réalisé en France* »[2]. Posée pour l'article 14, la solution vaut également pour l'article 15. Elle confère à ces textes un caractère subsidiaire par rapport aux règles ordinaires (A); ces privilèges constituent donc des règles doublement exorbitantes (B) en raison de leur fondement nationaliste et de leur subsidiarité.

A.
Règles ordinaires

411.50 Divisions. Le principe de transposition ou de projection des règles internes de compétence territoriale (1°) comporte des limites. Certaines règles, en fonction des exigences des rapports internationaux, ont dû faire l'objet d'adaptations (2°). Les mêmes exigences ont conduit à des créations (3°).

1°
Transposition

411.60 Signification de la transposition. En l'absence de normes supranationales, la compétence internationale des juridictions françaises est établie dès lors que l'élément de rattachement utilisé par une disposition interne de compétence territoriale est réalisé ou localisé en France. En pareil cas, la compétence judiciaire française ne peut pas être déclinée, au nom de la théorie du *forum non* ou *more convenient*, au prétexte que le litige présente des liens plus étroits avec un autre État (comp. pour une application limitée de cette théorie dans le règl. [CE] n° 2201/2003, 27 nov. 2003, dit Bruxelles II *bis*, v. s^s n° 432.141). En revanche, la compé-

1. Civ. 30 oct. 1962, n° 61-11.306, Scheffel, *Rev. crit. DIP* 1963, 387, note Francescakis; *D.* 1963, 109, note Holleaux; *GADIP* n° 37.
2. Civ. 1re, 19 nov. 1985, n° 84-16.001, *Bull. civ.* I, n° 306; *Rev. crit. DIP* 1986, 712, note Lequette; *JDI* 1986, p. 719, note Huet; *D.* 1986, 362, note Prévault; somm. 268, obs. Audit; *JCP* 1987, II, 20810, note Courbe; *GADIP* n° 71.

tence internationale ordinaire n'appartient pas aux tribunaux français si le critère de rattachement retenu par une règle française de compétence territoriale se trouve hors de France.

a)
Rôle résiduel de la transposition

411.61 ***Actor sequitur forum rei.*** Cette expression latine, désignant la **compétence** accordée au **tribunal du domicile du défendeur**, a traversé les âges parce qu'elle exprime une règle de bon sens. Cette compétence est, aujourd'hui, consacrée par l'article 42 alinéa 1er et 43 alinéa 2, du Code de procédure civile[1]. En droit de la famille, elle n'a désormais un rôle essentiel que pour le **contentieux de la filiation**. Avant le règlement (CE) n° 2201/2003, du 27 novembre 2003, dit Bruxelles II *bis*, et alors qu'aucune convention supranationale n'était applicable à l'espèce, cette compétence a pu être sollicitée en matière de **nullité de mariage**[2]. Sous les mêmes réserves, il faut signaler que la compétence du tribunal du domicile du défendeur a été mise en œuvre concernant la **garde des enfants**[3].

411.62 **Règles particulières.** Certaines questions ressortissant à la capacité ou à l'état des personnes donnent lieu, en droit interne, à des règles particulières de compétence territoriale, lesquelles doivent aussi, en principe, être transposées pour la compétence internationale.

411.63 **Adoption.** Il convient de se référer à l'article 1166 alinéa 2 du Code de procédure civile qui envisage l'adoption internationale. Ce texte n'est pas écarté par le jeu de normes supranationales, spécialement la convention de La Haye du 29 mai 1993 sur la protection des enfants et la coopération en matière d'adoption internationale[4], puisqu'elle ne comporte que des règles de coopération entre États. L'alinéa 2 de l'article 1166 dispose :

« *Le tribunal compétent est :*

– celui du lieu où demeure le requérant lorsque celui-ci demeure en France;

– le tribunal du lieu où demeure la personne dont l'adoption est demandée lorsque le requérant demeure à l'étranger;

– le tribunal choisi en France par le requérant lorsque celui-ci et la personne dont l'adoption est demandée demeurent à l'étranger ».

En pratique, l'hypothèse majoritaire est celle de Français demeurant en France et souhaitant adopter un enfant étranger. La compétence du tribunal français est alors admise. Et, par référence à l'article 43 du Code de procédure civile, le lieu où demeure le requérant s'entend du lieu où il a son domicile ou, à défaut, sa résidence habituelle[5]. La seconde compétence française, prévue à l'article 1166, exige que l'enfant réside habituellement en France alors que les candidats à l'adoption résident à l'étranger. En ce cas, une simple habitation en France est insuffisante à fonder la compétence des juridictions françaises. À la lecture, le dernier chef de compétence de l'article 1166 alinéa 2 est surprenant puisqu'il paraît signifier que tout étranger résidant à l'étranger pourrait saisir un tribunal français de son choix pour faire prononcer en France l'adoption d'un enfant résidant à l'étranger. Une interprétation raisonnable invite à considérer que le choix d'un tribunal français ne peut être admis que de la part d'un requérant français résidant à l'étranger ou d'un étranger voulant adopter un Français, les deux parties ayant leur résidence en France[6]. Ainsi compris le troisième chef de l'article 1166 recouvre une compétence française qui à défaut aurait pu être fondée sur les articles 14 et 15 du Code civil si on admet leur intervention en matière gracieuse (v. ss n° 411.115).

Depuis la loi n° 2009-526 du 12 mai 2009[7], dite de simplification du droit, « *des tribunaux de grande instance spécialement désignés connaissent des actions aux fins d'adoption ainsi que des actions aux fins de reconnaissance des jugements d'adoption rendus à l'étranger, lorsque l'enfant résidant habituellement à l'étranger a été, est ou doit être déplacé vers la France* » (COJ, art. L. 211-13).

411.64 **Mesures d'assistance éducative et de tutelle.** En doctrine, la question de la transposition à l'ordre international des articles 1181 et 1211 du Code de procédure civile, relatifs respectivement

1. Sur la caractérisation du domicile, ou à défaut de la résidence, du demandeur et sur sa date d'appréciation, v. J.-CL. INTERNAT., A. Huet, « Compétence des tribunaux français à l'égard des litiges internationaux », fasc. 581-20, n° 17-19.
2. TGI Seine, 16 déc. 1963, *JCP* 1964, IV, p. 40; *JDI* 1964, p. 326, obs. Sialleli.
3. T. Civ. Seine, 16 janv. 1959, motifs, *JDI* 1960, p. 114, note Ponsard; *Rev. crit. DIP* 1959, 661, note Loussouarn.
4. Conv. La Haye, 29 mai 1993, sur la protection des enfants et la coopération en matière d'adoption internationale, *Rev. crit. DIP* 1993, 505 s. – B. Sturlèse, « La Convention de La Haye du 29 mai 1993 sur la protection des enfants et la coopération en matière d'adoption internationale », *JCP* 1993, I, 3710 – N. Meyer-Fabre, « La Convention de La Haye du 29 mai 1993 sur la protection des enfants et la coopération en matière d'adoption internationale », *Rev. crit. DIP* 1994, 259 s. – F. Monéger, *RDSS* 1993, 532 s.
5. V. RÉP. INTERNAT., J. Foyer, *V° Adoption*, n° 77.
6. EN CE SENS, v. RÉP. INTERNAT., J. Foyer, et réf. citées, *V° Adoption*, n° 81.
7. L. n° 2009-526, 12 mai 2009, de simplification et de clarification du droit et d'allègement des procédures, *JO* 13 mai, p. 7920.

aux mesures d'assistance éducative et à la tutelle, est discutée[1]. Cette discussion est de faible importance pratique concernant les enfants puisque la question ne se pose que si le mineur réside sur le territoire d'un État tiers à l'Union européenne qui, par ailleurs, n'est pas contractant à la convention de La Haye, du 5 octobre 1961, concernant la compétence des autorités et la loi applicable en matière de protection des mineurs (sur le remplacement, à brève échéance, de cet instrument par conv. La Haye, 19 oct. 1996, concernant la compétence, la loi applicable, la reconnaissance, l'exécution et la coopération en matière de responsabilité parentale et de mesures de protection des enfants, v. s[s] n° 410.22). Pour les mêmes raisons, la transposition de l'article 1202 du Code de procédure civile relatif à la déchéance, au retrait partiel et à la délégation d'autorité parentale n'aura guère l'occasion d'être mise en œuvre. Pour les adultes vulnérables, la transposition de l'article 1211 du Code de procédure civile est également obsolète avec l'entrée en vigueur, le 1er janvier 2009, de la convention de La Haye du 13 janvier 2000 sur la protection des adultes (v. s[s] n° 441.172).

411.65 **Divorce.** Avec le règlement (CE) n° 1347/2000 du 29 mai 2000, dit Bruxelles II, entré en vigueur en France le 1er mai 2001, et dont les chefs de compétence, en matière de divorce, ont été repris par le règlement (CE) n° 2201/2003 du 27 novembre 2003, dit Bruxelles II *bis*, entré en vigueur en France le 1er mars 2005, les règles ordinaires de compétence internationale de l'article 1070 du Code de procédure civile ont désormais un rôle très résiduel (v. s n° 423.54 – Sur la future disparition de ce rôle résiduel dans la proposition de règlement Rome III envisageant d'adopter « *une règle uniforme et exhaustive* [...] *qui remplace les règles nationales en la matière et qui garantit l'accès à la justice pour les conjoints qui résident dans un pays tiers mais qui gardent des liens étroits avec un État membre dont ils sont ressortissants ou dans lequel ils ont résidé pendant un certain temps* » [prop. règl. (CE), mod. règl. (CE) n° 2201/2003, p. 9 – V. s[s] n° 410.112]). Elles ne peuvent pas être sollicitées dès lors qu'un époux a sa résidence habituelle sur le territoire d'un État membre ou est ressortissant d'un État membre ou, dans le cas du Royaume-Uni et de l'Irlande, a son « domicile » sur le territoire de l'un des États membres. À cette intégration d'un époux dans l'espace européen est, en effet, attachée une exclusivité des sept chefs de compétence prévus par la norme communautaire (règl. [CE] n° 2201/2003, 27 nov. 2003, dit Bruxelles II *bis*, art. 6). Pour les époux non intégrés, la prééminence des compétences posées par le règlement résulte d'un principe de subsidiarité. Selon l'article 7, le recours aux règles ordinaires n'est possible que si aucun des sept chefs de compétence n'est réalisé dans un État membre. Cette interprétation du règlement a été avalisée par la Cour de justice de l'Union européenne : « *Dans le cadre d'une procédure de divorce, lorsqu'un défendeur n'a pas sa résidence habituelle dans un État membre et qu'il n'est pas ressortissant d'un État membre, les juridictions d'un État membre ne peuvent pas, pour statuer sur cette demande, fonder leur compétence sur leur droit national, si les juridictions d'un autre État membre sont compétentes au titre de l'article 3 dudit règlement* »[2].

Dans ces conditions, il est difficile de trouver une désunion qui échappe à l'emprise de la norme européenne. Pour s'en convaincre, il suffit de prendre un exemple dans une situation qui est préservée du facteur de complication résultant de l'applicabilité d'une convention bilatérale (sur le destin de ces conventions dans le domaine d'application du règl. [CE] n° 2201/2003, 27 nov. 2003, dit Bruxelles II *bis*, v. s[s] n° 423.53).

Voici qu'au sein d'un couple d'Australiens sans enfant, l'épouse a quitté son conjoint resté dans leur domicile commun en Australie. Installée seule en France depuis moins d'un an, elle envisage d'engager un divorce contentieux.

Deux analyses sont concevables :

– ou bien l'intéressée est considérée comme ayant sa résidence habituelle en France : les chefs de compétence issus de la norme communautaire sont alors exclusifs; aucun ne lui permettant de saisir la juridiction française ou celle d'un autre État membre, il lui reste à persévérer à résider habituellement en France pour franchir le seuil d'une année afin d'accéder au juge français du divorce (sur le fondement du règl. [CE] n° 2201/2003, 27 nov. 2003, dit Bruxelles II *bis*, art. 3, § 1, pt a, 5e tiret);

– ou bien l'Australienne est considérée comme n'ayant pas de résidence habituelle en France : comme aucun des sept chefs de compétence, énumérés par la norme communautaire, n'est, à présent, réalisé en France ou dans un autre État membre, elle peut se prévaloir, devant le juge français, des règles ordinaires de compétence internationale et donc de l'article 1070 du Code de procédure

1. Favorable à l'extension des règles de compétence relatives à la tutelle, mais hostile à celle des règles de compétence relatives à l'assistance éducative : Y. Lequette, *Protection familiale et protection étatique des incapables*, LGDJ, 1976, n° 169 – Mayer et Heuzé, n°s 313 et 534.

2. CJCE 29 nov. 2007, aff. C-68/07, Kerstin Sundelind Lopez, *Rec. CJCE*, p. I-10403; *JCP* 2008, II 10042, note Devers; *Procédures* 2008, comm. 42, obs. Nourissat; *AJ fam.* 2008, 34, obs. Boiché; *Europe* 2008, comm. 27, obs. Idot; *Rev. crit. DIP* 2008, 343, note Gallant.

civile transposé dans l'ordre international. Ce texte dispose :

« *Le juge aux affaires familiales territorialement compétent est :*

– le juge du lieu où se trouve la résidence de la famille;

– si les parents vivent séparément, le juge du lieu de résidence du parent avec lequel résident habituellement les enfants mineurs en cas d'exercice en commun de l'autorité parentale, ou du lieu de résidence du parent qui exerce seul cette autorité;

– dans les autres cas, le juge du lieu où réside celui qui n'a pas pris l'initiative de la procédure.

En cas de demande conjointe, le juge compétent est, selon le choix des parties, celui du lieu où réside l'une ou l'autre ».

Dans notre exemple, l'application subsidiaire des règles ordinaires ne permet pas de fonder une compétence française. Formulé sur ce cas d'école, ce constat paraît susceptible d'être généralisé. En d'autres termes, si l'éventail des chefs de compétence proposés par le règlement (CE) n° 2201/2003, du 27 novembre 2003, dit Bruxelles II *bis*, ne permet pas d'accéder à la juridiction française ou à celle d'un autre État membre, il est difficilement concevable que le juge français puisse être, subsidiairement, compétent sur le fondement de l'article 1070 du Code de procédure civile (sur la possible compétence du juge français sur le fondement de C. civ., art. 14, lorsque, contrairement à l'exemple retenu, le demandeur est résidant en France et ressortissant d'un État membre de l'Union, v. s[s] n° 411.132). Dans ces conditions, la jurisprudence, qui a décidé que la hiérarchie des compétences posées par ce texte devait être transposée dans l'ordre international, n'aura plus guère l'occasion d'être illustrée[1].

Dans le cadre du règlement Bruxelles II *bis*, l'article 1070 du Code de procédure civile conserve néanmoins un rôle d'appoint. Les règles communautaires sont des règles de compétence générale : le texte désigne « les » juridictions de tel ou tel État membre. C'est donc au droit de chaque État de fixer ensuite « le » tribunal spécialement compétent. Pour la France, il faudra se référer à l'article 1070 du Code de procédure civile. Et si ce texte ne permet pas de résoudre la question, notamment parce que la compétence des juridictions françaises concernant un divorce contentieux est acquise en raison de la nationalité française commune d'époux vivant à l'étranger, il faudra s'inspirer de la solution retenue pour la mise en œuvre des privilèges des articles 14 et 15 du Code civil. Le demandeur pourra « *valablement saisir le tribunal français qu'il choisit en raison d'un lien de rattachement de l'instance au territoire français ou, à défaut, selon les exigences d'une bonne administration de la justice* »[2].

411.66 Aliments. Il y a lieu de transposer à la compétence internationale ordinaire les alinéas 1er et 5 de l'article 46 du Code de procédure civile : « *Le demandeur peut saisir à son choix, outre la juridiction du lieu où demeure le défendeur : [...] en matière d'aliments ou de contributions aux charges du mariage, la juridiction du lieu où demeure le créancier.* » Le domaine de la règle est doublement limité.

D'une part, **si le défendeur est domicilié sur le territoire d'un État membre de l'Union européenne**, la compétence juridictionnelle est fixée en matière alimentaire (contributions aux charges du mariage et prestations compensatoires comprises) par le règlement (CE) n° 44/2001, dit **Bruxelles I.** Ce défendeur peut être attrait non seulement devant les juridictions de son domicile (art. 2, § 1) mais également « *devant le tribunal où le créancier d'aliments a son domicile ou sa résidence habituelle ou, s'il s'agit d'une demande accessoire à une action relative à l'état des personnes, devant le tribunal compétent selon la loi du for pour en connaître, sauf si cette compétence est uniquement fondée sur la nationalité des parties* ».

D'autre part, l'article 46, dans son domaine subsidiaire, est aujourd'hui largement concurrencé par l'article 1070 du Code de procédure civile qui, dans sa rédaction issue du décret n° 2004-1158 du 29 octobre 2004[3], dispose : « [...] *lorsque le litige porte seulement sur la pension alimentaire, la contribution à l'entretien et l'éducation de l'enfant, la contribution aux charges du mariage ou la prestation compensatoire, le juge compétent peut être celui du lieu où réside l'époux créancier ou le parent qui assume à titre principal la charge des enfants même majeurs* ».

b)
Nouvelle restriction à la transposition : le règlement (CE) du 18 décembre 2008 en matière d'obligation alimentaire

411.71 Règlement (CE) n° 4/2009. Aujourd'hui résiduelle, la transposition des règles du Code de procédure civile en matière d'obligation alimentaire a vocation à disparaître le 18 juin 2011 avec la mise en application du règlement (CE) n° 4/2009 du

1. V. réf. citées par A. Huet., J.-Cl. Internat., « Compétence des tribunaux français à l'égard des litiges internationaux », fasc. 581-20, n°s 21 s.

2. Civ. 1re, 13 juin 1978, n° 77-11.610, *Bull. civ.* I, n° 223; *Rev. crit. DIP* 1978, 722, note Audit; *JDI* 1979, p. 414, note Kahn.
3. Décr. n° 2004-1158, 29 oct. 2004, portant réforme de la procédure en matière familiale, *JO* 31 oct., p. 18492.

18 décembre 2008, relatif à la compétence, la loi applicable, la reconnaissance et l'exécution des décisions et la coopération en matière d'obligations alimentaires[1]. Ce texte modifiera le règlement dit Bruxelles I « *en remplaçant les dispositions de celuici applicables en matière d'obligations alimentaires* » (règl. [CE] n° 4/2009, préambule, cons. 44). Selon son préambule, le règlement dit Bruxelles I est insuffisamment protecteur des intérêts du créancier d'aliments. Ainsi est-il observé que « *la circonstance qu'un défendeur a sa résidence habituelle dans un État tiers ne devrait plus être de nature à exclure l'application des règles communautaires de compétence, et plus aucun renvoi aux règles de compétence du droit national ne devrait désormais être envisagé* » (règl. [CE] n° 4/2009, préambule, cons. 15). Aussi bien, le règlement (CE) n° 4/2009 ne conditionne-t-il pas son applicabilité à la domiciliation du défendeur dans un État membre. Dès sa mise en application, les règles de compétence européenne interdiront toute transposition des règles nationales.

411.72 Date de mise en application. L'article 76 du règlement prévoit qu'il « *s'applique* [...] *à compter du 18 juin 2011, sous réserve que le protocole de La Haye de 2007 soit applicable dans la Communauté à cette date. À défaut, le présent règlement s'applique à compter de la date d'application dudit protocole dans la Communauté* ». Pour lever l'incertitude, l'Union a approuvé, par une décision du 30 novembre 2009[2], le protocole du 23 novembre 2007 sur la loi applicable aux obligations alimentaires. Afin d'assurer la mise en application du règlement (CE) du n° 4/2009, elle « *déclare qu'elle appliquera les règles du protocole à titre provisoire à partir du 18 juin 2011, date d'application du règlement (CE) n° 4/2009 du Conseil du 18 décembre 2008 relatif à la compétence, la loi applicable, la reconnaissance et l'exécution des décisions et la coopération en matière d'obligations alimentaires, si le protocole n'est pas entré en vigueur à cette date, conformément à son article 25, paragraphe 1* ». Ce dispositif destiné à assurer la mise en application du règlement n° 04/2009 au 18 juin 2011 ne sera peut-être jamais mis en œuvre dans la mesure où le protocole peut entrer en vigueur le premier jour du mois suivant l'expiration d'une période de trois mois après le dépôt du deuxième instrument de ratification, d'acceptation, d'approbation ou d'adhésion (prot. La Haye 2007, art. 25). Il est donc possible qu'intervienne, après celle de l'Union européenne, une seconde adhésion au protocole avant le 18 juin 2011.

411.73 Règles de compétence (généralités). Applicable « *aux obligations alimentaires découlant de relations de famille, de parenté, de mariage ou d'alliance* » (règl. [CE] n° 4/2009, art. 1er, § 1), le règlement contient plusieurs règles de compétence[3] : une règle de compétence générale (règl. [CE] n° 4/2009, art. 3), une règle sur l'élection de *for* (règl. [CE] n° 4/2009, art. 4, § 1), une règle sur la comparution volontaire du défendeur (règl. [CE] n° 4/2009, art. 5), une règle de compétence subsidiaire (règl. [CE] n° 4/2009, art. 6) et, enfin, une règle instaurant un *forum necessitatis* (règl. [CE] n° 4/2009, art. 7). Le règlement n'étant pas encore applicable, il s'agit seulement dans cette édition de se familiariser avec le futur dispositif[4].

411.74 1° Règles de compétence (règle générale). La règle de compétence générale du règlement (CE) n° 4/2009 est quasiment identique à celle du règlement Bruxelles I. Sont ainsi compétentes pour statuer en matière d'obligations alimentaires « *la juridiction du lieu où le défendeur a sa résidence habituelle* », « *la juridiction du lieu où le créancier a sa résidence habituelle* » ou « *la juridiction qui est compétente selon la loi du* for *pour connaître d'une action relative à l'état des personnes lorsque la demande relative à une obligation alimentaire est accessoire à cette action, sauf si cette compétence est fondée uniquement sur la nationalité d'une des parties* » ou, enfin, la juridiction qui est compétente selon la loi du *for* pour connaître d'une action relative à la responsabilité parentale lorsque la demande relative à une obligation alimentaire est accessoire à cette action, sauf si cette compétence est fondée uniquement sur la nationalité d'une des parties. Les lecteurs attentifs auront observé que le règlement (CE) n° 4/2009 vise la **résidence habituelle du défendeur** et non, comme le règlement Bruxelles I, le domicile du défendeur. Surtout, il faut observer que les compétences retenues – spécialement celle du tribunal de la résidence habituelle du créancier – prennent

1. Règl. (CE) n° 4/2009, 18 déc. 2008, relatif à la compétence, la loi applicable, la reconnaissance et l'exécution des décisions et la coopération en matière d'obligations alimentaires, *JOUE* L 7, 10 janv. 2009, p. 1.
2. Déc. du Conseil, 30 nov. 2009, relative à la conclusion, par la Communauté européenne, du protocole de La Haye du 23 novembre 2007, sur la loi applicable aux obligations alimentaires, *JOUE* 16 déc. 2009, n° L 331, p. 17.
3. A. Boiché, « Recouvrement des obligations alimentaires dans l'Union. Les règles de compétence judiciaire », *AJ fam.* 2009, 107.
4. Pour une présentation plus complète, v. C. Nourissat, « Le règlement (CE) n° 4/2009 du Conseil du 18 décembre 2008 relatif à la compétence, la loi applicable, la reconnaissance et l'exécution des décisions et la coopération en matière d'obligations alimentaires », *Procédures* 2009, étude 5, spéct n° 5-12 – M. Oudin, « Commentaire du règlement (CE) du 18 décembre 2008 relatif aux obligations alimentaires », *RJPF* 2009-6/11, p. 8, spéct p. 9-10.

une toute autre ampleur que dans le système du règlement dit Bruxelles I, dès lors qu'elles ne sont plus conditionnées par la domiciliation du défendeur sur le territoire de l'Union.

411.75 2° Règles de compétence (élection de *for*). S'agissant de l'élection de *for*, le règlement (CE) n° 4/2009 se montre plus restrictif que le règlement Bruxelles I afin de protéger le créancier d'aliments. Après l'assuré, le consommateur et le travailleur, le créancier d'aliments est identifié comme une partie faible qu'il convient de préserver de clauses attributives de compétence juridictionnelle défavorables à son intérêt. Si les parties peuvent convenir de la juridiction d'un État membre compétente pour régler leurs différends nés ou à naître en matière d'obligations alimentaires, elles peuvent seulement choisir « *une juridiction ou les juridictions d'un État membre dans lequel l'une des parties a sa résidence habituelle* », « *une juridiction ou les juridictions de l'État membre dont l'une des parties a la nationalité* », et, « *en ce qui concerne les obligations alimentaires entre époux ou ex-époux* », « *la juridiction compétente pour connaître de leurs différends en matière matrimoniale, ou une juridiction ou les juridictions de l'État membre qui a été celui de leur dernière résidence habituelle commune pendant au moins un an* ». Les éléments de rattachement retenus doivent être concrétisés au moment de la conclusion de la convention ou au moment de l'introduction de l'instance. L'article 4 du règlement (CE) n° 4/2009 détaille le formalisme de la clause d'élection de *for* (elle est en principe conclue par écrit), le moment de sa conclusion (elle peut être conclue à tout moment) et ses effets (la compétence du juge saisi est en principe exclusive). Le domaine des clauses d'élection de *for* connaît une importante limite : les clauses attributives de juridiction ne sont pas applicables dans un litige portant sur une obligation alimentaire à l'égard d'un enfant de moins de dix-huit ans.

411.76 3° Règle de compétence (comparution du défendeur). Susceptible d'être analysée comme une prorogation de compétence tacite, la comparution du défendeur devant la juridiction d'un État membre (par hypothèse incompétente sur le fondement des autres chefs de compétence du règlement) confère compétence à cette juridiction. Évidement cette règle n'est pas applicable si la comparution a pour objet de contester la compétence (règl. [CE] n° 4/2009, art. 5).

411.77 4° Règle de compétence (compétence subsidiaire). Lorsque aucune juridiction d'un État membre n'est compétente en vertu des articles 3, 4 et 5 du règlement (CE) n° 4/2009 et qu'aucune juridiction d'un État partie à la convention de Lugano qui n'est pas un État membre n'est compétente en vertu des dispositions de ladite convention, les juridictions de l'État membre de la nationalité commune des parties sont compétentes (règl. [CE] n° 4/2009, art. 6). Cette compétence doit favoriser l'accès à la juridiction d'un État membre lorsque les deux parties, par hypothèse exilées en dehors du territoire de l'Union, sont ressortissantes du même État de l'Union.

411.78 5° *Forum necessitatis*. Lorsque aucune juridiction d'un État membre n'est compétente en vertu des articles 3, 4, 5 et 6 du règlement (CE) n° 4/2009, les juridictions d'un État membre peuvent, dans des cas exceptionnels, connaître du litige si une procédure ne peut raisonnablement être introduite ou conduite,ou se révèle impossible dans un État tiers avec lequel le litige a un lien étroit. Le litige doit présenter un lien suffisant avec l'État membre de la juridiction saisie (règl. [CE] n° 4/2009, art. 7). L'objectif de cette compétence est, semble-t-il, de prévenir les dénis de justice dont pourraient être victimes les ressortissants européens résidant hors du territoire de l'Union et qui ne peuvent saisir la juridiction d'un État sur fondement des autres articles du règlement[1].

c) Divers

411.81 Divers. Sont transposables dans les relations internationales, l'article 1055-1 du Code de procédure civile relatif à la **demande de changement de prénom**, comme les articles 1062 et 1066 du même code relatifs à **l'absence**.

411.82 Compétences dérivées. Les règles internes qui permettent d'étendre la compétence d'un tribunal saisi d'une demande principale à des demandes ou à des moyens de défense qui lui sont intimement liés sont facilement transposées à l'ordre international, qu'il s'agisse de demandes contre un codéfendeur, de demandes reconventionnelles, de demandes en intervention volontaire ou forcée, de demandes connexes ou de moyens de défenses opposés à la demande principale (questions préalables et questions préjudicielles[2]).

2° Adaptation

411.91 Matières voisines. Les quelques cas dans lesquels les règles de compétence n'ont pas pu être

1. V. A. Boiché, « Recouvrement des obligations alimentaires dans l'Union. Les règles de compétence judiciaire », *AJ fam.* 2009, 107 s., spéc^t 110.
2. EN CE SENS, et pour un exposé de ces facteurs de concentration de compétence : J.-CL. INTERNAT., A. Huet, fasc. 581-31, n° 23.

transposées purement et simplement n'intéressent pas le droit extrapatrimonial de la famille. Elles méritent néanmoins d'être indiquées dans la mesure où elles concernent des matières voisines.

411.92 **Succession.** En matière de succession internationale, le tribunal compétent est, comme en droit interne, celui du lieu d'ouverture de la succession, c'est-à-dire le tribunal du dernier domicile du défunt. Mais il y a une adaptation concernant les immeubles puisque les tribunaux français refusent de se déclarer compétents pour statuer sur le sort des immeubles *sis* à l'étranger, estimant que cette question est de la compétence exclusive des tribunaux du lieu de situation[1]. Ce règlement français de la compétence internationale peut s'effacer en présence de règles de compétence stipulées dans un traité bilatéral. Tel est le cas lorsque l'article 7 de la convention franco-belge du 8 juillet 1899, sur la compétence judiciaire, l'autorité et l'exécution des décisions judiciaires, des sentences arbitrales et des actes authentiques, est applicable (v. s^{s} n° 411.22). Ce traité, de même que les règles de compétence françaises adaptées aux successions internationales, devraient devenir obsolètes avec l'avènement, annoncé à court terme, d'un règlement européen sur les successions internationales comportant des règles concernant la compétence directe des juridictions des États de l'Union[2].

411.93 **Voies d'exécution.** La matière est au carrefour du droit de la famille, comme à celui d'ailleurs de toutes les branches du droit, puisqu'elle assure l'effectivité des obligations édictées. Pour les litiges internationaux, la compétence juridictionnelle est impérativement déterminée par le lieu d'exécution de la mesure. Ainsi le tribunal français est-il compétent pour la saisie d'un immeuble situé en France ou pour une saisie-attribution lorsque le domicile du tiers saisi est en France.

3°
Création

411.101 **Risque de déni de justice.** De la circonstance qu'il est impossible de saisir un tribunal étranger, la jurisprudence a déduit une cause autonome de compétence des tribunaux français à condition, toutefois, que le litige présente certains liens avec la France. Des anciennes décisions ont pu faire application de ce correctif en matière de divorce. Le risque de déni de justice peut résulter d'une impossibilité de fait (v. pour une Anglaise, résidant en France, ne pouvant, en 1941, poursuivre en divorce son mari anglais en Grande-Bretagne[3]) ou d'une impossibilité de droit (ainsi, retenant sa compétence pour statuer sur une action en divorce intentée contre un conjoint domicilié en Turquie, au motif que selon le Code civil turc les tribunaux de ce pays déclineraient leur compétence et qu'il était impossible au demandeur de s'adresser à une autre juridiction qui soit compétente[4]). Normalement le point de savoir s'il existe ou non un juge étranger compétent est fixé d'après les règles de compétence directe des pays étrangers concernés. Et il n'y a pas déni de justice s'il apparaît que le tribunal étranger susceptible d'être saisi rejetterait la demande (ainsi, la déclaration d'incompétence d'un tribunal français pour statuer sur une demande en divorce d'un Irlandais contre son conjoint de même nationalité n'aboutit pas à un déni de justice, alors que la loi irlandaise prohibant le divorce ne peut être regardée comme contraire à la conception française de l'ordre public international[5]).

Aujourd'hui, le recours à cette compétence paraît résiduel puisqu'elle procède du caractère national des règles de compétence internationale (néanmoins, concernant une hypothèse d'« *esclavage domestique* », v. s^{s} n° 410.184). Le domaine du correctif est donc limité en raison de la multiplication des règles répartitrices comme celles applicables dans l'espace européen avec les règlements Bruxelles I et Bruxelles II *bis*. De plus, les derniers règlements européennes se préoccupent du risque de déni de justice dont pourrait être victime un ressortissant européen, en admettant par exemple un *forum necessitatis* (v. règl. [CE] n° 4/2009, art. 7, v. s^{s} n° 411.78).

411.102 **Autres créations.** Les demandes qui tendent à rendre efficaces en France des jugements étrangers relèvent toujours de la compétence de l'ordre juridictionnel français (v. s^{s} n°s 413.150 s.). Le droit de prélèvement, en matière successorale, peut être exercé en France si le cohéritier avantagé y possède des biens[6].

1. Civ. 5 juill. 1933, Nagalingmpoullé, *DP* 1934, I, p. 133, note Silz; *S.* 1934, I, p. 337, note Niboyet.
2. Prop. règl. du Parlement européen et du Conseil, IPO9/1508, 14 oct. 2009 – V. H. Péroz, « Vers une simplification du règlement des successions internationales pour la pratique notariale », *JCP N*, n° 43, act. 679; M. Lamarche, « La famille saisie par l'Union européenne : les successions transfrontières », *Dr. fam.* 2009, focus 73 – La proposition a été précédée d'un *Livre vert sur les successions et testaments*, COM (2005) 65 final, 1er mars 2005, sur lequel, v. M.-C. de Lambertye-Autrand, « Quel droit européen en droit patrimonial de la famille ? », *Info soc.* janv. 2006, p. 84 s
3. CA Paris, 20 déc. 1941, *Gaz. Pal.* 1942, 1, 230.
4. V. T. civ. Seine, 2 avr. 1931, *JDI* 1932, p. 370, note J. P.
5. V. CA Paris, 23 sept. 1988, *D.* 1988, IR 252.
6. Sur cette institution, v. RÉP. INTERNAT., P. Lagarde, *V° Succession*, n°s 71-103.

B.
Règles exorbitantes

411.110 Rôle déclinant. Fondés sur la crainte d'une partialité des tribunaux étrangers au détriment des Français, les privilèges des articles 14 et 15 du Code civil sont aujourd'hui déclinants. Après avoir retenu des interprétations extensives, notamment quant à leurs domaines matériels (v. s[s] n° 411.114), la jurisprudence a su les cantonner. Tel a été l'objet de l'arrêt *Sté Cognacs and Brandies*[1] qui a posé clairement leur subsidiarité par rapport aux règles ordinaires de compétence territoriale. Plus récemment, la Cour de cassation a décidé que les articles 14 et 15 ne consacrent qu'une compétence facultative de la juridiction française. Il y a là un revirement important qui intéresse principalement l'accueil des jugements étrangers. Jusqu'à présent la jurisprudence considérait que les articles 14 et 15 faisaient obstacle à la compétence des juridictions étrangères : la compétence qu'ils attribuaient était exclusive de toute compétence concurrente. Désormais, ils ne fondent plus des privilèges indirects de juridiction (pour l'art. 15[2] - pour l'art. 14[3]).

Une fois exposé le régime ordinaire (1°) de ces privilèges qui ne concernent plus que la compétence directe internationale, il faudra insister sur un autre facteur de cantonnement actuel : leur remodelage par les textes européens (2°) et envisager leur disparition future avec les nouveaux règlements (3°).

1°
Régime ordinaire des privilèges de juridictions

a)
Domaine

411.111 Français demandeur. Avec un surprenant manque de concision, l'article 14 du Code civil dispose : « *L'étranger, même non résidant en France, pourra être cité devant les tribunaux français pour l'exécution des obligations par lui contractées en France avec un Français; il pourra être traduit devant les tribunaux de France pour les obligations par lui contractées en pays étranger envers des Français* ». Le Français demandeur dispose donc d'une faveur qui lui évite, s'il le désire, de plaider devant le tribunal étranger du domicile du défendeur.

411.112 Français défendeur. En vertu de l'article 15 du Code civil : « *Un Français pourra être traduit devant un tribunal de France pour des obligations par lui contractées en pays étranger même avec un étranger* ». Le texte apparaît comme une mince contrepartie accordée aux étrangers qui disposent toujours de la possibilité de poursuivre un Français devant les tribunaux français. Une jurisprudence, désormais dépassée, avait fait une interprétation très créatrice du texte. Substituant à la formule « *pourra être traduit* » celle de « *devra être traduit* », elle considérait que le texte consacrait une compétence française exclusive. Il en résultait qu'un Français condamné à l'étranger - même dans des conditions irréprochables - pouvait s'opposer à l'efficacité en France de la décision en dénonçant l'incompétence de la juridiction étrangère; l'étranger pouvait seulement échapper au jeu du privilège indirect en démontrant que le défendeur français avait renoncé à son privilège lors de sa comparution à l'étranger. Intéressant l'effet des jugements étrangers en France, cette interprétation contestable a été abandonnée (v. s[s] n° 413.52).

411.113 Domaine quant aux personnes. Pour bénéficier des articles 14 et 15 du Code civil, il faut être **français au moment de l'introduction de l'instance.** Peu importe que l'intéressé dispose également d'une autre nationalité ou qu'il ait été étranger au moment où la relation s'est formée ou encore qu'il le devienne postérieurement à l'introduction de l'instance.

411.114 Domaine quant aux actions. Alors qu'ils visent les actions relatives à « *des obligations contractées* » par ou envers des Français, ces articles ont « *une portée générale s'étendant à toutes matières, à l'exclusion des actions réelles immobilières et des demandes en partage portant sur des immeubles situés à l'étranger, ainsi que des demandes relatives à des voies d'exécution pratiquées hors de France* »[4]. Ainsi les privilèges ont pu être appliqués aux actions en nullité de mariage[5], aux actions en

1. Civ. 1re, 19 nov. 1985, n° 84-16.001, *Bull. civ.* I, n° 306; *Rev. crit. DIP* 1986, 712, note Lequette; *JDI* 1986, p. 719, note Huet; *D.* 1986, 362, note Prévault; somm. 268, obs. Audit; *JCP* 1987, II, 20810, note Courbe.
2. Civ. 1re, 19 nov. 1985, n° 84-16.001, préc. s[s] prés[t] n°.
3. Civ. 1re, 22 mai 2007, n° 04-14.716, *Bull. civ.* I, n° 195; *D.* 2007, AJ 1596, obs. Gallmeister; *JCP* 2007, act. 258, obs. Chabert; *Gaz. Pal.* 2007, p. 1918, note Niboyet; *Rev. crit. DIP* 2007, 610, note Gaudemet-Tallon; *JDI* 2007, p. 956, note Ancel et Muir-Watt; *Dr. fam.* 2007, comm. 159, obs. Farge; *D.* 2008, pan. 1507; B. Audit, « Vers la consécration du caractère facultatif du *for* de la nationalité française du demandeur (article 14 du Code civil) ? », *D.* 2007, chron. 2548 – Civ. 1re, 16 déc. 2009, n° 08-20.305, *Bull. civ.* I; *Rev. crit. DIP* 2010, 164, note Muir-Watt; *Dr. fam.* 2010, comm. 53, note Farge.
4. Civ. 1re, 27 mai 1970, n° 68-13.643, Weiss, *Bull. civ.* I, n° 176; *Rev. crit. DIP* 1971, 113, note Batiffol; *GADIP*, n° 49.
5. CA Paris, 12 mars 1996, *D.* 1998, somm. 282, obs. Audit.

divorce[1], aux actions relatives à la filiation (ainsi, pour une recherche de paternité[2]) ou encore aux actions concernant la responsabilité parentale[3].

411.115 Application à la matière gracieuse (discussion). Selon la description proposée par M. Huet, les procédures gracieuses ont pour objet, non pas la solution juridictionnelle d'un litige, mais le concours des tribunaux à l'élaboration et au fonctionnement des rapports juridiques (émancipation, adjudication volontaire), ou la prise de mesures de protection (notamment des incapables et des absents) et de contrôle (rectification d'actes de l'état civil, envoi en possession, homologation du régime matrimonial)[4]. Au nom de leur portée générale, les articles 14 et 15 du Code civil s'appliquent-ils aux procédures gracieuses ? À suivre la doctrine dominante[5], si l'article 15 ne peut trouver à s'appliquer puisque, par hypothèse, il n'y alors pas de défendeur, le recours à l'article 14 en matière gracieuse devrait être admis puisque ce texte traduit l'idée que la justice française doit toujours pouvoir être saisie par un Français. La jurisprudence, guère abondante, n'opère pas cette distinction. Dans l'ensemble, elle fait jouer les articles 14 et 15 en matière gracieuse[6]. Cette position est clairement illustrée par un arrêt de 2003 qui casse pour violation de l'article 15 un jugement du tribunal de grande instance de Paris qui avait dénié la compétence de la juridiction française pour statuer sur une requête aux fins d'ouverture d'une curatelle au profit d'une Française domiciliée en Suisse. Pourtant le motif adopté par le premier juge était convaincant : « *S'agissant de la protection d'un majeur, la compétence judiciaire ne saurait dépendre de la nationalité de l'intéressé, mais de sa résidence, le juge étranger étant le mieux placé pour prendre les mesures de protection qui s'imposent* »[7] (sur le rôle des articles 14 et 15 depuis l'entrée en vigueur, le 1er janvier 2009, de la convention de La Haye du 13 janvier 2000, sur la protection des adultes, v. s^s^ n°s 441.173 s.).

b)
Mise en œuvre

411.121 Détermination du tribunal spécialement compétent. Les articles 14 et 15 du Code civil se bornent à instituer une attribution générale de compétence à l'ordre juridique français. Cette désignation serait illusoire si, par la suite, aucun tribunal français n'acceptait de se reconnaître spécialement compétent. Aussi la Cour de cassation a-t-elle énoncé : « *Le demandeur peut valablement saisir le tribunal français qu'il choisit en raison d'un lien de rattachement de l'instance au territoire français ou, à défaut, selon les exigences d'une bonne administration de la justice* »[8]. Il existe néanmoins, dans le Code de procédure civile, quelques solutions particulières, dérogatoires à la règle générale posée par la Cour de cassation, à savoir l'article 42 alinéa 3 (dans l'hypothèse où le défendeur n'a ni domicile ni résidence connus), l'article 1166, 3e tiret (en matière d'adoption) et l'article 1431 (pour l'action en reconstitution de l'original d'un acte authentique ou sous seing privé détruit par suite de faits de guerre ou de sinistre)[9].

411.122 Caractère facultatif pour les parties. Il a toujours été admis que les articles 14 et 15 du Code civil sont susceptibles, en toute matière, de **renonciation** par leur bénéficiaire.

Elle peut être **expresse**, par le biais notamment de clauses attributives de juridiction (v. s^s^ n° 411.162).

S'agissant de la renonciation **tacite**, une jurisprudence étoffée et subtile a été consacrée à la définition des conditions dans lesquelles elle pouvait être caractérisée en présence d'un Français s'étant défendu ou ayant agi à l'étranger.

Pour l'article 15, cette jurisprudence concernait le **contrôle de la compétence indirecte du juge étranger.** Le demandeur étranger soutenait que le Français avait renoncé à son privilège devant le juge étranger. Il s'agissait là du seul moyen pour faire échec au caractère exclusif attribué par la jurispru-

1. Civ. 1re, 27 janv. 1987, n° 85-12.324, *Bull. civ.* I, n° 27; *JCP* 1987, IV, p. 110; *Rev. crit. DIP* 1987, 605, note Lagarde – Civ. 1re, 21 juin 1988, n° 86-11.967, *Bull. civ.* I, n° 198; *JCP*1988, IV, p. 307 – Cassant CA Paris, 20 déc. 1985, *JDI* 1986, p. 366, note Huet, qui avait jugé que l'art. 14 C. civ., visant des obligations contactées avec un Français, est sans application en matière d'état des personnes.
2. Civ. 1re, 2 oct. 2001, n° 00-10.404, *Bull. civ.* I, n° 235; *JCP* 2001, IV, n° 2819; *D.* 2001, IR 3089.
3. Civ. 1re, 25 janv. 2005, n° 02-16.965, NP; *Dr. fam.* 2005, chron. 24, Farge; *JDI* 2006, p. 593, note Hotte; *Procédures* 2005, comm. 12, C. Nourissat.
4. J.-Cl. Internat., A. Huet, « Compétence "privilégiée" des tribunaux français ou compétence fondée sur la nationalité française de l'une des parties », fasc. 581-31, n° 23.
5. V. Mayer et Heuzé, n° 293 et réf. citées.
6. V. les réf. citées, J.-Cl. Internat., A. Huet, « Compétence "privilégiée" des tribunaux français ou compétence fondée sur la nationalité française de l'une des parties », fasc. 581-31, n° 23.
7. Civ. 1re, 9 déc. 2003, n° 01-14.569, *Bull. civ.* I, n° 247; *D.* 2004, somm. 1851, obs. Lemouland; *Defrénois* 2004, p. 434, note Revillard; p. 549, obs. crit. Massip; *RTD civ.* 2004, 65, obs. crit. Hauser.
8. Civ. 1re, 13 juin 1978, n° 77-11.610, *Bull. civ.* I, n° 223; *Rev. crit. DIP* 1978, 722, note Audit; *JDI* 1979, p. 414, note Kahn.
9. Sur tous ces points, v. A. Huet, J.-Cl. Internat., « Compétence "privilégiée" des tribunaux français ou compétence fondée sur la nationalité française de l'une des parties », fasc. 581-31, n°s 33 s.

dence à la compétence française de l'article 15 du Code civil. Mais depuis la jurisprudence *Prieur*[1], se défendre devant le juge étranger est devenu une obligation, en toute hypothèse, pour le Français puisque l'article 15 n'est plus susceptible de le protéger des effets du jugement étranger. Il faut « *même penser qu'il ne lui appartient plus d'y renoncer puisqu'il n'est plus le bénéficiaire du privilège* »[2].

Pour l'article 14, il arrive fréquemment que le défendeur étranger conclue à l'incompétence du juge français au motif que le Français a également saisi une juridiction étrangère. Un tel comportement est, en général, analysé comme une renonciation tacite[3], sauf à ce que le Français ne parvienne à démontrer qu'il n'avait pas agi sciemment et librement[4] ou qu'il a saisi le juge étranger en raison de l'urgence[5] ou encore qu'il se soit désisté ultérieurement de sa demande[6].

Mais, lorsque la **saisine de la juridiction étrangère est préalable à celle du juge français**, il semble que la Cour de cassation ne l'analyse plus comme une présomption de renonciation tacite mais comme un **obstacle autonome** à la compétence fondée sur le privilège de l'article 14[7] (sur l'influence désormais limitée d'une saisine antérieure du juge français concernant la reconnaissance d'une décision étrangère rendue pendant la procédure en cours en France, v. s^s n° 413.52 – Sur la perte du caractère exclusif de la compétence fondée sur l'article 14 en cas de saisine ultérieure par le Français de son juge national lorsque l'étranger soulève l'exception de litispendance, v. s^s n° 411.243).

Lorsque le Français, a été assigné à l'étranger, peut-on déduire une renonciation tacite de sa part à l'article 14 lorsqu'il s'y est défendu ? De façon discutable, la Cour de cassation l'a admis dans un arrêt du 30 septembre 2009[8].

Elle a approuvé une cour d'appel pour avoir considéré qu'un Français – assigné, par son épouse et au Japon, en divorce et fixation des droits sur l'enfant du couple – avait renoncé à son privilège pour l'instance engagée postérieurement par lui en France dès lors, d'une part, qu'il ne sollicitait qu'une modification des mesures relatives à l'enfant mises en place par le juge japonais sans invoquer de faits nouveaux, et d'autre part, qu'il avait comparu et défendu devant la juridiction étrangère, sans réserve selon les formes de la procédure locale et sans soulever l'incompétence de cette juridiction.

411.123 Caractère impératif et office du juge. Les articles 14 et 15 du Code civil ne sont pas facultatifs pour le juge français lorsque l'une des parties en a invoqué le bénéfice. En conséquence, la Cour de cassation censure les cours d'appel qui, tentées par la doctrine du *forum non convenient*, refusent de se reconnaître compétentes sur le fondement des articles 14 ou 15, au prétexte que le litige présentait des liens plus étroits avec un tribunal étranger[9].

Il est important de réaffirmer le caractère impératif de l'article 14 au stade de l'instance dès lors que deux arrêts de la Cour de cassation ont pu faire douter de sa permanence.

Un arrêt du 22 mai 2007[10] a affirmé que : « *L'article 14 du Code civil n'ouvre au demandeur français*

1. Civ. 1re, 23 mai 2006, n° 04-12.777, Prieur, *Bull. civ.* I, n° 254; *GADIP* 2006, n° 87; *D.* 2006, 1561, obs. Gallemeister; *AJ fam.* 2006, 324, obs. Boiché; *LPA* 22 sept. 2006, 10, note Courbe; *JCP* 2006, II, note Callé; *Dr. fam.* 2006, comm. 199, note Farge; *Rev. crit. DIP* 2006, 870, note Gaudemet-Tallon; *JDI* 2006, p. 1377, note Chalas – B. Audit, « La fin attendue d'une anomalie jurisprudentielle : retour à la lettre de l'article 15 du Code civil », *D.* 2006, chron. 1846.
2. M.-L. Niboyet, « L'éphémère privilège de l'article 14 du Code civil (À propos des arrêts du 30 septembre 2009 de la Cour de cassation) », *Gaz. Pal.*, 28 nov. 2009, n° 332, p. 8 s., spéc^t n° 17.
3. Civ. 1re, 3 déc. 2008, n° 07-19.657, *Bull. civ.* I, n° 277; *JDI* 2009, comm. 15, note Chalas; *AJ fam.* 2009, 78, obs. Boiché; *D.* 2009, 21, obs. Gallmeister; *RJPF* 2009-2/37, p. 23, note Meyzeaud-Garaud; *Gaz. Pal.* 11 juin 2009, n° 162, p. 26, note Eppler; *Rev. crit. DIP* 2009, 537, note Galland.
4. Civ. 1re, 30 juin 1992, n° 90-21.491, *Bull. civ.* I, n° 203.
5. Civ. 1re, 20 nov. 1990, n° 89-11.908, *Bull. civ.* I, n° 248.
6. Civ. 1re, 27 janv. 1993, n° 90-21.219, *Bull. civ.* I, n° 33.
7. Civ. 1re, 1er juill. 2009, n° 08-15.955, *Bull. civ.* I, n° 143; *JCP* 2009, n° 29-30, 123, obs. Cornut; *Gaz. Pal.* 2009, n° 245, p. 12, note Huchet; *D.* 2009, 1899 – Pour une APPRÉCIATION CRITIQUE de cette conception fondée sur l'idée que le Français peut être provisoirement obligé d'agir à l'étranger (pour l'obtention de mesure provisoire) sans aucune volonté de renoncer au bénéfice de l'art. 14, v. M.-L. Niboyet, « L'éphémère privilège de l'article 14 du Code civil (à propos des arrêts du 30 septembre 2009 de la Cour de cassation) », *Gaz. Pal.*, 28 nov. 2009, n° 332, p. 8 s., spéc^t n° 16.
8. Civ. 1re, 30 sept. 2009, n° 08-16.141, *Bull. civ.* I, n° 191; *Dr. fam.* 2009, comm. 167, 2e esp., note Abadie; *JCP* 2009, n° 48, 480, 2e esp., note Attal; *Rev. crit. DIP* 2010, 133, 3e esp., note Gaudemet-Tallon.
9. Civ. 1re, 18 déc. 1990, n° 89-12.623, *Bull. civ.* I, n° 294; *Rev. crit. DIP* 1991, 759, obs. Ancel – Cassant CA Paris, 11 janv. 1989, Sté Intercomi, *D.* 1989, somm. 256, obs. Audit – Civ. 1re, 9 déc. 2003, n° 01-14.569, *Bull. civ.* I, n° 247; *D.* 2004, somm. 1851, obs. Lemouland; *Defrénois* 2004, p. 434, note Revillard; p. 549, obs. crit. Massip; *RTD civ.* 2004, 65, obs. crit. Hauser – Civ. 1re, 30 sept. 2009, n° 08-19.793, *Bull. civ.* I, n° 189; *JCP* 2009, 346, 1re esp., obs. Cornut; *JCP* 2009, n° 48, 480, 1re esp., note Attal; *Dr. fam.* 2009, n° 167, 1re esp., note Abadie; *Rev. crit. DIP* 2010, 131, 2e esp., Gaudemet-Tallon.
10. Civ. 1re, 22 mai 2007, n° 04-14.716, *Bull. civ.* I, n° 195; *JCP* 2007, act. 258, obs. Chabert; *D.* 2007, 1596, note Gallmeister; *Dr. fam.* 2007, n° 159, obs. Farge; B. Audit, « Vers la consécration du caractère facultatif du *for* de la nationalité française du demandeur (article 14 du Code civil) ? », *D.* 2007, chron. 2548; *D.* 2008, pan. 1507; *JDI* 2007, p. 956, note Ancel et Muir-Watt – Pour l'art. 15, ▶

qu'une simple faculté et n'édicte pas à son profit une compétence impérative, exclusive de la compétence indirecte d'un tribunal étranger déjà saisi et dont le choix n'est pas frauduleux ». De cette référence au caractère facultatif il a été envisagé de considérer que le juge saisi sur ce fondement était désormais investi du pouvoir de vérifier le caractère approprié de sa compétence. Pareille lecture de cet arrêt a été contrariée par la jurisprudence postérieure[1]. Le privilège de l'article 14 n'a été disqualifié en faculté que lorsque doit être appréciée la compétence indirecte du juge étranger en matière de litispendance (v. s[s] n° 411.243) ou d'effet en France d'une décision étrangère (v. s[s] n° 413.52).

Un autre arrêt de la Cour de cassation[2] a pu être interprété comme une amorce de revirement dès lors qu'il a approuvé les juges du fond, compétents pour le principe du divorce, d'avoir constaté, en présence « *d'aucune disposition du droit français leur imposant de statuer sur la responsabilité parentale des enfants communs résidant en Belgique avec leur père* », que « *le juge belge était mieux placer pour statuer* » sur le sort des enfants. Cette référence à un juge étranger mieux placé dans une procédure où la mère invoquait l'article 14 pour imposer au juge du divorce de statuer sur la garde est énigmatique. Mais elle ne peut être considérée comme une remise en cause du caractère impératif de l'article 14 lorsqu'il est invoqué par une partie. Si ce texte a été écarté, c'est plus vraisemblablement sur le fondement classique de la renonciation par son bénéficiaire. Plus essentiel, semble donc être le motif final de la Cour de cassation : « *Ayant relevé que les juridictions belges, saisies par* [la mère] *elle-même, avaient rendu plusieurs décisions concernant les enfants, la Cour d'appel a pu en déduire qu'elle* [la mère] *avait renoncé au bénéfice des dispositions de l'article 14 du Code civil.* »

Une autre question est de savoir si le tribunal peut appliquer d'office ces textes lorsque le demandeur omet de s'en prévaloir alors que, par hypothèse, la juridiction française ne peut être saisie sur un autre fondement (v. s[s] n° 411.42). Elle a donné lieu à une jurisprudence hésitante et d'interprétation délicate. En dernier lieu, la Cour de cassation a énoncé de manière générale « *qu'en soulevant d'office l'application de l'article 14 du Code civil, qui n'est pas d'ordre public et qui n'avait pas été invoqué par la demanderesse* [...], *la cour d'appel a violé le texte précité* »[3].

2°
Extension des privilèges de juridiction par les textes européens

411.131 Exclusion par les « traités ». Fréquemment, la Cour de cassation rappelle que « *l'article 14 instaure au profit du demandeur français une règle de compétence qui s'impose au juge français et ne peut être écartée que par un traité international, si son bénéficiaire ne renonce pas à s'en prévaloir.* »[4]. La notion de traité international utilisée dans cette formule est largement entendue puisqu'elle intègre les règlements européens. L'affaire en cause révèle que la démarche imposée au juge peut être particulièrement lourde en raison de la multiplicité des normes supranationales. En l'occurrence, la cour d'appel a été approuvée pour s'être déclarée compétente non seulement pour connaître d'une action en divorce en raison de la nationalité française du demandeur mais également pour statuer sur les modalités d'exercice, durant l'instance, de l'autorité parentale sur l'enfant commun, domicilié aux États-Unis avec sa mère défenderesse. Pour donner son approbation, la Cour de cassation prend soin de constater l'inapplicabilité à l'espèce de la convention de La Haye, du 25 octobre 1980, sur les enlèvements illicites d'enfants, de la convention de La Haye, du 5 octobre 1961, sur la protection des mineurs et, enfin, du règlement (CE) n° 1347/2000, du 29 mai 2000, dit Bruxelles II. Ce dernier texte n'était pas applicable car entré en vigueur postérieurement à l'introduction de l'instance. En conséquence, la Cour de cassation n'a pas pu donner acte du cantonnement et de la mutation des règles exorbitantes de compétence opérés par les normes européennes.

411.132 Privilèges de juridiction et règlement Bruxelles II *bis*. Concernant la **désunion**, il résulte des articles 6 et 7, § 1, de ce texte, interprétés *a contrario*, que les articles 14 et 15, comme d'ailleurs

► v. Civ. 1re, 23 mai 2006, n° 04-12.777, préc. s[s] n° 411.122 – EN CE SENS : Civ. 1re, 22 mai 2007, n° 05-20.473, *Bull. civ.* I, n° 196; *D.* 2007, 1596, note Gallmeister.

1. Civ. 1re, 30 sept. 2009, n° 08-19.793, préc. s[s] prés[t] n° - Civ. 1re 30 sept. 2009, n° 08-17.587, *Bull. civ.* I, n° 190; *JCP* 2009, 346, 3e esp., obs. Cornut; *JCP* 2009, n° 48, 480, 3e esp., note Attal.
2. Civ. 1re, 3 déc. 2008, n° 07-19.657, *Bull. civ.* I, n° 277; *JDI* 2009, comm. 15, note Chalas; *AJ fam.* 2009, 78, obs. Boiché; *D.* 2009, 21, obs. Gallmeister; *RJPF* 2009-2/37, p. 23, note Meyzeaud-Garaud; *Gaz. Pal.* 11 juin 2009, n° 162, p. 26, note Eppler; *Rev. crit. DIP* 2009, 537, note Galland.
3. Civ. 1re, 26 mai 1999, n° 97-15.433, n° 97-16.128, *Bull. civ.* I, n° 171; *JCP* 1999, IV, 2323; *D.* 1999, IR 162; *GADIP* 2001, 4e éd., p. 426 – *Adde*, CA Paris, 11 mars 1998, *D.* 1998, IR 92 : « *la cour ne peut invoquer d'office l'article 14 du Code civil* ».
4. V. Civ. 1re, 25 janv. 2005, n° 02-16.965, NP; *Dr. fam.* 2005, chron. 24, M. Farge; *JDI* 2006, p. 593, note Hotte; *Procédures* 2005, comm. 12, C. Nourissat.

l'article 1070 du Code de procédure civile, ne peuvent pas être invoqués par le demandeur dès lors que **l'un des sept chefs de compétence prévus par le règlement désigne la juridiction d'un État membre.** À défaut de compétence d'un des États membres, ces textes peuvent être utilisés, mais les privilèges font alors l'objet d'une véritable **mutation**. Ils se transforment, par la grâce de l'article 7, § 2, « *en privilège de citoyenneté européenne* » puisqu'ils pourront être invoqués non seulement par un Français[1] mais encore par tout ressortissant d'un État membre ayant sa résidence habituelle en France, dès lors que l'époux défendeur n'est pas intégré dans l'espace européen en raison de sa nationalité, sa résidence habituelle ou son domicile dans le cas du Royaume-Uni et de l'Irlande. Par exemple, un Polonais résidant en France depuis moins d'un an peut agir en divorce contre son épouse canadienne, résidant à Montréal, en se prévalant, faute de mieux, du privilège de l'article 14 du Code civil. Pour le **contentieux de la responsabilité parentale**, l'article 14 du règlement réserve le jeu des règles ordinaires, et donc vraisemblablement des privilèges, à l'hypothèse où aucune juridiction d'un État membre n'est compétente en vertu des articles 8 à 13 du règlement. Mais il ne dénationalise pas les privilèges pour l'autorité parentale.

411.133 Privilèges de juridiction et règlement Bruxelles I. Applicable en matière d'**obligations alimentaires**, le règlement Bruxelles I exclut encore plus clairement le jeu des privilèges de juridiction. Après avoir posé que les personnes domiciliées sur le territoire d'un État membre ne peuvent être attraites devant les tribunaux d'un autre État qu'en vertu des règles de compétence énoncées par lui (art. 3, § 1), il en indique expressément l'une des conséquences : les mêmes personnes ne peuvent se voir opposer les règles nationales exorbitantes dont il fournit, même, une liste (annexe I) dans laquelle figurent les articles 14 et 15 du Code civil français. Et lorsque le défendeur n'est pas domicilié dans un État membre, l'application subsidiaire des règles de compétence nationale s'opère avec une métamorphose des privilèges, plus importante encore que celle réalisée dans le règlement Bruxelles II *bis*. Toute personne, quelle que soit sa nationalité, domiciliée sur le territoire d'un État membre, peut, comme les nationaux, y invoquer contre le défendeur domicilié dans un État tiers non seulement les règles de compétence qui y sont en vigueur mais également les privilèges figurant dans la liste de l'annexe I.

1. V. Civ. 1re, 30 sept. 2009, n° 08-19.793, préc. s^s n° 411.123.

3°
Disparition des privilèges de juridiction dans les futurs textes européens

411.141 Obligations alimentaires. Aujourd'hui résiduel, le jeu des articles 14 et 15 du Code civil disparaîtra avec la mise en application, le 18 juin 2010, du règlement (CE) n° 4/2009 du 18 décembre 2008 relatif à la compétence, la loi applicable, la reconnaissance et l'exécution des décisions et la coopération en matière d'obligations alimentaires[2]. Ce texte modifiera le règlement dit Bruxelles I « *en remplaçant les dispositions de celui-ci applicables en matière d'obligations alimentaires* » (règl. [CE] n° 4/2009, préambule, cons. 44). Selon son préambule, le règlement dit Bruxelles I est insuffisamment protecteur des intérêts du créancier d'aliments. Ainsi est-il observé que « *la circonstance qu'un défendeur a sa résidence habituelle dans un État tiers ne devrait plus être de nature à exclure l'application des règles communautaires de compétence, et plus aucun renvoi aux règles de compétence du droit national ne devrait désormais être envisagé* » (règl. [CE] n° 4/2009, préambule, cons. 15). Aussi bien, le règlement (CE) n° 4/2009 ne conditionne-t-il pas son applicabilité à la domiciliation du défendeur dans un État membre. Cette nouvelle politique conduit incontestablement en matière alimentaire à une « *abrogation* » de l'article 14 qui ne pourra plus être mis à profit, ni par un Français, ni par un étranger domicilié en France. En revanche le sort de l'article 15 méritera la discussion s'il voulait être invoqué par une personne non ressortissante d'un État de l'Union et résidant dans un pays tiers contre un Français également résidant en dehors du territoire de l'Union.

411.142 Divorce. La proposition de règlement Rome III prévoit de supprimer l'article 7 du règlement sur les compétences résiduelles, de communautariser les compétences résiduelles, en instaurant « *une règle uniforme et exhaustive* [...] *qui remplace les règles nationales en la matière et qui garantit l'accès à la justice pour les conjoints qui résident dans un pays tiers mais qui gardent des liens étroits avec un État membre dont ils sont ressortissants ou dans lequel ils ont résidé pendant un certain temps* » (prop. règl. [CE], mod. règl. [CE] n° 2201/2003, p. 9)[3]. Si ce programme est respecté, l'article 14 serait inopérant en matière de divorce. La question se poserait d'une éventuelle survie de l'article 15 du Code civil (v. s^s n° 411.141).

2. Règl. (CE) n° 4/2009, 18 déc. 2008, relatif à la compétence, la loi applicable, la reconnaissance et l'exécution des décisions et la coopération en matière d'obligations alimentaires, *JOUE* L 7, 10 janv. 2009, p. 1.
3. A. Devers s^s CJCE 29 nov. 2007, aff. C-68/07, Kerstin Sundelind Lopez, *JCP* 2008, II, 10042, spéc^t II.

SECTION 2
RÉGIME DE LA COMPÉTENCE

411.150 **Division.** La notion de régime est souvent utilisée comme un fourre-tout permettant de réunir des questions ne présentant pas de liens évidents. En l'occurrence, elle permet de présenter des règles qui intéressent le caractère impératif des règles de compétence. Les parties peuvent-elles les écarter par une clause attributive de juridiction (§ 1) ? Le juge doit-il contrôler sa compétence internationale (§ 2) et quelle doit être sa réaction en présence d'un incident de compétence (§ 3) caractérisé par une situation de litispendance ou de connexité ?

§ 1
Clauses relatives à la compétence internationale

A.
Règles communautaires de compétence internationale

411.151 **Bruxelles II *bis*.** Le règlement Bruxelles II *bis* n'admet pas la licéité de clauses attributives de juridiction proprement dites. Tout au plus comporte-t-il, en matière de responsabilité parentale, une règle - dérogatoire à la compétence du juge de la résidence habituelle de l'enfant - qui s'analyse comme une prorogation volontaire de compétence au profit du juge de la désunion (règl. Bruxelles II *bis*, art. 12, § 1 - sur lequel, v. s[s] n° 432.121).

411.152 **Règlement Bruxelles II *ter* ou Rome III ?** La Commission propose de modifier le règlement Bruxelles II *bis* en insérant une règle de compétence fondée sur la volonté des époux : « *Cette disposition instaure une possibilité limitée, pour les conjoints, de désigner de commun accord la juridiction compétente ("prorogation") dans les procédures de divorce et de séparation de corps. Elle correspond à l'article 12 du règlement (CE) n° 2201/2003 du Conseil, qui permet aux parties de s'accorder sur le choix de la juridiction compétente en matière de responsabilité parentale à certaines conditions* » (prop. règl. [CE], mod. règl. [CE] n° 2201/2003, en ce qui concerne la compétence et instituant des règles relatives à la loi applicable en matière matrimoniale, présentée par la Commission le 17 juill. 2006) [1]. Selon la Commission, cette règle « *améliorera la sécurité juridique et la prévisibilité pour les conjoints.* [Elle] *permettra notamment l'accès à la justice pour les conjoints de nationalités différentes en leur permettant de désigner de commun accord une juridiction ou les juridictions d'un État membre dont l'un des deux est ressortissant. Cette possibilité s'applique aux conjoints qui résident dans un État membre comme à ceux qui résident dans des pays tiers* ».

411.153 **Règlement Bruxelles I.** Conformément à l'article 23 du règlement Bruxelles I, le créancier et le débiteur d'aliments, dès lors que l'un au moins a son domicile sur le territoire d'un État membre, peuvent convenir « *d'un tribunal ou de tribunaux d'un État membre pour connaître des différends nés ou à naître à l'occasion d'un rapport de droit déterminé* » (règl. [CE] n° 44/2001, art. 4, § 1). Sauf convention contraire des parties, « *cette compétence est exclusive* » (règl. [CE] n° 44/2001, art. 4, § 1). Quant à la forme, une telle convention attributive de juridiction peut être conclue « *par écrit ou verbalement avec confirmation écrite* » ou « *sous une forme qui soit conforme aux habitudes que les parties ont établies entre elles* » (règl. [CE] n° 44/2001, art. 4, § 1). Le règlement Bruxelles I reconnaît également une valeur à **l'écrit sous forme électronique** : « *Toute transmission par voie électronique qui permet de consigner durablement la convention est considérée comme revêtant une forme écrite* » (règl. [CE] n° 44/2001, art. 4, § 2).

Ainsi, des époux peuvent valablement insérer dans la convention définitive homologuée par le juge français une clause donnant compétence exclusive aux juridictions françaises pour examiner une éventuelle demande de révision de la prestation compensatoire. Ce faisant ils s'interdisent, sauf commun accord, de saisir les juridictions d'un autre État membre.

411.154 **Règlement (CE) n° 4/2009.** En application à compter du 18 juin 2011, le règlement (CE) n° 4/2009 se montre plus restrictif que le règlement Bruxelles I afin de protéger le **créancier d'aliments.** Considéré comme une partie faible, il est **protégé contre les clauses attributives de compétence juridictionnelle.** Les parties peuvent conve-

1. Prop. règl. (CE), mod. règl. (CE) n° 2201/2003 en ce qui concerne la compétence et instituant des règles relatives à la loi applicable en matière matrimoniale présentée par la Commission le 17 juill. 2006, COM (2006) 399 final, p. 8 – Pour une présentation, parfois CRITIQUE, V. NOT. F. R. Paulino, « Rome III : la compétence juridictionnelle et la loi applicable en matière matrimoniale », *RMCUE* 2007, n° 509, p. 390 – E. Gebhardt, « La proposition de règlement concernant la compétence et la loi applicable en matières matrimoniales », *L'Observateur de Bruxelles* 2008, n° 71, p. 26 – G. Lardeux, « La révision du règlement Bruxelles II *bis* : Perspectives communautaires sur les désunions internationales », *D.* 2008, 795 – V. ég. C. Nourissat, « Sur l'élaboration d'une source perturbatrice : à propos du droit international privé communautaire », *D.* 2007, 1098; *Procédures* 2007, comm. 191.

nir de la juridiction d'un État membre compétente pour régler leurs différends en matière d'obligations alimentaires, nés ou à naître entre elles. Elles peuvent choisir « *une juridiction ou les juridictions d'un État membre dans lequel l'une des parties a sa résidence habituelle* », « *une juridiction ou les juridictions de l'État membre dont l'une des parties a la nationalité* », « *en ce qui concerne les obligations alimentaires entre époux ou ex-époux, la juridiction compétente pour connaître de leurs différends en matière matrimoniale, ou une juridiction ou les juridictions de l'État membre qui a été celui de leur dernière résidence habituelle commune pendant au moins un an* ». Les éléments de rattachement visés doivent être concrétisés au moment de la conclusion de la convention ou au moment de l'introduction de l'instance. L'article 4 du règlement (CE) n° 4/2009 détaille le formalisme de la clause d'élection de *for* (elle est en principe conclue par écrit), le moment de sa conclusion (elle peut être conclue à tout moment) et ses effets (la compétence du juge saisi est en principe exclusive). Le domaine des **clauses d'élection de *for*** connaît une importante **limite** : les clauses attributives de juridiction ne sont pas applicables dans un litige portant sur une obligation alimentaire à l'égard d'un enfant de moins de dix-huit ans.

B.
Règles françaises de compétence internationale

411.161 Prohibition. Pour les règles françaises de compétence internationale, la jurisprudence a posé un principe de **licéité des clauses prorogeant la compétence internationale** dans les litiges internationaux à condition, toutefois, qu'elles ne fassent pas échec à la **compétence impérative d'une juridiction française**[1]. Or la compétence territoriale française en matière de capacité et d'état des personnes est certainement impérative[2]. Une clause dérogeant à l'article 42 du Code de procédure civile en matière de filiation serait en conséquence illicite. Pour le divorce, la Cour de cassation a clairement affirmé que la compétence normale des tribunaux français de l'article 5 du décret du 5 décembre 1975 - désormais remplacé par l'article 1070 du Code de procédure civile - est une compétence « *à laquelle il ne peut être renoncé* »[3] (comp. avec une espèce où les juges énoncent qu'« *à le supposer valide* » un engagement de soumettre à une autorité religieuse étrangère les litiges pouvant opposer des époux doit avoir été accepté en connaissance de cause[4]).

411.162 Limite. En revanche, la compétence fondée sur les articles 14 et 15 du Code civil n'est pas impérative. Il en résulte que, même en matière d'état des personnes, la clause attribuant compétence à un tribunal étranger est licite et emporte renonciation au bénéfice de ces privilèges[5].

411.163 Domaine de la prohibition. La doctrine s'interroge pour savoir si elle doit être appliquée en droit patrimonial de la famille (succession, régimes matrimoniaux). D'un côté, la large maîtrise de leurs droits par les parties dans ces disciplines incite à admettre la licéité des clauses attributives de juridictions[6]. De l'autre, le lien entre le droit patrimonial et extrapatrimonial de la famille peut susciter une conclusion inverse. La question est aujourd'hui largement obsolète avec l'emprise croissante du droit libéral de l'Union européenne favorable aux clauses attributives de juridiction.

§ 2
Contrôle de la compétence

A.
Règles européennes de compétence internationale

1°
Règlement dit Bruxelles II *bis*

411.171 Obligation pour le juge de soulever d'office son incompétence. La juridiction d'un État membre qui constate que le règlement ne fonde pas sa compétence et qu'aucune autre juridiction d'un État membre n'est compétente en vertu du même texte, doit se déclarer d'office incompétente (règl. [CE] n° 2201/2003, art. 17). Cette obligation a été justifiée non seulement par le **caractère indisponible des questions abordées** mais aussi parce qu'au stade de la reconnaissance des décisions, le règlement interdit au juge requis le contrôle de la com-

1. Civ. 1re, 17 déc. 1985, n° 84-16.338, *Bull. civ.* I, n° 354; *Rev. crit. DIP* 1986, 537, note Gaudemet-Tallon; *D.* 1986, IR 265, obs. Audit.
2. V. NOT., B. Ancel et Y. Lequette, *GADIP*, 655 – MAYER ET HEUZÉ, n° 304 – H. Gaudemet-Tallon, « Réflexions comparatives sur certaines tendances nouvelles en matière de compétence internationale des juges et des arbitres », *Mél. Marty*, p. 531 s., spéct p. 551.
3. Civ. 1re, 1er avr. 1981, n° 79-13.959, De Itturalde de Pedro, *Bull. civ.* I, n° 117; *JDI* 1981, p. 812, note Alexandre; *D.* 1982, IR 69, obs. Audit; *Gaz. Pal.* 1981, 2, 228, note Lisbonne.
4. CA Paris, 12 mars 1996, *D.* 1998, somm. 282, obs. Audit.
5. Civ. 1re, 8 juin 1999, n° 97-13.406, *Bull. civ.* I, n° 191; *Rev. crit. DIP* 2000, 35, note Rémy-Corlay; *Defrénois* 2000, p. 105, obs. Massip; *D.* 1999, IR 169.
6. V. J.-CL. INTERNAT., A. Huet, « Compétence des tribunaux français à l'égard des litiges internationaux », fasc. 548-41, n° 22.

pétence du juge d'origine[1]. Il faut noter que le règlement ne comporte aucune disposition relative à une éventuelle exception d'incompétence qui serait soulevée par le défendeur. Il en est généralement déduit que l'exception d'incompétence relève du droit procédural de l'État du juge saisi, donc en France des articles 74 et 75 du Code de procédure civile qui obligent à soulever cette exception *in limine litiis*. Cette déduction est difficile à mettre en œuvre. Dès lors que le juge a l'obligation de soulever d'office son incompétence, il ne semble pas que la partie lui suggérant, tardivement, d'accomplir son obligation puisse se voir opposer la discipline imposée par le droit procédural français. Parce que la décision d'incompétence suppose que le juge français motive son incompétence et la compétence d'un juge d'un autre État membre, il y a indirectement désignation d'une juridiction étrangère compétente, contrairement à ce que retient l'article 96 alinéa 1er du Code de procédure civile.

À l'occasion de la première apparition du règlement Bruxelles II *bis* devant la Cour de cassation, la Première chambre civile a fait preuve d'une grande fermeté pour obliger les juges du fond au réflexe communautaire[2]. Elle leur impose de fonder d'office leur compétence sur les dispositions du règlement, y compris lorsqu'ils seraient compétents en vertu des règles nationales[3]. Il est donc impératif de cesser de raisonner par rapport aux articles 1070 du Code de procédure civile, et 14 et 15 du Code civil.

Ces textes doivent être convoqués uniquement lorsque la juridiction française et aucune juridiction d'un autre État membre ne sont compétentes au regard des chefs de compétence prévus par le règlement (règl. [CE] n° 2201/2003, art. 14 - V. ss n° 411.65). Si tel est le cas, le droit procédural français sera applicable.

411.172 Vérification de la recevabilité. Lorsque le défendeur est défaillant et a sa résidence habituelle dans un autre État que celui où l'action est intentée, le juge doit vérifier la recevabilité de l'action; il doit s'assurer que le « *défendeur a été mis à même de recevoir l'acte introductif d'instance ou un acte équivalent en temps utile afin de pourvoir à sa défense* [...] » (règl. [CE] n° 2201/2003, art. 18).

411.173 Possibilité exceptionnelle de décliner sa compétence. Concernant les actions relatives à la **responsabilité parentale**, le règlement Bruxelles II *bis* prévoit, « *à titre d'exception* », que la juridiction d'un État membre compétente pour connaître du fond peut, si elle estime qu'une juridiction d'un autre État membre « *avec lequel l'enfant a un lien particulier* » est mieux placée pour connaître de l'affaire, inviter les parties à saisir cette juridiction, ou même demander à cette juridiction d'exercer sa compétence (règl. [CE] n° 2201/2003, art. 15 - V. ss n° 432.141). Par le truchement du droit européen, la théorie du *forum non convenient* fait ainsi son apparition en France.

2°
Règlement dit Bruxelles I

411.181 Défaillance du défendeur. Lorsque le défendeur (en notre matière, le débiteur d'aliments) domicilié sur le territoire d'un État membre est attrait devant la juridiction d'un autre État membre et ne comparaît pas, le juge se déclare d'office incompétent si sa compétence n'est pas fondée aux termes du règlement (règl. [CE] n° 44/2002, art. 26, § 1). Si sa compétence est établie, il est tenu de surseoir à statuer s'il n'est pas établi que « *ce défendeur a été mis à même de recevoir l'acte introductif d'instance ou un acte équivalent en temps utile afin de pourvoir à sa défense* [...] » (règl. [CE] n° 44/2002, art. 26, § 2).

411.182 Comparution du défendeur. L'article 24 du règlement Bruxelles I confère parfois à la comparution du défendeur devant le juge d'un État membre normalement incompétent un **effet prorogatoire de compétence** : si le défendeur ne conteste pas - selon les règles procédurales du juge requis - la compétence du tribunal saisi, celui-ci est en principe compétent en vertu d'un **contrat judiciaire tacite** entre les parties[4]. Faute d'indication contraire, ce principe doit s'appliquer en matière d'obligations alimentaires.

411.183 Règlement (CE) n° 04/2009. Le règlement (CE) n° 04/2009 concernant les obligations alimentaires, applicable à compter du 18 juin 2011, reprend le même schéma mais avec une présentation différente. Selon son article 10 : « *La juridiction d'un État membre saisie d'une affaire pour*

1. V. RÉP. INTERNAT., P. Courbe, *V° Divorce et séparation de corps*, n° 108.
2. Civ. 1re, 22 févr. 2005, n° 02-20.409, *Bull. civ.* I, n° 89; *D.* 2005, J. 1459, note Sana-Chaillé de Néré; *RJPF* 2005-5/24, p. 16, obs. Garé; *Defrénois* 2005, art. 38129, p. 1330, note Crône; art. 38221, n° 62, p. 1348, obs. Massip; *RLDC* 2005/9, n° 19, p. 32, note Bottiau; *Rev. crit. DIP* 2005, 515, note Pataut; *Dr. fam.* 2005, chron. 24, M. Farge; *Procédures* 2005, comm. 12, note Nourissat; *D.* 2006, pan. 1500, obs. Courbe et Jault-Seseke; *AJ fam.* 2005, 277, obs. David; *Gaz. Pal.* 2005, n° 148, 23, chron. Boiché.
3. V. M.-L. Niboyet, « Office du juge : vérification et exercice de la compétence », *Dr. et patr.* juin 2005, n° 138, p. 75. - Civ. 1re, 25 avr. 2007, n° 06-15.381, *Bull. civ.* I, n° 157 (REJET par substitution de motifs).
4. Pour une analyse complète de la disposition, v. RÉP. INTERNAT., *V° Règlement Bruxelles I (Matières civile et commerciale)*, nos 255 s.

laquelle elle n'est pas compétente en vertu du présent règlement se déclare d'office incompétente ». En cas de défaillance du défendeur qui a sa résidence habituelle sur le territoire d'un État autre que l'État membre où l'action a été intentée, **la juridiction compétente surseoit à statuer** aussi longtemps qu'il n'est pas établi que le défendeur a été mis à même de recevoir l'acte introductif d'instance ou un acte équivalent en temps utile pour qu'il ait pu se défendre ou que toute diligence a été faite à cette fin (règl. [CE] n° 04/2009, art. 19, § 1); mais la règle peut être écartée au profit de l'application de l'article 19 du règlement (CE) n° 1393/2007 (règl. [CE] n° 04/2009, art. 19, § 2) ou encore de celle de l'article 15 de la convention de La Haye du 15 novembre 1965, relative à la signification et à la notification à l'étranger des actes judiciaires et extrajudiciaires en matière civile ou commerciale (règl. [CE] n° 04/2009, art. 19, § 3). S'agissant de la **comparution du défendeur devant une juridiction incompétente sur le fondement de ses autres dispositions**, le règlement n° 04/2009 la promeut en **règle de compétence générale** au profit de la juridiction de l'État membre saisie sauf, évidemment, si la comparution avait pour objet de contester la compétence (règl. [CE] n° 04/2009, art. 5).

B.
Règles françaises de compétence internationale

411.191 Incompétence soulevée par les parties. Par transposition des dispositions du Code de procédure civile, l'exception d'incompétence, en matière internationale, doit être soulevée *in limine litis*, c'est-à-dire **avant toute défense au fond ou fin de non-recevoir**, même si les règles invoquées sont d'ordre public (C. pr. civ., art. 74)[1]. La partie qui soulève l'exception d'incompétence doit, à peine d'irrecevabilité, la motiver et préciser « *dans tous les cas* » devant quelle juridiction elle demande que l'affaire soit portée. Dans un litige international, il suffit de donner des « *précisions suffisamment claires pour que la désignation de la juridiction soit certaine* »[2], c'est-à-dire de désigner l'État dans lequel se trouve la juridiction compétente, sans avoir à préciser ni sa nature ni sa localisation exacte[3].

411.192 Faculté pour le juge de soulever d'office son incompétence. En matière familiale, il peut toujours le faire, même en appel ou en cassation[4]. Cette faculté lui permet de décliner sa compétence lorsque le défendeur, trop éloigné ou mal informé, n'a pas soulevé à temps l'exception d'incompétence. L'incompétence pourra être soulevée également en cas de fraude à la compétence c'est-à-dire « *lorsque le demandeur invoque un critère de compétence objectivement réalisé mais qu'il détourne de son rôle normal* »[5].

411.193 Recours contre le jugement rendu sur la compétence. Il faut normalement suivre la voie du **contredit** afin de faire juger par la cour d'appel la question de compétence. La cour, si elle estime que la compétence n'appartient pas à l'ordre juridictionnel français, n'a pas le pouvoir d'enjoindre au juge étranger de connaître de l'affaire; elle doit simplement renvoyer « *les parties à mieux se pourvoir* » (C. pr. civ., art. 96 – pour les particularités de la procédure de contredit[6]). Dans plusieurs hypothèses et conformément aux règles du droit interne, la voie du contredit est exclue (sauf si la juridiction statuant en premier ressort s'est déclarée d'office incompétente), de sorte que le jugement rendu sur la compétence doit être déféré à la cour par le moyen de **l'appel**. Ainsi en est-il si le tribunal s'est déclaré compétent et a statué sur le fond ou même s'il s'est déclaré incompétent dans l'un des cas visés par les articles 98 et 99 du Code de procédure civile (ordonnances de référé, ordonnance du juge conciliateur en matière de divorce ou de séparation de corps[7]). Pour la Cour de cassation, par ailleurs, si un jugement statue sur une exception de procédure, une fin de non-recevoir ou tout autre incident mettant fin à l'instance, l'appel immédiat est recevable; dès lors est censuré un arrêt affirmant que l'appelant aurait dû attaquer le jugement tranchant une question de compétence au profit d'une juridiction étrangère par la voie du contredit et que l'appel était irrecevable, alors que, dans son dispositif, le jugement avait déclaré la demande en divorce irrecevable, ce qui rendait recevable l'appel immédiat[8].

Pour connaître les conséquences d'un exercice erroné de la voie de recours, il faut se référer encore aux règles du droit interne. En vertu de l'article 91 alinéa 1er du Code de procédure civile : « *Lorsque la*

1. Civ. 5 avr. 1957, *Rev. crit. DIP* 1957, 335, note P. H. : jugeant qu'en matière de divorce l'exception devait être soulevée dès le début de la tentative de conciliation.
2. Civ. 1re, 31 janv. 1990, n° 87-18.170, *Bull. civ.* I, n° 27; *D.* 1990, 461, note Remery.
3. Soc. 17 mars 1998, n° 93-40.442, n° 95-41.582, *Bull. civ.* V, n° 151; *D.* 1998, IR 100.
4. Civ. 1re, 2 févr. 1982, n° 80-16.594, *Bull. civ.* I, n° 56; *D.* 1983, somm. 149, obs. Audit (en matière de divorce).
5. Mayer et Heuzé, n° 308.
6. V. J.-Cl. Internat., A. Huet, « Compétence des tribunaux français à l'égard des litiges internationaux », fasc. 581-42, nos 47 s.
7. CA Grenoble, 13 févr. 1973, *Gaz. Pal.* 1973, 1, 372.
8. Civ. 2e, 28 févr. 1996, n° 93-16.900, *Bull. civ.* II, n° 39; *JCP* 1996, IV, n° 911.

cour estime que la décision qui lui est déférée par la voie du contredit devait l'être par celle de l'appel, elle n'en demeure pas moins valablement saisie ». Mais lorsque la cour a été saisie d'un appel, alors qu'elle aurait dû l'être par la voie du contredit, l'appel doit être déclaré irrecevable[1].

Que la cour d'appel ait statué sur la compétence à la suite d'un appel ou d'un contredit, le pourvoi contre son arrêt est possible[2] et, si la Cour de cassation estime que l'affaire ne relève pas de la compétence des juridictions françaises, elle renverra les parties à mieux se pourvoir.

§ 3
Règlement des incidents de compétence

A.
Litispendance

1°
Litispendance entre deux juridictions d'État membre de l'Union européenne

411.201 Pluralité d'hypothèses. En référence à la définition classique, le règlement Bruxelles I retient qu'il y a litispendance lorsque deux juridictions d'États membres différents sont saisies de demandes, formées entre les **mêmes parties**, ayant le **même objet** et la **même cause** (règl. [CE] n° 44/2001, art. 27, § 1 - pour une définition identique, v. règl. [CE] n° 4/2009, art. 12). Il est délicat d'en fournir une illustration; peut-être faut-il retenir la litispendance en présence des demandes de révision - l'une à la hausse, l'autre à la baisse - d'une prestation compensatoire ? Pour sa part, le règlement Bruxelles II *bis* distingue entre les demandes relatives au **lien matrimonial** et celle concernant la **responsabilité parentale**.

Pour les premières, il retient l'hypothèse de « *demandes en divorce, en séparation de corps ou en annulation du mariage* [...], *formées entre les mêmes parties devant des juridictions d'États membres différents* »; il n'est donc pas fait référence à la cause et à l'objet des actions. Cette délimitation souple permet d'englober les situations de **litispendance proprement dites** (par ex., deux demandes en divorce) et celles de **quasi-litispendance**, désignées dans le règlement sous l'expression d'**actions dépendantes**. Sont dépendantes : la demande en divorce et la demande en séparation de corps, la demande en annulation et la demande en divorce... Cette distinction est seulement explicative puisque les règles applicables sont identiques.

Quant aux actions relatives à l'autorité parentale, l'identité de parties ne semble pas exigée : il y a litispendance, si elles ont, à l'égard d'un enfant, « *le même objet et la même cause* ».

411.202 Résolution : règle *prior tempore*. Pour ces différentes hypothèses, les différents règlements imposent une démarche identique. Dans, un premier temps, « *la juridiction saisie en second lieu surseoit d'office à statuer jusqu'à ce que la compétence de la juridiction première saisie soit établie.* » (règl. [CE] n° 2201/2003, art. 19, § 1 - règl. [CE] n° 44/2001, art. 27, § 1 - règl. [CE] n° 4/2009, art. 12, § 1). Dans un second temps, « *lorsque la compétence de la juridiction première saisie est établie, la juridiction saisie en second lieu se dessaisit en faveur de celle-ci.* » (règl. [CE] n° 2201/2003, art. 19, § 3 - règl. [CE] n° 44/2001, art. 27, § 2 - règl. [CE] n° 4/2009, art. 12, § 2). Dans ce cas, le **règlement Bruxelles II** ajoute encore que la « *partie ayant introduit l'action auprès de la juridiction saisie en second lieu peut porter cette action devant la juridiction première saisie* ». Une **compétence globale** est ainsi accordée au **juge premier saisi** qui pourra connaître de demandes en démariage dépendantes, l'une portant sur le divorce, l'autre portant sur l'annulation. Il risque de se heurter à des difficultés, les actions pouvant être régies, en fait, par des lois différentes[3].

411.203 Date de la saisine. Essentielle pour la mise en œuvre de ces règles, la date de la saisine est définie dans les règlements qui proposent une alternative. La juridiction est réputée saisie :

« *a) à la date à laquelle l'acte introductif d'instance ou un acte équivalent est déposé auprès de la juridiction, à la condition que le demandeur n'ait pas négligé par la suite de prendre les mesures qu'il était tenu de prendre pour que l'acte soit notifié ou signifié au défendeur;*

ou b) si l'acte doit être notifié ou signifié avant d'être déposé auprès de la juridiction, à la date à laquelle il est reçu par l'autorité chargée de la notification ou de la signification, à condition que le

1. EN CE SENS, J.-CL. INTERNAT., A. Huet, « Compétence des tribunaux français à l'égard des litiges internationaux », fasc. 581-42, n° 48 – CA Paris, 15 janv. 1986, *Gaz. Pal.* 1986, 1, somm. 26.
2. EN CE SENS, V. RÉP. INTERNAT., H. Gaudemet-Tallon, *V° Compétence civile et commerciale*, n° 166 – Pour l'admission du pourvoi immédiat en cassation concernant les arrêts sur contredit : Civ. 1re, 11 avr. 1995, n° 93-10.321, *Bull. civ.* I, n° 163 – Civ. 1re, 15 oct. 1996, n° 95-10.234, *Bull. civ.* I, n° 349; *Rev. crit. DIP* 1997, 90, note Muir-Watt – Civ. 1re, 9 déc. 2003, n° 01-03.225, *Bull. civ.* I, n° 245; *D. Affaires* 2004, 276; *D.* 2004, 276, obs. Manara; *RTD com.* 2004, 281, obs. Pollaud-Dulian – *CONTRA* Civ. 1re, 27 oct. 1992, n° 90-21.335, *Bull. civ.* I, n° 262 – Civ. 1re, 30 oct. 1984, *D.* 1985, IR 263, obs. Julien.
3. P. Courbe, « Le règlement communautaire sur le contentieux du divorce international », *LPA* 14 oct. 2003, n° 205, 5, spécᵗ 8.

demandeur n'ait pas négligé par la suite de prendre les mesures qu'il était tenu de prendre pour que l'acte soit déposé auprès de la juridiction. » (règl. [CE] n° 2201/2003, art. 16 - règl. [CE] n° 44/2001, art. 30 - règl. [CE] n° 4/2009, art. 12, § 9). C'est dire que le tribunal est réputé saisi, dès l'accomplissement des premières formalités exigées par la loi de procédure, sous condition que le demandeur ait effectué ensuite toutes les diligences exigées.

411.204 **Mise en œuvre.** À vrai dire, ce système n'a un rôle essentiel que dans le **contentieux du démariage** en raison de la **pluralité de tribunaux virtuellement compétents** proposée par l'article 3 du règlement dit Bruxelles II *bis*[1]. La litispendance est d'ailleurs le seul remède, malheureusement *a posteriori*, au « *risque de ruée vers le tribunal* »[2] provoqué par la multiplicité des *for* susceptibles d'être saisis. Au regard de la procédure française de divorce, la règle *prior tempore* a exigé de déterminer le moment de la saisine du juge français (au sens du règl. [CE] Bruxelles II *bis*, art. 16) : fallait-il retenir la date du dépôt de la requête initiale ou celle de l'assignation ?[3]. Par deux arrêts du 11 juillet 2006, la Cour de cassation a tranché en faveur de la **date du dépôt de la requête initiale** car elle constitue la première formalité de la procédure de divorce[4]. La solution mérite d'être approuvée car, inspirée de l'alinéa 3 de l'article 1070 du Code de procédure civile, elle évite une fuite du contentieux lorsque le juge étranger est saisi par l'époux défendeur en France après le dépôt de la requête initiale.

411.205 **Charge de la preuve.** Est-ce à l'époux qui soulève en France l'exception de litispendance de supporter l'intégralité de la charge de la preuve concernant l'antériorité de la saisine de la juridiction étrangère ? Autrement dit, doit-il démontrer non seulement le moment où il a saisi le juge étranger mais également celui, nécessairement postérieur, où son conjoint a saisi le juge français ? *A priori* d'école, cette question s'est posée dans un arrêt du 14 septembre 2006 de la cour d'appel de Paris.

En l'occurrence, les époux avaient saisi le même jour, l'un la juridiction parisienne et l'autre la juridiction londonienne. La cour admet que le juge anglais fut le premier saisi car était produit un document attestant de l'heure de dépôt[5] alors que l'autre époux, défendeur à l'exception de litispendance, ne pouvait démontrer l'heure exacte à laquelle le juge français avait été saisi. Et la Cour avait précisé que la preuve de la saisine pouvait être rapportée par tous moyens et avait même dû affirmer qu'il n'y avait pas une rupture d'égalités entre les citoyens membres de l'Union européenne en raison de l'absence d'horodateur devant la juridiction parisienne. La Cour de cassation a validé cette répartition de la charge de la preuve en considérant que « *lorsque deux juridictions ont été saisies à la même date et que la partie invoquant l'exception de litispendance prouve l'heure à laquelle elle a saisi la juridiction dont elle revendique la compétence, il incombe à l'autre partie, pour écarter cette exception, d'établir une saisine antérieure* »[6].

C'est pourquoi il est fortement conseillé de demander que soit mentionnée l'heure lors du dépôt de la requête en divorce en France. Rendue concernant la mise en œuvre du règlement Bruxelles II *bis*, cette solution doit être transposable pour régler les cas de litispendance lorsque la juridiction française est concurremment saisie avec celle d'un État tiers.

2°
Litispendance avec une juridiction d'un État tiers à l'Union européenne

411.210 **Rappel.** Les règles précédemment exposées ne s'appliquent pas chaque fois que le juge français, même compétent sur le fondement d'un règlement européen[7], est saisi concurremment avec

1. M. Douchy-Oudot, « Le traitement de la litispendance », H. Fulchiron et C. Nourissat (dir.), *Le nouveau droit communautaire du divorce et de la responsabilité parentale*, « Thèmes et commentaires », Dalloz, 2005, p. 209.
2. Expression retenue par la Commission européenne elle-même, v. prop. règl. (CE), mod. règl. (CE) n° 2201/2003 en ce qui concerne la compétence et instituant des règles relatives à la loi applicable en matière matrimoniale présentée par la Commission le 17 juill. 2006, COM (2006) 399 final, p. 4-5.
3. J. Rey, « La saisine », H. Fulchiron et C. Nourissat (dir.), *Le nouveau droit communautaire du divorce et de la responsabilité parentale*, « Thèmes et commentaires », Dalloz, 2005, p. 181.
4. Civ. 1re, 11 juill. 2006, n° 04-20.405, n° 05-19.231, 2 esp., *Bull. civ.* I, nos 374 et 375; *Gaz. Pal.* 15-16 sept. 2006, 2, avis Sainte-Rose; *AJ fam.* 2006, 460, obs. Boiché; *RJPF* 2006-11/22, p. 21, obs. Garé; *D.* 1997, pan. 608; 1751 – COMP. J.-CL. DIVORCE, H. Gaudemet-Tallon, fasc. 420, nov. 1997, n° 107 et réf. cit.
5. CA Paris, 14 sept. 2006, *AJ fam.* 2006, 462, obs. Hilt; *Dr. fam.* 2007, comm. 136, 1re esp., note Farge – En première instance, v. TGI Paris, 5 sept. 2005, n° 05/33438, *Procédures* 2006, comm. 107, obs. Nourissat.
6. Civ. 1re, 11 juin 2008, n° 06-20.042, *Bull. civ.* I, n° 165; *Dr. fam.* 2008, comm. 164, note Farge; *JCP* 2008, act. 449, obs. Cornut; *D.* 2008, 2367, obs. Chauvin; *JDI* 2009, comm. 10, note Fohrer-Dedeurwaerder; *AJ fam.* 2008, 295, obs. Boiché; *RTD civ.* 2008, p. 723, obs. Perrot; *RJPF* 2008-10/25, p. 18, obs. Garé; *RLDC* 2008, n° 3225, note Serra; *Gaz. Pal.* 21 févr. 2009, n° 52, p. 53, note Niboyet; *Gaz. Pal.* 9 juin 2009, n° 160, p. 38, note Eppler.
7. V. NOT., Civ. 1re, 17 juin 2009, n° 08-12.456, *Bull. civ.* I, n° 130; *JCP* 2009, 369, n° 25, obs. Jeuland; *Defrénois* 2009, p. 1722, note Crône; *Dr. fam.* 2009, comm. 134, note Abadie; *AJ fam.* 2009, 401, obs. Boiché; *RJPF* 2009-10/16, p. 20, note Garé.

les juridictions d'un État tiers à l'Union européenne. En pareil cas, il devra, pour résoudre la question de litispendance, prioritairement rechercher s'il existe une **règle d'origine conventionnelle applicable** (par ex., conv. franco-marocaine, 10 août 1981, relative au statut des personnes et de la famille et à la coopération judiciaire, art. 8, al. 3 – Ou conv. franco-belge, 8 juill. 1899, art. 4[1]). Encore faut-il observer que les règles conventionnelles sont souvent paralysées par la Cour de cassation, celle-ci estimant qu'elles s'adressent au **juge de l'*exequatur*** et non au **juge de l'instance directe**[2]. Telle a été l'interprétation retenue de l'article 19 de la convention franco-italienne du 3 juin 1930[3], comme de l'article 10 de la convention franco-espagnole du 28 mai 1969[4]. À défaut de règle d'origine conventionnelle applicable, le juge français devra faire application de l'article 100 du Code de procédure civile tel qu'il a été transposé à la litispendance internationale.

a)

Existence d'une situation de litispendance

411.220 **Conditions.** Classiquement, la situation de litispendance exige la réunion de trois éléments[5]. Les deux premiers sont certains, le dernier est discuté.

411.221 **Dualité d'instance.** Il faut, en premier lieu, qu'à la date de la saisine du tribunal français, un autre procès soit déjà pendant devant le juge étranger. En conséquence, il n'y a pas de litispendance si, à l'étranger, aucune demande judiciaire en divorce n'a été formée dès lors qu'il n'a été adressé à l'épouse qu'une convocation au consulat « *pour affaire vous concernant* »[6]. Il n'y a pas non plus litispendance si, au jour de la saisine du tribunal français, la juridiction étrangère n'avait pas été encore, elle-même, saisie. La Cour de cassation a, ainsi, approuvé une cour d'appel qui avait décliné l'exception d'incompétence en comparant les dates de saisine des juridictions françaises (assignation du 12 sept. 2001) et ivoirienne (requête en divorce du 17 oct. 2001)[7]. Il appartient à l'auteur de l'exception de litispendance, par exemple un mari tunisien, de démontrer qu'il a saisi les tribunaux tunisiens d'une demande de divorce antérieurement à la saisine par sa femme du juge aux affaires familiales français[8]. Le jour de la saisine de la juridiction française est fixé par le droit français. Lorsque la demande introductive d'instance est une assignation, il s'agit du jour où celle-ci a été remise au greffe de la juridiction française, et non du jour où elle a été signifiée. En matière de divorce, il est suggéré de retenir non pas la date de l'assignation mais celle du dépôt de la requête[9]. La suggestion emporte d'autant plus la conviction que cette interprétation a été retenue pour fixer, au regard du droit français du divorce, la date de la saisine dans le cadre du règlement Bruxelles II *bis*[10]. En revanche, il incombe à la loi étrangère de déterminer les moments à partir desquels le procès est pendant ou cesse de l'être devant la juridiction étrangère[11]. En ce sens, il a été jugé que : « *S'agissant d'une action en divorce introduite en Tunisie* [...] *par requête, la cour d'appel, qui a relevé que le tribunal de Tunis avait lui-même retenu qu'il avait été saisi par requête signifiée à l'épouse, a exactement décidé, sans avoir à rechercher si l'affaire avait été enrôlée à une autre date, que ce tribunal avait été saisi en premier de l'action en divorce.* »[12].

411.222 **Identité de litige.** La situation de litispendance suppose, en deuxième lieu, que les juridictions soient saisies d'un même litige, ce qui postule la **triple identité de parties, de cause et d'objet.**

411.223 **Égalité de compétence ?** Enfin, il convient, en troisième lieu et selon une analyse classique, que les tribunaux français et étranger soient l'un et l'autre compétents. Pour apprécier si le tribunal étranger premier saisi est compétent, il faudrait se référer « *aux règles françaises de compétence*

1. V. TGI Metz, 4 nov. 1970, *JDI* 1972, p. 314, obs. Kahn.
2. Pour une appréciation critique de cette jurisprudence, v. RÉP. INTERNAT., H. Gaudemet-Tallon, *V° Compétence civile et commerciale*, n° 194.
3. Civ. 1re, 26 nov. 1974, n° 73-13.820, préc. s[s] n° 411.21 – Civ. 1re, 3 déc. 1985, n° 84-11.209, *Bull. civ.* I, n° 329; *Rev. crit. DIP* 1986, somm. 766; *D.* 1986, IR 269, obs. Audit.
4. Civ. 1re, 27 mars 1979, n° 77-14.150, *Rev. crit. DIP* 1979, 636, note Lagarde; *D.* 1979, IR 458, obs. Audit.
5. V. J.-CL. INTERNAT., A. Huet, « Compétence des tribunaux français à l'égard des litiges internationaux », fasc. 581-43, nos 3 s.
6. CA Metz, 14 mars 2006, *JCP* 2006, IV, 3075.
7. Civ. 1re, 12 déc. 2006, n° 04-11.088, *Bull. civ.* I, n° 537; *JCP* 2007, II, 10048, 1re esp., note Devers; *D.* 2007, 780, 2e esp., note Mahinga; *RJPF* 2007-3/24, p. 20, obs. Garé.
8. CA Lyon, 24 janv. 2006, *JCP* 2006, IV, 2659 – *Adde*, CA Paris, 12 mai 2003, *Gaz. Pal.* 2004, 492, note Du Rusquec.
9. V. Niboyet-Hoegy, *Rev. crit. DIP* 1989, 740; Monéger, *JDI* 1992, p. 351; Déprez, *Rev. crit. DIP* 1995, 110 et 571 – COMP. Gaudemet-Tallon, *Rev. crit. DIP* 1995, 120.
10. Civ. 1re, 11 juill. 2006, n° 04-20.405, n° 05-19.231, 2 esp., *Bull. civ.* I, n° 374 et n° 375; *Gaz. Pal.* 15-16 sept. 2006, 2, avis Sainte-Rose; *AJ fam.* 2006, 460, obs. Boiché; *RJPF* 2006-11/22, p. 21, obs. Garé; *D.* 2007, pan. 608.
11. V. J.-CL. INTERNAT., A. Huet, « Compétence des tribunaux français à l'égard des litiges internationaux », fasc. 581-43, nos 3 s. – Civ. 1re, 6 déc. 2005, n° 02-19.208, *Bull. civ.* I, n° 467; *Rev. crit. DIP* 2006, 248, note Pataut; *RTD civ.* 2006, 153, obs. Perrot.
12. Civ. 1re, 6 déc. 2005, n° 03-17.542, *Bull. civ.* I, n° 466.

internationale indirecte »[1], c'est-à-dire aux règles qui permettent de déterminer si un jugement déjà rendu à l'étranger émane, au regard de l'ordre juridique français, d'une juridiction compétente ou incompétente (v. s[s] n°s 413.31 s). Le contrôle de la compétence du juge étranger pour caractériser la situation de litispendance est contesté par la doctrine moderne[2]. Pour elle, la litispendance internationale est caractérisée dès lors que la compétence avérée du tribunal français à l'égard du litige s'accompagne de la saisine antérieure effective du tribunal étranger. Le débat est largement académique : le **contrôle de la compétence du juge étranger** peut facilement être chassé au stade de la caractérisation de la litispendance dès lors qu'il est certainement présent pour apprécier le **bien-fondé de l'exception de litispendance**[3] (v. s[s] n° 411.243).

b) Recevabilité de l'exception de litispendance

411.231 Conditions. Le **déclinatoire de litispendance** doit être présenté, par une partie, **devant la juridiction saisie en second** conformément à l'article 100 du Code de procédure civile. L'exception doit encore avoir été soulevée *in limine litis*. Sauf si le défendeur a été défaillant en première instance, l'exception ne peut pas être soulevée pour la première fois devant la cour d'appel française. Si les parties s'abstiennent de soulever l'exception, le juge français saisi en second n'a pas à le faire d'office. Pour qu'il exerce cette faculté encore faut-il qu'il ait connaissance de la procédure étrangère en cours et prenne donc le soin d'interroger les parties.

c) Accueil de l'exception de litispendance

411.241 Pronostic. Saisi en second, le juge français peut refuser d'accueillir l'exception de litispendance si la décision étrangère à venir paraît d'ores et déjà insusceptible d'être reconnue en France[4]. Ce contrôle s'opère au regard des différentes conditions de régularité nécessaires à l'accueil d'une décision étrangère déjà rendue. Ces conditions peuvent être celles de droit commun ou celles posées par une convention internationale[5]. La justification de ce contrôle est de bon sens : il serait contraire à une bonne administration de la justice et à l'intérêt des plaideurs qu'un tribunal français se dessaisisse au profit d'un tribunal étranger dont le jugement ne pourra, par la suite, être reconnu en France. Aussi admissible qu'il paraisse, ce contrôle oblige le juge à une démarche intellectuelle délicate : **il doit pronostiquer les chances de reconnaissance en France d'un jugement qui n'a pas encore été prononcé.**

411.242 Allégement du contrôle exercé sur la décision étrangère à venir. La démarche exigée du juge français a été affectée par la réduction contemporaine des conditions de régularité des jugements étrangers. Désormais, pour accorder l'*exequatur*, hors toute convention internationale, le juge « *n'a pas à vérifier que la loi appliquée par le juge étranger est celle désignée par la règle de conflit de lois française* »; il lui suffit de « *s'assurer que trois conditions sont remplies, à savoir la compétence indirecte du juge étranger, fondée sur le rattachement du litige au juge saisi; la conformité à l'ordre public international de fond et de procédure; et l'absence de fraude à la loi* »[6]. L'allégement des conditions d'efficacité en France des jugements étranger, associé à l'**abolition des privilèges indirects de juridiction** fondés sur les articles 14 et 15 du Code civil, devrait donc favoriser l'accueil de l'exception de litispendance, sinon provoquer un contrôle plus rigoureux des dernières conditions exigées.

411.243 Conditions aisément vérifiables. Pour certaines conditions, le « *pronostic de régularité* » est facile à réaliser. Tel est le cas des exigences concernant l'introduction de l'instance à l'étranger puisque cette instance est, par hypothèse, déjà engagée : le juge peut ainsi contrôler la loyauté et la régularité de l'assignation du défendeur. De même, la compétence indirecte du tribunal étranger peut, d'ores et déjà, être vérifiée. Pour cette vérification, il faut rechercher s'il n'existe pas une convention internationale fixant les conditions de la compétence indirecte du juge étranger[7]. À défaut, il convient d'examiner cette compétence selon les règles de

1. Civ. 1re, 8 juin 1999, n° 97-13.406, *Bull. civ.* I, n° 191; *Rev. crit. DIP* 2000, 35, note Rémy-Corlay; *Defrénois* 2000, p. 105, obs. Massip – Civ. 1re, 14 déc. 2004, n° 03-10.420, *Bull. civ.* I, n° 312; *Rev. crit. DIP* 2006, 597; *D.* 1999, IR 169.
2. Mayer et Heuzé, n° 444-1 – *GADIP*, n° 509.
3. Civ. 1re, 28 janv. 2009, n° 08-10.185, *Bull. civ.* I, n° 14; *AJ fam.* 2009, 260, 2e esp., obs. Boiché; *RJPF* 2009-4/21, p. 18, 2e esp., note Garé – Civ. 1re, 6 déc. 2005, n° 03-17.542, *Bull. civ.* I, n° 466; *RJPF* 2006-3/34, p. 20, obs. Garé; *Rev. crit. DIP* 2006, 597, note Moissinac-Massénat.
4. Civ. 1re, 26 nov. 1974, n° 73-13.820, préc. s[s] n°s 411.21 et 411.210.
5. par ex : Civ. 1re, 28 janv. 2009, n° 08-10.185, préc. s[s] n° 411.223 – Civ. 1re, 6 déc. 2005, n° 03-17.542préc. s[s] n° 411.223
6. Civ. 1re, 20 févr. 2007, n° 05-14.082, Cornelissen, *Bull. civ.* I, n° 68; *LPA* 27 avr. 2007, n° 85, 13, note Mahinga; *Dr. fam.* 2007, comm. 97, note Farge; *JCP* 2007, act. 107, obs. Bruneau; *D.* 2007, 1115, note D'Avout et Bollée; 891, chron. Chauvin, spéc[t] 892; pan. 1751.
7. V. not. Civ. 1re, 28 janv. 2009, n° 08-10.185, préc. s[s] n° 411.241 – Civ. 1re, 6 déc. 2005, n° 03-17.542, préc. s[s] n° 411.241 – Civ. 1re, 14 déc. 2004, n° 03-10.420, *Bull. civ.* I, n° 312; *Rev. crit. DIP* 2006, 597, note Moissinac Massénat.

compétence indirecte qui résultent de l'arrêt *Simitch* (v. s[s] n° 413.32).

Aujourd'hui, le rejet de l'exception de litispendance fondé sur l'incompétence du tribunal étranger trouvera moins souvent l'occasion d'être illustré avec la suppression des privilèges indirects de juridiction accordés aux Français sur le fondement des articles 14 et 15 du Code civil. La jurisprudence, qui décidait que l'exception de litispendance doit être écartée lorsque les tribunaux français ont une compétence exclusive en vertu des articles 14 et 15 est, en effet, dépassée depuis que la Cour de cassation a affirmé que ces textes ne conféraient aux tribunaux français qu'une compétence facultative lorsqu'il s'agit d'apprécier la compétence indirecte du juge étranger. Concernant l'article 14, cette affirmation a, d'ailleurs, été directement formulée pour l'hypothèse de la litispendance : « *L'article 14 du Code civil n'ouvre au demandeur français qu'une simple faculté et n'édicte pas à son profit une compétence impérative, exclusive de la compétence indirecte d'un tribunal étranger déjà saisi et dont le choix n'est pas frauduleux.* »[1] (sur l'absence de portée de cette référence à une faculté et le caractère impératif de la compétence fondée sur l'article 14 lors de l'instance directe menée en France, v. s[s] n° 411.123 – Sur son incidence concernant la question de la reconnaissance d'un jugement étranger pendant l'instance en cours devant la juridiction française première saisie, v. s[s] n° 413.52). Désormais, le contrôle de la compétence indirecte devra donc être réalisé avec le seul critère du lien caractérisé (sur lequel, v. s[s] n° 413.41). Encore faut-il préciser qu'il a été jugé, au nom de la bonne foi, que le défendeur à l'exception de litispendance ne pouvait se prévaloir de l'incompétence du juge étranger qu'il avait lui-même saisi[2].

Une autre compétence exclusive aurait pu être déduite d'une lecture maladroite de l'article 7 du règlement (CE) n° 2201/2003, dit règlement Bruxelles II *bis*. Pour assurer la primauté du règlement sur le droit interne des États membres, ce texte confère, à certaines conditions d'intégration du défendeur dans la communauté européenne, aux compétences communautaires un « *caractère exclusif* ». Mais le terme exclusif ne signifie pas que l'exception de litispendance doive être systématiquement rejetée lorsque l'autre partie a saisi en premier la juridiction d'un État tiers. Telle est la solution retenue par la Cour de cassation affirmant, avec raison, que la compétence communautaire en matière matrimoniale « *n'a pas un caractère universel excluant tout autre compétence internationale* ». En l'occurrence, elle a approuvé la cour d'appel pour avoir fait droit à l'exception de litispendance au profit des juridictions islandaises, premières saisies[3].

411.244 Conditions hypothétiquement vérifiables. À ce titre, il fallait, avant l'arrêt *Cornelissen*[4], évoquer le contrôle de la loi appliquée par le juge étranger au regard de la règle de conflit de lois française : un tel contrôle n'était pas nécessairement irréalisable puisque le juge français pouvait prévoir la loi applicable en consultant la règle de conflit du tribunal étranger premier saisi; encore fallait-il qu'il présage que ce même tribunal ne l'évince pas au nom de l'ordre public local. Très rarement illustrée en jurisprudence[5], cette démarche n'est plus exigée depuis l'arrêt *Cornelissen*.

L'effort divinatoire reste nécessaire concernant la vérification du respect des droits de la défense au cours de la future instance étrangère ou l'éventuelle contradiction à l'ordre public de la décision à laquelle elle donnera lieu. Même s'il a déjà été souligné que le juge pourra parfois prédire le droit matériel qui sera appliqué à l'étranger, il faut convenir que le contrôle de la conformité à l'ordre public, s'opérant normalement *in concreto* (v. s[s] n°s 412.421 s.), est difficilement concevable sur une expectative de décision étrangère.

411.245 Rôle des parties et office du juge. Pour la Cour de cassation, est nouveau et irrecevable comme mélangé de fait et de droit, un moyen reprochant à une cour d'appel d'avoir constaté une litispendance sans s'expliquer sur l'éventuelle reconnaissance en France de la décision étrangère à intervenir, alors « *qu'il ne résulte ni de l'arrêt ni des productions des parties que le moyen ait été soutenu devant les juges du fond* »[6]. Il en a été déduit, qu'en l'absence de contestation par le défendeur à l'exception, concernant la reconnaissance de la décision étrangère à intervenir, les juges du fond ne sont pas obligés d'exercer d'office le contrôle de cette décision et peuvent tenir pour acquise sa régularité internationale[7].

1. Civ. 1re, 22 mai 2007, n° 04-14.716, préc. s[s] n° 411.123 – Pour l'article 15, v. Civ. 1re, 23 mai 2006, n° 04-12.777, préc. s[s] n° 411.123 – EN CE SENS : Civ. 1re, 22 mai 2007, n° 05-20.473, *Bull. civ.* I, n° 196; *D.* 2007, 1596, note Gallmeister.
2. Soc. 7 mai 1996, n° 93-43.771, NPT; *Rev. crit. DIP* 1997, 77, note Droz – Confirmant l'abandon de l'exclusivité de l'article 15 en matière de litispendance : Civ. 1re, 6 févr. 2008, n°s 06-12.405 et 06-12.406, *Bull. civ.* I, n° 38; *Rev. crit. DIP* 2008, 644, note Muir-Watt.
3. Civ. 1re, 17 juin 2009, n° 08-12.456, préc. s[s] n° 411.210.
4. Civ. 1re, 20 févr. 2007, n° 05-14.082, Cornelissen, préc. s[s] n° 411.242.
5. V. CEP., TGI Paris, 23 nov. 1983, *Rev. crit. DIP* 1984, 510, note Gaudemet-Tallon.
6. Civ. 1re, 17 nov. 1993, *JCP* 1994, II, 22346, note Muir-Watt.
7. H. Muir-Watt, note préc. s[s] prés[t] n°.

411.246 Caractère obligatoire ou facultatif de l'exception ? Si les diverses conditions de régularité de la décision étrangère sont réunies, le juge est-il tenu, comme en droit interne, d'accueillir l'exception de litispendance ? Majoritairement la doctrine moderne répond par la négative en observant que **le juge français saisi en second doit pouvoir écarter, en opportunité, l'exception de jurisprudence** s'il constate que la saisine du juge étranger fait apparaître une précipitation suspecte du demandeur ou s'il s'estime mieux placé pour connaître du litige, notamment en raison de la vocation de sa décision à être exécutée en France[1]. L'arrêt fondateur[2] peut être lu comme autorisant une adaptation de l'article 100 du Code de procédure civile pour les besoins de la litispendance internationale puisqu'il affirme que « *l'exception de litispendance peut être reçue* [...] ». Le caractère facultatif de l'exception a néanmoins été nié dans un arrêt plus récent, demeuré sans suite[3].

411.247 Admission de l'exception de litispendance (dessaisissement). En droit interne, le juge second saisi qui accueille l'exception doit se dessaisir au profit de la juridiction première saisie. La même solution vaut dans les conflits internationaux de procédures. Pour la doctrine moderne, le **dessaisissement** ne devrait être que l'une des deux issues possibles au succès de l'exception de litispendance internationale[4]. Lorsque le pronostic de régularité est incertain, le recours à un simple **sursis à statuer** en attendant d'être mieux éclairé sur le déroulement de la procédure étrangère devrait être possible[5].

411.248 Recours. En vertu de l'article 104 du Code de procédure civile, les recours contre les décisions rendues sur la litispendance sont formés et jugés comme en matière d'exception d'incompétence. Qu'elle ordonne ou refuse le renvoi, la décision du tribunal français peut donc faire l'objet d'un recours par la voie d'un contredit, exceptionnellement au moyen d'un appel (v. s[s] n° 411.65 – ainsi reconnaissant qu'une ordonnance de non-conciliation statuant sur une exception de litispendance en matière de divorce est susceptible d'appel[6]). Ce recours est porté devant la cour d'appel dont relève le tribunal qui a rendu la décision.

B. Connexité

1° Connexité en présence de deux juridictions d'États membres de l'Union européenne

411.261 Bruxelles II *bis*. Ce règlement ne comporte **aucune disposition relative à la connexité.** Ce silence résulte de la conception large de la litispendance adoptée par ce texte. Dès lors que l'article 19 vise les situations de quasi-litispendance désignées sous l'expression d'« *actions dépendantes* », il a semblé aux rédacteurs que ces figures englobaient les cas de connexité auxquels on aurait pu songer.

411.262 Bruxelles I. L'existence d'un lien de connexité entre deux demandes est définie par l'article 28, § 3, comme la présence « *d'un rapport si étroit qu'il y a intérêt à les instruire et à les juger en même temps afin d'éviter des solutions qui pourraient être inconciliables si les causes étaient jugées séparément* » (pour la définition identique, v. règl. [CE] n° 4/2009, art. 13, § 3). **L'exception de connexité** donne lieu à une faculté de **sursis à statuer**, puis de **dessaisissement**, qui doit avoir été demandée par l'une des parties. Il faut encore que les affaires soient pendantes au premier degré et que la loi procédurale du premier juge saisi permette la jonction. Comme pour la litispendance, l'exception ne joue donc que dans le sens d'un **renvoi du juge second au juge premier** et c'est au juge premier qu'il appartient de vérifier sa compétence. À vrai dire, il est difficile d'imaginer une situation de connexité limitée à la seule question de l'obligation alimentaire.

2° Connexité en présence d'une juridiction d'un État tiers à l'Union européenne

411.270 Admission tardive. Est-il possible de soulever devant le juge français une exception de connexité afin qu'il se dessaisisse au profit d'une juridiction étrangère lorsque les demandes, pendantes devant les deux tribunaux également compétents, présentent « *un lien tel, qu'il soit de l'intérêt d'une bonne justice de les faire instruire et juger ensemble* » (C. pr. civ., art. 101) ? Après y avoir été longtemps hostile, la Cour de cassation a explicitement consacré l'**exception de connexité internationale** « *aux seules conditions que les deux juridictions relevant de deux États différents soient également et compétemment saisies de deux instances, en cours, faisant ressortir entre elles un lien de nature à créer*

1. Par ex., Niboyet et De Geouffre De La Pradelle, n° 467.
2. Civ. 1re, 26 nov. 1974, n° 73-13.820, préc. s[s] n°s 411.21, 411.210 et 411.241.
3. Civ. 1re, 17 juin 1997, n° 95-17.031, *Bull. civ.* I, n° 200; *Rev. crit. DIP* 1998, 454, note Ancel; *Defrénois* 1998, p. 305, note Massip.
4. V. cep., Civ. 1re, 17 juin 1997, n° 95-17.031, *Bull. civ.* I, n° 200; *Rev. crit. DIP* 1998, 454, note Ancel; *Defrénois* 1998, p. 305, note Massip.
5. V. not., Ancel et Lequette, *GADIP*, 514-15.
6. Civ. 1re, 17 nov. 1993, *JCP* 1994, II, 22346, note Muir-Watt.

une contrariété »[1] (pour un arrêt énonçant déjà que « *l'exception de connexité n'est jamais qu'une simple faculté pour les tribunaux* »[2]).

a)
Existence d'une situation de connexité

411.271 Risque de « contrariété ». Il a été observé que le terme de « *contrariété* » utilisé par la Cour de cassation n'était pas adéquat en ce qu'il évoquait la contradiction de choses jugées, laquelle doit être subordonnée à une triple identité de parties, d'objet et de cause entre les deux instances pendantes. En conséquence, pour que l'exception de connexité dispose d'une réelle autonomie par rapport à celle de litispendance, il a été suggéré de retenir un critère moins restrictif tel que le **risque d'inconciliabilité** au sens du droit communautaire[3].

411.272 Compétences concurrentes. Chacune des juridictions doit être compétente pour connaître des demandes dont elle est saisie, compétence qui s'apprécie par rapport aux **règles françaises de compétence internationale**[4]. C'est dire que la compétence du juge étranger doit être vérifiée au regard des **règles de compétence indirecte**, laquelle doit être établie aussi bien pour la demande initiale dont le juge étranger a été saisi que pour la demande connexe que le juge français entend lui renvoyer.

411.273 Antériorité de la saisine du juge étranger ? Pour la doctrine unanime, il n'est pas nécessaire que le tribunal français ait été saisi après le tribunal étranger, sauf, pour certains auteurs, à réserver l'hypothèse où la juridiction saisie en premier lieu l'a été « *avec une hâte suspecte* »[5].

b)
Recevabilité de l'exception de connexité

411.281 Transposition de l'article 103 du Code de procédure civile ? L'exception de connexité doit avoir été soulevée expressément devant le tribunal français par l'une quelconque des parties. *A priori*, il faut transposer l'article 103 du Code de procédure civile de sorte que cette exception, contrairement à celle d'incompétence (v. s[s] n° 411.191) et de litispendance (v. s[s] n° 411.231), « *peut être proposée en tout état de cause sauf à être écartée si elle a été soulevée tardivement dans une intention dilatoire* »[6].

c)
Accueil de l'exception de connexité

411.291 Faculté. Comme en droit interne, le tribunal français régulièrement saisi d'une exception de connexité conserve le **pouvoir d'apprécier l'opportunité du renvoi à la juridiction étrangère**[7]. Cette faculté semble être exercée souverainement par les juges du fond. Certains auteurs souhaitent que le renvoi puisse également être refusé, comme en matière de litispendance (v. s[s] n° 411.247), s'il apparaît d'emblée que le jugement à intervenir n'est pas susceptible d'être reconnu ou exécuté en France[8]. Reste à savoir si cette suggestion est condamnée par l'arrêt fondateur du 22 juin 1999 qui subordonne l'admission de l'exception de connexité internationale « *aux seules conditions* » de la compétence des juridictions concurremment saisies d'instances faisant ressortir entre elles un lien de nature à créer une contrariété[9].

411.292 Admission de l'exception. Comme en matière de litispendance, le **dessaisissement** prévu par le Code de procédure civile pourrait opportunément être doublé d'un **sursis à statuer** afin de pouvoir attendre l'issue de la procédure étrangère.

C.
Autres modes de règlement des conflits de procédures parallèles

411.301 Multiplication des procédures parallèles. Avec les facilités actuelles de circulation et le phénomène dit « *de globalisation* »[10], la résolution des conflits de procédures parallèles constitue l'un des principaux défis contemporains. Deux arrêts récents[11] démontrent que la justice française, même

1. Civ. 1re, 22 juin 1999, n° 96-22.546, *Bull. civ.* I, n° 208; *Rev. crit. DIP* 2000, 42, note Cuniberti; *D.* 1999, IR 198.
2. Civ. 1re, 20 oct. 1987, n° 85-18.877, *Bull. civ.* I, n° 275; *JDI* 1988, p. 446, note Huet; *Rev. crit. DIP* 1988, 540, note Lequette.
3. Niboyet et De Geouffre de La Pradelle, n° 468.
4. J.-Cl. Internat., A. Huet, fasc. 581-43, n° 46 – *contra*, Rép. internat., H. Gaudemet-Tallon, *V° Compétence civile et commerciale*, n° 175.
5. Audit, obs. s[s] CA Paris, 19 janv. 1994, *D.* 1994, somm. 353.
6. En ce sens, Rép. internat., Gaudemet-Tallon, *V° Compétence civile et commerciale*, n° 175.
7. V. Civ. 1re, 22 juin 1999, n° 96-22.546, *Bull. civ.* I, n° 208; *Rev. crit. DIP* 2000, 42, note Cuniberti; *D.* 1999, IR 198 – Et Civ. 1re, 20 oct. 1987, *JDI* 1988, p. 446, note Huet; *Rev. crit. DIP* 1988, 540, note Lequette.
8. V. J.-Cl. Internat., A. Huet, fasc. 581-43, n° 48 et réf. citée.
9. Civ. 1re, 22 juin 1999, n° 96-22.546, *Bull. civ.* I, n° 208; *Rev. crit. DIP* 2000, 42, note Cuniberti.
10. M.-L. Niboyet, « La globalisation du procès civil international dans l'espace judiciaire européen et mondial », *JDI* 2006, p. 937.
11. Civ. 1re, 30 sept. 2009, n° 08-18.769, *Bull. civ.* I, n° 192; *JCP* 2009, 439, note Devers; *Dr. fam.* 2009, comm. 166, note Abadie; *Rev. crit. DIP* 2010, 133, 4e esp., note Gaudemet-Tallon – *Adde*, M.-L. Niboyet, ▶

lorsqu'elle est première saisie, peut s'effacer devant un juge étranger plus véloce. Dans les deux cas la question était de savoir si l'introduction en France d'une demande en divorce et/ou en règlement de ses conséquences sur les enfants communs par un mari de nationalité française faisait obstacle à la reconnaissance d'un jugement américain ayant statué sur ces questions avant que le juge français n'ait eu le temps de rendre sa décision. Vraisemblablement soulevée par le mari dans la première affaire, l'exception de litispendance avait été rejetée par la juridiction américaine. Dans la seconde, il n'est pas possible de savoir si je juge américain avait statué en connaissance de l'instance antérieurement engagée en France.

411.302 **Traitement.** Ces deux affaires offraient donc à la Cour de cassation la **possibilité de consacrer un principe objectif**, défendu par une partie de la doctrine[1], de **primauté de la procédure française en raison de l'antériorité de la saisine du juge français**[2]. En d'autres termes, la question serait réglée selon la règle *prior tempore*. Un tel mode objectif de règlement des conflits parallèles de procédure conduirait nécessairement, dans la configuration des deux espèces, à refuser la reconnaissance des jugements américains. Cette sanction a un caractère péremptoire qui peut dissuader les saisines concurrentes lorsque le juge français est premier saisi. Mais elle attise la « *la course à la première saisine (*forum running*)* »[3] dont on critique volontiers les effets pervers dans l'application du règlement (CE) n° 2201/2003 dit Bruxelles II *bis* (v. s^s n° 411.204). Peut-être est-ce la raison pour laquelle la Cour de cassation a préféré s'abstenir de poser un principe général destiné à éviter que les procédures engagées en France ne puissent être court-circuitées par une procédure parallèle postérieurement engagée devant une juridiction étrangère plus rapide.

Refusant un correctif énergique, elle a approuvé les juges du fond d'avoir réglé la difficulté en passant les jugements américains au crible des **trois conditions d'efficacité de droit commun** mentionnées dans l'arrêt *Cornelissen*[4] (v. s^s n°s 413.20 s.). Autrement dit, il fallait s'assurer de la **compétence indirecte du juge étranger**, de la **conformité de sa décision à l'ordre public international** de fond et de procédure et de **l'absence de fraude à la loi.** Ce contrôle a conduit dans les deux affaires à la reconnaissance des jugements américains et, en conséquence, à l'obsolescence des procédures en cours devant la juridiction française.

1° S'agissant de la **compétence indirecte du juge étranger**, l'arrêt du 16 décembre 2009[5] a été l'occasion d'étendre la jurisprudence initiée dans l'arrêt du 22 mai 2007[6] qui a considéré que l'article 14 du Code civil, à l'instar de l'article 15 du même code, ne fondait plus un privilège indirect de compétence. Selon la formule éprouvée, il est rappelé que **l'article 14 n'ouvre au demandeur français qu'une simple faculté et n'édicte pas à son profit une compétence impérative, exclusive de la compétence indirecte d'un tribunal étranger,** et il est ajouté que cette qualification s'applique même si le juge français a été premier saisi. Aussi la compétence indirecte du juge étranger a-t-elle été seulement contrôlée, dans les deux cas, avec le **critère du rattachement caractérisé** de l'affaire à l'État étranger. Ce rattachement a été admis dans les deux affaires : dans la première, l'action en divorce avait été engagée par l'épouse « *aux États-Unis, pays de* [sa] *nationalité* [...], *où elle réside avec ses trois enfants depuis plus de six mois et où ils n'ont pas été amenés en fraude du droit du père* »; dans la seconde, il est observé que le litige relatif à l'autorité parentale et à la pension alimentaire se rattache de manière caractérisée aux États-Unis, pays de la nationalité [de l'épouse] où elle réside avec l'enfant commun.

2° Quant à la **réserve de la fraude**, elle paraissait de prime abord plus difficile à écarter. Concernant l'accueil en France des répudiations marocaines, plusieurs décisions ont, en effet, pris en considération l'ordre des saisines pour reprocher au juge du fond de n'avoir pas recherché si la saisine de la juridiction étrangère par le mari ne constituait pas « *une manœuvre destinée à faire échec à la procédure de divorce préalablement introduite en France par son épouse* »[7]. Dans les deux affaires franco-américaines, l'exception de fraude a été néanmoins écartée. Seul

► « L'éphémère privilège de l'article 14 du Code civil. À propos des arrêts du 30 septembre 2009 de la Cour de cassation », *Gaz. Pal.*, 28 nov. 2009, n° 332, p. 8 s. – Civ. 1re, 16 déc. 2009, n° 08-20.305, préc. s^s n° 411.110.

1. MAYER et HEUZÉ, n° 448.
2. Susceptible d'être interprété *a contrario*, EN CE SENS : Civ. 1re, 13 avr. 1976, *JDI* 1977, p. 99, note Huet
3. M.-L. Niboyet, « L'éphémère privilège de l'article 14 du Code civil. À propos des arrêts du 30 septembre 2009 de la Cour de cassation », *Gaz. Pal.*, 28 nov. 2009, n° 332, p. 8, spéc^t n° 23.
4. Civ. 1re, 20 févr. 2007, n° 05-14.082, Cornelissen, préc. s^s n° 411.244.
5. Civ. 1re, 16 déc. 2009, n° 08-20.305, préc. s^s n° 411.110.
6. Civ. 1re, 22 mai 2007, n° 04-14.716, préc. s^s n° 411.243.
7. Civ. 1re, 18 déc. 1990, n° 89-12.549, *Bull. civ.* I, n° 295 – Civ. 1re, 4 mai 1994, n° 92-17.435, NPT; *Rev. crit. DIP* 1995, 112, note Déprez – V. AUSSI, Civ. 1re, 6 juin 1990, n° 88-15.008, *Bull. civ.* I, n° 138; *Rev. crit. DIP* 1991, 593, note Courbe – Civ. 1re, 28 mars 2006, n° 03-18.934, *Bull. civ.* I, n° 177; *JCP* 2006, IV, 1957; *Dr. fam.* 2006, comm. 178, 1re esp., note Farge – Civ. 1re, 17 janv. 2006, n° 04-14.236, *Bull. civ.* I, n° 17; *JCP* 2006, IV, 1291; *D.* 2006, 1666, note Cornut.

l'arrêt du 30 septembre 2009[1] comporte une motivation explicite en soulignant qu'il « *n'est pas prouvé que* [l'épouse] *aurait saisi frauduleusement le juge de son lieu de résidence pour tirer un bénéfice supérieur à celui procuré par la saisine du juge français* ». Cette différence d'approche est compréhensible. Dans les arrêts concernant des « *répudiations migratoires* », l'institution musulmane était utilisée par le mari résidant en France, à l'occasion d'un bref voyage dans son pays d'origine afin de court-circuiter le divorce à la française poursuivie par l'épouse. Autrement dit, avec la terminologie de M. Devers[2], le centre de la vie matrimoniale était clairement localisé en France. Or dans les deux affaires commentées, la configuration n'était pas la même et, comme l'observe M. Devers[3], il n'est pas « *en soi illégitime pour une épouse américaine, qui réside aux États-Unis avec les enfants communs, de saisir son juge national après la saisine du juge français* ». Dans la même veine, il y aurait, selon Mme Niboyet[4], en filigrane dans le règlement de ces affaires, un choix de résoudre le conflit de procédures, sous l'angle de la compétence judiciaire, par la recherche du juge le mieux placé pour connaître du litige. *A priori* séduisante, cette méthode a l'inconvénient de laisser un **grand pouvoir d'appréciation aux juges.** Certains ne pourraient-ils pas être tentés de conclure à la fraude où à l'incompétence du juge étranger aux motifs que le centre de la vie familiale devrait être apprécié avant la décision de l'épouse de regagner les États-Unis, c'est-à-dire à une époque où les époux formaient encore un couple ? Pareille conception conduirait à considérer le juge français comme le mieux placé pour prononcer la dissolution du lien conjugal. Mais il y aurait là un choix irréaliste. La détermination du juge le mieux placé doit être prospective en prenant en considération la **vocation des deux fors à rendre une décision susceptible d'être exécutée dans le pays où le centre de gravité de la vie familiale est désormais placé.** Dans les deux affaires, cette considération discréditait la compétence française dès lors qu'il était possible de douter que les décisions produites par les juges français puissent produire effet aux États-Unis où les femmes résidaient désormais accompagnées du ou des enfants communs.

3° S'agissant de la troisième condition de régularité, à savoir **l'absence de contrariété à l'ordre public,** elle a été expressément constatée dans l'arrêt du 16 décembre 2009, observant que le « *seul désaccord du mari sur le montant de la pension alimentaire ne suffisait pas à rendre la décision étrangère contraire à l'ordre public international de fond* »; il y a peut-être une référence implicite à l'ordre public procédural dans l'arrêt du 30 septembre 2009 lorsqu'il observe que le mari « avait été avisé de la procédure introduite devant le juge américain et a accusé réception des pièces de procédure ». En toute hypothèse, l'ordre public procédural ne semble pas avoir été discuté comme un moyen de sanctionner un devoir de loyauté dans la saisine ou, plus directement, un abus dans le droit de saisir le juge étranger[5].

411.303 Appréciation. Faut-il se satisfaire de ce mode de règlement des conflits de procédures ? S'il prévient la course à la saisine, il favorise en revanche la course aux jugements. Or cette course sera semée d'obstacles, chacun des époux ayant intérêt à multiplier les chicanes et les procédés dilatoires afin d'enliser la procédure engagée par l'autre dans l'espoir que son juge national parvienne à rendre en premier une décision définitive. De plus la référence au juge le mieux placé n'est pas très satisfaisante si elle est mise en œuvre uniquement *a posteriori*, c'est-à-dire en présence d'un jugement étranger définitif dont on se demande s'il doit rendre caduque la procédure initiée en France. Pour être plus efficace, ce mode de règlement des conflits de procédures devrait les désamorcer en amont. À cet égard, il ne semble pas que la Cour de cassation française soit prête à accorder au juge du fond, même saisi sur le fondement de l'article 14 du Code civil, la possibilité de se déclarer *forum non conveniens* lorsque la situation ne présente guère de liens objectifs avec la France et qu'il convient de laisser à une autre juridiction le soin de rendre une décision susceptible de produire effet dans le pays où le litige est essentiellement localisé (sur le caractère impératif pour le juge de l'article 14 du Code civil, v. s[s] n° 411.123).

411.304 *Anti suit injonction ?* Inversant la perspective, un auteur[6] s'est demandé s'il ne faudrait pas reconnaître au juge français, premier saisi, un **pouvoir d'injonction à l'époux défendeur** lui interdisant d'introduire ou de poursuivre une action en justice

1. Civ. 1re, 30 sept. 2009, n° 08-18.769, préc. s[s] n° 411.301.
2. Devers, *JCP* 2009, n° 46, 439, note s[s] Civ. 1re, 30 sept. 2009, n° 08-18.769, préc. s[s] n° 411.301 et s[s] prés[t] n°.
3. Devers, note préc. s[s] prés[t] n°.
4. M.-L. Niboyet, « L'éphémère privilège de l'article 14 du Code civil. À propos des arrêts du 30 septembre 2009 de la Cour de cassation », *Gaz. Pal.*, 28 nov. 2009, n° 332, p. 8, spéc[t] n° 25.
5. Sur cette thèse, v. E. Cornut, « *Forum shopping* et abus du choix de *for* en droit international privé », *JDI* 2007, p. 27.
6. Devers, *JCP* 2009, n° 46, 439, note s[s] Civ. 1re, 30 sept. 2009, n° 08-18.769, préc. s[s] n° 411.301 et 411.302 – Plus largement, v. P. de Vareilles-Sommières, « Le *forum shopping* devant les juridictions françaises », *Trav. Com. fr. DIP* 1998, p. 49.

devant une juridiction d'un État tiers[1]. La sanction de cette injonction pourrait prendre la forme d'une **action en responsabilité pour *forum shopping*** sanctionnée par une astreinte[2].

1. Sur les effets en France d'une *anti suit injunction* prononcée dans un État tiers, v. Civ. 1re, 14 oct. 2009, nos 08-16.369 et 08-16.549, *Rev. crit. DIP* 2010, 158, note Muir-Watt – COMP. CJCE 27 avr. 2004, aff. C-159/02, Turner, *Rec. CJCE*, p. I-03565; *Rev. crit. DIP* 2004, 654, note Muir-Watt; *RTD civ.* 2004, 549, obs. Théry; *Gaz. Pal.* 15 janv. 2005, p. 30, obs. Niboyet; *Procédures* 2004, comm. 156, obs. Nourissat; *Europe* 2004, comm. 246, obs. Idot; *D.* 2004, 1919, note Carrier – Pour l'admission d'un tel pouvoir injonctif en matière de faillite internationale, v. Civ. 1re, 19 nov. 2002, no 00-22.334, Sté Khalifa Airways, *Bull. civ.* I, no 275; *JCP* 2006, I, 183, no 24, obs. Jeuland; *D.* 2003, 797, note Khairallah; *Rev. crit. DIP* 2003, 631, note Muir-Watt.

2. M.-L. Niboyet, « L'éphémère privilège de l'article 14 du Code civil. À propos des arrêts du 30 septembre 2009 de la Cour de cassation », *Gaz. Pal.* 28 nov. 2009, no 332, p. 8, spéct no 27 : où l'auteur est réservé sur cette technique dès lors qu'elle peut donner lieu à des batailles d'injonctions : l'injonction peut provoquer à son tour une contre-injonction à l'étranger, une *anti anti-suit injonction*.

CHAPITRE

412. Détermination du droit applicable

MICHEL FARGE
MAÎTRE DE CONFÉRENCES À L'UNIVERSITÉ
PIERRE MENDÈS-FRANCE (GRENOBLE 2)

SECTION 0

ORIENTEUR

412.00 Plan du chapitre.

412.01 **Textes applicables.**

> Code civil

C. civ., art. 3

412.02 **Jurisprudence de référence.**

> Sur l'obligation de reconnaître le nom attribué à l'état civil dans un autre État membre

• **CJCE 14 oct. 2008, aff. C-353/06,** *Grunkin et Paul*, *Rec. CJCE*, p. I-07639

* V. s n°s 412.82, 412.111, 412.112, 412.114, 412.126 et 412.129

« L'article 18 CE s'oppose, dans des conditions telles que celles de l'affaire au principal, à ce que les autorités d'un État membre, en appliquant le droit national, refusent de reconnaître le nom patronymique d'un enfant tel qu'il a été déterminé et enregistré dans un autre État membre où cet enfant est né et réside depuis lors et qui, à l'instar de ses parents, ne possède que la nationalité du premier État membre. »

> Sur l'obligation de reconnaître le lien adoptif constitué dans un État tiers

• **CEDH 28 juin 2007, req. n° 76240/01,** Wagner c/Luxembourg, *D.* 2007, 2700, note Marchadier; *Rev. crit. DIP* 2007, 807, note Kinsh

* V. s n°s 412.91, 412.111, 412.126 et 412.127

« L'intérêt supérieur de l'enfant devant toujours primer, les juges luxembourgeois ne pouvaient raisonnablement passer outre au statut juridique créé valablement à l'étranger et correspondant à une vie familiale au sens de l'article 8 de la Convention, faisant alors prévaloir les règles de conflit luxembourgeoises sur la réalité sociale et sur la situation des personnes concernées en leur appliquant les limites que la loi luxembourgeoise pose à l'adoption plénière et qui portaient à refuser ainsi en se dispensant d'un examen concret de la situation, la reconnaissance des liens familiaux qui préexistaient *de facto*.

Ce refus de reconnaissance est contraire à l'article 14 dès lors qu'il a pour conséquence que la deuxième requérante [la fillette adoptée] subit au quotidien une différence par rapport à un enfant dont l'adoption plénière est reconnue au Luxembourg, notamment en ce que, d'une part, les liens de l'enfant sont rompus avec sa famille d'origine, mais que, d'autre part, aucun lien de substitution plein et entier n'existe avec sa mère adoptive; quant à cette dernière, elle subit au quotidien, par ricochet, les inconvénients causés à son enfant, dans la mesure où elle doit notamment accomplir toutes les démarches administratives engendrées par la non-obtention de la nationalité luxembourgeoise par la mineur. »

> Sur la résolution du conflit positif de nationalités par la prise en considération de la volonté en présence d'un ressortissant de deux États membres de l'Union

• **CJCE 2 oct. 2003, aff. C-148/02,** *Carlos Garcia Avello*, *D.* 2004, 1476, note Audit; *Rev. crit. DIP* 2004, 184, note Lagarde

* V. s^s^ n° 412.166

« Les articles 12 CE et 17 CE doivent être interprétés en ce sens qu'ils s'opposent à ce que, dans des circonstances telles que celles de l'affaire au principal, l'autorité administrative de l'État membre refuse de donner une suite favorable à une demande de changement de nom pour des enfants mineurs résidant dans cet État membre et disposant de la double nationalité dudit État et d'un autre État membre, alors que cette demande a pour objet que ces enfants puissent porter le nom dont ils seraient titulaires en vertu du droit et de la tradition du second État membre. »

> Sur l'obligation pour le juge de mettre en œuvre la règle de conflit désignant une loi étrangère en matière de droits indisponibles

• **Civ. 1re, 26 mai 1999, n° 97-16.684,** *M. Belaïd A...*, *Bull. civ.* I, n° 174

* V. s^s^ n°s 412.222, 412.223 et 412.233

« En accueillant une action en recherche de paternité sur le fondement de l'article 340 du Code civil français, sans rechercher, d'office, quelle suite devait être donnée à l'action en application de la loi personnelle de la mère, qui, selon les éléments de la procédure, était titulaire d'une carte de résident, la cour d'appel a méconnu les exigences des articles 311-14 et 3 du Code civil. »

> Sur la possibilité d'un accord procédural en faveur de la loi du *for* s'agissant de droits disponibles

• **Civ. 1re, 11 mars 2009, n° 08-13.431,** *Bull. civ.* I, n° 50

* V. s^s^ n°s 412.233, 412.234, 412.241, 412.242, 412.243, 412.244 et 412.246

« S'agissant de droits disponibles, les époux peuvent convenir que soit appliqué le droit français de la prestation compensatoire. »

> Sur le principe de qualification *lege fori*

• **Civ. 22 juin 1955,** *Caraslanis*, *Rev. crit. DIP* 1955, 723, note Batiffol; *GADIP*, n° 27

* V. s^s^ n°s 412.261, 412.262 et 412.265

« La question de savoir si un élément de la célébration du mariage appartient à la catégorie des règles de forme ou à celle des règles de fond doit être tranchée par le juge français suivant les conceptions du droit français, selon lesquelles le caractère religieux ou laïc du mariage est une question de forme. »

> Sur l'application dans le temps de la règle de conflit de l'article 309 du Code civil

• **Civ. 1re, 13 janv. 1982,** *Ortiz-Estacio*, *Rev. crit. DIP* 1982, 551, note H. Batiffol; *GADIP* 2006, no 62

* V. ss no 412.282

« L'article 24 de la loi du 11 juillet 1975 pose seulement des règles transitoires spéciales de la loi interne et ne régit pas la règle de conflit de lois laquelle demeure déterminée par les principes généraux du droit transitoire. »

> Sur les éléments constitutifs de la fraude à la loi

• **Civ. 1re, 17 mai 1983,** *Sté Lafarge*, *Rev. crit. DIP* 1985, 346, note Ancel

* V. ss no 412.302

« Il y a fraude à la loi en droit international privé lorsque les parties ont volontairement modifié un rapport de droit dans le seul but de le soustraire à la loi normalement compétente. »

> Sur la consécration du renvoi sélectif en matière de successions internationales

• **Civ. 1re, 11 févr. 2009, no 06-12.140,** *Riley*, *Bull. civ.* I, no 29

* V. ss nos 412.322 et 412.341

« En matière de succession immobilière, le renvoi opéré par la loi de situation de l'immeuble ne peut être admis que s'il assure l'unité de la succession et l'application d'une même loi aux meubles et aux immeubles. »

> Sur la charge de la preuve du droit étranger compétent

• **Civ. 1re, 28 juin 2005, no 00-15.734,** *Aubin*, *Bull. civ.* I, no 289

* V. ss nos 412.371, 412.373 et 412.382

« Il incombe au juge français qui reconnaît applicable un droit étranger d'en rechercher, soit d'office soit à la demande d'une partie qui l'invoque, la teneur, avec le concours des parties et personnellement s'il y a lieu, et de donner à la question litigieuse une solution conforme au droit positif étranger. »

> Sur le contrôle par la Cour de cassation de la dénaturation de la loi étrangère

• **Civ. 21 nov. 1961,** *Montefiore*, *D.* 1963, 37, note Ph. F.; et 7, chron. Francescakis; *Rev. crit. DIP* 1962, 329, note Lagarde; *GADIP*, no 36

* V. ss no 412.394

« Doit être cassé l'arrêt qui méconnaît et dénature le sens clair et précis d'un document législatif étranger versé aux débats. »

> Sur les paramètres spatiaux et temporels d'intervention de l'ordre public : la théorie ancienne de l'ordre public atténué

• **Civ. 17 avr. 1953,** *Rivière*, *Rev. crit. DIP* 1953, 412, note Batiffol; *GADIP*, no 26

* V. ss nos 412.154 et 412.431

« La réaction à l'encontre d'une disposition contraire à l'ordre public n'est pas la même suivant qu'elle met obstacle à l'acquisition d'un droit en France ou suivant qu'il s'agit de laisser se produire en France les effets d'un droit acquis, sans fraude, à l'étranger et en conformité de la loi ayant compétence en vertu du droit international privé français. »

> Sur les paramètres spatiaux d'intervention de l'ordre public : la théorie moderne de l'ordre public de proximité

• **Civ. 1re, 10 févr. 1993, no 89-21.997,** *Bull. civ.* I, no 64

* V. ss no 412.434

« Si les lois étrangères qui prohibent l'établissement de la filiation naturelle ne sont pas en principe contraires à la conception française de l'ordre public en matière internationale, il en est autrement lorsque ces lois ont pour effet de priver un enfant français ou résidant habituellement en France du droit d'établir sa filiation, l'ordre public s'opposant alors à l'application de la loi normalement compétente. »

412.03 Bibliographie indicative.

Actualisable. Rép. internat., P. Lagarde, *Vo Question préalable*; H. Muir-Watt, *Vo Loi étrangère*.

Ouvrages. B. Audit, *Droit international privé*, 5e éd., Economica, 2008 – H. Batiffol et P. Lagarde, *Traité de droit international privé*, 8e éd., LGDJ, 1993, t. I – D. Bureau et H. Muir-Watt, *Droit international privé*, « Thémis », PUF, 2007, t. I et II – J.-Y. Carlier, *Autonomie de la volonté et statut personnel*, Bruylant, 1992 – P. Courbe, *Droit international privé*, Hachette, 2007 – M. Farge, *Le statut familial des étrangers en France : de la loi nationale à la loi de la résidence habituelle*, L'Harmattan, 2003 – B. Fauvarque-Cosson, *Libre disponibilité des droits et conflit de lois*, LGDJ, 1996 – D. Gutmann, *Droit international privé*, 6e éd., Dalloz, 2009 – D. Holleaux, J. Foyer et G. de Geouffre de La Pradelle, *Droit international privé*, Masson, 1987 – F. Jault-Seseke, *Le regroupement familial en droit comparé français et allemand*, préf. P. Lagarde, « Bibliothèque de droit privé », LGDJ, 1996, t. 265 – Y. Loussouarn, P. Bourrel et P. de Vareilles-Sommières, *Droit international privé*, « Précis », 9e éd., Dalloz, 2007 – P. Mayer et V. Heuzé, *Droit international privé*, 9e éd., Montchrestien, 2007 – M.-L. Niboyet et G. de Geouffre de La Pradelle, *Droit international privé*, 2e éd., LGDJ, 2009 – T. Vignal, *Droit international privé*, Éd. A. Colin, 2005.

Thèses. Ch. Bidaud-Garon, *L'état civil en droit international privé*, th. Lyon III, 2005 – D. Gutmann, *Le sentiment d'identité, Étude de droit des personnes et de la famille*, th. Paris II, 1996 – E. Rasler, *La célébration du mariage en droit international privé*, th. Paris II, 1998.

Articles. B. Ancel, « Destinées de l'article 3 du Code civil », *Mél. P. Lagarde*, Dalloz, 2005, p. 1 s. – B. Audit, « Les avatars de la loi personnelle en droit international privé », *Mél. J. Foyer*, Economica, 2008, p. 49 s. – B. Bourdelois, « Le notaire et le droit international privé (libres propos) », *Mél. J. Foyer*, Economica, 2008, p. 141 s. – D. Bureau, « L'influence de la volonté individuelle sur les conflits de lois », *Mél F. Terré*, Dalloz-PUF-Juris-Classeur, 1999, p. 285 s. – P. Courbe, « L'influence des réformes du droit de la famille sur le droit international privé », *Mél. H. Gaudemet-Tallon*, Dalloz, 2008, p. 703 s. – A. Devers, « Le divorce d'époux marocains ou franco-marocains »,

Dr. fam. 2006, étude n° 15 – H. Fulchiron, « Le droit français et les mariages homosexuels étrangers », *D.* 2006, 1253 – P. Gannagé, « La pénétration de l'autonomie de la volonté dans le droit international privé de la famille », *Rev. crit. DIP* 1992, p. 425 – H. Gaudemet-Tallon, « De nouvelles fonctions pour l'équivalence en droit internationale privé ? », *Mél. P. Lagarde*, Dalloz, p. 301 s. – C. Labrousse, « La compétence et l'application des lois nationales face au phénomène de l'immigration étrangère », *Trav. Com. fr. DIP* 1975-1977, p. 110 s. – P. Lagarde, « La théorie de l'ordre public face à la polygamie et à la répudiation. L'expérience française », *Mél. F. Rigaux*, Bruylant, 1993, Bruxelles, p. 263; « La règle de conflit applicable aux questions préalables », *Rev. crit. DIP* 1960, 459; « La reconnaissance, mode d'emploi » *Mél. H. Gaudemet-Tallon*, Dalloz, 2008, p. 481 s. – B. Lecharmy, « Le caractère obligatoire de la règle de conflit : l'office du juge aux affaires familiales », *Dr. fam.* 2008, chron. 25 – Y. Lequette, « Le renvoi des qualifications », *Mél. D. Holleaux*, 1990, p. 249 – P. Mayer, « Les méthodes de la reconnaissance en droit international privé », *Mél. P. Lagarde*, Dalloz, p. 547 s. – M. Mignot, « Effets en France d'un mariage homosexuel célébré dans un pays de l'Union européenne », *JCP* 2005, act. 652 – H. Muir-Watt, « Pour l'accueil de l'*estoppel* en droit privé français, L'internationalisation du droit », *Mél. Y. Loussouarn*, Dalloz, 1994, p. 303.

412.04 Questions essentielles.

> Est-il possible de fournir des critères permettant d'identifier les lois de police françaises ?

* V. s^s n°s 412.31 s.

> Dans quelle mesure l'ordre juridique français doit-il reconnaître la validité d'une situation constituée à l'étranger ?

* V. s^s n°s 412.61 s.

> Quelle nationalité retenir lorsqu'une même personne dispose simultanément de plusieurs nationalités ?

* V. s^s n°s 412.161 s.

> Quelle est l'effectivité du rattachement de principe du statut personnel à la loi nationale ?

* V. s^s n°s 412.171 s.

> Quelle est le rôle actuel et futur de la « loi d'autonomie » pour régir le statut familial ?

* V. s^s n°s 412.181 s.

> Le juge est-il tenu de soulever d'office l'application de la règle de conflit désignant une loi étrangère ?

* V. s^s n°s 412.211 s.

> Le juge français peut-il appliquer la loi française aux motifs qu'elle produit un résultat équivalent à celui qui aurait été atteint par application de la loi étrangère désignée ?

* V. s^s n° 412.225

> Par référence à quel système normatif faut-il procéder à la qualification d'une situation en vue de l'intégrer dans l'une ou l'autre des catégories des règles de conflit ?

* V. s^s n°s 412.262 s.

> À quelles règles de droit transitoire faut-il soumettre la question de l'application dans le temps d'une nouvelle règle de conflit adoptée par le législateur ?

* V. s^s n°s 412.281 s.

> Quelle loi convient-il d'appliquer en présence d'un conflit mobile, c'est-à-dire d'un changement non frauduleux de concrétisation de l'élément de rattachement ?

* V. s^s n°s 412.290 s.

> Comment est caractérisée la fraude à la loi et quelle est sa sanction ?

* V. s^s n°s 412.301 s.

> Faut-il mettre en œuvre le renvoi opéré par la règle de conflit étrangère ?

* V. s^s n°s 412.311 s.

> Quelle règle de conflit faut-il mettre en œuvre pour régler les questions préalables ?

* V. s^s n°s 412.343

> Quels sont les rôles respectifs du juge et des parties concernant la preuve de la loi étrangère ?

* V. s^s n°s 412.371 s.

> Dans quelle mesure la Cour de cassation française contrôle-t-elle l'interprétation de la loi étrangère ?

* V. s^s n°s 412.391 s.

> Comment se règle le conflit transitoire de droit étranger ?

* V. s^s n°s 412.401 s.

> Quels sont les fonctions et les paramètres d'intervention de l'exception d'ordre public international français ?

* V. s^s n°s 412.411 s.

SECTION 1
PLURALITÉ DE MÉTHODES

412.11 Règles matérielles, lois de police, règles de conflit de lois. La question de la norme applicable à une situation familiale présentant un élément d'extranéité n'est pas toujours résolue de façon identique. Exceptionnellement, elle est réglée par l'application de normes régissant directement le fond du droit. On peut intégrer ces normes dans la catégorie des **méthodes directes de résolution du conflit de lois.** Par opposition, l'utilisation d'une **règle de conflit** destinée à désigner un droit national applicable au litige s'analyse comme une méthode indirecte.

412.12 Hiérarchie des méthodes. Les méthodes directes (lois de police, règles matérielles) ont normalement un rôle résiduel par rapport aux règles de conflit. Leur réserver la portion congrue est conforme à l'objectif de coordination des systèmes juridiques nationaux poursuivi par le droit international privé. Cet objectif est, en effet, contrarié par les lois de police et les règles matérielles d'origine interne qui privilégient dans les relations internationales des conceptions françaises au détriment de celles proposées par les systèmes étrangers qui ne sont jamais consultés. Cette dernière précision est essentielle : elle signifie que les **lois de police** et les **règles matérielles** sont des **procédés préalables à la règle de conflit**. C'est dire que le juge doit solliciter la règle de conflit seulement après avoir constaté qu'aucune des méthodes directes n'est applicable au litige.

412.13 Renouvellement des méthodes. Classiquement, le droit international privé raisonne en termes de détermination de la norme applicable pour apprécier la validité d'une situation – partenariat, mariage, filiation – sans distinguer selon qu'il est question de sa création en France ou selon qu'elle a déjà été créée à l'étranger. Le plus souvent cette norme applicable sera une loi interne (française ou étrangère) désignée par une règle de conflit bilatérale. Récemment, il a été envisagé d'abandonner ce raisonnement pour les situations constituées à l'étranger. Une nouvelle **méthode, dite « de la reconnaissance »**, préconise de les reconnaître à certaines conditions, abstraction faite de la loi qui leur est considérée applicable par les règles françaises de conflit de lois (v. s^{s} n°s 412.61 s.).

412.14 Hiérarchie des normes. Jadis exclusivement national et jurisprudentiel, le droit français des conflits de lois est, aujourd'hui, largement composé de **conventions bilatérales ou internationales** et, bientôt, de **règlements européens**. La hiérarchie des normes de l'article 55 de la Constitution et la primauté du droit de l'Union européenne commandent de mettre en œuvre prioritairement les normes supranationales. L'exercice est un peu laborieux dès lors qu'il faudra pour chaque **norme supranationale** s'interroger soigneusement sur son **applicabilité** aussi bien **matérielle, spatiale** que **temporelle**. Il y a là une discipline à laquelle sacrifie l'exposé de cet ouvrage. Cette hiérarchie des normes se combine avec celle précédemment décrite des méthodes. Même lorsque la règle de conflit résulte d'une norme supranationale, il convient, avant d'y avoir recours, de s'assurer qu'une disposition française n'est pas immédiatement applicable - en tant que loi de police - à la situation. Cette **primauté des lois de police** ne paraît pas remise en cause par la nature supranationale d'une règle de conflit de lois. En réservant expressément le jeu de l'exception d'ordre public, les conventions semblent, en effet, laisser les États libres de recourir aux lois de police, lesquelles sont voisines dans leur fonction de l'ordre public en ce qu'elles permettent également de faire prévaloir des intérêts ou les valeurs nationales au détriment du jeu normal de la règle de conflit.

412.20 Division. Il est possible de présenter les différentes méthodes en fonction de leur aptitude à assurer l'harmonie internationale des solutions, en l'occurrence la permanence de traitement du statut personnel des personnes au-delà de leurs déplacements transfrontaliers. Partant de celles qui en sont le moins aptes pour aller vers celles qui sont conçues comme les plus performantes, il faut envisager les méthodes directes (§ 1), les méthodes indirectes (§ 2) et, enfin, la méthode de la reconnaissance (§ 3).

§ 1
Méthodes directes

A.
Règles matérielles

412.21 Description. Les règles matérielles de droit international privé sont des **règles de fond** qui s'appliquent exclusivement aux **relations familiales internationales**. Elles sont très rares et interviennent ponctuellement à propos d'une institution qui donne, pour l'essentiel, lieu à l'application d'une règle de conflit. Ainsi en est-il concernant les **conditions de l'adoption**. Le législateur les a soumises, en principe, à la loi de l'adoptant. Néanmoins, il a énoncé une règle matérielle à l'article 370-3 alinéa 3 du Code civil concernant le consentement du représentant légal de l'enfant (v. s^{s} n°s 224.40 s.). Toujours en matière d'adoption, toutes les dispositions du Code de la famille et de l'aide sociale prévoyant des **règles spécifiques pour l'adoption des enfants en provenance de l'étranger** sont des règles matérielles.

Dans un autre domaine, la convention de La Haye du 2 octobre 1973 sur la loi applicable aux obligations alimentaires comporte, au milieu de règles de conflit de lois, une règle matérielle (conv. La Haye, 2 oct. 1973, art. 11, al. 2) : « *Même si la loi applicable en dispose autrement, il doit être tenu compte des besoins du créancier et des ressources du débiteur dans la détermination du montant de la prestation alimentaire.* »

B.
Lois de police

412.31 Description. La règle de fond peut également être une **loi de police** (autrement appelée **loi d'application immédiate** ou **d'application nécessaire**). Il s'agit alors de règles internes qui s'appliquent immédiatement à des situations internationales présentant un lien déterminé avec la France. Autrement dit, il s'agit de « *dispositions* [...] *dont l'application s'impose quelle que soit la loi autrement applicable* » (Conv. La Haye,13 janv. 2000, sur la protection internationale des adultes, art. 20). La recherche d'un critère permettant de les identifier est assez vaine.

412.32 Critère finaliste. En hommage à Franscescakis qui, dans les années soixante, a souligné leur existence, il faut mentionner la définition qu'il en a proposée : ce sont des « *lois dont l'observation est nécessaire pour la sauvegarde de l'organisation politique, sociale et économique du pays* ». De façon plus suggestive, Francescakis a insisté sur leur « *importance vitale* » pour la société dont elles émanent. Cette conception a été illustrée par la Cour de cassation lorsqu'elle a affirmé : « *Les dispositions sur l'assistance à l'enfance en danger sont applicables sur le territoire français à tous les mineurs qui s'y trouvent, quelle que soit leur nationalité ou celle de leurs parents*[1] » (sur l'inutilité de cette qualification aujourd'hui, v. s[s] n° 433.31). Si les dispositions en cause affectent des relations privées, elles concourent à la **sauvegarde de l'intérêt général** dans la mesure où la protection de l'enfance en danger, à la charge du juge des enfants, favorise la prévention de la délinquance juvénile. Mais toutes les lois de police intéressant les relations familiales ne répondent pas à cette définition; il est souvent difficile de les expliquer par la suprématie de l'intérêt étatique sur les intérêts privés. Pour l'illustrer, on peut se référer à l'article 311-15 du Code civil dans lequel le législateur a fait des dispositions françaises relatives à la **possession d'état** des lois de police qui s'appliquent, sous réserve d'une condition de résidence en France, même lorsque la filiation est soumise à une loi étrangère par la règle de conflit (v. s[s] n° 431.82). Il est bien difficile de justifier par la thèse de Francescakis cette promotion des règles françaises relatives à la possession d'état.

412.33 Critère rationnel. D'autres dispositions, susceptibles d'être analysées comme des lois de police, répondent à un autre critère qui a pu être qualifié de rationnel. Certaines règles internes seraient d'application nécessaire parce que la loi française manquerait son objectif si elle ne s'imposait pas à toutes les situations entrant dans un champ d'application qu'elle suppose. Tel pourrait être le cas de la **législation française relative à l'accouchement anonyme**, dès lors que l'accès au droit d'accoucher sous X ne peut pas, en pratique, être subordonné à la nationalité de la parturiente ou à la loi applicable à la filiation de l'enfant à naître. Dans un tout autre domaine, la **présomption de pouvoir entre époux** de l'article 221 du Code civil, permettant à chaque époux d'ouvrir un compte bancaire sans le consentement de l'autre, doit s'appliquer à tout époux qui s'adresse, en France, à un guichet de banque sans considération de la loi applicable aux effets de son mariage ou à son régime matrimonial. Destinée à sécuriser le banquier contre les réclamations du conjoint du titulaire du compte, la présomption de pouvoir est d'application générale ou n'est pas.

412.34 Coexistence des critères. Mais ce critère rationnel ne permet pas de justifier toutes les applications jurisprudentielles du mécanisme des lois de police. Il suffit pour s'en convaincre d'observer que si l'article 221 du Code civil est considéré comme une loi de police, cette consécration ne s'analyse pas comme une adhésion judiciaire au critère rationnel. Le texte a été élevé au rang de loi de police à l'occasion d'une approche globale. Pour la Cour de cassation, tous les articles relatifs aux droits et devoirs des époux (C. civ., art. 212 s.) sont d'application territoriale[2].

Cette jurisprudence révèle que le critère des lois de police n'offre pas de prise à la systématisation. Que l'ensemble du **régime matrimonial primaire** ait été analysé comme une loi de police concourt à défendre, dans la société française, une conception des rapports entre époux fondée tant sur l'égalité entre les sexes que sur un compromis entre une solidarité minimum et le respect d'une certaine autonomie des conjoints. C'est dire que la qualification retenue par la Cour de cassation était davantage justifiée par la **finalité des règles du régime primaire** que par leur nature particulière. En pareille hypothèse, la théorie des lois de police semble être utilisée pour assurer une cohésion au sein de la société française en imposant le respect de certaines politiques législatives qui ne pourraient souffrir la contradiction résultant de l'application d'une loi étrangère. Leur rôle est alors proche de celui dévolu à l'ordre public.

412.35 Rôle essentiel du juge. En définitive, il apparaît que le critère proposé par Francescakis et le critère rationnel coexistent lorsqu'il s'agit de déterminer lesquelles des dispositions françaises doivent être érigées en lois de police. Les indications législatives, comme celle de l'article 311-15 du Code civil, étant exceptionnelles, **l'identification des lois de police appartient au juge**. Il doit faire preuve de mesure dès lors que cette méthode privilégie l'application de la loi du *for* sans considération pour la loi étrangère éventuellement désignée par la règle de conflit. Ce faisant, **la méthode rompt le postulat d'égale vocation** à être appliquée de la loi française et de la loi étrangère sur lequel repose le droit international privé. En conséquence, les lois de police, comme du reste les règles matérielles d'origine interne, doivent être cantonnées à un rôle exceptionnel.

1. Civ. 1re, 27 oct. 1964, *D.* 1965, 81 – Civ. 1re, 16 janv. 1979, *JDI* 1981, p. 66, note Foyer.

2. Civ. 1re, 20 oct. 1987, *Rev. crit. DIP* 1988, 540, note Lequette; *JDI* 1988, p. 446, note Huet.

§ 2
Méthodes indirectes

412.40 **Règle de répartition.** Dans la majorité des situations, la norme applicable est découverte par le biais d'une règle de conflit de lois qui va désigner comme compétente la loi interne d'un État.

A.
Unilatéralisme

412.41 **Rareté.** En France, la règle de conflit est unilatérale lorsqu'elle fixe le domaine d'application de loi française sans jamais accepter de désigner une loi étrangère. *A priori* simple, cette méthode comporte des inconvénients de sorte qu'elle est rarement défendue. Néanmoins, le législateur français a ponctuellement cédé à l'unilatéralisme. Tel est le cas en matière de **divorce** et de **séparation de corps** où l'article 309 du Code civil, issu de la réforme du divorce de 1975, confère un large domaine à la loi française : elle est applicable non seulement aux époux français, mais aussi à ceux, sans considération de nationalité, qui sont, l'un et l'autre, domiciliés sur le territoire français. Comme cette désignation n'est pas susceptible de résoudre tous les conflits de lois (par ex. celui posé par un Français résidant en France désirant divorcer d'une étrangère domiciliée hors de France), le législateur a prévu une règle complexe pour remédier à cette lacune. Lorsque les tribunaux français sont compétents, la loi française est encore applicable lorsqu'aucune loi étrangère ne se reconnaît compétence[1]. Plus récemment l'unilatéralisme a été retenu en matière d'**adoption** afin d'harmoniser le statut des enfants adoptés demeurant sur le territoire français. L'article 370-4 du Code civil dispose que « *les effets de l'adoption prononcée en France sont ceux de la loi française* ». Et, lorsqu'elle est régulièrement prononcée à l'étranger, l'adoption produit en France les effets de l'adoption plénière du droit français si elle rompt de manière et complète et irrévocable le lien de filiation préexistant. À défaut, elle produit les effets de l'adoption simple prévus par le Code civil.

B.
Bilatéralisme

412.51 **Mode normal de résolution du conflit de lois.** Le bilatéralisme est aujourd'hui considéré comme la reine des méthodes car la plus apte à soumettre un rapport international à la loi avec laquelle il entretient les liens les plus étroits. La règle de conflit est dite bilatérale en ce qu'elle place sur un pied d'égalité le droit étranger et le droit du *for* – c'est-à-dire le droit du pays dont le juge est saisi. Ainsi l'article 311-14 du Code civil, qui énonce que la **filiation** est, en principe, soumise à la **loi personnelle de la mère**, peut aussi bien désigner la **loi française** que n'importe quelle **loi étrangère**.

412.52 **Décomposition et caractère de la règle de conflit bilatérale.** À l'analyse, les règles de conflit bilatérales se décomposent en deux éléments : une catégorie juridique et un rattachement. La **catégorie** (la filiation dans l'exemple cité) délimite le domaine de la règle de conflit; le **rattachement** (loi nationale de la mère) permet de désigner l'ordre juridique qui réglera le problème juridique entrant dans la catégorie.

Cette règle de conflit présente trois caractères. Tout d'abord, elle est **prévisible** ou **abstraite** car elle permet normalement de connaître la loi applicable sans avoir besoin de faire un procès. Ensuite, elle est **dénuée de nationalisme** puisqu'elle laisse la même vocation à la loi française et à la loi étrangère. Enfin, elle est **neutre** : la désignation du droit applicable est mécanique et ne prend aucunement en considération la solution au fond donnée au litige par ce droit.

Ainsi l'article 311-14 du Code civil peut tout aussi bien désigner une loi ne comportant aucune entrave à la recherche judiciaire de paternité ou une loi la prohibant de façon absolue. Dès à présent, il faut observer que **cette désignation n'est pas irrémédiable**, la loi étrangère produisant un résultat trop choquant pourra toujours être évincée au nom de l'ordre public (v. s[s] n°s 412.411 s.). Il n'en demeure pas moins que la neutralité de la règle de conflit a été critiquée. On lui a reproché son indifférence, son caractère aveugle à la solution au fond du litige. Il en est résulté un certain infléchissement de la méthode bilatérale.

412.53 **Infléchissement de la méthode bilatérale.** Un certain nombre de normes ont été adoptées dans lesquelles le législateur délaisse l'objectif de soumettre une situation à la loi avec laquelle elle entretient des liens étroits au profit de la recherche d'un certain résultat identifié à l'origine comme juste ou souhaitable. Ainsi sont apparues des **règles de conflit engagées** qui subordonnent la désignation d'une loi à la considération de son contenu. De façon suggestive, elles peuvent être qualifiées de **règles de conflit à finalité matérielle.** Dans les différents cas, elles multiplient les rattachements pour convoquer plusieurs lois potentiellement applicables

1. Sur l'obligation pour le juge de rechercher, au besoin d'office, si une loi étrangère se reconnaît compétence, v. Civ. 1re, 4 juin 2009, n°s 08-11.872 et 08-14.309, rect. par Civ. 1re, 28 oct. 2009, *Bull. civ.* I, n° 112; *Dr. fam.* 2009, comm. 96, note Farge; *D.* 2009, 1695, obs. Gallmeister; *RJPF* 2009-10/20, p. 21, obs. Garé; *Gaz. Pal.* 7 nov. 2009, n° 311, p. 23, note Eppler.

entre lesquelles sera choisie la législation qui permet d'obtenir le résultat poursuivi.

412.54 Rattachements hiérarchisés. Parfois, les différents rattachements sont hiérarchisés. Pour favoriser le créancier d'aliments, la convention de La Haye, du 2 octobre 1973, soumet sa prétention, en principe, à la loi interne de sa résidence habituelle, mais si cette loi ne lui permet pas d'obtenir des aliments, il faut alors se référer à la loi nationale commune au créancier et au débiteur et, en cas de nouvel échec, notamment en l'absence de nationalité commune, il est encore possible d'appliquer la loi interne de l'autorité saisie. Ce rattachement en cascade ne remet pas entièrement en cause l'unicité et la prévisibilité de la loi désignée : il essaye, dans la mesure du possible, de privilégier la loi de la résidence habituelle présumée être celle qui a les liens les plus étroits avec la situation (sur le futur remplacement de la convention de La Haye, v. s[s] n° 410.22, à propos du protocole de La Haye, 23 déc. 2007, sur la loi applicable aux obligations alimentaires).

412.55 Rattachements alternatifs ou cumulatifs. La préoccupation de proximité est entièrement abandonnée lorsque les rattachements sont alternatifs. Tel est le cas de l'article 311-17 du Code civil qui, pour faciliter l'établissement volontaire de la **filiation hors mariage**, pose : « *La reconnaissance volontaire de paternité ou de maternité est valable si elle a été faite en conformité, soit de la loi personnelle de son auteur, soit de loi personnelle de l'enfant.* » Formulé de façon alternative, cet article est transformé par la jurisprudence en rattachements cumulatifs en matière de contestation de reconnaissance : celle-ci n'est possible que si elle est admise par la loi personnelle de son auteur et par la loi personnelle de l'enfant (v. s[s] n° 431.92). Les règles de conflit à finalité matérielle demeurent, pour l'heure, marginales en droit international privé de la famille. Le modèle le plus utilisé reste la règle de conflit bilatérale de facture classique.

§ 3
Méthode de la reconnaissance

412.61 Reconnaissance des jugements étrangers. En droit international privé, le terme « reconnaissance » peut être utilisé pour différents objets. Traditionnellement, la reconnaissance concerne les **décisions de justice étrangères.** Il s'agit d'accepter l'insertion de la norme individuelle dont la décision étrangère est porteuse dans l'ordre juridique du *for*, autrement dit de faire sienne la situation juridique qu'elle consacre[1]. Cette reconnaissance est aujourd'hui libérale parce que les parties ont pu légitimement se fier à la décision de justice étrangère. Ainsi s'explique que les **jugements en matière d'état des personnes** soient reconnus de plein droit en France (v. s[s] n° 413.41) et que, en cas discussion sur leur régularité ou de demande d'*exequatur*, la condition de leur conformité à la règle de conflit du *for* ait été abandonnée (v. s[s] n°s 413.21 s.).

412.62 Reconnaissance des situations constituées à l'étranger. La « reconnaissance » ne peut-elle pas être étendue à des situations juridiques – état civil, mariage, partenariat – constituées à l'étranger mais non consacrées par un jugement ? L'origine de cette nouvelle approche réside dans le déclin du paradigme de la méthode bilatérale. Mais il faut bien comprendre que la méthode bilatérale ne serait pas entièrement lettre morte. La méthode de la reconnaissance des situations ne remet pas en cause le raisonnement traditionnel lorsqu'il s'agit pour les autorités d'un État de créer une situation : dans ce cas, elles mettent toujours en œuvre la loi désignée par leur règle de conflit. En revanche, les partisans de cette méthode doutent que les autorités des autres États, saisies après coup de cette même situation, doivent l'apprécier à l'aune de leurs propres règles de conflit. « *Ne serait-il pas concevable, voire souhaitable, qu'elles puissent en reconnaître la validité en faisant abstraction de celles-ci ?* »[2]. Pour ces situations constituées à l'étranger, la règle de conflit serait éclipsée[3] ou, plus précisément, absorbée par la technique du conflit d'autorités. Ainsi l'ordre juridique français apprécierait encore avec une règle de conflit bilatérale la validité d'un mariage célébré sur le sol français mais, s'agissant d'une union contractée à l'étranger devant l'autorité publique compétente, sa validité pourrait être acquise de sorte que le juge français disposerait seulement d'une alternative : reconnaître ou ne pas reconnaître l'état matrimonial des intéressés.

412.63 Remise en cause de la *summa divisio*. Cette nouvelle approche perturbe le schéma habituel de pensée car, avec la reconnaissance des situations, « *on est dans le domaine du conflit de lois, mais on adopte un raisonnement qui évoque structurellement celui du conflit de juridictions* »[4].

412.64 Fondement et domaine. En droit de l'Union européenne, la technique de la reconnaissance n'a été consacrée que pour des situations cons-

1. P. Gothot et D. Holleaux, *La Convention de Bruxelles du 27 décembre 1968*, Paris, Éd. Jupiter, n° 48.
2. P. Lagarde, « La reconnaissance mode d'emploi », *Mél. H. Gaudemet-Tallon*, Dalloz, 2008, p. 481 s.
3. G.-P. Romano, « La bilatéralité éclipsée par l'autorité. Développements récents en matière d'état des personnes », *Rev. crit. DIP* 2006, 47.
4. P. Mayer, « Les méthodes de la reconnaissance en droit international privé », *Mél. P. Lagarde*, Dalloz, 2005, p. 547 s.

tituées par des ressortissants européens dans un État de l'Union européenne et revendiquées par eux dans un autre. Ainsi conçue, elle se présente comme une **déclinaison de l'objectif de reconnaissance mutuelle.** Mais dans le contexte européen, la théorie de le reconnaissance n'est pas apparue de façon générale et inconditionnelle : elle ne s'est imposée que dans les hypothèses où la non-reconnaissance serait une entrave, non justifiée par l'intérêt général, aux grandes libertés du traité, à savoir le **principe de non-discrimination entre ressortissants européens** et, surtout, le **droit à la libre circulation** (v. s[s] n° 412.80). Le droit européen des droits de l'homme pourrait lui fournir une assise plus large en justifiant la théorie de la reconnaissance par sa propension à assurer efficacement le respect des droits de l'homme et des libertés fondamentales, spécialement le droit à une vie familiale normale. Mais cette méthode n'a-t-elle pas vocation à se détacher du berceau européen ? Autrement dit, n'est-elle pas universalisable ? M. Lagarde y paraît favorable en exposant que la technique permet, à côté de l'extension de l'autonomie de la volonté, de dépasser la discussion passablement circulaire entre les mérites du domicile (ou de la résidence habituelle) et de la nationalité (v. s[s] n°s 412.171 s.). On sait que les rattachements territoriaux ont aujourd'hui le vent en poupe mais le déclin de la nationalité s'accompagne toujours d'un regret lié à la plus grande pertinence de ce rattachement pour assurer la nécessaire permanence du statut personnel. Ce regret s'atténue avec la théorie de la reconnaissance puisqu'elle est apte à assurer cette objectif de permanence tout en renouvellement sa perception : « *La vision traditionnelle envisage cette permanence de façon abstraite. À une époque de grande mobilité des personnes, ne faut-il pas considérer la permanence de façon plus concrète ?* ». Pour preuve « *si un événement affectant le statut d'une personne s'est effectivement produit dans un État donné, comme l'attribution d'un nom, la conclusion d'un mariage ou d'un partenariat, le besoin de permanence se porte sur cet événement et demande qu'il soit reconnu dans les autres États avec lesquels la personne concernée possède ou possèdera des liens* »[1]. Dans la même perspective, la théorie de reconnaissance apparaît comme une manière d'effacer les conflits de systèmes de droit international privé. Percevant la relativité des mérites des rattachements à la nationalité ou au domicile, le droit international privé essayait, naguère, de coordonner les règles de conflit françaises et étrangères afin de favoriser l'harmonie internationale des solutions. Il le faisait au stade de la mise en œuvre de règle de conflit avec la technique du renvoi permettant d'effacer les divergences (v. s[s] n° 412.321). Pour les situations constituées à l'étranger, la théorie de la reconnaissance dépasse cette coordination en préconisant l'abandon de la mise en œuvre de la règle de conflit du *for* (v. s[s] n° 412.144).

1. P. Lagarde, « La reconnaissance mode d'emploi », *Mél. H. Gaudemet-Tallon*, Dalloz, 2008, p. 481 s., spéc[t] p. 491.

412.65 Pratique judiciaire. *A priori*, la théorie de la reconnaissance est propice à un allégement des procès de droit international privé puisqu'elle dispensera le juge de la recherche de la loi applicable selon la règle de conflit de l'État de reconnaissance.

412.70 Division. Favorisant la réception d'une situation familiale constituée à l'étranger même si elle ne serait pas valable selon la règle française de conflit de lois, cette nouvelle méthodologie apparaît progressivement en droit positif (A). Sa propension à assurer élégamment et plus simplement la continuité de traitement des situations internationales dépendra largement des réponses aux interrogations suscitées par cette révolution amorcée (B).

A.
Apparition en droit positif

412.80 Division. Pour s'en tenir aux manifestations actuellement en vigueur en France[2], il faut souligner que la méthode est apparue explicitement en droit de l'Union européenne (1°) et implicitement en droit européen des droits de l'homme (2°). Il est possible de se demander si elle n'est pas sous-jacente dans certaines règles françaises de droit international privé (3°).

1°
Apparition explicite en droit de l'Union européenne

412.81 Libre circulation. En droit de l'Union européenne, la méthode de la reconnaissance a été admise au nom de sa plus grande faculté, par rapport à la méthode bilatérale, à assurer le principe de **libre circulation des ressortissants européens.** De fait, cette méthode doit permettre d'accorder aux particuliers, dans tous les États membres, un statut identique à celui qu'ils possèdent dans le pays à l'origine de ce statut. En cela, la reconnaissance favorise la libre circulation. Pour l'heure, la méthode a seulement été consacrée en matière de nom.

2. Outre certaines codifications nationales, notamment la loi fédérale suisse de droit international privé, comportant des exemples de raisonnement en termes de reconnaissance, il faut citer Conv. La Haye, 14 mars 1978, sur la célébration et la reconnaissance des mariages (non ratifiée par la France), art. 9, al. 1er, et différentes conventions de la Commission Internationale de l'État Civil (CIEC, v. s[s] n° 412.126).

412.82 Graphie et détermination du nom. Dans son arrêt *Konstantidinis*[1], la Cour de justice des Communautés européennes (CJCE) a condamné l'application à un Grec installé en Allemagne des règles allemandes de translittération des noms grecs en caractères latins, dès lors qu'elles aboutissaient à une graphie déformante de son nom susceptible de créer une confusion auprès de sa clientèle potentielle et par suite d'entraver sa libre circulation.

Procédant du même esprit, l'arrêt *Grunkin-Paul*[2] est moins anecdotique dans sa portée pratique. Il écarte le raisonnement en termes de conflit de lois s'il conduit à attribuer à un ressortissant de l'Union un nom différent de celui enregistré à l'état civil de l'État membre de l'Union dans lequel il est né et réside[3]. En l'occurrence, deux époux allemands, M. Grunkin et Mme Paul, avaient donné naissance à un fils dans leur pays de résidence, le Danemark. Déclaré à l'état civil de ce pays, l'enfant s'était vu attribuer le nom de Grunkin-Paul, conformément à la loi danoise, applicable en vertu de la règle de conflit danoise, qui juxtapose les noms du père et de la mère. Les services allemands de l'état civil refusèrent de transcrire le nom composé au motif que la loi allemande, compétente en tant que loi nationale de l'enfant conformément à la règle de conflit allemande (EGBG, art. 10, § 1), n'admettait pas le double nom paterno-maternel. Cette solution est condamnée par la CJCE car elle conduirait l'intéressé à porter un nom différent dans deux États membres et serait de nature à lui causer de sérieux inconvénients d'ordre tant professionnel que privé. En conséquence, la position des autorités allemandes constitue une atteinte à la liberté de circulation garantie par l'article 18 du traité CE.

2°
Apparition implicite en droit européen des droits de l'homme

412.91 Droit à la consécration juridique d'une vie familiale ? Tendant à aligner la position de l'ordre juridique français sur une situation familiale constituée en dehors de lui-même, la méthode de la reconnaissance peut également favoriser l'effectivité des droits fondamentaux et particulièrement du droit à une vie familiale normale. La Cour européenne des droits de l'homme (CEDH) a déjà rendu un arrêt *Wagner*[4] qui montre que lorsqu'une relation familiale existe à l'étranger et relève de l'article 8 de la Convention européenne des droits de l'homme (conv. EDH), les États signataires sont tenus d'adopter des règles favorisant sa reconnaissance. Une luxembourgeoise, en connaissance de son incapacité à adopter au Luxembourg en tant que célibataire, avait obtenu au Pérou un jugement d'adoption plénière d'une fillette péruvienne. Les tribunaux luxembourgeois refusèrent de lui accorder l'*exequatur* au motif que la loi appliquée à l'étranger n'était pas celle désignée par la règle de conflit luxembourgeoise. Aux yeux luxembourgeois, la capacité à adopter devait être appréciée sur le fondement du droit interne luxembourgeois de sorte que l'adoption par une célibataire n'était pas opposable au Luxembourg. Prenant soin de préciser que les règles luxembourgeoises de droit international privé n'étaient pas en cause, la CEDH considère que la non-reconnaissance d'une décision étrangère, support d'une vie familiale développée *de facto*, était constitutive d'une violation de l'article 8 de la conv. EDH.

3°
Présence sous-jacente dans certaines règles françaises de droit international privé

412.101 Article 311-17 du Code civil (discussion). Procédant à une relecture du système français sous le prisme de la théorie de la reconnaissance, la doctrine a recherché s'il n'en comportait pas déjà des applications « innommées ». En matière familiale, l'attention s'est portée sur l'article 311-17 du Code civil (v. s[s] n° 431.92). Confirmant à nouveau la polysémie juridique du terme, il dispose : « *La reconnaissance volontaire de paternité ou de maternité est valable si elle a été faite en conformité, soit de la loi personnelle de son auteur, soit de la loi personnelle de l'enfant* ». Règle de conflit à coloration matérielle doté d'un rattachement alternatif ou « *règle substantielle interne qui ordonne la prise en considération de lois éventuellement étrangères* »[5], cette norme n'a jamais été facile à qualifier méthodologiquement. Pour M. Lagarde[6], il y aurait là une

1. CJCE 30 mars 1993, aff. C-168/91, Konstantidinis, *Dr. trav.* 1995/1, p. 1, note Mazière; *LPA* 1er juin 1994, n° 65, note Flauss.
2. CJCE 14 oct. 2008, aff. C-353/06, Grunkin et Paul, *Rec. CJCE*, p. I-07639; *JCP* 2009, 10071, note Devers; *Dr. fam.* 2009, comm. 50, note Viangalli; *AJ fam.* 2008, 481, obs. Boiché; *JDI* 2009, p. 7, note D'Avout; *Europe* 2008, comm. 397, note Kauff-Gazin; *Europe* 2008, comm. 431, obs. Idot; *AJDA* 2008, 2327, chron. Broussy, Donnat et Lambert; *D.* 2009, 845, note Boulanger; *Rev. crit. DIP* 2009, 80, note Lagarde.
3. CJCE 14 oct. 2008, aff. C-353/06, Grunkin et Paul, préc. s[s] prés[t] n°.
4. CEDH 28 juin 2007, req. n° 76240/01, Wagner c/ Luxembourg, *D.* 2007, 2700, note Marchadier; *Rev. crit. DIP* 2007, 807, note Kinsh; *JDI* 2008, p. 183, note D'Avout; *Gaz. Pal.* 2008, n° 82, p. 30, note Niboyet; *RJPF* nov. 2007, p. 23, obs. Le Boursicot.
5. Mayer et Heuzé, n° 613.
6. P. Lagarde, « La reconnaissance mode d'emploi », *Mél. H. Gaudemet-Tallon*, Dalloz, 2008, p. 492 – CONTRA, P. Mayer, « Les méthodes de la reconnaissance en droit international privé », *Mél. P. Lagarde*, Dalloz, 2005, p. 547 s., spéc[t] p. 565.

application de la méthode puisque le texte part d'un acte de reconnaissance déjà fait pour le considérer comme valable s'il est conforme à l'une des deux lois mentionnées. Le domaine de l'article est néanmoins plus large que celui assigné à la méthode de la reconnaissance puisqu'il ne suppose pas un acte de reconnaissance cristallisé devant une autorité étrangère (sur cette exigence, v. s[s] n° 412.111).

412.102 Filiation de l'enfant issu d'une mère porteuse ? Une consécration jurisprudentielle de la méthode pourrait être envisagée avec la question de la transcription sur les registres de l'état civil français d'une naissance à l'étranger issue d'une convention de mère porteuse[1]. On sait que dans un arrêt audacieux ou d'humeur, la cour d'appel de Paris avait jugé irrecevable l'action du parquet en annulation de l'acte de naissance transcrit sur les registres français[2]. Les autres arrêts postérieurs de la même cour ne peuvent pas être analysés comme des applications de la théorie de la reconnaissance des situations. Comme l'état civil établi à l'étranger est consécutif à un jugement étranger consacrant la maternité de substitution, les juges ont préféré se placer en amont de l'acte de naissance pour raisonner sur le terrain - juridiquement plus sûr - de la reconnaissance de la décision étrangère[3]. La démarche est satisfaisante. En l'occurrence, ils ont décidé que la décision étrangère prononçant l'adoption, et qui a eu pour effet de valider une gestation pour le compte d'autrui, est contraire à la conception française de l'ordre public international dont il ne peut valablement être soutenu qu'elle conduit à une méconnaissance des dispositions de l'article 8 de la conv. EDH pas plus que de l'intérêt supérieur de l'enfant (pour des réserves sur un tel raisonnement, v. s[s] n° 412.435).

1. Civ. 1re, 17 déc. 2008, n° 07-20.468, *Bull. civ.* I, n° 289; *Dr. fam.* 2009, comm. 15, note Murat; *JCP* 2009, II, 10020, note Mirkovic; *D.* 2009, 166, obs. Egéa; 332, avis Sarcelet; 340, note Brunet; *AJ fam.* 2009, 81, obs. Chénedé; *RTD civ.* 2009, 106, obs. Hauser; *JDI* 2009, p. 9, note Bollée, *JCP* 2009 II 10021, note D'Avout; *Rev. crit. DIP* 2009, 320, note Lagarde.
2. CA Paris, 27 oct. 2007, *AJ fam.* 2007, 478, obs. Chénedé; *RTD civ.* 2008, 93, obs. Hauser; *D.* 2008, 1371, obs. Granet-Lambrechts; et 1435, obs. Gaumont-Prat; *JDI* 2008, p. 145, obs. Cuniberti, *Gaz. Pal.* 29 janv. 2008, n° 29, note De La Pradelle – Arrêt cassé par Civ. 1re, 17 déc. 2008, n° 07-20.468, préc. s[s] prés[t] n°.
3. CA Paris, 26 févr. 2009, 1re ch., sect. C, *Dr. fam.* 2009, comm. 75, note Murat – CA Paris, 18 mars. 2010, 1re ch., sect. C, (rendu après cassation par Civ. 1re, 17 déc. 2008, n° 07-20.248, *D.* 2010, 1210, obs. Egéa) – M. Farge, « Les jumelles Mennesson issues d'une gestation pour autrui : quand la promotion internationale de l'ordre public français abouti à une situation boiteuse inadmissible », *Dr. fam.* 2010, chron. à paraître.

412.103 Article 515-7-1 du Code civil. Pour l'appréhension des partenariats enregistrés étrangers, la doctrine favorable à une approche en termes de reconnaissance[4] s'est opposée à celle préconisant de maintenir la méthode conflictuelle à condition d'opter pour des rattachements permettant de s'adapter à la diversité[5] des partenariats. Le législateur a tranché dans le nouvel article 515-7-1[6] du Code civil : « *Les conditions de formation et les effets d'un partenariat enregistré ainsi que les causes et les effets de sa dissolution sont soumis aux dispositions matérielles de l'État de l'autorité qui a procédé à son enregistrement* ». Méthodologiquement, il s'agit bien d'une **règle de conflit de lois**. Mais le **rattachement à la loi de l'autorité de l'enregistrement** marque une faveur à la validité identique à celle assumée par la théorie de la reconnaissance. Les deux approches se rapprochent encore si on conditionne la méthode de la reconnaissance à la **validité de la situation selon le droit d'origine** (v. s[s] n° 412.125), tout en observant néanmoins que l'article 515-7-1 ne désigne que les seules « *dispositions matérielles de l'État d'enregistrement* » et non l'ensemble du droit de cet État englobant ses règles de conflit de lois et d'autorités[7]. Par ailleurs, l'extension de ce rattachement aux effets du pacte civil de solidarité (PACS) va plus loin, en termes de réception des partenariats, que la solution suggérée par certains partisans de la théorie de la reconnaissance. Si M. Lagarde préconisait la reconnaissance du partenariat organisé par la *lex auctoris*, il considérait que ses effets à venir devaient être soumis à la loi du pays dans lequel les partenaires viennent à s'installer durablement afin d'éviter la diversité de statut sur un même territoire[8].

4. G. Kessler, *Les partenariats en droit international privé*, préf. P. Lagarde, LGDJ, 2004.
5. A. Devers, *Les concubinages en droit international privé*, préf. H. Fulchiron, LGDJ, 2004.
6. P. Hammje, « Réflexions sur l'article 515-7-1 du Code civil », *Rev. crit. DIP* 2009, 483 s. – V. Larribau-Terneyre, « La loi du 12 mai 2009 précise la loi applicable aux partenariats enregistrés », *Dr. fam.* 2009, comm. 84 – S. Valory, « Les effets d'un partenariat étranger sont désormais reconnus en France », *RJPF* 2009/7, p. 20 – H. Péroz, « Loi de simplification du droit et loi applicable aux partenariats enregistrés », *JCP N* 2009, n° 23, p. 3 – P. Callé, « Introduction en droit français d'une règle de conflit propre au partenariat enregistré », *Defrénois* 2009, p. 1662.
7. P. Hammje, « Réflexions sur l'article 515-7-1 du Code civil », *Rev. crit. DIP* 2009, 483 s.
8. P. Lagarde, « La reconnaissance mode d'emploi », *Mél. H. Gaudemet-Tallon*, Dalloz, 2008, p. 481 s. et p. 496-497 (avec une analogie avec la règle de conflit française concernant les effets de l'adoption : C. civ. art 370-5) – *CONTRA*, P. Mayer, « Les méthodes de la reconnaissance en droit international privé », *Mél. P. Lagarde*, Dalloz, 2005, p. 547 s.

B. Interrogations

1° Question du domaine

412.111 Situations « cristallisées ». Visant à reconnaître des droits sans fonder leur existence ni sur la règle de conflit du *for* (sur le rôle de la règle de conflit du pays d'origine, v. s^s n° 412.125), ni sur un jugement (par hypothèse absent), la méthode « *risque de transformer en situation de droit des situations de fait* »[1]. Cette crainte peut-être atténuée au regard des hypothèses dans lesquelles la théorie de la reconnaissance est apparue en jurisprudence. Les situations dont la réception a été discutée n'étaient pas purement factuelles. Elles étaient toujours plus ou moins concrétisées par l'ordre juridique d'origine par le biais, soit d'une déclaration à l'état civil dans l'affaire *Grunkin-Paul*[2], soit d'une adoption dans l'arrêt *Wagner*[3]. Dès lors, il est difficile de considérer qu'il s'agit, aux yeux de l'ordre juridique de réception, exclusivement de fait et non de droit (à rapprocher du débat sur la nature de la loi étrangère, v. s^s n° 412.362). Reste à se demander comment il faut concevoir cette concrétisation ? Selon une terminologie séduisante, M. Mayer propose de se concentrer sur les situations « cristallisées » dans un État contrairement au droit (y compris le droit international privé) d'un autre État où elles sont invoquées. Le plus souvent, une situation est cristallisées parce qu'elle a donné lieu à l'intervention d'une autorité publique, même simple réceptrice de l'acte de volonté d'une personne ou d'un couple. Le domaine est donc large qui comporte la **filiation**, le **mariage**, les **partenariats**. En envisageant également les matières patrimoniales, la méthode est également opérationnelle pour le choix d'un régime matrimonial, l'établissement d'un testament[4].

Pour les **actes de l'état civil dressés à l'étranger**, il faut distinguer la méthode de la reconnaissance du jeu de l'article 47 du Code civil. Ce dernier texte ne leur reconnaît qu'une force probante qui est susceptible d'être écartée à certaines conditions, laissant un doute sur leur régularité. La méthode de la reconnaissance va bien au-delà puisqu'elle porte sur le contenu de l'acte, autrement dit la validité de la situation née à l'étranger.

En plus des situations cristallisées par l'**intervention d'une autorité publique**, M. Mayer envisage le jeu de reconnaissance pour la **possession d'état** au motif qu'elle peut constituer une source de prévisions dignes d'être respectées. Ainsi, si deux époux portent dans l'État de leur résidence habituelle (dont l'un au moins est le national), le nom attribué par la loi considérée comme applicable dans cet État, il ne serait pas anormal que ce nom soit reconnu comme étant le leur dans les autres États[5]. *A priori* cette extension à la possession d'état conduirait à un processus de reconnaissance différent de celui envisageable lorsqu'il y a eu intervention d'une autorité publique. Pour accueillir l'état constitué en fait à l'étranger, l'ordre juridique d'accueil devra « *statuer au fond* » sur l'existence d'une possession d'État. Une démarche voisine a été suivie, par la Cour européenne dans l'arrêt *Wagner*[6] : au-delà du jugement étranger d'adoption, elle a recherché si la relation entre la célibataire adoptante et la fillette constituait une vie familiale effective.

412.112 Au-delà du nom ? Pour l'heure, la jurisprudence de la CJCE a consacré la théorie de la reconnaissance en matière de nom. Peut-elle être étendue par extrapolation à d'autres éléments du statut personnel ? M. Lagarde y est favorable en observant qu'il serait « *logique de faire bénéficier de la reconnaissance – sous réserve de l'intérêt général – tout élément du statut personnel dont la non-reconnaissance constituerait une entrave à la liberté de circulation* »[7]. Il envisage évidemment le mariage, l'établissement de la filiation et le partenariat enregistré.

412.113 Réserves. Cette éventuelle extension matérielle suscite la réserve. Voulant respecter les prévisions des parties, la reconnaissance postule une faveur à la validité des droits acquis à l'étranger qui peut être difficile à accepter au-delà de la question peu polémique du nom. Jetant un pavé dans la mare, M. Lagarde s'interroge : pourquoi le mariage de deux Français de même sexe contracté à Bruxelles, en admettant qu'il ne soit pas entaché de fraude à loi, « *ne devrait-il pas être reconnu en France, en dépit de la règle de conflit française faisant régir la capacité matrimoniale par la loi nationale de chacun des futurs époux ? Ne pas reconnaître ce mariage porterait une atteinte manifeste à la libre circulation de*

1. P. Mayer, « Les méthodes de la reconnaissance en droit international privé », *Mél. P. Lagarde*, Dalloz, 2005, p. 547 s., spéc^t p. 548.
2. CJCE 14 oct. 2008, aff. C-353/06, Grunkin et Paul, préc. s^s n° 412.82.
3. CEDH 28 juin 2007, req. n° 76240/01, Wagner c/ Luxembourg, préc. s^s n° 412.91.
4. Niboyet et De Geouffre de La Pradelle, n° 228.
5. P. Mayer, « Les méthodes de la reconnaissance en droit international privé », *Mél. P. Lagarde*, Dalloz, 2005, p. 547 s., spéc^t p. 563.
6. CEDH 28 juin 2007, req. n° 76240/01, Wagner c/Luxembourg, préc. s^s n° 412.91 et s^s prés^t n°.
7. Lagarde, note s^s CJCE 14 oct. 2008, aff. C-353/06, Grunkin et Paul, *Rec. CJCE*, p. I-07639 ; *Rev. crit. DIP* 2009, 80 s., spéc^t 92.

ce couple ? »[1]. Pour contrarier cette suggestion, des auteurs ont essayé de **cantonner la théorie de la reconnaissance**. Deux voies ont été suggérées.

412.114 Subsidiarité de la théorie de la reconnaissance ? Dans la mesure où il déroge aux solutions classiques du droit international privé, le raisonnement en termes de reconnaissance ne devrait intervenir, pour M. Mayer, que s'il est le seul à conduire au résultat souhaitable, et implique donc la constatation préalable de la **nullité de l'acte selon la loi désignée par les règles de conflit du *for***. Au contraire, si la loi compétente valide l'acte, il est inutile de faire appel à la théorie de la reconnaissance. Ainsi conçue, la reconnaissance ne serait qu'un **correctif ponctuel** n'ayant vocation à être exploré que « *s'il existe une absence d'équivalence dans la détermination de la loi applicable (équivalence conflictuelle) et une absence d'équivalence des solutions au regard des droits internes désignés* »[2]. D'autres auteurs[3] considèrent, semble-t-il, que la reconnaissance dispense totalement le *for* de réception de la mise en œuvre de ses propres règles de conflit. En faveur de cette thèse, on a déjà pointé un avantage pratique : l'allègement du procès par l'absence de recherche et de mise en œuvre des droits désignés selon les règles de conflit françaises. En outre, il n'est peut être pas nécessaire de maintenir une consultation préalable des règles de conflit du *for*. De deux choses l'une en effet, ou bien la reconnaissance s'opèrera sans anicroche parce que la double équivalence précédemment exposée est sous-jacente, ou bien la reconnaissance sera discutée parce que les deux États ont une vision divergente de la « licéité » de la situation internationale; l'absence d'équivalence est alors sous-jacente mais la question de savoir si elle est surmontable sera réglée par la mise en œuvre ou non des motifs de non-reconnaissance, principalement la réserve de la fraude et de l'ordre public. Reste que si la théorie de la reconnaissance se substituait intégralement au vieux procédé du conflit de lois pour accueillir ou non les droits constitués à l'étranger, elle risque de provoquer une inflation de l'exception d'ordre public dans la mesure où l'accès aux institutions étrangères plus générales ne passerait plus par le filtre de la règle de conflit susceptible de désigner la loi française. Peut-être parce que cette perspective est fâcheuse, certains auteurs préconisent une exclusivité de la méthode bilatérale pour certaines matières sensibles.

412.115 Exclusivité de la méthode bilatérale ? Pour M. Mayer[4], il n'est pas toujours souhaitable de mettre à l'écart les règles impératives des droits internes désignées par la règle de conflit du *for*. Tel est cas en matière de statut personnel lorsque la règle de conflit retient, à l'instar de la France pour le nom ou les conditions de formation du mariage, le critère de la nationalité. En pareil cas, la méthode de la reconnaissance doit être écartée car le rattachement à la loi nationale traduit encore la vieille idée de sujétion de l'individu à l'État. En d'autres termes, le rattachement à la nationalité serait encore gouverné par le principe de souveraineté. Admettre la méthode de la reconnaissance risquerait d'anéantir l'autorité des lois nationales : il ne servirait à rien que la loi française prohibe le mariage homosexuel s'il suffisait à deux Français de même sexe de le contracter à Bruxelles et de l'imposer ensuite en France *via* la méthode de la reconnaissance. L'objection est de taille. Mais elle n'est pas forcément dirimante dès lors que la pertinence d'un système général de solutions ne peut pas être remise en cause uniquement parce qu'il pourrait avoir des applications contestables. Pour ces applications contestables, il existe des correctifs (v. s^s^ n° 412.128).

412.116 Reconnaissance et effets à venir de la situation ? Généralement, la méthode de la reconnaissance est cantonnée à la **validité des situations nées à l'étranger**. Après l'introduction de la situation, la méthode bilatérale retrouverait son empire pour en déterminer ses effets. Une fois « *la situation reconnue, le juge doit recourir pour déterminer ses effets à la loi désignée par la règle de conflit du* for, *en résolvant les problèmes de conflit mobile et d'adaptation qu'il est susceptible de rencontrer* »[5]. Cette réapparition de la règle de conflit risque parfois de déjouer les prévisions des parties. Voici deux compagnons qui ont contracté dans leur pays d'origine un partenariat institutionnel très proche du modèle du mariage : il est délicat d'affirmer que leur partenariat est reconnu dans le pays d'accueil mais que ses effets à venir seront soumis, par application d'une règle de conflit, à la loi locale, laquelle ne connaît qu'un partenariat de nature contractuelle

1. P. Lagarde, « La reconnaissance mode d'emploi », *Mél. H. Gaudemet-Tallon*, Dalloz, 2008, p. 481 s., spéc[t] p. 488-489.
2. Devers note s[s] CJCE 14 oct. 2008, aff. C-353/06, Grunkin et Paul, *Rec. CJCE*, p. I-07639; *JCP* 2009, 10071, où l'auteur démontre que la CJCE s'inscrit dans cette conception – COMP. Lagarde note s[s] CJCE 14 oct. 2008, aff. C-353/06, Grunkin et Paul, *Rec. CJCE*, p. I-07639; *Rev. crit. DIP* 2009, 80, où l'auteur ne s'engage pas dans cette discussion.
3. P. Lagarde, « La reconnaissance mode d'emploi », *Mél. H. Gaudemet-Tallon*, Dalloz, 2008, p. 481 s.
4. P. Mayer, « Les méthodes de la reconnaissance en droit international privé », *Mél. P. Lagarde*, Dalloz, 2005, p. 547 s., spéc[t] p. 571.
5. P. Mayer, « Les méthodes de la reconnaissance en droit international privé », *Mél. P. Lagarde*, Dalloz, 2005, p. 547 s., spéc[t] p. 572.

avec des effets limités. Cette considération est sans doute à l'origine du choix de soumettre les effets du partenariat à la loi de l'État d'enregistrement dans l'article 515-7-1 du Code civil.

Mais la reconnaissance des effets d'une institution selon la loi d'origine conduirait non seulement à multiplier les statuts différents dans la société d'accueil mais aussi à laisser les individus sous l'empire d'institutions familiales étrangères qui, au fil des ans, ne correspondront plus à leur sentiment d'appartenance. Il y aura alors une **théorie du conflit mobile** (sur lequel, v. s[s] n° 412.291), propre à la méthode de la reconnaissance, à construire. Surtout concevoir l'objet de reconnaissance comme un bloc soudant les conditions et les effets d'une institution irait à l'encontre de la politique actuelle de « balkanisation » du statut personnel (v. s[s] n° 412.171). En matière de mariage, il n'y aurait plus une loi propre aux effets du mariage, au divorce, au régime matrimonial, *etc.* Si le caractère systémique du droit en sortira grandi, la reconstruction autour de la loi d'origine paraît inconcevable car le morcellement du statut personnel, après avoir été l'œuvre du législateur français et des conventions de La Haye, est perpétué par les règlements européens.

2°
Question des limites

412.121 Incertitudes. Une chose est certaine : la méthode de la reconnaissance exclut l'appréciation de la validité de la situation étrangère au regard des règles du conflit du *for*. Au-delà de cette évidence, le régime de la reconnaissance est encore flou. Il dépendra beaucoup de l'importance accordée aux différents fondements qui peuvent la justifier : respect des prévisions des parties, permanence du statut personnel ou protection du droit fondamental à une vie familiale. Le régime de la reconnaissance peut aussi varier puisqu'il se construit en réseau plus ou moins autonome. Les motifs de non-reconnaissance peuvent être différemment conçus selon que la question de la réception d'une situation se pose devant la CJUE, la CEDH ou une juridiction interne.

412.122 Nécessité de limites. En toute hypothèse, l'« absorption » du conflit de lois par le conflit d'autorités[1] risque de laisser aux individus une plus grande liberté de choix en droit de la famille; ce choix, ils vont vouloir l'exercer en saisissant l'autorité étrangère acceptant de délivrer le statut auxquels ils aspirent. Si aucun lien n'est exigé entre le *for* de création et les intéressés, on assistera à une **inflation du tourisme procréatif mais aussi « partenarial » ou matrimonial**. Susceptible de renforcer encore la percée de l'autonomie de la volonté dans des matières traditionnellement indisponibles (v. s[s] n°s 412.181 s.), la méthode de la reconnaissance doit donc être encadrée.

412.123 Procédure ? Comme en matière de jugement étranger, la reconnaissance devrait s'opérer de plein droit, c'est-à-dire sans intervention du juge. Mais l'efficacité du droit ainsi reconnu ne serait pas définitive. Il s'exposerait à un contrôle à titre incident ou à titre principal. Dans ce dernier cas, il ne pourrait être question d'exercer une action en nullité de l'acte étranger selon les procédures du droit commun. Ainsi la mention sur l'état civil à l'étranger d'un partenariat ou d'un mariage interdirait vraisemblablement de remettre en cause le partenariat ou le mariage lui-même. Il faudrait envisager une sorte d'**action en inopposabilité de la situation constituée à l'étranger**. Pour les actes de l'état civil, il est enseigné qu'il n'existe pas en droit français de procédure permettant de saisir le juge afin qu'il contrôle l'acte étranger à titre principal[2]. Cette lacune explique vraisemblablement que dans les affaires de maternité de substitution à l'étranger, le parquet sollicite la transcription des actes de naissance aux fins d'en demander ensuite l'annulation. Pareille pratique est d'ailleurs légalement consacrée pour les mariages contractés à l'étranger où le procureur, demandant la nullité, « *ordonne que la transcription soit limitée à la seule fin de la saisine du juge* » (C. civ., art. 171-7, al. 6).

412.124 Analogie avec la reconnaissance des jugements. S'agissant des limites à la reconnaissance des situations constituées à l'étranger, la tentation est grande de s'inspirer des motifs de reconnaissance déjà éprouvés en matière de réception des jugements étrangers. Mais avant de le faire, il faut envisager deux limites possibles, propres à la reconnaissance des situations.

412.125 Validité au regard du système juridique d'origine. Dans certaines manifestations textuelles de la méthode, la reconnaissance est subordonnée à la validité de la situation dans son ordre juridique de création. Ainsi en est-il dans la convention de La Haye du 14 mars 1978 sur la célébration et la reconnaissance des mariages (non en vigueur en France). Selon son article 9, alinéa 1er : « *Le mariage qui a été valablement conclu selon le droit de l'État de célébration, ou qui devient ultérieurement valable selon ce droit, est considéré comme tel dans tous les États contractant sous réserve des dispositions*

1. Niboyet et De Geouffre de La Pradelle, n° 227.

2. Ch. Bidaud-Garon, J.-Cl. civ., art. 47 et 48, fasc. 45, « État civil – Autorités compétentes – Loi applicable – Réception des actes étrangers en France », spéc[t] n° 266.

de ce chapitre ». Pour la mise en œuvre de ce texte, l'expression « *droit de l'État de célébration* » doit s'entendre comme le droit international privé de cet État.

En faveur de cette condition, il est possible d'observer qu'elle s'accorde avec l'un des fondements, le respect des prévisions des parties, de la méthode. Si des époux ne doivent pas être surpris par l'annulation de leur mariage dans l'État où ils se sont déplacés, au moins peut-on attendre d'eux qu'ils se soient préoccupés de sa validité dans l'État de célébration.

Mais cette réintroduction du droit des conflits de droits de l'État de célébration, au stade de la reconnaissance dans un autre État, est-elle nécessaire et opportune ?

Sa **nécessité** est discutable : l'intervention de l'autorité publique d'origine ne devrait-elle pas suffire à tenir pour valable le mariage au regard du droit local (y compris conflictuel) et donc à dispenser l'ordre juridique de réception de contrôler le respect par l'autorité d'origine de sa propre légalité ? Une réponse positive s'imposerait volontiers mais il faut néanmoins observer qu'un officier de l'état civil français peut célébrer des mariages nuls au regard de la règle de conflit française; il peut même le faire consciemment puisqu'il doit alors informer les époux (v. s[s] n° 412.252).

Cette réintroduction du conflit de lois peut également être discutée en **opportunité**. Comme on l'a signalé, l'un des avantages de la reconnaissance est lié à l'objectif de simplification du droit international privé. Elle atteint cet objectif en permettant de faire l'économie des règles de conflit du *for*. Elle manque grandement à cet objectif dans le régime retenu par la convention de La Haye du 14 mars 1978 sur la célébration et la reconnaissance de la validité des mariages. Le système est même plus complexe que celui résultant de la règle de conflit bilatérale française applicable au mariage. Il impose prioritairement de mettre en œuvre le droit international privé du pays d'origine pour apprécier la validité du mariage. Et si ce dernier ne permet pas d'atteindre l'objectif de validité, il est possible de se rabattre sur celui du *for*. Selon l'article 13 de la convention, l'application du droit international privé du pays de célébration n'empêche pas, en effet, celle de règles plus favorables à sa validité dans les États de reconnaissance (conv. La Haye, 14 mars 1978, art. 13). C'est dire que le raisonnement en termes de conflit de lois est, en définitive, renforcé plutôt que chassé dans cette convention pourtant considérée comme une application de la théorie de la reconnaissance.

412.126 Rattachement à l'État d'origine. Cette exigence est plus séduisante. En conservant l'analogie avec la reconnaissance des jugements étrangers, elle s'apparente au **contrôle de la compétence indirecte du juge étranger** (v. s[s] n°s 413.31 s.). Elle a pour effet de brider les parties quant au choix de l'autorité publique compétente pour participer à la création ou à l'enregistrement du statut. L'exigence est doublement satisfaisante. Elle permet de prévenir des fraudes (plus facilement que par la faculté de rapporter la preuve d'une fraude effective). Elle ne contrarie pas les prévisions des parties : en l'absence d'un lien, par le domicile et/ou la nationalité, entre les intéressés et l'autorité saisie, il est difficile pour eux de soutenir qu'ils avaient la certitude que leur droit serait opposable dans le pays où ils vivent ou dont ils sont nationaux.

Dans les différentes manifestations de la théorie de la reconnaissance, une condition tenant à la localisation de la création de la situation est généralement exigée. Dans un souci de faveur, une pluralité de rattachements à l'autorité d'origine est ainsi consacrée dans les conventions de la Commission Internationale de l'État civil (CIEC) sur la reconnaissance des décisions constatant un changement de sexe[1] ou la reconnaissance des noms[2]. De même la convention de Munich du 5 septembre 2007[3] sur la reconnaissance des partenariats enregistrés (non en vigueur en France) prévoit qu'un État contractant peut refuser de reconnaître un partenariat enregistré dans un autre État si « *au moment de la déclaration de volonté devant l'autorité compétente, aucun des deux partenaires ne se rattachait par la nationalité ou la résidence habituelle, à l'État du lieu d'enregistrement* ».

La convention de La Haye du 14 mars 1978, sur la célébration et la reconnaissance de la validité des mariages, se singularise puisqu'elle fait dépendre un élément essentiel du statut personnel du seul choix, non limité, par les futurs époux du lieu où ils se marieront.

1. Conv. Vienne, 12 sept. 2000 (non en vigueur en France), art. 1er : « *Les décisions judiciaires ou administratives définitives constatant le changement de sexe d'une personne prises par les autorités compétentes d'un contractant sont reconnues dans les autres États contractants lorsque, au jour de la demande, l'intéressé était ressortissant de l'État où a été prise la décision ou y avait sa résidence habituelle* ».
2. Conv. Antalaya, 16 sept. 2005 (non en vigueur en France), art. 1er : « *En cas de mariage d'une personne ayant la nationalité d'un État contractant, la déclaration faite par les époux sur le nom qu'ils porteront pendant le mariage ou par l'un d'eux sur le nom qu'il portera pendant le mariage est reconnu dans les États contractants si elle est faite dans un État contractant dont l'un des époux possède la nationalité ou dans l'État contractant de la résidence habituelle commune des époux* ».
3. Conv. Munich, 5 sept. 2007, sur la reconnaissance des partenariats enregistrés (non en vigueur en France), *Rev. crit. DIP* 2007, 964.

Enfin, le rattachement à l'autorité d'origine est différemment appréhendé dans les jurisprudences supranationales. Dans l'arrêt *Grunkin-Paul*[1], la CJCE y insiste en soulignant à plusieurs reprises que l'autorité danoise qui avait déterminé et enregistré le nom est celle de l'État membre où l'enfant est né et réside alors. En revanche, l'arrêt *Wagner*[2] est pauvre d'indication sur cette condition dans une affaire présentant un fort parfum de « *tourisme adoptif* ».

Si les juges français devaient se laisser séduire par la théorie de la reconnaissance, l'exigence d'un **lien entre l'autorité saisie et les parties** pourrait être sanctionnée par le bais de la **fraude à la loi** ou de l'**exception d'ordre public** dont les fonctions s'enrichiraient, comme en matière de reconnaissance des jugements, avec la suppression du contrôle de la loi appliquée au regard des règles de conflit du *for*.

412.127 **Absence de fraude à la loi.** Elle n'aurait qu'un rôle d'ultime correctif lorsque la reconnaissance est conditionnée à une localisation objective de la situation par rapport à l'autorité saisie (v. s[s] n° 412.126). Matériellement, elle se présenterait sous une forme voisine de la fraude à la compétence juridictionnelle (v. s[s] n° 413.62) car le souci d'échapper à une loi impérative donnerait lieu à une localisation artificielle sur le territoire d'un État plus permissif. Si aucun lien n'est exigé avec l'État d'origine, la fraude peut sembler être un garde-fou essentiel. Une occasion de la discuter a été manquée avec l'arrêt *Wagner*[3], sans doute pour des circonstances liées à la bonne foi de la mère adoptive confortée par l'existence d'une pratique antérieure admettant les adoptions contractées à l'étranger par des Luxembourgeoises célibataires. Dans la jurisprudence française, les affaires qui auraient pu prêter à une application de la reconnaissance n'ont étrangement pas été discutées sous l'angle de la fraude. Dans les arrêts qui révèlent la propension des Français à se rendre à l'étranger pour contracter des conventions de gestation pour autrui, le débat a été placé sur le terrain de l'ordre public international français dont l'intervention n'est d'ailleurs pas justifiée par les liens de proximité entre les commanditaires et l'ordre juridique français. Après un premier arrêt audacieux[4], la cour d'appel de Paris[5] a ainsi estimé que des jugements étrangers prononçant l'adoption, et qui ont eu pour effet de valider une gestation pour le compte d'autrui, sont contraires à la conception française de l'ordre public international dont il ne peut valablement être soutenu qu'elle conduit à une méconnaissance des dispositions de l'article 8 de la conv. EDH, pas plus que de l'intérêt supérieur de l'enfant.

412.128 **Respect de l'ordre public international français.** Cet ultime garde-fou risque d'illustrer son qualificatif de notion « *à tout faire* » si la technique de la reconnaissance apparaît dans la jurisprudence française. L'ordre public jouerait alors son rôle classique de protection des valeurs et politiques législatives de la société française (v. s[s] n° 412.142). Mais il pourrait aussi, sauf à faire appel à la fraude, être utilisé pour s'assurer du lien entre ceux qui revendiquent en France une situation et l'État étranger de sa création. Plutôt que de discuter à nouveau sur l'éventuelle intervention de l'ordre public français pour faire obstacle à la reconnaissance d'un mariage homosexuel célébré à l'étranger (v. s[s] n°s 421.45 s. – *Adde*, les jurisprudences étrangères contradictoires citées par P. Lagarde[6]), il est stimulant d'envisager la reconnaissance d'une filiation maternelle issue d'une maternité de substitution contractée à l'étranger. Si l'ordre public doit être déterminé au regard de la situation des « commanditaires » français, son intervention ne fait guère de doute car non seulement ils n'ont pas de liens significatifs avec le pays dont l'autorité a établi la filiation mais aussi parce qu'ils ont des liens particulièrement forts avec la France, justifiant le déclenchement de l'ordre public dit de proximité (v. s[s] n° 412.434). Mais l'obstacle à la reconnaissance se dilue si on admet qu'une éventuelle intervention de l'ordre public doit prendre en considération prioritairement la situation de l'enfant. S'agissant du principal intéressé, « *on ne peut écarter le fait qu'il a été conçu, porté et qu'il est né dans le pays qui a crée juridiquement sa situation* »[7].

412.129 **Inconciliabilité des reconnaissances.** À supposer que la méthode de la reconnaissance prenne son essor, d'autres motifs de non-reconnaissance

1. CJCE 14 oct. 2008, aff. C-353/06, Grunkin et Paul, *Rec. CJCE*, p. I-07639, préc. s[s] n°s 412.82, 412.111, 412.112 et 412.114.
2. CEDH 28 juin 2007, req. n° 76240/01, Wagner c/Luxembourg, préc. s[s] n°s 412.91 et 412.111.
3. CEDH 28 juin 2007, req. n° 76240/01, Wagner c/Luxembourg, préc. s[s] n°s 412.91, 412.111 et 412.126.
4. CA Paris, 27 oct. 2007, préc. s[s] n° 412.102 – Arrêt cassé par Civ. 1re, 17 déc. 2008, n° 07-20.468, préc. s[s] n° 412.102.
5. CA Paris, 26 févr. 2009, 1re ch., sect. C, *Juris-Data* n° 2009-000867 ; *Dr. fam.* 2009, comm. 75, note Murat – CA Paris, 18 mars. 2010, 1re ch., sect. C, (rendu après cassation par Civ. 1re, 17 déc. 2008, n° 07-20.248, préc., *D.* 2010, 1210, obs. Egéa) – *Adde*, dans le MÊME SENS, chron. M. Farge, *Dr. fam.* 2010, préc. s[s] n° 412.102
6. P. Lagarde, « La reconnaissance mode d'emploi », *Mél. H. Gaudemet-Tallon*, Dalloz, 2008, p. 481 s., spéc[t] p. 489
7. Lagarde note s[s] Civ. 1re, 17 déc. 2008, n° 07-20.468, préc. s[s] n°s 412.102 et 412.127 – *Adde*, dans le MÊME SENS, chron. M. Farge, *Dr. fam.* 2010, préc. s[s] n°s 412.102 et 412.127.

sont concevables[1]. Une situation pourrait ainsi ne pas être reconnue si elle est inconciliable avec une situation déjà créée dans l'État membre de reconnaissance ou précédemment reconnue dans ce même État. Par exemple, l'autorité française pourrait refuser de reconnaître un partenariat enregistré étranger lorsque les intéressés ont enregistré un pacte de solidarité en France. D'autres figures plus complexes de situations concurrentes appellent des traitements particuliers[2].

SECTION 2
RATTACHEMENT DU STATUT PERSONNEL

412.140 **Division.** Il existe une veille controverse entre les partisans du rattachement du statut personnel à la **nationalité** et ceux qui défendent le critère du **domicile** ou de la **résidence habituelle**. En France, le Code civil, pour des raisons largement inconnues, a fait le choix de la loi nationale, ce qui a imposé à la jurisprudence de régler les difficultés liées à la mise en œuvre de ce rattachement (§ 1). Mais ce choix législatif a fait l'objet d'une remise en cause au moins concernant les étrangers résidants en France qui sont, en réalité, largement soumis à la loi de leur milieu d'accueil (§ 2). Cette controverse pourrait à l'avenir être renouvelée sous l'impulsion du droit international privé de l'Union européenne qui promeut la **« loi d'autonomie »**, ou plus exactement des **options de législations** laissant aux intéressés le soin de choisir entre leur **loi nationale** et la **loi de leur résidence habituelle** (§ 3).

§ 1
Choix et difficultés de mise en œuvre du rattachement de principe à la loi nationale

A.
Choix du rattachement

412.141 **Article 3 alinéa 3 du Code civil.** L'article 3 alinéa 3 du Code civil[3], demeuré inchangé depuis 1804, pose : « *Les lois concernant l'état et la capacité des personnes régissent les Français, même résidant en pays étrangers* ». Formulée de façon unilatérale, cette règle ne vise que les Français. Elle a été interprétée par analogie ou bilatéralisée, c'est-à-dire comprise comme impliquant un principe général – celui de la soumission du statut personnel à la loi nationale – dont elle ne fait application qu'à un cas particulier. La catégorie « statut personnel » se décompose avec, d'un côté, le « statut familial » qui regroupe les institutions (mariage, divorce, filiation, *etc.*) envisageant l'individu comme faisant partie du groupe familial et, de l'autre, le « statut individuel », formé par les institutions concernant les personnes envisagées en tant qu'individu isolé (état civil, nom, capacité, *etc.*). Dans la tradition française, le statut familial sera compris comme recouvrant exclusivement les droits extra-patrimoniaux qui se tissent au sein de la famille. Les successions, les régimes matrimoniaux et les libéralités appartiennent à des catégories de rattachements distincts du statut familial.

412.142 **Avantages de la loi nationale.** À l'occasion d'une dialectique sur les mérites d'un rattachement personnaliste (loi nationale) ou territorialiste (loi du domicile ou de la résidence habituelle), plusieurs arguments sont avancés en faveur de la loi nationale. Classiquement, la loi nationale a été vantée en raison de son adaptation aux tempéraments de ceux pour lesquels elle a été conçue. Il a été également souligné que ce rattachement était le seul à assurer l'autorité du législateur sur ses nationaux parce qu'il permet de les suivre au-delà des frontières. De façon plus moderne et scientifique, le rattachement est défendu au nom de la stabilité de la loi nationale, particulièrement adaptée à la matière à régir puisqu'elle assure la permanence de l'État et la continuité du traitement juridique de la personne. Dans la même ligne, la certitude de la loi nationale est mise en exergue. Il s'agit d'un argument développé en opposition aux rattachements territorialistes. Pour l'illustrer clairement, on observe qu'il est plus facile de déterminer la nationalité d'un individu que son domicile et qu'il est plus difficile de changer de nationalité que de domicile.

Reste que ces avantages n'épuisent pas la controverse entre les deux facteurs de rattachement, et il faudra souligner les larges conquêtes aujourd'hui réalisées par la **loi du milieu d'accueil** des immigrés en France (v. s[s] n° 412.172).

B.
Difficultés de mise en œuvre

1°
Pluralité de nationalités au sein d'une famille

412.151 **Pluralité de nationalités au sein d'une famille.** Désignant la loi applicable aux relations tissées entre plusieurs individus, la loi nationale est malaisée à mettre en œuvre lorsque ceux-ci ne pos-

1. Devers note s[s] CJCE 14 oct. 2008, aff. C-353/06, Grunkin et Paul, *Rec. CJCE*, p. I-07639; *JCP* 2009, 10071.
2. P. Lagarde, « La reconnaissance mode d'emploi », *Mél. H. Gaudemet-Tallon*, Dalloz, 2008, spéc[t] p. 481 s. et p. 497 s.
3. V. B. Ancel, « Destinées de l'article 3 du Code civil », *Mél. P. Lagarde*, Dalloz, 2005, p. 1 s.

sèdent pas tous la même nationalité. La difficulté apparaît dans les rapports de famille intéressant les époux (mariage, divorce) ou les parents et leurs enfants (filiation, responsabilité, parentale). Pour la résoudre, en préservant le rattachement à la loi nationale, une alternative apparaît.

412.152 Application distributive des lois nationales. Parfois il est possible d'appliquer les diverses lois nationales. La règle de conflit applicable aux conditions de fond du mariage y parvient en posant que l'aptitude au mariage de chacun des futurs époux est soumise à sa loi personnelle (application distributive des lois nationales). Néanmoins, certains empêchements, dits bilatéraux (lien de parenté par ex.), formulent des interdictions qui visent la personne des deux époux; ils provoquent une application cumulative des lois nationales qui conduit à systématiquement faire prévaloir la plus restrictive. Par ailleurs, l'application distributive est difficilement transposable aux autres éléments du statut familial. Concernant le divorce d'époux de nationalités différentes, elle produirait des situations absurdes, dignes de comédie, où l'un des époux peut demander un divorce qui n'existe qu'à son égard alors que l'autre demeure marié.

412.153 Choix d'une loi nationale. Le plus souvent, il faut se résoudre à préférer l'une des lois nationales. Laquelle, alors, choisir ? La loi française, si l'un des intéressés est français, constitue une solution nationaliste et contraire à l'idéal d'harmonie internationale des solutions. La loi d'un des époux, le mari par exemple en tant que chef de famille, est incontestablement contraire au principe d'égalité des sexes. Néanmoins, en matière de filiation, l'article 311-14 du Code civil a retenu **la loi nationale de la mère** parce que le législateur l'a considérée comme la plus qualifiée : la maternité est toujours certaine et le rattachement assure l'égalité entre les filiations.

412.154 Rattachement domiciliaire. Pour sortir de l'impasse, il faut déterminer une loi du lien ou du groupe familial. À cet égard, la loi du domicile commun paraît la seule adaptée. Telle était la solution retenue par le célèbre arrêt *Rivière*[1]. Il préconisait d'appliquer au divorce la **loi nationale commune** et, à défaut de nationalité commune, la **loi du domicile commun.** La règle fut complétée par la Cour de cassation précisant qu'à défaut de domicile commun, le divorce d'époux de nationalités différentes était régi par la **loi du *for*** qui s'appliquait en raison de sa vocation subsidiaire. Pendant un temps le système de l'arrêt *Rivière* a connu un large domaine d'application (englobant les effets du mariage, le divorce, la filiation légitime, *etc.*) permettant d'assurer une cohérence du statut personnel au sein de la famille légitime. Aujourd'hui, le rattachement de l'arrêt *Rivière* n'a plus qu'un rôle résiduel en raison de la « balkanisation » du statut personnel (v. s[s] n° 412.171).

1. Civ. 17 avr. 1953, Rivière, *GADIP*, n° 26.

2°
Pluralité de nationalités pour une même personne

412.161 Pluralité de nationalités pour une même personne. Quelle loi nationale faut-il retenir lorsqu'un individu dispose simultanément de plusieurs nationalités (pour la pluralité de nationalités successives, v. conflit mobile s[s] n°s 412.291 s.) ? La situation, désignée sous l'expression de **conflit positif de nationalités**, n'est pas marginale dès lors que les États sont, en principe, indépendants pour déterminer leurs nationaux, ce qui favorise les cas de bi- ou plurinationalités. Autre revers de la liberté appartenant aux États, il existe aussi des conflits négatifs de nationalité qui provoquent des cas d'apatridie. Le statut personnel des apatrides est soumis par défaut à la loi de leur domicile. S'agissant des conflits positifs, le système français opère une distinction.

412.162 Conflit entre deux nationalités étrangères. En cas de conflit entre deux nationalités étrangères, le juge doit rechercher et faire prévaloir la **nationalité effective**, c'est-à-dire celle que l'intéressé révèle par son comportement.

412.163 Conflit entre la nationalité française et une nationalité étrangère. En pareil cas, le juge doit prendre en considération la première, sans s'assurer de son effectivité. Ce principe de la **primauté de la nationalité du *for*** a été clairement affirmé par un arrêt *Kasapyan*[2].

412.164 Remise en cause du principe de la primauté de la nationalité du *for*. Certains auteurs ont préconisé d'abandonner ce principe abstrait pour lui préférer une approche souple conduisant à résoudre le conflit en fonction des spécificités de la situation juridique en cause. Cette **approche fonctionnelle** permettrait, notamment, d'éviter les blocages provoqués par la primauté de la nationalité du *for* dans l'application des conventions internationales. Un arrêt *Dujaque* du 22 juillet 1987 a pu être lu comme une concession à cette nouvelle approche[3]. Concernant la reconnaissance d'une décision polo-

2. Civ. 1re, 17 juin 1968, Kasapyan, *GADIP*, n° 46.
3. Civ. 1re, 22 juill. 1987, n° 85-16.948, Dujaque; sur lequel, v. P. Lagarde, « Vers une approche fonctionnelle du conflit positif de nationalités (à propos not. de l'arrêt Dujaque de la première chambre civile du 22 juillet 1987) », *Rev. crit. DIP* 1988, 50.

naise et rendu sur le fondement de la convention franco-polonaise du 5 avril 1967, il a reconnu que la juridiction polonaise était en droit, pour déterminer la loi applicable à la garde d'un enfant mineur franco-polonais, de prendre en considération, comme l'eût fait le juge français s'il avait été saisi, la nationalité attribuée à l'enfant par la loi locale, à savoir la loi polonaise. Ce faisant la Cour de cassation a écarté le principe de la primauté de la nationalité du *for* pour assurer l'effectivité de la convention franco-polonaise.

412.165 Réaffirmation du principe de la primauté de la nationalité du *for*. La jurisprudence *Dujaque* est restée isolée et l'approche fonctionnelle a été sévèrement critiquée comme susceptible de remettre en cause l'unité du statut de l'individu, l'égalité entre Français, la sécurité juridique... ou même l'identité nationale. Pour beaucoup il n'est pas concevable qu'un franco-étranger puisse se prévaloir de l'une ou l'autre de ses nationalités au gré de son intérêt, sans hésiter, le cas échéant, à renier sa nationalité française. De tels arguments ont vraisemblablement trouvé écho à la Cour de cassation, laquelle ne s'est plus écartée du principe de la primauté de la nationalité du *for*[1].

412.166 Influence du droit de l'Union européenne. Apaisée en droit commun, la controverse a été ravivée par le droit de l'Union européenne. Selon la CJCE[2], la loi régissant le nom d'un enfant double national de l'Union ne peut être déterminée par les autorités administratives d'un État membre par application du principe de la primauté de la nationalité du *for*, quand bien même cette nationalité seraitelle la plus effective. Se fondant sur les principes de non-discrimination et de libre circulation, la Cour a jugé qu'un enfant ayant la double nationalité belge et espagnole devait, même si la Belgique était son pays de naissance et de résidence, être autorisé à porter un double nom « paterno-maternel » conformément à la tradition espagnole. La décision n'a pas manqué d'être critiquée dès lors que ce double nom, adapté à une hypothétique installation en Espagne, était incongru en Belgique dont la législation était fidèle à la tradition patriarcale qui conduit les enfants à porter exclusivement le nom de leur père. Condamnant la primauté de la nationalité du *for* et le principe de la nationalité la plus effective, l'arrêt laisse à penser que la résolution des conflits de nationalités dans l'ordre européen dépend uniquement de la volonté des intéressés. *Quid* en cas de désaccord ?

Ce mode de règlement du conflit positif entre deux nationalités d'États de l'Union a été confirmé dans un arrêt postérieur. La CJCE a été saisie par la Cour de cassation française[3] à propos du divorce d'époux ayant tous les deux la nationalité française et hongroise. Elle souhaitait savoir si l'article 3, § 1, s[s] b, du règlement n° 2201/2003 doit être interprété « [...] *en ce sens que, pour déterminer la juridiction compétente pour connaître du divorce de personnes ayant la même double nationalité, il convient de tenir compte uniquement de la nationalité de l'État membre avec lequel ces personnes entretiennent les liens les plus étroits - la nationalité "la plus effective" -, de sorte que les juridictions de ce seul État sont compétentes au titre de la nationalité* (deuxième question) *ou si, au contraire, il convient de prendre les deux nationalités en considération, de sorte que les juridictions des deux États membres peuvent êtres compétentes à ce titre, les intéressés pouvant saisir, selon leur choix, la juridiction de l'État membre devant laquelle le litige sera porté* (troisième question) »[4]. Considérant que les différents critères de compétence de l'article 3 paragraphe 1 sont « objectifs », la Cour a jugé que « *lorsque les époux possèdent chacun la nationalité de deux mêmes États membres, l'article 3, § 1, s[s] b), du règlement n° 2201/2003 s'oppose à ce que la compétence des juridictions de l'un de ces États membres soit écartée au motif que le demandeur ne présente pas d'autres liens de rattachement avec cet État. Au contraire, les juridictions des États membres dont les époux possèdent la nationalité sont compétentes en vertu de cette disposition, ces derniers pouvant saisir, selon leur choix, la juridiction de l'État membre devant laquelle le litige sera porté* »[5]. Dans cette perspective, le critère de la nationalité étant objectif, l'époux défendeur ne pourrait pas invoquer, pour faire échec à la compétence des juridictions françaises, le fait que sa nationalité étrangère est plus effective que sa nationalité française.

§ 2
Remise en cause du rattachement à la loi nationale

412.171 Balkanisation du statut personnel. À partir de l'arrêt *Rivière* précité (v. s[s] n° 412.154), le

1. V. NOT., en matière de divorce : Civ. 1re, 13 oct. 1992, n° 90-19.903, *Bull. civ.* I, n° 246; *Rev. crit. DIP* 1993, 41, note Lagarde; *JDI* 1993, p. 97, note Lequette; *D.* 1993, 85, note Courbe; *JCP* 1993, II, 22036, note Behar-Touchais.
2. CJCE 2 oct. 2003, aff. C-148/02, Carlos Garcia Avello, *Rev. crit. DIP* 2004, 184, note Lagarde; *D.* 2004, 1476, note Audit; *RTD civ.* 2004, 62, obs. Hauser.
3. Civ. 1re, 16 avr. 2008, n° 07-11.648, *Bull. civ.* I, n° 108; *Procédures* 2008, comm. 172, obs. Nourissat; *D.* 2008, 1355, obs. Gallmeister; *AJ fam* 2008, 296, obs. Boiché; *RJPF* 2008-7.8/21, p. 19, obs. Garé.
4. CJCE 16 juill. 2009, aff. C-168/08, Hadadi, pt 44, NEP; *AJ fam.* 2009, 348, obs. Boiché; *D.* 2009, 2106, obs. Égéa.
5. CJCE 16 juill. 2009, aff. C-168/08, Hadadi, pt 58, préc. s[s] prés[t] n°.

droit international privé de la famille français avait construit pour la **famille légitime** une vaste catégorie qui permettait d'assurer une **unité de loi applicable à des questions intimement liées** (divorce, effets du mariage, filiation légitime). Pour l'**enfant naturel**, une large catégorie s'était également dégagée (filiation, nom, autorité parentale) avec pour rattachement sa loi nationale. Dans les deux cas, la construction avait l'avantage de respecter les ensembles législatifs que le droit international privé a pour objet de coordonner.

L'époque moderne a totalement démantelé cette construction puisque désormais la catégorie « statut personnel » est pulvérisée en plusieurs institutions disposant de rattachements qui leur sont propres. Deux facteurs ont favorisé cette évolution.

D'un côté, l'intervention du législateur qui, à l'occasion de réformes du droit interne, a créé des **règles de conflit propres à l'institution réformée.** Tel est le cas de l'article 309 du Code civil, issu de la réforme du **divorce** de la loi du 11 juillet 1975 et des articles 311-14 et suivants du même code, adoptés à l'occasion de la loi du 3 janvier 1972 sur la **filiation.**

De l'autre, l'inflation des **conventions internationales ratifiées par la France** qui opèrent une uniformisation des règles de conflit de lois, limitée à un domaine restreint à propos duquel les États s'accordent à reconnaître un besoin social ou économique évident. Pour atteindre leurs objectifs, les délégués à la conférence de La Haye choisissent même de soustraire l'institution, objet du traité, du statut personnel. Deux exemples illustrent cette méthode : la convention de La Haye, sur la loi applicable aux obligations alimentaires du 2 octobre 1973, et celle concernant la compétence des autorités et la loi applicable en matière de protection des mineurs, du 6 octobre 1961 (sur le remplacement futur de ces instruments, v. s[s] n°s 410.22 et 433.51 s.).

412.172 Concurrence de la loi du milieu d'accueil. Une analyse serrée du droit positif révèle que le rattachement de principe à la loi nationale, toujours consacré à l'article 3 alinéa 2 du Code civil, est devenu largement lettre morte concernant **les situations familiales intégrées sur le territoire français.** Cette revanche du territorialisme a pour origine plusieurs considérations.

De façon classique, on observe qu'un **rattachement territorial** permet, tout d'abord, de favoriser la **coïncidence entre la compétence juridictionnelle et législative** qui, lorsqu'elle se réalise, facilite l'accès à la loi applicable par les parties et permet au juge français d'appliquer sa propre loi, qu'il maîtrise mieux que la loi étrangère. Il y a là un vecteur d'efficacité de la justice par la réduction des hypothèses où se pose la question de la preuve et de l'interprétation du droit étranger. Ensuite un rattachement territorial permet, plus souvent que la loi nationale, de trouver un **rattachement unique en présence de familles mixtes** et d'éviter, ainsi, le problème du conflit des lois personnelles; dans un ordre d'idées voisin, il supprime la difficulté posée par les binationaux. Enfin, le critère du domicile est considéré comme un précieux allié en vue d'une **politique d'intégration;** un tel objectif n'est pas à négliger dans la mesure où la France connaît une sédentarisation d'immigrés en provenance de pays maghrébins dont la loi nationale comporte des institutions - polygamie, répudiation - dont l'acclimatation en France est difficile.

De façon plus moderne, il est observé que le domicile et la résidence habituelle, en raison de leur souplesse, paraissent plus propices que la loi nationale à la mise en œuvre du **principe de proximité** aujourd'hui présenté comme un fondement universalisable pour le droit international privé.

412.173 ***Patchwork.*** Reste que le refoulement de la loi nationale en droit positif n'a pas donné lieu à une réflexion d'ensemble[1]. Il se réalise par diverses méthodes qui confèrent au système français les allures d'un *patchwork*. Le refoulement est parfois ostensible lorsqu'au rattachement à la loi nationale est substitué un rattachement territorialiste. Tel est le cas avec les conventions de La Haye qui retiennent largement le **critère de la résidence habituelle.** Dans d'autres hypothèses le déclin de la loi nationale procède de l'utilisation d'une autre méthode que la règle de conflit. Ainsi les **lois de police** sont un facteur important de territorialisme en ce qu'elles font basculer, hors du champ de leur loi nationale, une grande partie du statut des étrangers résidant en France. De façon moins ostensible, les **règles de conflit à finalité matérielle** édulcorent également le principe de l'article 3 alinéa 3 du Code civil. Non seulement elles favorisent un résultat conçu, par l'ordre juridique du *for*, comme souhaitable mais encore elles entraîneront l'application de la loi française lorsque celle-ci figure dans l'éventail des lois désignées par une règle de conflit alternative. Enfin, dans les interstices laissés à la loi nationale, il n'est pas rare qu'elle soit en définitive écartée au nom de sa contrariété à l'ordre public. Et le garde-fou, dans sa version moderne dite de proximité (v. s[s] n° 412.434), prend en considération les liens de la situation avec l'ordre juridique français, notamment la résidence des intéressés. Cette nou-

1. B. Audit, « Les avatars de la loi personnelle en droit international privé », *Mél. J. Foyer*, Economica, 2006, p. 49 s. – M. Farge, *Le statut familial des étrangers en France : de la loi nationale à la loi de la résidence habituelle*, L'Harmattan, 2003.

velle démarche conduit à réduire encore l'impact de la législation étrangère lorsque le groupe familial est localisé en France.

§ 3
Pénétration de la « loi d'autonomie »

412.181 **Évolution.** Le développement des **accords de volonté en droit de la famille** a nécessairement des répercussions sur le droit international privé[1]. La propension de l'Union européenne à admettre des **clauses d'élection de *for*** en matière familiale a déjà été remarquée (v. s[s] n° 411.151). Dans l'ordre du conflit de lois, la pénétration de la volonté est également visible[2]. Elle a trouvé un rôle, à l'initiative de la CJCE, pour la résolution de la question épineuse et politique du **conflit positif de nationalités** (v. s[s] n° 412.166). Plus loin dans les développements, il sera souligné que les accords procéduraux, évinçant la loi normalement désignée, auront un rôle croissant si on admet que certaines institutions du droit de la famille peuvent perdre leur caractère indisponible (v. s[s] n°s 412.231 s.). Mais il n'y a là que des consécrations à la marge. Est-il concevable que la règle de conflit, elle-même, donne un rôle à la volonté ? Raisonnablement, il ne peut s'agir de consacrer, comme en matière contractuelle, une application pure et simple du principe d'autonomie de la volonté en laissant aux intéressés le soin de choisir entre les différentes législations applicables sur le globe. Il s'agit seulement de leur offrir une **option entre différentes lois** - généralement celle de leur résidence habituelle et de leur nationalité - présentant un lien avec la situation.

412.182 **Du droit patrimonial au droit extra-patrimonial de la famille.** De telles *professio juris* encadrées existent déjà en matière patrimoniale, pour désigner, aujourd'hui, la loi applicable au **régime matrimonial** (v. s[s] n° 422.111) et, vraisemblablement demain, la **loi successorale**[3]. Vont-elles gagner le droit extra-patrimonial de famille ?

A.
Matières concernées

412.191 **Filiation.** Décidément imaginative, la réforme du règlement du conflit de lois en matière de filiation par la loi du 3 janvier 1972 avait déjà accordé un rôle résiduel à la volonté dans une matière particulièrement impérative. Disposant que « *la légitimation par autorités de justice est régie au choix du requérant, soit par la loi personnelle de celui-ci, soit par la loi personnelle de l'enfant* » et que « *l'action à fins de subsides est régie, au choix de l'enfant, soit par la loi de sa résidence habituelle, soit par la loi de la résidence habituelle du débiteur* », les articles 311-16 alinéa 2 et 311-18 anciens du Code civil pouvaient être analysés comme des options de législation[4]. Mais ils n'ont pas été le signe d'une irrésistible ascension de l'autonomie de la volonté en droit de la famille. D'une part, ils n'autorisaient pas des accords préalables de volonté, se limitant à accorder un choix unilatéral exercé lors de la saisine du juge et entièrement orienté vers un objectif substantiel - légitimation, octroi d'aliments - défini par le législateur. D'autre part, ces règles n'ont jamais été véritablement appliquées. Aujourd'hui, la première a même été abrogée par l'ordonnance n° 2005-759 du 4 juillet 2005[5] (v. s[s] n° 431.91); la seconde est devenue lettre morte avec la convention de La Haye du 2 octobre 1972 sur la loi applicable aux obligations alimentaires (v. s[s] n°s 431.93). La véritable extension de l'autonomie de la volonté est plutôt à rechercher dans l'internationalisation et l'européanisation des sources de la discipline.

412.192 **Protection des adultes vulnérables.** Au carrefour du droit patrimonial et extrapatrimonial de la famille, la protection des majeurs vulnérables connaît déjà une *optio juris*, certes limitée à une institution qui s'y prêtait volontiers : le **mandat d'inaptitude** (v. s[s] n°s 442.52 s.).

412.193 **Obligations alimentaires.** Les obligations alimentaires, traditionnellement très marquées par l'ordre public, devraient connaître la même évo-

1. V. P. Courbe, « L'influence des réformes du droit de la famille sur le droit international privé », *Mél. H. Gaudemet-Tallon*, Dalloz, 2008, p. 703 s.
2. FAVORABLES à une OPTION DE LÉGISLATION EN MATIÈRE DE STATUT PERSONNEL : J.-Y. Carlier, *Autonomie de la volonté et statut personnel*, Bruylant, 1992 – P. Gannagé, « La pénétration de l'autonomie de la volonté dans le droit international privé de la famille », *Rev. crit. DIP* 1992, 425 – C. Labrousse, « La compétence et l'application des lois nationales face au phénomène de l'immigration étrangère », *Trav. Com. fr. DIP*, p. 110 s. – D. Gutmann, *Le sentiment d'identité, Étude de droit des personnes et de la famille*, th. Paris II, 1996 – COMP. : DÉFAVORABLES ou/et DUBITATIFS : Heuzé, « La volonté en droit international privé », *Droits*, n° 28, 1998, p. 113 s. – F. Jault-Seseke, *Le regroupement familial en droit comparé français et allemand*, préf. P. Lagarde, « Bibliothèque de droit privé », LGDJ, 1996, t. 265, p. 359 s. – D. Bureau, « L'influence de la volonté individuelle sur les conflits de lois », *Mél. F. Terré*, Dalloz/PUF/Juris-classeur, 1999, p. 285 s.
3. EN DERNIER LIEU, v. Comm. CE, communiqué, 15 oct. 2009 – M. Lamarche, « La famille saisie par l'Union européenne : les successions transfrontières », *Dr. fam.* 2009, focus 73.
4. A. Ponsard, « La loi du 3 janvier 1972 et les conflits de loi en matière de filiation », *JDI* 1972, p. 725 s., spéc[t] p. 781.
5. Ord. n° 2005-759, 4 juill. 2005, portant réforme de la filiation, *JO* 6 juill., p. 11159.

lution. Bientôt applicable (v. s^s^ n°s 410.22 s.), le protocole de La Haye du 23 novembre 2007, sur la loi applicable aux obligations alimentaires[1], admet, à son article 8, des **accords préalables pour fixer la loi applicable**. Le créancier et le débiteur d'aliments peuvent désigner pour régir une obligation alimentaire :

« *a) la loi d'un État dont l'une des parties a la nationalité au moment de la désignation;*

b) la loi de l'État de la résidence habituelle de l'une des parties au moment de la désignation;

c) la loi désignée par les parties pour régir leurs relations patrimoniales ou celle effectivement appliquée à ces relations;

d) la loi désignée par les parties pour régir leur divorce ou leur séparation de corps ou celle effectivement appliquée à ce divorce ou cette séparation » (prot. La Haye, 23 nov. 2007, art. 8, § 1).

Dans un souci de **protection du créancier d'aliments**, il appartient à la loi de l'État de sa résidence habituelle, au moment de la désignation, de déterminer s'il peut renoncer à son droit à des aliments (prot. La Haye, 23 nov. 2007, art. 8, § 4). Dans le même esprit, sauf renonciation en pleine connaissance de cause, la loi désignée ne s'applique pas lorsque son application entraînerait des conséquences manifestement inéquitables ou déraisonnables pour l'une ou l'autre des parties (prot. La Haye, 23 nov. 2007, art. 8, § 5). Un dernier garde-fou figure au troisième paragraphe de l'article 8 : la possibilité de choisir la loi applicable n'est pas ouverte pour les obligations alimentaires concernant une personne âgée de moins de dix-huit ans ou un adulte qui, en raison d'une altération ou d'une insuffisance de ses facultés personnelles, n'est pas en mesure de pourvoir à ses intérêts. La méthode consistant à accorder aux intéressés le soin de définir, préalablement à toute instance, la loi applicable devrait s'étendre au principe même du divorce.

412.194 Divorce. Mettant en avant les inconvénients du *forum shopping*, la Commission européenne envisage un nouveau règlement, généralement désigné sous l'expression de « règlement Rome III », sans doute préférée à celle de « règlement Bruxelles II *ter* » qui serait trop révélatrice de sa propension à rouvrir un même chantier à quelques années d'intervalle. Selon la Commission européenne, le pourcentage actuel des divorces de couples internationaux dans l'Union européenne serait d'environ 19 %. Éludant la question de la compétence de l'Union en la matière, la Commission « *propose* [pour ces couples] *l'instauration de règles de conflit harmonisées en matière de divorce et de séparation de corps fondées avant tout sur le choix des conjoints. Le choix est limité aux lois avec lesquelles les conjoints ont des liens étroits en raison de leur dernière résidence habituelle commune si l'un deux y réside toujours, de la nationalité de l'un des conjoints ou de leur résidence habituelle précédente, et à la loi du for.* » (prop. règl. [CE], mod. règl. [CE] n° 2201/2003 en ce qui concerne la compétence et instituant des règles relatives à la loi applicable en matière matrimoniale, présentée par la Commission le 17 juill. 2006)[2].

Comme ce règlement Rome III peine à être adoptée, certains États membres, dans le cadre d'une coopération renforcée envisage un instrument moins ambitieux puisque ne comportant pas de disposition sur la compétence juridictionnelle. Limité à la question de la loi applicable à la dissolution du mariage[3], ce règlement, dont une proposition est d'ores et déjà disponible[4], pourrait être prochainement adoptée.

B.
Appréciation et comparaison

412.201 Appréciation. D'emblée, il faut constater l'identité du domaine conquis par la volonté en droit interne et en droit international privé : si le droit de l'enfance reste encore autoritaire et, en conséquence, objectif dans ses rattachements, il en est différemment des rapports entre adultes, largement renvoyés au pouvoir des volontés. Faut-il se réjouir de cette évolution ? En faveur de **rattachements subjectifs**, il peut être observé qu'ils sont les seuls propices à une **prévisibilité à la règle de conflit**

1. C. Nourissat, « Recouvrement des obligations alimentaires dans l'Union. La loi applicable », *AJ fam.* 2009, 101.

2. Prop. règl. (CE), mod. règl. (CE) n° 2201/2003, en ce qui concerne la compétence et instituant des règles relatives à la loi applicable en matière matrimoniale, présentée par la Commission le 17 juill. 2006, COM (2006) 399 final, p. 9 – Pour une présentation, parfois CRITIQUE, V. NOT. F. R. Paulino, « Rome III : la compétence juridictionnelle et la loi applicable en matière matrimoniale », *RMCUE* 2007, n° 509, p. 390 – E. Gebhardt, « La proposition de règlement concernant la compétence et la loi applicable en matières matrimoniales », *L'Observateur de Bruxelles* 2008, n° 71, p. 26 – G. Lardeux, « La révision du règlement Bruxelles II *bis* : perspectives communautaires sur les désunions internationales », *D.* 2008, 795 – V. AUSSI, C. Nourissat, « Sur l'élaboration d'une source perturbatrice : à propos du droit international privé communautaire », *D.* 2007, 1098; *Procédures* 2007, comm. n° 191.

3. Comm. UE, communiqué de presse, 24 mars 2010, IP/10/347

4. Prop. règl. (UE) du Conseil, mettant en œuvre une coopération renforcée dans le domaine de la loi applicable au divorce et à la séparation de corps présentée par la Commission le 30 mars 2010, COM (2010) 105 final/2.

dans un contexte de mobilité croissante des personnes en Europe. Incontestablement, le critère de la résidence habituelle est mal adapté à cette catégorie de population alors que celui de la nationalité est susceptible de donner lieu à des discriminations. En définitive, c'est le **principe de libre circulation** qui serait à l'origine de l'extension de l'autonomie de la volonté[1].

412.202 Au-delà des situations exclusivement intégrées dans l'Union européenne ? Mais si le domaine spatial du droit européen des conflits de lois doit être calqué sur celui de la compétence juridictionnelle, les règles de conflit de lois ne doivent pas seulement être conçues en considération des difficultés soulevées par les ressortissants européens exerçant leur liberté de circulation. Comme celles des conventions de La Haye récentes, ces règles doivent être dotées d'une **portée universelle**[2]; sinon, l'uniformisation du droit des conflits de lois ne pourra prétendre à une simplification de la discipline puisqu'elle se solderait par la coexistence de deux droits internationaux privés, l'un propre aux **relations intégrées dans l'union européenne**, l'autre réservé aux **relations impliquant des ressortissants d'États tiers**. Une telle division est déjà en germe avec l'avènement de la technique de la reconnaissance qui est limitée par la CJUE aux ressortissants d'États de l'Union.Reste que cette division n'est pas souhaitable notamment parce que le départage sera difficile à réaliser car il sera malaisé de déterminer si une situation est intégrée ou non à l'Union européenne.

412.203 Confrontation avec les droits d'obédience musulmane. Les options de législation peuvent-elles être adaptées à des ressortissants de pays tiers ? Pour les personnes originaires d'un pays musulman, M. Lagarde a de longue date observé que « *c'est peut-être un peu ethnocentrique de proposer l'option de législation en matière de statut personnel, parce que nous sommes habitués à une législation extrêmement permissive, mais dire cela à des étrangers qui ont un statut extrêmement contraignant et restrictif, dire cela à des musulmans, c'est un contresens épouvantable; c'est un contresens de leur donner une option de législation, alors qu'ils sont soumis à la loi du Coran* »[3]. À l'opposé, il a été soutenu que leur accorder une telle option pouvait être le vecteur d'une politique humaniste d'intégration laissant aux principaux intéressés le soin de définir leur véritable sentiment d'appartenance en choisissant entre leur loi nationale et la loi de leur milieu d'accueil[4]. Mais à supposer qu'ils aient choisi la première pour leur divorce, serait-il satisfaisant d'opposer *a posteriori* l'ordre public international français ou européen au mari sollicitant, en France, le prononcé d'une répudiation ? La consécration d'options de législation ne risque-t-elle pas d'achopper sur la crainte qu'elles puissent être exercées au profit de législations fondées sur un socle différent de valeurs ?

412.204 Véritable communauté de droit en Europe ? Préconisant la méthode bilatérale pour le règlement des conflits de lois, Savigny raisonnait sur des législations appartenant à une même communauté de droit, de sorte que la substitution d'une loi étrangère à la loi du *for* pouvait s'opérer aisément. Cette donnée préalable est également requise dans un système laissant aux intéressés la faculté de choisir la législation qui leur sied entre les différents droits avec lesquels ils ont un lien objectif résultant de leur nationalité ou de leur résidence. Mais, justement, **les droits européens sont-ils interchangeables ?** Vu de haut, on l'admettrait volontiers en observant que partout en Europe on peut choisir ou non de se marier et obtenir un divorce, partout en Europe les parents ont des droit égaux et il en de même des droits des enfants. On ajoutera qu'il existe une CEDH prompte à gommer les disparités. Mais justement, cette juridiction n'intervient qu'en présence d'un consensus en Europe. Or ce consensus est mis en défaut sur des questions saillantes et politiques : mariage homosexuel, accès à l'adoption ou à la procréation médicalement assistée. Dans ces conditions, il ne faut pas cacher que la multiplication des options de législation pourrait conduire à remettre en cause les singularités nationales. Autrement dit, l'option de législation conduira à organiser une concurrence entre les différents modèles familiaux nationaux : vraisemblablement les moins contraignants l'emporteront[5].

412.205 Effectivité du système. Reste à se demander si un tel droit optionnel entrera dans les mœurs. Au premier abord, il y a lieu d'en douter car l'option, à la différence de l'accord procédural, sup-

1. C. Nourissat, « De quelques rattachements en droit international privé communautaire », *Mél. J. Foyer*, Economica, 2008, p. 731 s., spéc[t] p. 748 s.
2. V. E. Pataut, « De Bruxelles à La Haye », *Mél. P. Lagarde*, Dalloz, 2005, p. 661 s.
3. P. Lagarde, discussion après communication de C. Labrousse, « La compétence et l'application des lois nationales face au phénomène de l'immigration étrangère », *Trav. Com. fr. DIP*, p. 110 s., spéc[t] p. 138 – COMP. S. Jahel, « La lente acculturation du droit maghrébin dans l'espace juridique français », *RID comp*. 1994, p. 31 s.
4. D. Gutmann, Le sentiment d'identité, Étude de droit des personnes et de la famille, th. Paris II, 1996.
5. H. Fulchiron, « Existe-t-il un modèle familial européen ? », *Defrénois* 2005, p. 1461.

pose que les intéressés procèdent à des accords de fond pour l'avenir, dans l'incertitude de la nature des différends qui pourraient les opposer. Or, en général, on ne se préoccupe guère du droit lorsque la vie familiale est harmonieuse, de sorte que les options seront rarement exercées et que, finalement, le droit applicable sera celui désigné par un rattachement objectif – en général avec le critère de la résidence habituelle – qui jouera à défaut d'accord préalable de volonté. Cette prévision doit néanmoins être relativisée : une minorité d'époux font déjà un contrat de mariage et accepte donc d'anticiper un éventuel décès ou un éventuel divorce. Et les époux prévoyants seront de plus en nombreux avec le phénomène des remariages. Échaudés par un précédent divorce, ceux qui acceptent de se lier à nouveau n'hésiteront peut-être pas à fixer la loi applicable à leur éventuel divorce et à sa compensation pécuniaire.

412.206 **Forme de l'accord.** Les textes de droit positif et les différents projets exigent un **accord exprès**. Il y a là une sage précaution car elle permettra de faire l'économie des difficultés suscitées en jurisprudence par la recherche de volontés hypothétiques, tacites ou présumées. Mais la possibilité offerte aux intéressés de choisir la loi applicable pour servir « *leur dessein présuppose de leur part une parfaite connaissance du droit qu'ils désignent; à défaut, de fâcheuses surprises pourraient bien les attendre* »[1]. L'accord doit donc être éclairé. Il doit également résulter de deux volontés libres. Comme il y a des mariages forcés, il pourrait y avoir des options forcées. Pour assurer l'intégrité du consentement, il serait concevable d'user des techniques éprouvées du droit de la consommation : droit de repentir, délai de réflexion, formalisme informatif, *etc.* Plus raisonnablement, il convient de confier la réception des volontés à une autorité avertie sur qui pèsera une lourde obligation de conseil. En France, la tradition incline à laisser cette mission au **notaire** mais on songe aussi à l'**avocat** plus familier de la question du divorce comme de celle des obligations alimentaires.

SECTION 3
MISE EN ŒUVRE DE LA RÈGLE DE CONFLIT

412.210 **Plusieurs étapes.** Alors que la résolution d'un litige franco-français exige seulement du praticien la maîtrise du droit interne, l'office du juge et le rôle des parties sont nécessairement plus lourds en droit international privé. En l'absence de loi de police ou de règle matérielle, il leur faut passer par un intermédiaire – la règle de conflit – afin de déterminer quelle loi (française ou étrangère) devra être mise en œuvre pour trancher le différend. La démarche est complexe et peut, parfois, contrarier le juge de la famille estimant que le droit français lui offre suffisamment de latitude pour régler aux mieux la situation des parties. Il faut, d'emblée, préciser que cette tentation du *lex forisme* est combattue par la Cour de cassation qui veille à ce que les juges du fond se conforment au raisonnement, en plusieurs étapes, imposé par la mise en œuvre de la règle de conflit.

§ 1
Caractère obligatoire de la règle de conflit pour le juge et les parties

A.
Rôle du juge en cas de contestation de la loi applicable

412.211 **Obligation.** Si l'une des parties invoque l'application d'une loi étrangère, il est acquis que le juge doit mettre en œuvre le raisonnement conflictuel. Qu'il décide d'appliquer la loi étrangère ou la loi française, il doit justifier sa compétence au regard de la règle de conflit et inviter les parties à conclure sur la loi qu'il estime compétente. Encore faut-il préciser qu'une partie peut utilement invoquer la compétence de la loi étrangère pour la première fois en appel, il ne s'agit pas pour elle de formuler une nouvelle prétention mais de proposer un nouveau fondement juridique à sa prétention initiale (C. pr. civ., art. 565).

B.
Rôle du juge en l'absence de contestation de la loi applicable

412.220 **Jurisprudence stabilisée ?** Si la règle de conflit donne compétence à une loi étrangère mais que les deux parties l'ignorent ou feignent de l'ignorer, le juge doit-il soulever d'office l'application de la règle de conflit ? Cette question a fait l'objet depuis la fin des années cinquante d'une évolution jurisprudentielle « *en dents de scie* » (selon la formule de Lerebours-Pigeonnière). Aujourd'hui, la jurisprudence s'est stabilisée et retient une distinction fondée sur la nature des droits litigieux.

1. D. Bureau, « L'influence de la volonté individuelle sur les conflits de lois », *Mél. F. Terré*, Dalloz/PUF/Juris-Classeur, 1999, p. 285 s., spéc[t] p. 304.

1°
Exposé de la distinction fondée sur le caractère disponible ou indisponible des droits

412.221 Droits disponibles. La mise en œuvre de la règle de conflit désignant une loi étrangère est seulement une **faculté pour le juge** en présence de droits dont les parties ont la libre disposition. S'il l'exerce, il doit nécessairement respecter le **principe du contradictoire** en invitant les parties à conclure sur l'application de la loi étrangère. Lorsqu'aucune des parties n'a mis en avant la compétence de la loi étrangère devant les juges du fond, le pourvoi fondé sur la non-application de la règle de conflit est nécessairement rejeté[1].

412.222 Droits indisponibles. Il « *incombe au juge français, pour les droits indisponibles, de mettre en application la règle de conflit et de rechercher le droit étranger compétent* »[2] (sur la preuve de la loi étrangère, v. s^s^ n° 412.371). Précisons d'emblée que l'obligation faite au juge trouve son champ d'application dans le droit extrapatrimonial de la famille (sur la notion de droits indisponibles, v. s^s^ n° 412.231). Aujourd'hui exclusivement fondée sur le critère de l'indisponibilité des droits, cette obligation est, en réalité, acquise en cette matière depuis la fin des années 1990[3].

412.223 Hostilité ou passivité des juges du fond ? Posée depuis plus de vingt ans, cette obligation ne cesse de provoquer des censures (v. jurisprudence citée s^s^ n° 412.233). Il faudrait se livrer à une étude psychologique pour comprendre le peu d'empressement des juges du fond à suivre la ferme politique de la Cour régulatrice. Plusieurs hypothèses connues sont envisageables : omission (volontaire ?) d'une discipline qui demanderait beaucoup à une justice souvent débordée, difficulté à admettre l'application des droits étrangers, *a fortiori* s'ils sont d'obédience musulmane, concernant des immigrés durablement installés en France, *etc.* Peu importe la justification du *lex forisme*, les cassations étant implacables, il est aujourd'hui impérieux que tous les juges de la famille sacrifient à la **discipline du conflit de lois**[4]. Pour ceux qui voudraient y échapper en taisant l'élément d'extranéité du litige, il faut souligner combien la Cour régulatrice est vigilante. Elle n'hésite pas à extirper de la procédure une indication – mention d'une carte de résident[5] ou d'une nationalité étrangère[6] – qui aurait dû inviter les premiers juges à mettre en œuvre la loi étrangère.

En outre, l'inertie des juges du fond peut avoir un effet pervers : elle permet à la partie déçue par l'application du droit du *for* de changer son fusil d'épaule, devant la Cour de cassation, en sollicitant la mise en œuvre du droit étranger. Existe-t-il des parades contre ces pourvois largement dilatoires ?

412.224 Exclusion de l'accord procédural pour les droits indisponibles. Les conclusions des parties, fondées sur le droit français devant les premiers juges, ne sauraient être analysées comme un accord procédural implicite écartant la loi normalement applicable au profit de la loi du *for*. Un tel l'accord est exclu pour les droits indisponibles[7].

412.225 Rôle minime du correctif de l'équivalence. Le juge peut-il s'abstenir de mettre en œuvre la règle de conflit désignant une loi étrangère en présence d'un « *faux conflit de lois* », c'est-à-dire d'une convergence entre les solutions concrètes apportées au litige par les lois en présence ? Que les droits soient indisponibles ou disponibles, la Cour de cassation l'a admis aux motifs que « *l'équivalence entre la loi appliquée et celle désignée par la règle de conflit – en ce sens que la situation de fait constatée par le juge aurait les mêmes conséquences juridiques en vertu de ces deux lois – justifie la décision qui a fait application d'une loi autre que la loi compétente* »[8].

1. Civ. 1re, 26 mai 1999, n° 96-16.361, Sté Mutuelle du Mans IARD, *Bull. civ.* I, n° 172; *Rev. crit. DIP* 1999, 707, 1re esp., note Muir-Watt; *Gaz. Pal.* 2000, n°s 61 et 62, p. 39, obs. Niboyet.
2. Civ. 1re, 26 mai 1999, n° 97-16.684, M. Belaïd A..., *Bull. civ.* I, n° 174; *Rev. crit. DIP* 1999, 707, 2e esp., note Muir-Watt; *JCP* 1999, II, 10192, note Melin; *Defrénois* 1999, p. 1261, obs. Massip; *D.* 1999, IR 162.
3. Civ. 1re, 11 oct. 1988, Rebouth, *Rev. crit. DIP* 1989, 368; 277, chron. Lequette; *JDI* 1989, p. 349, note Alexandre; *JDI* 1990, p. 317, chron. Bureau; *Defrénois* 1989, p. 310, obs. Massip.
4. B. Lecharmy, « Le caractère obligatoire de la règle de conflit : l'office du juge aux affaires familiales », *Dr. fam.* 2008, chron. 25.
5. Civ. 1re, 26 mai 1999, n° 97-16.684, M. Belaïd A..., *Bull. civ.* I, n° 174; *Rev. crit. DIP* 1999, 707, 2e esp., note Muit-Watt; *D.* 1999, IR 162.
6. Civ. 1re, 14 juin 2005, n° 02-14.328, *Bull. civ.* I, n° 243; *AJ fam.* 2005, IR 359 – Civ. 1re, 20 févr. 2007, n° 06-16.059, NP.
7. Pour son admission en matière de droits disponibles : Civ. 1re, 19 avr. 1988, Roho, *Rev. crit. DIP* 1989, 69, note Batiffol; *D.* 1988, somm. 345, Audit – Civ. 1re, 6 mai 1997, n° 95-15.309, Sté Hannover internat. c/Baranger, *Bull. civ.* I, n° 140; *GADIP*, n° 84; *D.* 1997, IR 132.
8. Civ. 1re, 11 janv. 2005, n° 01-02.473, *Bull. civ.* I, n° 21; *Dr. et patr.* avr. 2005, p. 103, obs. Monéger; *D.* 2005, 2924, note Mahinga; *Dr. fam.* 2005, comm. 197, note Farge : – Civ. 1re, 13 avr. 1999, n° 96-22.487, Cie Royal Belge, *Bull. civ.* I, n° 130; *JCP* 2001, II, 10261, note Légier; *Rev. crit. DIP* 1999, 698, note Ancel et Muir-Watt; *JDI* 2000, p. 315 note Fauvarque-Cosson; *Gaz. Pal.* 2000, n°s 61-62, p. 42, obs. Niboyet; *D.* 2000, 268, note Agostini : arrêt rendu en matière de droits disponibles (responsabilité civile) qui ne censure pas un arrêt s'étant fondé sur les dispositions identiques des « Codes civils français et belge ».

Toutefois, **l'exception d'équivalence** ne peut servir de brise-lames aux pourvois reprochant au juge de s'être « allégé » la tâche en ne sollicitant pas la méthode conflictuelle. En aucun cas, l'équivalence ne pourrait, pour l'heure, permettre de rejeter un pourvoi en démontrant devant la Cour régulatrice que la loi étrangère ignorée par la cour d'appel a un contenu équivalent à celui de la loi du *for*[1]. Pour qu'un pourvoi puisse être rejeté, il faut, au contraire, que les juges du fond aient alourdi leur office par rapport à celui que leur assigne la Cour de cassation. Après avoir interrogé la règle de conflit de lois et observé qu'elle désigne une loi étrangère, il faudra, s'ils lui préfèrent la loi française, qu'ils examinent soigneusement le droit étranger pour savoir s'il y a équivalence avec le droit français. La justification de ce domaine résiduel pour l'exception d'équivalence est connue : **la teneur de la loi étrangère reste une question de fait échappant au contrôle de la Cour de cassation** (v. s[s] n° 412.392). Ainsi conçue l'équivalence est un mécanisme laissé dans une large mesure entre les mains des juges du fond, ce qui ajoute encore au risque d'insécurité inhérent à l'utilisation de ce concept.

412.226 Application de la théorie de l'*estoppel* ? L'office actuel du juge favorise les pourvois dilatoires lorsque les juges du fond n'ont pas appliqué la loi étrangère compétente. Déçue par l'arrêt d'appel, **une partie peut invoquer, pour la première fois dans son moyen de cassation, la compétence de la loi étrangère** alors qu'elle avait préalablement fondé, en toute connaissance de cause, son action sur le droit français. Son pourvoi peut-il être déclaré irrecevable en vertu des principes de la loyauté des débats et de l'*estoppel* (cette dernière institution d'origine anglaise est généralement traduite comme l'interdiction de se contredire au détriment d'autrui[2]). Une telle argumentation n'a pas été retenue par la Cour de cassation aux motifs que le moyen fondé sur la compétence de la loi étrangère était « *recevable comme étant de pur droit* »[3]. Seul est donc condamné le comportement des premiers juges qui avaient manqué à leur obligation de soulever d'office la règle de conflit désignant une loi étrangère, abstraction faite de l'habilité de l'auteur du pourvoi.

2°
Approfondissement de la distinction entre droits disponibles et droits indisponibles

412.231 Paramètre exclusif. Si l'on excepte l'hypothèse où la compétence de la loi étrangère est invoquée par une partie (v. s[s] n° 412.211), cette distinction est aujourd'hui le paramètre exclusif qui commande l'office du juge et le pouvoir des parties. Pour s'en convaincre, il suffit de résumer ce qui précède.

Pour les **droits disponibles**, le juge a la faculté de soulever d'office l'application de la règle de conflit mais les parties peuvent le contraindre à appliquer une autre loi que celle désignée par le biais d'un accord procédural. En pratique, elles choisiront la **loi du *for*** alors que la règle de conflit désignait une **loi étrangère**. Toutefois, la jurisprudence n'exclut pas expressément qu'elles s'accordent sur l'application d'une **loi tierce** (sur ce débat, v. s[s] n° 412.244).

S'agissant des **droits indisponibles**, le juge est tenu de mettre en œuvre le raisonnement conflictuel et les parties ne peuvent le contrarier par un accord procédural.

Reste donc à savoir ce qu'il faut entendre par droits disponibles et indisponibles.

412.232 Loi applicable à la détermination du caractère disponible ou indisponible. Une question préliminaire a été soulevée en doctrine. Selon quelle loi doit s'apprécier la disponibilité ou l'indisponibilité des droits : la loi du *for* ou la *lex causae*, c'est-à-dire la loi étrangère désignée par la règle de conflit ? Cette difficulté de méthode est proche de celle posée par les conflits de qualification (v. s[s] n° 412.261). En l'absence d'indication de la Cour de cassation, il faut suggérer de se référer, ici également, à la *lex fori*. Retenir la *lex causae* créerait une sorte de cercle vicieux, en obligeant le juge à l'interroger pour savoir s'il peut se dispenser de l'appliquer[4]. Même à s'en tenir à la loi du *for* encore faut-il s'entendre sur la notion de disponibilité et d'indisponibilité des droits[5].

1. V. NOT., H. Gaudemet-Tallon, « De nouvelles fonctions pour l'équivalence en droit internationale privé ? », *Mél. P. Lagarde*, Dalloz, 2005, p. 301 s.
2. V. H. Muir-Watt, « Pour l'accueil de l'*estoppel* en droit privé français, L'internationalisation du droit », *Mél. Y. Loussouarn*, Dalloz, 1994, p. 303 – Pour son admission en matière d'arbitrage international : Civ. 1re, 6 juill. 2005, n° 01-15.912, Golshani c/Gouvernement de la République d'Iran, *Bull. civ.* I, n° 302; *D.* 2006, 1424, note Agostini; *JCP* 2005, I, 179, obs. Béguin, Ortscheidt et Seraglini; *RTD com.* 2006, 309, obs. Loquin – *adde* pour une application implicite en matière de statut personnel : Civ. 1re, 11 mars 1986, Djenangi, *JDI* 1986, p. 1025, note Sinay-Cytermann; *Rev. crit. DIP* 1988, 302, note Bischoff.
3. Civ. 1re, 20 juin 2006, n° 04-19.636, *Bull. civ.* I, n° 316; *Dr. fam.* 2006, comm. 176, note Farge; *AJ fam.* 2006, IR 376.
4. Ancel et Lequette, s[s] Civ. 1re, 6 mai 1997, n° 95-15.309, Sté Hannover internat. c/Baranger, *Bull. civ.* I, n° 140; *GADIP*, n° 84, spéc[t] § 11; *D.* 1997, IR 132.
5. B. Fauvarque-Cosson, *Libre disponibilité des droits et conflit de lois*, LGDJ, 1996.

412.233 Matières ou droits indisponibles. Initialement la Cour de cassation avait retenu une approche synthétique puisqu'elle raisonnait en termes de « matières » disponibles ou indisponibles[1]. La démarche avait l'avantage de la prévisibilité. Elle permettait d'affirmer le caractère indisponible de la catégorie composée par la capacité et l'état des personnes et, même, d'opposer les matières patrimoniales (disponibles) aux matières extrapatrimoniales (indisponibles). Cette vision était simplificatrice en ce qu'elle prêtait une homogénéité aux différentes disciplines du droit civil. Depuis 1999, la Cour de cassation laisse la voie ouverte à des subtilités puisqu'elle invite à raisonner en termes de « droits » disponibles ou indisponibles[2]. Cette orientation ne laisse de poser des questions en droit de la famille puisque la discipline connaît, sinon un phénomène de contractualisation, au moins une **inflation du rôle accordé aux accords de volonté**. Quels sont alors les îlots de disponibilité concernant les diverses institutions qui composent le statut individuel et familial ?

Tel n'est pas le cas de la **filiation**[3], du **droit des incapables majeurs**[4], des **conditions de formation du mariage**[5] et du **principe du divorce contentieux** lorsqu'il est soumis à la loi marocaine en vertu de l'article 9 de la convention franco-marocaine du 10 août 1981, relative au statut des personnes et de la famille et à la coopération judiciaire[6], ou lorsqu'un **droit étranger se veut applicable** conformément à l'article 309, 3e tiret, du Code civil[7]. Pour ces différentes institutions, la Cour de cassation martèle régulièrement le devoir imposé aux juges du fond de **soulever d'office la règle de conflit désignant une loi étrangère.**

En revanche, le **droit extrapatrimonial de la famille** est largement considéré, en doctrine, comme composé de droits laissés à la libre disposition des parties. Cependant la Cour de cassation[8] a imposé l'application d'office de la **règle de conflit en matière de successions immobilières**; cette impérativité étant peut-être justifiée par le renvoi susceptible d'être réalisée par la loi étrangère de situation des biens à la loi française, déjà applicable à la succession mobilière en raison du dernier domicile du défunt en France (v. ss no 412.322).

412.234 Caractère disponible de la compensation pécuniaire consécutive au divorce. S'agissant d'un divorce international dont le principe est admis par les époux, il avait été suggéré qu'un **accord procédural** devrait être possible entre eux concernant la compensation pécuniaire, dès lors qu'en droit interne les époux peuvent valablement transiger sur leur droit à une prestation compensatoire lorsque le divorce est engagé[9].

Cette suggestion a été consacrée par la Cour de cassation dans un arrêt du 11 mars 2009[10]. En l'occurrence, il s'agissait d'un divorce entre Marocains. La loi marocaine était applicable aux compensations pécuniaires entre époux. Cette compétence résultait d'une jurisprudence bien assise considérant que l'obligation alimentaire entre ex-époux étant

1. V. Civ. 1re, 4 déc. 1990, no 89-14.285, Soc. Coveco et a., *Bull. civ.* I, no 272; *Rev. crit. DIP* 1991, 558, note Niboyet; *JDI* 1991, p. 371, note Bureau.
2. Civ. 1re, 26 mai 1999, no 96-16.361, préc. ss no 412.221 – Civ. 1re, 26 mai 1999, no 97-16.684, préc. ss nos 412.222 et 412.223.
3. Civ. 1re, 20 févr. 2007, arrêt no 252 – Civ. 1re, 28 janv. 2009, no 08-15.393, NP – Civ. 1re, 28 oct. 2009, no 08-19.920, NP.
4. Civ. 1re, 18 janv. 2007, no 05-20.529, *Bull. civ.* I, no 26; *JCP* 2007, IV, 1378; *Dr. fam.* 2007, comm. 70, 1re esp., note Fossier; *AJ fam.* 2007, IR 145.
5. V. NOT., Civ. 1re, 11 févr. 2009, no 08-10.387, *Bull. civ.* I, no 27; *Dr. fam.* 2009, comm. 81 (1re esp.), note Farge; *JCP* 2009, II, 10065 (1re esp.), note Mahinga; *D.* 2009, 564, obs. Egéa; *Defrénois* 2009, art. 39006, p. 1846, no 2 (2e esp.), note Massip; *Rev. crit. DIP* 2009, 493 (2e esp.), note Lagarde; *RJPF* 2009-6/26, p. 25 (1re esp.), obs. Leborgne; *RLDC* 2009, no 3393, note Pouliquen – Civ. 1re, 11 mars 2009, no 08-13.390, NP; *Dr. fam.* 2009, comm. 81 (2e esp.), note Farge; *RJPF* 2009-6/26, p. 25 (2e esp.), obs. Leborgne – Civ. 1re, 19 sept. 2007, no 06-20.208, *Bull. civ.* I, no 281; *Dr. fam.* 2007, comm. 200, obs. Larribau-Terneyre; *Rev. crit. DIP* 2007, 755 (2e esp.), note Ancel; *RLDC* 2007, no 2748, obs. Marraud des Grottes – Sur l'idée que les époux pourraient être considérés comme ayant la libre disposition de leurs droits dans un divorce par consentement mutuel, v. Devers, note ss Civ. 1re, 11 mars 2009, no 08-13.431, *Bull. civ.* I, no 50; *D.* 2009, 2084, note Devers – *Adde*, Courbe note ss Civ. 1re, 9 janv. 2008, no 06-19.659, *JDI* 2008, p. 1051.
6. Civ. 1re, 22 nov. 2005, no 04-20.059, no 04-20.365, 2 esp., *Bull. civ.* I, nos 429 et 432; *Dr. fam.* 2006, comm. 41, note Larribau-Terneyre; *AJ fam.* 2006, IR 30 – Civ. 1re, 7 juin 2006, no 04-17.225, *Bull. civ.* I, no 288; *AJ fam.* 2006, IR 376; et Civ. 1re, 20 juin 2006, no 05-17.675, NP – Civ. 1re, 11 mars 2009, no 08-15.348, *Bull. civ.* I, no 49; *Dr. fam.* 2009, comm. 81 (3e esp.), note Farge.
7. Civ. 1re, 4 juin 2009, nos 08-11.872 et no 08-14.309, 2 esp., préc. ss no 412.41.
8. Civ. 1re, 20 juin 2006, no 05-14.281, Wildenstein, *Bull. civ.* I; *JDI* 2007, p. 125 note Gaudemet-Tallon; *D.* 2007, 1710, note Courbe; *Rev. crit. DIP* 2007, 383, note Ancel.
9. V. A. Devers, « Le divorce d'époux marocains ou franco-marocains », *Dr. fam.* 2006, étude 15, spéct § 22, citant EN CE SENS CA Paris, 31 mars 2005, *Juris-Data* no 2005-28-5324 – V. AUSSI, CA Paris, 6 mars 2003, *Juris-Data* no 2003-20-4991.
10. Civ. 1re, 11 mars 2009, no 08-13.431, *Bull. civ.* I, no 50; *D.* 2009, 2084, note Devers; *Dr. fam.* 2009, comm. 81 (4e esp.), note Farge; *JCP* 2009, 190, note crit. Boulanger; *Procédures* 2009, comm. 157 (1re esp.), obs. Douchy-Oudt; *AJ fam.* 2009, 220, obs. Boiché; *Defrénois* 2009, art. 39006, p. 1846, no 4 (2e esp.), note Massip; *RJPF* 2009-6/29, p. 27 (2e esp.), obs. Garé; *RLDC* 2009, no 3429, note Pouliquen.

ignorée par la convention franco-marocaine du 10 août 1981, relative au statut des personnes et de la famille, la détermination de la loi qui lui est applicable s'opère conformément à l'article 8 de la convention de La Haye du 2 octobre 1973, sur la loi applicable aux obligations alimentaires [1]. Or l'article 8 de cette convention prévoit que la loi appliquée au divorce régit les obligations alimentaires entre époux divorcés. Par le biais de cette articulation, la loi marocaine était donc applicable à la demande de compensation pécuniaire de l'épouse puisqu'il s'agissait de la loi applicable au divorce de deux marocains en vertu de l'article 9 de la convention franco-marocaine. Attaquant un arrêt d'appel qui n'avait statué que sur la compensation pécuniaire, le pourvoi lui reprochait d'avoir appliqué le droit français de la prestation compensatoire. Soulignant que les parties n'avaient pas auparavant invoqué un autre droit, la Cour de cassation le rejette en précisant que « *s'agissant de droits disponibles, les époux peuvent convenir que soit appliqué le droit français* ».

3°
Accord procédural

412.241 Physionomie de l'accord procédural. Admettant l'existence d'un accord procédural concernant la compensation pécuniaire après divorce, l'arrêt du 11 mars 2009 [2] donne des indications précieuses sur les contours de ce **mode « conventionnel » d'éviction de la loi normalement applicable** [3].

412.242 Domaine de l'accord procédural. À cet égard, l'arrêt du 11 mars 2009 [4] révèle que la notion de droit disponible ou indisponible est relative. Bien évidemment, les obligations alimentaires au sens large ne peuvent pas être subsumées : il faut distinguer les relations entre adultes et celles concernant les enfants [5]. Mais les distinctions à opérer sont plus subtiles. Pour la compensation pécuniaire après divorce, la nature disponible ou indisponible ne dépend pas de la nature gracieuse ou contentieuse de la procédure, mais, en revanche, elle fluctue temporellement. Comme l'a justement démontré M. Devers [6], il faut distinguer : la prestation compensatoire est indisponible avant qu'une procédure ne soit engagée [7], elle devient disponible pendant l'instance en divorce et le demeure vraisemblablement après. C'est dire que la découverte de la nature disponible ou non des droits en matière familiale ne suppose pas seulement une appréciation abstraite de l'institution en cause.

Une autre illustration de cette idée peut être fournie avec le **mandat d'inaptitude.** Procédant de la technique contractuelle, ce mandat serait volontiers classé parmi les institutions disponibles. À l'analyse des circonstances dans lesquelles il peut prêter à contentieux, nous avons, néanmoins, préconisé **l'exclusion de l'accord procédural pour cette forme de protection conventionnelle des incapables** (v. s[s] n° 442.72).

412.243 Forme de l'accord procédural. Ayant abandonné l'exigence d'un accord exprès prévu à l'article 12 alinéa 3 du Code de procédure civile, la Cour de cassation juge qu'« *un tel accord peut résulter des conclusions des parties invoquant une loi autre que celle qui est désignée* » par la règle de conflit [8]. Il n'en demeure pas moins que la volonté des parties doit normalement être certaine et non équivoque. Mais la Cour de cassation est « laxiste » [9] comme le révèle à nouveau l'arrêt du 11 mars 2009 [10]. En l'occurrence, elle souligne que les deux époux avaient invoqué l'application de la loi française devant les juges du fond. De la lecture du pourvoi, il ressort en effet « *que M. A... Y... a assigné en divorce, pour altération définitive du lien conjugal* [C. civ., art. 237], *son épouse qui a conclu au prononcé du divorce sur le même fondement* ». Mais, à lui seul, cet élément ne démontre pas que les époux avaient pleinement conscience de l'internationalité de leur litige et connaissance de l'applicabilité de la loi marocaine. Le doute est d'autant plus légitime qu'en première instance, le juge aux affaires familiales de Bourg-en-Bresse n'avait pas soulevé d'office la compétence de la loi marocaine. En outre, l'application de la loi marocaine aurait sans doute été plus avantageuse pour le mari que celle des règles françaises sur la prestation compensatoire, de sorte qu'il est difficile de présumer chez lui un choix éclairé de se fonder sur le droit français. Il

1. En dernier lieu et de manière IMPLICITE : Civ. 1re, 28 nov. 2006, n° 04-11.520, *Bull. civ.* I, n° 524; *Rev. crit. DIP* 2007, 584, note Joubert; *D.* 2007, 280, note Devers.
2. Civ. 1re, 11 mars 2009, n° 08-13.431, préc. s[s] n° 412.234.
3. V. B. Fauvarque-Cosson, « L'accord procédural à l'épreuve du temps », *Mél. P. Lagarde*, Dalloz, 2005, p. 263 s.
4. Civ. 1re, 11 mars 2009, n° 08-13.431, préc. s[s] n° 412.241.
5. Civ. 1re, 14 oct. 2009, n° 08-15.583, NP : à l'occasion d'un litige franco-marocain, l'arrêt approuve la cour d'appel d'avoir jugé que « *le droit aux aliments est un droit qui s'impose aux père et mère qui ne peuvent y renoncer* ».
6. Devers, note s[s] Civ. 1re, 11 mars 2009, n° 08-13.431, *Bull. civ.* I, n° 50; *D.* 2009, 2084.
7. V. CA Paris, 21 mars 2007, C. Chalas et C. Butruille-Cardew, « Interrogations sur la validité en droit international privé des accords préparatoires au divorce », *JCP N* 2007, p. 1257 – EN CE SENS, pour un litige purement interne : Civ. 1re, 3 févr. 2004, n° 01-17.094, *Bull. civ.* I, n° 30; *Dr. fam.* 2004, com. 78, note Larribau-Terneyre.
8. Civ. 1re, 6 mai 1997, n° 95-15.309, Sté Hannover international, *Bull. civ.* I, n° 140; *GADIP*, 2006, n° 84, et réf. cit.
9. NIBOYET et DE GEOUFFRE DE LA PRADELLE, n° 577.
10. Civ. 1re, 11 mars 2009, n° 08-13.431, préc. s[s] n° 412.242.

est donc difficile de savoir si l'invocation de la loi française résultait d'une volonté consciente des époux ou d'une ignorance de l'applicabilité de la loi marocaine. Ce laxisme est explicable. Pour l'heure, **l'accord procédural a été surtout été utilisé, par la Cour de cassation,** à titre de brise-lame afin de **rejeter des pourvois dans lesquels la compétence de la loi étrangère était excipée, pour la première fois, devant la Cour régulatrice**. Le régime de l'accord procédural devra être envisagé sous un autre jour si les praticiens s'en emparent comme un mode d'éviction conscient et assumé de la loi étrangère (pour de plus amples développements, v. s[s] n° 423.336).

412.244 Portée de l'accord procédural. La question est toujours posée de savoir si les parties peuvent choisir n'importe quelle loi ou si elles peuvent seulement se rabattre sur la loi du *for* ? Parfois la Cour de cassation a semblé favorable à la première conception en admettant que les parties puissent « *s'accorder sur l'application d'une loi autre* » que celle désignée[1]. L'arrêt du 11 mars 2009[2] paraît illustrer la seconde en affirmant que « *les époux peuvent convenir que soit appliqué le droit français* ». Cette position restrictive tient en échec le postulat d'égalité entre le droit français et les autres droits; elle est la plus confortable pour le juge français. Mais l'arrêt du 11 mars 2009 n'est peut-être pas décisif quant à la portée de l'accord procédural car il s'agissait plus de l'utiliser pour faire échec à un pourvoi dilatoire que d'en définir le régime. Néanmoins, en mentionnant un accord procédural favorable au *lex forisme*, la Cour de cassation a peut-être voulu faire écho au protocole de La Haye du 23 novembre 2007 sur la loi applicable aux obligations alimentaires.

412.245 Future consécration supranationale de l'accord procédural. S'inspirant vraisemblablement de la construction française[3], le droit conventionnel et le droit de l'Union européenne sont en passe de consacrer la technique de l'accord procédural.

Ayant vocation à remplacer la convention de La Haye du 2 octobre 1973 et conditionnant l'applicabilité temporelle du règlement (CE) n° 4/2009 du 18 décembre 2008, relatif à la compétence, la loi applicable, la reconnaissance et l'exécution des décisions et la coopération en matière d'obligations alimentaires, **le protocole de La Haye du 23 novembre 2007, sur la loi applicable aux obligations alimentaires**, comporte un article 6 autorisant le créancier et le débiteur d'aliments, uniquement pour les besoins d'une procédure particulière se déroulant dans un État donné, à désigner expressément la loi de cet État pour régir une obligation alimentaire. L'**accord procédural envisagé** devra donc être **exprès** et ne pourra porter que sur la **loi du** ***for***. Cette dernière circonstance a, au moins, l'avantage d'accuser la distinction entre l'accord procédural et l'option de législations (sur laquelle, v. s[s] n°s 412.181 s.).

412.246 Nouvelles conquêtes de l'accord procédural ? Au-delà de la compensation pécuniaire après divorce, il ne serait pas saugrenu d'admettre qu'un accord procédural, écartant la loi étrangère applicable, puisse porter sur le **principe du divorce**, ou au moins sur **l'ensemble de ses effets entre époux**, lorsque les parties veulent recourir au divorce par consentement mutuel du droit français[4]. N'est-ce pas déjà ce que font beaucoup de juges aux affaires familiales en présence de deux Marocains d'accord pour divorcer par consentement mutuel en France ?

C. Autres agents d'application du droit international privé

412.251 Distinction entre le juridique et le judiciaire. Beaucoup de questions de droit international privé se résolvent indépendamment de la saisine du juge. L'observation est indéniable qui illustre la distinction entre le juridique et le judiciaire. Elle n'est pas sans portée en notre matière. Lorsqu'elle est pensée à l'occasion d'un procès, la mise en œuvre du droit international privé est affectée par les principes directeurs de la procédure civile qui déterminent le rôle du juge et des parties. L'office des autres agents d'application de la discipline ne peut donc pas être calqué entièrement sur celui du juge.

412.252 Officier de l'état civil. L'officier de l'état civil étant un officier public agissant dans le cadre d'une mission de service public et établissant des actes au nom de l'État français, il doit nécessairement respecter l'intégralité du système juridique français. C'est dire qu'il devrait normalement veiller à l'application de la règle de conflit française qui peut le conduire à mettre en œuvre un droit étranger[5]. D'ailleurs l'instruction générale relative

1. Civ. 1re, 26 mai 1999, n° 96-21.333, Soc. Delta Draht, NP; *Gaz. Pal.* 2000, n°s 61-62, p. 39, 1re esp., obs. Niboyet.
2. Civ. 1re, 11 mars 2009, n° 08-13.431, préc. s[s] n° 412.243.
3. V. C. Nourissat, « Recouvrement des obligations alimentaires dans l'Union. La loi applicable », *AJ fam.* 2009, 101.
4. V. Devers, note s[s] Civ. 1re, 11 mars 2009, n° 08-13.431, *Bull. civ.* I, n° 50; *D.* 2009, 2084 – *Adde*, Courbe note s[s] Civ. 1re, 9 janv. 2008, n° 06-19.659, *JDI* 2008, p. 1051.
5. V. Ch. Bidaud-Garon, *L'état civil en droit international privé*, th. Lyon III, 2005, p. 183 s.

à l'état civil (IGREC) consacre quarante-deux paragraphes à l'explication des règles de conflits applicables en matière d'état des personnes pour la rédaction des actes de l'état civil et le mariage en présence d'éléments d'extranéité.

Cette instruction comporte des consignes concernant la vérification de l'aptitude au mariage des futurs époux, domaine où l'application de la loi nationale a été préservée, sous réserve évidemment du jeu de l'exception d'ordre public. Logiquement, elle envisage l'hypothèse dans laquelle la loi étrangère est plus libérale que la loi française. À ce titre, elle indique par exemple que l'officier de l'état civil devrait écarter l'application de la loi personnelle lorsqu'elle le conduirait à célébrer un mariage polygamique mais que, au contraire, si la loi étrangère prévoit un âge de nubilité inférieur à celui du Code civil, elle peut être appliquée dans la limite de l'âge de la puberté naturelle (IGREC, § 548).

Il est également concevable que la loi étrangère soit plus stricte, par exemple la loi personnelle de l'un des fiancés ne reconnaît pas la dissolution ou la nullité d'un précédent mariage. Selon l'IGREC, l'officier de l'état civil français « *peut néanmoins célébrer le mariage, dès lors que les intéressés persistent dans leur projet et que les conditions exigées par la loi interne française sont remplies* »; il doit cependant avertir les futurs époux que « *leur union risque de ne pas être reconnue à l'étranger et pourrait même être annulée en France : en effet, les tribunaux, éventuellement saisis seraient amenés à appliquer d'office la loi étrangère et à apprécier la validité ou la nullité du mariage en fonction de cette loi* ». Traduisant « *le véritable culte voué à la loi française* » qui finalement sera seule à être prise en considération[1], la solution peut être lue également comme une surprenante consécration de l'autonomie de la volonté dans un domaine normalement indisponible. En tout cas, la consigne révèle que l'obligation normalement faite à l'officier de l'état civil de se conformer à la règle de conflit est conçue d'une manière qui n'est guère rigoureuse. Il faut, en outre, douter de son effectivité au regard de la solution proposée par l'IGREC pour la preuve du droit étranger. Si, lors d'un procès, la charge de la preuve du droit étranger pèse sur le juge (v. s[s] n° 412.372), « *devant l'officier de l'état civil, il appartient à l'étranger de justifier* [...] *du contenu de sa loi nationale; à défaut, en tant qu'autorité publique instituée par la loi française, l'officier de l'état civil appliquera sa propre* (lex auctoris) ». C'est dire qu'en mairie, notamment, il est possible de se réfugier derrière le silence de l'étranger pour se référer au seul droit français.

1. V. E. Rasler, *La célébration du mariage en droit international privé*, th. Paris II, 1998.

412.253 Notariat. Intervenant en général hors d'un procès, le notaire[2] est tenu à une **obligation de conseil** particulièrement exigeante et les actes qu'il dresse doivent être irréprochables au regard du système juridique français, y compris ses **règles de conflit** (sur l'expansion prévisible du rôle de conseil du notaire, v. s[s] n°s 411.32 et 412.206). Dès lors, la mise en œuvre du droit international privé n'est pour lui aucunement subordonnée à la nature disponible ou indisponible des droits en cause. Tout au plus doit-il informer ses clients des tempéraments consacrés par la Cour de cassation.

Par exemple, il doit indiquer aux époux que la loi du régime matrimonial détermine normalement les règles de sa liquidation mais qu'ils peuvent, dès lors qu'ils sont capables et maîtres de leurs droits, convenir, dans leurs rapports réciproques, d'une liquidation sur des bases différentes[3].

§ 2 Qualification

412.261 Description. Opération habituelle du juriste, la qualification a un relief particulier en droit international privé. Simplement présenté, le processus permet de choisir entre les différentes règles de conflit françaises. Plus techniquement, la qualification est l'opération qui permet d'intégrer la situation juridique dans une catégorie – filiation, mariage, contrat, *etc.* – à laquelle est associé un rattachement.

Une difficulté, mise en lumière par Bartin à partir de l'arrêt *Bartholo*[4], peut se présenter : le **conflit de qualifications**. La figure apparaît lorsque la qualification d'une question n'est pas identique dans le système français et dans le système étranger éventuellement applicable. Auquel des deux ordres juridiques faut-il alors se référer pour identifier la catégorie pertinente dans laquelle va s'insérer la question posée ? L'enjeu peut être illustré avec le célèbre arrêt *Caraslanis*[5] : un Grec orthodoxe, marié en France devant l'officier de l'état civil, soutient que son mariage est nul car contraire à la loi grecque qui exige la célébration par un ministre du culte. À se référer au droit hellénique, c'est-à-dire

2. B. Bourdelois, « Le notaire et le droit international privé (libres propos) », *Mél. J. Foyer*, 2008, Economica, p. 141 s.
3. Civ. 1re, 25 janv. 2005, n° 02-15.648, *Bull. civ.* I, n° 33; *Rev. crit. DIP* 2005, 300, note Ancel; *D.* 2005, 1210, note Bouche; *D.* 2006, pan. 1495 – Sur le droit international privé notarial v. M. Revillard, *Droit international privé et communautaire : pratique notariale*, 6e éd., Defrénois, 2006.
4. Alger, 24 déc. 1889, Bartholo, *GADIP*, n° 9.
5. Civ. 22 juin 1955, Caraslanis, *Rev. crit. DIP* 1955, 723, note Batiffol; *GADIP*, n° 27.

en qualifiant *lege causae*, l'exigence d'une cérémonie religieuse est une condition de fond pour laquelle la règle de conflit française prescrit d'appliquer la loi nationale du futur conjoint auquel elle se rapporte; de la sorte les tribunaux français doivent annuler le mariage du Grec orthodoxe. À privilégier les conceptions françaises (qualification *lege fori*), la prétention porte sur les rites de la célébration, catégorie soumise par la règle *locus regit actum* à la loi française lorsque le mariage est célébré sur notre territoire : le mariage du Grec orthodoxe, célébré exclusivement civilement en France, est alors valable.

412.262 Principe : la qualification *lege fori*. Dans l'arrêt *Caraslanis*[1], la Cour de cassation a décidé que le conflit de qualifications devait être réglé au profit de la qualification *lege fori* : « *la question de savoir si un élément de la célébration du mariage appartient à la catégorie des règles de forme ou à celle des règles de fond doit être tranchée par les juges français suivant les conceptions du droit français, selon lesquelles le caractère religieux ou laïc du mariage du mariage est une condition de forme* ». De cette pétition de principe, il est déduit que les classifications du droit interne doivent normalement être empruntées pour définir les catégories des règles de conflit françaises[2].

412.263 Adaptation du principe. Les litiges internationaux confrontent le juge français à des prétentions qui reposent sur des institutions difficiles à intégrer dans les catégories du *for*. Souvent la difficulté est résolue en élargissant les concepts de la *lex fori* afin d'accueillir les modèles étrangers. La démarche a été justifiée par un postulat : les institutions du droit français, comme des droits étrangers, ne sont que des réponses particulières à des aspirations ou drames humains qui sont universels : partout dans le monde on se marie, procrée, décède...[3]. Dès lors, il existerait nécessairement dans le système français des catégories qui, au regard de leur finalité sociale, se prêtent à l'accueil de l'institution étrangère, conçue comme appartenant à un même genre. Illustrant cette proposition, le mariage polygamique a été intégré dans la catégorie française du mariage[4]. Au-delà de leurs divergences qui sautent aux yeux, les institutions française et étrangère reposeraient sur un dénominateur commun : consacrer socialement une union à vocation durable entre personnes de sexes opposés produisant des effets juridiques entre elles et à l'égard des enfants communs.

412.264 Limite au principe. Mais l'expérience révèle l'existence d'institutions étrangères qu'il est délicat de réduire à un concept du *for*.

Tel est le cas de la ***kafala*, forme de recueil légal, prévue par le droit musulman.** Elle ne peut pas être assimilée à une adoption, même simple, du droit français, dès lors qu'elle ne comporte pas le noyau du concept français, à savoir la création d'un lien de filiation[5]. *A minima*, la *kafala* peut être absorbée[6] dans les catégories françaises « *tutelle* » ou « *délégation d'autorité parentale* », mais ces qualifications ne sont pas respectueuses des effets qui lui sont attachés par la loi étrangère (v. s[s] n° 224.32).

De même, le *trust* anglo-saxon a longtemps été irréductible à une seule catégorie française parce qu'il peut être constitué tantôt à titre de sûreté, tantôt afin d'assurer la protection d'un incapable et/ou d'organiser une succession.

412.265 Fausse neutralité de l'opération. En réduisant l'exigence d'un mariage religieux à une simple question de forme, l'arrêt *Caraslanis* a superbement ignoré les conceptions du droit grec mais aussi les convictions de ceux pour lesquels la célébration religieuse ne constitue pas seulement un rite du mariage mais un élément indispensable à une véritable union. Ce faisant, les juges ont donné acte du choix français d'une société laïque dans laquelle le sentiment religieux est confiné dans une sphère extra-juridique : rien n'oblige ni n'interdit de doubler le mariage civil d'une cérémonie religieuse dépourvue d'effets juridiques. Choisir la qualification *lege causae*, en pareille hypothèse, aurait constitué une concession sans lendemain à la loi étrangère dès lors que la nullité du mariage prescrite par le droit grec aurait été écartée au nom de l'ordre public. Ces observations révèlent que l'opération de qualification n'est pas neutre.

412.266 Mariages homosexuels. L'accueil des institutions étrangères conduit parfois à interroger l'ordre juridique français sur le sens et les limites de ses catégories. Tel est le cas avec la question de la réception des mariages homosexuels qui peuvent aujourd'hui être célébrés dans un certain nombre de pays dont certains sont limitrophes à la France.

1. Civ. 22 juin 1955, Caraslanis, préc. s[s] n° 412.261.
2. Sur l'hypothèse, relevée en doctrine, d'un conflit entre les catégories internes, v. MAYER et HEUZÉ, n°s 163 s. – D. Gutmann, *Droit international privé*, 3e éd., Dalloz, 2002, n° 64.
3. BATIFFOL et LAGARDE, t. I, n° 297 *in fine*.
4. Civ. 28 janv. 1958 et Civ. 19 févr. 1963, Chemouni, *GADIP*, n°s 30-31.
5. En ce sens, v. Civ. 1re, 10 oct. 2006, n° 06-15.264, n° 06-15.265, 2 esp., *Bull. civ.* I, n°s 431 et 432; *Defrénois* 2007, p. 135, note Revillard; p. 307, note Massip; *AJ. fam.* 2006, 33, note Boiché; *D.* 2007, 816, note Fulchiron; *RJPF* 2007-1, p. 35, note Le Boursicot; *Dr. fam.* 2007, comm. 96, note Farge; *JCP* 2007, II, 10072, note Farge; *RDSS* 2006, 1098, obs. Neirinck.
6. A. Gouttenoire et M. Lamarche, « La recherche d'équivalent : l'autorité parentale », *Dr. fam.* 2009, n° 1, dossier *Kafala*, spéc[t] n° 9.

Accepter qu'ils puissent être intégrés à la catégorie française conduirait à concevoir le mariage, pour le jeu des règles de conflit françaises, comme une union institutionnelle à vocation durable entre personnes de sexes différents ou de même sexe pourvue d'effets juridiques entre elles (mais sans conséquences en matière de filiation ?) Si deux réponses ministérielles ont franchi le gué en faisant accéder, implicitement mais nécessairement, l'institution étrangère à la catégorie française du **mariage**[1], on conviendra que cette extension du concept français de mariage, même limitée à la mise en œuvre de la règle de conflit, est délicate à réaliser par le juge devant lequel la question ne manquera pas pourtant de se poser. Un auteur[2] propose d'accueillir néanmoins l'union étrangère en la requalifiant en **partenariat enregistré**, lequel, selon l'article 515-7-1 du Code civil, est soumis à la loi de l'État de l'autorité qui a procédé à son enregistrement. Le mariage de deux hommes hollandais, célébré en Belgique, produirait alors les effets attachés au partenariat enregistré du droit belge. Conçue par la loi nationale des intéressés et celle de l'État du lieu de célébration comme un mariage, l'union serait disqualifiée dans l'ordre juridique français; la proposition confirme bien l'absence de neutralité du processus.

412.267 Exceptions au principe. Dans l'ordre du statut personnel, le principe de la qualification *lege fori* est parfois contrarié par l'internationalisation des sources du droit international privé. À cet égard, la qualification « *obligation alimentaire* » est conçue de façon simple et réaliste pour l'interprétation des normes supranationales alors qu'elle est propice à des discussions sans fin en droit interne à propos de la contribution aux charges du mariage et de la prestation compensatoire. En matière de **conflit de juridictions**, la CJCE considère que la notion d'obligation alimentaire doit être comprise largement : elle s'étend à la prestation compensatoire, même acquittée sous forme de capital, et à la contribution aux charges du mariage, dès lors que la somme versée a pour objet l'entretien du demandeur[3]. Pour le **conflit de lois**, la même approche globale est de mise pour la convention de La Haye, du 2 octobre 1973, sur la loi applicable aux obligations alimentaires[4].

412.268 Déclin en cours du principe. L'expansion du droit international privé de l'Union européenne risque de réduire le domaine du principe de qualification *lege fori* comme une peau de chagrin. Sans doute, les notions utilisées par les règlements européens (obligations alimentaires, résidence habituelle mais aussi mariage...) peuvent être laissées à l'interprétation de chaque État membre. Il y a alors renvoi au droit interne ou au droit international privé des États. Mais, plus fréquemment, le droit de l'Union propose des définitions propres qui permettent d'assurer une harmonisation de l'interprétation des textes (v. par ex. la liste de définitions du règl. [CE] n° 2201/2003, 27 nov. 2003, dit Bruxelles II *bis*). Il adopte ainsi la **technique des qualifications** ou **notions autonomes**[5]. Le partage entre ces deux procédés de qualification n'est pas toujours facile à réaliser en l'absence de précision dans les textes et de jurisprudence de la CJUE. Ainsi la notion de résidence habituelle – dont on sait qu'il s'agit, avec l'autonomie de la volonté, du rattachement privilégié par les règlements – fait-elle l'objet ou non d'une qualification autonome ? En d'autres termes, existe-il une définition européenne de la **résidence habituelle** et, dans l'affirmative, quel est son champ d'application ? Confrontée à de telles questions pour la détermination du juge compétent en matière conjugale, la Cour de cassation a, pour beaucoup d'auteurs[6], commis un excès de zèle. Considérant qu'il s'agissait d'une notion autonome de droit communautaire, la Haute juridiction française a estimé que la résidence habituelle « *se définit comme le lieu où l'intéressé a fixé, avec la volonté de lui conférer un caractère stable, le centre permanent ou habituel de ses intérêts* »[7]. L'arrêt doit être pris avec réserves car il n'appartient pas à la Cour de cassa-

1. Rép. min. Justice n° 41533, *JOAN* Q, 26 juill. 2005, p. 7437; *Dr. fam.* 2005, n° 255, note Fongaro – M. Mignot, « Effets en France d'un mariage homosexuel célébré dans un pays de l'Union européenne », *JCP* 2005, act. 652 – Rép. min. Justice n° 20257, *JO Sénat* Q, 9 mars 2006, p. 722.
2. H. Fulchiron, « Le droit français et les mariages homosexuels étrangers », *D.* 2006, 1253.
3. CJCE 6 mars 1980, De Clavel, *JDI* 1980, p. 442, obs. Huet; *Rev. crit. DIP* 1980, 614, note Droz – CJCE 27 févr. 1997, Van den Boogaard, *JDI* 1998, p. 568, obs. Huet.
4. Pour son application à la contribution aux charges du mariage, v. Civ. 1re, 6 nov. 1990, n° 88-15.496, *Bull. civ.* I, n° 232; *Rev. crit. DIP* 1991, 348, note Simon-Depitre – Civ. 1re, 9 juill. 2003, n° 01-11.097, NPT; *JDI* 2004, p. 182, obs. Monéger – Pour son application à la prestation compensatoire (conv. La Haye, 2 oct. 1973, art. 8) : Civ. 1re, 16 juill. 1992, n° 91-11.262, *Bull. civ.* I, n° 299; *Rev. crit. DIP* 1993, 269, note Courbe; *JCP* 1993, II, 22138, note Déprez.
5. C. Nourissat, « La notion de « notion » dans le Règlement Bruxelles II *bis* », *Dr. et patr.* juin 2005, p. 48 s.
6. V. NOT., E. Gallant, « L'impact et l'application du règlement Bruxelles II *bis* en France », *Brussels II bis : Its Impact and Application in the Member States*, K. Boele-Woelki et C. Gonzalez Beilfuss (dir.), Intersentia, 2007, p. 103, spéct p. 111-116.
7. Civ. 1re, 14 déc. 2005, n° 05-10.951, *Bull. civ.* I, n° 506; *Dr. fam.* 2006, chron. 17, M. Farge; *RJPF* 2006/4, p. 14, note Meyzeaud-Garaud; *RLDC* 2006, n° 1042, note Marraud des Grottes; *RLDC* 2006, n° 2193, note Pomart; *D.* 2006, pan. 1503, obs. Courbe et Jault-Seseke; *Gaz. Pal.* 24-25 févr. 2006, p. 8, obs. Guez; *AJ fam.* 2006, 161, note David.

tion, non seulement de dire si la résidence habituelle au sens de Bruxelles II *bis* est ou non une notion autonome du droit communautaire mais, en outre, de décider de lui transposer une définition communautaire retenue par la CJCE dans un tout autre contexte. Pareilles décisions reviennent à la seule CJCE. Il faut, toutefois, observer que la solution de la Cour de cassation a été reprise par certaines juridictions étrangères : par la Cour d'appel de Luxembourg dans une décision du 6 juin 2007[1] et par la High Court of England and Wales dans une décision *Marinos* rendue le 3 septembre 2007[2]. Reste à se demander si le concept qui s'est ainsi diffusé est celui qui aurait été retenu par la CJCE, elle-même, si elle avait été saisie ? Un arrêt ambigu de la CJCE du 2 avril 2009[3] incite à en douter. S'agissant de déterminer la résidence habituelle de l'enfant au sens de l'article 8, § 1, du règlement (CE) nº 2201/2003, dit Bruxelles II *bis*, la CJCE affirme qu'il convient, en l'absence de renvoi exprès au droit des États membres, d'en rechercher une interprétation autonome (pt. 35). Mais faisant immédiatement marche arrière, elle concède qu'il s'agit d'une notion fonctionnelle de sorte que la définition « *retenue dans d'autres domaines du droit de l'Union européenne* [...] *ne saurait être directement transposée dans le cadre de l'appréciation de la résidence habituelle de l'enfant* ». Et surtout, elle préconise une **approche casuelle** laissant aux juridictions des États membres le soin de l'établir sur le fondement d'un ensemble de circonstances propres à chaque cas d'espèce (pt. 37).

Illustrés à propos d'un rattachement, de tels errements pourraient semblablement se produire pour les catégories des futurs règlements comportant des règles de conflit de lois. Pour les éviter, il est opportun que les juridictions nationales n'hésitent pas à saisir la CJUE.

412.269 Qualification et méthode de la reconnaissance. Dans cette méthode (sur laquelle, v. s[s] nº 412.61) la phase de qualification exposée ici serait emportée avec l'ensemble de la méthode bilatérale. Le souci de respecter les prévisions des individus et la faveur pour la réception des droits et statuts créés à l'étranger, conduiraient volontiers à reconnaître l'institution étrangère telle qu'elle est configurée par la *lex causae*. Concrètement, le mariage homosexuel contracté dans un pays qui l'autorise ne pourrait être accueilli que comme un mariage dans l'État de réception. La protection des conceptions du *for* ne pourrait plus s'exprimer en amont au stade de la qualification. À supposer que la situation ne relève pas de la fraude à la loi, cette protection prendrait alors la forme de l'exception d'ordre public.

1. Disponible, avec des observations de P. Kinsch, sur le site Internet de la Société de législation comparée : http://www.slc-dip.com
2. Disponible sur le site internet du British and Irish Legal Information Institute : http://www.bailii.org/cgi-bin/markup.cgi?doc=/ew/cases/EWHC/Fam/2007/2047.html&query=marinos&method=boolean
3. CJCE 2 avr. 2009, aff. C-523/07, Série A; *AJ fam.* 2009, 294, obs. Boiché; *JCP* 2009, 316, note Boulanger; *Europe* 2009, comm. 265, note Idot.

§ 3
Changement de la règle de conflit

412.281 Description. La qualification permettant de dégager la règle de conflit applicable, une difficulté peut se poser lorsqu'une nouvelle règle de conflit a été adoptée entre la naissance de la situation et l'intervention du juge. La figure s'analyse comme un **conflit transitoire de droit interne** avec cette particularité que les normes en présence sont des règles de conflit. Naguère la difficulté se posait rarement dès lors que les règles de conflit de lois étaient essentiellement jurisprudentielles. En cas de revirement, la nouvelle règle de conflit s'appliquait sans égard pour la date de naissance de la situation, en raison du caractère rétroactif ou déclaratif de la jurisprudence. Avec l'entrée en vigueur des conventions de La Haye, les questions de droit transitoire sont apparues sans susciter de grandes difficultés dès lors que les rédacteurs prenaient soin de les régler par des dispositions expresses. Ainsi en matière d'obligations alimentaires, la convention de La Haye du 2 octobre 1973 « *ne s'applique pas aux aliments réclamés dans un État contractant pour la période antérieure à son entrée en vigueur* » (conv. La Haye, 2 oct. 1973, art. 12).

412.282 Solution incertaine. Les nouvelles règles de conflit posées à l'occasion des réformes internes en matière de **filiation** (1972) et de **divorce** (1975) ont donné à la difficulté une plus grande ampleur. Pour la résoudre, la doctrine propose d'appliquer par analogie les **principes du droit transitoire interne** dès lors qu'il n'y a pas de grande différence entre la question de l'application dans le temps d'une nouvelle loi interne de fond et celle d'une nouvelle règle de conflit.

Une hésitation demeure : faut-il se référer aux **principes généraux du droit transitoire** exprimés par l'article 2 du Code civil ou appliquer les règles spéciales de droit transitoire énoncées dans les réformes internes à l'occasion desquelles la nouvelle règle de conflit a été adoptée ? À propos de l'article 310, désormais 309, du Code civil, la Cour de cassation s'est clairement prononcée en faveur de la première analyse. Pour elle, l'article 24 de la loi du 11 juillet 1975 « *pose seulement les règles tran-*

sitoires spéciales de la loi interne et ne régit pas la règle de conflit de lois laquelle demeure déterminée par les principes généraux du droit transitoire qui commandent l'application immédiate de la règle de conflit »[1]. La pérennité de cette solution est sujette à caution. Un arrêt postérieur[2] a défini le domaine d'application dans le temps de l'article 311-14 du Code civil, relatif à la filiation, en prenant appui sur l'article 12 alinéa 1er de la loi du 3 janvier 1972 et non sur les principes généraux du droit transitoire. Pour minimiser la portée de cet arrêt *Imhoss*, il peut être observé que cet article 12 alinéa 1er n'est qu'une application particulière des principes généraux du droit transitoire.

§ 4
Changement de concrétisation de l'élément de rattachement

412.290 Description. Une fois déterminée la règle de conflit applicable, il faut se référer au rattachement qu'elle propose (par ex. la loi nationale commune des époux pour les effets du mariage). Mais, dans une situation juridique donnée, la concrétisation du facteur de rattachement a pu évoluer. Si, après leur mariage, les époux ont changé de nationalité, faut-il appliquer aux effets de leur union la loi de leur ancienne ou de leur nouvelle nationalité commune ? Il convient donc de choisir le **moment auquel on apprécie l'élément de rattachement.** Depuis Bartin, la difficulté est appelée « conflit mobile » (A). Parfois ce changement de rattachement résulte de la seule ingéniosité des parties désirant se placer sous l'empire d'une loi leur permettant d'atteindre un avantage interdit par la loi désignée par l'ancienne concrétisation du critère de rattachement; il y a alors fraude à la loi (B).

A.
Conflit mobile

412.291 Fréquence de la difficulté. Qu'il s'agisse de la résidence habituelle, du domicile et, à un degré moindre, de la nationalité, différents facteurs de rattachement retenus en matière de statut personnel peuvent donner lieu au conflit mobile. Le développement des règles de conflit retenant la volonté comme rattachement diminuera à l'avenir les conflits mobiles au sens strict, mais il lui substituera une autre figure, déjà présente en matière de régimes matrimoniaux (la mutabilité volontaire de la loi applicable, v. ss nos 412.111 s.).

Parfois, le conflit mobile est résolu par le législateur, comme dans l'article 311-14 du Code civil qui précise que la **filiation** est régie par la **loi personnelle de la mère au jour de la naissance de l'enfant.** À défaut, il appartient à la jurisprudence de découvrir un principe de solution. La difficulté de concilier tous les intérêts en présence a favorisé les suggestions doctrinales.

412.292 Théorie des droits acquis. Au nom du respect des droits acquis ou de la stabilité des institutions dans les relations internationales, les anciens auteurs excluaient non seulement tout effet rétroactif de la loi du pays désigné par le nouveau domicile ou la nouvelle nationalité, mais refusaient également toute emprise immédiate de cette même loi sur les effets futurs d'une situation acquise sous l'empire de la loi ancienne. La thèse présentait l'inconvénient de figer le statut des personnes en le soumettant à un ordre juridique qui peut avoir perdu toute pertinence à s'appliquer.

412.293 Transposition des principes internes de droit transitoire. Par la suite, il a été proposé de rechercher la solution du conflit mobile dans la transposition au plan international des principes du droit transitoire interne[3]. Il y a là une application du raisonnement analogique : comme dans les conflits de lois dans le temps, il faudrait choisir entre les deux lois qui se sont trouvées successivement applicables à la situation juridique considérée. Pour les départager, il faudrait donc se référer aux directives proposées par Roubier pour l'interprétation de l'article 2 du Code civil : les conditions et les effets passés de la situation juridique obéiraient à la loi désignée par l'ancien rattachement, les effets futurs à la loi désignée par le nouveau rattachement.

412.294 Suggestions modernes. Aujourd'hui beaucoup d'auteurs réfutent l'analogie ci-dessus présentée au motif que les deux lois à départager ne sont pas une loi « ancienne » et une loi « nouvelle », elles demeurent toutes les deux en vigueur dans leurs ordres juridiques respectifs. Aucune n'étant abrogée, il n'y aucune raison de défendre un principe d'application immédiate de la loi désignée par le nouveau facteur de rattachement[4]. Aussi bien, les mêmes auteurs, réfutant tout dogmatisme, soutiennent qu'il faudrait rechercher dans l'interprétation de chaque règle de conflit la solution à la

1. Civ. 1re, 13 janv. 1982, Ortiz-Estacio, *GADIP* 2006, no 62 ; *Rev. crit. DIP* 1982, 551, note Batiffol.
2. Civ. 1re, 11 juin 1996, no 94-12.926, no 94-12.927, no 94-12.928, no 94-12.929, Imhoss, *Bull. civ.* I, no 244 ; *Rev. crit. DIP* 1997, 291, note Lequette.
3. Batiffol et Lagarde, t. I, no 320 – Loussouarn, Bourrel et De Vareilles-Sommières, no 228.
4. V. D. Gutmann, *Droit international privé*, 3e éd., Dalloz, 2002, no 84 – Mayer et Heuzé, nos 250 s.

difficulté posée par l'évolution du point de rattachement. La démarche laisse planer sur la résolution du conflit mobile des incertitudes d'autant plus nombreuses que le statut personnel est aujourd'hui pulvérisé en plusieurs règles de conflit distinctes. En outre, la recherche de la solution la plus adaptée à chacune est malaisée. Pour reprendre l'exemple proposé (v. s[s] n° 412.290), le choix de la loi nationale commune pour apprécier les effets du mariage peut être défendu au nom de la stabilité de ce critère qui permet *a priori* d'assurer la souhaitable permanence du traitement juridique du statut familial. Une telle considération militerait pour le maintien de la loi nationale commune au jour de la célébration. Mais le changement de nationalité des époux manifeste clairement l'intégration du couple dans une nouvelle communauté : ne faut-il en tirer les conséquences en appliquant immédiatement la loi de leur nouvelle nationalité ?

412.295 Jurisprudences. La Cour de cassation ne s'est jamais liée en adoptant clairement l'une ou l'autre des thèses suggérées. Un arrêt rendu dans l'une des affaires *Patino*, jugée le 15 mai 1963, semble répondre au souci d'assurer la cohérence des systèmes législatifs [1]. Une Espagnole, alors mineure, avait signé son contrat de mariage. Devenue bolivienne à la suite de son mariage célébré en 1931, elle avait introduit, en 1955, une action en nullité du contrat de mariage fondée sur son incapacité. Fallait-il soumettre son action à la prescription trentenaire du droit espagnol ou à la prescription décennale du droit bolivien ? En droit transitoire interne, la loi nouvelle est appliquée immédiatement aux prescriptions non encore acquises; la thèse de la transposition aurait donc conduit à déclarer l'action prescrite. Elle est écartée. Pour la Cour de cassation, « *la prescription forme avec l'incapacité et sa sanction un ensemble indissociable soumis à une unique loi* » [2]. D'autres arrêts pourraient être justifiés par la transposition des principes du droit transitoire interne ou par l'interprétation de la règle de conflit, ces deux thèses ne paraissant pas susceptibles de produire des résultats fondamentalement différents.

Un bel exemple de conflit mobile est donné par l'affaire *Chemouni* [3]. Un homme de nationalité tunisienne avait épousé, en Tunisie, une Française en 1940, puis une Tunisienne en 1945. Ensuite, il vint s'installer en France avec ses deux femmes et les enfants qu'il avait eus de chacune d'elles (un tel regroupement familial polygamique serait aujourd'hui impossible). En 1950, il abandonne sa seconde femme et les enfants qu'elle lui avait donnés et, en août 1956, il acquiert de façon assez mystérieuse la nationalité française. Il fut poursuivi en contribution aux charges du mariage par sa seconde épouse au cours d'une procédure qui donna lieu à deux arrêts de la Cour de cassation. À l'occasion du second pourvoi, il soutenait que la validité de son second mariage devait être appréciée en considération de son acquisition de la nationalité française et, surtout, que les effets alimentaires de ce second mariage, unissant désormais un Français et une Tunisienne, était soumis à la loi française (loi du domicile commun, laquelle n'admettait pas le versement par un mari polygame d'une pension alimentaire à sa seconde épouse). Pour la Cour de cassation, le contentieux de la validité du mariage devait être intégralement soumis au droit tunisien sans que puisse être prise en considération la naturalisation postérieure de Chemouni. S'agissant du contentieux de la contribution aux charges du mariage, l'application immédiate de la loi désignée par le nouveau facteur de rattachement est retenue : la contribution est due « *tant au regard de la loi commune des époux avant août 1956, que de la loi française régissant depuis cette date les effets du mariage d'époux de nationalité différente domiciliés tous deux en France* ». C'est dire que la loi française ignorant la polygamie, applicable, depuis la naturalisation, aux effets du second mariage, devra être adaptée pour produire des effets équivalents à ceux de la loi étrangère antérieurement compétente.

B.
Fraude à la loi

412.301 De la Princesse de Beauffremont au tourisme procréatif. L'application de la règle de conflit est tenue en échec lorsqu'elle est utilisée de manière frauduleuse. À cette figure est attaché le célèbre arrêt *Princesse de Beauffremont* [4] : il est le reflet d'une époque où le droit international privé était le droit des princes et des princesses ou des milliardaires sud-américains. Française par son mariage, la Princesse souffrait de la prohibition du divorce alors posée par la législation française désignée par la règle française de conflit. Seulement séparée de corps avec le Prince de Beauffremont, elle avait fixé son domicile dans le Duché de Saxe-Altenbourg dont elle avait ensuite obtenu la nationalité. Par la grâce de sa nouvelle loi nationale, elle retrouvait sa liberté matrimoniale puisque dans cet

1. Civ. 15 mai 1963, Patino, 2 arrêts, *GADIP*, n°s 38-39.
2. Civ. 15 mai 1963, *JDI* 1963, p. 996, note Malaurie; *JCP* 1963, II, 13366, note Motulsky; *Rev. crit. DIP* 1964, 506, note Lagarde; *GADIP*, n° 39.
3. Civ. 28 janv. 1958 et 19 févr. 1963, Chemouni, *GADIP*, n°s 30-31.
4. Civ. 18 mars 1878, Princesse de Beauffremont, *GADIP*, n° 6.

État allemand les catholiques séparés de corps étaient considérés comme divorcés. La princesse avait alors pu convoler avec un nouveau prince, un sujet roumain nommé Bibesco, conformément à l'objectif qui l'avait conduite à s'installer en Allemagne. À la requête du Prince de Beauffremont, les tribunaux français virent dans cette opération une fraude à la loi française et déclarèrent inopposable en France le divorce et le remariage de la princesse. La postérité de l'arrêt tient certainement à ce qu'il illustre clairement la manipulation de l'élément de rattachement caractéristique de la fraude en droit international privé. Aujourd'hui, le terme de fraude est volontiers associé à divers comportements qui tendent également à contourner certaines règles du droit français mais qui s'éloignent, quant au stratagème utilisé, du processus illustré par l'arrêt *Beauffremont*. Tel est le cas des mariages qualifiés de frauduleux car destinés exclusivement à faciliter l'accès à la nationalité française ou à un titre de séjour. Il n'y alors pas de véritable modification de l'élément de rattachement mais plutôt un détournement de la finalité de l'institution; pour assurer le crédit du mariage, ce détournement doit être sanctionné par l'annulation et non par la seule inopposabilité de ses effets, sanction traditionnellement attachée à la fraude.

Le phénomène du tourisme procréatif, entendu comme un déplacement à l'étranger afin d'accéder à des pratiques (maternité de substitution, insémination artificielle d'une célibataire ou d'une partenaire d'un couple homosexuel) interdites sur le territoire français, évoque incontestablement la fraude. Fréquemment, les tribunaux français, confrontés à ce phénomène, ne mettent pas en œuvre le raisonnement conflictuel en ne relevant pas l'existence d'un élément d'extranéité; ils font seulement référence à l'**ordre public interne** afin de **refuser de consacrer juridiquement la situation constituée à l'étranger**. Quand la dimension internationale de l'affaire est avérée, c'est encore l'ordre public, mais au sens du droit international privé, qui est mobilisé pour faire échec à la reconnaissance du lien familial constitué à l'étranger (v. s^{s} n° 431.09).

412.302 Éléments de la fraude à la loi. Pour la jurisprudence, il y a fraude à la loi lorsque « *les parties ont volontairement modifié un rapport de droit dans le seul but de le soustraire à la loi normalement compétente.* »[1] Il faut en déduire que la fraude suppose la réunion de trois éléments.

412.303 1° Élément matériel. Il se présente comme le **détournement de l'élément de rattachement.** Il s'agit de créer artificiellement un faux conflit mobile. En matière de statut personnel, la fraude consistera à changer de nationalité, de domicile ou de résidence habituelle pour échapper à une prohibition posée par la loi désignée par l'un de ces facteurs de rattachement. Mais la fraude peut aussi prendre des formes plus subtiles comme le révèle le droit des successions internationales. Il distingue les successions mobilières, soumises à la loi du dernier domicile du défunt, et les successions immobilières qui relèvent de la compétence de la *lex rei sitae.*

Ainsi un père de famille a-t-il ameubli (en parts de société civile) un immeuble dans le but de le soumettre à la loi du dernier domicile. La fraude résultait donc d'une action sur la qualification. La démarche n'a pu produire l'effet escompté dès lors qu'elle était exclusivement destinée à faire échec à la réserve héréditaire prévue par la loi française du lieu de situation de l'immeuble[2].

412.304 2° Élément légal. Il est formé par la règle impérative à laquelle le fraudeur essaie d'échapper : prohibition du divorce, réserve héréditaire, *etc.* Il est désormais acquis que la jurisprudence ne sanctionne pas seulement la **fraude à la loi française.** La **fraude à la loi étrangère** doit aussi être combattue dès lors qu'elle est en soi répréhensible et qu'elle s'analyse comme un contournement de la règle française qui avait donné compétence à la loi étrangère[3].

412.305 3° Élément intentionnel. Cet élément est caractérisé lorsque l'intéressé avait pour seul but de se soustraire à la loi normalement compétente. Sa constatation oblige normalement le juge à se livrer à une recherche d'intention. Pour démontrer l'intention frauduleuse, il est possible de prendre en considération des éléments postérieurs à la modification du rapport de droit qui révèlent que l'intéressé n'accepte pas les autres effets attachés à cette modification.

412.306 Sanction de la fraude à la loi. Classiquement la fraude a pour sanction sa propre inefficacité. Ce raisonnement a été mis en œuvre dans l'affaire *Caron*[4] où la sanction a résidé dans l'application de la loi française éludée et dans l'attribution à chaque enfant de sa part réservataire dans l'immeuble. Mais cette approche, en termes d'inopposabilité, est parfois malaisée à mettre en œuvre. L'arrêt *Princesse de Beauffremont* est révélateur. Il approuve les juges du fond pour avoir décidé que l'acquisition de la nationalité étrangère et, appa-

1. Civ. 1re, 17 mai 1983, Sté Lafarge, *Rev. crit. DIP* 1985, 346, note Ancel.

2. CA Aix-en-Provence, 9 mars 1982, *Rev. crit. DIP* 1983, 282, note Droz, maintenu par Civ. 1re, 20 mars 1985, Caron, *Rev. crit. DIP* 1986, 66, note Lequette.
3. CA Paris, 19 sept. 1995, *Rev. crit. DIP* 1996, 112, note Muir-Watt, rendu en matière d'adoption.
4. Civ. 1re, 20 mars 1985, Caron, préc. s^{s} n° 412.303.

remment, le remariage, n'étaient pas opposables au Prince de Beauffremont.

S'agissant du remariage, objectif de la fraude, l'inopposabilité au premier mari est une sanction insuffisante. Seule l'annulation du second mariage, sur le fondement de l'article 147 du Code civil, est de nature à sauvegarder l'autorité de la loi française bafouée. Se suffire d'une inopposabilité à effet relatif conduit à tenir le mari, à l'égard des tiers, comme un co-époux, c'est-à-dire à tolérer une union polyandrique.

S'agissant du changement de nationalité, instrument de la fraude, la nature de la sanction est opportune car le juge français n'a pas le pouvoir d'annuler une naturalisation émanant d'une autorité publique étrangère. En revanche, la portée de l'inopposabilité semble trop sévèrement formulée : la princesse ne peut pas demeurer française seulement dans ses rapports avec son premier mari et, pour le reste, être considérée comme allemande. L'impératif de la loi française éludée – l'indissolubilité du lien conjugal – n'exige pas d'emprisonner l'intéressée dans une nationalité étrangère acquise en pure opportunité.

SECTION 4
MISE EN ŒUVRE DE LA LOI ÉTRANGÈRE

412.310 Nouvelles difficultés. La mise en œuvre de la **règle de conflit**, avec les différentes étapes précédemment décrites, est, comme on l'a déjà souligné, **obligatoire en droit de la famille**. L'effort pourra rétrospectivement être perçu comme une excessive dépense d'énergie lorsqu'il conduit à la désignation de la loi française. Il peut également donner lieu à la mise en œuvre d'une loi étrangère. Plusieurs difficultés pourront alors se succéder.

§ 1
Prise en considération de la règle de conflit étrangère

A.
Renvoi

1°
Admission du renvoi

412.311 Épouvantail. Cauchemar des étudiants, épouvantail du droit international privé, la question du renvoi peut être simplement posée : lorsque la **règle française de conflit de lois** donne **compétence à un droit étranger**, faut-il considérer qu'elle désigne uniquement les **règles de fond étrangères** (exclusion du renvoi) ou **l'ensemble du système étranger** et, prioritairement, **les règles de conflit de lois étrangères** (admission du principe du renvoi) ?

Si l'on accepte de consulter les règles de conflit étrangères, deux situations apparaissent.

– Ou bien les rattachements retenus par les systèmes français et étrangers de droit international privé convergent de sorte que le droit étranger accepte l'offre de compétence qui lui est faite : le juge français appliquera alors la règle de fond étrangère.

– Ou bien il y a conflit négatif de rattachements, c'est-à-dire que la règle de conflit étrangère refuse l'offre qui lui est faite; elle désigne une autre loi, soit la loi française (renvoi à la loi du *for* ou au premier degré), soit celle d'un troisième système juridique (renvoi à une loi tierce ou au second degré).

412.312 Admission jurisprudentielle du renvoi. Ainsi présenté le renvoi apparaît comme un incontestable **facteur de complication**. Pourtant la jurisprudence française a admis le renvoi à la loi du *for* dans la célèbre affaire *Forgo*[1]. Selon cet arrêt, une succession mobilière est régie par la loi française lorsque les dispositions du droit international privé de la loi étrangère désignée par la règle de conflit de lois française déclinent l'offre de compétence qui lui est faite et renvoie au droit interne français. L'admission du renvoi à la loi du *for* n'est pas dénuée de considérations d'opportunité comme le révèle la fin de la justification proposée par l'arrêt *Soulié*[2] : « *La loi française de droit international privé ne souffre d'aucune manière du renvoi qui est fait à la loi interne française par la loi de droit international privé étranger; il n'y a qu'avantage à ce que tout conflit se trouve ainsi supprimé et à ce que la loi française régisse d'après ses propres vues des intérêts qui naissent sur son territoire.* » Mais la jurisprudence française a aussi admis la possibilité du renvoi à une loi tierce[3].

2°
Domaine du renvoi

412.321 Principe ou exception ? Dans la **conception ancienne** développée par Batiffol, le renvoi est un moyen de coordonner les règles de conflit

1. Civ. 24 juin 1978 et Req. 22 févr. 1882, Forgo, *GADIP*, n°s 7-8.
2. Req. 9 mars 1910, Soulié, *DP* 1912, 1, 262, rapp. Denis.
3. Civ. 1re, 7 mars 1938, De Marchi, *GADIP*, n° 16 – Civ. 1re, 21 mars 2000, n° 98-15.650, Ballestrero, *Bull. civ.* I, n° 96; *Rev. crit. DIP* 2000, 399, note Ancel; *D.* 2000, 539, note Boulanger; *JCP* 2000, II, 10443, note Vignal; *Defrénois* 2000, p. 1157; *JDI* 2001, p. 505, note Revillard; *Dr. fam.* 2000, comm. 70, note Fongaro – Pour une application du renvoi au second degré afin de valider un mariage confessionnel : Civ. 1re, 15 juin 1982, Zagha, *Rev. crit. DIP* 1983, 300, note Bischoff; *JDI* 1983, p. 585, note Lehmann; *D.* 1983, 431, note Agostini.

françaises et étrangères afin de favoriser l'harmonie internationale des solutions. Il cherche à compenser les divergences de désignations entre les différents systèmes de droit international privé; admettant que les mérites de l'un ou de l'autre rattachement sont relatifs (v. l'hésitation entre nationalité et domicile, s^s n°s 412.142 et 412.172), il essaie au stade de la mise en œuvre de la règle de conflit d'effacer les divergences. Ainsi conçu, il doit être la solution de principe et n'être écarté que dans des cas relativement exceptionnels, justifiés par le particularisme d'une question.

Le renvoi est susceptible de jouer dans tous les domaines du conflit de lois, à l'exception des contrats et, par extension, des régimes matrimoniaux. Dans ces matières, lorsque les parties ont choisi un système juridique, elles ont nécessairement eu en vue ses dispositions substantielles et non ses règles de conflit qui pourraient désigner une autre loi par l'effet du renvoi.

Pour le statut personnel, le renvoi fondé ne contredit pas les prévisions des parties de sorte qu'il a été, naguère, admis en matière de divorce[1] ou de filiation naturelle[2].

Dans la **conception moderne**, le renvoi n'intervient que de manière très exceptionnelle. Il n'est plus un principe général de solution[3]. La doctrine ne cherche plus à justifier de rares domaines dans lesquels il serait exclu. Au contraire, il convient de déterminer les rares hypothèses dans lesquelles il peut opérer[4]. En d'autres termes, une conception sélective ou fonctionnelle du renvoi est défendue. Elle conduit à déterminer au cas par cas, ou plutôt catégorie de rattachement par catégorie de rattachement, si le renvoi permet d'aboutir à un résultat souhaitable. Le droit positif est conforme à cette évolution.

412.322 Successions internationales : apparition du renvoi sélectif. Comme on l'a déjà souligné (v. s^s n° 412.312), les successions mobilières - soumises en France à la loi du dernier domicile du défunt - ont été le terrain jurisprudentiel d'éclosion du renvoi avec l'affaire *Forgo*[5]. Ensuite, la question s'est logiquement posée de savoir si le renvoi était également de mise en matière de successions immobilières. Conformément au système scissionniste français, les immeubles ne sont pas soumis au même rattachement que les meubles : ils relèvent de la loi du lieu de leur situation. Cette question de l'applicabilité du renvoi en matière immobilière n'a été tranchée que récemment avec un arrêt *Ballestrero*[6]. Pour avoir refusé d'intégrer la valeur d'immeubles situés en Italie dans le calcul d'une quotité disponible, un arrêt d'appel est cassé au motif qu'il appartient aux juges du fond « *dans l'usage de la règle française de conflit de lois, d'appliquer au besoin d'office, la loi italienne de conflit ainsi désignée et donc la loi à laquelle celle-ci faisait renvoi, en l'occurrence la loi nationale du défunt, et d'établir, à cette fin la nationalité d'Arnaldo Ballestrero* ». À supposer que ce dernier fût français, le renvoi permettait de vaincre l'un des inconvénients du système scissionniste français : la **quotité disponible pourra être calculée** sur une **masse de biens comprenant les meubles soumis au droit français en raison du dernier domicile du défunt en France** mais aussi les **immeubles du défunt sis en Italie par renvoi de la règle de conflit italienne à la loi du** *for*. Mais cette vertu unificatrice du renvoi n'était pas érigée en condition de sa mise en œuvre. Bien au contraire, la Cour de cassation consacrait le renvoi dans des termes généraux qui étaient conformes à la conception ancienne du mécanisme. En imposant au juge « *dans l'usage de la règle française de conflit de lois, d'appliquer, au besoin d'office* », la règle de conflit étrangère et donc la loi à laquelle celle-ci fait renvoi, la Cour de cassation semblait trancher deux discussions. D'une part, le renvoi aurait un caractère obligatoire pour le juge. Ce dernier serait tenu de le mettre en œuvre en appliquant au besoin d'office la règle de conflit étrangère, peu importe que les droits en cause soient disponibles ou indisponibles. D'autre part, la portée du renvoi serait très large puisqu'il devrait jouer aussi bien au premier degré, c'est-à-dire en faveur de la loi du *for*, qu'au second degré ou énième degré au profit d'une loi tierce.

La jurisprudence postérieure est venue limiter l'impact de l'arrêt *Ballestrero*. Dans une affaire *Wildenstein*[7], les juges du second degré avaient ordonné des opérations de liquidation en donnant mission au notaire commis d'établir un projet de partage tenant compte des immeubles situés en France et à l'étranger. Leur arrêt est censuré au motif « *qu'en statuant ainsi, sans appliquer, au besoin d'office, la règle de conflit de lois donnant compétence en matière de succession immobilière à la loi étrangère du lieu de situation des immeubles et rechercher si cette loi ne*

1. Req. 10 mai 1939, Birchall, *S.* 1942, 1, p. 73, note Niboyet.
2. Civ. 8 déc. 1953, Sommer, *Rev. crit. DIP* 1955, 133, note Motulsky; *JCP* 1954, II, 8080, note Savatier.
3. J. Foyer, « *Requiem* pour le renvoi », *Trav. Com. fr. DIP* 1980-1981, p. 105 s.
4. P. Courbe, « Retour sur le renvoi », *Mél. J. Foyer*, Economica, 2006, p. 241 s. – B. Audit, *Droit international privé*, Economica, n°s 221 s. et réf. citées.
5. Civ. 24 juin 1978 et Req. 22 févr. 1882, Forgo, *GADIP*, n°s 7-8.
6. Civ. 1re, 21 mars 2000, n° 98-15.650, préc. s^s n° 412.312.
7. Civ. 1re, 20 juin 2006, n° 05-14.281, Wildenstein, préc. s^s n° 412.233.

renvoyait pas à la loi du française du dernier domicile du défunt », la cour d'appel avait violé l'article 3 du Code civil. Autrement dit le champ d'application du renvoi est largement réduit; il ne doit être mis en œuvre qu'au premier degré, et uniquement si la loi française est celle du dernier domicile du défunt. Se trouve ainsi consacré un **renvoi sélectif**. Trois ans plus tard, la Cour de cassation lui confèrera une justification abstraite et dénuée de référence à la loi du *for* : « *En matière de succession immobilière, le renvoi opéré par la loi de situation de l'immeuble ne peut être admis que s'il assure l'unité successorale et l'application d'une même loi aux meubles et aux immeubles* »[1]. Clairement en matière de succession immobilière[2], le renvoi est devenu un expédient de sorte qu'il est qualifié de **renvoi « conditionnel »**[3] ou **« opportuniste »**[4]. Ces qualificatifs ne signifient pas qu'il appartient aux juges ou aux notaires de le mettre en œuvre au gré de ce qu'ils pensent être le meilleur intérêt des héritiers ou du règlement de la succession. Le renvoi n'est possible que s'il permet d'atteindre un résultat déterminé, en l'occurrence **l'unité successorale** laquelle pourrait se réaliser au profit d'une loi étrangère (hypothèse marginale du notaire français confronté à un défunt domicilié dans un pays étranger et laissant un immeuble dans un autre pays dont la règle de conflit désigne la loi du domicile : l'immeuble rejoint les meubles sous l'empire de la loi étrangère du domicile).

412.323 Statut personnel : régression du champ d'application du renvoi. Le mécanisme est dans sa conception traditionnelle étroitement lié à la règle de conflit bilatérale dont il est un prolongement destiné à favoriser l'objectif de coordination des systèmes nationaux. Dès lors, l'infléchissement de la méthode bilatérale, déjà signalé, a favorisé, dans les trente dernières années, une forte régression du champ d'application du renvoi.

412.324 Divorce. En matière de divorce, le choix de l'unilatéralisme exclut nécessairement le renvoi puisque la méthode a pour objet exclusif de délimiter le domaine dans l'espace de la loi du *for*. Ne procédant à aucun « envoi », la règle de conflit unilatérale ne peut donner lieu à aucun renvoi. L'affirmation se vérifie lorsque les conditions du 1er ou du 2e tiret de l'article 309 du Code civil sont réunies et que seule la loi française peut être appliquée. Le 3e tiret de ce texte requiert quelques précisions. Il prévoit que si les tribunaux français sont compétents, le droit français du divorce pourra encore être appliqué si aucune loi étrangère ne se reconnaît compétente. Pour savoir si une loi étrangère se veut applicable, il impose donc au juge[5] de prendre en considération les règles de droit international privé de la ou des lois étrangères en rapport avec la désunion (loi nationale de l'un ou de l'autre époux, loi de la dernière nationalité commune, loi du domicile et de la résidence de l'un et de l'autre époux, loi du dernier domicile commun, loi du lieu de célébration du mariage). La problématique du renvoi n'est pas illustrée lorsque les règles de conflit étrangères désignent la loi française, dans ce cas la loi du *for* sera compétente, non par le jeu, d'un renvoi, mais parce qu'aucune loi étrangère ne se reconnaît compétence[6]. La problématique du renvoi apparaît, en revanche, lorsque la règle de conflit étrangère d'un pays A ne désigne ni la loi française, ni la loi de ce pays A mais la loi d'un pays B qui elle-même renvoie à la loi du pays A ou à la loi d'un pays C. Faut-il tenir compte de ce renvoi ? Non encore tranchée par la jurisprudence, la question prête à des discussions doctrinales auxquelles il convient de « renvoyer »[7].

412.325 Partenariats enregistrés. En prescrivant d'appliquer aux conditions, comme aux effets, du partenariat enregistré, « *les dispositions matérielles de l'État qui a procédé à son enregistrement* », l'article 515-7-1 du Code civil exclut le renvoi.

412.326 Filiation. Le renvoi est, aujourd'hui, largement exclu en matière de filiation pour la mise en œuvre des règles de conflits des articles 311-14 et suivants du Code civil.

Érigeant les dispositions françaises relatives à la possession d'état en lois de police, l'article 311-15 du Code civil écarte *ipso facto* la question du renvoi.

1. Civ. 1re, 11 févr. 2009, n° 06-12.140, Riley, *Bull. civ.* I, n° 29; *JDI* 2009, p. 567, note Péroz; *D.* 2009, 1658, note Lardeux; AJ 562, obs. Egéa; *JCP* 2009, II, 10068, note Boulanger; actu 106, obs. Cornut; *Rev. crit. DIP* 2009, 512, note Ancel.
2. Pour une précédente APPLICATION CONTROVERSÉE DU RENVOI FONCTIONNEL en matière de célébration du mariage, v. Civ. 1re, 15 juin 1982, Zagha, *Rev. crit. DIP* 1983, 300, note Bischoff; *JDI* 1983, p. 585, note Lehmann; *D.* 1983, 431, note Agostini.
3. Péroz, note s^s^ Civ. 1re, 11 févr. 2009, Riley, *JDI* 2009, p. 567.
4. Ancel, note s^s^ Civ. 1re, 11 févr. 2009, Riley, *Rev. crit. DIP* 2009, 512.
5. Civ. 1re, 4 juin 2009, n°s 08-11.872 et 08-14.309, 2 esp., préc. s^s^ n° 412.233.
6. Pour une UTILISATION MALADROITE DE L'EXPRESSION « RENVOI » DANS CETTE SITUATION, v. Civ. 1re, 13 oct. 1992, n° 90-19.903, Camara, *Bull. civ.* I, n° 246; *Rev. crit. DIP* 1993, 41, note Lagarde; *JDI* 1993. p. 97, note Lequette; *D.* 1993, 85, note Courbe; *JCP* 1993, II, 22036, note Behar-Touchais.
7. EN FAVEUR DU RENVOI, BATIFFOL et LAGARDE, t. I, n° 443-1 – *CONTRA*, T. Vignal, *Droit international privé*, Éd. A. Colin, 2005, n° 278 – Lequette, mais avec une NUANCE, note s^s^ Civ. 1re, 13 oct. 1992, Camara, n° 90-19.903, *Bull. civ.* I, n° 246; *JDI* 1993, p. 97.

Pour les règles de conflit alternatives des articles 311-16 (abrogé par ord. n° 2005-759, 4 juill. 2005), 311-17 et 311-18, un certain nombre d'auteurs excluent le renvoi en raison de leur nature hybride – mi-matérielle, mi-bilatérale[1]. Leur position peut être illustrée avec l'article 311-17 : « *La reconnaissance volontaire de paternité ou de maternité est valable si elle a été faite en conformité, soit de la loi personnelle de son auteur, soit de la loi personnelle de l'enfant.* » En édictant cette règle, le législateur a voulu favoriser l'établissement volontaire de la filiation hors mariage. À cet effet, il suffit que l'une des lois énumérées par le texte permette de valider la reconnaissance. Si tel est le cas, il serait regrettable d'admettre le renvoi opéré par cette loi vers une autre loi qui, pour sa part, la tiendrait pour nulle. D'autres auteurs adoptent une position plus nuancée en observant que le renvoi pourrait, parfois, au contraire, servir les desseins du législateur. Aussi préconisent-ils un renvoi *in favorem* ou sélectif : le mécanisme doit être admis lorsque la loi à laquelle il est renvoyé permet de valider la reconnaissance[2]. Pour l'heure, la question n'a guère été tranchée par les tribunaux. Dans un jugement du tribunal de grande instance de Paris, le 29 novembre 1994[3], le renvoi a été écarté pour le jeu de l'article 311-17, transformé en rattachement cumulatif (sur cette mutation v. s[s] n°s 431.92). Cette affaire s'était d'ailleurs poursuivie jusqu'à la Cour de cassation, laquelle n'a pas pris position sur l'admissibilité du renvoi; s'il était reproché à la cour d'appel de ne pas l'avoir mis en œuvre, ce moyen a été jugé irrecevable car l'auteur du pourvoi, en le soulevant, contredisait ses écritures d'appel dans lesquelles il avait conclu que la loi française n'acceptait pas, en cette matière, le renvoi[4].Sans doute parce qu'elle pensait trouver là un moyen de faire échec à une loi d'obédience musulmane qui prohibe l'établissement d'une filiation paternelle hors mariage, la cour d'appel de Paris a, en revanche, admis le renvoi opéré par la loi égyptienne du père à la loi française[5].

S'agissant de l'article 311-14, il pose une règle de conflit bilatérale de facture classique. La loi applicable est désignée de manière abstraite sans que l'auteur de la règle ne recherche un résultat substantiel identifié à l'avance comme juste. Dans ces conditions, aucune objection ne s'élève contre le jeu du renvoi. Pourtant, la tendance largement majoritaire en jurisprudence est à l'exclusion de ce facteur de complication pour l'article 311-14 du Code civil. Reproduisant un motif péremptoire, les juges du fond estiment que ce texte contient « *une désignation directe et impérative de la loi applicable* »[6].

412.327 Influences des sources internationales. Les instruments conventionnels dans lesquels les États acceptent de se lier les mains en adoptant des règles de conflit communes sont très généralement hostiles au renvoi. Présenté comme contraire à l'objectif de simplification poursuivi par les négociateurs, le renvoi risquerait, par ailleurs, de limiter les ratifications en rebutant les États qui refusent cette subtilité. Dès lors, le rôle croissant des sources internationales est un autre facteur de rétrécissement du domaine du renvoi qui est exclu dans les différentes matières couvertes par les conventions de La Haye. Pour marquer le rejet du renvoi, ces conventions précisent généralement que la « loi » désignée par elles s'entend comme **le droit en vigueur dans un État, à l'exclusion des règles de conflit de lois**. Une telle précision figure par exemple à l'article 19 de la convention de La Haye du 13 janvier 2000 sur la protection internationale des adultes. L'entrée en vigueur de cette convention, le 1er janvier 2009, a donc conduit à jeter aux oubliettes une des dernières applications du renvoi. Avant cette entrée en vigueur, la protection des majeurs incapables était encore, hors traité bilatéral, soumise à la loi nationale en application de l'article 3 alinéa 3 du Code civil. Pour un majeur étranger résidant en France, la compétence de la loi nationale était incommode. Un arrêt du 21 septembre 2005 avait opportunément corrigé ce rattachement en admettant le renvoi au premier degré[7], opéré par la loi étrangère retenant le critère du domicile ou préconisant la recherche de la loi ayant les liens les plus étroits. S'agissant d'un adulte vulnérable étranger résidant habituellement en France, cet expédient n'aura plus lieu d'intervenir puisque la

1. V. NOT., MAYER et HEUZÉ, n° 226 – Ancel et Lequette, note s[s] Civ. 1re, 1er févr. 1972, Gouthertz, *GADIP*, n° 51.
2. V. P. Bourel et H. Muir-Watt, J.-CL. INTERNAT., « Établissement de la filiation : mise en œuvre de la règle de conflit », « Effet de la filiation », fasc. 548-20 refondu par E. Gallant, n° 88 et réf. citées.
3. TGI Paris, 29 nov. 1994, *Rev. crit. DIP* 1995, 708, 3e esp., note Foyer.
4. Civ. 1re, 6 juill. 1999, n° 97-19.453, *Bull. civ.* I, n° 225; *Dr. fam.* 2000, com. 55, note Fulchiron; *Defrénois* 2000, p. 109, note Massip; *JCP* 2000, II, 10353, note Vignal; *D.* 1999, 483, concl. Sainte-Rose; *D.* 2000, somm. 162, obs. Bottiau.
5. CA Paris, 18 mars 2004, *Dr. fam.* 2005, comm. 45, note Farge.
6. V. CA Paris, 11 mai 1976, Kostia de D., *Rev. crit. DIP* 1977, 109, note Fadlallah; *JDI* 1977, p. 656, note Foyer – CA Lyon, 31 oct. 1979, *JDI* 1981, p. 54, note Foyer; *Rev. crit. DIP* 1980, 558, note Ancel – CA Paris, 20 janv. 1986, *Rev. crit. DIP* 1988, somm. 828 – *CONTRA*, TGI Paris 20 avr. 1982, *JDI* 1983, p. 583, note Deruppé; *Rev. crit. DIP* 1984, 290, note Foyer.
7. V. Civ. 1re, 21 sept. 2005, n° 04-10.217, *Bull. civ.* I, n° 336; *Dr. fam.* 2005, comm. 282, obs. Farge; *AJ fam.* 2005, 450, obs. Grimaldi; *RJPF* 2006-2/13, note Boiché; *Rev. crit. DIP* 2006, 100, note M.-W.; *D.* 2006, 1726, note Morisset.

convention de La Haye est désormais applicable à cette situation; elle donne compétence aux autorités françaises appliquant la loi du *for*.

412.328 **Bilan.** Finalement, il faut observer que le renouvellement des méthodes et des sources du droit international privé de la famille confère au **renvoi** un **domaine particulièrement limité**. En exceptant le **droit des successions internationales**, il est difficile de trouver une illustration récente du mécanisme. Peut-être le renvoi devrait-il encore être concevable s'agissant de **l'attribution du nom**[1] ou des **conditions de fond du mariage** à supposer qu'il ne soit pas, en ces matières, emporté, avec la méthode bilatérale dont il est le prolongement, par la technique de la reconnaissance (v. s[s] n°s 412.61 s.) ?

3°
Mise en œuvre du renvoi

412.341 **Caractère obligatoire ou facultatif.** Dans les domaines – rares concernant le statut personnel – où le renvoi est admis, appartient-il aux juges du fond de le mettre en œuvre, au besoin d'office ?

Dans un motif apparemment de portée générale, l'arrêt *Ballestrero*[2] l'avait admis, peu importe que la règle de conflit étrangère renvoi à la loi du *for* ou à une loi *tierce*. Cette obligation avait laissé perplexe dans la mesure où elle n'opérait pas de distinction selon le caractère disponible ou indisponible des droits en cause. En conséquence, la règle de conflit étrangère paraissait dotée d'une impérativité plus large que la règle de conflit française. Or pour les droits disponibles, la solution conduisait à une aporie[3] : comment le renvoi pouvait-il être obligatoire alors que l'envoi – par le truchement de la mise en œuvre de la règle française de conflit – était facultatif ? La destinée de l'arrêt *Ballestrero* (v. s[s] n° 412.322) délivre l'interprète de cette interrogation. Désormais, la Cour de cassation s'abstient de formule susceptible d'être interprétée comme ayant une portée générale. En matière de succession internationale[4], le renvoi « *ne peut être admis que s'il assure l'unité de la succession et l'application d'une même loi aux meubles et aux immeubles* ». Encore faut-il délimiter les limites de cette faculté : le notaire ou le juge peuvent-il écarter le renvoi lorsqu'il permettrait d'atteindre l'unité successorale ? Une réponse négative devrait, nous semble-t-il, l'emporter sauf à considérer que le renvoi est non seulement subordonné à un résultat défini par la Cour de cassation mais aussi au bon vouloir des différents agents d'application du droit international privé. Si cette réponse négative séduit au nom de la prévisibilité du mécanisme, il appartiendra à la Cour de cassation de définir les différentes matières et hypothèses dans lesquelles le renvoi fonctionnel doit être opéré.

412.342 **Interprétation de la règle de conflit étrangère.** Le plus souvent et dans l'hypothèse jusqu'à présent retenue, la situation de renvoi s'explique par une divergence des critères de rattachement. Prenons l'hypothèse d'un défunt domicilié en France : pour ses immeubles à l'étranger, un renvoi est concevable lorsque la loi du lieu de leur situation retient comme facteur de rattachement le domicile. Toutefois, pour que la loi du *for* soit finalement appliquée, encore faut-il que le défunt soit considéré comme domicilié en France. Il y a là une question d'interprétation de la règle de conflit étrangère pour laquelle le droit positif retient un principe de qualification *lege causae*. Autrement dit, c'est à la loi étrangère qui opère le renvoi de préciser les contours des rattachements qu'elle utilise. Ainsi l'arrêt *De Marchi*[5] a cherché dans la loi argentine la signification du concept de domicile utilisé par la règle de conflit argentine « renvoyante ». La même doctrine est appliquée, de façon plus nette encore par l'arrêt *Sommer*[6] qui a énoncé que « *les juges du fond ont souverainement interprété la loi polonaise en déclarant que le texte litigieux renvoyait à la loi de l'État étranger, en l'espèce la loi de l'État français* ».

412.343 **Renvoi de qualifications.** Mais le renvoi peut aussi intervenir en amont de la découverte du rattachement proposé par la règle de conflit étrangère. Illustrons dès à présent l'hypothèse : en cas de rupture d'une promesse de mariage entre deux Français domiciliés en Allemagne, le droit international privé français retient une qualification délictuelle qui conduit à la compétence de la loi allemande en tant que *lex loci delicti*, mais le droit allemand soumet la situation à une réglementation dépendant du statut personnel pour lequel il préconise l'application de la loi nationale commune des intéressés. En l'occurrence, **le renvoi trouve sa source dans une divergence de catégories**; il est en général évoqué sous l'expression de renvoi de qualifications[7]; et la doctrine, favorable au renvoi,

1. V. anciennes jurisprudences citées par A. Devers, J.-Cl. Dr. internat., fasc. 542, n° 45.
2. Civ. 1re, 21 mars 2000, n° 98-15.650, préc. s[s] n° 412.322.
3. Sauf à considérer que les droits successoraux des parties ne sont pas disponibles. En ce sens : Civ. 1re, 20 juin 2006, n° 05-14.281, Wildenstein, préc. s[s] n°s 412.233 et 412.322.
4. Civ. 1re, 11 févr. 2009, n° 06-12.140, Riley, préc. s[s] n° 412.322.
5. Civ. 1re, 7 mars 1938, De Marchi, *GADIP*, n° 16.
6. Civ. 1re, 8 déc. 1953, Sommer, préc. s[s] n° 412.321.
7. V. Y. Lequette, « Le renvoi des qualifications », *Mél. D. Holleaux*, 1990, p. 249.

considère qu'il appartient au juge de le mettre en œuvre afin de respecter toute la cohérence du système juridique étranger. En jurisprudence les décisions de la Cour de cassation relatives au renvoi de qualification se comptent sur les doigts de la main. La dernière concerne un litige contractuel pour lequel la cour d'appel avait exclu ce mécanisme parce qu'il aboutissait à morceler une situation cohérente[1]; la Cour de cassation a rejeté le pourvoi en affirmant que « *la mise en œuvre de la loi d'autonomie est exclusive du renvoi* ». Interprété *a contrario*, ce motif paraît indiquer que le renvoi de qualifications est admis dans les domaines où le renvoi en général est admis. Autrement dit, qu'il soit le fruit d'un conflit négatif de rattachements ou de qualifications, le renvoi devrait être traité identiquement.

B.
Questions préalables

412.351 Illustrations du problème. Il s'agit là d'une difficulté que la doctrine propose parfois de résoudre en appliquant les règles de conflit de lois étrangères. Voici qu'en France une dévolution successorale - question principale - est soumise à une loi étrangère, laquelle détermine les personnes pouvant succéder; mais son application est conditionnée par une question préalable portant sur l'existence d'un lien de parenté (la validité d'une adoption) ou d'un lien d'alliance (la validité d'un mariage). Pour déterminer la loi applicable à la question préalable, faut-il se référer aux règles de conflit françaises, ou aux règles de conflit étrangères de l'État dont la loi a été désignée par la règle de conflit du *for* pour régir la question principale ? Souvent illustrées avec le droit des successions, de telles questions dépendantes peuvent également relever toutes les deux du statut personnel. Ainsi l'attribution du nom patronymique à un enfant né hors mariage - question principale soumise à sa loi nationale - dépend de l'existence de sa filiation - question préalable. La recevabilité d'une demande en divorce dépend de la validité du mariage dont la dissolution est envisagée.

412.352 Solution. Recherchant une solution globale applicable à toutes les hypothèses, un courant doctrinal a suggéré de privilégier la logique interne du droit étranger appelé à régir la question principale[2]. En conséquence, la question préalable devrait être réglée par la loi désignée par la règle de conflit de l'État dont la loi régit la question principale et non par la règle de conflit de loi du *for*. La Cour de cassation a clairement retenu une position opposée : « *S'il appartient à la loi successorale de désigner les personnes appelées à la succession et de dire notamment si le conjoint figure parmi elles et pour quelle part, il ne lui appartient pas de dire si une personne a la qualité de conjoint ni de définir selon quelle loi doit être appréciée cette qualité.* »[3] Ce refus d'appliquer la règle de conflit étrangère est tenu comme le principe à mettre en œuvre chaque fois qu'une question préalable est soulevée. Ce systématisme procède de la justification de cette solution : elle permet d'assurer la cohérence de l'ordre juridique du *for* en évitant qu'une même question - par ex. l'établissement d'un lien de filiation - fasse l'objet d'un traitement différent, en termes de conflits de lois, suivant qu'elle se pose à titre principal ou à titre préalable. Malgré la force de persuasion de cette observation, un auteur suggère de délaisser toute solution générale au profit d'une approche fonctionnelle : la question préalable pourrait parfois échapper à l'application de la règle de conflit du *for* en fonction du fondement ou de la structure de la règle de conflit régissant la question principale[4].

§ 2
Preuve et interprétation de la loi étrangère

412.361 Notion de loi étrangère. Il ne faut pas comprendre l'expression dans un sens formel. Par loi étrangère, il faut entendre le droit étranger dans toutes ses sources, y compris les solutions coutumières, jurisprudentielles ou même doctrinales. Pour appliquer correctement la loi étrangère, il faut rechercher « *la solution donnée à la question de droit litigieuse par le droit positif en vigueur dans l'État concerné* »[5].

412.362 Nature de la loi étrangère. Pour l'ordre juridique français, la loi étrangère est-elle une règle de droit ou un élément de fait ? Il y a là un vieux et stimulant débat dont la réponse conditionne normalement le régime du droit étranger. Qualifier la loi étrangère de règle de droit conduit à faire peser la charge de sa preuve sur le juge et à admettre que son interprétation soit contrôlée par la Cour de cassation. Retenir la qualification d'élément de fait confère la charge de la preuve aux parties et conduit

1. CA Paris, 3 mars 1994, *Rev. crit. DIP* 1994, 532, note Ancel; *JDI* 1995, p. 607, note Légier; *D.* 1994, somm. 355, obs. Audit; *JCP* 1995, II, 22367, note Muir-Watt.
2. P. Lagarde, « La règle de conflit applicable aux questions préalables », *Rev. crit. DIP* 1960, 459.
3. Civ. 1re, 22 avr. 1986, Djenangi, *JDI* 1986, p. 1025, note Sinay-Cytermann; *JCP* 1987, II, 20878, note Agostini; *Rev. crit. DIP* 1988, 302, note Bischoff.
4. RÉP. INTERNAT., P. Lagarde, *V° Question préalable*, nos 23 s.
5. Civ. 1re, 24 nov. 1998, n° 96-15.078, Sté Lavazza France, *Bull. civ.* I, n° 327; *Rev. crit. DIP* 1999, 88, note Ancel; *D.* 1999, 337, note Menjucq.

à accorder aux juges du fond un pouvoir souverain d'interprétation. La Cour de cassation a apparemment tranché le débat en posant que « *la loi étrangère est une règle de droit* »[1]. Mais, elle n'en tire pas toutes les conséquences de sorte que le régime de la loi étrangère est hybride.

A. Charge et modes de preuve de la loi étrangère

1° Charge de la preuve

412.371 Absence de distinction entre droits disponibles et indisponibles. Liée au statut procédural de la règle de conflit, la charge de la preuve du droit étranger a connu une évolution tourmentée. Jusqu'en 2005, la jurisprudence a hésité sur l'opportunité de reproduire en cette matière la distinction entre droits disponibles et droits indisponibles afin de faire peser la preuve, dans le premier cas, sur la partie intéressée à la mise en œuvre du droit étranger, dans le second, sur le juge. Désormais, elle ne fait plus écho à cette distinction et retient une formule générale : « *Il incombe au juge français qui reconnaît applicable un droit étranger d'en rechercher, soit d'office soit à la demande d'une partie qui l'invoque, la teneur avec le concours des parties et personnellement s'il y a lieu, et de donner à la question litigieuse une solution conforme au droit positif étranger.* »[2]

412.372 Rôle éminent du juge. À vrai dire, cette définition générale de la mission impartie au juge n'a guère eu d'incidence en matière de statut personnel. Il était déjà admis depuis quelques années que « *l'application de la loi étrangère désignée pour régir les droits dont les parties n'ont pas la libre disposition impose au juge français de rechercher la teneur de la loi étrangère* »[3]. Cette dernière solution était imposée par le **statut procédural de la règle de conflit pour les droits indisponibles.** Dès lors que le juge doit, au besoin d'office, trancher le conflit de lois, il faut lui imposer de mener l'opération jusqu'à son terme et, donc, de veiller à l'application effective de la loi désignée. Attribuer aux parties le soin de prouver la loi étrangère conduirait, en effet, à revenir indirectement sur le caractère indisponible des intérêts en cause : des plaideurs capables d'une grande inertie pourraient échapper à la loi étrangère en restant inactifs, espérant que le juge, de guerre lasse, applique le droit français au nom de sa vocation subsidiaire (sur ce point, v. s[s] n° 412.382).

412.373 Rôle d'appoint des parties. Si le juge doit rechercher la teneur de la loi étrangère, il effectue cette démarche avec la « *coopération* »[4], « *le concours* »[5] ou, encore, « *l'assistance* » des parties[6]. Ce devoir peut-il être sanctionné ? Dès lors que le fardeau de la preuve pèse, en dernière analyse, sur le juge, une réponse négative s'impose. À supposer que les deux parties refusent de satisfaire à ses injonctions les invitant à établir le contenu de la loi étrangère, le juge ne peut, sans renier les exigences posées par la Cour de cassation, les débouter de leurs prétentions. En pareille hypothèse, il ne peut pas non plus appliquer la loi du *for*, au nom de sa vocation subsidiaire, dès lors que les parties en demeurant inertes poursuivent vraisemblablement cet objectif.

2° Modes de preuve de la loi étrangère

412.381 Liberté et appréciation de la preuve. Cette liberté révèle que le droit étranger est, à cet égard, considéré comme un fait. Le mode de preuve le plus connu est le **certificat de coutume.** Habituellement il s'agit d'un document rédigé en français par les services d'une ambassade ou du consulat en France d'un État étranger, mais il peut également être réalisé par un juriste, étranger ou français, spécialiste du droit étranger en cause. Dans ce dernier cas, il est sollicité par une partie contre rémunération, ce qui prête à discussion sur son impartialité. En toutes hypothèses, le certificat ne lie par le juge. Ainsi est-il possible, à condition de s'en expliquer, d'écarter un certificat de coutume parce qu'il cite une jurisprudence étrangère périmée, rapporte inexactement les termes d'un arrêt ou d'une loi ou lui donne une portée qui n'est pas la sienne. De même, l'accord des parties sur l'interprétation de la loi étrangère ne lie pas le juge[7].

1. Civ. 1re, 13 janv. 1993, n° 91-14.415, *Bull. civ.* I, n° 14; Cts Coucke, *Rev. crit. DIP* 1994, 78, note Ancel.
2. Civ. 1re, 28 juin 2005, n° 00-15.734, Aubin, *Bull. civ.* I, n° 289; *Rev. crit. DIP* 2005, 645, 2e esp. note Ancel et Muir-Watt; *D.* 2005, 2853, note Bouche; *D.* 2006, pan. 1495 et 1498, obs. Courbe; *LPA* 28 déc. 2005, note Mahinga – Com. 28 juin 2005, n° 02-14.686, Itraco, *Bull. civ.* IV, n° 138; *Rev. crit. DIP* 2005, 645, 1re esp., note Ancel et Muir-Watt; *D.* 2005, pan. 2755, obs. Kenfack; *LPA* 28 déc. 2005, note Mahinga; *RTD com.* 2005, 872, obs. Delebecque.
3. Civ. 1re, 1er juill. 1997, n° 95-17.925, Driss Adou, *Bull. civ.* I, n° 222; *Rev. crit. DIP* 1998, 60, note Mayer; *Defrénois* 1998, p. 711, note Massip; *D.* 1999, 275, note Massip.
4. Civ. 1re, 16 nov. 2004, n° 02-18.593, *Bull. civ.* I, n° 269; *D.* 2005, pan. 1192, obs. Courbe.
5. Civ. 1re, 28 juin 2005, n° 00-15.734, préc. s[s] n° 412.371 – Com. 28 juin 2005, n° 02-14.686, préc. s[s] n° 412.371.
6. Civ. 1re, 18 janv. 2007, n° 05-20.529, *Bull. civ.* I, n° 26; *JCP* 2007, IV, 1378; *AJ fam.* 2007, IR 145.
7. Civ. 1re, 22 déc. 1970, *Rev. crit. DIP* 1971, 12, J. Foyer.

Avec l'évolution de leur rôle, les tribunaux doivent, de plus en plus, avoir recours à des moyens de preuve qui ne font pas appel aux parties. Ils peuvent commettre un **expert** pour être renseignés sur le contenu de la loi étrangère[1]. Ils peuvent également se fonder sur la **convention européenne dans le domaine de l'information sur le droit étranger** du 7 juin 1968, entrée en vigueur en France en 1972, et prévoyant la création dans chaque État signataire d'un organe spécialisé destiné à recevoir et à traiter les demandes de renseignements en provenance d'autre États. La réponse doit se contenter de décrire le droit objectif sans l'appliquer au cas d'espèce. Enfin le juge à la possibilité de s'adresser au **service spécialisé du ministère de la Justice – le service des Affaires européennes et internationales** – et lorsqu'elle demeure infructueuse, cette démarche semble suffisante pour permettre au juge de conclure à l'impossibilité de rapporter la preuve du droit étranger (v. s[s] n° 412.382).

Par ailleurs de nombreux sites internet offrent des informations sur les droits étrangers (v. s[s] n° 410.08).

412.382 Impossibilité de rapporter la preuve du droit étranger. Il s'agit désormais du seul motif permettant au juge de se délivrer de son obligation (*adde* néanmoins, l'équivalence entre la loi appliquée et la loi applicable, v. s[s] n° 412.225). Afin d'éviter que cette impossibilité ne serve d'échappatoire à un juge peu zélé, elle doit être spécialement motivée et elle fait l'objet d'un contrôle de la Cour de cassation. Pour l'établir, les juges du fond ne peuvent pas se borner « *à constater que les preuves fournies par les parties étaient insuffisantes pour établir la teneur du droit étranger* »[2], ils doivent démontrer qu'ils ont eux-mêmes pris des initiatives pour établir le contenu de la loi étrangère (sur le contrôle de motivation opéré par la Cour régulatrice, v. s[s] n° 412.393). Tel est le cas s'ils font état de démarches demeurées infructueuses auprès des autorités compétentes, spécialement le service des Affaires européennes et internationales du ministère de la Justice[3].

412.383 Sanction de l'impossibilité. Quelle est la conséquence de cette impossibilité ? En principe, elle se solde par **l'application de la loi française au nom de sa vocation subsidiaire**[4]. Lorsque la loi du *for* est sans lien avec la situation, il est parfois suggéré de privilégier le **droit étranger accessible le plus proche du rapport de droit**[5].

B. Interprétation de la loi étrangère

412.391 Notion d'interprétation. Habituellement employée, la notion d'interprétation du droit étranger est trompeuse. Le pouvoir du juge ne peut pas être calqué sur celui qu'il exerce à l'égard de la loi interne. Dès lors que la loi étrangère s'entend de l'ensemble des solutions du droit positif étranger, y compris jurisprudentielles, le juge n'a pas normalement à dégager le sens d'un texte de loi : il doit rechercher l'interprétation qui en est faite à l'étranger pour la mettre en œuvre au cas d'espèce. En conséquence, les termes de **transcription** ou de **reproduction** pourraient utilement être substitués à celui d'interprétation pour décrire le travail du juge. Néanmoins, il arrive que la seule source connue du droit étranger soit un texte et qu'il n'ait jamais donné lieu à interprétation jurisprudentielle sur le point considéré ou que les arrêts se contredisent sans qu'il soit possible de les départager en se fondant sur l'autorité de la juridiction qui les a rendus ou sur leur date. Plus qu'une interprétation, il faut alors envisager une sorte d'**incarnation** : le juge français doit alors tenter de raisonner comme le ferait son homologue étranger, en particulier en suivant les mêmes maximes d'interprétation. Si le sens de la loi demeure largement obscur, il est sage de considérer que son contenu ne peut pas être établi, ce qui justifie l'application de la loi française au titre de sa vocation subsidiaire.

412.392 Pouvoir souverain d'interprétation. La Cour de cassation reconnaît aux juges du fond le pouvoir d'interpréter souverainement la loi étrangère : règle substantielle[6] ou règle de conflit dans le mécanisme du renvoi[7]. Au regard de sa fonction d'unification du droit, ce principe est parfaitement justifié : gardienne de l'interprétation du droit français, la Cour de cassation n'a pas pour vocation de contribuer à l'élaboration du droit étranger. Au

1. Civ. 1re, 19 oct. 1971, Darmouni, *JDI* 1972, p. 828, note Nisard; *D.* 1972, 633, note Malaurie; *Rev. crit. DIP* 1973, 70, note Simon-Dépitre.
2. Civ. 1re, 28 juin 2005, n° 00-15.734, préc. s[s] n° 412.373.
3. Civ. 1re, 21 nov. 2006, n° 05-22.002, *Bull. civ.* I, n° 500; *AJ fam.* 2007, 184.
4. V. NOT., Civ. 1re, 8 janv. 1991, n° 89-16.207, *Bull. civ.* I, n° 8; *Rev. crit. DIP* 1991, 569, note Muir-Watt – Civ. 1re, 5 nov. 1991, n° 90-40.163, *Bull. civ.* I, n° 293; *Rev. crit. DIP* 1992, 314, note Muir-Watt; *JDI* 1992, p. 357, note Moreau.
5. Sur cette suggestion, v. RÉP. INTERNAT., H. Muir-Watt, *V° Loi étrangère*, n° 110 – Civ. 1re, 5 déc. 1995, La Préservatrice foncière, n° 93-17.410, *Bull. civ.* I, n° 447; *Rev. crit. DIP* 1996, 100, note Fauvarque-Cosson : susceptible d'être interprété en faveur de cette possibilité puisqu'il fait application de la loi fédérale de Yougoslavie à la place de la loi croate.
6. Civ. 1re, 16 mars 1999, n° 96-19.143, *Bull. civ.* I, n° 93; *Rev. crit. DIP* 1999, 713, note Muir-Watt; *D.* 1999, IR 100 – Civ. 1re, 3 juin 2003, n° 01-00.859, *Bull. civ.* I, n° 133; *JDI* 2004, p. 520, 1re esp., note Melin; *D.* 2003, IR 1666.
7. Civ. 1re, 8 déc. 1953, Sommer, préc. s[s] n° 412.342.

regard de sa fonction disciplinaire, la position traditionnelle paraît difficile à maintenir en raison de l'évolution de sa jurisprudence relative à la charge de la preuve. Il semble, en effet, délicat de sanctionner l'obligation faites aux juges de rechercher le contenu réel de la loi étrangère sans s'aventurer dans un contrôle de l'interprétation qu'ils en ont réalisée. Néanmoins, pour s'assurer que les juges du fond ont correctement transposé l'interprétation reçue à l'étranger, la Cour de cassation serait conduite à se livrer à des investigations matérielles qui excèdent ses fonctions et ses forces. Pour l'heure, elle est parvenue à maintenir le principe traditionnel pour seulement l'atténuer par le biais d'une **extension du contrôle de motivation** et d'un **assouplissement de l'exception de dénaturation**.

412.393 Atténuation : contrôle de motivation. La Cour de cassation contrôle le respect du principe du contradictoire lorsque le juge a procédé lui-même à l'interprétation de la loi étrangère[1] ou lorsqu'il a fait état de sa connaissance personnelle de la loi étrangère. Dans la même veine, le juge a l'obligation, même lorsqu'il n'en est pas requis par des conclusions précises des parties, d'énoncer l'interprétation qu'il adopte du texte étranger[2]. Aujourd'hui, le contrôle de motivation est également utilisé pour s'assurer que le juge a lui-même recherché la teneur réelle de la loi applicable. Sont ainsi censurés les juges du fond qui ont appliqué une loi étrangère en précisant qu'ils statuaient « *en l'état de l'extrait produit* » par l'une des parties[3]. Dans la même logique, la Cour régulatrice a cassé un arrêt qui refusait, sans motif supplémentaire, d'appliquer une loi étrangère en se fondant sur l'insuffisance des éléments fournis par une partie[4].

412.394 Exception : contrôle de la dénaturation de la loi étrangère. Inspiré de la jurisprudence donnant à la Cour de cassation compétence pour contrôler la dénaturation des contrats par les juges du fond, ce motif de contrôle a été pour la première fois affirmé dans l'arrêt *Montefiore*[5], selon lequel la décision qui méconnaît et dénature le sens clair et précis d'un document législatif étranger doit être cassée.

Fondé sur l'article 1134 du Code civil, ce contrôle a longtemps été exceptionnel car lorsque le sens d'un texte est vraiment clair, il est rarissime que le juge le méconnaisse. En outre, dans le système *Montefiore*, la dénaturation ne portait pas sur la loi étrangère à proprement parler mais sur le document - un certificat de coutume, par ex. - produit devant le juge. Une telle conception de la dénaturation paraît trop étroite au regard de l'obligation actuelle imposée au juge de rechercher la véritable teneur de la loi étrangère, c'est-à-dire l'interprétation qui en est faite à l'étranger. Aussi bien a-t-on pu apercevoir une évolution avec un arrêt du 1er juillet 1997[6]. Il était reproché au juge du fond d'avoir méconnu le sens littéral d'un texte « *sans faire état d'aucune autre source du droit positif sénégalais donnant à la disposition litigieuse* » le sens qu'il lui attribuait. C'est dire, *a contrario*, que les juges peuvent méconnaître un texte clair à condition que cette dénaturation se fonde sur son interprétation retenue à l'étranger. En revanche, le juge ne pourrait pas substituer son interprétation à celle retenue à l'étranger. Le remodelage du contrôle de la dénaturation opéré par la Cour de cassation apparaît également dans le visa de l'arrêt. Alors qu'elle se fondait jusqu'alors sur l'article 1134 du Code civil, en analogie avec le contrôle de la dénaturation des contrats, elle retient ici l'article 3 du même code. Il semble possible d'en déduire que la **dénaturation de la loi étrangère** constitue une **violation de la règle de conflit française**, et non pas seulement du document produit devant les juges du fond. La Cour serait passée, d'une **dénaturation « matérielle »** ne sanctionnant que la dénaturation des textes présentés au soutien de la preuve du droit étranger, à une **dénaturation « intellectuelle »**, sanctionnant la dénaturation de la règle de droit étrangère, indépendamment des instruments de preuve rapportés[7]. Franchissant un pas supplémentaire, la Cour de cassation, dans deux arrêts récents, a adjoint, au visa de l'article 3, celui des textes étrangers dénaturés[8]. Un nouvel arrêt[9] laisse à penser que **le con-**

1. Civ. 1re, 4 avr. 1978, *Rev. crit. DIP* 1979, 88, note Hébraud; *RTD civ.* 1979, 419, obs. Normand.
2. Civ. 1re, 10 oct. 1978, *Rev. crit. DIP* 1979, 775, note Courbe.
3. Civ. 1re, 24 nov. 1998, no 96-15.078, préc. ss no 412.361.
4. Civ. 1re, 13 nov. 2003, no 01-17.180, *Bull. civ.* I, no 225; *Rev. crit. DIP* 2004, 95, 1re esp.; *AJ fam.* 2004, IR 28.
5. Civ. 21 nov. 1961, Montefiore, *Rev. crit. DIP* 1962, 329, note Lagarde; *JDI* 1962, p. 686, note Goldman; *JCP* 1962, II, 12521, note Louis-Lucas; *D.* 1963, 37, note Ph. F.; et 7, chron. Francescakis; *GADIP*, no 36.
6. Civ. 1re, 1er juill. 1997, no 95-15.262, SA Africatours c/ Diop, *Bull. civ.* I, no 262; *D.* 1998, 104, note Menjucq; *JCP* 1998, II, 10170, note Fillion-Dufouleur; *Rev. crit. DIP* 1998, 292, note Muir-Watt; *JDI* 1998, p. 98, note Barrière-Brousse.
7. AUDIT, p. 238.
8. Civ. 1re, 6 déc. 2005, no 02-19.208, Sté Nestlé France, *Bull. civ.* I, no 467; *Rev. crit. DIP* 2006, 428, note Pataut; *RTD civ.* 2006, 153, obs. Perrot – Civ. 1re, 14 févr. 2006, no 03-11.604, Branti, *Bull. civ.* I, no 67; *JCP* 2006, IV, 1515.
9. Civ. 1re, 22 oct. 2008, no 07-14.934, *Bull. civ.* I, no 235; *Rev. crit. DIP* 2009, 53, note Muir-Watt (2e esp.); *D.* 2008, AJ 2869, obs. Egéa; *AJ fam.* 2009, 83, obs. Boiché; *Dr. fam.* 2009, comm. 49, obs. Galichet; *RJPF* 2009-1/37 note Garé.

trôle de la dénaturation devient effectivement plus sévère. Il sanctionne une cour d'appel pour s'être fondée sur la norme étrangère régissant la filiation (en l'occurrence « *le coutumier du Dahomey* »), sans prendre en considération différents éléments du dossier (une consultation ordonnée par le premier juge, un certificat de coutume et une attestation notariée) révélateurs d'un usage contredisant le sens apparent de la norme étrangère. Autrement dit, la Cour régulatrice n'a pas laissé aux juges du fond un pouvoir souverain, non seulement pour apprécier la force probante des différents éléments de compréhension du droit étranger mais aussi pour établir une hiérarchie entre eux.

§ 3
Changement de la loi étrangère

412.401 Principe. Conduit à appliquer la loi étrangère, le juge français peut rencontrer une difficulté lorsque le système étranger a été réformé. Cette réforme peut d'ailleurs affecter aussi bien la **règle de conflit étrangère** prise en considération pour un éventuel renvoi que la **loi substantielle.** Dans tous les cas, la question s'analyse comme un conflit transitoire posé à l'intérieur de l'ordre juridique étranger. En présence d'une succession de deux lois substantielles, la Cour de cassation a logiquement affirmé qu'il appartient à la loi étrangère désignée de résoudre les conflits de lois dans le temps[1]. Cette solution a été récemment réaffirmée concernant la mise en œuvre du nouveau Code de la famille marocain en matière de compensation pécuniaire après divorce[2].

L'ordre du législateur étranger doit être suivi même s'il a déclaré la loi nouvelle rétroactive[3]. Il en a été jugé ainsi à propos de la loi espagnole validant rétrospectivement les mariages célébrés religieusement en Espagne pendant la guerre civile. Toutefois, la rétroactivité, lorsqu'elle est choquante, peut être écartée par le jeu de l'ordre public, lequel produit alors des conséquences singulières : la nouvelle loi étrangère sera évincée, non au profit de la loi française, mais au profit de l'ancienne loi étrangère.

1. Civ. 1re, 3 mars 1987, Leppert, *Rev. crit. DIP* 1988, 695, note Simon-Depitre; *JCP* 1989, II, 21029, note Agostini; *GADIP*, n° 73.
2. Civ. 1re, 17 déc. 2008, n° 07-18.851, *Bull. civ.* I, n° 286; *D.* 2009, AJ 167, obs. Gallmeister; *Rev. crit. DIP* 2009, 59, note Sindres; *Dr. fam.* 2009, comm. 21, note Farge.
3. Civ. 1re, 22 déc. 1970, *Rev. crit. DIP* 1972, 464, 1re esp.; *JDI* 1972, p. 270, 1re esp., note Ponsard – Civ. 1re, 10 juill. 1973, *JDI* 1974, p. 341, note Audit; *Rev. crit. DIP* 1974, 640, note Nisard – Civ. 1re, 15 mai 1974, *JDI* 1975, p. 238, note Alexandre.

412.402 Suggestions doctrinales. Certains auteurs soutiennent que le conflit transitoire de droit étranger devrait être résolu selon les principes posés par le *for* et déduits des objectifs de chaque règle de conflit. Concrètement, en matière de célébration du mariage, l'objectif de faveur conduira à retenir, des normes anciennes ou nouvelles du droit étranger, celle qui permet d'assurer la validité du mariage[4]. Cette thèse n'est pas saugrenue pour les règles de conflit à finalité matérielle qui poursuivent clairement un objectif. Elle est, revanche, incompatible avec la neutralité des règles de conflit de facture classique.

412.403 Exception au principe. L'application du droit transitoire étranger a, toutefois, été écartée lorsque la situation juridique a perdu tout lien avec le pays dont émane la loi nouvelle, au moment où celle-ci a été édictée. C'est le système dit de la « pétrification » du rapport de droit, qui reste régi par une loi abrogée. La solution a été admise, en particulier, à propos, de la modification du régime légal effectuée dans les pays socialistes d'Europe de l'Est, et déclarée applicable dans ces pays même aux personnes antérieurement mariées. La jurisprudence a refusé d'appliquer la loi nouvelle aux ressortissants de ces pays lorsqu'ils se sont installés en France en qualité de réfugiés avant la modification du régime légal : peu importe qu'ils aient par la suite acquis la nationalité française[5].

§ 4
Contrariété de la loi étrangère à l'ordre public international français

412.411 Description. La réserve d'ordre public permet au juge de refuser d'appliquer le droit étranger normalement compétent lorsqu'il consacrerait une solution choquante au regard des conceptions de la société française. Parce qu'elle rompt le postulat d'égalité entre la loi étrangère et la loi française, cette réserve doit normalement être utilisée avec parcimonie, d'où l'expression d'**exception d'ordre public.** Dans le même ordre d'idée, il faut rappeler que l'ordre public en droit international privé ne doit pas être confondu avec l'ordre public en droit interne sous peine d'anéantir tout effort de coordination des systèmes. Pour marquer la différence, on parle volontiers, en droit international privé, d'**ordre public international.** Mais cette expression pèche par excès en ce qu'elle laisse à croire que le méca-

4. P. Courbe, *Droit international privé*, 2e éd., Éd. A. Colin, 2003, p. 68.
5. Civ. 1re, 28 nov. 2006, n° 04-20.621, *Bull. civ.* I, n° 523; *AJ fam.* 2007, 91, note Hilt.

nisme ne défend que des valeurs véritablement universelles. Si tel était le cas, il n'aurait, par hypothèse, jamais à intervenir. Aussi les expressions les plus proches de la notion à décrire sont-elles celles d'ordre public au sens du droit international privé ou d'**ordre public international français.**

412.412 Fonctions de l'ordre public. Habituellement, deux fonctions sont attribuées à ce garde-fou. D'une part, il peut défendre des principes ou valeur à prétention universelle (« *les principes de justice universelle considérés dans l'opinion française comme doués de valeur internationale absolue* »[1]). D'autre part, il peut être utilisé pour protéger des politiques législatives françaises qui pourraient être ébranlées par l'application en France d'une loi étrangère fondée sur d'autres conceptions. La répartition entre les deux fonctions est souvent malaisée en droit de la famille dès lors que le législateur moderne y a souvent poursuivi des objectifs tels que la promotion de la liberté, de l'égalité ou la lutte contre les discriminations qui s'identifient aux valeurs essentielles. Cette distinction n'a, de toute façon, de réelles incidences ni sur les conditions d'intervention de l'exception d'ordre public ni sur ses effets.

A. Conditions d'intervention de l'exception d'ordre public

412.420 Relativité. Un premier facteur de relativité de l'ordre public réside dans sa soumission à un principe d'actualité. Même si l'ordre public au sens du droit international privé ne se confond pas avec l'ordre public interne, les évolutions du second se reflètent nécessairement dans la délimitation des valeurs ou politiques défendues par le premier. Pour ne prendre qu'un seul exemple : avant l'adoption de la loi du 3 janvier 1972, la jurisprudence considérait généralement comme contraire à l'ordre public les lois étrangères trop libérales dans l'établissement de la filiation naturelle aux motifs que la protection de la famille légitime était un impératif essentiel. Elle a ensuite raisonné de façon inverse en appliquant des lois étrangères admettant plus largement que le droit français la recherche de paternité légitime ou naturelle, dès lors que les droits du défendeur étaient correctement assurés. Aujourd'hui, les lois qui sont susceptibles d'être évincées sont celles qui dénient à l'enfant le droit d'établir sa filiation. Une autre application de l'idée d'actualité de l'ordre public peut être recherchée dans la prise en considération des évolutions des droits étrangers (pour le nouveau Code marocain du statut personnel, v. par ex., s[s] n°s 423.335 s.).

La relativité imprègne aussi la mise en œuvre du garde-fou. On enseigne habituellement que l'intervention de l'ordre public n'est pas seulement subordonnée à la contrariété intrinsèque de la loi étrangère aux principes fondamentaux ou à une politique législative française. Un certain nombre de paramètres sont également pris en considération qui conditionnent le déclenchement de l'exception.

1° Prise en considération du résultat concret

412.421 *In concreto ou in abstracto* ? La jurisprudence révèle que le déclenchement de l'exception d'ordre public par le juge français ne répond pas toujours au même processus. Parfois, la seule considération de la loi étrangère justifie l'intervention du garde-fou.

Tel est le cas, dans une affaire où un Français désirait obtenir l'annulation de son mariage au motif que la loi nationale de sa femme, marocaine, prohibait l'union d'une musulmane et d'un non-musulman : il est alors aisé de refuser de sanctionner cet empêchement fondé sur la religion au nom de la conception française de la liberté matrimoniale et de la laïcité[2].

Une approche aussi abrupte de l'ordre public est également de mise lorsque la loi nationale des deux époux de statut personnel polygamique conduirait à valider un mariage polygamique célébré sur le sol français[3]. Mais, le raisonnement peut être plus subtil. En ce sens, il est souvent enseigné que le déclenchement de l'ordre public n'est pas provoqué par le contenu de la loi étrangère mais par la considération du résultat concret que son application produirait. Autrement dit, l'appréciation devrait s'effectuer *in concreto*, et non *in abstracto*.

412.422 Appréciation *in concreto* et accueil des décisions étrangères. À vrai dire la positivité de l'appréciation *in concreto* est plus aisément vérifiable lorsqu'il est question d'opposer l'ordre public à une décision étrangère (v. s[s] n° 413.101). Une illustration en est fournie par la réception de décisions, concernant l'attribution de la garde après divorce, qui ont appliqué le droit musulman classique. Ce dernier organise une dévolution automatique de la garde et de la tutelle selon l'âge de l'enfant, le sexe des parents et l'ordre dans la lignée

1. Selon la formule de Civ. 25 mai 1948, Lautour, *GADIP*, n° 19.

2. CA Paris, 9 juin 1995, *D.* 1996, somm. 171, obs. Audit; *JCP* 1996, I, 3946, n° 1, obs. Farge.
3. V. d'ailleurs, paraissant faire de l'art. 147 une loi de police dans cette situation : Civ. 1re, 3 févr. 2004, n° 00-19.838, *Bull. civ.* I, n° 33; *JCP* 2004, II, 10074, note Bottini; *Defrénois* 2004, p. 1067, note Revillard; p. 1229, obs. Massip; *RTD civ.* 2004, 267, obs. Hauser; *Rev. crit. DIP* 2004, 395, note Ancel.

paternelle masculine et féminine; il considère encore que cette dévolution est irréversible. Les législations inspirées de ces principes sont bien intrinsèquement contraires à la conception française qui privilégie la recherche concrète de l'intérêt de l'enfant en laissant notamment aux parents, placés sur un pied d'égalité, un large pouvoir de décision. Pourtant les principes musulmans, concrétisés par une décision étrangère, ne provoquent pas nécessairement l'intervention de l'ordre. Ainsi la Cour de cassation a approuvé une cour d'appel qui avait accordé l'*exequatur* à une décision algérienne constatant la dissolution du mariage par répudiation et reconnaissant le droit légitime de la mère, retournée en Algérie avec ses enfants, à l'exercice de la garde. Le pourvoi du père a été rejeté aux motifs que les juges du fond avaient caractérisé « *l'absence de contrariété de la décision algérienne à la conception française de l'ordre public international* » en relevant qu'il n'était nullement « *démontré en l'espèce que l'intérêt effectif des enfants serait d'être élevé par le père et que le droit reconnu à la mère ne soit pas conforme à l'intérêt des mineurs* »[1]. Pareille décision révélerait la pénétration en jurisprudence de l'appréciation *in concreto* de l'ordre public. La conception occidentale de l'intérêt de l'enfant serait intégrée dans l'ordre public, non pas pour refuser systématiquement l'application ou la réception de la norme étrangère, mais pour apprécier, au cas par cas, la conformité à l'ordre public de la norme étrangère individualisée par son application dans une espèce donnée. En faveur de cette méthode qui aboutit, en réalité, à assurer discrètement l'impérialisme de la conception occidentale de l'intérêt de l'enfant, il est observé que l'accueil de la décision étrangère évite d'engager une nouvelle instance et permet d'assurer une certaine continuité de traitement des situations internationales[2].

412.423 Appréciation *in concreto* et mise en œuvre de la loi étrangère. Le même pragmatisme est préconisé lorsque le juge français doit procéder lui-même à la mise en œuvre de la loi étrangère. Peu importent les conceptions de la loi étrangère, il faudrait l'appliquer si elle donne un résultat proche de celui qui aurait été obtenu avec la loi française : « *Mieux vaut, en effet, fonder la solution sur la loi étrangère, car elle aura plus de chance d'être reconnue à l'étranger* »[3]. À dire vrai, il est difficile de trouver en jurisprudence des illustrations de cette conception permettant de limiter l'intervention de l'ordre public : abstraitement choquante, la loi étrangère peut difficilement – sauf à être dénaturée – conduire à un résultat satisfaisant lorsqu'elle est mise en œuvre par le juge français.

Néanmoins, il faut concéder que l'appréciation concrète a été clairement illustrée dans l'affaire *Patino*[4]; elle y apparaît même dans sa conséquence la plus surprenante : la loi étrangère qui, dans l'abstrait, n'est pas contraire à l'ordre public du *for* se révèle, au regard des circonstances, incompatible avec cet ordre public et doit être évincée. En l'occurrence, il était question du relâchement du lien matrimonial entre deux époux de nationalité bolivienne s'étant mariés en Espagne. La règle de conflit française alors applicable au divorce et à la séparation de corps désignait la loi bolivienne, applicable en qualité de loi nationale commune. Celle-ci ne connaissait pas la séparation de corps et subordonnait le divorce d'époux mariés en pays étranger à la condition que la loi du lieu de célébration l'admît également. Or la loi espagnole, ainsi désignée, ne connaissait pas le divorce à l'époque. C'est dire que les lois bolivienne et espagnole, isolément non contraires à l'ordre public, rendaient, par leur combinaison, impossible toute forme de relâchement du lien conjugal, ce que la Cour de cassation déclara contraire à l'ordre public.

2°
Prise en considération des liens entre la situation et la société française

412.431 Théorie de l'ordre public atténué. Construction de la jurisprudence française, la théorie de l'ordre public atténué a été clairement formulée dans le célèbre arrêt *Rivière* : « *La réaction à l'encontre d'une disposition contraire à l'ordre public n'est pas la même suivant qu'elle met obstacle à l'acquisition d'un droit en France ou suivant qu'il s'agit de laisser se produire en France les effets d'un droit acquis, sans fraude, à l'étranger et en conformité de la loi ayant compétence en vertu du droit international privé français.*[5] » Cette théorie a incontestablement séduit parce qu'elle repose sur deux considérations de bons sens. D'une part, le poids du fait accompli : s'il est

1. Civ. 1re, 6 janv. 1987, n° 85-13.621, *Bull. civ.* I, n° 3; *Defrénois* 1987, p. 1073, obs. Massip; *Rev. crit. DIP* 1988, 339, note Lequette – *Adde*, CA Paris, 18 déc. 1973, *JDI* 1975, p. 525, 1re esp., note Lequette – *CONTRA*, et, semble-t-il, en faveur d'une APPRÉCIATION *IN ABSTRACTO*, Civ. 1re, 30 janv. 1979, *Rev. crit. DIP* 1979, 629, note Lequette; *JDI* 1979, p. 632, note Mayer – CA Paris, 1er juill. 1974, *JDI* 1975, p. 525, note Lequette; *Rev. crit. DIP* 1975, 266, note Foyer.
2. Pour une CRITIQUE DE CET ORDRE PUBLIC quelque peu hypocrite et une proposition de lui préférer un raisonnement en terme d'équivalence des résultats, v. Lequette, note ss CA Paris, 1er juill. 1974, préc. ss prést n°.
3. BATIFFOL et LAGARDE, t. I, n° 358.
4. Civ. 15 mai 1963, Patino, *JCP* 1963, II, 13365, note Motulsky; *Rev. crit. DIP* 1964, 532, note Lagarde.
5. Civ. 17 avr. 1953, Rivière, *Rev. crit. DIP* 1953, 412, note Batiffol; *JDI* 1953, p. 860, note Plaisant; *GADIP*, n° 26.

aisé de refuser la création d'un droit en France sur le fondement de l'ordre public, il paraît peu réaliste de recourir à cette notion pour nier l'existence d'un droit reconnu à l'étranger et qui y a déjà produit ses effets. D'autre part, l'existence d'une certaine indifférence liée à l'éloignement géographique de la situation : les principes fondamentaux de la société française sont moins affectés par la reconnaissance d'un droit acquis à l'étranger que par la possibilité d'accomplir en France dans une relation internationale ce qui est prohibé dans les relations internes.

Encore faut-il préciser que - contrairement à ce que l'expression suggère parfois - l'effet atténué de l'ordre public n'immunise pas totalement la situation juridique créée à l'étranger contre l'intervention de l'ordre public - notamment dans sa fonction de défense de valeurs ou principes « universels ».

Ainsi l'ordre public devrait s'opposer à ce qu'un mariage incestueux conclu valablement à l'étranger puisse produire des effets alimentaires en France.

412.432 Application de l'ordre public atténué. Reprenant en général expressément la formule de l'arrêt *Rivière*[1], des arrêts ont reconnu la validité d'unions polygamiques célébrées à l'étranger conformément à la loi nationale des intéressés et ont accordé à la première épouse le bénéfice de droits dont l'attribution procède, en principe, de la qualité de conjoint. Il en a été ainsi pour la liquidation d'un régime matrimonial[2] ou d'une succession[3], l'exécution d'une obligation alimentaire[4], l'octroi d'une indemnité de veuve[5] ou d'une pension de réversion[6] ou encore pour la légitimité des enfants[7]. De même, la théorie de l'effet atténué avait conduit la Cour de cassation à admettre, par principe, la reconnaissance des répudiations prononcées à l'étranger[8].

412.433 Remise en cause de l'effet atténué. Le postulat de la théorie s'est largement effondré en raison de l'évolution sociologique de l'immigration marquée par une forte sédentarisation des étrangers en France ainsi que des progrès des moyens de communication. Désormais, le fait qu'une situation ait été acquise en pays étranger ne permet plus de présumer qu'elle avait à l'époque de sa création peu de liens avec la vie juridique française. De fait la théorie de l'ordre public atténué permettait aux étrangers de retourner brièvement dans leur pays d'origine afin d'y créer des situations - répudiation, mariage polygamique - qu'ils n'auraient pu constituer directement dans leur pays de résidence et s'y prévaloir ensuite de celles-ci sous couvert d'un détournement de la théorie de l'ordre public atténué. Dès lors, la considération des liens avec la société française a fait l'objet d'une approche plus sophistiquée que celle fondée sur la seule naissance de la situation. Tel est l'objectif de la théorie de l'ordre public de proximité qui coexiste aujourd'hui avec celle de l'effet atténué.

412.434 Ordre public de proximité. Cette conception insiste sur la nécessité d'intégrer dans les paramètres d'intervention de l'ordre public « *un ensemble de circonstances, appréciées au cas par cas, qui contribuent à rattacher au territoire du* for *une situation normalement régie par une loi étrangère et à révéler ainsi l'atteinte à l'ordre public du* for *provoquée par l'application de cette loi étrangère* »[9]. Les facteurs de proximité retenus par la jurisprudence sont d'ordre domiciliaire et/ou personnel. Ainsi la loi étrangère prohibant le divorce ne doit être évincée qu'au bénéfice d'un conjoint « *français et domicilié en France* »[10]; pour tenir en échec celle qui interdit l'établissement de la paternité hors mariage, il faut un enfant « *français ou résidant habituellement en France* »[11]. Par ailleurs, la Cour de cassation a jugé que « *la conception française de l'ordre public s'oppose à ce que le mariage polygamique contracté à l'étranger par celui qui est encore l'époux d'une Française produise ses effets à l'encontre de celle-ci* »[12].

Il serait concevable que le déclenchement de l'exception d'ordre public ne soit pas seulement subordonné à la proximité de la situation avec la

1. Civ. 17 avr. 1953, Rivière, préc. s[s] n° 412.431.
2. Alger, 9 févr. 1910, *Rev. crit. DIP* 1913, 103.
3. Civ. 1re, 3 janv. 1980, Bendeddouche, *Rev. crit. DIP* 11980, 327, note Simon-Depitre; *D.* 1980, 549, note Poisson-Drocourt.
4. Civ. 28 janv. 1958 et Civ. 19 févr. 1963, Chemouni, *GADIP*, n°s 30-31.
5. Civ. 1re, 4 oct. 1965, *Bull. civ.* I, n° 500.
6. Civ. 1re, 22 avr. 1986, *D.* 1986, IR 260, obs. Audit; *JDI* 1987, p. 629, note Kahn; *Rev. crit. DIP* 1987, 374, note Courbe.
7. Alger, 9 févr. 1910, préc.s[s] prés[t] n°.
8. Civ. 1re, 3 nov. 1983, Rohbi, *Rev. crit. DIP* 1984, 325, 1re esp., note Fadlallah; *JDI* 1984, p. 329, note Kahn; *JCP* 1984, II, 20131, concl. Gulphe; *GADIP*, n° 63.
9. P. Lagarde, « La théorie de l'ordre public face à la polygamie et à la répudiation. L'expérience française », *Mél. F. Rigaux*, Bruylant, 1993, Bruxelles, p. 263.
10. Civ. 1re, 1er avr. 1981, *JDI* 1981, p. 812, note Alexandre.
11. Civ. 1re, 10 févr. 1993, n° 89-21.997, *Bull. civ.* I, n° 64; *D.* 1994, 66, note Massip; somm. 32, obs. Kerkhove; *JCP* 1993, I, 3688, n° 10, obs. Fulchiron; *Rev. crit. DIP* 1993, 620, note Foyer; *JDI* 1994, 124, 1re esp., note Barrière-Brousse – Civ. 1re, 10 mai 2006, n° 05-10.299, *Bull. civ.* I, n° 226; *D.* 2006, IR 1481, obs. Gallmeister; *AJ fam.* 2006, 290, note Boiché; *Dr. fam.* 2006, comm. 177, note Farge; *D.* 2006, 2890, note Kessler et Salamé.
12. Civ. 1re, 17 févr. 1982, Baaziz, *Rev. crit. DIP* 1984, note Lequette; *JDI* 1983, p. 606, note Khan : suppression du second mariage de l'état civil – Civ. 1re, 6 juill. 1988, Baaziz, *Rev. crit. DIP* 1989, 71, note Lequette : refus de partager entre les deux épouses la rente allouée au survivant du conjoint décédé.

société française. Un rattachement à un autre État membre du Conseil de l'Europe par exemple devrait également entraîner la mise en œuvre du garde-fou, particulièrement lorsque la jurisprudence puise dans la conv. EDH les valeurs dont elle assure le respect (v. à cet égard la question de l'accueil des répudiations musulmanes en France, s^s^ n° 410.86).

412.435 Appréciation de la proximité. La mesure de la proximité avec l'ordre juridique français peut susciter des hésitations.

Tel est le cas s'agissant des répudiations musulmanes : les liens de la situation avec la France doivent-ils être appréciés au jour de la répudiation prononcée à l'étranger ou au jour où sa reconnaissance est discutée en France ? La première solution doit être retenue si on considère qu'une femme ne doit pas pouvoir remettre en cause une répudiation survenue des années avant son installation sur le territoire français, à une époque où elle n'avait aucun lien avec la société française. Pour l'heure, la Cour de cassation n'a pas eu l'occasion de fixer le moment auquel il faut se placer pour apprécier les liens avec la France.

Tel est également le cas s'agissant de l'établissement de la filiation maternelle en présence d'une maternité de substitution contractée par un couple de français à l'étranger. Si le lien avec la France doit être apprécié au regard des « commanditaires » français et résidant en France, l'exigence de proximité ne fait guère de doute. Mais si l'on considère qu'il faut, prioritairement, prendre en considération la situation de l'enfant, l'abstention de l'ordre public pour cause de non-proximité peut être soutenue dès lors qu'« *on ne peut écarter le fait qu'il a été conçu, porté et qu'il est né dans le pays qui a crée juridiquement sa situation* »[1].

B.
Effets de l'exception d'ordre public

412.441 Éviction et substitution de la loi du for. Si les conditions du déclenchement de l'ordre public peuvent varier en fonction des circonstances, il produit toujours un double effet identique : un effet négatif, l'éviction de la loi étrangère; un effet positif, la substitution de la loi française. On rattache en général le second effet à la vocation subsidiaire de la loi du *for*.

Cependant, l'éviction de la loi étrangère est limitée au strict nécessaire. Si une loi successorale musulmane est contraire à l'ordre public en ce qu'elle frappe les non-musulmans d'incapacité, le juge doit lui substituer la loi française pour permettre à l'héritier non musulman de retrouver sa vocation héréditaire, mais il doit laisser à la loi étrangère le soin de déterminer le *quantum* des droits de chacun des héritiers[2].

1. Lagarde, note s^s^ Civ. 1re, 17 déc. 2008, n° 07-20.468, préc. s^s^ n°s 412.102, 412.127 et 412.128 – *Adde*, MÊME SENS, chron. M. Farge, à paraître, « Les jumelles Mennesson issues d'une gestation pour autrui : quand la promotion internationale de l'ordre public français abouti à une situation boiteuse inadmissible », *Dr. fam.* 2010, préc. s^s^ n°s 412.102 et 412.127.
2. Civ. 17 nov. 1964, *JCP* 1965, II, 13978, concl. Lindon.

CHAPITRE

413. Efficacité des jugements étrangers en France

MICHEL FARGE
MAÎTRE DE CONFÉRENCES À L'UNIVERSITÉ
PIERRE MENDÈS-FRANCE (GRENOBLE 2)

SECTION 0
ORIENTEUR

413.00 **Plan du chapitre.**

413.01 **Textes applicables.**

> Code de l'organisation judiciaire

COJ, art. R. 212-8, 2° [jugements et actes étrangers – compétence du tribunal de grande instance à juge unique]

Le tribunal de grande instance connaît à juge unique : [...]

2° des demandes en reconnaissance et en *exequatur* des décisions judiciaires et actes publics étrangers ainsi que des sentences arbitrales françaises ou étrangères. [...]

Le juge peut toujours renvoyer une affaire en l'état à la formation collégiale. Cette décision est une mesure d'administration judiciaire.

> Droit communautaire

• **Règl. (CE) n° 2201/2003, dit « Bruxelles II *bis* », du Conseil, 27 nov. 2003,** relatif à la compétence, la reconnaissance et l'exécution des décisions en matière matrimoniale et en matière de responsabilité parentale, art. 59 s.; abrogeant le règlement (CE) n° 1347/2000, *JOUE* L 338, 23 déc. 2003, p. 1.

* V. texte complet s^s n° 62.12

• **Règl. (CE) n° 44/2001, dit « Bruxelles I », 22 déc. 2000,** sur la compétence, la reconnaissance et l'exécution des décisions en matière civile et commerciale, *JOCE* L 12, 16 janv. 2001, p. 1.

* V. texte complet s^s n° 62.11

• **Règl. (CE) n° 4/2009, 18 déc. 2008,** relatif à la compétence, la loi applicable, la reconnaissance et l'exécution des décisions et la coopération en matière d'obligations alimentaires, *JOUE* L 7/1, 10 janv. 2009.

* V. texte complet s^s n° 62.16

> Convention internationale

• **Conv. La Haye, 2 oct. 1973,** sur la reconnaissance des jugements en matière d'obligations alimentaires

* V. texte complet s^{s} n° 63.12

> Conventions bilatérales (liste non exhaustive)

• **Conv. franco-algérienne, 27 août 1964,** relative à *l'exequatur* et à l'extradition

• **Conv. franco-brésilienne, 30 janv. 1981,** de coopération judiciaire en matière civile, commerciale, sociale et administrative

• **Conv. franco-marocaine, 5 oct. 1957,** d'aide mutuelle, d'*exequatur* des jugements et d'extradition

• **Conv. franco-marocaine, 10 août 1981,** relative au statut des personnes et de la famille et à la coopération judiciaire

• **Conv. franco-polonaise, 5 avr. 1967,** relative à la loi applicable, la compétence et l'*exequatur* dans le droit des personnes et de la famille

• **Conv. franco-tunisienne, 28 juin 1972,** relative à l'entraide judiciaire en matière civile et commerciale et à la reconnaissance et à l'exécution des décisions judiciaires

• **Conv. franco-tunisienne, 18 mars 1982,** relative à l'entraide judiciaire en matière de droit de garde des enfants, de droit de visite et d'obligations alimentaire

413.02 Jurisprudence de référence.

> Sur les trois conditions de régularité des jugements étrangers

• **Civ. 1re, 20 févr. 2007, n° 05-14.082,** *Cornelissen, Bull. civ.* I, n° 68

* V. s^{s} n°s 413.20 à 413.22, 413.32, 413.63 et 413.170

« Pour accorder l'*exequatur*, hors de toute convention internationale, le juge français doit s'assurer que trois conditions sont remplies, à savoir la compétence indirecte du juge étranger fondée sur le rattachement du litige au juge saisi, la conformité à l'ordre public international de fond et de procédure et l'absence de fraude à la loi; et le juge de l'*exequatur* n'a donc pas à vérifier que la loi appliquée par le juge étranger est celle désignée par la règle de conflit de lois française. »

> Sur la compétence indirecte du juge étranger

• **Civ. 1re, 6 févr. 1985, n° 83-11.241,** *Simitch, Bull. civ.* I, n° 55

* V. s^{s} n°s 413.32, 413.41, 413.47 et 413.60

« Toutes les fois que la règle française de solution de conflits de juridictions n'attribue pas compétence exclusive aux tribunaux français, le tribunal étranger doit être reconnu compétent, si le litige se rattache d'une manière caractérisée au pays dont le juge a été saisi et si le choix de la juridiction n'a pas été frauduleux. »

> Sur l'abandon du caractère exclusif de la compétence fondée sur l'article 15 du Code civil

• **Civ. 1re, 23 mai 2006, n° 04-12.777,** *Prieur, Bull. civ.* I, n° 254

* V. s^{s} n° 413.52

« L'article 15 du Code civil ne consacre qu'une compétence facultative de la juridiction française, impropre à exclure la compétence indirecte d'un tribunal étranger, dès lors que le litige se rattache de manière caractérisée à l'État dont la juridiction a été saisie. »

> Sur l'abandon du caractère exclusif de la compétence fondée sur l'article 14 du Code civil

• **Civ. 1re, 22 mai 2007, n° 04-14.716,** *Bull. civ.* I, n° 195

* V. s^{s} n° 413.52

« L'article 14 du Code civil n'ouvre au demandeur français qu'une simple faculté et n'édicte pas à son profit une compétence impérative, exclusive de la compétence indirecte d'un tribunal étranger déjà saisi et dont le choix n'est pas frauduleux. »

> Sur les paramètres spatial et temporel d'intervention de l'ordre public international français : la théorie ancienne de l'ordre public atténué

• **Civ. 17 avr. 1953,** *Rivière, Rev. crit. DIP* 1953, 412, note Batiffol

* V. s^{s} n° 413.08

« La réaction à l'encontre d'une disposition contraire à l'ordre public n'est pas la même suivant qu'elle met obstacle à l'acquisition d'un droit en France ou suivant qu'il s'agit de laisser se produire en France les effets d'un droit acquis, sans fraude, à l'étranger et en conformité de la loi ayant compétence en vertu du droit international privé français. »

> Sur l'effet de plein droit des jugements étrangers relatifs à l'état et à la capacité des personnes

• **Req. 3 mars 1930,** *Hainard, S.* 1930, I, 377, note Niboyet; *Rev dr. int.* 1931, p. 329, note Niboyet

* V. s^{s} n° 413.141

« Les jugements rendus par un tribunal étranger relativement à l'état et à la capacité des personnes produisent leurs effets indépendamment de toute déclaration d'*exequatur*, sauf les cas où ces jugements doivent donner lieu à des actes d'exécution matérielle sur les biens ou de coercition sur les personnes. »

> Sur le caractère conditionnel de l'effet de plein droit des jugements étrangers relatifs à l'état et à la capacité des personnes

• **Civ. 22 janv. 1951,** *Weiller, Rev. crit. DIP* 1951, 167, note Francescakis; *GADIP* n° 24

* V. s^{s} n°s 413.61 et 413.161

« Si les jugements étrangers rendus en matière d'état ou de capacité produisent en France, sans *exequatur*, tous les autres effets que ceux qui comportent coercition sur les personnes ou exécution sur les biens, c'est sous réserve de l'appréciation par la juridiction française saisie d'une demande en inopposabilité de pareil jugement, de sa conformité aux règles françaises de solution des conflits de lois. »

> Sur le pouvoir du juge aux affaires familiales de se prononcer, dans l'ordonnance de non-conciliation, sur la régularité d'un jugement étranger de divorce

• **Civ. 1re, 10 mai 2007, n° 06-11.323, n° 06-12.476, n° 06-14.178,** 3 esp., *Bull. civ.* I, n°s 170, 171 et 174

* V. s^{s} n° 413.153

« Le contrôle incident de la régularité internationale d'un jugement étranger peut être opéré par tout juge devant lequel ce jugement est invoqué pour contester son pouvoir de juger. En conséquence, un juge aux affaires familiales saisi d'une requête en divorce a le pouvoir de se prononcer, dans l'ordonnance de non-conciliation, sur la régularité internationale d'un jugement étranger de divorce. »

> Sur la reconnaissance d'un jugement étranger rendant sans objet la procédure parallèle devant la juridiction française première saisie

• Civ. 1re, 30 sept. 2009, no 08-18.769, *Bull. civ.* I, no 192

* V. ss no 413.44, 413.73 et 413.112

« La juridiction française fût-elle la première saisie, la décision étrangère de divorce doit être reconnue en France dès lors que le litige se rattache de manière caractérisée aux États Unis, pays de la nationalité de l'épouse où elle réside avec ses trois enfants depuis plus de six mois et où ils n'ont pas été amenés en fraude des droits du père et qu'il n'est pas prouvé que l'épouse aurait saisi frauduleusement le juge de son lieu de résidence pour tirer un bénéfice supérieur à celui procuré par la saisine du juge français ».

> Sur la reconnaissance d'un jugement étranger rendant sans objet la procédure parallèle devant la juridiction française première saisie

Civ. 1re, 16 déc. 2009, no 08-20.305, *Bull. civ.* I

* V. ss no 413.44, 413.52 et 413.112

« La juridiction française fût-elle la première saisie, les décisions américaines statuant sur les modalités de l'autorité parentale et la fixation de la pension alimentaire consécutives au divorce doivent être reconnues en France dès lors que le litige se rattache de manière caractérisée aux États Unis, pays de nationalité de l'épouse où elle réside avec l'enfant commun, né à New York, que la saisine de la juridiction américaine n'a pas été frauduleuse, que l'époux a été avisé des procédures et a choisi pour l'une d'elles de comparaître et de se défendre, que son seul désaccord sur le montant de la pension alimentaire ne suffit pas à rendre la décision étrangère contraire à l'ordre public de fond et, enfin, que l'article 14 du Code civil n'ouvre au demandeur français qu'une simple faculté et n'édicte pas à son profit une compétence impérative, exclusive de la compétence indirecte d'un tribunal étranger dont le choix n'est pas frauduleux. »

413.03 Bibliographie indicative.

Actualisable. P. de Vareilles-Sommières, RÉP. INTERNAT., *Vo Jugement étranger*, nos 263 s.

Ouvrages. B. Audit, *Droit international privé*, 5e éd., Economica, 2008 – H. Batiffol et P. Lagarde, *Traité de droit international privé*, 8e éd., LGDJ, 1993, t. I – D. Bureau et H. Muir-Watt, *Droit international privé*, « Thémis », PUF, 2007, t. I et II – P. Courbe, *Droit international privé*, Hachette, 2007 – D. Gutmann, *Droit international privé*, « Cours », 6e éd., Dalloz, 2009 – D. Holleaux, J. Foyer et G. de Geouffre de La Pradelle *Droit international privé*, Masson, 1987 – Y. LOUSSOUARN, P. BOURREL et P. DE VAREILLES-SOMMIÈRES, *Droit international privé*, « Précis », 9e éd., Dalloz, 2007 – P. MAYER et V. HEUZÉ, *Droit international privé*, 9e éd., Montchrestien, 2007 – F. Moneger, *Droit international privé*, 4e éd., Litec, 2007 – M.-L. NIBOYET ET G. DE GEOUFFRE DE LA PRADELLE, *Droit international privé*, 2e éd., LGDJ, 2009 – T. Vignal, *Droit international privé*, Éd. A. Colin, 2005.

Articles. B. Ancel et H. Muir-Watt, « Les jugements étrangers et la règle de conflit de lois. Chronique d'une séparation », *Mél. H. Gaudemet-Tallon*, Dalloz, 2008, p. 133 s. – B. Audit, « La fin attendue d'une anomalie jurisprudentielle : retour à la lettre de l'article 15 du Code civil », *D.* 2006, 1846 – M.-L. Niboyet, « L'éphémère privilège de l'article 14 du Code civil (À propos des arrêts du 30 septembre 2009 de la Cour de cassation) », *Gaz. Pal.* 28 nov. 2009, no 332, p. 8; « L'abandon du contrôle de la compétence législative indirecte, (le "grand arrêt" Cornelissen du 20 février 2007) », *Gaz. Pal.* Rec. 2007, doctr. 1387.

413.04 Questions essentielles.

> Quelles sont les conditions d'efficacité d'une décision étrangère en France ?

* V. ss nos 413.10 s.

> Dans quelle mesure les jugements étrangers relatifs à l'état des personnes ont-ils effet de plein droit en France ?

* V. ss nos 413.141 s.

> Le juge aux affaires familiales a-t-il le pouvoir de se prononcer, dans l'ordonnance de conciliation, sur la régularité internationale d'un jugement étranger de divorce ?

* V. ss no 413.153

> Peut-on faire des demandes reconventionnelles ou accessoires à l'occasion d'une procédure d'*exequatur* ?

* V. ss nos 413.182 s.

413.08 Domaine. Le régime juridique des jugements étrangers s'applique aux actes émanant d'une souveraineté étrangère rendus en matière civile. La notion de jugements étrangers est largement entendue. L'acte normatif étranger est normalement issu d'une juridiction quelle que soit sa dénomination, et peu important qu'elle ait statué à titre gracieux[1]. En outre, il a été jugé que les dispositions de la convention conclue par les époux pendant l'instance en divorce et relative au versement d'une pension alimentaire, qui ont été « incorporées » dans le jugement étranger, en font partie et sont donc susceptibles d'être déclarées exécutoires en France[2]. Le « jugement étranger » peut aussi être une décision non juridictionnelle étrangère dès lors qu'elle « *traite de questions qui, en France, auraient été de la compétence des tribunaux de l'ordre judiciaire* »[3]. Il peut s'agir d'un acte prononcé par une autorité religieuse ou administrative[4]. La reconnaissance peut égale-

1. CA Paris, 20 avr. 2000, *D.* 2000, IR 191.
2. CA Paris, 23 nov. 1993, 1re ch. civ., *Rev. crit. DIP* 1995, 88, note Pamboukis.
3. MAYER et HEUZÉ, no 479.
4. Civ. 17 avr. 1953, Rivière, *Rev. crit. DIP* 1953, 412, note Batiffol; *JDI* 1953, p. 860, note Plaisant; *JCP* 1953, II, 7863, note Buchet; *GADIP*, no 26 (divorce prononcé par ▶

ment avoir pour objet des actes publics par lesquels l'autorité étrangère s'est bornée à recevoir une déclaration de divorce ou de répudiation. Sont également soumises au régime des jugements étrangers les délibérations des conseils de famille étrangers [1].

413.09 **Division.** La jurisprudence française a longtemps adopté une attitude méfiante à l'égard des jugements étrangers, de sorte qu'elle subordonnait leur efficacité en France à toute une série de conditions. La multiplication des **traités supranationaux** et des **règlements européens** a fait souffler sur la matière un vent libéral qui s'est répercuté sur le droit commun.

Après avoir présenté les conditions de cette efficacité (sect. 1), il faudra envisager ses manifestations (sect. 2), lesquelles, en droit de la famille, donnent un domaine très réduit à la traditionnelle exigence de l'*exequatur*.

SECTION 1
CONDITIONS DE L'EFFICACITÉ

413.10 **Division.** La libéralisation contemporaine des conditions de régularité des jugements étrangers en droit commun (§ 1) résulte vraisemblablement d'un phénomène d'attraction exercé par les règles plus souples posées par le droit conventionnel et les règlements européens (§ 2).

§ 1
Droit commun

413.20 **Division.** Le système actuel est le résultat d'une longue évolution. Dans l'arrêt *Munzer* [2], la Cour de cassation a condamné le pouvoir de réviser au fond le jugement étranger et a invité le juge français de l'*exequatur* à « *s'assurer que cinq conditions se trouvent remplies, à savoir la compétence du tribunal étranger qui a rendu la décision, la régularité de la procédure suivie devant cette juridiction, l'application de la loi compétente d'après la règle française de conflit, la conformité à l'ordre public international et l'absence de toute fraude à la loi* ». Avec l'arrêt *Bachir* [3], le contrôle de la régularité de la procédure suivie à l'étranger a été absorbé par la quatrième condition relative au respect de l'ordre public, lequel comporte depuis une dimension procédurale (v. s^s n° 413.91). De quatre, les conditions sont désormais passées à trois avec un arrêt *Cornelissen* [4]. Pour accorder l'*exequatur*, hors toute convention internationale, le juge « *n'a pas à vérifier que la loi appliquée par le juge étranger est celle désignée par la règle de conflit de lois française* » (A) ; il lui suffit de « *s'assurer que trois conditions sont remplies, à savoir la compétence indirecte du juge étranger, fondée sur le rattachement du litige au juge saisi* (B), *la conformité à l'ordre public international de fond et de procédure* (C) *et l'absence de fraude à la loi* (D) ». À ces conditions, il est fréquemment suggéré d'en introduire une nouvelle fondée sur l'absence d'inconciliabilité avec un autre jugement ou une autre procédure (E).

A.
Disparition du contrôle de la loi appliquée

413.21 **Exigence controversée.** Depuis l'arrêt *Cornelissen* [5], l'accueil de la décision étrangère ne pourra être refusé au motif que le juge étranger n'a pas appliqué la loi désignée par les ***règles françaises de conflit de lois***. Le revirement était préconisé par la majorité des auteurs [6] : cette condition de régularité était surprenante dans la mesure où tout juge étranger saisi d'un litige international applique naturellement ses propres règles de conflit. Elle avait d'ailleurs été largement atténuée par la **théorie de l'équivalence** qui permettait d'accueillir des décisions étrangères lorsque, appliquant une loi différente de celle désignée par notre règle de conflit, elles parvenaient, sur le fond, à un résultat identi-

► un préfet politique équatorien) – TGI Paris, 17 oct. 1991, *Rev. crit. DIP* 1992, 508, note Muir-Watt (dissolution de mariage à l'ambassade de Thaïlande à Londres) – TGI Paris, 17 oct. 1991, *Rev. crit. DIP* 1992, 508 (divorce enregistré en mairie au Japon) – Civ. 1re, 20 nov. 1990, n° 88-18.460, *Bull. civ.* I, n° 249 ; *D.* 1991, 354, note Massip ; *Defrénois* 1991, art. 34980, obs. Massip (décisions administratives en matière de pension alimentaire).

1. Civ. 1re, 7 nov. 1972, *Rev. crit. DIP* 1973, 301, note Lagarde ; *JDI* 1974, p. 610, obs. P. A. – CONTRA : TGI Seine, 20 janv. 1967, *Rev. crit. DIP* 1970, 475, note Lagarde ; *JDI* 1968, p. 107, obs. Kahn.
2. Civ. 1re, 7 janv. 1964, *Rev. crit. DIP* 1964, 344, note Batiffol ; *JDI* 1964, p. 302, note Goldman ; *JCP* 1964, II, 13590, note Ancel ; *GADIP*, n° 41.
3. Civ. 1re, 1er oct. 1967, *Rev. crit. DIP* 1968, 98, note Lagarde ; *JDI* 1969, p. 102, note Goldman ; *D.* 1968, 95, note Mezger ; *JCP* 1968, II, 15634, note Sialelli ; *GADIP*, n° 45.
4. Civ. 1re, 20 févr. 2007, n° 05-14.082, Cornelissen, *Bull. civ.* I, n° 68 ; *LPA* 27 avr. 2007, n° 85, 13, note Mahinga ; *Dr. fam.* 2007, comm. 97, note Farge ; *JCP* 2007, act. 107, obs. Bruneau ; *D.* 2007, 1115, note D'Avout et Bollée ; *D.* 2007, 891, chron. Chauvin, spéc^t 892 ; *Rev. crit. DIP* 2007, 420, note Ancel et Muir-Watt ; *JDI* 2007, p. 1195, note Train – M.-L. Niboyet, « L'abandon du contrôle de la compétence législative indirecte (le "grand arrêt" Cornelissen du 20 février 2007) », *Gaz. Pal.* Rec. 2007, doctr. 1387.
5. Civ. 1re, 20 févr. 2007, n° 05-14.082, Cornelissen, préc. s^s n° 413.20.
6. V. B. Ancel et H. Muir-Watt, « Les jugements étrangers et la règle de conflit de lois. Chronique d'une séparation », *Mél. H. Gaudemet-Tallon*, Dalloz, 2008, p. 133 s.

que à celui qu'aurait produit la loi compétente d'après les règles françaises de conflit[1]. Enfin, la jurisprudence qui exigeait que le juge étranger ait appliqué la loi, à nos yeux compétente, n'imposait pas qu'il l'ait appliquée correctement.

On ne manquera pas d'observer que la mise à l'écart de la règle de conflit bilatérale française concernant l'accueil des décisions étrangères trouve aujourd'hui une sorte de prolongement dans le cadre de la **théorie de la reconnaissance de la validité des situations constituées à l'étranger** (v. s[s] n°s 412.61 s.).

413.22 Portée de l'abandon. Rendu en matière patrimoniale à propos de droits disponibles, l'arrêt *Cornelissen*[2] ne comporte ***aucune réserve*** de sorte que son libéralisme a vocation à s'appliquer même lorsque la décision étrangère concerne le **statut personnel d'un Français**[3]. Un doute peut néanmoins subsister lorsque la loi applicable est une loi de police française (sur cette notion, v. s[s] n° 412.31). Celle-ci voulant alors s'appliquer, le juge ne pourrait consacrer, en reconnaissant un jugement étranger, une solution contraire à ce qu'elle édicte[4]. Cette idée est peut-être sous-jacente concernant l'accueil en France des actes de naissance d'enfants nés à l'étranger à la suite d'une convention de mère de porteuse contractée par des Français. Cette difficulté intéresse, en effet, la reconnaissance des décisions étrangères puisque la question de la validité ou non de la transcription des actes d'état civil étrangers suppose de trancher celle de la reconnaissance ou non du jugement étranger[5] ayant conféré à la mère d'intention française la qualité de mère légale conformément à la loi locale qui autorise, sous contrôle judiciaire, la procédure de gestation pour autrui. Or dans un arrêt[6], certes limité à l'admission de la recevabilité de l'action du ministère public en annulation de la transcription de l'acte de naissance, la Cour de cassation a mis en exergue dans son visa l'article 16-7 du Code civil : « *Toute convention portant sur la procréation ou la gestation pour le compte d'autrui est nulle* ». Comme cette disposition est considérée comme une loi de police, il n'est pas inconcevable de lire dans cette jurisprudence une résistance de la solution française de règlement du conflit de lois face à un jugement étranger fondé sur une loi plus libérale. Il faut néanmoins observer que la cour d'appel de renvoi dans la même affaire n'a fait aucune référence à la notion de loi de police pour défendre la prohibition française de la maternité de substitution; elle s'est placée sur le terrain voisin de la contrariété à l'ordre public[7]. C'est l'occasion de souligner dès à présent que l'abandon du contrôle de la loi appliquée est de nature à conférer une importance accrue aux conditions de régularité subsistantes[8].

B.
Contrôle de la compétence du juge étranger

413.31 Dédoublement du contrôle. Dans l'arrêt *Munzer*[9], la Cour de cassation annonce que le juge français doit vérifier « *la compétence du tribunal étranger qui a rendu la décision* ». Ce contrôle peut être conçu doublement : d'un côté, il faut vérifier que l'ordre juridictionnel de tel pays (par ex. l'Allemagne) était bien compétent pour connaître du litige; de l'autre, il faut rechercher si, à l'intérieur de cet ordre juridictionnel, telle juridiction (celle de Berlin plutôt que celle de Karlsruhe) pouvait être effectivement saisie.

1. Pour d'autres correctifs, v. MAYER et HEUZÉ, n° 386.
2. Civ. 1re, 20 févr. 2007, n° 05-14.082, Cornelissen, préc. s[s] n°s 413.20 et 413.21.
3. COMP., favorable au maintien du contrôle de la loi appliquée dans ce cas : E. Pataut, *Principe de souveraineté et conflits de juridictions*, LGDJ, 1999.
4. Sur cette réserve difficilement concevable en matière de statut personnel, v. MAYER et HEUZÉ, n° 389.
5. Pour le débat placé sous cet angle, v. CA Paris, 1re ch., sect. C, 26 févr. 2009, *Dr. fam.* 2009, comm. 75, note Murat – CA Paris, 1re ch., sect. C, 18 mars. 2010, (rendu après cassation par Civ. 1re, 17 déc. 2008, n° 07-20.248, *D.* 2010, 1210, obs. Egéa) – M. Farge, « Les jumelles Mennesson issues d'une gestation pour autrui : quand la promotion internationale de l'ordre public français abouti à une situation boiteuse inadmissible », *Dr. fam.* 2010, chron. à paraître.
6. Civ. 1re, 17 déc. 2008, n° 06-19.125, *Bull. civ.* I, n° 287; *Dr. fam.* 2009, comm. 15, note Murat; *JCP* 2009, II, 10020, note Mirkovic; *D.* 2009, 166, obs. Egéa; 332, avis Sarcelet; 340, note Brunet; *AJ fam.* 2009, 81, obs. Chénedé; *RTD civ.* 2009, 106, obs. Hauser; *JDI* 2009, p. 9, note Bollée, *JCP* 2009, II, 10021, note D'Avout; *Rev. crit. DIP* 2009, 320 – CA Paris, 27 oct. 2007, *AJ fam.* 2007, 478, obs. Chénedé; *RTD civ.* 2008, 93, obs. Hauser; *D.* 2008, 1371, obs. Granet-Lambrechts; 1435, obs. Gaumont-Prat; *JDI* 2008, p. 145, obs. Cuniberti; *Gaz. Pal.* 29 janv. 2008, n° 29, note La Pradelle.
7. CA Paris, 1re ch., sect. C, 18 mars. 2010, (rendu après cassation par Civ. 1re, 17 déc. 2008, n° 07-20.248, *D.* 2010, 1210, obs. Egéa) – M. Farge, *Dr. fam.* 2010, chron. à paraître préc. s[s] prés[t] n°.
8. V. DÉJÀ, concernant le refus d'*exequatur* intégral d'un jugement étranger ayant appliqué la loi locale au mépris d'un contrat de mariage de séparation des biens librement choisi par les époux : TGI Paris, 26 nov. 2008, *Rev. crit. DIP* 2009, 310, B. Ancel : « *Si le juge de l'exequatur n'a pas à vérifier que la loi appliquée par le juge étranger est celle désignée par la règle de conflit de lois française* [en l'occurrence le principe d'autonomie], *il doit sans nul doute, effectuer un contrôle respectueux de l'ordre public international* » lequel comporte « *le principe de la liberté des conventions matrimoniales* ».
9. Civ. 1re, 7 janv. 1964, *Rev. crit. DIP* 1964, 344, note Batiffol; *JDI* 1964, p. 302, note Goldman; *JCP* 1964, II, 13590, note Ancel; *GADIP*, n° 41.

Nécessairement postérieur au premier, ce second **contrôle, dit de la compétence interne ou spéciale**, ne fait l'objet que de rares et vieilles illustrations jurisprudentielles[1]. Il conviendrait de le supprimer car le juge français n'est pas véritablement qualifié pour « *donner une leçon au juge étranger en contrôlant s'il a ou non appliqué correctement les règles étrangères de compétence interne* »[2].

L'attention doit donc seulement être fixée sur le premier contrôle. Selon la terminologie fréquemment utilisée, il porte sur la compétence internationale indirecte des tribunaux étrangers qui est opposée à la compétence directe des tribunaux français (v. s[s] n° 411.09).

413.32 Compétence internationale indirecte. En affirmant que la compétence indirecte du juge étranger est « *fondée sur le rattachement du litige au juge saisi* », l'arrêt *Cornelissen*[3] retient une formule particulièrement vague. Il ne s'agit vraisemblablement que d'une économie de plume de sorte que les critères de l'arrêt *Simitch*[4] demeurent le droit positif. Selon lui : « *Toutes les fois que la règle française de solution de conflit de juridictions n'attribue pas compétence exclusive aux tribunaux français, le tribunal étranger doit être reconnu compétent, si le litige se rattache d'une manière caractérisée au pays dont le juge a été saisi et si le choix de la juridiction n'a pas été frauduleux* ». Si l'on excepte la référence à la fraude qui fera l'objet de développements ultérieurs (v. s[s] n° 413.60), la règle repose sur la dialectique du principe (1°) et de l'exception (2°).

1°
Principe : exigence d'un lien caractérisé entre le litige et le tribunal étranger

413.41 Notion souple. La notion de lien caractérisé n'est pas définie par l'arrêt *Simitch*[5], mais il en fournit une illustration. Reconnaissant la compétence du juge anglais ayant prononcé le divorce d'un couple, sans enfant, composé d'une Anglaise et d'un Américain, la Cour de cassation énumère les divers éléments rattachant le litige à la Grande-Bretagne : le domicile de la demanderesse, sa nationalité, le lieu de célébration du mariage, la situation de divers biens appartenant au mari, la localisation de l'ancien domicile conjugal avant la séparation, *etc.* Tous ces éléments s'additionnent pour caractériser une certaine proximité du litige avec la Grande-Bretagne de sorte que la localisation en France du domicile du défendeur n'a pas suffi à écarter la compétence indirecte des juridictions anglaises. Observons que la femme aurait pu valablement saisir la juridiction française; c'est dire que la souplesse de l'arrêt *Simitch* conduira fréquemment à reconnaître au demandeur des compétences concurrentes lui permettant de choisir son tribunal.

413.42 Illustrations (existence d'un lien caractérisé). Même s'il semble restreint, le contrôle opéré par la Cour de cassation sur les circonstances permettant de conclure à l'existence d'un lien caractérisé, permet d'illustrer cette notion souple.

413.43 Annulation du mariage. Un tel lien existe, en matière de nullité de mariage, avec le juge de l'État de la nationalité commune des époux et sur le territoire duquel le mariage a été célébré[6].

413.44 Divorce. Selon la Cour de cassation, le divorce se rattache de manière caractérisée à **l'État dont les époux sont nationaux**, alors même que leur domicile commun serait situé en France[7]; mais un arrêt mentionne, outre la nationalité commune des époux, la résidence de l'épouse et du troisième enfant issu du mariage dans l'État dont le juge a statué, le mariage ayant lui-même été célébré dans cet État et la loi de cet État étant applicable au divorce[8]. Dans une autre affaire, il a été que la nationalité et le domicile du demandeur constituaient un lien caractérisé avec le juge saisi[9]. Laissant présager un contrôle plus lourd, un arrêt récent[10] à considéré que « *le litige se rattachait de manière caractérisée aux États-Unis, pays de la nationalité de* [l'épouse ayant

1. Civ. 9 mai 1900, *S.* 1901, I, 185, *JDI* 1900, p. 613 – Civ. 4 avr. 1906, *JDI* 1906, p. 791 – Civ. 1re, 4 févr. 1969, *Bull. civ.* I, n° 62.
2. LOUSSOUARN, BOUREL et DE VAREILLES-SOMMIÈRES, n° 504.
3. Civ. 1re, 20 févr. 2007, n° 05-14.082, Cornelissen, préc. s[s] n°s 413.20, 413.21 et 413.22.
4. Civ. 1re, 6 févr. 1985, n° 83-11.241, Simitch, *Bull. civ.* I, n° 55; *Rev. crit. DIP* 1985, 369; 243, chron. Francescakis; *JDI* 1985, p. 460, note Huet; *D.* 1985, J. 469, note Massip; IR 497, obs. Audit; *GADIP*, n° 70.
5. Civ. 1re, 6 févr. 1985, n° 83-11.241, Simitch, préc. s[s] n° 413.32.
6. CA Paris, 12 mars 1996, *D.* 1998, somm. 282, obs. Audit.
7. Civ. 1re, 15 juin 1994, n° 92-22.111, *Bull. civ.* I, n° 214; *Rev. crit. DIP* 1996, 127, note Ancel; *D.* 1994, somm. 352, obs. Audit; *Defrénois* 1995, p. 312, obs. Massip – Civ. 1re, 10 mai 2006, n° 05-15.707, *Bull. civ.* I, n° 225; *Dr. fam.* 2006, comm. 178, note Farge; *D.* 2007, pan. 1751.
8. Civ. 1re, 6 janv. 1987, *D.* 1987, 467, note Massip; *Rev. crit. DIP* 1988, 337, note Lequette; *JDI* 1988, p. 435, note Jacquet.
9. Civ. 1re, 23 janv. 2008, n° 07-11.768, NP; *Rev. crit. DIP* 2008, 636, note Ancel.
10. Civ. 1re, 30 sept. 2009, n° 08-18.769, *Bull. civ.* I, n° 192; *JCP* 2009, 439, note Devers; *Dr. fam.* 2009, comm. 166, note Abadie; *Rev. crit. DIP* 2010, 133, 4e esp., note Gaudemet-Tallon – *Adde*, M.-L. Niboyet, « L'éphémère privilège de l'article 14 du Code civil (À propos des arrêts du 30 sept. 2009 de la Cour de cassation) », *Gaz. Pal.* 28 nov. 2009, n° 332, p. 8.

saisi le juge local] *où elle réside avec ses trois enfants depuis plus de six mois et où les enfants n'ont pas été amenées en fraude des droits du père* ». La mise en exergue de ce faisceau d'indices pour démontrer une proximité avec le tribunal étranger est intéressante. La **référence combinée** à la **durée de la résidence habituelle** et à la **nationalité du demandeur** se retrouve, en effet, au sein du règlement (CE) n° 2201/2003, dit Bruxelles II *bis*, lorsqu'il s'agit de définir la compétence directe des tribunaux des États membres (règl. [CE] n° 2201/2003, art. 3). De même l'indication d'un déménagement licite des enfants vers les États Unis fait écho à l'article 8 de ce règlement accordant compétence au juge de l'état de résidence habituelle des enfants. Mais cet hommage implicite au règlement (CE) n° 2201/2003 ne doit pas égarer : il ne signifie pas que les règles françaises ou européennes de compétence directe doivent être bilatéralisées de sorte qu'elles devraient jouer pour apprécier la compétence indirecte du juge étranger (pour un égarement passager de la Cour de cassation concernant la réception des répudiations musulmanes, v. s^s^ n° 413.47). La notion de lien caractérisé retenue par l'arrêt *Simitch*[1] prend le contre-pied de cette approche et invite à **apprécier concrètement et de façon libérale la compétence indirecte du juge étranger**. Si une référence implicite a pu être faite en matière de divorce à l'article 3 du règlement (CE) n° 2201/2003, c'est vraisemblablement parce que les chefs de compétence qu'il consacre sont excessivement libéraux. Dans un ordre d'idée voisin, la considération du caractère licite du déplacement pour accepter la compétence des juges américains n'est pas une véritable transposition du règlement à l'appréciation de la compétence du juge d'un État tiers : il s'agit d'une référence à un principe général du droit des enlèvements illicites d'enfants (v. s^s^ n° 432.83). Toujours en matière de divorce, mais uniquement concernant les modalités de l'autorité parentale et la fixation de la pension alimentaire pour l'enfant commun, un arrêt d'appel a été approuvé[2] pour avoir retenu que le litige se rattachait « *de manière caractérisée aux États Unis, pays de la nationalité de* [la mère] *où elle réside avec l'enfant commun, né à New York* ».

413.45 Adoption. Un lien est caractérisé avec l'autorité nationale de l'adopté, sur le territoire duquel l'adopté est né et a son domicile[3] ou encore l'autorité de l'État de résidence soit de l'adoptant, soit de l'adopté[4].

413.46 Illustrations (absence de lien caractérisé). Le lien entre le juge et le litige n'a pas été jugé caractérisé, en matière de divorce, lorsque le seul élément retenu par les juges du fond comme rattachant le litige au pays étranger est l'applicabilité de la loi étrangère en vertu de l'article 309 du Code civil, cette loi s'étant reconnue compétente[5]. Il en va de même lorsque la compétence du juge étranger pour statuer sur le divorce ne se fonde que sur une résidence provisoire du demandeur dans l'État d'origine du jugement[6].

413.47 Tentatives de déformation du concept (répudiations). Confrontée à l'irritante question des répudiations hâtivement obtenues à l'étranger afin de torpiller une procédure en divorce ou en contribution aux charges du mariage engagée en France, pays dans lequel la famille avait sa résidence habituelle, la cour d'appel de Paris a, dans les années 1990, estimé non caractérisé le lien avec la juridiction de l'État de la nationalité commune[7]. C'était substituer une notion de lien prépondérant à celle de lien caractérisé et, ainsi, supprimer l'éventuelle option de compétence postulée par le système *Simitch*[8]. La Cour de cassation a réagi en démontrant qu'il ne faut nullement comparer la force des différents liens susceptibles de rattacher l'affaire à plusieurs États pour apprécier la compétence indirecte du juge étranger; ainsi la nationalité commune algérienne n'a pas besoin d'être prépondérante sur le domicile commun des époux en France pour fonder la compétence indirecte du juge algérien du divorce[9]. Pourtant, dix ans plus tard, la Cour de cassation a essayé de disqualifier la compétence du juge de la nationalité commune invoquée par l'auteur d'une répudiation. À cet effet, elle avait semblé indirectement attribuer à l'article 1070, alinéa 1er du Code de procédure civile le caractère d'une règle de compétence exclusive : elle énonçait que la nationalité commune algérienne des époux ne « *suffisait pas à rattacher le litige d'une manière*

1. Civ. 1re, 6 févr. 1985, n° 83-11.241, Simitch, préc. s^s^ n°s 413.32 et 413.41.
2. Civ. 1re, 16 déc. 2009, n° 08-20.305, *Bull. civ.* I; *Rev. crit. DIP* 2010, 164, note Muir-Watt; *Dr. fam.* 2010, comm. 53, note Farge.
3. CA Paris, 27 mars 1997, *Rev. crit. DIP* 1997, 732, note Muir-Watt.
4. CA Paris, 4 juin 1998, *Rev. crit. DIP* 1999, 108, note Muir-Watt.
5. Civ. 1re, 24 nov. 1993, n° 91-21.368, *Bull. civ.* I, n° 338; *Rev. crit. DIP* 1994, 367, note Ancel.
6. Civ. 1re, 5 mai 1998, n° 95-22.010, NPT; *Rev. crit. DIP* 1998, 662, note Muir-Watt.
7. CA Paris, 15 juin 1988, *D.* 1989, somm. 259, obs. Audit – CA Paris, 15 mars 1990, *D.* 1990, somm. 263, obs. Audit.
8. Civ. 1re, 6 févr. 1985, n° 83-11.241, Simitch, préc. s^s^ n°s 413.32, 413.41 et 413.44.
9. Civ. 1re, 15 juin 1994, n° 92-22.111, *Bull. civ.* I, n° 214; *Rev. crit. DIP* 1996, 127, note Ancel; *D.* 1994, somm. 352, obs. Audit; *Defrénois* 1995, p. 312, obs. Massip.

caractérisée à l'Algérie » dès lors que les intéressés étaient l'un et l'autre « *domiciliés en France* »[1]. Cette jurisprudence était inutilement sévère puisque l'exception de fraude et l'ordre public de proximité suffisent à faire échec aux répudiations en pareilles circonstances (v. s[s] n° 424.205). Elle a été logiquement abandonnée par deux arrêts qui ont clairement renoué avec la jurisprudence *Simitch*[2].

2°
Exception : existence d'une compétence française exclusive

413.51 **Rareté.** En présence d'une compétence française exclusive, la juridiction étrangère doit être considérée comme indirectement incompétente. Lorsque l'exclusivisme concerne des domaines particuliers, ils intéressent rarement le droit de la famille. Tout au plus, faut-il signaler que le juge français est seul compétent en matière de **rectification d'actes de l'état civil français**[3] ou qu'une décision édictant une **mesure d'assistance éducative**, ne pourrait recevoir effet en France, à l'égard d'un mineur « en danger » résidant en France, surtout s'il y est déjà protégé[4]. En revanche, l'exclusivisme fondé sur le désir de protéger une partie française était de portée générale de sorte qu'il a longtemps freiné l'accueil des décisions étrangères intéressant une relation familiale impliquant un Français. Il a été aujourd'hui abandonné.

413.52 **Abandon des privilèges indirects de compétence fondés sur les articles 14 et 15 du Code civil.** Jusqu'à récemment, la Cour de cassation considérait que ces textes accordaient au Français, qu'il soit demandeur (C. civ., art. 14) ou défendeur (C. civ., art. 15), une compétence française exclusive.

S'agissant de l'article 15, il en résultait qu'un Français condamné à l'étranger - même dans des conditions irréprochables - pouvait s'opposer à l'efficacité en France de la décision en dénonçant l'incompétence de la juridiction étrangère. Pour échapper au jeu du privilège indirect, l'étranger devait démontrer que le défendeur français avait renoncé au bénéfice de cet article, notamment parce qu'il avait comparu à l'étranger sans se prévaloir de son privilège de juridiction. Il avait été reproché au privilège indirect de l'article 15 d'être contraire aux exigences du procès équitable tel que prévu par l'article 6, § 1 de la Convention européenne sur les droits de l'homme[5]. La Cour de cassation avait réussi à écarter le grief au motif que la compétence exclusive n'était pas plus exorbitante que celle utilisée en l'espèce par le demandeur à l'étranger (il s'agissait de la résidence temporaire dans l'État d'origine). Reste que la Haute cour, en admettant une confrontation, opérée *in concreto*, du privilège indirect de nationalité avec les exigences européennes, avait laissé planer un doute sur le caractère systématique du rempart, fondé sur l'article 15, contre les décisions étrangères. Un important arrêt *Prieur*[6] a mis fin à l'interprétation critiquable de l'article 15 en écartant son application pour le contrôle de la compétence du juge étranger. Désormais, ce texte est impropre à remettre en cause la compétence indirecte du tribunal étranger « *dès lors que le litige se rattache d'une manière caractérisée à l'État dont la juridiction est saisie et que le choix de la juridiction n'est pas frauduleux* ».

Dans la même veine, la Cour de cassation a abandonné le caractère exclusif prêté à la compétence de l'article 14 du Code civil. Pour la Cour régulatrice, ce texte « *n'ouvre au demandeur français qu'une simple faculté et n'édicte plus à son profit une compétence impérative, exclusive de la compétence indirecte d'un tribunal étranger déjà saisi et dont le choix n'est pas frauduleux* »[7]. Si l'article 14 ne semble jamais avoir

1. Civ. 1re, 17 févr. 2004, n° 01-11.549, Abbaci, *Bull. civ.* I, n° 47; *RTD civ.* 2004, 367, obs. Marguénaud; *JDI* 2004, p. 867, note Cuniberti; *D.* 2004, 824, concl. Cavarroc; chron. Courbe, 819; *Defrénois* 2004, p. 812, note Massip; *Gaz. Pal.* 2004, somm. 569 et 3366, note Niboyet et somm. 678, note Massip; *JCP* 2004, I, 153, obs. Attal – CA Amiens, 30 juin 2004, *Dr. fam.* 2005, comm. 200, obs. Farge.
2. Civ. 1re, 28 mars 2006, n° 04-20.362, *Bull. civ.* I, n° 176; *AJ fam.* 2006, IR 247 – Et Civ. 1re, 10 mai 2006, n° 04-19.444, *Bull. civ.* I, n° 224; *Dr. fam.* 2006, comm. 178, note Farge; *AJ fam.* 2006, IR 374.
3. V. Civ. 20 févr. 1901, motifs : *Gaz. Pal.* 1901, I, 380; *JDI* 1901, p. 571; *S.* 1902, 1, 281, note Audinet.
4. V. Mayer et Heuzé, n° 375.
5. Civ. 1re, 30 mars 2004, n° 02-17.974, *Bull. civ.* I, n° 100; *JCP* 2004, II, note Egéa; *Gaz. Pal.* 2004, 1970, note Weissberg; 3-4 sept. 2004, obs. Niboyet; *Defrénois* 2004, 1235, obs. Massip; *AJ fam.* 2004, 364, obs. David; *RJPF* 2004-6/14, obs. Putman; *LPA* 23 févr. 2005, note Jault; *Rev. crit. DIP* 2005, 89, note Sinopoli.
6. Civ. 1re, 23 mai 2006, n° 04-12.777, Prieur, *Bull. civ.* I, n° 254; *GADIP*, 2006, n° 87; *D.* 2006, 1561, obs. Gallemeister; *AJ fam.* 2006, 324, obs. Boiché; *LPA* 22 sept. 2006, 10, note Courbe; *JCP* 2006, II, note Callé; *Dr. fam.* 2006, comm. 199, note Farge; *Rev. crit. DIP* 2006, 870, note Gaudemet-Tallon; *JDI* 2006, p. 1377, note Chalas – *Adde*, B. Audit, « La fin attendue d'une anomalie jurisprudentielle : retour à la lettre de l'article 15 du Code civil », *D.* 2006, 1846 – Dans le même sens : Civ. 1re, 22 mai 2007, n° 05-20.473, *Bull. civ.* I, n° 196; *D.* 2007, 1596, note Gallmeister – Civ. 1re, 6 févr. 2008, n°s 06-12.405 et 06-12.406, *Bull. civ.* I, n° 38; *Rev. crit. DIP* 2008, 644, note Muir-Watt
7. Civ. 1re, 22 mai 2007, n° 04-14.716, *Bull. civ.* I, n° 195; *JCP*, act. 258, obs. Chabert; *D.* 2007, 1596, note Gallmeister; *Dr. fam.* 2007, n° 159, obs. Farge – B. Audit, « Vers la consécration du caractère facultatif du *for* de la nationalité française du demandeur (article 14 du Code civil) ? », *D.* 2007, chron. 2548; *D.* 2008, pan. 1507; *Rev. crit. DIP* 2007, 610, note Gaudemet-Tallon; *JDI* 2007, p. 956, note Ancel et Muir-Watt

permis à un Français de contester l'autorité du jugement étranger rendu sur sa propre demande[1], le revirement a, tout de même, des conséquences, déjà signalées (v. s[s] n° 411.243), concernant l'exception de litispendance. Pour le règlement des conflits de procédures également, l'influence du revirement doit être soulignée lorsque se pose la question de savoir si l'introduction antérieure d'une instance en France fait obstacle à la reconnaissance d'une décision étrangère ayant tranché le même litige avant que le juge français n'ait eu le temps de se prononcer. Dans cette configuration, la Cour de cassation[2] a considéré que l'article 14 du Code civil invoqué par un père français ne pouvait pas faire obstacle à la reconnaissance des jugements américains ayant statué, à l'initiative de la mère américaine, sur des litiges relatifs à l'autorité parentale et à la pension alimentaire. Pour la Première chambre civile : « *Dès lors que l'article 14 du Code civil n'ouvre au demandeur français qu'une simple faculté et n'édicte pas à son profit une compétence impérative, exclusive de la compétence indirecte d'un tribunal étranger dont le choix n'est pas frauduleux, la Cour d'appel a pu en déduire que, la juridiction française fût-elle première saisie, les jugements prononcés par le juge de New York devaient être reconnus en France* ».

C.
Contrôle de l'absence de fraude

413.60 **Réserve de la fraude.** À lire les arrêts de la Cour de cassation, il apparaît que la notion de fraude se dédouble puisque la Haute juridiction subordonne la reconnaissance et l'exécution en France des décisions étrangères « *à l'absence de toute fraude à la loi* »[3] et au fait que « *le choix de la juridiction n'ait pas été frauduleux* »[4]. Il y a là une invitation à distinguer deux formes de manœuvres répréhensibles : la fraude à la loi (1°) et la fraude au jugement (2°), dont on précisera qu'elles sont identiquement sanctionnées (3°).

1°
Fraude à la loi

413.61 **Changement volontaire de la loi applicable.** Comme en matière de conflit de lois, la fraude à la loi, française comme étrangère, mérite la sanction (v. s[s] n° 412.304). C'est d'ailleurs relativement à un jugement étranger qu'elle a été définie comme « *la modification volontaire d'un rapport de droit dans le seul but de le soustraire à la loi normalement compétente* »[5]. Ses **éléments constitutifs** sont normalement identiques **en matière de conflit de lois et de juridictions.** L'hypothèse est celle des Français qui, à l'époque où le divorce était prohibé en France et soumis à la loi nationale, changeaient de nationalité et obtenaient dans le pays de leur nouvelle nationalité un jugement de divorce. Mais la jurisprudence révèle que l'élément matériel de la fraude prend souvent un relief particulier dans le contentieux de l'*exequatur* et de la reconnaissance. Souvent, l'objectif poursuivi par les parties n'exige pas un véritable changement du critère de rattachement mais seulement la **création artificielle d'une compétence étrangère.** La figure a été illustrée par un arrêt *Weiller*[6]. L'épouse française avait seulement déplacé son domicile, créant ainsi un chef de compétence au Nevada, ce qui lui avait permis d'obtenir l'application du droit du divorce du Nevada désigné par la règle de conflit de cet État, au lieu du droit français applicable aux époux français. De telles fraudes, réalisées par une **installation factice à l'étranger**, destinée à obtenir l'application d'une loi plus favorable, ont été fréquemment sanctionnées (en matière de divorce[7]).

413.62 **Autonomie de la fraude à la loi (fraude à la compétence).** Comme le montre l'arrêt *Weiller*[8], la fraude à la loi s'opère en général par la création d'une compétence artificielle. Dès lors, elle pourrait être sanctionnée sous la qualification de fraude à la compétence. Mais une telle fraude n'est pas forcément aisée à établir dans le système *Simitch*[9]. Le recours à la notion de lien caractérisé favorise les **options de compétences**; un demandeur en divorce, par exemple, peut choisir entre la juridiction française du domicile des époux et celle étrangère correspondant à leur nationalité commune. Même si ce choix a été exercé par le biais d'un court séjour à l'étranger destiné à répudier une épouse, il ne peut être remis en question *a posteriori* sur le terrain de la fraude à la compétence; d'où la suggestion de mobiliser d'autres concepts comme la **fraude à**

1. V. MAYER et HEUZÉ, n° 376.
2. Civ. 1re, 16 déc. 2009, n° 08-20.305, préc. s[s] n° 413.44.
3. Civ. 1re, 7 janv. 1964, Munzer, *Rev. crit. DIP* 1964, 344, note Batiffol; *JDI* 1964, p. 302, note Goldman; *JCP* 1964, II, 13590, note Ancel; *GADIP*, n° 41.
4. Civ. 1re, 6 févr. 1985, n° 83-11.241, Simitch, préc. s[s] n°s 413.32, 413.41, 413.44 et 413.47.
5. Civ. 1re, 17 mai 1983, Soc. Lafarge, *Rev. crit. DIP* 1985, 346, note Ancel.
6. Civ. 22 janv. 1951, Weiller, *Rev. crit. DIP* 1951, 167, note Francscakis; *JCP* 1951, II, 6151, note S. et T.; *GADIP*, n° 24.
7. Civ. 1re, 11 juill. 1977, *Rev. crit. DIP* 1978, 149, note Audit; *JDI* 1977, 880, obs. A. H. – Civ. 1re, 6 juill. 1988, Lemaire, *Rev. crit. DIP* 1989, 89, note Gaudemet-Tallon – Comp. en matière de nom, CA Paris, 1er déc. 1995, *JDI* 1997, p. 793, note Lucas.
8. Civ. 22 janv. 1951, Weiller, préc. s[s] n° 413.61.
9. Civ. 1re, 6 févr. 1985, n° 83-11.241, Simitch, préc. s[s] n°s 413.32, 413.41, 413.44, 413.47 et 413.60.

l'intensité de l'ordre public (v. s[s] n° 413.63) ou la **fraude au jugement.**

413.63 Destinée du contrôle de la fraude à la loi. Dans un système qui contrôlait la compétence de la loi appliquée, le recours à l'exception de fraude à la loi a pu sembler inutile. Pour reprendre l'affaire *Weiller*, le rejet de la décision étrangère aurait pu être exclusivement fondé sur l'incompétence de la loi appliquée au regard de la règle de conflit française. Si la fraude est néanmoins mentionnée, c'est sans doute pour stigmatiser la malice de l'épouse et ne pas seulement mettre en exergue un chef de contrôle qui marque un faible souci de la coopération internationale. Quelle est la destinée de l'exception de fraude à la loi depuis l'abandon du contrôle de la loi appliquée par l'arrêt *Cornelissen*[1] ? Augurant cet abandon, beaucoup d'auteurs considéraient qu'il entraînerait la **suppression du contrôle de la fraude à la loi au stade de l'effet des jugements** : le juge de l'efficacité ne peut constater la substitution frauduleuse d'une loi à une autre s'il ne se préoccupe pas de la loi appliquée[2].

Une telle prédiction doit être nuancée. Par le biais de l'ordre public, la fraude à la loi au sens large, entendue comme la fraude à l'ensemble du système de droit international du privé du *for*[3], doit pouvoir encore être sanctionnée. Marquant la possible fongibilité des conditions de régularité internationale, un auteur[4] a proposé le concept de **fraude à l'intensité de l'ordre public** pour stigmatiser l'attitude du mari qui, s'étant rendu dans son pays d'origine pour y répudier son épouse, entend se prévaloir de la décision étrangère en France, pays de la résidence commune, sur le fondement de la **théorie de l'ordre public atténué.** (sur la théorie de l'ordre public atténué et ses possibles détournements, v. s[s] n° 413.103). Une application implicite de cette notion est peut-être sous-jacente lorsque les juges opposent l'ordre public à des Français[5] ayant contracté un contrat de maternité de substitution à l'étranger et qui désirent voir la filiation maternelle adoptive reconnue en France (sur cette question, v. s[s] n° 431.09). Mais la jurisprudence n'a jamais, à notre connaissance, consacré explicitement la notion de fraude à l'intensité de l'ordre public; lorsque les circonstances s'y prêtent, elle préfère raisonner en termes de **fraude au jugement.**

2°
Fraude au jugement

413.71 Définition. La fraude au jugement peut se définir comme le fait d'aller plaider à l'étranger dans le dessein principal d'invoquer le jugement étranger dans le pays où l'on vit, lequel aurait refusé de prononcer une solution similaire si ses juges avaient été saisis directement[6]. Pour que cette fraude puisse être caractérisée, il faut démontrer que le fraudeur a saisi à l'étranger pour tenter d'échapper aux conséquences d'un jugement d'ores et déjà rendu ou susceptible de l'être prochainement. Dans cette dernière hypothèse, la fraude s'inscrit dans les différentes techniques susceptibles de faire échec aux conflits de procédures parallèles (v. s[s] n°s 411.201 s.).

413.72 Fraude aux jugements français et étranger. La fraude au jugement étranger mérite autant la sanction que la fraude au jugement français[7].

413.73 Antériorité de la saisine de la juridiction française (répudiations). Cette forme de fraude a souvent été utilisée pour faire échec aux répudiations migratoires; sa caractérisation suppose la démonstration d'**un élément objectif** : le juge étranger doit avoir été sollicité alors que la **juridiction française était déjà saisie** d'une action en divorce, en séparation de corps ou en contribution aux charges du mariage[8]. Pour faciliter l'accès à ce correctif, il a été suggéré de placer la saisine du juge français du divorce au jour du dépôt de la requête et non à celui de l'assignation. En d'autres termes, il faudrait reproduire ici la solution retenue, en matière de litispendance pour l'interprétation du règlement Bruxelles II *bis*[9].

1. Civ. 1re, 20 févr. 2007, n° 05-14.082, Cornelissen, préc. s[s] n°s 413.20, 413.21, 413.22 et 413.32.
2. Mayer et Heuzé, n° 391 – B. Audit, n° 468.
3. M.-L. Niboyet et G. de Gouffre de La Pradelle, n° 669.
4. I. Fadlallah, note s[s] Civ. 1re, 3 nov. 1983, *Rev. crit. DIP* 1984, 336.
5. CA Paris, 26 févr. 2009, 1re ch., sect. C, *Dr. fam.* 2009, comm. 75, note Murat – CA Paris, 18 mars. 2010, 1re ch., sect. C, (rendu après cassation par Civ. 1re, 17 déc. 2008, n° 07-20.248), *D.* 2010, 1210, obs. Egéa) – M. Farge, *Dr. fam.* 2010, chron. à paraître, préc. s[s] n° 413.22
6. Mayer et Heuzé, n° 393.
7. CA Paris, 10 juin 1972, *D.* 1973, J. 296, concl. Cabannes; *JDI* 1974, p. 150, note Deby-Gérard (où l'époux voulait faire échec à un jugement syrien).
8. Civ. 1re, 1er mars 1988, *Bull. civ.* I, n° 35; *D.* 1988, 466, note Massip; *Rev. crit. DIP* 1989, 721, note Sinay-Cytermann; *Defrénois* 1988, art. 34255, note Massip – Civ. 1re, 6 juin 1990, n° 88-15.008, *Bull. civ.* I, n° 138; *D.* 1990, somm. 263, obs. Audit; *Rev. crit. DIP* 1991, 593, 1re esp., note Courbe – Civ. 1re, 28 mars 2006, n° 03-18.934, *Bull. civ.* I, n° 177; *Dr. fam.* 2006, comm. 178, 1re esp., note Farge; *RJPF* 2006-6/19, p. 15, obs. Garé – v. aussi, Civ. 1re, 17 janv. 2006, n° 04-14.236, *Bull. civ.* I, n° 17; *D.* 2006, 1666, note Cornut; *RJPF* 2006-4/23, p. 16, obs. Garé.
9. M. Farge, note s[s] CA Paris, 14 sept. 2006 – Et Civ. 1re, 12 déc. 2006, n° 04-11.088, *Bull. civ.* I n° 537; *Dr. fam.* 2007, comm. 136; *AJ fam.* 2007, IR 226; *D.* 2007, 780, note Mahinga.

L'existence de cette circonstance objective ne semble pas dispenser d'une **appréciation subjective** puisque la fraude s'apparente avant tout à un comportement, dont la finalité particulière est précisée par la Cour de cassation : échapper aux conséquences du jugement français à venir. Cet élément subjectif a fait l'objet d'une définition affinée dans un arrêt du 30 septembre 2009 : en l'occurrence la Cour de cassation a considéré que l'exception de fraude ne pouvait pas être opposée à la reconnaissance d'un jugement américain de divorce. Le mari français avait saisi le juge français du divorce antérieurement à la saisine par sa femme américaine d'un juge au Massachusetts; la justice américaine avait été rapide de sorte qu'elle avait produit un jugement définitif de divorce alors que la procédure parallèle était encore pendante en France. L'élément objectif lié à l'ordre des saisines permettait *a priori* de conclure à une fraude au jugement français à venir. Elle a néanmoins été écartée au motif que le litige avait un lien caractérisé avec les États Unis et « *qu'il n'était pas prouvé que l'épouse aurait saisi frauduleusement le juge de son lieu de résidence pour tirer un bénéfice supérieur à celui procuré par le juge français* »[1]. Ainsi conçue, la fraude au jugement paraît être largement subordonnée à la **preuve d'une absence d'équivalence ou de fongibilité entre la justice étrangère saisie et son homologue française.** Cette absence d'équivalence devrait principalement être mesurée au regard des solutions substantielles auxquelles sont susceptibles d'aboutir les deux ordres juridiques. Cet arrêt paraît confirmer l'analyse d'un auteur qui observait que, pour les répudiations musulmanes, « *c'est moins le comportement prétendument frauduleux du mari que la teneur même des décisions étrangères* »[2] qui doivent susciter le rejet par l'ordre juridique français.

3°
Sanction de la fraude

413.81 Inefficacité. Qu'il s'agisse de fraude à la loi, à la compétence ou au jugement, la sanction réside dans l'inefficacité du résultat obtenu par le comportement frauduleux. Autrement dit, la décision étrangère ne pourra ni être reconnue ni, *a fortiori*, produire d'effet en France.

1. Civ. 1re, 30 sept. 2009, n° 08-18.769, préc. ss n° 413.44; *JCP* 2009, 439, note Devers; *Dr. fam.* 2009, comm. 166, note Abadie; *Rev. crit. DIP* 2010, 133, 4e esp., note Gaudemet-Tallon – *Adde*, M.-L. Niboyet, « L'éphémère privilège de l'article 14 du Code civil (À propos des arrêts du 30 sept. 2009 de la Cour de cassation) », *Gaz. Pal.*, 28 nov. 2009, n° 332, p. 8.
2. L. Gannagé, *La hiérarchie des normes et des méthodes en droit international privé*, th. Paris II, 2001, p. 209, n° 301.

D.
Contrôle de la conformité à l'ordre public international français

413.90 Division. L'arrêt *Bachir*[3] a supprimé le contrôle de la régularité de la procédure selon la loi étrangère. Elle n'est plus vérifiée que « *par rapport à l'ordre public international français et au respect des droits de la défense* ». Un ordre public procédural (1°) coexiste depuis cet arrêt avec un ordre public substantiel (2°).

1°
Ordre public procédural

413.91 Notion. Il s'agit de protéger les principes fondamentaux de la procédure, en particulier ceux qui permettent d'assurer un **exercice effectif des droits de la défense.** L'ordre public procédural risque de jouer un rôle croissant en raison de la vitalité du droit à un procès équitable posé par l'article 6 de la Convention européenne sur les droits de l'homme. La Cour européenne, elle-même, y est attentive puisqu'elle a déjà jugé contraire aux exigences de la Convention européenne la procédure canonique suivie par la *Rote* romaine, de sorte qu'elle a condamné l'Italie pour avoir accordé l'*exequatur* à une décision « romaine » d'annulation[4].

La condition de conformité à l'ordre public procédural ne peut pas être tempérée par la théorie de l'effet atténué (sur laquelle, v. ss n° 412.431) : rien ne vient atténuer l'effet de l'ordre public, car « *le droit acquis* » ne mérite pas de protection en raison des vices de la procédure ayant permis « *son acquisition* »[5].

413.92 Introduction de l'instance. Pour satisfaire aux exigences de l'ordre public, il faut que le jugement soit rendu au terme d'une procédure ayant permis, dès son origine[6] (ainsi d'une décision étrangère rendue en appel en l'absence d'assignation ou d'acte équivalent au début de la première instance), au défendeur de faire valoir ses droits (v. cep., dans le cas particulier d'une réévaluation d'une pension alimentaire par application d'un barème légal[7]). Fréquemment la Cour de cassation a fait échec à des répudiations musulmanes pro-

3. Civ. 1er oct. 1967, *Rev. crit. DIP* 1968, 98, note Lagarde; *JDI* 1969, p. 102, note Goldman; *D.* 1968, 95, note Mezger; *JCP* 1968, II, 15634, note Sialelli; *GADIP*, n° 45.
4. CEDH 20 juill. 2001, req. n° 30882/96, Pellegreni c/Italie, *Rec CEDH* 2001-VIII; *RTDH* 2002, p. 263, note Costa; *Gaz. Pal.* 2002, 2, doctr. 1157, chron. Sinopoli.
5. Mayer et Heuzé, n° 384.
6. V. Civ. 1re, 23 janv. 1996, n° 94-12.419, *Bull. civ.* I, n° 35.
7. Civ. 1re, 13 oct. 1992, n° 90-13.401, *Bull. civ.* I, n° 247; *Rev. crit. DIP* 1995, 68, 1re esp., note Boureli.

noncées à la demande du mari « *hors la présence de l'épouse non appelée à la procédure* »[1].

Le défendeur doit avoir été **réellement et loyalement assigné**[2] et avoir pu faire valoir ses **moyens de défense**[3]. Mais, sans surprise, la Cour de cassation a précisé que la décision étrangère est conforme à l'ordre public lorsque « *la procédure non contradictoire suivie à l'étranger n'est que la conséquence de la carence de* [l'épouse] »[4].

413.93 Notification du jugement et voies de recours. Le jugement étranger ne pourra pas être accueilli si sa notification n'a pas eu lieu dans des conditions telles que la partie condamnée a pu en prendre connaissance afin notamment d'exercer les voies de recours prévues par le droit du *for* d'origine. En présence d'une notification d'un jugement étranger, rendu pas défaut et faite uniquement par courrier simple, la Cour de cassation a considéré que la procédure étrangère ne garantissait pas suffisamment les droits de la défense[5], le courrier n'ayant pas atteint le destinataire. En revanche, le seul fait que la notification n'indique pas les voies de recours ouvertes dans l'État d'origine, lorsque le défendeur a eu connaissance de l'instance à l'étranger, ne caractérise pas l'atteinte à l'ordre public[6]. De même une notification à un défendeur français d'une décision provisoire anglaise de divorce rendue par défaut et non accompagnée d'une traduction en langue française ne provoque pas une violation de l'ordre public procédural dès lors que le défendeur ou ses conseils avaient parfaitement suivi l'affaire et « *avaient une complète et exacte connaissance de* [la] *teneur* » de l'assignation et des documents qui leur avaient été adressés, six mois avant que ne soit rendue l'ordonnance provisoire[7].

413.94 Élaboration du jugement. Si la Cour de cassation a affirmé que « *l'impartialité du juge est une exigence d'ordre public international* »[8], elle a également fixé des exigences concernant l'élaboration proprement dite des jugements étrangers. S'agissant de la motivation, « *est contraire à la conception française de l'ordre public international la reconnaissance d'une décision étrangère non motivée lorsque ne sont pas produits des documents de nature à servir d'équivalent à la motivation défaillante* »[9]. A été jugé conforme à l'ordre public une décision motivée en se référant aux motifs de la requête comme l'autorise la procédure anglaise lorsque le défendeur est volontairement défaillant[10]. Quant au mode de preuve retenu, les jugements étrangers ayant accueilli une action à fin de subsides ou une action en recherche de paternité naturelle en se fondant sur les seules déclarations de la mère ont été écartés au nom de l'ordre public international[11] à moins que ces déclarations n'aient été corroborées par d'autres présomptions[12]. L'étroite liaison entre la preuve et le fond en matière de filiation aurait pu justifier d'évoquer cette jurisprudence au titre de l'ordre public substantiel.

2°
Ordre public substantiel

413.101 Description. L'ordre public substantiel auquel le jugement étranger est confronté a un contenu identique à celui qui a été précisé à propos du conflit de lois; il s'agit, là encore, d'assurer la cohésion de la société du *for* en défendant certaines valeurs à portée universelle ou certaines politiques législatives (v. s[s] n° 412.412). La jurisprudence fait aussi entrer sous le manteau de l'ordre public l'absence de contrariété de la décision étrangère à une décision française ou étrangère passée en force de chose jugée (v. s[s] n° 413.102)[13].

1. Civ. 1re, 25 oct. 2005, n° 03-17.893, *Bull. civ.* I, n° 380; *RJPF* 2006-1/18, p. 17, obs. Garé – Civ. 1re, 17 févr. 2004, n° 02-15.766, *Bull. civ.* I, n° 49; *Rec. CJCE*, p. 431; *Dr. fam.* 2004, chron. 9, obs. Pringent; *D.* 2004, 824, concl. Cavarroc; *D.* 2004, 815, obs. Courbe; *Gaz. Pal.* 2004, 569, note Niboyet; *RTD civ.* 2004, 367, obs. Marguénaud – Civ. 1re, 3 mai 2000, n° 97-20.930, NPT – Civ. 1re, 5 janv. 1999, n° 96-14.535, *Bull. civ.* I, n° 7; *Dr. fam.* 2000, comm. 54, note Fulchiron; *D.* 1999, 671, note Agostini; *JCP* 2001, I, 293, n° 4, obs. Farge – Civ. 1re, 27 janv. 1998, n° 95-14.453, NPT – Civ. 1re, 19 déc. 1995, n° 93-19.950, *Bull. civ.* I, n° 469 – Civ. 1re, 1er juin 1994, n° 92-13.523, *Bull. civ.* I, n° 192; *D.* 1995, 263, note Massip; *Rev. crit. DIP* 1995, 103, 2e esp., note Déprez.
2. Req. 11 nov. 1908, *DP* 1914, 1, p. 118, rapp. Denis; *S.* 1909, 1, p. 572; *JDI* 1909, p. 753; *Rev. crit. DIP* 1909, 217 – Civ. 1re, 5 mai 1998, n° 95-22.010, NPT.
3. Civ. 1re, 6 juin 1990, n° 88-15.008, *Bull. civ.* I, n° 138; *Rev. crit. DIP* 1991, 593, 1re esp., note Courbe.
4. Civ. 1re, 10 mai 2006, n° 04-19.988, *Bull. civ.* I, n° 223; *RJPF* 2006-9/29, p. 17, obs. Garé.
5. Civ. 1re, 13 juin 1978, n° 77-10.518, *Bull. civ.* I, n° 225.
6. Civ. 1re, 13 oct. 1992, n° 90-13.401, *Bull. civ.* I, n° 247; *Rev. crit. DIP* 1995, 68, note Ancel – Civ. 1re, 10 juill. 1996, n° 94-17.765, *Bull. civ.* I, n° 310; *Rev. crit. DIP* 1997, 85, note Muir-Watt; *D.* 1996, IR 210.
7. Civ. 1re, 23 janv. 2008, n° 07-11.768, NP; *Rev. crit. DIP* 2008, 636, note Ancel.
8. Civ. 1re, 3 déc. 1996, n° 94-20.986, *Bull. civ.* I, n° 427; *Rev. crit. DIP* 1997, 328, note Muir-Watt; *D.* 1997, IR 12.
9. Civ. 1re, 9 oct. 1991, 1re esp., n° 90-13.449, *Bull. civ.* I, n° 251; *Rev. crit. DIP* 1992, 516, note Kessedjian.
10. Civ. 1re, 23 janv. 2008, n° 07-11.768, préc. s[s] n° 413.93.
11. Civ. 1re, 19 déc. 1973, *Rev. crit. DIP* 1974, 534, note Wiederkehr; *JDI* 1974, p. 616, obs. Huet; *D.* 1974, 661, note Mezger – Civ. 1re, 18 mai 1976, *JDI* 1977, p. 485, obs. Huet; *Rev. crit. DIP* 1978, 351, note Simon-Depitre et Foyer.
12. Civ. 1re, 27 oct. 1981, n° 80-13.851, *Bull. civ.* I, n° 308 – Civ. 1re, 2 déc. 1992, n° 90-21.448, *Bull. civ.* I, n° 296.
13. Civ. 1re, 15 mai 1963, Patino, *GADIP*, n° 38; *JCP* 1963, II, 13365, note Motulsky; *Rev. crit. DIP* 1964, 532, ▶

La thèse de l'appréciation *in concreto* de l'ordre public trouve ici ses principales illustrations car c'est une norme concrète, le jugement étranger, et non la loi étrangère abstraitement considérée, qui est ou non contraire à l'ordre public[1] (v. s^{s} n° 412.422).

413.102 Fonctions. Selon la distinction binaire habituellement retenue[2], l'ordre public peut être mobilisé pour la défense aussi bien des **grands principes ou valeurs françaises ou européennes** que de certaines **politiques législatives françaises.** Quand il intervient dans cette seconde fonction, il est pas possible que la solution retenue par la décision étrangère compte de nombreux partisans dans l'opinion française. Son rejet, *via* l'ordre public, n'en serait pas moins nécessaire pour éviter l'effet subversif que présenterait la reconnaissance d'une décision étrangère plus libérale; rejeter la décision étrangère éviterait alors d'accréditer l'idée qu'une autre politique législative, opposée à celle en vigueur en France, est concevable. Cette présentation est classique tout comme il est usuel d'affirmer que les interventions de l'ordre public dans cette fonction se raréfieraient[3] en raison des convergences des législations occidentales autour d'une politique familiale fondée sur l'égalité et la liberté sous réserve d'un minimum de solidarité au sein de la cellule familiale. Si l'ordre public intervenait encore en matière familiale, ce ne serait plus que pour défendre des grands principes à vocation universelle contrariés par des décisions, principalement d'origine musulmane, fondées sur un autre socle de valeurs. Ce constat mérite d'être relativisé. Même au sein de la communauté des droits occidentaux, il existe des différences saillantes de politiques concernant l'accès au mariage, à la procréation médicalement assistée ou à l'adoption, particulièrement lorsqu'il est question des « familles » homosexuelles. Plusieurs décisions révèlent qu'il existe encore aujourd'hui des politiques législatives dont la défense provoque l'intervention de l'ordre public. Cette intervention est énergique puisque ni la considération de l'intérêt de l'enfant (v. déjà, à propos de l'impossible métamorphose des *kafalas* musulmanes en adoption, s^{s} n° 410.73) ni celle, éventuellement, du faible enracinement de la situation familiale en France ne viennent adoucir la défense des orientations législatives françaises. En présence d'un couple de lesbiennes vivant aux États Unis, il a été jugé que l'adoption par la partenaire française de l'enfant de sa compagne américaine ne pouvait pas être reconnue en France[4]. De même l'ordre public s'est opposé à l'*exequatur* d'une décision étrangère ayant prononcé l'adoption d'un enfant guinéen par deux concubins[5]. En présence d'un tourisme procréatif consistant pour des Français à recourir à une maternité de substitution à l'étranger, la cour d'appel de Paris a opposé l'ordre public à la reconnaissance de jugement étranger conférant à la mère française d'intention la qualité de mère légale[6].

Reste à se demander si cette **protection des politiques législatives nationales par le biais de l'exception d'ordre public** au sens du droit international restera encore longtemps possible. Il y a lieu d'en douter dès lors que l'intégration progressive au sein du même ordre public de certaines valeurs supranationales - considération primordiale de l'intérêt de l'enfant, droit à une vie familiale normale, droit à la non-discrimination entre enfants adoptés - peut être invoquée en faveur de la reconnaissance des décisions étrangères plus libérales.

413.103 Ordre public atténué. S'agissant par hypothèse de reconnaître des droits acquis à l'étranger, l'ordre public n'intervient que dans son effet atténué. Cette théorie ayant déjà été exposée (v. s^{s} n° 412.431), on rappellera seulement qu'elle n'a jamais signifié un effacement total de l'ordre public international. Nonobstant l'effet atténué, la jurisprudence a refusé l'accueil d'un jugement étranger de divorce fondé sur la notion de puissance maritale[7] ou d'un jugement étranger attribuant la garde de l'enfant en fonction de son âge et du sexe

► note Lagarde; *JDI* 1963, 1016, note Malaurie – *Adde*, Civ. 9 mai 1900, De Wrède, *GADIP*, n° 10 – Civ. 5 avr. 1960, *D.* 1960, 717, note Holleaux – Civ. 8 janv. 1963, *Rev. crit. DIP* 1963, 109, note Holleaux.

1. Il arrive que la Cour de cassation conforte le juge du fond qui a procédé à une appréciation *in abstracto* de la norme étrangère – Pour l'affirmation qu'un jugement marocain de divorce rendu sur le fondement du nouveau droit marocain de la famille ne pourra pas être reconnu en France : Civ. 1re, 4 nov. 2009, n° 08-20.574, *Bull. civ.* I, n° 217; *JCP* 2009, 477, obs. Devers; *Dr. fam.* 2010, comm. 13, note Abadie.
2. Loussouarn, Bourel et De Vareilles-Sommières, n° 254 – Pour une présentation sous forme de triple fonction, v. Mayer et Heuzé, n° 200.
3. V. Audit, n° 261.
4. CA Paris, 9 oct. 2008, 1re ch., sect. C, n° 07/12218, *AJ fam.* 2008, 475, note Chénedé.
5. En présence d'une adoption guinéenne de toute manière inacceptable car prononcée sans que le juge local s'assure du consentement du concubin, v. CA Pau, 26 janv. 2004, *Dr. fam.* 2004, comm. 214
6. CA Paris, 26 févr. 2009, 1re ch., sect. C, *Dr. fam.* 2009, comm. 75, note Murat – CA Paris, 18 mars. 2010, 1re ch., sect. C, (rendu après cassation par Civ. 1re, 17 déc. 2008, n° 07-20.248), *D.* 2010, 1210, obs. Egéa) – M. Farge, *Dr. fam.* 2010, chron. à paraître, préc. s^{s} n°s 413.22 et 413.63 – comp. CA Paris, 27 oct. 2007, préc. s^{s} n° 413.22 – Arrêt cassé par Civ. 1re, 17 déc. 2008, n° 06-19.125, préc. s^{s} n° 413.22.
7. CA Poitiers, 24 juill. 1980, *JDI* 1981, p. 567, note Labrusse.

du gardien, sans exiger la prise en compte de l'intérêt de l'enfant[1]. On sait aussi que la théorie de l'ordre public atténué - adoptée lorsque le juge français rencontrait des situations juridiques constituées de longue date à l'étranger et qui étaient portées à sa connaissance en raison de migrations exceptionnelles - s'est révélée trop simpliste pour faire face à la facilité avec laquelle les étrangers sédentarisés en France pouvaient aujourd'hui se rendre dans leur pays d'origine pour accéder à des institutions - polygamie, répudiation - dont la reconnaissance en France est difficilement concevable. D'où le recours croissant à la théorie de l'ordre public de proximité.

413.104 Ordre public de proximité. Le déclenchement de l'ordre public est aujourd'hui fréquemment fonction de la plus ou moins grande intensité des liens entretenus par la situation avec la France. La Cour de cassation n'hésite pas à mettre en œuvre ce facteur de relativité lorsque la valeur défendue est, *a priori*, universelle, car puisée dans la Convention européenne de sauvegarde des droits de l'homme. Le contentieux de l'accueil des répudiations musulmanes en fournit l'illustration. Après avoir beaucoup tergiversé, la Cour de cassation s'est fixée pour affirmer que « *la décision constatant une répudiation unilatérale du mari* [est] *contraire au principe d'égalité des époux lors de la dissolution du mariage* » prévu à l'article 5 du protocole du 22 novembre 1984, additionnel à la Convention européenne de sauvegarde des droits de l'homme, dès lors que « *la femme, sinon même les deux époux, étaient domiciliés sur le territoire français* »[2] ou que « *les époux, domiciliés en France, avaient tous deux la nationalité française qui, seule, pouvait être prise en compte par la juridiction française* »[3].

1. Civ. 1re, 30 janv. 1979, *Rev. crit. DIP* 1979, 629, note Lequette; *JDI* 1979, p. 393, note Mayer; *D.* 1979, IR 460, obs. Audit.
2. Civ. 1re, 17 févr. 2004, n° 01-11.549, n° 02-11.618, 2 esp., *Bull. civ.* I, n° 47 et n° 48; *Dr. fam.* 2004, chron. 9, obs. Prigent; *D.* 2004, 824, concl. Cavarroc; *D.* 2004, 815, obs. Courbe; *D.* 2005, 1266, obs. Chanteloup; *JCP* 2004, II, 10128, note Fulchiron; *Defrénois* 2004, p. 812, note Massip; *Gaz. Pal.* 2004, 567, note Niboyet; *Dr. et patr.* avr. 2004, p. 124, note Monéger; *RTD civ.* 2004, 367, obs. Marguénaud; *Rev. crit. DIP* 2004, 423, note Hammje; *LPA* 5 août 2004, 14, note Péroz – V. ég. Civ. 1re, 10 mai 2006, n° 05-15.707, *Bull. civ.* I, n° 225; *Dr. fam.* 2006, comm. 178, 2e arrêt, note Farge; *AJ fam.* 2006, 374, note Boiché; *RJPF* 2006-9/29, p. 17, obs. Garé.
3. Civ. 1re, 22 mai 2007, n° 06-10.433, NP; *Dr. fam.* 2007, comm. 157 – Comp. plus hésitant sur l'influence de la nationalité française : Civ. 1re, 20 sept. 2006, n° 05-20.507, *Bull. civ.* I, n° 406; *RJPF* 2006-12/24, p. 13, obs. Meyzeaud-Garaud; *Dr. fam.* 2007, comm. 95 (1re esp.), note Farge.

413.105 Appréciation de la proximité. La mesure de la proximité avec l'ordre juridique français peut susciter des hésitations.

Tel est le cas s'agissant des répudiations musulmanes : les liens de la situation avec la France doivent-ils être appréciés au jour de la répudiation prononcée à l'étranger ou au jour où sa reconnaissance est discutée en France ? La première solution doit être retenue si on considère qu'une femme ne doit pas pouvoir remettre en cause une répudiation survenue des années avant son installation sur le territoire français, à une époque où elle n'avait aucun lien avec la société française. Pour l'heure, la Cour de cassation n'a jamais eu l'occasion de confirmer cette analyse.

Tel est également le cas s'agissant de l'établissement de la filiation maternelle en présence d'une maternité de substitution contractée par un couple de français à l'étranger. Si le lien avec la France doit être apprécié au regard des « commanditaires » français et résidant en France, l'exigence de proximité ne fait guère de doute. Mais si l'on considère qu'il faut, prioritairement, prendre en considération la situation de l'enfant, l'abstention de l'ordre public pour cause de non-proximité peut être soutenue dès lors qu'« *on ne peut écarter le fait qu'il a été conçu, porté et qu'il est né dans le pays qui a créé juridiquement sa situation* »[4].

413.106 Effet de l'ordre public (*exequatur* partiel). Contraire à l'ordre public, le jugement étranger n'aura normalement aucun effet en France. Il peut arriver, néanmoins, que seul un chef de son dispositif paraisse contraire aux principes français. Il est alors admis qu'il puisse recevoir un *exequatur* partiel. Tel est le cas d'un jugement de divorce qui reçoit l'*exequatur* quant à son dispositif relatif à la dissolution du lien matrimonial, mais dont les mesures concernant la garde des enfants sont jugées contraires à l'ordre public pour ne pas avoir apprécié concrètement l'intérêt de l'enfant[5]. En pareille situation, l'un des ex-époux divorcés devra saisir une juridiction française pour qu'il soit statué sur la garde. Dans la même ligne, une décision a accordé l'*exequatur* à un jugement étranger d'adoption, sauf quant à sa partie relative au nom de l'enfant estimée contraire à l'ordre public[6].

4. Lagarde note ss Civ. 1re, 17 déc. 2008, *Rev. crit. DIP* 2009, 320 s., spéct 331.
5. Civ. 1re, 30 janv. 1979, *JDI* 1979, p. 393, note Mayer; *Rev. crit. DIP* 1979, 629, note Lequette – CA Paris, 13 juill. 1979, *Rev. crit. DIP* 1981, 698, note Santa-Croce.
6. CA Paris, 1er juill. 1970, *Rev. crit. DIP* 1970, 718, note Foyer.

E. Absence d'inconciliabilité avec un autre jugement ou une autre procédure

413.111 Suggestion doctrinale. Une partie de la doctrine[1] suggère la consécration d'une quatrième condition d'efficacité fondée sur l'absence d'inconciliabilité de la décision étrangère avec un jugement français déjà rendu ou avec un jugement étranger déjà reconnu efficace en France ou, enfin, avec une procédure antérieurement engagée en France. Empruntée au droit européen, la notion d'« inconciliabilité » est plus large que celle de « contrariété » qui évoque l'exception de chose jugée. Pour cette doctrine, « *des décisions sont inconciliables quand elles ne sont pas susceptibles d'une exécution simultanée; leur inconciliabilité s'apprécie au stade de leurs conséquences et non de leur cause* »[2]. L'avantage de ce concept est qu'il est opérant même lorsque deux jugements sont seulement incompatibles parce que l'un ordonne le versement d'une contribution aux charges du mariage et que l'autre prononce le divorce entre les mêmes époux. En cas d'inconciliabilité, il conviendrait, notamment pour moraliser les procédures internationales, de retenir un **critère chronologique et objectif.** La règle *prior tempore* devrait alors donner primauté au jugement le premier en date, même s'il serait souhaitable de préférer au critère de la date des jugements celui de l'ordre des saisines[3]. Ces principes de solution pourraient néanmoins être écartés en présence de jugement revêtu d'une autorité provisoire, comme les jugements rendus en matière de garde[4].

413.112 Jurisprudence. À notre connaissance, la Cour de cassation n'a pas transposé la notion européenne d'inconciliabilité concernant l'efficacité des jugements rendus dans des États tiers. Comme on l'a déjà signalé (v. s^s^ n° 413.101), un arrêt *Patino*[5] a résolu la difficulté sous l'angle du contrôle de la conformité à l'ordre public international français. La reconnaissance d'un jugement étranger de divorce contraire à un jugement français antérieur, déjà revêtu de l'autorité de la chose jugée, a été jugée incompatible avec l'ordre public international. Au-delà de cette référence d'ailleurs discutée à l'ordre public international[6], l'arrêt a-t-il consacré le critère de la décision la plus ancienne ou seulement voulu assurer la primauté du jugement du *for* ? Un arrêt ultérieur plaide en faveur de la première branche de l'alternative puisqu'en matière de divorce également, il a fait prévaloir le jugement étranger sur le jugement du *for* rendu postérieurement[7].

Cette approche en termes d'antériorité du jugement paraît poussée à l'extrême par la Cour de cassation dans l'hypothèse où une décision étrangère a été rendue alors qu'une instance était pendante devant la juridiction française première saisie. Dans deux affaires[8], la Cour régulatrice, approuvant les juges du fond pour avoir considéré que les litiges présentaient un lien caractérisé avec la juridiction étrangère et que sa saisine, postérieure à celle du juge français, n'était pas frauduleuse, a admis l'efficacité des décisions étrangères et corrélativement la caducité des procédures engagées en France. En réalité ces arrêts contredisent la méthode objective fondée sur la chronologie. À suivre celle-ci, il fallait dans cette configuration prendre en considération l'ordre des saisines, laquelle considération aurait abouti à faire prévaloir les procédures antérieurement engagées en France sur la reconnaissance des décisions étrangères[9].

§ 2 Droit conventionnel et règlements européens

413.121 Allégement des conditions de régularité. Longtemps ces conditions ont pu paraître nombreuses et sévères en droit commun. Cette impression est aujourd'hui atténuée avec la suppression du contrôle de la loi appliquée et des privilèges indirects de juridiction fondés sur les articles 14 et 15 du Code civil. Par ailleurs, le droit commun est souvent écarté en raison de l'existence de conventions supranationales et de règlements européens qui proposent généralement des solutions

1. NIBOYET et DE GOUFFRE DE LA PRADELLE, n° 670 s.
2. NIBOYET et DE GOUFFRE DE LA PRADELLE, n° 673.
3. NIBOYET et DE GOUFFRE DE LA PRADELLE, n° 673.
4. V. DÉJÀ, considérant que le conflit avec un jugement rendu postérieurement en France doit se résoudre, en matière de garde, en faveur de ce dernier : Civ. 1re, 24 sept. 2002, et 27 avr. 2004, *Rev. crit. DIP* 2004, 610, note M.-W.; *Gaz. Pal.* 2004, p. 37, note Niboyet – COMP. règl. (CE) n° 2201/2003, dit « Bruxelles II *bis* », art. 47.
5. Civ. 1re, 15 mai 1963, Patino, préc. s^s^ n° 413.101.
6. Civ. 1re, 15 mai 1963, Patino, préc. s^s^ prés^t^ n°; *GADIP*, n° 38, spéc. p. 339 s., note Ancel et Lequette.
7. Civ. 1re, 9 janv. 1996, *Rev. crit. DIP* 1996, 719, note Muir-Watt.
8. Civ. 1re, 30 sept. 2009, n° 08-18.769, préc. s^s^ n°s 413.44 et 413.73 – Civ. 1re, 16 déc. 2009, n° 08-20.305, préc. s^s^ n° 143.44 et 413.52.– *Adde*, déjà EN CE SENS : Civ. 1re, 6 mars 1979, n° 77-13.179, *Bull. civ.* I, n° 80.
9. V. antérieurement EN CE SENS l'arrêt Negretto : Civ. 1re, 10 mars 1914, *Rev. crit. DIP* 1914, 449; *D.* 1917, I, 137, note Valéry (refusant de « *rendre exécutoire en France un jugement italien qui pourrait être contraire à celui que devrait prononcer l'un de nos tribunaux déjà saisi de la même contestation* »).

plus libérales. Ainsi la France a conclu de nombreuses conventions bilatérales destinées à faciliter la circulation des jugements (par ex. avec l'Algérie[1], le Brésil[2], le Maroc[3], la Pologne[4], la Tunisie[5], *etc.*); elle est également partie à plusieurs conventions multilatérales, notamment une convention signée à La Haye le 2 octobre 1973, entrée en vigueur le 1er octobre 1977, sur la reconnaissance des jugements en matière d'obligations alimentaires. Entre les États membres de l'Union, l'accueil des décisions a largement été allégé au nom du principe de confiance mutuelle dans le règlement (UE) n° 2201/2003, du 27 nov. 2003, dit « Bruxelles II *bis* » et le règlement (UE) n° 44/2001, du 22 décembre 2000, dit « Bruxelles I » (en matière de divorce, v. ss nos 424.10 s. - de prestation compensatoire, v. ss nos 423.101 s. - de responsabilité parentale, v. ss nos 434.20 s.).

413.122 Difficultés. Pour savoir si une décision étrangère est efficace, le praticien doit prioritairement rechercher si elle fait l'objet d'un **régime de reconnaissance prévu par une norme supranationale.** Cette quête est fastidieuse car ni les pouvoirs publics ni les éditeurs privés ne proposent de recueil exhaustif réunissant les différents instruments susceptibles d'être applicables (v. heureusement les nombreux sites cités, ss n° 410.08). Par ailleurs, la multiplication de ces normes provoque des **conflits de conventions,** ou des **conflits entre convention et règlement,** qui sont malaisés à résoudre[6] (en matière de divorce, v. ss n° 423.42).

SECTION 2
MANIFESTATIONS DE L'EFFICACITÉ

413.130 Division. En droit de la famille, il est de longue date admis que certains jugements étrangers puissent constituer une chose jugée en France. Ils disposent donc d'une autorité (§ 1). La force exécutoire est soumise à des procédures particulières (§ 2).

§ 1
Autorité des jugements étrangers

413.140 Division. Les jugements étrangers relatifs à l'état et à la capacité des personnes ont en France une autorité de chose jugée avant et hors de toute procédure d'*exequatur*. Ils sont reconnus de plein droit (A). Mais ils ont en réalité une autorité seulement provisoire puisqu'ils sont susceptibles d'un contrôle de régularité (B) au regard des conditions précédemment envisagées (v. ss n° 413.20).

A.
Reconnaissance de plein droit

413.141 Affirmation de l'autorité immédiate. À partir de 1860, la Cour de cassation a admis que les jugements rendus en matière de **capacité et d'état des personnes** ont *de plano*, c'est-à-dire de plein droit, autorité en France, à condition d'être réguliers, et peuvent donc y être invoqués sans être revêtus de l'*exequatur*. Dans l'arrêt *Bulkley*[7], cette reconnaissance a permis à une Hollandaise, divorcée aux Pays-Bas, de se marier en France sans demander préalablement l'*exequatur* du jugement de divorce. Il lui a suffi de présenter à l'officier de l'état civil français un acte de l'état civil étranger mentionnant le divorce pour justifier de la dissolution de son premier mariage. La règle a été ensuite appliquée à un **jugement étranger prononçant la nullité d'un mariage.** À cette occasion, la Cour de cassation a justifié l'effet à l'égard de tous des jugements d'état en proclamant : « *L'état des personnes ne peut pas demeurer incertain* »[8]. La solution a été reproduite pour des déclarations judiciaires de paternité[9]. Elle a été formulée sous la forme d'un principe revêtu d'une exception dans un arrêt *Hainard* : « *Les jugements rendus par un tribunal étranger relativement à l'état et à la capacité des personnes produisent leurs effets indépendamment de toute déclaration d'exequatur, sauf les cas où ces jugements doivent donner lieu à des actes d'exécution matérielle sur les biens ou de coercition sur les personnes* »[10].

1. Conv. franco-algérienne, 27 août 1964, relative à l'*exequatur* et à l'extradition.
2. Conv. franco-brésilienne, 30 janv. 1981, de coopération judiciaire en matière civile, commerciale, sociale et administrative.
3. Conv. franco-marocaine, 5 oct. 1957, d'aide mutuelle, d'*exequatur* des jugements et d'extradition, et Conv. franco-marocaine, 10 août 1981, relative au statut des personnes et de la famille et à la coopération judiciaire.
4. Conv. franco-polonaise, 5 avr. 1967, relative à la loi applicable, la compétence et l'*exequatur* dans le droit des personnes et de la famille.
5. Conv. franco-tunisienne, 28 juin 1972, relative à l'entraide judiciaire en matière civile et commerciale et à la reconnaissance et à l'exécution des décisions judiciaires, et conv. franco-tunisienne, 18 mars 1982, relative à l'entraide judiciaire en matière de droit de garde des enfants, de droit de visite et d'obligations alimentaire.
6. C. Brière, *Les conflits de conventions internationales en droit privé*, th. Rouen, 2001.
7. Civ. 28 févr. 1860, *GADIP*, n° 4.
8. Civ. 9 mai 1900, De Wrede, *GADIP*, n° 10.
9. Civ. 11 avr. 1945, Bach – Et Civ. 1er mai 1945, Schabel, *D.* 1945, 245, note L.-P.; *S.* 1945, 1, 121, note Batiffol, *JCP* 1942, II, 2895, note Savatier.
10. Req. 3 mars 1930, *S.* 1930, I, 377, note Niboyet; *Rev. dr. int.* 1931, p. 329, note Niboyet.

413.142 **Principe (décisions dispensées de l'*exequatur*).** L'autorité immédiate recouvre en matière d'état des personnes, les jugements qui rectifient un nom, déclarent une absence, prononcent un divorce ou une adoption[1] (ainsi il a été jugé que « *la révocation de l'adoption ne constitue nullement un acte d'exécution forcée en ce qu'elle tendrait à modifier les droits des parties, de sorte que l'obtention de l'exequatur n'est pas un préalable à l'action en révocation* »[2]), établissent une filiation ou annulent une reconnaissance d'enfant[3].

S'agissant de la capacité, il en est de même des décisions étrangères déclarant l'incapacité d'une personne; les actes de l'incapable sont donc nuls sans nécessité d'*exequatur* du jugement étranger. Semblablement, le tuteur ou le gardien[4] nommé par l'autorité étrangère compétente pourra exercer ses pouvoirs sans formalité d'*exequatur* préalable (sur la protection internationale des adultes vulnérables, v. s^{s} n°s 44.00 s.).

413.143 **Exceptions (décisions exigeant l'*exequatur*).** Par exception, l'*exequatur* est nécessaire lorsqu'il s'agit de procéder à des **mesures d'exécution sur les biens**, comme pour le recouvrement d'une pension alimentaire, ou **de coercition sur les personnes**, par exemple obtenir de quelqu'un qu'il accomplisse un acte, relatif par exemple à la garde d'enfants mineurs ou à l'interdiction qui lui est faite d'user du nom patronymique d'un autre. Dans toutes ces hypothèses, les jugements étrangers ne sont pas seulement constitutifs ou déclaratifs; ils exigent des **actes matériels d'exécution** pour conceptualiser leurs effets. Ils doivent donc avoir force exécutoire, laquelle est suspendue à l'obtention de l'*exequatur* (sur laquelle v. s^{s} n° 413.170).

413.144 **Droit de l'Union européenne.** Le règlement (CE) n° 2201/2003, du 27 novembre 2003, dit « Bruxelles II *bis* » relatif à la désunion et à la responsabilité parentale, comme le règlement (CE) n° 44/2001, du 22 décembre 2000, dit « Bruxelles I », qui concerne, notamment, les obligations alimentaires, généralisent le principe de reconnaissance de plein droit des décisions rendues dans un État membre (v. resp. art. 21 et art. 33). Mais pour l'obtention de la force exécutoire, ils organisent des procédures simplifiées par le biais de requêtes en déclaration de force exécutoire (v. resp. art. 28 s. et art. 38 s.). Le **règlement Bruxelles II *bis*** comporte, néanmoins, une avancée spectaculaire, concernant les **jugements relatifs au droit de visite** ou **prononçant le retour de l'enfant enlevé**. Pour eux, ce règlement constitue un modèle pour demain : dès lors que le juge d'origine a délivré un certificat révélant que certaines exigences ont été accomplies, sa décision est **exécutoire de plein droit** (v. s^{s} n° 434.90). En ce domaine, l'espace judiciaire européen se rapproche d'un espace judiciaire interne.

B. Contrôle de régularité

413.150 **Division.** L'efficacité de plein droit accordée aux jugements étrangers en matière de capacité et d'état des personnes n'existe que sous réserve de leur régularité internationale. Cette régularité s'apprécie à l'aune des conditions d'efficacité précédemment exposées (v. s^{s} n°s 413.10 s.). Le contrôle peut être réalisé, incidemment, à l'occasion d'une procédure portant initialement sur un autre point que la régularité internationale, mais au cours de laquelle surgit cette question (1°). Le contrôle judiciaire peut aussi avoir lieu à titre principal à l'occasion de procédures prévues à cet effet (2°).

1° Contrôle à titre incident

413.151 **Identité d'objet.** Si la demande formée en France est identique à celle sur laquelle le juge étranger a statué, la reconnaissance est invoquée au soutien d'une **exception de chose jugée**. Cette exception peut être formée par le défendeur ou relevée d'office par le juge (C. pr. civ., art. 125)[5]. L'admission de cette exception suppose que le jugement étranger ait l'autorité de la chose jugée dans son pays d'origine. L'existence et l'étendue de cette autorité sont déterminées par la loi étrangère. Pour le reste, le régime de l'exception de chose jugée est rattaché à la loi du *for* parce qu'il intéresse la bonne administration de la justice française[6]. Ainsi un jugement étranger refusant de prononcer le divorce sur certains griefs et n'ayant d'autorité que sur ces griefs pourra néanmoins faire obstacle à une nouvelle demande formée en France sur des griefs différents mais déjà connus, en application de la jurisprudence française qui interdit d'invoquer des griefs nouveaux, sauf s'ils sont postérieurs à la première instance ou ont été découverts postérieurement à elle[7].

1. Soc. 19 avr. 1989, *Rev. crit. DIP* 1990, 92 note Poisson-Drocourt.
2. Civ. 1re, 5 oct. 1994, n° 92-21.821, *Bull. civ.* I, n° 270; *Rev. crit. DIP* 1995, 567, note Muir-Watt; *JDI* 1995, p. 354, note Santa-Croce.
3. Civ. 1re, 10 janv. 1990, n° 88-13.873, *Bull. civ.* I, n° 4 – Civ. 1re, 12 janv. 1994, *Gaz. Pal.* 1994, 1, somm. 122.
4. Civ. 1re, 25 juin 1991, n° 90-13.849, *Bull. civ.* I, n° 207; *JCP* 1992, II, 21798, note Muir-Watt; *RTD civ.* 1992, 396, obs. Mestre.
5. Dans ce dernier cas, Civ. 1re, 19 mai 1976, *Gaz. Pal.* 1976, somm. 187.
6. V. Mayer et Heuzé, n° 403.
7. Civ. 1re, 19 déc. 1972, *Rev. crit. DIP* 1975, 83, note Holleaux.

413.152 Disparité d'objet. La chose demandée peut être totalement distincte de celle sur laquelle s'est prononcé le juge étranger. Par exemple, la décision étrangère est invoquée par le demandeur au soutien de sa prétention, comme dans le cas d'un enfant qui réclame des aliments en se fondant sur un jugement étranger établissant sa filiation vis-à-vis de son père[1], ou d'un défendeur qui excipe une répudiation étrangère pour faire échec à une action en contribution aux charges du mariage formée contre lui.

413.153 Compétence judiciaire. En principe la demande de reconnaissance est formée devant un juge. Deux arrêts de la Cour de cassation ont clairement affirmé que le **juge aux affaires familiales**, en qualité de magistrat conciliateur, pouvait se prononcer, **à titre incident**, sur la **reconnaissance en France des jugements étrangers de divorce.** Il n'est donc pas obligé de surseoir à statuer en attendant la décision du juge du fond. Il y a là un appréciable gain de temps[2]. Mais la décision du juge aux affaires familiales, prise au stade de la conciliation et devenue définitive, lie-t-elle par la suite le même juge en qualité de juge du fond ? Dans un troisième arrêt rendu le même jour, la Cour de cassation avait semblé s'y opposer dans une affaire purement interne[3]. Elle avait affirmé qu'en raison de son caractère provisoire, l'arrêt qui statue sur une ordonnance de non-conciliation, déclarant recevable une requête en divorce à laquelle était opposée une fin de non-recevoir tirée de l'inexistence ou de la nullité du mariage, était dépourvu de l'autorité de la chose jugée et ne liait pas les juges du fond saisi de ce moyen de défense. Un arrêt postérieur[4] concernant cette fois-ci l'exception de litispendance dans un litige international a considéré, en revanche, que l'ordonnance de non-conciliation la rejetant était revêtue de l'autorité de la chose jugée de sorte qu'elle lie le juge du fond devant lequel l'exception ne peut donc être à nouveau soulevée. Il faudra un nouvel arrêt pour savoir si cette dernière solution doit être transposée à la fin de non-recevoir tirée de l'existence d'un jugement étranger définitif.

Toutefois, le juge n'est pas le seul agent d'application du droit international privé et la demande de reconnaissance peut être soulevée devant **l'officier de l'état civil**, par exemple s'il est requis pour célébrer un mariage par une personne qui invoque un jugement de divorce ayant mis fin à sa précédente union. Ne disposant pas du pouvoir d'apprécier la régularité de la décision étrangère, doit-il accepter la célébration ? La réponse positive, posée par l'arrêt *Bulkley*[5], a été reprise par l'Instruction générale relative à l'état civil (IGREC, n° 588). Cette solution est propice à « *des bigamies à retardement* » si la décision étrangère de divorce vient par la suite à être contestée.

413.154 Effet de la reconnaissance judiciaire. Elle ne change par la nature étrangère du jugement et la situation juridique reconnue ne prend pas effet au moment de la reconnaissance mais au moment arrêté par le jugement étranger, lequel peut être le jour où ce jugement a acquis l'autorité de la chose jugée, s'il s'agit d'un jugement constitutif, ou une date antérieure, si c'est un jugement déclaratif.

2°
Contrôle à titre principal

413.161 Action en inopposabilité. Parce qu'il produit effet *de plano*, un jugement étranger peut constituer une menace pour une partie qui a parfois intérêt à faire constater préventivement son irrégularité au regard des conditions d'efficacité précédemment exposées. Une telle action déclaratoire, intentée en dehors de tout litige, a été admise dans l'arrêt *Weiller* du 22 janvier 1951[6] : le divorce frauduleusement obtenu par une épouse au Nevada a ainsi été déclaré inopposable à son mari. Si l'action en inopposabilité aboutit à juger irrégulière la décision étrangère, elle est privée de toute autorité en France et ne pourra être présentée à l'*exequatur*[7].

413.162 Action en opposabilité. Cette action est conçue en doctrine comme une sorte de réplique de l'action en inopposabilité. En l'occurrence, le demandeur ne sollicite pas l'exécution forcée du jugement étranger, ni même sa reconnaissance incidente à l'appui d'une autre action; il entend simplement conférer à la décision étrangère une

1. Civ. 1re, 10 janv. 1990, n° 88-13.873, préc. s^s^ n° 413.142.
2. Civ. 1re, 10 mai 2007, n° 06-11.323, n° 06-12.476, *Bull. civ.* I, n°s 170 et 171; *JCP* 2007, act. 242, obs. Devers; *D.* 2007, 1432, obs. Gallmeister; *Dr. fam.* 2007, comm. 158, obs. Farge – V. déjà, Civ. 1re, 9 juill. 1991, n° 89-13.940, *Bull. civ.* I, n° 236; *D.* 1992, 334, note Massip; *JCP* 1992, II, 21818, note Muir-Watt – COMP. Civ. 2e, 9 janv. 2003, n° 01-50.065, n° 00-19.221, *Bull. civ.* II, n° 1; *RTD civ.* 2003, 274, obs. Hauser.
3. Civ. 1re, 10 mai 2007, n° 06-14.178, *Bull. civ.* I, n° 174; *JCP* 2007, act. 242, obs. Devers; *D.* 2007, 1432, obs. Gallmeister; *Dr. fam.* 2007, comm. 158, obs. Farge.
4. Civ. 1re, 19 sept. 2007, n° 06-20.208, *Bull. civ.* I, n° 281; *Defrénois* 2008, p. 572, note Massip – *Dr. fam.* 2008, comm. 114, note Farge.
5. Civ. 28 févr. 1860, *GADIP*, n° 4.
6. Civ. 22 janv. 1951, Weiller, *Rev. crit. DIP* 1951, 167, note Francscakis; *JCP* 1951, II, 6151, note S. et T.; *GADIP*, n° 24 – Pour une application récente : Civ. 1re, 23 janv. 2008, n° 07-11.768, préc. s^s^ n° 413.94.
7. Civ. 2 avr. 1957, *Rev. crit. DIP* 1957, 491, note Francescakis; *GADIP*, n° 25.

présomption irréfragable de régularité afin, notamment, de la rendre opposable à certains tiers. Ainsi, l'ex-époux, divorcé à l'étranger, qui s'est remarié en France sans avoir introduit une procédure d'*exequatur*, peut souhaiter voir cesser l'incertitude sur la validité de ses secondes noces célébrées en France pour ne plus craindre d'être poursuivi pour bigamie. Après avoir, dans un premier temps, permis d'exercer en France une action autonome en opposabilité du jugement étranger[1], la jurisprudence a finalement décidé qu'il fallait recourir à la procédure d'*exequatur* « *à la seule fin de [faire] déclarer régulier le jugement étranger* »[2]. En matière d'**adoption internationale**, il existe depuis la loi n° 2009-526 du 12 mai 2009, dite de simplification du droit[3], une spécialisation de certains tribunaux de grande instance. L'article L. 211-13 du Code de l'organisation judiciaire dispose, en effet, que « *des tribunaux de grande instance spécialement désignés connaissent* [...] *des actions aux fins de reconnaissance des jugements d'adoption rendus à l'étranger, lorsque l'enfant résidant habituellement à l'étranger a été, est ou doit être déplacé vers la France* ».

Si le juge ne constate aucune irrégularité, la décision de reconnaissance est revêtue de l'autorité de la chose jugée de sorte qu'une nouvelle instance en inopposabilité est impossible et que la décision pourra être opposée au tiers ou invoquée par eux[4].

413.163 Régime procédural. Le régime des deux actions est très largement emprunté à celui de **l'action en *exequatur*** tel qu'il sera développé par la suite (v. s^s n° 413.170). Si une particularité doit être signalée, elle concerne la souplesse avec laquelle est appréciée la condition d'un intérêt légitime à agir, au sens de l'article 31 du Code de procédure civile, dans le cadre de l'action en inopposabilité. Tout intéressé, même tiers au litige originel, peut agir. Ainsi il a été admis que le second conjoint de l'époux divorcé à l'étranger puisse avoir intérêt à demander l'inopposabilité[5]. Toutefois, la partie dont la prétention a été accueillie par la juridiction étrangère ne peut faire volte-face en agissant en inopposabilité[6].

413.164 Droit de l'Union européenne. Le règlement (CE) n° 2201/2003, du 27 novembre 2003, dit « Bruxelles II *bis* », relatif à la désunion et à la responsabilité parentale comporte deux actions similaires désignées sous l'expression de demandes de reconnaissance ou de non-reconnaissance. Leur régime est celui de l'action en déclaration de force exécutoire (règl. [CE] n° 2201/2003, 27 nov. 2003, art. 21, § 3 - V. s^s n° 424.71).

§ 2
Force exécutoire des jugements étrangers

413.170 Nature de l'instance en *exequatur*. Destinée à conférer force exécutoire sur le territoire français au jugement étranger, la procédure d'*exequatur* n'a pas pour objet le litige, conformément à l'interdiction de rejuger. Elle porte sur la décision étrangère telle que précédemment définie. En matière familiale, l'obtention de l'*exequatur* est nécessaire pour que la décision puisse donner lieu en France à des mesures d'exécution sur des biens et/ou de coercition sur les personnes (v. s^s n° 413.143 - sur le recours à cette procédure pour l'action dite en opposabilité v. s^s n° 413.163). *A contrario*, lorsque la demande ne porte que sur une transcription sur les registres de l'état civil et ne comporte donc pas de mesure de contrainte, l'*exequatur* n'est pas exigé[7].

Pour accorder l'*exequatur*, hors de toute convention internationale ou règlement européen (sur les procédures simplifiées de déclaration de force exécutoire dans le cadre des règl. [CE] n° 44/2001, dit Bruxelles I [art. 38 s.] et n° 2201/2003, dit Bruxelles II *bis* [art. 28 s.], v. resp. s^s n°s 424.121 et 434.60), le juge doit « *s'assurer que trois conditions sont remplies, à savoir la compétence indirecte du juge étranger, fondée sur le rattachement du litige au juge saisi, la conformité à l'ordre public international de fond et de procédure, et l'absence de fraude à la loi* »[8]. Il s'agit des conditions de l'efficacité précédemment exposées (v. s^s n° 413.20). Le pendant de l'*exequatur* dans les matières couvertes par un règlement européen réside dans la procédure en déclaration de la force exécutoire (v. s^s n°s 424.121 s.).

1. CA Paris, 10 mars 1967, *JDI* 1967, p. 463, obs. Kahn; *Rev. crit. DIP* 1968, 317, note Loussouarn.
2. Civ. 19 déc. 1995, n° 93-18.082, *Bull. civ.* I, n° 468; *Rev. crit. DIP* 1996, 714, note Gaudemet-Tallon – Civ. 1re, 3 janv. 1980, Garino, *JDI* 1980, p. 341, note Huet; *Rev. crit. DIP* 1980, 597, note Holleaux.
3. L. n° 2009-526, 12 mai 2009, de simplification et de clarification du droit et d'allègement des procédures, *JO* 13 mai, p. 7920.
4. Civ. 1re, 17 juin 1997, n° 95-19.273, NPT, *Rev. crit. DIP* 1998, 314, note Ancel.
5. TGI Seine, 1er juill. 1965, *Gaz. Pal.* 1965, 2, 411.
6. V. Civ. 1re, 19 janv. 1983, *Rev. crit. DIP* 1984, 492, note Mayer; *JDI* 1984, p. 898, note Wiederkehr – Civ. 1re, 22 avr. 1986, Djenangi, *JDI* 1986, p. 1025, note Sinay-Cytermann; *Rev. crit. DIP* 1988, 302, note Bischoff; *JCP* 1987, II, 20878, note Agostini – Civ. 1re, 14 févr. 1991, *Rev. crit. DIP* 1991, 129, note Poisson-Drocourt.
7. Civ. 1re, 29 mars 1989, *Rev. crit. DIP* 1990, 352, note Mayer.
8. Civ. 1re, 20 févr. 2007, n° 05-14.082, Cornelissen, préc. s^s n° n°s 413.20, 413.21, 413.22.413.63.

A. Procédure d'*exequatur*

1° Compétence

413.171 Compétence d'attribution. La procédure de l'*exequatur* est de la compétence exclusive du tribunal de grande instance statuant à juge unique (COJ, art. R. 212-8, 2°). Comme la jurisprudence prescrit d'utiliser l'action en *exequatur* aux fins d'obtenir la simple opposabilité des jugements étrangers (v. s[s] n° 413.163), il est utile de rappeler la règle propre à l'adoption internationale. Depuis la loi n° 2009-526 du 12 mai 2009, dite de simplification du droit, « *des tribunaux de grande instance spécialement désignés connaissent* [...] *des actions aux fins de reconnaissance des jugements d'adoption rendus à l'étranger, lorsque l'enfant résidant habituellement à l'étranger a été, est ou doit être déplacé vers la France* » (COJ, art. R. 211-13).

L'action en *exequatur* est conduite en principe selon les règles ordinaires de procédure. Les dispositions spéciales applicables en droit interne au type de litige ayant donné lieu au fond de la décision étrangère ne lui sont pas applicables; ainsi en est-il des règles particulières en matière de divorce[1].

413.172 Compétence territoriale. Conformément au droit commun, elle appartient au **tribunal du domicile du défendeur**, mais il est concevable que le demandeur saisisse la juridiction du lieu où il entend faire procéder à la mesure d'exécution. À défaut de domicile en France ou de perspective d'exécution forcée, le choix doit être réalisé conformément aux exigences d'une « *bonne administration de la justice* ».

2° Instance

413.181 Introduction de l'instance. Elle est opérée par assignation de la personne qui était la partie adverse dans le procès à l'étranger. Lorsque la décision étrangère est gracieuse, l'*exequatur* suppose d'assigner le ministère public en tant que contradicteur légitime[2]. Lorsque la demande d'*exequatur* est jointe à une demande directe tendant au prononcé d'un jugement identique au jugement étranger, elle peut être formulée par voie de conclusions subsidiaires (c'est-à-dire, dans l'hypothèse où la demande directe échouerait)[3].

413.182 Extension de l'objet de l'instance. La jurisprudence a tendance à refuser l'extension de l'instance au-delà du strict prononcé de l'*exequatur*, non seulement en raison de l'absence de connexité entre une demande distincte et la demande d'*exequatur* dont l'objet est limité au contrôle de la régularité du jugement étranger mais aussi en raison de la prohibition de la révision au fond qui interdit de rejuger, même partiellement, le litige. Cette position oblige le demandeur incident à saisir le juge du fond et favorise une multiplication des procédures. Elle est critiquée en doctrine comme excessivement sévère; dès lors que les éléments invoqués par l'auteur de la demande dérivée sont postérieurs à la décision étrangère – tel un paiement partiel qui justifierait une réduction de la condamnation ou une modification des besoins du créancier d'aliments – ce n'est pas procéder à une révision que de se prononcer sur la demande[4].

La compétence accordée en matière d'*exequatur* au tribunal de grande instance statuant à juge unique ne constitue pas un motif supplémentaire de refuser d'accueillir les demandes connexes; le juge de l'*exequatur* peut toujours renvoyer l'affaire à la formation collégiale. Et le fait qu'il ne pourrait pas examiner une demande accessoire relevant de la compétence exclusive d'une autre juridiction n'est pas un obstacle en matière familiale, si on admet que le juge aux affaires familiales, formation interne du tribunal de grande instance, ne constitue pas une juridiction distincte de ce dernier (v. en ce sens pour le juge aux affaires matrimoniales[5]).

413.183 Demandes reconventionnelles. Pour la Cour de cassation, « *le juge de l'*exequatur, *dont les pouvoirs se limitent à la vérification des conditions de l'*exequatur, *ne peut modifier les dispositions, eussent-elles un caractère provisoire, de la décision qui lui est présentée* ». La Haute cour en déduit l'irrecevabilité d'une demande reconventionnelle visant à modifier la garde et à mettre fin corrélativement à la pension alimentaire allouée par le juge étranger[6]. En revanche, le défendeur à la procédure d'*exequatur* peut for-

1. CA Paris, 10 nov. 1953, Weiller, *Rev. crit. DIP* 1953, 615, note Motulsky (l'*exequatur* n'a pas à se dérouler en chambre du conseil) – Dans le même sens Civ. 1re, 14 oct. 1970, n° 69-12.092, *Bull. civ.* I, n° 263 – TGI Paris, 11 juill. 1972, *Rev. crit. DIP* 1973, 715, note Mayer (refus de la provision *ad litem*) – Civ. 1re, 8 janv. 1974, *Rev. crit. DIP* 1974, 544, note Francescakis (non-extinction de l'action par le décès d'un des époux).
2. CA Paris, 16 nov. 1967, *Rev. crit. DIP* 1970, 293, note Poisson (en matière d'adoption).
3. Sur l'ensemble de cette question v. Mayer et Heuzé, n° 418.
4. V. les critiques de Mayer et Heuzé, n°s 419 s.
5. TGI Paris, 10 déc. 1980, *Rev. crit. DIP* 1981, 535, note Ancel – Et en appel CA Paris, 26 mars 1982, *Rev. crit. DIP* 1983, 98, note B. A.
6. Civ. 1re, 18 déc. 1979, *Rev. crit. DIP* 1981, 88, 2e esp.; *JDI* 1981, p. 597, obs. Kahn; *D.* 1980, 549, 2e esp., note Poisson-Drocourt.

mer une demande reconventionnelle en dommages-intérêts pour procédure abusive puisque cette prétention n'est pas liée au fond du jugement étranger mais au comportement du demandeur abusant du droit d'agir en *exequatur*.

413.184 Demandes accessoires. Peut-être pour prévenir la multiplication des instances devant des juges différents, les juridictions de fond ont tendance à tempérer la position de la Cour régulatrice en admettant la recevabilité des demandes accessoires dont l'objet se présente comme « *la conséquence nécessaire de la décision étrangère* »[1]. Et les premiers juges apprécient souvent largement l'existence de cette conséquence nécessaire. Ils l'ont admis concernant des demandes : tendant à voir déclarer la légitimité des enfants nés du mariage annulé par le jugement présenté à l'*exequatur*[2] ou à obtenir la modification de la pension accordée par le jugement étranger de divorce[3]. Dans le même ordre d'idées, la demande accessoire tendant à la nomination d'un notaire pour procéder à la liquidation d'un régime matrimonial a été rejetée pour un motif de fond[4]. A été admise une demande tendant à la condamnation de l'appelant au versement d'une somme déterminée due au titre des arriérés de pension alimentaire augmentée des intérêts légaux[5]. La Cour de cassation a su, en une occasion, se montrer bienveillante à l'égard de cette politique jurisprudentielle (admettant l'adjonction, devant le juge saisi de l'*exequatur* d'un jugement étranger condamnant un père au paiement d'une pension à l'égard de ses enfants, d'une demande tendant à l'augmentation de la pension due par le père aux enfants et à l'allocation d'une pension à la mère[6]). Mais d'autres décisions demeurent sévères en restreignant l'admissibilité des demandes accessoires[7].

413.185 Modalité de preuve du jugement étranger. Le demandeur devra produire une expédition authentique de la décision intégrale. L'expédition doit être légalisée par le consul de France du lieu d'origine du jugement, la signature du consul faisant elle-même l'objet d'une légalisation par le ministère des affaires étrangères[8]. Néanmoins, la légalisation n'est qu'une simple preuve de l'authenticité, de sorte qu'elle n'est pas exigée à peine de nullité, et le juge de l'*exequatur* peut se déclarer convaincu de l'authenticité du document présenté sur la foi d'autres indices[9]. Lorsqu'il est rédigé en langue étrangère, le jugement doit être accompagné d'une traduction réalisée par un traducteur assermenté.

413.186 Office du juge. Le juge de l'*exequatur*, comme tout autre, est obligé d'appliquer le droit à la question qui lui est posée. Que se passe-t-il si les parties n'élèvent aucune contestation sur les différentes conditions de l'*exequatur* ? Doit-il vérifier d'office si elles sont remplies ? Faut-il distinguer selon le degré d'impérativité de telle ou telle condition ? Comme les parties en droit de la famille n'ont pas la libre disposition de leurs droits, il faut vraisemblablement considérer que les conditions de l'*exequatur* sont d'ordre public. Ainsi, en matière de divorce, la Cour de cassation affirme que le juge de l'*exequatur* doit d'office vérifier si la décision étrangère remplit les conditions requises pour être déclarée exécutoire en France, nonobstant l'absence de contestation de la part du défendeur[10]. De même, à propos d'une décision suédoise établissant à l'égard d'un enfant suédois, la paternité d'un défendeur français, la première chambre civile casse l'arrêt qui, après s'être assuré essentiellement de la conformité aux exigences de l'ordre public de la procédure suivie à l'étranger, avait refusé de déclarer l'inopposabilité en France; il est reproché à la cour d'appel de n'avoir pas recherché « *si le jugement étranger remplissait toutes les conditions de régularité internationale, tant au regard de la compétence du juge saisi que de l'application au litige de la loi appropriée* »[11] (sur la suppression du contrôle de la loi appliquée mentionné dans cet arrêt, v. s^s n° 413.21). En outre, la réduction à trois des conditions de régularité des jugements étrangers semble postuler le caractère essentiel de celles qui subsistent et donc leur examen systématique par le juge.

1. CA Paris, 23 nov. 1993, *Rev. crit. DIP* 1995, 88, note Pamboukis – TGI Paris, 30 juin 1977, *Rev. crit. DIP* 1978, 523, note Lequette; *JDI* 1978, p. 609, note Mayer; *Gaz. Pal.* 1977, 2, 568, note Viatte.
2. TGI Paris, 30 juin 1977, *Rev. crit. DIP* 1978, 523, note Lequette; *JDI* 1978, p. 609, note Mayer; *Gaz. Pal.* 1977, 2, 568, note Viatte.
3. TGI Paris, 10 déc. 1980, préc. s^s n° 413.182 – Et en appel CA Paris, 26 mars 1982, préc. s^s n° 413.182.
4. TGI Paris, 9 févr. 1978, *Rev. crit. DIP* 1978, 553, note Gaudemet-Tallon.
5. CA Paris, 23 nov. 1993, *Rev. crit. DIP* 1995, 88, note Pamboukis.
6. Civ. 1re, 20 oct. 1971, n° 70-13.800, *Bull. civ.* I, n° 268, 2e esp. – Comp. Civ. 1re, 11 janv. 1972, n° 70-12.585, *Bull. civ.* I, n° 14.
7. Civ. 1re, 5 janv. 1966, *Bull. civ.* I, n° 13 – *Adde* les jurisprudences citées par P. de Vareilles-Sommières, RÉP. INTERNAT., *V° Jugement étranger*, n°s 282 s.
8. V. P. de Vareilles-Sommières, RÉP. INTERNAT., *V° Jugement étranger*, n°s 263 s.
9. Civ. 21 avr. 1971, *Rev. crit. DIP* 1972, 302, note Lagarde; *JDI* 1972, p. 58, note Bigot.
10. Civ. 1re, 9 nov. 1971, *Rev. crit. DIP* 1972, 314, note Holleaux – Civ. 1re, 7 déc. 1976, *D.* 1977, IR 101 – *Adde*, Civ. 1re, 10 mai 2006, n° 04-19.988, *Bull. civ.* I, n° 223; *Dr. fam.* 2006, 2e esp., comm. 178, note Farge (contrariété à l'ordre public d'une répudiation soulevée d'office par la Cour de cassation).
11. Civ. 1re, 4 juill. 2006, n° 04-17.590, Enfant Viola, *Bull. civ.* I, n° 340; *D.* 2007, pan. 1751.

413.187 Charge de la preuve. Qu'une partie soulève l'irrégularité du jugement au regard d'une des trois conditions ou que le juge s'empare de la question d'office, il faut déterminer sur qui pèse la charge de la preuve. Normalement elle repose sur la partie qui invoque l'autorité du jugement étranger. Cette obligation est particulièrement difficile à accomplir lorsque le jugement étranger n'est pas motivé; le demandeur est alors contraint de prouver sa régularité par des éléments extrinsèques[1].

B. Les effets de l'*exequatur*

413.191 *Exequatur* accordé. Le jugement étranger aura force exécutoire. Il faudra utiliser les voies d'exécution du droit français et l'exécution provisoire pourra être ordonnée selon les conditions prévues par lui. De même la prescription extinctive de la condamnation est soumise au droit français[2]. Le jugement étranger acquiert, par ailleurs, autorité de la chose jugée. Pour les questions d'**état** et de **capacité des personnes**, la décision étrangère ayant déjà autorité *de plano*, le jugement d'*exequatur* ne fait que confirmer et rendre définitive cette autorité. En revanche, pour les jugements étrangers nécessitant des **actes d'exécution matérielle sur les biens ou de coercition sur les personnes**, l'*exequatur* leur conférera réellement l'autorité de la chose jugée. De cette analyse classique[3], il est déduit que le jugement d'*exequatur*, étant constitutif, ne produit d'effet que pour l'avenir. Néanmoins, il a été admis que le jugement étranger condamnant au versement d'une pension alimentaire peut être invoqué, après l'*exequatur*, pour les termes échus et impayés entre son prononcé et l'*exequatur*[4], ou même antérieurs à son prononcé[5].

413.192 *Exequatur* refusé. La décision refusant l'*exequatur* a la même autorité de la chose jugée et la même opposabilité aux tiers qu'une décision rendue sur le fond dans la matière intéressée. Cette autorité fait obstacle à une nouvelle demande en *exequatur* du même jugement comme à sa reconnaissance ultérieure, à titre principal ou incident, s'il s'agit d'un jugement intéressant la capacité et l'état des personnes. Toutefois, il est possible que la cause justifiant le refus de l'*exequatur* ait été par la suite régularisée; tel est le cas d'une irrégularité de la signification du jugement étranger à laquelle le demandeur a remédié par une nouvelle notification. Dans ce cas, une nouvelle demande d'*exequatur* peut être formée[6]. En toute hypothèse, le refus d'*exequatur* n'empêche pas d'introduire une nouvelle demande sur le fond identique à celle qui a été reconnue bien fondée à l'étranger.

413.193 *Exequatur* partiel. Quand il n'y a pas indivisibilité absolue entre les chefs du dispositif étranger, un *exequatur* partiel est concevable; il a par exemple été conféré *exequatur* à un jugement de divorce, sauf pour la partie de son dispositif concernant la garde des enfants, estimée contraire à l'ordre public[7].

1. Civ. 1re, 17 oct. 1972, *Rev. crit. DIP* 1973, 556, note Francescakis – Civ. 1re, 6 juin 1990, no 88-15.008, *Bull. civ.* I, no 138 – Et Civ. 1re, 26 juin 1990, no 88-19.811, *Bull. civ.* I, no 179; *Rev. crit. DIP* 1991, 593, note Courbe.
2. Civ. 1re, 19 mars 1991, no 89-18.337, *Bull. civ.* I, no 94; *Rev. crit. DIP* 1992, 108, note Ancel.
3. Sur sa remise en cause v. MAYER et HEUZÉ, no 427.
4. Trib. civ. Seine, 24 mars 1923, *JDI* 1923, p. 872.
5. Civ. 1re, 19 mars 1991, *Rev. crit. DIP* 1992, 108, note Ancel, préc.
6. Civ. 1re, 22 oct. 2002, no 00-14.035, *Bull. civ.* I, no 234; *Rev. crit. DIP* 2003, 299, note Pataut.
7. Civ. 1re, 30 janv. 1979, *JDI* 1979, p. 393, note Mayer; *Rev. crit. DIP* 1979, 629, note Lequette – CA Paris, 13 juill. 1979, *Rev. crit. DIP* 1981, 698, note Santa-Croce.

TITRE

42. Les applications du droit international privé au couple

42.00 Plan du titre.

CHAPITRE

421. Formation du mariage

ALAIN DEVERS
MAÎTRE DE CONFÉRENCES
À L'UNIVERSITÉ DE LYON
(JEAN MOULIN – LYON 3)

SECTION 0 ORIENTEUR

421.00 Plan du chapitre.

Division. La question de la validité du mariage est, dans un premier temps, une question de conflit de lois. C'est en effet l'autorité française ou étrangère qui, avant la célébration du mariage, s'interroge sur la validité de l'union envisagée. À cet égard, le droit international privé français opère une distinction entre les conditions de formation selon qu'elles sont de fond (sect. 1) ou de forme (sect. 2). Les premières sont régies par la loi nationale des futurs époux alors que les secondes sont définies par la loi locale de célébration. Il est donc essentiel de déterminer si telle condition litigieuse touche au fond ou la forme de la formation. Dans son arrêt *Caraslanis*, la Cour de cassation affirme que « *la question de savoir si un élément de la célébration du mariage appartient à la catégorie des règles de forme ou à celles des règles de fond doit être tranchée par les juges français suivant les conceptions du droit français* » [1]. C'est le fameux principe de la qualification *lege fori*. Lorsqu'elle se pose *a posteriori*, et tel est le plus souvent le cas, la question de la validité du mariage invite à s'interroger sur la compétence internationale des juridictions françaises (sect. 3) et sur la loi applicable à la sanction d'une condition de formation (sect. 4).

421.01 Textes applicables.

> Sur la compétence

Règl. (CE) n° 2201/2003, du Conseil, dit « Bruxelles II *bis* », 27 nov. 2003, relatif à la compétence, la reconnaissance et l'exécution des décisions en matière matrimoniale et en matière de responsabilité parentale, abrogeant le règlement (CE) n° 1347/2000, *JOUE* L 338, 23 déc. 2003, p. 1

* V. texte complet s[s] n° 62.12

> Sur la loi applicable

C. civ., art. 3, al. 3 [lois concernant l'état et la capacité des personnes régissant les Français, même résidant à l'étranger]

C. civ., art. 171-1 à 171-8 [mariage des Français célébré à l'étranger]

421.02 Jurisprudence de référence.

> Sur la qualification de la condition en cause

• Civ. 1re, 22 juin 1955, Caraslanis, *Rev. crit. DIP* 1955, 723, note Batiffol; *D.* 1956, J. 73, note Chavrier; *GADIP*, n° 27

* V. s[s] n°s 421.21 et 421.50

« La question de savoir si un élément de la célébration du mariage appartient à la catégorie des règles de forme ou à celles des règles de fond doit être tranchée par les juges français suivant les conceptions du droit français. »

> Sur la putativité

• Civ. 1re, 6 mars 1956, Moreau, *Rev. crit. DIP* 1956, 305, note Francescakis; *D.* 1958, 709, note Batiffol; *GADIP*, n° 28

* V. s[s] n°s 421.12 et 421.82

1. Civ. 1re, 22 juin 1955, Caraslanis, *Rev. crit. DIP* 1955, 723, note Batiffol; *D.* 1956, J. 73, note Chavrier; *Journal des juristes hellènes* 1956, p. 217, note Francescakis; *GADIP*, n° 27.

« Si aux termes de l'article 170 du Code civil, la validité du mariage d'un Français à l'étranger, en la forme locale, est soumise aux conditions de fond de la loi française [...], il résulte des articles 201 et 202 du Code civil que le mariage déclaré nul produit néanmoins ses effets au regard des époux de bonne foi et des enfants. »

421.03 Bibliographie indicative.

Actualisables. RÉP. DR. INTERNAT., J.-M. Bischoff, *V° Mariage*; I. Fadlallah, *V° Polygamie* – J.-CL. INTERNAT., I Barrière-Brousse, fasc. 546-10 (Mariage – conditions de fond); fasc. 546-20 (Mariage – conditions de forme); fasc. 546-30 (Mariage – sanction des conditions de formation).

Ouvrages. B. Bourdelois, *Mariage polygamique et droit positif français*, Éd. Joly, 1993 – A. Bucher, *Le couple en droit international privé*, 1re éd., Helbing Lichtenhahn Verlag, 2004 – I. Fadlallah, *La famille légitime en droit international privé : le domaine de la loi applicable aux effets du mariage*, Dalloz,1977.

Thèse. E. Ralser, *La célébration du mariage en droit international privé*, th. Paris II, 2000.

Articles. A. Devers, « La circulation des statuts du couple dans l'espace européen », *Mariage-conjugalité, parenté-parentalité*, H. Fulchiron (dir.), « Thèmes et commentaires », Dalloz, 2009, p. 81 – E. Fongaro, « Le mariage homosexuel à l'épreuve du droit international privé », *JDI* 2006, p. 477 – H. Fulchiron, « Mariage et partenariats homosexuels en droit international privé français », *RID comp.* 2006, p. 409 – E. Ralser, « Le mariage blanc et le droit international privé », *Rev. jur. Océan Indien* 2002/2, p. 127.

421.04 Questions essentielles.

> Quelle est la loi applicable aux conditions de fond de formation du mariage ?

* V. ss nos 421.12 s.

> L'ordre public français en matière internationale s'oppose-t-il à la formation ou la reconnaissance en France de certains mariages ?

* V. ss nos 421.30 s.

> Quelle est la loi applicable aux conditions de forme de formation du mariage ?

* V. ss nos 421.50 s.

> Quelle est la loi applicable à la sanction d'une violation d'une condition de formation du mariage ?

* V. ss nos 421.81 s.

421.07 Renvoi.

> Sur les conditions de formation du mariage en droit français, v. ss nos 111.00 s. à 114.00 s.

> Sur leurs sanctions, v. ss nos 115.00 s.

SECTION 1
CONDITIONS DE FOND

421.10 Division. Le droit international privé français soumet les conditions de fond de formation du mariage à la loi nationale des futurs époux (§ 1). L'application de cette loi soulève, en pratique, deux séries de difficultés : d'une part, en cas de différence de nationalités des intéressés (§ 2); d'autre part, en cas de contrariété de la loi nationale à l'ordre public français en matière internationale (§ 3).

§ 1
Compétence de la loi nationale

421.11 Conventions bilatérales. La France est liée par plusieurs conventions bilatérales qui contiennent des règles de conflit de lois en matière de formation du mariage. La convention *franco-marocaine du 10 août 1981, relative au statut des personnes et de la famille et à la coopération judiciaire*, prévoit, *par exemple, que « les conditions du fond du mariage, tels que l'âge matrimonial et le consentement de même que les empêchements, notamment ceux résultant des liens de parenté ou d'alliance, sont régies pour chacun des futurs époux par la loi de celui des deux États dont il a la nationalité »* (conv. franco-marocaine, 10 août 1981, art. 5). Ces textes soumettent généralement les conditions de fond de formation du mariage à la **loi nationale des époux**[1].

421.12 Article 3 du Code civil. Parce qu'il modifie l'état des personnes, le mariage appartient pour ses conditions de fond à la catégorie du **statut personnel.** Suivant la directive générale de l'article 3 du Code civil, dont on sait qu'elle a été depuis longtemps bilatéralisée[2], les conditions de fond sont régies par la loi nationale des futurs époux[3]. La solution se déduisait également de l'ancien article 170 du Code civil concernant le mariage du Français à l'étranger. Il était exigé que « *le Français n'ait point contrevenu aux dispositions contenues au chapitre précédent* », autrement dit aux conditions de fond définies par le droit interne français. Si la loi du 14 novembre 2006[4] a supprimé l'article 170, la référence à la loi française pour les conditions de fond du mariage du Français demeure. L'article 171-1 du Code civil dispose que « *le mariage contracté en pays étranger entre Français, ou entre un Français et un étranger, est valable s'il a été célébré dans les formes usitées dans le pays de célébration et pourvu que le ou les Français n'aient point contrevenu aux dispositions contenues au chapitre Ier du présent titre* ». La juris-

1. Pour une liste de ces textes, v. J.-CL. INTERNAT., I. Barrière-Brousse, fasc. 546-10, « Mariage : conditions de fond », nos 14 et 19.
2. CA Paris, 13 juin 1814, *S.* 1814, 2, p. 393; *GADIP*, n° 1.
3. Pour un rappel, V. NOT. rép. min. n° 105821, *JOAN* Q, 27 févr. 2007, p. 2230; *Rev. crit. DIP* 2007, 471.
4. L. n° 2006-1376, 14 nov. 2006, relative au contrôle de la validité des mariages, *JO* 15 nov., p. 17113.

prudence est unanime sur la compétence de la loi nationale des futurs époux pour régir les conditions de fond de formation du mariage[1].

421.13 Réfugiés et apatrides. Le critère de la nationalité ne va pas sans poser problème lorsqu'il est impossible de déterminer la nationalité de l'un des futurs époux, lorsqu'il est apatride ou quand il est réfugié. La solution est trouvée dans la **compétence subsidiaire reconnue à la loi du domicile** ou, à défaut, à la **loi de la résidence** pour régir le **statut personnel.**

Pour les apatrides, la convention de New York du 28 septembre 1954 relative au statut des apatrides affirme que « le statut personnel de tout apatride sera régi par la loi du pays de son domicile ou, à défaut de domicile, par la loi du pays de sa résidence » (conv. New York, 28 sept. 1954, art. 12).

Pour les réfugiés, la convention de Genève du 28 juillet 1951 retient une formule similaire puisqu'elle énonce que « *le statut personnel de tout réfugié sera régi par la loi du pays de son domicile ou, à défaut de domicile, par la loi du pays de sa résidence* » (conv. Genève, 28 juill. 1951, art. 12). Ne pouvant obtenir la protection de leurs autorités nationales, la Cour de cassation a étendu la portée de cette solution en appliquant la loi du domicile à des personnes non couvertes par la convention de Genève du 28 juillet 1951[2].

421.14 Changement de nationalité. La question de la loi applicable aux conditions de fond du mariage peut se poser en des termes très différents. Avant la célébration de l'union, l'officier d'état civil français se demandera par exemple si les futurs époux remplissent effectivement les conditions de fond nécessaires pour contracter mariage. Après la célébration de l'union, le juge français peut être saisi d'une demande d'annulation au motif que l'union n'a pas été valablement célébrée au regard de la loi applicable au fond. Quelle nationalité prendre en compte lorsque l'un des époux a changé de nationalité entre le moment de la célébration et le moment où le juge statue sur la demande d'annulation ? C'est poser la question de la **résolution du conflit mobile.** Parce qu'il s'agit d'apprécier la formation du mariage, doit être prise en compte la **nationalité de l'époux au moment de la célébration de l'union.** Est donc valable le second mariage d'un Français qui était devenu Algérien, après l'indépendance de l'Algérie, au moment de la célébration[3].

421.15 Conflit de nationalités. L'hypothèse du changement de nationalité mérite d'être soigneusement distinguée de celle où l'un des futurs époux possède, au moment de la célébration, **plusieurs nationalités.** Plusieurs cas sont possibles.

Lorsque les **nationalités en conflit sont étrangères**, la Cour de cassation estime qu'il convient de faire primer la **nationalité effective** ou la nationalité la plus effective[4]. C'est alors au juge de fond qu'il revient d'apprécier souverainement quelle est la nationalité effective.

Encore faut-il rappeler que, faisant appel à la liberté d'établissement, la Cour de justice des communautés européennes a jugé qu'un État membre ne peut pas considérer comme ressortissant d'un État tiers le ressortissant d'un autre État membre qui possède en même temps la nationalité d'un État tiers[5].

Lorsque l'époux possède la **nationalité française** et une **nationalité étrangère**, il est traditionnellement enseigné qu'il doit être considéré comme Français par les autorités françaises[6].

Il en résulte qu'un Franco-algérien ne peut pas valablement contracter un second mariage avant la dissolution de sa première union[7].

Lorsque l'époux possède la **nationalité française** et la **nationalité d'un autre État membre**, l'utilisation du principe de la primauté de la nationalité du *for* est plus incertaine.

Un officier d'état civil français peut-il, par exemple, refuser de célébrer le mariage d'un Franco-italien au motif qu'il serait nul au regard de la loi française et ne tenir aucunement compte du fait que le mariage serait valable au regard de la loi italienne ?

En matière de nom, la Cour de justice des communautés européennes a jugé qu'il n'est pas toujours possible pour un État membre de faire prévaloir sa nationalité sur celle d'un autre État membre. Les articles 12 et 17 du traité CE « *doivent être interprétés en ce sens qu'ils s'opposent à ce que, dans des circonstances telles que celles de l'affaire au principal, l'autorité administrative d'un État membre refuse de donner une suite favorable à une demande de change-*

1. V. NOT, Civ. 1re, 6 mars 1956, *D.* 1958, J. 709, note Batiffol.
2. Civ. 1re, 25 juin 1974, n° 72-14.803, *Bull. civ.* I, n° 200; *Rev. crit. DIP* 1974, 678, note Ponsard; *JDI* 1975, p. 330, note Deby-Gérard.
3. Civ. 1re, 17 févr. 1982, n° 80-17.113, *Bull. civ.* I, n° 76; *Rev. crit. DIP* 1983, 275, note Lequette; *JDI* 1983, p. 606, note Khan.
4. Civ. 1re, 15 mai 1974, n° 72-12.196, *Bull. civ.* I, n° 145; *Rev. crit. DIP* 1975, 260, note Nisard; *JDI* 1975, p. 298, note Alexandre.
5. CJCE 7 juill. 1992, aff. C-369/90, Micheletti, *Rec. CJCE*, p. I-04239; *RGDIP* 1993, p. 107, note Ruzié; *JDI* 1993, p. 430, note Boutard-Labarde.
6. Civ. 1re, 17 juin 1968, Kasapyan, *Bull. civ.* I, n° 176; *Rev. crit. DIP* 1969, 59, note Batiffol; *GADIP*, n° 46.
7. Civ. 1re, 9 nov. 1993, n° 91-19.310, *Bull. civ.* I, n° 316; *Rev. crit. DIP* 1994, 644, note Kerckhove.

ment de nom pour des enfants mineurs résidant dans cet État et disposant de la double nationalité dudit État et d'un autre État membre, alors que cette demande a pour objet que ces enfants puissent porter le nom dont ils seraient titulaires en vertu du droit et de la tradition du second État membre »[1]. Il serait tentant d'en déduire que les articles 12 et 17 du traité CE « *doivent être interprétés en ce sens qu'ils s'opposent à ce que, dans des circonstances telles que celles de l'affaire au principal, l'autorité administrative d'un État membre refuse de donner une suite favorable à une demande de (mariage pour des futurs époux) résidant dans cet État et disposant de la double nationalité dudit État et d'un autre État membre, alors que (ce mariage serait valable) en vertu du droit et de la tradition du second État membre* ».

§ 2
Application de la loi nationale

421.21 Conditions de fond. Comme dans l'arrêt *Caraslanis*, où était en cause le caractère civil ou religieux de la célébration, la qualification de certaines exigences en condition de fond ou condition de forme est délicate. Selon la Cour de cassation, « *la question de savoir si un élément de la célébration du mariage appartient à la catégorie des règles de forme ou à celles des règles de fond doit être tranchée par les juges français suivant les conceptions du droit français* »[2]. En ce qui concerne, par exemple, l'exigence de **comparution personnelle** lors du mariage, la Cour de cassation juge qu'elle constitue une condition de fond du mariage régie par la loi nationale de l'époux[3]. Peu importe que la loi locale étrangère autorise le mariage par procuration ou que les époux aient été dénués de toute intention frauduleuse[4].

1. CJCE 2 oct. 2003, aff. C-148/02, Garcia Avello, *Rec. CJCE*, p. I-11613; *D.* 2004, J. 1476, note Audit; *Rev. crit. DIP* 2004, 192, note Lagarde; *JDI* 2004, p. 1225, note Poillot-Peruzzetto.
2. Civ. 1re, 22 juin 1955, Caraslanis, *Rev. crit. DIP* 1955, 723, note Batiffol; *D.* 1956, J. 73, note Chavrier; *Journal des juristes hellènes* 1956, p. 217, note Francescakis; *GADIP*, n° 27.
3. Civ. 1re, 15 juill. 1999, n° 99-10.269, *Bull. civ.* I, n° 244; *R.* 1999, p. 305; *D.* 2000, 414, obs. Lemouland; *Defrénois* 2000, p. 103, note Massip; *Rev. crit. DIP* 2000, 207, note Gannagé – Civ. 1re, 28 mars 2006, n° 03-10.072, *Bull. civ.* I, n° 184; *Defrénois* 2006, p. 1317; *RJPF* 2006-6/20, p. 17, obs. Leborgne; *RLDC* 2006, n° 2099, note Marraud des Grottes; *Dr. fam.* 2006, comm. 118, note Larribau-Terneyre; *D.* 2007, pan. 1561 – Civ. 1re, 20 févr. 2008, n° 07-13.320, NP.
4. CA Paris, 18 oct. 2001, *Dr. fam.* 2002, comm. 124, note Farge – CA Paris, 15 mai 2003, *Dr. et patr.* 2003/11, p. 97, obs. Monéger – CA Montpellier, 29 sept. 2006, *Dr. fam.* 2007, comm. 78, obs. Larribau-Terneyre.

421.22 Mariages mixtes. Lorsque les futurs époux ont la même nationalité, leur loi nationale commune s'applique à l'ensemble des conditions de fond du mariage[5]. La situation est en revanche plus délicate en cas de mariage mixte, c'est-à-dire quand les futurs époux n'ont pas la même nationalité. Sans remettre en cause la compétence de la loi nationale, il est enseigné qu'il convient de distinguer, **parmi les conditions de fond**, les **conditions personnelles** et les **empêchements bilatéraux**. Cette distinction a d'ailleurs été consacrée par la Cour de cassation dans un arrêt du 24 septembre 2002 où elle affirme que « *les dispositions de l'article 147* [du Code civil] *édictent un empêchement au mariage justement qualifié de bilatéral et absolu* »[6].

421.23 1° Conditions personnelles (application distributive). Pour les conditions personnelles, telles les conditions d'**âge**, de **capacité** ou de **consentement**, elles s'apprécient distributivement selon la loi nationale de chacun des futurs époux[7]. Autrement dit, pour ces conditions, la validité de l'union s'apprécie pour chacun au regard de sa loi nationale.

Ainsi, le mariage forcé d'une Française peut être annulé en vertu de l'article 180 du Code civil qui dispose que le consentement du futur époux doit être libre et éclairé[8]. Dans le même esprit, peut être annulé en application de l'article 146 du Code civil le mariage simulé d'un Français avec un étranger[9]. À l'inverse, l'article 146 est inapplicable lorsque l'époux, de nationalité française, invoque le défaut d'intention matrimoniale de sa femme, de nationalité roumaine, car « *les conditions de fond du mariage étant régies par la loi nationale de chacun des époux,* [son] *consentement* [...] *relevait, même si le mariage*

5. En droit comparé, v. F. Granet-Lambrechts, « Le mariage entre un ressortissant et un étranger dans quelques États européens », *AJ fam.* 2007, 262.
6. Civ. 1re, 24 sept. 2002, n° 00-15.789, *Bull. civ.* I, n° 214; *Rev. crit. DIP* 2003, 271, note Bourdelois; *JCP* 2003, II, 10007, concl. Sainte-Rose et note Devers; *Defrénois* 2002, p. 1467, obs. Massip; *D.* 2003, somm. 1935, obs. Lemouland; *RTD civ.* 2003, 62, note Hauser.
7. V. NOT., Civ. 1re, 11 mars 2009, n° 08-13.390, NP; *Dr. fam.* 2009, comm. 81, 2e esp., note Farge; *RJPF* 2009-6/26, p. 25, 2e esp., obs. Leborgne – Civ. 1re, 19 sept. 2007, n° 06-20.208, *Bull. civ.* I, n° 281; *Dr. fam.* 2007, comm. 200, obs. Larribau-Terneyre; *Rev. crit. DIP* 2007, 755, 2e esp., note Ancel; *RLDC* 2007, n° 2748, obs. Marraud des Grottes – CA Paris, 9 juin 1995, *D.* 1996, somm. 171, obs. Audit – CA Paris, 14 juin 1995, *D.* 1996, J. 156, note Boulanger; *D.* 1996, somm. 174, obs. Audit; *Rev. crit. DIP* 1997, 41, note Gannagé.
8. V. NOT., CA Bordeaux, 21 févr. 2006, *Dr. fam.* 2007, comm. 121, note Larribau-Terneyre – CA Colmar, 28 avr. 2005, *Dr. fam.* 2006, comm. 1, note Larribau-Terneyre.
9. Civ. 1re, 9 juill. 2008, n° 07-19.079, *Bull. civ.* I, n° 193; *Dr. fam.* 2008, comm. 117, obs. Larribau-Terneyre; *JDI* 2009, comm. 1, note Brière; *AJ fam.* 2008, 436, obs. Boiché; *RLDC* 2008, n° 3157, obs. Serra; *Rev. crit. DIP* 2009, p. 493 (1re esp.), note Lagarde – CA Paris, 13 janv. 2005, *Dr. fam.* 2005, comm. 205, obs. Larribau-Terneyre.

avait été célébré en France, du droit roumain »[1]. La preuve du défaut de consentement pèse évidemment sur le demandeur à la nullité[2]. Le défaut de consentement peut être établi à partir, par exemple, des lettres écrites par l'épouse dont il ressort qu'elle « *n'avait jamais eu l'intention sincère de fonder un foyer avec M. Y. qu'elle n'avait épousé que dans le but d'acquérir la nationalité française et d'obtenir la régularisation de la situation de ses enfants issus d'un premier lit* »[3].

421.24 2° Empêchements bilatéraux (application cumulative). Pour les empêchements bilatéraux à mariage, tenant par exemple à la **parenté**, à l'**alliance** ou à l'existence d'une **précédente union non dissoute**, il convient de procéder à une application cumulative des deux lois nationales en présence[4]. En matière de polygamie, le mariage n'est valable que si les lois nationales de chacun des futurs autorisent le mariage bigame : par exemple, entre un Marocain et une Algérienne. Est en revanche nul le mariage d'une Française car elle « *se trouvait* [...] *soumise aux dispositions de l'article 147 du même code qui édictent un empêchement au mariage justement qualifié de bilatéral et absolu* »[5].

421.25 Mariage homosexuel. En ce qui concerne la condition de **différence de sexe**, on peut l'appréhender comme un **empêchement bilatéral** qui est soumis à la règle de l'application cumulative des lois nationales des futurs époux. C'est en ce sens que se prononce une réponse ministérielle : « *Pour être reconnu en France, le mariage conclu à l'étranger doit être valable tant au regard de la loi du lieu de célébration que de la loi personnelle de chacun des futurs époux qui en régit les conditions de fond. Le mariage suppose que la loi personnelle de chacun des futurs époux l'autorise. Ainsi, au regard de la loi française, deux Français de même sexe ne pourront valablement se marier à l'étranger, même si la loi du lieu de célébration reconnaît ce mariage, dans la mesure où leur loi personnelle, la loi française, le prohibe. Il en va de même du mariage d'un Français à l'étranger avec une personne étrangère de même sexe* »[6]. Le mariage homosexuel ne serait donc valable que s'il est célébré entre deux personnes dont les lois nationales autorisent le mariage homosexuel : entre deux Belges ou entre un Belge et un Espagnol, par exemple.

§ 3
Éviction de la loi nationale

421.30 Effets de l'ordre public. Dans l'hypothèse où les lois nationales des époux autorisent la célébration, l'ordre public français en matière internationale peut commander l'annulation du mariage ou s'opposer à sa reconnaissance en France. Il est toutefois admis, depuis l'arrêt *Rivière*[7], que la réaction de l'ordre public français en matière internationale n'est pas la même suivant qu'il s'agit de créer en France une situation (effet plein) ou suivant qu'il s'agit de laisser se produire en France les effets d'une situation créée à l'étranger, valablement et sans fraude (effet atténué). Il faut donc distinguer entre les cas où le mariage est célébré en France (A) et les cas où il est célébré à l'étranger (B).

A.
Mariages célébrés en France

421.31 Effet plein de l'ordre public. Dans son effet plein, l'ordre public français en matière internationale s'oppose à la célébration en France de certains mariages qui sont contraires aux fondements politiques et sociaux de la société française.

421.32 Mariages polygamiques. L'exemple traditionnel est le mariage polygamique. Un tel mariage célébré sur le territoire français est nul, quelle que soit la forme de la célébration : devant un officier d'état civil français[8] ou devant un agent diplomatique et consulaire étranger en poste en France[9]. En effet, même si les étrangers peuvent valablement se marier en France devant leurs agents diplomatiques

1. Civ. 1re, 11 févr. 2009, n° 08-10.387, *Bull. civ.* I, n° 27; *Dr. fam.* 2009, comm. 81, 1re esp., note Farge; *JCP* 2009, II, 10065, 1re esp., note Mahinga; *D.* 2009, 564, obs. Égéa; *Defrénois* 2009, art. 39006, p. 1846, n° 2, 2e esp., note Massip; *RJPF* 2009-6/26, p. 25, 1re esp., obs. Leborgne; *RLDC* 2009, n° 3393, note Pouliquen; *AJ fam.* 2009, 129, obs. Boiché; *Rev. crit. DIP* 2009, 493 (2e esp.), note Lagarde.
2. CA Orléans, 20 juin 2006, *Dr. fam.* 2007, comm. 29, note Larribau-Terneyre (c'était en l'espèce sur le ministère public que pesait la charge de la preuve) – CA Pau, 6 mars 2006, *Dr. fam.* 2006, comm. 182, obs. Larribau-Terneyre.
3. Civ. 1re, 28 nov. 2006, n° 04-19.109, NP; *Rev. crit. DIP* 2007, 755, 1re esp., note Ancel – V. plus largement, MALAURIE et FULCHIRON, nos 193-204.
4. CA Paris, 26 mars 2009, RG n° 07/18590, *Juris-Data* n° 2009-001767.
5. Civ. 1re, 24 sept. 2002, n° 00-15.789, *Bull. civ.* I, n° 214; *RTD civ.* 2003, 62, obs. Hauser, préc. ss n° 421.22.
6. Rép. min. n° 16294, *JO Sénat* Q, 9 mars 2006, p. 722; *JCP N* 2006, 363, note Mignot.
7. Civ. 1re, 17 avr. 1953, Rivière, *Rev. crit. DIP* 1953, 412, note Batiffol; *JDI* 1953, note Plaisant; *JCP* 1953, II, 7863, note Buchet; *Rabels Zeitschrift* 1955, p. 520, note Francescakis; *GADIP*, n° 26.
8. TGI Paris, 8 avr. 1987, *Rev. crit. DIP* 1988, 73, note Lequette – CA Paris, 21 juin 1991, *D.* 1991, IR 218 – CA Paris, 7 juin 1994, *D.* 1994, IR 177; *JCP* 1995, 3813 – CA Lyon, 26 oct. 2004, RG n° 2003/04770 – V. toutefois CA Paris, 5 avr. 1990, *D.* 1990, J. 424, note crit. Boulanger.
9. B. Bourdelois, *Mariage polygamique et droit positif français*, Éd. Joly, 1993, nos 353 s.

et consulaires (v. s[s] n° 421.53), ces derniers ne peuvent pas valablement célébrer en France un mariage polygamique. À l'encontre de cette solution, certains pourraient penser à invoquer la doctrine de l'extraterritorialité des ambassades et consulats mais cette fiction n'a plus cours en droit international public français[1]. Les locaux diplomatiques étrangers constituent bien des portions de territoire français; les infractions qui y sont commises le sont en France et relèvent de la compétence des tribunaux français[2]. En faveur de la célébration des mariages polygamiques devant des ambassades et consulats, on a parfois utilisé un argument exégétique. Selon l'article 48 du Code civil, « *tout acte de l'état civil des Français en pays étranger sera valable, s'il a été reçu, conformément aux lois françaises, par les agents diplomatiques ou consulaires* ». À mener ce raisonnement jusqu'au bout, on devrait admettre qu'un acte de l'état civil d'un étranger en France est valable s'il a été reçu par son autorité consulaire, conformément à la loi étrangère[3]. C'est oublier le fait que la compétence des autorités consulaires et diplomatiques ne s'exerce que dans la limite de ce qui est autorisé par les lois de l'État dans lequel elles sont en poste[4]. Ainsi, l'instruction générale relative à l'état civil réserve expressément l'application de l'ordre public français en matière internationale[5]. Il en résulte que, la polygamie heurtant l'ordre public français en matière internationale, un consul étranger en poste en France ne peut pas célébrer un mariage polygamique.

421.33 Mariages homosexuels. Comme l'a jugé la Cour de cassation, « *selon la loi française, le mariage est l'union d'un homme et d'une femme;* [...] *ce principe n'est contredit par aucune des dispositions de la Convention européenne des droits de l'homme et de la Charte des droits fondamentaux de l'Union européenne* »[6]. La différence de sexes dans le mariage, c'est-à-dire l'altérité, peut donc être rangée parmi les fondements politiques et sociaux de la société française. Ainsi, les auteurs du traité de droit international privé[7], MM. Batiffol et Lagarde estiment que « *la différence des sexes, qu'on peut considérer comme impliquée dans le principe de monogamie, serait certainement aussi réputée d'ordre public si la question se posait en jurisprudence* ». Au-delà de la France, « *il est constant que le terme de "mariage", selon la définition communément admise par les États membres, désigne une union entre deux personnes de sexe différent* »[8]. Le communiqué publié sur le site Internet de la Cour de cassation précise que « *seule l'adoption d'une loi nouvelle par la représentation nationale pourrait faire évoluer cet état de droit* ». Il en résulte qu'à l'image du mariage polygamique, un mariage homosexuel ne peut pas être valablement célébré en France, quelle que soit la forme de la célébration : devant un officier d'état civil français ou devant un agent diplomatique et consulaire étranger en poste en France. C'est en ce sens que se prononce une réponse ministérielle du 30 avril 2004[9].

Pour certains, cette solution est périmée depuis l'entrée en vigueur du traité de Lisbonne et, parce qu'il y fait référence, à l'entrée en vigueur de la charte des droits fondamentaux de l'Union européenne[10]. C'est faire appel à l'article 9 de la Charte des droits fondamentaux de l'Union européenne qui dispose que « *le droit de se marier et le droit de fonder une famille sont garantis selon les lois nationales qui en régissent l'exercice* ». À cet égard, il convient de rappeler que dans les explications établies sous la responsabilité du Présidium de la convention, qui n'ont pas de valeur juridique mais qui sont simplement destinées à éclairer les dispositions de la charte à la lumière des discussions qui se sont tenues au sein de la convention, on peut lire que « *l'article 9 n'interdit ni n'impose l'octroi du statut du mariage à des unions entre personnes du même sexe* »[11]. L'importance accordée par certains à cette disposition est donc largement excessive[12]. D'ailleurs, invoquant l'article 9, un auteur concède qu'« *il permet le mariage entre personnes de même sexe, dans l'ordre juridique communautaire, sans, il est vrai, l'imposer aux législateurs nationaux* »[13]. Mais, comme le note une doctrine autorisée, « *il faut aussi se demander quelle pourrait être la position de la Cour européenne des droits de l'homme à ce sujet : jugera-t-*

1. Not. Nguyen Quoc Dihn, P. Daillier et A. Pellet, *Droit international public*, 7e éd., LGDJ, 2002, n° 459.
2. Crim. 13 oct. 1865, *DP* 1866, 1, p. 233, note Dutruc – Crim. 16 mai 1934, *DH* 1934, p. 367.
3. B. Bourdelois, n° 364 (ouvrage préc. s[s] prés[t] n°).
4. Ch. Bidaud-Garon, *L'état civil en droit international privé*, H. Fulchiron (dir.), th. Lyon 3, déc. 2005, n° 166.
5. V. AUSSI, MAYER et HEUZÉ, n° 560.
6. Civ. 1re, 13 mars 2007, n° 05-16.627, *Bull. civ.* I, n° 113; *JCP* 2007, act. 136, obs. Favier; *Gaz. Pal.* 21-22 mars 2007, 10, rapp. Pluyette et avis Domingo; *Dr. fam.* 2007, comm. 76, note Azanant; *RTD civ.* 2007, 287, note Marguénaud; 315, note Hauser; *D.* 2007, 935, obs. Gallmeister; 1375, obs. Fulchiron; 1395, note Agostini; 1389, rapp. Pluyette; *JCP* 2007, I, 170, n° 1, obs. Favier
7. BATIFFOL et LAGARDE, t. 2, 2e éd., 1993, n° 415.
8. CJCE 31 mai 2001, aff. C-122/99 P et aff. C-125/99 P., D. et Royaume de Suède c/Cons. UE, p[t] 34, *Rec. CJCE*, p. I-04319; *D.* 2001, 3380, note Nourissat et Devers; *RTD civ.* 2002, 76, obs. Hauser.
9. Rép. min. n° 0311G, *JO Sénat* Q, 30 avr. 2004, p. 2685.
10. M. Schmitt, « Traité de Lisbonne : vers une nouvelle approche du mariage homosexuel dans l'ordre international », *JCP N* 2008, 1312.
11. J. Mischo, concl., p[t] 97, s[s] CJCE 31 mai 2001, aff. C-122/99 P et aff. C-125/99 P, D. et Royaume de Suède c/ Cons. UE, préc. s[s] n° 421.33.
12. V. AUSSI, C. Mécary, « Vers l'ouverture du mariage civil et républicain aux couples de personnes de même sexe ? », *AJ fam.* 2004, 261.
13. M. Schmitt, n° 34 (art. préc. s[s] prés[t] n°).

elle que le droit au mariage doit être reconnu au couple homosexuel ou décidera-t-elle que cette question relève de la marge nationale d'appréciation qu'elle laisse aux États sur les problèmes particulièrement délicats et susceptibles d'appréciation variées ? »[1]. Or, dans **deux décisions d'irrecevabilité récentes**[2], la Cour européenne des droits de l'homme affirme que l'article 12 de la convention consacre la **notion traditionnelle de mariage entre un homme et une femme**[3]. Elle ajoute : « *s'il est vrai que certains États contractants ont ouvert le mariage aux couples de même sexe, cela reflète leur propre vision du rôle du mariage dans leurs sociétés et ne découle pas, peut-être malheureusement pour beaucoup, d'une interprétation des droits et libertés fondamentaux tel qu'envisagés par les États contractants à la Convention en 1950* »[4]. Commentant ces décisions, une doctrine autorisée juge, non sans humour, que ces arrêts ont renvoyé « *le mariage entre personnes de même sexe* [...] *aux calendes grecques* »[5].

B.
Mariages célébrés à l'étranger

421.41 Effet atténué de l'ordre public. Dans son effet atténué, l'ordre public français en matière internationale témoigne d'une certaine perméabilité : il ne s'oppose pas forcément à l'acquisition de droits en France sur le fondement d'une situation créée sans fraude à l'étranger en conformité avec la loi ayant compétence en vertu du droit international privé.

421.42 Mariages polygamiques. Le mariage polygamique valablement formé à l'étranger au regard du droit international privé français peut produire des effets en France[6].

Tel est le cas lorsqu'il s'agit de partager entre les épouses une pension de réversion suite au décès de l'assuré social polygame[7].

Mais le juge français a parfois **limité les conséquences de la reconnaissance d'un mariage polygamique.**

Ainsi, un jugement du tribunal de grande instance de Versailles a décidé que le second mariage constituait pour la première épouse une injure grave pouvant fonder une demande en divorce[8]. Cependant la cour d'appel de Paris, dans une affaire où les deux époux étaient de nationalité marocaine, et dans laquelle étaient applicables les dispositions de la convention franco-marocaine et de la famille du 10 août 1981 qui prévoit que le mariage et le divorce sont régis par la loi du pays dont les époux ont la nationalité, a décidé que dès lors que la preuve n'est pas rapportée d'une violation par le mari des obligations que lui impose le mariage en droit marocain, la demande en divorce de la femme pour faute du mari doit être rejetée[9]. Compte tenu de l'évolution du droit marocain[10], il n'est pas sûr que la Cour se prononce dans le même sens aujourd'hui.

421.43 Affaire *Baaziz*. Les juges ont recouru aussi à l'ordre public dans la fameuse affaire *Baaziz*[11].

1. H. Gaudemet-Tallon, « Incertaines familles, incertaines frontières : quel droit international privé ? », *Liber Amicorum M. Revillard*, Éd. Defrénois, 2007, p. 147, spéc[t] p. 157-158.
2. CEDH 28 nov. 2006, décis. d'irrecevabilité, R. et F. c/ Royaume-Uni et Parry c/Royaume-Uni; *RTD civ.* 2007, 287, note Marguénaud.
3. EN CE SENS, au regard du Pacte international relatif aux droits civils et politiques, v. Comité des droits de l'homme, 30 juill. 2002, Juliet Joslin c/Nouvelle Zélande, *RTD civ.* 2003, 775, note Marguénaud : le comité refuse de conclure que « *par son simple refus d'accorder le droit de se marier à des couples homosexuels, l'État partie a violé les droits des auteurs au titre de l'article 16, de l'article 17, des paragraphes 1 et 2 de l'article 23 et de l'article 26 du Pacte* ».
4. « *While it is true that there are a number of Contracting States which have extended marriage to same-sex partners, this reflects their own vision of the role of marriage in their societies and does not, perhaps regrettably to many, flow from an interpretation of the fundamental right as laid down by the Contracting States in the Convention in 1950* ».
5. *RTD civ.* 2007, 287, note Marguénaud.
6. Civ. 28 janv. 1958, *Rev. crit. DIP* 1958, 110, note Jambu-Merlin; *JDI* 1958, p. 776, note Ponsard; *JCP* 1958, II, 10488, note Louis-Lucas; *D.* 1958, J. 265, note Lenoan – Civ. 1re, 17 févr. 1982, n° 80-17.113, *Bull. civ.* I, n° 76; *Rev. crit. DIP* 1983, 275, note Lequette; *JDI* 1983, p. 606, note Khan – Civ. 1re, 6 juill. 1988, *Rev. crit. DIP* 1989, 73 – CA Paris, 8 nov. 1983, *Rev. crit. DIP* 1984, 476, note Lequette; *JDI* 1984, p. 881, note Simon-Depître; *Defrénois* 1984, p. 571, note Revillard.
7. Civ. 2e, 2 mai 2007, n° 06-11.418, NP; *Dr. fam.* 2007, comm. 182, note Devers; *JCP S* 2007, 1523, 1re esp., note Vachet – Civ. 2e, 14 févr. 2007, 2 esp., n° 06-10.557 et n° 05-21.816, NP; *Dr. fam.* 2007, comm. 99, note Devers; *JDI* 2007, comm. 14, 2e esp., note Bourdelois.
8. TGI Versailles, 31 mars 1965, *JDI* 1966, p. 97, note Ponsard; *Gaz. Pal.* 1965, 2, 278, concl. Pignier : les juges accordent généralement le divorce à la première épouse qui le demande – V. CA Paris, 23 févr. 1987, *D.* 1987, somm. 349, obs. Audit – V. AUSSI, Civ. 1re, 21 juill. 1987, n° 84-14.354, *Bull. civ.* I, n° 240; *Rev. crit. DIP* 1988, 329, note Ancel.
9. CA Paris, 5 avr. 1990, *D.* 1990, 424, note Boulanger.
10. Dahir n° 1-04-22, 12 hija 1424 (3 févr. 2004), portant promulgation de la loi n° 70-03 portant Code de la famille, *Bulletin officiel* n° 5358, 2 ramadan 1426 (6 oct. 2005), p. 667 (en langue française); *BO* n° 5184, 14 hija 1424 (5 févr. 2004), p. 418 (en langue arabe) – Sur lequel V. NOT., A. Sarehane, « Le nouveau Code marocain de la famille », *Gaz. Pal.* 2004, doctr. 2792.
11. Civ. 1re, 17 févr. 1982, n° 80-17.113, *Bull. civ.* I, n° 76; *Rev. crit. DIP* 1983, 275, note Lequette; *JDI* 1983, p. 606, note Kahn – Civ. 1re, 6 juill. 1988, *Rev. crit. DIP* 1989, 71, note Lequette.

Un Français gouverné par le statut personnel particulier aux musulmans d'Algérie (statut réservé par l'article 46 de la Constitution de 1946 et par l'article 75 de la Constitution de 1958), avait épousé une Française au statut régi par les dispositions du Code civil. Au moment de l'indépendance de l'Algérie, en 1962, le mari n'avait pas opté pour la nationalité française (Ord. n° 62-825, 21 juill. 1962, art. 2 - Décr. n° 62-1475, 27 nov. 1962)[1] et était devenu Algérien. Encore engagé dans les liens de son premier mariage, il avait épousé une seconde femme en Algérie. Il revint vivre en France où il décéda d'un accident du travail.

Lors d'une première instance, la veuve française demanda la nullité du second mariage, ce qui lui fut refusé[2]. Dans une seconde instance, fut posée la question de savoir si une pension devait être versée aux deux veuves. La cour d'appel de Lyon s'était prononcée pour une répartition de la pension entre les deux. Cet arrêt fut cassé par la cour régulatrice, au motif que « *la conception* [de l'ordre public français en matière internationale] *s'oppose à ce que le mariage polygamique contracté à l'étranger par celui qui est encore l'époux d'une Française produise ses effets à l'encontre de celle-ci* »[3].

La Cour de cassation renouait ainsi avec une pratique protectrice des femmes françaises contre les règles de droits étrangers très différents du nôtre qui pouvaient les léser[4].

421.44 Propositions doctrinales. L'intensité de la protection de l'ordre public ne varie donc pas seulement, dans les hypothèses où la première épouse est régie par le Code civil, en fonction du lieu de formation de l'union polygamique mais également en considération de la nationalité. Assez curieusement, le prononcé de l'inopposabilité est d'ailleurs plus défavorable à la seconde épouse que ne l'aurait été le prononcé d'une nullité[5], car elle ne peut pas invoquer alors le bénéfice de la putativité. Pour éviter que ne se renouvelle ce genre de difficultés, de nombreux auteurs ont suggéré de prendre en considération le premier mariage[6]. Si celui-ci a un caractère monogamique, il ne pourrait être contracté un mariage avant la dissolution du premier. Cette interdiction pourrait être fonction de la **loi des effets du premier mariage**[7] ou de la **loi du lieu de célébration**[8], la *lex matrimonii* étant déterminée par un certain nombre d'éléments objectifs[9]. On a également affirmé que **l'empêchement** devrait être **trilatéral** : le mariage polygamique devrait être autorisé par la loi de l'époux et des deux épouses, la seconde mais aussi la première[10]. Cette solution permettrait de protéger toutes les femmes dont la loi nationale impose la monogamie.

421.45 Mariages homosexuels. La question de la contrariété à l'ordre public doit être réservée aux mariages valablement célébrés au regard des règles françaises de droit international privé. Comme le rappelle une réponse ministérielle, « *la validité du mariage s'apprécie, d'une part, au regard de la loi du lieu de célébration et, d'autre part, de la loi personnelle de chacun des futurs époux, laquelle en régit les conditions de fond. Le mariage suppose que la loi personnelle de chacun des futurs époux l'autorise. Ainsi, au regard de la loi française, deux Français de même sexe ne pourront valablement se marier à l'étranger, même si la loi du lieu de célébration reconnaît ce mariage, dans la mesure où leur loi personnelle, la loi française, le prohibe. Il en va de même du mariage d'un Français à l'étranger avec une personne de même sexe. Ainsi, dans le cas d'un mariage célébré aux Pays-Bas, dont l'un des conjoints est de nationalité française, cette union ne pourra pas être reconnue en France* »[11]. Inutile, puisqu'une telle union est nulle, de faire appel à l'exception d'ordre public français en matière internationale. Il faut toutefois qu'une **action en nullité** soit introduite. Elle le sera, le plus souvent, par le parquet civil informé par les services consulaires ou diplomatiques français en poste dans le pays étranger de célébration du mariage.

Pour certains, l'ordre public français en matière internationale ne devrait pas s'opposer à la reconnaissance en France d'un mariage homosexuel dès lors qu'il a été valablement célébré à l'étranger[12]. Il

1. Ord. n° 62-825, 21 juill. 1962, relative à certaines dispositions concernant la nationalité française, prises en application de la loi n° 62421 du 13 juill. 1962, *JO* 22 juill., p. 7230 – Décr. n° 62-1475, 27 nov. 1962, relatif à la procédure de reconnaissance de la nationalité française prévue à l'art. 2 de l'ordonnance n° 62-825 du 21 juill. 1962, *JO* 7 déc., p. 12012.
2. Civ. 1re, 17 févr. 1982, n° 80-17.113, préc. ss prést n°.
3. Civ. 1re, 6 juill. 1988, préc. ss prést n°.
4. CA Aix-en-Provence, 14 déc. 1891, *DP* 1894, I, p. 11 – CA Montpellier, 28 janv. 1895, *JDI* 1895, p. 618 – CA Aix-en-Provence, 7 nov. 1907, *JDI* 1908, p. 233 – V. AUSSI, BATTIFOL et LAGARDE, t. I, 8e éd., LGDJ, 1993, n° 360.
5. Lequette, note, *Rev. crit. DIP* 1989, 71.
6. onsard, *JDI* 1969, p. 934.
7. I. Fadlallah, *La famille légitime en droit international privé*, Dalloz, 1977, nos 195 s. – LOUSSOUARN, BOUREL et DE VAREILLE-SOMMIÈRE, n° 303 – MAYER et HEUZÉ, n° 550.
8. J.-M. Bischoff, « Le mariage polygamique en droit international privé », *Trav. Com. fr. DIP*, 1980-81, p. 91.
9. B. Bourdelois, *Mariage polygamique et droit positif français*, Éd. Joly, 1993, nos 112 s.
10. Y. Lequette, note, *Rev. crit. DIP* 1983, 277.
11. Rép. min. n° 886, *JO Sénat* Q, 24 janv. 2008, p. 161 – Sur laquelle, v. É. Fongaro, « L'absence d'effets successoraux en France du mariage homosexuel d'un Français aux Pays-Bas (à propos de la réponse ministérielle du 24 janvier 2008) », *Dr. fam.* 2008, étude 16.
12. Rép. min. n° 16294, *JO Sénat* Q, 9 mars 2006, p. 722; *JCP N* 2006, 363, note Mignot – M. Lamarche, « L'administration fiscale et le mariage homosexuel valablement célébré à l'étranger », *Dr. fam.* 2008, alerte 19 – V. AUSSI, MAYER et HEUZÉ, n° 551.

en résulterait que le mariage homosexuel produirait ses effets sur le territoire français conformément aux règles traditionnelles applicables au mariage. Sur le plan patrimonial, « *les époux pourront valablement changer de régime matrimonial, selon les règles prévues par la convention de La Haye du 14 mars 1978. Le changement de régime matrimonial n'aura une pleine efficacité que dans la mesure où la loi applicable au régime matrimonial accepte la possibilité d'un tel changement. De même, les époux pourront se consentir une donation entre époux dont les effets s'exerceront sous réserve de la reconnaissance d'une telle libéralité par la loi successorale applicable* »[1]. D'ailleurs, « *en matière de succession, la loi du dernier domicile du défunt s'appliquerait à la succession mobilière, et la loi de situation des immeubles à la succession immobilière. Dans ces situations, deux hommes néerlandais mariés aux Pays-Bas ou deux femmes belges mariées en Belgique pourraient avoir, en France, des droits similaires à ceux d'un couple hétérosexuel allemand, par exemple* »[2]. Sur le plan extrapatrimonial, « *ses effets personnels* [comme l'adoption ou la filiation] *seraient en principe soumis à la loi du pays du mariage* »[3]. En revanche, « *dans le cadre de la dissolution d'un mariage homosexuel entre deux femmes ou deux hommes néerlandais vivant en France, par exemple, ce divorce serait susceptible d'être soumis aux dispositions de l'article 310 du Code civil* »[4]. De manière fort prudente, il est précisé que « *ces solutions correspondent aux rattachements classiques du droit international privé, mais restent soumises à l'appréciation souveraine des tribunaux, au regard notamment des exigences de l'ordre public. Il n'existe pas, en l'état, de décisions judiciaires relatives à ces questions* »[5]. Cette réponse comporte, sans parler de son postulat de base – l'équivalence parfaite entre le mariage homosexuel étranger et le mariage hétérosexuel français –, plusieurs erreurs qui démontrent une méconnaissance des « *rattachements classiques du droit international privé* ». L'adoption ou la filiation n'est plus un effet personnel du mariage depuis la loi du 3 juillet 1972. Les effets personnels du mariage ne sont pas soumis à la loi du pays du mariage. L'ordonnance du 4 juillet 2005 portant réforme du droit de la filiation a déplacé la règle de conflit relative au divorce et à la séparation de corps de l'article 310 du Code civil à l'article 309. La portée de cette réponse ministérielle ne doit donc pas être exagérée[6]. Autrement dit, ces « *réponses ministérielles n'engagent que ceux qui les écoutent et rien ne permet de préjuger du rôle que la jurisprudence pourrait vouloir faire jouer à la notion d'ordre public ni la conception qu'elle en retiendra* »[7].

Pour d'autres, même si le **mariage homosexuel** a été **valablement célébré à l'étranger et sans fraude, l'ordre public français en matière internationale s'opposerait à sa reconnaissance en France**[8]. La solution est radicale si bien que deux tempéraments sont proposés. Non reconnu en France, on pourrait envisager la « *requalification en PACS* » du mariage homosexuel valablement célébré à l'étranger[9]. La proposition semble inspirée de la loi fédérale suisse sur le droit international privé qui dispose qu'« *un mariage valablement célébré à l'étranger entre personnes du même sexe est reconnu* [...] *en tant que partenariat enregistré* » (*L. Dip*, art. 54, al. 3)[10]. C'est également la solution retenue par la High Court de Londres confrontée à la reconnaissance en Angleterre d'un mariage célébré entre deux femmes au Canada[11]. Pour un auteur, il serait peut-être possible de tenter une distinction entre les **effets personnels** et les **effets patrimoniaux** du mariage homosexuel : « *Autant il peut être opportun de laisser produire au mariage célébré à l'étranger des effets patrimoniaux, autant il peut être choquant d'accepter qu'il engendre des effets extra-patrimoniaux* »[12]. Il est donc hasardeux, en l'état actuel, de considérer que la reconnaissance du mariage homosexuel valablement célébré à l'étranger est acquise. Pour les notaires, il serait prudent de n'acter qu'après avoir fait signer un « *avis de conseil donné* » ou une « *reconnaissance de conseil donné* » sur les risques de non-reconnaissance : par exemple, pour une donation entre époux de même sexe[13].

1. Rép. min. n° 41533, *JOAN* Q, 26 juill. 2005, p. 7437; *Dr. fam.* 2005, comm. 255; *JCP N* 2006, 1100, note Fongaro; *JCP* 2005, act. 652, obs. Mignot; *AJ fam.* 2006, 455, note Avena-Robardet.
2. Rép. min. n° 41533, préc. s[s] prés[t] n°.
3. Rép. min. n° 41533, préc. s[s] prés[t] n°.
4. Rép. min. n° 41533, préc. s[s] prés[t] n°.
5. Rép. min. n° 41533, préc. s[s] prés[t] n°.
6. Pour une analyse crit., v. E. Fongaro, « Le mariage homosexuel à l'épreuve du droit international privé », *JDI* 2006, p. 477; « La dissolution du mariage homosexuel », *Dr. et patr.* 2009, n° 181, p. 84 – Et H. Fulchiron, « Mariage et partenariats homosexuels en droit international privé français », *RID comp.* 2006, p. 409; « Le droit français et les mariages homosexuels étrangers », *D.* 2006, chron. 1253.
7. J.-J. Lemouland et D. Vigneau, *D.* 2007, pan. 1561.
8. Sur le débat « *très vif et parfois très émotionnel* » au sein du Parlement européen, v. E. Gebhardt, « La proposition de règlement concernant la compétence et la loi applicable en matières matrimoniales », *L'observateur de Bruxelles* 2008, n° 71, p. 26, spéc[t] p. 27-28.
9. Loussouarn, Bourel et De Vareille-Sommière, n° 307, note 2.
10. V. aussi, A. Bucher, *Le couple en droit international privé*, Helbing & Amp, Lichtenhahn, LGDJ, 2004, n°s 154 s.
11. Décision citée par Malaurie et Fulchiron, n° 173, note 24.
12. T. Vignal, *Droit international privé*, Éd. Armand Colin, 2005, n° 244.
13. A. Devers, « Le notaire et la loi applicable au régime matrimonial », *Dr. et patr.* 2007, n° 160, p. 52.

421.46 Clause de « maher ». S'agissant de mariages célébrés en Inde (mariage *nickah*) se pose la question de la conformité à l'ordre public de la clause de *maher* dans l'acte de mariage. Le **maher** est parfois présentée comme « *le prix de vente que la femme fait de sa personne en se mariant* » de sorte que la clause serait contraire à l'ordre public français en matière internationale. La Cour de cassation a cependant jugé que « *l'acte dit* "maher" *est une convention établissant le consentement des époux au mariage, assorti du versement d'une dot, sans contrariété à l'ordre public international français* »[1]. Il n'en demeure pas moins, en raison du caractère dotal du *maher*, que l'existence d'un consentement libre de l'épouse pourrait être discutée au regard de sa loi nationale.

421.47 Remise en cause de la distinction entre mariage célébré en France et mariage célébré à l'étranger. Comme l'écrivent MM. Ancel et Lequette, « *la corrélation espace-temps sur laquelle repose la théorie de l'effet atténué de l'ordre public, a, en effet, perdu une bonne part de sa pertinence en raison de la facilité actuelle des déplacements et de la quasi-ubiquité qu'elle confère aux individus* »[2]. C'est que des individus résidant en France retournent dans leur pays pour y contracter un mariage polygamique et revenir après un court laps de temps en France, ce qui peut être considéré comme une « *fraude à l'intensité de l'exception d'ordre public* »[3]. Aussi, un fort courant doctrinal préconise de faire jouer l'ordre public français en matière internationale lorsque la situation juridique présente des liens étroits avec la France[4].

421.48 Méthode de la reconnaissance. Certains auteurs proposent d'étendre la méthode de la reconnaissance des jugements étrangers aux situations créées dans un autre État par l'intervention d'une autorité publique, tel un officier de l'état civil[5]. Le caractère mixte – « *à la fois* [...] *acte de volonté* » des intéressés et « *acte solennel supposant l'intervention de l'autorité publique* »[6] – du mariage homosexuel et du partenariat enregistré peut, en effet, plaider pour un rapprochement avec le traitement réservé aux décisions étrangères. La reconnaissance de la relation créée à l'étranger serait alors soustraite aux conflits de lois pour raisonner, au moins en partie, en termes de conflit d'autorités. Cette nouvelle approche permettrait de respecter les prévisions des parties en reconnaissant une union dont elles ont légitimement pu croire, du fait de l'intervention de l'autorité publique étrangère, qu'elle a été valablement créée. La Cour de cassation française ne s'est toutefois jamais engagée sur le terrain de la méthode de la reconnaissance, préférant raisonner pour la validité du mariage en termes de conflit de lois. Dans l'espace européen, il s'agit désormais de respecter les droits et libertés fondamentaux que garantit le droit de l'Union européenne et, plus particulièrement, le traité sur le fonctionnement de l'Union européenne[7]. Dans cette perspective, la non-reconnaissance d'un mariage célébré dans un autre État membre peut être présentée comme une entrave aux grandes libertés du droit originaire de l'Union européenne. Elle constitue, à tout le moins, une « gène » dans l'exercice de ces libertés.

Dans son arrêt *Konstantinidis*[8], la Cour de justice des communautés européennes estime que les règles nationales de translittération d'un nom étranger peuvent porter atteinte à la liberté d'établissement. C'était déjà, dans une certaine mesure, imposer la reconnaissance dans les autres États membres de la graphie grecque du nom d'un ressortissant hellénique au nom du libre exercice du droit d'établissement. De l'entrepreneur, ce droit est étendu par l'arrêt *Grunkin-Paul*[9] au citoyen de l'Union européenne au nom, cette fois, de la liberté de circulation que garantit l'article 18 du traité CE. En l'espèce, le requérant de nationalité allemand vit au Danemark où lui a été attribué par l'autorité danoise, conformément au droit danois, le nom patronymique de *Grunkin-Paul*. L'intéressé se heurte en Allemagne au refus des autorités allemandes de reconnaître ce nom au motif que, en vertu du droit international privé

1. Civ. 1re, 22 nov. 2005, n° 03-14.961, *Bull. civ.* I, n° 430; *JCP* 2006, I, 141, n° 8, obs. Wiederkehr; *Dr. fam.* 2006, comm. 20, note Larribau-Terneyre. – CA Lyon, 16 oct. 2008, *Dr. fam.* 2009, comm. 53, obs. Larribau-Terneyre.
2. Ancel et Lequette, *GADIP*, n° 26, § 13.
3. Fadlallah, note, *Rev. crit. DIP* 1984, 325.
4. V. NOT., Gaudemet-Tallon, *JDI* 1990, p. 982, spéct p. 992; « La désunion du couple en droit international privé », *Rec. Cour La Haye*, 1991, t. I, n° 122, p. 271 – Jacquet, *JDI* 1992, p. 953 – R. Libchaber, *L'exception d'ordre public en droit international privé, L'ordre public à la fin du XXe siècle*, 1996, p. 72, spéct nos 9 s. – P. Courbe, « L'ordre public de proximité », *Mél. P. Lagarde*, Dalloz, 2005, p. 227.
5. P. Mayer, « Les méthodes de la reconnaissance », *Mél. P. Lagarde*, Dalloz, 2005, p. 547.
6. P. Lagarde, « Le principe de proximité dans le droit international privé contemporain », *RCADI* 1986-I, vol. 196, p. 9, spéct p. 189.
7. P. Lagarde, « Développements futurs du droit international privé dans une Europe en voie d'unification : quelques conjonctures », RabelsZ 68, 2004, p. 225.
8. CJCE 30 mars 1993, aff. C-168/91, Konstantinidis, *Rec. CJCE*, p. I-1191; *Dr. trav.* 1995/1, p. 1, note Mazière; *LPA* 1er juin 1994, n° 65, p. 22, note Flauss.
9. CJCE 14 oct. 2008, aff. C-353/06, Grunkin et Paul, *Rec. CJCE*, p. I-07639; *JCP* 2009, 10071, note Devers; *AJ fam.* 2008, 481, obs. Boiché; *JDI* 2009, p. 7, note D'Avout; *Europe* 2008, comm. 397, note Kauff-Gazin; *Europe* 2008, comm. 431, obs. Idot; *AJDA* 2008, 2327, chron. Broussy, Donnat, et Lambert; *D.* 2009, 845, note Boulanger; *Rev. crit. DIP* 2009, 80, note Lagarde.

allemand (EGBGB, art. 10), le nom de l'intéressé est régi par le droit allemand qui ne permet pas à un enfant de porter un nom double, composé de ceux de son père et de sa mère. Pour la Cour de justice des communautés européennes, le droit communautaire, aujourd'hui droit de l'Union européenne, s'oppose à ce que les autorités d'un État membre refusent de reconnaître le nom conféré et enregistré par les autorités administratives étrangères, compétentes pour l'établissement des actes de l'état civil dans le pays de résidence de l'individu. Dans le sillage de l'arrêt *Grunkin-Paul*, l'on peut penser que, pour la Cour de justice de l'Union européenne, « *le droit de tout citoyen de circuler librement dans l'Union européenne implique l'obligation de reconnaître tous les éléments de son statut personnel (et pas seulement de son nom) qui se sont constitués dans un autre État membre* »[1]. Plus précisément, elle pourrait considérer que le fait de ne pas reconnaître un mariage, par exemple homosexuel, célébré dans un autre État membre est susceptible d'entraver l'exercice du droit, consacré à l'article 18 du traité CE, de circuler et de séjourner librement sur le territoire des États membres[2]. La perspective de ne pas voir son union reconnue est de nature à dissuader le ressortissant d'un État membre de se déplacer dans l'État d'accueil, par exemple, pour y exercer une activité salariée. Si cette extension de l'arrêt *Grunkin-Paul* venait à se confirmer, ce serait imposer aux États membres de respecter un « *principe d'unicité du statut personnel du ressortissant communautaire* »[3]. Il n'en demeure pas moins que les États membres pourraient opposer à l'union en cause des motifs de non-reconnaissance tels que le respect de leur ordre public et l'absence de fraude à la loi[4].

SECTION 2
CONDITIONS DE FORME

421.50 Division. La France est liée par plusieurs conventions bilatérales qui contiennent des règles de conflit de lois en matière de formation du mariage. La convention *franco-marocaine du 10 août 1981 relative au statut des personnes et de la famille et à la coopération judiciaire prévoit, par exemple, que « les conditions de forme du mariage sont régies par la loi de celui des deux États dont l'autorité célèbre le mariage »* (conv. franco-marocaine, 10 août 1981, art. 6). Ces textes soumettent généralement les conditions de forme de formation du mariage à la **loi locale de célébration**[5]. En l'absence de convention internationale, c'est également la solution que retient la Cour de cassation lorsqu'elle affirme que les conditions de forme du mariage sont, en principe, régies par la loi interne du pays de célébration[6]. Encore faut-il, avant de lui appliquer la loi locale, avoir qualifié la condition en cause de condition de forme du mariage. Selon la Cour de cassation, « *la question de savoir si un élément de la célébration du mariage appartient à la catégorie des règles de forme ou à celles des règles de fond doit être tranchée par les juges français suivant les conceptions du droit français* »[7]. Elle en déduit que le caractère religieux ou laïc d'un mariage est une question de forme. La compétence de la loi locale doit être précisée, suivant que le mariage est contracté en France (§ 1) ou contracté à l'étranger (§ 2).

§ 1
Mariage contracté en France

421.51 Autorités compétentes. En France, un mariage ne peut être valablement célébré que devant l'officier d'état civil français ou, pour des étrangers, devant leur agent diplomatique ou consulaire.

421.52 Officier d'état civil. Par application de la règle *locus regit actum*, tout mariage célébré par un officier d'état civil français, conformément aux prescriptions de la loi française (C. civ., art. 165 à 171), est valable quand bien même la loi nationale de l'un des époux imposerait une forme différente[8]. Par exemple, le mariage est célébré publiquement

1. P. Lagarde, « La reconnaissance, mode d'emploi », *Mél. H. Gaudemet-Tallon*, Dalloz, 2008, p. 481, spéc^t p. 488, n° 9.
2. P. Courbe, « L'influence des réformes du droit international privé de la famille sur le droit international privé », *Mél. H. Gaudemet-Tallon*, Dalloz, 2008, p. 703, spéc[t] p. 714.
3. Principe formulé par l'avocat général La Pergola, concl., points 7-8, CJCE 2 déc. 1997, aff. C-336/94, Dafeki, *Rec. CJCE*, p. I-6761 ; *Europe* 1998, comm. 58, obs. Idot ; *Rev. crit. DIP* 1998, 334, note Droz ; *JDI* 1998, p. 516, note Luby.
4. A. Devers, « La circulation des statuts du couple dans l'espace européen », *Mariage-conjugalité, parenté-parentalité*, H. Fulchiron (dir.), « Thèmes et commentaires », Dalloz, 2009, p. 81.
5. Pour une liste de ces textes, v. J.-CL. INTERNAT., I. Barrière-Brousse, fasc. 546-20 (Mariage : conditions de forme), n° 7.
6. Civ. 1re, 15 juill. 1963, *Bull. civ.* I, n° 392 – Civ. 1re, 15 juin 1982, n° 81-12.611, *Bull. civ.* I, n° 224 ; *D.* 1983, J. 431, note Agostini ; *Rev. crit. DIP* 1983, 300, note Bischoff – Civ. 1re, 21 juill. 1987, n° 84-14.354, *Bull. civ.* I, n° 240 ; *Rev. crit. DIP* 1988, 329, note Ancel.
7. Civ. 1re, 22 juin 1955, Caraslanis, *Rev. crit. DIP* 1955, 723, note Batiffol ; *D.* 1956, J. 73, note Chavrier ; *Journal des juristes hellènes* 1956, p. 217, note Francescakis ; *GADIP*, n° 27.
8. V. NOT., G. Auvolat, « Les formalités applicables au mariage mixte célébré en France », *AJ fam.* 2007, 246 – J. Minot, « Loi applicable : mariage et régime matrimonial », *AJ fam.* 2007, 253.

devant l'officier de l'état civil français de la commune où l'un des époux a son domicile ou sa résidence (C. civ., art. 165). Il en résulte que, parce que la loi française consacre la primauté du mariage civil, un mariage célébré en France devant une autorité religieuse est « *nul en la forme* »[1]. La loi française impose aux futurs époux de respecter plusieurs formalités préalables au mariage[2]. Certaines des conditions de forme prévues par la loi française sont parfois difficiles à respecter : par exemple, la publication de l'article 63 qui doit être faite à la mairie du lieu du mariage mais aussi à celle du lieu où chacun des futurs époux a son domicile ou, à défaut de domicile, sa résidence. Lorsque l'un des futurs époux a son domicile ou, à défaut de domicile, sa résidence à l'étranger, l'Instruction générale relative à l'état civil (IGREC) autorise l'officier d'état civil à célébrer le mariage dès qu'il a acquis la conviction que la publication préalable est impossible à mettre en œuvre. S'agissant de l'obligation de procéder à l'audition des futurs époux, la Cour de cassation a jugé qu'elle peut être écartée en cas d'impossibilité de l'épouse de quitter son pays d'origine en raison des refus opposés à ses différentes demandes de visa[3]. Une proposition de loi envisageait d'imposer au procureur de la République, informé par l'officier d'état de ses soupçons, de motiver sa décision d'autoriser la célébration du mariage. Elle prévoyait également que l'officier de l'état civil, considérant que des indices sérieux laissent présumer qu'il y a simulation, puisse saisir le procureur général afin qu'il se prononce sur la validité du mariage[4]. Ce texte a toutefois été rejeté par le Sénat le 9 décembre 2009.

421.53 Autorité diplomatique ou consulaire. Bien que le Code civil ne mentionne que le mariage des Français devant leur consul à l'étranger, il est admis que les étrangers, de même nationalité, peuvent se marier en France devant leurs agents diplomatiques ou consulaires[5]. C'est reconnaître là une règle traditionnelle du droit international public selon laquelle un consul peut marier ses ressortissants (conv. Vienne, 24 avr. 1963, art. 57). Encore faut-il que la loi de l'autorité diplomatique ou consulaire autorise la célébration d'un tel mariage, ce qui n'est pas le cas chaque fois que cette loi ne connaît que le mariage religieux, et que la célébration ne viole pas l'ordre public français en matière internationale (v. s[s] n°s 421.31 s.).

421.54 Mariages privés et religieux. Il arrive parfois que des mariages ne soient célébrés ni devant l'officier de l'état civil français, ni devant le consul étranger mais selon des formes traditionnelles ou coutumières du pays d'origine du ou des conjoints. De telles unions ne sont pas reconnues par le droit français[6]. Toutefois, certains auteurs ont proposé d'admettre, dans un passé récent, la validité de mariages célébrés en France entre deux étrangers selon des formes privées ou religieuses[7]. Pour justifier leur thèse, ils ont principalement fait valoir que de nombreuses législations étrangères imposent à leurs nationaux la forme religieuse pour la validité de leur mariage; ne pas l'admettre conduit à la formation de mariages boiteux, valables dans l'ordre juridique d'un pays mais pas dans le pays d'origine des intéressés. De plus, ils ont avancé que la prévention à l'égard des religions n'avait plus lieu d'être en des temps d'apaisement religieux. À l'inverse, pour défendre le principe traditionnel, on a fait remarquer que l'opinion publique française accepterait mal « *la discrimination que la solution emporte entre les Français - à qui aucun choix n'est donné - et les étrangers* »[8]. On ajoutera que l'argument de l'apaisement religieux n'est plus de saison à une époque où différents intégrismes ne cessent de croître. Quant à l'argument de la nécessité pour certains étrangers de recourir à une union religieuse, on peut observer qu'après la cérémonie laïque du droit français, ils peuvent aussi faire célébrer leur mariage par une autorité religieuse, tout comme les nationaux français. Certes, ce moyen est peu satisfaisant sur le plan des principes, mais si les

1. Civ. 1re, 3 juin 1998, n° 95-17.384, NPT; *D.* 1998, 578, note Fulchiron.
2. V. NOT., A. Leborgne, « Contrôle de la validité des mariages : une loi de plus ! », *RJPF* 2007-3/10, p. 8, spéc[t] I.A. 1.
3. Civ. 1re, 9 janv. 2007, n° 05-14.720, *Bull. civ.* I, n° 7; *D.* 2007, *AJ* 449, obs. Delaporte-Carré; *Dr. fam.* 2007, comm. 53 (1re esp.), note Larribau-Terneyre; *AJ fam.* 2007, 146, note crit. Chénedé; *RLDC* 2007, n° 2458, note Ansault; *D.* 2007, 1563, obs. Lemouland et Vigneau; *RTD civ.* 2007, 313, obs. Hauser – V. AUSSI, Civ. 1re, 6 févr. 2007, n° 06-10.403, *Bull. civ.* I, n° 49; *Defrénois* 2007, p. 535, note Massip; *Dr. fam.* 2007, comm. 53 (2e esp.), note Larribau-Terneyre (sur la responsabilité de l'État du fait du refus persistant de l'officier d'état civil de célébrer un mariage mixte); *AJDA* 2008, 530, note Van Lang – Chauvin, « Chronique de jurisprudence de la Cour de cassation – Première chambre civile », *D.* 2007, chron. 891; *RFDA* 2007, 1263, note Eveillard; *RTD civ.* 2007, 313, obs. Hauser.
4. Prop. loi, 19 sept. 2009, visant à renforcer la procédure de lutte contre les mariages simulés, n° 625 (2008-2009).
5. TGI Paris, 22 déc. 1981, *JDI* 1983, p. 607, note Kahn – CA Reims, 19 janv. 1976, *JDI* 1976, p. 916, note Fadlallah – Civ. 30 juill. 1900, *D.* 1901, 1, 317.
6. Civ. 1re, 15 mars 1988, *Defrénois* 1988, 34309; *Gaz. Pal.* 1989, I, 374 – CA Paris, 8 déc. 1992, *D.* 1994, J. 272, note Hochart; *JCP* 1995, I, 3813, obs. Garé.
7. P. Mercier, *Conflit de civilisation et droit international privé, Polygamie et répudiation*, Éd. Droz, 1972, p. 91 s. – BATIFFOL et LAGARDE, t. II, n° 422, n° 425 – LOUSSOUARN, BOUREL et DE VAREILLE-SOMMIÈRE, n° 292.
8. B. Bourdelois, *Mariage polygamique et droit positif français*, Éd. Joly, 1993, n° 371.

mariages civil et religieux sont célébrés dans un laps de temps très court, il n'emporte que peu d'inconvénients pratiques.

§ 2
Mariage contracté à l'étranger

421.61 **Statistiques.** Selon les chiffres publiés par le ministère de la Justice dans un communiqué concernant les annulations de mariage en 2004, « *sur 1 210 affaires traitées en 2004, 737 mariages ont été annulés sachant que la proportion décroît depuis 1995 (81,2 % en 1995, 73,6 % en 2004). Il est intéressant de noter que les demandes de nullité interviennent pour 35 % dans la première année du mariage et pour 60 % dans la deuxième année. Les couples concernés sont très majoritairement des couples mixtes (dans près de 90 % des cas un conjoint est français, la femme en général, et l'autre étranger) mariés à l'étranger (56,3 %)* »[1].

421.62 **Formes locales.** S'agissant des conditions de forme, le mariage est valablement célébré à l'étranger dès lors qu'il respecte les formes imposées par la loi locale. Ainsi, s'agissant du mariage contracté en pays étranger entre Français, ou entre un Français et un étranger, l'article 171-1 du Code civil dispose qu'il est « [...] *valable s'il a été célébré dans les formes usitées dans le pays de célébration* [...] ». Or les formes locales peuvent être sensiblement différentes des formes françaises. Mais, quelles que soient ces formes étrangères - mariage religieux[2], mariage privé[3] ou mariage informel[4] –, le mariage qui les respecte est valable[5].

421.63 **Autorité locale étrangère.** Pour être valable, le mariage doit être célébré par une autorité habilitée par la loi locale étrangère à célébrer les mariages. Il peut s'agir d'une autorité civile, religieuse ou privée. Par exemple, il semble que la « *législation marocaine ne prévoit plus* [...] *la possibilité pour deux étrangers résidant au Maroc de se marier devant les autorités locales* »[6].

421.64 **Formalités préalables.** Dans un souci de lutter contre la fraude et les mariages simulés, la loi du 14 novembre 2006 a renforcé le **contrôle de la validité des mariages des Français** lorsqu'ils sont **célébrés à l'étranger par une autorité étrangère**[7]. Entrée en vigueur le 1er mars 2007, elle modifie substantiellement le droit du mariage des Français à l'étranger et n'échappe pas à la critique (v. aussi Décr. n° 2007-773, 10 mai 2007, art. 4 à 7)[8]. L'article 171-2 du Code civil impose que le mariage d'un Français soit précédé, d'une part, de la délivrance d'un certificat de capacité à mariage (C. civ., art. 171-2, al. 1er) et, d'autre part, du respect des prescriptions de l'article 63 du Code civil (C. civ., art. 171-2, al. 1er). En ce qui concerne la publication des bans, elle est faite auprès de l'officier de l'état civil ou de l'autorité diplomatique ou consulaire du lieu où le futur époux français a son domicile ou sa résidence (C. civ., art. 171-2, al. 2). L'article 171-3 du Code civil précise les modalités de l'audition des futurs époux prévue à l'article 63 : elle « *est réalisée par l'officier de l'état civil du lieu du domicile ou de résidence en France du ou des futurs conjoints, ou par l'autorité diplomatique ou consulaire territorialement compétente en cas de domicile ou de résidence à l'étranger* ». En cas de doute sur la validité du futur mariage, l'article 171-4 du Code civil prévoit que « *l'autorité diplomatique ou consulaire saisit sans délai le procureur de la République compétent et en informe les intéressés* » (C. civ., art. 171-4,

1. Min. Justice, communiqué, 12 oct. 2006, *Infostat* n° 90 : *Dr. fam.* 2006, alerte 82 ; *RTD civ.* 2007, 312, obs. Hauser.
2. Civ. 1re, 10 juill. 1973, n° 72-12.187, *Bull. civ.* I, n° 241 ; *JDI* 1973, p. 341, note Audit ; *Rev. crit. DIP* 1974, 640, note Nisard.
3. Req. 26 oct. 1910, *JDI* 1913, p. 158.
4. Req. 20 déc. 1841, *DP* 1842, 1, p. 34 – Req. 13 janv. 1857, *S.* 1857, I, p. 81.
5. PAR EX., sur l'exigence en droit tunisien de « *deux témoins honorables et la fixation d'une dot* », v. CA Amiens, 5 févr. 2009, RG n° 06/04490, *Juris-Data* n° 2009-001773.
6. Rép. min. n° 25393, *JO Sénat* Q, 23 nov. 2006, p. 2916 ; *Dr. fam.* 2007, alerte 38 – V. AUSSI, rép. min. n° 113444, *JOAN* Q, 13 févr. 2007, p. 1532 ; *Rev. crit. DIP* 2007, 472.
7. V. NOT., J.-J. Ansault, « Les mariages blancs sont dans le rouge », *RLDC* 2006, n° 2317 – C. Bidaud-Garon et C. Nourissat, « Des conditions du mariage des Français à l'étranger : variations sur la forme et sur le fond », *AJ fam.* 2006, 447 – Ph. Brunel, « Le contrôle de la validité du mariage des Français à l'étranger », *AJ fam.* 2006, 440 – S. Corneloup, *Rev. crit. DIP* 2007, 228 – F. Dieu, « La loi du 14 novembre 2006 et le renforcement du contrôle des mariages », *RLDC* 2007, n° 2470 – V. Larribau-Terneyre, « Conformité à la Constitution de la loi sur le contrôle de la validité des mariages », *Dr. fam.* 2007, comm. 1 ; « Retour sur la loi du 14 novembre 2006 sur le contrôle de la validité des mariages à l'occasion du décret d'application du 10 mai 2007 », *Dr. fam.* 2007, comm. 140 – A. Leborgne, « Contrôle de la validité des mariages : une loi de plus ! », *RJPF* 2007-3/10, p. 8 – J.-J. Lemouland et D. Vigneau, *D.* 2007, pan. 1561 – A.-M. Leroyer, « Validité des mariages – contrôle », *RTD civ.* 2007, 189 – M. Revillard, « Le contrôle de la validité des mariages : incidences de droit international prive », *Defrénois* 2007, p. 847.
8. Décr. n° 2007-773, 10 mai 2007, pris pour l'application de la loi n° 2006-1376 du 14 novembre 2006 relative au contrôle de la validité des mariages et modifiant diverses dispositions relatives à l'état civil, *JO* 11 mai 2007, p. 8487 ; *RJPF* 2007-7-8/22, p. 21, obs. Leborgne ; *Dr. fam.* 2007, comm. 140, note Larribau-Terneyre ; *RLDC* 2007, n° 2613, note Marraud des Grottes.

al. 1er). Ce dernier peut, « *dans le délai de deux mois à compter de la saisine, faire connaître par une décision motivée, à l'autorité diplomatique ou consulaire du lieu où la célébration du mariage est envisagée et aux intéressés, qu'il s'oppose à cette célébration* » (C. civ., art. 171-4, al. 2). Dans une telle hypothèse, les futurs époux peuvent demander la **mainlevée de l'opposition**, devant le tribunal de grande instance (C. civ., art. 171-4, al. 3). La demande de mainlevée de l'opposition sera rejetée lorsqu'il est évident que le projet de mariage encourt la nullité en application, notamment, de l'article 146 du Code civil.

La cour d'appel de Rennes a ainsi rejeté la demande de mainlevée car les déclarations faites par les intéressés aux autorités consulaires sont contradictoires et établissent qu'ils ne se connaissent pas réellement et n'ont formé aucun projet commun. En outre, la cour relève que la femme n'a pas déféré à la convocation des services de police française pour être entendue sur le projet d'opposition à mariage du ministère public[1].

421.65 Autorité diplomatique ou consulaire française. S'agissant du mariage contracté en pays étranger entre Français, ou entre un Français et un étranger, l'article 171-1 du Code civil dispose qu'il est valable s'il a été célébré, conformément aux lois françaises, par les autorités diplomatiques ou consulaires françaises. Toutefois, ces autorités ne peuvent procéder à la célébration du mariage entre un Français et un étranger que dans les pays qui sont désignés par le décret du 26 octobre 1939[2] : Afghanistan, Arabie saoudite, Cambodge, Chine, Égypte, Irak, Iran, Japon, Laos, Maroc (zone de Tanger), Oman (Mascate), Thaïlande, Yémen.

421.66 Transcription en France (nécessité). S'agissant du mariage des Français célébrés à l'étranger par une autorité étrangère, la loi du 14 novembre 2006 (qui est entrée en vigueur le 1er mars 2007) impose leur transcription en France sur les registres de l'état civil français[3]. Précédemment, la transcription était conseillée mais elle n'était pas obligatoire pour que le mariage déploie tous ses effets civils en France. Ce dispositif, inspiré par « *la hantise de la fraude* », a été vivement critiqué par une doctrine autorisée[4]. L'article 171-5 du Code civil dispose désormais que, « *pour être opposable aux tiers en France, l'acte de mariage d'un Français célébré par une autorité étrangère doit être transcrit sur les registres de l'état civil français* » (C. civ., art. 171-5, al. 1er). La procédure de transcription est fixée par le décret n° 2007-773 du 10 mai 2007, pris pour l'application de la loi du 14 novembre 2006 relative au contrôle de la validité des mariages et modifiant diverses dispositions relatives à l'état civil (v. Décr. 10 mai 2007, art. 8 à 11). L'article 171-5 du Code civil précise qu'« *en l'absence de transcription, le mariage d'un Français, valablement célébré par une autorité étrangère, produit ses effets civils en France à l'égard des époux et des enfants* » (C. civ., art. 171-5, al. 1er). La **sanction du défaut de transcription** n'est donc pas la nullité du mariage célébré à l'étranger par une autorité locale mais son **inopposabilité** en France. Par exemple, à défaut d'avoir fait transcrire son mariage, le conjoint étranger d'un Français ne pourrait pas demander à une caisse française de sécurité sociale le versement d'une pension de réversion. Les époux ont donc tout intérêt à demander la transcription, la demande devant être faite auprès de l'autorité consulaire ou diplomatique compétente au regard du lieu de célébration du mariage (C. civ., art. 171-5, al. 3). Les futurs époux sont informés de la nécessité de demander cette transcription à l'occasion de la délivrance du certificat de capacité à mariage (C. civ., art. 171-5, al. 2). Mais, même non transcrit, le mariage paraît pouvoir être invoqué en France par un tiers, notamment par le créancier de l'un des époux pour étendre son gage aux biens communs et aux biens propres de son conjoint.

421.67 Transcription en France (impossibilité). L'autorité consulaire ou diplomatique peut **surseoir à la transcription** du mariage célébré par une autorité étrangère dans trois hypothèses.

Tout d'abord, la transcription n'est possible qu'après remise par les époux d'une **décision de mainlevée judiciaire** lorsque le mariage a été célébré malgré l'opposition du procureur de la République (C. civ., art. 171-6).

Ensuite, lorsque le mariage a été célébré en contravention aux dispositions de l'article 171-2 (absence de certificat de capacité et non-respect des prescriptions de C. civ., art. 63), la transcription est précédée de l'**audition des époux**, ensemble ou séparément, par l'autorité diplomatique ou consulaire (C. civ., art. 171-7). Si des indices sérieux laissent présumer que le mariage encourt la nullité au titre des articles 144, 146, 146-1, 147, 161, 162, 163, 180 ou 191, l'autorité diplomatique ou consulaire chargée de transcrire l'acte en informe immédiatement le ministère public et sursoit à la transcription (C. civ., art. 171-7, al. 3). Le ministère public dispose alors d'un **délai de six mois** pour se prononcer sur la transcription (C. civ., art. 171-7, al. 4 à 6).

1. CA Rennes, 17 mars 2009, RG n° 08/07076, *Juris-Data* n° 2009-378756.
2. Pour un rappel, v. rép. min. n° 18475, *JO Sénat* Q, 15 déc. 2005, p. 3320.
3. P. Brunel, « Le mariage des Français et sa dissolution survenus à l'étranger. Modalités pratiques de reconnaissance en France », *AJ fam.* 2006, 452.
4. RÉP. INTERNAT., P. Lagarde, *Cahiers actu.* 2007-1, p. 9.

Enfin, même lorsque les formalités prévues à l'article 171-2 ont été respectées et que le mariage a été célébré dans les formes usitées dans le pays, l'autorité diplomatique ou consulaire peut surseoir à la transcription si « *des éléments nouveaux fondés sur des indices sérieux laissent présumer que le mariage encourt la nullité au titre des articles 144, 146, 146-1, 147, 161, 162, 163, 180 ou 191* » (C. civ., art. 171-8). Là encore, le ministère public dispose alors d'un **délai de six mois** pour se prononcer sur la transcription (C. civ., art. 171-8, al. 4 et 5). Cette nouvelle procédure n'a pas encore donné lieu à un contentieux significatif[1].

SECTION 3
COMPÉTENCE INTERNATIONALE DU JUGE FRANÇAIS

421.71 **Règlement Bruxelles II *bis*.** Le plus souvent, l'action en nullité du mariage est introduite en France. Elle peut l'être par **l'un des époux** ou par le **procureur de la République.** Dans une telle hypothèse, la recevabilité de l'action en nullité d'un mariage est « *subordonnée à la mise en cause des deux époux* », fin de non-recevoir qui, parce qu'elle présente un caractère d'ordre public, doit être soulevée d'office par le juge saisi[2]. Pour déterminer si le juge français est compétent, il convient d'appliquer le règlement (CE) n° 2201/2003, du Conseil, dit « Bruxelles II *bis* »[3]. Il s'applique, en effet, « *quelle que soit la nature de la juridiction, aux matières civiles relatives* [...] *à l'annulation du mariage des époux* » (règl. [CE] n° 2201/2003, art. 1, § 1, s^s a). Ce texte fait l'objet d'une présentation détaillée s'agissant de divorce et de séparation de corps, présentation à laquelle il convient de se reporter (v. s^s n°s 423.00 s. et 424.00 s.). Sans surprise, est censurée la décision par laquelle une cour d'appel se déclare incompétente pour statuer sur la demande d'annulation du mariage formée par l'épouse alors « *que sont compétentes* [...] *les juridictions de l'État membre de la dernière résidence habituelle des époux dans la mesure où l'un d'eux y réside encore ainsi que celles, dans certaines conditions, de la résidence habituelle du demandeur* »[4]. Lorsque l'annulation du mariage a été prononcée à l'étranger, les conditions de reconnaissance et d'exécution de la décision sont les mêmes que pour les décisions de divorce ou de séparation de corps (v. s^s n°s 424.00 s.).

SECTION 4
SANCTION DE LA VIOLATION DES CONDITIONS DE FORMATION

421.81 **Sanction...** Parce qu'elles sont intimement liées, il appartient à la loi qui régit les conditions de formation du mariage d'en déterminer et d'en organiser les sanctions : nature de la sanction, personnes qui peuvent la demander, délai pour agir, fins de non-recevoir et possibilités de confirmation. Le plus souvent, la sanction est la **nullité judiciaire.** À défaut de décision, « *c'est* [donc] *à juste titre qu'une cour d'appel considère qu'un mariage célébré le 27 avril 1927 à Madagascar selon le rite ismaélien doit être tenu pour valable au regard du droit français et produire ses effets tant que sa nullité pour défaut de célébration devant l'officier d'état civil, n'a pas été prononcée* »[5]. La solution fut parfois malmenée par la Cour de cassation : elle a admis que le mariage contracté en état de polygamie et en violation de la loi française de la seconde épouse, mais dont la nullité n'a pas été prononcée, ne peut pas être opposé à une Caisse française de sécurité sociale[6]. La Cour semble toutefois revenue à une approche plus rigoureuse : « *doit être cassé l'arrêt qui refuse à l'épouse d'un second mariage le bénéfice d'une pension de réversion, au motif que la loi française n'admet qu'une seule épouse, alors qu'il importait de faire juger préalablement la question de la nullité du second mariage* »[7].

1. Civ. 1re, 6 mai 2009, n° 07-21.826, *Bull. civ.* I, n° 89; *D.* 2009, 1416, obs. Egéa; *Defrénois* 2009, art. 39006, p. 1846, n° 2 (1re esp.), note Massip; *RJPF* 2009-9/19, p. 21, obs. Leborgne; *RLDC* 2009, n° 3505, note Pouliquen; *Rev. crit. DIP* 2009, 493 (3e esp.), note Lagarde; *RTD civ.* 2009, 509, obs. Hauser – CA Aix-en-Provence, 23 oct. 2008, *Dr. fam.* 2009, comm. 33, note Larribau-Terneyre.
2. Civ. 1re, 6 mai 2009, n° 07-21.826, préc. s^s n° 421.67.
3. Règl. (CE) n° 2201/2003, du Conseil, dit « Bruxelles II *bis* », 27 nov. 2003, relatif à la compétence, la reconnaissance et l'exécution des décisions en matière matrimoniale et en matière de responsabilité parentale, abrogeant le règlement (CE) n° 1347/2000, *JOUE* L 338, 23 déc. 2003, p. 1.
4. Civ. 1re, 28 nov. 2007, n° 06-16.443, *Bull. civ.* I, n° 373; *Dr. fam.* 2008, comm. 4, obs. Larribau-Terneyre.
5. Civ. 1re, 9 oct. 1991, n° 89-21.902, *Bull. civ.* I, n° 256; *Rev. crit. DIP* 1992, 61, note Lagarde.
6. Soc. 25 mars 2003, n° 01-20.608, *Bull. civ.* V, n° 115; *RTD civ.* 2003, 483, obs. Hauser; *Dr. fam.* 2003, comm. 98, note Fadeuilhe; *RJS* 2003, n° 798 – Civ. 2e, 29 juin 2004, n° 03-30.207, NP; *RJS* 2004, n° 1089; *AJ fam.* 2004, IR 409.
7. Civ. 2e, 16 sept. 2003, n° 02-30.224, *Bull. civ.* II, n° 268; *RTD civ.* 2004, 67, obs. Hauser; *RJS* 2003, n° 1436; *Dr. fam.* 2004, comm. 115, note Fadeuilhe – Civ. 2e, 14 févr. 2007, n° 05-21.816, NP; *Dr. fam.* 2007, comm. 99 (1re esp.), note Devers; *JDI* 2007, comm. 14, note Bourdelois – Civ. 2e, 12 mars 2009, n° 08-10.974, NP.

421.82 **... Tempéraments.** Pour définir les éventuels tempéraments de la nullité du mariage, la Cour de cassation donne compétence à la **loi de la condition violée.** Cette dernière précise notamment si, et à quelles conditions, les époux peuvent bénéficier de la **putativité** [1]. Par exemple, « *dès lors qu'une cour d'appel a prononcé l'annulation d'un mariage par application de l'article 147 du Code civil et admis qu'il avait été contracté de bonne foi par l'épouse, mais non par le mari, bigame, c'est justement qu'elle en déduit que l'épouse était fondée à obtenir une pension destinée à compenser le préjudice résultant pour elle de la perte du devoir de secours* » [2]. Pour certains, « *on pourrait aussi songer à la loi des effets du mariage, parce que le tempérament est indépendant de la cause de nullité, et est au contraire lié à la nature particulière du mariage, qui le distingue des autres actes juridiques et dont la conception exacte varie selon systèmes* » [3]. Un tel rattachement permettrait d'éluder la difficulté résultant du fait que l'annulation peut être encourue au regard de plusieurs lois.

Ainsi, après avoir constaté que le mariage était nul au regard des lois suisse, néo-zélandaise, américaine, irlandaise et australienne (lois nationales des époux...), la cour d'appel de Lyon a fait application de la loi suisse au nom du **principe de proximité** [4]. Elle met également en avant le fait que « *le bénéfice de la putativité est une faveur de la loi et qu'il suffit que l'une des lois* [en présence] *reconnaissance cette institution pour que les époux puissent en bénéficier* ».

421.83 **Mariage célébré à l'étranger.** S'agissant des mariages célébrés à l'étranger par une autorité publique locale, la nature de la sanction est discutée. Pour certains, parce qu'il est un acte public étranger, le juge français ne pourrait pas en prononcer l'annulation [5]. Il pourrait seulement décider que le mariage étranger est inopposable en France, c'est-à-dire qu'il n'a pas d'effet en France. Plus nuancés, d'autres auteurs proposent de distinguer la nullité du mariage en tant qu'acte public et sa nullité en tant qu'acte privé [6]. Le juge français ne pourrait pas prononcer l'annulation du mariage en tant qu'acte public; seule l'inopposabilité serait concevable. Mais « *cette inefficacité entraîne notamment l'absence de validité, aux yeux du juge français, de la situation juridique que l'acte avait pour objet de créer* ». Ainsi, pour le mariage, l'inefficacité de l'acte public de célébration du mariage entraine la nullité du mariage en tant qu'acte juridique privé : « *cette nullité, qui ne se confond pas avec celle de l'acte public, peut être prononcée* » [7] par le juge français. Quelques décisions, déjà anciennes, se sont essayées à la **distinction entre l'inopposabilité et la nullité** [8].

Au pourvoi qui faisait valoir que « *les juridictions françaises n'ont pas compétence pour prononcer la nullité d'un acte public établi par une autorité étrangère* », la Cour de cassation a répondu que « *l'action du ministère public tendait à l'inopposabilité en France des effets du mariage et non à l'annulation de l'acte dressé par l'autorité étrangère, de sorte que les juridictions françaises étaient compétentes* » [9]. L'arrêt est délicat à interpréter car, dans le même temps, il constate que « *le procureur de la République de Nevers a assigné Mme X. en nullité de son mariage en application des articles 146, 148 et 184 du Code civil* ». Il pourrait être lu comme avalisant l'interdiction faite aux juridictions françaises d'annuler le mariage étranger mais aussi comme esquissant la distinction entre nullité de l'acte public et nullité de l'acte privé... On préfèrera la formule utilisée par la cour d'appel de Lyon qui, pour rejeter la fin de non-recevoir soulevée par le ministère public, a jugé que « *les juridictions françaises sont compétentes pour prononcer la nullité du mariage, contracté à l'étranger, en tant qu'acte juridique privé, même s'il ne lui appartient pas d'annuler l'acte public de célébration du mariage* ». Avec beaucoup de sagesse, la cour invite ensuite les « *intéressés* [à] *faire exécuter le jugement* [d'annulation] *sur le territoire duquel ils se sont mariés selon les conventions et les formes requises dans ce pays* » [10].

1. Civ. 1re, 6 mars 1956, Moreau, *Rev. crit. DIP* 1956, 305, note Francescakis; *D.* 1958, 709, note Batiffol; *JCP* 1956, II, 9549, note Weill; *GADIP*, n° 28 – V. ég. Civ. 1re, 16 juill. 1998, n° 96-14.503, *Bull. civ.* I, n° 250; *JDI* 1999, p. 125, note Courbe; *D.* 1999, J. 51, note Fauvarque-Cosson; *JCP* 1999, II, 10032, note Muir-Watt; *D.* 1999, somm. 294, obs. Audit; *D.* 1999, 196, obs. Granet.
2. Civ. 1re, 2 oct. 1984, n° 82-14.829, *Bull. civ.* I, n° 242; *JDI* 1985, p. 495, note Audit; *Rev. crit. DIP* 1986, 91, note Jobard-Bachellier.
3. Mayer et Heuzé, n° 568.
4. CA Lyon, 1er avr. 2009, RG n° 08/02940, *Juris-Data* n° 2009-007229.
5. J.-P. Niboyet, *Traité de droit international privé français*, 1948, Sirey, 1948, t. VI, n° 1579.
6. Mayer et Heuzé, n° 318.
7. Mayer et Heuzé, n° 318, note 82.
8. Civ. 1re, 25 févr. 2003, n° 01-02.077, NPT – TGI Paris, 22 déc. 1981, *JDI* 1983, p. 607, note Kahn.
9. Civ. 1re, 6 mai 2009, n° 07-21.826, *Bull. civ.* I, n° 89; *D.* 2009, 1416, obs. Egéa; *Defrénois* 2009, art. 39006, p. 1846, n° 2 (1re esp.), note Massip; *RJPF* 2009-9/19, p. 21, obs. Leborgne; *RLDC* 2009, n° 3505, note Pouliquen.
10. CA Lyon, 1er avr. 2009, RG n° 08/02940, *Juris-Data* n° 2009-007229.

CHAPITRE

422. Effets du mariage

ALAIN DEVERS
MAÎTRE DE CONFÉRENCES
À L'UNIVERSITÉ DE LYON
(JEAN MOULIN – LYON 3)

SECTION 0
ORIENTEUR

422.00 **Plan du chapitre.**

422.01 **Textes applicables.**

> Sur la compétence

• **Règl. (CE) n° 44/2001, dit « Bruxelles I », 22 déc. 2000,** sur la compétence, la reconnaissance et l'exécution des décisions en matière civile et commerciale, *JOCE* L 12, 16 janv. 2001, p. 1

* V. texte complet s^s n° 62.11.

• **Règl. (CE) n° 4/2009, 18 déc. 2008,** relatif à la compétence, la loi applicable, la reconnaissance et l'exécution des décisions et la coopération en matière d'obligations alimentaires, *JOUE* L 7, 10 janv. 2009, p. 1

* V. texte complet s^s n° 62.16

• **C. pr. civ.,** art. 1070 [compétence territoriale du juge aux affaires familiales]

• **COJ,** art. L. 213-3 [compétence matérielle du juge aux affaires familiales]

• **C. civ., art. 14** [citation d'un étranger devant une juridiction française pour une obligation contractée en France ou envers un français]

• **C. civ., art. 15** [citation d'un français devant une juridiction française pour une obligation contractée à l'étranger]

> Sur la loi applicable

• **Conv. La Haye, 2 oct. 1973,** sur la loi applicable aux obligations alimentaires

* V. texte complet s^s n° 63.12

• **Protocole La Haye, 23 nov. 2007,** sur la loi applicable aux obligations alimentaires

* V. texte complet s^s n° 63.19

• **Conv. La Haye, 14 mars 1978,** sur la loi applicable aux régimes matrimoniaux.

* V. site internet de la Conférence de La Haye de droit international privé : www.hcch.net

422.02 **Jurisprudence de référence.**

> Sur la compétence du juge français

• **Civ. 1re, 30 oct. 1962,** Scheffel, *Rev. crit. DIP* 1963, 387, note Francescakis; *D.* 1963, J. 109, note Holleaux; *GADIP*, n° 37

* V. s^s n° 422.21

« Mais attendu que l'extranéité des parties n'est pas une cause d'incompétence des juridictions françaises, dont, d'autre part, la compétence internationale se détermine par extension des règles de compétence territoriale interne ».

• **Civ. 1re, 19 nov. 1985, n° 84-16.001,** Soc. Cognacs and Brandies from France, *Bull. civ.* I, n° 306

* V. s^s n° 422.31

« Attendu que [l'article 14 du Code civil], qui donne compétence à la juridiction française en raison de la nationalité française du demandeur, n'a lieu de s'appliquer que lorsqu'aucun critère ordinaire de compétence territoriale n'est réalisé en France ».

422.03 Bibliographie indicative.

Actualisables. RÉP. INTERNAT., J.-M. Bischoff, *V° Mariage;* G.A.L. Droz, *V^is Régimes matrimoniaux* – J.-CL. INTERNAT., L. Célérien, fasc. 549-50 (Aliments – Juridiction compétente – loi applicable); I. Barrière Brousse, fasc. 546-60 (Mariage – effets) – M. Revillard, fasc. 556 (Régimes matrimoniaux – droit international privé français).

Ouvrages. I. Fadlallah, *La famille légitime en droit international privé : le domaine de la loi applicable aux effets du mariage*, Dalloz, 1977 – F. Herzfelder, *Les obligations alimentaires en droit international privé conventionnel : les deux Conventions de La Haye du 2 octobre 1973*, LGDJ, 1985 – M. Revillard, *Droit international privé et communautaire : pratique notariale*, 7e éd., Éd. Defrénois, 2010.

Articles. P. Lepaulle, « À propos de l'arrêt Rivière », *Rev. crit. DIP* 1954, 91 – Ph. Francescakis, « Le divorce d'époux de nationalité différente après l'arrêt Rivière », *Rev. crit. DIP* 1954, 325.

422.04 Questions essentielles.

> Quels sont les critères de compétence du juge français pour statuer sur les effets du mariage ?

* V. s^s n°s 422.10 s.

> Quelle est la loi applicable aux effets personnels du mariage ?

* V. s^s n°s 422.61 s.

> Quelle est la loi applicable au régime matrimonial des époux ?

* V. s^s n°s 422.80 s.

> Les époux ont-ils la faculté de choisir de loi applicable à leur régime matrimonial ?

* V. s^s n°s 422.111 s.

> Quelle est la loi applicable à l'obligation alimentaire entre époux ?

* V. s^s n°s 422.131 s.

422.07 Renvoi.

> Sur les effets du mariage en droit français, v. s^s n°s 116.00 s.

422.09 Division. La question des effets du mariage en droit international privé, et spécialement celle de la loi applicable, ne suscite en définitive qu'un faible contentieux. C'est le plus souvent dans le cadre d'une procédure en divorce que les juridictions françaises connaissent des litiges relatifs aux droits et obligations des époux : par exemple, pour apprécier l'existence d'une faute constitutive d'une cause de divorce ou pour liquider leur régime matrimonial. Il convient néanmoins de préciser les règles de compétence du juge français (sect. 1) puis de déterminer la loi applicable aux effets personnels (sect. 2) et aux effets pécuniaires du mariage (sect. 3).

SECTION 1
COMPÉTENCE DU JUGE FRANÇAIS

422.10 Division. La compétence du juge français doit être envisagée sur la base de règles de compétence françaises mais aussi de l'Union européenne : les premières ont une vocation générale (§ 1) et les secondes une vocation spéciale (§ 2).

§ 1
Vocation générale des règles françaises de compétence

422.20 Division. Si l'on exempte quelques conventions bilatérales, la compétence du juge français pour statuer sur les effets du mariage est déterminée, en principe, par l'article 1070 du Code de procédure civile (A) et, à titre subsidiaire, par les articles 14 et 15 du Code civil (B).

A.
L'article 1070 du Code de procédure civile

422.21 Extension de l'article 1070 du Code de procédure civile. Conformément à la jurisprudence *Scheffel*[1], la compétence du juge français se détermine par extension des règles de compétence territoriale interne. Il convient donc, en matière d'effets du mariage, de faire application de l'article 1070 du Code de procédure civile. Le décret n° 2004-1158 du 29 octobre 2004[2] a en effet élargi le champ d'application de l'article 1070 : d'une règle de compétence spéciale en matière de divorce[3], il en a fait une règle de compétence générale en matière familiale[4].

1. Civ. 1re, 30 oct. 1962, Scheffel, *Rev. crit. DIP* 1963, 387, note Francescakis; *D.* 1963, J. 109, note Holleaux; *GADIP*, n° 37.
2. Décr. n° 2004-1158, 29 oct. 2004, portant réforme de la procédure en matière familiale, *JO* 31 oct., p. 18492.
3. V. NOT., CA Paris, 12 mars 1996, *D.* 1998, somm. 282, obs. Audit – Civ. 1re, 27 oct. 1993, n° 92-10.225, NPT; *Rev. crit. DIP* 1995, 554, note De Vareilles-Sommières.
4. M. Douchy-Oudot, *D.* 2005, 1821, spéc^t III.A. 1.

422.22 Compétence matérielle du juge aux affaires familiales. Il faut toutefois s'assurer, préalablement à l'extension de l'article 1070 du Code de procédure civile, que la question litigieuse entre dans les compétences matérielles du juge aux affaires familiales (JAF). Elles ont été récemment étendues par la loi n° 2009-526 du 12 mai 2009[1]. Le JAF connaît désormais, pendant le mariage, de « *l'homologation judiciaire du changement de régime matrimonial, des demandes relatives au fonctionnement des régimes matrimoniaux* [...], *de la séparation de biens judiciaire, sous réserve des compétences du président du tribunal de grande instance et du juge des tutelles des majeurs* » (COJ, art. L. 213-3, 1°). Il connaît également des actions liées à « *la fixation de l'obligation alimentaire* [et de] *la contribution aux charges du mariage* » (COJ, art. L. 213-3, 3°). Sur ce dernier point, il convient toutefois de garder à l'esprit que le **règlement Bruxelles I** est **applicable en matière alimentaire chaque fois que le défendeur demeure sur le territoire d'un État membre.** Il en résulte que l'extension de **l'article 1070 du Code de procédure civile en matière alimentaire** demeure possible **lorsque le défendeur demeure sur le territoire d'un État tiers.**

422.23 Chefs de compétence. Dans sa rédaction antérieure au décret du 29 octobre 2004, la Cour de cassation avait jugé que les chefs de compétence de l'article 1070 du Code de procédure civile, même transposés à l'ordre international, demeurent **hiérarchisés**[2].

Ainsi, constatant que l'épouse résidait en Suède avec les enfants communs, la cour d'appel en avait déduit à bon droit que les juridictions françaises étaient incompétentes. À l'inverse, le juge français était compétent dès lors que l'épouse franco-espagnole résidait en France avec ses filles[3].

Mais il n'est pas certain que cette hiérarchisation des chefs de compétence de l'article 1070, critiquée par certains auteurs[4], soit encore de mise suite à sa réécriture par le décret du 29 octobre 2004. Au-delà, il serait préférable de considérer que l'article 1070 donne **compétence au JAF français** lorsque la **résidence de la famille** est **située en France** (C. pr. civ., art. 1070, 1er tiret), **lorsque l'époux avec qui habitent les enfants mineurs réside en France** (C. pr. civ., art. 1070, 2e tiret) ou lorsque **l'époux défendeur réside en France** (C. pr. civ., art. 1070, 3e tiret).

B.
Les articles 14 et 15 du Code civil

422.31 Caractère subsidiaire. À défaut d'être compétent sur la base de l'article 1070 du Code de procédure civile, le juge français peut encore l'être en vertu des articles 14 et 15 du Code civil. Mais ces dispositions n'ont qu'une vocation subsidiaire à définir la compétence du juge français, c'est-à-dire lorsqu'aucun critère de compétence territoriale n'est réalisé en France[5].

422.32 Critère de la nationalité française. Les articles 14 et 15 du Code civil instaurent des **privilèges de juridiction fondés sur la nationalité française de l'une des parties.** L'époux français peut attraire en France son conjoint étranger en vertu de l'article 14 du Code civil. L'époux d'un Français peut, quant à lui, attraire son conjoint devant le juge français en vertu de l'article 15 du Code civil.

§ 2
Vocation spéciale des règles de compétence de l'Union européenne

422.40 Division. S'agissant des effets du mariage, il n'existe aucune règle générale de compétence émanant de l'Union européenne. Le **règlement Bruxelles I exclut de son champ d'application tout le droit extrapatrimonial de la famille** (règl. [CE] n° 44/2001, art. 1, § 2, s^s^ a, qui exclut l'état et la capacité des personnes physiques) et une **grande partie du droit patrimonial de la famille** (règl. [CE] n° 44/2001, art. 1, § 2, s^s^ a, qui exclut les régimes matrimoniaux, les testaments et les successions). Il **s'applique toutefois au contentieux alimentaire entre époux** (A). Ainsi, en matière d'obligation alimentaire, la compétence du juge français est déterminée par les règles du règlement Bruxelles I (B).

A.
Applicabilité du règlement Bruxelles I

422.41 Renvoi. Les conditions d'applicabilité du règlement Bruxelles I sont présentées de manière

1. L. n° 2009-526, 12 mai 2009, de simplification et de clarification du droit et d'allègement des procédures, *JO* 13 mai, p. 7920.
2. Civ. 1re, 13 janv. 1981, n° 79-10.693, *Bull. civ.* I, n° 11; *Rev. crit. DIP* 1981, 331, note Gaudemet-Tallon; *JDI* 1981, p. 360, note Huet – Sur cette question, v. H. Gaudemet-Tallon, J.-Cl. Internat., fasc. 547-10 (Divorce prononcé en France – compétences des tribunaux français – particularités de l'instance), nos 50.
3. Civ. 1re, 1er avr. 1981, n° 79-13.959, *Bull. civ.* I, n° 117; *D.* 1982, somm. 69, obs. Audit; *Gaz. Pal.* 1981, 2, 629, note Lisbonne; *JDI* 1981, p. 812, note Alexandre; *Defrénois* 1982, p. 248, obs. Massip.
4. V. not., H. Gaudemet-Tallon, *Rev. crit. DIP* 1981, 335 – *contra*, Y. Lequette, *Rev. crit. DIP* 1988, 342.
5. Civ. 1re, 19 nov. 1985, n° 84-16.001, Soc. Cognacs and Brandies from France, *Bull. civ.* I, n° 306; *Rev. crit. DIP* 1986, 712, note Lequette; *JDI* 1986, p. 719, note Huet; *D.* 1986, 362, note Prévault et somm. 268, obs. Audit; *JCP* 1987, II, 20810, note Courbe; *GADIP*, n° 71.

détaillée à l'occasion de l'étude des règles de compétence du juge français en matière de divorce (v. s[s] n°s 423.121 à 423.142). Il n'est toutefois pas inutile de rappeler que le règlement Bruxelles I ne s'applique qu'à la condition que **l'époux défendeur demeure sur le territoire d'un État membre**[1]. Pour déterminer si l'époux défendeur a un domicile en France, le juge français applique l'article 102 du Code civil français (règl. [CE] n° 44/2001, art. 59, § 1). Lorsqu'il n'a pas de domicile en France, le juge français, pour déterminer s'il a un domicile dans un autre État membre, applique la loi de cet État membre (règl. [CE] n° 44/2001, art. 59, § 2). Une seule question mérite finalement l'attention, celle de la notion d'obligation alimentaire au sens du règlement Bruxelles I.

422.42 Notion d'obligation alimentaire. Selon le rapport Schlosser, constituent des obligations alimentaires au sens du règlement « *les notions* [françaises] *de "devoir d'entretien" et de "contribution aux charges du ménage"* »[2]. Autrement, par obligation alimentaire, « *il s'agit de toutes les obligations alimentaires telles que définies par le droit civil* [...]. *Peu importe la dénomination d'une telle obligation suivant la loi applicable au fond* »[3]. Le règlement est en conséquence applicable lorsque le juge français est saisi d'une **demande de pension alimentaire** au titre du devoir de secours entre époux ou d'une **demande de contribution aux charges du mariage**.

B.
Application du règlement Bruxelles I

422.51 Renvoi. Les conditions d'application du règlement Bruxelles I sont présentées de manière détaillée à l'occasion de l'étude des règles de compétence du juge français en matière de divorce (v. s[s] n°s 423.150 à 423.191). Le plus souvent, le juge français est compétent en tant que juge de l'État membre du **domicile de l'époux défendeur** (règl. [CE] n° 44/2001, art. 2, § 2) ou en tant que juge de l'État membre du **domicile ou de la résidence habituelle de l'époux créancier d'aliments** (règl. [CE] n° 44/2001, art. 5, § 2).

422.52 Règlement (CE) n° 4/2009. Le règlement (CE) n° 4/2009 du 18 décembre 2008, relatif à la compétence, la loi applicable, la reconnaissance et l'exécution des décisions et la coopération en matière d'obligations alimentaires[4], modifiera « *le règlement (CE) n° 44/2001 en remplaçant les dispositions de celui-ci applicables en matière d'obligations alimentaires* » (règl. [CE] n° 4/2009, cons. 44). La **date de mise en application** de ce texte est encore largement **incertaine** puisqu'elle dépend de l'entrée en vigueur du protocole de La Haye de 2007 sur la loi applicable aux obligations alimentaire. Lorsqu'il sera applicable, les praticiens devront se tourner vers le règlement (CE) n° 4/2009 pour déterminer si le juge français est compétent pour connaître d'une demande de pension alimentaire au titre du devoir de secours entre époux ou d'une demande de contribution aux charges du mariage.

422.53 Livre vert. À l'occasion du *Livre vert sur les régimes matrimoniaux*, la Commission européenne se demandait s'il ne serait pas intéressant d'adopter au niveau de l'Union européenne des règles de compétence en matière de régime matrimonial international[5]. En l'état actuel, la Commission semble n'envisager que la question de la compétence des autorités nationales pour liquider le régime matrimonial.

SECTION 2
Loi applicable aux effets personnels du mariage

422.61 Détermination de la loi applicable. La question de la loi applicable aux effets du mariage fut le plus souvent posée à propos du **divorce**, ce dernier étant appréhendé comme le **dernier effet du mariage**. Fidèle à la loi nationale, le droit international privé français a depuis longtemps rattaché la question des effets du mariage à la **loi nationale commune des époux**. Mais, fidélité sans doute excessive, la jurisprudence *Ferrari* sembla aller jusqu'à retenir une **application distributive des lois personnelles** en présence lorsque les époux n'avaient pas la même nationalité[6].

Ainsi, la Cour de cassation jugea qu'une ressortissante française mariée à un Italien était fondée à demander le

1. CA Metz, 27 sept. 2005, RG n° 02/00687, *Juris-Data* n° 2005-29-9712.
2. Rapport Schlosser, *JOCE* 5 mars 1979, n° C 59, p. 71, spéc[t] p. 101, n° 91.
3. H. Gaudemet-Tallon, *Compétence et exécution des jugements en Europe. Règlement n° 44/2001, Conventions de Bruxelles (1968) et de Lugano (1988 et 2007)*, 4e éd., LGDJ, 2010, p. 213, n° 206.
4. Règl. (CE) n° 4/2009, 18 déc. 2008, relatif à la compétence, la loi applicable, la reconnaissance et l'exécution des décisions et la coopération en matière d'obligations alimentaire, *JOUE* L 7, 10 janv. 2009, p. 1.
5. *Livre vert sur le règlement des conflits de lois en matière de régime matrimonial, traitant notamment de la question de la compétence judiciaire et de la reconnaissance mutuelle*, présenté par la Commission le 17 juill. 2006, COM(2006) 400 final, p. 7-8.
6. Civ. 6 juill. 1922, Ferrari, *Rev. crit. DIP* 1922, 444, rapp. Colin, note Pillet; *JDI* 1922, p. 714; *DP* 1922, 1, p. 137; *S.* 1923, 1, p. 5, note Lyon-Caen; *GADIP*, n° 12.

divorce conformément à la loi française alors que la loi italienne de l'époux imposait l'indissolubilité du mariage.

L'arrêt *Rivière*, du 17 avril 1953, mit un terme à trente ans d'incertitudes en précisant que **le seul fait de la nationalité française de la femme ne suffit pas à rendre, dans tous les cas où l'état de celle-ci est en cause, la loi française obligatoirement compétente**[1].

S'agissant des **effets d'un mariage mixte**, la Cour de cassation déclare applicable la **loi du domicile commun des conjoints** : en l'espèce, la loi équatorienne « *qui se trouvait au surplus identique à la loi personnelle du mari et à la loi du* for ». Si la solution a été approuvée en doctrine, c'est en retenant « *l'idée qu'il existe une loi applicable au lien conjugal : la loi du domicile n'est ni la loi personnelle du mari, ni celle de la femme. Il ne s'agit pas de l'état d'une personne, mais d'un lien qui en unit deux* »[2].

Ainsi, la Cour de cassation a paru opter, dans l'arrêt *Rivière*, pour l'application de la loi du domicile commun comme remède au conflit des lois nationales dans les couples mixtes. L'arrêt *Lewandowski*, du 15 mars 1955, a levé les dernières incertitudes qui planaient sur la jurisprudence *Rivière* en n'assortissant la compétence de la loi du domicile commun des époux d'aucune réserve[3].

Demeurait encore en suspens la question de la loi applicable aux **effets du mariage d'époux** qui n'ont **ni nationalité commune, ni domicile commun**.

Dans l'arrêt Tarwid, du 15 mai 1961, la Cour de cassation a considéré que « le divorce d'époux de nationalité différente, soumis à la loi de leur domicile commun, s'ils sont tous deux intégrés au milieu local par un établissement effectif dans le même pays, est en revanche, s'ils habitent séparément en des pays différents, régi par la seule *loi du for* régulièrement saisi du divorce »[4].

422.62 Domaine de la loi applicable. La loi des effets du mariage a normalement vocation à préciser les droits et obligations de chacun des époux, l'un envers l'autre. Mais aujourd'hui elle n'a plus qu'un domaine d'application **très limité** si bien qu'on s'interroge sur le maintien de cette règle de conflit[5]. La loi a tout d'abord soustrait la filiation légitime (L. 3 janvier 1972) et le divorce (L. 11 juillet 1975) à la loi des effets du mariage. Ont ensuite été ratifiées des conventions internationales sur certains effets du mariage, telle la convention de La Haye, du 2 octobre 1973, sur la loi applicable aux obligations alimentaires. La jurisprudence a enfin considéré que certaines dispositions du régime primaire présentent un caractère de loi de police qui conduit à les appliquer à tous les époux établis sur le territoire France. Ce fut le cas pour l'article 214 du Code civil relatif à la contribution aux charges du mariage[6]. C'est encore le cas, par exemple, de l'article 221 du Code civil consacrant l'autonomie bancaire de la femme mariée[7].

422.63 Domaine de la loi applicable (rapports entre époux). La loi des effets du mariage définit les droits et obligations de chacun des époux envers l'autre, désigne et précise les prérogatives de l'éventuel chef de famille. La compétence de la loi des effets du mariage pour déterminer le statut de la femme mariée (domicile, capacité et nom) est en revanche discutée[8]. Si elle place l'épouse dans un statut empreint d'infériorité, l'on peut penser que la loi étrangère qui régit les effets du mariage ne sera plus aujourd'hui jugée comme étant conforme à l'ordre public français en matière internationale[9]. L'article 5 du protocole 7 à la Convention européenne des droits de l'homme affirme en effet que « *les époux jouissent de l'égalité de droits et de responsabilités de caractère civil entre eux* [...], *durant le mariage et lors de sa dissolution* »[10].

422.64 Domaine de la loi applicable (contrats entre époux). En règle générale, la jurisprudence considère que la loi des effets du mariage doit être appliquée aux **contrats** entre époux, y compris aux **donations** aux époux[11]. La solution de l'arrêt

1. Civ. 1re, 17 avr. 1953, Rivière, *Rev. crit. DIP* 1953, 412, note Batiffol; *S.* 1953, 1, p. 181, note Batiffol; *JDI* 1953, p. 860, note Plaisant; *JCP* 1953, II, 7863, note Buchet; *GADIP*, n° 26 – V. AUSSI, P. Lepaulle, « À propos de l'arrêt Rivière », *Rev. crit. DIP* 1954, 91 – Ph. Francescakis, « Le divorce d'époux de nationalité différente après l'arrêt Rivière », *Rev. crit. DIP* 1954, 325.
2. Batiffol, note ss Civ. 1re, 17 avr. 1953, Rivière, *Rev. crit. DIP* 1953, 412, spéct 421; *S.* 1953, 1, p. 181, spéct p. 185.
3. Civ. 1re, 15 mars 1955, Lewandowski, *Rev. crit. DIP* 1955, 320, note Batiffol; *JDI* 1956, p. 146, note Goldman; *D.* 1955, J. 540, note Chavrier; *JCP* 1955, II, 8771, note Ponsard.
4. Civ. 1re, 15 mai 1961, Tarwid, *JDI* 1961, p. 734 (2e esp.), note Goldman; *D.* 1961, J. 437 (3e esp.), note Holleaux.
5. EN FAVEUR D'UN TEL MAINTIEN, V. B. Ancel et Y. Lequette, *GADIP*, 5e éd., Dalloz, 2006, n° 26, § 8.
6. Civ. 1re, 20 oct. 1987, n° 85-18.877, *Bull. civ.* I, n° 275; *Rev. crit. DIP* 1988, 540, note Lequette; *JDI* 1988, p. 447, note Huet – V. ss n° 422.132.
7. TGI Paris, 25 juin 1976, *Rev. crit. DIP* 1977, 708, note Poisson-Drocourt; *JDI* 1978, p. 325, note Lequette.
8. I. Barrière Brousse, J.-CL. INTERNAT., fasc. 546-60 (Mariage – effets), oct. 2004, nos 25-36.
9. COMP., LOUSSOUARN, BOUREL et DE VAREILLE-SOMMIÈRE, n° 313, et réf. cit.
10. COMP., Civ. 1re, 24 févr. 1998, n° 95-18.646, n° 95-18.647, *Bull. civ.* I, n° 71; *D.* 1999, J. 309, note Thierry. L'arrêt déclare contraire à l'ordre public français en matière internationale l'ancien régime légal suisse instituant une discrimination à l'encontre de l'épouse dans la liquidation et le partage des biens de l'union conjugale; *D.* 1999, 290, obs. Audit; *RTD civ.* 1998, 347, obs. Hauser; *RTD civ.* 1998, 458, obs. Vareille; *RTD civ.* 1998, 520, obs. Marguénaud.
11. Civ. 1re, 15 févr. 1966, Dame Campbell-Johnston, *Bull. civ.* I, n° 117; *Rev. crit. DIP* 1966, 273, note Batiffol; *JDI* 1967, p. 95, note Goldman; *D.* 1966, J. 370, note Malaurie; *Rec. gén. Lois* 1966, p. 637, obs. G.A.L. Droz; *GADIP*, n° 42.

Dame Campbell-Johnston fut assez rapidement étendue des donations mobilières aux donations immobilières[1]. Reste en revanche en suspens la question de la loi applicable aux **donations de biens futurs**. L'arrêt *Dame Campbell-Johnston* ne vise en effet que les donations de biens présents. La doctrine majoritaire considère que « *les donations de biens à venir, mode contractuel de dévolution de la succession, doivent au même titre que le testament être régies par la* ***loi de la succession****, sans qu'il soit besoin de distinguer selon que leur objet est mobilier ou immobilier* »[2]. S'agissant de **l'hypothèque légale des époux**, « *la jurisprudence manifeste une tendance à (la soumettre) à la loi des effets du mariage, du moins si l'hypothèque garantit indifféremment toutes les créances dont l'époux bénéficiaire peut être titulaire à l'encontre de son conjoint* »[3].

422.65 Domaine de la loi applicable (nom des époux). Le mariage emporte parfois un changement du nom des époux. Certains pays imposent à l'épouse un changement de nom : elle se voit attribuer le nom de son mari. Le droit italien « *ne laisse (par exemple) que très peu de liberté aux époux en matière de choix du nom : la législation de ce pays prévoit que la femme prend automatiquement le nom de son mari, lequel vient s'ajouter au sien* »[4]. D'autres pays laissent en revanche aux époux une faculté de choisir un nom commun : le nom de l'un des époux ou un nom composé du patronyme des deux époux. Ainsi, en Europe, « *l'Allemagne, l'Autriche, la Suède et la Finlande consacrent* [...] *la possibilité pour les époux de choisir un nom matrimonial commun. Dans ces quatre pays, les époux peuvent choisir indifféremment le nom du mari ou de la femme. Ils ne peuvent par contre pas choisir un nom matrimonial double, formé par l'association de leurs deux noms de naissance* »[5]. À l'opposé, d'autres pays considèrent que le mariage n'emporte aucun changement sur le nom des époux. C'est le cas en France, en Belgique, au Luxembourg, aux Pays-Bas, en Espagne, au Royaume-Uni et en Irlande. Mais, comme en France, certains droits reconnaissent aux époux un droit d'usage sur le nom de leur conjoint. Cette disparité de règles nationales rend nécessaire la détermination de la loi compétente pour préciser les effets du mariage sur le nom des époux. Deux approches sont concevables. La première conduit à appliquer à chacun des époux sa loi nationale[6]. La seconde consiste à donner compétence à la loi de l'institution familiale en cause, c'est-à-dire à la loi des effets personnels du mariage[7]. Entre les deux, la doctrine plaide majoritairement pour la compétence de la loi des effets personnels du mariage considérant que la modification du nom est, sur un plan particulier, la traduction de la vie commune des époux : le nom « *traduit extérieurement le lien qui les unit* »[8]. Le rattachement aux effets du mariage a également le mérite de garantir l'application d'une loi unique pour déterminer, à l'égard des deux époux, les effets du mariage sur leur nom. Il lui appartiendrait donc de préciser si le mariage emporte un changement de nom ou, plus modestement, s'il ouvre droit à l'usage du nom du conjoint.

422.66 Domaine de la loi applicable (établissement de la filiation). Depuis 1972, l'établissement de la « filiation légitime » était en grande partie déconnecté de la loi des effets du mariage et soumis à des règles propres (C. civ., art. 311-14 s.). L'ordonnance du 4 juillet 2005, supprimant la distinction entre les enfants légitimes et les enfants naturels, a amplifié ce mouvement[9]. Elle a ainsi abrogé l'article 311-16 du Code civil qui rattachait la légitimation par mariage à la loi régissant les effets du mariage. La loi des effets du mariage ne régit désormais plus que les conditions de l'adoption conjointe d'un enfant par des époux (C. civ., art. 370, al. 3).

422.67 Domaine de la loi applicable (nom de l'« enfant légitime »). La Cour de cassation a jugé que « *la loi des effets du mariage est compétente pour régir la transmission du nom aux enfants légitimes* »[10]. La disparition de la filiation légitime suite à l'ordonnance du 4 juillet 2005 devrait, pour certains, conduire à une remise en cause de la compétence de la

1. Civ. 1re, 12 juin 1979, n° 76-11.091, *Bull. civ.* I, n° 172; *Rev. crit. DIP* 1980, 322, note Légier; *JDI* 1980, p. 644, note Wiederkehr; *D.* 1979, IR 459, obs. Audit.
2. B. Ancel et Y. Lequette, *GADIP*, 5e éd., Dalloz, 2006, n° 42, § 8.
3. Mayer et Heuzé, n° 783.
4. I. Veillard, « La dévolution du nom de famille. Aspects de droit comparé », (document en ligne sur le site de l'Institut suisse de droit comparé : www.isdc.ch/recherche-publications-manifestations/études suisses de droit comparé/2006), E-SDC 2006-1 p. 3.
5. I. Veillard, p. 2, art. préc. ss prést n° – v. aussi, F. Furkel, « L'arrêt de la Cour constitutionnelle fédérale allemande du 18 février 2004 relatif au nom conjugal », *RID comp.* 2004, p. 477.
6. A. Devers, J.-Cl. Internat., fasc. 542 (Nom), janv. 2009, n° 84.
7. A. Devers, J.-Cl. Internat., fasc. 542 (Nom), janv. 2009, n° 85.
8. A. Ponsard, « Droit transitoire et nom des personnes », *Mél. P. Roubier*, t. I, Dalloz/Sirey, 1961, p. 401, spéct p. 408.
9. v. not., F. Monéger, « Brèves remarques sur le droit international privé touché par l'ordonnance du 4 juillet 2005 portant réforme de la filiation », *Dr. fam.* 2005, chron. 19.
10. Civ. 1re, 7 oct. 1997, n° 95-16.933, *Bull. civ.* I, n° 265; *D.* 1998. somm. 299, obs. Bottiau; *D.* 1999, J. 229, note Massip; *Rev. crit. DIP* 1998, 72, note Hammje.

loi des effets du mariage pour régir la transmission du nom de l'« enfant légitime »[1].

SECTION 3
LOI APPLICABLE AUX EFFETS PÉCUNIAIRES DU MARIAGE

422.70 Division. L'étude des effets pécuniaires du mariage illustre parfaitement le phénomène de reflux des règles nationales de droit international privé au profit de règles supranationales[2]. Deux conventions adoptées dans le cadre de la conférence de La Haye déterminent désormais la loi applicable au régime matrimonial (§ 1) et à l'obligation alimentaire (§ 2).

§ 1
Loi applicable au régime matrimonial

422.80 Division. Depuis la consultation établie par Dumoulin pour les époux *De Gamay* en 1525, l'idée de laisser place à l'autonomie de la volonté pour déterminer la loi applicable au régime matrimonial s'est imposée en France[3]. Consacré par la jurisprudence française de droit international privé[4], le **principe de l'autonomie de la volonté** a été repris par la convention de La Haye du 14 mars 1978 sur la loi applicable au régime matrimonial. Lorsque l'on recherche la loi applicable au régime matrimonial des époux, il convient de raisonner en deux temps : tout d'abord, déterminer la loi initialement applicable (A); ensuite, s'interroger sur un éventuel changement de loi applicable (B).

A.
Détermination de la loi initialement applicable au régime matrimonial

422.90 Division. En raison de l'entrée en vigueur en France de la convention de La Haye du 14 mars 1978, l'on distingue traditionnellement selon que les époux se sont mariés avant (1) ou après (2) le 1er septembre 1992[5].

1°
Époux mariés avant le 1er septembre 1992

422.91 Autonomie de la volonté. La jurisprudence française a très tôt reconnu le rôle de la volonté des époux dans la détermination de la loi applicable à leur régime matrimonial, le choix des époux pouvant être exprès ou implicite.

422.92 Choix exprès. Les époux mariés avant le 1er septembre 1992 ont pu valablement choisir, avant la célébration du mariage, la loi applicable à leur régime matrimonial[6]. Ce choix peut avoir été fait par le biais d'une **clause particulière du contrat de mariage**, par le biais d'un **acte autonome portant désignation**[7] ou, au moment de la célébration du mariage, par le biais d'une **déclaration des époux** (option qui est consignée **dans l'acte de mariage**). Il est impératif que l'acte en cause, nécessairement antérieur à la célébration du mariage[8], exprime de manière certaine et non équivoque la volonté des époux d'élire tel ou tel droit interne[9]. En cas de doute, l'acte est sans effet et c'est le choix implicite des époux qu'il faut rechercher[10].

422.93 Choix implicite (faisceau d'indices). Le plus souvent, les époux n'ont pas choisi la loi applicable à leur régime matrimonial avant la célébration du mariage, notamment s'ils sont se sont mariés sans contrat préalable. La Cour de cassation impose alors de rechercher, d'après les faits et circonstances, le statut matrimonial que les époux ont implicitement eu la volonté commune d'adopter au jour de leur mariage[11]. Dans cette quête de la volonté des époux, différents éléments, même postérieurs au mariage, peuvent être pris en compte pour éclairer la volonté

1. P. Courbe et F. Sault-Seseke, *D.* 2007, 1751, spéct I.B. 2. – CONTRA, A. Devers, J.-CL. INTERNAT., fasc. 542 (Nom), janv. 2009, n° 30.
2. Y. Lequette, « De l'utilitarisme dans le droit international privé conventionnel de la famille », *Mél. Y. Loussouarn*, Dalloz, 1994, p. 245; « Le droit international privé de la famille à l'épreuve des conventions internationales », *RCADI* 1994 (vol. 246-II), p. 9.
3. En droit international privé comparé, V. NOT. H. Gaudemet-Tallon, « Les conflits de lois en matière de régimes matrimoniaux : tendance actuelles en droit comparé », *Travaux comité fr. DIP* 1969-1971, Dalloz, 1972, p. 197.
4. Req. 4 juin 1935, Zelcer, *Rev. crit. DIP* 1936, 755, note Basdevant; *S.* 1936, p. 377, rapp. Pilon, note Niboyet; *DP* 1936, 1, p. 7, rapp. Pilon, note Savatier; *GADIP*, n° 15.
5. V. NOT., v. D. Boulanger, « La loi applicable aux régimes matrimoniaux. Tableaux synoptiques », *JCP N* 2004, 1005 – M. Farge et F. Hebert, « Aspects civils de la liquidation-partage du régime matrimonial », *Dr. et patr.* 2009, n° 181, p. 60 – B. Morel, « Le passif dans le cadre des divorces internationaux », *Dr. et patr.* 2009, n° 181, p. 67.
6. M. Farge, « La détermination du régime matrimonial des époux mariés avant l'entrée en vigueur de la convention de La Haye du 14 mars 1978 : la Cour de cassation restaure-t-elle la prévisibilité de la règle de conflit de lois ? », *Dr. fam.* 2008, étude 21, spéct n° 5-9.
7. CA Versailles, 5 déc. 1990, Betito, *Juris-Data* n° 1990-04-7032 – Civ. 1re, 13 oct. 1992, n° 91-11-663, Betito, NP.
8. Pour un acte postérieur de cinq jours au mariage, v. CA Versailles, 16 mars 2006, RG n° 05/01470.
9. Civ. 1re, 2 déc. 1997, n° 95-20.026, *Bull. civ.* I, n° 337; *JCP* 1998, I, 135, obs. Wiederkehr; *Rev. crit. DIP* 1998, 632, note Gannagé; *D.* 1998, somm. 289, obs. Audit.
10. Civ. 1re, 13 déc. 1994, n° 93-15.337, Bezzai, *Bull. civ.* I, n° 368; *Rev. crit. DIP* 1995, 319, note Revillard; *D.* 1995, IR 11.
11. Req. 4 juin 1935, Zelcer, préc. ss n° 422.80.

des époux. Plusieurs indices sont ainsi envisageables : le lieu du premier domicile conjugal, le lieu de célébration du mariage, la nationalité des époux, les déclarations des époux postérieures au mariage, la transcription du mariage dans les registres de l'état civil... Tous n'ont pas la même valeur[1].

422.94 Choix implicite (premier domicile matrimonial). Malgré quelques flottements[2], la Cour de cassation accorde une place prépondérante à l'indice fondé sur le premier domicile matrimonial des époux[3]. Elle considère en effet que « *la loi applicable au régime matrimonial d'époux mariés sans contrat avant l'entrée en vigueur de la convention de La Haye du 14 mars 1978 sur la loi applicable aux régimes matrimoniaux est déterminée principalement en considération de la fixation de leur premier domicile matrimonial* »[4]. Certaines décisions évoquent, dans cet esprit, une **présomption simple en faveur de la loi du premier domicile matrimonial**[5]. Il s'agit du lieu où les époux entendent fixer et fixent effectivement de manière stable et prolongée le siège de leurs intérêts pécuniaires après le mariage. En pratique, on a tendance à considérer que l'établissement des époux dans un État pendant plus deux ans constitue un premier domicile matrimonial[6]. Lorsqu'un tel premier domicile conjugal n'existe pas, notamment parce qu'après le mariage les époux ont régulièrement déménagé[7], on prend en compte l'ensemble des éléments de la vie des époux pour déterminer le centre de leurs intérêts patrimoniaux. Dans une telle hypothèse, il peut être conseillé aux époux d'introduire une action en déclaration de la loi applicable au régime matrimonial.

422.95 Domaine de la loi applicable. Quelle que soit l'hypothèse, choix exprès ou choix tacite, la Cour de cassation exclut que les époux morcèlent leur régime matrimonial pour le soumettre à des différentes lois[8]. De même, le rattachement du régime matrimonial légal ou conventionnel à la loi choisie par les époux à la date de leur union est permanent si bien qu'un changement de leur nationalité est sans effet[9]. Dans le temps, cette loi définit les droits, obligations et pouvoirs des époux pendant le mariage ainsi que les règles de dissolution et de liquidation du régime matrimonial après le mariage[10]. Dans cet esprit, la loi applicable au régime matrimonial détermine si les époux peuvent en changer et, en cas de réponse positive, quelle est la procédure à suivre. Ainsi, « *ayant relevé que le régime matrimonial des époux* [...] *était soumis à la loi de l'État de New York et qu'en application de cette loi, ils pouvaient changer de régime matrimonial par contrat,* [...] *le changement de régime matrimonial par acte reçu par un notaire en France (acte notarié dressé en France le 7 mai 1985), était valable même sans homologation judiciaire* »[11]. Certaines décisions, déjà anciennes, avaient toutefois admis qu'une homologation judiciaire intervienne en France alors même que la loi étrangère applicable au régime matrimonial du régime initial ne prévoyait pas une telle formalité[12]. Il faut toutefois préciser, que les ex-époux ayant la libre disposition de leurs droits, peuvent soumettre la liquidation à une loi différente de la loi applicable à leur régime matrimonial[13].

1. M. Farge, « La détermination du régime matrimonial des époux mariés avant l'entrée en vigueur de la Convention de La Haye du 14 mars 1978 », préc., nº 10-17.
2. Civ. 1re, 9 oct. 1991, nº 90-14.203, *Bull. civ.* I, nº 252; *JCP N* 1992, II, 177, note Kerkhove; *Rev. crit. DIP* 1992, 479, note Khairallah; *Defrénois* 1992, p. 35, note Revillard – Civ. 1re, 13 déc. 1994, nº 93-15.337préc. ss nº 422.92 – Civ. 1re, 22 nov. 2005, nº 03-12.224, *Bull. civ.* I, nº 431; *Dr. fam.* 2006, comm. 139 (1re esp.), note Farge – Civ. 1re, 31 janv. 2006, nº 02-18.297, *Bull. civ.* I, nº 41; *Dr. fam.* 2006, comm. 139 (2e esp.), note Farge; *D.* 2006, IR 601.
3. Civ. 1re, 22 mai 2007, nº 05-20.953, *Bull. civ.* I, nº 198; *AJ fam.* 2007, 321, obs. Hilt – Civ. 1re, 5 nov. 1996, nº 94-21.603, *Bull. civ.* I, nº 371; *Rev. crit. DIP* 1998, 596, note Bourdelois; *RTD civ.* 1998, 176, obs. Vareille; *D.* 1998, somm. 287, obs. Audit – Civ. 1re, 2 déc. 1997, nº 95-20.308, *Bull. civ.* I, nº 338; *JCP N* 1998, 1303, note Wiederkehr; *RTD civ.* 1998, 176, obs. Vareille – Civ. 1re, 14 nov. 2006, nº 05-12.253, *Bull. civ.* I, nº 472.
4. Civ. 1re, 22 oct. 2008, nº 07-16.385, NP; *JCP N* 2008, 1363, note Boulanger – Civ. 1re, 19 sept. 2007, nº 06-15.295, *Bull. civ.* I, nº 282; *JDI* 2008, comm. 6, note Bourdelois; *JCP N* 2008, 1168, note Mahinga; *Defrénois* 2008, art. 38781, p. 1204, note Revillard.
5. Présomption simple qui, en fait, est rarement renversée; V. NOT., CA Rouen, 4 déc. 2008, RG nº 08/03306, *Juris-Data* nº 2008-004809 – CA Nîmes, 5 nov. 2008, RG nº 07/02215, *Juris-Data* nº 2008-006384.
6. C. Géraud, « Domicile matrimonial, permanence du rattachement et convention de La Haye », *JCP N* 1998, p. 571.
7. V. NOT., Civ. 1re, 3 oct. 2006, nº 04-10.772, NP.
8. Civ. 1re, 12 juin 1979, Dujardin, *Bull. civ.* I, nº 171; *D.* 1980, J. 202, note Boulanger; *D.* 1979, IR 460, obs. Audit; *Rev. crit. DIP* 1981, 491, note Batiffol.
9. Civ. 1re, 12 mai 2010, nº 09-65.524, NP.
10. Civ. 1re, 23 mai 2006, nº 05-18.385, *Bull. civ.* I, nº 256; *JDI* 2007, comm. 12, note Chalas.
11. Civ. 1re, 19 mars 2008, nº 06-19.130, *Bull. civ.* I, nº 79; *JDI* 2008, comm. 7, note Jacquet; *Defrénois* 2008, art. 38810, p. 1580, note Revillard. Sans le dire, l'arrêt admet un changement de loi applicable (en faveur de la loi française) à l'occasion du changement de régime matrimonial (au profit du régime de la communauté universelle avec clause d'attribution intégrale au conjoint survivant).
12. CA Colmar, 7 mars 1973, *Rev. crit. DIP* 1973, 524, note A. P. – TGI Dijon, 18 nov. 1969, *Defrénois* 1971, p. 1258, note Malaurie; *Rev crit. DIP* 1972, 448, note G.A.L. Droz.
13. Civ. 1re, 3 janv. 1985, nº 83-15.386, *Bull. civ.* I, nº 3; *Rev. crit. DIP* 1986, 652, note Batiffol; *D.* 1986, J. 57, note Rémery – Civ. 1re, 25 janv. 2005, nº 02-15.648, *Bull. civ.* I, nº 33; *Dr. fam.* 2005, comm. 231, note Fongaro; *D.* 2005, 1210, note Bouche; *JCP N* 2005, 1450, étude Fongaro; *Defrénois* 2005, p. 1040, note Revillard; *Rev. crit. DIP* 2005, 300, note Ancel; *Dr. et patr.* 2005, nº 142, p. 107, note Ancel.

2°
Époux mariés depuis le 1er septembre 1992

422.101 Option de législations. La convention de La Haye, du 14 mars 1978, sur la loi applicable aux régimes matrimoniaux est entrée en vigueur en France le 1er septembre 1992 : elle s'applique aux époux qui se sont mariés depuis cette même date (conv. La Haye, 14 mars 1978, art. 21, al. 1er). Elle a une **vocation universelle**, c'est-à-dire qu'elle s'applique même si la nationalité ou la résidence habituelle des époux ou la loi applicable ne sont pas celles d'un État contractant (conv. La Haye, 14 mars 1978, art. 2). La Cour de cassation a synthétisé ces conditions d'applicabilité en énonçant que « *la convention [...], entrée en vigueur le 1er septembre 1992, s'applique à tous les mariages célébrés après le 1er septembre 1992, même si la nationalité, la résidence habituelle des époux ou la loi applicable en vertu de cette convention ne sont pas celles d'un État contractant* »[1]. La convention peut être consultée sur le site internet de la Conférence de La Haye de droit international privé[2]. On peut également lire avec profit le rapport Von Overbeck[3] À la différence des solutions jurisprudentielles françaises, la convention de La Haye du 14 mars 1978 ne consacre pas une véritable autonomie de la volonté des époux. Elle n'autorise qu'un **choix entre différentes lois** qui sont réputées entretenir une certaine proximité avec la situation des époux. Elle n'ouvre donc qu'une **option de législations.**

422.102 Choix exprès. La convention reconnaît aux époux le pouvoir de désigner, avant leur mariage, la loi interne applicable à leur régime matrimonial (sur la publicité en France du choix de loi applicable, v. C. civ., art. 1397-3, al. 1er).

Leur choix n'est possible qu'en faveur de **trois lois internes** (conv. La Haye, 14 mars 1978, art. 3, al. 2, chiffres 1 à 3) :

- tout d'abord, « *la loi d'un État dont l'un des époux a la nationalité au moment de cette désignation* »;
- ensuite, « *la loi de l'État sur le territoire duquel l'un des époux a sa résidence habituelle au moment de cette désignation* »;
- enfin, « *la loi du premier État sur le territoire duquel l'un des époux établira une nouvelle résidence habituelle après le mariage* ».

La loi choisie a normalement **vocation à s'appliquer à l'ensemble des biens des époux** (conv. La Haye, 14 mars 1978, art. 3, al. 3). La convention réserve toutefois la question des **immeubles.** Les époux peuvent désigner, « *en ce qui concerne les immeubles ou certains d'entre eux, la loi du lieu où ces immeubles sont situés. Ils peuvent également prévoir que les immeubles qui seront acquis par la suite seront soumis à la loi du lieu de leur situation* » (conv. La Haye, 14 mars 1978, art. 3, al. 4). En présence d'un conflit entre la loi du régime matrimonial et la loi locale, la qualification du bien, meuble ou immeuble, est tranchée selon les conceptions de la loi locale[4]. Il en résulte par exemple que, pour les immeubles situés en France, les futurs époux peuvent décider de les soumettre à la loi française alors qu'ils ont choisi une autre loi pour régir leur régime matrimonial.

422.103 Rattachement objectif. À défaut de **choix exprès** de la loi applicable au régime matrimonial, la convention de La Haye, du 14 mars 1978, reconnaît compétence à la **loi interne de la première résidence habituelle commune des époux après le mariage**[5, 6]. Dans certaines hypothèses particulières, elle donne toutefois compétence à la loi nationale commune des époux (conv. La Haye, 14 mars 1978, art. 4, al. 2) ou, à défaut, à la loi interne de l'État avec lequel, compte tenu de toutes les circonstances, le mariage présente les liens les plus étroits (conv. La Haye, 14 mars 1978, art. 4, al. 3).

B.
Changement de la loi applicable au régime matrimonial

422.110 Division. La convention de La Haye du 14 mars 1978 envisage deux cas de changement de la loi initialement applicable au régime matrimonial des époux, le changement volontaire (1°) et le changement involontaire (2°).

1°
Changement volontaire de loi applicable

422.111 Bénéficiaires. La convention de La Haye du 14 mars 1978 prévoit que « *les époux peuvent, au cours du mariage, soumettre leur régime matrimonial*

1. Civ. 1re, 12 nov. 2009, n° 08-18.343, *Bull. civ.* I, n° 224; *JCP* 2009, 478, obs. Farge.
2. www.hcch.net
3. A. E. Von Overbeck, *Rapport explicatif sur la Convention-régimes matrimoniaux de 1978, Actes et documents de la Treizième session*, 1976, t. II, Régimes matrimoniaux, p. 328 [non disponible en version électronique sur le site internet de la Conférence de La Haye en droit international privé].
4. A. E. Von Overbeck, *Rapport explicatif sur la Convention-régimes matrimoniaux de 1978, Actes et documents de la Treizième session*, 1976, t. II, Régimes matrimoniaux, p. 328, spéct n° 136.
5. Conv. La Haye, 14 mars 1978, art. 4, al. 1er.
6. V. NOT., Crim. 5 sept. 2001, n° 01-82.077, *Bull. crim.*, n° 174; *RSC* 2002, 130, obs. Giudicelli.

à une loi interne autre que celle jusqu'alors applicable » (conv. La Haye, 14 mars 1978, art. 6, al. 1[er][1]). Un tel changement de loi applicable est possible quelle que soit la durée du mariage et quelles que soient les modalités de désignation de la loi jusqu'alors applicable. Peuvent donc bénéficier de la **mutabilité volontaire** aussi bien les époux mariés sans contrat que les époux ayant pris le soin de désigner la loi applicable avant leur mariage[2]. Mais, plus important, la convention prévoit qu'elle s'applique aux époux qui se sont mariés ou qui désignent la loi applicable à leur régime matrimonial après son entrée en vigueur (conv. La Haye, 14 mars 1978, art. 21, al. 1er). Il en ressort que **les époux, quelle que soit la date de leur mariage**, c'est-à-dire depuis et avant le 1er septembre 1992, **peuvent volontairement changer de loi applicable.** Encore faut-il être en présence d'époux, autrement dit d'un mariage, au sens du droit international privé français et que la reconnaissance en France de l'union ne soit pas contraire à l'ordre public français en matière internationale. Selon les services de la chancellerie[3], l'article 6 de la convention autoriserait des époux de même sexe, dont le mariage a été célébré à l'étranger, à changer de régime matrimonial en France. On peut légitimement ne pas être convaincu par le caractère péremptoire de la réponse ministérielle (v. s[s] n° 421.45).

422.112 Option de législations. Comme pour le choix initial de loi applicable, la volonté des époux de changer de loi applicable est encadrée : ils ne peuvent désigner que « *la loi d'un État dont l'un des époux a la nationalité au moment de cette désignation* » ou « *la loi de l'État sur le territoire duquel l'un des époux a sa résidence habituelle au moment de cette désignation* » (conv. La Haye, 14 mars 1978, art. 6, al. 2). Par principe, la loi ainsi désignée par les époux s'applique à l'**ensemble de leurs biens** (conv. La Haye, 14 mars 1978, art. 6, al. 3). Mais, là encore, les époux peuvent soumettre les **immeubles** ou certains d'entre eux, présents ou qui seront acquis par la suite, à la **loi du lieu de leur situation** (conv. La Haye, 14 mars 1978, art. 6, al. 4). L'article 1397-3 alinéa 3 du Code civil précise qu'« *à l'occasion de la désignation de la loi applicable, avant le mariage ou au cours de celui-ci, les époux peuvent désigner la nature du régime matrimonial choisi par eux* ». Ainsi, des époux qui optent pour le régime anglais de séparation de biens peuvent déclarer soumettre les immeubles qui seront acquis en France au régime français de la communauté universelle. Quant à la forme, la désignation peut être faite dans la forme prescrite pour les contrats de mariage, soit par la loi interne désignée, soit par la loi interne du lieu où intervient cette désignation (conv. La Haye, 14 mars 1978, art. 13). Si la loi française est, par exemple, déclarée applicable à un immeuble acquis en France, le changement de loi applicable n'est donc soumis à aucun contrôle judiciaire.

422.113 Effets dans le temps. Reste à préciser si le changement volontaire de loi applicable a un effet rétroactif au jour du mariage ou s'il ne s'applique que pour l'avenir. Il est surprenant de constater que la solution retenue par le droit français n'est pas conforme à celle de la convention de La Haye.

Pour le droit français, le **changement volontaire de loi applicable au régime matrimonial ou à l'immeuble** n'a d'effets **que pour l'avenir**. L'article 1397-4 alinéa 1 du Code civil affirme en effet que « *lorsque la désignation de la loi applicable est faite au cours du mariage, cette désignation prend effet entre les parties à compter de l'établissement de l'acte de désignation et, à l'égard des tiers, trois mois après que les formalités de publicité prévues par l'article 1397-3 auront été accomplies* ».

La convention de La Haye du 14 mars 1978 prévoit, quant à elle, que, sauf volonté contraire des époux, le **changement de loi applicable rétroagit au jour de la célébration du mariage**[4].

En théorie, il semble raisonnable de considérer, en raison de la supériorité des traités sur la loi, que la solution conventionnelle l'emporte sur la solution nationale devant le juge français. En pratique, il serait judicieux que les époux qui changent de loi applicable en France précisent dans l'acte si ce changement n'a d'effets que pour l'avenir ou s'il a un effet rétroactif.

2°
Changement automatique de loi applicable

422.121 Exception au principe de permanence. La convention de La Haye du 14 mars 1978 prévoit

1. Sur lequel, V. NOT. F. Brulé-Gaudioux et É. Lamothe, « La convention de La Haye du 14 mars 1978 et la mise en œuvre de l'article 6 de cette convention », *JCP N* 2005, 1220 – M. Revillard, « L'article 6 de la convention de La Haye sur la loi applicable aux régimes matrimoniaux : la mutabilité volontaire du rattachement et ses applications concrètes », *JCP N* 2002, 1104.
2. V. NOT., CA Paris, 3 nov. 1993, Meder, *Rev. crit. DIP* 1994, 88, note Lagarde; *JDI* 1994, p. 148, note Revillard.
3. Rép. min. n° 20257, *JO Sénat* Q, 9 mars 2006, p. 722; *JCP N* 2006, act. 248 – V. AUSSI, M. Mignot, « Les conjoints homosexuels peuvent se consentir des donations entre époux et changer de régime matrimonial en France », *JCP N* 2006, act. 363 – M. Schmitt, « L'incidence en France des lois belge et néerlandaise introduisant le mariage homosexuel », *JCP N* 2004, 1006.
4. V. NOT., Lagarde, note s[s] CA Colmar, 19 janv. 1993, *Rev. crit. DIP* 1993, 289, spéc[t] § 16.

que « *la loi compétente (que le rattachement en vigueur soit subjectif ou objectif) demeure applicable aussi longtemps que les époux n'en ont désigné aucune autre et même s'ils changent de nationalité ou de résidence habituelle* » (conv. La Haye, 14 mars 1978, art. 7, al. 1er). La convention ménage toutefois une exception au principe de permanence du rattachement du régime matrimonial, celle de la **mutabilité automatique au profit de la loi de l'État** où les époux ont tous deux leur résidence habituelle[1].

422.122 Champ d'application. Le mécanisme de la mutabilité automatique a un champ d'application assez limité. Il ne s'applique qu'aux époux qui se sont **mariés depuis le 1er septembre 1992**, date d'entrée en vigueur de la convention (conv. La Haye, 14 mars 1978, art. 21, al. 1er)[2]. Parmi les époux qui se sont mariés depuis le 1er septembre 1992, il ne vise que les **époux qui n'ont ni désigné la loi applicable, ni fait de contrat de mariage** (conv. La Haye, 14 mars 1978, art. 7, al. 2). Et, même pour ces derniers, la mutabilité automatique au profit de la loi de l'État où les époux ont tous deux leur résidence habituelle ne se produit que dans trois hypothèses (conv. La Haye, 14 mars 1978, art. 7, al. 2, chiffres 1 à 3) : par exemple, « *à partir du moment où ils y fixent leur résidence habituelle, si la nationalité de cet État est leur nationalité commune, ou dès qu'ils acquièrent cette nationalité* »[3].

422.123 Effets dans le temps. À la différence d'un changement volontaire de loi applicable, la mutation automatique « *n'a d'effet que pour l'avenir, et les biens appartenant aux époux antérieurement à ce changement ne sont pas soumis à la loi désormais applicable* » (conv. La Haye, 14 mars 1978, art. 8, al. 1er). Pour limiter les inconvénients d'une telle succession de régimes matrimoniaux, soumis à des lois différentes, la convention autorise les époux à soumettre l'ensemble de leurs biens à la **loi de leur résidence habituelle** (conv. La Haye, 14 mars 1978, art. 8, al. 2). Mais la doctrine considère que les époux peuvent également utiliser le mécanisme de la mutabilité volontaire pour écarter la mutabilité automatique, par exemple pour confirmer la compétence de la loi initialement applicable à leur régime matrimonial ou aux immeubles[4].

422.124 Livre vert. Comme la convention de Rome de 1980, le règlement (CE) n° 593/2008 du 17 juin 2008, sur la loi applicable aux obligations contractuelles (dit « règlement Rome I »), exclut de son champ d'application matériel « *les obligations découlant des régimes matrimoniaux, des régimes patrimoniaux relatifs aux relations qui, selon la loi qui leur est applicable, ont des effets comparables au mariage et aux successions* » (règl. [CE] n° 593/2008, art. 1, § 2, ss c). Mais, prétextant qu'il existe une diversité des règles de conflit de lois entre les États membres, disparité qui entraverait la libre circulation des personnes, la Commission européenne plaide pour l'adoption au niveau de l'Union européenne d'une règle en matière de régime matrimonial[5]. Dans le même temps, la Commission constate que le droit national de la plupart des États membres reconnaît le choix par les époux de la loi applicable en matière de régimes matrimoniaux[6]. L'idée de la Commission est de soutenir ce choix dans un futur règlement de l'Union européenne[7].

§ 2
Loi applicable à l'obligation alimentaire entre époux

422.131 Renvoi. Les conditions d'application da la convention de La Haye du 2 octobre 1973 sur la loi applicable aux obligations alimentaires sont présentées de manière détaillée à l'occasion de l'étude consacrée au divorce prononcé en France (v. ss nos 423.321 à 423.323).

422.132 Notion d'obligation alimentaire. La notion d'obligation alimentaire, au sens de l'article 1er de la convention de La Haye du 2 octobre 1973, est interprétée de manière assez large par la Cour de cassation. Elle englobe l'exécution du **devoir de secours entre époux** mais aussi l'**obligation de contribuer aux charges du mariage**. La loi applicable à la contribution aux charges du mariage fut, un temps, déterminée par le recours à la théorie des lois de police, l'article 214 du Code civil étant déclaré applicable à tous les époux présents sur le

1. R. Crône, « Le changement automatique de loi applicable à un régime matrimonial : une bombe à retardement », *Defrénois* 2001, p. 1026 – M. Revillard, « Premier bilan d'application de la Convention de La Haye du 14 mars 1978 sur la loi applicable aux régimes matrimoniaux », *Liber amicorum* G. Droz, 1996, Martinus Nijhoff Publishers, p. 369, spéct p. 385.
2. V. NOT., CA Lyon, 1re ch. civ., 29 avr. 2004, RG n° 03/06729, Bouarfa; *Juris-Data* n° 2004-24-4378
3. Pour une présentation complète des trois hypothèses, v. M. Revillard, J.-Cl. internat., fasc. 556 (Régimes matrimoniaux – droit international privé français), janv. 2009, nos 84-88.
4. V. NOT., G.A.L. Droz, RÉP. INTERNAT., *V° Régimes matrimoniaux*, 1998, n° 83.
5. *Livre vert sur le règlement des conflits de lois en matière de régime matrimonial*, traitant notamment de la question de la compétence judiciaire et de la reconnaissance mutuelle, présenté par la Commission le 17 juill. 2006, COM (2006) 400 final, p. 4.
6. *Livre vert*, p. 6, préc. ss prést n°.
7. C. Nourissat, *Procédures* 2007, comm 191.

territoire français[1]. Elle l'est désormais en application de la convention de La Haye du 2 octobre 1973[2].

422.133 **Loi applicable.** La règle de conflit conventionnelle est à finalité matérielle : elle favorise l'obtention d'aliments par le créancier. Ce texte prévoit en effet une règle de conflit de lois en cascades.

En premier lieu, est applicable la loi interne de la résidence habituelle du créancier d'aliments (conv. La Haye, 2 oct. 1973, art. 4).

En second lieu, est applicable la loi nationale commune lorsque le créancier ne peut pas obtenir d'aliments en vertu de la loi de sa résidence habituelle (conv. La Haye, 2 oct. 1973, art. 5).

En troisième et dernier lieu, est applicable la loi interne de l'autorité saisie lorsque le créancier ne peut pas obtenir d'aliments du débiteur en vertu de la loi de sa résidence habituelle et de leur loi nationale commune (conv. La Haye, 2 oct. 1973, art. 5). Il en résulte que la loi française est presque toujours compétente.

422.134 **Convention franco-marocaine.** Se pose parfois la question de **l'articulation entre la loi et la convention** de La Haye du 2 octobre 1973, sur la loi applicable aux obligations alimentaires, et une convention bilatérale précisant la loi applicable aux effets du mariage. L'exemple classique est celui de l'articulation entre la convention de La Haye et la convention franco-marocaine du 10 août 1981 relative au statut des personnes et de la famille et à la coopération judiciaire[3]. La jurisprudence résout la question en affirmant que l'article 7 de la convention franco-marocaine ne régit pas les obligations alimentaires entre les époux si bien que la loi applicable à l'obligation alimentaire est déterminée par la convention de La Haye du 2 octobre 1973[4]. Pour résister à la demande de contribution aux charges du mariage de l'épouse, il n'est pas rare que le mari invoque un acte de répudiation établi au Maroc. Parce que, le plus souvent, l'épouse réside habituellement en France, la répudiation n'est pas reconnue en France (v. s^{s} n° 424.205) et la loi française est applicable à la demande de contribution aux charges du mariage (conv. La Haye, 2 oct. 1973, art. 4)[5].

422.135 **Règlement (CE) n° 4/2009.** Le *Livre vert sur les obligations alimentaires* envisageait différentes propositions pour renforcer et garantir les droits du créancier d'aliments. Il s'interrogeait notamment sur l'adoption au niveau communautaire d'une **règle de conflit de lois en matière alimentaire**[6]. C'est pourquoi la proposition de règlement relatif à la compétence, la loi applicable, la reconnaissance et l'exécution des décisions et la coopération en matière d'obligations alimentaires (présentée par la Commission le 15 décembre 2005, COM (2005) 649 final[7]) prévoyait plusieurs règles de conflit de lois (art. 13 s.). Les « règles de base » donnaient compétence à la loi de la résidence habituelle du créancier d'aliments et, dans certaines hypothèses, à la loi du *for* (art. 13, § 1 et 2). Ces travaux ont débouché sur l'adoption du règlement (CE) n° 4/2009 du 18 décembre 2008, relatif à la compétence, la loi applicable, la reconnaissance et l'exécution des décisions et la coopération en matière d'obligations alimentaires. Il devrait être applicable à compter du 18 juin 2011 (règl. [CE] n° 4/2009, art. 76). S'agissant du conflit de lois, il renvoie au protocole de La Haye de 2007 sur la loi applicable aux obligations alimentaires qui est présenté dans les développements consacrés à la compensation du divorce (v. s^{s} n°s 423.320 s.).

1. Civ. 1re, 20 oct. 1987, n° 85-18.877, *Bull. civ.* I, n° 275; *Rev. crit. DIP* 1988, 540, note Lequette; *JDI* 1988, p. 447, note Huet – EN CE SENS, CA Douai, 14 avr. 2004, *Dr. fam.* 2005, comm. 150, note crit. Farge.
2. Civ. 1re, 6 nov. 1990, n° 88-15.496, *Bull. civ.* I, n° 232; *Rev. crit. DIP* 1991, 348, note Simon-Depitre; *Gaz. Pal.* 1991, 2, 647, note Rémery. EN CE SENS, V. NOT. Civ. 1re, 23 janv. 2007, n° 05-21.898, *Bull. civ.* I, n° 35; *AJ fam.* 2007, 314, obs. Boiché; *Rev. crit. DIP* 2007, 402, note Lagarde – CA Metz, 27 sept. 2005, RG n° 02/00687, *Juris-Data* n° 2005-29-9712 – CA Paris, 2 oct. 2003, RG n° 2003/00175, *Juris-Data* n° 2003-23-1217 – Civ. 1re, 9 juill. 2003, n° 01-11.097, NPT – CA Reims, 4 juin 1998, *Juris-Data* n° 1998-04-4225 – CA Versailles, 15 nov. 1996, RG n° 7000/94, *Juris-Data* n° 1996-05-6375 – CA Versailles, 16 juin 1994, RG n° 2530/93, *Juris-Data* n° 1994-04-6968 – CA Versailles, 14 mai 1992, RG n° 6439/90, *Juris-Data* n° 1992-04-1700.
3. *Rev. crit. DIP* 1983, 531. Sur laquelle, v. P. Decroux, *JDI* 1985, p. 49; et F. Monéger, *Rev. crit. DIP* 1984, 29 et 266 – A. Devers, *Dr. fam.* 2006, chron. n° 15.
4. CA Rouen, 16 avr. 2009, RG n° 08/00771, *Juris-Data* n° 2009-003175 – Civ. 1re, 23 janv. 2007, n° 05-21.898, *Bull. civ.* I, n° 35, préc. s^{s} n° 422.132.
5. CONTRA, CA Angers, 1er déc. 1999, RG n° 98/01521, *Juris-Data* n° 1999-15-1382.
6. *Livre vert sur les obligations alimentaires*, présenté par la Commission le 15 avr. 2004 COM(2004) 254 final, p. 28 s. – Sur lequel, v. F. Toulieux, « Aperçu sur le recouvrement des aliments en Europe », *AJ fam.* 2005, 383.
7. *D.* 2006, 1259, spéc^{t} n° 21, obs. Nourissat.

CHAPITRE

423. Divorce prononcé en France

Alain DEVERS
Maître de conférences
à l'Université de Lyon
(Jean Moulin – Lyon 3)

SECTION 0
ORIENTEUR

423.00 **Plan du chapitre.**

Division. En présence d'un élément d'extranéité, telles la nationalité ou la résidence habituelle d'un des époux, la compétence du juge français (sect. 1) et l'application de la loi française (sect. 2) doivent être discutées.

423.01 Textes applicables.

> Sur la compétence

• **Règl. (CE) n° 2201/2003, du Conseil, dit « Bruxelles II *bis* », 27 nov. 2003,** relatif à la compétence, la reconnaissance et l'exécution des décisions en matière matrimoniale et en matière de responsabilité parentale, abrogeant le règlement (CE) n° 1347/2000, *JOUE* L 338, 23 déc. 2003, p. 1

* V. texte complet ss n° 62.12

• **Règl. (CE) n° 44/2001, dit « Bruxelles I », 22 déc. 2000,** sur la compétence, la reconnaissance et l'exécution des décisions en matière civile et commerciale, *JOCE* L 12, 16 janv. 2001, p. 1.

* V. texte complet ss n° 62.11

• **Règl. (CE) n° 4/2009, 18 déc. 2008,** relatif à la compétence, la loi applicable, la reconnaissance et l'exécution des décisions, et la coopération en matière d'obligations alimentaires, *JOUE* L 7, 10 janv. 2009, p. 1.

* V. texte complet ss n° 62.16

• **C. pr. civ.,** art. 1070 [compétence territoriale du juge aux affaires familiales]

• **C. civ.,** art. 14 [citation d'un étranger devant une juridiction française pour une obligation contractée en France ou envers un français]

• **C. civ.,** art. 15 [citation d'un français devant une juridiction française pour une obligation contractée à l'étranger]

> Sur la loi applicable

• **C. civ.,** art. 309 [hypothèses dans lesquelles la loi française s'applique au divorce et à la séparation de corps]

• **Conv. La Haye, 2 oct. 1973,** sur la loi applicable aux obligations alimentaires.

* V. texte complet ss n° 63.12

• **Protocole La Haye, 23 nov. 2007,** sur la loi applicable aux obligations alimentaires

* V. texte complet ss n° 63.19

423.02 Jurisprudence de référence.

> Sur l'internationalisation des règles de compétence territoriale interne

• **Civ. 1re, 30 oct. 1962,** *Scheffel, Rev. crit. DIP* 1963, 387, note Francescakis; *D.* 1963, J. 109, note Holleaux; *GADIP*, n° 37

* V. ss n° 423.213

« Mais attendu que l'extranéité des parties n'est pas une cause d'incompétence des juridictions françaises, dont, d'autre part, la compétence internationale se détermine par extension des règles de compétence territoriale interne. »

• **Civ. 1re, 19 nov. 1985, n° 84-16.001,** *Soc. Cognacs and Brandies from France, Bull. civ.* I, n° 306

* V. ss n° 423.214

« Attendu que [l'article 14 du Code civil] qui donne compétence à la juridiction française en raison de la nationalité française du demandeur, n'a lieu de s'appliquer que lorsqu'aucun critère ordinaire de compétence territoriale n'est réalisé en France. »

Nota bene : La jurisprudence *Scheffel* et *Soc. Cognacs and Brandies from France* a en grande partie perdu de son importance en raison de la communautarisation des règles de compétence en matière matrimoniale.

> Sur la notion de résidence habituelle

• **Civ. 1re, 14 déc. 2005, n° 05-10.951,** *Bull. civ.* I, n° 506

* V. ss n° 423.71

« Mais attendu que la résidence habituelle, notion autonome du droit communautaire, se définit comme le lieu où l'intéressé a fixé, avec la volonté de lui conférer un caractère stable, le centre permanent ou habituel de ses intérêts; [...] qu'ayant souverainement relevé, d'une part, que le séjour en France de Mme Mc Y, dans la résidence secondaire de la famille, était temporaire et avait pour but principal d'aider l'enfant commun à poursuivre momentanément sa scolarité en France et, d'autre part, qu'il ne ressortait pas des pièces produites, notamment par l'épouse, que celle-ci ait eu la volonté de transférer en France le centre habituel et permanent de ses intérêts, la cour d'appel en a exactement déduit, sans méconnaître l'article 2 du règlement (CE) n° 1347 du 29 mai 2000 alors applicable, que le juge aux affaires familiales français était incompétent pour connaître de l'action en divorce. »

> Sur la date de saisine du juge français

• **Civ. 1re, 11 juill. 2006, n° 04-20.405, n° 05-19.231,** 2 esp., *Bull. civ.* I, nos 374 et n° 375

* V. ss nos 423.62, 423.104 et 423.302

« Mais attendu que, selon l'article 11-4 du règlement (CE) n° 1347 du 29 mai 2000, alors applicable, une juridiction est réputée saisie, soit à la date à laquelle l'acte introductif d'instance ou un acte équivalent est déposé auprès de la juridiction, soit, si l'acte doit être notifié ou signifié avant d'être déposé auprès de la juridiction, à la date à laquelle il est reçu par l'autorité chargée de la notification ou de la signification, et, ceci, à condition que le demandeur n'ait pas négligé par la suite de prendre les mesures qu'il était tenu de prendre pour que l'acte soit notifié ou signifié au défendeur ou bien soit déposé auprès de la juridiction; que cet article donne une définition matérielle et autonome de la saisine prenant en considération les premières formalités exigées par la loi de procédure interne; qu'en matière de divorce, cette formalité est, en droit français, le dépôt de la requête. »

423.03 Bibliographie indicative.

Actualisables. RÉP. INTERNAT., P. Courbe, *Vis Divorce et séparation de corps*; E. Gallant, *V° Bruxelles II bis (matière matrimoniale et responsabilité parentale)* – J.-CL. INTERNAT., H. Gaudemet-Tallon, fasc. 547-10 (Divorce prononcé en France – compétence des tribunaux français – particularités de l'instance); fasc. 547-20 (Divorce prononcé en France – loi applicable – effets – conversion de la séparation de corps en divorce); fasc. 547-40 (Divorce – convention internationales).

Ouvrages. A. Bucher, *Le couple en droit international privé*, 1re éd., Helbing Lichtenchahn Verlag, 2004 – H. Fulchiron et C. Nourissat (dir.), *Le nouveau droit communautaire du divorce et de la responsabilité parentale*, « Thèmes et commentaires », Dalloz, 2005 – H. Gaudemet-Tallon, *Compétence et exécution des jugements en Europe. Règlement n° 44/2001, Conventions de Bruxelles (1968) et de Lugano (1988 et 2007)*, 4e éd., LGDJ, 2010.

Articles. A. Boiché, « Internationalité du litige familial. Le divorce en droit international privé », *AJ fam.* 2008, 270 – P. Courbe, « Divorce et conflit mobile », *Mél. D. Holleaux*, Litec, 1990, p. 69 – A. Devers, « De quelques effets patrimoniaux du divorce en droit international privé communautaire », *Dr. et patr.* avr. 2005, n° 136, p. 89 – J. Foyer, « L'article 310 du Code civil ou la réception partielle d'un unilatéralisme total », *Écrits en hommage à Jean Foyer*, PUF, 1997, p. 391 – H. Fulchiron, « "Bruxelles II *bis*" : le nouveau droit judiciaire européen du divorce et de la responsabilité parentale », *Dr. et patr.* avr. 2005, n° 136, p. 34 – H. Gaudemet-Tallon, « La désunion du couple en droit international privé », *RCADI* 1991, t. 1, vol. 226, p. 9 – C. Nourissat, « Le règlement Bruxelles II *bis* : conditions générales d'application », *RLDC* oct. 2005, p. 68.

423.04 Questions essentielles.

> Quels sont les critères de compétence du juge français pour statuer sur une demande de divorce, de séparation de corps ou d'annulation du mariage ?

* V. s[s] n°s 423.61 s.

> Le juge français est-il également compétent pour statuer sur une demande reconventionnelle ?

* V. s[s] n° 423.91

> Quelle loi est applicable au divorce ?

* V. s[s] n°s 423.291 s.

> Quelle loi est applicable à la pension alimentaire consécutive au divorce ?

* V. s[s] n°s 423.321 s.

423.07 Renvoi.

> Sur les cas et procédures de divorce en droit français, v. s[s] n°s 130.00 s. à 132.00 s.

> Sur les conséquences du divorce, v. s[s] n°s 133.00 s. à 138.00 s.

SECTION 1
COMPÉTENCE INTERNATIONALE DU JUGE FRANÇAIS

423.10 Division. Pour savoir si le juge français est compétent pour statuer sur une **demande de divorce ou de séparation de corps,** il convient de **morceler le contentieux**[1]. D'une part, la compétence du juge français pour prononcer le divorce ou la séparation de corps sera déterminée sur la base du règlement (CE) n° 2201/2003 du 27 novembre 2003, relatif à la compétence, la reconnaissance et l'exécution des décisions en matière matrimoniale et en matière de responsabilité parentale, abrogeant le règlement (CE) n° 1347/2000, dit **règlement « Bruxelles II *bis* »**[2] (§ 1). Ce texte a fait l'objet d'un guide pratique (à jour au 1er juin 2005) établi par les services de la Commission en collaboration avec le Réseau judiciaire européen[3] dont il faut souligner qu'il n'a pas de valeur juridique clairement établie. Les magistrats consulteront également avec profit la circulaire CIV/03/05, du 28 octobre 2005, relative à l'entrée en vigueur du règlement (CE) n° 2201/2003 du Conseil du 27 novembre 2003 relatif à la compétence, la reconnaissance et l'exécution des décisions en matière matrimoniale et de responsabilité parentale dit « Bruxelles II *bis* » (v. s[s] n° 62.14)[4]. D'autre part, la compétence du juge français pour statuer sur la **compensation du divorce ou de la séparation de corps** sera déterminée sur la base du règlement (CE) n° 44/2001 du 22 décembre 2000, sur la compétence, la reconnaissance et l'exécution des décisions en matière civile et commerciale, dit **règlement « Bruxelles I »** (v. s[s] n° 62.11)[5] (§ 2). De même, la compétence du juge peut être discutée s'agissant de la **liquidation** et du **partage des intérêts patrimoniaux** (§ 3) et de l'**octroi de dommages-intérêts** (§ 4). En pratique, il est fortement conseillé **lors du dépôt de la requête de fonder la compétence du juge français pour le divorce mais aussi pour les différents effets du divorce**[6]. À défaut, il est possible de soutenir que le juge français n'est pas saisi de tous les aspects du divorce et l'époux défendeur peut en profiter pour saisir le juge étranger.

1. A. Devers, « La pratique judiciaire française du droit international privé communautaire de la famille », *Le nouveau droit communautaire du divorce et de la responsabilité parentale*, H. Fulchiron et C. Nourissat (dir.), « Thèmes et commentaires », Dalloz, 2005, p. 415.
2. Règl. (CE) n° 2201/2003, 27 nov. 2003, dit « règlement Bruxelles II *bis* », relatif à la compétence, la reconnaissance et l'exécution des décisions en matière matrimoniale et en matière de responsabilité parentale abrogeant le règlement (CE) n° 1347/2000, *JOUE* L 338, 23 déc. 2003, p. 1.
3. *Guide pratique d'utilisation du règlement Bruxelles II bis*, à jour au 1er juin 2005, disponible sur le site de la Commission européenne : http://ec.europa.eu/civiljustice/parental_resp/parental_resp_ec_vdm_fr.pdf
4. Circ. CIV/03/05, 28 oct. 2005, relative à l'entrée en vigueur du règl. (CE) n° 2201/2003 du Conseil du 27 nov. 2003 relatif à la compétence, la reconnaissance et l'exécution des décisions en matière matrimoniale et de responsabilité parentale dit « Bruxelles II *bis* », non publiée au *JO*.
5. Règl. (CE) n° 44/2001, 22 déc. 2000, sur la compétence, la reconnaissance et l'exécution des décisions en matière civile et commerciale, *JOCE* L 12, 16 janv. 2001, p. 1.
6. Plus largement, v. S. Thouret, « Signification et notifications des actes de procédure », *Dr. fam.* 2008, étude 23 (colloque *Le divorce. Aspects de droit international privé*, Lyon, 25 juin 2008, IEJ Lyon et Centre de droit de la famille).

§ 1
Compétence du juge français en matière de divorce et de séparation de corps

423.20 Division. La compétence internationale du juge français en ce qui concerne la demande de divorce et de séparation de corps doit être envisagée au regard du règlement Bruxelles II *bis*. Il convient d'en vérifier l'applicabilité (A) avant de pouvoir procéder à son application (B).

A.
Applicabilité du règlement Bruxelles II *bis*

423.30 Division. Le règlement Bruxelles II *bis* n'est applicable que si trois conditions sont cumulativement remplies. L'affaire doit en effet entrer dans son champ d'application matériel (1°), dans son champ d'application spatial (2°) et dans son champ d'application temporel (3°).

1°
Applicabilité matérielle

423.31 Principe de la désunion. Conformément à son intitulé, le règlement Bruxelles II *bis* s'applique à la « *matière matrimoniale* », autrement dit « *au divorce, à la séparation de corps et à l'annulation du mariage des époux* » (règl. [CE] n° 2201/2003, art. 1, § 1, s^s^ a). Encore faut-il préciser qu'il ne régit que le principe de la désunion : « *en ce qui concerne les décisions de divorce, de séparation de corps ou d'annulation du mariage, le présent règlement ne devrait s'appliquer qu'à la dissolution du lien matrimonial* » (règl. [CE] n° 2201/2003, cons. 8).

423.32 Effets de la désunion. Le règlement Bruxelles II *bis* ne concerne pas des « *questions telles que les causes de divorce, les effets patrimoniaux du mariage ou autres mesures accessoires éventuelles* » (règl. [CE] n° 2201/2003, cons. 8). Dans cette perspective, « *les obligations alimentaires sont exclues du champ d'application du présent règlement car elles sont (aujourd'hui) régies par le règlement (CE) n° 44/2001* » (règl. [CE] n° 2201/2003, cons. 11) et, demain, par le règlement (CE) n° 4/2009 du 18 décembre 2008, relatif à la compétence, la loi applicable, la reconnaissance et l'exécution des décisions et la coopération en matière d'obligations alimentaires[1]. Le règlement (CE) n° 4/2009 a, en effet, vocation à modifier « *le règlement (CE) n° 44/2001 en remplaçant les dispositions de celui-ci applicables en matière d'obligations alimentaires* » (règl. [CE] n° 4/2009, cons. 44). Il en résulte que le juge français ne peut pas se déclarer compétent sur la base du règlement Bruxelles II *bis* pour statuer sur une demande de prestation compensatoire. L'exclusion vaut également pour les demandes relatives au régime matrimonial, au droit au nom ou à l'octroi de dommages-intérêts suite, par exemple, à des violences conjugales qui constitueraient la cause du divorce[2]. Loin de simplifier le travail des praticiens, le règlement Bruxelles II *bis* induit un **risque d'éclatement du contentieux de la désunion en une pluralité de procédures.** Ces **exclusions** s'appliquent **pendant la procédure en divorce** mais aussi, **après le prononcé du divorce**, si un litige s'élève entre les ex-époux sur l'une de ses conséquences.

423.33 Notion de mariage. S'il s'applique « *au divorce, à la séparation de corps et à l'annulation du mariage des époux* » (règl. [CE] n° 2201/2003, art. 1, § 1, s^s^ a), le règlement ne définit pas ce qu'il faut entendre par « mariage » et par « époux ». La question se posera de savoir si un **mariage homosexuel** et un **partenariat enregistré** méritent d'être qualifiés de mariage au sens du règlement[3] ? En l'état, la réponse est incertaine et l'on espère que la question sera rapidement soumise à la Cour de justice de l'Union européenne. Sans doute, conviendrait-il de distinguer les deux situations.

Pour le partenariat enregistré, il est douteux de considérer qu'il s'agit d'un « mariage » et que les partenaires enregistrés sont des « époux »[4].

Pour le mariage homosexuel, l'hésitation vient de la méthode de qualification que la Cour de justice de l'Union européenne retiendra : méthode des notions autonomes, renvoi au droit international privé ou au droit interne du juge saisi. Il semble que la **méthode du renvoi au droit international privé** s'impose si l'on souhaite **respecter les particularismes nationaux** en la matière. Resterait à savoir si, en France, le mariage homosexuel peut être qualifié de mariage pour les besoins du droit international privé français... (v. s^s^ n° 421.45).

1. Règl. (CE) n° 4/2009, 18 déc. 2008, relatif à la compétence, la loi applicable, la reconnaissance et l'exécution des décisions et la coopération en matière d'obligations alimentaires, *JOUE* L 7, 10 janv. 2009, p. 1.
2. Rapp. Borrás, *JOCE* C 221, 16 juill. 1998, p. 27, spéc^t^ n° 22.
3. V. NOT., W. Pintens, « Marriage and Partnership in the Brussels IIa Regulation », *Liber Memorialis Petar Sarcevic*, Sellier European Law Publishers, 2006, p. 335, spéc^t^ p. 336-338 (sur le mariage homosexuel) et p. 339-345 (sur le partenariat enregistré) – M. Jänterä-Jareborg, « Jurisdiction and Applicable Law in Cross-Border Divorce Cases in Europe », *Japanese & European Private International Law in Comparative Perspective*, Éd. Mohr Siebeck, p. 317, spéc^t^ p. 332-334 (sur le mariage homosexuel).
4. COMP. CJCE 31 mai 2001, aff. C-122-99P et C-125-99/P, D. et Royaume de Suède c/Conseil, *Rec. CJCE*, p. I-04319; *D.* 2001, J. 3380, note Nourissat et Devers; *RTD civ.* 2002, 76, obs. Hauser.

2° Applicabilité spatiale

423.41 Droit commun. Le règlement Bruxelles II *bis* « *est obligatoire dans tous ses éléments et directement applicable* [en France comme] *dans les* [autres] *États membres* ». Il en résulte que les **règles de compétence** qu'il édicte constituent désormais le **droit commun devant le juge français.** Le règlement Bruxelles II *bis* prime donc sur les anciennes règles de compétence internationale du juge français, celles de l'article 1070 du Code de procédure civile et des articles 14 et 15 du Code civil[1] (règl. Bruxelles II *bis*, art. 7). Peu importe la nationalité des époux : les époux peuvent, ainsi, l'un et l'autre être de nationalité algérienne[2]. Peu importe également le lieu de la résidence habituelle des époux : elle peut tout à fait être localisée sur le territoire d'un État tiers[3]. S'agissant d'actions introduites dans un État membre, on rappellera que le Danemark n'a pas participé à l'adoption du règlement Bruxelles II *bis* si bien qu'il n'est pas un État membre au sens du règlement (règl. Bruxelles II *bis*, art. 2, s^s 3).

423.42 Sort des conventions bilatérales. La France a conclu plusieurs conventions bilatérales comportant des règles de compétence en matière matrimoniale qui priment sur l'article 1070 du Code de procédure civile et les articles 14 et 15 du Code civil. Il est dès lors nécessaire de s'interroger sur les relations entre ces conventions bilatérales et le règlement Bruxelles II *bis*[4]. Deux hypothèses sont envisageables :

– D'une part, la convention bilatérale a été conclue par la France avec un **État tiers qui est devenu par la suite un État membre.** L'on pense par exemple à la convention franco-polonaise du 5 avril 1967[5], à la convention franco-yougoslave du 18 mai 1971[6], qui lie la France et la Slovénie[7]. En application de l'article 59 paragraphe 1 du règlement Bruxelles II *bis*, **le règlement remplace ces conventions bilatérales pour les matières qu'il règle.** Ainsi, l'article 9 de la convention franco-polonaise du 5 avril 1967, qui conduit à la compétence des tribunaux de l'État contractant sur le territoire duquel les époux avaient eu leur dernier domicile[8], est remplacé par l'article 3 du règlement Bruxelles II *bis*.

– D'autre part, la convention bilatérale a été conclue par la France avec un **État tiers qui n'est pas devenu un État membre.** L'exemple d'une telle convention était fourni par la convention franco-marocaine du 10 août 1981 relative au statut des personnes et de la famille et à la coopération judiciaire[9]. La Cour de cassation considérait en effet que : « *Les règles directes de compétence édictées par l'article 11* [...] *sont exclusives de l'application de l'article 14 du Code civil et de l'article 1070 du Code de procédure civile* »[10]. Une telle jurisprudence imposait d'articuler la convention franco-marocaine et le règlement Bruxelles II *bis*[11]. Convenait-il, pour déterminer si le juge français est compétent, d'appliquer l'article 3 du règlement Bruxelles II *bis* ou l'article 11 de la convention franco-marocaine ? Du point de vue des institutions européennes, primauté serait certainement reconnue au règlement Bruxelles II *bis*, en vertu de l'article 351 du traité sur le fonctionnement de l'Union européenne. Pour la Cour de justice des communautés européennes, si une juri-

1. V. NOT., Civ. 1re, 25 avr. 2007, n° 06-15.381, *Bull. civ.* I, n° 157 ; *D.* 2007, 1431, note Avena-Robardet ; *RJPF* 2007-7-8/27, p. 23, obs. Garé – V. TOUTEFOIS, Civ. 1re, 28 mars 2006, n° 04-20.362, *Bull. civ.* I, n° 176 ; *JCP* 2006, II, 10133, note Devers ; *Dr. fam.* 2006, comm. 133, note Larribau-Terneyre ; *AJ fam.* 2006, 247, note Boiché ; *RJPF* 2006-6/19, p. 15, obs. Garé.
2. Civ. 1re, 12 déc. 2006, n° 05-16.705, *Bull. civ.* I, n° 539 ; *JCP* 2007, II, 10048, 2e esp., note Devers ; *RLDC* 2007, n° 2459, obs. Ansault ; *D.* 2007, 780 (1re esp.), note Mahinga ; *RJPF* 2007-3/24, p. 20, obs. Garé ; *Gaz. Pal.* 29 avr.-3 mai 2007, n° 119-123, J. 27, note Niboyet ; *AJ fam.* 2007, 270, obs. Boiché.
3. Civ. 1re, 22 févr. 2005, n° 02-20.409, *Bull. civ.* I, n° 89 ; *D.* 2005, J. 1459, note Sana-Chaillé de Néré ; *RJPF* 2005-5/24, p. 16, obs. Garé ; *Defrénois* 2005, art. 38129, p. 1330, note Crône ; *Defrénois* 2005, art. 38221, n° 62, p. 1348, obs. Massip ; *RLDC* 2005/9, n° 19, p. 32, note Bottiau ; *Rev. crit. DIP* 2005, 515, note Pataut ; *Dr. fam.* 2005, chron. 24, note Farge ; *Procédures* 2005, comm. 281, note Nourissat ; *D.* 2006, pan. 1500, obs. Courbe et Jault-Seseke ; *AJ fam.* 2005, 277, obs. David ; *Gaz. Pal.* 2005, n° 148, p. 23, chron. Boiché.
4. V. J.-CL. INTERNAT., H. Gaudemet-Tallon, fasc. 547-40 (Divorce – conventions internationales).
5. Conv. franco-polonaise, 5 avr. 1967, relative à la loi applicable, la compétence et l'*exequatur* dans le droit des personnes et de la famille s'agissant des questions matrimoniales et de responsabilité parentale, *JO* 9 févr. 1969, p. 1534.
6. Conv. franco-yougoslave, 18 mai 1971, relative à la loi applicable et à la compétence en matière de droit des personnes et de la famille, *JO* 24 mai 1973, p. 5640.
7. Conv. franco-yougoslave, 18 mai 1971, France-Slovénie, *JO* 22 mars 1996, p. 4442.
8. V. NOT., Civ. 1re, 25 mai 2004, n° 01-16.058, *Bull. civ.* I, n° 145 ; *AJ fam.* 2004, IR 404.
9. Conv. franco-marocaine, 10 août 1981, relative au statut des personnes et de la famille et à la coopération judiciaire, *Rev. crit. DIP* 1983, 531 – Sur laquelle, v. Decroux, *JDI* 1985, p. 49 ; et Monéger, *Rev. crit. DIP* 1984, 29 et 266.
10. Civ. 1re, 2 mars 1999, n° 96-21.190, *Bull. civ.* I, n° 73 ; *JCP* 1999, II, 10220, note Cuniberti ; *Dr. et patr.* juin 1999, p. 118, obs. Monéger – Civ. 1re, 1er juill. 1997, n° 95-17.925, *Bull. civ.* I, n° 222 ; *Defrénois* 1998, p. 711, note Massip ; *Rev. crit. DIP* 1998, 60, note Mayer ; *D.* 1999, 275, note Massip.
11. A. Devers, « Le divorce d'époux marocains ou franco-marocains. Les conventions franco-marocaines face aux droits européen et communautaire », *Dr. fam.* 2006, chron. 15, spéc^t 1 B.

diction d'un État membre peut « *appliquer des dispositions de traités bilatéraux [...] conclus entre cet État et un pays tiers, [...] même si ces dispositions se révèlent contraires aux règles du traité CE* », c'est « *au motif qu'il s'agit d'une obligation qui résulte de conventions conclues antérieurement à la date d'adhésion à l'Union européenne de l'État membre concerné* »[1]. La question de l'articulation de la convention franco-marocaine et du règlement Bruxelles II *bis* ne se pose toutefois plus depuis que la Cour de cassation, opérant un revirement de jurisprudence, considère « *que l'article 11 de la convention franco-marocaine du 10 août 1981 n'édicte que des règles indirectes de compétence* »[2].

423.43 Compétences résiduelles. L'article 7 paragraphe 1 du règlement Bruxelles II *bis* affirme que « *lorsqu'aucune juridiction d'un État membre n'est compétente en vertu des articles 3, 4 et 5, la compétence est, dans chaque État membre, réglée par la loi de cet État* ». Interrogée sur l'articulation des articles 6 et 7 du règlement Bruxelles II *bis*, la Cour de justice des communautés européennes a précisé que « *dans le cadre d'une procédure de divorce, lorsqu'un défendeur n'a pas sa résidence habituelle dans un État membre et qu'il n'est pas ressortissant d'un État membre, les juridictions d'un État membre ne peuvent pas, pour statuer sur cette demande, fonder leur compétence sur leur droit national, si les juridictions d'un autre État membre sont compétentes au titre de l'article 3 dudit règlement* »[3]. Ce n'est donc bien que **lorsqu'aucun juge d'un État membre n'est compétent sur la base du règlement Bruxelles II *bis*** qu'on en revient aux **anciennes règles de compétence.**

Par exemple, lorsque les époux de nationalité marocaine avaient leur dernier domicile commun au Maroc et que l'épouse demanderesse s'est installée en France depuis moins d'un an. Ou lorsque les époux de nationalité tunisienne avaient leur dernier domicile commun en Tunisie et que l'épouse demanderesse, franco-tunisienne, s'est installée en France depuis moins de six mois[4].

Dans une telle hypothèse, il conviendra de faire application des anciennes règles françaises de compétence en matière matrimoniale : à défaut d'une convention internationale, l'article 1070 du Code de procédure civile et, à titre subsidiaire, les articles 14 et 15 du Code civil[5]. Mais, ces critères de compétence étant très proches de ceux du règlement Bruxelles II *bis*, l'article 1070 du Code de procédure civile ne devrait pas permettre de fonder la compétence du juge français[6]. En définitive, le juge français sera compétent si l'époux demandeur (C. civ., art. 14) ou l'époux défendeur (C. civ., art. 15) est de nationalité française.

423.44 Extension des privilèges de juridiction. Dans la mise en œuvre des privilèges de juridiction, l'article 7 paragraphe 2 du règlement Bruxelles II *bis* précise que « *tout ressortissant d'un État membre qui a sa résidence habituelle sur le territoire d'un autre État membre peut, comme les nationaux de cet État, y invoquer les règles de compétence applicables dans cet État contre un défendeur qui n'a pas sa résidence habituelle dans un État membre et qui ou bien n'a pas la nationalité d'un État membre ou, dans le cas du Royaume-Uni et de l'Irlande, n'a pas son « domicile » sur le territoire de l'un de ces États membres* ». Ainsi, une ressortissante italienne ayant sa résidence habituelle en France pourra invoquer l'article 14 du Code civil pour attraire devant le juge français son conjoint américain, dans la mesure où ce dernier n'est pas ressortissant d'un État membre et n'a pas sa résidence habituelle sur le territoire d'un État membre. Sous l'effet de l'article 7 paragraphe 2 le privilège de juridiction des articles 14 et 15 du Code civil est devenu un privilège de citoyenneté européenne.

423.45 Impérativité des privilèges de juridiction. S'il est acquis que les parties peuvent renoncer au bénéfice des articles 14 et 15 du Code civil, se pose la question de l'**impérativité de ces dispositions à l'égard du juge français.** Alors qu'il est compétent sur la base de l'un de ces textes, pourrait-il refuser de statuer au motif qu'un juge étranger lui paraît mieux placé pour connaître de l'affaire ? La Cour de cassation y est clairement hostile.

Elle avait ainsi jugé, en matière de **tutelle**, que les articles 14 et 15 du Code civil « *édictent en toute matière une règle de compétence qui, dans la mesure où*

1. CJCE 18 nov. 2003, aff. C-216/01, Budvar, pt 173, *Rec. CJCE*, p. I-13617 ; *Europe* 2004, comm. 7, note Pietri.
2. Civ. 1re, 28 mars 2006, n° 04-20.362, *Bull. civ.* I, n° 176 ; *JCP* 2006, II, 10133, note Devers ; *Dr. fam.* 2006, comm. 133, note Larribau-Terneyre ; *AJ fam.* 2006, 247, note Boiché ; *RJPF* 2006-6/19, p. 15, obs. Garé – SOLUTION CONFIRMÉE, en matière parentale, par Civ. 1re, 22 mai 2007, n° 06-10.892, *Bull. civ.* I, n° 200 ; *Dr. fam.* 2007, comm. 188, note Larribau-Terneyre – *CONTRA*, CA Bastia, 26 mars 2008, RG n° 06/00949, *Juris-Data* n° 2008-360939.
3. CJCE 29 nov. 2007, aff. C-68/07, Kerstin Sundelind Lopez, *Rec. CJCE*, p. I-10403 ; *JCP* 2008, II 10042, note Devers ; *Procédures* 2008, comm. 42, obs. Nourissat ; *AJ fam.* 2008, 34, obs. Boiché ; *Europe* 2008, comm. 27, obs. Idot ; *Rev. crit. DIP* 2008, 343, note Gallant.
4. CA Lyon, 2e ch. civ., 24 janv. 2006, *JCP* 2006, IV 2659.
5. V. NOT., Civ. 1re, 30 sept. 2009, n° 08-19.793, *Bull. civ.* I, n° 189 ; *JCP* 2009, 346 (1re esp.), obs. Cornut ; *Procédures* 2009, comm. 401, obs. Nourissat ; *JDI* 2010, comm. 6, note Chalas ; *Dr. fam.* 2009, comm. 167 (1re esp.), note Abadie ; *JCP* 2009, 480 (1re esp.), note Attal ; *RJPF* 2010-12/21, p. 20, note Garé.
6. COMP. Civ. 1re, 13 janv. 1981, n° 79-10.693, *Bull. civ.* I, n° 11 ; *Rev. crit. DIP* 1981, 331, note Gaudemet-Tallon ; *JDI* 1981, p. 360, note Huet.

son bénéficiaire n'y a pas renoncé et où elle n'est pas écartée par un traité international, est exclusive de toute compétence concurrente de la juridiction étrangère ». Est censurée la décision qui énonce « *que, s'agissant de la protection d'un majeur, la compétence judiciaire ne saurait dépendre de la nationalité de l'intéressé, mais de sa résidence, le juge étranger étant le mieux placé pour prendre les mesures de protection qui s'imposeraient* »[1]. De la même manière, elle a jugé – cette fois, **en matière matrimoniale** – que la juridiction français valablement saisie en application de l'article 14 du Code civil ne peut pas écarter sa compétence aux motifs, d'une part, « *que cet article ne consacre qu'une compétence facultative impropre à exclure la compétence du juge étranger* » et que, d'autre part, « *le litige se rattache de manière caractérisée* » au juge étranger[2].

3°
Applicabilité temporelle

423.51 Procédures intentées à compter du 1er mars 2005. Le règlement Bruxelles II *bis* est applicable à toutes les procédures judiciaires intentées en France à compter du 1er mars 2005 (règl. [CE] n° 2201/2003, art. 69, § 1 et art. 72, al. 2). Pour déterminer la date à laquelle la procédure a été intentée, il semble qu'il faille se placer au **jour du dépôt de la requête initiale** et **non au jour de l'assignation.** La Cour de cassation a en effet jugé que le dépôt de la requête en divorce constitue la première formalité de la procédure de divorce, et, par conséquent, l'acte par lequel les juridictions françaises sont saisies[3].

423.52 Litispendance entre États membres de l'Union européenne. Une difficulté peut apparaître lorsqu'une première procédure a été introduite dans un État membre avant la mise en application du règlement et une seconde dans un autre État membre après cette même date. L'article 19 du règlement Bruxelles II *bis* relatif à la litispendance entre États membre de l'Union européenne a-t-il vocation à s'appliquer dans une telle hypothèse ? Au travers de la question de l'**applicabilité de l'article 19** se pose, indirectement, celle de l'**applicabilité du règlement Bruxelles II** ***bis***. Dans le cadre de la convention de Bruxelles du 28 septembre 1968, sur la compétence judiciaire et l'exécution des décisions en matière civile et commerciale, la Cour de justice a jugé que la règle de la convention sur la litispendance peut s'appliquer[4]. Elle s'applique « *si la juridiction saisie en premier lieu s'est déclarée compétente sur la base d'une règle conforme aux dispositions du titre II de la même convention ou aux dispositions prévues par une convention qui était en vigueur entre les deux États concernés lorsque l'action a été intentée et, à titre provisoire, si la juridiction saisie en premier lieu ne s'est pas encore prononcée sur sa propre compétence* ». Si l'on transpose la solution au règlement Bruxelles II *bis*, la juridiction saisie en second applique l'article 19 si la juridiction saisie en premier lieu s'est déclarée compétente sur la base d'une règle conforme aux articles 3, 4 et 5 du règlement et, à titre provisoire, si la juridiction saisie en premier lieu ne s'est pas encore prononcée sur sa propre compétence.

423.53 Procédures intentées entre le 1er mars 2001 et le 1er mars 2005. Pour les procédures intentées entre le 1er mars 2001 et le 1er mars 2005, la compétence internationale du juge français est *a priori* définie par le règlement Bruxelles II (règl. [CE] n° 1347/2000, art. 46 et art. 42, § 1) dont les règles sont quasiment identiques à celles du règlement Bruxelles II *bis*. **L'applicabilité temporelle du règlement Bruxelles II** dépend de la **date d'introduction de la demande de divorce, de séparation de corps ou d'annulation du mariage**. Cette date est, fixée au **jour du dépôt de la requête**[5].

C'est donc à tort qu'une cour d'appel s'est déclarée incompétente : « *La requête ayant été déposée le 5 septembre 2001, le règlement du 29 mai 2000 était applicable* » et donnait compétence aux juridictions françaises[6]. Mérite en revanche d'être pris avec prudence l'arrêt qui déclare le juge français compétent car « *l'assignation ayant été délivrée le 7 juin 2002, le règlement du 29 mai 2000 était applicable et* [...] *la dernière résidence des époux se trouvait*

1. Civ. 1re, 9 déc. 2003, n° 01-14.569, *Bull. civ.* I, n° 247; *D.* 2004, somm. 1851, obs. Lemouland; *Defrénois* 2004, p. 434, note Revillard; *Defrénois* 2004, p. 549, obs. crit. Massip; *RTD civ.* 2004, 65, obs. crit. Hauser.
2. Civ. 1re, 30 sept. 2009, n° 08-19.793, préc. s^s n° 423.43.
3. Civ. 1re, 11 juill. 2006, n° 04-20.405, n° 05-19.231, 2 esp., *Bull. civ.* I, n°s 374 et 375; *Gaz. Pal.* 15-16 sept. 2006, p. 2, avis Sainte-Rose; *AJ fam.* 2006, 460, obs. Boiché; *RJPF* 2006-11/22, p. 21, obs. Garé; *Gaz. Pal.* 29 avr.-3 mai 2007, n° 119-123, jur 27 (1re esp.), note Niboyet; *D.* 2007, pan. 608, obs. Serra et Williatte-Pellitteri; *Procédures* 2007, comm. 190, obs. Nourissat.
4. CJCE 9 oct. 1997, aff. C-163/95, Von Horn c/Cinnamond, *Rec. CJCE*, p. I-5451; *Rev. crit. DIP* 1998, 105, note Gaudemet-Tallon; *JDI* 1998, p. 609, note Huet; *Cah. dr. eur.* 1999, p. 224, note Tagaras.
5. Civ. 1re, 11 juill. 2006, n° 04-20.405, n° 05-19.231, 2 esp., préc. s^s n° 423.51.
6. Civ. 1re, 22 févr. 2005, n° 02-20.409, *Bull. civ.* I, n° 89; *D.* 2005, J. 1459, note Sana-Chaillé de Néré; *RJPF* 2005-5/24, p. 16, obs. Garé; *Defrénois* 2005, art. 38129, p. 1330, note Crône; *Defrénois* 2005, art. 38221, n° 62, p. 1348, obs. Massip; *RLDC* 2005/9, n° 19, p. 32, note Bottiau; *Rev. crit. DIP* 2005, 515, note Pataut; *Dr. fam.* 2005, chron. 24, note Farge; *Procédures* 2005, comm. 281, note Nourissat; *D.* 2006, pan. 1500, obs. Courbe et Jault-Seseke; *AJ fam.* 2005, 277, obs. David; *Gaz. Pal.* 2005, n° 148, p. 23, chron. Boiché.

en France où la demanderesse résidait »[1]. La référence à la date de l'assignation n'est sans doute qu'une erreur de plume.

423.54 Procédures intentées avant le 1er mars 2001. Pour les procédures intentées avant le 1er mars 2001, il convient de faire application de l'article 1070 du Code de procédure civile et, à titre subsidiaire, des articles 14 et 15 du Code civil[2]. S'agissant de l'article 1070 du Code de procédure civile, la Cour de cassation a précisé qu'il faut procéder à son extension dans l'ordre international[3]. L'on déduit donc des **chefs de compétence territoriale** de l'article 1070 des **chefs de compétence internationale.** En définitive, le juge français est compétent dans quatre hypothèses :

– Il est tout d'abord compétent lorsque la **résidence de la famille** est située sur le **territoire français.**

– Il l'est ensuite, si les parents vivent séparément, quand est situé **en France le lieu de résidence du parent avec lequel résident habituellement les enfants mineurs** en cas d'exercice en commun de l'autorité parentale, ou le **lieu de résidence du parent qui exerce seul cette autorité**[4]. Cette règle suppose que la résidence habituelle du parent avec lequel résident habituellement les enfants mineurs soit caractérisée en France[5]. La Cour de cassation a précisé que la règle ne s'applique que lorsque tous enfants mineurs résident ensemble[6].

– Le juge français est aussi compétent, dans les autres cas, lorsque **l'époux défendeur réside en France**[7].

– Il est enfin compétent, en cas de **demande conjointe**, quand **l'un ou l'autre des époux réside en France.**

Lorsqu'aucun des critères de compétence de l'article 1070 du Code de procédure civile ne permet de fonder la compétence du juge français, ce dernier peut encore être compétent sur la base des articles 14 et 15 du Code civil qui instaurent des privilèges de juridiction : le juge français est compétent lorsque **l'époux demandeur**[8] ou **l'époux défendeur** est **de nationalité française.**

B. Application du règlement Bruxelles II *bis*

423.60 Division. L'application du règlement Bruxelles II *bis* conduit à distinguer le sort de la demande principale (1°) et de la demande reconventionnelle (2°) avant d'envisager la question du régime des règles de compétence (3°).

1° Sort de la demande principale

a) Critères de compétence

423.61 Caractère alternatif des critères de compétence. L'époux demandeur peut, à son choix, saisir différents juges au regard des critères de compétence de l'article 3 du règlement Bruxelles II *bis*. Puisqu'« *il n'est pas établi de hiérarchie* », ces critères « *sont* [en effet] *alternatifs* »[9] : le juge français est compétent dès lors que l'un quelconque des critères de l'article 3 est rempli à son égard.

423.62 Diversité des critères de compétence. Les critères permettant de déterminer la compétence du juge français pour statuer sur les questions matrimoniales se subdivisent en deux groupes faisant l'objet respectivement du sous a) et du sous b) de l'article 3 du règlement Bruxelles II *bis*. Le juge français peut être compétent en tant que juge de « *la résidence habituelle des époux* » (art. 3, § 1, s^s a, 1er tiret). Il n'est pas exigé que cette **résidence habituelle des époux** soit commune.

1. Civ. 1re, 28 nov. 2007, n° 06-16.443, *Bull. civ.* I, n° 373; *Dr. fam.* 2008, comm. 4, obs. Larribau-Terneyre; *AJ fam.* 2008, 212, obs. Boiché; *Rev. crit. DIP* 2008, 844, note Gallant; *RJPF* 2008-2/19, p. 18, obs. Garé.
2. J.-Cl. Internat., H. Gaudemet-Tallon, fasc. 547-10 (Divorce prononcé en France – compétence des tribunaux français – particularités de l'instance), n° 50-51.
3. Civ. 1re, 13 janv. 1981, n° 79-10.693, *Bull. civ.* I, n° 11; *Rev. crit. DIP* 1981, 331, note Gaudemet-Tallon; *JDI* 1981, p. 360, note Huet.
4. CA Aix-en-Provence, 14 mars 2002, *JCP* 2002, IV, 3039 – CA Paris, 21 nov. 1978, *D.* 1979, IR 165, obs. Groslière; *D.* 1979, IR 341, obs. Audit – Civ. 1re, 1er avr. 1981, n° 79-13.959, *Bull. civ.* I, n° 117; *D.* 1982, somm. 69, obs. Audit; *Gaz. Pal.* 1981, 2, 629, note Lisbonne; *JDI* 1981, p. 812, note Alexandre; *Defrénois* 1982, p. 248, obs. Massip.
5. CA Paris, 1er juill. 1999, *D.* 1999, IR 224.
6. Civ. 1re, 2 févr. 1982, n° 80-16.594, *Bull. civ.* I, n° 56; *D.* 1983, somm. 149, obs. Audit.
7. CA Paris, 28 févr. 2002, *BICC*, n° 1033.
8. Civ. 1re, 6 déc. 2005, n° 02-19.291, NP; *RJPF* 2006-3/34, p. 20, obs. Garé – Civ. 1re, 25 janv. 2005, n° 02-16.965, NP; *Dr. fam.* 2005, chron. 24, note Farge; *Rev. crit. DIP* 2006, 593, note Hotte; *Procédures* 2005, comm. 12, note Nourissat.
9. CJCE 16 juill. 2009, Hadadi, aff. C-168/08, pt 48; *AJ fam.* 2009, 348, obs. Boiché; *D.* 2009, 2106, obs. Égéa; *Europe* 2009, comm. 389, obs. Idot; *Procédures* 2009, comm. 361, note Nourissat; *JDI* 2010, comm. 4, note D'Avout; *RLDC* 2009, n° 3613, obs. Pouliquen; *RJPF* 2010-11/22, p. 16, note Meyzeaud-Garaud; *Rev. crit. DIP* 2010, 184, note Brière – v. aussi, Civ. 1re, 24 sept. 2008, n° 07-20.248, *Bull. civ.* I, n° 208; *Dr. fam.* 2009, comm. 20, note Farge; *Procédures* 2008, comm. 296, note Nourissat; *AJ fam.* 2008, 432, obs. Boiché; *RJPF* 2008-12/20, p. 22, obs. Garé; *Gaz. Pal.* 9 juin 2009, n° 160, p. 36, note Eppler.

Le juge français est donc compétent lorsque la **résidence habituelle commune** est située **en France** et, en cas de séparation de fait, lorsque **les époux ont l'un et l'autre** leur **résidence habituelle en France**[1]. Le juge français peut être compétent en tant que juge de « *la dernière résidence habituelle des époux dans la mesure où l'un d'eux y réside encore* » (art. 3, § 1, s^s a, 2e tiret). Implicitement, il s'agit bien sûr de donner compétence au juge de la dernière résidence habituelle commune des époux.

Le juge français peut être compétent en tant que juge de « *la résidence habituelle du défendeur* » (art. 3, § 1, s^s a, 3e tiret). Ce critère ne surprend pas au regard de la règle *actor sequitur forum*.

Le juge français peut être compétent, « *en cas demande conjointe* », en tant que juge de « *la résidence habituelle de l'un ou l'autre époux* » (art. 3, § 1, s^s a, 4e tiret). Fait exceptionnel dans les règles relatives à la matière matrimoniale, ce critère de compétence reconnaît une place à la volonté des époux dans le choix du juge auquel ils soumettent leur demande de divorce.

Le juge français peut être compétent en tant que juge de « *la résidence habituelle du demandeur s'il y a résidé depuis au moins une année immédiatement avant l'introduction de la demande* » (art. 3, § 1, s^s a, 5e tiret). Pour apprécier la date d'introduction de la demande et vérifier l'écoulement du délai minimum d'un an, il convient, semble-t-il, de se placer au **jour du dépôt de la requête initiale en divorce**[2].

Le juge français peut être compétent en tant que juge de « *la résidence habituelle du demandeur s'il* [...] *a résidé* [en France] *depuis au moins six mois immédiatement avant l'introduction de la demande* » (art. 3, § 1, s^s a, 6e tiret). Ce critère, régulièrement utilisé par la jurisprudence française[3], introduit une différence de traitement entre les ressortissants d'États membres de l'Union européenne dont la conformité au droit de l'Union européenne et au droit européen des droits de l'homme pourrait être discutée. Toujours est-il qu'il appartient à l'époux demandeur de prouver qu'il réside habituellement en France depuis au moins six mois.

La cour d'appel de Reims déclare ainsi le juge français incompétent au motif que, si le demandeur est français, « *force est de constater, qu'au mieux à la date de sa demande en divorce le 19 octobre 2001, il ne résidait en France que depuis le mois de juillet 2001 soit depuis moins de six mois* »[4].

Comme précédemment, pour apprécier la date d'introduction de la demande et vérifier l'écoulement du délai minimum de six mois, il convient, semble-t-il, de se placer au jour du **dépôt de la requête initiale en divorce**[5].

Le juge français peut être compétent en tant que juge « *de la nationalité des deux époux* » (art. 3, § 1, s^s b[6]). Ce dernier critère montre bien que le lien avec l'ordre juridique de l'Union européenne est appréhendé de manière relativement large : le juge français est compétent lorsque les époux sont tous deux de nationalité française, quand bien même aucun ne résiderait habituellement sur le territoire de l'Union européenne.

Le juge français est également compétent lorsque l'époux demandeur ne réside pas habituellement en France depuis assez longtemps[7].

b)
Difficultés liées aux critères de compétence

423.71 Difficultés liées au critère de la résidence habituelle. Alors que le critère de la résidence habituelle est central pour la détermination du juge compétent en matière matrimoniale, le règlement Bruxelles II *bis* n'en précise pas les contours. Considérant qu'il s'agissait d'une **notion autonome de droit** de l'Union européenne, la Cour de cassation a jugé que la résidence habituelle « *se définit comme le lieu où l'intéressé a fixé, avec la volonté de lui conférer un caractère stable, le centre permanent ou habituel de*

1. Civ. 1re, 12 déc. 2006, n° 05-16.705, *Bull. civ.* I, n° 539; *JCP* 2007, II, 10048, 2e esp., note Devers; *RLDC* 2007, n° 2459, obs. Ansault; *D.* 2007, 780, 1re esp., note Mahinga; *RJPF* 2007-3/24, p. 20, obs. Garé; *Gaz. Pal.* 29 avr.-3 mai 2007, n° 119-123, J. 27, note Niboyet; *AJ fam.* 2007, 270, obs. Boiché – CA Paris, 16 févr. 2006, RG n° 04/23009, *Juris-Data* n° 2006-29-6079.
2. Civ. 1re, 11 juill. 2006, n° 04-20.405, n° 05-19.231, 2 esp., *Bull. civ.* I, n°s 374 et 375; *Gaz. Pal.* 15-16 sept. 2006, p. 2, avis Sainte-Rose; *AJ fam.* 2006, 460, obs. Boiché; *RJPF* 2006-11/22, p. 21, obs. Garé; *Gaz. Pal.* 29 avr.-3 mai 2007, n° 119-123, J. 27 (1re esp.), note Niboyet; *D.* 2007, pan. 608, obs. Serra et Williatte-Pellitteri; *Procédures* 2007, comm. 190, obs. Nourissat.
3. CA Toulouse, 14 déc. 2004, RG n° 04/00346 – CA Colmar, 2 sept. 2002, *AJ fam.* 2002, 415, obs. D.-B.; *Procédures* 2003, comm. 137, note Nourissat.
4. CA Reims, 3 oct. 2002, RG n° 2002/00727.
5. Comp. Civ. 1re, 11 juill. 2006, n° 04-20.405, n° 05-19.231, 2 esp., *Bull. civ.* I, n°s 374 et 375, préc. s^s prés^t n°.
6. V. NOT., Civ. 1re, 25 avr. 2007, n° 06-15.381, *Bull. civ.* I, n° 157; *D.* 2007, 1431, note Avena-Robardet; *RJPF* 2007-7-8/27, p. 23, obs. Garé; *AJ fam.* 2007, IR 397.
7. Civ. 1re, 22 févr. 2005, n° 02-20.409, *Bull. civ.* I, n° 89; *D.* 2005, J. 1459, note Sana-Chaillé de Néré; *RJPF* 2005-5/24, p. 16, obs. Garé; *Defrénois* 2005, art. 38129, p. 1330, note Crône; *Defrénois* 2005, art. 38221, n° 62, p. 1348, obs. Massip; *RLDC* 2005/9, n° 19, p. 32, note Bottiau; *Rev. crit. DIP* 2005, 515, note Pataut; *Dr. fam.* 2005, chron. 24, note Farge; *Procédures* 2005, comm. 281, note Nourissat; *D.* 2006, pan. 1500, obs. Courbe et Jault-Seseke; *AJ fam.* 2005, 277, obs. David; *Gaz. Pal.* 2005, n° 148, p. 23, chron. Boiché – CA Colmar, 2 sept. 2002, *AJ fam.* 2002, 415, obs. D.-B; *Procédures* 2003, comm. 137, note Nourissat.

ses intérêts »[1]. Dans cette perspective, la résidence habituelle apparaît comme une **notion de fait** qui dépend de la prise en considération de données tant objectives que subjectives. Il faut démontrer que l'époux habite un même endroit de manière prolongée et qu'il a établi certains liens de nature personnelle ou professionnelle avec ce lieu. Critiqué par certains[2], l'arrêt doit être pris avec réserves car il n'appartient pas à la Cour de cassation française de dire si la résidence habituelle est une notion autonome du droit de l'Union européenne et de la définir. C'est à la seule Cour de justice de l'Union européenne que revient cette mission. L'on notera toutefois que la solution de la Cour de cassation française, inspirée du rapport Borrás sur la convention du 28 mai 1998[3], a été reprise par certaines juridictions étrangères : par la cour d'appel de Luxembourg dans une décision du 6 juin 2007[4] et par la High Court of England and Wales dans une décision *Marinos* rendue le 3 septembre 2007[5]. L'arrêt de la Première chambre civile de la Cour de cassation du 14 décembre 2005 est un bel exemple de diffusion horizontale de la jurisprudence. L'arrêt de la cour d'appel de Luxembourg est intéressant en ce qu'il illustre le fait que **la résidence habituelle peut être subie par l'un des époux.** L'arrêt considère que malgré son affectation diplomatique en Grèce le mari, diplomate luxembourgeois, n'y avait pas de résidence habituelle. Cette résidence serait le résultat des « *contraintes légales et politiques que la qualité d'ambassadeur implique* ». De la même façon, ne peut pas constituer une résidence habituelle un séjour purement fortuit ou simplement passager d'un époux[6].

423.72 Difficultés liées au critère de la nationalité (apatridie). Le critère de la nationalité des époux a un rôle plus limité que celui de la résidence habituelle. Peuvent ainsi être compétents, d'une part, le juge de la résidence habituelle du demandeur s'il y a résidé depuis au moins six mois immédiatement avant l'introduction de la demande et qu'il est ressortissant de l'État membre en question et, d'autre part, le juge de la nationalité des deux époux. De tels critères de compétence posent problème en cas d'**apatridie** et de **binationalité.**

Pour l'apatride (au sens de la convention de New York du 28 septembre 1954 relative au statut des apatrides) ou *le réfugié* (au sens de la convention de Genève du 28 juillet 1951 relative au statut des réfugiés), on pourrait penser qu'il convient de l'assimiler à un ressortissant national dans l'État membre de sa résidence habituelle. Dans cette perspective, le juge français serait compétent dès lors que l'époux apatride qui demande le divorce a sa résidence habituelle sur le territoire français depuis au mois six mois[7].

423.73 Difficultés liées au critère de la nationalité (binationalité). La mise en œuvre du critère de nationalité des époux est également délicate en cas de *binationalité*[8]. Alors que le mariage est un cas traditionnel d'acquisition d'une nouvelle nationalité[9], le règlement Bruxelles II *bis* ne traite pas des cas de double nationalité. Le rapport Borrás indique que « *les organes juridictionnels de chaque État appliqueront donc les normes internes dans le cadre de la réglementation communautaire applicable de manière générale à cet égard* »[10]. Trois hypothèses sont alors envisageables :

– tout d'abord, l'un des époux a la **nationalité française** et la **nationalité d'un État tiers;**

– ensuite, l'un des époux a la **nationalité d'un autre État membre** et la **nationalité d'un État tiers;**

– enfin, l'un des époux a la **nationalité française** et la **nationalité d'un autre État membre.**

Dans la *première hypothèse*, il paraît possible de **faire prévaloir la nationalité française** de l'époux sur

1. Civ. 1re, 14 déc. 2005, n° 05-10.951, *Bull. civ.* I, n° 506; *Dr. fam.* 2006, chron. 17, note Farge; *RJPF* 2006/4, p. 14, note Meyzeaud-Garaud; *RLDC* 2006, n° 1042, note Marraud des Grottes; *RLDC* 2006, n° 2193, note Pomart; *D.* 2006, pan. 1503, obs. Courbe et Jault-Seseke; *Gaz. Pal.* 24-25 févr. 2006, p. 8, obs. Guez; *AJ fam.* 2006, 161, note David.
2. V. NOT., E. Gallant, « L'impact et l'application du règlement Bruxelles II *bis* en France », *Brussels II* bis *: Its Impact and Application in the Member States*, K. Boele-Woelki et C. Gonzalez Beilfuss (dir.), Intersentia, 2007, p. 103, spéct p. 111-116.
3. Rapp. Borrás, *JOCE* C 221, 16 juill. 1998, p. 27, spéct n° 32.
4. Cour d'appel du Luxembourg, 6 juin 2007 (disponible sur le site internet de la Société de législation comparée : www.slc-dip.com, avec des observations de P. Kinsch).
5. High Court of England and Wales, 3 sept. 2007, Marinos (disponible sur le site internet du British and Irish Legal Information Institute : www.bailii.org/cgi-bin/markup.cgi?doc=/ew/cases/EWHC/Fam/2007/2047.html&query=marinos&method=boolean).
6. CA Paris, pôle 1, ch. 1, 17 déc. 2009, RG n° 09/19369. L'arrêt note que « *l'épouse qui possède une carte de résident en France valable de 2007 à 2017 n'a fait que de courts séjours en Tunisie ainsi qu'il résulte de la photocopie de son passeport* ».
7. CA Amiens, ch. fam., 10 mars 2010, RG nos 07/04065, 08/00507 : s'il assimile un réfugié malgache a un Français, l'arrêt reconnaît le juge français compétent sur la base d'une résidence habituelle du demandeur d'au moins un an.
8. Sur cette difficulté, v. les propositions de G. Badiali, « Le droit international privé des communautés européennes », *RCADI* 1985-II, vol. 191, p. 9, spéct p. 149-150.
9. V. NOT., sur le site du Sénat http://senat.fr, Europe et international/Europe/Étude de législation comparée (n° 155 – janv. 2006 – L'acquisition de la nationalité par le mariage) – Lien direct http://senat.fr/lc/lc155/lc155_mono.html
10. Rapp. Borrás, préc. spéct n° 33.

sa nationalité étrangère[1]. La Cour de cassation a ainsi déclaré le juge français compétent en tant que juge de la nationalité française des deux époux, la femme étant française et le mari franco-ivoirien[2].

Dans la *seconde hypothèse*, il convient sans doute de **faire primer la nationalité de l'autre État membre sur la nationalité de l'État tiers** même si cette dernière paraît plus effective. Au nom des dispositions du droit de l'Union européenne en matière de liberté d'établissement, la Cour de justice des communautés européennes a jugé qu'un État membre ne peut pas considérer comme ressortissant d'un État tiers le ressortissant d'un autre État membre qui possède en même temps la nationalité d'un État tiers[3]. Cette solution paraît transposable au règlement Bruxelles II *bis* au nom des dispositions du droit de l'Union européenne en matière de liberté de circulation et de séjour[4].

D'ailleurs, dans son arrêt Hadadi, la Cour de justice des communautés européennes observe qu'« *en raison du caractère peu précis de la notion de "nationalité effective", toute une série de circonstances de fait devraient être prises en considération, lesquelles ne conduiraient pas toujours à un résultat clair. Il s'ensuit que la nécessité d'un contrôle des liens de rattachement entre les époux et leurs nationalités respectives alourdirait la vérification de la compétence judiciaire, allant ainsi à l'encontre de l'objectif visant à faciliter l'application du règlement n° 2201/2003 par l'utilisation d'un critère de rattachement simple et univoque* »[5].

La *troisième hypothèse* est en revanche plus incertaine[6]. Du point de vue des États membres, chacun sera certainement tenté de faire primer sa nationalité sur celle d'un autre État membre. La solution n'est pas problématique lorsque l'époux binational est demandeur en France. Elle sera en revanche discutée dans le cas où l'époux binational est défendeur en France, surtout s'il a acquis la nationalité française par mariage (par ricochet) et que toute la vie conjugale s'est déroulée hors du territoire français (par ex., dans l'autre État membre). Peut-il invoquer le fait que sa **nationalité étrangère est plus effective que sa nationalité française** pour faire échec à la compétence des juridictions françaises ?

La Cour de justice des communautés européennes a été saisie par la Cour de cassation française[7] à propos du divorce d'époux ayant tous les deux la nationalité française et hongroise. Elle souhaitait savoir si l'article 3, § 1, s^s b), du règlement n° 2201/2003 doit être interprété « *en ce sens que, pour déterminer la juridiction compétente pour connaître du divorce de personnes ayant la même double nationalité, il convient de tenir compte uniquement de la nationalité de l'État membre avec lequel ces personnes entretiennent les liens les plus étroits - la nationalité "la plus effective" -, de sorte que les juridictions de ce seul État sont compétentes au titre de la nationalité (deuxième question) ou si, au contraire, il convient de prendre les deux nationalités en considération, de sorte que les juridictions des deux États membres peuvent êtres compétentes à ce titre, les intéressés pouvant saisir, selon leur choix, la juridiction de l'État membre devant laquelle le litige sera porté (troisième question)* »[8]. Considérant que les différents critères de compétence de l'article 3, paragraphe 1, sont « objectifs », la Cour a jugé que « *lorsque les époux possèdent chacun la nationalité de deux mêmes États membres, l'article 3, paragraphe 1, s^s b), du règlement n° 2201/2003 s'oppose à ce que la compétence des juridictions de l'un de ces États membres soit écartée au motif que le demandeur ne présente pas d'autres liens de rattachement avec cet État. Au contraire, les juridictions des États membres dont les époux possèdent la nationalité sont compétentes en vertu de cette disposition, ces derniers pouvant saisir,* ***selon leur choix****, la juridiction de l'État membre devant laquelle le litige sera porté* »[9]. Dans cette perspective, le critère de la nationalité étant objectif, l'époux défendeur ne pourrait pas invoquer, pour faire échec à la compétence des juridictions françaises, le fait que sa nationalité étrangère est plus effective que sa nationalité française.

De même, saisi du divorce d'époux franco-polonais qui résident habituellement en Pologne, le juge français ne pourrait pas estimer que le juge polonais est seul compétent car le litige ne présente pas de lien suffisant avec la France.

1. V. NOT., BATIFFOL et LAGARDE, t. I, p. 119, n° 78.
2. Civ. 1re, 12 déc. 2006, n° 04-11.088, *Bull. civ.* I, n° 537; *JCP* 2007, II, 10048, 1re esp., note Devers; *D.* 2007, 780, 2e esp., note Mahinga; *RJPF* 2007-3/24, p. 20, obs. Garé; *Gaz. Pal.* 29 avr.-3 mai 2007, n° 119-123, jur 27, note Niboyet; *AJ fam.* 2007, 226, obs. Boiché; *Dr. fam.* 2007, comm. 136 (2e esp.), note Farge.
3. CJCE 7 juill. 1992, aff. C-369/90, Micheletti, *Rec. CJCE*, p. I-04239; *RGDIP* 1993, p. 107, note Ruzié; *JDI* 1993, p. 430, note Boutard-Labarde.
4. EN CE SENS, V. RÉP. INTERNAT., P. Courbe, *V^is Divorce et séparation de corps*, févr. 2004, n° 40.
5. CJCE 16 juill. 2009, aff. C-168/08, Hadadi, pt 55, préc. s^s n° 423.61, avec les références.
6. COMP., en matière de nom, CJCE 2 oct. 2003, aff. C-148/02, Garcia Avello, *Rec. CJCE*, p. I-11613; *D.* 2004, J. 1476, note Audit; *Rev. crit. DIP* 2004, 192, note Lagarde; *JDI* 2004, p. 1225, note Poillot-Peruzzetto.
7. Civ. 1re, 16 avr. 2008, n° 07-11.648, *Bull. civ.* I, n° 108; *Procédures* 2008, comm. 172, obs. Nourissat; *D.* 2008, 1355, obs. Gallmeister; *AJ fam* 2008, 296, obs. Boiché; *RJPF* 2008-7.8/21, p. 19, obs. Garé.
8. CJCE 16 juill. 2009, aff. C-168/08, Hadadi, pt 44, préc. s^s n° 423.61, avec les références, et s^s prés^t n°.
9. CJCE 16 juill. 2009, aff. C-168/08, Hadadi, pt 58, préc. s^s n° 423.61, avec les références et s^s prés^t n° – Dans la même affaire, Civ. 1re, 17 févr. 2010, n° 07-11.648, *Bull. civ.* I; *JCP* 2010, 245, obs. Devers; *Procédures* 2010, comm. 118, obs. Nourissat; *AJ fam.* 2010, 183, obs. Boiché; *D.* 2010, 588, obs. Gallmeister; *RJPF* 2010-5/21, p. 20, obs. Garé.

c)
Autres cas

423.81 Conversion de la séparation de corps en divorce. Alors qu'aucun des critères de l'article 3 du règlement Bruxelles II *bis* ne permet de fonder sa compétence, « *la juridiction de l'État membre qui a rendu une décision sur la séparation de corps est* [...] *compétente pour convertir cette décision en divorce, si la loi de cet État membre le prévoit* » (règl. [CE] n° 2201/2003, art. 5). Mais l'époux peut aussi préférer présenter sa demande de conversion à l'une des juridictions visées à l'article 3 du règlement Bruxelles II *bis*.

423.82 Compétence territoriale. Une fois vérifiée la compétence du juge français, il convient de se référer à l'article 1070 du Code de procédure civile pour déterminer parmi les juridictions françaises celle qui est territorialement compétente. Si aucun des critères de compétence territoriale n'est applicable, on peut admettre que l'époux demandeur saisisse **la juridiction** que les circonstances font apparaître comme **particulièrement désignée** au regard d'une bonne administration de la justice.

423.83 Mesures provisoires et conservatoires. Si l'un des époux, par son comportement, présente une menace pour son conjoint ou ses enfants, il peut être nécessaire de prendre des mesures d'urgence comme autoriser les époux à résider séparément.

La juridiction compétente pour connaître du fond d'une demande de divorce conformément aux articles 3 à 5 du règlement Bruxelles II *bis* est compétente pour ordonner les mesures provisoires ou conservatoires qui s'avèrent nécessaires. La compétence au provisoire n'est ici subordonnée par le règlement à aucune condition telle que l'urgence à prendre la mesure.

La situation est différente lorsque **le juge saisi n'est pas compétent pour connaître du fond**. Le règlement Bruxelles II *bis* affirme, qu'« *en cas d'urgence, les dispositions du présent règlement n'empêchent pas les juridictions d'un État membre de prendre des mesures provisoires ou conservatoires relatives aux personnes ou aux biens présents dans cet État, prévues par la loi de cet État membre même si, en vertu du présent règlement, une juridiction d'un autre État membre est compétente pour connaître du fond* » (règl. [CE] n° 2201/2003, art. 20, § 1). Par analogie avec la convention de Bruxelles de 1968, il est possible de définir les « *mesures provisoires ou conservatoires* » comme les mesures qui « *sont destinées à maintenir une situation de fait ou de droit afin de sauvegarder des droits dont la reconnaissance est par ailleurs demandée au juge du fond* »[1]. C'est donc la **réversibilité** ou la **précarité** de la mesure qui importe ainsi que sa nécessité pour garantir l'efficacité de la décision à intervenir sur le fond. Dans cette perspective, les mesures prises ne sont que **temporaires** : elles « *cessent d'avoir effet lorsque la juridiction de l'État membre compétente en vertu du présent règlement pour connaître du fond a pris les mesures qu'elle estime appropriées* » (règl. [CE] n° 2201/2003, art. 20, § 2). Il ressort également de l'article 20 que les **effets des mesures provisoires et conservatoires sont limités à l'État membre dans lequel elles ont été prises.** Quant à l'objet des mesures, une première analyse consisterait à limiter les mesures susceptibles d'être prise en vertu de l'article 20 au regard du champ d'application matériel du règlement Bruxelles II *bis*. Certains considèrent que « *compte tenu [...] du caractère très réduit du domaine du règlement, l'exigence d'une adéquation entre les domaines matériels du règlement et des mesures (provisoires ou conservatoires) réduirait ces dernières à peu de choses. C'est pourquoi, il semble difficile, sauf à vider de son intérêt l'article* [20] *de considérer que le domaine matériel de cette disposition doive coïncider avec celui du règlement. Même si les mesures de l'article* [20] *doivent être certainement liées aux actions principales relevant du règlement, ces mesures étant prévues par les droits internes affecteront souvent des matières non incluses dans le champ d'application du règlement. Le rapport Borrás (§ 59) indique d'ailleurs clairement que les mesures de l'article 12 englobent des matières non couvertes par le règlement* »[2]. Cette interprétation appelle deux remarques. D'une part, il semble qu'il faille tout de même **exclure du champ d'application de l'article 20 les condamnations à payer des aliments à titre provisoire.** La compétence pour condamner l'un des époux à payer des aliments à titre provisoire est exclusivement régie par l'article 31 du règlement Bruxelles I. D'autre part, se pose alors la question du **terme des mesures provisoires** portant sur des matières exclues du champ d'application du règlement. Continuent-elles à s'appliquer malgré le fait qu'une mesure au fond soit prise sur une matière incluse dans le champ d'application du règlement ?

423.84 Procédure de divorce. S'il unit les règles de compétence en matière matrimoniale, le règlement Bruxelles II *bis* ne définit pas les règles de procédure du divorce. Sauf si elles portent atteinte à l'effet utile du règlement, les règles de procédure sont déterminées par les **règles nationales du juge**

1. CJCE 26 mars 1992, aff. C-261/90, Reichert, *Rec. CJCE*, p. I-2149; *Rev. crit. DIP* 1992, 714, note Ancel; *JDI* 1993, p. 461, note Huet; *Cah. dr. eur.* 1992, p. 700, note Tagaras.
2. J.-Cl. Europe, B. Sturlèse, fasc. 3500, « Règlement (CE) n° 1347/2000, 29 mai 2000, sept. 2001 », n° 64.

saisi[1]. C'est le **principe d'autonomie procédurale des États membres.**

Devant le juge français, la procédure de divorce est régie par le droit français[2], autrement dit par les articles 1075 et suivants du Code de procédure civile (pour le divorce et la séparation de corps). C'est pourquoi, s'agissant de l'exigence d'une double tentative de conciliation prévue aux articles 82 et 94 du Code de la famille marocain, la Cour de cassation a jugé que l'époux n'est pas fondé à opposer à titre de fin de non-recevoir l'absence des deux conciliations. La juridiction française étant compétente, « *les règles de procédure française étaient applicables* » et le droit français n'impose pas une double tentative de conciliation[3]. C'est dire que **la tentative de conciliation est une question de procédure et non une règle du fond du divorce.**

La réponse est toutefois insatisfaisante si l'on souhaite s'assurer de la **reconnaissance de la décision française par les autorités marocaines.** Il serait souhaitable, dans le cas d'un divorce franco-marocain, que le juge conciliateur devant lequel se présentent les époux ordonne un délai d'épreuve et recoure à une nouvelle tentative de conciliation conformément à l'article 1111 du Code de procédure civile. En effet, le juge conciliateur peut « *lorsqu'il constate, après avoir entendu chacun des époux sur le principe de la rupture, que le demandeur maintient sa demande, rend[re] une ordonnance par laquelle il* [renvoie] *les parties, conformément à l'article 252-2 du Code civil, à une nouvelle tentative de conciliation* » (C. pr. civ., art. 1111, al. 1er). Un tel renvoi ne lui interdit pas d'« *ordonner tout ou partie des mesures provisoires prévues aux articles 254 à 257 du Code civil* » (C. pr. civ., art. 1111, al. 2). Ce serait, en application des règles de procédure civile française, satisfaire à l'exigence d'une double tentative de conciliation prévue aux articles 82 et 94 du Code de la famille marocain... Parce que la loi française régit les règles de procédure, l'enquête sociale ordonnée aux fins de fixation des modalités de l'exercice de l'autorité parentale et du droit de visite ne peut pas être utilisée dans le débat sur la cause du divorce[4].

423.85 Règlement Bruxelles II *ter* ? La Commission propose de modifier le règlement Bruxelles II *bis* en insérant une règle de compétence basée sur la volonté des époux : « *Cette disposition instaure une possibilité limitée, pour les conjoints, de désigner de commun accord la juridiction compétente ("prorogation") dans les procédures de divorce et de séparation de corps. Elle correspond à l'article 12 du règlement (CE) n° 2201/2003 du Conseil, qui permet aux parties de s'accorder sur le choix de la juridiction compétente en matière de responsabilité parentale à certaines conditions* » (proposition règl. [CE], mod. règl. [CE] n° 2201/2003 en ce qui concerne la compétence et instituant des règles relatives à la loi applicable en matière matrimoniale présentée par la Commission le 17 juill. 2006)[5]. Selon la Commission, cette règle « *améliorera la sécurité juridique et la prévisibilité pour les conjoints.* [Elle] *permettra notamment l'accès à la justice pour les conjoints de nationalités différentes en leur permettant de désigner de commun accord une juridiction ou les juridictions d'un État membre dont l'un des deux est ressortissant. Cette possibilité s'applique aux conjoints qui résident dans un État membre comme à ceux qui résident dans des pays tiers* » (proposition règl. [CE], mod. règl. [CE] n° 2201/2003). La proposition prévoit également de supprimer l'article 7 du règlement sur les compétences résiduelles, de « communautariser » les compétences résiduelles, en instaurant « *une règle uniforme et exhaustive [...] qui remplace les règles nationales en la matière et qui garantit l'accès à la justice pour les conjoints qui résident dans un pays tiers mais qui gardent des liens étroits avec un État membre dont ils sont ressortissants ou dans lequel ils ont résidé pendant un certain temps* » (proposition règl. du Conseil, mod. règl. [CE] n° 2201/2003, p. 9). Seraient ainsi compétentes les juridictions de

1. En matière parentale, v. CJCE 11 juill. 2008, aff. C-195/08, PPU, Rinau, *JCP* 2008, II, 10207, note Devers; *Procédures* 2008, comm. 298, obs. Nourissat; *Europe* 2008, comm. 351, obs. Idot; *AJ fam.* 2008, 350, obs. Boiché; *AJDA* 2008, p. 2327, obs. Broussy, Donnat et Lambert; *Rev. crit. DIP* 2008, 871, note Muir-Watt.
2. PLUS NUANCÉE, v. M.-L. Niboyet, « Contre le dogme de la *lex fori* en matière de procédure », *Mél. H. Gaudemet-Tallon*, Dalloz, 2008, p. 363.
3. Civ. 1re, 4 nov. 2009, n° 08-20.355, *Bull. civ.* I, n° 218; *JCP* 2009, 477, obs. Devers; *AJ fam.* 2010, 38, obs. Boiché; *RJPF* 2010-2/27, p. 23, obs. Garé.
4. CA Bastia, 23 janv. 2008, RG n° 05/00406.
5. Prop. règl. (CE), mod. règl. (CE) n° 2201/2003 en ce qui concerne la compétence et instituant des règles relatives à la loi applicable en matière matrimoniale présentée par la Commission le 17 juill. 2006, COM (2006) 399 final, spéct p. 8 – Pour une analyse, parfois CRITIQUE, v. not. F. R. P. Pereira, « Rome III : la compétence juridictionnelle et la loi applicable en matière matrimoniale », *RMCUE* 2007, n° 509, p. 390 – M. Ekström, « Les règles communautaires en matière matrimoniale : du règlement "Bruxelles II" à la proposition "Rome III" », *L'Observateur de Bruxelles* 2007/1, n° 67, p. 19 – F. Pocar, « Quelques remarques sur la modification du règlement communautaire n° 2201/2003 en ce qui concerne la compétence et la loi applicable au divorce », *Mél. M. Revillard*, Éd. Defrénois, 2007, p. 245 – E. Gebhardt, « La proposition de règlement concernant la compétence et la loi applicable en matières matrimoniales », *L'Observateur de Bruxelles* 2008, n° 71, p. 26 – I. Barrière-Brousse, « La révision du règlement Bruxelles II *bis* : perspectives communautaires sur les désunions internationales », *D.* 2008, 625 – V. AUSSI, C. Nourissat, « Sur l'élaboration d'une source perturbatrice : à propos du droit international privé communautaire », *D.* 2007, 1098; *Procédures* 2007, comm. 191.

l'État membre sur le territoire duquel « *les conjoints ont eu leur précédente résidence habituelle commune* [...] *pendant trois années au moins* » ou celles de l'État membre dont « *l'un des conjoints a la nationalité* [...] *ou, dans le cas du Royaume-Uni et de l'Irlande, a son* "domicile" *sur le territoire d'un de ces deux États membres* » (proposition règl. du Conseil, mod. règl. [CE] n° 2201/2003, projet art. 7). Ces règles de compétence ne s'appliqueraient que « *lorsque les conjoints n'ont ni l'un ni l'autre leur résidence habituelle sur le territoire d'un État membre et qu'ils ne sont pas ressortissants d'un même État membre ou, dans le cas du Royaume-Uni et de l'Irlande, n'ont pas leur "domicile" sur le territoire de l'un de ces deux États membres* »[1].

2°
Sort de la demande reconventionnelle

423.91 Demande reconventionnelle. Selon l'article 4 du règlement Bruxelles II *bis*, « *la juridiction devant laquelle la procédure est pendante en vertu de l'article 3 est également compétente pour examiner la demande reconventionnelle, dans la mesure où celle-ci entre dans le champ d'application du présent règlement* ». C'est là une règle classique en matière de demande reconventionnelle : **la juridiction qui connaît de la demande principale est compétente pour examiner, le cas échéant, la demande reconventionnelle.** Par exemple, le juge français compétent, sur la base de l'article 3, pour connaître d'une demande principale de divorce pour faute est aussi compétent pour examiner la demande reconventionnelle de divorce pour altération définitive du lien conjugal. Les deux demandes entrent en effet dans le champ d'application matériel du règlement. **La règle de l'article 4 n'a en revanche pas vocation à s'appliquer** lorsque la **demande reconventionnelle** est une demande de **pension alimentaire** ou de **prestation compensatoire**. Cette dernière n'entre en effet pas dans le champ d'application matériel du règlement Bruxelles II *bis*. La compétence du juge français pour connaître de la demande reconventionnelle de pension alimentaire ou de prestation compensatoire entre *a priori* dans le champ d'application du règlement Bruxelles I.

3°
Régime des règles de compétence

423.101 Respect du contradictoire. Avant de se déclarer compétent ou incompétent sur la base du règlement Bruxelles II *bis*, le juge français doit inviter les parties à un débat contradictoire sur ce point[2]. Il en va du respect du principe de la contradiction qu'impose au juge l'article 16 du Code de procédure civile.

423.102 Vérification de la compétence. L'article 92 du Code de procédure civile fait du **relevé d'office de l'incompétence internationale des juridictions françaises** une simple **faculté pour le juge.** C'est donc, en procédure civile interne, essentiellement sur les épaules des parties que pèse la charge de soulever l'exception d'incompétence internationale (C. pr. civ., art. 75).

Le règlement Bruxelles II *bis* retient une solution diamétralement opposée. Lorsque la **juridiction d'un État membre saisie** d'une affaire constate que sa compétence n'est pas fondée et qu'une juridiction d'un autre État membre est compétente en vertu du règlement Bruxelles II *bis*, **elle se déclare d'office incompétente** (règl. [CE] n° 2201/2003, art. 17).

Le juge français, saisi d'une demande de divorce, qui n'est compétent sur la base d'aucun des critères de l'article 3 et qui constate que le juge d'un autre État membre est compétent (par ex., en tant que juge de la nationalité commune) doit d'office se déclarer incompétent. Peu importe que l'époux défendeur ait négligé de soulever l'exception d'incompétence du juge français avant toute défense au fond ou fin de non-recevoir. Peu importe aussi que les époux comparaissent volontairement, par exemple, dans un divorce par consentement mutuel ou un divorce accepté. Parce que **la décision d'incompétence suppose que le juge français motive son incompétence et la compétence d'un juge d'un autre État membre**, il y a indirectement **désignation d'une juridiction étrangère compétente**, contrairement à ce que retient l'article 96 alinéa 1er du Code de procédure civile. La Cour de justice des communautés a précisé, en matière parentale, que « *dans l'hypothèse où la juridiction d'un État membre se déclare d'office incompétente, le règlement ne prévoit pas que l'affaire soit déférée à une juridiction d'un autre État membre* ». Parce que la règle relative à la vérification de la compétence est la même, la solution est aussi applicable à la matière matrimoniale. Toutefois, en matière parentale et « *pour autant que la protection de l'intérêt supérieur de l'enfant l'exige, la juridiction nationale qui s'est déclarée d'office incompétente doit en informer, directement ou par l'intermédiaire de l'autorité centrale désignée au titre de l'article 53 du règlement, la juridiction compétente d'un autre État membre* »[3].

423.103 Vérification de recevabilité. Quand bien même le juge français serait compétent sur la base des articles 4 à 5 du règlement Bruxelles II *bis*, il ne

1. Devers, note ss CJCE 29 nov. 2007, aff. C-68/07, Kerstin Sundelind Lopez, *JCP* 2008, II, 10042, spéct II.
2. Civ. 1re, 25 avr. 2006, n° 08-20.355, NP.
3. CJCE 2 avr. 2009, aff. C-523/07 A, pt 71, NEP.

peut retenir sa compétence et statuer qu'après s'être assuré de la recevabilité de la demande lorsque le défendeur ne comparaît pas (règl. [CE] n° 2201/2003, art. 18).

423.104 Litispendance et actions dépendantes (principe). Les **critères de compétence** de l'article 3 du règlement Bruxelles II *bis* étant **alternatifs**, c'est inciter les époux à saisir le plus rapidement possible l'une des juridictions compétentes afin de s'assurer les avantages du droit matériel du divorce applicable en vertu du droit international privé du *for*. Cette « *course au divorce* », contraire à l'objectif de pacification du divorce, soulève plusieurs questions. D'une part, certains pourraient considérer que la **saisine précipitée** des juridictions d'un État membre est **abusive**[1]. La Cour de justice des communautés européennes a toutefois estimé, dans son arrêt *Hadadi*, que cette circonstance « *ne saurait, par elle-même, avoir pour conséquence que la saisine d'une juridiction compétente en vertu de l'article 3, paragraphe 1, sous b), du même règlement puisse être considérée comme abusive* »[2]. D'autre part, **l'absence de hiérarchie des critères de compétence** induit un **risque de litispendance entre États membres de l'Union européenne.** Une telle litispendance existe lorsque **deux juridictions d'États membres différents**, toutes deux **compétentes**, sont saisies du **même litige** ce qui suppose la **triple identité de parties (les époux), de cause (le mariage) et d'objet.** Sur ce dernier point, l'on peut considérer qu'ont le même objet deux demandes de divorce, deux demandes de séparation de corps ou deux demandes d'annulation de mariage. Dans toutes les autres hypothèses, par exemple une demande de divorce et une demande de séparation de corps, les actions ne sont pas litispendantes[3] mais dépendantes. La distinction ne présente toutefois qu'un intérêt limité car le règlement Bruxelles II *bis* soumet à **un seul et même régime les actions litispendantes et dépendantes.**

Dans un premier temps, « *la juridiction saisie en second lieu sursoit d'office à statuer jusqu'à ce que la compétence de la juridiction première saisie soit établie* » (règl. [CE] n° 2201/2003, art. 19, § 1).

Dans un second temps, « *lorsque la compétence de la juridiction première saisie est établie, la juridiction saisie en second lieu se dessaisit en faveur de celle-ci. Dans ce cas, la partie ayant introduit l'action auprès de la juridiction saisie en second lieu peut porter cette action devant la juridiction première saisie.* » (règl. [CE] n° 2201/2003, art. 19, §. 3).

Devant le juge premier saisi, puis devant le juge second saisi, il a été proposé de considérer « *qu'il appartient à chacune des parties, dans une situation de litispendance, de démontrer que la formalité accomplie par elle vaut saisine selon le droit processuel de la juridiction qu'elle a sollicitée* »[4]. La suggestion emporte l'adhésion en termes de charge de la preuve : il serait logique que ce soit au demandeur à l'instance de démontrer qu'il a accompli la formalité idoine selon le droit local.

La **règle *prior temporis***, qui conduit à donner une prime à l'époux le plus prompt à divorcer, doit éviter que des décisions contradictoires soient rendues dans différents États membres en raison de procédures parallèles[5]. La règle de l'article 19 est d'autant plus importante que la pluralité de tribunaux virtuellement compétents au titre de l'article 3 induit « *un risque de ruée vers le tribunal* » (proposition règl. [CE], mod. règl. [CE] n° 2201/2003 en ce qui concerne la compétence et instituant des règles relatives à la loi applicable en matière matrimoniale présentée par la Commission le 17 juillet 2006)[6]. Mais, au regard de la procédure française de divorce, la règle *prior temporis* pose toutefois une difficulté particulière qui est de déterminer le **moment de la saisine du juge français** (au sens de l'art. 16 du règl. Bruxelles II *bis*) : **moment du dépôt de la requête initiale** ou **celui de l'assignation** ?[7]

Par deux arrêts du 11 juillet 2006, la Cour de cassation a tranché la question en faveur de la **date du dépôt de la requête initiale** car elle constitue la première formalité de la procédure de divorce[8]. La

1. Sur l'abus de droit en matière de choix de juridiction, v. É. Cornut, « *Forum shopping* et abus du choix de *for* en droit international privé », *JDI* 2007, p. 27.
2. CJCE 16 juill. 2009, aff. C-168/08, Hadadi, pt 57, préc. s[s] n°s 423.61 (avec les références), et 423.73.
3. CA Orléans, 4 avr. 2006, RG n° 05/00978, *Juris-Data* n° 2006-31-5211 – Comp. CA Paris, 16 févr. 1979, *Gaz. Pal.* 1979, 2, p. 385, note R. S.
4. Farge, note s[s] Civ. 1re, 11 juin 2008, n° 06-20.042, *Bull. civ.* I, n° 165; *Dr. fam.* 2008, comm. 164.
5. M. Douchy-Oudot, « Le traitement de la litispendance », H. Fulchiron et C. Nourissat (dir.), *Le nouveau droit communautaire du divorce et de la responsabilité parentale*, « Thèmes et commentaires », Dalloz, 2005, p. 209.
6. Prop. règl. (CE), mod. règl. (CE) n° 2201/2003 en ce qui concerne la compétence et instituant des règles relatives à la loi applicable en matière matrimoniale présentée par la Commission le 17 juill. 2006, COM (2006) 399 final, p. 4-5.
7. J. Rey, « La saisine », H. Fulchiron et C. Nourissat (dir.), *Le nouveau droit communautaire du divorce et de la responsabilité parentale*, p. 181 (préc.).
8. Civ. 1re, 11 juill. 2006, n° 04-20.405, n° 05-19.231, 2 esp., *Bull. civ.* I, n° 374 et n° 375; *Gaz. Pal.* 15-16 sept. 2006, p. 2, avis Sainte-Rose; *AJ fam.* 2006, 460, obs. Boiché; *RJPF* 2006-11/22, p. 21, obs. Garé; *Gaz. Pal.* 29 avr.-3 mai 2007, n° 119-123, jur 27 (1re esp.), note Niboyet; *D.* 2007, pan. 608, obs. Serra et Williatte-Pellitteri; *Procédures* 2007, comm. 190, obs. Nourissat – COMP. J.-CL. INTERNAT., H. Gaudemet-Tallon, fasc. 547-10 (Divorce prononcé en France – compétence des tribunaux français – particularités de l'instance), n° 121 et réf. cit.

solution mérite d'être approuvée car, inspirée de l'alinéa 3 de l'article 1070 du Code de procédure civile, elle évite une fuite du contentieux lorsque le juge étranger est saisi par l'époux défendeur en France après le dépôt de la requête initiale. Elle ne supprime toutefois pas toutes les difficultés.

Dans un arrêt du 14 septembre 2006, la cour d'appel de Paris était saisie d'une affaire où les époux avaient saisi le même jour, l'un la juridiction parisienne et l'autre la juridiction londonienne. La cour admet que le juge anglais fut le premier saisi car était produit un document attestant de l'heure de dépôt[1]. La Cour de cassation a validé ce raisonnement considérant que « *lorsque deux juridictions ont été saisies à la même date et que la partie invoquant l'exception de litispendance prouve l'heure à laquelle elle a saisi la juridiction dont elle revendique la compétence, il incombe à l'autre partie, pour écarter cette exception, d'établir une saisine antérieure* »[2]. C'est pourquoi il est fortement conseillé de demander que soit mentionnée l'heure lors du dépôt de la requête en divorce en France.

423.105 Litispendance et actions dépendantes (limite). La règle de l'article 19 du règlement Bruxelles II *bis* ne s'applique pas chaque fois que le juge français est saisi d'une **demande de divorce concurremment avec les juridictions d'un État tiers**[3]. Compétent sur la base de l'article 3 du règlement Bruxelles II *bis*, il doit alors résoudre la question de la **litispendance internationale** conformément aux **règles françaises applicables**, qui peuvent être d'origine ou bien **conventionnelle** (par ex., de la conv. franco-marocaine, 10 août 1981, relative au statut des personnes et de la famille et à la coopération judiciaire, art. 8, al. 3[4] - conv. franco-tunisienne, 28 juin 1972, relative à l'entraide judiciaire en matière civile et commerciale et à la reconnaissance et à l'exécution des décisions judiciaires, art. 16, al. 1d)[5] ou bien **légale** (C. pr. civ., art. 100). Autrement dit, comme la Cour de cassation l'a récemment précisé, la compétence des juridictions françaises fondée sur le règlement Bruxelles II *bis* n'a pas un caractère universel excluant toute autre compétence internationale[6]. L'office du juge dépend alors du texte applicable. Au regard de l'article 100 du Code de procédure civile, **le juge français saisi en second lieu doit se dessaisir au profit du juge étranger si l'une des parties le demande**[7] mais il n'a pas à le faire d'office en cas de silence des parties[8]. Il est toutefois admis que le juge français second saisi puisse ne pas se dessaisir de l'affaire lorsque la décision étrangère à venir paraît d'ores et déjà insusceptible d'être reconnue en France[9]. Cette réserve pourrait n'avoir plus qu'une faible vocation à s'appliquer en raison, d'une part, de la **« communautarisation » des règles de compétence en matière matrimoniale** et, d'autre part, du fait que les articles 14 et 15 du Code civil ne constituent plus qu'un chef de compétence directe facultative du juge français[10]. Ainsi la Cour de cassation a-t-elle approuvé une cour d'appel qui, n'étant saisie d'aucune contestation sur les dates de saisine des juridictions française (assignation du 12 sept. 2001) et ivoirienne (requête en divorce du 17 oct. 2001), a décliné l'exception d'incompétence du juge fran-

1. CA Paris, 14 sept. 2006, *AJ fam.* 2006, 462, obs. Hilt; *Dr. fam.* 2007, comm. 136 (1re esp.), note Farge – En première instance, v. TGI Paris, 5 sept. 2005, n° 05/33438, *Procédures* 2006, comm. 107, obs. Nourissat.
2. Civ. 1re, 11 juin 2008, n° 06-20.042, *Bull. civ.* I, n° 165; *Dr. fam.* 2008, comm. 164, note Farge; *JCP* 2008, act. 449, obs. Cornut; *D.* 2008, 2367, obs. Chauvin; *JDI* 2009, comm. 10, note Fohrer-Dedeurwaerder; *AJ fam.* 2008, 295, obs. Boiché; *RTD civ.* 2008, 723, obs. Perrot; *RJPF* 2008-10/25, p. 18, obs. Garé; *RLDC* 2008, n° 3225, note Serra; *Gaz. Pal.* 21 févr. 2009, n° 52, p. 53, note Niboyet; *Gaz. Pal.* 9 juin 2009, n° 160, p. 38, note Eppler.
3. Sur la triple identité (de parties, de cause et d'objet), V. NOT., CA Rouen, 28 mai 2009, *JCP* 2009, 176, obs. Jehl.
4. Civ. 1re, 14 janv. 2009, n° 08-10.205, *Bull. civ.* I, n° 4; *AJ fam.* 2009, 260 (1re esp.), obs. Boiché; *RJPF* 2009-4/21, p. 18 (1re esp.), note Garé.
5. V. NOT., Civ. 1re, 28 janv. 2009, n° 08-10.185, *Bull. civ.* I, n° 14; *AJ fam.* 2009, 260 (2e esp.), obs. Boiché; *RJPF* 2009-4/21, p. 18 (2e esp.), note Garé – Civ. 1re, 6 déc. 2005, n° 03-17.542, *Bull. civ.* I, n° 466; *RJPF* 2006-3/34, p. 20, obs. Garé – Civ. 1re, 14 déc. 2004, n° 03-10.420, *Bull. civ.* I, n° 312; *Rev. crit. DIP* 2006, 597, note Moissinac-Massénat.
6. Civ. 1re, 17 juin 2009, n° 08-12.456, NPT; *JCP* 2009, 369, n° 25, obs. Jeuland; *Defrénois* 2009, p. 1722, note Crône; *Dr. fam.* 2009, comm. 134, note Abadie; *AJ fam.* 2009, 401, obs. Boiché; *RJPF* 2009-10/16, p. 20, note Garé.
7. CA Douai, 15 mai 2006, *Procédures* 2007, comm. 60, note Nourissat.
8. J.-CL. INTERNAT., H. Gaudemet-Tallon, fasc. 547-10 (Divorce prononcé en France – compétence des tribunaux français – particularité de l'instance), nos 110.
9. Civ., 26 nov. 1974, *Bull. civ.* I, n° 372; *Rev. crit. DIP* 1975, 491, note Holleaux; *JDI* 1975, p. 108, note Ponsard; *GADIP*, n° 54.
10. Civ. 1re, 23 mai 2006, n° 04-12.777, *Bull. civ.* I, n° 254; *Dr. fam.* 2006, comm. 199, note Farge; *JCP* 2006, II, 10134, note Callé; *D.* 2006, IR 1561, obs. Gallmeister; *D.* 2006, 1846, chron. Audit; *JDI* 2006, p. 1377, note Chalas; *AJ fam.* 2006, 324, note Boiché; *RLDC* 2006, n° 2152, note Marraud des Grottes; *Rev. crit. DIP* 2006, 870, note Gaudemet-Tallon; *GADIP*, n° 87; plus spéct Gaudemet-Tallon, *Rev. crit. DIP* 2006, 876-881 – Civ. 1re, 30 sept. 2009, n° 08-19.793, préc. ss n° 423.43 (avec références) et ss n° 423.45 – Civ. 1re, 16 déc. 2009, n° 08-20.305, *Bull. civ.* I, n° 251; *JCP* 2010, 217, note Devers; *Dr. fam.* 2010, comm. 53, note Farge; *RLDC* 2010, n° 3720, obs. Pouliquen; *AJ fam.* 2010, 84, obs. Nord; *RJPF* 2010-3/25, p. 20, note Meyzeaud-Garaud; *Rev. crit. DIP* 2010, 164, note Muir Watt – JAF Paris, 10 déc. 2009, *AJ fam.* 2010, 87, obs. Boiché; *D.* 2010, 156, obs. Gallmeister.

çais[1]. L'exception de litispendance peut toutefois être écartée lorsque, au regard des critères de la convention bilatérale applicable, le juge étranger est incompétent[2] ou qu'aucune procédure n'est pendante à l'étranger[3].

423.106 Litispendance et actions dépendantes (juge conciliateur). Si le juge conciliateur a le pouvoir de contrôler, à titre incident, la régularité d'une décision étrangère de désunion, il peut également apprécier la **recevabilité** et le **bien-fondé d'une exception de litispendance**. Se pose alors la question de l'autorité de la décision du juge conciliateur qui a écarté l'exception de litispendance : cette exception peut-elle être à nouveau soulevée par l'époux défendeur devant le juge du fond ?

Une réponse positive semblait s'inférer d'un arrêt de la Cour de cassation relatif au contrôle de la régularité d'une décision étrangère de divorce. La Cour avait affirmé qu'en raison de son caractère provisoire la décision du juge conciliateur, déclarant recevable la requête en divorce, était dépourvue de l'autorité de la chose jugée et ne liait pas le juge du fond[4]. S'agissant de l'exception de litispendance, la Cour de cassation a toutefois jugé que le « *rejet, par le juge aux affaires familiales, dans le cadre de son pouvoir de contrôle, par une décision passée en force de chose jugée, faisait obstacle à ce que cette exception soit à nouveau soulevée devant le juge du fond* »[5].

§ 2
Compétence du juge français en matière de compensation du divorce

423.110 Division. La compétence internationale du juge français en ce qui concerne la demande de compensation du divorce doit être envisagée, dans un premier temps, au regard du règlement Bruxelles I. Il convient d'en vérifier l'applicabilité (A) avant de pouvoir procéder à son application (B). La règle de compétence du règlement Bruxelles I en matière d'obligation alimentaire sera, dans un avenir plus ou moins proche, abrogée par le règlement (CE) n° 4/2009 du 18 décembre 2008, relatif à la compétence, la loi applicable, la reconnaissance et l'exécution des décisions et la coopération en matière d'obligations alimentaires (C).

A.
Applicabilité du règlement Bruxelles I

423.120 Division. Le règlement Bruxelles I n'est applicable que si trois conditions sont cumulativement remplies. L'affaire doit en effet entrer dans son champ d'application matériel (A), dans son champ d'application spatial (B) et dans son champ d'application temporel (C).

1°
Applicabilité matérielle

423.121 Matière civile et commerciale. Le règlement Bruxelles I s'applique en matière civile et commerciale mais sont exclus de son champ d'application « *l'état et la capacité des personnes physiques, les régimes matrimoniaux, les testaments et les successions* » (règl. [CE] n° 44/2001, art. 1er). Malgré les apparences, le règlement Bruxelles I s'applique à **une partie du contentieux familial, le contentieux alimentaire** qui fait l'objet d'une règle spéciale de compétence à l'article 5, paragraphe 2 (sur la notion d'obligation alimentaire, v. ss n° 423.175). Le règlement s'applique pendant la procédure de divorce s'agissant de la demande de prestation compensatoire mais aussi, après la procédure, aux demandes de modification par le créancier ou le débiteur.

2°
Applicabilité spatiale

423.131 Défendeur domicilié sur le territoire d'un État membre. Le règlement Bruxelles I s'applique dès lors que **l'époux défendeur est domicilié sur le territoire d'un État membre** (règl. [CE] n° 44/2001, art. 4, § 1). Pour déterminer si l'époux défendeur a son domicile en France, le juge français saisi applique sa loi interne (règl. [CE] n° 44/2001, art. 59, § 1), c'est-à-dire l'article 102 du Code civil. Pour déterminer si l'époux défendeur a son domicile sur le territoire d'un autre État membre, le juge français saisi applique la loi de cet État membre (règl. [CE] n° 44/2001, art. 59, § 2). Pour les procédures intentées avant le 1er juillet 2007[6], le Danemark n'est pas considéré comme un État membre au sens du règlement Bruxelles I (règl. [CE]

1. Civ. 1re, 12 déc. 2006, n° 04-11.088, *Bull. civ.* I, n° 537; *JCP* 2007, II, 10048, 1re esp., note Devers; *D.* 2007, 780, 2e esp., note Mahinga; *RJPF* 2007-3/24, p. 20, obs. Garé; *Gaz. Pal.* 29 avr.-3 mai 2007, n° 119-123, jur. 27, note Niboyet; *AJ fam.* 2007, 226, obs. Boiché; *Dr. fam.* 2007, comm. 136 (2e esp.), note Farge.
2. Civ. 1re, 25 avr. 2007, n° 06-15.381, *Bull. civ.* I, n° 157; *D.* 2007, 1431, note Avena-Robardet; *RJPF* 2007-7-8/27, p. 23, obs. Garé.
3. Civ. 1re, 19 sept. 2007, n° 06-19.577, *Bull. civ.* I, n° 280; *RJPF* 2007-12/20, p. 17, note Garé; *RLDC* 2007, n° 2749, obs. Marraud des Grottes.
4. Civ. 1re, 10 mai 2007, n° 06-14.178, *Bull. civ.* I, n° 174; *JCP* 2007, act. 242, obs. Devers.
5. Civ. 1re, 19 sept. 2007, n° 06-14.506, *Dr. fam.* 2008, comm. 114, note Farge; *Defrénois* 2008, p. 572, note Massip.
6. Décis. n° 2006/325/CE, du Conseil, 27 avr. 2006, concernant la conclusion de l'accord entre la Communauté européenne et le Royaume de Danemark sur la compétence judiciaire, la reconnaissance et l'exécution des décisions en matière civile et commerciale, *JOUE* L 120, 5 mai 2006, p. 22.

n° 44/2001, art. 4, § 3). Dans cette dernière hypothèse, il convient d'appliquer la convention de Bruxelles du 28 septembre 1968, sur la compétence judiciaire et l'exécution des décisions en matière civile et commerciale.

423.132 Défendeur domicilié sur le territoire d'un État tiers. Le règlement Bruxelles I ne s'applique pas lorsque l'époux défendeur est domicilié sur le territoire d'un État tiers. Dans cette hypothèse, **la compétence du juge français est réglée par la loi française** « *sous réserve de l'application des dispositions des articles 22 et 23* » (règl. [CE] n° 44/2001, art. 4, § 1). Or l'article 23 du règlement Bruxelles I autoriserait les époux, lorsque l'époux défendeur est domicilié sur le territoire d'un État tiers, à convenir « *d'un tribunal ou de tribunaux d'un État membre pour connaître des différends nés ou à naître à l'occasion d'un rapport de droit déterminé* » (règl. [CE] n° 44/2001, art. 23, § 1). À défaut d'une telle **clause attributive de compétence** juridictionnelle, la **compétence du juge français** est réglée par la **loi française** (sous réserve toutefois de l'application de la convention de Lugano du 16 septembre 1988) : par l'article 1070 du Code de procédure civile et, à titre subsidiaire, par les articles 14 et 15 du Code civil. S'agissant de l'article 1070 du Code de procédure civile, la Cour de cassation a précisé qu'il faut procéder à son extension dans l'ordre international (v. s[s] n° 423.54). Parmi les chefs de compétence de l'article 1070, il est prévu que « *lorsque le litige porte seulement sur la pension alimentaire, la contribution à l'entretien et l'éducation de l'enfant, la contribution aux charges du mariage ou la prestation compensatoire, le juge compétent peut être celui du lieu où réside l'époux créancier* ». Lorsqu'aucun des critères de compétence de l'article 1070 du Code de procédure civile ne permet de fonder la compétence du juge français, ce dernier peut encore être compétent sur la base des articles 14 et 5 du Code civil qui instaurent des **privilèges de juridiction** : le juge français est compétent lorsque **l'époux demandeur ou l'époux défendeur est de nationalité française.** Mais, conformément à l'article 4 paragraphe 2 du règlement Bruxelles I, « *toute personne, quelle que soit sa nationalité, domiciliée sur le territoire d'un État membre, peut, comme les nationaux, y invoquer contre ce défendeur les règles de compétence qui y sont en vigueur et notamment celles prévues à l'annexe I* ». Il en résulte qu'une épouse allemande, domiciliée en France, peut attraire en France (sur la base de C. civ., art. 14) son mari domicilié aux États-Unis.

3°

Applicabilité temporelle

423.141 Procédures intentées à compter du 1er mars 2002. Entré en vigueur le 1er mars 2002 (règl. [CE] n° 44/2001, art. 76, al. 1), le **règlement Bruxelles I** s'applique à toutes les procédures judiciaires intentées en France postérieurement à cette même date (règl. [CE] n° 44/2001, art. 66, § 1).

423.142 Procédures intentées avant le 1er mars 2002. Pour les procédures judiciaires intentées avant le 1er mars 2002, la compétence du juge français est réglée par la **convention de Bruxelles du 27 septembre 1968** concernant la compétence judiciaire et l'exécution des décisions en matière civile et commerciale. Les règles de compétence de la convention de Bruxelles sont assez proches de celles du règlement Bruxelles I qui l'a abrogée et remplacée à compter du 1er mars 2002.

B.

Application du règlement Bruxelles I

423.150 Division. Lorsque le règlement Bruxelles I est applicable, la compétence du juge français repose sur les règles de compétence directe établie par ce texte. Les époux ont pu conclure une clause attributive de compétence juridictionnelle en matière alimentaire (1°). À défaut d'une telle clause, la compétence du juge français peut être fondée, de manière alternative, soit sur l'article 5, paragraphe 2, du règlement (2°), soit sur l'article 2 (3°).

1°

Prorogation expresse de compétence

423.151 Clause attributive. Conformément à l'article 23 du règlement Bruxelles I, les époux peuvent, dès lors que l'un au moins a son domicile sur le territoire d'un État membre, convenir « *d'un tribunal ou de tribunaux d'un État membre pour connaître des différends nés ou à naître à l'occasion d'un rapport de droit déterminé* » (règl. [CE] n° 44/2001, art. 23, § 1). Sauf convention contraire des époux, « *cette compétence est exclusive* » (règl. [CE] n° 44/2001, art. 23, § 1). Ainsi, des époux peuvent valablement insérer dans la convention définitive homologuée par le juge français une clause donnant compétence exclusive aux juridictions françaises pour examiner une éventuelle demande de révision de la prestation compensatoire. Ce faisant ils s'interdisent, sauf commun accord, de saisir les juridictions d'un autre État membre. Quant à la forme, une telle convention attributive de juridiction peut être conclue « *par écrit ou verbalement avec confirmation écrite* » ou « *sous une forme qui soit conforme aux habitudes que les parties ont établies entre elles* » (règl. [CE] n° 44/2001, art. 23, § 1). Le règlement Bruxelles I reconnaît également une valeur à l'écrit sous forme électronique : « *Toute transmission par voie électronique qui permet de consigner durablement la convention est considérée comme revêtant une forme écrite* » (règl. [CE] n° 44/2001, art. 23, § 2).

2°
Compétence générale de l'article 2

423.161 **Juge du domicile du défendeur.** À défaut de prorogation expresse de compétence, l'époux demandeur peut porter son action devant les **juridictions de l'État membre sur le territoire duquel est domicilié l'époux défendeur** (règl. [CE] n° 44/ 2001, art. 2). Cette règle s'applique que l'époux demandeur soit le créancier d'aliments ou le débiteur d'aliments. Par exemple, l'action en révision d'une pension alimentaire peut être portée devant les juridictions de l'État membre sur le territoire duquel est domicilié l'époux créancier d'aliments.

3°
Compétence spéciale de l'article 5, paragraphe 2

423.171 **Base alternative de compétence.** L'article 5 paragraphe 2 du règlement Bruxelles I affirme qu'« *une personne domiciliée sur le territoire d'un État membre peut être attraite, dans un autre État membre* [...] *en matière d'obligation alimentaire, devant le tribunal du lieu où le créancier d'aliments a son domicile ou sa résidence habituelle ou, s'il s'agit d'une demande accessoire à une action relative à l'état des personnes, devant le tribunal compétent selon la loi du for pour en connaître, sauf si cette compétence est uniquement fondée sur la nationalité d'une des parties* ». Cette disposition offre une base alternative de compétence à l'article 2 qui comprend deux branches : la **compétence du juge du créancier d'aliments** et la **compétence du juge de la désunion.**

423.172 **Juge du créancier d'aliments.** La première branche de l'option de compétence ouverte à l'article 5 paragraphe 2 est réservée au créancier d'aliments : « *Si* [...] *le débiteur d'aliments demande un réajustement au motif que sa situation économique a empiré, il ne peut s'adresser qu'au for international prévu à l'article 2, à savoir celui du domicile du créancier* »[1]. Le créancier d'aliments peut quant à lui porter sa demande d'aliments devant le juge de l'État membre de son domicile ou de sa résidence habituelle. Le juge français est donc compétent chaque fois que l'époux qui demande des aliments a son domicile (au sens de C. civ., art. 102) ou, à défaut, sa résidence habituelle sur le territoire français. Le **premier critère (celui du domicile du créancier d'aliments)** répond à l'idée que « *c'est le tribunal du domicile du créancier d'aliments qui est le mieux à même de constater s'il se trouve dans le besoin et d'en déterminer l'étendue* »[2]. Le **second critère (celui de la résidence habituelle du créancier d'aliments)**, inspiré de la convention de La Haye du 2 octobre 1973 sur la loi applicable aux obligations alimentaires, « *se justifie en matière d'obligations alimentaires car il permet notamment à une épouse, abandonnée par son mari, d'attraire celui-ci en paiement de pension alimentaire non pas devant le juge du lieu du domicile légal mais devant celui du lieu où elle-même a sa résidence habituelle* »[3]. La première branche de l'option de compétence ouverte à l'article 5 paragraphe 2 s'applique tant à la **demande initiale d'aliments** qu'à la **demande de réajustement de créances alimentaires**[4].

423.173 **Juge de la désunion (bénéficiaires).** La question de la détermination des bénéficiaires de la seconde branche de l'option de compétence ouverte à l'article 5 paragraphe 2 mérite de se poser (elle ne l'est généralement pas[5]). L'option peut à l'évidence être invoquée par **l'époux créancier d'aliments** : il peut préférer porter sa demande d'aliments, s'il s'agit d'une demande accessoire à une action en divorce, « *devant le tribunal compétent selon la loi du for pour en connaître, sauf si cette compétence est uniquement fondée sur la nationalité d'une des parties* ». C'est l'hypothèse où le créancier d'aliments demande à la fois le divorce et, à titre accessoire, des aliments. Plus délicate est la question de savoir si **l'époux débiteur d'aliments** peut lui aussi invoquer cette seconde branche et imposer que la question de l'obligation alimentaire soit tranchée par le juge de la désunion qu'il a saisi. À cette question inédite devant la Cour de justice de l'Union européenne, la Cour de cassation a implicitement répondu par l'affirmative[6] mais la solution peut légitimement ne pas convaincre.

À propos de la première branche de l'article 5 paragraphe 2, la Cour de justice des communautés européennes a jugé que, si l'article 2 paragraphe 1 tend « *à protéger le défendeur, en tant que partie généralement plus faible du fait que c'est lui qui subit l'action du demandeur* »[7], cette dérogation « *a pour objet d'offrir au demandeur d'aliments, qui est considéré comme la partie la plus faible dans une telle procédure, une base alternative de compétence* »[8]. Qu'en

1. Rapp. Schlosser, *JOCE* C 59, 5 mars 1979, p. 71, spéc[t] p. 105, n° 107.
2. Rapp. Jenard, *JOCE* C 59, 5 mars 1979, p. 1, spéc[t] p. 25.
3. Rapp. Jenard, préc.
4. Rapp. Schlosser, préc.
5. V. NOT., A. Boiché, « La prestation compensatoire en droit international privé », *AJ fam.* 2007, 117, spéc[t] 118.
6. Civ. 1re, 12 déc. 2006, n° 04-15.099, *Bull. civ.* I, n° 538; *JCP* 2007, II, 10048, 3e esp., note Devers; *D.* 2007, AJ 90.
7. CJCE 15 janv. 2004, aff. C-433/01, Bayern et Blijdenstein, pt 29, *Rec. CJCE*, p. I-00981; *JDI* 2004, p. 635, note Huet; *Rev. crit. DIP* 2004, 471, note Pataut.
8. CJCE 20 mars 1997, aff. C-295/95, Farrel, pt 19, *Rec. CJCE*, p. I-01683; *Rev. crit. DIP* 1997, 594, note G. A. L. Droz; *JDI* 1988, p. 568, note Huet; *Cah. dr. eur.* 1999, p. 208, note Tagaras; *Europe* 1997, comm. 176 – EN CE SENS, v. aussi, Rapp. Jenard, préc.

est-il de la seconde branche de l'article 5 paragraphe 2, ajoutée par la convention d'adhésion du 9 octobre 1978 ? Dans la mesure où le rapport Schlosser ne précise nullement que la seconde branche rompt avec la finalité spécifique de l'article 5 paragraphe 2 (sa *ratio legis* originelle), et qu'elle peut dès lors être invoquée par le débiteur d'aliments[1], l'on peut penser qu'elle a, comme la première branche, pour objet d'**offrir au demandeur d'aliments une base alternative de compétence**[2]. Il serait en effet regrettable que, parce qu'il a été le plus prompt à demander le divorce, le débiteur d'aliments puisse attraire la question des aliments devant un juge, celui de la désunion, dont il sait qu'il fera application d'une loi moins favorable aux intérêts du créancier.

423.174 Juge de la désunion (limite). La seconde branche de l'option de compétence ouverte à l'article 5 paragraphe 2, prévoit que lorsqu'il « *s'agit d'une demande* [d'aliments] *accessoire à une action relative à l'état des personnes*, [la demande peut être portée] *devant le tribunal compétent selon la loi du* for *pour en connaître, sauf si cette compétence est uniquement fondée sur la nationalité d'une des parties* ». Il en résulte que le juge français, compétent pour statuer sur la **demande principale de divorce**, l'est également à l'égard de la **demande accessoire d'aliments**. La prorogation de compétence au profit du juge du divorce est toutefois exclue lorsque sa compétence « *est uniquement fondée sur la nationalité d'une des parties* ». Une telle hypothèse est exceptionnelle car la compétence du juge du divorce est en principe déterminée par le règlement Bruxelles II *bis*. Or ce texte ne prévoit, en matière matrimoniale, aucun critère de compétence uniquement fondée sur la nationalité d'un des époux. Lorsqu'il prend en compte la **nationalité comme critère de compétence**, elle est soit **commune aux époux** (règl. [CE] n° 2201/2003, art. 3, § 1, s^{s} b), soit **complétée par une résidence habituelle d'au moins six mois** (règl. [CE] n° 2201/2003, art. 3, § 1, s^{s} a, 6e tiret). Ce n'est finalement que lorsque le règlement Bruxelles II *bis* n'est pas spatialement applicable (v. s^{s} n°s 423.41 s.) que la compétence du juge du divorce pourrait être fondée sur un privilège de juridiction, tel les articles 14 et 15 du Code civil français. La prorogation de compétence au profit du juge du divorce est aussi exclue s'agissant des demandes postérieures au divorce en modification de la pension alimentaire.

423.175 Notion d'obligation alimentaire. Notion autonome du droit communautaire[3], devenu droit de l'Union européenne, la notion d'obligation alimentaire de l'article 5 paragraphe 2, est plus large que la notion française d'obligation alimentaire (v. s^{s} n°s 311.00 s. et 312.00 s.). La Cour de justice des Communautés européennes a ainsi jugé, en 1980, que la **prestation compensatoire de l'article 270 du Code civil français** (v. s^{s} n°s 134.00 s. et 135.00 s.) mérite d'être assimilée à une **obligation alimentaire au sens de l'article 5 paragraphe 2**, et ce malgré son caractère indemnitaire, forfaitaire, et son versement en principe en capital[4]. Pour aboutir à une telle conclusion, la Cour de justice des communautés européennes observe que la prestation compensatoire est notamment fixée en fonction des besoins de l'époux créancier et des ressources de l'époux débiteur. L'article 5 paragraphe 2 du règlement s'applique par exemple à une demande de modification du montant de la prestation compensatoire précédemment allouée par le juge français. Au-delà, la Cour de justice des communautés européennes a décidé qu'une « *décision, rendue dans le contexte d'une procédure de divorce, qui ordonne le paiement d'une somme forfaitaire ainsi que le transfert de la propriété de certains biens d'un époux au profit de son ex-conjoint doit être considérée comme portant sur des obligations alimentaires* [...] *dès lors qu'elle a pour objet d'assurer l'entretien de cet ex-conjoint* »[5].

423.176 Notion de créanciers d'aliments. La Cour de justice des communautés européennes a une vision assez large de la notion de créanciers d'aliments au sens de l'article 5, paragraphe 2. Elle doit être interprétée en ce sens qu'elle englobe « *tout demandeur d'aliments, y compris celui qui intente pour la première fois une action en matière d'aliments* »[6]. L'article 5 paragraphe 2 du règlement s'applique ainsi tant à la demande initiale de prestation compensatoire qu'à la demande de modification du montant de la prestation compensatoire (v. s^{s} n°s 321.11 s. à 324.11 s.).

423.177 Contrat entre époux ou ex-époux. Dans de nombreux pays, les époux sont invités à fixer le montant et les modalités de la compensation du divorce dans la convention qu'ils soumettent au juge du divorce. Dans d'autres États, les époux peuvent convenir dans leur contrat de mariage

1. Rapp. Schlosser, p. 71, spéc^{t} p. 101-105 (préc.).
2. CONTRA, J.-CL. EUROPE, J.-P. Béraudo, fasc. 3022, n° 6.
3. Rapp. Schlosser, p. 71, spéc^{t} p. 102-103, n° 96 (préc.).
4. CJCE 6 mars 1980, aff. 120/79, De Cavel II, *Rec. CJCE*, p. 731; *Rev. crit. DIP* 1980, 621, note Droz; *JDI* 1980, p. 442, note Huet.
5. CJCE 27 févr. 1997, aff. C-220/95, Van den Boogaard, *Rec. CJCE*, p. I-01147; *Rev. crit. DIP* 1998, 466, note Droz; *JDI* 1998, p. 568, note Huet; *Cah. dr. eur.* 1999, p. 201, note Tagaras.
6. CJCE 20 mars 1997, aff. C-295/95, Farrel, *Rec. CJCE*, p. I-01683; *Rev. crit. DIP* 1997, 594, note Droz; *JDI* 1988, p. 568, note Huet; *Cah. dr. eur.* 1999, p. 208, note Tagaras; *Europe* 1997, comm. 176.

du montant de la pension alimentaire que l'époux devra verser à l'épouse en cas de divorce. L'applicabilité de l'article 5 paragraphe 2 pourrait être discutée si est en cause l'exécution d'un contrat conclu entre les époux ou les ex-époux sur l'obligation alimentaire. Cette action relève-t-elle de la **matière alimentaire** (au sens de l'art. 5, § 2) ou de la **matière contractuelle** (au sens de l'art. 5, § 3) ? La question est importante car, dans le second cas, l'action devrait être portée « *devant le tribunal du lieu où l'obligation qui sert de base à la demande a été ou doit être exécutée* ». Selon le rapport Schlosser, « *les contrats qui font naître une créance "alimentaire" inexistante auparavant sont, selon leur nature, des dons, des contrats de vente ou autres contrats donnant lieu à paiement. Les droits qui en découlent doivent, même s'ils visent la prestation d'une pension alimentaire, être traités au même titre que les autres droits résultant d'un contrat. En particulier, c'est l'article 5 point 1 [...] et non l'article 5 point 2 qui s'applique alors pour la compétence judiciaire* »[1]. S'agissant des contrats entre époux ou ex-époux, il semble pourtant que l'article 5 paragraphe 2 demeure applicable pour déterminer la compétence du juge français. Le rapport *Schlosser* précise en effet que cet article « *s'applique lorsqu'une obligation alimentaire, déjà fondée en fait sur une situation relevant du droit de la famille, a été précisée dans un contrat* »[2]. L'article 5 paragraphe 2 est donc applicable au paiement d'une pension alimentaire prévue dans un contrat de mariage, dans un contrat conclu pendant le mariage et dans la convention de divorce.

4°
Prorogation tacite de compétence

423.181 **Comparution volontaire.** À défaut de prorogation expresse de compétence, le juge qui n'est compétent ni sur la base de l'article 2, ni sur la base de l'article 5 paragraphe 2, peut être compétent en vertu de l'article 24 du règlement Bruxelles I. Il s'agit de l'hypothèse où le défendeur comparaît sans contester la compétence du juge saisi : il y a alors prorogation tacite de compétence.

5°
Mesures provisoires

423.191 **Compétence concurrente.** Il est rare qu'une procédure de désunion ne nécessite pas que soient prises des mesures provisoires pour régler la situation alimentaire des époux. La juridiction compétente pour connaître du fond d'une demande d'aliments conformément aux articles 2 et 5 du règlement Bruxelles I est compétente pour ordonner les mesures provisoires qui s'avèrent nécessaires pendant la procédure[3]. L'article 31 du règlement Bruxelles I ajoute toutefois une règle de compétence selon laquelle une juridiction est autorisée à ordonner des mesures provisoires même si elle n'est pas compétente au fond : les mesures provisoires prévues par la loi d'un État membre peuvent être demandées aux autorités judiciaires de cet État, même si, en vertu du présent règlement, une juridiction d'un autre État membre est compétente pour connaître du fond.

C.
Prochaine mise en application du règlement (CE) n° 4/2009

423.201 **Insuffisance du règlement Bruxelles I.** Les règles du règlement Bruxelles I sont apparues comme insuffisamment protectrices des intérêts du créancier d'aliments. Le fait, notamment, « *qu'un défendeur a sa résidence habituelle dans un État tiers ne devrait plus être de nature à exclure l'application des règles communautaires de compétence, et plus aucun renvoi aux règles de compétence du droit national ne devrait désormais être envisagé* » (règl. [CE] n° 4/2009, préambule, cons. 15). Dans cette perspective, le règlement (CE) n° 4/2009 du 18 décembre 2008, relatif à la compétence, la loi applicable, la reconnaissance et l'exécution des décisions et la coopération en matière d'obligations alimentaires, modifie le règlement Bruxelles I « *en remplaçant les dispositions de celui-ci applicables en matière d'obligations alimentaires* » (règl. [CE] n° 4/2009, préambule, cons. 44).

423.202 **Date de mise en application.** L'article 76 du règlement prévoit qu'il « *s'applique* [...] *à compter du 18 juin 2011, sous réserve que le protocole de La Haye de 2007 soit applicable dans la Communauté à cette date. À défaut, le présent règlement s'applique à compter de la date d'application dudit protocole dans la Communauté* ». En préambule, le considérant 20 du règlement précisait que « *le protocole de La Haye de 2007 sera conclu par la Communauté en temps utile pour permettre l'application du présent règlement* ». Or la Communauté a approuvé le protocole de La Haye par décision du 30 novem-

1. Rapp. Schlosser, spéc[t] p. 102, n° 92 (préc.).
2. Rapp. Schlosser, préc.
3. Comp. CJCE 17 nov. 1998, aff. C-391/95, Van Uden, pt 21, *Rec. CJCE*, p. I-07091 ; *Europe* 1999, comm. 42, note Idot ; *Rev. arb.* 1999, p. 143, note Gaudemet-Tallon ; *JDI* 1999, p. 613, note Huet ; *Rev. crit. DIP* 1999, 340, note Normand ; *D.* 2000, J. 378, note Cuniberti ; *RTD civ.* 1999, 177, obs. Normand ; *RTD com.* 2000, 340, obs. Loquin.

bre 2009[1]. Autrement dit, à compter du 18 juin 2011, les États membres appliqueront, en matière d'obligations alimentaires, les règles de compétence du règlement (CE) n° 4/2009 à la place de celles du règlement Bruxelles I.

423.203 Règles de compétence (généralités). Le règlement contient plusieurs règles de compétence[2] : une règle de compétence générale (règl. [CE] n° 4/2009, art. 3), une règle sur l'élection de *for* (règl. [CE] n° 4/2009, art. 4), une règle sur la comparution volontaire du défendeur (règl. [CE] n° 4/2009, art. 5), une règle de compétence subsidiaire (règl. [CE] n° 4/2009, art. 6) et une règle instaurant un *forum necessitatis* (règl. [CE] n° 4/2009, art. 7). Le règlement n'étant pas encore applicable, on en restera à l'essentiel[3].

423.204 1° Règles de compétence (règle générale). La règle de compétence générale du règlement (CE) n° 4/2009 est quasiment identique à celle du règlement Bruxelles I. Sont ainsi compétentes pour statuer en matière d'obligations alimentaires « *la juridiction du lieu où le défendeur a sa résidence habituelle* », « *la juridiction du lieu où le créancier a sa résidence habituelle* » ou « *la juridiction qui est compétente selon la loi du* for *pour connaître d'une action relative à l'état des personnes lorsque la demande relative à une obligation alimentaire est accessoire à cette action, sauf si cette compétence est fondée uniquement sur la nationalité d'une des parties* ». Les lecteurs attentifs auront observé que le règlement (CE) n° 4/2009 vise la **résidence habituelle du défendeur et non**, comme le règlement Bruxelles I, le **domicile du défendeur**.

1. Décis. du Conseil, 30 nov. 2009, relative à la conclusion, par la Communauté européenne du protocole de La Haye du 23 novembre 2007 sur la loi applicable aux obligations alimentaires, *JOUE* 16 déc., L 331, p. 17.
2. A. Boiché, « Recouvrement des obligations alimentaires dans l'Union. Les règles de compétence judiciaire », *AJ fam.* 2009, 107 – M. Salord, « Un nouveau règlement destiné à faciliter le recouvrement des obligations alimentaires au sein de l'Union », *L'observateur de Bruxelles* 2009/1, n° 75, p. 23.
3. Pour une présentation plus complète, v. C. Nourissat, « Le règlement (CE) n° 4/2009 du Conseil du 18 décembre 2008 relatif à la compétence, la loi applicable, la reconnaissance et l'exécution des décisions et la coopération en matière d'obligations alimentaires », *Procédures* 2009, étude 5, spéc^t^ n° 5-12 – M. Oudin, « Commentaire du règlement (CE) du 18 décembre 2008 relatif aux obligations alimentaires », *RJPF* 2009-6/11, p. 8, spéc^t^ p. 9-10 – I. Bambust, « Le règlement européen 4/2009 en matière d'obligations alimentaires », *Journal des Tribunaux* 2009, p. 381, spéc^t^ n° 17-32 – K. Vandekerckhove, « Le recouvrement des obligations alimentaires en Europe », *Rev. dr. Union européenne* 2010, p. 57, spéc^t^ p. 67-68.

423.205 2° Règles de compétence (élection de for). S'agissant de l'élection de *for*, le règlement (CE) n° 4/2009 se montre plus restrictif que le règlement Bruxelles I afin de protéger le créancier d'aliments. Après l'assuré, le consommateur et le travailleur, le créancier d'aliments est identifié comme une **partie faible qu'il convient de protéger contre les clauses attributives de compétence juridictionnelle.** Les parties peuvent convenir de la juridiction d'un État membre compétente pour régler leurs différends en matière d'obligations alimentaires nés ou à naître entre elles. Elles peuvent choisir « *une juridiction ou les juridictions d'un État membre dans lequel l'une des parties a sa résidence habituelle* », « *une juridiction ou les juridictions de l'État membre dont l'une des parties a la nationalité* », « *en ce qui concerne les obligations alimentaires entre époux ou ex-époux* [...] *la juridiction compétente pour connaître de leurs différends en matière matrimoniale, ou une juridiction ou les juridictions de l'État membre qui a été celui de leur dernière résidence habituelle commune pendant au moins un an* ». L'**intérêt d'une telle clause en matière matrimoniale** n'est pas à démontrer. Si les époux désirent régler dans leur contrat de mariage les conséquences alimentaires de la dissolution de leur union, elle permet de s'assurer que le juge saisi accepte d'appliquer le contrat de mariage dans toutes ses dispositions[4]. L'article 4 du règlement (CE) n° 4/2009 détaille le formalisme de la **clause d'élection de *for*** (elle est en principe conclue **par écrit**), le moment de sa conclusion (elle peut être conclue **à tout moment**) et ses effets (la **compétence du juge saisi** est en principe **exclusive**).

§ 3
Compétence du juge français en matière de liquidation et de partage des intérêts patrimoniaux

423.211 Inapplicabilité du règlement Bruxelles II *bis*. La dissolution du mariage va imposer la liquidation et le partage des intérêts patrimoniaux auxquels a donné naissance la vie du couple. Le législateur a, en droit interne, cherché à assurer le développement des **conventions de liquidation et de partage du régime matrimonial** en élargissant leur champ d'application et en supprimant l'exigence

4. C. Chalas et C. Butruille-Cardew, « Interrogation sur la validité en droit international privé des accords préparatoires de divorce (à propos de CA Paris, 24e ch., 21 mars 2007) », *JCP N* 2007, 1257 – C. Butruille-Cardew, « Le couple et la mondialisation », *AJ fam.* 2008, 67 – V. AUSSI, les précieuses observations de M. Farge dans sa note s^s^ Civ. 1re, 4 juin 2009, n° 08-11.872 et n° 08-14.309, 2 esp., NPT; *Dr. fam.* 2009, comm. 96, spéc^t^ II.

d'un acte notarié (C. civ., art. 265-2). À défaut d'une telle convention, le législateur a imposé aux époux de présenter une **proposition de règlement de leurs intérêts patrimoniaux** (C. civ., art. 257-2) et, si les opérations de partage ne sont pas réglées au jour du divorce, une navette est possible entre le notaire et le juge (C. civ., art. 267-1). En droit international privé, la compétence du juge français pourrait être contestée au moment où il prononce le divorce et ordonne la liquidation et le partage des intérêts patrimoniaux (juge aux affaires familiales pris en tant que juge du divorce) et au moment où il est saisi pour trancher les désaccords entre époux (juge aux affaires familiales pris en tant que juge liquidateur). Il semble que le règlement Bruxelles II *bis* ne soit pas applicable en la matière car il affirme, en préambule, qu'il « *ne devrait pas concerner des questions telles que les causes de divorce, les effets patrimoniaux du mariage ou autres mesures accessoires éventuelles* » (règl. [CE] n° 2201/2003, préambule, cons. 8). Si l'on reconnaît une valeur normative à ce considérant, le règlement Bruxelles II *bis* est inapplicable à la liquidation et au partage des intérêts patrimoniaux des époux.

423.212 Inapplicabilité du règlement Bruxelles I. Moins ambigu, le règlement Bruxelles I précise expressément que, s'il « *s'applique en matière civile et commerciale et quelle que soit la nature de la juridiction,* [...] *sont exclus de son application* [...] *l'état et la capacité des personnes physiques, les régimes matrimoniaux* » (règl. [CE] n° 44/2001, art. 1, § 2, s^s a). Ces matières ne sont exclues du champ d'application du règlement Bruxelles I « *que si elles font l'objet principal du litige. Elles échappent à cette exclusion lorsqu'elles sont soumises incidemment au juge à titre principiel ou préalable* »[1]. Tel est bien le cas dans les hypothèses qui nous intéressent ici[2]. La compétence du juge français ne peut donc pas être étudiée sur la base de ce texte s'agissant de la liquidation et du partage des intérêts patrimoniaux des époux[3].

423.213 Extension de l'article 1070 du Code de procédure civile. En l'absence de règle de compétence de l'Union européenne, la compétence internationale du juge français se détermine par **extension des règles de compétence territoriale interne**[4]. Avant la loi du 12 mai 2009 de simplification et de clarification du droit et d'allègement des procédures[5], on hésitait entre l'extension de l'article 42 du Code de procédure civile et celle de l'article 1072 du même code (réd. Décr. n° 94-42, 14 janv. 1994[6]). C'était indirectement se demander si la compétence appartient au tribunal de grande instance ou aux juges aux affaires familiales[7]. Les demandes de liquidation et de partage constituent en effet des instances distinctes de la procédure de divorce si bien que le tribunal de grande instance, dans sa formation collégiale, était en principe compétent. Mais, dans le même temps, il semblait préférable que ces demandes soient soumises au juge du divorce ou, à tout le moins, au tribunal qui a prononcé le divorce[8]. En ce sens, on pouvait faire valoir que l'article 1072 du Code de procédure civile visait, « *après le prononcé du divorce,* [le] *litige* [qui] *s'élève entre les époux sur l'une de ses conséquences* » et donnait compétence aux « *juge aux affaires familiales* » : « *celui du lieu où, lors de l'introduction de l'instance, réside l'époux qui a l'exercice de l'autorité parentale ou, en cas d'exercice en commun, l'époux chez qui a été fixée la résidence habituelle des enfants mineurs; à défaut, le juge aux affaires familiales du lieu où réside l'époux qui n'a pas pris l'initiative de la demande* ». Dans cet esprit, la cour d'appel de Toulouse avait jugé que « *le tribunal compétent pour connaître de la liquidation du régime matrimonial est celui de la dissolution du mariage qui désigne ces autorités* ». Le souci de cohésion implique qu'une seule juridiction soit appelée à statuer dans le cadre de la liquidation des intérêts patrimoniaux entre deux ex-époux, fût-ce au cours d'instances successives[9]. En l'espèce, la juridiction française (tribunal de grande instance de Foix) qui avait prononcé le divorce a été jugée compétente aux dépens du tribunal suisse. La question est désormais simplifiée par l'entrée en vigueur de la loi n° 2009-526 du 12 mai 2009. Elle a transféré au juge aux affaires familiales des compétences précédemment dévolues au tribunal de grande instance. Le juge aux affaires familiales connaît ainsi

1. P. Jenard, *Rapport sur la convention concernant la compétence judiciaire et l'exécution des décisions en matière civile et commerciale, JOCE* C 59, 5 mars 1979, p. 1, spéc^t p. 10.
2. Sur la distinction obligation alimentaire et régime matrimonial, v. Rapp. Schlosser, p. 71, spéc^t p. 102-103, n° 96 (préc.).
3. CA Toulouse 13 oct. 1998, RG n° 97/02832, *Juris-Data* n° 1998-110124.
4. Civ. 1re, 30 oct. 1962, Scheffel, *Rev. crit. DIP* 1963, 387, note Francescakis; *D.* 1963, J. 109, note Holleaux; *GAJFDIP*, n° 37
5. L. n° 2009-526,12 mai 2009, de simplification et de clarification du droit et d'allègement des procédures, *JO* 13 mai, p. 7920.
6. Décr. n° 94-42, 14 janv. 1994, relatif au juge aux affaires familiales et modifiant le Code de l'organisation judiciaire et le nouveau Code de procédure civile, *JO* 16 janv., p. 862.
7. J. Massip, *La réforme du divorce*, 2e éd., Defrénois, 1986, n°s 71 à 75.
8. Ne s'embarrassant pas de telles discussions, v. CA Lyon, 25 mai 2004, RG n° 2003/02897 (« *les tribunaux français étant compétents* », la cour d'appel de Lyon statue).
9. CA Toulouse, 13 oct. 1998, RG n° 97/02832, *Juris-Data* n° 1998-110124.

« *du divorce, de la séparation de corps et de leurs conséquences, de la liquidation et du partage des intérêts patrimoniaux des époux* » (COJ, art. L. 213-3, 2°). Il en résulte, cette fois sans discussion, que **la compétence internationale du juge français se déduit de l'extension de la règle de compétence territoriale interne** de l'article 1070 du Code de procédure civile[1]. La solution s'impose que la question de la compétence internationale du juge français se pose devant le juge aux affaires familiales pris en tant que juge du divorce ou devant le juge aux affaires familiales pris en tant que juge liquidateur.

En définitive, le **juge français est compétent** dans quatre hypothèses :

- lorsque la **résidence de la famille** se trouve **en France**;

- en cas de résidence séparée, lorsque le **lieu de résidence du parent avec lequel résident habituellement les enfants mineurs** se trouve **en France**;

- lorsque **l'époux défendeur** réside **en France**;

- en cas de **demande conjointe**, lorsque **l'un des époux réside en France.**

Le juge français, compétent sur la base de l'article 3 du règlement Bruxelles II *bis* pour statuer sur le divorce, sera généralement compétent pour statuer sur la liquidation et le partage des intérêts patrimoniaux par application de l'article 1070 du Code de procédure civile. Tel ne sera toutefois pas le cas, par exemple, lorsque le juge français n'est compétent pour le divorce qu'en tant que juge de « *la résidence habituelle du demandeur s'il y a résidé depuis au moins une année immédiatement avant l'introduction de la demande* ». Dans une telle hypothèse, l'époux défendeur peut avoir intérêt à soulever l'incompétence du juge français pour attraire la liquidation et le partage des intérêts patrimoniaux devant un juge étranger.

423.214 Recours aux articles 14 et 15 du Code civil. Lorsqu'aucun critère ordinaire de compétence territoriale de l'article 1070 du Code de procédure civile n'est réalisé en France[2], la juridiction française peut encore être compétente en raison de la **nationalité française de l'époux demandeur** (C. civ., art. 14) ou de **l'époux défendeur** (C. civ., art. 15).

423.215 Immeuble situé à l'étranger. Que ce soit en vertu de l'article 1070 du Code de procédure civile ou des articles 14 et 15 du Code civil, le juge français cesse, selon nous, d'être compétent lorsque la demande de liquidation et de partage porte sur un immeuble situé à l'étranger[3]. En matière successorale, le tribunal compétent est celui du **lieu d'ouverture de la succession** mais les tribunaux français refusent de se déclarer compétents pour statuer sur le sort des immeubles *sis* à l'étranger, estimant que cette question est de la compétence exclusive des **tribunaux du lieu de situation**[4]. Cette solution a sans doute vocation à s'étendre **du partage successoral** régi par l'article 45 du Code de procédure civile **au partage des intérêts patrimoniaux** régi par l'article 1070 du Code de procédure civile. S'agissant des articles 14 et 15 du Code civil, la Cour de cassation considère en effet que ces dispositions ont « *une portée générale s'étendant à toutes matières, à l'exclusion des actions réelles immobilières et demandes en partage portant sur des immeubles situés à l'étranger* »[5]. Par où l'on voit que le juge français qui prononce le divorce peut ne pas être compétent, partiellement ou totalement, pour statuer sur la liquidation et le partage des intérêts patrimoniaux.

§ 4 Compétence du juge français en matière de dommages-intérêts

423.220 Division. L'époux délaissé peut demander des dommages-intérêts en raison d'un préjudice distinct de la disparité que la rupture du mariage crée dans les conditions de vie respectives. Ces demandes sont exclues du champ d'application du règlement Bruxelles II *bis* car il précise, en préambule, qu'« *en ce qui concerne les décisions de divorce, de séparation de corps ou d'annulation du mariage, le présent règlement* [...] *ne devrait pas concerner des questions telles que les causes de divorce* » (règl. [CE] n° 2201/2003, préambule, cons. 8). La compétence internationale du juge français doit donc être déterminée sur la base du règlement Bruxelles I. Il convient, comme en matière de compensation de divorce, d'en vérifier l'applicabilité (A) avant de procéder à son application (B). Ces questions ayant

1. Comme le souligne une doctrine autorisée, « *le tribunal de grande instance n'est plus compétent pour la liquidation du régime matrimonial que si le mariage est dissous par le décès ou en cas d'absence* ». (J. Massip, « Les incidences en matière familiale de la loi de simplification du droit », *Defrénois* 2009, art. 39008, p. 1897, n° 15)
2. Civ. 1re, 19 nov. 1985, n° 84-16.001, Soc. Cognacs and Brandies from France, *Bull. civ.* I, n° 306; *Rev. crit. DIP* 1986, 712, note Lequette; *JDI* 1986, p. 719, note Huet; *D.* 1986, 362, note Prévault; et somm. 268, obs. Audit; *JCP* 1987, II, 20810, note Courbe; *GADIP*, n° 71
3. Incompétence des juridictions françaises s'agissant de l'immeuble des époux situé au Portugal : CA Paris, 15 nov. 2007, RG n° 07/09737, *Juris-Data* n° 2007-350120.
4. Civ. 5 juill. 1933, Nagalingmpoullé, *DP* 1934, I, p. 133, note Silz; *S.* 1934, I, p. 337, note Niboyet.
5. Civ. 1re, 27 mai 1970, n° 68-13.643, Weiss, *Bull. civ.* I, n° 176; *Rev. crit. DIP* 1971, 113, note Batiffol; *GAJFDIP*, n° 49.

déjà été présentées de manière détaillée, on sera ici plus succinct et l'on renverra aux développements qui précèdent.

A. Applicabilité du règlement Bruxelles I

423.230 Division. Le règlement Bruxelles I n'est applicable que si trois conditions sont cumulativement remplies. L'affaire doit entrer dans son champ d'application matériel (1°), dans son champ d'application spatial (2°) et dans son champ d'application temporel (3°).

1° Applicabilité matérielle

423.231 Matière civile et commerciale. Le règlement Bruxelles I s'applique en matière civile et commerciale mais sont exclus de son champ d'application « *l'état et la capacité des personnes physiques, les régimes matrimoniaux, les testaments et les successions* » (règl. [CE] n° 44/2001, art. 1). S'agissant des **dommages-intérêts demandés par l'un des époux à l'occasion de l'action en divorce, l'applicabilité matérielle est incertaine**[1]. Peut-être faudrait-il distinguer selon que les dommages-intérêts réparent la **violation d'une obligation du mariage** ou réparent la **violation d'une obligation générale**. Ainsi, en cas d'infidélité, le règlement serait inapplicable à la demande de dommages-intérêts. Il serait en revanche applicable à la réparation de violences conjugales ou d'un vol entre époux. On peut aussi concevoir l'applicabilité du règlement à la réparation de la **violation d'une obligation religieuse** tel le refus de remise du *guett*.

2° Applicabilité spatiale

423.241 Défendeur domicilié sur le territoire d'un État membre. Le règlement Bruxelles I s'applique dès lors que l'époux défendeur est domicilié sur le territoire d'un État membre (règl. [CE] n° 44/2001, art. 4, § 1).

423.242 Défendeur domicilié sur le territoire d'un État tiers. Le règlement Bruxelles I ne s'applique pas lorsque l'époux défendeur est domicilié sur le territoire d'un État tiers. Dans cette hypothèse, la compétence du juge français est réglée par la loi française « *sous réserve de l'application des dispositions des articles 22 et 23* » (règl. [CE] n° 44/2001, art. 4, § 1). S'agissant des dommages-intérêts, il est improbable que les époux aient convenu « *d'un tribunal ou de tribunaux d'un État membre pour connaître des différends nés ou à naître à l'occasion d'un rapport de droit déterminé* » (règl. [CE] n° 44/2001, art. 23, § 1). La **compétence du juge français** est donc réglée par la **loi française** (sous réserve toutefois de l'application de la convention de Lugano du 16 septembre 1988) : par l'article 46 du Code de procédure civile et, à titre subsidiaire, par les articles 14 et 15 du Code civil.

3° Applicabilité temporelle

423.251 Procédures intentées à compter du 1er mars 2002. Entré en vigueur le 1er mars 2002 (règl. [CE] n° 44/2001, art. 76, al. 1er), le règlement Bruxelles I s'applique à toutes les procédures judiciaires intentées en France postérieurement à cette même date (règl. [CE] n° 44/2001, art. 66, § 1).

423.252 Procédures intentées avant le 1er mars 2002. Pour les procédures judiciaires intentées avant le 1er mars 2002, la compétence du juge français est réglée par la Convention de Bruxelles du 27 septembre 1968, concernant la compétence judiciaire et l'exécution des décisions en matière civile et commerciale. Les règles de compétence de la convention de Bruxelles sont assez proches de celles du règlement Bruxelles I qui l'a abrogée et remplacée à compter du 1er mars 2002.

B. Application du règlement Bruxelles I

423.261 Alternative de compétence. L'époux demandeur peut, à son choix, saisir les juridictions de l'État membre où le défendeur a son domicile (règl. [CE] n° 44/2001, art. 2) ou les juridictions de l'État membre où le fait dommageable s'est produit ou risque de se produire (règl. [CE] n° 44/2001, art. 5, § 3). En matière de violences conjugales, le juge français est compétent lorsque l'époux violent demeure en France ou lorsque les violences ont été commises sur le territoire français.

SECTION 2 DÉTERMINATION DE LA LOI APPLICABLE DEVANT LE JUGE FRANÇAIS

423.270 Division. Il s'agit principalement de déterminer la loi applicable à la dissolution du mariage (§ 1), à la compensation du divorce (§ 2), à l'octroi de dommages-intérêts (§ 3) et au nom des ex-époux (§ 4).

1. N'envisageant que l'extension de C. pr. civ., art. 46, v. J.-Cl. Internat., H. Gaudemet-Tallon, fasc. 547-10 (divorce prononcé en France – Compétence des tribunaux français – Particularités de l'instance), n° 105.

§ 1
Détermination de la loi applicable à la dissolution du mariage

423.280 Division. La détermination de la loi applicable à la dissolution du mariage est, en apparence, relativement simple. Il convient de suivre la désignation opérée par la **règle de conflit de lois** (A) avant de s'interroger, en présence d'une loi étrangère, sur sa conformité à l'ordre public français en matière internationale (B).

A.
Désignation de la loi applicable

423.290 Division. Conformément au principe de primauté des textes internationaux, l'on doit dans un premier temps rechercher s'il existe une convention internationale applicable à la dissolution du mariage (1°). À défaut, l'on peut dans un second temps faire application de l'article 309 du Code civil (2°).

1°
Conventions internationales

423.291 Trois conventions bilatérales liant la France. Aucune convention internationale multilatérale n'est applicable en France s'agissant de la dissolution du mariage. La loi applicable au divorce peut en revanche être déterminée par une convention bilatérale liant la France à un État tiers. Elles sont au nombre de trois[1] : la **convention franco-polonaise** du 5 avril 1967[2], la **convention franco-yougoslave** du 18 mai 1971[3] qui lie encore la France et la Slovénie[4] et la **convention franco-marocaine** du 10 août 1981[5].

De ces trois textes, c'est de loin la convention franco-marocaine, entrée en vigueur le 13 mai 1983, qui est le plus souvent appliquée[6]. La convention franco-marocaine donne compétence en matière de dissolution du mariage (conv. franco-marocaine, 10 août 1981, art. 9) à la **loi nationale commune des époux** ou, à défaut, à la loi de leur **domicile commun** ou celle de leur **dernier domicile commun.**

2°
Article 309 du Code civil

423.301 Loi du 11 juillet 1975. Héritée de la loi du 11 juillet 1975 et déplacée par l'ordonnance du 4 juillet 2005 de l'article 310 à l'article 309 du Code civil, la **règle de conflit de lois** en matière de divorce et de séparation de corps est originale[7].

423.302 Article 309 du Code civil, 1re hypothèse. Le plus souvent, la loi française sera applicable. Elle l'est, première hypothèse, « *lorsque l'un et l'autre époux sont de nationalité française* ». Si l'un des époux a également la nationalité d'un autre État, le juge français peut ne tenir compte que de sa nationalité française et déclarer la loi française applicable en tant que loi nationale commune[8]. Même si la Cour de cassation n'a pas statué sur cette question, on tient compte de la **nationalité des époux** au moment de l'introduction de la demande[9], c'est-à-dire **au jour du dépôt de la requête initiale**[10].

423.303 Article 309 du Code civil, 2e hypothèse. La loi française est compétente, deuxième hypothèse, « *lorsque les époux ont, l'un et l'autre, leur*

1. RÉP. INTERNAT., P. Courbe, *V^is Divorce et séparation de corps*, 1998, n° 102.
2. Conv. franco-polonaise, 5 avr. 1967, *JO* 9 févr. 1969, p. 1534 – V. R. de Bottini, « La convention franco-polonaise du 5 avril 1967 relative à la loi applicable, à la compétence et à l'*exequatur* dans le droit des personnes et de la famille », *Rev. crit. DIP* 1970, 7 – J. Jodlowski et A. Ponsard, « La convention franco-polonaise du 5 avril 1967 relative à la loi applicable, à la compétence et à l'*exequatur* dans le droit des personnes et de la famille », *JDI* 1970, p. 545.
3. Conv. franco-yougoslave, 18 mai 1971, *JO* 24 mai 1973, p. 5640.
4. Conv. franco-yougoslave, 18 mai 1971, France-Slovénie, *JO* 22 mars 1996, p. 4442.
5. Conv. franco-marocaine, 10 août 1981 – P. Decroux, « La convention franco-marocaine du 10 août 1981 relative au statut des personnes et de la famille et à la coopération judiciaire », *JDI* 1985, p. 49 – F. Monéger, « La convention franco-marocaine du 10 août 1981 relative au statut des personnes et de la famille et à la coopération judiciaire », *Rev. crit. DIP* 1984, 29 et 266.
6. A. Devers, « Le divorce d'époux marocains ou franco-marocains (Les conventions franco-marocaines face aux droits européen et communautaire) », *Dr. fam.* 2006, chron. 15.
7. V. NOT., J. Foyer, « L'article 310 du Code civil ou la réception partielle d'un unilatéralisme total », *Écrits en hommage à Jean Foyer*, PUF, 1997, p. 391.
8. Civ. 1re, 13 oct. 1992, n° 90-19.903, *Bull. civ.* I, n° 246; *D.* 1993, J. 85, note Courbe; *D.* 1993, somm. 351, obs. Audit; *JCP* 1993, II, 22036, note Béhar-Touchais; *Rev. crit. DIP* 1993, 41, note Lagarde; *JDI* 1993, p. 97, note Lequette – Civ. 1re, 17 mai 1993, n° 91-12.750, *Bull. civ.* I, n° 173.
9. COMP. NOT., Civ. 1re, 17 juill. 1980, n° 79-12.528, *Bull. civ.* I, n° 223; *JDI* 1981, p. 75, note Simon-Depitre; *JCP* 1982, II, 19717, note Courbe.
10. COMP. Civ. 1re, 11 juill. 2006, n° 04-20.405, n° 05-19.231, 2 esp., *Bull. civ.* I, n° 374 et n° 375; *Gaz. Pal.* 15-16 sept. 2006, p. 2, avis Sainte-Rose; *AJ fam.* 2006, 460, obs. Boiché; *RJPF* 2006-11/22, p. 21, obs. Garé; *Gaz. Pal.* 29 avr.-3 mai 2007, n° 119-123, jur 27 (1re esp.), note Niboyet; *D.* 2007, pan. 608, obs. Serra et Williatte-Pellitteri; *Procédures* 2007, comm. 190, obs. Nourissat.

domicile sur le territoire français ». Il convient de se placer au jour d'introduction de la demande, **au jour donc du dépôt de la requête initiale**[1], pour apprécier s'ils ont le domicile de chacun des époux sur le territoire français[2]. S'agissant de la détermination du domicile des époux, l'arrêt *Tarwid* de la Cour de cassation avait énoncé que « *le domicile correspond à un établissement effectif révélant une intégration au milieu local* »[3]. Depuis la réforme de 1975, la Cour de cassation a régulièrement réaffirmé que l'existence du domicile des époux est laissée à **l'appréciation souveraine des juges** du fond. L'élément matériel du domicile de l'épouse, par exemple, peut être souverainement établi « *par la possession d'un certificat de résidence au lieu du domicile commun, et par le fait qu'il n'était pas établi que la femme ait abandonné ce domicile au jour du dépôt de sa requête en divorce et de sa présentation devant le magistrat conciliateur* »[4].

423.304 Article 309 du Code civil, 3e hypothèse. La loi française est compétente, troisième hypothèse, « *lorsqu'aucune loi étrangère ne se reconnaît compétence, alors que les tribunaux français sont compétents pour connaître du divorce ou de la séparation de corps* ». Il convient dès lors de porter le regard vers l'étranger. En fonction de l'état d'avancement de la procédure, il peut être nécessaire de rouvrir les débats afin que les parties s'expliquent contradictoirement sur la loi applicable à l'action en divorce, et en particulier sur l'application de la loi étrangère[5]. Partant des éléments d'extranéité présents, l'on connaît les ordres juridiques étrangers intéressés qu'il convient d'interroger pour savoir s'ils acceptent de régir le divorce soumis au juge français. La première difficulté est donc d'établir le **contenu du droit international privé étranger intéressé pour déterminer s'il se déclare compétent**. La charge de la preuve du droit international privé étranger pèse, en première instance, sur les épaules du **juge aux affaires familiales** qui peut toutefois inviter les parties à l'aider.

C'est que rappelle la Cour de cassation lorsqu'elle casse la décision qui pour désigner la loi française applicable retient que l'épouse n'excipe aucune disposition de la loi allemande se reconnaissant compétente pour connaître du divorce sans jamais remettre en cause l'application de la loi française, tout au long de la procédure[6].

Trois hypothèses sont alors envisageables.

Si **aucune loi étrangère ne se reconnaît compétence** pour connaître du divorce (hypothèse du conflit négatif), la **loi française** est **applicable.**

Si **une des lois étrangères en présence se reconnaît compétence** pour connaître du divorce, la loi française ne peut pas être appliquée : seule la loi étrangère est applicable (entre deux époux étrangers[7]; entre un époux français et un époux étranger[8]).

La difficulté surgit si **deux lois étrangères se reconnaissent compétentes pour connaître du divorce.** C'est l'hypothèse du **conflit positif.** Elle n'a semble-t-il jamais été soumise à la Cour de cassation. Selon Jean Foyer, la solution pratique serait de **préférer celle des lois étrangères** en présence **qui aura le plus de chance de régir effectivement les parties,** « *disons pratiquement celle sur le territoire de laquelle sont appelés à se produire les effets principaux du divorce.* »[9].

Certains juges ont préféré, plus ou moins adroitement, en revenir dans une telle hypothèse à l'application de la loi française[10]. Le retour dans le giron du droit français pourrait plus certainement s'appuyer sur la **vocation subsidiaire de la loi française.** Précisons, pour conclure, que l'**interprétation de la règle de conflit étrangère** semble relever, sauf dénaturation, du **pouvoir souverain des juges du fond.**

1. COMP. Civ. 1re, 11 juill. 2006, n° 04-20.405, n° 05-19.231, 2 esp., *Bull. civ.* I, nos 374 et 375; *Gaz. Pal.* 15-16 sept. 2006, p. 2, avis Sainte-Rose; *AJ fam.* 2006, 460, obs. Boiché; *RJPF* 2006-11/22, p. 21, obs. Garé; *Gaz. Pal.* 29 avr.-3 mai 2007, n° 119-123, jur 27 (1re esp.), note Niboyet; *D.* 2007, pan. 608, obs. Serra et Williatte-Pellitteri; *Procédures* 2007, comm. 190, obs. Nourissat.
2. Civ. 1re, 17 juill. 1980, n° 79-12.528, *Bull. civ.* I, n° 223; *JDI* 1981, p. 75, note Simon-Depitre; *JCP* 1982, II, 19717, note Courbe – Civ. 1re, 11 janv. 1983, n° 81-15.602, *Bull. civ.* I, n° 12; *JCP* 1983, II, 19939, concl. Gulphe – Civ. 1re, 21 janv. 1992, n° 90-16.394, NPT; *Defrénois* 1992, p. 1052, note Massip.
3. Civ. 1re, 15 mai 1961, n° 59-12.715, Tarwid, *D.* 1961, J. 437, 3e esp., note Holleaux; *JDI* 1961, p. 734, note Goldman; *D.* 1963, chron. 153, note Malaurie.
4. Civ. 1re, 11 janv. 1983, n° 81-15.602, *Bull. civ.* I, n° 12, préc. ss prést n°.
5. CA Lyon, 2e civ., 24 janv. 2006, *JCP* 2006, IV, 2659 – V. AUSSI, Civ. 1re, 12 déc. 2006, n° 04-18.424, *Bull. civ.* I, n° 540; *Defrénois* 2007, p. 786, note Massip.
6. Civ. 1re, 4 juin 2009, nos 08-11.872 et 08-14.309, 2 esp., *Bull. civ.* I, n° 112; *Dr. fam.* 2009, comm. 96, note Farge; *D.* 2009, 1695, obs. Gallmeister; *RJPF* 2009-10/20, p. 21, obs. Garé; *Gaz. Pal.* 7 nov. 2009, n° 311, p. 23, note Eppler; *JDI* 2010, comm. 7, note Fohrer-Dedeurwaerder – Civ. 1re, 3 mars 2010, n° 09-13.723, *Bull. civ.* I; *AJ fam.* 2010, 232, obs. Boiché.
7. Civ. 1re, 25 mai 1987, n° 85-16.578, *Bull. civ.* I, n° 168; *JCP* 1988, II, 20976, note Courbe; *Rev. crit. DIP* 1988, 60, note Lequette; *JDI* 1987, p. 927, note Gaudemet-Tallon.
8. Civ. 1re, 13 oct. 1992, n° 90-19.903, *Bull. civ.* I, n° 246; *D.* 1993, J. 85, note Courbe; *D.* 1993, somm. 351, obs. Audit; *JCP* 1993, II, 22036, note Béhar-Touchais; *Rev. crit. DIP* 1993, 41, note Lagarde; *JDI* 1993, p. 97, note Lequette.
9. J. Foyer, « Tournant et retour aux sources en droit international privé ? (l'article 310 nouveau du Code civil) », *JCP* 1976, I, 2762, n° 26.
10. CA Versailles, 23 oct. 1979, *Rev. crit. DIP* 1980, 568, 2e esp., note Lequette. L'arrêt invoque le fait que « les parties n'avaient pas respectivement revendiqué dans leurs écritures l'application de leur loi nationale ».

423.305 **Un règlement de l'Union européenne ?** Selon la Commission européenne, le pourcentage actuel des divorces de couples internationaux dans l'Union européenne serait d'environ 19 %. Éludant la question de la compétence de l'Union en la matière, la Commission « *propose* [pour ces couples] *l'instauration de règles de conflit harmonisées en matière de divorce et de séparation de corps fondées avant tout sur le choix des conjoints. Le choix est limité aux lois avec lesquelles les conjoints ont des liens étroits en raison de leur dernière résidence habituelle commune si l'un deux y réside toujours, de la nationalité de l'un des conjoints ou de leur résidence habituelle précédente, et à la loi du* for. » (proposition règl. [CE], mod. règl. [CE] n° 2201/2003 en ce qui concerne la compétence et instituant des règles relatives à la loi applicable en matière matrimoniale présentée par la Commission le 17 juill. 2006)[1]. La Commission tire argument du fait que **l'absence d'unification des règles de conflit de lois en matière matrimoniale** induit une « *course au divorce* ». Mais, comme l'a fait observer la Cour de justice des communautés européennes, c'est **l'unification des règles de conflit de juridictions** qui est à l'origine de ce *forum shopping* **du divorce** : « *le règlement n° 2201/2003, dans la mesure où il ne réglemente que la compétence judiciaire, mais n'édicte pas de règles de conflit de lois, paraît certes susceptible* [...] *d'inciter les époux à saisir rapidement l'une des juridictions compétentes afin de s'assurer les avantages du droit matériel du divorce applicable en vertu du droit international privé du* for »[2]. Le *forum shopping* induit par l'unification des règles de compétence par le règlement Bruxelles II *bis* justifie donc l'unification des règles de conflit de lois en matière de divorce... Dans le cadre d'une coopération renforcée entre certains États membres, un règlement de l'Union européenne pourrait être prochainement adopté sur la loi applicable à la dissolution du mariage[3]. Une proposition de règlement est d'ores et déjà disponible[4].

1. Prop. règl. (CE), modifiant le règl. (CE) n° 2201/2003 en ce qui concerne la compétence et instituant des règles relatives à la loi applicable en matière matrimoniale présentée par la Commission le 17 juill. 2006, COM (2006) 399 final, p. 9 – Pour une présentation, parfois CRITIQUE, v. not. F. R. Paulino, « Rome III : la compétence juridictionnelle et la loi applicable en matière matrimoniale », *RMCUE* 2007, n° 509, p. 390 – E. Gebhardt, « La proposition de règlement concernant la compétence et la loi applicable en matières matrimoniales », *L'Observateur de Bruxelles* 2008, n° 71, p. 26 – G. Lardeux, « La révision du règlement Bruxelles II *bis* : perspectives communautaires sur les désunions internationales », *D.* 2008, 795 – V. AUSSI, C. Nourissat, « Sur l'élaboration d'une source perturbatrice : à propos du droit international privé communautaire », *D.* 2007, 1098; *Procédures* 2007, comm. 191.
2. CJCE 16 juill. 2009, aff. C-168/08, Hadadi, pt 57, préc. s[s] n°s 423.61 (avec les références), 423.73 et 423.104.

B. Éviction de la loi applicable

423.311 **Ordre public (hypothèses).** La loi étrangère compétente en vertu de la troisième hypothèse de l'article 309 du Code civil est écartée chaque fois que son application conduit à un **résultat contraire à l'ordre public français en matière internationale.**

423.312 **Lois plus restrictives.** La Cour de cassation, à l'image de la Cour européenne des droits de l'homme[5], a jugé qu'**il n'existe pas un droit de divorcer au nom de l'ordre public français en matière internationale**[6]. Ainsi la Cour de cassation a-t-elle affirmé que l'ordre public français en matière internationale ne s'oppose pas à l'application à la demande en divorce de deux époux de nationalités différentes d'une loi étrangère qui ignore l'institution du divorce sans interdire tout moyen de mettre fin à la vie commune[7]. Si la loi étrangère interdite le divorce, il suffit donc qu'elle autorise la séparation de corps[8] et, à l'inverse, si la loi étrangère interdit la séparation de corps, il suffit qu'elle autorise le divorce[9]. L'essentiel est que la loi étrangère ne prohibe pas les deux. Un arrêt a toutefois écarté, semble-t-il au moyen de l'**ordre public de proximité**, la loi espagnole normalement compétente car elle interdisait le divorce à une Française domiciliée en France[10]. Pour certains, l'arrêt pose « *dans les relations internationales les prémices d'un*

3. Comm. UE, communiqué de presse, 24 mars 2010, IP/10/347.
4. Prop. règl. (UE) du Conseil, mettant en œuvre une coopération renforcée dans le domaine de la loi applicable au divorce et à la séparation de corps présentée par la Commission le 30 mars 2010, COM (2010) 105 final/2.
5. CEDH 18 déc. 1986, req. n° 9697/82, série A, n° 112, Johnston et a. c/Irlande, *AFDI* 1987, p. 239, note Coussirat-Coustère; *JDI* 1987, p. 812, obs. Rolland; *Cah. dr. eur.* 1988, p. 464, note Cohen-Jonathan.
6. Civ. 1re, 15 mai 1963, n° 59-13.468, Patiño, *Bull. civ.* I, n° 258; *Rev. crit. DIP* 1964, 532, note Lagarde; *JDI* 1963, 1016, note Malaurie; *JCP* 1963, II, 13365, note Motulsky; *GADIP*, n° 38 – Civ. 1re, 3 nov. 1977, n° 76-12.287, *Bull. civ.* I, n° 405; *JDI* 1978, p. 587, note Alexandre; *Rev. crit. DIP* 1979, 395, 1re esp., note Loussouarn – CA Paris, 11 juill. 1978, *JDI* 1979, p. 601, note Alexandre – CA Paris, 16 févr. 1979, *Rev. crit. DIP* 1980, 568, 1re esp., note Lequette.
7. Civ. 1re, 10 juill. 1979, n° 78-12.956, *Bull. civ.* I, n° 204; *JDI* 1980, p. 310, note Audit; *Rev. crit. DIP* 1980, 91, note Gaudemet-Tallon; *D.* 1980, IR 333, obs. Audit.
8. V. NOT., CA Paris, 2 déc. 2004, *Dr. et patr.* avr. 2005, p. 105, obs. Monéger.
9. Civ. 8 nov. 1977, *JDI* 1978, p. 587, note Alexandre; *Rev. crit. DIP* 1979, 395, 1re esp., note Loussouarn.
10. Civ. 1re, 1er avr. 1981, n° 79-13.959, De Itturald, *Bull. civ.* I, n° 117; *JDI* 1981, p. 812, note Alexandre; *D.* 1982, IR 69, obs. Audit; *Defrénois* 1982, art. 32832, p. 353, note Massip.

droit au divorce »[1]. Mais, depuis 2004, a été consacré, à côté du **divorce-sanction** (le divorce pour faute) et du **divorce-remède** (le divorce par consentement mutuel et le divorce accepté), un **divorce-faillite** (le divorce pour altération définitive du lien conjugal). Cette libéralisation du divorce en droit interne conduit à envisager, au nom de l'ordre public français en matière internationale, la reconnaissance d'un droit au divorce qui interdirait de faire application de la loi étrangère qui prohibe le divorce. De telles lois existent encore dans quelques pays : « *à Andorre, en République dominicaine, à Malte, aux Philippines, dans certains États islamiques pour les minorités chrétiennes et bien sûr au Vatican* »[2]. L'ordre public français en matière internationale pourrait être opposé à la loi maltaise ou à la loi syrienne, qui ne connaît pas le divorce, dès lors que l'un au moins des époux réside habituellement en France[3]. Plus exigeante, une doctrine autorisée considère « *que la jurisprudence traditionnelle* [...] *devrait être remise en cause, parce qu'elle ne correspond plus à la mentalité dominante dans nos sociétés contemporaines. Il s'ensuit qu'une loi étrangère ignorant le divorce devrait être évincée par le juge saisi au nom de l'ordre public. Dans le même sens, s'il fallait appliquer aujourd'hui des lois étrangères dont la combinaison, dans les circonstances analogues à celle de l'affaire* Patino [...], *aurait "pour résultat l'impossibilité à la fois et du divorce et de la séparation de corps" (Civ. 1re, 15 mai 1963, préc.), le juge saisi devrait déclarer recevable une demande en divorce, et non en séparation de corps, par substitution de la loi du for aux droits étrangers écartés au nom de l'ordre public. Par voie de conséquence, il s'en déduit que la jurisprudence* Itturalde de Pedro [...], *presque trentenaire, qui avait fait intervenir l'ordre public de proximité, paraît également caduque.* »[4]

423.313 Lois plus permissives. Les évolutions récentes du droit français du divorce, en autorisant par exemple le divorce-faillite, ont réduit d'autant les cas éventuels d'intervention de l'ordre public français en matière internationale. Certaines lois étrangères prévoient toute de même des cas de dissolution du mariage qui n'ont aucun équivalent dans le droit interne français. Il s'agit principalement de **droits d'inspiration religieuse** qui, à l'image du droit marocain ou du droit algérien, autorisent la **répudiation discrétionnaire**, également dite **unilatérale**, de l'épouse. Lorsqu'une telle loi est applicable en vertu de l'article 309 du Code civil, un mari peut-il demander au juge français de prononcer la répudiation de son épouse ou d'homologuer l'acte de répudiation ? Une réponse négative s'impose. La justification peut être trouvée dans la **contrariété manifeste à l'ordre public français en matière internationale**[5]. Elle peut également être trouvée dans « *le caractère juridictionnel que revêt en France la dissolution du mariage et l'incompétence qui en découle des autorités étrangères pour prononcer ou constater dans notre pays cette dissolution par voie de répudiation* »[6]. Comme le réserve une doctrine autorisée, « *on peut simplement se demander si le juge français directement saisi consentirait à appliquer une loi étrangère admettant la répudiation au cas d'une répudiation acceptée par la femme, cette hypothèse pouvant être rapprochée d'un divorce par consentement mutuel* »[7].

423.314 Lois instaurant une différence de traitement. Certaines lois étrangères répartissent les cas de divorce en fonction du sexe de l'époux demandeur. Par exemple, en droit marocain, le divorce-sanction ne peut être demandé que par l'épouse (C. fam. marocain, art. 98), le mari se voyant notamment reconnaître pour sa part la faculté de la répudier. Une telle loi, parce qu'elle introduit une **différence de traitement fondée sur le sexe**, est-elle compatible avec les exigences de l'ordre public français en matière internationale ? La jurisprudence, peu nombreuse, n'est pas clairement fixée.

Un arrêt ancien de la cour d'appel de Paris avait opposé l'ordre public à une loi étrangère (camerounaise, en l'espèce) qui permettait au mari d'invoquer l'adultère de la femme alors qu'elle interdisait à cette dernière d'en faire autant[8]. Pour la cour d'appel de Paris[9], si la loi marocaine interdit au mari de réclamer le divorce pour faute, elle n'est pas pour autant contraire à l'ordre public français en matière internationale puisqu'elle lui permet de demander en France le divorce pour raison de discorde

1. Malaurie et Fulchiron, n° 532.
2. Niboyet obs. ss l'arrêt du *Bundesgerichtshof*, 11 oct. 2006 (disponibles sur le site internet de la Société de législation comparée : www.slc-dip.com).
3. comp. *Bundesgerichtshof*, 11 oct. 2006, préc. ss prést n°.
4. Civ. 1re, 9 janv. 2008, n° 06-19.659, *Bull. civ.* I, n° 2; *JDI* 2008, comm. 11, spéct 2.A, note Courbe; *RLDC* 2009, n° 3116, spéct n° 10, note Meyzeaud-Garaud (plus réservée).
5. CA Paris, 23 janv. 2003, RG n° 2002/12456 – Comp. CA Montpellier, 14 janv. 2003, RG n° 01/3938.
6. Loussouarn, Bourel et De Vareilles-Sommières, n° 329-1, et réf. cit.
7. J.-Cl. Internat, H. Gaudemet-Tallon, fasc. 547-20 (Divorce prononcé en France – loi applicable), n° 87.
8. CA Paris, 28 juin 1973, *Rev. crit. DIP* 1974, 505, note Foyer; *JDI* 1974, 120, note Kahn.
9. CA Paris, 2 déc. 2004, *Dr. et patr.* avr. 2005, p. 105, obs. Monéger – comp. CA Lyon, 11 déc. 2008, RG n° 07/01701, *Juris-Data* n° 2008-006620 (qui déclare irrecevable la demande de divorce du mari fondée sur l'art. 237 du Code civil français au motif que la loi marocaine, normalement compétente, n'est pas contraire à l'ordre public) – *contra*, CA Paris, 2 avr. 2008, RG n° 07/21452, *Juris-Data* n° 2009-359971.

(C. fam. marocain, art. 94 s.) et le divorce par consentement mutuel (C. fam., art. 114). Pour d'autres cours d'appel[1], la loi marocaine interdisant au mari de réclamer le divorce pour faute est manifestement incompatible avec l'ordre public puisque l'inégalité de droits créée dans la dissolution du lien matrimonial procède d'une distinction opérée suivant le sexe des époux.

Ces arrêts sont intéressants en ce qu'ils renversent les perspectives habituelles et appliquent le principe d'égalité des époux lors de la dissolution du mariage (reconnu par l'article 5 du protocole du 22 novembre 1984, n° 7, additionnel à la Convention européenne des droits de l'homme) en faveur du mari. Moins convaincantes, certaines décisions tirent argument du fait que la loi étrangère ne prévoit « *pas de compensation financière au profit de l'épouse en cas de divorce* » pour la déclarer globalement contraire à l'ordre public français en matière internationale[2]. Un tel raisonnement ne convainc pas car c'est confondre **dissolution du mariage** et **compensation du divorce** : la contrariété à l'ordre public sur la question de la compensation est sans incidence sur la question de la dissolution. D'une part, l'intervention de la loi française au nom de l'ordre public ne se fait que dans toute la mesure où l'application de celle-ci est indispensable[3]. D'autre part, s'il peut y avoir extension du domaine d'intervention de la loi française, c'est aux questions qui sont le corollaire nécessaire de la question soustraite à la loi étrangère[4].

423.315 Ordre public (double effet) : éviction de la loi étrangère et substitution de la loi française. L'ordre public français en matière internationale a un double effet : un effet d'éviction de la loi étrangère et un effet de substitution de la loi française. Quant à l'ampleur de la **substitution**, elle est **totale** en ce sens que l'intervention de l'ordre public conduit nécessairement à faire basculer tout le divorce de la loi étrangère vers la loi française : **demande principale** et **demande reconventionnelle** seront étudiées au regard du droit interne français. Il serait en effet étrange de prétendre écarteler le divorce entre la loi française (demande principale) et la loi étrangère (demande reconventionnelle).

1. CA Douai, 30 avr. 2003, RG n° 01/6335 – CA Douai, 14 janv. 2004, n° 01/03123 – Comp., CA Bordeaux, 11 juin 2003, RG n° 00/01923.
2. CA Lyon, 19 mars 2009, RG n° 06/06365, *Juris-Data* n° 2009-007235.
3. COMP. Civ. 8 nov. 1943, Fayeulle, *JCP* 1944, II, 2522, note PLP; *D.* 1944, 65, note Savatier; *Rev. crit. DIP* 1946, 273, note Batiffol.
4. Civ. 15 mai 1963, Patiño, *GADIP*, n° 38; *JCP* 1963, II, 13365, note Motulsky; *Rev. crit. DIP* 1964, 532, note Lagarde.

§ 2
Détermination de la loi applicable à la compensation du divorce

423.320 Division. La question de la détermination de la loi applicable à la pension alimentaire consécutive à la désunion est réglée par la convention de La Haye du 2 octobre 1973. Son applicabilité (A) et son application appellent quelques précisions (B). Ces solutions seront dans un avenir proche remises en cause par la mise en application du règlement (CE) n° 4/2009 du 18 décembre 2008 relatif à la compétence, la loi applicable, la reconnaissance et l'exécution des décisions et la coopération en matière d'obligations alimentaires (C).

A.
Applicabilité de la convention de La Haye du 2 octobre 1973

423.321 Applicabilité matérielle. La convention de La Haye du 2 octobre 1973 s'applique « *aux obligations alimentaires découlant de relations de famille, de parenté, de mariage ou d'alliance, y compris les obligations alimentaires envers un enfant non légitime* » (conv. La Haye, 2 oct. 1973, art. 1er), c'est-à-dire à toutes les obligations alimentaires familiales. Comme pour le règlement Bruxelles I, il serait possible de douter qu'une prestation compensatoire puisse être assimilée à une pension alimentaire. Toutefois, pour les besoins des règles du droit international privé, la Cour de cassation a jugé que **la prestation compensatoire est une obligation alimentaire au sens de la convention** du 2 octobre 1973[5]. Le juge français peut ainsi, sans hésitation, faire application de la convention de La Haye pour déterminer la loi applicable à une demande de prestation compensatoire qui lui serait soumise par un époux.

423.322 Applicabilité temporelle. La convention est entrée en vigueur en France le 1er octobre 1977 et s'applique aux aliments réclamés pour la période postérieure à cette date (conv. La Haye, 2 oct. 1973, art. 12).

423.323 Applicabilité spatiale. Dérogeant à la règle de l'article 55 de la Constitution, la loi désignée par la convention « *s'applique indépendamment de toute condition de réciprocité, même s'il s'agit de la loi d'un État non contractant* » (conv. La Haye, 2 oct. 1973, art. 4). C'est dire que la convention a une **vocation universelle.**

5. Civ. 1re, 7 nov. 1995, n° 94-10.447, *Bull. civ.* I, n° 391; *D.* 1996, 170, obs. Audit.

Elle s'applique par exemple dans le cadre d'une procédure de divorce opposant en France deux époux marocains alors que le Maroc n'est pas un État contractant à la convention[1].

B. Application de la convention de La Haye du 2 octobre 1973

423.331 **Mesures provisoires.** Il est fréquent que pendant la procédure l'époux sans ressources, généralement la femme, demande à bénéficier d'une **pension alimentaire** pour subvenir à ses besoins. La loi applicable à la pension alimentaire provisoire est désignée par les articles 4 à 6 de la convention qui proposent des rattachements en cascade. L'article 4 prévoit que la loi interne de la **résidence habituelle du créancier d'aliments** régit les obligations alimentaires. En cas de changement de la résidence habituelle du créancier, la loi interne de la nouvelle résidence habituelle s'applique à partir du moment où le changement est survenu. Par créancier d'aliments, il faut entendre « *celui qui prétend à des aliments, le débiteur étant celui à qui des aliments sont réclamés* »[2]. Quant à la notion de résidence habituelle, si la convention ne la définit pas, « *elle doit être comprise comme une notion de pur fait, distincte notamment du domicile* »[3]. À titre subsidiaire, si le créancier ne peut pas obtenir d'aliments en vertu de la loi désignée par l'article 4, l'article 5 déclare applicable la **loi nationale commune**. À titre très subsidiaire, si le créancier ne peut pas obtenir d'aliments du débiteur en vertu des lois visées aux articles 4 et 5, l'article donne compétence à la **loi interne de l'autorité saisie**. C'est dire que le juge français fait généralement application de la loi française pour statuer sur la demande de pension alimentaire provisoire puisque, dans l'immense majorité des cas, l'époux demandeur réside habituellement en France[4].

423.332 **Compensation du divorce.** Par dérogation à la règle générale des articles 4 à 6, la loi appliquée au divorce régit, dans l'État contractant où celui-ci est prononcé ou reconnu, les obligations alimentaires entre époux divorcés et la révision des décisions relatives à ces obligations (conv. La Haye, 2 oct. 1973, art. 8, al. 1er). Cette règle s'applique également aux cas de séparation de corps, de nullité ou d'annulation du mariage (conv. La Haye, 2 oct. 1973, art. 8, al. 2). L'article 8 régit donc trois hypothèses différentes : les **obligations entre époux divorcés**, celles **entre époux séparés de corps** et celles **entre époux dont le mariage a été annulé**. Pour n'envisager que le divorce, la loi appliquée au principe du divorce régit également la question de l'**obligation alimentaire entre les ex-époux**[5]. Cette loi interne s'applique tant à **l'octroi** d'une pension alimentaire qu'à une **révision** ultérieure. La règle vaut que le divorce soit prononcé en France ou que, prononcé à l'étranger et reconnu en France, le juge français soit uniquement saisi d'une action en modification de la pension alimentaire[6]. La Cour de cassation a jugé que « *l'interdiction de réviser au fond une décision étrangère ne concerne que l'instance en* exequatur *et ne fait pas obstacle aux pouvoirs que le juge aux affaires matrimoniales tient de l'article 247, alinéa 4, du Code civil dans le cadre d'une instance en modification, pour l'avenir, des mesures initialement prises* »[7]. Les conditions de la révision de la pension alimentaire, telle l'exigence de faits nouveaux, sont définies par la loi appliquée au principe du divorce[8].

423.333 **Ressources des époux.** Qu'il s'agisse de l'octroi ou de la révision d'une pension alimentaire, il n'est pas rare que le juge et l'époux créancier rencontrent des difficultés pour obtenir des **informations sur le patrimoine de l'époux défendeur**. Ces difficultés s'accentuent en matière internationale chaque fois que l'époux débiteur possède des biens ou des avoirs à l'étranger. Le droit de l'Union européenne (règl. [CE] n° 1206/2001, 28 mai 2001, relatif à la coopération entre juridictions des États membres dans le domaine de l'obtention de preuve en matières civile et commerciale) et le droit conventionnel (conv. La Haye, 18 mars 1970 sur l'obtention des preuves à l'étranger en matière civile ou commerciale) offrent des **outils performants** dont la pratique doit se saisir[9].

423.334 **Éviction de la loi compétente (ordre public).** La convention prévoit que l'application de

1. V. NOT., Civ. 1re, 28 nov. 2006, n° 04-11.520, *Bull. civ.* I, n° 524 ; *D.* 2007, 280, note Devers ; *AJ fam.* 2007, 86, obs. Boiché ; *RLDC* 2007, n° 2408, obs. Ansault ; *RJPF* 2007-2/17, p. 19, obs. Garé.
2. M. Verwilghen, « Rapport explicatif sur les Conventions-Obligations alimentaires de 1973 », *Actes et documents de la Douzième session*, 1972, t. IV, Obligations alimentaires, p. 432, spéct p. 440-441, n° 137.
3. M. Verwilghen, rapp. préc., p. 440, n° 137.
4. CA Rouen, 16 avr. 2009, RG n° 08/00771, *Juris-Data* n° 2009-003175 – CA Paris, 24 juin 2004, RG n° 03/15739, *Juris-Data* n° 2004-246060.
5. *CONTRA*, CA Bastia, 30 sept. 2009, RG n° 08/00914, *Juris-Data* n° 2009-011198 (qui déclare applicable la loi française à la demande de suppression de la pension alimentaire accordée sur la base du droit marocain).
6. M. Verwilghen, rapp. préc., p. 450, n° 158-160 – Civ. 1re, 3 mars 2010, n° 09-13.599, NP.
7. Civ. 1re, 25 mai 1992, n° 90-19.869, *Bull. civ.* I, n° 157.
8. V. NOT., CA Pau, 28 nov. 2005, *Juris-Data* n° 2005-30-4502.
9. A. Boiché, « Divorce et transparence. Trouver les biens du conjoint lorsqu'ils sont à l'étranger », *AJ fam.* 2009, 380.

la loi déclarée compétente « *ne peut être écartée que si elle est manifestement incompatible avec l'ordre public* » (conv. La Haye, 2 oct. 1973, art. 11). Il est difficile de savoir à partir de quand une loi étrangère est « *manifestement incompatible* » avec l'ordre public français en matière internationale. Une contrariété avec l'ordre public français en matière internationale peut être retenue lorsque la **loi étrangère ne permet pas l'octroi d'une pension alimentaire** alors que la loi française, dans la même hypothèse, le permettrait.

En ce sens, la Cour de cassation a jugé qu'est manifestement incompatible avec l'ordre public français, la loi étrangère (en l'espèce, marocaine) « *qui ne prévoit ni prestation compensatoire, ni pension alimentaire pour l'épouse, ni dommages-intérêts pour celle-ci en cas de divorce* »[1]. Confirmant cette analyse, dans un arrêt de 1995, elle a considéré qu'est manifestement incompatible avec l'ordre public français la loi étrangère (en l'espèce, marocaine) qui « *prive la femme de tout secours pécuniaire bien que le divorce ne soit pas prononcé à ses torts* »[2]. Plus délicate est « *la question de savoir si la loi étrangère moins "généreuse" que la* lex fori *peut être écartée, par appel à la notion d'ordre public, au bénéfice de celle-ci. Dans la pratique du droit international privé de nombreux pays, le droit du* for *est toujours considéré comme le minimum de ce qui est dû à tout créancier. Accepté tel quel, ce système irait à l'encontre de l'esprit de la convention, dont la plupart des clauses deviendraient lettre morte* »[3]. La Cour de cassation semble toutefois s'être affranchie de l'approche nuancée qui prônait le rapport Verwilghen. Dans un arrêt récent, la Cour de cassation a considéré, par appel à l'ordre public, que la loi française peut être substituée à la loi étrangère qui ne permet pas, *in concerto*, d'allouer à l'épouse « *une allocation suffisante après le divorce* »[4].

L'on peut regretter que l'arrêt rapporté ne mentionne pas le **montant des droits alimentaires en conflit**, montant de la pension alimentaire à laquelle l'épouse pouvait prétendre pendant la période de viduité en vertu du droit marocain et montant du capital qui lui a été accordé en application du droit français. Il n'est pas interdit de penser qu'une loi étrangère qui accorde une pension alimentaire moindre que la prestation compensatoire à laquelle pourrait prétendre l'épouse en application du droit français n'est pas toujours **manifestement** contraire à l'ordre public français en matière internationale. Elle le sera évidemment lorsqu'elle ne permet d'allouer à l'épouse qu'une allocation dérisoire après le divorce[5]. Par analogie avec la solution forgée pour l'enfant naturel, il serait possible de considérer que la loi étrangère n'est pas manifestement contraire à la conception française de l'ordre public lorsqu'elle permet d'allouer à l'épouse « *les subsides qui lui sont nécessaires* »[6].

423.335 **Loi marocaine.** Les arrêts qui recourent à l'ordre public en matière alimentaire avaient le plus souvent à faire application de la loi marocaine[7]. Il n'est pas certain que cette jurisprudence soit encore d'actualité. En effet, le nouveau Code de la famille marocain entré en vigueur le 5 février 2004 a sensiblement amélioré le sort de l'épouse[8]. Désormais, dans le cadre par exemple d'une demande de divorce pour manquement à l'une des conditions stipulées dans l'acte de mariage (C. fam. marocain, art. 99), l'épouse peut obtenir une indemnité due au titre du préjudice qu'elle subit du fait de la rupture (C. fam. marocain, art. 101). Le guide pratique du Code de la famille établi par le ministère de la Justice marocain[9] précise que « *l'appréciation de l'indemnité relève du pouvoir du tribunal qui doit, lors de sa détermination, prendre en considération l'étendue du dommage subi et son effet sur la personne de la femme divorcée* »[10]. Dans cet esprit, une cour d'appel a jugé que, l'article 101

1. Civ. 1re, 16 juill. 1992, n° 91-11.262, *Bull. civ.* I, n° 229; *JCP* 1993, II, 22138, note Déprez; *Rev. crit. DIP* 1993, 269, note Courbe; *D.* 1993, 476, note Saïdi; *Defrénois* 1993, p. 292, note Massip.
2. Civ. 1re, 7 nov. 1995, n° 94-10.447, *Bull. civ.* I, n° 391; *D.* 1996, 170, obs. Audit – EN CE SENS, V. AUSSI : CA Aix-en-Provence, 10 mai 1998, *JDI* 1999, p. 316, note Bencheneb – CA Toulouse, 2e ch. civ., 6 févr. 2001, RG n° 1999/05831 – CA Amiens, ch. fam., 14 avr. 2004, arrêt n° 310.
3. Rapp. Verwilghen, rapp. préc., p. 457, n° 175.
4. Civ. 1re, 28 nov. 2006, n° 04-11.520, *Bull. civ.* I, n° 524; *D.* 2007, 280, note Devers; *AJ fam.* 2007, 86, obs. Boiché; *RLDC* 2007, n° 2408, obs. Ansault; *RJPF* 2007-2/17, p. 19, obs. Garé.
5. COMP. Civ. 1re, 3 juill. 2001, n° 00-11.968, *Bull. civ.* I, n° 199; *Rev. crit. DIP* 2001, 704, note Gannagé; *JDI* 2002, p. 182, note Kahn; *D.* 2001, J. 3378, note Niboyet; *JCP* 2002, II, 10039, note Vignal.
6. COMP. Civ. 1re, 3 nov. 1988, n° 87-11.568, *Bull. civ.* I, n° 298; *Rev. crit. DIP* 1989, 495, note Foyer; *JDI* 1989, p. 703, note Monéger.
7. Civ. 1re, 16 juill. 1992, n° 91-11.262, *Bull. civ.* I, n° 229; *JCP* 1993, II, 22138, note Déprez; *Rev. crit. DIP* 1993, 269, note Courbe; *D.* 1993, 476, note Saïdi; *Defrénois* 1993, p. 292, note Massip – Civ. 1re, 7 nov. 1995, n° 94-10.447, *Bull. civ.* I, n° 391; *D.* 1996, 170, obs. Audit – Civ. 1re, 28 nov. 2006, n° 04-11.520, *Bull. civ.* I, n° 524; *D.* 2007, 280, note Devers; *AJ fam.* 2007, 86, obs. Boiché; *RLDC* 2007, n° 2408, obs. Ansault; *RJPF* 2007-2/17, p. 19, obs. Garé – CA Bastia, 26 mars 2008, RG n° 06/00949, *Juris-Data* n° 2008-360939.
8. Dahir n° 1-04-22, 12 hija 1424 (3 févr. 2004), portant promulgation de la loi n° 70-03 portant Code de la famille, *Bulletin officiel* n° 5358, 2 ramadan 1426 (6 oct. 2005), p. 667 (en langue française); *Bulletin officiel* n° 5184, 14 hija 1424 (5 févr. 2004), p. 418 (en langue arabe) – Sur lequel, V. NOT. A. Sarehane, « Le nouveau Code marocain de la famille », *Gaz. Pal.* 2004, doctr. 2792.
9. www.justice.gov.ma/index_fr.aspx
10. *Guide prat. du Code de la famille marocain*, min. Justice marocain, p. 73.

prévoyant désormais l'indemnisation du préjudice de l'épouse, « *les dispositions relatives au divorce de la loi marocaine ne heurtent pas l'ordre public français et doivent s'appliquer à la désunion et à ses effets* »[1]. Saisie d'une demande de prestation compensatoire (de 10 000 euros) au nom de l'ordre public français en matière internationale, cette juridiction a accordé à l'épouse une indemnité (de 5 000 euros) au titre de l'article 101 du nouveau Code de la famille marocain. Dès lors que « *l'appréciation de l'indemnité relève du pouvoir du tribunal* » saisi, il semble que l'ordre public français en matière internationale ne s'oppose plus à l'application de la loi marocaine compétente[2]. Ce reflux de l'ordre public français en matière internationale serait, pour certains, en germe dans l'arrêt de la Cour de cassation du 28 novembre 2006[3]. Cette analyse semble se confirmer.

Dans une affaire récente, pour accorder à l'épouse une prestation compensatoire en application du droit français, la cour d'appel avait relevé que la loi marocaine ne permettait pas d'accorder à l'épouse une allocation suffisante après le divorce de sorte qu'elle était, sur ce point, contraire à l'ordre public français. L'arrêt est censuré par la Cour de cassation au motif qu'il n'a pas analysé « *les termes du nouveau Code marocain désigné par l'article 8 de la Convention de La Haye du 2 octobre 1973 relative à la loi applicable en matière d'obligation alimentaire en l'absence de dispositions particulières de la Convention franco marocaine du 10 août 1981* »[4].

Il n'en demeure pas moins que d'autres droits étrangers, tel le droit algérien[5], pourraient se révéler ne pas être conformes à l'ordre public français en matière internationale.

423.336 Éviction de la loi compétente (accord procédural). La Cour de cassation a très récemment qualifié la **compensation du divorce** de **droits dont les époux ont la libre disposition** dans le cadre d'une procédure internationale de désunion[6]. Si l'on accepte de qualifier *lege fori* les droits en cause, la solution ne surprend pas puisqu'en droit interne français les époux peuvent valablement transiger sur leur droit futur à une prestation compensatoire. Avant la réforme du divorce du 26 mai 2004, cette faculté de conclure une convention relative à la prestation compensatoire était réservée au cas où le divorce était prononcé sur demande conjointe[7]. Mais l'un des apports de la réforme a été d'autoriser, dans les divorces contentieux, les époux à soumettre à l'**homologation du juge** des conventions réglant, notamment, la question de la prestation compensatoire (C. civ., art. 268). Pour certains, le droit à compensation n'en serait pas pour autant devenu disponible. À la différence des conventions relatives à la liquidation et au partage du régime matrimonial de l'article 265-2 du Code civil, « *les conventions relatives aux conséquences du divorce prévues par l'article 268 (prestation compensatoire, conséquences pour les enfants) touchent à des droits dont les époux n'ont pas la libre disposition* », ce qui explique qu'elles sont « *obligatoirement soumises à l'homologation du juge* »[8]. L'on peut toutefois douter que l'exigence de l'homologation judiciaire permette de tracer une frontière nette entre droits disponibles et droits indisponibles pendant l'instance en divorce. S'agissant du divorce par consentement mutuel, la convention qui règle les conséquences du divorce, dont la prestation compensatoire, est soumise à l'homologation du juge (C. civ., art. 232 et 278). L'on admet pourtant que la prestation compensatoire est un droit disponible dans le cadre d'une procédure de divorce gracieux, hier sur demande conjointe et aujourd'hui par consentement mutuel. L'on préfère, pour notre part, insister pour qualifier les droits litigieux sur l'ampleur du contrôle effectué par le juge. L'intérêt des enfants exige un contrôle renforcé alors que l'intérêt de chacun des époux n'appelle qu'un contrôle de l'iniquité manifeste de la convention. Dans cette perspective, **l'autorité parentale et l'obligation alimentaire à l'égard de l'enfant sont des droits indis-**

1. CA Paris, 19 mai 2005, *Dr. fam.* 2006, comm. 40, 2e esp., note Farge.
2. V. A. Quinones Escamez, « La réception du nouveau Code de la famille marocain (Moudawana, 2004) en Europe », *Rivista di diritto internazionale privato e processuale* 2004, p. 877 – M.-C. Foblets et J.-Y. Carlier, *Le Code marocain de la famille, Incidences au regard du droit international privé en Europe*, Bruylant, 2005 – M.-C. Foblets et M. Loukili, « Mariage et divorce dans le nouveau Code de la famille marocain, quelles implications pour les marocains en Europe ? », *Rev. crit. DIP* 2006, 521 – F. Laroche-Gisserot, « Le nouveau Code marocain de la famille : innovation ou archaïsme », *RDIDC* 2005, p. 335.
3. Devers, note ss Civ. 1re, 28 nov. 2006, no 04-11.520, *Bull. civ.* I, no 524.
4. Civ. 1re, 4 nov. 2009, no 08-20.355, *Bull. civ.* I, no 218; *JCP* 2009, obs. Devers; *RJPF* 2010-2/27, p. 23, obs. Garé – COMP. CA Lyon, 14 mai 2009, RG no 08/05552, *Juris-Data* no 2009-007232 (à propos d'une décision marocaine statuant sur la pension alimentaire due à l'épouse).
5. K. Saïdi, « La réforme du droit algérien de la famille », *RIDC* 2006, p. 119, spéct p. 147, nos 68-69.
6. Civ. 1re, 11 mars 2009, no 08-13.431, *Bull. civ.* I, no 50; *D.* 2009, 2084, note Devers; *Dr. fam.* 2009, comm. 81 (4e esp.), note Farge; *JCP* 2009, 190, note crit. Boulanger; *Procédures* 2009, comm. 157 (1re esp.), obs. Douchy-Oudt; *AJ fam.* 2009, 220, obs. Boiché; *Defrénois* 2009, art. 39006, p. 1846, no 4 (2e esp.), note Massip; *RJPF* 2009-6/29, p. 27 (2e esp.), obs. Garé; *RLDC* 2009, no 3429, note Pouliquen.
7. Civ. 1re, 14 déc. 2004, no 02-20.334, *Bull. civ.* I, no 325; *D.* 2005, J. 1985, note Mathieu; *Dr. fam.* 2005, comm. 32, note Larribau-Terneyre.
8. V. Larribau-Terneyre, note s Civ. 1re, 28 sept. 2008, no 07-18.114, NP; *Dr. fam.* 2008, comm. 153.

ponibles[1] alors que la compensation du divorce est un droit dont les époux ont la libre disposition. Il en résulte, conformément à l'arrêt *Roho*[2], que les époux peuvent demander l'application d'une loi différente de celle désignée par la règle de conflit. Sur la forme de l'accord procédural, ayant abandonné l'exigence d'un **accord exprès**, la Cour de cassation juge qu'« *un tel accord peut résulter des conclusions des parties invoquant une loi autre que celle qui est désignée* » par la règle de conflit[3]. À défaut d'accord exprès, l'on considère traditionnellement que la **volonté des parties doit être certaine et non équivoque**.

Dans l'arrêt du 11 mars 2009, la Cour de cassation pointe le fait que les deux époux avaient invoqué l'application de la loi française devant les juges du fond. De la lecture du pourvoi, il ressort en effet « *que M. A. Y. a assigné en divorce, pour altération définitive du lien conjugal (C. civ., art. 237), son épouse qui a conclu au prononcé du divorce sur le même fondement* ». Mais, à lui seul, cet élément ne démontre pas que les époux avaient pleinement conscience de l'internationalité de leur litige et connaissance de l'applicabilité de la loi marocaine. Le doute est d'autant légitime qu'en première instance le juge aux affaires familiales de Bourg-en-Bresse n'avait pas soulevé d'office la compétence de la loi marocaine. En outre, même si les nouvelles règles marocaines sur l'allocation après divorce ne semblent pas contraires à l'ordre public français en matière internationale[4], l'application de la loi marocaine aurait sans doute été plus avantageuse pour le mari que celle des règles françaises sur la prestation compensatoire. Il est donc difficile, à la seule lecture de l'arrêt, de savoir si l'invocation de la loi française était une volonté consciente des époux ou une ignorance de l'applicabilité de la loi marocaine. De même, sera bien délicate à appréhender l'hypothèse où après avoir conclu sur la base du droit français l'un des époux se ravise et, dans ses conclusions récapitulatives, invoque la loi normalement compétente. L'existence d'un accord procédural sera, en revanche, indiscutable lorsque, invitées par le juge à conclure au regard de la loi étrangère compétente, les parties concluent sur la base du droit français. Toujours est-il que les avocats se doivent d'être particulièrement vigilants lors de la rédaction de leurs conclusions, sous peine de voir se refermer sur leur client le piège de l'accord procédural. Quant à l'objet de l'accord procédural, l'arrêt du 11 mars 2009 semble adopter une analyse restrictive de l'accord procédural puisqu'il affirme que « *les époux peuvent convenir que soit appliqué le droit français* ». Ce faisant, il paraît s'inspirer du règlement (CE) n° 4/2009 et du protocole de La Haye de 2007. Dans l'hypothèse où la prestation compensatoire est versée sous forme de rente viagère, la loi française choisie pour la compensation du divorce (en vertu de l'accord procédural) ne sera toutefois pas applicable à la révision. La convention de La Haye prévoit en effet que « *la loi appliquée au divorce régit, dans l'État contractant où celui-ci est prononcé ou reconnu,* [...] *la révision des décisions relatives* [aux] *obligations alimentaires* » (conv. La Haye, 2 oct. 1973, art. 8, al. 1er). Un nouvel accord procédural sera nécessaire à l'occasion de la procédure en révision de la prestation compensatoire.

C.
Prochaine mise en application du règlement (CE) n° 4/2009

423.341 Date de mise en application. La convention de La Haye de 1973 cessera d'être applicable à la compensation du divorce à compter de la mise en application du règlement (CE) n° 4/2009 du 18 décembre 2008, relatif à la compétence, la loi applicable, la reconnaissance et l'exécution des décisions et la coopération en matière d'obligations alimentaires. L'article 76 du règlement prévoit qu'il « *s'applique* [...] *à compter du 18 juin 2011, sous réserve que le protocole de La Haye de 2007 soit applicable dans la Communauté à cette date. À défaut, le présent règlement s'applique à compter de la date d'application dudit protocole dans la Communauté* ». En préambule, le considérant 20 du règlement précisait que « *le protocole de La Haye de 2007 sera conclu par la Communauté en temps utile pour permettre l'application du présent règlement* ». Or la Communauté européenne a approuvé le protocole de La Haye par une décision du 30 novembre 2009[5]. Elle « *déclare qu'elle appliquera les règles du protocole à titre provisoire à partir du 18 juin 2011, date d'application du règlement (CE) n° 4/2009 du Conseil du 18 décembre 2008 relatif à la compétence, la loi*

1. Civ. 1re, 14 oct. 2009, n° 08-15.583, NP. À l'occasion d'un litige franco-marocain, l'arrêt approuve la cour d'appel d'avoir jugé que « *le droit aux aliments est un droit qui s'impose aux père et mère qui ne peuvent y renoncer* ».
2. Civ. 1re, 19 avr. 1988, n° 85-18.715, Roho, *Bull. civ.* I, n° 104; *D.* 1988, somm. 345, obs. Audit; *Rev. crit. DIP* 1989, 69, note Batiffol
3. Civ. 1re, 6 mai 1997, n° 95-15.309, Sté Hannover international, *Bull. civ.* I, n° 140; *GADIP* 2006, n° 84, et réf. cit.
4. Civ. 1re, 4 nov. 2009, n° 08-20.355, *Bull. civ.* I, n° 218; *JCP* 2009, obs. Devers; *RJPF* 2010-2/27, p. 23, obs. Garé.
5. Décis. du Conseil, 30 nov. 2009, relative à la conclusion, par la Communauté européenne, du protocole de La Haye du 23 novembre 2007 sur la loi applicable aux obligations alimentaires, *JOUE* 16 déc., L 331, p. 17.

applicable, la reconnaissance et l'exécution des décisions et la coopération en matière d'obligations alimentaires, si le protocole n'est pas entré en vigueur à cette date, conformément à son article 25, paragraphe 1 ». Elle ajoute « *qu'elle appliquera les règles du protocole également aux aliments réclamés dans l'un de ses États membres pour une période antérieure à l'entrée en vigueur ou à l'application provisoire du protocole dans la Communauté, dans les cas où, au titre du règlement (CE) n° 4/2009 du Conseil du 18 décembre 2008 relatif à la compétence, la loi applicable, la reconnaissance et l'exécution des décisions et la coopération en matière d'obligations alimentaires, des procédures sont engagées, des transactions judiciaires sont approuvées ou conclues et des actes authentiques sont établis à partir du 18 juin 2011, date d'application dudit règlement* »[1]. Ces règles d'application à titre provisoire pourrait ne pas avoir à s'appliquer dans la mesure où le protocole entrera en vigueur le premier jour du mois suivant l'expiration d'une période de trois mois après le dépôt du deuxième instrument de ratification, d'acceptation, d'approbation ou d'adhésion (prot. La Haye 2007, art. 25). L'on attend désormais, après celle de l'Union européenne, la seconde adhésion au protocole qui sera forcément celle d'un État tiers.

423.342 Loi applicable (renvoi au protocole de La Haye). L'article 15 du règlement, unique disposition relative au conflit de lois, affirme que « *la loi applicable en matière d'obligations alimentaires est déterminée conformément au protocole de La Haye du 23 novembre 2007 sur la loi applicable aux obligations alimentaires* [...] *pour les États membres liés par cet instrument* »[2].

423.343 Loi applicable (règle générale). Le protocole de La Haye de 2007 prévoit en tant que règle générale relative à la loi applicable que « *la loi de l'État de la résidence habituelle du créancier régit les obligations alimentaires* » (prot. La Haye 2007, art. 3, § 1). Comme la convention de La Haye de 1973, le protocole précise qu'« *en cas de changement de la résidence habituelle du créancier, la loi de l'État de la nouvelle résidence habituelle s'applique à partir du moment où le changement est survenu* ».

423.344 Loi applicable (règle spéciale). Par dérogation à l'article 3, l'article 5 du protocole affirme qu'« *en ce qui concerne les obligations alimentaires entre des époux, des ex-époux ou des personnes dont le mariage a été annulé, l'article 3 ne s'applique pas lorsque l'une des parties s'y oppose et que la loi d'un autre État, en particulier l'État de leur dernière résidence habituelle commune, présente un lien plus étroit avec le mariage. Dans ce cas, la loi de cet autre État s'applique* ». Cette règle a vocation à régir tant la **pension alimentaire provisoire** (obligations alimentaires entre des époux) que la **compensation du divorce** (obligations alimentaires entre des ex-époux). Selon un auteur, la règle spéciale de l'article 5 s'explique par la nécessité « *d'assurer un juste équilibre entre le souci de protection du créancier et celui de l'application de la loi d'un État avec lequel le mariage présente des liens significatifs, la loi de la dernière résidence habituelle commune des époux* »[3].

423.345 Loi applicable (accord procédural). S'inspirant de la jurisprudence française relative à l'accord procédural, le protocole de La Haye de 2007 autorise la désignation de la loi applicable pour les besoins d'une procédure particulière (prot. La Haye 2007, art. 7). Sur la loi susceptible d'être choisie, le créancier et le débiteur d'aliments ne peuvent désigner que la **loi de l'État dont les juridictions sont saisies** (prot. La Haye 2007, art. 7, § 1). Quant au moment de l'accord, l'article 7 autorise « *une désignation antérieure à l'introduction de l'instance* » mais l'accord doit être « *signé des deux parties, par écrit ou consigné sur tout support dont le contenu est accessible pour être consulté ultérieurement* » (prot. La Haye 2007, art. 7, § 2).

423.346 Loi applicable (accord préalable). Au-delà de l'accord procédural, le protocole valorise les accords préalables à tout contentieux (prot. La Haye 2007, art. 8). Il ne s'agit pas d'une autonomie de la volonté mais d'une **simple option de législations**. Le créancier et le débiteur d'aliments peuvent désigner pour régir une obligation alimentaire « *a) la loi d'un État dont l'une des parties a la nationalité au moment de la désignation; b) la loi de l'État de la résidence habituelle de l'une des parties au moment de la désignation; c) la loi désignée par les parties pour régir leurs relations patrimoniales ou celle effectivement appliquée à ces relations; d) la loi désignée par les parties pour régir leur divorce ou leur séparation de corps ou celle effectivement appliquée à ce divorce ou cette séparation* » (prot. La Haye 2007, art. 8, § 1). Dans un souci de protection du créancier d'aliments, il appartient à la loi de l'État de sa résidence habituelle, au moment de la désignation, de déterminer s'il peut renoncer à son droit à des aliments (prot. La Haye 2007, art. 8, § 4). Dans le

1. Cette règle permettra d'éviter les difficultés que l'on connaît actuellement sur le terrain de la responsabilité parentale où, bien que le règlement Bruxelles II *bis* soit applicable, la convention de La Haye de 1996 n'est pas encore entrée en vigueur en France.
2. M. Oudin, « Commentaire du règlement (CE) du 18 décembre 2008 relatif aux obligations alimentaires », *RJPF* 2009-6/11, p. 8, spéc[t] p. 10-11.
3. C. Nourissat, « Recouvrement des obligations alimentaires dans l'Union. La loi applicable », *AJ fam.* 2009, 101, spéc[t] n° 31.

même esprit, sauf renonciation en pleine connaissance de cause, la loi désignée ne s'applique pas lorsque son application entraînerait des **conséquences manifestement inéquitables ou déraisonnables pour l'une ou l'autre des parties** (prot. La Haye 2007, art. 8, § 5).

§ 3 Détermination de la loi applicable à l'octroi de dommages-intérêts

423.351 **Procédures internes.** Il n'est pas rare, à l'occasion d'une procédure interne de divorce, que l'un des époux demande l'octroi de **dommages-intérêts en raison d'un préjudice distinct de la disparité** que la rupture du mariage crée dans les conditions de vie respectives. Il peut s'agir d'une demande fondée sur l'article 266 du Code civil ou sur l'article 1382 du Code civil. En application de l'article 266, peut être réparé le préjudice moral résultant pour l'épouse d'avoir été délaissée au profit d'une maîtresse plus jeune[1]. Au visa de l'article 1382, la Cour de cassation a admis que peut-être condamné à des dommages-intérêts le mari, de confession israélite, qui, par abstention dommageable et intention de nuire, refuse de délivrer après le prononcé du divorce la lettre de répudiation ou *guett* sans laquelle son ex-épouse ne pouvait se remarier religieusement[2]. De telles demandes de dommages-intérêts imposent d'articuler convenablement les articles 270, 266 et 1382 du Code civil dont on sait que leurs champs d'applications sont distincts.

423.352 **Procédures internationales.** Une demande de dommages-intérêts, distincte de la demande de compensation du divorce, peut également être formulée dans le cadre d'une procédure internationale. Par exemple, le mari tunisien sollicite l'octroi d'une réparation de son préjudice résultant de la « *tromperie sentimentale* » et du « *harcèlement moral* » de son épouse[3]. De même, l'épouse marocaine invoque les « *violences conjugales commises par* [son mari] *alors que celle-ci était enceinte de leur second enfant* »[4]. Mais, alors que la demande de dommages-intérêts peut être soumise à une loi étrangère, les juridictions françaises statuent généralement en application de la loi française et éludent le conflit de lois[5]. Rares sont les décisions à faire application d'une loi étrangère en la matière[6]. S'emparant de la question, la cour d'appel de Lyon a fait application de la loi française à la demande de dommages-intérêts de l'épouse marocaine car « *le fait dommageable (des violences conjugales ayant entrainé une ITT de cinq jours) a été commis en France* »[7]. Heureuse, cette décision transpose la directive de la jurisprudence *Lautour*[8] (la loi compétente pour régir la responsabilité civile extra-contractuelle est la loi du lieu où le délit a été commis) aux dommages-intérêts demandées par l'épouse.

423.353 **Règlement Rome II.** Les termes du débat ont été sensiblement modifiés depuis la mise en application du règlement (CE) n° 864/2007 du 11 juillet 2007, sur la loi applicable aux obligations non contractuelles (dit « règlement Rome II »). Temporellement, ce texte s'applique « *aux faits générateurs de dommages survenus après son entrée en vigueur* », autrement dit à partir du 11 janvier 2009 (règl. [CE] n° 864/2007, art. 31). Spatialement, le règlement Rome II a un caractère universel ce qui signifie que « *la loi désignée par le présent règlement s'applique, même si cette loi n'est pas celle d'un État membre* » (règl. [CE] n° 864/2007, art. 3). Son applicabilité matérielle est en revanche plus incertaine s'agissant d'une demande d'octroi de dommages-intérêts en raison d'un préjudice distinct de la disparité que la rupture du mariage crée dans les

1. Civ. 2e, 5 juin 1984, n° 83-11.861, *Bull. civ.* II, n° 106.
2. Civ. 2e, 21 avr. 1982, n° 81-11.775, *Bull. civ.* II, n° 62 – V. AUSSI, Civ. 2e, 14 oct. 1987, n° 86-15.998, *Bull. civ.* II, n° 201 – CA Aix-en-Provence, 23 oct. 2008, RG n° 07/17212 : *RLDC* 2009, n° 3578, note Réglier; *RRJ* 2009-2, p. 1041, chron. Réglier – D. Aflalo, « La justice civile au refus de délivrance du *guett* », *Gaz. Pal.* 19 mars 2009, n° 78, p. 6.
3. CA Amiens, 5 févr. 2009, RG n° 06/04490, *Juris-Data* n° 2009-001773 – V. AUSSI, Civ. 1re, 17 juin 2009, n° 07-17.567, NP (demande de dommages-intérêts pour défaut d'intention matrimoniale de son mari et vice du consentement).
4. CA Bastia, 26 mars 2008, RG n° 06/00949, *Juris-Data* n° 2008-360939.
5. V. NOT., CA Paris, 20 févr. 2008, *Dr. fam.* 2008, comm. 55, note Larribau-Terneyre – CA Paris, 13 déc. 2007, RG n° 06/18099, *Juris-Data* n° 2007-351324 – CA Toulouse, 30 oct. 2007, RG n° 06/05897, *Juris-Data* n° 2007-345987 – CA Rennes, 8 oct. 2007, RG n° 05/05448, *Juris-Data* n° 2007-358870 – CA Amiens, 30 juin 2004, RG n° 03/01726, *Juris-Data* n° 2004-250345.
6. CA Paris, 17 févr. 2005, RG n° 2003/20604, *Juris-Data* n° 2005-268855 (qui fait application de la loi marocaine pour réparer les sévices subies par la femme) – COMP., CA Paris, 19 févr. 2004, RG n° 2002/09018, *Juris-Data* n° 2004-238499 – CA Paris, 27 févr. 2003, RG n° 2002/05178, *Juris-Data* n° 2003-223287 – Et CA Paris, 16 janv. 2003, RG n° 2002/01527, *Juris-Data* n° 2003-204034 (qui s'interrogent sur la conformité de la loi marocaine à l'ordre public français en matière internationale en ce qu'elle ne prévoit pas l'octroi de dommages-intérêts).
7. CA Lyon, 25 janv. 2005, RG n° 03/02532, *Juris-Data* n° 2005-269867.
8. Civ. 25 mai 1948, Lautour, *GADIP*, n° 19; *Rev. crit. DIP* 1949, 89, note Batiffol; *D.* 1948, 357, note P. L.-P.; *S.* 1949, 1, p. 21, note Niboyet; *JCP* 1948, II, 4532, note Vasseur.

conditions de vie respectives. S'il s'applique « *aux obligations non contractuelles relevant de la matière civile et commerciale* » (règl. [CE] n° 864/2007, art. 1, § 1), sont en effet exclues de son champ d'application « *les obligations non contractuelles découlant de relations de famille* » (règl. [CE] n° 864/2007, art. 1, § 2, s^s a). La question de l'applicabilité du règlement à ces dommages-intérêts n'a pas été perçue par les différents commentateurs de ce texte[1]. Peut-être conviendrait-il de distinguer selon que les dommages-intérêts réparent la **violation d'une obligation du mariage** (infidélité, par exemple) ou la **violation d'une obligation générale** (violences conjugales, par exemple). Inapplicable dans le premier cas, le règlement serait applicable dans le second et donnerait compétence à la loi « *du pays où le dommage survient, quel que soit le pays où le fait générateur du dommage se produit* » (règl. [CE] n° 864/2007, art. 4, § 1). Force est de concéder, en pratique, que la loi déclarée compétente sera généralement la même que l'on fasse application de la jurisprudence *Lautour* (*lex loci delicti*) ou du règlement Rome II (*lex loci damni*).

§ 4
Détermination de la loi applicable au nom

423.361 Loi du divorce. S'agissant des effets du divorce sur le nom des ex-époux[2], la question entre, semble-t-il, dans le champ d'application de l'article 309 du Code civil, applicable à défaut de convention bilatérale[3]. Selon une doctrine autorisée, la **loi compétente pour la désunion** « *l'est également pour en déterminer les effets quant à la personne des époux, qu'il s'agisse de la dissolution même du lien matrimonial, du nom de la femme divorcée ou séparée de corps* »[4]. Ainsi, alors que les deux époux sont algériens, la cour d'appel de Paris fait application de la loi française à la demande de conservation du nom d'usage du mari car la loi française est applicable au divorce des époux tous deux domiciliés en France[5]. La solution ne sera pas toujours des plus heureuses car la loi du divorce peut n'attacher à la dissolution du mariage aucun effet sur le nom alors que, sous l'empire de la loi des effets du mariage, un nom commun a été choisi par les époux ou un droit d'usage a été reconnu à l'épouse. Sans doute serait-il plus judicieux d'appliquer la **loi des effets du mariage** aux effets de la désunion sur le nom des ex-époux en considérant qu'il y a là un ensemble indissociable qui mérite d'être soumis à une loi unique[6].

1. Sur la rupture des fiançailles, v. C. Brière, « Le règlement (CE) n° 864/2007 du 11 juillet 2007 sur la loi applicable aux obligations non contractuelles (Rome II) », *JDI* 2008, doctr. 2, spéc^t n° 9.
2. J.-Cl. Internat., A. Devers, fasc. 542 (Nom), n° 86.
3. Sur la convention franco-marocaine du 10 août 1989 et l'application de la loi des effets du divorce au nom, v. CA Paris, 19 févr. 2004, RG n° 2002/09018, *Juris-Data* n° 2004-238499 – CA Paris, 27 nov. 2003, RG n° 2002/02194, *Juris-Data* n° 2003-231089 – CA Paris, 27 févr. 2003, RG n° 2002/16398, *Juris-Data* n° 2003-218111.
4. Loussouarn, Bourel et De Vareilles-Sommières, n° 334 – v. aussi, Th. Vignal, *Droit international privé*, Éd. Armand Colin, 2005, n° 277 – D. Bureau et H. Muir Watt, *Droit international privé*, « Thémis », PUF, 2007, t. II, n° 623
5. CA Paris, 27 nov. 2003, préc.s^s prés^t n° – CA Paris, 5 févr. 2004, RG n° 2003/02515, *Juris-Data* n° 2004-232112.
6. comp. CA Paris, 15 déc. 1936, Prince Colloredo-Mansfeld, *DH* 1937, p. 72 (la loi tchécoslovaque qui avait conféré à l'épouse le nom de son mari est appliquée pour déterminer les conséquences du divorce sur ce nom).

CHAPITRE

424. Divorce prononcé à l'étranger

ALAIN DEVERS
MAÎTRE DE CONFÉRENCES
À L'UNIVERSITÉ DE LYON
(JEAN MOULIN – LYON 3)

SECTION 0
ORIENTEUR

424.00 **Plan du chapitre.**

Division. Les effets internationaux d'une décision de divorce rendue à l'étranger ne sont pas définis de manière uniforme. Deux régimes sont applicables. Coexistent, d'une part, le régime de droit de l'Union européenne qui est basé sur le principe de confiance mutuelle (sect. 1) et, d'autre part, le régime de droit commun qui est inspiré d'un principe de méfiance (sect. 2). Les décisions émanant d'un autre État membre relèvent *a priori* du régime de droit de l'Union européenne et les décisions émanant d'un État tiers du régime de droit commun. Il ne faut toutefois pas utiliser que le seul critère de l'origine géographique de la décision pour choisir entre les deux régimes. Certaines décisions émanant d'un autre État membre échappent, en effet, au régime de droit de l'Union européenne de reconnaissance et d'exécution. Ce sont, par exemple, les décisions de liquidation des intérêts patrimoniaux des époux. On touche là à l'application matérielle des règlements de l'Union européenne.

424.01 **Textes applicables.**

> Sur le principe du divorce, de la séparation de corps ou de l'annulation du mariage

• **Règl. (CE) n° 2201/2003, du Conseil, dit « Bruxelles II *bis* », 27 nov. 2003,** relatif à la compétence, la reconnaissance et l'exécution des décisions en matière matrimoniale et en matière de responsabilité parentale, abrogeant le règlement (CE) n° 1347/2000, *JOUE* L 338, 23 déc. 2003, p. 1.

* V. texte complet s[s] n° 62.12

> Sur les conséquences alimentaires de la désunion

• **Règl. (CE) n° 44/2001, dit « Bruxelles I », 22 déc. 2000,** sur la compétence, la reconnaissance et l'exécution des décisions en matière civile et commerciale, *JOCE* L 12, 16 janv. 2001, p. 1.

* V. texte complet s[s] n° 62.11

• **Règl. (CE) n° 4/2009, 18 déc. 2008,** relatif à la compétence, la loi applicable, la reconnaissance et l'exécution des décisions et la coopération en matière d'obligations alimentaires, *JOUE* L 7, 10 janv. 2009, p. 1.

* V. texte complet s[s] n° 62.16

424.02 Jurisprudence de référence.

> Sur les conditions de droit commun de l'*exequatur*

• **Civ. 1re, 20 févr. 2007, n° 05-14.082,** *Bull. civ.* I, n° 68

« Mais attendu que, pour accorder l'*exequatur* hors de toute convention internationale, le juge français doit s'assurer que trois conditions sont remplies, à savoir la compétence indirecte du juge étranger, fondée sur le rattachement du litige au juge saisi, la conformité à l'ordre public international de fond et de procédure et l'absence de fraude à la loi; que le juge de l'*exequatur* n'a donc pas à vérifier que la loi appliquée par le juge étranger est celle désignée par la règle de conflit de lois française ».

* V. s[s] n°s 424.190, 424.221, 424.252 et 424.271

> Sur les répudiations unilatérales

• **Civ. 1re, 17 févr. 2004, n° 01-11.549,** *Bull. civ.* I, n° 47

« Mais attendu que l'arrêt retient que le divorce des époux Ait X... a été prononcé par les juges algériens, malgré l'opposition de la femme, au seul motif, admis par la loi algérienne, que le pouvoir conjugal reste entre les mains de l'époux et que le divorce doit être prononcé sur la seule volonté de celui-ci; que la cour d'appel en a exactement déduit que, même si elle résultait d'une procédure loyale et contradictoire, cette décision constatant une répudiation unilatérale du mari sans donner d'effet juridique à l'opposition éventuelle de la femme et en privant l'autorité compétente de tout pouvoir autre que celui d'aménager les conséquences financières de cette rupture du lien matrimonial, était contraire au principe d'égalité des époux lors de la dissolution du mariage reconnu par l'article 5 du protocole du 22 novembre 1984, n° 7, additionnel à la Convention européenne des droits de l'Homme, que la France s'est engagée à garantir à toute personne relevant de sa juridiction, et donc à l'ordre public international réservé par l'article 1er de la convention franco-algérienne du 27 août 1964, dès lors que, comme en l'espèce, les deux époux étaient domiciliés sur le territoire français ».

* V. s[s] n° 424.205

424.03 Bibliographie indicative.

Actualisables. RÉP. INTERNAT. P. Courbe, *V[is] Divorce et séparation de corps*; E. Gallant, *V° Bruxelles II* bis *(matière matrimoniale et responsabilité parentale)* – J.-CL. INTERNAT., H. Gaudemet-Tallon, fasc. 547-30 (Divorce prononcé à l'étranger – régularité internationale et effets en France); fasc. 547-40 (Divorce – conventions internationales).

Ouvrages. A. Bucher, *Le couple en droit international privé*, 1re éd., Helbing Lichtenchahn Verlag, 2004 – H. Fulchiron et C. Nourissat (dir.), *Le nouveau droit communautaire du divorce et de la responsabilité parentale*, « Thèmes et commentaires », Dalloz, 2005 – H. Gaudemet-Tallon, *Compétence et exécution des jugements en Europe. Règlement n° 44/2001, Conventions de Bruxelles (1968) et de Lugano (1988 et 2007)*, 4e éd., LGDJ, 2010 – R. El-Husseini, *Le droit international privé français et la répudiation islamique*, LGDJ, 2002.

Articles. A. Devers, « Le divorce d'époux marocains ou franco-marocains. Les conventions franco-marocaines face aux droits européen et communautaire », *Dr. fam.* 2006, chron. 15 – H. Fulchiron, « "Bruxelles II *bis*" : le nouveau droit judiciaire européen du divorce et de la responsabilité parentale », *Dr. et patr.* avr. 2005, n° 136, p. 34 – H. Gaudemet-Tallon, « La désunion du couple en droit international privé », *RCADI* 1991, t. 1, vol. 226, p. 9.

424.04 Questions essentielles.

> À quelles conditions une décision de désunion rendue dans un autre État membre est-elle reconnue en France ?

* V. s[s] n°s 424.61 s.

> À quelles conditions une décision de désunion rendue dans un autre État membre peut-elle faire l'objet d'une exécution forcée en France ?

* V. s[s] n°s 424.120 s.

> À quelles conditions une décision de désunion rendue dans un autre tiers est-elle reconnue en France ?

* V. s[s] n°s 424.170 s.

> À quelles conditions une décision de désunion rendue dans un autre État tiers peut-elle faire l'objet d'une exécution forcée en France ?

* V. s[s] n°s 424.271 s.

424.07 Renvoi.

> Sur les cas et procédures de divorce en droit français, v. s[s] n°s 131.00 s. et 132.00 s.

> Sur les conséquences du divorce, v. s[s] n°s 133.00 s. à 138.00 s.

SECTION 1
RÉGIME DE DROIT DE L'UNION EUROPÉENNE

424.10 Division. S'agissant des décisions rendues dans un autre État membre, la question posée touche tantôt à sa reconnaissance en France (§ 1) tantôt à son exécution en France (§ 2). Entre les deux, la distinction n'est pas toujours aisée. De manière schématique, l'on peut considérer que la **reconnaissance de la décision** s'applique au **principe de la désunion** et l'**exécution** aux **effets.** D'une part, « *la reconnaissance revient essentiellement à l'admission en France de l'effet du divorce sur l'état des* *époux. Elle revient, autrement dit, à reconnaître aux époux la qualité, selon les cas, de divorcés ou de séparés de corps* »[1]. D'autre part, « *l'exécution s'entend de la production en France de tout effet du jugement étranger impliquant la contrainte dans les rapports entre époux ou dans les rapports avec les tiers* »[2]. C'est dire qu'il peut être question de reconnaissance en présence d'un effet de la désunion. Le fait pour le débiteur d'aliments d'invoquer, par exemple, une décision de réajustement dans un autre État membre n'est pas une exécution mais une reconnaissance de la décision[3].

§ 1
Reconnaissance de la décision de divorce

424.20 Division. Si la reconnaissance de plein droit peut s'appliquer tant au principe de la désunion qu'à l'obligation alimentaire entre ex-époux, force est de constater que le contentieux se cristallise sur le premier aspect. Il retiendra donc toute notre attention. L'étude de la reconnaissance du principe de la désunion conduit à analyser successivement l'applicabilité (A) et l'application (B) du règlement Bruxelles II *bis*.

A.
Applicabilité du règlement Bruxelles II *bis*

424.30 Division. Le règlement Bruxelles II *bis* n'est applicable à la reconnaissance en France de la décision étrangère de divorce que si trois conditions sont cumulativement remplies. La décision doit en effet entrer dans son champ d'application matériel (A), dans son champ d'application spatial (B) et dans son champ d'application temporel (C).

1°
Applicabilité matérielle

424.31 Matière matrimoniale. Le règlement Bruxelles II *bis* s'applique à la « *matière matrimoniale* », c'est-à-dire « *au divorce, à la séparation de corps et à l'annulation du mariage des époux* » (règl. [CE] n° 2201/2003, art. 1, § 1, s^{s} a). Encore faut-il rappeler qu'il ne régit que le **principe de la désunion** : « *En ce qui concerne les décisions de divorce, de séparation de corps ou d'annulation du mariage, le présent règlement ne devrait s'appliquer qu'à la dissolution du lien matrimonial* » (règl. [CE] n° 2201/2003, cons. 8).

424.32 Exclusions. Le règlement Bruxelles II *bis* ne concerne pas des « *questions telles que les causes de divorce, les effets patrimoniaux du mariage ou autres mesures accessoires éventuelles* » (règl. [CE] n° 2201/2003, cons. 8). Dans cette perspective, « *les obligations alimentaires sont exclues du champ d'application du présent règlement car elles sont déjà régies par le règlement (CE) n° 44/2001* » (règl. [CE] n° 2201/2003, cons. 11). En conséquence, lorsque la décision étrangère de divorce statue également sur les effets de la désunion, hypothèse la plus fréquente, seule la partie de la décision relative au principe du divorce bénéficie des règles de reconnaissance du règlement Bruxelles II *bis*. S'agissant de l'obligation alimentaire entre ex-époux, si c'est la reconnaissance qui est demandée, il convient de se référer au règlement Bruxelles I qui prévoit que la décision est reconnue dans les autres États membres, sans qu'il soit nécessaire de recourir à aucune procédure (règl. [CE] n° 44/2001, art. 33, § 1). Pour éviter toute contestation ultérieure, une **action déclaratoire** est possible **dans l'État membre de reconnaissance.** Une telle action peut être introduite par le débiteur d'aliments qui a obtenu dans un autre État membre une diminution de la pension alimentaire qu'il doit verser à son ex-conjoint[4].

424.33 Nature de la décision. Le terme de décision doit être interprété de manière large puisqu'il englobe « *toute décision de divorce, de séparation de corps ou d'annulation d'un mariage* » (règl. [CE] n° 2201/2003, art. 2, s^{s} 4). Il s'agit de tenir compte du fait que, sur la compétence directe, le règlement Bruxelles II *bis*, s'applique « *quelle que soit la nature de la juridiction* » (règl. [CE] n° 2201/2003, art. 1er) qui est appelée à statuer. La décision de désunion peut donc avoir été rendue par une autorité judiciaire, une autorité administrative ou, pourquoi pas, par une autorité religieuse. Il suffit que l'autorité en cause soit habilitée dans l'État membre d'origine à rendre une décision de désunion.

2°
Applicabilité spatiale

424.41 Décision émanant d'un État membre. Les règles du règlement Bruxelles II *bis* ne s'appliquent qu'à la reconnaissance dans un État membre d'une décision de divorce, de séparation de corps ou d'annulation du mariage rendue dans un autre État membre (règl. [CE] n° 2201/2003, art. 21). La

1. J.-CL. INTERNAT., H. Gaudemet-Tallon, fasc. 547-30 (Divorce prononcé à l'étranger – régularité internationale et effets en France), n° 8.
2. J.-CL. INTERNAT., H. Gaudemet-Tallon, fasc. 547-30 (Divorce prononcé à l'étranger – régularité internationale et effets en France), n° 9.
3. Rapp. Schlosser, *JOCE* C 59, 5 mars 1979, p. 71, spéc^{t} p. 105, n° 107.
4. Rapp. Schlosser, *JOCE* C 59, 5 mars 1979, p. 71, spéc^{t} p. 105, n° 107.

décision peut donc émaner de l'un quelconque des États membres, y compris les « nouveaux » États membres qui ont rejoint l'Union européenne depuis le 1er mai 2004. Encore faut-il garder à l'esprit que **le Danemark n'est pas un État membre au sens du règlement Bruxelles II *bis*** (règl. [CE] n° 2201/2003, art. 2, ss 3).

3°
Applicabilité temporelle

424.51 Passerelles. Les règles du règlement Bruxelles II *bis* s'appliquent logiquement aux décisions rendues après le 1er mars 2005 dans le cadre de procédures intentées après cette même date. Mais le règlement Bruxelles II *bis* met aussi en place différentes passerelles s'agissant des autres décisions de désunion (règl. [CE] n° 2201/2003, art. 64).

424.52 Première passerelle. Le règlement Bruxelles II *bis* prévoit tout d'abord que « *les décisions rendues après (le 1er mars 2005) à la suite d'actions intentées avant cette date, mais après (le 1er mars 2001), sont reconnues et exécutées conformément aux dispositions du chapitre III du présent règlement, si les règles de compétence appliquées sont conformes à celles prévues soit par le chapitre II du présent règlement ou du règlement (CE) n° 1347/2000, soit par une convention qui était en vigueur entre l'État membre d'origine et l'État membre requis lorsque l'action a été intentée* » (règl. [CE] n° 2201/2003, art. 64, § 2).

424.53 Deuxième passerelle. Le règlement Bruxelles II *bis* prévoit ensuite que « *les décisions rendues avant (le 1er mars 2005) à la suite d'actions intentées après (le 1er mars 2001) sont reconnues et exécutées conformément aux dispositions du chapitre III du présent règlement pour autant qu'il s'agisse d'une décision de divorce, de séparation de corps ou d'annulation du mariage* » (règl. [CE] n° 2201/2003, art. 64, § 3).

424.54 Troisième passerelle. Le règlement Bruxelles II *bis* prévoit enfin que « *les décisions rendues avant [le 1er mars 2005], mais après [le 1er mars 2001], à la suite d'actions intentées avant [le 1er mars 2001] sont reconnues et exécutées conformément aux dispositions du chapitre III du présent règlement pour autant qu'il s'agisse d'une décision de divorce, de séparation de corps ou d'annulation du mariage [...] et que les règles de compétence appliquées sont conformes à celles prévues soit par le chapitre II du présent règlement ou du règlement (CE) n° 1347/2000, soit par une convention qui était en vigueur entre l'État membre d'origine et l'État membre requis lorsque l'action a été intentée* » (règl. [CE] n° 2201/2003, art. 64, § 4)[1].

424.55 Décision émanant d'un nouvel État membre. Pour les décisions rendues dans un des nouveaux États membres qui ont rejoint l'Union européenne, il convient de remplacer la date du 1er mars 2001, qui correspond à la date d'entrée en vigueur du règlement Bruxelles II, par la date à laquelle il a rejoint l'Union européenne : le 1er mai 2004, par exemple. Ainsi, dans son arrêt *Hadadi*, la Cour de justice des communautés européennes note que « *le règlement n° 1347/2000 n'était applicable en Hongrie qu'à partir du 1er mai 2004, conformément à l'article 2 de l'acte relatif aux conditions d'adhésion à l'Union européenne de la République tchèque, de la République d'Estonie, de la République de Chypre, de la République de Lettonie, de la République de Lituanie, de la République de Hongrie, de la République de Malte, de la République de Pologne, de la République de Slovénie et de la République slovaque, et aux adaptations des traités sur lesquels est fondée l'Union européenne* »[2].

424.56 Contrôle de la compétence de la juridiction d'origine. L'article 64 du règlement Bruxelles II *bis* amène, dans certaines hypothèses, le juge de l'État de reconnaissance à apprécier s'il existe une **équivalence entre les règles de compétence.** C'est la seule hypothèse dans le règlement où le juge de l'État membre de reconnaissance est autorisé à contrôler la compétence de la juridiction d'origine[3]. En dehors des règles transitoires de l'article 64, l'article 24 du règlement Bruxelles II *bis* prévoit une interdiction absolue de contrôle de la compétence de la juridiction d'origine.

424.57 Ignorance de la règle de compétence appliquée. Une difficulté peut apparaître à la lecture de la décision de désunion lorsque le juge d'origine n'a pas précisé les règles de compétence qu'il a appliquées. À propos de l'article 64, § 4 du règlement Bruxelles II *bis*, la Cour de justice des communautés européennes note que « *cette circonstance doit être considérée comme étant sans incidence au principal si l'application de l'article 3, paragraphe 1, du règlement n° 2201/2003 était susceptible d'aboutir à la compétence des juridictions (étrangères), quelles*

1. Pour une application récente, v. CJCE 16 juill. 2009, aff. C-168/08, Hadadi ; *AJ fam.* 2009, 348, obs. Boiché ; *D.* 2009, 2106, obs. Egéa ; *Europe* 2009, comm. 389, obs. Idot ; *Procédures* 2009, comm. 361, note Nourissat ; *JDI* 2010, comm. 4, note D'Avout ; *RLDC* 2009, n° 3613, obs. Pouliquen ; *RJPF* 2010-11/22, p. 16, note Meyzeaud-Garaud.
2. CJCE 16 juill. 2009, aff. C-168/08, Hadadi, pt 26, préc. ss prést n°.
3. Civ. 1re, 17 févr. 2010, n° 07-11.648, *Bull. civ.* I ; *JCP* 2010, 245, obs. Devers ; *Procédures* 2010, comm. 118, obs. Nourissat ; *AJ fam.* 2010, 183, obs. Boiché ; *D.* 2010, 588, obs. Gallmeister ; *RJPF* 2010-5/21, p. 20, obs. Garé.

que soient les règles de compétence concrètement appliquées par ces dernières ». Il convient, ainsi, de « *déterminer si, dans des circonstances telles que celles (du litige), les juridictions (étrangères) auraient pu être compétentes en application de ladite disposition pour se prononcer sur le litige relatif au divorce* »[1].

424.58 Principe de primauté de la nationalité du *for*. La Cour de justice des communautés européennes a été interrogée par la Cour de cassation française[2] pour savoir si l'article 3, § 1, s^s b, du règlement Bruxelles II *bis* doit être interprété en ce sens que, dans le cas où les époux possèdent à la fois la nationalité de l'État membre de reconnaissance et celle de l'État membre d'origine, la juridiction de l'État membre de reconnaissance doit faire prévaloir la nationalité du *for*. L'application du principe de primauté de la nationalité du *for* conduirait à nier la compétence des juridictions de l'État membre d'origine et constituerait un motif de non-reconnaissance de la décision. C'est pourquoi, en réponse, la Cour de justice a estimé que l'article 3, § 1, « *s'oppose à ce que la juridiction de l'État membre requis considère les époux qui possèdent tous deux la nationalité tant de cet État que de l'État membre d'origine uniquement comme des ressortissants de l'État membre requis. Cette juridiction doit, au contraire, tenir compte du fait que les époux possèdent également la nationalité de l'État membre d'origine et que, partant, les juridictions de ce dernier auraient pu être compétentes pour connaître du litige* »[3].

B.
Application du règlement Bruxelles II *bis*

424.60 Division. Le règlement Bruxelles II *bis* retient un principe de reconnaissance de plein droit (1°) mais il n'interdit pas que la reconnaissance de la décision soit débattue dans l'État membre de reconnaissance (2°).

1°
Reconnaissance de plein droit

424.61 Principe. Reprenant une solution traditionnelle en matière d'état et de capacité des personnes, le règlement Bruxelles II *bis* affirme que « *les décisions rendues dans un État membre sont reconnues dans les autres États membres sans qu'il soit nécessaire de recourir à aucune procédure* » (règl. [CE] n° 2201/2003, art. 21, § 1), ni judiciaire ni administrative. C'est le principe de la reconnaissance de plein droit.

424.62 Décisions positives et négatives. Le règlement Bruxelles II *bis* s'applique à l'évidence aux **décisions qui prononcent le divorce, la séparation de corps ou l'annulation du mariage**, ce qu'on appelle les décisions positives. L'on s'interroge en revanche sur l'applicabilité du règlement Bruxelles II *bis* aux **décisions qui rejettent** une demande de divorce, de séparation de corps ou d'annulation du mariage, ce qu'on appelle, par opposition aux premières, les décisions négatives[4]. Entre ces deux thèses, c'est celle de **l'inapplicabilité** qui paraît devoir l'emporter : l'article 2, paragraphe 4, relatif au champ d'application du règlement Bruxelles II *bis*, définit la décision comme « *toute décision de divorce, de séparation de corps ou d'annulation d'un mariage* ». Il en résulte que la reconnaissance en France d'une décision négative rendue dans un autre État membre est régie par le droit commun (v. s^s n°s 424.170 s.).

424.63 Effets. Le règlement Bruxelles II *bis* déduit du principe de reconnaissance de plein droit une première conséquence en ce qui concerne la mise à jour des actes d'état civil : « *Aucune procédure n'est requise pour la mise à jour des actes d'état civil d'un État membre sur la base d'une décision rendue dans un autre État membre en matière de divorce, de séparation de corps ou d'annulation du mariage, qui n'est plus susceptible de recours selon la loi de cet État membre* » (règl. [CE] n° 2201/2003, art. 21, § 2). Un ressortissant français peut donc, sur la base d'une décision italienne de divorce, définitive, demander directement au service central de l'état civil français la mise à jour de ses actes d'état civil[5].

L'instruction générale du 29 mars 2002, relative à l'état civil (IGREC), tire les conséquences de ces nouvelles règles en matière de **mise à jour de plein**

1. CJCE 16 juill. 2009, aff. C-168/08, Hadadi, pt 30, préc. avec références s^s n° 424.55.
2. Civ. 1re, 16 avr. 2008, n° 07-11.648, *Bull. civ.* I, n° 108; *Procédures* 2008, comm. 172, obs. Nourissat; *D.* 2008, 1355, obs. Gallmeister; *AJ fam.* 2008, 296, obs. Boiché; *RJPF* 2008-7.8/21, p. 19, obs. Garé.
3. CJCE 16 juill. 2009, aff. C-168/08, Hadadi, pt 43, préc. s^s n°s 424.55 (avec références) et 424.57.
4. EN FAVEUR DE L'APPLICABILITÉ DU RÈGLEMENT, V. NOT. H. Tagaras, « Questions spéciales relatives à l'unification communautaire du droit international privé de la famille », *Mél. Jean-Victor Louis*, vol. I, 2003, Éd. de l'Université libre de Bruxelles, p. 455, spéc^t p. 465 s. – V. AUSSI, H. Gaudemet-Tallon, « Le règlement n° 1347/2000 du Conseil du 29 mai 2000. Compétence, reconnaissance et exécution des décisions en matière matrimoniale et en matière de responsabilité parentale des enfants communs », *JDI* 2001, p. 381, spéc^t p. 406 – EN CE SENS, v. C. Kohler, « Libre circulation du divorce ? Observations sur le règlement communautaire concernant les procédures en matière matrimoniale », *Estudos en homenagem à Isabel de Magalhães Collaço*, Almedina, 2002, p. 231, spéc^t p. 238 s.
5. Ch. Bidaud-Garon, *L'état civil en droit international privé*, H. Fulchiron (dir.), th. Lyon 3, déc. 2005, n° 98.

droit des actes d'état civil[1]. Elle précise ainsi que l'officier de l'état civil pourra, sans consultation préalable du procureur de la République, apposer les mentions marginales chaque fois que la décision étrangère a été rendue contradictoirement ou, même si elle a été rendue par défaut, lorsque la demande de mention émane du défendeur défaillant[2]. Au titre des pièces à fournir, l'officier de l'état civil devra notamment exiger le certificat prévu par le règlement d'où résulte nécessairement le caractère exécutoire de la décision. À défaut, il lui sera possible de se contenter de tout autre document lui permettant de disposer des renseignements qui figureraient dans ce certificat[3]. Selon un auteur, « *bien que l'IGREC ne le précise pas expressément, un tel document peut émaner de l'avocat ou de l'avoué de la personne qui requiert l'apposition de la mention* »[4]. Lorsque la décision étrangère a été rendue par défaut et que l'apposition de la mention n'est pas requise par la personne qui était demanderesse devant la juridiction étrangère, l'IGREC affirme que l'officier de l'état civil devra consulter au préalable le procureur de la République qui lui donnera les instructions nécessaires[5]. La position est étrange car, même dans cette hypothèse, la reconnaissance de la décision de désunion est de plein droit. Plus largement, les ex-époux peuvent invoquer ou opposer en France leur divorce sans qu'il puisse leur être imposé d'avoir, au préalable, obtenu l'*exequatur* de la décision : par exemple, pour se remarier en France. Une réponse ministérielle précise qu'« *il appartient aux futurs époux de permettre à l'officier d'état civil de vérifier qu'il n'existe pas d'empêchement à la célébration du nouveau mariage, en particulier l'existence d'un précédent mariage non dissous* »[6].

2°
Discussion sur la reconnaissance

424.71 À titre principal. Selon le règlement Bruxelles II *bis*, « *toute partie intéressée peut demander, selon les procédures prévues à la section 2, que soit prise une décision de reconnaissance ou de non-reconnaissance de la décision* » (règl. [CE] n° 2201/2003, art. 21, § 3, al. 1). Sans surprise, la Cour de justice des communautés européennes a précisé que « *toute partie intéressée peut demander la non-reconnaissance d'une décision juridictionnelle, même si une demande de reconnaissance de la décision n'a pas été déposée préalablement* »[7]. L'un des époux, demandeur ou défendeur à la procédure à l'étranger, peut donc demander au juge français de statuer sur la (non-)reconnaissance de la décision étrangère de désunion. L'intérêt de telles procédures n'est pas à démontrer. Il peut s'agir, par exemple, d'assurer « *la stabilité et la tranquillité de la famille* » ou « *d'anticiper la production de moyens de preuve qui pourraient n'être plus disponibles à l'avenir* »[8]. La compétence matérielle et territoriale du tribunal est déterminée, non par le règlement Bruxelles II *bis*, mais par la loi interne française (règl. [CE] n° 2201/2003, art. 21, § 3, al. 2). **L'action en reconnaissance ou en non-reconnaissance** de la décision est introduite selon « *les procédures prévues à la section 2* » relative à la **requête en déclaration de la force exécutoire** (v. s[s] n°s 434.60 s.). À ce titre, le demandeur doit produire le certificat établi par la juridiction qui a rendu la décision de désunion (règl. [CE] n° 2201/2003, art. 39). Parmi les dispositions de la section 2, l'article 31 paragraphe 1 du règlement – qui prévoit que ni la personne contre laquelle l'exécution est demandée ni l'enfant ne peuvent, à ce stade de la procédure, présenter d'observations – « *n'est pas applicable à une procédure de non-reconnaissance d'une décision juridictionnelle, formée sans qu'une demande de reconnaissance ait été préalablement introduite à l'égard de la même décision. Dans une telle situation, la partie défenderesse, prétendant à la reconnaissance, peut présenter des observations* »[9]. Imposer le **caractère contradictoire de l'examen de la demande de non-reconnaissance** est logique. L'objectif du règlement Bruxelles II *bis* est de fluidifier la circulation des décisions rendues en matière matrimoniale et en matière de responsabilité parentale[10]. Cet objectif explique le caractère dans un premier temps unilatéral de la procédure de déclaration de la force exécutoire et la réduction des motifs de non-reconnaissance au strict minimum nécessaire. La procédure de non-reconnaissance constitue, quant à elle, un obstacle à la circulation des décisions si bien que « *la partie contre laquelle est introduite la demande de non-reconnaissance ne sau-*

1. Instr. gén. 29 mars 2002, relative à l'état civil (IGREC), *JO* 28 avr. 2002, n° 100, p. 7719, spéc[t] n° 585-5 à 585-10.
2. IGREC, n° 587-7.
3. IGREC, n° 587-6.
4. M. Revillard, « Les travaux de la Commission internationale de l'état civil en lien avec la pratique de l'état civil », *Defrénois* 2009, art. 38991, p. 1675, spéc[t] n° 26.
5. IGREC, n° 587-8.
6. Rép. min. n° 1755, *JO Sénat* Q, 23 févr. 2006, p. 544; *RLDC* 2006, n° 2003.
7. CJCE 11 juill. 2008, aff. C-195/08, PPU, Rinau, pt 97; *JCP* 2008, II, 10207, note Devers; *Procédures* 2008, comm. 298, obs. Nourissat; *Europe* 2008, comm. 351, obs. Idot; *Rev. crit. DIP* 2008, 871, note Muir-Watt.
8. CJCE 11 juill. 2008, aff. C-195/08, PPU, Rinau, pt 95, préc. s[s] prés[t] n°.
9. CJCE 11 juill. 2008, aff. C-195/08, PPU, Rinau, pt 107, préc. s[s] prés[t] n°.
10. V. NOT., A. Devers, « La reconnaissance et l'exécution des décisions sous l'empire du règlement Bruxelles II *bis* », *AJ fam.* 2005, 262.

rait être privée de la possibilité de présenter des observations »[1]. À l'inverse, l'article 31 paragraphe 1 du règlement est applicable à une procédure de reconnaissance d'une décision juridictionnelle. Dans une telle hypothèse, la partie défenderesse, qui prétendrait à la reconnaissance, ne peut pas présenter des observations.

424.72 À titre incident. Lorsque la reconnaissance d'une décision étrangère de désunion est invoquée de façon incidente devant le juge français, ce dernier statue dès lors qu'il est compétent au fond (règl. [CE] n° 2201/2003, art. 21, § 4). Il peut, par exemple à l'occasion d'une demande de divorce ou d'une demande de contribution aux charges du mariage, être amené à se prononcer sur la reconnaissance en France d'une décision étrangère de divorce.

424.73 Motifs de non-reconnaissance. À titre exceptionnel, une décision rendue en matière de divorce, de séparation de corps ou d'annulation du mariage n'est pas reconnue quand un des motifs de l'article 22 est rempli. La **liste** fournie est **limitative** si bien qu'aucun autre motif de non-reconnaissance ne peut être retenu. En ce qui concerne, par exemple de la compétence du juge étranger, « *le contrôle de la compétence indirecte n'est même plus expressément écarté, comme dans les instruments précédents, mais traité par le silence* »[2].

424.74 Motifs de non-reconnaissance (ordre public de fond). Une décision rendue en matière de divorce, de séparation de corps ou d'annulation du mariage n'est pas reconnue en France « *si [sa] reconnaissance est manifestement contraire à l'ordre public de l'État membre requis* » (règl. [CE] n° 2201/2003, art. 22, s^{s} a). Est en cause ici un ordre public de fond. Ce motif de non-reconnaissance doit être lu à la lumière de l'article 25 du règlement Bruxelles II *bis* qui affirme que « *la reconnaissance d'une décision ne peut être refusée au motif que la loi de l'État membre requis ne permet pas le divorce, la séparation de corps ou l'annulation du mariage sur la base de faits identiques* ». S'agissant de décisions émanant d'autres États membres, on peut penser que l'ordre public français en matière internationale ne devrait avoir vocation à jouer que de manière très exceptionnelle. Toujours est-il que si une telle contrariété est relevée le juge ne peut en aucun cas procéder à une révision au fond de la décision (règl. [CE] n° 2201/2003, art. 26) : il ne peut que rejeter la demande de reconnaissance ou accueillir la demande de non-reconnaissance.

1. CJCE 11 juill. 2008, aff. C-195/08, PPU, Rinau, pt 104, préc. s^{s} prés^{t} n°.
2. B. Audit, « La fin attendue d'une anomalie jurisprudentielle, retour à la lettre de l'article 15 du Code civil », *D.* 2006, 1846, spéc^{t} n° 6.

424.75 Motifs de non-reconnaissance (ordre public de procédure). L'article 24 du règlement Bruxelles II *bis* précise que « *le critère de l'ordre public visé à l'article 22, point a* [...] *ne peut être appliqué aux règles de compétence [visées à l'article] 3* ». Resterait à déterminer si peut être invoqué au nom de l'ordre public figurant à l'article 22, sous a, un élément lié à la procédure de désunion suivie à l'étranger. En faveur d'une réponse positive, l'on pourrait invoquer l'arrêt *Krombach* (rendu en application de la convention de Bruxelles de 1968) qui affirme que « *le recours à la clause de l'ordre public, figurant à l'article 27, sous 1, de la convention du 27 septembre 1968 concernant la compétence judiciaire et l'exécution des décisions en matière civile et commerciale, doit être considéré comme étant possible dans les cas exceptionnels où les garanties inscrites dans la législation de l'État d'origine et dans la convention elle-même n'ont pas suffi à protéger le défendeur d'une violation manifeste de son droit de se défendre devant le juge d'origine, tel que reconnu par la Convention européenne des droits de l'homme* »[3] ou par la charte des droits fondamentaux de l'Union européenne. À l'image de l'arrêt Pellegrini c/Italie[4], serait manifestement contraire à l'ordre public français en matière internationale la décision rendue à l'issue d'une procédure dans le cadre de laquelle le défendeur n'est pas informé des motifs de nullité du mariage invoqués par son conjoint, n'a pas accès au dossier de la procédure avant son audition par le tribunal, ne peut pas demander des copies du dossier (où figurent les dépositions des témoins entendus en faveur du demandeur) et n'est pas informé de la possibilité de se prévaloir de l'assistance d'un défenseur[5].

424.76 Motifs de non-reconnaissance (droits de la défense). Une décision rendue en matière de divorce, de séparation de corps ou d'annulation du mariage n'est pas reconnue en France « *si l'acte introductif d'instance ou un acte équivalent n'a pas été signifié ou notifié au défendeur défaillant en temps*

3. CJCE 28 mars 2000, aff. C-7/98, Krombach, pt 44, *Rec. CJCE*, p. I-01935; *Europe* 2000, comm. 157, note Idot; *Rev. crit. DIP* 2000, 481, note Muir-Watt; *RTD civ.* 2000, 944, note Raynard; *Pratique Juridique Actuelle* 2001, p. 160, note Donzallaz; *JCP* 2001, II, 10607, note Nourissat; *JDI* 2001, p. 690, note Huet; *Gaz. Pal.* 2000, n° 275, 30, note Niboyet.
4. CEDH 20 juill. 2001, req. n° 30882/96, Pellegrini c/Italie (déf. 20 oct. 2001), *Rec. CEDH*, p. 2001-VIII; *RTDH* 2002, p. 263, note Costa; *Gaz. Pal.* 2002, 2, doct. 1157, chron. Sinopoli.
5. Sur l'applicabilité de la jurisprudence *Pellegrini* aux décisions rendues dans un autre État partie à la Convention européenne, v. J.-F. Flauss, « L'*exequatur* des jugements étrangers devant la Cour européenne des droits de l'homme », *Mél. Bernard Dutoit*, Éd. Droz, 2002, p. 69, spéc^{t} 84-86.

utile et de telle manière qu'il puisse pourvoir à sa défense, à moins qu'il ne soit établi que le défendeur a accepté la décision de manière non équivoque » (règl. [CE] n° 2201/2003, art. 22, s^{s} b). La règle appelle deux précisions.

D'une part, la mise en œuvre de ce motif de non-reconnaissance impose d'apprécier, au regard de la complexité du litige, si le **délai entre l'information de l'époux défendeur et l'audience de jugement** était **suffisant** pour qu'il puisse faire valoir une **défense efficace sur le fond du droit.** C'est dire que n'est pas fondé à contester la régularité internationale de la décision le défendeur, volontairement défaillant, qui était en mesure de se défendre[1]. À l'image de l'article 27, sous 2, de la convention de Bruxelles de 1968, la notion de défendeur défaillant évoque un défendeur qui n'a pas comparu devant le juge d'origine : « *la non-reconnaissance de la décision rendue dans un autre État contractant pour les raisons indiquées à l'article 27, sous 2, de la convention n'étant possible que si le défendeur est défaillant lors de la procédure d'origine, cette disposition ne saurait être invoquée lorsque le défendeur a comparu, du moins s'il a été informé des éléments du litige et s'il a été mis en mesure de se défendre* »[2].

D'autre part, ce **motif de non-reconnaissance ne peut plus être invoqué** chaque fois qu'il est établi que **l'époux défendeur a accepté la décision de manière non équivoque.**

La juridiction saisie de la question de la reconnaissance doit donc analyser l'attitude du défendeur depuis la procédure qui s'est déroulée dans l'État membre d'origine. Le simple fait de ne pas avoir exercé une voie de recours, quelle qu'elle soit, ne paraît pas exprimer, à lui seul, l'acceptation non équivoque de la décision. Comme le souligne le rapport *Borrás*, l'acceptation non équivoque d'une décision de divorce ou d'annulation du mariage résultera, plus certainement, du fait que l'époux défendeur a profité de la dissolution pour contracter un **nouveau mariage** ou pour enregistrer un **pacte civil de solidarité** ou un **partenariat enregistré** de droit étranger[3].

424.77 Motifs de non-reconnaissance (inconciliabilité). Une décision rendue en matière de divorce, de séparation de corps ou d'annulation du mariage n'est pas reconnue en France « *si elle est inconciliable avec une décision (française) rendue dans une instance opposant les mêmes parties* » (règl. [CE] n° 2201/2003, art. 22, s^{s} c) ou « *si elle est inconciliable avec une décision rendue antérieurement dans un autre État membre ou dans un État tiers dans une affaire opposant les mêmes parties, dès lors que cette première décision réunit les conditions nécessaires à sa reconnaissance dans l'État membre requis* ». La physionomie du motif tiré de l'inconciliabilité varie donc en fonction de l'origine géographique de la décision invoquée pour s'opposer à la reconnaissance. Lorsque la décision invoquée est française, peu importe le moment où elle a été rendue. Lorsque la décision invoquée émane d'un autre État membre ou d'un État tiers, elle doit réunir les conditions nécessaires à sa reconnaissance en France (qui varient en fonction de son origine géographique) et être antérieure à la décision dont la reconnaissance est discutée.

S'agissant de la notion d'inconciliabilité, la Cour de justice des communautés européennes a précisé que deux décisions sont inconciliables lorsqu'elles ont des **conséquences juridiques qui s'excluent mutuellement**[4]. Dans l'affaire *Hoffmann*, ont été considérées comme inconciliables une décision étrangère condamnant un époux à verser des aliments à son conjoint au titre de ses obligations d'entretien résultant du mariage avec une décision nationale ayant prononcé le divorce entre les époux concernés.

Dans cette perspective, le rapport *Borrás* distingue différentes hypothèses[5].

D'une part, une décision de divorce n'est pas inconciliable avec une décision antérieure de séparation de corps : l'on peut considérer que la décision de séparation de corps prépare la décision de divorce qui a suivi.

D'autre part, une décision de séparation de corps est inconciliable avec une décision de divorce, que cette dernière soit antérieure ou postérieure.

Au-delà on peut estimer qu'une décision de divorce, ou de séparation de corps, n'est pas conciliable avec une décision d'annulation du mariage, pas plus qu'une décision d'annulation du mariage n'est conciliable avec une décision de divorce ou de séparation de corps.

§ 2
Exécution de la décision de divorce

424.80 Division. Le règlement Bruxelles I est applicable à la reconnaissance et à l'exécution en France de la décision étrangère de divorce qui con-

1. Civ. 1re, 23 janv. 2008, n° 07-11.768, NP.
2. CJCE 21 avr. 1993, aff. C-172/91, Sonntag c/Waidmann, pts 36-44, *Rec. CJCE*, p. I-1963 ; *Rev. crit. DIP* 1994, 105, note Gaudemet-Tallon ; *JDI* 1994, p. 528, note Bischoff ; *Cah. dr. eur.* 1995, p. 180, note Tagaras ; *RDIDC* 1995, p. 159, obs. Marchal.
3. Rapp. Borrás, *JOCE* C 221, 16 juill. 1998, p. 27, spéc^{t} p. 51, pt 70.
4. CJCE 4 févr. 1988, aff. C-145/86, Hoffmann c/Krieg, pt 22, *Rec. CJCE*, p. 645 ; *Rev. crit. DIP* 1988, 605, note Gaudemet-Tallon ; *JDI* 1989, p. 449, obs. Huet.
5. Rapp. Borrás, spéc^{t} p. 51, pt 71 (préc.).

damne l'un des époux au paiement d'une pension alimentaire consécutive à la désunion [1]. Il peut également s'agir d'une décision qui, rendue postérieurement à la décision de désunion, statue sur une demande d'aliments. Quelle que soit l'hypothèse, après avoir rappelé les conditions d'application du règlement Bruxelles I (A), l'on présentera les règles qu'il instaure (B). Bien qu'inapplicable aujourd'hui encore, une brève présentation du règlement (CE) n° 4/2009 du 18 décembre 2008 relatif à la compétence, la loi applicable, la reconnaissance et l'exécution des décisions et la coopération en matière d'obligations alimentaires s'imposera (C) [2].

A. Applicabilité du règlement Bruxelles I

424.90 **Division.** Le règlement Bruxelles I s'applique si trois conditions sont cumulativement remplies. La décision doit en effet entrer dans son champ d'application matériel (1°), dans son champ d'application spatial (2°) et dans son champ d'application temporel (3°).

1° Applicabilité matérielle

424.91 **Décision judiciaire.** Sont exclus du champ d'application du règlement Bruxelles I, « *l'état et la capacité des personnes physiques, les régimes matrimoniaux, les testaments et les successions* » (règl. [CE] n° 44/2001, art. 1er). Il est donc **inapplicable** à la décision relative à la **liquidation des intérêts patrimoniaux** [3]. Il convient, sur ce point, de se reporter aux développements consacrés au régime de droit commun. Le règlement Bruxelles I **s'applique** en revanche à la partie de la décision de désunion relative à l'**obligation alimentaire entre les ex-époux.** Peu importe la qualification donnée par le droit interne appliqué par le juge d'origine [4]. Ainsi la Cour de justice des communautés européennes a-t-elle décidé qu'une « *décision, rendue dans le contexte d'une procédure de divorce, qui ordonne le paiement d'une somme forfaitaire ainsi que le transfert de la propriété de certains biens d'un époux au profit de son ex-conjoint doit être considérée comme portant sur des obligations alimentaires* [...] *dès lors qu'elle a pour objet d'assurer l'entretien de cet ex-conjoint* » [5]. Ce qui est important c'est que la somme ait été fixée par le juge en fonction des besoins de l'époux créancier et des ressources de l'époux débiteur.

424.92 **Accord des époux.** Le règlement Bruxelles I **s'applique** également aux **accords des ex-époux conclus en matière d'obligations alimentaires.** Conclu devant une autorité administrative étrangère ou authentifié par elle, l'accord sera assimilé à un **acte authentique** (règl. [CE] n° 44/2001, art. 57, § 2); conclu devant une autorité judiciaire étrangère, l'accord pourra être traité comme une **transaction judiciaire** (règl. [CE] n° 44/2001, art. 58) s'il correspond à la définition dégagée par la Cour de justice des communautés européennes [6] : ce qui caractérise la transaction judiciaire est que « *l'organe juridictionnel ne statue pas de sa propre autorité sur des points litigieux entre les parties* » et que cet acte a « *un caractère essentiellement contractuel en ce sens que son contenu dépend avant tout de la volonté des parties* ». La procédure de reconnaissance et d'exécution de tels accords est définie par les articles 57 et 58 du règlement Bruxelles I [7].

2° Applicabilité spatiale

424.101 **Décision émanant d'un État membre.** Le règlement Bruxelles I s'applique dès lors que la décision de désunion émane d'un État membre (règl. [CE] n° 44/2001, art. 4, § 1). Jusqu'au 1er juillet 2007 [8], le Danemark n'est pas considéré comme un État membre au sens du règlement Bruxelles I (règl. [CE] n° 44/2001, art. 4, § 3). Si l'État membre d'origine de la décision est un État contractant à la

1. E. Guinchard, « Le créancier d'aliments et le droit international privé de l'exécution », *AJ fam.* 2006, 92.
2. Règl. (CE) n° 4/2009, 18 déc. 2008, relatif à la compétence, la loi applicable, la reconnaissance et l'exécution des décisions et la coopération en matière d'obligations alimentaires, *JOUE* L 7, 10 janv. 2009, p. 1.
3. Civ. 1re, 20 mai 2009, n° 08-14.599, NP; *Gaz. Pal* 7 nov. 2009, n° 311, p. 22, note Eppler.
4. Rapp. Schlosser, *JOCE C 59*, 5 mars 1979, p. 71, spéct n° 97 – V. NOT., à propos de la prestation compensatoire de droit français, CJCE 6 mars 1980, aff. 120/79, De Cavel II, *Rec. CJCE*, p. 731; *Rev. crit. DIP* 1980, 621, note Droz; *JDI* 1980, p. 442, note Huet.
5. CJCE 27 févr. 1997, n° C-220/95, Van den Boogaard, *Rec. CJCE* p. I-01147; *Rev. crit. DIP* 1998, 466, note Droz; *JDI* 1998, p. 568, note Huet; *Cah. dr. eur.* 1999, p. 201, note Tagaras.
6. CJCE 2 juin 1994, aff. C-414/92, Solo Kleinmotoren, *Rec. CJCE*, p. I-2237; *JDI* 1995, p. 466, note Huet; *Cah. dr. eur.* 1995, p. 209, note Tagaras.
7. Pour plus de détails, v. H. Gaudemet-Tallon, *Compétence et exécution des jugements en Europe. Règlement n° 44/2001, Conventions de Bruxelles (1968) et de Lugano (1988 et 2007)*, 4e éd., LGDJ, 2010, p. 493-501, nos 468-472 – Sur la réaction de l'ordre public face à une telle convention : Civ. 1re, 7 nov. 1972, n° 71-14.470, *Bull. civ.* I, n° 231; *D.* 1971, J. 461, note Granjon – COMP. CA Paris, 11 avr. 2002, RG n° 2001/03239.
8. Décis. n° 2006/325/CE, du Conseil, 27 avr. 2006, concernant la conclusion de l'accord entre la Communauté européenne et le Royaume de Danemark sur la compétence judiciaire, la reconnaissance et l'exécution des décisions en matière civile et commerciale, *JOUE* L 120, 5 mai 2006, p. 22.

convention de La Haye du 2 octobre 1973, concernant la reconnaissance et l'exécution de décisions relatives aux obligations alimentaires, le demandeur à tout intérêt à fonder sa demande sur les règles de l'Union européenne puisque majoritairement plus favorables[1].

3°
Applicabilité temporelle

424.111 Passerelles. Les règles du règlement Bruxelles I s'appliquent logiquement aux décisions rendues après le 1er mars 2002 dans le cadre de procédures intentées après cette même date (règl. [CE] n° 44/2001, art. 66, § 1). Mais le règlement Bruxelles I met aussi en place deux passerelles s'agissant des décisions rendues postérieurement au 1er mars 2002, dans le cadre d'actions intentées avant cette même date (règl. [CE] n° 44/2001, art. 66, § 2).

424.112 Première passerelle. Les règles du règlement Bruxelles I s'appliquent « *dès lors que l'action dans l'État membre d'origine a été intentée après l'entrée en vigueur de la convention de Bruxelles ou de la convention de Lugano à la fois dans l'État membre d'origine et dans l'État membre requis* » (règl. [CE] n° 44/2001, art. 66, § 2, ss a).

424.113 Seconde passerelle. Les règles du règlement Bruxelles I s'appliquent, « *dans tous les autres cas, dès lors que les règles de compétence appliquées sont conformes à celles prévues soit par le chapitre II, soit par une convention qui était en vigueur entre l'État membre d'origine et l'État membre requis au moment où l'action a été intentée* » (règl. [CE] n° 44/2001, art. 66, § 2, ss b).

B.
Application du règlement Bruxelles I

424.120 Division. L'époux qui souhaite poursuivre en France l'exécution forcée de la décision (3°) doit introduire une procédure en déclaration de force exécutoire (1°) dans le cadre de laquelle l'autorité française s'assure de sa régularité (2°).

1°
Procédure de déclaration de force exécutoire

424.121 Traits essentiels. Il n'entre pas dans le cadre d'une étude consacrée à la désunion internationale de présenter, de manière détaillée, la procédure de déclaration de force exécutoire[2]. La procédure est décrite par les articles 38 à 52 du règlement Bruxelles I. En France, les requêtes aux fins de constatation de la force exécutoire des titres exécutoires étrangers, en application du règlement Bruxelles I, sont en première instance présentées au **greffier en chef du tribunal de grande instance** (C. pr. civ., art. 509-2, al. 1).

2°
Contrôle de la régularité de la décision

424.131 Motifs admis. En première instance, la décision est déclarée exécutoire dès l'achèvement des formalités prévues à l'article 53, sans examen au titre des conditions de reconnaissance des articles 34 et 35 (règl. [CE] n° 44/2001, art. 45, § 1). Ce n'est qu'en appel que la demande de déclaration constatant la force exécutoire peut être rejetée pour l'un des motifs prévus aux articles 34 et 35 du règlement Bruxelles I (règl. [CE] n° 44/2001, art. 45, § 1). Ainsi, au titre de l'article 34, la demande est tout d'abord rejetée si la reconnaissance est manifestement contraire à l'ordre public de l'État membre requis (règl. [CE] n° 44/2001, art. 34, ss 1). Elle l'est ensuite si « *l'acte introductif d'instance ou un acte équivalent n'a pas été signifié ou notifié au défendeur défaillant en temps utile et de telle manière qu'il puisse se défendre, à moins qu'il n'ait pas exercé de recours à l'encontre de la décision alors qu'il était en mesure de le faire* » (règl. [CE] n° 44/2001, art. 34, ss 2). Elle l'est enfin si la décision « *est inconciliable avec une décision rendue entre les mêmes parties dans l'État membre requis (ou) avec une décision rendue antérieurement dans un autre État membre ou dans un État tiers entre les mêmes parties dans un litige ayant le même objet et la même cause, lorsque la décision rendue antérieurement réunit les conditions nécessaires à sa reconnaissance dans l'État membre requis* » (règl. [CE] n° 44/2001, art. 34, pts 3 et 4). Pour une étude de ces différents motifs, il convient de se reporter aux développements qui leur ont été précédemment consacrés (v. ss nos 424.73 s.).

424.132 Motifs exclus. L'article 35 paragraphe 3 du règlement Bruxelles I déduit du principe de confiance mutuelle l'**exclusion du contrôle de la compétence du juge étranger dont émane la décision.** Lorsque la décision statue à la fois sur le principe de la désunion et sur ses conséquences alimentaires, l'*exequatur* de la partie de la décision sur la pension alimentaire n'exige pas l'*exequatur* préalable de la partie de la décision sur la désunion. Quand est en cause une décision rendue sur une demande d'aliments postérieurement à la décision de désunion, l'exécution de la seconde n'exige pas l'*exequatur*

1. V. NOT., CA Rouen, 20 juin 2001, RG n° 98/02425, *Juris-Data* n° 2001-177306

2. Pour une présentation complète, v. H. Gaudemet-Tallon, *Compétence et exécutions des jugements en Europe. Règlement n° 44/2001, Conventions de Bruxelles (1968) et de Lugano (1988 et 2007)*, 4e éd., LGDJ, 2010, p. 453-491, nos 436-467.

préalable de la première[1]. Le principe de la désunion bénéficie en effet du principe de reconnaissance de plein droit mis en place par le règlement Bruxelles II *bis* (v. s[s] n° 424.61).

424.133 **Créance alimentaire incontestée.** Dans l'hypothèse où la décision étrangère allouant des aliments est incontestée, l'époux créancier aura tout intérêt à invoquer, non le règlement Bruxelles I, mais le **règlement relatif au titre exécutoire européen**[2]. Dès lors qu'elle a été certifiée en tant que titre exécutoire européen dans l'État membre d'origine, la décision « *est reconnue et exécutée dans les autres États membres, sans qu'une déclaration constatant la force exécutoire soit nécessaire et sans qu'il soit possible de contester sa reconnaissance* » (règl. [CE] n° 805/2004, art. 5).

3°
Effets de la déclaration de force exécutoire

424.141 **Refus de la révision.** Selon l'article 36 du règlement Bruxelles I, l'autorité française qui accorde la force exécutoire ne peut en aucun cas procéder à une révision au fond de la décision étrangère : le juge français ne peut donc pas à l'occasion de la procédure de déclaration de force exécutoire réviser le montant de la pension alimentaire. Si l'un des époux souhaite obtenir la révision du montant de la pension alimentaire, il peut toutefois introduire postérieurement à la déclaration de force exécutoire une action en ce sens (sur les règles de compétence, v. s[s] n°s 423.120 s.). Il n'est pas non plus exclu qu'une telle demande soit introduite en France sans que la force exécutoire de la décision initiale ait été déclarée. Parce qu'il ne s'agit pas d'obtenir l'exécution forcée de la décision étrangère, mais d'une nouvelle action tendant à la modification de la pension alimentaire précédemment allouée[3], on pourrait estimer que le préalable de la déclaration de force exécutoire ne s'impose pas. Mais la question n'est pas abordée par le rapport Schlosser lorsqu'il traite du réajustement des créances alimentaires[4]. Précisons que la loi applicable à la demande de révision de la pension alimentaire est déterminée selon la règle de conflit de lois de la convention de La Haye du 2 octobre 1973 sur la loi applicable aux obligations alimentaires (v. s[s] n°s 423.332 s.).

424.142 ***Exequatur* partiel.** La décision litigieuse n'est rendue exécutoire en France qu'en ses seules dispositions portant sur la pension alimentaire[5], et non en ses dispositions portant sur l'état des personnes, c'est-à-dire le principe du divorce, de la séparation de corps et l'annulation du mariage[6].

C.
Prochaine mise en application du règlement (CE) n° 4/2009

424.151 **Insuffisance du règlement Bruxelles I.** Les règles du règlement Bruxelles I ont, dès l'origine, été perçues comme **insuffisamment protectrices des intérêts du créancier d'aliments.** En effet, dès le 30 novembre 2000, la Commission et le Conseil avaient établi un programme de mesures sur la mise en œuvre du principe de reconnaissance mutuelle des décisions en matières civile et commerciale. **Ce programme prévoyait** la **suppression de la procédure d'*exequatur* pour les créances alimentaires** dans le but de rendre plus efficaces les moyens dont les créanciers d'aliments disposent pour faire respecter leurs droits. Depuis la diffusion du Livre vert sur les obligations alimentaires en 2004[7], la Commission réfléchissait à l'adoption de nouveaux outils en matière d'obligations alimentaires : « *utilisation de règles de compétence internationale harmonisées, délivrance d'un titre exécutoire reconnu dans toute l'Union européenne, recours à des saisies bancaires ou des saisies sur salaires, mise en place d'une coopération efficace entre États membres pour faciliter le fonctionnement des mécanismes juridiques mis en place* » (communication de la Commission présentée au Conseil le 15 déc. 2005 invitant le Conseil à rendre l'art. 251 du traité instituant la Communauté européenne applicable aux mesures prises en vertu de l'art. 65 du traité en matière

1. COMP. Civ. 1re, 12 juill. 1994, n° 92-17.461, *Bull. civ.* I, n° 247 – Civ. 1re, 9 déc. 2003, n° 01-17.136, *Bull. civ.* I, n° 249; *Rev. crit. DIP* 2004, 440, note B. A.
2. Règl. (CE) n° 805/2004, 21 avr. 2004, portant création d'un titre exécutoire européen pour les créances incontestées, *JOUE* L 143, 30 avr. 2004, p. 15 – Sur lequel, V. NOT. C. Nourissat, « Le règl. (CE) n° 805/2004 du parlement européen et du Conseil portant création d'un titre exécutoire européen pour les créances incontestées », *Procédures* 2005, chron. 10 – K. H. Beltz, « Le titre exécutoire européen », *D.* 2005, 2707 – L. d'Avout, « La circulation automatique des titre exécutoires imposée par le règlement (CE) n° 805/2004 du 21 avril 2004 », *Rev. crit. DIP* 2006, 1.
3. COMP. CJCE 30 nov. 1976, n° 42/76, De Wolf, *Rec. CJCE*, p. 1759; *JDI* 1977, p. 253, note Huet; *D.* 1977, IR 350, obs. Audit.
4. Rapp. Schlosser, p. 71, spéc[t] p. 105, n° 106-108.
5. Sur les difficultés qui en résultent, v. H. Gaudemet-Tallon, *Compétence et exécutions des jugements en Europe. Règlement n° 44/2001, Conventions de Bruxelles (1968) et de Lugano (1988 et 2207)*, 4e éd., LGDJ, 2010, p. 489-491, n° 467.
6. COMP. Civ. 1re, 20 févr. 2007, n° 05-20.152, NP – Civ. 1re, 3 avr. 1990, n° 87-19.296, *Bull. civ.* I, n° 80.
7. *Livre vert sur les obligations alimentaires*, présenté par la Commission le 15 avr. 2004, COM (2004) 254 final, sur lequel, v. F. Toulieux, « Aperçu sur le recouvrement des aliments en Europe », *AJ fam.* 2005, 383.

d'obligations alimentaires)[1]. Ces différentes pistes ont été affinées dans le cadre d'une proposition de règlement relatif à la compétence, la loi applicable, la reconnaissance et l'exécution des décisions et la coopération en matière d'obligations alimentaires (présentée par la commission le 15 déc. 2005[2]). Ces travaux sont à l'origine du règlement (CE) n° 4/2009 qui affirme qu'« *un créancier d'aliments devrait être à même d'obtenir facilement, dans un État membre, une décision qui sera automatiquement exécutoire dans un autre État membre sans aucune autre formalité* » (règl. [CE] n° 4/2009, préambule, cons. 5). **Le règlement ne retient toutefois pas une suppression pure et simple de l'*exequatur* pour les décisions relatives aux obligations alimentaires**[3]. Il distingue en effet selon que la décision émane d'un État membre lié par le protocole de La Haye de 2007 (suppression de l'*exequatur*) ou d'un État membre non lié par le protocole de La Haye de 2007 (allégement de l'*exequatur*).

424.152 Décision rendue dans un État membre lié par le protocole de La Haye de 2007. L'article 17 du règlement (CE) n° 4/2009 pose un principe de reconnaissance de plein droit de la décision rendue en matière alimentaire : « *Une décision rendue dans un État membre lié par le protocole de La Haye de 2007 est reconnue dans un autre État membre sans qu'il soit nécessaire de recourir à aucune procédure et sans qu'il soit possible de s'opposer à sa reconnaissance* » (règl. [CE] n° 4/2009, art. 17, § 1). Le créancier d'aliments pourra donc saisir le juge français d'une demande de modification de la pension alimentaire sans qu'on puisse lui imposer un *exequatur* préalable de la décision. Plus novateur, l'article 17 poursuit en affirmant qu'« *une décision rendue dans un État membre lié par le protocole de La Haye de 2007 qui est exécutoire dans cet État jouit de la force exécutoire dans un autre État membre sans qu'une déclaration constatant la force exécutoire soit nécessaire* » (règl. [CE] n° 4/2009, art. 17, § 2). Le créancier d'aliments doit seulement produire aux autorités compétentes chargées de l'exécution les **documents et formulaires** prévus à l'article 20. Le défendeur défaillant dans l'État membre d'origine dispose toutefois de la faculté d'introduire une **demande de réexamen dans un délai d'au maximum quarante-cinq jours** au plus tard à compter « *du jour de la première mesure d'exécution ayant pour effet de rendre ses biens indisponibles en tout ou partie* » (règl. [CE] n° 4/2009, art. 19). Si, par extraordinaire, « *la juridiction décide que le réexamen est justifié* [...], *la décision est nulle et non avenue. Toutefois, le créancier ne perd pas les avantages résultant de l'interruption des délais de prescription ou de déchéance ni le droit de demander rétroactivement des aliments qu'il aurait acquis par l'action initiale* » (règl. [CE] n° 4/2009, art. 19, § 3). Le défendeur présent dans l'État membre d'origine pourra demander dans l'État membre d'exécution le **refus** ou la **suspension de l'exécution de la décision** (règl. [CE] n° 4/2009, art. 21). Il y aura lieu à refus d'exécution lorsque le droit d'obtenir l'exécution de la décision de la juridiction d'origine est prescrit, aux termes de la loi de l'État membre d'origine ou de l'État membre d'exécution, **le plus long délai de prescription étant retenu**, ou encore lorsque la décision d'origine est inconciliable avec une décision rendue dans l'État membre d'exécution ou avec une décision rendue dans un autre État membre ou dans un État tiers, laquelle réunit les conditions nécessaires à sa reconnaissance dans l'État membre d'exécution (règl. [CE] n° 4/2009, art. 21, § 2). Il y aura lieu à suspension de l'exécution lorsqu'une demande de réexamen a été introduite dans l'État membre d'origine de la décision ou lorsque la force exécutoire de la décision est suspendue dans l'État membre d'origine (règl. [CE] n° 4/2009, art. 21, § 3).

424.153 Décision rendue dans un État membre non lié par le protocole de La Haye de 2007. En présence d'une telle décision, le règlement (CE) n° 4/2009 reprend la solution qu'a consacrée le règlement Bruxelles I en posant un **principe de reconnaissance de plein droit** et en allégeant les conditions de l'*exequatur*. Sans surprise, le règlement (CE) n° 4/2009 prévoit que « *les décisions rendues dans un État membre non lié par le protocole de La Haye de 2007 sont reconnues dans les autres États membres, sans qu'il soit nécessaire de recourir à aucune procédure* » (règl. [CE] n° 4/2009, art. 23, § 1). Précision qui n'est pas apportée s'agissant des décisions rendues dans un État membre lié par le protocole de La Haye de 2007, il est ajouté que « *si la reconnaissance est invoquée de façon incidente devant une juridiction d'un État membre, celle-ci est compétente pour en connaître* » (règl. [CE] n° 4/2009, art. 23, § 2). En ce qui concerne **l'exécution**, les conditions de l'*exequatur* sont considérablement allégées : sur la procédure, caractère unilatéral en première instance et contradictoire en cas de recours (règl. [CE] n° 4/2009, art. 30 s.); sur le fond, réduction au strict minimum nécessaire des motifs de non-reconnaissance (règl. [CE] n° 4/2009, art. 24).

1. COM (2005) 648 final, *JDI* 2006, p. 771.
2. COM (2005) 649 final, *D.* 2006, 1259, spéc[t] n° 21, obs. Nourissat.
3. M. Salord, « Recouvrement des obligations alimentaires au sein de l'Union européenne », *AJ fam.* 2009, 29 – Pour une présentation plus complète, v. C. Nourissat, « Le règlement (CE) n° 4/2009 du Conseil du 18 décembre 2008 relatif à la compétence, la loi applicable, la reconnaissance et l'exécution des décisions et la coopération en matière d'obligations alimentaires », *Procédures* 2009, étude 5, spéc[t] n° 13-19 – M. Oudin, « Commentaire du règlement (CE) du 18 décembre 2008 relatif aux obligations alimentaires », *RJPF* 2009-6/11, p. 8, spéc[t] p. 11-12.

Le règlement (CE) n° 4/2009 renforce toutefois ses règles en les assortissant de **délais de procédure** (règl. [CE] n° 4/2009, art. 30, 32 et 34) relativement brefs. Ils témoignent de la volonté du législateur de l'Union européenne de favoriser un recouvrement rapide des aliments entre les États membres. Tout d'abord, selon l'article 30, « *la décision est déclarée exécutoire sans examen au titre de l'article 24, dès l'achèvement des formalités prévues à l'article 28 et au plus tard dans les trente jours suivant l'achèvement de ces formalités, sauf impossibilité due à des circonstances exceptionnelles* ». Ensuite, selon l'article 32, « *le recours contre la déclaration constatant la force exécutoire est formé dans un délai de trente jours à compter de sa signification ou de sa notification. Si la partie contre laquelle l'exécution est demandée a sa résidence habituelle dans un autre État membre que celui dans lequel la déclaration constatant la force exécutoire a été délivrée, le délai est de quarante-cinq jours et court à compter du jour où la signification ou la notification a été faite à personne ou à domicile. Ce délai ne comporte pas de prorogation à raison de la distance* ». Enfin, selon l'article 34, « *la juridiction saisie d'un recours prévu à l'article 32 statue dans un délai de quatre-vingt-dix jours à compter de sa saisine, sauf impossibilité due à des circonstances exceptionnelles* ». Il ne devrait donc pas s'écouler plus de six mois entre le moment où la décision a été prononcée dans l'État membre d'origine et le moment où elle est exécutée dans l'État membre d'exécution. Mais ce délai sera toujours plus long que pour les décisions rendues dans un État membre lié par le protocole de La Haye de 2007...

424.154 Date de mise en application. L'article 76 du règlement prévoit qu'il « *s'applique* [...] *à compter du 18 juin 2011, sous réserve que le protocole de La Haye de 2007 soit applicable dans la Communauté à cette date. À défaut, le présent règlement s'applique à compter de la date d'application dudit protocole dans la Communauté* ». En préambule, le considérant 20 du règlement affirme que « *le protocole de La Haye de 2007 sera conclu par la Communauté en temps utile pour permettre l'application du présent règlement* ». Autrement dit, à compter de sa mise en application, les États membres appliqueront, en matière d'obligations alimentaires, les règles de compétence du règlement (CE) n° 4/2009 à la place de celles du règlement Bruxelles I.

SECTION 2
RÉGIME DE DROIT COMMUN

424.160 Division. S'agissant des décisions rendues dans un État tiers, la question posée touche tantôt à sa reconnaissance en France (§ 1) tantôt à son exécution en France (§ 2).

§ 1
Reconnaissance de la décision de divorce

424.170 Division. À défaut de convention multilatérale applicable en France (telle la convention de La Haye du 1er juin 1970, sur la reconnaissance des divorces et des séparations de corps), la reconnaissance et l'exécution de la décision peuvent s'opérer selon les règles définies par une convention bilatérale liant la France à cet État[1]. En raison du nombre d'arrêts auxquels elles donnent lieu année après année, méritent d'être citées la convention franco-algérienne du 27 août 1964, relative à l'*exequatur* et à l'extradition[2], et la convention franco-marocaine du 5 octobre 1957, d'aide mutuelle judiciaire, d'*exequatur* des jugements et d'extradition[3]. Ne seront présentées dans les développements qui suivent que les règles de reconnaissance (v. ss nos 424.171 s.) et d'exécution (v. ss nos 424.271 s.) applicables en dehors de toute convention internationale. Les décisions de divorce, de séparation de corps ou d'annulation du mariage émanant d'un État tiers sont de plein droit reconnues en France (A). Il est toutefois possible que la question de la reconnaissance soit mise en débat, à titre principal ou à titre incident (B).

A.
Reconnaissance de plein droit

424.171 Principe. Conformément à la jurisprudence traditionnelle de la Cour de cassation[4], la décision de divorce, de séparation de corps ou d'annulation du mariage émanant d'un État tiers bénéficie du **principe de reconnaissance de plein droit en France des décisions relatives à l'état des personnes.** C'est le principe que retient également le Conseil d'État : « *Les jugements rendus par un tribunal étranger relativement à l'état et à la capacité des personnes produisent leurs effets en France indépendamment de toute déclaration d'exequatur, sauf dans la mesure où ils impliquent des actes d'exécution matérielle sur des biens ou de coercition sur des person-*

1. Pour une liste de ces conventions bilatérales applicables en matière matrimoniale, v. J.-CL. INTERNAT., H. Gaudemet-Tallon, fasc. 457-40 (Divorce prononcé à l'étranger – conventions internationales), n° 34 s.
2. Conv. franco-algérienne, 27 août 1964, relative à l'*exequatur* et à l'extradition, *D.* 1965, 265.
3. Conv. franco-marocaine, 5 oct. 1957, d'aide mutuelle judiciaire, d'*exequatur* des jugements et d'extradition, *D.* 1960, 57; *Rev. crit. DIP* 1960, 99.
4. Civ. 9 mai 1900, De Wrède, *S.* 1901, 1, 185; *JDI* 1900, p. 613; *GADIP*, n° 10.

nes »[1]. Le principe de la désunion est donc reconnu en France sans qu'il soit nécessaire de recourir à **aucune procédure, ni judiciaire ni administrative.** Ainsi, « *la validité et l'opposabilité en France d'un jugement de divorce rendu par un tribunal étranger ne sont pas subordonnées à la mention préalable de ce jugement en marge de l'acte de mariage ou de la transcription de celui-ci sur les registres de l'état civil français* »[2]. Le principe de la reconnaissance de plein droit s'applique sans qu'il y ait lieu de distinguer selon qu'il s'agit d'une décision judiciaire ou d'une mesure administrative.

424.172 Effets. Les ex-époux peuvent invoquer ou opposer en France leur divorce sans qu'il puisse leur être imposé d'avoir, au préalable, obtenu l'*exequatur* de la décision : par exemple, pour se remarier en France[3]. Dans le même esprit, une décision étrangère de séparation de corps peut être invoquée sans *exequatur* pour demander au juge français de la convertir en divorce[4].

B. Discussion sur la reconnaissance

424.181 Mise en discussion. Si le principe de la désunion est, dans un premier temps, reconnu de plein droit, il peut, dans un second temps, être mis en débat : **à titre incident** d'une part, dans le cadre par exemple d'une **action en contribution aux charges du mariage**[5] ou d'une action en divorce[6]; **à titre principal** d'autre part, dans le cadre d'une **action en opposabilité ou d'une action en inopposabilité.**

1° **À titre incident.** Puisant dans l'article 509 du Code de procédure civile, la Cour de cassation considère que « *le contrôle à titre incident de la régularité internationale d'un jugement étranger peut être opéré par tout juge devant lequel ce jugement est invoqué pour contester son pouvoir de juger* ». Il en résulte que, dès le stade de la conciliation, le juge aux affaires familiales a le pouvoir de se prononcer, à charge d'appel, sur la régularité du jugement étranger[7]. S'agissant de l'autorité de la décision du juge conciliateur, une décision ancienne avait considéré qu'elle ne lie pas le juge du fond qui peut, à nouveau, être saisi de ce moyen de défense[8]. À l'occasion d'une procédure interne, la Cour de cassation a rappelé qu'en raison de son caractère provisoire, l'arrêt qui statue sur une ordonnance de non-conciliation, déclarant recevable une requête en divorce à laquelle était opposée une fin de non-recevoir tirée de l'inexistence ou de la nullité du mariage, était dépourvu de l'autorité de la chose jugée et ne liait pas le juge du fond saisi de ce moyen de défense[9]. La solution paraissait donc acquise. Une décision, inédite, est toutefois venue troubler cette analyse. À propos d'une exception de litispendance soulevée devant le juge conciliateur, il a été jugé que le « *rejet, par le juge aux affaires familiales, dans le cadre de son pouvoir de contrôle, par une décision passée en force de chose jugée, faisait obstacle à ce que cette exception soit à nouveau soulevée devant le juge du fond* »[10]. Pour certains, la décision du 19 septembre 2007 constituerait un heureux revirement de jurisprudence puisqu'« *il serait quelque peu étrange d'obliger le juge aux affaires familiales, qui est, depuis la loi du 8 janvier 1993 le juge du divorce, à surseoir lors de la phase de conciliation sur l'exception dont il est saisi et à renvoyer devant lui-même afin qu'il statue sur elle lors d'une phase ultérieure de la procédure* »[11]. Pour d'autres, il n'est pas interdit de penser que ces différentes décisions sont conciliables en raison du

1. CE 24 nov. 2006, req. n° 275527, Bellounis, *AJ fam.* 2007, 225, obs. Boiché; *Dr. fam.* 2007, comm. 126, note Larribau-Terneyre; *Dr. adm.* 2007, comm. 60, note Audit; *AJDA* 2007, 638, note Lecucq; *Gaz. Pal.* 25 nov. 2008, n° 330, p. 53, note Butruille-Cardew.
2. CE 24 nov. 2006, req. n° 275527, Bellounis, préc. s[s] prés[t] n°.
3. Depuis Civ. 28 févr. 1860, Bulkley, *S.* 1860, 1, p. 210; *DP* 1860, 1, p. 57; *GADIP*, n° 4 – V. Rép. min. n° 1755, *JO Sénat* Q, 23 févr. 2006, p. 544; *RLDC* 2006, n° 2003.
4. Depuis Req. 13 nov. 1928, *Rev. crit. DIP* 1929, 287 – V. AUSSI, Civ. 1re, 11 juill. 1977, n° 76-13.103, *Bull. civ.* I, n° 321; *D.* 1978, J. 623, note Galia-Beauchesne; *Rev. crit. DIP* 1979, 395, 2e esp., note Loussouarn.
5. V. NOT., Civ. 1re, 1er mars 1988, n° 87-12.007, *Bull. civ.* I, n° 55; *Rev. crit. DIP* 1989, 721, note Sinay-Cytermann; *D.* 1988, J. 486, note Massip – Civ. 1[re], 6 juin 1990, n° 88-15.008, *Bull. civ.* I, n° 138; *Rev. crit. DIP* 1991, 593 (1[re] esp.), note Courbe.
6. V. NOT., Civ. 1[re], 9 juin 1971, n° 70-11.136, *Bull. civ.* I, n° 188; *Rev. crit. DIP* 1972, 131, note Francescakis – Civ. 1[re], 15 mars 1972, n° 71-10.581, *Bull. civ.* I, n° 87.
7. Civ. 1[re], 10 mai 2007, n° 06-12.476, n° 06-11.323, 2 esp., *Bull. civ.* I, n°s 171 et 170; *JCP* 2007, act. 242, obs. Devers; *D.* 2007, 1432, obs. Gallmeister; *Dr. fam.* 2007, comm. 158, obs. Farge; *RLDC* 2007, n° 2614, note Marraud des Grottes; Chauvin et Creton, « Chronique de jurisprudence de la Cour de cassation, Première chambre civile », *D.* 2007, chron. 2327; *Defrénois* 2007, art. 38653, p. 1309, n° 54, obs. Massip; *RJPF* 2007-9/18, p. 22, obs. Garé.
8. Civ. 2e, 4 mars 1998, n° 96-14.230, *Bull. civ.* II, n° 70; *RTD civ.* 1998, 661, obs Hauser (s'agissant d'une décision algérienne de divorce invoquée devant le juge conciliateur).
9. Civ. 1re, 10 mai 2007, n° 06-14.178, *Bull. civ.* I, n° 174; *JCP* 2007, act. 242 (3e esp.), obs. Devers; *Dr. fam.* 2007, comm. 158 (3e esp.), obs. Farge; *D.* 2007, 1427, obs. Delaporte-Carré; *D.* 2007, 2690, obs. Douchy-Oudot; *AJ fam.* 2007, 352, obs. David; *RTD civ.* 2007, 552, obs. Hauser; *D.* 2008, 809, note Serra et Williatte-Pellitteri.
10. Civ. 1re, 19 sept. 2007, n° 06-14.506, NP; *Dr. fam.* 2008, comm. 114, note Farge; *Defrénois* 2008, art. 38732, p. 572, note Massip.
11. Massip, *Defrénois* 2008, art. 38732, p. 572, spéc[t] p. 573, note s[s] Civ. 1re, 19 sept. 2007, n° 06-14.506, NP.

caractère (interne ou international de la procédure) et de la nature du moyen de défense (fin de non-recevoir ou exception de procédure)[1]. La prudence est donc de mise car l'arrêt du 19 septembre 2007 n'a fait l'objet que d'une simple diffusion aux parties... Dans le cadre de la discussion à titre incident, il semble que soit irrecevable à soulever une exception d'inopposabilité de la décision l'époux à la demande duquel le divorce a été prononcé à l'étranger[2].

2° **À titre principal.** Chacun des époux peut par exemple demander au juge français que soit prise une **décision de reconnaissance**[3] **ou de non-reconnaissance**[4] **de la décision étrangère.** L'action en opposabilité, ou action en reconnaissance, aboutit à conférer au principe de la dissolution, et plus largement à la décision étrangère, une présomption irréfragable de régularité internationale. Aucune contestation n'est plus alors possible. La jurisprudence ne distingue pas toujours clairement l'action en opposabilité (pour la reconnaissance) de l'action en *exequatur* (pour l'exécution) si bien que les décisions citées évoquent généralement l'*exequatur* de la décision. L'action en inopposabilité aboutit en revanche à ce que la dissolution obtenue à l'étranger ne produise pas ses effets sur le territoire français[5]. Le mariage est réputé, sur le territoire français, ne pas avoir été dissous. Et l'*exequatur* de la décision étrangère devient impossible en raison de l'autorité de la chose jugée attachée à la décision d'inopposabilité[6].

Dans les deux cas. Conformément à la directive de l'article 1315 du Code civil, il appartient au demandeur d'établir, selon le cas, que la décision étrangère remplit les conditions de régularité internationale ou ne les remplit pas[7].

424.182 **Intérêt à agir.** Comme toute action, les actions en opposabilité ou en inopposabilité ne sont ouvertes qu'à la **personne qui justifie d'un intérêt légitime à agir au sens de l'article 31 du Code de procédure civile.** Dans le cadre d'une action en opposabilité, il peut s'agir de l'un des époux qui a intérêt à faire cesser toute incertitude sur la reconnaissance en France de la décision. Dans le cadre d'une action en inopposabilité, il peut s'agir de l'époux défendeur à la procédure à l'étranger qui a intérêt à ne pas attendre que la décision lui soit opposée. Il a été admis qu'un tiers puisse avoir intérêt à demander l'inopposabilité : par exemple, le second conjoint de l'époux divorcé à l'étranger[8]. Ne justifie toutefois pas d'un intérêt à agir en inopposabilité l'époux à la demande duquel le divorce a été prononcé à l'étranger[9].

424.183 **Décisions positives et négatives.** La décision étrangère dont la reconnaissance est en débat est le plus souvent une décision positive, c'est-à-dire une décision qui prononce le divorce, la séparation de corps ou l'annulation. La partie qui est à l'origine de la décision étrangère de séparation de corps ne peut pas, en se prévalant des mêmes faits, demander en France le divorce. Il en va toutefois différemment, selon la Cour de cassation, lorsque l'époux demandeur ne pouvait pas demander à l'étranger le divorce[10]. On peut en revanche penser que la reconnaissance en France d'une décision de divorce ne fait pas obstacle à l'introduction d'une action en nullité du mariage[11]. Il peut également s'agir d'une décision négative : une décision qui rejette une demande de divorce, de séparation de corps ou d'annulation du mariage. Reconnue en France, une décision rejetant une demande de divorce interdit que soit formée en France une nouvelle demande sur la même cause de divorce[12].

424.184 **Division.** Quelle que soit l'action intentée, la décision étrangère dont la reconnaissance est discutée doit être passée au crible des conditions traditionnelles de l'*exequatur* : la compétence de l'autorité étrangère (1°), la conformité de la décision étrangère à l'ordre public français en matière internationale (2°) et l'absence de fraude (3°). Dans un arrêt récent[13], la Cour de cassation

1. Farge, *Dr. fam.* 2008, comm. 114, note s^s^ Civ. 1re, 19 sept. 2007, n° 06-14.506, préc. s^s^ prés^t^ n°.
2. Crim. 11 juin 1996, n° 95-82.778, *Bull. crim.*, n° 245; *D.* 1997, J. 576, note Agostini; *D.* 1998, somm. 286, obs. Audit; *RSC* 1998, 109, obs. Ottenhof; *RTD civ.* 1997, 106, obs. Hauser.
3. Depuis Civ. 1re, 3 janv. 1980, n° 78-14.037, *Bull. civ.* I, n° 3; *JDI* 1980, p. 341, note Huet; *Rev. crit. DIP* 1980, 597, note Holleaux; *D.* 1981, IR 161, obs. Audit.
4. Depuis Civ. 22 janv. 1951, Weiller, *Rev. crit. DIP* 1951, 167, note Francescakis; *JCP* 1951, II, 6151, note S. et T.; *D.* 1952, J. 35; *S.* 1951, 1, p. 187; *Gaz. Pal.* 1951, 1, 210; *GADIP*, n° 24.
5. Civ. 22 janv. 1951, préc. s^s^ prés^t^ n°.
6. Civ. 2 avr. 1957, Weiller, *Rev. crit. DIP* 1957, 491, note Francescakis; *GADIP*, n° 25 – Pour un rappel de la solution, v. Civ. 1re, 14 oct. 2009, n° 08-19.543, NP.
7. Civ. 1re, 12 nov. 2009, n° 07-15.189, NP.
8. TGI Seine, 1er juill. 1965, *Gaz. Pal.* 1965, 2, 411.
9. Civ. 1re, 19 janv. 1983, n° 81-16.159, *Bull. civ.* I, n° 27; *Rev. crit. DIP* 1984, 492, note Mayer; *JDI* 1984, p. 898, note Wiederhehr.
10. Civ. 1re, 1er avr. 1981, n° 79-13.959, *Bull. civ.* I, n° 117; *Gaz. Pal.* 1981, 629, note Lisbonne; *JDI* 1981, p. 812, note Alexandre; *Defrénois* 1982, p. 248, note Massip.
11. COMP. Civ. 1re, 10 mars 1998, n° 95-21.491, NPT; *Dr. fam.* 1998, comm. 147, note Lécuyer.
12. V. NOT., Civ. 1re, 19 déc. 1972, n° 71-13.982, *Bull. civ.* I, n° 296; *Rev. crit. DIP* 1975, 83, note Holleaux.
13. Civ. 1re, 20 févr. 2007, n° 05-14.082, *Bull. civ.* I, n° 68; *LPA* 27 avr. 2007, n° 85, 13, note Mahinga; *Dr. fam.* 2007, comm. 97, note Farge; *JCP* 2007, act. 107, obs. Bruneau; *D.* 2007, 1115, note D'Avout et Bollée; *D.* 2007, 891, chron. Chauvin, spéc^t^ 892; *Gaz. Pal.* 11-12 mai 2007, n° 131-132, J. 4, note Guerchoun; *LPA* ▶

considère en effet que, « *pour accorder* l'exequatur *hors de toute convention internationale,* [...] *le juge de* l'exequatur *n'a* [...] *pas à vérifier que la loi appliquée par le juge étranger est celle désignée par la règle de conflit de lois française* ». L'abandon du contrôle de la loi appliquée par le juge étranger a, semble-t-il, vocation à s'étendre de l'*exequatur* à la reconnaissance (4°).

1°

Contrôle de la compétence de l'autorité étrangère

424.191 **Une décision.** Le plus souvent, la décision dont la reconnaissance en France est débattue est un **acte judiciaire**. Il n'est toutefois pas exclu que le divorce résulte d'un **acte extrajudiciaire** : divorce administratif ou divorce religieux. Il semble acquis que la nature de l'autorité étrangère dont émane la décision de divorce n'a pas d'influence sur sa reconnaissance en France. Ainsi en va-t-il de divorce prononcé par une autorité administrative[1]. Pour le divorce prononcé par une autorité religieuse, il convient de s'assurer qu'elle était compétente en la matière au regard des règles de l'État d'origine[2]. S'agissant d'un divorce purement privé, une décision a considéré qu'il pouvait faire l'objet d'une action en opposabilité ou en inopposabilité : la dissolution résultait d'une simple déclaration des époux devant l'officier d'état civil de l'ambassade de Thaïlande à Londres[3].

424.192 **Une décision étrangère.** La décision dont la reconnaissance en France est discutée doit avoir été rendue à l'étranger, plus précisément dans un État tiers non lié à la France par une convention bilatérale. Ainsi un divorce prononcé dans les locaux du consulat d'Égypte à Paris n'est pas susceptible d'une action en opposabilité ou en inopposabilité en France[4]. La fiction de l'extraterritorialité des ambassades et consulats étrangers n'a en effet plus cours.

424.193 **Conditions.** Pour apprécier la compétence du juge étranger, la jurisprudence française considère traditionnellement qu'il est présumé compétent lorsqu'il n'existait pas de compétence exclusive au profit du juge français et que le litige se rattachait d'une manière caractérisée à l'État étranger[5].

424.194 **Absence de compétence exclusive du juge français (principe).** Quant à la compétence exclusive du juge français, la Cour de cassation considérait traditionnellement que le juge français était seul compétent dès lors que **l'époux défendeur était français** : « *L'article 15 du Code civil* [...] *édicte une règle de compétence qui, dans la mesure où son bénéficiaire n'y a pas renoncé, est exclusive de toute compétence concurrente de la juridiction étrangère.* »[6]

Opérant un **revirement de jurisprudence** remarqué, la Cour de cassation a affirmé que « *l'article 15 du Code civil ne consacre qu'une compétence facultative de la juridiction française, impropre à exclure la compétence indirecte d'un tribunal étranger, dès lors que le litige se rattache de manière caractérisée à l'État dont la juridiction est saisie et que le choix de la juridiction n'est pas frauduleux* »[7]. Puis, dans un arrêt du 22 mai 2007, la Cour de cassation a jugé que « *l'article 14 du Code civil n'ouvre au demandeur français qu'une simple faculté et n'édicte pas à son profit une compétence impérative, exclusive de la compétence indirecte d'un tribunal étranger déjà saisi et dont le choix n'est pas frauduleux* »[8]. Dès lors que le choix du juge étranger n'est pas frauduleux, peu importe que la juridiction française ait été pre-

► 22 mai 2007, n° 102, 15, note Lecuyer-Thieffry – M.-L. Niboyet, « L'abandon du contrôle de la compétence législative indirecte », *Gaz. Pal.* 29 avr.-3 mai 2007, n° 119-123, doctr. 2; *D.* 2007, pan. 1751, obs. Courbe et Jault-Seseke; *D.* 2007, 1115, obs. Gallmeister; *Rev. crit. DIP* 2007, 420, note Ancel et Muir-Watt; *JDI* 2007, comm. 19, note Train.

1. CA Paris, 16 oct. 1964, *JCP* 1964, IV, p. 163; *JDI* 1965, p. 140 – TGI Paris, 17 oct. 1991, *Rev. crit. DIP* 1992, 508, note Muir-Watt – COMP. Civ. 1re, 17 avr. 1953, Rivière, *Rev. crit. DIP* 1953, 412, note Batiffol; *JDI* 1953, note Plaisant; *JCP* 1953, II, 7863, note Buchet; *Rabels Zeitschrift* 1955, p. 520, note Francescakis; *GADIP*, n° 26.
2. V. TOUTEFOIS, TGI Seine, 26 oct. 1959, *Rev. crit. DIP* 1960, 354, note Loussouarn – Civ. 1re, 25 févr. 1986, n° 84-14.218, *Bull. civ.* I, n° 39; *Rev. crit. DIP* 1987, 103, note Monéger.
3. TGI Paris, 10 mai 1990, *Rev. crit. DIP* 1991, 391, note Muir-Watt.
4. CA Versailles, 23 mars 1995, *Rev. crit. DIP* 1996, 699, note Gaudemet-Tallon.
5. Civ. 1re, 6 févr. 1985, Simitch, n° 83-11.241, *Bull. civ.* I, n° 55; *Rev. crit. DIP* 1985, 369; *Rev. crit. DIP* 1985, 243, chron. Francescakis; *JDI* 1985, p. 460, note Huet; *D.* 1985, J. 469, note Massip; IR 497, obs. Audit; *GADIP*, n° 70.
6. Civ. 1re, 18 mai 1994, n° 92-11.429, *Bull. civ.* I, n° 173; *D.* 1994, somm. 355, obs. Audit; *D.* 1995, J. 20, note Courbe.
7. Civ. 1re, 23 mai 2006, n° 04-12.777, *Bull. civ.* I, n° 254; *Dr. fam.* 2006, comm. 199, note Farge; *JCP* 2006, II, 10134, note Callé; *D.* 2006, IR 1561, obs. Gallmeister; *D.* 2006, 1846, chron. Audit; *JDI* 2006, p. 1377, note Chalas; *AJ fam.* 2006, 324, note A. Boiché; *RLDC* 2006, n° 2152, note Marraud des Grottes; *Rev. crit. DIP* 2006, 870, note Gaudemet-Tallon; *Gaz. Pal.* 29 avr.-3 mai 2007, n° 119-123, J. 21, note Niboyet; *GADIP*, n° 87.
8. Civ. 1re, 22 mai 2007, n° 04-14.716, *Bull. civ.* I, n° 195; *Gaz. Pal.* 1er-2 juin 2007, nos 152-153, 11, note Niboyet; *Dr. fam.* 2007, comm. 159, obs. Farge; *JDI* 2007, comm. 17, note Ancel et Muir-Watt – B. Audit, « Vers la consécration du caractère facultatif du for de la nationalité française du demandeur (article 14 du code civil) ? », *D.* 2007, chron. 2548.

mière saisie[1]. Il en résulte qu'en matière de divorce, de séparation de corps ou d'annulation du mariage, la règle française de conflit de juridictions n'attribue plus compétence exclusive aux tribunaux français même lorsque l'un des époux est français[2]. La « communautarisation » des règles de compétence directe en matière matrimoniale ne paraît pas remettre en cause cette solution. La compétence du juge français en vertu de l'article 3 du règlement Bruxelles II *bis* ne présente pas, selon nous, un caractère d'exclusivité. Certains seront tentés de puiser dans l'article 6 du règlement Bruxelles II *bis* l'affirmation selon laquelle les compétences définies aux articles 3, 4 et 5 ont un « *caractère exclusif* ». Cette qualification n'est pas déterminante car l'exclusivité décrétée par l'article 6 ne tend pas, comme dans l'arrêt *Simitch*, à s'opposer à la reconnaissance d'une décision rendue par une juridiction différente. L'article 24 du règlement Bruxelles II *bis* fait d'ailleurs interdiction à la juridiction de la reconnaissance de contrôler la compétence de la juridiction d'origine. Les règles de compétence de l'article 3 du règlement Bruxelles II *bis* ne paraissent dès lors pas exclusives au sens de l'arrêt *Simitch*. En ce sens, la Cour de cassation a affirmé que « *la compétence des juridictions françaises fondée sur la nationalité française des époux, énoncée à l'article 2, § 1, b) du règlement Bruxelles II, n'avait pas un caractère universel excluant toute autre compétence internationale* »[3].

424.195 Existence d'une compétence exclusive du juge français (exception). S'agissant de la **liquidation et du partage des intérêts patrimoniaux** des époux, il est possible de soutenir que les juridictions françaises sont exclusivement compétentes en ce qui concerne les **immeubles situés en France**. La solution s'inspirerait de la jurisprudence de la Cour de cassation selon laquelle le juge français doit se déclarer incompétent pour statuer sur le sort des immeubles *sis* à l'étranger[4].

424.196 Lien caractérisé avec le juge étranger. S'agissant du lien caractérisé, même si la solution a semblé être un temps remise en cause[5], le lien avec le tribunal étranger est caractérisé lorsque les deux époux ont plaidé devant une **juridiction relevant de l'État dont elles ont toutes deux la nationalité**[6]. Pour les couples mixtes, il convient d'additionner les **indices** démontrant une proximité suffisante avec le tribunal étranger : le lieu du **domicile commun** ou de la **résidence habituelle commune**, le **lieu du domicile ou de la résidence de chacun des époux** en cas de cessation de la vie commune, la **nationalité** des intéressés, le **lieu de situation des biens**... Ainsi une cour d'appel a pu considérer qu'il n'existait pas de lien caractérisé avec le juge étranger dès lors que l'époux avait son domicile en France et que sa résidence aux États-Unis avait un caractère provisoire[7]. À l'inverse, la Cour de cassation a estimé que « *le litige se rattache de manière caractérisée aux États-Unis, pays de la nationalité de Mme Y... où elle réside avec ses trois enfants depuis plus de six mois et où ils n'ont pas été amenés en fraude des droits du père* »[8]. C'est, semble-t-il, s'inspirer des règles de compétence des articles 3 (six mois de résidence habituelle de l'épouse) et 8 (résidence habituelle des enfants en l'absence d'un déplacement ou d'un non-retour illicites) du règlement Bruxelles II *bis* pour caractériser le lien avec le juge étranger. Si cette analyse est la bonne, la Cour de cassation pourrait à l'avenir considérer qu'existe un lien caractérisé avec le juge étranger chaque fois que sa compétence peut se revendiquer d'un des critères de l'article 3 du règlement Bruxelles II *bis*[9].

2° Contrôle de la conformité de la décision étrangère à l'ordre public

424.201 Ordre public de procédure (droits de la défense). Dans son arrêt *Bachir*, la Cour de cassation

1. Civ. 1re, 16 déc. 2009, n° 08-20.305, *Bull. civ.* I, n° 251; *JCP* 2010, 217, note Devers; *Dr. fam.* 2010, comm. 53, note Farge; *RLDC* 2010, n° 3720, obs. Pouliquen; *AJ fam.* 2010, 84, obs. Nord; *D.* 2010, 156, obs. Gallmeister; *RJPF* 2010-3/25, p. 20, note Meyzeaud-Garaud; *Rev. crit. DIP* 2010, 164, note Muir Watt.
2. COMP. Civ. 1re, 30 mars 2004, n° 02-17.974, *Bull. civ.* I, n° 100; *AJ fam.* 2004, IR 364.
3. Civ. 1re, 17 juin 2009, n° 08-12.456, *Bull. civ.* I, n° 130; *JCP* 2009, 369, n° 25, obs. Jeuland; *Defrénois* 2009, p. 1722, note Crône; *Dr. fam.* 2009, comm. 134, note Abadie; *AJ fam.* 2009, 401, obs. Boiché.
4. Civ. 5 juill. 1933, Nagalingmpoullé, *DP* 1934, I, p. 133, note Silz; *S.* 1934, I, p. 337, note Niboyet – Civ. 1re, 27 mai 1970, n° 68-13.643, Weiss, *Bull. civ.* I, n° 176; *Rev. crit. DIP* 1971, 113, note Batiffol; *GAJFDIP* n° 49.
5. Civ. 1re, 17 févr. 2004, n° 02-17.479, *Bull. civ.* I, n° 46; *JCP* 2004, II, 10128, note Fulchiron; *D.* 2004, J. 824, concl. Cavarroc; *D.* 2004, chron. 815, note Courbe; *Dr. et patr.* 2004/4, p. 125, obs. Monéger; *RTD civ.* 2004, 367, obs. Marguénaud.
6. Civ. 1re, 20 sept. 2006, n° 04-16.534, *Bull. civ.* I, n° 407; *RJPF* 2006-12/24, p. 13, obs. Meyzeaud-Garaud; *AJ fam.* 2007, IR 139 – Civ. 1re, 10 mai 2006, n° 05-15.707, *Bull. civ.* I, n° 225; *Dr. fam.* 2006, comm. 178, 2e esp., note Farge; *AJ fam.* 2006, 374, note Boiché; *RJPF* 2006-9/29, p. 17, obs. Garé.
7. Civ. 1re, 5 mai 1998, n° 95-22.010, NPT.
8. Civ. 1re, 30 sept. 2009, n° 08-18.769, *Bull. civ.* I, n° 192; *JCP* 2009, 439, note Devers; *D.* 2010, 58, obs. Gallmeister; *JDI* 2010, comm. 2, note Guillaumé; *Dr. fam.* 2009, comm. 166, note Abadie; *RLDC* 2009, n° 3615, note Pouliquen; *RJPF* 2010-12/22, p. 22 (2e esp.), obs. Garé.
9. Civ. 1re, 16 déc. 2009, n° 08-20.305, préc. ss n° 424.194, avec références.

place les droits de la défense devant la juridiction étrangère au cœur de l'ordre public français en matière internationale[1]. De manière générale, c'est-à-dire quel que soit le mode de dissolution du lien conjugal, la décision étrangère ne produit aucun effet en France lorsque la **partie défenderesse** n'a pas été **légalement citée ou représentée à la procédure**[2]. Le défendeur doit donc avoir été réellement et loyalement assigné[3] et avoir pu faire valoir normalement ses moyens de défense[4]. Autrement dit, **l'ordre public français en matière internationale, dans sa dimension procédurale, s'oppose donc à la reconnaissance en France d'une désunion obtenue en violation des droits fondamentaux de la défense.** D'application générale, ce principe s'oppose notamment à la reconnaissance en France d'une décision marocaine de répudiation dès lors que l'épouse n'a pas été régulièrement citée devant le juge marocain.

La position de la Cour de cassation n'est pas sans rappeler celle adoptée par la Cour européenne des droits de l'homme dans l'affaire *Pellegrini* où elle estime que la procédure canonique suivie par la *Rote* romaine n'est pas conforme aux exigences de la Convention européenne[5]. Dans le cadre de cette procédure, le défendeur n'est pas informé des motifs de nullité du mariage invoqués par son conjoint; il n'a pas accès au dossier de la procédure avant son audition par le tribunal; il ne peut pas demander des copies du dossier (où figurent les dépositions des témoins entendus en faveur du demandeur); il n'est pas informé de la possibilité de se prévaloir de l'assistance d'un défenseur (possibilité qui est d'ailleurs discutée par certains auteurs). En conséquence, la Cour européenne a jugé que viole l'article 6 paragraphe 1 de la Convention européenne la décision d'une juridiction italienne accordant l'*exequatur* à la décision de la *Rote* romaine d'annulation d'un mariage.

Mais, sans surprise, la Cour de cassation a précisé que la décision étrangère est conforme à l'ordre public lorsque « *la procédure non contradictoire suivie à l'étranger n'est que la conséquence de la carence de* [l'épouse] »[6].

424.202 Ordre public de procédure (absence de tentative de conciliation). La Cour de cassation a jugé que « *ni la conception française de l'ordre public international, ni les droits de la défense ne sont atteints par l'absence de tentative de conciliation dans une procédure de divorce suivie à l'étranger* »[7].

424.203 Ordre public de procédure (absence de motivation). Selon la Cour de cassation, l'absence de motifs d'un jugement étranger ne peut pas elle-même faire obstacle à la reconnaissance de cette décision dès lors que les documents produits à l'instance mettent à même le juge d'apprécier si celle-ci n'est pas contraire à l'ordre public français en matière internationale[8]. Il incombe à l'époux demandeur à la reconnaissance de produire les éléments de nature à servir d'équivalent à la motivation défaillante. En définitive, le défaut de motivation ne constitue un obstacle à la reconnaissance en France d'une décision étrangère que lorsque ne sont pas produits des **documents de nature à servir d'équivalent à la motivation défaillante**[9].

424.204 Ordre public de fond (cause de divorce). Atténuée, la réaction de l'ordre public n'est pas la même lorsqu'il s'agit seulement de laisser se produire en France les effets d'une décision de divorce prononcée à l'étranger[10]. **L'ordre public français en matière internationale ne s'oppose donc pas nécessairement** à la reconnaissance en France d'une **décision étrangère qui a prononcé le divorce pour une cause inconnue du droit interne français**[11]. Ainsi « *n'est pas contraire à l'ordre public international le prononcé du divorce, selon la loi étrangère applicable, au seul constat de la cessation de toute cohabitation entre les époux pendant plus d'un an* »[12].

1. Civ. 1re, 4 oct. 1967, Bachir, *Bull. civ.* I, n° 277; *Rev. crit. DIP* 1968, 98, note Lagarde; *JDI* 1969, p. 102, note Goldman; *D.* 1968, J. 95, note Mezger; *JCP* 1968, II, 15634, note Sialelli.
2. Civ. 1re, 25 oct. 2005, n° 03-17.893, *Bull. civ.* I, n° 380; *RJPF* 2006-1/18, p. 17, obs. Garé – Civ. 1re, 17 févr. 2004, n° 02-15.766, *Bull. civ.* I, n° 49; *Rec. CJCE*, p. 431; *Dr. fam.* 2004, chron. 9, obs. Pringent; *D.* 2004, 824, concl. Cavarroc; *D.* 2004, 815, obs. Courbe; *Gaz. Pal.* 2004, 569, note Niboyet – Civ. 1re, 3 mai 2000, n° 97-20.930, NPT – Civ. 1re, 5 janv. 1999, n° 96-14.535, *Bull. civ.* I, n° 7; *Dr. fam.* 2000, comm. 54, note Fulchiron; *D.* 1999, 671, note Agostini; *JCP* 2001, I, 293, n° 4, obs. Farge – Civ. 1re, 27 janv. 1998, n° 95-14.453, NPT – Civ. 1re, 19 déc. 1995, n° 93-19.950, *Bull. civ* I, n° 469 – Civ. 1re, 1er juin 1994, n° 92-13.523, *Bull. civ.* I, n° 192; *R.* 1994, p. 479; *D.* 1995, 263, note Massip; *Rev. crit. DIP* 1995, 103, 2e esp., note Déprez.
3. Req. 11 nov. 1908, *DP* 1914, 1, p. 118, rapp. Denis; *S.* 1909, 1, p. 572; *JDI* 1909, p. 753; *Rev. crit. DIP* 1909, 217 – Civ. 1re, 5 mai 1998, n° 95-22.010, NPT.
4. Civ. 1re, 6 juin 1990, n° 88-15.008, *Bull. civ.* I, n° 138; *Rev. crit. DIP* 1991, 593, 1re esp., note Courbe.
5. CEDH 20 juill. 2001, req. n° 30882/96, Pellegrini c/Italie, (déf. 20 oct. 2001), *Rec. CEDH*, 2001-VIII; *RTDH* 2002, p. 263, note Costa; *Gaz. Pal.* 2002, 2, doctr. 1157, chron. Sinopoli (préc. ss n° 424.75).
6. Civ. 1re, 10 mai 2006, n° 04-19.988, *Bull. civ.* I, n° 223; *RJPF* 2006-9/29, p. 17, obs. Garé.
7. Civ. 1re, 6 mars 1979, n° 77-13.179, *Bull. civ.* I, n° 80.
8. Civ. 1re, 17 oct. 1972, n° 71-12.616, *Bull. civ.* I, n° 205; *Rev. crit. DIP* 1973, 556, note Francescakis.
9. En dernier lieu, v. R. Sotomayor, « La motivation des décisions étrangères », *Gaz. Pal.* 29 avr.-3 mai 2007, n° 119-123, doctr. 8.
10. Civ. 1re, 17 avr. 1953, Rivière, *Rev. crit. DIP* 1953, 412, note Batiffol; *JDI* 1953, note Plaisant; *JCP* 1953, II, 7863, note Buchet; *Rabels Zeitschrift* 1955, p. 520, note Francescakis; *GADIP*, n° 26.
11. Civ. 1re, 16 mars 1982, n° 80-13.866, *Bull. civ.* I, n° 110.
12. Civ. 1re, 10 mai 2006, n° 04-19.988, *Bull. civ.* I, n° 223; *RJPF* 2006-9/29, p. 17, obs. Garé.

Dès avant la réforme de 2004, la Cour de cassation jugeait par exemple que n'est pas contraire aux exigences de l'ordre public français en matière internationale dans la conception actuelle du droit français, le divorce prononcé en Suisse conformément à l'article 142 du Code civil suisse, qui n'exige pas la démonstration d'une faute imputée à l'un des époux[1]. Est en revanche contraire à l'ordre public français en matière internationale la décision étrangère qui est incompatible avec une décision française portant sur le même objet entre les mêmes parties[2]. Il en va de même de la décision étrangère qui prononce le divorce des époux par consentement mutuel alors que l'épouse s'opposait à une telle demande[3].

424.205 Ordre public de fond (répudiations). S'agissant des **répudiations unilatérales**, la jurisprudence a pendant longtemps hésité entre une opposition de principe à leur reconnaissance et une tolérance bienveillante[4]. Elle semble s'être fixée depuis les arrêts groupés de la Cour de cassation de février 2004.

Désormais, quand bien même elles résulteraient d'une procédure loyale et contradictoire, **leur reconnaissance en France est refusée au nom du principe d'égalité des époux lors de la dissolution du mariage** reconnu par l'article 5 du protocole du 22 novembre 1984, n° 7, additionnel à la Convention européenne des droits de l'homme[5]. La solution a ensuite été étendue des répudiations algériennes aux répudiations marocaines[6]. Il faut toutefois que l'autorité étrangère compétente qui a constaté la répudiation unilatérale du mari n'ait eu aucun pouvoir autre que celui d'aménager les conséquences financières de cette rupture du lien matrimonial[7]. Autrement dit, la **faculté de répudiation du mari** était **véritablement unilatérale** et il est **indifférent que le juge étranger ait accordé à l'épouse une compensation financière réelle et sérieuse**[8]. Est donc *a priori* refusée toute reconnaissance en France de la décision marocaine constatant la répudiation d'une Marocaine par son époux marocain. La solution a semblé emporter l'adhésion de la Cour européenne des droits de l'homme. Saisie d'un recours contre la France, la Cour européenne des droits de l'homme a en effet estimé que les arrêts du 17 février 2004 de la Cour de cassation française « *sont manifestement d'une grande importance* »[9]. Très récemment, la Cour de cassation a jugé que, de la même façon, doit être déclarée contraire à l'ordre public la décision marocaine de « *divorce sous contrôle judiciaire* », cas de divorce introduit par le nouveau Code de la famille marocain. Elle écarte ainsi l'argumentation du mari qui soulignait que ce divorce est soumis à une autorisation du tribunal de faire constater le divorce par deux *adouls* (C. fam. marocain, art. 79) et à la consignation préalable d'une compensation du divorce au secrétariat-greffe du tribunal (C. fam. marocain, art. 83). C'est estimer que ce nouveau cas de divorce ne présente pas des garanties suffisantes pour la protection de l'épouse[10]. Le contrôle judiciaire est en effet limité aux conséquences de la désunion (lorsque la tentative de conciliation a échoué) et la femme ne dispose d'aucun moyen d'opposition à la demande du mari. La Cour en déduit que la reconnaissance d'une telle décision est « *contraire au principe d'égalité des époux lors de la dissolution du mariage énoncé par l'article 5 du proto-*

1. Civ. 1re, 3 févr. 1982, n° 80-16.600, *Bull. civ.* I, n° 59.
2. Civ. 1re, 15 mai 1963, Patiño, n° 59-13.468, *Bull. civ.* I, n° 258; *Rev. crit. DIP* 1964, 532, note Lagarde; *JDI* 1963, p. 1016, note Malaurie; *JCP* 1963, II, 13365, note Motulsky; *GADIP*, n° 38.
3. Civ. 1re, 20 janv. 1987, n° 84-14.807, *Bull. civ.* I, n° 17.
4. V. NOT., parmi la très nombreuse littérature consacrée au sujet, R. El-Husseini, *Le droit international privé français et la répudiation islamique*, LGDJ, 2002 – I. Fadlallah, « Vers la reconnaissance de la répudiation musulmane par le juge français ? », *Rev. crit. DIP* 1981, 17 – P. Lagarde, « La théorie de l'ordre public international face à la polygamie et à la répudiation, L'expérience française », *Hommage à F. Rigaux*, Bruylant, 1993, p. 263 – F. Monéger, « Vers la fin de la reconnaissance des répudiations musulmanes par le juge français », *JDI* 1992, p. 347; « Les musulmans devant le juge français », *JDI* 1994, p. 345; *RIDC* 2006, p. 1 s. (avec les contributions de H. Fulchiron, M.-L. Niboyet et L. Gannagé).
5. Civ. 1re, 17 févr. 2004, n° 01-11.549, *Bull. civ.* I, n° 47; *R.* 2004, p. 431; *Dr. fam.* 2004, chron. 9, obs. Prigent; *D.* 2004, 824, concl. Cavarroc; *D.* 2004, 815, obs. Courbe; *D.* 2005, 1266, obs. Chanteloup; *JCP* 2004, II, 10128, note Fulchiron; *Defrénois* 2004, p. 812, note Massip; *Gaz. Pal.* 2004, 567, note Niboyet; *Dr. et patr.* avr. 2004, p. 124, note Monéger; *RTD civ.* 2004, 367, obs. Marguénaud; *Rev. crit. DIP* 2004, 423, note Hammje; *LPA* 5 août 2004, 14, note Péroz – V. AUSSI, Civ. 1re, 10 mai 2006, n° 05-15.707, *Bull. civ.* I, n° 225; *Dr. fam.* 2006, comm. 178, 2e arrêt, note Farge; *AJ fam.* 2006, 374, note Boiché; *RJPF* 2006-9/29, p. 17, obs. Garé – Civ. 1re, 20 sept. 2006, n° 05-20.507, n° 04-16.534, 2 esp., *Bull. civ.* I, nos 406 et 407; *RJPF* 2006-12/24, p. 13, obs. Meyzeaud-Garaud; *Dr. fam.* 2007, comm. 95 (1re esp.), note Farge.
6. Civ. 1re, 25 oct. 2005, n° 03-20.845, *Bull. civ.* I, n° 379; *Dr. fam.* 2006, comm. 103, 1re esp., note Farge; *RJPF* 2006-1/18, p. 17, obs. Garé; *D.* 2005, IR 2897 – Civ. 1re, 3 janv. 2006, n° 04-15.231, *Bull. civ.* I, n° 2; *Dr. fam.* 2006, comm. 103, 2e esp., note Farge; *RJPF* 2006-4/29, p. 17, obs. Garé; *Rev. crit. DIP* 2006, 627, note Najm.
7. Civ. 1re, 3 janv. 2006, n° 04-15.231, préc. ss prést n°.
8. Civ. 1re, 25 oct. 2005, n° 03-20.845, préc. ss prést n° – CONTRA, Civ. 1re, 3 juill. 2001, n° 00-11.968, *Bull. civ.* I, n° 199; *Dr. fam.* 2002, chron. 17, obs. Farge; *D.* 2001, 3378, note Niboyet; *JCP* 2002, II, 10039, note Vignal; *Rev. crit. DIP* 2001, 704, note Gannagé; *JDI* 2002, p. 121, note Kahn.
9. CEDH 8 nov. 2005, req. n° 3/02, D. D. c/France, pt 27, *JDI* 2006, p. 1172, obs. M. E.
10. EN CE SENS, CA Rouen, 16 avr. 2009, RG n° 08/00771, *Juris-Data* n° 2009-003175.

cole du 22 novembre 1984, n° VII, additionnel à la Convention européenne des droits de l'homme, que la France s'est engagée à garantir à toute personne relevant de sa juridiction, et donc à l'ordre public international »[1]. Il n'en demeure pas moins que, loin de résoudre toutes les difficultés, cette jurisprudence de la Cour de cassation suscite de nombreuses interrogations. La Cour de cassation paraît attacher une importance toute particulière au fait que la **situation matrimoniale présentait, au moment de la répudiation, un lien particulier avec la France**[2]. Cette proximité peut résulter de la **nationalité française de l'un ou des deux époux** mais aussi du fait que **l'un ou l'autre des conjoints** a son **domicile sur le territoire français**[3]. Ainsi, la « *décision constatant une répudiation unilatérale du mari* » est « *contraire au principe d'égalité des époux lors de la dissolution du mariage* [...] *dès lors que, comme en l'espèce, les deux époux étaient domiciliés sur le territoire français* »[4]. De même, la « *décision constatant une répudiation unilatérale du mari* [...] *est contraire au principe d'égalité des époux lors de la dissolution du mariage* [...] *dès lors que, comme en l'espèce, la femme, sinon même les deux époux, étaient domiciliés sur le territoire français* »[5]. Est-ce à dire, dans l'optique de la Cour de cassation, que la reconnaissance ne peut être refusée que lorsque les époux ou la femme étaient domiciliés sur le territoire français ? La réponse ne peut être que nuancée. Il semble que la reconnaissance doive aussi être refusée lorsque les époux ou la femme étaient au moment de la répudiation domiciliés, non pas sur le territoire français, mais sur le territoire d'un autre État partie à la Convention européenne des droits de l'homme[6]. Reste à savoir si est susceptible d'être reconnue en France la répudiation intervenue à un moment où aucun des époux n'était domicilié en France ou dans un autre État partie à la Convention européenne des droits de l'homme. Que faire, par exemple, face à une décision marocaine constatant une répudiation unilatérale du mari alors que les deux époux, Marocains, étaient domiciliés au Maroc avant que la femme s'installe sur le territoire français ? Parce que cette situation n'avait à l'origine qu'un caractère purement interne, le plus raisonnable serait sans doute de considérer que cette répudiation ne heurte pas l'ordre public français en matière internationale.

424.206 Acquiescement de l'époux défendeur. L'acquiescement de l'époux défendeur à la procédure à l'étranger autorise la reconnaissance en France de la décision litigieuse : **l'acquiescement efface le vice de contrariété à l'ordre public**. Pour l'Institut de droit international[7], « *l'ordre public pourra être opposé à la reconnaissance d'une répudiation unilatérale de la femme par son mari lorsque la femme a ou a eu la nationalité de l'État de reconnaissance ou d'un État refusant la répudiation ou lorsqu'elle a sa résidence habituelle dans l'un de ces États, à moins qu'elle y ait consenti ou qu'elle ait bénéficié d'une protection pécuniaire suffisante* »[8]. L'approche de la **Cour de cassation** est nettement **plus restrictive**. D'une part, le fait que le juge étranger ait accordé à l'épouse une compensation financière réelle et sérieuse n'a désormais aucune influence sur le refus de reconnaître en France la décision (*contra*[9]). D'autre part, si l'époux défendeur à l'étranger peut accepter la décision, **l'acquiescement doit être non équivoque.** La preuve d'un tel acquiescement pèse sur l'époux demandeur à la reconnaissance[10] À cet égard, le non-exercice d'une voie de recours, ne vaut pas, à lui seul, acceptation non équivoque de la décision. Toutefois l'acquiescement peut se déduire du fait que l'avocat étranger chargé par un plaideur français de représenter ses intérêts devant la juridiction étrangère ait, de sa propre autorité, renoncé à une voie de recours[11]. Il y a semble-t-il une différence à faire entre non-exercice d'une voie de recours et désistement d'une voie de recours[12]. Au-delà, le fait pour l'époux défendeur d'avoir accepté, postérieurement à la procédure, que lui soient versées les pensions accordées par le juge étranger ne consti-

1. Civ. 1re, 4 nov. 2009, n° 08-20.574, *Bull. civ.* I, n° 217; *JCP* 2009, 477, obs. Devers; *Dr. fam.* 2010, comm. 13, note Abadie; *RLDC* 2010, n° 3688, obs. Pouliquen; *AJ fam.* 2010, 86, obs. Boiché; *D.* 2010, 543, obs. Gallmeister; *RJPF* 2010-2/27, p. 23, obs. Garé.
2. P. Courbe, « L'ordre public de proximité », *Mél. P. Lagarde*, Dalloz, 2005, p. 227, spéct n° 11.
3. V. NOT., Civ. 1re, 10 juill. 2007, n° 06-19.083, NP – Civ. 1re, 22 mai 2007, n° 06-10.433, NP; *Dr. fam.* 2007, comm. 157, obs. Farge – Civ. 1re, 10 mai 2006, n° 04-19.444, *Bull. civ.* I, n° 224; *RJPF* 2006-9/29, p. 17, obs. Garé; *AJ fam.* 2006, IR 374.
4. Civ. 1re, 25 oct. 2005, n° 03-20.845, préc. ss prést n° – COMP. Civ. 1re, 4 nov. 2009, n° 08-20.574, préc. ss prést n°, qui se contente du fait que « *les deux époux vivent sur le territoire français* ».
5. Civ. 1re, 17 févr. 2004, n° 02-11.618, *Bull. civ.* I, n° 48 – P. Courbe, « Le rejet des répudiations musulmanes », *D.* 2004, chron. 815; *RTD civ.* 2004, 367, obs. Marguénaud.
6. P. Courbe, « L'ordre public de proximité », art. préc., n° 17, et réf. cit.
7. Institut de droit international : www.idi-iil.org
8. Résolution 25 août 2005, intitulée « Différences culturelles et ordre public en droit international privé de la famille », sur rapp. P. Lagarde, pt C. 2.
9. Civ. 1re, 3 nov. 1983, n° 81-15.745, Rohbi, *Bull. civ.* I, n° 251; *JCP* 1984, II, 20131, concl. Gulphe; *Rev. crit. DIP* 1984, 325, 1re esp., note Fadlallah; *JDI* 1984, p. 329, note Kahn; *GADIP*, n° 63.
10. Civ. 1re, 20 janv. 1987, n° 84-14.807, *Bull. civ.* I, n° 17.
11. Civ. 1re, 16 mars 1982, n° 80-13.866, *Bull. civ.* I, n° 110.
12. COMP. Civ. 1re, 23 mai 1973, n° 71-14.260, *Bull. civ.* I, n° 177.

tue pas à lui seul un acquiescement à la décision[1]. L'acceptation non équivoque de la décision résultera, plus certainement, du fait que l'époux défendeur a ensuite profité de la décision pour contracter un **nouveau mariage** ou conclure un **pacte civil de solidarité**. Reste à savoir si le fait pour l'épouse d'avoir sollicité la majoration de la pension que lui a accordée le juge étranger peut être analysé comme un acquiescement. La Cour de cassation y est, semble-t-il, hostile. Ainsi, dans un des arrêts du 17 février 2004, la Cour affirme que « *le fait, pour l'épouse, d'avoir sollicité la majoration des pensions accordées pour elle-même et pour les enfants ne saurait être considéré comme un acquiescement* »[2]. Peut-être serait-il tout de même possible de distinguer selon que l'épouse demande une majoration de la pension que lui a été accordée par le juge étranger ou une contribution aux charges du mariage. Alors que la seconde tend à faire produire au mariage l'un de ses effets, la première demande ne prétend que modifier l'une des conséquences de la dissolution du mariage. Dès lors, si la demande de contribution aux charges du mariage exclut bien toute acceptation de la décision, la demande de modification de la pension alimentaire traduit, selon nous, une acceptation non équivoque de la décision litigieuse. Il en irait toutefois différemment lorsque l'épouse sollicite seulement la majoration des pensions accordées pour chacun des enfants issus du mariage[3]. En l'absence d'un acquiescement de l'épouse, le juge français ne peut pas admettre la fin de non-recevoir tirée de l'autorité de la chose jugée de la décision étrangère[4].

424.207 Ordre public de fond (liquidation des intérêts patrimoniaux). Dans certains pays, la liquidation et le partage des intérêts patrimoniaux des époux se fait au mépris du contrat de mariage que les intéressés ont précédemment conclu à l'étranger. Ce fut longtemps le cas devant les juridictions anglaises qui refusaient de faire application des dispositions d'un contrat de mariage conclu à l'étranger et procédaient à une **équitable distribution des biens**[5]. C'est encore le cas dans certains États américains. Se pose alors la question de la conformité à l'ordre public français en matière internationale d'une décision étrangère procédant à une équitable distribution des biens.

Dans une très intéressante décision du 26 novembre 2008, le tribunal de grande instance de Paris a jugé que la décision américaine qui a écarté l'application du contrat de mariage de séparation de biens librement choisi par les époux est contraire à l'ordre public. Sont en cause les principes fondamentaux de liberté des conventions matrimoniales, de sécurité juridique et de prévisibilité des solutions[6]. Une telle solution emporte l'approbation[7], comme elle constitue un heureux correctif à l'absence de contrôle de la loi appliquée par le juge étranger[8].

3°
Contrôle de l'absence de fraude

424.211 Réserve de la fraude. Dans son arrêt *Simitch*, la Cour de cassation subordonne la reconnaissance et l'exécution en France des décisions étrangères au fait que « *le choix de la juridiction n'ait pas été frauduleux* »[9].

424.212 Éléments constitutifs de la fraude. Il y a « *fraude à la loi lorsque le sujet, par le biais d'un acte ou d'un fait juridique préparatoire générateur d'un conflit, parvient à provoquer l'application, par une autorité étatique, d'une loi autre que celle qui aurait été normalement compétente, dans le dessein exclusif d'en revendiquer les effets dans un ressort différent de celui de la loi appliquée* »[10]. Autrement dit, la fraude se caractérise par la réunion de trois éléments constitutifs : un **élément matériel**, un élément **légal** et un élément **intentionnel**. L'élément matériel réside dans la manœuvre réalisée par l'époux : changement de nationalité, de domicile ou de résidence habituelle, par exemple. L'élément légal correspond à la disposition impérative éludée : loi française, loi étrangère ou jugement à venir en France, par exemple. L'élément intentionnel correspond à la volonté

1. Civ. 1re, 11 mars 1997, n° 94-19.447, NPT, *D.* 1997, 400, note Niboyet; *JDI* 1997, p. 110, note Kahn; *JCP N* 1998, p. 524, note Fulchiron; *RTD civ.* 1998, 520, obs. Marguénaud.
2. Civ. 1re, 17 févr. 2004, n° 02-15.766, *Bull. civ.* I, n° 49; P. Courbe, « Le rejet des répudiations musulmanes », *D.* 2004, chron. 815; *RTD civ.* 2004, 367, obs. Marguénaud – V. AUSSI, Civ. 1re, 31 janv. 1995, n° 93-10.769, *Bull. civ.* I, n° 58; *Rev. crit. DIP* 1995, 569, note Déprez; *JDI* 1995, p. 343, 2e esp., note Kahn; *RTD civ.* 1996, 514, obs. Marguénaud.
3. Civ. 1re, 31 janv. 1995, n° 93-10.769, préc. ss prést n°.
4. Civ. 1re, 3 janv. 2006, n° 04-15.231, *Bull. civ.* I, n° 2; *Dr. fam.* 2006, comm. 103, 2e esp., note Farge; *RJPF* 2006-4/29, p. 17, obs. Garé; *Rev. crit. DIP* 2006, 627, note Najm.
5. Abandonnant cette jurisprudence, v. Court of Appeal of England and Wales, 2 juill. 2009, Granatino, *AJ fam.* 2009, 349, obs. Boiché.
6. TGI Paris, 26 nov. 2008, *Rev. crit. DIP* 2009, 310, note Ancel.
7. PLUS RÉSERVÉ, Ancel, *Rev. crit. DIP* 2009, 310, n° 6-7, ss TGI Paris, 26 nov. 2008, préc. ss prést n°.
8. CA Paris, 7 mai 2002, RG n° 2001/17009, *Juris-Data* n° 2002-178743.
9. Civ. 1re, 6 févr. 1985, n° 83-11.241, Simitch, *Bull. civ.* I, n° 55; *Rev. crit. DIP* 1985, 369; *Rev. crit. DIP* 1985, 243, chron. Francescakis; *JDI* 1985, p. 460, note Huet; *D.* 1985, J. 469, note Massip; IR 497, obs. Audit; *GADIP*, n° 70.
10. É. Cornut, *Théorie critique de la fraude à la loi. Étude de droit international privé de la famille*, (préf. H. Fulchiron), Éd. Defrénois, 2006, n° 560.

de l'époux de se soustraire à l'application d'une disposition impérative : l'époux a changé de nationalité, saisi un tribunal particulier « *dans le seul but* » d'évincer la loi normalement applicable, d'obtenir une décision différente de celle qui aurait été rendue par le tribunal normalement compétent...

424.213 Sanction de la fraude. Quel que soit le type de fraude en cause, la sanction réside dans l'**inefficacité du résultat obtenu par le comportement frauduleux.** Autrement dit, la décision étrangère de divorce, de séparation de corps ou d'annulation du mariage obtenue en fraude n'est pas reconnue en France.

424.220 Division. De manière classique, on distingue trois grandes catégories de fraude : tout d'abord, la fraude à la loi (a), ensuite la fraude au jugement (b) et enfin la fraude à l'intensité de l'ordre public (c), selon la formule de M. Fadlallah[1]. Il faut toutefois noter que d'autres types de fraude sont possibles, comme la fraude aux droits de la défense. Tel était le cas de « *l'épouse, qui avait formé une requête en divorce à Montréal en déclarant mensongèrement qu'elle ignorait l'adresse de son mari et en sollicitant la permission de l'assigner par voie de publication dans un journal qu'il n'avait aucune chance de lire* ». Elle « *avait cherché manifestement à l'empêcher de se défendre en temps utile, circonstances dont il se déduisait que la citation du mari n'avait été conforme à la loi procédurale qu'en apparence puisqu'elle avait été fondamentalement viciée par la fraude aux droits de la défense* »[2].

a)
Fraude à la loi

424.221 Changement volontaire de la loi applicable. Il y a fraude à la loi « *lorsque les parties ont volontairement modifié un rapport de droit dans le seul but de le soustraire à la loi normalement compétente* » pour se soumettre à une autre loi[3]. Ainsi, dans la célèbre affaire *Princesse de Bauffremont*[4], l'épouse française, à une époque où la loi française prohibait le divorce, avait acquis la nationalité allemande aux seules fins de pouvoir obtenir le divorce et de se remarier. Le contrôle de l'absence de fraude à la loi retrouve un intérêt certain depuis que la Cour de cassation a jugé que, « *pour accorder* l'exequatur *hors de toute convention internationale,* [...] *le juge de l'exequatur n'a* [...] *pas à vérifier que la loi appliquée par le juge étranger est celle désignée par la règle de conflit de lois française* »[5]. En effet, précédemment, la condition d'absence de fraude avait tendance à être absorbée par la vérification de la compétence de la loi appliquée par la décision étrangère[6].

424.222 Fraude aux lois française et étrangère. Méritent d'être sanctionnées aussi bien la fraude à la loi française que la fraude à la loi étrangère[7].

Ainsi, pour deux époux de nationalité française qui avaient « *lors de leur divorce, leur domicile à Paris et ne produisaient aucune pièce de nature à justifier un rattachement autre que purement occasionnel avec la ville de Port-au-Prince* », une cour d'appel a-t-elle pu estimer « *que le choix de la juridiction haïtienne par les époux X...-Y... avait été déterminé par la volonté délibérée de voir appliquer à leur divorce des dispositions moins contraignantes que celles de leur loi nationale, normalement compétente, cette attitude caractérisant une fraude à la loi* »[8]. Dans le même esprit, pour deux époux de nationalité canadienne et soumis à la loi du Québec, c'est la loi canadienne applicable au Québec qui doit régir leur statut personnel. « *Dès lors, est légalement justifié l'arrêt qui refuse l'exequatur à un jugement d'un tribunal américain ayant prononcé le divorce des époux sur la demande du mari, au motif souverain que le choix de ce tribunal relevait du dessein frauduleux d'écarter l'interdiction de toute procédure judiciaire de divorce figurant alors dans la loi commune des époux, la fraude devant être appréciée par rapport à la loi canadienne et à la loi québécoise, seules compétentes selon la règle de conflit applicable.* »[9]

424.223 Difficultés. Il semble, au regard de la jurisprudence, que l'élément matériel de la fraude à la loi se déduit du simple fait que la **saisine du juge étranger est artificielle**, c'est-à-dire que le litige ne se rattachait pas de manière caractérisée au juge étranger. Ainsi la Cour de cassation approuve-t-elle une cour d'appel d'avoir jugé « *que la saisine de cette*

1. Fadlallah, *Rev. crit. DIP* 1984, 336.
2. Civ. 1re, 30 sept. 2003, nº 01-13.142, *Bull. civ.* I, nº 190.
3. Civ. 1re, 17 mai 1983, nº 82-11.402, nº 82-11.290, *Bull. civ.* I, nº 147; *Rev. crit. DIP* 1985, 366, note Ancel.
4. Civ. 8 mars 1878, Princesse de Bauffremont, *S.* 1878, 1, p. 193, note Labbé; *D.* 1878, 1, 201, concl. Charrins; *JDI* 1878, p. 505; *GADIP*, nº 6.
5. Civ. 1re, 20 févr. 2007, nº 05-14.082, *Bull. civ.* I, nº 68; *LPA* 27 avr. 2007, nº 85, 13, note Mahinga; *Dr. fam.* 2007, comm. 97, note Farge; *JCP* 2007, act. 107, obs. Bruneau; *D.* 2007, 1115, note D'Avout et Bollée; *D.* 2007, 891, chron. Chauvin, spéct 892; *Gaz. Pal.* 11-12 mai 2007, nº 131-132, J. 4, note Guerchoun; *LPA* 22 mai 2007, nº 102, 15, note Lecuyer-Thieffry – M.-L. Niboyet, « L'abandon du contrôle de la compétence législative indirecte », *Gaz. Pal.* 29 avr.-3 mai 2007, nº 119-123, doctr. 2; *D.* 2007, pan. 1751, obs. Courbe et Jault-Seseke; *D.* 2007, 1115, obs. Gallmeister; *Rev. crit. DIP* 2007, 420, note Ancel et Muir-Watt; *JDI* 2007, comm. 19, note Train.
6. J.-CL. INTERNAT., H. Gaudemet-Tallon, fasc. 457-30 (Divorce prononcé à l'étranger – régularité internationale et effets en France), nº 48.
7. Pour une étude complète et récente, v. not. É. Cornut, *Théorie critique de la fraude à la loi. Étude de droit international privé de la famille*, préc.
8. Civ. 1re, 6 juill. 1988, nº 86-17.376, NPT.
9. Civ. 1re, 11 juill. 1977, nº 76-12.441, *Bull. civ.* I, nº 320; *D.* 1978, IR 253, obs. Audit; *Rev. crit. DIP* 1978, 149, note Audit.

juridiction incompétente avait été artificielle et frauduleuse »[1]. Ces décisions laissent perplexe dans la mesure où, si le juge étranger n'était peut-être pas le juge naturel du divorce, elles n'expliquent généralement pas en quoi il y a eu création artificielle d'un *for* de compétence. Lorsque l'un des époux ne fait qu'exploiter un chef de compétence préexistant - par ex., en raison de la nationalité étrangère commune des conjoints -, il serait possible de considérer que le comportement n'est pas frauduleux mais opportuniste. Une telle hypothèse gagnerait sans doute à être envisagée sous l'angle du *forum shopping*[2].

b)

Fraude au jugement

424.231 **Définition.** La fraude au jugement peut se définir comme le fait d'aller plaider à l'étranger dans le but principal d'invoquer le jugement dans le pays où l'on vit, qui aurait refusé de le prononcer si ses juges avaient été saisis directement[3]. Le plus souvent, le but poursuivi par l'époux fraudeur est d'échapper aux conséquences d'un jugement d'ores et déjà rendu ou susceptible d'être prochainement rendu[4].

424.232 **Fraude aux jugements français et étranger.** Méritent d'être sanctionnées aussi bien la fraude au jugement français que la fraude au jugement étranger[5]. Il a été jugé que « *la saisine du tribunal de Téhéran avait un caractère artificiel et constituait une manœuvre destinée à faire échec à la procédure de divorce préalablement introduite en France par son épouse* »[6]. En relevant régulièrement que la saisine de la juridiction étrangère a été réalisée « *dans le seul but d'échapper aux conséquences d'un jugement français (ou étranger) à intervenir* », la Cour de cassation semblait poser comme condition de la fraude au jugement **l'antériorité de la saisine d'un autre juge et la simultanéité des procédures**[7]. La Cour de cassation avait d'ailleurs confirmé que le caractère frauduleux de la saisine du juge étranger est établi à partir de la **chronologie des procédures** : la saisine est frauduleuse lorsqu'il est démontré que l'époux avait délibérément choisi la juridiction algérienne postérieurement à la procédure engagée en France par l'épouse pour échapper aux conséquences financières du divorce prononcé en France[8].

Un arrêt récent semble toutefois remettre en cause cette lecture chronologique. En l'espèce, le mari a déposé une requête en divorce en France le 28 octobre 2005 et l'épouse a fait la même demande devant un tribunal américain le 21 novembre 2005. Le 11 avril 2006, le juge français a rendu une ordonnance de non-conciliation et autorisé le mari à assigner en divorce. L'épouse a fait appel de cette ordonnance et, le 17 mai 2006, le juge américain a prononcé le divorce des époux par jugement devenu définitif le 16 août 2006. Pour la Cour de cassation[9], « *il n'est pas prouvé que [l'épouse] aurait saisi frauduleusement le juge de son lieu de résidence pour tirer un bénéfice supérieur à celui procuré par la saisine du juge français* ».

C'est considérer que la saisine du juge étranger n'est pas frauduleuse pour la seule raison qu'elle est postérieure à la saisine du juge français et fait échec à une décision française à venir. Il n'est pas, pour autant, certain que l'arrêt du 30 septembre 2009 condamne toute lecture chronologique pour caractériser le caractère frauduleux de la saisine du juge étranger. Une conciliation des arrêts paraît possible. Dans l'arrêt du 30 septembre 2009, la France n'est pas le centre de gravité de la relation matrimoniale. Au moment de la saisine du juge français, si le mari demeure en France, son épouse, de nationalité américaine, réside habituellement aux États-Unis avec les enfants. Dans de telles hypothèses, il paraît excessif de considérer qu'il y a fraude au jugement français à intervenir pour la seule raison que la saisine du juge étranger est postérieure à la saisine du juge français. Il n'est pas en soi illégitime pour une épouse américaine, qui réside aux États-Unis avec les enfants communs, de saisir son juge national après la saisine du juge français. Elle peut, comme son conjoint, souhaiter soumettre une demande de divorce à son juge national. En revanche, dans les arrêts antérieurs, le centre de gravité de la vie matri-

1. Civ. 1re, 2 oct. 1984, no 82-14.829, *Bull. civ.* I, no 242; *JDI* 1985, p. 495, note Audit; *Rev. crit. DIP* 1986, 91, note Jobard-Bachellier.
2. V. NOT., É. Cornut, « *Forum shopping* et abus du choix de *for* en droit international privé », *JDI* 2007, p. 27.
3. MAYER et HEUZÉ, no 393 – Sur la conformité à la Conv. EDH du motif de non-reconnaissance tire de la fraude au jugement, v. CEDH 29 avr. 2008, req. no 18648/04, Mac Donald c/France, *JDI* 2009, comm. 6, note Marchadier; *RTD civ.* 2008, 646, note Marguénaud.
4. V. NOT., Civ. 1re, 1er mars 1988, no 87-12.007, *Bull. civ.* I, no 55; *D.* 1988, 466, note Massip; *Rev. crit. DIP* 1989, 721, note Sinay-Cytermann; *Defrénois* 1988, art. 34255, note Massip – Civ. 1re, 6 juin 1990, no 88-15.008, *Bull. civ.* I, no 138; *D.* 1990, somm. 263, obs. Audit; *Rev. crit. DIP* 1991, 593, 1re esp., note Courbe.
5. V. NOT., CA Paris, 10 juin 1972, *D.* 1973, J. 296, concl. Cabannes; *JDI* 1974, p. 150, note Deby-Gérard (où l'époux voulait faire échec à un jugement syrien).
6. Civ. 1re, 18 déc. 1990, no 89-12.549, *Bull. civ.* I, no 295.
7. V. Deprez note ss Civ. 1re, 4 mai 1994, no 92-17.435 et Civ. 1re, 1er juin 1994, no 92-13.523, *Rev. crit. DIP* 1995, 112 – Et Niboyet note ss Civ. 1re, 11 mars 1997, no 94-19.447, *D.* 1997, 401.
8. Civ. 1re, 28 mars 2006, no 03-18.934, *Bull. civ.* I, no 177; *Dr. fam.* 2006, comm. 178, 1re esp., note Farge; *RJPF* 2006-6/19, p. 15, obs. Garé – V. ég. Civ. 1re, 17 janv. 2006, no 04-14.236, *Bull. civ.* I, no 17; *D.* 2006, 1666, note Cornut; *RJPF* 2006-4/23, p. 16, obs. Garé.
9. Civ. 1re, 30 sept. 2009, no 08-18.769, préc. ss no 424.196, avec références.

moniale était clairement localisé en France. Parce que les époux sont domiciliés en France, la fraude au jugement se déduit aisément du comportement du mari qui introduit une procédure à l'étranger après la saisine du juge français. Il semble possible de maintenir une telle approche.

c)

Fraude à l'intensité de l'ordre public

424.241 Effet atténué de l'ordre public. Comme l'a relevé un auteur, l'arrêt *Rohbi* de la Cour de cassation du 3 novembre 1983 laisse entrevoir une possibilité d'une « *fraude à l'intensité de l'ordre public* », c'est-à-dire une fraude qui permet « *d'échapper à l'intervention de l'ordre public avec son plein effet en France* »[1]. En effet, si le juge français ne saurait prononcer certains types de dissolution du mariage, il pourrait toutefois les reconnaître au nom de l'effet atténué de l'ordre public français en matière internationale qui, depuis l'arrêt *Rivière*[2], impose d'apprécier de manière moins rigoureuse une situation déjà régulièrement créée par rapport à une situation qui serait à créer. Dire que l'ordre public a un effet atténué ne signifie pas qu'il ne peut entraîner un refus de reconnaissance, il impose seulement au juge une approche différente, circonstanciée, selon le moment au cours duquel il intervient dans la vie du rapport de droit. Ainsi, dans l'arrêt *Rohbi*, une **répudiation régulièrement prononcée à l'étranger fut jugée compatible avec l'ordre public atténué**. La fraude à l'intensité de l'ordre public consiste ainsi à bénéficier de cet effet atténué en se rendant à l'étranger pour obtenir une décision qu'un juge français refuserait de prononcer au nom de l'ordre public français en matière internationale.

424.242 Répudiations musulmanes. Une doctrine autorisée observe que « *ce type de fraude ne* [peut] *apparaître que dans le cas de la répudiation, car c'est le seul type de rupture du lien conjugal que le juge français refuserait de prononcer* »[3]. Autant dire, depuis les arrêts de février 2004 (v. s[s] n° 424.205), qu'on ne rencontrera plus ce genre de fraude en matière de répudiations musulmanes : en raison de leur proximité avec le *for* français, ces décisions seront déclarées contraires à l'ordre public français en matière internationale.

1. Fadlallah, note s[s] Civ. 1re, 3 nov. 1983, *Rev. crit. DIP* 1984, 336.
2. Civ. 1re, 17 avr. 1953, Rivière, *Rev. crit. DIP* 1953, 412, note Batiffol; *JDI* 1953, note Plaisant; *JCP* 1953, II, 7863, note Buchet; *Rabels Zeitschrift* 1955, p. 520, note Francescakis; *GADIP*, n° 26 (préc. s[s] n° 424.204).
3. J.-Cl. Divorce, H. Gaudemet-Tallon, fasc. 440, n° 113.

424.243 Divorce homosexuel. Selon certains auteurs, la reconnaissance en France d'un mariage homosexuel, même valablement célébré à l'étranger, pourrait être refusée au nom de l'ordre public français en matière internationale[4]. Dans cette perspective, pourrait être retenue une fraude à l'intensité de l'ordre public dans le fait, pour des époux de même sexe, de se rendre à l'étranger pour obtenir une décision de divorce qu'un juge français refuserait de prononcer au nom de l'ordre public français en matière internationale. Une telle approche serait particulièrement rigoureuse.

4°

Absence de contrôle de la loi appliquée

424.251 Exigence. La décision étrangère est jugée régulière lorsque le juge étranger a appliqué la loi compétente d'après la règle de conflit française[5], c'est-à-dire en matière de décisions de divorce et de séparation de corps par l'article 309 du Code civil. Doit ainsi être démontrée une équivalence dans la désignation de la loi applicable. Mais, même si elle n'appliquait pas la loi compétente au regard de la règle de conflit française, la décision étrangère de divorce était jugée régulière lorsqu'elle faisait application d'une loi aboutissant à un résultat équivalent à celui qu'aurait donné l'application de la loi compétente selon la règle de conflit française[6]. C'est la **théorie de l'équivalence des solutions.**

424.252 Abandon. Dans son désormais célèbre arrêt *Cornelissen*[7], la Cour de cassation considère toutefois que, « *pour accorder l'*exequatur *hors de toute convention internationale, [...] le juge de l'*exequatur *n'a* [...] *pas à vérifier que la loi appliquée par le*

4. Loussouarn, Bourel et De Vareilles-Sommières, n° 307, note 2 – Malaurie et Fulchiron, *La famille*, 2e éd., 2006, n° 173 – *contra*, Mayer et Heuzé, n° 551 – Et rép. min. n° 16294, *JO Sénat* Q, 9 mars 2006, p. 722; *JCP N* 2006, 363, note Mignot.
5. Civ. 1re, 7 janv. 1964, n° 62-12.438, Munzer, *Bull. civ.* I, n° 15; *Rev. crit. DIP* 1964, 344, note Batiffol; *JDI* 1964, p. 302, note Goldman; *JCP* 1964, II, 13590, note Ancel; *GADIP*, n° 41.
6. J.-Cl. Divorce, H. Gaudemet-Tallon, fasc. 440, n° 52-69.
7. Civ. 1re, 20 févr. 2007, n° 05-14.082, *Bull. civ.* I, n° 68; *LPA* 27 avr. 2007, n° 85, 13, note Mahinga; *Dr. fam.* 2007, comm. 97, note Farge; *JCP* 2007, act. 107, obs. Bruneau; *D.* 2007, 1115, note D'Avout et Bollée; *D.* 2007, 891, chron. Chauvin, spéc[t] 892; *Gaz. Pal.* 11-12 mai 2007, n° 131-132, J. 4, note Guerchoun; *LPA* 22 mai 2007, n° 102, 15, note Lecuyer-Thieffry – M.-L. Niboyet, « L'abandon du contrôle de la compétence législative indirecte », *Gaz. Pal.* 29 avr.-3 mai 2007, n° 119-123, doctr. 2; *D.* 2007, pan. 1751, obs. Courbe et Jault-Seseke; *D.* 2007, 1115, obs. Gallmeister; *Rev. crit. DIP* 2007, 420, note Ancel et Muir-Watt; *JDI* 2007, comm. 19, note Train.

juge étranger est celle désignée par la règle de conflit de lois française ». L'abandon du contrôle de la loi appliquée par le juge étranger a, semble-t-il, vocation à s'étendre de l'*exequatur* à la reconnaissance. On notera toutefois que cette condition peut encore être appliquée lorsque la décision émane d'un État tiers lié à la France par une convention bilatérale.

5°
Effets de la reconnaissance en France

424.261 Effets sur la procédure en cours en France. Lorsqu'au terme du contrôle de la régularité internationale de la décision étrangère de divorce il est jugé qu'elle doit être reconnue en France, la procédure de divorce en cours en France devient « *sans objet* » et « *les mesures provisoires caduques* »[1].

424.262 Effets sur la situation personnelle des ex-époux. Dans le même esprit, parce qu'ils sont désormais considérés en France comme célibataires, les ex-époux peuvent se remarier en France (sur la loi applicable aux conditions de fond du mariage, v. s[s] n°s 421.10 s.) ou conclure un pacte civil de solidarité (sur la loi applicable aux conditions de fond de l'enregistrement d'un partenariat, v. s[s] n°s 425.121 s.).

§ 2
Exécution de la décision de divorce

424.271 *Exequatur* de la décision initiale. L'époux qui souhaite obtenir l'exécution forcée en France de la décision étrangère de divorce, par exemple pour le paiement de la pension alimentaire, doit introduire une demande d'*exequatur* devant le **président du tribunal de grande instance**[2]. Si la décision émane d'un des États contractants à la convention de La Haye du 2 octobre 1973, concernant la reconnaissance et l'exécution de décisions relatives aux obligations alimentaires[3], ou à la convention de New York du 20 juin 1956, sur le recouvrement des aliments à l'étranger[4], l'époux a tout intérêt à fonder sa demande sur ce texte[5]. Il existe également des conventions bilatérales qui peuvent avoir vocation à s'appliquer à la reconnaissance et l'exécution en France de la décision rendue en matière alimentaire[6]. En revanche, « *pour accorder l'*exequatur *hors de toute convention internationale, le juge français doit s'assurer que trois conditions sont remplies, à savoir la compétence indirecte du juge étranger, fondée sur le rattachement du litige au juge saisi, la conformité à l'ordre public international de fond et de procédure, et l'absence de fraude à la loi* »[7]. Ces trois conditions ayant fait l'objet d'une présentation détaillée, il convient sur ce point de se reporter aux développements qui précèdent (v. s[s] n°s 424.184 s.). L'on précisera que le juge de l'*exequatur*, dont les pouvoirs se limitent à la vérification des conditions de l'*exequatur*, « *ne peut modifier les dispositions prises par le juge étranger, eussent-elles un caractère provisoire, comme la pension alimentaire et la garde des enfants en matière de divorce* »[8]. La Cour de cassation l'a rappelé à l'occasion d'une procédure en *exequatur* d'une décision suédoise de liquidation des intérêts patrimoniaux des époux[9]. La cour a estimé que procède à une révision au fond de la décision étrangère le juge de l'*exequatur* qui refuse l'exécution en France d'une décision étrangère condamnant le mari à verser une pension alimentaire à son épouse aux torts de laquelle le divorce était prononcé, au motif que cette décision était contraire aux dispositions des articles 270 et 280-1 du Code civil français[10]. La solution se comprend s'agissant de demandes de modification, pour le passé, du montant de la pension alimentaire.

1. Civ. 1re, 30 sept. 2009, n° 08-18.769, préc. s[s] n° 424.196, avec références, et s[s] n° 424.232.
2. Pour plus de détails, v. LOUSSOUARN, BOUREL et DE VAREILLES-SOMMIÈRES, n°s 501 s.
3. Conv. La Haye, 2 oct. 1973, concernant la reconnaissance et l'exécution de décisions relatives aux obligations alimentaires, entrée en vigueur en France le 1er oct. 1977.
4. Conv. New York, 20 juin 1956, sur le recouvrement des aliments à l'étranger, entrée en vigueur en France le 24 juin 1960. Les cas d'application de la convention de New York sont exceptionnellement rares, V. NOT. CA Paris, 15 mai 1991, RG n° 89/17121, *Juris-Data* n° 1991-021997.
5. V. Rapp. Verwilghen, *Actes et documents de la Douzième session* (1972), t. IV, Obligations alimentaires, p. 384 – Et F. Herzfelder, *Les obligations alimentaires en droit international privé conventionnel. Les deux Conventions de La Haye du 2 octobre 1973*, LGDJ, 1985.
6. Accords conclus avec le Bénin, le Canada, le Congo, Djibouti, l'Égypte, les États-Unis, le Maroc, le Niger, le Sénégal, le Tchad, le Togo et la Tunisie – V. J.-CL. DIVORCE, H. Gaudemet-Tallon, fasc. 450, n° 33-83.
7. Civ. 1re, 20 févr. 2007, n° 05-14.082, *Bull. civ.* I, n° 68; *LPA* 27 avr. 2007, n° 85, 13, note Mahinga; *Dr. fam.* 2007, comm. 97, note Farge; *JCP* 2007, act. 107, obs. Bruneau; *D.* 2007, 1115, note D'Avout et Bollée; *D.* 2007, 891, chron. Chauvin, spéc[t] 892; *Gaz. Pal.* 11-12 mai 2007, n° 131-132, J. 4, note Guerchoun; *LPA* 22 mai 2007, n° 102, 15, note Lecuyer-Thieffry; M.-L. Niboyet, « L'abandon du contrôle de la compétence législative indirecte », *Gaz. Pal.* 29 avr.-3 mai 2007, n°s 119-123, doctr. 2; *D.* 2007, pan. 1751, obs. Courbe et Jault-Seseke; *D.* 2007, 1115, obs. Gallmeister; *Rev. crit. DIP* 2007, 420, note Ancel et Muir-Watt; *JDI* 2007, comm. 19, note Train.
8. Civ. 1re, 18 déc. 1979, n° 78-11.085, *Bull. civ.* I, n° 321; *D.* 1980, J. 549, 2e esp., note Poisson-Drocourt.
9. Civ. 1re, 20 mai 2009, n° 08-14.599, NP; *Gaz. Pal* 7 nov. 2009, n° 311, p. 22, note Eppler.
10. Civ. 1re, 3 juin 1998, n° 96-14.093, *Bull. civ.* I, n° 190.

424.272 Délai raisonnable. La bonne exécution de la décision de divorce, dans ses conséquences patrimoniales, fait désormais l'objet d'un contrôle vigilant de la Cour européenne des droits de l'homme. Ainsi, à propos du recouvrement en France d'une pension alimentaire en vertu d'une décision américaine, la Cour reproche aux juridictions françaises le délai pour accorder l'*exequatur*, « *bien que la requérante ait obtenu, le 3 mai 1995, une décision interne définitive ordonnant à son ex-mari de payer une pension alimentaire en faveur de leur fils mineur, et qu'elle ait engagé, le 20 juillet 1995, la procédure prévue par la convention de New York, l'ordonnance d'*exequatur *n'a été délivrée que le 30 avril 2004 et l'exécution forcée n'a été close par le tribunal français compétent que le 27 novembre 2006* »[1].

424.273 Révision de la décision initiale. La Cour de cassation a jugé que « *l'interdiction de réviser au fond une décision étrangère (qui ne concerne que l'instance en* exequatur*) ne fait pas obstacle aux pouvoirs que le juge aux affaires matrimoniales tient de l'article 247 alinéa 4 du Code civil dans le cadre d'une instance en modification, pour l'avenir, des mesures initialement prises* »[2]. Une demande de révision de la décision initiale peut donc être présentée après que l'*exequatur* ait été accordé (sur les règles de compétence, v. s^s n°s 423.120 s.). Il n'est pas non plus exclu qu'une telle demande soit introduite en France sans que l'*exequatur* de la décision initiale ait été sollicité. Parce qu'il ne s'agit pas d'obtenir l'exécution forcée du jugement étranger, mais seulement la modification de la pension alimentaire qu'il a allouée, l'*exequatur* préalable ne paraît pas, selon nous, s'imposer. La loi applicable à la demande de révision de la pension alimentaire est déterminée selon la règle de conflit de lois de la convention de La Haye du 2 octobre 1973 sur la loi applicable aux obligations alimentaires (v. s^s n°s 423.332 s.).

1. CEDH 18 déc. 2008, req. n° 69917/01, Saccoccia c/Autriche, *Gaz. Pal.* 21 févr. 2009, n° 52, p. 51, note Sinopoli.

2. Civ. 1re, 25 mai 1992, n° 90-19.869, *Bull. civ.* I, n° 157.

CHAPITRE

425. Le couple non marié

ALAIN DEVERS
MAÎTRE DE CONFÉRENCES
À L'UNIVERSITÉ DE LYON
(JEAN MOULIN – LYON 3)

SECTION 0
ORIENTEUR

425.00 Plan du chapitre.

425.01 Textes applicables.

> Sur la compétence matérielle du juge aux affaires familiales

COJ, art. L. 213-3

> Sur la loi applicable

C. civ., art. 14 [compétence en raison de la nationalité française du concubin demandeur]

C. civ., art. 15 [compétence en raison de la nationalité française du concubin défendeur]

C. civ., art. 515-7-1 [loi applicable au partenariat enregistré]

• **L. n° 2009-526, 12 mai 2009,** de simplification et de clarification du droit et d'allégement des procédures, *JO* 13 mai, p. 7920

425.03 Bibliographie.

Actualisables. J-CL. INTERNAT., A. Devers, fasc. 546-60, « Concubinage », sept. 2005 – RÉP. INTERNAT., P.-Y. Gautier, *V° Union libre*, 1998 ; G. Kessler, *V° Partenariat enregistré*, janv. 2006.

Ouvrages. A. Bucher, *Le couple en droit international privé*, 1re éd., Éd. Helbing & Lichtenhahn, 2004 – A. DEVERS, *Le concubinage en droit international privé*, préf. H. Fulchiron, LGDJ, 2004 – P.-Y. Gautier, *L'union libre en droit international privé*, P Lagarde (dir.), th. Paris I, 1986 – G. Kessler, *Les partenariats enregistrés en droit international privé*, préf. P. Lagarde, LGDJ, 2005 – O. Van Caillie, *La protection du partenaire survivant dans le cadre des lois européennes sur la cohabitation non-maritale : étude de droit comparé et de droit international privé*, Éd. Schulthess, 2005.

Articles.

> Avant la loi du 12 mai 2009. H. Chanteloup, « Menus propos autour du PACS en droit international privé », *Gaz. Pal.* 2000, doctr. 1715 – S. Clavel, « Conflits économiques autour de la séparation de biens : aspects de droit international privé », *AJ fam.* 2006, 239 – C. Deneuville, « Le partenariat à l'étranger », *Dr. et patr.* 2000, n° 81, p. 67 – A. Devers, « La loi n° 2006-728 du 23 juin 2006 portant réforme des successions et des libéralités : une occasion manquée ? », *D.* 2006, tribune 1905; « Private International Law Aspects of Non-Marital Relationships. Some French Reflections on the Applicable Law », *Yearbook of Private International Law*, vol. 5, 2003, p. 191; « La loi applicable au régime patrimonial des partenaires enregistrés », *Dr. et patr.* 2009, n° 181, p. 77 – H. Fulchiron, « Réflexions sur les unions hors mariage en droit international privé », *JDI* 2000, p. 889; « PACS et partenariats enregistrés en droit international privé français », *Les partenariats enregistrés en Europe – Aspects de droit international privé*, Schulthess, 2004, p. 85; « Mariage et partenariats homosexuels en droit international privé français », *RIDC* 2006, p. 409 – P.-Y. Gautier, « L'union libre en droit international privé », *Le droit de la famille en Europe*, R. Ganghoffer (dir.), PU Strasbourg, 1992, p. 773; « Les couples internationaux de concubins », *Rev. crit. DIP* 1991, 525 – G. Goldstein, « La cohabitation hors mariage en droit international privé », *RCADI* 2006, vol. 320, p. 9 – A. Huet, « La séparation des concubins en droit international privé », *Études offertes à J. Rubellin-Devichi*, Litec, 2002, p. 539 – H.-U. Jessurun d'Oliveira, « Le partenariat enregistré et le droit international privé », *Travaux du comité fr. DIP 2000-2002*, Pédone, 2004, p. 8 – M. Josselin-Gall, « PACS. Quelques éléments de droit international privé », *JCP N* 2000, p. 489 – G. Kessler, « La reconnaissance en France des partenariats enregistrés à l'étranger », *AJ fam.* 2004, 272 – G. Khairallah, « Les « partenariats organisés » en droit international privé », *Rev. crit. DIP* 2000, 317; « La qualification du PACS en droit international privé », *Regards civilistes sur la loi du 15 novembre 1999 relative au concubinage et au PACS*, LGDJ, 2002, p. 79 – J. Massip, « L'état civil et les statuts légaux du concubinage », *Études offertes à J. Rubellin-Devichi*, Litec, 2002, p. 555 – M. Mignot, « Le partenariat enregistré en droit international privé », *RID comp.* 2001, p. 601 – A. Quiñones Escámez, « Propositions pour la formation, la reconnaissance et l'efficacité internationales des unions conjugales ou de couple », *Rev. crit. DIP* 2007, 357. – M. Revillard, « Le PACS en droit international privé », *Defrénois* 2000, p. 337; « Les unions hors mariage. Regards sur la pratique du droit international privé », *Études offertes à J. Rubellin-Devichi*, Litec, 2002, p. 579; « Le PACS, les partenariats enregistrés et les mariages homosexuels dans la pratique de droit international privé », *Defrénois* 2005, p. 461 – C. Seraglini, « Les nouvelles formes de conjugalité : nouveau « jouet » pour la doctrine de droit international privé ? », *Du PACS aux nouvelles conjugalités : où en est l'Europe ?*, J. Flauss-Diem et G. Fauré (dir.), PUF, 2005, p. 115.

> **Après la loi du 12 mai 2009.** P. Callé, « Introduction en droit français d'une règle de conflit propre aux partenariats enregistrés », *Defrénois* 2009, art. 38989, p. 1662 – A. Devers, « Plaidoyer pour une réforme de l'article 515-7-1 du Code civil », *Famille et Patrimoine*, coll. « Axe Droit », Lamy, 2010, p. 315 – P. Hammje, « Réflexions sur l'article 515-7-1 du Code civil », *Rev. crit. DIP* 2009, 483 – N. Joubert et B. Morel, « Les partenariats enregistrés en droit international privé depuis la loi du 12 mai 2009 », *JCP N* 2009, 1285 – V. Larribau-Terneyre, « La loi du 12 mai 2009 précise la loi applicable aux partenariats enregistrés », *Dr. fam.* 2009, comm. 84 – H. Péroz, « Loi de simplification du droit et loi applicable aux partenariats enregistrés », *JCP N* 2009, act. 419; « La loi applicable aux partenariats enregistrés », *JDI* 2010, doctr. 6.

425.04 Questions essentielles.

> Quelle est la loi applicable à un partenariat enregistré ?

* V. s^s n°s 425.80 s.

> Quel est le domaine de la loi applicable au partenariat enregistré ?

* V. s^s n°s 425.110 s.

> Dans quelle catégorie du droit international privé français doit-on ranger une cohabitation hors mariage ?

* V. s^s n°s 425.202 s.

425.07 Renvoi.

> Sur le PACS en droit français, v. s^s n°s 150.00 s. à 153.00 s.

> Sur le concubinage en droit français, v. s^s n°s 140.00 s. à 144.00 s.

425.09 Division. Pendant longtemps, les législateurs nationaux ont ignoré le couple non marié mais, depuis quelques années, de nombreux pays, en Europe et ailleurs dans le monde, se sont dotés d'un statut légal du concubinage. L'on pense par exemple à l'introduction en France du pacte civil de solidarité (PACS) par la loi du 15 novembre 1999. Cette multiplication de statuts rendait indispensable une réflexion sur le couple non marié en droit international privé français. Avec presque dix ans de retard, la loi no 2009-526 du 12 mai 2009, de simplification et de clarification du droit et d'allégement des procédures, a introduit une nouvelle règle de conflit de lois pour le partenariat enregistré. Toutefois, de nombreuses questions demeurent : tout d'abord, sur la compétence internationale du juge français (sect. 1), ensuite sur la loi applicable au partenariat enregistré (sect. 2), enfin sur la loi applicable à la cohabitation hors mariage (sect. 3).

SECTION 1
COMPÉTENCE INTERNATIONALE DU JUGE FRANÇAIS

425.10 Division. À l'image du morcellement du contentieux entre époux, la compétence internationale du juge français doit être envisagée demande par demande, au regard tantôt de règles de compétence de l'Union européenne (§ 1) tantôt de règles de compétence d'origine nationale (§ 2).

§ 1
Règle de compétence de l'Union européenne

425.20 Division. Il convient d'envisager successivement l'application du règlement Bruxelles II *bis* (A) et du règlement Bruxelles I (B) aux litiges opposant partenaires enregistrés et cohabitants hors mariage.

A.
Règlement Bruxelles II *bis*

425.21 Inapplicabilité. Le règlement (CE) n° 2201/2003 du 27 novembre 2003, relatif à la compétence, la reconnaissance et l'exécution des décisions en matière matrimoniale et en matière de responsabilité parentale (dit « Bruxelles II *bis* »), s'applique, « *quelle que soit la nature de la juridiction, aux matières civiles relatives au divorce, à la séparation de corps et à l'annulation du mariage des époux* » (règl. [CE] n° 2201/2003, art. 1, § 1, s^s a). Le règlement ne définissant pas ce qu'il faut entendre par « mariage », l'on peut se demander s'il s'applique à la désunion du couple non marié. La réponse dépend de la méthode que l'on adopte pour l'interprétation du concept de mariage : méthode des notions autonomes, renvoi au droit international privé ou renvoi au droit interne du juge saisi[1]. Entre les trois, il semble qu'il faille retenir la **méthode du renvoi au droit international privé du juge saisi**[2]. Dans cette perspective, puisqu'ils ne sont pas assimilés au mariage pour les besoins des règles de droit international privé français, le règlement Bruxelles II *bis* serait inapplicable en France à la procédure (judiciaire ou administrative) de dissolution d'une cohabitation hors mariage[3] ou d'un partenariat enregistré[4]. Pour certains, la question demeure toutefois ouverte[5].

1. C. Nourissat, « La notion de "notion" dans le Règlement Bruxelles II *bis* », *Dr. et patr.* 2005, n° 138, p. 48.
2. EN CE SENS, v. C. Nourissat et A. Devers, *D.* 2001, J. 3380 – COMP. CJCE 7 janv. 2004, aff. C-117/01, K. B., pt 24, *Rec. CJCE*, p. I-00541 ; *D.* 2004, J. 979, note Icard; *Dr. fam.* 2004, comm. 62, note Gouttenoire.
3. W. Pintens, « Marriage and Partnership in the Brussels IIa Regulation », *Liber memorialis Petar Šarcevic. Universalism, Tradition and the Indiviudal,* Sellier. European Law Publishers, 2006, p. 335, spéc^t III, p. 338.
4. W. Pintens, « Marriage and Partnership in the Brussels IIa Regulation », préc., spéc^t IV, p. 338-344 – M. Jänterä-Jareborg, « Jurisdiction and Applicable Law in Cross-Border Divorce Cases in Europe », *Japanese and European Private International Law in Comparative Perspective*, Mohr Siebeck, 2008, p. 317 s., spéc^t p. 321-322.
5. M. Bogdan, « Registered Partnerships and EC Law », *Legal Recognition of Same-Sex Couples in Europe*, Intersentia, 2003, p. 171, spéc^t p. 176.

B.
Règlement Bruxelles I

425.30 Division. L'applicabilité du règlement Bruxelles I (1°) appelle de plus amples développements que la question de son application (2°).

1°
Applicabilité du règlement Bruxelles I

425.31 Applicabilité matérielle (matières exclues). Le règlement (CE) n° 44/2001 du 22 décembre 2000, concernant la compétence judiciaire, la reconnaissance et l'exécution des décisions en matière civile et commerciale (dit « règlement Bruxelles I »), s'applique « *en matière civile et commerciale et quelle que soit la nature de la juridiction* » (règl. [CE] n° 44/2001, art. 1, § 1). Sont toutefois exclus de son champ d'application « *l'état et la capacité des personnes physiques, les régimes matrimoniaux, les testaments et les successions* ». Interprétée de manière autonome, l'exclusion englobe le droit extrapatrimonial et le droit patrimonial de la famille. L'on est dès lors conduit à se demander si le règlement est applicable aux effets et à la dissolution de la cohabitation hors mariage et du partenariat enregistré. Si la réponse appartient *in fine* à la Cour de justice de l'Union européenne, il est tentant de considérer que la cohabitation hors mariage et le partenariat enregistré sont exclus du champ d'application du règlement Bruxelles I. En effet, comme le souligne une doctrine autorisée, « *si le concubinage est qualifié, comme nous le croyons, d'institution de statut personnel, ni la Convention de Bruxelles du 27 septembre 1968 (qui exclut l'état des personnes de son champ d'application),* [ni le règlement (CE) du 22 décembre 2000] *ni l'article 46 du Code de procédure civile ne sont applicables* »[6]. Plus réservés, certains pourraient proposer de distinguer cohabitation hors mariage et partenariat enregistré. On observe en effet, dans les règlements les plus récents, un rapprochement entre le mariage et le partenariat enregistré. D'une part, le règlement (CE) n° 593/2008 du 17 juin 2008, sur la loi applicable aux obligations contractuelles (dit « Rome I »), et le règlement (CE) n° 864/2007 du 11 juillet 2007, sur la loi applicable aux obligations non contractuelles (dit « Rome II »), évoquent « *les relations qui, selon la loi qui leur est applicable, ont des effets comparables au mariage* » (règl. [CE] n° 593/2008 et n° 864/2007, art. 1, § 2, s^s b). D'autre part, le règlement (CE) n° 4/2009 du 18 décembre 2008, relatif à la com-

6. A. Huet, « La séparation des concubins en droit international privé », *Études offertes à J. Rubellin-Devichi*, Litec, 2002, p. 539, spéc^t p. 551.

pétence, la loi applicable, la reconnaissance et l'exécution des décisions et la coopération en matière d'obligations alimentaires, utilise l'expression de « *relation analogue au mariage* » (règl. [CE] n° 4/2009, formulaire de demande en vue de l'obtention ou de la modification d'une décision en matière d'obligations alimentaires). Au-delà de la distinction cohabitation hors mariage et partenariat enregistré, ces textes suggèrent, selon certains[1], une opposition entre les « *partenariats-cadres* » (ou partenariats-contrats) et les « *partenariats-statuts* »[2] (ou partenariats-mariages) selon que « *les effets sont en grande partie laissés à la libre disposition des intéressés* » ou que les règles sont généralement empruntées au droit du mariage. Si l'on suit cette analyse, il en résulterait que le règlement Bruxelles I serait inapplicable aux effets et à la dissolution des « partenariats-statuts » mais applicable aux effets et à la dissolution des « partenariats-contrats » et de la cohabitation hors mariage. Ce ne sont toutefois que des pistes de réflexion et la **question de l'inapplicabilité matérielle du règlement Bruxelles I** reste **ouverte**.

425.32 Applicabilité matérielle (matières couvertes). Alors qu'il exclut de son champ d'application « *l'état et la capacité des personnes physiques, les régimes matrimoniaux, les testaments et les successions* », le règlement Bruxelles I est applicable aux obligations alimentaires expressément visées à l'article 5 paragraphe 2 (sur la notion d'obligation alimentaire, v. s[s] n° 422.42). Le contentieux alimentaire (actions liées à la fixation d'une pension alimentaire au titre d'un devoir de secours ou de contribution aux charges de la vie commune) entre cohabitants hors mariage ou partenaires enregistrés entre, sans réelles difficultés, dans le champ d'application matériel du règlement.

425.33 Applicabilité spatiale. Le règlement Bruxelles I s'applique lorsque le défendeur est domicilié, au sens de l'article 59, sur le territoire d'un État membre de l'Union européenne. À défaut, « *la compétence est, dans chaque État membre, réglée par la loi de cet État membre* » (règl. [CE] n° 44/2001, art. 4, § 1). Dans une telle hypothèse, la compétence du juge français est réglée par la loi française « *sous réserve de l'application des dispositions des articles 22 et 23* ». Or, l'article 23 du règlement Bruxelles I autoriserait les concubins, lorsque le défendeur est domicilié sur le territoire d'un État tiers, à convenir « *d'un tribunal ou de tribunaux d'un État membre pour connaître des différends nés ou à naître à l'occasion d'un rapport de droit déterminé* » (règl. [CE] n° 44/2001, art. 23, § 1). À défaut d'une telle **clause attributive de compétence juridictionnelle**, la compétence du juge français est réglée par la loi française : par les règles du Code de procédure civile (C. pr. civ., art. 1070 – V. s[s] n° 422.23) et, à titre subsidiaire, par les articles 14 et 15 du Code civil. Lorsqu'aucun des critères de compétence du Code de procédure civile ne permet de fonder la compétence du juge français, ce dernier peut encore être compétent sur la base des articles 14 et 15 du Code civil qui instaurent des **privilèges de juridiction** : le juge français est compétent lorsque le demandeur ou le défendeur est français, mais, conformément à l'article 4 paragraphe 2 du règlement Bruxelles I, le demandeur domicilié sur le territoire français peut, « *quelle que soit sa nationalité* », y invoquer comme les Français l'article 14 du Code civil.

Une Australienne, domiciliée en France, peut ainsi introduire en France une action alimentaire contre son partenaire Néerlandais qui demeure aux États-Unis.

425.34 Applicabilité temporelle. L'applicabilité temporelle du règlement ne pose pas de difficultés dans la mesure où sont visées toutes les procédures judiciaires intentées postérieurement au 1er mars 2002 (règl. [CE] n° 44/2001, art. 66, § 1, et art. 76).

2°
Application du règlement Bruxelles I

425.41 Contentieux alimentaire. Le règlement Bruxelles I est applicable au contentieux alimentaire entre **partenaires enregistrés** et **cohabitants hors mariage.** Comme pour les époux, la compétence du juge français peut résulter d'une clause attributive de compétence juridictionnelle. À défaut d'une telle clause, la compétence du juge français peut être fondée, de manière alternative, soit sur l'article 5 paragraphe 2 du règlement Bruxelles I, soit sur l'article 2 (v. s[s] n° 423.150).

C.
Règlement (CE) n° 4/2009

425.51 Insuffisance du règlement Bruxelles I en matière de protection des intérêts du créancier d'aliments. Les règles du règlement Bruxelles I ont été jugées insuffisamment protectrices des intérêts du créancier d'aliments. Le fait, notamment, « *qu'un défendeur a sa résidence habituelle dans un État tiers ne devrait plus être de nature à exclure l'application des règles communautaires de compétence, et plus aucun renvoi aux règles de compétence du droit national ne devrait désormais être envisagé* » (règl. [CE] n° 4/2009, préambule, cons. 15). Dans

1. V. NOT., S. Francq, « Le règlement Rome I sur la loi applicable aux obligations contractuelles. De quelques changements… », *JDI* 2009, comm. 2, spéc[t] n° 10.
2. Expressions empruntées à H. Fulchiron, « Réflexions sur les unions hors mariage en droit international privé », *JDI* 2000, p. 889, spéc[t] p. 895-896.

cette perspective, le règlement (CE) n° 4/2009 du 18 décembre 2008 relatif à la compétence, la loi applicable, la reconnaissance et l'exécution des décisions et la coopération en matière d'obligations alimentaires[1] modifie le règlement Bruxelles I « *en remplaçant les dispositions de celui-ci applicables en matière d'obligations alimentaires* » (règl. [CE] n° 4/2009, préambule, cons. 44). Ces nouvelles règles de compétence ont été présentées dans le chapitre consacré au divorce prononcé en France (v. s^s^ n°s 423.00 s.).

§ 2
Règle nationale de compétence

425.60 **Division.** Il convient d'envisager, à titre principal, les règles ordinaires de compétence (A) et, à titre subsidiaire, les privilèges de juridiction (B).

A.
Règles ordinaires de compétence

425.61 **Avant la loi du 12 mai 2009.** En l'absence de règle de compétence de l'Union européenne, la compétence internationale du juge français se détermine par **extension des règles de compétence territoriale interne**[2]. Avant la loi du 12 mai 2009 de simplification et de clarification du droit et d'allégement des procédures, il convenait, semble-t-il, de procéder à l'extension de l'article 42 du Code de procédure civile, le tribunal de grande instance (en formation collégiale) étant matériellement compétent pour connaître des litiges entre partenaires enregistrés et cohabitants hors mariage[3]. Les juridictions françaises étaient compétentes chaque fois que le défendeur demeurait sur le territoire français.

425.62 **Après la loi du 12 mai 2009.** Élargissant le champ d'intervention du juge aux affaires familiales (JAF), la loi n° 2009-526 du 12 mai 2009 de simplification et de clarification du droit et d'allégement des procédures lui a donné compétence s'agissant « *des demandes relatives au fonctionnement* [...] *des indivisions entre personnes liées par un PACS ou entre concubins,* [...] *de la liquidation et du partage des intérêts patrimoniaux* [...] *des personnes liées par un PACS et des concubins* » et des « *actions liées à la fixation de l'obligation alimentaire* [et] *de la contribution aux charges* [...] *du PACS* » (COJ, art. L. 213-3). L'objectif du législateur est de créer, dans un souci de simplification des procédures, un **bloc de compétence en matière familiale autour du JAF**[4]. La loi du 12 mai 2009 a donc transféré au JAF des compétences précédemment dévolues au tribunal de grande instance ou au tribunal d'instance. Il en résulte que la compétence internationale du juge français se déduit désormais de l'extension de la règle de compétence territoriale interne de l'article 1070 du Code de procédure civile[5] En définitive, le juge français est compétent dans quatre hypothèses :

- lorsque la résidence de la famille se trouve en France;
- en cas de résidence séparée, lorsque le lieu de résidence du parent avec lequel résident habituellement les enfants mineurs se trouve en France;
- lorsque le défendeur réside en France;
- en cas de demande conjointe, lorsque l'un des concubins réside en France.

S'agissant de l'action en paiement d'une pension alimentaire ou d'une contribution aux charges de la vie commune, il convient de rappeler que l'extension de l'article 1070 du Code de procédure civile suppose que le règlement Bruxelles I est inapplicable (v. s^s^ n° 425.33).

425.63 **Éclatement du contentieux.** Les nouvelles compétences du JAF, s'agissant des intérêts patrimoniaux des partenaires enregistrés et des cohabitants hors mariage, ont été conçues en contemplation du droit français de la famille. Ainsi, par exemple, la dissolution du PACS étant nécessairement extrajudiciaire (C. civ., art. 515-7), le JAF n'est compétent que pour statuer sur les effets de la dissolution. Or, à l'étranger, la dissolution du partenariat enregistré résulte souvent d'une décision judiciaire, comme c'est le cas, en France, pour le divorce ou l'annulation du mariage. Que faire pour les demandes qui, telle la demande de dissolution d'un partenariat enregistré de droit étranger, n'entrent pas dans les compétences matérielles du JAF ? Puisque le tribunal de grande instance connaît de toutes les affaires civiles pour lesquelles compé-

1. Règl. (CE) n° 4/2009, 18 déc. 2008, relatif à la compétence, la loi applicable, la reconnaissance et l'exécution des décisions et la coopération en matière d'obligations alimentaires, *JOUE* L 7, 10 janv. 2009, p. 1.
2. Civ. 1re, 30 oct. 1962, Scheffel, *Rev. crit. DIP* 1963, 387, note Francescakis; *D.* 1963, J. 109, note Holleaux; *GADIP*, n° 37
3. H. Croze, « Les (non-)conséquences procédurales du pacte civil de solidarité », *Procédures* 2000, chron. 2. – V. AUSSI, CA Douai, 27 févr. 2003, *D.* 2004, somm. 2969, obs. Lemouland; *RTD civ.* 2003, 684, obs. Hauser.
4. L. Gebler, « Le nouveau bloc de compétence du juge aux affaires familiales », *AJ fam.* 2009, 256.
5. Comme le souligne une doctrine autorisée : « *Le tribunal de grande instance n'est plus compétent pour la liquidation du régime matrimonial que si le mariage est dissous par le décès ou en cas d'absence* » (J. Massip, « Les incidences en matière familiale de la loi de simplification du droit », *Defrénois* 2009, art. 39008, p. 1897, n° 15).

tence n'est pas attribuée, en raison de leur nature ou du montant de la demande, à une autre juridiction, il faut, semble-t-il, en revenir à l'extension de l'article 42 du Code de procédure civile[1]. Des difficultés risquent d'apparaître lorsque le juge français est saisi de demandes qui, pour certaines, relèvent du JAF et, pour d'autres, de la formation collégiale du tribunal de grande instance.

Soit un Italien et une Néerlandaise qui ont enregistré leur partenariat à La Haye avant de s'installer en France. Ils vivent aujourd'hui séparés, le premier à Paris et la seconde à Lyon. La partenaire enregistrée a saisi le JAF de Lyon d'une demande de dissolution du partenariat enregistré et de liquidation de leurs intérêts patrimoniaux. Le JAF de Lyon n'est compétent que sur la question des intérêts patrimoniaux des partenaires enregistrés...

Lorsque le JAF saisi, au titre de l'article 1070 du Code de procédure civile, n'est pas celui du tribunal de grande instance compétent au titre de l'article 42 du Code de procédure civile, il serait préférable que les demandes soient regroupées devant le tribunal de grande instance : dans notre exemple, devant le tribunal de grande instance de Paris. En revanche, lorsque le JAF saisi (au titre de C. pr. civ., art. 1070) est celui du tribunal de grande instance compétent au titre de l'article 42 du Code de procédure civile, il est souhaitable que le JAF renvoie « *à la formation collégiale du tribunal de grande instance* » (COJ, art. L. 213-4, al. 1er). Ce renvoi n'est pas de droit à la demande des parties pour le partenariat enregistré et la cohabitation hors mariage (COJ, art. L. 213-4, al. 2). La formation collégiale statuera sur la demande de dissolution du partenariat enregistré et celle de la liquidation des intérêts patrimoniaux.

B.
Privilèges de juridiction

425.71 Recours aux articles 14 et 15 du Code civil. Lorsqu'aucun critère ordinaire de compétence territoriale n'est réalisé en France[2], la juridiction française peut encore être compétente en raison de la nationalité française du concubin demandeur (C. civ., art. 14) ou du concubin défendeur (C. civ., art. 15).

SECTION 2
LOI APPLICABLE AU PARTENARIAT ENREGISTRÉ

425.80 Division. Suivant une démarche classique en droit international privé, il convient dans un premier temps de déterminer la loi applicable au partenariat enregistré (§ 1) avant, dans un second temps, d'en préciser le domaine (§ 2).

§ 1
Détermination de la loi applicable

425.81 Genèse de l'article 515-7-1 du Code civil. À la veille du dixième anniversaire de la loi du 15 novembre 1999 relative au PACS[3], la loi n° 2009-526 du 12 mai 2009, de simplification et de clarification du droit et d'allégement des procédures, est venue introduire une **règle de conflit de lois nouvelle** pour le partenariat enregistré. C'est le nouvel article 515-7-1 du Code civil.

425.82 Sur la forme. Il est étrange que cette règle nouvelle ait été greffée, par le biais de deux amendements (nos 39 et 107 rectifiés) en première lecture au Sénat, sur la proposition de loi de simplification et de clarification du droit et d'allégement des procédures. Il s'agissait non pas de simplifier (difficulté d'application) ou de clarifier (difficulté d'interprétation) le droit mais de **combler une lacune du droit international privé français.** Ainsi, selon l'aveu de M. le député Blanc lors de la seconde lecture à l'Assemblée nationale, l'article 515-7-1 du Code civil vise « *à combler cette lacune, qui pose quotidiennement des difficultés aux couples concernés, lorsqu'ils viennent s'installer en France, au mépris des règles de libre circulation au sein de l'Union européenne* »[4]. En première lecture à l'Assemblée nationale, un amendement (n° 13 rectifié), identique aux amendements sénatoriaux, fut pourtant présenté et rejeté au prétexte que la proposition de loi de simplification du droit n'était pas un vecteur adapté à la création d'une telle règle de conflit de lois. Pour expliquer le rejet de l'amendement n° 13 rectifié, M. le rapporteur Blanc soulignait alors qu'« *il nous a été reproché de toucher parfois au fond de certaines questions juridiques sous prétexte de simplification, sans que cela donne lieu à un*

1. Envisageant, avec prudence, une éventuelle compétence du greffier du tribunal d'instance, v. P. Hammje, « Réflexions sur l'article 515-7-1 du Code civil », *Rev. crit. DIP* 2009, 483, spéct 491.
2. Civ. 1re, 19 nov. 1985, n° 84-16.001, Sté Cognacs and Brandies from France, *Bull. civ.* I, n° 306; *Rev. crit. DIP* 1986, 712, note Lequette; *JDI* 1986, p. 719, note Huet; *D.* 1986, 362, note Prévault et somm. 268, obs. Audit; *JCP* 1987, II, 20810; *GADIP*, n° 71
3. A. Devers, « La loi n° 2006-728 du 23 juin 2006 portant réforme des successions et des libéralités : une occasion manquée ? », *D.* 2006, tribune 1905.
4. E. Blanc, *Rapport fait au nom de la commission des lois constitutionnelles, de la législation et de l'administration générale de la République, sur la proposition de loi modifiée par le Sénat de simplification et de clarification du droit et d'allégement des procédures*, Rapp. AN n° 1578, 1er avr. 2009, p. 17.

véritable débat. Cette critique me paraît infondée, comme j'aurai l'occasion de le démontrer à l'occasion de l'examen de certains amendements. En réalité, nous ne touchons à aucune question juridique fondamentale. J'observe d'ailleurs que, tout en nous adressant cette critique, certains de nos collègues font pire que ce qu'ils nous reprochent ! Ainsi, quand il nous est proposé, par voie d'amendement, de reconnaître sur le territoire français des pactes d'union civile passés dans d'autres pays d'Europe, cela touche au fond du droit et a pour conséquence de fragiliser des principes fondamentaux - en l'occurrence ceux relatifs au PACS »[1]. En seconde lecture à l'Assemblée nationale, l'amendement n° 6, tendant au rejet de la règle de conflit votée au Sénat, a pourtant été écarté et la proposition de loi adoptée sans modification par l'Assemblée nationale.

425.83 **Sur le fond.** Noyée dans la proposition de loi de simplification et de clarification du droit et d'allégement des procédures, la règle votée au Sénat en seconde lecture n'a pas fait l'objet d'une véritable discussion parlementaire. Le recours aux débats parlementaires pour interpréter l'article 515-7-1 du Code civil sera d'un faible secours. Si la règle nouvelle s'inspire, en partie, des propositions formulées par la doctrine depuis la loi du 15 novembre 1999 (A), il semble qu'elle présente quelques malfaçons (B). Il est finalement dommageable que l'adoption de la règle de conflit n'ait pas été discutée à l'occasion des deux propositions de loi déposées au Sénat[2].

A. Avant la loi du 12 mai 2009

425.91 **Qualification du partenariat enregistré (du contrat au statut personnel).** Selon une doctrine minoritaire, « *la définition même du PACS (en droit interne) impose la qualification de contrat et écarte d'emblée le rattachement du PACS au statut personnel auquel on aurait, en effet, pu songer, en s'inspirant des solutions relatives à l'union libre en droit international privé* »[3]. La qualification contractuelle s'imposerait tant pour le PACS de droit français que pour les partenariats enregistrés de droit étranger[4]. De cette qualification, il résulterait notamment que « *le PACS relève de la Convention de Rome du 19 juin 1980 sur la loi applicable aux obligations contractuelles* » au titre de laquelle les partenaires pourraient choisir la loi applicable à leur relation[5], mais la proposition de qualifier de contrat le partenariat enregistré a reçu un accueil très mitigé. Ainsi a-t-on fait observer qu'« *indépendamment même de l'insertion du PACS dans le livre 1*er [du Code civil] *consacré aux personnes, celui-ci comprend des éléments relatifs à l'état des personnes : l'identité sexuelle, l'organisation de la vie de couple ainsi que les empêchements de parenté énoncés par le Code civil. Ces éléments le distinguent d'un simple contrat.* »[6]. C'est pourquoi la doctrine majoritaire considère que la qualification « *de statut personnel semble devoir l'emporter* » aux dépens de la qualification de contrat[7] mais elle hésite ensuite, au sein du statut personnel, entre ranger le partenariat enregistré dans la catégorie mariage ou proposer la création d'une nouvelle catégorie internationale distincte de celle du mariage, une catégorie partenariat enregistré[8].

425.92 **Qualification du partenariat enregistré (un mariage ?).** Tirant argument du fait que la catégorie du mariage a parfois été élargie pour accueillir des **mariages atypiques**, tels les **mariages polygamiques**, une partie de la doctrine soutient que le partenariat enregistré doit être qualifié de mariage pour les besoins du droit international privé. Pour certains auteurs, cet élargissement doit toutefois être réservé aux partenariats enregistrés proches du mariage, c'est-à-dire « *ceux qui correspondent à de nouvelles formes de mariage, comme c'est le cas au Danemark, en Norvège, en Suède, en Islande, aux Pays-Bas, dans certains États américains* »[9]. Pour d'autres, l'élargissement de la catégorie mariage doit également profiter à des partenariats enregistrés bien différenciés du mariage, comme l'est en France le PACS. Il conviendrait ainsi d'« *insérer le PACS*

1. Propos tenus lors de la séance du 14 oct. 2008, *JOAN* 15 oct. 2008, p. 5667.
2. *Proposition de loi tendant à permettre la reconnaissance des unions conclues dans un autre État de l'Union européenne par tous les couples quelle que soit leur orientation sexuelle*, texte n° 111, déposé au Sénat le 25 nov. 2008 – *Proposition de loi tendant à permettre la reconnaissance et la production d'effets en France des partenariats et unions civiles enregistrés à l'étranger*, texte n° 121, déposé au Sénat le 3 déc. 2008.
3. M. Revillard, « Le pacte civil de solidarité en droit international privé », *Defrénois* 2000, p. 337, spéc^t p. 340, n° 13.
4. M. Revillard, p. 351, n° 50, art. préc. s^s prés^t n°.
5. M. Revillard, p. 341, n° 14, art. préc. s^s prés^t n°.
6. Min. Justice, *Le pacte civil de solidarité, réflexions et propositions de réforme*, rapport remis au garde des Sceaux, 30 nov. 2004, p. 28 (consultable sur www.ladocumentationfrancaise.fr).
7. AUDIT, n° 623 *bis* – EN CE SENS, V. MAYER et HEUZÉ, n° 547 – LOUSSOUARN, BOUREL et DE VAREILLES-SOMMIÈRES, n° 286 – Th. Vignal, *Droit international privé*, Éd. A. Colin, 2005, n° 233 – V. AUSSI, M. Revillard, *Droit international privé et communautaire : pratique notariale*, 6e éd., Éd. Defrénois, 2006, n° 168.
8. NIBOYET et DE GEOUFFRE DE LA PRADELLE, n° 248.
9. G. Khairallah, « Les partenariats organisés en droit international privé », *Rev. crit. DIP* 2000, 317, spéc^t 318, n° 2 – M. Mignot, « Le partenariat enregistré en droit international privé », *RDIC* 2001, p. 601, spéc^t p. 650-653, n° 70-76.

dans la catégorie de rattachement qui lui est la plus proche : celle du mariage »[1]. Qualifié de mariage, le partenariat enregistré se voit appliquer les **règles de conflit du mariage**. Ainsi, les conditions de fond de l'enregistrement seraient soumises à la loi nationale des partenaires[2] et la loi applicable au régime des biens des partenaires serait déterminée par la convention de La Haye du 14 mars 1978 sur la loi applicable aux régimes matrimoniaux[3] À titre exceptionnel, la rupture du PACS échapperait à l'article 309 du Code civil et serait applicable la loi de la dernière résidence commune des partenaires[4]. La proposition de qualifier de mariage le partenariat enregistré appelle des réserves (pour une tentative d'articulation entre les règles de conflit du mariage et la loi de l'institution[5]). D'une part, en violation des droits internes qui le réglementent, elle assimile le partenariat enregistré au mariage. D'autre part, parce que les rattachements forgés pour le mariage sont neutres, elle ne garantit nullement que la loi déclarée compétente réglemente le partenariat enregistré en cause. On comprend dès lors que la proposition de créer une catégorie nouvelle au sein du statut personnel, une catégorie « *partenariat enregistré* », recueille de nombreux suffrages.

425.93 Qualification du partenariat enregistré (un partenariat enregistré !). Deux thèses récemment soutenues en France proposent de créer aux côtés du mariage, au sein du statut personnel, une nouvelle catégorie internationale pour le partenariat enregistré[6]. Cette catégorie aurait vocation à accueillir, d'une part, les partenariats hétérosexuels enregistrés et les partenariats homosexuels enregistrés et, d'autre part, les partenariats-cadres et les partenariats-statuts[7]. Constatant que les rattachements classiques du statut personnel ne sont pas adaptés pour le partenariat enregistré, ces auteurs considèrent qu'est compétente la loi sous l'empire de laquelle le partenariat a été enregistré : loi du lieu de l'enregistrement[8] ou loi de l'autorité qui procède ou qui a procédé à l'enregistrement[9]. D'autres proposent de donner compétence « *à la loi de la résidence habituelle des partenaires au moment où l'union est constituée* »[10], ce qui revient peu ou prou à désigner la loi du lieu de l'enregistrement. Des différences apparaissent ensuite s'agissant du domaine de la loi applicable au partenariat enregistré. Pour certains, elle devrait régir le partenariat enregistré de sa formation à sa dissolution, à l'exception des aspects patrimoniaux de la relation tel le régime patrimonial[11]. Pour d'autres, certains aspects personnels de la relation, telles les conditions de fond de l'enregistrement, mériteraient d'être soustraits à la loi de l'institution[12].

B.

Après la loi du 12 mai 2009

425.101 Création d'une qualification « partenariat enregistré ». L'article 515-7-1 du Code civil crée une nouvelle catégorie en droit international privé français, celle du « partenariat enregistré » : « *Les conditions de formation et les effets d'un partenariat enregistré ainsi que les causes et les effets de sa dissolution sont soumis aux dispositions matérielles de l'État de l'autorité qui a procédé à son enregistrement* ». Il est frappant de noter que la règle nouvelle ne vise pas le PACS (institution connue du droit interne) mais le partenariat enregistré. La nouvelle catégorie internationale n'est donc pas la simple projection dans l'ordre international de la catégorie du droit interne français. Sans le dire, et peut-être sans le percevoir, le législateur s'est essayé aux délices de la méthode comparatiste prônée dès 1933 par Rabel s'agissant de l'élaboration de la règle de conflit de lois[13].

425.102 Contours de la qualification « partenariat enregistré ». Alors qu'il s'agit d'une institution nouvelle, que seuls quelques pays, essen-

1. H. Chanteloup, « Menus propos autour du pacte civil de solidarité en droit international privé », *Gaz. Pal.* 2000, doctr. 1715, p. 1724-1725 – M. Mignot, spéc^t p. 649, n° 67, art. préc. s^s prés^t n°.
2. G. Khairallah, p. 323, n° 11, art. préc. s^s prés^t n° – H. Chanteloup, p. 1720, art. préc. s^s prés^t n°.
3. G. Khairallah, p. 328, n° 20, art. préc. s^s prés^t n°.
4. H. Chanteloup, p. 1724-1725, art. préc. s^s prés^t n° – M. Mignot, p. 649, n° 67, art. préc. s^s prés^t n°.
5. V. Th. Vignal, *Droit international privé*, Éd. A. Colin, 2005, n° 233.
6. A. Devers, *Le concubinage en droit international privé*, préf. H. Fulchiron, LGDJ, 2004 (thèse basée sur la méthode conflictuelle classique) – G. Kessler, *Les partenariats enregistrés en droit international privé*, préf. P. Lagarde, LGDJ, 2005 (thèse basée sur la nouvelle méthode de la reconnaissance s'agissant de la validité des partenariats enregistrés) – V. AUSSI, de manière plus synthétique, A. Devers, J.-CL. INT., fasc. 546-60, sept. 2005; G. Kessler, RÉP. INTERNAT., *V° Partenariat enregistré*, janv. 2006.
7. Sur cette distinction, v. H. Fulchiron, « Réflexions sur les unions hors mariage en droit international privé », *JDI* 2000, p. 889, spéc^t p. 895-896.
8. G. Kessler, *Les partenariats enregistrés en droit international privé*, préc., p. 143, n° 243.
9. A. Devers, *Le concubinage en droit international privé*, préc., n° 328.
10. LOUSSOUARN, BOUREL et DE VAREILLES-SOMMIÈRES, n° 286.
11. A. Devers, *Le concubinage en droit international privé*, préc., n° 407 s.
12. MAYER et HEUZÉ, n° 547.
13. E. Rabel, « Le problème de la qualification », *Rev. crit. DIP* 1933, 1 – Pour une telle qualification comparatiste en matière de partenariat enregistré, v. A. Devers, *Le concubinage en droit international privé*, préc., n° 207 s.

tiellement européens, connaissent et réglementent[1], aucune définition n'est donnée de ce qu'il faut entendre par « partenariat enregistré ». Il résulte des travaux parlementaires qu'« *un concubinage dénué de tout formalisme ne sera pas soumis à cette disposition* »[2]. Il a également été dit que l'article 515-7-1 du Code civil « *vise à reconnaître dans le Code civil les unions civiles et autres partenariats comparables au PACS conclus à l'étranger* »[3]. C'est mettre en avant comme critère de qualification **l'enregistrement de la relation par une autorité publique spécialement habilitée.** En ce sens, la circulaire du 26 mai 2009[4] affirme que la nouvelle règle de conflit « *n'a vocation à s'appliquer qu'aux partenariats enregistrés et non aux unions libres ou au mariage homosexuel* ». Certains proposent toutefois de distinguer entre les « vrais » et les « faux » mariages selon que le mariage homosexuel comporte ou non « *les mêmes droits et obligations (que les) époux* »[5]. À l'image du mariage des époux, l'engagement que prennent les futurs partenaires enregistrés l'un envers l'autre est formalisé par l'enregistrement de leur relation par une autorité officielle spécialement habilitée à cet effet (officier d'état civil, notaire, greffier, *etc.*). L'enregistrement de la relation est, ici, une **condition de formation du partenariat** enregistré. Il ne faut pas confondre cette situation avec celle, fondamentalement différente bien qu'en apparence voisine, où une autorité publique délivre aux concubins, qui vivent en cohabitation hors mariage, un certificat de concubinage. Dans cette hypothèse, la délivrance d'un tel certificat a seulement pour objectif de faciliter la preuve de la cohabitation hors mariage. En revanche, pour le partenariat enregistré, la formalité de l'enregistrement par l'autorité publique donne véritablement naissance à la relation : il s'agit d'une condition d'existence de la relation. C'est le cas des lois scandinaves sur le partenariat enregistré entre personnes de même sexe (loi danoise n° 372, 7 juin 1989; loi suédoise n° 1117, 23 juin 1994; loi islandaise n° 87, 12 juin 1996; loi norvégienne n° 40, 30 avr. 1993; loi finlandaise n° 950, 8 nov. 2001) mais aussi de la loi française (L. 15 nov. 1999 sur le PACS), de la loi belge (L. 23 nov. 1998, instaurant la cohabitation légale) ou de la loi allemande (L. 16 févr. 2001, sur le partenariat de vie). Entrent dans la catégorie du partenariat enregistré tant les « partenariats-cadres » (ou partenariats-contrats) que les « partenariats-statuts » (ou partenariats-mariages)[6] et, comme en droit interne, peu importe l'orientation sexuelle des partenaires enregistrés.

425.103 Rattachement à la loi de l'autorité enregistrante. Deux rattachements avaient les faveurs de la doctrine française : celui du lieu de l'enregistrement et celui de la nationalité de l'autorité enregistrante. Il avait été soutenu que « *le critère du lieu de l'enregistrement du partenariat devrait être écarté, car il ne constitue pas un élément général et abstrait suffisamment fiable. Il ne résiste pas à l'hypothèse de l'enregistrement du partenariat par une autorité consulaire ou diplomatique en poste dans un État qui ne réglemente pas d'institution équivalente. En définitive, un seul critère permet de donner compétence à une loi qui connaît l'institution en cause, que le partenariat soit enregistré par une autorité locale ou par une autorité consulaire ou diplomatique. C'est celui de la nationalité de l'autorité qui procède à l'enregistrement du partenariat* »[7]. Entre les deux, l'article 515-7-1 du Code civil opte sans ambiguïté, en faveur de la loi de l'autorité enregistrante. Il en résulte que, « *si un Français et un Belge souscrivent un partenariat au consulat de Belgique à Londres, c'est la loi belge et non les lois française ou britannique qui sera applicable* »[8]. Il est donc surprenant de soutenir, comme l'a fait M. le député François de Rugy, qu'« *il s'agit, concrètement, de transposer l'union civile étrangère ou de délivrer un document équivalent, en l'accompagnant d'effets qui sont limités - j'y insiste - aux droits existants sur le territoire national* »[9]. Les effets du partenariat enregistré à l'étranger ne seront pas ceux prévus par la loi française relative au PACS; ce seront ceux prévus par la loi étrangère, loi qui a présidé à l'enregistrement du partenariat, mais c'est déjà aborder la question du domaine de la loi applicable au partenariat enregistré (v. s^s^ n°s 425.110 s.).

425.104 Exclusion du renvoi. Conforme aux propositions de la doctrine[10] et à la solution com-

1. V. NOT., F. Granet-Lambrechts, « Les législations européennes relatives à l'enregistrement des couples hors mariage », *Dr. fam.* 2005, chron. 2; « Concubinages, partenariats enregistrés et mariages homosexuels en Europe », *Études offertes à J. Rubellin-Devichi*, Litec, 2002, p. 375.
2. Amendement n° 13 rectifié, présenté le 13 oct. 2008 lors de la première lecture à l'Assemblée nationale.
3. M. le député de Rugy, 2e séance, 28 avr. 2009, *JO* 29 avr., p. 3711.
4. Circ. DACS 08-09, 26 mai 2009, JUS C 0911895C, relative à la présentation synthétique des principales dispositions de la loi n° 2009-526 du 12 mai 2009 de simplification et de clarification du droit et d'allégement des procédures, *BO* 30 août.
5. H. Péroz, « La loi applicable aux partenariats enregistrés », *JDI* 2010, doctr. 6, spéct n° 11.
6. P. Hammje, « Réflexions sur l'article 515-7-1 du Code civil », *Rev. crit. DIP* 2009, 483, spéct 488-489.
7. A. Devers, *Le concubinage en droit international privé*, préc., n° 328.
8. Rapp. AN n° 1578, préc., p. 18.
9. M. le député de Rugy, 2e séance, 28 avr. 2009, *JO* 29 avr., p. 3712.
10. V. NOT., A. Devers, *Le concubinage en droit international privé*, préc., n° 350-351.

munément admise à l'étranger, l'article 515-7-1 du Code civil exclut le mécanisme du renvoi dans la détermination de la loi applicable au partenariat enregistré. Sont en effet déclarées applicables les « *dispositions matérielles de l'État de l'autorité qui a procédé à son enregistrement* ». L'exclusion du renvoi est la conséquence logique de la finalité matérielle de la règle de conflit de lois nouvelle.

§ 2
Domaine de la loi applicable

425.110 **Division.** L'article 515-7-1 du Code civil dispose que « *les conditions de formation et les effets d'un partenariat enregistré ainsi que les causes et les effets de sa dissolution sont soumis aux dispositions matérielles de l'État de l'autorité qui a procédé à son enregistrement* ». C'est proposer un **rattachement global** du partenariat à la loi de l'autorité enregistrante. Il ressort toutefois des (maigres) travaux parlementaires que, « *s'agissant d'une règle de conflit de lois de portée générale, inscrite dans le Code civil, celle-ci ne trouvera pas à s'appliquer dans les matières soumises à des règles de conflit spéciales, comme par exemple en matière de succession, d'obligation alimentaire ou de filiation* »[1]. Tout aussi vague, la circulaire du 26 mai 2009 précise que « *cette règle de conflit de lois, de portée générale, ne s'applique toutefois pas aux conditions ou aux effets soumis à des règles de droit international privé spécifiques conventionnelles ou non* »[2]. Il convient donc de déterminer, s'agissant de la formation (A), des effets (B) et de la dissolution du partenariat enregistré (C), s'il faut appliquer la loi de l'autorité enregistrante.

A.
Formation du partenariat enregistré

425.111 **Maladresse rédactionnelle.** L'article 515-7-1 du Code civil dispose que « *les conditions de formation [...] d'un partenariat enregistré [...] sont soumis[es] aux dispositions matérielles de l'État de l'autorité qui a procédé à son enregistrement* ». La formule est malheureuse. D'une part, elle suggère que l'appréciation de la validité d'un partenariat est nécessairement postérieure à son enregistrement. Une telle approche est intenable puisque, pour ne parler que du droit français, le greffier du tribunal d'instance qui constate que les conditions d'inscription de la déclaration ne sont pas remplies « *prend une décision motivée d'irrecevabilité* »[3]. De plus, les contestations portant sur le refus d'enregistrement d'un PACS peuvent être « *soumises au président du tribunal de grande instance, ou à son délégué, statuant en la forme des référés* »[4]. Il est donc procédé, en droit français, à un **double contrôle *a priori*** (administratif par le greffier du tribunal d'instance puis judiciaire par le président du tribunal de grande instance) des conditions d'enregistrement du PACS. D'autre part, la formule « *qui a procédé à son enregistrement* » pourrait être lue comme restreignant le champ d'application de l'article 515-7-1 aux hypothèses où un partenariat a effectivement été enregistré. Une telle lecture serait problématique s'agissant des refus d'enregistrement. Ce serait réintroduire devant le président du tribunal de grande instance la lacune dénoncée par les parlementaires à l'origine des différents amendements. Comment expliquer une telle maladresse rédactionnelle ? Il faut en revenir à l'amendement n° 13 (rectifié) présenté en première lecture à l'Assemblée nationale le 13 octobre 2008. Ce texte, s'il a été rejeté par l'Assemblée nationale, a été repris à l'identique par les amendements n°s 39 et 107 rectifiés lors de la première lecture au Sénat. L'amendement n° 13 rectifié avait pour objet de « *permettre la production d'effets en France des partenariats enregistrés à l'étranger. En effet, il est apparu que les personnes ayant contracté un tel partenariat sont actuellement contraintes de le rompre pour pouvoir signer un PACS en France et bénéficier des droits afférents* ». De même, en première lecture au Sénat, il a été expliqué que l'amendement n° 39 rectifié « *concerne la reconnaissance en France des partenariats conclus à l'étranger* »[5] et, au soutien de l'amendement n° 107 rectifié, il a été exposé que « *des couples ayant passé un contrat similaire au PACS dans un pays membre ou non de l'Union européenne ont attiré notre attention sur le fait que la forme juridique de leur union n'est pas reconnue en France* »[6]. Dans cette perspective de reconnaissance en France des partenariats enregistrés à l'étranger[7], l'on comprend mieux la formule « *autorité qui a procédé à son enregistrement* ». En ce sens, la circulaire du 26 mai 2009 affirme que l'article 515-7-1 « *définit les conditions dans lesquelles un partenariat enregistré à l'étranger*

1. Rapp. AN n° 1578, préc., p. 18.
2. V. AUSSI, rép. min. n° 50247 et n° 49494 : *JOAN* Q, 30 juin 2009, p. 6678.
3. Décr. n° 2006-1806, 23 déc. 2006, relatif à la déclaration, la modification, la dissolution et la publicité du pacte civil de solidarité, *JO* 31 déc. 2006, p. 20375, art. 1er, al. 4.
4. Décr. n° 2006-1806, 23 déc. 2006, préc., art. 1er, al. 5.
5. Mme la Sénatrice Boumediene-Thiery, séance 24 mars 2009, *JO* 25 mars, p. 3252.
6. M. le Sénateur Yung, séance 24 mars 2009, *JO* 25 mars, p. 3253.
7. V. AUSSI, Rép. min. n°s 45452, 44438 et 44437, *JOAN* Q, 20 oct. 2009, p. 9987 (« *l'insertion dans le Code civil d'un article 515-7-1 définissant une règle de conflit de lois* [est] *destinée à favoriser la reconnaissance des partenariats enregistrés à l'étranger* ».)

peut être reconnu en France et y développer ses effets » mais, si dans l'esprit des parlementaires la règle nouvelle ne devait concerner que les partenariats enregistrés à l'étranger, la lettre de l'article 515-7-1 invite à considérer que **la règle nouvelle concerne tant les partenariats enregistrés à l'étranger que les partenariats enregistrés en France.** Même enregistré en France, un PACS peut soulever différentes questions de droit international privé. L'adage est connu : *Ubi lex non distinguit, nec nos distinguere debemus*... En définitive, il eût été préférable d'affirmer que « *les conditions de formation* [...] *d'un partenariat enregistré* [...] *sont soumises aux dispositions matérielles de l'État de l'autorité qui procède ou qui a procédé à son enregistrement* ». Il reviendra à la jurisprudence de suppléer l'obscurité et l'insuffisance de la nouvelle règle de conflit...

425.120 Division. Basé sur l'idée d'un rattachement global à la loi de l'institution, l'article 515-7-1 « *soumet* [les] *partenariats* [enregistrés] *aux règles de fond (1°) et de forme (2°) de la loi de l'État dont l'autorité a procédé à l'enregistrement. Ainsi, si un Français et un Belge souscrivent un partenariat au consulat de Belgique à Londres, c'est la loi belge et non les lois française ou britannique qui sera applicable* »[1].

1°
Conditions de fond

425.121 Rattachement global. La loi de l'autorité enregistrante régit l'ensemble des conditions de fond de l'enregistrement du partenariat, c'est-à-dire à la fois les conditions personnelles (âge, capacité, consentement, *etc.*) et les empêchements bilatéraux (tenant à la parenté, à l'alliance, à l'existence d'une précédente union non dissoute, à l'exigence d'une différence de sexe, *etc.*). Dérogeant à la directive générale de l'article 3 du Code civil, la loi de l'institution ne laisse **aucune place à la loi nationale des partenaires enregistrés.** C'est dire que l'enregistrement du partenariat est possible même si la loi nationale des intéressés ignore cette institution ou l'interdit en l'espèce. Contestée par certains, la règle est en tout cas conforme à la pratique administrative qui s'est développée en France depuis 1999. Alors que la loi polonaise ne connaît pas le partenariat enregistré et que la loi danoise le réserve aux couples homosexuels, un polonais peut ainsi conclure un PACS avec une Danoise. La compétence de la loi de l'institution soulève toutefois quelques interrogations quant à son domaine.

425.122 Conditions de fond (capacité et majorité). D'une part, s'agissant de la condition de capacité ou de majorité, trop souvent confondues, l'on hésite entre appliquer globalement la **loi de l'institution** ou laisser une place à la **loi nationale de l'intéressé**[2]. Autrement dit, la loi de l'institution est-elle applicable à la fois pour poser la condition de capacité ou de majorité et apprécier si l'intéressé est capable ou majeur ? Ou doit-on, pour l'appréciation de la condition, en revenir à la loi nationale de l'intéressé conformément à l'article 3 du Code civil[3] ? Ambiguë, la circulaire du 26 mai 2009 affirme que la règle de conflit de l'article 515-7-1, « *de portée générale, ne s'applique toutefois pas aux conditions ou aux effets soumis à des règles de droit international privé spécifiques conventionnelles ou non* ». Dès lors, trois analyses sont possibles.

Tout d'abord, en faveur de l'application de la **loi de l'institution**, on a fait valoir qu'elle constitue l'expression d'un **principe de faveur** – *un favor validitatis* – pour valider le partenariat enregistré par une personne dont la loi nationale ignore ou prohibe l'institution en cause[4]. Dans cette perspective, le notaire ou l'avocat consulté par les futurs partenaires sur le choix de leur régime patrimonial devrait les mettre en garde sur un possible refus de leur État d'origine de reconnaître leur partenariat enregistré en France.

Ensuite, s'agissant de la **condition de capacité**, certains proposent de raisonner en termes de capacité générale et de capacité spéciale et sont favorables à l'application de la **loi nationale de l'intéressé**[5].

Enfin, réservant une exception plus large à l'article 515-7-1, d'aucuns affirment que « *c'est bien évidemment en application de la loi nationale de chacun des partenaires que se déterminera cette capacité* »[6]. Il

1. Rapp. AN n° 1578, préc., p. 18.

2. COMP. V. Larribau-Terneyre, « La loi du 12 mai 2009 précise la loi applicable aux partenariats enregistrés », *Dr. fam.* 2009, comm. 84 *in fine*.
3. La convention de La Haye du 13 janvier 2000 sur la protection internationale des adultes, entrée en vigueur en France le 1er janvier 2009, ne s'applique pas à la formation des partenariats enregistrés. Sont en effet exclues du domaine de la Convention « *la formation, l'annulation et la dissolution du mariage ou d'une relation analogue* » (conv. La Haye, 13 janv. 2000, art. 4, § 1, ss b) – V. P. Lagarde, « La convention de La Haye du 13 janvier 2000 sur la protection internationale des adultes », *Rev. crit. DIP* 2000, 159, spéct n° 7 – CONTRA, H. Péroz, « Loi de simplification du droit et loi applicable aux partenariats enregistrés », *JCP N* 2008, act. 419; « Convention de La Haye du 13 janvier 2000 sur la protection internationale des adultes et la pratique notariale », *JCP N* 2008, act. 643.
4. A. Devers, *Le concubinage en droit international privé*, préc., n° 359.
5. N. Joubert et B. Morel, « Les partenariats enregistrés en droit international privé depuis la loi du 12 mai 2009 », *JCP N* 2009, 1285, spéct n° 7-10.
6. P. Callé, « Introduction en droit français d'une règle de conflit propre aux partenariats enregistrés », *Defrénois* 2009, art. 38989, p. 1662, spéct p. XX.

en résulterait que le partenariat enregistré à l'étranger par un Français sous tutelle est nul, en application de la loi française, s'il n'a été précédé d'une autorisation judiciaire comme l'exige l'article 462 du Code civil[1]. Dans cet esprit, la circulaire du 5 février 2007 affirmait ainsi qu'« *à l'égard des ressortissants étrangers, l'âge de la majorité est fixé par la loi de l'État dont ils sont ressortissants* »[2]. C'est considérer que s'il appartient à la **loi de l'institution** de déterminer les **conditions de fond de l'enregistrement** et de dire notamment si l'intéressé doit être capable ou majeur, il ne lui appartient pas de dire si une personne présente une telle qualité.

425.123 Conditions de fond (existence d'un précédent partenariat enregistré). D'autre part, en ce qui concerne l'empêchement lié à l'existence d'un précédent partenariat enregistré non dissous, les droits internes n'envisagent *a priori* que la seule institution qu'ils réglementent. Ainsi, la loi belge prohibe la conclusion d'une cohabitation légale si l'un des futurs partenaires est déjà lié par une autre cohabitation légale (C. civ. belge, art. 1475, § 2). De même, la loi française prévoit qu'à peine de nullité, il ne peut y avoir de PACS entre deux personnes dont l'une au moins est encore liée par un PACS (C. civ., art. 515-2, 3°). Est-ce à dire que l'enregistrement d'un PACS est possible lorsque l'un des intéressés est lié non par un précédent partenariat de droit français mais par un partenariat de droit étranger ? Une telle interprétation, bien que conforme à la lettre de l'article 515-2 du Code civil, devrait pourtant être écartée. Il conviendrait de privilégier une interprétation respectueuse de l'esprit de l'article 515-7-1 du Code civil. Au-delà de l'institution française, la nouvelle règle de conflit de lois s'applique aux partenariats enregistrés. Dans cette perspective, il semblerait judicieux de considérer que le fait que l'un des intéressés soit déjà engagé dans les liens d'un partenariat enregistré de droit étranger constitue un empêchement à la conclusion d'un PACS de droit français[3]. Une telle proposition ne résoudra évidemment pas la situation dénoncée par certains parlementaires : « *Actuellement, la situation des couples pacsés à l'étranger est absurde. En effet, pour conclure un PACS en France et bénéficier des droits afférents, ils doivent d'abord dénoncer le pacte conclu dans un autre pays, selon la législation dudit pays, afin de pouvoir produire le certificat de célibat exigé en France pour la signature d'un PACS, ce qui est d'ailleurs tout à fait normal* »[4]. Aujourd'hui comme hier, l'existence d'un précédent partenariat enregistré à l'étranger devrait constituer, au regard de l'article 515-2 du Code civil, un **empêchement à l'inscription en France d'un PACS**[5]. L'empêchement à PACS tiré de l'existence d'un précédent partenariat non dissous joue ici, comme ailleurs. On peut rapprocher cette solution de la position de la Cour de cassation qui considère qu'est nul le second mariage célébré entre les mêmes époux[6].

425.124 Conditions de fond (ordre public). L'application de la loi de l'institution est écartée chaque fois qu'elle est contraire à l'ordre public français en matière internationale. Quant aux conditions de fond, une hypothèse de contrariété à l'ordre public avait été pointée, celle de la loi belge qui autorise la conclusion d'une cohabitation légale incestueuse[7]. En ce sens, la circulaire du 26 mai 2009 considère que « *la loi étrangère désignée en application de* [l'article 515-7-1] *sera évincée en cas de contrariété à l'ordre public international français* [ex. : partenariats entre deux frères] ».

2°
Conditions de forme

425.131 Rattachement global. Comme les conditions de fond, les conditions de forme sont régies par les dispositions matérielles de l'État de l'autorité qui procède ou qui a procédé à l'enregistrement du partenariat. Parmi ces conditions, l'on peut citer la compétence de l'autorité qui procède à l'enregistrement, les documents à produire, le délai entre le dépôt du dossier et l'enregistrement effectif ou l'exigence de témoins. Par exemple, s'agissant des PACS enregistrés en France, les autorités administratives françaises ne sont compétentes que si les futurs partenaires fixent en France leur résidence commune ou, en cas d'empêchement grave à la fixation de celle-ci, si la résidence de l'un d'eux est établie en France. C'est dire que « *deux ressortissants étrangers résidant principalement à l'étranger ne peuvent (pas) valablement conclure un PACS* » en France[8].

1. Si l'art. 462 du Code civil vise « *la conclusion d'un pacte civil de solidarité* », l'exigence d'autorisation du juge ou du conseil de famille doit pouvoir être étendue aux partenariats enregistrés de droit étranger.
2. Circ. min. Justice, n° 2007-03 CIV, JUSC0720105C, 5 févr. 2007, relative à la présentation de la réforme du pacte civil de solidarité, *BO* 28 févr.
3. EN CE SENS, v. J. Massip, « L'état civil et les statuts légaux du concubinage », *Études offertes à J. Rubellin-Devichi*, préc., spéc[t] p. 564-565.
4. M. le député de Rugy, 2e séance, 28 avr. 2009, *JO* 29 avr., p. 3712.
5. *CONTRA*, P. Hammje, « Réflexions sur l'article 515-7-1 du Code civil », *Rev. crit. DIP* 2009, 483, spéc[t] 487-488.
6. Civ. 1re, 3 févr. 2004, n° 00-19.838, *Bull. civ.* I, n° 33; *AJ fam.* 2004, 144, obs. Bicheron; *Rev. crit. DIP* 2004, 395, note Ancel; *RTD civ.* 2004, 267, obs. Hauser; *Dr. fam.* 2004, comm. 47, obs. L.-T.; *D.* 2005, pan. 1194, obs. P. C.
7. A. Devers, J.-CL. INTERNAT., fasc. 546-60 (Concubinage), juin 2005, n° 77.
8. Circ. min. Justice, n° 2007-03 CIV, JUSC0720105C, 5 févr. 2007, relative à la présentation de la réforme du pacte civil de solidarité, *BO* 28 févr.

425.132 Conditions de forme (enregistrement par une autorité locale). On peut craindre, pour les étrangers dont la loi ne connaît pas d'institution équivalente au PACS, que la production du **certificat de coutume** (pour la condition de célibat) pose parfois problème. À la différence de l'enregistrement consulaire et diplomatique[1], aucune consigne de souplesse n'avait été donnée aux greffes des tribunaux d'instance[2]. La **circulaire du 5 février 2007** a finalement introduit une certaine souplesse.

Elle affirme ainsi que « *l'objet du certificat de coutume est de permettre au greffier de s'assurer que le ressortissant étranger est célibataire, qu'il est majeur au regard de sa loi nationale et qu'il n'est pas placé sous un régime de protection. Ce document est en principe établi par l'autorité ou par la représentation diplomatique ou consulaire de l'État dont l'intéressé est ressortissant. À défaut, il peut être établi par un avocat ou un juriste disposant d'une connaissance particulière de la loi étrangère en cause. Le contenu du certificat de coutume n'est pas légalement défini. Pour permettre au greffier d'exercer sa mission, l'autorité étrangère doit certifier, en s'appuyant sur la législation en vigueur dans son pays et au vu des pièces d'état civil produites par l'intéressé, qu'au regard de sa loi personnelle, il est majeur, juridiquement capable et célibataire. Pour permettre au greffier d'exercer sa mission, ce document doit reproduire le contenu de la loi étrangère et décrire les pièces d'état civil qui permettent de vérifier qu'il n'existe pas d'empêchement à la conclusion du PACS par le partenaire étranger. Certains États étrangers refusent - ou ne sont pas en mesure - de délivrer ce document, notamment lorsque le PACS ou son équivalent n'existe pas dans leur législation interne. Afin d'assurer la protection des partenaires et la sécurité juridique des tiers qui contractent avec eux, il est toutefois essentiel que soient réunis certains éléments concernant l'état des personnes désirant conclure un PACS* ».

Aussi, en l'absence d'établissement d'un certificat de coutume complet, le greffier doit demander au partenaire étranger de faire établir par les autorités de son pays un certificat qui précise *a minima* :

- l'âge de la majorité tel qu'il est prévu par la loi étrangère et l'indication que l'intéressé est ou non majeur au vu de sa loi personnelle;

- si sa loi nationale connaît un régime de protection juridique des majeurs;

- et, le cas échéant, si l'intéressé a ou non la capacité juridique de conclure un contrat. Ces deux catégories d'informations ne sont pas spécifiques au PACS et correspondent à celles exigées pour la conclusion de nombreux contrats, y compris en droit étranger. « *En ce qui concerne la condition de célibat, si l'autorité étrangère n'atteste pas d'emblée du célibat du partenaire, il peut lui être demandé de préciser selon quels moyens cette preuve est rapportée dans sa législation. À tout le moins, certaines autorités consulaires étrangères ne délivrant pas de certificat de coutume, même partiel, acceptent d'établir une attestation aux termes de laquelle elles précisent avoir reçu de leurs ressortissants la déclaration sur l'honneur qu'ils sont célibataires, majeurs et juridiquement capables de contracter. C'est donc seulement dans l'hypothèse où le refus des autorités consulaires d'établir l'un de ces documents est démontré que la remise d'une attestation sur l'honneur rédigée par les intéressés eux-mêmes peut être tolérée. Le recours à cette attestation doit toutefois rester exceptionnel, dans la mesure où il ne saurait être question de se satisfaire systématiquement des seules déclarations des intéressés* »[3].

425.133 Conditions de forme (enregistrement par une autorité consulaire et diplomatique). C'est à la loi de l'institution qu'il appartient d'autoriser ses autorités consulaires ou diplomatiques en poste à l'étranger à procéder à l'enregistrement d'un partenariat. Par exemple, à Taïwan, l'Institut français de Taipei n'est pas autorisé à procéder à l'enregistrement d'un PACS, si bien que les ressortissants français doivent s'adresser à l'Ambassade de France à Séoul[4]. La loi de l'autorité enregistrante définit aussi les personnes qui peuvent solliciter l'enregistrement d'un partenariat ainsi que les documents qu'elles doivent produire. Pour un PACS, la loi française prévoit que « *l'enregistrement de la déclaration conjointe d'un pacte liant deux partenaires dont l'un au moins est de nationalité française et les formalités prévues aux troisième et cinquième alinéas sont assurés par les agents diplomatiques et consulaires français* [...] » (C. civ., art. 515-3, al. 6). Les partenaires doivent à peine d'irrecevabilité joindre à la convention de PACS les documents, notamment les pièces d'état civil, permettant d'établir la validité du PACS[5]. Les agents français en poste à l'étranger sont toutefois invités à faire preuve de souplesse lorsqu'ils vérifient l'absence d'empêchement de conclure un PACS : ils devraient « *accepter de la part de la personne étrangère* [dont la loi nationale ne connaît pas d'institution équivalente au PACS] *un certificat de célibat et une attestation sur l'honneur indiquant qu'elle n'est pas sous tutelle* »[6]. Mais, conformément à l'article 5 de la convention de Vienne du 24 avril 1963 sur les relations consulaires, la compé-

1. Rép. min. n° 58140, *JOAN* Q, 13 août 2001, p. 4722; *Rev. crit. DIP* 2001, 771.
2. Rép. min. n° 30290, *JOAN* Q, 16 mars 2004, p. 2110.
3. Circ. min. Justice, n° 2007-03 CIV, JUSC0720105C, 5 févr. 2007,relative à la présentation de la réforme du pacte civil de solidarité, *BO* 28 févr.
4. Rép. min. n° 10394, *JO Sénat* Q, 8 oct. 2009, p. 2340.
5. CE 23 mai 2003, req. n° 248.982, Baudry, *RFDA* 2003, p. 848; *D.* 2004, J. 295, note Gourdou et Lemouland; *RTD civ.* 2003, 546, n° 4, obs. Perrot; *RTD civ.* 2003, 684, n° 7, obs. Hauser; *Gaz. Pal.* 2004, p. 420, concl. Prada-Bordenave.
6. Rép. min. n° 58140, *JOAN* Q, 13 août 2001, p. 4722; *Rev. crit. DIP* 2001, 771.

tence des autorités consulaires ou diplomatiques doit également être étudiée au regard de la loi locale[1]. L'enregistrement d'un partenariat par une autorité consulaire ou diplomatique, conformément à la loi de l'État qui l'a instituée, n'est en effet possible qu'autant que la loi locale de l'État où elle est en poste l'autorise. Autrement dit, **la validité d'un PACS consulaire** est soumise à une **double exigence : l'autorisation cumulative de la loi française de l'État d'envoi et de celle de l'État de résidence.** Il est donc faux d'affirmer que « *si un Français et un Belge souscrivent un partenariat au consulat de Belgique à Londres, c'est la loi belge et non les lois française ou britannique qui sera applicable* »[2]. S'agissant des limites qu'impose la loi de l'État de résidence, l'on peut hésiter entre faire application de l'article 5 point f, ou de l'article 5 point m, à l'enregistrement d'un PACS. Au titre du point f, les fonctions consulaires consistent à « *agir en qualité de notaire et d'officier d'état civil et exercer des fonctions similaires, ainsi que certaines fonctions d'ordre administratif, pour autant que les lois et règlements de l'État de résidence ne s'y opposent pas* ». Selon le point m, elles consistent à « *exercer toutes autres fonctions confiées à un poste consulaire par l'État d'envoi que n'interdisent pas les lois et règlements de l'État de résidence ou auxquelles l'État de résidence ne s'oppose pas* ». Entre les deux, la circulaire du ministère des Affaires étrangères et européennes du 28 septembre 2007, relative au PACS, affirmait que « *l'enregistrement d'un PACS ne se rattache à aucune des fonctions prévues à l'article 5 (pts a à l) de la Convention de Vienne du 24 avril 1963 sur les relations consulaires pouvant être exercées par un chef de poste consulaire. Il entre donc dans la catégorie des fonctions visées au point m de cet article* »[3]. Si l'on suit cette analyse[4], la demande d'enregistrement d'un PACS est irrecevable chaque fois qu'elle est interdite par la loi locale ou contraire à l'ordre public local.

1. A. Devers, *Le concubinage en droit international privé*, préc., n° 353.
2. E. Blanc, *Rapport fait au nom de la commission des lois constitutionnelles, de la législation et de l'administration générale de la République, sur la proposition de loi modifiée par le Sénat de simplification et de clarification du droit et d'allègement des procédures*, Rapp. AN n° 1578, 1er avr. 2009, p. 18.
3. Circ. min. Aff. étrangères et européennes, NOR : MAEF0801234C, 28 sept. 2007, relative au pacte civil de solidarité, pt 5. Cette circulaire a été retirée par la circulaire du ministère des Affaires étrangères et européennes du 19 janv. 2008, relative au pacte civil de solidarité.
4. En faveur du rattachement de l'enregistrement d'un pacte civil de solidarité à l'article 5, point f, v. A. Devers note ss CE, ord., 18 déc. 2007, req. n° 310837, Gisti et a., *JCP* 2008, II, 10013, spéct 2. Ce rattachement l'emportera si est adoptée la proposition de loi tendant à renforcer les droits des personnes liées par un pacte civil de solidarité déposée au Sénat le 16 juin 2009 (texte n° 461 rectifié [2008-2009]).

425.134 Conditions de forme (loi locale permissive). La loi locale peut autoriser les autorités consulaires et diplomatiques étrangères à enregistrer des partenariats sur son territoire national mais, même lorsqu'elle est permissive, la loi locale peut n'autoriser l'enregistrement qu'à certaines conditions. Par exemple, aux Pays-Bas, les représentations diplomatiques et consulaires françaises ne sont autorisées à enregistrer un PACS que « *lorsqu'aucune des parties ne possède exclusivement ou notamment la nationalité néerlandaise* »[5]. Il en découle que les autorités consulaires et diplomatiques françaises en poste aux Pays-Bas ne peuvent pas procéder à l'inscription d'un PACS lorsque l'un des futurs partenaires a la nationalité néerlandaise. Plus généralement, « *lorsque la conclusion d'un PACS contrevient aux dispositions de droit local, un chef de poste consulaire ne peut établir un acte qui s'opposerait à ces dispositions et ne doit par conséquent pas enregistrer la déclaration des intéressés même si par ailleurs ceux-ci remplissent toutes les conditions prévues par la loi du 15 novembre 1999* »[6].

425.135 Conditions de forme (loi locale prohibitive). Parce qu'elle ne connaît pas d'institution équivalente au PACS, la loi locale peut interdire tout enregistrement d'un partenariat. Si l'on rattache l'enregistrement d'un PACS à l'article 5 point m de la convention de Vienne du 24 avril 1963 sur les relations consulaires, l'enregistrement peut également être refusé s'il est contraire à l'ordre public local. C'est le cas, sans surprise, dans les pays musulmans[7]. La circulaire du ministère des Affaires étrangères et européennes du 28 septembre 2007, relative au PACS, en déduisait que « *l'ambassadeur ou le chef de poste consulaire doit s'assurer que l'ordre public local ne prohibe pas la vie de couple, hors mariage, de deux personnes de sexe différent ou du même sexe : - si l'ordre public local ne prévoit aucune restriction, la demande de PACS peut être examinée - si l'ordre public local prévoit des restrictions, la demande de PACS ne peut être examinée* »[8]. Cette directive, pourtant inspirée par la convention de Vienne, a été critiquée par certaines associations qui y ont vu une discrimination. Faisant appel au principe d'égalité, le Conseil d'État a enjoint au ministre des Affaires étrangères et européennes de retirer cette cir-

5. L. néerlandaise, 6 juill. 2004, portant règlement des conflits de lois en matière de partenariat enregistré, art. 1, § 3 – V. *Rev. crit. DIP* 2005, 538.
6. Min. Justice, *Le pacte civil de solidarité, réflexions et propositions de réforme*, rapport remis au garde des Sceaux, 30 nov. 2004, p. 26.
7. Pour le Maroc, v. rép. min. n° 16650, *JO Sénat* Q, 26 mai 2005, p. 1483.
8. Circ. min. Aff. étrangères et européennes, 28 sept. 2007, relative au pacte civil de solidarité, pt 6.

culaire[1]. La circulaire du 28 septembre 2007 a été remplacée par la circulaire du ministère des Affaires étrangères et européennes du 19 janvier 2008 relative au PACS. Elle affirme que « *dès lors que les conditions d'enregistrement d'un PACS sont conformes aux dispositions du Code civil, l'ambassadeur ou le chef de poste consulaire procède à l'enregistrement du pacte de solidarité. Toutefois, en application de l'article 5 de la Convention de Vienne du 24 avril 1963 sur les relations consulaires, au titre de sa mission de protection consulaire des ressortissants français, l'ambassadeur ou le chef de poste consulaire, une fois le pacte enregistré, dans les pays où existe un risque tiré des lois et règlements ou des usages sociaux de l'État de résidence et lié notamment à la vie commune, met systématiquement en garde chacun des partenaires. Cette mise en garde s'adresse également au partenaire étranger d'un ressortissant français. Elle prend la forme d'une notice rappelant la réglementation en vigueur dans l'État de résidence et dont les partenaires accusent réception* »[2]. Cette circulaire est, sur ce point, contraire à la convention de Vienne du 24 avril 1963 sur les relations consulaires. C'est sans doute pourquoi certains parlementaires ont proposé d'insérer un dernier alinéa à l'article 515-3 du Code civil. Il disposerait que « *les partenaires ne peuvent se voir opposer des considérations tirées de l'ordre public local* »[3]. Cette proposition est, elle aussi, contraire à la convention de Vienne du 24 avril 1963 sur les relations consulaires. Elle avait été reprise dans la proposition de loi tendant à renforcer les droits des personnes liées par un PACS[4], texte qui a finalement été rejeté par le Sénat. La commission des lois du Sénat a cependant considéré qu'« *une telle disposition serait contraire à l'article 5 de la convention de Vienne du 24 avril 1963 sur les relations consulaires.* » Cet article prévoit en effet que les agents consulaires peuvent « *agir en qualité de notaire et d'officier d'état civil et exercer des fonctions similaires, ainsi que certaines fonctions d'ordre administratif, pour autant que les lois et règlements de l'État de résidence ne s'y opposent pas* ». Le même article permet à la France de s'opposer à ce que des unions polygames soient conclues sur son territoire par les agents consulaires d'autres pays. La commission en a déduit qu'il n'est pas souhaitable que cette modification de l'article 515-3 du Code civil soit retenue[5]. Ceci dit, il serait surprenant que soit annulé en France un PACS enregistré par une autorité consulaire ou diplomatique française en violation de la loi locale prohibitive.

1. CE, ord., 18 déc. 2007, req. n° 310837, Gisti et a., *JCP* 2008, II, 10013, note crit. Devers.
2. Circ. min. Aff. étrangères et européennes, 19 janv. 2009, MAEF0801234C, relative au pacte civil de solidarité, pt 7 – Rép. min. n° 03038, *JO Sénat* Q, 25 sept. 2008, p. 1928 – Rép. min. n° 02820, *JO Sénat* Q, 13 mars 2008, p. 484.
3. Prop. loi relative à l'enregistrement des pactes civils de solidarité à l'étranger, déposée au Sénat le 1er avr. 2008, texte n° 248 (2007-2008).
4. Prop. loi tendant à renforcer les droits des personnes liées par un pacte civil de solidarité, déposée au Sénat le 16 juin 2009, art. 2 (texte n° 461 rectifié [2008-2009]).

B. Effets du partenariat enregistré

425.140 Division. Selon l'article 515-7-1 du Code civil, « *les effets d'un partenariat enregistré* [...] *sont soumis aux dispositions matérielles de l'État de l'autorité qui a procédé à son enregistrement* ». Le rattachement à la loi de l'institution a donc vocation à s'appliquer tant aux effets personnels (1°) qu'aux effets patrimoniaux du partenariat enregistré (2 °).

1° Effets personnels

425.141 Rattachement global. La loi de l'autorité qui a procédé à l'enregistrement définit l'ensemble des effets personnels du partenariat enregistré. Elle précisera, par exemple, les effets du partenariat enregistré sur les noms des intéressés[6]. L'enregistrement entraîne-t-il un changement de nom patronymique ? Plus modestement, l'enregistrement ouvre-t-il un droit d'usage du nom patronymique du partenaire enregistré ? De la même manière, les partenaires liés par un PACS s'engagent à une vie commune et à une assistance réciproque, obligations qui font écho aux effets personnels du mariage en droit interne français.

425.142 Exceptions. Il résulte des travaux parlementaires que le rattachement de l'article 515-7-1 du Code civil ne s'applique pas à la **filiation**[7]. L'établissement et la contestation de la filiation de l'enfant des partenaires enregistrés demeurent régis par les articles 311-14 et suivants du Code civil. Il est, en principe, fait application de la loi nationale de la mère au jour de la naissance de l'enfant. Peu importe que la loi de l'institution attache des effets sur la filiation à l'enregistrement d'un partenariat, telle une présomption de paternité du partenaire de

5. C. Troendle, *Rapp. n° 114 (2009-2010)*, fait au nom de la commission des lois, déposé le 25 nov. 2009, p. 30.
6. Déjà EN CE SENS, A. Devers, J.-CL. INTERNAT., fasc. 542, « Nom », janv. 2009, n° 90.
7. E. Blanc, *Rapport fait au nom de la commission des lois constitutionnelles, de la législation et de l'administration générale de la République, sur la proposition de loi modifiée par le Sénat de simplification et de clarification du droit et d'allègement des procédures*, Rapp. AN n° 1578, 1er avr. 2009, p. 18.

la mère. Une solution identique mérite d'être retenue s'agissant de **l'autorité parentale** puisqu'elle est, en principe, régie par la convention de La Haye du 5 octobre 1961 concernant la compétence des autorités et la loi applicable en matière de protection des mineurs (v. s[s] n°s 433.11 s.).

2°
Effets patrimoniaux

425.151 Rattachement global. La loi de l'autorité enregistrante définit les effets patrimoniaux du partenariat enregistré. Toutefois, « *s'agissant d'une règle de conflit de lois de portée générale, inscrite dans le Code civil, celle-ci ne trouvera pas à s'appliquer dans les matières soumises à des règles de conflit spéciales, comme par exemple en matière* [...] *d'obligation alimentaire* »[1].

425.152 Obligations alimentaires. Les obligations alimentaires entre partenaires enregistrés (pension alimentaire au titre d'un devoir de secours ou contribution aux charges de la vie commune) échappent à la loi de l'institution car elles sont déjà régies par la convention de La Haye du 2 octobre 1973 sur la loi applicable aux obligations alimentaires. Ce texte s'applique en effet « *aux obligations alimentaires découlant de relations de famille, de parenté, de mariage ou d'alliance, y compris les obligations alimentaires envers un enfant non légitime* » (conv. La Haye, 2 oct. 1973, art. 1er). En France, le partenariat enregistré entre *a priori* dans la famille des relations soumises à la convention de La Haye. Si l'on suit le rattachement en cascade de ce texte, il sera fait application, à titre principal, de « *la loi interne de la résidence habituelle du créancier d'aliments* » (conv. La Haye, 2 oct. 1973, art. 4), à titre subsidiaire, de « *la loi nationale commune* » des intéressés (conv. La Haye, 2 oct. 1973, art. 5) ou, à titre très subsidiaire, de « *la loi interne de l'autorité saisie* » (conv. La Haye, 2 oct. 1973, art. 6). Il faudra prochainement tenir compte du règlement (CE) n° 4/2009 du 18 décembre 2008, relatif à la compétence, la loi applicable, la reconnaissance et l'exécution des décisions et la coopération en matière d'obligations alimentaires. La date de mise en application de ce texte est encore incertaine puisqu'elle dépend de l'entrée en vigueur du protocole de La Haye de 2007 sur la loi applicable aux obligations alimentaire. Toujours est-il que, selon le règlement, « *la loi applicable en matière d'obligations alimentaires est déterminée conformément au protocole de La Haye du 23 novembre 2007 sur la loi applicable aux obligations alimentaires* [...] *pour les États membres liés par cet instrument* » (règl. [CE] n° 4/2009, art. 15). Comme la convention de 1973, le protocole de La Haye de 2007 ne vise pas expressément les obligations alimentaires résultant d'un partenariat enregistré. Selon le rapport explicatif, « *ce silence est voulu, pour éviter que le protocole ne se heurte aux oppositions fondamentales existant entre les États sur cette problématique. La question a néanmoins été discutée en relation avec certaines règles de rattachement, notamment celle de l'article 5 relative aux obligations alimentaires entre époux et ex-époux. Certaines délégations avaient en effet proposé de préciser expressément dans le texte du protocole que cette disposition pouvait, à la discrétion des États, s'appliquer à ces institutions proches du mariage. Bien que cette proposition n'ait pas obtenu le consensus nécessaire, la Commission II de la Session diplomatique a admis que les États qui connaissent de telles institutions dans leurs ordres juridiques, ou qui sont prêts à les reconnaître, puissent les soumettre à la règle de l'article 5* [...], *ce qui revient à admettre implicitement que le Protocole peut leur être appliqué* »[2].

425.161 Régime patrimonial (application de la loi de l'institution). L'article 515-7-1 du Code civil placerait, de manière impérative, le régime patrimonial des partenaires enregistrés dans la sphère d'influence de la loi de l'autorité enregistrante[3]. Ainsi, si les intéressés concluent un PACS, les règles françaises sur le régime des biens des partenaires s'appliqueraient. Les partenaires pourraient choisir entre le régime légal de la séparation de biens ou l'indivision conventionnelle d'acquêts mais ne pourraient pas soumettre leur régime patrimonial à une loi étrangère[4]. S'agissant des biens sur lesquels aucun des partenaires ne peut justifier d'une propriété, il conviendrait d'en revenir *à* « *la présomption d'indivision de l'article 515-5 du Code civil* »[5]. À l'inverse, pour les partenariats enregistrés à l'étranger, la loi étrangère de l'autorité enregistrante régirait le régime patrimonial des intéressés. L'application de l'article 515-7-1 exclurait donc toute autonomie de la volonté, autrement dit tout choix de la loi applicable par les partenaires enregistrés au régime de leurs biens. Si elle paraît s'en inspirer, la

1. Rapp. AN n° 1578, préc., p. 18 (préc. s[s] n° 425.142).

2. A. Bonomi, *Rapport explicatif de sur le Protocole de La Haye du 23 nov. 2007, sur la loi applicable aux obligations alimentaires*, non encore publié, spéc[t] n° 31 (v. ég. n°s 92, 102 et 177).
3. Une telle solution a été vivement critiquée, V. NOT., A. Devers, « La loi applicable au régime patrimonial des partenaires enregistrés », *Dr. et patr.* 2009, n° 181, p. 77.
4. N. Joubert et B. Morel, « Les partenariats enregistrés en droit international privé depuis la loi du 12 mai 2009 », *JCP N* 2009, 1285, spéc[t] n° 18 – H. Péroz, « Loi de simplification du droit et loi applicable aux partenariats enregistrés », *JCP N* 2009, act. 419, spéc[t] 2.
5. P. Callé, « Introduction en droit français d'une règle de conflit propre aux partenariats enregistrés », *Defrénois* 2009, art. 38989, p. 1662.

règle française est plus stricte que la règle belge. En droit international privé belge, l'on distingue en effet les relations de vie commune et les partenariats enregistrés qui créent entre les cohabitants un lien équivalent au mariage[1]. La circulaire du 29 mai 2007 précise que « *le pacte civil de solidarité français, le partenariat luxembourgeois et les différentes formes de vie commune instaurées dans plusieurs provinces espagnoles, qui, comme la cohabitation légale, ne constituent pas un obstacle au mariage, ne peuvent pas* [...] *être assimilés au mariage* » au sens de l'article 58 du Code belge de droit international privé[2]. Pour le partenariat enregistré qualifié de relation de vie commune, il est régi « *par le droit de l'État sur le territoire duquel* [il] *a donné lieu à enregistrement pour la première fois. Ce droit détermine, notamment,* [...] *les effets de la relation sur les biens des parties* »[3]. La solution est proche de l'article 515-7-1 du Code civil. Pour le partenariat enregistré créant un lien équivalent au mariage, les partenaires peuvent, conformément à l'article 49 du Code belge de droit international privé, choisir la loi applicable à leur régime patrimonial. L'absence de reconnaissance en France d'une autonomie de la volonté en matière de régime patrimonial est une invitation au *registration shopping*[4]. Placés dans l'incapacité de choisir en France une loi autre que loi française, les partenaires peuvent être tentés d'aller enregistrer leur partenariat dans un pays étranger dont le droit interne prévoit un régime patrimonial conforme à leurs attentes. C'est ce que note M. le député Blanc : « *Il convient donc d'observer que des ressortissants français pourront, s'ils remplissent les conditions de résidence fixées par ces États, bénéficier d'un partenariat de droit néerlandais, par exemple. Dans ce cas, la loi néerlandaise sera applicable aux effets de ce partenariat néerlandais, même s'il s'agit de Français qui, après la conclusion du partenariat, reviennent résider en France* »[5].

425.162 Régime patrimonial (applicabilité de la loi de l'institution ?). L'exclusion de la liberté de choix de la loi applicable au régime patrimonial des partenaires enregistrés résulterait de la généralité des termes de l'article 515-7-1 du Code civil : « [...] *les effets d'un partenariat enregistré* [...] *sont soumis aux dispositions matérielles de l'État de l'autorité qui a procédé à son enregistrement* ». L'applicabilité de l'article 515-7-1 au régime patrimonial mérite toutefois d'être discutée au regard des différents textes internationaux applicables en France en matière contractuelle.

425.163 Régime patrimonial (convention de La Haye de 1978 ?). S'agissant de la convention de La Haye du 14 mars 1978, sur la loi applicable aux régimes matrimoniaux[6], certains avaient suggéré de l'appliquer au régime patrimonial des partenaires enregistrés[7]. Une telle proposition est critiquable dans la mesure où, d'une part, la convention ne vise que la situation des « époux » et que, d'autre part, elle ne garantit pas que soit désignée une loi qui connaît le partenariat enregistré. C'est la raison pour laquelle la loi néerlandaise du 6 juillet 2004, sur les conflits de lois en matière de partenariat enregistré, adopte une règle de conflit propre au régime patrimonial des partenaires[8].

425.164 Régime patrimonial (convention de Rome de 1980 ?). En ce qui concerne la convention de Rome du 19 juin 1980, sur la loi applicable aux obligations contractuelles, elle exclut de son champ d'application les obligations contractuelles concernant « *les régimes matrimoniaux, les droits et devoirs découlant des relations de famille, de parenté, de mariage ou d'alliance* » (conv. Rome, 19 juin 1980, art. 1, § 2, pt b). Elle ne paraît dès lors pas applicable au régime patrimonial[9] ainsi qu'aux autres contrats conclus entre partenaires enregistrés[10].

425.165 Régime patrimonial (règlement Rome I ?). La question se pose différemment s'agissant du règle-

1. C. Dip belge, art. 58, *Rev. crit. DIP* 2005, 169.
2. Circ. 29 mai 2007, modifiant circ. 23 sept. 2004, relative aux aspects de la loi du 16 juillet 2004 portant le Code de droit international privé concernant le statut personnel, *Moniteur belge* 31 mai 2007 – COMP. Circ. 23 sept. 2004, relative aux aspects de la loi du 16 juillet 2004 portant le Code de droit international privé concernant le statut personnel, *Moniteur belge* 28 sept. 2004, pt M 1.
3. C. Dip belge, art. 60, al. 1 et 2, *Rev. crit. DIP* 2005, 169.
4. N. Joubert et B. Morel, « Les partenariats enregistrés en droit international privé depuis la loi du 12 mai 2009 », *JCP N* 2009, 1285, spéc[t] n° 19.
5. Rapp. AN n° 1578, préc., p. 18.
6. En vigueur en France, aux Pays-Bas et au Luxembourg.
7. V. NOT., H. Chanteloup, « Menus propos autour du pacte civil de solidarité en droit international privé », *Gaz. Pal.* 2000, doctr. 1715, p. 1724 – G. Khairallah, « Les partenariats organisés en droit international privé », *Rev. crit. DIP* 2000, 317, spéc[t] 318, n° 20 – M. Mignot, « Le partenariat enregistré en droit international privé », *RDIC* 2001, p. 601, spéc[t] p. 653, n° 74.
8. L. néerlandaise, 6 juill. 2004, portant règlement des conflits de lois en matière de partenariat enregistré, art. 6 à 21, *Rev. crit. DIP* 2005, 539-542.
9. COMP. J. Meeusen, M. Pertegás et G. Straetmans, Rapp. général, *Enforcement of International Contracts in the European Union : Convergence and Divergence Between Brussels I and Rome I*, Intersentia, 2004, p. 21, spéc[t] p. 30, n°s 31-32.
10. V. NOT., H. Fulchiron, « Réflexions sur les unions hors mariage en droit international privé », *JDI* 2000, p. 889, spéc[t] p. 903 – *CONTRA*, M. Revillard, « Le pacte civil de solidarité en droit international privé », *Defrénois* 2000, art. 37124, p. 337, spéc[t] p. 340-341 (n° 14) et 345-346 (n° 33); P.-Y. Gautier, RÉP. INTERNAT., *V° Union libre*, 1998, n° 28.

ment Rome I[1], qui abroge et remplace la convention de Rome. Il exclut expressément de son champ d'application « *les obligations découlant des régimes matrimoniaux, des régimes patrimoniaux relatifs aux relations qui, selon la loi qui leur est applicable, ont des effets comparables au mariage* »[2]. Devant le juge français, la notion de « *relation qui a un effet comparable au mariage* » conduit à appliquer l'article 515-7-1 du Code civil, donc la loi de l'autorité enregistrante.

Pour certains, dans la grande famille des partenariats enregistrés, **seuls les partenariats-statuts seraient exclus du champ d'application du règlement Rome I** car leurs effets empruntent aux règles du **mariage**[3]. En application de l'article 515-7-1, et alors que les époux disposent d'une *optio juris*, conformément à la convention de La Haye du 14 mars 1978, les partenaires liés par un partenariat-statut ne pourraient pas choisir la loi applicable au régime de leurs biens.

A contrario, **le règlement Rome I serait applicable** à la détermination de la loi qui régit le régime patrimonial de partenaires liés par un **partenariat-cadre, tel le PACS français ou la cohabitation légale belge.** Une telle interprétation conduirait à soustraire à l'article 515-7-1 du Code civil le régime patrimonial des partenaires liés par un partenariat-cadre et à leur reconnaître, en application du règlement Rome I (règl. [CE] n° 593/2008, art. 3), une véritable autonomie de volonté dans la détermination de la loi applicable. Le résultat serait pour le moins surprenant...

Pour d'autres, **tous les partenariats enregistrés, cadres et statuts, méritent d'être exclus du champ d'application du règlement Rome I**[4]. On observera, à titre préalable, que le règlement ne fournit pas au juge saisi une directive claire et précise pour opérer la comparaison des situations des partenaires et des conjoints[5]. Il se contente d'exclure « *les obligations découlant des régimes matrimoniaux, des régimes patrimoniaux relatifs aux relations qui, selon la loi qui leur est applicable, ont des effets comparables au mariage* ». L'approche est donc différente de celle retenue par la directive (CE) n° 2004/38 du 29 avril 2004 relative au droit des citoyens de l'Union et des membres de leurs familles de circuler et de séjourner librement sur le territoire des États membres[6]. La comparaison s'y opère au sein de la loi du *for*. La directive reconnaît la qualité de membre de la famille au « *partenaire avec lequel le citoyen de l'Union a contracté un partenariat enregistré, sur la base de la législation d'un État membre, si, conformément à la législation de l'État membre d'accueil, les partenariats enregistrés sont équivalents au mariage, et dans le respect des conditions prévues par la législation pertinente de l'État membre d'accueil* »[7]. S'agissant du règlement Rome I, deux questions ne manqueront pas de se poser. D'une part, la comparaison des effets du mariage et du partenariat enregistré s'opère-t-elle au sein de la loi applicable au partenariat enregistré ? Ce serait privilégier une approche strictement *lege causae*[8]. Doit-on plutôt comparer les effets du partenariat enregistré selon la loi qui lui est applicable avec les effets du mariage selon le droit interne du juge saisi. La position ne serait pas sans rappeler les deux phases de la qualification *lege fori* : la **phase d'analyse** selon la *lege causae* et la **phase de jugement** selon la *lege fori*. En préambule, bien que la formulation soit ambiguë, le règlement paraît retenir la seconde approche puisqu'il précise que « *la mention, à l'article 1er, paragraphe 2, des relations qui ont des effets comparables au mariage et aux autres relations de famille devrait être interprétée conformément au droit de l'État membre dans lequel la juridiction est saisie* »[9]. Ce choix, si c'est un choix, emporte l'approbation. D'autre part, le juge saisi

1. Règl. (CE) n° 593/2008/CE 17 juin 2008, sur la loi applicable aux obligations contractuelles (ci-après « Règl. Rome I »), *JOUE* 4 juill. 2008, n° L 177, p. 6 – V. AUSSI, Règl. (CE) n° 864/2007/CE 11 juill. 2007, sur la loi applicable aux obligations non contractuelles (ci-après « Règl. Rome II »), *JOUE* 31 juill. 2007, n° L 199, p. 40.
2. Règl. Rome I, art. 1, § 2, pt c – COMP. Règl. Rome II, art. 1, § 2, pt b.
3. H. Gaudemet-Tallon, J.-CL. INTERNAT., fasc. 552-11 (Convention de Rome du 19 juin 1980 et Règlement Rome I du 17 juin 2008; Champ d'application; Clauses générales), mars 2009, n° 52 – P. Lagarde et A. Tenenbaum, « De la convention de Rome au règlement Rome I », *Rev. crit. DIP* 2008, 727, spéc^t n° 7 – S. Francq, « Le règlement Rome I sur la loi applicable aux obligations contractuelles. De quelques changements... », *JDI* 2009, comm. 2, spéc^t n° 10.
4. H. Péroz, « La loi applicable aux partenariats enregistrés », *JDI* 2010, doctr. 6, spéc^t n° 36 (la conclusion reste prudente).
5. Sur la comparabilité des situations en matière de droit à réversion, v. A. Devers note s^s CJCE 1er avr. 2008, aff. C-267/06, Maruko c/Versorgungsanstalt der deutschen Bühnen, *Dr. fam.* 2008, comm. 92, spéc^t 2 – V. AUSSI, Bundesverfassungsgericht, Beschluss vom 7. Juli 2009, 1 BvR 1164/07 : http://www.bverfg.de/entscheidungen/rs20090707_1bvr116407.html
6. Dir. (CE) n° 004/38, 29 avr. 2004, relative au droit des citoyens de l'Union et des membres de leurs familles de circuler et de séjourner librement sur le territoire des États membres, *JOUE* 30 avr., n° L 158, p. 77.
7. Dir. (CE) n° 2004/38, art. 2, § 2, pts a et b, préc. s^s prés^t n° – La règle paraît s'inspirer de CJCE 17 avr. 1986, aff. C-59/85, État néerlandais c/Ann Florence Reed, pts 24-30, *Rec. CJCE*, p. 1283; *JDI* 1987, p. 434, obs. Boutard-Labarde.
8. En faveur de cette approche, v. S. Francq, « Le règlement Rome I sur la loi applicable aux obligations contractuelles. De quelques changements... », *JDI* 2009, comm. 2, spéc^t n° 10.
9. Règl. Rome I, préambule, consid. 8 – COMP. Règl. Rome II, préambule, consid. 10.

peut-il se contenter de constater, de manière générale, un rapprochement entre mariage et partenariat enregistré ou doit-il, plus particulièrement, raisonner par rapport au régime des biens ? Quelle que soit la méthode choisie, il est possible de soutenir que les partenariats-cadres, à l'image du PACS, ont des effets comparables au mariage[1]. De manière générale, la loi française impose aux partenaires, comme aux conjoints, une **véritable solidarité financière**. Certains n'hésitent d'ailleurs pas à parler d'un régime primaire du PACS[2], à l'image du régime primaire du mariage. Pour affirmer que les couples vivant en concubinage et ceux unis par les liens du mariage sont, pour l'attribution du droit à une pension de réversion, dans une situation différente, le Conseil d'État s'appuie sur le fait que, « *en vertu des dispositions du Code civil, les conjoints sont assujettis à une solidarité financière et à un ensemble d'obligations légales, telles que la contribution aux charges de la vie commune, qui ne pèsent pas sur les personnes vivant en concubinage* »[3]. Paraphrasant le Conseil, il est évidemment tentant de considérer qu'en vertu des dispositions du Code civil, les conjoints sont assujettis à une solidarité financière et à un ensemble d'obligations légales, telles que la contribution aux charges de la vie commune, qui pèsent aussi sur les partenaires. Sur la question des biens, en particulier, l'enregistrement d'un PACS a des effets comparables à la célébration d'un mariage : il donne naissance à **un régime des biens**. Les époux et les partenaires peuvent choisir d'écarter le régime légal des biens par convention et changer de régime au cours de leur relation. En définitive, la notion de « *relation qui a un effet comparable au mariage* » conduirait, selon nous, à distinguer, non pas entre partenariat-cadre et partenariat-statut, mais entre **partenariat enregistré** et **cohabitation hors mariage**[4]. Une telle interprétation inviterait à exclure du champ d'application du règlement Rome I tous les partenariats enregistrés et à considérer que l'article 515-7-1 est applicable au régime patrimonial.

425.166 Régime patrimonial (livre vert). À l'occasion du Livre vert sur les régimes matrimoniaux, la Commission s'est interrogée sur l'opportunité d'adopter au niveau de l'Union européenne une règle de conflit de lois relative au régime patrimonial des partenaires enregistrés[5]. Elle observe ainsi que « *de plus en plus d'États membres prévoient des contrats et des partenariats enregistrés devant une autorité publique. Cette question revêt donc un intérêt particulier pour ces États mais également pour les autres, qui peuvent être confrontés à divers problèmes juridiques en cas de dissolution de ces relations enregistrées, liés, par exemple, à la présence d'un des partenaires ou de biens de ces partenaires sur leur territoire* »[6]. La Commission s'interroge : « *a) Doit-on prévoir des règles de conflit de lois spécifiques pour les effets patrimoniaux issus des partenariats enregistrés ? b) Faut-il retenir comme loi applicable régissant les effets patrimoniaux des partenariats enregistrés, la loi du lieu de l'enregistrement de ces relations ? D'autres lois ? c) La loi désignée doit-elle régir tout le domaine concerné ou bien d'autres critères doivent-ils être utilisés, comme la loi du lieu de situation des biens ?* ». Parmi les réponses reçues par la Commission, nombreuses sont celles qui plaident pour l'admission d'une **liberté de choix au profit des partenaires enregistrés**[7]. Déclinant ses futures priorités, la Commission européenne a annoncé dans une communication du 10 juin 2009 qu'il faudra, en matière civile, « *abolir de manière générale la procédure d'exequatur des décisions civiles et commerciales encore trop souvent nécessaire pour l'exécution de décisions rendues dans d'autres États Membres. Cela nécessitera au préalable l'harmonisation des règles de conflits de lois dans les domaines visés. Par ailleurs, la reconnaissance mutuelle*

1. COMP. C. Nourissat, « Le nouveau droit communautaire des contrats internationaux. Le règlement (CE) n° 593/2008 du 17 juin 2008 sur la loi applicable aux obligations contractuelles (Rome I) », *Defrénois* 2009, art. 39019, p. 2017, spéc[t] n° 14.
2. V. NOT., P. Simler et P. Hilt, « Le nouveau visage du Pacs : un quasi-mariage », *JCP* 2006, I, 161 – H. Fulchiron, « Le nouveau PACS est arrivé », *Defrénois* 2006, p. 1621.
3. CE 6 déc. 2006, req. n° 262096, *Dr. fam.* 2007, comm. 27, note Larribau-Terneyre; *JCP* 2007, II, 10096, note Devers; *JCP* 2007, I, 170, n° 12, obs. Lapalus; *RTD civ.* 2007, 86, obs. Hauser – Solution reprise depuis par CE 7 févr. 2007, req. n° 267225.
4. Encore faut-il préciser que dans certains États étrangers le régime des biens des cohabitants hors mariage est réglementé et il n'est pas rare que les règles applicables soient identiques à celles qui régissent les couples mariés (v. note sur les développements en droit interne et droit international privé sur la cohabitation hors mariage y compris les partenariats enregistrés, document préliminaire n° 11 de mars 2008 établi pour le Bureau permanent de la Conférence de La Haye de droit international privé par C. Harnois et J. Hirsch, spéc[t] n° 41-47). La notion de « *relation qui a un effet comparable au mariage* » *imposerait donc de distinguer, au sein de la cohabitation hors mariage, entre les* « *unions légales* » et les « *unions libres* » (sur cette distinction, v. A. Devers, *Le concubinage en droit international privé*, préc., n°s 198 s.).
5. *Livre vert sur le règlement des conflits de lois en matière de régime matrimonial* (traitant notamment de la question de la compétence judiciaire et de la reconnaissance mutuelle), présenté par la Commission le 17 juill. 2006, COM (2006) 400 final, *Dr. fam.* 2006, alerte 64.
6. *Livre vert*, préc., p. 10.
7. Summary of Replies to the Green Paper on the Conflict of Laws in Matters Concerning Matrimonial Property Regimes, Including the Questions of Jurisdiction an Mutual Recognition, 5 February 2008, p. 5 (consultable sur : http://europa.eu/).

pourrait être étendue à des matières encore non couvertes et essentielles pour la vie quotidienne telles que les successions et les testaments, les régimes matrimoniaux et les conséquences patrimoniales de la séparation des couples »[1]. Affaire à suivre, donc...

425.167 **Solidarité des dettes ménagères.** Comme les autres effets du partenariat enregistré, la solidarité des dettes ménagères est *a priori* régie par les dispositions matérielles de l'État de l'autorité qui a procédé à l'enregistrement. Il serait toutefois possible de soutenir que l'article 515-4 alinéa 2 du Code civil, est une loi de police applicable en lieu et place de la loi de l'institution. En matière matrimoniale, la Cour de cassation a en effet jugé que « *les règles relatives aux devoirs et droits respectifs des époux énoncés par les articles 212 et suivants du Code civil sont d'application territoriale* »[2]. Inutile, donc, de rechercher la loi applicable à la solidarité conjugale car l'article 220 du Code civil s'applique à tous les époux installés en France. Un raisonnement similaire peut être mené s'agissant de la solidarité ménagère de l'article 515-4 alinéa 2 du Code civil dont le Conseil constitutionnel a précisé le caractère impératif. En effet, l'application d'une telle disposition mériterait d'« être uniforme sur le territoire afin de permettre à ceux qui agissent sur ce territoire de le faire en toute sécurité sans avoir à se livrer à des recherches ou vérifications dont le système en place cherche à les dispenser »[3]. Il est donc tentant de considérer que l'article 515-4 alinéa 2 du Code civil est une disposition d'application territoriale qui s'impose à tous les partenaires enregistrés installés sur le territoire français[4].

425.168 **Effets non civils (droit fiscal).** Reconnaître que les partenariats enregistrés à l'étranger produisent des effets en France est insuffisant tant la question de la fiscalité est importante. Avant la loi du 12 mai 2009, les partenariats enregistrés à l'étranger n'étaient pas assimilés à un PACS pour le bénéfice des avantages fiscaux reconnus aux partenaires. En pratique, il était souvent conseillé aux partenaires de dissoudre leur partenariat enregistré étranger et de conclure un PACS de droit français. Une récente réponse ministérielle tire les conséquences de la **nouvelle règle de conflit de lois sur le plan fiscal.**

« *S'agissant des droits de mutation à titre gratuit, les personnes liées par un partenariat conclu régulièrement à l'étranger bénéficient désormais du régime applicable aux personnes liées par un PACS. Il en résulte qu'elles bénéficient de l'exonération de droits de mutation par décès, prévues à l'article 796-0* bis *du Code général des impôts et, en matière de droits de mutation à titre gratuit entre vifs, de l'abattement de 79 222 euros (montant actualisé au 1*er *janv. 2009), prévu à l'article 790 F du code précité. Il est admis que ces dispositions s'appliquent, comme pour les partenaires liées par un PACS, aux successions ouvertes ou aux donations consenties depuis le 22 août 2007. S'agissant de l'impôt sur le revenu, les partenariats civils conclus à l'étranger produisent également les mêmes effets que celui d'un PACS dès lors qu'ils répondent aux mêmes conditions que celui-ci. Tel est le cas du régime de l'imposition commune prévu pour les personnes ayant contracté un PACS, toutes conditions pour bénéficier de ce mode d'imposition étant remplies. Par ailleurs, le dispositif de reconnaissance de ces unions civiles contractées à l'étranger, décrit ci-dessus, ne devrait s'appliquer qu'à compter du 14 mai 2009. Il sera toutefois admis que ces dispositions s'appliquent à compter de l'imposition des revenus de 2009 à déclarer en 2010. Les contribuables unis à l'étranger antérieurement à l'entrée en vigueur du dispositif de reconnaissance ne pourront pas bénéficier des dispositions pour l'imposition de leurs revenus antérieurs à 2009* »[5].

Le ministère de l'Économie, de l'Industrie et de l'Emploi souligne également que « *l'instruction administrative du 29 décembre 2009, publiée au Bulletin officiel des impôts sous la référence 5 B-4-10 et celle du 30 décembre 2009 publiée sous la référence 7 G-2-10, précisent les modalités d'application de cette reconnaissance des unions civiles étrangères, tant au regard de l'impôt sur le revenu que des règles de droits de mutation à titre gratuit* »[6].

Cette dernière précise :

« 5. *Lorsqu'un partenariat civil étranger est reconnu par le droit civil français sur le fondement de l'article 515-7-1 du code civil ou sur le fondement d'une convention internationale, il est fait application, pour l'impôt sur le revenu, des mêmes règles que celles régissant la situation des partenaires liés par un PACS dès lors qu'il répond aux mêmes conditions que celui-ci (voir n° 13 et suivants).*

6. *Dès lors, par assimilation aux règles applicables au PACS conformément aux dispositions de l'article 7 du CGI, les règles d'imposition, d'assiette et de liquidation de l'impôt ainsi que celles concernant la souscription des déclarations, prévues par le CGI en matière d'impôt sur le revenu pour les contribuables mariés, sont applicables dans les mêmes conditions aux partenaires liés par un partenariat étranger, sous réserve des dispositions du 8 de l'article 6 du même code (pour plus de précisions sur le PACS, voir les instructions publiées au bulletin officiel des impôts sous les références 5 B-1-00 et 5 B-28-05).*

1. Communication de la Commission présentée au Parlement européen et au Conseil le 10 juin 2009, « Un espace de liberté, de sécurité et de justice au service des citoyens », COM(2009) 262 final
2. Civ. 1re, 20 oct. 1987, n° 85-18.877, *Bull. civ.* I, n° 275; *Rev. crit. DIP* 1988, 540, note Lequette; *JDI* 1988, p. 446, note Huet.
3. P. Mayer, « Les lois de police étrangères », *JDI* 1981, p. 277, spéct p. 290.
4. *CONTRA*, M. Mignot, « Le partenariat enregistré en droit international privé », *RIDC* 2001, p. 601, spéct p. 636, n° 52.
5. Rép. min. n° 53004, *JOAN* Q, 1er déc. 2009, p. 11428; *Dr. fam.* 2010, comm. 14, note Douet.
6. Rép. min. n° 10054, *JO Sénat* Q, 27 mai 2010, p. 1337.

Exemple : Deux ressortissants anglais fiscalement domiciliés en France qui concluent le 1er juillet 2009 un "civil partnership", valablement enregistré par les autorités du Royaume-Uni, seront assujettis au dépôt de trois déclarations de revenus l'année de conclusion du partenariat :

– une imposition personnelle pour l'ensemble des revenus perçus par chaque partenaire et, éventuellement, ses enfants ou personnes à charge pour la période comprise entre le 1er janvier et le 30 juin;

– une imposition au nom du couple pour l'ensemble de leurs revenus et, éventuellement, ceux de leurs enfants ou personnes à charge pour la période comprise entre la date de conclusion du pacte, soit le 1er juillet, et le 31 décembre de l'année de sa conclusion.

7. L'assimilation aux règles applicables au PACS s'applique que les personnes aient leur domicile fiscal en France ou non. Il est rappelé que les personnes dont le domicile fiscal est situé hors de France sont passibles de l'impôt à raison de leurs seuls revenus de source française, sous réserve de l'application du droit conventionnel (sur la situation et charges de famille des contribuables étrangers, voir documentation de base 5 B 314) »[1].

C.
Dissolution du partenariat enregistré

425.180 Division. Les causes (1°) et les effets (2°) de la dissolution d'un partenariat enregistré sont soumis aux dispositions matérielles de l'État de l'autorité qui a procédé à son enregistrement (C. civ., art. 515-7-1).

1°
Causes de la dissolution

425.181 Rattachement global. La loi de l'autorité enregistrante définit les causes de la dissolution du partenariat enregistré. Ainsi, si est en cause un PACS, les causes de dissolution sont la mort de l'un des partenaires, le mariage des partenaires ou de l'un d'eux, la déclaration conjointe des partenaires ou la décision unilatérale de l'un d'eux (C. civ., art. 515-7). Même si l'article 515-7-1 du Code civil ne le précise pas, la loi de l'institution détermine aussi la date de la dissolution dans les rapports entre les partenaires et à l'égard des tiers. La dissolution pour cause de mariage appelle, quant à elle, quelques observations complémentaires.

425.182 Mariage entre les partenaires. Il appartient à la loi de l'institution de préciser les effets du mariage des partenaires sur le partenariat qu'ils avaient précédemment enregistré ensemble. À l'image du droit français[2], un tel mariage est invariablement une cause de dissolution de plein droit du partenariat enregistré qui liait ensemble les époux.

425.183 Mariage avec un tiers. Certaines lois prévoient que la conclusion d'un mariage est une cause de dissolution de plein droit du partenariat enregistré qui liait l'un des époux avec un tiers. En droit français (C. civ., art. 515-7, al. 1), comme en droit belge (C. civ. belge, art. 1476, § 2, al. 1), le partenaire met fin au PACS ou à la cohabitation légale en se mariant avec un tiers. Soit un PACS de droit français enregistré entre une Française et Italien : le mariage de la partenaire avec un tiers entraîne la dissolution de plein droit du PACS conformément à la loi française de l'institution. C'est pourquoi, avant de célébrer un mariage, l'officier d'état civil français n'a pas à vérifier si les futurs époux ont ou non conclu un PACS[3]. Pour d'autres lois, l'existence d'un partenariat enregistré non dissous est un empêchement à la célébration d'un mariage avec un tiers si bien qu'il n'entraîne pas la dissolution du partenariat enregistré[4]. Or il sera rare qu'une même loi s'applique tant à la formation du mariage qu'à la dissolution du partenariat enregistré. Il en résulte qu'un mariage peut être valablement conclu avec un tiers sans pour autant entraîner la dissolution de plein droit du partenariat enregistré. Soit un partenariat entre un Français et un Belge sous l'empire de la loi néerlandaise avant que le partenaire belge se marie, en Italie, avec une compatriote. D'une part, au regard de la loi néerlandaise, le partenariat enregistré n'a pas été dissous par le mariage. D'autre part, au regard de la loi belge, le mariage est parfaitement valable. Le résultat est pour le moins problématique. En théorie, les deux unions étant inconciliables, il serait tentant de ne reconnaître en France que la première, le partenariat enregistré. En pratique, si le mariage est célébré en France, conseil doit être donné au partenaire, qui envisage de se marier avec un tiers, de procéder préalablement à la dissolution du partenariat. Le notaire, consulté par les futurs époux pour la rédaction de leur régime matrimonial, doit donc être particulièrement vigilant. Avant de célébrer un mariage, l'officier d'état civil français devrait vérifier d'office si les futurs époux ont ou non enregistré un partenariat à l'étranger[5].

2°
Effets de la dissolution

425.191 Rattachement global. La loi de l'autorité enregistrante définit les effets de la dissolution

1. Instr. 29 déc. 2009, *BOI* 5 B-4-10 – Pour plus de détails, v. W. Baby, « Partenariats étrangers et droits de mutation à titre gratuit : une instruction bienvenue », *Defrénois* 2010, art. 39111, p. 1042.
2. Rép. min. n° 40572, *JOAN* Q, 17 avr. 2000, p. 2503.
3. Rép. min. n° 40572, préc.
4. A. Devers, *Le concubinage en droit international privé*, préc., n° 549.
5. Rép. min. n° 40572, préc.

du partenariat enregistré. Toutefois, « *s'agissant d'une règle de conflit de lois de portée générale, inscrite dans le Code civil, celle-ci ne trouvera pas à s'appliquer dans les matières soumises à des règles de conflit spéciales, comme par exemple en matière de succession* [ou] *d'obligation alimentaire* »[1].

425.192 Obligations alimentaires. Les obligations alimentaires entre ex-partenaires enregistrés (compensation de la dissolution) échappent à la loi de l'institution car elles sont déjà régies par la convention de La Haye du 2 octobre 1973 sur la loi applicable aux obligations alimentaires (v. s[s] n°s 423.320 s.). Si l'on suit le rattachement en cascade de ce texte, il sera fait application, à titre principal, de « *la loi interne de la résidence habituelle du créancier d'aliments* » (conv. La Haye, 2 oct. 1973, art. 4), à titre subsidiaire, de « *la loi nationale commune* » des intéressés (conv. La Haye, 2 oct. 1973, art. 5) ou, à titre très subsidiaire, de « *la loi interne de l'autorité saisie* » (conv. La Haye, 2 oct. 1973, art. 6). Alors qu'il existe souvent une obligation alimentaire consécutive à la dissolution du partenariat enregistré, l'application de la convention de La Haye ne garantit nullement qu'un partenaire puisse obtenir des aliments. La situation est pour le moins regrettable car la loi appliquée à la dissolution du partenariat enregistré est la plus adaptée pour déterminer le droit à une pension alimentaire. À l'image de l'article 8 de la convention, il pourrait être retenu que « *la loi appliquée à la dissolution d'un partenariat enregistré régit, dans l'État contractant où celle-ci est prononcée ou reconnue, les obligations alimentaires entre anciens partenaires enregistrés et la révision des décisions relatives à ces obligations* ». Cette règle s'appliquerait « *également aux cas de relâchement, de nullité ou d'annulation du partenariat enregistré* ». C'est la solution que retient le droit québécois : « *L'obligation alimentaire entre époux divorcés ou séparés de corps, entre conjoints unis civilement dont l'union est dissoute ou entre conjoints dont le mariage ou l'union civile a été déclaré nul est régie par la loi applicable au divorce, à la séparation de corps, à la dissolution de l'union civile ou à la nullité d'une union* » (C. civ. québécois, art. 3096). Dans le cadre du protocole du 23 novembre 2007 sur la loi applicable aux obligations alimentaires, il semble que l'article 5 (règle spéciale relative aux époux et ex-époux) sera applicable en France aux ex-partenaires enregistrés. Le rapport explicatif souligne que « *malgré les propositions en ce sens de certaines délégations, l'article 5 ne fait pas mention des institutions proches du mariage, tels que certaines formes de partenariats enregistrés ayant, en matière d'obligations alimentaires, des effets comparables au mariage. Malgré le silence du texte, la Session diplomatique a admis que les États qui connaissent de telles institutions dans leurs ordres juridiques, ou qui sont prêts à les reconnaître, puissent les soumettre à la règle de l'article 5 (P.-V. n° 6 de la Commission II, para. 59 s.). Cette solution permettra aux autorités de ces États d'éviter de traiter de manière différente des institutions qui, selon leur droit interne, sont équivalentes au mariage* »[2]. Est-ce à dire, par analogie avec l'article 5 du protocole du 23 novembre 2007, que l'article 8 la convention de La Haye du 2 octobre 1973 est applicable aux ex-partenaires enregistrés ? Favorable à la cohérence de la réglementation du partenariat enregistré, l'applicabilité de l'article 8 demeure très incertaine...

425.193 Succession *ab intestat*. La succession d'un partenaire enregistré échappe à la loi de l'institution puisqu'elle est déjà régie par des **règles spéciales de conflit de lois**. De manière traditionnelle, le droit international privé français opère une distinction suivant la qualification des biens qui composent le patrimoine du défunt. D'une part, la **succession mobilière** est, dans son ensemble, soumise à la **loi de l'État sur le territoire duquel le défunt avait fixé son dernier domicile**[3]. D'autre part, la loi applicable en matière **immobilière** est déterminée en fonction du **lieu de situation des immeubles**[4], ce qui conduit à un morcellement. Quelle que soit l'hypothèse, succession mobilière ou succession immobilière, il appartient à la loi successorale de déterminer quels sont les successibles du défunt, ainsi que l'ordre dans lequel ils sont appelés à hériter[5]. C'est donc à la loi successorale – et à elle seule ! – de déterminer si le partenaire enregistré survivant a une vocation successorale *ab intestat*. Si la loi successorale ne reconnaît de vocation successorale qu'au conjoint survivant, il faut en conclure que le partenaire enregistré survivant n'a pas de vocation successorale[6]. Ainsi, **lorsque le droit français s'applique à la succession, un partenaire enregistré survivant n'est pas appelé à la succession du défunt** : il ne peut pas être assimilé au conjoint survivant du droit français[7]. En revanche, si la loi

1. Rapp. AN n° 1578, préc., p. 18.

2. *Rapport explicatif de sur le Protocole de La Haye du 23 nov. 2007, sur la loi applicable aux obligations alimentaires*, non encore publié, spéc[t] n° 92.
3. Civ. 19 juin 1939, *D.* 1939, 1, 97, note L.-P.; *S.* 1940, 1, p. 49, note Niboyet; *Rev. crit. DIP* 1939, 481, note Niboyet; *GADIP*, n° 18.
4. Civ. 14 mars 1837, *S.* 1837, 1, p. 95; *D.* 1837, 1, 275; *GADIP*, n° 3.
5. Civ. 7 mars 1938, *Rev. crit. DIP* 1938, 472, note Batiffol; *GADIP*, n° 16.
6. P. Hammje, « Réflexions sur l'article 515-7-1 du Code civil », *Rev. crit. DIP* 2009, 483, spéc[t] 490.
7. *CONTRA*, G. Khairallah, « Les partenariats organisés en droit international privé », *Rev. crit. DIP* 2000, 317, spéc[t] 328, n° 20.

successorale reconnaît une vocation successorale au partenaire enregistré survivant, peut se poser une question préalable, celle de l'existence de la relation, qui est résolue par l'application de l'article 515-7-1 du Code civil[1]. La loi étrangère qui reconnaît une vocation successorale *ab intestat* au partenaire enregistré survivant paraît conforme à l'ordre public français en matière internationale. En ce sens, il a été noté que « *l'ordre public ne paraît pas devoir être opposé dans la plupart des États de l'Union aux lois successorales étrangères accordant un droit successoral au concubin ou au partenaire homosexuel survivant. La solution ne surprend pas, puisqu'un nombre croissant de ces États accorde au concubin ou partenaire survivant des droits, par exemple pour la continuation du droit au bail d'habitation. Le rapport français est dans le même sens, sauf s'il existe un conjoint survivant en concours avec le concubin ou partenaire* »[2].

425.194 Succession testamentaire. Quant au fond, la succession testamentaire est soumise aux mêmes règles de conflit de lois que la succession *ab intestat* : la **succession testamentaire mobilière** est soumise à la **loi du dernier domicile du défunt**; la succession testamentaire immobilière est régie par la loi du lieu de situation du bien. En conséquence, la volonté du défunt exprimé dans son testament ne joue que dans les limites définies par la loi interne applicable déterminée sur la base de ces critères objectifs[3]. Il lui appartient notamment de définir la quotité dont le défunt peut librement disposer sans porter atteinte aux droits de ses héritiers réservataires[4]. La volonté du défunt peut alors s'exercer au profit mais aussi aux dépens de son concubin survivant. Au profit : la loi successorale précise, d'une part, dans quelle proportion le défunt peut gratifier son partenaire enregistré survivant sans léser les droits des héritiers réservataires. On peut ici imaginer faire jouer le droit de prélèvement au profit des héritiers réservataires français qui auraient été lésés à l'étranger par l'application d'une loi trop libérale mais, et la question mériterait sans doute d'être discutée, la conformité du droit de prélèvement aux exigences de la Convention européenne des droits de l'homme n'est pas évidente. Aux dépens : la loi successorale peut prévoir, d'autre part, que le partenaire enregistré survivant a la qualité d'héritier réservataire. La volonté du défunt de gratifier un tiers ne peut donc porter atteinte à sa réserve telle que définie par la loi successorale.

425.195 Succession (fiscalité). Quelle que soit la loi successorale, le droit fiscal français peut avoir vocation à s'appliquer au partenaire enregistré survivant. En vertu du principe de territorialité, les mutations à titre gratuit sont en effet soumises à l'impôt français lorsqu'elles sont reçues par l'héritier, le donataire ou le légataire qui a son domicile fiscal en France (CGI, art. 750 *ter*, 3°). Ainsi, dès lors qu'il a son domicile fiscal sur le territoire français, le partenaire survivant est imposé selon les principes fiscaux du droit français. Le **partenaire lié au défunt par un PACS est exonéré de droits de mutation par décès** (CGI, art. 796-0 *bis*). Cette règle s'applique quelle que soit la nationalité du partenaire survivant mais, jusqu'à récemment, le partenaire lié au défunt par un partenariat enregistré de droit étranger ne pouvait pas prétendre bénéficier des avantages fiscaux accordés au partenaire lié au défunt par un PACS. Cette solution était critiquée par la doctrine qui souhaitait que soit envisagée l'assimilation des partenariats enregistrés de droit étranger au PACS pour le jeu des règles fiscales[5]. Une récente réponse ministérielle tire les conséquences de la nouvelle règle de conflit de lois sur le plan fiscal. « *S'agissant des droits de mutation à titre gratuit les personnes liées par un partenariat conclu régulièrement à l'étranger bénéficient désormais du régime applicable aux personnes liées par un PACS. Il en résulte qu'elles bénéficient de l'exonération de droits de mutation par décès, prévues à l'article 796-0 bis du Code général des impôts (CGI) et, en matière de droits de mutation à titre gratuit entre vifs, de l'abattement de 79 222 euros (montant actualisé au 1er janvier 2009), prévu à l'article 790 F du code précité. Il est admis que ces dispositions s'appliquent, comme pour les partenaires liées par un PACS, aux successions ouvertes ou aux donations consenties depuis le 22 août 2007.* [...] *Des instructions précisant les modalités d'application de cette reconnaissance des unions civiles étrangères tant au regard des droits de mutation à titre gratuit que de l'impôt sur le revenu, seront prochainement publiées* »[6].

425.196 Succession (droit de l'Union européenne). Selon les règles traditionnelles, le partenaire enregistré survivant ne succède *ab intestat* que

1. V. A. Devers, *Le concubinage en droit international privé*, préc., n° 605-614.
2. Étude de droit comparé sur les règles de conflits de juridictions et de conflits de lois relatives aux testaments et successions dans les États membres de l'Union, Institut Notarial Allemand, 18 sept. / 8 nov. 2002, p. 58-59.
3. Civ. 1re, 4 déc. 1990, n° 89-11.352, *Bull. civ.* I, n° 274; *JDI* 1991, p. 398, note Revillard; *Rev. crit. DIP* 1992, 76, note Droz.
4. Civ. 1re, 18 oct. 1988, n° 86-16.631, *Bull. civ.* I, n° 293; *Rev. crit. DIP* 1989, 368 et 277, chron. Lequette; *JDI* 1989, p. 349, note Alexandre; *JDI* 1990, p. 317, chron. Bureau; *JCP* 1989, II, 21259, note Prévault; G*ADIP*, n° 75.
5. H. Fulchiron, « Réflexions sur les unions hors mariage en droit international privé », *JDI* 2000, p. 889, spéct p. 912.
6. Rép. min. n° 53004, *JOAN* Q, 1er déc. 2009, p. 11428.

si la loi successorale lui reconnaît une vocation successorale ce qui reste relativement rare. Pour y remédier, certains plaident pour l'admission de la *professio juris* en droit international privé français des successions[1]. Si la thèse n'emporte pas la conviction, il n'est pas impossible que la *professio juris* pénètre prochainement le droit international privé français par le biais du droit de l'Union européenne. La Commission, occultant la question de la compétence de l'Union européenne en la matière, a ouvert le chantier des successions internationales. Le rapport réalisé pour la Commission, coordonné par les professeurs Dörner et Lagarde, était déjà, sur ce point, révélateur des options qui se dessinent au niveau de l'Union européenne[2]. La proposition de règlement relatif à la compétence, la loi applicable, la reconnaissance et l'exécution des décisions et des actes authentiques en matière de successions et à la création d'un **certificat successoral européen**[3] prévoit que, « *sauf disposition contraire du présent règlement, la loi applicable à l'ensemble de la succession est celle de l'État dans lequel le défunt avait sa résidence habituelle au moment de son décès » (art. 16). La proposition offre l'apparence du choix d'un rattachement objectif de la succession. Toutefois, au titre des dispositions contraires du règlement, il est prévu qu'« une personne peut choisir comme loi régissant l'ensemble de sa succession la loi de l'État dont elle possède la nationalité* » (art. 17), mais, étrangement, si la proposition de règlement est critiquée par le Sénat français, c'est non pas parce qu'elle consacre une *optio juris* (art. 17) mais parce qu'elle rattache la succession à la loi de la résidence habituelle (16). Pour le Sénat, « *si la proposition de règlement communautaire était adoptée en l'état, elle permettrait à un Français, par le jeu des principes qu'elle pose, d'échapper à la contrainte de la réserve héréditaire et de déshériter en droit ses enfants : il lui suffirait en effet de fixer sa résidence en Grande-Bretagne et de rédiger un testament réglant sa succession qui écarte ses enfants. À son décès, le juge compétent serait le juge anglais et la loi applicable, la loi anglaise qui reconnaît son entière liberté testamentaire et ne prévoit pas de mécanisme de réserve héréditaire qui s'impose aux dispositions testamentaires* »[4].

SECTION 3
LOI APPLICABLE À LA COHABITATION HORS MARIAGE

425.201 Notion de cohabitation hors mariage. Par opposition au partenariat enregistré, la cohabitation hors mariage est une **relation informelle** : les intéressés se contentent de cohabiter ensemble, de manière stable et prolongée, sans avoir procédé à l'enregistrement de leur relation. La situation correspond, en France, au concubinage de l'article 515-8 du Code civil. En fonction des pays, deux attitudes sont envisageables : soit la loi ignore la cohabitation hors mariage, soit la loi réglemente tout ou partie des aspects civils de la relation. Dans la première hypothèse, on parle d'union libre; et dans la seconde hypothèse, d'union légale[5]. Par mimétisme avec les solutions de droit interne français, la doctrine majoritaire considère que la cohabitation hors mariage ne peut pas faire l'objet d'un rattachement propre[6]. Combattant la qualification de fait juridique, certains suggèrent toutefois de rattacher la cohabitation hors mariage au statut personnel.

425.202 Qualification de la cohabitation hors mariage (un fait juridique ?). La cohabitation hors mariage devrait être rattachée à la catégorie des faits juridiques car il s'agit d'un « *événement purement matériel [qui] se traduit en droit international privé par l'absence de qualification propre* »[7]. Dès lors, « *les divers rapports juridiques qui se nouent entre les concubins sont considérés comme autant de rapports distincts, soumis chacun à la loi qui résulte de sa nature, abstraction faite de leur intégration dans une relation durable* »[8]. Dans cette perspective, « *la cohabitation reste un fait qu'il semble approprié de faire régir par la*

1. V. NOT., P.-Y. Gautier, RÉP. INTERNAT., *V° Union libre*, 1998, n° 48
2. Étude de droit comparé sur les règles de conflits de juridictions et de conflits de lois relatives aux testaments et successions dans les États membres de l'Union, Institut Notarial Allemand, 18 sept. / 8 nov. 2002, p. 68-72 – V. AUSSI, M. Van Seggelen et B. Basseville, « La *professio juris* : une institution méconnue à découvrir », *LPA* 14 avr. 2005, p. 44 – E. Vassilakakis, « La *professio juris* dans les successions internationales », *Mél. Paul Lagarde*, Dalloz, 2005, p. 803
3. Proposition de règlement du Parlement européen et du Conseil relatif à la compétence, la loi applicable, la reconnaissance et l'exécution des décisions et des actes authentiques en matière de successions et à la création d'un certificat successoral européen, présentée le 14 oct. 2009, COM/2009/0154 final.
4. Proposition de résolution européenne présentée au nom de la Commission des lois sur la proposition de règlement du Parlement européen et du Conseil relatif à la compétence, la loi applicable, la reconnaissance et l'exécution des décisions et des actes authentiques en matière de successions et à la création d'un certificat successoral européen : proposition de résolution n° 126 (2009-2010), p. 8 – V. AUSSI, Résolution n° 31 (2009-2010) adoptée par le Sénat le 13 déc. 2009.
5. Proposant cette distinction, v. A. Devers, *Le concubinage en droit international privé*, préc., n° 199.
6. V. NOT., G. Kessler, *Les partenariats enregistrés en droit international privé*, préc., p. 59-66, n° 93-101 – NIBOYET et DE GEOUFFRE DE LA PRADELLE, n° 248 – T. Vignal, *Droit international privé*, Éd. A. Colin, 2005, n° 232.
7. AUDIT, n° 623.
8. MAYER et HEUZÉ, n° 547.

loi du pays où il se produit, c'est-à-dire par la loi de la résidence habituelle du couple non marié »[1]. En ce sens, une décision - ancienne et isolée - fait application de la loi locale française pour régir les conséquences de la séparation de deux concubins portugais qui résidaient habituellement en France[2]. La cohabitation hors mariage ne mériterait d'être rangée dans la catégorie du statut personnel que lorsque la loi nationale commune des concubins établit un statut légal proche de celui du mariage[3].

425.203 Qualification de la cohabitation hors mariage (une cohabitation hors mariage !). Pour d'autres[4], il est réducteur de ne tenir compte que du droit interne français. Le droit international privé français devrait prendre en considération le fait que la cohabitation hors mariage est, dans de nombreux pays étrangers, réglementée. Dans cette perspective, il conviendrait de ranger la cohabitation hors mariage dans le statut personnel et de faire application de la loi nationale commune des intéressés ou, à défaut, de la loi de leur résidence habituelle commune[5]. Cette loi devrait régir la cohabitation hors mariage de sa formation à sa dissolution, à l'exception des aspects patrimoniaux de la relation, tel le régime patrimonial[6].

1. BATIFFOL et LAGARDE, t. 2, 7e éd., 1983, n° 417.
2. TGI Paris, 21 nov. 1983, *Rev. crit. DIP* 1984, 628, note Lagarde – V. AUSSI, CA Aix-en-Provence, 26 sept. 1997, *Dr. fam.* 1998, comm. 128, note Fulchiron.
3. LOUSSOUARN, BOUREL et DE VAREILLES-SOMMIÈRES, n° 286.
4. V. NOT., P.-Y. Gautier, *L'union libre en droit international privé*, P. Lagarde (dir.), th. Paris I, 1986; RÉP. INTERNAT., *V° Union libre*, 1998 – R. Ganghoffer (dir.), *Le droit de la famille en Europe*, 1992, PU Strasbourg, p. 773; « Les couples internationaux de concubins », *Rev. crit. DIP* 1991, 525.
5. A. Devers, *Le concubinage en droit international privé*, préc., nos 277-279.
6. A. Devers, *Le concubinage en droit international privé*, préc., nos 407 s.

TITRE

43. Les applications du droit international privé à l'enfant

43.00 Plan du titre.

CHAPITRE

431. Filiation

MICHEL FARGE
MAÎTRE DE CONFÉRENCES À L'UNIVERSITÉ
PIERRE MENDÈS-FRANCE (GRENOBLE 2)

SECTION 0

ORIENTEUR

431.00 Plan du chapitre.

431.01 Textes applicables.

DROIT INTERNE

> Conflit des lois relatives à la filiation

• **C. civ.,** art. 311-14 s.

> Compétence territoriale de la juridiction saisie

• **C. pr. civ.,** art. 42

DROIT CONVENTIONNEL

> Conventions multilatérales

• **Conv. de Rome, 10 sept. 1970,** sur la légitimation par mariage

• **Conv. de La Haye, 2 oct. 1973,** sur la loi applicable aux obligations alimentaires

* V. texte complet s^s n° 63.12

> Conventions bilatérales (liste non exhaustive)

• **Conv. franco-polonaise, 5 avr. 1967,** relative à la loi applicable, la compétence et l'*exequatur* dans le droit des personnes et de la famille

• **Conv. franco-yougoslave, 18 mai 1971,** relative à la loi applicable et à la compétence en matière de droit des personnes et de la famille

431.02 Jurisprudence de référence.

> Sur l'application dans le temps des articles 311-14 et suivants du Code civil et sur l'interprétation de la notion de mère connue au sens de l'article 311-14

• **Civ. 1re, 11 juin 1996, n° 94-12.927,** Imhoss, *Bull. civ.* I, n° 244

« L'article 311-14 du Code civil est applicable aux enfants nés avant l'entrée en vigueur de la loi n° 72-3 du 3 janvier 1972. Le nom de la femme étant indiqué dans l'acte de naissance d'un enfant comme celui de sa mère, il y a lieu d'appliquer à cet enfant la loi personnelle de sa mère au jour de la naissance. »

* V. s^s n° 431.82

> Sur le rejet par les juges du fond du renvoi dans la mise en œuvre de l'article 311-14 du Code civil

• **CA Paris, 11 mai 1976,** *Rev. crit. DIP* 1977, 109, note Fadlallah; *D.* 1976, 633, note Massip

« L'article 311-14 du Code civil ne laisse pas à la loi personnelle de la mère le soin de déterminer les règles de conflit applicables à la filiation, mais contient une désignation directe et impérative de la loi applicable. »

* V. s^s n°s 431.92 et 431.121

> Sur l'application du droit transitoire étranger

• **Civ. 1re, 3 mars 1987, n° 85-12.693,** Leppert, *Bull. civ.* I, n° 78

« En cas de modification, ultérieurement à la naissance de l'enfant, de la loi étrangère désignée par l'article 311-14 du Code civil, c'est à cette loi qu'il appartient de résoudre les conflits dans le temps. »

* V. s[s] n° 431.123

> Sur les liens avec la France justifiant l'éviction au nom de l'ordre public, une loi étrangère prohibant l'établissement de la filiation hors mariage

• **Civ. 1re, 10 févr. 1993, n° 89-21.997,** *Bull. civ.* I, n° 64

« Si les lois étrangères qui prohibent l'établissement de la filiation naturelle ne sont pas en principe contraires à la conception française de l'ordre public en matière internationale, il en est autrement lorsque ces lois ont pour effet de priver un enfant français ou résidant habituellement en France du droit d'établir sa filiation, l'ordre public s'opposant alors à l'application de la loi normalement compétente. »

* V. s[s] n° 431.124

431.03 Bibliographie.

Actualisables. Rép. internat., J. Foyer, *V° Filiation* – J.-Cl. internat., P. Bourel et H. Muir-Watt, refondu par E. Gallant; « Filiation – Établissement de la filiation »; fasc. 548-10, « Filiation – Établissement de la filiation : mise en œuvre des règles de conflits – Effet de la filiation », fasc. 548-20.

Ouvrages. B. Audit, *Droit international privé*, 5e éd., Economica, 2008 – H. Batiffol et P. Lagarde, *Traité de droit international privé*, 8e éd., t. I, LGDJ, 1993, t. I – D. Bureau et H. Muir-Watt, *Droit international privé*, « Thémis », PUF, 2007, t. 1 et 2 – P. Courbe, *Droit international privé*, 2007, Hachette – D. Gutmann, *Droit international privé*, 6e éd., Dalloz, 2009 – D. Holleaux, J. Foyer et G. de Geouffre de la Pradelle, *Droit international privé*, Masson, 1987 – Y. Loussouarn et P. Bourrel et P. de Vareilles-Sommières, *Droit international privé*, « Précis », 9e éd., Dalloz, 2007 – P. Mayer et V. Heuzé, *Droit international privé*, 9e éd., Montchrestien, 2007 – M.-L. Niboyet et G. de Geouffre de la Pradelle, *Droit international privé*, 2e éd., LGDJ, 2009 – T. Vignal, *Droit international privé*, Éd. A. Colin, 2005.

Articles. H. Batiffol et P. Lagarde, « L'improvisation de nouvelles règles de conflit de lois en matière de filiation », *Rev. crit. DIP* 1972, 1 s. – H. Bosse-Platière, « Le tourisme procréatif », *Inf. soc.*, avr. 2006, p. 88 – J. Foyer, « Réflexions sur l'article 202 du Code civil », *Mél. F. Terré* 1999, p. 469; « Vingt ans d'application des articles 311-14 à 311-18 du Code civil », *Mél. D. Huet-Weiller*, PU Strasbourg/LGDJ 1994, p. 127 – J.-J. Lemouland, « Le tourisme procréatif », *LPA* 28 mars 2001 – Y. Lequette, « L'évolution du droit international privé de la famille », *Trav. assoc. Capitant* 1988, p. 467 s. – F. Monéger, « Brèves remarques sur le droit international privé touché par l'ordonnance du 4 juillet 2005 portant réforme de la filiation », *Dr. fam.* 2005, chron. 19 – H. Péroz, « La légitimation en droit international privé après l'ordonnance du 4 juillet 2005 portant réforme de la filiation », *JDI* 2006, p. 581; « La filiation de l'enfant de statut prohibitif », *Dr. fam.* 2006, chron. 26.

431.04 Questions essentielles.

> Quels sont les critères de compétence du juge français concernant les actions relatives à la filiation ?

* V. s[s] n°s 431.21 s.

> Quels sont les critères de compétence du juge français concernant l'action à fins de subsides et les actions étrangères analogues ?

* V. s[s] n°s 431.31 s.

> Quelle est la loi applicable par le juge français en matière d'établissement de la filiation ?

* V. s[s] n°s 431.50 s.

> Quelle est la loi applicable par le juge français concernant l'action à fins de subsides ?

* V. s[s] n°s 431.31 s.

> Quelle est la loi applicable aux effets de la filiation ?

* V. s[s] n°s 431.131 s.

431.05 Renvois.

> Sur les actions relatives à la filiation, v. s[s] n°s 213.00 s.

> Sur l'enfant conçu par PMA, v. s[s] n°s 215.00 s.

> Sur les adoptions, v. s[s] n°s 220.00 s. à 223.00 s.

> Sur l'adoption internationale, v. s[s] n°s 224.00 s.

> Sur les nom et prénom de l'enfant, v. s[s] n°s 231.00 s.

431.06 Adoption internationale. Considérée comme difficilement dissociable d'une problématique générale, la question de l'adoption internationale est exposée dans cet ouvrage avec l'étude du droit substantiel français (v. s[s] n°s 224.00 s.).

431.07 Procréation médicalement assistée réalisée en France. S'agissant de la filiation par procréation médicalement assistée (PMA – V. s[s] n°s 215.00 s.), la jurisprudence, comme les analyses de droit international privé, sont rares[1]. *A priori*, il faut considérer les dispositions du Code civil et du Code de la santé publique comme des **lois de police**. Elles sont applicables, sans considération de nationalité ou de loi applicable, à tous les couples – tels qu'ils sont définis par la législation française – qui désirent accéder à la PMA en France. Sauf à remettre en cause l'économie du système français, une loi étrangère ne peut, en effet, être sollicitée pour contester l'anonymat du don (C. civ., art. 16-8) ou remettre en cause les finalités de la PMA, la détermination de ses bénéficiaires et les modalités de leur consentement. Lié aux conditions d'accès à la PMA, principalement à l'exigence de consentement, l'établissement forcé de la filiation (C. civ., art. 311-20) doit également être applicable sans considération de l'extranéité des parties dès lors que la PMA a été réalisée en France. Il en est vraisemblablement de même des dispositions con-

1. V. néanmoins, J.-J. Lemouland, « Le tourisme procréatif », *LPA* 28 mars 200 – D. Bureau et H. Muir-Watt, *Droit international privé*, « Thémis », PUF, 2007, t. 2, n° 778 s.

cernant la contestation de la filiation et l'interdiction d'une action contre le tiers donneur.

431.08 Procréation médicalement assistée réalisée à l'étranger. Les conditions d'accès à la PMA étant plus restrictives en France que dans certains pays étrangers, le contentieux ressortissant au droit international privé apparaîtra, comme pour la maternité de substitution, à l'initiative de Français se prêtant à l'étranger à des techniques procréatives prohibées en France. La démarche pourrait conduire à solliciter les savantes théories du droit international privé comme la **fraude**, l'**ordre public de proximité**. Pour l'heure, les juges préfèrent éviter l'irruption du droit des conflits de lois en taisant généralement le lieu où a été réalisée la PMA. Statuant dans des affaires apparemment purement internes, la Cour de cassation n'admet pas que la femme homosexuelle puisse **adopter** simplement l'enfant conçu par sa compagne à l'aide d'une PMA [1]; mais elle admet une **délégation de l'autorité parentale** pour permettre un partage de son exercice au sein du couple homoparental [2].

431.09 Fraude et ordre public. Selon certains, l'inflation du tourisme procréatif conduira le législateur à lever les prohibitions du droit français [3]. Pour l'heure, il s'agit de déterminer dans quelle mesure les conceptions françaises peuvent s'opposer à la réception en France des liens constitués à l'étranger.

Les situations qui relèvent du tourisme procréatif, c'est-à-dire dans lesquelles des Français de déplacent à l'étranger exclusivement dans l'objectif d'obtenir ce que le droit français leur refuse, ne devraient pas susciter de grosses difficultés. Elles provoqueraient volontiers un refus de les reconnaître sur le fondement de la fraude, plus précisément de la **fraude à l'intensité de l'ordre public**. Étrangement, l'exception de fraude n'a pas été mobilisée dans les affaires illustrant la propension des Français à se rendre à l'étranger pour contracter des conventions de gestation pour autrui. Le débat a été placé sur le terrain de l'**ordre public international français** dont l'intervention n'est d'ailleurs pas justifiée par les liens de proximité entre la situation et l'ordre juridique français.

Après un premier arrêt audacieux [4], la cour d'appel de Paris a ainsi estimé [5] que des jugements étrangers prononçant l'adoption, et qui ont eu pour effet de valider une gestation pour le compte d'autrui, sont contraires à la conception française de l'ordre public international dont il ne peut valablement être soutenu qu'elle conduit à une méconnaissance des dispositions de l'article 8 de la convention européenne des droits de l'homme, pas plus que de l'intérêt supérieur de l'enfant.

La réaction française est plus malaisée à déterminer en présence d'étrangers qui voudraient, à l'occasion d'une installation en France, se prévaloir d'un lien de filiation prohibé par le législateur français, mais licitement constitué dans leur pays d'origine. De même, quelle reconnaissance accorder aux liens familiaux tissés par des Français regagnant la France après avoir été durablement installés à l'étranger où ils ont, sans intention frauduleuse, eu accès à des formes ou des processus d'adoption jugés en France trop libérales ?

Rendu dans de telles circonstances, un arrêt de la cour d'appel de Paris [6] a refusé, au nom de l'ordre public international français, d'accorder l'*exequatur*, à une décision américaine ayant prononcé l'adoption par une Française de l'enfant de sa compagne américaine au motif que « *contrairement au droit de l'État de Georgie sur le fondement duquel a été rendue la décision et qui laisse subsister au profit de la mère biologique l'intégralité des droits de l'autorité parentale, l'article 365 du Code civil dispose que l'adoptante est seule investie de l'autorité parentale, la mère biologique en étant corrélativement privée* » de sorte que « *donner effet à la décision américaine d'adoption aboutirait à soumettre l'enfant à un régime différent au regard de l'autorité parentale selon qu'il réside dans son pays d'origine ou en France* ».

431.10 Division. L'étude de la compétence des tribunaux français (sect. 1) précédera celle de la loi applicable (sect. 2).

1. Civ. 1re, 20 févr. 2007, n° 04-15.676, n° 06-15.647, 2 esp., *Bull. civ.* I, nos 70 et 71; *D.* 2007, 1047, note Vigneau; *D.* 2007, 1460, note Granet-Lambrechts; *JCP* 2007, II, 10068, note Neirinck; *Dr. fam.* 2007, comm. 80, note Murat; *Defrénois* 2007, p. 792, obs. Massip.
2. V. Civ. 1re, 24 févr. 2006, n° 04-17.090, *Bull. civ.* I, n° 101; *D.* 2006, 897, note Vigneau; *D.* 2006, 1148, obs. Granet-Lambrechts; *Dr. fam.* 2006, comm. 89, note Murat; *RTD civ.* 2006, 297, obs. Hauser.
3. V. H. Bosse-Platière, « Le tourisme procréatif », *Inf. soc.*, avr. 2006, p. 88.
4. CA Paris, 27 oct. 2007, *AJ fam.* 2007, 478, obs. Chénedé; *RTD civ.* 2008, 93, obs. Hauser; *D.* 2008, 1371 obs. Granet-Lambrechts et 1435, obs. Gaumont-Prat; *JDI* 2008, p. 145, obs. Cuniberti; *Gaz. Pal.* 29 janv. 2008, n° 29, note De La Pradelle – CASSÉ par Civ. 1re, 17 déc. 2008, n° 06-19.125, *Bull. civ.* I, n° 287; *Dr. fam.* 2009, comm. 15, note Murat; *JCP* 2009, II, 10020, note Mirkovic; *D.* 2009, 166, obs. Egéa; 332, avis Sarcelet; 340, note Brunet; *AJ fam.* 2009, 81, obs. Chénedé; *RTD civ.* 2009, 106, obs. Hauser; *JDI* 2009, p. 9, note Bollée, *JCP* 2009, II 10021, note D'Avout.
5. CA Paris, 26 févr. 2009, 1re ch., sect. C, *Dr. fam.* 2009, comm. 75, note Murat – CA Paris, 18 mars. 2010, 1re ch., sect. C, (rendu après cassation par Civ. 1re, 17 déc. 2008, n° 07-20.248, préc., *D.* 2010, 1210, obs. Egéa) – M. Farge, « Les jumelles Mennesson issues d'une gestation pour autrui : quand la promotion internationale de l'ordre public français abouti à une situation boiteuse inadmissible », *Dr. fam.* 2010, chron. à paraître.
6. CA Paris, 9 oct. 2008, 1re ch., sect. C, n° 07/12218, *AJ fam.* 2008, 475, note Chénedé.

SECTION 1
COMPÉTENCE DU JUGE FRANÇAIS

431.20 Division. Pour savoir si le juge français est compétent pour un différend concernant l'**établissement** ou la **contestation de la filiation**, il faut suivre la démarche largement explicitée (v. s[s] n° 411.10) et, donc, rechercher prioritairement s'il existe des règles de compétence directe d'origine conventionnelle ou communautaire (§ 1) avant d'envisager, à défaut, l'application des règles françaises (§ 2).

§ 1
Règles d'origine conventionnelle ou communautaire

A.
Actions relatives à la filiation

431.21 Absence de convention multilatérale. Le règlement dit « Bruxelles II *bis* » prend soin d'exclure expressément de son champ d'application l'établissement et le contentieux de la filiation (règl. [CE] n° 1347/2000, 27 sept. 2003, art. 1, § 3, a). Il n'existe, par ailleurs, en ces matières aucune convention judiciaire multilatérale. En revanche, deux conventions bilatérales édictent des règles de compétence directe concernant la filiation.

431.22 Convention franco-polonaise du 5 avril 1967. Relative à la loi applicable, la compétence et l'*exequatur* dans le droit des personnes et de la famille, cette convention est entrée en vigueur le 1er mars 1969[1].

Pour la **filiation**, elle attribue compétence aux tribunaux de l'État contractant sur le territoire duquel parents et enfants sont domiciliés (art. 11, § 1). Au cas où « *les parents ou l'un des parents sont domiciliés sur le territoire de l'une des hautes parties contractantes et l'enfant sur le territoire de l'autre, sont compétents les tribunaux de la haute partie contractante sur le territoire de laquelle l'enfant est domicilié* » (art. 11, § 2). Seul compte le domicile des parties et non leur nationalité. Ainsi il a été jugé, sur le fondement de l'article 11, § 2, qu'une action en recherche de paternité intentée contre un prétendu père japonais par une mère polonaise domiciliée en France dont l'enfant était élevé en Pologne, ne relevait pas de la compétence de la juridiction française mais de celle des tribunaux polonais[2].

Un célèbre arrêt, concernant l'effet en France d'un jugement polonais rendu en matière d'**autorité parentale**, a clairement retenu que la convention s'applique non seulement aux litiges entre Français et Polonais, mais aussi aux litiges qui peuvent opposer des parties de même nationalité (toutes françaises ou toutes polonaises) mais ayant leur domicile sur le territoire de l'État contractant dont elles n'ont pas la nationalité[3].

431.23 Convention franco-yougoslave du 18 mai 1971. Relative à la loi applicable et à la compétence en matière de droit des personnes et de la famille, cette convention était entrée en vigueur le 1er décembre 1972[4].

Pour la **filiation**, elle retient la compétence soit des juridictions de l'État contractant dont l'enfant a la nationalité, soit celle des juridictions de l'État du domicile de l'enfant (art. 12, § 1er); pour les **actions en recherche de paternité**, s'ajoute à la compétence précédente celle des tribunaux de l'État de la nationalité ou du domicile du défendeur (art. 12, § 2).

Après l'éclatement de la Yougoslavie en diverses républiques indépendantes, cette convention n'est applicable que dans les rapports entre la France et certains des nouveaux États indépendants : la **Slovénie**[5], la **Serbie**[6] et la **Bosnie-Herzégovine**[7].

1. Décr. n° 69-176, 13 févr. 1969, portant publication de la convention franco-polonaise relative à la loi applicable, la compétence et l'*exequatur* dans le droit des personnes et de la famille signée à Varsovie le 5 avril 1967, *JO* 22 févr., p. 1969.
2. Civ. 1re, 5 nov. 1991, n° 89-17.328, *Bull. civ.* I, n° 295; *D.* 1991, IR 291.
3. Civ. 1re, 22 juill. 1987, n° 85-16.948, *Bull. civ.* I, n° 253; *Rev. crit. DIP* 1988, 85 – P. Lagarde, « Vers une approche fonctionnelle du conflit positif de nationalité », *Rev. crit. DIP* 1988, 29.
4. Décr. n° 73-492, 15 mai 1973, portant publication de la convention entre le gouvernement de la République française et le gouvernement de la République socialiste fédérative de Yougoslavie relative à la loi applicable et à la compétence en matière de droit des personnes et de la famille, signée à Paris le 18 mai 1971, *JO* 24 mai, p. 5640.
5. Décr. n° 96-229, 15 mars 1996, portant publication de l'accord sous forme d'échange de lettres entre le Gouvernement de la République française et le Gouvernement de la République de Slovénie relatif à la succession en matière de traités conclus entre la France et la République socialiste fédérative de Yougoslavie (ensemble deux annexes), signé à Paris le 28 mars 1994 et à Ljubljana le 25 mai 1994, *JO* 22 mars, p. 4442.
6. Décr. n° 2003-457, 16 mai 2003, portant publication de l'accord entre le Gouvernement de la République française et le Conseil des ministres de Serbie-et-Monténégro relatif à la succession en matière de traités bilatéraux conclus entre la France et la République socialiste fédérative de Yougoslavie (ensemble une annexe), signé à Paris le 26 mars 2003, *JO* 23 mai, p. 8825 (la Serbie étant l'État continuateur de la Serbie-et-Monténégro).
7. Décr. n° 2004-96, 26 janv. 2004, portant publication de l'accord sous forme d'échange de lettres entre le Gouvernement de la République française et le conseil des ►

431.24 **Convention franco-marocaine du 10 août 1981 (non).** Relative au statut des personnes et de la famille et à la coopération judiciaire[1], cette convention ne paraît pas couvrir la filiation[2]. Elle ne comporte pas du reste des règles de compétence directe[3].

B. Action à fins de subsides

431.31 **Perspectives incertaines.** Les règles actuelles de détermination du tribunal compétent (v. s[s] n° 431.42 – *Adde*, la convention franco-polonaise du 5 avril 1967, v. s[s] n° 431.22), dont l'applicabilité à la question peut être envisagée) vont être remises en cause par le règlement (CE) n° 4/2009 du 18 décembre 2008, relatif à la compétence, la loi applicable, la reconnaissance et l'exécution des décisions et la coopération en matière d'obligations alimentaires[4]. Mais ce bouleversement est suspendu non seulement à la mise en application du règlement mais aussi à la question de savoir s'il régira l'action à fins de subsides.

431.32 **Applicabilité temporelle du règlement (CE) n° 4/2009.** Comme il a déjà été exposé, l'Union européenne a levé l'incertitude pesant sur la mise en application de ce règlement (v. s[s] n° 410.24). Désormais, il est acquis qu'il s'appliquera à compter du 18 juin 2011.

431.33 **Applicabilité matérielle du règlement (CE) n° 4/2009.** La question se posera de savoir si le règlement (CE) n° 4/2009 est applicable à l'**action à fins de subsides** ou aux **actions alimentaires étrangères analogues** ? Dans son article 1er, § 1, le règlement (CE) n° 4/2009 du 18 décembre 2008 dispose qu'il « *s'applique aux obligations alimentaires découlant de relations de famille, de parenté, de mariage ou d'alliance* ». Avec une interprétation stricte, l'action à fin de subsides pourrait être exclue du règlement dès lors que les aliments sollicités ne découlent pas d'une relation de famille mais d'une probabilité de paternité. Mais on sait que les qualifications peuvent être élargies pour favoriser l'application d'une norme supranationale. Et **l'action à fins de subsides** insusceptible d'être qualifiée d'action relative à la filiation s'intègre sans difficulté dans la **catégorie des obligations alimentaires.** Une telle conception est déjà admise en matière de conflit de lois. Sans réelles discussions, la doctrine[5] considère qu'elle est soumise à la convention de La Haye du 2 octobre 1973, sur la loi applicable aux obligations alimentaires. Or cette convention a un domaine matériel très voisin de celui du règlement. Selon son article 1er, elle s'applique « *aux obligations alimentaires découlant des relations de famille, de parenté, de mariage ou d'alliance, y compris les obligations alimentaires envers un enfant non légitime* ». Cette conception large de l'applicabilité de la convention de La Haye a été entérinée par la jurisprudence, de sorte que l'article 311-18 du Code civil, propre à l'action à fins de subsides et désormais abrogé par la loi n° 2009-61 du 16 janvier 2009, a été tenu pour lettre morte depuis l'entrée en vigueur, le 1er octobre 1977, de la convention de La Haye. Ainsi la cour d'appel de Paris a-t-elle affirmé que « *la convention de La Haye du 2 octobre 1973 sur la loi applicable aux obligations alimentaires régit les obligations alimentaires dues envers un enfant non légitime, c'est-à-dire couvre le champ de tous les liens notamment de ceux résultant d'une simple paternité possible* »[6]. La même conception large devrait être de mise pour le règlement (CE) n° 4/2009 du 18 décembre 2008. En conséquence, il devrait déterminer, prioritairement, la **compétence des juridictions françaises** concernant l'**action à fin de subside française** et les **actions étrangères analogues.** En vertu de son article 3, a et b, les juridictions françaises pourront être compétentes au titre de la résidence habituelle en France du demandeur ou du défendeur. Mais la

► ministres de Bosnie-Herzégovine relatif à la succession en matière de traités bilatéraux conclus entre la France de la République socialiste fédérative de Yougoslavie, signées à Paris et à Sarajevo les 3 et 4 décembre 2003, *JO* 31 janv., p. 2225.

1. Décr. n° 83-435, 27 mai 1983, portant publication de la convention entre la République française et le Royaume du Maroc relative au statut des personnes et de la famille et à la coopération judiciaire, signé à Rabat le 10-08-1981, *JO* 1er juin, p. 1643.
2. P. Decroux, *JDI* 1985, p. 50 et 71 – Civ. 1re, 2 oct. 2001, n° 00-10.404, *Bull. civ.* I, n° 235; *JCP* 2002, I, 153, n° 4, obs. Poillot-Peruzetto; *Gaz. Pal.* 2002, 979, note Niboyet; *Dr. et patr.* févr. 2002, p. 117, obs. Monéger; *LPA* 20 févr. 2002, note Courbe – CA Paris, 28 mars 2002, *Juris-Data* n° 2002-17-8053 – COMP. F. Monéger, « La convention franco-marocaine du 10 août 1981 relative au statut des personnes et de la famille et à la coopération judiciaire », *Rev. crit. DIP* 1984, 29 et 267, spéc[t] 47.
3. Civ. 1re, 20 mai 2003, n° 01-02.959, *Bull. civ.* I, n° 121; *JDI* 2003, p. 827, note Cuniberti; *LPA* 2004, n° 53, 17, obs. Massip; *Dr. et patr.* nov. 2003, p. 98, obs. Monéger – Civ. 1re, 22 mai 2007, n° 06-10.892, *Bull. civ.* I, n° 200; *Dr. fam* 2007, comm. 155, 2e esp., note Farge – Civ. 1re, 28 mars 2006, n° 04-20.362, *Bull. civ.* I, n° 176; *JCP* 2006, II, 10133, note Devers; *Dr. fam.* 2006, comm. 133, note Larribau-Terneyre; *AJ fam.* 2006, 247, note Boiché; *RJPF* 2006-6/19, p. 15, obs. Garé.
4. Règl. (CE) n° 4/2009, 18 déc. 2008, relatif à la compétence, la loi applicable, la reconnaissance et l'exécution des décisions et la coopération en matière d'obligations alimentaires, *JOUE* L 7, 10 janv. 2009, p. 1.
5. V. NOT., *JCP* 1989, II, 21327, note Courbe.
6. CA Paris, 6 déc. 2001, 1re ch., sect. C, n° 2000/18256, *Juris-Data* n° 2001-164800.

construction suggérée ne dépend pas du seul ordre juridique français. En ce sens, le préambule du règlement (CE) n° 4/2009 a pris soin d'observer qu'« *aux fins du présent règlement, la notion d'"obligation alimentaire" » devrait être interprétée de manière autonome* » (cons. 11).

§ 2
Règles françaises

431.40 Division. Conformément à l'arrêt *Sheffel*[1] et à une démarche déjà décrite (v. s^s^ n° 411.41), la compétence internationale des tribunaux français résulte de l'extension aux litiges internationaux des règles de compétence territoriale internes. Si la démarche ne permet pas de conclure à une compétence française, il est encore possible de recourir aux privilèges des articles 14 et 15 du Code civil[2].

431.41 Actions relatives à la filiation. De la transposition aux litiges internationaux de l'article 42 du Code de procédure civile, il résulte que les actions relatives à la filiation doivent être portées devant la juridiction française lorsque le défendeur est domicilié en France. La règle spéciale de compétence attribue compétence au tribunal de grande instance (C. civ., art. 318-1).

431.42 Action à fins de subsides. En attendant la mise en application du règlement (CE) n° 4/2009 du 18 décembre 2008 (v. s^s^ n° 431.32), les actions à fins de subsides ou les actions étrangères analogues relèvent également du principe d'extension des règles de compétence interne. Et il a été jugé dans l'ordre interne que, si l'action à fin de subsides est assimilable à une action relative à la filiation relevant de la compétence exclusive du tribunal de grande instance, elle tend à l'attribution d'aliments au profit de l'enfant; d'où il suit que, conformément à l'article 46 du Code de procédure civile, le demandeur peut, à son choix, saisir soit le tribunal de grande instance du lieu où il demeure, soit celui du lieu ou demeure le défendeur[3].

431.43 Articles 14 et 15 du Code civil. À défaut de normes d'origine supranationales et lorsque la compétence française n'est pas fondée sur l'article 42 ou l'article 46 du Code de procédure civile, les tribunaux français peuvent être saisis par un Français sur le fondement de l'article 14 du Code civil ou par un étranger agissant contre un Français en vertu de l'article 15 du même code.

SECTION 2
LOI APPLICABLE

§ 1
Établissement de la filiation

A.
Détermination de la règle de conflit

431.50 Dispositions légales. Rompant avec la jurisprudence antérieure, la loi du 3 janvier 1972 a inscrit aux articles 311-14 et suivants du Code civil des règles de conflits de lois qui furent fraîchement accueillies par la doctrine[4]. Ces règles ont été incidemment modifiées par l'ordonnance n° 2005-759 du 4 juillet 2005[5]. Transposant l'orientation du nouveau droit interne, l'ordonnance a supprimé des règles de conflit toute référence à la distinction entre la filiation légitime et naturelle[6]. Apparemment purement formelle, cette suppression a partiellement bouleversé le système français, principalement parce qu'elle a conduit à l'abrogation de la règle de conflit spéciale, issue de la loi de 1972, concernant la légitimation. Conformément à la démarche habituelle, les règles de conflit d'origine interne (2°) ne peuvent être sollicitées qu'à défaut de norme d'origine communautaire ou conventionnelle (1°).

1°
Règles d'origine conventionnelle ou communautaire

431.60 Impact limité. Si on excepte la question particulière de l'action à fins de subsides (v. s^s^ n°s 431.31 s), les sources supranationales se décomposent en deux catégories : d'un côté, deux conven-

1. Civ. 30 oct. 1962, n° 61-11.306, *Scheffel*, *Rev. crit. DIP* 1963, 387, note Francescakis; *D.* 1963, 109, note Holleaux; *GADIP*, n° 37.
2. Civ. 1re, 19 nov. 1985, n° 84-16.001, Soc. Cognac and Brandies from France, *Bull. civ.* I, n° 306; *Rev. crit. DIP* 1986, 712, note Lequette; *JDI* 1986, p. 719, note Huet; *D.* 1986, 362, note Prévault; *D.* 1986, somm. 268, obs Audit; *JCP* 1987, II, 20810, note Courbe; *GADIP*, n° 71.
3. Civ. 1re, 27 oct. 1981, *D.* 1982, 305, note Massip.
4. Y. Lequette, « L'évolution du droit international privé de la famille », *Trav. assoc. Capitant* 1988, p. 467 s. – H. Batiffol et P. Lagarde, « L'improvisation de nouvelles règles de conflit de lois en matière de filiation », *Rev. crit. DIP* 1972, 1 s.
5. Ord. n° 2005-759, 4 juill. 2005, portant réforme de la filiation, *JO* 6 juill., p. 11159.
6. F. Monéger, « Brèves remarques sur le droit international privé touché par l'ordonnance du 4 juillet 2005 portant réforme de la filiation », *Dr. fam.* 2005, chron. 19 – H. Péroz, « La légitimation en droit international privé après l'ordonnance du 4 juillet 2005 portant réforme de la filiation », *JDI* 2006, p. 581.

tions multilatérales concernant l'établissement de la filiation, adoptées sous l'égide de la Commission internationale de l'état civil (CIEC) (a), de l'autre, deux conventions bilatérales[1] (b).

a)
Traités multilatéraux

431.61 Convention de Rome du 14 septembre 1961 sur la reconnaissance des enfants naturels. Entrée en vigueur depuis le 29 juillet 1963, cette convention étend la compétence des autorités qualifiées pour recevoir les reconnaissances. Elle autorise les officiers de l'état civil ou toute autre autorité compétente de chaque État contractant à recevoir, en la forme authentique déterminée par la loi locale, aussi bien les reconnaissances « avec filiation » que celles qui n'établissent pas un lien juridique de filiation, alors pourtant que leur propre État ne prévoirait pas lui-même l'un ou l'autre de ces deux types de reconnaissance.

431.62 Convention de Rome du 10 septembre 1970 sur la légitimation par mariage. Portant loi uniforme de droit international privé, cette convention, entrée en vigueur en France, le 8 février 1976, énumère les lois qui permettent de valider au fond la légitimation. Elle stipule dans son article 1er : « *Lorsque, selon les dispositions de droit interne de la loi nationale du père ou de la mère, le mariage de ceux-ci a pour conséquence la légitimation d'un enfant naturel, cette légitimation est valable dans les États contractants* ». Il s'agit d'une règle à caractère universel, c'est-à-dire applicable même si les lois nationales désignées ne sont pas celles d'États contractants.

Toutefois, ce **rattachement alternatif** ne chasse pas l'application des règles en vigueur dans les États contractants qui seraient plus favorables à la légitimation (art. 5). En conséquence, la convention a longtemps sommeillé en droit français puisque l'article 311-16 alinéa 1er du Code civil posait, en matière de légitimation, une règle de conflit à coloration matérielle comportant pas moins de **quatre rattachements possibles.** Outre les **lois nationales des époux**, les conditions de la légitimation pouvaient également être soumises à la **loi des effets du mariage** ou à la **loi nationale de l'enfant.** Avec l'abrogation de cette disposition par l'ordonnance n° 2005-759 du 4 juillet 2005, la convention multilatérale est applicable en France depuis l'entrée en vigueur de l'ordonnance, soit le 1er juillet 2006; en vertu des dispositions transitoires internes générales, le traité doit faire l'objet d'une application immédiate aux enfants nés après son entrée en vigueur, ainsi qu'aux actions engagées avant son entrée en vigueur[2].

Mais la convention est applicable seulement aux légitimations par mariage subséquent ou *post nuptias* concernant des enfants vivants ou décédés. Est donc exclue de son domaine d'application la légitimation par autorité de justice ou par décision administrative (v. ss n° 431.91).

b)
Traités bilatéraux

431.71 Convention franco-polonaise du 5 avril 1967. Relative à la loi applicable, la compétence et l'*exequatur* dans le droit des personnes et de la famille, cette convention est entrée en vigueur le 1er mars 1969[3]. Elle opère une distinction entre les enfants légitimes et naturels (art. 10).

Pour les **enfants légitimes**, elle retient la loi de l'État contractant sur le territoire duquel les parents et enfants sont domiciliés; et, si les parents ou l'un des parents sont domiciliés sur le territoire de l'un des États contractants et l'enfant sur le territoire de l'autre, la loi nationale de l'enfant est désignée.

S'agissant des **enfants naturels**, la convention désigne la **loi nationale de l'enfant.** En l'absence d'indication dans la convention, les tribunaux ont dû résoudre le conflit mobile provoqué par le changement de nationalité de l'enfant naturel. Ils ont fait prévaloir la loi nationale actuelle conférée par la filiation maternelle sur la loi nationale future du père prétendu[4]. Dans une hypothèse où l'enfant, de nationalité polonaise au moment de sa naissance, avait acquis par la suite la nationalité française, la Cour de cassation a, sans justification, retenu la compétence de la loi ancienne pour régir l'action en recherche de paternité naturelle[5].

431.72 Convention franco-yougoslave du 18 mai 1971. Relative à la loi applicable et à la compétence en matière de droit des personnes et de la famille, cette convention était entrée en vigueur le 1er décembre 1972[6].

Pour la **filiation légitime**, l'article 10, renvoyant à l'article 5, désigne la **loi des effets du mariage**, à savoir « *la loi nationale des époux lorsqu'elle leur est commune, sinon la loi de la partie contractante sur le*

1. P. Bourel et H. Muir-Watt, refondu par E. Gallant, « Filiation – Établissement de la filiation », J.-CL. INTERNAT., fasc. 548-10, n° 5 et nos 48 s.
2. E. Gallant, « Filiation – Établissement de la filiation », J-CL. INTERNAT., fasc. 548-10, n° 119.
3. Décr. n° 69-176, 13 févr. 1969, préc. ss n° 431.22.
4. TGI Dunkerque, 21 mars 1984, *Gaz. Pal.* 1984, 2, somm. 284; *Rev. crit. DIP* 1985, somm. 715.
5. Civ. 1re, 15 mars 1988, n° 86-12.089, *Bull. civ.* I, n° 76; *JDI* 1989, p. 366, note Légier; *Rev. crit. DIP* 1989, 486, note Courbe – *Adde* E. Gallant, « Filiation – Établissement de la filiation », J.-CL. INTERNAT., fasc. 548-10, n° 119.
6. Décr. n° 73-492, 15 mai 1973, préc. ss n° 431.23.

territoire de laquelle est situé leur domicile ou à défaut leur dernier domicile connu ».

L'établissement de la **filiation naturelle** est « *régi par la loi de la partie contractante dont l'enfant est ressortissant au moment de sa naissance ou, si elle est plus favorable, par la loi de la partie contractante dont il est ressortissant au moment de la reconnaissance ou au moment de la décision judiciaire* » (art. 11, § 1).

En matière de **reconnaissance**, la convention prévoit, en outre, la possible compétence de la **loi nationale de son auteur** si la loi nationale de l'enfant n'autorise pas cette reconnaissance (art. 11, § 3).

De ces stipulations, il apparaît que **le traité a résolu le conflit mobile**, en se fondant sur **l'idée de loi plus favorable, uniquement pour la filiation naturelle**[1]. Après l'éclatement de la Yougoslavie en diverses républiques indépendantes, cette convention n'est applicable que dans les rapports entre la France et certains des nouveaux États indépendants : la Slovénie[2], la Serbie[3] et la Bosnie-Herzégovine[4].

431.73 Convention franco-marocaine du 10 août 1981 (exclusion). Relative au statut des personnes et de la famille et à la coopération judiciaire[5], cette convention ne couvre pas la filiation[6].

2°
Règles françaises

a)
Règles générales

431.81 Article 311-14 du Code civil : principe du rattachement à la loi nationale de la mère. Le principe est à l'article 311-14 du Code civil : « *La filiation est régie par la loi nationale de la mère au jour de la naissance de l'enfant; si la mère n'est pas connue, par la loi nationale de l'enfant* ». Parce qu'il était commun à la filiation en mariage et hors mariage, ce rattachement est demeuré intact après l'ordonnance n° 2005-759 du 4 juillet 2005. L'article 311-14 a suscité une délicate question d'interprétation : faut-il considérer que la « mère connue » au sens de ce texte est celle qui est en fait identifiée ou au moins identifiable, ou bien celle qui est légalement connue en tant que telle ? Pour la Cour de cassation, il faut retenir la première branche de l'alternative[7].

Applicable lorsqu'il n'est pas contrarié par des règles spéciales, le rattachement à la loi nationale de la mère a été mis en œuvre en matière de recherche de paternité naturelle, de désaveu préventif de paternité, de contestation de paternité légitime, de réclamation d'enfant légitime[8]. La suppression de l'article 311-16 alinéa 2 du Code civil relatif à la légitimation par autorité de justice, conduit à lui soumettre cette institution, étant observé que la convention de Rome du 10 septembre 1970 s'applique uniquement à la légitimation par mariage subséquent ou *post nuptias*.

431.82 Article 311-15 du Code civil : exception, la possession d'état. Modifié légèrement par l'ordonnance n° 2005-759 du 4 juillet 2005 (sur la question de l'application dans le temps du texte réécrit, v. s^s n° 431.113), afin de le rendre conforme à la suppression de la distinction entre filiation légitime et naturelle, l'article 311-15 du Code civil dispose : « *Toutefois, si l'enfant et ses père et mère ou l'un d'eux ont en France leur résidence habituelle, commune ou séparée, la possession d'état produit toutes les conséquences qui en découlent selon la loi française, lors même que les autres éléments de la filiation auraient pu dépendre d'une loi étrangère* ». Délicat à appréhender méthodologiquement, ce texte semble ériger les **règles matérielles françaises faisant produire effet à la possession, en loi d'application immédiate.** En conséquence, elles évinceraient l'intervention des articles 311-14 et 311-17 du Code civil qui peuvent désigner une loi étrangère. Comme les règles françaises concernant la possession d'état ne paraissent pas protéger « *les intérêts vitaux* » de la société française pour la défense desquels Francescakis préconisait le recours aux lois de police, il a été suggéré de considérer que l'article 311-15 consacrait, pour les dispositions françaises concernant la possession d'état, des « *lois d'application immédiate, non de police* »[9]. Pour

1. Pour des suggestions doctrinales pour résoudre le conflit (changement de nationalité ou de domicile) s'agissant de la filiation légitime, v. P. Courbe, note s^s Civ. 1re, 15 mars 1988, *Rev. crit. DIP* 1989, 486, spéc. 491 – Comp. E. Gallant, « Filiation – Établissement de la filiation », J.-CL. INTERNAT., fasc. 548-10, n° 159.
2. Décr. n° 96-229, 15 mars 1996, préc. s^s n° 431.23.
3. Décr. n° 2003-457, 16 mai 2003, préc. s^s n° 431.23.
4. Décr. n° 2004-96, 26 janv. 2004, préc. s^s n° 431.23.
5. Décr. n° 83-435, 27 mai 1983, préc. s^s n° 431.24.
6. P. Decroux, *JDI* 1985, p. 50 et 71 – Civ. 1re, 2 oct. 2001, n° 00-10.404, *Bull. civ.* I, n° 235; *JCP* 2002, I, 153, n° 4, obs. Poillot-Peruzetto; *Gaz. Pal.* 2002, 979, note Niboyet; *Dr. et patr.* févr. 2002, p. 117, obs. Monéger; *LPA* 20 févr. 2002, note Courbe – CA Paris, 28 mars 2002, *Juris-Data* n° 2002-17-8053 – COMP. F. Monéger, « La Convention franco-marocaine du 10 août 1981 relative au statut des personnes et de la famille et à la coopération judiciaire », *Rev. crit. DIP* 1984, 29 et 267, spéc^t 47.
7. Civ. 1re, 11 juin 1996, n° 94-12.927, Imhoos, (mère naturelle seulement désignée à l'état civil) *Bull. civ.* I, n° 244; *D.* 1997, 3, note Monéger; *Rev. crit. DIP* 1997, 291, note crit. Lequette – Civ. 1re, 4 juill. 2006, n° 04-18.121, NP.
8. V. réf. citée par E. Gallant, « Filiation – Établissement de la filiation », J.-CL. INTERNAT., fasc. 548-10, n° 33.
9. MAYER et HEUZÉ, p. 131 – D. Holleaux, J. Foyer et G. de Geouffre de la Pradelle, *Droit international privé*, Masson, 1987, n° 643.

les tribunaux, la règle s'applique aussi bien aux **effets positifs de la possession d'état**, c'est-à-dire les conséquences attachées à son existence (par ex., C. civ., art. 317 en matière d'établissement de la filiation[1] - art. 314, en matière de rétablissement de la présomption de paternité[2]), qu'à ses **effets négatifs**, c'est-à-dire les conséquences liées à l'absence de possession d'état (par ex. pour permettre de faire tomber une filiation, C. civ., art. 334)[3].

S'agissant de la condition de **résidence habituelle d'un au moins des parents**, la question s'est posée de savoir s'il fallait prendre en considération la résidence habituelle d'un parent prétendu ? Le tribunal de grande instance de Paris avait considéré que l'appréciation de la résidence doit être réalisée en tenant compte exclusivement de la **filiation actuelle** et **non de la filiation future**[4]. Un récent arrêt de la cour d'appel de Nîmes[5] a pris en considération la résidence du père recherché pour donner accès à l'article 311-15, et donc aux dispositions françaises attachant un effet à la possession d'état. en démontrant que le « père » avait eu, quant à lui, une résidence habituelle en France. Cette assimilation du « père prétendu » au « père » évoque la solution retenue pour l'interprétation de l'article 311-14 du Code civil : pour la Cour de cassation, la « mère connue », dont la loi personnelle est applicable, n'est pas la mère dont la filiation est établie, mais celle qui est **identifiée ou identifiable en fait** (v. s[s] n° 431.81).

b)
Règles spéciales

431.91 Abrogation de l'article 311-16 du Code civil : disparition de la légitimation. « *Enfant chéri* »[6] du législateur, la légitimation avait fait l'objet de règles de conflit de faveur à l'article 311-16 du Code civil. La passerelle entre deux catégories de filiation a été nécessairement supprimée en droit interne avec l'ordonnance n° 2005-759 du 4 juillet 2005. Emporté par l'élan égalitaire, le législateur a cru devoir abroger l'article 311-16 alors que l'évolution du droit interne n'emporte pas celle de la suppression du contentieux que cette institution peut soulever dans les relations internationales[7]. Pour combler le vide créé, il est préconisé de se référer à la convention de Rome du 10 septembre 1970, pour la **légitimation par mariage subséquent ou** *post nuptias*, et à la règle de principe de l'article 311-14 du Code civil, pour la **légitimation par autorité de justice ou par décision administrative**[8].

431.92 Article 311-17 du Code civil : faveur à la reconnaissance volontaire. Par faveur pour l'établissement non-contentieux de la filiation hors mariage, l'article 311-17 du Code civil dispose : « *La reconnaissance volontaire de paternité ou de maternité est valable si elle a été faite en conformité, soit de la loi personnelle de son auteur, soit de la loi personnelle de l'enfant* ». Pour atteindre l'objectif de validité de la reconnaissance (au moins au regard de l'ordre juridique français), le juge doit lui-même vérifier si la reconnaissance est validée par au moins une des deux lois désignées. Le choix entre la **loi nationale de l'auteur de la reconnaissance** et la **loi de l'enfant** semble présenter, pour la jurisprudence, un caractère limitatif[9], de sorte qu'il ne serait pas possible d'offrir à la reconnaissance une nouvelle chance de validité en consultant la loi nationale de la mère désignée par la règle générale de l'article 311-14 du Code civil[10]. Interprétant l'article 311-17 du Code civil *a contrario*, la Cour de cassation a estimé qu'il était applicable tant à l'action en nullité qu'à l'action en contestation d'une reconnaissance, qui doivent être possibles à la fois au regard de la loi de l'auteur de celle-ci et de la loi de l'enfant[11]. La mise en œuvre de l'article 311-17 du Code civil dans le cadre de l'annulation ou de la contestation de la reconnaissance conduit donc les juges à refuser l'anéantissement de la filiation chaque fois que l'une des deux lois désignées y fait obstacle.

Cependant dans un arrêt du 14 juin 2005[12], la Première chambre civile a semblé revenir sur cette jurispru-

1. CA Nîmes, 2 sept. 2009, RG n° 08/02142, *Dr. fam.* 2010, comm. 91, note Farge.
2. TGI Paris, 1er mars 1977, *Rev. crit. DIP* 1978, 110, note Lequette ; *D.* 1978, 63, concl. Paire.
3. TGI Paris, 2 juill. 1982 (sol. impl.), *JDI* 1983, p. 374, note Huet ; *D.* 1983, 200, note Audit ; *Rev. crit. DIP* 1983, 461, note Santa-Croce.
4. TGI Paris, 30 avr. 1985, *Rev. crit. DIP* 1986, 313, note Lequette.
5. CA Nîmes, 2 sept. 2009, RG n° 08/02142, *Dr. fam.* 2010, comm. 91, note Farge.
6. Selon l'expression de J. Foyer, RÉP. INTERNAT., *V° Filiation*, n° 75.
7. F. Monéger, « Brèves remarques sur le droit international privé touché par l'ordonnance du 4 juillet 2005 portant réforme de la filiation », *Dr. fam.* 2005, chron. 19 – H. Péroz, « La légitimation en droit international privé après l'ordonnance du 4 juillet 2005 portant réforme de la filiation », *JDI* 2006, p. 581.
8. E. Gallant, « Filiation – Établissement de la filiation », J.-CL. INTERNAT., fasc. 548-10, n°s 71 s.
9. CA Paris, 11 mai 1976, *JDI* 1977, p. 656, note Foyer ; *Rev. crit. DIP* 1977, 109, note Fadlallah ; *D.* 1976, 633, note Massip – TGI Paris, 13 févr. 1979, *Rev. crit. DIP* 1980, 79, note Simon-Depitre.
10. *CONTRA*, MAYER et HEUZÉ, n° 613.
11. Civ. 1re, 6 juill. 1999, n° 97-19.453, *Bull. civ.* I, n° 225 ; *D.* 1999, 483, concl. Sainte-Rose ; *D.* 2000, somm. 162, obs. Bottiau ; *JCP* 2000, II, 10353, note Vignal ; *Defrénois* 2000, p. 109, obs. Massip.
12. Civ. 1re, 14 juin 2005, n° 02-14.328, *Bull. civ.* I, n° 243 ; *Defrénois* 2005, p. 1851, obs. Massip.

dence. Visant les articles 311-14 et 3 du Code civil, la Cour de cassation y reprochait aux juges d'appel d'avoir débouté sur le fondement du droit français une mère libanaise agissant en contestation de reconnaissance paternelle, au motif qu'ils auraient dû appliquer la loi libanaise en raison de la nationalité de la mère.

Mais l'existence d'un revirement est discutable. La censure ne portait pas sur les domaines respectifs de la règle de conflit générale de l'article 311-14 et de celle spéciale de l'article 311-17. Les juges d'appel ne s'étaient évidemment pas prononcés sur cette question puisqu'ils avaient directement appliqué le droit français, alors que le caractère international du litige sautait aux yeux. Prudemment interprétée, cette cassation ne serait qu'un énième rappel de l'obligation faite au juge, depuis la fin des années 1990, de mettre en œuvre d'office le raisonnement conflictuel dans les matières où les droits des parties sont indisponibles. De telles censures sont fréquentes en matière de filiation de sorte que la Première chambre civile a peut-être reproduit son motif habituel fondé sur la règle de conflit générale de l'article 311-14, sans envisager que cette démarche réanime le débat sur les champs d'application respectifs des articles 311-14 et 311-17[1]. En faveur de la thèse de l'absence de revirement, il est possible de citer deux arrêts postérieurs de la cour d'appel de Paris[2] dans lequel l'action en contestation de l'exactitude de la reconnaissance est toujours soumise à l'article 311-17 du Code civil.

431.93 Article 311-18 du Code civil : action à fins de subsides. Cet article, désormais abrogé par la loi n° 2009-61 du 16 janvier 2009, ouvrait une option en faveur de l'enfant en quête de subsides entre la loi de sa résidence habituelle et la loi de la résidence habituelle du débiteur. Il est lettre morte en France depuis l'entrée en vigueur, le 1er octobre 1977, de la convention de La Haye du 2 octobre 1973 sur la loi applicable aux obligations alimentaires (v. ss n° 431.33).

431.94 Convention de La Haye du 2 octobre 1973. De caractère universel, cette convention s'applique même dans l'hypothèse où elle désigne la loi d'un État tiers (art. 3). Elle comporte une **règle de conflit à coloration matérielle pour favoriser le créancier d'aliments**; cette règle se décline avec **trois rattachements hiérarchisés** : en principe la **loi interne de la résidence habituelle du créancier d'aliments** régit les obligations alimentaires (art. 4); s'il ne peut pas en obtenir sur le fondement de cette loi, s'applique la **loi nationale commune** (art. 5); si, enfin, la mise en œuvre de ces deux premiers rattachements ne lui permet pas d'obtenir satisfaction, il faut appliquer la **loi interne de l'autorité saisie** (art. 6). Pour le rattachement de principe, la convention règle expressément le conflit mobile issu du changement de résidence habituelle : la loi interne de la nouvelle résidence habituelle s'applique à partir du moment où le changement est intervenu.

431.95 Règlement (CE) n° 4/2009 et protocole de La Haye de 2007. La convention de La Haye du 2 octobre 1973 est destinée à disparaître au plus tard le 18 juin 2011 (v. ss n° 410.22), date de la mise en application du règlement (CE) n° 4/2009 relatif à la compétence, la loi applicable, la reconnaissance et l'exécution des décisions et la coopération en matière d'obligations alimentaires[3]. Elle sera remplacée par le protocole de La Haye du 23 novembre 2007 sur la loi applicable aux obligations alimentaires auquel renvoie d'ailleurs l'article 15 du règlement (CE) n° 04/2009.

431.96 Loi applicable (règle générale). Proposant des règles de conflit à vocation universelle, le protocole de La Haye de 2007 pose une règle générale : « *la loi de l'État de la résidence habituelle du créancier régit les obligations alimentaires* » (prot. La Haye 2007, art. 3, § 1). Comme la convention de La Haye de 1973, le protocole précise qu'« *en cas de changement de la résidence habituelle du créancier, la loi de l'État de la nouvelle résidence habituelle s'applique à partir du moment où le changement est survenu* ».

431.97 Loi applicable (règle spéciale). Par dérogation à l'article 3, l'article 4 prévoit une règle de conflit spéciale concernant, notamment, les « *obligations alimentaires des enfants envers leurs parents* » (art. 4, c). À supposer qu'une interprétation large de cette dérogation, englobant l'action à fins de subsides, soit retenue, il y aurait alors lieu de mettre en œuvre une **complexe règle de conflit en cascade destinée à favoriser le créancier.** Corrigeant le jeu de la règle générale, l'article 4 prévoit que : « *La loi du* for *s'applique lorsque le créancier ne peut pas obtenir d'aliments du débiteur en vertu de la loi mentionnée à l'article 3* » (art. 4, § 2). Il ajoute que : « *Nonobstant l'article 3, la loi du for s'applique lorsque le créancier a saisi l'autorité compétente de l'État*

1. Sur ce débat, v. E. Gallant, P. Bourel et H. Muir-Watt, J.-CL. CIV., « Code », art. 311-14 à 311-18, fasc. 10, nos 103 s.
2. CA Paris, 13 déc. 2007, 1re ch., sect. C, *Dr. fam.* 2008, comm. 133, note Farge – CA Paris, 2 juill. 2009, pôle 1, 1re ch., RG n° 06/21155, *JCP* 2009, act. 365, obs. Jehl.
3. M. Oudin, « Commentaire du règlement (CE) du 18 décembre 2008 relatif aux obligations alimentaires », *RJPF* 2009-6/11, p. 8, spéc. p. 10-11 – C. Nourissat, « Recouvrement des obligations alimentaires dans l'Union. La loi applicable », *AJ fam.* 2009, 101, spéct n° 31.

où le débiteur a sa résidence habituelle. Toutefois, la loi de l'État de la résidence habituelle du créancier s'applique lorsque le créancier ne peut pas obtenir d'aliments du débiteur en vertu de la loi du for » (art. 4, § 3). L'article 4 termine en admettant que « *la loi de l'État dont le créancier et le débiteur ont la nationalité commune, s'ils en ont une, s'applique lorsque le créancier ne peut pas obtenir d'aliments du débiteur en vertu des lois mentionnées à l'article 3 et [à ses] paragraphes 2 et 3* » (art. 4, § 4).

431.98 Loi applicable (accord procédural). S'inspirant de la jurisprudence française relative à l'accord procédural, le protocole de La Haye de 2007 autorise la **désignation de la loi applicable pour les besoins d'une procédure particulière** (prot. La Haye 2007, art. 7). Sur la loi susceptible d'être choisie, le créancier et le débiteur d'aliments ne peuvent désigner que la **loi de l'État dont les juridictions sont saisies** (prot. La Haye 2007, art. 7, § 1). Quant au moment de l'accord, l'article 7 autorise « *une désignation antérieure à l'introduction de l'instance* » mais l'accord doit être « *signé des deux parties, par écrit ou consigné sur tout support dont le contenu est accessible pour être consulté ultérieurement* » (prot. La Haye 2007, art. 7, § 2).

431.99 Loi applicable (accord préalable). Au-delà de l'accord procédural, le protocole valorise les accords préalables à tout contentieux (prot. La Haye 2007, art. 8). Mais il précise que l'option de législations proposée ne s'applique pas aux obligations alimentaires concernant une **personne âgée de moins de dix-huit ans** (art. 8, § 3). Ce garde-fou permet d'exclure un improbable accord sur la loi applicable entre un enfant et un ou plusieurs pères potentiels.

c)
Portée de la désignation

431.101 Preuve, délais, formalités. En raison de l'imbrication des règles de forme et de fond en matière d'établissement de la filiation, la loi désignée gouverne non seulement **l'objet et la charge de la preuve** (par ex. l'existence et la force de la présomption *pater is est*), mais aussi les **modes de preuve admissibles** et leur **force probante** (la force probante de l'acte de naissance par ex.) et les **délais d'exercice** des actions, empiétant ainsi sur le domaine de la loi du *for*. De même l'exigence du caractère authentique ou non de la reconnaissance est soumise à la loi personnelle et non à la règle *locus regit actum*[1].

1. V. Mayer et Heuzé, n° 609.

B.
Mise en œuvre du raisonnement conflictuel

1°
Mise en œuvre de la règle de conflit

431.111 Office du juge. Au cœur de l'état des personnes, la filiation est incontestablement une matière indisponible. Même s'il n'y est pas invité par les parties, le juge doit donc **mettre en œuvre la règle de conflit** et rechercher le **droit étranger compétent**[2]. L'accord des parties sur l'application de la loi française est évidemment exclu.

431.112 Qualification. À la différence de l'adoption où l'exercice de qualification a été éprouvé avec la *kafala* musulmane, la filiation par le sang n'a pas, semble-t-il soulevé de difficulté de cette nature. On rappellera seulement que l'action à fins de subsides, encore parfois désignée sous l'expression de filiation alimentaire, est, en réalité, indépendante de l'établissement de la filiation et présente un caractère alimentaire, de sorte qu'elle a pu être soumise à la convention de La Haye du 2 octobre 1973 sur la loi applicable aux obligations alimentaires.

431.113 Changement de la règle de conflit. Lorsque les règles de conflit issues de la loi du 3 janvier 1972 ont succédé aux solutions jurisprudentielles, la doctrine s'est interrogée pour savoir s'il fallait se référer aux principes généraux du droit transitoire exprimés par l'article 2 du Code civil ou appliquer les règles spéciales de droit transitoire édictées par la loi de 1972. La seconde suggestion a été retenue par l'arrêt *Imhoss*[3], lequel a défini le domaine d'application dans le temps de l'article 311-14 en prenant appui sur l'article 12 alinéa 1er de la loi du 3 janvier 1972 et non sur les principes généraux du droit transitoire. Pour minimiser la portée de l'arrêt *Imhoss*, il a été observé que cet article 12 alinéa 1er n'est qu'une application particulière des principes généraux du droit transitoire de sorte qu'il n'y aurait pas revirement par rapport à la solution adoptée en matière de divorce international pour l'article 309 du Code civil[4]. La Cour de cassation veille à ce que l'application de l'article 311-14 du Code civil aux enfants nés avant l'entrée en vigueur de la loi du 3 janvier 1972 soit correctement réalisée et peut donc imposer une

2. Parmi une longue liste d'arrêts : Civ. 1re, 20 févr. 2007, n° 06-16.059, NP – Civ. 1re, 28 oct. 2009, n° 08-19.920, NP.
3. Civ. 1re, 9 juin 1996, Imhoss, *Rev. crit. DIP* 1997, 291, note Lequette.
4. Civ. 1re, 13 janv. 1982, Ortiz-Estacio, *GADIP*, n° 62, *Rev. crit. DIP* 1982, 551, note Battifol.

lourde tâche aux juges du fond. Ainsi a-t-elle cassé l'arrêt d'une cour d'appel saisie d'une action déclaratoire de nationalité pour ne pas avoir recherché quelle était la loi nationale de la mère et le contenu de cette loi, au jour de la naissance de l'enfant... en 1934[1].

S'agissant de l'application dans le temps de la convention de La Haye du 2 octobre 1973 relative à la loi applicable aux obligations alimentaires, il faut se référer à son article 12 de la convention qui prévoit qu'elle ne s'applique pas aux aliments réclamés dans un État contractant avant son entrée en vigueur, à savoir en France le 1er octobre 1977.

S'agissant de l'abrogation de l'article 311-16 du Code civil par l'ordonnance n° 2005-759 du 4 juillet 2005, il faut faire une distinction. Pour la **légitimation par mariage ou *post nuptias***, la convention de Rome du 10 septembre 1980 est applicable en France à compter de l'entrée en vigueur de l'ordonnance, soit le 1er juillet 2006; en vertu des dispositions transitoires internes générales, le traité doit faire l'objet d'une application immédiate aux enfants nés après son entrée en vigueur, ainsi qu'aux actions engagées avant son entrée en vigueur[2]. Pour la **légitimation par autorité de justice**, un auteur, après avoir envisagé les différents raisonnements concevables, conclut que l'article 311-14 pourra s'appliquer à cette institution aux enfants nés avant le 1er juillet 2006 alors que l'article 311-16 alinéa 2 du Code civil continuera à s'appliquer aux demandes réalisées avant le 1er juillet 2006[3].

S'agissant enfin de l'article 311-15 du Code civil, légèrement réécrit par l'ordonnance n° 2005-759 du 4 juillet 2005, la question de son **application dans le temps** n'est pas purement théorique. Dans sa rédaction issue de la loi n° 72-3 du 3 janvier 1972, ce texte exigeait, pour avoir accès aux règles françaises relatives à la possession d'état que l'enfant légitime et ses deux parents aient leur résidence habituelle en France; pour l'enfant naturel, il se contentait de la résidence habituelle en France de l'enfant et de l'un seulement de ses père et mère. Le gommage de la vieille distinction entre les filiations s'est effectué dans la nouvelle rédaction de l'article 311-15, issue de l'ordonnance de 2005, en faveur du rattachement le moins strict : il suffit aujourd'hui que « l'enfant (« naturel » ou « légitime ») et ses père et mère ou l'un d'eux » aient en France leur résidence habituelle pour que soient applicables les dispositions françaises relatives à la possession d'état. Pour la filiation en mariage, la condition d'intégration de la famille en France a donc été allégée. Dès lors il faut se demander si un enfant né en mariage, avant l'entrée en vigueur le 1er juillet 2006 de l'ordonnance peut bénéficier de l'article 311-15 alors qu'un seul de ses parents réside habituellement en France ? Une réponse favorable s'impose par application des dispositions transitoires de l'ordonnance (v. ord. n° 2005-759, 4 juill. 2005, art. 20, I.) conformément à la jurisprudence *Imhoss*[4].

431.114 Confit mobile. Pour l'article 311-14 du Code civil, le conflit mobile est expressément réglé par le texte qui fixe le rattachement en soumettant la filiation à la loi personnelle de la mère au jour de la naissance de l'enfant. Mais cette règle est inadaptée à la légitimation par autorité de justice qui, depuis l'abrogation de l'article 311-16, est soumise à l'article 311-14. Aussi a-t-il été proposé de l'adapter : en matière de **légitimation par autorité de justice**, l'article 311-14 désignerait la **loi de la mère au jour où le juge statue**.

S'agissant de l'article 311-15 du Code civil, un arrêt a retenu une position sévère en jugeant que la résidence habituelle en France des parents et de l'enfant devait être appréciée au **jour de l'introduction de l'instance**[5].

Une doctrine plus libérale considère que l'application de la loi française doit être acquise dès lors qu'à un moment quelconque entre le jour où la possession d'état est constituée et celui où elle est invoquée, l'enfant et les parents ou au moins l'un de ces derniers ont eu une **résidence habituelle commune, même séparée, en France**; peu importe que, par la suite, et notamment à la date de l'instance, l'un des intéressés se soit installé dans un pays étranger[6]. Une telle approche a été mise en œuvre par la cour d'appel de Nîmes[7].

S'agissant de l'article 311-17 du Code civil, il est unanimement admis qu'il faut retenir la **loi du jour de la reconnaissance**[8].

S'agissant, enfin de la loi applicable à la **légitimation par mariage**, l'article 1er de la convention de Rome de 1970 ne donne pas de précision temporelle concernant les éléments de rattachements alternatifs retenus (lois nationales du père ou de la mère). La jurisprudence antérieure à la loi de 1972,

1. Civ. 1re, 27 mai 2010, n° 09-14.881, *Bull. civ.* I.
2. J.-Cl. internat., E. Gallant, « Filiation – Établissement de la filiation », fasc. 548-10, n° 119.
3. J.-Cl. internat., E. Gallant, « Filiation – Établissement de la filiation », fasc. 548-10, n° 122.
4. Civ. 1re, 11 juin 1996, n° 94-12.926, Imhoss, *Bull. civ.* I, n° 244; *Rev. crit. DIP* 1997, 291, note Lequette; *D.* 1997, 3, note Monéger.
5. CA Lyon, 31 oct. 1979, *JDI* 1981, p. 54, note Foyer.
6. Pour une solution plus libérale, v. Mayer et Heuzé, n° 617
7. CA Nîmes, 2 sept. 2009, RG n° 08/02142, *Dr. fam.* 2010, comm. 91, note Farge.
8. sol. impl., Civ. 1re, 11 juill. 1988, n° 86-17.779, *Bull. civ.* I, n° 236; *Rev. crit. DIP* 1989, 81, note Gautier.

comme la lettre du défunt article 311-16 alinéa 1er incite à se placer au **jour de la célébration** pour déterminer la loi nationale des intéressés [1].

Bien évidemment toutes ces règles seront tenues en échec si le changement de la loi applicable résulte d'une **fraude** (v. ss n° 412.301).

2°
Mise en œuvre de la loi étrangère

431.121 Renvoi (exclusion ?). Érigeant les dispositions françaises relatives à la **possession d'état** en **lois de police**, l'article 311-15 du Code civil écarte *ipso facto* la question du renvoi.

Concernant les **rattachements alternatifs** des articles 311-16 (abrogés par l'ordonnance du 4 juillet 2005), 311-17, un certain nombre d'auteurs **exclut le renvoi en raison de leur nature hybride – mi-matérielle, mi-bilatérale** [2]. Leur position peut être illustrée avec l'article 311-17 : « *La reconnaissance volontaire de paternité ou de maternité est valable si elle a été faite en conformité, soit de la loi personnelle de son auteur, soit de la loi personnelle de l'enfant* ». En édictant cette règle, le législateur a voulu favoriser l'établissement volontaire de la filiation hors mariage. À cet effet, il suffit que l'une des lois énumérées par le texte permette de valider la reconnaissance. Si tel est le cas, il serait regrettable d'admettre le renvoi opéré par cette loi vers une autre loi qui, pour sa part, la tiendrait pour nulle. D'autres auteurs adoptent une position plus nuancée en observant que le renvoi pourrait, parfois, au contraire, servir les desseins du législateur. Aussi préconisent-ils un **renvoi** *in favorem* [3] ou **sélectif** : le mécanisme doit être admis lorsque la loi à laquelle il est renvoyé permet de valider la reconnaissance [4]. Pour l'heure, la question n'a guère été tranchée par les tribunaux. Dans un jugement du tribunal de grande instance de Paris, le 29 novembre 1994 [5], le renvoi a été écarté pour le jeu de l'article 311-17, transformé en rattachement cumulatif (sur cette mutation, v. ss nos 431.92). Cette affaire s'était d'ailleurs poursuivie jusqu'à la Cour de cassation, laquelle n'a pas pris position sur l'admissibilité du renvoi; s'il était reproché à la cour d'appel de ne pas l'avoir mis en œuvre, ce moyen a été jugé irrecevable car l'auteur du pourvoi, en le soulevant, contredisait ses écritures d'appel dans lesquelles il avait conclu que la loi française n'acceptait pas, en cette matière, le renvoi [6].

Sans doute parce qu'elle pensait trouver là un moyen de faire échec à une loi d'obédience musulmane qui prohibe l'établissement d'une filiation paternelle hors mariage, la cour d'appel de Paris a, en revanche, admis le renvoi opéré par la loi égyptienne du père à la loi française [7].

S'agissant de l'article 311-14, il pose une **règle de conflit bilatérale de facture classique**. La loi applicable est désignée de manière abstraite sans que l'auteur de la règle ne recherche un résultat substantiel identifié à l'avance comme juste. Dans ces conditions, aucune objection ne s'élève contre le jeu du renvoi. Pourtant, la tendance largement majoritaire en jurisprudence est à l'exclusion de ce facteur de complication pour l'article 311-14 du Code civil. Reproduisant un motif péremptoire, les juges du fond estiment que ce texte contient « *une désignation directe et impérative de la loi applicable* » [8].

431.122 Preuve de la loi étrangère. En matière de filiation, comme ailleurs, il incombe au juge français qui reconnaît applicable un droit étranger d'en rechercher, soit d'office soit à la demande d'une partie qui l'invoque, la teneur, avec le concours des parties et personnellement s'il y a lieu, et de donner à la question litigieuse une solution conforme au droit positif étranger [9]. L'interprétation de la loi étrangère n'est pas traditionnellement contrôlée par la Cour de cassation. Néanmoins la Cour régulatrice sanctionne son éventuelle dénaturation

1. E. Gallant, « Filiation – Établissement de la filiation », J.-Cl. Internat., fasc. 548-10, n° 145.
2. v. not., Mayer et Heuzé, n° 226; Ancel et Lequette, obs. ss Civ. 1re, 1er févr. 1972, Gouthertz, *GADIP*, n° 51.
3. Le principe du renvoi *in favorem* a déjà été admis avec l'arrêt *Zagha-Moatti* concernant la forme des actes juridiques : Civ. 1re, 15 juin 1982, *Rev. crit. DIP.* 1983, 300, note Bischoff; *JDI* 1983, p. 595, note Lehmann.
4. V. P. Bourel et H. Muir-Watt, refondu par E. Gallant, « Filiation – Établissement de la filiation », J.-Cl. Internat., fasc. 548-10, n° 66.
5. *Rev. crit. DIP* 1995, 708, 3e esp., note Foyer.
6. Civ. 1re, 6 juill. 1999, n° 97-19.453, *Bull. civ.* I, n° 225; *Dr. fam.* 2000, com. 55, note Fulchiron; *Defrénois* 2000, p. 109 note Massip; *JCP* 2000, II, 10353, note Vignal; *D.* 1999, 483, concl. Sainte-Rose; *D.* 2000, somm. 162, obs. Bottiau.
7. V. CA Paris, 18 mars 2004, *Dr. fam.* 2005, comm. 45, note Farge.
8. V. CA Paris, 11 mai 1976, Kostia de D., *Rev. crit. DIP* 1977, 109, note Fadlallah; *JDI* 1977, p. 656, note Foyer – CA Lyon, 31 oct. 1979, *JDI* 1981, p. 54, note Foyer; *Rev. crit. DIP* 1980, 558, note Ancel – CA Paris, 20 janv. 1986, *Rev. crit. DIP* 1988, somm. 828 – contra, TGI Paris, 20 avr. 1982, *JDI* 1983, p. 583, note Deruppé; *Rev. crit. DIP* 1984, 290, note Foyer.
9. Civ. 1re, 28 juin 2005, n° 00-15.734, Aubin, *Bull. civ.* I, n° 289; *Rev. crit. DIP* 2005, 645, 2e esp., note Ancel et Muir-Watt; *D.* 2005, 2853, note Bouche; *D.* 2006, pan. 1495 et 1498, obs. Courbe; *LPA* 28 déc. 2005, note Mahinga – Com. 28 juin 2005, n° 02-14.686, Itraco, *Bull. civ.* IV, n° 138; *Rev. crit. DIP* 2005, 645, 1re esp., note Ancel et Muir-Watt; *D.* 2005, pan. 2755, obs. Kenfack; *LPA* 28 déc. 2005, note Mahinga.

Un arrêt récent[1] laisse à penser que le contrôle de la dénaturation tend à être conçu de façon plus large. Il sanctionne une cour d'appel pour s'être fondée sur la norme étrangère régissant la filiation (en l'occurrence « *le droit coutumier du Dahomey* »), sans prendre en considération différents éléments du dossier (une consultation ordonnée par le premier juge, un certificat de coutume et une attestation notarié) révélateurs d'un usage contredisant le sens apparent de la norme étrangère. Autrement dit, la Cour régulatrice n'a pas laissé aux juges du fond le pouvoir souverain d'apprécier la force probante des différents éléments de compréhension du droit étranger et d'établir une hiérarchie entre eux.

Néanmoins, le juge français pourra appliquer la **loi du *for* dans sa vocation subsidiaire** s'il démontre qu'il est dans l'impossibilité de rapporter la preuve du droit étranger[2].

431.123 Modification de la règle matérielle étrangère. Le principe de solution a déjà été dégagé (v. s^{s} n° 412.401). Lorsque le système étranger désigné par la règle de conflit française a été réformé, un **conflit temporel** s'élève entre deux règles de droit interne étranger; il faut le résoudre par application des **dispositions transitoires étrangères**. Parfois, le législateur étranger prescrira la rétroactivité de la loi nouvelle; si le résultat produit est choquant il peut être écarté par le jeu de l'**exception de l'ordre public**. C'est alors, semble-t-il, la **loi étrangère ancienne** qui s'applique et non la loi du *for*[3].

Naguère le droit transitoire étranger a pu être éludé ou dénaturé, par exemple pour permettre à l'enfant de choisir la loi ancienne plus favorable à l'établissement de sa filiation alors que les dispositions transitoires de la *lex causae* prescrivaient l'application immédiate de la loi nouvelle[4]. Ce correctif fondé sur l'idée de faveur paraît condamné par un arrêt du 3 mars 1987 affirmant « *qu'en cas de modification ultérieure de la loi étrangère désignée, c'est à cette loi qu'il appartient de résoudre les conflits dans le temps* »[5]. Concernant une loi étrangère désignée par l'article 311-14 du Code civil, la solution posée par cet arrêt ne serait pas, selon certains auteurs, transposable pour la mise en œuvre d'une règle de conflit à coloration matérielle telle que celle posée par l'article 1er de la convention de Rome du 10 septembre 1970 ou par l'article 311-17 du Code civil. Comme ces règles poursuivent un objectif substantiel avéré (une faveur à la légitimation et la validité de la reconnaissance), il faudrait écarter le droit transitoire étranger chaque fois qu'il contrarierait la désignation de la loi étrangère (ancienne ou nouvelle) qui permettrait d'atteindre l'objectif poursuivi par l'auteur de la règle[6].

431.124 Intervention de l'ordre public. Jadis l'**exception d'ordre public français en matière internationale** était, d'un côté, redoutable à l'égard des lois étrangères plus libérales et, de l'autre, tolérante à l'égard des lois étrangères plus restrictives. La jurisprudence a, schématiquement, inversé cette double orientation après la loi du 3 janvier 1972. Cette présentation est volontairement réductrice. Et, il est probable que les nouvelles tendances internes, principalement le souci de stabiliser la filiation, comme l'irruption en droit international privé de la convention internationale sur les droits de l'enfant (CIDE)[7], pourront conduire à affiner les contours de l'ordre public.

S'agissant des **lois plus libérales**, il a été jugé que la loi allemande qui attribuait la paternité de l'enfant à l'homme qui a eu des relations intimes avec la mère pendant la période de conception n'était pas contraire à l'ordre public international français, même si elle peut conduire à réputer plusieurs hommes pères d'un même enfant[8]. En revanche, le souci de stabiliser les filiations qui inspire nombre de dispositions de l'ordonnance n° 2005-759 renforcera la jurisprudence qui opposait l'ordre public aux lois qui déclaraient imprescriptibles les actions en contestation de paternité[9]. Le même souci ne

1. Civ. 1re, 22 oct. 2008, n° 07-14.934, *Bull. civ.* 1, n° 235; *Rev. crit. DIP* 2009, 53, note Muir-Watt (2e esp.); *D.* 2008, AJ 2869, obs. Egéa; *AJ fam.* 2009, 83, obs. Boiché; *Dr. fam.* 2009, comm. 9; obs. Galichet; *RJPF* 2009-1/37 note Garé.
2. Civ. 1re, 21 nov. 2006, n° 05-22.002, *Bull. civ.* I, n° 500; *AJ fam.* 2007, 184, obs. Boiché; *Dr. fam.* 2007, com. 135, note Farge – COMP., censurant une cour d'appel pour ne pas avoir justifié une impossibilité objective d'accéder au contenu de la loi étrangère : Civ. 1re, 16 nov. 2004, n° 02-18.593, *Bull. civ.* I, n° 269.
3. MAYER et HEUZÉ, n° 267.
4. CA Paris, 18 mai 1954, *Rev. crit. DIP* 1955, 116, note Batiffol.
5. Civ. 1re, 3 mars 1987, n° 85-12.693, Leppert, *Bull. civ.* I, n° 78; *JCP* 1989, II, 21209, note Agostini; *Rev. crit. DIP* 1988, 695; *GAJDIP*, n° 73 – Dernièrement, Civ. 1re, 17 déc. 2008, n° 07-18.851, *Bull. civ.* I, n° 286; *Dr. fam.* 2009, comm. 21, note Farge.
6. V. LOUSSOUARN, BOUREL et DE VAREILLES SOMMIÈRES, n° 255.
7. En matière d'enlèvement illicite d'enfant, v. : Civ. 1re, 13 juill. 2005, n° 05-10.519, *Bull. civ.* I, n° 334; *Dr. fam.* 2006, n° 42, obs. Farge; *RTD civ.* 2005, 763, note Hauser; *RJPF* 2005, n° 12, p. 22, obs. Eudier; *JCP* 1995, I, 199, n° 9, obs. Rubellin-Devichi – Civ. 1re, 22 mai 2007, n° 06-12.687, *Bull. civ.* I, n° 199; *Dr. fam.* 2007, n° 155, obs. Farge.
8. Civ. 1re, 28 mars 2006, n° 04-10.160, *Bull. civ.* I, n° 178; *RJPF* 2006-9/42, obs. Garé; *LPA* 7 mai 2007, obs. Kerckhove.
9. CA Paris, 7 juin 1991, *Rev. crit. DIP* 1992, 771 (action en contestation d'état) – Civ. 1re, 13 nov. 1979, n° 78-12.634, *Bull. civ.* I, n° 277; *Rev. crit. DIP* 1980, 753, note Simon-Depitre.

paraît pas, néanmoins, emporter la condamnation des lois qui prévoient des délais plus longs que ceux du droit français.

S'agissant des **lois plus restrictives**, la Cour de cassation a estimé qu'une loi allemande prescrivant un bref délai d'un an pour agir en contestation de la reconnaissance n'était pas contraire à l'ordre public international français [1]. Mais la question s'est surtout posée de savoir si une loi étrangère qui, comme dans la plupart des pays musulmans, prohibe de façon générale l'établissement d'une filiation hors mariage, est contraire ou non à l'ordre public français en matière internationale. Après avoir, dans un premier temps, affirmé que la seule exigence de l'ordre public était d'assurer à l'enfant les subsides qui lui sont nécessaires [2], la Cour de cassation a posé en principe que : « *Si les lois étrangères qui prohibent l'établissement de la filiation naturelle ne sont pas contraires à la conception française de l'ordre public en matière internationale, il en est autrement lorsque ces lois ont pour effet de priver un enfant français ou résidant habituellement en France du droit d'établir sa filiation, l'ordre public s'opposant alors à l'application de la loi normalement compétente* » [3]. C'est dire *a contrario* que si l'enfant n'est pas intégré par sa nationalité ou sa résidence habituelle en France, il peut être privé du droit d'établir sa filiation [4] et devra se contenter de subsides en application de l'ordre public alimentaire dégagé par l'arrêt du 3 novembre 1988. Pourtant largement consacré en droit interne et en droit européen des droits de l'homme, le **droit à l'établissement de la filiation** fait ainsi l'objet d'un **cantonnement** par le **recours à l'ordre public de proximité** [5]. Consultées pour savoir si elles admettaient la contestation d'une reconnaissance à l'occasion de l'application de l'article 311-17 du Code civil métamorphosé en rattachement cumulatif (v. s[s] n° 431.92), les lois prohibant l'établissement de la filiation ont également été évincées par le jeu de l'ordre public de proximité [6]. Ce dernier recours à l'ordre public de proximité peut sembler incongru et inutile [7].

Pour refuser de déclarer contraire à l'ordre public une loi étrangère qui ne connaissait pas l'action en constatation de possession d'état, la cour d'appel de Nîmes [8] a subtilement analysé l'article 311-15 du Code civil comme fixant les limites dans lesquelles le droit français de la possession d'état pouvait se substituer à la loi étrangère désignée par l'article 311-14. Elle a ainsi jugé que lorsque la condition de résidence habituelle de l'article 311-15 justifiant l'application des dispositions françaises relatives à la possession d'état ne sont pas remplies, la loi étrangère applicable ne peut pas être déclarée contraire à l'ordre public international français au prétexte qu'elle ne connaît pas d'action en constatation de possession d'état.

§ 2
Effets de la filiation

431.131 Controverse. Au lendemain de la loi de 1972, une controverse s'est élevée pour savoir si la loi désignée par les nouveaux rattachements relatifs à **l'établissement de la filiation** avait vocation à s'appliquer aussi à ses **effets**. Pour la majorité de la doctrine, il convenait de maintenir les solutions antérieures : les effets de la filiation sont soumis à la loi nationale pour l'enfant naturel, à la loi des effets du mariage pour l'enfant légitime. D'autres auteurs préconisaient d'étendre aux effets de la filiation les nouveaux rattachements, ce qui permettait de gommer la distinction entre deux catégories d'enfants et de conserver une seule catégorie englobant l'établissement et les effets de la filiation [9]. Ce débat est aujourd'hui largement dépassé en raison de la **balkanisation du statut familial** qui conduit à la **multiplication de rattachements autonomes.**

431.132 Légitimité des enfants issus d'un mariage nul : loi de la filiation ou loi de la putativité ? Classiquement, il était enseigné que la légitimité des enfants nés d'un mariage déclaré nul

1. Civ. 1re, 6 juill. 1999, n° 97-19.453, *Bull. civ.* I, n° 225; *Dr. fam.* 2000, p. 24, note Fulchiron; *D.* 1999, 482, note Sainte-Rose; *LPA* 2000, n° 36, 16, obs. Massip; *JCP* 2000, II, 10353, obs. Vignal.
2. Civ. 1re, 3 nov. 1988, n° 87-11.568, *Bull. civ.* I, n° 298; *Rev. crit. DIP* 1989, 495, note Foyer; *JDI* 1989, p. 703, note Monéger.
3. Civ. 1re, 10 févr. 1993, n° 89-21.997, *Bull. civ.* I, n° 64; *D.* 1994, 66, note Massip; *D.* 1994, somm. 32, obs. Kerkhove; *JCP* 1993 I 3688, n° 10, obs. Fulchiron; *Rev. crit. DIP* 1993, 620, note Foyer; *JDI* 1994, 124 (1re esp.), note Barrière-Brousse.
4. Civ. 1re, 10 mai 2006, n° 05-10.299, *Bull. civ.* I, n° 226; *D.* 2006, IR 1481, obs. Gallmeister; *AJ fam.* 2006, 290, note Boiché; *Dr. fam.* 2006, comm. 177, note Farge; *RLDC* 2006/9, p. 48, note Marraud des Grottes; *D.* 2006, 2890, note Kessler et Salamé; *D.* 2007, pan. 1752, obs. Courbe; *JCP* 2006, II, 10165, note Azzi; *Gaz. Pal.* 2006, 3976, concl. Sainte-Rose; *Defrénois* 2006, p. 1327, obs. Massip – Civ. 1re, 25 avr. 2007, n° 06-13.284, *Bull. civ.* I, n° 158.
5. Pour des propositions d'abandon de l'ordre public de proximité, v. : J.-Cl. Internat., E. Gallant, « Filiation – Établissement de la filiation : mise en œuvre des règles de conflits – Effet de la filiation », fasc. 548-20, n°s 54 s.
6. CA Paris, 13 janv. 2000, *D.* 2000, 898, note Aubert – CA Paris, 23 oct. 2003, *Dr. fam.* 2004, étude 12, M. Farge.
7. V. M. Farge, *Dr. fam.* 2004, étude 12.
8. CA Nîmes, 2 sept. 2009, RG n° 08/02142, *Dr. fam.* 2010, comm. 91, note Farge.
9. Sur ce débat, V. J. Foyer, Rép. internat., *V° Filiation*, n°s 198 s.

devait dépendre de la loi qui annule le mariage conformément au principe dégagé en matière de mariage putatif. C'est dire que la légitimité ne subsistait, en cas de nullité, que si elle était tempérée par la putativité[1]. La réforme opérée par la loi de 1972 peut modifier le raisonnement. Dès lors qu'avec l'article 202 du Code civil, la légitimité est entièrement dissociée de la question de la putativité du mariage, elle devrait être soumise à la **loi qui régit l'établissement de la filiation**[2]. Un arrêt peut être lu comme une application de cette nouvelle conception[3].

431.133 Autorité parentale (renvoi). Très largement conquis par le droit conventionnel, le gouvernement de la personne de l'enfant et la protection de ses biens font l'objet de dispositions spéciales qui présentent la particularité de largement lier compétence juridictionnelle et législative (v. s[s] n° 433.31). Le droit commun n'y a qu'une place résiduelle (v. s[s] n° 433.32).

431.134 Obligation alimentaire. La **règle de conflit alternative**, favorable à l'enfant créancier d'aliments, figure dans la convention de La Haye du 2 octobre 1973. Elle constitue le droit commun français et a été décrite comme concernant l'action à fins de subsides. La loi déclarée applicable dispose d'un large domaine d'application puisqu'elle détermine, par exemple, les conditions auxquelles le créancier peut réclamer des aliments, les personnes demanderesses à l'action, les délais d'exercice de cette action, enfin les limites de l'obligation du débiteur lorsque l'institution publique qui fournit des aliments au créancier demande le remboursement de sa prestation. Néanmoins, il faut réserver l'application de la **convention de La Haye de 1956, sur la loi applicable à l'obligation alimentaire envers les enfants**[4], **qui reste toujours en vigueur**, conformément à l'article 18 de la convention de 1973, dans les rapports entre la France et les États parties à la première, mais qui n'ont pas encore ratifié la seconde. Au plus tard, le 18 juin 2011, la loi applicable à l'obligation alimentaire sera déterminée par le protocole de La Haye de 2007 auquel renvoie l'article 15 du règlement (CE) n° 4/2009 du 18 décembre 2008 relatif à la compétence, la loi applicable, la reconnaissance et l'exécution des décisions et la coopération en matière d'obligations alimentaires[5] (v. s[s] n° 431.95).

431.135 Nom de famille. En principe, le nom, en tant qu'il fait partie du statut individuel et familial des personnes, est régi par la **loi personnelle**, c'est-à-dire en droit international privé français, par la **loi nationale**. La solution est expressément énoncée par l'Instruction générale relative à l'état civil (IGREC) dont le § 531 dispose par exemple : « *La définition, la transmission et l'orthographe des noms patronymiques, ainsi que le choix des prénoms relèvent, en principe, de la loi nationale des intéressés. Celle-ci doit être appliquée par les officiers de l'état civil français si les intéressés justifient eux-mêmes de son contenu. À défaut, la loi française est applicable* ». La règle est admise sans difficultés concernant le **régime du nom** (protection, possibilité de changement volontaire). Reste que la conception administrative française du **changement de nom** peut conduire à une intervention de l'ordre public ou même à considérer qu'une partie de la réglementation interne pourrait être analysée comme des lois de police[6]. Semblablement, il a été jugé que l'autorisation gouvernementale préalable au changement de nom était d'ordre public de sorte que l'*exequatur* ne pouvait être accordé à un jugement anglais qui admettait le changement sans cette formalité[7].

Concernant l'**attribution du nom de l'enfant**, des hésitations apparaissent : parce qu'il est de plus en plus considéré comme un attribut de la personnalité, le nom peut être rattaché à la loi personnelle de l'enfant; parce qu'il demeurera toujours sous la dépendance d'autres institutions, le nom est susceptible d'être soumis à la loi qui régit les effets de la filiation ou celle applicable aux effets du mariage. La thèse favorable à la loi personnelle présente l'avantage de la simplicité; celle en faveur de la loi de l'institution a l'avantage de respecter l'unité de rattachement des effets de l'institution envisagée[8]. Dans un arrêt du 7 octobre 1997, dont la portée est discutée, la Cour de cassation a énoncé que « *la loi*

1. Civ. 6 mars 1956, Veuve Moreau, *Rev. crit. DIP* 1956, 305, note Francescakis; *D.* 1958, 709, note Batiffol; *JCP* 1956, II, 9549, note Weil; *GADIP*, n° 28 – Civ. 1re, 16 juill. 1998, n° 96-14.503, *Bull. civ.* I, n° 250; *Rev. crit. DIP* 1999, 509, note Lequette; *JDI* 1999, p. 125, note Courbe; *D.* 1999, 51, note Cosson; *D.* 1999, 294, obs. Audit; *JCP* 1999, II, 1003, note Muir-Watt; *Dr. fam.* 1999, comm. 10, 2e esp., note Fulchiron; *Dr. et patr.* 1998, n° 64, p. 98, obs. Monéger.
2. Mayer et Heuzé, n° 528, note 34 – comp. J. Foyer, « Réflexions sur l'article 202 du Code civil », *Mél. F. Terré*, 1999, p. 469.
3. Civ. 1re, 3 juin 1998, n° 95-17.384, NPT; *Rev. crit. DIP* 1998, 652, note Ancel; *D.* 1998, 578, note Fulchiron; *Dr. fam.* 1999, comm. 10, 1er esp., note Fulchiron; *JCP* 1998, II, 10181, note Fillion-Dufouleur – Comp. Civ. 1re, 16 juill. 1998, n° 96-14.503, *Bull. civ.* I, n° 250; *Rev. crit. DIP* 1999, 509, note Lequette.
4. Décr. n° 63-646, 3 juill. 1963, *JO* 9 juill. 1963.
5. Règl. (CE) n° 4/2009, 18 déc. 2008, préc. s[s] n° 431.31.
6. V. D. Gutmann, *Droit international privé*, « Cours », 3e éd., Dalloz, 2002, n° 139.
7. TGI Paris, 13 mai 1992, *JDI* 1994, p. 419, note Lucas.
8. Pour la discussion, v. A. Devers, J.-Cl. civ., fasc. 60, « Nom », n°s 15 s.

des effets du mariage est compétente pour régir la transmission du nom aux enfants légitimes »[1]. Ce rattachement paraît aujourd'hui très passéiste en raison de l'évolution individualiste du droit du nom et de l'effacement de la distinction entre filiations légitime et naturelle.

Mais le raisonnement en termes de conflit de lois doit être écarté lorsqu'il conduirait à attribuer à un ressortissant communautaire un nom différent de celui qui a été enregistré à l'état civil de l'État membre de l'Union dans lequel l'intéressé est né et réside. Tel est précisément ce qui a été jugé par la Cour de justice des communautés européennes dans l'important arrêt *Grunkin-Paul*[2].

En l'occurrence, deux époux allemands, M. Grunkin et Mme Paul, avaient donné naissance à un fils dans leur pays de résidence, le Danemark. Déclaré à l'état civil de ce pays, l'enfant s'était vu attribuer le nom de Grunkin-Paul conformément à la loi danoise qui juxtapose les noms du père et de la mère. Les services allemands de l'état civil refusèrent de transcrire le nom composé au motif que la loi allemande, compétente en tant que loi nationale de l'enfant conformément à la règle de conflit allemande (EGBG, art. 10, § 1), n'admettait pas le double nom paterno-maternel. Cette solution est condamnée par la CJCE car elle conduirait l'intéressé à porter un nom différent dans deux États membres et serait de nature à lui causer de sérieux inconvénients d'ordre tant professionnel que privé. En conséquence, la position des autorités allemandes constitue une **atteinte à la liberté de circulation** garantie par l'article 18 du traité CE.

En pareilles circonstances, la **méthode du conflit de lois** est donc **chassée** au profit de la reconnaissance dans l'État de la nationalité du nom attribué et enregistré dans l'État membre de naissance et de résidence (sur la méthode de la reconnaissance, v. s^s n°s 412.61 s.).

1. Civ. 1re, 7 oct. 1997, n° 95-16.933, *Bull. civ.* I, n° 265; *Rev. crit. DIP* 1998, 72, note Hammje; *D.* 1998, somm. 299, obs. Bottiau.
2. CJCE 14 oct. 2008, aff. C-353/06, Grunkin et Paul, *Rec. CJCE*, p. I-07639; *JCP* 2009, 10071, note Devers; *Dr. fam.* 2009, comm. 50, note Viangalli; *AJ fam.* 2008, 481, obs. Boiché; *JDI* 2009, p. 7, note D'Avout; *Europe* 2008, comm. 397, note Kauff-Gazin; *Europe* 2008, comm. 431, obs. Idot; *AJDA* 2008, p. 2327, chron. Broussy, Donnat et Lambert; *D.* 2009, 845, note Boulanger; *Rev. crit. DIP* 2009, 80, note Lagarde.

CHAPITRE

432. Compétence du juge français en matière d'autorité parentale

ALAIN DEVERS
MAÎTRE DE CONFÉRENCES
À L'UNIVERSITÉ DE LYON
(JEAN MOULIN – LYON 3)

SECTION 0 ORIENTEUR

432.00 **Plan du chapitre.**

Division. Le juge français peut être saisi s'agissant d'un enfant qui réside en France mais aussi à l'étranger[1]. Or les règles de compétence varient en fonction du lieu de résidence de l'enfant : tout d'abord, lorsque l'enfant réside sur le territoire d'un État membre de l'Union européenne (sect. 1); ensuite, et à défaut, lorsque l'enfant réside sur le territoire d'un État contractant à la convention de La Haye du 5 octobre 1961 (sect. 2); enfin, lorsque l'enfant ne réside ni sur le territoire d'un État membre de l'Union européenne ni sur le territoire d'un État contractant à la convention de La Haye du 5 octobre 1961 (sect. 3).

Cette présentation, qui a le mérite de la simplicité, devra par la suite être nuancée. Le règlement Bruxelles II *bis* peut, en effet, être applicable dans certaines hypothèses à un enfant dont la résidence habituelle est située sur le territoire d'un État tiers. Le règlement est, par exemple, applicable à des enfants qui y sont simplement présents lorsqu'il s'agit d'enfants réfugiés ou lorsque leur résidence habituelle ne peut pas être déterminée (règl. [CE] n° 2201/2003, art. 13). C'est toucher à l'applicabilité spatiale du règlement Bruxelles II *bis* (v. s^s^ n°s 432.41 s).

432.01 **Textes applicables.**

DROIT INTERNE

> Citation d'un étranger devant une juridiction française pour une obligation contractée en France ou envers un français

C. civ., art. 14

> Citation d'un français devant une juridiction française pour une obligation contractée à l'étranger

C. civ., art. 15

> Compétence territoriale du juge aux affaires familiales

C. pr. civ., art. 1070

1. E. Gallant, *Responsabilité parentale et protection des enfants en droit international privé*, Éd. Defrénois, 2004, p. 107 s.

DROIT COMMUNAUTAIRE

• **Règl. (CE) n° 2201/2003, 27 nov. 2003, dit « Bruxelles II *bis* »,** relatif à la compétence, la reconnaissance et l'exécution des décisions en matière matrimoniale et en matière de responsabilité parentale abrogeant le règlement (CE) n° 1347/2000, *JOUE* L 338, 23 déc. 2003, p. 1.

* V. texte complet s^s n° 62.12

• **Règl. (CE) n° 44/2001, 22 déc. 2000, dit « Bruxelles I »,** sur la compétence, la reconnaissance et l'exécution des décisions en matière civile et commerciale, *JOCE* L 12, 16 janv. 2001, p. 1.

* V. texte complet s^s n° 62.11

• **Règl. (CE) n° 4/2009, 18 déc. 2008,** relatif à la compétence, la loi applicable, la reconnaissance et l'exécution des décisions et la coopération en matière d'obligations alimentaires, *JOUE* L 7, 10 janv. 2009, p. 1.

* V. texte complet s^s n° 62.16

432.02 Jurisprudence de référence. Du fait de la « communautarisation » récente des règles de compétence en matière de responsabilité parentale, la matière a été profondément renouvelée. Rares sont donc les arrêts qui peuvent être qualifiés de décision de référence.

> Sur la notion de résidence habituelle de l'enfant

• **CJCE 2 avr. 2009, aff. C-523/07,** Série A; *AJ fam.* 2009, 294, obs. Boiché

* V. s n° 432.62

« La notion de "résidence habituelle", au titre de l'article 8, paragraphe 1, du règlement n° 2201/2003, doit être interprétée en ce sens que cette résidence correspond au lieu qui traduit une certaine intégration de l'enfant dans un environnement social et familial. À cette fin, doivent notamment être pris en considération la durée, la régularité, les conditions et les raisons du séjour sur le territoire d'un État membre et du déménagement de la famille dans cet État, la nationalité de l'enfant, le lieu et les conditions de scolarisation, les connaissances linguistiques ainsi que les rapports familiaux et sociaux entretenus par l'enfant dans ledit État. Il appartient à la juridiction nationale d'établir la résidence habituelle de l'enfant en tenant compte de l'ensemble des circonstances de fait particulières à chaque cas d'espèce ».

432.03 Bibliographie indicative.

Actualisables. RÉP. INTERNAT., E. Gallant, *V° Bruxelles II bis (matière matrimoniale et responsabilité parentale)* – J.-CL. INTERNAT., L. Célérien, fasc. 549-50 (Aliments – Juridiction compétente – Loi applicable), nov. 2006; N. Joubert, fasc. 549-20 (Autorité parentale – Conflit de juridictions), avr. 2009.

Guide. GUIDE PRAT., *Guide pratique pour l'application du nouveau règlement Bruxelles II*, http://ec.europa.eu/civiljustice/parental_resp/parental_resp_ec_vdm_fr.pdf

Ouvrages. A. Bigot, *L'autorité parentale dans la famille désunie en droit international privé*, PUAM, 2003 – A. Bucher, *L'enfant en droit international privé*, 1re éd., Helbing Lichtenhahn Verlag, 2003 – H. Fulchiron et C. Nourissat (dir.), *Le nouveau droit communautaire du divorce et de la responsabilité parentale*, « Thèmes et commentaires », Dalloz, 2005 – E. Gallant, *Responsabilité parentale et protection des enfants en droit international privé*, Éd. Defrénois, 2004 – Y. Lequette, *Protection familiale et protection étatique des incapables*, Dalloz, 1976.

Articles. A. Boiché, « La place des grands-parents. Le droit de visite des grands-parents en droit international privé », *AJ fam.* 2008, 156 – S. Djemni-Wagner, « L'évolution du droit communautaire de la famille : le règlement Bruxelles II *bis* sur la responsabilité parentale », *Le statut juridique de l'enfant dans l'espace européen*, 2004, Bruylant, p. 189 – M. Farge, « Les réalisations de l'Union européenne concernant l'enfant. Le règlement Bruxelles II *bis* », *Inf. soc.* 2006/1, n° 129, p. 70 – S. Francq, « La responsabilité parentale en droit international privé : entrée en vigueur du règlement Bruxelles II *bis* et du Code de droit international privé », *RTD fam.* 2005, p. 691 – E. Gallant, « L'impact et l'application du règlement Bruxelles II *bis* en France », K. Boele-Woelki et C. González Beilfuss (dir.), *Brussels II bis : its Impact and Application in the Member States*, Intersentia, 2007, p. 103 – M. Pertegás Sender, « La responsabilité parentale, l'enlèvement d'enfants et les obligations alimentaires », *Actualités du contentieux familial international*, Larcier, 2005, p. 183.

432.04 Questions essentielles.

> Quels sont les critères de compétence du juge français pour statuer en matière de responsabilité parentale s'agissant d'un enfant qui réside sur le territoire de l'Union européenne ?

* V. s^s n°s 432.62 s.

> Quels sont les critères de compétence du juge français pour statuer en matière de responsabilité parentale s'agissant d'un enfant qui réside sur le territoire d'un État tiers ?

* V. s^s n°s 432.161 s. et 432.171 s.

> Compétent pour statuer sur la responsabilité parentale, le juge français l'est-il également pour statuer sur l'obligation alimentaire ?

* V. s^s n° 432.29

> Quelles sont les règles applicables en cas d'enlèvement international d'enfants ?

* V. s^s n°s 432.81 s.

> Le juge français peut-il décliner sa compétence au profit d'un juge étranger qu'il estime mieux placé pour statuer ?

* V. s^s n°s 432.141 s.

432.07 Renvois.

> Sur l'autorité parentale en droit français, v. s^s n°s 232.00 s. V. aussi s^s n°s 521.00 s. et 522.00 s.

SECTION 1

ENFANT RÉSIDANT SUR LE TERRITOIRE D'UN ÉTAT MEMBRE DE L'UNION EUROPÉENNE

432.10 Division. Lorsque l'enfant réside sur le territoire d'un État membre de l'Union européenne, les praticiens du droit de la famille doivent avoir le réflexe de se tourner vers le règlement (CE) n° 2201/2003 du 27 novembre 2003 relatif à la compétence, la reconnaissance et l'exécution des décisions en matière matrimoniale et en matière de responsabilité parentale, abrogeant le règlement (CE) n° 1347/2000, dit règlement Bruxelles II *bis* [1]. Ce texte a fait l'objet d'un *Guide pratique* (à jour au 1er juin 2005) établi par les services de la Commission en collaboration avec le Réseau judiciaire européen [2] et d'une circulaire CIV/03/05, du 28 octobre 2005, rédigée par les services de la chancellerie (v. texte complet de la circulaire s^s n° 62.14) [3]. Mais ni le *Guide pratique*, ni la circulaire n'ont de valeur normative. Après avoir rappelé ses conditions d'applicabilité (§ 1), l'on présentera les règles de compétence du règlement Bruxelles II *bis* (§ 2).

§ 1
Applicabilité du règlement Bruxelles II *bis*

432.20 Division. Le règlement Bruxelles II *bis* n'est applicable que si trois conditions sont cumulativement remplies. L'affaire doit en effet entrer dans son champ d'application matériel (A), dans son champ d'application spatial (B) et dans son champ d'application temporel (C).

A.
Applicabilité matérielle

432.21 Notion de « matières civiles ». Le règlement Bruxelles II *bis* s'applique, quelle que soit la nature de la juridiction, aux « matières civiles » relatives à la responsabilité parentale. La Cour de justice des Communautés européennes a précisé, qu'aux fins d'application uniforme du règlement, la notion de matières civiles doit faire l'objet d'une **interprétation autonome** [4]. Elle en a déduit que la notion de matières civiles doit être interprétée en ce sens qu'elle peut même comprendre des mesures qui, du point de vue du droit d'un État membre, ressortissent au droit public. Était en cause une décision qui ordonne la prise en charge immédiate et le placement d'un enfant en dehors de son foyer d'origine, dans une famille d'accueil, adoptée dans le cadre des règles de droit public relatives à la protection de l'enfance. L'arrêt peut avoir une incidence en France s'agissant des décisions prises par les conseils généraux en matière d'aide sociale à l'enfance (CASF, art. L. 221-1 s. – V. s^s n°s 241.00 s.). Bien que le contentieux des décisions des conseils généraux soit de la compétence des juridictions administratives, le règlement Bruxelles II *bis* est applicable [5].

432.22 Notion de « responsabilité parentale ». Le règlement Bruxelles II *bis* s'applique « *à l'attribution, à l'exercice, à la délégation, au retrait total ou partiel de la responsabilité parentale* » (règl. [CE] n° 2201/2003, art. 1, § 1, s^s b).

La responsabilité parentale englobe « *l'ensemble des droits et obligations conférés à une personne physique ou une personne morale sur la base d'une décision judiciaire, d'une attribution de plein droit ou d'un accord en vigueur, à l'égard de la personne ou des biens d'un enfant* » (règl. [CE] n° 2201/2003, art. 2, s^s 7).

La responsabilité parentale comprend par exemple « *le droit de garde et le droit de visite* » (règl. [CE] n° 2201/2003, art. 1, § 2, s^s a), « *la tutelle, la curatelle, et les institutions analogues* » (règl. [CE] n° 2201/2003, art. 1er, § 2, s^s b), « *la désignation et les fonctions de toute personne ou organisme chargé de s'occuper de la personne ou des biens de l'enfant, de le représenter ou de l'assister* » (règl. [CE] n° 2201/2003, art. 1er, § 2, s^s c), « *le placement de l'enfant dans une famille d'accueil ou dans un établissement* » (règl. [CE] n° 2201/2003, art. 1er, § 2, s^s d) et « *les mesures de protection de l'enfant liées à l'administration, à la conservation ou à la disposition de ses biens* » (règl. [CE] n° 2201/2003, art. 1er, § 2, s^s e).

Il en ressort que la **notion autonome de « responsabilité parentale »** est **beaucoup plus large** que la **notion française d'« autorité parentale »**. Le concept de responsabilité parentale permet d'appréhender les différentes institutions qui existent en droit comparé : autorité parentale, puissance paternelle, administration légale, *custody*, *guardianship*... Il est donc important de se garder de tout *lex forisme* dans l'interprétation et l'application du règlement Bruxelles II *bis* [6].

1. Règl. (CE) n° 2201/2003, 27 nov. 2003, dit « Bruxelles II *bis* », relatif à la compétence, la reconnaissance et l'exécution des décisions en matière matrimoniale et en matière de responsabilité parentale abrogeant le règlement (CE) n° 1347/2000, *JOUE* L 338, 23 déc. 2003, p. 1.
2. Guide prat. : http://ec.europa.eu/civiljustice/parental_resp/parental_resp_ec_vdm_fr.pdf
3. Circ. CIV/03/05, 28 oct. 2005, relative à l'entrée en vigueur du règlement (CE) n° 2201/2003 du Conseil du 27 novembre 2003, relatif à la compétence, la reconnaissance et l'exécution des décisions en matière matrimoniale et de responsabilité parentale dit « Bruxelles II *bis* », non publiée au *JO*.
4. CJCE 27 nov. 2007, aff. C-435/06, C., pt 46, *Rec. CJCE*, p. I-10141; *Europe* 2008, comm. 28, obs. Idot; *AJ fam.* 2008, 82, obs. Boiché; *Rev. crit. DIP* 2009, 343, note Gallant; *Procédures* 2008, comm. 45, obs. Nourissat.
5. En ce sens, v. Dubot, *JCP A* 2008, 2225, n° 17.
6. F. Jault, « La notion de "responsabilité parentale" », dossier « Bruxelles II *bis* », *Dr. et patr.* 2005, n° 138, p. 58; H. Fulchiron et C. Nourissat (dir.), *Le nouveau droit communautaire du divorce et de la responsabilité parentale*, « Thèmes et commentaires », Dalloz, 2005, p. 157.

Le règlement Bruxelles II *bis* est donc applicable, en France, pour déterminer la **compétence internationale** du **juge aux affaires familiales**, du **juge des enfants** et du **juge des tutelles**. Ce rappel perd, en partie, de son intérêt depuis qu'en application de la loi n° 2009-526 du 12 mai 2009 de simplification et de clarification du droit et d'allégement des procédures [1], le juge aux affaires familiales exerce les fonctions de juge des tutelles pour les mineurs.

432.23 Titulaires de la responsabilité parentale. Quant aux titulaires de la responsabilité parentale, autrement dit les personnes exerçant la responsabilité parentale à l'égard d'un enfant (règl. [CE] n° 2201/2003, art. 2, s^s 8), il peut s'agir d'une personne physique (le plus souvent, les parents) mais également d'une personne morale (par ex., une association). Inutile de distinguer selon que le titulaire de la responsabilité parentale est investi de la responsabilité parentale de plein droit, par un accord auquel la loi donne effet ou par une décision judiciaire. Puisqu'est titulaire de la responsabilité parentale « *toute personne exerçant la responsabilité parentale à l'égard d'un enfant* » (règl. [CE] n° 2201/2003, art. 2, s^s 8), les grands-parents ou l'ex beau-père auxquels a été reconnu un droit d'hébergement entrent dans la grande famille des titulaires de la responsabilité parentale.

La responsabilité parentale a une triple dimension : la personne de l'enfant, les biens de l'enfant et la représentation l'enfant.

432.24 1° Personne de l'enfant. Par **droit de garde**, notion qui n'existe plus en droit français, il faut entendre « *les droits et obligations portant sur les soins de la personne d'un enfant, et en particulier le droit de décider de son lieu de résidence* » (règl. [CE] n° 2201/2003, art. 2, s^s 9). Le **droit de visite** permet notamment « *d'emmener l'enfant pour une période limitée dans un lieu autre que celui de sa résidence habituelle* » (règl. [CE] n° 2201/2003, art. 2, s^s 10).

Entre donc dans le champ d'application du règlement la demande d'un père en fixation de la résidence habituelle des enfants à son domicile : il s'agit d'une demande d'octroi d'un droit de garde. Il en va de même de la demande de la mère en modification de la période des vacances scolaires pendant laquelle le père peut recevoir ses enfants : il s'agit d'une demande de modification d'un droit de visite.

Le règlement s'applique également aux **enlèvements entre États membres de l'Union européenne** (règl. [CE] n° 2201/2003, art. 2, s^s 11) et aux **mesures de placement de l'enfant dans une famille d'accueil ou dans un établissement** (règl. [CE] n° 2201/2003, art. 1, § 2, s^s d). Le règlement Bruxelles II *bis* ne devrait cependant pas s'appliquer aux mesures de placement d'un enfant lorsqu'elles préparent son adoption (règl. [CE] n° 2201/2003, art. 1, § 3, s^s b) ou lorsqu'elles sont consécutives à une infraction pénale commise par l'enfant (règl. [CE] n° 2201/2003, art. 1, § 3, s^s g). On peut penser, à l'image de la solution retenue par la convention de La Haye du 19 octobre 1996 (concernant la compétence, la loi applicable, la reconnaissance, l'exécution et la coopération en matière de responsabilité parentale et de mesures de protection des enfants), que la ***kafala*** entre dans le champ d'application du règlement Bruxelles II *bis* en tant qu'« institution analogue ». C'est une mesure de protection de l'enfant qui, selon la Cour de cassation française, « *ne crée aucun lien de filiation entre l'enfant et les personnes qui le prennent en charge, contrairement à l'adoption simple (de droit français) qui crée ce lien de filiation entre l'enfant et ses adoptants* » [2]. En définitive, dans la quête en droit français d'un équivalent à la *kafala* de droit musulman, c'est – non sans quelques réserves – vers la **délégation de l'autorité parentale** [3] ou la **tutelle** [4] que l'on s'oriente généralement. Ainsi, « *dans le cas d'enfants abandonnés, sans filiation connue ou orphelins, la* kafala *peut être assimilée en France à une tutelle. Lorsque les attributs de l'autorité parentale ont été transférés au* kafil, *sans renoncement définitif des parents à les exercer, la* kafala *produit les effets d'une délégation d'autorité parentale* » [5]. Certains parlementaires, observant que « *plusieurs pays européens, également confrontés aux questions soulevées par le recueil d'enfants par* kafala, *ont modifié leur législation afin que ceux-ci disposent d'un statut et de droits identiques à ceux des enfants adoptés* », ont demandé au gouvernement français s'il « *entend amender la loi française en ce même sens* » [6]. Le gouvernement a indiqué

1. L. n° 2009-526, 12 mai 2009, de simplification et de clarification du droit et d'allègement des procédures, *JO* 13 mai, p. 7920.

2. Civ. 1re, 10 oct. 2006, n° 06-15.264, n° 06-15.265, 2 esp., *Bull. civ.* I, n°s 431 et 432 ; *AJ fam.* 2007, 32, obs. Boiché ; *Defrénois* 2007, p. 133, note Revillard ; *Defrénois* 2007, p. 307, note Massip ; *RLDC* 2007, n° 2610, note Thevenet-Montfrond ; *RJPF* 2007-1/35, p. 22, obs. Le Boursicot ; *JDI* 2007, p. 564, note Brière ; *JCP* 2007, II, 10072, note Farge ; *Dr. fam.* 2007, comm. 96, note Farge ; *D.* 2007, 816, note Fulchiron – CONTRA, CA Aix-en-Provence, 24 oct. 2006, *JCP* 2007, II, 10073, note Verdot.
3. A. Gouttenoire et M. Lamarche, « La recherche d'équivalent : l'autorité parentale », *Dr. fam.* 2009, dossier 9 – V. aussi, EN CE SENS, v. rép. min. n° 63220, *JOAN* Q, 11 juill. 2006, p. 7365.
4. J.-M. Plazy, « La recherche d'équivalent : la tutelle », *Dr. fam.* 2009, dossier 10.
5. Rép. min. n°s 03703, 03758 et 03811, *JO Sénat* Q, 21 août 2008, p. 1698.
6. QE n° 26943, *JO Sénat* Q, 26 avr. 2007, p. 849 – QE n° 122871, *JOAN* Q, 8 mai 2007, p. 4234.

avoir « *mis en place, en février 2007, en liaison avec le ministre délégué à la Sécurité sociale, aux personnes âgées, aux personnes handicapées et à la famille, un groupe de travail sur la* kafala. *Ce groupe est chargé d'expertiser l'opportunité et la possibilité de permettre, en concertation avec les principaux pays concernés, le prononcé en France de l'adoption d'enfants dont la loi personnelle prohibe cette institution* » [1].

432.25 **2° Biens de l'enfant.** S'agissant du patrimoine de l'enfant, le règlement Bruxelles II *bis* s'applique aux « *mesures de protection de l'enfant liées à l'administration, à la conservation ou à la disposition de ses biens* » (règl. [CE] n° 2201/2003, art. 1, § 2, s[s] e). Restrictif, le *Guide pratique* établi par la Commission évoque « *toutes les mesures de protection qui s'avèrent nécessaires pour l'administration ou la vente du patrimoine de l'enfant* » [2]. Il est précisé, « *à titre d'exemple,* [que le règlement] *devrait s'appliquer aux cas dans lesquels les parents sont en litige au sujet de l'administration des biens de l'enfant* » (règl. [CE] n° 2201/2003, préambule, cons. 9). Par opposition, « *les mesures relatives aux biens de l'enfant qui ne concernent pas la protection de l'enfant devraient continuer à être régies par règlement* [Bruxelles I] » (règl. [CE] n° 2201/2003, préambule, cons. 9) [3]. C'est suggérer qu'il existe, parmi les différentes mesures relatives aux biens de l'enfant, des **mesures de protection** (soumises au règlement Bruxelles II *bis*) et des **mesures qui ne sont pas de protection** (soumises au règlement Bruxelles I). Le règlement Bruxelles II *bis* ne fournit aucun critère permettant de distinguer clairement les mesures de protection et les autres mesures [4]. Éludant la question, le *Guide pratique* affirme qu'il « *appartient au juge* [saisi] *d'apprécier dans chaque cas d'espèce si une mesure concernant le patrimoine de l'enfant relève ou non de la protection de l'enfant* ». En termes de sécurité juridique et de prévisibilité des solutions, les praticiens du droit ont connu meilleure fortune... Il eût été préférable, à l'image de la convention de La Haye du 19 octobre 1996 (concernant la compétence, la loi applicable, la reconnaissance, l'exécution et la coopération en matière de responsabilité parentale et de mesures de protection des enfants), de ne pas introduire une telle distinction et de considérer que toutes les mesures concernant l'administration, la conservation ou la disposition des biens de l'enfant sont, par nature, des mesures de protection [5]. Saisie de l'interprétation de la notion de « *mesures de protection des biens de l'enfant* », la Cour de justice de l'Union européenne pourrait insister sur le fait que la convention de La Haye de 1996 constitue « *un élément important de la genèse du règlement n° 2201/2003* » et choisir « *de délimiter avec cohérence les champs d'application respectifs des différents instruments* » [6]...

432.26 **3° Représentation de l'enfant.** Si la représentation de l'enfant est généralement exercée par les parents, elle peut l'être aussi, en tout ou en partie, par des tiers (personnes physiques ou personnes morales). Il s'agit des cas de décès, d'incapacité, d'inaptitude ou d'indignité des parents ou en cas d'abandon de l'enfant par ses parents. Le règlement Bruxelles II *bis* ainsi s'applique « *à la tutelle, la curatelle et aux institutions analogues* » (règl. [CE] n° 2201/2003, art. 1, § 2, s[s] b). Différente est la question de la détermination du représentant de l'enfant lorsqu'une mesure de protection doit être prise concernant sa personne ou ses biens. Si une décision doit être prise, le règlement Bruxelles II *bis* ne tranchera que la **question de la juridiction compétente** et laissera en suspens celle de savoir **qui a le pouvoir de représenter** l'enfant. Cette dernière doit être tranchée en application de la **loi qui régit la responsabilité parentale.** En fonction du juge saisi, et en supposant qu'il est compétent sur la base du règlement Bruxelles II *bis*, il sera fait application de la convention de La Haye du 5 octobre 1961 (concernant la compétence des autorités et la loi applicable en matière de protection des mineurs), de la convention de La Haye du 19 octobre 1996 (concernant la compétence, la loi applicable, la reconnaissance, l'exécution et la coopération en matière de responsabilité parentale et de mesures de protection des enfants) ou de la règle nationale de droit international privé.

432.27 **Notion d'enfant.** À l'image de la convention de La Haye du 19 octobre 1996 (conv. La Haye, 19 oct. 1996, art. 2), le règlement Bruxelles II *bis* se déclare applicable non pas au « mineur » mais à

1. Rép. min. n° 00293, *JO Sénat* Q, 30 août 2007, p. 1545 – Rép. min. n° 01013, *JO Sénat* Q, 13 sept. 2007, p. 1625.
2. GUIDE PRAT., p. 9.
3. V. aussi GUIDE PRAT., p. 9.
4. A. Devers, « L'articulation du règlement Bruxelles II *bis* et des autres règlements communautaires », H. Fulchiron et C. Nourissat (dir.), *Le nouveau droit communautaire du divorce et de la responsabilité parentale*, « Thèmes et commentaires », Dalloz, 2005, p. 134-136.
5. P. Lagarde, « Rapport explicatif sur la Convention-Protection des enfants de 1996 », *Actes et documents de la Dix-huitième session (1996)*, t. II, *Protection des enfants*, p. 533 s., spéc[t] p. 546, n° 25 : « *Les mesures de protection peuvent porter sur "l'administration, la conservation ou la disposition des biens de l'enfant". Cette formulation très large englobe toutes les opérations intéressant les biens des mineurs, y compris les acquisitions, considérées comme des placements ou des actes de disposition des biens cédés en contrepartie de l'acquisition* ».
6. CJCE 2 avr. 2009, aff. C-523/07, concl. J. Kokott, pt 23, présentées le 29 janv. 2009, à propos de la notion de « *résidence habituelle* ».

l'« enfant ». Comme pour la convention de La Haye du 5 octobre 1961 (conv. La Haye, 5 oct. 1961, art. 12), choisir le concept de mineur aurait nécessité l'élaboration d'une règle de conflit pour déterminer la loi applicable à la définition de ce terme. C'est sans doute pourquoi le règlement a choisi le concept d'enfant, terme qui évoque, selon nous, une approche matérielle et non pas conflictuelle. Mais, alors qu'elle est essentielle au bon fonctionnement du texte communautaire, il est surprenant de constater que la notion d'enfant n'est pas définie par le règlement.

Certains auteurs considèrent que c'est au **droit interne du juge saisi** qu'il revient de déterminer la qualité d'enfant. Un tel renvoi présenterait « *l'avantage de n'entraîner l'application du règlement que dans l'hypothèse où le litige fait bien l'objet d'une règle de droit relative à la responsabilité parentale* »[1]. Le *Guide pratique* est en ce sens puisqu'il précise que le règlement « *laisse au droit interne le soin de régler cette question. Bien que les décisions sur la responsabilité parentale concernent dans la plupart des cas des mineurs de moins de 18 ans, ces personnes peuvent parfois être émancipées selon leur droit interne, notamment si elles se marient. Les décisions prises à leur égard ne seront pas en principe qualifiées comme relevant de la « responsabilité parentale » et se trouveront donc hors du champ d'application du Règlement* »[2]. C'est, selon nous, une mauvaise solution; il est préférable de dégager une **définition autonome**. En ce sens, il a été proposé de considérer que, hors hypothèse d'enlèvement d'enfant, le règlement s'applique aux enfants à partir de leur naissance et jusqu'à ce qu'ils aient atteint l'âge de 18 ans[3]. En revanche, en cas d'enlèvement d'enfant, il a été suggéré de retenir que le règlement s'applique aux enfants à partir de leur naissance et jusqu'à ce qu'ils aient atteint l'âge de 16 ans[4]. L'objectif est d'assurer une continuité entre le règlement Bruxelles II *bis* et les conventions de La Haye applicables à la responsabilité parentale et à l'enlèvement d'enfant. En ce sens, Mme l'Avocat général Kokott insiste sur le fait que la convention de La Haye de 1996 constitue « *un élément important de la genèse du règlement n° 2201/2003* ». C'est pourquoi « *il convient de délimiter avec cohérence les champs d'application respectifs des différents instruments. Cela suppose une interprétation uniforme de la notion de "résidence habituelle" à laquelle se réfèrent tant les conventions internationales que le règlement n° 2201/2003* »[5]. Quant à lui, l'article 11 du règlement s'inspire « *tout particulièrement de la convention de La Haye de 1980 et a repris son orientation* [...]. *Les deux actes ont pour objectif d'assurer sans délai le retour des enfants enlevés dans l'État dans lequel ils résidaient habituellement avant leur déplacement ou non-retour illicites. Cette congruence impose également une interprétation uniforme de la notion de résidence habituelle* »[6]. Valable pour la notion de résidence habituelle, l'argument l'est aussi s'agissant de la notion d'enfant.

1. F. Jault, « La notion de « "responsabilité parentale" », préc., p. 157, spéc^t p. 164.
2. GUIDE PRAT., p. 8.
3. A. Devers, « Les enlèvements d'enfants et le règlement Bruxelles II *bis* », H. Fulchiron (dir.), *Les enlèvements d'enfants à travers les frontières*, Bruylant, 2004, p. 33, spéc^t p. 36.
4. EN CE SENS, V. NOT. A. Devers, « Les enlèvements d'enfants et le règlement Bruxelles II *bis* », préc., p. 36.

432.28 Exclusions : filiation, adoption, nom et prénom de l'enfant, émancipation, obligations alimentaires, trust et succession, mesures prises sur infractions pénales commises par des enfants. Bien qu'il existe un lien avec la responsabilité parentale, le règlement Bruxelles II *bis* ne s'applique pas « *à l'établissement et la contestation de la filiation* » (règl. [CE] n° 2201/2003, art. 1, § 3, s^s a), « *à la décision sur l'adoption et les mesures qui la préparent, ainsi que l'annulation et la révocation de l'adoption* » (règl. [CE] n° 2201/2003, art. 1, § 3, s^s b), « *aux noms et prénoms de l'enfant* » (règl. [CE] n° 2201/2003, art. 1, § 3, s^s c), « *à l'émancipation* » (règl. [CE] n° 2201/2003, art. 1, § 3, s^s d), « *aux obligations alimentaires* » (règl. [CE] n° 2201/2003, art. 1, § 3, s^s e), « *aux trusts et successions* » (règl. [CE] n° 2201/2003, art. 1, § 3, s^s f) et « *aux mesures prises à la suite d'infractions pénales commises par des enfants* » (règl. [CE] n° 2201/2003, art. 1, § 3, s^s g).

Délicate est l'hypothèse où le juge français est simultanément saisi d'une **question de responsabilité parentale** et d'une **question exclue** : sa compétence doit être étudiée demande par demande.

Par exemple, dans le cadre d'une action en recherche de paternité, la mère demande au juge français à ce que la résidence habituelle de l'enfant soit fixée à son domicile et que le père verse pour l'enfant une pension alimentaire. Seule la question de la fixation de la résidence habituelle de l'enfant entre dans le champ d'application matériel du règlement Bruxelles II *bis*, la question préalable de l'établissement de la filiation et la conséquence alimentaire étant exclues.

D'autres exclusions, dont on pourrait discuter la valeur normative, figurent dans le préambule du règlement Bruxelles II *bis*. Le considérant 10 affirme ainsi que le règlement « *n'a pas vocation à s'appliquer à des matières telles que celles relatives à la sécurité sociale, aux mesures de droit public à caractère général en matière d'éducation et de santé, ni aux déci-*

5. CJCE 2 avr. 2009, aff. C-523/07, concl. J. Kokott, pt 23, préc. s^s n° 432.25.
6. CJCE 2 avr. 2009, aff. C-523/07, concl. J. Kokott, pt 23, préc. s^s n° 432.25.

sions relatives au droit d'asile et à l'immigration ». À suivre le considérant 10, le litige qui oppose les parents quant à la **désignation de l'allocataire des prestations familiales** suite à une décision faisant alterner la résidence de l'enfant[1] n'entre pas dans le champ d'application du règlement. Il est revanche permis de considérer que, s'agissant d'un **mineur en zone d'attente d'un aéroport**, la **mesure d'assistance éducative** entre dans le champ d'application du règlement Bruxelles II *bis*. Cette mesure, si elle emporte des conséquences sur le séjour du mineur, n'est pas relative au droit d'asile et à l'immigration. D'ailleurs, comme le souligne judicieusement un auteur[2], « *le règlement prévoit à son article 13 un chef de compétence adapté à la situation puisqu'il s'applique "aux enfants réfugiés ainsi qu'aux enfants qui, par suite de troubles prévalant dans leur pays, sont internationalement déplacés"* » (règl. [CE] n° 2201/2003, art. 13, s^s 2 - V. s^s n° 62.14).

432.29 Exclusions (*focus* sur les obligations alimentaires). Autre exemple, si la procédure oppose les parents sur la responsabilité parentale et l'obligation alimentaire, la compétence du juge français est déterminée par le règlement Bruxelles II *bis* pour la première question et, en principe, par le règlement Bruxelles I pour la seconde[3]. Il faut en effet garder à l'esprit que le règlement Bruxelles I ne s'applique que lorsque le défendeur a son domicile sur le territoire d'un État membre (règl. [CE] n° 44/2001, art. 4, § 1). Dans cette hypothèse, il prévoit deux règles de compétence, l'une générale et l'autre spéciale. L'article 2 permet de saisir les juridictions de l'État membre sur le territoire duquel le défendeur a son domicile. En matière d'obligation alimentaire, l'article 5 paragraphe 2 permet de porter la demande « *devant le tribunal du lieu où le créancier d'aliments a son domicile ou sa résidence habituelle ou, s'il s'agit d'une demande accessoire à une action relative à l'état des personnes, devant le tribunal compétent selon la loi du for pour en connaître, sauf si cette compétence est uniquement fondée sur la nationalité d'une des parties* ». L'action relative à la responsabilité parentale est une action relative non pas à l'état des personnes mais à la capacité des personnes si bien que seule la première partie de l'article 5 paragraphe 2 s'applique. Le créancier d'aliments peut, à son choix, porter son action devant les juridictions désignées par l'article 2 (juge du domicile du débiteur d'aliments) ou par l'article 5 paragraphe 2 (juge de la résidence habituelle du créancier d'aliments) du règlement Bruxelles I (pour plus de détails, v. s^s n°s 423.161 s.). Le débiteur d'aliments ne peut quant à lui porter son action que devant les juridictions de l'État membre où demeure le créancier d'aliments[4]. Reste une question sensible à résoudre, celle de la détermination du créancier d'aliments. S'agit-il du parent qui réclame des aliments pour l'enfant ou de l'enfant lui-même ? On peut penser, à rebours de la solution française, que le créancier d'aliments est l'enfant.

La **loi applicable à l'obligation alimentaire** sera le plus souvent déterminée par la convention de La Haye du 2 octobre 1973 qui retient des **rattachements alternatifs**[5]. Est en principe applicable la **loi de la résidence habituelle du créancier d'aliments**[6] (conv. La Haye, 2 oct. 1973, art. 4). Là encore, il faut trancher la question de savoir si le créancier d'aliments est le parent qui réclame des aliments pour l'enfant ou l'enfant lui-même. Sur ce point, le rapport explicatif Verwilghem n'est pas très éclairant. Il se contente de préciser que « *par créancier, il faut entendre celui qui prétend à des aliments, le débiteur étant celui à qui des aliments sont réclamés* »[7]. C'est pourtant en faveur de la seconde solution que l'on incline[8]. Il faut en effet rappeler que la convention de La Haye du 24 octobre 1956 sur la loi applicable aux obligations alimentaires envers les enfants stipule que « *la loi de la résidence habituelle de l'enfant détermine si, dans quelle mesure et à qui l'enfant peut réclamer des aliments* ». Il en ressort que, pour la Conférence de La Haye, l'enfant est le véritable créancier d'aliments. En pratique, la question n'a d'importance que si le parent qui réclame des aliments n'a pas, à son domicile, la résidence habituelle de l'enfant[9]. Considérant que « *le droit aux aliments est un droit qui s'impose aux père et mère qui ne peuvent y renoncer* »[10], un accord procédural est impossible sur la loi applicable aux aliments dus à l'enfant. Dans le même esprit, le juge français a

1. COMP. Civ. 1re, 28 oct. 2009, n° 07-19.669, NP – EN DROIT INTERNE, v. Cass. avis, 26 juin 2006, n° 00-60.004, n° 00-60.005, 2 esp., *Bull. civ. avis*, n°s 3 et 4; *Dr. fam.* 2006, comm. 179, note Devers; *RTD civ.* 2006, 752, obs. Hauser; *JCP S* 2006, 1788, note Paillet; *JCP* 2006, I, 199, chron. Rubellin-Devichi.
2. Farge, note s^s Civ. 1re, 25 mars 2009, n° 08-14.125, *Bull. civ.* I, n° 66; *JCP* 2009, 294.
3. A. Devers, « L'articulation du règlement Bruxelles II *bis* et des autres règlements communautaires », préc., p. 132-134.
4. Rapp. Schlosser, *JOCE* C 59, 5 mars 1979, p. 71, spéc^t p. 105, n° 107.
5. J.-CL. CIV., P. Bourel et H. Muir Watt, art. 311-14 à 311-18 (refondu par E. Gallant), mars 2007, n° 116-121.
6. V. NOT., Civ. 1re, 20 juin 2006, n° 05-18.133, NP.
7. M. Verwilghen, « Rapport explicatif sur les Conventions-Obligations alimentaires de 1973 », *Actes et documents de la Douzième session*, 1972, t. IV, Obligations alimentaires, p. 432, spéc^t p. 440-441, n° 137.
8. En faveur de la première solution, CA Paris, pôle 1, ch. 1, 10 déc. 2009, RG n° 09/05480 – CA Toulouse, 6 févr. 2001, RG n° 1999/05831.
9. Éludant ainsi la question, CA Douai, 23 juin 2005, RG n° 04/00449.
10. Civ. 1re, 14 oct. 2009, n° 08-15.583, NP.

l'obligation de rechercher d'office la loi déclarée compétente par la règle de conflit de lois.

Ces solutions sont appelées à évoluer du fait de la prochaine mise en application du règlement (CE) n° 4/2009 du 18 décembre 2008 relatif à la compétence, la loi applicable, la reconnaissance et l'exécution des décisions et la coopération en matière d'obligations alimentaires[1]. Il modifiera « *le règlement (CE) n° 44/2001 en remplaçant les dispositions de celui-ci applicables en matière d'obligations alimentaires* » (règl. [CE] n° 4/2009, cons. 44). S'agissant de la **compétence juridictionnelle**, il prévoit que seront « *compétentes pour statuer en matière d'obligations alimentaires dans les États membres* [...] *a) la juridiction du lieu où le défendeur a sa résidence habituelle ou b) la juridiction du lieu où le créancier a sa résidence habituelle,* [...] *ou d) la juridiction qui est compétente selon la loi du for pour connaître d'une action relative à la responsabilité parentale lorsque la demande relative à une obligation alimentaire est accessoire à cette action, sauf si cette compétence est fondée uniquement sur la nationalité d'une des parties* » (règl. [CE] n° 4/2009, art. 3). En ce qui concerne la loi applicable, il renverra au protocole de La Haye de 2007 sur la loi applicable aux obligations alimentaires (règl. [CE] n° 4/2009, art. 15). Pour plus de détails, il convient de se reporter aux développements consacrés à ces textes à l'occasion de l'étude du divorce demandé en France (v. s[s] n°s 423.341 s.).

B. Applicabilité spatiale

432.41 Critère de la résidence habituelle de l'enfant. Le règlement Bruxelles II *bis* s'applique directement dans l'ensemble des États membres, à l'exception du Danemark qui n'est pas considéré comme un État membre au sens du règlement (règl. [CE] n° 2201/2003, art. 2, s[s] 3). Il est par principe applicable pour déterminer si le juge français est compétent pour statuer sur une question de responsabilité parentale. Ce n'est que lorsqu'aucune juridiction d'un État membre n'est compétente en vertu des articles 8 à 13 du règlement que la compétence est, en France, réglée par la loi française (règl. [CE] n° 2201/2003, art. 14). Le plus souvent, le règlement est applicable parce que **l'enfant a sa résidence habituelle sur le territoire d'un État membre de l'Union européenne** (règl. [CE] n° 2201/2003, art. 8).

Le règlement s'applique par exemple à la demande d'aménagement d'un droit visite soumise au juge français concernant un enfant résidant habituellement en Allemagne.

Mais, et c'est **exceptionnel**, le règlement peut aussi s'appliquer à **un enfant qui a sa résidence habituelle sur le territoire d'un État tiers**[2]. Le règlement est ainsi applicable s'il existe une **prorogation volontaire de compétence au profit des juridictions d'un État membre** (règl. [CE] n° 2201/2003, art. 12) ou, dans certaines hypothèses, si l'enfant est présent sur le territoire d'un État membre (règl. [CE] n° 2201/2003, art. 13).

Il est, par exemple, applicable au mineur en zone d'attente d'un aéroport pour lequel une mesure d'assistance éducative serait demandée au juge des enfants[3] (v. s[s] n°s 243.41 à 243.62).

À l'occasion de l'étude de l'applicabilité du règlement, il peut être nécessaire de trancher la question de la localisation de la résidence habituelle de l'enfant[4].

432.42 Sort des conventions multilatérales. Il existe plusieurs conventions internationales qui règlent la question de la compétence en matière de responsabilité parentale. L'articulation entre le **règlement Bruxelles II *bis*** et ces **conventions** est résolue par l'affirmation de la **primauté du premier sur les secondes dans les relations entre les États membres** (règl. [CE] n° 2201/2003, art. 60 et 61). Le règlement Bruxelles II *bis* affirme notamment primer sur la convention de La Haye du 5 octobre 1961 (concernant la compétence des autorités et la loi applicable en matière de protection des mineurs), la convention de La Haye du 25 octobre 1980 (sur les aspects civils de l'enlèvement international d'enfants) et la convention de La Haye du 19 octobre 1996 (concernant la compétence, la loi applicable, la reconnaissance, l'exécution et la coopération en matière de responsabilité parentale et de mesures de protection des enfants).

Il faut toutefois noter que l'article 61 du règlement Bruxelles II *bis* énonce que « *dans les relations avec la convention de La Haye du 19 octobre 1996*

1. Règl. (CE) n° 4/2009, 18 déc. 2008, relatif à la compétence, la loi applicable, la reconnaissance et l'exécution des décisions et la coopération en matière d'obligations alimentaires, *JOUE* L 7, 10 janv. 2009, p. 1.
2. TGI Strasbourg, 18 août 2009, *AJ fam.* 2010, 82, obs. Hilt.
3. Farge, note s[s] Civ. 1re, 25 mars 2009, n° 08-14.125, préc. s[s] n° 432.28.
4. COMP. Civ. 1re, 20 févr. 2008, n° 07-12.581, NP : alors qu'il localise la résidence habituelle de l'enfant en France, l'arrêt déclare le juge français compétent sur la base de la Convention de La Haye du 5 octobre 1961 concernant la compétence des autorités et la loi applicable en matière de protection des mineurs... – CA Versailles, ch. 2, sect. 1, 25 mars 2010, RG n° 09/02695, écartant toute résidence habituelle des enfants au Maroc, l'arrêt élude la question de l'applicabilité du règlement Bruxelles II *bis*.

[...], *le présent règlement s'applique lorsque l'enfant concerné a sa résidence habituelle sur le territoire d'un État membre* ». Le **critère d'articulation des deux textes** serait donc celui du **lieu la résidence habituelle de l'enfant** : dans un État membre, dans un État tiers contractant à la convention de 1996 ou dans un État tiers non contractant à la convention de 1996. Si l'enfant réside habituellement dans un État membre ou dans un État tiers non contractant à la convention de 1996, c'est le règlement qui s'applique. En revanche, si l'enfant réside habituellement dans un État tiers contractant à la convention de 1996, c'est la convention qui s'applique. En apparence simple, l'articulation des deux textes peut vite s'avérer délicate. Prenons l'hypothèse où l'enfant a, de manière licite, changé de résidence habituelle après la saisie des juridictions de l'État membre de sa résidence habituelle. Il existe, en effet, une différence nette entre le règlement Bruxelles II *bis* et la convention de La Haye de 1996 sur les effets d'un tel changement : le premier reconnaît le principe de la *perpetuatio fori* (règl. [CE] n° 2201/2003, art. 8, § 1) alors que la seconde rejette ce système et donne compétence aux juridictions de l'État de la nouvelle résidence habituelle (conv. La Haye, 19 oct. 1996, art. 5, § 2). Si l'État de la nouvelle résidence habituelle est un **État tiers contractant à la convention de La Haye**, la convention devrait prévaloir. Si l'État de la nouvelle résidence habituelle est un **État tiers non contractant à la convention de La Haye**, le règlement devrait s'appliquer. Ces questions ne se poseront, en France, qu'à compter de l'entrée en vigueur de la convention de La Haye de 1996.

432.43 Sort des conventions bilatérales. Comme en matière matrimoniale (v. s[s] n° 423.42), il semble que le règlement Bruxelles II *bis* prime sur les différentes conventions bilatérales applicables en France en matière parentale. Percevant l'éventuel conflit entre le règlement Bruxelles II *bis* et la convention franco-marocaine du 10 août 1981, la Cour de cassation a ainsi préféré juger que « *l'article 24 de la Convention n'édicte que des règles de compétence indirecte, au stade de la reconnaissance d'une décision étrangère* »[1].

C. Applicabilité temporelle

432.51 Procédures intentées à compter du 1er mars 2005. Le règlement Bruxelles II *bis* est applicable à toutes les procédures judiciaires intentées en France à compter du 1er mars 2005 (règl. [CE] n° 2201/2003, art. 69, § 1 et art. 72, al. 2).

432.52 Procédures intentées entre le 1er mars 2001 et le 1er mars 2005. Pour les procédures intentées entre le 1er mars 2001 et le 1er mars 2005, la compétence internationale du juge français peut être définie par le **règlement Bruxelles II** (règl. [CE] n° 1347/2000, art. 46 et art. 42, § 1). Il est important de noter que ce texte a un **champ d'application en matière de responsabilité parentale beaucoup plus restreint** que celui du **règlement Bruxelles II *bis***[2]. Il s'applique uniquement à la responsabilité parentale à l'égard des **enfants communs des époux** et à l'occasion d'une **action en divorce, en séparation de corps ou en annulation du mariage** (règl. [CE] n° 1347/2000, art. 1, § 1, s[s] b)[3].

Ainsi, par exemple, le règlement Bruxelles II ne s'applique pas aux procédures qui opposent des parents qui ne sont pas mariés ensemble ou qui font suite à la dissolution d'une famille recomposée[4].

Il faut alors se tourner vers la convention de La Haye du 5 octobre 1961 concernant la compétence des autorités et la loi applicable en matière de protection des mineurs : elle s'applique à tous les mineurs qui ont leur résidence habituelle sur le territoire d'un État contractant (conv. La Haye 5 oct. 1961, art. 13)[5]. Si le litige entre dans son champ d'application matériel, il est possible (au regard des strictes conditions de la prorogation de compétence du juge du divorce) qu'il lui échappe spatialement[6].

432.53 Procédures intentées avant le 1er mars 2001. Pour les procédures intentées avant le 1er mars 2001, il convient de faire application de la **convention de La Haye du 5 octobre 1961**, concernant la compétence des autorités et la loi applicable en matière de protection des mineurs : elle s'applique à tous les mineurs qui ont leur résidence habituelle sur le territoire d'un État contractant (conv. La Haye, 5 oct. 1961, art. 13).

1. Civ. 1re, 22 mai 2007, n° 06-10.892, *Bull. civ.* I, n° 200; *Dr. fam.* 2007, comm. 188, note Larribau-Terneyre; *RJPF* 2007-10/26, p. 22 (2e esp.), obs. Meyzeaud-Garaud.
2. V. NOT., J.-CL. EUROPE, B. Sturlèse, fasc. 3500, « Règlement (CE) n° 1347/2000, 29 mai 2000 », sept. 2001.
3. V. NOT., CA Paris, 16 févr. 2006, RG n° 04/23009 – CA Douai, 30 juin 2005, RG n° 04/03437.
4. H. Gaudemet-Tallon, « Le règlement n° 1347/2000 du Conseil du 29 mai 2000. Compétence, reconnaissance et exécution des décisions en matière de responsabilité parentale des enfants communs », *JDI* 2001, p. 381, spéc[t] p. 387, n° 10.
5. V. CA Rouen, 1er juin 2004, RG n° 04/00595.
6. Civ. 1re, 3 déc. 2008, n° 07-19.657, *Bull. civ.* I, n° 277; *JDI* 2009, comm. 15, note Chalas (l'auteur évoque une inapplicabilité matérielle du règlement, v. 1.B); *AJ fam.* 2009, 78, obs. Boiché; *D.* 2009, 21, obs. Gallmeister; *RJPF* 2009-2/37, p. 23, note Meyzeaud-Garaud; *Gaz. Pal.* 11 juin 2009, n° 162, p. 26, note Eppler.

§ 2

Application du règlement Bruxelles II *bis*

432.60 Division. Le règlement Bruxelles II *bis* prévoit plusieurs règles de compétence en matière de responsabilité[1]. Compétence de principe est reconnue aux juridictions de l'État membre de résidence habituelle de l'enfant (A). Quelques exceptions sont toutefois ménagées dans des hypothèses particulières (B). Lorsqu'elles sont compétentes au fond, les juridictions peuvent également prendre les mesures provisoires qui s'imposent au regard de la situation de l'enfant pendant la procédure.

A.

Compétence de principe des juridictions de l'État membre de résidence habituelle de l'enfant

432.61 Compétence de principe. Les règles de compétence établies par le règlement « *en matière de responsabilité parentale sont conçues en fonction de l'intérêt supérieur de l'enfant et en particulier du critère de proximité* » (règl. [CE] n° 2201/2003, préambule, cons. 12). Dans cette perspective, le règlement Bruxelles II *bis* donne compétence, de manière générale, aux juridictions de l'État membre sur le territoire duquel l'enfant réside habituellement (règl. [CE] n° 2201/2003, art. 8, § 1). Le juge doit se placer au **jour de saisine** pour déterminer si l'enfant a ou non une résidence habituelle sur son territoire. Ainsi, le juge français n'est compétent que lorsqu'il est établi qu'au moment de sa saisine l'enfant avait sa résidence habituelle sur le territoire français[2]. Dans l'affirmative, le fait qu'après cette saisine l'enfant quitte finalement le territoire français et acquiert une nouvelle résidence à l'étranger ne remet nullement en cause la compétence du juge français. Le règlement retient ici le principe de la *perpetuatio fori*. Le juge saisi peut toutefois, en application de l'article 15 du règlement, estimer que les **juridictions** de la nouvelle résidence habituelle de l'enfant sont les **mieux placées pour connaître de l'affaire**[3] (v. s[s] n°s 432.141 s.). Une **prorogation de compétence** au titre de l'article 12 du règlement est également envisageable lorsque les parents s'entendent suffisamment bien ensemble (v. s[s] n°s 432.121 s.).

432.62 Détermination de la résidence habituelle de l'enfant. Le plus souvent, la localisation de la résidence habituelle de l'enfant ne pose pas de problème car l'enfant réside de manière stable et prolongée sur le territoire d'un État. Pour autant, il est parfois délicat de déterminer, entre deux États, celui de la résidence habituelle de l'enfant[4].

Par exemple, où se situe la résidence habituelle d'un enfant dont la résidence est alternée, de manière effective et égalitaire, au domicile de son père en France et au domicile de sa mère au Portugal ?

S'agissant des règles de compétence en matière matrimoniale, la Cour de cassation a jugé que « *la résidence habituelle, notion autonome du droit communautaire, se définit comme le lieu où l'intéressé a fixé, avec la volonté de lui conférer un caractère stable, le centre permanent ou habituel de ses intérêts* »[5]. Comme la résidence habituelle des époux, la **résidence habituelle de l'enfant** de l'article 8 paragraphe 1 est une **notion autonome du droit** de l'Union européenne. Elle doit donc être interprétée en tenant compte de son contexte et de l'objectif poursuivi par le règlement Bruxelles II *bis* en matière parentale. En préambule, le règlement affirme que les règles de compétence qu'il établit sont « *conçues en fonction de l'intérêt supérieur de l'enfant et, en particulier, du critère de proximité* » (règl. [CE] n° 2201/2003, préambule, cons. 12). Or, en ce qui concerne la résidence habituelle d'un enfant, il paraît difficile et dangereux de prétendre se référer à la volonté de l'intéressé de conférer au lieu un caractère stable. En ce sens, la Cour de justice des Communautés européennes a jugé que la notion de résidence habituelle « *doit être interprétée en ce sens que cette résidence correspond au lieu qui traduit une certaine intégration de l'enfant dans un environnement social et familial. À cette fin, doivent notamment être pris en considération la durée, la régularité, les*

1. A. Boiché, « Les dispositions du règlement Bruxelles II *bis* en matière de responsabilité parentale et de droit de visite », *RJPF* 2005-3/12, p. 6 – S. Corneloup, « Les règles de compétence relatives à la responsabilité parentale », H. Fulchiron et C. Nourissat (dir.), *Le nouveau droit communautaire du divorce et de la responsabilité parentale*, préc., p. 69 – J. Minot, « Les incidences pratiques du règlement Bruxelles II *bis* en matière de responsabilité parentale », *AJ fam.* 2005, 260.
2. CA Toulouse, 29 avr. 2007, *Juris-Data* n° 2007-33-7414 – CA Aix-en-Provence, 14 sept. 2006, RG n° 05-19-689 – CA Rennes, 21 févr. 2006, RG n° 05/05501.
3. COMP. Cass. Belgique, 21 nov. 2007, RG n° P. 07.1193.F, cons. 9, en ligne sur http://jure.juridat.just.fgov.be/.
4. A. Richez-Pons, « La notion de « résidence », H. Fulchiron et C. Nourissat (dir.), *Le nouveau droit communautaire du divorce et de la responsabilité parentale*, préc., p. 149 – *La résidence en droit international privé (conflits de juridictions, conflits de lois)*, H. Fulchiron (dir.), th. Lyon III, 2004.
5. Civ. 1re, 14 déc. 2005, n° 05-10.951, *Bull. civ.* I, n° 506; *Dr. fam.* 2006, chron. 17, M. Farge; *RJPF* 2006/4, p. 14, note Meyzeaud-Garaud; *RLDC* 2006, n° 1042, note Marraud des Grottes; *RLDC* 2006, n° 2193, note Pomart; *D.* 2006, pan 1503, obs. Courbe et Jault-Seseke; *Gaz. Pal.* 24-25 févr. 2006, 8, obs. Guez; *AJ fam.* 2006, 161, note David.

conditions et les raisons du séjour sur le territoire d'un État membre et du déménagement de la famille dans cet État, la nationalité de l'enfant, le lieu et les conditions de scolarisation, les connaissances linguistiques ainsi que les rapports familiaux et sociaux entretenus par l'enfant dans ledit État. Il appartient à la juridiction nationale d'établir la résidence habituelle de l'enfant en tenant compte de l'ensemble des circonstances de fait particulières à chaque cas d'espèce »[1]. C'est dire, d'une part, que **la volonté de l'enfant n'est pas prise en considération** et, d'autre part, que sa **seule présence physique dans un État membre ne suffit pas,** à elle seule, à caractériser sa résidence habituelle. La Cour en déduit que « *l'intention des parents de s'établir avec l'enfant dans un autre État membre, exprimée par certaines mesures tangibles, telles que l'acquisition ou la location d'un logement dans l'État membre d'accueil, peut constituer un indice du transfert de la résidence habituelle. Un autre indice peut être constitué par le dépôt d'une demande visant à bénéficier d'un logement social auprès des services concernés dudit État* »[2]. À l'inverse, « *la circonstance que les enfants séjournent dans un État membre où ils mènent, pendant une courte période, une vie de personnes sans résidence fixe est susceptible de constituer un indice selon lequel la résidence habituelle de ces enfants ne se trouve pas dans cet État* »[3]. De même, une absence temporaire de l'enfant pendant, par exemple, des vacances scolaires dans un autre État ne vaut pas perte de l'ancienne résidence habituelle. La question de la **détermination de la résidence habituelle** est **délicate** comme le montre un arrêt inédit de la Cour de cassation. Elle y approuve les juges du fond d'avoir considéré que la résidence des enfants était fixée en France car « *malgré l'installation professionnelle de l'épouse en Suisse et la scolarisation des enfants dans ce pays, la mère et les enfants se rendaient à Vinsobres en fin de semaine et que la volonté des époux était de maintenir le domicile familial en ce lieu* »[4]. De même, une cour d'appel a considéré que les enfants avaient conservé leur résidence habituelle en France au motif que « *le séjour au Maroc n'a eu qu'un caractère précaire ne correspondant pas à un désir de fixer la résidence familiale dans ce pays avec ses enfants* »[5]. Reste la question du temps qui peut s'écouler entre la perte de l'ancienne résidence habituelle et l'acquisition d'une nouvelle résidence habituelle. Selon le *Guide pratique*, « *en cas de déménagement d'un enfant d'un État membre vers un autre, l'acquisition de la résidence habituelle dans le nouvel État membre devrait, en principe, coïncider avec la "perte" de la résidence habituelle dans l'ancien État membre. L'appréciation du juge au cas par cas signifie également que malgré l'adjectif "habituelle", qui semble indiquer une certaine durée, il ne devrait pas être exclu qu'un enfant puisse acquérir une résidence habituelle dans un État membre le jour même de son arrivée, en fonction des circonstances de l'espèce* »[6]. Toutefois, comme le souligne l'Avocat général Kokott, « *il est également concevable que, dans des cas exceptionnels, il n'y ait plus, durant une période transitoire, de résidence habituelle dans l'État de départ, sans que le statut dans l'État d'accueil soit suffisamment consolidé pour permettre d'y admettre l'existence d'une résidence habituelle. C'est précisément pour un tel cas que l'article 13 du règlement nº 2201/2003 reconnaît une compétence subsidiaire aux juridictions de l'État membre dans lequel l'enfant est présent* »[7].

432.63 Résidence alternée. En présence d'une résidence alternée de l'enfant, il est délicat de déterminer quelles sont les juridictions de l'État membre de résidence habituelle[8]. Deux cas sont envisageables selon que la résidence alternée est intra-étatique ou transfrontière.

Dans la première hypothèse (**résidence alternée intra-étatique**), les juridictions de l'État membre du domicile des parents sont compétentes sur la base de l'article 8 du règlement Bruxelles II *bis* en tant que juridictions de l'État de résidence habituelle de l'enfant. La difficulté est alors de déterminer qui, du juge du domicile du père ou du juge du domicile de la mère, est territorialement compétent. En France, la question sera tranchée par l'application de l'article 1070 du Code de procédure civile selon lequel le juge aux affaires familiales territorialement compétent est, « *si les parents vivent séparément, le juge du lieu de résidence du parent avec lequel résident habituellement les enfants mineurs en cas d'exercice en commun de l'autorité parentale* ». Il ajoute que « *la compétence territoriale est déterminée par la résidence au jour de la demande* », c'est-à-dire au jour de la saisine du juge aux affaires familiales. Le plus raisonnable serait de considérer que l'enfant a, en réalité, une double résidence habituelle si bien

1. CJCE 2 avr. 2009, aff. C-523/07, A, pt 44 (préc. s[s] n°s 432.25 et 432.27); *AJ fam.* 2009, 294, obs. Boiché; *JCP* 2009, 316, note Boulanger; *Europe* 2009, comm. 265, note Idot.
2. CJCE 2 avr. 2009, aff. C-523/07, A, pt 40.
3. CJCE 2 avr. 2009, aff. C-523/07, A, pt 41.
4. Civ. 1re, 20 févr. 2008, nº 07-12581, NP. Étrangement, l'arrêt est rendu en application de la Convention de La Haye du 5 octobre 1961 concernant la compétence des autorités et la loi applicable en matière de protection des mineurs alors que le litige entre dans le champ d'application du règlement Bruxelles II *bis* ou, à tout le moins, du règlement Bruxelles II.
5. CA Versailles, ch. 2, sect. 1, 25 mars 2010, RG nº 09/02695.
6. GUIDE PRAT., p. 12-13.
7. CJCE 2 avr. 2009, aff. C-523/07, concl. J. Kokott, pt 45, présentées le 29 janv. 2009.
8. A. Devers, « La résidence alternée en droit international privé », *Dr. fam.* 2008, étude 9.

que **le juge du domicile du père et celui du domicile de la mère sont simultanément compétents.** C'est d'ailleurs la solution que retiennent le droit fiscal pour le quotient familial (CGI, art. 194, I, al. 3) et le droit de la sécurité sociale pour les allocations familiales (CSS, art. L. 521-2, al. 2).

Dans la seconde hypothèse (**résidence alternée transfrontière**), la détermination de la résidence habituelle se heurte au principe de **l'unicité de la résidence habituelle** qui conduirait à assimiler la résidence alternée à un déménagement de l'enfant. Il y aurait, dans cette perspective, changement de résidence habituelle de l'enfant chaque fois qu'il quitte l'un de ses parents pour rejoindre l'autre. Un tel raisonnement ne devrait toutefois pas être suivi lorsque la résidence alternée de l'enfant auprès de ses parents est manifestement inégalitaire. La résidence habituelle de l'enfant mériterait d'être fixée au **lieu de sa résidence principale.** Les juridictions de l'autre État membre, celles de la résidence secondaire, ne seraient pas compétentes pour statuer sur la demande de modification de la résidence alternée. Dérogeant au principe de l'unicité de la résidence habituelle, l'on peut faire valoir que chacune des deux résidences de l'enfant correspond à un lieu « *qui traduit une certaine intégration de l'enfant dans un environnement social et familial* »[1]. Il en résulterait que **les juridictions de l'État membre de résidence habituelle du père et de la mère seraient concurremment compétentes** en vertu de l'article 8 du règlement Bruxelles II *bis*.

B. Exceptions à la compétence des juridictions de l'État membre de résidence habituelle de l'enfant

432.70 **Division.** Le règlement Bruxelles II *bis* ménage différentes exceptions à la compétence de principe de la compétence des juridictions de l'État membre de résidence habituelle de l'enfant.

1° Modification d'un droit de visite

432.71 **Maintien de la compétence des juridictions de l'ancienne résidence habituelle.** L'article 9 du règlement Bruxelles II *bis* s'applique dans l'hypothèse où **l'enfant déménage légalement d'un État membre vers un autre État membre** et y acquiert une nouvelle résidence habituelle. Sont donc clairement exclues les hypothèses de déplacement et de non-retour illicites de l'enfant. En cas de **déplacement licite**, les juridictions de l'État membre de l'ancienne résidence habituelle de l'enfant demeurent compétentes pour statuer sur certains aspects de la responsabilité parentale. Selon les services de la Commission, « *l'article 9 introduit une règle novatrice qui vise à encourager les parents à régler les questions de responsabilité parentale avant que l'un d'eux ne déménage avec l'enfant vers un autre État membre. Cette règle n'empêche en aucune façon un parent de se déplacer à l'intérieur de l'Union, mais elle offre une certaine protection à l'autre parent, qui ne serait plus en mesure d'exercer son droit de visite comme auparavant. Ce parent a la possibilité de demander une révision d'une décision de droit de visite devant les juridictions de l'État membre où il réside et il n'est donc pas obligé de saisir les juridictions de l'État membre vers lequel l'enfant a déménagé* »[2]. Parce qu'elle déroge à l'article 8, la compétence de l'article 9 est limitée et temporaire[3].

432.72 **Une compétence limitée.** Les juridictions de l'État membre de l'ancienne résidence habituelle de l'enfant ne conservent de compétence que pour modifier une décision concernant le droit de visite rendue dans cet État membre avant que l'enfant ait déménagé. Cette décision aura le plus souvent précisé le « *droit d'emmener l'enfant pour une période limitée dans un lieu autre que celui de sa résidence habituelle* » (règl. [CE] n° 2201/2003, art. 2, s[s] 10). L'enfant ayant déménagé, il est exigé que le titulaire du droit de visite en vertu de la décision concernant le droit de visite continue à résider habituellement dans l'État membre de l'ancienne résidence habituelle de l'enfant (règl. [CE] n° 2201/2003, art. 9, § 1). Cette exigence se comprend car, à défaut, il n'existerait plus aucun lien entre l'enfant et les juridictions de son ancienne résidence habituelle.

432.73 **Une compétence temporaire.** La compétence des juridictions de l'ancienne résidence habituelle de l'enfant est temporaire. D'une part, elle ne peut être revendiquée par le titulaire du droit de visite que « *durant une période de trois mois suivant le déménagement* » légal de l'enfant (règl. [CE] n° 2201/2003, art. 9, par. 1er). D'autre part, durant cette période de **trois mois**, elle disparaît dès lors que le titulaire du droit de visite « *a accepté la compétence des juridictions de l'État membre de la nouvelle résidence habituelle de l'enfant* » (règl. [CE] n° 2201/

1. CJCE 2 avr. 2009, aff. C-523/07, A, pt 44 (préc. s[s] n°s 432.25, 432.27 et 432.62).

2. M. Ekström, « Le règlement du Conseil de l'Union européenne n° 2201/2003/CE : le nouveau règlement Bruxelles II », *L'Observateur de Bruxelles*, 2005/6, n° 61, p. 50, spéc[t] p. 50-51.
3. A. Devers, « Le droit de visite », H. Fulchiron et C. Nourissat (dir.), *Le nouveau droit communautaire du divorce et de la responsabilité parentale*, préc., p. 105, spéc[t] p. 106.

2003, art. 9, par. 1er). On peut penser, avec certains[1], que l'exception de l'article 9 « *ne droit jouer qu'un rôle relativement secondaire dans la pratique* ».

2°
Enlèvement international d'enfant

432.81 Droits de l'Union européenne et conventionnel. Le règlement Bruxelles II *bis* renforce, entre les États membres, les **mécanismes de retour de l'enfant** mis en place par la convention de La Haye du 25 octobre 1980, sur les **aspects civils de l'enlèvement international**[2]. Ainsi, lorsque l'on est en présence d'un enlèvement entre États membres de l'Union européenne d'enfant, il convient de combiner les règles conventionnelles et celles de l'Union européenne[3].

432.82 Notion de déplacement et de non-retour illicites. Le règlement Bruxelles II *bis* retient la définition communément admise par les textes internationaux pour l'enlèvement international d'enfant. Il utilise en effet, comme la convention de La Haye du 25 octobre 1980 (conv. La Haye, 25 oct. 1980, art. 3), les notions de déplacement et de non-retour illicites de l'enfant.

Il faut, d'une part, qu'il y ait eu violation « *d'un droit de garde résultant d'une décision judiciaire, d'une attribution de plein droit ou d'un accord en vigueur en vertu du droit de l'État membre dans lequel l'enfant avait sa résidence habituelle immédiatement avant son déplacement ou son non-retour* » (règl. [CE] n° 2201/2003, art. 2, ss 11.a). Se pose souvent la question, délicate en fait, du consentement qui aurait été donné au déplacement ou au non-retour de l'enfant[4]. La référence au « *droit de l'État membre dans l'enfant avait sa résidence habituelle* » n'est pas des plus claires. Deux interprétations sont, en effet, possibles selon qu'on considère qu'il s'agit du **droit interne ou du droit international privé de cet État.**

En faveur de la première interprétation, l'on peut citer un arrêt du 17 décembre 2008 de la Cour de cassation. Elle y observe « *que l'enfant étant né aux Pays-Bas d'un père néerlandais et ayant résidé principalement, avant son déplacement, en Hollande, hormis quelques séjours en France dans sa famille maternelle, [...] l'autorité parentale commune, au sens de l'article 251 du Code civil néerlandais, survivait au divorce de sorte que la résidence de l'enfant ne pouvait être modifiée unilatéralement par la mère avant qu'il ne soit statué au fond* »[5].

En faveur de la seconde analyse, l'on peut faire état du rapport explicatif de Mme Pérez-Vera sur la convention de La Haye du 25 octobre 1980 qui préconise de se référer au **droit international privé de l'État de la résidence habituelle de l'enfant** pour déterminer les titulaires du **droit de garde** et en conséquence le **caractère licite ou illicite du déplacement**[6]. Entre les deux, la seconde approche est sans doute préférable pour assurer, d'une part, l'articulation entre le règlement Bruxelles II *bis* et la convention de La Haye de 1980[7] et, d'autre part, l'unité du statut de l'enfant en cause[8].

Il faut, d'autre part, que « *le droit de garde* [ait été] *exercé effectivement, seul ou conjointement, au moment du déplacement ou du non-retour, ou l'eût été si de tels événements n'étaient survenus* » (règl. [CE] n° 2201/2003, art. 2, ss 11.b). Sur le caractère effectif de l'exercice du droit de garde, il n'est que

1. S. Corneloup, « Les règles de compétence relatives à la responsabilité parentale », préc., p. 76.
2. A. Boiché, « Les dispositions du règlement Bruxelles II *bis* relatives aux enlèvements internationaux d'enfants », *RJPF* 2005-12/12, p. 6; « Règlement Bruxelles II *bis* : dispositions relatives aux enlèvements internationaux d'enfants », *AJ fam.* 2006, 180 – V. Chauveau, « Les apports du règlement Bruxelles II *bis* aux questions posées par les enlèvements d'enfants internationaux », *AJ fam.* 2005, 265; « Les enlèvements transfrontières », H. Fulchiron et C. Nourissat (dir.), *Le nouveau droit communautaire du divorce et de la responsabilité parentale*, préc., p. 257 – A. Devers, « Les enlèvements d'enfants et le règlement Bruxelles II *bis* », *Les enlèvements d'enfants à travers les frontières*, H. Fulchiron (dir.), Bruylant, 2004, p. 33 – H. Fulchiron, « La lutte contre les enlèvements d'enfants », H. Fulchiron et C. Nourissat (dir.), préc., p. 223.
3. F. Collienne et S. Pfeiff, « Les enlèvements internationaux d'enfants. Convention de La Haye et Règlement Bruxelles II *bis* (Pratique et questions de procédure) », *RTD fam.* 2009/2, 351 – S. Armstrong, « L'articulation des règlements communautaires et des conventions de La Haye », H. Fulchiron et C. Nourissat (dir.), préc., p. 111, spéct p. 113-118; « L'articulation du règlement Bruxelles II *bis* et des Conventions de La Haye de 1980 et 1996 », *Dr. et patr.* 2005, n° 139, p. 46.
4. CA Versailles, ch. 1, sect. 1, 11 mars 2010, RG n° 09/09147 : en l'espèce, « *le père a déclaré le 13 mai 2009 aux services de police que la mère et l'enfant ont quitté le domicile familial le 4 mars 2009 avec son accord pour se rendre en Allemagne, qu'il était convenu qu'il pourrait voir son enfant mais que la mère de l'enfant n'a pas respecté son engagement et n'a pas donné de nouvelles depuis son départ, le laissant dans l'ignorance de son adresse* ».
5. Civ. 2e, 17 déc. 2008, n° 07-15.393, *Bull. civ.* I, n° 285; *AJ fam.* 2009, 176, obs. Boiché; *RJPF* 2009-3/35, p. 28, note Eudier.
6. E. Pérez-Vera, « Rapport explicatif sur la Convention de La Haye de 1980 sur l'enlèvement international d'enfants », *Actes et documents de la Quatorzième session (1980)*, t. III, *Enlèvement d'enfants*, p. 426, spéct n° 66, p. 435-436.
7. La nécessité d'articuler les deux textes devrait aussi conduire à emprunter à la convention de La Haye de 1980 le seuil d'âge de 16 ans.
8. Boiché, obs. ss Civ. 2e, 17 déc. 2008, n° 07-15.393, préc. ss prést n°.

rarement contesté par le parent rapteur tant il ressort de la chronologie des évènements[1].

S'agissant du caractère individuel ou conjoint, le règlement précise que « *la garde est considérée comme étant exercée conjointement lorsque l'un des titulaires de la responsabilité parentale ne peut, conformément à une décision ou par attribution de plein droit, décider du lieu de résidence de l'enfant sans le consentement d'un autre titulaire de la responsabilité parentale* » (règl. [CE] n° 2201/2003, art. 2, s[s] 11.b).

432.83 Juridictions compétentes pour statuer sur la responsabilité parentale. En cas de déplacement ou de non-retour illicites, l'enfant peut acquérir une nouvelle résidence habituelle. Toutefois, par dérogation à l'article 8 du règlement Bruxelles II *bis*, l'article 10 prévoit que « *les juridictions de l'État membre dans lequel l'enfant avait sa résidence habituelle immédiatement avant son déplacement ou son non-retour illicites conservent leur compétence* » pour statuer sur le fond de la responsabilité parentale[2]. Ainsi, malgré l'acquisition d'une nouvelle résidence habituelle, **la question de la responsabilité parentale ne peut être discutée que devant les juridictions de l'ancienne résidence habituelle.** Autrement dit, « *il n'appartient pas au juge de l'État requis, saisi d'une demande de retour immédiat, de statuer au fond sur la garde de l'enfant* »[3]. Logiquement, les juridictions de l'État membre de l'ancienne résidence habituelle statuent sur la responsabilité parentale malgré le non-retour de l'enfant[4]. Cette règle tend à dissuader les enlèvements d'enfants entre États membres. Ainsi, en application de l'article 10 du règlement Bruxelles II *bis*, les juridictions françaises de l'ancienne résidence habituelle sont compétentes pour connaître de la demande du père d'aménagement de son droit de visite et d'hébergement[5]. Ce n'est que dans certaines **hypothèses exceptionnelles** que le règlement admet que **les juridictions de l'État membre de la nouvelle résidence habituelle de l'enfant sont compétentes**[6]. Elles sont d'une part compétentes lorsque la personne, institution ou organisme ayant le droit de garde a **acquiescé au déplacement ou au non-retour de l'enfant** (règl. [CE] n° 2201/2003, art. 10, s[s] a). Elles peuvent d'autre part être compétentes lorsque **l'enfant a résidé dans cet autre État membre pendant une période d'au moins un an** après que la personne, l'institution ou tout autre organisme ayant le droit de garde a eu ou aurait dû avoir connaissance du lieu où se trouvait l'enfant et que l'enfant s'est intégré dans son nouvel environnement (règl. [CE] n° 2201/2003, art. 10, s[s] b). Il faut, en outre, que soit remplie l'une des conditions prévues aux points i) à iv) : par exemple, une décision de garde n'impliquant pas le retour de l'enfant a été rendue par les juridictions de l'État membre de l'ancienne résidence habituelle (règl. [CE] n° 2201/2003, art. 10, s[s] b, iv).

432.84 Juridictions compétentes pour statuer sur la demande de retour (juridictions de la nouvelle résidence habituelle). Des divergences existent entre les États membres sur la détermination du juge compétent pour statuer sur la demande de retour. Pour certains, « *dans un premier temps, seules les juridictions de l'État membre où se trouve l'enfant ont compétence, dans le cadre de la convention et de l'article 11 du règlement, pour ordonner son retour* [...]; *cette compétence ne peut être exercée par les juridictions de l'État membre de la résidence habituelle que si, et à partir du moment où, il existe une décision de non-retour définitive et exécutoire d'une juridiction de l'État membre où se trouve l'enfant* ». Pour d'autres, « *les juridictions de l'État membre de la résidence habituelle jouissent également, à tout moment, d'une compétence pour ordonner le retour de l'enfant soit en vertu de l'article 8 du règlement (lu avec l'article 10), soit dans le cadre de la convention et de l'article 11 du règlement* »[7]. En théorie, les juridictions de **l'État membre de refuge** ne jouissent pas d'une compétence exclusive jusqu'à ce qu'elles prennent une décision de non-retour. Les juridictions de **l'État membre d'origine** de l'enfant, ayant une compétence générale en matière de responsabilité parentale, peuvent immédiatement ordonner le retour de l'enfant. En pratique, **l'objectif de célérité** commande de soumettre la demande de retour aux **juridictions de l'État membre de refuge de l'enfant**[8]. Exécutoire dans l'État membre où se trouve l'enfant,

1. V. NOT., CA Poitiers, 16 avr. 2009, RG n° 09/00356 – CA Bordeaux, 19 janv. 2007, RG n° 06/002739.
2. CA Orléans, 4 avr. 2006, RG n° 05/00978, qui raisonne en application de l'art. 3 du règl. (CE) n° 1347/2000.
3. Civ. 2e, 17 déc. 2008, n° 07-15.393, préc. s[s] n° 432.82
4. Civ. 1re, 9 juill. 2008, n° 06-22.090 et n° 06-22.091, 2 esp., *Bull. civ. I*, n° 195; *JCP* 2008, act. 522, obs. Devers; *Dr. fam.* 2008, comm. 134, note Galichet; *RJPF* 2008-11/25, p. 22, obs. Meyzeaud-Garaud; *AJ fam.* 2008, 349, obs. Boiché; *Gaz. Pal.* 11 juin 2009, n° 162, p. 24, note Eppler; *Procédures* 2008, comm. 272, obs. Douchy-Oudot.
5. CA Montpellier, 8 nov. 2007, RG n° 07/05012, *Juris-Data* n° 2007-354648.
6. V. NOT., CA Bruxelles, 5 mai 2009, RG n° 2008/JR/177 (http://jure.juridat.just.fgov.be/).
7. E. Sharpston dans sa prise de position du 1er juill. 2008 dans CJCE 11 juill. 2008, aff. C-195/08, PPU, Rinau, pt 47, *Rec. CJCE*, p. I-05271.
8. COMP. CA Bruxelles, 11 mars 2009, RG n° 2008/JR/227, http://jure.juridat.just.fgov.be/. L'arrêt note que tant que le juge de la nouvelle résidence habituelle n'a pas statué sur le demande de retour, il « *semble préférable que la cour de céans n'empiète pas sur les compétences de cette juridiction en décidant s'il y a eu déplacement illicite de l'enfant au sens de la Convention de La Haye et, dans cette hypothèse, s'il faut ordonner son retour en Belgique* ».

l'exécution de leur décision de retour ne nécessite aucune procédure d'*exequatur*. S'agissant, en revanche, d'une décision de retour rendue par les juridictions de l'État membre d'origine, une déclaration de force exécutoire est exigée avant toute exécution dans l'État membre de refuge. Seule la décision de retour des juridictions de l'État membre de l'ancienne résidence habituelle consécutive à une décision de non-retour des juridictions de l'État membre de la nouvelle résidence habituelle est dispensée de l'*exequatur* et insusceptible d'opposition. En France, l'article 1210-4 du Code de procédure civile dispose que « *les actions engagées sur le fondement des dispositions des instruments internationaux et communautaires relatives au déplacement illicite international d'enfants sont portées devant le juge aux affaires familiales du tribunal de grande instance territorialement compétent* »[1]. La spécialisation étant en la matière un gage d'efficacité, un **tribunal de grande instance par ressort de cour d'appel** se voit confier le **contentieux de l'enlèvement international d'enfant** (COJ, art. L. 211-12).

432.91 Enlèvement entre États membre de l'Union européenne. Lorsqu'une juridiction d'un État membre reçoit une demande de retour d'un enfant conformément à la convention de La Haye du 25 octobre 1980, elle applique les règles de la convention. Mais, en présence d'un enlèvement entre États membres de l'Union européenne, la juridiction saisie applique les règles de la convention telles que complétées par l'article 11 du règlement Bruxelles II *bis*. Encore faut-il préciser ce qu'est un enlèvement d'enfant entre États membres de l'Union européenne : c'est l'hypothèse « *d'un enfant qui a été déplacé ou retenu illicitement dans un État membre autre que l'État membre dans lequel l'enfant avait sa résidence habituelle immédiatement avant son déplacement* » (règl. [CE] n° 2201/2003, art. 11, par. 1er). Dans cette hypothèse, la **juridiction saisie de la demande de retour** doit **combiner les règles conventionnelles et celles de l'Union européenne**. Dans cette perspective, les règles des paragraphes 2 à 8 de l'article 11 soit se substituent purement et simplement aux articles pertinents de la convention, soit encadrent strictement la mise en œuvre des articles pertinents de la convention[2].

432.101 Procédure devant les juridictions de la nouvelle résidence habituelle (célérité). L'article 11 du règlement Bruxelles II *bis* prévoit tout d'abord que le juge saisi de la demande de retour « *agit rapidement [...] en utilisant les procédures les plus rapides prévues par le droit national* » (*règl. [CE] n° 2201/2003, art. 11, par. 3, al. 1*). Il est en effet incontestable que « *les procédures relatives à l'attribution de l'autorité parentale, y compris l'exécution des décisions rendues à leur issue, exigent un traitement urgent, car le passage du temps peut avoir des conséquences irrémédiables pour les relations entre les enfants et celui des parents qui ne vit pas avec eux* »[3]. Le règlement prévoit d'ailleurs un **délai** relativement **bref** pour que la question du retour soit tranchée : « *La juridiction rend sa décision, sauf si cela s'avère impossible en raison de circonstances exceptionnelles, six semaines au plus tard après sa saisine* » (règl. [CE] n° 2201/2003, art. 11, par. 3, al. 2). **La règle de l'Union européenne est donc nettement plus contraignante que la règle conventionnelle.** La convention de La Haye du 25 octobre 1980 n'envisage en effet que la possibilité de demander une déclaration sur les raisons du retard lorsque l'autorité saisie n'a pas statué dans un délai de six semaines à partir de sa saisine (conv. La Haye, art. 11). Dans l'hypothèse où les juridictions d'un État membre ne respecteraient pas le délai de l'article 11 paragraphe 3, le parent lésé pourrait agir en responsabilité devant la Cour de justice de l'Union européenne[4] mais aussi, peut-être, saisir la Cour européenne des droits de l'homme[5].

En France, l'article 1210-5 du Code de procédure civile prévoit que la demande aux fins d'obtenir le retour est « *formée, instruite et jugée en la forme des référés* ». Il est rappelé, par la circulaire du 28 octobre 2005, « *que ce mode de saisine du juge aux affaires familiales lui permet de rendre une décision à bref délai ayant l'autorité de la chose jugée au principal* » (circ. CIV/03/05, 28 oct. 2005, p. 20 – V. texte complet de la circulaire s^{s} n° 62.14, spéc^{t} sect. V, 2.).

432.102 Procédure devant les juridictions de la nouvelle résidence habituelle (auditions). Le règlement Bruxelles II *bis* fait ensuite interdiction à la juridiction saisie de « *refuser le retour de l'enfant si la personne qui a demandé le retour de l'enfant n'a pas eu la possibilité d'être entendue* »

1. S. Thouret, « Les mécanismes procéduraux issus du décret n° 2004-1158 du 29 octobre 2004 portant réforme de la procédure en matière familiale », *Procédures* 2004, chron. 16.
2. GUIDE PRAT., p. 32-34.
3. CEDH 22 juin 2006, req. n° 7548/04, Bianchi c/Suisse, § 85 – CEDH 6 nov. 2008, req. n° 49492/06, Carlson c/Suisse, *RLDC* 2009, n° 3265, note Evenat; *JCP* 2009, I, 104, n° 12, obs. Sudre; *AJ fam.* 2009, 425, obs. Boiché.
4. V. CJCE 30 sept. 2003, aff. C-224/01, Köbler, *Rec. CJCE*, p. 10239; *JDI* 2004, p. 552, note Mehdi – V. AUSSI, CEDH 29 avr. 2003, req. n° 56673/00, Iglesias Gil et AUI c/Espagne – Et CEDH 26 juin 2003, req. n° 48206/99, Maire c/Portugal, *Rec. CEDH*, 2003-V et 2003-VII; *Europe* 2003, comm. 302, obs. Deffains; *Dr. fam.* 2003, chron. 24, H. Fulchiron et A. Gouttenoire.
5. V. NOT., CEDH 6 nov. 2008, req. n° 49492/06, Carlson c/Suisse, préc. s^{s} prés^{t} n°.

(règl. [CE] n° 2201/2003, art. 11, par. 5). Pour l'enfant enlevé, le règlement Bruxelles II *bis* prévoit qu'« *il y a lieu de veiller à ce que l'enfant ait la possibilité d'être entendu au cours de la procédure, à moins que cela n'apparaisse inapproprié eu égard à son âge ou à son degré de maturité* » (règl. [CE] n° 2201/2003, art. 11, par. 2). C'est donner une importance toute particulière à la parole de l'enfant[1].

432.103 Procédure devant les juridictions de la nouvelle résidence habituelle (motifs de refus). L'article 13 de la convention de La Haye du 25 octobre 1980 autorise la juridiction saisie à refuser le retour lorsqu'il « *existe un risque grave que le retour de l'enfant ne l'expose à un danger physique ou psychique, ou de toute autre manière ne le place dans une situation intolérable* » (conv. La Haye, 25 oct. 1980, art. 13, al. 1, s b). Cette **exception au retour** est la plus utilisée par les juridictions des États contractants pour refuser le retour, sans que le danger soit toujours clairement établi[2]. Pour limiter les abus, le règlement Bruxelles II *bis* fait interdiction à la juridiction saisie de « *refuser le retour de l'enfant en vertu de l'article 13, pt b), de la convention de La Haye de 1980 s'il est établi que des dispositions adéquates ont été prises pour assurer la protection de l'enfant pour son retour* » (règl. [CE] n° 2201/2003, art. 11, par. 4). L'exigence de mesures de protection dans l'État membre d'origine suppose, bien évidemment, que l'existence d'un risque grave soit établie par le parent qui s'oppose au retour de l'enfant[3]. Les premières applications de l'article 11 paragraphe 4 laissent craindre que les juridictions françaises ne soient relativement exigeantes quant aux mesures prises dans l'État membre d'origine[4].

Dans une première affaire, la cour d'appel de Paris rejette la demande de retour formée par le père en raison de son comportement violent : il a menacé de mort, avec un couteau puis par *SMS*, la mère et l'enfant. La cour d'appel note que, face à cette situation, un certificat du ministère de la justice hongrois évoquant, de façon générale, la protection de l'enfant comme une priorité pour l'État hongrois, ne saurait suffire à imposer le retour de l'enfant en vertu de l'article 11 paragraphe 4 du règlement Bruxelles II *bis*, en l'absence de dispositions précises prises pour parer au risque de danger couru par l'enfant. Selon la cour, le ministère public ne saurait sérieusement appliquer de façon mécanique et formelle le mécanisme de retour immédiat car l'intérêt supérieur de l'enfant, encore très jeune (deux ans) et soumis à un risque de danger physique indéniable, impose le rejet de la demande de retour de l'enfant[5].

Dans une seconde affaire, la cour d'appel de Paris a renvoyé l'affaire de retour immédiat aux Pays-Bas de deux enfants dans l'attente que soient fournis des éléments plus probants. Le père prétend que le compagnon de la mère aurait commis des sévices de nature sexuelle sur l'une des enfants. Cet élément, bien que non démontré en l'état, constitue, selon la Cour, un risque au sens de l'article 13, point b. Elle relève par ailleurs que la mère se montre peu explicite sur ses relations sentimentales et que les Pays-Bas n'apportent pas de précisions suffisantes sur les conditions d'existence des enfants à leur retour, le ministère public néerlandais s'attachant simplement à garantir la « *réintégration des enfants dans la société néerlandaise* » et à soutenir la mère dans son rôle d'éducatrice[6].

Semble-t-il plus respectueuse de l'esprit du règlement, la cour d'appel de Poitiers a, quant à elle, jugé « *qu'il ne pouvait y avoir lieu à non-retour en vertu de l'article 13 b* [...] *et ce en application de l'article 11 du règlement Bruxelles II bis, dès lors que des dispositions adéquates avaient été prises pour assurer la protection* [des enfants] *après leur retour en Angleterre, les enfants ayant été déclarés Ward of Court par décision de la Haute cour de Justice du 9 janvier 2009* »[7]. Cette décision ne se livre pas à une appréciation personnelle du caractère adéquat des mesures prises par les juridictions anglaises.

432.104 Juridictions compétentes pour statuer sur la demande de retour (juridictions de l'ancienne résidence habituelle). Lorsque les juridictions de l'État membre de la nouvelle résidence habituelle ont refusé le retour de l'enfant, le règlement Bruxelles II *bis* prévoit qu'« *une telle décision devrait pouvoir être remplacée par une décision ultérieure de la juridiction de l'État membre de la résidence habituelle de l'enfant avant son déplacement ou non-retour illicites* » (règl. [CE] n° 2201/2003, préambule, cons. 17). Ainsi, **lorsque la juridiction de la nouvelle résidence habituelle rend une décision de non-retour, la juridiction de l'ancienne résidence habituelle reprend l'étude du dossier et peut ordonner le retour de l'enfant.** C'est là une **innovation** importante par rapport aux règles de la convention de La Haye du 25 octobre 1980. La juridiction qui a rendu la décision de non-retour a alors l'obligation de transmettre « *immédiatement, soit directement*

1. Sur ce thème, v. A. Gouttenoire, « L'audition de l'enfant dans le règlement Bruxelles II *bis* », *Dr. et patr.* 2005/6, p. 84 – H. Fulchiron et C. Nourissat (dir.), p. 201 – « La parole de l'enfant enlevé », H. Fulchiron (dir.), *Les enlèvements d'enfants à travers les frontières*, Bruylant, 2004, p. 337 – A. Gouttenoire et M. Völker, « La parole de l'enfant dans le règlement Bruxelles II *bis*. Regards croisés », *AJ fam.* 2005, 266 – A. Richez-Pons, « La parole de l'enfant et la circulation des décisions judiciaires en Europe », *Dr. fam.* 2006, chron. 32.
2. V. Rapp. de recherche, H. Fulchiron (dir.), *Conflit familial, déplacements d'enfants et coopération judiciaire internationale en Europe*, GIP « Mission de recherche droit et justice », déc. 2002, Centre de droit de la famille.
3. CA Reims, 2 oct. 2008, RG n° 08/2336.
4. CA Paris, 15 févr. 2007, RG n° 06/17206 – CA Bordeaux, 19 janv. 2007, RG n° 06/002739.
5. CA Paris, 6 oct. 2005, RG n° 2005/16526.
6. CA Paris, 23 mars 2006, RG n° 06/00395.
7. V. NOT., CA Poitiers, 16 avr. 2009, RG n° 09/00356.

soit par l'intermédiaire de son autorité centrale [...] *une copie de la décision judiciaire de non-retour et des documents pertinents, en particulier un compte rendu des audiences, à la juridiction compétente ou à l'autorité centrale de l'État membre dans lequel l'enfant avait sa résidence habituelle immédiatement avant son déplacement ou son non-retour illicites, conformément à ce que prévoit le droit national* » (règl. [CE] n° 2201/2003, art. 11, par. 6, 1re phrase). Il s'agit de permettre à la juridiction de l'État membre de l'ancienne résidence habituelle d'examiner la question de la garde en connaissance des éléments qui ont conduit à refuser le retour. Certains y verront peut-être une forme d'appel de la décision de non-retour devant les juridictions de l'ancienne résidence habituelle. Toujours est-il que, parce qu'il s'agit de remettre en débat la question du retour de l'enfant, la procédure doit être **rapide**. Il en résulte, d'une part, que la juridiction qui a rendu la décision de non-retour doit transférer une copie du dossier « *dans un délai d'un mois à compter de la date de la décision* » (règl. [CE] n° 2201/2003, art. 11, par. 6, 2e phrase). D'autre part, « *une fois une décision de non-retour prise et portée à la connaissance de la juridiction d'origine, il est sans incidence* [...] *que cette décision ait été suspendue, réformée, annulée ou, en tout état de cause, ne soit pas passée en force de chose jugée ou ait été remplacée par une décision de retour, pour autant que le retour de l'enfant n'a pas effectivement eu lieu* »[1]. La solution est heureuse car, sans remettre en cause le principe selon lequel la procédure de retour relève de la loi de l'État membre de refuge, elle évite que les règles nationales ne portent atteinte à l'effet utile du règlement Bruxelles II *bis*. Les parties, qui ont eu connaissance des éléments de la décision étrangère de refus de retour ou auxquelles ils ont été notifiés, disposent d'un **délai de trois mois** pour présenter leurs observations à la juridiction de l'ancienne résidence habituelle (règl. [CE] n° 2201/2003, art. 11, par. 7, 1re phrase). Plusieurs hypothèses sont alors envisageables. D'une part, si dans le délai de trois mois la juridiction de l'ancienne résidence habituelle n'a pas reçu d'observations, elle clôt l'affaire (règl. [CE] n° 2201/2003, art. 11, par. 7, 2e phrase). Les juridictions de la nouvelle résidence habituelle de l'enfant ont alors vocation, à terme, à être seules compétentes pour statuer sur le fond de la responsabilité parentale (règl. [CE] n° 2201/2003, art. 10, pt. b.iii). D'autre part, si dans le délai de trois mois la juridiction de l'ancienne résidence habituelle a reçu des observations, elle statue sur la question de la garde de l'enfant qui clôt l'affaire (règl. [CE] n° 2201/2003, art. 11, par. 7, 2e phrase). Soit elle rend une décision de garde qui n'implique pas le retour de l'enfant : par exemple, le demandeur au retour ne se voit reconnaître qu'un droit de visite. Comme précédemment, les juridictions de la nouvelle résidence habituelle de l'enfant ont vocation, à terme, à être seules compétentes en matière de responsabilité parentale (règl. [CE] n° 2201/2003, art. 10, pt. b.iv). Soit la juridiction de l'ancienne résidence habituelle de l'enfant ordonne le retour immédiat de l'enfant. Quelle que soit l'hypothèse, se pose alors la question de la reconnaissance et de l'exécution de la décision dans l'État membre de la nouvelle résidence habituelle de l'enfant. Pour ces décisions, relatives au droit de visite ou ordonnant le retour de l'enfant, le règlement Bruxelles II *bis* met en place un système de libre circulation (v. ss nos 434.90 s.).

432.111 Procédure devant les juridictions françaises (circ. CIV/03/05, 28 oct. 2005). La circulaire du 28 octobre 2005 reprend, du point de vue français, l'ensemble de cette procédure[2] : « *Le règlement instaure un système original de communication entre les juridictions des États membres. Il prévoit, en effet, qu'en cas de décision de non-retour, le juge qui a rendu cette décision la transmet immédiatement avec tous les éléments du dossier, directement ou par le biais de l'autorité compétente en droit national, au juge de la résidence habituelle. Celui-ci doit les recevoir dans un délai maximum d'un mois, les parties étant invitées à le saisir si l'une ou l'autre n'en a pas déjà pris l'initiative (règl. [CE] n° 2201/2003, art. 11, § 6 et 7). Ce juge est le juge spécialisé visé à l'article L. 312-1-1 du Code de l'organisation judiciaire. Aux fins de réalisation de cette transmission, le nouvel article 1210-6 du Code de procédure civile prévoit que la décision de non-retour de l'enfant rendue à l'étranger, ainsi que les documents qui l'accompagnent, sont transmis à l'autorité centrale française, le Bureau de l'entraide civile et commerciale internationale de la Direction des affaires civiles et du Sceau [...], qui les communique au ministère public près le tribunal de grande instance visé à l'article 1210-4 du Code de procédure civile. Le ministère public saisit ensuite le juge aux affaires familiales par requête. Si un autre juge aux affaires familiales, non compétent en matière de déplacement illicite, est, à ce moment, déjà saisi du même litige ou d'un litige connexe, il lui incombe de se dessaisir au bénéfice du juge*

1. CJCE 11 juill. 2008, aff. C-195/08, PPU, Rinau, pt 89, préc. ss n° 432.84; *JCP* 2008, II, 10207, note Devers; *Procédures* 2008, comm. 298, obs. Nourissat; *Europe* 2008, comm. 351, obs. Idot; *Rev. crit. DIP* 2008, 871, note Muir-Watt.

2. Circ. CIV/03/05, 28 oct. 2005, relative à l'entrée en vigueur du règlement (CE) n° 2201/2003 du Conseil du 27 novembre 2003, relatif à la compétence, la reconnaissance et l'exécution des décisions en matière matrimoniale et de responsabilité parentale dit « Bruxelles II *bis* », préc.

saisi par le ministère public. Une fois saisi, le juge aux affaires familiales compétent doit notifier aux parties la décision de non-retour ainsi que les documents qui l'accompagnent et inviter les parties à présenter leurs observations dans un délai de trois mois à compter de la date de notification (règl. [CE] n° 2201/2003, art. 11, § 7), le cas échéant selon les modalités prévues par le règlement CE n° 1348/2000 du Conseil du 29 mai 2001. Si les parties ne présentent pas d'observations dans ce délai :

– soit le juge constate qu'il n'y a pas lieu à statuer;

– soit, si l'enfant réside depuis plus d'un an dans le pays de la juridiction qui a rendu la décision, le juge se déclare incompétent.

Dans l'hypothèse où l'enfant déplacé illicitement à l'étranger fait l'objet d'une mesure d'assistance éducative en milieu ouvert ou de placement judiciaire, il est tout à fait opportun que le juge des enfants, saisi de la procédure d'assistance éducative, soit consulté et rende un avis motivé sur la situation du mineur. En conséquence, dans un souci de bonne coordination, il convient que le ministère public, lorsqu'il saisit le juge aux affaires familiales compétent, avise également le juge des enfants qui a pris une telle mesure. Cette modalité d'organisation n'exclut pas la possibilité, pour le juge aux affaires familiales concerné, d'adresser directement une demande d'avis au juge des enfants. Le juge des enfants doit alors, dans les meilleurs délais, communiquer son avis au ministère public aux fins de transmission au juge aux affaires familiales saisi ou l'adresser directement à ce dernier. Le juge des enfants a la possibilité de communiquer au juge aux affaires familiales, outre cet avis sur le mineur, toutes les pièces utiles. À ce stade, il y a lieu de rappeler l'avis du 1er mars 2004, de la Cour de cassation selon lequel le dossier d'assistance éducative peut être transmis au juge aux affaires familiales, à la condition que les parties à l'instance devant ce juge figurent parmi celles qui ont qualité pour accéder au dossier d'assistance éducative et que les pièces soient soumises au débat contradictoire[1]*. La juridiction de la résidence habituelle statuant dans les conditions énoncées ci-dessus ne se prononce donc pas sur le retour, mais sur le fond du droit, c'est-à-dire sur la garde au sens du règlement, ce qui recouvre en droit français tant la question de la résidence que celle des relations de chacun des parents avec l'enfant. Dans la mesure où sa décision implique le retour de l'enfant ou non, elle a "le dernier mot", quoi qu'ait par ailleurs décidé, sur le retour, le juge de l'État de présence. En particulier, si celui-ci a refusé le retour, la décision du juge de la résidence habituelle confiant la garde au parent chez lequel se trouvait cette résidence habituelle avant le déplacement prévaut. La décision impliquant le retour de l'enfant (règl. [CE] n° 2201/2003, art. 42, § 1), émanant du juge de l'État de la résidence habituelle après décision de non-retour du juge de l'État de présence (décision de règl. [CE] n° 2201/2003, art. 11, § 8) fait l'objet des mêmes dispositions, concernant sa reconnaissance et son exécution, que les décisions sur le droit de visite [...] : l'exequatur est supprimé et la décision circule librement, sans que l'on puisse refuser de la reconnaître ou de l'exécuter, dès lors qu'elle est accompagnée du certificat délivré par le juge d'origine (modèle en annexe 4 du règlement)* » (circ. CIV/03/05, 28 oct. 2005, p. 20-21 – V. texte complet de la circ. s[s] n° 62.14, spéc. sect. V, 2.).

3°
Prorogation volontaire de compétence

432.121 **Au profit du juge de la désunion.** Afin d'éviter **une dispersion du contentieux de la désunion** entre différents États membres, une prorogation de compétence est prévue au profit des juridictions de la désunion. Il s'agit *d'« encourager les titulaires de responsabilité parentale à se mettre d'accord sur la juridiction* »[2]. Alors qu'il n'est pas le juge de l'État membre de la résidence habituelle de l'enfant, le juge de la désunion peut devenir compétent pour statuer sur la responsabilité parentale (règl. [CE] n° 2201/2003, art. 12, par. 1). La prorogation de compétence suppose, tout d'abord, que les juridictions qui statuent sur une demande en divorce, en séparation de corps ou en annulation du mariage soient compétentes en vertu de l'article 3. Il n'y a ensuite prorogation de compétence que si « *au moins l'un des époux exerce la responsabilité parentale à l'égard de l'enfant* » (règl. [CE] n° 2201/2003, art. 12, par. 1, s[s] a). Il suffit donc que **l'un au moins des époux soit titulaire de la responsabilité parentale** (règl. [CE] n° 2201/2003, art. 2, s[s] 8). Il faut en outre que la compétence de juge de la désunion ait été « *acceptée expressément ou de toute autre manière non équivoque par les époux et par les titulaires de la responsabilité parentale, à la date à laquelle la juridiction est saisie* » (règl. [CE] n° 2201/2003, art. 12, par. 1, s[s] b). Autrement dit, **la prorogation ne peut qu'être volontaire**. Qu'elle soit acceptée par les deux époux ne pose pas de réelles difficultés[3]. Dès lors qu'un des époux, généralement l'époux défendeur à la procédure de désunion, refuse la prorogation de compétence, on en revient à la compétence de principe du juge de la

1. Cass. avis, 1er mars 2004, n° 00-40.001, *Bull. civ. avis*, n° 1; *JCP* 2004, I, 167, obs. Fossier; *Dr. fam.* 2004, comm. 142, note Gouttenoire; *RTD civ.* 2004, 498, obs. Hauser.

2. M. Ekström, « Le règlement du Conseil de l'Union européenne n° 2201/2003/CE : le nouveau règlement Bruxelles II », *L'Observateur de Bruxelles*, 2005/6, n° 61, p. 50, spéc[t] p. 51.

3. CA Aix-en-Provence, 14 sept. 2006, RG n° 05-19-689.

résidence habituelle de l'enfant[1]. Il est en revanche plus surprenant d'exiger que la prorogation de compétence soit aussi acceptée par les autres titulaires de la responsabilité parentale, personnes qui ne sont par partie à la procédure de désunion, et ce à la date à laquelle la juridiction est saisie. Par exemple, les grands-parents de l'enfant auxquels une décision a précédemment reconnu un droit de visite doivent consentir à la prorogation de compétence au profit du juge de la désunion. Une telle exigence, difficilement explicable, risque de paralyser le mécanisme de prorogation volontaire de compétence. Il faut enfin que la prorogation de compétence au profit du juge de la désunion soit « *dans l'intérêt supérieur de l'enfant* » (règl. [CE] n° 2201/2003, art. 12, par. 1, s^s^ b). On imagine aisément les discussions que ne manquera pas de susciter cette référence[2], sachant que la compétence de principe du juge de la résidence habituelle de l'enfant est elle-même conçue dans l'intérêt supérieur de l'enfant (règl. [CE] n° 2201/2003, préambule, cons. 12). Il sera sans doute plus facile de considérer que la prorogation est dans l'intérêt supérieur de l'enfant lorsque ce dernier a sa résidence habituelle sur le territoire d'un État tiers. C'est d'ailleurs ce que suggère l'article 12, paragraphe 4 du règlement Bruxelles II *bis*. Il dispose que « *lorsque l'enfant a sa résidence habituelle sur le territoire d'un État tiers, qui n'est pas partie contractante à la convention de La Haye du 19 octobre 1996* [...], *la compétence fondée sur le présent article est présumée être dans l'intérêt de l'enfant notamment lorsqu'une procédure s'avère impossible dans l'État tiers concerné* ». À supposer que toutes ces conditions soient remplies, les juridictions saisies de demande de désunion pourront connaître du contentieux de la responsabilité parentale. Mais, logiquement, cette prorogation est limitée dans le temps (règl. [CE] n° 2201/2003, art. 12, par. 2). Elle cesse notamment lorsque la décision faisant droit à la demande en divorce, en séparation de corps ou en annulation du mariage ou la rejetant est passée en force de chose jugée (règl. [CE] n° 2201/2003, art. 12, par. 2, pt a). On en revient alors à la compétence de principe des juridictions de l'État membre de la résidence habituelle de l'enfant. Lorsqu'il y a lieu à prorogation, « *cela ne signifie pas nécessairement qu'une seule et même juridiction doit, dans l'État concerné, statuer sur le lien matrimonial et sur les questions de responsabilité parentale. La règle admet seulement que ce sont les autorités du même État qui statuent sur ces deux contentieux* [...]. *Dans certains États comme la France, le traitement de ces deux questions relève des mêmes juridictions, dans d'autres il est réparti entre des autorités distinctes* »[3].

432.122 Au profit d'un autre juge que celui de la désunion. En dehors de toute procédure en désunion, une prorogation de compétence est possible au profit des juridictions d'un État membre sur le territoire duquel ne réside pas habituellement l'enfant (règl. [CE] n° 2201/2003, art. 12, par. 3). Il faut, tout d'abord, que la question de la responsabilité parentale entretienne une certaine proximité avec l'État membre en cause : l'enfant doit avoir « *un lien étroit avec cet État membre du fait, en particulier, que l'un des titulaires de la responsabilité parentale y a sa résidence habituelle ou que l'enfant est ressortissant de cet État membre* » (règl. [CE] n° 2201/2003, art. 12, par. 3, pt a). Le fait, par exemple, que le grand-père de l'enfant qui demande à bénéficier d'un droit de visite réside dans cet État membre peut apparaître insuffisant. Entretient en revanche des liens étroits avec la France l'enfant, de nationalité française, qui est né en France et qui y a vécu jusqu'à l'âge de ses douze ans[4]. Il est ensuite exigé que la compétence des juridictions de l'État membre ait été « *acceptée expressément ou de toute autre manière non équivoque par toutes les parties à la procédure à la date à laquelle la juridiction est saisie* » (règl. [CE] n° 2201/2003, art. 12, par. 3, s^s^ b). À la différence de la prorogation de compétence au profit des juridictions de la désunion (v. s^s^ n° 432.121), il n'est donc pas exigé de recueillir le consentement des titulaires de la responsabilité parentale qui ne sont pas parties à la procédure. Il faut enfin que la prorogation de compétence soit dans **l'intérêt supérieur de l'enfant** (règl. [CE] n° 2201/2003, art. 12, par. 3, s^s^ b), ce qui sera là aussi bien délicat à apprécier (v. s^s^ n° 432.121). S'agissant de l'acceptation de la prorogation, une cour d'appel a estimé que le père, « *qui s'est fait domicilié en France pour les besoins de la procédure en première instance et a comparu devant la juridiction de Montauban, sans opposer aucune exception d'incompétence, a accepté de manière non équivoque la compétence de cette juridiction* »[5]. Il n'est pas évident qu'une telle position soit à l'abri de la critique car, devant le silence du père, la juridiction française « *saisie d'une affaire pour laquelle sa compétence n'est pas fondée* [...] *et pour laquelle* [la juridiction portugaise] *est compétente* [...], *se déclare d'office incompétente* » (règl. [CE] n° 2201/2003,

1. COMP. CA Paris, 19 déc. 2002, RG n° 2002/07500, *Juris-Data* n° 2002-217655.
2. V. NOT., B. Ancel et H. Muir-Watt, « L'intérêt supérieur de l'enfant dans le concert des juridictions : le règlement Bruxelles II *bis* », *Rev. crit. DIP* 2005, 569 – P. Hammje, « L'intérêt de l'enfant face aux sources internationales du droit international privé », *Mél. P. Lagarde*, Dalloz, 2005, p. 365.
3. J.-CL. EUROPE, B. Sturlèse, fasc. 3500, « Règlement (CE) n° 1347/2000, 29 mai 2000 », sept. 2001, n° 56.
4. CA Toulouse, 15 avr. 2008, RG n° 06/03481.
5. CA Toulouse, 15 avr. 2008, RG n° 06/03481.

art. 17). Autrement dit, il n'appartient pas au défendeur qui comparaît de contester la compétence de la juridiction saisie. La comparution volontaire du défendeur ne permet pas, à elle seule, de se convaincre qu'il avait pleinement conscience de l'internationalité du litige et connaissance de la compétence du juge portugais. Au-delà, l'article 12 du règlement Bruxelles II *bis* exige que la compétence des juridictions de l'État membre ait été « *acceptée* [...] *à la date à laquelle la juridiction est saisie* ».

4°
Présence de l'enfant

432.131 Compétence des juridictions de l'État membre de présence. L'article 13 du règlement Bruxelles II *bis* prévoit que, « *lorsque la résidence habituelle de l'enfant ne peut* [pas] *être établie et que la compétence ne peut* [pas] *être déterminée sur* [la] *base de l'article 12, les juridictions de l'État membre dans lequel l'enfant est présent sont compétentes* » (règl. [CE] n° 2201/2003, art. 13, par. 1). Parce qu'il est fréquent que l'enfant se déplace, notamment durant les vacances scolaires, cette compétence est strictement encadrée.

432.132 Absence de résidence habituelle. D'une part, les juridictions de l'État membre de présence de l'enfant ne sont compétentes que « *lorsque la résidence habituelle de l'enfant ne peut* [pas] *être établie* ». Il en résulte que, lorsque l'enfant a sa résidence habituelle dans un État tiers, les juridictions de l'État membre dans lequel l'enfant est présent ne sont *a priori* pas compétentes. La **règle de compétence de l'article 13** est, en effet, **subsidiaire à celle de l'article 8** : « *La seule présence physique de l'enfant dans un État membre* [...] *ne peut pas suffire à établir la résidence habituelle de l'enfant* »[1]. Les juridictions de l'État membre de présence ne deviennent compétentes, **à titre exceptionnel**, que **si l'enfant est réfugié** ou **si l'enfant**, par suite de troubles prévalant dans son pays, **est internationalement déplacé** (règl. [CE] n° 2201/2003, art. 13, par. 2). Lorsque l'enfant a sa résidence habituelle dans un État membre, les juridictions de cet État sont compétentes, en vertu de l'article 8 du règlement Bruxelles II *bis*, et les juridictions de l'État membre de présence de l'enfant ne sont pas compétentes. Lorsque le lieu de la résidence habituelle de l'enfant est discuté par les titulaires de la responsabilité parentale, le recours à l'article 13 est exclu. Le juge saisi doit trancher la question de la localisation de la résidence habituelle et il ne se déclare compétent que s'il considère que l'enfant a une résidence habituelle sur son territoire (règl. [CE] n° 2201/2003, art. 8). Même si la tentation peut être forte, il serait regrettable que l'article 13 soit instrumentalisé pour éluder la question de localisation de la résidence habituelle de l'enfant. La circulaire du 28 octobre 2005 considère que l'article 13 aurait vocation à s'appliquer au « *cas d'un enfant en fugue* » (circ. CIV/03/05, 28 oct. 2005, p. 10 - V. texte complet s[s] n° 62.14, spéc. sect. II, 2.). Cette interprétation est très contestable car, chaque fois que la résidence habituelle de l'enfant immédiatement avant la fugue peut être établie, le jeu de l'article 13 paraît exclu. En revanche, selon l'avocat général Kokott, l'article 13 peut s'appliquer en cas de **déménagement légal de l'enfant** : « *Il est* [...] *concevable que, dans des cas exceptionnels, il n'y ait plus, durant une période transitoire, de résidence habituelle dans l'État de départ, sans que le statut dans l'État d'accueil soit suffisamment consolidé pour permettre d'y admettre l'existence d'une résidence habituelle. C'est précisément pour un tel cas que l'article 13 du règlement n° 2201/2003 reconnaît une compétence subsidiaire aux juridictions de l'État membre dans lequel l'enfant est présent* »[2].

432.133 Absence de prorogation de compétence. D'autre part, les juridictions de l'État membre de présence de l'enfant ne sont compétentes que lorsque « *la compétence ne peut* [pas] *être déterminée sur* [la] *base de l'article 12* ». Autrement dit, les juridictions de l'État membre de présence de l'enfant sont incompétentes chaque fois qu'il existe une prorogation volontaire de compétence au profit des juridictions d'un autre État membre (sur la prorogation volontaire de compétence, v. s[s] n° 432.121). La solution est logique lorsque les juridictions de l'État membre de présence de l'enfant ont été saisies en second lieu. Mais que décider lorsque les juridictions de l'État membre de présence de l'enfant ont été saisies en premier lieu ? On peut penser que, même dans cette hypothèse, elles devraient se dessaisir au profit des juridictions compétentes sur la base de l'article 12 puisqu'elles ne sont pas compétentes sur la base de l'article 13.

5°
Renvoi à une juridiction mieux placée pour connaître de l'affaire

432.141 Réception de la théorie du *forum more convenient*. Dans le cadre de la convention de Bruxelles de 1968, la Cour de justice des Communautés européennes a jugé que « *la convention* [...]

1. CJCE 2 avr. 2009, aff. C-523/07, A., pt 33 (préc. s[s] n° 432.25, 432.27, 432.62 et 432.63); *AJ fam.* 2009, 294, obs. Boiché; *JCP* 2009, 316, note Boulanger; *Europe* 2009, comm. 265, note Idot.

2. CJCE 2 avr. 2009, aff. C-523/07, concl. J. Kokott, pt 45, présentées le 29 janv. 2009,.

s'oppose à ce qu'une juridiction d'un État contractant décline la compétence qu'elle tire de l'article 2 [...] *au motif qu'une juridiction d'un État non contractant serait un for plus approprié pour connaître du litige en cause* »[1]. Une même solution paraît devoir être retenue dans le cadre du règlement Bruxelles I : le juge désigné par le règlement ne peut se dire incompétent au motif qu'un autre tribunal serait « mieux placé » pour statuer (règl. [CE] n° 44/2001, préambule, cons. 11)[2]. Le **règlement Bruxelles II *bis*** met quant à lui en place un **mécanisme de renvoi de compétence à une juridiction** qui n'est pas normalement compétente mais qui paraît **mieux placée** pour connaître de l'affaire (règl. [CE] n° 2201/2003, art. 15). Le fondement du mécanisme du *forum more convenient* réside dans « *l'intérêt supérieur de l'enfant* » (règl. [CE] n° 2201/2003, préambule, cons. 15). Au plan pratique, il suppose que les juridictions intéressées coopèrent activement[3] : les contacts peuvent se nouer directement ou par l'intermédiaire des autorités centrales (règl. [CE] n° 2201/2003, art. 15, par. 6). Ce peut être un moyen de régler un problème de litispendance ou d'actions dépendantes entre deux juridictions d'États membres différents, concurremment saisies[4].

432.142 Demandeurs au renvoi. Le renvoi à une juridiction mieux placée pour connaître de l'affaire peut tout d'abord être sollicité par l'une des parties à la procédure (règl. [CE] n° 2201/2003, art. 15, par. 2, s^{s} a). En pratique, il s'agira le plus souvent du **défendeur** qui prétend que le juge devant lequel il a été attrait n'est pas le mieux placé pour statuer sur la responsabilité parentale. Le renvoi peut ensuite avoir lieu à l'initiative de **la juridiction de la résidence habituelle de l'enfant** (règl. [CE] n° 2201/2003, art. 15, par. 2, s^{s} b). Le renvoi peut enfin être sollicité par la **juridiction d'un autre État membre** avec lequel l'enfant a justement un lien particulier (règl. [CE] n° 2201/2003, art. 15, par. 2, s^{s} c). Dans ces deux dernières hypothèses, le renvoi ne peut toutefois être effectué que s'il est accepté par au moins l'une des parties (règl. [CE] n° 2201/2003, art. 15, par. 2, der. phrase).

432.143 Lien particulier avec l'enfant. La juridiction au profit de laquelle le renvoi est envisagé n'est la mieux placée pour connaître de l'affaire que si elle présente un lien particulier avec l'enfant. Dans cinq hypothèses, l'existence d'un tel lien est **présumée** par le règlement (règl. [CE] n° 2201/2003, art. 15, par. 3). Il est par exemple considéré que l'enfant a un lien particulier avec l'État dans lequel il a acquis une nouvelle résidence habituelle : c'est le cas où, après la saisine de la juridiction qui s'interroge sur l'opportunité d'un renvoi, l'enfant a légalement déménagé (règl. [CE] n° 2201/2003, art. 15, par. 3, s^{s} a). Il est également considéré que, lorsque le litige porte sur l'administration, la conservation ou la disposition de biens, l'enfant a un lien particulier avec l'État sur le territoire duquel ses biens se trouvent[5] (règl. [CE] n° 2201/2003, art. 15, par. 3, s^{s} e). Parce qu'il s'agit de présumer l'existence du lien particulier avec l'enfant, il n'est pas exclu qu'un tel lien soit caractérisé en dehors des cinq hypothèses du paragraphe 3. Un lien particulier pourrait, par exemple, exister avec l'État sur le territoire duquel l'un des titulaires de la responsabilité parentale va établir sa résidence habituelle et y exercer son droit de visite ou de garde.

Le jugement du tribunal de grande instance de Bernay fournit un autre exemple de ce que peut être ce lien particulier avec l'État membre auquel la compétence est renvoyée. En l'espèce, l'un des enfants résidait en France et l'autre au Royaume-Uni, pays de l'ancienne résidence habituelle de la famille. Selon le juge français, « *si l'on retenait la compétence du juge du lieu de résidence habituelle de L... pour statuer sur sa situation, l'on risquerait une contradiction de décisions pour les deux enfants. Il est donc dans l'intérêt supérieur de L... que sa situation soit examinée par le même juge que celui qui va statuer sur l'organisation des droits des parents sur son frère A* »[6].

432.144 Compétence de la juridiction de renvoi. La compétence de la juridiction à laquelle l'affaire, ou une partie spécifique de l'affaire, est renvoyée est strictement **délimitée.** D'une part, la juridiction de l'État membre compétente pour connaître du fond impartit un **délai** durant lequel la juridiction de l'autre État membre doit être saisie (règl. [CE] n° 2201/2003, art. 15, par. 4, al. 1er). Si

1. CJCE 1er mars 2005, aff. C-281/02, Owusu, pt 46, *Rec. CJCE* 2005, I, p. 1383; *Europe* 2005, comm. 189, note Idot; *JDI* 2005, p. 1183, note Cuniberti; *Rev. crit. DIP* 2005, 708, note Chalas; *D.* 2006, 1501, note Courbe et Jault-Seseke.
2. V. H. Gaudemet-Tallon, *Compétence et exécution des jugements en Europe. Règlement du Conseil n° 44/2001, Conventions de Bruxelles (1968) et de Lugano (1988 et 2007)*, 4e éd., LGDJ, 2010, p. 74-76, n° 81.
3. Sur cette exigence, v. E. Carl, « La coopération entre les magistrats du siège dans les différents États membres », H. Fulchiron et C. Nourissat (dir.), *Le nouveau droit communautaire du divorce et de la responsabilité parentale*, préc., p. 217.
4. S. Corneloup, « Les règles de compétence relatives à la responsabilité parentale », préc., p. 82.
5. Développant cette hypothèse, v. J.-F. Sagaut, « La représentation en France d'un enfant mineur ayant une double nationalité française et étrangère et résidant à l'étranger, à l'occasion de la vente d'un bien situé en France », *RDC* 2007, p. 1349.
6. TGI Bernay, 26 janv. 2006, *Procédures* 2006, comm. 275, obs. Nourissat.

la juridiction à laquelle l'affaire, ou une partie spécifique de l'affaire, est renvoyée n'est pas saisie durant ce délai, la juridiction saisie continue d'exercer sa compétence (règl. [CE] nº 2201/2003, art. 15, par. 4, al. 2). D'autre part, la juridiction à laquelle l'affaire, ou une partie spécifique de l'affaire, est renvoyée peut, lorsque, en raison des circonstances spécifiques de l'affaire, cela est dans l'intérêt supérieur de l'enfant, **se déclarer compétente dans un délai de six semaines à compter de la date à laquelle elle a été saisie** (règl. [CE] nº 2201/2003, art. 15, par. 5). Dans ce cas, **la juridiction première saisie décline sa compétence.** Si la juridiction à laquelle l'affaire, ou une partie spécifique de l'affaire, est renvoyée ne se déclare pas compétente dans le délai imparti, **la juridiction première saisie continue d'exercer sa compétence** (règl. [CE] nº 2201/2003, art. 15, par. 5). Il en résulte, semble-t-il, que la juridiction deuxième saisie n'est pas autorisée à renvoyer l'affaire à une troisième juridiction qu'elle estimerait mieux placée pour connaître de l'affaire (règl. [CE] nº 2201/2003, préambule, cons. 13).

6°
Mesures dictées par l'urgence

432.151 Des mesures urgentes. L'article 20 du règlement Bruxelles II *bis* prévoit qu'en cas d'urgence les juridictions d'un État membre, même si elles ne sont pas compétentes pour connaître du fond, peuvent prendre des **mesures provisoires ou conservatoires relatives aux personnes ou aux biens** présents dans cet État, prévues par la loi de cet État membre (règl. [CE] nº 2201/2003, art. 20, par. 1er). C'est poser là deux conditions : la première relative à la **présence sur le territoire de l'État membre** et la seconde relative à l'**urgence** qu'il y a à prendre la mesure. En ce qui concerne la présence sur le territoire de l'État membre, la Cour de justice de l'Union européenne a jugé que la mesure provisoire qui, en matière de responsabilité parentale, vise un changement de garde d'un enfant, « *est prise non pas seulement relativement à l'enfant lui-même, mais également relativement au parent à qui la garde de l'enfant est nouvellement confiée ainsi qu'à l'autre parent qui se voit, à la suite de l'adoption d'une telle mesure, privé de cette garde* »[1]. Il en résulte, pour la Cour, que l'article 20 est inapplicable lorsque « *l'une des personnes relativement auxquelles une telle mesure est prise, à savoir le père, réside dans un autre État membre* »[2]. L'urgence existe, par exemple, lorsque suite à un accident de la circulation en France les parents de l'enfant se trouvent dans le coma lors de leur arrivée à l'hôpital alors que l'enfant est seulement légèrement blessé[3]. La Cour de justice des Communautés européennes a précisé que ces mesures « *sont applicables aux enfants qui, ayant leur résidence habituelle dans un État membre, séjournent à titre temporaire ou occasionnel dans un autre État membre et se trouvent dans une situation susceptible de nuire gravement à leur bien-être, y compris à leur santé ou à leur développement, justifiant ainsi l'adoption immédiate de mesures de protection* »[4]. Dans de telles hypothèses, les autorités françaises pourraient être amenées à prendre certaines mesures provisoires alors qu'elles ne sont pas les autorités de l'État membre de résidence habituelle de la famille. Par analogie avec la convention de Bruxelles de 1968, il est possible de définir les « mesures provisoires ou conservatoires » comme les mesures qui, dans les matières relevant du champ d'application du règlement Bruxelles II *bis*, « *sont destinées à maintenir une situation de fait ou de droit afin de sauvegarder des droits dont la reconnaissance est par ailleurs demandée au juge du fond* »[5]. Les mesures susceptibles d'être prises ne sont pas définies par l'article 20 puisqu'il précise que ce sont celles « *prévues par la loi de* [l']*État membre* » dont les juridictions sont saisies. En France, il pourrait s'agir d'une **mesure de placement** conformément à l'article 375-3 du Code civil[6]. C'est également au droit de l'État dont les juridictions sont saisies de préciser si les mesures prises sur la base de l'article 20 ont un caractère contraignant. En revanche, l'article 20 ne permet pas à une juridiction d'un État membre d'adopter une mesure provisoire en matière de responsabilité parentale visant à octroyer la garde d'un enfant qui se trouve sur le territoire de cet État membre à l'un de ses parents lorsqu'une juridiction d'un autre État membre, qui est compétente en vertu dudit règlement pour connaître du fond du litige relatif à la garde de l'enfant, a déjà rendu une décision confiant provisoirement la garde de cet enfant à l'autre parent et que cette décision a été déclarée exécutoire sur le territoire du premier État membre[7]. La solution est logique puisqu'admettre l'application de l'article 20 permettrait au parent rapteur d'obtenir validation du déplacement ou de la rétention illicite par les juridictions de l'État membre de refuge.

1. CJUE 23 déc. 2009, aff. C-403/09 PPU, Deticek, pt 51, *Europe* 2010, comm. 57, note Idot; *RLDC* 2010, nº 3722, obs. Pouliquen; *AJ fam.* 2010, 131, obs. Boiché; *D.* 2010, 1055, note Brière.
2. CJUE 23 déc. 2009, aff. C-403/09 PPU, Deticek, pt 52.
3. GUIDE PRAT., p. 11.
4. CJCE 2 avr. 2009, aff. C-523/07, A., pt 48, (préc. ss nº 432.25, 432.27, 432.62 et 432.132).
5. CJCE 26 mars 1992, aff. C-261/90, Reichert, *Rec. CJCE*, p. I-2149; *Rev. crit. DIP* 1992, 714, note Ancel; *JDI* 1993, p. 461, note Huet; *Cah. dr. eur.* 1992, p. 700, note Tagaras.
6. V. dossier « Placement de l'enfant », *AJ fam.* 2007, 54.
7. CJUE 23 déc. 2009, aff. C-403/09 PPU, Deticek, préc. ss prést nº, avec références.

432.152 Des mesures provisoires. Sans surprise, L'article 20 du règlement Bruxelles précise que « *les mesures prises* [...] *cessent d'avoir effet lorsque la juridiction de l'État membre compétente en vertu du présent règlement pour connaître du fond a pris les mesures qu'elle estime appropriées* » (règl. [CE] n° 2201/2003, art. 20, par. 2).

Ainsi, si un juge des enfants français peut prendre (le 2 janvier 2009) une mesure de placement provisoire des enfants, celle-ci cesse de produire effet (le 9 janvier 2009) suite à la décision de la High Court de Londres déclarant les enfants pupilles placés sous la tutelle du président du tribunal[1].

432.153 Information des juridictions de la résidence habituelle. La Cour de justice des Communautés européennes a été saisie de la question de savoir si, à la suite de la **mise en œuvre d'une mesure conservatoire**, l'affaire doit être déférée d'office à la juridiction de l'État membre de résidence habituelle de l'enfant. La réponse est négative puisque le renvoi de l'affaire n'est prévu par le règlement que dans le cadre de l'article 15 qui vise le renvoi à une juridiction mieux placée pour statuer. La Cour juge, en revanche, que les juridictions nationales qui ont mis en œuvre des mesures provisoires ou conservatoires peuvent devoir en informer les juridictions de l'État membre de résidence habituelle de l'enfant. Cette obligation d'information est limitée, par la Cour, aux hypothèses dans lesquelles « *des circonstances liées à l'évolution physique, psychologique et intellectuelle de l'enfant* [rendent] *nécessaire l'intervention précoce de la juridiction compétente afin que des mesures définitives soient adoptées* ». Il appartient à la juridiction qui met en œuvre une mesure conservatoire d'apprécier « *eu égard à la situation de l'enfant, à l'évolution prévisible de celle-ci et à l'efficacité des mesures provisoires ou conservatoires prises* ». **Si des mesures définitives sont nécessaires, il convient donc d'en informer les juridictions de l'État membre de résidence habituelle de l'enfant.** Cette information peut être faite soit directement (comme le prévoit l'article 55, s^s c du règlement), soit par l'intermédiaire de l'autorité centrale (désignée au titre de l'article 53 du règlement). Une telle information est dictée par le souci de **protection de l'intérêt supérieur de l'enfant**[2]. Demeure en attente de réponse une question importante dont la Cour de Justice de l'Union européenne est actuellement saisie : « *Les dispositions des articles 21 et suivants* [du règlement Bruxelles II *bis*], *relatives à la reconnaissance et l'exécution de décisions d'autres États membres au titre de l'article 2, point 4),* [de ce règlement], *s'appliquent-elles également à des* ***mesures provisoires exécutoires****, en matière de droit de garde, au sens de l'article 20 du*[dit] *règlement ?* »[3]. Pour l'Avocat général Sharpston, « *des mesures provisoires adoptées par une juridiction d'un État membre sur le fondement du droit national dans les circonstances prévues à l'article 20 du règlement n° 2201/2003 ne doivent pas être reconnues ou exécutées dans les autres États membres en vertu des articles 21 et suivants du règlement. Cependant, le règlement n'empêche pas de les reconnaître ou de les exécuter conformément aux procédures de droit interne, notamment les procédures exigées par les conventions multilatérales ou bilatérales auxquelles les États membres concernés sont parties* »[4]. La solution serait différente s'agissant des **mesures provisoires adoptées par une juridiction compétente au fond** : « *des mesures provisoires adoptées par une juridiction d'un État membre sur le fondement d'une compétence tirée par cette juridiction des règles sur la compétence sur le fond du règlement (CE) n° 2201/2003 du Conseil du 27 novembre 2003 relatif à la compétence, la reconnaissance et l'exécution des décisions en matière matrimoniale et en matière de responsabilité parentale doivent être reconnues et exécutées dans les autres États membres de la même manière que toute autre décision adoptée sur le même fondement, conformément aux articles 21 et suivants de ce règlement* »[5].

SECTION 2
ENFANT RÉSIDANT SUR LE TERRITOIRE D'UN ÉTAT TIERS CONTRACTANT À LA CONVENTION DE LA HAYE DU 5 OCTOBRE 1961

432.161 Conventions de La Haye. La **convention de La Haye du 19 octobre 1996**, concernant la compétence, la loi applicable, la reconnaissance, l'exécution et la coopération en matière de responsabilité parentale et de mesures de protection des enfants, est **en cours de ratification par la France**. La loi n° 2007-1161 du 1er août 2007[6], a en effet autorisé l'adhésion à la convention de La Haye, du 19 octobre 1996, concernant la compétence, la loi applicable, la reconnaissance, l'exécution et la coopération en matière de responsabilité parentale et

1. V. NOT., CA Poitiers, 16 avr. 2009, RG n° 09/00356.
2. CJCE 2 avr. 2009, aff. C-523/07, A., pt 65 (préc. s^s n°s 432.25, 432.27, 432.62, 432.132 et 432.151).
3. Demande de décision préjudicielle présentée par le Bundesgerichtshof (Allemagne) le 10 juillet 2009 (aff. C-256/09), *JOUE* 12 déc. 2009, C 220, p. 23.
4. Concl. présentées le 20 mai 2010, pt 186.
5. E. Sharpston dans ses concl. présentées le 20 mai 2010, pt 186.
6. L. n° 2007-1161, 1er août 2007, autorisant l'adhésion à la convention de La Haye du 19 octobre 1996 concernant la compétence, la loi applicable, la reconnaissance, l'exécution et la coopération en matière de responsabilité parentale et de mesures de protection des enfants, *JO* 2 août 2007, p. 12988.

de mesures de protection des enfants. Mais, dans l'attente de l'entrée en vigueur de la convention de 1996, la compétence est réglée, en France, par la convention de La Haye du 5 octobre 1961 concernant la compétence des autorités et la loi applicable en matière de protection des mineurs[1]. Il convient toutefois de s'assurer que **l'enfant est mineur selon la loi interne de l'État dont il est ressortissant** et **selon la loi interne de sa résidence habituelle** (conv. La Haye, 5 oct. 1961, art. 12).

Ainsi la convention ne s'applique pas à la personne âgée de 19 ans, majeure selon la loi française mais mineure selon la loi rwandaise[2].

432.162 Convention de La Haye du 5 octobre 1961. Entrée en vigueur en France le 10 novembre 1972, la convention de La Haye du 5 octobre 1961 s'applique lorsque **l'enfant réside sur le territoire d'un État tiers contractant** : Suisse et Turquie (conv. La Haye, 5 oct. 1961, art. 13, al. 1er). Sont **concurremment compétentes** les juridictions de l'État contractant de **résidence habituelle de l'enfant** (conv. La Haye, 5 oct. 1961, art. 1er) et celles de l'État contractant dont le mineur est le **ressortissant** (conv. La Haye, 5 oct. 1961, art. 4). Il en résulte que les juridictions françaises sont compétentes pour statuer sur la responsabilité parentale lorsque l'enfant qui réside sur le territoire d'un État tiers contractant est de nationalité française[3]. Si l'enfant a, outre la nationalité française, la nationalité d'un autre État, il est généralement considéré comme français pour le jeu de l'article 4 de la convention de La Haye du 5 octobre 1961[4]. Le juge français est en revanche incompétent lorsque l'enfant, qui réside habituellement sur le territoire Suisse, est de nationalité suisse et américaine[5].

SECTION 3
ENFANT RÉSIDANT SUR LE TERRITOIRE D'UN ÉTAT TIERS NON CONTRACTANT À LA CONVENTION DE LA HAYE DU 5 OCTOBRE 1961

432.171 Article 1070 du Code de procédure civile. Lorsque l'enfant réside sur le territoire d'un État tiers non-contractant à la convention de La Haye du 5 octobre 1961, la **compétence du juge français pour statuer sur l'autorité parentale** est, à défaut de convention bilatérale[6], déterminée par la **loi française.** Conformément à la jurisprudence *Scheffel*[7], la compétence internationale se détermine, dans un premier temps, par **extension des règles de compétence territoriale interne.** Ainsi, par extension de l'article 1070 du Code de procédure civile, le juge français est compétent si réside en France celui qui n'a pas pris l'initiative de la procédure. Du fait de la primauté du règlement Bruxelles II *bis*, les critères « *du lieu où se trouve la résidence de la famille* », « *du lieu de résidence du parent avec lequel résident habituellement les enfants mineurs en cas d'exercice en commun de l'autorité parentale* » et « *du lieu de résidence du parent qui exerce seul cette autorité* » ne peuvent pas fonder la compétence du juge français.

432.172 Articles 14 et 15 du Code civil. La **compétence internationale du juge français** se détermine, dans un second temps, par application des articles 14 et 15 du Code civil[8]. Ces articles ne sont en effet applicables que lorsqu'aucun critère ordinaire de compétence territoriale n'est réalisé en France. Ils donnent compétence à la juridiction française en raison de la **nationalité française du demandeur ou du défendeur**[9]. Ainsi, le juge français est compétent, en raison de la nationalité française du demandeur, pour statuer sur les modalités d'exercice de l'autorité parentale sur l'enfant commun domicilié aux États-Unis avec sa mère défenderesse[10]. Encore faut-il que le parent qui a saisi le juge français n'ait pas renoncé au bénéfice du privilège de juridiction. Tel est le cas lorsque le père, de nationalité française, a comparu et défendu devant la juridiction étrangère, saisie par la mère, sans réserve et selon les formes de la procédure locale, sans soulever l'incompétence de cette juridiction[11].

1. Pour de plus amples détails, v. J.-CL. INTERNAT., N. Joubert, fasc. 549-20 (Autorité parentale – conflit de juridictions), avr. 2009, n° 61-71.
2. CA Paris, 16 mai 2000, RG n° 99/16403.
3. CA Paris, 1er juill. 1999, *D.* 1999, IR 220.
4. Civ. 1re, 16 déc. 1986, n° 84-17.076, *Bull. civ.* I, n° 300; *Rev. crit. DIP* 1987, 401, note Lagarde (à propos d'enfants franco-allemands) – CA Lyon, 19 juin 2001, RG n° 2000/00856 (à propos d'un enfant franco-hongrois).
5. CA Paris, 20 sept. 2007, RG n° 05/15013.
6. Sur lesquelles, v. J.-CL. INTERNAT., N. Joubert, fasc. 549-20 (Autorité parentale – conflit de juridictions), avr. 2009, n° 80-83 – Parmi les conventions conclues avec un État tiers, on signalera pour mémoire que seule la convention franco-algérienne du 21 juin 1988, relative aux enfants de couples mixtes séparés franco-algériens, contient des règles sur la compétence directe.
7. Civ. 1re, 30 oct. 1962, Scheffel, *Bull. civ.* I, n° 449; *Rev. crit. DIP* 1963, 387, note Francesccakis; *D.* 1963, jur. 109, note Holleaux; *GADIP*, n° 37.
8. Civ. 1re, 19 nov. 1985, n° 84-16.001, Sté Cognacs and Brandies from France, *Bull. civ.* I, n° 306; *Rev. crit. DIP* 1986, 712, note Lequette; *JDI* 1986, p. 719, note Huet; *D.* 1986, jur. 362, note Prévault; somm. 268, obs. Audit; *JCP* 1987, II, 20810, note Courbe; *GADIP*, n° 71.
9. CA Saint-Denis-de-La-Réunion, 17 févr. 2009, RG n° 08/01679.
10. Civ. 1re, 25 janv. 2005, n° 02-17.411, *Bull. civ.* I, n° 36; *Dr. fam.* 2005, chron. 24, M. Farge; *Rev. crit. DIP* 2006, 593, note Hotte; *Procédures* 2005, comm. 12, note Nourissat.
11. Civ. 1re, 30 sept. 2009, n° 08-16.141, *Bull. civ.* I, n° 191; *JCP* 2009, 480 (2e esp.), note Attal; *Dr. fam.* 2009, comm. 167 (2e esp.), note Abadie.

CHAPITRE

433. Loi applicable à l'autorité parentale

ALAIN DEVERS
MAÎTRE DE CONFÉRENCES
À L'UNIVERSITÉ DE LYON
(JEAN MOULIN – LYON 3)

SECTION 0
ORIENTEUR

433.00 Plan du chapitre.

Division. La loi applicable à l'autorité parentale détermine quels en sont les titulaires et les modalités d'exercice (sect. 1). C'est également au regard de la loi de l'autorité parentale que s'apprécie l'existence d'un déplacement ou d'un non-retour illicites de l'enfant (sect. 2).

433.01 Textes applicables.

• **Conv. La Haye, 5 oct. 1961,** concernant la compétence des autorités et la loi applicable en matière de protection des mineurs.

* V. texte complet s^s n° 63.11

• **Conv. La Haye, 2 oct. 1973,** sur la loi applicable aux obligations alimentaires.

* V. texte complet s^s n° 63.12

• **Conv. La Haye, 25 oct. 1980,** sur les aspects civils de l'enlèvement international d'enfants.

* V. texte complet s^s n° 63.13

• **Conv. La Haye, 19 oct. 1996,** concernant la compétence, la loi applicable, la reconnaissance, l'exécution et la coopération en matière de responsabilité parentale et de mesures de protection des enfants.

* V. texte complet s^s n° 63.17

• **Protocle La Haye, 23 nov. 2007,** sur la loi applicable aux obligations alimentaires.

* V. texte complet s^s n° 63.19

433.02 Jurisprudence de référence. Matière éminemment sensible, la détermination de la loi applicable à l'autorité parentale est le parent pauvre du droit international privé français. Il est en effet très difficile de citer une jurisprudence de référence en la matière.

433.03 Bibliographie indicative.

* V. s^s n° 432.03

Actualisables. J.-CL. INTERNAT., E. Gallant, fasc. 549-10 (Autorité parentale – loi applicable), mars 2009.

433.04 Questions essentielles.

> Quelle est la loi applicable à la responsabilité parentale ?

* V. s^s n°s 433.21 s.

> La convention de La Haye, du 19 octobre 1996, concernant la compétence, la loi applicable, la reconnaissance, l'exécution et la coopération en matière de responsabilité parentale et de mesures de protection des enfants est-elle applicable ?

* V. s^s n°s 433.51 s.

> Le juge français saisi d'une demande de retour immédiat peut-il statuer sur la responsabilité parentale ?

* V. s^s n°s 433.81 s.

> Pour quels motifs le juge français peut-il refuser de faire droit à une demande de retour immédiat de l'enfant ?

* V. s^s n°s 433.91 s.

> Existe-t-il des conventions bilatérales applicables en matière d'enlèvement international d'enfants ?
* V. s[s] n°s 433.101 s.

433.07 **Renvois.**
> Sur l'autorité parentale en droit français, v. s[s] n°s 232.00 s. V. aussi, s[s] n°s 521.00 s. et 522.00 s.

SECTION 1

ATTRIBUTION ET EXERCICE DE L'AUTORITÉ PARENTALE

433.10 **Division.** En l'état actuel, la loi applicable à l'attribution et à l'exercice de l'autorité parentale est déterminée par la convention de La Haye du 5 octobre 1961 concernant la compétence des autorités et la loi applicable en matière de protection des mineurs (§ 1) ou par le droit commun (§ 2). Tout dépend de la question de savoir si l'enfant réside sur le territoire d'un État contractant à la convention de 1961. Elle devrait prochainement être remplacée par la convention de La Haye du 19 octobre 1996 concernant la compétence, la loi applicable, la reconnaissance, l'exécution et la coopération en matière de responsabilité parentale et de mesures de protection des enfants (§ 3).

§ 1

Enfant résidant sur le territoire d'un État contractant à la convention de La Haye du 5 octobre 1961

433.11 **Présentation.** La convention de La Haye du 5 octobre 1961 (v. texte complet s[s] n° 63.11) concernant la compétence des autorités et la loi applicable en matière de protection des mineurs est entrée en vigueur en France le 10 novembre 1972. Le texte de la convention et le rapport explicatif établi par M. Steiger[1] peuvent être consultés sur le site internet de la Conférence de La Haye de droit international privé[2]. La convention s'applique, en principe, à **tous les mineurs qui résident habituellement sur le territoire de l'un des États contractants** (Allemagne, Autriche, Espagne, France, Italie, Lettonie, Lituanie, Luxembourg, Pays-Bas, Pologne, Portugal, Suisse et Turquie[3]). L'article 12 de la convention de La Haye du 5 octobre 1961 précise qu'on « *entend par "mineur" toute personne qui a cette qualité tant selon la loi interne de l'État dont elle est ressortissante que selon la loi interne de sa résidence habituelle* ».

433.12 **Conventions bilatérales.** Il faut toutefois réserver ici l'application éventuelle d'une convention bilatérale liant la France telles les conventions franco-polonaise[4], franco-yougoslave[5] et franco-portugaise[6]. Ainsi, lorsque l'enfant réside en France, en Pologne ou au Portugal, la convention bilatérale peut primer sur la convention de La Haye de 1961.

433.13 **Effets de l'adoption.** La convention de La Haye de 1961 ne s'applique pas aux enfants adoptés comme le précise le rapport explicatif : « *l'on a pas voulu régler les conditions et les effets de l'adoption. La Neuvième session de la Conférence de La Haye a décidé dans sa séance du 26 octobre 1960 que cette matière serait portée à l'ordre du jour de la Dixième session* [et] *fera donc probablement l'objet d'une nouvelle convention* »[7]. La convention de La Haye du 15 novembre 1965 concernant la compétence des autorités, la loi applicable et la reconnaissance des décisions en matière d'adoption n'est toutefois pas applicable en France. Quant à la convention de La Haye du 29 mai 1993, sur la protection des enfants et la coopération en matière d'adoption internationale, elle ne règle pas la question de la loi applicable à l'adoption. Le rapport explicatif établi par M. Parra Aranguren précise clairement que « *la Convention ne vise pas à résoudre tous les problèmes soulevés par l'adoption internationale des enfants et, en particulier, à déterminer la loi applicable à la décision d'adoption ni à ses effets* »[8]. En l'absence de texte international, il faut en revenir à l'article 370-4 du Code civil qui précise que « *les effets de l'adoption prononcée en France sont ceux de la loi française* » et à l'article 370-5 du même code qui dispose que « *l'adoption régulièrement prononcée à l'étranger produit en France les effets de l'adoption plénière si elle rompt de manière complète*

1. W. de Steiger, *Rapport explicatif de la convention-protection des mineurs de 1961*, Actes et documents de la Neuvième session (1960), t. IV, Protection des mineurs, p. 7.
2. *Hague Conference on Private International Law* (Conférence de La Haye de droit international privé), www.hcch.net
3. Dans les relations entre la Lettonie et la Lituanie, la convention de La Haye du 19 octobre 1996 concernant la compétence, la loi applicable, la reconnaissance, l'exécution et la coopération en matière de responsabilité parentale et de mesures de protection des enfants, remplace la convention de La Haye de 1961. La Lettonie et la Lituanie sont en effet parties à la convention de La Haye de 1996, respectivement depuis le 1er avril 2003 et le 1er septembre 2004.
4. J.-CL. INTERNAT., E. Gallant, fasc. 549-10 (Autorité parentale – loi applicable), mars 2009, n° 7-8.
5. J.-CL. INTERNAT., E. Gallant, fasc. 549-10, préc., n° 9-10.
6. J.-CL. INTERNAT., E. Gallant, fasc. 549-10, préc., n° 11-12.
7. W. de Steiger, *Rapport explicatif de la convention-protection des mineurs de 1961*, rapp. préc., p. 11, IV.
8. G. Parra Aranguren, *Rapport explicatif sur la Convention sur la protection des enfants et la coopération en matière d'adoption internationale*, Actes et documents de la Dix-septième session (1993), t. II, Adoption – coopération, spéc[t] n° 65.

sont, quant à elles, compétentes que si **l'intérêt du mineur** exige leur intervention et **après en avoir avisé les autorités de la résidence habituelle**[1].

433.32 Influence du règlement Bruxelles II *bis*. Toutefois, depuis la mise en application du règlement Bruxelles II *bis*, la **compétence judiciaire** en matière de **responsabilité parentale** n'est plus déterminée par la convention de La Haye, du 5 octobre 1961. Elle est fixée par les **articles 8 et suivants du règlement Bruxelles II *bis*** (v. s[s] n°s 432.61 s.). Chaque fois que le juge français compétent sur la base sur du règlement Bruxelles II *bis* est le juge national ou le juge de la résidence habituelle du mineur, il peut en application de sa loi interne statuer sur l'autorité parentale. En revanche, lorsque le juge français compétent sur la base sur du règlement Bruxelles II *bis* n'est ni le juge national ni le juge de la résidence habituelle du mineur, la convention ne désigne aucune loi applicable à l'autorité parentale (v. s[s] n° 433.31). Là encore, pour sortir de l'impasse, l'on pourrait envisager « *de se tourner vers le droit international privé commun de l'autorité parentale* »[2]. Reste à espérer qu'entre prochainement en vigueur la convention de La Haye du 19 octobre 1996 dont la règle de conflit de lois s'articulera mieux avec la règle de compétence du règlement Bruxelles II *bis*.

§ 2
Enfant résidant sur le territoire d'un État non contractant à la convention de La Haye du 5 octobre 1961

433.41 Conventions bilatérales. La France est liée par plusieurs conventions bilatérales - telles les conventions franco-polonaise[3], franco-yougoslave[4] et franco-portugaise[5] - qui contiennent une **règle de conflit de lois en matière de responsabilité parentale.** Malgré quelques arrêts ambigus, la convention franco-marocaine du 10 août 1981 ne comporte pas de règle de détermination de la loi applicable : l'article 19 est en effet « *une règle de coopération judiciaire permettant de faire en sorte que les décisions rendues dans l'un ou l'autre pays soient exécutées correctement* »[6]. Il en résulte que le juge français peut être appelé à faire application d'une convention bilatérale lorsqu'il est saisi à propos d'un enfant dont la résidence habituelle est fixée en Slovénie ou en Bosnie-Herzégovine.

433.42 Droit commun (filiation par le sang). Lorsque l'enfant réside habituellement sur le territoire d'un État non contractant à la convention de La Haye du 5 octobre 1961 et qui n'est pas lié à la France par une convention bilatérale, il convient de se référer à la **règle de conflit de lois de droit commun.** La difficulté tient au fait que cette règle est incertaine depuis la loi du 3 janvier 1972 sur la filiation[7] et la loi du 11 juillet 1975 relative au divorce[8]. D'une part, faut-il étendre les règles de conflit de lois relatives à l'établissement de la filiation à la matière de l'autorité parentale ? D'autre part, faut-il appliquer l'article 309 du Code civil à l'autorité parentale après divorce s'agissant de l'enfant commun des époux ? Depuis l'ordonnance du 4 juillet 2005[9] et la suppression de la distinction entre les enfants légitimes et les enfants naturels, il semble que la règle de conflit de lois devrait être la même pour tous les enfants par le sang. L'on peut, à ce stade, hésiter entre donner compétence à la loi

1. CA Paris, 5 oct. 2006, RG n° 05/11556 – CA Rouen, 1er juin 2004, RG n° 04/00595 – CA Paris, 27 mai 1986, *JDI* 1987, p. 332, note Alexandre.
2. E. Gallant, *L'impact et l'application du règlement Bruxelles II bis en France*, préc., p. 120.
3. Conv. franco-polonaise, 5 avr. 1967, relative à la loi applicable, la compétence et l'*exequatur* dans le droit des personnes et de la famille, *JO* 22 févr. 1969 (entrée en vigueur le 1er mars 1969); *Rev. crit. DIP* 1969, 329; *JDI* 1969, p. 529 – Sur la convention, v. R. de Bottini, « La convention franco-polonaise relative à la loi applicable, la compétence et l'*exequatur* dans le droit des personnes et de la famille », *Rev. crit. DIP* 1970, 1 – J. Jodlowski et A. Ponsard, « La convention franco-polonaise du 5 avril 1967 relative à la loi applicable, la compétence et l'*exequatur* dans le droit des personnes et de la famille », *JDI* 1970, p. 607.
4. Conv. franco-yougoslave, 18 mai 1971, relative à la loi applicable et à la compétence en matière de droit des personnes et de la famille, *JO* 24 mai 1973 (entrée en vigueur le 1er déc. 1972) qui lie désormais la France à la Slovénie (Décr. n° 96-229, 15 mars 1996, portant publication de l'accord sous forme d'échange de lettres entre le Gouvernement de la République française et le Gouvernement de la République de Slovénie relatif à la succession en matière de traités conclus entre la France et la République socialiste fédérative de Yougoslavie (ensemble deux annexes), signé à Paris le 28 mars 1994 et à Ljubljana le 25 mai 1994, *JO* 22 mars, p. 4442) et à la Bosnie-Herzégovine (Décr. n° 2004-96, 26 janv. 2004, portant publication de l'accord sous forme d'échange de lettres entre le Gouvernement de la République française et le conseil des ministres de Bosnie-Herzégovine relatif à la succession en matière de traités bilatéraux conclus entre la France de la République socialiste fédérative de Yougoslavie, signées à Paris et à Sarajevo les 3 et 4 décembre 2003, *JO* 31 janv., p. 2225); *Rev. crit. DIP* 1973, 570.
5. Conv. franco-portugaise, 20 juill. 1983, de coopération judiciaire relative à la protection des mineurs, *JO* 14 oct. (entrée en vigueur le 1er oct. 1984); *Rev. crit. DIP* 1984, 723.
6. J.-Cl. Internat., E. Gallant, fasc. 549-10, préc., n° 13.
7. L. n° 72-3, 3 janv. 1972, sur la filiation, *JO* 5 janv., p. 145.
8. L. n° 75-617, 11 juill. 1975, portant réforme du divorce, *JO* 12 juill., p. 7171 – J.-Cl. Internat., E. Gallant, fasc. 549-10, préc., n° 61 s.
9. Ord. n° 2005-759, 4 juill. 2005, portant réforme de la filiation, *JO* 6 juill., p. 11159.

nationale de l'enfant (conformément à la directive générale de l'article 3 du Code civil) ou à la loi de sa résidence habituelle (conformément à la convention de La Haye de 1996 et au règlement Bruxelles II *bis*). Entre les deux, il convient, selon nous, de privilégier **l'application de la loi nationale de l'enfant, l'autorité parentale étant une question de capacité de la personne au sens de l'article 3 du Code civil.** Rares sont les arrêts à aborder de front cette question. L'on peut toutefois citer l'arrêt de la cour d'appel de Saint-Denis qui a affirmé, très clairement, que « *s'agissant* [...] *des questions liées à l'exercice de l'autorité parentale sur l'enfant commun, la loi française est applicable comme loi personnelle de l'enfant* [...] *qui possède la nationalité française* »[1].

433.43 Droit commun (filiation adoptive). L'article 370-4 du Code civil précise que « *les effets de l'adoption prononcée en France sont ceux de la loi française* » et l'article 370-5 dispose que « *l'adoption régulièrement prononcée à l'étranger produit en France les effets de l'adoption plénière si elle rompt de manière complète et irrévocable le lien de filiation préexistant. À défaut, elle produit les effets de l'adoption simple* ». Ainsi, quelle que soit l'hypothèse, **adoption prononcée en France** ou **adoption reconnue en France**, l'autorité parentale est du fait de l'adoption totalement dévolue aux parents adoptifs (v. s^{s} n°s 221.312 pour l'adoption « plénière », et 222.61 pour l'adoption « simple »). S'il s'agit non pas de déterminer les effets de l'adoption sur l'autorité parentale mais, ultérieurement, de modifier, aménager ou transférer le rapport d'autorité parentale, les articles 370-4 et 370-5 du Code civil paraissent inapplicables si bien qu'il conviendrait de faire application de la loi nationale de l'enfant.

§ 3 Prochaine entrée en vigueur de la convention de La Haye du 19 octobre 1996

433.51 Présentation. La convention de La Haye du 19 octobre 1996 (v. texte complet s^{s} n° 63.17) concerne la **compétence**, la **loi applicable**, la **reconnaissance, l'exécution** et la **coopération** en matière de **responsabilité parentale** et de **mesures de protection des enfants**[2]. Le texte de la convention et le rapport Lagarde[3] peuvent être consultés sur le site internet de la Conférence de La Haye de droit international privé. La convention du 19 octobre 1996 s'applique à tous les mineurs qui résident habituellement sur le territoire de l'un des États contractants (Albanie, Australie, Bulgarie, Estonie, Hongrie, Lettonie, Lituanie, Maroc, Monaco, République tchèque, Slovaquie, Slovénie et Équateur). L'article 2 de la convention de La Haye du 19 octobre 1996 précise qu'on entend par enfant toute personne « *à partir de sa naissance et jusqu'à ce* [qu'il ait] *atteint l'âge de 18 ans* ». À la différence de la convention du 5 octobre 1961 (v. s^{s} n° 433.11), la convention du 19 octobre 1996 « *ne comporte pas de disposition limitant sur le plan géographique les enfants auxquels elle s'appliquera. Après de longues discussions, l'évidence s'est imposée que le domaine géographique de la convention variait avec chacune de ses dispositions* ». Il en résulte, semble-t-il, que la règle de conflit de lois relative à la responsabilité parentale est « *universelle, comme dans toutes les conventions de La Haye récentes en matière de conflits de lois* » : elle serait donc « *applicable à tous les enfants, quelle que soit leur nationalité et où que soit leur résidence* »[4].

433.52 Prochaine entrée en vigueur. La Communauté européenne est membre de la conférence de La Haye de droit international privé depuis le 3 avril 2007. Cette adhésion s'ajoute aux adhésions individuelles de l'ensemble des 27 États membres de l'Union européenne qui sont déjà tous membres de la Conférence. Se pose désormais la question de la **répartition des compétences entre l'Union européenne et les États membres** pour **signer** et **ratifier** les conventions de La Haye. En application de la **théorie dite « des compétences externes implicites »** (issue de l'arrêt *AETR*[5]) et du fait de la « communautarisation » progressive du droit international privé de la famille, la convention de La Haye du 19 octobre 1996 devait être signée et ratifiée par l'Union européenne. Par décision du Conseil du 19 décembre 2002, les États membres ont toutefois été autorisés à signer, dans l'intérêt de l'Union, la convention[6]. La France a, pour sa part, signé la convention le 1er avril 2003 et la loi n° 2007-1161 du 1er août 2007 a autorisé l'adhésion à la convention de La Haye du 19 octobre 1996[7]. La ratification supposait toutefois une nouvelle décision du Conseil. Par décision du Conseil du 5 juin 2008,

1. CA Saint-Denis, 17 févr. 2009, RG n° 08/01679, *Juris-Data* n° 2009-001825.
2. P. Lagarde, « La nouvelle Convention de La Haye sur la protection des mineurs », *Rev. crit. DIP* 1997, 217.
3. P. Lagarde, *Rapport explicatif de la convention-protection des enfants de 1996*, Actes et documents de la 18e session (1996), t. II, Protection des enfants, p. 533.
4. P. Lagarde, râpé., p. 544, n° 17 (préc. s^{s} prés^{t} n°).
5. CJCE 31 mars 1971, aff. 22-70, Commission c/Conseil, *Rec. CJCE*, p. 263.
6. Déc. du Conseil 2003/93/CE, *JOUE* 21 févr. 2003, n° L 48, p. 1.
7. L. n° 2007-1161, 1er août 2007, autorisant l'adhésion à la convention de La Haye du 19 octobre 1996 concernant la compétence, la loi applicable, la reconnaissance, l'exécution et la coopération en matière de responsabilité parentale et de mesures de protection des enfants, *JO* 2 août, p. 12988.

la France (comme la Belgique, l'Allemagne, l'Irlande, la Grèce, l'Espagne, l'Italie, Chypre, le Luxembourg, Malte, les Pays-Bas, l'Autriche, la Pologne, le Portugal, la Roumanie, la Finlande, la Suède et le Royaume-Uni) a été autorisée à ratifier la convention de La Haye de 1996[1]. Cette décision prévoit que les États membres autorisés à ratifier la convention « *prennent les mesures nécessaires pour déposer simultanément leurs instruments de ratification ou d'adhésion auprès du ministère des affaires étrangères du Royaume des Pays-Bas, si possible avant le 5 juin 2010* ». Dès son entrée en vigueur, la convention du 19 octobre 1996 remplacera, en France, la convention du 5 octobre 1961.

433.53 Loi de la juridiction saisie. La convention du 19 octobre 1996 affirme que « *dans l'exercice de la compétence qui leur est attribuée* [...], *les autorités des États contractants appliquent leur loi* » (conv. La Haye, 19 oct. 1996, art. 15, par. 1). La convention écarte donc l'application systématique de la loi de l'État de résidence habituelle de l'enfant ou de celle de l'État de sa nationalité[2]. Selon le rapport explicatif, « *la considération principale qu'on peut faire valoir à l'appui de cette règle est de faciliter la tâche de l'autorité saisie qui appliquera ainsi la loi qu'elle connaît le mieux* »[3]. Ainsi, lorsque le juge français sera compétent sur la base sur du règlement Bruxelles II *bis*, il appliquera la **loi française à la question de l'autorité parentale**. Toutefois, dans la mesure où la protection de la personne ou des biens de l'enfant le requiert, ces autorités peuvent, à titre exceptionnel, appliquer ou prendre en considération la **loi d'un autre État avec lequel la situation présente un lien étroit** (conv. La Haye, 19 oct. 1996, art. 15, par. 1). Par exemple, pour l'autorisation demandée aux autorités de la résidence habituelle pour vendre un bien du mineur situé à l'étranger, « *il est assurément préférable que l'autorité saisie puisse en ce cas appliquer la* lex situs rei *et accorder l'autorisation prévue par celle-ci, loi réelle, même si la loi de l'autorité saisie n'impose en la matière aucune autorisation. Il pourrait de même être indiqué d'appliquer à la protection d'enfants étrangers leur loi nationale s'il apparaissait que ces enfants sont appelés à retourner à bref délai dans leur pays d'origine. À tout le moins sera-t-il opportun de prendre en considération cette loi, comme le prévoit aussi ce paragraphe 2, afin de ne pas prendre une mesure de protection qui ne pourrait être exécutée dans ledit pays* »[4].

1. Déc. du Conseil 2008/431/CE : *JOUE* 11 juin 2008, n° L 151, p. 36.
2. F. Boulanger, « De la convention de La Haye de 1961 à celle de 1996 sur la loi applicable à la responsabilité parentale et la protection des enfants – *Requiem* pour la loi nationale ? », *Mél. Sturm*, Éd. juridiques de l'Université de Liège, 1999, p. 1399.
3. P. Lagarde, rapp., p. 572, n° 86 (préc. s[s] n° 433.51).

SECTION 2

SANCTION DE L'ENLÈVEMENT INTERNATIONAL D'ENFANT

433.61 Enlèvements internationaux. Les enlèvements internationaux d'enfants sont aujourd'hui un véritable fléau[5]. Le plus souvent, c'est **au cours de l'exercice de son droit de visite par le parent non gardien** que l'enlèvement se produit[6]. Les États se sont regroupés pour élaborer des conventions visant à lutter contre les déplacements illicites d'enfants par les titulaires de l'exercice de l'autorité parentale. L'objectif de ces conventions est d'assurer le maintien des relations entre les parents et les enfants dans un contexte de développement des échanges internationaux. Le risque d'enlèvement devrait ainsi diminuer et conduire les juges à ne pas limiter au territoire national, les modalités d'exercice de l'autorité parentale[7]. En droit interne, les **soustractions** ou **non-représentations d'enfants** par les titulaires de l'autorité parentale sont des infractions sévèrement punies.

433.62 Convention multilatérale. La **convention de La Haye, du 25 octobre 1980**, permet de lutter contre les déplacements illicites d'enfants grâce à une **action directe en remise immédiate de l'enfant**, dont l'objet n'est pas d'obtenir une décision statuant au fond sur les modalités d'exercice de l'autorité parentale mais uniquement de rétablir le *statu quo ante* ordonnant le retour de l'enfant dans l'État d'origine, sauf si ce retour expose l'enfant à un danger physique ou psychique ou, de toute autre manière, le place dans une situation intolérable[8]. La convention de La Haye sur les aspects civils de l'enlèvement d'enfants, signée le 25 octobre 1980,

4. P. Lagarde, rapp., p. 574, n° 89 (préc. s[s] n° 433.51 et s[s] prés[t] n°).
5. E. Gallant, *Responsabilité parentale et protection des enfants en droit international privé*, Defrénois, 2004, p. 231 s.
6. V. rapp. de recherche H. Fulchiron (dir.), *Conflit familial, déplacements d'enfants et coopération judiciaire internationale en Europe*, GIP « Mission de recherche droit et justice », Centre de droit de la famille, déc. 2002.
7. V. CEP., rejetant le pourvoi contre l'arrêt qui a limité l'exercice des droits du père algérien au territoire français en raison des risques d'enlèvement sur les enfants, Civ. 2e, 18 juin 1997, n° 95-15.396, NPT.
8. H. Fulchiron (dir.), *Les enlèvements d'enfants à travers les frontières*, Bruylant, 2004 – J.-Cl. Int., B. Sturlèse, « Enlèvement d'enfants » – J.-Cl. Civ., « Autorité parentale, soustraction internationale du mineur et droit conventionnel de l'entraide judiciaire civile », art. 371 à 387, fasc. 6 a. – H. Bosse-Platière, « L'application par les tribunaux français des conventions visant à lutter contre le déplacement illicite d'enfants », *L'enfant et les Conventions internationales*, PUL, 1996, p. 413 – C. Bruch, « Les conflits en matière d'enlèvements d'enfants aux États-Unis », *L'enfant et les Conventions internationales*, PUL, 1996, p. 319.

a un champ d'application très vaste puisque tous les résidents des États contractants sont concernés, sans discrimination selon la nature de la filiation ou de la nationalité. Seule limite : **l'application de la convention cesse lorsque l'enfant atteint l'âge de 16 ans.** Le souci de la convention de La Haye est, par l'instauration d'un **mécanisme d'entraide entre les États**, d'éviter l'application inefficace des règles de droit international privé pour résoudre un problème spécifique.

433.63 Conventions bilatérales. La France a signé par ailleurs bien d'autres accords bilatéraux (avec par ex. l'Égypte, le Portugal, la Hongrie, le Brésil), entre 1980 et 1986, tous inspirés du mécanisme d'entraide judiciaire et de coopération entre États de la convention de La Haye du 25 octobre 1980[1]. La France connaît cependant un **lourd contentieux avec les pays du Maghreb.** Les liens très forts qui unissent ses deux communautés, en particulier sur le sol français, ont conduit la France à élaborer différentes conventions bilatérales avec ces pays[2]. Toutefois, la convention signée avec l'Algérie le 21 juin 1988 présente, en raison de l'acuité du problème, des éléments nettement plus ambitieux (conv. franco-algérienne, 21 juin 1988, relative aux enfants issus de couples mixtes séparés franco-algériens, qui a fait l'objet de nombreux commentaires[3]).

§ 1
Convention de La Haye du 25 octobre 1980 sur les aspects civils de l'enlèvement international d'enfants

433.71 Principes de la convention. Le mécanisme mis en place par la convention de La Haye du 25 octobre 1980 sur les aspects civils de l'enlèvement international d'enfants pour assurer leur retour immédiat au lieu de leur résidence habituelle connaît, indiscutablement, un réel succès (v. texte complet de la convention s^s n° 63.13). Le texte de la convention, le rapport Pérez-Vera[4], ainsi que bien d'autres documents, peuvent être consultés sur le site internet de la conférence de La Haye de droit international privé. À notre connaissance, assez peu de décisions[5] ont refusé de prononcer le retour des enfants. L'efficacité de la convention tient en grande partie au souci de la Cour de cassation[6], et plus récemment du Conseil d'État[7], de veiller à son application rigoureuse.

433.72 Aménagements européens. Lorsque l'on est en présence d'un **enlèvement d'enfant entre États membres de l'Union européenne**, il convient de combiner les règles de la convention de La Haye du 25 octobre 1980 avec celles du règlement Bruxelles II *bis* (v. s^s n°s 432.81 s.).

A.
Mécanisme de retour immédiat de l'enfant

433.81 La procédure selon la convention de La Haye. Dans l'intérêt de l'enfant, la procédure nécessite d'agir dans **l'urgence** avec **l'aide de l'autorité centrale** désignée par chaque État[8]. Pour la France, l'autorité centrale est le **Bureau du droit international et de l'entraide judiciaire internationale** qui dépend du Ministère de la justice. Lorsque l'enfant est présent sur le territoire français, ce Bureau saisit le procureur de la République qui, à son tour, porte l'affaire devant le tribunal de grande instance territorialement compétent. Dans la quasi-totalité des affaires, l'autorité centrale a utilisé la

1. Sur la convention franco-portugaise du 20 juillet 1983, v. Civ. 1re, 18 avr. 2000, n° 97-20.809, *Bull. civ.* I, n° 112; *Rev. crit. DIP* 2001, 342, note Gallant – Civ. 1re, 11 juin 1996, n° 94-16.620, *Bull. civ.* I, n° 247.
2. Sur la convention franco-marocaine du 10 août 1981, v. Civ. 1re, 22 mai 2007, n° 06-10.892, *Bull. civ.* I, n° 200; *Dr. fam.* 2007, comm. 155 (2e esp.), note Farge – Civ. 1re, 22 mai 2007, n° 06-12.687, *Bull. civ.* I, n° 199; *Dr. fam.* 2007, comm. 155 (1re esp.), note Farge – Civ. 1re, 7 oct. 2003, n° 02-16.665, *Bull. civ.* I, n° 199; *RJPF* 2004-2/39, p. 24, obs. Eudier; *Defrénois* 2004, p. 150, note Massip. – Civ. 1re, 9 juill. 2002, n° 01-13.336, n° 01-15.423, 2 esp., *Bull. civ.* I, n° 186; *Rev. crit. DIP* 2003, 467, note Gallant; *Dr. et patr.* 2002, n° 109, p. 113, obs. Monéger; *RJPF* 2002-12/38, p. 24, note Blanc.
3. Sur laquelle, v. Monéger, *JDI* 1989, p. 41; Mebroukine, *Rev. crit. DIP* 1991, 1.
4. E. Pérez-Vera, *Rapport explicatif de la convention de La Haye de 1980*, Actes et documents de la 14e session (1980), t. III, Child abduction, p. 426.
5. Par ex., TGI Périgueux, 17 mars 1992, *D.* 1992, J. 315, note G. C.; *JCP* 1993, II, 22104, note Clay; *Rev. crit. DIP* 1993, 650, note Ancel; *JCP* 1993, I, 3688, chron. Fulchiron – CA Paris, 13 juill. 1993, *Juris-Data* n° 1993-022817 – Civ. 1re, 12 juill. 1994, n° 93-15.495, *Bull. civ.* I, n° 248; *Defrénois* 1995, p. 323, note Massip; *Rev. crit. DIP* 1995, 98, note Muir-Watt – CA Versailles, 11 sept. 1997, *BICC* avr. 1997, n° 389 – Civ. 1re, 12 déc. 2006, n° 06-13.177, *Bull. civ.* I, n° 544; *RJPF* 2007-3/38, p. 25, obs. Eudier; *AJ fam.* 2007, 317, obs. Boiché.
6. J. Massip, « L'application par la Cour de cassation de conventions internationales récentes relatives à l'enfance », *LPA* n° spéc., *Le droit et l'enfant*, 91e Congrès des notaires, p. 41.
7. V. NOT., CE 16 nov. 2005, req. n° 279670.
8. B. Biondi, « Le rôle des autorités centrales en matière d'enlèvements d'enfants », H. Fulchiron (dir.), *Les enlèvements d'enfants à travers les frontières*, préc., p. 69 – V. AUSSI, E. Carl, « Communication judiciaire directe dans des procédures régies par la Convention de La Haye sur les aspects civils de l'enlèvement international d'enfants », *Les enlèvements d'enfants à travers les frontières*, préc., p. 305.

voie de **l'assignation à jour fixe** qui répond à cette exigence de célérité. Le **ministère public** agit ici en tant que **partie principale**. L'intervention est **gratuite** et permet donc à une personne étrangère d'être représentée avec efficacité devant les juridictions françaises.

Dans une affaire récente, la Cour de cassation[1], le 7 juin 1995, a précisé que le parent victime de l'enlèvement peut toujours **saisir directement l'autorité judiciaire**. Un étranger peut ainsi saisir directement le juge français pour faire cesser la voie de fait créée par l'enlèvement. L'article 8 de la convention permet aussi au demandeur de saisir, outre l'autorité centrale de la résidence habituelle de l'enfant, celle de tout autre État contractant. Une **médiation familiale** peut être tentée afin d'aboutir à une remise volontaire de l'enfant[2]. Cette possibilité ne doit pas être négligée car, selon les chiffres français, le taux de réussite de la médiation est de 86 % lorsque les deux parents ont accepté d'engager le processus de médiation[3]. Conformément à l'article 16 de la convention, **les juridictions de présence de l'enfant ne peuvent pas statuer sur le fond de l'autorité parentale tant que la question du retour n'est pas définitivement tranchée**[4]. Viole donc ce texte la cour d'appel qui fixe la résidence d'un enfant au domicile de la mère situé en France, alors qu'elle avait constaté que la décision de retour immédiat de l'enfant au domicile du père situé en Italie n'avait pas été exécutée : la juridiction française ne pouvait statuer sur le fond du droit de garde; elle devait, à tout le moins, surseoir à statuer sur la demande de la mère dans l'attente de la remise de l'enfant[5].

433.82 Notion de droit de garde. Selon la convention, « *le déplacement ou le non-retour est considéré comme illicite lorsqu'il a lieu en violation d'un droit de garde, attribué à une personne* [...] *seule ou conjointement et exercé de façon effective* » (conv. La Haye, 25 oct. 1980, art. 3). L'article 5 ne donne pas de définition précise du droit de garde, mais indique que l'élément le plus important est le droit de déterminer la résidence de l'enfant. La disposition de l'article 3 est sans conteste la plus invoquée devant nos tribunaux. Elle permet à l'auteur de l'enlèvement de faire échec à l'application de la convention, s'il prouve qu'il était le seul titulaire des prérogatives s'exerçant sur la personne de l'enfant au jour du déplacement ou que la résidence de l'enfant n'était pas habituelle mais seulement provisoire. La jurisprudence n'a guère fait de difficulté jusqu'à présent pour sanctionner le déplacement de l'enfant en cas de garde conjointe des parents[6]. Lorsqu'un seul des parents a la garde de l'enfant, la situation est claire.

Le parent non-gardien ne pourra déplacer l'enfant, sans autorisation, sous peine de commettre automatiquement un enlèvement, sanctionné par la convention[7].

Plus délicate est l'hypothèse où **l'un des parents, privé du droit de garde, dispose simplement d'un droit de visite et du droit de consentir à toutes modifications de la résidence habituelle de l'enfant.** Existe-t-il un déplacement illicite au sens de la convention, si l'autre parent passe outre le droit de veto de son conjoint pour emmener les enfants dans un autre État ? C'est la cour d'Aix-en-Provence qui a apporté une réponse importante, saluée par la doctrine : **le droit de veto doit s'analyser comme un droit de garde au sens de la convention**, dont la violation justifie l'exercice de l'action en remise[8]. En ce sens, l'article 5 de la convention de La Haye du 25 octobre 1980 précise que le droit de garde contient le droit de déterminer la résidence habituelle de l'enfant. C'est d'ailleurs la solution que consacre la Cour de cassation : le déplacement en France d'un enfant par sa mère est illicite, dès lors que l'exercice de l'autorité parentale est conjoint et que la mère, qui ne dispose pas d'un droit de garde exclusif, ne peut, en l'absence de consentement du père au départ en France de l'enfant, unilatéralement modifier le lieu de sa résidence habituelle conventionnellement fixé en Allemagne[9].

1. Civ. 1re, 7 juin 1995, no 94-15.860, *Bull. civ.* I, no 234; *D.* 1996, J. 393, note Massip.
2. A. Devers, « Comment développer les solutions amiables ? », H. Fulchiron (dir.), *Les enlèvements d'enfants à travers les frontières*, préc., p. 436 – D. Ganancia, *La médiation familiale internationale, la diplomatie du cœur dans les enlèvements d'enfants*, Éd. Erès, 2007 – A. Mancini, « Le déplacement illicite international des enfants et le rôle de la Mission d'aide à la médiation internationale pour les familles », *ERA-Forum* 2003/1 (*Special Issue : European Family Law*), p. 121.
3. Rép. min. no 101751, *JOAN* Q, 7 nov. 2006, p. 11635; *JCP* 2006, act. 534; *Dr. fam.* 2006, alerte 91.
4. Civ. 1re, 10 juill. 2007, no 07-10.190, *Bull. civ.* I, no 261; *RLDC* 2007, no 2708, obs. Marraud des Grottes; *AJ fam.* 2007, 481, obs. Boiché – V. TOUTEFOIS, Civ. 1re, 19 mars 2002, no 00-17.692, *Bull. civ.* I, no 100; *JCP* 2003, II, 10155, note Cashin-Ritaine; *Dr. fam.* 2002, comm. 137, obs. Farge; *LPA* 4 déc. 2002, no 242, p. 9, note Brière.
5. Civ. 1re, 25 janv. 2005, no 02-17.411, *Bull. civ.* I, no 36; *Rev. crit. DIP* 2006, 127, note Gallant; *Dr. et patr.* 2005, no 136, p. 104, obs. Monéger; *D.* 2005, 2790 (1re esp.), note Boulanger; *Dr. fam.* 2005, comm. 201, obs. Farge.
6. V. AUSSI, CEDH 5 avr. 2005, req. no 71099/01, Monory c/Roumanie, *Dr. fam.* 2005, alerte 59.
7. TGI Thonon, 19 juin 1987, *Gaz. Pal.* 1988, 106 et obs. crit. Lequette; *Rev. crit. DIP* 1990, 537 – V. NOT., TGI Toulouse, 20 mars 1987, *Gaz. Pal.* 1987, 2, 609, note Monin-Hersant et Sturlèse.
8. CA Aix-en-Provence, 23 mars 1989, *Rev. crit. DIP* 1990, 529, note Lequette.
9. Civ. 1re, 14 déc. 2005, no 05-12.934, *Bull. civ.* I, no 507; *Rev. crit. DIP* 2006, 619, note Gallant.

433.83 **Attribution du droit de garde.** L'attribution de la garde résulte parfois d'un **simple accord** entre les parents. Les juges en tiennent compte pour déterminer l'existence d'un déplacement illicite. Ainsi, il existe bien un enlèvement illicite des enfants par le père, lorsqu'au terme d'une transaction avalisée par le juge, l'enfant a été confié à la mère, jusqu'à l'issue des procédures de divorce[1] mais l'attribution de la garde peut résulter d'un **simple accord amiable** (en ce sens un arrêt note que le « *déplacement en France, intervenu, en février 2004, sans concertation, à la seule initiative du père, était illicite au sens de l'article 3 de la Convention de La Haye du 25 octobre 1980 précitée, dès lors qu'il constituait une atteinte au droit de garde amiablement convenu* »[2]).

La Cour de cassation a aussi déclaré illicite le déplacement de l'enfant par la mère en France alors que la convention conclue entre les parents lui faisait défense de résider hors du Québec[3].

Le Conseil d'État a été saisi de plusieurs recours à l'encontre du refus du garde des Sceaux d'intervenir, en application de la convention du 25 octobre 1980 auprès des autorités étrangères, pour assurer le retour d'un enfant. Le refus était à chaque fois fondé sur le fait que le parent défendeur disposait seul de l'autorité parentale. Dans une première affaire, la Haute juridiction administrative s'est reconnue incompétente pour trancher la contestation relative à l'existence d'un droit de garde, tout en considérant qu'elle ne devait surseoir à statuer que si la contestation soulève une difficulté sérieuse[4]. Dans une seconde affaire, le Conseil d'État juge qu'il est possible d'engager une action en référé-liberté contre le refus du garde des Sceaux de prêter son assistance à un parent qui le saisit en vue d'assurer le retour de son enfant, en application de l'article 8 de la convention de La Haye du 25 octobre 1980 sur les aspects civils de l'enlèvement international d'enfants, dès lors qu'est en cause le droit au respect de la vie familiale de l'intéressé[5]. Il note que « *la décision du garde des Sceaux, ministre de la Justice, refusant de prêter son assistance afin que les juridictions allemandes se déclarent incompétentes pour connaître du litige opposant* [le requérant] *à la mère de son fils, et que celui-ci puisse rentrer en France, au motif que le déplacement et le non-retour de cet enfant ne présentaient pas de caractère illicite, ne saurait être regardée comme ayant méconnu les stipulations de cette convention* ».

433.84 **Violation d'un droit de garde.** Lorsque le déplacement de l'enfant s'est fait avec l'accord de l'autre parent, il ne saurait être considéré comme un déplacement illicite, au sens de la convention de La Haye du 25 octobre 1980[6]. En revanche, l'autorité parentale étant exercée conjointement par les père et mère en droit australien, le déplacement des enfants en France par le père est illicite, en l'absence d'accord de la mère[7].

Dans le même esprit, la violation d'un droit de garde peut résulter du non-respect de l'« accord de règlement » conclu entre les ex-époux au moment du divorce[8].

433.85 **Exécution de la décision de retour.** La décision ordonnant le retour de l'enfant dans le pays de son ancienne résidence habituelle, en application de la convention de La Haye du 25 octobre 1980, n'est pas assortie de plein droit de **l'exécution provisoire.** D'une part, parce que la procédure de retour est en la forme des **référés**, la décision a autorité de la chose jugée au principal et ne bénéficie pas de l'exécution provisoire de droit. D'autre part, la décision de retour ne statuant pas au fond sur l'exercice de l'autorité parentale, l'article 1074-1 du Code de procédure civile ne lui est pas applicable[9]. Il en résulte que **l'exécution provisoire doit être demandée au juge qui statue sur la demande retour de l'enfant.**

La Cour européenne des droits de l'homme a précisé que la conventionalité de la décision de retour exigeait une analyse *in concreto* de la situation afin de définir le juste équilibre entre les intérêts en présence dont essentiellement l'intérêt supérieur de l'enfant[10]. Ainsi, dans l'affaire *Maumousseau*, la Cour approuve la décision de retour au motif que l'intérêt supérieur de l'enfant imposait sa remise au

1. CA Versailles, 12 nov. 1992, *D.* 1993, somm. 352, obs. Audit; *JDI* 1994, 144, note Gaudemet-Tallon.
2. Civ. 1re, 14 nov. 2006, n° 05-15.692, *Bull. civ.* I, n° 473; *RJPF* 2007-3/39, p. 25, obs. Eudier.
3. Civ. 1re, 22 avr. 1997, n° 95-11.999, *Bull. civ.* I, n° 123; *D.* 1998, J. 289, obs. Massip.
4. CE 30 juin 1999, req. n° 191232, Guichard, *RGDP* 1999, p. 683, obs. Gouttenoire-Cornut; *Dr. fam.* 2000, chron. 15, Grataloup; *JDI* 2000, p. 730, note Barrière-Brousse – V. AUSSI, CEDH 2 sept. 2003, req. n° 56838/00, Guichard c/France, *Rec. CEDH*, p. 2003-X; *Dr. fam.* 2004, comm. 98, note Gouttenoire.
5. CE 4 févr. 2005, req. n° 261029.
6. Not. CA Rouen, 9 mars 2006, RG n° 05/04340 (l'arrêt fait état d'un accord exprès du père).
7. CA Paris, 20 sept. 2002, RG n° 2002/13730.
8. Civ. 1re, 25 févr. 2009, n° 08-18.126, NP.
9. Civ. 1re, 20 janv. 2010, n° 08-19.267, *Bull. civ.* I; *JCP* 2010, 381, note Devers; *Procédures* 2010, comm. 77, note Douchy-Oudot; *RLDC* 2010, n° 3751, note Pouliquen; *AJ fam.* 2010, 181, obs. Boiché; *RJPF* 2010-4/27, p. 22, note Eudier.
10. Plus largement, v. Ch. Petitti, « La jurisprudence de la Cour européenne des droits de l'homme et la Convention de La Haye sur les enlèvements d'enfants », *AJ fam.* 2006, 185.

parent victime et sa réintégration immédiate dans son milieu de vie habituel[1].

B.
Exceptions au retour immédiat de l'enfant

433.91 Intégration de l'enfant. Lorsqu'il s'est écoulé un an entre le déplacement ou le non-retour et l'introduction de la demande, l'autorité saisie ordonne le retour de l'enfant, « *à moins qu'il ne soit établi que l'enfant s'est intégré dans son nouveau milieu* » (conv. La Haye, 25 oct. 1980, art. 12, al. 2). Cette « *disposition ne précise point qui doit prouver cette circonstance; pourtant il semble logique de penser qu'une telle tâche incombe à l'enleveur ou à la personne qui s'oppose au retour de l'enfant, tout en sauvegardant l'éventuel pouvoir d'appréciation des autorités internes à cet égard* »[2]. Ainsi, dans un arrêt récent, la Cour de cassation rappelle que « *quand la demande de retour est introduite, comme en l'espèce, le parquet ayant saisi la juridiction plus d'un an après le déplacement, l'intégration de l'enfant dans son nouveau milieu devait être examinée* ». En l'espèce, la Cour approuve la cour d'appel d'avoir estimé, « *après audition de l'enfant, que son intégration scolaire était excellente, ainsi que son adaptation à son nouveau milieu et que son intérêt supérieur commandait qu'elle ne retournât pas auprès de son père aux États-Unis* »[3]. Cette disposition pose également la question du **point de départ du délai d'un an** pour savoir si le retour doit être ordonné (conv. La Haye, 25 oct. 1980, art. 12, al. 1er) ou s'il peut être refusé (conv. La Haye, 25 oct. 1980, art. 12, al. 2). Pragmatique, la Cour de cassation fixe le point de départ du délai au jour où le parent victime « *a eu connaissance du lieu où se trouvaient ses enfants* »[4]. L'exception au retour lié à l'intégration de l'enfant ne s'applique donc que s'il s'est écoulé plus d'un an entre le moment où le parent a eu connaissance du lieu où se trouvait l'enfant et celui où l'autorité française a été saisie, autorité centrale ou autorité judiciaire selon le cas.

1. CEDH 6 déc. 2007, req. n° 39388/05, Maumousseau et Washington c/France, *Procédures* 2008, comm. 78, note Fricero; *JDI* 2008, chron. 5, n° 26, obs. A. D.; *AJ fam.* 2008, 83, obs. Boiché; *D.* 2008, pan. 1855, obs. Gouttenoire – APPROUVANT, Civ. 1re, 17 oct. 2007, n° 07-11.449, *Bull. civ.* I, n° 320; *AJ fam.* 2007, 481, obs. Boiché; *JCP* 2008, II, 10001, note Boulanger; *RJPF* 2008-1/41, p. 26, obs. Eudier.
2. E. Pérez-Vera, *Rapport explicatif de la convention de La Haye de 1980*, p. 459, n° 109.
3. Civ. 1re, 12 déc. 2006, n° 06-13.177, *Bull. civ.* I, n° 544; *RJPF* 2007-3/38, p. 25, obs. Eudier.
4. Civ. 1re, 9 juill. 2008, n° 07-15.402, *Bull. civ.* I, n° 194; *RJPF* 2008-11/29, p. 25, obs. Eudier; *AJ fam.* 2008, 401, obs. Boiché.

433.92 Risque grave. Cette disposition, fréquemment invoquée devant nos tribunaux (conv. La Haye, 25 oct. 1980, art. 13, al. 1, pt b), donne la possibilité au tribunal de ne pas ordonner le retour de l'enfant lorsqu'« *il existe un risque grave que le retour de l'enfant ne l'expose à un danger physique ou psychique, ou de toute autre manière, ne le place dans une situation intolérable* ». La **charge de la preuve du risque grave** pèse logiquement sur le parent qui s'oppose au retour immédiat de l'enfant[5]. La Cour de cassation s'assure que les juges du fond se livrent bien à l'examen de la situation de danger éventuel du retour de l'enfant « *dans les conditions nouvelles ou retrouvées* »[6]. Dans le cadre de l'examen de la situation, les juges accordent une considération primordiale à **l'intérêt supérieur de l'enfant** qui est consacré par l'article 3.1 de la convention de New York relative aux droits de l'enfant[7].

Le retour en Angleterre doit, par exemple, être prononcé lorsque « *l'enquête de police effectuée en Angleterre à la demande du père n'a pas établi de situation de danger, que les services sociaux britanniques ne disposent d'aucun dossier concernant les enfants et qu'en outre le directeur de l'établissement dans lequel ils sont scolarisés n'a relevé aucun signe de mauvais traitement* »[8]. Dans le même esprit, en l'absence d'éléments objectifs sérieux, « *la seule opposition des enfants ne [peut] justifier le rejet de la demande de retour* »[9]. D'un arrêt récent de la Cour de cassation, l'on peut déduire que la décision de refus de retour ne doit pas être fondée sur les choix religieux du parent demandeur[10]. En l'espèce, la cour d'appel, « *par une appréciation souveraine et indépendante des choix religieux de M. Y... et de son appartenance à l'Église de Scientologie, a retenu que le risque grave, mentionné à l'article 13, alinéa 1er,*

5. E. Pérez-Vera, rapp., p. 460, n° 114 (préc. s^s n° 433.91) – V. AUSSI, Civ. 1re, 13 juill. 2005, n° 05-10.519, *Bull. civ.* I, n° 334; *Dr. fam.* 2006, comm. 42, note Farge; *D.* 2006, 1778, note Sault-Seseke et Pigache – CA Paris, 20 sept. 2002, RG n° 2002/13730 – CA Paris, 7 févr. 2002, RG n° 2001/21768.
6. Civ. 1re, 16 avr. 1991, n° 91-80.681, NPT; *Rev. crit. DIP* 1992, 328, note Ancel.
7. Civ. 1re, 25 févr. 2009, n° 08-18.126, NP – Civ. 1re, 14 juin 2005, n° 04-16.942, *Bull. civ.* I, n° 245; *RTD civ.* 2005, 556, obs. Encinas de Munagorri, 750, obs. Rémy-Corlay; *D.* 2006, 1487, note Courbe; *RJPF* 2005-10/40, p. 24, note Eudier; *D.* 2005, 2790 (2e esp.), note Boulanger; *Rev. crit. DIP* 2005, 679 (3e esp.), 679, note Bureau.
8. Civ. 1re, 14 nov. 2006, n° 05-15.692, *Bull. civ.* I, n° 473; *RJPF* 2007-3/39, p. 25, obs. Eudier.
9. Civ. 1re, 14 févr. 2006, n° 05-14.646, *Bull. civ.* I, n° 69; *Rev. crit. DIP* 2007, 96, note Gallant; *AJ fam.* 2006, 252, obs. Boiché; *D.* 2007, pan. 2198, obs. Gouttenoire; *RJPF* 2006 7-8/44, obs. Eudier.
10. COMP. CEDH 16 déc. 2003, req. n° 64927/01, Palau-Martinez c/France, *RDP* 2004, p. 843, note Gonzalez; *AJ fam.* 2004, 62, note Plana; *Europe* 2004, comm. 161, note Deffains; *Dr. fam.* 2004, comm. 30, obs. De Lamy; *JCP* 2004, II, 10122, note Gouttenoire; *JCP* 2004, I, 107, n° 19, obs. Sudre; *D.* 2004, J. 1261, note Boulanger.

s[s] *b de la convention de La Haye du 25 octobre 1980, résultait du manque de disponibilité du père pour son fils, incompatible avec sa prise en charge effective et quotidienne, de la propension de M. Y... à effectuer inconsidérément des dons d'argent de nature à mettre en péril sa situation financière, ainsi que du risque encouru par l'enfant quant à la prise en charge de ses soins médicaux* »[1]. En revanche, sur la question des soins médicaux, le risque grave n'est pas démontré lorsque les parents ont « *des avis divergents sur l'opportunité d'un traitement médical pour l'enfant compte tenu des avis eux-mêmes divergents des médecins consultés* »[2]. Le 12 juillet 1994, la Cour a rendu un arrêt interprétant trop largement, selon nous, la notion de danger, ouvrant ainsi pour les auteurs des enlèvements une brèche qui risque de nuire à l'efficacité de la convention[3]. Les faits de l'espèce concernaient, il est vrai, la situation qui pose le plus de difficultés : celle dans laquelle l'auteur de l'enlèvement est la personne avec laquelle l'enfant résidait la plupart du temps.

Dans l'esprit des rédacteurs de la convention, la situation de danger ne peut provenir que de son gardien originaire et non « *d'un nouveau changement dans les conditions de vie actuelle de l'enfant déplacé* ». La Cour de cassation réaffirme sa position dans deux arrêts, le premier du 21 novembre 1995 et le second du 22 mai 2007.

Dans l'arrêt de 1995, quatre années s'étaient écoulées depuis l'arrivée des enfants en France[4]. Leur retour aux États-Unis les aurait placés, selon les juges du fond qui invoquaient l'article 13 de la convention, « *dans une situation intolérable* »[5] (l'arrêt reprend le fait que « *la séparation de sa mère d'un enfant de trois ans, ainsi que la rupture de la fratrie comportent un danger psychologique immédiat, et que le retour brutal des enfants à l'étranger les placerait, compte tenu de leur jeune âge, dans une situation intolérable* »).

Dans l'arrêt de 2007, trois années s'étaient écoulées depuis l'arrivée des enfants en France[6]. La Cour de cassation approuve les juges du fond d'avoir considéré que le « *retour immédiat [...] aboutirait au vu des éléments de l'espèce, à une rupture totale et non préparée des liens entre la mère et une enfant de sept ans, rupture constitutive d'un traumatisme psychique majeur contraire à l'intérêt et au bien-être de l'enfant* ».

Un arrêt, plus récent, confirme cette lecture extensive du risque grave. Validant la décision de retour, la Cour de cassation observe qu'« *il n'était pas établi que son retour à New York serait de nature à porter atteinte à sa santé physique ou psychique ou à le placer dans une situation intolérable, celui-ci jouissant d'une intégration de qualité égale dans les deux pays* »[7].

Plus satisfaisante est la position de la cour d'appel de Grenoble qui a considéré que « *même si le retour dans leur pays d'origine exigera d'eux des efforts de réadaptation, il n'existe pas pour autant un risque grave que ce retour expose les deux enfants à un danger psychique ou les place dans une situation intolérable* »[8]. Il est toutefois vrai que moins d'un an s'était écoulé depuis l'arrivée des enfants sur le territoire français avec leur mère...

433.93 Acquiescement. L'article 13 de la convention permet de faire échec au mécanisme de retour lorsque « *la personne, l'institution ou l'organisme qui avait le soin de la personne de l'enfant n'exerçait pas effectivement le droit de garde à l'époque du déplacement ou du non-retour, ou avait consenti ou a acquiescé postérieurement à ce déplacement ou à ce non-retour* » (conv. La Haye, 25 oct. 1980, art. 13, al. 1er, pt a). Il s'agit de situations « *dans lesquelles, ou bien les conditions préalables au déplacement ne comportaient pas l'un des éléments essentiels des relations que la convention entend protéger (celui de l'exercice effectif de la garde), ou bien le comportement postérieur du parent dépossédé montre une acceptation de la nouvelle situation ainsi créée, ce qui la rend plus difficilement contestable* »[9]. Pour ne parler que de **l'acquiescement**, s'il peut être **tacite**, il doit être **certain et non équivoque**. Ainsi, est censuré l'arrêt qui déduit l'acquiescement au non-retour du seul accord provisoire donné par le père en vue de parvenir à une solution amiable qui n'a pas abouti sans relever aucun acte manifestant sans équivoque et de façon certaine son intention de renoncer au retour des enfants[10]. Dans cet esprit, le simple fait de participer à une tentative de médiation familiale ne devrait pas s'analyser en un acquiescement au non-retour de l'enfant, du moins tant qu'elle a pour objectif d'aboutir à la remise volontaire de l'enfant. L'acquiescement est difficile à caractériser, notamment lorsqu'il existait entre les parents un désaccord sur le lieu de résidence durable de la famille[11]. Il est en revanche exclu lorsque l'« accord de règlement » conclu entre les parents accordait la garde à la mère, avec la permission d'emmener les mineurs hors d'Afrique du Sud pour des vacances à l'étranger d'une durée maximum de deux mois. L'acquiescement du père au départ des enfants ne valait pas

1. Civ. 1re, 12 déc. 2006, no 05-22.119, *Bull. civ.* I, no 545; *RJPF* 2007-3/37, p. 23, note Eudier.
2. Civ. 1re, 14 déc. 2005, no 05-12.934, *Bull. civ.* I, no 507; *Rev. crit. DIP* 2006, 619, note Gallant.
3. Civ. 1re, 12 juill. 1994, no 93-15.495, *Bull. civ.* I, no 248; *Defrénois* 1995, p. 323, note Massip; *Rev. crit. DIP* 1995, 98, note Muir-Watt.
4. Civ. 1re, 21 nov. 1995, no 93-20.140, *Bull. civ.* I, no 415; *D.* 1996, 468, note Massip.
5. V. AUSSI, Civ. 1re, 22 juin 1999, no 98-17.902, *Bull. civ.* I, no 209 – V. AUSSI, CA Versailles, 11 sept. 1997, RG no 1997-2604, *BICC* avr. 1998, no 389.
6. Civ. 1re, 22 mai 2007, no 06-12.687, *Bull. civ.* I, no 199; *Dr. fam.* 2007, comm. 155 (1re esp.), note Farge.
7. Civ. 1re, 17 juin 2009, no 07-16.427, NP.
8. CA Grenoble, 4 juin 2008, RG no 08/01779 – Dans la même affaire, Civ. 1re, 20 janv. 2010, no 08-18.085, NP.
9. E. Pérez-Vera, rapp., p. 423, no 28 (préc. ss nos 433.91 et 433.92).
10. Civ. 1re, 16 juill. 1992, no 91-18.117, *Bull. civ.* I, no 228; *Defrénois* 1993, p. 721, note Massip.
11. CA Toulouse, 2 déc. 2008, RG no 08/03897.

autorisation de maintien de manière permanente hors leur pays d'origine[1].

433.94 Opposition de l'enfant. La convention autorise le juge à refuser d'ordonner le retour de l'enfant « *si elle constate que celui-ci s'oppose à son retour et qu'il a atteint un âge et une maturité où il se révèle approprié de tenir compte de cette opinion* » (conv. La Haye, 25 oct. 1980, art. 13, al. 2)[2]. La prise en considération de la parole de l'enfant est une question très sensible puisque cette parole est aisément instrumentalisable. La Cour de cassation française[3] comme la Cour européenne des droits de l'homme[4] considèrent que **l'opposition de l'enfant** ne peut être retenue que si est caractérisé **un risque grave** au sens de l'article 13 de la convention de La Haye de 1980. Si l'on comprend la solution, cette absorption de l'opposition de l'enfant dans le risque grave peut paraître contraire à la lettre de la convention de La Haye de 1980[5]. Les deux motifs ont été conçus comme autonomes par les rédacteurs de la convention au motif que « *serait difficilement acceptable le retour d'un enfant, par exemple de quinze ans, contre sa volonté* »[6]. Il est cependant possible de professer que la mise sous tutelle de l'opposition de l'enfant est conforme à l'esprit de la convention. Puisqu'il a été impossible de fixer un âge minimum à partir duquel l'opinion de l'enfant pourrait être prise en considération, « *l'application de cette clause* [a été laissée] *à la sagesse des autorités compétentes* »[7]. Même doué de discernement, il est raisonnable de considérer que l'opposition de l'enfant n'est jamais toute puissante. En ce sens, la cour d'appel de Poitiers a considéré que, « *si les enfants* [...] *ont manifesté l'un et l'autre leur opposition à leur retour en Angleterre alors qu'ils ont d'une part atteint un âge de 14 et 11 ans et fait preuve de leur maturité lors de leur audition, malgré le trouble certain résultant de la situation qu'ils vivent faisant qu'il peut être tenu compte de leur opinion, il ne saurait être méconnu que celle-ci est influencée par le conflit de loyauté auquel ils se trouvent confrontés alors par ailleurs qu'ils sont totalement coupés de leur mère depuis plus de trois mois et sous la seule influence de leur père qui les retient illicitement* »[8]. L'opposition de l'enfant est donc, avant tout, une question de circonstances.

433.95 Autre hypothèse. Le retour de l'enfant peut être refusé lorsqu'il est incompatible avec les principes fondamentaux de l'État requis sur la sauvegarde des droits de l'homme et des libertés fondamentales. Cette disposition a permis d'éviter l'insertion d'une clause d'ordre public dans la convention qui aurait pu nuire à son efficacité. Selon le rapport explicatif, « *pour pouvoir refuser le retour de l'enfant en invoquant* [ce motif], *l'autorité en question doit constater non seulement l'existence d'une contradiction, mais aussi le fait que les principes protecteurs des droits de l'homme interdisent le retour demandé* »[9]. Tel pourrait être le cas lorsque l'État de retour de l'enfant n'offre pas toutes les garanties en matière de droit à un procès équitable.

433.96 Droit à un procès équitable. Nouvelle venue dans le contentieux des enlèvements internationaux d'enfants, la Cour européenne des droits de l'homme a rendu plusieurs décisions importantes en la matière[10]. Dans son arrêt Eskinazi et Chelouche c/Turquie, la Cour considère qu'une décision prise par un État partie ordonnant le retour de l'enfant vers un État tiers n'est conforme à la Convention européenne des droits de l'homme que si l'État tiers garantit le droit à un procès équitable[11]. Tel n'était toutefois pas le cas en l'espèce : il n'était pas démontré que les autorités turques aient disposé de suffisamment d'éléments montrant que les carences éventuelles de la procédure dont les requérantes pourraient faire l'objet en Israël risquaient de constituer un « *déni de justice flagrant* ».

§ 2
Conventions bilatérales conclues avec certains pays du Maghreb

433.101 Conventions bilatérales. Pour les années 1991 et 1992, les deux cinquièmes des dossiers trai-

1. Civ. 1re, 25 févr. 2009, n° 08-18.126, NP.
2. Pour des ex. de jurisprudence sur l'opposition de l'enfant à son retour, v. A. Dyer, « Bilan de l'application de la convention de La Haye sur les aspects civils de l'enlèvement d'enfants », *Les droits de l'enfant trois ans après l'adoption de la Convention du 20 novembre 1989 : le présent et le futur, Gaz. Pal.* n° spécial 1992, 19.
3. Civ. 1re, 14 févr. 2006, n° 05-14.646, préc. ss n° 433.92 – COMP. Civ. 1re, 17 oct. 2007, n° 07-11.449, *Bull. civ.* I, n° 320; *AJ fam.* 2007, 481, obs. Boiché; *JCP* 2008, II, 10001, note Boulanger; *RJPF* 2008-1/41, p. 26, obs. Eudier.
4. CEDH 17 juill. 2008, req. n° 58081-00, *AJ fam.* 2009, 36, obs. Boiché.
5. E. Pérez-Vera, rapp., p. 433, n° 30 (préc. ss nos 433.91 à 433.93).
6. V. pour une enfant de douze ans, Civ. 1re, 17 oct. 2007, n° 07-11.449, *Bull. civ.* I, n° 320; *AJ fam.* 2008, 213, OBS. CRIT. Boiché.
7. E. Pérez-Vera, rapp., p. 433, n° 30 (*in fine*) (préc. ss nos 433.91 à 433.93).
8. V. NOT., CA Poitiers, 16 avr. 2009, RG n° 09/00356.
9. E. Pérez-Vera, rapp., p. 434, n° 33 (préc. ss nos 433.91 à 433.93 et ss prést n°).
10. V. NOT., H. Fulchiron et A. Gouttenoire, « Actualité de la Convention de La Haye du 25 octobre 1980 sur les aspects civils de l'enlèvement d'enfants », *Dr. fam.* 2003, chron. 24.
11. CEDH 6 déc. 2005, req. n° 14600/05, Eskinazi et Chelouche c/Turquie, *Rec. CEDH* 2005; *Dr. fam.* 2006, comm. 44, note Sudre.

tés par l'autorité centrale française concernent les pays du Maghreb. La population maghrébine représente, il est vrai, la plus importante communauté étrangère et lorsqu'un Français épouse un étranger, il est, dans plus de 30 % des cas, maghrébin. Lors de la séparation des parents, le plus souvent sur le territoire français, l'enfant est confié par le juge à sa mère et le père n'hésite pas à revenir dans son pays d'origine avec son enfant espérant parfois obtenir une décision, administrative ou judiciaire, entérinant ainsi la situation. La convention de La Haye, du 25 octobre 1980, a servi de modèle à l'élaboration d'accords bilatéraux pour lutter contre ces déplacements illicites d'enfants de couples séparés, réclamés de part et d'autre de la Méditerranée. La convention franco-marocaine, du 10 août 1981 [1], et la convention franco-tunisienne, du 18 mai 1982, prévoient elles aussi une coopération judiciaire entre les États autour d'autorités centrales et une protection du droit de visite. La convention franco-marocaine semble toutefois appelée à s'effacer devant la convention de La Haye du 25 octobre 1980 sur les aspects civils de l'enlèvement international d'enfants puisque, depuis le 1er juin 2010, elle est entrée en vigueur au Maroc.

433.102 Convention franco-algérienne. Le pouvoir du juge se trouve sensiblement réduit dans la convention franco-algérienne du 21 juin 1988 (entrée en vigueur le 1er août 1988) [2] qui présente des dispositions *a priori* plus efficaces. L'originalité de cette convention réside dans **son article 6 qui impose au juge de reconnaître un droit de visite, y compris transfrontière, au parent qui n'a pas la garde.** La convention ne s'applique toutefois pas à tous les enfants issus de couples mixtes séparés franco-algériens : elle ne vise que les **enfants légitimes** [3]. Cette solution, conforme aux termes de la convention, est due à l'ignorance par les droits musulmans des enfants naturels. Elle est néanmoins regrettable, puisque les enfants naturels constitueraient 17 à 20 % des enfants issus de couples mixtes franco-algériens. Pour les enfants légitimes, seules « *des circonstances exceptionnelles mettant directement en danger la santé physique et morale de l'enfant* » peuvent justifier une adaptation des modalités du droit de visite [4]. L'application de cette disposition est, pour l'instant, en partie liée à la situation politique en Algérie. La Cour de cassation veille cependant à une application rigoureuse de la convention, en particulier de la notion de « *circonstances exceptionnelles* ». Elle a sanctionné, le 16 avril 1991 [5], les juges d'Aix-en-Provence qui avaient interdit la sortie des enfants du territoire national sans le consentement formel de leur mère « *en considération des difficultés passées* ». Il semble que l'attitude du père ou l'hostilité des enfants puissent constituer des circonstances exceptionnelles mais seulement si ces événements sont d'une extrême gravité. La convention franco-algérienne avait, en 1988, fait naître un bel « *espoir pour ces enfants déchirés* » [6]. Malheureusement, la jurisprudence montre que les conventions visant à lutter contre l'enlèvement d'enfants, aussi ambitieuses soient-elles, ne peuvent fonctionner sans une indispensable coopération entre les États.

1. Pour un commentaire de cette convention, v. Decroux, *JDI* 1985, p. 93 – Et Monéger, *Rev. crit. DIP* 1984, 29.
2. Décr. n° 88-879, 17 août 1988, portant publication de la convention entre le gouvernement de la République française et le gouvernement de la République algérienne démocratique et populaire relative aux enfants issus de couples mixtes séparés franco-algériens faite à Alger le 21-06-1988, *JO* 19 août, p. 10505.
3. Civ. 1re, 26 janv. 1994, n° 92-10.838, *Bull. civ.* I, n° 31 ; *D.* 1995, J. 226, note Choa ; *Defrénois* 1994, p. 1098, obs. Massip.
4. CA Angers, 14 juin 2000, RG n° 1999/01488.
5. Civ. 1re, 16 avr. 1991, n° 89-20.284, *Bull. civ.* I, n° 136 ; *Defrénois* 1991, p. 951, obs. Massip ; *D.* 1992, J. 25, note Monéger ; *D.* 1992, J. 67, obs. Choa ; *Rev. crit. DIP* 1992, 328, note Ancel ; *JCP* 1992, II, 21928, note Gébler.
6. V. NOT., P. Monin-Hersant et B. Sturlèse, *Gaz. Pal.* 1988, 2, doctr. 523.

CHAPITRE

434. Reconnaissance et exécution de la décision étrangère rendue en matière d'autorité parentale

ALAIN DEVERS
MAÎTRE DE CONFÉRENCES
À L'UNIVERSITÉ DE LYON
(JEAN MOULIN – LYON 3)

SECTION 0
ORIENTEUR

434.00 **Plan du chapitre.**

434.01 **Textes applicables.**

> Règlements communautaires

• **Règl. (CE) n° 44/2001, 22 déc. 2000, dit « Bruxelles I »,** sur la compétence, la reconnaissance et l'exécution des décisions en matière civile et commerciale, *JOCE* L 12, 16 janv. 2001, p. 1.

* V. texte complet s[s] n° 62.11

• **Règl. (CE) n° 2201/2003, 27 nov. 2003, dit « Bruxelles II *bis* »,** relatif à la compétence, la reconnaissance et l'exécution des décisions en matière matrimoniale et en matière de responsabilité parentale, abrogeant le règlement (CE) n° 1347/2000, *JOUE* L 338, 23 déc. 2003, p. 1.

* V. texte complet s[s] n° 62.12

• **Règl. (CE) n° 4/2009, 18 déc. 2008,** relatif à la compétence, la loi applicable, la reconnaissance et l'exécution des décisions et la coopération en matière d'obligations alimentaires, *JOUE* L 7, 10 janv. 2009, p. 1.

* V. texte complet s[s] n° 62.16

> Convention internationale

• **Conv. La Haye, 19 oct. 1996,** concernant la compétence, la loi applicable, la reconnaissance, l'exécution et la coopération en matière de responsabilité parentale et de mesures de protection des enfants.

* V. texte complet s[s] n° 63.17

434.02 **Jurisprudence de référence.**

> **Conditions de l'*exequatur***

• **Civ. 1re, 20 févr. 2007, no 05-14.082,** *Bull. civ.* I, no 68

* V. ss no 434.152

« Mais attendu que, pour accorder l'*exequatur* hors de toute convention internationale, le juge français doit s'assurer que trois conditions sont remplies, à savoir la compétence indirecte du juge étranger, fondée sur le rattachement du litige au juge saisi, la conformité à l'ordre public international de fond et de procédure et l'absence de fraude à la loi; que le juge de l'*exequatur* n'a donc pas à vérifier que la loi appliquée par le juge étranger est celle désignée par la règle de conflit de lois française ».

434.03 **Bibliographie indicative.**

* V. bibliographie indicative ss no 432.03

Articles. A. Ponsard, « La reconnaissance et l'exécution en France des décisions étrangères concernant la garde des enfants et l'obligation alimentaire », *Rev. crit. DIP* 1955, 33

434.04 **Questions essentielles.**

> À quelles conditions une décision étrangère relative à la responsabilité parentale est-elle reconnue et exécutée en France ?

* V. ss nos 434.51 s.

> À quelles conditions une décision étrangère relative à un droit de visite est-elle reconnue et exécutée en France ?

* V. ss nos 434.91 s.

> À quelles conditions une décision étrangère ordonnant le retour immédiat d'un enfant est-elle reconnue et exécutée en France ?

* V. ss nos 434.101 s.

> Le juge français est-il tenu d'entendre l'enfant avant de statuer en matière de responsabilité parentale ?

* V. ss nos 434.82 s.

434.07 **Renvois.**

> Sur l'autorité parentale et l'audition du mineur

* V. ss nos 232.00 s. et 233.00 s.

* V. aussi ss nos 521.00 s. et 522.00 s.

Division. Les conditions de reconnaissance et d'exécution des décisions étrangères rendues en matière de responsabilité parentale varient en fonction de leur origine géographique[1]. Il convient dès lors de distinguer selon que la décision a été rendue dans un autre État membre (sect. 1) ou dans un État tiers (sect. 2).

SECTION 1
DÉCISION RENDUE DANS UN AUTRE ÉTAT MEMBRE

434.10 **Division.** S'agissant des décisions rendues dans un autre État membre, lorsqu'est en cause une **obligation alimentaire,** il est fait application des règles de reconnaissance et d'exécution du **règlement Bruxelles I**[2] (v. ss nos 424.80 s.). En revanche, lorsqu'est en cause la **responsabilité parentale,** il est fait application des règles de reconnaissance et d'exécution du **règlement Bruxelles II *bis*** (§ 2). Il convient toutefois, préalablement, de s'assurer de son applicabilité à la décision litigieuse (§ 1).

§ 1
Applicabilité du règlement Bruxelles II *bis*

434.20 **Division.** En ce qui concerne les conditions d'applicabilité du règlement Bruxelles II *bis*, il convient de se reporter aux développements déjà consacrés à ces questions lorsqu'a été étudiée la compétence internationale du juge français. Quelques précisions méritent toutefois d'être apportées à propos de son applicabilité matérielle (A), de son applicabilité spatiale (B) et de son applicabilité temporelle (C).

A.
Applicabilité matérielle

434.21 **Décision prise dans le cadre d'une procédure de droit public.** La notion de décision rendue en matière de responsabilité parentale doit être lue au regard des développements qui précèdent sur l'applicabilité matérielle du règlement Bruxelles II *bis* (v. ss nos 432.22 s.). Précisons seulement que la Cour de justice des Communautés européennes a jugé que **relève de la notion de matières civiles relatives à la responsabilité parentale** « *la décision unique qui ordonne la prise en charge immédiate et le placement d'un enfant en dehors de son foyer d'origine, dans une famille d'accueil, lorsque cette décision a été adoptée dans le cadre des règles de droit public relatives à la protection de l'enfance* »[3]. Cette interprétation a récemment été confirmée par la Cour[4] au motif que,

1. E. Gallant, *Responsabilité parentale et protection des enfants en droit international privé*, Éd. Defrénois, 2004, p. 147 s.

2. V. NOT., Civ. 1re, 20 févr. 2007, no 05-20.152, NP – CA Colmar, 15 mars 2005, RG no 04/01304, *Juris-Data* no 2005-271410 – Civ. 1re, 8 févr. 2005, no 02-11.489, NP – CA Montpellier, 17 mai 2004, RG no 03/01317, assimilant à une décision l'acte authentique passé en Allemagne par lequel l'intimé avait pris l'engagement de verser une pension alimentaire au profit de l'enfant. – EN CE SENS, v. aussi : Civ. 1re, 12 janv. 1994, no 91-14.567, *Bull. civ.* I, no 16 – Civ. 1re, 12 juill. 1994, no 92-17.461, *Bull. civ.* I, no 247, distinguant la déclaration de paternité et la condamnation à verser une pension alimentaire.

3. CJCE 27 nov. 2007, aff. C-435/06, C, *Rec. CJCE*, p. I-10141; *Europe* 2008, comm. 28, obs. Idot; *AJ fam.* 2008, 82, obs. Boiché; *Rev. crit. DIP* 2009, 343, note Gallant; *Procédures* 2008, comm. 45, obs. Nourissat.

4. CJCE 2 avr. 2009, aff. C-523/07, A, pts 21-29; *AJ fam.* 2009, 294, obs. Boiché; *JCP* 2009, 316, note Boulanger; *Europe* 2009, comm. 265, note Idot.

si le préambule du règlement précise qu'il ne s'applique pas aux mesures de droit public à caractère général en matière d'éducation et de santé, « *cette exclusion confirme que le législateur communautaire n'a pas entendu exclure l'ensemble des mesures relevant du droit public du champ d'application dudit règlement* ».

434.22 Caractère exécutoire de la décision. Au-delà, pour être susceptible d'exécution dans l'État membre requis, la décision rendue en matière de responsabilité parentale doit être **exécutoire, même par provision** et avoir été signifiée ou notifiée dans l'État membre d'origine (règl. [CE] n° 2201/2003, art. 28, par. 1er). Toutefois, en Angleterre et au Pays de Galles, en Écosse ou en Irlande du Nord, bien qu'exécutoire, la décision n'est mise à exécution qu'après avoir été **enregistrée** en vue de son exécution, sur requête de toute partie intéressée, dans l'une ou l'autre de ces parties du Royaume-Uni, suivant le cas (règl. [CE] n° 2201/2003, art. 28, par. 2).

Une distinction semble, au-delà, devoir être observée entre les **mesures provisoires** et les **mesures définitives**. La Cour de Justice de l'Union européenne est actuellement saisie de la question de savoir si les dispositions des articles 21 et suivants du règlement Bruxelles II *bis*, relatives à la reconnaissance et l'exécution de décisions d'autres États membres au titre de l'article 2 point 4) de ce règlement, s'appliquent également à des **mesures provisoires exécutoires, en matière de droit de garde**, au sens de l'article 20 dudit règlement[1]. Pour l'avocat général Sharpston, « *des mesures provisoires adoptées par une juridiction d'un État membre sur le fondement du droit national dans les circonstances prévues à l'article 20 du règlement n° 2201/2003 ne doivent pas être reconnues ou exécutées dans les autres États membres en vertu des articles 21 et suivants du règlement. Cependant, le règlement n'empêche pas de les reconnaître ou de les exécuter conformément aux procédures de droit interne, notamment les procédures exigées par les conventions multilatérales ou bilatérales auxquelles les États membres concernés sont parties* »[2]. La solution serait différente s'agissant des **mesures provisoires adoptées par une juridiction compétente au fond** : « *des mesures provisoires adoptées par une juridiction d'un État membre sur le fondement d'une compétence tirée par cette juridiction des règles sur la compétence sur le fond du règlement (CE) n° 2201/2003 du Conseil du 27 novembre 2003 relatif à la compétence, la reconnaissance et l'exécution des décisions en matière matrimoniale et en matière de responsabilité parentale doivent être reconnues et exécutées dans les autres États membres de la même manière que toute autre décision adoptée sur le même fondement, conformément aux articles 21 et suivants de ce règlement* »[3]. Afin que les juridictions de l'État membre requis puissent déterminer l'applicabilité du règlement aux mesures provisoires, l'Avocat général considère qu'« *une juridiction saisie d'une demande de reconnaissance ou de non-reconnaissance d'une mesure provisoire, ou d'une déclaration constatant sa force exécutoire, est en droit de s'informer sur le fondement de la compétence invoquée par la juridiction d'origine, que ce soit à partir du libellé ou du contenu de sa décision ou, en cas de nécessité, en s'adressant directement à la juridiction d'origine ou par l'intermédiaire des autorités centrales appropriées. Si, et seulement si, aucun de ces moyens n'aboutit à un résultat clair et satisfaisant, il convient de présumer que la juridiction s'est reconnue compétente dans les circonstances prévues à l'article 20 paragraphe 1* »[4].

B.
Applicabilité spatiale

434.31 Décision émanant d'un État membre. Les règles du règlement Bruxelles II *bis* ne s'appliquent qu'à la reconnaissance et l'exécution dans un État membre d'une décision rendue dans un autre État membre (règl. [CE] n° 2201/2003, art. 28, par. 1er). La décision sur l'exercice de la responsabilité parentale peut donc émaner de l'un quelconque des États membres, y compris les « nouveaux » États membres qui ont rejoint l'Union européenne depuis le 1er mai 2004. Encore faut-il garder à l'esprit que le Danemark n'est pas un État membre au sens du règlement Bruxelles II *bis* (règl. [CE] n° 2201/2003, art. 2, ss 3).

434.32 Sort des conventions internationales. Il existe plusieurs conventions internationales qui règlent la question de la reconnaissance et de l'exécution des décisions en matière de responsabilité parentale. L'articulation entre le règlement Bruxelles II *bis* et ces conventions est résolue par l'affirmation de la **primauté du premier sur les secondes dans les relations entre les États membres** (règl. [CE] n° 2201/2003, art. 60 et 61). Le règlement Bruxelles II *bis* affirme notamment primer sur la convention de La Haye du 5 octobre 1961 (concernant la compétence des autorités et la loi applicable en matière de protection des mineurs), la convention de La Haye du 25 octobre 1980 (sur les aspects civils de l'enlèvement international d'enfants) et la convention de La Haye du 19 octobre 1996 (con-

1. Demande de décision préjudicielle présentée par le Bundesgerichtshof (Allemagne) le 10 juillet 2009 (aff. C-256/09), *JOUE* 12 déc. 2009, C 220, p. 23.
2. E. Sharpston, concl. présentées le 20 mai 2010, pt 186.
3. E. Sharpston, concl., pt 186.
4. E. Sharpston, concl., pt 186.

cernant la compétence, la loi applicable, la reconnaissance, l'exécution et la coopération en matière de responsabilité parentale et de mesures de protection des enfants).

C.
Applicabilité temporelle

434.40 **Passerelles.** Les règles du règlement Bruxelles II *bis* s'appliquent logiquement aux **décisions rendues sur l'exercice de la responsabilité parentale après le 1er mars 2005** dans le cadre de procédures intentées après cette même date. Mais le règlement Bruxelles II *bis* met aussi en place différentes passerelles s'agissant des autres décisions (règl. [CE] n° 2201/2003, art. 64).

434.41 **Première passerelle.** Le règlement Bruxelles II *bis* prévoit tout d'abord que « *les décisions rendues après* [le 1er mars 2005] *à la suite d'actions intentées avant cette date, mais après* [le 1er mars 2001], *sont reconnues et exécutées conformément aux dispositions du chapitre III du présent règlement, si les règles de compétence appliquées sont conformes à celles prévues soit par le chapitre II du présent règlement ou du règlement (CE) n° 1347/2000, soit par une convention qui était en vigueur entre l'État membre d'origine et l'État membre requis lorsque l'action a été intentée* » (règl. [CE] n° 2201/2003, art. 64, par. 2). La première condition, relative à la date de la décision, n'appelle pas d'observations particulières. La seconde condition, relative à la date d'introduction de la procédure, peut poser quelques difficultés en matière, par exemple, de protection de l'enfance. La procédure débute-t-elle par la prise en charge de l'enfant par l'autorité publique ou par le placement de l'enfant en dehors de son foyer d'origine ? La troisième condition, relative à **l'équivalence des règles de compétence**, a fait l'objet d'une interprétation par la Cour de justice des Communautés européennes. En l'espèce, les juridictions suédoises s'étaient déclarées compétentes sur le fondement du droit national s'agissant d'enfants qui, à la date où le comité d'action sociale a entamé une enquête sociale, résidaient en Suède. Or, conformément à l'article 8 paragraphe 1 du règlement Bruxelles II *bis*, les juridictions d'un État membre sont compétentes en matière de responsabilité parentale à l'égard d'un enfant qui réside habituellement dans cet État membre au moment où la juridiction est saisie. La Cour de justice des Communautés européennes en a déduit « *que, au sens de l'article 64, paragraphe 2, du règlement n° 2201/2003, les règles de compétence appliquées sur le fondement du droit national sont conformes à celles prévues par ce règlement* »[1]. L'appréciation de l'équivalence des règles de compétence peut aussi conduire à s'interroger sur l'articulation de la règle générale de compétence de l'article 8 et des règles spéciales de compétence des articles 9 et suivants du règlement. Autrement dit, si le juge d'origine n'était pas le juge de la résidence habituelle de l'enfant, il conviendra de se demander si cette compétence était conforme aux articles 9 et suivants du règlement.

434.42 **Deuxième passerelle.** Le règlement Bruxelles II *bis* prévoit ensuite que « *les décisions rendues avant* [le 1er mars 2005] *à la suite d'actions intentées après* [le 1er mars 2001] *sont reconnues et exécutées conformément aux dispositions du chapitre III du présent règlement pour autant qu'il s'agisse d'une décision* [...] *d'une décision relative à la responsabilité parentale des enfants communs rendue à l'occasion d'une telle action matrimoniale de divorce, de séparation de corps ou d'annulation du mariage* » (règl. [CE] n° 2201/2003, art. 64, par. 3).

434.43 **Troisième passerelle.** Le règlement Bruxelles II *bis* prévoit enfin que « *les décisions rendues avant* [le 1er mars 2005], *mais après* [le 1er mars 2001], *à la suite d'actions intentées avant* [le 1er mars 2001] *sont reconnues et exécutées conformément aux dispositions du chapitre III du présent règlement pour autant qu'il s'agisse* [...] *d'une décision relative à la responsabilité parentale des enfants communs rendue à l'occasion d'une telle action matrimoniale, et que les règles de compétence appliquées sont conformes à celles prévues soit par le chapitre II du présent règlement ou du règlement (CE) n° 1347/2000, soit par une convention qui était en vigueur entre l'État membre d'origine et l'État membre requis lorsque l'action a été intentée* » (règl. [CE] n° 2201/2003, art. 64, par. 4).

434.44 **Décision émanant d'un nouvel État membre.** Pour les décisions rendues dans un des nouveaux États membres qui ont rejoint l'Union européenne, il convient de remplacer la date du 1er mars 2001, qui correspond à la date d'entrée en vigueur du règlement Bruxelles II, par la date à laquelle il a rejoint l'Union européenne : le 1er mai 2004, par exemple.

§ 2
Application du règlement Bruxelles II *bis*

434.50 **Division.** Conformément à l'article 21 du règlement Bruxelles II *bis*, les décisions rendues dans un État membre sont reconnues dans les autres États membres sans qu'il soit nécessaire de recourir à aucune procédure. La reconnaissance de plein droit de la décision n'est toutefois que rarement suffisante en matière parentale (sur les règles relatives à la reconnaissance des décisions, v. ss nos 424.20 s.).

1. CJCE 27 nov. 2007, aff. C-435/06, préc. ss n° 434.21.

Le plus souvent, c'est l'exécution de la décision qui est recherchée. Sur ce point, le règlement Bruxelles II *bis* permet, de manière générale, une circulation simplifiée des décisions rendues en matière de responsabilité parentale (A). Mais, pour certaines décisions, celles relatives au droit de visite et celles ordonnant le retour immédiat de l'enfant, le règlement supprime toute exigence d'*exequatur* préalable de la décision[1]. Le fait qu'une décision soit directement reconnue et exécutoire dans un autre État membre signifie qu'elle doit être assimilée à une décision nationale. Autrement dit, si l'une des parties n'exécute pas spontanément la décision, l'autre partie peut directement demander que les autorités dans l'État membre d'exécution l'exécutent. C'est assurer une libre circulation de ces décisions (B).

A. Circulation simplifiée

434.51 Division. La circulation des décisions rendues en matière de responsabilité parentale est simplifiée, d'une part, parce que la **procédure de déclaration** de la force exécutoire est **allégée** (1°). Elle l'est, d'autre part, parce que les **motifs de non-reconnaissance** ont été **réduits au minimum** nécessaire (2°).

1° Procédure de déclaration de la force exécutoire

434.60 Découpage de la procédure. Par souci d'efficacité, le règlement Bruxelles II *bis* prévoit que la procédure de constatation de la force exécutoire de la décision est, dans un premier temps, **unilatérale.** La procédure devient dans un second temps **contradictoire,** le plus souvent lorsque la personne contre laquelle l'exécution a été obtenue introduit un recours contre la décision autorisant l'exécution (règl. [CE] n° 2201/2003, art. 33, par. 1er).

a) Phase unilatérale

434.61 Phase unilatérale (demandeur). En France, la décision rendue dans un État membre sur l'exercice de la responsabilité parentale à l'égard d'un enfant est mise en exécution après y avoir été déclarée exécutoire sur requête de toute partie intéressée (règl. [CE] n° 2201/2003, art. 28, par. 1er). Il peut s'agir de l'un des parents, de l'enfant mais aussi de « *l'autorité publique (procureur ou autorité similaire) dans les pays où cette possibilité est prévue* »[2].

434.62 Phase unilatérale (juridiction compétente). En ce qui concerne la compétence *ratione materiae*, la requête en déclaration de constatation de la force exécutoire est présentée devant la juridiction indiquée dans la liste communiquée par chaque État membre à la Commission conformément à l'article 68 du règlement Bruxelles II *bis* (règl. [CE] n° 2201/2003, art. 29, par. 1er). La situation est, en France, un peu confuse. La France a en effet déclaré à la Commission européenne « *donner compétence au **juge aux affaires familiales du tribunal de grande instance*** »[3]. Mais, dans le même temps, le décret n° 2005-460 du 13 mai 2005[4] a donné compétence au **président du tribunal de grande instance ou à son délégué** (C. pr. civ., art. 509-2, al. 2). Il serait donc judicieux que, dans chaque juridiction, le président du tribunal de grande instance délègue compétence au juge aux affaires familiales. S'agissant de la compétence *ratione loci*, sont compétentes la juridiction du lieu de la résidence habituelle de la personne contre qui l'exécution est demandée et celle du lieu de la résidence habituelle de l'enfant concerné par la requête (règl. [CE] n° 2201/2003, art. 29, par. 2). Ces deux juridictions sont concurremment compétentes. Dans l'hypothèse où la résidence habituelle de la personne contre qui l'exécution est demandée et la résidence habituelle de l'enfant concerné ne se trouvent pas sur le territoire de l'État membre requis, la compétence territoriale est alors déterminée en fonction du lieu d'exécution (règl. [CE] n° 2201/2003, art. 29, par. 2). Il s'agira, par exemple, du lieu de situation de l'immeuble appartenant à l'enfant.

434.63 Phase unilatérale (dépôt de la requête). Les modalités de dépôt de la requête en déclaration de la force exécutoire sont déterminées par la loi de l'État membre requis (règl. [CE] n° 2201/2003, art. 30, par. 1er). C'est à la **loi de la juridiction d'exécution** qu'il revient donc de préciser le contenu de la requête, le nombre d'exemplaires à four-

1. A. Devers, « La reconnaissance et l'exécution des décisions sous l'empire du règlement Bruxelles II *bis* », *AJ fam.* 2005, 262 – P. Hammje, « Le règlement (CE) n° 2201/2003 du 27 novembre 2003 dit Bruxelles II *bis*. Les règles relatives à la reconnaissance et à l'exécution », in H. Fulchiron et C. Nourissat (dir.), *Le nouveau droit communautaire du divorce et de la responsabilité parentale*, « Thèmes et commentaires », Dalloz, 2005, p. 87.

2. *Rapport. Borrás, JOCE* C 221, 16 juill. 1998, p. 54, spéc^t^ n° 80.
3. Informations relatives aux juridictions et aux voies de recours communiquées conformément à l'article 68 du règlement (CE) n° 2201/2003 du Conseil du 27 novembre 2003 relatif à la compétence, la reconnaissance et l'exécution des décisions en matière matrimoniale et en matière de responsabilité parentale abrogeant le règlement (CE) n° 1347/2000, *JOUE* C 40, 17 févr. 2005, p. 2, spéc^t^ liste 1.
4. Sur lequel v. C. Bléry, « Décret n° 2005-460 du 13 mai 2005 relatif aux compétences des juridictions civiles, à la procédure civile et à l'organisation judiciaire », *D.* 2005, 1891.

nir, l'autorité auprès de laquelle elle doit être déposée ou encore de préciser si l'intervention d'un avocat ou d'un autre mandataire est obligatoire[1]. En France le ministère d'avocat n'est pas obligatoire (C. pr. civ., art. 509-2, al. 2). La requête est présentée en double exemplaire et comporte l'indication précise des pièces invoquées (C. pr. civ., art. 509-4).

434.64 Phase unilatérale (élection de domicile). Le requérant doit faire élection de domicile dans le ressort de la juridiction saisie (règl. [CE] n° 2201/2003, art. 30, par. 2). L'on peut se reporter, en cas de difficulté, à la jurisprudence de la Cour de justice des Communautés européennes relative à l'élection de domicile dans le cadre de la convention de Bruxelles de 1968[2]. Dans l'hypothèse particulière où la loi de l'État membre d'exécution ne connaît pas le mécanisme de l'élection de domicile, le requérant doit désigner un mandataire *ad litem* (règl. [CE] n° 2201/2003, art. 30, par. 2).

434.65 Phase unilatérale (documents à produire). Le requérant doit produire différents documents (règl. [CE] n° 2201/2003, art. 30, par. 3) : une **expédition de la décision** « *réunissant les conditions nécessaires à son authenticité* » (règl. [CE] n° 2201/2003, art. 37, par. 1er, ss a), accompagnée du **certificat** délivré par l'autorité compétente de l'État membre d'origine (règl. [CE] n° 2201/2003, art. 37, par. 1er, ss b) et, si la décision dont la reconnaissance ou l'exécution est en cause a été rendue par défaut, de l'original ou la copie certifiée conforme du document établissant que l'acte introductif d'instance ou un acte équivalent a été signifié ou notifié à la partie défaillante, ou de tout document démontrant l'acceptation non équivoque du défaillant (règl. [CE] n° 2201/2003, art. 37, par. 2). En l'absence de production de ces documents complémentaires, le juge peut soit impartir un **délai pour les produire**, soit accepter des documents équivalents, soit dispenser le requérant de les produire s'il s'estime suffisamment éclairé (règl. [CE] n° 2201/2003, art. 38, par. 1er). La traduction de ces documents n'est pas obligatoire, mais elle le devient si le juge l'exige (règl. [CE] n° 2201/2003, art. 38, par. 2). Comme le suggère la circulaire du 28 octobre 2005, le demandeur doit assumer les frais de traduction (circ. CIV/03/05, 28 oct. 2005, p. 13 - V. texte complet de la circulaire ss n° 62.14, spéct sect. III, 2.). Le règlement Bruxelles II *bis* précise que « *la traduction est certifiée par une personne habilitée à cet effet dans l'un des États membres* » (règl. [CE] n° 2201/2003, art. 38, par. 2). Il n'est pas exigé que le requérant fasse traduire ces documents par une personne habilitée à cet effet dans l'État membre requis. Le requérant pourrait donc rechercher, parmi les personnes habilitées dans l'un des États membres, celle qui propose les tarifs de traduction les plus intéressants. Mais, en pratique, il serait plus prudent d'interroger la juridiction sur la recevabilité d'une traduction établie par une personne habilitée dans un autre État membre.

434.66 Phase unilatérale (cas particulier du certificat). Le certificat visé à l'article 37 paragraphe 1, sous b, est délivré par l'autorité compétente de l'État membre d'origine de la décision rendue en matière parentale. Selon l'article 39, du règlement Bruxelles II *bis*, la juridiction ou l'autorité compétente de l'État membre d'origine délivre, à la requête de toute partie intéressée, un certificat en utilisant le formulaire dont le modèle figure à l'annexe II. Ce document précise notamment l'État membre d'origine de la décision, la juridiction ou l'autorité délivrant le certificat, les titulaires d'un droit de visite et de la responsabilité. Mais le certificat ne comporte pas de ligne permettant de préciser si l'enfant a eu la possibilité d'être entendu. C'est pourquoi il est important que cette information soit mentionnée dans le corps de la décision. En France, l'autorité compétente pour délivrer le certificat de l'article 39 est le **greffier en chef** de la juridiction qui a rendu la décision (C. pr. civ., art. 509-1, al. 1). La circulaire du 28 octobre 2005 rappelle que la décision de **refus de délivrance du certificat** « *ne peut être fondée que sur un motif de forme (requête incomplète, document manquant)* » (circ. CIV/03/05, 28 oct. 2005, p. 12 - V. texte complet de la circ. ss n° 62.14, spéct sect. III, 1). En cas de refus de délivrance, la décision peut faire l'objet d'un recours **devant le président du tribunal de grande instance**, qui statue en dernier ressort (C. pr. civ., art. 509-7).

434.67 Phase unilatérale (décision sur la requête en déclaration de la force exécutoire). La juridiction saisie de la requête statue sans que ni la personne contre qui l'exécution de la décision est demandée ni l'enfant ne puissent, à ce stade de la procédure, présenter d'observations (règl. [CE] n° 2201/2003, art. 31, par. 1er). Il est précisé que la juridiction d'exécution statue à « *bref délai* » : il n'a pas été jugé opportun de définir ce délai car sa violation « *n'aurait pu faire l'objet d'aucune sanction* »[3]. La juridiction d'exécution ne peut rejeter la requête que pour l'un des motifs prévus aux articles 22, 23 et 24 du règlement Bruxelles II *bis* (CE) n° 2201/2003, art. 31, par. 2 - Sur ces motifs, v. ss nos 434.80 s.). Elle ne

1. *Rapport Borrás*, p. 55, spéct n° 85 (préc. ss n° 434.61).
2. V. NOT., CJCE 10 juill. 1986, aff. C-198/85, Carron c/République fédérale d'Allemagne, *Rec. CJCE*, p. 2437 ; *JDI* 1987, p. 475, obs. Huet ; *JTDE* 1986, p. 666, obs. Ekelmans ; *Rev. crit. DIP* 1987, 148, note Gaudemet-Tallon.

3. *Rapport Borrás*, p. 55, spéct n° 88 (préc. ss nos 434.61 et 434.63).

peut en aucun cas procéder à une révision au fond de la décision. Le plus souvent, **soit elle rejettera la requête pour l'un des motifs de non-reconnaissance, soit elle fera droit à la requête**. Mais, dans l'hypothèse particulière où la décision a statué sur plusieurs chefs de demande, la juridiction ne peut accorder l'exécution que pour un ou plusieurs d'entre eux (règl. [CE] n° 2201/2003, art. 36). Par exemple, l'exécution de la décision pourrait n'être prononcée qu'à l'égard de certains enfants ou, mais la solution est incertaine, qu'à l'égard des certaines mesures : droit de visite et d'hébergement ou droit de garde[1]. En raison du caractère unilatéral de la procédure et de l'obligation de statuer à bref délai, l'on peut penser que la juridiction déclarera de façon quasi automatique la force exécutoire.

434.68 Phase unilatérale (notification de la décision rendue sur requête). L'article 32 du règlement Bruxelles II *bis* prévoit que la décision rendue sur requête est aussitôt portée à la connaissance du requérant, à la diligence du greffier, suivant les modalités déterminées par la loi de l'État membre d'exécution. En France, « *la décision qui accorde ou refuse la reconnaissance ou la force exécutoire doit être notifiée par le greffe au requérant par lettre recommandée avec accusé de réception adressée à son domicile élu ou remise contre émargement ou récépissé, pour déterminer sans équivoque possible le point de départ du délai de recours (C. pr. civ., art. 509-6). Il appartient au requérant de signifier la décision à la partie contre laquelle l'exécution est sollicitée* » (circ. CIV/03/05, 28 oct. 2005, p. 15 - V. texte complet de la circ. s^{s} n° 62.14, spéc^{t} sect. III, 2).

b)
Phase contradictoire

434.71 Phase contradictoire (demandeur). Le demandeur et le défendeur à la déclaration de force exécutoire peuvent, l'un ou l'autre, former un recours contre la décision relative à la demande de déclaration constatant la force exécutoire (règl. [CE] n° 2201/2003, art. 33, par. 1er). C'est à ce stade que la procédure devient contradictoire (règl. [CE] n° 2201/2003, art. 33, par. 3 et 4).

434.72 Phase contradictoire (juridiction compétente). Selon le règlement Bruxelles II *bis*, le recours est porté devant la juridiction indiquée dans la liste communiquée par chaque État membre à la Commission conformément à l'article 68. La France a déclaré à la Commission européenne donner compétence « *à la cour d'appel* »[2]. *Ratione loci*, la cour d'appel compétente est celle dans le ressort territorial de laquelle est située la juridiction d'exécution qui a statué en première instance.

434.73 Phase contradictoire (délai d'appel). Le règlement Bruxelles II *bis* précise le délai pour former un recours contre la décision de déclaration constatant la force exécutoire : le recours doit en principe être formé dans un **délai d'un mois** à compter de sa signification (règl. [CE] n° 2201/2003, art. 33, par. 5). Toutefois, si la partie contre laquelle l'exécution est demandée a sa résidence habituelle dans un État membre autre que celui dans lequel la déclaration constatant la force exécutoire a été délivrée, le délai est de **deux mois** et court à compter du jour où la signification a été faite à personne ou à domicile. Ce délai ne comporte pas de prorogation à raison de la distance (règl. [CE] n° 2201/2003, art. 33, par. 5). Selon la circulaire du 28 octobre 2005, « *la date de la signification est, pour le requérant, celle à laquelle il a eu connaissance de la décision, et pour l'autre partie, celle de sa signification à la diligence du requérant* » (circ. CIV/03/05, 28 oct. 2005, p. 15 - V. texte complet de la circ. s^{s} n° 62.14, spéc^{t} sect. III, 2.). La **décision statuant sur le recours** peut elle-même être l'objet d'un **recours**, qui emprunte les caractéristiques procédurales du recours contre la décision relative à la demande de déclaration constatant la force exécutoire (règl. [CE] n° 2201/2003, art. 34). Ce second recours est déterminé par chaque État membre conformément à l'article 68. Pour la France, il s'agit du pourvoi en cassation[3]. Que ce soit en appel ou en cassation, la requête en déclaration de la force exécutoire ne peut être rejetée que pour l'un des motifs prévus aux articles 22, 23 et 24 (v. s^{s} n°s 434.80 s.).

434.74 Phase contradictoire (sursis à statuer). Statuant sur recours, les juridictions de l'État membre requis peuvent toutefois surseoir à statuer si la décision fait l'objet d'un recours ordinaire ou si le délai pour le former n'est pas expiré (règl. [CE] n° 2201/2003, art. 35, par. 1er). Dans cette dernière hypothèse, la juridiction peut impartir un délai pour intenter ce recours. Si la décision a été rendue

1. V. H. Gaudemet-Tallon, « Le règlement n° 1347/2000 du Conseil du 29 mai 2000 : Compétence, reconnaissance et exécution des décisions en matière matrimoniale et en matière de responsabilité parentale des enfants communs », *JDI* 2001, p. 381, spéc^{t} p. 419, n° 96.

2. Informations relatives aux juridictions et aux voies de recours communiquées conformément à l'article 68 du règlement (CE) n° 2201/2003 du Conseil, du 27 novembre 2003, relatif à la compétence, la reconnaissance et l'exécution des décisions en matière matrimoniale et en matière de responsabilité parentale, abrogeant le règlement (CE) n° 1347/2000, *JOUE* C 40, 17 févr. 2005, p. 2, spéc^{t} liste 2.
3. Informations relatives aux juridictions et aux voies de recours communiquées conformément à l'article 68 du règlement (CE) n° 2201/2003 du Conseil du 27 novembre 2003, [...], spéc^{t} liste 3 (préc. s^{s} n° 434.72).

en Irlande ou au Royaume-Uni, toute voie de recours prévue dans l'État membre d'origine est considérée comme un recours ordinaire (règl. [CE] n° 2201/2003, art. 35, par. 2). Dans les autres cas, le règlement Bruxelles II *bis* ne définit pas la notion de « recours ordinaire ». Si l'on se reporte à la notion autonome qu'a dégagée la Cour de justice des Communautés européennes dans le cadre de la convention de Bruxelles, il s'agit de tout **recours de nature à entraîner l'annulation ou la modification de la décision** et qui est **enfermé dans un délai, déterminé et prévisible**, courant en vertu de la décision elle-même[1]. Il convient donc de rechercher si, dans l'État membre d'origine, le recours est de nature à entraîner l'annulation ou la modification de la décision et est enfermé dans un délai, déterminé et prévisible, courant en vertu de la décision elle-même. Dans l'affirmative, l'exercice d'une telle voie de recours peut permettre de stopper la reconnaissance et l'exécution en France de la décision en cause.

2°
Motifs de non-reconnaissance de la décision

434.80 Motifs pertinents. Le règlement Bruxelles II *bis* n'envisage que **six motifs de non-reconnaissance** d'une décision relative à la responsabilité parentale (règl. [CE] n° 2201/2003, art. 23).

434.81 1° Contrariété à l'ordre public de l'État membre requis. Le règlement Bruxelles II *bis* affirme que la décision en matière de responsabilité parentale n'est pas reconnue lorsque cette reconnaissance est manifestement contraire à l'ordre public de l'État membre requis eu égard aux intérêts supérieurs de l'enfant (règl. [CE] n° 2201/2003, art. 23, s[s] a). Comme le souligne le rapport Borrás, « *pour exclure la reconnaissance, il ne suffit pas qu'elle soit manifestement contraire à l'ordre public, il faut aussi l'apprécier par rapport à l'intérêt supérieur de l'enfant* »[2]. On peut tout d'abord penser qu'une décision étrangère qui ferait jouer un mécanisme d'attribution automatique de la responsabilité parentale, c'est-à-dire sans chercher s'il est conforme aux intérêts de l'enfant, est contraire à l'ordre public français en matière international[3]. Il pourrait s'agir ensuite d'une décision qui retirerait au parent homosexuel ses prérogatives parentales en raison de sa seule orientation sexuelle[4]. Il en irait de même, enfin, si la décision étrangère retirait au parent ses prérogatives parentales en raison de sa seule appartenance à une secte[5]. La situation sera éminemment plus délicate lorsque le juge d'origine de la décision « *n'a fait qu'homologuer un accord privé entre parents* »[6].

434.82 2° Audition de l'enfant. En préambule, le règlement Bruxelles II *bis* affirme que « *l'audition de l'enfant joue un rôle important dans l'application du présent règlement sans que cet instrument ait pour objet de modifier les procédures nationales applicables en la matière* » (règl. [CE] n° 2201/2003, préambule, cons. 19). Lorsque l'enfant réside sur le territoire d'un autre État membre, son audition « *peut être effectuée selon les modalités prévues par le règlement n° 1206/2001 du Conseil du 28 mai 2001 relatif à la coopération entre les juridictions des États membres dans le domaine de l'obtention des preuves en matière civile ou commerciale* » (règl. [CE] n° 2201/2003, préambule, cons. 20). Accordant une place importante à la parole de l'enfant[7], le règlement

1. CJCE 4 oct. 1991, aff. C-183/90, Van Dalfsen c/Van Loon et Berendsen, *Rec. CJCE*, p. I-4743; *Rev. crit. DIP* 1992, 128, note Gaudemet-Tallon; *JDI* 1992, p. 499, obs. Huet; *Cah. dr. eur.* 1992, p. 677, note Tagaras – CJCE 22 nov. 1977, aff. C-43/77, Industrial Diamond Supplies c/Riva, *Rec. CJCE*, p. 2175; *JDI* 1978, p. 398, note Huet; *Rev. crit. DIP* 1979, 426, note Gaudemet-Tallon; *JTDE* 1978, p. 226, obs. Vandersanden.
2. *Rapport Borrás*, p. 27, spéc[t] n° 73 (préc. s[s] n°s 434.61, 434.63 et 434.67).
3. COMP. Civ. 1re, 6 janv. 1987, n° 85-13.621, *Bull. civ.* I, n° 3; *Rev. crit. DIP* 1988, 337, note Lequette; *D.* 1987, J. 467, note Massip; *JDI* 1988, p. 435, note Jacquet – Civ. 1re, 30 janv. 1979, n° 78-11.568, Bayar, *Bull. civ.* I, n° 37; *Rev. crit. DIP* 1979, 629, note Lequette; *JDI* 1979, p. 393, note Mayer; *D.* 1979, J. 460, note Audit.
4. Civ. 1re, 9 mars 1994, n° 92-16.774, *Bull. civ.* I, n° 89; *D.* 1995, J. 197, note Monteiro; *D.* 1995, somm. 131, obs. Bourgault-Coudevylle; *D.* 1995, J. 275, note Gridel; *LPA* 28 sept. 1994, n° 116, 21, note Massip; *LPA* 28 déc. 1994, n° 155, 24, note Daverat – CEDH 21 déc. 1999, req. n° 33290/96, Salgueiro Da Silva Mouta c/Portugal, *Rec. CEDH*, 1999-IX, p. 331; *JCP* 2000, I, 203, obs. Sudre; *Dr. fam.* 2000, comm. 45, note Gouttenoire-Cornut; *RTD civ.* 2000, 313, obs. Hauser; *RTD civ.* 2000, 433, obs. Marguénaud.
5. CEDH 23 juin 1993, req. n° 12875/87, Hoffmann c/ Autriche, *Rec. CEDH*, série A, p. 255; *D.* 1994, 327, note Hauser; *RTDH* 1994, p. 405, obs. Morage – CEDH 16 déc. 2003, req. n° 64927/01, Palau-Martinez c/ France, *RDP* 2004, p. 843, note Gonzalez; *AJ fam.* 2004, 62, note Plana; *Europe* 2004, comm. 161, note Deffains; *Dr. fam.* 2004, comm. 30, obs. De Lamy; *JCP* 2004, II, 10122, note Gouttenoire; *JCP* 2004, I, 107, n° 19, obs. Sudre; *D.* 2004, J. 1261, note Boulanger.
6. P. Hammje, « Le règlement (CE) n° 2201/2003 du 27 novembre 2003 dit Bruxelles II *bis*. Les règles relatives à la reconnaissance et à l'exécution », p. 87, spéc[t] p. 98 (préc. s[s] n° 434.50).
7. Sur ce thème, v. A. Gouttenoire, « L'audition de l'enfant dans le règlement Bruxelles II *bis* », *Dr. et patr.* 2005/6, p. 84; H. Fulchiron et C. Nourissat (dir.), *Le nouveau droit communautaire du divorce et de la responsabilité parentale*, p. 201 (préc. s[s] n°s 434.50 et 434.81). – « La parole de l'enfant enlevé », H. Fulchiron (dir.), *Les enlèvements d'enfants à travers les frontières*, Bruylant, 2004, p. 337 – A. Gouttenoire et M. Völker, « La parole de l'enfant dans le règlement Bruxelles II *bis*. Regards croisés », *AJ fam.* 2005, 266 – A. Richez-Pons, « La parole de l'enfant et la circulation des décisions judiciaires en Europe », *Dr. fam.* 2006, chron. 32.

Bruxelles II *bis* prévoit que la décision en matière de responsabilité parentale n'est pas reconnue lorsque, sauf en cas d'urgence, elle a été rendue sans que l'enfant, en violation des règles fondamentales de procédure de l'État membre requis, ait eu la possibilité d'être entendu (règl. [CE] n° 2201/2003, art. 23, s^s b). La mise en œuvre de ce motif de refus de reconnaissance dépend, d'une part, du contexte dans lequel la décision a été rendue dans l'État membre d'origine. S'il est exigé que l'enfant ait eu la possibilité d'être entendu, **l'absence d'audition ne sera pas toujours sanctionnée par un refus de reconnaissance de la décision**. Il existe des cas dans lesquels l'audition était matériellement impossible telle la maladie ou le handicap empêchant l'enfant de s'exprimer. L'audition peut aussi ne pas avoir eu lieu en raison de l'urgence qu'il y avait à statuer. Le règlement Bruxelles II *bis* ne définit toutefois pas l'urgence. L'on peut penser « *qu'on est en présence d'une situation d'urgence* [...] *lorsque la situation, s'il n'y était porté remède que par la voie normale* [...], *serait susceptible d'entraîner un préjudice irréparable à l'enfant* »[1] À la différence des articles 41 (relatif au droit de visite) et 42 (relatif au retour de l'enfant), l'article 23, sous b, du règlement Bruxelles II *bis* ne réserve pas l'hypothèse où l'audition n'était pas forcément obligatoire en raison de l'âge ou du degré de maturité de l'enfant. On peut tout de même penser qu'« *il n'est pas toujours de l'intérêt de l'enfant de devoir donner un avis, notamment si les deux parents sont d'accord sur la mesure à prendre* »[2]. Comme le rappelle l'article 12 paragraphe 1 de la convention de New York du 20 novembre 1989 relative aux droits de l'enfant, il semble que l'audition de l'enfant n'est véritablement obligatoire qu'« *eu égard à son âge et à son degré de maturité* »[3]. La **mise en œuvre du motif de refus de non-reconnaissance pour défaut d'audition** dépend, d'autre part, des **principes fondamentaux de l'État membre d'exécution**. L'audition de l'enfant doit être, dans l'État membre requis, une règle fondamentale de procédure. Dans d'autres États membres, comme l'Allemagne[4], l'audition de l'enfant est certainement une exigence procédurale essentielle. En France, la place de l'audition fut en revanche longtemps incertaine. Le mineur capable de discernement pouvait demander à être entendu dans toutes les procédures le concernant mais l'audition de l'enfant pouvait être écartée par une décision spécialement motivée (C. civ., anc. art. 388-1). Dès lors, il était difficile de considérer l'audition comme une règle fondamentale de procédure. C'est dire qu'une décision française rendue sans que l'enfant ait eu la possibilité d'être entendu avait peu de chance d'être reconnue et exécutée, par exemple, en Allemagne[5]. Consciente de cette difficulté, la circulaire du 28 octobre 2005 estime qu'il serait « *opportun, pour se prémunir contre ce risque, qu'une décision française concernant un enfant, rendue sans qu'il ait été entendu, fasse explicitement état de la possibilité d'audition du mineur ouverte par l'article 388-1* [anc.] *du Code civil et donne brièvement le motif justifiant qu'il n'en ait pas été fait usage. Une motivation type pourrait ainsi être insérée dans l'ensemble des décisions, comme "L'enfant a eu la possibilité d'être entendu conformément aux dispositions de l'article 388-1* [anc.] *du Code civil. Cependant son audition a été jugée inappropriée compte tenu de son âge et de sa maturité et de la nécessité de le maintenir à l'écart du conflit parental"* » (circ. CIV/03/05, 28 oct. 2005, p. 14-15 - V. texte complet de la circ. s^s n° 62.14, spéc^t sect. III, 2.).

Opérant un **revirement de jurisprudence remarqué**[6], la Cour de cassation a amorcé une évolution en jugeant que l'article 12 de la convention de New York du 20 novembre 1989 relative aux droits de l'enfant est directement applicable en France. La loi n° 2007-293 du 5 mars 2007[7] réformant la protection de l'enfance a modifié l'article 388-1 du Code civil en excluant désormais la possibilité pour le juge d'écarter l'audition de l'enfant, celle-ci étant de droit lorsque le mineur en fait la demande. Il s'agit là d'« *une avancée conséquente des droits de l'enfant recommandée à la fois par la mission d'information de l'Assemblée nationale sur la famille et les droits de l'enfant ainsi que par le rapport annuel de la Défenseure des enfants Claire Brisset* »[8]. La réforme

1. P. Lagarde, *Rapport explicatif de la convention-protection des enfants de 1996*, Actes et documents de la 18e session (1996), t. II, Protection des enfants, p. 566, n° 68.
2. P. Lagarde, p. 584, n° 123 (rapp. préc. s^s prés^t n°).
3. F. Alt-Maes, « Le discernement et la parole du mineur en Justice », *JCP* 1996, I, 3913.
4. A. Gouttenoire et M. Völker, « La parole de l'enfant dans le règlement Bruxelles II *bis*. Regards croisés », (art. préc. s^s prés^t n°).
5. EN CE SENS, A. Richez-Pons, « La parole de l'enfant et la circulation des décisions judiciaires en Europe », spéc^t II.A. (art. préc. s^s prés^t n°).
6. Civ. 1re, 18 mai 2005, n° 02-20.613, *Bull. civ.* I, n° 212; *RTD civ.* 2005, 556, obs. Encinas de Munagorri; 585, obs. Hauser; 627, obs. Thery; et 750, obs. Rémy-Corlay; *D.* 2005, 1909, note Egéa; *D.* 2006, 1487, note Courbe; *JCP* 2005, II, 10015, concl. Petit et note Chabert; *JCP* 2005, II, 10081, note Granet-Lambrechts et Strickler; *RLDC* 2005/18, p. 47, note Marraud des Grottes; *Dr. fam.* 2005, comm. 156, note Gouttenoire; *RJPF* 2005-9, p. 21, note Eudier; *AJ fam.* 2005, 274, obs. Fossier – ANTÉRIEUREMENT, v. Civ. 1re, 10 mars 1993, n° 91-11.310, *Bull. civ.* I, n° 103; *D.* 1993, J. 361, note Massip; *JCP* 1993, I, n° 3688, n° 4, obs. Rubellin-Devichi; *Rev. crit. DIP* 1993, 449, note Lagarde; M.-C. Rondeau-Rivier, « La Convention des Nations unies sur les droits de l'enfant devant la Cour de cassation : un traité mis hors jeu », *D.* 1993, chron. 203.
7. L. n° 2007-293, 5 mars 2007, réformant la protection de l'enfance, *JO* 6 mars, p. 4215.
8. A. Gouttenoire, « La loi n° 2007-293 du 5 mars 2007 réformant la protection de l'enfance », *D.* 2007, 1090.

écarterait « *le risque de voir une décision française ne pas être exécutée par un juge d'un autre État membre de l'Union européenne au motif que l'enfant n'a pas eu la possibilité d'être entendu dans la procédure* »[1]. Certaines pratiques françaises en matière d'audition de l'enfant pourraient toutefois poser problème. Ainsi « *la nouvelle rédaction de l'article 388-1, telle qu'issue de la loi n° 2007-293 précitée, laisse subsister la faculté pour le juge de ne pas entendre lui-même l'enfant et de faire recueillir sa parole par un tiers qualifié. Toutefois, ce recours à l'audition "indirecte" doit désormais être justifié par l'intérêt de l'enfant. Il serait dans ces conditions opportun que les décisions rendues après retour d'une enquête sociale ou d'une expertise médico-psychologique ou psychiatrique, précisent clairement, lorsque le mineur a été entendu au cours de ces mesures d'investigation, que cette modalité du recueil de la parole du mineur constitue une audition au sens de l'article 388-1 du Code civil et qu'elle a été choisie en raison des pressions exercées sur l'enfant, susceptibles de compromettre son équilibre psychologique, et impliquant l'intermédiation d'un professionnel qualifié* »[2] (v. texte complet de la circ. s^s n° 62.15). Dans le même esprit, la Cour de cassation considère que le droit de l'enfant d'être entendu est satisfait dès lors que **le juge a pris l'initiative de faire désigner un avocat afin de recueillir ses sentiments et d'en faire état lors de l'audience**[3]. Il n'est pas certain qu'une telle audition, par avocat interposé, satisfasse les règles fondamentales de procédure de l'État membre requis. Ainsi, en Allemagne, l'enfant doit « *être entendu par le juge aux affaires familiales allemand* » et « *cette prescription constitue une règle fondamentale de la procédure allemande découlant par ailleurs de la Constitution allemande* »[4].

434.83 3° Droits de la défense. Comme en matière matrimoniale, la décision rendue en matière de responsabilité parentale n'est pas reconnue lorsque **l'acte introductif d'instance ou un acte équivalent** n'a pas été signifié ou notifié à la personne défaillante en temps utile et de telle manière que celle-ci puisse pourvoir à sa défense (règl. [CE] n° 2201/2003, art. 23, s^s c). Le vice de violation des droits de la défense est en revanche purgé s'il est établi que cette personne a accepté la décision de manière non équivoque (pour plus de détails, v. s^s n° 424.76).

434.84 4° Obstacle à l'exercice de la responsabilité parentale. La décision n'est pas reconnue à la demande de toute personne faisant valoir que la décision fait obstacle à l'exercice de sa responsabilité parentale, si la décision a été rendue sans que cette personne ait eu la possibilité d'être entendue (règl. [CE] n° 2201/2003, art. 23, s^s d). Étant donné que le règlement Bruxelles II *bis* a une conception très large des personnes qui sont titulaires de la responsabilité parentale (règl. [CE] n° 2201/2003, art. 2, pts 7 et 8), ce motif de non-reconnaissance peut notamment être invoqué, par exemple, par la **personne à qui l'enfant avait été confié** ou par un **grand-parent** auquel un **droit de visite** avait été accordé[5]. Ce motif de non-reconnaissance pourrait donc à l'avenir nourrir un contentieux relativement important.

434.85 5° Inconciliabilité avec une autre décision. La décision peut ne pas être pas reconnue lorsqu'elle est inconciliable avec une autre décision, rendue dans l'État membre requis (règl. [CE] n° 2201/2003, art. 23, s^s e), ou dans un autre État membre ou dans l'État tiers où l'enfant réside habituellement (règl. [CE] n° 2201/2003, art. 23, s^s f). Première hypothèse, la décision n'est pas reconnue dans l'État membre requis chaque fois qu'elle est inconciliable avec une décision rendue ultérieurement en matière de responsabilité parentale par une juridiction de ce même État (règl. [CE] n° 2201/2003, art. 23, s^s e). L'inconciliabilité est limitée au cas particulier où la décision, dont la reconnaissance est en discussion, est antérieure à la décision rendue par une juridiction de l'État membre requis. Mais le règlement n'exige pas que la décision, dont la reconnaissance est discutée, ait été rendue entre les mêmes parties. Au-delà, l'expression de « décision rendue » dans l'État membre requis ne paraît imposer que cette décision soit définitive ou qu'elle ait acquis l'autorité de la chose jugée. Elle peut donc être l'objet, dans l'État membre requis, d'un recours. Le défendeur peut toutefois demander à ce qu'il soit sursis à la reconnaissance de la décision (v. s^s n° 434.74). Seconde hypothèse, la décision n'est pas reconnue dans l'État membre requis lorsqu'elle est inconciliable avec une décision rendue ultérieurement en matière de responsabilité

1. A. Gouttenoire, « La loi n° 2007-293 du 5 mars 2007 réformant la protection de l'enfance », (art. préc. s^s prés^t n°).
2. Circ. DACS n° 2007-06, 16 mars 2007, relative à l'audition de l'enfant pour l'application du règlement « Bruxelles II *bis* » concernant les décisions sur la responsabilité parentale, NOR JUSC0720262C, *BO* n° 2007-02, 30 avr. 2007.
3. Civ. 1re, 22 nov. 2005, n° 03-17.912, *Bull. civ.* I, n° 434; *D.* 2006, 554, note Boulanger; *RJPF* 2006-2, p. 24, note Eudier; *Dr. fam.* 2006, comm. 28 (2e esp.), note Gouttenoire; *RTD civ.* 2006, 101, obs. Hauser.
4. M. Völker, « Le règlement Bruxelles II *bis* du point de vue d'un juge aux affaires familiales allemand », in H. Fulchiron et C. Nourissat (dir.), *Le nouveau droit communautaire du divorce et de la responsabilité parentale*, p. 293, spéc^t p. 300 (préc. s^s n°s 434.50 et 434.81).
5. Plus largement, v. H. Bosse-Platière, « La présence des grands-parents dans le contentieux familial », *JCP* 1997, I, 4030.

parentale dans un autre État membre ou dans l'État tiers où l'enfant réside habituellement (règl. [CE] n° 2201/2003, art. 23, s[s] f). Là encore, il n'est pas exigé que la décision, dont la reconnaissance est discutée, ait été rendue entre les mêmes parties et qu'elle soit définitive. De même, **l'inconciliabilité est limitée au cas particulier où la décision, dont la reconnaissance est en discussion, est antérieure à la décision rendue dans un autre État membre ou dans un État tiers.** Encore faut-il que cette décision soit elle-même susceptible d'être reconnue dans l'État membre requis. Reste à préciser ce qu'il faut entendre par « *inconciliabilité avec une autre décision* ». Pour reprendre la formule que la Cour de justice des Communautés européennes a forgée dans le cadre de la convention de Bruxelles de 1968, il y a inconciliabilité si **les décisions en cause entraînent des conséquences juridiques qui s'excluent mutuellement**[1]. Des décisions dont les motivations divergent, mais non les effets juridiques, ne paraissent pas inconciliables, en ce sens qu'elles ne troublent pas véritablement l'ordre social de l'État requis[2]. Ainsi, des décisions qui retirent l'une et l'autre la responsabilité parentale au père mais sur des motifs différents ne paraissent pas inconciliables. Au-delà, « *il importe peu que les décisions concernées aient été rendues dans le cadre de procédures de référé ou de procédures au fond* »[3].

434.86 6° Non-respect de la procédure de placement. La décision n'est pas reconnue dans l'État membre requis chaque fois que la procédure de placement de l'enfant définie par l'article 56 du règlement Bruxelles II *bis* n'a pas été respectée (règl. [CE] n° 2201/2003, art. 23, s[s] g).

434.87 Motifs inopérants. En dehors des motifs qui précèdent, aucun autre motif ne permet de s'opposer à la reconnaissance et à l'exécution de la décision rendue dans un autre État membre. En raison de la confiance mutuelle qui préside aux relations entre les États membres, le règlement Bruxelles II *bis* réaffirme qu'il est exclu de procéder au contrôle de la compétence de la juridiction de l'État membre d'origine, directement ou indirectement par le biais de l'ordre public (règl. [CE] n° 2201/2003, art. 24). Ainsi, pas plus que « *dans le cadre du règlement Bruxelles I, le juge de l'exequatur ne contrôle pas la compétence du juge d'origine* »[4]. Dans le même esprit, il interdit à la juridiction de l'État membre requis de reprendre l'examen au fond de l'affaire : la décision ne peut, en aucun cas, faire l'objet d'une révision au fond (règl. [CE] n° 2201/2003, art. 26 et art. 31, par. 3). Pour autant, l'interdiction de la révision au fond « *n'empêche pas une éventuelle révision des mesures de protection adoptées* » et « *ne peut en aucun cas leur conférer un caractère immuable* »[5].

B.
Libre circulation

434.90 Division. Le règlement Bruxelles II *bis* supprime l'exigence d'*exequatur* préalable pour certaines décisions rendues en matière de responsabilité parentale (règl. [CE] n° 2201/2003, art. 41 à 45), les décisions relatives au **droit de visite** et des décisions ordonnant le **retour de l'enfant** conformément à l'article 11 paragraphe 8 (règl. [CE] n° 2201/2003, art. 41, par. 1er, pts a et b). L'expression de décision ordonnant le retour est malheureuse car le juge de l'ancienne résidence habituelle, qui statue après décision de non-retour du juge de l'État de présence, a rendu en réalité une décision impliquant le retour de l'enfant (v. s[s] n° 432.104). Pour les décisions de l'article 41, décisions relatives au droit de visite (1°) et décisions ordonnant le retour de l'enfant (2°), la procédure d'*exequatur* dans l'État membre requis est remplacée par une procédure de certification dans l'État membre d'origine (3°). Ce faisant, le règlement Bruxelles II *bis* répond aux vœux du Conseil européen de Tampere qui a « *approuvé le principe de la reconnaissance mutuelle des décisions judiciaires comme pierre angulaire de la création d'un véritable espace judiciaire, et a identifié le droit de visite comme une priorité* » (règl. [CE] n° 2201/2003, préambule, cons. 2).

1°
Décisions relatives au droit de visite

434.91 Décisions exécutoires. Il convient, préalablement, de souligner que la « *suppression de l'*exequatur *s'applique à tous les droits de visite, quel que soit le bénéficiaire. Selon le droit national, ils peuvent être attribués au parent avec lequel l'enfant ne vit pas, les grands-parents ou d'autres membres de la famille* »[6]. Le régime de libre circulation de l'article 41 du règlement Bruxelles II *bis* ne s'applique, ensuite, qu'aux **décisions relatives au droit de visite**

1. CJCE 4 févr. 1988, aff. 145/86, Hoffmann c/Krieg, pt 22, *Rec. CJCE*, p. 645 ; *Rev. crit. DIP* 1988, 605, note Gaudemet-Tallon ; *JDI* 1989, p. 449, obs. Huet.
2. Concl. av. gén. Darmon dans l'affaire *Hoffmann*, préc., pts 10 et 11, *Rec. CJCE*, p. 645.
3. CJCE 6 juin 2002, aff. C80-00, Italian Leather SpA, *Rec. CJCE*, p. I-04995.
4. Civ. 1re, 10 mai 2007, n° 06-13.017, *Bull. civ.* I, n° 172.
5. *Rapport Borrás*, p. 54, spéc[t] n° 78 (préc. s[s] n°s 434.61, 434.63 et 434.67 et 434.91).
6. M. Ekström, « Le règlement du Conseil de l'Union européenne n° 2201/2003/CE :le nouveau règlement Bruxelles II », *L'Observateur de Bruxelles*, 2005/6, n° 61, p. 50, spéc[t] p. 51

qui sont exécutoires dans l'État membre d'origine[1]. Lorsqu'il est exécutoire de plein droit dans l'État membre d'origine, le droit de visite est reconnu et jouit de la force exécutoire dans tous les autres États membres sans qu'aucune déclaration lui reconnaissant force exécutoire soit requise et sans qu'il soit possible de s'opposer à sa reconnaissance (règl. [CE] n° 2201/2003, art. 41, par. 1er, al. 1). Une telle décision peut alors exonérer la mère de son obligation de remettre l'enfant à son père et interdire qu'elle soit condamnée pour non-représentation d'enfant[2]. Lorsque le droit de visite n'est pas exécutoire de plein droit dans l'État membre d'origine, la juridiction d'origine peut déclarer exécutoire la décision relative au droit de visite (règl. [CE] n° 2201/2003, art. 41, par. 1er, al. 2). Cette **faculté de donner force exécutoire au droit de visite** existe nonobstant un éventuel recours. Le but d'une telle disposition est d'empêcher que des recours dilatoires retardent indûment l'exécution de la décision.

434.92 Décisions certifiées. Pour bénéficier de la force exécutoire dans les autres États membres, il suffit que la décision relative au droit de visite ait été certifiée dans l'État membre d'origine selon le formulaire dont le modèle figure à l'annexe III du règlement Bruxelles II *bis* (règl. [CE] n° 2201/2003, art. 41, par. 1er, al. 1er). Le règlement réserve la **délivrance du certificat** au **juge qui a rendu la décision** : en France, il s'agira **du juge aux affaires familiales** ou du **juge des enfants** lorsqu'il fixe un droit de visite dans le cadre d'un placement. Le recours à la certification ne signifie nullement que la décision échappe à tout contrôle. Le certificat garantit en effet que certaines règles essentielles ont été respectées pendant la procédure dans l'État membre d'origine. Le juge d'origine ne délivre ce certificat que si **trois conditions** sont remplies. Tout d'abord, en cas de procédure par défaut, l'acte introductif d'instance ou un acte équivalent a été signifié ou notifié à la personne défaillante en temps utile et de telle manière que cette personne puisse pourvoir à sa **défense**. À défaut, il peut être établi que la personne défaillante **a accepté la décision** de manière non équivoque (règl. [CE] n° 2201/2003, art. 41, par. 2, ss a). Ensuite, toutes les **parties concernées ont eu la possibilité d'être entendues** (règl. [CE] n° 2201/2003, art. 41, par. 2, ss b). Enfin, **l'enfant a eu la possibilité d'être entendu**, à moins qu'une audition n'ait été jugée inappropriée eu égard à son âge ou à son degré de maturité (règl. [CE] n° 2201/2003, art. 41, par. 2, ss c). La juridiction d'origine remplit le certificat dans la même langue que la décision (règl. [CE] n° 2201/2003, art. 41, par. 2, *in fine*). Si, lorsque la juridiction d'origine a statué, la situation n'avait pas un caractère transfrontière, le certificat est délivré à la demande de l'une des parties. L'article 509-1, alinéa 2 du Code de procédure civile énonce que le juge est, en France, saisi par voie de requête et que le ministère d'avocat n'est pas obligatoire. En revanche, lorsque la situation avait dès l'origine un caractère transfrontière, le certificat est délivré d'office par la juridiction d'origine lorsque la décision devient exécutoire (règl. [CE] n° 2201/2003, art. 41, par. 3). En France, la décision est « *exécutoire dès sa notification (voire dès son prononcé) dans la mesure où les décisions fixant un droit de visite sont assorties de plein droit de l'exécution provisoire, sauf dans l'hypothèse du droit de visite accordé au bénéfice de grands-parents ou de tiers, qui ne bénéficie pas de droit de l'exécution provisoire* » (circ. CIV/03/05, 28 oct. 2005, p. 17 – V. texte complet de la circ. ss n° 62.14, spéct sect. IV).

434.93 Documents à fournir. L'article 45 du règlement Bruxelles II *bis* précise les documents que la partie qui demande l'exécution d'un droit de visite doit produire. Il s'agit d'une **expédition** de la décision réunissant les conditions nécessaires à son authenticité, du **certificat** établi par le juge d'origine et d'une **traduction** du point 12 relatif aux modalités d'exercice du droit de visite. La traduction est effectuée dans la langue officielle ou l'une des langues officielles de l'État membre d'exécution ou dans toute autre langue que ce dernier a indiqué d'accepter. La France n'ayant déclaré pouvoir admettre, pour la mise en œuvre de ce règlement, que la langue française, le certificat doit, sur ce point, être traduit en français. La traduction est certifiée par une personne habilitée à cet effet dans l'un des États membres.

434.94 Action préventive en non-reconnaissance ? Dans le cadre de l'affaire *Rinau*, la Cour de justice des Communautés européennes conclut à l'impossibilité d'une demande de non-reconnaissance au cas où une décision de retour de l'enfant a été adoptée et certifiée conformément aux dispositions des articles 11, paragraphe 8, et 42 du règlement[3]. Cette solution a, semble-t-il, vocation à s'étendre aux décisions relatives au droit de visite qui ont été certifiées dans l'État membre d'origine. En ce sens, la Cour affirme « *que, hormis les cas où la procédure vise une décision certifiée en application*

1. A. Devers, « Le droit de visite », H. Fulchiron et C. Nourissat (dir.), *Le nouveau droit communautaire du divorce et de la responsabilité parentale*, p. 105, spéct p. 106-108.
2. Crim. 17 févr. 2010, n° 09-83.993, NP.
3. CJCE 11 juill. 2008, aff. C-195/08, PPU, Rinau, pt 91, *Rec. CJCE*, p. I-05271 ; *JCP* 2008, II, 10207, note Devers; *Procédures* 2008, comm. 298, obs. Nourissat; *Europe* 2008, comm. 351, obs. Idot; *Rev. crit. DIP* 2008, 871, note Muir-Watt.

des articles 11, paragraphe 8, et 40 à 42 du règlement, toute partie intéressée peut demander la non-reconnaissance d'une décision juridictionnelle, même si une demande de reconnaissance de la décision n'a pas été déposée préalablement »[1]. Les décisions relatives au droit de visite sont en effet certifiées en application de l'article 41.

434.95 Exercice du droit de visite. L'exécution peut être rendue difficile voire impossible si la décision ne prévoit pas, ou prévoit de façon insuffisante, les **modalités pratiques** pour organiser l'exercice du droit de visite. C'est pourquoi l'article 48 du règlement Bruxelles II *bis* prévoit que les juridictions de l'État membre d'exécution peuvent arrêter les modalités pratiques du droit de visite, si les modalités nécessaires n'ont pas été prévues ou ne l'ont pas été suffisamment dans la décision rendue par les juridictions de l'État membre compétentes pour connaître du fond. Parce que demeure la prohibition de la révision au fond, les juridictions de l'État membre d'exécution doivent veiller à respecter les éléments essentiels de la décision relative au droit de visite (règl. [CE] n° 2201/2003, art. 48, par. 1er). Les modalités pratiques arrêtées par les juridictions de l'État membre d'exécution cessent d'être applicables en exécution de la décision ultérieure rendue par les juridictions de l'État membre compétentes pour connaître du fond (règl. [CE] n° 2201/2003, art. 48, par. 2).

2°

Décisions ordonnant le retour de l'enfant

434.101 Décisions exécutoires. Le régime de libre circulation de l'article 42 du règlement Bruxelles II *bis* ne s'applique qu'aux décisions ordonnant le retour de l'enfant qui sont exécutoires dans l'État membre d'origine. Lorsqu'il est **exécutoire de plein droit dans l'État membre d'origine**, le retour de l'enfant est reconnu et jouit de la force exécutoire dans tous les autres États membres sans **qu'aucune déclaration** lui reconnaissant force exécutoire soit requise et sans qu'il soit possible de s'opposer à sa reconnaissance (règl. [CE] n° 2201/2003, art. 42, par. 1er, al. 1). Lorsque le retour de l'enfant n'est pas exécutoire de plein droit dans l'État membre d'origine, la **juridiction d'origine peut déclarer exécutoire la décision relative au droit de visite** (règl. [CE] n° 2201/2003, art. 42, par. 1er, al. 2). Cette faculté de donner force exécutoire au droit de visite existe nonobstant un éventuel recours. Selon le guide pratique, dès lors qu'elle exécutoire dans l'État membre d'origine, la décision « *est automatiquement exécutoire dans tous les États membres, et pas seulement dans l'État membre qui avait prononcé la décision de non-retour. Cela résulte clairement de la lettre de l'article 42.1 et correspond aux objectifs et à l'esprit du règlement. Un déplacement de l'enfant vers un autre État membre est ainsi sans effet sur la décision de la juridiction d'origine. Il n'est pas nécessaire d'entamer une nouvelle procédure de demande de retour selon la convention de La Haye du 25 octobre 1980; il suffit d'exécuter la décision de la juridiction d'origine* »[2].

434.102 Décisions certifiées. Pour bénéficier de la force exécutoire dans les autres États membres, il suffit que la décision ordonnant le retour ait été **certifiée dans l'État membre d'origine selon le formulaire dont le modèle figure à l'annexe VI** du règlement Bruxelles II *bis* (règl. [CE] n° 2201/2003, art. 42, par. 1er, al. 1). Mais le juge d'origine ne délivre ce certificat que si trois conditions sont remplies. Tout d'abord, l'enfant a eu la possibilité d'être entendu, à moins qu'une audition n'ait été jugée inappropriée eu égard à son âge ou à son degré de maturité (règl. [CE] n° 2201/2003, art. 42, par. 2, ss a). Ensuite, les parties ont eu la possibilité d'être entendues (règl. [CE] n° 2201/2003, art. 42, par. 2, ss b). Enfin, la décision a été rendue en tenant compte des motifs et des éléments de preuve sur la base desquels avait été rendue la décision prise en application de l'article 13 de la convention de La Haye du 25 octobre 1980 (règl. [CE] n° 2201/2003, art. 42, par. 2, ss c). Si des mesures ont été prises, par la juridiction ou toute autre autorité, en vue d'assurer la protection de l'enfant après son retour dans l'État de sa résidence habituelle, le certificat précise les modalités de ces mesures (règl. [CE] n° 2201/2003, art. 42, par. 2). Le juge d'origine remplit le certificat dans la même langue que la décision (règl. [CE] n° 2201/2003, art. 42, par. 2, *in fine*) et le délivre d'office, c'est-à-dire sans attendre la demande de l'une des parties (règl. [CE] n° 2201/2003, art. 42, par. 2).

434.103 Documents à fournir. Outre le certificat, la partie qui demande l'exécution de la décision de retour de l'enfant doit produire une **expédition de cette décision** réunissant les **conditions de son authenticité** (règl. [CE] n° 2201/2003, art. 45, par. 1er, ss a). Elle doit également fournir une traduction du point 14 (concernant les modalités des mesures prises en vue d'assurer le retour de l'enfant) du modèle figurant à l'annexe IV du règlement (règl. [CE] n° 2201/2003, art. 45, par. 2). Cette traduction peut être effectuée dans la langue officielle ou l'une des langues officielles de l'État membre d'exécution ou dans toute autre langue que ce

1. CJCE 11 juill. 2008, aff. C-195/08, PPU, Rinau, pt 97 (préc. ss prést n°).

2. GUIDE PRAT., p. 40.

dernier a indiqué accepter. Comme pour le droit de visite, la France n'ayant déclaré pouvoir admettre, pour la mise en œuvre de ce règlement, que la langue française, le certificat doit, sur ce point, être traduit en français. La traduction doit être certifiée par une personne habilitée à cet effet dans l'un des États membres (règl. [CE] n° 2201/2003, art. 45, par. 2).

434.104 Action préventive en non-reconnaissance ? Dans le cadre de l'affaire *Rinau*, la Cour de justice des Communautés européennes a jugé qu'il est impossible d'accepter qu'une action en non-reconnaissance puisse être introduite s'agissant d'une décision de retour certifiée en application des articles 11, § 8, et 40 à 42 du règlement[1]. Le **contrôle de la régularité internationale de la décision de retour** est, en effet, opéré par le **juge de l'État membre d'origine de l'enfant** à l'occasion de la délivrance du certificat de l'article 42. Le certificat n'est délivré que si l'enfant et les parties ont eu la possibilité d'être entendus (règl. [CE] n° 2201/2003, art. 42, par 2, s[s] a et b) et si la décision de retour a été rendue « *en tenant compte des motifs et des éléments de preuve sur la base desquels avait été rendue la décision prise en application de l'article 13 de la Convention de La Haye de 1980* » (règl. [CE] n° 2201/2003, art. 42, § 2, s[s] c). Autrement dit, au nom de la confiance mutuelle, la délivrance par le juge de l'État membre d'origine de l'enfant exclut, et c'est une **présomption irréfragable**, toute équivoque. La seule action qui est ouverte est une action en rectification, devant les juridictions de l'État membre d'origine de l'enfant, pour faire corriger une erreur matérielle affectant le certificat (règl. [CE] n° 2201/2003, art. 43). Radicale[2], la règle de l'article 43 s'explique par le souci d'éviter les recours dilatoires comme c'est malheureusement le cas dans l'affaire *Rinau*. Il n'en demeure pas moins, en l'espèce, que la décision allemande de retour a été rendue sur la base de la seule décision lituanienne de non-retour. La juridiction allemande n'avait, semble-t-il, pas eu communication des autres « *documents pertinents, en particulier [du] compte rendu des audiences* » (règl. [CE] n° 2201/2003, art. 11, par. 6). Il est dès lors permis de se demander si la lecture de la seule décision lituanienne, même traduite en allemand par l'autorité centrale lituanienne, suffisait à permettre à la juridiction allemande d'évaluer les motifs et les éléments de preuve sur la base desquels la décision de non-retour a été rendue. L'arrêt *Rinau* est silencieux sur cette importante question.

1. CJCE 11 juill. 2008, aff. C-195/08, préc. s[s] n° 434.94 avec références.
2. COMP. E. Guinchard, « Le droit international privé européen de l'exécution en matière extrapatrimoniale – Règlement Bruxelles II *bis* », *AJ fam.* 2006, 99, spéc[t] 102

3°
Procédure de certification

434.111 Rectification du certificat. La procédure de certification a déjà été, en grande partie, étudiée dans le cadre de la présentation du sort réservé aux décisions relatives au droit de visite et aux décisions ordonnant le retour de l'enfant. Quelques aspects méritent toutefois d'être précisés. La rectification du certificat est soumise au **droit de l'État membre d'origine** (règl. [CE] n° 2201/2003, art. 43, par. 1er), à savoir la procédure de **rectification d'erreur matérielle en droit français.** Une procédure n'est donc possible que si le juge d'origine a commis une erreur en remplissant le certificat : prénom ou date de naissance de l'enfant concerné, par exemple.

434.112 Effets du certificat. La délivrance du certificat n'est susceptible d'aucun recours. Mais le certificat ne peut produire d'effet que si la décision qu'il accompagne est exécutoire dans l'État membre d'origine (règl. [CE] n° 2201/2003, art. 44). Exécutoire au moment de la délivrance du certificat, la décision peut cesser ultérieurement de l'être : par exemple, la décision relative au droit de visite faisait l'objet d'un recours dans l'État membre d'origine et a été infirmée après la délivrance du certificat.

SECTION 2
DÉCISION RENDUE DANS UN ÉTAT TIERS

434.120 Division. Les règles de reconnaissance et d'exécution des décisions rendues dans un État tiers en matière d'autorité parentale[3] (§ 1) et d'obligation alimentaire (§ 2) sont variables.

§ 1
Décision rendue dans un État tiers en matière d'autorité parentale

434.130 Division. Ne seront envisagées ici que trois hypothèses : tout d'abord, la décision a été rendue dans un État tiers contractant à la convention de La Haye du 5 octobre 1961 (A) ; ensuite, la décision a été rendue dans un État tiers contractant à la convention de Luxembourg du 20 mai 1980 (B) ; enfin, la décision a été rendue dans un État qui n'est pas lié à la France par une convention internationale (C).

3. J.-CL. INTERNAT., N. Joubert, fasc. 549-20 (Autorité parentale – conflit de juridictions), avr. 2009, n°s 153 s.

A. Décision rendue dans un État tiers contractant à la convention de La Haye du 5 octobre 1961

434.131 États concernés. Les conditions d'applicabilité de la convention de La Haye de 1961 ont été présentées lors de l'étude des règles de compétence internationale des juridictions françaises en matière de responsabilité parentale (v. s^s n°s 432.161 s.). Sur le terrain de la circulation des décisions, on se contentera de rappeler que la convention de 1961 ne s'applique qu'aux décisions rendues en Suisse et en Turquie.

434.132 Reconnaissance. L'article 7 de la convention de La Haye du 5 octobre 1961 affirme que « *les mesures prises par les autorités compétentes en vertu des articles précédents de la présente convention sont reconnues dans tous les États contractants* ». De ce principe de **reconnaissance de plein droit**, il résulte par exemple que « *la tutelle organisée par les autorités compétentes sera reconnue comme institution et dans ses effets tant internes qu'externes (par ex. le pouvoir de représenter le mineur vis-à-vis des tiers)* »[1].

434.133 Exécution. Si « *ces mesures comportent des actes d'exécution dans un État autre que celui où elles ont été prises, leur reconnaissance et exécution sont réglées soit par le droit interne de l'État où l'exécution est demandée, soit par les conventions internationales* ». Autrement dit, « *le droit en question dira de quelles garanties les mesures dont l'exécution est demandée doivent être entourées pour avoir force de chose jugée dans l'autre État, ou bien encore si l'exécution est subordonnée à la condition de réciprocité, etc.* »[2]. L'article 7 renvoie donc au droit commun.

B. Décision rendue dans un État tiers contractant à la convention de Luxembourg du 20 mai 1980

434.141 États concernés. La convention de Luxembourg du 20 mai 1980 sur la reconnaissance et l'exécution des décisions en matière de **garde des enfants** et le rétablissement de la garde des enfants est entrée en vigueur en France (le 1er septembre 1983) mais aussi au Danemark, en Islande, Liechtenstein, Moldova, Norvège, ex-République yougoslave de Macédoine, Serbie, Monténégro, Suisse, Turquie, et Ukraine. La convention s'applique donc en France à la reconnaissance d'une décision rendue dans l'un de ces États.

434.142 Reconnaissance. Classiquement, la convention prévoit que la décision en matière de droit de garde des enfants est reconnue de plein droit dans les autres États contractants (conv. Luxembourg, 20 mai 1980, art. 7).

434.143 Exécution. La convention de Luxembourg instaure une procédure d'*exequatur* relativement complexe à mettre en œuvre qui impose de distinguer selon que la situation relève de l'article 8 (cas de déplacement sans droit), de l'article 9 (autres cas de déplacement sans droit) ou de l'article 10 (cas autres que ceux visés aux articles 8 et 9). Ces difficultés expliquent, sans doute, le très faible succès rencontré par ce texte[3].

C. Décision rendue dans un État tiers qui n'est pas lié à la France par une convention internationale

434.151 Reconnaissance. La reconnaissance en France des décisions rendues en matière d'autorité parentale suit le principe de l'effet *de plano*. Ainsi, dans un arrêt du 25 juin 1991, la Cour de cassation a rappelé que « *le gardien d'un enfant désigné par l'autorité compétente de l'État dont le mineur est ressortissant est investi de plein droit de cette qualité en France* »[4]. Dans le même esprit, une décision étrangère de déchéance de l'autorité parentale est immédiatement efficace sur le territoire français[5].

434.152 Exécution. Lorsque la décision a été rendue dans un État tiers qui n'est pas lié à la France par une convention internationale, elle ne peut être reconnue et exécutée en France qu'après avoir reçu l'*exequatur*[6]. Les conditions, de forme et de fond, de l'*exequatur* de cette décision sont celles de droit commun : « *Pour accorder l'*exequatur *hors de toute convention internationale, le juge français doit s'assurer que trois conditions sont remplies, à savoir la compétence indirecte du juge étranger, fondée sur le rattachement du litige au juge saisi, la conformité à*

1. W. de Steiger, *Rapport explicatif de la convention-protection des mineurs de 1961*, Actes et documents de la 9e session (1960), t. IV, Protection des mineurs, p. 7, spéc^t p. 21.
2. W. de Steiger, rapp. préc. s^s n° 434.132.
3. Civ. 1re, 12 déc. 2000, n° 98-20.436, NPT.
4. Civ. 1re, 25 juin 1991, n°s 90-05.006 et 90-05.015, 2 esp., *Bull. civ.* I, n° 210; *JCP* 1992, II, 21798, note Muir-Watt; *JDI* 1991, p. 975, note Gaudemet-Tallon; *D.* 1992, 51, note Massip – V. AUSSI, CA Poitiers, 6 juin 1967, *JCP* 1967, II, 15155, note J.-A.; *JDI* 1968, p. 925, note Level; *Gaz. Pal.* 1967, 2, p. 232, note Sarraute – TGI Paris, 8 juill. 1976, *Rev. crit. DIP* 1977, 737, note Lucas.
5. TGI Dunkerque, 21 juin 1989, *Rev. crit. DIP* 1990, 107, note Loussouarn.
6. V. NOT., LOUSSOUARN, BOUREL et VAREILLES-SOMMIÈRES, n°s 501 s. – MAYER et HEUZÉ, n°s 359 s.

l'ordre public international de fond et de procédure, et l'absence de fraude à la loi»[1]. Depuis l'arrêt du 20 février 2007, « *le juge de l'*exequatur *n'a donc* [plus] *à vérifier que la loi appliquée par le juge étranger est celle désignée par la règle de conflit de lois française* ». Ces différentes conditions ont été présentées de manière détaillée s'agissant de la reconnaissance et de l'exécution des décisions de désunion. Il convient donc de se reporter à ces développements[2] (v. s[s] n°s 424.184 s.).

§ 2
Décision rendue dans un État tiers en matière d'obligation alimentaire

434.161 Diversité de régimes. En fonction de l'origine géographique de la décision, les conditions de reconnaissance et d'exécution en France de la décision seront définies tantôt par une convention internationale tantôt par le droit commun[3].

434.162 Conventions internationales. Si la décision a été rendue en Suisse, il conviendra d'appliquer la convention de Lugano du 16 septembre 1988 concernant la compétence judiciaire et l'exécution des décisions en matière civile et commerciale dont les règles sont proches de celles du règlement Bruxelles I. Cette convention sera prochainement abrogée et remplacée par la convention de Lugano du 30 octobre 2007 concernant la compétence judiciaire, la reconnaissance et l'exécution des décisions en matière civile et commerciale qui devrait entrer en vigueur le 1er janvier 2011. La France est également liée par deux conventions de La Haye : d'une part, la convention de La Haye du 15 avril 1958 concernant la reconnaissance et l'exécution des décisions en matière d'obligations alimentaires envers les enfants[4] (entrée en vigueur en France le 25 juillet 1966); d'autre part, la convention de La Haye du 2 octobre 1973 concernant la reconnaissance et l'exécution de décisions relatives aux obligations alimentaires[5] (entrée en vigueur en France le 1er octobre 1977). Si la décision émane d'un État tiers qui a ratifié les deux conventions, il convient d'appliquer la convention de La Haye du 2 octobre 1973 concernant la reconnaissance et l'exécution de décisions relatives aux obligations alimentaires. Elle remplace, en effet, « *dans les rapports entre les États qui y sont Parties, la Convention concernant la reconnaissance et l'exécution des décisions en matière d'obligations alimentaires envers les enfants, conclue à La Haye le 15 avril 1958* » (conv. La Haye, 2 oct. 1973, art. 29). La France est en outre liée par plus d'une trentaine de conventions bilatérales conclues avec des États tiers[6]. Il est dès lors impératif, préalablement à l'introduction de l'instance en *exequatur*, de s'interroger sur l'applicabilité d'une convention internationale. C'est pénétrer dans un maquis de textes internationaux où il est, parfois, bien difficile d'avancer...

434.163 Droit commun. Hors de toute convention internationale, la décision rendue dans un État tiers en matière d'obligations alimentaires est **reconnue de plein droit en France.** Par exemple, l'enfant auquel la décision étrangère a reconnu un droit à des aliments est investi de plein droit de la qualité de créanciers d'aliments en France. La reconnaissance de la décision suffira s'il agit en modification du montant de la pension alimentaire qui lui a été accordée par la décision étrangère. Le plus souvent, l'enfant recherchera l'exécution forcée de la décision étrangère en cas de carence totale ou partielle de paiement. En ce cas, l'*exequatur* de la décision sera nécessaire. La Cour de cassation a jugé que « *pour accorder l'*exequatur *hors de toute convention internationale, le juge français doit s'assurer que trois conditions sont remplies, à savoir la compétence indirecte du juge étranger, fondée sur le rattachement du litige au juge saisi, la conformité à l'ordre public international de fond et de procédure et l'absence de fraude à la loi* »[7]. Ces conditions ont été présentées lors de l'étude des effets en France des décisions de divorce rendues à l'étranger. On se limitera donc à quelques observations spécifiques aux obligations alimentaires à l'égard des enfants[8].

1. Civ. 1re, 20 févr. 2007, n° 05-14.082, *Bull. civ.* I, n° 68; *LPA* 27 avr. 2007, n° 85, 13, note Mahinga; *Dr. fam.* 2007, comm. 97, note Farge; *JCP* 2007, act. 107, obs. Bruneau; *D.* 2007, 1115, note D'Avout et Bollée; *D.* 2007, 891, chron. Chauvin, spéc[t] 892; *Gaz. Pal.* 11-12 mai 2007, n° 131-132, J. 4, note Guerchoun; *LPA* 22 mai 2007, n° 102, 15, note Lecuyer-Thieffry; M.-L. Niboyet, « L'abandon du contrôle de la compétence législative indirecte », *Gaz. Pal.* 29 avr.-3 mai 2007, n° 119-123, doctr. 2; *D.* 2007, pan. 1751, obs. Courbe et Jault-Seseke; *D.* 2007, AJ 1115, obs. Gallmeister; *JDI* 2007, comm. 19, note Train.
2. À propos d'une décision américaine, v. CA Paris, 15 mai 2008, RG n° 07/19678.
3. J.-Cl. Internat., L. Célérien, fasc. 549-60 (Aliments – exécution en France des décisions étrangères), janv. 2007.
4. La liste des États contractants peut être consultée sur le site Internet www.hcch.net
5. La liste des États contractants peut être consultée sur le site Internet www.hcch.net
6. Pour une liste de ces conventions bilatérales, v. J.-Cl. Internat., L. Célérien, fasc. 549-60 (Aliments – exécution en France des décisions étrangères), préc. (v. Annexe : Tableau des accords bilatéraux relatifs à la reconnaissance et l'exécution des décisions).
7. Civ. 1re, 20 févr. 2007, n° 05-14.082, préc. s[s] n°s 434.10 et 434.152 (avec références).
8. Sur l'inconciliabilité éventuelle avec une décision française, v. Civ. 1re, 8 févr. 2005, n° 98-20.436, NPT.

434.164 Révision pour le passé (refus). L'instance en *exequatur* de la décision étrangère ne peut en aucun être l'occasion d'une révision pour le passé du montant de la pension alimentaire[1].

434.165 Ordre public (principe de la pension alimentaire). La conformité à l'ordre public des décisions étrangères « homologuant » l'accord des parents sur le principe et le montant de la pension alimentaire est souvent discutée. On rappellera que l'appréciation de la contrariété à l'ordre public s'apprécie *in concreto* et que la réaction de l'ordre public est atténuée puisqu'il s'agit de donner effet en France à un droit acquis à l'étranger.

Par son arrêt *Todorovitch*, la Cour de cassation a admis qu'une convention conclue entre deux époux alors en instance de divorce devant un tribunal étranger et tendant à la répartition entre eux de la charge de la dette alimentaire envers leur enfant mineur n'est pas contraire à l'ordre public français[2]. La solution paraît aujourd'hui évidente tant le législateur français s'est efforcé, depuis la loi du 11 juillet 1975 portant réforme du divorce, de **favoriser les accords entre parents portant sur l'obligation d'entretien.** La loi du 4 mars 2002 relative à l'autorité parentale a généralisé le principe de l'admission de ces conventions (C. civ., art. 373-2-7). Respecte donc l'ordre public la décision étrangère qui valide l'accord des parents sur le fait qu'une pension alimentaire doit être versée par le père à l'enfant (jusqu'à la majorité de celui-ci), pension qui sera supportée par ses héritiers[3]. La Cour de cassation écarte ainsi l'argument du pourvoi selon lequel la décision « *méconnaît le principe d'ordre public de la prohibition des pactes sur succession future et porte atteinte au principe d'égalité entre les héritiers réservataires* ».

Sans surprise, est en revanche contraire à l'ordre public la disposition de la décision étrangère par laquelle la mère s'engage à assumer seule l'entretien de sa fille (jusqu'à la fin des études poursuivies par celle-ci) car « *le droit aux aliments est un droit qui s'impose aux père et mère qui ne peuvent y renoncer* »[4]. Pour asseoir la solution, l'arrêt souligne toutefois que « *l'enfant commun a acquis la nationalité française par décret de naturalisation de son père en 2005 et qu'elle et ses parents, demeurent d'une manière habituelle en France* ». C'est suggérer que la déclaration de contrariété à l'ordre public découle de la proximité qu'entretient la situation avec l'ordre juridique français.

434.166 Ordre public (montant de la pension alimentaire). Quand bien même il apparaîtrait excessif, il est exceptionnel que le montant de la pension alimentaire soit l'occasion d'une déclaration de contrariété à l'ordre public[5]. Il est généralement noté que le juge étranger s'est fondé pour fixer le montant de la pension alimentaire sur le montant des revenus déclarés par le débiteur[6] ou qu'il a apprécié le montant de la pension au regard de la situation des parties et de l'enfant[7]. Il est parfois tiré argument de la carence du débiteur d'aliments qui, à même de faire connaître sa situation financière exacte, n'ai jamais adressé au juge étranger les documents qui lui étaient demandés[8]. L'utilisation d'un barème légal par le juge étranger pour déterminer le montant de la pension alimentaire n'est pas non plus constitutive d'une violation de l'ordre public[9]. La Cour de cassation insiste alors sur le fait que ce barème tienne compte à la fois de l'âge de l'enfant concerné et des ressources du débiteur d'aliments[10]. Il est en tout cas difficilement contestable que le seul désaccord du père sur le montant de la pension alimentaire allouée aux enfants ne suffit pas à rendre la décision étrangère contraire à l'ordre public de fond[11].

434.167 Prescription. Lorsque l'*exequatur* est obtenu, le recouvrement de la pension alimentaire doit être poursuivi sans trop tarder. La Cour de cassation a ainsi jugé que le litige né de l'exécution en France d'une décision étrangère déclarée exécutoire est soumis à la loi française quant à la prescription, c'est-à-dire à l'article 2224 du Code civil[12]. Cette prescription se rattache en effet aux conditions d'exécution et d'efficacité en France de la décision étrangère exequaturée.

434.168 Modification pour l'avenir. Le créancier et le débiteur d'aliments peuvent, pour l'avenir,

1. Civ. 1re, 3 déc. 1996, n° 93-20.285, NPT.
2. Civ. 1re, 7 nov. 1972, n° 71-14.470, Todorovitch, *Bull. civ.* I, n° 231; *Rev. crit. DIP* 1973, 691, note Wiederkehr; *JDI* 1973, p. 700, note De La Pradelle. – CA Paris, 18 juin 1971, *D.* 1971, 461, concl. Granger; *JDI* 1972, p. 824, note Malaurie.
3. Civ. 1re, 1er juill. 2009, n° 08-70.010, NP.
4. Civ. 1re, 14 oct. 2009, n° 08-15.583, NP.
5. CA Paris, 14 janv. 1997, RG n° 95/09280 – Civ. 1re, 18 oct. 1994, n° 92-21.882, NPT, où était discutée la méthode de fixation de la pension alimentaire. – CA Versailles, 29 oct. 1992, RG n° 6719/91, où était discutée l'indexation de la pension alimentaire.
6. CA Metz, 4 mars 2008, RG n° 05-03306.
7. CA Colmar, 15 mars 2005, RG n° 04/01304.
8. CA Aix-en-Provence, 22 oct. 2002, RG n° 98/08402 – CA Lyon, 30 janv. 1996, RG n° 95/02275.
9. Civ. 1re, 9 déc. 2003, n° 01-17.136, *Bull. civ.* I, n° 249; *Rev. crit. DIP* 2004, 440, note Ancel – Civ. 1re, 18 sept. 2002, n° 99-19.294, *Bull. civ.* I, n° 204; *Rev. crit. DIP* 2003, 318 (2e esp.), note Muir-Watt – Civ. 1re, 5 déc. 1995, n° 94-10.448, *Bull. civ.* I, n° 446.
10. Civ. 1re, 26 janv. 1994, n° 91-11.390, *Bull. civ.* I, n° 30.
11. Civ. 1re, 16 déc. 2009, n° 08-20.305, *Bull. civ.* I; *JCP* 2010, 217, note Devers; *Dr. fam.* 2010, comm. 53, note Farge; *RLDC* 2010, n° 3720, obs. Pouliquen; *AJ fam.* 2010, 84, obs. Nord; *D.* 2010, 156, obs. Gallmeister; *RJPF* 2010-3/25, p. 20, note Meyzeaud-Garaud; *Rev. crit. DIP* 2010, 164, note Muir Watt.
12. Civ. 2e, 19 nov. 2009, n° 08-20.501, NP – EN CE SENS, v. CA Paris, 17 févr. 1993, *Juris-Data* n° 1993-023573 – CA Versailles, 13 oct. 1988, RG n° 4446/47.

introduire une **action en modification du montant de la pension alimentaire** sans violer l'interdiction de réviser au fond la décision étrangère. Cette interdiction, qui ne concerne que l'instance en *exequatur*, ne fait pas obstacle à l'introduction d'une **instance en modification, pour l'avenir, des mesures initialement prises**[1]. Quant bien même son exécution sera recherchée à l'étranger, la décision française modifiant la pension alimentaire ne peut pas être rendue dans une monnaie autre que la monnaie française[2].

1. Civ. 1re, 25 mai 1992, no 90-19.869, *Bull. civ.* I, no 157 – DÉJÀ EN CE SENS, V. CA Pau, 30 avr. 1985, RG no 1212/85 – CA Paris, 23 juin 1983, *Juris-Data* no 1983-030974 – COMP. Civ. 2e, 5 juill. 1963, Pernot, *Bull. civ.*, no 501.
2. CA Poitiers, 28 févr. 1990, *Juris-Data* no 1990-052211.

TITRE

44. La protection internationale des adultes vulnérables

SECTION 0
ORIENTEUR

44.00 Plan du titre.

44.01 Textes applicables.

TEXTES SOURCES EN DROIT INTERNE

> Code civil

C. civ., art. 3 [application des lois de police et de sûreté et loi applicable concernant l'état et à la capacité des personnes]

C. civ. art. 14 et 15 [règles de compétence internationale]

C. civ., art. 443, al. 2 [majeur protégé résidant hors du territoire national et fin de la mesure de protection]

TEXTES SOURCES EN DROIT INTERNATIONAL

> Convention multilatérale

• **Conv. La Haye, 13 janv. 2000,** sur la protection internationale des adultes

* V. texte complet s[s] n° 63.18

> Conventions bilatérales (liste non exhaustive)

• **Conv. franco-marocaine, 5 oct. 1957,** d'aide mutuelle, d'*exequatur* des jugements et d'extradition

• **Conv. franco-algérienne, 27 août 1964,** relative à l'*exequatur* et à l'extradition

• **Conv. franco-polonaise, 5 avr. 1967,** relative à la loi applicable, la compétence et l'*exequatur* dans le droit des personnes et de la famille

• **Conv. franco-tunisienne, 28 juin 1972,** relative à l'entraide judiciaire en matière civile et commerciale et à la reconnaissance et à l'exécution des décisions judiciaires

• **Conv. franco-brésilienne, 30 janv. 1981,** de coopération judiciaire en matière civile, commerciale, sociale et administrative

• **Conv. franco-marocaine, 10 août 1981,** relative au statut des personnes et de la famille et à la coopération judiciaire

• **Conv. franco-tunisienne, 18 mars 1982,** relative à l'entraide judiciaire en matière de droit de garde des enfants, de droit de visite et d'obligations alimentaire

44.02 Jurisprudence de référence. En raison de l'entrée en vigueur récente de la convention de La Haye du 13 décembre 2000, il n'y a pas encore d'arrêt de référence sur le nouveau droit international privé de la protection des incapables.

> Sur la compétence directe fondée sur les articles 14 et 15 du Code civil

• **Civ. 1re, 9 déc. 2003, n° 01-14.569,** *Bull. civ.* I, n° 247; *D.* 2004, 1851, obs. Lemouland; *AJ fam.* 2004, 188, obs. Bicheron; *RTD civ.* 2004, 65, obs. Hauser

* V. s[s] n° 441.174

« Attendu que les articles 14 et 15 édictent en toute matière une règle de compétence qui, dans la mesure où son bénéficiaire n'y a pas renoncé et où elle n'est pas écartée par un traité international, est exclusive de toute compétence concurrente de la juridiction étrangère ».

44.03 Bibliographie indicative.

Ouvrages. M. Revillard, *Droit international privé et communautaire : pratique notariale*, 7e éd., Éd. Defrénois, 2010.

Rapport. P. Lagarde, *Convention du 13 janvier 2000, sur la protection internationale des adultes. Rapport explicatif*, Bureau permanent de la Conférence (disponible sur le site de la Conférence de La Haye de droit international privé : www.hcch.net [publications/rapports explicatifs]).

Articles. I. Barrière-Brousse, « Le nouveau droit international privé des incapacités et la loi du 5 mars 2007 », *Dr. fam.* 2007, chron. 14 – P. Lagarde, « La convention de La Haye du 13 janvier 2000 sur la protection des adultes », *Rev. crit. DIP* 2000, 159 – H. Péroz, « La convention de La Haye du 13 janvier 2000 », *JCP N* 2008, no 39, act. 643; « La cessation des mesures de protection du majeur pour éloignement géographique », *JDI* 2008, p. 719 – M. Revillard, « Protection internationale des adultes et droit international privé des majeurs protégés », *Defrénois* 2009, p. 35; « La convention de La Haye sur la protection internationale des adultes et la pratique du mandat d'inaptitude », *Mél. Paul Lagarde, Le droit international privé : esprit et méthodes*, Dalloz, 2005, p. 725.

44.04 Questions essentielles.

> Quels sont les critères de compétence des autorités françaises en matière de protection d'un adulte vulnérable résidant sur le territoire d'un État partie à la convention de La Haye du 13 janvier 2000 ?

* V. ss nos 441.11 s.

> Quels sont les critères de compétence des autorités françaises en matière de protection d'un adulte vulnérable résidant sur le territoire d'un État tiers à la convention de La Haye du 13 janvier 2000 ?

* V. ss nos 441.171 s.

> Quelle est la loi applicable par les autorités françaises intervenant en matière de protection d'un adulte vulnérable résidant sur le territoire d'un État partie à la convention de La Haye du 13 janvier 2000 ?

* V. ss nos 442.11 s.

> Quelle est la loi applicable à un mandat d'inaptitude ?

* V. ss nos 442.51 s.

> Quelle est la loi applicable par les autorités françaises intervenant en matière de protection d'un adulte vulnérable résidant sur le territoire d'un État tiers à la convention de La Haye du 13 janvier 2000 ?

* V. ss nos 442.81 s.

> À quelles conditions une mesure de protection prise dans un État partie à la convention de La Haye du 13 janvier 2000 peut-elle être reconnue en France ?

* V. ss nos 443.41 à 443.66

> À quelles conditions une mesure de protection prise dans un État partie à la convention de La Haye du 13 janvier 2000 peut-elle faire l'objet d'une exécution forcée en France ?

* V. ss nos 443.71 à 443.81

> À quelles conditions une mesure de protection prise dans un État tiers à la convention de La Haye du 13 janvier 2000 peut-elle être reconnue en France ?

* V. ss no 443.91

> À quelles conditions une mesure de protection prise dans un État tiers à la convention de La Haye du 13 janvier 2000 peut-elle faire l'objet d'une exécution forcée en France ?

* V. ss nos 443.101 à 443.102

SECTION PRÉLIMINAIRE

INTRODUCTION

44.11 Ampleur du phénomène. La fréquence des difficultés liées à la protection des majeurs dans l'ordre international est nécessairement en expansion en raison du vieillissement de la population dans les États développés, vieillissement parfois accompagné de l'altération de la mémoire ou de la conscience chez les personnes atteintes de maladies particulières telle la maladie d'Alzheimer. Or les populations qui ont immigré en France pour trouver un emploi, avant la fermeture des frontières, sont aujourd'hui vieillissantes. En outre, nombre de personnes âgées étrangères se déplacent désormais hors de leur pays natal pour prendre leur retraite en France; de même que des Français choisissent l'étranger. Par ailleurs la matière ne concerne pas seulement les personnes atteintes de sénilité ou victime de troubles mentaux, mais également de jeunes adultes toxicomanes qui peuvent être placés dans des établissements de soins situés hors de leur pays d'origine. Dans toutes ces hypothèses, il convient d'assurer non seulement la **protection des intéressés mais encore celle de leurs biens** qui peuvent être situés dans des pays différents.

44.12 Source. Jusqu'au 1er janvier 2009, le droit international privé de la protection des adultes était, en exceptant quelques traités bilatéraux, exclusivement d'origine interne. La donne a largement changé avec l'entrée en vigueur en France, à cette date, de la **convention de La Haye du 13 janvier 2000 sur la protection internationale des adultes**[1].

1. L. no 2008-737, 28 juill. 2008, autorisant la ratification de la convention de La Haye du 13 janvier 2000 sur la protection internationale des adultes, *JO* 30 juill., p. 12202 – Loi suivie du dépôt de l'instrument de ratification le 18 septembre 2008 et publication de la ratification par : Décr. no 2008-1547, 30 déc. 2008, portant publication de la convention sur la protection internationale des adultes, faite à La Haye le 13 janvier 2000, signée par la France le 13 juillet 2001, *JO* 1er janv. 2009, p. 43.

44.13 Objectif de la convention. Comme l'explique le rapport explicatif de M. Paul Lagarde[1], la convention sur la protection des adultes est très **largement inspirée de sa devancière relative à la protection des mineurs**, à savoir la convention du 19 octobre 1996 concernant la compétence, la loi applicable, la reconnaissance, l'exécution et la coopération en matière de responsabilité parentale et de protection des adultes (v. s[s] n° 63.17), laquelle convention est destinée à remplacer la convention du 5 octobre 1961 concernant la compétence des autorités et la loi applicable en matière de protection des mineurs (v. s[s] n° 63.11). De fait, si on excepte la question conflictuelle de la garde de l'enfant, les problèmes soulevés par la protection des enfants et des adultes sont voisins, au moins sur le plan technique. Dès lors, il n'est pas surprenant que nombre de méthodes de la convention de La Haye de 1996 aient été transposées, principalement le **principe de l'unité du *forum* et du *jus***. Néanmoins les deux instruments comportent deux différences principales.

En premier lieu, la convention de La Haye de 1996 s'est caractérisée par la volonté de centraliser la compétence au profit des autorités de l'État de la résidence habituelle de l'enfant et, donc, d'écarter en principe toute concurrence d'autorités d'États différents pour prendre des mesures de protection de sa personne et de ses biens. Ce parti pris n'a pas été repris par la **convention sur la protection des adultes qui a admis des compétences concurrentes à celle des autorités de la résidence habituelle de l'adulte**. Mais cette concurrence est restreinte par divers mécanismes révélant le souhait que la protection de l'adulte puisse être assurée en priorité par les autorités de la résidence habituelle.

En second lieu, les rédacteurs des conventions concernant les enfants avaient voulu prendre en compte l'existence d'une vie juridique distincte de la vie judiciaire. À cette fin, ils avaient prévu une **règle de conflit particulière** déterminant la loi applicable à l'**attribution** ou à l'**extinction de plein droit de la responsabilité parentale**. Une telle règle a dû sembler inutile pour l'adulte dans la mesure où il est, par principe, capable. Il en résulte que toute restriction à la capacité d'un adulte ou même à la libre disposition de ses droits ne peut résulter que d'une mesure de protection. Pourtant le rapport explicatif[2] révèle que certains États, par exemple la Suède ou la Finlande, connaissent une représentation de plein droit d'un époux par son conjoint pour prendre les décisions médicales après un accident ayant plongé le premier dans le coma. La loi applicable à cette représentation n'est donc pas déterminée par la convention, bien que la question entre dans son champ d'application en tant qu'effet du mariage. S'ils ont rejeté les propositions visant à désigner la loi applicable à d'exceptionnels rapports de plein droit, les auteurs de la convention n'ont toutefois pas limité son emprise aux hypothèses dans lesquelles des mesures de protection doivent être décidées par une autorité administrative ou judiciaire. Ils ont pris acte de la possibilité accordée à l'adulte, par plusieurs législations, d'organiser à l'avance sa protection de manière conventionnelle pour le cas où il ne serait pas en mesure de pourvoir lui-même à ses intérêts. Ainsi la convention désigne-t-elle la **loi applicable au mandat d'inaptitude.**

44.14 Plan de la convention. La convention comporte quatre catégories de règles concernant la compétence (conv. La Haye, 13 janv. 2000, chap. II), la loi applicable (conv. La Haye, 13 janv. 2000, chap. III), la reconnaissance et l'exécution (conv. La Haye, 13 janv. 2000, chap. IV) et la coopération (conv. La Haye, 13 janv. 2000, chap. V). Ce dernier volet ne sera pas développé de façon autonome; certaines obligations mises à la charge des États contractants seront évoquées au fil de l'étude (v. s[s] n°s 441.142 s.). Seul nous intéresse à présent le rôle de l'autorité centrale.

44.15 Autorité centrale. L'article 28 de la convention de La Haye du 13 janvier 2000 sur la protection internationale des adultes prévoit l'institution d'une autorité centrale dans chaque État contractant qui constitue « *en quelque sorte une plaque tournante pouvant être contactée par les autorités des autres États contractants et pouvant répondre à leurs demandes* »[3]. Pour la France, l'autorité centrale est le ministère de la Justice, direction des Affaires civiles et du Sceau, sous-direction du droit économique, bureau de l'entraide civile et commerciale internationale.

Pèse sur l'autorité centrale, en vertu de l'article 29 de la convention, une **obligation générale de coopération et d'information** (sur sa législation nationale, sur les services disponibles sur son territoire en matière de protection). L'autorité centrale prend, en outre, toutes dispositions appropriées pour, d'une part, faciliter les communications entre autorités compétentes et, d'autre part, localiser un adulte, à la demande d'une autorité compétente d'un autre État, lorsqu'il est présent sur le territoire de l'État requis et a besoin de protection (conv. La Haye, 13 janv. 2000, art. 30). Elle a la faculté d'encoura-

1. P. Lagarde, *Convention du 13 janvier 2000, sur la protection internationale des adultes. Rapport explicatif*, Bureau permanent de la Conférence, disponible sur le site de la Conférence de La Haye de droit international privé : www.hcch.net (publications/rapports explicatifs).
2. Lagarde, n° 90.
3. Lagarde, n° 129.

ger tout mode de règlement (conciliation, médiation...) permettant les ententes à l'amiable sur la protection de la personne ou des biens de l'adulte.

À la question de savoir entre quelles personnes pouvaient intervenir ces tentatives de médiations, il a été répondu que ce pouvait être entre le tuteur et d'autres personnes au sujet du sort de l'adulte ou de ses biens, ou encore entre l'adulte et ceux qui en ont la charge, pour lui faire accepter une mesure adaptée à sa situation [1].

Même si le texte ne le dit pas expressément les autorités centrales peuvent être consultées par les autorités de chaque État contractant sur les mesures dont un adulte aurait pu faire l'objet. Par ailleurs, chaque État peut déclarer que son autorité centrale est seule habilitée à acheminer les demandes d'informations concrètes concernant un adulte déterminé émanant des autorités compétentes d'un autre État contractant (conv. La Haye, 13 janv. 2000, art. 32, § 2). Une telle déclaration a été faite par la France.

1. Lagarde, n° 133.

CHAPITRE

441. Compétence des autorités françaises en matière de protection des adultes

MICHEL FARGE
MAÎTRE DE CONFÉRENCES À L'UNIVERSITÉ
PIERRE MENDÈS-FRANCE (GRENOBLE 2)

SECTION 0
ORIENTEUR

441.00 Plan du chapitre.

441.01 Textes applicables.
* V. s^s^ n° 44.01

441.02 Jurisprudence de référence.
* V. s^s^ n° 44.02

441.03 Bibliographie indicative.
* V. s^s^ n° 44.03

441.04 Questions essentielles.
* V. s^s^ n° 44.04

441.08 Notion d'autorités françaises. La convention n'a pas défini la notion d'autorité de sorte qu'elle s'applique tant aux mesures prises par un **juge** qu'à celles prises par une **administration** (sur l'inclusion ou non des mesures d'accompagnement judiciaire et d'accompagnement social personnalisé [MASP] dans le champ de la convention, v. s^s^ n° 441.35).

Évidemment, les médecins ne sont pas des autorités au sens de la convention (sur l'applicabilité de la convention à la matière médicale, v. s n°s 441.36 et 441.131 s.).

441.09 Division. Dans un souci de clarification, les développements à venir distinguent les règles de compétence applicables aux adultes selon qu'ils ont (sect. 1) ou non une résidence habituelle dans un État contractant à la convention (sect. 2). Cette distinction ne doit pas être perçue comme le fidèle reflet du domaine d'application spatiale de la convention de La Haye du 13 janvier 2000 (sur l'absence de délimitation explicite de ce domaine, v. s^s^ n° 441.51). Il est possible en effet que la convention confère une compétence à un État contractant alors que l'**adulte** est **seulement présent dans cet État** et dispose d'une résidence habituelle dans un État tiers. Tel est le cas notamment dans une **situation d'urgence** (v. s^s^ n° 441.121).

La **localisation de la résidence habituelle de l'adulte** demeure, toutefois, le meilleur **critère** pour départager au mieux les empires respectifs du droit conventionnel et des règles françaises. La résidence habituelle dans un État contractant constitue, en effet, le **chef de compétence de principe de la convention**. Et lorsqu'elle est établie dans un État contractant, les règles de compétence conventionnelle forment un système autonome qui s'impose intégralement aux autres États contractants. La convention chasse alors entièrement le jeu des règles nationales de compétence internationale.

Ainsi le **juge des tutelles** français ne pourrait, en présence d'un adulte français résidant habituellement dans un État contractant, admettre sa compétence sur le fondement des articles 14 et 15 du Code civil; à supposer qu'il veuille intervenir en qualité d'autorité nationale, il ne pourra le faire que dans les conditions et limites de l'article 7 de la convention (v. s^s^ n°s 441.121 s.).

Il existe, néanmoins, une autre figure exceptionnelle dans laquelle la convention forme un « *système complet et clos qui s'impose en bloc aux États contractants* »[1]. Pour **l'adulte réfugié, internationalement déplacé ou sans résidence habituelle établie**, une compétence est consacrée au profit de l'État contractant dans lequel il est présent. Et dans ces situations exceptionnelles, un autre État contractant ne pourrait pas exercer une compétence en se fondant sur ses règles nationales.

Dans d'autres hypothèses, il existe une **coexistence entre les règles conventionnelles et les règles nationales**. Par exemple, la présence d'un adulte dans un État contractant permet, dans une situation d'urgence, de justifier la compétence de cet État y compris si l'intéressé à sa résidence habituelle dans un État tiers (v. s^s^ n° 441.121). Mais cette compétence conventionnelle n'exclut pas la compétence plus large que les États contractants pourraient attribuer à leurs autorités en application de leur droit national.

1. P. LAGARDE, *Convention du 13 janvier 2000, sur la protection internationale des adultes. Rapport explicatif*, Bureau permanent de la Conférence, n° 89 (disponible sur le site de la Conférence de La Haye de droit international privé : www.hcch.net [publications/rapports explicatifs]).

Voici qu'un Français résidant habituellement en Israël, État tiers, est présent sur le territoire français où, en raison d'une grave dépression, il est placé en cure de repos par une autorité française. Pour cette mesure urgente, l'autorité française peut se prévaloir de la compétence qui lui est reconnue à l'article 11 de la convention. Si un proche de cette personne estime nécessaire de mettre en place un véritable régime de protection, le juge français pourra ensuite se fonder sur les règles françaises de compétence internationale, en l'occurrence les articles 14 ou 15 du Code civil.

Pour résumer ce **départage en mosaïque et, éventuellement, en superposition**, on observera que lorsqu'un adulte à sa **résidence habituelle dans un État contractant**, les **chefs de compétence de la convention** de La Haye ont un **caractère exclusif** alors que dans l'hypothèse d'une **résidence habituelle dans un État tiers**, les **règles nationales** ont une **vocation prééminente** alors que les **chefs de compétence de la convention** (conv. La Haye, 13 janv. 2000, art. 10 et 11) joueront un **rôle résiduel**.

SECTION 1

MAJEUR AYANT SA RÉSIDENCE HABITUELLE SUR LE TERRITOIRE D'UN ÉTAT CONTRACTANT À LA CONVENTION DE LA HAYE DU 13 JANVIER 2000

441.10 Division. Déjà largement développée dans sa dimension spatiale pour justifier le plan de ce chapitre, l'applicabilité de la convention (§ 1) doit être étudiée en intégrant sa dimension matérielle et temporelle, avant d'envisager son application (§ 2).

§ 1
Applicabilité de la convention de La Haye du 13 janvier 2000

A.
Applicabilité matérielle

441.11 Définition factuelle. Faisant volontairement l'économie du concept juridique d'incapacité, la convention dispose qu'elle « *s'applique, dans les situations à caractère international, à la protection des adultes qui, en raison d'une altération ou d'une insuffisance de leurs facultés personnelles, ne sont pas en état de pourvoir à leurs intérêts* » (conv. La Haye, 13 janv. 2000, art. 1er, § 1). Cette idée de **protection** doit servir de guide et de critère pour délimiter si une mesure prise par l'autorité d'un État entre ou non dans le champ d'application de la convention[2].

2. LAGARDE, n° 8.

441.12 **« Altération ou insuffisance [des] facultés personnelles ».** Cette altération ou insuffisance peut être **temporaire** ou **permanente**. Cette dernière situation caractérise les handicapés moteurs ou mentaux « souffrant » d'une insuffisance de leurs facultés personnelles ainsi que les personnes, généralement âgées, atteintes, par exemple, de la maladie d'Alzheimer. Selon le rapport explicatif, la **prodigalité** n'est pas, à elle seule, comprise dans le champ d'application de la convention[1]. Elle peut, néanmoins, **ajoutée à d'autres éléments**, révéler une altération des facultés personnelles rendant nécessaire une mesure de protection. En revanche, la protection des adultes victimes de violences extérieures, par exemple les femmes battues, ne relève pas de la convention.

441.13 **Personnes non « en état de pourvoir à leurs intérêts ».** Les « intérêts » visés peuvent être les **intérêts patrimoniaux** de l'adulte mais aussi, selon une conception large, **l'intérêt de sa personne ou de sa santé**. Négliger gravement **l'intérêt de la personne ou des biens de ses proches**, lorsqu'on en a la charge, peut aussi être révélateur de l'altération de ses propres facultés personnelles.

441.14 **Notion d'adulte.** L'adulte est défini au § 1 de l'article 2 comme « *une personne ayant atteint l'âge de 18 ans* ». Ce seuil est destiné à assurer l'articulation entre la convention de La Haye sur la protection des adultes et celle du 19 octobre 1996 sur la responsabilité parentale et la protection des enfants; cette dernière s'appliquant « *aux enfants à partir de leur naissance et jusqu'à ce qu'ils aient atteint l'âge de 18 ans* » (conv. La Haye, 19 oct. 1996, art. 2). Une difficulté d'articulation apparaît néanmoins lorsque des mesures de protection d'un enfant handicapé sont destinées à produire effet au-delà ou à compter de sa majorité (par exemple les mesures judiciaires anticipées prévues à l'article 429 alinéa 2, du Code civil). Pour la résoudre, la convention de 2000 prévoit qu'elle « *s'applique aux mesures concernant un adulte qui n'avait pas atteint l'âge de 18 ans lorsqu'elles ont été prises* » (conv. La Haye, 13 janv. 2000, art. 2, § 1). Dans l'objectif d'assurer la continuité de protection de la personne, les mesures prises sous l'empire de la convention de La Haye de 1996 seront donc, une fois l'âge de 18 ans acquis, reconnues, mises en œuvre, aménagées ou supprimées sur le fondement de la convention de La Haye de 2000 dans les États contractants[2]. Après le décès de la personne concernée, la convention de La Haye de 2000 n'a plus en principe vocation à s'appliquer notamment pour la reconnaissance de pouvoirs de représentation *post mortem* de l'adulte. Cependant, son application serait concevable pour des actes décidés ou des mesures prises du vivant de l'adulte, spécialement en prévision de son décès; comme l'organisation de ses obsèques ou la résiliation des contrats en cours, par exemple le bail à logement[3].

441.15 **Nature des mesures de protection.** Selon la convention, les mesures de protection comprennent par exemple : « *La détermination de l'incapacité et l'institution d'un régime de protection; la mise de l'adulte sous la sauvegarde d'une autorité judiciaire ou administrative; la tutelle, la curatelle et les institutions analogues; la désignation et les fonctions de toute personne ou organisme chargé de s'occuper de la personne ou des biens de l'adulte, de le représenter ou de l'assister; le placement de l'adulte dans un établissement ou tout autre lieu où sa protection peut être assurée; l'administration, la conservation ou la disposition des biens de l'adulte; l'autorisation d'une intervention ponctuelle pour la protection de la personne ou des biens de l'adulte* ». De cette liste non exhaustive, il apparaît que la protection des adultes a une triple dimension : la **protection de ses biens**, celle **de sa personne** et, enfin, **sa représentation**. La question a été posée de savoir si les **décisions négatives**, celles **qui refusent de prononcer une mesure de protection**, devaient être considérées comme des mesures au sens de la convention. Une réponse positive s'impose[4]. Même si ces décisions négatives ne figurent pas dans l'énumération, la convention les englobe nécessairement puisqu'elle impose aux États contractants de les reconnaître lorsqu'elles émanent d'un autre État contractant (par ex. : conv. La Haye, 13 janv. 2000, art. 7, § 3 - V. s^{s} n° 63.18).

441.21 **Exclusions implicites.** L'objectif de protection des adultes permet de distinguer ce qui relève ou non de la convention. Ainsi l'appréciation de la « *capacité délictuelle* » de l'adulte handicapé ne relève pas de la convention dans la mesure où sa sanction en tant qu'auteur d'un fait dommageable ne paraît pas pouvoir être analysée comme une mesure de protection. C'est dire que la détermination de la compétence du juge français en cette matière relève d'autres sources, principalement du règlement (CE) n° 44/2001 du 22 décembre 2000, dit Bruxelles I. De même l'octroi à l'adulte de dommages et intérêts en application des règles de responsabilité civile doit être exclu sauf pour ce qui concerne la désignation de la personne ayant qualité pour les percevoir et, le cas échéant, les employer (*adde*, pour l'exclusion de la capacité contractuelle, v. s^{s} n° 442.11).

1. LAGARDE, n° 9.
2. LAGARDE, n° 15.
3. LAGARDE, n° 16.
4. LAGARDE, n° 28.

441.22 **Exclusions expresses.** L'article 4, § 1, de la convention, conçu comme une énumération limitative, exclut neuf matières ou questions. Certaines de ces exclusions intéressent plus le **conflit de lois** que la **détermination de la compétence** des autorités françaises, actuellement abordées.

441.23 **Limite aux exclusions expresses.** La convention prévoit que ces différentes exclusions n'affectent pas, dans les matières mentionnées, la **qualité d'une personne à agir comme représentant de l'incapable** (conv. La Haye, 13 janv. 2000, art. 4, § 2). Cette limite est importante. Nous en fournirons quelques illustrations en présentant les neuf exclusions expresses prévues par la convention.

441.31 **1° Obligations alimentaires.** Cette exclusion permet d'éviter les conflits de normes. Pour la compétence du juge français en cette matière, il faut essentiellement se référer aujourd'hui au règlement (CE) n° 44/2001 du 22 décembre 2000, dit Bruxelles I, concernant la compétence judiciaire, la reconnaissance et l'exécution des décisions en matière civile et commerciale, et, à compter du 18 juin 2011, au règlement (CE) n° 4/2009 du 18 décembre 2008, relatif à la compétence, la loi applicable, la reconnaissance et l'exécution des décisions et la coopération en matière d'obligations alimentaires[1] (v. s^s n° 410.24). Si l'attribution à un adulte handicapé d'une pension alimentaire ne relève donc pas de la convention, celle-ci a vocation à s'appliquer, en vertu de son article 4, § 2, à la **désignation de l'adulte ayant qualité pour représenter l'intéressé dans la procédure.**

441.32 **2° Formation, annulation et dissolution du mariage ou d'une relation analogue ainsi que séparation de corps.** Pour la conclusion d'un mariage ou d'un pacte civil de solidarité en France, la convention n'a aucune vocation à s'appliquer car la limite de l'article 4, § 2, ne peut opérer dès lors qu'elle n'intègre dans la convention que la « *qualité d'une personne à agir comme représentant de l'adulte* » et non l'autorisation ou l'assistance de la personne. S'agissant de la désunion, l'exclusion de la convention relève de l'évidence. De fait, les interventions des autorités françaises concernant les différents modes de conjugalité peuvent rarement être analysées comme des mesures de protection. Tel est le cas des instances relatives au divorce, à l'annulation ou à la séparation de corps des époux dont on sait qu'elles relèvent aujourd'hui essentiellement du règlement (CE) n° 2201/2003 du 27 novembre 2003, dit Bruxelles II *bis*; la convention devrait néanmoins être applicable à la **désignation du représentant de l'incapable dans la procédure de divorce** (C. civ., art. 249 et 249-1). Tel est le cas, sous la même réserve, du contentieux lié à la rupture des « *relations analogues* », entendue comme des « *formes d'unions, hétéro ou homosexuelles, donnant lieu à une constatation officielle, tels que le partenariat enregistré des législations scandinaves ou le pacte civil de solidarité du droit français* »[2].

En revanche, les **effets des différentes formes de conjugalité organisées par la loi** ne sont pas exclus. Il en résulte que la **représentation entre époux**, indépendante du régime matrimonial, devrait être couverte par la convention dans la mesure où elle est « *orientée vers la protection du conjoint malade* »[3]. Aussi bien, **l'habilitation en justice pour représenter son conjoint** hors d'état de manifester sa volonté (C. civ., art. 219) devrait-elle être analysée comme une mesure de protection de sorte que la détermination de la compétence française relèverait de la convention.

441.33 **3° Régimes matrimoniaux et régimes de même nature applicables aux relations analogues au mariage.** Pour eux, la compétence des autorités françaises est, si l'on excepte quelques conventions internationales, régie par les règles françaises de compétence internationale.

441.34 **4° Trusts et successions.** En ces matières la détermination de l'autorité compétente ne relève pas de la convention. En l'absence d'instruments *supra*-nationaux applicables en France, elle relève des règles françaises de compétence internationale.

441.35 **5° Sécurité sociale.** Cette exclusion devrait, *a priori*, englober, en France, les **mesures d'accompagnement social personnalisé** prévues dans le Code de l'action social et des familles ainsi que les **mesures d'accompagnement judiciaire** de l'article 495 du Code civil. Mais l'exclusion serait en réalité restreinte par la limite du § 2 de l'article 4 qui, on le sait, intègre dans la convention du 13 janvier 2000, la **qualité d'une personne à agir comme représentant de l'adulte.**

Ainsi M. Lagarde indique-t-il que la désignation du représentant de l'adulte ayant qualité pour percevoir les prestations de sécurité sociale entre dans le domaine de la convention, sauf dans la mesure où la réglementation sociale prévoirait des règles spécifiques[4]. Transposée au système français, cette indication conduirait à une **distinction** : « *La mesure d'accompagnement judiciaire, qui conduit à désigner un mandataire judiciaire à la protection des majeurs (C. civ., art. 495-6) devrait être incluse, mais*

1. Règl. (CE) n° 4/2009, 18 déc. 2008, relatif à la compétence, la loi applicable, la reconnaissance et l'exécution des décisions et la coopération en matière d'obligations alimentaires, *JOUE* L 7, 10 janv. 2009, p. 1.

2. LAGARDE, n° 33.
3. LAGARDE, n° 35.
4. LAGARDE, n° 39.

non la mesure d'accompagnement social personnalisé (MASP) qui prend la forme d'un contrat entre l'intéressé et le département (CASF, art. L. 271-1) »[1].

441.36 **6° Mesures publiques de caractère général en matière de santé.** L'exclusion par l'article 4, § 1er, f de la convention des mesures publiques de caractère général en matière de santé s'appliquera, par exemple, aux **mesures de vaccination obligatoire**.

Il est important de souligner qu'il y a dans cette exclusion la seule référence de la convention aux questions médicales et de santé. Pourtant ces questions ont été très débattues entre les États partisans d'exclure dans leur ensemble les matières médicales et ceux qui considéraient que la convention, amputée de cette dimension, manquerait pour l'essentiel à son but de protection des personnes malades et âgées et se réduirait à une convention sur la protection des biens de l'adulte[2]. S'en tenant à cette seule exclusion, la convention a donné gain de cause aux partisans de la seconde thèse. Si le rapport explicatif prend soin de préciser que « *les actes médicaux en eux-mêmes, qui relèvent de la science médicale et sont l'œuvre des médecins qui ne sont pas des autorités au sens de la convention, sont hors du champ de celle-ci* »[3], il révèle clairement l'insertion des questions médicales dans le domaine de la convention. D'une part, le **placement déterminé dans tel établissement de soins** ou la **décision de faire subir à une personne vulnérable une intervention chirurgicale** sont, par exemple, des mesures entrant dans le domaine de la convention. Certaines règles de compétence ont même vocation à s'appliquer en matière médicale (conv. La Haye, 13 janv. 2000, art. 10 et 11 – V. texte complet ss no 63.18 et resp. ss nos 441.121 et 441.131). D'autre part, si les « *actes médicaux en eux-mêmes* » échappent à la convention, les **questions juridiques de représentation de l'adulte liées à ces actes** (autorisations, voire désignation du représentant légal ou *ad hoc*) sont couvertes par la convention et doivent être soumises à ses règles générales. Reste que les États hostiles à l'intervention de la convention dans les matières médicales pourront y faire échec avec les correctifs de l'**ordre public** et, surtout, des **lois de police** (v. ss nos 442.71 à 442.76).

441.37 **7° Mesures prises à l'égard d'une personne en conséquence d'infractions pénales commises par cette personne.** Cette exclusion n'est pas aussi évidente qu'il n'y paraît dès lors que certaines mesures prises en conséquence d'une infraction commise par l'adulte ne sont pas étrangères à l'idée de protection de sa personne (placement dans un établissement spécialisé ou prescription d'un suivi social). Néanmoins, il a été choisi de ne pas limiter la compétence des États contractants pour prendre les mesures appropriées – punitives ou éducatives – en réponse à une infraction pénale commise par un adulte vulnérable[4].

441.38 **8° Décisions sur le droit d'asile et en matière d'immigration.** Justifiée par la **souveraineté des États** dans cette discipline, cette exclusion laisse dans le domaine de la convention **la protection et la représentation des adultes demandeurs d'asile ou de titres de séjour.**

441.39 **9° Mesures ayant pour seul objet de sauvegarder la sécurité publique.** Formulée de manière restrictive, cette exclusion laisse dans le domaine de la convention les **mesures de placement forcé ordonnées à la fois dans l'intérêt de la santé publique et dans celui de l'adulte.**

B. Applicabilité spatiale

441.51 **Absence d'indication expresse.** La convention est applicable dans tous les États qui l'ont **ratifiée**. Pour l'heure, il s'agit seulement de la **France**, l'**Allemagne**, la **Suisse**, le **Royaume-Uni** (mais avec une applicabilité limitée à l'**Écosse**) mais d'autres ratifications pourraient émaner de pays qui l'ont déjà **signée** comme **Chypre**, la **Finlande**, la **Grèce**, l'**Irlande**, l'**Italie**, le **Luxembourg**, les **Pays-Bas**, la l'**Italie**, la **Pologne** et la **République Tchèque.** Le traité ne délimite pas expressément la localisation géographique des personnes auxquelles il s'applique et ne subordonne pas, en principe, son application à la qualité de ressortissant d'un État contractant. Dans ces conditions, il est observé que son **domaine d'application spatiale** est **variable** selon les dispositions examinées. S'agissant de la **compétence des autorités françaises,** il faut considérer qu'elle est acquise chaque fois qu'un chef de compétence énoncé dans la convention est concrétisé en France.

Par exemple, les autorités françaises sont compétentes sur le fondement de la règle de principe de l'article 5 de la convention chaque fois qu'un adulte a sa **résidence habituelle en France**, peu importe la nationalité de l'intéressé. La convention leur permet également d'exercer une compétence subordonnée fondée sur la **nationalité française de l'intéressé lorsqu'il réside habituellement sur le territoire d'un État contractant.** Elles peuvent, enfin et exceptionnellement, être compétentes sur le fondement de la simple **présence de la personne vulnérable en France.**

1. I. Barrière-Brousse, « Le nouveau droit international privé des incapacités et la loi du 5 mars 2007 », *Dr. fam.* 2007, chron. 14, no 26.
2. Lagarde, no 41.
3. Lagarde, no 41.
4. Lagarde, no 43.

441.52 **Conflit de conventions.** Comme les autres conventions de La Haye et à la différence des règlements européens, la convention de La Haye sur la protection des adultes n'a pas de prétention hégémonique. Le conflit de conventions est réglé par son article 49 qui invite à une distinction.

441.53 **Accords antérieurs.** S'agissant des conventions antérieures conclues par les États contractants, l'article 49, § 1 de la convention du 13 janvier 2000 réserve leur application, sauf si les États contractants qui y sont parties font une déclaration en sens contraire. Dans le cas de la France, ces règles de compatibilité auront-elles l'occasion d'être mises en œuvre ?

Recherchant des *conventions antérieurement passées avec des États tiers*, on songe d'emblée à la **convention franco-marocaine du 10 août 1981**, relative au statut des personnes et de la famille et à la coopération judiciaire, dans la mesure où il s'agit du traité bilatéral auquel les tribunaux français sont le plus fréquemment confrontés. En réalité, il n'y a pas de conflit à envisager avec ce traité en matière de compétence directe. On sait, en effet, que la Cour de cassation juge aujourd'hui que cette convention ne comporte **pas de règle de compétence directe** (v. s[s] n° 410.13). Et, il n'est d'ailleurs pas nécessaire d'en appeler à cette jurisprudence pour affirmer l'applicabilité de la convention de La Haye aux marocains résidant en France dès lors que le traité franco-marocain comporte, **en matière de capacité, uniquement une règle de conflit de lois** (v. s[s] n° 442.24).

D'autres traités bilatéraux comportent vraisemblablement des règles de compétence directe qui chasseront celles de la convention de La Haye. À titre d'illustration, il est possible de mentionner la **convention franco-polonaise du 5 avril 1967** [1], relative à la loi applicable, la compétence et l'*exequatur* dans le droit des personnes et de la famille, laquelle comporte des règles de compétence propres à la tutelle dans ses articles 16 et suivants. Dans l'impossibilité d'en donner une liste exhaustive, on attirera simplement l'attention sur la nécessité de ne pas omettre cette recherche avant d'envisager de se référer à la convention de La Haye.

Concernant les *conventions antérieurement passées avec des États parties*, pour l'heure, aucun conflit n'est à envisager dès lors que la France n'a pas conclu d'accord, englobant la compétence des autorités destinées à protéger les adultes, avec l'Allemagne et le Royaume Uni. Un conflit n'est plus possible avec la Suisse dès lors que qu'un accord sous forme d'échange de lettres a abrogé la Convention du 15 juin 1869 sur la compétence judiciaire et l'exécution des jugements et l'acte additionnel du 4 octobre 1935 [2].

441.54 **Accords postérieurs.** L'article 49, § 2 de la convention, permet à « *un ou plusieurs États contractants de conclure des accords qui contiennent, en ce qui concerne les adultes résidant habituellement dans l'un des États parties à de tels accords, des dispositions sur les matières réglées par la présente convention* ». En visant les accords conclus par « *un ou plusieurs États contractants* » cette disposition est destinée à s'appliquer aussi bien aux accords conclus entre États contractants ou entre États contractants et État tiers mais uniquement en ce qui concernent « *les adultes résidant habituellement dans l'un des États parties à de tels accords* ».

Le § 3 dispose que les **accords séparés** à conclure par un ou plusieurs États contractants « *n'affectent pas, dans les rapports de ces États avec les autres États contractants, l'application de la présente convention* ». Il y a là une application de l'**effet relatif des accords** : si la liberté de conclure des accords est entière, un État contractant partie à de tels accords ne peut pas s'en prévaloir pour se délier de ses obligations envers les autres États contractants non parties aux accords séparés. Selon le rapport explicatif [3], cette restriction ne concerne pas les accords visés au § 2 c'est-à-dire ceux qui sont limités aux adultes ayant leur résidence habituelle sur le territoire de l'un des États parties à ces accords.

C.
Applicabilité temporelle

441.61 **1er janvier 2009.** L'article 50, § 1 prévoit que la convention ne s'applique qu'aux mesures prises dans un État après l'entrée en vigueur de la convention pour cet État. Il en résulte qu'elle concerne, en France, les mesures prises après le 1er janvier 2009, date d'entrée en vigueur à la fois de la convention de La Haye du 13 janvier 2000 [4] et de la

1. Décr. n° 69-176, 13 févr. 1969, portant publication de la convention franco-polonaise relative à la loi applicable, la compétence et l'*exequatur* dans le droit des personnes et de la famille signée à Varsovie le 5 avril 1967, *JO* 22 févr., p. 1969.

2. Décr. n° 92-179, 25 févr. 1992, portant publication de l'accord sous forme d'échange de lettres [...] signé à Berne les 6 et 14 novembre 1991, *JO* 27 févr., p. 2982.
3. LAGARDE, n° 164.
4. L. n° 2008-737, 28 juill. 2008, autorisant la ratification de la convention de La Haye du 13 janvier 2000 sur la protection internationale des adultes, *JO* 30 juill., p. 12202 – Loi suivie après le dépôt de l'instrument de ratification du 18 septembre 2008 par le décret de ratification : Décr. n° 2008-1547, 30 déc. 2008, portant publication de la convention sur la protection internationale des adultes, faite à La Haye le 13 janvier 2000, signée par la France le 13 juillet 2001, *JO* 1er janv. 2009, p. 43.

loi n° 2007-308 du 5 mars 2007[1] portant réforme de la protection juridique des majeurs[2]. S'agissant des mesures prises avant l'entrée en vigueur de la convention dans cet État, en application des règles de compétence antérieurement en vigueur, le rapport explicatif prend soin de souligner qu'elles ne sont pas invalidées du fait de l'entrée en vigueur de la convention, même si les autorités qui les ont prises ne sont plus compétentes selon la convention[3].

§ 2 Application de la convention de La Haye du 13 janvier 2000

A. Exposé des règles de compétence

1° Compétence de principe des autorités de la résidence habituelle de l'adulte

441.71 **Principe.** Conformément au principe de proximité, l'article 5, § 1 de la convention donne compétence aux autorités de l'État contractant de la résidence habituelle de l'adulte pour prendre des mesures de protection de sa personne ou de ses biens.

441.72 **Obsolescence du principe d'extension des règles internes.** Avant l'entrée en vigueur de la convention de La Haye du 13 janvier 2000, la compétence française devait être prioritairement déterminée, conformément aux jurisprudences *Scheffel*[4] et *Soc. Cognac and Brandies from France*[5], par extension des règles internes de compétence territoriale. Il convenait de faire application de l'ancien article 1211 du Code de procédure civile auquel renvoyait l'ancien article 1246 du même code (sur l'influence du décret du 5 décembre 2008 reformulant l'art. 1211, v. s^s n° 441.172). Les tribunaux français étaient donc compétents chaque fois que le majeur vulnérable demeurait sur le territoire français. La primauté de la convention de La Haye a rendu obsolète cette construction : dès lors que la résidence habituelle du majeur se situe en France, la compétence française ne peut plus être fondée que sur l'article 5, § 1 de la convention.

441.73 **Détermination de la résidence habituelle.** La notion de résidence habituelle n'a volontairement pas été définie dans la convention. Pour ses rédacteurs, la résidence habituelle doit rester **une notion de fait** et toute définition présenterait un risque dans la mesure où elle pourrait remettre en cause l'interprétation donnée à cette expression dans les autres conventions de La Haye[6]. Il y a là un premier argument qui doit dissuader de transposer à la protection des personnes vulnérables la définition retenue par la Cour de cassation pour les règles de compétence matrimoniale du règlement (CE) n° 2201/2003, du 27 novembre 2003, dit Bruxelles II *bis*. Selon la Cour de cassation : « *La résidence habituelle, notion autonome du droit communautaire, se définit comme le lieu où l'intéressé a fixé, avec la volonté de lui conférer un caractère stable, le centre permanent ou habituel de ses intérêts* »[7]. Le second argument conduisant à délaisser cette définition saute aux yeux : prenant en considération la volonté de l'intéressé pour apprécier sa résidence cette approche serait inexploitable chaque fois que l'adulte est frappé de démence. Dès lors, il est plus sage de s'inspirer, pour déterminer la résidence habituelle d'un adulte, de la position de la Cour de justice des communautés européennes concernant la résidence habituelle de l'enfant, au sens de l'article 8 du règlement (CE) n° 2201/2003, du 27 novembre 2003, dit Bruxelles II *bis*. Selon la Cour de Luxembourg, la résidence habituelle doit être établie « *en tenant compte de l'ensemble des circonstances de fait particulières à chaque espèce* »[8].

441.74 **Changement de résidence habituelle.** En cas de changement de résidence habituelle de l'adulte **dans un autre État contractant** (par ex. de la France vers l'Écosse), **la compétence passe aux autorités de l'État de la nouvelle résidence habituelle.** Malgré le vocable « *habituelle* » attaché à la notion de résidence, son changement peut, à l'aide d'une appréciation concrète, être caractérisé après

1. L. n° 2007-308, 5 mars 2007, portant réforme de la protection juridique des majeurs, *JO* 7 mars, p. 4325.
2. Civ. 1re, 3 mars 2010, n° 09-13.949, *Bull. civ.* I; *AJ fam.* 2010, 186, note Pécaut-Rivolier.
3. Lagarde, n° 166.
4. Civ. 1re, 30 oct. 1962, n° 61-11.306, Scheffel, *Rev. crit. DIP* 1963, 387, note Francescakis; *D.* 1963, 109, note Holleaux; *GAJFDIP* n° 37.
5. Civ. 1re, 19 nov. 1985, n° 84-16.001, Soc. Cognac and Brandies from France c/Soc. Orliac, *Bull. civ.* I, n° 306; *Rev. crit. DIP* 1986, 712, note Lequette; *JDI* 1986, p. 719, note Huet; *D.* 1986, 362, note Prévault; *D.* 1986, somm. 268, obs. Audit; *JCP* 1987, II, 20810, note Courbe; *GAJFDIP* n° 71.
6. Lagarde, n° 49.
7. Civ. 1re, 14 déc. 2005, n° 05-10.951, *Bull. civ.* I, n° 506; *Dr. fam.* 2006, chron. 17, M. Farge; *RJPF* 2006/4, p. 14, note Meyzeaud-Garaud; *RLDC* 2006, n° 1042, note Marraud des Grottes; *RLDC* 2006, n° 2193, note Pomart; *D.* 2006, pan. 1503, obs. Courbe et Jault-Seseke; *Gaz. Pal.* 24-25 févr. 2006, p. 8, obs. Guez; *AJ fam.* 2006, 161, note David
8. CJCE 2 avr. 2009, aff. C-523/07, série A; *AJ fam.* 2009, 294, obs. Boiché; *JCP* 2009, 316, note Boulanger; *Europe* 2009, comm. 265, note Idot.

un court laps de temps. Ainsi en est-il dans l'hypothèse d'une installation destinée à être définitive, sinon au moins durable, dans un nouvel État contractant. Si, avant le changement de résidence habituelle, les autorités de l'ancienne résidence habituelle étaient déjà saisies d'une demande de mesure de protection, elles ne pourraient envisager une *perpetuatio fori* et devraient se dessaisir[1].

Ces règles n'ont pas à être mises en œuvre lorsque l'adulte quitte un État contractant pour s'établir **dans un État tiers** de sorte que les autorités de l'ancienne résidence habituelle pourront conserver compétence dans la mesure autorisée par leurs règles internes de compétence internationale.

441.75 Adultes réfugiés, déplacés. Pour les adultes qui sont réfugiés et ceux qui, par suite de troubles survenant dans leur pays d'origine, sont internationalement déplacés, les autorités de l'État contractant sur le territoire duquel ces adultes sont présents du fait de leur déplacement sont compétentes pour prendre des mesures de protection de leur personne ou de leurs biens (conv. La Haye, 13 janv. 2000, art. 6, § 1). Cette **compétence fondée sur la seule présence** se justifie dans la mesure où, d'une part, il n'est pas concevable de laisser leur protection à la diligence des autorités de l'État de leur ancienne résidence habituelle à l'égard duquel ils n'ont plus de liens, et, d'autre part, la précarité de leur situation interdit de considérer qu'ils ont acquis une résidence habituelle en France.

441.76 Adultes sans résidence habituelle. Fondée sur la défaillance du critère de la résidence habituelle, la compétence reconnue par le § 2 de l'article 6 de la convention est, *a priori*, plus large que celle précédemment étudiée. Ce § 2 reconnaît, en effet, la compétence des État contractants sur le territoire duquel l'adulte est présent lorsque sa résidence habituelle ne peut pas être établie. Ce ***for* de nécessité** doit, néanmoins, être **strictement conçu.** Il ne doit pas être utilisé par les autorités des États contractants pour se reconnaître immédiatement et systématiquement compétentes dès lors qu'un adulte vulnérable est présent sur leur territoire. Cette directive produit **plusieurs conséquences.**

– Tout d'abord, lorsqu'un adulte a été déplacé du pays de sa résidence habituelle vers un autre État contractant, la compétence demeure aux autorités du premier État tant que l'intéressé n'a pas acquis une nouvelle résidence habituelle dans le second. Avant ce moment, les autorités du second ne peuvent fonder leur compétence sur l'article 6, § 2 au prétexte que l'intéressé aurait perdu sa résidence habituelle sans en avoir acquis une nouvelle. Pour justifier cette interprétation, il a été observé que le déplacement d'un adulte peut avoir été réalisé sans son consentement et qu'admettre la compétence des autorités du pays dans lequel il a été déplacé priverait les autorités de sa résidence habituelle, même si elles sont également celles de la nationalité de l'intéressé, de toute possibilité de le faire revenir, en raison de la primauté reconnue par les § 2 et 3 de l'article 7 de la convention à la compétence et aux mesures prises sur le fondement de l'article 6, § 2 (v. s^s^ n°s 441.86 s.). Aussi bien « *un **temps raisonnable** d'attente est-il nécessaire avant de faire jouer l'article 6, § 2 pour s'assurer que la résidence habituelle antérieure au déplacement, elle-même bien établie, est définitivement quittée* »[2].

– Ensuite, **la compétence de l'article 6, § 2 est, par hypothèse, temporaire.** Elle doit cesser dès lors la personne vulnérable acquiert une résidence habituelle dans un autre État. Lorsque cette résidence est établie sur le territoire d'un État contractant, les autorités de cet État son désormais compétentes. Lorsqu'elle est établie sur le territoire d'un État tiers, la compétence de l'État de présence ne peut plus être justifiée que par le truchement de ses règles nationales de compétence. Néanmoins dans ces deux hypothèses, les autorités de l'État contractant de présence disposeront encore de la possibilité d'invoquer les compétences limitées et exceptionnelles des articles 10 et 11 de la convention (v. s^s^ n°s 441.171 s. et 441.131 s.).

– Enfin lorsque la **localisation de la résidence habituelle** est **incertaine**, le juge ne peut se dispenser de résoudre la difficulté en se réfugiant sur la compétence de l'article 6, § 2.

2°
Exceptions à la compétence de principe des autorités de l'État contractant de résidence habituelle de l'adulte

441.80 Division. Outre les correctifs au caractère inapproprié (adultes réfugiés) ou à la défaillance du critère de la résidence habituelle, la convention prévoit de véritables et nombreuses exceptions à la compétence de principe des autorités de la résidence habituelle.

a)
Compétence des autorités nationales de l'adulte

441.81 Compétence générale. L'article 7 de la convention prévoit que les autorités d'un État contractant dont l'adulte possède la nationalité sont compétentes pour prendre des mesures tendant à la protection de sa personne ou de ses biens. Il s'agit

1. LAGARDE, n° 51.

2. LAGARDE, n° 55.

donc d'une **compétence générale** (permettant la protection des biens comme celle de la personne) et **autonome** en ce qu'elle n'est subordonnée à aucune autorisation préalable des autorités de la résidence habituelle.

441.82 Concurrence. L'instauration de cette compétence concurrente à celles des autorités de la résidence habituelle peut surprendre dans la mesure où cette concurrence avait été présentée comme l'un des principaux défauts de la convention de 1961 sur la protection des mineurs. Il lui a été reproché de perpétuer les tutelles à distance et d'être de nature à provoquer des conflits de procédures et de décisions. En conséquence, cette concurrence a été abandonnée par la nouvelle convention de 1996 sur la protection des mineurs. Elle a néanmoins ressurgi dans la convention sur la protection des adultes au nom de **considérations pragmatiques.** L'adulte, à la différence de l'enfant, est rarement l'objet d'une lutte entre des personnes voulant assumer sa protection; et il conviendrait de ne pas décourager les « bonnes âmes » qui seraient prêtes à assurer cette mission mais ne vivraient pas dans le pays de résidence habituelle de l'intéressé[1]. Fruit d'un compromis entre les États souscrivant à cette justification et ceux favorables à la concentration des compétences en faveur des autorités de la résidence habituelle, l'article 7 essaye de limiter l'impact de la compétence concurrente des autorités nationales.

441.83 Domaine. La compétence des autorités de l'État national de l'adulte est logiquement exclue « *pour les adultes qui sont réfugiés ou qui, par suite de troubles survenant dans l'État de leur nationalité, sont internationalement déplacés* » (conv. La Haye, 13 janv. 2000, art. 7, § 1).

Même si la convention ne le dit pas expressément, le jeu de l'article 7 est également exclu lorsque l'adulte réside habituellement sur le territoire d'un État non contractant. Néanmoins les autorités nationales de l'adulte pourront éventuellement prendre des mesures de protection par application de leurs règles internes de compétence internationale; la reconnaissance de ces mesures par les autres États parties ne relève logiquement pas des règles conventionnelles.

441.84 Compétence facultative. Pour cantonner l'intervention des autorités de l'État national de l'adulte, la convention prévoit qu'elles ne doivent retenir leur compétence que « *si elles considèrent qu'elles sont mieux à même d'apprécier l'intérêt de l'adulte* ». Ce **pouvoir d'appréciation** peut, par exemple, les conduire à décliner leur compétence si elles estiment les autorités de l'État de résidence habituelle mieux placées pour organiser la protection. Cette flexibilité tranche avec la conception traditionnelle française dans laquelle les règles de compétence sont impératives.

441.85 Compétence conditionnée (information préalable des autres autorités compétentes). Avant d'intervenir, les autorités de la nationalité de la personne vulnérable doivent, en vertu de l'article 7, § 1 *in fine* de la convention, aviser les autorités compétentes sur le fondement des articles 5 ou 6, § 2, c'est-à-dire les **autorités de l'État contractant de la résidence habituelle** de l'intéressé et, à défaut de résidence habituelle établie, **celles de l'État contractant où il est présent**.

441.86 Compétence subordonnée. Le caractère subordonné de la compétence des autorités nationales est assuré par les § 2 et 3 de l'article 7 de la convention qui permettent respectivement soit de paralyser la compétence des autorités nationales, soit de détruire ce qu'elles ont fait.

441.87 Paralysie de la compétence des autorités nationales. Aux termes du § 2 de l'article 7 de la convention, la compétence des autorités nationales « *ne peut être exercée si les autorités compétentes en vertu des articles 5, 6 (§ 2) ou 8 ont informé les autorités de l'État national de l'adulte qu'elles ont pris toutes les mesures requises par la situation ou décidé qu'aucune mesure ne devrait être prise ou qu'une procédure est pendante devant elles* ». Le texte distingue donc **trois hypothèses dans lesquelles les autres autorités compétentes ont le pouvoir**, par le biais de la délivrance d'une information, **d'imposer à l'autorité nationale de décliner sa compétence ou de se dessaisir**. La troisième hypothèse est la plus remarquable dans la mesure où elle règle de façon différente, par rapport au droit commun, les conflits de procédures parallèles. **À rebours de la règle *prior tempore***, l'autorité nationale, même si elle était déjà saisie, doit se dessaisir, si elle est informée qu'une procédure commence devant l'une des autorités mentionnées. Cette solution a un très large domaine d'application puisque les rédacteurs de la convention se sont gardés de mentionner une condition d'identité d'objet entre les deux procédures. En conséquence les autorités nationales ne pourront pas refuser de se dessaisir au prétexte que l'instance engagée devant elles concerne la protection de la personne de l'adulte vulnérable alors que les autorités de la résidence habituelle sont saisies en vue de la protection de ses biens.

Pour que les **autorités nationales** déclinent leur compétence ou se dessaisissent effectivement, encore faut-il qu'elles soient **informées** que l'une des trois hypothèses mentionnées est réalisée. Cette information ne pourrait être suppléée par des éléments

1. LAGARDE, n° 5.

découverts dans le dossier par les autorités nationales[1]. C'est dire en réalité que l'information donne aux autres autorités visées un pouvoir d'opportunité pour décider de contrarier ou non la compétence des autorités nationales. Néanmoins cette information suppose que les autorités nationales aient, au préalable, respecté leur obligation précédemment décrite (v. s[s] n° 441.85), c'est-à-dire qu'elles aient avisé les autres autorités de leur **intention d'exercer leur compétence.** Cette discipline est essentielle non seulement pour **prévenir les conflits de procédures** mais aussi pour actualiser la protection de l'incapable. Comme y insiste le rapport explicatif, « *l'obligation d'information de l'autorité nationale, postérieure à l'avis donné par celle-ci de son intention d'exercer sa compétence, est importante, car elle donne l'assurance que c'est au moment où l'autorité nationale s'apprête à intervenir que l'autorité normalement compétente va apprécier les circonstances justifiant l'exercice par l'autorité nationale de sa compétence* »[2]. Il en résulte que l'existence de décisions prises antérieurement par les autorités de l'État de résidence habituelle, par exemple, et dont les autorités nationales n'auraient pas été officiellement informées n'empêcherait pas ces dernières d'exercer leur compétence dès lors que la situation a pu changer depuis ces décisions.

441.91 **Appréciation.** Finalement le système mis en place est plus **flexible** que ne l'évoque l'expression de compétence subsidiaire utilisée par le rapport explicatif[3]. Il repose très largement sur la **coopération entre les autorités des États contractants.** Il se solde par une sorte de **renvoi**, portant sur l'appréciation de la situation, **opéré par les autorités nationales** - par le biais de l'avertissement de l'art. 7, § 1 *in fine* - **vers les autres autorités compétentes** présumées être les mieux à même d'apprécier l'intérêt de l'adulte. Ces dernières ont alors la possibilité de paralyser la compétence des autorités nationales ou de leur laisser le soin d'assurer la protection de la personne vulnérable.

Il y a, néanmoins, un ***hiatus*** dans le dispositif. Le § 2 de l'article 7 de la convention mentionne au titre des **autorités susceptibles de tenir en échec la compétence des autorités nationales** : les autorités de la résidence habituelle (conv. La Haye, 13 janv. 2000, art. 5), celles de l'État contractant sur territoire duquel l'adulte (sans résidence habituelle établie) est présent (conv. La Haye, 13 janv. 2000, art. 6, § 2) ou les autorités de l'État contractant paraissant les mieux placées pour prendre les mesures de protection (conv. La Haye, 13 janv. 2000, art. 8, v. s[s] n°s 441.101 s.). Or ces dernières autorités, à la différence des deux premières, n'ont pas à être informées par les autorités nationales envisageant de prendre une mesure de protection. Il en résulte, selon le rapport explicatif, que « *cette information ne peut leur avoir été donnée que par l'autorité compétente en vertu des articles 5 ou 6, § 2, elles-mêmes prévenues par les autorités nationales en vertu de l'article 7, § 1* »[4]. C'est peu dire que la convention attend beaucoup de la coopération des États.

441.92 **Caducité des mesures prises par les autorités nationales.** Aux termes du § 3 de l'article 7 de la convention, les mesures prises par les autorités nationales « *cessent d'avoir effet, dès lors que les autorités compétentes en vertu des articles 5, 6 § 2 ou 8 ont pris des mesures requises par la situation ou ont décidé qu'il n'y a pas lieu à prendre des mesures* ». Posée dans le § 2 de l'article 7 pour la compétence, **la primauté des autres autorités** est ainsi **relayée sur le terrain de l'efficacité des mesures prises.** Les autorités nationales seront informées de la caducité des mesures qu'elles ont prises puisque les autorités compétentes en vertu des articles 5, 6 § 2 ou 8 doivent les informer des mesures qu'elles ont prises ou de leur décision de ne pas en prendre. Si cette information est obligatoire, elle ne semble pas conditionner l'extinction des mesures antérieurement prises par les autorités nationales, laquelle s'opèrerait de plein droit[5].

441.93 **Binationalité.** Talon d'Achille des conventions de La Haye, les situations de binationalité ou de plurinationalité ne font pas l'objet de règles particulières dans la convention du 13 janvier 2000. Tout au plus a-t-il été relevé que l'article 7 attribuant compétence aux autorités « *d'un État contractant dont l'adulte possède la nationalité* », il faut déduire de l'emploi de l'article indéfini « un » qu'il confère une attribution concurrente aux autorités de chacun des États dont la personne vulnérable serait ressortissante[6].

b)
Renvoi à une autorité plus appropriée

441.101 **Proximité avec la théorie du *forum more convenient*.** L'article 8 de la convention constitue une nouvelle manifestation du rapprochement en cours des **modes continentaux et anglo-saxons de règlement des conflits de compétence.** Il met en place un mécanisme de **renvoi à une autorité qui n'est pas, en principe, compétente.** La figure évoque la théorie du *forum more convenient* mais s'en distingue néanmoins. Ainsi a-t-il été observé que

1. LAGARDE, n° 62.
2. LAGARDE, n° 62.
3. LAGARDE, n° 56
4. LAGARDE, n° 63.
5. LAGARDE, n° 64.
6. LAGARDE, n° 57.

le *forum more convenient* constitue un **moyen de défense** qu'il appartient au défendeur de soulever alors que dans la convention, l'initiative appartient aux **autorités des États contractants**[1]. Au-delà cette précision conceptuelle, on peut regretter que le texte n'ait pas prévu que la personne protégée puisse, dans la mesure permise par ses facultés intellectuelles, donner son avis sur l'opportunité du renvoi. Mais sa nécessaire consultation peut se déduire du préambule de la convention affirmant que « *l'intérêt de l'adulte ainsi que le respect de sa dignité et de sa volonté doivent être des considérations primordiales* ».

Au plan pratique, le mécanisme suppose que les autorités intéressées coopèrent activement : les contacts peuvent, semble-t-il, se nouer directement ou par l'intermédiaire des autorités centrales.

441.102 Demandeurs au renvoi. Le renvoi à une autorité plus appropriée pour organiser la protection peut intervenir dans deux hypothèses. D'une part, la requête peut émaner des **autorités de l'État contractant ayant compétence en vertu des articles 5 (résidence habituelle de l'adulte sur son territoire) ou 6 (simple présence sur son territoire de l'adulte réfugié, déplacé ou sans résidence habituelle).** D'autre part, le renvoi peut être sollicité par « *l'autorité d'un autre État contractant* ». En pratique, il s'agira vraisemblablement d'un des États mentionnés par le § 2 de l'article 8 quand il s'estimera mieux placé pour assurer tout ou partie de la protection.

441.103 Domaine du renvoi. Aux termes de l'article 8, § 1 *in fine* de la convention, « *la requête peut porter sur tout ou partie* » de la protection de la personne ou des biens de l'adulte. Cet élément de souplesse permet, par exemple, de limiter la délégation à l'État de situation des biens, à la protection des biens *sis* sur son territoire.

441.104 Opportunité du renvoi. Le mécanisme du renvoi est fondé sur « *l'intérêt de l'adulte* ». Cet intérêt est apprécié par les autorités de la résidence habituelle de l'intéressé ou du pays dans lequel il est présent. Elles disposent d'une faculté de requérir ou non une autorité étrangère plus appropriée.

441.105 Autorités susceptibles d'être requises. L'autorité requise doit avoir un **lien particulier avec la personne vulnérable** pour connaître de tout ou partie de sa protection. De manière apparemment exhaustive, le § 2 de l'article 8 de la convention énumère six États contractants dont les autorités peuvent être requises.

En premier lieu, il s'agit de « *l'État dont l'adulte possède la **nationalité*** ». Pour les autorités nationales, cette compétence déléguée est plus énergique que la compétence générale prévue à l'article 7. Renonçant à leur compétence par le biais du renvoi, les autorités compétentes sur le fondement des articles 5 et 6 perdent, en effet, dans les limites de la délégation, la possibilité de défaire ce qui aura été mis en place par les autorités nationales.

En deuxième lieu, le texte mentionne « *l'État de la **précédente résidence habituelle de l'adulte*** ».

En troisième lieu, il vise « ***un État dans lequel sont situés des biens de l'adulte*** ». Il faut souligner que cette compétence déléguée ne fait pas double emploi avec celle reconnue à l'État du lieu de situation des biens sur le fondement de l'article 9. Cette dernière compétence est doublement cantonnée alors que, dans le cas de l'article 8, les autorités du lieu de situation des biens ont le champ libre dans la limite de la délégation qu'elles ont acceptée, laquelle délégation n'est d'ailleurs pas nécessairement restreinte aux mesures intéressant lesdits biens[2].

En quatrième lieu, le texte mentionne « ***l'État dont les autorités ont été choisies par écrit par l'adulte pour prendre des mesures tendant à sa protection*** ». Il y a là un rôle expressément accordé à la volonté dans le mécanisme du renvoi. Mais ce rôle est limité dans la mesure où les autorités de la résidence habituelle ou de présence de la personne vulnérable ont le pouvoir de transférer ou non la compétence à l'autorité choisie.

En cinquième lieu, le texte vise « ***l'État de la résidence habituelle d'une personne proche de l'adulte disposée à prendre en charge sa protection*** ». Cette délégation permet de ne pas dissuader un proche, ne résidant pas dans le même État que l'adulte, d'accepter la charge de sa protection. Cette délégation est particulièrement utile lorsque l'adulte a vocation à déménager pour rejoindre ce proche dans un autre État contractant; elle permet de saisir les autorités de cet autre État par anticipation. En visant une « personne proche de l'adulte », les rédacteurs n'ont pas voulu subordonner cette délégation à l'existence d'un parent ou d'un allié, elle est concevable en présence de toute personne dévouée (ami, concubin...).

En sixième et dernier lieu, le texte admet une délégation aux autorités de « *l'État sur le territoire duquel l'adulte est présent, en ce qui concerne la protection de sa personne* ». Il y a là une nouvelle application du ***for* de présence.** Ce *for* est, comme on l'a vu, également consacré à titre principal à l'article 6 (majeur réfugié, déplacé ou sans résidence habituelle établie). Il est également retenu en cas d'urgence (conv. La Haye, 13 janv. 2000, art. 10, v. s[s] n°s 441.121 s.) ainsi qu'à

1. I. Barrière-Brousse, « Le nouveau droit international privé des incapacités et la loi du 5 mars 2007 », *Dr. fam.* 2007, chron. 14, n° 12.

2. Lagarde, n° 70.

titre exceptionnel, pour prendre des mesures temporaires et d'une efficacité territoriale restreinte (conv. La Haye, 13 janv. 2000, art. 11, § 1, v. s[s] n°s 441.131 s. – V. texte complet s[s] n° 63.18). Lorsque la compétence leur a été conférée sur le fondement de l'article 8 les autorités du *for* de présence devront respecter les limitations résultant de la décision de transfert de compétence. En revanche, les mesures alors prises ne seront ni limitées dans le temps et dans l'espace, ni subordonnées à une éventuelle remise en cause par les autorités de la résidence habituelle. Cette dernière hypothèse de délégation pourra être utilisée, mais pas exclusivement, dans le domaine médical.

441.106 Autorité susceptible d'être requise en France. En application de l'article 42 de la convention, la France a déclaré que la demande fondée sur l'article 8 doit être adressée par l'autorité compétente de l'État contractant au procureur de la République près le tribunal de grande instance ou, dans les collectivités d'outre-mer et en Nouvelle-Calédonie, près la juridiction qui en tient lieu, dans le ressort duquel la mesure de protection doit être prise.

441.107 Acceptation de l'autorité requise. L'autorité requise ne peut pas être contrainte à accepter la compétence qui lui est proposée. En l'absence d'indication textuelle, son refus doit pouvoir être **exprès** ou résulter d'une **absence prolongée de réponse**. Pour éviter qu'il en résulte un vide de protection pour l'adulte, il est prévu que lorsque les autorités requises n'acceptent pas la délégation, les autorités compétentes en vertu des articles 5 ou 6 conservent leur compétence.

c) Compétence des autorités de l'Etat du lieu de situation de biens

441.111 Compétence concurrente et limitée. Aux termes de l'article 9 de la convention, « *les autorités de l'État contractant dans lequel se trouvent des biens de l'adulte sont compétentes pour prendre des mesures de protection relatives à ses biens* ». Il y a donc là une compétence limitée aux biens *sis* sur le territoire de l'État en cause. La justification est **pragmatique**. La compétence ainsi reconnue permet de prendre une mesure de protection conforme aux exigences de l'État du lieu de situation et qui y sera facile à mettre en œuvre. À titre d'illustration, le rapport explicatif[1] envisage l'hypothèse dans laquelle la loi de situation du bien exige une autorisation judiciaire pour vendre un bien ou pour accepter la succession dont il dépend, ou pour procéder à un acte de publicité foncière alors que la loi de la résidence habituelle ignore ce type d'autorisation. En pareil cas, il est plus commode de saisir directement les autorités de l'État de situation des biens.

441.112 Compétence subordonnée. La compétence des autorités du lieu de situation n'existe que « *pour autant que les mesures* » prises par elles sont « *compatibles avec celles prises par les autorités compétentes en vertu des articles 5 à 8* » (conv. La Haye, 13 janv. 2000, art. 9). Cette règle signifie, à l'évidence, que les autorités du lieu de situation ne peuvent prendre de mesures qui empiètent ou contrarient celles déjà adoptées par les autorités de la résidence habituelle. Dans l'hypothèse où les autorités du lieu de situation sont intervenues alors qu'aucune mesure n'avait encore été prise par les autorités de la résidence habituelle, la règle de la subsidiarité jouerait encore de manière rétroactive : les mesures prises postérieurement par les autorités de la résidence habituelle « *mettront fin aux mesures prises par les autorités de la situation des biens, dans la mesure de l'incompatibilité* »[2].

d) Compétence du *for* de présence fondée sur l'urgence

441.121 Compétence concurrente. Dans tous les cas d'urgence, les mesures de protection nécessaires peuvent être prises par les autorités de chaque État contractant sur le territoire duquel se trouvent l'adulte ou des biens lui appartenant (conv. La Haye, 13 janv. 2000, art. 10, § 1 – V. texte complet s[s] n° 63.18). La condition d'urgence est caractérisée « *lorsque la situation, s'il n'y était pas porté remède par la voie normale prévue aux articles 5 à 9, serait susceptible d'entraîner un préjudice irréparable à l'adulte ou à ses biens* »[3]. Une interprétation restrictive de l'urgence doit être de mise afin que l'article 10 de la convention ne puisse pas, par exemple, systématiquement justifier une interruption de grossesse d'une jeune femme handicapée. Bien qu'une telle intervention soit nécessairement soumise à des délais, cette circonstance ne peut en soi caractériser l'urgence relevant de l'article 10 et contrarier la compétence de principe des autorités de la résidence habituelle.

L'urgence peut justifier la compétence de plusieurs autorités d'États membres différents, étant observé que la compétence reconnue à l'État contractant du lieu de situation des biens n'est pas limitée aux biens situés sur son territoire.

Avec cet article 10, la convention consacre un autre *for* de présence. Ce *for* sera inutile pour les adultes présents dans un État contractant alors qu'ils y sont réfugiés ou internationalement dépla-

1. LAGARDE, n° 75.

2. LAGARDE, n° 76.
3. LAGARDE, n° 78.

cés au sens de l'article 6, § 1 ou alors qu'ils n'ont pas de résidence habituelle établie ailleurs (conv. La Haye, 13 janv. 2000, art. 6, § 2). Pour tous ceux-là, la **compétence du *for* de présence** doit être **fondée sur l'article 6** qui, à la différence de l'article 10, leur accorde une **compétence principale et autonome.** En revanche, **le *for* de présence de l'article 10** présentera tout son intérêt lors l'adulte dispose d'une résidence habituelle établie sur le territoire d'un autre État contractant ou non, à condition évidemment que l'urgence soit établie.

441.122 **Compétence prééminente (concurrence avec des mesures antérieurement prises).** Même si la convention ne le dit pas expressément, il semble que, dans les situations d'urgence, le *for* de présence de l'adulte puisse contredire les mesures prises antérieurement par les autorités normalement compétentes.

441.123 **Compétence subordonnée (concurrence avec des mesures postérieurement prises).** Le caractère subordonné de la compétence fondée sur l'urgence est dans une certaine mesure logique dans la mesure où ce chef de compétence n'a pas vocation à la perpétuité. Sa subordination apparaît de manière différente selon que la personne vulnérable a ou non sa **résidence habituelle dans un État contractant.**

Dans le premier cas, les mesures prises sur le fondement de l'urgence cessent d'avoir effet dès lors que les autorités compétentes en vertu des articles 5 à 9 ont pris les mesures exigées par la situation. C'est dire que les **mesures prises par le *for* de présence sont potentiellement temporaires.** Elles deviennent **caduques** si l'autorité de la résidence habituelle décide de s'approprier la protection. Il y a là une nouvelle application de la **primauté des autorités de la résidence habituelle.** Pour assurer cette primauté, il est prévu que les autorités « *ayant pris des mesures* » sur le fondement de l'urgence « *en informent, dans la mesure du possible, les autorités de l'État contractant de la résidence habituelle de l'adulte* » (conv. La Haye, 13 janv. 2000, art. 10, § 4). **Les autorités nationales ne sont donc pas destinataires de cette information.** Il faut souligner que cette information n'est pas une condition nécessaire à la compétence des autorités de présence. En ce sens le texte prévoit que les autorités de présence fourniront – « *dans la mesure du possible* » – cette information après avoir pris les mesures nécessaires. Une information préalable, à l'instar de celle de l'article 7 (v. s^s n°s 441.85 s.), aurait été contradictoire avec la compétence consacrée puisqu'elle suppose une situation d'urgence. Il en résulte que le défaut d'information ne pourra être un motif de non-reconnaissance des mesures prises.

Dans le second cas, l'article 10, § 3 dispose que les mesures prises sur le fondement de l'urgence à l'égard d'un adulte ayant sa **résidence habituelle dans un État tiers** cessent d'avoir effet dans chaque État contractant dès qu'y sont reconnues les mesures exigées par la situation, prises par les autorités d'un autre État. Cette disposition a l'avantage de révéler clairement que **l'applicabilité spatiale de la convention est à géométrie variable** : en cas d'urgence, un État contractant sur le territoire duquel un adulte est présent peut prendre des mesures pour assurer sa protection. Mais ces mesures cesseront de produire effet dès lors que l'autorité de l'État non contractant de la résidence habituelle ou, le cas échéant, d'un autre État non contractant, a pris les mesures exigées par la situation. Bien évidemment, la reconnaissance des mesures prises par l'État tiers n'est pas soumise aux règles conventionnelles. Elle relève pour chaque État contractant de ses règles nationales de reconnaissance des décisions étrangères (pour la France, v. s^s n°s 443.90 s.). Il en résulte que la **cessation des mesures édictées par l'urgence prises dans un État tiers ne se produira pas de façon « *uniforme et simultanée* »**[1] dans les États contractants intéressés.

e)
Compétence du *for* de présence pour prendre des mesures temporaires et à effet territorial limité

441.131 **Compétence exceptionnelle.** Cette compétence est expressément présentée comme exceptionnelle. Par ailleurs, elle ne concerne que la **protection de la personne.** Elle a été conçue pour englober notamment, mais pas exclusivement, les **décisions juridiques de représentation de l'adulte liées à des actes ou traitements médicaux.** Les mesures susceptibles d'être prises sur le fondement de l'article 11 doivent présenter deux caractères.

441.132 **Mesures à caractère temporaire.** Cette exigence permet par exemple à un État sur le territoire duquel se trouve provisoirement l'adulte d'ordonner une **cure de désintoxication.** En revanche le *for* de présence ne pourrait autoriser des **mesures médicales de caractère irréversible**, comme un avortement, une amputation ou une stérilisation.

441.133 **Mesures « à efficacité territoriale restreinte à l'État de présence ».** En matière médicale, cette limitation « *suscite la plus grande perplexité* »[2] si on considère que le terme de « mesure » vise l'opération médicale proprement dite. En effet, « *son résultat, bon (guérison) ou mauvais (infirmité)* [...]

1. LAGARDE, n° 81.
2. M. Revillard, « Protection internationale des adultes et droit international privé des majeurs protégés », *Defrénois* 2009, p. 48

accompagnera le patient dans tous ses déplacements »[1]. Aussi faut-il considérer que le terme « mesure » vise **l'autorisation d'intervention.** Le texte signifie alors que cette autorisation ne peut produire effet qu'à l'égard des médecins exerçant leur activité sur le territoire de l'État dans lequel siège l'autorité.

441.134 Compétence conditionnée. À l'instar de la compétence des autorités nationales sur le fondement de l'article 7 de la convention, la compétence de l'article 11 est conditionnée à une **information préalable des autorités de la résidence habituelle** (conv. La Haye, 13 janv. 2000, art. 11, § 1 – V. s[s] n° 63.18).

441.135 Compétence subordonnée (concurrence avec des mesures antérieurement prises). Selon la hiérarchie déjà rencontrée, la compétence du *for* de présence suppose que les mesures envisagées soient « *compatibles avec celles déjà prises par les autorités compétentes en vertu des articles 5 à 8 de la convention* » (conv. La Haye, 13 janv. 2000, art. 11, § 1 – V. s[s] n° 63.18). Il en résulte que l'autorité de présence ne pourra pas contourner ce qui a été mis en place par les autorités normalement compétentes en organisant une sorte de « *protection séparée de l'adulte* ». Seule l'urgence permet de faire exception à cette hiérarchie (v. s[s] n° 441.122).

441.136 NOUVEAU Compétence subordonnée (concurrence avec des mesures postérieurement prises). Toujours dans la même perspective, les mesures prise sur le fondement de l'article 11 à l'égard d'un adulte ayant sa résidence habituelle dans un État contractant cessent d'avoir effet dès lors que les autorités compétentes en vertu des articles 5 à 8 se sont prononcées sur les mesures que pourrait exiger la situation.

B. Mise en œuvre des règles de compétence

441.141 Absence de règles de compétence spéciale. La convention détermine l'État dont les autorités sont compétentes mais non les autorités compétentes elles-mêmes, lesquelles peuvent être judiciaires ou administratives et siéger dans un lieu ou un autre sur le territoire de l'État en question. Autrement dit, elle ne règle ni la compétence *ratione materiae* ni la compétence *ratione loci* dans chacun des États membres. Ces questions relèvent donc des droits nationaux.

441.142 Information sur l'existence d'une mesure préalablement prise dans un État partie. Bien que le texte ne l'indique pas expressément, les autorités de tous les États contractants peuvent communiquer directement entre elles pour être informées sur les mesures dont un adulte aurait pu faire l'objet. De même, rien ne leur interdit d'interroger sur ce sujet l'autorité centrale d'un autre État.

441.143 Communications et localisation. Investie de la mission de prendre toutes dispositions appropriées pour faciliter les communications, par tous les moyens, entre les autorités compétentes (conv. La Haye, 13 janv. 2000, art. 30, a), l'autorité centrale des États contractants peut, également, être sollicitée par une autorité compétente d'un autre État contractant désirant localiser l'adulte lorsqu'il apparaît que celui-ci est présent sur le territoire de l'État requis et a besoin de protection (conv. La Haye, 13 janv. 2000, art. 30, b).

441.144 Demandes d'information concernant un adulte déterminé. Envisageant de prendre une mesure de protection, l'autorité compétente d'un État contractant peut demander « *à toute autorité d'un autre État contractant qui détient des informations utiles pour la protection d'un adulte de les lui communiquer* » (conv. La Haye, 13 janv. 2000, art. 32, § 1). Le rapport explicatif indique[2] qu'il faut entendre strictement la notion d'autorités d'un État contractant; il s'agit des **autorités publiques**, seules envisagées par la convention comme susceptibles de prendre des mesures de protection, **et non des associations ou des organisations non gouvernementales.** Même avec cette interprétation, il y a lieu de craindre non seulement que les autorités requérantes ne puissent pas facilement identifier l'autorité habilitée à l'informer mais encore apprécier si elles ont, elles-mêmes, qualité pour solliciter une information. Si un État désire pallier cette source de complications, il peut déclarer que les demandes d'informations ne pourront être acheminées que par l'intermédiaire de son autorité centrale (conv. La Haye, 13 janv. 2000, art. 32, § 2 – V. s[s] n° 63.18). À notre connaissance, une telle déclaration n'a pas été effectuée par la France.

La requête en vue d'obtenir des informations présentera un intérêt en cas de changement de résidence habituelle de l'adulte dans un autre État contractant ou lorsque les autorités nationales désirent, en vue d'exercer leur compétence, connaître la situation de l'adulte en interrogeant les autorités de l'État de sa résidence habituelle.

Pour éviter « *les dangers d'une collecte incontrôlée d'informations* »[3], le texte a pris une précaution en stipulant que la demande d'informations n'est autorisée que « *si la situation de l'adulte l'exige* »

1. P. Lagarde, « La convention du 13 janvier 2000, sur la protection des adultes », *Rev. crit. DIP* 2000, 159 s., spéc[t] 172.
2. LAGARDE, n° 134.
3. LAGARDE, n° 135.

(conv. La Haye, 13 janv. 2000, art. 32, §1). L'appréciation de cette condition relève, selon le rapport explicatif, de l'autorité requérante qui doit faire apparaître qu'elle est remplie en motivant sa demande d'informations [1]. Un autre garde-fou plus énergique figure à l'article 35 : « *Une autorité ne peut demander ou transmettre des informations en application de ce chapitre si elle est d'avis qu'une telle demande ou transmission pourrait mettre en danger la personne ou les biens de l'adulte, ou constituer une menace grave pour la liberté ou la vie d'un membre de sa famille* ». Pour l'interprétation de ce texte, le rapport explicatif considère que non seulement l'autorité requise dispose d'un pouvoir propre d'appréciation de sorte qu'elle n'est jamais tenue de fournir les renseignements demandés mais encore qu'elle n'est pas obligée de motiver par écrit une décision de refus, laquelle peut être justifiée au regard des dispositions de la **loi du *for* sur le secret professionnel** [2].

441.145 Demande d'assistance. L'article 32, § 3 de la convention permet aux autorités compétentes d'un État contractant de demander aux autorités d'un autre État contractant de prêter leur assistance à la **mise en œuvre de mesures de protection** prises en application de la convention. Cette assistance sera fréquemment utile, par exemple lorsque l'adulte s'est déplacé ou qu'un État a pris une mesure de placement dans un établissement situé sur le territoire d'un autre État contractant. Reste que la convention n'impose pas à l'autorité de l'État requis de satisfaire à la demande sollicitée.

441.146 Placement transfrontière et droit de veto. En cas de placement transfrontière, si la convention n'a pas sanctionné le devoir d'assistance de l'État sur le territoire duquel est situé l'établissement dans lequel l'adulte a vocation à être placé, elle impose, en amont, une consultation obligatoire des autorités de cet État. À cet effet, l'article 33, § 1, stipule : « *Lorsque les autorités compétentes en vertu des articles 5 et 8 envisagent le placement de l'adulte dans un établissement ou tout autre lieu où sa protection peut être assurée, et que ce placement aura lieu dans un autre État contractant, elle consulte au préalable l'autorité centrale ou une autre autorité compétente de ce dernier État* ». Cette **consultation** est **obligatoire** et donne à **l'État d'accueil un pouvoir de contrôle sur la décision de placement.** Elle doit lui permettre également d'anticiper l'arrivée de l'adulte, notamment concernant la régularité de son séjour. Pratiquement, le juge français désirant placer un adulte dans un État contractant devra fournir aux autorités de cet État un **rapport sur la situation de l'adulte et les motifs de la proposition de placement.** Il est souhaitable qu'il soit fait état dans ce rapport de la possibilité laissée à l'adulte d'être entendu dans la mesure où cette exigence peut être un principe fondamental de l'État d'accueil (sur ce motif de non-reconnaissance, v. s[s] n° 443.63). Pour s'assurer du respect de cette procédure, la convention a fait de son omission un motif de non-reconnaissance (conv. La Haye, 13 janv. 2000, art. 22, § 2, e – V. s[s] n° 443.66).

Toujours en cas de projet de placement transfrontière, l'article 33, § 2, dispose : « *La décision de placement ne peut être prise dans l'État requérant si l'autorité centrale ou une autre autorité compétente de l'État requis manifeste son opposition dans un délai raisonnable* ».

441.147 Désignation de l'autorité française. En application de l'article 42 de la convention, la France a déclaré que les demandes prévues à l'article 33 devront être adressées par l'autorité compétente de l'État contractant au procureur de la République près le tribunal de grande instance ou, dans les collectivités d'outre-mer et en Nouvelle-Calédonie, près la juridiction qui en tient lieu, dans le ressort duquel est situé l'établissement ou le placement est envisagé.

441.148 Adulte en grave danger. Lorsque l'adulte est exposé à un grave danger, la convention essaye d'imposer aux États contractants une **collaboration plus énergique.** Les autorités compétentes d'un État contractant (par ex. celles de la résidence habituelle de l'adulte) dans lequel des mesures de protection ont été prises ou sont en voie de l'être, si elles sont informées du changement de résidence ou de la présence de l'adulte dans un autre État, avisent les autorités de cet État de ce danger et des mesures prises ou en cours d'examen (conv. La Haye, 13 janv. 2000, art. 34). Pour que cette collaboration puisse être effective, encore faut-il que les autorités du premier État soient, elles-mêmes, informées du déplacement de l'adulte. Pour ce faire, elles peuvent, sur le fondement de l'article 30 (v. s[s] n° 441.143), demander aux autres États contractants dans lesquels sa présence est subodorée, de procéder à sa localisation.

441.149 Renforcement conventionnel de la collaboration entre États contractants. Tout État contractant pourra conclure avec un ou plusieurs États contractants des accords destinés à renforcer leur coopération réciproque (conv. La Haye, 13 janv. 2000, art. 37). Il peut uniquement s'agir de fortifier les formes de collaboration prévues par la convention et non d'en ajouter de nouvelles. Les États qui ont conclu de tels accords en transmettront copie au dépositaire de la convention. À notre connaissance, aucun accord de genre n'a été conclu entre la France et ses partenaires.

1. P. Lagarde, n° 135.
2. Lagarde, n° 135

C.
Permanence des mesures en cas de changement des circonstances justifiant la compétence

441.161 Hypothèse. En cas de changement de résidence habituelle, on sait que les autorités de la nouvelle résidence habituelle sont compétentes en vertu de l'article 5, § 2, pour prendre des mesures de protection, éventuellement pour révoquer celles antérieurement prises (v. s[s] n° 443.81). Mais cette règle ne suffit pas à épuiser les difficultés suscitées par le **conflit mobile** dans l'ordre du **conflit de juridictions.** Dans l'attente d'une éventuelle saisine de la juridiction désormais compétente, la question se pose de savoir si les mesures prises par les autorités de l'ancienne résidence habituelle (par ex. la désignation d'un tuteur et la délimitation de ses fonctions) conservent leur effet dans le pays de la nouvelle résidence habituelle. En cas de déménagement sur le territoire d'un autre État contractant, le problème pourrait sembler réglé par l'article 22, § 1 qui pose le **principe de reconnaissance de plein droit dans tous les États contractants des mesures prises par les autorités de l'un d'entre eux.** Mais pour que ce principe puisse jouer encore faut-il que la mesure prise ait vocation à demeurer en vigueur, nonobstant la disparition des circonstances fondant la compétence de l'autorité qui l'a décidée. Résoudre cette difficulté constitue l'objet de l'article 12[1].

441.162 Solution. En vertu de l'article 12 de la convention, les mesures prises en application des articles 5 à 9 restent en vigueur dans les limites qui sont les leurs, même lorsqu'un changement des circonstances a fait disparaître l'élément sur lequel était fondée la compétence, tant que les autorités compétentes en vertu de la convention ne les ont pas modifiées, remplacées ou levées.

441.163 Domaine. L'article 12 de la convention visant « *les mesures prises en application des articles 5 à 9* », le **principe de permanence** est **applicable** dans plusieurs hypothèses. Tout d'abord, en cas de changement de l'État de résidence habituelle de l'adulte ou de l'État de présence. Ensuite, en cas de changement de la situation des biens ou de nationalité de l'adulte. Dans cette dernière hypothèse, il faut néanmoins réserver le jeu du § 3 de l'article 7 qui fixe des règles spéciales concernant la caducité des mesures prises à ce titre. Enfin, lorsque la mesure a été prise à la suite d'un renvoi à une autorité plus appropriée, le principe est encore applicable mais il le sera plus rarement en raison de la fixation dans le temps de certains chefs envisagés (v. conv. La Haye, 13 janv. 2000, art. 8, b et d)[2].

En revanche, le **principe** est **écarté** pour les **mesures urgentes prises sur le fondement de l'article 10** dont le sort est régi à son troisième paragraphe. Il en est de même pour les **mesures temporaires de protection de la personne de l'adulte** pour lesquelles la cessation d'effet fait l'objet de modalités prévues à l'article 11, § 2 et qui, du reste, ne devraient pas susciter la difficulté envisagée dès lors qu'elles ont « *une efficacité territoriale restreinte* » à l'État qui les a prises.

441.164 Limite. La **permanence des mesures** ne vaut assurément qu'entre les **États parties à la convention.** Entre eux, elle comporte une restriction de bon sens : le maintien en vigueur des mesures est assuré seulement « *dans les limites qui sont les leurs* ». Ainsi la mesure plaçant un adulte sous la surveillance d'un service social public ne survivra pas à un changement de résidence habituelle dans un autre État, car le service public en question ne peut exercer ses pouvoirs que sur le territoire de l'État dont il relève.

441.165 Article 443 alinéa 2 du Code civil. S'il pose le principe de permanence des mesures, l'article 12 affirme également qu'il appartient à l'État d'origine de les modifier, remplacer ou lever. Il reconnaît donc aux États contractants le pouvoir de faire cesser les mesures en cas notamment de déménagement de l'adulte. Il y a là une faculté qui a été consacrée en France concomitamment à l'entrée en vigueur de la convention. Pendant longtemps le législateur français avait refusé de trancher entre la nécessaire continuité du régime de protection et la difficulté pour les tuteurs et les juges d'instance d'exécuter leur mission lorsque l'incapable a quitté le territoire français. Privilégiant cette dernière considération, la loi du 5 mars 2007 a prévu un **cas de cessation particulier des mesures prises par le juge français.** Selon l'alinéa 2 de l'article 443 : « *Sans préjudice des articles 3 et 15, le juge peut également mettre fin* [à une mesure] *lorsque la personne protégée réside en dehors du territoire national, si cet éloignement empêche le suivi et le contrôle de la mesure* »[3]. Cette disposition devra, néanmoins, s'effacer au profit de la convention chaque fois que le traité prévoit des règles particulières concernant la cessation d'effet des mesures (conv. La Haye, 13 janv. 2000, art. 7, § 3, v. s[s] n° 441.92 - art. 10, § 2 et § 3, v. s[s] n° 441.123 - art. 11, § 2, v. s[s] n° 441.136)[4].

1. LAGARDE, n° 86 s.

2. LAGARDE, n° 88.
3. H. Péroz, « La cessation des mesures de protection du majeur pour éloignement géographique », *JDI* 2008, p. 719
4. V. I. Barrière-Brousse, « Le nouveau droit international privé des incapacités et la loi du 5 mars 2007 », *Dr. fam.* 2007, chron. 14, n° 30.

SECTION 2

MAJEUR N'AYANT PAS SA RÉSIDENCE HABITUELLE SUR LE TERRITOIRE D'UN ÉTAT CONTRACTANT À LA CONVENTION DE LA HAYE DU 13 JANVIER 2000

441.171 Rappel (emprise de la convention de La Haye). Deux chefs de compétence marginaux de la convention de La Haye peuvent être utilisés lorsque le majeur, résidant habituellement sur le territoire d'un État tiers, est seulement présent en France. Les autorités françaises pourront être compétentes au titre de **l'urgence** (conv. La Haye, 13 janv. 2000, art. 10) ou pour prendre des **mesures de protection de la personne, temporaires et d'effet territorial** (conv. La Haye, 13 janv. 2000, art. 11). Les autorités françaises peuvent encore être compétentes lorsque le majeur n'a **plus de résidence habituelle** (adultes réfugiés ou déplacés) ou lorsque sa **résidence habituelle ne peut pas être établie** (conv. La Haye, 13 janv. 2000, art. 6).

441.172 Article 1211 du Code de procédure civile. À défaut de normes supranationales applicables, la compétence des tribunaux français doit être, prioritairement déterminée, conformément aux jurisprudences *Scheffel*[1] et *Soc. Cognac and Brandies from France*[2], par extension des règles internes de compétence territoriale. Depuis un décret du 5 décembre 2008[3], l'article 1211 du Code de procédure civil dispose que : « *Le juge des tutelles territorialement compétent est celui de la résidence habituelle de la personne à protéger ou protégée, ou celui du domicile du tuteur* ». La première branche de l'alternative n'a plus à être transposée : en présence d'une personne vulnérable, française ou étrangère, résidant habituellement en France, la compétence française doit désormais être fondée sur l'article 5 de la convention de La Haye. La seconde branche de l'alternative laisse perplexe. Raisonnablement, il ne faut pas envisager qu'elle puisse donner lieu à une transposition dans l'ordre international pour fonder une compétence française lorsque le tuteur est domicilié en France alors que l'incapable, Français ou étranger, réside habituellement dans un État tiers. Le **critère du domicile du tuteur**, supposant une tutelle déjà instaurée, n'a vocation à intervenir que pour fixer la **compétence spéciale du juge des tutelles concernant un régime de protection ouvert en France.**

441.173 Articles 14 et 15 du Code civil. Néanmoins, les tribunaux français peuvent encore être compétents concernant des Français résidant sur le territoire d'un État tiers par application des articles 14 ou 15 du Code civil. Sans égard pour les distinctions suggérées par la doctrine, les tribunaux français ont en effet considéré que les articles 14 et 15 étaient applicables en matière gracieuse (v. s[s] n° 411.115).

441.174 Compétence facultative (non). Lorsqu'ils sont saisis pour assurer la protection d'un Français, les tribunaux français ne peuvent dénier leur compétence. Cette solution résulte d'un arrêt du 9 décembre 2003[4] qui a cassé, pour violation des articles 14 et 15 un jugement du tribunal de grande instance de Paris qui avait confirmé l'incompétence de la juridiction française pour statuer sur une requête aux fins d'ouverture d'une curatelle au profit d'une française domiciliée en Suisse. En l'occurrence, les premiers juges s'étaient fondés sur des considérations péremptoires et générales : « *S'agissant de la protection d'un majeur, la compétence judiciaire ne saurait dépendre de la nationalité de l'intéressé, le juge étranger étant le mieux placé pour prendre les mesures de protection qui s'imposent* ». Une motivation circonstanciée, inspirée de la théorie du *forum non convenient*, qui justifierait l'incompétence au regard des liens plus étroits de l'espèce avec un tribunal étranger, serait vraisemblablement également censurée. Cette prédiction n'est pas remise en cause par les revirements de jurisprudence dans lesquels la Cour de cassation a affirmé que les articles 14 et 15 consacraient une compétence non exclusive de la juridiction française. Pareil qualificatif ne semble valoir, pour l'heure, que pour apprécier la compétence indirecte d'un tribunal étranger (v. s[s] n° 411.123).

441.175 Détermination du tribunal spécialement compétent. Se bornant à instituer une attribution générale de compétence à l'ordre juridique français, les articles 14 et 15 seraient illusoires si, par la suite, aucun tribunal français n'acceptait de se reconnaître spécialement compétent. Pour régler cette difficulté, la Cour de cassation a énoncé que le « *demandeur peut valablement saisir le tribunal français qu'il choisit en raison d'un lien de rattachement de l'instance au territoire français ou, à défaut, selon les*

1. Civ. 1re, 30 oct. 1962, n° 61-11.306, Scheffel, préc. s[s] n° 441.72.
2. Civ. 1re, 19 nov. 1985, n° 84-16.001, Soc. Cognac and Brandies from France c/Soc. Orliac, préc. s[s] n° 441.72.
3. Décr. n° 2008-1276, 5 déc. 2008, relatif à la protection juridique des mineurs et des majeurs et modifiant le Code de procédure civile, *JO* 7 déc., p. 18646.
4. Civ. 1re, 9 déc. 2003, n° 01-14.569, *Bull. civ.* I, n° 247 ; *Defrénois* 2004, art. 37926, note Revillard ; *Defrénois* 2004, p. 599, obs. Massip ; *Dr. fam.* 2004, comm. 163, note Bourdelois ; *D.* 2004, 1851, obs. Lemouland ; *LPA*, 9 juin 2004, p. 18, obs. Jault ; *AJ fam.* 2004, 188, obs. Bicheron ; *RTD civ.* 2004, 65, obs. Hauser.

exigences d'une bonne administration de la justice »[1]. S'agissant de la **protection d'un incapable**, le juge spécialement compétent pourra être ainsi celui du lieu de **situation des biens du majeur**, celui du **domicile des membres de sa famille**, celui de son **ancien domicile**[2].

441.176 Cessation de la mesure en cas d'éloignement géographique. L'alinéa 2 de l'article 443 du Code civil, relatif à la durée des mesures dans les situations internationales, est-il applicable concernant un adulte vulnérable français ? La question peut se poser en présence d'une situation à l'origine purement interne mais qui s'est internationalisée parce que le Français faisant l'objet d'une mesure a quitté le territoire français. Elle peut aussi être soulevée lorsque le juge français a exercé sa compétence sur le fondement des articles 14 ou 15 concernant un Français résidant à l'étranger et que le suivi et le contrôle de la mesure sont devenus illusoires, par exemple parce que le tuteur a regagné la France. Dans ces situations, le juge français pourrait mettre fin à la mesure de protection. Néanmoins, l'énigmatique référence, faite par l'article 443 alinéa 2 à l'article 15 du même code, pourrait subordonner le pouvoir du juge à ce que l'incapable ait renoncé, à l'étranger, à son privilège de juridiction[3].

1. Civ. 1re, 13 juin 1978, no 77-11.610, *Bull. civ.* I, no 223; *Rev. crit. DIP* 1978, 722, note Audit; *JDI* 1979, p. 414, note Kahn.
2. M. Revillard, « Protection internationale des adultes et droit international privé des majeurs protégés », *Defrénois* 2009, p. 35 s., spéct no 14.
3. Sur différentes interprétations concevables du texte, v. H. Péroz, « La cessation des mesures de protection du majeur pour éloignement géographique », *JDI* 2008, nos 26 s.

CHAPITRE

442. Loi applicable à la protection du majeur

Michel FARGE
Maître de conférences à l'Université
Pierre Mendès-France (Grenoble 2)

SECTION 0
ORIENTEUR

442.00 Plan du chapitre.

442.01 Textes applicables.

* V. s^s n° 44.01

442.02 Jurisprudence de référence.

* V. s^s n° 44.02

442.03 Bibliographie indicative.

* V. s^s n° 44.03

442.04 Questions essentielles.

* V. s^s n° 44.04

442.08 Système antérieur à la convention de La Haye. À défaut d'un traité bilatéral, la protection des incapables était en France soumise à leur **loi nationale** conformément à l'article 3 alinéa 3 du Code civil. Et la Cour de cassation veillait à **l'effectivité de la règle de conflit.**

Un arrêt du 18 janvier 2007 avait ainsi cassé le jugement ayant ouvert une tutelle française à l'égard d'un Portugais, au motif que « *s'agissant de droits indisponibles, le juge devait mettre en œuvre d'office la règle de conflit de lois et faire application du droit portugais dont il lui appartenait de rechercher la teneur* »[1].

Il existait, néanmoins, plusieurs **tempéraments à l'application de la loi nationale**[2]. On peut en donner deux illustrations récentes. En premier lieu, l'application du renvoi au premier degré a conduit à ouvrir une **tutelle de droit français** pour protéger une **canadienne domiciliée en France** dès lors que le droit étranger a été interprété comme renvoyant la situation à la compétence de loi du domicile[3]. En second lieu, la théorie de l'équivalence a permis de mettre en place une **curatelle de droit français** concernant un **sujet allemand** dès lors que l'institution française et la **curatelle allemande** produisent des **effets similaires**[4].

1. Civ. 1re, 18 janv. 2007, n° 05-20.529, *Bull. civ.* I, n° 26; *Dr. fam.* 2007, comm. 70, 1re esp., note Fossier – *Adde*, dans la même affaire : Civ. 1re, 3 mars 2010, n° 09-13.949, *Bull. civ.* I; *AJ fam.* 2010, 186, note Pécaut-Rivolier – Civ. 1re, 6 janv. 2010, n° 08-14.278, NP; *Dr. fam.* 2010, comm. 54, note Farge.
2. Pour le rappel de ces tempéraments, v. H. Péroz, « La cessation des mesures de protection du majeur pour éloignement géographique », *JDI* 2008, p. 719 s., spéc^t n° 9.
3. Civ. 1re, 21 sept. 2005, n° 04-10.217, *Bull. civ.* I, n° 336; *Dr. fam.* 2005, comm. 282, note Farge; *D.* 2006, 1726, note Morisset, *AJ fam.* 2005, 450, obs. Grimaldi; *RJPF* 2006-2/13, note Boiché; *Rev. crit. DIP* 2006, 100, note H. M.-W.
4. Civ. 1re, 11 janv. 2005, n° 01-02.473, *Bull. civ.* I, n° 21; *Defrénois* 2005, p. 1064, obs. Massip; *D.* 2005, 2924, ▶

442.09 Influence de la convention de La Haye. Le domaine de l'article 3 alinéa 3 du Code civil se réduit avec l'entrée en vigueur de la convention de La Haye du 13 janvier 2000. Il en résulte une nouvelle **restriction à la compétence de la loi nationale** pour régir le statut personnel des étrangers résidant en France (v. s^{s} n°s 412.171 s.). Comme les conventions successives relatives à la protection des mineurs, la convention du 13 janvier 2000 a fait le choix de **l'unité du *forum* et du *jus*** : dans l'exercice de la compétence qui leur est attribuée, les autorités des États contractants appliquent en principe leur droit interne (conv. La Haye, 13 janv. 2000, art. 13, § 1). Elle a également adopté une véritable **règle de conflit de lois pour le mandat d'inaptitude.**

SECTION 1

MAJEUR AYANT SA RÉSIDENCE HABITUELLE SUR LE TERRITOIRE D'UN ÉTAT CONTRACTANT À LA CONVENTION DE LA HAYE DU 13 JANVIER 2000

§ 1
Applicabilité de la convention de La Haye du 13 janvier 2000

A.
Applicabilité matérielle

442.11 Renvoi. Les développements consacrés à l'applicabilité matérielle de la convention concernant la compétence des autorités doivent être transposés à la question de la compétence législative (v. s^{s} n° 441.11 à 441.39). On se limitera à rappeler que certaines **exclusions** peuvent être **implicites.** Tel est le cas, on l'a vu, de la capacité délictuelle de l'adulte (v. s^{s} n° 441.21). Tel est le cas de la nullité ponctuelle d'un acte pour trouble mental. À cet égard, le rapport explicatif de Paul Lagarde indique que la convention ne se préoccupe de la protection des adultes que lorsque celle-ci donne lieu ou a donné lieu à des **mesures de protection**[1]. Ainsi la question de la validité des actes passés par une personne dont les facultés personnelles sont altérées et qui n'a pas fait l'objet d'une mesure de protection demeure hors du champ de la convention. Elle s'intègre, en France, dans le **statut personnel** et, plus exactement, dans la catégorie de **l'« incapacité naturelle »** qui est distincte de celle de **« protection des incapables »**. Telle est la solution qui résulte de l'arrêt *Silvia*[2] qualifiant « *l'insanité d'esprit et la démence* » de cas « *d'incapacité naturelle soumis à la loi personnelle* » et non à la loi régissant l'acte litigieux. S'agissant des **exclusions expresses**, il faut seulement souligner l'impact en matière de conflit de lois de l'inclusion dans la convention des catégories, **effets du mariage ou d'une relation analogue.**

442.12 Effets du mariage. Selon le rapport explicatif[3], il faut distinguer au sein de cette catégorie selon que les **règles** sont ou non **destinées à assurer la protection du conjoint malade.** Ainsi l'habilitation demandée en justice par un époux pour représenter son conjoint hors d'état de manifester sa volonté (C. civ., art. 219) serait une mesure de protection au sens de la convention, car elle est orientée vers le conjoint malade. En revanche, l'autorisation judiciaire sollicitée par l'époux valide aux fins de conclure seul un acte pour lequel le concours de son conjoint malade serait nécessaire (C. civ., art. 217) sert les intérêts de l'époux valide ou ceux de sa famille, mais non ceux du conjoint malade. Donc elle ne relève pas de la convention. Parfois le départage au sein des règles du régime primaire ne pourrait pas être abstraitement réalisé et dépendrait de leur mise en œuvre dans une espèce déterminée. Ainsi, les règles sur l'attribution du logement familial n'ont pas pour objet la protection du conjoint handicapé et sont donc en principe exclues du domaine de la convention, mais la décision par laquelle un juge solliciterait ces règles pour les utiliser, dans un cas particulier, en vue de protéger ce conjoint devrait être considérée comme une mesure de protection au sens de la convention.

Ces distinctions sont susceptibles de remettre partiellement en cause **les méthodes françaises de règlement du conflit de lois en matière d'effets du mariage.** S'agissant des couples installés en France, la Cour de cassation avait, en effet, posé que **l'ensemble du régime primaire impératif était d'application territoriale**[4]. Ce raisonnement en termes de loi de police paraît désormais superflu pour les mesures destinées à assurer la protection du conjoint malade dès lors que l'application de la loi du *for* peut être aujourd'hui fondée sur l'article 13, § 1, de la convention du 13 janvier 2000. Sur le fondement de ce

► note Mahinga; *JCP* 2005, I, 169, n° 8, obs. Delpy; *Gaz. Pal.* 2004, somm. 536, obs. Niboyet; *Dr. fam.* 2007, comm. 197, note Farge; *Dr. et. patr.*, avr. 2005, p. 102, obs. Monéger; *Rev. crit. DIP* 2006, 85, note Scherer; *JDI* 2006, p. 85, note Godechot-Patris.

1. P. LAGARDE, *Convention du 13 janvier 2000, sur la protection internationale des adultes, Rapport explicatif*, Bureau permanent de la Conférence, n° 19, (disponible sur le site de la Conférence de La Haye de droit international privé : www.hcch.net [publications/rapports explicatifs]).
2. Civ. 25 juin 1957, *GADIP*, n° 29.
3. LAGARDE, n° 35.
4. Civ. 1re, 20 oct. 1987, n° 85-18.877, *Bull. civ.* I, n° 275; *Rev. crit. DIP* 1988, 541, note Lequette; *JDI* 1988, p. 447, note Huet.

texte, la vocation de la loi française est même plus large que celle issue de l'arrêt *Cressot* qui semblait subordonner l'application de la loi française à une domiciliation de chacun des époux en France, là où le traité se suffit de la **résidence habituelle en France de l'époux malade**. Reste à savoir si les tribunaux opéreront cette substitution méthodologique. Rien ne les y oblige dans la mesure où la convention de La Haye réserve le jeu des lois de police. Il est, néanmoins, plus satisfaisant de justifier la compétence française par une convention internationale plutôt que d'avoir recours au mécanisme particulariste et nationaliste des lois de police.

442.13 **Effets d'un partenariat étranger.** Dès lors que l'exclusion a placé sur un pied d'égalité le **mariage** et les **relations analogues**, les dispositions destinées à assurer la protection d'un partenaire malade entrent également dans le champ d'application de la convention. Le jeu de la convention pourrait, s'agissant de partenaires soumis à un pacte étranger et ayant leur résidence habituelle en France, contrarier le jeu de la règle de conflit de l'article 515-7-1 du Code civil : « [...] *les effets d'un partenariat enregistré* [...] *sont soumis aux dispositions matérielles de l'État de l'autorité qui a procédé à son enregistrement* ». Cette mise à l'écart de la règle française de conflit serait malheureuse lorsque le partenariat étranger connaît des dispositions protégeant le partenaire malade et que leur mise en œuvre serait paralysée par le principe d'unité du *jus* et du *forum*. La mise à l'écart du régime plus protecteur d'un pacte étranger pourrait heureusement être évitée avec la possibilité laissée par la convention d'appliquer exceptionnellement une loi étrangère (v. Conv. La Haye, 13 janv. 2000, art. 13, § 2 - V. s^s n° 442.42).

442.14 **Exclusions des rapports *ex lege*.** Les conventions de La Haye relatives à la protection des mineurs prescrivent aux États parties de reconnaître les rapports d'autorité résultant de plein droit de la loi interne de l'État dont le mineur est ressortissant (conv. La Haye, 5 oct. 1961, art. 3) ou de la loi interne de l'État de sa résidence habituelle (conv. La Haye, 19 oct. 1996, art. 15). Aucune disposition analogue ne figure dans la convention sur la protection des adultes. Il en résulte qu'elle est seulement applicable aux **restrictions à la capacité d'un adulte** ou même à la **libre disposition de ses droits découlant d'une mesure de protection**. Ainsi la question de la représentation d'un époux par un autre pour prendre des décisions médicales après un accident ayant plongé le premier dans le coma entre bien dans le domaine matériel de la convention en tant qu'effet du mariage. Mais la convention n'est pas applicable à la question de savoir dans quelle mesure une telle représentation organisée de plein droit par la loi nationale ou la loi de la résidence habituelle de la personne vulnérable doit être reconnue dans les autres États contractants.

B.
Applicabilité spatiale

442.21 **Règles de conflit de lois universelles.** Comme dans toutes les autres conventions de La Haye récentes, les règles de conflit de lois concernant la protection des adultes ont une vocation universelle. C'est dire qu'elles sont **applicables sans considération de nationalité ou de résidence habituelle de l'adulte** et que le juge français doit les mettre en œuvre même si la loi désignée n'est pas celle d'un État partie à la convention de La Haye du 13 janvier 2000 (conv. La Haye, 13 janv. 2000, art. 18).

442.22 **Limites.** Le caractère universel des règles de conflit est logiquement écarté lorsque la convention se réfère expressément à la loi d'un État contractant. Ainsi en est-il dans l'article 14 : « *Lorsqu'une mesure prise dans un État contractant est mise en œuvre dans un autre État contractant, les conditions de son application sont régies par la loi de cet autre État* ».

442.23 **Discussion.** Ce caractère universel de la convention de La Haye entraîne-t-il une disparition intégrale de l'ancien système jurisprudentiel de règlement du conflit de lois ? Il y a là une question délicate mais heureusement largement dépourvue de conséquences pratiques. Elle se pose pour la détermination de la loi applicable à un adulte français résidant habituellement sur le territoire d'un État tiers (v. s^s n°s 442.81 s.).

442.24 **Conflit de conventions.** Comme les autres conventions de La Haye et à la différence des règlements européens, la convention de La Haye sur la protection des adultes n'a pas de prétention hégémonique. Le conflit de conventions est réglé par son article 49 qui s'applique aussi bien en matière de compétence des autorités que de loi applicable (pour l'exposé de Conv. La Haye, 13 janv. 2000, art. 49, v. s^s n°s 441.53 et 441.54). À titre d'exemple d'une convention faisant échec à la convention de La Haye, il est possible de citer la convention franco-polonaise du 5 avril 1967, relative à la loi applicable, la compétence et l'*exequatur* dans le droit des personnes et de la famille[1], laquelle adopte également, en matière de tutelle le principe d'unité du *forum* et du *jus* (conv. franco-polonaise, 5 avr. 1967, art. 15). Une autre exception au jeu de la convention de La Haye peut être fondée sur l'article 1er de

1. Décr. n° 69-176, 13 févr. 1969, portant publication de la convention Franco-polonaise relative à la loi applicable, la compétence et l'*exequatur* dans le droit des personnes et de la famille, signée à Varsovie le 5 avril 1967, *JO* 22 févr., p. 1969.

la convention franco-marocaine du 10 août 1981 : « *L'état et la capacité des personnes physiques sont régis par la loi de celui des deux États dont ces personnes ont la nationalité* ».

C. Applicabilité temporelle

442.31 **1er janvier 2009.** En France et dans les autres États l'ayant ratifiée, la convention de La Haye du 13 janvier 2000 est entrée en vigueur le 1er janvier 2009[1], c'est-à-dire le même jour que la loi n° 2007-308 du 5 mars 2007, portant réforme de la protection juridique des majeurs[2]. Toutes les mesures de protection postérieures à cette date devront donc être prises sur le fondement de la loi désignée par la convention. Les mesures prises antérieurement ne sont pas invalidées au prétexte qu'elles auraient été décidées en application d'une loi qui n'est pas celle aujourd'hui désignée par la convention. Le § 3 de l'article 50 comporte une règle transitoire particulière au mandat d'inaptitude. Pourront être reconnus dans chaque État contractant, à partir de l'entrée en vigueur de la convention à son égard, les pouvoirs de représentation que l'adulte aurait conférés antérieurement dans des conditions correspondant à celles prévues à l'article 15 de la convention. La portée de la règle est précisée par le rapport explicatif : la convention oblige à reconnaître, en France, « *l'existence de pouvoirs conférés avant le 1er janvier 2009, mais elle n'oblige pas à reconnaître les actes qui auraient été faits en application de ces pouvoirs avant cette date* »[3].

§ 2 Application de la convention de La Haye

A. Détermination de la règle de conflit

1° Règle de conflit générale

442.41 **Unité du *forum* et du *jus*.** Aux termes de l'article 13, § 1 de la convention, « *dans l'exercice de la compétence qui leur est attribuée par les dispositions du chapitre II, les autorités des États contractants appliquent leur propre loi* ». Cette **liaison de la compétence législative à la compétence judiciaire** est généralement justifiée par l'objectif de commodité : il est plus simple pour le juge d'appliquer sa propre loi. Il est également ajouté que les mesures s'exécuteront le plus souvent dans l'État de l'autorité qui les aura prises; leur mise en œuvre sera facilitée dès lors qu'elles sont conformes à la loi de cet État.

442.42 **Tempérament (intérêt de l'adulte).** La convention prévoit un tempérament notable : « *Dans la mesure où la protection de la personne ou des biens de l'adulte le requiert* », les autorités compétentes « *peuvent exceptionnellement appliquer ou prendre en considération la loi d'un autre État avec lequel la situation présente un lien étroit* » (conv. La Haye, 13 janv. 2000, art. 13, § 2). Il y a là une **clause d'exception fondée sur l'intérêt de l'adulte** et non sur le principe de proximité puisque la loi mise en œuvre ne sera pas nécessairement celle qui a les liens les plus étroits avec la situation[4]. La loi intervenant exceptionnellement doit néanmoins avoir un **lien étroit avec la situation** : il pourra s'agir de la **loi nationale** ou de la **loi de situation des biens** pour les autorisations nécessaires à leur vente dans l'hypothèse où la loi de l'autorité saisie n'impose en la matière aucune autorisation. La prise en considération de la loi étrangère[5] est relativement rarement illustrée en droit international privé français. Il est, néanmoins, possible de citer un arrêt de la Cour de cassation.

Illustrant plus la matière contractuelle que le droit des incapacités *stricto sensu* et prenant en considération un jugement, cet arrêt, a admis que l'ouverture en Allemagne d'une curatelle de droit allemand puisse être prise en considération pour justifier la nullité, sur le fondement de l'ancien article 489-1 du Code civil, d'actes de vente antérieurs passés par le majeur[6].

442.43 **Tempérament (mise en œuvre de la mesure de protection dans un autre État contractant).** Un autre tempérament à l'application de la loi de l'autorité saisie figure à l'article 14 de la convention qui concerne la mise en œuvre des mesures de protection dans un État contractant autre que celui où elles ont été prises. Cette difficulté naîtra fréquemment d'un **conflit mobile.**

Par exemple, un tuteur désigné dans le pays de l'ancienne résidence habituelle de l'adulte doit exercer ses pouvoirs – c'est-à-dire mettre en œuvre la mesure de

1. L. n° 2008-737, 28 juill. 2008, autorisant la ratification de la convention de La Haye du 13 janvier 2000 sur la protection internationale des adultes, *JO* 30 juill., p. 12202 – Décr. n° 2008-1547, 30 déc. 2008, portant publication de la convention sur la protection internationale des adultes, faite à La Haye le 13 janvier 2000, signée par la France le 13 juillet 2001, *JO* 1er janv. 2009, p. 43.
2. L. n° 2007-308, 5 mars 2007, portant réforme de la protection juridique des majeurs, *JO* 7 mars, p. 4325.
3. LAGARDE, n° 168.
4. LAGARDE, n° 92.
5. H. Muir-Watt et D. Bureau, *Droit international privé*, « Thémis », 1re éd., PUF, 2007, t. 1 (partie générale), n° 450.
6. Civ. 1re, 14 nov. 2006, n° 05-12.353, *Bull. civ.* I, n° 481; *Dr. fam.* 2007, comm. 70, 2e esp., note Fossier.

protection par laquelle il a été nommé – dans l'État contractant de la nouvelle résidence habituelle.

Mais la difficulté est aussi concevable en dehors du conflit mobile : désigné par l'autorité nationale du majeur, le tuteur entend procéder dans le pays de résidence habituelle de l'intéressé à la vente d'un immeuble.

Selon l'article 14, lorsqu'une mesure doit ainsi être « *mise en œuvre dans un autre État contractant, les conditions de son application sont régies par la loi de cet autre État* ». Pour reprendre l'exemple de la vente, la règle signifie que si l'État de mise en œuvre exige une autorisation du juge des tutelles, il faudra la solliciter même si le droit de l'État à l'origine de la mesure ne l'imposait pas.

2°
Règle propre au mandat d'inaptitude : à défaut de choix exprès, rattachement à la loi de l'État de résidence habituelle de l'adulte au moment de l'acte

442.51 Notion. Dans la convention, le **mandat d'inaptitude** est présenté comme le vecteur de « *pouvoirs de représentation conférés par un adulte, soit par un accord soit par un acte unilatéral, pour être exercés lorsque cet adulte sera hors d'état de pourvoir à ses intérêts* » (conv. La Haye, 13 janv. 2000, art. 15, § 3). Les pouvoirs, dont la transmission est subordonnée à la survenance de l'inaptitude, peuvent porter aussi bien sur la **gestion des biens** de l'adulte que sur les **soins à apporter à sa personne**. Fréquemment ce mandat comporte **l'instruction donnée au mandataire de refuser tout acharnement thérapeutique**. Dans la plupart des législations, la prise d'effet du mandat suppose qu'une **autorité judiciaire** ou une **expertise médicale** intervienne pour constater **l'inaptitude**.

442.52 Distinction (mandat ordinaire). Le mandat d'inaptitude doit être doublement distingué du mandat ordinaire. Du point de vue du **régime**, le premier prend effet lorsque le mandataire n'est plus à même de pourvoir à ses intérêts; pareille circonstance, dans la plupart des législations, provoque la caducité du second. Du point de vue du **règlement du conflit de lois**, le mandat d'inaptitude a provoqué les règles les plus intéressantes de la convention de La Haye du 13 janvier 2000; le second relève de la convention de La Haye du 14 mars 1978 sur la loi applicable aux contrats d'intermédiaires et à la représentation (entrée en vigueur en France le 1er mai 1992). En vertu de cette convention, le mandat ordinaire est, en principe, régi, à défaut de choix, par la **loi de l'établissement professionnel ou de la résidence habituelle de l'intermédiaire** (conv. La Haye, 14 mars 1978, art. 6) et cette loi s'applique notamment à la « *cessation des pouvoirs de l'intermédiaire* » (conv. La Haye, 14 mars 1978, art. 8, (a.).

Le rapport explicatif[1] envisage l'hypothèse d'un **mandat hybride** : à l'origine ordinaire et d'application immédiate mais susceptible de se métamorphoser en mandat d'inaptitude en cas de survenance de l'inaptitude. Il préconise un **dépeçage temporel de l'acte**. La loi applicable au mandat serait désignée par la convention de La Haye de 1978 jusqu'à la date de la survenance de l'incapacité, par la convention sur la protection des adultes après cette date.

442.53 Distinction (mandat de protection future). Dans la législation française issue de la loi du 5 mars 2007, le mandat de protection future peut être conclu par un mandataire, en prévision de son incapacité, pour lui-même ou pour autrui.

La première figure entre incontestablement dans le domaine de la convention dont l'entrée en vigueur intervient « *à point nommé* »[2] pour donner à l'institution française son rattachement international. Une difficulté pourra néanmoins se poser dans la mesure où le législateur a permis la conclusion de mandats de protection future dès avant le 1er janvier 2009. Elle est réglée par l'article 50, § 3, de la convention qui prévoit une application immédiate du traité aux pouvoirs de représentation conférés antérieurement sur le fondement d'un mandat d'inaptitude (v. ss no 442.31).

La seconde figure, le **mandat de protection pour autrui**, est prévue à l'article 477 alinéa 3 du Code civil. Cette disposition ouvre l'accès au mandat d'inaptitude aux parents ou au dernier vivant d'entre eux qui peuvent désigner un ou plusieurs mandataires pour assurer la représentation de leur enfant mineur ou majeur à charge, s'il n'apparaît plus apte à pourvoir seul à ses intérêts pour une des causes prévues à l'article 425 du Code civil. Ce mandat diffère du premier dans la mesure où non seulement il entend assurer la protection d'un proche mais encore il peut prendre effet aussi bien en cas d'inaptitude que de décès du mandant. Un tel mandat de protection future pour autrui ne correspond donc pas à celui décrit à l'article 15 de la convention. Lorsque le bénéficiaire d'un tel mandat est un adulte il est néanmoins difficile d'exclure la convention dans la mesure où elle se propose de « *de déterminer la loi applicable à la représentation de l'adulte* ». Pour Mme Barrière-Brousse[3], on peut hésiter entre deux solutions : l'extension des arti-

1. Lagarde, no 103.
2. I. Barrière-Brousse, « Le nouveau droit international privé des incapacités et la loi du 5 mars 2007 », *Dr. fam.* 2007, chron. 14, no 23.
3. I. Barrière-Brousse, chron. préc. ss prést no.

cles 15 et 16 à cette hypothèse non visée, ou l'application des autres règles conventionnelles sur la loi applicable. Et l'auteur d'observer que ces autres règles semblent inadaptées, tant par leur postulat qui ignore la manifestation de volonté, que par leur méthodologie qui lie compétence des autorités et loi applicable. Dès lors, l'extension des articles 15 et 16 paraît préférable « *au nom de l'analogie des situations, de l'identité des buts poursuivis (la protection de l'incapable et la faveur à l'égard des règlements volontaires), et de l'adaptation des règles retenues* »[1]. Reste à se demander si pareille extension ne devrait pas également être de mise lorsque le bénéficiaire du mandat de protection future est un mineur. La solution permettrait de **soumettre tous les mandats de protection future pour autrui à une même règle de conflit** et éviterait que des règles de conflit se succèdent lorsqu'un mandat de protection pour autrui a pris effet alors que le bénéficiaire était mineur et qu'il demeure applicable à sa majorité.

442.54 Rattachement de principe. Aux termes de l'article 15 de la convention, « *l'existence, l'étendue, la modification et l'extinction* » des pouvoirs résultant d'un mandat d'inaptitude « *sont régies par la loi de l'État de la résidence habituelle de l'adulte au moment de l'accord ou de l'acte unilatéral* ». Pour illustrer la règle, le rapport explicatif propose deux exemples[2].

Conféré, même en France, par un Français ayant sa résidence habituelle à New York (c'est-à-dire dans un État qui connaît l'institution), il est valable et le reste même si ce Français vient plus tard à résider dans un pays qui ignore l'institution. En revanche, conféré par un Américain ayant sa résidence habituelle dans un État qui ignore cette institution, il est nul et le reste, aux yeux de l'ordre juridique français, même si cet Américain acquiert par la suite une résidence habituelle en France.

442.55 Correctif fondé sur l'autonomie de la volonté. La **soumission du mandat d'inaptitude** à la **loi de la résidence habituelle** aurait pu fermer l'accès à cette institution à tous ceux qui sont installés dans un pays qui l'ignore. Aussi bien, la convention écarte-t-elle le rattachement de principe lorsque le mandataire a pris soin de soumettre le mandat à une loi qui connaît l'institution. La *professio juris* est encadrée. Trois lois peuvent être désignées, selon le § 2 de l'article 15.

En premier lieu, il s'agit de **la loi de l'État** dont l'adulte possède la **nationalité**. En cas de pluralité de nationalités, l'éventail de lois s'élargit puisque l'intéressé pourrait choisir **l'une ou l'autre de ses lois nationales**[3].

En deuxième lieu, il s'agit de la **loi de l'État** d'une **précédente résidence habituelle.**

En dernier lieu, de **celle de l'État dans lequel sont situés des biens**, pour ce qui concerne ces biens.

442.56 Dépeçage et choix alternatif ou cumulatif. Selon le rapport explicatif : « *Le texte doit être interprété comme permettant implicitement à l'adulte de choisir plusieurs lois pour régir le mandat d'inaptitude, en dépeçant ses éléments pour soumettre chacun d'eux à des lois différentes* »[4]. Cette faculté présentera un intérêt éventuel lorsque l'adulte possède des biens dans plusieurs États. Par ailleurs, « *la possibilité pour l'adulte de soumettre le mandat dans son ensemble à plusieurs lois, soit alternativement* (favor validitatis), *soit cumulativement (validité subordonnée à l'accord de toutes les lois désignées), n'a pas été discutée, mais rien ne paraît l'interdire* »[5]. On perçoit difficilement l'intérêt qu'un adulte pourrait avoir à mobiliser cette dernière construction.

442.57 Choix exprès. L'article 15, § 1 *in fine* de la convention exige que la loi applicable ait été « *désignée expressément **par écrit*** ». Cette formule est plus restrictive que celle retenue dans les autres instruments internationaux qui consacrent la loi d'autonomie. En matière contractuelle notamment, ces instruments acceptent plus ou moins largement un choix implicite, mais en principe certain, de la loi applicable. Pour le mandat d'inaptitude, les délégations n'ont pas voulu de choix implicite « *dans le souci d'éviter toute incertitude sur la loi applicable à des pouvoirs qui, par hypothèse, s'exerceront à un moment où l'adulte qui les a conférés ne sera plus en état de pourvoir à ses intérêts* »[6]. Cela signifie-t-il que l'utilisation d'un modèle français de mandat de protection future par un notaire français ne vaudrait pas choix de la loi applicable à défaut de stipulation expresse ? Dans le doute, il convient d'attirer l'attention des praticiens sur la **nécessité d'insérer une *professio juris* expresse.**

442.58 Forme. Si la convention prévoit un **choix exprès par « écrit »**, elle n'indique pas la **loi applicable à la forme du mandat**. Dès lors, il faudrait se référer à la **règle de conflit de lois française**[7]. La forme du mandat serait alors soumise à la **loi du lieu de conclusion du contrat** en application de la maxime *locus regit actum*. Mais le rattachement

1. I. Barrière-Brousse, chron. préc. s[s] prés[t] n°.
2. LAGARDE, n° 98.
3. LAGARDE, n° 102.
4. LAGARDE, n° 103.
5. LAGARDE, n° 103.
6. LAGARDE, n° 101.
7. H. Péroz, « La convention de La Haye du 13 janvier 2000 sur la protection internationale des adultes et la pratique notariale », *JCP N*, n° 39, act. 643 – M. Revillard, « Protection internationale des adultes et droit international privé des majeurs protégés », *Defrénois* 2009, p. 35 s., spéc[t] n° 45.

n'est **pas impératif**, les parties peuvent préférer soumettre le mandat à la loi régissant le fond ou encore à leur loi nationale commune. Cette liberté qui serait accordée aux parties peut être source de difficultés. La forme de l'acte n'est, en effet, pas neutre si l'on se réfère au mandat de protection future conclu en France : les pouvoirs du mandataire ne sont pas les mêmes suivant que le mandat a été établi par acte sous seing privé ou par acte notarié (C. civ., art. 477, al. 4 et art. 492 à 494). Dès lors, il a été observé qu'il serait préférable de ne pas dissocier la forme et le fond pour éviter des incohérences et faire en sorte que la loi applicable gouverne les deux aspects [1].

442.59 Choix malheureux. Lorsque la **loi choisie ne connaît pas le mandat d'inaptitude**, l'interprète de la convention pourrait être tenté, dans le souci de reconnaître un certain effet à l'autonomie de la volonté, de se référer au rattachement de principe à la loi de la résidence habituelle de l'adulte et de soumettre le mandat à cette loi dans la mesure où elle connaît l'institution. Cette tentation ne correspond pas à l'intention des rédacteurs de la convention pour lesquels, il convient, en pareille situation, de tenir pour inexistants les pouvoirs conférés par l'adulte au mandataire et de solliciter une mesure de protection [2].

442.61 Changement de la loi applicable. La question du changement volontaire de la loi applicable au mandat n'est soulevée ni par la convention, ni par le rapport explicatif. Faut-il en déduire qu'il n'est pas possible, à la différence du droit commun contractuel (v. règl. [CE] n° 593/2008, 17 juin 2008, dit Rome I, sur la loi applicable aux obligations contractuelles, art. 3, § 2), de changer la loi applicable au cours du contrat ? Un argument en ce sens peut être déduit de la comparaison entre la convention de La Haye sur la protection des adultes et celle du 14 mars 1978 sur la loi applicable aux régimes matrimoniaux. Dans cette dernière, en effet, la mutabilité volontaire de la loi applicable fait l'objet d'un article particulier (art. 6) qui en fixe les limites et les modalités. En matière de protection des adultes, les rédacteurs n'ayant rien prévu, le changement volontaire serait exclu.

Si le silence de la convention ne devait pas être analysé comme une exclusion de la mutabilité volontaire, il faudrait encore en définir le régime. Par analogie avec le choix initial, le changement de la loi applicable supposerait un **choix exprès réalisé**, bien évidemment, **à une période où l'intéressé n'est pas inapte**. Toujours au nom de l'analogie, la nouvelle loi devrait être l'une de celles énumérées par le § 2 de l'article 15, appréciée au jour de la mutabilité volontaire.

442.62 Domaine de la loi applicable. Qu'elle soit désignée par le biais du **rattachement objectif par la résidence habituelle** ou qu'elle résulte d'un **choix exprès**, la loi applicable régit « *l'existence, la modification et l'extinction des pouvoirs de représentation* » (conv. La Haye, 13 janv. 2000, art. 15, § 1). La règle connaît un tempérament. À l'instar de l'article 14 qui confère à la loi du lieu de mise en œuvre des mesures de protection la compétence pour définir les conditions d'application de celles-ci, l'article 15, § 3, prévoit que les modalités d'exercice des pouvoirs de représentation relèvent de la loi du pays où ils sont exercés (conv. La Haye, 13 janv. 2000, art. 15, § 3). Il a été observé que le rôle de la loi locale est plus restreint dans la seconde hypothèse dans la mesure où la notion de modalité d'exercice des pouvoirs est plus étroite que celle de « *conditions d'application* » des mesures [3].

La césure entre « l'existence » des pouvoirs relevant de la loi choisie et leurs « modalités d'exercice » soumise à la loi du pays d'exercice ne manquera pas néanmoins de susciter des difficultés.

Par exemple, comment qualifier la règle posée par l'article 493 du Code civil qui prescrit pour les mandat sous seing privé l'autorisation du juge des tutelles pour les actes de disposition ? En faire une « *modalité de l'exercice des pouvoirs* » imposerait que soit toujours sollicitée en France une autorisation du juge des tutelles lorsque une représentation, même soumise à un droit étranger, intervient dans un acte de disposition.

442.63 Retrait ou modification des pouvoirs. Si l'extinction des pouvoirs relève normalement de la loi désignée par l'article 15, la convention comporte une limite sous la forme d'une règle matérielle énoncée à son article 16. Si les pouvoirs de représentation « *ne sont pas exercés de manière à assurer suffisamment la protection de la personne ou des biens de l'adulte* », ils « *peuvent être retirés ou modifiés par des mesures prises par une autorité ayant compétence selon la convention* ». Destinée à assurer la **protection de l'incapable contre un mandataire négligent ou indélicat**, cette disposition pallie une éventuelle lacune de la loi désignée. Cette dernière n'est pas, néanmoins, intégralement évincée dès lors qu'elle « *doit être prise en considération dans la mesure du possible* » (conv. La Haye, 13 janv. 2000, art. 16, *in fine*). Applicable au mandat, la loi française assure une protection proche puisque l'article 483, 4°, du Code civil prévoit qu'une exécution du mandat de nature à porter atteinte aux intérêts du mandant

1. I. Barrière-Brousse, « Le nouveau droit international privé des incapacités et la loi du 5 mars 2007 », *Dr. fam.* 2007, chron. 14, spéc[t] n° 28.
2. LAGARDE, n° 105.
3. LAGARDE, n° 106.

peut provoquer, à la demande de tout intéressé, sa **révocation par le juge des tutelles.** Reste que **la règle matérielle va plus loin en autorisant la modification du mandat**, là où le Code civil ne mentionne que sa suspension (C. civ., art. 483 *in fine*) ou la contestation de sa mise en œuvre ou de ses modalités d'exécution (C. civ., art. 484)[1].

B.
Mise en œuvre de la règle de conflit

442.71 Lois de police. La mise en œuvre de la **règle de conflit** elle-même peut être **écartée** en présence d'une **loi de police**, c'est-à-dire d'une « *disposition* [...] *dont l'application s'impose quelle que soit la loi autrement applicable* » (conv. La Haye, 13 janv. 2000, art. 20). En réservant le jeu des lois police de « *l'État dans lequel la protection de l'adulte doit être assurée* », la convention a voulu permettre aux États d'appliquer sur leur territoire des **règles qu'ils jugeaient essentielles, particulièrement en matière médicale**, dans les hypothèses où la protection de l'adulte a été organisée selon une autre loi. Cette réserve constituera essentiellement un contrepoids à la faculté donnée à l'adulte de choisir la loi applicable au pouvoir de représentation. À titre d'exemple, il a été suggéré que les articles L. 1231-1 et suivants du Code (français) de la santé publique sur les **prélèvements d'organes** ont le caractère de lois de police[2].

La question de **l'applicabilité des lois de police étrangère** n'est pas expressément évoquée dans la convention. Pour la mise en œuvre de mesure de protection, il est possible de considérer qu'elle est réglée par le tempérament du § 2, de l'article 13 (v. s^s^ n° 442.42). À l'admettre, il faut considérer que les autorités de la résidence habituelle ont une faculté d'appliquer ou de prendre en considération les lois de police étrangères.

442.72 Caractère obligatoire. Le **droit des incapacités** étant traditionnellement considéré comme **indisponible**, le juge est en principe tenu de mettre en œuvre les **règles de conflit conventionnelles.** Reste que la discipline imposée au juge n'existe qu'autant que la règle de conflit désigne un droit étranger. Or s'agissant des mesures de protection, cette situation est, en principe, exclue en raison du principe de l'unité du *forum* et du *jus*. En conséquence, seuls les tempéraments à ce principe, pourraient justifier un débat sur l'office du juge. Concrètement, le juge français doit-il d'office rechercher si la protection de la personne ou des biens de l'adulte impose d'appliquer ou de prendre en considération la loi d'un autre État avec lequel la situation présente un lien étroit ? La mise en œuvre de cette exception supposant une appréciation largement factuelle de la situation, on perçoit difficilement comme la Cour de cassation pourrait la sanctionner. Par ailleurs, l'application du droit étranger étant présentée comment une exception, il n'y a, *a priori*, pas à justifier des raisons pour lesquelles elle n'a pas été utilisée. Néanmoins, l'exception étant fondée sur l'intérêt de l'adulte, il est peut-être prudent d'indiquer ces raisons afin de ne pas s'exposer à une cassation disciplinaire.

La **question de l'office du juge et de rôle des « parties »** concernant la **loi applicable au mandat d'inaptitude** est évidemment **inédite**. La conquête réalisée en droit interne par l'autonomie de la volonté à travers la consécration du mandat de protection future ne doit-elle pas, conformément au principe de qualification *lege fori*, conduire à considérer que « la protection conventionnelle » de l'incapable est à classer dans la catégorie des droits indisponibles. Pratiquement, il en résulterait que le juge pourrait ignorer une désignation expresse de la loi applicable au mandat et que cette loi pourrait être écartée par le biais d'un « accord procédural ». Pareilles conséquences paraissent inacceptables dès lors que le mandat d'inaptitude à vocation à prendre effet alors que l'adulte n'est plus en mesure de pouvoir à ses intérêts. Dès lors, il n'est pas concevable de délester le juge d'une obligation d'appliquer la loi étrangère désignée pour laisser à l'intéressé ou à sa famille le soin de requérir sa mise en œuvre. De même, un accord procédural n'a guère de sens en matière gracieuse et son succédanée – une manifestation de volonté unilatérale de l'incapable ? – est par hypothèse inconcevable. Dans ces conditions, le **respect de la volonté de l'incapable** qui est à l'origine de l'institution du mandat d'inaptitude postule **l'obligation faite au juge de mettre en œuvre la loi expressément désignée.**

442.73 Exclusion du renvoi. Traditionnellement exclu dans les conventions de La Haye, le mécanisme du renvoi est expressément écarté à l'article 19.

442.74 Conflit mobile. Pour les **mesures de protection**, la question du conflit mobile résultant du changement de résidence habituelle de l'adulte est réglée par l'article 14 déjà présenté (v. s^s^ n° 442.43). Lorsqu'« *une mesure prise dans un État contractant est mise en œuvre dans un autre État contractant, les conditions de son application sont régies par la loi de cet autre État* ». Mais la règle ne vaut qu'en cas

1. I. Barrière-Brousse, « Le nouveau droit international privé des incapacités et la loi du 5 mars 2007 », *Dr. fam.* 2007, chron. 14, n° 24.
2. M. Revillard, « Protection internationale des adultes et droit international privé des majeurs protégés », *Defrénois* 2009, p. 35 s., spéc^t^ n° 51.

d'établissement d'une nouvelle résidence habituelle dans un État contractant.

La règle de conflit propre au **mandat d'inaptitude** ne soulèvera pas de difficultés liées au conflit mobile. Pour le rattachement de principe, le conflit mobile a été réglé en précisant qu'il s'agit « *de la loi de la résidence habituelle de l'adulte au moment de l'accord ou de l'acte unilatéral* ». Et, l'hypothèse d'une désignation expresse de la loi applicable chasse la difficulté du conflit mobile proprement dit (sur la possibilité d'un changement volontaire de la loi applicable, v. s^{s} n° 442.61).

442.75 Erreur excusable de la loi étrangère applicable. La convention de La Haye consacre un tempérament à la compétence de la loi étrangère largement fondé sur l'apparence. Ainsi protège-t-elle le tiers de bonne foi ayant traité avec « *une autre personne qui aurait la qualité de représentant de l'adulte selon la loi de l'État où l'acte a été passé* » (conv. La Haye, 13 janv. 2000, art. 17). Elle prévoit alors que « *la validité de l'acte ne peut être contestée et la responsabilité du tiers ne peut être engagée, sauf s'il savait ou devait savoir que cette qualité était régie par la loi désignée* ». Cette protection s'applique de manière générale, peu importe que la qualité de représentant résulte d'un mandat d'inaptitude ou d'une mesure de protection. Elle concerne non seulement les **actes patrimoniaux** mais aussi les **actes médicaux** effectués à la demande du représentant apparent. Ce correctif peut paraître singulièrement restreint puisqu'il vise uniquement la **conclusion d'un contrat avec un représentant apparent** et non la conclusion d'un contrat avec un adulte dont rien ne permet de penser qu'il a été dessaisi du pouvoir de gérer ses propres affaires. Il n'y a pas là une lacune mais le souci de ne pas provoquer un inutile conflit de norme supranationale. Le **correctif de l'erreur excusable** est, en effet, déjà **consacré**, dans l'hypothèse du **contrat conclu avec l'incapable**, dans l'article 11 du règlement (CE) n° 593/2008, du 17 juin 2008, dit Rome I, sur la loi applicable aux obligations contractuelles. Aux termes de ce texte, « *Dans un contrat conclu entre personnes se trouvant dans un même pays, une personne physique qui serait capable selon la loi de ce pays ne peut invoquer son incapacité résultant de la loi d'un autre pays que si, au moment de la conclusion du contrat, le cocontractant a connu cette incapacité ou ne l'a ignorée qu'en raison d'une imprudence de sa part* ».

442.76 Ordre public. Comme dans toutes les conventions de La Haye, il est prévu que la loi désignée ne peut être écartée que si son application est manifestement contraire à l'ordre public.

À titre d'illustration, il a été relevé que la question de **l'acharnement thérapeutique** relevait en France des **principes de déontologie médicale** qui ont un **caractère d'ordre public**[1]. Ces principes seraient susceptibles d'entrer en conflit avec les dispositions d'un mandat d'inaptitude étranger dans la mesure où « *certaines législations (État de New York ou État du Québec par ex.) prévoient que le mandataire donne son consentement aux soins médicaux et doit tenir compte, dans des conditions très précises, de l'opposition du mandant à tout acharnement thérapeutique* »[2].

SECTION 2
MAJEUR AYANT SA RÉSIDENCE HABITUELLE DANS UN ÉTAT NON CONTRACTANT À LA CONVENTION DE LA HAYE DU 13 JANVIER 2000

442.81 Conventions bilatérales. Pour connaître la loi applicable, il faut, avant toute chose, rechercher si la situation n'entre pas dans le domaine d'application d'un traité ratifié par la France. À titre d'illustration, on mentionnera la convention franco-polonaise du 5 avril 1967, relative à la loi applicable, la compétence et l'*exequatur* dans le droit des personnes et de la famille, qui retient également, en matière de tutelle, le principe de l'unité du *forum* et du *jus*.

442.82 Emprise de la convention de La Haye. À nouveau, il faut rappeler que la césure utilisée pour présenter le droit international privé de la protection des majeurs n'est pas le reflet parfait de l'applicabilité spatiale de la convention de La Haye.

S'agissant d'un **majeur résidant habituellement à l'étranger, dans un État contractant ou non**, les autorités françaises peuvent être compétentes dans des hypothèses particulières en raison de la **seule présence de l'incapable ou de certains de ses biens en France** (v. s^{s} n°s 441.171 et 441.111 s.). Une **compétence** leur est également reconnue pour les Français résidant habituellement dans un État contractant (v. s^{s} n° 441.81) ou, sans considération de la nationalité de l'adulte, en cas de renvoi par les autorités d'un autre État contractant (v. s^{s} n°s 441.101 s.). Dans toutes ces hypothèses, la compétence législative ne pose pas de difficultés. Compétentes sur le fondement de la convention, les autorités françaises appliqueront en principe, conformément à son article 13, la loi du *for*.

Plus délicate est la situation dans laquelle le **juge français** est **compétent** sur le fondement des **articles 14 ou 15 du Code civil** concernant un **Français résidant habituellement dans un État tiers.** Le

1. M. Revillard, « Protection internationale des adultes et droit international privé des majeurs protégés », *Defrénois* 2009, p. 35 s., n° 47.
2. M. Revillard, art. préc. s^{s} prés^{t} n°.

caractère universel attaché aux règles de conflit conventionnel par l'article 18 est alors d'un secours limité. Il règle, nous semble-t-il, la question de la loi applicable à un éventuel **mandat d'inaptitude** dont la mise en œuvre serait discutée devant le juge français. Pour cette difficulté, l'article 15 pose, en effet, une véritable **règle de conflit** et il y a lieu de la mettre en œuvre, peu importe, comme l'indique l'article 18, que la loi désignée soit celle d'un État non contractant. Pour les **mesures de protection**, la détermination de la règle de conflit applicable est plus malaisée. En effet, lorsque le juge français est compétent sur le fondement des articles 14 ou 15, mais ne l'est pas en vertu de la convention, le principe conventionnel d'application de la loi du *for* doit *a priori* être écarté[1]. Comment sortir de l'impasse ?

Deux voies paraissent concevables consistant, ou bien à maintenir le système antérieur de règlement du conflit de lois, ou bien à étendre les solutions de la convention. D'emblée, il faut préciser que ce débat est largement dépourvu de conséquences pratiques : les deux voies envisageables, conduisent, dans l'hypothèse considérée, à la **désignation du droit français**. C'est uniquement quant à la possibilité ou non de corriger exceptionnellement la compétence du droit français qu'une différence pratique apparaît.

442.83 Maintien du système antérieur de règlement du conflit de lois. Cette thèse a été défendue par Mme Barrière-Brousse pour laquelle « *le principe que l'autorité compétente applique sa loi ne devrait lui-même jouer que dans les cas où s'appliquent les règles conventionnelles de compétence des autorités, i. e. quand l'adulte a sa résidence habituelle dans un État contractant* »[2]. À défaut, la convention serait inopérante et il faudrait donc recourir aux règles de conflit antérieures à son entrée en vigueur. La solution conduirait à une survie en notre matière de l'article 3 alinéa 3 du Code civil, prescrivant d'appliquer la loi nationale de l'incapable, c'est-à-dire, en l'occurrence, la loi française. Il s'agit d'une compétence qui ne peut être écartée dès lors qu'il n'y a pas dans la construction française de clause d'exception permettant d'écarter la loi désignée au profit d'une loi qui a des liens plus significatifs avec la situation.

442.84 Extension de la convention de La Haye. Conformément au phénomène d'attraction des traités sur les systèmes nationaux, il serait concevable de reformuler la règle de conflit française en s'inspirant de la convention. Dans cette voie, il serait possible de transposer le principe de coïncidence des compétences législative et judiciaire qui, dans l'hypothèse considérée, conduira à la désignation du droit français. Plus précisément, il s'agirait d'adapter l'article 7 du traité en lui faisant perdre, s'agissant du français à l'étranger, son caractère de compétence subordonnée. La démarche serait respectueuse de la méthode de la convention de La Haye. Pour autant elle n'est pas réellement conforme à son esprit, lequel est d'assurer la **prééminence de la compétence des autorités et du droit de la résidence habituelle de l'intéressé**. À ce stade du raisonnement, on ne peut manquer de rappeler que la difficulté soulevée est essentiellement théorique : la survie de l'ancien système, comme la transposition de l'esprit de la convention, conduisent pareillement à la **désignation du droit français**. Une différence existe néanmoins tenant à la possibilité d'écarter le droit du *for* dans le système de la convention dans les hypothèses exceptionnelles où la protection de la personne ou des biens de l'adulte requiert « *d'appliquer* [...] *la loi d'un autre État avec lequel la situation présente un lien étroit* ». La transposition de cette clause d'exception permettrait au juge français d'appliquer, le cas échéant, la **loi étrangère de la résidence habituelle de l'incapable**. Cette abdication du droit français au profit d'une loi étrangère peut paraître incongrue. Elle peut néanmoins être intéressante lorsque le juge veut adopter une mesure conforme à l'environnement socio-juridique de l'intéressé ou lorsqu'il veut que sa décision ait de plus grandes chances d'être reconnue dans l'État d'accueil du Français.

442.85 Difficulté pratique. Pour les Français domiciliés à l'étranger, un écueil réside dans la règle des articles 431 du Code civil et 1218 du Code de procédure civile. Pour que le juge puisse ouvrir une tutelle ou une curatelle, ces textes exigent que l'aliénation des facultés ait été constatée par un médecin spécialiste figurant sur une liste établie par le procureur de la République. Lorsque le majeur est à l'étranger, cette exigence ne peut pas être respectée, faute d'une liste équivalente. Il est alors préconisé de se suffire d'un certificat émanant d'un médecin spécialiste, de préférence accrédité auprès de l'ambassade de France[3].

1. V. I. Barrière-Brousse, « Le nouveau droit international privé des incapacités et la loi du 5 mars 2007 », *Dr. fam.* 2007, chron. 14, n° 22.
2. V. I. Barrière-Brousse, « Le nouveau droit international privé des incapacités et la loi du 5 mars 2007 », *Dr. fam.* 2007, chron. 14, n° 22.
3. M. Revillard, « Protection internationale des adultes et droit international privé des majeurs protégés », *Defrénois* 2009, p. 35 s., n° 40.

CHAPITRE

443. Reconnaissance et exécution de la décision étrangère rendue en matière de protection d'une personne vulnérable

MICHEL FARGE
MAÎTRE DE CONFÉRENCES À L'UNIVERSITÉ
PIERRE MENDÈS-FRANCE (GRENOBLE 2)

SECTION 0

ORIENTEUR

443.00 Plan du chapitre.

443.01 Textes applicables.
* V. s^s n° 44.01

443.02 Jurisprudence de référence.
* V. s^s n° 44.02

443.03 Bibliographie indicative.
* V. s^s n° 44.03

443.04 Questions essentielles.
* V. s^s n° 44.04

443.10 Division. Les conditions de reconnaissance et d'exécution, en France, des décisions étrangères rendues en matière de protection des majeurs varient en fonction de leur origine géographique. Il convient de distinguer selon que la décision a été rendue dans un autre État partie à la convention de La Haye du 13 janvier 2000 (sect. 1) ou dans un État tiers (sect. 2).

SECTION 1

DÉCISION RENDUE DANS UN ÉTAT PARTIE À LA CONVENTION DE LA HAYE DU 13 JANVIER 2000

§ 1 Applicabilité de la convention de La Haye

A. Applicabilité matérielle

443.11 **Notion de mesure.** Les mesures susceptibles d'être reconnues sont celles énumérées à l'article 3 de la convention (v. s[s] n° 441.15). Une question matérielle peut se poser liée à la **preuve de la mesure** : cette preuve résultera normalement d'un document écrit provenant de l'autorité d'origine, consignant cette décision. Pragmatiquement, le rapport explicatif[1] souligne que, dans les cas d'urgence, la mesure peut être prise par téléphone et consignée sous la forme de note écrite au dossier[2]. Une télécopie ou un courrier électronique pourraient alors constituer la preuve de la mesure prise en vue de sa reconnaissance.

443.12 **Décision négative.** La question a été posée de savoir si les décisions négatives, celles qui refusent de prononcer une mesure de protection, devaient être considérées comme des **mesures au sens de la convention**. Une réponse positive s'impose[3]. Même si ces décisions négatives ne figurent pas dans l'énumération, la convention les englobe nécessairement puisqu'elle impose aux États contractants de les reconnaître lorsqu'elles émanent d'un autre État contractant (par ex., conv. La Haye, 13 janv. 2000, art. 7, § 3).

B. Applicabilité spatiale

443.21 **États d'origine contractants.** Dans son volet relatif à la reconnaissance et à l'exécution, la convention n'est évidemment applicable que dans l'hypothèse où la décision émane d'un État contractant. C'est dire qu'elle a un rôle **résiduel**. Pour la France, son applicabilité est limitée aux mesures prises en Allemagne, en Écosse ou en Suisse.

1. P. LAGARDE, *Convention du 13 janvier 2000, sur la protection internationale des adultes, Rapport explicatif*, Bureau permanent de la Conférence, (disponible sur le site de la Conférence de La Haye de droit international privé : www.hcch.net [publications/rapports explicatifs])
2. LAGARDE, n° 28.
3. LAGARDE, n° 28.

443.22 **Conflit de conventions.** En l'état des ratifications, aucun conflit n'est à envisager dès lors que la France n'a pas conclu d'accord, englobant la reconnaissance et l'exécution des décisions destinées à protéger les adultes, avec l'Allemagne, l'Écosse[4] et la Suisse[5].

C. Applicabilité temporelle

443.31 **1er janvier 2009.** Le § 2 de l'article 50 de la convention limite l'application dans le temps du chapitre IV concernant la reconnaissance et l'exécution, aux mesures prises après l'entrée en vigueur de la convention à la fois dans l'État d'origine des mesures et dans l'État requis. Pour l'Allemagne, l'Écosse, la France, l'entrée en vigueur est intervenue le 1er janvier 2009. Concernant la Suisse, elle est intervenue le 1er juillet 2009. S'agissant de la reconnaissance et de l'exécution des mesures non couvertes par la Convention, il faudra se référer aux règles françaises relatives à l'effet des jugements étrangers (v. s[s] n° 443.90).

§ 2 Application de la convention du 13 janvier 2000

443.40 **Division.** Il convient de distinguer la reconnaissance (A) de l'exécution (B).

A. Reconnaissance

1° Reconnaissance de plein droit

443.41 **Principe.** Selon l'article 22, § 1 de la convention, le principe est celui de la **reconnaissance de plein droit, dans chaque État contractant, des mesures prises dans un autre État contractant**, y compris s'il s'agit d'un rétablissement de la capacité d'un adulte qui en aurait été privé.

4. La convention du 18 janvier 1934, signée entre la France et la Grande-Bretagne, pour l'exécution des jugements en matière civil et commerciale, ratifiée le 16 mai 1936, *JO* 30 juin 1936, p. 6812, exclut les jugements rendus en matière de statut personnel (art. 2, b).
5. Un conflit n'est pas possible avec la Suisse dès lors qu'un accord sous forme d'échange de lettres a abrogé la Convention du 15 juin 1869 sur la compétence judiciaire et l'exécution des jugements et l'acte additionnel du 4 octobre 1935 : Décr. n° 92-179, 25 févr. 1992, portant publication de l'accord [...] signé à Berne les 6 et 14 novembre 1991, *JO* 27 févr., p. 2982.

Par exemple, les pouvoirs conférés à un représentant légal par une mesure prise dans un État contractant permettront à ce représentant, si un débat sur la reconnaissance n'est pas élevé, de passer, dans un autre État, au nom de l'adulte, les actes exigés par la protection de sa personne ou de ses biens.

2°
Discussion sur la reconnaissance

443.51 Mise en discussion. Dotée d'une efficacité substantielle immédiate, la décision peut, néanmoins, être mise en débat de deux façons.

À titre incident, lorsque la mesure est opposée à une partie au cours d'une procédure, il appartiendra alors à cette partie d'invoquer un motif de non-reconnaissance.

À titre principal, tout intéressé peut, en effet, avoir un intérêt légitime à lever le doute existant sur l'existence ou non d'un motif de non-reconnaissance. Cette démarche préventive peut prendre la forme d'une **action en reconnaissance**, autrement désignée **« action en opposabilité »**, ou d'une **action en non-reconnaissance**, également nommée **« action en inopposabilité »**. Dans la convention, la recevabilité de ces actions est limitée à la reconnaissance ou à la non-reconnaissance des mesures. Une telle action n'est donc pas prévue pour faire trancher la question de la validité d'un mandat d'inaptitude. Pour ce faire, il faudra en conséquence exercer une action en nullité en se référant aux règles françaises de compétence directe puisque le règlement (CE) n° 44/2001 du 22 décembre 2000, dit Bruxelles I, concernant la compétence judiciaire, la reconnaissance et l'exécution des décisions en matière civile et commerciale exclut de son domaine d'application l'état et la capacité des personnes physiques (règl. 22 déc. 2000, art. 1, § 1, a).

La voie procédurale empruntée pour ces actions préventives n'est pas régie par la convention de sorte qu'il faut se référer aux **règles françaises relatives aux actions en inopposabilité ou en opposabilité** (v. s^{s} n°s 413.161 s.).

3°
Motif de non-reconnaissance

443.61 Liste. En ne mentionnant pas le contrôle de la loi appliquée par l'autorité d'origine, la convention écarte cette condition d'efficacité conformément à la tendance contemporaine. Reproduisant une clause de style désormais habituelle dans les instruments internationaux, elle prohibe la révision au fond de la mesure prise dans l'État requis (conv. La Haye, 13 janv. 2000, art. 26). À son article 22, § 2, elle énonce **cinq motifs** qui peuvent, mais n'imposent pas, de refuser la reconnaissance.

443.62 1° Compétence de l'autorité d'origine. La reconnaissance peut être refusée si la mesure a été prise par une autorité dont la compétence n'était pas fondée sur un chef de compétence prévu ou conforme aux dispositions du chapitre II (« Compétence ») de la convention du 13 janvier 2000. C'est dire que l'autorité requise a le pouvoir de vérifier la compétence indirecte de l'autorité d'origine. Mais lorsqu'elle exerce ce pouvoir, elle est liée par les constatations de fait sur lesquelles l'autorité d'origine a fondé sa compétence (conv. La Haye, 13 janv. 2000, art. 24).

443.63 2° Absence d'audition de l'adulte. La reconnaissance peut être refusée si la mesure a été prise, hors le cas d'urgence, dans le cadre d'une procédure judiciaire ou administrative sans qu'ait été donnée à l'adulte la possibilité d'être entendu, en violation des principes fondamentaux de procédure de l'État requis. Pour la mise en œuvre de ce motif de non-reconnaissance en France, il convient de se demander si la possibilité d'être entendue constitue en France un principe fondamental de procédure. Même si l'article 415 du Code civil ne vise pas expressément l'audition, il est raisonnable que, promouvant l'« autonomie » de l'adulte, il impose de procéder à son audition chaque fois qu'il est en mesure de donner son avis sur une mesure le concernant.

443.64 3° Contrariété à l'ordre public ou aux lois de police de l'État requis. La reconnaissance peut être refusée lorsqu'elle serait contraire à l'ordre public de l'État requis ou à ses lois de police, lesquelles sont à nouveau définies, comme des « *dispositions dont l'application s'impose quelle que soit la loi qui serait autrement applicable* » (conv. La Haye, 13 janv. 2000, art. 22, § 2, c).

443.65 4° Incompatibilité avec une mesure prise postérieurement dans un État tiers. Le motif de non-reconnaissance prévu à l'article 22, § 2, d donne une primauté à la mesure prise par un État tiers sur celle prise par un État contractant. Cette primauté est subordonnée à **quatre conditions**.

En premier lieu, les deux mesures doivent être **incompatibles**, notion qui doit être tenue pour synonyme de celle d'**inconciliable** retenue par le droit international privé communautaire (v. s^{s} n° 413.111).

En deuxième lieu, la mesure prise dans l'État tiers doit être **postérieure à celle prise dans l'État partie** dont la reconnaissance est envisagée. Cette condition justifie la primauté de la première. Elle est fondée sur l'idée que la seconde mesure a été prise par une autorité plus proche de l'adulte et mieux à même d'apprécier son intérêt.

En troisième lieu, la compétence indirecte de l'État non contractant doit être appréciée au regard des articles 5 et 9 de la convention, lesquels se voient ainsi reconnaître un effet extraterritorial au stade de la reconnaissance.

En quatrième lieu, **la mesure prise dans l'État tiers doit logiquement remplir les conditions nécessaires à sa reconnaissance dans l'État requis.** Puisque le contrôle de la compétence indirecte de l'autorité étrangère s'opère sur le fondement de la convention, le droit national de l'État requis ne sera mis en œuvre que pour les autres conditions, à savoir pour la France : la conformité à l'ordre public et l'absence de fraude (v. s[s] n°s 413.60 s.).

443.66 5° Respect de la procédure prévue à l'article 33 de la convention. Ce dernier motif de non-reconnaissance vise à assurer le respect d'une disposition conçue comme essentielle en matière de collaboration entre États contractants. On sait que cet article 33 institue une procédure obligatoire de consultation avant toute mesure de placement d'un adulte dans un autre État contractant (v. s[s] n° 441.146). En subordonnant la reconnaissance au respect de la procédure de l'article 33, l'article 22, § 2, e) permet à l'État dans lequel la mesure de placement doit être exécutée de ne pas être placé devant le fait accompli puisqu'il l'autorise à en refuser la reconnaissance si la procédure de consultation a été omise.

B.
Exécution

1°
Exequatur

443.71 Hypothèse. L'article 27 de la convention concerne l'hypothèse dans laquelle les **mesures prises dans un État contractant** et qui y sont exécutoires comportent des **actes d'exécution**, par exemple la vente forcée, dans un autre État contractant. En ce cas la décision exécutoire dans l'État contractant d'origine devra faire l'objet d'une déclaration d'*exequatur* ou, selon la procédure applicable dans certains États, d'un enregistrement aux fins d'exécution.

443.72 Procédure. La procédure est celle prévue par la loi de l'État requis, à savoir en France la procédure d'*exequatur* de droit commun (v. s[s] n°s 413.71 s.). Si la convention n'a pas voulu, contrairement à d'autres instruments, imposer une procédure simplifiée, elle émet une sorte de vœu en invitant les État à appliquer une « *procédure simple et rapide* » sans pour autant fixer aucun délai. Il « *s'agit là d'une* lex imperfecta »[1]. Une autre limite à la liberté des États serait concevable dès lors que la convention prévoit une procédure déclenchée « *sur requête de tout intéressé* ». À interpréter le texte avec les concepts français, il semble que la procédure d'*exequatur* de droit commun ne puisse être utilisée. En effet, en France, l'assignation est estimée nécessaire afin de permettre que le juge soit éclairé au mieux, par la présence d'un contradicteur, sur une irrégularité éventuelle de la décision. Et il en est ainsi quand bien même la décision étrangère serait rendue en matière gracieuse[2]. En pareil cas, c'est normalement le ministère public qui sera assigné et jouera le rôle de contradicteur légitime[3]. Mais le rapport explicatif révèle qu'il ne faut pas prêter au terme « requête » le sens procédural français et qu'il faut considérer que la convention n'a pas voulu prendre position sur la procédure à adopter[4].

443.73 Conditions. La **déclaration d'*exequatur* ou l'enregistrement** « *ne peuvent être refusés* » que pour l'un des **motifs de non de non-reconnaissance** prévus à l'article 22 de la convention (v. s[s] n°s 443.61 à 443.66). Il en résulte que le juge de l'*exequatur* ne peut pas contrôler la compétence de la loi appliquée à l'étranger. Il lui est expressément interdit de procéder à une révision au fond (conv. La Haye, 13 janv. 2000, art. 26). Dans la mesure où le juge dispose d'une faculté, la convention lui laisse, semble-t-il, la possibilité d'accorder un ***exequatur* partiel** à certains chefs du jugement étranger lorsqu'ils sont dissociables d'autres chefs qui, pour leur part, ne passent pas au crible des différents motifs de non-reconnaissance.

2°
Mise à exécution

443.81 « Naturalisation » des mesures étrangères. Aux termes de l'article 28 de la convention, les mesures prises dans un État contractant et déclarées exécutoires dans un autre « *y sont mises à exécution comme si elles avaient été prises par les autorités de cet autre État* ». Comme l'observe M. Lagarde, « *il s'agit en quelque sorte d'une naturalisation de la mesure dans l'État contractant où elle sera mise en exécution* »[5]. Cette naturalisation n'est pas sans conséquence puisque les autorités de l'État requis pourront ainsi **surseoir à l'exécution d'une mesure de placement prise à l'étranger** dans les cas où elles auraient été autorisées à la faire pour une mesure prise dans leur État, par exemple en cas de refus de l'adulte de s'y soumettre. Cette **appropriation de la mesure étrangère** est encore renforcée par le texte

1. LAGARDE, n° 126.
2. V. AUDIT, n° 487, citant TGI Avesnes-sur-Helpe, 7 mai 1981, *Rev. crit. DIP* 1982, 368, note Défossez.
3. CA Paris, 16 nov. 1967, *Rev. crit. DIP* 1970, 293, note Poisson (en matière d'adoption).
4. LAGARDE, n° 126.
5. LAGARDE, n° 128.

ajoutant que « *la mise à exécution des mesures se fait conformément à la loi de l'État requis dans les limites qui y sont prévues* ». Le rapport explicatif fournit un exemple : « *Si l'autorité de la résidence habituelle de l'adulte a placé le tuteur sous contrôle des autorités sociales locales et si, plus tard, l'adulte est transféré dans un autre État contractant, la mise à exécution dans le second État de la décision prise dans le premier ne sera possible que si les autorités du second État sont habilitées selon leur loi à remplir la mission de surveillance qui incombait aux autorités sociales du premier État. Dans la négative, il appartiendrait aux autorités du second État, si possible après consultation des autorités du premier État, d'adapter la mesure prise dans celui-ci ou de la modifier conformément à l'article 5, § 2* »[1].

SECTION 2
DÉCISION RENDUE DANS UN ÉTAT TIERS À LA CONVENTION DE LA HAYE

443.90 Division. Les règles de reconnaissance et d'exécution des décisions rendues dans un État non partie à la convention de La Haye sont variables. Deux hypothèses doivent être distinguées selon que l'État en question est lié (§ 1) ou non (§ 2) avec la France par une convention internationale.

§ 1
Décision rendue dans un état non lié avec la France par une convention internationale

443.91 Application du droit commun. L'autorité des mesures concernant les incapables majeurs bénéficie du **principe de reconnaissance de plein droit** (sur lequel v. s[s] n° 443.41). Ainsi en est-il de la décision étrangère déclarant l'incapacité d'une personne de sorte que les actes de l'incapable peuvent être annulés sans que la décision n'ait fait l'objet d'un *exequatur*. De même le tuteur nommé par l'autorité étrangère pourra exercer ses pouvoirs sans formalité d'*exequatur*. Mais cette autorité immédiate est suspendue à **un éventuel contrôle de la régularité de la décision étrangère** exercé soit à titre incident, soit à titre principal (v. s[s] n° 443.51). À cette occasion la décision étrangère passera au crible des conditions françaises d'efficacité des décisions étrangères.

Le respect de ces conditions serait également contrôlé si le jugement fait l'objet, en vue d'acquérir force exécutoire en France, d'une procédure d'*exequatur* (v. s[s] n°s 443.71 s.). Renvoyant à la partie générale, on rappellera néanmoins que : « *Pour accorder l'exequatur hors toute convention internationale, le juge français doit s'assurer que trois conditions sont remplies, à savoir la compétence indirecte du juge étranger, fondée sur le rattachement du litige au juge saisi, la conformité à l'ordre public international de fond et de procédure, et l'absence de fraude à la loi* ». Depuis l'arrêt du 20 février 2007, « *le juge de l'exequatur n'a donc* [plus] *à vérifier que la loi appliquée par le juge étranger est celle désignée par la règle de conflit de lois française* »[2].

§ 2
Décision rendue dans un état lié avec la France par une convention internationale

443.101 Liste non exhaustive. La France a conclu plusieurs traités bilatéraux concernant la reconnaissance et l'exécution des décisions. Certains englobent l'état des personnes et la capacité.

À titre d'illustrations, il est possible de citer : la convention franco-algérienne du 27 août 1964, relative à l'*exequatur* et à l'extradition; la convention franco-brésilienne du 30 janvier 1981, de coopération judiciaire en matière civile[3], commerciale, sociale et administrative; la convention franco-marocaine du 5 octobre 1957, d'aide mutuelle, d'*exequatur* des jugements et d'extradition; la convention franco-polonaise du 5 avril 1967, relative à la loi applicable, la compétence et l'*exequatur* dans le droit des personnes et de la famille; la convention franco-tunisienne du 28 juin 1972, relative à l'entraide judiciaire en matière civile et commerciale et à la reconnaissance et à l'exécution des décisions judiciaires.

443.102 Contraste. Ces différentes conventions ont vieilli : les conditions exigées par elles pour accorder l'*exequatur* sont généralement plus rigoureuses que celles exigées par le droit commun ou la convention de La Haye sur la protection des adultes.

1. LAGARDE, n° 128.

2. Civ. 1re, 20 févr. 2007, n° 05-14.082 *Bull. civ.* I, n° 68; *LPA* 27 avr. 2007, n° 85, 13, note Mahinga; *Dr. fam.* 2007, comm. 97, note Farge; *JCP* 2007, act. 107, obs. Bruneau; *D.* 2007, 1115, note D'Avout et Bollée; *D.* 2007, 891, chron. Chauvin, spéc. 892 *Gaz. Pal.* 11-12 mai 2007, n° 131-132, jur. 4, note Guerchoun; *LPA* 22 mai 2007, n° 102, p. 15, note Lécuyer-Thieffry – M.-L. Niboyet, « L'abandon du contrôle de la compétence législative indirecte », *Gaz. Pal.* 29 avr.-3 mai 2007, n°s 119-123, doctr. 2; *D.* 2007, pan. 1751 obs. Courbe et Jault-Seseke; *D.* 2007, 1115, obs. Gallmeister; *Rev. crit. DIP* 2007, 420, note Ancel et Muir-Watt; *JDI* 2007, comm. 19, note Train.

3. Avec cette réserve que cette convention, à la différence des autres citées, ne précise pas expressément qu'elle s'applique aux décisions contentieuses comme gracieuses.

LIVRE

5. LE DROIT PÉNAL DE LA FAMILLE

SECTION 0

ORIENTEUR

5.00 **Plan du livre.**

5.03 **Bibliographie générale. Ouvrages.** Ph. Conte, *Droit pénal. spécial*, Litec, 2007 – J. et A.-M. Larguier, Ph. Conte, *Droit pénal spécial*, « Mémento », Dalloz, 2007 – V. Malabat, *Droit pénal spécial*, « Hypercours », Dalloz, 2009 – R. Merle et A. Vitu, *Traité de droit criminel, Droit pénal spécial*, Cujas, 1982 – J. Pradel et M. Danti-Juan, *Droit pénal spécial*, Cujas, 2008 – M.-L. Rassat, *Droit pénal spécial, Infractions des et contre les particuliers*, « Précis », Dalloz, 2006 – G. Roujou de Boubée, B. Bouloc, J. Francillon et Y. Mayaud, *Code pénal commenté*, Dalloz, 1996 – M. Véron, *Droit pénal spécial*, « coll. U », Éd. A. Colin, 2008.

5.09 **Protection de la société et protection de la famille.** Les règles de droit pénal ont pour vocation première de protéger la société et non pas la famille en tant que telle.

Mais il a toujours existé des règles de droit pénal pour assurer l'intégrité et la cohésion de la famille contre les attaques extérieures[1].

En revanche, pendant longtemps, le droit pénal ne régissait pas les relations intrafamiliales, notamment en cas d'infraction commise au sein de la famille, « *par un phénomène naturel, la famille tient à garder cachés les agissements coupables dont elle a connaissance* »[2]; le père de famille, *pater familias*, régnait en maître et avait tout pouvoir sur sa femme et sur ses enfants (entre 1840 et 1914, près de 75 000 enfants séjournent en prison sur plainte du père de famille[3]). Selon une formule célèbre de Bigot de Préameneu, « *la potestas du père et du chef de famille est le relais de l'autorité publique* ». Au nom du respect de l'intimité familiale et de la stabilité de la famille, l'État se refusait d'intervenir, hormis en cas de violation d'obligations morales : étaient alors poursuivies et réprimées les infractions d'abandon moral de famille, d'adultère ou d'avortement.

Puis, progressivement, la société évolue ainsi que la conception de la famille et le rôle de la femme, ce qui entraîne une modification des règles de droit pénal en la matière.

On constate, d'une part, une dépénalisation des infractions liées à la morale, telles que l'homosexualité, l'avortement ou encore l'adultère[4], ou un fléchissement de la répression comme en matière de bigamie.

D'autre part, la loi du 17 juin 1970 remplace la puissance paternelle par l'autorité parentale, ôtant au père les pleins pouvoirs au sein de la famille.

Ainsi, le droit pénal intervient tout d'abord pour protéger la famille éclatée; on peut citer, en particu-

1. P. Couvrat, « Le droit pénal et la famille », *RSC* 1969, 807.
2. G. Levasseur, « Les infractions contre la famille et la moralité sexuelle en France », *RID pén.* 1964, p. 755.
3. V. J. et A. Pousson, *L'affection et le droit*, CNRS, 1990, p. 134.
4. D. Mayer, « De quelques aspects de la dépénalisation actuelle en France : en matière de mœurs », *RSC* 1989, 442.

lier la loi du 11 juillet 1975 relative au divorce qui créé les délits d'abandon de famille et le défaut de notification du changement de domicile[1]. Les dispositions pénales de la loi de 1975 ont tendu à recentrer la protection de la famille en fonction de l'évolution des mœurs.

Puis, le nouveau Code pénal renforce la protection de l'intégrité de la personne humaine, notamment des plus faibles comme la personne vulnérable ou l'enfant, y compris au sein de sa propre famille; est créé un chapitre VII relatif aux « Atteintes aux mineurs et à la famille ». Le droit pénal peut se substituer, en particulier, à une autorité parentale défaillante : on est passé d'une conception privée de la famille à une conception sociale. Le souci de ménager les intérêts familiaux ne prévaut plus sur les nécessités sociales de la répression ce qui a conduit le législateur à supprimer la plainte préalable de la victime en matière d'infractions familiales.

Il est aujourd'hui admis que l'État repose sur la famille, société en miniature et puissante école d'adaptation sociale. Sont donc incriminés les comportements qui présentent un caractère antisocial et antifamilial accentué, qu'il s'agisse de réprimer les atteintes à l'intégrité des membres de la famille (titre 51) ou les atteintes au lien familial (titre 52).

1. G. Levasseur, « Les transformations du droit pénal concernant la vie familiale », *Archives de philosophie du droit*, Sirey, 1975, t. 20, p. 57 – P. Couvrat, « La famille, parent pauvre du droit pénal », *Le droit non civil de la famille*, PUF, 1983, p. 133.

TITRE

51. Les atteintes à l'intégrité des membres de la famille

SECTION 0

ORIENTEUR

51.00 Plan du titre.

51.09 Division. Dans un rapport du Conseil de l'Europe de 1987 consacré aux violences intrafamiliales, on peut lire : « *La famille est le creuset de toutes les violences; la violence serait le mode de vie habituel dans 20 % des familles, violence contre les êtres faibles, enfant, femme, personne âgée* ».

Le Code pénal pose, entre autres, comme valeur sociale protégée, la protection de l'intégrité de la personne humaine, y compris au sein de sa famille, qu'il s'agisse d'une victime adulte (chap. 511) ou, *a fortiori*, d'un mineur (chap. 512).

CHAPITRE

511. Atteintes à l'adulte

ANNE BOURRAT-GUÉGUEN
MAÎTRE DE CONFÉRENCES
À L'UNIVERSITÉ DE RENNES 2 – HAUTE BRETAGNE

SECTION 0
ORIENTEUR

511.00 **Plan du chapitre.**

511.01 **Textes applicables.**

TEXTES SOURCES

• **Code pénal**

> Crime ou délit commis par conjoint, concubin, partenaire : circonstance aggravante

C. pén., art. 132-80

> Meurtre sur ascendant : circonstance aggravante

C. pén., art. 221-4, 2°

> Torture ou acte de barbarie sur ascendant

C. pén., art. 222-3, 3°

> Violence volontaire ayant entraîné la mort sans intention de la donner

C. pén., art. 222-7

> Violence volontaire sur ascendant ayant entraîné la mort sans intention de la donner : circonstance aggravante

C. pén., art. 222-8, 3°

> Violence volontaire ayant entraîné une mutilation ou une infirmité permanente : circonstance aggravante

C. pén., art. 222-10, 3°

> Violence volontaire sur ascendant ayant entraîné une incapacité totale de travail (ITT) de plus de huit jours : circonstance aggravante

C. pén., art. 222-12, 3°

> Violence volontaire sur ascendant ayant entraîné une ITT inférieure ou égale à plus de huit jours

C. pén., art. 222-13, 3°

> Administration de substances nuisibles

C. pén., art. 222-15

> Viol

C. pén., art. 222-23 s.

> Agression sexuelle

C. pén., art. 222-27 s.

• **Circulaires**

Circ. intermin., 8 mars 1999, relative à la lutte contre les violences à l'encontre des femmes, MES99-280SDEF n° 980014

Circ. DGAS/SD2 n° 2002-280, 3 mai 2002, relative à la prévention et à la lutte contre la maltraitance envers les adultes vulnérables, notamment les personnes âgées, *BO* 2002-21

• **Instruction**

Instr. DGAS/2A n° 2007-112, 22 mars 2007, relative au développement de la bientraitance et au renforcement de la politique de lutte contre la maltraitance, *BO Solidarité Santé* 2007-4

SÉLECTION THÉMATIQUE ET ALPHABÉTIQUE DE TEXTES *IN EXTENSO*

> Administration de substances nuisibles

C. pén., art. 222-15

L'administration de substances nuisibles ayant porté atteinte à l'intégrité physique ou psychique d'autrui est punie des peines mentionnées aux articles 222-7 à 222-14-1 suivant les distinctions prévues par ces articles.

Les deux premiers alinéas de l'article 132-23 relatif à la période de sûreté sont applicables à cette infraction dans les mêmes cas que ceux prévus par ces articles.

> Agression sexuelle

C. pén., art. 222-27 s.

Les agressions sexuelles autres que le viol sont punies de cinq ans d'emprisonnement et de 75 000 euros d'amende.

> Crime ou délit commis par conjoint, concubin, partenaire (même ancien) : circonstance aggravante

C. pén., art. 132-80

Dans les cas prévus par la loi, les peines encourues pour un crime ou un délit sont aggravées lorsque l'infraction est commise par le conjoint, le concubin ou le partenaire lié à la victime par un pacte civil de solidarité.

La circonstance aggravante prévue au premier alinéa est également constituée lorsque les faits sont commis par l'ancien conjoint, l'ancien concubin ou l'ancien partenaire lié à la victime par un pacte civil de solidarité. Les dispositions du présent alinéa sont applicables dès lors que l'infraction est commise en raison des relations ayant existé entre l'auteur des faits et la victime.

> Meurtre sur ascendant : circonstance aggravante

C. pén., art. 221-4, 2°

Le meurtre est puni de la réclusion criminelle à perpétuité lorsqu'il est commis : [...]

2° Sur un ascendant légitime ou naturel ou sur les père ou mère adoptifs; [...]

> Torture ou acte de barbarie sur ascendant

C. pén., art. 222-3, 3°

L'infraction définie à l'article 222-1 est punie de vingt ans de réclusion criminelle lorsqu'elle est commise : [...]

3° Sur un ascendant légitime ou naturel ou sur les père ou mère adoptifs; [...]

> Viol

C. pén., art. 222-23 s.

Tout acte de pénétration sexuelle, de quelque nature qu'il soit, commis sur la personne d'autrui par violence, contrainte, menace ou surprise est un viol.

Le viol est puni de quinze ans de réclusion criminelle.

> Violence volontaire ayant entraîné la mort sans intention de la donner

C. pén., art. 222-7

Les violences ayant entraîné la mort sans intention de la donner sont punies de quinze ans de réclusion criminelle.

> Violence volontaire sur ascendant ayant entraîné la mort sans intention de la donner : circonstance aggravante

C. pén., art. 222-8, 3°

L'infraction définie à l'article 222-7 est punie de vingt ans de réclusion criminelle lorsqu'elle est commise : [...]

3° Sur un ascendant légitime ou naturel ou sur les père ou mère adoptifs; [...]

> Violence volontaire ayant entraîné une mutilation ou une infirmité permanente : circonstance aggravante

C. pén., art. 222-10, 3°

L'infraction définie à l'article 222-9 est punie de quinze ans de réclusion criminelle lorsqu'elle est commise : [...]

3° Sur un ascendant légitime ou naturel ou sur les père ou mère adoptifs; [...]

> Violence volontaire sur ascendant ayant entraîné une incapacité totale de travail (ITT) de plus de huit jours : circonstance aggravante

C. pén., art. 222-12, 3°

L'infraction définie à l'article 222-11 est punie de cinq ans d'emprisonnement et de 75 000 euros d'amende lorsqu'elle est commise : [...]

3° Sur un ascendant légitime ou naturel ou sur les père ou mère adoptifs; [...]

> Violence volontaire sur ascendant ayant entraîné une ITT inférieure ou égale à plus de huit jours

C. pén., art. 222-13, 3°

Les violences ayant entraîné une incapacité de travail inférieure ou égale à huit jours ou n'ayant entraîné aucune incapacité de travail sont punies de trois ans d'emprisonnement et de 45 000 euros d'amende lorsqu'elles sont commises : [...]

3° Sur un ascendant légitime ou naturel ou sur les père ou mère adoptifs; [...]

Les peines encourues sont portées à cinq ans d'emprisonnement et à 75 000 euros d'amende lorsque l'infraction définie au premier alinéa est commise sur un mineur de quinze ans par un ascendant légitime, naturel ou adoptif ou par toute autre personne ayant autorité sur le mineur. Les peines sont également portées à cinq ans d'emprisonnement et 75 000 euros d'amende lorsque cette infraction, ayant entraîné une incapacité totale de travail inférieure ou égale à huit jours, est commise dans deux des circonstances prévues aux 1° et suivants du présent article. Les peines sont portées à sept ans d'emprisonnement et 100 000 euros d'amende lorsqu'elle est commise dans trois de ces circonstances.

511.02 Jurisprudence de référence.

> Admission du viol entre époux

• Crim. 11 juin 1992, n° 91-86.346, *Bull. crim.*, n° 232

* V. s^s n° 511.82

« La présomption de consentement des époux aux actes sexuels dans l'intimité ne vaut que jusqu'à preuve contraire. »

> Éléments constitutifs du crime de viol

• Cass. ass. plén., 8 juill. 2005, n° 99-83.846, *Bull. ass. plén.*, n° 1

* V. s^s n° 511.92

Ne caractérise pas tous les éléments constitutifs du crime de viol la question posée au jury qui omet de mentionner que l'acte de pénétration sexuelle a été commis par violence, contrainte ou surprise.

> **Qualité de concubin de la victime**

• **Crim. 1er févr. 2006, n° 05-84.965,** NP; *Dr. pénal* 2006, comm. 70, obs. Véron

* V. s^s n° 511.51

« Celui qui a quitté son ancienne amie depuis plus d'un mois n'est plus le concubin de la victime. » (arrêt rendu avant l'entrée en vigueur de la loi du 4 avril 2006).

• **Crim. 7 avr. 2009, n° 08-87.480,** *Bull. crim.*, n° 69

* V. s^s n° 511.51

Ne peut écarter la circonstance aggravante d'ancien concubin de la victime, la décision qui constate que les violences ont été commises à l'occasion de la remise au prévenu des enfants du couple dans un contexte de conflit relatif au retard dans le paiement de la pension alimentaire.

511.03 Bibliographie indicative.

Actualisables. RÉP. PÉN. PROC. PÉN., V. Malabat, *V^is Infractions sexuelles*; E. Daures, *V° Viol* – J.-CL. PÉN., art. 222-7 à 222-16-1 et art. 222-22 à 222-33-1.

Ouvrages. R. Cario (dir.), *La victimisation des aîné(e)s*, L'Harmattan, 2003 – Garçon, *Code pénal annoté*, 2e éd., 1952-1959, 332,– F. Dieu et P. Suhard, *Justice et femme battue, enquête sur le traitement judiciaire des violences conjugales*, « Sécurité et société », L'Harmattan, 2008 – R. Hugonot, *Violences contre les vieux*, Ères, 1990; *La vieillesse maltraitée*, Dunod, 2003; *Violences invisibles, reconnaître les situations de maltraitance envers les personnes âgées*, Dunod, 2007.

Rapports et études.

> **Maltraitance des personnes âgées.** *Prévenir la maltraitance des personnes âgées*, rapp. du groupe de travail présidé par M. Debout, ENSP, 2003.

> **Violences envers les personnes.** C. Cavalin *Les violences subies par les personnes âgées de 18 à 75 ans, premiers résultats de l'enquête. Évènements de vie et santé*, Drees, sept. 2007.

> **Violences envers les femmes.** Rapp. Ass. Nat. n° 1799, au nom de la *mission d'évaluation de la politique de prévention et de lutte contre les violences faites aux femmes*, juill. 2009.

> **Violences au sein du couple.** *La lutte contre les violences au sein du couple*, sept. 2004 – *Lutte contre les violences conjugales*, rapp. Sénat, législation comparée, n° LC 144, févr. 2005 – Rapp. Sénat, *Lutte contre les violences au sein du couple*, n° 229, 2004-2005 – *Les violences conjugales. Professionnalisation de la réponse policière*, janv. 2005 – Coutanceau, *Auteurs de violences au sein du couple. Prise en charge et prévention*, mars 2006 – C. Cavalin, *Approche statistique, sociologique et sanitaire des violences conjugales*, rapp. Drees, juin 2008.

Articles. G. Blanc, « La médiation pénale », *JCP* 1994, I, 3760 – A. Bourrat-Guéguen, « Analyse de la loi n° 2006-399 du 4 avril 2006 », *RJO* 2006/4, p. 429 – R. Cario, « La victimisation des aînés », *RSC* 2002, 81 – M. Herzog-Evans, « Les dispositions relatives à la récidive dans la loi du 12 décembre 2005 », *D.* 2006, 182; *AJ pénal* 2005, 448 – C. Lienhard et J.-P. Copin, « Médiation pénale familiale : un mode alternatif au contentieux pénal familial », *AJ fam.* 2002, 254 – D. Mayer, « Le nouvel éclairage donné au viol par la réforme du 23 décembre 1980 », *D.* 1981, chron. 283; « La protection pénale de la femme », *Mél. Vitu, Droit pénal contemporain*, 1989 – P. Murat, « Proposition de loi sur les violences intrafamiliales : beaucoup de symboles pour peu d'efficacité ? », *Dr. fam.* 2006, repère 1 – M. Rebourg, « Prévention et répression des violences au sein du couple ou commises contre les mineurs », *JCP* 2006, act. 173 – J.-H. Robert, « Les murailles de silicium, loi du 12 décembre 2005 relative au traitement de la récidive des infractions pénales », *Dr. pénal* 2006, étude 2 – M.-F. Vieville-Miravete, « La circonstance aggravante d'"ex" en matière de violences au sein du couple », *Dr. pénal* 2009, étude 4 – D. Viriot-Barrial, « Commentaire de la loi n° 2006-399 du 4 avril 2006, renforçant la prévention et la répression des violences au sein du couple ou commises contre les mineurs », *D.* 2006, 2350.

511.04 Questions essentielles.

> Les violences au sein du couple sont-elles incriminées spécifiquement par le Code pénal ?

* V. s^s n° 511.51

> Le conjoint, concubin, partenaire, est-il protégé des risques de récidive de l'auteur des violences ?

* V. s^s n° 511.63

> Le viol entre époux est-il incriminé ?

* V. s^s n° 511.104

> Le Code pénal tient-il compte de la qualité d'ascendant de la victime ?

* V. s^s n°s 511.121 et 511.122

511.05 Sanctions.

> Si le viol est commis par le conjoint, le concubin ou le partenaire de la victime, ce dernier encourt **vingt ans de réclusion criminelle**, et **sept ans d'emprisonnement** si les faits sont qualifiés agression sexuelle.

* V. s^s n° 511.105

511.06 Délais.

> En matière de viol, meurtre, actes de torture et de barbarie, violences volontaires aggravées ayant entraîné la mort ou une mutilation ou infirmité, le délai de prescription de l'action publique est de **dix ans** à dater du jour où le crime a été commis.

* V. s^s n°s 511.80 s.

> En matière de violences volontaires aggravées ayant entraîné une incapacité de travail et d'agression sexuelle, le délai de prescription de l'action publique est de **trois ans** à dater de la commission de l'infraction.

* V. s^s n°s 511.11 s.

511.09 Division. Le Code pénal ne contient plus aucune infraction spécifique en matière d'atteinte à l'intégrité de l'adulte membre de la famille puisque le crime de parricide qui comptait, au titre de ses éléments constitutifs, la qualité d'ascendant de la victime, a été supprimé par le Code pénal de 1994, après une opposition persistante, lors du vote du Code, entre l'Assemblée nationale et le Sénat; en revanche, il mentionne parfois, au titre des circonstances aggravantes, la qualité de la victime par rapport à l'auteur : on trouve alors la qualité de conjoint, concubin, partenaire (sect. 1) ou celle d'ascendant par rapport à l'auteur (sect. 2).

SECTION 1
LE CONJOINT, CONCUBIN OU PARTENAIRE DE LA VICTIME

511.10 **Division.** La qualité de conjoint, concubin ou partenaire de la victime, étendue récemment, constitue désormais une circonstance aggravante tant en matière de violences au sein du couple (§ 1) que dans le cadre du viol et des autres agressions sexuelles (§ 2).

§ 1
Violences au sein du couple

511.11 **Reconnaissance des violences au sein du couple.** D'après une enquête nationale, 10 % des femmes sont victimes de violences au sein de leur couple[1].

En France, ces violences ont longtemps été occultées au nom de la paix des familles et d'une certaine tolérance sociale; mais, en novembre 1989, sous l'impulsion du Secrétariat des droits de la femme, une première campagne de sensibilisation est lancée. Progressivement, se met en place un système de prévention et de protection des femmes victimes de violences au sein de leur couple, essentiellement relayé par les directions régionales et départementales aux droits des femmes ainsi que le note un récent rapport de l'Igas[2].

511.12 **Poursuite pénale et qualification de violences volontaires.** En cas de violences avérées, l'auteur peut faire l'objet de poursuites pénales, même si ce n'est pas toujours le cas en pratique, soit que la victime hésite à dénoncer les faits, soit que le parquet classe sans suite faute de preuve ou dirige le couple vers une mesure de médiation pénale[3].

En cas de poursuites, on retiendra essentiellement la qualification de violences volontaires (C. pén., art. 222-7 s.) pour laquelle il existe des éléments constitutifs (A) et des sanctions précises (B).

1. *Enquête ENVEFF*, *Doc. fr.*, juin 2002 – Pour des chiffres plus récents, v. N. Bajos, M. Bozon et N. Beltzer, *Enquête sur la sexualité en France*; *Pratiques, genre et santé*, La Découverte, 2008.
2. Igas, *Rapport de synthèse* n° 2004092, juill. 2004.
3. G. Blanc, « La médiation pénale », *JCP* 1994, I, 3760 – C. Lienhard et J.-P. Copin, « Médiation pénale familiale : un mode alternatif au contentieux pénal familial », *AJ fam.* 2002, 254 – S. Pokora, « La médiation pénale », *AJ fam.* 2003, 58.

A.
Éléments constitutifs des violences volontaires

511.20 **Évolution de la terminologie.** À l'origine, le Code pénal mentionnait les « *coups et blessures* »; puis le législateur ajouta l'expression « *violences et voies de fait* » pour les actes qui ne comportaient pas véritablement de coups et ne se traduisaient pas par des blessures. La loi du 2 février 1981, dite « Loi Sécurité et liberté »[4], supprime le terme de blessures et finalement le Code pénal de 1994 élimine les notions de coups et voies de fait pour ne retenir que le vocable de violences : pour autant, la plupart des auteurs considèrent que ce changement de terminologie n'a aucunement modifié l'incrimination qui suppose la **réunion d'un élément matériel et d'un élément intentionnel.**

1°
Élément matériel

511.21 **Typologie des actes de violence.** Les violences peuvent, en pratique, faire l'objet d'actes très divers. Traditionnellement, on distingue deux types d'actes :

– il peut tout d'abord s'agir d'actes qui ont entraîné un contact entre la victime et l'auteur, soit un **contact direct**, tel est le cas en présence de coups de poing, coups de pied, gifles, *etc.*, soit un **contact indirect** si l'auteur a utilisé un objet pour infliger ces violences, comme lancer un chien contre un tiers[5], ou aborder une petite fille une pierre à la main[6];

– il peut aussi s'agir d'actes qui n'ont impliqué aucun contact entre l'agresseur et la victime, mais qui ont fortement impressionné cette dernière au point de provoquer chez elle un **choc émotionnel ou psychologique** : arme chargée braquée sur la victime[7], coups violents assénés sur une paroi[8], envoi d'un avis de décès imaginaire[9].

511.22 **Preuve de la violence.** En tout état de cause, il faut caractériser un acte positif ayant entraîné chez la victime une **atteinte à l'intégrité physique ou psychologique**[10]; aussi, la victime a-t-elle intérêt à faire constater médicalement cette atteinte avant d'engager des poursuites. Cela étant,

4. L. n° 81-82, 2 févr. 1981, renforçant la sécurité et protégeant la liberté des personnes (loi Peyrefitte), *JO* 3 févr., p. 415.
5. Crim. 7 avr. 1967, *JCP* 1968, II, 15366, note Volff.
6. Crim. 14 nov. 1931, *Bull. crim.*, n° 258.
7. Crim. 7 août 1934, *DH* 1934, 477.
8. Crim. 22 oct. 1936, *Bull. crim.*, n° 97.
9. CA Toulouse, 26 juin 2003, *D.* 2003, IR 2728 (sur renvoi de Crim. 27 oct. 1999, n° 98-86.017, *Bull. crim.* n° 235; *Dr. pén.* 2000, comm. 30, obs. Véron; *RSC* 2000, 396, obs. Mayaud).
10. CA Toulouse, 26 juin 2003, préc. s[s] n° 511.21.

la circulaire interministérielle du 8 mars 1999 relative à la lutte contre les violences à l'encontre des femmes[1] rappelle que la production d'un certificat médical n'est en aucun cas un préalable au dépôt de plainte; elle peut avoir lieu à tout moment de la procédure mais en pratique si elle est faite dès le départ, le policier ou le gendarme place plus facilement en garde à vue et le parquet est plus enclin à poursuivre. Pour autant, le seul certificat médical ne suffit pas toujours à prouver les violences[2]. En revanche, il est possible d'avoir recours au témoignage des enfants, puisque, dans cette même affaire, la chambre criminelle de la Cour de cassation a affirmé que l'article 205 du Code de procédure civile, qui prohibe le témoignage des enfants, est propre au contentieux du divorce.

La constatation de l'élément matériel ne suffit pas, encore faut-il caractériser l'élément intentionnel.

2°
Élément intentionnel

511.31 Définition. L'élément intentionnel permet de distinguer les **violences volontaires** de celles qui résultent d'une simple négligence ou imprudence.

Ainsi, l'intention consiste dans le fait de **vouloir l'acte**, et non de vouloir un dommage précis. La jurisprudence se contente donc ici d'un **dol général**, ce que critiquent certains auteurs qui estiment qu'il aurait fallu préciser que l'intention nécessite la volonté de produire un résultat précis[3].

Ajoutons que **le mobile est ici indifférent** et que le conjoint ne peut plus invoquer comme fait justificatif un éventuel droit de correction à l'égard de sa femme.

Une fois les éléments constitutifs établis, il faudra déterminer la sanction.

B.
Sanctions des violences volontaires

1°
Incidence du résultat de l'infraction

511.40 Corrélation entre résultat de l'infraction et sanction des violences. En la matière, les sanctions dépendent du résultat qui influe aussi sur la qualification des violences.

511.41 Incapacité totale de travail (ITT) : durée de l'ITT et sanction. Si les violences n'ont entraîné aucune ITT ou une ITT inférieure ou égale à huit jours, il s'agit d'une **contravention**, sauf si l'auteur est le conjoint, concubin ou partenaire; dans ce cas, les faits sont qualifiés de **délit** et l'auteur encourt trois ans d'emprisonnement et 45 000 euros d'amende (C. pén., art. 222-13, 6°).

Si les violences ont entraîné une ITT supérieure à huit jours, il s'agit toujours d'un **délit** et le conjoint, concubin ou partenaire risque au maximum cinq ans d'emprisonnement et 75 000 euros d'amende (C. pén., art. 222-12, 6°).

L'incapacité totale de travail est une notion de droit pénal qui a pour but de renseigner les magistrats sur les conséquences des violences subies; elle n'est pas définie par la loi, mais la jurisprudence retient désormais l'incapacité pour une personne à se livrer aux actes courants de la vie quotidienne.

511.42 Mutilation ou infirmité permanente. Si les violences ont entraîné une mutilation ou une infirmité permanente, elles deviennent criminelles et le compagnon encourt jusqu'à quinze ans de réclusion criminelle (C. pén., art. 222-10, 6°). Là encore, si l'auteur n'a pas de qualité particulière par rapport à la victime, les violences restent qualifiées de **délit**. L'infirmité permanente se définit comme une atteinte permanente à un organe des sens, alors que la mutilation consiste en la perte d'un organe.

511.43 Mort de la victime. Enfin, si les violences aboutissent à la mort de la victime, sans intention de la donner, les faits sont dans tous les cas qualifiés **crime** et l'auteur, conjoint, concubin ou partenaire encourt au plus vingt ans de réclusion criminelle (C. pén., art. 222-8, 6°).

2°
Incidence des circonstances de l'infraction

511.51 Qualité de conjoint ou de concubin de la victime : circonstance aggravante (oui). On le voit donc, dans tous ces cas de violences, le Code pénal de 1994 a instauré comme circonstance aggravante la qualité de conjoint ou concubin de la victime. Le **conjoint**, c'est celui qui est marié avec la victime et cette circonstance aggravante s'applique tant que le mariage subsiste, même si les époux sont séparés[4]. En revanche, il semble que la qualité de **concubin** soit liée à la communauté de vie; ainsi, le juge pénal retient la circonstance aggravante de concubin en cas de cohabitation ou de stabilité des

1. Circ. intermin. 8 mars 1999, relative à la lutte contre les violences à l'encontre des femmes, MES99-280SDEF n° 980014.
2. Crim. 21 févr. 2006, n° 05-84.015, *Bull. crim.*, n° 49; *AJ pénal* 2006, 264, obs. Girault; *RSC* 2006, 830, obs. Mayaud.
3. M.-L. Rassat, *Droit pénal spécial*, « Précis », Dalloz, 2006, n° 291.
4. Crim. 7 avr. 1998, n° 97-84.068, *Bull. crim.*, n° 136; *Dr. pénal* 1998, comm. 114, Véron.

relations[1], et la rejette en cas de séparation des concubins au moment des faits[2]. Mais la loi nouvelle a modifié cette notion de concubin.

En effet, la loi nº 2006-399 du 4 avril 2006[3] qui a ajouté « *le partenaire lié à la victime par un pacte civil de solidarité* » au titre des circonstances aggravantes mentionnant déjà le conjoint et le concubin, a étendu cette circonstance aggravante aux « ex » : ancien conjoint, ancien concubin ou ancien partenaire; les enquêtes ont montré que les violences sont très fréquentes au moment et après la séparation du couple (lors des débats parlementaires, C. Vautrin, ministre délégué à la cohésion sociale et à la parité relevait que près de 31 % des décès dus aux violences surviennent au moment de la rupture ou après). Cela étant, le texte nouveau prend le soin de préciser que la circonstance aggravante « d'ex » ne s'applique que si « *l'infraction est commise en raison des relations ayant existé entre l'auteur des faits et la victime* » et ce sans condition de durée.

Ainsi, la Cour de cassation a cassé l'arrêt de la cour d'appel qui avait exclu cette circonstance aggravante au motif qu'« *en considération du délai écoulé depuis la rupture, il n'était pas établi avec certitude que les violences aient un lien avec l'ancienne vie commune des intéressés* »[4].

Donc, contrairement à certains pays européens comme l'Espagne ou la Suède[5], le législateur n'a **pas** créé **d'infraction spécifique de violences au sein du couple**, mais a renforcé la **circonstance aggravante de conjoint, concubin ou partenaire**; cette dernière existe d'ailleurs aussi en matière d'actes de torture et de barbarie (C. pén., art. 222-3, 6°), d'administration de substance nuisible (C. pén., art. 222-15) et a été étendue au meurtre (C. pén., art. 221-4, 9°).

511.52 Caractère habituel des violences : circonstance aggravante (non). En revanche, contrairement à ce que proposaient les rédacteurs du rapport[6], le caractère habituel des violences n'a pas été retenu comme circonstance aggravante, comme c'est le cas pour le mineur victime.

3°
Tentative, complicité et récidive

511.61 Tentative : sanction (non). Ajoutons que la tentative des violences n'est pas punissable. En effet, comme la répression dépend du résultat, en cas de tentative on ne connaît pas, par hypothèse, le résultat des violences puisque l'auteur n'est pas allé jusqu'au bout, on ne peut donc pas le sanctionner : les violences volontaires constituent toujours une infraction sans tentative.

511.62 Complicité : sanction (oui). La complicité est réprimée, mais est assez rare en matière de violences au sein du couple.

511.63 Prévention de la récidive. À l'instar du juge civil qui peut désormais éloigner le **conjoint violent** du domicile (C. civ., art. 220-1), le juge pénal peut désormais faire de même; en effet, la loi nº 2005-1549 du 12 décembre 2005 relative au traitement de la récidive[7] donne la possibilité au juge, en cas d'infraction commise contre le conjoint, le concubin ou le partenaire, d'ordonner à l'auteur de résider hors du domicile ou de la résidence du couple, de s'abstenir de paraître dans ce domicile ou aux abords immédiats et de faire l'objet, si nécessaire, d'une prise en charge sanitaire, sociale ou psychologique. Cette obligation peut être prise au titre d'une mesure alternative aux poursuites (C. pr. pén., art. 41-1, 6°), d'une modalité du régime de mise à l'épreuve (C. pén., art. 132-45, 9°) ou de contrôle judiciaire (C. pr. pén., art. 138, 17°). La loi du 4 avril 2006 étend cette possibilité à l'égard du partenaire auteur et à l'égard de l'**ancien conjoint, concubin ou partenaire**. Cette mesure est plus large en matière pénale, puisqu'elle vise le conjoint, le concubin ou le partenaire alors qu'en matière civile l'article 220-1 du Code civil ne s'applique qu'au conjoint[8]. D'après les professionnels[9], l'instauration d'une prise en charge thérapeutique est une heureuse innovation, car seule cette dernière permet de lutter efficacement contre les risques de

1. CA Paris, 21 sept. 1999, *Dr. pénal* 2000, comm. 57, obs. Véron.
2. T. corr. Nanterre, 19 sept. 1994, *Gaz. Pal.* 1994, 708 – Crim. 1er févr. 2006, nº 05-84.965, NP; *Dr. pénal.* 2006, comm. 70, obs. Véron.
3. L. nº 2006-399, 4 avr. 2006, renforçant la prévention et la répression des violences au sein du couple ou commises contre les mineurs, *JO* 5 avr., p. 5097 – M. Rebourg, « Prévention et répression des violences au sein du couple ou commises contre les mineurs », *JCP* 2006, act. 173 – M. Brusorio, *RJPF* 2006, p. 6 – P. Murat, « Proposition de loi sur les violences intrafamiliales : beaucoup de symboles pour peu d'efficacité ? », *Dr. fam.* 2006, repère 1 – A. Bourrat-Guéguen, « Analyse de la loi nº 2006-399 du 4 avril 2006 », *RJO* 2006/4, p. 429 – Bonfils et Vergès, *RSC* 2007, p. 337.
4. Crim. 7 avr. 2009, nº 08-87.480, *Bull. crim.*, nº 69; *AJ pénal* 2009, 313, obs. Duparc; *Dr. pénal* 2009, comm. 93, obs. Véron.
5. *Lutte contre les violences conjugales*, rapp. Sénat, législation comparée, nº LC 144, févr. 2005.
6. Rapp. Sénat, *Lutte contre les violences au sein du couple*, nº 229, 2004-2005.
7. J.-H. Robert, « Les murailles de silicium, loi du 12 décembre 2005 relative au traitement de la récidive des infractions pénales », *Dr. pénal* 2006, étude 2 – M. Herzog-Evans, « Les dispositions relatives à la récidive dans la loi du 12 décembre 2005 », *D.* 2006, 182; et *AJ pénal* 2005, 448.
8. TGI Lille, 21 févr. 2006, *Dr. fam.* 2006, comm. 141, obs. Corpart.
9. Coutanceau, *Auteurs de violences au sein du couple. Prise en charge et prévention*, mars 2006.

reproduction et de récidive. On peut regretter que la loi nouvelle n'ait repris aucune des dispositions préventives proposées dans le rapport du Sénat, bien que cet aspect relève plus du domaine réglementaire : gageons que soit mise en place une véritable politique pénale en la matière. Cela étant, une proposition de loi vise à compléter les dispositions actuelles en matière de lutte contre les violences à l'encontre des femmes[1].

4°
Prise en charge des femmes victimes

511.71 Prise en charge des femmes victimes. Notons qu'il existe déjà un certain nombre de textes réglementaires qui visent à améliorer la prise en charge des femmes victimes de violences. Ainsi, le *guide de l'action publique*[2] a, notamment, pour but d'harmoniser l'action des parquets en vue d'un meilleur traitement judiciaire du contentieux de ce type de violence; dans le même sens, une **instruction ministérielle du ministère de l'Intérieur**[3] adressée aux préfets, a pour vocation de renforcer la prise en charge et l'accompagnement des victimes de violences. Soulignons encore le rôle fondamental des délégations régionales et départementales des droits des femmes et de l'égalité ainsi que celui des associations dans la prise en charge des victimes de violences au sein du couple.

À côté des violences volontaires, le conjoint peut encore être victime de viol ou d'agression sexuelle de la part de l'autre.

§ 2
Viol et agressions sexuelles entre époux

511.80 Violences à caractère sexuel entre époux. Nous invoquons le cas des époux car pour eux l'existence du devoir conjugal permet de se poser la question de savoir s'il ne constituerait pas un obstacle aux poursuites alors que la question ne se pose ni pour les concubins ni pour les partenaires puisque ne pèse sur eux aucun devoir conjugal. Nous poserons donc le problème, envisagerons l'évolution législative et jurisprudentielle (A) avant de voir comment ce problème est appréhendé aujourd'hui (B).

1. Proposition de loi cadre, Sénat, n° 138, relative à la lutte contre les violences à l'encontre des femmes, *Dr. pénal* 2008, veille 8.
2. *La lutte contre les violences au sein du couple*, sept. 2004.
3. *Les violences conjugales. Professionnalisation de la réponse policière*, janv. 2005.

A.
Évolution législative et jurisprudentielle

511.81 Historique. Le Code pénal de Napoléon ne définissait pas le crime de viol mais le réprimait de la réclusion criminelle temps à l'article 332. La doctrine le considérait comme « *le coït illicite d'une femme qu'on sait n'y point consentir* »[4].

Ainsi, sous l'empire de cette législation, le viol entre époux n'était pas incriminé étant donné que le mari « *n'emploie la force que pour contraindre sa femme à des relations normales, c'est-à-dire conformes à l'ordre de la nature et ne causant aucune blessure* »[5]. Le mari, mais non le concubin, ne pouvait se rendre coupable de viol en employant la force[6].

Le devoir conjugal justifiait en quelque sorte l'infraction; seuls les rapports sexuels déviants étaient parfois sanctionnés, mais plutôt sous la qualification de coups et blessures volontaires ou attentat à la pudeur avec violence[7]. Pourtant, un arrêt innove et retient, contre le mari, le crime de viol, dans une affaire de relations sexuelles imposées par le mari, en présence d'un tiers et accompagnées de violences; la cour justifie la qualification de viol en ces termes : « *Les agissements sont entièrement détachables de toute notion de mariage et de toute idée de ce que peuvent être des rapports intimes entre époux* »[8].

511.82 Loi du 23 décembre 1980. Finalement, la loi du 23 décembre 1980 réforme le crime de viol[9], l'admet réciproquement, tant de l'homme que de la femme et surtout ne le limite plus à la simple conjonction sexuelle mais insiste sur **l'absence de consentement.** Il s'agit donc de protéger la liberté de consentement de toute personne, y compris la femme mariée; d'ailleurs, lors des débats parlementaires, M. Puech a clairement indiqué que « *cette nouvelle définition du viol donne désormais à la femme la possibilité de poursuivre son mari pour viol si celui-ci lui impose, par violence, contrainte ou surprise, non seulement un rapport sexuel contre-nature, mais encore une conjonction naturelle* ». Dès lors, **le mariage n'est plus un fait justificatif**[10] s'il est établi que l'époux n'a pas consenti aux faits. Cela étant, se pose le crucial problème de **preuve**, puisque, *a priori*, le mariage laisse présumer le consentement

4. Garçon, *Code pénal annoté*, 2e éd., 1952-1959, 332.
5. Vouin, *Droit pénal spécial*, Dalloz, 1953, n° 296.
6. Crim. 19 mars 1910, *Bull. crim.*, n° 153.
7. Crim. 21 nov. 1839, *DP* 1839, 1, 817, concl. Dupin.
8. CA Grenoble, 4 juin 1980, *D.* 1981, IR 154, obs. Puech.
9. D. Mayer, « Le nouvel éclairage donné au viol par la réforme du 23 décembre 1980 », *D.* 1981, chron. 283; « La protection pénale de la femme », *Mél. Vitu, Droit pénal contemporain*, Cujas, 1989.
10. Sur cette question, v. Danti-Juan, RÉP. PÉN. PROC. PEN., *V° Ordre de la loi*, 1999, n° 9.

aux relations sexuelles, sans qu'il s'agisse d'une présomption irréfragable. Dans les rares affaires où le viol a été retenu entre époux, il était accompagné de violences[1].

Pourtant, dans une affaire où il n'y avait ni procédure de divorce, ni violences particulières, et suite à une ordonnance de refus d'informer du juge d'instruction, le procureur a formé un pourvoi dans l'intérêt de la loi et la Cour de cassation a retenu la qualification de viol entre époux, affirmant sans ambiguïté que « *la présomption de consentement des époux aux actes sexuels accomplis dans l'intimité de la vie privée conjugale ne vaut que jusqu'à preuve contraire* »[2].

La législation actuelle entérine cette jurisprudence.

B. Législation actuelle

1° Viol

511.91 Définition. Désormais, l'article 222-23 du Code pénal définit le viol comme « *tout acte de pénétration sexuelle, de quelque nature qu'il soit, commis sur la personne d'autrui par violence, contrainte, menace ou surprise* ». Et l'article 222-22 ajoute expressément que le viol et l'agression sexuelle sont constitués « *quelle que soit la nature des relations existant entre l'agresseur et la victime, y compris s'ils sont unis par les liens du mariage. Dans ce cas, la présomption de consentement des époux à l'acte ne vaut que jusqu'à preuve contraire* ». La mission d'information sur les violences à l'encontre des femmes propose d'ailleurs de supprimer purement et simplement cette présomption de consentement[3].

Sur le viol entre époux, v. aussi s^s^ n°s 116.84 et 116.85.

511.92 Élément matériel. L'acte matériel consiste en un rapport physiologique normal, un coït buccal ou un acte de sodomie. Il peut s'agir de l'introduction d'un objet ou d'un doigt dans le vagin[4], ou dans l'anus, tout au moins dans ce dernier cas si l'introduction a un motif sexuel (acte de pénétration anale avec des carottes infligé à sa fille par une mère[5] – introduction d'un manche de pioche dans l'anus d'un homme[6]). Cela étant, la jurisprudence retient la fellation s'il y a eu pénétration de la verge dans la bouche de la victime[7], mais non lorsque l'auteur pratique une fellation sur sa victime puisqu'il faut un acte de pénétration sur la personne de la victime[8], ni lorsque la fellation résulte d'une pénétration par un objet représentant le sexe[9].

En outre, cet acte de pénétration se caractérise par l'emploi de la **violence, contrainte, menace ou surprise**[10], révélatrices de l'absence de consentement. La violence consiste à exercer des pressions physiques sur la victime afin d'obtenir le comportement sexuel souhaité, mais il peut aussi s'agir d'une **violence morale**; la menace vise à faire peser la crainte d'un mal sur la victime ou ses proches. La contrainte réunit, peu ou prou, les deux hypothèses précédentes à savoir l'exercice de pressions physiques ou morales sur la victime et enfin la surprise a pour but de tromper la victime sur la situation réelle afin, là encore, d'obtenir ses faveurs sexuelles. C'est d'ailleurs à propos du viol que la jurisprudence a pris l'initiative d'assimiler la contrainte et la surprise à la violence[11]. Et la Cour de cassation a eu l'occasion de rappeler que « *le viol ne peut être poursuivi entre époux qu'en cas de pratiques sexuelles imposées par violence ou contrainte* »[12]. La Cour européenne des droits de l'homme a d'ailleurs validé la notion de viol entre époux[13].

511.93 Élément intentionnel. Le viol requiert aussi un élément intentionnel : l'auteur est conscient d'imposer des rapports sexuels non désirés à la victime.

2° Agression sexuelle

511.101 Définition. Quant à l'agression sexuelle (C. pén., art. 222-27), elle se distingue du viol par son résultat, l'absence de pénétration sexuelle. Elle suppose un acte de nature sexuelle, à l'exclusion

1. Crim. 17 juill. 1984, *D.* 1985, 7, obs. Mayer – Crim. 5 sept. 1990, n° 90-83.786, *Bull. crim.*, n° 313; *JCP* 1991, II, 21629, note Rassat; *RSC* 1991, 348, obs. Levasseur; *D.* 1991, 13, note Angevin.
2. Crim. 11 juin 1992, n° 91-86.346, *Bull. crim.*, n° 232; *D.* 1993, 117, note Rassat; *JCP G* 1993, II, 22043, note Garé; *RSC* 1993, 330; 780, obs. Levasseur.
3. Rapp. Ass. Nat., n° 1799, au nom de la *Mission d'évaluation de la politique de prévention et de lutte contre les violences faites aux femmes*, juill. 2009, proposition n° 57, p. 75.
4. Crim. 8 janv. 1997, n° 96-80.396, NPT; *Juris-Data* n° 000851.
5. Crim. 27 avr. 1994, n° 94-80.547, *Bull. crim.*, n° 157.
6. Crim. 6 déc. 1995, n° 95-84.881, *Bull. crim.*, n° 372.
7. Crim. 22 févr. 1984, n° 83-95.053, *Bull. crim.*, n° 71; *D.* 1984, IR 228 – Crim. 12 janv. 2000, n° 99-81.635, *Bull. crim.*, n° 24.
8. Crim. 21 oct. 1998, n° 98-82.843, *Bull. crim.*, n° 274; *D.* 1999, 75, note Mayaud; *JCP* 1998, II, 10215, note Mayer.
9. Crim. 21 févr. 2007, n° 06-89.543, *Bull. crim.*, n° 61; *RSC* 2007, 301, obs. Mayaud.
10. Cass. ass. plén., 8 juill. 2005, n° 99-83.846, *Bull. ass. plén.*, n° 1; *D.* 2006, pan. 1654, note Garé; *Dr. pénal* 2005, comm. 153, obs. Maron.
11. Crim. 29 avr. 1960, *Bull. crim.*, n° 225.
12. Crim. 26 sept. 1994, n° 94-83.277, NPT; *Dr. pénal*, HS, 1999, comm. 65.
13. CEDH 22 nov. 1995, 2 esp., req. n° 20190/92 et req. n° 20166/92, *RSC* 1996, 473, obs. Koering-Joulin.

d'un acte de pénétration, telle qu'une fellation pratiquée sur la victime[1], ou des caresses pratiquées sur les seins de la victime[2].

511.102 Élément matériel. Mais l'agression sexuelle se rapproche du viol, du fait qu'elle suppose, elle aussi, l'emploi de la violence (pincement de fesse[3]), menace, contrainte (maintenir le bras de la victime pour se livrer à des attouchements[4]) ou surprise (s'introduire furtivement la nuit dans le lit d'une femme mariée[5]).

511.103 Élément intentionnel. L'agression sexuelle, comme le viol, est une infraction intentionnelle qui suppose que l'auteur ait voulu l'acte de nature sexuelle et qu'il ait eu conscience du refus ou de l'absence de consentement de la victime.

511.104 L'incrimination des agressions sexuelles entre époux. Afin de lever tout doute quant à la possibilité de poursuites pénales pour viol ou agression sexuelle entre époux, la loi du 4 avril 2006 a ajouté un alinéa à l'article 222-22 du Code pénal : le viol et les autres agressions sexuelles sont constitués « *quelle que soit la nature des relations existant entre l'agresseur et sa victime, y compris s'ils sont unis par les liens du mariage* ». Et l'article ajoute, pour plus de clarté, que « *la présomption de consentement des époux à l'acte sexuel ne vaut que jusqu'à preuve contraire* ».

511.105 Sanction. En outre, jusqu'à présent, la peine encourue était celle de droit commun, à savoir quinze ans de réclusion criminelle pour le viol et cinq ans d'emprisonnement pour l'agression sexuelle; **la loi de 2006 aggrave la répression si le viol ou l'agression sexuelle est commis par le conjoint**, le concubin ou le partenaire : dans ce cas, la peine encourue par l'auteur est désormais de vingt ans de réclusion criminelle en matière de viol et de sept ans d'emprisonnement en cas d'agression sexuelle.

La plupart du temps la peine est aussi aggravée lorsque c'est l'ascendant qui est victime d'un membre de la famille (v. s^s^ n°s 511.110 s.).

SECTION 2
L'ASCENDANT VICTIME

511.110 Division. Alors qu'en France, la maltraitance à enfants a fait l'objet d'une prise de conscience dès les années 1980 environ, il faut attendre les années 1990 pour que les pouvoirs publics reconnaissent l'existence d'une maltraitance aux personnes âgées[6], particulièrement au sein de leur famille. ALMA (Allo Maltraitance des personnes âgées), révèle que 10 % de personnes âgées sont victimes de maltraitance au sein de leur famille, dont 80 % de femmes : « *Elle constitue la forme de violence intrafamiliale la plus dissimulée.* »[7] Face à ce constat, ont été mises en place des mesures préventives particulières (§ 1), alors qu'au plan pénal il n'existe pas d'infraction spécifique, mais seulement la prise en compte, au titre des circonstances aggravantes, de la qualité d'ascendant victime (§ 2).

§ 1
Mesures préventives

511.111 Circulaire du 3 mai 2002. En 2001, la secrétaire d'État aux personnes âgées confie à un groupe de travail le soin de faire l'état des lieux des politiques de prévention et de lutte contre la maltraitance envers les personnes âgées et de proposer des mesures permettant une meilleure prise en charge. Un an plus tard, un rapport est rendu[8] et une circulaire diffusée (circ. 3 mai 2002)[9].

Cette circulaire préconise l'instauration de mesures préventives autour de deux axes.

511.112 Comités départementaux de prévention. Tout d'abord, il convient de mettre en place des dispositifs départementaux de prévention et de lutte contre les maltraitances envers les adultes vulnérables; ainsi, est encouragée la création de comités départementaux de prévention, instances de pilotage, de coordination et d'évaluation. Chaque comité est constitué d'acteurs pluridisciplinaires : associations, DDASS, procureur de la république, juge des tutelles, services de police et de gendarmerie, président du conseil général. Une cellule interinstitutionnelle, formation restreinte du comité

1. Crim. 21 oct. 1998, préc. s^s^ n° 511.92.
2. Crim. 11 juill. 1989, *Dr. pénal* 1990, comm. 51, obs. Véron.
3. Crim. 15 avr. 1992, n° 91-81.930, NP; *Dr. pénal* 1992, comm. 276, obs. Véron.
4. Crim. 11 juill. 1989, préc. s^s^ n° 511.101.
5. Crim. 27 déc. 1883, *S.* 1885, 516.
6. R. Hugonot, *Violences contre les vieux*, Erès, 1990; *La vieillesse maltraitée*, Dunod, 2003; *Violences invisibles, reconnaître les situations de maltraitance envers les personnes âgées*, Dunod, 2007 – A. Terrasson de Fougères, « La maltraitance des personnes âgées », *RDSS*, 2003, 176 – F. Busby, « Les personnes âgées et la maltraitance », *AJ pénal*, 2003, 259.
7. R. Cario, « La victimisation des aînés », *RSC* 2002, 81.
8. *Prévenir la maltraitance des personnes âgées*, rapp. du groupe de travail présidé par M. Debout, 2003, ENSP.
9. Circ. DGAS/SD2 n° 2002-280, 3 mai 2002, relative à la prévention et à la lutte contre la maltraitance envers les adultes vulnérables, notamment les personnes âgées, *BO* 2002-21 – Instr. DGAS/12A n° 2007-112, 22 mars 2007, relative au développement de la bientraitance et au renforcement de la politique de lutte contre la maltraitance, *BO Solidarité Santé*, 2007-4.

départemental, doit se charger du traitement et du suivi des signalements par le biais de la création d'un fichier départemental des signalements.

511.113 Antennes d'appels et de recueils téléphoniques. Ensuite, la circulaire préconise le développement et la création d'antennes d'appel et de recueils téléphoniques des signalements de maltraitances à personnes vulnérables. Le réseau national d'ALMA, créé en 1995 à Grenoble, est constitué d'antennes ou centres d'écoute départementaux (on compte aujourd'hui une quarantaine d'antennes).

Depuis février 2008, il existe une antenne nationale, comme en matière de maltraitance à enfants. En outre, un décret de 2007 créé un comité national de vigilance et de lutte contre les maltraitances des personnes âgées et des personnes handicapées[1]. De surcroît, la loi de financement de la Sécurité sociale de 2007 a instauré une Agence nationale de l'évaluation sociale et médico-sociale qui a pour rôle, d'une part, de valider et d'élaborer des procédures de bonnes pratiques professionnelles et d'autre part, d'habiliter les organismes qui procèderont aux évaluations des établissements.

511.114 Objectifs de ces mesures. Ces différentes mesures devraient favoriser la détection des cas de maltraitance aux personnes âgées[2] et permettre de déclencher des poursuites pénales sur le fondement d'incriminations qui tiennent compte de la qualité d'ascendant au titre des circonstances aggravantes.

§ 2
Circonstance aggravante d'ascendant victime

511.121 Infractions pour lesquelles la circonstance aggravante d'ascendant victime existe. Ainsi, en matière de **meurtre** (C. pén., art. 221-4), d'**administration de substances nuisibles** (C. pén., art. 222-15), de **violences volontaires** (C. pén., art. 222-8) et d'**actes de torture et de barbarie** (C. pén., art. 222-3) on trouve, au titre des circonstances aggravantes, le fait que l'infraction soit commise sur « *un ascendant légitime, naturel ou sur les père et mère adoptifs* »; aussi, contrairement au droit civil, la famille adoptive n'existe, en droit pénal, qu'à un degré. En réalité, d'ailleurs, tel n'est pas toujours le cas puisque lorsque l'ascendant est l'auteur, le Code pénal mentionne « *ascendant adoptif* » et non père et mère adoptifs ! En fait, ce n'est pas délibéré, mais il s'agit d'une erreur qui a perduré : lors du vote de la loi « Sécurité et liberté » en 1981, un député avait affirmé que la famille adoptive n'existait qu'à un degré ![3] On ne peut que regretter que lors de la refonte du Code pénal, le législateur n'ait pas corrigé cette erreur dans toutes les incriminations où elle figurait...

En la matière, les décisions publiées sont rares. Les incriminations le plus souvent retenues sont le meurtre (meurtre du grand-père par la petite fille[4]; meurtre du père par le fils[5]; meurtre du père par la fille et son concubin[6]) et surtout les violences volontaires (violences du fils sur le père[7]).

511.122 Infractions pour lesquelles la circonstance aggravante d'ascendant victime n'existe pas. En revanche, cette circonstance aggravante n'existe pas en matière de **viol** ou d'**agression sexuelle**, ce qui peut être choquant, d'autant que la réciproque n'est pas vraie; pour autant, il sera toujours possible de retenir, si l'ascendant est âgé et fragile, la circonstance aggravante de « *personne dont la particulière vulnérabilité, due à son âge, à une maladie, à une infirmité, à une déficience physique ou psychique* [...] *est connue de l'auteur* ». Cette même circonstance aggravante existe aussi en matière de meurtre, d'actes de torture et de barbarie, d'empoisonnement, d'administration de substances nuisibles ou de violences volontaires, mais elle ne fait pas apparaître le lien de famille entre l'auteur et la victime.

511.123 De l'adulte victime à l'enfant victime. Alors que dans l'hypothèse de l'adulte victime, on l'a vu, il n'existe pas d'infraction spécifique, la situation de l'enfant victime est juridiquement plus complexe puisque se mêlent des infractions spécifiques et des infractions de droit commun comportant une circonstance aggravante laissant apparaître le lien de famille.

1. Décr. n° 2007-330, 12 mars 2007, portant création d'un Comité national de vigilance et de lutte contre la maltraitance des personnes âgées et des adultes handicapés, *JO* 13 mars, p. 4756 – CASF, art. D 116-1.
2. F. Bas-Théron et C. Branchu, *Évaluation du dispositif de lutte contre la maltraitance des personnes âgées et des personnes handicapées mis en œuvre par les services de l'État dans les établissements sociaux et médico-sociaux*, rapp. Igas, 2006.
3. R. Forni, *JOAN débats* 1980, p. 1969.
4. Crim. 14 janv. 1987, *Bull. crim.*, n° 257.
5. Crim. 9 déc. 1998, n° 98-80.994, *Bull. crim.*, n° 338.
6. Crim. 19 déc. 1994, n° 94-83.390, *Bull. crim.*, n° 422.
7. Crim. 27 avr. 2004, n° 03-87.065, *Bull. crim.*, n° 96.

CHAPITRE

512. Atteintes à l'enfant : la maltraitance à enfant

ANNE BOURRAT-GUÉGUEN
MAÎTRE DE CONFÉRENCES
À L'UNIVERSITÉ DE RENNES 2 – HAUTE BRETAGNE

SECTION 0
ORIENTEUR

512.00 Plan du chapitre.

512.01 Textes applicables.

TEXTES SOURCES

• **Code pénal**

> **Violences volontaires sur mineur de quinze ans par ascendant ou personne qui a autorité sur la victime**

C. pén., art. 222-8, al. 2; art. 222-10, al. 2; art. 222-12, al. 2; art. 222-13, al. 2.; art. 222-14

> **Viol commis par ascendant ou personne qui a autorité sur la victime**

C. pén., art. 222-24, 4°

> **Agression sexuelle sur mineur de quinze ans par ascendant ou personne qui a autorité sur la victime**

C. pén., art. 222-30, 2°

> **Privation de soins et d'aliments par ascendant ou personne exerçant l'autorité parentale**

C. pén., art. 227-15

> **Atteinte sexuelle sur mineur de quinze ans**

C. pén., art. 227-25

• **Convention internationale des droits de l'enfant (CIDE)**

* V. texte complet s[s] n° 63.14

• **L. n° 89-487, 10 juill. 1989,** relative à la prévention des mauvais traitements à l'égard des mineurs et à la protection de l'enfance, *JO* 14 juill., p. 8869 – complétée par L. n° 98-468, 17 juin 1998, relative à la prévention et à la répression des infractions sexuelles à l'égard des mineurs, *JO* 18 juin, p. 9255

• **L. n° 2010-121 8 févr. 2010,** tendant à inscrire l'inceste commis sur les mineurs dans le Code pénal et à améliorer la détection et la prise en charge des victimes d'actes incestueux, *JO* 9 févr., p. 2265 *[mod. et créant plusieurs articles du Code pénal, du Code de procédure pénale et du Code de l'éducation]*

• **Circ. n° 97-175, 26 août 1997,** concernant les violences sexuelles

SÉLECTION THÉMATIQUE ET ALPHABÉTIQUE DE TEXTES *IN EXTENSO*

> Agression sexuelle sur mineur de quinze ans par ascendant ou personne qui a autorité sur la victime

C. pén., art. 222-30, 2°

L'infraction définie à l'article 222-29 est punie de dix ans d'emprisonnement et de 150 000 euros d'amende : [...]

2° Lorsqu'elle est commise par un ascendant ou par toute autre personne ayant sur la victime une autorité de droit ou de fait; [...]

> Atteinte sexuelle sur mineur de quinze ans

C. pén., art. 227-25

Le fait, par un majeur, d'exercer sans violence, contrainte, menace ni surprise une atteinte sexuelle sur la personne d'un mineur de quinze ans est puni de cinq ans d'emprisonnement et de 75 000 euros d'amende.

> Privation de soins et d'aliments par ascendant ou personne exerçant l'autorité parentale

C. pén., art. 227-15

Le fait, par un ascendant ou toute autre personne exerçant à son égard l'autorité parentale ou ayant autorité sur un mineur de quinze ans, de priver celui-ci d'aliments ou de soins au point de compromettre sa santé est puni de sept ans d'emprisonnement et de 100 000 euros d'amende.

Constitue notamment une privation de soins le fait de maintenir un enfant de moins de six ans sur la voie publique ou dans un espace affecté au transport collectif de voyageurs, dans le but de solliciter la générosité des passants.

> Viol commis par ascendant ou personne qui a autorité sur la victime

C. pén., art. 222-24, 4°

Le viol est puni de vingt ans de réclusion criminelle : [...]

4° Lorsqu'il est commis par un ascendant ou par toute autre personne ayant sur la victime une autorité de droit ou de fait; [...]

> Violences volontaires sur mineur de quinze ans par ascendant ou personne qui a autorité sur la victime

[C. pén., art. 222-8, 222-10, 222-12, 222-13 et 222-14]

C. pén., art. 222-8, al. 2

L'infraction définie à l'article 222-7 est punie de vingt ans de réclusion criminelle lorsqu'elle est commise :

1° Sur un mineur de quinze ans; [...]

La peine encourue est portée à trente ans de réclusion criminelle lorsque l'infraction définie à l'article 222-7 est commise sur un mineur de quinze ans par un ascendant légitime, naturel ou adoptif ou par toute autre personne ayant autorité sur le mineur. [...]

C. pén., art. 222-10, al. 2

L'infraction définie à l'article 222-9 est punie de quinze ans de réclusion criminelle lorsqu'elle est commise :

1° Sur un mineur de quinze ans; [...]

La peine encourue est portée à vingt ans de réclusion criminelle lorsque l'infraction définie à l'article 222-9 est commise sur un mineur de quinze ans par un ascendant légitime, naturel ou adoptif ou par toute autre personne ayant autorité sur le mineur. [...]

C. pén., art. 222-12, al. 2

L'infraction définie à l'article 222-11 est punie de cinq ans d'emprisonnement et de 75 000 euros d'amende lorsqu'elle est commise :

1° Sur un mineur de quinze ans; [...]

Les peines encourues sont portées à dix ans d'emprisonnement et à 150 000 euros d'amende lorsque l'infraction définie à l'article 222-11 est commise sur un mineur de quinze ans par un ascendant légitime, naturel ou adoptif ou par toute autre personne ayant autorité sur le mineur. Les peines sont portées à sept ans d'emprisonnement et 100 000 euros d'amende lorsque cette infraction est commise dans deux des circonstances prévues aux 1° et suivants du présent article. Les peines sont portées à dix ans d'emprisonnement et 150 000 euros d'amende lorsqu'elle est commise dans trois de ces circonstances. [...]

C. pén., art. 222-13, al. 2

Les violences ayant entraîné une incapacité de travail inférieure ou égale à huit jours ou n'ayant entraîné aucune incapacité de travail sont punies de trois ans d'emprisonnement et de 45 000 euros d'amende lorsqu'elles sont commises :

1° Sur un mineur de quinze ans; [...]

Les peines encourues sont portées à cinq ans d'emprisonnement et à 75 000 euros d'amende lorsque l'infraction définie au premier alinéa est commise sur un mineur de quinze ans par un ascendant légitime, naturel ou adoptif ou par toute autre personne ayant autorité sur le mineur. Les peines sont également portées à cinq ans d'emprisonnement et 75 000 euros d'amende lorsque cette infraction, ayant entraîné une incapacité totale de travail inférieure ou égale à huit jours, est commise dans deux des circonstances prévues aux 1° et suivants du présent article. Les peines sont portées à sept ans d'emprisonnement et 100 000 euros d'amende lorsqu'elle est commise dans trois de ces circonstances.

C. pén., art. 222-14

Les violences habituelles sur mineur de quinze ans ou sur une personne dont la particulière vulnérabilité, due à son âge, à une maladie, à une infirmité, à une déficience physique ou psychique ou à un état de grossesse, est apparente ou connue de leur auteur sont punies :

1° De trente ans de réclusion criminelle lorsqu'elles ont entraîné la mort de la victime;

2° De vingt ans de réclusion criminelle lorsqu'elles ont entraîné une mutilation ou une infirmité permanente;

3° De dix ans d'emprisonnement et de 150 000 euros d'amende lorsqu'elles ont entraîné une incapacité totale de travail pendant plus de huit jours;

4° De cinq ans d'emprisonnement et de 75 000 euros d'amende lorsqu'elles n'ont pas entraîné une incapacité totale de travail pendant plus de huit jours.

Les deux premiers alinéas de l'article 132-23 relatif à la période de sûreté sont applicables aux cas prévus aux 1° et 2° du présent article.

512.02 Jurisprudence de référence.

> Mendicité : forme particulière de privation de soins et d'aliments

• **Crim. 12 oct. 2005, n° 05-81.191,** *Bull. crim.*, n° 259

* V. s^s n° 512.72

La mère doit être relaxée si la privation de soins et d'aliments n'a pas compromis la santé de l'enfant.

> Minorité de la victime : circonstance aggravante de l'agression sexuelle

• **Crim. 21 oct. 1998, n° 98-83.843,** *Bull. crim.*, n° 274

* V. s^s n° 512.91

L'âge de la victime et la qualité d'ascendant, s'ils permettent de retenir le délit d'atteinte sexuelle aggravée sur mineur, ne constituent que des circonstances aggravantes du crime de viol ou du délit d'agression sexuelle.

• **Crim. 7 déc. 2005, n° 05-81.316,** *Bull. crim.*, n° 326

* V. s^s n° 512.91

CONTRA (mais arrêt isolé lié aux circonstances particulières de l'espèce). La contrainte et la surprise résultent du très jeune âge des enfants qui les rendait incapables de réaliser la nature et la gravité des actes qui leur étaient imposés.

> Administrateur *ad hoc* : désignation exceptionnelle par le juge des tutelles

• **Civ. 1re, 25 oct. 2005, n° 03-14.404,** *Bull. civ.* I, n° 390

* V. s^s n° 512.112

En l'absence de décision du juge d'instruction ou du procureur de la République quant à la désignation d'un administrateur *ad hoc* pour l'enfant, l'article 88-2 du Code civil, de portée générale, autorise le juge des tutelles à procéder à cette désignation.

512.03 Bibliographie indicative.

Actualisables. RÉP. PÉN. PROC. PÉN., V. Malabat *V^is Infractions sexuelles*; E. Daures, *V° Viol*; A. Gouttenoire, *V° Enfance*, n°s 7 à 159 – J.-CL. PÉN., J. Amar, « Privation d'aliments ou de soins envers un mineur », art. 227-15 et 227-16, fasc. 10; art. 222-7 à 222-16-1; 222-22 à 222-33-1; art. 227-17.

Ouvrages. E. Archer (dir.), *Agressions sexuelles : victimes et auteurs*, L'Harmattan, 1998 – Ph. Bonfils et A. Gouttenoire, *Droit des mineurs*, « Précis », 1re éd., Dalloz, 2008 – M. de Béchillon (dir.), *Les violences aux mineurs*, Doc. fr., 2009 – I. Gilette-Frenoy, *La judiciarisation de l'excision en France*, Éd. GAMS, 1998, p. 4 s. – X. Lameyre, *La criminalité sexuelle*, « Dominos », Flammarion, 2000 – B. Py, *Le sexe et le droit*, « Que sais-je ? », PUF, 1999 – P. Straus et M. Manciaux, *L'enfant maltraité*, Fleurus, 2003.

Rapports. Rapp. mission parlementaire, *Faut-il ériger l'inceste en infraction spécifique ?*, min. Justice, juill. 2005 – Oned, *Deuxième rapport annuel au Parlement et au Gouvernement*, Doc. fr., 2006; *Quatrième rapport annuel au Parlement et au Gouvernement*, Doc. fr., 2008 – IGAS, *Rapport sur l'enfance maltraitée*, n° 87013, nov. 1987 – D. Versini, *Rapport de la Défenseure des enfants au Comité des droits de l'enfant des Nations Unies*, Doc. fr., 2009 – Conseil de l'Europe, *Halte à la violence à l'égard des enfants*, Doc. fr., 2009 – Rapp. Ass. nat. n° 1601, visant à identifier, prévenir, détecter et lutter contre l'inceste sur les mineurs et à améliorer l'accompagnement médical et social des victimes, avril 2009 – Rapp. Ass. nat. n° 1840, tendant à inscrire l'inceste commis sur les mineurs dans le Code pénal et à améliorer la détection et la prise en charge des victimes d'actes incestueux, juill. 2009.

Articles. M. de Béchillon et J.-J. Choulot, « L'abus sexuel commis sur des mineurs et sa preuve en droit pénal », *Le mineur et le droit pénal*, 1997, L'Harmattan – L. Ben-Kemoun, « La confiance violée de l'enfant : refonder la norme pénale », *D.* 2002, 491 – T. Cretin, « La preuve impossible ? De la difficulté d'administrer la preuve des infractions dont sont victimes les mineurs », *RSC* 1992, 53 – Ph. Desloge, « Le juge des enfants en cas d'abus sexuels dans la sphère familiale », *AJ fam.* 2008, 80 – G. Fournier, « La référence à l'autorité à l'égard de l'enfant en sciences criminelles », *Études offertes à H.-D. Cosnard*, 1990, p. 223 – C. Guéry, « Crimes et délits contre mineurs par ascendant : quelle prescription ? », *D.* 1997, 138 – C. Guéry, « La prescription des infractions contre les mineurs : un nouvel état des lieux », *D.* 1999, 38 – C. Guéry, « Le défaut de protection de l'enfant par le professionnel : un nouveau délit ? », *D.* 2001, chron. 3293 – C. Guéry, « Kafka II ou pourquoi faire simple quand on peut faire... une nouvelle loi sur la prescription des infractions commises contre les mineurs ? », *D.* 2004, chron. 3015 – R. Koering-Joulin, « Défaut de consentement du mineur de quinze ans victime de viols ou d'agressions sexuelles », *Mél. Pradel*, 2006, *Cujas* – Porchy, « L'administrateur *ad hoc* en matière pénale », *D.* 2004, chron. 2732 – J. Pradel, J.-L. Senon, « De la prévention et de la répression des infractions sexuelles », *Rev. pénit.* 1998, 160 – G. Raymond, « La Convention des Nations unies sur les droits de l'enfant », *JCP* 1990, I, 3451.

> Inceste. A. Batteur, « L'interdit de l'inceste. Principe fondateur du droit de la famille », *RTD civ.* 2000, 759 – A. Bourrat, *Les enfants victimes de violences sexuelles dans leur milieu familial*, th. Lyon, 1992 – A. Breton, « L'enfant incestueux », *Recueil d'études en hommage à M. Ancel*, 1975, Pédone, p. 309 – I. Corpart, « L'inceste en droit français », *Gaz. Pal.* 1995, doctr. 888 – C. Guéry, « L'inceste : étude de droit pénal comparé », *D.* 1998, 47 – D. Guével, « La famille incestueuse », *Gaz. Pal.* 2004, doctr. 3043 – D. Mayer, « La pudeur du droit face à l'inceste », *D.* 1988, 213 – M.-L. Rassat, « Inceste et droit pénal », *JCP* 1974, I, 2614; « Les violences sexuelles », *AJ fam.* 2004, 9 s.

> Secret professionnel. F. Alt-Maes, « Un exemple de dépénalisation : La liberté de conscience accordée aux personnes tenues au secret professionnel », *RSC* 1998, 301 – J.-F. Seuvic, « Secret professionnel : art. 226-13 et 226-14 du Code pénal », *RSC* 2004, 389; « Le secret professionnel : croissance ou déclin ? », dossier *AJ pénal* 2004, 133.

> Suivi socio-judiciaire. J. Castagnede, « Le suivi socio-judiciaire applicable aux délinquants sexuels ou la dialectique sanction-traitement », *D.* 1999, chron. 23 – P. Couvrat, « Le suivi socio-judiciaire, une peine pas comme les autres », *RSC* 1999, 376 – P. Darbeda, « L'injonction de soins et le suivi socio-judiciaire », *RSC* 2001, 625 – X. Lameyre, « Pour une éthique des soins pénalement obligés », *RSC* 2001, 521 – P. Poncela, « Finir sa peine : libre ou suivi ? », *RSC* 2007, 883 – P. Salvage, « Les soins obligatoires en matière pénale », *JCP* 1997, I, 4062 – « L'obligation de soins dix ans après », dossier *AJ fam.* 2/2009, 54 s.

512.04 Questions essentielles.

> Le professionnel qui signale le cas d'un enfant maltraité, peut-il être poursuivi pour violation du secret professionnel ?

* V. s^s n°s 512.62 et 512.63

> Existe-t-il une infraction spécifique d'inceste en droit pénal français ?

* V. s^s n° 512.90

> L'enfant victime d'une infraction intrafamiliale bénéficie-t-il d'une procédure particulière ?

* V. s^s n°s 512.20 s.

> Qui peut désigner un administrateur *ad hoc* pour l'enfant ?

* V. s^s n° 512.112

> L'auteur d'infraction sexuelle sur la personne d'un mineur fait-il l'objet de mesures adaptées ?

* V. s^s n°s 512.121 et 512.122

512.05 Sanctions.

> En cas d'agression sexuelle ou d'atteinte sexuelle sur mineur de quinze ans par un ascendant ou une personne qui a autorité, l'auteur encourt **dix ans d'emprisonnement** et **150 000 euros d'amende**.

* V. s^s n°s 512.92 et 512.102

> La mesure de suivi socio-judiciaire assortie d'une injonction de soins peut être prononcée pour une durée de **trente ans** pour un fait qualifié crime, et de **vingt ans** s'il s'agit d'un délit; la sanction encourue en cas de non-respect étant respectivement de **sept ans** et **trois ans d'incarcération**.

* V. s^s n° 512.122

512.06 Délais.

> En matière de viol, agression sexuelle, atteinte sexuelle et de violences volontaires aggravées, sur mineur, le délai de prescription de l'action publique est de **vingt ans** à dater de la majorité de la victime.

* V. s^s n°s 512.87 et 512.114

512.09 Historique. D'après les enquêtes rétrospectives, on sait que la maltraitance à enfant a toujours existé. Pourtant, jusqu'à une date récente, au nom de la paix des familles, l'État se refusait d'intervenir dans l'intimité familiale et préférait jeter un voile pudique sur ce type de faits.

Puis, sous l'impulsion essentiellement des mouvements féministes et des associations de lutte contre la maltraitance à enfant, la société internationale se décide enfin à agir en prévenant et en réprimant de tels faits. Plus de dix ans après les pays anglo-saxons, le gouvernement français lance, en 1983, une campagne de prévention en faveur de la lutte contre la maltraitance à enfant. Après son adhésion à la Convention internationale des droits de l'enfant[1], le législateur français renforce la protection des mineurs par le biais de la loi n° 89-487 du 10 juillet 1989 relative à la **prévention des mauvais traitements à l'égard des mineurs et à la protection de l'enfance**[2], complétée ensuite par la loi n° 98-468 du 17 juin 1998 relative à la **prévention et à la répression des infractions sexuelles à l'égard des mineurs**[3] et la loi du 5 mars 2007, réformant la **protection de l'enfance**[4] : ces dernières fixent un cadre permettant une prise en charge sociale et judiciaire des mauvais traitements à enfants.

SECTION 1

PRISE EN CHARGE SOCIALE DES MAUVAIS TRAITEMENTS À ENFANTS

512.10 Division. La loi du 10 juillet 1989 a permis de renforcer les mesures d'information (§ 1) ainsi que la détection des cas d'enfants victimes (§ 2).

§ 1 Renforcement des mesures d'information

512.20 Publics visés. Ces mesures d'information visent trois publics très différents : la population dans son ensemble (A), les enfants (B) et les professionnels (C).

A. Sensibilisation de la population

512.21 Campagnes de prévention. Des campagnes de prévention sont donc lancées dès 1983, puis étendues en 1988 aux abus sexuels afin d'informer la population, avec un souci constant d'objectivité, de l'existence de tels faits, de leur gravité et de la nécessité de les dénoncer; depuis, une journée nationale est consacrée annuellement à ce fléau. La **commission Barrot**, chargée de la préparation du projet de loi relative à la lutte contre la maltraitance, a défini la maltraitance comme « *toute brutalité volon-*

1. G. Raymond, *La Convention des Nations unies sur les droits de l'enfant*, *JCP* 1990, I, 3451.
2. L. n° 89-487, 10 juill. 1989, relative à la prévention des mauvais traitements à l'égard des mineurs et à la protection de l'enfance, *JO* 10 juill., p. 8869.
3. L. n° 98-468, 17 juin 1998, relative à la prévention et à la répression des infractions sexuelles à l'égard des mineurs, *JO* 18 juin, p. 9255; rectif. *JO* 2 juill., p. 10078.
4. L. n° 2007-293, 5 mars 2007, réformant la protection de l'enfance, *JO* 6 mars, p. 4215.

taire, absence intentionnelle de soins entraînant des lésions physiques ou des troubles de l'état général, comportements sadiques, manifestation de rejet, de mépris, d'abandon affectif, exigences éducatives disproportionnées et abus sexuels. »

Afin de renforcer cette sensibilisation, il convient d'informer l'enfant afin de lui rappeler que la violence est anormale et qu'il doit la refuser.

B. Information de l'enfant

512.31 Information de l'enfant à l'école. La loi du 10 juillet 1989 a posé le principe de l'information de l'enfant à l'école afin qu'il soit plus à même de refuser une telle maltraitance et mieux armé pour la dénoncer.

Une **circulaire du 26 août 1997** précise les modalités de cette information[1]. Pour autant, l'application concrète reste très limitée. Aussi, le législateur est à nouveau intervenu, par le biais de la **loi du 6 mars 2000**[2] qui vise à renforcer le rôle de l'école dans la prévention et la détection des faits de mauvais traitements à enfants : désormais, l'article L. 542-3 du Code de l'éducation prévoit que doit être organisée au moins une séance par an d'information et de sensibilisation des élèves des écoles, collèges et lycées sur ce thème; la loi du 8 février 2010 relative à l'inceste ajoute : « *notamment sur les violences intrafamiliales à caractère sexuel* ».

Enfin, la loi du 10 juillet 1989 prévoit encore la formation des professionnels.

C. Formation des professionnels

512.41 Formation initiale et continue. Une des particularités de la prise en charge de la maltraitance à enfants, est qu'elle relève de la compétence d'une **multitude de professionnels pluridisciplinaires** : travailleurs sociaux, enseignants, médecins, juristes, policiers... Aussi, afin de renforcer leur rôle, la loi de 1989 a prévu d'incorporer le thème de la maltraitance à enfants au sein de la formation initiale et continue de ces professionnels. Une circulaire de 1989 précise le contenu minimum de cette formation : la définition et la cause des mauvais traitements, le cadre juridique et institutionnel de la protection de l'enfant ainsi que les actions de prévention des mauvais traitements. La loi du 5 mars 2007 renforce cet aspect; en effet, désormais, tout cadre territorial qui intervient en matière de protection de l'enfance, doit avoir suivi une formation adaptée (CASF, art. L. 226-12-1). Depuis la loi du 8 février 2010 relative à l'inceste l'article L. 542-1 du Code de l'éducation prévoit que la formation comporte un module pluridisciplinaire relatif aux « *infractions sexuelles à l'encontre des mineurs et leurs effets.* »

On peut penser que mieux les professionnels seront formés, mieux ils seront à même de détecter les cas de maltraitance.

§ Amélioration de la détection des cas d'enfants victimes

512.50 Division. Elle passe par une meilleure coordination entre les professionnels (A) et une clarification des règles relatives au secret professionnel (B).

A. Meilleure coordination entre les professionnels

512.51 Dysfonctionnements signalés par l'Igas. Un rapport de l'Inspection générale des affaires sociales (Igas) avait dénoncé un certain nombre de dysfonctionnements entre les services compétents[3], du fait, notamment, que depuis les lois de décentralisation ils ne dépendent plus de la même autorité : ainsi, par exemple, l'Aide sociale à l'enfance (ASE) et le Centre communal d'action sociale (CCAS) dépendent du département alors que la Protection maternelle et infantile (PMI), la Police et la Justice sont placées sous l'autorité de l'État.

512.52 Responsabilité du président du conseil général et compétence de l'Aide sociale à l'enfance en matière de protection administrative de l'enfant. Aussi, la loi du 10 juillet 1989 a désigné le président du conseil général comme responsable, au niveau du département, des actions administratives relatives aux mauvais traitements à l'égard des mineurs, aux fins de coordonner l'action des différents services compétents (CASF, art. L. 226-1 s.). Concrètement, c'est l'ASE qui est chargée de la protection administrative de l'enfant maltraité, et plus largement en danger.

512.53 Recueil permanent d'informations. De plus, le président du conseil général doit mettre en place dans le département, en concertation avec

1. Circ. n° 97-175, 26 août 1997, intitulée instruction concernant les violences sexuelles.
2. L. n° 2000-197, 6 mars 2000, visant à renforcer le rôle de l'école dans la prévention et la détection des faits de mauvais traitements à enfants, *JO* 7 mars, p. 3537 – F. Granet, « Protection des enfants, deux nouvelles lois », *D.* 2000, doctr. 343.
3. *Rapport sur l'enfance maltraitée*, n° 87013, nov. 1987.

l'ensemble des professionnels concernés, un dispositif de recueil permanent des informations. On constate, d'ailleurs, sur ce point, une hétérogénéité des politiques conduites d'un département à l'autre et le défenseur des enfants a pu déplorer « *qu'il n'existe plus aujourd'hui de politique de l'enfance au niveau national* »[1]. La même remarque a été faite par le Comité des droits de l'enfant des Nations unies, ce qui a conduit le législateur à créer, avec la loi n° 2004-1 du 2 janvier 2004 relative à l'accueil et à la protection de l'enfance[2], un Observatoire national de l'enfance en danger (Oned)[3]. Afin d'harmoniser la politique de protection de l'enfance dans les départements, la loi du 5 mars 2007 prévoit la création, dans chaque département, d'un observatoire départemental de l'enfance placé sous l'autorité du président du conseil général (CASF, art. L. 226-3-1). Un décret de 2008 précise les conditions de transmission des informations aux observatoires départementaux et à l'Oned[4].

512.54 Coordination des autorités administratives et judiciaires. Enfin, le président du Conseil général doit assurer la coordination entre les autorités administrative et judiciaire. En effet, l'ASE est compétente en matière de protection administrative de l'enfant, s'il existe un risque de danger pour l'enfant et surtout si la famille est d'accord pour une prise en charge administrative; à défaut, en cas de danger avéré et si la famille refuse l'intervention de l'ASE, il convient de saisir l'autorité judiciaire, et ce par le biais, en particulier, du président du conseil général, qui l'informe « *des actions déjà menées auprès du mineur et de la famille concernés* ». Cela étant, depuis la loi du 5 mars 2007, la protection judiciaire est subsidiaire.

Pour qu'une telle prise en charge soit possible, encore faut-il que le professionnel signale les cas d'enfants maltraités, ce qui suppose une clarification des règles relatives au secret professionnel.

B. Clarification des règles relatives au secret professionnel

512.61 Confidents nécessaires. À l'origine, le secret professionnel tend à protéger le respect de la vie privée du patient, client, usager, et la confiance établie entre le professionnel et le patient.

Désormais, le Code pénal n'énonce plus la liste des professionnels tenus au secret, mais vise, plus généralement, « *toute personne qui est dépositaire d'une information à caractère secret, soit par état ou par profession, soit en raison d'une fonction ou d'une mission temporaire* » (C. pén., art. 226-13)[5]. Il faut alors se référer aux textes spécifiques et à la jurisprudence pour connaître la liste exhaustive des « *confidents nécessaires* » (not., C. déont. méd., art. 4 – CSP, art. L. 2112-9, pour les membres de la PMI – CASF, art. L. 221-6 et L. 411-3, pour les membres de l'ASE et les assistants sociaux).

512.62 Levée du secret professionnel. Pour autant, l'obligation de se taire doit parfois laisser place au devoir de parler lorsqu'un intérêt supérieur est en jeu, en particulier la protection de l'enfant.

Ainsi, l'article 226-14, 1° du Code pénal dispose que le professionnel ne peut pas être poursuivi pour violation du secret s'il informe les autorités judiciaires, médicales ou administratives « *des privations ou sévices, y compris lorsqu'il s'agit d'atteintes ou mutilations sexuelles, dont il a eu connaissance et qui ont été infligées à un mineur ou à une personne qui n'est pas en mesure de se protéger en raison de son âge ou de son incapacité physique ou psychique* ». Il s'agit donc essentiellement d'inciter le professionnel à signaler les **atteintes au mineur** (et non plus au mineur de quinze ans depuis la loi du 2 janvier 2004) **ou à la personne vulnérable**, dont il a connaissance.

Et l'article 226-14, 2° ajoute que le **médecin** (et non plus tout professionnel), qui, avec l'accord de la victime, porte à la connaissance du procureur de la République les violences physiques, psychiques ou sexuelles qu'il a constatées, ne peut être poursuivi pour violation du secret professionnel (ce texte vise plutôt la victime adulte, femme victime de violences au sein du couple par ex.).

Ces règles ont pour but d'inciter le professionnel à signaler de tels faits, d'autant qu'il ne risque pas non plus, dans ce cas, (le Code pénal le précise expressément désormais), d'encourir des sanctions disciplinaires.

Mais, **il ne s'agit pas d'une obligation, il doit seulement agir en conscience**[6]; en effet, s'il ne signale pas, il ne peut plus être poursuivi pour non-dénonciation de crime ou non dénonciation de pri-

1. C. Brisset, *Rapport du défenseur des enfants*, 2004.
2. L. n° 2004-1, 2 janv. 2004, relative à l'accueil et à la protection de l'enfance, *JO* 3 janv., p. 184.
3. Observatoire national de l'enfance en danger (Oned) : www.oned.gouv.fr/
4. Décr. n° 2008-1422, 19 déc. 2008, organisant la transmission d'informations sous forme anonyme aux observatoires départementaux de la protection de l'enfance et à l'Observatoire national de l'enfance en danger, *JO* 27 déc., p. 20137.
5. J.-F. Seuvic, « Secret professionnel : art. 226-13 et 226-14 du Code pénal », *RSC* 2004, 389; « Le secret professionnel : croissance ou déclin ? », dossier *AJ pénal* 2004, 133.
6. F. Alt-Maes, « Un exemple de dépénalisation : La liberté de conscience accordée aux personnes tenues au secret professionnel », *RSC* 1998, 301.

vations, mauvais traitements ou atteintes sexuelles à mineur de quinze ans ou personne vulnérable : les articles 434-1 et 434-3 du Code pénal qui incriminent ces non-dénonciations[1], exceptent de leur champ d'application les personnes soumises au secret professionnel (en revanche, sous l'empire de l'ancien article 62, des professionnels avaient été condamnés pour non-dénonciation[2]).

512.63 **Devoir de conscience du professionnel.** Ainsi le professionnel est placé face à ses responsabilités et doit agir librement en conscience, sous réserve de deux précisions :

- d'une part, **certains textes spécifiques font obligation au professionnel de signaler les cas de maltraitance** à enfants constatés dans le cadre de l'exercice de leur profession : ainsi le médecin qui constate des sévices ou privations sur mineur de quinze ans doit signaler aux autorités judiciaires, médicales ou administratives (C. déont. méd., art. 44); ou encore, les personnels de l'ASE doivent signaler à leur supérieur hiérarchique les mauvais traitements à enfants qu'ils constatent (CASF, art. L. 221-6, al. 2) et les membres de la PMI doivent en rendre compte au médecin responsable du service (CSP, art. L. 2112-6, al. 2);
- d'autre part, le professionnel peut encourir les **sanctions du délit de non-assistance à personne en danger** (C. pén., art. 223-6)[3].

En vue de faciliter l'exercice de cette liberté de conscience, la loi du 5 mars 2007 consacre la **notion de secret partagé**; ainsi, les personnes qui mettent en œuvre la politique de protection de l'enfance sont autorisées à partager entre elles des informations à caractère secret afin d'évaluer une situation individuelle (CASF, art. L. 226-2-2). En réalité, l'articulation de ces différents textes a pour but de favoriser la détection et le signalement des cas d'enfants victimes de maltraitance afin de permettre une prise en charge judiciaire.

SECTION 2
PRISE EN CHARGE JUDICIAIRE DES MAUVAIS TRAITEMENTS À ENFANTS

512.70 **Division.** La prise en charge judiciaire de la maltraitance à enfant suppose que les mauvais traitements constituent une infraction (§ 1) et vise, en partie, à assurer la protection de l'enfant (§ 2).

§ 1
Incriminations de maltraitance à enfants

A.
Atteintes à l'intégrité physique de l'enfant

1°
Privation de soins et d'aliments

512.71 **Cadre général.** La privation de soins et d'aliments (C. pén., art. 227-15) érige en **délit** le fait pour tout ascendant (on ne précise plus légitime, naturel ou adoptif depuis l'ord. n° 2005-759, du 4 juill. 2005[4]), ou toute autre personne exerçant à son égard l'autorité parentale, ou ayant autorité sur le mineur, de priver le mineur de quinze ans d'aliments ou de soins au point de compromettre sa santé.

Cette infraction constitue une **infraction spécifique**, intégrée au chapitre VII du Code pénal consacré aux « Atteintes au mineur et à la famille ».

Il s'agit d'un **délit formel** puisqu'il suffit que le comportement émane d'une personne énumérée par le texte et qu'il soit suffisamment grave pour compromettre la santé de l'enfant, pour que l'infraction soit constituée; de plus, c'est une **infraction continue** ce qui permet de repousser le point de départ du délai de prescription au jour du dernier acte de privation.

512.72 **Élément matériel.** L'acte matériel consiste en une abstention, à savoir priver l'enfant de soins ou de nourriture au point de compromettre sa santé; tel est le cas lorsque la mère laisse ses deux enfants âgés de treize et quatorze ans seuls à la maison, sans eau, ni gaz, ni électricité[5]. L'alinéa 2 de l'article 227-15 du Code pénal, inséré plus tardivement (L. 18 mars 2003), prévoit un **cas particulier de privation**, et non une infraction autonome, le fait de « *maintenir un enfant de moins de six ans sur la voie publique ou dans un espace affecté au transport collectif de voyageurs afin de solliciter la générosité des passants* »[6]. En effet, ce comportement ne sera, là encore, réprimé que s'il compromet la santé de l'enfant, ce qui n'est pas le cas du mineur que sa mère tient par la main pendant qu'elle sollicite la générosité des passants[7]. Cet alinéa est à rappro-

1. La Cour de cassation a eu l'occasion de préciser que la prescription du délit instantané de non-dénonciation d'atteintes sexuelles court à compter du jour où le prévenu a eu connaissance des faits délictueux : Crim. 7 avr. 2009, n° 09-80.655, *Bull. crim.*, n° 66; *Dr. pénal* 2009, 98, obs. Véron.
2. Crim. 24 janv. 1995, n° 93-81.631, *Bull. crim.*, n° 32; *D.* 1996, 384, note Dekeuwer-Defossez et Waxin.
3. C. Guéry, « Le défaut de protection de l'enfant par le professionnel : un nouveau délit ? », *D.* 2001, chron. 3293.
4. Ord. n° 2005-759, 4 juill. 2005, *D.* 2005, lég. 1925.
5. CA Douai, ch. corr., 15 févr. 2006, *JCP* 2006, IV, 2874.
6. Crim. 12 oct. 2005, n° 05-81.191, *Bull. crim.*, n° 259; *AJ pénal* 2005, 416; *Dr. pénal* 2006, comm. 6, obs. Véron; *D.* 2006, 2446, note Maréchal.
7. T. corr. Paris, 13 janv. 2004, *AJ pénal* 2004, 244.

cher de la nouvelle incrimination créée par la loi du 12 mai 2009, insérée à l'article L. 4743-2 du Code du travail, aux termes duquel « *est puni d'un emprisonnement de cinq ans et d'une amende de 75 000 euros le fait, pour le père, la mère, le tuteur ou l'employeur, et généralement toute personne ayant autorité sur un enfant ou en ayant la garde, de le placer sous la conduite de vagabonds, de personnes sans moyen de subsistance ou se livrant à la mendicité, en méconnaissance de l'article L. 4153-7* »[1].

512.73 Élément intentionnel. En outre, ce délit est intentionnel, c'est-à-dire qu'il suppose la conscience que le comportement incriminé risque d'entraîner un mal pour l'enfant. Et la jurisprudence refuse tout caractère justificatif aux pratiques sociales (droit de correction) ou convictions religieuses si elles s'avèrent dommageables pour la santé de l'enfant, voire même (malgré le désaccord d'une partie de la doctrine[2]) à la situation financière des parents.

512.74 Sanction. L'auteur encourt sept ans d'emprisonnement et 100 000 euros d'amende; mais si la privation a entraîné la mort de la victime, le délit se transforme en crime et la peine prévue est alors trente ans de réclusion criminelle (sur les trente dernières années, on relève dix-huit arrêts émanant de la Cour de cassation, quinze retenant la qualification de crime[3]).

En cas de maltraitance, les auteurs peuvent encore être poursuivis sur le fondement des violences volontaires.

2°
Violences volontaires

512.81 Cumul des circonstances aggravantes. Les éléments constitutifs sont les mêmes qu'en matière de violences conjugales (v. s^{s} n°s 511.21, 511.22 et 511.31); en revanche, les circonstances aggravantes sont différentes et se cumulent; ainsi, pour chaque incrimination de violence en fonction du résultat, la peine est aggravée si les violences sont commises sur un mineur de quinze ans par un ascendant légitime, naturel ou adoptif ou toute autre personne ayant autorité sur le mineur.

512.82 Circonstance aggravante : ascendant. La peine sera donc aggravée, d'une part, si l'auteur est un ascendant, père, mère, grand-père, grand-mère, aïeuls, *etc.*, et ce quelle que soit la filiation, légitime, naturelle ou adoptive; on constate donc que l'ordonnance du 4 juillet 2005 qui supprime la distinction entre ces différentes filiations, n'a pas été retranscrite ici. Elle ne l'a été qu'à l'égard des incriminations figurant au chapitre VII du Code pénal, relatif aux atteintes au mineur et à la famille.

512.83 Circonstance aggravante : personne ayant autorité sur le mineur. D'autre part, la peine sera encore aggravée à l'encontre des personnes qui ont autorité sur le mineur. Cette expression n'est pas définie par le législateur, ce que certains regrettent[4]. Il convient de prendre en compte « *le pouvoir dont prétend se prévaloir un individu à l'encontre d'un autre, sans autre préoccupation que la satisfaction d'un intérêt strictement personnel, voire égoïste* »[5]. Le législateur entend sanctionner particulièrement **l'abus d'autorité** et les cas jurisprudentiels sont très variés : a ainsi été considéré comme ayant autorité le chef scout[6], le professeur de collège[7], le concubin de la mère[8], le second mari de la mère[9], ou encore le concubin de la grand-mère[10]. Cela étant, il faudra caractériser les **circonstances de fait** desquelles on peut déduire cette autorité, en particulier la cohabitation, ou la position de la personne par rapport à l'enfant ou à la famille; ainsi, est dépourvu d'autorité de fait le simple visiteur occasionnel de la famille, en l'absence de communauté de vie[11]. La Cour de cassation a encore récemment rappelé que cette autorité ne saurait être présumée, il ne suffit pas d'énoncer que « *les faits ont été commis par le grand-oncle de la mineure qui avait autorité sur elle* »[12].

Notons que cette circonstance aggravante tirée de la qualité d'ascendant de l'auteur par rapport à la victime existe aussi en matière d'administration de substances nuisibles; en revanche, tel n'est pas le cas pour les crimes d'actes de torture et de barbarie, de meurtre et d'empoisonnement, ce qui est contestable, d'autant qu'une telle circonstance existe, on l'a vu, lorsque c'est l'ascendant qui est victime.

Il faut encore ajouter la circonstance aggravante tirée du **caractère habituel des violences sur mineur**

1. L. n° 2009-526, 12 mai 2009, de simplification et de clarification du droit et d'allègement des procédures, *JO* 13 mai, p. 7920.
2. Merle et Vitu, *Traité de droit criminel, Droit pénal spécial*, 1982, Cujas, n° 1736.
3. J.-CL. PÉN., J. Amar, « Privation d'aliments ou de soins envers un mineur », Code, art. 227-15 et 227-16, fasc. 10.
4. L. Ben-Kemoun, « La confiance violée de l'enfant : refonder la norme pénale », *D.* 2002, 491.
5. G. Fournier, « La référence à l'autorité à l'égard de l'enfant en sciences criminelles », *Études offertes à Henri-Daniel Cosnard*, Economica, 1990, p. 223.
6. CA Nîmes, 9 déc. 1983, *JCP* 1983, II, 20482.
7. Crim. 4 mars 1998, n° 96-86.326, *Bull. crim.*, n° 85; *D.* 1998, IR 153.
8. Crim. 9 juin 1971, *Bull. crim.*, n° 185.
9. Crim. 2 mai 1990, n° 88-86.558, *RSC* 1991, 82, obs. Levasseur.
10. Crim. 10 avr. 1959, *RSC* 1959, 352, obs. Hugueney.
11. CA Grenoble, 1er févr. 2006, *JCP* 2006, IV, 3324.
12. Crim. 4 févr. 2004, n° 03-82.845, NP; *JCP* 2004, IV, 1657.

de quinze ans[1]; mais dans ce cas, la peine encourue est la même qu'en cas de violences volontaires sur mineur de quinze ans par ascendant ou personne ayant autorité.

512.84 Légitimation des violences exercées par l'ascendant ou la personne ayant autorité (non). De plus, désormais, l'ascendant ou la personne qui a autorité ne peut plus légitimer les violences en invoquant un droit de correction dans un but éducatif, tout au moins si « *les violences dépassent par leur nature et par leurs conséquences les limites du droit de correction* »[2].

512.85 Excision. Ajoutons que l'incrimination de violences volontaires ayant entraîné une mutilation ou une infirmité permanente est utilisée à l'encontre de l'exciseuse qui s'est livrée à l'ablation du clitoris sur une petite fille[3]. Le **juge pénal** ne considère plus aujourd'hui que l'élément intentionnel fait défaut, les parents subissant l'empreinte de leur culture ancestrale[4]. Le **juge administratif** a même admis que l'excision constituait un traitement dégradant et inhumain au sens de l'article 3 de la Convention européenne des droits de l'homme et justifiait l'annulation de la décision du préfet de reconduite à la frontière[5].

512.86 Victime mineure à l'étranger. Afin de renforcer la protection de l'enfant, la loi du 4 avril 2006[6] étend l'application de la loi française lorsque les violences volontaires aggravées sont commises sur une victime mineure, à l'étranger; ainsi, en principe, en vertu de l'article 113-7 du Code pénal, la loi pénale française est applicable à tout crime ou délit commis par un français ou un étranger, hors du territoire de la république, si la victime est de nationalité française (compétence personnelle passive), sous réserve, en matière de délit, que la poursuite soit exercée à la requête du ministère public, précédée d'une plainte de la victime ou de ses ayants droit ou d'une dénonciation officielle de l'autorité du pays où les faits se sont produits (C. pén., art. 113-8). Depuis la loi de 2006, en cas de violences volontaires aggravées commises à l'étranger sur une victime mineure, la loi française est compétente si la victime, sans être de nationalité française, « *réside habituellement sur le territoire français* », et nonobstant les conditions particulières de l'article 113-8 du Code pénal en matière de délit.

512.87 Allongement du délai de prescription. Cette loi a aussi procédé à l'allongement du délai de prescription en matière de violences volontaires aggravées sur mineur : qu'il s'agisse d'un fait qualifié crime ou délit, il se prescrit à l'expiration d'un **délai de vingt ans à dater de la majorité de la victime,** comme en matière d'atteintes sexuelles à l'encontre de mineurs.

B.
Atteintes à l'intégrité sexuelle de l'enfant

512.90 Inceste : incrimination spécifique (non). L'inceste ne fait pas l'objet d'incrimination spécifique[7] « *Il est en quelque sorte éparpillé et noyé dans d'autres qualifications* »[8], en particulier, celles d'agressions sexuelles (1°) ou d'atteinte sexuelle (2°).

1°
Agressions sexuelles

512.91 Éléments constitutifs. On retrouve, tout d'abord, le **viol** et l'**agression sexuelle**, tels que nous les avons définis dans l'étude des violences entre conjoints; de ce fait, ces incriminations ne seront retenues que si l'on prouve l'absence de consentement de la victime, à savoir qu'ils ont été commis avec **violence, contrainte, menace ou surprise.** Or, en cas de violences sexuelles intrafamiliales, ces qualifications sont très peu adaptées; en effet, la plupart du temps, l'auteur n'a pas besoin d'utiliser la violence, contrainte, menace ou surprise pour arriver à ses fins; il lui suffit d'utiliser la confiance préétablie, du fait du lien familial, pour obtenir de l'enfant les faveurs souhaitées : l'enfant se trouve dans un tel état de dépendance affective qu'il est incapable de résister à l'adulte. Et la jurisprudence a rappelé à plusieurs reprises que l'on ne pouvait déduire la violence, contrainte, menace ou surprise

1. CA Amiens, 29 août 2007, *Juris-Data* n° 2007-343 403.
2. Crim. 21 févr. 1990, n° 89-80.726, NP; *Dr. pénal* 1990, comm. 216 – CA Paris, 4 mai 2004, *Juris-Data* n° 2004-24-7341 – Et CA Paris, 11 mai 2004, *Juris-Data* n° 2004-24-7323 – H. Bargholtz, « La large prohibition européenne des châtiments corporels infligés aux enfants », *AJ fam.* 2005, 221.
3. CA Paris, 10 juill. 1987, *RSC* 1989, 108, obs. Levasseur – Crim. 9 mai 1990, n° 90-80.973, NP; *Dr. pénal* 1990, comm. 291; *RSC* 1991, 565, obs. Levasseur.
4. I. Gilette-Frenoy, *La judiciarisation de l'excision en France*, Éd. GAMS, 1998, p. 4 s.
5. TA Lyon, 12 juin 1996, *JCP* 1997, I, 3996, obs. Fulchiron.
6. L. n° 2006-399, 4 avr. 2006, renforçant la prévention et la répression des violences au sein du couple ou commises contre les mineurs, *JO* 5 avr., p. 5097.
7. M.-L. Rassat, « Inceste et droit pénal », *JCP* 1974, I, 2614 – A. Breton, « L'enfant incestueux », *Recueil d'études en hommage à M. Ancel*, Pédone, 1975, p. 309 – D. Mayer, « La pudeur du droit face à l'inceste », *D.* 1988, 213 – A. Bourrat, *Les enfants victimes de violences sexuelles dans leur milieu familial*, th. Lyon, 1992 – A. Batteur, « L'interdit de l'inceste. Principe fondateur du droit de la famille », *RTD civ.* 2000, 759 – I. Corpart, « L'inceste en droit français », *Gaz. Pal.* 1995, doctr. 888 – D. Guével, « La famille incestueuse », *Gaz. Pal.* 2004, doctr. 3043.
8. J. Pradel et M. Danti-Juan, *Droit pénal spécial*, Cujas, 2004, n° 725.

du seul âge du mineur ou du lien d'ascendance ou d'autorité puisque ces éléments constituent des circonstances aggravantes qui ne sont examinées que si, préalablement, a été constatée la réunion des éléments constitutifs[1]. De même, l'évocation des « *sentiments de soumission éprouvés* » par la victime mineure ne suffit pas à caractériser l'autorité ou la violence exercée par l'auteur[2]. Cette abondante jurisprudence a été confirmée par l'Assemblée plénière dans son arrêt du 14 février 2003[3]. Pourtant, dans un arrêt récent, la jurisprudence, sans opérer un revirement, semble assouplir la rigidité de la séparation entre élément constitutif et circonstance aggravante puisqu'elle autorise l'examen de l'élément constitutif de l'infraction à l'aide de considérations tirées d'une circonstance aggravante; ainsi, la Cour a retenu que l'état de contrainte ou de surprise résulte du très jeune âge des enfants (entre un an et demi et cinq ans en l'espèce[4]). Aussi, afin de faciliter le recours à la qualification de viol ou d'agression sexuelle en cas d'inceste, la loi du 8 février 2010[5] précise la notion de contrainte; en vertu de l'article 222-22-1 du Code pénal, elle « *peut être physique ou morale. La contrainte morale peut résulter de la différence d'âge existant entre une victime mineure et l'auteur des faits et de l'autorité de droit ou de fait que celui-ci exerce sur cette victime* ». Pour autant on peut reprocher au législateur de créer une confusion entre **circonstance aggravante** et **élément constitutif de l'infraction** bien que la circulaire du 9 février 2010 parle de « *clarification* »[6].

Il faut que l'intention soit caractérisée, ce qui n'est pas le cas du père qui caresse sa fille mineure alors qu'il dort...[7] !

1. Crim. 21 oct. 1998, n° 98-83.843, *Bull. crim.*, n° 274; *D.* 1999, 75, note Mayaud; *JCP* 1998, II, 10215, note Mayer – Crim. 25 avr. 2001, n° 00-85.457, *Bull. crim.*, n° 99; *RSC* 2001, 808, obs. Mayaud; *JCP* 2003, II, 10001, note Prothais – Crim. 20 juin 2001, n° 00-88.258, NPT; *Dr. pénal* 2002, comm. 2, obs. Véron.
2. Crim. 21 févr. 2007, n° 06-88.735, *Bull. crim.*, n° 55; *Dr. pénal* 2007, comm. 68, obs. Véron; *AJ pénal* 2007, 181, obs. Royer.
3. Cass. ass. plén., 14 févr. 2003, n° 96-80.088, *Bull. ass. plén.*, n° 1; *RSC* 2003, 557, obs. Mayaud.
4. Crim. 7 déc. 2005, n° 05-81.316, *Bull. crim.*, n° 326; *Dr. fam.* 2006, comm. 70, obs. De Lamy; *Dr. pénal* 2006, comm. 31, obs. Véron.
5. L. n° 2010-121, 8 févr. 2010, préc. s^s n° 512.01 – Pour des commentaires de cette loi, v. A. Bourrat-Guéguen, « Commentaire de la loi du 8 février 2010 tendant à inscrire l'inceste commis sur les mineurs dans le Code pénal et à améliorer la détection et la prise en charge des victimes d'actes incestueux », *Dr. fam.* 2010, étude 15; A. Lepage, « Réflexions sur l'inscription de l'inceste dans le Code pénal par la loi du 8 février 2010 », *JCP* 2010, doctr. 335.
6. Circ. min. Justice, JUSD1003942C, 9 févr. 2010.
7. CA Toulouse, 5 déc. 2002, *Dr. pénal* 2003, comm. 55.

512.92 Circonstance aggravante. On trouve, en effet, au rang des circonstances aggravantes du viol et de l'agression sexuelle, l'âge du mineur, en l'espèce mineur de quinze ans, et la qualité d'ascendant ou de personne qui a autorité de droit ou de fait sur la victime. Cela étant, **en matière de viol, les circonstances aggravantes ne se cumulent pas**, et il suffira que la victime soit mineure de quinze ans ou que l'auteur soit un ascendant ou une personne qui a autorité pour que ce dernier encoure vingt ans de réclusion criminelle (C. pén., art. 222-24); en revanche, **en matière d'agression sexuelle, les circonstances aggravantes se cumulent** et donc si elles sont commises sur un mineur de quinze ans par un ascendant ou une personne qui a autorité, l'auteur encourt dix ans d'emprisonnement et 150 000 euros d'amende (C. pén., art. 222-30).

Pour autant, les notions d'ascendant et de personne qui a autorité s'interprètent comme en matière de violences volontaires et l'on a pu retenir le viol commis par le père[8], le grand-père[9], la mère[10].

512.93 Inceste. Notons qu'afin de renforcer la protection de l'enfant, un rapport parlementaire récent propose de créer une infraction spécifique d'inceste en ces termes « *les viols et autres agressions sexuelles sont qualifiés d'incestueux lorsqu'ils sont commis sur un mineur par...* » et sont limitativement énumérés les auteurs : ascendant, oncle, tante, frère, sœur, conjoint ou concubin de l'une de ces personnes, partenaire lié par un PACS à l'une de ces personnes[11]. Le rapport préconise aussi de préciser que « *la contrainte morale peut notamment résulter de la différence d'âge existant entre un mineur victime de quinze ans et l'auteur des faits et de l'autorité de droit ou de fait que celui-ci exerce sur la victime* », afin de mettre un terme aux difficultés de qualifications. En ce sens, une proposition de loi récente propose l'insertion de la notion d'inceste dans le Code pénal[12]. Cette proposition a été définitivement adoptée le 8 février 2010[13]; sont désormais qualifiés d'incestueux les viols, agressions sexuelles ou atteintes sexuelles commis « *au sein de la famille sur la personne d'un mineur par un ascendant, un frère, une*

8. Crim. 11 juin 1992, n° 01-85.002, *Bull. crim.*, n° 228; *RSC* 1993, 781, obs. Levasseur – Crim. 3 oct. 2001, n° 00-87.925, NP.
9. Crim. 8 sept. 1998, n° 98-83.444, NP (affaire où la grand-mère a été condamnée comme complice).
10. Crim. 27 avr. 1994, n° 94-80.547, *Bull. crim.*, n° 157.
11. Rapp. de la mission parlementaire, *Faut-il ériger l'inceste en infraction spécifique ?*, min. Justice, juill. 2005.
12. Prop. loi n° 1538, visant à identifier, prévenir, détecter et lutter contre l'inceste sur les mineurs et à améliorer l'accompagnement médical et social des victimes, *JOAN* mars 2009 – Rapp. M.-L. Fort, Ass. nat. n° 1601, avr. 2009.
13. L. n° 2010-121, 8 févr. 2010, préc. s^s n° 512.01.

sœur ou toute autre personne, y compris s'il s'agit d'un concubin d'un membre de la famille, ayant sur la victime autorité de droit ou de fait » (C. pén., art. 222-31-1 et 227-27-2). Ajoutons que depuis la loi sur la récidive de 2005[1], en cas de condamnation pour viol ou agression sexuelle du titulaire de l'autorité parentale, la juridiction de jugement a l'obligation de se prononcer sur l'opportunité d'un retrait de l'autorité parentale[2]. La loi du 8 février 2010 a repris cette disposition et l'a insérée à l'article 222-31-2 du Code pénal.

Peut encore être retenue, l'atteinte sexuelle (C. pén., art. 227-25).

2°
Atteinte sexuelle

512.101 Définition. Il s'agit de tout acte de nature sexuelle, qu'il y ait ou non acte de pénétration, à condition toutefois qu'il soit commis sans violence, contrainte, menace ou surprise, contrairement aux incriminations de viol et d'agression sexuelle. Il s'agit de sanctionner l'exploitation de la faiblesse inhérente à la minorité qui laisse supposer une insuffisance quant au discernement ainsi que l'a récemment rappelé la Cour de cassation dans une espèce où elle a rejeté la qualification de viol au profit de celle d'atteinte sexuelle considérant que la mineure de treize ans n'avait pas été contrainte, pour autant « *les deux adultes ont su profiter du jeune âge de la victime et de ses errements personnels* ».[3].

Il faut que l'acte ait un rapport avec l'activité sexuelle, ce qui n'est pas le cas d'un massage pratiqué dans un contexte de naturisme[4], ou d'un attouchement sans connotation sexuelle[5].

L'auteur a agi en connaissance de cause, c'est-à-dire en ayant conscience de la nature sexuelle de l'acte et de la minorité de la victime.

La loi distingue selon que le mineur a plus ou moins de quinze ans.

512.102 Mineur de quinze ans. L'atteinte sexuelle sur mineur de quinze ans suppose, pour être punissable, que la victime soit âgée de moins de quinze ans révolus au jour des faits; le choix de l'âge de quinze ans fut motivé par le souci de faire coïncider les dispositions du Code pénal avec la règle du Code civil qui fixait alors à quinze ans l'âge du mariage des filles. Depuis la loi du 4 avril 2006, ce seuil est fixé à dix-huit ans. Certains auteurs estiment qu'il serait préférable de retenir l'âge de treize ans[6]. La question de l'âge se pose ici avec acuité puisqu'il s'agit de déterminer, en quelque sorte, l'âge de la majorité sexuelle : en effet, ce délit vise à sanctionner les relations sexuelles entre un majeur et une victime mineure, de quinze ans, même consentante.

Le délit est puni de cinq ans d'emprisonnement et de 75 000 euros d'amende, mais, là encore, la qualité d'ascendant par rapport à la victime ou le fait d'avoir autorité sur elle constituent des circonstances aggravantes et élève la peine à dix ans d'emprisonnement et 150 000 euros d'amende.

512.103 Mineur de quinze à dix-huit ans. L'atteinte sexuelle sans violence, contrainte, menace ou surprise, est encore incriminée si elle est commise sur un mineur de quinze à dix-huit ans par un ascendant ou une personne qui a autorité sur le mineur. L'acte matériel est le même que précédemment, en revanche, la qualité de la victime par rapport au mineur (ascendant ou personne qui a autorité) constitue ici un élément constitutif de l'infraction et non plus une simple circonstance aggravante. Pour autant, sa définition est identique. De plus, l'article 227-27 du Code pénal ne précise pas que l'auteur de l'infraction doit être majeur (cela étant, en pratique, cela sera le cas la plupart du temps, mais la rédaction du texte autorise des poursuites contre un auteur mineur). Ce délit est puni de deux ans d'emprisonnement et 30 000 euros d'amende.

Depuis la loi du 8 février 2010, l'atteinte sexuelle est qualifiée d'incestueuse si elle est commise « *au sein de la famille sur la personne d'un mineur par un ascendant, un frère, une sœur ou toute autre personne, y compris s'il s'agit d'un concubin d'un membre de la famille, ayant sur la victime autorité de droit ou de fait* » (C. pén., art. 227-27-2). En outre, si l'atteinte sexuelle incestueuse est commise par un titulaire de l'autorité parentale, la juridiction de jugement doit se prononcer sur le retrait total ou partiel de cette autorité (C. pén., art. 2227-27-3).

512.104 Autres incriminations de nature sexuelle. Le Code pénal incrimine d'autres comportements de nature sexuelle, tels que l'**exhibition sexuelle** ou le recours à la **prostitution du mineur** ou encore le **proxénétisme**, mais ils constituent

1. L. n° 2005-1549, 12 déc. 2005, relative au traitement de la récidive des infractions pénales, *JO* 13 déc., p. 19152.
2. M. Redon, « Délinquance sexuelle et autorité parentale : une réforme attendue », *AJ pénal* 2006, 34.
3. Crim. 29 mars 2006, n° 05-84.552, *Bull. crim.*, n° 96; *RSC* 2006, 828, obs. Mayaud; *Dr. pénal* 2007, comm. 34, obs. Roussel.
4. CA Toulouse, 25 nov. 2001, *Juris-Data* n° 2001-16-1119.
5. CA Aix-en-Provence, 4 févr. 1998, *Juris-Data* n° 1998-04-0223.
6. M.-L. Rassat, *Droit pénal spécial, Infractions des et contre les particuliers*, « Précis », Dalloz, 2006, n° 540, p. 580.

moins des atteintes à l'intégrité sexuelle du mineur que des atteintes à la moralité du mineur, et surtout, la qualité d'ascendant n'est prise en compte à aucun titre, ni circonstance aggravante, ni élément constitutif, ce qui les exclut du champ du droit pénal de la famille.

512.105 Protection des mineurs victimes. Si ces dispositions du Code pénal visent à protéger l'intégrité de l'enfant, encore faut-il assurer sa prise en charge tout au long du procès pénal, surtout s'il est victime d'un membre de la famille; c'est pourquoi la loi du 17 juin 1998 a créé, dans le Code de procédure pénale, un titre XIX relatif à la procédure applicable aux infractions de nature sexuelle et à la protection des mineurs victimes.

§ 2
Procédure applicable au mineur victime

512.110 Division. Il existe différentes mesures susceptibles d'assurer la protection du mineur, tant pendant la procédure (A), qu'à l'issue du procès (B).

A.
Mesures en cours de procédure

512.111 Expertise médico-psychologique. Le mineur victime peut, tout d'abord, faire l'objet d'une expertise médico-psychologique aux fins d'apprécier la nature et l'importance du préjudice qu'il a subi (C. pr. pén., art. 706-47 : « *En cas de meurtre ou d'assassinat d'un mineur précédé ou accompagné d'un viol, de tortures ou d'actes de barbarie ou pour les infractions d'agressions, d'atteintes sexuelles, de recours à la prostitution d'un mineur, de proxénétisme à l'égard du mineur* »); elle permet aussi d'établir la nécessité d'une prise en charge thérapeutique ou de soins appropriés.

512.112 Administrateur *ad hoc*. Ensuite, le **procureur de la République** ou le **juge d'instruction** peut désigner un administrateur *ad hoc* si la protection des intérêts du mineur n'est pas complètement assurée par ses représentants légaux[1]. Depuis la loi du 8 février 2010, si les faits sont qualifiés d'incestueux, la désignation de l'administrateur *ad hoc* est obligatoire, sauf décision spécialement motivée du procureur ou du juge d'instruction (C. pr. pén., art. 706-50). Cet administrateur est choisi, soit parmi les **membres de la famille**, soit parmi les **personnalités inscrites sur une liste**, dressée tous les quatre ans, dans le ressort de chaque cour d'appel. La jurisprudence a eu l'occasion de préciser qu'il ne peut intervenir que pour un mineur vivant[2], qu'il fait obstacle à l'intervention du représentant légal du mineur[3], et que l'ordonnance de désignation peut faire l'objet d'un appel[4]. En cas d'inertie du juge pénal, c'est-à-dire en l'absence de décision relative à l'administrateur *ad hoc*, il a été récemment admis que le **juge des tutelles** peut procéder à cette désignation sur le fondement de l'article 388-2 du Code civil[5].

512.113 Audition du mineur. L'administrateur *ad hoc* peut notamment être présent lors des auditions ou des confrontations du mineur victime, ainsi que le précise l'article 706-53 du Code de procédure pénale; dans ce cas, il peut aussi s'agir d'un **psychologue** ou d'un **médecin spécialiste de l'enfance**, voire du **psychothérapeute** de l'enfant comme l'a admis la jurisprudence[6].

Depuis la loi n° 2007-291 du 5 mars 2007 renforçant l'équilibre de la procédure pénale[7], le mineur doit être assisté par un **avocat** lorsqu'il est entendu par le juge d'instruction (C. pr. pén., art. 706-51-1)[8].

D'ailleurs, jusqu'à présent, l'audition de l'enfant mineur pouvait faire l'objet d'un **enregistrement audiovisuel** avec le consentement de ce dernier, ou, s'il n'était pas en état de le donner, celui de son représentant légal. En tout état de cause, si le juge ne recourait pas à ce procédé, sa décision devait être motivée (C. pr. pén., art. 706-52). Depuis la loi n° 2007-291 du 5 mars 2007, le consentement du mineur n'est plus requis; l'enregistrement peut être sonore sur décision du magistrat seulement et non plus du mineur. Par ailleurs, le procureur ou le juge d'instruction n'ont plus la possibilité de décider de ne plus y procéder : l'enregistrement devient

1. M.-P. Porchy, « L'administrateur *ad hoc* en matière pénale », *D.* 2004, chron. 2732.
2. Crim. 15 juin 2000, n° 99-87.322, *Bull. crim.*, n° 230; *Procédures* 2001, comm. 12, obs. Buisson.
3. Crim. 12 sept. 2000, n° 00-81.971, *Bull. crim.*, n° 266; *Procédures* 2001, comm. 46, obs. Buisson.
4. Crim. 16 mars 2005, n° 04-83.300, *Bull. crim.*, n° 3; *D.* 2005, IR 1250; *AJ pénal* 2005, 288, obs. Girault.
5. Civ. 1re, 25 oct. 2005, n° 03-14.404, *Bull. civ.* I, n° 390; *Dr. fam.* 2006, comm. 77, Gouttenoire; M. Bruggeman, « Administrateur *ad hoc* du mineur : reddition sans condition de la Cour de cassation ! », *Dr. fam.* 2006, études 28; C. Neirinck, « La dualité de régime de l'administrateur *ad hoc* des mineurs », *JCP* 2000, I, 228.
6. Crim. 3 oct. 2001, n° 01-84.910, *Bull. crim.*, n° 1999; *D.* 2002, 1099, note Redon.
7. L. n° 2007-291, 5 mars 2007, tendant à renforcer l'équilibre de la procédure pénale, *JO* 6 mars 2007, p. 4206 – « Loi du 5 mars 2007 sur l'équilibre de la procédure pénale : premiers commentaires », *AJ pénal* 2007, 105 s.
8. M. Picot, « L'avocat de l'enfant », *Dr. fam.* 2006, étude 37.

la règle. La circulaire (CRIM 99-4F1) du 20 avril 1999 précise les conditions concrètes de cet enregistrement.

512.114 Allongement du délai de prescription. Ajoutons, qu'à plusieurs reprises, le législateur a allongé les délais de prescription, sachant que l'enfant victime ne peut parler que bien longtemps après les faits, surtout si l'auteur est un membre de sa famille; de nombreux psychologues expliquent, en effet, que l'une des premières conséquences de l'inceste est le **déni** par la victime, déni pouvant aller jusqu'à l'**amnésie** totale des faits car cet oubli est souvent le seul moyen de défense pour l'enfant. Ainsi, désormais, le délai de prescription en matière de viol, agressions sexuelles et atteintes sexuelles aggravées et violences volontaires aggravées à l'encontre des mineurs, est de **vingt ans à dater de la majorité de la victime**, ce qui ne va pas sans poser des difficultés de preuve[1] et d'application de la loi dans le temps[2].

De même, la spécificité du procès doit être prise en compte à l'issue de la procédure.

B. Mesures applicables à l'issue de la procédure

512.121 Mesure d'éloignement. Il convient, tout d'abord, d'éloigner le parent auteur. Depuis la loi du 12 décembre 2005 relative au traitement de la récidive des infractions pénales, le juge pénal, lorsqu'il est saisi de faits de viol, agression sexuelle ou atteinte sexuelle commis sur un mineur par les titulaires de l'autorité parentale, a l'**obligation de se prononcer sur l'opportunité, ou non, du prononcé du retrait de l'autorité parentale.** La loi du 8 février 2010 reprend cette disposition aussi bien en cas de viol ou d'agression sexuelle (C. pén., art. 222-31-2) qu'en cas d'atteinte sexuelle (C. pén., art. 227-27-3).

De plus, le juge pénal a désormais la possibilité, en cas d'infraction commise contre ses propres enfants ou les enfants du conjoint, partenaire ou concubin, d'ordonner à l'auteur des faits de résider hors du domicile ou de la résidence du couple et de s'abstenir de paraître au domicile.

512.122 Suivi socio-judiciaire – Injonction de soins. Ensuite, la juridiction de jugement a la possibilité, notamment en matière d'infraction sexuelle, de prononcer à l'encontre de l'auteur une peine de suivi socio-judiciaire assortie d'une injonction de soins[3]; il s'agit d'un ensemble de mesures de surveillance et d'assistance, dont le traitement médical est le moteur, imposé au condamné pendant une certaine durée, sous réserve du consentement du délinquant par rapport à l'injonction de soins proprement dite. En matière de faits qualifiés crime, l'injonction fait suite à l'incarcération et peut aller jusqu'à trente ans, alors que s'il s'agit d'un délit, soit elle succède à l'emprisonnement, soit elle en constitue une alternative et ce pour une durée maximale de vingt ans. En cas de non-respect, le délinquant encourt respectivement sept ans et trois ans d'incarcération. Concrètement, ce traitement est mis en œuvre par un **médecin traitant**, ou un **psychologue** depuis la loi sur la récidive, et un **médecin coordinateur** fait le lien avec le **juge d'application des peines.**

En 2007, 1 285 mesures de suivi socio-judiciaire ont été prononcées, dont 4 % par les cours d'assises[4]. La loi du 10 août 2007 incite le délinquant à débuter les soins le plus tôt possible, dès son incarcération[5]; en ce sens, l'expertise médicale est communiquée à l'administration pénitentiaire afin de faciliter le suivi médical et psychologique en détention (C. pr. pén., art. 706-47-1). La loi du 10 mars 2010 a clarifié le cadre légal de l'injonction de soins et a donné la possibilité au médecin traitant de prescrire tout traitement indiqué pour le

1. T. Cretin, « La preuve impossible ? De la difficulté d'administrer la preuve des infractions dont sont victimes les mineurs », *RSC* 1992, 53 – M. de Béchillon et J.-J. Choulot, « L'abus sexuel commis sur des mineurs et sa preuve en droit pénal », *Le mineur et le droit pénal*, L'Harmattan, 1997.
2. C. Guéry, « Crimes et délits contre mineurs par ascendant : quelle prescription ? », *D.* 1997, 138; « La prescription des infractions contre les mineurs : un nouvel état des lieux », *D.* 1999, 38; « Kafka II ou pourquoi faire simple quand on peut faire… Une nouvelle loi sur la prescription des infractions commises contre les mineurs ? », *D.* 2004, chron. 3015 – Y. Mayaud, « Vers l'imprescriptibilité des infractions de nature sexuelle contre les mineurs », *RSC* 2008, 80.
3. P. Couvrat, « Le suivi socio-judiciaire, une peine pas comme les autres », *RSC* 1999, 376 – J. Castagnede, « Le suivi socio-judiciaire applicable aux délinquants sexuels ou la dialectique sanction-traitement », *D.* 1999, chron. 23 – X. Lameyre, « Pour une éthique des soins pénalement obligés », *RSC* 2001, 521; « L'obligation de soins, dix ans après », *AJ pénal* 2/ 2009.
4. A. Kensey, « La réalité statistique des peines et mesures concernées par l'obligation de soins, le suivi socio-judiciaire », *AJ pénal* 2009, 58.
5. L. n° 2007-1198, 10 août 2007, renforçant la lutte contre la récidive des majeurs et des mineurs, *JO* 11 août, p. 13466 – J.-H. Robert, « Le plancher et le thérapeute », *Dr. pénal* 2007, étude 20 – E. Garçon, « Entre confiance et défiance à l'égard du juge pénal », *JCP* 2007, 196 – « La loi du 10 août 2007 renforçant la lutte contre la récidive », dossier *AJ pénal* 2007.

soin du condamné, y compris des médicaments inhibiteurs de libido (C. pr. pén., art. 706-47-1) [1]. En outre, le **fichier automatisé des auteurs d'infractions sexuelles ou violentes,** prévu à l'article 706-53-1 du Code de procédure pénale, tend à prévenir le renouvellement de l'infraction et à faciliter l'identification des auteurs [2]. La loi du 10 mars 2010 a étendu la liste des personnes susceptibles de le consulter.

1. L. n° 2010-242, 10 mars 2010, tendant à amoindrir le risque de récidive criminelle et portant diverses dispositions de procédure pénale, *JO* 11 mars, p. 4808 – Pour un commentaire de cette loi, v. A. Gallois, « Amoindrir le risque de récidive pénal, à propos de la loi du 10 mars 2010 », *JCP* 2010, act. 340.

2. Décr. n° 2008-1023, 6 oct. 2008, relatif au fichier judiciaire national automatisé des auteurs d'infractions sexuelles ou violentes et au casier judiciaire national automatisé, *JO* 7 oct., p. 15402.

TITRE

52. Les atteintes au lien familial

SECTION 0

ORIENTEUR

52.00 **Plan du titre.**

52.09 **Division.** La famille constitue un groupe d'individus unis par des liens biologiques, juridiques, mais aussi affectifs[1].

Aussi, la famille est une entité à part entière qui, même si elle n'est pas consacrée par l'octroi d'une personnalité juridique, est reconnue par le législateur du fait de l'existence d'incriminations spécifiques protectrices de son intégrité.

La plupart de ces incriminations protègent l'enfant, mais, en réalité, ces infractions n'existent qu'en raison de l'atteinte au lien qui unit l'enfant et sa famille, qu'il s'agisse de la violation des prérogatives familiales (chap. 521) ou de l'altération de l'institution familiale (chap. 522).

1. J. et A. Pousson, *L'affection et le droit*, CNRS, 1990.

CHAPITRE

521. Violation des prérogatives familiales

ANNE BOURRAT-GUÉGUEN
MAÎTRE DE CONFÉRENCES
À L'UNIVERSITÉ DE RENNES 2 – HAUTE BRETAGNE

SECTION 0
ORIENTEUR

521.00 Plan du chapitre.

521.01 Textes applicables.

TEXTES SOURCES

• **Code pénal**

> Délaissement de mineur de quinze ans
C. pén., art. 227-1

> Non-représentation d'enfant
C. pén., art. 227-5

> Soustraction de mineur par ascendant
C. pén., art. 227-7

> Soustraction d'un parent à ses obligations légales
C. pén., art. 227-17

> Non-inscription d'un enfant dans un établissement scolaire
C. pén., art. 227-17-1

SÉLECTION THÉMATIQUE ET ALPHABÉTIQUE DE TEXTES *IN EXTENSO*

> Délaissement de mineur de quinze ans

C. pén., art. 227-1

Le délaissement d'un mineur de quinze ans en un lieu quelconque est puni de sept ans d'emprisonnement et de 100 000 euros d'amende, sauf si les circonstances du délaissement ont permis d'assurer la santé et la sécurité de celui-ci.

> Non-inscription d'un enfant dans un établissement scolaire

C. pén., art. 227-17-1

Le fait, par les parents d'un enfant ou toute personne exerçant à son égard l'autorité parentale ou une autorité de fait de façon continue, de ne pas l'inscrire dans un établissement d'enseignement, sans excuse valable, en dépit d'une mise en demeure de l'inspecteur d'académie, est puni de six mois d'emprisonnement et de 7 500 euros d'amende. […]

> Non-représentation d'enfant

C. pén., art. 227-5

Le fait de refuser indûment de représenter un enfant mineur à la personne qui a le droit de le réclamer est puni d'un an d'emprisonnement et de 15 000 euros d'amende.

> Soustraction de mineur par ascendant

C. pén., art. 227-7

Le fait, par tout ascendant, de soustraire un enfant mineur des mains de ceux qui exercent l'autorité parentale ou auxquels il a été confié ou chez qui il a sa résidence habituelle, est puni d'un an d'emprisonnement et de 15 000 euros d'amende

> Soustraction d'un parent à ses obligations légales

C. pén., art. 227-17

Le fait, par le père ou la mère, de se soustraire, sans motif légitime, à ses obligations légales au point de compromettre la santé, la sécurité, la moralité ou l'éducation de son enfant mineur est puni de deux ans d'emprisonnement et de 30 000 euros d'amende.

L'infraction prévue par le présent article est assimilée à un abandon de famille pour l'application du 3° de l'article 373 du Code civil.

521.02 Jurisprudence de référence.

> Non-représentation d'enfant : stratagème invoquant la maladie de l'enfant

• **Crim. 18 déc. 2002, n° 02-83.667,** *Bull. crim.*, n° 237

* V. s^s^ n° 521.32

Caractérise le délit de non-représentation d'enfant au regard de l'article 227-5 du Code pénal, le fait, pour le prévenu, d'user d'un stratagème, en l'espèce en prétextant faussement une maladie de l'enfant, pour parvenir à soustraire le mineur au titulaire du droit de visite.

> La soustraction de mineur est une infraction continue

• **Crim. 23 févr. 2000, n° 99-84.739,** *Bull. crim.* n° 83

* V. s^s^ n° 521.82

Le délit de soustraction de mineur présente le caractère d'un délit continu qui se poursuit aussi longtemps que son auteur persévère dans sa volonté de porter atteinte à l'exercice de l'autorité parentale.

> Matérialité de la soustraction de mineur

• **Crim. 16 févr. 2005, n° 04-82.955,** NP; *Dr. pénal* 2005, comm. 87, obs. Véron

* V. s^s^ n° 521.81

Les dispositions de l'article 227-7 du Code pénal n'imposent pas que le mineur ait été soustrait des seules mains des titulaires de l'autorité parentale.

521.03 Bibliographie indicative.

Actualisables. RÉP. PÉN. PROC. PÉN., *V^is^ Atteintes à l'exercice de l'autorité parentale*, A. Gouttenoire – J.-CL. PÉN., art. 227-5 à 227-11, art. 227-1 à 227-2.

Ouvrages. A. Gouttenoire et Ph. Bonfils, *Droit des mineurs*, « Précis », 1re éd., Dalloz, 2008 – G. Raymond, *Droit de l'enfance et de l'adolescence*, « Pratique professionnelle », 5e éd., LexisNexis/Litec, 2006 – J.-F. Renucci, *Droit pénal des mineurs*, Masson, 1994, p. 57.

Articles. L. Collet-Askri, « La protection pénale de l'enfant victime des conflits entre ses parents divorcés à la lumière de la jurisprudence récente », *RDSS* 2000, 286 – M. Véron, « La non-représentation d'enfant et les hasards du calendrier », *Dr. pénal* 1991, chron. 4.

521.04 Questions essentielles.

> Le titulaire de l'autorité parentale peut-il légitimement refuser de représenter l'enfant dans certains cas ?

* V. s^s^ n° 521.43

> La soustraction est-elle pareillement sanctionnée si elle est le fait d'un ascendant ou d'un tiers par rapport à l'enfant ?

* V. s^s^ n°s 521.90 et 521.92

> Le délaissement d'enfant est-il toujours réprimé ?

* V. s^s^ n° 521.132.

521.05 Sanctions.

> L'auteur de non-représentation d'enfant encourt **un an d'emprisonnement** et **15 000 euros d'amende,** tout comme l'ascendant auteur de soustraction de mineur.

* V. s^s^ n°s 521.61 et 521.111

> La soustraction commise par un autre que l'ascendant est punie de **cinq ans d'emprisonnement** et **75 000 euros d'amende.**

* V. s^s^ n° 521.112

> Le parent qui se soustrait à ses obligations légales encourt **deux ans d'emprisonnement** et **30 000 euros d'amende.**

* V. s^s^ n° 521.183

521.06 Délais.

> Le délit de non-représentation d'enfant se prescrit à l'expiration d'un délai de **trois ans** qui ne commence à courir qu'à dater de la restitution de l'enfant.

* V. s^s^ n° 521.54

521.09 Division. Les prérogatives nées des liens familiaux sont inhérentes au droit de garde que la loi reconnaît aux adultes à l'égard des enfants auxquels les unissent des liens familiaux. Leur violation est incriminée dans le cadre des atteintes à l'exercice de l'autorité parentale (sect. 1) ou de la mise en péril du mineur (sect. 2).

SECTION 1
ATTEINTE À L'EXERCICE DE L'AUTORITÉ PARENTALE

521.10 Non-représentation d'enfant et soustraction de mineur. C'est une loi du 5 décembre 1901 qui crée le **délit de non-représentation de mineur** en violation d'une décision de justice relative à la garde du mineur; la loi du 11 juillet 1975 portant réforme du divorce complète le dispositif par un « *délit obstacle* » : le **défaut de notification d'un changement de domicile** de la part du parent titulaire de la garde de l'enfant.

Mais sous l'empire de l'ancien Code, la non-représentation d'enfant qui constitue tantôt un crime tantôt un délit, fait l'objet d'un système complexe. Aussi, le nouveau Code pénal, dans le cadre du chapitre VII relatif aux atteintes aux mineurs et à la famille, consacre la section III aux atteintes à l'exercice de l'autorité parentale. Désormais, dans un souci de clarification, sont distinguées la non-représentation d'enfant (§ 1) et la soustraction de mineur (§ 2).

Sur le retrait de l'autorité parentale, v. s[s] n°s 232.401 à 232.465, et sur le même retrait prononcé par un jugement pénal, v. s[s] n°s 232.411 et 232.412.

§ 1
Non-représentation de mineur

521.11 **Texte applicable.** L'article 227-5 du Code pénal précise les éléments constitutifs du délit de non-représentation (A) ainsi que la répression (B).

A.
Éléments constitutifs

521.20 **Incrimination.** Le texte incrimine « *le fait de refuser indûment de représenter un enfant mineur à la personne qui a le droit de le réclamer* », ce qui suppose des éléments préalables (1°) et un refus (2°).

1°
Éléments préalables

521.21 **Un enfant mineur.** Le délit suppose, tout d'abord, un enfant mineur, ce qui ne pose pas de difficulté majeure et exclut de son champ d'application le mineur émancipé et le mineur marié qui ne sont plus soumis à l'autorité parentale.

521.22 **Une personne qui a le droit de réclamer l'enfant.** Il faut ensuite une personne qui a le droit de réclamer l'enfant, c'est-à-dire qui dispose de prérogatives édictées dans l'intérêt de l'enfant.

– Ce droit peut trouver son origine dans une **décision de justice** ou une **convention judiciairement homologuée**, ce qui est le cas le plus fréquent en pratique. Dans cette hypothèse, il doit s'agir d'une **décision exécutoire**[1], ce qui est le cas d'une ordonnance du juge aux affaires familiales (JAF)[2] mais pas d'une décision étrangère accordant aux grands-parents un droit d'hébergement sur l'enfant dont le jugement d'*exequatur* en France a été frappé d'appel par la prévenue[3] ou d'une ordonnance du JAF imprécise[4].

– Cette décision doit encore être **portée à la connaissance de la personne à qui incombe l'obligation de représentation** ce qui n'est pas le cas en l'absence de signification[5]. La modification ultérieure de la décision est inopérante[6].

– Désormais, ce droit de réclamer l'enfant peut aussi exister en dehors d'une décision de justice, puisque l'article 227-5 ne distingue plus selon qu'il découle d'une décision, d'une convention homologuée ou de la **loi** : c'est le principal apport du nouveau Code pénal en la matière qui vise plus à protéger l'enfant[7]. Tel est le cas du père ou de la mère, titulaire légalement de l'autorité parentale, dans l'hypothèse où leur enfant se trouverait, de fait, entre les mains d'un tiers; ou encore cela vise la mère d'un enfant né hors mariage, titulaire exclusive de l'autorité parentale par le jeu des dispositions légales : le père qui refuserait de lui remettre l'enfant pourrait être poursuivi pour non-représentation. En revanche, à l'égard des parents titulaires de droit égaux (exerçant en commun l'autorité parentale), il semblerait que l'article 227-5 n'ait vocation à s'appliquer qu'à des couples ayant déjà eu recours à la justice civile pour régler un différend relatif à l'enfant[8].

– De même, une décision de justice semble nécessaire à l'égard des personnes ayant une simple vocation à des relations personnelles avec l'enfant, telles que les grands-parents par exemple[9].

Encore faut-il un fait matériel de non-représentation.

2°
Fait matériel de non-représentation

521.31 **Une omission...** Le fait matériel de non-représentation consiste en une omission, à savoir le fait de ne pas se soumettre au droit de réclamer l'enfant dont est titulaire une personne c'est-à-dire, soit de ne pas remettre l'enfant au titulaire d'un droit de visite ou d'hébergement, soit, pour le titulaire de ce droit, de ne pas ramener le mineur chez le parent titulaire de la résidence de ce dernier.

521.32 **... caractérisée.** Mais cet élément matériel doit être suffisamment caractérisé : il peut s'agir d'un refus pur et simple de s'exécuter[10], du fait de ne pas mettre en œuvre les moyens nécessaires pour que le droit de l'autre personne sur l'enfant puisse être exercé (v. l'ex. d'une mère qui laisse à ses voisins le soin de représenter les enfants réticents à leur père[11]), voire d'un refus indirect (par ex. une mère qui fait héberger sa fille chez sa sœur la veille de

1. Crim. 4 janv. 1983, *RSC* 1983, 672, obs. Levasseur.
2. Crim. 23 févr. 2000, n° 99-83.520, NP – V. Rép. pén. proc. pen., 2003, A. Gouttenoire, *V[is] Atteintes à l'autorité parentale*, n° 16.
3. CA Douai, 2 oct. 2002, *Juris-Data* n° 200904.
4. Crim. 29 nov. 1982, *RSC* 1983, 671, obs. Levasseur.
5. TGI Le Mans, 16 nov. 1983, *Gaz. Pal.* 1984, 1, somm. 122.
6. Crim. 15 juin 1965, *D.* 1965, somm. 51.
7. L. Collet-Askri, « La protection pénale de l'enfant victime des conflits entre ses parents divorcés à la lumière de la jurisprudence récente », *RDSS* 2000, 286.
8. Rép. min. n° 43854, *JOAN* Q, 10 mars 1997, p. 1230.
9. CA Riom, 11 juin 2003, *Juris-Data* n° 2003-21-8898.
10. Crim. 10 juin 1998, n° 96-84.340, NPT.
11. Crim. 29 avr. 1976, *JCP* 1976, II, 18505, note Vitu; *RSC* 1976, 974, obs. Levasseur.

l'exercice du droit de visite par le père[1]) ou encore de la mise en place d'un véritable stratagème (par ex. une mère qui fait croire au père que sa fille est malade[2]). A encore été retenu au titre de la non-représentation, la création, par la mère, de conditions et d'obstacles non prévus par le juge aux affaires familiales, pour s'opposer au droit de visite du père[3].

L'élément matériel doit être corroboré par un élément intentionnel.

3°
Élément intentionnel

521.41 **Intention coupable.** L'agent doit avoir eu l'intention coupable de ne pas représenter l'enfant, le terme de « refus » induisant une attitude consciente et volontaire et l'intention ne se présume pas, les juges doivent la constater[4].

L'intention suppose donc que soient établis la **connaissance de l'obligation** de représenter l'enfant et le **défaut de justification du refus.**

521.42 **Connaissance de l'obligation de représenter l'enfant.** L'auteur doit connaître les droits de celui qui réclame l'enfant. Cela peut résulter de la signification de la décision ou du recours intenté contre ladite décision[5], ou du fait d'avoir mis en œuvre la décision[6]. En revanche, en cas d'imprécision de l'ordonnance du JAF accordant un droit de visite, le délit de non-représentation n'est pas constitué[7].

Cet élément sera moins évident en l'absence de décision de justice, sous réserve de l'adage « *Nul n'est censé ignorer la loi* ». Pour autant, en la matière, les juges du fond admettent que l'erreur de droit ou l'erreur de fait empêche la condamnation en supprimant l'élément intentionnel[8], mais la Cour de cassation semble plus réservée[9].

Bien que le mobile soit indifférent[10], l'élément intentionnel peut tomber en cas de justification légitime du refus de représenter.

521.43 **Faits justificatifs.** Il a été admis que le refus était justifié en cas de **danger encouru par l'enfant** entre les mains de celui qui le réclame, encore faut-il que le danger soit établi; tel est le cas d'un risque d'enlèvement du mineur à l'étranger[11], ou encore d'un risque de troubles psychologiques de l'enfant suite à une visite à son père incarcéré[12], voire d'un sentiment de peur chez l'enfant, impossible à atténuer, résultant de la violence du père[13]. La personne poursuivie invoque parfois, pour échapper aux poursuites, le risque d'atteintes sexuelles dont pourrait être victime l'enfant; dans ce cas, les juges ne se contentent pas de simples soupçons et prononcent la condamnation si les abus sexuels ne sont pas établis[14].

De même, la **résistance de l'enfant** ne constitue ni un fait justificatif ni une excuse légale et il appartient au parent de vaincre cette résistance[15]. Cela étant, le parent peut s'exonérer en prouvant l'existence de circonstances exceptionnelles[16] et eu égard à l'âge de l'enfant[17].

À défaut de fait justificatif, l'auteur de la non-représentation pourra être réprimé.

B.
Répression de l'infraction

521.50 **Division.** Seront examinés le régime juridique (1°), puis les sanctions (2°).

1°
Régime juridique

521.51 **Juge compétent.** Comme de nombreuses infractions intrafamiliales, la non-représentation d'enfant relève de la compétence du **juge unique du tribunal correctionnel**. La compétence territoriale du tribunal est déterminée par le lieu dans lequel l'enfant devait être représenté[18], étant entendu qu'un accord entre les parents, quant au lieu de

1. Crim. 5 nov. 1997, n° 95-85.244, NPT.
2. Crim. 18 déc. 2002, n° 02-83.667, *Bull. crim.*, n° 237; *D.* 2003, 1062, note Mayaud.
3. Crim. 30 sept. 2009, n° 09-81.494, NP.
4. Crim. 29 oct. 1991, n° 90-86.747, NPT; *Dr. pénal* 1992, comm. 59, obs. Véron.
5. Crim. 23 juin 1999, n° 98-87.147, *Bull. crim.*, n° 155.
6. CA Nancy, 21 mai 2002, *Juris-Data* n° 196262.
7. CA Aix-en-Provence, 17 avr. 2002, *Dr. pénal* 2002, comm. 122, obs. Véron.
8. CA Douai, 26 sept. 1996, *Dr. pénal* 1997, obs. Véron.
9. Crim. 11 oct. 1995, n° 94-83.735, *Bull. crim.*, n° 301; *D.* 1996, 469, note Muller.
10. Crim. 3 sept. 1996, n° 94-85.046, *Bull. crim.*, n° 311; *RSC* 1997, 103, obs. Mayaud.
11. CA Dijon, 19 déc. 1984, *RSC* 1985, 812, obs. Levasseur.
12. T. corr. Agen, 22 mai 1985, *RSC* 1985, 811, obs. Levasseur.
13. CA Bastia, ch. corr., 29 nov. 2006, *JCP* 2007, IV, 2065.
14. Crim. 8 févr. 2000, n° 99-83.083, NP; *Juris-Data* n° 99-83-083 – Crim. 2 sept. 2004, n° 04-81.037, NP; *Juris-Data* n° 2004-02-4998; *Dr. pénal* 2004, comm. 172, obs. Véron – Crim. 7 mai 2008, n° 07-87.211, NP.
15. Crim. 17 juin 1992, n° 91-86.814, *Bull. crim.*, n° 245; *Dr. pénal* 1993, comm. 7, obs. Véron; *RSC* 1993, 104, obs. Levasseur – Crim. 27 oct. 1993, n° 93-81.362, NPT; *Dr. pénal* 1994, comm. 61, obs. Véron; *RSC* 1994, 555, obs. Levasseur – CA Toulouse, 21 févr. 2002, *Juris-Data* n° 2002-16-9396.
16. Crim. 14 mars 1972, *JCP* 1973, II, 17405, obs. M. A. – Crim. 13 avr. 1988, *D.* 1989, 461, note Renucci.
17. CA Toulouse, 21 janv. 1999, *Cah. jurispr. Aquitaine et Midi-Pyrénées* 1999-2, n° 5182 – CA Toulouse, 8 sept. 2003, *JCP* 2003, IV, 1669.
18. Crim. 16 déc. 2008, n° 08-86.375, NP.

remise de l'enfant, n'a aucune incidence sur la localisation du délit[1].

521.52 Indifférence d'une plainte préalable. De même, les poursuites ne sont pas subordonnées à une plainte préalable; aussi, le retrait de celle-ci n'arrête pas le cours de la procédure[2].

521.53 Non-incrimination de la tentative. La tentative n'est pas incriminée, ce qui se comprend dans la mesure où la non-représentation peut résulter d'un comportement purement passif.

521.54 Infraction continue. En outre, il s'agit d'une infraction continue : le **délai de prescription** ne commence donc à courir qu'à dater de la **restitution de l'enfant**. De nouvelles poursuites peuvent d'ailleurs être engagées si l'auteur persiste dans son refus[3]. Cette nature de l'infraction est contestée par certains auteurs qui y voient plutôt une infraction instantanée[4].

2°
Sanctions

521.61 Peine. Au titre de peine principale, l'auteur encourt une peine d'un an d'emprisonnement et 15 000 euros d'amende.

521.62 Aggravation de la peine. L'article 227-9 prévoit une aggravation de la peine si l'enfant est retenu plus de cinq jours sans que ceux qui sont en droit de le réclamer sachent où il se trouve, ou si l'enfant est retenu indûment hors du territoire de la République; dans ces cas, l'auteur encourt jusqu'à trois ans d'emprisonnement et 45 000 euros d'amende. Il en ira de même si l'auteur était déchu de l'autorité parentale (C. pén., art. 227-10). L'article 227-10 conserve le terme de déchéance, mais, en réalité, depuis la loi du 5 juillet 1996 relative à l'adoption on emploie l'expression « *retrait de l'autorité parentale* ».

521.63 Défaut de notification de changement de domicile. Comme l'un des moyens de faire obstacle à l'exercice du droit de visite d'un parent est de changer de domicile sans avertir ce parent, la loi du 11 juillet 1975 relative au divorce a créé l'infraction de défaut de notification de changement de domicile (C. pén., art. 356-1 anc.). Le nouvel article 227-6 du Code pénal reprend cette incrimination en l'étendant à toutes les hypothèses de non-représentation et non plus seulement à celle résultant d'un divorce, d'une séparation de corps ou d'une annulation de mariage. Cela étant, contrairement à la non-représentation, **l'obligation de notifier son changement de domicile n'incombe qu'à un parent et non à un tiers chargé du mineur.** Pour la majorité des auteurs il s'agit d'une infraction intentionnelle qui ne peut être poursuivie si le défaut de notification résulte d'une négligence (ainsi dans un cas où la prévenue avait informé son ex-beau-père de sa nouvelle adresse[5]). L'auteur encourt six mois d'emprisonnement et 7 500 euros d'amende. Le délit de défaut de notification de changement de domicile est commis au lieu du domicile de la personne qui peut exercer un droit de visite ou d'hébergement à l'égard de l'enfant[6].

L'autre atteinte à l'exercice de l'autorité parentale consiste en une soustraction du mineur.

§ 2
Soustraction de mineur

521.70 Division. Sous l'empire de l'ancien Code pénal, la soustraction de mineur constituait un crime ou un délit selon que l'auteur avait agi avec fraude ou violence ou sans fraude ou violence. Désormais, il s'agit toujours d'un **délit** mais les actuels articles 227-7 et 227-8 distinguent selon la qualité de l'auteur tant en ce qui concerne la constitution de la soustraction (A) que sa répression (B).

A.
Constitution de l'infraction de soustraction de mineur

521.80 Division. Le délit comporte des éléments communs à toutes les soustractions (1°) et des éléments qui varient selon la qualité de l'auteur (2°).

1°
Éléments communs à toutes les soustractions

521.81 Élément matériel. Comme la non-représentation, la soustraction d'enfant constitue une atteinte à l'autorité parentale, mais cette fois elle vise l'attitude active d'une personne qui ne s'est pas vue confier l'enfant et qui pourtant le soustrait des mains de ses représentants.

1. Crim. 14 avr. 1999, nº 98-82.833, *Bull. crim.*, nº 85; *Dr. fam.* 1999, comm. 93.
2. Crim. 29 avr. 1976, *JCP* 1976, II, 18505, obs. Vitu; *RSC* 1977, obs. Mayaud.
3. Crim. 30 juin 1981, *Bull. crim.*, nº 223 – Crim. 23 févr. 2000, nº 99-84.739, *Bull. crim.*, nº 83.
4. M.-L. Rassat, *Droit pénal spécial, Infractions des et contre les particuliers*, « Précis », Dalloz, 2006, nº 657.
5. Crim. 20 févr. 1991, nº 90-80.061, *Bull. crim.*, nº 87; *Dr. pénal* 1991, comm. 281, obs. Véron.
6. Crim. 21 janv. 2004, nº 03-80.828, *Bull. crim.*, nº 17; *Dr. pénal* 2004, comm. 81, obs. Véron.

Il faut donc un **acte positif de déplacement du mineur**, peu importe que ce dernier ait été transporté ou qu'il ait quitté volontairement le domicile des parents[1], sous réserve que le déplacement soit imputable à l'auteur de l'infraction. D'après la jurisprudence, le déplacement doit avoir **une certaine durée** pour constituer une soustraction, ce qui n'est pas le cas d'une promenade de quelques heures[2]. Cela étant, un arrêt récent semble assouplir cette condition de durée et retenir une conception extensive de la notion de soustraction puisque, dans cette espèce, c'est la jeune fille qui rejoignait son amant, lequel « *exerçait sur la mineure une emprise destinée à la soustraire à une autorité parentale qu'il jugeait néfaste* »[3].

Ajoutons que ce déplacement se fait en contradiction avec les prérogatives de l'autorité parentale, c'est-à-dire **contre la volonté des titulaires de l'autorité parentale**, de ceux à qui l'enfant a été confié ou auprès de qui il a sa résidence habituelle[4] quelle que soit, désormais, l'origine de ses prérogatives, une décision de justice, une convention homologuée ou la loi (comme en matière de non-représentation). La victime est toujours un mineur, seul soumis à l'autorité parentale et son consentement importe peu.

521.82 Élément intentionnel. Il suppose la volonté de soustraire durablement le mineur à l'autorité parentale ou aux personnes à qui il a été confié ou chez qui il a sa résidence habituelle. La jurisprudence a eu l'occasion de préciser que le délit de soustraction est un **délit continu** ce qui signifie qu'il perdure tant que son auteur a la volonté de porter atteinte à l'exercice de l'autorité parentale[5].

L'intention nécessite la **connaissance, par l'auteur, de l'âge du mineur**; la jurisprudence admet que l'erreur sur l'âge supprime l'élément intentionnel, si l'auteur a pu raisonnablement se tromper[6]. Cette erreur pourra difficilement être invoquée par l'ascendant auteur.

Certains éléments de l'infraction varient, en effet, en fonction de la qualité de l'auteur.

2°
Éléments propres à la qualité de l'auteur de l'infraction

521.90 Distinction. Le texte distingue selon que l'auteur est un **ascendant** ou un **tiers**.

521.91 Soustraction par ascendant. Depuis l'ordonnance du 4 juillet 2005 relative à la filiation[7], l'article 227-7 du Code pénal vise simplement l'ascendant, et non plus l'ascendant légitime, naturel ou adoptif. Pour autant, cela ne change rien quant au fond puisque le lien de filiation doit être établi pour que l'on retienne cette qualité, à défaut, l'auteur serait un tiers. Mais, la Cour de cassation a eu l'occasion de préciser que le lien de filiation entre le mineur et la victime n'étant pas un élément constitutif de l'infraction, « *sa disparition est sans incidence sur l'existence de l'infraction* »[8].

521.92 Soustraction par une personne autre que l'ascendant. Le législateur distingue cette hypothèse de la précédente afin d'être plus rigoureux à l'égard de ce tiers qui détourne à son profit les prérogatives parentales sur un mineur; cela étant, il peut aussi s'agir d'un membre de la famille, autre qu'un ascendant. Lorsque l'auteur est extérieur à la famille, ce détournement a souvent une connotation sexuelle : il s'agit d'éloigner le mineur afin d'obtenir des faveurs sexuelles. Mais il peut aussi s'agir d'un détournement sectaire; en ce sens, la loi n° 2001-504 du 12 juin 2001[9] inclut la soustraction dans les incriminations susceptibles d'entraîner une sanction à l'égard d'une personne morale[10].

Dans ce cas, l'agent doit agir **sans fraude ni violence** sinon son comportement relèverait de l'incrimination d'enlèvement et de séquestration de l'article 224-1 du Code pénal. L'auteur a seulement utilisé son pouvoir de séduction pour convaincre le mineur de le suivre.

De même, la répression diffère selon l'auteur de l'infraction.

B.
Répression

521.100 Division. Distinguons les poursuites (1°) et les sanctions (2°).

1. Crim. 24 juill. 1957, *S.* 1958, p. 1, note Hugueney – Crim. 30 oct. 1968, *JCP* 1969, II, 15831, note De Lestang – Crim. 31 oct. 2001, n° 01-82.373, NP – Crim. 17 févr. 2009, n° 08-87.779, NP.
2. Crim. 3 févr. 1972, *RSC* 1972, 883, obs. Levasseur.
3. Crim. 21 janv. 2009, n° 08-81.674, NP; *D.* 2009, 1918, obs. Bonfils.
4. Crim. 16 févr. 2005, n° 04-82.955, NP; *Dr. pénal* 2005, comm. 87, obs. Véron : la grand-mère soutenait que le délit de soustraction suppose que l'enfant soit enlevé des seules mains de la personne qui exerce l'autorité parentale, ce qu'a rejeté la cour.
5. Crim. 23 févr. 2000, n° 99-84.739, *Bull. crim.*, n° 83; *Dr. pénal* 2000, comm. 83, obs. Véron; *RSC* 2000, 608, obs. Mayaud.
6. Crim. 6 nov. 1963, *D.* 1965, 323, note Vouin; *JCP* 1964, II, 13463, note Larguier; *RSC* 1964, 375, obs. Hugueney.
7. Ord. n° 2005-759, 4 juill. 2005, portant réforme de la filiation, *JO* 6 juill., p. 11159.
8. Comm. révis. 11 mars 2002, *Bull. crim.*, n° 1.
9. L. n° 2001-504, 12 juin 2001, tendant à renforcer la prévention et la répression des mouvements sectaires portant atteinte aux droits de l'homme et aux libertés fondamentales, *JO* 13 juin, p. 9337.
10. V. Huyette, « Les sectes et l'enfermement des mineurs », *D.* 2007, chron. 682.

1°
Poursuites

521.101 **Tentative.** Alors que la non-représentation d'enfant n'admet pas la tentative, tel n'est pas le cas en matière de soustraction; en effet, la soustraction suppose un acte positif ce qui laisse la place à l'admission de la tentative. En outre, il s'agit d'une infraction continue puisque le délit se prolonge tant que dure la soustraction [1].

Là encore, la soustraction relève de la compétence du **juge unique du tribunal correctionnel.**

2°
Sanctions

521.111 **Soustraction par ascendant.** Si la soustraction est commise par un ascendant, ce dernier encourt un an d'emprisonnement et 15 000 euros d'amende; en outre, la peine est aggravée dans les mêmes hypothèses que celles prévues en matière de non-représentation.

521.112 **Soustraction par une personne autre que l'ascendant.** En revanche, si l'auteur est une personne autre qu'un ascendant il peut être condamné à cinq ans d'emprisonnement et 75 000 euros d'amende; comme ce cas est plus sévèrement réprimé, les circonstances aggravées précédentes ne s'appliquent pas.

521.113 **Peines complémentaires.** Dans les deux cas, l'auteur encourt les peines complémentaires de l'article 227-29 du Code pénal.

Ces atteintes aux prérogatives parentales portent atteinte à l'autorité parentale, mais elles peuvent aussi mettre en péril le mineur.

SECTION 2
MISE EN PÉRIL DU MINEUR

521.120 **Un concept nouveau, destiné à protéger le mineur.** Les rédacteurs du nouveau Code pénal ont entendu assurer une protection efficace du mineur victime d'une infraction, ce qui les a conduits à créer un concept nouveau, la mise en péril du mineur (chap. VII, sect. V).

Toutes les infractions de mise en péril ne constituent pas des infractions intrafamiliales. En effet, les hypothèses de **corruption de mineur** (C. pén., art. 227-18 à 227-22) ne tiennent compte, à aucun titre, de la qualité de l'auteur par rapport à la victime; il en va de même en ce qui concerne les infractions relatives à l'**exploitation pornographique de l'image du mineur** (C. pén., art. 227-23 à 227-24). En outre, les incriminations de **privation de soins et d'aliments** (v. s^s n°s 512.71 s.) et d'**atteinte sexuelle** (v. s^s n°s 512.101 s.) ont déjà été étudiées.

Aussi nous nous limiterons à l'étude du délaissement et des soustractions aux obligations légales qui constituent soit des actes positifs (§ 1), soit des abstentions (§ 2).

V. aussi les notions civilistes de mise en danger de l'enfant ou désintérêt des parents, s^s n°s 232.420 à 232.431, 241.180 s. et 242.10 s.

§ 1
Actes positifs : le délaissement

521.121 **Délit.** À proprement parler, le délaissement de mineur n'est pas une infraction de mise en péril du mineur puisqu'il n'appartient pas à la section V, mais fait l'objet d'une section particulière (section I); pour autant, dans la mesure où le délaissement n'est réprimé que s'il met en danger la santé et la sécurité du mineur, il se range dans les hypothèses de mise en péril du mineur. Ce délit suppose réunis certains éléments constitutifs afin d'entraîner d'éventuelles sanctions pour l'auteur.

A.
Éléments constitutifs

521.130 **Texte applicable.** L'article 227-1 du Code pénal prévoit un élément matériel (1°) et un élément intentionnel (2°).

1°
Élément matériel

521.131 **Acte matériel de délaissement.** Le Code de 1810 exigeait à la fois le délaissement et l'exposition, mais l'actuel article 227-1 du Code pénal ne vise que le délaissement puisqu'il vise surtout à sanctionner celui qui, chargé d'une personne fragile, s'en défait au risque de mettre en péril sa santé et sa sécurité.

Étymologiquement, délaisser un enfant, c'est le laisser seul sans s'assurer qu'il soit pris en charge par un tiers. Ainsi, le fait de remettre un enfant âgé de trois ans à une voisine, ne constitue pas un délaissement fautif [2], ni la remise intempestive de l'enfant au père, par la mère qui, suite au divorce avait obtenu la garde de l'enfant commun [3]. De

1. Crim. 12 oct. 1993, n° 92-86.437, NP; *Dr. pénal* 1994, comm. 60, obs. Véron.
2. T. corr. Saint-Quentin, 23 juin 1898, *DP* 1899, 2, p. 142.
3. T. corr. Dieppe, 8 mars 1977, *D.* 1977, IR 279.

même, le délaissement suppose un acte positif de l'auteur, ce qui n'est pas le cas de la mère qui s'abstient de signaler la disparition de sa fille[1]. En revanche, l'infraction est constituée lorsque l'enfant est délaissé, sans esprit de retour, par la mère, dans le but de se soustraire à ses obligations légales, entre les mains d'un tiers qui n'a consenti à s'en charger que momentanément[2]. Cela étant, dans ce dernier cas, la mère ne pourrait pas être poursuivie aujourd'hui, sur le fondement du délaissement, puisque depuis la loi n° 89-487 du 10 juillet 1989[3], le délaissement n'est pas punissable s'il est intervenu dans des circonstances ayant permis d'assurer la santé et la sécurité du mineur. Désormais, la valeur sociale protégée est surtout la santé et la sécurité de l'enfant. Il s'agit avant tout de sanctionner celui qui dépose ou abandonne le mineur en un lieu quelconque au détriment de sa santé et de sa sécurité.

521.132 Circonstances du délaissement. Contrairement au texte précédent, l'article 227-1 du Code pénal ne distingue plus selon que le délaissement s'est produit dans « *un lieu solitaire* » ou non; il prévoit seulement le délaissement en un « *lieu quelconque* ». En revanche, le texte actuel tient compte des circonstances du délaissement puisque, on l'a vu, seul est réprimé le délaissement qui n'a pas « *permis d'assurer la santé et la sécurité du mineur* », ce qui conduit certains auteurs à penser que le délaissement est en quelque sorte validé[4]; or pour certains, « *en soi, le délaissement d'un enfant, même si sa santé et sa sécurité sont assurées, est inacceptable.* »[5]. En réalité, le législateur de 1989 avait pour vocation de protéger l'enfant contre les risques de maltraitance de ses parents : selon lui, il est préférable, que la mère, dans une détresse morale et matérielle, délaisse l'enfant en assurant sa santé et sa sécurité, plutôt qu'elle le garde près d'elle au risque de le maltraiter. Cependant, comme le constate un auteur, la rédaction de l'article 227-1 aurait pu être améliorée en excluant du champ de la répression « *le délaissement en un lieu de nature à assurer la santé et la sécurité du mineur* », ce qui aurait permis de mettre l'accent sur l'intention et non sur le seul résultat objectif[6].

Précisons que même si, dans les faits, l'auteur du délaissement est, la plupart du temps un parent ou un membre de la famille, la généralité du texte interdit de le réserver à ces seules personnes; ainsi, si un individu trouve un nouveau-né dans son jardin et le délaisse dans un lieu isolé, il encourt les sanctions prévues en matière de délaissement.

521.133 Mineur victime. Les textes successifs ont visé l'enfant, puis le mineur de sept ans; désormais, seul est protégé le **mineur de quinze ans**, ce seuil d'âge étant retenu dans de nombreuses infractions intrafamiliales. Pour autant, il s'agira le plus souvent d'un très jeune enfant.

Il ne suffit pas de délaisser l'enfant pour être poursuivi, encore faut-il que soit établi l'élément intentionnel.

2°
Élément intentionnel

521.141 Intention caractérisée. Le délaissement est une infraction intentionnelle qui consiste à se défaire matériellement de l'enfant sans esprit de retour, à se soustraire aux obligations découlant du droit de garde, même si, on l'a vu, tout individu peut être poursuivi et pas seulement les ascendants. Ainsi, n'est pas coupable du délit de délaissement la mère qui ne signale pas la disparition de sa fille de trois ans; les faits font apparaître un défaut de surveillance et une négligence mais ne traduisent pas la volonté délibérée de se soustraire de manière définitive à ses obligations[7]. De même, le fait que des enfants, suite à un malentendu, se retrouvent seuls à l'arrivée d'un bateau, et soient pris en charge par la police, ne caractérise pas la volonté des parents d'abandonner définitivement leurs enfants[8]. La jurisprudence a récemment indiqué que l'élément intentionnel suppose « *la volonté d'abandonner définitivement la victime* », ce qui restreint considérablement le champ d'application de l'incrimination[9].

Si les éléments constitutifs sont réunis, l'auteur encourt des sanctions.

B.
Sanctions

521.150 Du délit au crime de délaissement. Les anciens articles retenaient un système complexe de

1. CA Paris, 2 juill. 1982, *Rev. pénit.* 1984, p. 100, note Auby.
2. Crim. 14 janv. 1943, *Bull. crim.*, n° 3.
3. L. n° 89-487, 10 juill. 1989, relative à la prévention des mauvais traitements à l'égard des mineurs et à la protection de l'enfance, *JO* 14 juill., p. 8869.
4. J.-F. Renucci, *Droit pénal des mineurs*, Masson, 1994, p. 57.
5. J. Francillon et Y. Mayaud, *Code pénal commenté*, Dalloz, 1996, p. 446.
6. Dreyfus-Schmidt, *JO Sénat* CR 3 oct. 1991, p. 2648.
7. CA Paris, 2 juill. 1982, préc. s^s n° 521.131.
8. Crim. 23 févr. 2000, n° 99-82.817, *Bull. crim.*, n° 84; *RSC* 2000, 610, obs. Mayaud.
9. Crim. 13 nov. 2007, n° 07-83.621, *Bull. crim.*, n° 273; *Dr. pénal* 2008, comm. 17, obs. Véron.

sanctions, en fonction du lieu du délaissement, de la qualité de l'auteur et du résultat du délaissement.

Désormais, il n'existe que deux cas d'aggravation qui transforment le délit de délaissement en crime.

521.151 Peine. En principe, l'auteur du délaissement encourt sept ans d'emprisonnement et 100 000 euros d'amende. Lors des débats parlementaires, la sanction du délaissement simple a été contestée eu égard à sa trop grande sévérité par rapport au texte antérieur (trois ans et cinq ans d'emprisonnement). Finalement, deux amendements tendant à la diminution des peines ont été repoussés par le Sénat[1].

521.152 Aggravation de la peine. La peine est aggravée s'il en est résulté pour le mineur une **mutilation ou une infirmité permanente**; dans ce cas l'agent risque jusqu'à vingt ans de réclusion criminelle (C. pén., art. 227-2, al. 1er). En cas de **décès** du mineur suite au délaissement, l'auteur peut être condamné à trente ans de réclusion criminelle (C. pén., art. 227-2, al. 2).

521.153 Peines complémentaires. L'auteur du délaissement simple ou aggravé peut encore être condamné aux peines complémentaires de l'article 227-29 du Code pénal : interdiction des droits civiques, civils et de famille; suspension ou annulation du permis de conduire; confiscation de la chose qui a servi à commettre l'infraction; interdiction d'exercer une activité en contact avec des mineurs ou encore interdiction de quitter le territoire français.

À côté de cet acte positif de délaissement, la mise en péril du mineur consiste parfois en des abstentions.

§ 2 Abstentions

521.161 Division. L'ancien article 357-1 du Code pénal, issu de la loi du 23 juillet 1942 et de l'ordonnance du 23 décembre 1958, incriminait, sous le terme d'abandon, trois comportements distincts : l'abandon de la résidence familiale, l'abandon d'une femme enceinte par le mari et le fait pour les parents de compromettre gravement la santé, la sécurité ou la moralité de l'enfant.

Depuis le nouveau Code pénal, l'abandon de famille ne désigne plus que le non-respect d'une décision de justice. L'abandon matériel ou moral des enfants de nature à les mettre en danger constitue désormais, sous l'appellation de soustraction d'un parent à ses obligations légales (A), une infraction de mise en péril des mineurs, au même titre que l'infraction à l'obligation scolaire créée par la loi du 18 décembre 1998 (B). Nous les envisagerons successivement.

A. Soustraction d'un parent à ses obligations légales

521.170 Division. Il convient de déterminer les éléments constitutifs (1°) avant d'envisager la répression du délit (2°).

1° Éléments constitutifs

521.171 Éléments matériels. La soustraction d'un parent à ses obligations légales n'est répréhensible que si elle entraîne des conséquences dommageables pour l'enfant.

L'article 227-17 du Code pénal vise, tout d'abord, au titre des éléments constitutifs de l'infraction, la **qualité de l'auteur**, qui ne peut être que le **père** ou la **mère**; là encore, l'ordonnance du 4 juillet 2005 relative à la filiation a été intégrée et le texte ne précise donc plus, comme auparavant, qu'il peut s'agir du parent « *légitime, naturel ou adoptif* ». Il n'y a plus lieu de s'interroger sur le point de savoir si la famille naturelle est visée par ce texte comme a pu le faire la jurisprudence antérieure[2]. Il est désormais certain que tout parent d'un enfant mineur est susceptible d'être poursuivi sur le fondement de l'article 227-1 du Code pénal, sous réserve cependant que le lien de filiation ait été régulièrement établi, volontairement ou non. Depuis la loi n° 2001-504 du 12 juin 2001 relative aux mouvements sectaires, les **personnes morales** peuvent aussi être déclarées responsables pénalement de cette infraction, mais comme le souligne un auteur, dans la mesure où ce délit ne vise, au titre de ses éléments constitutifs, que les « père et mère », on peut penser que ce ne sera qu'au titre de la **complicité**[3].

Il s'agit ensuite de démontrer la soustraction aux obligations légales. Les obligations légales visées par le texte sont celles résultant de l'autorité parentale, notamment celles des articles 203 et 371-1 et 371-2 du Code civil; il faudra peut-être vérifier que l'auteur de l'infraction disposait, ou non, de toutes les prérogatives liées à l'autorité parentale.

1. *JO Sénat* CR 22 mai 1991, p. 983; et *JO Sénat* CR 3 oct. 1991, p. 2647.

2. Crim. 16 janv. 1974, *RSC* 1974, 96, obs. Levasseur – Crim. 28 mars 1984, *Bull. crim.*, n° 132.
3. J.-CL. PÉN., F. Dreifuss-Netter, 2002, n° 6.

Enfin, le texte exige que cette soustraction aux obligations légales ait eu des **conséquences dommageables pour l'enfant**, « *au point de compromettre la santé, la sécurité, la moralité ou l'éducation* » du mineur. Afin d'élargir la protection de l'enfant, la loi n° 2002-1138 du 9 septembre 2002[1] a supprimé le mot « *gravement* ».

Ont ainsi été retenus, au titre de **soustraction préjudiciable**, le fait, pour des parents, de confier leur enfant de six ans à une secte située en Inde[2], la connivence de la mère aux agissements incestueux du père[3], le fait pour la mère de s'adonner à un alcoolisme constant l'empêchant de protéger, de surveiller et d'éduquer ses enfants[4], ou encore le fait d'abandonner deux enfants devant le domicile maternel sans s'assurer de la présence effective de la mère[5]. La question de savoir si le comportement du parent compromet la santé, la sécurité, la moralité ou l'éducation du mineur relève de l'appréciation des juges du fond, ainsi que l'a rappelé la Cour suprême dans une affaire où la cour d'appel avait relaxé les parents, qui avaient envoyé leur enfant de six ans dans une école en Inde, en l'absence de trouble physique ou psychique de l'enfant[6].

521.172 Élément intentionnel. La soustraction est un délit intentionnel qui suppose, chez l'agent, la conscience de s'être soustrait à ses obligations légales au point de compromettre la santé, sécurité, moralité ou l'éducation de son enfant. Tel n'est pas le cas du père qui laisse traîner dans sa chambre des clichés pornographiques familiaux que sa fille découvre[7].

Cela étant, l'agent peut échapper aux poursuites s'il invoque un **motif légitime**. Ce moyen de défense, qui existait déjà sous l'empire de l'ancien article 357-1, a pu être invoqué dans le cadre de l'abandon de foyer : a ainsi été retenue, au titre du motif légitime, la nécessité de trouver un travail dans une autre ville[8], ou encore la volonté de se soustraire aux mauvais traitements infligés par le conjoint[9].

En revanche, n'est pas légitime le motif tiré du fait que l'auteur a quitté le domicile où la concubine vit avec l'enfant[10], ou que l'enfant a été confié aux grands-parents[11].

À défaut de pouvoir prouver un motif légitime, l'agent encourt des sanctions.

2°
Répression

521.181 Indifférence du dépôt de plainte préalable. Sous l'empire de l'ancien abandon de foyer, une plainte préalable de l'époux resté au foyer était nécessaire pour intenter des poursuites; tel n'est plus le cas désormais et donc le retrait ultérieur de la plainte est indifférent.

521.182 Tentative (non) – Complicité (oui). Dans la mesure où il s'agit d'un délit d'abstention, la tentative n'est pas punissable faute de pouvoir être caractérisée; en revanche, la complicité l'est.

521.183 Peine. L'auteur encourt deux ans d'emprisonnement et 30 000 euros d'amende ainsi que les peines complémentaires de l'article 227-29 du Code pénal comme en matière de délaissement.

521.184 Autorité parentale. En outre, l'infraction était assimilée à un abandon de famille pour l'application de l'ancien article 373, 3° du Code civil, c'est-à-dire que si la personne condamnée ne recommençait pas à assumer ses obligations pendant six mois au moins, à l'issue de la condamnation, elle perdait automatiquement l'autorité parentale, sous réserve d'une dispense de peine ou d'un ajournement du prononcé de la peine[12]. La loi du 4 mars 2002 relative à l'autorité parentale[13] a supprimé cette cause automatique de privation de l'autorité parentale.

521.185 Dommages-intérêts. Ajoutons qu'en cas de constitution de partie civile, le juge pénal peut attribuer des dommages et intérêts à la victime. Tel a été le cas des grands-parents, dans la mesure où le délit commis par leurs enfants a eu pour effet de rompre pour une durée indéterminée les liens privilégiés qu'ils entretenaient avec leur petit-fils[14].

1. L. n° 2002-1138, 9 sept. 2002, d'orientation et de programmation pour la justice (rect.), *JO* 24 déc., p. 21500.
2. Crim. 11 juill. 1994, n° 93-81.881, *Bull. crim.*, n° 269; *JCP* 1995, II, 2241, note Eudier; *JCP* 1994, II, 22 210, note Chevallier.
3. CA Lyon, ch. acc., 28 mars 1997, *RSC* 1997, 636, obs. Mayaud.
4. CA Montpellier, 12 mars 2002, *Juris-Data* n° 2002-18-6017.
5. CA Amiens, 29 août 2007, *JCP* 2008, IV, 1077.
6. Crim. 17 oct. 2001, n° 01-82.591, *Bull. crim.*, n° 214; *Dr. pénal* 2002, comm. 14, obs. Véron; *D.* 2002, 751, note Huyette.
7. Crim. 21 oct. 1998, n° 98-83.843, *Bull. crim.*, n° 274; *D.* 1999, 75, note Mayaud; *JCP* 1998, II, 10215, note Mayer; *Dr. pénal* 1999, comm. 1, obs. Véron.
8. CA Lyon, 12 juin 1943, *JCP* 1943, II, 2504.
9. T. corr. Clamecy, 10 juill. 1946, *D.* 1946, 412.
10. Crim. 16 janv. 1974, préc. s^s n° 521.171.
11. Crim. 8 mars 1967, *Gaz. Pal.* 1967, 1, 208.
12. Civ. 1re, 15 juill. 1999, n° 97-18.648, *Bull. civ.* I, n° 234; *Dr. pénal* 1999, comm. 149, obs. Véron.
13. L. n° 2002-305, 4 mars 2002, relative à l'autorité parentale, *JO* 5 mars, p. 4161.
14. Crim. 11 juill. 1994, n° 93-81.881, *Bull. crim.*, n° 269, préc. ss n° 521.171.

Plus spécifiquement, à côté de la soustraction aux obligations légales, le législateur incrimine la soustraction à l'obligation scolaire.

B.
Soustraction à l'obligation scolaire

521.191 Valeurs sociales protégées. La loi n° 98-1165 du 18 décembre 1998[1] vise à renforcer le contrôle de l'obligation scolaire; elle entend, d'une part, accentuer la lutte contre l'influence des sectes sur les enfants. Selon le rapport parlementaire sur les sectes[2] l'éducation de près de six mille enfants serait assurée en dehors du système scolaire dont trois mille six cents scolarisés dans des écoles se référant à une idéologie sectaire. D'autre part, il s'agit d'éviter que les enfants, soustraits du système scolaire, ne connaissent par la suite des problèmes d'insertion dans la société. Certains auteurs considèrent que ce sont des « *dispositions de circonstance adoptées à la va-vite pour, soit disant répondre au problème des sectes.* »[3]. Plus récemment, un décret du 12 février 2004 a créé dans le Code pénal un article R. 624-7 instituant une contravention de quatrième classe dans le fait de ne pas astreindre ses enfants à une réelle assiduité scolaire[4].

Ces textes incriminent soit les parents, soit les chefs d'établissement en cas de manquement à l'obligation scolaire; nous n'envisagerons que la première hypothèse, seule infraction intrafamiliale, en envisageant les éléments constitutifs et la répression.

1°
Éléments constitutifs

521.201 L'article 227-17-1 du Code pénal suppose trois conditions préalables. Tout d'abord, sont seuls visés, bien que le texte ne le précise pas, les **enfants soumis à l'obligation scolaire** : il s'agit, en effet, de sanctionner le non-respect de l'obligation scolaire posée à l'article L. 131-1 du Code de l'éducation qui s'applique à compter de la rentrée scolaire de l'année civile où l'enfant atteint l'âge de six ans.

Ensuite, au titre des personnes responsables, le texte cite les personnes qui exercent l'**autorité parentale** ou celle qui exerce une **autorité de fait de façon continue.** Il s'agit essentiellement des parents, ou tout au moins de celui qui exerce l'autorité parentale, du tuteur si les deux parents sont décédés, voire de la personne, physique ou morale, à qui l'autorité parentale a été déléguée; quant à l'autorité de fait, on peut se référer, à notre avis, à la jurisprudence relative à la circonstance aggravante tirée de l'autorité de fait (v. s[s] n° 512.83), sous réserve qu'il s'agisse d'une « *autorité continue* », sachant que sont aussi visées les personnes morales, les responsables de secte par exemple.

Enfin, les poursuites ne sont possibles qu'après une **mise en demeure de l'inspecteur d'académie,** restée sans effet.

521.202 Élément matériel. Quant à l'élément matériel proprement dit, il consiste à ne pas inscrire l'enfant dans un établissement d'enseignement, sous réserve que cette non-inscription ne se révèle préjudiciable pour l'exercice du droit à l'instruction de l'enfant. En effet, l'enfant peut faire l'objet d'un enseignement dispensé au sein de la famille. Il semblerait que c'est seulement si l'enfant n'a pas atteint un niveau comparable à celui des élèves scolarisés dans des établissements publics ou privés sous contrat qu'il y aurait manquement à l'obligation scolaire (le contenu des connaissances requis des enfants instruits dans les familles ou dans les établissements privés hors contrat est prévu dans le décret n° 99-224 du 23 mars 1999[5]). Ainsi, le refus pour les parents de dix-neuf enfants recevant un enseignement au sein d'une communauté, « L'Ordre apostolique », de les inscrire dans un établissement d'enseignement après un contrôle scolaire révélant un niveau insuffisant, est constitutif du délit de non-respect de l'obligation scolaire[6].

L'article 227-17-1 du Code pénal prévoit, en effet, l'absence d'excuse valable fournie par les personnes concernées pour justifier la situation de l'enfant; lors des débats parlementaires, ont été invoqués au titre des excuses valables, la maladie ou le handicap physique ou mental de l'enfant, l'appartenance à une famille itinérante.

521.203 Élément intentionnel. Le délit est intentionnel et consiste à se soustraire volontairement à l'obligation de scolariser l'enfant; la preuve de l'intention est facilitée par la mise en demeure préalable. En effet, le respect de la procédure administrative permet d'affirmer que les personnes

1. L. n° 98-1165, 18 déc. 1998, tendant à renforcer le contrôle de l'obligation scolaire, *JO* 22 déc., p. 19348.
2. *Rapp. AN*, n° 1250, 1998.
3. M.-L. Rassat, *Droit pénal spécial. Infractions des et contre les particuliers*, « Précis », Dalloz, 2006, n° 676.
4. Décr. n° 2004-162, 19 févr. 2004, relatif au contrôle de la fréquentation et de l'assiduité scolaire et aux sanctions que comportent, au regard du versement des prestations familiales et en matière pénale, les manquements à l'obligation scolaire et du Code pénal, *JO* 20 févr., p. 3446 – J.-F. Seuvic, « Absentéisme scolaire », *RSC* 2004, 395.
5. Décr. n° 99-224, 23 mars 1999, relatif au contenu des connaissances requis des enfants instruits dans la famille ou dans les établissements d'enseignement privés hors contrat, *JO* 24 mars, p. 4411.
6. CA Pau, 19 mars 2002, *Dr. fam.* 2004, comm. 137, obs. De Lamy.

poursuivies ont délibérément enfreint la réglementation en matière d'obligation scolaire.

La répression est alors possible. En outre, cette mise en demeure de l'Inspection académique permet de déterminer la qualification applicable. En effet, un doute est possible entre l'incrimination de soustraction aux obligations légales (C. pén., art. 227-17) et soustraction à l'obligation scolaire (C. pén., art. 227-17-1). Mais en vertu de l'adage « *La règle spéciale déroge à la règle générale* », la première doit primer, d'autant plus si la procédure est déclenchée suite à un signalement au parquet par l'inspection académique[1].

2°
Répression

521.211 Peine. L'auteur encourt une peine de six mois d'emprisonnement et 7 500 euros d'amende.

521.212 Personne morale. Là encore, les personnes morales peuvent être déclarées responsables pénalement, soit au titre d'**auteur principal** de l'infraction soit au titre de **complice.**

521.213 Peine complémentaire. L'agent peut aussi être condamné à l'une des peines complémentaires prévues à l'article 227-29 du Code pénal.

521.214 Contrat de responsabilité parentale. Afin de renforcer la responsabilité des parents, a été créé récemment le contrat de responsabilité parentale qui permet, entre autre, de rappeler, aux titulaires de l'autorité parentale, leurs obligations, en cas de carence parentale (L. 31 mars 2006 - et Décr. 1er sept. 2006)[2].

Outre l'incrimination des atteintes aux prérogatives familiales, le législateur entend sanctionner les atteintes à l'institution familiale.

1. CA Toulouse, 19 juin 2003, *Dr. fam.*, comm. 136, obs. De Lamy.

2. L. n° 2006-396, 31 mars 2006, pour l'égalité des chances, *JO* 2 avr., p. 4950 – Et Décr. n° 2006-1104, 1er sept. 2006, relatif au contrat de responsabilité parentale, *JO* 2 sept., p. 13095.

CHAPITRE

522. Altération de l'institution familiale

ANNE BOURRAT-GUÉGUEN
MAÎTRE DE CONFÉRENCES
À L'UNIVERSITÉ DE RENNES 2 – HAUTE BRETAGNE

SECTION 0 ORIENTEUR

522.00 Plan du chapitre.

522.01 Textes applicables.

TEXTES SOURCES

• Code pénal

> Abandon pécuniaire de famille

C. pén., art. 227-3

> Provocation à l'abandon d'enfant, entremises

C. pén., art. 227-12

> Substitution, simulation, dissimulation d'enfant

C. pén., art. 227-13

> Bigamie

C. pén., art. 433-20

SÉLECTION THÉMATIQUE ET ALPHABÉTIQUE DE TEXTES *IN EXTENSO*

> Abandon pécuniaire de famille

C. pén., art. 227-3

Le fait, pour une personne, de ne pas exécuter une décision judiciaire ou une convention judiciairement homologuée lui imposant de verser au profit d'un enfant mineur, d'un descendant, d'un ascendant ou du conjoint une pension, une contribution, des subsides ou des prestations de toute nature dues en raison de l'une des obligations familiales prévues par le titre IX du livre Ier du Code civil, en demeurant plus de deux mois sans s'acquitter intégralement de cette obligation, est puni de deux ans d'emprisonnement et de 15 000 euros d'amende.

Les infractions prévues par le premier alinéa du présent article sont assimilées à des abandons de famille pour l'application du 3° de l'article 373 du Code civil.

> Bigamie

C. pén., art. 433-20

Le fait, pour une personne engagée dans les liens du mariage, d'en contracter un autre avant la dissolution du précédent, est puni d'un an d'emprisonnement et de 45 000 euros d'amende.

Est puni des mêmes peines l'officier public ayant célébré ce mariage en connaissant l'existence du précédent.

> Provocation à l'abandon d'enfant, entremises

C. pén., art. 227-12

Le fait de provoquer soit dans un but lucratif, soit par don, promesse, menace ou abus d'autorité, les parents ou l'un d'entre eux à abandonner un enfant né ou à naître est puni de six mois d'emprisonnement et de 7 500 euros d'amende.

Le fait, dans un but lucratif, de s'entremettre entre une personne désireuse d'adopter un enfant et un parent désireux d'abandonner son enfant né ou à naître est puni d'un an d'emprisonnement et de 15 000 euros d'amende.

Est puni des peines prévues au deuxième alinéa le fait de s'entremettre entre une personne ou un couple désireux d'accueillir un enfant et une femme acceptant de porter en elle cet enfant en vue de le leur remettre. Lorsque ces faits ont été commis à titre habituel ou dans un but lucratif, les peines sont portées au double.

La tentative des infractions prévues par les deuxième et troisième alinéas du présent article est punie des mêmes peines.

> Substitution, simulation, dissimulation d'enfant
C. pén., art. 227-13
La substitution volontaire, la simulation ou dissimulation ayant entraîné une atteinte à l'état civil d'un enfant est punie de trois ans d'emprisonnement et de 45 000 euros d'amende.

La tentative est punie des mêmes peines.

522.02 Jurisprudence de référence.

> La suppression de l'obligation alimentaire postérieurement à l'abandon de famille ne fait pas disparaître l'infraction

• **Crim. 4 févr. 2004, n° 03-81.985,** NP; *D.* 2004, somm. 2748, obs. Mirabail
* V. s[s] n° 522.21
La suppression, même avec un effet rétroactif, de l'obligation alimentaire qui intervient postérieurement à la date des faits constitutifs d'abandon de famille, ne peut faire disparaître l'infraction déjà consommée (confirmation de la jurisprudence antérieure).

> Incidence d'une procédure collective sur la créance d'aliments

• **Crim. 9 juin 2004, n° 03-84.029,** *Bull. crim.*, n° 158
* V. s[s] n°s 522.32, 522.41 et 522.43
Le débiteur soumis à une procédure collective est tenu de payer la créance d'aliments sur les revenus dont il conserve la disposition.

> Point de départ de la prescription des actions de simulation et de dissimulation

• **Crim. 23 juin 2004, n° 03-82.371,** *Bull. crim.*, n° 173
* V. s[s] n° 522.121
Les faits de simulation et dissimulation constituent des infractions clandestines par nature dont le point de départ de la prescription se situe au jour où elles sont apparues et ont pu être constatées dans des conditions permettant l'exercice de l'action publique.

522.03 Bibliographie indicative.

Actualisables. RÉP. PÉN. PROC. PEN., A. Gouttenoire, *V[is] Abandon d'enfant ou de personne hors d'état de se protéger;* Ph. Bonfils, *V° Bigamie* – J.-CL. PÉN., Esmein, art. 227-3; F. Dreiffus-Netter, art. 227-12; P. Decheix, art. 433-20.

Ouvrages. *Abandon et adoption*, Rev. Autrement, 1988 – Garraud, *Traité théorique et pratique du droit pénal français*, 1922, n° 1592 – J.-F. Mattei, *Enfant d'ici, enfant d'ailleurs, l'adoption sans frontière*, Doc. fr., 1995.

Articles. B. Bouloc, « Mariage et droit pénal », *Rev. pénit. et dr. pénal* 1964, p. 285 – A. Bourrat-Guéguen, « Les incidences du PACS en droit pénal », *Des concubinages, études offertes à J. Rubellin-Devichi*, Litec, 2002, p. 213 – C. Byk, « La loi relative au respect du corps humain », *JCP* 1994, I, 3788 – F. Dreifuss-Netter, « Le désir d'enfant face au droit pénal », *RSC* 1986, 275 – J. Hauser, « Le fondement du délit d'abandon pécuniaire de famille », *JCP* 1974, I, 2617 – V. Jaworski, « Abandon pécuniaire de famille et responsabilité : l'importance des valeurs protégées par la loi pénale », *JCP* 2004, I, 102; « Abandon pécuniaire de famille et coparentalité », *JCP* 2006, I, 102 – N. Monachon-Duchène, « Obligation alimentaire devant le juge pénal...abandon de famille devant le juge aux affaires familiales », *JCP* 2006, I, 165 – F. Monéger, « La polygamie en question », *JCP* 1990, I, 3460 – D. Rebut, « L'unique nature de l'abandon de famille », *Dr. fam.* 1999, chron. 1 – A. Vitu, « La protection pénale de l'état civil de l'enfant », *Mél. Gebler*, 1998, p. 95.

522.04 Questions essentielles.

> Le délit d'abandon de famille est-il constitué en cas de défaut partiel de payement de la créance alimentaire ?
* V. s[s] n° 522.31
> Existe-t-il une présomption de défaut de payement volontaire ?
* V. s[s] n° 522.41
> L'infraction de substitution, simulation, dissimulation d'enfant, est-elle une infraction instantanée ou continue ?
* V. s[s] n° 522.121
> La nullité de l'un des deux mariages empêche-t-elle la constitution du délit de bigamie ?
* V. s[s] n° 522.151

522.05 Sanctions.

> L'abandon pécuniaire de famille est puni de **deux ans d'emprisonnement** et **15 000 euros d'amende.**
* V. s[s] n° 522.63
> L'auteur de la substitution, simulation, dissimulation encourt **trois ans d'emprisonnement** et **45 000 euros d'amende.**
* V. s[s] n° 522.122
> La peine prévue en matière de bigamie est d'**un an d'emprisonnement** et **45 000 euros d'amende.**
* V. s[s] n° 522.161

522.06 Délais.

> Le délai de prescription du délit d'abandon de famille est de **trois ans** à l'expiration du délai de **deux mois** sans payement de la créance alimentaire.
* V. s[s] n° 522.62
> Les délits de substitution, simulation, dissimulation se prescrivent à l'expiration d'un délai de **trois ans** lequel commence à courir à dater de la découverte de l'infraction.
* V. s[s] n° 522.121
> Le délit de bigamie se prescrit par **trois ans** à dater du second mariage.
* V. s[s] n° 522.163

522.09 Division. La famille est une institution sociale qui doit être défendue contre les actes que ses membres pourraient commettre à son encontre; le plus grand nombre des délinquants contre l'institution familiale sont les membres de cette famille ce qui a conduit le législateur à incriminer l'abandon de famille (sect. 1) et les atteintes à l'état civil (sect. 2).

SECTION 1
ABANDON DE FAMILLE

522.11 Évolution. Le Code pénal de 1810 ne connaissait pas l'abandon de famille, sans doute en raison de la stabilité des liens familiaux à l'époque; il faut attendre une loi du 7 février 1924[1] pour que soit créée cette infraction qui consiste à ne pas payer une pension alimentaire fixée judiciairement au profit de l'époux, de l'ascendant, du descendant. Par la suite, la loi du 23 juillet 1942 étend cette infraction en ajoutant, à côté de l'**abandon de famille patrimonial**, deux autres incriminations relatives à l'**abandon moral de la famille** (abandon du foyer, de la femme enceinte ou de l'enfant). La loi du 3 janvier 1972 relative à la filiation renforce l'abandon pécuniaire de famille qui tend à devenir une infraction sanctionnant le non-respect d'une décision de justice.

Finalement le Code pénal de 1994 ne maintient que cette dernière, en supprimant les abandons moraux de la famille, à l'article 227-3.

Nous envisagerons les conditions d'existence du délit d'abandon de famille (§ 1) avant de s'attacher à sa répression (§ 2).

§ 1
Conditions d'existence du délit d'abandon de famille

522.20 Division. Ce délit suppose réunis une condition préalable (A) et des éléments constitutifs (B).

A.
Condition préalable

522.21 L'incrimination suppose au préalable une créance alimentaire ou familiale reconnue par une décision de justice. Cette créance existe en vertu d'un lien familial passé, présent ou éventuel puisque l'article 227-3 (anc.) renvoyait aux titres V, VI, VII et VIII du livre 1er du Code civil afin de déterminer les créances visées; la loi n° 2002-305 du 4 mars 2002 relative à l'autorité parentale[2], a transféré les dispositions relatives à la contribution, à l'entretien et à l'éducation des enfants dans le titre IX du Code civil. Aussi, la Cour de cassation a considéré que « *le législateur a entendu remplacer dans l'article 227-3 du Code pénal les références aux anciennes dispositions abrogées par les nouvelles dispositions* »[3]. La loi de simplification du droit[4] a consacré cette jurisprudence en insérant dans l'article 227-3 du Code pénal le renvoi au titre IX du livre Ier du Code civil. Cela étant, au lieu d'ajouter le titre IX à l'énumération légale déjà existante, il lui substitue le seul titre IX ! Si l'on s'en tenait à une interprétation stricte du texte, il faudrait en déduire que le législateur a entendu limiter l'application de l'abandon de famille aux seules contributions relatives à l'enfant, ce qui semble peu probable... En effet, dans ce cas, il aurait fallu « *supprimer de l'incrimination d'abandon de famille, d'une part, la référence aux ascendants et au conjoint car ils ne sont pas créanciers des obligations familiales visées au titre IX, et, d'autre part, la référence aux subsides et prestations de toute nature afin de ne laisser que le terme de contribution qui est le seul adapté en l'espèce* »[5]. Sans doute la jurisprudence sera-t-elle amenée, là encore, à considérer qu'il convient d'ajouter, en plus du titre IX, les titres V, VI, VI et VIII...

L'élément essentiel est que ladite **créance** doit être **fixée par une décision judiciaire**[6]; à défaut de précision légale, la jurisprudence retient toute décision, quelle que soit sa nature, jugement, ordonnance, convention homologuée ou même procès-verbal de conciliation[7], encore faut-il qu'elle soit **légalement exécutoire à la date des faits incriminés.** Ainsi, un accord purement amiable relatif au versement d'une prestation compensatoire, même constatée dans un acte notarié ne suffit pas[8]; mais une renonciation, par convention notariée, à toute revendication alimentaire, ne fait pas disparaître l'infraction[9]. En revanche, un contrat notarié étranger qui a fait l'objet d'une décision d'*exequatur* signifiée constitue la condition préalable du délit d'abandon de famille[10]. En outre, la Cour de cassation refuse

1. L. 7 févr. 1924, *DP* 1924, 4, 232.
2. L. n° 2002-305, 4 mars 2002, relative à l'autorité parentale, *JO* 5 mars, p. 4161.
3. Crim. 10 déc. 2008, n° 08-83.663, *Bull. crim.*, n° 250; *AJ fam.* 2009, 78, obs. Chénedé.
4. L. n° 2009-526, 12 mai 2009, de simplification et de clarification du droit et d'allègement des procédures, *JO* 13 mai, p. 7920.
5. S. Mirabail, « Abandon de famille : simplification ou destructuration ? », *D.* 2010, chron. 397.
6. D. Rebut, « L'unique nature de l'abandon de famille », *Dr. fam.* 1999, chron. 1.
7. Crim. 31 mars 1999, n° 98-82.372, *Bull. crim.*, n° 64; *Dr. pénal* 1999, comm. 116, obs. Véron.
8. Crim. 10 janv. 1984, *D.* 1984, IR 221, obs. Roujou de Boubée – Crim. 15 oct. 1996, *Dr. pénal*, comm. 117, obs. Véron.
9. Crim. 3 sept. 1997, n° 96-84.714, NP; *Dr. pénal* 1999, HS, obs. Véron.
10. Crim. 29 janv. 2003, n° 01-88.881, NPT; *D.* 2004, 307, obs. Mirabail.

de tenir compte de la modification ou de la suppression de l'obligation alimentaire postérieure à la condamnation pour abandon de famille[1].

522.22 Encore faut-il que la décision judiciaire fixe une créance au profit de l'une des personnes visées par le texte : l'enfant mineur (sans précision puisque l'ordonnance du 4 juillet 2005 a abrogé l'expression « légitime, naturel ou adoptif »), les descendants majeurs, les ascendants ou encore les conjoints. Les frères et sœurs sont logiquement exclus puisqu'ils ne bénéficient d'aucune créance d'aliments. Les alliés ne sont pas visés par le texte, mais la jurisprudence antérieure au Code pénal de 1994 leur avait étendu l'application de l'infraction[2]; pour autant la circulaire du 14 mai 1993 affirme que « *cette catégorie de personnes doit être exclue du champ d'application de l'incrimination* ». De même, en vertu du principe d'interprétation stricte de la loi pénale, il semble que les concubins et les partenaires créanciers ne sauraient être victimes d'abandon de famille puisque le texte ne vise que le conjoint; la loi du 15 novembre 1999 relative au pacte civil de solidarité (PACS)[3] est muette sur ce point et la loi du 4 avril 2006 qui introduit la circonstance aggravante de partenaire[4] ne dit mot de l'abandon de famille[5].

B. Éléments constitutifs

522.30 Division. Le délit d'abandon de famille suppose l'élément matériel de défaut de payement (1°) et l'élément intentionnel d'abstention volontaire (2°).

1° Élément matériel

522.31 Défaut de payement coupable. Il consiste à demeurer **plus de deux mois** sans s'acquitter intégralement de son obligation de verser des aliments.

Ainsi, le défaut de payement est coupable s'il est **intégral** ou **partiel**; l'infraction est constituée si le débiteur n'a procédé qu'à un payement partiel[6] ou s'il n'a pas indexé la pension[7]. La réduction ultérieure du montant de la pension initialement fixée, « *fût-ce avec effet rétroactif* », ne peut faire disparaître l'infraction déjà consommée[8].

De même, l'infraction consiste à ne pas s'en tenir strictement à la décision judiciaire et donc le versement direct de certaines sommes au fils ne saurait décharger le débiteur de son obligation de verser la pension entre les mains de la mère[9]. Plus généralement, le prévenu ne peut pas se prévaloir d'une compensation entre la dette d'aliments et une créance acquise à l'encontre de son ancien conjoint[10]. En revanche, le paiement par anticipation doit entraîner la relaxe du prévenu du fait de la disparition de l'élément matériel de l'infraction[11].

522.32 En outre, le texte exige un défaut de payement supérieur à deux mois. Le délai court à dater de la signification de la décision instituant la créance alimentaire. La jurisprudence exige le non-versement pendant deux mois consécutifs bien que l'article 227-3 ne le précise pas expressément. Ainsi, peut-il y avoir de nouvelles poursuites chaque fois que le non-payement se renouvelle pendant deux mois consécutifs, tant que se manifeste ce qui caractérise la matérialité[12]. Mais, la Cour suprême exige que les juges du fond indiquent précisément la durée, ce qui n'est pas le cas lorsqu'ils se bornent à relever l'abstention « *à compter d'une certaine date sans que la durée de la prévention soit déterminée* », c'est-à-dire sans en fixer le terme[13].

Comme le délit d'abandon de famille est une infraction intentionnelle, elle suppose un élément moral.

2° Élément moral

522.41 Preuve de l'intention. L'ancien Code pénal présumait que le défaut de payement était

1. Crim. 18 mars 1998, n° 97-82.915, NPT; *Dr. fam.* 1999, chron. 1, Rebut – Crim. 20 févr. 2002, n° 01-84.527, NPT; *D.* 2003, somm. 171, obs. Mirabail – Crim. 4 févr. 2004, n° 03-81.985, NP; *D.* 2004, somm. 2748, obs. Mirabail.
2. Crim. 4 juill. 1925, *DH* 1925, 515.
3. L. n° 99-944, 15 nov. 1999, relative au pacte civil de solidarité, *JO* 16 nov., p. 16959.
4. L. n° 2006-399, 4 avr. 2006, renforçant la prévention et la répression des violences au sein du couple ou commises contre les mineurs, *JO* 5 avr., p. 5097.
5. A. Bourrat-Guéguen, « Les incidences du pacte civil de solidarité en droit pénal », *Des concubinages, études offertes à J. Rubellin-Devichi*, Litec, 2002, p. 213.
6. Crim. 31 mars 1926, *DH* 1926, 284 – Crim. 7 déc. 1967, *D.* 1968, 353.
7. Crim. 26 oct. 1987, *RSC* 1988, 525, obs. Levasseur.
8. Crim. 4 juin 2008, n° 07-87.697, *Bull. crim.*, n° 139; *Dr. pénal* 2008, comm. 121, note Véron; *AJ fam.* 2008, 343, obs. F. C.
9. Crim. 26 oct. 2005, n° 05-81.053, NP; *Dr. pénal* 2006, obs. Véron.
10. Crim. 17 janv. 1979, *D.* 1979, IR 258.
11. T. corr. Paris, 24 janv. 1977, *Gaz. Pal.* 1977, 2, 670.
12. Crim. 2 déc. 1998, n° 97-83.671, *Bull. crim.*, n° 326; *JCP* 1999, II, 10108, comm. Rebut; *D.* 2000, 36, obs. Mayaud.
13. Crim. 9 juin 2004, n° 03-84.029, *Bull. crim.*, n° 158; *Dr. pénal* 2004, comm. 154, note Véron.

volontaire, ce qui avait pour conséquence de faire peser sur le prévenu la charge de la preuve du caractère non intentionnel de son comportement; cette disposition avait été jugée conforme au principe de présomption d'innocence édictée par la Convention européenne des droits de l'homme[1].

Le nouveau Code pénal a supprimé cette présomption d'intention. Il appartient donc au ministère public de faire la preuve du caractère intentionnel, ce qui ne ressort pas de la simple constatation que le prévenu « *ne justifie pas avoir mis en œuvre devant le juge aux affaires familiales une procédure de réduction ou de suppression de pension alimentaire* »[2], ni du fait qu'il a pu se méprendre sur ses obligations[3].

522.42 **En effet, l'intention suppose réunis trois éléments.** Tout d'abord, le prévenu a dû avoir **connaissance de la décision** lui incombant le payement d'une créance, mais cet élément ne suffit pas à caractériser l'intention[4].

Ensuite, le prévenu doit avoir **conscience du défaut de payement.** Ainsi, la méprise du prévenu quant à ses obligations, en raison de la mise en œuvre par le créancier d'une procédure de payement direct, fait échec à l'existence de l'élément intentionnel[5] : en l'espèce le tiers saisi des mensualités de la pension a cessé les versements sans en aviser le créancier. En revanche, l'intention est caractérisée en cas d'organisation d'insolvabilité deux mois avant l'audience du tribunal correctionnel[6].

Elle l'est aussi si le débiteur cesse le versement de la pension alimentaire à l'arrivée de la majorité de l'enfant sans avoir sollicité sa suppression auprès du juge civil[7].

Enfin, le prévenu ne doit pas être dans l'**impossibilité absolue d'exécuter son obligation.** Il ne doit pas s'agir de simples difficultés financières passagères et ces dernières ne doivent pas trouver leur source dans un événement imputable au débiteur. Au contraire, le prévenu pourrait dans ce cas être poursuivi pour organisation frauduleuse de son insolvabilité sur le fondement de l'article 314-1 du Code pénal[8].

522.43 **Procédure collective.** La créance née d'une pension alimentaire, qui présente un caractère alimentaire, n'a pas à être déclarée au passif du débiteur soumis à une procédure collective et échappe ainsi à l'extinction, faute de déclaration, édictée par l'article L. 622-7 du Code du commerce; en conséquence, se rend coupable d'abandon de famille le débiteur d'une pension alimentaire qui s'abstient de s'en acquitter pendant plus de deux mois à la suite d'une procédure de redressement judiciaire[9]. Dans deux arrêts ultérieurs, la Cour suprême a réaffirmé que la mise en liquidation judiciaire du prévenu est sans incidence sur la réalisation de l'infraction[10].

Une fois établie l'existence des éléments constitutifs, il est possible de s'interroger sur la répression.

§ 2
Répression du délit d'abandon de famille

522.50 **Divisions.** Comme toutes les infractions en matière familiale, la répression du délit d'abandon de famille pose tout d'abord le problème des poursuites (A), puis seulement celui des sanctions (B).

A.
Poursuites

522.51 **Pas de plainte nécessaire pour engager les poursuites.** Bien qu'il concerne directement la famille, le délit d'abandon de famille ne nécessite pas de plainte de la victime pour que les poursuites soient déclenchées; cela étant, en pratique, le ministère public sera le plus souvent informé de la commission de l'infraction par ce biais. Pour autant, le retrait de plainte sera sans incidence sur la validité des poursuites[11].

522.52 **Victime.** La victime de l'infraction est le créancier d'aliments, mais la jurisprudence a admis que le parent de l'enfant au titre duquel la pension a été fixée est directement victime d'un préjudice du fait du défaut de payement et qu'il est donc recevable à mettre en mouvement l'action publique[12].

1. Crim. 27 avr. 1984, *RSC* 1984, 740, obs. Levasseur.
2. Crim. 9 juin 2004, n° 03-84.029, *Bull. crim.*, n° 158; *Dr. pénal* 2004, comm. 154, note Véron.
3. Crim. 28 juin 1995, n° 94-84.811, *Bull. crim.*, n° 243; *Dr. pénal* 1995, comm. 223, obs. Véron.
4. Crim. 21 mai 1997, n° 96-83.504, *Bull. crim.*, n° 190; *Dr. pénal* 1997, comm. 138, obs. Véron.
5. Crim. 28 juin 1995, n° 94-84.811, *Bull. crim.*, n° 243; *Dr. pénal* 1995, 223, obs. Véron.
6. Crim. 5 avr. 2005, n° 04-82.475, *Bull. crim.*, n° 118; *Dr. pénal* 2005, comm. 104, obs. Véron.
7. Crim. 7 févr. 2007, n° 06-84.771, *Bull. crim.*, n° 34; *AJ pénal* 2007, 181, obs. Roussel; *Dr. pénal* 2007, comm. 69, obs. Véron.
8. Crim. 24 mars 2004, n° 03-82.077, *Bull. crim.*, n° 78; *Dr. fam.* 2004, obs. De Lamy.
9. Crim. 7 janv. 2004, n° 03-82.337, *Bull. crim.*, n° 5; *JCP* 2004, II, 10060, note Pomard; *Dr. pénal* 2004, comm. 45, note Véron.
10. Crim. 9 juin 2004, n° 03-84.029, *Bull. crim.*, n° 158; *Dr. pénal* 2004, comm. 154, note Véron – Crim. 25 avr. 2006, n° 05-80.931, *Bull. crim.*, n° 108; *AJ pénal* 2006, 310.
11. Crim. 17 avr. 1991, n° 90-84.321, NPT; *Dr. pénal* 1991, comm. 229, note Véron.
12. Crim. 6 déc. 1983, *D.* 1984, IR 224, obs. Roujou de Boubée.

522.53 Constitution de partie civile. La victime peut se constituer partie civile pour obtenir réparation du fait du préjudice consécutif au défaut de payement, mais elle ne peut demander les arrérages de la pension alimentaire; le montant des dommages et intérêts est indépendant du remboursement des pensions alimentaires dues par le prévenu.

522.54. Association. En outre, depuis la loi n° 2001-504 du 12 juin 2001[1], les associations reconnues d'utilité publique régulièrement déclarées depuis au moins cinq ans à la date des faits et se proposant de défendre et d'assister l'individu ou de défendre les droits et libertés individuels et collectifs, peuvent exercer les droits reconnus à la partie civile en cas d'abandon de famille commis dans le cadre d'un mouvement sectaire. Désormais, les personnes morales peuvent d'ailleurs être déclarées pénalement responsables.

522.55 Juge compétent. Ajoutons enfin que, depuis la loi du 8 février 1995[2] modifiant l'article 398-1, 5° du Code de procédure pénale, le délit d'abandon de famille, comme de nombreuses infractions intrafamiliales, relève désormais de la compétence du **juge unique du tribunal correctionnel.**

B. Sanctions

522.61 Tentative d'abandon de famille : non récriminée. À défaut de disposition en ce sens, la tentative n'est pas incriminée, mais la forme concrète la plus courante de celle-ci, l'**organisation de l'insolvabilité**, constitue une **infraction spécifique** (C. pén., art. 314-7).

522.62 Délai. Le délit prend naissance à l'expiration d'un délai de deux mois sans payement des sommes dues et se poursuit tant que son auteur ne remplit pas ses obligations; de fait, de nouvelles poursuites sont possibles si le refus de payement se prolonge pendant un nouveau délai de deux mois à l'issue d'une première condamnation[3] ou à la date d'application d'une loi d'amnistie[4].

522.63 Peine principale. L'auteur encourt, au titre des peines principales, deux ans d'emprisonnement et 15 000 euros d'amende, ce qui constitue un doublement par rapport au texte ancien.

522.64 Peine complémentaire. Au titre de peine complémentaire, l'article 227-3 du Code pénal renvoyait à l'ancien article 373, 3° du Code civil aux termes duquel le condamné pour abandon de famille perdait automatiquement l'exercice de l'autorité parentale s'il ne recommençait pas à assumer ses obligations pendant une durée de six mois. Cela étant, la loi du 4 mars 2002 a abrogé cet article, le remplaçant par l'article 373. Elle a donc supprimé l'abandon de famille comme cause automatique de privation de l'autorité parentale.

Aux termes de l'article 227-29 du Code pénal, l'auteur encourt aussi diverses peines complémentaires : interdiction des droits civiques, civils et de famille, suspension ou annulation du permis de conduire, interdiction de quitter le territoire ou encore l'interdiction d'exercer une activité professionnelle ou bénévole impliquant un contact habituel avec des mineurs.

Elles sont aussi encourues en cas d'atteinte à l'état civil.

SECTION 2 ATTEINTES À L'ÉTAT CIVIL

522.70 Division. Les actes d'état civil sont des écrits instrumentaires dressés par des agents de l'autorité publique et destinés à recevoir, conserver et publier l'état d'une personne c'est-à-dire tous les évènements de sa vie; étant donné qu'ils ont vocation à prouver l'état de la personne, il convient de sanctionner les atteintes qui leur sont portées, tant en matière de filiation (§ 1) que de mariage (§ 2).

§ 1 Atteintes à la filiation

522.71 Personnes visées. Le chapitre VII du Code pénal consacré aux atteintes aux mineurs et à la famille contient une section 4 relative aux atteintes à la filiation. Il s'agit ici de protéger, non pas l'enfant comme dans la plupart des infractions dudit chapitre, mais l'**état de l'enfant, sa filiation, élément de l'état civil.** On le sait, le désir d'enfant des couples stériles les conduit parfois à recourir à des procédés interdits; c'est pourquoi le législateur, au nom de la protection de l'institution de la filiation, a voulu atteindre, non seulement les personnes à la recherche d'enfant, mais aussi les intermédiaires en incriminant les incitations à l'abandon ou à l'adoption et les atteintes à l'état civil de l'enfant.

1. L. n° 2001-504, 12 juin 2001, tendant à renforcer la prévention et la répression des mouvements sectaires portant atteinte aux droits de l'homme et aux libertés fondamentales, *JO* 13 juin, p. 9337.
2. L. n° 95-125, 8 févr. 1995, relative à l'organisation des juridictions et à la procédure civile, pénale et administrative, *JO* 9 févr., p. 2175.
3. Crim. 9 févr. 1965, *D.* 1965, 475 – Crim. 2 déc. 1998, n° 97-83.671, *Bull. crim.*, n° 326; *JCP* 1999, II, 10108, note Rebut.
4. CA Colmar, 20 janv. 1967, *JCP* 1967, II, 15134, note Michaud.

A. Incrimination des incitations à l'abandon ou à l'adoption

522.80 Texte applicable et distinction. L'article 227-12 du Code pénal incrimine la provocation à l'abandon, l'entremise en vue de l'adoption et de la gestation pour autrui. Il convient d'envisager leurs éléments constitutifs (1°) ainsi que les peines encourues (2°).

Ces trois infractions révèlent des comportements différents qu'il faut distinguer.

1° Éléments constitutifs

522.81 Provocation à l'abandon d'enfant. L'alinéa 1er de l'article 227-12 du Code pénal incrimine le fait de « *provoquer, soit dans un but lucratif, soit par don, promesse, menace ou abus d'autorité, les parents ou l'un d'entre eux à abandonner un enfant né ou à naître* ».

Tout d'abord, en vertu de ce texte, l'objet de la provocation consiste à **inciter le parent à abandonner son enfant**. Il ne s'agit pas, ici, du parent au sens juridique, mais du parent par le sang; en effet, peu importe que l'enfant né ou à naître ne soit pas rattaché à son auteur par un lien de filiation. La plupart du temps, d'ailleurs, la provocation aura vocation à faire pression sur la mère biologique de l'enfant afin qu'elle n'établisse pas le lien de filiation, dans le cadre d'un accouchement sous X par exemple. Quant à l'abandon, finalité de la provocation, il vise la remise de l'enfant au couple stérile ou à un intermédiaire, mais aussi, afin de renforcer la protection, le consentement à l'adoption et la remise de l'enfant à l'Aide sociale à l'enfance (ASE) ou à une œuvre d'adoption autorisée s'il a été provoqué par des pressions sur la mère biologique. Ces pressions sont répréhensibles qu'elles aient lieu pendant la grossesse, voire même avant, ou à l'issue de l'accouchement.

Ensuite, le texte précise la **nature de la provocation**. Il mentionne soit le **but lucratif**, soit le **don**, la **promesse**, la **menace**, l'**abus d'autorité**. Le but lucratif a surtout vocation à réprimer les intermédiaires qui monnayent leurs services en vue de l'adoption d'un enfant et exclut la poursuite du couple demandeur qui n'agit pas dans un but intéressé. À défaut de but lucratif, l'infraction est toutefois constituée s'il existe des pressions sur la mère biologique par le biais de dons, promesses, menaces ou abus d'autorité, quel que soit l'auteur de ces pressions, intermédiaire, couple demandeur, voire un proche de la mère.

Enfin, en effet, l'auteur de la provocation peut être une personne physique ou une personne morale, ce qui élargit le champ d'application de l'incrimination.

522.82 Entremise en vue de l'adoption. L'alinéa 2 de l'article 227-12 du Code pénal incrimine « *le fait, dans un but lucratif, de s'entremettre entre une personne désireuse d'adopter un enfant et un parent désireux d'abandonner son enfant né ou à naître* ».

Concernant la notion de parent ou la personne de l'enfant, il convient de retenir les mêmes remarques qu'en matière de provocation.

En revanche, l'entremise est plus large que la provocation puisqu'elle ne suppose pas de faire pression sur le consentement des parents; il suffit de **mettre en relation le couple stérile et le couple de parents en tant qu'intermédiaire**. Ainsi, dès lors que les comptes rendu de réunion d'une association confirment que son dirigeant a introduit un langage de type commercial garantissant la rapidité et le succès des procédures, totalement inadapté au domaine de l'adoption et tendant à privilégier l'intérêt du « *client adhérent* » et non l'intérêt de l'enfant, l'infraction d'entremise est constituée[1]. En effet, contrairement au délit de provocation, le délit d'entremise suppose, pour être constitué, que l'intermédiaire agisse dans un but intéressé, un but lucratif dit le texte. Or, dans l'affaire considérée, le dirigeant de l'association avait mis au point un véritable trafic d'enfants originaires du Népal et vendus par leurs parents pour payer leurs dettes.

Contrairement à la provocation, la tentative d'entremise est punissable et donc la simple prise de contact accompagnée d'une demande d'argent suffit.

522.83 Entremise en vue de la gestation pour le compte d'autrui. C'est la loi n° 94-653 du 29 juillet 1994[2], relative au respect du corps humain, qui créé l'alinéa 3 de l'article 227-12 du Code pénal selon lequel est incriminé « *le fait de s'entremettre entre une personne ou un couple désireux d'accueillir un enfant et une femme acceptant de porter en elle cet enfant en vue de leur remettre* ». Cette même loi (art. 16-7) a interdit le recours au procédé des mères porteuses en posant la nullité des conventions portant sur la procréation ou la gestation pour le compte d'autrui, consacrant ainsi la jurisprudence antérieure[3].

1. TGI Paris, 4 mai 1998, *D.* 1999, 15, note Poisson-Drocourt.
2. L. n° 94-653, 29 juill. 1994, relative au respect du corps humain, *JO* 30 juill., p. 11056.
3. Cass. ass. plén., 31 mai 1991, n° 90-20.105, *Bull. ass. plén.*, n° 4; *D.* 1991, 417, rapp. Chartier; *JCP* 1991, II, 21752, concl. Dontewille et note Terré.

Aussi, afin de renforcer les dispositions civiles, le législateur a jugé bon de créer une **incrimination spécifique de gestation pour le compte d'autrui.** L'auteur de l'infraction est l'intermédiaire qui met en relation un couple stérile et une mère porteuse; pour autant, certains auteurs considèrent que ces derniers pourraient toutefois être poursuivis comme complices de l'infraction[1]. En outre, le couple désireux d'adopter un enfant pourrait aussi être poursuivi sur le fondement de l'alinéa 2. Mais contrairement à cette incrimination, l'infraction d'entremise en vue de la gestation pour le compte d'autrui ne suppose pas le but lucratif; la simple entremise désintéressée suffit à constituer l'infraction, puisque la gestation pour le compte d'autrui est interdite en soi.

Cela étant, l'article 227-12 alinéa 3 pose, au titre des circonstances aggravantes, le but lucratif et la circonstance d'habitude, cette dernière visant à réprimer les « professionnels » des mères porteuses.

Notons que le livre V du Code pénal, « Des autres crimes et délits », prévoit, dans son unique chapitre, les infractions spécifiques en matière d'éthique médicale qui visent à protéger l'espèce humaine, le corps humain ainsi que les embryons humains.

2°
Sanctions

522.91 **Peine principale.** La provocation à l'abandon d'enfant est punie de six mois d'emprisonnement et de 7 500 euros d'amende, alors que l'auteur de l'entremise encourt un an d'emprisonnement et 15 000 euros d'amende; de plus, si l'entremise en vue de la gestation pour autrui est commise soit dans un but lucratif, soit à titre habituel, les peines sont doublées.

522.92 **Personne morale.** Les personnes morales, outre l'amende, peuvent voir prononcer à leur encontre, la dissolution, l'interdiction professionnelle ou sociale, le placement sous surveillance judiciaire, la confiscation ou encore l'affichage ou la diffusion de la décision pénale.

522.93 **Peine complémentaire.** Là encore, les peines complémentaires de l'article 227-29 du Code pénal sont encourues.

522.94 **Application de la loi pénale et lutte contre le trafic international d'enfants.** On le voit, le législateur entend surtout protéger, par le biais de ces incriminations, l'institution de l'adoption, ce qui pose le problème du trafic international d'enfants et par là même celui de l'application de la loi pénale dans l'espace.

522.95 **Principe de territorialité.** En vertu du principe de territorialité, il suffit qu'un des éléments constitutifs de l'infraction se réalise en France pour que la loi française soit compétente; ainsi, si l'entremise ou l'acte de provocation a lieu en France, la loi française est compétente, même si le destinataire ne s'y trouve pas, pour autant que l'acte y ait son origine (coup de téléphone ou envoi de courrier...). Il est même admis que le lieu du résultat de l'infraction peut être considéré comme le lieu de l'infraction, telle que la remise de l'enfant en France après une gestation à l'étranger.

522.96 **Principe de personnalité.** En vertu du principe de la personnalité, la loi française est compétente si l'auteur du crime ou du délit a la nationalité française (personnalité active) et sous réserve de réciprocité d'incrimination en matière de délit; ainsi, si les faits sont commis intégralement dans un pays (État de Californie aux États-Unis) où ils ne sont pas pénalement répréhensibles, la loi française est inapplicable[2]. La loi française est encore compétente si la victime du crime ou du délit (personnalité passive), est française, sous réserve d'une plainte préalable de la victime ou à défaut d'une dénonciation de l'État dans lequel l'infraction a été commise, en matière de délit.

522.97 **Difficultés.** Cela étant, en dépit de l'extension de la compétence de la loi française, les poursuites contre les organisateurs de trafics d'enfants sont souvent difficiles du fait d'un manque de preuves et de la dissimulation de l'infraction par les parents d'accueil[3].

De même, il n'est pas toujours évident de détecter les atteintes à l'état civil de l'enfant.

B.
Atteintes à l'état civil de l'enfant

522.110 **Texte applicable.** L'ancien article 345 du Code pénal punissait l'enlèvement, le recel ou la suppression d'enfant, la substitution d'un enfant à un autre ou la supposition d'enfant à une femme qui n'a pas accouché. En outre, la qualification de l'infraction différait selon que l'enfant était né vivant (crime) ou s'il n'était pas certain qu'il ait vécu (délit ou contravention). La doctrine s'accordait

1. C. Byk, « La loi relative au respect du corps humain », *JCP* 1994, I, 3788 – G. Roujou de Boubée, B. Bouloc, J. Francillon et Y. Mayaud, *Code pénal commenté*, Dalloz, 1996.
2. TGI Créteil, 30 sept. 2004, *D.* 2005, 476, note Depadt-Sebag.
3. F. Renucci, *Droit pénal des mineurs*, Masson, 1994, p. 39.

pour relever le caractère confus et inadapté desdites infractions[1].

L'actuel article 227-13 du Code pénal incrimine « *la substitution volontaire, la simulation ou dissimulation ayant entraîné une atteinte à l'état civil de l'enfant* ». Il prévoit les éléments constitutifs (1°) et les sanctions (2°).

1°
Éléments constitutifs

522.111 Enfant vivant. Il doit tout d'abord s'agir, d'un enfant vivant, quelle que soit sa filiation puisqu'il doit y avoir une atteinte à l'état civil; dans la mesure où l'instruction relative à l'état civil[2] énonce que seuls sont déclarés à l'état civil les fœtus dont la gestation a duré au moins cent quatre-vingt jours, on peut penser que seuls sont visés les « enfants » ayant au moins cent quatre-vingt jours de gestation.

522.112 Acte matériel. Ensuite, l'acte matériel proprement dit consiste en une substitution, dissimulation ou simulation.

La **substitution** se concrétise par l'échange, volontaire, d'enfants en bas âge.

La **dissimulation** consiste à cacher la maternité d'origine, sous réserve de l'accouchement sous X, pratique légale en France (C. civ., art. 326).

Quant à la **simulation**, elle désigne le fait de prêter à une femme un accouchement qui n'a pas eu lieu. La plupart du temps, la dissimulation et la simulation coexistent[3], ce que l'ancien Code pénal appelait supposition; tel était encore le cas dans cette affaire où les prévenus avaient introduit en France un enfant qui n'était pas le leur en omettant de le déclarer aux autorités françaises[4].

522.113 Enfin, encore faut-il que cet acte matériel ait entraîné une atteinte à l'état civil de l'enfant. En effet, la valeur sociale protégée en la matière, comme l'indique le titre de la section, est la filiation. L'infraction a, en effet, pour but d'empêcher l'enfant d'accéder à la connaissance de sa filiation ou, comme c'est généralement le cas, de priver l'enfant de sa filiation d'origine en le rattachant à une filiation fictive.

522.114 Élément intentionnel. Aussi, comme ces délits constituent des infractions intentionnelles, l'auteur doit avoir conscience du résultat, c'est-à-dire l'atteinte à l'état civil de l'enfant. Il faut donc démontrer que l'agent savait qu'il privait l'enfant de son véritable état civil, quels que soient les mobiles de l'infraction.

Si ces éléments sont réunis, l'auteur encourt des sanctions pénales.

2°
Sanctions

522.121 Les poursuites. Récemment, la Cour suprême a eu l'occasion de préciser que les infractions de simulation et de dissimulation d'enfants prévues à l'article 227-13 constituent des infractions clandestines par nature dont le **point de départ de la prescription** se situe au jour où elles sont apparues et ont pu être constatées dans des conditions permettant l'exercice de l'action publique[5].

Dans cette espèce, la directrice d'un établissement d'accueil de jeunes handicapés avait caché la grossesse de l'une de ses résidentes âgée de quatorze ans; elle avait remis l'enfant à un couple marié qui l'avait déclaré à l'état civil comme étant le sien. Finalement, la mère biologique alerte le parquet onze ans plus tard, alors que le délai de prescription en matière délictuelle est de trois ans à compter des faits. Cela étant, afin d'éviter l'impunité de la directrice et des faux parents, la Cour de cassation a considéré que lesdits délits étaient difficiles à déceler, clandestins, ce qui justifiait le report du point de départ de la prescription au jour de leur découverte (comme en matière d'abus de confiance).

Outre ce problème de prescription, propre à la nature particulière de ces infractions, se pose aussi la question de la filiation. Ainsi, les anciens articles 326 et 327 du Code civil prévoyaient une **question préjudicielle à la mise en œuvre de l'action publique**, c'est-à-dire que le ministère public ne pouvait pas poursuivre tant que la décision définitive des juges civils relative à la **filiation** n'était pas intervenue.

La loi du 3 janvier 1972 les a remplacés par les articles 311-5 et 311-6 du Code civil (anc.) qui posaient désormais une simple exception préjudicielle : on maintenait la compétence exclusive du tribunal de grande instance en matière de filiation, mais on permettait au ministère public d'intenter l'action publique sans attendre la décision définitive des juges civils. Depuis l'ordonnance n° 2005-759 du 4 juillet 2005 relative à la filiation, cette question est réglée par les articles 318-1 et 319 du Code civil sans que la solution ne soit modifiée puisqu'est toujours posée une **exception préjudicielle au jugement et non plus à l'action.** L'article 319 du

1. A. Vitu, « La protection pénale de l'état civil de l'enfant », *Mél. Gebler*, 1998, p. 95.
2. IGREC, *JO* 28 juill. 1999.
3. CA Riom, 12 mars 2003, *Dr. fam.* 2004, comm. 11, obs. Castella.
4. Crim. 12 janv. 2000, n° 99-82.905, *Bull. crim.*, n° 21; *Dr. pénal* 2000, comm. 84, obs. Véron; *D.* 2001, somm. 2791, obs. Pomart.
5. Crim. 23 juin 2004, n° 03-82.371, *Bull. crim.*, n° 173; *Dr. pénal* 2004, comm. 143, obs. Véron; *Dr. fam.* 2005, comm. 18, obs. Castella; *RSC* 2004, 884, obs. Mayaud.

Code civil vise les infractions relatives à la filiation, dans la mesure où l'infraction est de nature à compromettre l'établissement de la filiation.

522.122 **Les peines.** L'auteur de substitution volontaire, simulation, dissimulation, encourt trois ans d'emprisonnement et 45 000 euros d'amende ainsi que les peines complémentaires de l'article 227-29 du Code pénal.

Les personnes morales peuvent aussi être déclarées pénalement responsables.

Outre l'atteinte à l'état civil de l'enfant, il est possible de porter atteinte à l'état civil du conjoint dans le cadre des atteintes au mariage.

§ 2 Atteintes au mariage

522.131 **Textes applicables.** Les articles 433-20 et 433-21 du Code pénal érigent en infractions la bigamie et la célébration du mariage religieux avant le mariage civil. Contrairement aux infractions précédentes, ces dernières n'appartiennent pas au chapitre VII du Code pénal relatif aux atteintes aux mineurs et à la famille inclus dans le titre traitant des atteintes à la personne humaine, mais au titre III, « Des atteintes à l'autorité de l'état », chapitre II, « Des atteintes à l'administration publique commises par des particuliers » et plus précisément à la section XI, « Des atteintes à l'état civil des personnes ».

A. Bigamie

522.140 **Définition.** La bigamie est le fait, pour une personne engagée dans les liens d'un précédent mariage non dissous, de contracter une nouvelle union. Cette infraction résulte de la tradition romano-chrétienne du mariage monogamique, retranscrite aussi en droit civil; en effet, la bigamie constitue une cause de nullité absolue du mariage (V. s^s n°s 115.62 et 115.281).

1° Condition préalable

522.141 **Validité du premier mariage.** L'infraction suppose, au préalable, l'existence d'un premier mariage valable; ainsi, la nullité du premier mariage peut être invoquée par le prévenu pour se soustraire à sa responsabilité pénale[1], et ce du fait de la rétroactivité de la nullité. Cela peut paraître choquant d'invoquer la nullité uniquement pour échapper à une condamnation pénale, mais la solution s'impose pourtant juridiquement.

1. Crim. 13 avr. 1867, *DP* 1867, 1, 353.

522.142 **Droit international privé.** En la matière, se posent souvent des problèmes de droit international privé, notamment si le premier mariage a été célébré à l'étranger; mais il n'est pas possible d'utiliser ces règles à son profit. Ainsi, si une personne se marie à l'étranger selon les règles de son statut personnel, elle ne peut, par la suite, invoquer le fait que son mariage serait nul au regard de la loi française[2]. De même, le musulman, dont le statut personnel autorise la polygamie, ne peut l'invoquer en droit français pour échapper à l'infraction de bigamie car se serait contraire à l'ordre public[3].

522.143 **Exception préjudicielle.** Quant à l'appréciation de la validité du premier mariage, elle soulève le problème de l'exception préjudicielle. Certains auteurs proposent de distinguer l'examen de la validité du premier mariage, condition préalable du délit, qui relève à ce titre de la compétence du juge civil (en ce sens : le tribunal correctionnel doit donc surseoir à statuer jusqu'à la solution du juge civil[4]) et la validité du second mariage, élément constitutif du délit, de la compétence exclusive du juge répressif.

En tout état de cause, le juge civil, saisi d'un divorce pour faute fondé sur l'adultère, peut librement apprécier la gravité de la faute au regard de l'article 242 du Code civil indépendamment de la mise en mouvement de l'action publique du chef de bigamie par l'épouse[5] : en la matière, la règle « *Le criminel tient le civil en l'état* » ne joue pas puisque l'action en divorce n'est pas une action en responsabilité.

522.144 **Mode de séparation admis à l'étranger.** Quant aux autres modes de séparation admis à l'étranger, telle que la répudiation, s'ils sont réalisés conformément à la loi nationale, ils sont admis en France comme ayant dissous le premier mariage[6], sous réserve que cette répudiation ait été obtenue par fraude ou en violation des droits fondamentaux de l'un ou l'autre des époux[7]. En revanche, si la répudiation a été réalisée en France, par des étrangers, selon leur loi nationale, elle sera totalement inefficace[8].

2. T. corr. Brest, 18 oct. 1949, *RSC* 1950, 415, obs. Hugueney.
3. TGI Paris, 8 avr. 1987, *Gaz. Pal.* 1987, 2, 474, note Domingo; *RSC* 1988, 87, obs. Levasseur.
4. Crim. 16 janv. 1826, *S.* 1827, 1, 260.
5. CA Nîmes, 20 juill. 2004, *Dr. fam.* 2005, comm. 22, obs. Larribau-Terneyre.
6. TGI Seine, 26 oct. 1959, *ReV. crit. DIP* 1960, 354, note Loussouarn – TGI Lyon, 21 mai 1974, *DS* 1975, 9, note Guiho.
7. Civ. 22 janv. 1951, *Rev. crit. DIP* 1951, 167, note Francescakis.
8. CA Paris, 7 juill. 1959, *Rev. crit. DIP* 1960, 354, note Loussouarn.

2°
Éléments constitutifs

522.151 Élément matériel. Il s'agit de la coexistence d'un second mariage par lequel se consomme l'infraction. Là encore, ce second mariage doit être valable, ce qui n'est pas le cas d'un mariage frappé d'un certificat de nullité, « *la portée rétroactive de la nullité du second mariage empêche la consommation du délit.* »[1]. Cette solution est contestée par certains auteurs qui considèrent, au nom de l'institution du mariage et de l'autonomie du droit pénal, que la nullité du mariage devrait être indifférente en matière de bigamie[2] puisqu'il s'agit d'une atteinte à l'autorité de l'État, plus précisément, à l'état civil de la personne.

522.152 Élément intentionnel. En revanche, tout le monde s'accorde sur le caractère intentionnel du délit : le délit n'est pas constitué si l'auteur s'est cru libre quand il a contracté sa seconde union[3]. La mauvaise foi peut se prouver par le recours à la fraude pour divorcer du premier conjoint et obtenir le second mariage[4].

3°
Répression

522.161 Peine. À l'origine qualifiée crime, la bigamie constitue désormais un délit puni d'un an d'emprisonnement et de 45 000 euros d'amende.

522.162 Responsabilité de l'officier public. Encourt les mêmes peines l'officier public ayant célébré le second mariage en connaissance du précédent; sous l'empire de l'ancien Code, ce dernier était considéré comme complice.

522.163 Délai de prescription. S'agissant d'un délit instantané, le délai de prescription de trois ans commence à courir à compter du jour du second mariage, bien que certains auteurs contestent cette solution considérant la bigamie comme un état[5].

Bien que moins réprimée, constitue aussi une infraction à l'état civil des personnes le fait de célébrer un mariage religieux avant un mariage civil.

1. CA Toulouse, 27 juin 2002, *Dr. fam.* 2003, comm. 6, obs. De Lamy.
2. Vitu, *Droit pénal spécial*, Cujas, 1982, n° 2056 – M.-L. Rassat, *Droit pénal spécial, Infractions des et contre les particuliers*, « Précis », Dalloz, 2006, n° 642.
3. CA Paris, 31 mai 1949, *JCP* 1949, II, 5163, note Delaume.
4. CA Paris, 27 nov. 1981, *D.* 1983, 14, note Paire.
5. Merle et Vitu, *Traité de droit criminel*, t. II, 1982, n° 2056 – J. Pradel et M. Danti-Juan, *Droit pénal spécial*, Cujas, 2004, n°s 552 et 553.

B.
Célébration du mariage religieux avant le mariage civil

522.171 Textes applicables. La Déclaration des droits de l'homme de 1789 proclame dans son article 10 : « *Nul ne doit être inquiété pour ses opinions, même religieuses pourvu que leur manifestation ne trouble pas l'ordre public.* » Pourtant, de nombreuses persécutions religieuses eurent lieu par la suite, ce qui a conduit le législateur à insérer dans le Code pénal un ensemble d'infractions relatives aux atteintes au libre exercice du culte, ainsi d'ailleurs que des infractions incriminant les troubles à l'ordre public que pourraient commettre les ministres du culte eux-mêmes. À la suite de la loi du 9 décembre 1905 relative à la séparation des Églises et de l'État, les premières furent supprimées, mais furent maintenues les infractions réprimant les activités imputables aux ministres du culte.

L'une d'entre elle, la célébration du mariage religieux avant le mariage civil, antérieurement prévue aux articles 199 et 200 du Code pénal, est aujourd'hui définie à l'article 433-21 du même code qui prévoit ses éléments constitutifs (1°) et les modalités de sa répression (2°).

L'article 433-21 incrimine « *tout ministre d'un culte qui procédera, de manière habituelle, aux cérémonies religieuses de mariage sans que lui ait été justifié l'acte de mariage préalablement* ».

Sur la sanction civile du mariage religieux avant le mariage civil, v. s^{s} n° 115.291.

1°
Éléments constitutifs

522.181 Il faut, tout d'abord, un mariage. Ce qui pose le problème de la nature de la célébration; il convient d'exclure les baptêmes ou les naissances, pour s'en tenir aux célébrations qui visent à unir un homme et une femme. En outre, cette célébration doit avoir un caractère religieux, ce qui suppose l'accomplissement de rites et de prières. Peu importe qu'aucun acte n'ait été dressé par la suite, si la célébration a effectivement eu lieu[6], ou même que le ministre du culte ait été absent s'il a tout organisé à l'avance[7]. Et encore faut-il, depuis le nouveau Code pénal, que le ministre du culte ait agi à titre habituel, ce qui réduit le champ d'application de l'infraction. Ainsi, l'infraction est constituée par la répétition d'au moins deux actes identiques. Seule la réitération de la célébration d'un mariage

6. T. corr. Nantes, 22 mai 1934, *DH* 1935, 2, 37.
7. T. pol. Dunkerque, 9 mars 1972, *JCP* 1972, II, 17215, note De Lestang; *RTD civ.* 1972, obs. Nerson.

religieux avant un mariage civil permettra de poursuivre l'auteur.

522.182 **L'infraction suppose, ensuite, l'absence d'un mariage civil préalable.** Avant de procéder à un mariage religieux, le ministre du culte doit exiger des futurs époux qu'ils justifient la célébration d'un mariage civil antérieur; cela peut résulter de la présentation d'un certificat, du livret de famille ou de l'extrait de l'acte de mariage. Peu importe que le mariage civil en question soit nul dans la mesure où le ministre du culte n'est pas juge de la régularité d'un acte civil. Ajoutons qu'il peut s'agir d'un mariage célébré à l'étranger, selon les formes locales.

L'antériorité du mariage civil n'admet aucune exception, ni la brièveté du délai séparant les deux cérémonies[1], ni l'hypothèse d'un mariage *in extremis*[2].

522.183 **Élément intentionnel.** Enfin, l'intention coupable est requise, bien que certains auteurs aient pu penser que l'ancien article 199 constituait une simple infraction matérielle[3]. Désormais le doute n'est plus permis puisque l'infraction est toujours qualifiée délit et qu'en vertu de l'article 121-3 du Code pénal « *il n'y a point de délit sans intention de le commettre* ». L'intention consiste donc soit en une négligence grave si le ministre du culte ne vérifie pas l'existence d'un mariage civil préalable, soit à la volonté indiscutable de violer la loi si ce dernier a, en toute connaissance de cause, procédé au mariage religieux sachant qu'aucun mariage civil n'était intervenu auparavant. En revanche, l'intention n'est pas constituée si les futurs époux présentent une fausse attestation de mariage civil, ou si le ministre du culte croit, à tort, à la validité du mariage civil antérieur.

2°
Modalités de la répression

522.191 **Peine.** Désormais, contrairement aux anciens articles 199 et 200 du Code pénal, il n'y a plus de gradation des sanctions liée à l'état de récidive.

Si l'infraction est constituée, le ministre du culte encourt une peine de six mois d'emprisonnement et de 7 500 euros d'amende.

1. T. corr. Wassy, 8 mai 1906, *S.* 1907, 2, 110.
2. T. corr. Nantes, 22 mai 1924, *S.* 1925, 2, 37, note H. B.
3. Garraud, *Traité théorique et pratique du droit pénal français*, 1922, n° 1592 – RÉP. PÉN. PROC. PEN., Fossereau, *V° Cultes*, n° 12.

LIVRE

6. TEXTES DE DROIT INTERNE, COMMUNAUTAIRE, EUROPÉEN ET INTERNATIONAL

6.00 **Plan du livre.**

Annexes 61 Circulaires de droit interne

61.11 Circulaire du 23 novembre 2004, de présentation de la loi relative au divorce, du décret portant réforme de la procédure en matière familiale et du décret fixant les modalités de substitution d'un capital à une rente allouée au titre de la prestation compensatoire

61.12 Circulaire du 6 décembre 2004, de présentation de la loi n° 2002-304 du 4 mars 2002 relative au nom de famille, modifiée par la loi n° 2003-516 du 18 juin 2003 relative à la dévolution du nom de famille

61.13 Circulaire du 30 juin 2006, de présentation de l'ordonnance n° 759-2005 du 4 juillet 2005 portant réforme de la filiation

61.14 Circulaire du 5 février 2007, de présentation de la réforme du pacte civil de solidarité

Annexes 62 Règlements de droit communautaire et textes d'application

62.11 Règlement (CE) n° 44/2001 du conseil du 22 décembre 2000, concernant la compétence judiciaire, la reconnaissance et l'exécution des décisions en matière civile et commerciale

62.12 Règlement (CE) n° 2201/2003 du conseil du 27 novembre 2003, relatif à la compétence, la reconnaissance et l'exécution des décisions en matière matrimoniale et en matière de responsabilité parentale abrogeant le règlement (CE) n° 1347/2000

62.13 Règlement (CE) n° 2116/2004 du conseil du 2 décembre 2004, modifiant le règlement (CE) n° 2201/2003 relatif à la compétence, la reconnaissance et l'exécution des décisions en matière matrimoniale et en matière de responsabilité parentale abrogeant le règlement (CE) n° 1347/2000, en ce qui concerne les traités avec le Saint-Siège

62.14 Circulaire du 28 octobre 2005, relative à l'entrée en vigueur du règlement (CE) n° 2201/2003 du Conseil du 27 novembre 2003 relatif à la compétence, la reconnaissance et l'exécution des décisions en matière matrimoniale et de responsabilité parentale, dit « Bruxelles II *bis* »

62.15 Circulaire de la direction des Affaires civiles et du Sceau n° 2007-06 du 16 mars 2007, relative à l'audition de l'enfant pour l'application du règlement « Bruxelles II *bis* » concernant les décisions sur la responsabilité parentale

62.16 Règlement (CE) n° 4/2009 du Conseil du 18 décembre 2008, relatif à la compétence, la loi applicable, la reconnaissance et l'exécution des décisions et la coopération en matière d'obligations alimentaires

Annexes 63 Conventions et protocoles internationaux

63.11 Convention de La Haye du 5 octobre 1961, concernant la compétence des autorités et la loi applicable en matière de protection des mineurs

63.12 Convention de La Haye du 2 octobre 1973, sur la loi applicable aux obligations alimentaires

63.13 Convention de La Haye du 25 octobre 1980, sur les aspects civils de l'enlèvement international d'enfants

63.14 Convention internationale relative aux droits de l'enfant, ONU du 20 novembre 1989

63.15 Convention de La Haye du 29 mai 1993, sur la protection des enfants et la coopération en matière d'adoption internationale

63.16 Convention européenne sur l'exercice des droits des enfants du 25 janvier 1996

63.17 Convention de La Haye du 19 octobre 1996, concernant la compétence, la loi applicable, la reconnaissance, l'exécution et la coopération en matière de responsabilité parentale et de mesures de protection des enfants

63.18 Convention internationale de La Haye du 13 janvier 2000, sur la protection internationale des adultes

63.19 Protocole de La Haye du 23 novembre 2007, sur la loi applicable aux obligations alimentaires

ANNEXES

61. Circulaires de droit interne

61.00 Liste des circulaires.

61.01 Présentation des circulaires. Il existe des divergences d'opinion quant à l'applicabilité de ces circulaires et malgré l'existence du décret n° 2008-1281 du 8 décembre 2008, relatif aux conditions de publication des instructions et circulaires[1], certains soutiennent que celles-ci sont toujours en vigueur bien que ne figurant pas sur le site circulaires.gouv.fr. Dans le doute, nous avons choisi de les maintenir car elles permettent de préciser les conditions d'application des lois[2].

61.11

Circulaire du 23 novembre 2004 de présentation de la loi relative au divorce, du décret portant réforme de la procédure en matière familiale et du décret fixant les modalités de substitution d'un capital à une rente allouée au titre de la prestation compensatoire

N° CIRCULAIRE : CIV/16/04
N° NOR : JUS C 0420849 C

1. Décr. n° 2008-1281, 8 déc. 2008, relatif aux conditions de publication des instructions et circulaires, *JO* 10 déc., p. 18777.
2. Sur ce problème, v. P. Deumier, « Les circulaires sortent de l'ombre : circulaires.gouv.fr », *RTD civ.* 2009, 487.

Date d'application : À compter du 1er janvier 2005

La loi n° 2004-439 du 26 mai 2004 relative au divorce, le décret n° 2004-1158 du 29 octobre 2004 portant réforme de la procédure en matière familiale et le décret n° 2004-1157 du 29 octobre 2004 fixant les modalités de substitution d'un capital à une rente allouée au titre de la prestation compensatoire visent à opérer une simplification et une pacification des procédures devant le juge aux affaires familiales, en particulier en matière de divorce.

L'objectif est de permettre un règlement à la fois plus rapide et plus complet des conflits familiaux, tout en garantissant le respect des droits de chacune des parties ainsi que de l'intérêt des enfants.

S'agissant du divorce, la loi nouvelle adapte les différents cas à l'évolution des situations conjugales, réduit le nombre de procédures applicables, favorise les accords entre époux et rationalise les conséquences de la dissolution du lien matrimonial, notamment financières.

S'agissant des autres procédures applicables devant le juge aux affaires familiales, celles-ci sont entièrement refondues en un tronc commun procédural, à l'exception de certaines procédures particulières spécifiquement énoncées dans le NCPC.

La présente circulaire est divisée en deux parties, consacrées à la réforme du divorce et à celle de la procédure en matière familiale. Elle est complétée par des annexes à destination du greffe.

Vous trouverez à la fin de la circulaire une table des matières ainsi qu'un plan vous permettant d'en faciliter la lecture.

PREMIÈRE PARTIE – LA RÉFORME DU DIVORCE

La nouvelle architecture du divorce maintient la pluralité des cas, tout en simplifiant les procédures et en élargissant les possibilités d'adapter les demandes en cours d'instance. Elle devrait permettre de mieux répondre aux attentes des couples et de redonner à chaque procédure sa véritable place.

La loi prévoit également un accompagnement des époux afin de les aider à organiser les conséquences de leur séparation le plus efficacement possible, dans le souci d'éviter la résurgence de conflits après le prononcé du divorce.

La loi réaffirme par ailleurs avec force les principes de protection et de responsabilité, indispensables à un traitement juste et équitable des séparations conjugales, avec une attention particulière dans l'hypothèse de violences conjugales.

I – Cas de divorce

1 La réforme instaure quatre cas de divorce, énumérés à l'article 229 du Code civil :

- le consentement mutuel;
- l'acceptation du principe de la rupture du mariage;
- l'altération définitive du lien conjugal;
- la faute.

1/ Divorce par consentement mutuel

1.1. Champ d'application

2 Sous l'empire de la loi du 11 juillet 1975, le divorce par consentement mutuel recouvrait deux procédures : une procédure gracieuse si les époux étaient d'accord tant sur le principe que sur les conséquences de la séparation (divorce sur demande conjointe) et une procédure contentieuse si ceux-ci n'étaient d'accord que sur le principe du divorce mais non sur ses conséquences (divorce demandé par un époux et accepté par l'autre).

Désormais, la loi ne conserve qu'une procédure de divorce par consentement mutuel pour le seul cas où les époux s'accordent à la fois sur le divorce et sur ses conséquences, qui relève de la matière gracieuse.

1.2. Conditions

3 Le divorce par consentement mutuel suppose l'accord des époux sur la rupture du mariage et ses effets, accord matérialisé par une convention réglant l'ensemble des conséquences du divorce.

Il peut désormais être demandé même dans les six premiers mois de l'union, la condition tenant à l'existence d'une durée minimale du mariage étant supprimée (abrogation du 3e alinéa de l'article 230).

L'innovation principale résulte de la suppression des deux phases de la procédure, le divorce étant prononcé à l'issue d'une seule audience. Il en résulte que l'ensemble des conséquences de la séparation doit être réglé en amont de la saisine du juge, y compris la liquidation du régime matrimonial (NCPC, art. 1091).

Est maintenue, en revanche, l'irrecevabilité de toute demande en divorce par consentement mutuel, dès lors qu'un époux est placé sous l'un des régimes de protection prévus à l'article 490 du Code civil (sauvegarde de justice, tutelle ou curatelle).

2/ Divorce accepté

Ce cas de divorce se substitue à la procédure de divorce demandé par un époux et accepté par l'autre.

2.1. Conditions

4 Alors que le divorce demandé et accepté supposait de la part des époux le double aveu de faits procédant de l'un et de l'autre rendant intolérable le maintien de la vie commune, le divorce accepté se fonde désormais sur le simple constat par le juge de leur accord sur le principe de la rupture, sans considération des faits à l'origine de celle-ci.

En cohérence avec le nouvel esprit de ce divorce, déconnecté de toute référence aux faits, l'échange des mémoires, qui constituait le support de ces déclarations, est supprimé.

De même, les dispositions de l'article 234 ancien, assimilant les effets de ce type de divorce à ceux d'un divorce aux torts partagés, sont abrogées.

Ce divorce demeure toujours impossible lorsqu'un époux est placé sous l'un des régimes de protection prévus à l'article 490 du Code civil.

2.2. Caractéristiques de l'acceptation

5 L'acceptation des époux doit être recueillie dans des conditions permettant au juge de vérifier leur libre accord.

C'est pourquoi, l'article 253 du Code civil conditionne la validité de cet accord à l'assistance de chacun des époux par un avocat.

Par ailleurs, des dispositions particulières sont prévues pour formaliser cette acceptation, selon les différents stades de la procédure où elle intervient (V. II 2.2.1).

Cette acceptation n'est pas rétractable, même par la voie de l'appel (alinéa 2 de l'article 233). L'objectif recherché est de favoriser une plus grande sécurité juridique en évitant la remise en cause dilatoire de l'acceptation du divorce sur le fondement de l'article 233.

3/ Divorce pour altération définitive du lien conjugal

6 Ce cas de divorce remplace le divorce pour rupture de la vie commune issu de la loi du 11 juillet 1975. Il est cependant profondément rénové tant dans ses conditions que dans ses conséquences.

L'accès à ce cas de divorce est simplifié et les dispositions particulières relatives aux conséquences du divorce pour rupture de la vie commune sont abrogées (maintien du devoir de secours, usage de plein droit du nom du mari, dépens à la charge du demandeur).

Par ailleurs, l'altération des facultés mentales (C. civ., art. 238 ancien) ne constitue plus une cause spécifique de divorce, ce cas étant inclus dans l'altération définitive du lien conjugal.

De même, la clause d'exceptionnelle dureté étant supprimée, la constatation que les conditions de l'altération définitive du lien conjugal sont réunies emporte nécessairement le prononcé du divorce.

La loi assure néanmoins une compensation financière pour le conjoint qui subit la séparation, par le biais de la prestation compensatoire d'une part, qui pourra prendre le cas échéant la forme d'une rente viagère pour l'époux dont l'état de santé ou l'âge ne lui permet pas de subvenir à ses besoins, et d'autre part par l'allocation éventuelle de dommages et intérêts sur le fondement de l'article 266 nouveau (voir *infra* III.3.1).

Dans l'esprit de la réforme, le divorce pour altération définitive du lien conjugal constitue ainsi une véritable alternative au divorce pour faute.

Deux cas sont à distinguer, selon que le divorce est demandé à titre principal ou à titre reconventionnel.

3.1. Cas visé par le premier alinéa de l'article 238

7 Le divorce pour altération définitive du lien conjugal peut être prononcé s'il est démontré l'existence d'une cessation de la communauté de vie entre les époux, lorsqu'ils vivent séparés depuis deux ans lors de l'assignation en divorce.

3.1.1. Condition quant à la cessation de la vie commune

La cessation de la vie commune se caractérise par l'existence d'une séparation entre les époux, qu'elle résulte de leur volonté commune ou de l'initiative d'un seul d'entre eux. Cette condition revêt, à l'instar de ce que la jurisprudence exigeait en matière de divorce pour rupture de la vie commune, un aspect à la fois matériel (l'absence de cohabitation) et psychologique (la volonté de rupture).

Cet élément intentionnel se déduit souvent, en pratique, du défaut de cohabitation des époux pendant deux ans. Toutefois, certaines situations d'éloignement, liées à des motifs purement objectifs, tels que professionnels, peuvent être équivoques. Dans ces hypothèses, s'agissant d'un élément relevant de l'appréciation souveraine des juges du fond, les circonstances de l'espèce, l'attitude des époux ou de celui qui a pris l'initiative de la rupture, s'avèrent déterminantes.

En tout état de cause, la loi n'impose aucune formalité particulière pour matérialiser le point de départ de cette séparation, dont la preuve peut être rapportée par tout moyen.

Enfin, il convient de relever que la suppression de l'expression « séparation de fait » n'a pas pour effet de limiter les cas où la séparation peut être constatée : cette modification rédactionnelle vise à consacrer le caractère indifférent de l'origine de la séparation, qu'elle soit simplement « de fait » ou organisée judiciairement.

3.1.2. Condition quant au délai

Par rapport au divorce pour rupture de la vie commune, des modifications importantes sont introduites quant au délai de séparation et à son mode de calcul.

D'une part, le délai de séparation requis est réduit de six à deux ans.

D'autre part, et c'est là une innovation majeure, l'article 237 prévoit que le délai doit être acquis lors de l'assignation en divorce et non plus, comme auparavant, à la date de la requête. Ainsi, peuvent indifféremment être prise en compte la séparation intervenue avant ou après la requête initiale en divorce, et celle intervenue après l'ordonnance de non conciliation, dès lors que cette séparation présente un caractère continu pendant les deux années précédant l'assignation.

Cette condition s'avère nécessaire et suffisante. Lorsqu'elle est remplie, le divorce pour altération définitive du lien conjugal doit donc être prononcé, aucun pouvoir d'appréciation n'étant conféré au juge.

3.2. Cas visé par le second alinéa de l'article 238

8 Le divorce peut être également prononcé pour altération définitive du lien conjugal, sans condition de délai, lorsque la demande reconventionnelle est formée sur ce fondement, dès lors que la demande principale en divorce pour faute est rejetée.

Ces dispositions recouvrent une situation très différente de celle visée au premier alinéa de l'article 238, aucune condition tenant à l'existence d'une cessation de la vie commune n'étant ici requise.

Elles visent le cas particulier où la demande principale d'un époux est fondée sur la faute et où son conjoint conclut à son rejet.

Si ce dernier n'a formé aucune demande reconventionnelle en divorce, et que le juge rejette la demande principale pour faute, les époux restent mariés et le juge peut faire application des dispositions de l'article 258 du Code civil, inchangé, pour organiser les modalités de leur vie séparée.

En revanche, si le défendeur souhaite également le divorce, l'alinéa 2 de l'article 238 lui permet de fonder sa demande sur l'altération définitive du lien conjugal, alors même que le délai de deux ans n'est pas acquis.

Le prononcé du divorce est alors automatique dès lors que la demande principale pour faute est rejetée.

Ce dispositif permet ainsi d'éviter l'escalade inutile des griefs et le maintien artificiel du lien conjugal.

4/ Divorce pour faute

9 Les conditions de fond du divorce pour faute sont inchangées, la loi du 26 mai 2004 ayant introduit des modifications purement rédactionnelles à l'article 242 du Code civil.

Toutefois, la volonté du législateur d'inciter les parties à recourir à des procédures moins conflictuelles et l'existence nouvelle de réelles alternatives à ce type de divorce, devraient logiquement conduire à une exigence accrue quant à la gravité des faits susceptibles de justifier le prononcé du divorce sur ce fondement.

Parallèlement, les dispositions des articles 244 et 245, respectivement relatives aux effets de la réconciliation entre les époux ou à l'existence de fautes imputables à l'un ou à l'autre, sont maintenues dans leur intégralité.

La dernière cause péremptoire en divorce, qui résultait de l'article 243 lorsqu'un époux avait été condamné à l'une des peines prévues par l'article 131-1 du Code pénal, est en revanche supprimée.

5/ Modification du fondement de la demande en divorce

10 Dans un souci de pacification de la procédure, la réforme tend à faciliter l'évolution de l'instance vers une forme plus consensuelle et à interdire toute évolution vers une forme plus contentieuse, sauf le cas particulier prévu à l'article 247-2 du Code civil.

Ainsi, d'une part, l'article 1077 du NCPC prévoit que la demande en divorce ne peut être fondée que sur un seul des cas prévus à l'article 229 du Code civil et que toute autre demande formée, à titre subsidiaire, sur un autre cas, est irrecevable.

D'autre part, une nouvelle section du Code civil est consacrée aux modifications du fondement d'une demande en divorce, dont l'objet est d'une part d'étendre les passerelles vers les divorces les moins contentieux en cas d'accord des époux, d'autre part d'autoriser la modification unilatérale du fondement de la demande.

5.1. Modification conjointe du fondement de la demande

5.5.1. Passerelle divorce contentieux ➢ divorce par consentement mutuel (art. 247)

11 À tout moment de la procédure, les époux peuvent demander au juge de constater leur accord pour voir leur divorce prononcé par consentement mutuel en lui présentant une convention réglant les conséquences de celui-ci.

La demande aux fins de passerelle peut intervenir tant qu'aucune décision sur le fond n'a été rendue. Elle peut donc être formulée dès après l'ordonnance de non-conciliation et postérieurement à la clôture.

Elle n'est soumise à aucun formalisme particulier.

Le juge procède comme indiqué aux articles 250 alinéa 2 à 250-3 du Code civil, ce qui implique une comparution personnelle des époux.

5.1.2. Passerelle divorce pour altération définitive du lien conjugal ou pour faute ➢ divorce accepté (art. 247-1)

12 Lorsque la procédure a été engagée sur le fondement de l'altération définitive du lien conjugal ou de la faute, les époux peuvent, à tout moment, demander au juge de constater leur accord pour voir prononcer le divorce pour acceptation du principe de la rupture du mariage.

Cette demande doit être formulée de façon expresse et concordante dans les conclusions respectives des époux.

Chaque époux aura préalablement signé une déclaration d'acceptation qui sera annexée aux conclusions de son avocat, conformément aux prescriptions de l'article 1123 alinéa 5 du NCPC, et rappellera qu'elle n'est pas susceptible de rétractation.

5.2. Modification unilatérale du fondement de la demande

13 L'article 247-2 du Code civil prévoit un nouveau cas de passerelle, à l'initiative d'une seule partie. L'époux qui a choisi d'introduire l'instance sur le fondement de l'altération définitive du lien conjugal (art. 237) peut modifier sa demande en la fondant sur la faute (art. 242) si son conjoint a lui-même formé une demande reconventionnelle en divorce pour faute.

L'objectif de ce nouveau mécanisme est d'encourager la volonté de pacification de l'époux demandeur qui choisit d'introduire l'instance pour altération définitive du lien conjugal. Il conserve ainsi la possibilité de revenir à un divorce plus contentieux, au vu de la réaction procédurale de son conjoint.

II – Procédure de divorce

Les modifications introduites en matière processuelle s'articulent autour de trois objectifs principaux :

– simplifier les procédures fondées sur l'accord des époux;

– rendre les procédures plus souples et plus adaptables;

– favoriser la préparation la plus complète et la plus consensuelle possible des conséquences de la séparation.

La procédure diffère selon qu'il s'agit d'un divorce par consentement mutuel ou d'une procédure fondée sur un autre cas.

1/ Procédure applicable au divorce par consentement mutuel

Les nouvelles dispositions applicables en la matière sont regroupées aux articles 250 à 250-3 du Code civil et 1088 à 1105 du NCPC.

1.1. Forme et contenu de la demande

1.1.1. Requête

14 La demande est formée par une requête unique des époux (NCPC, art. 1089). La suppression de la notion de « requête conjointe » est donc purement rédactionnelle, pour souligner la disparition de la procédure de divorce intitulée ainsi.

La demande est présentée par les avocats respectifs des parties ou leur avocat choisi d'un commun accord, l'article 250 du Code civil reprenant à cet égard les dispositions de l'ancien article 230 du même code.

La requête ne doit pas indiquer les faits à l'origine de la demande.

Elle doit en revanche, à peine d'irrecevabilité, contenir les différentes indications et mentions visées à l'article 1090 du NCPC, dont la liste demeure inchangée (état civil des époux et des enfants, date et lieu du mariage, affiliation aux organismes sociaux, indication du nom du ou des avocats...). Elle doit, sous la même sanction, être datée et signée par chacun des époux et leur avocat.

1.1.2. Documents annexés

15 Les documents qui doivent être annexés à la requête sont modifiés compte tenu de la suppression de la seconde audience.

Ainsi, la convention temporaire et le projet de convention définitive disparaissent au profit d'une convention unique portant règlement complet des effets du divorce incluant, notamment, un état liquidatif du régime matrimonial ou la déclaration qu'il n'y a pas lieu à liquidation.

Cette convention complète doit être déposée dès la requête.

Conformément à l'article 265-2 du Code civil, applicable à tous les cas de divorce, et à l'article 1091 du NCPC relatif au divorce par consentement mutuel, l'état liquidatif doit être passé en la forme authentique devant notaire lorsque la liquidation porte sur des biens soumis à publicité foncière.

Chaque document doit être daté et signé par chacun des époux et leur avocat.

Toutes ces dispositions sont édictées à peine d'irrecevabilité (NCPC, art 1091).

L'irrecevabilité porte tant sur l'absence d'un document que sur le non-respect des dispositions de forme prévues.

1.2. Déroulement de l'audience

16 Les règles relatives à la convocation des parties à l'audience (NCPC, art. 1092) et à leur audition (C. civ., art. 250 al. 2) sont inchangées.

Les parties sont convoquées par le greffe par lettre simple, expédiée quinze jours au moins avant la date d'audience.

Le rôle du juge demeure identique à celui que lui conférait la loi du 11 juillet 1975.

Le jour fixé, il examine la demande avec chacun des époux, puis les réunit. Il appelle ensuite le ou les avocats.

Après avoir vérifié la recevabilité de la requête (NCPC, art. 1099), il doit s'assurer que la volonté des époux est réelle et que leur consentement est libre et éclairé (C. civ., art. 232 al. 1).

Au cours de l'audience, il peut faire supprimer ou modifier les clauses de la convention qui lui paraissent contraires à l'intérêt des enfants ou de l'un des époux (art. 1099 al. 2). Toutefois, il ne peut le faire qu'avec l'accord des parties, recueilli en présence de leur avocat.

Dans l'hypothèse d'une modification de la teneur de la convention au cours de l'audience, une attention toute particulière doit être appelée sur la concordance des termes entre la convention ainsi modifiée et l'acte liquidatif éventuellement joint.

S'il s'agit d'un acte notarié, le prononcé du divorce ne peut intervenir qu'après la mise en conformité de cet acte par le notaire, ce qui implique que le juge ne peut homologuer la convention sans avoir laissé un délai aux parties pour le faire modifier.

Lorsque les conditions prévues à l'article 232 du Code civil sont réunies, le juge homologue la convention réglant les conséquences du divorce. Le prononcé du divorce s'effectue dans la même décision.

1.3. Refus d'homologuer

1.3.1. Motifs de refus

17 L'article 232 du Code civil prévoit que le juge peut refuser d'homologuer la convention et ne pas prononcer le divorce s'il constate que les intérêts des enfants ou de l'un des époux sont insuffisamment préservés.

Les conditions qui fondent l'intervention du juge dans cette mission de protection des intérêts des enfants ou des époux demeurent inchangées.

1.3.2. Ordonnance d'ajournement

18 Si le juge refuse d'homologuer la convention, il rend sur-le-champ une ordonnance et ajourne sa décision sur le prononcé du divorce jusqu'à présentation d'une nouvelle convention (NCPC, art. 1100).

Il informe les époux à l'audience que celle-ci devra être présentée avant l'expiration d'un délai de six mois.

L'ordonnance porte mention à la fois de ce délai et de l'information qui a été donnée oralement. Elle précise, en outre, les conditions ou les garanties auxquelles seront subordonnés l'homologation de la nouvelle convention et, en conséquence, le prononcé du divorce.

1.3.3. Mesures provisoires

19 L'ordonnance d'ajournement comprend, le cas échéant, les mesures provisoires homologuées par le juge (NCPC, art. 1100).

L'objectif est de permettre, dans ce cas particulier, l'organisation judiciaire de la séparation des époux, en garantissant leurs droits respectifs ainsi que la protection de l'intérêt des enfants.

L'article 250-2 du Code civil précise les modalités d'une telle homologation.

Peuvent ainsi être homologuées les mesures provisoires que le juge peut prendre lors de l'audience de conciliation prévue pour les autres cas de divorce. Sont donc concernées, au sens de l'article 254 du même code, toutes les mesures nécessaires pour organiser l'existence des époux et celle des enfants jusqu'à la date à laquelle le jugement passe en force de chose jugée.

Toutefois, les pouvoirs du juge en matière de consentement mutuel ne peuvent être identiques à ceux qui lui sont conférés dans les autres cas de divorce. En conséquence, sont exclusivement concernées les mesures que les parties s'accordent à prendre.

La forme de l'homologation étant libre, le juge peut faire mention des mesures provisoires homologuées directement dans l'ordonnance d'ajournement. Il peut également homologuer les mesures prises par les parties dans un document annexé à l'ordonnance.

À défaut d'accord entre les parties ou si le juge estime que les mesures proposées ne sont pas conformes à l'intérêt du ou des enfants, la décision d'ajournement sera cependant prise sans homologation de mesures provisoires, celle-ci n'étant aucunement imposée par les textes.

Lorsque le juge refuse d'homologuer les mesures provisoires, il doit motiver sa décision.

1.3.4. Procédure postérieure à la décision d'ajournement

20 Les époux disposent d'un délai de six mois à compter du prononcé de la décision d'ajournement pour déposer une nouvelle convention (C. civ., art. 250-2). Ce délai est suspendu en cas d'appel (NCPC, art. 1101).

Deux cas de figure sont à distinguer.

– Aucune convention n'est déposée dans le délai imparti. Le juge constate alors d'office par ordonnance la caducité de la demande en divorce (NCPC, art. 1101 al. 2).

– Les parties déposent une nouvelle convention dans le délai légal. Elles sont alors convoquées par lettre simple expédiée quinze jours au moins avant la date fixée pour leur audition.

À l'audience, soit le juge accepte cette nouvelle convention, l'homologue, et prononce le divorce, soit il refuse une nouvelle fois de l'homologuer. Dans ce cas, il rend une ordonnance constatant la caducité de la demande en divorce (art. 1101 al. 3 du même code). Il n'est donc pas possible d'ordonner un second ajournement.

1.4. Voies de recours

21 L'ordonnance qui refuse l'homologation de la convention et entérine le cas échéant des mesures provisoires est susceptible d'appel dans les quinze jours, le délai commençant à courir à compter de la date de la décision (NCPC, art. 1102).

Le jugement de divorce reste susceptible de pourvoi en cassation dans les quinze jours de son prononcé (NCPC, art. 1103).

Toutefois, le nouvel article 1087 alinéa 2 du NCPC prévoit que l'effet suspensif qui s'attache au pourvoi en cassation et à son délai ne s'applique pas aux dispositions de la convention homologuée qui concernent les pensions (hypothèse d'une séparation de corps), la contribution à l'entretien et l'éducation du ou des enfants et l'exercice de l'autorité parentale.

Ces règles, actuellement applicables à l'effet suspensif du pourvoi en cas de divorce contentieux, sont ainsi étendues au divorce par consentement mutuel.

En effet, la nouvelle procédure supprime les mesures provisoires auxquelles le juge donnait force exécutoire dans le cadre de l'ordonnance rendue à l'issue de la première audition. Il est donc apparu indispensable, pendant le délai du pourvoi en cassation et son éventuel exercice, de prévoir le maintien de mesures permettant d'organiser la vie des époux ainsi que celle des enfants.

1.5. Délivrance de la copie exécutoire du jugement

22 Jusqu'au 1er janvier 2005, l'article 862 ancien du CGI conditionne la délivrance de la copie exécutoire du jugement de divorce rendu sur requête conjointe à l'acquittement préalable des droits d'enregistrement.

Cette exigence, limitée au divorce gracieux, peut avoir pour conséquence de priver d'effet le prononcé du divorce sur le seul motif du défaut de paiement des droits fiscaux.

La loi du 26 mai 2004 a modifié les dispositions du CGI et supprimé cette condition.

Le régime applicable en la matière est désormais unifié, quel que soit le cas de divorce : **la délivrance des copies exécutoires des jugements de divorce par consentement mutuel est donc possible même si les formalités d'enregistrement n'ont pas été exécutées.**

2/ Procédure applicable aux autres cas de divorce

La loi du 26 mai 2004 accentue la distinction entre les deux phases de la procédure :

– la phase de conciliation, désormais marquée par un tronc commun procédural;

– l'instance proprement dite, qui commence par l'assignation ou la requête conjointe, qui contient, pour la première fois, le choix du fondement juridique de la demande en divorce.

2.1. Dispositions générales

2.1.1. Requête initiale

23 La procédure débute par l'acte unilatéral d'un époux : la requête initiale, présentée par avocat. Celle-ci est désormais indifférenciée et ne doit plus indiquer les motifs du divorce. Elle doit cependant contenir les demandes formées au titre des mesures provisoires ainsi qu'un exposé sommaire de leurs motifs.

Comme auparavant, il est toujours possible de solliciter dès le dépôt de la requête des mesures urgentes.

2.1.1.1. Absence d'indication des motifs du divorce (C. civ., art. 251)

La portée de cette nouvelle interdiction est développée dans l'article 1106 du NCPC, qui dispose que « la requête n'indique ni le fondement juridique de la demande en divorce ni les faits à l'origine de celle-ci ».

Si, au mépris de cette interdiction, une telle indication devait encore figurer dans la requête initiale, elle n'aurait aucun effet, le requérant demeurant totalement libre, lors de l'acte introductif d'instance, de choisir le cas de divorce sur lequel il entend fonder son action.

Il convient cependant de relever que l'interdiction d'énoncer dans la requête les motifs du divorce n'empêche nullement les époux, dans cet acte ou à l'audience, de porter à la connaissance du juge tous les éléments de droit et de fait susceptibles d'étayer leur demande au titre des mesures provisoires.

2.1.1.2. Mention des demandes formées au titre des mesures provisoires et d'un exposé sommaire de leurs motifs (NCPC, art. 1106).

Cette nouvelle règle tend à généraliser une pratique plus respectueuse du principe du contradictoire et de la nécessaire transparence du débat judiciaire. Elle permet à chacune des parties de connaître avant l'audience les demandes de l'autre et de pouvoir par conséquent s'y préparer.

Compte tenu du principe d'oralité des débats, elle n'a cependant pas pour effet d'interdire toute demande nouvelle lors de l'audience de conciliation, en cas de comparution des deux époux.

En revanche, en l'absence de l'une ou l'autre des parties, la présentation d'une demande nouvelle à l'audience sera impossible, sauf à ce que cette demande lui ait été préalablement notifiée.

2.1.1.3. Mesures urgentes

24 Le dispositif relatif aux mesures urgentes prévu par l'article 257 du Code civil n'a pas été modifié. Il est donc toujours possible à l'époux demandeur de solliciter, dès le dépôt de la requête, l'autorisation de résider séparément, le cas échéant avec les enfants mineurs, ou l'organisation de mesures de sauvegardes du régime matrimonial prévues à l'article 220-1 du même code.

On ne peut toutefois pas exclure que l'introduction, au 3e alinéa de l'article 220-1 précité, d'une nouvelle procédure contradictoire en cas de violences conjugales induise une prudence accrue du juge dans l'examen des demandes formées en application des deux premiers alinéas de cet article, lorsque la demande est formée sur requête, sans contradictoire préalable.

2.1.2. Convocation des époux

25 Les dispositions relatives aux modalités de convocation (NCPC, art. 1108) sont complétées sur deux points :

– la convocation doit informer l'époux non requérant qu'il doit se présenter en personne, seul ou assisté d'un avocat, et préciser que l'assistance d'un avocat est obligatoire pour accepter, lors de l'audience de conciliation, le principe de la rupture du mariage (nouveau C. civ., art. 253);

– la notice jointe à la convocation contient davantage d'informations puisqu'elle doit désormais exposer les dispositions des articles 252 à 254, ainsi que des 1° et 2° de l'article 255 du Code civil, relatifs à la médiation familiale (NCPC, art. 1108).

2.1.3. Tentative de conciliation

L'importance de l'audience de conciliation est renforcée par la réforme du 26 mai 2004, du fait de l'instauration du tronc commun procédural.

Au-delà des mesures provisoires susceptibles d'être prises pour organiser la vie séparée de la famille, cette audience doit être l'occasion d'un débat sur le principe même de la rupture et peut s'avérer déterminante sur l'orientation de la procédure de divorce.

Elle doit enfin favoriser la mise en place d'un accompagnement adapté des époux, les incitant à la préparation responsable des conséquences de leur séparation, notamment au travers de la médiation familiale ou des mesures relatives à la liquidation anticipée de leur régime matrimonial.

– Les règles relatives au déroulement de l'audience demeurent sensiblement identiques.

26 Le juge doit s'entretenir personnellement avec chacun des époux avant de les réunir en sa présence.

Si le défendeur ne comparait pas ou s'il se trouve hors d'état de manifester sa volonté, le juge doit alors s'entretenir avec l'autre conjoint et l'inviter à la réflexion.

Après s'être entretenu avec le ou les époux, le juge appelle le ou les avocats à participer à l'entretien.

– Le rôle du juge se voit cependant renforcé.

27 Ainsi, il doit entendre chacun des époux sur le principe de la rupture (NCPC, art. 1111).

S'il constate que le demandeur maintient sa demande, il peut, soit renvoyer les parties à une nouvelle tentative de conciliation, soit les autoriser immédiatement à introduire l'instance.

S'il y a lieu, le juge recueille l'acceptation des époux en vue d'un divorce sur le fondement de l'article 233 du Code civil. Dans ce cas, l'acceptation doit être formalisée par procès-verbal, signé par chacun des époux et leurs avocats respectifs (v. *infra* II 2.2.1.1. pour les conditions de cette acceptation).

La signature du procès-verbal d'acceptation a pour effet de lier la cause du divorce, les époux ne pouvant par la suite introduire l'instance que sur le fondement de l'article 233 précité.

Si l'époux qui n'a pas déposé la requête entend faire valoir son acceptation mais se présente seul à l'audience de conciliation, le juge peut, le cas échéant, ordonner le renvoi de l'affaire pour lui permettre de se faire assister par un avocat. Il peut aussi informer les époux de la possibilité de formaliser l'acceptation après l'ordonnance de non conciliation et d'introduire l'instance par requête conjointe (v. *infra* II 2.2.1.2).

La possibilité offerte au juge de renouveler la tentative de conciliation à tout moment de l'instance ou de suspendre la procédure pour renouveler cette tentative dans un délai maximum de six mois est maintenue (C. civ., art. 252 et 252-2).

2.1.4. Mesures provisoires

28 *2.1.4.1. Cas de l'époux placé sous un régime de protection*

Le cas de l'époux placé sous sauvegarde de justice n'était pas abordé jusqu'à présent au stade de l'ordonnance de non conciliation, les textes se bornant à préciser qu'aucune demande en divorce ne pouvait être examinée par le juge avant l'organisation d'une mesure de tutelle ou de curatelle.

Désormais, l'article 249-3 du Code civil précise que le juge peut prendre des mesures provisoires ainsi que des mesures urgentes lorsqu'un époux se trouve placé sous la sauvegarde de justice, sans attendre l'organisation de la tutelle ou de la curatelle.

2.1.4.2. Contenu des mesures provisoires

La loi a complété la liste des mesures provisoires de l'article 255 du Code civil.

Désormais, le juge peut notamment :

29 *1° « Proposer aux époux une mesure de médiation et, après avoir recueilli leur accord, désigner un médiateur familial pour y procéder »*

2° « Enjoindre aux époux de rencontrer un médiateur familial qui les informera sur l'objet et le déroulement de la médiation »

Le dispositif relatif à la médiation, institué par la loi n° 305-2002 du 4 mars 2002 relative à l'autorité parentale, est inséré en des termes identiques en tête des mesures pouvant être ordonnées par le juge, afin de souligner son importance.

30 *3° « Statuer sur les modalités de la résidence séparée des époux »*

Le juge n'autorise plus les époux à résider séparément. Il organise leur vie séparée. Il s'agit ainsi de tenir compte du fait que cette séparation est souvent, en pratique, déjà réalisée lorsqu'ils se présentent à l'audience de conciliation.

31 *4° « Attribuer à l'un d'eux la jouissance du logement et du mobilier du ménage ou partager entre eux cette jouissance, en précisant son caractère gratuit ou non, et le cas échéant, en constatant l'accord des époux sur le montant d'une indemnité d'occupation »*

La réforme impose désormais au juge de préciser le caractère gratuit ou non de l'attribution de la jouissance du logement et du mobilier du ménage, ainsi que de constater le montant de l'indemnité d'occupation si les époux s'accordent à ce sujet. Ces précisions sont indispensables pour prévenir tout litige ultérieur dans le cadre des opérations de liquidation du régime matrimonial.

5° « Ordonner la remise des vêtements et objets personnels »

Cette disposition ne connaît pas de modification.

32 *6° « Fixer la pension alimentaire et la provision pour frais d'instance que l'un des époux devra verser à son conjoint, désigner celui ou ceux des époux qui devront assurer le règlement de tout ou partie des dettes »*

Le juge peut désormais désigner celui ou ceux des époux qui devront assurer le règlement provisoire de tout ou partie des dettes. Dans cette hypothèse, il est recommandé de préciser si ce règlement est effectué au titre du devoir de secours ou si celui-ci donnera lieu à récompense dans le cadre des opérations de liquidation de la communauté ou à créance dans le cas d'un régime séparatiste.

33 *7° « Accorder à l'un des époux des provisions à valoir sur ses droits dans la liquidation du régime matrimonial si la situation le rend nécessaire »*

La disposition selon laquelle le juge peut accorder à l'un des conjoints des provisions sur ses droits dans la liquidation du régime matrimonial si la situation le rend nécessaire est étendue de telle sorte qu'elle concerne désormais l'ensemble des régimes matrimoniaux, et non seulement les régimes communautaires.

34 *8° « Statuer sur l'attribution de la jouissance ou de la gestion de biens communs ou indivis autres que ceux visés au 4°, sous réserve des droits de chacun des époux dans la liquidation du régime matrimonial »*

La jouissance ou la gestion des biens autres que le domicile conjugal et le mobilier du ménage peut être attribuée à l'un des époux. Cette disposition concerne notamment le cas de la résidence secondaire ou la gestion de biens mobiliers. Cependant, seuls peuvent faire l'objet de cette mesure les biens communs ou indivis et non les biens propres.

35 *9° « Désigner tout professionnel qualifié en vue de dresser un inventaire estimatif ou de faire des propositions quant au règlement des intérêts pécuniaires des époux »*

10° « Désigner un notaire en vue d'élaborer un projet de liquidation du régime matrimonial et de formation des lots à partager »

Les anciennes dispositions de l'article 1116 du NCPC, désormais abrogées, sont reprises dans le Code civil avec quelques modifications afin que ces mesures, essentielles pour la préparation de la liquidation des intérêts patrimoniaux des époux, puissent être ordonnées le plus en amont possible des procédures de divorce et avant même la délivrance de l'assignation.

Le 9° autorise la désignation de tout professionnel qualifié en vue de dresser un inventaire estimatif ou de faire des propositions quant au règlement des intérêts pécuniaires des époux.

Le 10° permet de désigner un notaire en vue d'élaborer un projet de liquidation du régime matrimonial et de formation de lots à partager. Sa mission se voit donc étendue par rapport à celle que prévoyait l'article 1116 ancien.

Il convient de relever qu'une telle mesure présente un intérêt particulier lorsque la liquidation porte sur un bien soumis à la publicité foncière, l'intervention du notaire étant alors obligatoire.

En l'absence d'un tel bien, la loi a simplifié le formalisme de la liquidation du régime matrimonial qui peut faire désormais l'objet, pendant l'instance en divorce, d'une convention non notariée, préparée par les parties et leurs conseils, et soumise à l'homologation du juge.

35 *bis* Les mesures relatives aux enfants font quant à elles l'objet, comme actuellement, d'un renvoi aux dispositions générales du chapitre premier du titre IX relatif à l'autorité parentale (C. civ., art. 256 dans sa rédaction issue de la loi du 4 mars 2002).

2.1.4.3. Régime des mesures provisoires

36 Les dispositions relatives à la durée de validité des mesures provisoires sont profondément modifiées (NCPC, art. 1113).

Le délai de validité de ces mesures passe de six à trente mois afin de permettre, le cas échéant, à l'époux demandeur, une fois l'ordonnance de non conciliation rendue, d'attendre l'expiration du délai prévu pour satisfaire aux conditions du divorce pour altération définitive du lien conjugal (deux années de séparation).

Passé le délai de trente mois, toutes les dispositions de l'ordonnance sont caduques, y compris l'autorisation d'introduire l'instance.

Les mesures provisoires sont également caduques en cas de réconciliation des époux.

La jurisprudence avait pu considérer, sous l'empire de la législation antérieure, que l'autorisation d'assigner était soumise à la règle de péremption biennale. La nouvelle rédaction écarte dorénavant une telle interprétation. En effet la péremption n'affecte que les actes diligentés en cours d'instance. Or il ne fait désormais aucun doute que, du strict point de vue procédural, l'instance ne commence qu'à l'assignation et non à la requête en divorce.

2.1.4.4. Appel des mesures provisoires

37 Les règles applicables à l'appel des mesures provisoires sont inchangées, l'ordonnance de non-conciliation restant susceptible d'appel dans les quinze jours de sa notification (NCPC, art. 1112).

2.1.4.5. Modification des mesures provisoires

38 Les conditions de modification des mesures provisoires sont inchangées.

Après l'ordonnance de non-conciliation, le juge aux affaires familiales peut, jusqu'au dessaisissement de la juridiction, supprimer, modifier ou compléter les mesures provisoires qu'il a prescrites, en cas de survenance d'un fait nouveau (art. 1118 al. 1).

En cas d'appel, cette compétence est dévolue, selon le cas, au Premier Président de la cour d'appel ou au conseiller de la mise en état.

39 Cependant, la procédure applicable en cas de demande formée après l'ordonnance de non conciliation et avant l'assignation en divorce est modifiée.

Une disposition nouvelle est en effet introduite à l'alinéa 2 de l'article 1118 qui prévoit qu'avant l'instance, une telle demande est formée, instruite et jugée selon les modalités de droit commun applicables aux procédures autres que le divorce et relevant du juge aux affaires familiales. Le juge devra par conséquent être saisi en la forme des référés ou par requête.

2.1.5. Instance

2.1.5.1. Introduction de l'instance

a) Délais

40 La réforme a conservé la règle selon laquelle, pendant les trois mois suivant le prononcé de l'ordonnance de non conciliation, seul l'époux qui a présenté la requête initiale peut assigner (NCPC, art. 1113, issu de l'ancien article 1111 du même code).

À l'expiration de ce délai, cette faculté est ouverte à l'époux le plus diligent. En effet, l'autorisation d'introduire l'instance accordée par le juge dans l'ordonnance de non conciliation vise désormais les deux époux et non plus seulement celui des deux qui a déposé la requête initiale (art. 1111 nouveau).

Il convient toutefois d'observer que le premier alinéa de l'article 1113 ne vise que « l'assignation » en divorce formée par un époux et non « l'introduction de l'instance ». Ainsi, le privilège reconnu au requérant pour assigner dans les trois mois de l'ordonnance de non conciliation ne s'applique pas à la requête conjointe, laquelle peut être présentée par les époux immédiatement après l'ordonnance de non conciliation.

b) Forme

41 L'introduction de l'instance peut, conformément aux dispositions prévues en matière contentieuse devant le tribunal de grande instance, s'effectuer par assignation ou par requête conjointe.

Cette dernière présente un intérêt particulier en matière de divorce accepté. Le recours à la requête conjointe est même obligatoire lorsque les époux s'accordent après l'ordonnance de non conciliation sur le prononcé d'un divorce sans considération des faits à l'origine de la rupture (v. *infra* II 2.2.1.2).

c) Choix du cas

42 Le demandeur peut introduire l'instance pour acceptation du principe de la rupture du mariage, pour altération définitive du lien conjugal ou pour faute (C. civ., art. 257-1). Son choix doit porter sur l'un seul de ces cas, sans possibilité de demande subsidiaire. Une telle demande, si elle était toutefois formulée dans l'assignation, ne saisirait pas le juge (NCPC, art 1077).

Il n'existe qu'une seule exception à cette liberté de choisir le cas de divorce. Si, lors de l'audience de conciliation, les époux ont déclaré accepter le principe de la rupture du mariage et le prononcé du divorce sur le fondement de l'article 233 du Code civil, l'instance ne peut être introduite que sur ce fondement.

d) Proposition de règlement des intérêts pécuniaires et patrimoniaux des époux

43 La demande introductive d'instance doit désormais comporter, à peine d'irrecevabilité, une proposition de règlement des intérêts pécuniaires et patrimoniaux des époux.

L'objectif recherché est, sans retarder à l'excès l'engagement de la procédure, de permettre au juge d'appréhender, dès ce stade, la réalité de la situation patrimoniale des époux.

L'article 1115 du NCPC précise la nature de cette proposition en indiquant qu'elle contient un descriptif sommaire du patrimoine des époux et les intentions du demandeur quant à la liquidation de la communauté ou de l'indivision, et, le cas échéant, quant à la répartition des biens.

La description du patrimoine doit comporter les éléments aussi bien actifs que passifs qui le composent. Elle doit viser les biens communs et indivis des époux mais également les biens propres du demandeur. S'agissant de la description du patrimoine propre du défendeur, cette exigence doit s'apprécier en fonction des difficultés pratiques, voire des obstacles, que le demandeur peut rencontrer.

Le caractère sommaire du descriptif ne doit pas dispenser le demandeur d'une obligation de sincérité, en particulier pour les biens dont il a la connaissance particulière à raison de l'usage qu'il en fait. Cette obligation de sincérité résulte directement du principe de loyauté procédurale.

Afin que les « intentions » du demandeur ne puissent s'analyser comme des demandes au sens processuel du terme, l'article 1115 alinéa 2 précise que cette proposition ne constitue pas une prétention au sens de l'article 4 du NCPC. Le juge n'a donc pas à statuer ni sur les « intentions du demandeur quant à la liquidation », ni sur les moyens que la partie adverse aurait pu exposer pour les contredire.

Par ailleurs, pour éviter toute manœuvre dilatoire, l'exception d'irrecevabilité doit être invoquée avant toute défense au fond. Dans la mesure où elle ne constitue pas une exception d'ordre public, elle ne peut être soulevée d'office par le juge.

2.1.5.2. Demande reconventionnelle

a) Fondement

44 La demande reconventionnelle peut, à l'instar de la demande principale, être fondée sur l'un quelconque des cas de divorce prévu par l'article 257-1 du Code civil (divorce pour altération définitive du lien conjugal, pour faute ou divorce accepté).

Toutefois, lorsque l'acceptation des époux sur le principe de la rupture sans considération des faits à son origine a été constatée lors de l'audience de conciliation dans les formes requises par l'article 1123 du NCPC, le divorce est automatiquement prononcé sur le fondement de l'article 233 du Code civil.

Le principe énoncé à l'article 1077 du NCPC aux termes duquel la demande ne peut être fondée que sur un cas de divorce et toute demande formée à titre subsidiaire sur un autre cas étant irrecevable, est applicable à la demande reconventionnelle.

b) Ordre d'examen des demandes

45 L'article 246 alinéa 1 du Code civil contient une disposition essentielle s'agissant de l'ordre d'examen, par le juge, des demandes en divorce respectivement formées par les parties.

Aux termes de celui-ci, le juge n'examine plus systématiquement en premier lieu la demande principale en divorce. En effet, lorsqu'une demande pour altération définitive du lien conjugal et une demande pour faute sont concurremment présentées, la demande pour faute est d'abord examinée, même si celle-ci est présentée à titre reconventionnel.

Si la demande pour faute est accueillie, le divorce est prononcé aux torts exclusifs du conjoint sans que le juge n'ait à examiner la demande fondée sur l'article 237 du Code civil.

Si elle est rejetée, le juge examine alors si les conditions de l'article 238 sont réunies.

Si la demande au titre de l'altération définitive du lien conjugal a été formée à titre principal, il doit s'assurer de la durée de la séparation des époux (art. 238 al. 1).

Si elle a été formée à titre reconventionnel, le divorce est de droit prononcé pour altération définitive du lien conjugal, quelle que soit la durée de séparation (art. 238 al. 2).

2.1.5.3. Preuves et obligation d'information

a) Preuves

Principe : liberté de la preuve

46 La réforme a conservé l'article 259 du Code civil, qui prévoit que les faits invoqués en tant que cause de divorce ou comme défense à une demande peuvent être établis par tous moyens de preuve, y compris l'aveu.

L'interdiction faite aux descendants d'être entendus sur les griefs invoqués par les époux est maintenue. Elle figure désormais au second alinéa de l'article 259.

Exceptions

La loi nouvelle prévoit, à l'article 259-1, que tout élément de preuve qui aurait été obtenu par fraude ou violence par un époux est écarté des débats. Il convient de rappeler que la loi ancienne limitait la portée de cette interdiction aux seules lettres échangées entre une partie et un tiers. Sont ainsi visés, tous les éléments de preuve (comme les photographies) ainsi que tous les moyens de communication.

En revanche, l'article 259-2 qui permet d'écarter des débats les constats en cas de violation de domicile ou d'atteinte à l'intimité de la vie privée est maintenu tel quel.

b) Obligation de communication

47 L'obligation pour les époux de communiquer au juge et aux experts tous les renseignements utiles à la fixation des pensions et prestations ainsi qu'à la liquidation du régime matrimonial est étendue au professionnel qualifié ou au notaire désigné par le juge sur le fondement des 9° et 10° de l'article 255.

48 *2.1.5.4. Cas de l'époux placé sous sauvegarde de justice*
Comme sous l'empire de la loi du 11 juillet 1975, la demande en divorce ne peut être examinée, lorsque l'un des époux se trouve placé sous la sauvegarde de justice, qu'après organisation de la tutelle ou de la curatelle.

2.2. Dispositions particulières selon les cas de divorce

2.2.1. Divorce accepté

L'article 1123 du NCPC précise les formes que doit prendre l'acceptation du principe de la rupture du mariage par les époux sans considération des faits à l'origine de celle-ci.

Trois cas doivent être distingués.

2.2.1.1. Acceptation des époux formalisée lors de l'audience de conciliation

49 L'assistance de chacun des époux par un avocat est obligatoire.

Le juge doit vérifier que chacun des époux a donné librement son accord.

Si tel est le cas, cette acceptation est constatée immédiatement par un procès-verbal dressé par le juge et signé par les époux ainsi que leurs avocats respectifs. Il est annexé à l'ordonnance.

Le procès-verbal doit, à peine de nullité, rappeler les mentions du second alinéa de l'article 233 du Code civil, à savoir le caractère non rétractable de l'acceptation, même par la voie de l'appel.

À l'instar des dispositions qui s'appliquaient en matière de divorce demandé et accepté (ancien NCPC, art. 1135), le divorce n'est pas prononcé immédiatement, mais sa cause demeure acquise.

2.2.1.2. Acceptation des époux formalisée entre l'audience de conciliation et l'introduction de l'instance

50 L'accord de chaque époux doit être recueilli dans un écrit signé de sa main par lequel il déclare accepter le principe de la rupture du mariage sans considération des faits à l'origine de celle-ci.

Comme pour le procès-verbal d'acceptation, chaque déclaration doit rappeler les mentions du second alinéa de l'article 233 du Code civil.

Pour valoir acceptation au sens de l'article 233, ces déclarations doivent être annexées à la requête conjointe introductive d'instance.

Il y a lieu de rappeler que dans cette hypothèse, seul ce mode de saisine du tribunal est autorisé, la combinaison des articles 1114 et 1123 du NCPC excluant expressément l'assignation.

2.2.1.3. Acceptation des époux formalisée après l'introduction de l'instance

51 Il s'agit alors de la mise en œuvre de la « passerelle » prévue par l'article 247-1 du Code civil.

La demande doit être formulée de façon expresse et concordante dans les conclusions des parties. Chaque époux doit annexer à ses conclusions sa déclaration d'acceptation.

Ces déclarations doivent également rappeler les mentions du second alinéa de l'article 233 du Code civil.

2.2.2. Divorce pour altération définitive du lien conjugal

52 La réforme a supprimé l'obligation, pour le demandeur, de préciser dans sa requête les moyens par lesquels il exécutera ses obligations.

Lorsque la demande est fondée sur le premier alinéa de l'article 238 (séparation de deux ans à la date de l'assignation), l'article 1126 du NCPC précise que le juge ne peut relever d'office le moyen tiré du défaut d'expiration de ce délai, sauf lorsque le défendeur ne comparaît pas.

Cette disposition permet d'éviter les éventuelles manœuvres dilatoires d'un époux qui assignerait son conjoint sciemment avant l'expiration du délai, aux seules fins d'obtenir une décision de rejet.

53 En ce qui concerne les dépens de l'instance, l'article 1127 du NCPC prévoit toujours que ceux-ci sont en principe à la charge du demandeur. Le juge peut toutefois en disposer autrement, ce qui n'était pas possible dans le cadre du divorce pour rupture de la vie commune.

2.2.3. Divorce pour faute

54 Les règles applicables à ce divorce ne sont pas modifiées.

Le divorce peut être prononcé aux torts exclusifs ou partagés. L'article 248-1 du Code civil, qui permet au juge, à la demande conjointe des époux, de se borner à constater dans les motifs du jugement qu'il existe des faits constituant une cause de divorce sans énoncer les torts des parties est maintenu et déplacé à l'article 245-1.

De même, l'article 245 alinéa 3, qui permet au juge, même en l'absence de demande reconventionnelle, de prononcer le divorce aux torts partagés si les débats font apparaître des torts à la charge de l'un et de l'autre, est maintenu.

Enfin, lorsque les griefs allégués sont insuffisants pour justifier le prononcé du divorce pour faute, le juge dispose toujours de la faculté, après avoir rejeté la demande en divorce, d'organiser la vie de la famille conformément aux dispositions de l'article 258.

3/ Voies de recours

55 Les règles actuellement applicables aux voies de recours à l'encontre des divorces contentieux demeurent inchangées. Le délai d'appel est donc d'un mois à compter de la signification du jugement de divorce. L'appel est formé par déclaration unilatérale ou par requête conjointe au greffe de la cour d'appel. Il convient de rappeler que le décret n° 2004-836 du 20 août 2004 portant modification de la procédure civile supprime le délai de deux mois entre la déclaration d'appel et l'inscription au rôle de la cour d'appel.

III – Conséquences du divorce

1/ Date des effets du divorce

1.1. Abrogation du délai de viduité

56 Le délai de viduité, qui interdisait en principe à la femme, aux termes de l'ancien article 228 du Code civil, de se remarier moins de 300 jours après la dissolution de la précédente union, est abrogé, ainsi que, par voie de conséquence, les articles 261 à 261-2 et 309 du même code.

L'ex-épouse peut donc désormais se remarier dès que le jugement de divorce a acquis force de chose jugée.

1.2. Date et report des effets du divorce (262-1)

57 Les règles relatives à la date des effets du divorce dans les rapports entre époux, en ce qui concerne leurs biens, sont modifiées.

En cas de divorce par consentement mutuel, le jugement prend effet à la date de l'homologation de la convention réglant les conséquences du divorce, à défaut de clause particulière.

Dans les autres cas, ses effets sont fixés, non plus à la date de l'assignation, mais à celle de l'ordonnance de non conciliation.

L'un des époux peut toutefois demander au juge de fixer les effets du jugement à la date à laquelle les époux ont cessé de cohabiter et de collaborer. Cette demande est désormais indépendante de la répartition des torts. Le juge apprécie l'opportunité d'y faire droit au regard de chaque situation.

Enfin, afin d'éviter les contestations ultérieures et de clarifier, dès le prononcé du divorce, l'état des droits de chaque époux, l'article 262-2 apporte deux nouvelles précisions :

– d'une part, la demande de report des effets du jugement dans les rapports entre époux, en ce qui concerne leurs biens, ne peut être formée que dans le cadre de la procédure de divorce ;

– d'autre part, sauf décision contraire du juge, la jouissance du logement par un époux conserve un caractère gratuit jusqu'à l'ordonnance de non conciliation.

2/ Dispositions communes à tous les cas de divorce

2.1. Nom

58 L'article 264 alinéa 1 pose le principe selon lequel, à la suite du divorce, chaque époux perd l'usage du nom de son conjoint.

Les dérogations ouvertes par l'alinéa 2, qui autorisent la femme à conserver le nom de son époux, sont étendues au mari.

Toutefois, la loi, qui ne distingue pas selon le cas de divorce, ne prévoit plus d'hypothèse où le maintien de l'usage du nom du conjoint est de droit (comme anciennement pour le divorce pour rupture de la vie commune). Désormais, la conservation de cet usage ne peut résulter que de l'accord de l'époux ou d'une autorisation du juge, si le demandeur justifie d'un intérêt particulier pour lui ou pour les enfants.

L'accord ou l'autorisation peut prévoir certaines restrictions, telles notamment la limitation de l'usage du nom à l'activité professionnelle ou la durée de cet usage.

L'absence de disposition sur ce point dans le jugement de divorce peut entraîner des difficultés, en l'absence de jurisprudence établie.

En effet, selon les dispositions de la circulaire du 26 juin 1986 relative à la mise en œuvre de l'article 43 de la loi n° 85-1372 du 23 décembre 1985, l'usage du nom de l'ex-conjoint cesse de plein droit, pour les femmes veuves ou divorcées, en cas de remariage.

Cette interprétation, fondée sur une décision du tribunal de grande instance de Paris du 10 février 1981, selon laquelle l'accord du mari doit être tenu pour caduc par l'effet du remariage de l'épouse, est cependant remise en cause par une décision récente de la cour d'appel de Paris du 4 mars 2004, qui a admis que la femme pouvait conserver l'usage du nom de son premier mari après son remariage, dès lors que la convention définitive de divorce homologuée l'y autorisait et qu'aucune clause ne subordonnait cet usage à l'absence de remariage de l'épouse.

Il est par conséquent souhaitable pour couper court à toute difficulté d'interprétation que la convention ou la décision du juge précise le sort du droit d'usage concédé à un époux en cas de remariage.

2.2. Libéralités et avantages matrimoniaux (C. civ., art. 265)

Le sort des avantages matrimoniaux et des libéralités ne dépend plus du cas de divorce mais de leur nature, conformément aux objectifs de la réforme de ne plus lier les conséquences financières de la séparation au prononcé du divorce.

2.2.1. Donations de biens présents

59 La loi nouvelle modifie en profondeur le régime des donations entre époux, en posant le principe, à l'article 1096 du Code civil, de l'irrévocabilité des donations de biens présents entre époux (art. 1096).

La cause du divorce ainsi que la répartition des torts sont sans incidence sur ces libéralités, qui sont automatiquement et systématiquement maintenues (art. 265, al. 1).

La révocation n'est possible que par application des dispositions de droit commun prévues aux articles 953 à 958 du Code civil (inexécution des conditions sous lesquelles elles ont été faites, ingratitude). Comme sous l'empire de la loi antérieure, ces donations ne sont pas révoquées pour cause de survenance d'enfant (art. 1096, al. 3).

2.2.2. Dispositions à cause de mort

60 Les dispositions à cause de mort (legs, donation au dernier vivant) accordées par un époux, par contrat de mariage ou pendant le mariage, sont révoquées de plein droit par l'effet du divorce, quel que soit sa cause.

Toutefois, l'époux qui les a consenties peut choisir de les maintenir. Pour être valable, sa volonté doit cependant obligatoirement être constatée par le juge lors du prononcé du divorce. Ce constat a pour effet de rendre la libéralité ainsi maintenue irrévocable *(art. 265 al. 2).*

2.2.3. Avantages matrimoniaux

Deux cas sont à distinguer :

61 Les avantages matrimoniaux qui prennent effet au cours du mariage (apport d'un bien propre par un époux à la communauté par exemple) restent irrévocables. Le prononcé du divorce est sans incidence sur ces derniers (art. 265 al. 1).

En revanche, les avantages matrimoniaux qui prennent effet à la dissolution du régime matrimonial ou au décès d'un époux (clause de préciput, clause de partage inégal) sont révoqués de plein droit par l'effet du divorce, quel que soit sa cause (art. 265 al. 2).

L'époux qui a consenti ce type d'avantage peut néanmoins le maintenir, par déclaration expresse constatée par le juge lors du prononcé du divorce. Ce constat interdit toute révocation ultérieure.

2.3. Droits que les époux tiennent de la loi ou des conventions passées avec des tiers (art. 265-1)

62 Le divorce est désormais sans incidence sur les droits que les époux tiennent de la loi (pensions de retraite…) ou de conventions passées avec les tiers (assurance-vie…) et ce, contrairement à l'article 265 ancien, qui prévoyait que le conjoint contre lequel le divorce était prononcé perdait ces droits.

2.4. Conventions pour la liquidation du régime matrimonial (art. 265-2)

63 Deux modifications importantes sont apportées à l'ancien article 1450 du Code civil, devenu l'article 265-2 :

a) Quant au champ d'application des conventions entre époux (al. 1)

Ces conventions sont désormais étendues à tous les régimes matrimoniaux, alors que l'ancienne disposition légale restreignait cette faculté à la liquidation de la communauté.

b) Quant à l'intervention du notaire (al. 2)

La loi ancienne opérait une distinction selon le cas de divorce : un acte notarié était imposé pour les divorces contentieux, quelle que soit la nature des biens à liquider, alors qu'en cas de demande conjointe, l'intervention du notaire n'était obligatoire qu'en présence de biens soumis à publicité foncière.

Désormais et quel que soit le cas de divorce, un acte notarié n'est exigé que si la liquidation porte sur des biens soumis à publicité foncière. Dans les autres cas, elle peut résulter d'une convention établie par les parties et leurs avocats. Celle-ci peut être soumise à l'homologation du juge (art. 268 du Code civil; v. *infra* III.3.3).

3/ Dispositions particulières aux divorces autres que par consentement mutuel

3.1. Dommages et intérêts

64 Au-delà de la responsabilité civile de droit commun, qui peut être engagée sur le fondement de l'article 1382, le dispositif relatif aux dommages et intérêts de l'article 266 est maintenu. Comme auparavant, ceux-ci ne peuvent être demandés qu'à l'occasion de l'action en divorce.

Deux modifications sont toutefois apportées :

– d'une part, l'octroi de dommages et intérêts sur le fondement de l'article 266 n'est plus limité au profit de l'époux dont le conjoint a été condamné aux torts exclusifs. Le prononcé du divorce pour altération définitive du lien conjugal permet également la mise en œuvre de ces dispositions, mais exclusivement au profit de l'époux défendeur, lorsque celui-ci n'a formé aucune demande en divorce;

– d'autre part, quant aux conditions de la réparation : les dommages et intérêts ne peuvent être accordés qu'en réparation des conséquences d'une particulière gravité que le demandeur subit du fait de la dissolution du mariage.

3.2. Dispositions relatives à la liquidation du régime matrimonial (267 à 267-2)

65 Le souci du législateur de faire correspondre, dans toute la mesure du possible, le prononcé du divorce avec la liquidation du régime matrimonial se manifeste aux différentes étapes de la procédure, qu'il s'agisse des mesures provisoires (v. art. 255 9° et 10°) ou de l'obligation pour le demandeur, sous peine d'irrecevabilité, de fournir une proposition de règlement des intérêts pécuniaires et patrimoniaux des époux lors de l'introduction de l'instance (v. art. 257-2).

Lors du prononcé du divorce, le règlement consensuel de ses effets est privilégié, par la voie des accords sur la liquidation (art. 265-2 et 268) que les époux peuvent soumettre à l'homologation du juge. À défaut, ce dernier dispose d'un certain nombre de pouvoirs et, lorsque la liquidation n'a pu se faire pendant l'instance, les opérations sont strictement encadrées.

3.2.1. Liquidation au stade du divorce

66 À défaut d'un règlement conventionnel de la liquidation par les époux, l'article 267 du Code civil reprend les principes de l'ancien article 264-1 selon lesquels, en prononçant le divorce, le juge aux affaires familiales ordonne la liquidation et le partage des intérêts patrimoniaux des époux et statue, s'il y a lieu, sur les demandes de maintien dans l'indivision ou d'attribution préférentielle.

L'article 267 complète cependant ces dispositions en prévoyant :

– que le juge peut aussi accorder à l'un des époux une avance sur sa part de communauté ou de biens indivis;

– qu'il statue, à la demande de l'un ou l'autre des époux, sur les désaccords persistants entre eux, si le projet de liquidation du régime matrimonial établi par le notaire désigné sur le fondement du 10° de l'article 255 contient des informations suffisantes.

L'objectif recherché ici est de permettre au juge de régler les éventuelles difficultés que soulève la liquidation, dès lors que celles-ci sont circonscrites, telle par exemple l'évaluation d'un immeuble, sans recourir à des mesures d'instruction complémentaires qui retarderaient le prononcé du divorce. Toutefois, cette faculté est limitée au cas où il a été fait application des dispositions du 10° de l'article 255.

3.2.2. Liquidation au stade de l'après divorce (267-1)

67 Afin d'accélérer le règlement définitif des intérêts patrimoniaux des époux, l'article 267-1 nouveau du Code civil institue un dispositif encadrant les opérations de liquidation et de partage dans des délais stricts.

Désormais, lorsque le règlement des intérêts patrimoniaux des époux n'a pu avoir lieu concomitamment au prononcé du divorce, les époux disposent d'un délai d'un an après que le jugement est passé en force de chose jugée pour procéder à la liquidation et au partage.

Lorsque, à l'expiration de ce délai, ces opérations ne sont pas achevées, le notaire transmet au tribunal un procès-verbal de difficultés reprenant les déclarations des parties.

Au vu de ce document, le tribunal peut soit octroyer un délai supplémentaire de six mois maximum, lorsqu'il apparaît qu'un accord peut encore être finalisé entre les parties, soit statuer sur les contestations subsistant entre elles, si les éléments transmis par le notaire le permettent.

En cas d'échec de la voie consensuelle à l'issue du délai supplémentaire, le notaire en informe le tribunal et établit le cas échéant un nouveau procès-verbal, afin qu'il soit statué sur les désaccords persistant entre les époux. Le tribunal statue sur ces contestations puis renvoie les parties devant le notaire afin d'établir l'état liquidatif.

3.3. Règlement conventionnel des conséquences du divorce

68 L'article 268 du Code civil ouvre la possibilité pour les époux, dans les divorces contentieux, de soumettre à l'homologation du juge des conventions réglant tout ou partie des conséquences du divorce, concernant notamment les modalités d'exercice de l'autorité parentale et la fixation de la contribution à l'entretien et à l'éducation des enfants (art. 373-27), la prestation compensatoire (art. 279-1) ou encore la liquidation du régime matrimonial (art. 265-2).

Ces deux derniers aspects étant intimement liés, l'accord sur la prestation compensatoire pourra être facilité par celui trouvé sur la liquidation et le partage du régime matrimonial.

Le juge peut donc désormais homologuer le règlement global des intérêts patrimoniaux et extra-patrimoniaux du divorce par les époux.

Son homologation est toutefois subordonnée à la vérification préalable que les intérêts de chacun des époux et des enfants sont préservés, comme il est habituel en la matière.

3.4. Logement conjugal (art. 285-1)

69 Lorsque le logement de la famille appartient en propre ou personnellement à l'un des époux, le juge peut le concéder à bail à son conjoint quel que soit le cas de divorce uniquement si trois conditions sont réunies :

– cet époux exerce seul ou en commun l'autorité parentale;

– un ou plusieurs enfants résident habituellement dans ce logement;

– l'intérêt des enfants commande une telle solution.

Le juge doit alors fixer la durée du bail, qui peut être renouvelé jusqu'à la majorité du plus jeune des enfants; il pourra également le résilier si des circonstances nouvelles le justifient.

Les dispositions qui permettaient au juge en cas de divorce pour rupture de la vie commune de fixer un droit au bail au profit du conjoint défendeur sont ainsi supprimées.

4/ Prestation compensatoire

Le mécanisme général issu de la loi n° 2000-596 du 30 juin 2000 n'est pas remis en cause par la loi nouvelle.

La loi précitée, dont les principaux objectifs étaient de restaurer le principe posé en 1975 d'un versement en capital, a eu pour effet de diversifier les modalités de paiement du capital, de restreindre le champ des rentes viagères et de faciliter la révision des rentes.

La déclaration certifiant sur l'honneur les ressources, revenus, patrimoine et conditions de vie de chacun des époux, introduite par ce texte, est maintenue sans modification.

La loi nouvelle, dans un souci de mieux adapter la prestation compensatoire à la diversité des situations et à la réalité des patrimoines apporte un certain nombre de compléments à la loi précitée, tant sur les plans civil que fiscal.

Les modifications concernent le droit à prestation compensatoire (1), sa fixation (2) et sa modification (3). L'innovation principale réside dans la modification du sort de la prestation lors du décès du débiteur (4).

4.1. Droit à prestation compensatoire

4.1.1 Principe

4.1.1.1 Définition inchangée

70 La loi nouvelle n'a pas modifié la définition de la prestation compensatoire, dont l'objet reste de compenser la disparité que la rupture du mariage créée dans les conditions de vie respectives des époux.

Le caractère forfaitaire et le principe d'un versement en capital sont maintenus et intégrés à la définition même de la prestation donnée par l'article 270 du Code civil.

4.1.1.2. Domaine élargi

71 Conformément au souci du législateur de ne plus lier les conséquences patrimoniales du divorce à sa cause, le droit à bénéficier d'une prestation compensatoire est désormais généralisé et ne dépend plus du cas de divorce ou de la répartition des torts.

L'octroi d'une prestation compensatoire est donc possible quel que soit le cas de divorce, avec pour conséquence l'abrogation des anciens articles 281 à 285 relatifs au maintien du devoir de secours en cas de divorce pour rupture de la vie commune. Le demandeur comme le défendeur en divorce pour altération définitive du lien conjugal peuvent solliciter l'attribution d'une telle prestation.

En outre, le principe issu de la loi du 11 juillet 1975 selon lequel l'époux aux torts exclusifs duquel le divorce est prononcé n'a droit à aucune prestation compensatoire est supprimé. Le droit à prestation ne dépendant plus de la répartition des torts, l'époux fautif ne perd plus automatiquement le droit à prestation compensatoire.

L'indemnité exceptionnelle prévue à l'article 280-1 ancien, devenue sans objet, est, par voie de conséquence, supprimée.

4.1.2. Exception : l'équité

72 Le juge peut cependant, en application des dispositions de l'alinéa 3 de l'article 270, refuser d'accorder une telle prestation si **l'équité** le commande :

– Soit en considération des critères prévus à l'article 271, quel que soit le cas de divorce.

Il s'agit d'une disposition nouvelle, dont l'effet est de prendre en considération les critères de l'article 271 nouveau, non seulement pour déterminer le montant de la compensation, mais également pour statuer sur le droit lui-même à une prestation compensatoire.

Ces éléments d'appréciation viennent donc s'ajouter à la condition posée par l'article 270 relative à la disparité dans les conditions de vie respectives des époux. Ainsi, par exemple, la durée du mariage, la situation professionnelle de l'époux demandeur ou ses droits acquis dans la liquidation du régime matrimonial doivent désormais être pris en compte pour apprécier l'opportunité de la demande.

– Soit, lorsque le divorce a été prononcé aux torts exclusifs du demandeur de la prestation, au regard des circonstances particulières de la rupture.

C'est à la jurisprudence qu'il appartient de définir la notion de « circonstances particulières de la rupture ». Toutefois, il résulte des débats parlementaires que le législateur a souhaité que cette notion ne recouvre que les situations les plus graves, afin de ne pas réintroduire le lien entre faute et prestation compensatoire, dont l'effet serait d'amoindrir la portée de la réforme.

4.2. Fixation et modalités de versement de la prestation compensatoire

73 Les éléments permettant de fixer le montant de la prestation compensatoire figurent désormais à l'article 271.

Les « conséquences des choix professionnels faits par un époux pour l'éducation des enfants ou pour favoriser la carrière de son conjoint au détriment de la sienne » sont ajoutées à la liste des critères à prendre en compte.

Quant aux formes de la prestation, le principe du capital est réaffirmé, la rente viagère demeurant l'exception. Cependant, la loi, afin de mieux répondre à la diversité de situations des parties, diversifie les formes de paiement de la prestation en permettant notamment les prestations « mixtes » et élargit la possibilité pour les époux de soumettre à l'homologation du juge une convention portant sur la prestation compensatoire à tous les cas de divorce.

4.2.1. Capital

74 La loi nouvelle modifie les dispositions relatives aux formes que peut prendre le capital.

Ainsi, le 3° de l'ancien article 275, qui autorisait le dépôt de valeurs productives de revenus entre les mains d'un tiers est supprimé, cette modalité n'étant en pratique quasiment jamais utilisée.

Le cumul entre les différentes formes de capital est formellement autorisé et le dispositif fiscal issu de la loi du 30 juin 2000 est complété.

4.2.1.1. Formes du capital (274 et 275)

75 Le capital peut prendre deux formes distinctes, qui résultent des articles 274 et 275 :

– En principe, le capital prend la forme, soit du versement immédiat d'une somme d'argent, soit de l'attribution d'un bien en propriété ou d'un droit temporaire ou viager d'usage, d'habitation ou d'usufruit.

Toutefois, l'accord de l'époux débiteur est désormais exigé pour l'attribution en propriété d'un bien propre reçu par succession ou donation. Il doit résulter des conclusions versées au débat ou de la convention des parties. Cette restriction n'est pas étendue à l'attribution d'un droit d'usage d'habitation ou d'usufruit sur un tel bien.

L'article 1080 du NCPC indique en outre les éléments que doit contenir la convention homologuée ou la décision qui prononce le divorce lorsque des biens ou des droits sont attribués à titre de prestation compensatoire.

Leur valeur doit être précisée ainsi que les mentions nécessaires à la publication du titre de propriété dans les formes prévues par le décret n° 55-22 du 4 janvier 1955 pour les biens ou les droits soumis à la publicité foncière.

Cependant, lorsque le débiteur n'est pas en mesure de verser immédiatement l'intégralité de la somme fixée, le capital peut toujours être fractionné sur une période n'excédant pas huit ans, sous forme de versements périodiques. Ce terme, qui se substitue à celui de versements mensuels ou annuels, offre une plus grande souplesse quant à la détermination des échéances, qui pourront être trimestrielles, semestrielles... en fonction de la situation financière du débiteur.

Enfin, l'article 275-1 prévoit expressément que ces différentes modalités de paiement ne sont pas exclusives l'une de l'autre, autorisant ainsi le cumul entre une somme d'argent ou l'attribution d'un bien et un capital échelonné, afin de mieux adapter le montant de la prestation compensatoire à la réalité de la situation patrimoniale des époux.

4.2.1.2. Incidences fiscales

76 – En matière d'impôt sur le revenu :

Le bénéfice de la réduction d'impôt, prévu par l'article 199 *octodecies* du CGI lorsque la totalité de la prestation est versée en numéraire sur moins de douze mois, est étendu en cas d'affectation de biens ou de droits (C. civ., art. 274 2°).

Cette réduction (dont le montant reste inchangé, soit 25 % du montant du capital dans la limite de 30 500 euros) est calculée en fonction de la valeur des biens ou droits cédés, qui doit désormais être fixée dans la convention ou le jugement (NCPC, art. 1080).

En l'absence d'une telle précision, le débiteur ne peut prétendre à aucune réduction d'impôt.

En cas de prestation mixte et dès lors que le versement est effectué sur plus de douze mois, le débiteur ne peut que bénéficier de la déduction des sommes versées de son revenu imposable, à charge pour le créancier de déclarer ces sommes (CGI, art. 156).

77 – En matière de droits d'enregistrement :

Le régime des droits d'enregistrement, qui variait jusqu'à présent selon le caractère commun, indivis ou propre des biens au moyen desquels la prestation était acquittée, fait l'objet d'une profonde modification, qui le rend conforme au principe posé à l'article 281 du Code civil selon lequel les transferts et abandons effectués au titre de la prestation compensatoire ne sont pas assimilés à des donations.

Lorsque la prestation est payée sur des biens communs, les règles propres aux opérations de partage continuent à s'appliquer et un droit de 1 % est exigible.

Lorsque la prestation est payée au moyen de biens propres, la perception des droits progressifs de mutation à titre gratuit, au-delà d'un abattement de 76 000 euros, est supprimée au profit d'une imposition fixe de 75 euros, s'il s'agit d'un bien meuble, ou d'un droit d'enregistrement de 0,60 %, s'il s'agit d'un bien soumis à publicité foncière (CGI, art. 1133 *ter* et 1020).

4.2.1.3. Paiement du solde du capital indexé (C. civ., art. 275)

78 Les conditions posées par la loi du 30 juin 2000 sont inchangées.

Le débiteur peut se libérer du solde à tout moment, sans intervention judiciaire, alors que le créancier peut uniquement former une demande en ce sens auprès du juge aux affaires familiales après la liquidation du régime matrimonial.

Le calcul du solde à payer doit s'effectuer à partir du capital indexé.

EXEMPLE :

L'année N, une prestation compensatoire s'élève à 80 000 euros, payable en 8 annuités. Cette prestation est indexée. Il est prévu une équivalence entre la somme due et un indice établi, pour l'année N, sur une base de 100.

Le calcul s'effectue comme suit :

En N + 1 (année de la première échéance)

L'indice a augmenté. Il est passé de 100 à 110. Le capital restant dû après application de l'indexation est donc de 88 000 euros après l'opération suivante : (80 000 *[capital restant dû]* × 110 *[valeur de l'indice en N + 1]*) / 100 *[valeur de l'indice en N]* = 88 000.

Ce résultat doit être divisé par le nombre d'échéances restantes (8) pour obtenir le montant de l'échéance, soit 11 000 euros, après le calcul suivant : 88 000/8 = 11 000.

Le capital restant dû après le paiement de la première échéance est donc de : 88 000 – 11 000 = 77 000 euros.

Étant précisé que la somme à rembourser par anticipation est obtenue en se référant au dernier indice publié à la date du paiement effectif.

4.2.2. Rente viagère (articles 276 et 276-1)

79 Le législateur n'a pas modifié les conditions d'attribution de la rente viagère issues de la loi du 30 juin 2000.

Le magistrat peut, à titre exceptionnel, octroyer une rente viagère, par application de l'article 276 alinéa 1, en considération de la situation du créancier, lorsque son âge ou son état de santé ne lui permet pas de subvenir à ses besoins.

Le montant de la rente, qui demeure indexée comme en matière de pension alimentaire, peut être fixé de manière uniforme ou varier selon l'évolution probable des ressources et des besoins, conformément aux dispositions inchangées de l'article 276-1.

L'apport de la loi résulte du second alinéa introduit à l'article 276, qui autorise, tout en l'encadrant, la possibilité d'attribuer une fraction de la prestation compensatoire en capital, lorsque les circonstances l'imposent, le montant de la rente étant en conséquence minoré.

Cette solution permet de mieux adapter la prestation compensatoire à la situation des parties. Elle s'inscrit dans la continuité de l'arrêt rendu par la première chambre civile de la Cour de cassation du 16 mars 2004, selon lequel les articles 274 et 276 du Code civil n'interdisent pas l'octroi d'une prestation compensatoire sous forme d'un capital et d'une rente, à la double condition que cette allocation soit exceptionnelle et spécialement motivée.

Sur le plan fiscal, en cas de cumul, seules sont prises en considération les sommes versées au titre de la rente (CGI, art. 199 *octodecies* II), qui peuvent être déduites du revenu imposable du débiteur.

4.2.3. Accords entre époux (articles 278 à 279-1)

80 Réservée par la loi précitée du 30 juin 2000 au seul divorce sur requête conjointe, la possibilité pour les parties de fixer la prestation compensatoire par convention est étendue à tous les cas de divorce, conformément à la volonté du législateur de privilégier les solutions négociées par les époux et de consacrer leur pleine liberté en ce domaine.

Sont alors applicables, en vertu de l'article 279-1 du Code civil, les dispositions des articles 278 et 279 relatifs au divorce par consentement mutuel. Les époux sont ainsi expressément autorisés à déroger aux principes généraux fixés aux articles 274 à 276 et peuvent déterminer librement le montant et les modalités de paiement de la prestation.

Ils peuvent donc décider que la prestation compensatoire cessera à compter de la réalisation d'un événement déterminé (retraite, remariage du créancier…) voire qu'elle prendra la forme d'une rente temporaire, étant rappelé que ces modalités ne peuvent être ordonnées par le juge.

La convention est soumise à homologation pendant l'instance en divorce, le juge devant alors vérifier, selon les dispositions générales de l'article 268, qu'elle préserve suffisamment les intérêts des époux et des enfants.

4.2.4. Exécution provisoire (NCPC, art. 1079)

81 Le principe selon lequel la prestation compensatoire ne peut être assortie de l'exécution provisoire est maintenu (nouveau NCPC, art. 1079 al. 1).

Toutefois, cette règle peut s'avérer très préjudiciable aux intérêts du créancier, lorsqu'un recours est formé sur cette prestation et non sur le divorce. En effet, le divorce étant devenu définitif, le devoir de secours prend fin, privant ainsi le créancier du droit à la pension alimentaire alors que la prestation compensatoire n'est pas encore exigible.

C'est pourquoi l'article 1079 du NCPC prévoit une exception, dans cette hypothèse, lorsque l'absence d'exécution de la prestation compensatoire aurait des conséquences manifestement excessives pour le créancier.

L'exécution provisoire peut alors être ordonnée pour tout ou partie de la prestation.

En pratique, la disposition permet au juge qui prononce le divorce d'assortir la prestation compensatoire de l'exécution provisoire s'il estime que le créancier n'a pas les moyens de subvenir seul à ses besoins sans le concours soit de la pension alimentaire, tant que le divorce n'est pas définitif, soit de la prestation compensatoire une fois que le prononcé du divorce a acquis force de chose jugée.

En cause d'appel, les articles 524 à 526 du NCPC sont applicables pour l'examen des demandes tendant à arrêter l'exécution provisoire ordonnée par le juge ainsi que des demandes tendant à l'ordonner, soit lorsqu'elle a été refusée, soit lorsque le juge n'a pas statué sur cette question. Ces demandes sont portées, selon le cas, devant le premier président, son délégué ou le conseiller de la mise en état.

L'alinéa 3 de l'article 1079 précise que l'exécution provisoire conférée à la prestation compensatoire ne prend cependant effet qu'au jour où le prononcé du divorce a acquis force de chose jugée. Ainsi l'exécution provisoire ordonnée par le juge est privée d'effet pendant le délai de recours et pendant le temps de l'examen d'un recours portant sur le principe du divorce.

4.3. Modification de la prestation compensatoire

4.3.1. Révision des modalités de paiement du capital échelonné (C. civ., art. 275 al. 2)

82 L'article 275 ne concerne que les droits du débiteur, ceux de ses héritiers étant regroupés aux articles 280-1 et 280-2 (v. *infra* III.4.4).

Le principe issu de la loi du 30 juin 2000, selon lequel la révision ne permet que de revoir les modalités de paiement du capital, est maintenu.

Le législateur a substitué à la notion de changement « notable » ouvrant droit à révision celle de changement « important », dans un souci d'harmoniser le critère ouvrant droit révision, qu'il s'agisse des modalités de paiement du capital ou du montant de la rente viagère.

Ainsi, si le débiteur démontre l'existence d'un changement important de sa situation, le juge peut, à titre exceptionnel, par décision spécialement motivée, autoriser le versement du capital sur une durée supérieure à huit ans.

4.3.2. Révision de la rente viagère (art. 276-3)

83 Les modalités de révision prévues à l'article 276-3 pour les rentes viagères s'appliquent également, en l'absence de clause de révision, aux rentes conventionnelles, que celles-ci soient viagères ou temporaires.

La rente peut désormais être révisée, suspendue ou supprimée en cas de changement important dans les ressources ou les besoins de l'une ou l'autre des parties, que la rente ait été fixée avant ou après la date d'entrée en vigueur de la loi.

Par ailleurs, le dispositif de droit transitoire prévoit des modalités de révision spécifiques aux rentes viagères allouées avant la loi du 30 juin 2000 (voir *infra* VI.2.1.1).

L'action est ouverte au débiteur et, sous certaines conditions, au créancier. La possibilité pour les héritiers du débiteur d'agir en révision a été supprimée de l'article 276-3, en cohérence avec le nouveau mécanisme instauré aux articles 280 et suivants lors du décès du débiteur (v. III.4.4).

L'alinéa 2 de l'article 276-3 interdit que le montant initial de la rente soit, à l'occasion d'une action en révision, dépassé. Cette disposition limite en conséquence les droits du créancier, qui ne peut, après une première révision à la baisse du montant de la rente, solliciter l'augmentation de celle-ci que dans la limite du montant initial.

4.3.3. Substitution d'un capital à la rente (art. 276-4)

84 Ce mécanisme, qui ne constitue pas une forme particulière de révision, doit aboutir à un équivalent entre le capital et la rente.

Les conditions d'ouverture de l'action ne sont pas modifiées : le débiteur peut agir à tout moment alors que le créancier ne le peut que s'il justifie qu'une modification de la situation de son ex-conjoint rend possible la substitution.

Le juge n'est pas lié par la demande et peut, par une décision spécialement motivée, refuser d'y faire droit.

En revanche, le mode de calcul du capital substitué fait l'objet du décret n° 2004-1157 du 29 octobre 2004 pris en application des articles 276-4 et 280 du Code civil et fixant les modalités de substitution d'un capital à une rente allouée au titre de la prestation compensatoire, qui s'impose au juge.

Le montant du capital est déterminé, à partir du montant de la rente annuelle indexée et de l'âge du créancier, en fonction de son espérance de vie et d'un taux technique de 4 %. Des tables, annexées au décret, permettent d'effectuer facilement ce calcul.

Celui-ci intervient au moment de la décision du juge opérant la substitution.

Ainsi, le calcul s'effectue d'après les tables comme suit :

– dans l'hypothèse de la capitalisation d'une rente viagère versée à une femme de 60 ans, d'un montant de 1 000 euros par an :

• il faut se reporter à la table applicable au sexe et au type de rente considérés,

• puis se reporter au coefficient applicable à une femme de 60 ans, soit 15,478,

• puis multiplier ce coefficient avec le montant annuel de la rente, soit 1 000 euros,

• ce qui permet de déterminer un capital de 15 478 euros,

– dans l'hypothèse de la capitalisation d'une rente temporaire d'un montant de 1 000 euros par an, versée à une femme de 60 ans pendant une durée de 10 ans, et qui intervient après une période de 6 années :

• il faut d'abord déterminer la durée de la rente restant à verser, soit ici 4 ans,

• puis se reporter au coefficient applicable pour cette durée à une femme de 60 ans, soit 3,672,

• puis multiplier ce coefficient avec le montant annuel de la rente, soit 1 000 euros,

• ce qui permet de déterminer un capital de 3 672 euros.

Sur le plan fiscal, l'article 199 *octodecies* I du CGI a été complété, afin que le capital ainsi substitué ouvre droit à réduction d'impôt, l'assiette de la réduction étant limitée pour tenir compte du fait que les sommes versées au titre de la rente ont été déduites des revenus imposables du débiteur (CGI, art. 199 *octodecies* I al. 3).

4.4. Décès du débiteur (C. civ., art. 280 à 280-2)

85 La loi met fin au principe de la transmissibilité de la prestation compensatoire aux héritiers du débiteur, qui ne sont plus en principe tenus personnellement à son paiement.

En conséquence, les dispositions des articles 275-1 alinéa 3 et 276-2 anciens sont abrogées, au profit d'un mécanisme automatique de prélèvement sur la succession et dans la limite de l'actif de celle-ci, déterminé à l'article 280.

Lorsque la prestation compensatoire a fait l'objet d'une convention, les dispositions des articles 280 à 280-2 sont applicables à défaut de clause particulière prévoyant le sort de la prestation en cas de décès du débiteur (art. 279 dernier alinéa).

4.4.1. Principe : prélèvement de la prestation sur l'actif successoral

86 Au décès du débiteur, la prestation compensatoire fait désormais l'objet d'un prélèvement sur l'actif successoral et si celui-ci est insuffisant, le paiement est également supporté par tous les légataires particuliers proportionnellement à leur émolument. La prestation cesse d'être due au-delà du montant de l'actif, à l'instar d'autres créances soumises au même régime (v. la créance alimentaire du conjoint survivant dans le besoin prévue à l'article 767 du Code civil).

La prestation compensatoire constitue une dette de la succession. Il convient de rappeler que, lorsque le conjoint survivant obtient une créance d'aliments sur le fondement de l'article 767, il devient un créancier de la succession et entre, en conséquence, en concours avec le créancier de la prestation compensatoire, tous deux étant des créanciers chirographaires.

4.4.1.1. Cas du capital échelonné

87 Lorsque la prestation a été fixée par le juge sous forme d'un capital échelonné, le solde de ce capital indexé est immédiatement exigible (sur le mode de calcul du capital, v. III.4.2.1.3).

4.4.1.2. Cas de la rente

88 Lorsque la prestation compensatoire prenait la forme d'une rente viagère ou temporaire, il lui est substitué un capital immédiatement exigible, après déduction des pensions de réversion versées du chef du conjoint survivant, par application de l'article 280-2 (en l'absence de clause particulière de la convention).

Le caractère immédiatement exigible s'oppose à ce qu'une action en révision soit préalablement intentée par les héritiers du débiteur.

Les modalités de calcul résultent du décret n° 2004-1157 du 29 octobre 2004 pris en application des articles 276-4 et 280 du Code civil et fixant les modalités de substitution d'un capital à une rente allouée au titre de la prestation compensatoire.

EXEMPLE :

Si au moment du décès du débirentier, le montant atteint par l'arrérage, après déduction des pensions de réversion, est de 200 euros par mois (soit 2 400 euros par an) et que le créancier est une femme de 75 ans, le coût d'un euro de rente est alors, par application de la table « rente viagère femme » annexée au décret susvisé, de 9,716. Le capital que la succession devra verser s'élève à 23 318 euros (2 400 × 9,716).

4.4.2. Exception : option des héritiers pour maintenir les modalités de paiement antérieures

89 Afin de ménager au dispositif toute la souplesse nécessaire, il est prévu un mécanisme d'option permettant aux héritiers de choisir de maintenir les modalités de paiement qui incombaient au débiteur lors de son décès.

4.4.2.1. Régime de l'option

90 L'option, qui n'est pas ouverte au créancier, nécessite l'accord unanime de tous les héritiers, constaté par acte notarié sous peine de nullité. L'accord n'est opposable aux tiers qu'après notification au créancier, lorsque celui-ci n'est pas intervenu à l'acte.

4.4.2.2. Effets de l'option

91 Les héritiers, lorsqu'ils choisissent l'option, sont tenus personnellement au paiement de la prestation.

Ils bénéficient alors des même droits que ceux dont bénéficiait le débiteur lui-même en matière de révision ou d'apurement.

Ainsi, en présence d'un capital échelonné, les modalités de paiement peuvent faire l'objet d'une révision et chacun peut verser le solde de la fraction de capital indexé qui lui incombe.

Lorsque la rente est maintenue, les héritiers s'obligent personnellement au paiement de celle-ci, après déduction des pensions de réversion éventuellement versées du chef du conjoint décédé. En cas de modification ultérieure des droits à réversion ou de perte de ceux-ci, la déduction est maintenue de plein droit, sauf décision contraire du juge saisi par le créancier.

Les héritiers peuvent saisir le juge d'une demande en révision de la rente, viagère ou temporaire, sur le fondement de l'article 276-3 ou en substitution d'un capital à la rente, par application de l'article 276-4.

IV – Séparation de corps

1/ Demandes

1.1. Présentation des demandes

92 En principe, l'époux contre lequel est présentée une demande en séparation de corps peut former une demande reconventionnelle en divorce ou en séparation de corps et inversement, l'époux contre lequel est présentée une demande en divorce peut former une demande en divorce ou en séparation de corps.

Toutefois, dans la continuité des dispositions de l'article 241 ancien, l'article 297 interdit toute demande reconventionnelle en séparation de corps lorsque la demande principale en divorce est fondée sur l'altération définitive du lien conjugal.

1.2. Examen des demandes

93 Quand une demande en divorce et une demande en séparation de corps sont concurremment présentées, la demande en divorce prime à deux égards :

– Quel que soit le fondement respectif de la demande en séparation de corps et de la demande en divorce, le juge examine en premier lieu la demande en divorce. Il prononce celui-ci si les conditions en sont réunies. À défaut, il statue sur la demande en séparation de corps.

– Quand les deux demandes sont fondées sur la faute, le juge les examine toutes les deux et, s'il les accueille, prononce le divorce aux torts partagés.

94 1.3. Tableau : ordre d'examen des demandes divorce – Séparation de corps

Demande principale en divorce	Demande reconventionnelle en séparation de corps	Effets
Pour altération définitive du lien conjugal (art. 238 al. 1)	IMPOSSIBLE (v. art. 297)	
Pour faute	1. Pour faute	Examen simultané des deux demandes : • si elles sont accueillies : divorce aux torts partagés (art. 297-1 al. 2), • si seule la demande principale est accueillie : divorce aux torts exclusifs du défendeur, • si seule la demande reconventionnelle est accueillie : séparation de corps aux torts exclusifs du demandeur.
	2. Pour altération définitive du lien conjugal (art. 238 al. 1 ou 2)	Examen en 1er de la demande principale en divorce : • si elle est accueillie : divorce aux torts exclusifs du défendeur, • si rejet : examen de la demande reconventionnelle en séparation de corps.
Demande principale en séparation de corps	**Demande reconventionnelle en divorce**	**Effets**
Pour altération définitive du lien conjugal (art. 238 al. 1)	Pour faute	Examen en 1er de la demande en divorce : • si elle est accueillie : divorce aux torts exclusifs du demandeur, • si rejet : examen de la demande en séparation de corps pour altération.
Pour faute	1. Pour faute	Examen simultané des deux demandes (art. 297-1, al. 2) : • si les deux demandes sont accueillies : divorce aux torts partagés, • si seule la demande principale est accueillie : séparation de corps aux torts exclusifs du défendeur, • si seule la demande reconventionnelle est accueillie : divorce aux torts exclusifs du demandeur, • ou rejet des demandes.
	2. Pour altération (art. 238 al. 1)	Examen en 1er de la demande reconventionnelle en divorce (art. 297-1). Si rejet de celle-ci (délai de deux ans pas acquis), examen de la demande principale en séparation de corps.
	3. Pour altération (art. 238 al. 2)	Examen en 1er de la demande reconventionnelle en divorce. Cette demande est accueillie si la demande fondée sur la faute est rejetée (art. 246 al. 2) : • divorce pour altération en cas de rejet de la demande pour faute, • si la demande pour faute est accueillie : séparation de corps aux torts exclusifs du défendeur.

2/ Conséquences de la séparation de corps

2.1. Usage du nom du conjoint

95 La séparation de corps est sans incidence sur le nom et chaque époux conserve l'usage du nom de l'autre, sauf si le jugement de séparation de corps ou un jugement postérieur l'interdit, compte tenu de leurs intérêts respectifs.

2.2. Droits successoraux

96 En cas de décès de l'un des époux, l'autre conserve désormais les droits que la loi accorde au conjoint survivant quel que soit le cas de séparation de corps ou la répartition des torts. C'est uniquement en cas de séparation de corps prononcée par consentement mutuel que les époux peuvent inclure dans la convention une renonciation aux droits successoraux conférés par les articles 756 à 757-3 et 764 à 766.

2.3. Devoir de secours

97 Comme auparavant, le devoir de secours subsiste et la pension alimentaire est attribuée sans considération des torts.

La loi nouvelle prévoit que cette pension est remplacée en tout ou partie, par la constitution d'un capital, lorsque la consistance des biens de l'époux débiteur s'y prête. Les dispositions des articles 274 à 275-1, 277 et 281 relatives à la prestation compensatoire sont alors applicables.

3/ Fin de la séparation de corps

98 La séparation de corps prend fin, soit en raison de la reprise de la vie commune des époux (v. art. 305 du Code civil inchangé), soit de sa conversion en divorce selon les modalités prévues aux articles 306 à 308.

L'innovation résulte de la modification du délai permettant la conversion de plein droit, qui est ramené de trois à deux ans.

Comme sous l'empire de la loi du 11 juillet 1975, la conversion est possible en divorce par consentement mutuel dans tous les cas de séparation de corps. En revanche, la séparation de corps prononcée par consentement mutuel ne peut être convertie qu'en divorce par consentement mutuel. La cause de la séparation de corps devient la cause du divorce.

V – Éviction du conjoint violent

99 Des dispositions novatrices ont été introduites par la loi du 26 mai 2004. En effet, il est apparu que la possibilité offerte à l'époux, qui dépose une requête en divorce, de solliciter des mesures urgentes sur le fondement de l'article 257 répond insuffisamment aux besoins du conjoint victime de violences. En ne lui permettant pas, en effet, d'obtenir à ce stade l'éviction de l'auteur des faits du domicile conjugal, elle aggrave souvent la précarisation de sa situation en le contraignant à quitter les lieux, parfois avec les enfants mineurs.

C'est pourquoi, en application du nouvel alinéa trois de l'article 220-1 du Code civil, lorsque les violences exercées par l'un des époux mettent en danger son conjoint, un ou plusieurs enfants, le juge aux affaires familiales peut être saisi en référé, en amont de toute procédure de divorce, en vue de statuer, à l'issue d'un débat contradictoire, sur la résidence séparée des époux.

Afin d'assurer une protection effective du conjoint victime, la loi prévoit une information obligatoire du ministère public, en amont comme en aval de la procédure (NCPC, art. 1290).

L'assignation en référé doit ainsi être dénoncée au ministère public par l'huissier instrumentaire au plus tard le jour de sa remise au greffe.

De la même façon, l'ordonnance rendue par le juge doit lui être communiquée par la remise d'une copie par le greffe. La date de la remise devra être portée sur la minute de l'ordonnance.

– Pouvoirs du juge

Le juge doit préciser lequel des époux continuera à résider dans le logement conjugal et, sauf circonstances particulières, attribuer la jouissance de ce logement au conjoint qui n'est pas l'auteur des violences.

Il peut organiser immédiatement la vie séparée des époux et des enfants en statuant sur les modalités d'exercice de l'autorité parentale ainsi que sur la contribution aux charges du mariage.

– Dérogations au droit commun de l'expulsion

L'exécution de la décision est garantie par l'institution d'un mécanisme dérogatoire au droit commun de l'expulsion.

Ainsi, l'exigence de respecter un délai de deux mois suivant le commandement de quitter les lieux n'est pas applicable aux mesures prises sur le fondement de l'article 220-1. Est également écartée toute possibilité de sursis à l'expulsion pendant la période hivernale (art. 62 de la loi du 9 juillet 1991) ou de report de la mesure pour des motifs particuliers, telle l'impossibilité de relogement de l'intéressé.

– Durée des mesures prises

Afin que la clarification de la situation personnelle des époux intervienne rapidement, dans l'intérêt même de la famille, la loi prévoit la caducité automatique de ces mesures, à défaut du dépôt d'une requête en divorce ou en séparation de corps dans les quatre mois de la décision.

VI – Dispositions transitoires

L'entrée en vigueur de la loi est prévue au 1er janvier 2005.

1/ Demandes en divorce ou en séparation de corps

1.1. Demandes en divorce

L'objectif poursuivi par le législateur est de rendre applicable, dans toute la mesure du possible, les dispositions nouvelles aux divorces en cours, tout en respectant les intérêts des parties.

1.1.1. Application de la loi nouvelle, s'agissant du cas de divorce

100 La loi nouvelle s'applique aux procédures en cours au 1er janvier 2005, dès lors qu'à cette date, la convention temporaire n'a pas encore été homologuée ou que l'assignation n'a pas encore été délivrée.

1.1.1.1. Cas du divorce par consentement mutuel

101 Selon l'article 33 I a), la loi nouvelle s'applique lorsque la convention temporaire n'a pas été homologuée à la date du 1er janvier 2005.

Une difficulté particulière peut se présenter lorsque la loi nouvelle s'applique alors que la demande en divorce a été formée avant le 1er janvier 2005. En effet, la requête ne peut alors répondre aux exigences de l'article 1091 du NCPC imposant, à peine d'irrecevabilité, que lui soit annexée une convention portant règlement complet des effets du divorce et incluant un état liquidatif du régime matrimonial ou la déclaration qu'il n'y a pas lieu à liquidation.

La régularisation de l'acte doit pouvoir intervenir, si besoin est, dans le cadre d'un renvoi de l'affaire, ordonné par le juge.

Une information appelant l'attention des avocats sur la nécessité de mettre en conformité la requête avec la loi nouvelle pourrait cependant être adressée à ces derniers avant l'audience, de telle sorte que le traitement de ces affaires ne subisse pas de retard injustifié (voir sur ce point la circulaire NOR JUS C04 20813C du 15 octobre 2004 relative à l'enrôlement des requêtes en divorce ou en séparation de corps faisant l'objet d'un audiencement après le 1er janvier 2005).

1.1.1.2. Autres cas de divorce

102 Selon l'article 33 I b), la loi nouvelle s'applique aux procédures en cours lorsque l'assignation n'a pas été délivrée au 1er janvier 2005.

Lorsque la requête a été déposée avant le 1er janvier 2005 et que la tentative de conciliation n'a pas encore eu lieu, les nouvelles dispositions relatives à la conciliation et notamment aux mesures provisoires s'appliquent.

Dans tous les cas de figure (que la conciliation ait eu lieu ou non), l'article 257-1, selon lequel l'instance peut être introduite par un époux pour acceptation du principe de la rupture du mariage, pour altération définitive du lien conjugal ou pour faute est directement applicable à ces procédures.

Le demandeur n'est donc plus lié par le fondement juridique de la demande visé dans la requête initiale.

103 Cas particulier : requête introduite sur le fondement du divorce demandé et accepté avant le 1er janvier 2005 et assignation non délivrée à cette date.

La loi nouvelle s'applique; il faut cependant distinguer deux cas :

Premier cas : la tentative de conciliation n'a pas eu lieu.

Si le mémoire d'acceptation de l'époux qui n'a pas présenté la requête n'a pas encore été déposé, il convient, sans attendre, de convoquer les époux pour la tentative de conciliation.

Si le mémoire d'acceptation a été déposé, l'attention des époux doit être appelée, lors de l'audience de conciliation, sur l'absence de valeur juridique de ces formalités dans le cadre des nouvelles dispositions légales. En conséquence, l'éventuelle acceptation par les époux du principe de la rupture sans considération des faits à l'origine de celle-ci doit dûment être constatée selon les modalités prévues à l'article 1123 alinéa 2 du NCPC, dans un procès-verbal dressé par le juge et signé par les époux et leurs avocats respectifs.

Second cas : la tentative de conciliation a eu lieu.

En application des anciennes dispositions de l'article 1135 du NCPC, la cause du divorce demandé et accepté est en principe acquise.

Toutefois, l'application immédiate de la loi nouvelle à la procédure en cours interdit aussi bien la délivrance d'une assignation que le prononcé du divorce sur le fondement de l'ancien article 233 du Code civil.

Par ailleurs, le constat par le juge du double aveu des époux ne pouvant constituer l'acceptation requise par les nouvelles dispositions, il ne peut pas davantage prononcer le divorce accepté sur le fondement du nouvel article 233 du Code civil.

Les époux peuvent alors se prévaloir des possibilités offertes par la loi nouvelle (NCPC, art. 1123) en introduisant l'instance par requête conjointe, les deux déclarations d'acceptation étant annexées à la requête.

1.1.1. Application de la loi nouvelle aux dispositions de l'ordonnance de non conciliation

104 Si l'ordonnance de non conciliation a été rendue avant le 1er janvier 2005 et que l'assignation n'a pas été délivrée à cette date, les nouvelles dispositions de l'article 1113 du NCPC s'appliquent.

En conséquence, à moins que les mesures provisoires ne soient déjà caduques au 1er janvier 2005, leur durée de validité est désormais de 30 mois à compter du prononcé de l'ordonnance. Ce même délai s'applique à l'autorisation d'assigner.

1.1.2. Conditions d'application de la loi nouvelle lorsque l'assignation a été délivrée avant le 1er janvier 2005

105 En principe, l'action en divorce est poursuivie et jugée conformément à la loi ancienne, conformément aux règles habituelles de droit transitoire.

Toutefois, afin de favoriser les divorces consensuels et de simplifier les procédures, les époux peuvent se prévaloir de la loi nouvelle dans les deux cas suivants :

– d'une part, les nouvelles passerelles introduites aux articles 247 et 247-1 sont applicables aux divorces contentieux en cours (art. 33 I dernier alinéa de la loi du 26 mai 2004).

Les époux peuvent ainsi demander à voir leur divorce prononcé par consentement mutuel, dès lors que les conditions de fond posées à l'article 232 sont réunies. Il leur suffit de présenter au juge une convention réglant l'ensemble des conséquences du divorce.

Ils peuvent également demander au juge de constater leur accord afin que le divorce soit prononcé pour acceptation du principe de la rupture du mariage selon les modalités prévues à l'article 1123 du NCPC (déclarations d'acceptation annexées aux conclusions).

– d'autre part, la loi autorise, dans un souci d'apaisement, un époux à demander que le divorce soit prononcé pour altération définitive du lien conjugal lorsqu'il justifie d'une séparation de deux ans avant l'assignation (art. 238 al. 1) ou à titre reconventionnel, lorsque la demande principale fondée sur la faute est rejetée (art. 238 al. 2).

Lorsque le divorce est prononcé sur ce fondement, l'ensemble des conséquences attachées à ce nouveau cas sont applicables : le devoir de secours prenant fin, il convient d'inviter les parties à conclure sur la prestation compensatoire.

1.2. Demandes en séparation de corps

106 L'article 33-III de la loi du 26 mai 2004 dispose qu'elles sont jugées conformément aux dispositions applicables aux demandes en divorce.

La loi nouvelle s'applique ainsi aux procédures en séparation de corps en cours au 1er janvier 2005, dès lors qu'à cette date, la convention temporaire n'a pas encore été homologuée ou que l'assignation n'a pas encore été délivrée.

A contrario, les demandes en séparation de corps introduites par assignation délivrée avant le 1er janvier 2005 sont jugées conformément aux dispositions de la loi ancienne, sauf faculté pour les époux d'utiliser les nouvelles passerelles prévues aux articles 247 et 247-1 du Code civil ou de solliciter l'application des dispositions relatives à l'altération définitive du lien conjugal (voir *supra* VI.1.1.2).

1.3. Demandes aux fins de conversion de la séparation de corps en divorce

107 L'article 33-V relatif aux dispositions transitoires dispose que « les demandes de conversion sont formées, instruites et jugées conformément aux règles applicables lors du prononcé de la séparation de corps ».

Les « règles applicables lors du prononcé de la séparation de corps » désignent les règles **appliquées par le juge lorsqu'il a prononcé la séparation de corps.**

En conséquence, lorsque la séparation de corps a été prononcée en application de la loi ancienne et que l'assignation aux fins de conversion en divorce est postérieure au 1er janvier 2005, toutes les dispositions de la loi du 11 juillet 1975 demeurent applicables, tant en ce qui concerne le délai de trois ans pour solliciter la conversion qu'en ce qui concerne ses conséquences.

1.4. Voies de recours

108 L'article 33-IV relatif aux dispositions transitoires prévoit que « l'appel et le pourvoi en cassation sont formés, instruits et jugés selon les règles applicables lors du prononcé de la décision de première instance ».

Cet article prévoit, là encore, un principe de continuité des règles de fond lors de l'instance d'appel ou lors de l'examen du pourvoi. Les « règles applicables lors du prononcé de la décision de première instance » désignent les règles **de fond appliquées par le juge dans le jugement de divorce**.

Ainsi, un jugement de divorce prononcé après le 1er janvier 2005 sur une assignation délivrée antérieurement à cette date sera jugé en appel ou en cassation conformément aux dispositions de la loi ancienne, sauf si les époux ont fait ou font usage de la faculté d'utiliser les nouvelles passerelles prévues aux articles 247 et 247-1 du Code civil ou de solliciter l'application des dispositions relatives à l'altération définitive du lien conjugal (voir *supra* VI.1.1.2).

2/ Dispositions applicables à la prestation compensatoire

109 Par souci de clarification, le droit transitoire issu de la loi du 30 juin 2000 est abrogé et remplacé par les dispositions figurant aux VI à XI de l'article 33 de la loi du 26 mai 2004 afin d'éviter la coexistence de deux régimes transitoires.

Les dispositions nouvelles relatives à la prestation compensatoire s'appliqueront à toutes les instances en cours n'ayant pas donné lieu à une décision passée en force de chose jugée.

Les dispositions nouvelles reprennent, pour l'essentiel, l'ancien dispositif.

2.1. Révision de la prestation compensatoire

2.1.1. Révision de la rente

110 Les dispositions de droit commun prévues à l'article 276-3 nouveau du Code civil, autorisant la révision en cas de changement important dans la situation de l'une ou l'autre des parties, sont applicables à la révision des rentes viagères (art. 33 VI deuxième alinéa) ou temporaires (art. 33 VII al. 1) fixées sous l'empire des lois du 11 juillet 1975 ou du 30 juin 2000, par décision du juge ou par convention entre époux.

Un nouveau cas est prévu lorsque le maintien en l'état de la rente procurerait un avantage manifestement excessif au regard des critères posés à l'article 276 du Code civil.

Ce cas ne s'applique qu'aux rentes viagères fixées par le juge ou par convention antérieurement à la loi du 30 juin 2000.

Cette innovation spécifique s'explique par l'ancienneté de ces rentes et la nécessité de pouvoir les réviser, même en l'absence de changement important.

2.1.2. Révision des modalités de paiement du capital échelonné

111 Le nouveau critère de changement « important » dans la situation du débiteur est applicable à la révision des modalités de paiement, lorsque la prestation compensatoire a été fixée sous forme d'un capital échelonné entre le 1er juillet 2000 et le 31 décembre 2004.

2.2. Apurement de la prestation compensatoire

112 À tout moment, le débiteur peut s'acquitter du solde du capital indexé (C. civ., art. 275).

En cas de demande de substitution d'un capital à la rente, le montant de ce capital est calculé selon le barème issu du décret n° 2004-1157 du 29 octobre 2004 pris en application des articles 276-4 et 280 du Code civil et fixant les modalités de substitution d'un capital à une rente allouée au titre de la prestation compensatoire.

2.3. Décès du débiteur

113 Lorsque le débiteur est décédé avant le 1er janvier 2005, les nouvelles dispositions des articles 280 à 280-2 sont applicables, dès lors que sa succession n'a pas donné lieu à partage définitif à cette date.

Si la succession a déjà donné lieu à partage définitif, la prestation a été transmise aux héritiers *ultra vires successionis*, selon les dispositions en vigueur à la date du décès. Les héritiers sont donc tenus à son paiement même au-delà de l'actif net successoral, sur l'ensemble de leur patrimoine. Les droits dont bénéficiait le débiteur sont ouverts aux héritiers selon les modalités de droit commun, qui peuvent ainsi s'acquitter du solde du capital, introduire une action en révision ou en substitution d'un capital à la rente.

114 Enfin, la loi précise les cas dans lesquels les pensions de réversion versées du chef du conjoint décédé ne sont pas automatiquement déduites du montant de la rente.

En effet, la disposition transitoire prévue dans la loi du 30 juin 2000 sur ce point avait donné lieu à des interprétations divergentes quant à savoir si la date de décès du débiteur devait avoir une incidence sur l'application de ce mécanisme.

Le nouveau dispositif transitoire, en précisant que les pensions versées du chef du conjoint décédé avant la date de l'entrée en vigueur de la loi du 30 juin 2000 peuvent être déduites sur décision du juge saisi par les héritiers du débiteur, lève toute ambiguïté.

115 3/ Dispositions applicables aux libéralités et avantages matrimoniaux

3.1. Dispositions applicables en dehors de toute procédure de divorce

L'article 1096 nouveau relatif au régime des donations entre époux, qui maintient la libre révocabilité des donations de biens à venir faites pendant le mariage mais rend irrévocables les donations de biens présents (sauf dans les conditions prévues par les articles 953 à 958 du Code civil), ne s'applique, en dehors de toute procédure de divorce, qu'aux donations conclues après le 1er janvier 2005.

Pour toutes les donations faites pendant le mariage avant le 1er janvier 2005, les dispositions anciennes sont donc maintenues, rendant ces donations librement révocables.

S'agissant des avantages matrimoniaux, ils ne sont pas concernés par la réforme, en dehors de toute procédure de divorce.

3.2. Dispositions applicables dans le cadre d'une procédure de divorce

Lorsqu'une décision de divorce intervient postérieurement au 1er janvier 2005, les effets du divorce sur les libéralités et avantages matrimoniaux **consentis antérieurement** diffèrent selon la loi applicable au divorce :

3.2.1. Divorce prononcé sous l'empire de la loi ancienne (convention temporaire déjà homologuée ou assignation déjà délivrée au 1er janvier 2005)

Les nouvelles dispositions de l'article 265 n'étant pas applicables, les libéralités et avantages matrimoniaux demeurent régis par la loi du 11 juillet 1975 et varient selon le cas de divorce et la répartition des torts.

3.2.2. Divorce prononcé selon les dispositions de la loi nouvelle (convention temporaire pas encore homologuée, assignation non encore délivrée à cette date ou utilisation d'une des passerelles prévues au dernier alinéa de l'article 33 I)

Deux hypothèses sont à distinguer :

3.2.2.1. Donations de biens présents et avantages matrimoniaux qui prennent effet au cours du mariage

La loi nouvelle n'a aucune incidence.

Le prononcé du divorce, quelle qu'en soit la cause, n'a aucun effet sur les avantages matrimoniaux qui prennent effet au cours du mariage ou les donations de biens présents (art. 265 al. 1 nouveau).

Les donations consenties avant le 1er janvier 2005 demeurent révocables à tout moment, conformément aux dispositions en vigueur au jour de l'acte et dans le respect du principe du maintien des droits acquis.

La possibilité d'une révocation est à prendre en compte dans le cadre de l'éventuelle fixation d'une prestation compensatoire lors du prononcé du divorce.

Les avantages matrimoniaux qui prennent effet au cours du mariage demeurent irrévocables.

3.2.2.2. Dispositions à cause de mort et avantages matrimoniaux qui prennent effet à la dissolution du régime matrimonial ou au décès de l'un des époux

Les avantages matrimoniaux qui prennent effet à la dissolution du régime matrimonial et les dispositions à cause de mort sont révoqués de plein droit par le jugement de divorce, sauf volonté contraire de l'époux qui les a consentis, dûment constatée par le juge au moment du prononcé du divorce (art. 265 al. 2 nouveau).

Celui-ci conserve ainsi la possibilité de maintenir les avantages qu'ils a consentis. Cette décision est irrévocable.

VII – Application spéciale de la loi à certains territoires

1/ Cas de l'Alsace-Moselle

116 La procédure actuellement applicable en matière de liquidation et de partage du régime matrimonial, qui relève de la compétence du tribunal d'instance, ne subit pas de modification.

Toutefois, les délais mentionnés à l'article 267-1 du Code civil devront être respectés dans le cadre de la procédure de droit local.

2/ Cas de la Nouvelle-Calédonie, de la Polynésie française, de Wallis-et-Futuna et de Mayotte

117 La nouvelle loi est applicable à compter du 1er janvier 2005 en Nouvelle-Calédonie, en Polynésie française, à Wallis-et-Futuna et à Mayotte.

S'agissant de Mayotte, l'ensemble des dispositions du Code civil applicables au divorce et à la séparation de corps s'appliquera également à compter de cette date aux personnes relevant du statut civil de droit local accédant à l'âge requis pour se marier à compter du 1er janvier 2005.

Ainsi, dans la continuité de la loi no 2003-660 du 21 juillet 2003 de programme pour l'outre-mer, la loi nouvelle permet l'application des dispositions nouvelles sur le divorce et la séparation de corps aux personnes relevant du statut civil de droit local.

DEUXIÈME PARTIE – LA RÉFORME DE LA PROCÉDURE DEVANT LE JUGE AUX AFFAIRES FAMILIALES

Le juge aux affaires familiales, créé par la loi du 8 janvier 1993, a hérité de compétences précédemment dévolues à diverses juridictions : le juge aux affaires matrimoniales (procédures de divorce et d'après divorce, autorité parentale sur les enfants issus de couples non mariés), le tribunal de grande instance (droits des grands-parents et des tiers), le tribunal d'instance (obligations alimentaires et contributions aux charges du mariage) et le juge des tutelles (conflits dans l'exercice de l'autorité parentale entre parents légitimes).

Ce transfert de compétences ne s'étant pas accompagné d'une réforme des procédures, le JAF devait appliquer les règles procédurales suivies précédemment devant les juridictions antérieurement compétentes, sous réserve d'aménagements ponctuels.

Le décret n° 2004-1158 du 29 octobre 2004 portant réforme de la procédure en matière familiale met fin à la multiplicité des procédures applicables, dans un souci de simplification et d'unification.

Désormais, l'ensemble des litiges soumis au juge aux affaires familiales relève d'un même tronc commun procédural, à l'exception de dispositions spécifiquement énumérées dans le NCPC pour certaines matières (délégation d'autorité parentale, organisation des relations entre l'enfant et ses ascendants ou les tiers, fixation de la résidence de l'enfant chez ces derniers, changement de prénom, mesures urgentes).

Ce nouveau tronc commun procédural est complété par des dispositions particulières, selon que le litige relève du divorce et de la séparation de corps ou des autres procédures relevant de la compétence du juge aux affaires familiales.

Enfin, des dispositions spécifiques sont introduites afin de préciser les modalités d'application en droit interne des instruments internationaux et communautaires en matière d'enlèvement international d'enfants.

Ces dispositions seront décrites dans une circulaire distincte, relative à l'entrée en vigueur du règlement n° 2201/2003 du Conseil du 27 novembre 2003 relatif à la compétence, la reconnaissance et l'exécution des décisions en matière matrimoniale et en matière de responsabilité parentale (dit règlement Bruxelles II *bis*).

Cette seconde partie de la circulaire a donc pour objet d'exposer d'une part les règles applicables à toutes les procédures devant le JAF (I), d'autre part les règles complémentaires applicables aux procédures ne concernant pas le divorce et la séparation de corps (ces dernières ayant fait l'objet d'un développement complet en première partie de la circulaire) (II), et enfin les procédures dérogatoires relevant de dispositions spécifiquement prévues par le NCPC, qui échappent en tout ou partie à la réforme (III).

Certaines dispositions financières applicables à l'aide juridictionnelle seront en outre rappelées, compte tenu de la part importante de bénéficiaires de cette aide dans le cadre des procédures soumises au juge aux affaires familiales (IV).

I – Règles applicables à toutes les procédures (y compris le divorce et la séparation de corps)

118 La procédure en matière familiale fait désormais l'objet d'un chapitre particulier au sein du NCPC (chapitre V du titre I du livre III).

Des règles communes, regroupées à la section I de ce chapitre, sont fixées en ce qui concerne la compétence territoriale, la publicité des débats et des décisions, l'exécution provisoire, la conciliation, la médiation et l'enquête sociale.

Elles concernent l'ensemble des procédures devant le juge aux affaires familiales, à l'exception de dispositions spécifiquement énumérées pour certaines matières (délégation d'autorité parentale, organisation des relations entre l'enfant et ses ascendants ou les tiers, fixation de la résidence de l'enfant chez ces derniers, changement de prénom, mesures urgentes).

1/ Compétence territoriale

119 Elle est fixée à l'article 1070 qui reprend en un seul article les dispositions des anciens articles 1070 à 1072.

Le nouvel article s'applique à l'ensemble des procédures devant le juge aux affaires familiales, à défaut de dispositions spécifiques.

Les exceptions à ces règles de compétence territoriale sont prévues à l'article 1202 en matière de délégation d'autorité parentale et à l'article 1055-1 en matière de changement de prénom et de contestation par le procureur de la République du prénom de l'enfant.

La compétence territoriale, quelle que soit la nature de la demande, est déterminée selon trois critères alternatifs :

– le lieu de résidence de la famille,

– si les parents sont séparés, le lieu de résidence du parent avec lequel résident habituellement les enfants mineurs en cas d'exercice en commun de l'autorité parentale ou le lieu où réside le parent qui exerce seul l'autorité parentale,

– à défaut d'application d'un des deux critères précédents, le lieu de résidence du défendeur.

En outre, en cas de requête conjointe, les parties ont la liberté de choisir le juge du lieu de résidence de l'une ou l'autre.

Enfin, lorsque le litige porte uniquement sur la pension alimentaire, la contribution à l'entretien et l'éducation de l'enfant, la contribution aux charges du mariage ou la prestation compensatoire, les parties peuvent saisir le juge aux affaires familiales du lieu où réside le créancier de l'obligation ou le parent qui assume à titre principal la charge des enfants, même majeurs.

Il convient de rappeler que les dispositions de l'article 1070, étendues à l'ordre international, ne s'appliquent que dans la mesure où il n'existe pas de traités internationaux ou règlements communautaires en vigueur. Notamment, dans l'Union européenne, doivent être pris en compte :

– pour les obligations alimentaires et la prestation compensatoire : l'article 5-2 du règlement n° 44/2001 du Conseil du 22 décembre 2000 concernant la compétence judiciaire, la reconnaissance et l'exécution des décisions en matière civile et commerciale;

– pour le divorce et la responsabilité parentale, le règlement n° 1347/2000 du Conseil du 29 mai 2000 relatif à la compétence, la reconnaissance et l'exécution des décisions en matière matrimoniale et en matière de responsabilité parentale des enfants communs (art. 2 et 3), étant précisé qu'à compter du 1er mars 2005, ce règlement est remplacé par le règlement n° 2201/2003 du Conseil du 27 novembre 2003 relatif à la compétence, la reconnaissance et l'exécution des décisions en matière matrimoniale et en matière de responsabilité parentale.

Les règles fixées par ces règlements s'appliquent dans toute l'Union européenne à l'exception du Danemark.

Les différents textes communautaires imposent au juge de contrôler d'office sa compétence territoriale (art. 25 du règlement n° 44/2001 du Conseil du 22 décembre 2000, 9 du règlement n° 1347/2000 du Conseil du 29 mai 2000 et 17 du règlement n° 2201/2003 du Conseil du 27 novembre 2003), ce qui déroge aux règles fixées par l'article 92 du NCPC.

En vertu de l'article 1070 du NCPC, la compétence territoriale doit être appréciée et fixée au jour de l'acte introductif d'instance, et notamment, en matière de divorce, au jour du dépôt de la requête.

Par conséquent, si les époux déménagent entre l'ordonnance de non conciliation et l'assignation, la juridiction qui a rendu l'ordonnance de non conciliation demeure compétente pour connaître de l'instance en divorce.

2/ Publicité des débats et des décisions

120 L'article 1074 unifie les règles de publicité devant le juge aux affaires familiales. Le principe est désormais qu'en toute matière, les demandes sont formées, instruites et jugées en chambre du conseil.

Il n'y est dérogé que pour les demandes portant sur les dispositions qui font l'objet d'une publication en marge des actes de l'état civil : le nom, le prénom et le divorce.

3/ Exécution provisoire

121 Le champ de l'exécution provisoire de droit des décisions rendues par le JAF recouvre désormais toutes les mesures concernant l'exercice de l'autorité parentale, les obligations alimentaires ainsi que les mesures provisoires édictées dans l'ordonnance de non conciliation.

N'y échappent donc que les dispositions relatives au prononcé du divorce ou de la séparation de corps, les mesures accessoires qui ne concernent pas l'exercice de l'autorité parentale et les obligations alimentaires (le droit au bail ou l'usage du nom du conjoint par exemple), les décisions concernant la délégation de l'autorité parentale, la fixation de relations entre l'enfant et ses ascendants ou les tiers ainsi que celles concernant l'état des personnes (changement de nom de l'enfant naturel, changement de prénom et contestation du prénom par le procureur de la République).

Il doit être rappelé, s'agissant de l'exécution provisoire, que la prestation compensatoire est soumise à un régime spécial prévu à l'article 1180 du NCPC (v. première partie III.4.2.2).

4/ Conciliation et médiation

122 Ces mesures sont désormais prévues dans la section regroupant toutes les procédures devant le JAF, et ne sont donc plus réservées à certaines matières.

Leur mise en œuvre est inchangée.

La conciliation peut avoir lieu à tout stade de la procédure, pendant ou avant l'instance (pour le cas du divorce). Toutefois, hormis cette hypothèse, il demeure impossible de présenter une requête aux seules fins de conciliation (une telle possibilité qui déroge à la règle doit en effet être prévue expressément).

S'agissant de la médiation, l'article 1071 opère une distinction entre la mesure de médiation elle-même, qui peut être ordonnée, avec l'accord des parties, dans toute procédure, de l'injonction aux fins de rencontrer un médiateur, qui n'est prévue qu'en matière d'exercice de l'autorité parentale (art. 373-2-10) et de divorce (C. civ., art. 255) et qui constitue une mesure d'administration judiciaire insusceptible de recours.

Enfin, la spécificité de la médiation en matière familiale est consacrée, puisque le juge ne peut désigner qu'un médiateur familial pour y procéder, sans que soit possible le recours à un tiers non spécialisé, comme prévu dans les dispositions générales relatives à la médiation (NCPC, art. 131-1).

5/ Enquête sociale

123 Elle figure désormais parmi les dispositions applicables à toutes les procédures et non pas seulement dans le chapitre consacré au divorce et la séparation de corps.

L'article 1072 rassemble, en les modifiant de façon marginale, les dispositions actuelles. Il rappelle que le recours à cette mesure ne peut permettre de rechercher des informations sur la cause du divorce, en particulier sur les torts des époux.

Il souligne la spécificité de l'enquête sociale, qui se distingue des autres mesures d'instruction.

En effet, l'enquêteur social peut être chargé non seulement de décrire et d'analyser la situation de fait, mais aussi d'apprécier la faisabilité des projets des parents quant à l'exercice de l'autorité parentale.

S'agissant de la procédure, celle-ci est inchangée. L'enquête sociale peut être ordonnée d'office. Le rapport d'enquête doit être communiqué aux parties par le juge et non directement par l'enquêteur. Le juge doit fixer aux parties un délai au cours duquel elles ont la faculté de demander un complément d'enquête ou une nouvelle enquête.

II – Règles applicables à toutes les procédures hors divorce et séparation de corps

124 La troisième section du chapitre V du titre premier du livre III du NCPC est consacrée aux procédures qui ne relèvent ni de la procédure de divorce et de séparation de corps, ni des procédures particulières. Il s'agit du contentieux de l'après-divorce, de l'exercice de l'autorité parentale, de l'ensemble des obligations alimentaires, du changement de nom de l'enfant naturel et de la contestation du prénom de l'enfant par le procureur de la République.

Les règles applicables sont unifiées et simplifiées, tant en ce qui concerne le mode de saisine, que le déroulement de l'audience, les modalités de représentation, la notification des décisions et le délai d'appel.

1/ Saisine du juge aux affaires familiales

1.1. Modalités de saisine

125 Le JAF est saisi soit dans la forme des référés, soit par requête.

Les dispositions particulières applicables à la saisine du juge par le ministère public ou par les tiers via ce dernier pour voir statuer sur les modalités d'exercice de l'autorité parentale sont cependant maintenues (NCPCC, art. 1179-1 qui renvoie aux articles 373-2-8 du Code civil et 373-2-13 du même code).

Il est rappelé que la saisine en la forme des référés s'effectue à une date d'audience préalablement communiquée par le greffe. La forme des référés n'implique pas que les conditions d'urgence soient réunies et la décision rendue a l'autorité de la chose jugée au principal.

S'agissant de la requête, celle-ci peut être remise ou adressée au greffe conjointement ou par une partie seulement (NCPC, art. 1137).

Il n'est donc plus possible de saisir le juge aux affaires familiales par simple déclaration.

Les parties se présentant en personne au greffe pourront par conséquent se voir remettre par le greffe un imprimé de requête qu'ils pourront déposer ou envoyer ultérieurement.

S'agissant des courriers envoyés ou déposés au greffe, ceux-ci saisiront valablement le juge aux affaires familiales s'ils respectent le formalisme prévu pour les requêtes.

Sur ce point, l'article 1137 alinéa 2 prévoit que la requête contient les mentions habituelles suivantes : nom, prénom et adresse des parties, objet de la demande et exposé sommaire de ses motifs. S'agissant des personnes morales (conseil général ou établissement public de santé), elle doit comporter en outre leur forme, leur dénomination, leur siège et l'organe qui les représente légalement.

Elle doit être datée et signée de celui qui la présente ou de son avocat.

1.2. Modalités de convocation en cas de saisine par requête

126 De nouvelles dispositions sont introduites afin de rationaliser le travail du greffe, tant en ce qui concerne les modalités de convocation du défendeur que celles du demandeur.

1.2.1. Convocation du demandeur

127 Celle-ci est actuellement effectuée par lettre simple, un avis étant le cas échéant envoyé à l'avocat de l'intéressé.

Afin de simplifier le travail du greffe, d'autres possibilités sont désormais prévues :

– Si le requérant dépose sa requête au greffe et que le greffier est en mesure de lui communiquer immédiatement la date d'audience après enrôlement du dossier, celui-ci peut être convoqué verbalement, contre émargement.

Cet émargement peut être porté soit sur la convocation, soit directement sur la requête avec mention de la date d'audience, l'original étant conservé par le greffe et une copie remise à l'intéressé.

– Si la requête est présentée par avocat, la convocation peut également s'effectuer dans les conditions prévues à l'article 652 du NCPC, c'est à dire par l'envoi d'un avis à l'avocat.

128 *1.2.2. Convocation du défendeur*

Celle-ci est actuellement effectuée par lettre recommandée avec demande d'avis de réception, doublée d'une lettre simple. Cette modalité de convocation pose une difficulté lorsque l'adresse du défendeur est la dernière adresse connue. En effet, dans ce cas, l'accusé de réception revient non signé et le greffe doit dans un second temps inviter le requérant à procéder par voie de signification, conformément à l'article 670-1 du NCPC.

Désormais, afin d'éviter ce travail inutile et coûteux, lorsque le demandeur a déclaré dans la requête que l'adresse du défendeur était la dernière adresse connue, le greffe doit l'inviter directement à procéder par voie de signification.

1.3. Mentions portées à la connaissance des parties

129 Quel que soit le mode de saisine utilisé, l'assignation ou la convocation doit mentionner, à peine de nullité, les dispositions nouvelles des articles 1139 à 1141 relatives aux règles de comparution, d'assistance et de représentation devant le juge aux affaires familiales. La même information doit être transmise soit oralement, soit par la remise d'une notice par le greffe au requérant convoqué contre émargement.

2/ Règles d'assistance et de représentation (art. 1139)

130 Il n'est désormais plus possible, comme actuellement pour les procédures alimentaires et celles relatives à l'exercice de l'autorité parentale, d'être représenté par un membre de sa famille ou une personne exclusivement attachée à son service personnel.

En effet, l'article 52 de la loi du 8 janvier 1993 qui renvoyait pour ces matières à la procédure applicable devant le tribunal d'instance a été abrogé par la loi du 26 mai 2004 relative au divorce.

Les parties doivent donc comparaître soit en personne, seules ou assistées, soit représentées par un avocat. Tout autre mode d'assistance ou de représentation est prohibé.

3/ Oralité des débats (art. 1140)

131 La procédure est orale, ce qui implique la comparution des parties ou de leur représentant à l'audience, même si des conclusions écrites ont été communiquées ou déposées lors des audiences précédentes.

132 Une exception est toutefois prévue pour les procédures de recours des établissements publics de santé et de l'aide sociale contre les débiteurs d'aliments.

L'article 1141 prévoit en effet que lorsque le juge est saisi sur le fondement de l'article L 6145-11 du CSP ou de l'article L 132-7 du CASF (recours des établissements publics de santé ou des services de l'aide sociale contre les débiteurs d'aliments), toute partie peut exposer ses moyens et adresser ses pièces au juge avant l'audience, à condition de justifier que l'adversaire en a eu connaissance par lettre recommandée avec demande d'avis de réception. La partie qui a recours à cette disposition est dispensée de comparaître et le jugement est rendu contradictoirement à son égard. Le juge peut toutefois ordonner la comparution des parties (art. 1141).

Cette nouvelle disposition existe déjà devant le juge de l'exécution (décr. n° 92-755, 31 juill. 1992, art. 14).

Elle permet aux parties d'éviter des déplacements parfois coûteux pour comparaître, dans une procédure où les défendeurs sont souvent domiciliés sur l'ensemble du territoire national voire à l'étranger et où le litige, d'ordre purement financier, n'est pas susceptible d'entraîner des débats sur l'autorité parentale.

Si elle est source de confort pour les parties, cette disposition présente toutefois certains risques au regard de l'effectivité du principe de la contradiction. En effet la production d'un avis de réception signé par une partie ne prouve nullement le contenu de l'envoi. Ainsi, lorsqu'une partie ne comparaît pas après avoir adressé ses pièces au juge et à l'autre partie dans les conditions prévues par l'article 1141, il y a lieu de s'assurer à l'audience, auprès de l'autre partie qui comparaît, qu'elle a bien eu connaissance des pièces produites. Si les deux parties ont entendu faire application de ce dispositif, une vigilance plus grande encore s'impose. S'il n'est pas possible de vérifier, dans les écritures des parties, la réalité de la communication des documents, il y a lieu soit d'inviter chaque partie à adresser les pièces que l'autre partie lui a communiquées, soit d'ordonner la comparution personnelle des parties.

4/ Notification des décisions

133 Elle est faite, en principe, par voie de signification.

Toutefois, lorsqu'il est saisi par requête, le juge peut, comme actuellement, soit d'office, soit à la demande des parties, décider que la décision sera notifiée aux parties par lettre recommandée avec demande d'avis de réception (art. 1142 reprenant les dispositions de l'article 1087).

Compte tenu de la généralisation de la saisine par requête, cette faculté pourra donc être utilisée plus largement par le juge.

Toutefois, il est préconisé de ne la réserver qu'aux parties pour lesquelles la domiciliation est certaine, afin d'éviter un travail inutile du greffe en cas de non-remise de l'accusé de réception et de la nécessité dans ce cas de procéder selon les dispositions de l'article 650-1.

En outre, en raison du coût induit par cet envoi, il y a lieu de ne recourir à cette mesure que lorsque la situation économique de la partie qui a intérêt à la notification ne lui permet pas de recourir aux services d'un huissier ou que celle-ci bénéficie de l'aide juridictionnelle, le recours à la notification se révélant dans ce cas moins coûteux que la signification.

5/ Nature des décisions et délai d'appel

134 En l'absence de dispositions spécifiques, les décisions rendues par le juge aux affaires familiales sont désormais toutes qualifiées de jugements et sont susceptibles d'appel dans le délai de droit commun d'un mois.

III – Procédures exceptionnelles échappant en tout ou partie aux règles communes applicables devant le juge aux affaires familiales

Ces procédures dérogatoires n'ont été modifiées par la réforme que de façon marginale.

1/ Délégation de l'autorité parentale

135 Cette procédure est régie par les articles 1202 et suivants du NCPC, qui renvoient à la procédure applicable en matière d'assistance éducative en ce qui concerne les modalités de convocation, de représentation, de notification des décisions et d'appel.

Le juge aux affaires familiales compétent est celui du lieu où demeure le mineur.

Il est saisi par voie de requête, adressée directement au juge ou transmise par le biais du procureur de la République.

L'affaire est instruite et jugée en chambre du conseil. Les débats ont lieu en présence du ministère public.

La décision n'est pas assortie de l'exécution provisoire de plein droit, s'agissant d'un litige concernant l'autorité parentale elle-même et non pas seulement son exercice.

Le délai d'appel est de 15 jours (art. 1191).

2/ Fixation de relations entre l'enfant et ses ascendants ou les tiers

136 Cette procédure prévue à l'article 371-4 du Code civil relève en partie des règles de droit commun édictées aux articles 1070 à 1074 du NCPC.

Les critères de compétence territoriale sont désormais fixés à l'article 1070 du NCPC et ne relèvent donc plus des critères applicables à la procédure devant le tribunal de grande instance.

Les débats ont lieu en chambre du conseil.

La médiation familiale, la conciliation ainsi que l'enquête sociale peuvent être utilisées par le juge afin de contribuer à la résolution de conflits souvent particulièrement aigus.

S'agissant des autres aspects de la procédure, l'article 1180 du NCPC prévoit expressément que ces litiges sont jugés conformément aux règles de procédure en matière contentieuse applicable devant le tribunal de grande instance, après avis du ministère public, ce qui correspond à la procédure actuelle.

L'instance doit donc être introduite par assignation au fond, la représentation par avocat est obligatoire. La procédure est écrite et soumise, selon sa complexité, à la mise en état.

La décision rendue, qui touche l'autorité parentale elle-même et non son exercice, ne bénéficie pas de l'exécution provisoire de droit.

Le jugement doit être signifié. Il est susceptible d'appel dans le délai de droit commun d'un mois.

3/ Fixation de la résidence de l'enfant chez un tiers

137 Ce contentieux obéit aux règles fixées à l'article 373-2-8 et au deuxième alinéa de l'article 373-3 du Code civil.

Le juge ne peut être saisi que par l'un des parents ou par le ministère public, ce dernier pouvant être saisi par un tiers, parent ou non.

La procédure relève en partie des règles de droit commun édictées aux articles 1070 à 1074-1 du NCPC.

Les critères de compétence territoriale sont donc désormais fixés à l'article 1070 du NCPC et ne relèvent donc plus des critères applicables à la procédure devant le tribunal de grande instance.

Les débats ont lieu en chambre du conseil.

La médiation familiale, la conciliation ainsi que l'enquête sociale peuvent être utilisées par le juge.

La décision rendue, qui relève de l'exercice de l'autorité parentale, est assortie de plein droit de l'exécution provisoire.

S'agissant des autres aspects de la procédure, l'article 1180 renvoie expressément à la procédure en matière contentieuse applicable devant le tribunal de grande instance, après avis du ministère public, ce qui correspond à la procédure actuelle (assignation au fond, représentation obligatoire).

Le jugement, qui ne peut être notifié par le greffe mais doit faire l'objet d'une signification, est susceptible d'appel dans le délai de droit commun d'un mois.

4/ Changement de prénom

138 Cette procédure, prévue à l'article 60 du Code civil, relève de la matière gracieuse et des dispositions spécifiques prévues aux articles 1055-1 et suivants du NCPC.

Le juge aux affaires familiales compétent est celui dans le ressort duquel l'acte de naissance de l'intéressé a été dressé ou du lieu où demeure celui-ci, le juge aux affaires familiales du tribunal de grande instance de Nantes étant également compétent lorsque l'acte de naissance est détenu au Service central de l'État civil.

Il est saisi par voie de requête, le ministère d'avocat étant obligatoire. La procédure est communiquée au ministère public (art. 798).

Les débats ont lieu en chambre du conseil mais le jugement est rendu publiquement, s'agissant d'une décision touchant l'état des personnes (art. 1074 nouveau).

Il est notifié par le greffe par lettre recommandée avec demande d'avis de réception aux parties ainsi qu'au ministère public (art. 675 et 1055-2).

Le délai d'appel est de quinze jours à compter de la notification (art. 538).

5/ Mesures urgentes prévues à l'article 220-1 du Code civil

139 La procédure relative à la mise en œuvre de l'article 220-1 du Code civil relève en partie des règles de droit commun édictées aux articles 1070 à 1074 du NCPC.

Les critères de compétence territoriale sont désormais fixés à l'article 1070 du NCPC.

Les mesures énoncées dans ce chapitre en ce qui concerne la publicité des débats et des décisions, la conciliation, la médiation et l'enquête sociale sont également applicables.

Compte tenu de la nature des dispositions pouvant être ordonnées et du caractère d'urgence de la procédure, la saisine du juge est cependant dérogatoire puisqu'elle s'effectue en référé ou, en cas de besoin, sur requête.

Lorsqu'il est saisi sur le fondement du nouvel alinéa 3 de l'article 220-1 du Code civil relatif à l'éviction du domicile conjugal du conjoint violent, le juge ne peut cependant être saisi qu'en référé, la procédure étant en outre communiquée au ministère public (voir première partie V).

La procédure répond alors aux règles applicables en référé (assignation à date fixe, représentation facultative, ordonnance exécutoire de plein droit et susceptible d'appel dans les quinze jours) ou celles applicables aux procédures sur requête (requête introductive, représentation obligatoire, ordonnance exécutoire sur minute et susceptible d'appel dans les quinze jours de son prononcé en cas de rejet ou de rétractation dans le cas inverse).

IV – Rappel de certaines dispositions financières en matière de frais d'instance et d'aide juridictionnelle

Il est apparu nécessaire de rappeler les règles applicables en matière d'aide juridictionnelle dans deux cas, celui de la provision pour frais d'instance et celui de l'article 700 du NCPC.

1/ Provision pour frais d'instance

140 La provision pour frais d'instance peut être allouée par le juge aux affaires familiales soit lors de l'ordonnance de non conciliation (C. civ., art 255-6°), soit lors de la mise en état (NCPC, art. 771-1°).

Lorsque les parties comparaissent devant le JAF lors de l'audience de conciliation ou à l'occasion d'un incident de mise en état, leurs explications, celles de leur conseil ainsi que les pièces versées aux débats, peuvent laisser apparaître une importante disparité de ressources entre le bénéficiaire de l'aide juridictionnelle et l'autre partie qui n'en bénéficie pas.

L'importance des ressources de cette partie pourrait ainsi justifier le versement d'une provision pour frais d'instance. Dès lors qu'une demande est faite en ce sens, le juge n'a pas à tenir compte de l'admission à l'aide juridictionnelle et peut y faire droit.

Il convient par ailleurs d'observer, qu'en sus de la provision pour frais d'instance, la somme allouée par le juge au titre de la pension alimentaire peut procurer à son bénéficiaire des ressources telles que si elles avaient existé au jour de la demande d'aide juridictionnelle, celle-ci ne lui aurait pas été accordée.

Dans ces hypothèses, il revient alors au greffe de transmettre la décision du juge au bureau d'aide juridictionnelle, qui pourra, le cas échéant, prononcer un retrait de l'aide juridictionnelle si les conditions définies à l'article 36 de la loi du 10 juillet 1991 relative à l'aide juridique sont remplies.

2/ Indemnité allouée au titre de l'article 700 du Nouveau Code de procédure civile

141 Il convient de rappeler que le fait qu'une partie bénéficie de l'aide juridictionnelle n'interdit nullement au juge de prononcer une condamnation au titre de l'article 700 du NCPC contre l'autre partie tenue aux dépens. En effet, le I de l'article 75 de la loi n° 91-647 du 10 juillet 1991 est rédigé en des termes identiques.

Ainsi, le deuxième alinéa de l'article 37 de la loi du 10 juillet 1991 permet à l'avocat du bénéficiaire de l'aide juridictionnelle de demander au juge de condamner au paiement de cette indemnité la partie tenue aux dépens, si cette dernière n'est pas elle-même bénéficiaire de l'aide juridictionnelle.

Il conviendrait de redonner toute leur mesure aux dispositions de ces textes. Il paraît en effet équitable que la partie tenue aux dépens – si elle en a les moyens – supporte la charge des frais qui, à défaut, incomberont à la solidarité nationale.

Dès lors que le juge fait droit à cette demande, l'avocat dispose d'une option. S'il entend poursuivre le recouvrement à son profit de l'indemnité, il doit renoncer à percevoir la somme correspondant à la part contributive de l'État. Il n'y a donc pas cumul de la somme allouée sur le fondement de l'article 700 avec le bénéfice de l'aide juridictionnelle.

En tout état de cause, le juge peut décider, même d'office, qu'il n'y a pas lieu à cette condamnation pour des raisons tirées de l'équité ou de la situation économique de la partie condamnée.

Annexe I INSTRUCTIONS DE GESTION PAR LE GREFFE

– Divorce par consentement mutuel.
– Autres cas de divorce.
– Règles applicables devant le JAF (hors divorce).

I. Divorce par consentement mutuel : art. 230 du Code civil et 1088 à 1105 du NCPC

Textes	Étapes de la procédure	Diligences du greffe
Art. 1089 du NCPC Art. 1091 du NCPC Art. 1092 alinéa 1	– Requête unique des époux datée et signée par chacun d'eux et leur avocat; – dépôt de la requête accompagnée des pièces annexes : convention portant règlement complet des effets du divorce incluant un état liquidatif du régime matrimonial ou la déclaration qu'il n'y a pas lieu à liquidation.	– Enrôlement de la requête, – convocation des parties par lettre simple (15 jours au moins avant la date de l'audience), – avis adressé à l'avocat ou aux avocats.
Art. 232 al. 1 du C.C. Art. 1099 du NCPC	Audience :	Assistance du greffier à l'audience (art. R 812-11 du COJ)
	1 – Le juge homologue la convention et prononce le divorce. Jugement susceptible de pourvoi en cassation.	Délivrance d'une copie exécutoire du jugement. Cette décision n'est plus soumise à la formalité de l'enregistrement préalable. L'art. 27 de la loi du 26 mai 2004 a modifié l'article 862 ancien du CGI et supprimé cette condition.
Art. 1100 du NCPC	2 – Le juge refuse d'homologuer la convention. Il peut prendre des mesures provisoires. Les parties disposent d'un délai de 6 mois pour présenter une nouvelle convention.	Mise en forme et notification de l'ordonnance.
	À l'issue du délai : – dépôt d'une nouvelle convention,	Nouvelle convocation des parties à l'audience par lettre simple (15 jours au moins avant la date fixée d'audition).
Art. 1101 du NCPC	– pas de nouvelle convention déposée dans le délai imparti. Une ordonnance de caducité est prise d'office par le juge.	Notification de l'ordonnance de caducité.

II. Autres cas de divorce : art. 233, 237 et 242 du Code civil. Dispositions communes

Textes	Étapes de la procédure	Diligences du greffe
Art. 1106 du NCPC	Requête initiale présentée par avocat comportant les demandes formées au titre des mesures provisoires ainsi qu'un exposé sommaire de leurs motifs.	Enrôlement de la requête.
Art. 220-1 al. 3 du C.C.	Pas de modification du dispositif concernant les mesures urgentes (art. 257 du C.C.). Cependant, avant toute requête en divorce ou en séparation de corps, une nouvelle procédure contradictoire en cas de violences conjugales a été instaurée.	
Art. 1108 du NCPC	Convocation des parties à l'audience de conciliation.	1 – Avis adressé à l'avocat du demandeur. 2 – L'époux non requérant est convoqué par lettre recommandée avec AR doublée d'une lettre simple, et ce, 15 jours avant la date fixée pour l'audience. – Cette convocation qui est accompagnée d'une notice d'information (qui doit contenir les dispositions des articles 252 à 254 et 255 1° et 2° du Code civil). Doit également indiquer qu'il doit se présenter en personne, seul ou assisté d'un avocat et que la présence d'un avocat est obligatoire pour accepter lors de l'audience de conciliation le principe de la rupture du mariage.
Art. 1110 du NCPC	Audience de conciliation.	Assistance du greffier (article. R 812-11 du COJ).
Art. 1111	– Renvoi à une nouvelle tentative de conciliation. – Autorisation donnée aux parties d'introduire l'instance en divorce dans un délai de 30 mois.	Mise en forme de la décision, notification.
Art. 1113	– Seul l'époux qui a présenté la requête initiale peut assigner dans les 3 mois de l'ordonnance.	
Art. 1123 du NCPC	– En cas d'acceptation du principe de la rupture du mariage sans considération des faits à l'origine de celle-ci par les époux.	– Un procès verbal est dressé, signé par le juge, les parties, leurs avocats et le greffier. Il est annexé à l'ordonnance. Il doit rappeler, à peine de nullité, les mentions du second alinéa de l'art. 233, à savoir le caractère non rétractable de l'acceptation, même par la voie de l'appel.

III. Règles applicables aux procédures hors divorce

Concernant l'organisation de l'exercice de l'autorité parentale, l'ensemble des obligations alimentaires, le changement de nom de l'enfant naturel et la contestation du prénom de l'enfant par le procureur de la République.

Cependant des règles particulières subsistent, auxquelles il convient de se reporter, pour les matières suivantes : délégation de l'autorité parentale, organisation des relations entre l'enfant et ses ascendants ou les tiers, fixation de la résidence de l'enfant chez ces derniers, changement de prénom, mesures urgentes.

SAISINE DU JAF (deux modes) ART. 1137 du NCPC	En la forme des référés.	Le greffier communique une date d'audience au requérant qui procède à l'assignation.
	Ou par requête remise ou adressée au greffe conjointement ou par une partie seulement.	Suppression de la déclaration au greffe. La requête doit être écrite mais peut prendre la forme d'une simple lettre ou d'un formulaire mis à disposition par le greffe et rempli par le requérant.
CONVOCATIONS Art. 1138 du NCPC	– Du demandeur	Modalités de convocation : – soit, par lettre simple, ou par avis adressé à l'avocat (NCPC, art. 652), – soit, si le requérant dépose sa requête au greffe et que le greffier est en mesure de lui communiquer la date d'audience, par convocation verbale, contre émargement sur la convocation ou directement sur la requête. Une copie est remise à l'intéressé.
	– Du défendeur	– Envoi d'une LRAR doublée d'une lettre simple, dans les 15 jours de la requête. Dans l'hypothèse où le requérant a indiqué que l'adresse du défendeur est la dernière connue, le greffe l'invite à procéder par voie de signification (sans convoquer préalablement).
	Mention obligatoire : À peine de nullité, la convocation, quel qu'en soit le mode, doit contenir les dispositions nouvelles des articles 1139 à 1140 du NCPC.	– Mode de comparution : les parties doivent comparaître soit en personne, seules ou assistées, soit représentées par un avocat. Exception : voir article 1141 du NCPC.
		– Oralité de la procédure : les parties doivent être présentes ou représentées à l'audience.
NOTIFICATION DU JUGEMENT ART. 1142 du NCPC	Le juge saisi par requête, peut décider soit d'office soit à la demande d'une partie, que la notification sera faite par le greffe.	Dans cette hypothèse la notification est faite par lettre recommandée avec accusé de réception.
VOIES DE RECOURS :	Pas de disposition particulière.	Délai de droit commun : 1 mois.

61.12

Circulaire du 6 décembre 2004 de présentation de la loi n° 2002-304 du 4 mars 2002 relative au nom de famille modifiée par la loi n° 2003-516 du 18 juin 2003 relative à la dévolution du nom de famille

N° CIRCULAIRE : CIV/18/04

N° NOR : JUS C0420955C

Date d'application : À compter du 1er janvier 2005

Introduction

La loi n° 2002-304 du 4 mars 2002 modifiée par la loi n° 2003-516 du 18 juin 2003 a changé en profondeur le dispositif existant en matière de dévolution et de changement du nom de famille. Elle introduit la notion de nom de famille qui se substitue à celle usitée de nom patronymique.

Cette réforme ne remet pas en cause le dispositif de changement de nom par décret prévu aux articles 61 et suivants du Code civil.

En application de l'article 311-21 du Code civil, les parents ont la faculté d'attribuer à leur premier enfant dont le double lien de filiation est établi au plus tard lors de la déclaration de naissance ou simultanément après celle-ci, soit le nom du père, soit le nom de la mère, soit leurs deux noms accolés dans l'ordre choisi par eux dans la limite d'un nom de famille pour chacun d'eux, dès lors que sa naissance est postérieure au 31 décembre 2004.

La transmission du nom du père est maintenue à titre subsidiaire en l'absence de déclaration de choix de nom susceptible de produire effet lorsque les filiations maternelle et paternelle sont établies simultanément.

La loi modifie également les règles relatives au changement de nom de l'enfant naturel né à compter du 1er janvier 2005 en transférant la compétence reconnue aux greffiers en chef des tribunaux de grande instance pour recevoir la déclaration de changement de nom des parents aux officiers de l'état civil. De plus, le nouveau texte permet aux parents de choisir entre leur nom respectif ou le double nom constitué de leur nom accolé dans l'ordre qu'ils ont déterminé.

Le législateur a enfin prévu un régime transitoire qui, jusqu'au 30 juin 2006, permet aux père et mère, par déclaration conjointe, de demander au bénéfice de l'aîné de leurs enfants communs, nés entre le 2 septembre 1990 et le 31 décembre 2004 inclus, d'adjoindre à son nom d'origine, en seconde position, le nom du parent qui ne lui a pas transmis le sien.

Les dispositions relatives à l'adoption et à la légitimation ont également fait l'objet d'adaptations.

Le décret n° 2004-1159 du 29 octobre 2004 précise les modalités d'établissement des différentes catégories de déclaration de choix de nom et détermine la compétence territoriale des officiers de l'état civil chargés de les instruire.

TITRE LIMINAIRE : Le régime juridique applicable au nom de l'enfant

§1 – La composition du nom choisi par les parents

À l'exclusion des dispositions transitoires contenues à l'article 23 de la loi du 4 mars 2002 modifiée, qui ne prévoient que l'adjonction au nom porté par l'enfant du nom du parent qui ne lui a pas transmis le sien, la composition du nom de famille de l'enfant sera fonction du choix fait par les parents (choix du nom d'un seul d'entre eux ou choix du double nom) et de la composition de leur nom respectif qui peut comporter un ou plusieurs vocables.

EXEMPLES

• **en application de l'article 311-21 ou 334-2 du Code civil**

EXEMPLE 1	EXEMPLE 2
Père : *Dupont* Mère : *Martin*	Père : *Dubois de Lacime des Noës* Mère : *Beauregard de Saint-Haon*
Nom de l'enfant : quatre possibilités de choix	
Dupont	*Dubois de Lacime des Noës*
Martin	*Beauregard de Saint-Haon*
Dupont--Martin	*Dubois de Lacime des Noës--Beauregard de Saint-Haon*
Martin--Dupont	*Beauregard de Saint-Haon--Dubois de Lacime des Noës*

• **en application de l'article 23 de la loi**

a) Lorsqu'à sa naissance, l'aîné des enfants s'est vu attribuer le nom du père :
Père : *Dupré*
Mère : *Duchamps*
Enfant : *Dupré*
Nom de l'enfant après déclaration conjointe d'adjonction de nom :
Dupré--Duchamps
b) Lorsqu'à sa naissance, l'aîné des enfants s'est vu attribuer le nom de la mère
Père : *Dupré*
Mère : *Duchamps*
Enfant : *Duchamps*
Le nom de l'enfant après déclaration d'adjonction de nom est :
Duchamps--Dupré

En choisissant pour leur enfant, le nom « *Dupont--Martin* », « *Martin--Dupont* », « *Dubois de Lacime des Noës--Beauregard de Saint-Haon* », « *Beauregard de Saint-Haon--Dubois de Lacime des Noës* », « *Dupré--Duchamps* », « *Duchamps--Dupré* » les parents créent un double nom.

La **création du double nom** appelle les remarques suivantes :

– Le double nom, constitué par le nom accolé de chacun des parents, est identifiable par le séparateur « -- » placé entre le nom issu de la branche paternelle et celui issu de la lignée maternelle qui le forment.

Ce séparateur « -- » doit être mentionné sur ses actes de l'état civil. À l'instar du simple tiret, ce signe n'a de manifestation qu'à l'écrit et ne se prononce pas.

Son absence créerait une confusion avec les noms composés qui préexistent à l'entrée en vigueur de la loi. Les noms composés (noms acquis sur plusieurs générations comportant un ou plusieurs vocables, noms à particules, noms résultant d'une adjonction du nom de l'adoptant à celui de l'adopté à la suite d'une adoption simple) constituent une entité unique, indivisible, transmissible dans leur intégralité, sans aucune césure possible (v. *supra* « *Beauregard de Saint-Haon* ou *Dubois de Lacime des Noës* »). Ils n'ont donc pas le même régime juridique que les double noms qui eux sont divisibles.

Aussi, dans l'hypothèse où l'indication du « -- » est omise par l'officier de l'état civil alors que les parents déclarent choisir un double nom, il appartient au procureur de la République de faire procéder à la rectification de l'acte de naissance en application des dispositions de l'article 99 du Code civil.

En revanche, lorsque le séparateur est omis par les parents sur le document contenant leur déclaration conjointe de choix de nom, l'officier de l'état civil le porte d'office sur l'acte de naissance.

Si des parents s'opposent à l'indication, par l'officier de l'état civil, de ce séparateur entre les composantes du double nom choisi, l'officier de l'état civil écarte le choix fait par les parents, inscrit l'enfant sous le nom qui résulte de l'application des règles supplétives énoncées à l'article 311-21 du Code civil lorsqu'il s'agit d'une dévolution du nom, ne modifie pas le nom lorsqu'il s'agit d'un changement de nom fait en application de l'article 334-2 du Code civil ou de l'article 23 de la loi du 4 mars 2002 modifiée et informe le parquet.

S'agissant de la **transmission du double nom,** elle appelle quelques observations :

Le double nom étant divisible, les père et mère porteurs d'un double nom peuvent transmettre à leur enfant l'intégralité du double nom de l'un d'eux ou une partie du double nom de l'un accolée à une partie du double nom de l'autre parent, en en faisant la déclaration conformément à l'article 311-21 du Code civil.

En revanche, si les parents décident de ne transmettre qu'une partie du double nom de l'un deux, ils doivent, conformément aux dispositions de l'article 311-21 alinéa 4 du Code civil, faire une déclaration conjointe de choix de nom, lors de la déclaration de naissance, dans laquelle ils indiquent le nom choisi qui redevient donc un nom simple (v. *infra* exemple). À défaut d'une telle déclaration, le nom transmis à l'enfant sera soit le double nom du père, soit le double nom de la mère, soit un double nom composé d'une partie du double nom de chacun.

En aucun cas, les parents ne peuvent transmettre un double nom constitué de l'accolement de leur double nom respectif.

EXEMPLE :

1re génération	Mère : *Martin*	Père : *Dupont*
	Mère : *Duchamps*	Père : *Dubois de Lacime des Noës*

2e génération	Les parents font une déclaration conjointe de choix de nom et choisissent d'attribuer à leur enfant leurs deux noms accolés :	
	Enfant (fils) : *Dupont--Martin*	Enfant (fille) : *Duchamps--Dubois de Lacime des Noës*

3e génération

1re hypothèse :

Les parents font une déclaration de choix de nom en application de l'article 311-21. L'alinéa 4 leur permet de choisir la partie du double nom transmise. Ils peuvent donc décider de ne transmettre qu'une composante du double nom du père ou qu'une composante du double nom de la mère.

En conséquence, le nom de leur enfant sera l'un des quatre suivants :

– *Dupont*
– *Duchamps*
– *Martin*
– *Dubois de Lacime des Noës* (nom composé indivisible)

2e hypothèse :

Les parents ne font pas de déclaration de choix de nom sur le fondement de l'article 311-21 alinéa 4 du Code civil mais font une déclaration sur le fondement de l'article 311-21 alinéa 1er.

Le nom de l'enfant sera l'un des dix noms suivants :

Soit le nom d'un seul de ses parents :

– *Dupont--Martin* (nom du père)
– *Duchamp--Dubois de Lacime des Noës* (nom de la mère)

Soit un double nom :

– *Dupont--Dubois de Lacime des Noës* (double nom)
– *Dubois de Lacime des Noës--Dupont* (double nom)
– *Martin--Dubois de Lacime des Noës* (double nom)
– *Dubois de Lacime des Noës--Martin* (double nom)
– *Dupont--Duchamps* (double nom)
– *Duchamps--Dupont* (double nom)
– *Martin--Duchamps* (double nom)
– *Duchamps--Martin* (double nom)

Important : L'accolement de deux double nom est impossible ainsi que l'interversion des vocables constituant le double nom des parents.

Le choix du nom *Dupont--Martin--Duchamps--Dubois de Lacime des Noës* n'est pas recevable, en ce qu'il contrevient aux dispositions de l'article 311-21 et 334-2 du Code civil.

De même, l'interversion des vocables constituant le double nom des parents (*Martin--Dupont; Dubois de Lacime des Noës--Duchamps*) est impossible. Seul le nom tel qu'il figure sur l'acte de l'état civil du père ou de la mère est transmissible.

3e hypothèse :

Les parents ne font aucune déclaration de choix de nom.

1) L'enfant prend le nom de son père lorsque sa filiation est établie simultanément à l'égard de l'un et de l'autre de ses parents.

– *Dupont--Martin*

2) L'enfant prend le nom du parent qui l'a reconnu en premier.

– *Dupont--Martin* (lorsque la filiation est établie en 1er lieu à l'égard du père)
– *Duchamps--Dubois de Lacime des Noës* (lorsque la filiation est établie à l'égard de la mère)

Lorsque le nom choisi est le nom d'un parent étranger constitué de plusieurs vocables (nom espagnol ou portugais, asiatique, africain), il doit être considéré comme formant un nom composé, constituant une entité indivisible, transmissible dans son intégralité, sauf si la loi étrangère en dispose autrement. La preuve des dispositions de la loi étrangère doit, s'il y a lieu, être rapportée par les parents au moyen d'un certificat de coutume ou d'une attestation établie par les autorités consulaires compétentes.

EXEMPLE :

Principe : présomption d'indivisibilité du nom du parent étranger :

Nom du père : *Aït El Madini*

Nom de la mère : *Des Près*

Possibilités de composition du nom de l'enfant :

– *Aït El Madini*
– *Des Près*
– *Aït El Madini--Des Près*
– *Des Prés--Aït El Madini*

…/…

Exception : remise à l'officier de l'état civil d'un certificat de coutume établissant que, selon la loi étrangère dont il a la nationalité, le nom du parent étranger est divisible (Aït d'une part El Madini de l'autre). Possibilités de composition du nom de l'enfant : – *Aït* – *El Madini* – *Des Près* – *Aït--Des Près ou Des Près--Aït* – *El Madini--Des Près ou Des Près--El Madini*

Le certificat de coutume et la déclaration conjointe de choix de nom sont annexés à l'acte de naissance de l'enfant (IGREC n° 531).

§2 – L'unicité et l'irrévocabilité de l'exercice du choix de nom

La faculté de choix de nom ouverte aux père et mère ne peut être exercée qu'une seule fois (C. civ., art. 311-23).

Dès lors que la filiation des enfants communs du couple est établie dans les termes de l'article 311-21 du Code civil, le choix parental ne peut pas fluctuer selon le sexe de l'enfant concerné ou l'ordre des naissances.

Cette règle de portée générale **a pour effet de rendre irréversible le choix du nom effectué.** En conséquence, la remise en cause d'un choix de nom réalisé en application des articles 311-21 et 334-2 du Code civil ou de l'article 23 de la loi se fera dans les conditions et selon la procédure en changement de nom par décret prévue par l'article 61 du Code civil.

Ainsi la déclaration de changement de nom d'un enfant naturel effectuée sur le fondement de l'article 334-2 du Code civil rend impossible une nouvelle déclaration de changement de nom pour le même enfant.

EXEMPLE :

Naissance d'un enfant naturel reconnu en premier lieu par sa mère : Mère : *Martin* Enfant : *Martin*
Établissement du lien de filiation naturelle paternelle après déclaration de naissance (C. civ., art. 334-1) Père : *Dupont* Enfant : *Martin*
Déclaration conjointe de changement de nom en application de l'article 334-2 du Code civil reçue par l'officier de l'état civil : Mère : *Martin* Père : *Dupont* Enfant : *Dupont--Martin*
Les parents veulent faire une nouvelle déclaration conjointe de changement de nom pour le même enfant afin qu'il se nomme *Dupont*. Cette déclaration est irrecevable. Le changement de nom de l'enfant implique la mise en œuvre de la procédure en changement de nom par décret prévue par l'article 61 du Code civil (v. *supra*).

§3 – La vérification par l'officier de l'état civil de la transmissibilité du nom choisi

Conformément à l'article 13 du décret n° 2004-1159 du 29 octobre 2004, l'officier de l'état civil destinataire d'une déclaration conjointe de choix (C. civ., art. 311-21) ou d'adjonction de nom (art. 23 loi) ou celui devant lequel les parents comparaissent pour demander le changement de nom de leur enfant (C. civ., art. 334-2) doit s'assurer de la transmissibilité du nom choisi par les parents, de la concordance du nom choisi lorsque la déclaration résulte de deux actes distincts (C. civ., art. 311-21 et art. 23 loi / v. *infra*).

En cas d'erreur manifeste ou de choix non conforme aux dispositions légales, de divergence entre les parents, la déclaration de choix de nom, d'adjonction ou de changement de nom est sans effet sur le nom de l'enfant. Tel est le cas lorsque les parents choisissent un nom qui ne correspond pas à leur propre état civil (nom d'usage, pseudonyme, surnom, nom d'un tiers, nom inventé, nom d'un personnage historique ou d'une création littéraire, cinématographique, ...).

Dans cette hypothèse, le nom de l'enfant pour lequel les parents demandent un changement de nom (C. civ., art. 334-2) ou une adjonction de nom (art. 23 loi) reste inchangé.

Lorsque la difficulté apparaît lors de la remise de la déclaration conjointe de choix de nom faite en application de l'article 311-21 du Code civil, l'officier de l'état civil enregistre l'enfant sous le nom résultant de l'application des règles supplétives énoncées dans ce texte.

Règles supplétives énoncées par l'article 311-21 du Code civil	
Filiation légitime	Nom du père
Double lien de filiation naturelle établi simultanément au plus tard lors de la déclaration de naissance	Nom du père
Lien de filiation naturelle établi successivement au plus tard le jour de la déclaration de naissance	Nom du premier parent à l'égard duquel le lien de filiation est établi
Double lien de filiation établi simultanément après la déclaration de naissance	Nom du père

Il convient de rappeler que la déclaration conjointe de choix de nom n'est pas recevable :

– lorsque les filiations de l'enfant naturel sont établies à l'égard d'un seul des parents avant la déclaration de naissance, et à l'égard de l'autre après, **ou**

– lorsque les filiations sont établies successivement après la déclaration de naissance.

Dans ces deux derniers cas, le nom de l'enfant est attribué conformément aux dispositions de l'article 334-1 du Code civil, c'est à dire que l'enfant porte le nom de celui à l'égard duquel la filiation est établie en premier lieu.

L'officier de l'état civil n'effectue aucun contrôle de pertinence sur le nom choisi par les parents même si celui-ci lui apparaît contraire à l'intérêt de l'enfant en raison de son caractère ridicule ou péjoratif ou au droit des tiers à voir protéger leur nom de famille.

De même, l'officier de l'état civil ne peut pas refuser d'enregistrer le nom choisi en opposant aux parents, sa complexité ou sa longueur notamment lorsqu'ils optent pour un double nom.

L'officier de l'état civil est compétent pour rectifier les seules erreurs matérielles (orthographe différente entre le nom figurant dans l'acte d'état civil des parents et le nom reproduit sur la déclaration conjointe de choix ou d'adjonction de nom remise) constatées au moment de la réception de la déclaration de choix de nom.

PREMIÈRE PARTIE : LES ASPECTS INTERNES DU NOM DE FAMILLE

TITRE 1 : Les conditions d'application de l'article 311-21 du Code civil

L'article 311-21 du Code civil ne concerne que les fratries dont le premier enfant, né après le 31 décembre 2004, a un double lien de filiation établi au plus tard lors de sa déclaration de naissance ou simultanément après celle-ci. Par commodité, ce premier enfant sera ci-après désigné « premier enfant commun ».

L'attention des officiers de l'état civil doit être appelée sur le fait que cette notion de « premier enfant commun » n'emporte aucune conséquence hors le champ d'application de la présente loi.

Le nom choisi pour cet enfant vaut pour les enfants suivants dès lors que leur filiation, comme celle de leur aîné, est établie à l'égard du même père et de la même mère, dans les conditions énoncées à l'article 311-21 du Code civil.

Il est rappelé que le non exercice par les parents de la faculté qui leur est offerte, par l'article 311-21 du Code civil, produit un effet identique à sa mise en œuvre. Les père et mère qui, à la naissance de leur « premier enfant commun », n'exercent pas leur faculté de choix, ne peuvent pas l'exercer lors de la naissance de leur second enfant au motif qu'ils n'en ont pas usé auparavant (v. aussi légitimation). Le non choix vaut choix.

I – La mise en œuvre de l'article 311-21 du Code civil à l'égard du « premier enfant commun »

A – Les conditions de fond

1 – L'existence d'un double lien de filiation établi au plus tard lors de la déclaration de naissance ou simultanément établi après celle-ci

> Le premier enfant de la fratrie à l'égard duquel les parents peuvent procéder à une déclaration conjointe de choix de nom doit s'entendre de celui, qui, né vivant et viable après le 31 décembre 2004, a un double lien de filiation établi au plus tard lors de sa déclaration de naissance ou simultanément après celle-ci.

Il ne s'agit donc **pas systématiquement de l'aîné de la fratrie.**

L'ordre de l'établissement des filiations prévaut en effet sur l'ordre chronologique des naissances.

Il s'agit donc de l'enfant :

– légitime couvert par le jeu de la présomption de paternité édictée par l'article 312 du Code civil,

– naturel dont le double lien de filiation est établi au plus tard le jour de sa déclaration de naissance notamment :

1) par reconnaissance prénatale simultanée,

2) par reconnaissances prénatales successives,

3) par une reconnaissance prénatale à l'égard de l'un des parents et postnatale à l'égard de l'autre au plus tard lors de la déclaration de naissance,

4) par reconnaissance conjointe lors de la déclaration de naissance,

– naturel dont la filiation paternelle et maternelle est établie simultanément après la déclaration de naissance,

L'enfant adopté plénièrement ouvre droit à l'application des mêmes règles lorsqu'il est le « premier enfant commun ».

En revanche, l'article 311-21 du Code civil n'est pas applicable à :

– l'enfant sans vie,

– l'enfant dont la filiation n'est pas légalement établie à l'égard de ses deux parents au sens de l'article 311-21 du Code civil (notamment enfant naturel reconnu par ses parents successivement, l'un avant la déclaration de naissance, l'autre après cette déclaration, enfant naturel reconnu successivement par ses deux parents après la déclaration de naissance),

– l'enfant adopté en la forme simple, le nom de l'enfant adopté répondant à des dispositions spécifiques (C. civ, art. 363). En effet, l'adoption simple ne rompant pas les liens avec la famille d'origine, l'enfant peut conserver son nom d'origine qui ne peut être transmis aux autre enfants de la fratrie.

Les parents attestent sur l'honneur, par une mention portée dans la déclaration conjointe de choix de nom, que l'enfant à l'égard duquel ils exercent la faculté de choix de nom est le premier enfant entrant dans le champ d'application de l'article 311-21 du Code civil.

Toutefois, l'officier de l'état civil, qui par la consultation du livret de famille qu'il doit mettre à jour ou des actes d'état civil produits (v. *infra*) découvre que cette attestation est mensongère, avise immédiatement le procureur de la République dont il sollicite les instructions. La déclaration de choix de nom qui lui est remise est écartée. L'enfant est inscrit sous le nom qui doit lui être dévolu en application des règles supplétives énoncées par l'article 311-21 du Code civil.

Lorsque la mère de l'enfant est au jour de la déclaration de naissance de nationalité étrangère, l'établissement du double lien de filiation doit être apprécié au regard de la loi étrangère (C. civ., art. 311-14).

2 – La naissance du « premier enfant commun » doit être postérieure au 31 décembre 2004

Le nouveau dispositif décrit par l'article 311-21 du Code civil ne concerne que les enfants nés à compter de la date d'entrée en vigueur de la loi du 4 mars 2002, telle que fixée par la loi du 18 juin 2003 c'est à dire le 1er janvier 2005.

Lorsque le premier enfant du couple est né avant cette date, les parents ne peuvent pas pour leur second enfant commun né à compter du 1er janvier 2005, choisir son nom de famille dès lors que leur premier enfant est :

– un enfant légitime,

– naturel dont les filiations maternelle et paternelle sont établies au plus tard le jour de sa naissance ou simultanément après celle-ci,

– Ou adopté plénièrement.

Exemple n° 1 : « Premier enfant commun » né à compter du 1er janvier 2005 : – 2004 : mariage de X (père) et Y (mère), – 1er janvier 2005 : Entrée en vigueur de la nouvelle loi, – 4 janvier 2005 : naissance de A, enfant légitime, « premier enfant commun ». Possibilité de faire une déclaration de choix de nom : Oui. Choix de nom possible X, Y, X--Y, Y--X. Si absence de déclaration conjointe de choix de nom : nom du père : X. – 1er janvier 2006 : Naissance du 2e enfant du couple Impossibilité de faire une nouvelle déclaration de choix de nom. Le nom de cet enfant sera celui inscrit sur l'acte de naissance du premier enfant. Soit X (nom du père s'il n'y avait pas eu de déclaration de choix de nom faite à l'occasion de la naissance du premier enfant). Soit X, Y, X--Y ou Y--X selon le choix selon la déclaration remise lors de la naissance du premier enfant.
Exemple n° 2 : « Premier enfant commun » né avant le 1er janvier 2005 : – 30 décembre 2003 : naissance de C, enfant naturel reconnu par sa mère X et ensuite par son père Y. Il porte le nom de sa mère X, – 1er juillet 2004 : mariage des parents : légitimation de leur enfant C qui prend le nom du père Y, – 10 février 2005 : naissance de D, enfant légitime de X (mère) et Y (père). Le second enfant de ce couple est certes né après le 1er janvier 2005 mais il n'est pas le premier enfant commun du couple au sens de l'article 311-21 du Code civil. Les parents ne peuvent pas faire de déclaration de choix de nom. Il portera donc le nom de son père. Les parents peuvent toutefois envisager une demande d'adjonction de nom au titre de l'article 23 de la loi du 4 mars 2002 modifiée. Les enfants C et D se nommeront alors Y--X.
Exemple n° 3 : – 30 décembre 2003 : naissance de E, enfant naturel dont seule la filiation maternelle est établie. Il porte le nom de sa mère. – 3 janvier 2005, naissance de F, enfant naturel reconnu par sa mère avant la naissance et par son père dans l'acte de naissance. Le père décide de mettre à profit sa venue devant l'officier de l'état civil pour reconnaître E son premier enfant. Il se présente à l'officier de l'état civil pour déclarer la naissance de son fils F et remet une déclaration conjointe de choix de nom pour F. Est-elle recevable ? Oui dans la mesure où E, premier né, n'est pas un « premier enfant commun » au sens de l'article 311-21. Les conditions d'établissement de son double lien de filiation ne correspondent pas à celles énoncées à l'article 311-21 du Code civil. Il a en effet été reconnu avant sa naissance par sa mère et après sa déclaration de naissance par son père. Dans ces conditions, c'est F qui est le « premier enfant commun ». Si E (né en 2003) avait été reconnu par ses deux parents au plus tard le jour de sa déclaration de naissance, il aurait eu la qualité de « premier enfant commun » du couple. Dès lors, la déclaration conjointe de choix de nom remise lors de la déclaration de naissance de F (né en 2005) serait irrecevable car F n'est pas le « premier enfant commun ». F portera le nom du parent qui l'a reconnu en premier c'est-à-dire celui de sa mère.

Récapitulatif de l'application de la loi aux fratries mixtes
Lorsque l'enfant légitime né à compter du 1er janvier 2005 a pour aîné un enfant légitime né avant le 1er janvier 2005 : pas de déclaration de choix de nom possible en application de l'article 311-21 car le « premier enfant commun » est né avant la date d'entrée en vigueur de la loi.
Lorsqu'un enfant naturel dont le double lien de filiation est établi au plus tard lors de sa déclaration de naissance ou conjointement après celle-ci, a pour aîné un enfant naturel né avant le 1er janvier 2005 dont le double lien de filiation avait également été établi au plus tard le jour de sa déclaration de naissance ou conjointement après celle-ci : pas de déclaration de choix de nom possible pour l'enfant n° 2 car le « premier enfant commun » est né avant la date d'entrée en vigueur.
Lorsqu'un enfant naturel né à compter du 1er janvier 2005 dont le double lien de filiation est établi au plus tard lors de sa déclaration de naissance ou conjointement après celle-ci a pour aîné un enfant né avant le 1er janvier 2005 mais dont le double lien de filiation a été établi successivement soit après sa déclaration de naissance, soit avant à l'égard de l'un des parents et après à l'égard de l'autre, cet aîné n'a pas la qualité de « premier enfant commun » au sens de l'article 311-21 du Code civil : les parents peuvent remettre une déclaration de choix de nom lors de la déclaration de naissance de l'enfant n° 2 né en 2005.
Lorsqu'un enfant légitime ou naturel dont le double lien de filiation est établi au plus tard le jour de sa déclaration de naissance ou conjointement après celle-ci, né à compter du 1er janvier 2005, a pour aîné un enfant né avant le 1er janvier 2005 pour lequel une procédure d'adoption plénière est en cours au moment de sa déclaration de naissance : déclaration de choix de nom possible, l'enfant le plus âgé n'étant pas le « premier enfant commun » du couple en l'absence de lien établi par l'adoption.
Lorsqu'un enfant légitime ou naturel dont le double lien de filiation est établi lors de sa déclaration de naissance ou conjointement après celle-ci, né à compter du 1er janvier 2005, a pour aîné un enfant né avant le 1er janvier 2005 dont l'adoption plénière a été prononcée avant la date d'entrée en vigueur de la loi : pas de déclaration conjointe de choix de nom pour l'enfant n° 2 car le « premier enfant commun » du couple est l'enfant adopté.
Lorsqu'un enfant légitime ou naturel dont le double lien de filiation est établi lors de sa déclaration de naissance ou conjointement après celle-ci a pour aîné un enfant né avant le 1er janvier 2005 adopté en la forme simple : déclaration de choix de nom possible pour l'enfant n° 2 car l'enfant adopté en la forme simple n'est pas dans cette hypothèse considéré comme le « premier enfant commun » du couple, la détermination de son nom répondant à des dispositions spéciales.

B – Les conditions de forme de la déclaration conjointe de choix de nom

1 – Forme et contenu de la déclaration

Aux termes de l'article 1er du décret n° 2004-1159 du 29 octobre 2004, la déclaration conjointe de choix de nom prend la forme d'un écrit. Il peut s'agir d'un acte sous seing privé ou d'un acte authentique. Il doit être rédigé en langue française.

Une déclaration conjointe de choix de nom rédigée dans une langue étrangère est toutefois recevable si elle est accompagnée de sa traduction en français établie aux frais des parents par un traducteur assermenté.

Par simplification, les parents pourront réaliser cette déclaration au moyen du formulaire obtenu auprès ou remis par l'officier de l'état civil au moment des formalités de reconnaissance d'un enfant naturel, des démarches préalables au mariage, ou mis à disposition auprès de divers services publics (CAF, PMI, maternités, ...) (v. modèles annexés).

Elle est en principe contenue dans un unique document signé à la même date par les père et mère.

Toutefois, en cas d'empêchement d'un ou des deux parents (hospitalisation, déplacement professionnel de longue durée, incarcération des deux parents), il peut être remis soit un document unique signé par chacun des parents à des dates différentes, soit deux documents distincts signés le même jour ou à des dates différentes dès lors qu'ils témoignent de leur intention commune de conférer à leur enfant un nom concordant.

Dans ces hypothèses dérogatoires qui doivent demeurer exceptionnelles, la date qui détermine celle de la déclaration est la date la plus récente. C'est cette date qui sera portée sur les actes de naissance de l'enfant concerné et des cadets.

Conformément aux dispositions de l'article 1er alinéa 2 du décret du 29 octobre 2004, cette déclaration doit obligatoirement comporter :

- les prénom(s), nom, date et lieu de naissance, domicile des père et mère auteurs de la déclaration,
- le prénom, la date et le lieu de naissance de l'enfant lorsque la déclaration concerne un enfant né,
- l'attestation sur l'honneur que le choix de nom concerne leur « premier enfant commun »,
- le nom de famille choisi pour cet enfant (nom du père, nom de la mère, nom accolé des père et mère dans la limite d'un nom pour chacun d'eux),
- la date et la signature des père et mère auteurs du choix de nom.

En l'absence d'une de ces mentions ou en cas d'intransmissibilité du nom choisi, l'officier de l'état civil sollicite les instructions du parquet.

En cas de fausses déclarations, le procureur de la République saisit le président du tribunal de grande instance territorialement compétent aux fins de rectification de l'acte erroné en application de l'article 99 du Code civil.

En outre, de fausses déclarations sont passibles des peines prévues à l'article 441-7 du Code pénal.

L'attention des officiers de l'état civil doit être appelée sur le fait que la déclaration conjointe de choix de nom constitue un acte distinct de l'acte de reconnaissance d'un enfant naturel et notamment d'une reconnaissance prénatale. Ces deux démarches donnent lieu à l'établissement de deux documents distincts : l'un, la déclaration conjointe de choix de nom, est établi par les parents et ne constitue pas un acte de l'état civil; l'autre, l'acte de reconnaissance, est dressé par l'officier de l'état civil.

2 – Remise de la déclaration conjointe de choix de nom

21 – Remise d'une déclaration de choix de nom concernant un nouveau-né (art. 2 décret)

La déclaration conjointe de choix de nom est remise à l'officier de l'état civil du lieu de naissance à l'occasion de la déclaration de naissance.

Il n'a pas à se déplacer pour aller recueillir la déclaration de l'un ou l'autre des parents qui serait empêché.

Si la déclaration conjointe de choix de nom ne peut émaner que des père et mère, elle peut être remise par l'un des deux parents co-déclarant mais aussi par le tiers, autorisé en application de l'article 56 du Code civil, à venir déclarer la naissance de l'enfant (art. 2 décret préc.)

En toute hypothèse, la déclaration conjointe de choix de nom doit être reçue par l'officier de l'état civil du lieu de naissance de l'enfant au terme des trois jours légaux pour accomplir la déclaration de naissance, sachant qu'une remise ou une transmission anticipée n'emportera aucun effet au même titre qu'une remise ou une transmission tardive. L'officier de l'état civil n'a pas à conserver la déclaration conjointe de choix de nom d'un enfant à naître.

La remise prématurée d'une déclaration conjointe de choix de nom pourrait générer des conflits entre les parents dans l'hypothèse où ils entendraient modifier leur choix lors de la déclaration de naissance.

Il en va de même de toute production de la déclaration conjointe de choix de nom postérieure à la déclaration de naissance.

De manière générale, il incombe aux parents qui ne procèdent pas en personne à la déclaration de naissance de leur enfant de mettre en œuvre tous les moyens nécessaires pour que leur déclaration conjointe de choix de nom puisse être remise à l'officier de l'état civil par le tiers déclarant au moment de la réalisation des formalités de déclaration de naissance.

À cet égard, il convient d'indiquer que la remise de la déclaration conjointe de choix de nom à l'officier de l'état civil ne peut se faire qu'en personne, par celle venue déclarer la naissance de l'enfant.

Toute pratique consistant à suspendre ou différer l'enregistrement de la déclaration de naissance à la production de la déclaration conjointe de choix de nom et des pièces exigées est irrégulière.

Il y a lieu de noter que la déclaration conjointe de choix de nom remise lors de la déclaration de naissance est recevable alors même que ses signataires ou l'un d'eux sont décédés sauf si manifestement il apparaît à l'officier de l'état civil que le document n'a pu être signé par le déclarant avant son décès. Dans ce cas, l'officier de l'état civil en avise le procureur de la République. Le nom de l'enfant sera alors celui découlant de la mise en œuvre des règles supplétives (v. *supra*).

Afin d'éviter toute contestation ultérieure, l'officier de l'état civil appose par tous moyens (tampons dateurs, mention manuscrite...), la date de réception de la déclaration conjointe de choix de nom qui doit coïncider avec celle de la déclaration de naissance ou de la reconnaissance simultanée.

22 – Remise d'une déclaration conjointe de choix de nom concernant un enfant naturel dont la filiation est établie simultanément après la déclaration de naissance (art. 3 décret)

Aux termes de l'article 3 du décret, la déclaration conjointe de choix de nom peut être remise, par les parents ou l'un d'eux, à l'officier de l'état civil ou au notaire qui reçoit l'acte de reconnaissance simultanée.

Le notaire, comme l'officier de l'état civil, auquel des parents remettent une déclaration conjointe de choix de nom lorsque est établie une double reconnaissance simultanée de filiation naturelle doit indiquer sur la déclaration conjointe de choix de nom, la date de sa réception afin d'établir la coïncidence avec l'acte de reconnaissance.

La déclaration remise en application de l'alinéa 1er de l'article 3 du décret à l'officier de l'état civil ou au notaire, antérieurement ou postérieurement à la double reconnaissance doit être écartée. Dans ce cas, l'enfant prend alors le nom de son père au titre des règles supplétives (v. *supra*).

L'officier de l'état civil devant lequel est faite la double reconnaissance et qui reçoit à cette occasion la déclaration de choix de nom joint à l'avis de mention qu'il adresse à l'officier de l'état civil détenteur de l'acte de naissance, la déclaration conjointe de choix de nom.

3 – Les pièces justificatives à produire

L'officier de l'état civil, auquel la déclaration de choix de nom est remise, vérifie l'existence des conditions légales (double lien de filiation de l'enfant établi selon les énonciations de l'article 311-21 du Code civil), la régularité de la déclaration de nom (indication des mentions énumérées par le décret, signatures, dates), la transmissibilité du nom choisi.

À cette fin, les parents produisent :

Pour l'enfant légitime :	Pour l'enfant naturel :
• Le livret de famille, • à défaut : – une copie intégrale de l'acte de naissance de chacun des parents portant mention du mariage, – ou la copie intégrale de leur acte de mariage.	1 – Pour l'enfant naturel dont le double lien de filiation doit être établi lors de sa déclaration de naissance : • la copie intégrale : – de l'acte de reconnaissance conjointe, – ou des actes de reconnaissance successifs, – ou de l'acte de reconnaissance par le père avec indication du nom de la mère, • le livret de famille ou les livrets respectifs.
	2 – Pour l'enfant naturel reconnu simultanément par ses deux parents après sa déclaration de naissance : • la copie intégrale de l'acte de reconnaissance simultanée accompagnée de la copie intégrale de l'acte de naissance de l'enfant.

4 – Enregistrement du nom et de la déclaration conjointe de choix de nom par l'officier de l'état civil

41 – L'enregistrement du nom d'un nouveau-né.

411 – **L'acte de naissance** du premier enfant commun est dressé conformément aux dispositions de l'article 57 du Code civil. Il doit donc comporter après l'indication des prénoms de l'enfant, celle de son nom immédiatement suivie, le cas échéant, de l'indication de la déclaration de choix de nom (v. modèles annexés).

Lorsque les parents ne font pas de déclaration de choix de nom ou bien lorsque celle-ci est écartée en raison d'une irrégularité et lorsque la rubrique de la déclaration de choix de nom apparaît dans l'acte, l'officier de l'état civil remplit l'espace qui suit la rubrique « suivant déclaration conjointe du … » avec des caractères de compléments (astérisques par exemple). Aucun blanc ne doit être laissé afin d'éviter tous risque de rajout intempestif ou frauduleux.

412 – L'officier de l'état civil renseignera de la même façon **le(s) livret(s) de famille** que lui présentent les parents. Il est rappelé que la tenue à jour des livrets de famille est une obligation sanctionnée.

L'entrée en vigueur de la nouvelle loi sur le nom a rendu nécessaire la mise à jour de l'arrêté du 16 mai 1974 fixant les modèles des livrets de famille.

Il convient que les mairies soient en mesure de délivrer les nouveaux modèles de livret de famille à leurs administrés dans les meilleurs délais.

Il leur appartiendra de s'approvisionner, à cette fin, en vérifiant que les modèles fournis sont conformes aux nouvelles dispositions de l'arrêté précité.

Toutefois, les anciens livrets restant en stock pourront être provisoirement utilisés jusqu'au 31 décembre 2005, en y apportant les mises à jour nécessaires, les mentions et indications obligatoires.

Quant aux livrets établis et remis aux époux ou aux parents avant le 1er janvier 2005 et utilisés après cette date, l'indication du nom de l'enfant né à compter du 1er janvier 2005 et de l'existence d'une déclaration conjointe de choix de nom devront être expressément inscrites. Le livret de famille doit contenir l'ensemble des informations relatives au nom de famille.

Dans tous les cas où elle est mentionnée, la rubrique « suivant déclaration conjointe du » doit en principe être suivie de la date de la déclaration.

42 – L'enregistrement du nom et de la déclaration de choix de nom de l'enfant naturel reconnu postérieurement à sa déclaration de naissance

421 – À moins qu'il en soit détenteur, l'officier de l'état civil auprès duquel les parents ont procédé à la reconnaissance simultanée de leur enfant, transmet la déclaration conjointe de choix de nom à l'officier de l'état civil qui détient **son acte de naissance.**

Lorsque la double reconnaissance simultanée est faite par acte notarié, il appartient aux parents d'adresser la déclaration conjointe de choix de nom à l'officier de l'état civil détenteur de l'acte de naissance. Il n'est pas indispensable que ce soit le notaire qui fasse cette démarche.

L'officier de l'état civil destinataire de cette déclaration procède à l'actualisation de l'acte de naissance de l'enfant par l'apposition marginale de la mention suivante :

> « Le nom de l'enfant est … suivant déclaration conjointe de choix de nom en date du ……
> ……… (lieu et date d'apposition de la mention)
> ……… (qualité et signature de l'officier de l'état civil) »

422 – C'est l'officier de l'état civil détenteur de l'acte de naissance qui établit **le livret de famille** délivré aux parents, dans lequel il transcrit l'acte de naissance en indiquant, dans le corps de l'extrait et non en mention marginale, le nom de l'enfant suivi de l'indication de la déclaration conjointe de choix de nom et de sa date.

5 – Conservation de la déclaration conjointe de choix de nom

Dans tous les cas, la déclaration conjointe de choix de nom est conservée, selon le régime applicable aux pièces annexes, par l'officier de l'état civil détenteur de l'acte de naissance du premier enfant commun pour lequel elle a été faite (art. 14 décret préc. ; IGREC n° 67) et ce même lorsqu'elle ne peut produire effet en raison d'une irrégularité de forme ou de fond.

II – La mise en œuvre de l'article 311-21 du Code civil à l'égard des cadets de la fratrie

A – Le nom choisi vaut pour les autres enfants communs de la fratrie

En application de l'article 311-21 alinéa 3 du Code civil, l'option exercée par les parents quant au choix du nom pour leur « premier enfant commun » vaut choix de nom de famille pour l'ensemble des autres enfants du couple. Les père et mère ne peuvent conférer à leurs autres enfants communs un nom différent de celui attribué à leur « premier enfant commun ».

Il faut entendre par « autres enfants communs », les enfants ayant un lien de filiation établi, dans les conditions de l'article 311-21 du Code civil, à l'égard du même père et de la même mère que le premier enfant pour lequel a été faite une déclaration conjointe de choix de nom.

À titre d'exemple, un cadet reconnu uniquement par sa mère portera le nom de celle-ci, alors même que le premier enfant commun du couple porterait le double nom de ses père et mère.

L'attention des officiers de l'état civil doit donc être appelée sur la vérification de l'existence d'un double lien de filiation établi à l'égard des mêmes parents que pour le « premier enfant commun ». Ce la ne signifie pas que tous les enfants doivent être des enfants naturels ou des enfants légitimes dès lors que le premier enfant était un enfant naturel ou légitime.

Ainsi, le « premier enfant commun » peut être un enfant naturel reconnu par ses deux parents au plus tard le jour de sa déclaration de naissance et le second enfant un enfant légitime (lorsque la mère est de nationalité étrangère, v. *infra*).

B – La mise en œuvre de ce principe

1 – La justification de l'existence d'une déclaration conjointe de choix de nom

Lors de la déclaration de naissance des autres enfants communs du couple, l'officier de l'état civil interroge les parents sur la préexistence ou non d'une déclaration conjointe de choix de nom faite lors de la déclaration de naissance du « premier enfant commun ».

Afin de s'assurer que la dévolution du nom est conforme aux dispositions légales, il exige des parents la production d'une copie intégrale de l'acte de naissance de leur « premier enfant commun » ou la remise de leur livret de famille commun ou respectif.

En l'absence de ces pièces, il enregistre la naissance de l'enfant en faisant application des règles supplétives de l'article 311-21 du Code civil (v. *supra*).

Lorsque la justification de l'existence d'une déclaration de choix de nom est faite par la production de la copie intégrale de l'acte de naissance du « premier enfant commun » ou du livret de famille après l'enregistrement de la naissance du cadet, elle n'entraîne aucun effet sur le nom qui lui a été attribué lors de sa déclaration de naissance. Dans ce cas, le procureur de la République est saisi en application de l'article 99 du Code civil.

2 – L'enregistrement du nom du « premier enfant commun » sur les actes d'état civil des cadets

Le nom inscrit dans l'acte de naissance des autres enfants communs de la fratrie est celui qui est porté dans l'acte de naissance du « premier enfant commun ». À la suite du nom, la rubrique « suivant déclaration conjointe du ... » est complétée par la date de la déclaration remise lors de la naissance du « premier enfant commun ».

Le livret de famille est rempli selon les mêmes modalités.

TITRE 2 : Les conditions d'application de l'article 334-2 du Code civil

La loi n° 2002-304 du 4 mars 2002 modifiée ne remet pas en cause le principe de changement de nom de l'enfant naturel énoncé par l'article 334-2 du Code civil.

Elle apporte deux modifications par rapport au dispositif précédent.

D'une part, l'article 334-2 du Code civil offre aux parents d'un enfant naturel, dont la filiation n'a pas été établie dans les conditions de l'article 311-21 du Code civil (enfant reconnu successivement après la déclaration de naissance, enfant reconnu par l'un des parents avant la déclaration de naissance et par l'autre après celle-ci), la possibilité de lui conférer, par substitution, le nom de famille de celui d'entre eux à l'égard duquel la filiation a été établie en second lieu (père, mère selon les cas). Ils pourront de la même façon décider de substituer au nom initial, leurs deux noms accolés dans la limite d'un seul nom pour chacun sous réserve qu'il ne s'agisse pas d'un nom composé (v. *infra*) et selon l'ordre qu'il leur plaira.

D'autre part, à compter du 1er janvier 2005, la compétence dévolue au Greffier en chef du tribunal de grande instance est transférée à l'officier de l'état civil.

I – Les conditions de fond

La mise en œuvre du nouvel article 334-2 du Code civil suppose la réunion cumulative des conditions suivantes :

A – Application de ces dispositions aux enfants naturels nés à compter du 1er janvier 2005

Les dispositions du nouvel article 334-2 du Code civil s'appliquent exclusivement aux enfants naturels nés à compter du 1er janvier 2005.

Sous réserve de l'application des dispositions transitoires prévues par l'article 23 de la loi du 4 mars 2002 modifiée (v. *infra*), le changement de nom des enfants naturels nés avant le 1er janvier 2005, reste soumis aux anciennes dispositions de l'article 334-2 du Code civil. Dans ce cas, la déclaration de changement de nom se fait par comparution des parents devant le Greffier en chef du tribunal de grande instance du lieu où demeure l'enfant (NCPC, article 1152). Ce changement de nom ne peut consister qu'en la substitution du nom du père au nom de la mère.

B – Établissement du double lien de filiation

Les nouvelles dispositions ne concernent que les enfants naturels dont la double filiation n'était pas établie au jour de la déclaration de naissance, c'est-à-dire, que les parents n'ont pas pu au moment de la déclaration de naissance de leur enfant se prévaloir des dispositions de l'article 311-21 du Code civil.

Attribution du nom à l'enfant naturel né à compter du 1er janvier 2005 en application de l'article 311-21 du Code civil	Changement de nom de l'enfant naturel né à compter du 1er janvier 2005 en application du nouvel article 334-2 du Code civil	Changement de nom de l'enfant naturel né avant le 1er janvier 2005 en application de l'ancien article 334-2 du Code civil
Enfant naturel dont le double lien de filiation est établi : – au plus tard lors de la déclaration de naissance, – simultanément après la déclaration de naissance.	Enfant naturel dont le double lien de filiation est établi : – successivement par ses deux parents après la déclaration de naissance, – à l'égard de l'un avant sa naissance et de l'autre après la déclaration de naissance.	Enfant naturel dont la filiation paternelle est établie postérieurement à la filiation maternelle.

C – Consentement de l'enfant âgé de plus de treize ans

Le mineur âgé de plus de treize ans au jour de la déclaration doit consentir au changement de nom que demandent ses parents. En l'absence d'accord du mineur ou en cas de désaccord entre le mineur et ses parents sur le nom choisi, la déclaration de changement de nom ne peut être reçue.

Aux termes de l'article 10 alinéa 3 du décret du 29 octobre 2004, le consentement de l'enfant âgé de plus de treize ans est donné dans un écrit qu'il date et signe. Dans un souci de simplification, l'écrit peut consister à renseigner le formulaire prévu à cet effet (v. modèle annexé). Dans tous les cas, l'écrit contenant le consentement du mineur est annexé à l'acte de naissance du mineur (v. *infra*). Ce document pourra être accompagné de la photocopie de la carte nationale d'identité du mineur lorsque l'enfant en est titulaire. La déclaration de changement de nom porte indication de la remise de l'écrit contenant le consentement du mineur.

Il peut aussi être reçu par l'officier de l'état civil devant lequel ses parents se présentent. Dans cette hypothèse, le consentement est reçu dans l'acte de déclaration de changement de nom que le mineur contresigne également.

Une fois donné, ce consentement ne peut plus être rétracté. Un retour au nom d'origine ou la prise d'un autre nom que celui conjointement choisi par ses parents suppose la mise en œuvre d'une action en changement de nom par décret conformément à l'article 61 du Code civil.

II – Les conditions de forme de la déclaration conjointe de changement de nom

A – Forme et contenu de la déclaration conjointe de changement de nom

Les parents doivent se présenter en personne et ensemble devant l'officier de l'état civil du lieu où demeure l'enfant (art. 10 décret préc.). S'il demeure à l'étranger, les parents se présentent devant l'officier de l'état civil consulaire territorialement compétent.

Lorsque l'un des parents est décédé ou hors d'état de manifester sa volonté, le changement de nom de l'enfant naturel nécessitera la mise en œuvre d'une procédure devant le juge aux affaires familiales conformément aux dispositions de l'article 334-3 du Code civil. Il en est ainsi en cas de désaccord entre les parents sur le nom choisi.

L'officier de l'état civil s'assure que manifestement le parent est en état d'exprimer librement sa volonté quant au choix du nom de l'enfant.

Comme en matière de reconnaissance, il peut refuser de recevoir la déclaration conjointe de changement de nom lorsque des circonstances particulières permettent de mettre en doute les facultés du déclarant (personne ivre, sous l'emprise de produits toxiques, dégradation mentale manifeste).

À l'instar de la déclaration de reprise de la vie commune par des époux séparés de corps ou de la déclaration de consentement du majeur à son changement de nom, l'officier de l'état civil enregistre la déclaration de changement de nom de l'enfant naturel sur le registre qu'il détient après avoir vérifié que les conditions légales sont réunies (transmissibilité du nom choisi, existence d'un double lien de filiation, le cas échéant consentement du mineur âgé de plus de treize ans). Elle le sera sur celui des naissances s'il est tenu des registres séparés (v. modèles annexés).

B – Pièces justificatives à produire

À l'appui de leur demande de changement de nom, les parents doivent produire :

- leur(s) livret(s) de famille.

À défaut :
– la copie intégrale de l'acte de naissance de l'enfant concerné faisant apparaître les filiations paternelle et maternelle,
– une copie intégrale des actes de reconnaissance successifs;
- l'écrit contenant le consentement du mineur âgé de plus de treize ans lorsqu'il ne comparaît pas accompagné d'une copie de sa carte nationale d'identité.

C – Enregistrement du nom et de la déclaration conjointe de changement de nom

1 – L'officier de l'état civil appelé à dresser la déclaration conjointe de changement de nom n'a pas à apprécier la pertinence du changement de nom envisagé

Il envoie directement l'avis de mention de changement de nom à l'officier de l'état civil détenteur de l'acte de naissance de l'enfant concerné qui procède à l'apposition de la mention marginale suivante :

« Prend le nom de ...... suivant déclaration conjointe de changement de nom faite devant l'officier
De l'état civil de ...... en date du ...
... (date et lieu d'apposition de la mention)
...... (qualité et signature de l'officier de l'état civil) »

2 – Aux termes du nouvel article 9 alinéa 2 du décret du 15 mai 1974, les déclarations conjointes de changement de nom faites en application de l'article 334-2 du Code civil sont portées sur le livret de famille soit par l'officier de l'état civil dépositaire de l'acte de naissance soit par l'officier de l'état civil devant lequel les parents ont comparu. Dans ce dernier cas, il ne peut procéder à la mise à jour du livret de famille avant d'avoir reçu le récépissé de l'avis de mention que doit lui adresser l'officier de l'état civil dépositaire de l'acte de naissance actualisé.

III – La portée de la déclaration conjointe de changement de nom

Il doit être rappelé aux officiers de l'état civil que la déclaration conjointe de changement de nom ne produit effet qu'à l'égard de l'enfant concerné et n'a pas, contrairement à la déclaration conjointe de choix de nom faite sur le fondement de l'article 311-21 du Code civil, un effet collectif à l'égard des autres enfants communs du couple.

Le nom attribué à l'enfant naturel en application de l'article 334-2 du Code civil n'a pas vocation à être dévolu aux enfants à naître du couple. Les parents ne peuvent pas se prévaloir de cette déclaration de changement de nom lors de la déclaration de naissance de leurs autres enfants.

Aussi il doit être procédé à autant de déclaration de changement de nom qu'il y a d'enfants naturels concernés. L'officier de l'état civil doit vérifier que les conditions légales (existence d'un double lien de filiation, transmissibilité du nom de famille, consentement de l'enfant de treize ans révolus, ...) sont réunies pour chacun des enfants.

TITRE 3 : Les conditions d'application de l'article 332-1 du Code civil

Les dispositions de l'article 332-1 du Code civil tel que modifié par la loi du 4 mars 2002 modifiée ont vocation à s'appliquer aux fratries dont le « premier enfant commun » est né à compter du 1er janvier 2005. Dès lors, il faut distinguer trois situations selon que tout ou partie de la fratrie est née avant ou après cette date.

Le mariage des parents entraîne la légitimation des enfants nés avant l'union, dès lors que la filiation est établie à l'égard des deux parents lors de la célébration du mariage.

I – L'ensemble des enfants est né avant le 1er janvier 2005

A – En l'absence de déclaration d'adjonction de nom faite en application de l'article 23 de la loi du 4 mars 2002 modifiée

Lorsque l'aîné de la fratrie est né avant le 2 septembre 1990, les parents n'ont pas la possibilité de se prévaloir des dispositions de droit transitoire prévues par l'article 23 de la loi de 2002 modifiée qui les autorisent à demander l'adjonction du nom du parent qui n'a pas transmis le sien au nom d'origine de l'enfant (v. *infra*).

Ce sont donc les anciennes dispositions sur la légitimation des articles 331-2 et 332-1 du Code civil qui demeurent applicables.

La légitimation par mariage subséquent opérant un changement dans le statut des enfants, ils prennent le nom de leur père même s'ils portaient auparavant le nom de la mère.

Lorsque l'aîné des enfants communs est né entre le 2 septembre 1990 et le 31 décembre 2004, et en l'absence d'une déclaration d'adjonction de nom antérieure au mariage, le nom du père est automatiquement dévolu aux enfants mineurs, dès lors que ceux-ci sont nés avant le 1er janvier 2005 et ce quelle que soit la date du mariage.

Dans cette hypothèse, une déclaration d'adjonction de nom pourra toutefois être souscrite postérieurement dans le délai imparti (avant le 30 juin 2006) si les conditions sont réunies.

B – En présence d'une déclaration d'adjonction de choix de nom faite en application de l'article 23 de la loi du 4 mars 2002 modifiée

Lorsque les parents ont fait une déclaration conjointe d'adjonction de nom en application de l'article 23 de la loi du 4 mars 2002 modifiée (v. *infra*), le double nom des enfants n'est pas remis en cause lors de la légitimation. À l'instar du dispositif pérenne selon lequel les effets de plein droit de la légitimation sont écartés lorsque les parents ont usé préalablement d'une faculté de choix (C. civ., art. 311-23), la déclaration des parents prévaut.

II – Les fratries mixtes composées d'enfant nés avant le 1er janvier 2005 et d'enfants nés après cette date

Les règles énoncées précédemment (I-B) trouvent également à s'appliquer aux fratries mixtes dont certains enfants communs sont nés avant le 1er janvier 2005 et d'autres sont nés après cette date, à la condition que l'aîné soit né entre le 2 septembre 1990 et le 31 décembre 2004 inclus.

De la même façon, sont exclus du champ d'application de l'article 332-1 du Code civil, les enfants nés à compter du 1er janvier 2005 dont le nom a été déterminé conformément aux dispositions de l'article 311-21 du Code civil, soit aux termes d'une déclaration conjointe de choix de nom, soit par application des règles supplétives.

III – L'ensemble des enfants est né à compter du 1er janvier 2005

Il paraît nécessaire de rappeler que tout mariage susceptible d'emporter légitimation d'un enfant naturel n'a pas vocation à modifier son nom de famille. Il appartient aux officiers de l'état civil de vérifier les conditions dans lesquelles le nom de l'enfant a été déterminé préalablement au mariage légitimant de ses parents.

Il résulte des dispositions de l'article 332-1 du Code civil, que la déclaration conjointe de choix de nom au moment du mariage légitimant est impossible :

– lorsque le nom des enfants légitimés a été déterminé en application de l'article 311-21 du Code civil, qu'il y ait eu une déclaration de choix de nom ou application des règles supplétives,

– ou lorsque leur nom déterminé selon l'ordre d'établissement de leur filiation a fait l'objet d'un changement par déclaration conjointe en application du nouvel article 334-2 du Code civil.

A – La mise en œuvre de la déclaration de choix de nom en cas de légitimation par mariage

1 – La filiation de l'enfant est établie simultanément ou successivement au plus tard le jour de sa déclaration de naissance ou simultanément après la déclaration de sa naissance (C. civ., art. 311-21) : impossibilité de déclaration de choix de nom au moment de la légitimation

La légitimation par mariage subséquent ou *post nuptias* n'entraîne aucun effet sur le nom du premier enfant commun dont la filiation maternelle et paternelle a été établie au plus tard le jour de sa déclaration de naissance ou simultanément après celle-ci (C. civ., art. 311-21), ni sur le nom des cadets nés lorsque leur filiation est établie dans des conditions similaires.

Les parents ayant pu, dans ces conditions, exercer leur choix ou s'étant abstenus de le faire, conformément à l'article 311-21 du Code civil, ils ne peuvent pas, au moment de leur mariage, faire une déclaration conjointe de choix de nom. Le choix de nom ne peut être exercé qu'une fois conformément aux dispositions de l'article 311-23 du Code civil, le non choix valant choix.

En conséquence, l'enfant ou les enfants légitimés conservent le nom de famille qui résulte soit de la déclaration conjointe de choix de nom, soit de l'application des règles supplétives en l'absence de choix parental (C. civ., art. 311-21, al. 1 *in fine*).

EXEMPLE :

FP : Filiation paternelle
FM : Filiation maternelle
FC : Filiation conjointement établie
PEC : « Premier enfant commun »
DCCN : Déclaration conjointe de choix de nom en application de l'article 311-21 du Code civil
DN : Déclaration de naissance

Composition de la fratrie	Ordre d'établissement de la filiation	Nom de l'enfant si DCCN	Nom de l'enfant en l'absence de DCCN
1er enfant	FP FM DN	Les parents ont choisi M--P	Nom du père : P
2e enfant	FC DN	Nom : M--P	Nom : P
3e enfant	DN FC		

Mariage légitimant des parents :
Ce mariage sera sans conséquence sur le nom du « premier enfant commun » et des cadets qui conserveront :
- soit le nom résultant de la déclaration conjointe de choix de nom faite pour le « premier enfant commun », c'est-à-dire, M--P,
- soit le nom du père en l'absence de déclaration conjointe de choix de nom faite lors de la naissance du « premier enfant commun », c'est-à-dire, P.

Lorsque la filiation de l'enfant est établie concomitamment à l'égard de ses deux parents au moment de la célébration du mariage, le choix de nom par déclaration conjointe des parents est possible, le double lien de filiation étant établi simultanément après sa déclaration de naissance (C. civ., art. 311-21).

2 – La filiation de l'enfant est établie successivement après la déclaration de naissance mais avant le mariage : la déclaration de choix de nom au moment de la légitimation est possible s'il n'y a pas eu préalablement de déclaration de changement de nom

Lorsque après l'établissement du second lien de filiation, les parents décident de modifier le nom de leur enfant par déclaration conjointe en application de l'article 334-2 du Code civil, ils ne peuvent plus lors de leur mariage revenir sur ce choix et demander à lui conférer un nom différent. La faculté de choix ne peut être exercée qu'une fois (C. civ., art. 311-23). Après le mariage légitimant de ses parents, l'enfant continue de porter le nom qui résulte du changement de nom réalisé en application de l'article 334-2 du Code civil.

Lorsque entre la date du second lien de filiation naturelle et la date de leur mariage, les parents n'ont pas usé de la faculté de changement de nom prévue par l'article 334-2 du Code civil, ils peuvent au plus tard lors de la célébration de leur union, user de la faculté de choix de nom qui leur est ouverte par les articles 332-1 et 311-21 du Code civil.

Lorsqu'à l'occasion de la légitimation par mariage, les parents n'usent pas de la faculté de choix de nom prévue par les articles 311-21 et 332-1 du Code civil, le « premier enfant commun » prend le nom de son père. Ce nom est également celui que portent les autres enfants communs du couple, légitimés par ce mariage, dès lors que leur filiation est établie dans les mêmes conditions que celle du premier enfant auquel s'appliquent les conditions de l'article 311-21 du Code civil.

Exemple récapitulatif des effets du mariage légitimant sur le nom

FP : filiation paternelle — FM : filiation maternelle

DN : déclaration de naissance — DCCN : déclaration conjointe de choix de nom

PEC : « Premier enfant commun » au sens de la présente loi

Composition de la fratrie	Ordre d'établissement de la filiation	Nom lors de la déclaration de naissance	Changement de nom après la déclaration de naissance (C. civ., art. 334-2)	Changement de nom par le mariage des parents (C. civ., art. 332-1)
1er enfant	FM DN FP	Art. 334-1 C. civ. Nom de la mère ➢ M	NON	OUI
2e enfant	FM+FP DN	« PEC » : art. 311-21 C. civ. DCCN ➢ M--P		NON; reste M--P
3e enfant	FP DN FM	Art. 334-1 C. civ. Nom du père : ➢ P	Art. 334-2 C. civ. Déclaration de changement de nom. P--M	NON; reste P--M
4e enfant	DN FC	Porte le nom du 2e enfant (PEC) par l'effet de la DCCN ➢ M--P		NON; reste M--P
5e enfant	FM DN FP	Art. 334-1 C. civ. Nom de la mère ➢ M		OUI
6e enfant	DN Mariage des parents FP+FM Simultanément lors de la célébration du mariage	Porte le nom du 2e enfant par l'effet de la DCCN ➢ M--P		NON; reste M--P
7e enfant Né après le mariage des parents	Légitime	Enfant légitime porte le nom du 2e enfant (« PEC ») ➢ M--P		

Effets du mariage légitimant sur le nom des enfants de cette fratrie :

Les six premiers enfants, nés avant le mariage de leurs parents, sont légitimés par celui-ci.

Une déclaration conjointe de choix de nom en application des articles 332-1 et 311-21 du Code civil est, à l'occasion du mariage des parents :

– possible pour les enfants 1 et 5, leur nom a été attribué à la naissance en application de l'article 334-1 C. civ. et n'a pas fait l'objet d'un changement de nom sur le fondement de l'article 334-2 C. civ. avant le mariage. Les parents peuvent, par déclaration conjointe, choisir de conférer à leurs deux enfants, à l'occasion de leur mariage, soit le nom du père, soit le nom de la mère, soit le double nom M--P, soit le double nom P--M. Si les parents ne font pas de déclaration conjointe de choix de nom, ces deux enfants porteront le nom du père en application des règles supplétives;

– impossible pour l'enfant 3 car il a bénéficié entre sa déclaration de naissance et le mariage de ses parents d'un changement de nom en application de l'article 334-2 C. civ. Cet enfant continuera de se nommer P--M;

– impossible pour l'enfant 2, « premier enfant commun » du couple au sens de la présente loi. Les conditions de l'article 311-21 du Code civil étaient remplies lors de la naissance de cet enfant, les parents dans cet exemple ont fait le choix d'attribuer à leur enfant le double nom M--P. Ce double nom est celui porté par les enfants 4 et 6 dès leur naissance. Le mariage légitimant n'aura aucun effet sur le nom de ces enfants. Ces trois enfants continueront de se nommer M--P.

Le 7e enfant naissant après le mariage des parents, il est légitime. Son nom est obligatoirement celui du « premier enfant commun » au sens de l'article 311-21, c'est-à-dire, le 2e enfant de cette fratrie. Le nom figurant dans son acte de naissance sera M--P.

Remarque : pour que l'unité du nom de famille soit assurée dans cette famille, il aurait fallu que :

– les parents décident de substituer au nom P du 3e enfant, celui de M--P et non comme ils l'ont fait celui de P--M,

– les parents choisissent d'attribuer à leurs 1er et 5e enfant le double nom M--P par déclaration conjointe de choix de nom au moment de leur mariage (C. civ., art. 332-1).

B – Les conditions de forme de la déclaration conjointe de choix de nom

1 – Forme et contenu de la déclaration conjointe de choix de nom

La déclaration conjointe de choix de nom faite en application de l'article 332-1 du Code civil doit satisfaire aux conditions énoncées à l'article 1er du décret du 29 octobre 2004. Elle prend donc la forme d'un écrit, acte sous seing privé ou acte authentique (v. *supra*). Elle constitue un acte distinct de l'acte de reconnaissance éventuellement établi à l'occasion du mariage et de l'acte de mariage.

2 – Remise de la déclaration conjointe de choix de nom

La déclaration conjointe de choix de nom dûment remplie, datée et signée par chacun des parents, peut être soit jointe aux pièces versées dans le dossier de mariage, soit être remise au plus tard lors de la célébration de l'union des parents.

Cette déclaration conjointe de choix de nom ne donne lieu à aucune mention sur l'acte de mariage qui ne doit contenir que les énonciations énumérées à l'article 76 du Code civil.

3 – Enregistrement du nom des enfants légitimés

31 – L'acte de naissance

Toute légitimation doit être mentionnée en marge de l'acte de naissance de l'enfant (C. civ., art. 331-2).

Il appartient à l'officier de l'état civil du lieu du mariage de procéder à la mention. Si la naissance des enfants légitimés s'est produite dans une autre commune, il doit adresser à chacun des officiers de l'état civil compétents, dans le délai de trois jours, un avis aux fins de mention (C. civ., art. 49). Cet avis de légitimation doit porter l'indication du nouveau nom des enfants légitimés.

S'agissant du premier enfant commun légitimé, il joint également à l'avis de mention la déclaration de choix de nom en vue de sa conservation aux pièces annexes conformément à l'article 14 du décret du 29 octobre 2004.

L'officier de l'état civil compétent appose en marge de l'acte de naissance la mention suivante :

> « Légitimé(e) par le mariage de ...... [Prénom(s) Nom, né le ... à ...] et de [Prénom(s) Nom, née le ... à ...] célébré à ..., le ... Prend le nom de ... suivant déclaration conjointe de choix de nom en date du ......
> ...... (lieu et date d'apposition de la mention)
> ...... (qualité et signature de l'officier de l'état civil) »

32 – Le livret de famille

Le livret de famille d'époux est délivré par l'officier de l'état civil qui célèbre le mariage. Lorsque ce mariage entraîne légitimation, il ne peut inscrire sur ce livret, l'extrait de l'acte de naissance des enfants légitimés que si ceux-ci sont nés dans sa commune. Dans le cas contraire, le livret de famille est transmis aux officiers de l'état civil dépositaires des actes de naissance pour actualisation (IGREC n°s 612 s.).

TITRE 4 : Les conditions d'application des articles 357 et 363 du Code civil

Les nouvelles dispositions des articles 357 et 363 du Code civil relatifs au nom de l'enfant adopté s'appliquent aux enfants nés à compter du 1er janvier 2005 et non aux adoptions prononcées à compter de cette date. Le nom des enfants nés avant l'entrée en vigueur de la loi du 4 mars 2002 et dont l'adoption est prononcée après celle-ci reste déterminé en application des anciennes dispositions.

I – Le nom de l'enfant adopté en la forme simple

Les dispositions relatives au nom de l'enfant adopté en la forme simple sont applicables à l'adoption simple de l'enfant du conjoint.

A – La détermination du nom de l'enfant adopté

1 – L'adjonction du nom de l'adoptant au nom de l'adopté

11 – Adoption simple par une personne seule

Plusieurs hypothèses sont à envisager selon la composition du nom de chacun.

• Lorsque adopté et adoptant ont un nom **simple ou un nom composé,** le nom de l'adoptant est ajouté à celui de l'adopté pour former un nom composé, constitué de l'adjonction du nom de chacun et qui sera transmis en son intégralité à sa propre descendance.

EXEMPLE :

> Nom d'origine de l'adopté : *Dubois de Lacîme des Noës*
> Nom de l'adoptant : *Juillet-Cory*
> Le nom de l'enfant adopté après adjonction de nom est le suivant :
> ➢ *Dubois de Lacîme des Noës – Juillet-Cory*

• Lorsque l'adopté ou/et l'adoptant portent chacun un **double nom,** l'adoptant peut choisir le seul nom que conservera l'adopté et le seul de ses propres noms qu'il souhaite adjoindre au nom de l'adopté.

EXEMPLE :

> Nom d'origine de l'adopté : Dumas--Lebon (double nom)
> Nom de l'adoptant : *Gautier--Dubas*
> Le nom de l'enfant adopté est l'un des suivant :
> ➢ *Dumas-Gautier*
> ➢ *Dumas-Dubas*
> ➢ *Lebon-Gautier*
> ➢ *Lebon-Dubas*

Ce choix ne produit effet que si l'adoptant accompagne la déclaration de choix de nom du consentement écrit de l'adopté âgé de plus de treize ans au choix du seul nom qu'il conservera de son nom d'origine.

Faute de choix de l'adoptant ou à défaut d'accord de l'adopté âgé de plus de treize ans, le nom de l'adopté résulte, conformément à l'article 363 alinéa 2 du Code civil, de l'adjonction du premier nom de l'adoptant au premier nom de l'adopté.

EXEMPLE :

> Nom d'origine de l'adopté : *Dumas--Lebon*
> Nom de l'adoptant : *Gautier--Dubas*
> Le nom de l'enfant adopté est le suivant :
> ➢ *Dumas-Gautier*

• Lorsque l'adoptant a un **nom composé** et l'adopté un **double nom,** le nom ajouté à l'un des noms d'origine de l'adopté est le nom composé dans son intégralité.

EXEMPLE :

> Nom de l'adoptant : *Juillet--Cory* (nom composé)
> Nom d'origine de l'adopté : *Dumas--Lebon* (double nom)
> Le nom de l'enfant adopté est l'un des suivant :
> ➢ *Dumas-Juillet-Cory*
> ➢ *Lebon-Juillet-Cory*

• Lorsque l'adoptant a un **double nom** et l'adopté un **nom composé,** le nom ajouté au nom composé de l'adopté est l'un de ceux de l'adoptant.

EXEMPLE :

> Nom de l'adoptant : *Gautier--Dubas*
> Nom d'origine de l'adopté : *Lebon-Juillet-Cory*
> Le nom de l'enfant adopté est l'un des suivant :
> ➢ *Lebon-Juillet-Cory-Gautier*
> ➢ *Lebon-Juillet-Cory-Dubas*

Dans tous les cas, le nom de l'adopté devient un nom composé et non un double nom, qu'il transmettra à ses descendants tel qu'il figure dans le dispositif du jugement d'adoption et est transcrit dans son acte de naissance.

12 – Adoption simple par des époux (C. civ., art. 363 al. 3)

Les adoptants peuvent choisir d'adjoindre au nom de l'adopté, soit le nom de l'adoptant, soit le nom de l'adoptante.

Lorsque le nom de l'adoptant(e) choisi est un double nom, ils doivent alors choisir le seul nom qui sera adjoint. À défaut de choix ou d'accord des adoptants, le nom de l'adopté résulte de l'adjonction à son nom du premier nom de l'adoptant. Les adoptants ne peuvent pas adjoindre au nom de l'adopté leur deux double noms.

Lorsque l'adopté porte un double nom d'origine, les adoptants peuvent choisir la partie de son nom conservée. Ce choix ne produit effet que si les adoptants accompagnent la déclaration de choix de nom de l'écrit contenant le consentement de l'adopté âgé de plus de treize ans à la partie de son nom qu'il conservera.

Faute de choix des adoptants ou en cas de désaccord entre eux ou à défaut d'accord de l'adopté de plus de treize ans, seul doit être conservé le premier nom de l'adopté (C. civ., art. 363 al. 2).

EXEMPLE :

Nom de l'adoptant : *Gautier*
Nom de l'adoptante : *Monceau*
Nom d'origine de l'adopté : *Dumas--Lebon*
Le nom de l'enfant adopté est l'un des suivant :
➢ *Dumas-Gautier*
➢ *Dumas-Monceau*

Lorsque le différend porte sur le choix du nom des adoptants, le même article prévoit que le premier nom du mari est ajouté au nom d'origine de l'adopté.

EXEMPLE :

Nom de l'adoptant : *Gautier--Dubas*
Nom de l'adoptante : *Monceau--Muller*
Nom d'origine de l'adopté : *Dumas--Lebon*
Le nom de l'enfant adopté est l'un des suivant :
➢ *Dumas-Gautier*
➢ *Lebon-Gautier*

2 – La substitution du nom de l'adoptant à celui de l'adopté

Si l'adopté a treize ans révolus, son consentement doit être recueilli (C. civ., art. 363, al. 4 *in fine*).

21 – Adoption simple par une personne seule

À la demande de l'adoptant, le tribunal peut substituer au nom d'origine de l'adopté, le nom de l'adoptant qui peut être un nom simple, un double nom, un nom composé. Le consentement de l'adopté est nécessaire s'il est âgé de plus de treize ans.

Lorsque le nom de famille de l'adoptant est un **double nom**, l'adopté porte ce nom. Il transmettra à ses descendants, soit l'intégralité du double nom, soit l'un des noms le composant.

EXEMPLE :

Le nom de l'adopté : *Durand--Jardin* (1re génération)
Le nom de ses enfants sera l'un des suivant (sous réserve que leur nom soit celui de son conjoint ou leur double nom accolé dans la limite d'un nom pour chacun) :
➢ *Durand*
➢ *Jardin*
➢ *Durand--Jardin*

Lorsque le nom de l'adoptant est un **nom composé**, l'adopté transmettra à ses enfants ce nom en toutes ses composantes, sans césure possible.

Les dispositions de l'article 357 auxquelles renvoie l'article 361 du Code civil permettent de conférer à l'enfant adopté le nom du conjoint de l'adoptant(e).

22 – Adoption simple par des époux

À la requête des époux, le tribunal peut décider de substituer au nom d'origine de l'adopté soit le nom de l'adoptant, soit le nom de l'adoptante, soit leurs noms accolés dans l'ordre qu'ils déterminent mais dans la limite d'un nom pour chacun d'eux (C. civ., art. 363, al. 4). L'accord de l'adopté est exigé s'il est âgé de plus de treize ans.

B – La mise en œuvre de la faculté de choix de nom

1 – Les modalités du choix de nom de l'adopté simple

Le(s) choix relatif(s) au nom de l'adopté effectué(s) par le(s) adoptant(s) doive(nt) figurer dans la requête en adoption simple. Il en est de même de la demande d'attribution du nom du conjoint de l'adoptant et de la demande de substitution de nom.

Le procureur de la République s'assure que la requête contient les choix et demandes éventuels relatifs au nom de l'adopté afin que le nom en résultant figure dans le dispositif du jugement dont il fera porter mention en marge de l'acte de naissance de l'enfant conformément aux dispositions de l'article 363 alinéa 1er du Code civil.

À la suite de la mention de l'adoption simple en marge de l'acte de naissance de l'adopté, le procureur de la République fait apposer la mention suivante :

« Le nom de l'adopté(e) est désormais … Instructions du procureur de la République de … n° … (référence) du … (date)
… (date et lieu d'apposition)
… (qualité et signature de l'officier de l'état civil) »

2 – Le consentement de l'enfant âgé de plus de treize ans

Le consentement de l'enfant adopté âgé de plus de treize ans est donné par écrit signé et daté. Ce document est joint à la requête et conservé au dossier d'adoption.

Il peut également être recueilli par le tribunal lors de l'audience de jugement.

II – Le nom de l'enfant adopté en la forme plénière (C. civ., art. 357)

A – L'adoption plénière par une personne seule

En cas d'adoption par un seul adoptant, son nom (simple, composé, double nom) est substitué au nom d'origine de l'adopté. Lorsque l'adoptant est marié, l'article 357, alinéa 4 du

Code civil lui reconnaît la possibilité de demander au tribunal que l'enfant adopté porte le nom de son conjoint, s'il en est d'accord. Le tribunal peut également conférer à l'enfant les noms accolés de l'adoptant et de son conjoint dans l'ordre qu'ils auront choisi et dans la limite d'un nom pour chacun d'eux.

Si le conjoint de l'adoptant est décédé ou hors d'état de manifester sa volonté, le tribunal apprécie souverainement après avoir consulté les héritiers du défunt ou ses successibles les plus proches.

La demande d'attribution du nom du conjoint seul ou accolé au sien est formulée par l'adoptant dans la requête aux fins d'adoption plénière.

B – L'adoption plénière par des époux

Comme l'enfant légitime auquel il est assimilé, l'adopté dont la filiation est établie à l'égard de deux époux prend soit le nom du père, soit celui de la mère, soit leur nom accolé dans la limite d'un seul nom sous réserve de la présence de nom composé. L'article 357 du Code civil renvoie aux dispositions de l'article 311-21 du Code civil. Aussi, en cas de désaccord ou en l'absence de déclaration conjointe de choix de nom, le tribunal attribue à l'adopté le seul nom du mari dans ses diverses composantes lorsqu'il s'agit d'un double nom ou d'un nom composé.

Les adoptants produisent au dossier d'adoption une déclaration conjointe de choix de nom établie dans les conditions énoncées à l'article 1er du décret du 29 octobre 2004.

Lors de l'instruction d'un dossier d'adoption plénière par deux époux, le procureur de la République s'assure que les conditions de mise en œuvre de l'article 311-21 du Code civil sont réunies. Il vérifie ainsi que la déclaration de choix de nom concerne un enfant né à compter du 1er janvier 2005 et qu'il s'agit du « premier enfant commun » des requérants. Il doit également contrôler que figure dans le dispositif de la requête, le nom résultant de l'application de l'article 357 du Code civil suivi le cas échéant de la date de la déclaration conjointe de choix de nom.

Ces indications doivent être expressément portées dans le dispositif de la décision d'adoption. Elles s'avèrent indispensables afin d'être mentionnées dans le corps de la transcription du jugement d'adoption qui tient lieu d'acte de naissance à l'enfant.

Lors de la naissance des cadets ou de leur adoption en la forme plénière, les parents doivent produire une copie intégrale de l'acte de naissance du « premier enfant commun » adopté afin que leur soit attribué le même nom. En effet, contrairement à l'adoption simple, le nom attribué au « premier enfant commun » adopté en la forme plénière a vocation à être attribué aux enfants du couple. La date de la déclaration conjointe de choix de nom doit être indiquée dans l'acte de naissance de ces enfants.

III – Le nom de l'enfant adopté par le conjoint du parent biologique

1 – Adoption simple de l'enfant du conjoint

L'enfant adopté par le conjoint de son parent voit, sous réserve de son consentement s'il est majeur ou âgé de plus de treize ans, adjoindre le nom de l'adoptant à son nom d'origine ou substituer à son nom d'origine le nom de l'adoptant selon les règles rappelées ci-dessus.

EXEMPLE N° 1 :
L'adoptant, Monsieur Dupont, est le mari de la mère Madame Martin.
Le nom de l'enfant avant l'adoption est :
➢ *Martin*
Le nom de l'enfant après l'adoption est :
• en cas d'adjonction :
➢ *Martin – Dupont*
• en cas de substitution :
➢ *Dupont*

EXEMPLE N° 2 :
L'adoptante, Madame Dupré, est l'épouse du père Monsieur Duchamp.
Le nom de l'enfant avant l'adoption est :
➢ *Duchamp*
Le nom de l'enfant après adoption est :
• en cas d'adjonction :
➢ *Duchamp-Dupré*
• en cas de substitution :
➢ *Dupré*

Le procureur de la République s'assure que le choix relatif au nom de l'enfant est contenu dans la requête en adoption. Il doit être mentionné dans le dispositif du jugement que le procureur de la République fera mentionner en marge de l'acte de naissance de l'enfant.

2 – Adoption plénière de l'enfant du conjoint

Aux termes de l'article 356 alinéa 2 *in fine* du Code civil, l'adoption plénière de l'enfant du conjoint « produit pour le surplus, les effets d'une adoption par deux époux ». Ce texte renvoie à l'article 357 alinéa 2 du Code civil sur le nom de l'enfant adopté en la forme plénière par deux époux, dont la détermination est faite conformément aux dispositions de l'article 311-21 du Code civil.

Le parent biologique et son conjoint – seul parent adoptant – choisissent le nom de l'enfant par déclaration conjointe (nom du parent biologique, nom du conjoint adoptant, nom accolé de chacun d'eux dans la limite d'un seul nom) qu'ils joignent à la requête en adoption lorsque celle-ci est formée par le seul conjoint adoptant. Lorsque la demande est formée par requête conjointe, le nom choisi est indiqué dans celle-ci.

En l'absence de déclaration conjointe de choix de nom, le tribunal fait application des règles supplétives énoncées par l'article 311-21 du Code civil combinées avec celles de l'article 357 alinéa 2 du Code civil. L'enfant adopté porte le nom de famille du père lorsque l'adoptant est le mari de la mère. En revanche lorsque l'enfant est adopté par l'épouse de son père, il conserve le nom de son père.

EXEMPLE N° 1 :
Nom du père : *Durant*
Nom de la mère : *Martin*
Nom de l'enfant : *Durant*
Nom de l'adoptant : Monsieur Poirier qui épouse Mme Martin, la mère
Le nom de l'enfant après l'adoption par le mari de sa mère sera l'un des suivants :
• en présence d'une déclaration conjointe de choix de nom des époux Poirier-Martin :
➢ *Poirier*

…/…

➢ *Martin* ➢ *Poirier--Martin* ➢ *Martin--Poirier* • en application des règles supplétives : ➢ *Poirier* (l'enfant perd le nom de son père biologique et prend le nom du mari de la mère)
EXEMPLE N° 2 : Nom du père : *Durant* Nom de la mère : *Martin* Nom de l'enfant : *Durant* Nom de l'adoptante : Mme *Rosier* qui épouse M. *Durant*, le père
Le nom de l'enfant après l'adoption par l'épouse du père sera l'un des suivants : • en présence d'une déclaration conjointe de choix de nom des époux *Durant-Rosier* ➢ *Durant* ➢ *Rosier* ➢ *Durant--Rosier* ou *Rosier--Durant* • en application des règles supplétives ➢ *Durant* (l'enfant conserve le nom de son père)

Les modalités de la déclaration de choix de nom sont identiques à celles de l'adoption plénière par deux époux énoncées ci-dessus.

TITRE 5 : Les conditions d'application de l'article 23 de la loi n° 2002-304 du 4 mars 2002 modifiée

Le législateur a fixé une période transitoire allant du 1er janvier 2005 au 30 juin 2006 au cours de laquelle les parents, exerçant l'autorité parentale, pourront, conformément à l'article 23 de la loi du 4 mars 2002 modifiée, demander par déclaration conjointe à l'officier de l'état civil, au bénéfice de l'aîné des enfants communs lorsque celui-ci a moins de treize ans au 1er septembre 2003 ou à la date de la déclaration, l'adjonction en deuxième position du nom du parent qui ne lui a pas transmis le sien, dans la limite d'un seul nom de famille. Le nom ainsi attribué est dévolu à l'ensemble des enfants commun, nés et à naître.

Selon le second alinéa de cet article, lorsque cette faculté est exercée par les parents d'enfants âgés de plus de treize ans, le consentement de ces derniers est nécessaire.

Enfin, le troisième alinéa dispose que cette faculté ne peut être exercée qu'une seule fois.

La mise en œuvre de cet article répond à des exigences spécifiques qui diffèrent de celles prévues pour l'article 311-21 du Code civil.

I – Le régime juridique applicable au double nom

A – La composition du double nom

Les dispositions de l'article 23 n'autorisent que l'adjonction en seconde position du nom du parent qui ne lui a pas transmis le sien, dans la limite d'un seul nom de famille.

Les parents, contrairement au choix de nom fait en application de l'article 311-21 du Code civil, ne peuvent pas choisir l'ordre d'accolement de leurs deux noms.

Le nouveau nom constitue un nom double (v. *supra*) transmissible dans les conditions prévues à l'article 311-21 du Code civil (v. *supra*).

Le nom double ainsi formé dépend de la nature de la filiation de l'aîné de l'enfant.

Pour l'enfant légitime, légitimé ou adopté en la forme plénière par deux époux, le nom sera dans tous les cas, père--mère.

Pour l'enfant naturel, la composition du nom dépend de l'ordre dans lequel a été établi le double lien de filiation :

– l'enfant dont la filiation est en premier lieu établi à l'égard de sa mère dont il porte le nom se verra adjoindre le nom de son père,

– l'enfant dont la filiation est en premier lieu établi à l'égard de son père dont il porte le nom se verra adjoindre le nom de sa mère,

– l'enfant dont le lien de filiation est établi simultanément vis à vis de ses deux parents, portant le nom de son père, se verra adjoindre le nom de sa mère.

L'existence d'un changement de nom fait sur le fondement de l'article 334-2 ancien du Code civil, devant le greffier en chef du tribunal de grande instance, est sans incidence sur la possibilité des parents de demander l'adjonction du nom de la mère en application de l'article 23. L'enfant qui portait le nom de sa mère et a pris par substitution le nom de son père pourra porter le nom père--mère.

B – L'irrévocabilité du choix de nom

La faculté d'adjoindre au nom de l'aîné des enfants celui du parent qui ne lui a pas transmis le sien ne peut être exercée qu'une seule fois (art. 23 al. 3).

L'officier de l'état civil auquel est remise la déclaration conjointe d'adjonction de nom appellera l'attention des parents sur le caractère irréversible de cette démarche qui ne peut être exercée qu'une seule fois.

C – La vérification de la transmissibilité des noms composant le double nom

L'officier de l'état civil auquel est remise la déclaration conjointe d'adjonction de nom n'a pas à apprécier l'opportunité de ce changement. Il doit cependant s'assurer de la transmissibilité du nom adjoint au nom d'origine de l'enfant.

II – La mise en œuvre de l'article 23 de la loi

A – À l'égard de l'aîné des enfants communs

1 – Les conditions de fond

La mise en œuvre de l'article 23 présente plusieurs différences avec celle de l'article 311-21 du Code civil.

11 – La notion d'aîné des enfants communs

Contrairement à l'article 311-21 du Code civil aux termes duquel le nom dévolu au premier enfant commun est le nom attribué aux autres enfants communs du couple, l'article 23 de la loi du 4 mars 2002 modifiée prévoit que la déclaration conjointe d'adjonction de nom est faite à l'égard de l'aîné de la fratrie. Il s'agit là de s'attacher à une détermination chronologique des naissances.

L'aîné des enfants doit être un enfant commun du couple. La notion d'enfant commun s'entend comme l'enfant mineur, vivant dont la filiation légitime, naturelle ou adoptive en la forme plénière est légalement établie à l'égard de ses père et mère à la date de la déclaration conjointe d'adjonction de nom. À la différence de l'article 311-21 du Code civil, il importe peu que sa filiation soit établie simultanément ou successivement avant ou après sa déclaration de naissance.

La présence d'un enfant adopté en la forme simple, quel que soit son âge, est sans incidence sur le bénéfice du dispositif transitoire, dont il est écarté, la dévolution du nom de l'adopté en la forme simple obéissant à un régime dérogatoire. Il n'est pas possible de transmettre à des cadets, le nom d'origine que l'enfant adopté simplement a pu conserver après adoption.

La présence d'un enfant majeur à la date du 1er septembre 2003 ne permet pas aux parents d'exercer la faculté d'adjonction de nom que leur offre l'article 23 au bénéfice des cadets mineurs, fussent-ils tous nés entre le 2 septembre 1990 et le 31 décembre 2004.

EXEMPLES RÉCAPITULATIFS :

FM : Filiation maternelle
FP : Filiation paternelle
FC : Filiation conjointement établie
DACN : déclaration conjointe d'adjonction de nom (art. 23)
DN : déclaration de naissance

EXEMPLE 1 :

Composition de la fratrie	Ordre d'établissement des filiations	Nom à la naissance
1er enfant : Aîné Né entre le 2 septembre 1990 et le 31 décembre 2004	FM DN FP	Nom de la mère : M.
Les parents font une déclaration d'adjonction de nom (art. 23) : M--P		
2e enfant : Né après entrée en vigueur de la loi sur le nom	FC DN	Le nom de l'aîné tel qu'il résulte de la déclaration d'adjonction de nom vaut pour ces deux cadets.
3e enfant : Né après entrée en vigueur de la loi sur le nom	FP DN FM	

EXEMPLE 2 :

Composition de la fratrie	Ordre d'établissement des filiations	Nom à la naissance	
1er enfant : Aîné né entre le 2 septembre 1990 et le 31 décembre 2004.	FM DN FP	Nom de la mère : M.	
2e enfant : Né après entrée en vigueur de la loi sur le nom.	FC DN – « Premier enfant commun » au sens de l'article 311-21 du Code civil.	Déclaration conjointe de choix de nom en application de l'article 311-21 : possible. Nom choisi : P--M.	En l'absence de déclaration conjointe de choix de nom, le nom est déterminé par l'application des règles supplétives : Nom du père : P.
Les parents font une déclaration d'adjonction de nom pour l'aîné (art. 23) après la déclaration de naissance de leur 2e enfant. L'aîné prend alors le nom M--P.			
3e enfant : Né après l'entrée en vigueur de la loi sur le nom.	FP FM DN – Cet enfant ayant un double lien de filiation établi au plus tard lors de sa déclaration de naissance, il entre dans le champ d'application de l'article 311-21 du Code civil.		Le nom de ce 3e enfant est celui du 2e de la fratrie : P--M si les parents ont fait une déclaration de choix de nom (art. 311-21). P en application des règles supplétives.
4e enfant : Né après l'entrée en vigueur de la loi sur le nom.	FM DN FP – Cet enfant n'entre pas dans le champ d'application de l'article 311-21 du Code civil, son double lien de filiation n'étant pas établi au plus tard lors de sa déclaration de naissance. Il n'est pas un enfant « commun » au sens de l'article 311-21 du Code civil.		Il prend dès sa naissance le nom de l'aîné de la fratrie tel qu'il résulte de la déclaration d'adjonction de nom (art. 23).

12 – L'âge de l'aîné des enfants communs

L'aîné des enfants doit avoir moins de treize ans au 1er septembre 2003. Il doit être né au plus tôt le 2 septembre 1990. Lorsque l'aîné des enfants est né le 1er septembre 1990, l'adjonction de nom n'est pas possible, cet enfant ayant plus de treize ans. Il conserve, ainsi que ses puînés, le nom du parent qui lui a été transmis.

Lorsque l'aîné des enfants est né entre le 2 septembre 2003 et le 31 décembre 2004, les anciennes règles en matière de dévolution du nom ayant été appliquées lors de sa déclaration de naissance, les parents peuvent se prévaloir du dispositif transitoire.

Si l'aîné des enfants est décédé, les parents peuvent souscrire une déclaration conjointe d'adjonction de nom dès lors que les conditions d'âge sont remplies par le deuxième enfant.

13 – L'exercice de l'autorité parentale

Seuls les parents, en tant qu'ils exercent en commun l'autorité parentale, peuvent bénéficier du dispositif transitoire. Les tiers, même délégataires de l'autorité parentale (C. civ., art. 377), en sont exclus.

L'exercice conjoint de l'autorité parentale est de droit dès lors que la filiation a été légalement établie dans l'année de naissance de l'enfant à l'égard des père et mère (C. civ., art. 373) et ce quelle que soit sa date de naissance (art. 11-II loi n° 2002-305 du 4 mars 2002).

Dans les autres cas, cette autorité peut être exercée conjointement :

– à la suite d'une déclaration conjointe des père et mère devant le greffier en chef du tribunal de grande instance,

– d'une décision de justice.

En toute hypothèse, conformément à l'article 14 du décret du 29 octobre 2004, les parents attestent sur l'honneur exercer ensemble l'autorité parentale à l'égard de chacun des enfants dont le prénom est indiqué sur la déclaration (v. *infra*). L'officier de l'état civil n'est donc tenu d'aucune vérification.

14 – Le consentement des enfants âgés de plus de treize ans

L'alinéa 2 de l'article 23 dispose que lorsque cette faculté est exercée par les parents d'un enfant âgé de plus de treize ans, le consentement de ce dernier est exigé.

Conformément au principe prévu à l'article 61-3 du Code civil, cette condition de consentement concerne tous les enfants âgés de plus de treize ans au jour de la déclaration et non uniquement l'aîné des enfants.

Afin d'assurer une unité du nom au sein de la fratrie, le refus de l'un de ces enfants fait obstacle à la mise en œuvre de la déclaration conjointe d'adjonction de nom pour l'ensemble de la fratrie.

En résumé, le consentement est recueilli dans les hypothèses suivantes :

– Si l'un des enfants communs est né entre le 2 septembre 1990 et le 30 juin 1993, il doit consentir personnellement à l'adjonction du nom du parent qui ne lui a pas été transmis et le nouveau nom s'impose alors à toute la fratrie.

– Lorsque cet enfant est né entre le 2 septembre 1990 et le 1er janvier 1992, il aura nécessairement 13 ans lors de la déclaration et devra donc personnellement consentir.

– S'il est né entre le 2 janvier 1992 et le 30 juin 1993, il ne devra consentir que s'il a atteint les 13 ans révolus au jour de la remise de la déclaration conjointe des parents.

– Si tous les enfants sont nés après le 30 juin 1993, il n'y aura pas par hypothèse lieu à recueillir leur consentement à l'adjonction de nom.

Aux termes de l'article 12 du décret du 29 octobre 2004, chacun des enfants âgés de plus de treize ans donne son consentement par un écrit distinct que chaque mineur concerné date et signe. Chacun de ces écrits peut être accompagné de la photocopie de la carte nationale d'identité du mineur signataire lorsqu'il en est détenteur.

2 – Les conditions de forme de la déclaration conjointe d'adjonction de nom

21 – Forme et contenu de la déclaration conjointe d'adjonction de nom

Conformément à l'article 11 du décret du 29 octobre 2004, la déclaration conjointe d'adjonction de nom prend la forme d'un écrit, acte sous seing privé ou acte authentique, rédigé en langue française.

La déclaration conjointe d'adjonction de nom rédigée dans une langue étrangère est recevable sous réserve d'être accompagnée de sa traduction en langue française établie aux frais des parents par un traducteur assermenté.

Par simplification, les parents peuvent utiliser le formulaire obtenu auprès de l'officier de l'état civil ou éventuellement mis à disposition auprès de divers services publics.

Conformément aux dispositions de l'article 11 alinéa 2 et suivants du décret du 29 octobre 2004, cette déclaration doit obligatoirement comporter :

– les prénom(s), nom, date et lieu de naissance, domicile des père et mère, auteurs de la déclaration,
– les prénom(s), nom, date et lieu de naissance de l'aîné des enfants communs,
– les prénom(s), nom, date et lieu de naissance des autres enfants communs,
– l'attestation sur l'honneur que les parents exercent, en commun, sur chacun de ses enfants, l'autorité parentale,
– l'attestation sur l'honneur qu'ils n'ont pas d'autres enfants communs,
– la date et la signature des père et mère.

En l'absence d'une de ces mentions, la déclaration conjointe d'adjonction de nom ne peut produire effet, l'officier de l'état civil doit alors solliciter les instructions du parquet.

En cas de fausses déclarations, le procureur de la République saisit le président du tribunal de grande instance territorialement compétent aux fins de rectification du ou des actes erronés en application de l'article 99 du Code civil. En outre de fausses déclarations sont passibles des peines prévues à l'article 441-7 du Code pénal.

22 – Remise de la déclaration conjointe d'adjonction de nom

La déclaration conjointe d'adjonction de nom est remise à l'officier de l'état civil du lieu où demeure l'aîné des enfants (art. 12 décret préc.). S'il demeure à l'étranger, la déclaration d'adjonction de nom est remise à l'officier de l'état civil consulaire territorialement compétent.

L'officier de l'état civil s'assure de la régularité de la déclaration tant sur la forme que sur le fond. Afin d'éviter toute contestation ultérieure, l'officier de l'état civil appose, par tous moyens, la date à laquelle il reçoit cette déclaration.

S'agissant d'une mesure transitoire, elle est strictement encadrée dans le temps. Elle ne peut avoir lieu que dans les dix huit mois suivant l'entrée en vigueur de la loi soit entre le 1er janvier 2005 et le 30 juin 2006.

Ainsi toute déclaration produite à compter du 1er juillet 2006 n'emportera aucun effet sur le nom des effets même si elle est signée du 30 juin 2006.

23 – Pièces justificatives à produire

La déclaration conjointe d'adjonction de nom doit être accompagnée du livret de famille ou à défaut de la copie intégrale de l'acte de naissance de chacun des enfants communs.

Lorsque cette déclaration concerne un enfant français ou binational né à l'étranger et pour lequel il n'existe pas d'acte de naissance détenu par une autorité française, elle doit être accompagnée d'une demande de transcription. L'officier de l'état civil du lieu de résidence de l'aîné des enfants communs invite les parents à présenter cette demande en utilisant le formulaire conçu à cet effet (v. modèle annexé).

24 – Enregistrement du changement de nom

L'enregistrement de l'adjonction de nom sur l'acte de naissance de l'aîné des enfants se fait par l'officier de l'état civil détenteur de son acte de naissance qui appose la mention suivante en marge de son acte de naissance :

> « Prend le nom de ...... suivant déclaration conjointe d'adjonction de nom en date du ....
> ...... (date et lieu d'apposition de la mention)
> ...... (qualité et signature de l'officier de l'état civil) »

25 – Conservation de la déclaration conjointe d'adjonction de nom

La déclaration d'adjonction de nom constitue une pièce annexe à l'acte de naissance de l'aîné et doit donc être conservée par l'officier de l'état civil de son lieu de naissance (art. 14 décret préc.).

Chacun des écrits constatant le consentement des enfants âgés de plus de treize ans est annexé à l'acte de naissance respectif des enfants concernés.

B – La mise en œuvre à l'égard des cadets de la fratrie

1 – Le double nom vaut pour les autres enfants communs

Les enfants cadets figurant sur la déclaration conjointe d'adjonction de nom prennent automatiquement le double nom de leur aîné et ce même si avant cette déclaration, ils ne portaient pas le même nom que lui. L'officier de l'état civil qui reçoit la déclaration conjointe d'adjonction de nom doit vérifier que chacun de ces enfants est un enfant commun.

Exemple :

Nom des enfants avant déclaration conjointe d'adjonction de nom	Nom des enfants après déclaration conjointe d'adjonction de nom
Aîné des enfants : Nom de la mère 2e enfant : nom du père 3e enfant : nom du père	Les trois enfants portent le nom Mère--Père

Si les parents en font la demande, le nom de l'enfant décédé peut également être rectifié. Toutefois cette rectification ne sera possible que si celui-ci avait moins de treize ans à la date de son décès.

Toutefois sont exclus de cet effet collectif :

– l'enfant sans vie, celui-ci ne pouvant que recevoir un ou des prénoms si les parents en expriment le désir (IGREC n° 467-2),

– l'enfant qui n'est pas juridiquement commun, c'est à dire celui dont la filiation n'était pas établie à l'égard des deux parents, soit lors de la déclaration conjointe, soit, pour l'enfant qui naîtrait postérieurement à la déclaration, lors de la déclaration de naissance.

Lors de l'établissement du second lien de filiation, l'officier de l'état civil devra saisir le procureur de la République en vue de la rectification de l'acte de naissance, afin que la règle de l'unité du nom de la fratrie soit respectée.

Exemple :

Nom des enfants avant la déclaration conjointe d'adjonction de nom	Nom des enfants après la déclaration conjointe d'adjonction de nom
Aîné des enfants : nom de la mère 2e enfant : nom du père	Les deux enfant portent le nom Mère--Père
3e enfant reconnu uniquement par sa mère : nom de la mère	Cet enfant est reconnu par son père après la déclaration conjointe d'adjonction de nom, il portera le nom Mère--Père sur instructions du procureur de la République

Les enfants nés après la déclaration conjointe d'adjonction de nom prennent obligatoirement le nom de leur aîné. Il est rappelé qu'une déclaration conjointe de choix de nom en application de l'article 311-21 du Code civil suppose que le premier enfant commun soit né à compter du 1er janvier 2005 alors que la déclaration conjointe d'adjonction de nom faite en application de l'article 23 de la loi modifiée concerne des fratries composée d'enfants nés avant cette date et le cas échéant d'enfants nés après cette date.

2 – La mise en œuvre de ce principe

21 – Les enfants nés lors de la déclaration

À l'égard des enfants déjà nés, l'officier de l'état civil qui reçoit la déclaration conjointe d'adjonction de nom l'adresse, le cas échéant accompagnée des écrits contenant le consentement des enfants âgés de plus de treize ans et du livret de famille, à l'officier de l'état civil détenteur de l'acte de naissance de l'aîné qui coordonne la mise à jour des actes de naissance des autres enfants en transmettant un avis de mention, accompagné le cas échéant de l'écrit contenant le consentement de l'enfant s'il est âgé de plus de treize ans, à chacun des officiers dépositaires de leur acte de naissance respectif.

Les actes de naissance des cadets sont mis à jour par l'apposition de la mention marginale suivante :

> « Prend le nom de ... suivant déclaration conjointe d'adjonction de nom en date du ......
> ...... (date et lieu d'apposition)
> ...... (qualité et signature de l'officier de l'état civil) »

La mise à jour des livrets de famille se fait selon les termes du nouvel article 9 du décret du 15 mai 1974 (art. 17 al. 3 décret 29 octobre 2004). La déclaration d'adjonction de nom est portée sur le livret de famille par l'officier de l'état civil détenteur de l'acte de naissance de l'aîné des enfants communs après réception des récépissés d'avis de mention que lui adressent les officiers de l'état civil dès la mise à jour des actes de naissance des autres enfants dont ils sont dépositaires. Après avoir actualisé le livret de famille, il est retourné à l'officier de l'état civil du lieu où demeurent les parents aux fins de restitution (décr. 16 mai 1974 modifié, art. 9).

22 – Les enfants nés postérieurement à la déclaration conjointe d'adjonction de nom

À l'égard des enfants nés après la déclaration d'adjonction de nom, la déclaration conjointe d'adjonction de choix de nom ne figure pas en mention marginale de leur acte de naissance. Le double nom est dévolu de plein droit aux enfants et est donc porté dans le corps de leur acte de naissance.

DEUXIÈME PARTIE : LES ASPECTS INTERNATIONAUX DU NOM DE FAMILLE

La détermination du nom relève du statut personnel et, conformément à l'article 3 alinéa 3 du Code civil, est soumise à la loi personnelle de l'intéressé c'est-à-dire sa loi nationale. Il n'est toutefois pas exclu que des enfants étrangers nés en France voient leur nom déterminé selon les dispositions du Code civil.

TITRE 1 : Les conditions d'application de l'article 311-21 alinéa 2 du Code civil (application de la loi aux Français de l'étranger)

Afin de faciliter l'exercice de la faculté de choix de nom au profit des parents dont le « premier enfant commun » français naît à l'étranger, les modalités de remise de la déclaration prévues en droit commun ont été adaptées par la loi du 2003-516 du 18 juin 2003.

L'article 311-21 alinéa 2 du Code civil aménage ainsi un délai de trois ans pour permettre aux parents d'effectuer une déclaration de choix de nom dans le cadre de la demande de transcription de l'acte de naissance de leur « premier enfant commun » dressé par l'officier de l'état civil étranger.

Ce dispositif constitue le moyen principal d'exercice de la faculté de choix. La déclaration est toutefois également possible dans les mêmes conditions qu'en France à l'occasion de la déclaration de naissance devant l'officier de l'état civil consulaire français voire, dans certains cas, devant l'officier de l'état civil étranger.

Quant aux conditions de fond, elles restent inchangées. La déclaration s'applique au « premier enfant commun » né vivant et viable à compter du 1er janvier 2005 dont la double filiation est établie au plus tard le jour de la déclaration de naissance.

Il sera toutefois observé que la condition d'établissement des filiations s'apprécie au jour de la déclaration de naissance devant l'officier de l'état civil étranger en cas de transcription de cet acte sur les registres consulaires ou au jour de la déclaration de naissance devant l'officier de l'état civil consulaire en cas d'acte de naissance dressé par celui-ci.

I – Déclaration conjointe de choix de nom dans le cadre de la déclaration de naissance

La déclaration de choix de nom peut être faite devant l'officier de l'état civil étranger si celui ci accepte d'appliquer la loi française ou bien devant l'officier de l'état civil consulaire lorsque celui ci reçoit la déclaration de naissance (acte dressé).

A – Déclaration de choix de nom faite lors de la déclaration de naissance devant l'officier de l'état civil étranger

Cette situation est peu fréquente. Elle suppose que l'officier de l'état civil étranger accepte d'appliquer la loi française en tant que loi personnelle de l'enfant plutôt que d'appliquer sa propre loi en tant que *lex auctoris*.

Cette situation ne pourra se présenter que :

– si l'enfant est exclusivement français : s'il possède également la nationalité du pays où est dressé l'acte, l'officier de l'état civil étranger appliquera, en principe, sa propre loi en tant que loi personnelle de l'enfant (exemple : enfant franco-allemand naissant en Allemagne);

– si l'enfant, bien que français, a également une autre nationalité mais que celle-ci n'est pas celle du pays où est dressé l'acte et si l'officier de l'état civil étranger accepte d'appliquer la loi française (exemple : enfant franco-allemand naissant en Espagne).

1 – La déclaration de choix de nom de famille effectuée devant l'officier de l'état civil étranger

– l'enfant français remplit les conditions de l'article 311-21 du Code civil (né après 1er janvier 2005, « premier enfant commun », filiations établies avant la déclaration de naissance ou après mais simultanément),

– l'enfant est exclusivement français ou est également national d'un état qui n'est pas celui dont relève l'officier de l'état civil étranger,

– l'acte de naissance de l'enfant est dressé localement et le nom choisi y est énoncé,

– l'officier de l'état civil étranger accepte de recevoir une déclaration conjointe de choix de nom de famille suivant la loi française.

Si l'ensemble de ces conditions sont réunies, cette déclaration sera valable au regard du droit français.

Elle ne pourra toutefois être effective dans les registres de l'état civil français que si l'acte de naissance étranger est transcrit ultérieurement sur les registres consulaires ou bien si un acte de naissance français est dressé sur ces mêmes registres (si cette dernière hypothèse est possible compte tenu notamment des délais imposés par la loi française – 15 ou 30 jours suivant les pays – pour déclarer une naissance survenue à l'étranger).

2 – La transcription de l'acte de naissance étranger

La transcription n'est pas obligatoire et aucun délai n'est prévu à cet effet. Elle est toutefois indispensable, puisqu'elle seule permet la publicité de la déclaration de choix de nom effectuée devant l'autorité étrangère et garantit l'attribution ultérieure d'un nom de famille identique lors de la naissance d'autres enfants communs en France ou à l'étranger. En outre, si l'enfant n'a pas encore trois ans, la transcription est d'autant plus conseillée, qu'une déclaration de choix de nom devant l'officier de l'état civil du ministère des affaires étrangères est encore possible : cette déclaration peut être utile pour le cas où la déclaration faite devant l'autorité étrangère serait irrégulière ou ambiguë.

21 – Lorsque l'acte de naissance étranger énonce que la loi française a été appliquée, il convient d'indiquer en rubrique II de l'acte de transcription, les prénom(s), le nom de famille résultant du choix, suivis de l'indication entre parenthèses : « application de la loi française par l'autorité d'état civil étrangère ».

22 – Les parents sont invités à remettre une déclaration conjointe de choix de nom en application de l'article 311-21 du Code civil à l'officier d'état civil consulaire lorsque :

– l'acte de naissance étranger ne contient aucune indication quant à l'application de la loi française pour la détermination du nom de l'enfant,

– la transcription de l'acte est demandée dans le délai de trois ans suivant la naissance,

– le nom attribué suivant la loi étrangère est l'un de ceux pouvant être choisi suivant la loi française,

– les conditions d'application de l'article 311-21 du Code civil sont réunies.

Il leur est expliqué que le nom choisi par eux pour leur « premier enfant commun » en application de la loi française peut-être, s'ils le souhaitent, le même nom que celui attribué suivant la loi étrangère.

23 – Lorsque l'acte de naissance étranger ne contient aucune indication quant à l'application de la loi française pour la détermination du nom de l'enfant mais que le délai de trois ans prévu par l'article 311-21 alinéa 2 du Code civil pour demander la transcription de l'acte et procéder à une déclaration conjointe de choix de nom est expiré, ce nom peut être retenu par application du principe de droit international privé français de l'effet équivalent de la loi étrangère (v. infra *n° 52) aux deux conditions cumulatives suivantes :*

• le nom attribué à l'enfant suivant la loi étrangère est l'un de ceux qui auraient pu être choisis en application de l'article 311-21 du Code civil,

• le double lien de filiation de l'enfant est établi dans les conditions définies par l'article 311-21 du Code civil.

EXEMPLE :

« Premier enfant commun » né en Espagne à compter du 1er janvier 2005 d'un parent français et d'un parent espagnol. L'enfant a la double nationalité franco-espagnole.
– Nom retenu par l'officier de l'état civil local en application de la loi espagnole : premier nom du père et premier nom de la mère.
Père : *Res Lugo*
Mère : *Sancha Nunes*
Enfant : *Res Sancha*
Nom attribué à l'état civil local : *Res Sancha*
Ce nom est conforme à la loi espagnole.
Il fait également partie des noms de famille dont le choix est possible par déclaration en application de la loi française (C. civ, art. 311-21). Les effets de la loi espagnole sont conformes à ceux de la loi française. Les conditions d'établissement des filiations posées par l'article 311-21 sont remplies (enfant légitime). Si les parents le demandent, et bien que le délai de trois ans prévu pour procéder à la déclaration conjointe de choix de nom soit expiré, la transcription sera faite en retenant pour l'enfant le nom de Res--Sancha.
(V. *infra* textes de la mention marginale et de la demande des parents)

3 – L'acte de naissance dressé au poste consulaire

Un acte dressé localement a été établi antérieurement.

Dans cette situation, la naissance de l'enfant a été déclarée à l'autorité d'état civil étrangère et les parents déclarent en outre cette naissance à l'officier de l'état civil consulaire français. Deux actes de naissance sont ainsi dressés.

31 – Si l'acte de naissance étranger fait clairement référence à la déclaration conjointe de choix de nom faite par les parents en application de la loi française, l'officier de l'état civil consulaire devra en tirer les conséquences : il retiendra dans l'acte de naissance dressé par lui le nom de famille résultant de l'acte de naissance étranger en le faisant suivre de l'indication « suivant déclaration conjointe du ... »; la date indiquée sera celle de la déclaration faite devant l'autorité étrangère : en pratique, il y aura lieu de retenir la date de l'acte de naissance étranger.

32 – Si l'acte de naissance étranger ne fait pas clairement référence à une déclaration conjointe de choix nom faite par application de la loi française, il conviendra dans la mesure du possible et si les parents en manifestent la volonté, de les inviter à remettre une déclaration de choix de nom devant l'officier de l'état civil français de façon à confirmer la déclaration faite devant l'officier de l'état civil étranger. Les parents sont en effet par hypothèse dans les délais impartis pour effectuer une telle déclaration.

La date de la déclaration indiquée dans l'acte de naissance dressé par le poste sera alors celle de la déclaration remise à l'officier de l'état civil français.

Rappel : En l'absence de toute déclaration faite par les parents soit devant l'officier de l'état civil étranger soit devant l'officier de l'état civil consulaire français qui dresse l'acte de naissance, il sera fait application des dispositions supplétives (nom du père dans la famille légitime, nom du parent à l'égard duquel la filiation est établie en premier lieu, nom du père en cas d'établissement simultané des filiations).

B – Déclaration de naissance devant l'officier de l'état civil consulaire

Dans cette hypothèse, les parents, qui n'ont procédé à aucune déclaration de choix de nom devant l'autorité d'état civil étrangère en application de l'article 311-21, ont la possibilité de remettre une telle déclaration à l'officier de l'état civil français auquel la naissance est déclarée et qui dresse un acte de naissance.

Il n'existe aucune particularité à cette déclaration de choix de nom sauf à observer que le délai de déclaration de la naissance étant plus long, les parents disposent ainsi d'un délai plus long pour remettre la déclaration conjointe de choix de nom (15 jours ou 30 jours suivant les pays). L'appréciation des conditions relatives à l'établissement du double lien de filiation prévues par l'article 311-21 du Code civil s'effectue au jour de la déclaration de naissance devant l'officier de l'état civil consulaire.

Les conditions de forme de la déclaration sont en tous points identiques à celles exposées plus haut quant aux déclarations remises aux officiers de l'état civil communal. Le décret du 29 octobre 2004 ne distingue pas suivant que la déclaration est remise à un officier de l'état civil communal ou consulaire. De la même façon qu'en France, les parents seront invités à utiliser l'imprimé spécialement conçu à cet effet.

II – Déclaration conjointe de choix de nom dans le cadre de la demande de transcription

Il s'agit là du dispositif principal conçu pour les Français de l'étranger.

Le principe est posé par l'alinéa 2 de l'article 311-21 du Code civil aux termes duquel « En cas de naissance à l'étranger d'un enfant dont l'un des parents est français, les parents qui n'ont pas usé de la faculté de choix de nom dans les conditions du précédent alinéa peuvent effectuer une telle déclaration lors de la demande de transcription de l'acte, au plus tard dans les trois ans de la naissance ».

1 – Les conditions de fond

La filiation doit être établie à l'égard des deux parents au plus tard le jour de la déclaration de naissance devant l'officier de l'état civil étranger ou bien après celle-ci mais simultanément.

Il doit s'agir du premier enfant du couple né à compter du 1er janvier 2005 entrant dans le champ d'application de l'article 311-21 du Code civil (v. *supra* 1re partie).

2 – Les conditions de délai

La demande de transcription de l'acte de naissance, accompagnée de la déclaration de choix de nom, doit être effectuée par dépôt ou envoi dans un délai de trois ans à compter de la naissance du « premier enfant commun ». C'est la demande qui doit être faite dans ce délai; la transcription pourra ainsi être régulièrement effectuée après expiration du délai de 3 ans. Il est ainsi nécessaire que le service prenne soin de dater la réception de la demande de transcription et de la déclaration.

3 – Les conditions de forme

La déclaration de choix de nom est soumise aux conditions de forme du droit commun énoncées à l'article 1er du décret du 29 octobre 2004.

Elle doit être écrite, indiquer l'identité des parents et leur domicile, contenir une attestation sur l'honneur des parents de ce qu'il s'agit de leur premier enfant entrant dans le champ d'application de l'article 311-21 du Code civil.

Si aucune forme particulière n'est exigée, les intéressés seront invités à utiliser les formulaires de déclarations conçus à cet effet afin de limiter le risque de remise d'une déclaration incomplète. Ces formulaires sont les mêmes que ceux utilisés en France.

4 – L'officier de l'état civil compétent pour tirer les conséquences de la déclaration

Il s'agit de l'officier de l'état civil compétent pour effectuer la transcription de l'acte de naissance étranger, c'est-à-dire :

– soit celui dans le ressort duquel cet acte a été dressé par l'autorité étrangère,

– soit un officier de l'état civil du Service central d'état civil ou de la Direction des Français à l'étranger lorsque les transcriptions sont centralisées en France par application de l'art. 7 al. 3 du décret nº 62-921 du 3 août 1962 ou de l'art. 1 al. 2 du décret nº 46-1917 du 19 août 1946.

L'officier de l'état civil du Service Central d'État Civil est également compétent pour les déclarations attachées aux naissances survenues au cours d'un voyage maritime ou aux armées. Dans un tel cas, le Service Central d'État Civil transcrit dans ses registres l'acte de naissance dressé par l'officier militaire ou l'officier du bord (décr. 1er juin 1965, art. 3, 7 et 10). La transcription étant faite d'office et non pas sur la demande des intéressés, le Service Central d'État Civil se met en rapport avec les parents pour qu'ils lui transmettent, s'il y a lieu, la déclaration conjointe de choix de nom.

Lorsque la demande de transcription, accompagnée d'une déclaration de choix de nom, est remise à un officier de l'état civil du ministère des affaires étrangères territorialement incompétent (Service Central d'État Civil au lieu de l'officier de l'état civil consulaire par exemple), elle est réputée valable dès lors que l'officier de l'état civil incompétent a été saisi dans le délai de 3 ans prescrit par l'article 311-21 du Code civil. Les services du ministère des affaires étrangères se chargeront de retransmettre la demande et la déclaration à l'officier de l'état civil compétent.

Le nom de l'enfant résultant de la déclaration conjointe de choix de nom donnera lieu, sur l'acte de transcription, sans instruction particulière du procureur de la République, à l'apposition de la mention marginale suivante :

> « Le nom de l'enfant est … suivant déclaration conjointe de choix de nom en date du …
> …… (date et lieu d'apposition)
> …… (qualité et signature de l'officier de l'état civil) »

Le nom de l'enfant retenu dans l'acte de naissance étranger figurera en rubrique II de la transcription.

5 – Les cas particuliers

51 – Transcription effectuée après naissance d'un second enfant

Lorsqu'un second enfant commun naît avant la transcription de l'acte de naissance du « premier enfant commun » et que le délai de trois ans institué par l'article 311-21 alinéa 2 n'est pas expiré, la déclaration de choix de nom reste possible.

L'officier de l'état civil chargé d'établir l'acte de naissance du second enfant commun attribuera à celui-ci un nom déterminé sans tenir compte de la déclaration de choix de nom faite par les parents. Il les invitera à demander la transcription de l'acte de naissance de leur « premier enfant commun » auprès de l'officier de l'état civil du ministère des affaires étrangères compétent.

L'officier de l'état civil du ministère des affaires étrangères effectuera la transcription en attribuant au « premier enfant commun », s'il y a lieu, le nom résultant de la déclaration.

Les parents enverront alors au procureur de la République compétent une copie de la transcription (ou la copie du livret de famille établi ou mis à jour par l'officier de l'état civil du ministère des affaires étrangères) aux fins de rectification du nom de leur second enfant.

EXEMPLE :

Enfant légitime de nationalité française
Père : *TERRIEN*
Mère : *HARREL*
1er avril 2005 : naissance du « premier enfant commun » à Munich
À l'état civil allemand, le nom attribué à l'enfant est *TERRIEN*
1er mars 2007 : naissance du second enfant commun à La Baule. Le nom de l'enfant est déterminé par l'officier de l'état civil de La Baule en faisant abstraction de toute déclaration de choix de nom même si les parents entendent s'en prévaloir, puisqu'il s'agit d'établir l'acte de naissance du second enfant commun. Le nom attribué est donc *TERRIEN*.
1er février 2008 : les parents demandent la transcription de l'acte de naissance de leur premier enfant né le 1er avril 2005 à Munich et produisent une déclaration conjointe de choix de nom. Le nom choisi est : *TERRIEN--HARREL*.
Le poste transcrit l'acte de naissance. En rubrique II de la transcription figurera le nom attribué par l'officier de l'état civil allemand TERRIEN. Une mention marginale sera apposée directement par l'officier de l'état civil consulaire : « le nom de l'enfant est TERRIEN--HARREL suivant déclaration conjointe de choix de nom en date du ... ».
Les parents saisiront ultérieurement le procureur de la République de Saint-Nazaire pour faire rectifier l'acte de naissance de leur second enfant né le 1er mars 2007 à La Baule. Sur instruction du Procureur, une mention marginale sera apposée sur l'acte de naissance de cet enfant : « le nom de l'enfant est *TERRIEN--HARREL* suivant déclaration conjointe de choix de nom en date du ... Instructions du procureur de la République de Saint-Nazaire ».

52 – Transcription de l'acte de naissance du « premier enfant commun » demandée au delà du délai de trois ans
Dans une telle situation une déclaration conjointe de choix de nom n'est pas possible, le délai légal prévu par l'article 311-21, alinéa 2 du Code civil étant expiré.

Toutefois, conformément à l'esprit de la nouvelle loi sur le nom de famille, il apparaît possible de retenir le nom de famille donné à un « premier enfant commun » selon le droit étranger si les conditions suivantes sont réunies :

– il s'agit du premier enfant entrant dans le champ d'application de l'article 311-21 du Code civil,

– il est né à compter du 1er janvier 2005,

– les conditions d'établissement des filiations prévues par l'article 311-21 sont réunies,

– le nom déterminé selon le droit étranger est conforme à celui qui aurait pu résulter de l'application de la loi française si les parents avaient fait une déclaration de choix de nom.

L'effet de la loi étrangère étant équivalent à celui de la loi française, le nom dévolu à l'enfant à l'état civil étranger sera retenu si les parents en font la demande. Il s'agit là de l'application du principe de droit international privé français de l'équivalence des effets en vertu duquel une loi étrangère qui ne peut normalement régir une situation relevant de la loi française sera quand même appliquée si ces effets sont identiques à ceux de la loi française.

EXEMPLE :

Parents mariés en Allemagne
Père français : *LELIEVRE*
Mère allemande : *RUDER*
Nom matrimonial choisi : *RUDER*
Premier enfant commun né le 1er avril 2005
L'enfant se nomme Hans *RUDER* à l'état civil allemand. La demande de transcription de l'acte de naissance de cet enfant est faite par les parents le 1er février 2009 à l'occasion de leur installation en France.
Une déclaration de choix de nom au titre de l'article 311-21 n'est pas possible. En principe, le nom de l'enfant à l'état civil français devrait être celui de son père soit *LELIEVRE*, étant observé que le droit français ne reconnaît pas le changement de nom du père de *LELIEVRE* en *RUDER*, la nouvelle loi sur le nom de famille n'ayant rien changé sur ce point.
Toutefois :
– l'enfant est né après le 1er janvier 2005,
– il s'agit d'un « premier enfant commun », les filiations paternelles et maternelles étant établies dans les conditions de l'article 311-21 (il s'agit d'un enfant légitime),
– le nom attribué à l'enfant suivant le droit allemand (nom de la mère) est conforme aux possibilités offertes par l'article 311-21 en cas de déclaration de choix de nom (la loi allemande qui détermine le nom de l'enfant a un effet équivalent à celui de la loi française).
En conséquence, si les parents le souhaitent, le nom de *RUDER* sera retenu lors de la transcription. Ils devront signer une demande en ce sens.
Le nom « *RUDER* » attribué dans l'acte de naissance étranger figurera en rubrique II de la transcription. La mention marginale suivante sera apposée : « Le nom de l'enfant est *RUDER* en application de la loi étrangère équivalente ».

La déclaration suivante que les parents seront invités à signer sera conservée aux pièces annexes de l'acte de transcription :

« Nous, soussignés. Monsieur X... né le ... à ... et Madame Y... née le ... à ..., parents de l'enfant Z... né le ... à ... demandons que le nom retenu par l'officier de l'état civil consulaire pour la transcription de l'acte de naissance étranger de notre premier enfant commun soit celui retenu dans cet acte.
Date et signature ».

III – Déclaration de choix de nom au profit d'enfant(s) français légitimé(s) par mariage

Le fait que la naissance d'un ou plusieurs des enfants soit survenue à l'étranger ou que le mariage y ait été célébré est sans incidence sur les conditions de fond relatives à la possibilité de faire une déclaration de choix de nom au profit d'enfants légitimés par mariage. Ces conditions ont été exposées plus haut. L'une ou l'autre de ces circonstances est en revanche de nature à modifier les démarches que doivent effectuer les parents et les officiers de l'état civil.

A – Naissance et mariage à l'étranger

1 – Acte de mariage des parents dressé par l'officier de l'état civil consulaire (mariage consulaire)

La naissance d'un ou plusieurs enfants est survenue à l'étranger. Le mariage est célébré par un agent diplomatique ou consulaire français (application de l'article 170 alinéa 2 et 3 du Code civil). La procédure est alors pour l'essentiel identique à celle décrite pour les mariages célébrés en France. La déclaration de choix de nom est remise à l'officier de l'état civil consulaire qui célèbre le mariage, lors de la constitution préalable du dossier ou au plus tard lors de la célébration.

Toutefois, afin d'assurer la publicité du nom choisi sur les actes de naissance des enfants légitimés nés à l'étranger, la transcription de leur acte de naissance est indispensable. La demande de transcription est remise avec la déclaration de choix de nom à l'officier de l'état civil consulaire.

Celui-ci transmettra le cas échéant la demande de transcription à l'officier de l'état civil consulaire compétent.

L'officier de l'état civil qui célèbre le mariage vérifie la régularité en la forme et la validité au fond de la déclaration conjointe de choix de nom.

Il envoie aux autres officiers détenteurs des actes de naissance des enfants légitimés un avis de mention de légitimation et, s'il y a lieu, de changement de nom suivant les modalités exposées plus haut.

2 – Acte de mariage des parents transcrit par l'officier de l'état civil consulaire

La déclaration ne peut en principe être remise à l'officier de l'état civil étranger ou à l'autorité étrangère chargée de la célébration du mariage. Elle devra en conséquence être remise à l'officier de l'état civil consulaire compétent pour transcrire l'acte de mariage étranger.

La loi n'a pas institué de délai particulier pour procéder à la transcription de l'acte de mariage. Cette transcription est toutefois indispensable pour rendre effective la déclaration de choix de nom. C'est pourquoi, dans le cadre des démarches préalables au mariage (demande de publication des bans, délivrance du certificat de capacité à mariage), les agents diplomatiques et consulaires attireront l'attention des parents sur la nécessité de cette démarche de même que sur la nécessité de demander la transcription de l'acte de naissance de leurs enfants nés à l'étranger.

La déclaration de choix de nom peut être remise par les parents à l'officier de l'état civil consulaire chargé de la transcription de l'acte de mariage à l'occasion de la demande de transcription.

La remise de la déclaration conjointe de choix de nom doit être accompagnée d'une demande de transcription des actes de naissance des enfants légitimés nés à l'étranger lorsqu'elle n'aura pas été préalablement effectuée. Cette demande de transcription peut être remise dès la publication des bans. L'officier de l'état civil consulaire chargé de la transcription de l'acte de mariage transmet le cas échéant la demande de transcription de l'acte de naissance à l'officier de l'état civil consulaire compétent.

L'officier de l'état civil consulaire compétent pour transcrire l'acte de mariage vérifie la régularité en la forme et la validité au fond de la déclaration conjointe de choix de nom.

Il envoie aux autres officiers détenteurs des actes de naissance des enfants légitimés un avis de mention de légitimation et, s'il y a lieu, de changement de nom suivant les modalités exposées plus haut (v. *supra* Titre 2-III-B).

B – Naissance à l'étranger et mariage en France

La déclaration de choix de nom est alors remise à l'officier de l'état civil français qui célèbre le mariage. Elle ne pourra avoir effet que si la transcription de l'acte de naissance des enfants nés à l'étranger est opérée. Les parents seront donc invités par l'officier de l'état civil à lui remettre une demande de transcription qu'il transmettra au poste diplomatique ou consulaire compétent ou à défaut au Service Central d'État Civil avec l'acte de naissance étranger également remis par les parents.

L'officier de l'état civil du ministère des affaires étrangères s'assurera du bien fondé de la légitimation et de la déclaration de choix de nom par l'analyse du double établissement du lien de filiation.

En pratique, si l'officier de l'état civil communal célébrant le mariage sait qu'une demande de transcription de l'acte de naissance des enfants est en cours, il enverra au(x) poste(s) consulaire(s) concerné(s) un avis de mention de légitimation.

Si la transcription de l'acte de naissance a déjà été effectuée, l'avis de mention est adressé au Service Central d'État Civil.

C – Naissance en France et mariage à l'étranger

Il y a lieu de se reporter au point III-A (v. *supra*), la transcription de l'acte de naissance n'étant évidemment pas nécessaire.

TITRE 2 : Les conditions d'application de l'article 311-22 du Code civil aux personnes acquérant la nationalité française

L'article 311-22 du Code civil pose le principe de l'application des règles de dévolution du nom prévues par l'article 311-21 aux enfants acquérant la nationalité française par effet collectif (C. civ., art. 22-1). Ainsi, les parents, dont le « premier enfant commun » bénéficiant de l'effet collectif est né à compter du 1er janvier 2005 peuvent procéder à une déclaration conjointe de choix de nom qui produira effet pour l'ensemble de ces enfants lorsque les conditions de droit commun prévues par l'article 311-21 du Code civil sont réunies. En l'absence de déclaration, les principes de dévolution par défaut prévus par ce même article s'appliquent. La pratique actuellement suivie demeure inchangée.

L'acquisition de la nationalité française par effet collectif au profit de l'enfant mineur non marié résulte :

– d'une décision d'acquisition, de naturalisation ou de réintégration par décret intervenue au profit de l'un et/ou de l'autre des parents; l'acquisition prend effet à la date du décret;

– de l'enregistrement d'une déclaration acquisitive de nationalité française souscrite par l'un et/ou l'autre des parents au titre des articles suivants du Code civil :

• l'article 21-13 (possession d'état),

• l'article 21-2 (mariage),

• l'article 21-14 (acquisition consécutive à une perte par désuétude),

• l'article 24-2 et l'article 32-4.

Ou, s'agissant des déclarations réservées aux personnes mineures :

• l'article 21-11 (anticipation de l'acquisition à la date de la majorité),

• l'article 21-12 (adoption simple ou recueil).

L'acquisition prend effet à la date de souscription de la déclaration :

– de l'acquisition de plein droit de la nationalité française par l'un et/ou l'autre des parents :

• soit que le parent ait acquis la nationalité au jour de la majorité par naissance et résidence en France (C. civ., art. 21-7) ;

• soit que le parent ait lui-même acquis par effet collectif.

I – Les conditions de fond

L'article 311-22 du Code civil renvoyant à l'article 311-21, ces conditions sont les mêmes que pour les Français par attribution (v. 1re partie).

Ainsi, la déclaration conjointe de choix de nom n'est possible que si le premier enfant du couple entrant dans le champ d'application de l'article 311-21 du Code civil est né à compter du 1er janvier 2005. Dans cette hypothèse, le « premier enfant commun » doit s'entendre du « premier enfant commun » bénéficiant de l'effet collectif de nationalité française de telle sorte que l'existence d'un « premier enfant commun » n'acquérant pas la nationalité française, soit parce qu'il est majeur, soit parce qu'il ne réside pas avec le parent acquérant la nationalité française, soit parce que son nom n'a pas été mentionné dans la demande de naturalisation ou la déclaration de nationalité française, ne fait pas obstacle à l'exercice du choix de nom prévu par l'article 311-21 du Code civil.

Dans le cas où l'effet collectif concerne les enfants nés d'unions différentes d'un même parent, la notion de « premier enfant commun » s'apprécie au regard du premier enfant entrant dans le champ d'application de l'article 311-21 du Code civil pour chacune des fratries. Une déclaration conjointe de choix de nom doit alors être souscrite par les père et mère concernés pour chacun de ces premiers enfants (v. exemple *infra*).

Conformément aux dispositions de l'article 311-21 alinéa 1 du Code civil, les filiations maternelle et paternelle relatives au « premier enfant commun » ainsi défini doivent être établies au plus tard le jour d'établissement de l'acte de naissance par l'autorité compétente à l'étranger ou par l'officier de l'état civil communal ou bien ultérieurement mais de façon simultanée. Les conditions d'établissement de la filiation sont appréciées au regard de la loi personnelle de la mère par application de l'article 311-14 du Code civil.

La déclaration conjointe de choix de nom n'est pas recevable lorsque la loi française ayant été appliquée par l'officier de l'état civil soit par défaut, soit à la demande expresse des parents (IGREC no 530 à 531-1), ces derniers lui ont remis, lors de la déclaration de naissance de leur « premier enfant commun », une déclaration conjointe de choix de nom alors qu'il était de nationalité étrangère. Il convient que soit respecté le principe d'irrévocabilité du choix posé par l'article 311-21 alinéa 3 du Code civil.

Enfin l'ensemble des enfants mineurs de la fratrie bénéficiant de l'effet collectif du nom susceptibles d'être âgés de plus de treize ans au jour de l'acquisition de la nationalité française doivent consentir à leur changement de nom. L'absence de consentement d'un seul d'entre eux fait obstacle à la déclaration de choix de nom pour l'ensemble de la fratrie.

En l'absence de déclaration conjointe de choix de nom ou en présence d'une déclaration irrégulière, les règles supplétives d'attribution du nom énoncées à l'alinéa premier de l'article 311-21 sont appliquées. L'enfant porte le nom du parent à l'égard duquel le lien de filiation a été établi en premier lieu. En cas d'établissement simultané, il porte le nom de son père.

II – Les modalités de la déclaration conjointe de choix de nom

L'article 311-21 impose une « déclaration conjointe à l'officier de l'état civil ». Dans le régime de droit commun, la déclaration de choix de nom, signée par l'un et l'autre des parents, est remise à l'officier de l'état civil au moment de la déclaration de naissance. Ce dispositif a été adapté à la situation particulière des enfants bénéficiant de l'effet collectif par le décret du 29 octobre 2004. Il est tenu compte du mode d'acquisition de la nationalité française et de la nécessité pour le Service Central d'État Civil de procéder à l'établissement d'actes de naissance français lorsque les acquérants sont nés à l'étranger ou s'y sont mariés. Il est à noter que, même si un seul des parents demande l'acquisition de la nationalité française, la déclaration de choix de nom n'en devra pas moins être signée par les deux parents, dont celui qui n'est pas demandeur à la procédure d'acquisition de la nationalité française.

A – Acquisition de la nationalité française par effet collectif résultant d'une déclaration de nationalité ou d'une demande de naturalisation faite par l'un ou l'autre des parents

1 – Forme et contenu de la déclaration conjointe de choix de nom

Aux termes de l'article 9 alinéa 1er du décret du 29 octobre 2004, cette déclaration est soumise aux mêmes règles de forme que la déclaration conjointe de choix de nom remise en application du droit commun (art. 1er décret préc.). Elle doit en conséquence faire l'objet d'un écrit comportant les indications suivantes :

• les nom(s), prénom(s), date et lieu de naissance, domicile des père et mère, l'indication du nom de famille choisi ainsi que les prénom(s), date et lieu de naissance du premier enfant commun susceptible de bénéficier de l'effet collectif de la nationalité française,

• l'attestation sur l'honneur des parents que le choix de nom concerne leur premier enfant commun bénéficiant de l'effet collectif,

• la date et la signature de chacun des père et mère.

Compte tenu de son objet particulier, elle doit en outre, conformément à l'article 9 alinéas 2 et 3 du décret du 29 octobre 2004, comporter les rubriques suivantes :

– L'attestation sur l'honneur des parents qu'ils n'ont remis aucune déclaration conjointe de choix de nom à un officier de l'état civil français au profit de « leurs enfants bénéficiaires de l'effet collectif ». En effet, une telle situation pourrait survenir lorsque le premier enfant commun bénéficiant de l'effet collectif est né en France à compter du 1er janvier 2005 et que l'officier de l'état civil communal chargé d'enregistrer sa déclaration de naissance a fait application de la loi française par défaut ou à la demande des parents pour la détermination du nom.

Ce sera également le cas si une déclaration de choix de nom a été faite au profit d'un « premier enfant commun » né en France et ne bénéficiant pas de l'effet collectif puisque le nom choisi aura été attribué aux autres enfants communs bénéficiant de l'effet collectif. Dans une telle situation, en effet, la déclaration conjointe de choix de nom faite à la naissance du premier enfant est également faite au profit des autres enfants nés ultérieurement dont le nom correspondra à celui initialement choisi. Or en application de l'article 311-23 du Code civil, la faculté de choix de nom ouverte par l'article 311-21 ne peut être exercée qu'une seule fois.

EXEMPLE :

> Naissance le 4 avril 2005 en France d'un « premier enfant commun ». Une déclaration conjointe de choix de nom est faite par les parents en application de la loi française. Le nom choisi est le double nom « Père--Mère ».
>
> Les autres enfants communs du couple nés en France se verront attribuer le nom ainsi choisi pour le premier enfant.
>
> Même si ultérieurement dans le cadre d'une procédure acquisitive de nationalité engagée par l'un ou l'autre de ses parents, le « premier enfant commun » ne bénéficie pas de l'effet collectif, la déclaration conjointe de choix de nom effectuée du fait de sa naissance détermine le nom attribué aux autres enfants communs nés après lui. Cette déclaration ayant été de nature à modifier le nom des enfants communs bénéficiant de l'effet collectif, la faculté de choix de nom ne peut donc leur être offerte une nouvelle fois du fait de l'acquisition de la nationalité française par ces enfants.

– La déclaration conjointe de choix de nom doit être accompagnée du consentement de chacun des enfants âgés de plus de treize ans à la modification de son nom. Le consentement est donné par écrit. Il peut être fait sur le même support que la déclaration conjointe de choix de nom ou faire l'objet d'un ou plusieurs documents séparés selon le nombre d'enfants concernés. Le document contenant le consentement de chacun des mineurs concernés doit être remis en même temps que la déclaration conjointe de nom. En pratique, il y aura lieu d'inviter les parents à utiliser le formulaire spécifique conçu à cet effet qu'ils pourront retirer avec le dossier de demande d'acquisition de la nationalité française.

Dans le cas où les enfants susceptibles de bénéficier de l'effet collectif sont issus de différentes unions, l'exercice de la faculté de choix à leur profit nécessite la remise d'une déclaration conjointe de choix de nom pour le « premier enfant commun » de chacune de ces fratries.

EXEMPLE :

> Madame A, épouse de Monsieur C, dépose une demande de naturalisation. Elle est mère de cinq enfants tous nés à compter du 1er janvier 2005. Deux d'entre eux sont issus de son mariage avec Monsieur B et les trois autres de son union avec Monsieur C.
> L'exercice de la faculté de choix de nom suppose que le premier enfant né de son mariage avec Monsieur C soit le premier enfant entrant dans le champ d'application de l'article 311-21 du Code civil. Le nom choisi pour celui-ci vaudra pour le second enfant ayant pour père Monsieur C. La déclaration conjointe de choix de nom devra être datée et signée par le couple « AC ».
> Pour les enfants nés de son union avec Monsieur B, les conditions d'application de l'article 311-21 seront vérifiées en la personne de leur premier enfant commun, le nom de cet enfant étant alors dévolu aux deux autres enfants nés ayant pour père Monsieur B. Dans cette hypothèse, la déclaration conjointe de choix de nom devra être datée et signée par le couple « AB ».

2 – Remise de la déclaration conjointe de choix de nom

Lorsque l'acquisition de la nationalité française par effet collectif résulte d'une procédure de demande de naturalisation ou de réintégration par décret ou bien de la souscription d'une déclaration de nationalité, la déclaration conjointe de choix de nom doit, en application de l'article 5 du décret du 29 octobre 2004, être remise dans le cadre de la procédure acquisitive de nationalité. Elle est ensuite transmise soit au Service Central d'État Civil, s'il est nécessaire d'établir des actes de l'état civil français au profit des parents ou de leurs enfants, soit, à défaut, à l'officier de l'état civil communal détenteur de l'acte de naissance du « premier enfant commun » bénéficiant de l'effet collectif.

La déclaration de choix de nom est, dans ces conditions, remise :

– auprès des préfectures, ou à l'étranger, de nos postes diplomatiques ou consulaires, dans le cadre de la constitution du dossier de demande de naturalisation par décret,

– auprès des tribunaux d'instance ou, à l'étranger de nos postes diplomatiques ou consulaires, dans le cadre de la souscription de la déclaration de nationalité française.

La déclaration conjointe de choix de nom est ensuite transmise avec l'ensemble du dossier, s'il y a lieu, à l'autorité compétente pour statuer sur l'acquisition de la nationalité dans le cas où cette autorité n'est pas celle qui reçoit la demande ou la déclaration de nationalité.

Il en va ainsi pour les demandes de naturalisation et pour les déclarations de nationalité française au titre de l'article 21-2 du Code civil qui relèvent de la compétence du Ministère chargé des naturalisations (Direction des Populations et des Migrations; Sous-direction des naturalisations).

Il en va ainsi également pour l'ensemble des autres déclarations de nationalité souscrites à l'étranger dans l'un de nos postes diplomatiques ou consulaires qui relèvent de la compétence du Ministère de la Justice.

3 – Transmission de la déclaration conjointe de choix de nom à l'officier de l'état civil compétent

L'autorité chargée de statuer sur la nationalité (juge d'instance, sous-direction des naturalisations, ministère de la Justice) transmet la déclaration conjointe de choix de nom et les pièces qui y sont jointes soit au Service Central d'État Civil en même temps que les pièces nécessaires à l'établissement des actes de l'état civil (décr. 80-308, 25 avr. 1980, art. 4), soit à l'officier de l'état civil communal détenteur de l'acte de naissance du « premier enfant commun » bénéficiant de l'effet collectif.

La transmission est faite au Service Central d'État Civil lorsque l'une au moins des personnes acquérant la nationalité française à titre principal ou par effet collectif est née ou s'est mariée à l'étranger.

Dans les autres cas, qui devraient être très rares, où aucun acte de l'état civil français ne doit être établi par le Service Central d'État Civil, la déclaration conjointe de choix de nom est transmise à l'officier de l'état civil communal détenteur de l'acte de naissance du « premier enfant commun » bénéficiant de l'effet collectif.

31 – Transmission au Service Central d'État Civil en cas d'établissement d'actes de mariage ou de naissance en application des articles 98 et 98-2 du Code civil

Il s'agit des procédures d'acquisition par décret ou par déclaration dans lesquelles l'une des personnes acquérant la nationalité française à titre principal (père ou mère) ou l'un de ses enfants bénéficiant de l'effet collectif est né à l'étranger ou s'y est marié. Il appartient alors au Service Central d'État Civil, en application des articles 98 à 98-2 du Code civil, d'établir à leur profit des actes de naissance ou de mariage français.

En application de l'article 6 du décret du 29 octobre 2004, le Service Central d'État Civil reçoit compétence exclusive pour être destinataire de la déclaration conjointe de choix de nom qui lui est transmise, comme de tous les documents nécessaires à l'établissement des actes de l'état civil (décr. 80-308, 25 avr. 1980, art. 4), par la sous-direction des naturalisations, les juges d'instance ou le ministère de la justice.

Il est ainsi seul compétent pour procéder à la vérification en la forme et au fond de la déclaration conjointe de choix de nom (décr. 29 oct. 2004, art. 6 al. 2) et en tirer les conséquences non seulement lorsque le « premier enfant commun » est né à l'étranger mais également lorsque celui-ci est né en France et dispose d'un acte à l'état civil communal dès lors que le Service Central d'État Civil doit établir un acte au profit d'un des parents ou de l'un des enfants.

Il suffit que le Service Central d'État Civil ait un acte à accomplir quelle qu'en soit la nature (acte de naissance ou de mariage) au profit d'un acquérant à titre principal ou d'un de ses enfants bénéficiant de l'effet collectif pour qu'il ait compétence exclusive pour être destinataire de la déclaration conjointe de choix de nom ou pour en tirer les conséquences.

32 – Transmission à l'officier de l'état civil communal lorsque aucun acte ne doit être établi par le Service Central d'État Civil

Lorsque aucun des parents acquérant la nationalité française ni aucun de leurs enfants bénéficiant de l'effet collectif n'est né à l'étranger ou ne s'y est marié, le Service Central d'État Civil n'intervient pas pour établir un acte de l'état civil français au profit des parents ou des enfants. Il n'y a donc aucune justification à ce que la déclaration de choix de nom soit remise et traitée par ce service. C'est pourquoi, la déclaration conjointe de choix de nom doit être transmise par l'autorité compétente pour statuer sur la demande d'acquisition de nationalité à l'officier de l'état civil communal du lieu de naissance du « premier enfant commun » bénéficiant de l'effet collectif de nationalité (décr. 29 oct. 2004, art. 7).

L'autorité compétente est la sous-direction des naturalisations s'agissant des demandes de naturalisation et de l'enregistrement des déclarations de nationalité française faites en application de l'article 21-2 du Code civil, les tribunaux d'instance pour les autres déclarations souscrites en France et le ministère de la Justice pour les déclarations souscrites à l'étranger.

La déclaration devra être transmise en même temps que celle de l'avis de mention de nationalité. Afin de permettre à l'officier de l'état civil communal détenteur de l'acte de naissance du « premier enfant commun » d'analyser la déclaration de choix de nom, de mettre à jour l'acte qu'il détient et d'aviser les autres officiers communaux du nom désormais attribué aux enfants dont ils détiennent les actes de naissance, l'autorité chargée de transmettre cette déclaration y joint les copies ou extraits d'acte de naissance des enfants bénéficiant de l'effet collectif qui ont obligatoirement été remis par le postulant dans le cadre de la constitution du dossier d'acquisition de la nationalité française.

D'une façon générale, l'autorité qui transmet la déclaration conjointe de choix de nom à l'officier de l'état civil communal y joint tout document utile à sa vérification en la forme et au fond et à la mise à jour du (ou des) acte(s) de naissance.

33 – Cas particulier du « premier enfant commun » né entre la souscription de la déclaration et son enregistrement

Ces enfants sont français par filiation et non par effet collectif car leur parent a acquis la nationalité française avant leur naissance dès le jour de la souscription de sa déclaration de nationalité. Toutefois, au jour où leur acte de naissance est dressé en France ou à l'étranger, ils sont encore étrangers.

En cas de naissance en France, la déclaration de choix de nom est toutefois possible si l'officier de l'état civil, comme il le peut, applique la loi française à la demande des parents. Il convient donc d'informer ceux-ci de cette faculté dans le cadre des démarches effectuées pour l'acquisition de la nationalité française.

EXEMPLE :

> Madame D souscrit le 1er avril 2005 une déclaration de nationalité au titre de l'article 21-13 du Code civil. Elle donne naissance en France, le 1er mai 2005, à un premier enfant qu'elle a ainsi que son compagnon reconnu avant la déclaration de naissance. Il s'agit du premier enfant commun entrant dans le champ d'application de l'article 311-21 du Code civil.
> La déclaration de nationalité est enregistrée le 10 juin 2005.
> Cet enfant ne relève pas de l'effet collectif de la nationalité française. Il est français par attribution, l'acquisition de la nationalité française par sa mère prenant effet au jour de la souscription de la déclaration de nationalité.
> Il appartient aux parents, s'ils souhaitent procéder à une déclaration conjointe de choix de nom au profit de cet enfant, de demander à l'officier de l'état civil auprès duquel la naissance est déclarée en application de la loi française. La déclaration conjointe de choix de nom doit alors être remise dans les conditions de droit commun (v. *supra* 1re partie).

Lorsque l'enfant est né à l'étranger, la déclaration sera, le cas échéant, possible dans le cadre de la transcription de l'acte de naissance sur les registres consulaires dans un délai de trois ans à compter de la naissance (C. civ., art. 311-21 al. 2).

B – Acquisition par effet collectif résultant elle-même de l'acquisition de plein droit de la nationalité française par un parent

Les enfants devenant français par l'effet collectif résultant de l'acquisition de la nationalité française par un parent soit au titre de l'article 21-7 du Code civil, soit eux-mêmes au titre d'un effet collectif[1] et à défaut de toute démarche obligatoire des parents pour acquérir la nationalité française, disposent d'un délai d'un an à compter de la date à laquelle ils ont acquis la nationalité française (décr. 29 oct. 2004, art. 8), pour effectuer la déclaration conjointe de choix de nom prévue par l'article 311-21 du Code civil auprès de l'officier de l'état civil compétent.

La déclaration conjointe de choix de nom est remise à l'officier de l'état civil communal détenteur de leur acte de naissance du « premier enfant commun » s'il est né en France.

Si ce « premier enfant commun » est né à l'étranger, la déclaration conjointe de choix de nom est remise au Service Central d'État Civil qui établit alors l'acte de naissance de l'enfant.

C – Rôles respectifs de l'autorité auprès de laquelle la demande d'acquisition ou la déclaration de nationalité est déposée et de l'officier de l'état civil (Service Central d'État Civil ou officier de l'état civil communal)

1 – Le contrôle formel de la déclaration conjointe de choix de nom en cas de procédure acquisitive de nationalité

L'autorité auprès de laquelle la demande d'acquisition de la nationalité française est déposée (autorité préfectorale, ambassade ou consulat) ou la déclaration de nationalité souscrite (tribunal d'instance, ambassade ou consulat) n'a pas à vérifier la validité de la déclaration conjointe de choix de nom.

Elle doit seulement s'assurer que l'officier de l'état civil compétent disposera de tous les éléments nécessaires à son exploitation.

À cette fin, cette autorité doit contrôler que les exigences énoncées à l'article 1er du décret du 29 octobre 2004 sont effectivement respectées. La déclaration doit comporter :

- les prénom(s), nom, date et lieu de naissance, domicile de chacun des parents, nom, prénom(s), date et lieu de naissance du « premier enfant commun » susceptible de bénéficier de l'effet collectif,
- l'attestation sur l'honneur des parents qu'il s'agit de leur « premier enfant commun » au sens de la présente loi,
- l'indication du nom choisi,
- l'attestation sur l'honneur qu'ils n'ont pas précédemment effectué une déclaration de choix de nom au profit de leurs enfants communs susceptibles de bénéficier de l'effet collectif.

Elle doit être accompagnée de l'écrit contenant le consentement des enfants mineurs susceptibles de bénéficier de l'effet collectif âgés de plus de treize ans. Il est rappelé que la condition d'âge s'apprécie au jour de l'acquisition de la nationalité française. L'acquisition de la nationalité française rétroagissant après enregistrement au jour de la souscription, il y a lieu d'apprécier l'âge de l'enfant à cette date. Dans le cadre d'une demande d'acquisition par décret, la date d'acquisition est nécessairement postérieure et demeure inconnue de l'autorité chargée de recevoir la demande. En pratique, cette autorité devra apprécier l'âge de l'enfant au jour de la déclaration conjointe de choix de nom.

Dans la majorité des cas, l'ensemble de ce contrôle formel se limitera à s'assurer que le formulaire spécifique de déclaration conjointe de choix de nom a été dûment renseigné.

Il y a lieu d'inviter les parents à régulariser leur déclaration conjointe de choix de nom si l'un des éléments énumérés fait défaut.

En l'absence de régularisation, il n'y aura pas lieu de retarder la poursuite de la procédure acquisitive de nationalité. L'officier de l'état civil en tirera les conséquences.

L'autorité qui aura statué sur la demande acquisitive de nationalité doit transmettre les documents suivants :

- dans tous les cas, la déclaration conjointe de choix de nom accompagnée le cas échéant de l'écrit contenant le consentement des enfants âgés de plus de treize ans qu'ils auront daté et signé,
- à l'officier de l'état civil communal, la copie intégrale de l'acte de naissance ou l'extrait d'acte de naissance avec filiation du ou des parent(s) acquérant la nationalité française et du ou des enfants bénéficiant de l'effet collectif,
- à l'officier de l'état civil du Service Central, l'ensemble des documents permettant l'établissement des actes dont il a la charge (décr. 80-308, 25 avr. 1980, art. 4) au nombre desquels figurent les actes de l'état civil français et étranger du ou des parent(s) acquérant la nationalité française et du ou des enfant(s) bénéficiant de l'effet collectif.

Les copies ou extraits d'actes de naissance relatifs au(x) parent(s) acquérant la nationalité française et aux enfants bénéficiant de l'effet collectif font partie des pièces qui doivent obligatoirement être jointes aux demandes acquisitives de nationalité en application des dispositions du décret 93-1362 du 30 décembre 1993.

2 – Le contrôle de la déclaration conjointe de choix de nom par l'officier de l'état civil compétent

L'officier de l'état civil communal ou du Service Central d'État Civil compétent procède aux mêmes vérifications que celles prévues pour l'application du dispositif de droit commun.

Ainsi, il doit s'assurer de la régularité en la forme et au fond de la déclaration conjointe de choix de nom. Il doit notamment vérifier que la demande concerne le « premier enfant commun » bénéficiant de l'effet collectif, né à compter du 1er janvier 2005, dont le double lien de filiation est établi au plus tard le jour de sa déclaration de naissance ou bien après celle-ci mais simultanément.

Il doit également s'assurer de la présence de l'écrit contenant le consentement des enfants âgés de plus de treize ans. L'absence d'un seul de ces consentements rend sans effet à l'égard de tous la déclaration de choix de nom. L'âge de treize ans doit s'apprécier au jour de l'acquisition de la nationalité française. Il en résulte que lorsque cette acquisition est consécutive à une procédure de naturalisation ou de réintégration par décret, un enfant peut à la date du décret avoir atteint l'âge de treize ans alors qu'il ne l'avait pas au jour de la déclaration de choix de nom. L'officier de l'état civil compétent devra alors solliciter des parents la production du consentement écrit, daté et signé par le mineur concerné.

1. Les cas seront peu nombreux puisqu'il s'agit d'enfants nés d'un parent mineur.

En cas d'irrégularité en la forme ou à défaut de validité au fond de la déclaration conjointe de choix de nom, celle-ci ne produit aucun effet. L'officier de l'état civil compétent en tire toutes les conséquences : il applique les règles de dévolution du nom supplétives énoncées à l'article 311-21 du Code civil (v. *supra*).

3 – L'établissement et la mise à jour des actes de l'état civil et du livret de famille

Lorsque les conditions de l'article 311-21 du Code civil sont remplies, le Service Central d'État Civil établit les actes de naissance des enfants nés à l'étranger bénéficiant de l'effet collectif en retenant le nom choisi par les parents dans leur déclaration.

Il établit ou met à jour le livret de famille.

Il transmet, s'il y a lieu, aux officiers de l'état civil communal détenteurs de l'acte de naissance des autres enfants bénéficiant de l'effet collectif, un avis de mention aux fins de mise à jour de l'acte.

Les officiers de l'état civil communaux détenteurs de l'acte de naissance des autres enfants bénéficiant de l'effet collectif apposent en marge de cet acte, la mention marginale suivante :

> « Le nom de l'enfant est ...... suivant déclaration conjointe de choix de nom en date du ...
> ...... (date et lieu de l'apposition)
> ...... (qualité et signature de l'officier de l'état civil) »

De la même façon, le livret de famille leur est envoyé pour être mis à jour et, le cas échéant, remis aux parents.

Lorsque aucun acte n'est établi par le Service Central d'État Civil, l'officier de l'état civil communal détenteur de l'acte de naissance du « premier enfant commun » bénéficiant de l'effet collectif appose en marge de cet acte la mention de changement de nom dans les termes ci-dessus indiqués. Il envoie, s'il y a lieu des avis de mention aux officiers de l'état civil communaux détenteurs des actes de naissance des autres enfants communs bénéficiant de l'effet collectif afin de les mettre à jour. Il sollicite des parents la production du livret de famille qui sera mis à jour par chacun des officiers de l'état civil détenteurs des actes de naissance. Il sera fait retour à l'officier de l'état civil détenteur de l'acte de naissance de l'aîné des enfants qui en assurera la restitution aux parents.

À défaut de choix de nom ou en cas d'irrégularité de la déclaration conjointe de choix de nom, qu'elle soit de fond ou de forme, le dispositif de dévolution du nom par défaut est appliqué (v. *supra* 1re partie).

TITRE 3 : Le nom des enfants étrangers nés en France

Le nom de l'enfant étranger est déterminé conformément à sa loi personnelle en application de l'article 3 du Code civil.

I – La mise en œuvre de l'article 311-21 du Code civil

Lorsque les parents se réclament d'une loi étrangère, ils doivent d'une part établir que l'enfant n'est pas de nationalité française, d'autre part rapporter la preuve du contenu de leur loi personnelle par la production d'un certificat de coutume indiquant le nom sous lequel l'enfant doit être enregistré (IGREC no 531). L'officier de l'état civil communal peut donc être conduit à enregistrer le nom d'un enfant déterminé par référence à une loi étrangère.

Lorsque les parents se réclament d'une loi étrangère sans rapporter la preuve de son contenu lors de la déclaration de naissance de l'enfant, l'officier de l'état civil enregistre le nom de l'enfant en application des dispositions de l'article 311-21 du Code civil.

En l'absence de déclaration conjointe de choix de nom des parents, il applique les dispositions supplétives énoncées par l'article 311-21 du Code civil.

Lorsque les parents étrangers ne demandent pas l'application de la loi étrangère de l'enfant ou revendiquent l'application de la loi française, ils peuvent procéder à une déclaration conjointe de choix de nom conformément aux dispositions de l'article 311-21 du Code civil. À défaut, l'officier de l'état civil enregistre l'enfant sous le nom dévolu par application des règles supplétives.

L'officier de l'état civil vérifie que les conditions légales de l'article 311-21 du Code civil sont réunies avant d'enregistrer le nom de l'enfant dans l'acte de naissance. Le nom dévolu au « premier enfant commun » vaut pour tous les enfants de la fratrie (v. *supra* 1re partie – titre 1).

II – La mise en œuvre de l'article 334-2 du Code civil et de l'article 23 de la loi du 4 mars 2002 modifiée

Il est rappelé que d'une façon générale le changement de nom d'un ressortissant étranger par des autorités françaises est impossible.

En ratifiant la Convention CIEC no 4 relative aux changements de noms et de prénoms signée à Istanbul le 4 septembre 1958, la France s'est d'ailleurs engagée « à ne pas accorder de changements de noms (...) aux ressortissants d'un autre État contractant sauf s'ils sont également ses propres ressortissants » (art. 2).

En application de ce principe, il apparaît que le changement de nom de l'enfant naturel né à l'étranger ou né en France mais dont le nom de naissance a été déterminé conformément aux dispositions de sa loi personnelle, n'est pas possible sur le fondement de l'article 334-2 du Code civil.

Il en est de même du changement de nom qui résulterait d'une demande de déclaration conjointe d'adjonction de nom faite par des parents de nationalité étrangère en application de l'article 23 de la loi du 4 mars 2002 modifiée. Lorsque le nom de l'aîné des enfants étrangers est déterminé en application de la loi française, les parents peuvent procéder à une déclaration d'adjonction de nom qui produira d'office effet à l'égard des enfants nés ou à naître (art. 23 *in fine* loi du 4 mars 2002 modifiée) et ce même si les parents revendiquent l'application de la loi personnelle de l'enfant lors des naissances suivantes.

Dans ces hypothèses, les demandes conjointes de changement ou d'adjonction de nom ne peuvent produire aucun effet.

TITRE 4 : Les conditions d'application des articles 357-1 et 363-1 du Code civil

I – Le nom des enfants adoptés à l'étranger en la forme plénière (C. civ., art. 357-1)

L'article 357-1 du Code civil prévoit que les dispositions de l'article 311-21 du Code civil sont applicables aux enfants ayant fait l'objet, à l'étranger, d'une adoption régulière ayant en France les effets d'une adoption plénière.

L'examen de la régularité et de l'étendue en France des effets de l'adoption étrangère est effectué soit par le procureur de la République, soit par le juge de l'*exequatur*.

À l'occasion de cet examen, les parents adoptifs ont la faculté de remettre une déclaration conjointe de choix de nom.

1 – Les conditions de mise en œuvre de la déclaration de choix de nom en cas d'adoption plénière par des époux

Elle ne produira effet qu'autant que les conditions de fond exigées par l'article 311-21 du Code civil sont réunies.

Le procureur de la République ou le juge de l'*exequatur* doit s'assurer que l'enfant adopté est le premier enfant des demandeurs entrant dans le champ d'application de l'article 311-21 du Code civil (v. *supra* 1re partie), qu'il est né à compter du 1er janvier 2005 et que l'adoption prononcée à l'étranger l'a été régulièrement.

Il doit également vérifier que la déclaration de choix de nom respecte les conditions de forme énoncées par l'article 1er du décret du 29 octobre 2004.

Elle doit être remise concomitamment au dépôt de la requête aux fins d'*exequatur* ou de la demande de transcription du jugement d'adoption étranger sur les registres de l'état civil français.

Elle ne produit effet que si l'*exequatur* est accordé ou si le procureur de la République saisi confirme la régularité internationale de la décision étrangère et ses effets d'adoption plénière. Dans tous les cas, elle est conservée au dossier d'adoption.

2 – L'enregistrement du nom choisi et de la déclaration de choix de nom

21 – En cas d'exequatur, le nom résultant de l'application de l'article 311-21 du Code civil, ne peut être mentionné en marge de la transcription, sur instructions du procureur de la République, que s'il figure dans le dispositif de la décision d'*exequatur*. Le procureur de la République appelé à émettre un avis sur la requête en *exequatur* doit veiller à ce que le dispositif de cette requête contienne toutes les indications nécessaires sur l'existence et la date de la déclaration conjointe de choix de nom. Il est en effet indispensable que ces éléments figurent dans le dispositif de la décision d'*exequatur*. Ils seront en effet reproduits sur les actes de naissance des autres enfants du couple. Leur absence dans le dispositif de la décision d'*exequatur* devra donner lieu à un jugement rectificatif.

22 – Lorsque l'un au moins des adoptants est français, l'adoption étrangère régulièrement prononcée ayant en France les effets d'une adoption plénière peut faire l'objet d'une **transcription sur les registres de l'état civil français** à la requête du procureur de la République.

Est territorialement compétent le parquet de Nantes lorsque l'adopté est né à l'étranger, le parquet du lieu de naissance lorsqu'il est né en France.

Cette transcription tient lieu d'acte de naissance à l'adopté. Aux termes de l'article 354 du Code civil, « la transcription énonce (...) le nom de famille et (les) prénoms tels qu'ils résultent du jugement d'adoption (...) ».

La transcription d'une décision étrangère d'adoption plénière doit donc reproduire le nom tel qu'il avait été attribué par les autorités étrangères. Le nom de l'adopté résultant de la loi française est mentionné sur instructions du procureur de la République en marge de la transcription. Aussi le procureur appelé à faire transcrire la décision d'adoption doit faire figurer, dans ses réquisitions aux fins de transcription, le nom de l'adopté tel qu'il résulte de la décision étrangère.

Le nom de l'adopté résultant de l'application de l'article 311-21 du Code civil (nom choisi ou déterminé en application des règles supplétives) fait l'objet d'instructions de mentions spécifiques concomitantes. En cas de déclaration conjointe de choix de nom, ces instructions précisent, à la suite du nom choisi, la date de la déclaration conjointe de choix de nom. En application de ces instructions, l'officier de l'état civil appose en marge de la transcription l'une des mentions suivantes :

– en cas de déclaration conjointe de choix de nom :

> « Le nom de l'adopté(e) est désormais ... suivant déclaration conjointe de choix de nom en date du ... Instructions du procureur de la République de ... n° ... (références) du ... (date)
> ...... (date et lieu d'apposition)
> ...... (qualité et signature de l'officier de l'état civil) »

– en cas d'application des règles supplétives :

> « Le nom de l'adopté(e) est désormais ... instructions du procureur de la République de ... n° ... (référence) du ... (date)
> ...... (date et lieu d'apposition)
> ...... (qualité et signature de l'officier de l'état civil) »

L'adopté ne peut porter que le nom indiqué en mention marginale sur son acte de naissance.

3 – L'effet collectif du nom choisi aux autres enfants communs

Le nom de l'enfant adopté plénièrement vaut pour les autres enfants communs nés ou adoptés plénièrement par la suite. Leur acte de naissance comportera, outre le nom de famille qui leur est attribué, la référence de la déclaration conjointe de choix de nom figurant dans l'acte de naissance de leur aîné. Cette référence sera faite suivant les cas soit dans le corps de l'acte de naissance si l'enfant concerné naît en France, soit sur instructions du procureur de la République par la mention marginale sur la transcription de la décision d'adoption plénière ou sur la transcription consulaire de l'acte de naissance.

* * *

Il convient de noter qu'en application des articles 356 alinéa 2 *in fine*, 357 alinéa 2 et 311-21 du Code civil, les règles exposées ci-dessus sont également applicables à l'adoption plénière de l'enfant du conjoint prononcée à l'étranger.

Enfin les dispositions de l'article 311-21 du Code civil auxquelles renvoie l'article 357-1 du Code civil ne permettent pas au procureur de la République ou au juge de l'*exequatur* d'attribuer à l'adopté le nom du conjoint, vivant ou décédé, de l'adoptant seul ou accolé au sien. En revanche, s'il est revendiqué par l'adoptant, un tel nom peut être admis si le juge de l'*exequatur* l'a lui-même attribué en application de la loi française (C. civ., art. 357, al. 3 et 4) ou d'une loi étrangère équivalente.

II – Le nom de l'enfant adopté simplement à l'étranger ayant un acte de naissance conservé par une autorité française (C. civ., art. 363-1)

Les règles énoncées à l'article 363 du Code civil relatives au nom de l'enfant adopté (v. *supra* 1re partie) sont applicables à l'enfant ayant fait l'objet d'une adoption régulièrement prononcée à l'étranger qui a en France les effets d'une adoption simple. Le législateur n'ouvre toutefois cette possibilité qu'à l'enfant dont l'acte de naissance est conservé par une autorité française.

Les adoptants font connaître par écrit leur(s) choix relatif(s) au nom de l'adopté au procureur de la République de Nantes ou au procureur compétent à raison du lieu où l'acte de naissance de l'enfant adopté est conservé en même temps que la demande de mention de l'adoption simple étrangère en marge de cet acte français.

Le procureur de la République saisi adresse à l'officier de l'état civil détenteur de l'acte de naissance de l'adopté des instructions aux fins de mention du nom de l'adopté résultant du (des) choix du (des) adoptant(s) ou des règles supplétives. Ces instructions accompagnent celles relatives à la mention de l'adoption elle-même. À la suite de la mention de l'adoption simple étrangère, est apposée la mention suivante :

> « Le nom de l'adopté(e) est désormais ... instructions du procureur de la République de ... n° ... (référence) du ... (date)
> ...... (date et lieu d'apposition)
> ...... (qualité et signature de l'officier de l'état civil) »

Il est rappelé que lorsque le choix porte sur la réduction du double nom de l'adopté, le consentement de celui-ci est requis s'il est âgé de plus de treize ans à la date de la déclaration de choix de nom. Ce consentement fait l'objet d'un écrit daté et signé remis au parquet en même temps que celui contenant le(s) choix du ou des adoptants relatif(s) au nom de l'adopté.

La loi n'a pas prévu l'application de l'article 363-1 du Code civil devant le juge saisi d'une requête aux fins d'*exequatur* d'une adoption simple étrangère dans les cas où l'acte de naissance de l'adopté figure sur les registres français de l'état civil.

La mise à jour de l'acte de naissance de l'adopté par la mention de la décision étrangère revêtue de l'*exequatur* relève de la compétence du procureur de la République du tribunal de grande instance de la juridiction saisie. Lorsque le dispositif de la décision d'*exequatur* ne contient aucune indication sur le nom de l'adopté, ce nom ne peut être que celui résultant des dispositions légales prévues à l'article 363 du Code civil à défaut de choix, c'est-à-dire le premier nom de l'adopté auquel est adjoint le premier nom de l'adoptant ou le premier nom du mari lorsqu'il s'agit d'une adoption par deux époux.

La mention du nom ainsi constitué est apposée en marge de l'acte de naissance de l'adopté sur instructions du procureur de la République du tribunal de grande instance du juge de l'*exequatur*.

À la différence de l'adoption plénière, le nom attribué à l'enfant adopté en la forme simple, fut-il le « premier enfant commun du couple », est sans incidence sur le nom des autres enfants communs du couple.

ANNEXE 1 : Modèles de déclaration conjointe de nom

Annexe 11 – Déclaration conjointe de choix de nom (C. civ., art. 311-21)

Cas 00 : Premier enfant commun légitime

Cas 01 : Premier enfant commun naturel dont le double lien de filiation est établi au plus tard le jour de sa déclaration de naissance

Cas 02 : Premier enfant commun naturel dont le double lien de filiation est établi simultanément après sa déclaration de naissance

Cas 03 : Acquisition de la nationalité française par effet collectif du premier enfant commun

Annexe 12 – Déclaration conjointe de changement de nom (C. civ., art. 334-2)

Cas 04 : Changement de nom de l'enfant naturel dont le double lien de filiation a été établi à l'égard de l'un des parents avant la déclaration de naissance et à l'égard de l'autre après celle-ci ou bien successivement après la déclaration de naissance

Cas 05 : Changement de nom de l'enfant naturel dont le double lien de filiation a été établi à l'égard de l'un des parents avant la déclaration de naissance et à l'égard de l'autre après celle-ci ou bien successivement après la déclaration de naissance lorsque cet enfant est âgé de plus de treize ans

Annexe 13 – Déclaration conjointe d'adjonction de nom (art. 23 loi 4 mars 2002 modifiée)

Cas 00 : 1er enfant commun légitime (application de l'article 311-21 du Code civil)

Modèle de déclaration à souscrire en cas de choix d'un nom de famille

Nous soussignés,
Prénom(s) :
NOM du père :
Né le :
À :
Domicile :
Prénom(s) :
NOM de la mère :
Née le :
À :
Domicile :
attestons sur l'honneur que l'enfant[1] :
Prénom(s) :
Né(e) le :
À :
(Ou) à naître
est notre premier enfant commun et déclarons choisir pour lui le nom de famille suivant :
....

1. Il peut s'agir du premier jumeau ou d'un enfant adopté plénièrement.

Nous sommes informés :
1 – que ce nom sera inscrit dans l'acte de naissance[1] de notre enfant si cette déclaration est remise à l'officier de l'état civil lors de la déclaration de naissance,
2 – que ce nom sera également celui de nos autres enfants communs (C. civ., art. 311-21).
Fait à … le …

Cas 01 : Déclaration pour le premier enfant commun naturel (reconnaissances conjointe ou successives avant la naissance ou lors de la déclaration de naissance – application de l'article 311-21 du Code civil)

Modèle de déclaration à souscrire en cas de choix d'un nom de famille

Nous soussignés,
Prénom(s) :
NOM du père :
Né le :
À :
Domicile :
Prénom(s) :
NOM de la mère :
Née le :
À :
Domicile :
attestons sur l'honneur que l'enfant[2] :
Prénom(s) :
Né(e) le :
À :
(Ou) à naître :
Reconnu par le père le … à la mairie de …[3]
Reconnu par la mère le … à la mairie de …[3]
Reconnu par nous conjointement le … à la mairie de …[3]
est notre premier enfant commun et déclarons choisir pour lui le nom de famille suivant :
………………………………………………………………………
Nous sommes informés :
1 – que ce nom sera inscrit dans l'acte de naissance[4] de notre enfant si cette déclaration est remise à l'officier de l'état civil lors de la déclaration de naissance,
2 – que ce nom sera également celui de nos autres enfants communs (C. civ., art. 311-21).

1. Si l'enfant de nationalité française naît à l'étranger, la déclaration de choix de nom doit être remise à l'officier de l'état civil consulaire et la transcription de l'acte de naissance doit lui être demandée le plus rapidement possible, dans un délai maximum de trois ans après la naissance (art. 311-21 al. 2).
2. Il peut s'agir d'un premier jumeau.
3. Remplacer suivant le cas « à la mairie de … », par « devant Maître… » ou par « à l'ambassade de France à … » ou « au consulat général de France à … » ou « au consulat de France à … ».
4. Si l'enfant naît de nationalité française à l'étranger, la déclaration de choix de nom doit être remise à l'officier de l'état civil consulaire et la transcription de l'acte de naissance doit lui être demandée le plus rapidement possible, dans un délai maximum de trois ans après la naissance (art. 311-21 al. 2).

Fait à … le …
Signatures du père de la mère
Avertissement : En application de l'article 441-7 du Code pénal est puni d'un an d'emprisonnement et de 15 000 euros d'amende le fait :
1° d'établir une attestation ou un certificat faisant état de faits matériellement inexacts;
2° de falsifier une attestation ou un certificat originairement sincère;
3° de faire usage d'une attestation ou d'un certificat inexact ou falsifié.
Les peines sont portées à trois ans d'emprisonnement et à 45 000 euros d'amende lorsque l'infraction est commise en vue de porter préjudice au Trésor public ou au patrimoine d'autrui.

Cas 02 : Déclaration pour le premier enfant commun naturel (déclaration conjointe, postérieure à la déclaration de naissance, produite au moment de la reconnaissance conjointe – Application de l'article 311-21 du Code civil)

Modèle de déclaration à souscrire en cas de choix d'un nom de famille

Nous soussignés,
Prénom(s) :
NOM du père :
Né le :
À :
Domicile :
Prénom(s) :
NOM de la mère :
Née le :
À :
Domicile :
attestons sur l'honneur que l'enfant[5] :
Prénom(s) :
Né(e) le :
À :
est notre premier enfant commun[6] et déclarons choisir pour lui le nom de famille suivant :
………………………………………………………………………
Nous sommes informés que, la filiation étant établie simultanément à l'égard de notre enfant, ce nom :
– sera mentionné en marge de son acte de naissance[6],
– sera de plein droit dévolu à nos autres enfants communs à naître, (C. civ., art. 311-21).
Fait à … le …
Signatures du père de la mère
Rappel : Avis de mention à envoyer.
Avertissement : En application de l'article 441-7 du Code pénal est puni d'un an d'emprisonnement et de 15 000 euros d'amende le fait :
1° d'établir une attestation ou un certificat faisant état de faits matériellement inexacts;
2° de falsifier une attestation ou un certificat originairement sincère;

5. Il peut s'agir d'un premier jumeau.
6. Si l'enfant naît de nationalité française à l'étranger, la déclaration de choix de nom doit être remise à l'officier de l'état civil consulaire et la transcription de l'acte de naissance doit lui être demandée le plus rapidement possible, dans un délai maximum de trois ans après la naissance (art. 311-21 al. 2).

3° de faire usage d'une attestation ou d'un certificat inexact ou falsifié.
Les peines sont portées à trois ans d'emprisonnement et à 45 000 euros d'amende lorsque l'infraction est commise en vue de porter préjudice au Trésor public ou au patrimoine d'autrui.

Cas 03 : Acquisition de la nationalité française par effet collectif 1er enfant commun (application de l'article 311-21 du Code civil)

Modèle de déclaration à souscrire en cas de choix d'un nom de famille (premier enfant commun)

Nous soussignés,
Prénom(s) :
NOM du père :
Né le :
À :
Domicile :
Prénom(s) :
NOM de la mère :
Née le :
À :
Domicile :
attestons sur l'honneur que l'enfant[1] :
Prénom(s) :
Né(e) le :
À :
– est notre premier enfant commun susceptible de bénéficier de l'effet collectif,
– n'avoir jusqu'à ce jour effectué pour lui aucune déclaration de choix de nom auprès d'un officier de l'état civil français
et déclarons choisir pour lui le nom de famille suivant :
....
Nous sommes informés :
1 – que ce nom sera inscrit dans l'acte de naissance de nos enfants communs bénéficiant de l'effet collectif qu'ils soient nés en France ou à l'étranger, à condition que la présente déclaration soit remise lors de la constitution du dossier d'acquisition de la nationalité française,
2 – que ce nom sera également celui de nos autres enfants communs qui naîtraient ultérieurement (C. civ., art. 311-21).
Fait à ... le ...
Signatures du père, de la mère, du/des enfant(s) âgé(s) de + 13 ans qui déclare(nt) consentir à la modification de son/leur nom

Avertissement : En application de l'article 441-7 du Code pénal est puni d'un an d'emprisonnement et de 15 000 euros d'amende le fait :
1° d'établir une attestation ou un certificat faisant état de faits matériellement inexacts;
2° de falsifier une attestation ou un certificat originairement sincère;
3° de faire usage d'une attestation ou d'un certificat inexact ou falsifié.
Les peines sont portées à trois ans d'emprisonnement et à 45 000 euros d'amende lorsque l'infraction est commise en vue de porter préjudice au Trésor public ou au patrimoine d'autrui.

1. Il peut s'agir du premier jumeau.

Cas 04 : Changement de nom de l'enfant naturel dont le double lien de filiation est établi successivement avant et après déclaration de naissance ou successivement après la déclaration de naissance

Modèle de déclaration 334-2

Nous soussignés,
Prénom(s) :
NOM du père :
Né le :
À :
Domicile :
Prénom(s) :
NOM de la mère :
Née le :
À :
Domicile :
déclarons que notre enfant commun
NOM :
Prénom(s) :
Né(e) le :
À :
demeurant à (ou avec ses père et/ou mère) :
prend désormais le nom de :
Signatures
du père de la mère de l'officier de l'état civil

Cas 05
Modèle de déclaration 334-2 enfant de plus de 13 ans

Nous soussignés,
Prénom(s) :
NOM du père :
Né le :
À :
Domicile :
Prénom(s) :
NOM de la mère :
Née le :
À :
Domicile :
déclarons que notre enfant commun
NOM :
Prénom(s) :
Né(e) le :
À :
demeurant à (ou avec ses père et/ou mère) :
prend désormais le nom de :
... (Prénom(s) NOM de l'enfant) ici présent a déclaré donner son consentement[2]
Ou
... (Prénom(s) NOM de l'enfant) a consenti au changement de nom par lettre du ...[2]

2. Mettre la formule adaptée.

Signatures de l'enfant de plus de 13 ans *(s'il est présent)*, du père, de la mère, de l'officier de l'état civil

Cas 06
Déclaration d'adjonction de nom (application de l'article 23 de la loi n° 2002-304 du 4 mars 2002 modifiée par l'article 11 de la loi n° 2003-516 du 18 juin 2003)

Nous soussignés,
Prénom(s) :
NOM du père :
Né le :
À :
Domicile :
Prénom(s) :
NOM de la mère :
Née le :
À :
Domicile :
1 – attestons sur l'honneur :
– exercer l'autorité parentale sur nos enfants communs suivants :

RENSEIGNEMENTS RELATIFS AUX ENFANTS à inscrire dans l'ordre chronologique

Prénom(s)	NOM	Date de naissance	Lieu de naissance[a]

a. En cas de naissance à l'étranger d'un enfant français et en l'absence d'acte de naissance transcrit, la transcription devra être sollicitée à l'aide du formulaire ci-contre.

– ne pas avoir d'autre(s) enfant(s) commun(s) (légitime(s), naturel(s) ou adopté(s) en la forme plénière) âgé(s) de 13 ans au moins au 1er septembre 2003.
2 – déclarons adjoindre au nom : ....
De notre premier enfant[1] le nom : ....
Nous sommes informés que, par l'effet de la présente déclaration, ce nom :
.... --..............................
devient de plein droit celui de nos autres enfants communs nés ou à naître (art. 23 de la loi n° 2002-304 du 4 mars 2002 modifiée par l'article 11 de la loi n° 2003-516 du 18 juin 2003).
Fait à .... le ....
Signatures du père de la mère
PJ : Livret de famille ou, à défaut copie de l'acte de naissance des enfants ou extraits avec filiation.
Consentement écrit de l'enfant de plus de 13 ans.
Déclaration reçue le ... copie remise aux intéressés le ...

1. Il peut s'agir du premier jumeau.

Avertissement : En application de l'article 441-7 du Code pénal est puni d'un an d'emprisonnement et de 15 000 euros d'amende le fait :
1° d'établir une attestation ou un certificat faisant état de faits matériellement inexacts;
2° de falsifier une attestation ou un certificat originairement sincère;
3° de faire usage d'une attestation ou d'un certificat inexact ou falsifié.
Les peines sont portées à trois ans d'emprisonnement et à 45 000 euros d'amende lorsque l'infraction est commise en vue de porter préjudice au Trésor public ou au patrimoine d'autrui.

ANNEXE 2 : Modèle de formulaire de recueil du consentement des enfants âgés de plus de 13 ans

Consentement du mineur de plus de 13 ans à son changement de nom

Je soussigné(e), ... [Nom actuel], ... [Prénom(s)], né(e) le ... à ...... [Ville, arrondissement, pays], approuve la demande de choix ou de changement[2] de nom que mes parents ont formulée.

En conséquence, je donne mon accord, conformément à l'exigence prévue par les textes en vigueur, pour que mon nom de famille soit désormais.........
Fait à ......, le ......
Signature du mineur de plus de 13 ans
[Nom actuel]

ANNEXE 3 : Modèles d'acte de naissance

Cas 1.0 – Acte de naissance de l'enfant légitime
Cas 1.1 – Acte de naissance de l'enfant naturel reconnu conjointement avant la déclaration de naissance
Cas 1.2 – Acte de naissance de l'enfant naturel reconnu conjointement par ses parents lors de la déclaration de naissance
Cas 1.3 – Acte de naissance de l'enfant naturel reconnu successivement par ses parents avant la déclaration de naissance
Cas 1.4 – Acte de naissance de l'enfant naturel reconnu par sa mère avant la déclaration de naissance et par le père lors de la déclaration de naissance
Cas 1.5 – Acte de naissance de l'enfant naturel reconnu par le père avant la déclaration de naissance et par la mère lors de celle-ci
Cas 1.6 – Acte de naissance de l'enfant naturel reconnu par son père lors de la déclaration de naissance avec indication du nom de la mère (C. civ., art. 336)
Cas 1.7 – Acte de naissance de l'enfant naturel reconnu par la mère avant la déclaration de naissance et déclaré par un tiers
Cas 1.8 – Acte de naissance de l'enfant naturel non reconnu et déclaré par un tiers

2. Article 23 de la loi du 4 mars 2002 modifiée (déclaration d'adjonction de nom); article 334-2 du Code civil (déclaration conjointe de changement de nom).

Cas 1.9 – Acte de naissance de l'enfant naturel reconnu par son père avant la déclaration de naissance et déclaré par un tiers sans filiation maternelle établie

Cas 1.0 : Enfant légitime

ACTE DE NAISSANCE N°
Prénom(s) NOM
NOM de l'enfant : … suivant déclaration conjointe du … (date de la déclaration reçue pour le premier enfant commun) [1, 2]
Prénom(s) :
Sexe : masculin ou féminin (éventuellement… jumeau)
Né(e) le : jour, mois, année
À : … heure(s) … minute(s)
À : n°, rue, Commune (Département)
NOM du père :
Prénom(s) :
Né le : jour, mois, année
À : Commune (Département ou Pays)
Profession :
Domicile :
NOM de la mère :
Prénom(s) :
Née le : jour, mois, année
À : Commune (Département ou Pays)
Profession :
Domicile :
Son épouse
Parent(s) déclarant(s) : père ou mère ou père et mère
Tiers déclarant : Prénom(s) NOM, âge, profession, domicile
Date et heure de l'acte : jour, mois, année, heure(s), minute(s)
Après lecture et invitation à lire l'acte, Nous, Prénom(s) NOM, … (qualité de l'officier de l'état civil), avons signé avec le(s) déclarant(s).
Signatures
du (des) déclarant(s) de l'officier de l'état civil
MENTIONS

Cas 1.1 : Enfant naturel (reconnaissance conjointe avant déclaration de naissance)

ACTE DE NAISSANCE N°
Prénom(s) NOM
NOM de l'enfant : … suivant déclaration conjointe du … (date de la déclaration reçue pour le premier enfant commun) [3, 4]
Prénom(s) :
Sexe : masculin ou féminin (éventuellement… jumeau)
Né(e) le : jour, mois, année
À : … heure(s)… minute(s)
À : n°, rue, Commune (Département)
NOM du père :
Prénom(s) :
Né le : jour, mois, année
À : Commune (Département ou Pays)
Profession :
Domicile :
NOM de la mère :
Prénom(s) :
Née le : jour, mois, année
À : Commune (Département ou Pays)
Profession :
Domicile :
Reconnaissance conjointe le : jour, mois, année
Lieu : en cette mairie [5]
Parent(s) déclarant(s) : père et/ou mère
Tiers déclarant : Prénom(s) NOM, âge, profession, domicile
Date et heure de l'acte : jour, mois, année, heure(s), minute(s)
Après lecture et invitation à lire l'acte, Nous, Prénom(s) NOM, … (qualité de l'officier de l'état civil) avons signé avec le(s) déclarant(s).
Signatures du (de la) (des) déclarant(e)(s), de l'officier de l'état civil
MENTION(S)

Cas 1.2 : Enfant naturel (reconnaissance conjointe des parents lors de la déclaration de naissance)

ACTE DE NAISSANCE N°
Prénom(s) NOM
NOM de l'enfant : … suivant déclaration conjointe du … (date de la déclaration reçue pour le premier enfant commun) [6, 7]
Prénom(s) :
Sexe : masculin ou féminin (éventuellement … jumeau)
né(e) le : jour, mois, année
À : … heure(s) … minute(s)
À : n°, rue, Commune (Département)
NOM du père :
Prénom(s) :
Né le : jour, mois, année
À : Commune (Département ou Pays)
Profession :
Domicile :
NOM de la mère :
Prénom(s) :
Née le : jour, mois, année
À : Commune (Département ou Pays)

1. À supprimer en l'absence de présentation d'une déclaration ou en cas d'application d'une loi étrangère (v. n° 531. 1° IGREC).
2. Lorsque la déclaration a été signée à des dates différentes, retenir la date la plus récente.
3. À supprimer en l'absence de présentation d'une déclaration ou en cas d'application d'une loi étrangère (v. n° 531. 1° IGREC).
4. Lorsque la déclaration a été signée à des dates différentes, retenir la date la plus récente.
5. Remplacer suivant le cas : « en cette mairie … », par « devant Maître … » ou par « à l'ambassade de France à … » ou par « au consulat général de France à … » ou par « au consulat de France à … » ou par « à la mairie de … ».
6. À supprimer en l'absence de présentation d'une déclaration ou en cas d'application d'une loi étrangère (v. n° 531. 1° IGREC).
7. Lorsque la déclaration a été signée à des dates différentes, retenir la date la plus récente.

Profession :
Domicile :
Parents déclarants : les père et mère, qui déclarent le (la) reconnaître et être informés du caractère divisible du lien de filiation naturelle
Date et heure de l'acteheure(s), minute(s) : jour, mois, année,
Après lecture et invitation à lire l'acte, Nous, Prénom(s) NOM, … (qualité de l'officier de l'état civil), avons signé avec les déclarants.
Signatures
des déclarants de l'officier de l'état civil
MENTION(S)

Cas 1.3 : Enfant naturel (reconnaissances successives des parents antérieures à la déclaration de naissance)

ACTE DE NAISSANCE N°
Prénom(s) NOM
NOM de l'enfant : … suivant déclaration conjointe du … (date de la déclaration reçue pour le premier enfant commun)[1, 2]
Prénom(s) :
Sexe : masculin ou féminin (éventuellement… jumeau)
Né(e) le : jour, mois, année
À : … heure(s)… minute(s)
À : n°, rue, Commune (Département)
NOM du père :
Prénom(s) :
Né le : jour, mois, année
À : Commune (Département ou Pays)
Profession :
Domicile : qui l'a reconnu(e) le … en cette mairie[3, 4]
NOM de la mère :
Prénom(s) :
Née le : jour, mois, année
À : Commune (Département ou Pays)
Profession :
Domicile : qui l'a reconnu(e) le … en cette mairie[3, 4]
Parents déclarants : père et/ou mère
Date et heure de l'acte : jour, mois, année, heure(s), minute(s)
Après lecture et invitation à lire l'acte, Nous, Prénom(s) NOM, … (qualité de l'officier de l'état civil), avons signé avec les déclarants.
Signatures
des déclarants de l'officier de l'état civil
MENTION(S)

1. À supprimer en l'absence de présentation d'une déclaration ou en cas d'application d'une loi étrangère (v. n° 531. 1° IGREC).
2. Lorsque la déclaration a été signée à des dates différentes, retenir la date la plus récente.
3. Remplacer suivant le cas : « en cette mairie … », par « devant Maître … » ou par « à l'ambassade de France à … » ou par « au consulat général de France à … » ou par « au consulat de France à … » ou par « à la mairie de … ».
4. Indiquer l'heure de la reconnaissance lorsque celles-ci sont souscrites successivement le même jour et en l'absence d'une déclaration conjointe de choix de nom.

Cas 1.4 : Enfant naturel (reconnaissance maternelle avant la déclaration de naissance, reconnaissance paternelle lors de la déclaration de naissance)

ACTE DE NAISSANCE N°
Prénom(s) NOM
NOM de l'enfant : … suivant déclaration conjointe du … (date de la déclaration reçue pour le premier enfant commun)[5, 6]
Prénom(s) :
Sexe : masculin ou féminin (éventuellement … jumeau)
Né(e) le : jour, mois, année
À : … heure(s) … minute(s)
À : n°, rue, Commune (Département)
NOM du père :
Prénom(s) :
Né le : jour, mois, année
À : Commune (Département ou Pays)
Profession :
Domicile :
NOM de la mère :
Prénom(s) :
Née le : jour, mois, année
À : Commune (Département ou Pays)
Profession :
Domicile : qui l'a reconnu(e) le … en cette mairie[7]
Parent(s) déclarant(s) : le père qui déclare le (la) reconnaître et être informé du caractère divisible du lien de filiation naturelle
(éventuellement) « et la mère »
Date et heure de l'acte : jour, mois, année, heure(s), minute(s)
Après lecture faite et invitation à lire l'acte, Nous, Prénom(s) NOM, … (qualité de l'officier de l'état civil) avons signé avec le(s) déclarant(s).
Signatures
du (des) déclarant(s) de l'officier de l'état civil
MENTION(S)

Cas 1.5 : Enfant naturel (reconnaissance paternelle avant la déclaration de naissance, reconnaissance maternelle lors de la déclaration de naissance)

ACTE DE NAISSANCE N°
Prénom(s) NOM

5. À supprimer en l'absence de présentation d'une déclaration ou en cas d'application d'une loi étrangère (v. n° 531. 1° IGREC).
6. Lorsque la déclaration a été signée à des dates différentes, retenir la date la plus récente.
7. Remplacer suivant le cas : « en cette mairie … », par « devant Maître … » ou par « à l'ambassade de France à … » ou par « au consulat général de France à … » ou par « au consulat de France à … » ou par « à la mairie de … ».

NOM de l'enfant : … suivant déclaration conjointe du … (date de la déclaration reçue pour le premier enfant commun)[1, 2]
Prénom(s) :
Sexe : masculin ou féminin (éventuellement … jumeau)
Né(e) le : jour, mois, année
À : … heure(s) … minute(s)
À : n°, rue, Commune (Département)
NOM du père :
Prénom(s) :
Né le : jour, mois, année
À : Commune (Département ou Pays)
Profession :
Domicile : qui l'a reconnu(e) le … en cette mairie[3]
NOM de la mère :
Prénom(s) :
Née le : jour, mois, année
À : Commune (Département ou Pays)
Profession :
Domicile :
Parent(s) déclarant(s) : la mère qui déclare le (la) reconnaître et être informée du caractère divisible du lien de filiation naturelle (éventuellement) « et le père »
Date et heure de l'acte : jour, mois, année, heure(s), minute(s)
Après lecture et invitation à lire l'acte, Nous, Prénom(s) NOM, … (qualité de l'officier de l'état civil) avons signé avec le(s) déclarant(s).
Signatures
du (de la) (des) déclarant(e)(s) de l'officier de l'état civil
MENTION(S)

Cas 1.6 : Enfant naturel (reconnaissance paternelle lors de la déclaration de naissance avec indication du nom de la mère française qui a signé la déclaration conjointe : filiation maternelle établie en application de l'article 336 du code civil)

ACTE DE NAISSANCE N°
Prénom(s) NOM
NOM de l'enfant : … suivant déclaration conjointe du … (date de la déclaration reçue pour le premier enfant commun)[4, 5]
Prénom(s) :
Sexe : masculin ou féminin (éventuellement … jumeau)
Né(e) le : jour, mois, année
À : … heure(s) … minute(s)
À : n°, rue, Commune (Département)
NOM du père :
Prénom(s) :
Né le : jour, mois, année
À : Commune (Département ou Pays)
Profession :
Domicile :
NOM de la mère :
Prénom(s) :
Née le : jour, mois, année
À : Commune (Département ou Pays)
Profession :
Domicile :
Parent(s) déclarant(s) : le père qui déclare le (la) reconnaître et être informé du caractère divisible du lien de filiation naturelle
Date et heure de l'acte : jour, mois, année, heure(s), minute(s)
Après lecture faite et invitation à lire l'acte, Nous, Prénom(s) NOM, … (qualité de l'officier de l'état civil), avons signé avec le déclarant.
Signatures
du déclarant de l'officier de l'état civil
MENTION(S)
Filiation établie en application de l'article 336 du code civil, à l'égard de … (Prénom(s) NOM de la mère). … (lieu et date d'apposition de la mention). … (Qualité et signature de l'officier de l'état civil).

Cas 1.7 : Enfant naturel (reconnaissance maternelle avant la déclaration de naissance, déclaré par un tiers)

ACTE DE NAISSANCE N°
Prénom(s) NOM
NOM de l'enfant :
Prénom(s) :
Sexe : masculin ou féminin (éventuellement … jumeau)
Né(e) le : jour, mois, année
À : … heure(s) … minute(s)
À : n°, rue, Commune (Département)
NOM de la mère :
Prénom(s) :
Née le : jour, mois, année
À : Commune (Département ou Pays)
Profession :
Domicile : qui l'a reconnu(e) le … en cette mairie[6]
Tiers déclarant : Prénom(s) NOM, âge, profession, domicile
Date et heure de l'acte : jour, mois, année, heure(s), minute(s)

1. À supprimer en l'absence de présentation d'une déclaration ou en cas d'application d'une loi étrangère (v. n° 531. 1° IGREC).
2. Lorsque la déclaration a été signée à des dates différentes, retenir la date la plus récente.
3. Remplacer suivant le cas : « en cette mairie … », par « devant Maître … » ou par … « à l'ambassade de France à … » ou par « au consulat général de France à … » ou par « au consulat de France à … » ou par « à la mairie de … ».
4. La date de signature par la mère de la déclaration de choix de nom doit être antérieure de 300 jours au plus à la date de naissance du premier enfant.
5. Lorsque la déclaration a été signée à des dates différentes, retenir la date la plus récente.
6. Remplacer suivant le cas : « en cette mairie … », par « devant Maître … » ou par « à l'ambassade de France à … » ou par « au consulat général de France à … » ou par « au consulat de France à … » ou par « à la mairie de … ».

Après lecture faite et invitation à lire l'acte, Nous, Prénom(s) NOM, … (qualité de l'officier de l'état civil) avons signé avec le déclarant.
Signatures
du (de la) déclarant(e) de l'officier de l'état civil
MENTION(S)

Cas 1.8 : Enfant naturel (non reconnu et déclaré par un tiers)

ACTE DE NAISSANCE N°
Prénom(s) NOM
NOM de l'enfant :
Prénom(s) :
Sexe : masculin ou féminin (éventuellement… jumeau)
Né(e) le : jour, mois, année
À : … heure(s)… minute(s)
À : n°, rue, Commune (Département)
NOM de la mère :
Prénom(s) :
Née le : jour, mois, année
À : Commune (Département ou Pays)
Profession :
Domicile :
Tiers déclarant : Prénom(s) NOM, âge, profession, domicile
Date et heure de l'acte : jour, mois, année, heure(s), minute(s)
Après lecture faite et invitation à lire l'acte, Nous, Prénom(s) NOM, … (qualité de l'officier de l'état civil) avons signé avec le déclarant.
Signatures
du (de la) déclarant(e) de l'officier de l'état civil
MENTION(S)

Cas 1.9 : Enfant naturel (reconnaissance paternelle avant la déclaration de naissance, déclaré par un tiers) sans filiation maternelle établie

ACTE DE NAISSANCE N°
Prénom(s) NOM
NOM de l'enfant :
Prénom(s) :
Sexe : masculin ou féminin (éventuellement… jumeau)
Né(e) le : jour, mois, année
À : … heure(s)… minute(s)
À : n°, rue, Commune (Département)
NOM du père :
Prénom(s) :
Né le : jour, mois, année
À : Commune (Département ou Pays)
Profession :
Domicile :
qui l'a reconnu(e) le … en cette mairie [1]

1. Remplacer suivant le cas : « en cette mairie … », par « devant Maître … » ou par … « à l'ambassade de France à … » ou par « au consulat général de France à … » ou par « au consulat de France à .... » ou par « à la mairie de … ».

NOM de la mère :
Prénom(s) :
Née le : jour, mois, année
À : Commune (Département ou Pays)
Profession :
Domicile :
Tiers déclarant : Prénom(s) NOM, âge, profession, domicile
Date et heure de l'acte : jour, mois, année, heure(s), minute(s)
Après lecture et invitation à lire l'acte, Nous, Prénom(s) NOM, … (qualité de l'officier de l'état civil) avons signé avec le déclarant.
Signatures
du déclarant de l'officier de l'état civil
MENTION(S)

ANNEXE 4 : Exemple de modèle de transcription d'acte de naissance d'un enfant mineur

DEMANDE DE TRANSCRIPTION D'ACTE DE NAISSANCE D'UN ENFANT MINEUR

Je (Nous) soussigné(e)(s)… (Prénom(s) NOM(s) du/des parents)… (adresse et numéro de téléphone) sollicite(ons) la transcription sur les registres de l'état civil consulaire français de l'acte de naissance dont ci-joint copie délivrée le …, concernant… (Prénom(s) NOM).

Je (Nous) suis (sommes) informé(e)(s) qu'en vue de la transcription, l'officier de l'état civil français s'assure de la régularité de l'acte étranger produit.

RENSEIGNEMENTS RELATIFS À L'ENFANT
Date et lieu de naissance
Prénom(s)
NOM
Prénom(s) NOM du père
Prénom(s) NOM de la mère
Date et lieu de la reconnaissance (en l'absence de mariage des parents)
Date et lieu du mariage des parents
Nationalité de la mère au jour de la naissance
Nationalité du père au jour de la naissance

À ...., le ....
(Signature du ou des parent(s))

61.13

CIRCULAIRE DU 30 JUIN 2006 DE PRÉSENTATION DE L'ORDONNANCE N° 759-2005 DU 4 JUILLET 2005 PORTANT RÉFORME DE LA FILIATION

N° CIRCULAIRE : CIV/13/06
N° NOR : JUS C0620513 C
Date d'application : à compter du 1er juillet 2006

INTRODUCTION

L'ordonnance n° 2005-759 du 4 juillet 2005 portant réforme de la filiation a été publiée au Journal officiel du 6 juillet 2005 accompagnée du rapport au président de la République qui en constitue la présentation générale. La présente circulaire a pour objet de détailler les conséquences pratiques qui résultent de la réforme, tant pour les officiers de l'état civil que pour les juridictions.

L'ordonnance précitée parachève la réforme de la filiation initiée par la loi du 3 janvier 1972, qui avait en particulier posé le principe de l'égalité entre les enfants.

L'article 4 de la loi n° 2004-1343 du 9 décembre 2004 a habilité le gouvernement à procéder à la réforme du droit de la filiation selon des objectifs clairement déterminés :

– tirer les conséquences de l'égalité de statut entre les enfants quelles que soient les conditions de leur naissance ;

– unifier les conditions d'établissement de la filiation maternelle ;

– préciser les conditions de constatation de la possession d'état ;

– harmoniser le régime procédural de l'établissement judiciaire de la filiation ;

– sécuriser le lien de filiation ;

– préserver l'enfant des conflits de filiation ;

– simplifier et harmoniser le régime des actions en contestation, notamment en en modifiant les titulaires et les délais.

Tirant les conséquences de l'égalité de statut entre les enfants, l'ordonnance n° 2005-759 du 4 juillet 2005 relative à la filiation procède à la suppression des notions de filiations légitime et naturelle, et par voie de conséquence, des différentes formes de légitimation, autour desquelles était articulé le titre VII du livre Premier du Code civil « De la filiation ».

Il en résulte une restructuration complète du plan de ce titre, désormais organisé en quatre chapitres. Le chapitre premier comprend les dispositions générales. Le deuxième contient les dispositions relatives à l'établissement non contentieux de la filiation. Le troisième règle le régime des actions judiciaires en matière de filiation. Enfin, le régime de l'action à fins de subsides, qui n'a pas pour effet d'établir la filiation, est déplacé dans un chapitre IV.

En revanche, les termes de l'habilitation n'ont pas visé certains aspects du droit de la filiation, tels que les conflits de lois, l'assistance médicale à la procréation, l'accouchement sous « X » ou l'action à fins de subsides, qui ne sont donc l'objet que de modifications formelles de coordination avec le nouveau dispositif. Enfin, la filiation adoptive, qui ne relève pas du titre VII du livre premier du Code civil n'est pas davantage modifiée.

– S'agissant des conflits de lois, les modifications résultent uniquement de la suppression des notions de filiation légitime ou naturelle et de légitimation et se traduisent principalement par l'abrogation de l'article 311-16 relatif à la légitimation.

– La section relative à l'assistance médicale à la procréation n'est modifiée que pour tenir compte des nouveaux intitulés des actions judiciaires et de la suppression des actions en réclamation d'état.

– L'action à fins de subsides fait l'objet d'un quatrième chapitre, qui se justifie par son objet même, distinct de l'établissement du lien de filiation. En revanche, le contenu de ce chapitre reprend l'essentiel des anciennes dispositions, que l'ordonnance n'avait pas vocation à modifier. Ainsi, l'action peut, comme auparavant, être exercée par l'enfant durant toute sa minorité contre l'homme dont la paternité n'est pas établie et qui a eu des relations avec sa mère pendant la période légale de la conception. Elle peut être exercée quelle que soit la situation matrimoniale de la mère et du défendeur et notamment en cas d'empêchement absolu à l'établissement de la paternité pour cause de parenté.

La nouvelle architecture du titre VII du livre premier du Code civil simplifie de manière significative la matière, l'harmonisation des actions se traduisant par l'abrogation de nombreuses dispositions obsolètes ou inutiles.

La présente circulaire a pour objet de présenter les dispositions de l'ordonnance (1re partie) avant de préciser ses incidences en matière d'état civil et de nom (2e partie), qui résultent notamment de la suppression des notions juridiques de filiations légitime, naturelle et de légitimation.

Ire PARTIE PRÉSENTATION DE L'ORDONNANCE

Le titre VII du livre premier du Code civil modifié par l'ordonnance précitée comprend désormais quatre chapitres.

Après un premier chapitre consacré aux dispositions générales (I), l'ordonnance distingue l'établissement non contentieux de la filiation (II) puis les actions judiciaires, qu'elles aient pour objet son établissement ou sa contestation (III).

Ainsi qu'il a été exposé ci-dessus, le quatrième chapitre, consacré à l'action à fins de subsides et modifié à la marge, n'est pas l'objet de la présente circulaire.

Enfin, l'ordonnance comprend des dispositions relatives à son application dans l'espace et le temps (IV).

I. Les dispositions générales

Ce chapitre reprend en partie les dispositions qui figuraient au chapitre « dispositions communes » dans le droit antérieur.

La section première s'intitule « des preuves et présomptions ». La modification apportée à l'intitulé a pour objet de viser dans les dispositions générales les preuves de la filiation, qui n'étaient évoquées qu'en matière de filiation légitime, aux articles 319 à 328 anciens.

L'ancienne section II (art. 311-4 à 311-13) consacrée aux principes applicables aux actions judiciaires est transférée au chapitre III, qui rassemble l'ensemble des dispositions relatives à ces actions.

Les sections II et III traitant « du conflit des lois relatives à la filiation » et « de l'assistance médicale à la procréation » sont maintenues et ne connaissent pas de modification de fond.

Enfin la quatrième et dernière section de ce chapitre regroupe désormais l'ensemble des dispositions relatives à la dévolution du nom de famille. Les nouvelles dispositions, qui donnent une portée plus générale au principe de l'unité du nom de la fratrie posé par la loi du 4 mars 2002 relative au nom de famille, seront présentées dans une partie spécifique, qui met à jour la circulaire du 6 décembre 2004 relative au nom de famille.

1. Les principes généraux

Trois principes sont présentés à titre liminaire. Deux d'entre eux, relatifs à l'égalité des filiations (1.1) et à l'interdiction d'établir la filiation incestueuse (1.3), sont repris des textes anciens.

En revanche, l'article 310-1, qui expose les différents modes d'établissement de la filiation (1.2), constitue une disposition nouvelle, qui synthétise les anciens articles 319, 320 et 334-8.

1.1. Le principe d'égalité des filiations (art. 310)

Ce principe était déjà énoncé par la loi du 3 janvier 1972 avec des limites concernant principalement l'enfant adultérin.

L'égalité de droits des enfants adultérins a été consacrée par la loi n° 2001-1135 du 3 décembre 2001 relative aux droits du conjoint survivant et des enfants adultérins. Lors de l'adoption de la loi n° 2002-305 du 4 mars 2002 relative à l'autorité parentale, l'introduction d'un article 310-1 a permis de proclamer la portée générale de ce principe.

L'ordonnance ne procède qu'à la modification de la référence de cette disposition, qui devient l'article 310 et non l'article 310-1.

1.2. Les modes d'établissement du lien de filiation

L'article 310-1 énonce différents modes d'établissement du lien de filiation, et partant, annonce le plan du titre VII.

Le *premier alinéa* traite des modes non contentieux d'établissement de la paternité comme de la maternité : l'effet de la loi, la reconnaissance ou la possession d'état constatée par acte de notoriété.

Il consacre le nouvel ordonnancement du titre VII et la suppression des notions de filiation légitime et de filiation naturelle.

Deux innovations sont apportées aux modes non contentieux d'établissement de la filiation :

– d'une part, la notion de filiation établie « par l'effet de la loi » regroupe les situations dans lesquelles le lien de filiation est établi automatiquement, du seul fait de l'autorité de la loi et sans que les père et/ou mère n'aient de démarche à accomplir (v. *infra* II); il s'agit de l'établissement de la filiation maternelle et de la paternité du mari de la mère, par le jeu de la présomption de paternité;

– d'autre part, la possession d'état doit désormais être constatée par un acte de notoriété pour produire effet en ce qui concerne l'établissement légal du lien de filiation.

Le *second alinéa* prévoit que le lien de filiation peut également être établi par jugement (constatation de la possession d'état, recherche de paternité ou de maternité, rétablissement des effets de la présomption de paternité v. III).

1.3. L'interdiction d'établir la filiation incestueuse

L'article 310-2 reprend les dispositions de l'ancien article 334-10, sous réserve d'une modification de fond qui en étend le champ d'application par l'ajout des mots « par quelque moyen que ce soit ». L'ordonnance consacre ainsi la jurisprudence de la Cour de cassation (Civ. 1re, 6 avr. 2004) ayant prohibé l'établissement du lien de filiation incestueux par la voie de l'adoption simple.

Par ailleurs, le nouvel article 311-25, qui prévoit que la filiation maternelle est établie par l'indication du nom de la mère dans l'acte de naissance de l'enfant rend impossible l'établissement du lien de filiation paternelle après la déclaration de naissance, quel qu'en soit le moyen.

Ainsi, si le père vient déclarer la naissance et reconnaître en même temps l'enfant, alors que le nom de la mère figure dans l'acte, l'officier de l'état civil doit refuser de recevoir cette reconnaissance dès lors qu'il a connaissance du lien de parenté existant entre les père et mère. Il en est de même en cas de reconnaissance conjointe.

Il convient d'observer que l'officier de l'état civil, qui ne peut pas faire de recherches ni exiger la production de l'acte de naissance de l'enfant ou de l'auteur de la reconnaissance, n'est pas toujours en mesure de connaître l'existence de l'empêchement, notamment si les deux parents ne portent pas le même nom.

Lorsque l'officier de l'état civil constate, par exemple lors de l'apposition de la mention en marge de l'acte de naissance de l'enfant, que la reconnaissance est contraire aux dispositions de l'article 310-2 du Code civil, il doit en aviser aussitôt le procureur de la République. Celui-ci doit alors engager une action aux fins d'annulation de la reconnaissance sur le fondement des dispositions de l'article 423 du NCPC, le lien de filiation ayant été établi en violation d'une disposition légale d'ordre public. L'action obéit alors aux dispositions de droit commun et peut être exercée durant 30 ans.

En cas de reconnaissance paternelle prénatale, l'officier de l'état civil, doit, s'il en a connaissance lors de la déclaration de naissance, refuser d'inscrire le nom de la mère dans l'acte de naissance de l'enfant.

Lorsque l'officier de l'état civil ignorera cette reconnaissance ou le caractère incestueux de la filiation qui en résulte, l'inscription du nom de la mère aura pour effet d'établir le double lien de filiation malgré la prohibition légale. En cas de découverte de cette situation, le procureur de la République doit en être avisé afin d'engager l'action en annulation de la filiation maternelle. Celle-ci aura pour effet d'entraîner l'annulation de l'acte de naissance et l'établissement d'un nouvel acte, afin que le lien incestueux n'apparaisse pas.

2. Les preuves et présomptions

Parmi les trois dispositions de la section I du chapitre premier, une seule, relative aux modes de preuve du lien de filiation (art. 310-3) est nouvelle. Les deux autres concernent les présomptions relatives à la conception de l'enfant (art. 311) et la possession d'état (art. 311-1 et 311-2), dont la définition est reformulée et modernisée et dont la loi précise les qualités nécessaires à la réalisation de ses effets juridiques. L'acte de notoriété, qui constitue un mode d'établissement de la filiation, quitte cette section pour figurer au chapitre II.

2.1. Les modes de preuve du lien de filiation

L'article 310-3 nouveau, qui se substitue aux dispositions contenues dans l'ancienne section « des preuves de la filiation légitime », précise les modes de preuve du lien de filiation, que celle-ci soit établie en ou hors mariage, de manière volontaire ou contentieuse.

Il répond aux dispositions de l'article 310-1 qui elles, définissent de manière générique les modes d'établissement.

Ainsi, la filiation établie par l'effet de la loi se prouve par l'acte de naissance.

Il en est ainsi, et ce depuis toujours, pour prouver la filiation en mariage par le jeu de la présomption *pater is est*. En revanche, l'ordonnance étend cette possibilité aux enfants nés hors mariage, pour prouver la filiation à l'égard de la mère (v. *infra* art. 311-25).

Dans les autres cas, la filiation se prouve par un acte de reconnaissance ou un acte de notoriété constatant la possession d'état et bien évidemment par la production de l'acte de naissance sur lequel est portée la mention de la reconnaissance ou de l'acte de notoriété.

Il est à noter que la possession d'état, tant qu'elle n'est pas constatée dans un tel acte, est insuffisante et ne saurait, en elle-même, établir le lien de filiation, que l'enfant soit né dans le mariage (présomption de paternité écartée par application de l'article 313) ou en dehors. Cette solution est conforme à la pratique notariale comme administrative et trouve sa justification dans les impératifs de sécurité juridique.

L'alinéa 2 de l'article 310-3 est consacré aux preuves judiciaires, lorsqu'une action est engagée en application du chapitre III. La preuve est désormais libre dans toutes les actions relatives à la filiation, en demande comme en défense, les actions en recherche de paternité ou de maternité n'étant plus subordonnées à l'existence de présomptions ou indices graves (v. III).

La preuve peut se faire par tous moyens et notamment une expertise biologique. Si celle-ci est, selon la jurisprudence, de droit en matière de filiation, sous réserve que des motifs légitimes permettent aux juridictions de ne pas ordonner une telle mesure d'instruction (Civ. 1re, 28 mars 2000). En outre, l'expertise ne saurait constituer un mode de preuve de la possession d'état dans le cadre d'une action en constatation de la possession d'état, selon la jurisprudence de la Cour de cassation (Civ. 1re, 6 déc. 2005).

Enfin, l'ordonnance rappelle de façon expresse que la preuve au fond ne peut être rapportée que si l'action est recevable, et ce afin d'éviter qu'une expertise ne puisse être ordonnée et réalisée à des fins de curiosité alors que l'action ne peut prospérer (absence d'intérêt à agir, action prescrite...).

2.2. Les présomptions relatives à la conception de l'enfant

La rédaction de l'article 311, qui édicte deux présomptions complémentaires utiles principalement pour déterminer le domaine de la présomption de paternité, est inchangée.

L'enfant est présumé conçu dans le délai légal compris entre le 180e et le 300e jour précédant la naissance inclusivement.

La conception est censée avoir eu lieu à un moment quelconque durant les 121 jours qui déterminent la période légale de conception, selon ce qu'exige son intérêt.

Il s'agit de présomptions simples. La preuve contraire peut être rapportée.

La charge de la preuve incombe à la partie qui allègue que la conception n'a pas eu lieu dans ce délai (notamment lorsque l'accouchement a eu lieu à moins de 180 jours de grossesse). Le juge ne peut pas soulever d'office l'inexactitude des présomptions, il peut ordonner toute mesure d'instruction.

2.3. La possession d'état

L'ordonnance ne remet en cause ni la définition, ni les effets de la possession d'état.

Ainsi, la possession d'état constitue d'une part un mode d'établissement autonome du lien de filiation, à condition désormais d'être constatée par un acte de notoriété ou un jugement, et, d'autre part, un élément de fait essentiel dans le régime de l'action en contestation de la filiation. En effet, sa concordance avec l'acte de naissance ou de reconnaissance limite l'ouverture d'une action en contestation de la filiation et son existence durant cinq ans a même pour effet de rendre la filiation inattaquable (v. III art. 333).

L'ordonnance procède à une modernisation de la rédaction des articles 311-1 et 311-2 et à un déplacement des dispositions de l'article 311-3 ancien à l'article 317. En effet, cet article définit les modalités de constatation de la possession d'état en tant que mode d'établissement de la filiation non contentieux, ce qui explique qu'elle figure désormais au chapitre II.

2.3.1. Les éléments de la possession d'état

Les éléments de la possession d'état font toujours l'objet d'une énumération indicative et non exhaustive, prévue à l'article 311-1; l'article suivant précise les qualités que doit présenter cette possession pour produire ses effets de droit.

Si les éléments essentiels sont conservés, leur ordre est modifié afin notamment de tirer les conséquences de la réforme du nom de famille et de les mettre en adéquation avec leur importance sociologique réelle.

Les solutions dégagées par la jurisprudence ne devraient pas pour autant être remises en cause, la notion même de possession d'état n'étant pas affectée par cette modification.

La réalité sociologique du lien de filiation vécu figure désormais en premier et regroupe les 1° et 2° de l'article 311-1.

Il est constitué par tous les actes matériels contribuant à l'entretien et à l'éducation de l'enfant, qui doivent avoir été effectués en qualité de parent.

La notion « d'installation » se substitue au terme désuet « établissement », qui visait principalement l'établissement par mariage et notamment la dot de l'épouse. La formulation nouvelle est sensiblement plus large et peut trouver à s'appliquer à l'aide aux études, la participation aux frais d'installation professionnelle ou matérielle (caution, aide à l'équipement du logement...).

Cet élément entraîne toujours une réciprocité, qui implique que l'enfant en âge de le faire se comporte comme tel à l'égard du parent prétendu.

La *réputation* (art. 311-3 3° et 4°) est un élément constitutif de la possession d'état tout en contribuant à sa publicité, l'article 311-2 précisant que la possession d'état doit être publique : l'enfant doit avoir la réputation d'être, auprès de la famille comme des tiers (voisins, médecin...) ou de l'administration ou des services sociaux (crèche, établissement scolaire...) celui de tels parents.

Elle joue un rôle déterminant en cas de décès et notamment pour constater une possession d'état prénatale, pour laquelle l'élément sociologique de la filiation n'a pu se constituer.

Enfin, le *nom*, qui n'est plus en soi suffisant pour démontrer l'appartenance à une famille, en particulier depuis l'entrée en vigueur des lois relatives au nom de famille des 4 mars 2002 et 18 juin 2003, est relégué en dernière position (5°). Le fait que l'enfant ne porte pas le nom du parent prétendu n'affecte pas la possession d'état et, à l'inverse, le port du nom ne suffit pas à déterminer l'existence de celle-ci, s'il n'est pas corroboré pas d'autres indices.

Comme auparavant, selon la jurisprudence, il n'est pas nécessaire que les différents éléments soient tous réunis, dès lors qu'existe un faisceau d'indices concordants révélant le lien de filiation.

2.3.2. Les qualités que doit présenter la possession d'état pour produire ses effets

La formulation retenue, qui précise que la possession d'état doit être continue, paisible, publique et non équivoque, n'apporte pas d'innovation mais constitue une codification des solutions dégagées par la jurisprudence pour l'application de l'article 2279 du Code civil.

La continuité exigée pour que la possession puisse valablement se constituer n'est pas définie et dépend largement des circonstances de l'espèce. En revanche, un fait isolé ne saurait suffire à caractériser la possession d'état. La jurisprudence n'impose ni que la possession d'état soit établie depuis la naissance ou existante à la date où elle est invoquée, ni la communauté de vie entre les parents et l'enfant.

En outre, la possession d'état doit être paisible, publique et non équivoque.

Le caractère équivoque peut notamment résulter d'une fraude ou d'une violation de la loi. Il peut en être ainsi lorsque la possession d'état est invoquée pour contourner les règles régissant l'adoption, l'interdiction d'établir la filiation incestueuse ou la gestation pour le compte d'autrui.

Le caractère équivoque peut également résulter du conflit de possessions d'état successives ou concurrentes. Les nouvelles dispositions de l'article 320, qui donnent une portée générale au principe chronologique (v. III) devraient faciliter la résolution d'un tel conflit en privilégiant la filiation établie la première, et partant, la possession d'état constatée en premier lieu, sauf à la contester avec succès dans les termes de l'article 335.

La possession d'état est également une présomption légale soumise au contrôle de la Cour de cassation. Ainsi, il est nécessaire, sous peine de cassation, que les juges du fond relèvent des éléments de la nature de ceux énumérés par les textes (Civ. 1re, 19 mars 1985) qui établissent la réalité du lien vécu. Il n'y a pas lieu en revanche de relever des indices tirés de la vraisemblance biologique.

3. Le nom

Le dispositif de choix de nom issu de la loi du 4 mars 2002 modifiée relative au nom de famille n'est pas remis en cause quant à ses principes directeurs (3.1).

Toutefois, l'ordonnance apporte un certain nombre de modifications :

– la portée du principe d'unité de nom de la fratrie est renforcée (3.2);

– l'ensemble des dispositions relatives au nom, qui étaient éclatées entre le chapitre « dispositions communes » et le chapitre « filiation naturelle » est regroupé. Il en résulte que le nouvel article 311-23 se substitue aux anciens articles 334-1 et 334-2 et que les articles 334-1, 334-2, 334-3, 334-4 et 334-6 (3.3) sont abrogés;

– enfin, la suppression des différentes formes de légitimation implique que le mariage des parents n'a plus d'incidence sur le nom des enfants (3.4).

3.1. Le rappel du dispositif issu de la loi du 4 mars 2002 modifiée par la loi du 18 juin 2003

Ainsi, les parents peuvent choisir le nom de leur enfant entre le nom du père, celui de la mère, leurs deux noms accolés dans un ordre librement choisi et dans la limite d'un nom de famille pour chacun d'eux.

Pour ce faire, ils doivent produire une déclaration conjointe écrite produite à l'officier de l'état civil :

– lors de la déclaration de naissance de l'enfant, dès lors que le lien de filiation est établi à l'égard des deux parents;

– lors de l'établissement simultané du lien de filiation s'il est postérieur à l'acte de naissance. Cette situation devrait désormais être exceptionnelle, du fait de l'établissement automatique de la filiation maternelle par l'indication du nom de la mère dans l'acte de naissance.

Toute déclaration de choix de nom produite après la déclaration de naissance ou la reconnaissance conjointe est sans effet. Par ailleurs, le dispositif reposant exclusivement sur l'accord des parents, ni le juge aux affaires familiales ni le juge des tutelles ne sont compétents pour suppléer la carence de l'un des parents, en cas d'impossibilité de produire cette déclaration (désaccord, décès de l'un des parents…).

3.2. Le renforcement du principe d'unité de nom de la fratrie

Le principe de l'unité de nom de la fratrie, affirmé au 3e alinéa de l'article 311-21 avait une portée limitée. En effet, les dispositions de l'article 334-2 autorisaient les parents, lorsque les conditions d'établissement de la filiation à l'égard de l'un des enfants ne permettaient pas d'appliquer l'article 311-21, de choisir un nom différent de celui dévolu à l'aîné des enfants communs.

Désormais, il résulte du troisième alinéa de l'article 311-21 combiné avec les dispositions transitoires (art. 20 II 4) que lorsque le nom a été dévolu conformément à l'article 311-21 (déclaration de choix de nom ou application du dispositif subsidiaire) ou à la suite d'une déclaration de changement de nom effectuée au profit d'un enfant après la date d'entrée en vigueur de l'ordonnance, celui-ci s'impose aux puînés à condition que leur filiation soit établie à l'égard des deux parents à la date de la déclaration de naissance (v. 2e partie).

L'article 311-23 alinéa 3 a pour effet de limiter le choix des parents, lorsqu'ils souscrivent une déclaration de changement de nom au profit d'un enfant dès lors qu'il a été fait application de l'article 311-21 ou qu'une déclaration de changement de nom a déjà été effectuée au profit d'un autre enfant :

Dans ce cas, en application des dispositions combinées du troisième alinéa de l'article 311-23 et de l'article 20-II 4° de l'ordonnance, la déclaration de changement de nom ne pourra avoir pour effet que de donner le nom dévolu ou choisi précédemment.

3.3. Le regroupement des dispositions relatives au nom

La loi du 4 mars 2002, en prévoyant un dispositif commun de dévolution du nom pour les enfants dont la filiation était établie à la date de la déclaration de naissance à l'égard des deux parents (ou plus tard mais simultanément), a eu pour effet de distinguer parmi les dispositions relatives au nom, les règles communes et les dispositions particulières applicables à certains enfants naturels, lorsque les conditions d'établissement de leur filiation ne permettaient pas de bénéficier des dispositions communes prévues à l'article 311-21.

Conséquence de la suppression des notions de filiations légitime ou naturelle, l'ordonnance procède à l'unification de ces règles, qui figurent désormais aux articles 311-21 à 311-24.

À cet effet, les deux premiers alinéas du nouvel article 311-23 reprennent le sens des anciennes dispositions des articles 334-1 et 334-2.

3.3.1. Le nom de l'enfant dont la filiation n'est établie qu'à l'égard d'un parent

L'alinéa premier de l'article 311-23 prévoit que lorsque la filiation n'est établie qu'à l'égard d'un seul parent à la date de la déclaration de naissance, cet enfant prend le nom de ce parent.

3.3.2. La déclaration de changement de nom

La déclaration de changement de nom prévue à l'article 311-23 alinéa 2 se substitue à celle qui figurait à l'article 334-2 et obéit en conséquence au même régime juridique, sous réserve des nouvelles dispositions résultant des articles 311-21 alinéa 3 et 311-23 alinéa 3.

Elle est applicable aux enfants nés à compter du 1er janvier 2005.

3.4. L'abrogation des articles 334-1 à 334-6

Il en résulte deux conséquences importantes à compter du 1er juillet 2006 :

– les parents non mariés d'enfant nés avant le 1er janvier 2005 ne pourront plus effectuer de déclaration conjointe en substitution du nom du père devant le greffier en chef du tribunal de grande instance.

– le juge aux affaires familiales n'est plus compétent pour statuer sur le changement de nom de l'enfant né hors mariage, quelle que soit la date de sa naissance ou les conditions d'établissement de sa filiation.

À compter du 1er juillet 2006, seul un motif légitime permet de solliciter le changement de nom de famille de l'enfant dans les conditions et selon la procédure définies aux articles 61 et suivants du Code civil.

3.5. Le mariage des parents

Il n'a plus pour effet de légitimer les enfants nés avant la célébration de l'union et ce quelle que soit la date de naissance des enfants.

Le mariage est donc sans effet sur le nom des enfants, sauf si le second lien de filiation vient à être établi à l'égard des enfants à la date de la cérémonie par une reconnaissance de paternité : dans ce cas, les époux peuvent effectuer une déclaration de changement de nom au profit de l'aîné, selon les conditions et modalités fixées à l'article 311-23 alinéa 2.

Enfin, comme c'était déjà le cas, le nom choisi au bénéfice d'un enfant légitimé lors du mariage célébré entre le 1er janvier 2005 et le 30 juin 2006 s'impose aux enfants nés postérieurement à la date du mariage.

La réforme ne remet pas en cause les mentions de légitimations antérieures. Les légitimations par mariage antérieur au 1er juillet 2006 doivent être mentionnées sur l'acte de naissance des enfants concernées, même si ces formalités n'ont pas été accomplies à cette date. Il en est de même des légitimations par jugement, dès lors que l'instance a été engagée avant le 1er juillet 2006.

II. L'établissement non contentieux du lien de filiation

La réforme procède à l'unification des modes d'établissement de la filiation. Toutefois, la filiation paternelle reste marquée par le statut conjugal du père : seul l'enfant conçu ou né pendant le mariage bénéficie de la présomption de paternité; qui résulte des obligations réciproques entre époux. Une démarche volontaire, reconnaissance ou délivrance d'un acte de notoriété constatant la filiation, doit être effectuée pour que la filiation paternelle soit établie hors mariage.

Il existe donc trois modes non contentieux d'établissement de la filiation :

– par l'effet automatique de la loi, lorsqu'elle résulte des indications mêmes de l'acte de naissance, soit en raison de la désignation de la mère, soit en raison de la qualité d'époux des père et mère, qui déclenche la présomption de paternité (1);

– par une reconnaissance, lorsqu'elle n'est pas établie par l'effet de la loi, ce qui vise en particulier le père non marié (2);

– enfin, par la possession d'état constatée dans un acte de notoriété : soit en mariage, lorsque la présomption de paternité a été écartée et se trouve rétablie de plein droit par la possession d'état, soit lorsqu'une reconnaissance ne peut être souscrite (notamment en cas de décès) (3).

1. L'établissement de la filiation par l'effet de la loi

1.1. L'établissement de la filiation maternelle par la désignation de la mère dans l'acte de naissance

En l'état du droit antérieur, l'acte de naissance désignant la mère ne valait reconnaissance que si cette désignation était corroborée par la possession d'état.

L'ordonnance étend le principe déjà retenu pour les mères mariées à celles qui ne le sont pas, donnant ainsi une portée générale à l'adage *mater semper certa est*.

Est juridiquement la mère de l'enfant la femme qui accouche (v. art. 325) et qui est désignée comme tel dans l'acte de naissance, cette indication s'avérant suffisante mais non obligatoire.

La filiation maternelle est alors établie par l'acte de naissance lui-même. Elle est réputée être établie dès la naissance. Toutefois, pour l'application des dispositions de l'article 311-21 du Code civil (attribution du nom) c'est la date d'établissement de l'acte qui doit être retenue afin de désigner quel lien de filiation est établi en premier.

1.1.1. Les conditions de l'établissement de la filiation

L'indication du nom de la mère dans l'acte suffit à établir le lien de filiation envers elle. Si une reconnaissance peut éventuellement être effectuée avant la naissance lorsque la mère n'est pas mariée (v. *infra* II 2), en revanche toute reconnaissance souscrite par la mère, conjointement ou séparément, lors de la déclaration de naissance ou postérieurement, s'avère superfétatoire. Dès lors, l'officier de l'état civil doit refuser de recevoir une telle reconnaissance au motif que la filiation est déjà établie à l'égard de la mère.

Il en résulte que si une autre femme que celle désignée dans l'acte de naissance veut reconnaître l'enfant (en cas de substitution d'enfants ou supposition d'enfant notamment), l'officier de l'état civil doit recevoir cette reconnaissance à titre conservatoire, mais celle-ci ne peut être portée en marge de l'acte tant que le conflit de filiations n'est pas réglé. Il doit alors en référer au parquet afin que ce dernier informe l'auteur de la reconnaissance des modalités selon lesquelles la maternité légalement établie peut être contestée (v. *infra* III). Le parquet peut exercer l'action lui-même lorsqu'il apparaît que la filiation a pu être établie en fraude à la loi (art. 336).

Comme auparavant, l'indication du nom de la mère n'est pas obligatoire. En effet, les dispositions de l'article 57 du Code civil, qui prévoient expressément que les père et mère peuvent ne pas être désignés dans l'acte, n'ont pas été modifiées.

Ainsi, la mère, mariée ou non, peut demander à ce que son nom ne figure pas dans l'acte de naissance de l'enfant, même si elle n'a pas demandé le secret de son identité lors de l'accouchement. En cas d'accouchement sous « x », le nom ne doit en aucun cas figurer dans l'acte.

1.1.2. Les effets de la filiation

L'établissement de la filiation produit un certain nombre d'effets, dont certains sont toutefois limités par les dispositions transitoires à l'égard des enfants nés avant l'entrée en vigueur de l'ordonnance (v. *infra* dispositions transitoires).

• En matière de *nom de famille*, dès lors que la mère est désignée dans l'acte de naissance :

– en l'absence de reconnaissance par le père, prénatale ou dans l'acte de naissance, le nom de la mère est automatiquement dévolu à l'enfant. Si la filiation paternelle est établie ultérieurement, les père et mère pourront faire une déclaration de changement de nom fondée sur l'article 311-23 nouveau;

– en présence d'une reconnaissance paternelle effectuée au plus tard dans l'acte de naissance, le nom est dévolu conformément aux règles de l'article 311-21. Si l'enfant est l'aîné des enfants communs et à défaut d'une telle déclaration, le nom du père est automatiquement dévolu à l'enfant en l'absence de reconnaissance maternelle préalable. En revanche, si l'enfant est un cadet, il prend le nom dévolu à l'aîné.

En vertu du 3° du II de l'article 20 de l'ordonnance, l'application de l'article 311-25 aux personnes nées avant le 1er juillet 2006 ne peut avoir pour effet de changer leur nom.

Ainsi, l'enfant, né avant le 1er juillet 2006 et reconnu uniquement par son père après sa naissance porte le nom de ce dernier. L'application pure et simple de l'article 311-25 conduirait, s'il est mineur, à un changement automatique de son nom, la filiation maternelle étant rétroactivement établie à la date de la déclaration de naissance. La restriction apportée par l'article 20 II 3° a pour effet de rendre irrévocable le nom de l'enfant s'il est né avant le 1er janvier 2005. S'il est né entre le 1er janvier 2005 et le 30 juin 2006, ses père et mère pourront souscrire une déclaration de changement de nom fondée sur l'article 311-23 alinéa 2.

• En matière d'*autorité parentale* :

La mère bénéficie de plein droit de l'exercice de l'autorité parentale, y compris si l'enfant est né avant l'entrée en vigueur de l'ordonnance (v. art. 20 I).

• En matière d'*adoption* :

Dès lors que la mère est désignée dans l'acte de naissance, elle doit consentir à l'adoption selon les formes prévues aux articles 348 et suivants du Code civil; à défaut, une déclaration judiciaire d'abandon est nécessaire.

En vertu de l'application rétroactive de l'article 311-25, il convient donc, lorsque l'enfant n'a pas été placé en vue de son adoption à la date du 1er juillet 2005, de vérifier que le consentement à l'adoption a bien été recueilli, faute de quoi l'enfant n'est pas juridiquement adoptable.

1.2. La présomption de paternité

Le régime de la présomption de paternité (champ, cas d'exclusion, rétablissement) conserve son économie générale, à l'exception des actions judiciaires, regroupées au chapitre III qui procède à une simplification des actions tendant à la contestation de la filiation.

1.2.1. Le domaine de la présomption de paternité

Les innovations ont pour effet de simplifier et d'alléger les textes qui sont applicables à la présomption de paternité, sans pour autant en modifier le champ d'application.

Ainsi, à l'article 312, l'ajout du mot « né » pendant le mariage permet à l'enfant né dans les 180 premiers jours de l'union de bénéficier du régime de droit commun. En conséquence, les dispositions spécifiques de l'article 314 ancien, selon lesquelles l'enfant né dans cette période était réputé être légitime dès sa conception, tout en permettant au mari de le désavouer par simple dénégation sont abrogées.

Désormais, la contestation de la paternité du mari résulte des dispositions des articles 332 alinéas 2 et suivants, sans qu'il soit opéré de distinction selon que la conception a eu lieu pendant le mariage ou avant la célébration de ce dernier.

Par ailleurs, l'article 315, selon lequel la présomption de paternité n'était pas applicable à l'enfant né plus de trois cents jours après la dissolution du mariage est abrogé. En effet, il résulte des dispositions des articles 311 et 312 combinées que, dans ces situations l'enfant n'a été pas été conçu et n'est pas né pendant la durée du mariage. Il ne peut donc être juridiquement rattaché au mari, la présomption de paternité étant inapplicable.

Si, par erreur, le nom du mari figure en qualité de père dans l'acte de naissance de l'enfant, il n'y a pas lieu d'engager une action en contestation de la paternité du mari. L'acte de naissance, ainsi entaché d'une erreur matérielle, peut être rectifié à l'initiative du procureur de la République dans les conditions de l'article 99 alinéa 4.

1.2.2. Les cas d'exclusion de la présomption de paternité

Comme auparavant, ces cas résultent de l'existence d'une séparation de droit ou de fait entre les époux, qui rendent la paternité du mari improbable et justifient que la présomption soit écartée.

a – L'hypothèse de la séparation de droit (art. 313)

Il s'agit de l'existence d'une procédure en divorce ou en séparation de corps entre les époux. Dans ces hypothèses, la présomption est écartée de plein droit par le seul constat de la conception de l'enfant pendant une période de séparation légale.

Les modifications apportées à l'article 313 tiennent compte de l'entrée en vigueur de la loi n° 2004-439 du 26 mai 2004 relative au divorce et distinguent, selon le cas de divorce invoqué, quant au terme de la présomption :

– en cas de procédure par consentement mutuel, le principe est désormais que le divorce (ou la séparation de corps) est prononcé à l'issue d'une audience unique, le juge pouvant refuser l'homologation de la convention et homologuer les mesures provisoires que les époux s'accordent à prendre pendant la durée de la procédure.

La présomption de paternité est donc écartée lorsque l'enfant est né plus de trois cents jours, selon le cas, soit après la date de l'homologation de la convention réglant toutes les conséquences du divorce, soit de la séparation de corps ou de celle ayant homologué les mesures provisoires.

– dans les autres procédures en divorce ou en séparation de corps, la présomption est écartée lorsque l'enfant est né plus de trois cents jours après la date de l'ordonnance de non-conciliation.

Quel que soit le cas de divorce invoqué, en cas de rejet définitif de la demande ou en cas de réconciliation des époux, la présomption n'est écartée que pendant les 180 jours suivant la date du rejet. La présomption de paternité s'applique donc à l'enfant né après cette date.

b – L'hypothèse de la séparation de fait (art. 314)

L'article 314 prévoit que la présomption est également écartée, si deux conditions sont réunies :

– le nom du mari ne figure pas dans l'acte de naissance de l'enfant en qualité de père. Cette condition avait déjà été dégagée par la jurisprudence (Civ. 1re, 3 juin 1980). Ainsi, l'acte de naissance dressé sous le nom d'épouse de la femme ne suffit pas à déclencher la présomption de paternité;

– l'enfant n'a pas la possession d'état à l'égard du mari.

Il s'agit donc de l'hypothèse où l'enfant a été conçu pendant une séparation de fait des époux et où le mari ne l'élève pas.

Si le nom du mari a été omis par erreur et que l'enfant à la possession d'état à l'égard des deux époux, il y a lieu à rectification judiciaire de l'acte de naissance, sous réserve qu'une autre filiation paternelle n'ait été entre-temps établie. Le principe chronologique de l'article 320 s'oppose à ce que la mention de la filiation à l'égard des époux soit apposée tant que le lien de filiation établi en premier lieu à l'égard d'un autre homme n'a pas été valablement contesté (v. *infra* art. 320).

1.2.3. Le rétablissement de plein droit de la présomption

La présomption de paternité peut être rétablie de plein droit en faveur de l'enfant conçu pendant une période de séparation légale conformément aux dispositions de l'article 313 alinéa 2, si les deux conditions suivantes sont réunies :

– l'enfant a la possession d'état à l'égard des deux époux, sous réserve que cette possession soit continue, sans toutefois exiger qu'elle remonte à la naissance, et qu'elle soit paisible, publique et non équivoque;

– aucun lien de filiation n'a été établi préalablement à l'égard d'un tiers.

Lorsque ces conditions sont réunies, les époux peuvent demander la délivrance d'un acte de notoriété constatant la possession d'état.

L'acte de naissance de l'enfant est actualisé sur instructions du procureur de la République du lieu de conservation de l'acte de naissance par l'apposition de la mention marginale suivante :

> Filiation établie à l'égard de … (prénom(s), NOM du père), né le … à …, époux de la mère
> Acte de notoriété en date du … délivré par le juge d'instance de …
> Instructions du procureur de la République de la République de … n°… du …
> …… (lieu et date d'apposition de la mention)
> … (qualité et signature de l'officier de l'état civil)

Il n'est donc pas nécessaire de procéder à la rectification judiciaire de cet acte, contrairement aux solutions antérieurement préconisées (v. IGREC 177).

Si un tiers a reconnu l'enfant, la présomption ne peut être rétablie qu'après contestation de la paternité de l'auteur de la reconnaissance par les époux ou l'un d'eux (v. III). Cette solution découle du principe chronologique posé à l'article 320, qui fait prévaloir la filiation établie la première en interdisant l'établissement ultérieur d'un autre lien qui la contredirait.

Effet du rétablissement de la présomption de paternité en matière de nom

Le rétablissement de plein droit de la présomption de paternité correspond à un établissement différé de la filiation. La règle posée à l'article 311-23 alinéa 1 selon laquelle l'enfant prend le nom du parent à l'égard duquel la filiation est établie en premier s'applique. Les époux peuvent alors se présenter devant l'officier de l'état civil du lieu où demeure l'enfant pour souscrire une déclaration conjointe de changement de nom dans les conditions de l'alinéa 2 du même article.

Lorsque l'enfant, conçu pendant une période de séparation légale ou déclaré à l'état civil sans indication du nom du mari en qualité de père, n'a pas la possession d'état à son égard, celui-ci peut désormais reconnaître l'enfant ou exercer l'action en rétablissement des effets de la présomption de paternité prévue à l'article 329 pour que la filiation soit établie à son égard (v. *infra* II 2).

2. La reconnaissance

Elle est prévue par le nouvel article 316, largement inspiré de l'article 335 ancien.

En principe tout enfant dont la filiation n'est pas déjà établie, par l'effet de la loi peut être reconnu, à l'exception de l'enfant incestueux (art. 310-2) ou de l'enfant ayant déjà une filiation établie.

L'unification des règles d'établissement de la maternité a pour effet de réduire considérablement le rôle de la reconnaissance en matière d'établissement de la filiation maternelle. En pratique, la reconnaissance a désormais pour vocation principale d'établir la filiation paternelle, lorsque le père n'est pas marié avec la mère de l'enfant.

La reconnaissance obéit à un certain formalisme (2.1) et produit des effets de droit (2.2).

2.1. Les formes et modalités de la reconnaissance

Selon l'article 316, « Lorsque la filiation n'est pas établie dans les conditions prévues à la section I du présent chapitre, elle peut l'être par une reconnaissance de paternité ou de maternité, faite avant ou après la naissance.

La reconnaissance n'établit la filiation qu'à l'égard de son auteur.

Elle est faite dans l'acte de naissance, par acte reçu par l'officier de l'état civil ou par tout autre acte authentique.

L'acte comporte les énonciations prévues à l'article 62 et l'indication que « l'auteur de la reconnaissance a été informé du caractère divisible du lien de filiation ainsi établi ».

Plusieurs innovations sont apportées par rapport au droit antérieur :

– la reconnaissance constitue un mode d'établissement de la paternité ou de la maternité lorsque la filiation n'est pas établie par l'effet de la loi (v. ci-dessous);

– la pratique antérieure des reconnaissances prénatales est consacrée. Celles-ci ne peuvent concerner qu'un enfant déjà conçu, bien qu'aucun certificat de grossesse ne soit exigé (v. IGREC 296). La reconnaissance prénatale ne produit d'effet que si l'enfant est né vivant et viable, sans qu'il y ait lieu de la réitérer après la naissance.

Comme auparavant, un acte authentique est exigé, qui est dans la très grande majorité des cas, reçu par l'officier de l'état civil, dans un acte spécifique ou dans l'acte de naissance.

De manière plus marginale, elle peut être souscrite dans tout autre acte authentique, notamment par acte notarié, ou résulter d'un aveu de paternité judiciairement constaté. En revanche, la déclaration conjointe de choix (art. 311-21) ou de changement de nom (art. 311-23) ne peut constituer une reconnaissance. Ces déclarations ne sont en effet recevables que si la filiation est établie à l'égard des père et mère.

Enfin, la reconnaissance peut, comme auparavant, être faite conjointement par les père et mère.

Toutefois, la filiation maternelle résultant désormais de l'acte de naissance désignant la mère, la reconnaissance conjointe devrait avoir un champ tout à fait résiduel, notamment lorsqu'elle est faite après la déclaration de naissance de l'enfant. Ne pouvant concerner qu'un enfant dont les père et mère ne sont pas désignés à l'état civil, il s'agira en pratique du cas où les parents demandent ensemble la restitution de l'enfant, après l'avoir confié au service d'aide sociale à l'enfance ou à un organisme autorisé pour l'adoption.

Dans ce cas, la filiation étant établie postérieurement à l'acte de naissance mais simultanément à l'égard des père et mère, ceux-ci peuvent, à l'occasion de la reconnaissance, remettre une déclaration de choix de nom à l'officier de l'état civil. À défaut, l'enfant prend le nom de son père.

Il convient, du fait des nouvelles dispositions et de la réorganisation du titre relatif à la filiation, de distinguer entre la reconnaissance paternelle ou maternelle.

2.1.1. La reconnaissance de paternité

La reconnaissance ne peut constituer un mode d'établissement de la paternité que si celle-ci n'est pas déjà établie par l'effet de la loi, c'est-à-dire par la présomption de paternité (art. 312 à 315 et 329).

a – Les reconnaissances maritales

La paternité en mariage s'établit par le jeu de la présomption de paternité, rendant impossible la reconnaissance prénatale par le mari, la filiation étant à son égard automatiquement établie par l'effet de la loi.

Toutefois lorsque la présomption de paternité a été écartée, la filiation n'est donc pas établie à l'égard du mari par l'effet de la loi, ce qui lui permet de reconnaître l'enfant dans les mêmes conditions que le père non marié.

b – La reconnaissance paternelle en cas d'accouchement secret

La question des effets de l'accouchement secret sur la validité de la reconnaissance paternelle souscrite avant le placement de l'enfant en vue de son adoption a été tranchée par la Cour de cassation (Civ. 1re, 7 avr. 2006).

La première chambre a en effet jugé que la reconnaissance d'un enfant naturel prend effet à la date de naissance de l'enfant dès lors qu'il a été identifié et que cette identification est antérieure au consentement à l'adoption, la reconnaissance prénatale établit la filiation paternelle de l'enfant, de sorte que le père doit consentir valablement à son adoption.

Il en résulte que l'accouchement secret ne peut avoir pour conséquence de priver le père de sa paternité, lorsqu'il a reconnu et identifié l'enfant avant le placement en vue de son adoption.

Cette décision s'inscrit dans le prolongement des dispositions de l'article 62-1 du Code civil qui permettent au père, lorsque le secret de l'identité de la mère rend impossible la transcription de la reconnaissance sur l'acte de naissance de l'enfant, d'en informer le procureur de la République afin que celui-ci procède à la recherche des date et lieu de naissance de l'enfant, c'est-à-dire à son identification.

L'identification de l'enfant devant impérativement être effectuée avant le placement de l'enfant, faute de quoi la reconnaissance paternelle se verrait privée d'effet, le procureur doit immédiatement être alerté.

Il convient de relever que ces dispositions s'appliquent au père marié, lorsque son épouse a demandé le secret de son accouchement : les règles de la présomption, qui résultent directement de l'établissement de la filiation à l'égard de la femme mariée, ne peuvent s'appliquer. La filiation ne pouvant pas être établie par l'effet de la loi, le mari peut reconnaître l'enfant (sur les modalités d'établissement de l'acte de naissance v. 2e partie).

2.1.2. La reconnaissance maternelle

La maternité est en principe établie par l'indication du nom de la mère dans l'acte de naissance (v. 2e partie acte de naissance).

Toutefois, la reconnaissance de maternité reste possible, avant ou après la naissance.

a – La reconnaissance de maternité prénatale

La mère, à condition de ne pas être mariée avec le père, les règles de la filiation en mariage s'opposant alors à la reconnaissance, peut reconnaître l'enfant qu'elle porte.

Cette reconnaissance n'a d'utilité concrète que pour permettre la dévolution du nom de la mère (v. *supra* 1.1.2).

b – La reconnaissance maternelle postnatale

Elle ne peut être reçue que si la filiation maternelle n'est pas établie à l'égard de la mère, c'est-à-dire lorsqu'elle a demandé à ce que son nom ne figure pas dans l'acte de naissance de l'enfant, que la mère soit mariée ou non.

L'hypothèse ainsi visée est celle, où après avoir accouché dans le secret (art. L. 222-6 CASF) et remis l'enfant au service de l'aide sociale à l'enfance ou à un organisme agréé pour l'adoption, la femme demande à reprendre l'enfant, conformément aux dispositions de l'article L. 224-6 du même code. L'enfant lui est alors remis sans formalité, dès lors qu'elle justifie de ce que le lien de filiation est établi à son égard par un acte de reconnaissance.

Cette solution s'applique également lorsque la femme est mariée : la filiation n'ayant pas été établie par l'effet de la loi, elle peut le reconnaître, d'autant que la présomption de paternité est écartée (v. 313); la reconnaissance ainsi souscrite est conforme aux dispositions de l'article 316 et ne produit d'effet qu'à l'égard de la femme.

Dans ces cas, l'acte de naissance de l'enfant est actualisé par l'apposition d'une mention marginale de reconnaissance.

2.2. Les effets de la reconnaissance

La reconnaissance établit la filiation à l'égard de son auteur depuis la naissance de l'enfant (voire même de la conception, en vertu du principe *infans conceptus*), sous réserve qu'il soit né vivant et viable et que sa filiation ne soit pas déjà établie à l'égard d'un tiers.

Elle fait entrer l'enfant dans la famille de son auteur.

L'hypothèse de conflit entre une reconnaissance prénatale effectuée par un tiers et la présomption de paternité ou entre deux reconnaissances prénatales est traitée *infra* (III 1.2).

3. La possession d'état constatée par un acte de notoriété

La loi du 3 janvier 1972 avait conféré un rôle essentiel à la possession d'état, afin d'éviter des filiations fictives reposant uniquement sur le titre sans être confortées par la réalité du lien vécu.

Si, traditionnellement, la possession d'état constitue un mode de preuve de la filiation légitime (art. 320 ancien), elle n'est devenue un mode d'établissement légal et autonome de la filiation hors mariage que depuis la loi n° 82-536 du 25 juin 1982 (art. 334-8 alinéa 2 ancien).

Sous l'empire de la législation précédente, la possession d'état, comme toute notion de fait, pouvait en principe être établie par tous moyens, l'acte de notoriété ne constituant qu'un moyen parmi d'autres tels que témoignages, acquiescement des ayants droit du défunt... Toutefois, en pratique et pour des raisons de sécurité juridique, un acte de notoriété était généralement exigé par les administrations ou les notaires, en particulier pour le règlement des successions.

L'ordonnance maintient la possession d'état comme mode d'établissement non contentieux de la filiation, lorsque celle-ci ne résulte ni de l'effet de la loi, ni de la reconnaissance.

Cependant pour produire effet et établir la filiation, la possession d'état doit désormais obéir à un formalisme et être constatée par un acte de notoriété ou un jugement (à la suite d'une action en constatation de la possession d'état v. III). Ainsi, la qualité d'héritier ne pourra être reconnue que si l'intéressé en justifie auprès des administrations comme du notaire par la production de l'acte de notoriété ou de son acte de naissance en portant mention, qui atteste du caractère public du lien de filiation ainsi établi.

Concrètement, la possession d'état est un mode d'établissement de la filiation dans deux situations principales :

– à l'égard des époux et de leur vivant, pour rétablir de plein droit la présomption de paternité quand celle-ci a été écartée en vertu des dispositions de l'article 313 alinéa 1 du Code civil ou lorsqu'ils ne peuvent justifier de la filiation par l'acte de naissance;

– à l'égard des parents non mariés et plus précisément du père, en particulier lorsque ce dernier est décédé après avoir élevé l'enfant sans pour autant l'avoir reconnu voire en cas de décès prénatal.

L'ordonnance consacre en effet, à l'article 317 alinéa 2, la jurisprudence qui avait admis la possibilité de faire constater une possession d'état prénatale.

La constatation de la possession d'état prénatale s'avère utile en cas de décès prématuré du père non marié. En effet, en cas de décès de la mère pendant l'accouchement, l'indication de son nom dans l'acte de naissance suffit à établir la filiation à son égard. Il en est de même en cas de décès de l'époux.

En revanche, lorsque le père non marié décède avant d'avoir procédé à la reconnaissance de l'enfant dont sa compagne est enceinte, celle-ci doit alors rapporter la preuve de ce que le père prétendu s'est comporté jusqu'à son décès comme le ferait un futur père, notamment en ayant participé au choix du prénom ou à l'achat des effets nécessaires pour l'enfant, en étant présent lors des examens médicaux ou pour l'accomplissement de formalités ou encore par l'annonce de sa future paternité à sa famille, ses proches ou son entourage... Autant d'éléments qui attestent du *tractatus* et, par voie de conséquence, de la *fama*.

La délivrance de l'acte de notoriété peut être sollicitée avant l'accouchement. Le juge doit alors établir l'acte si les éléments de preuve le permettent et celui-ci prendra effet si l'enfant naît vivant et viable, par analogie avec la pratique des reconnaissances prénatales.

Une telle solution permet de transmettre le nom du père et notamment d'assurer l'unité du nom de la fratrie, lorsque l'article 311-21 n'est pas applicable ou que l'aîné de la fratrie est né avant le 1er janvier 2005.

À l'égard de la mère, les dispositions de l'article 311-25 devraient rendre exceptionnel le recours à l'acte de notoriété.

3.1. La constatation de la possession d'état par un acte de notoriété

L'établissement de la filiation par la possession d'état est désormais soumis à une nouvelle condition : l'acte de notoriété, qui est indispensable pour que la possession d'état produise effet.

3.1.1. Les conditions de délivrance de l'acte de notoriété

L'acte de notoriété est délivré par le juge du tribunal d'instance dans les conditions fixées aux articles 71 du Code civil et 1157 du NCPC.

Le juge territorialement compétent est le juge d'instance du lieu de la naissance ou du domicile de l'intéressé.

La demande de délivrance de l'acte de notoriété ne peut être faite que par les père et mère, l'un d'eux ou l'enfant luimême à l'exclusion de toute autre personne, comme les grands parents ou descendants de l'enfant, qui devront recourir à l'action en constatation de la possession d'état (v. III).

Peu importe que l'enfant soit mineur ou majeur, voire même décédé.

En vertu des dispositions de l'article 320 du Code civil (v. *infra* III 1.1.2), un tel acte ne peut être délivré que si l'enfant n'a pas un lien de filiation déjà établi à l'égard d'une autre personne.

En effet, l'existence d'une filiation légalement établie fait obstacle à l'établissement d'un autre lien qui la contredirait.

En conséquence, le juge doit s'assurer au préalable de ce qu'aucun lien contradictoire n'est déjà établi à l'égard d'un tiers en se faisant communiquer toute pièce permettant cette vérification et notamment le livret de famille sur lequel figure l'enfant ou la copie intégrale de l'acte de naissance.

En présence d'une filiation légalement établie, le juge doit refuser de dresser l'acte de notoriété tant que cette filiation n'a pas été valablement contestée et en informer le demandeur.

Dans le cas contraire, il doit recueillir la déclaration de trois témoins et, s'il estime ces témoignages et documents fournis insuffisants, il peut faire recueillir d'office par toute personne de son choix des renseignements complémentaires avant de dresser l'acte.

Désormais, la filiation établie par un acte de notoriété est incontestable après un délai de cinq ans, ce qui justifie une grande vigilance lors de la délivrance de l'acte de notoriété. Les pièces produites doivent en conséquence être vérifiées et l'acte de notoriété ne doit être délivré, au besoin après investigations complémentaires, que si la possession d'état est solidement constituée et présente les qualités exigées à l'article 311-2. À cet égard il convient que la lettre des articles 311-1 et 311-2, qui exige une réunion de faits suffisants indiquant le lien de filiation et de parenté présentant certains caractères tels que la continuité, le caractère paisible et non équivoque, soit respectée.

3.1.2. Les délais de la demande

La délivrance d'un acte de notoriété pouvait, jusqu'à l'entrée en vigueur de l'ordonnance, être sollicitée sans aucun délai, avec tous les risques inhérents liés au dépérissement et à la fragilité des preuves et témoignages.

Cet état du droit pouvait entraîner la remise en cause de successions déjà liquidées. Par ailleurs, l'action en constatation de la possession d'état était soumise à la prescription trentenaire et l'action en recherche de paternité était encadrée dans un délai préfixe de deux ans.

Désormais, la demande devra être présentée dans le délai prévu à l'article 317 alinéa 3, soit cinq ans à compter de la cessation de la possession d'état.

La cessation de la possession d'état proviendra, dans la plupart des cas, du décès du parent prétendu. En effet, le décès est réputé mettre un terme à la possession d'état, en ce qu'il rompt tout au moins le *tractatus*.

3.1.3. Les recours

Comme auparavant, la délivrance ou son refus ne sont susceptibles d'aucun recours (C. civ., art. 72).

En cas de refus de délivrance de l'acte, il est néanmoins possible de saisir le tribunal de grande instance d'une demande en constatation de la possession d'état durant un délai de dix ans à compter de la cessation de celle-ci (C. civ., art. 330, v. III).

3.2. Les effets de la possession d'état

La filiation ainsi établie est réputée l'être rétroactivement au jour de la naissance et doit être mentionnée en marge de l'acte de naissance de l'enfant. Le procureur de la République du lieu où est détenu l'acte de naissance de l'intéressé, avisé sans délai par le juge ayant délivré l'acte de notoriété, fait procéder à cette actualisation. Il s'agit là d'une compétence liée et il convient que la mention soit portée immédiatement, le délai de cinq ans pour contester la possession d'état commençant à courir à compter de la délivrance de l'acte de notoriété et non de son inscription sur l'acte de naissance de l'enfant.

> Filiation établie à l'égard de ... (prénom(s), NOM), né le ... à ...,
> Acte de notoriété en date du ... délivré par le juge d'instance de ...
> Instructions du procureur de la République de la République de ...
> n°... du ...
> ...... (lieu et date d'apposition de la mention)
> ... (qualité et signature de l'officier de l'état civil)

Toutefois, l'acte de notoriété ne fait foi de la possession d'état, et donc du lien de filiation, que jusqu'à preuve contraire. Il a, comme auparavant, pour effet de renverser la charge de la preuve.

En conséquence, tout intéressé peut exercer l'action en contestation de la possession d'état (art. 335 v. III) dans un délai de cinq ans à compter de la délivrance de l'acte de notoriété en rapportant la preuve contraire (absence de possession d'état ou démonstration de son caractère équivoque ou discontinu ou preuve de la non-conformité de la filiation à la vérité biologique).

Passé ce délai de cinq ans à compter de la délivrance de l'acte de notoriété, la filiation ne peut plus être contestée.

Effet en matière de nom :

La filiation étant établie de manière différée à l'égard des père et mère, les dispositions de l'article 311-23 sont applicables.

III. Les actions judiciaires

L'ensemble des règles régissant les actions judiciaires en matière de filiation est regroupé au chapitre III du titre consacré à la filiation.

Conséquence de la suppression des notions de filiations légitime et naturelle, un régime harmonisé des actions est mis en place, qui permet d'établir ou de contester une filiation selon les mêmes modalités, qu'il s'agisse d'une filiation en ou hors mariage et sous réserve des dispositions particulières à la contestation de la possession d'état constatée dans un acte de notoriété.

Ce chapitre est organisé en trois sections; la première reprend la plupart des principes qui figuraient aux anciens articles 311-4 à 311-13 (1); la deuxième traite des actions aux fins d'établissement du lien de filiation (2) et la troisième des actions en contestation de ce lien (3).

1. Les dispositions générales

Elles résultent des articles 318 à 324.

Un certain nombre de ces dispositions sont inchangées (art. 318, 318-1, 319 et 323) par rapport à la loi du 3 janvier 1972 ou connaissent des modifications marginales (1.1).

D'autres font l'objet de changements substantiels qui ont principalement pour finalité de sécuriser le lien de filiation. Il en est ainsi du principe chronologique, dont la vocation est d'éviter en droit les conflits de filiation et qui acquiert une portée générale (1.2) et de la prescription de droit commun, qui est abaissée à dix ans (1.3).

Enfin, les conditions de la transmissibilité des actions aux héritiers sont élargies (1.4).

1.1. Les dispositions maintenues

1.1.1. La viabilité de l'enfant

L'article 318 reprend en termes identiques l'ancien article 311-4 selon lequel aucune action ne peut être reçue quant à la filiation d'un enfant qui n'est pas né viable. En effet, l'établissement du lien de filiation, quelles qu'en soient les modalités, est subordonné à l'acquisition de la personnalité juridique, laquelle est attachée à la naissance d'un enfant né vivant et viable, pour lequel un acte de naissance est dressé.

En cas de décès périnatal, un acte de décès n'est dressé (C. civ., art. 79-1 al. 1er) que si un acte de naissance a pu être dressé, au vu du certificat médical.

En revanche, lorsqu'il n'est pas établi que l'enfant est né vivant et viable, un acte d'enfant sans vie est établi, conformément aux préconisations de l'Organisation Mondiale de la Santé, dès lors que l'enfant est mort-né après 22 semaines d'aménorrhée ou s'il avait atteint un poids de 500 grammes (circulaire interministérielle n° 2001-576 du 30 novembre 2001). Il en est également ainsi si l'enfant est né vivant mais non viable, et ce quelle que soit la durée de la gestation.

Cet acte n'est pas soumis au délai de déclaration de trois jours prévu à l'article 55 du Code civil; il peut donc être dressé quelle que soit la date de l'accouchement, et notamment lorsque celui-ci, antérieur à la circulaire du 30 novembre 2001, avait eu lieu avant le terme de 180 jours de grossesse mais après 22 semaines d'aménorrhée (soit 140 jours de grossesse).

Cet acte d'enfant sans vie ne préjuge pas de la question de savoir si l'enfant a vécu ou non.

1.1.2. La compétence du tribunal de grande instance et procédure

En vertu de l'article 318-1, qui reprend l'article 311-5, seul le tribunal de grande instance est compétent pour connaître de ces actions, en ce qu'elles sont relatives à l'état des personnes. Ainsi, toute autre juridiction qui serait saisie d'une action relative à la filiation doit se déclarer incompétente, ou surseoir à statuer si elle est saisie, même à titre incident, d'une question relative à la filiation. Il pourrait en être ainsi dans le cadre d'une procédure de divorce où la paternité du mari viendrait à être contestée. Les pouvoirs du juge aux affaires familiales sont limités. Il ne peut, en la matière, que constater, le cas échéant, que la présomption de paternité est écartée de plein droit en application des articles 313 ou 314 (Civ. 1re, 13 avr. 1988) et non se prononcer sur le fond.

L'article 319, inspiré de l'ancien article 311-6 maintient l'exception selon laquelle, en matière de filiation, le civil tient le pénal en l'état. Le terme générique « infraction » est substitué à celui de « délit » afin de donner une portée générale à cette disposition. Ainsi, les conséquences en terme de filiation d'un éventuel clonage reproductif, qui constitue un crime en vertu des dispositions de l'article 214-2 du Code pénal sont désormais couvertes par la nouvelle rédaction.

Sur le plan procédural, le décret n° 2006-640 du 1er juin 2006 ne modifie pas l'état du droit. Ainsi, l'ordre public étant intéressé, l'affaire doit obligatoirement être communiquée au parquet (NCPC, art. 425); elle est instruite en chambre du conseil, seul le jugement étant rendu en audience publique (art. 1149 du même code), afin de préserver la vie privée des intéressés.

Les règles générales issues de l'article 751 du NCPC s'appliquent et la représentation est obligatoire.

Enfin, l'article 323, qui reprend la lettre de l'ancien article 311-9, maintient le principe selon lequel les actions relatives à la filiation, en ce qu'elles concernent l'état des personnes, ne peuvent faire l'objet d'une renonciation ni d'une transaction. Le principe de l'indisponibilité de l'état des personnes s'oppose à tout désistement préalable et définitif du droit d'agir, mais n'empêche pas le désistement d'instance.

1.1.3. La tierce opposition

L'article 324 reprend l'essentiel des dispositions de l'ancien article 311-10, à savoir l'autorité absolue des jugements rendus en matière de filiation, lesquels s'imposent même aux personnes qui n'y ont point été parties, sous réserve pour celles-ci d'y former tierce opposition.

Toutefois, la nouvelle rédaction codifie une jurisprudence désormais constante fermant la tierce opposition dans les actions que la loi réserve à certaines personnes désignées (Civ. 1re, 11 juin 1991).

En conséquence, la tierce opposition n'est ouverte qu'à la suite d'un jugement rendu sur le fondement de l'action en constatation de la possession d'état (art. 330), d'une action en contestation de la filiation établie par un titre non corroboré par la possession d'état (art. 334) ou d'une action en contestation de la possession d'état (art. 335).

En outre, cet alinéa soumet la tierce opposition au délai de prescription de droit commun prévu par l'article 321, à savoir dix ans à compter du jour où la personne a commencé à jouir de l'état qui lui est contesté.

L'alinéa 2 reprend telles quelles les anciennes dispositions qui permettent au juge d'appeler en cause toutes les personnes auxquelles il estime que le jugement doit être rendu commun. Cette disposition, qui constitue le corollaire du principe de l'autorité absolue des jugements, a pour objectif de limiter les risques ultérieurs de tierce opposition.

1.2. Le conflit de filiations : principe chronologique

Dans l'objectif de sécuriser le lien de filiation et de mettre l'enfant à l'abri des conflits de filiations, l'ordonnance donne une portée générale au principe chronologique que la loi du 3 janvier 1972 avait posé aux articles 328, 334-9 et 338.

Selon le premier de ces textes, les époux ne pouvaient revendiquer comme étant le leur un enfant ayant une filiation déjà établie qu'après en avoir démontré l'inexactitude. Le second interdisait l'établissement d'une filiation naturelle en présence d'une filiation légitime déjà établie par la possession d'état. Le troisième posait le principe de l'irrecevabilité de l'établissement d'une filiation naturelle contraire à une reconnaissance préalable.

Dans les autres cas, l'article 311-12 disposait que les conflits de filiation devaient être tranchés selon la filiation la plus vraisemblable. En pratique, le développement et la fiabilité des expertises scientifiques, conforté par la jurisprudence de la Cour de cassation selon laquelle l'expertise est de droit en matière de filiation, avaient conduit à trancher le conflit en fonction de la filiation conforme à la vérité biologique.

L'ordonnance tire les conséquences de cette évolution en posant à l'article 320 un principe général, applicable quel que soit le mode d'établissement de la filiation : tant qu'elle n'a pas été contestée en justice, la filiation légalement établie fait obstacle à l'établissement d'une autre filiation qui la contredirait. Concrètement, celui qui prétend établir un lien de filiation à l'égard d'un enfant ayant déjà une filiation doit préalablement contester ce lien et en obtenir l'annulation.

La solution préconisée par l'instruction générale relative à l'état civil (IGREC 300-301) ne doit pas être remise en question. Elle doit être étendue quel que soit le mode d'établissement des deux filiations contradictoires.

– Ainsi, lorsqu'une reconnaissance contredit une filiation légalement établie antérieurement, l'officier de l'état civil doit la recevoir et établir l'acte de reconnaissance à titre conservatoire. Il convient d'observer que l'officier de l'état civil n'est en général pas informé de l'existence d'un lien de filiation déjà établi.

En revanche, cette reconnaissance ne pourra produire d'effets et être mentionnée en marge de l'acte de naissance de l'enfant tant que la première filiation n'a pas été annulée. L'officier de l'état civil détenteur de l'acte de naissance, lorsqu'il découvre qu'un lien de filiation est déjà établi (par la présomption de paternité, par une reconnaissance ou par un acte de notoriété constatant la possession d'état), doit refuser d'apposer cette mention et en aviser le procureur de la République. Il revient à ce dernier d'informer l'auteur de la reconnaissance de l'impossibilité de la mentionner en marge de l'acte de naissance de l'enfant, tant que le premier lien de filiation n'a pas été annulé par une décision devenue définitive.

– En cas de demande de délivrance d'un acte de notoriété constatant la possession d'état, le juge d'instance doit, en vertu de ce principe, vérifier au préalable que l'enfant n'a pas déjà une filiation légalement établie à l'égard d'un tiers. Il peut ainsi se faire communiquer tout élément et notamment le livret de famille sur lequel figure l'extrait de l'acte de naissance de l'enfant.

Il peut arriver que le lien de filiation mentionné dans l'acte de naissance soit en réalité établi postérieurement à une autre filiation contraire, dont l'officier de l'état civil n'avait pas connaissance lors de l'établissement de l'acte de naissance. Le cas pourrait notamment se produire en présence d'une reconnaissance prénatale, alors que l'enfant est déclaré par le mari de la mère ou par un tiers qui déclare le reconnaître à cette occasion.

L'officier de l'état civil qui découvre cette situation à l'occasion de l'apposition de la mention marginale relative à la reconnaissance prénatale doit en référer sans délai au ministère public afin que celui-ci informe son auteur de l'existence d'une filiation contradictoire dans l'acte de naissance de l'enfant. L'auteur de cette reconnaissance prénatale peut alors engager une action en contestation de la filiation figurant dans l'acte (art. 332).

Toutefois, en cas de fraude, il appartient au ministère public d'agir lui-même sur le fondement de l'article 336 afin que soit tranché ce conflit. En effet, les actes de l'état civil rendent invraisemblable le lien de filiation paternelle, l'enfant ne pouvant avoir légalement deux pères.

1.3. La prescription

La loi du 3 janvier 1972 avait substitué à l'imprescriptibilité des actions relatives à la filiation le principe de la prescription trentenaire.

Conformément à l'objectif de sécurisation de la filiation inscrit dans la loi d'habilitation, le délai de prescription de droit commun est réduit de trente à dix ans, sauf lorsque l'action est enfermée par la loi dans un autre délai.

En l'absence de précision quant au délai, la prescription décennale s'applique.

1.3.1. Les actions non soumises à la prescription décennale

Echappent à la prescription de droit commun :

– l'action en rétablissement des effets de la présomption de paternité peut être intentée par les époux durant toute la minorité de l'enfant (art. 329);

– la durée du délai de prescription est abrégée à cinq ans en cas de contestation d'une filiation établie par un titre corroboré par la possession d'état (art. 333). Le même délai s'applique pour la contestation de la possession d'état constatée par un acte de notoriété (art. 335).

1.3.2. Le point de départ du délai

Le point de départ du délai de dix ans, qui n'est pas modifié, est fixé au jour où la personne est privée de l'état qu'elle réclame ou a commencé à jouir de l'état qui lui est contesté.

S'agissant des actions en établissement de la filiation, le début du délai coïncide en général avec la naissance, sauf pour la constatation de la possession d'état. Le point de départ résulte alors de la cessation de cette possession, qui correspond dans la majorité des cas au décès du parent à l'égard duquel la possession d'état est alléguée.

En matière de contestation d'un lien de filiation, le délai commence à compter de la date d'établissement de ce lien, à savoir :

– la naissance (lorsque la filiation est établie par l'effet de la loi, ou par une reconnaissance prénatale ou au plus tard effectuée lors de la déclaration de naissance),

– la date de la reconnaissance si celle-ci est postérieure à l'établissement de l'acte de naissance,

– la date de délivrance de l'acte de notoriété constatant la possession d'état (art. 335).

1.3.3. La suspension de la prescription durant la minorité de l'enfant

Enfin, le nouvel article 321 consacre la jurisprudence (Civ. 1re, 10 janv. 1990) selon laquelle la prescription est suspendue durant la minorité de l'enfant. Celui-ci peut donc, sauf si la loi en dispose autrement, agir jusqu'à l'âge de 28 ans.

Lorsque les parents exercent l'action, non en leur nom personnel mais pour le compte de leur enfant mineur en leur qualité de représentants légaux, ceux-ci peuvent agir durant toute la minorité. Il en est ainsi notamment des actions en recherche de paternité ou de maternité, qui n'appartiennent qu'à l'enfant.

1.4. Le droit d'action des héritiers

La loi du 3 janvier 1972 avait prévu deux exceptions notables au principe de l'intransmissibilité des actions relatives à la filiation :

– selon l'ancien article 311-8, l'action pouvait être exercée par les héritiers du titulaire si celui-ci était décédé mineur ou dans les cinq années suivant sa majorité ou son émancipation ;

– l'article 316 permettait aux héritiers, lorsque le mari était décédé dans le délai de l'action en désaveu de paternité mais sans l'avoir engagée, de contester la légitimité de l'enfant.

Le principe d'égalité comme celui de l'harmonisation des règles procédurales imposait de prévoir une règle commune ne distinguant plus selon l'objet de l'action ni la nature du lien de filiation.

Désormais, le premier alinéa de l'article 322 énonce un principe général : les héritiers peuvent engager l'action lorsque son titulaire est décédé avant l'expiration du délai qui lui était imparti pour l'exercer. Les héritiers doivent alors saisir le tribunal de grande instance dans le délai restant à courir.

Le second alinéa, qui dispose que les héritiers peuvent poursuivre l'action déjà engagée reprend la règle antérieure.

2. Les actions tendant à l'établissement du lien de filiation

La loi du 3 janvier 1972 opérait une distinction selon la nature du lien de filiation à établir. Ainsi, trois actions permettaient d'établir la filiation légitime : l'action en rétablissement de la présomption de paternité (art. 313-2 ancien), et les actions en réclamation d'état (art. 323 ancien) ou en revendication d'enfant légitime (art. 328 ancien).

L'établissement judiciaire de la filiation hors mariage obéissait à un régime procédural différent selon qu'il s'agissait de déclarer la paternité ou la maternité, notamment quant au délai de l'action : la maternité était régie par la prescription trentenaire alors qu'un délai préfix de deux ans, à compter de la naissance, de la cessation du concubinage ou de l'entretien de l'enfant par le père prétendu ou de la majorité de l'enfant s'appliquait à la recherche de la paternité.

L'ordonnance laisse subsister trois actions (en établissement de la maternité ou de la paternité, en rétablissement des effets de la présomption de paternité) dont le régime est unifié quant à leurs délais, leurs titulaires et la preuve à rapporter.

La place de la vérité biologique est renforcée par la suppression de la preuve adminiculaire à laquelle étaient subordonnées les actions en recherche de maternité ou de paternité et l'allongement du délai de prescription de cette dernière action, qui pourra être exercée par l'enfant jusqu'à l'âge de 28 ans.

Enfin, l'action en constatation de la possession d'état, dégagée de la loi n° 82-536 du 25 juin 1982, voit son régime organisé par la loi.

2.1. L'action en recherche de maternité

Cette action unique, qui résulte des articles 325 et 326, a vocation à être exercée que la mère soit mariée ou non, lorsque l'enfant est dépourvu de titre (absence d'indication du nom de la mère dans l'acte de naissance ou d'acte de reconnaissance) et de possession d'état.

Ces deux conditions étant cumulatives, la présence de l'une d'elles rend l'action irrecevable faute d'objet.

Ainsi, lorsque l'enfant jouit de la possession d'état à l'égard de sa mère qui n'est pas désignée dans l'acte de naissance, un acte de notoriété pourra être délivré ou une action en constatation de la possession d'état engagée.

2.1.1. La preuve à rapporter

Dans l'action en recherche de maternité et conformément à l'adage *mater semper certa est*, l'enfant est tenu de prouver qu'il est celui dont la mère prétendue a accouché.

Il doit donc rapporter la preuve de ce que la mère prétendue a accouché, et qu'il est bien l'enfant qu'elle a mis au monde.

La preuve est libre et n'est plus subordonnée à l'existence de présomptions ou indices graves. Elle peut être rapportée par tous moyens. Si l'enfant sollicite une expertise biologique, elle est de droit sauf motif légitime de ne pas l'ordonner, sous réserve de la recevabilité de l'action (v. *supra*).

2.1.2. Les fins de non-recevoir

– Depuis la loi du 8 janvier 1993, le secret de l'identité de la mère demandé lors de l'accouchement élève une fin de non-recevoir à l'action en recherche de maternité. Cette règle est inchangée, les dispositions de l'ancien article 341-1 étant reprises par l'article 326.

– En toute occurrence, que la mère ait demandé le secret ou non, le placement de l'enfant en vue de son adoption fait obstacle à tout établissement de la filiation à l'égard des parents de naissance (art. 352).

– En outre, en vertu des dispositions de l'article 320 du Code civil, si un lien de filiation est déjà établi à l'égard d'une autre femme, l'action n'est recevable que si l'inexactitude de ce lien de filiation est préalablement démontrée.

En pratique, l'action en recherche de maternité ne pourra être intentée que dans des situations rares et exceptionnelles, tels les cas de substitution ou supposition d'enfant ou encore après remise de l'enfant en vue de son adoption, sous réserve que celui-ci ne soit pas né sous « X » ou placé en vue de son adoption.

2.1.3. Les effets de l'action

L'action en recherche de maternité établit la filiation de l'enfant à l'égard de sa mère rétroactivement depuis la naissance.

Toutefois, dans le cas où l'action serait intentée contre une femme mariée, la question des effets à l'égard du mari peut se poser. En effet, la filiation en mariage est en principe indivisible et l'établissement de la maternité avait, sous l'empire de la loi du 3 janvier 1972, pour effet de déclencher l'application de la présomption de paternité, le mari pouvant à titre préventif, désavouer l'enfant.

Sous réserve de l'interprétation souveraine des tribunaux, cette solution semble devoir être abandonnée, du fait de la suppression de la notion de filiation légitime et des actions judiciaires spécifiques qui en découlaient. En outre, l'article 314, qui a pour finalité d'écarter de plein droit la présomption de paternité lorsque l'enfant a été déclaré sans l'indication du nom de mari et qu'il ne bénéficie pas de la possession d'état devrait trouver à s'appliquer dans cette hypothèse, au demeurant tout à fait marginale.

Il convient en tout état de cause que le mari soit appelé en la cause afin que le jugement lui soit rendu commun. Il pourrait alors soulever la question de sa paternité et conclure sur ce point, voire solliciter une expertise biologique, afin que les questions relatives à la filiation maternelle et à la filiation paternelle soient tranchées au cours de la même action.

> Par jugement (arrêt) du tribunal de grande instance (de la cour d'appel) de ...... rendu le ..., il a été décidé que cet enfant est le fils (la fille) de ... (Prénom(s), NOM de la mère, née le ... à ......).
> ...... (lieu et date d'apposition de la mention)
> ... (qualité et signature de l'officier de l'état civil)

2.2. L'action en recherche de paternité

Comme sous l'empire de la loi du 3 janvier 1972, cette action a pour finalité de faire déclarer judiciairement la paternité hors mariage, lorsque l'auteur de l'enfant refuse d'assumer volontairement celle-ci et les obligations qui en découlent.

L'ordonnance a pour effet d'harmoniser le régime procédural de cette action avec l'action en recherche de maternité.

2.2.1. La preuve à rapporter

Bien que l'article 327 ne précise pas que la paternité peut être recherchée en l'absence de titre et de possession d'état constatée par un acte de notoriété, cette condition va de soi : soit l'enfant a été reconnu et l'action serait alors sans objet, soit la possession d'état s'est valablement constituée, permettant la délivrance d'un acte de notoriété ou l'exercice de l'action en constatation de la possession d'état.

Il est possible que l'action soit engagée alors qu'existent des éléments de la possession d'état, lorsque ceux-ci sont insuffisants ou ne présentent pas les caractères de stabilité et de durée exigés pour produire effet.

L'exigence de présomptions ou indices graves étant supprimée, le demandeur devra rapporter par tous moyens la preuve de la paternité biologique du père prétendu. L'expertise est en principe de droit sous réserve de la recevabilité de l'action et sauf motif légitime de ne pas y procéder.

2.2.2. Les fins de non-recevoir

Comme auparavant, la chose jugée sur l'action à fins de subsides n'élève aucune fin de non-recevoir contre une action ultérieure en recherche de paternité (art. 342-8).

Les fins de non-recevoir résultent des dispositions générales :

– si l'enfant a déjà une filiation paternelle légalement établie, l'action n'est recevable que sous réserve de la contestation de cette paternité. Une seule action peut alors être formée, tendant à la fois à l'annulation de la filiation établie et à la déclaration judiciaire de la paternité prétendue;

– en cas de filiation incestueuse, la paternité ne peut être établie par aucun moyen dès lors que la filiation maternelle est établie (art. 310-2). En revanche, l'action à fins de subsides, dont le régime procédural n'est pas modifié, peut être exercée (v. art. 342 et s.) dans une telle situation.

2.2.3. Les effets de l'action

Le succès de l'action établit la filiation à l'égard du père uniquement, en raison du principe de divisibilité de la filiation hors mariage.

Ses effets remontent à la date de la naissance de l'enfant, qui pourra se prévaloir de tous les droits résultant de la filiation (obligation d'entretien, obligation alimentaire, succession...). En matière successorale, les dispositions de l'article 725 sont applicables et permettent à l'enfant de succéder à son père dès lors qu'il était conçu à la date du décès de ce dernier.

Les dispositions de l'ancien article 340-5, qui permettaient à la mère de demander au juge de condamner le père au remboursement des frais liés à l'accouchement ou à son entretien pendant les trois mois ayant précédé et les trois mois ayant succédé à la naissance sont abrogées. En revanche, la mère peut, à l'occasion de l'action, demander des dommages et intérêts selon le droit commun de la responsabilité.

> Par jugement (arrêt) du tribunal de grande instance (de la cour d'appel) de ...... rendu le ..., il a été décidé que cet enfant est le fils (la fille) de ... (Prénom(s), NOM du père, né le ... à ......).
> ...... (lieu et date d'apposition de la mention)
> ... (qualité et signature de l'officier de l'état civil)

2.3. Les éléments communs aux actions en recherche de maternité et de paternité

Ceux-ci relèvent des articles 325 et 328.

2.3.1. Les parties à l'action

L'action est strictement réservée à l'enfant qui a seul qualité pour l'exercer.

Pendant sa minorité, l'action est exercée, par l'autre parent, même mineur, si la filiation est établie à son égard. En l'absence de filiation établie à l'égard de l'autre parent, ou si ce dernier est décédé ou dans l'impossibilité d'exercer l'action, elle est exercée par le tuteur après autorisation du conseil de famille, conformément aux dispositions de l'article 464 alinéa 3 du Code civil.

À sa majorité, seul l'enfant peut exercer l'action. En cas de décès, ses héritiers peuvent agir ou poursuivre l'action engagée par lui (art. 322).

L'action est exercée, selon le cas, contre la mère prétendue ou le père prétendu, ou leurs héritiers. En l'absence d'héritiers ou si ceux-ci ont renoncé à la succession, elle est exercée contre l'État, représenté par le ministère public (nouveau NCPC, art. 1151).

2.3.2. Le délai de prescription

L'action est soumise à la prescription décennale du droit commun, qui est suspendue en faveur de l'enfant durant sa minorité.

Il en résulte que l'action peut être exercée durant toute la minorité de l'enfant par son représentant légal, dans la mesure où ce dernier agit au nom et pour le compte de l'enfant mineur, seul titulaire de l'action.

Ce dernier peut également exercer l'action durant les dix années suivant sa majorité. Le mineur émancipé peut agir lui-même à compter de son émancipation et jusqu'à l'âge de vingt-huit ans.

La nature et la durée du délai de l'action en recherche de paternité sont donc substantiellement modifiées, les règles de la prescription de droit commun résultant de l'article 321 se substituent au délai préfix de deux ans fixé par l'article 340-4 ancien.

2.3.3. La tierce opposition

S'agissant d'une action attitrée, la tierce opposition contre le jugement déclaratif de maternité ou de paternité n'est pas recevable (art. 324).

2.4. L'action en rétablissement des effets de la présomption de paternité

Lorsque la présomption de paternité a été écartée sur le fondement des articles 313 ou 314, le rétablissement de ses effets peut être demandé sur le fondement de l'article 329.

2.4.1. Le régime procédural

L'action ne présente d'intérêt que si les conditions du rétablissement de plein droit de la présomption ne sont pas remplies, à savoir :

– L'absence de possession d'état à l'égard de chacun des époux.

Il résulte des dispositions de l'article 313 que la présomption est rétablie de plein droit lorsque l'enfant a la possession d'état à l'égard des deux époux. Il leur appartient alors de faire constater cette possession d'état par un acte de notoriété qui fait preuve. La filiation ainsi établie est mentionnée en marge de l'acte de naissance de l'enfant (NCPC, art. 1157-1 al. 2).

S'agissant du cas prévu à l'article 314, la présomption n'est écartée que si l'enfant, déclaré sans indication du nom du mari en qualité de père, ne jouit pas de la possession d'état à son égard. Dans le cas contraire, si l'enfant jouit de la possession d'état à l'égard du mari, il y a lieu à rectification judiciaire, conformément au paragraphe 117 de l'instruction générale relative à l'état civil, à moins qu'une autre filiation paternelle ait été établie entre-temps.

– L'établissement d'une autre filiation paternelle contradictoire.

Conformément au principe chronologique édicté à l'article 320, l'existence d'une filiation à l'égard d'un autre homme que le mari fait obstacle au rétablissement de la présomption de paternité.

Une action doit être engagée aux fins d'annuler ce lien et, corrélativement, de rétablir les effets de la présomption de paternité. Les deux actions peuvent être jointes. La jurisprudence selon laquelle l'expertise est de droit, sauf motif légitime de ne pas y procéder, est applicable.

a – Les titulaires et les délais

L'action est ouverte aux époux, qui peuvent agir individuellement ou conjointement, durant la minorité de l'enfant.

Peu importe qu'ils soient encore mariés ou non à la date à laquelle est engagée l'action : il importe en revanche que le mariage n'ait pas été dissous dans les 300 jours suivant la naissance de l'enfant, la présomption ne pouvant alors plus être rétablie, en application des règles générales relatives aux présomptions relatives à la période légale de conception.

Les époux agissant en leur nom personnel et non en qualité de représentants légaux de l'enfant, l'action est, à leur égard, prescrite à sa majorité. Le délai est donc, à leur égard, diminué par rapport à l'ancienne action prévue à l'alinéa 2 de l'article 313-2 ancien, qui relevait de la prescription trentenaire.

À sa majorité, l'action est réservée à l'enfant, qui seul, peut désormais agir pendant les dix ans suivant celle-ci, au lieu de deux sous l'empire de la loi ancienne.

b – Le défendeur

Lorsque l'action est exercée par l'un des époux, elle est dirigée contre l'autre ou ses héritiers, par analogie avec l'article 328.

Lorsque l'action est formée conjointement par les deux époux, elle est dirigée soit contre l'auteur d'une reconnaissance paternelle antérieure soit, en l'absence d'une telle reconnaissance, contre le parquet.

Ils peuvent également former une requête conjointe par la voie d'une procédure gracieuse.

c – La preuve à rapporter

Comme pour une action en recherche de paternité hors mariage, le demandeur doit rapporter la preuve de la paternité du mari et non plus d'une réunion de fait des époux rendant vraisemblable sa paternité.

Cette exigence, qui unifie la preuve à rapporter pour toutes les actions en établissement de la filiation, a pour effet de codifier la jurisprudence, celle-ci exigeant en pratique la démonstration de la paternité du mari.

2.4.2. Les effets de l'action

Le jugement rétablissant les effets de la présomption de paternité établit la filiation à l'égard du mari de manière rétroactive à la date de la naissance de l'enfant, voire de sa conception. Rendu dans une action attitrée, le jugement ne peut être contesté par la voie de la tierce opposition (art. 324).

La filiation étant établie de manière différée dans le temps, les époux peuvent, le cas échéant, effectuer une déclaration de changement de nom devant l'officier de l'état civil du lieu où demeure l'enfant sur le fondement de l'article 311-23 alinéa 2.

> Par jugement (arrêt) du tribunal de grande instance (de la cour d'appel) de ...... rendu le ..., il a été décidé que cet enfant est le fils (la fille) de ... Prénom(s), NOM du mari, né le ... à ......, époux de la mère
> ...... (lieu et date d'apposition de la mention)
> ... (qualité et signature de l'officier de l'état civil)

2.5. L'action en constatation de la possession d'état

L'article 330 consacre expressément l'action en constatation de la possession d'état, qui avait été créée par la jurisprudence, sur le fondement des articles 311-2 et 334-8.

Cette action est indépendante de la constatation de la possession d'état par acte de notoriété.

Le texte ne distingue pas selon que les parents sont mariés ou non ou qu'il s'agit d'établir la maternité ou la paternité. Toutefois, l'action n'a pas vocation à jouer le même rôle dans toutes les situations :

– À l'égard d'époux, la possession d'état joue un rôle tout à fait marginal, la filiation étant établie par l'effet de la loi, c'est-à-dire la désignation de l'épouse dans l'acte de naissance, ce qui déclenche la présomption de paternité si l'enfant est conçu ou né dans le mariage. Cependant, la possession d'état permet le rétablissement de plein droit de la présomption de paternité lorsque celle-ci a été écartée en application de l'article 313. En pratique, dans cette situation, un acte de notoriété peut être délivré, rendant exceptionnel le recours à l'action en constatation de la possession d'état (sauf si le délai de délivrance de l'acte est expiré).

– À l'égard de la mère, la nouvelle règle selon laquelle la filiation maternelle est établie par la désignation de la mère dans l'acte de naissance rend la nécessité du recours à la constatation de la possession d'état tout à fait subsidiaire.

– C'est donc à l'égard du père non marié que l'action a vocation à s'appliquer, lorsque ce dernier a élevé l'enfant et qu'il est décédé sans l'avoir reconnu, comme dans le droit antérieur.

À la différence des précédentes actions, qui reposent sur la démonstration de la filiation biologique, cette action a pour finalité de consacrer la réalité sociale et affective du lien vécu. Elle peut donc être exercée de manière indépendante et distincte.

Son régime procédural et ses effets sont donc différents.

2.5.1. Le régime procédural

Les règles générales des articles 318 à 324 sont applicables.

Ainsi, elle est de la compétence exclusive du tribunal de grande instance.

a – Les titulaires de l'action

Elle est ouverte à tout intéressé, alors que la délivrance d'un acte de notoriété ne peut être demandée que par les père et mère ou l'enfant. Ceux-ci peuvent saisir directement le tribunal de grande instance, en l'absence d'acte de notoriété, soit parce que celui-ci n'a pas été demandé, soit parce qu'il ne peut plus l'être en raison de la prescription de cinq ans.

Enfin, si le juge d'instance a refusé la délivrance de l'acte de notoriété, estimant la possession d'état insuffisamment constituée ou viciée, aucun recours ne peut être exercé contre ce refus, conformément aux dispositions de l'article 72 du Code civil. Cette disposition n'interdit pas pour autant d'exercer l'action en constatation de la possession d'état, celle-ci ayant un objet et un fondement distincts.

Toute personne ayant un intérêt légitime peut également exercer l'action, qui est notamment ouverte aux grands-parents.

Peu importe que le parent prétendu soit vivant ou décédé, même si ce dernier cas sera sans doute le cas le plus fréquent, comme dans le droit antérieur. Il ne peut ainsi être reproché à l'enfant, mineur ou majeur, de ne pas avoir fait établir sa filiation du vivant de son auteur prétendu.

L'action est exercée contre l'autre parent, les personnes à qui l'on veut opposer la possession d'état, c'est-à-dire les héritiers. À défaut, elle est exercée contre le ministère public.

b – Le délai de l'action

L'action peut être exercée dans le délai de droit commun, soit dix ans, ce délai étant suspendu en faveur de l'enfant durant sa minorité.

Le point de départ de ce délai est la cessation de la possession d'état alléguée et non la naissance, à la différence des autres actions tendant à l'établissement du lien de filiation.

La possession d'état étant un fait juridique qui se constitue dans la durée, les difficultés précédemment rencontrées pour déterminer cette date et qui sont intrinsèques à la notion peuvent subsister. Il en est ainsi quand le lien entre le père prétendu et l'enfant s'est progressivement délité au point que *tractatus* et *fama* sont devenus inexistants ou qu'ils n'ont eu qu'une brève durée en raison d'une situation particulière. Il appartient alors au juge du fond d'apprécier la date au vu des éléments de preuve fournis et des circonstances de l'espèce.

Toutefois, la cessation de la possession d'état résulte le plus souvent du décès du père prétendu, dont on considère généralement qu'il marque la date de la cessation de la possession d'état.

c – La preuve à rapporter

Contrairement aux autres actions dont l'objet est de prouver que la filiation est conforme à la vérité biologique, l'objet de la preuve est ici de rapporter l'existence d'une réunion de faits constitutifs de la possession d'état, laquelle doit être continue, paisible, publique et non équivoque, conformément aux dispositions des articles 311-1 et 311-2.

La preuve des éléments comme de leur caractère non vicié peut se faire par tous moyens, sous réserve de la recevabilité de l'action.

Toutefois, la demande reposant sur le fondement sociologique de la filiation et non sur sa composante biologique, l'expertise, impropre à démontrer cette réalité, n'est pas de droit (Civ. 1re, 6 déc. 2005).

La preuve est souverainement appréciée par les juges du fond sous le contrôle de droit de la Cour de cassation en étroite relation avec les faits eux-mêmes.

Ainsi, par une décision du 25 octobre 2005, la première chambre civile a cassé, sous le visa des articles 311-1 et 334-8, un arrêt de la cour d'appel de Paris qui avait écarté la demande de l'enfant majeur, au motif « qu'en considérant isolément chacun de ces faits sans rechercher si, précisément et compte tenu qu'un temps très bref s'était écoulé entre la naissance de l'enfant et l'exécution [de son père prétendu], ces écrits, confortés par l'ensemble des faits invoqués par M. D., ne constituaient pas une réunion suffisante de faits établissant sa possession d'état, la cour d'appel n'a pas donné de base légale à sa décision ».

Ce faisant, la Cour de cassation a rappelé que les juridictions du fond doivent veiller à la motivation de leurs décisions au regard de circonstances de fait propres à l'affaire en relevant non seulement des éléments de fait suffisants mais également en précisant que ceux-ci présentent les qualités prévues à l'article 311-2 pour que la possession d'état produise ses effets de droit.

Cette analyse demeure d'autant plus d'actualité que l'ordonnance renforce les effets légaux de la possession d'état.

d – Les cas d'irrecevabilités

– Si l'enfant a déjà un lien de filiation légalement établi, le principe chronologique posé à l'article 320 s'oppose à la constatation de la possession d'état à l'égard d'un tiers tant que la filiation contraire établie en premier lieu n'a pas été valablement contestée.

– En revanche, l'échec d'une action en recherche de paternité n'élève pas de fin de non-recevoir à la demande en constatation de la possession d'état, dans la mesure où il n'y a pas d'identité d'objet ni de cause (Civ. 1re, 27 juin 2000).

2.5.2. Les effets de l'action

Le jugement constatant la possession d'état a autorité de la chose jugée et est déclaratif de filiation.

Rendu dans une action ouverte à tout intéressé, il peut être critiqué par la voie de la tierce opposition, ouverte durant dix ans à compter du jugement (art. 324). Le tiers opposant doit alors prouver que la possession d'état n'existe pas en réalité ou qu'elle n'a pas les qualités requises par l'article 311-2 pour produire ses effets légaux. Le jugement peut également être critiqué en arguant de la non-conformité de la filiation à la vérité biologique, dès lors que le dispositif du jugement fait apparaître expressément que la constatation de la possession d'état a eu pour effet de déclarer la filiation établie.

Par jugement (arrêt) du tribunal de grande instance (de la cour d'appel) de ...... rendu le ..., il a été décidé que cet enfant a la possession d'état à l'égard de ... (Prénom(s), NOM du parent), né(e) le ... à ......, dont la filiation est établie ...... (lieu et date d'apposition de la mention) ... (qualité et signature de l'officier de l'état civil)

2.6. Les mesures accessoires communes

Les dispositions de l'article 331 sont applicables à toutes les actions tendant à l'établissement d'un lien de filiation.

Ainsi, le tribunal peut statuer dans le même jugement, s'il y a lieu, sur l'exercice de l'autorité parentale, la contribution à l'entretien de l'enfant et l'attribution du nom, évitant ainsi une seconde procédure devant le juge aux affaires familiales pour fixer les effets relevant de sa compétence.

2.6.1. L'autorité parentale

L'établissement judiciaire de la filiation à l'égard d'un parent ne modifie pas de plein droit les modalités d'exercice de l'autorité parentale, conformément aux dispositions de l'article 372 alinéa 2.

L'article 331, qui permet au tribunal de statuer sur l'autorité parentale, déroge au principe de la compétence du juge aux affaires familiales, évitant ainsi une procédure spécifique devant ce magistrat.

2.6.2. La contribution à l'entretien et à l'éducation de l'enfant

L'obligation de contribuer à l'entretien et à l'éducation de l'enfant découlant directement de l'établissement du lien de filiation, le versement d'une pension alimentaire peut être mis à la charge du parent à l'égard duquel le lien de filiation vient à être établi.

Le caractère déclaratif du jugement ayant pour conséquence que la filiation est réputée établie à la date de la naissance, ce parent peut être condamné à rembourser sa part contributive à l'entretien de l'enfant, qui aura été assumée par l'autre ou, le cas échéant, par un tiers.

2.6.3. Le nom de l'enfant

Si l'enfant était auparavant sans filiation, il prend le nom du parent à l'égard duquel la filiation est déclarée.

Si l'enfant avait déjà un lien de filiation établi, le plus souvent à l'égard de la mère, le tribunal peut statuer sur l'attribution du nom de famille de l'enfant. Le libellé de l'article 331 ne faisant nullement référence au dispositif de droit commun prévu à l'article 311-21, les parents ne sont pas fondés à présenter une déclaration conjointe de choix de nom.

En l'absence de saisine du tribunal sur cette question, le jugement établissant la filiation est sans incidence quant au nom de l'enfant, y compris en cas de rétablissement des effets de la présomption de paternité. Les parents peuvent ultérieurement effectuer une déclaration de changement de nom fondée sur l'article 311-23 alinéa 2, au profit de l'enfant mineur, sous réserve de son consentement s'il a treize ans révolus et dans les limites posées par l'alinéa 3 du même article (qui limitent le choix au nom dévolu ou choisi au profit d'un autre enfant sur le fondement de l'article 311-21 alinéa 1 ou 311-23 alinéa 2 ; v. 2e partie).

Dans tous les cas, le changement de nom de l'enfant majeur requiert son consentement.

3. Les actions en contestation de la filiation

La loi du 3 janvier 1972 avait instauré des actions distinctes selon la nature de la filiation contestée, qui obéissaient à des régimes procéduraux différents notamment quant aux titulaires et délais. À ces actions se sont ajoutées deux actions d'origine prétorienne fondées sur une interprétation *a contrario* des articles 322 et 334-9.

Les différentes actions telles que le désaveu de droit commun (art. 312 al. 2), le désaveu par simple dénégation (art. 314 al. 3), la contestation par la mère en cas de remariage avec le véritable père (art. 318 et s.), le désaveu en défense à une action en réclamation d'état (art. 325), le désaveu préventif (art. 326) sont supprimées au profit d'une action unique, dont le régime diffère selon que la présomption est corroborée ou non par la possession d'état (art. 333 ou 334).

L'ordonnance prévoit :

– une action en contestation de la maternité et une action en contestation de la paternité (art. 332), qui sont soumises soit au régime de l'article 333 soit à celui de l'article 334, selon que la filiation est établie par un titre corroboré par la possession d'état, ou par un titre seul (3.1) ;

– une action en contestation de la possession d'état, prévue à l'article 335, permet de renverser la présomption de filiation résultant d'un acte de notoriété ayant constaté la possession d'état (3.2).

3.1. L'action en contestation de la maternité ou de la paternité

L'article 332 pose un principe général selon lequel la maternité ou la paternité peut être contestée en prouvant, selon le cas, que la mère n'a pas accouché de l'enfant ou que le mari ou l'auteur de la reconnaissance n'est pas le père de l'enfant.

Les deux articles suivants déterminent le régime de l'action, qui est conditionné par l'existence ou non de la possession d'état en renfort du titre. En effet, la conformité du titre et de la possession d'état justifie une protection renforcée.

Ainsi, l'article 333 encadre strictement cette action, quant à son délai et ses titulaires, en cas de possession d'état conforme à l'acte de naissance ou à la reconnaissance.

Selon l'article 334, l'action peut, à défaut de possession d'état, être exercée par tout intéressé dans le délai de droit commun.

3.1.1. Les dispositions générales

Les dispositions prévues aux articles 318 à 324 (v. *supra*) sont applicables.

Ainsi, conformément au principe chronologique de l'article 320, deux actions peuvent être jointes, l'une tendant à l'annulation de la filiation légalement établie et l'autre aux fins d'établissement de la filiation à l'égard d'un tiers.

Conséquence de l'abandon des notions de filiations légitime et naturelle, l'ordonnance ne distingue plus selon qu'il s'agit de contester l'une ou l'autre. Désormais, la contestation de la filiation de l'enfant né en mariage obéit au même régime que la filiation de l'enfant né hors mariage.

L'article 332 pose le principe des actions en contestation de maternité (a) et de paternité (b), dont le régime diffère selon que la possession d'état conforte le titre ou non (v. 3.1.2 et 3.1.3). Enfin, l'article 336 consacre le droit pour le ministère public de contester le lien filiation légalement établi (c).

a – L'objet de la contestation de la maternité

La contestation de la maternité est admise en rapportant la preuve que la mère n'a pas accouché de l'enfant (art. 332 al. 1). Cette règle s'inscrit dans la logique de l'ordonnance, qui consacre expressément le principe selon lequel la mère est celle qui accouche de l'enfant.

La maternité étant désormais établie par l'indication du nom de la mère dans l'acte de naissance, les seuls cas désormais possibles reposent sur une supposition ou substitution d'enfants.

La *supposition d'enfant* implique que la mère légale n'a pas accouché de l'enfant qui lui est attribué, ce qui peut se rencontrer notamment en cas de gestation pour le compte d'autrui ou de détournement des règles relatives à l'adoption.

Reposant sur une démarche volontaire, elle tombe sous le coup de l'article 227-13 du Code pénal qui sanctionne de trois ans d'emprisonnement et de 45 000 euros d'amende la substitution volontaire, la simulation ou dissimulation ayant entraîné une atteinte à l'état civil d'un enfant.

La *substitution* d'enfants consiste, lorsque deux femmes ont accouché à la même date dans le même établissement, à ce que le nouveau-né de chacune soit attribué à l'autre. Elle résulte en général d'une erreur involontaire du personnel hospitalier et n'est sanctionnée pénalement que si elle a été volontaire.

Lorsque l'action est dirigée contre une femme mariée alors que la présomption de paternité n'avait pas été écartée, l'annulation de sa maternité entraîne l'annulation de la paternité du mari, en raison de l'indivisibilité de la filiation en mariage. Il convient donc que le mari soit mis en cause afin que le jugement lui soit rendu commun (art. 324 al. 2).

b – L'objet de la contestation de la paternité

Elle suppose que soit rapportée, par tous moyens, la preuve de la non-paternité du mari ou de l'auteur de la reconnaissance (art. 332 al. 2).

c – L'action du ministère public

Toute filiation, qu'elle soit corroborée ou non par la possession d'état, peut désormais être contestée par le ministère public, l'article 336, qui fonde son action, n'opérant aucune distinction selon le type de filiation (maternelle / paternelle; en mariage ou hors mariage). Le ministère public peut agir dans le délai de droit commun de l'article 321 dans deux hypothèses :

– Lorsque des indices tirés des actes eux-mêmes rendent invraisemblable le lien de filiation légalement établi. Il en est ainsi par exemple en présence d'une trop faible différence d'âge entre le parent et l'enfant ou en cas de reconnaissance par une transsexuelle.

– Lorsque la filiation a été établie en fraude à la loi. La rédaction est donc plus large que celle de l'ancien article 339 alinéa 2, qui ne visait que la fraude aux règles de l'adoption. Le ministère public peut donc agir, comme auparavant, en cas de fraude à l'adoption, mais aussi en cas de violation des articles 16-7 et 16-9 prohibant la gestation pour le compte d'autrui.

Plus généralement, constitue une reconnaissance frauduleuse toute reconnaissance souscrite par son auteur en vue de se procurer un avantage particulier et dont la finalité est étrangère à l'intérêt de l'enfant et à son éducation. Il en est par exemple ainsi en cas de reconnaissances multiples d'enfants afin de permettre l'acquisition d'un titre de séjour ou la nationalité française.

En revanche, dès lors que l'auteur de la reconnaissance s'engage par cet acte à assumer les conséquences du lien de filiation ainsi établi, la reconnaissance mensongère ne porte pas atteinte à l'ordre public et ne peut être contestée par le ministère public.

Dans tous les cas, le demandeur doit rapporter la preuve de l'inexactitude de la filiation selon les règles de droit commun (v. art. 310-3 al. 2 v. *supra*).

3.1.2. La contestation lorsque le titre est corroboré par la possession d'état

Lorsque le titre est corroboré par la possession d'état, l'ordonnance modifie profondément le régime jusqu'alors applicable, qui dépendait de la nature de la filiation.

En effet, la présomption de paternité ne pouvait être contestée que par le mari à l'occasion d'un désaveu durant six mois (art. 316) ou par la mère, lorsque celle-ci se remariait avec le véritable père et elle devait exercer l'action dans un délai de six mois à compter du remariage avant que l'enfant ait atteint l'âge de sept ans (art. 318). L'enfant ne pouvait pas contester la filiation établie à l'égard du mari et le prétendu père ne le pouvait pas davantage.

En revanche, la reconnaissance pouvait être contestée par son auteur pendant dix ans, et par la mère, l'enfant ou le père prétendu pendant trente ans; la prescription étant suspendue durant la minorité de l'enfant, celui-ci pouvait donc agir pendant 48 ans, l'existence de la possession d'état n'ayant aucun effet particulier.

Désormais, l'article 333 met en place un régime commun à la contestation de la filiation en mariage et hors mariage.

Selon l'alinéa premier, « lorsque la possession d'état est conforme au titre, seuls peuvent agir l'enfant, l'un de ses père et mère ou celui qui se prétend le parent véritable. L'action se prescrit par cinq ans à compter du jour où la possession d'état a cessé ».

Le second alinéa élève en outre une fin de non-recevoir lorsque la possession d'état a duré cinq ans à compter de la naissance, ou de la reconnaissance si celle-ci a été faite ultérieurement. La conformité entre titre et possession d'état durant cinq ans éteint toute demande en contestation.

Le titre est selon le cas l'acte de naissance, lorsque la filiation a été établie par l'effet de la loi (contestation de la paternité du mari ou, dans la plupart des cas, de la maternité) ou la reconnaissance. En revanche, l'acte de notoriété ne peut être considéré comme un titre, une action spécifique étant réservée à la contestation de la possession d'état constatée par un acte de notoriété (art. 335).

a – Les parties à l'action

L'action est une action attitrée, et seuls peuvent agir l'enfant, ses parents ou celui qui se prétend le véritable parent.

Pendant sa minorité, l'enfant est représenté par son ou ses représentants légaux. L'action est dirigée contre le parent dont la filiation est contestée et contre l'enfant.

L'action exercée par l'un des parents peut avoir pour effet :

– Soit de contester la filiation établie à l'égard de l'autre. L'action est alors dirigée contre ce parent et contre l'enfant.

– Soit de contester sa propre maternité ou paternité et l'action est alors dirigée contre l'enfant.

Le juge peut faire appeler en la cause l'autre parent.

L'action exercée par le parent qui se prétend tel est dirigée contre l'enfant et son ou ses représentants légaux.

Les intérêts de l'enfant mineur apparaissent dans tous les cas en opposition avec ceux de ses représentants légaux; un administrateur *ad hoc* doit donc être désigné par le juge des tutelles ou celui chargé de l'instance, afin de le représenter (art. 388-2).

b – Le délai de l'action

Le délai de l'action est enfermé dans une double condition :

La durée de la possession d'état doit être inférieure à cinq ans (v. *infra* b), faute de quoi toute action est irrecevable en raison de la fin de non-recevoir résultant du second alinéa de l'article 333.

L'action se prescrit dans un délai de cinq ans à compter de la cessation de la possession d'état. Cette cessation peut résulter du décès du parent ou survenir de son vivant.

S'agissant d'une règle de prescription, celle-ci obéit aux règles de l'article 321-1 et est donc suspendue pendant la minorité de l'enfant.

c – La fin de non-recevoir tirée de l'existence d'une possession d'état de cinq ans

L'alinéa 2 de l'article 333 institue une fin de non-recevoir *erga omnes* à l'action lorsque la possession d'état conforme au titre a duré cinq ans depuis la naissance ou la reconnaissance, si elle a été faite postérieurement.

Ainsi, la paternité du mari est désormais à l'abri de toute contestation par quiconque, lorsque l'acte de naissance est corroboré par la possession d'état depuis cinq ans.

À l'égard du père non marié, le délai est considérablement raccourci, sa paternité ne pouvant plus être remise en question cinq ans après la reconnaissance, au lieu de 48 ans actuellement.

Pour rendre la filiation inattaquable, la possession d'état doit répondre aux exigences des articles 311-1 et 311-2 (v. *supra*), quant aux éléments de fait qui la constituent et à ses qualités.

La Cour de cassation a toujours sanctionné les manœuvres frauduleuses de l'un des parents en vue d'alléguer une cessation de la possession d'état afin d'échapper à la prescription de l'action. Il en est ainsi lorsque le mari cesse de traiter l'enfant comme le sien dans le but de ne pas se voir opposer la fin de non-recevoir tirée de l'ancien article 322, ou que l'épouse et son compagnon tentent de rendre discontinue la possession d'état des enfants à l'égard du mari alors que celui-ci avait élevé les enfants jusqu'à la rupture.

Le délai de cinq ans constitue un délai préfix institué à peine de déchéance.

En conséquence, si ce point n'est pas soulevé en défense, le juge doit relever d'office l'existence d'une fin de non-recevoir d'ordre public, conformément aux dispositions de l'article 125 du NCPC.

3.1.3. La contestation lorsque le titre n'est pas corroboré par la possession d'état

Lorsque le lien de filiation n'est établi que par l'acte de naissance ou l'acte de reconnaissance sans le vécu du lien exprimé par la possession d'état, la vraisemblance de la filiation est moindre, de sorte que l'action en contestation est plus largement ouverte, qu'il s'agisse de remettre en cause la maternité ou la paternité, en mariage ou hors mariage.

L'action peut donc, en vertu des dispositions de l'article 334, être exercée par tout intéressé pendant le délai de droit commun.

a – Les parties à l'action

L'action est ouverte à toute personne ayant un intérêt légitime, qu'il soit de nature morale ou pécuniaire.

Outre les père et mère légaux de l'enfant, qui peuvent le cas échéant agir conjointement, celui qui se prétend le véritable parent, l'enfant lui-même, peuvent également agir les autres enfants issus du parent à l'égard duquel la filiation est contestée ou plus largement ses héritiers ainsi que le ministère public.

Il a été jugé, s'agissant de la contestation de la reconnaissance, que les grands-parents ne bénéficient d'aucun intérêt moral de principe; leur droit d'agir est subordonné à la démonstration d'un intérêt personnel, légitime et pertinent (Paris, 17 avr. 1992).

Enfin, s'agissant d'une action attachée à la personne, celle-ci n'est pas ouverte aux créanciers du parent à l'égard duquel la filiation est contestée ou aux créanciers de l'enfant, ni aux membres de la famille qui ne sont pas héritiers.

À moins qu'elle ne soit exercée par l'un d'eux, l'action est dirigée contre l'enfant et le parent dont la filiation est contestée ou leurs héritiers.

L'enfant mineur doit être représenté par un administrateur *ad hoc*, dès lors que ses intérêts sont en contradiction avec ceux de ses représentants légaux (art. 388-2).

L'autre parent, ainsi que tout intéressé, peuvent être appelés à la cause, ce qui permet de limiter le risque d'une tierce opposition ultérieure (art. 324).

b – Les délais de l'action

L'action obéit à la prescription de droit commun. Le délai de dix ans commence à courir à compter de l'établissement de la filiation, soit, selon le cas :

– du jour où l'acte de naissance a été dressé, lorsque la filiation a été établie par l'effet de la loi (contestation de la maternité ou contestation de la paternité du mari);

– de la naissance en cas de reconnaissance prénatale, celle-ci produisant effet à compter de la naissance de l'enfant;

– de la date à laquelle elle a été effectuée en cas de reconnaissance postérieure à l'établissement de l'acte de naissance.

Le délai est suspendu au profit de l'enfant durant sa minorité, qui peut donc agir en principe jusqu'à l'âge de 28 ans.

3.2. L'action en contestation de la possession d'état

L'article 335 aménage le régime de l'action en contestation de la possession d'état, création prétorienne à la suite de la loi du 25 juin 1982.

Ainsi, la possession d'état constatée par un acte de notoriété, qui fait présumer le lien de filiation jusqu'à preuve contraire, peut être contestée par tout intéressé dans un délai de cinq ans à compter de la délivrance de l'acte.

3.2.1. Les parties à l'action

L'action est ouverte à tout intéressé justifiant d'un intérêt légitime.

En pratique, elle est le plus souvent exercée par les cohéritiers d'un enfant qui se prévaut d'un acte de notoriété pour revendiquer ses droits dans la succession de son père.

Elle peut également être exercée par le ministère public sur le fondement des articles 336 du Code civil ou 423 du NCPC, lorsque l'acte de notoriété constatant la possession d'état a été sollicité afin de contourner les règles légales interdisant d'établir la filiation, notamment en cas de fraude aux règles régissant l'adoption ou interdisant la gestation pour le compte d'autrui.

L'action est dirigée contre l'enfant, représenté par un administrateur *ad hoc* s'il est mineur, et, s'il est en vie, contre le parent dont la parenté est contestée.

Lorsque l'enfant est demandeur, l'action est exercée contre le parent à l'égard duquel la filiation est contestée.

3.2.2. Les délais de l'action

S'agissant d'une filiation reposant sur l'existence de la possession d'état, l'action peut être exercée pendant un délai de cinq ans, dont le point de départ déroge aux règles édictées à l'article 321.

En effet, en principe, le délai débute à la date à laquelle la personne a commencé à jouir de l'état qui lui est contesté. La possession d'état se construisant par nature dans la durée sans que son point de départ puisse toujours être déterminé avec précision, l'article 335 prévoit que le délai commence à courir à la date à laquelle l'acte de notoriété a été délivré.

Désormais, l'acte de notoriété constatant la possession d'état rend la présomption de filiation irréfragable cinq ans après sa délivrance.

3.2.3. La preuve

Il appartient à celui qui conteste la possession d'état constatée dans un acte de notoriété de rapporter la preuve, par tous moyens, que la possession d'état ne s'est pas valablement constituée, parce qu'elle repose sur des faits insuffisamment établis ou qu'elle ne présente pas les qualités exigées par l'article 311-2.

Le demandeur peut être également autorisé à prouver que la filiation ainsi présumée n'est pas conforme à la réalité biologique. La jurisprudence selon laquelle une expertise biologique peut être ordonnée dans le cadre d'une action en contestation de la possession d'état ne semble pas devoir être remise en cause.

3.3. Les effets de l'action en contestation de la filiation

– Le succès de l'action, quel qu'en soit le fondement, a pour conséquence d'annuler le lien de filiation de manière rétroactive et les actes de l'état civil concernés doivent être mis à jour lorsque la décision est devenue définitive.

Mention en cas de jugement en contestation de la filiation :

> Par jugement (arrêt) du tribunal de grande instance (de la cour d'appel) de ...... rendu le ..., il a été décidé que cet enfant n'est pas le fils (la fille) de ... Prénom(s), NOM du parent dont la filiation est annulée, né(e) le ... à ......
> ...... (lieu et date d'apposition de la mention)
> ... (qualité et signature de l'officier de l'état civil)

Mention en cas de jugement en contestation de la possession d'état :

> Par jugement (arrêt) du tribunal de grande instance (de la cour d'appel) de ...... rendu le ..., il a été décidé que cet enfant n'a pas la possession d'état à l'égard de ... (Prénom(s), NOM du parent), né(e) le ... à ...... dont il n'est pas le fils (la fille)
> ...... (lieu et date d'apposition de la mention)
> ... (qualité et signature de l'officier de l'état civil)

L'annulation du lien de filiation a pour effet de faire disparaître les droits et obligations qui pesaient sur le parent dont la filiation est annulée, la réforme n'apportant aucune innovation sur ce point. Elle entraîne automatiquement et de plein droit le changement de nom de l'enfant mineur. En revanche, le changement de nom de l'enfant majeur requiert toujours son consentement (art. 61-3).

L'annulation de la maternité d'une femme mariée entraîne celle de la présomption de paternité, en raison du principe de l'indivisibilité de la filiation en mariage.

– Le droit au maintien des relations

L'article 337, qui reprend les dispositions prévues à l'ancien article 311-13, prévoit que le tribunal, lorsqu'il annule la filiation, peut, dans l'intérêt de l'enfant, fixer les modalités de ses relations avec la personne qui l'élevait en fait.

La rédaction retenue permet au tribunal de décider des modalités les plus conformes à l'intérêt de l'enfant, afin d'éviter une rupture brutale des liens et d'éventuels conflits si la filiation est, dans la même action, établie à l'égard du véritable parent. Il peut donc décider d'un droit de correspondance, d'un droit de visite plus ou moins large, voire même, dans des situations particulières, de fixer la résidence de l'enfant chez le parent dont la filiation a été annulée, si l'intérêt du mineur l'exige.

Si l'action est rejetée, le demandeur peut éventuellement être condamné pour procédure abusive à des dommages et intérêts en réparation du préjudice subi par l'enfant et par le parent dont la filiation a été contestée en vain.

IV. Les dispositions transitoires

L'entrée en vigueur de l'ordonnance est prévue à la date du 1er juillet 2006 (art. 21), qui correspond à l'expiration de la période transitoire prévue par l'article 23 de la loi n° 2002-304 du 4 mars 2002 modifiée, dont le terme est le 30 juin 2006.

L'article 20 détermine le régime de droit transitoire applicable.

Ainsi, l'ordonnance est applicable aux personnes nées avant son entrée en vigueur. Les effets de l'application immédiate aux situations en cours, notamment quant à l'établissement de la filiation maternelle par l'acte de naissance, sont tempérés par les réserves définies par l'ordonnance (I).

L'application immédiate entraîne des conséquences procédurales liées à la modification des délais de prescription (II).

Enfin, la loi ancienne est maintenue pour ce qui est des instances en cours (III).

1. Le principe de l'application immédiate des règles nouvelles et tempéraments

Selon son article 20-1, l'ordonnance du 4 juillet 2005 est applicable aux enfants nés avant comme après son entrée en vigueur, sous réserve d'une part des décisions passées en force de chose jugée, qui ne peuvent être remises en cause par l'effet des nouvelles dispositions, d'autre part des exceptions énumérées de manière limitative au II de l'article 20 et qui concernent les questions suivantes :

1.1. Les successions déjà liquidées

L'article 20 II 1°, qui prévoit que « les enfants nés avant l'entrée en vigueur de la présente ordonnance ne peuvent s'en prévaloir dans les successions déjà liquidées » reprend une disposition qui figurait déjà dans l'article 2 de la loi du 25 juin 1982 et a pour objectif de préserver la sécurité des règlements successoraux.

Cette règle transitoire interdit uniquement la remise en cause des successions déjà liquidées le 1er juillet 2006. Ainsi, les enfants nés avant le 1er juillet 2006 pourront venir à la succession de leur auteur, dès lors que celle-ci n'était pas déjà liquidée à cette date.

Selon la jurisprudence de la Cour de cassation, une succession est réputée liquidée si un acte de partage définitif a été établi (Civ. 1re,10 févr. 1993) ou lorsque le ou les héritiers ont pris possession des biens de manière régulière, paisible, publique et non équivoque pour en devenir propriétaire par prescription (Civ. 1re, 7 févr. 1989). Étant précisé que la durée de la possession doit être de 30 ans, car la prescription abrégée prévue à l'article 2265 n'est pas applicable, faute de l'existence d'un juste titre (titre translatif de propriété au profit de celui qui se prétend propriétaire).

En outre, pour pouvoir considérer la succession comme liquidée, le partage (expresse ou tacite) doit être total, c'est-à-dire ne pas laisser subsister une indivision. À ce titre, la réforme du droit des successions et des libéralités a, dans son article 838 du Code civil, donné une définition du partage partiel d'une succession.

1.2. La révocation des donations pour cause de survenance d'enfant

Selon l'article 20 II 2° : « Les modifications des articles 960 et 962 du Code civil résultant des IX et X de l'article 17 de la présente ordonnance ne sont applicables qu'aux donations faites postérieurement à son entrée en vigueur ».

Les articles 960 et 962 prévoyaient la révocation des donations pour cause de survenance d'enfant, uniquement en cas de naissance d'un enfant légitime ou d'un enfant légitimé par mariage.

Conséquence de la suppression de la distinction entre filiation légitime et filiation naturelle, la survenance de tout enfant constitue désormais une cause de révocation des donations effectuées après le 1er juillet 2006, afin de sécuriser les donations effectuées antérieurement.

Toutefois, la réforme du droit des successions et des libéralités qui entrera en vigueur le 1er janvier 2007 a supprimé cette révocation de droit pour survenance d'enfant. Pour les donations intervenant à compter du 1er janvier 2007, la révocation pour survenance d'enfant ne sera possible que si le donateur l'a expressément prévue dans son acte.

1.3. Le nom de l'enfant dont la filiation est établie en application de l'article 311-25

La nouvelle règle issue de l'article 311-25 selon laquelle l'indication du nom de la mère dans l'acte de naissance établit la filiation maternelle est applicable à toutes les personnes nées hors mariage, mineures ou majeures le 1er juillet 2006, lorsque leur filiation n'était pas déjà établie par un autre mode (reconnaissance, possession d'état ou jugement).

La filiation de ces personnes se trouve donc établie automatiquement et de manière rétroactive à la date du 1er juillet 2006. Toutefois, l'établissement de la filiation maternelle ne peut avoir pour effet de remettre en cause, ni les successions déjà liquidées (v. *supra* 1.2.1), ni le nom qui leur a été dévolu. L'article 20 III 2 prévoit en effet que « l'application de l'article 311-25 du Code civil, tel qu'il résulte de la présente ordonnance, aux enfants nés avant son entrée en vigueur ne peut avoir pour effet de changer leur nom ».

1.4. L'unité du nom de la fratrie et déclaration de changement de nom

Les articles 311-21 et 311-23 alinéa 3 limitent les possibilités de déclaration de choix ou de changement de nom en présence de plusieurs enfants, afin de renforcer le principe d'unité de nom de la fratrie (v. 2e partie).

Toutefois, pour ne pas ajouter un dispositif transitoire à celui issu de la loi du 4 mars 2002 modifiée, ces nouvelles dispositions s'appliquent aux enfants nés à compter du 1er janvier 2005 (date d'entrée en vigueur de la réforme du nom de famille) mais ne portent que sur les déclarations parentales de choix ou de changement de nom effectuées à partir du 1er juillet 2006 (art. 20 II 4). Les déclarations de choix ou de changement de nom faites entre le 1er janvier 2005 et le 30 juin 2006 ne sont pas remises en cause.

Enfin, l'article 20 II 5° de l'ordonnance prévoit que le deuxième alinéa de l'article 311-23, qui remplace, sans en modifier le contenu, l'ancien article 334-2, n'est applicable qu'aux enfants nés depuis le 1er janvier 2005, comme l'était l'article 334-2 modifié par la loi du 4 mars 2002 précitée. Il en résulte que les parents d'enfants nés hors mariage avant le 1er janvier 2005 ne bénéficient, à compter du 1er janvier 2005, d'aucune faculté de changement ou de substitution de nom par déclaration conjointe, l'article 334-2 ancien étant abrogé.

2. Les nouveaux délais de prescription

L'ordonnance réduit le délai de prescription de la plupart des actions judiciaires, qui se prescrivent désormais, sauf exception par dix ans au lieu de trente. Toutefois, certains délais de prescription sont allongés et passent de six mois et deux ans à cinq ou dix ans.

S'agissant des actions prescrites à la date de l'entrée en vigueur de l'ordonnance, l'article 20 IV prévoit des dispositions spécifiques permettant la réouverture de certaines d'entre elles.

2.1. Les actions enfermées dans un délai plus court

En l'absence de dispositions particulières, il résulte de la jurisprudence que la prescription commence en principe et sauf disposition contraire, à courir du jour de l'entrée en vigueur de la loi nouvelle, sans que la durée totale puisse excéder le délai prévu par la loi antérieure (Civ. 1re, 28 nov. 1973).

L'ordonnance ne prévoyant aucune disposition particulière, cette jurisprudence s'applique à toutes les actions pour lesquelles le délai est réduit :

Action	Anciens texte et délai	Nouveaux texte et délai
Établissement de la maternité	Art. 342 30 ans à compter de la naissance	Art. 325 10 ans à compter du 1er juillet 2006 (à condition de ne pas dépasser 30 ans depuis la naissance)
Rétablissement de la présomption de paternité à la demande des époux	Art. 313-2 30 ans à compter de la naissance	Art. 327 Minorité de l'enfant
Constatation de la possession d'état	Art. 334-8 30 ans à compter de la cessation de la possession d'état	Art. 330 10 ans à compter du 1er juillet 2006 (à condition de ne pas dépasser 30 ans depuis la cessation de la possession d'état)
Contestation de la reconnaissance	Art. 339 : – *En l'absence de possession d'état :* 30 ans à compter de la reconnaissance – *En présence d'une possession d'état conforme inférieure à cinq ans :* 10 ans pour l'auteur; 30 ans pour l'enfant, l'autre parent ou celui qui se prétend tel	Art. 333 10 ans à compter du 1er juillet 2006 (à condition de ne pas dépasser 30 ans depuis la reconnaissance) 5 ans à compter du 1er juillet 2006
Contestation de la paternité du mari en l'absence de possession d'état	Art. 322 *a contrario* 30 ans à compter de la naissance	Art. 333 10 ans (à condition de ne pas dépasser 30 ans depuis la naissance)
Contestation de la possession d'état	Art. 334-8 30 ans à compter du jour où la possession d'état s'est constituée	Art. 335 5 ans à compter du 1er juillet 2006

Cas particulier de l'acte de notoriété constatant la possession d'état

Cet acte pouvait être délivré sans délai; l'ordonnance prévoit qu'un tel acte ne peut désormais être demandé que dans un délai de cinq ans à compter de la cessation de la possession d'état alléguée.

Lorsque la possession d'état a cessé à la date d'entrée en vigueur de l'ordonnance, le droit nouveau est applicable et la délivrance d'un acte de notoriété peut être demandée par les père et mère ou l'enfant dans un délai de cinq ans à compter du 1er juillet 2006.

2.2. Les actions enfermées dans un délai plus long

En l'absence de disposition spécifique, l'allongement du délai de prescription est applicable dès lors que l'action n'était pas prescrite à la date d'entrée en vigueur de la loi nouvelle allongeant le délai de prescription (Com. 30 novembre 1999).

– Il en est ainsi de l'action en rétablissement des effets de la présomption de paternité exercée par l'enfant et de l'action en recherche de paternité, qui relève de la nouvelle prescription décennale. Ces deux actions devaient être intentées dans les deux ans suivant la majorité de l'enfant. Si, à la date du 1er juillet 2006, l'enfant n'a pas atteint l'âge de 20 ans, l'action lui est ouverte jusqu'à son 28e anniversaire.

– La contestation de la paternité du mari corroborée par la possession d'état :

Dans le droit antérieur, seul le mari pouvait agir dans un délai de six mois. Le délai de cinq ans lui est applicable dès lors qu'à la date du 1er juillet 2006, six mois ne s'étaient pas écoulés depuis la naissance (ou son retour ou la découverte de la naissance si celle-ci lui avait été cachée).

2.3. Les actions prescrites au 1er juillet 2006

Sauf dérogation expresse, la loi n'a pas d'effet sur la prescription définitivement acquise, en application du principe de la non-rétroactivité des lois édicté par l'article 2 du Code civil.

L'article 20 IV prévoit une dérogation expresse et dispose que « Sous réserve des décisions de justice passées en force de chose jugée, les actions prévues par les articles 327 et 329 du Code civil, tels qu'ils résultent de la présente ordonnance, peuvent être exercées, sans que puisse être opposée la forclusion tirée de la loi ancienne, lorsque, à la date de l'entrée en vigueur de cette ordonnance, la prescription prévue par l'article 321, tel qu'il résulte de la même ordonnance, n'est pas acquise. L'action doit alors être exercée dans le délai restant à courir à la date d'entrée en vigueur de la présente ordonnance, sans que ce délai puisse être inférieur à un an ».

Seules sont visées les actions tendant à établir le lien de filiation, à l'exclusion de celles concernant la contestation de ce lien.

Ainsi, les enfants nés avant l'entrée en vigueur de l'ordonnance pourront bénéficier de deux dispositions nouvelles plus favorables : l'action en recherche de paternité hors mariage (art. 327) et l'action en rétablissement des effets de la présomption de paternité (art. 329), dont les délais sont nettement élargis en faveur de l'enfant.

Sous réserve qu'une action n'ait pas déjà été intentée sous l'empire de la loi ancienne, les enfants âgés de plus de vingt ans au 1er juillet 2006 (ancien délai de forclusion) pourront exercer ces actions dans le délai restant à courir, soit jusqu'à l'âge de vingt-huit ans (nouveau délai de prescription). À l'égard de l'enfant âgé de 27 ans révolus à la date d'entrée en vigueur, l'action sera prescrite non à la date de ses 28 ans, mais à l'issue d'un an à compter de l'entrée en vigueur de l'ordonnance.

EXEMPLE :

L'enfant âgé de 20 ans révolus mais de moins de 27 ans au 1er juillet 2006 (soit né entre le 1er juillet 1986 et le 30 juin 1979) pourra assigner son père prétendu pendant le délai restant à courir jusqu'à l'âge de 28 ans. L'enfant dans sa vingt-huitième année au 1er juillet 2006 (né entre le 2 juillet 1978 et le 30 juin 1979) pourra engager l'action jusqu'au 30 juin 2007.

3. La survie de la loi ancienne aux instances en cours

L'article 20 III déroge expressément à la règle de l'effet immédiat de la loi nouvelle pour les instances en cours en précisant que lorsque l'instance a été introduite avant l'entrée en vigueur de la réforme, l'action est poursuivie et jugée conformément à la loi ancienne. Cette loi s'applique en première instance, en appel et en cassation.

Les procédures en cours sont donc conduites jusqu'à leur terme en fonction de la loi applicable au jour de l'acte introductif d'instance.

2e PARTIE : LES EFFETS DE LA RÉFORME DE LA FILIATION EN MATIÈRE D'ÉTAT CIVIL

I. La réforme de la filiation et le nom de famille

L'ordonnance portant réforme de la filiation ne modifie pas les principes posés par la réforme du nom de famille tels qu'ils résultent de la loi du 4 mars 2002 modifiée par la loi du 18 juin 2003. À cet égard les indications détaillées et les instructions contenues dans la circulaire principale du 6 décembre 2004 demeurent valables, sous réserve des modifications apportées par la réforme de la filiation et qui font l'objet des précisions suivantes.

La réforme du nom de famille entrée en vigueur le 1er janvier 2005 a créé un article 311-21, fixant les conditions dans lesquelles une déclaration de choix de nom pouvait être faite pour un « premier enfant commun », et posé le principe d'unité du nom de la fratrie dans les termes suivants « le nom dévolu au premier enfant vaut pour les autres enfants communs ».

Le principe de dévolution du nom attribué au premier enfant commun aux autres enfants de la fratrie trouvait néanmoins des limites auxquelles le législateur a entendu mettre un terme.

La réforme du 4 juillet 2005 permet de revenir à une notion classique « d'enfant commun » (I) et de renforcer la portée de l'unité du nom de famille (II).

1. La notion d'« enfant commun »

La formulation de l'article 311-21 avait donné lieu à une définition stricte de la notion de premier enfant commun qui est précisée aux pages 20 à 22 de la circulaire du 6 août 2004 : le premier enfant commun est le premier enfant qui a un double lien de filiation paternel et maternel établi au plus tard au jour de sa déclaration de naissance ou simultanément après celle-ci (*ibid.* p. 20).

La conséquence d'une telle définition était double :

– d'une part, aucune déclaration de choix de nom ne pouvait être reçue à la naissance d'un enfant dont un frère ou une sœur aînée, né avant le 1er janvier 2005, était le premier enfant commun au sens de cette définition;

– d'autre part, le principe d'unité du nom de la fratrie ne pouvait être opposé aux enfants à l'égard desquels les parents avaient fait une déclaration conjointe de changement de nom sur le fondement de l'article 334-2 du Code civil.

Désormais doit être considéré comme un enfant commun, tout enfant à l'égard duquel le double lien de filiation paternel et maternel est établi.

2. Le renforcement du principe d'unité du nom au sein de la fratrie

2.1. La présence d'un précédent enfant commun dont la filiation est établie dans les conditions permettant l'application de l'article 311-21 du Code civil

En vertu du principe selon lequel le « non-choix vaut choix », le fait qu'il y ait eu, à l'occasion de la déclaration de naissance, une déclaration de choix de nom ou pas, est sans incidence sur le principe d'unité du nom de la fratrie.

2.1.1. Les cadets ont, à l'instar de l'aîné, un double lien de filiation établi au plus tard lors de leur déclaration de naissance ou simultanément après celle-ci

Le nom du premier enfant commun leur est dévolu de façon automatique.

En conséquence, le nom inscrit dans l'acte de naissance des cadets est celui qui est porté dans l'acte de naissance du « premier enfant commun » suivi de l'indication « suivant déclaration conjointe du ... » complétée par la date de la déclaration remise lors de la naissance du « premier enfant commun » (v. circ. 6 décembre 2004).

Le livret de famille est rempli selon les mêmes modalités (*ibidem*).

2.1.2. Les cadets ont un double lien de filiation établi de façon différée (avant / après la déclaration de naissance ou après la déclaration de naissance.

L'établissement du second lien de filiation à leur égard n'a pas pour effet d'entraîner un changement automatique de leur nom en vue de leur faire porter le nom du « premier enfant commun ».

La nouvelle règle signifie qu'à l'occasion ou après l'établissement du second lien de filiation du cadet, les parents ont la faculté de souscrire une déclaration conjointe de changement de nom devant l'officier de l'état civil du lieu de résidence de l'enfant en application de l'article 311-23. Cette déclaration ne pourra alors avoir d'autre effet que de conférer à ce second enfant commun le nom porté par le « premier enfant commun ».

EXEMPLE :

FP : Filiation paternelle
FM : Filiation maternelle
FCE : Filiation conjointement établie
DN : déclaration de naissance
PEC : « premier enfant commun »
DCCN : Déclaration conjointe de choix de nom

.../...

Composition de la fratrie	Ordre d'établissement de la filiation	Possibilité de faire une déclaration relative au nom et fondement	Nom de l'enfant
1er enfant né après le 1er janvier 2005	FCE DN	Oui = art. 311-21 C. civ.	Mère -- Père
2e enfant né le 1er janvier 2006	FM DN	Non	Mère
15 mars 2006	FP	Oui = art. 334-2 mais ne l'exerce pas	Inchangé = Mère
		1re hypothèse : Déclaration de changement de nom faite avant le 1er juillet 2006 sur le fondement de l'article 334-2 : Au choix : Père Mère -- Père Père -- Mère	
		2e hypothèse : Déclaration de changement de nom à compter du 1er juillet 2006 : Choix limité par la déclaration faite pour le premier enfant commun : Mère -- Père	

Après s'être assuré de la transmissibilité du nom choisi et avoir enregistré la déclaration conjointe de changement de nom souscrite pour le second enfant, l'officier de l'état civil envoie directement l'avis de mention de changement de nom à l'officier de l'état civil détenteur de l'acte de naissance de l'enfant concerné qui procède à l'apposition de la mention marginale suivante :

> « Prend le nom de ...... suivant déclaration conjointe de changement de nom faite devant l'officier de l'état civil de ...... en date du ...
> ... (date et lieu d'apposition de la mention)
> ...... (qualité et signature de l'officier de l'état civil) »

Aux termes de l'article 9 alinéa 3 du décret du 15 mai 1974, les déclarations conjointes de changement de nom faites en application de l'article 311-23 du Code civil sont portées sur le livret de famille soit par l'officier de l'état civil dépositaire de l'acte de naissance soit par l'officier de l'état civil devant lequel les parents ont comparu. Dans ce dernier cas, il ne peut procéder à la mise à jour du livret de famille avant d'avoir reçu le récépissé de l'avis de mention que doit lui adresser l'officier de l'état civil dépositaire de l'acte de naissance actualisé.

2.1.3. Le nom de l'aîné dont le second lien de filiation est établi après la naissance du premier enfant commun

L'hypothèse est la suivante : à l'occasion de la naissance d'un premier enfant, né à compter du 1er janvier 2005, une déclaration conjointe de choix de nom n'a pu être faite faute pour cet enfant d'avoir un double lien de filiation établi lors de sa déclaration de naissance ou simultanément après celle-ci. Il porte donc le nom du parent à l'égard duquel son lien de filiation a été établi en premier lieu.

Un second enfant naît. L'existence d'un double lien de filiation lors de sa déclaration de naissance permet à ses parents de faire une déclaration conjointe de choix de nom sur le fondement de l'article 311-21 du Code civil.

Lorsqu'à l'occasion de l'établissement du second lien de filiation de l'aîné ou après celui-ci, les parents souscrivent, à compter du 1er juillet 2006, une déclaration conjointe de changement de nom sur le fondement de l'article 311-23 du Code civil, leur choix est limité par la déclaration souscrite pour le cadet, premier enfant commun, de façon à assurer à ces deux enfants un nom de famille identique.

L'officier de l'état civil qui procède à l'enregistrement de la déclaration conjointe du changement de nom d'un aîné envoie directement l'avis de mention de changement de nom à l'officier de l'état civil détenteur de l'acte de naissance de l'enfant concerné qui procède à l'apposition de la mention marginale suivante :

> « Prend le nom de ...... suivant déclaration conjointe de changement de nom faite devant l'officier de l'état civil de ...... en date du ...
> ... (date et lieu d'apposition de la mention)
> ...... (qualité et signature de l'officier de l'état civil) »

La mise à jour du livret de famille se fait dans les conditions énoncées à l'article 9 alinéa 2 du décret du 15 mai 1974 (v. *supra* 1.2).

2.2. La présence d'un précédent enfant commun dont la filiation est établie dans les conditions qui permettent à son égard l'application de l'article 311-23 nouveau du Code civil

2.2.1. Le nouvel enfant du couple entre dans le champ d'application de l'article 311-21 du Code civil

L'hypothèse est la suivante : le premier enfant du couple a une filiation différée dont l'un des liens est établi postérieurement à sa déclaration de naissance (nouveau C. civ., art. 311-23). Un second enfant, dont le double lien de filiation existe au moment de sa déclaration de naissance (C. civ., art. 311-21), naît après l'établissement du second lien de filiation de l'aîné.

a – Les parents n'ont pas souscrit, avant la déclaration de naissance de ce nouveau-né, de déclaration conjointe de changement de nom pour l'aîné après l'établissement de son second lien de filiation

Dans ce cas, le nom de l'aîné, qui est le nom du premier parent à l'égard duquel un lien de filiation a été établi, est sans effet sur le nom du cadet dont le double lien de filiation est établi au plus tard lors de sa déclaration de naissance.

À l'égard de leur second enfant, les parents conservent la liberté de choisir, dans le cadre d'une déclaration conjointe de choix de nom faite sur le fondement de l'article 311-21 du Code civil, son nom et peuvent lui attribuer soit le nom du père, soit celui de la mère, soit un double nom (père -- mère ou mère -- père).

En conséquence, le nom inscrit dans l'acte de naissance du cadet est suivi de l'indication « suivant déclaration conjointe du ... » complétée par la date de la déclaration remise lors de sa naissance. Il en sera de même sur le livret de famille.

Si à l'égard de ce nouveau-né, les parents ne font pas de déclaration conjointe de choix de nom, il prendra le nom du parent à l'égard duquel sa filiation est établie en premier et si son double lien de filiation est simultané, il prendra le nom de son père conformément aux dispositions relatives à la dévolution du nom à titre subsidiaire énoncées à l'article 311-31 alinéa 1er *in fine*.

b – Les parents ont souscrit, avant la déclaration de naissance du nouveau-né, une déclaration de changement de nom pour leur aîné après l'établissement de son second lien de filiation

Aux termes de l'article 311-21 alinéa 3 du Code civil, la déclaration conjointe de changement de nom souscrite, à compter du 1er juillet 2006, sur le fondement de l'article 311-23 alinéa 2 pour un enfant commun a un effet automatique à l'égard de l'enfant né postérieurement et dont le double lien de filiation est établi au plus tard lors de sa déclaration de naissance.

Dans cette hypothèse, le nom de ce nouvel enfant commun est celui de l'autre enfant du couple tel qu'il résulte de la déclaration de changement de nom qu'ils ont souscrite préalablement pour ce dernier.

Dans l'acte de naissance du deuxième enfant, l'officier de l'état civil porte le nom du premier en le faisant suivre de la mention suivante « … suivant déclaration conjointe du … » complétée par la date de la déclaration conjointe de changement de nom que les parents ont souscrite, avant la naissance de leur second enfant, pour leur premier enfant commun.

Il est important de noter que lors de la déclaration de naissance de leur second enfant, les parents n'ont pas à remettre de déclaration de choix de nom faite sur le fondement de l'article 311-21. Le nouveau-né prend automatiquement, par l'effet de la loi, en l'occurrence l'article 311-21 alinéa 3 nouveau, le nom de son aîné.

2.2.2. Le nouvel enfant du couple entre dans le champ de l'article 311-23 nouveau du Code civil

L'hypothèse est la suivante : le premier enfant du couple a une filiation différée dont l'un des liens est établi postérieurement à sa déclaration de naissance (nouveau C. civ., art. 311-23). Un second enfant dont le double lien de filiation est établi de façon différée naît après l'établissement du second lien de filiation de l'aîné. Au moment de la naissance de leur nouvel enfant, l'aîné, lui, est un enfant commun.

a – Le nom de ce nouvel enfant lors de sa déclaration de naissance

Que les parents aient ou non souscrit une déclaration de changement de nom pour leur premier enfant commun avant la naissance du second, est sans incidence sur le nom du nouvel enfant au moment de sa déclaration de naissance. Lors de sa déclaration de naissance, ce nouveau-né prend le nom du seul parent à l'égard duquel sa filiation est établie.

b – Le changement de nom de ce nouvel enfant après l'établissement de son second lien de filiation

1re hypothèse : Le changement de nom de ce second enfant en l'absence de déclaration de changement de nom faite pour le précédent enfant du couple.

Si les parents n'ont pas fait de déclaration conjointe de changement de nom pour leur premier enfant commun, ils conservent dans le cadre d'une déclaration conjointe de changement de nom concernant leur second enfant la liberté de choisir son nom à l'occasion ou après l'établissement de son second lien de filiation.

2e hypothèse : Le changement de nom de ce second enfant en présence d'une déclaration conjointe de changement de nom faite pour un précédent enfant du couple.

Si les parents entendent souscrire une déclaration de changement de nom pour ce second enfant, leur choix est limité. En effet, la déclaration de changement de nom faite pour leur premier enfant leur est opposable. Ils doivent choisir le même nom que pour leur précédent enfant.

Il doit être procédé à autant de déclarations de changement de nom qu'il y a d'enfants nés hors mariage concernés par une volonté de changer leur nom après l'établissement d'un second lien de filiation postérieur à la déclaration de naissance.

Avant de procéder à l'enregistrement d'une déclaration conjointe de changement de nom, l'officier de l'état civil devant lequel se présentent les parents, doit s'assurer auprès d'eux et notamment par la consultation du livret de famille qu'il n'existe pas de déclaration préexistante faite sur le fondement de l'article 311-23 nouveau du Code civil. Il convient de rappeler que la présence d'un enfant entrant dans le champ d'application de l'article 311-21 nouveau aura également pour effet de limiter leur choix de nom (v. *supra*).

Lorsqu'il existe un précédent, il leur demande de produire la copie intégrale de l'acte de naissance de l'enfant à l'égard duquel une déclaration de changement de nom a été faite afin de vérifier que la substitution de nom demandée pour un autre enfant commun est conforme à ce nom. Il en va de même en cas de présence d'un enfant entrant dans le champ d'application de l'article 311-21 du Code civil que les parents aient ou non exercé leur faculté de choix, le nom subsidiairement attribué au précédent enfant commun étant opposable au second enfant dont le second lien de filiation est établi postérieurement à sa déclaration de naissance.

Lorsque le changement de nom demandé aboutit à conférer à l'enfant concerné un nom différent de celui attribué à un précédent enfant entrant dans le champ d'application de l'article 311-21 ou à l'égard duquel une déclaration en changement de nom a été faite sur le fondement de l'article 311-23 nouveau, l'officier de l'état civil ne peut recevoir la demande de changement formulée sur le fondement de l'article 311-23 nouveau.

Les modalités d'enregistrement du changement de nom intervenu en marge de l'acte de naissance de ce second enfant et sur le livret de famille sont celles-ci exposées dans la circulaire du 6 décembre 2004.

La mention portée en marge de l'acte de naissance de l'enfant dont le nom est changé est la suivante :

> « Prend le nom de …… suivant déclaration conjointe de changement de nom faite devant l'officier de l'état civil de …… en date du …
> … (date et lieu d'apposition de la mention)
> …… (qualité et signature de l'officier de l'état civil) »

La date qui doit être inscrite dans la mention marginale est la date de la déclaration de changement de nom enregistrée par l'officier de l'état civil et non celle de la déclaration de choix ou de changement de nom faite pour un autre enfant et qui a pour effet de limiter le choix du nom par les parents.

En toute hypothèse, l'officier de l'état civil requis pour procéder à l'enregistrement d'une déclaration de naissance, doit interpeller les parents :

– sur la présence d'un autre enfant commun et sa date de naissance,

– si ce précédent enfant est un enfant ayant lors de sa déclaration de naissance rempli les conditions de l'article 311-21, sur l'éventuelle préexistence d'une déclaration conjointe de choix de nom (311-21),

– si ce précédent enfant est un enfant dont la filiation a été établie de façon différée avec un lien de filiation postérieur à l'établissement de son acte de naissance, sur l'existence d'une déclaration de changement de nom sur le fondement de l'article 311-23 nouveau.

Lorsqu'une déclaration conjointe de choix (C. civ., art. 311-21) ou de changement (C. civ., art. 311-23) existe déjà, il doit alors s'attacher à la date de cette déclaration.

– Lorsqu'une déclaration de choix de nom (art. 311-21) a été souscrite entre le 1er janvier 2005 et le 30 juin 2006, ses effets et son incidence sur le nom des enfants nés avant comme après le 1er juillet 2006 restent ceux du régime juridique issu de la loi du 4 mars 2002 modifié en 2003 (v. circulaire 6 déc. 2004);

– Lorsqu'une déclaration conjointe de choix ou de changement de nom est souscrite à compter du 1er juillet 2006, ses effets et son incidence sur le nom des enfants nés avant comme après cette date sont ceux issus des nouveaux articles 311-21 alinéa 3 et 311-23 alinéa 2 du Code civil.

Afin de s'assurer que le nom attribué ou substitué correspond au nom choisi à l'occasion de la déclaration de naissance ou du changement de nom d'un précédent enfant commun, l'officier de l'état civil exige des parents la production d'une copie intégrale de l'acte de naissance de ce dernier ou la remise du livret de famille commun ou sur lequel figure cet enfant dont il conserve une photocopie.

En l'absence de ces pièces, la déclaration de changement de nom ne peut être souscrite et le nom de cet enfant cadet ou aîné ne peut être modifié.

En tout état de cause, les déclarations de changement de nom faites sur le fondement de l'article 334-2 du Code civil, donc par hypothèse antérieure au 1er juillet 2006, n'ont aucune incidence sur le libre choix du nom de l'enfant pour lequel est souscrite une déclaration conjointe de changement de nom sur le fondement de l'article 311-23 nouveau (v. Annexes).

3. Les nouvelles règles relatives au nom résultant de l'article 311-23 nouveau du Code civil

La loi du 4 mars 2002, en prévoyant un dispositif commun de dévolution du nom pour les enfants dont la filiation était établie à la date de la déclaration de naissance à l'égard des deux parents (ou plus tard mais simultanément), a fait apparaître dans des subdivisions distinctes du Code civil les dispositions communes relatives au nom et les règles particulières applicables à certains enfants naturels, lorsque les conditions d'établissement de leur filiation ne permettaient pas de bénéficier des dispositions communes prévues à l'article 311-21 nouveau du Code civil.

L'article 311-23 nouveau du Code civil regroupe les dispositions relatives à la détermination du nom de l'enfant dont le lien de filiation n'est établi qu'à l'égard de l'un de ses parents lors de sa déclaration de naissance et les règles relatives à la procédure de changement de nom après l'établissement de son second lien de filiation. Il est nécessaire de préciser les conséquences qui résultent de l'abrogation de l'article 334-2 et 334-3 du Code civil et de la nouvelle rédaction de l'article 311-23 qui s'y substitue.

3.1. L'abrogation des articles 334-2 (dans sa rédaction antérieure à la loi du 4 mars 2002) et 334-3 du Code civil

3.1.1. Les conséquences de l'abrogation de l'article 334-2 pour les enfants nés avant le 1er janvier 2005

Il résulte des articles 1er et 21 de l'ordonnance du 4 juillet 2005 et de la nouvelle numérotation du titre 7 du Code civil sur la filiation que les articles 334-1 à 334-6 sont abrogés à compter du 1er juillet 2006.

L'article 311-23 nouveau reprend l'esprit des articles 334-1 et 334-2 sans pour autant en être une simple renumérotation.

Par ailleurs le 5° du « II » de l'article 20 de l'ordonnance réserve les nouvelles dispositions de l'article 311-23 alinéa 2 aux enfants nés à compter du 1er janvier 2005.

Par conséquent, l'article 334-2 dans sa rédaction antérieure à la loi du 4 mars 2002 relative au nom de famille, applicable aux seuls enfants « naturels » nés avant le 1er janvier 2005, est donc abrogé.

Il en résulte que les parents d'enfants nés avant le 1er janvier 2005, dont le second lien de filiation a été établi après la déclaration de naissance, ne pourront plus effectuer de déclaration conjointe en substitution du nom du père devant le greffier en chef du tribunal de grande instance. En conséquence, à compter du 1er juillet 2006, les parents ne peuvent plus choisir de substituer le nom du père. Seul un motif légitime au sens de l'article 61 du Code civil permet de former une demande de changement de nom auprès du Sceau de France.

3.1.2. L'abrogation de l'article 334-3 du Code civil

L'article 334-3 du Code civil énonçait que le juge aux affaires familiales pouvait statuer sur une demande de changement de nom de l'enfant « naturel » à l'égard duquel une déclaration conjointe en changement de nom n'avait pu être faite.

L'ordonnance a supprimé cette procédure judiciaire de changement de nom. Cette suppression est applicable également aux enfants nés avant le 1er juillet 2006.

Par conséquent, à compter du 1er juillet 2006, le juge aux affaires familiales n'est plus compétent pour statuer sur le changement de nom de l'enfant né hors mariage, quelle que soit sa date de naissance, les conditions d'établissement de sa filiation ou les motifs qui rendent impossible une déclaration conjointe de changement de nom.

3.2. L'application de l'article 311-23 lorsque l'établissement du seul lien de filiation à l'égard de l'enfant est postérieur à l'établissement de l'acte

Le premier alinéa de l'article 311-23 prévoit que l'enfant prend le nom du seul parent à l'égard duquel la filiation est établie « à la date de la déclaration de naissance. » Cette formulation est susceptible de se prêter à une interprétation littérale considérant qu'aucune règle ne prévoit l'attribution du nom de l'enfant lorsque l'établissement du premier lien de filiation est postérieur à cette date.

L'hypothèse concernée, particulièrement marginale, suppose d'une part que la mère n'a pas voulu que son nom figure dans l'acte de naissance et d'autre part qu'un des parents a reconnu l'enfant postérieurement à la déclaration de naissance.

L'alinéa 2 de l'article 311-23, qui permet la substitution de nom au profit du nom du parent ayant établi en second la filiation, permet de déduire que dans l'hypothèse visée, l'enfant porte le nom du parent à l'égard duquel le lien de filiation a été établi en premier.

4. Le dispositif transitoire

Le 4° du II de l'article 20 de l'ordonnance prévoit que les dispositions du troisième alinéa de l'article 311-21 et du troisième alinéa de l'article 311-23 tels qu'elles résultent de l'ordonnance, ne sont applicables qu'aux déclarations faites à compter du 1er juillet 2006.

Il résulte de cette règle les conséquences suivantes :

4.1. Les déclarations de choix ou de changement de nom faites avant le 1er juillet 2006

Ces déclarations ne peuvent être remises en cause par l'application de la réforme. Elles demeurent valables et la réforme n'ouvre pas le droit aux parents de réaliser une nouvelle déclaration.

4.2. Le nom du premier enfant commun dévolu en application des règles prévues à l'article 311-21 du Code civil entre le 1er janvier 2005 et le 30 juin 2006

Le principe d'unité du nom de la fratrie s'impose :

– aux enfants nés à compter du 1er juillet 2006 et dont la filiation est établie dans les conditions de l'article 311-21 du Code civil (maintien de la règle déjà applicable depuis le 1er janvier 2005);

– aux enfants nés postérieurement au 1er janvier 2005 et pour lesquels une déclaration de changement de nom est réalisée postérieurement au 1er juillet 2006 en application de l'article 311-23.

4.3. L'absence d'effet collectif

N'a pas d'effet collectif sur les autres enfants :

– le nom de l'enfant « naturel » qui a fait l'objet, avant le 1er juillet 2006, d'une déclaration de substitution de nom devant le greffier en chef en application de l'article 334-2 (dans sa version antérieure à la réforme du nom de famille);

– le nom de l'enfant « naturel » né après le 1er janvier 2005 et qui a fait l'objet, avant le 1er juillet 2006, d'une déclaration de changement de nom devant l'officier de l'état civil en application de l'article 334-2 du Code civil (dans sa version résultant de la réforme du nom de famille).

II. La réforme de la filiation et les actes d'état civil

1 – L'acte de naissance

1.1. La proposition d'un nouvel acte de naissance

Si le Code civil détermine le contenu exhaustif de l'acte de naissance lors de son établissement (C. civ., art. 35 et 57), aucune disposition n'en définit précisément le format et la présentation. Seul l'article 3 du décret du 3 août 1962 fournit quelques indications sur ses modalités de rédaction et d'établissement précisées par l'article 8 de l'arrêté du 22 février 1968 (IGREC 100).

La typologie des actes de naissance, indépendamment même de la qualification juridique de la filiation, se trouve de ce fait diversifiée. Certains actes sont manuscrits, d'autres dactylographiés ou informatisés. Certains sont rédigés de façon littéraire, d'autres sont rubriqués, selon une mise en forme variable d'une commune à l'autre.

Or en supprimant la distinction des filiations « légitime » et « naturelle », la réforme introduite par l'ordonnance du 4 juillet 2005 a été l'occasion de conduire une réflexion sur la création d'un modèle d'acte de naissance harmonisé dont l'utilisation généralisée à compter du 1er janvier 2007 est recommandée pour permettre la simplification de la tenue de l'état civil.

Acte de naissance n° ....
Prénom(s) NOM

ENFANT : NOM : .... suivant déclaration conjointe du .... [a]
Prénom(s) :
Sexe : ....
Né(e) le : jour, mois, année
À : .... heure(s) .... minutes
À : commune (département ou pays)

PÈRE : NOM : ....
Prénom(s) : ....
Né le : jour, mois, année
À : commune (département ou pays)
Profession :
Domicile :

MÈRE : NOM : ....
Prénom (s) : ....
Née le : jour, mois, année
À : commune (département ou pays)
Profession :
Domicile :

ÉVÉNEMENTS RELATIFS À LA FILIATION (antérieurs à l'établissement du présent acte)
Mariage des père et mère depuis le ....
Reconnu(e) par le père le .... à[b] ....
Reconnu(e) [c] .... le .... à[b] ....
Acte de notoriété constatant la possession d'état en date du ......
délivré par le juge d'instance de ......

Parent(s) déclarant[d] :
Tiers déclarant : Prénom(s), NOM, âge, profession, domicile
Date et heure de l'acte : jour, mois, année, heure(s), minute(s)
Après lecture et invitation à lire l'acte, Nous, Prénom(s), NOM, (qualité de l'officier de l'état civil) avons signé avec le(s) déclarant(s).
Signatures du (des) déclarant(s) de l'officier de l'état civil

---

MENTION(S)

---

a. À supprimer en l'absence de présentation d'une déclaration conjointe ou en cas d'application d'une loi étrangère (v. n° 531.1° de l'IGREC).
b. Préciser la mairie de ..., l'ambassade de France de ..., au consulat général de ... ou par-devant maître... Notaire à ...
c. Uniquement en cas de reconnaissance maternelle, préciser, « par la mère » ou, en cas de reconnaissance conjointe « par les père et mère ».
d. Père et/ou mère; préciser, le cas échéant, « par le père, qui déclare le reconnaître ce jour être informé du caractère divisible du lien de filiation ainsi établi ».

1.2. L'utilisation de ce nouveau modèle

1.2.1. Les dispositions communes

Sous réserves des observations suivantes, les règles générales relatives à la rédaction de l'acte ne sont pas modifiées. Il convient à cet égard de se reporter aux instructions données par l'instruction générale relative à l'état civil (IGREC).

1.2.1.1. La suppression de l'indication « Jumeau »

La naissance d'enfants multiples donnant lieu à l'établissement d'autant d'actes de naissance avec l'indication précise de l'heure de naissance, il n'apparaît pas nécessaire de faire figurer sur l'acte de naissance de chacun son rang de naissance. Cette indication n'est d'ailleurs pas prévue par l'article 57 du Code civil.

1.2.1.2. La suppression de la mention du père décédé

L'instruction générale relative à l'état civil (IGREC 290-C) incite les officiers de l'état civil à modifier le contenu de l'acte de naissance, en cas de naissance postérieure au décès du père selon la formule suivante :

« ... du sexe..., fils (fille) posthume de [Prénoms et Nom du père], né à ... le ..., et décédé à ..., le ..., et de [Prénoms et Nom de la mère], née à ..., le ... (profession éventuelle ou mention « sans profession »), sa veuve, domiciliée à ... etc.... ».

L'instruction générale relative à l'état civil ne vise cette situation que pour l'acte de naissance de l'enfant de parents mariés.

Il y a lieu de constater que l'article 57 du Code civil ne contient cependant aucune disposition imposant l'adaptation de l'acte de naissance en cas de décès prématuré du père. Aussi il convient désormais de s'abstenir de porter dans l'acte de naissance, que l'enfant soit né dans ou hors mariage, les informations « fils (fille) posthume de » et « veuve ».

Tout au plus, l'officier de l'état civil fait état du décès du père en indiquant à la ligne « domicile », « décédé » suivie de la date du décès.

> PÈRE : NOM : ....
> Prénom(s) : ....
> Né le : jour, mois, année
> À : commune (département ou pays)
> Profession :
> Domicile : Décédé ou décédé le ... (date) lorsque la date est portée à la connaissance de l'officier requis.

Il convient de rappeler que si l'enfant est né plus de trois cents jours après le décès du mari, la présomption de paternité ne joue pas et les indications relatives au mari ne doivent donc pas être inscrites dans l'acte de naissance.

1.2.2. Les énonciations de l'acte de naissance selon le lien de filiation établi

1.2.2.1. L'acte de naissance de l'enfant sans filiation maternelle établie

Lorsque la mère demande à ne pas être désignée dans l'acte de naissance et en l'absence de filiation paternelle établie, l'acte de naissance ne mentionne pas leur identité, ni leur état civil. L'officier de l'état civil rend inutilisable l'intégralité de la rubrique relative au père, à la mère et aux événements relatifs à la filiation ainsi que celle concernant la déclaration de choix de nom et le(s) parent(s) déclarant.

L'attention des officiers de l'état civil doit être appelée sur la situation suivante. Lorsqu'une filiation paternelle a été établie avant ou au moment de la déclaration de naissance, l'officier de l'état civil renseigne la rubrique « père » mais ne porte aucune indication sur l'identité et l'état civil de la mère afin de respecter l'anonymat souhaité. Cette règle doit être strictement respectée car désormais l'indication des éléments d'état civil relatifs à la mère établit la filiation maternelle. L'officier de l'état civil complète également la rubrique relative au nom de l'enfant qui prend le nom de son père ainsi que celle relative à la reconnaissance paternelle lorsqu'il s'agit d'une reconnaissance prénatale.

EXEMPLE :

> Acte de naissance N ° 123
> (Secret de la naissance à l'égard de la mère
> mais reconnaissance par le père)
> Rose DUJARDIN
>
> ---
>
> ENFANT : DUJARDIN suivant déclaration conjointe du [a]*********
> ***************************************
> Prénom(s) : Rose
> Sexe : Féminin
> Né(e) le : deux juillet deux mille six
> À : Douze heure(s) trente minutes
> À : 3 rue du Marché aux Fleurs à BORDEAUX (Gironde)
>
> ---
>
> PÈRE : NOM : DUJARDIN
> Prénom(s) : Elys
> Né le : premier avril mille neuf cent quatre-vingts
> À : BORDEAUX (Gironde)
> Profession : Technicien
> Domicile : 7 Avenue du Bonheur à BORDEAUX (Gironde)
>
> ---
>
> MÈRE : NOM : **
> Prénom(s) **
> Née le : jour, mois, année ******************************
> À : commune (département ou pays ********************
> Profession : ***************************************
> Domicile : **
>
> ---
>
> ÉVÉNEMENTS RELATIFS À LA FILIATION
> (antérieurs à l'établissement du présent acte)
> Mariage des père et mère depuis le **********************
> Reconnu (e) par Elys DUJARDIN, le dix juin deux mille six à[b] la mairie de BORDEAUX
> Reconnu(e)[c] ***** le **** à ***************************
> Acte de notoriété constatant la possession d'état en date du ***
> délivré par le juge d'instance de ************************
>
> ---
>
> Parent(s) déclarant[d] : père Tiers déclarant : Prénom(s), NOM, âge, profession, domicile ********************************
> Date et heure de l'acte : trois juillet deux mil six à neuf heure(s) quinze minute(s)
> Après lecture et invitation à lire l'acte, Nous, A... B......, (qualité de l'officier de l'état civil) avons signé avec le(s) déclarant(s).
> Signatures du (des) déclarant(s) de l'officier de l'état civil
>
> ---
>
> MENTION(S)
>
> ---
>
> a. À supprimer en l'absence de présentation d'une déclaration conjointe ou en cas d'application d'une loi étrangère (v. n° 531. 1° de l'IGREC).
> b. Préciser la mairie de ..., l'ambassade de France de ..., au consulat général de ... ou par-devant maître... Notaire à ...
> c. Uniquement en cas de reconnaissance maternelle, préciser, « par la mère » ou, en cas de reconnaissance conjointe « par les père et mère ».
> d. Père et/ou mère; préciser, le cas échéant, « par le père, qui déclare le reconnaître ce jour être informé du caractère divisible du lien de filiation ainsi établi ».

1.2.2.2. L'acte de naissance de l'enfant né dans le mariage

Avant la réforme du 4 juillet 2005, les actes de naissance de l'enfant né de parents mariés entre eux faisaient apparaître l'existence de cette union par l'indication de la qualité d'épouse de la mère.

Désormais, l'officier de l'état civil n'a plus à mentionner cette indication après l'identité et l'état civil de la mère. En effet, il complète la rubrique « Mariage des père et mère » par l'indication de la date à partir de laquelle les parents sont mariés.

La rubrique relative au mariage est quant à elle renseignée par la date de sa célébration dès lors que celui-ci n'est pas dissous depuis plus de trois cents jours (v. ci-dessous). Aucun élément relatif à la dissolution du mariage ou à son annulation ne doit être indiqué sur l'acte de naissance de l'enfant. En revanche, cette rubrique est rendue inutilisable lorsque le père et la mère, bien que mariés, ne le sont pas ensemble.

Est couvert par la présomption de paternité et doit donc être considéré comme né dans le mariage,

– L'enfant né avant le 180e jour du mariage de ses parents;

– L'enfant né plus de 180 jours après le rejet définitif de la demande en divorce ou de la réconciliation entre les époux;

– L'enfant né moins de trois cents jours après :

• le décès du mari;

• la date du divorce par consentement mutuel ou l'homologation des mesures provisoires prises en application de l'article 250-2 du Code civil;

• l'ordonnance de non-conciliation;

• l'annulation du mariage.

Dans ces cas, la rubrique « Père » est complétée par les éléments relatifs au mari de la mère.

En revanche, lorsque l'enfant a fait l'objet d'une reconnaissance prénatale ou est reconnu par un tiers lors de la déclaration de naissance, si la présomption de paternité est écartée, la rubrique « Père » est complétée par l'identité et l'état civil concernant l'auteur de la reconnaissance.

L'indication relative au mariage des père et mère est alors neutralisée.

1.2.2.3. L'acte de naissance de l'enfant né hors mariage

L'officier de l'état civil ne remplit que les rubriques utiles selon que le lien de filiation est établi à l'égard de l'un ou l'autre des parents ou des deux.

a – L'établissement du lien de filiation maternelle

Aux termes de l'article 311-25, l'indication du nom de la mère établit son lien de filiation avec l'enfant dont la naissance est déclarée.

L'emploi du terme « nom » de la mère ne doit pas porter à confusion. L'indication de son seul nom de famille est insuffisante pour considérer le lien de filiation établi. Ce lien suppose qu'au moins figurent, sur l'acte de naissance de l'enfant, les prénoms, nom, date et lieu de naissance de la mère.

La rubrique « Reconnu(e) le … à … » doit être complétée uniquement lorsque la mère a procédé à la reconnaissance prénatale seule ou conjointement avec le père puisqu'il ne peut y avoir de reconnaissance maternelle au moment de la déclaration de naissance, la filiation étant déjà établie à son égard.

b – L'établissement du lien de filiation paternelle

– Le père a reconnu l'enfant avant l'établissement de l'acte de naissance.

La rubrique

> « Reconnu(e) par le père le ………… à[a] ……… ».
>
> a. Préciser la mairie de …, l'ambassade de France de …, au consulat général de … ou par-devant maître… Notaire à …

doit être renseignée.

– Le père reconnaît l'enfant dans l'acte de naissance

Lorsque le père est le déclarant et reconnaît l'enfant au moment de la déclaration de naissance, l'acte de naissance est ainsi complété :

> ÉVÉNEMENTS RELATIFS À LA FILIATION
> (antérieurs à l'établissement du présent acte)
> Mariage des père et mère depuis le************************
> Reconnu (e) par **************************************
> Reconnu(e)[a] ***** le **** à ***************************
> Acte de notoriété constatant la possession d'état en date du ***
> délivré par le juge d'instance de *************************
>
> Parent(s) déclarant [b] : par le père qui déclare le reconnaître ce jour et être informé du caractère divisible du lien de filiation ainsi établi.
> Tiers déclarant : Prénom(s), NOM, âge, profession, domicile *****
> **
> Date et heure de l'acte : trois juillet deux mil six à neuf heure(s) quinze minute(s)
> Après lecture et invitation à lire l'acte, Nous, A… B……, (qualité de l'officier de l'état civil) avons signé avec le(s) déclarant(s).
> Signatures du (des) déclarant(s) de l'officier de l'état civil
>
> MENTION(S)
>
> a. Uniquement en cas de reconnaissance maternelle, préciser, « par la mère » ou, en cas de reconnaissance conjointe « par les père et mère ».
> b. Père et/ou mère; préciser, le cas échéant, « par le père, qui déclare le reconnaître ce jour et être informé du caractère divisible du lien de filiation ainsi établi ».

– Le père est décédé et un acte de notoriété a été délivré avant la naissance

La rubrique

> « Acte de notoriété constatant la possession d'état en date du ……
> délivré par le juge d'instance de …… »

est complétée.

Il convient de rappeler que l'établissement de la filiation paternelle postérieurement à l'établissement de l'acte de naissance donne lieu comme auparavant à l'apposition d'une mention marginale.

1.2.2.4. L'acte de naissance de l'enfant adopté

Il convient dans toute la mesure du possible d'utiliser désormais le modèle suivant.

> Acte de naissance n°…………….
> Prénom(s) NOM
>
> ENFANT : NOM : ……………………… suivant déclaration conjointe du ……… (date de la déclaration reçue pour le premier enfant commun[a]
>
> a. À supprimer en l'absence de présentation d'une déclaration conjointe ou en cas d'application d'une loi étrangère (v. n° 531. 1° de l'IGREC).

…/…

Prénom(s) :
Sexe : ....
Né(e) le : (jour, mois, année) à : .... heure(s) .... minutes
À : (lieu de naissance)

PÈRE : NOM : ....
Prénom (s) : ....
Né le : jour, mois, année
À : commune (département ou pays)
Profession :
Domicile :

MÈRE : NOM : ....
Prénom(s) : ....
Née le : jour, mois, année
À : commune (département ou pays)
Profession :
Domicile :

ÉVÉNEMENTS RELATIFS À LA FILIATION
(antérieurs a l'établissement du présent acte)
Mariage des père et mère le .... à ....
Transcription du dispositif du jugement d'adoption[b] plénière[c] rendu le ... par le tribunal de grande instance de ...

Acte transcrit par Nous, Prénom(s), NOM, (qualité de l'officier de l'état civil) sur réquisitions du procureur de la République près le tribunal de grande instance de ... transmises à la date du ......
Date et heure de l'acte : jour, mois, année, heure(s), minute(s)
Signature de l'officier de l'état civil

MENTION(S)

---

b. Si la réquisition est adressée par le parquet de Nantes au service central d'état civil après vérification d'opposabilité (voir n° 585-3), il y a lieu d'ajouter « rendu le ... Par... dont les effets sont identiques à l'adoption plénière en droit français ».
c. S'il s'agit d'une décision d'adoption rendue à l'étranger déclarée exécutoire par une juridiction française, il y a lieu d'ajouter les mots suivants : « rendu le ... par......, déclaré exécutoire par jugement ».

2. L'acte d'enfant sans vie

Les conditions d'établissement de l'acte d'enfant sans vie ainsi que les effets de celui-ci sont inchangés. Ainsi, l'enfant sans vie ne peut recevoir de nom ou faire l'objet d'une reconnaissance.

En revanche, la suppression des notions de filiations légitime et naturelle a pour conséquence de substituer aux formules d'actes d'enfant sans vie figurant au paragraphe 469 de l'instruction générale relative à l'état civil un modèle unique établi sous forme de rubriques et conformes aux dispositions de l'article 79-1 du Code civil.

Dans la mesure où l'acte d'enfant sans vie n'a pas pour effet d'établir le lien de filiation et que l'article 79-1 précise que l'acte comprend les renseignements relatifs à l'état civil des père et mère, la rubrique « père » doit être complétée dès lors que l'officier de l'état civil dispose de ces renseignements.

Il n'y a plus lieu de différencier, lorsque les parents ne sont pas mariés, selon que le père est le déclarant de l'enfant sans vie ou non.

Acte d'enfant sans vie n°...........
Date de l'accouchement : jour, mois, année
Heure : heure (s), minute (s)
Lieu : commune (département)

Prénom(s) de l'enfant sans vie[a] ....

PÈRE : Nom : ....
Prénom(s) : ....
Né le : jour, mois, année
À : commune (département ou pays)
Profession : ....
Domicile : ....

MÈRE : Nom : ....
Prénom(s) : ....
Née le : jour, mois, année
À : commune (département ou pays)
Profession : ....
Domicile : ....

Parent (s) déclarant[b] :
Tiers déclarant : Prénom(s), NOM, âge, profession, domicile
Date et heure de l'acte : jour, mois, année, heure(s), minute(s)
Après lecture et invitation à lire l'acte avec Nous, Prénom(s) NOM (qualité de l'officier de l'état civil, avons signé avec le déclarant.
(Signatures) du déclarant de l'officier de l'état civil

MENTION(S)

---

a. Le cas échéant.
b. Père et/ou mère.

* * *

III. Le nouveau modèle de livret de famille

Le livret de famille est désormais réglementé par le décret du 15 mai 1974 modifié par le décret n° 2006-640 du 1er juin 2006 et par l'arrêté du 1er juin 2006 fixant le modèle de livret de famille, qui instaure un nouveau modèle unique.

Ce modèle unique de livret de famille se substitue aux précédents modèles de livret d'époux, de père ou de mère naturel, de parents naturels ou de père ou mère adoptif. Ainsi, les parents non mariés ne pourront plus se voir délivrer un livret de père ou de mère, même si le lien de filiation n'est établi qu'à l'égard de l'un d'entre eux à la date de l'établissement du livret de famille.

Il comporte, comme c'était déjà le cas, des extraits des actes de l'état civil des époux, parents et enfants (annexe I de l'arrêté) ainsi que des informations relatives à l'état civil et au droit de la famille (annexe II de l'arrêté).

À partir du 1er juillet 2006, les livrets de famille doivent donc être délivrés conformément au nouveau modèle défini par cet arrêté.

Toutefois, pendant une période transitoire de six mois, allant jusqu'au 31 décembre 2006, il est possible de continuer à délivrer soit des anciens livrets d'époux à l'issue des mariages célébrés avant le 1er juillet 2006, soit des anciens livrets de famille de parents naturels lors de la naissance du premier enfant survenue à compter de cette date et ce même si le lien de filiation de cet enfant n'est établi qu'à l'égard d'un seul parent. Dans ce cas, seul l'extrait d'acte de naissance du parent concerné sera rempli, l'autre extrait restant vierge. Par ailleurs, l'utilisation de ces anciens formulaires ne saurait dispenser du respect des dispositions énoncées par le décret n° 2006-640 du 1er juin 2006, qui prévoit une remise automatique du livret de famille. Par conséquent, les livrets de « père ou mère célibataire », ou de « père ou mère d'un enfant adopté » ne peuvent plus être délivrés. S'agissant de la délivrance de l'ancien livret de « parents naturels ».

Il est par ailleurs rappelé qu'il appartient aux titulaires du livret de famille de faire procéder à sa mise jour par l'officier de l'état civil compétent. L'officier de l'état civil qui reçoit ou transcrit un acte ou une décision judiciaire devant être porté ou mentionné sur le livret de famille est tenu de réclamer au déclarant le livret de famille afin de le compléter sans délai. L'usage d'un livret incomplet ou inexact en raison des changements intervenus dans l'état des personnes considérées est passible de sanctions pénales.

La falsification ou l'usage frauduleux justifie la confiscation du livret de famille et expose son auteur aux poursuites pénales mentionnées au paragraphe n° 603-1 de l'instruction générale relative à l'état civil.

Le contenu du livret de famille est limitativement énuméré par le décret. Tout livret de famille est constitué par la réunion des extraits d'actes d'état civil suivants :

– un extrait de l'acte de mariage;

– un extrait de l'acte de naissance du ou des parents à l'égard desquels la filiation est établie ainsi qu'un extrait de l'acte de naissance de l'enfant;

– l'extrait de l'acte de décès des époux ou parents et des enfants décédés avant leur majorité.

En revanche, les extraits renseignés varient selon la situation soumise à l'officier de l'état civil. Les extraits non utilisés sont laissés en blanc afin d'être complétés lorsqu'un événement correspondant le permettra.

Les rubriques non utilisées dans les extraits renseignés sont en revanche neutralisées par des signes distinctifs (astérisques, ...).

En tout état de cause, il ne doit rien contenir qui ne figure dans les actes originaux à partir desquels il est établi, dans la limite des dispositions du décret et de l'arrêté du 1er juin 2006. Ainsi le nom d'usage, l'indication que l'intéressé a été baptisé religieusement ou en la forme républicaine ne constituent pas des indications devant figurer sur le livret de famille.

1. Les conditions et modalités de délivrance du livret de famille

Aux termes de l'article 1er du décret du 15 mai 1974 modifié, le livret de famille est remis automatiquement par l'officier de l'état civil à l'occasion de l'un des événements suivants :

– aux époux lors de la célébration du mariage,

– aux parents, ou à celui d'entre eux à l'égard duquel la filiation est établie, lors de la déclaration de naissance du premier enfant,

– à l'adoptant, lors de la transcription sur les registres de l'état civil du jugement d'adoption d'un enfant par une personne seule.

Sous réserves de dispositions contraires[1], est donc seul compétent pour établir, délivrer ou mettre à jour un livret de famille, l'officier de l'état civil détenteur de l'acte d'origine.

1. V. art. 9 décret 1974 sur l'indication des déclarations de changement de nom.

1.1. La délivrance du livret de famille à raison du mariage

1.1.1. Les actes renseignés à l'occasion du mariage

Lorsque le livret est délivré à l'occasion du mariage, l'extrait de l'acte de mariage est établi conformément aux dispositions de l'article 11 du décret n° 62-921 du 3 août 1962 modifié. Il figure sur la double page du livret relative à l'état civil des époux et à la célébration du mariage. En conséquence, l'état civil de chacun des époux n'est pas extrait directement de leur acte de naissance.

Les rubriques suivantes ne doivent pas être complétées :

« Extrait délivré conforme à l'acte de naissance n°... le ....[2] *L'officier de l'état civil* *Sceau*[2] »	Extrait délivré conforme à l'acte de naissance n°... le ....[2] *L'officier de l'état civil* *Sceau*[2] »

Par conséquent l'officier de l'état civil célébrant doit uniquement remplir et signer la rubrique :

« Extrait délivré conforme à l'acte de mariage n°..., le .... *L'officier de l'état civil* *Sceau* »

1.1.2. Les actes renseignés postérieurement à la célébration du mariage

Il s'agit des extraits d'acte de naissance des enfants nés dans le mariage ainsi que des extraits d'actes de décès de chacun des époux et des enfants mineurs.

1.2. La délivrance du livret à raison de la naissance

L'officier de l'état civil compétent pour délivrer le livret de famille est celui du lieu de naissance du premier enfant, à l'exclusion de celui de la résidence des parents, à condition que la filiation soit établie à l'égard du parent demandeur.

Il est rappelé qu'il ne peut être délivré, à l'occasion de la naissance d'un enfant en France, de livret de famille à un parent de nationalité étrangère si ce parent n'a pas lui-même un acte de naissance détenu par un officier de l'état civil français. L'officier de l'état civil français ne peut pas en effet compléter l'extrait d'acte de naissance du parent étranger et ce même si ce parent lui produit une copie ou un extrait émanant des autorités étrangères dont il dépend. Cette règle est applicable quelle que soit la nationalité du nouveau-né.

1.2.1. Les actes renseignés lors de l'établissement du livret

1.2.1.1. L'extrait de l'acte de naissance des père et mère

L'extrait de l'acte de naissance des père et / ou mère figurant sur la double page « Époux ou père ». « Épouse ou mère »

2. Ne pas compléter et signer lorsque les renseignements d'état civil sont apposés à l'occasion du mariage et constituent l'extrait de l'acte de mariage.

est rempli par l'officier de l'état civil détenteur des actes originaux, qui doit également remplir, pour ce qui le concerne, la rubrique suivante :

Extrait délivré conforme à l'acte de naissance n°... le .... *L'officier de l'état civil* *Sceau* »

L'extrait de l'acte de naissance de chacun des père et mère ne doit figurer sur le livret de famille que si la filiation est établie à son égard : l'indication du nom de la mère dans l'acte de naissance suffit désormais à établir la filiation maternelle; en revanche, la filiation paternelle résulte toujours d'une reconnaissance volontaire (ou d'un acte de notoriété constatant la possession d'état).

Lorsque la filiation n'est pas établie à l'égard de l'un des parents lors de la délivrance du livret, la rubrique correspondante doit être laissée vierge afin de permettre, le cas échéant, de la remplir ultérieurement à l'occasion de l'établissement du second lien de filiation.

Cet extrait doit être établi conformément aux dispositions de l'article 12 du décret du 15 mai 1974 modifié, qui dérogent à celles de l'article 11 du décret n° 62-921 du 3 août 1962. Ainsi les mentions relatives à leur sexe, situation matrimoniale ainsi que date et lieu de naissance de leurs propres parents ne doivent pas être reproduites sur le livret de famille. Lorsque l'acte de naissance de l'un des parents n'est pas détenu par un officier de l'état civil français, aucune indication relative à l'état civil de ce parent ne peut figurer sur le livret de famille (sauf en cas de mariage postérieur à l'établissement du livret v. *infra*).

1.2.1.2. L'extrait de l'acte de naissance de l'enfant

a – L'acte de naissance détenu par un officier de l'état civil français

L'extrait de l'acte de naissance de l'enfant donnant lieu à la délivrance du livret de famille ainsi que de ses cadets doit être établi conformément aux dispositions de l'article 10 du décret du 3 août 1962 précité.

En cas de naissances multiples, les enfants sont inscrits dans l'ordre chronologique résultant de l'ordre d'établissement des actes de naissance. La mention « premier, deuxième... jumeau » n'étant pas prévue par l'article 57 du Code civil, elle ne doit pas figurer sur le livret de famille.

Dans l'hypothèse où le premier né ne peut être inscrit lors de l'établissement du livret, il convient d'inscrire le deuxième enfant à la place qui lui est réservée en laissant la page « premier enfant » vierge. L'officier de l'état civil qui procède à cette inscription doit alors adresser sans délai le livret à son homologue détenteur de l'acte de naissance du premier enfant (IGREC 624 B).

S'agissant de l'indication de la reconnaissance, il ne faut pas confondre entre l'indication contenue dans l'acte et celle apposée en mention marginale.

– L'indication de la reconnaissance dans le corps de l'extrait

L'extrait comporte le cas échéant, les date et lieu de la reconnaissance de l'enfant, lorsque celle-ci a été faite au plus tard lors de la déclaration de naissance et qu'elle figure dans le corps même de l'acte de naissance.

L'officier de l'état civil ne doit faire figurer que ses date et lieu ainsi que la qualité de l'auteur de la reconnaissance (« père », « mère », « père et mère »).

En cas de reconnaissance par les deux parents à des dates distinctes, l'officier de l'état civil doit faire porter ces indications dans l'ordre de souscription des reconnaissances. L'indication doit être ainsi rédigée : « reconnu(e) le ... par sa mère et le ... par son père ».

– L'indication de la reconnaissance en mention marginale

La reconnaissance souscrite postérieurement à l'établissement de l'acte de naissance et à l'inscription de l'enfant dans le livret de famille doit donner lieu à l'apposition de la mention marginale correspondante.

b – L'acte de naissance de l'enfant étranger est détenu par une autorité étrangère

Ne peuvent figurer dans le livret de famille que des extraits d'actes de l'état civil détenus par une autorité française. L'extrait d'acte de naissance d'un enfant étranger né à l'étranger ne peut donc en principe y figurer.

À titre dérogatoire, l'article 8 du décret du 15 mai 1974 dans sa version applicable avant le 1er juillet 2006 disposait : « Les extraits des actes de naissance des enfants étrangers pour lesquels l'acte de naissance n'est pas conservé par une autorité française peuvent, si les parents le demandent, être portés sur les livrets de famille au vu d'une copie ou d'un extrait de l'acte étranger déposé au service central de l'état civil du ministère des affaires étrangères. »

Ces dispositions étaient issues du décret 80-308 du 25 avril 1980 « portant application des articles 98 à 98-4 et 99-1 du Code civil relatif à l'état civil des personnes nées à l'étranger qui acquièrent ou recouvrent la nationalité française (...) ».

Elles avaient pour seul objectif de permettre l'inscription de certains enfants étrangers (IGREC 625-A) dont les parents étaient devenus français mais qui n'avaient pu bénéficier de l'effet collectif actuellement prévu par l'article 22-1 du Code civil.

La nouvelle rédaction de l'article 8 du décret du 15 mai 1974 issue du décret du 1er juin 2006 explicite désormais la portée de ces dispositions dérogatoires.

Il en résulte que toute demande d'inscription de l'extrait d'acte de naissance d'un enfant étranger né à l'étranger sur un livret de famille français est irrecevable sauf si l'un des parents de cet enfant a acquis la nationalité française (pour les autres conditions IGREC 625-A).

1.2.1.3. Les extraits renseignés postérieurement à l'établissement du livret

Conformément aux dispositions de l'article 3 du décret, le livret de famille est ultérieurement complété, selon le cas, par les extraits des actes de l'état civil suivants :

1° L'extrait de l'acte de mariage des parents;

2° L'extrait de l'acte de naissance du parent à l'égard duquel la filiation est établie postérieurement à la date de délivrance du livret. Lorsque plusieurs enfants figurent déjà sur le livret de famille, cette inscription n'est possible que si ce parent est commun à tous les enfants. Dans les autres cas, le livret est restitué et deux nouveaux livrets sont délivrés, l'un mentionnant les enfants communs aux deux parents, l'autre les enfants dont la filiation n'est établie qu'à l'égard de l'un des parents;

3° Les extraits des actes de naissance des enfants communs ou, lorsque la filiation n'est établie qu'à l'égard d'un parent, des enfants dont la filiation n'est établie qu'à l'égard de ce parent;

4° Les extraits des actes de décès des enfants morts avant leur majorité;

5° Les extraits des actes de décès des époux ou des parents.

Les points 4 et 5 sont sans changement et n'appellent donc pas de commentaire particulier.

Le livret de famille peut être également complété lorsque l'acte de naissance du parent étranger dont la filiation est établie à l'égard de l'enfant, qui n'était pas détenu par une autorité française, est établi par le service central d'état civil suite à l'acquisition de la nationalité française par ce parent.

a – L'extrait de l'acte de mariage des parents

Sauf lorsque les parents sont en possession d'un livret de famille de parents, père ou mère naturels ancien modèle, leur mariage, célébré à compter du 1er juillet 2006, ne donne pas lieu à délivrance d'un nouveau livret. Ils conservent le livret qui leur a été délivré à l'occasion de la naissance de leur(s) enfant(s) et qui doit être actualisé par l'officier de l'état civil célébrant. Ce dernier complète alors les rubriques par les informations qui ne figurent pas déjà dans le livret.

Dans tous les cas, il doit remplir la rubrique :

> « Mariage célébré à .... le .... à ....
> heures ....
> Les futurs époux ont déclaré (compléter selon le cas « qu'il n'a pas été fait de contrat de mariage » ou « qu'un contrat de mariage a été reçu le .... par maître ...., notaire à .... »)
> Extrait délivré conforme à l'acte de mariage n°.........,
> le ....
>
> *L'officier de l'état civil*
> *Sceau*

En outre, il peut compléter celle relative à l'état civil de l'un des époux lorsqu'elle n'avait pu être complétée, soit parce que la filiation n'était pas établie, soit parce que ce conjoint étant de nationalité étrangère, son acte de naissance n'est détenu par aucun officier de l'état civil français.

b – L'extrait de l'acte de naissance du parent à l'égard duquel la filiation est établie postérieurement à la date de délivrance du livret

Le livret de famille a, comme auparavant, vocation à regrouper sur un même document les extraits des actes de l'état civil de la famille constituée autour des mêmes père et mère.

Ainsi, lorsque plusieurs enfants dont la filiation est établie à l'égard d'un seul parent figurent sur un même livret, l'extrait de l'acte de naissance de l'autre parent ne peut être mentionné, lors de l'établissement du second lien de filiation, que si ce parent est commun à tous les enfants.

L'officier de l'état civil procède à la vérification de cette condition et si tous les enfants ne sont pas communs, le livret de famille initialement délivré doit être restitué. Il établit alors deux livrets de famille distincts, l'un sur lequel figurent les enfants communs aux père et mère, l'autre mentionnant les enfants dont la filiation n'est établie qu'à l'égard d'un parent.

Ces livrets sont établis conformément aux dispositions générales. Chaque officier de l'état civil appose l'extrait de l'acte de naissance dont il est dépositaire.

Ainsi, lorsque les enfants ne sont pas issus des mêmes père et mère, plusieurs livrets de famille doivent être établis.

c – Les extraits des actes de naissance des enfants

Lors de l'établissement du lien de filiation à l'égard des autres enfants, l'officier de l'état civil les inscrit :

– s'ils sont communs aux père et mère figurant sur le livret,

– si leur filiation n'est établie qu'à l'égard du parent seul mentionné dans le livret de famille.

Dans le cas contraire, un nouveau livret de famille doit être établi dans les conditions de la section II.

2. La délivrance d'un second livret

2.1. La délivrance d'un livret après un divorce ou une séparation

Un second livret peut être remis à la demande de celui des parents qui n'est pas détenteur du premier livret à l'officier de l'état civil de son lieu de résidence et l'accord de l'autre parent n'a pas à être exigé.

En cas de divorce ou de séparation de corps, le demandeur doit justifier sa demande par la production à l'officier de l'état civil requis de la décision de divorce ou de séparation de corps.

Lorsque la demande émane d'un parent non marié, il doit justifier de la nécessité de disposer d'un second livret, notamment en prouvant la séparation par la production d'une décision judiciaire ou d'une convention homologuée.

2.2. La délivrance d'un second livret après vol ou perte du livret

Le demandeur doit s'adresser à l'officier de l'état civil du lieu de sa résidence.

L'article 14 alinéa 3 oblige chaque officier de l'état civil détenteur des actes originaux à inscrire les extraits des actes dont il est dépositaire. Ainsi si l'officier de l'état civil ayant célébré le mariage n'est pas dépositaire de l'acte de naissance des époux, le livret de famille doit être adressé aux officiers compétents.

3. Le remplacement d'un ancien livret de famille par un nouveau modèle de livret

Sous réserve des situations particulières suivantes, il ne saurait être question de généraliser la délivrance des nouveaux livrets de famille et d'imposer le remplacement des anciens livrets par les nouveaux. Les possesseurs d'un livret ancien ne bénéficient d'aucun droit à ce qu'il leur soit délivré un nouveau livret.

Néanmoins :

1. – En cas de mariage des parents après le 1er juillet 2006, le livret de famille ancien modèle de parents naturels doit être restitué et détruit par l'autorité qui délivre le nouveau livret.

L'officier de l'état civil qui célèbre le mariage délivre un nouveau livret après avoir rempli l'extrait de l'acte de mariage et l'avoir adressé aux officiers de l'état civil dépositaires des actes de naissance des enfants afin qu'ils l'actualisent.

Jusqu'au 31 décembre 2006, les anciens « livrets de famille d'époux » peuvent être délivrés, conformément à l'arrêté modificatif du ...

2. – En cas de demande d'un second livret par le parent qui en est dépourvu, alors que l'autre parent détient un livret ancien modèle.

La demande est faite à l'officier de l'état civil du lieu de résidence.

Dans cette hypothèse, le nouveau livret est établi par reproduction des actes figurant dans l'ancien livret.

ANNEXE n° 1
MODÈLE DE DÉCLARATION DE CHOIX D'UN NOM DE FAMILLE

(Enfant dont la filiation est établie à l'égard des deux parents à la date de la déclaration de naissance – application de l'article 311-21 du Code civil.)

Nous soussignés,

Prénom(s) :

NOM du père :

Né le :

À :

Domicile :

Prénom(s) :

NOM de la mère :

Née le :

À :

Domicile :

attestons sur l'honneur que l'enfant[1] :

Prénom(s) :

Né(e) le :

À :

(ou) à naître

est notre premier enfant pour lequel une déclaration conjointe de choix de nom est possible et déclarons choisir pour lui le nom de famille suivant :

....

Nous sommes informés que ce nom sera inscrit dans l'acte de naissance[2] de notre enfant si et cette déclaration est remise à l'officier de l'état civil lors de la déclaration de naissance et sous réserve que le lien de filiation soit établi à l'égard de chacun de nous.

Fait à … le …

Signatures du père de la mère

Avertissement : En application de l'article 441-7 du Code pénal est puni d'un an d'emprisonnement et de 15 000 euros d'amende le fait :

1° d'établir une attestation ou un certificat faisant état de faits matériellement inexacts;

2° de falsifier une attestation ou un certificat originairement sincère;

3° de faire usage d'une attestation ou d'un certificat inexact ou falsifié.

Les peines sont portées à trois ans d'emprisonnement et à 45 000 euros d'amende lorsque l'infraction est commise en vue de porter préjudice au Trésor public ou au patrimoine d'autrui.

ANNEXE n° 2
MODÈLE DE DÉCLARATION DE CHOIX D'UN NOM DE FAMILLE

(Enfant dont la filiation est établie simultanément à l'égard de ses père et mère postérieurement à la déclaration de naissance : déclaration conjointe produite au moment de la reconnaissance simultanée – application de l'article 311-21 du Code civil.)

Nous soussignés,

Prénom(s) :

NOM du père :

Né le :

À :

Domicile :

Prénom(s) :

NOM de la mère :

Née le :

À :

Domicile :

attestons sur l'honneur que l'enfant[3] :

Prénom(s) :

Né(e) le :

À :

est notre premier enfant pour lequel une déclaration conjointe de choix de nom est possible et déclarons choisir pour lui le nom de famille suivant :

....

Nous sommes informés que, la filiation étant établie simultanément à l'égard de notre enfant, ce nom sera mentionné en marge de son acte de naissance[4],

Fait à … le …

Signatures du père de la mère

Rappel : Avis de mention à envoyer.

Avertissement : En application de l'article 441-7 du Code pénal est puni d'un an d'emprisonnement et de 15 000 euros d'amende le fait :

1° d'établir une attestation ou un certificat faisant état de faits matériellement inexacts;

2° de falsifier une attestation ou un certificat originairement sincère;

3° de faire usage d'une attestation ou d'un certificat inexact ou falsifié.

Les peines sont portées à trois ans d'emprisonnement et à 45 000 euros d'amende lorsque l'infraction est commise en vue de porter préjudice au Trésor public ou au patrimoine d'autrui.

ANNEXE n° 3
MODÈLE DE DÉCLARATION DE CHANGEMENT DE NOM

(Enfant dont la filiation est établie de manière différée à l'égard de ses père et mère, l'un au moins étant postérieur à la déclaration de naissance : application de l'article 311-23 al. 2.)

Nous soussignés,

Prénom(s) :

NOM du père :

1. Il peut s'agir du premier jumeau ou d'un enfant adopté plénièrement.
2. Si l'enfant de nationalité française naît à l'étranger, la déclaration de choix de nom doit être remise à l'officier de l'état civil consulaire et la transcription de l'acte de naissance doit lui être demandée le plus rapidement possible, dans un délai maximum de trois ans après la naissance (art. 311-21 al. 2).
3. Il peut s'agir du premier jumeau ou d'un enfant adopté plénièrement.
4. Si l'enfant naît de nationalité française à l'étranger, la déclaration de choix de nom doit être remise à l'officier de l'état civil consulaire et la transcription de l'acte de naissance doit lui être demandée le plus rapidement possible, dans un délai maximum de trois ans après la naissance (art. 311-21 al. 2).

Né le :
À :
Domicile :
Prénom(s) :
NOM de la mère :
Née le :
À :
Domicile :
déclarons que notre enfant commun
Prénom(s) :
NOM :
Né(e) le :
À :
demeurant à (ou avec ses père et/ou mère) :
prend désormais le nom de :
Fait à .... le ....
Signatures du père de la mère de l'officier de l'état civil

ANNEXE n° 4
CONDITIONS DE RECEVABILITÉ D'UNE DÉCLARATION DE CHOIX DE NOM ET D'UNE DÉCLARATION DE CHANGEMENT DE NOM

Tableaux pratiques : que doit faire l'officier de l'état civil ?

1°/ Une déclaration de choix de nom est remise à l'officier de l'état civil lors de la déclaration de naissance d'un enfant dont la filiation est établie à l'égard de ses deux parents, (ou lors de la reconnaissance conjointe postnatale). L'officier de l'état civil doit–il recevoir la déclaration de choix de nom et indiquer le nom choisi dans l'acte de naissance ?

	Situation familiale de l'enfant « A » au jour de la déclaration de naissance (ou de la reconnaissance conjointe postnatale)		**La déclaration de choix de nom est-elle recevable ?**
1	« A » n'a pas de frère ou de sœur dont la filiation a déjà été établie à l'égard du même père et de la même mère et dont le nom a été dévolu par l'application de l'article 311-21 (Peu importe que « A » ait un frère ou une sœur aîné né avant le 1er janvier 2005 et dont la filiation avait été établie selon les modalités que décrit l'article 311-21).		Oui, sous réserve des situations n° 3 et 5.
2	« A » a au moins un frère ou une sœur aîné, « B », dont la filiation a été établie selon les modalités énoncées à l'article 311-23 du Code civil à l'égard des mêmes père et mère que lui (même si la naissance de « B » est antérieure au 1er juillet 2006).	Aucune déclaration de changement de nom n'a été faite après le 30 juin 2006. Peu importe qu'il existe une déclaration de substitution de nom (ancien C. civ., art. 334-2) ou une déclaration de changement de nom faite avant le 30 juin 2006.	Oui, sous réserve des situations n° 4 et 5.
3		Une déclaration de changement de nom a été faite pour un de ces frères et sœurs « B » après le 30 juin 2006.	Non « A » reçoit le même nom que « B ».
4	« A » a au moins un frère ou une sœur, « B », dont la filiation est déjà établie à l'égard des mêmes père et mère que lui et dont le nom a été dévolu par l'application de l'article 311-21 du Code civil (peu importe qu'il y ait eu déclaration de choix de nom ou pas).		
5	« A » a au moins un frère ou une sœur aînée « B », née entre le 2 septembre 1990 et le 31 décembre 2004 qui a fait l'objet d'une déclaration d'adjonction de nom en application de l'article 23 de la loi du 4 mars 2002 modifiée.		

2°/ Il est produit une déclaration de changement de nom pour un enfant mineur « A » dont le second de lien de filiation n'a été établi que postérieurement à l'acte de naissance. Cette déclaration est-elle libre ou les parents n'ont-ils pour seul choix que de changer le nom de l'enfant pour le nom d'un autre enfant commun précédent ?

	Situation familiale de l'enfant « A » au jour de la déclaration de changement de nom		**La déclaration de changement de nom peut-elle être faite librement ?**
1	« A » n'a pas de frère ou de sœur dont la filiation a déjà été établie à l'égard du même père et de la même mère et dont le nom a été dévolu par l'application de l'article 311-21 (Peu importe que « A » ait un frère ou une sœur aîné né avant le 1er janvier 2005 et dont la filiation avait été établie selon les modalités que décrit l'article 311-21).		Oui, sous réserve des situations n° 3 et 5.
2	« A » a au moins un frère ou une sœur, « B », dont la filiation a été établie selon les modalités énoncées à l'article 311-23 du Code civil à l'égard des mêmes père et mère que lui (même si la naissance de « B » est antérieure au 1er juillet 2006).	Aucune déclaration de changement de nom n'a été faite après le 30 juin 2006. Peu importe qu'il existe une déclaration de substitution de nom (ancien C. civ., art. 334-2) ou une déclaration de changement de nom faite avant le 30 juin 2006.	Oui, sous réserve des situations n° 4 et 5.
3		Une déclaration de changement de nom a été faite pour un de ces frères et sœurs, « B », après le 30 juin 2006.	Non Le changement de nom de « A » n'est recevable que s'il a pour effet de donner à « A » le même nom que celui de l'enfant « B »
4	« A » a au moins un frère ou une sœur, « B », dont la filiation est déjà établie à l'égard des mêmes père et mère que lui et dont le nom a été dévolu par l'application de l'article 311-21 du Code civil (peu importe qu'il y ait eu déclaration de choix de nom ou pas).		
5	« A » a au moins un frère ou une sœur aîné « B », née entre le 2 septembre 1990 et le 31 décembre 2004 qui a fait l'objet d'une déclaration d'adjonction de nom en application de l'article 23 de la loi du 4 mars 2002 modifiée.		

En appliquant la règle précisée par ces tableaux, l'officier de l'état civil peut être confronté à la situation où l'enfant « A » a deux frères ou sœurs, entrant l'un dans la catégorie n° 3 et l'autre dans la catégorie n° 4 et qui portent des noms différents. En effet, entre le 1er janvier 2005 et le 30 juin 2006, la règle de l'unité du nom de la fratrie était moins rigoureuse et permettait de telles hypothèses. Dans ce cas, il convient de laisser aux parents la possibilité de choisir le nom dévolu à l'enfant « A », entre les noms portés par les précédents enfants communs.

61.14

CIRCULAIRE DU 5 FÉVRIER 2007, DE PRÉSENTATION DE LA RÉFORME DU PACTE CIVIL DE SOLIDARITÉ

N° CIRCULAIRE : CIV/03-07/309-06/C1/3-9-1/ER/MCT
N° NOR : JUS : C07 201 05C
Date d'application : À compter du 1er janvier 2007

INTRODUCTION

Entrée en vigueur le 1er janvier 2007, la loi n° 2006-728 du 23 juin 2006 *portant réforme des successions et des libéralités* comporte plusieurs dispositions modifiant le régime juridique du pacte civil de solidarité (PACS).

La définition du PACS est restée inchangée : celui-ci demeure un contrat conclu par deux personnes physiques majeures, de sexe différent ou de même sexe, pour organiser leur vie commune (C. civ., art. 515-1).

En revanche, des modifications importantes ont été apportées à la procédure d'enregistrement ainsi qu'aux modalités de publicité du pacte civil de solidarité (I et II). Par ailleurs, le régime patrimonial des partenaires a été entièrement réécrit (III).

Certaines de ces modifications avaient fait l'objet de propositions figurant dans le rapport remis le 30 novembre 2004 au Garde des Sceaux par le groupe de travail chargé de réfléchir aux améliorations susceptibles d'être apportées au pacte civil de solidarité.

Cette réforme, entrée en vigueur plus de 7 ans après la loi n° 99-944 du 15 novembre 1999, répond à la nécessité de renforcer la sécurité juridique des partenaires et celle des tiers, à l'égard desquels la conclusion, la modification et la dissolution du PACS sont susceptibles de produire des effets juridiques importants. Elle garantit également une meilleure publicité du pacte civil de solidarité par sa mention en marge de l'acte de naissance des partenaires.

I. L'enregistrement de la déclaration, de la modification et de la dissolution du pacte civil de solidarité (C. civ., art. 515-3 et 515-7)

Sans remettre en cause le principe de l'enregistrement du pacte civil de solidarité par le greffe du tribunal d'instance dans le ressort duquel les partenaires fixent leur résidence commune, la loi du 23 juin 2006 a simplifié les modalités de cet enregistrement.

En effet, depuis le 1er janvier 2007, le greffe ayant reçu la déclaration conjointe de PACS est seul compétent pour procéder à l'enregistrement non seulement des modifications mais également de la dissolution du pacte civil de solidarité, quelle qu'en soit la cause. Ces nouvelles dispositions sont applicables aux pactes conclus avant le 1er janvier 2007.

Par ailleurs, les greffes des tribunaux d'instance n'ont plus vocation à assurer la publicité du PACS, qui fait l'objet d'une mention à l'état civil.

L'application de ce nouveau dispositif a conduit, depuis le 1er janvier 2007, à la suppression de l'enregistrement des informations relatives au PACS sur le registre dit « de naissance » tenu par les greffes de tribunaux d'instance, y compris pour les pactes conclus avant cette date. De même, s'agissant des pactes conclus avant le 1er janvier 2007 par des partenaires nés à l'étranger, il n'y a plus lieu de renseigner le registre du tribunal de grande instance de Paris.

Un seul registre (équivalent de l'ancien registre « de résidence ») est désormais tenu par le greffe du tribunal d'instance, le registre « de naissance » n'ayant plus à être mis à jour. Le registre du tribunal de grande instance de Paris enregistre désormais, aux seules fins de publicité, les pactes conclus à compter du 1er janvier 2007 par des ressortissants de nationalité étrangère nés à l'étranger.

Il convient toutefois de noter que le registre « de naissance » conserve son utilité et doit par conséquent être conservé au greffe dans la mesure où il y a lieu d'assurer, pendant la période transitoire, la publicité des pactes conclus avant le 1er janvier 2007, dans l'hypothèse où les partenaires n'auront pas sollicité l'application anticipée des nouvelles règles de publicité.

Les conditions dans lesquelles il est procédé à l'enregistrement de la déclaration, la modification et la dissolution du PACS sont détaillées dans la présente circulaire.

II. La publicité du pacte civil de solidarité (C. civ., art. 515-3-1)

Au terme des nouveaux articles 515-3-1 et 515-7 du Code civil, la conclusion, la modification et la dissolution du PACS font l'objet d'une mention apposée en marge de l'acte de naissance de chaque partenaire par l'officier de l'état civil détenant cet acte.

Cette mention indique l'identité de l'autre partenaire. Cette formalité conditionne l'opposabilité aux tiers de la conclusion du PACS et de sa modification ou de sa dissolution.

À partir de l'extrait d'acte de naissance sans filiation, il est désormais possible :

– aux partenaires de justifier de leur situation sans avoir à obtenir du greffe un certificat de non-pacte ou une attestation d'inscription sur les registres du PACS,

– aux tiers d'avoir accès plus facilement à une information fiable et complète sur la situation des deux partenaires.

Les greffes de tribunaux d'instance n'ont donc plus, en principe, à délivrer ces informations ou documents, sous réserve de l'application du dispositif transitoire.

S'agissant des partenaires étrangers nés à l'étranger, qui ne disposent pas d'un acte de naissance français, la publicité du PACS demeure assurée à partir du registre tenu par le greffe du tribunal de grande instance de Paris.

Ce greffe délivre aux tiers les mêmes informations que celles accessibles à partir de l'extrait d'acte de naissance sans filiation.

Il convient toutefois de noter que la loi a différé l'application de ces nouvelles règles de publicité aux partenaires ayant conclu un pacte avant le 1er janvier 2007 (art. 47-V de la loi n° 2006-728 du 23 juin 2006).

En effet, le législateur a estimé nécessaire de laisser à ces partenaires un délai de réflexion supplémentaire, dans la mesure où la loi du 15 novembre 1999 avait organisé un régime de publicité plus restreint.

Ce délai doit donc permettre aux partenaires concernés de dissoudre leur pacte s'ils ne souhaitent pas se voir appliquer le nouveau régime de publicité, ou au contraire d'en demander l'application anticipée s'ils souhaitent y être soumis sans attendre le 1er janvier 2008.

La présente circulaire décrit l'organisation du nouveau dispositif de publicité. Son application durant la période transitoire fait l'objet de développements spécifiques.

III. Les effets du pacte civil de solidarité (C. civ., art. 515-4 à 515-5-3)

La loi du 23 juin 2006 a clarifié le régime primaire (C. civ., art. 515-4) applicable d'office aux partenaires d'un pacte civil de solidarité, et a simplifié le régime d'organisation patrimoniale qui leur est applicable en leur permettant de choisir le système juridique le mieux adapté à leurs attentes (C. civ., art. 515-5 à 515-5-3). Elle a par ailleurs permis d'offrir au partenaire survivant du PACS certains droits sur le logement commun, lorsque celui-ci appartenait en tout ou partie au partenaire défunt.

A. Le régime primaire (C. civ., art. 515-4)

L'article 515-4 du Code civil prévoit désormais deux composantes de ce régime primaire. La première concerne les relations entre les partenaires, la seconde porte sur leurs rapports avec les tiers.

1°) Les relations entre les partenaires

Le premier alinéa de l'article 515-4 du Code civil indique désormais que les partenaires s'engagent à une vie commune, ainsi qu'à une aide matérielle et une assistance réciproques. Cette obligation d'aide et d'assistance entre partenaires englobe d'abord la contribution aux charges de la vie courante mais revêt également un caractère plus large sur le plan pécuniaire et extrapatrimonial.

Il est en outre maintenant précisé qu'à défaut de disposition contraire dans le pacte, l'aide matérielle est proportionnelle aux facultés respectives des partenaires.

2°) Les rapports entre les partenaires et les tiers

Le deuxième alinéa de l'article 515-4 du Code civil maintient le principe de solidarité entre partenaires à l'égard des tiers pour les dettes contractées par chacun d'eux au titre des dépenses de la vie courante. En revanche, il n'est désormais plus fait référence aux dépenses relatives au logement commun.

En outre, les dépenses manifestement excessives engagées par l'un seulement des partenaires sont également exclues du champ de la solidarité. La détermination du caractère excessif de la dépense est soumise à l'appréciation souveraine des juridictions, au regard notamment du train de vie des partenaires.

B. Le régime des biens (C. civ., art. 515-5 à 515-5-3)

La loi du 23 juin 2006 offre une alternative entre deux régimes patrimoniaux. Le premier, qui constitue le régime légal, est fondé sur la séparation des patrimoines, alors que le second permet aux partenaires d'opter pour un régime d'indivision organisée.

1°) Le régime légal (C. civ., art. 515-5)

Le nouveau régime de séparation des patrimoines s'applique à défaut de stipulation contraire dans la convention de PACS.

En vertu des nouvelles dispositions, et sauf dispositions contraires de la convention initiale ou d'une convention modificative, chacun des partenaires conserve l'administration, la jouissance et la libre disposition de ses biens personnels. Chacun d'eux reste également seul tenu des dettes nées de sa personne, avant ou pendant le pacte, hors le cas de l'article 515-4 alinéa 2 du Code civil.

Tant à l'égard de son partenaire que des tiers, chacun des partenaires peut prouver par tout moyen qu'il a la propriété exclusive d'un bien. Les biens sur lesquels aucun des partenaires ne peut justifier d'une propriété exclusive sont réputés leur appartenir indivisément, à chacun pour moitié.

2°) Le régime optionnel (C. civ., art. 515-5-1 à 515-5-3)

L'article 515-5-1 du Code civil permet aux partenaires d'opter pour un régime d'indivision organisée.

Les partenaires qui optent pour le régime de l'indivision organisée doivent indiquer clairement leur choix dans la convention originale ou, en cours d'union, dans une convention modificative.

À compter de l'enregistrement de la convention initiale ou modificative au terme de laquelle les partenaires ont opté pour le régime d'indivision organisée, les biens appartiennent pour moitié indivise à chaque partenaire, sans que l'un des partenaires puisse ultérieurement exercer un recours contre l'autre même s'il a acquis seul ces biens.

Toutefois, afin d'éviter certaines difficultés d'ordre civil ou fiscal, l'article 515-5-2 du Code civil prévoit que certains biens sont exclus du champ de cette indivision organisée.

Ainsi, demeurent la propriété personnelle de chaque partenaire :

1° Les deniers perçus par chacun des partenaires, à quelque titre que ce soit, postérieurement à la conclusion du pacte et non employés à l'acquisition d'un bien;

2° Les biens créés et leurs accessoires;

3° Les biens à caractère personnel;

4° Les biens ou portions de biens acquis au moyen de deniers appartenant à un partenaire antérieurement à l'enregistrement de la convention initiale ou modificative aux termes de laquelle ce régime a été choisi;

5° Les biens ou portions de biens acquis au moyen de deniers reçus par donation ou succession;

6° Les portions de biens acquises à titre de licitation de tout ou partie d'un bien dont l'un des partenaires était propriétaire au sein d'une indivision successorale ou par suite d'une donation.

L'emploi de deniers tels que définis au 4° et 5° fait l'objet d'une mention dans l'acte d'acquisition. À défaut, le bien est réputé indivis par moitié et ne donne lieu qu'à une créance entre partenaires.

S'agissant de la gestion des biens pendant la durée du PACS, à défaut de disposition contraire dans la convention de PACS, chaque partenaire est gérant de l'indivision et dispose des pouvoirs reconnus par les articles 1873-6 et suivants du Code civil en matière d'indivision conventionnelle.

Pour l'administration des biens indivis, les partenaires pourront conclure dans la convention de PACS une convention relative à l'exercice de leurs droits indivis dans les conditions énoncées aux articles 1873-1 et suivants du Code civil. Pour les biens soumis à publicité foncière, cette convention devra être, à peine d'inopposabilité, publiée à la conservation des hypothèques, à l'occasion de chaque acte d'acquisition. Sauf disposition contraire dans la convention initiale ou modificative, la convention d'indivision prendra fin par la dissolution du PACS.

C. Le régime applicable aux partenaires ayant conclu un pacte civil de solidarité avant le 1er janvier 2007

À compter du 1er janvier 2007, les règles résultant du nouveau régime primaire (engagement de vie commune, aide matérielle, assistance mutuelle et solidarité), sont applicables de plein droit à tous les partenaires, quelle que soit la date de l'enregistrement de leur convention.

Concernant le régime des biens, les nouvelles règles (régime légal de séparation des patrimoines et régime optionnel d'indivision organisée) ne sont pas applicables de plein droit aux partenaires ayant enregistré leur convention avant le 1er janvier 2007. Ceux-ci restent soumis, pour la propriété et la gestion de leurs biens, aux dispositions de l'ancien article 515-5 du Code civil.

S'ils souhaitent bénéficier du nouveau régime, ces partenaires doivent conclure une convention modificative en ce sens (art. 47-V-II-2° de la loi du 23 juin 2006). Ils peuvent le faire à tout moment, selon les modalités de droit commun applicables aux conventions modificatives. Il leur appartient, dans la convention modificative, d'exprimer sans équivoque la volonté de bénéficier du nouveau régime patrimonial entré en vigueur le 1er janvier 2007. À défaut de précision supplémentaire, ils seront soumis aux dispositions de l'article 515-5 du Code civil (régime de séparation des patrimoines). S'ils souhaitent opter pour le régime d'indivision organisée (C. civ., art. 515-5-1), ils doivent le mentionner expressément.

D. Droit des partenaires survivant sur le logement commun (C. civ., art. 515-6)

La réforme du 23 juin 2006 n'a pas mis en place entre les partenaires une vocation héréditaire légale. Le partenaire survivant ne peut hériter du partenaire défunt que si ce dernier l'avait expressément prévu par une disposition testamentaire en ce sens.

Toutefois, l'article 515-6 du Code civil prévoit deux dispositions relatives au logement commun lorsque le partenaire qui était propriétaire de ce logement est décédé.

D'une part, le deuxième alinéa de l'article 515-6 du Code civil prévoit que le partenaire survivant pourra demander l'attribution préférentielle du logement dont le défunt était propriétaire en tout ou partie si le testament du défunt le prévoit.

D'autre part, le troisième alinéa de l'article 515-6 du Code civil permet au partenaire survivant de bénéficier d'un droit de jouissance du logement pendant un an à compter du décès du partenaire propriétaire de tout ou partie de celui-ci.

***

Deux décrets, publiés au Journal Officiel du 31 décembre 2006, ont été pris pour l'application de ces nouvelles dispositions :

– le décret n° 2006-1806 du 23 décembre 2006 relatif à la déclaration, la modification, la dissolution et à la publicité du pacte civil de solidarité,

– le décret n° 2006-1807 du 23 décembre 2006 relatif à l'enregistrement, à la conservation et au traitement des données à caractère personnel relatives à la formation, la modification et la dissolution du pacte civil de solidarité.

Ces décrets abrogent les décrets n° 99-1089, 99-1090 et 99-1091 du 21 décembre 1999.

La présente circulaire a pour objet de détailler les conséquences pratiques qui résultent de cette réforme, tant pour les greffes que pour les officiers de l'état civil. Elle se substitue à la circulaire n° 00/2 du 11 octobre 2000.

Pour des raisons de commodité, chacun des deux décrets susvisés sera désigné par son numéro.

1re PARTIE : LA PROCÉDURE D'ENREGISTREMENT DE LA DÉCLARATION CONJOINTE DE CONCLUSION D'UN PACTE CIVIL DE SOLIDARITÉ

I. – Le dépôt du dossier au greffe

1. La vérification par le greffe de sa compétence territoriale

Conformément au premier alinéa de l'article 515-3 du Code civil, le greffe compétent pour enregistrer le pacte civil de solidarité est celui du tribunal d'instance dans le ressort duquel les partenaires déclarent fixer leur résidence commune.

Les intéressés n'ont pas besoin de résider déjà ensemble au moment de la déclaration. En revanche, ils doivent déclarer au greffe l'adresse qui sera la leur dès l'enregistrement du pacte.

La « résidence commune » doit s'entendre comme étant la résidence principale des intéressés quel que soit leur mode d'habitation (propriété, location, hébergement par un tiers). La résidence désignée par les partenaires ne peut donc correspondre à une résidence secondaire. En particulier, deux ressortissants étrangers résidant principalement à l'étranger ne peuvent valablement conclure un pacte civil de solidarité.

Les partenaires font la déclaration de leur adresse commune par une attestation sur l'honneur.

Le greffier doit vérifier que cette adresse est située dans son ressort. Aucun autre justificatif n'est à exiger, mais le greffier doit appeler l'attention des intéressés sur le fait que toute fausse déclaration est susceptible d'engager leur responsabilité pénale.

Lorsque la condition de résidence n'est pas remplie, le greffier rend une décision d'irrecevabilité motivée par son incompétence territoriale (liste en annexe III n° 1). Cette décision est remise aux intéressés et les informe qu'ils disposent d'un recours devant le président du tribunal de grande instance statuant en la forme des référés.

2. Les pièces et documents justificatifs qui doivent être fournis par les partenaires

2.1 Pièce d'identité

Le greffier doit tout d'abord s'assurer de l'identité des partenaires.

À cette fin, chaque partenaire doit produire l'original de sa carte nationale d'identité ou de tout autre document officiel délivré par une administration publique comportant ses nom et prénoms, la date et le lieu de sa naissance, sa photographie et sa signature, ainsi que l'identification de l'autorité qui a délivré le document, la date et le lieu de délivrance de celuici.

Il en va de même chaque fois que les partenaires doivent justifier de leur identité.

Le greffe conserve une copie de ce document.

2.2. Pièces d'état civil

La production des pièces d'état civil doit permettre au greffier de déterminer qu'il n'existe pas d'empêchement légal à la conclusion du pacte civil de solidarité au regard des articles 506-1, 515-1 et 515-2 du Code civil.

Les pièces permettant de vérifier que ces trois séries de conditions sont réunies diffèrent selon que l'état civil des partenaires est ou non détenu par l'autorité française.

Dans tous les cas, doit être jointe une déclaration sur l'honneur par laquelle les partenaires indiquent n'avoir entre eux aucun lien de parenté ou d'alliance qui constituerait un empêchement au pacte civil de solidarité en vertu de l'article 515-2 du Code civil.

2.2.1. Partenaires dont l'acte de naissance est détenu par l'autorité française

1°) Copie intégrale ou extrait avec filiation de l'acte de naissance
Ces pièces doivent être récentes et, dans la mesure du possible, dater de moins de trois mois.

La copie intégrale ou l'extrait avec filiation de l'acte de naissance permet de vérifier :

a) que les partenaires sont majeurs

– Un mineur ne peut conclure un pacte civil de solidarité, même s'il a été émancipé par décision expresse ou par un mariage dissous avant sa majorité.

– À l'égard des ressortissants étrangers, l'âge de la majorité est fixé par la loi de l'État dont ils sont ressortissants.

b) la situation de chaque partenaire au regard des régimes de protection

Le placement sous curatelle ou tutelle donne lieu à l'apposition en marge de l'acte de naissance d'une mention d'inscription au répertoire civil.

Si cette mention figure sur la copie intégrale ou l'extrait d'acte de naissance remis par le partenaire, le greffier doit inviter ce dernier à demander au tribunal de grande instance de son lieu de naissance ou, en cas de naissance à l'étranger, au service central d'état civil (SCEC) de Nantes, une copie de l'extrait du répertoire civil le concernant.

– L'article 506-1 du Code civil interdit aux majeurs placés sous tutelle de conclure un pacte civil de solidarité. Cette interdiction est absolue. Les dispositions de l'article 501 du Code civil qui permettent au juge des tutelles d'autoriser le majeur protégé à passer certains actes, seul ou avec l'assistance du tuteur, ne sont donc pas applicables.

– En revanche, aucune disposition n'empêche un majeur sous curatelle de conclure un PACS.

Certes, ce majeur ne peut, aux termes de l'article 510 du Code civil, faire sans l'assistance de son curateur un acte qui, sous le régime de la tutelle, requiert une autorisation du conseil de famille, c'est-à-dire essentiellement les actes de disposition.

Toutefois, la conclusion d'un pacte civil de solidarité ne constitue pas en elle-même un tel acte, même si ses signataires sont susceptibles d'y inclure des clauses dont l'application correspondra à ce type d'acte. Il importe donc que le greffier appelle l'attention du partenaire placé sous curatelle sur les dispositions de l'article 510-1 du Code civil qui sanctionne par la nullité les actes accomplis par le majeur seul alors qu'ils auraient nécessité l'assistance de son curateur.

Par ailleurs, l'article 511 du Code civil prévoit que le juge des tutelles, en ouvrant la curatelle ou dans un jugement postérieur, peut énumérer certains actes pour lesquels l'assistance d'un curateur est requise.

Le greffier doit donc vérifier, lorsque le partenaire est placé sous un régime de curatelle que le jugement n'a pas exigé l'assistance d'un curateur à ce type d'acte.

c) qu'aucun des partenaires n'est déjà engagé dans un PACS encore en cours

C'est seulement à compter du 1er juillet 2008 que la copie intégrale ou l'extrait d'acte de naissance permettra à lui seul de vérifier qu'aucun des partenaires n'est déjà lié par un autre PACS.

Avant cette date, il demeure nécessaire que les partenaires fournissent un certificat de non-inscription sur le registre du PACS, dans la mesure où l'absence, sur l'acte de naissance, de mention marginale relative au PACS n'apporte pas une information fiable à cet égard *(voir 5e partie « La période transitoire »).*

d) l'absence de lien de parenté ou d'alliance au sens de l'article 515-2 du Code civil

Il n'est pas possible de conclure un pacte civil de solidarité :

– entre parents et alliés proches : grands-parents et petits-enfants, parents et enfants; frère et sœur; tante et neveu, oncle et nièce; beaux-parents et gendre ou belle-fille. À la différence de ce qui existe pour le mariage, il n'existe pas de régime de dispense même à titre exceptionnel;

– si l'un des intéressés est déjà marié ou s'il a déjà conclu un pacte civil de solidarité toujours en cours.

2°) Pièces complémentaires
Lorsque l'un des partenaires a été antérieurement marié, il doit également produire le livret de famille relatif à chaque union antérieure.

Ces pièces permettent de vérifier l'absence de lien de parenté ou d'alliance au sens de l'article 515-2 du Code civil.

2.2.2 Partenaires de nationalité étrangère nés à l'étranger

1°) Certificat de coutume
En application des règles du droit international privé français, les règles applicables à l'état des personnes sont définies par la loi de l'État dont l'intéressé est ressortissant.

L'objet du certificat de coutume est de permettre au greffier de s'assurer que le ressortissant étranger est célibataire, qu'il est majeur au regard de sa loi nationale et qu'il n'est pas placé sous un régime de protection.

Ce document est en principe établi par l'autorité ou par la représentation diplomatique ou consulaire de l'État dont l'intéressé est ressortissant. À défaut, il peut être établi par un avocat ou un juriste disposant d'une connaissance particulière de la loi étrangère en cause.

Le contenu du certificat de coutume n'est pas légalement défini. Pour permettre au greffier d'exercer sa mission, l'autorité étrangère doit certifier, en s'appuyant sur la législation en vigueur dans son pays et au vu des pièces d'état civil produites par l'intéressé, qu'au regard de sa loi personnelle, il est majeur, juridiquement capable et célibataire. Pour permettre au greffier d'exercer sa mission, ce document doit reproduire le contenu de la loi étrangère et décrire les pièces d'état civil qui permettent de vérifier qu'il n'existe pas d'empêchement à la conclusion du PACS par le partenaire étranger. Certains États étrangers refusent – ou ne sont pas en mesure – de délivrer ce document, notamment lorsque le pacte civil de solidarité ou son équivalent n'existe pas dans leur législation interne.

Afin d'assurer la protection des partenaires et la sécurité juridique des tiers qui contractent avec eux, il est toutefois essentiel que soient réunis certains éléments concernant l'état des personnes désirant conclure un PACS.

Aussi, en l'absence d'établissement d'un certificat de coutume complet, le greffier doit demander au partenaire étranger de faire établir par les autorités de son pays un certificat qui précise *a minima :*

– l'âge de la majorité tel qu'il est prévu par la loi étrangère et l'indication que l'intéressé est ou non majeur au vu de sa loi personnelle;

– si sa loi nationale connaît un régime de protection juridique des majeurs, et, le cas échéant, si l'intéressé a ou non la capacité juridique de conclure un contrat.

Ces deux catégories d'informations ne sont pas spécifiques au PACS et correspondent à celles exigées pour la conclusion de nombreux contrats, y compris en droit étranger.

En ce qui concerne la condition de célibat, si l'autorité étrangère n'atteste pas d'emblée du célibat du partenaire, il peut lui être demandé de préciser selon quels moyens cette preuve est rapportée dans sa législation.

À tout le moins, certaines autorités consulaires étrangères ne délivrant pas de certificat de coutume, même partiel, acceptent d'établir une attestation aux termes de laquelle elles précisent avoir reçu de leurs ressortissants la déclaration sur l'honneur qu'ils sont célibataires, majeurs et juridiquement capables de contracter.

C'est donc seulement dans l'hypothèse où le refus des autorités consulaires d'établir l'un de ces documents est démontré que la remise d'une attestation sur l'honneur rédigée par les intéressés eux-mêmes peut être tolérée. Le recours à cette attestation doit toutefois rester exceptionnel, dans la mesure où il ne saurait être question de se satisfaire systématiquement des seules déclarations des intéressés.

2°) Les pièces d'état civil correspondantes

Ces pièces doivent dater de moins de six mois.

Elles doivent être traduites en langue française soit par un traducteur assermenté inscrit sur la liste de la Cour de cassation ou la liste de la cour d'appel, soit par le consul de France dans le pays étranger où l'acte a été dressé, soit par les autorités consulaires étrangères en France.

Elles doivent également être légalisées à moins qu'existe entre la France et l'État étranger concerné une convention dispensant de cette formalité.

Le greffier n'a pas à exiger la production du titre de séjour du ressortissant étranger. En effet, aucune disposition ne subordonne l'enregistrement du pacte civil de solidarité au fait que le partenaire étranger soit en situation régulière sur le territoire français.

3°) Un certificat attestant de la non inscription sur le registre du greffe du tribunal de grande instance de Paris

L'obligation de produire ce certificat est maintenue pour les partenaires étrangers nés à l'étranger, dans la mesure où la vérification de ce qu'ils ne sont pas déjà engagés dans un pacte encore en cours ne peut être faite à partir de leur acte de naissance étranger.

Ce document est délivré par le greffe du tribunal de grande instance de Paris à la demande de toute personne de nationalité étrangère née à l'étranger.

Il doit être établi sur l'imprimé disponible dans PACTI (liste en annexe III n° 2).

4°) Une attestation délivrée par le service central de l'état civil de Nantes

Ce document est demandé lorsque le partenaire de nationalité étrangère réside en France depuis plus d'un an, afin de vérifier qu'aucune décision le concernant ne figure au répertoire civil annexe.

2.2.3. Réfugiés politiques

Si l'un des partenaires est réfugié ou apatride, la copie de l'acte de naissance est remplacée par la remise d'un certificat tenant lieu d'acte de naissance délivré par le Directeur général de l'Office français pour la protection des réfugiés et apatrides (OFPRA).

Ce certificat porte les mêmes mentions que celles figurant sur l'acte d'état civil qu'il supplée (mariage, divorce, inscription au répertoire civil…).

2.3. La convention

La convention peut désormais être conclue non seulement par acte sous seing privé mais également par acte authentique (C. civ., art. 515-3).

En effet, les partenaires ne sont plus tenus de présenter au greffe deux exemplaires de leur convention.

Lorsque le pacte est conclu par acte sous seing privé, les partenaires en remettent l'original. Lorsqu'il est conclu en la forme authentique, ils remettent une expédition de l'acte notarié qui est conservé au rang des minutes du notaire (article 1er du décret n° 2006-1806).

Aucune forme ni contenu particulier autres que ceux prévus par les règles de droit commun applicables aux actes sous seing privé ou authentiques ne sont requis, de sorte que la convention peut simplement faire référence aux dispositions de la loi du 15 novembre 1999 et aux articles 515-1 à 515-7 du Code civil.

La convention doit toutefois être rédigée en langue française et comporter la signature des deux partenaires.

Si l'un des partenaires est placé sous curatelle assortie de l'exigence de l'autorisation du curateur pour conclure un pacte civil de solidarité, la convention doit porter la signature du curateur à côté de celle de la personne protégée. Il appartient au greffier de vérifier la qualité du curateur contresignataire de la convention en sollicitant la production de la décision judiciaire le désignant, ainsi que la photocopie d'un titre d'identité.

Il ne revient pas au greffier d'apprécier la validité des clauses de la convention de pacte civil de solidarité, ni de conseiller les parties quant au contenu de leur convention. S'il est interrogé par les partenaires sur ce point, il importe qu'il les renvoie à consulter un notaire ou un avocat. Si la convention paraît contenir des dispositions contraires à l'ordre public, le greffier informe les partenaires du risque d'annulation. Si les intéressés maintiennent ces dispositions, il doit enregistrer le pacte en les informant qu'il en saisit le procureur de la République.

II. – La déclaration conjointe et la vérification des pièces produites

1. Comparution personnelle et simultanée des partenaires

Pour faire enregistrer leur déclaration de pacte civil de solidarité, les partenaires doivent se présenter en personne et ensemble au greffe du tribunal d'instance dans le ressort duquel ils fixent leur résidence commune. En raison du caractère éminemment personnel de cet acte, ils ne peuvent recourir à un mandataire.

1.1. Empêchement momentané de l'un des partenaires

Si l'un des deux partenaires est momentanément empêché, le greffier doit inviter celui qui se présente seul à revenir ultérieurement avec son futur partenaire pour l'enregistrement du pacte civil de solidarité.

1.2. Empêchement durable de l'un des partenaires

Lorsque l'un des partenaires est empêché et qu'il ne paraît pas envisageable de différer l'enregistrement dans un délai raisonnable, le greffier peut se déplacer jusqu'à lui.

En cas d'hospitalisation ou d'immobilisation à domicile, l'impossibilité de se déplacer jusqu'au greffe doit être justifiée par un certificat médical.

– Si le partenaire empêché se trouve dans son ressort, le greffier se déplace auprès de lui, pour constater sa volonté de conclure un pacte civil de solidarité avec le partenaire non empêché.

Il importe que le greffier dispose de la convention de PACS et s'assure que le partenaire empêché est bien le signataire de celle-ci.

La procédure d'enregistrement se poursuit aussitôt au greffe en présence du seul partenaire non empêché.

– Si le partenaire empêché se trouve hors de son ressort, le greffier transmet au greffe du tribunal d'instance territorialement compétent une demande de recueil de déclaration de volonté de conclure un PACS, précisant l'identité des intéressés et l'adresse du lieu dans lequel se trouve le partenaire empêché (liste en annexe III n° 3).

À la réception de cette demande, le greffier destinataire doit se déplacer pour constater la volonté de l'intéressé de conclure un pacte civil de solidarité. Il dresse procès-verbal de ce constat qu'il transmet aussitôt au greffier du tribunal d'instance qui l'a saisi (liste en annexe III n° 4).

La procédure d'enregistrement se poursuit au greffe de ce tribunal en présence du seul partenaire non empêché.

2. La vérification des pièces produites par les partenaires

Le greffier qui constate que le dossier est incomplet doit inviter les partenaires à le compléter. Il n'y a pas lieu, dans cette hypothèse, de rendre une décision d'irrecevabilité.

Le greffier qui constate, au vu des pièces fournies par les partenaires, soit une incapacité, soit un empêchement au regard des articles 506-1, 515-1 ou 515-2 du Code civil doit refuser d'enregistrer la déclaration.

Ce refus doit faire l'objet d'une décision motivée d'irrecevabilité (décr. n° 2006-1807, art. 1er dernier alinéa) dont le greffe garde un exemplaire, une copie certifiée conforme étant remise aux partenaires (liste en annexe III n° 5).

La décision de refus d'enregistrement informe les requérants qu'ils peuvent exercer un recours devant le président du tribunal de grande instance, ou son délégué, statuant en la forme des référés.

III. – L'enregistrement de la déclaration de pacte civil de solidarité

Après avoir procédé aux vérifications décrites ci-dessus et s'être assuré que les partenaires ont bien entendu conclure un pacte civil de solidarité, le greffier enregistre la déclaration de pacte civil de solidarité.

Cet enregistrement confère date certaine au pacte civil de solidarité, la convention produisant ses effets entre les partenaires à compter de cette date.

En principe, la preuve de l'enregistrement du PACS peut être faite par les partenaires au moyen du visa figurant sur leur convention de PACS, et, trois jours plus tard, par la production d'un extrait d'acte de naissance ou du document établi par le greffe du tribunal de grande instance de Paris (pour les partenaires étrangers nés à l'étranger) portant mention du PACS.

Toutefois, dans certains cas, les partenaires peuvent exprimer le besoin d'obtenir immédiatement une attestation et il peut alors leur être remis, s'ils en font la demande, un récépissé d'enregistrement établi sur papier ordinaire (liste en annexe III n° 6).

Selon l'article 4 du décret n° 2006-1807 le greffier enregistre :

1°) les nom, prénoms, date et lieu de naissance des partenaires;

2°) le sexe de chaque partenaire;

3°) la date de la déclaration conjointe;

4°) le numéro d'enregistrement du pacte civil de solidarité;

Le numéro d'enregistrement doit être composé impérativement de 15 caractères comprenant :

– le code INSEE du tribunal d'instance (5 caractères) ou du greffe détaché;

– l'année du dépôt de la déclaration du pacte civil de solidarité (4 caractères);

– le numéro d'ordre chronologique (6 caractères).

La numérotation étant annuelle, elle ne doit pas s'effectuer de manière continue mais recommencer à la première unité au début de chaque année.

EXEMPLES D'ENREGISTREMENT :

> *Le dernier pacte civil de solidarité inscrit en 1999 au tribunal d'instance de Bordeaux est : 33063 1999 000160.*
> *Le premier pacte civil de solidarité inscrit à ce tribunal en 2000 est : 33063 2000 000 001.*

Ce numéro sert à l'identification du dossier pendant toute la durée de conservation des données relatives au pacte civil de solidarité.

L'article 32 de la loi n° 78-17 du 6 janvier 1978 relative à l'informatique, aux fichiers et aux libertés est applicable au recueil par les greffiers des données à caractère personnel concernant les partenaires du pacte civil de solidarité.

En conséquence, le greffier doit délivrer aux partenaires les informations prévues à cet article (identification du responsable du traitement, finalité poursuivie, caractère obligatoire du recueil des données, catégories de destinataires des données, existence et modalités d'exercice du droit d'accès).

À cet effet, il remet à chaque partenaire une fiche d'information (liste en annexe III n° 7).

IV. – Le visa de la convention

De manière concomitante à l'enregistrement de la déclaration de pacte civil de solidarité, le greffier vise en fin d'acte, après avoir numéroté et paraphé chaque page et en reportant sur la dernière le nombre total de pages, la convention qui lui a été remise par les parties.

Le visa consiste en l'apposition du numéro et de la date d'enregistrement de la déclaration, de la signature du greffier et du sceau de la juridiction :

> « Déclaration de pacte civil de solidarité enregistrée le … à …
> Sous le n°… »

La date portée par le greffier sur la convention est celle du jour de l'enregistrement de la déclaration de pacte civil de solidarité.

Le greffier restitue aux partenaires la convention dûment visée sans en garder de copie.

Il rappelle aux partenaires que sa conservation relève de leur responsabilité, notamment lorsque celle-ci a été conclue par acte sous seing privé, et les invite à prendre toutes mesures pour en éviter la perte.

V. – La publicité de la déclaration de pacte civil de solidarité

La déclaration de pacte civil de solidarité fait désormais l'objet d'une mention apposée en marge de l'acte de naissance de chaque partenaire. Lorsque l'un des partenaires est de nationalité étrangère et né à l'étranger, cette information est portée sur le registre tenu au tribunal de grande instance de Paris (C. civ., art. 515-3-1).

1. L'avis de mention à l'officier de l'état civil

Après avoir enregistré la déclaration conjointe de pacte civil de solidarité, le greffier avise l'officier de l'état civil détenteur de l'acte de naissance de chaque partenaire. Cet avis est envoyé par lettre simple (liste en annexe III n° 8).

La déclaration de PACS n'est opposable aux tiers qu'au jour où sont accomplies les formalités de publicité.

Il en résulte que, s'agissant des relations entre les partenaires et les tiers, des conséquences juridiques importantes sont attachées à l'accomplissement de ces formalités. Il est donc indispensable que l'avis de mention soit adressé à l'officier de l'état civil avec une particulière diligence.

En pratique, cet envoi doit être effectué immédiatement après l'enregistrement de la déclaration de PACS.

À cet égard, il convient de noter qu'au terme de l'article 515-3-1 du Code civil, le registre tenu par le greffe du tribunal de grande instance de Paris est désormais réservé aux seuls pactes conclus par des partenaires « de nationalité étrangère nés à l'étranger ».

Par conséquent, n'y sont plus enregistrées les données relatives aux pactes conclus par tous les « partenaires nés à l'étranger » comme le prévoyait l'ancien article 515-3 du même code.

Lorsque l'un des partenaires est né à l'étranger, il importe donc que le greffe vérifie s'il est de nationalité française ou étrangère.

1.1. Lorsque le partenaire est né en France : la détermination de l'officier de l'état civil compétent se fait à partir de la copie intégrale ou de l'extrait d'acte de naissance fourni par chaque partenaire. L'officier de l'état civil compétent pour apposer la mention en marge de l'acte de naissance est celui ayant dressé cet acte.

1.2. Lorsque le partenaire né à l'étranger est de nationalité française : la transcription de son acte de naissance étranger est en principe détenue par le service central de l'état civil (SCEC) de Nantes. L'avis de mention doit donc être envoyé à l'adresse suivante :

Ministère des Affaires étrangères
Service central de l'état civil
11, rue de la Maison Blanche
44941 NANTES Cedex 09

Est susceptible de se présenter l'hypothèse dans laquelle un partenaire français, né à l'étranger, n'a jamais demandé la transcription de son acte de naissance étranger.

En effet, aucune disposition légale n'oblige les ressortissants français à demander la transcription sur les registres de l'état civil français des actes d'état civil étrangers qui les concernent.

Dans une telle hypothèse, il importe que le greffier, d'une part, rappelle au partenaire que l'effectivité du pacte civil de solidarité à l'égard des tiers est subordonnée à l'accomplissement des mesures de publicité, et, d'autre part, invite le partenaire à accomplir auprès du SCEC les démarches nécessaires à la transcription de son acte de naissance étranger.

Cette transcription offre d'ailleurs pour le ressortissant français lui-même plusieurs avantages.

En effet, il s'agit d'une procédure gratuite, à l'issue de laquelle l'intéressé dispose d'un acte d'état civil français, dont il peut se prévaloir chaque fois qu'il lui est demandé d'en produire une copie ou un extrait de son acte de naissance.

Par comparaison, l'acte d'état civil étranger doit nécessairement être accompagné de sa traduction par un traducteur-expert, et le cas échéant être légalisé, formalités dont le coût est laissé à la charge de l'intéressé et qui doivent être renouvelées chaque fois qu'il entend se prévaloir de cet acte étranger.

1.3. Lorsque le partenaire né à l'étranger est de nationalité étrangère : l'avis de mention doit être adressé au greffe du tribunal de grande instance de Paris (voir *infra*).

2. Contenu de la mention de déclaration de pacte civil de solidarité apposée sur l'acte de naissance des partenaires

L'officier de l'état civil doit apposer cette mention *dans les trois jours* de la réception de l'avis adressé par le greffe du tribunal d'instance, ou par le poste diplomatique ou consulaire, ayant enregistré la déclaration de pacte civil de solidarité.

La mention portée en marge de l'acte de naissance est la suivante :

> « PACS enregistré au tribunal d'instance *[au poste diplomatique ou consulaire]* de ... le ... (Date d'enregistrement par le greffe) Avec... (Prénom(s) NOM de l'autre partenaire) Né(e) le ... à ... (Date et lieu de naissance de l'autre partenaire)... (Date et lieu d'apposition de la mention par l'officier de l'état civil)...... (Qualité et signature de l'officier de l'état civil) »

Après avoir apposé cette mention en marge de l'acte de naissance, l'officier de l'état civil remplit et retourne au greffe ou au poste diplomatique ou consulaire ayant enregistré le PACS, le récépissé figurant sur l'avis de mention (liste en annexe III n° 8).

La date d'inscription en marge de l'acte de naissance n'a pas à être enregistrée par le greffe du tribunal d'instance.

En revanche, le récépissé complété par l'officier de l'état civil doit être classé au dossier contenant les autres pièces dont le greffe doit assurer la conservation.

3. Données enregistrées par le greffe du tribunal de grande instance de Paris

Lorsque l'un des partenaires est de nationalité étrangère et né à l'étranger, les informations relatives au PACS sont enregistrées sur le registre du tribunal de grande instance de Paris.

L'avis aux fins de mention sur ce registre est envoyé par le greffe (au besoin par télécopie au 01 44 32 94 11) ou par le poste diplomatique ou consulaire ayant enregistré le PACS (liste en annexe III n° 9).

Dans les trois jours suivant la réception de cet avis, le greffe du tribunal de grande instance de Paris enregistre :

1°) – les nom, prénoms, date et lieu de naissance de chaque partenaire,

2°) – le sexe de chaque partenaire,

3°) – la date de la déclaration conjointe,

4°) – le numéro d'enregistrement du pacte civil de solidarité.

Une fois cet enregistrement effectué, il informe le greffe du tribunal d'instance (au besoin par télécopie) ou le poste diplomatique ou consulaire (par lettre simple) l'ayant requis à cette fin).

Cet avis est classé par le greffe du tribunal d'instance au dossier contenant les autres pièces relatives au pacte civil de solidarité.

2e PARTIE : LA MODIFICATION DU PACTE CIVIL DE SOLIDARITÉ

Pendant toute la durée du pacte, les partenaires peuvent modifier les dispositions de la convention qu'ils ont conclue (C. civ., art. 515-3 et 2 du décret n° 2006-1806).

Les nouvelles modalités d'enregistrement de la modification du pacte civil de solidarité sont applicables dès le 1er janvier 2007 aux pactes conclus avant cette date.

Pour les partenaires ayant conclu un pacte civil de solidarité avant le 1er janvier 2007, cette convention modificative peut notamment avoir pour objet de soumettre la gestion de leurs biens aux règles des nouveaux articles 515-5 à 515-5-3 du Code civil En effet, au terme de l'article 47-V-2° de la loi du 23 juin 2006, les nouvelles dispositions régissant le régime patrimonial des partenaires ne sont pas applicables de plein droit aux pactes conclus avant le 1er janvier 2007, mais les partenaires concernés peuvent opter pour ce nouveau régime par convention modificative.

Quelle que soit la date à laquelle le PACS avait été conclu, et quel que soit le motif de la modification, le greffe du tribunal d'instance qui a reçu la déclaration initiale de pacte civil de solidarité est seul compétent pour enregistrer la convention modificative.

À l'occasion de la demande d'enregistrement de la modification du PACS, le greffier peut informer les partenaires ayant conclu leur pacte avant le 1er janvier 2007 de la possibilité qui leur est offerte de demander l'application anticipée des nouvelles règles de publicité en effectuant une demande en ce sens.

I. – L'enregistrement de la modification du pacte civil de solidarité

Les partenaires peuvent soit se présenter en personne au greffe du tribunal d'instance, soit lui adresser la convention portant modification de leur convention initiale.

1. Comparution personnelle des partenaires

Les partenaires doivent justifier de leur identité et indiquer au greffe la date et le numéro d'enregistrement du pacte initial. Ils ne peuvent recourir à un mandataire.

Ils produisent la convention modificative, lorsque celle-ci a été conclue par acte sous seing privé, ou l'expédition de l'acte notarié portant cette modification.

Une convention initiale conclue par acte sous seing privé peut être modifiée par une convention conclue par acte notarié, et inversement.

Les partenaires n'ont pas à produire leur convention initiale.

La convention modificative doit être écrite en langue française et signée par les deux partenaires.

2. Modification du pacte civil de solidarité sans comparution personnelle des partenaires

L'article 515-3 alinéa 5 du Code civil permet aux partenaires d'adresser la modification du pacte civil de solidarité au greffe ayant reçu leur déclaration initiale.

La convention de modification est alors adressée au greffe par lettre recommandée avec demande d'avis de réception (décr. n° 2006-1806, art. 2).

Les partenaires n'ont pas à joindre leur convention initiale, mais ils doivent indiquer la date et le numéro d'enregistrement de celle-ci.

La convention modificative doit être datée et signée par les deux partenaires.

Par ailleurs, chacun d'eux doit, pour justifier de son identité, joindre une photocopie d'un document officiel délivré par une administration publique comportant ses nom et prénoms, la date et le lieu de sa naissance, sa photographie et signature, ainsi que l'identification de l'autorité qui a délivré le document, la date et le lieu de délivrance de celui-ci.

À défaut, le greffier saisi doit informer les partenaires, par lettre recommandée avec demande d'avis de réception, qu'il est dans l'impossibilité d'enregistrer cette convention modificative.

II. – Le visa de la convention modificative

Après s'être assuré de ce que la convention modificative ne comporte pas de clause contraire à l'ordre public, le greffier l'enregistre en se reportant au numéro d'enregistrement déjà attribué aux partenaires.

De manière concomitante à cet enregistrement, il vise le document, après avoir numéroté et paraphé chaque page et en reportant sur la dernière le nombre total de pages.

Le visa consiste en l'apposition sur la dernière page du document du numéro d'enregistrement du pacte initial et de la date d'enregistrement de la modification, de la signature du greffier et du sceau de la juridiction.

La date portée par le greffier sur le document est identique à celle figurant sur le registre.

Le greffier restitue aux partenaires la convention modificative dûment visée lorsque ceux-ci sont présents. Lorsque les partenaires n'ont pas comparu personnellement, il leur retourne cette convention par lettre recommandée avec demande d'avis de réception.

Le greffier ne garde pas copie de la convention modificative et informe les partenaires que sa conservation relève de leur responsabilité.

III. – La publicité de la modification du pacte civil de solidarité

La modification du pacte civil de solidarité fait l'objet d'une mention en marge de l'acte de naissance de chaque partenaire, ou, lorsque l'un d'eux est né à l'étranger et de nationalité étrangère, d'un enregistrement sur le registre du greffe du tribunal de grande instance de Paris (C. civ., art. 515-3-1).

La procédure qui doit être suivie pour l'envoi de l'avis de mention au service de l'état civil compétent, ou au greffe du tribunal de grande instance de Paris, est identique à celle applicable après l'enregistrement de la déclaration de pacte civil de solidarité (décr. n° 2006-1806, art. 6) (liste en annexe III n° 8 ou 9).

La mention portée en marge de l'acte de naissance est la suivante :

> « Modification du PACS le ... (date de l'enregistrement de la modification par le greffe ou le poste diplomatique ou consulaire) le ... à ... (date et lieu d'apposition de la mention)...... (qualité et signature de l'officier de l'état civil) »

Lorsque l'information de la modification doit être portée sur le registre du tribunal de grande instance de Paris, le greffier se reporte au numéro d'enregistrement du PACS et inscrit la date de l'enregistrement de la modification par le greffe du tribunal d'instance ou le poste diplomatique ou consulaire (décr. n° 2006-1806, art. 4).

Le récépissé attestant de ce que la modification du pacte a été portée en marge de l'acte de naissance du ou des partenaires par l'officier de l'état civil, ou enregistrée par le greffe du tribunal de grande instance de Paris, est classé au dossier ouvert lors de l'enregistrement de la déclaration conjointe de pacte civil de solidarité.

Pour la publicité de la modification d'un pacte civil de solidarité conclu avant le 1er janvier 2007 : *voir 5e partie, « La période transitoire »*.

3e PARTIE : LA DISSOLUTION DU PACTE CIVIL DE SOLIDARITÉ

Les règles applicables à la dissolution du pacte civil de solidarité ont été modifiées par la loi du 23 juin 2006. Leur mise en œuvre est précisée aux articles 3 à 5 du décret n° 2006-1806.

Les nouvelles modalités de dissolution du pacte civil de solidarité sont applicables, dès le 1er janvier 2007, aux pactes conclus antérieurement à cette date.

Les cas de dissolution demeurent inchangés; ils sont prévus par l'article 515-7 nouveau du Code civil (décès ou mariage d'un ou des partenaires, déclaration conjointe des partenaires ou unilatérale de l'un d'eux).

Par ailleurs, l'article 506-1 alinéa 2 du Code civil prévoit toujours qu'il peut être mis fin au pacte civil de solidarité en cas de placement d'un partenaire sous tutelle, cette faculté étant exercée par le tuteur autorisé par le conseil de famille ou, à défaut, par le juge des tutelles. À cet égard, la loi du 23 juin 2006 ayant modifié la rédaction de l'article 515-7, il convient désormais de lire au deuxième alinéa de l'article 506-1 « selon les modalités prévues aux quatrième ou au cinquième alinéa de l'article 515-7 » en lieu et place de « selon les modalités prévues aux premier ou au deuxième alinéa de l'article 515-7 ».

En revanche, le greffe du tribunal d'instance ayant reçu la déclaration de pacte civil de solidarité est désormais seul compétent pour enregistrer la dissolution, quelle qu'en soit la cause.

En outre, comme la déclaration et la modification, la dissolution du pacte civil de solidarité fait l'objet d'une publicité à l'état civil ou, lorsque l'un des partenaires est de nationalité étrangère et né à l'étranger, d'un enregistrement par le greffe du tribunal de grande instance de Paris (s'agissant des règles applicables à la publicité des dissolutions de pactes conclus avant le 1er janvier 2007, *voir 5e partie : « La période transitoire »*).

La date à laquelle la dissolution du pacte civil de solidarité produit ses effets, entre les partenaires et à l'égard des tiers, diffère selon qu'elle intervient consécutivement au mariage ou au décès d'un ou des partenaires, ou bien qu'elle résulte d'une décision conjointe ou unilatérale de ces derniers.

I. – Dissolution du pacte civil de solidarité par le décès ou le mariage de l'un ou des partenaires

En application du premier alinéa de l'article 515-7 du Code civil, le pacte civil de solidarité se dissout par la mort de l'un des partenaires, ou par le mariage des partenaires ou de l'un d'eux.

1. Information du greffe du tribunal d'instance

Les partenaires n'ont plus l'obligation d'informer le greffe du tribunal d'instance du décès ou du mariage de leur partenaire.

En effet, l'article 515-7 du Code civil prévoit désormais que le greffier est informé du décès ou du mariage de l'un des partenaires par l'officier de l'état civil compétent, et l'article 3 du décret n° 2006-1806 du 23 décembre 2006 dispose que « l'officier de l'état civil requis pour apposer en marge de l'acte de naissance du ou des partenaires la mention du décès ou du mariage avise sans délai le greffe du tribunal d'instance du lieu d'enregistrement du pacte civil de solidarité ».

Ce nouveau mécanisme d'information doit permettre d'éviter qu'un pacte civil de solidarité qui serait juridiquement dissous par le décès ou le mariage de l'un ou des partenaires ne soit enregistré au greffe comme étant toujours en cours.

Il résulte des dispositions de l'article 3 précité que le greffe est informé par l'officier de l'état civil qui détient l'acte de naissance du ou des partenaires, et qui n'est d'ailleurs pas nécessairement celui ayant dressé l'acte de décès ou de mariage.

En cas de décès ou de mariage d'un seul des partenaires, le greffier est destinataire d'un seul avis envoyé par l'officier de l'état civil qui détient l'acte de naissance de ce partenaire. En cas de mariage ou de décès des deux partenaires, il doit être destinataire de deux avis envoyés par chacun des officiers de l'état civil détenant l'acte de naissance des époux ou par le même officier de l'état civil si les intéressés sont nés dans la même commune.

L'avis adressé par l'officier de l'état civil détenant l'acte de naissance du ou des partenaires doit mentionner à quelle date est intervenu le mariage ou le décès. Il doit également contenir les nom et prénoms des partenaires, ainsi que la date et le lieu d'enregistrement du pacte civil de solidarité.

Un modèle d'avis figure en annexe IV.

(Pour l'information du greffe dans l'hypothèse où le décès ou le mariage intervient entre le 1er janvier 2007 et le 30 juin 2008 et que le PACS, conclu avant le 1er janvier 2007, n'a pas fait l'objet d'une mention sur l'acte de naissance des partenaires, voir *infra* « *5e partie : La période transitoire* ».)

2. Enregistrement de la dissolution par le greffe

Le greffe du tribunal d'instance ayant enregistré la déclaration de pacte civil de solidarité se reporte au numéro d'enregistrement déjà attribué lors de l'enregistrement et enregistre la dissolution du pacte.

Il importe que le greffe prenne soin de distinguer, d'une part, la date d'enregistrement de la dissolution, et, d'autre part, la date de dissolution du pacte.

La date de dissolution du pacte est en effet la date du mariage ou du décès. C'est à cette date que le pacte civil de solidarité prend fin entre les partenaires et que la dissolution est opposable aux tiers (art. 515-7 al. 2).

Le greffe doit également enregistrer la cause de la dissolution du pacte (décès ou mariage).

Après avoir enregistré la dissolution, le greffier informe le partenaire survivant (en cas de décès de l'autre partenaire) ou les deux partenaires (en cas de mariage) de cet enregistrement.

Cette information doit être envoyée par lettre simple aux partenaires (liste en annexe III n° 11).

3. Publicité de la dissolution du pacte civil de solidarité

Le greffe du tribunal d'instance doit adresser à l'officier de l'état civil détenant l'acte de naissance du ou des partenaires l'avis aux fins de mention de la dissolution du pacte en marge de l'acte de naissance.

Cet avis doit être adressé même dans l'hypothèse où l'officier de l'état civil détenant l'acte de naissance du ou des partenaires est celui ayant dressé l'acte de décès ou de mariage. En effet, l'officier de l'état civil ne peut apposer la mention marginale de la dissolution du pacte qu'après avoir été requis en ce sens par le greffe.

Lorsque l'un des partenaires est de nationalité étrangère et né à l'étranger, cet avis est adressé au greffe du tribunal de grande instance de Paris.

Conformément à l'article 6 du décret n° 2006-1806, la mention de la dissolution du pacte doit être portée en marge de l'acte de naissance (ou, le cas échéant, enregistrée par le greffe du tribunal de grande instance de Paris) *dans les trois jours* de la réception de cet avis.

La mention portée en marge de l'acte de naissance est la suivante :

« Dissolution du PACS le … (Date du décès ou du mariage) le … à … (Date et lieu d'apposition de la mention)…… (qualité et signature de l'officier de l'état civil) »

Lorsque l'information de la dissolution doit être portée sur le registre du tribunal de grande instance de Paris, le greffier se reporte au numéro d'enregistrement du PACS et inscrit (décr. n° 2006-1807, art. 4) :

– la cause de la dissolution (décès ou mariage) et la date de celle-ci;

– la date d'effet de la dissolution entre les partenaires (date du décès ou du mariage);

– la date d'effet de la dissolution à l'égard des tiers (date du décès ou du mariage).

II. – Dissolution par déclaration conjointe des partenaires

En application du troisième alinéa de l'article 515-7 du Code civil, les partenaires peuvent mettre fin au pacte civil de solidarité, d'un commun accord, en remettant ou en adressant au greffe du tribunal d'instance une déclaration conjointe en ce sens.

1. Forme de la déclaration

Les deux partenaires peuvent comparaître ensemble afin de remettre au greffe leur déclaration conjointe de dissolution, ou lui adresser celle-ci, par lettre recommandée avec demande d'avis de réception (décr. nº 2006-1806, art. 4).

Ils ne peuvent recourir à un mandataire.

Les partenaires doivent justifier de leur identité (par l'envoi d'une copie de leur pièce d'identité lorsqu'ils ne comparaissent pas en personne) et indiquer au greffe la date et le numéro d'enregistrement du pacte initial.

La déclaration conjointe doit être écrite et signée par eux. Aucune forme particulière n'est requise. Elle doit simplement faire apparaître leur volonté commune de mettre fin au pacte civil de solidarité.

Le greffe conserve l'original de cette déclaration (décr. nº 2006-1806, art. 7 al. 3) et le classe au dossier.

2. Enregistrement de la déclaration

Pour enregistrer la dissolution, le greffier se reporte au numéro d'enregistrement déjà attribué aux partenaires.

Il doit enregistrer la cause de la dissolution (commun accord des partenaires) et la date de celle-ci (c'est-à-dire la date à laquelle il enregistre la déclaration conjointe des partenaires).

Le pacte prend fin à l'égard des partenaires au jour de son enregistrement par le greffe.

Après avoir enregistré la dissolution, le greffier remet un récépissé aux ex-partenaires ou leur adresse celui-ci par lettre simple (liste en annexe III nº 12).

3. Publicité de la dissolution du pacte civil de solidarité

Le greffe du tribunal d'instance doit adresser à l'officier de l'état civil détenant l'acte de naissance des partenaires l'avis aux fins de mention en marge de leur acte de naissance de la dissolution du pacte (liste en annexe III nº 8).

Lorsque l'un des partenaires est de nationalité étrangère et né à l'étranger, cet avis est adressé au greffe du tribunal de grande instance de Paris (liste en annexe III nº 9).

À l'égard des tiers, la dissolution du pacte civil de solidarité par déclaration conjointe des partenaires est opposable au jour de sa mention en marge de l'acte de naissance, ou, le cas échéant, de son enregistrement par le greffe du tribunal de grande instance de Paris.

Par conséquent, il importe que le greffe du tribunal d'instance fasse preuve de diligence quant à l'envoi de cet avis, auquel, dans la mesure du possible, il doit être procédé immédiatement après l'enregistrement de la dissolution.

Conformément à l'article 6 du décret nº 2006-1806, la mention de la dissolution du pacte doit être portée en marge de l'acte de naissance (ou, le cas échéant, enregistrée par le greffe du tribunal de grande instance de Paris) *dans les trois jours* de la réception de l'avis adressé par le greffe du tribunal d'instance.

La mention portée en marge de l'acte de naissance est la suivante :

> « Dissolution du PACS le ... (Date d'enregistrement par le greffe ou le poste consulaire)
> le ... à ... (Date et lieu d'apposition de la mention) ...... (Qualité et signature de l'officier de l'état civil) »

En application de l'article 4 du décret nº 2006-1807, lorsque l'information de la dissolution doit être portée sur le registre du tribunal de grande instance de Paris, le greffier se reporte au numéro d'enregistrement du PACS et inscrit :

– la cause de la dissolution (dissolution conjointe) et la date de celle-ci (date d'enregistrement de la dissolution par le greffe du tribunal d'instance ou le poste consulaire ou diplomatique);

– la date d'effet de la dissolution entre les partenaires (date d'enregistrement de la dissolution par le greffe du tribunal d'instance ou le poste consulaire ou diplomatique);

– la date d'effet de la dissolution à l'égard des tiers (date d'enregistrement de la dissolution par le greffe du tribunal de grande instance de Paris);

III. – Dissolution du pacte sur décision unilatérale de l'un des partenaires

En application du troisième alinéa de l'article 515-7 du Code civil, le pacte civil de solidarité peut prendre fin par décision unilatérale de l'un des partenaires.

1. Information du greffe

Le partenaire qui prend l'initiative de la dissolution doit faire signifier sa décision à l'autre partenaire.

Sans délai, l'huissier de justice qui a effectué la signification en remet, ou adresse par lettre recommandée avec demande d'avis de réception, une copie au greffe du tribunal d'instance (C. civ., art. 515-7 al. 5 et art. 5 du décret nº 2006-1806).

2. Enregistrement par le greffe

À réception de cette copie, quel qu'ait été le mode de signification à l'autre partenaire (NCPC, art. 655, 656, 659), le greffier du tribunal d'instance se reporte au numéro d'enregistrement déjà attribué aux partenaires et enregistre la dissolution du pacte.

Il doit enregistrer la cause de la dissolution (dissolution unilatérale) et la date de celle-ci (c'est-à-dire la date à laquelle il enregistre cette dissolution).

Le greffe informe les ex-partenaires, par lettre recommandée avec demande d'avis de réception, de l'enregistrement de la dissolution du pacte. L'adresse à laquelle cet avis est envoyé est celle figurant sur la copie de l'acte notifié par huissier de justice (liste en annexe III nº 13).

Désormais, lorsqu'il est dissous par décision unilatérale de l'un des partenaires, le pacte civil de solidarité prend fin à l'égard de l'autre au jour de son enregistrement par le greffe (C. civ., art. 515-7 al. 7).

Les nouvelles modalités de dissolution du pacte civil de solidarité définies à l'article 515-7 du Code civil sont applicables dès le 1er janvier 2007 aux pactes conclus avant cette date.

Dans sa rédaction antérieure, l'article 515-7 du Code civil prévoyait que la dissolution unilatérale prenait effet trois mois après son enregistrement par le greffe.

Toutefois, à raison de l'application généralisée des nouvelles dispositions de l'article 515-7 du Code civil à l'ensemble des PACS, quelle que soit la date de leur conclusion, il n'y a plus lieu de faire application de ce préavis de trois mois.

Par conséquent, sont dissous à la date du 1er janvier 2007 par le seul effet de la loi nouvelle tous les pactes ayant fait l'objet d'une dissolution unilatérale moins de trois mois avant cette date, soit entre le 2 octobre 2006 et le 31 décembre 2006.

EXEMPLE :

> *Si la dissolution du pacte a été signifiée conformément aux dispositions de l'ancien article 515-7 du Code civil le 3 novembre 2006, elle prend effet non pas le 3 février 2007 mais le 1er janvier 2007.*

Par conséquent, il est nécessaire que les greffes répertorient dès les premiers jours de janvier 2007 les pactes ayant fait l'objet d'une dissolution unilatérale entre le 2 octobre et le 31 décembre 2006 et enregistrent ceux-ci comme dissous à la date du 1er janvier 2007.

3. Publicité de la dissolution du pacte civil de solidarité

Les modalités de publicité de la dissolution sur décision unilatérale de l'un des partenaires sont identiques à celles applicables en cas de dissolution sur déclaration conjointe.

La mention portée en marge de l'acte de naissance est la suivante :

> « Dissolution du PACS le ... (Date d'enregistrement par le greffe ou le poste consulaire)
> le ... à ... (Date et lieu d'apposition de la mention)...... (Qualité et signature de l'officier de l'état civil) »

En application de l'article 4 du décret n° 2006-1807, lorsque l'information de la dissolution doit être portée sur le registre du tribunal de grande instance de Paris, le greffier se reporte au numéro d'enregistrement du PACS et inscrit :

– la cause de la dissolution (dissolution unilatérale) et la date de celle-ci (date d'enregistrement de la dissolution par le greffe du tribunal d'instance ou le poste consulaire ou diplomatique);

– la date d'effet de la dissolution entre les partenaires (date d'enregistrement de la dissolution par le greffe du tribunal d'instance ou le poste consulaire ou diplomatique);

– la date d'effet de la dissolution à l'égard des tiers (date d'enregistrement de la dissolution par le greffe du tribunal de grande instance de Paris).

4e PARTIE : LA COMMUNICATION DES INFORMATIONS RELATIVES AUX PACTES CIVILS DE SOLIDARITÉ CONCLUS À COMPTER DU 1er JANVIER 2007

La publicité du pacte civil de solidarité étant désormais assurée par l'intermédiaire de mentions portées sur l'acte de naissance des partenaires, ou, lorsque l'un d'eux est né à l'étranger et de nationalité étrangère, sur le registre tenu par le greffe du tribunal de grande instance de Paris, les greffes de tribunaux d'instance n'ont plus vocation à assurer la communication des informations relatives au pacte civil de solidarité.

S'agissant des partenaires dont l'acte de naissance est détenu par un officier de l'état civil français (officier de l'état civil communal ou du SCEC en cas de naissance à l'étranger), la publicité du pacte civil de solidarité est assurée à partir de l'acte de naissance.

S'agissant des partenaires nés à l'étranger et de nationalité étrangère, elle est assurée à partir du registre tenu par le greffe du tribunal de grande instance de Paris.

Ces règles sont applicables à :

– tous les partenaires ayant conclu un PACS après le 1er janvier 2007;

– à ceux ayant conclu leur PACS avant le 1er janvier 2007 et qui ont demandé l'application anticipée de l'article 515-3-1 du Code civil avant le 1er janvier 2008;

– à compter du 1er janvier 2008, à ceux ayant conclu leur PACS avant le 1er janvier 2007, dès lors que celui-ci fait l'objet d'une mention sur l'acte de naissance des partenaires ou au registre du tribunal de grande instance de Paris.

I. – Partenaires dont l'acte de naissance est détenu par un officier de l'état civil français

1. Preuve de la conclusion d'un pacte civil de solidarité

La conclusion d'un pacte faisant désormais l'objet d'une mention en marge de l'acte de naissance des partenaires, le greffe du tribunal d'instance n'a plus, en principe, à délivrer d'attestation d'inscription sur le registre du PACS à ces partenaires.

En effet, chaque partenaire peut dorénavant justifier de sa situation en produisant un extrait de son acte de naissance. Toutefois, une attestation peut être délivrée à la demande des partenaires qui en font la demande.

2. Information des tiers

Le greffe n'a pas vocation à assurer à l'égard des tiers la publicité des pactes civils de solidarité conclus à compter du 1er janvier 2007.

En effet, tout requérant peut, en indiquant le nom, le prénom, la date et le lieu de naissance du titulaire de l'acte, obtenir auprès de l'officier de l'état civil qui le détient un extrait sans filiation de cet acte (décr. n° 62-921, 3 août 1962, art. 10).

Or, la déclaration, la modification et la dissolution du pacte civil de solidarité, ainsi que l'identité de l'autre partenaire, faisant l'objet d'une mention en marge de l'acte de naissance, les tiers n'ont plus à s'adresser au greffe pour obtenir ces informations.

II. – Partenaires de nationalité étrangère nés à l'étranger

S'agissant des pactes civils de solidarité conclus par les partenaires de nationalité étrangère nés à l'étranger, qui ne disposent pas d'un acte de naissance français, la publicité du pacte civil de solidarité est assurée par l'intermédiaire du registre tenu par le greffe du tribunal de grande instance de Paris.

L'article 6 du décret n° 2006-1807 prévoit ainsi que tout requérant, c'est-à-dire les partenaires eux-mêmes et les tiers, peuvent demander au greffe du tribunal de grande instance de Paris la communication des informations suivantes :

– les nom et prénoms, la date, le lieu de naissance et le sexe du partenaire de nationalité étrangère né à l'étranger ;

– les nom et prénoms, la date et le lieu de naissance de l'autre partenaire ;

– la date et le lieu de l'inscription conférant date certaine au pacte civil de solidarité ;

– la date de l'inscription de la déclaration de pacte civil de solidarité sur le registre du greffe du tribunal de grande instance de Paris ;

– la date de l'enregistrement des modifications du pacte civil de solidarité sur le registre du greffe du tribunal d'instance ;

– la date de l'enregistrement des modifications du pacte civil de solidarité sur le registre du greffe du tribunal de grande instance de Paris ;

– la date d'effet de la dissolution du pacte civil de solidarité entre les partenaires ;

– la date d'effet de la dissolution du pacte civil de solidarité à l'égard des tiers.

Ces informations sont celles dont toute personne peut avoir connaissance à partir des mentions figurant en marge de l'acte de naissance.

Elles doivent être communiquées par le greffe du tribunal de grande instance de Paris à toute personne qui en fait la demande, sans que celle-ci ait à justifier d'un motif.

Le document délivré par le greffe du tribunal de grande instance de Paris permet donc :

– à toute personne étrangère née à l'étranger de justifier de sa situation de partenaire ou de non partenaire d'un pacte civil de solidarité ;

– aux tiers d'être informés de la situation d'une personne étrangère née à l'étranger au regard du pacte civil de solidarité.

La demande de communication de ces données doit être adressée au greffe du tribunal de grande instance de Paris, sans forme particulière.

Toutefois, comme dans le cas d'une demande d'extrait d'acte de naissance, il convient que le requérant précise le nom, les prénoms, la date et le lieu de naissance de la personne dont il souhaite connaître la situation au regard du pacte civil de solidarité.

Ces précisions doivent en effet permettre d'éviter tout risque de confusion à raison d'une éventuelle homonymie.

Qu'elle émane du partenaire de nationalité étrangère né à l'étranger ou d'un tiers, cette demande peut être formée non seulement pendant toute la durée du pacte civil de solidarité, mais encore pendant les trente années suivant la dissolution, durée pendant laquelle les données relatives au PACS sont conservées par le greffe du tribunal de grande instance de Paris (décr. n° 2006-1807, art. 10).

Pour y répondre, le greffe du tribunal de grande instance de Paris doit utiliser l'imprimé disponible dans PACTI (liste en annexe III n° 14).

Cet imprimé dûment complété doit être adressé au requérant par lettre simple.

5e PARTIE : LA PÉRIODE TRANSITOIRE

Le nouveau dispositif de publicité du pacte civil de solidarité est applicable à tous les pactes conclus à compter du 1er janvier 2007.

En revanche, pour les pactes conclus avant le 1er janvier 2007, cette application est différée (art. 47-V de la loi n° 2006-728 du 23 juin 2006 *portant réforme des successions et des libéralités*).

Pendant un délai d'un an, les partenaires peuvent demander l'application anticipée des nouvelles règles de publicité par déclaration conjointe au greffe du tribunal d'instance. À compter de l'enregistrement de cette déclaration, les partenaires sont soumis pour ce qui concerne la publicité de leur pacte aux mêmes règles que celles applicables aux pactes conclus à compter du 1er janvier 2007.

Ce n'est qu'à compter du 1er janvier 2008 que les nouvelles règles de publicité seront automatiquement applicables à tous les pactes conclus avant le 1er janvier 2007 encore en cours. Cette application sera toutefois progressive, puisque l'article 47-V 1° de la loi du 23 juin 2006 a laissé un délai de six mois pour la mise à jour des registres de l'état civil et du registre du tribunal de grande instance de Paris. Elle sera donc effective le 30 juin 2008 au plus tard.

L'application de ce régime transitoire entraîne la coexistence d'un double régime de publicité entre le 1er janvier 2007 et le 30 juin 2008 (V. annexe I).

Pendant ce délai, les décrets n° 2006-1806 (art. 11) et 2006-1807 (art. 12) maintiennent l'application des décrets nos 99-1089, 99-1090 et 99-1091 du 21 décembre 1999 en ce qui concerne la communication aux partenaires et aux tiers des informations relatives aux pactes conclus avant le 1er janvier 2007.

I. – La déclaration conjointe aux fins d'application anticipée des nouvelles règles de publicité du pacte civil de solidarité

Le 1° du V de l'article 47 de la loi du 23 juin 2006 permet aux partenaires ayant conclu un pacte civil de solidarité avant le 1er janvier 2007 de faire connaître leur accord pour qu'il soit procédé aux formalités de publicité prévues à l'article 515-3-1 du Code civil, c'est-à-dire pour que la mention relative à leur PACS soit apposée sur leur acte de naissance, sans attendre le 1er janvier 2008.

Le greffe du tribunal d'instance qui a reçu la déclaration initiale de pacte civil de solidarité est seul compétent pour recevoir et enregistrer cette déclaration. Le greffier qui reçoit cette déclaration doit l'enregistrer immédiatement et envoyer l'avis de mention correspondant (liste en annexe III n° 16).

Une notice d'information sur les modes de publicité est jointe en annexe II.

1. Enregistrement de la déclaration conjointe aux fins d'application anticipée de l'article 515-3-1 du Code civil

Les partenaires peuvent soit se présenter en personne au greffe du tribunal d'instance, soit lui adresser une déclaration conjointe.

1.1. Comparution personnelle des partenaires

Les mêmes règles que celles régissant la déclaration initiale du pacte civil de solidarité sont applicables.

Les partenaires doivent justifier de leur identité et indiquer au greffe la date et le numéro d'enregistrement du pacte initial (décr. n° 2006-1806, art. 11-II-1°).

Ils ne peuvent recourir à un mandataire.

Les partenaires doivent produire au greffe une déclaration écrite conjointe, indiquant expressément leur volonté de se voir appliquer immédiatement les règles de publicité du pacte civil de solidarité prévues à l'article 515-3-1 du Code civil.

Cette déclaration doit être datée et signée par les deux partenaires.

Elle est conservée au dossier.

Après avoir enregistré la déclaration, le greffier remet un récépissé aux partenaires (liste en annexe III n° 15).

1.2. Déclaration sans comparution personnelle des partenaires

Les partenaires peuvent également procéder à cette déclaration en adressant celle-ci par lettre recommandée avec demande d'avis de réception au greffe ayant reçu leur déclaration initiale de pacte civil de solidarité (L. 23 juin 2006, art. 47-V 1° et décr. n° 2006-1806, art. 11-II-1°).

Cette déclaration doit présenter les mêmes caractéristiques que celle effectuée lorsque les partenaires comparaissent personnellement.

En outre, chaque partenaire doit joindre à cet envoi une copie de sa pièce d'identité (photocopie d'un document officiel délivré par une administration publique comportant ses nom et prénoms, la date et le lieu de sa naissance, sa photographie et signature, ainsi que l'identification de l'autorité qui a délivré le document, la date et le lieu de délivrance de celui-ci).

Le greffe conserve cette déclaration au dossier. Après avoir procédé à son enregistrement, il envoie aux partenaires le récépissé (liste en annexe III n° 15) par lettre recommandée avec demande d'avis de réception.

2. Mesures de publicité

Concomitamment à l'enregistrement de la déclaration conjointe aux fins d'application anticipée des nouvelles mesures de publicité, le greffe adresse à l'officier de l'état civil détenteur de l'acte de naissance des partenaires l'avis aux fins de mention en marge de cet acte.

Lorsque l'un des partenaires est né à l'étranger et de nationalité étrangère, cet avis est envoyé au greffe du tribunal de grande instance de Paris aux fins de mention sur le registre détenu par celui-ci.

La procédure qui doit être suivie pour l'envoi de l'avis de mention au service de l'état civil compétent, ou au greffe du tribunal de grande instance de Paris, est identique à celle consécutive à l'enregistrement de la déclaration de pacte civil de solidarité (décr. n° 2006-1806, art. 6) (liste en annexe III n° 16 ou 17).

Il comporte l'indication des modifications intervenues depuis la conclusion du pacte civil de solidarité.

L'officier de l'état civil destinataire appose en marge de l'acte de naissance de chaque partenaire la mention de la conclusion du pacte civil de solidarité et de ses éventuelles modifications.

EXEMPLE :

> *Les partenaires ont enregistré leur pacte civil de solidarité le 3 mars 2001 au tribunal d'instance de Nice. Ils ont modifié celui-ci le 20 septembre 2002. Ils ont demandé l'application anticipée de l'article 515-3-1 du Code civil le 4 avril 2007. La mention marginale est portée sur leur acte de naissance le 6 avril 2007.*
> *La mention portée en marge de l'acte de naissance est alors la suivante :*
> *« PACS enregistré au tribunal d'instance de Nice le 3 mars 2001*
> *Avec... (Prénom(s) NOM, date et lieu de naissance)*
> *Modification du PACS le 20 septembre 2002*
> *Le 6 avril 2007 à ... (lieu d'apposition de la mention)...... (qualité et signature de l'officier de l'état civil) »*

Le récépissé attestant de ce que la mention du pacte a été portée en marge de l'acte de naissance du ou des partenaires par l'officier de l'état civil, ou enregistrée par le greffe du tribunal de grande instance de Paris, est archivé au dossier.

II. – Le certificat de non-pacte

1. Nécessité de produire un certificat de non-pacte entre le 1er janvier 2007 et le 30 juin 2008

En vue de l'enregistrement de leur pacte, les partenaires dont l'état civil est détenu par l'autorité française doivent produire au greffe une copie intégrale ou un extrait avec filiation de leur acte de naissance.

Cette pièce doit notamment permettre au greffier de s'assurer qu'aucun d'eux n'est déjà lié par un pacte civil de solidarité en cours.

Toutefois, jusqu'au 30 juin 2008, l'absence de mention relative au PACS sur l'acte de naissance ne permettra pas à elle seule de s'assurer que cette condition est effectivement remplie.

En effet, si à compter du 1er juillet 2008 tous les PACS en cours feront l'objet d'une mention en marge de l'acte de naissance des partenaires, avant cette date, l'absence de mention pourra résulter de ce qu'un pacte antérieurement conclu par l'un des partenaires n'a pas encore fait l'objet de cette mention, soit parce que ce partenaire ne l'a pas demandé (entre le 1er janvier 2007 et le 1er janvier 2008), soit parce qu'il n'a pas encore été procédé à la mise à jour de son état civil (entre le 1er janvier 2008 et le 30 juin 2008).

C'est pourquoi, entre le 1er janvier 2007 et le 30 juin 2008, tous les partenaires doivent, en vue de l'enregistrement d'un PACS, obtenir et fournir un certificat de non-pacte (décr. n° 2006-1806, art. 11-II-2°).

Le certificat de non-pacte produit à l'appui d'une demande d'enregistrement de PACS doit être récent; il est recommandé d'exiger un certificat de non pacte délivré depuis moins de trois mois.

2. Greffe compétent pour délivrer le certificat de non-pacte

2.1. Greffe du tribunal d'instance du lieu de naissance

Pour les partenaires nés en France, ce certificat est délivré par le greffe du tribunal d'instance du lieu de naissance dans les conditions prévues à l'article 1er du décret n° 99-1089 du 21 décembre 1999 (décr. n° 2006-1806, art. 11-II-2°).

Ce certificat peut être obtenu au greffe compétent en s'y présentant directement, ou en sollicitant sa délivrance par courrier ou par le biais du formulaire disponible sur le site Internet du ministère de la justice :

http://www.justice.gouv.fr/Formulaires/particuliers/ Form12819v01.pdf

Le certificat de non-pacte doit être personnellement demandé par l'intéressé, qui doit justifier de son identité et de son lieu de naissance par la production d'une pièce d'identité ou, en cas de demande écrite, d'une photocopie de celle-ci. Le greffier du tribunal d'instance du lieu de naissance doit s'assurer de sa compétence géographique.

Le greffier doit s'assurer que ce certificat est demandé en vue de conclure un pacte; toute demande formulée dans un autre but doit être rejetée. À cet effet, le requérant doit indiquer le greffe du tribunal d'instance devant lequel il entend faire enregistrer son pacte.

Les certificats de non-pacte civil de solidarité sont délivrés sur papier ordinaire (liste en annexe III n° 18).

Il n'est pas nécessaire de conserver un double des certificats délivrés, dont aucun enregistrement ne doit être effectué.

2.2. Greffe du tribunal d'instance ayant reçu la déclaration de pacte et sa dissolution

Ce greffe est compétent pour délivrer le certificat de non-pacte uniquement dans l'hypothèse particulière où la personne qui le sollicite a été liée par un pacte civil de solidarité conclu avant le 1er janvier 2007, et dissous entre cette date et le 31 décembre 2007 (décr. n° 2006-1806, art. 11-II 2° al. 2).

En effet, dans cette hypothèse, cette dissolution n'aura pas été enregistrée par le greffe du tribunal d'instance du lieu de naissance, dont le registre n'est plus tenu à jour à compter du 1er janvier 2007, et par conséquent, le greffe du lieu de naissance ne sera pas en mesure de délivrer un certificat de non-pacte.

2.3. Greffe du tribunal de grande instance de Paris

Ce greffe est compétent pour délivrer le certificat de non-pacte aux partenaires nés à l'étranger.

Les modalités de délivrance sont identiques à celles applicables devant le tribunal d'instance de naissance pour les partenaires nés en France.

III. – L'enregistrement de la dissolution du PACS à la suite du décès ou du mariage de l'un des partenaires

Entre le 1er janvier 2007 et le 30 juin 2008, en cas de dissolution du PACS consécutivement au décès ou au mariage de l'un des partenaires, l'officier de l'état civil détenant l'acte de naissance de ce partenaire doit en principe aviser le greffier du lieu d'enregistrement du PACS afin qu'il enregistre la dissolution du PACS (C. civ., art. 515-7).

Toutefois, ce dispositif n'est pas applicable lorsque la mention relative au PACS ne figure pas encore en marge de l'acte de naissance du partenaire. Dans ce cas, il est admis que le greffier enregistre la dissolution du PACS après que le partenaire survivant ou un tiers lui ait produit la copie de l'acte de décès ou l'extrait d'acte de mariage du partenaire concerné.

Le greffier procède à cet enregistrement dans les mêmes conditions que celles prévues pour les partenaires dont le PACS fait l'objet d'une mention marginale sur leur acte de naissance (voir 3e partie : « La dissolution du pacte civil de solidarité »).

Une fois la dissolution du PACS enregistrée, le greffier avise le partenaire survivant (en cas de décès de l'autre partenaire) ou les deux partenaires (en cas de mariage) de cet enregistrement (liste en annexe III n° 11).

IV. – L'attestation d'inscription du pacte civil de solidarité

Entre le 1er janvier 2007 et le 30 juin 2008, les partenaires ayant conclu un pacte civil de solidarité avant le 1er janvier 2007 et n'ayant pas demandé l'application anticipée des nouvelles règles de publicité peuvent solliciter la délivrance d'une attestation d'inscription de leur PACS (décr. n° 2006-1806, art. 11-II 3° et décr. n° 2006-1807, art. 12-II 3°).

Cette attestation ne peut être délivrée que si le pacte est toujours en cours à la date de la demande. Si le pacte a pris fin, le greffier ne peut délivrer au partenaire que le formulaire destiné à répondre aux demandes d'exercice du droit de communication.

L'attestation d'inscription du PACS est établie par le greffe du tribunal d'instance ayant reçu la déclaration de pacte, sur simple demande du partenaire.

En revanche, elle ne peut plus être délivrée par le greffe du tribunal d'instance du lieu de naissance des partenaires, dans la mesure où le registre détenu par celui-ci n'est plus mis à jour à compter du 1er janvier 2007.

Délivrée sur papier sécurisé, elle indique les nom, prénoms, date et lieu de naissance des partenaires, ainsi que la date d'enregistrement et celles des modifications éventuelles du pacte (liste en annexe III n° 19).

Après le 30 juin 2008 les tribunaux d'instance ne délivreront plus d'attestation. En conséquence, les greffiers en chef veilleront à transmettre, le cas échéant, leur stock de papier sécurisé aux tribunaux du ressort compétents en matière de nationalité française dans des conditions garantissant la sécurité.

V. – Publicité des modifications et dissolutions des pactes civils de solidarité conclus avant le 1er janvier 2007

Entre le 1er janvier 2007 et le 1er janvier 2008, les règles de publicité fixées à l'article 515-3-1 du Code civil sont applicables aux partenaires ayant conclu leur pacte avant le 1er janvier 2007 seulement s'ils en ont fait la demande.

Par conséquent, lorsque les partenaires n'ont pas demandé cette application, il n'y a pas lieu pour le greffier qui enregistre la modification ou la dissolution d'un PACS conclu avant le 1er janvier 2007, d'adresser à l'officier de l'état civil ou au greffe du tribunal de grande instance de Paris un avis aux fins de mention.

VI. – La communication aux tiers des informations relatives aux pactes civils de solidarité conclus avant le 1er janvier 2007

Le 1° du II de l'article 12 du décret n° 2006-1807 maintient, pendant la période du 1er janvier 2007 au 30 juin 2008, l'application des dispositions des articles 5 du décret n° 99-1090 et 2 du décret n° 99-1091 du 21 décembre 1999 permettant aux tiers habilités d'obtenir communication de certaines informations relatives au PACS auprès du greffe et d'enregistrer celles-ci.

Le maintien de ces dispositions a pour objet de garantir les droits des tiers alors que tous les pactes civils de solidarité conclus avant le 1er janvier 2007, et encore en cours au 1er janvier 2008, n'auront pas encore fait l'objet d'une mention à l'état civil.

Cette communication est réservée aux tiers visés par l'article 5 du décret n° 99-1090 susvisé.

Ceux-ci doivent caractériser le motif de leur demande.

1. Conditions générales de la communication aux tiers

1.1. Greffe habilité à répondre à la demande de communication

Les demandes de communication peuvent être adressées par les tiers soit au greffe du tribunal d'instance du lieu de naissance du partenaire ou au greffe du tribunal de grande instance de Paris, en cas de naissance à l'étranger, soit au greffe du tribunal d'instance ayant procédé à l'enregistrement du pacte civil de solidarité.

Lorsque la demande est adressée au greffe du tribunal d'instance de naissance du partenaire ou au greffe du tribunal de grande instance de Paris, et qu'il apparaît qu'elle concerne une personne ayant effectivement conclu un pacte civil de solidarité, le greffier doit appeler l'attention du requérant sur le fait que cette information peut se révéler incomplète et qu'il lui appartient de solliciter du greffe ayant enregistré le PACS toute information complémentaire concernant d'éventuelles modifications ou dissolution du PACS qui seraient intervenues après le 1er janvier 2007.

En effet, ces évènements ne figurent pas sur le registre « de naissance », qui n'est plus mis à jour depuis le 1er janvier 2007.

1.2. Forme de la réponse à la demande de communication

Le greffe doit utiliser exclusivement les formulaires disponibles dans PACTI (liste en annexe n° III n° 21 à 23).

Ces deux documents se distinguent l'un de l'autre dans la mesure où, concernant respectivement les communications effectuées sur le fondement de l'article 5-I et de l'article 5-II du décret n° 99-1090, le second ne prévoit pas de rubrique relative aux informations nominatives relatives au partenaire de la personne visée dans la demande de communication.

Le greffier doit prendre un soin particulier à renseigner avec précision, conformément aux exigences rappelées ci-après pour chaque catégorie de tiers habilités, les rubriques permettant de déterminer l'identité et la qualité du titulaire du droit de communication ainsi que le motif précis de sa demande.

EXEMPLES :

1) À la demande de : Maître X,
Agissant en qualité de : notaire associé à Nantua (01),
Pour le motif suivant : établissement d'un acte de vente immobilière consenti par M. Y à un tiers.
2) À la demande de : M. X,
Agissant en qualité de : titulaire d'un droit de créance,
Pour le motif suivant : contrat de crédit mobilier conclu pour les besoins de la vie courante (acquisition d'un réfrigérateur), dont il apparaît qu'une mensualité est restée impayée.

Les demandes d'exercice du droit de communication et les pièces justificatives qui les accompagnent doivent être conservées par le greffe dans l'éventualité d'un contentieux pouvant surgir sur l'exercice de ce droit. Il importe que la conservation soit assurée au moins pendant 10 ans.

Dans l'hypothèse où aucune information n'est enregistrée au greffe compétent relativement à la personne au sujet de laquelle la demande est présentée, la réponse est faite au moyen de l'imprimé disponible dans PACTI (liste en annexe III n° 20).

1.3. Catégories d'informations communicables aux tiers

1°) Sont communicables dans tous les cas :

– les nom, prénoms, date et lieu de naissance de la personne au sujet de laquelle la demande de communication est formulée;

– la date d'enregistrement du pacte;

– la date ou les dates éventuelles d'enregistrement de modification du pacte;

– le cas échéant, la date de dissolution du pacte.

En aucun cas, le numéro d'enregistrement du pacte, les informations relatives à la nature ainsi qu'à la date du fait générateur de sa dissolution et la résidence commune des partenaires ne doivent être communiquées aux tiers.

2°) Seules certaines catégories de tiers, énumérées au I de l'article 5 du décret n° 99-1090 peuvent en outre obtenir communication des nom, prénoms, date et lieu de naissance du partenaire de la personne au sujet de laquelle est formulée la demande.

1.4. Catégories de tiers habilités à demander communication des informations visées au I ou II de l'article 5 du décret n° 99-1090

1.4.1. Tiers habilités à recevoir communication de l'intégralité des informations

1°) L'autorité judiciaire

Cette formulation vise le ministère public dans le cadre de l'exercice de son droit d'agir et les magistrats du siège pour les besoins des procédures judiciaires de toute nature.

2°) Les notaires

Lorsqu'un notaire adresse une demande de communication au greffe pour les besoins d'un règlement successoral, d'un acte nécessitant une publicité au bureau des hypothèques ou encore d'une donation, il doit indiquer clairement au regard de ces catégories la nature de l'acte envisagé en précisant en quelle qualité y intervient la personne pour laquelle la demande est présentée.

S'agissant des règlements successoraux dont les notaires sont chargés, ceux-ci peuvent être amenés à demander communication des informations relatives à un pacte souscrit par le défunt. En effet, le partenaire survivant peut être propriétaire en propre de certains biens détenus par le défunt, ou légataire de certains de ces biens et alors bénéficier de l'abattement fiscal prévu par l'article 779 du CGI.

S'agissant des donations, les informations demandées peuvent concerner des donations par l'un des partenaires à un tiers, comme celles de l'un des partenaires à l'autre. Dans la première hypothèse, ces informations sont nécessaires au notaire pour savoir si les biens transmis sont personnels au donateur ou en indivision avec son partenaire. Dans la seconde, elles lui sont nécessaires pour savoir si le pacte n'a pas été dissous et pour s'assurer que le donataire peut bénéficier de l'abattement fiscal susvisé. Le notaire doit apporter toutes précisions sur la nature de l'acte envisagé.

Constituent des actes nécessitant une publicité au bureau des hypothèques tous les actes, à titre onéreux ou gratuit, portant sur des immeubles et emportant une modification de la situation juridique de ceux-ci. Ainsi, entrent dans cette catégorie les ventes et les achats d'immeubles, les constitutions d'hypothèques, d'usufruit, ou de servitudes, les cessions à titre gratuit, y compris celle d'un droit d'usage et d'habitation. Le notaire doit apporter toute précision sur la nature de l'acte en cause et l'identité des parties.

3°) Les agents chargés de l'exécution d'un titre exécutoire

Les agents chargés de l'exécution d'un titre exécutoire peuvent être amenés à se renseigner sur l'existence d'un pacte civil de solidarité affectant la consistance du patrimoine apparent du débiteur, à l'encontre duquel ils sont chargés de mettre en œuvre une mesure de recouvrement forcé.

Cette catégorie de titulaires d'un droit de communication inclut, d'une part, les huissiers de justice et, d'autre part, les huissiers du Trésor chargés, à Paris et dans les grandes villes, de l'exercice de missions de recouvrement des impôts et taxes assimilées.

L'huissier doit en toute hypothèse faire état du titre exécutoire en vertu duquel il est amené à présenter une demande de communication et en produire une copie.

Constituent des titres exécutoires les titres énumérés à l'article 3 de la loi n° 91-650 du 9 juillet 1991 portant réforme des procédures civiles d'exécution.

4°) Les administrateurs judiciaires et mandataires-liquidateurs

Les administrateurs et mandataires-liquidateurs peuvent être également amenés à se renseigner sur l'existence éventuelle d'un pacte civil de solidarité affectant la consistance du patrimoine du débiteur, dans l'hypothèse prévue par l'article L. 622-6 du Code de commerce. Cette disposition leur prescrit en effet de procéder à un inventaire des biens de l'entreprise dès l'ouverture de la procédure.

La demande de communication présentée par ces professionnels doit être accompagnée d'une copie de la décision d'ouverture de la procédure collective par laquelle ils ont été désignés et faisant apparaître le nom du débiteur.

5°) L'administration fiscale

En vue de l'établissement de l'assiette et du contrôle de l'impôt, le droit général de communication prévu par l'article L. 83 du LPF permet aux agents de l'administration fiscale de demander communication, notamment à toute administration de l'État, y compris donc aux greffes des juridictions, des documents et renseignements que celle-ci détient.

6°) Les organismes débiteurs de prestations familiales

Compte tenu du contrôle qu'ils exercent sur les allocataires, ces organismes sont habilités par l'article L. 583-3 du CSS à demander communication aux administrations publiques des informations nécessaires à l'attribution des prestations familiales.

Ils peuvent donc être amenés à demander aux greffes les informations nécessaires à l'octroi et au calcul du montant de certaines prestations familiales, telles que l'allocation de parent isolé et l'allocation de soutien familial.

7°) Les organismes débiteurs de prestations d'assurance-maladie, maternité et décès

Aux termes de l'article L. 161-14 du CSS, la personne liée à un assuré social par un pacte civil de solidarité, et qui ne peut bénéficier de la qualité d'assuré social à un autre titre, possède la qualité d'ayant droit de son partenaire pour l'ouverture du droit aux prestations en nature des assurances maladie et maternité (art. 7 de la loi du 15 novembre 1999).

En outre, l'article L. 361-4 du CSS inclut le partenaire auquel le défunt était lié par un pacte civil de solidarité dans la liste des ayants droit qui peuvent bénéficier à défaut de priorité invoquée par une personne se trouvant, au jour du décès, à la charge effective, totale et permanente de l'assuré de l'attribution du capital de l'assurance-décès (art. 9 de la loi du 15 novembre 1999).

C'est pourquoi les organismes débiteurs de prestations d'assurance-maladie, maternité et décès disposent d'un droit de communication pour l'application du premier alinéa de l'article L. 161-14 et du dernier alinéa de l'article L. 361-4 du CSS.

En revanche, les organismes débiteurs de l'allocation de veuvage n'ont plus vocation à solliciter communication des informations relatives au pacte civil de solidarité pour l'application de l'article L 356-3 du CSS, dans la mesure où ces dispositions ont été abrogées par loi n° 2003-775 du 21 août 2003 (art. 31 IV).

8°) Le tuteur de toute personne faisant l'objet du régime de protection prévu par l'article 492 du Code civil

Dans la mesure où le tuteur, autorisé par le conseil de famille, a la faculté de provoquer la dissolution du pacte civil de solidarité conclu par une personne placée, après la conclusion de celui-ci, sous tutelle, le tuteur fait partie des tiers habilités à avoir communication des informations relatives à la situation des partenaires d'un pacte civil de solidarité.

Le greffier veille à ce que le tuteur justifie de son identité, ainsi que de sa qualité en produisant le dispositif de la décision judiciaire lui confiant les fonctions de représentation d'un majeur protégé et en cas de tutelle familiale la délibération du conseil de famille.

1.4.2. Tiers habilités à ne recevoir communication que des informations mentionnées à l'article 5-II du décret n° 99-1090

La nature purement privée des intérêts propres à cette seconde série de tiers explique que ceux-ci ne puissent accéder aux données relatives au partenaire de la personne sur laquelle ils se renseignent.

1°) Les titulaires de certains droits de créance

Les signataires d'un pacte civil de solidarité étant tenus solidairement des dettes contractées par l'un d'eux pour les besoins de la vie courante, les tiers avec lesquels le partenaire a conclu un contrat ayant cet objet disposent d'un droit de communication aux fins de sauvegarde ou de recouvrement de leur créance.

Il incombe au créancier d'établir, par la production de documents de nature contractuelle et comptable suffisamment précis, l'existence de sa créance, le fait que celle-ci n'a pu être recouvrée à son échéance normale de paiement (échéance non remboursée d'un crédit, chèque impayé) et le fait qu'elle constitue une dépense effectuée pour les besoins de la vie courante. Il doit en outre justifier de son identité.

En cas d'insuffisance des éléments d'appréciation communiqués, le greffier ne doit pas hésiter à inviter le requérant à compléter ceux-ci. Il lui appartient en tout état de cause de vérifier avec le plus grand soin que les créances invoquées répondent effectivement par leur nature à des dépenses effectuées pour les besoins de la vie courante.

L'appréciation de la notion de contrat conclu pour les besoins de la vie courante doit se faire par référence à la jurisprudence relative à l'application de l'alinéa 3 de l'article 220 du Code civil.

À titre indicatif, relèvent de cette catégorie de contrats : les contrats d'abonnement (eau, gaz, électricité et téléphone), les frais médicaux et chirurgicaux courants, les emprunts domestiques qui ont pour objet des dépenses de nature ménagère (équipements électroménagers, télévision, etc.) et les dépenses d'entretien courant d'un véhicule.

En font également partie les dépenses relatives au logement occupé par les partenaires à titre de locataires (créances de loyer, charges récupérables sur le locataire, mensualités en cas de location-attribution, indemnité d'occupation après résiliation du bail, dommages-intérêts en cas de dégradations constatées en fin de bail, primes de l'assurance souscrite pour le logement, taxe d'habitation).

Lorsque le greffier constate que la créance invoquée n'est pas de celles prévues par l'article 515-4 du Code civil, il doit notifier au requérant une décision motivée de rejet de sa demande de communication.

2°) Les syndics de copropriété pour le recouvrement des créances du syndicat à l'encontre d'un copropriétaire en application de la loi n° 65-557 du 10 juillet 1965

Le droit de communication du syndic de copropriété pour le recouvrement des charges de copropriété présente un intérêt à un double titre :

a) Lorsque les signataires du pacte civil de solidarité sont copropriétaires d'un local et que les droits de l'un d'eux sur ce local sont nés postérieurement au pacte.

Dans cette hypothèse, l'accès du syndic aux données contenues dans le registre permettra à celui-ci d'actualiser directement ces informations.

b) Parce que la Cour de cassation a considéré (Civ. 3e, 1er déc. 1999) que l'occupant d'un lot de copropriété peut être tenu des charges afférentes à celui-ci dès lors que ces charges sont susceptibles de s'analyser en une dette de la vie courante pour les personnes vivant en couple.

Lorsqu'il est en présence d'une demande de droit de communication formée par un syndic de copropriété, le greffier s'assure de la qualité du requérant en l'invitant à produire la décision de l'assemblée générale des copropriétaires le désignant en qualité de syndic de l'immeuble dans lequel est copropriétaire la personne qui fait l'objet de la demande ainsi qu'un document établissant l'existence de la créance impayée à l'égard de ce copropriétaire.

VII. – La mise à jour des registres de l'état civil et du tribunal de grande instance de Paris après le 1er janvier 2008

Tous les pactes civils de solidarité conclus avant le 1er janvier 2007 et qui seront encore en cours le 1er janvier 2008 devront, dans un délai de 6 mois, soit pour le 30 juin 2008 au plus tard, être mentionnés en marge de l'acte de naissance des partenaires ou, lorsque l'un des partenaires est de nationalité étrangère et né à l'étranger, enregistrés sur le registre du tribunal de grande instance de Paris.

Dès le 1er janvier 2008, les greffes de tribunaux d'instance doivent donc procéder à l'inventaire des pactes civils de solidarité conclus avant le 1er janvier 2007 et toujours en cours, sans toutefois inclure ceux pour lesquels il aura déjà été fait application des dispositions de l'article 515-3-1 du Code civil à la demande des partenaires.

Un module du logiciel PACTI permettra l'identification des PACS concernés dès la fin du second semestre 2007.

L'avis qui devra être adressé à l'officier de l'état civil compétent ou au greffe du tribunal de grande instance de Paris est disponible dans PACTI (liste en annexe III n° 8 ou 9).

Il devra comporter l'indication de la date d'enregistrement du pacte civil de solidarité et des éventuelles modifications, ainsi que l'identité de l'autre partenaire.

Le récépissé attestant de ce que les mentions relatives au PACS auront été portées en marge de l'acte de naissance du ou des partenaires par l'officier de l'état civil, ou enregistrées par le greffe du tribunal de grande instance de Paris, sera archivé au dossier.

La mention qui devra être portée par l'officier de l'état civil en marge de l'acte de naissance est identique à celle prévue en cas de déclaration conjointe aux fins d'application anticipée des nouvelles règles de publicité du pacte civil de solidarité.

6e PARTIE : L'EXERCICE DU DROIT D'ACCÈS ET DE RECTIFICATION PAR LES PARTENAIRES

Conformément aux articles 39 et 40 de la loi n° 78-17 du 6 janvier 1978 *relative à l'informatique, aux fichiers et aux libertés*, les partenaires disposent d'un droit d'accès et de rectification à l'égard des données enregistrées par le greffe.

L'exercice de ce droit permet au partenaire de s'assurer que les informations nominatives qui le concernent sont exactes et mises à jour, et d'en obtenir, si besoin est, la rectification. Ce droit porte exclusivement sur les informations relatives à la personne concernée à l'exclusion de celles qui ont trait à son partenaire.

Pour tous les partenaires, ce droit s'exerce auprès du chef du greffe ayant enregistré les données. Il s'agira donc, selon le cas, du greffier en chef, chef de greffe du tribunal d'instance ou du greffier en chef, chef de greffe du tribunal de grande instance de Paris. Ce droit peut être exercé à tout moment pendant la durée du pacte civil de solidarité et, postérieurement à sa dissolution, tant que les informations demeurent enregistrées au greffe.

Le droit d'accès inclut toutes les informations concernant le partenaire, y compris le numéro d'enregistrement de l'inscription, la nature et la date des événements générateurs d'une modification et d'une dissolution du pacte.

Saisi d'une demande en ce sens, le greffier doit vérifier préalablement l'identité du titulaire du droit, dont la demande doit à cet effet être accompagnée de la photocopie d'un document établissant son identité dans les mêmes conditions que celles applicables lors de la déclaration, la modification ou la dissolution du pacte.

Il appartient au seul greffier en chef, chef de greffe du tribunal compétent de signer les réponses aux demandes d'exercice du droit d'accès et de rectification.

Au cas où une rectification des données enregistrées se justifierait, le chef de greffe de ce tribunal opère cette rectification sur son propre registre.

Lorsque les données ont fait l'objet d'un enregistrement sur le registre du tribunal de grande instance de Paris, le greffier en chef du tribunal d'instance transmet la rectification au greffier en chef de cette juridiction qui décide de la nécessité de procéder à celle-ci sur le traitement placé sous sa responsabilité.

Réciproquement, lorsque la rectification a été sollicitée auprès du chef de greffe du tribunal de grande instance de Paris et opérée par ce dernier, il transmet celle-ci au chef de greffe du tribunal d'instance ayant enregistré le pacte civil de solidarité, qui décide de la nécessité d'y procéder à son tour.

Conformément à l'article 40 de la loi du 6 janvier 1978, la même notification doit être accomplie auprès des tiers auxquels les données ayant fait l'objet d'une rectification ont été transmises. Par conséquent, lorsque les données ont fait l'objet d'une transmission aux fins d'avis de mention en marge de l'acte de naissance, le chef de greffe du tribunal d'instance doit informer de la rectification l'officier de l'état civil détenteur de l'acte de naissance du partenaire dès lors que la mention apposée est affectée par cette rectification.

Dans tous les cas de rectification, lorsque le partenaire en fait la demande, le chef de greffe doit justifier qu'il a procédé à la rectification.

ANNEXE I
PÉRIODE TRANSITOIRE

GESTION DES PACS SOUSCRITS AVANT LE 1er JANVIER 2007

L'application de ce régime transitoire entraîne la coexistence d'un double régime de publicité entre le 1er janvier 2007 et le 30 juin 2008.

Nature de l'acte	Compétence du tribunal	Formalités et Tâches	Documents
Mise à jour des PACS dissous par décision unilatérale en attente de l'expiration du délai de trois mois	Tribunal d'instance d'enregistrement du PACS	Dès le premier jour ouvrable de l'année 2007 : – le greffier recherche informatiquement les PACS ayant fait l'objet d'une dissolution par voie de signification avant le 1er janvier 2007 mais dont le délai de trois mois (date d'effet) n'est pas expiré ; – il saisit à l'informatique la date de dissolution soit le 1er janvier 2007 pour tous les PACS dissous unilatéralement moins de 3 mois avant cette date ; – le greffier délivre aux deux partenaires un avis d'enregistrement de la dissolution unilatérale. Il n'y a plus d'envoi d'avis de mention sur le registre du tribunal d'instance du lieu de naissance.	Annexe III n° 13
I – Déclaration conjointe de publicité anticipée	Tribunal d'instance d'enregistrement du PACS	Enregistrement de la déclaration conjointe écrite, datée et signée par les deux partenaires : – remise lors de la comparution personnelle des partenaires ; – ou envoyée par lettre recommandée avec demande d'avis de réception au greffe (justification de l'identité et indication du numéro et de la date d'enregistrement du PACS) ; – remise ou envoi par lettre simple d'un récépissé d'enregistrement de la déclaration ; – envoi de l'avis de mention ; – à l'officier de l'état civil (pour les personnes nées en France) ; – au service central de l'état civil de Nantes pour les personnes nées à l'étranger, de nationalité française ; – au tribunal de grande instance de PARIS pour les personnes de nationalité étrangère, nées à l'étranger ; – classement de la déclaration au dossier et du récépissé de l'avis de mention établi par l'officier de l'état civil.	Annexe III n° 15 Annexe III n° 16
II – Demande de certificat de non pacte pour constituer le dossier d'enregistrement d'un PACS	– Tribunal d'instance du lieu de naissance pour les partenaires nés en France ou tribunal d'instance du lieu de résidence qui avait enregistré un précédent PACS dissous entre le 1er janvier et le 31 décembre 2007	Ce document peut être délivré jusqu'au 30 juin 2008 Durée de la validité : trois mois. Si certificat établi dans ce délai mais avant le 1er janvier 2007, il doit être accompagné par une attestation sur l'honneur du partenaire, de n'avoir pas conclu de PACS depuis la délivrance du CNP.	Annexe III, n° 18
	– Tribunal de grande instance de PARIS (personne étrangère, née à l'étranger ou français né à l'étranger)	Il peut être délivré au delà du 30 juin 2008 pour les partenaires nés à l'étranger et de nationalité étrangère.	Annexe III, n° 2

.../...

Attestation d'inscription de la déclaration conjointe de PACS	Tribunal d'instance qui a enregistré le PACS	Ce document peut être délivré jusqu'au 30 juin 2008 : – à la demande d'un des partenaires pour un PACS toujours en cours, sur papier sécurisé; – dans le cas d'un PACS dissous, il conviendra d'utiliser le formulaire de communication aux tiers (v. à l'article 5-1).	Annexe III, n° 19 Annexe III, n° 21
Communication aux tiers (PACS enregistrés avant le 1er janvier 2007 et pour lesquels les partenaires n'ont pas fait de demande d'application anticipée des nouvelles formalités de publicité)	Tribunal d'instance du lieu de naissance	Ce document peut être délivré jusqu'au 30 juin 2008 Les règles de communication restent inchangées.	Annexe III, numéro 21 concerne les communications aux tiers en vertu de l'article 5-I
Article 5 du décret n° 99-1091 du 21 décembre 1999	Tribunal d'instance d'enregistrement du PACS	Lorsqu'un PACS a été conclu, il convient de renvoyer les tiers à se rapprocher du TI de résidence.	Annexe III, numéro 22 concerne les communications aux tiers en vertu de l'article 5-II
	Tribunal de grande instance de Paris		Annexe III, n° 23
Demande de modification de convention de PACS (règles de publicité)	Tribunal d'instance d'enregistrement du PACS	Modalités applicables dés le 1er janvier 2007 : – si les partenaires consultent le greffier avant le dépôt de la convention modificative, il les informe des nouvelles conditions de publicité et de la faculté qui leur est offerte de procéder à une publicité anticipée de leur PACS; – si les partenaires ont conjointement demandé la publicité anticipée (qui n'est pas une obligation), le greffier, après avoir enregistré cette demande, adresse les avis de mention à l'officier de l'état civil, ou au tribunal de grande instance de PARIS, ou au service central de l'état civil de Nantes; – le récépissé d'avis de mention envoyé par l'officier d'état civil est classé au dossier. À défaut de demande conjointe : pas de publicité en marge de l'acte de naissance, ni d'avis au tribunal d'instance des lieux de naissance.	Annexe II (notice d'information pour les greffes) Annexe III, n° 16 ou 17
Dissolution	Tribunal d'instance d'enregistrement du PACS	1 – Par le décès ou le mariage – Le greffier est informé par l'officier de l'état civil du décès ou du mariage (pendant la période transitoire cette information peut être donnée par un tiers si celui-ci produit la copie de l'acte de décès ou de mariage).	Annexe IV
		– Il procède à l'enregistrement de la dissolution en précisant : la cause, la date du décès ou du mariage, la date d'effet de la dissolution entre les partenaires (date du décès ou du mariage) date d'effet de la dissolution à l'égard des tiers (date du décès ou du mariage). – Il informe le ou les partenaires de l'enregistrement de la dissolution du PACS. 2 – Par déclaration conjointe – Les partenaires remettent ou adressent par lettre recommandée avec accusé de réception leur déclaration conjointe de dissolution en justifiant de leur identité, le greffier :	Annexe III, n° 11
		• enregistre la cause de la dissolution. Le PACS prend fin à l'égard des partenaires à la date d'enregistrement au greffe et à l'égard des tiers à la date de mention en marge de l'acte de naissance des partenaires ou sur le registre du TGI de Paris; • délivre un récépissé de dissolution aux partenaires; • conserve l'original de la déclaration et la classe au dossier. 3 – Par décision unilatérale – Le partenaire signifie sa décision à l'autre partenaire. – L'huissier de justice remet ou adresse par lettre recommandée avec demande d'avis de réception au greffe une copie de la signification.	Annexe III, n° 12

.../...

		– Le greffier enregistre la cause de la dissolution et la date de l'enregistrement de l'acte au greffe (date d'effet à l'égard des partenaires). – Il classe la signification dans le dossier. – Il délivre un avis de dissolution du PACS aux partenaires.	Annexe III, n° 13
		Publicité Pas de publicité en marge des actes de naissance sauf si le PACS avait fait l'objet d'une demande préalable de publicité anticipée. Dans le cas d'une demande de publicité anticipée, le greffier adresse l'avis de mention relatif à la dissolution.	Annexe III, n° 8 ou 9
Du 1er janvier au 30 juin 2008			
Mise à jour des PACS enregistrés avant le 1er janvier 2007, non dissous, et n'ayant pas fait l'objet d'une demande de publicité anticipée	Tribunal d'instance de l'enregistrement du PACS	Le greffier identifie les dossiers devant faire l'objet de l'envoi d'un avis de mention pour effectuer la publicité. Il adresse cet avis : – soit à l'officier de l'état civil; – soit au greffier en chef du tribunal de grande instance de Paris; – soit au service central de l'état civil de Nantes.	Annexe III, n° 8 ou 9

ANNEXE II MODE DE PUBLICITÉ DU PACTE CIVIL DE SOLIDARITÉ APPLICABLE AU 1er JANVIER 2007 CONFORMÉMENT À LA LOI n° 2006-728 DU 23 JUIN 2006

Le mode de publicité du pacte civil de solidarité est modifié au 1er janvier 2007. Les PACS enregistrés à compter de cette date font en effet l'objet d'une mention portée en marge de l'acte de naissance de chaque partenaire.

Des mesures transitoires sont instaurées pour permettre l'application de ce nouveau mode de publicité aux pactes civils de solidarité enregistrés avant le 1er janvier 2007.

Cette publicité en marge de l'acte de naissance des partenaires prendra la forme suivante :

PACS enregistré au tribunal d'instance de ... le ... avec « nom et prénom, date et lieu de naissance » de l'autre partenaire.

Pour les personnes étrangères nées à l'étranger, cette publicité s'effectuera sur le registre du greffe du tribunal de grande instance de Paris.

En conséquence :

1 – Si le PACS a été enregistré avant le 1er janvier 2007

Du 1er janvier 2007 au 31 décembre 2007, les partenaires ont la possibilité de demander, conjointement, la publicité immédiate en marge de leur acte de naissance de l'enregistrement et, le cas échéant, des modifications du PACS.

Sans démarche de leur part, et en l'absence de dissolution enregistrée avant le 1er janvier 2008, le greffier en chef procédera automatiquement, au cours du 1er semestre 2008, à l'envoi d'un avis à l'officier de l'état civil de la commune de naissance de chaque partenaire (ou au greffe du tribunal de grande instance de Paris pour les partenaires étrangers nés à l'étranger) afin que celui-ci procède à la publicité en marge de leur acte de naissance.

2 – Si le PACS a été enregistré à compter du 1er janvier 2007

Le pacte civil de solidarité enregistré à partir de cette date fait l'objet d'une publicité immédiate en marge de l'acte de naissance de chaque partenaire. Cette publicité comporte l'identité (nom, prénoms, date et lieu de naissance) de l'autre partenaire. La modification et la dissolution sont également mentionnées en marge de leur acte de naissance respectif.

Vous recevez une demande de modification de la convention initiale du pacte civil de solidarité.

À partir du 1er janvier 2007, préalablement à l'enregistrement de toute demande conjointe de modification du pacte civil de solidarité, le greffier en chef du tribunal d'instance demande aux partenaires s'ils souhaitent que la mention de la conclusion du PACS et de sa modification soit portée en marge de leur acte de naissance respectif. Dans l'affirmative, il enregistre la déclaration conjointe de demande de publicité et procède à l'envoi des avis de mention à l'officier d'état civil de la mairie des lieux de naissance.

En l'absence d'autorisation spécifique ou d'enregistrement de la dissolution avant le 1er janvier 2008, cette publicité s'effectuera automatiquement au cours du 1er semestre 2008.

Si les partenaires ne souhaitent pas que cette publicité soit effectuée, il leur appartient de faire enregistrer la dissolution de leur pacte civil de solidarité avant le 1er janvier 2008.

ANNEXE III INVENTAIRE DES IMPRIMÉS MIS À DISPOSITION (non reproduite)

Les imprimés se trouvent à la disposition de chaque juridiction via le logiciel PACTI.

ANNEXE IV

Monsieur le Maire
Service de l'état civil
À
Monsieur le greffier en chef
du tribunal d'instance de

J'ai l'honneur de vous informer que :

M. ou Mme : (nom et prénoms)

Né(e) le :
À
– s'est marié(e) le :
– est décédé (e) le :
L'intéressé(e) avait conclu un pacte civil de solidarité le …
Au tribunal d'instance de …
avec M. ou Mme : (nom et prénoms, date et lieu de naissance)
Fait le
Signature de l'officier de l'état civil

ANNEXE V
PACTES CIVILS DE SOLIDARITÉ ENREGISTRÉS À COMPTER DU 1er JANVIER 2007

DATE D'EFFET DE L'ACTE

Nature de l'acte	Date d'effet à l'égard des partenaires	Date d'effet à l'égard des tiers
Conclusion du PACS	Date de l'enregistrement de la déclaration au greffe	Date de la mention en marge de l'acte de naissance des partenaires ou sur le registre du TGI de Paris
Modification	Idem	Idem
Dissolution – décès	Date du décès	Date du décès
Dissolution – mariage	Date du mariage	Date du mariage
Dissolution – déclaration conjointe	Date de l'enregistrement de la déclaration au greffe	Date de mention en marge de l'acte de naissance des partenaires ou sur le registre du TGI de Paris
Dissolution – décision unilatérale	Idem	Idem

ANNEXE VI
TRANSFERT DE FONDS DE PAGE SÉCURISÉS (non reproduite)

62. Règlements de droit communautaire et textes d'application

62.00 Liste des règlements de droit communautaire et textes d'application.

62.01 Remarques. Les textes cités ne reproduisent pas les annexes desdits textes pour lesquels nous invitions le lecteur à se reporter au site internet de l'Union européenne : eur-lex.europa.eu.

62.11

RÈGLEMENT (CE) N° 44/2001 DU CONSEIL DU 22 DÉCEMBRE 2000, CONCERNANT LA COMPÉTENCE JUDICIAIRE, LA RECONNAISSANCE ET L'EXÉCUTION DES DÉCISIONS EN MATIÈRE CIVILE ET COMMERCIALE

LE CONSEIL DE L'UNION EUROPÉENNE,
vu le traité instituant la Communauté européenne, et notamment son article 61, point c), et son article 67, paragraphe 1,
vu la proposition de la Commission [1],
vu l'avis du Parlement européen [2],
vu l'avis du Comité économique et social [3],
considérant ce qui suit :

(1) La Communauté s'est donné pour objectif de maintenir et de développer un espace de liberté, de sécurité et de justice au sein duquel la libre circulation des personnes est assurée. Pour mettre en place progressivement un tel espace, il convient que la Communauté adopte, entre autres, les mesures dans le domaine de la coopération judiciaire en matière civile qui sont nécessaires au bon fonctionnement du marché intérieur.

(2) Certaines différences entre les règles nationales en matière de compétence judiciaire et de reconnaissance des décisions rendent plus difficile le bon fonctionnement du marché intérieur. Des dispositions permettant d'unifier les règles de conflit de juridictions en matière civile et commerciale ainsi que de simplifier les formalités en vue de la reconnaissance et de l'exécution rapides et simples des décisions émanant des États membres liés par le présent règlement sont indispensables.

(3) Cette matière relève du domaine de la coopération judiciaire en matière civile au sens de l'article 65 du traité.

(4) Conformément au principe de subsidiarité et au principe de proportionnalité tels qu'énoncés à l'article 5 du traité, les objectifs du présent règlement ne peuvent pas être réalisés de manière suffisante par les États membres et peuvent donc être mieux réalisés au niveau communautaire. Le présent règle-

1. JO C 376 du 28.12.1999, p. 1.
2. Avis rendu le 21 septembre 2000 (non encore paru au Journal officiel).
3. JO C 117 du 26.4.2000, p. 6.

ment se limite au minimum requis pour atteindre ces objectifs et n'excède pas ce qui est nécessaire à cette fin.

(5) Les États membres ont conclu le 27 septembre 1968, dans le cadre de l'article 293, quatrième tiret, du traité, la convention de Bruxelles concernant la compétence judiciaire et l'exécution des décisions en matière civile et commerciale, qui a été modifiée par les conventions relatives à l'adhésion des nouveaux États membres à cette convention [1] (ci-après dénommée « convention de Bruxelles »). Les États membres et les États de l'AELE ont conclu le 16 septembre 1988 la convention de Lugano concernant la compétence judiciaire et l'exécution des décisions en matière civile et commerciale, qui est une convention parallèle à la convention de Bruxelles de 1968. Ces conventions ont fait l'objet de travaux de révision et le Conseil a marqué son accord sur le contenu du texte révisé. Il y a lieu d'assurer la continuité des résultats obtenus dans le cadre de cette révision.

(6) Pour atteindre l'objectif de la libre circulation des décisions en matière civile et commerciale, il est nécessaire et approprié que les règles relatives à la compétence judiciaire, à la reconnaissance et à l'exécution des décisions soient déterminées par un instrument juridique communautaire contraignant et directement applicable.

(7) Il est important d'inclure dans le champ d'application matériel du présent règlement l'essentiel de la matière civile et commerciale, à l'exception de certaines matières bien définies.

(8) Il doit exister un lien entre les litiges couverts par le présent règlement et le territoire des États membres qu'il lie. Les règles communes en matière de compétence doivent donc s'appliquer en principe lorsque le défendeur est domicilié dans un de ces États membres.

(9) Les défendeurs non domiciliés dans un État membre sont généralement soumis aux règles nationales de compétence applicables sur le territoire de l'État membre de la juridiction saisie et les défendeurs domiciliés dans un État membre non lié par le présent règlement doivent continuer à être soumis à la convention de Bruxelles.

(10) Aux fins de la libre circulation des jugements, les décisions rendues dans un État membre lié par le présent règlement doivent être reconnues et exécutées dans un autre État membre lié par le présent règlement, même si le débiteur condamné est domicilié dans un État tiers.

(11) Les règles de compétence doivent présenter un haut degré de prévisibilité et s'articuler autour de la compétence de principe du domicile du défendeur et cette compétence doit toujours être disponible, sauf dans quelques cas bien déterminés où la matière en litige ou l'autonomie des parties justifie un autre critère de rattachement. S'agissant des personnes morales, le domicile doit être défini de façon autonome de manière à accroître la transparence des règles communes et à éviter les conflits de juridictions.

(12) Le for du domicile du défendeur doit être complété par d'autres fors autorisés en raison du lien étroit entre la juridiction et le litige ou en vue de faciliter une bonne administration de la justice.

(13) S'agissant des contrats d'assurance, de consommation et de travail, il est opportun de protéger la partie la plus faible au moyen de règles de compétence plus favorables à ses intérêts que ne le sont les règles générales.

(14) L'autonomie des parties à un contrat autre qu'un contrat d'assurance, de consommation et de travail pour lequel n'est prévue qu'une autonomie limitée quant à la détermination de la juridiction compétente doit être respectée sous réserve des fors de compétence exclusifs prévus dans le présent règlement.

(15) Le fonctionnement harmonieux de la justice commande de réduire au maximum la possibilité de procédures concurrentes et d'éviter que des décisions inconciliables ne soient rendues dans deux États membres. Il importe de prévoir un mécanisme clair et efficace pour résoudre les cas de litispendance et de connexité et pour parer aux problèmes résultant des divergences nationales quant à la date à laquelle une affaire est considérée comme pendante. Aux fins du présent règlement, il convient de définir cette date de manière autonome.

(16) La confiance réciproque dans la justice au sein de la Communauté justifie que les décisions rendues dans un État membre soient reconnues de plein droit, sans qu'il soit nécessaire, sauf en cas de contestation, de recourir à aucune procédure.

(17) Cette même confiance réciproque justifie que la procédure visant à rendre exécutoire, dans un État membre, une décision rendue dans un autre État membre soit efficace et rapide. À cette fin, la déclaration relative à la force exécutoire d'une décision devrait être délivrée de manière quasi automatique, après un simple contrôle formel des documents fournis, sans qu'il soit possible pour la juridiction de soulever d'office un des motifs de non-exécution prévus par le présent règlement.

(18) Le respect des droits de la défense impose toutefois que le défendeur puisse, le cas échéant, former un recours, examiné de façon contradictoire, contre la déclaration constatant la force exécutoire, s'il considère qu'un des motifs de non-exécution est établi. Une faculté de recours doit également être reconnue au requérant si la déclaration constatant la force exécutoire a été refusée.

(19) Pour assurer la continuité nécessaire entre la convention de Bruxelles et le présent règlement, il convient de prévoir des dispositions transitoires. La même continuité doit être assurée en ce qui concerne l'interprétation des dispositions de la convention de Bruxelles par la Cour de justice des Communautés européennes et le protocole de 1971 [2] doit continuer à s'appliquer également aux procédures déjà pendantes à la date d'entrée en vigueur du présent règlement.

(20) Le Royaume-Uni et l'Irlande, conformément à l'article 3 du protocole sur la position du Royaume-Uni et de l'Irlande annexé au traité sur l'Union européenne et au traité instituant la Communauté européenne, ont notifié leur souhait de participer à l'adoption et à l'application du présent règlement.

1. JO L 299 du 31.12.1972, p. 32.
JO L 304 du 30.10.1978, p. 1.
JO L 388 du 31.12.1982, p. 1.
JO L 285 du 3.10.1989, p. 1.
JO C 15 du 15.1.1997, p. 1.
Pour le texte consolidé, voir JO C 27 du 26.1.1998, p. 1.

2. (1) JO L 204 du 2.8.1975, p. 28.
JO L 304 du 30.10.1978, p. 1.
JO L 388 du 31.12.1982, p. 1.
JO L 285 du 3.10.1989, p. 1.
JO C 15 du 15.1.1997, p. 1.
Pour le texte consolidé, voir JO C 27 du 26.1.1998, p. 28.

(21) Le Danemark, conformément aux articles 1er et 2 du protocole sur la position du Danemark annexé au traité sur l'Union européenne et au traité instituant la Communauté européenne, ne participe pas à l'adoption du présent règlement, lequel ne lie donc pas le Danemark et n'est pas applicable à son égard.

(22) Étant donné que la convention de Bruxelles est en vigueur dans les relations entre le Danemark et les États membres liés par le présent règlement, cette Convention ainsi que le protocole de 1971 continuent à s'appliquer entre le Danemark et les États membres liés par le présent règlement.

(23) La Convention de Bruxelles continue également à s'appliquer en ce qui concerne les territoires des États membres qui entrent dans le champ d'application territorial de cette convention et qui sont exclus du présent règlement en vertu de l'article 299 du traité.

(24) Le même souci de cohérence commande que le présent règlement n'affecte pas les règles sur la compétence et la reconnaissance des décisions contenues dans des instruments communautaires spécifiques.

(25) Le respect des engagements internationaux souscrits par les États membres justifie que le présent règlement n'affecte pas les conventions auxquelles les États membres sont parties et qui portent sur des matières spéciales.

(26) Il convient d'apporter les assouplissements nécessaires aux règles de principe prévues par le présent règlement, pour tenir compte des particularités procédurales de certains États membres. À cette fin, il convient d'introduire dans le règlement certaines dispositions prévues par le protocole annexé à la convention de Bruxelles.

(27) Afin de permettre une transition harmonieuse dans certains domaines qui faisaient l'objet de dispositions particulières dans le protocole annexé à la convention de Bruxelles, le présent règlement prévoit, pendant une période transitoire, des dispositions prenant en considération la situation spécifique dans certains États membres.

(28) Au plus tard cinq ans après l'entrée en vigueur du présent règlement, la Commission présentera un rapport sur son application et proposera éventuellement, s'il en est besoin, des propositions d'adaptation.

(29) La Commission devra modifier les annexes I à IV relatives aux règles de compétence nationales, aux juridictions ou autorités compétentes et aux voies de recours en se fondant sur les amendements transmis par l'État membre concerné. Les modifications apportées aux annexes V et VI devront être adoptées conformément à la décision 1999/468/CE du Conseil du 28 juin 1999 fixant les modalités de l'exercice des compétences d'exécution conférées à la Commission [1],

A ARRÊTÉ LE PRÉSENT RÈGLEMENT :

CHAPITRE I
CHAMP D'APPLICATION

Article premier

1. Le présent règlement s'applique en matière civile et commerciale et quelle que soit la nature de la juridiction. Il ne recouvre notamment pas les matières fiscales, douanières ou administratives.

2. Sont exclus de son application :

a) l'état et la capacité des personnes physiques, les régimes matrimoniaux, les testaments et les successions;

b) les faillites, concordats et autres procédures analogues;

c) la sécurité sociale;

d) l'arbitrage.

3. Dans le présent règlement, on entend par « État membre » tous les États membres à l'exception du Danemark.

CHAPITRE II
COMPÉTENCE

Section 1
Dispositions générales

Article 2

1. Sous réserve des dispositions du présent règlement, les personnes domiciliées sur le territoire d'un État membre sont attraites, quelle que soit leur nationalité, devant les juridictions de cet État membre.

2. Les personnes qui ne possèdent pas la nationalité de l'État membre dans lequel elles sont domiciliées y sont soumises aux règles de compétence applicables aux nationaux.

Article 3

1. Les personnes domiciliées sur le territoire d'un État membre ne peuvent être attraites devant les tribunaux d'un autre État membre qu'en vertu des règles énoncées aux sections 2 à 7 du présent chapitre.

2. Ne peuvent être invoquées contre elles notamment les règles de compétence nationales figurant à l'annexe I.

Article 4

1. Si le défendeur n'est pas domicilié sur le territoire d'un État membre, la compétence est, dans chaque État membre, réglée par la loi de cet État membre, sous réserve de l'application des dispositions des articles 22 et 23.

2. Toute personne, quelle que soit sa nationalité, domiciliée sur le territoire d'un État membre, peut, comme les nationaux, y invoquer contre ce défendeur les règles de compétence qui y sont en vigueur et notamment celles prévues à l'annexe I.

Section 2
Compétences spéciales

Article 5

Une personne domiciliée sur le territoire d'un État membre peut être attraite, dans un autre État membre :

1) a) en matière contractuelle, devant le tribunal du lieu où l'obligation qui sert de base à la demande a été ou doit être exécutée;

1. JO L 184 du 17.7.1999, p. 23.

b) aux fins de l'application de la présente disposition, et sauf convention contraire, le lieu d'exécution de l'obligation qui sert de base à la demande est :

– pour la vente de marchandises, le lieu d'un État membre où, en vertu du contrat, les marchandises ont été ou auraient dû être livrées,

– pour la fourniture de services, le lieu d'un État membre où, en vertu du contrat, les services ont été ou auraient dû être fournis;

c) le point a) s'applique si le point b) ne s'applique pas;

2) en matière d'obligation alimentaire, devant le tribunal du lieu où le créancier d'aliments a son domicile ou sa résidence habituelle ou, s'il s'agit d'une demande accessoire à une action relative à l'état des personnes, devant le tribunal compétent selon la loi du for pour en connaître, sauf si cette compétence est uniquement fondée sur la nationalité d'une des parties;

3) en matière délictuelle ou quasi délictuelle, devant le tribunal du lieu où le fait dommageable s'est produit ou risque de se produire;

4) s'il s'agit d'une action en réparation de dommage ou d'une action en restitution fondées sur une infraction, devant le tribunal saisi de l'action publique, dans la mesure où, selon sa loi, ce tribunal peut connaître de l'action civile;

5) s'il s'agit d'une contestation relative à l'exploitation d'une succursale, d'une agence ou de tout autre établissement, devant le tribunal du lieu de leur situation;

6) en sa qualité de fondateur, de trustee ou de bénéficiaire d'un trust constitué soit en application de la loi, soit par écrit ou par une convention verbale, confirmée par écrit, devant les tribunaux de l'État membre sur le territoire duquel le trust a son domicile;

7) s'il s'agit d'une contestation relative au paiement de la rémunération réclamé en raison de l'assistance ou du sauvetage dont a bénéficié une cargaison ou un fret, devant le tribunal dans le ressort duquel cette cargaison ou le fret s'y rapportant :

a) a été saisi pour garantir ce paiement, ou

b) aurait pu être saisi à cet effet, mais une caution ou une autre sûreté a été donnée, cette disposition ne s'applique que s'il est prétendu que le défendeur a un droit sur la cargaison ou sur le fret ou qu'il avait un tel droit au moment de cette assistance ou de ce sauvetage.

Article 6

Cette même personne peut aussi être attraite :

1) s'il y a plusieurs défendeurs, devant le tribunal du domicile de l'un d'eux, à condition que les demandes soient liées entre elles par un rapport si étroit qu'il y a intérêt à les instruire et à les juger en même temps afin d'éviter des solutions qui pourraient être inconciliables si les causes étaient jugées séparément;

2) s'il s'agit d'une demande en garantie ou d'une demande en intervention, devant le tribunal saisi de la demande originaire, à moins qu'elle n'ait été formée que pour traduire hors de son tribunal celui qui a été appelé;

3) s'il s'agit d'une demande reconventionnelle qui dérive du contrat ou du fait sur lequel est fondée la demande originaire, devant le tribunal saisi de celle-ci;

4) en matière contractuelle, si l'action peut être jointe à une action en matière de droits réels immobiliers dirigée contre le même défendeur, devant le tribunal de l'État membre sur le territoire duquel l'immeuble est situé.

Article 7

Lorsque, en vertu du présent règlement, un tribunal d'un État membre est compétent pour connaître des actions en responsabilité du fait de l'utilisation ou de l'exploitation d'un navire, ce tribunal ou tout autre que lui substitue la loi interne de cet État membre connaît aussi des demandes relatives à la limitation de cette responsabilité.

Section 3
Compétence en matière d'assurances

Article 8

En matière d'assurances, la compétence est déterminée par la présente section, sans préjudice des dispositions de l'article 4 et de l'article 5, point 5.

Article 9

1. L'assureur domicilié sur le territoire d'un État membre peut être attrait :

a) devant les tribunaux de l'État membre où il a son domicile, ou

b) dans un autre État membre, en cas d'actions intentées par le preneur d'assurance, l'assuré ou un bénéficiaire, devant le tribunal du lieu où le demandeur a son domicile, ou

c) s'il s'agit d'un coassureur, devant le tribunal d'un État membre saisi de l'action formée contre l'apériteur de la coassurance.

2. Lorsque l'assureur n'est pas domicilié sur le territoire d'un État membre, mais possède une succursale, une agence ou tout autre établissement dans un État membre, il est considéré pour les contestations relatives à leur exploitation comme ayant son domicile sur le territoire de cet État membre.

Article 10

L'assureur peut, en outre, être attrait devant le tribunal du lieu où le fait dommageable s'est produit s'il s'agit d'assurance de responsabilité ou d'assurance portant sur des immeubles. Il en est de même si l'assurance porte à la fois sur des immeubles et des meubles couverts par une même police et atteints par le même sinistre.

Article 11

1. En matière d'assurance de responsabilité, l'assureur peut également être appelé devant le tribunal saisi de l'action de la personne lésée contre l'assuré, si la loi de ce tribunal le permet.

2. Les dispositions des articles 8, 9 et 10 sont applicables en cas d'action directe intentée par la victime contre l'assureur, lorsque l'action directe est possible.

3. Si la loi relative à cette action directe prévoit la mise en cause du preneur d'assurance ou de l'assuré, le même tribunal sera aussi compétent à leur égard.

Article 12

1. Sous réserve des dispositions de l'article 11, paragraphe 3, l'action de l'assureur ne peut être portée que devant les tribunaux de l'État membre sur le territoire duquel est domicilié le défendeur, qu'il soit preneur d'assurance, assuré ou bénéficiaire.

2. Les dispositions de la présente section ne portent pas atteinte au droit d'introduire une demande reconventionnelle devant le tribunal saisi d'une demande originaire conformément à la présente section.

Article 13

Il ne peut être dérogé aux dispositions de la présente section que par des conventions :

1) postérieures à la naissance du différend, ou

2) qui permettent au preneur d'assurance, à l'assuré ou au bénéficiaire de saisir d'autres tribunaux que ceux indiqués à la présente section, ou

3) qui, passées entre un preneur d'assurance et un assureur ayant, au moment de la conclusion du contrat, leur domicile ou leur résidence habituelle dans un même État membre, ont pour effet, alors même que le fait dommageable se produirait à l'étranger, d'attribuer compétence aux tribunaux de cet État sauf si la loi de celui-ci interdit de telles conventions, ou

4) conclues par un preneur d'assurance n'ayant pas son domicile dans un État membre, sauf s'il s'agit d'une assurance obligatoire ou qui porte sur un immeuble situé dans un État membre, ou

5) qui concernent un contrat d'assurance en tant que celui-ci couvre un ou plusieurs des risques énumérés à l'article 14.

Article 14

Les risques visés à l'article 13, point 5, sont les suivants :

1) tout dommage :

a) aux navires de mer, aux installations au large des côtes et en haute mer ou aux aéronefs, causé par des événements survenant en relation avec leur utilisation à des fins commerciales;

b) aux marchandises autres que les bagages des passagers, durant un transport réalisé par ces navires ou aéronefs soit en totalité, soit en combinaison avec d'autres modes de transport;

2) toute responsabilité, à l'exception de celle des dommages corporels aux passagers ou des dommages à leurs bagages,

a) résultant de l'utilisation ou de l'exploitation des navires, installations ou aéronefs, conformément au point 1 a) visé ci-dessus, pour autant que, en ce qui concerne les derniers, la loi de l'État membre d'immatriculation de l'aéronef n'interdise pas les clauses attributives de juridiction dans l'assurance de tels risques;

b) du fait de marchandises durant un transport visé au point 1 b) énoncé ci-dessus;

3) toute perte pécuniaire liée à l'utilisation ou à l'exploitation des navires, installations ou aéronefs conformément au point 1 a) visé ci-dessus, notamment celle du fret ou du bénéfice d'affrètement,

4) tout risque lié accessoirement à l'un de ceux visés aux points 1 à 3 énoncés ci-dessus,

5) sans préjudice des points 1 à 4, tous les « grands risques » au sens de la directive 73/239/CEE du Conseil[1], modifiée par les directives 88/357/CEE[2] et 90/618/CEE[3], dans leur dernière version en vigueur.

Section 4
Compétence en matière de contrats conclus par les consommateurs

Article 15

1. En matière de contrat conclu par une personne, le consommateur, pour un usage pouvant être considéré comme étranger à son activité professionnelle, la compétence est déterminée par la présente section, sans préjudice des dispositions de l'article 4 et de l'article 5, point 5 :

a) lorsqu'il s'agit d'une vente à tempérament d'objets mobiliers corporels;

b) lorsqu'il s'agit d'un prêt à tempérament ou d'une autre opération de crédit liés au financement d'une vente de tels objets;

c) lorsque, dans tous les autres cas, le contrat a été conclu avec une personne qui exerce des activités commerciales ou professionnelles dans l'État membre sur le territoire duquel le consommateur a son domicile ou qui, par tout moyen, dirige ces activités vers cet État membre ou vers plusieurs États, dont cet État membre, et que le contrat entre dans le cadre de ces activités.

2. Lorsque le cocontractant du consommateur n'est pas domicilié sur le territoire d'un État membre, mais possède une succursale, une agence ou tout autre établissement dans un État membre, il est considéré pour les contestations relatives à leur exploitation comme ayant son domicile sur le territoire de cet État.

3. La présente section ne s'applique pas aux contrats de transport autres que ceux qui, pour un prix forfaitaire, combinent voyage et hébergement.

Article 16

1. L'action intentée par un consommateur contre l'autre partie au contrat peut être portée soit devant les tribunaux de l'État membre sur le territoire duquel est domiciliée cette partie, soit devant le tribunal du lieu où le consommateur est domicilié.

2. L'action intentée contre le consommateur par l'autre partie au contrat ne peut être portée que devant les tribunaux de l'État membre sur le territoire duquel est domicilié le consommateur.

3. Les dispositions du présent article ne portent pas atteinte au droit d'introduire une demande reconventionnelle devant le

1. JO L 228 du 16.8.1973, p. 3. Directive modifiée en dernier lieu par la directive 2000/26/CE du Parlement européen et du Conseil (JO L 181 du 20.7.2000, p. 65).
2. JO L 172 du 4.7.1988, p. 1. Directive modifiée en dernier lieu par la directive 2000/26/CE.
3. JO L 330 du 29.11.1990, p. 44.

tribunal saisi d'une demande originaire conformément à la présente section.

Article 17

Il ne peut être dérogé aux dispositions de la présente section que par des conventions :

1) postérieures à la naissance du différend, ou

2) qui permettent au consommateur de saisir d'autres tribunaux que ceux indiqués à la présente section, ou

3) qui, passées entre le consommateur et son cocontractant ayant, au moment de la conclusion du contrat, leur domicile ou leur résidence habituelle dans un même État membre, attribuent compétence aux tribunaux de cet État membre, sauf si la loi de celui-ci interdit de telles conventions.

Section 5
Compétence en matière de contrats individuels de travail

Article 18

1. En matière de contrats individuels de travail, la compétence est déterminée par la présente section, sans préjudice de l'article 4 et de l'article 5, point 5.

2. Lorsqu'un travailleur conclut un contrat individuel de travail avec un employeur qui n'est pas domicilié dans un État membre mais possède une succursale, une agence ou tout autre établissement dans un État membre, l'employeur est considéré, pour les contestations relatives à leur exploitation comme ayant son domicile dans cet État membre.

Article 19

Un employeur ayant son domicile sur le territoire d'un État membre peut être attrait :

1) devant les tribunaux de l'État membre où il a son domicile, ou

2) dans un autre État membre :

a) devant le tribunal du lieu où le travailleur accomplit habituellement son travail ou devant le tribunal du dernier lieu où il a accompli habituellement son travail, ou

b) lorsque le travailleur n'accomplit pas ou n'a pas accompli habituellement son travail dans un même pays, devant le tribunal du lieu où se trouve ou se trouvait l'établissement qui a embauché le travailleur.

Article 20

1. L'action de l'employeur ne peut être portée que devant les tribunaux de l'État membre sur le territoire duquel le travailleur a son domicile.

2. Les dispositions de la présente section ne portent pas atteinte au droit d'introduire une demande reconventionnelle devant le tribunal saisi de la demande originaire conformément à la présente section.

Article 21

Il ne peut être dérogé aux dispositions de la présente section que par des conventions attributives de juridiction :

1) postérieures à la naissance du différend, ou

2) qui permettent au travailleur de saisir d'autres tribunaux que ceux indiqués à la présente section.

Section 6
Compétences exclusives

Article 22

Sont seuls compétents, sans considération de domicile :

1) en matière de droits réels immobiliers et de baux d'immeubles, les tribunaux de l'État membre où l'immeuble est situé.

Toutefois, en matière de baux d'immeubles conclus en vue d'un usage personnel temporaire pour une période maximale de six mois consécutifs, sont également compétents les tribunaux de l'État membre dans lequel le défendeur est domicilié, à condition que le locataire soit une personne physique et que le propriétaire et le locataire soient domiciliés dans le même État membre;

2) en matière de validité, de nullité ou de dissolution des sociétés ou personnes morales ayant leur siège sur le territoire d'un État membre, ou de validité des décisions de leurs organes, les tribunaux de cet État membre. Pour déterminer le siège, le juge applique les règles de son droit international privé;

3) en matière de validité des inscriptions sur les registres publics, les tribunaux de l'État membre sur le territoire duquel ces registres sont tenus;

4) en matière d'inscription ou de validité des brevets, marques, dessins et modèles, et autres droits analogues donnant lieu à dépôt ou à un enregistrement, les juridictions de l'État membre sur le territoire duquel le dépôt ou l'enregistrement a été demandé, a été effectué ou est réputé avoir été effectué aux termes d'un instrument communautaire ou d'une convention internationale.

Sans préjudice de la compétence de l'Office européen des brevets selon la convention sur la délivrance des brevets européens, signée à Munich le 5 octobre 1973, les juridictions de chaque État membre sont seules compétentes, sans considération de domicile, en matière d'inscription ou de validité d'un brevet européen délivré pour cet État;

5) en matière d'exécution des décisions, les tribunaux de l'État membre du lieu de l'exécution.

Section 7
Prorogation de compétence

Article 23

1. Si les parties, dont l'une au moins a son domicile sur le territoire d'un État membre, sont convenues d'un tribunal ou de tribunaux d'un État membre pour connaître des différends nés ou à naître à l'occasion d'un rapport de droit déterminé, ce tribunal ou les tribunaux de cet État membre sont compétents. Cette compétence est exclusive, sauf convention contraire des parties. Cette convention attributive de juridiction est conclue :

a) par écrit ou verbalement avec confirmation écrite, ou

b) sous une forme qui soit conforme aux habitudes que les parties ont établies entre elles, ou

c) dans le commerce international, sous une forme qui soit conforme à un usage dont les parties avaient connaissance ou étaient censées avoir connaissance et qui est largement connu et régulièrement observé dans ce type de commerce par les parties à des contrats du même type dans la branche commerciale considérée.

2. Toute transmission par voie électronique qui permet de consigner durablement la convention est considérée comme revêtant une forme écrite.

3. Lorsqu'une telle convention est conclue par des parties dont aucune n'a son domicile sur le territoire d'un État membre, les tribunaux des autres États membres ne peuvent connaître du différend tant que le tribunal ou les tribunaux désignés n'ont pas décliné leur compétence.

4. Le tribunal ou les tribunaux d'un État membre auxquels l'acte constitutif d'un trust attribue compétence sont exclusivement compétents pour connaître d'une action contre un fondateur, un trustee ou un bénéficiaire d'un trust, s'il s'agit des relations entre ces personnes ou de leurs droits ou obligations dans le cadre du trust.

5. Les conventions attributives de juridiction ainsi que les stipulations similaires d'actes constitutifs de trust sont sans effet si elles sont contraires aux dispositions des articles 13, 17 et 21 ou si les tribunaux à la compétence desquels elles dérogent sont exclusivement compétents en vertu de l'article 22.

Article 24

Outre les cas où sa compétence résulte d'autres dispositions du présent règlement, le juge d'un État membre devant lequel le défendeur comparaît est compétent. Cette règle n'est pas applicable si la comparution a pour objet de contester la compétence ou s'il existe une autre juridiction exclusivement compétente en vertu de l'article 22.

Section 8
Vérification de la compétence et de la recevabilité

Article 25

Le juge d'un État membre, saisi à titre principal d'un litige pour lequel une juridiction d'un autre État membre est exclusivement compétente en vertu de l'article 22, se déclare d'office incompétent.

Article 26

1. Lorsque le défendeur domicilié sur le territoire d'un État membre est attrait devant une juridiction d'un autre État membre et ne comparaît pas, le juge se déclare d'office incompétent si sa compétence n'est pas fondée aux termes du présent règlement.

2. Le juge est tenu de surseoir à statuer aussi longtemps qu'il n'est pas établi que ce défendeur a été mis à même de recevoir l'acte introductif d'instance ou un acte équivalent en temps utile pour se défendre ou que toute diligence a été faite à cette fin.

3. L'article 19 du règlement (CE) n° 1348/2000 du Conseil du 29 mai 2000 relatif à la signification et à la notification dans les États membres des actes judiciaires et extrajudiciaires en matière civile ou commerciale[1] s'applique en lieu et place des dispositions du paragraphe 2 si l'acte introductif d'instance ou un acte équivalent a dû être transmis d'un État membre à un autre en exécution de ce règlement.

4. Lorsque les dispositions du règlement (CE) n° 1348/2000 ne sont pas applicables, l'article 15 de la convention de La Haye du 15 novembre 1965 relative à la signification et à la notification à l'étranger des actes judiciaires et extrajudiciaires en matière civile ou commerciale s'applique si l'acte introductif d'instance ou un acte équivalent a dû être transmis en exécution de cette convention.

Section 9
Litispendance et connexité

Article 27

1. Lorsque des demandes ayant le même objet et la même cause sont formées entre les mêmes parties devant des juridictions d'États membres différents, la juridiction saisie en second lieu sursoit d'office à statuer jusqu'à ce que la compétence du tribunal premier saisi soit établie.

2. Lorsque la compétence du tribunal premier saisi est établie, le tribunal saisi en second lieu se dessaisit en faveur de celui-ci.

Article 28

1. Lorsque des demandes connexes sont pendantes devant des juridictions d'États membres différents, la juridiction saisie en second lieu peut surseoir à statuer.

2. Lorsque ces demandes sont pendantes au premier degré, la juridiction saisie en second lieu peut également se dessaisir, à la demande de l'une des parties, à condition que le tribunal premier saisi soit compétent pour connaître des demandes en question et que sa loi permette leur jonction.

3. Sont connexes, au sens du présent article, les demandes liées entre elles par un rapport si étroit qu'il y a intérêt à les instruire et à les juger en même temps afin d'éviter des solutions qui pourraient être inconciliables si les causes étaient jugées séparément.

Article 29

Lorsque les demandes relèvent de la compétence exclusive de plusieurs juridictions, le dessaisissement a lieu en faveur de la juridiction première saisie.

Article 30

Aux fins de la présente section, une juridiction est réputée saisie :

1) à la date à laquelle l'acte introductif d'instance ou un acte équivalent est déposé auprès de la juridiction, à condition que le demandeur n'ait pas négligé par la suite de prendre les mesures qu'il était tenu de prendre pour que l'acte soit notifié ou signifié au défendeur, ou

2) si l'acte doit être notifié ou signifié avant d'être déposé auprès de la juridiction, à la date à laquelle il est reçu par l'autorité chargée de la notification ou de la signification, à condition que le demandeur n'ait pas négligé par la suite de

1. JO L 160 du 30.6.2000, p. 37.

prendre les mesures qu'il était tenu de prendre pour que l'acte soit déposé auprès de la juridiction.

Section 10
Mesures provisoires et conservatoires

Article 31

Les mesures provisoires ou conservatoires prévues par la loi d'un État membre peuvent être demandées aux autorités judiciaires de cet État, même si, en vertu du présent règlement, une juridiction d'un autre État membre est compétente pour connaître du fond.

CHAPITRE III
RECONNAISSANCE ET EXÉCUTION

Article 32

On entend par décision, au sens du présent règlement, toute décision rendue par une juridiction d'un État membre quelle que soit la dénomination qui lui est donnée, telle qu'arrêt, jugement, ordonnance ou mandat d'exécution, ainsi que la fixation par le greffier du montant des frais du procès.

Section 1
Reconnaissance

Article 33

1. Les décisions rendues dans un État membre sont reconnues dans les autres États membres, sans qu'il soit nécessaire de recourir à aucune procédure.

2. En cas de contestation, toute partie intéressée qui invoque la reconnaissance à titre principal peut faire constater, selon les procédures prévues aux sections 2 et 3 du présent chapitre, que la décision doit être reconnue.

3. Si la reconnaissance est invoquée de façon incidente devant une juridiction d'un État membre, celle-ci est compétente pour en connaître.

Article 34

Une décision n'est pas reconnue si :

1) la reconnaissance est manifestement contraire à l'ordre public de l'État membre requis;

2) l'acte introductif d'instance ou un acte équivalent n'a pas été signifié ou notifié au défendeur défaillant en temps utile et de telle manière qu'il puisse se défendre, à moins qu'il n'ait pas exercé de recours à l'encontre de la décision alors qu'il était en mesure de le faire;

3) elle est inconciliable avec une décision rendue entre les mêmes parties dans l'État membre requis;

4) elle est inconciliable avec une décision rendue antérieurement dans un autre État membre ou dans un État tiers entre les mêmes parties dans un litige ayant le même objet et la même cause, lorsque la décision rendue antérieurement réunit les conditions nécessaires à sa reconnaissance dans l'État membre requis.

Article 35

1. De même, les décisions ne sont pas reconnues si les dispositions des sections 3, 4 et 6 du chapitre II ont été méconnues, ainsi que dans le cas prévu à l'article 72.

2. Lors de l'appréciation des compétences mentionnées au paragraphe précédent, l'autorité requise est liée par les constatations de fait sur lesquelles la juridiction de l'État membre d'origine a fondé sa compétence.

3. Sans préjudice des dispositions du paragraphe 1, il ne peut être procédé au contrôle de la compétence des juridictions de l'État membre d'origine. Le critère de l'ordre public visé à l'article 34, point 1, ne peut être appliqué aux règles de compétence.

Article 36

En aucun cas, la décision étrangère ne peut faire l'objet d'une révision au fond.

Article 37

1. L'autorité judiciaire d'un État membre devant laquelle est invoquée la reconnaissance d'une décision rendue dans un autre État membre peut surseoir à statuer si cette décision fait l'objet d'un recours ordinaire.

2. L'autorité judiciaire d'un État membre devant laquelle est invoquée la reconnaissance d'une décision rendue en Irlande ou au Royaume-Uni et dont l'exécution est suspendue dans l'État membre d'origine du fait de l'exercice d'un recours, peut surseoir à statuer.

Section 2
Exécution

Article 38

1. Les décisions rendues dans un État membre et qui y sont exécutoires sont mises à exécution dans un autre État membre après y avoir été déclarées exécutoires sur requête de toute partie intéressée.

2. Toutefois, au Royaume-Uni, ces décisions sont mises à exécution en Angleterre et au pays de Galles, en Écosse ou en Irlande du Nord, après avoir été enregistrées en vue de leur exécution, sur requête de toute partie intéressée, dans l'une ou l'autre de ces parties du Royaume-Uni, suivant le cas.

Article 39

1. La requête est présentée à la juridiction ou à l'autorité compétente indiquée sur la liste figurant à l'annexe II.

2. La compétence territoriale est déterminée par le domicile de la partie contre laquelle l'exécution est demandée, ou par le lieu de l'exécution.

Article 40

1. Les modalités du dépôt de la requête sont déterminées par la loi de l'État membre requis.

2. Le requérant doit faire élection de domicile dans le ressort de la juridiction saisie. Toutefois, si la loi de l'État membre requis ne connaît pas l'élection de domicile, le requérant désigne un mandataire *ad litem*.

3. Les documents mentionnés à l'article 53 sont joints à la requête.

Article 41

La décision est déclarée exécutoire dès l'achèvement des formalités prévues à l'article 53, sans examen au titre des articles 34 et 35. La partie contre laquelle l'exécution est demandée ne peut, en cet état de la procédure, présenter d'observations.

Article 42

1. La décision relative à la demande de déclaration constatant la force exécutoire est aussitôt portée à la connaissance du requérant suivant les modalités déterminées par la loi de l'État membre requis.

2. La déclaration constatant la force exécutoire est signifiée ou notifiée à la partie contre laquelle l'exécution est demandée, accompagnée de la décision si celle-ci n'a pas encore été signifiée ou notifiée à cette partie.

Article 43

1. L'une ou l'autre partie peut former un recours contre la décision relative à la demande de déclaration constatant la force exécutoire.

2. Le recours est porté devant la juridiction indiquée sur la liste figurant à l'annexe III.

3. Le recours est examiné selon les règles de la procédure contradictoire.

4. Si la partie contre laquelle l'exécution est demandée ne comparaît pas devant la juridiction saisie du recours formé par le requérant, les dispositions de l'article 26, paragraphes 2 à 4, sont d'application, même si la partie contre laquelle l'exécution est demandée n'est pas domiciliée sur le territoire de l'un des États membres.

5. Le recours contre la déclaration constatant la force exécutoire doit être formé dans un délai d'un mois à compter de sa signification. Si la partie contre laquelle l'exécution est demandée est domiciliée sur le territoire d'un autre État membre que celui dans lequel la déclaration constatant la force exécutoire a été délivrée, le délai est de deux mois et court à compter du jour où la signification a été faite à personne ou à domicile. Ce délai ne comporte pas de prorogation à raison de la distance.

Article 44

La décision rendue sur le recours ne peut faire l'objet que du recours visé à l'annexe IV.

Article 45

1. La juridiction saisie d'un recours prévu à l'article 43 ou 44 ne peut refuser ou révoquer une déclaration constatant la force exécutoire que pour l'un des motifs prévus aux articles 34 et 35. Elle statue à bref délai.

2. En aucun cas la décision étrangère ne peut faire l'objet d'une révision au fond.

Article 46

1. La juridiction saisie d'un recours prévu à l'article 43 ou 44 peut, à la requête de la partie contre laquelle l'exécution est demandée, surseoir à statuer, si la décision étrangère fait, dans l'État membre d'origine, l'objet d'un recours ordinaire ou si le délai pour le former n'est pas expiré; dans ce dernier cas, la juridiction peut impartir un délai pour former ce recours.

2. Lorsque la décision a été rendue en Irlande ou au Royaume-Uni, toute voie de recours prévue dans l'État membre d'origine est considérée comme un recours ordinaire pour l'application du paragraphe 1.

3. Cette juridiction peut également subordonner l'exécution à la constitution d'une garantie qu'elle détermine.

Article 47

1. Lorsqu'une décision doit être reconnue en application du présent règlement, rien n'empêche le requérant de demander qu'il soit procédé à des mesures provisoires, ou conservatoires, prévues par la loi de l'État membre requis, sans qu'il soit nécessaire que cette décision soit déclarée exécutoire au sens de l'article 41.

2. La déclaration constatant la force exécutoire emporte l'autorisation de procéder à des mesures conservatoires.

3. Pendant le délai du recours prévu à l'article 43, paragraphe 5, contre la déclaration constatant la force exécutoire et jusqu'à ce qu'il ait été statué sur celui-ci, il ne peut être procédé qu'à des mesures conservatoires sur les biens de la partie contre laquelle l'exécution est demandée.

Article 48

1. Lorsque la décision étrangère a statué sur plusieurs chefs de la demande et que la déclaration constatant la force exécutoire ne peut être délivrée pour le tout, la juridiction ou l'autorité compétente la délivre pour un ou plusieurs d'entre eux.

2. Le requérant peut demander que la déclaration constatant la force exécutoire soit limitée à certaines parties d'une décision.

Article 49

Les décisions étrangères condamnant à une astreinte ne sont exécutoires dans l'État membre requis que si le montant en a été définitivement fixé par les tribunaux de l'État membre d'origine.

Article 50

Le requérant qui, dans l'État membre d'origine, a bénéficié en tout ou en partie de l'assistance judiciaire ou d'une exemption de frais et dépens bénéficie, dans la procédure prévue à la présente section, de l'assistance la plus favorable ou de l'exemption la plus large prévue par le droit de l'État membre requis.

Article 51

Aucune caution ni aucun dépôt, sous quelque dénomination que ce soit, ne peuvent être imposés en raison, soit de la qualité d'étranger, soit du défaut de domicile ou de résidence dans le pays, à la partie qui demande l'exécution dans un État membre d'une décision rendue dans un autre État membre.

Article 52

Aucun impôt, droit ou taxe proportionnel à la valeur du litige n'est perçu dans l'État membre requis à l'occasion de la procédure tendant à la délivrance d'une déclaration constatant la force exécutoire.

Section 3
Dispositions communes

Article 53

1. La partie qui invoque la reconnaissance d'une décision ou sollicite la délivrance d'une déclaration constatant sa force exécutoire doit produire une expédition de celle-ci réunissant les conditions nécessaires à son authenticité.

2. La partie qui sollicite la délivrance d'une déclaration constatant la force exécutoire d'une décision doit aussi produire le certificat visé à l'article 54, sans préjudice de l'article 55.

Article 54

La juridiction ou l'autorité compétente d'un État membre dans lequel une décision a été rendue délivre, à la requête de toute partie intéressée, un certificat en utilisant le formulaire dont le modèle figure à l'annexe V du présent règlement.

Article 55

1. À défaut de production du certificat visé à l'article 54, la juridiction ou l'autorité compétente peut impartir un délai pour le produire ou accepter un document équivalent ou, si elle s'estime suffisamment éclairée, en dispenser.

2. Il est produit une traduction des documents si la juridiction ou l'autorité compétente l'exige. La traduction est certifiée par une personne habilitée à cet effet dans l'un des États membres.

Article 56

Aucune légalisation ni formalité analogue n'est exigée en ce qui concerne les documents mentionnés à l'article 53, ou à l'article 55, paragraphe 2, ou, le cas échéant, la procuration *ad litem*.

CHAPITRE IV
ACTES AUTHENTIQUES ET TRANSACTIONS JUDICIAIRES

Article 57

1. Les actes authentiques reçus et exécutoires dans un État membre sont, sur requête, déclarés exécutoires dans un autre État membre, conformément à la procédure prévue aux articles 38 et suivants. La juridiction auprès de laquelle un recours est formé en vertu des articles 43 ou 44 ne refuse ou révoque une déclaration constatant la force exécutoire que si l'exécution de l'acte authentique est manifestement contraire à l'ordre public de l'État membre requis.

2. Sont également considérées comme des actes authentiques au sens du paragraphe 1, les conventions en matière d'obligations alimentaires conclues devant des autorités administratives ou authentifiées par elles.

3. L'acte produit doit réunir les conditions nécessaires à son authenticité dans l'État membre d'origine.

4. Les dispositions de la section 3 du chapitre III sont applicables, en tant que de besoin. L'autorité compétente de l'État membre dans lequel un acte authentique a été reçu établit, à la requête de toute partie intéressée, un certificat en utilisant le formulaire dont le modèle figure à l'annexe VI du présent règlement.

Article 58

Les transactions conclues devant le juge au cours d'un procès et exécutoires dans l'État membre d'origine sont exécutoires dans l'État membre requis aux mêmes conditions que les actes authentiques. La juridiction ou l'autorité compétente d'un État membre dans lequel une transaction a été conclue délivre, à la requête de toute partie intéressée, un certificat en utilisant le formulaire dont le modèle figure à l'annexe V du présent règlement.

CHAPITRE V
DISPOSITIONS GÉNÉRALES

Article 59

1. Pour déterminer si une partie a un domicile sur le territoire de l'État membre dont les tribunaux sont saisis, le juge applique sa loi interne.

2. Lorsqu'une partie n'a pas de domicile dans l'État membre dont les tribunaux sont saisis, le juge, pour déterminer si elle a un domicile dans un autre État membre, applique la loi de cet État membre.

Article 60

1. Pour l'application du présent règlement, les sociétés et les personnes morales sont domiciliées là ou est situé :

a) leur siège statutaire,

b) leur administration centrale, ou

c) leur principal établissement.

2. Pour le Royaume-Uni et l'Irlande, on entend par « siège statutaire » le registered office ou, s'il n'existe nulle part de registered office, le place of incorporation (le lieu d'acquisition de la personnalité morale) ou, s'il n'existe nulle part de lieu d'acquisition de la personnalité morale, le lieu selon la loi duquel la formation (la constitution) a été effectuée.

3. Pour déterminer si un trust a son domicile sur le territoire d'un État membre dont les tribunaux sont saisis, le juge applique les règles de son droit international privé.

Article 61

Sans préjudice de dispositions nationales plus favorables, les personnes domiciliées sur le territoire d'un État membre et poursuivies pour une infraction involontaire devant les juridictions répressives d'un autre État membre dont elles ne sont pas les nationaux peuvent se faire défendre par les personnes habilitées à cette fin, même si elles ne comparaissent pas personnellement. Toutefois, la juridiction saisie peut ordonner la comparution personnelle; si celle-ci n'a pas eu lieu, la décision rendue sur l'action civile sans que la personne en cause ait eu la possibilité de se défendre pourra ne pas être reconnue ni exécutée dans les autres États membres.

Article 62

En Suède, dans les procédures sommaires concernant les injonctions de payer (*betalningsföreläggande*) et l'assistance (*handräckning*), les termes « juge », « tribunal » et « juridiction » comprennent le service public suédois de recouvrement forcé (*kronofogdemyndighet*).

Article 63

1. Une personne domiciliée sur le territoire du Luxembourg et attraite devant le tribunal d'un autre État membre en application de l'article 5, point 1, a la faculté de décliner la compétence de ce tribunal lorsque le lieu final de livraison de la marchandise ou de la prestation de service se situe au Luxembourg.

2. Lorsqu'en application du paragraphe 1, le lieu final de livraison de la marchandise ou de la prestation de service se situe au Luxembourg, toute convention attributive de juridiction, pour être valable, doit être acceptée par écrit ou verbalement avec confirmation écrite, au sens de l'article 23, paragraphe 1, point a).

3. Les dispositions du présent article ne sont pas applicables aux contrats de prestation de services financiers.

4. Les dispositions du présent article sont applicables pour une durée de six ans à compter de l'entrée en vigueur du présent règlement.

Article 64

1. Dans les litiges entre le capitaine et un membre d'équipage d'un navire de mer immatriculé en Grèce ou au Portugal, relatif aux rémunérations ou autres conditions de service, les juridictions d'un État membre doivent contrôler si l'agent diplomatique ou consulaire dont relève le navire a été informé du litige. Elles peuvent statuer dès que cet agent a été informé.

2. Les dispositions du présent article sont applicables pour une durée de six ans à compter de l'entrée en vigueur du présent règlement.

Article 65

1. La compétence judiciaire prévue à l'article 6, point 2, et à l'article 11 pour la demande en garantie ou la demande en intervention ne peut être invoquée ni en Allemagne ni en Autriche. Toute personne domiciliée sur le territoire d'un autre État membre peut être appelée devant les tribunaux :

a) d'Allemagne, en application de l'article 68 et des articles 72 à 74 du Code de procédure civile (*Zivilprozessordnung*) concernant la litis denuntiatio;

b) d'Autriche, conformément à l'article 21 du Code de procédure civile (*Zivilprozessordnung*) concernant la *litis denuntiatio*.

2. Les décisions rendues dans les autres États membres en vertu de l'article 6, point 2, et de l'article 11 sont reconnues et exécutées en Allemagne et en Autriche conformément au chapitre III. Les effets produits à l'égard des tiers, en application du paragraphe 1, par des jugements rendus dans ces États sont également reconnus dans les autres États membres.

CHAPITRE VI
DISPOSITIONS TRANSITOIRES

Article 66

1. Les dispositions du présent règlement ne sont applicables qu'aux actions judiciaires intentées et aux actes authentiques reçus postérieurement à son entrée en vigueur.

2. Toutefois, si l'action dans l'État membre d'origine a été intentée avant la date d'entrée en vigueur du présent règlement, les décisions rendues après cette date sont reconnues et exécutées conformément aux dispositions du chapitre III :

a) dès lors que l'action dans l'État membre d'origine a été intentée après l'entrée en vigueur de la convention de Bruxelles ou de la convention de Lugano à la fois dans l'État membre d'origine et dans l'État membre requis;

b) dans tous les autres cas, dès lors que les règles de compétence appliquées sont conformes à celles prévues soit par le chapitre II, soit par une convention qui était en vigueur entre l'État membre d'origine et l'État membre requis au moment où l'action a été intentée.

CHAPITRE VII
RELATIONS AVEC LES AUTRES INSTRUMENTS

Article 67

Le présent règlement ne préjuge pas de l'application des dispositions qui, dans des matières particulières, règlent la compétence judiciaire, la reconnaissance et l'exécution des décisions et qui sont contenues dans les actes communautaires ou dans les législations nationales harmonisées en exécution de ces actes.

Article 68

1. Le présent règlement remplace, entre les États membres, la convention de Bruxelles, sauf en ce qui concerne les territoires des États membres qui entrent dans le champ d'application territorial de cette convention et qui sont exclus du présent règlement en vertu de l'article 299 du traité.

2. Dans la mesure où le présent règlement remplace entre les États membres les dispositions de la convention de Bruxelles, toute référence faite à celle-ci s'entend comme faite au présent règlement.

Article 69

Sans préjudice des dispositions de l'article 66, paragraphe 2, et de l'article 70, le présent règlement remplace entre les États membres les conventions et le traité suivants :

– la convention entre la Belgique et la France sur la compétence judiciaire, sur l'autorité et l'exécution des décisions judiciaires, des sentences arbitrales et des actes authentiques, signée à Paris le 8 juillet 1899,

– la convention entre la Belgique et les Pays-Bas sur la compétence judiciaire territoriale, sur la faillite, ainsi que sur l'autorité et l'exécution des décisions judiciaires, des sentences arbitrales et des actes authentiques, signée à Bruxelles le 28 mars 1925,

– la convention entre la France et l'Italie sur l'exécution des jugements en matière civile et commerciale, signée à Rome le 3 juin 1930,

– la convention entre l'Allemagne et l'Italie sur la reconnaissance et l'exécution des décisions judiciaires en matière civile et commerciale, signée à Rome le 9 mars 1936,

– la convention entre la Belgique et l'Autriche sur la reconnaissance et l'exécution réciproques des décisions judiciaires et des actes authentiques en matière d'obligations alimentaires, signée à Vienne le 25 octobre 1957,

– la convention entre l'Allemagne et la Belgique concernant la reconnaissance et l'exécution réciproques en matière civile et commerciale des décisions judiciaires, sentences arbitrales et actes authentiques, signée à Bonn le 30 juin 1958,

– la convention entre les Pays-Bas et l'Italie sur la reconnaissance et l'exécution des décisions judiciaires en matière civile et commerciale, signée à Rome le 17 avril 1959,

– la convention entre l'Allemagne et l'Autriche sur la reconnaissance et l'exécution réciproques des décisions et transactions judiciaires et des actes authentiques en matière civile et commerciale, signée à Vienne le 6 juin 1959,

– la convention entre la Belgique et l'Autriche sur la reconnaissance et l'exécution réciproques des décisions judiciaires, sentences arbitrales et actes authentiques en matière civile et commerciale, signée à Vienne le 16 juin 1959,

– la convention entre la Grèce et l'Allemagne sur la reconnaissance et l'exécution réciproques des jugements, transactions et actes authentiques en matière civile et commerciale, signée à Athènes le 4 novembre 1961,

– la convention entre la Belgique et l'Italie concernant la reconnaissance et l'exécution des décisions judiciaires et d'autres titres exécutoires en matière civile et commerciale, signée à Rome le 6 avril 1962,

– la convention entre les Pays-Bas et l'Allemagne sur la reconnaissance et l'exécution mutuelles des décisions judiciaires et autres titres exécutoires en matière civile et commerciale, signée à La Haye le 30 août 1962,

– la convention entre les Pays-Bas et l'Autriche sur la reconnaissance et l'exécution réciproques des décisions judiciaires et des actes authentiques en matière civile et commerciale, signée à La Haye le 6 février 1963,

– la convention entre la France et l'Autriche sur la reconnaissance et l'exécution des décisions judiciaires et des actes authentiques en matière civile et commerciale, signée à Vienne le 15 juillet 1966,

– la convention entre l'Espagne et la France sur la reconnaissance et l'exécution de jugements et de sentences arbitrales en matière civile et commerciale, signée à Paris le 28 mai 1969,

– la convention entre le Luxembourg et l'Autriche sur la reconnaissance et l'exécution des décisions judiciaires et des actes authentiques en matière civile et commerciale, signée à Luxembourg le 29 juillet 1971,

– la convention entre l'Italie et l'Autriche sur la reconnaissance et l'exécution des décisions judiciaires en matière civile et commerciale, des transactions judiciaires et des actes notariés, signée à Rome le 16 novembre 1971,

– la convention entre l'Espagne et l'Italie en matière d'assistance judiciaire et de reconnaissance et d'exécution des jugements en matière civile et commerciale, signée à Madrid le 22 mai 1973,

– la convention entre la Finlande, l'Islande, la Norvège, la Suède et le Danemark sur la reconnaissance et l'exécution des décisions en matière civile, signée à Copenhague le 11 octobre 1977,

– la convention entre l'Autriche et la Suède sur la reconnaissance et l'exécution des jugements en matière civile, signée à Stockholm le 16 septembre 1982,

– la convention entre l'Espagne et l'Allemagne sur la reconnaissance et l'exécution de décisions et transactions judiciaires, et d'actes authentiques exécutoires en matière civile et commerciale, signée à Bonn le 14 novembre 1983,

– la convention entre l'Autriche et l'Espagne sur la reconnaissance et l'exécution des décisions et transactions judiciaires et des actes authentiques exécutoires en matière civile et commerciale, signée à Vienne le 17 février 1984,

– la convention entre la Finlande et l'Autriche sur la reconnaissance et l'exécution des jugements en matière civile, signée à Vienne le 17 novembre 1986, et

– le traité entre la Belgique, les Pays-Bas et le Luxembourg sur la compétence judiciaire, sur la faillite, sur l'autorité et l'exécution des décisions judiciaires, des sentences arbitrales et des actes authentiques, signé à Bruxelles le 24 novembre 1961, pour autant qu'il est en vigueur.

Article 70

1. Les conventions et le traité mentionnés à l'article 69 continuent à produire leurs effets dans les matières auxquelles le présent règlement n'est pas applicable.

2. Ils continuent à produire leurs effets en ce qui concerne les décisions rendues et les actes authentiques reçus avant l'entrée en vigueur du présent règlement.

Article 71

1. Le présent règlement n'affecte pas les conventions auxquelles les États membres sont parties et qui, dans des matières particulières, règlent la compétence judiciaire, la reconnaissance ou l'exécution des décisions.

2. En vue d'assurer son interprétation uniforme, le paragraphe 1 est appliqué de la manière suivante :

a) le présent règlement ne fait pas obstacle à ce qu'un tribunal d'un État membre, partie à une convention relative à une matière particulière, puisse fonder sa compétence sur une telle convention, même si le défendeur est domicilié sur le territoire d'un État membre non partie à une telle convention. Le tribunal saisi applique, en tout cas, l'article 26 du présent règlement;

b) les décisions rendues dans un État membre par un tribunal ayant fondé sa compétence sur une convention relative à une matière particulière sont reconnues et exécutées dans les autres États membres conformément au présent règlement.

Si une convention relative à une matière particulière et à laquelle sont parties l'État membre d'origine et l'État membre requis détermine les conditions de reconnaissance et d'exécution des décisions, il est fait application de ces conditions. Il peut, en tout cas, être fait application des dispositions du présent règlement qui concernent la procédure relative à la reconnaissance et à l'exécution des décisions.

Article 72

Le présent règlement n'affecte pas les accords par lesquels les États membres se sont engagés, avant l'entrée en vigueur du présent règlement, en vertu de l'article 59 de la convention de Bruxelles, à ne pas reconnaître une décision rendue, notamment dans un autre État contractant à ladite convention, contre un défendeur qui a son domicile ou sa résidence habituelle dans un pays tiers lorsque, dans un cas prévu à l'article 4 de cette convention, la décision n'a pu être fondée que sur une compétence visée à l'article 3, deuxième alinéa, de cette même convention.

CHAPITRE VIII DISPOSITIONS FINALES

Article 73

Au plus tard cinq ans après l'entrée en vigueur du présent règlement, la Commission présente au Parlement européen, au Conseil et au Comité économique et social un rapport relatif à l'application du présent règlement. Ce rapport est accompagné, le cas échéant, de propositions visant à adapter le règlement.

Article 74

1. Les États membres notifient à la Commission les textes modifiant les listes figurant dans les annexes I à IV. La Commission adapte les annexes concernées en conséquence.

2. La mise à jour ou l'adaptation technique des formulaires, dont les modèles figurent dans les annexes V et VI, sont adoptées conformément à la procédure consultative visée à l'article 75, paragraphe 2.

Article 75

1. La Commission est assistée d'un comité.

2. Dans le cas où il est fait référence au présent paragraphe, les articles 3 et 7 de la décision 1999/468/CE s'appliquent.

3. Le comité adopte son règlement intérieur.

Article 76

Le présent règlement entre en vigueur le 1er mars 2002. Le présent règlement est obligatoire dans tous ses éléments et directement applicable dans les États membres conformément au traité instituant la Communauté européenne.

Fait à Bruxelles, le 22 décembre 2000.

Par le Conseil

Le président

C. PIERRET

62.12

RÈGLEMENT (CE) N° 2201/2003 DU CONSEIL DU 27 NOVEMBRE 2003, RELATIF À LA COMPÉTENCE, LA RECONNAISSANCE ET L'EXÉCUTION DES DÉCISIONS EN MATIÈRE MATRIMONIALE ET EN MATIÈRE DE RESPONSABILITÉ PARENTALE ABROGEANT LE RÈGLEMENT (CE) N° 1347/2000

LE CONSEIL DE L'UNION EUROPÉENNE,

vu le traité instituant la Communauté européenne, et notamment son article 61, point c), et son article 67, paragraphe 1,

vu la proposition de la Commission [1],

vu l'avis du Parlement européen [2],

vu l'avis du Comité économique et social européen [3],

considérant ce qui suit :

(1) La Communauté européenne s'est donné pour objectif de créer un espace de liberté, de sécurité et de justice au sein duquel est assurée la libre circulation des personnes. À cette fin, la Communauté adopte, notamment, les mesures dans le domaine de la coopération judiciaire en matière civile nécessaires au bon fonctionnement du marché intérieur.

(2) Le Conseil européen de Tampere a approuvé le principe de la reconnaissance mutuelle des décisions judiciaires comme pierre angulaire de la création d'un véritable espace judiciaire, et a identifié le droit de visite comme une priorité.

(3) Le règlement (CE) n° 1347/2000 du Conseil du 29 mai 2000 [4] établit les règles régissant la compétence, la reconnaissance et l'exécution des décisions en matière matrimoniale et en matière de responsabilité parentale des enfants communs, rendues à l'occasion d'actions matrimoniales. Le contenu dudit règlement était largement repris de la convention du 28 mai 1998 ayant le même objet [5].

(4) Le 3 juillet 2000, la France a présenté une initiative en vue de l'adoption d'un règlement du Conseil relatif à l'exécution mutuelle des décisions concernant le droit de visite des enfants [6].

(5) En vue de garantir l'égalité de tous enfants, le présent règlement couvre toutes les décisions en matière de responsabilité parentale, y compris les mesures de protection de l'enfant, indépendamment de tout lien avec une procédure matrimoniale.

(6) Dès lors que l'application des règles en matière de responsabilité parentale intervient souvent dans le cadre d'actions matrimoniales, il est plus approprié d'avoir un seul instrument en matière de divorce et en matière de responsabilité parentale.

1. JO C 203 E du 27.8.2002, p. 155.
2. Avis rendu le 20 septembre 2002 (non encore paru au Journal officiel).
3. JO C 61 du 14.3.2003, p. 76.
4. JO L 160 du 30.6.2000, p. 19.
5. Lors de l'adoption du règlement (CE) n° 1347/2000, le Conseil avait pris acte du rapport explicatif relatif à la convention élaboré par madame le professeur Alegria Borras (JO C 221 du 16.7.1998, p. 27).
6. JO C 234 du 15.8.2000, p. 7.

(7) Le champ d'application du présent règlement couvre les matières civiles, quelle que soit la nature de la juridiction.

(8) En ce qui concerne les décisions de divorce, de séparation de corps ou d'annulation du mariage, le présent règlement ne devrait s'appliquer qu'à la dissolution du lien matrimonial et ne devrait pas concerner des questions telles que les causes de divorce, les effets patrimoniaux du mariage ou autres mesures accessoires éventuelles.

(9) En ce qui concerne les biens de l'enfant, le présent règlement ne devrait s'appliquer qu'aux mesures de protection de l'enfant, c'est-à-dire : i) à la désignation et aux fonctions d'une personne ou d'un organisme chargé de gérer les biens de l'enfant, de le représenter et de l'assister et ii) aux mesures relatives à l'administration, à la conservation ou à la disposition des biens de l'enfant. Dans ce contexte et à titre d'exemple, le présent règlement devrait s'appliquer aux cas dans lesquels les parents sont en litige au sujet de l'administration des biens de l'enfant. Les mesures relatives aux biens de l'enfant qui ne concernent pas la protection de l'enfant devraient continuer à être régies par règlement (CE) n° 44/2001 du Conseil du 22 décembre 2000 concernant la compétence judiciaire, la reconnaissance et l'exécution des décisions en matière civile et commerciale [1].

(10) Le présent règlement n'a pas vocation à s'appliquer à des matières telles que celles relatives à la sécurité sociale, aux mesures de droit public à caractère général en matière d'éducation et de santé, ni aux décisions relatives au droit d'asile et à l'immigration. En outre, il ne s'applique ni à l'établissement de la filiation qui est une question distincte de l'attribution de la responsabilité parentale, ni aux autres questions liées à l'état des personnes. Il ne s'applique pas non plus aux mesures prises à la suite d'infractions pénales commises par des enfants.

(11) Les obligations alimentaires sont exclues du champ d'application du présent règlement car elles sont déjà régies par le règlement (CE) n° 44/2001. Les juridictions compétentes en vertu du présent règlement seront généralement compétentes pour statuer en matière d'obligations alimentaires par application de l'article 5, paragraphe 2, du règlement (CE) n° 44/2001.

(12) Les règles de compétence établies par le présent règlement en matière de responsabilité parentale sont conçues en fonction de l'intérêt supérieur de l'enfant et en particulier du critère de proximité. Ce sont donc en premier lieu les juridictions de l'État membre dans lequel l'enfant a sa résidence habituelle qui devraient être compétentes, sauf dans certains cas de changement de résidence de l'enfant ou suite à un accord conclu entre les titulaires de la responsabilité parentale.

(13) Dans l'intérêt de l'enfant, le présent règlement permet à la juridiction compétente, à titre exceptionnel et dans certaines conditions, de renvoyer l'affaire à la juridiction d'un autre État membre si celle-ci est mieux placée pour connaître de l'affaire. Toutefois, dans ce cas, la juridiction deuxième saisie ne devrait pas être autorisée à renvoyer l'affaire à une troisième juridiction.

(14) Les effets du présent règlement ne devraient pas porter préjudice à l'application du droit international public en matière d'immunités diplomatiques. Si la juridiction compétente sur base du présent règlement ne peut exercer sa compétence en raison de l'existence d'une immunité diplomatique conforme au droit international, la compétence devrait être déterminée dans l'État membre dans lequel la personne concernée ne bénéficie d'aucune immunité, conformément à la loi de cet État.

(15) Le règlement (CE) n° 1348/2000 du Conseil du 29 mai 2000 relatif à la signification et à la notification dans les États membres des actes judiciaires et extrajudiciaires en matière civile et commerciale [2] est d'application pour la signification et la notification des actes dans le cadre d'une action judiciaire intentée en vertu du présent règlement.

(16) Le présent règlement ne fait pas obstacle à ce que les juridictions d'un État membre adoptent, en cas d'urgence, des mesures provisoires ou conservatoires relatives aux personnes ou aux biens présents dans cet État.

(17) En cas de déplacement ou de non-retour illicite d'un enfant, son retour devrait être obtenu sans délai et à ces fins la convention de La Haye du 25 octobre 1980 devrait continuer à s'appliquer telle que complétée par les dispositions de ce règlement et en particulier de l'article 11. Les juridictions de l'État membre dans lequel l'enfant a été déplacé ou retenu illicitement devraient être en mesure de s'opposer à son retour dans des cas précis, dûment justifiés. Toutefois, une telle décision devrait pouvoir être remplacée par une décision ultérieure de la juridiction de l'État membre de la résidence habituelle de l'enfant avant son déplacement ou non-retour illicites. Si cette décision implique le retour de l'enfant, le retour devrait être effectué sans qu'il soit nécessaire de recourir à aucune procédure pour la reconnaissance et l'exécution de ladite décision dans l'État membre où se trouve l'enfant enlevé.

(18) En cas de décision de non-retour rendue en vertu de l'article 13, de la convention de La Haye de 1980, la juridiction devrait en informer la juridiction compétente ou l'autorité centrale de l'État membre dans lequel l'enfant avait sa résidence habituelle avant son déplacement ou son non-retour illicites. Cette juridiction, si elle n'a pas encore été saisie, ou l'autorité centrale, devrait adresser une notification aux parties. Cette obligation ne devrait pas empêcher l'autorité centrale d'adresser également une notification aux autorités publiques concernées conformément au droit national.

(19) L'audition de l'enfant joue un rôle important dans l'application du présent règlement sans que cet instrument ait pour objet de modifier les procédures nationales applicables en la matière.

(20) L'audition d'un enfant dans un autre État membre peut être effectuée selon les modalités prévues par le règlement (CE) n° 1206/2001 du Conseil du 28 mai 2001 relatif à la coopération entre les juridictions des États membres dans le domaine de l'obtention des preuves en matière civile ou commerciale [3].

(21) La reconnaissance et l'exécution des décisions rendues dans un État membre devraient reposer sur le principe de la confiance mutuelle et les motifs de non-reconnaissance devraient être réduits au minimum nécessaire.

(22) Les actes authentiques et les accords entre parties qui sont exécutoires dans un État membre devraient être assimilés

1. JO L 12 du 16.1.2001, p. 1. Règlement modifié en dernier lieu par le règlement (CE) n° 1496/2002 de la Commission (JO L 225 du 22.8.2002, p. 13).

2. JO L 160 du 30.6.2000, p. 37.
3. JO L 174 du 27.6.2001, p. 1.

à des « décisions » aux fins de l'application des règles de reconnaissance et d'exécution.

(23) Le Conseil européen de Tampere a estimé en ses conclusions (point 34) que les décisions rendues dans les litiges relevant du droit familial devaient être « automatiquement reconnues dans l'ensemble de l'Union sans procédure intermédiaire ni motifs de refus d'exécution ». C'est pourquoi les décisions concernant le droit de visite et celles concernant le retour de l'enfant, qui ont été certifiées dans l'État membre d'origine conformément aux dispositions du présent règlement, devraient être reconnues et jouissent de la force exécutoire dans tous les autres États membres sans qu'aucune autre procédure ne soit requise. Les modalités relatives à l'exécution de ces décisions restent régies par le droit national.

(24) Le certificat délivré aux fins de faciliter l'exécution de la décision ne devrait être susceptible d'aucun recours. Il ne devrait donner lieu à une action en rectification qu'en cas d'erreur matérielle, c'est-à-dire si le certificat ne reflète pas correctement le contenu de la décision.

(25) Les autorités centrales devraient coopérer tant de manière générale que dans les cas particuliers, y compris en vue de favoriser le règlement à l'amiable des conflits familiaux en matière de responsabilité parentale. À cet effet, les autorités centrales participent au réseau judiciaire européen en matière civile et commerciale créé par la décision 2001/470/CE du Conseil du 28 mai 2001 relative à la création d'un réseau judiciaire européen en matière civile et commerciale [1].

(26) La Commission devrait rendre publiques et mettre à jour les listes de juridictions et de voies de recours transmises par les États membres.

(27) Il y a lieu d'arrêter les mesures nécessaires à la mise en œuvre du présent règlement en conformité avec la décision 1999/468/CE du Conseil du 28 juin 1999 fixant les modalités de l'exercice des compétences d'exécution conférées à la Commission [2].

(28) Le présent règlement remplace le règlement (CE) n° 1347/2000 qui est par conséquent abrogé.

(29) Il importe, en vue du bon fonctionnement du présent règlement, que la Commission en examine l'application en vue de proposer, le cas échéant, les modifications nécessaires.

(30) Le Royaume-Uni et l'Irlande, en vertu de l'article 3 du protocole sur la position du Royaume-Uni et de l'Irlande annexé au traité sur l'Union européenne et au traité instituant la Communauté européenne, ont notifié leur souhait de participer à l'adoption et à l'application du présent règlement.

(31) Le Danemark, conformément aux articles 1er et 2 du protocole sur la position du Danemark annexé au traité sur l'Union européenne et au traité instituant la Communauté européenne, ne participe pas à l'adoption du présent règlement et n'est donc pas lié par celui-ci ni soumis à son application.

(32) Étant entendu que les objectifs du présent règlement ne peuvent pas être réalisés de manière suffisante par les États membres et peuvent donc être mieux réalisés au niveau communautaire, la Communauté peut prendre des mesures conformément au principe de subsidiarité consacré à l'article 5 du traité. Conformément au principe de proportionnalité, tel qu'énoncé audit article, le présent règlement n'excède pas ce qui est nécessaire pour atteindre ces objectifs.

1. JO L 174 du 27.6.2001, p. 25.
2. JO L 184 du 17.7.1999, p. 23.

(33) Le présent règlement reconnaît les droits fondamentaux et observe les principes consacrés par la charte des droits fondamentaux de l'Union européenne. Il veille notamment à assurer le respect des droits fondamentaux de l'enfant tels qu'énoncés à l'article 24 de la charte des droits fondamentaux de l'Union européenne,

A ARRÊTÉ LE PRÉSENT RÈGLEMENT :

CHAPITRE I
CHAMP D'APPLICATION ET DÉFINITIONS

Article premier
Champ d'application

1. Le présent règlement s'applique, quelle que soit la nature de la juridiction, aux matières civiles relatives :

a) au divorce, à la séparation de corps et à l'annulation du mariage des époux;

b) à l'attribution, à l'exercice, à la délégation, au retrait total ou partiel de la responsabilité parentale.

2. Les matières visées au paragraphe 1, point b, concernent notamment :

a) le droit de garde et le droit de visite;

b) la tutelle, la curatelle, et les institutions analogues;

c) la désignation et les fonctions de toute personne ou organisme chargé de s'occuper de la personne ou des biens de l'enfant, de le représenter ou de l'assister;

d) le placement de l'enfant dans une famille d'accueil ou dans un établissement;

e) les mesures de protection de l'enfant liées à l'administration, à la conservation ou à la disposition de ses biens.

3. Le présent règlement ne s'applique pas :

a) à l'établissement et la contestation de la filiation;

b) à la décision sur l'adoption et les mesures qui la préparent, ainsi que l'annulation et la révocation de l'adoption;

c) aux noms et prénoms de l'enfant;

d) à l'émancipation;

e) aux obligations alimentaires;

f) aux trusts et successions;

g) aux mesures prises à la suite d'infractions pénales commises par des enfants.

Article 2
Définitions

Aux fins du présent règlement en entend par :

1) « juridiction » toutes les autorités compétentes des États membres dans les matières relevant du champ d'application du présent règlement en vertu de l'article 1er;

2) « juge » le juge ou le titulaire de compétences équivalentes à celles du juge dans les matières relevant du champ d'application du présent règlement;

3) « État membre » tous les États membres à l'exception du Danemark;

4) « décision » toute décision de divorce, de séparation de corps ou d'annulation d'un mariage, ainsi que toute décision concernant la responsabilité parentale rendue par une juridiction d'un État membre, quelle que soit la dénomination de la décision, y compris les termes « arrêt », « jugement » ou « ordonnance »;

5) « État membre d'origine » l'État membre dans lequel a été rendue la décision à exécuter;

6) « État membre d'exécution » l'État membre dans lequel est demandée l'exécution de la décision;

7) « responsabilité parentale » l'ensemble des droits et obligations conférés à une personne physique ou une personne morale sur la base d'une décision judiciaire, d'une attribution de plein droit ou d'un accord en vigueur, à l'égard de la personne ou des biens d'un enfant. Il comprend notamment le droit de garde et le droit de visite;

8) « titulaire de la responsabilité parentale » toute personne exerçant la responsabilité parentale à l'égard d'un enfant;

9) « droit de garde » les droits et obligations portant sur les soins de la personne d'un enfant, et en particulier le droit de décider de son lieu de résidence;

10) « droit de visite » notamment le droit d'emmener l'enfant pour une période limitée dans un lieu autre que celui de sa résidence habituelle;

11) « déplacement ou non-retour illicites d'un enfant » le déplacement ou le non-retour d'un enfant lorsque :

a) il a eu lieu en violation d'un droit de garde résultant d'une décision judiciaire, d'une attribution de plein droit ou d'un accord en vigueur en vertu du droit de l'État membre dans lequel l'enfant avait sa résidence habituelle immédiatement avant son déplacement ou son non-retour

et

b) sous réserve que le droit de garde était exercé effectivement, seul ou conjointement, au moment du déplacement ou du non-retour, ou l'eût été si de tels événements n'étaient survenus. La garde est considérée comme étant exercée conjointement lorsque l'un des titulaires de la responsabilité parentale ne peut, conformément à une décision ou par attribution de plein droit, décider du lieu de résidence de l'enfant sans le consentement d'un autre titulaire de la responsabilité parentale.

CHAPITRE II
COMPÉTENCE

SECTION 1
Divorce, séparation de corps et annulation du mariage

Article 3
Compétence générale

1. Sont compétentes pour statuer sur les questions relatives au divorce, à la séparation de corps et à l'annulation du mariage des époux, les juridictions de l'État membre :

a) sur le territoire duquel se trouve :

– la résidence habituelle des époux, ou

– la dernière résidence habituelle des époux dans la mesure où l'un d'eux y réside encore, ou

– la résidence habituelle du défendeur, ou

– en cas de demande conjointe, la résidence habituelle de l'un ou l'autre époux, ou

– la résidence habituelle du demandeur s'il y a résidé depuis au moins une année immédiatement avant l'introduction de la demande, ou

– la résidence habituelle du demandeur s'il y a résidé depuis au moins six mois immédiatement avant l'introduction de la demande et s'il est soit ressortissant de l'État membre en question, soit, dans le cas du Royaume-Uni et de l'Irlande, s'il y a son « domicile »;

b) de la nationalité des deux époux ou, dans le cas du Royaume-Uni et de l'Irlande, du « domicile » commun.

2. Aux fins du présent règlement, le terme « domicile » s'entend au sens des systèmes juridiques du Royaume-Uni et de l'Irlande.

Article 4
Demande reconventionnelle

La juridiction devant laquelle la procédure est pendante en vertu de l'article 3 est également compétente pour examiner la demande reconventionnelle, dans la mesure où celle-ci entre dans le champ d'application du présent règlement.

Article 5
Conversion de la séparation de corps en divorce

Sans préjudice de l'article 3, la juridiction de l'État membre qui a rendu une décision sur la séparation de corps est également compétente pour convertir cette décision en divorce, si la loi de cet État membre le prévoit.

Article 6
Caractère exclusif des compétences définies aux articles 3, 4 et 5

Un époux qui :

a) a sa résidence habituelle sur le territoire d'un État membre, ou

b) est ressortissant d'un État membre ou, dans le cas du Royaume-Uni et de l'Irlande, a son « domicile » sur le territoire de l'un de ces États membres,

ne peut être attrait devant les juridictions d'un autre État membre qu'en vertu des articles 3, 4 et 5.

Article 7
Compétences résiduelles

1. Lorsque aucune juridiction d'un État membre n'est compétente en vertu des articles 3, 4 et 5, la compétence est, dans chaque État membre, réglée par la loi de cet État.

2. Tout ressortissant d'un État membre qui a sa résidence habituelle sur le territoire d'un autre État membre peut, comme les nationaux de cet État, y invoquer les règles de compétence applicables dans cet État contre un défendeur qui n'a pas sa résidence habituelle dans un État membre et qui ou bien n'a pas la nationalité d'un État membre ou, dans le cas du Royaume-Uni et de l'Irlande, n'a pas son « domicile » sur le territoire de l'un de ces États membres.

SECTION 2
Responsabilité parentale

Article 8
Compétence générale

1. Les juridictions d'un État membre sont compétentes en matière de responsabilité parentale à l'égard d'un enfant qui

réside habituellement dans cet État membre au moment où la juridiction est saisie.

2. Le paragraphe 1 s'applique sous réserve des dispositions des articles 9, 10 et 12.

Article 9
Maintien de la compétence de l'ancienne résidence habituelle de l'enfant

1. Lorsqu'un enfant déménage légalement d'un État membre dans un autre et y acquiert une nouvelle résidence habituelle, les juridictions de l'État membre de l'ancienne résidence habituelle de l'enfant gardent leur compétence, par dérogation à l'article 8, durant une période de trois mois suivant le déménagement, pour modifier une décision concernant le droit de visite rendue dans cet État membre avant que l'enfant ait déménagé, lorsque le titulaire du droit de visite en vertu de la décision concernant le droit de visite continue à résider habituellement dans l'État membre de l'ancienne résidence habituelle de l'enfant.

2. Le paragraphe 1 ne s'applique pas si le titulaire du droit de visite visé au paragraphe 1 a accepté la compétence des juridictions de l'État membre de la nouvelle résidence habituelle de l'enfant en participant à une procédure devant ces juridictions sans en contester la compétence.

Article 10
Compétence en cas d'enlèvement d'enfant

En cas de déplacement ou de non-retour illicites d'un enfant, les juridictions de l'État membre dans lequel l'enfant avait sa résidence habituelle immédiatement avant son déplacement ou son non-retour illicites conservent leur compétence jusqu'au moment où l'enfant a acquis une résidence habituelle dans un autre État membre et que :

a) toute personne, institution ou autre organisme ayant le droit de garde a acquiescé au déplacement ou au non-retour,

ou

b) l'enfant a résidé dans cet autre État membre pendant une période d'au moins un an après que la personne, l'institution ou tout autre organisme ayant le droit de garde a eu ou aurait dû avoir connaissance du lieu où se trouvait l'enfant, que l'enfant s'est intégré dans son nouvel environnement et que l'une au moins des conditions suivantes est remplie :

i) dans un délai d'un an après que le titulaire d'un droit de garde a eu ou aurait dû avoir connaissance du lieu où se trouvait l'enfant, aucune demande de retour n'a été faite auprès des autorités compétentes de l'État membre où l'enfant a été déplacé ou est retenu;

ii) une demande de retour présentée par le titulaire d'un droit de garde a été retirée et aucune nouvelle demande n'a été présentée dans le délai fixé au point i);

iii) une affaire portée devant une juridiction de l'État membre dans lequel l'enfant avait sa résidence habituelle immédiatement avant son déplacement ou son non-retour illicites a été close en application de l'article 11, paragraphe 7;

iv) une décision de garde n'impliquant pas le retour de l'enfant a été rendue par les juridictions de l'État membre dans lequel l'enfant avait sa résidence habituelle immédiatement avant son déplacement ou son non-retour illicites.

Article 11
Retour de l'enfant

1. Lorsqu'une personne, institution ou tout autre organisme ayant le droit de garde demande aux autorités compétentes d'un État membre de rendre une décision sur la base de la convention de La Haye du 25 octobre 1980 sur les aspects civils de l'enlèvement international d'enfants (ci-après « la convention de La Haye de 1980 ») en vue d'obtenir le retour d'un enfant qui a été déplacé ou retenu illicitement dans un État membre autre que l'État membre dans lequel l'enfant avait sa résidence habituelle immédiatement avant son déplacement ou son non-retour illicites, les paragraphes 2 à 8 sont d'application.

2. Lors de l'application des articles 12 et 13 de la convention de La Haye de 1980, il y a lieu de veiller à ce que l'enfant ait la possibilité d'être entendu au cours de la procédure, à moins que cela n'apparaisse inapproprié eu égard à son âge ou à son degré de maturité.

3. Une juridiction saisie d'une demande de retour d'un enfant visée au paragraphe 1 agit rapidement dans le cadre de la procédure relative à la demande, en utilisant les procédures les plus rapides prévues par le droit national.

Sans préjudice du premier alinéa, la juridiction rend sa décision, sauf si cela s'avère impossible en raison de circonstances exceptionnelles, six semaines au plus tard après sa saisine.

4. Une juridiction ne peut pas refuser le retour de l'enfant en vertu de l'article 13, point b), de la convention de La Haye de 1980 s'il est établi que des dispositions adéquates ont été prises pour assurer la protection de l'enfant après son retour.

5. Une juridiction ne peut refuser le retour de l'enfant si la personne qui a demandé le retour de l'enfant n'a pas eu la possibilité d'être entendue.

6. Si une juridiction a rendu une décision de non-retour en vertu de l'article 13 de la convention de La Haye de 1980, cette juridiction doit immédiatement, soit directement soit par l'intermédiaire de son autorité centrale, transmettre une copie de la décision judiciaire de non-retour et des documents pertinents, en particulier un compte rendu des audiences, à la juridiction compétente ou à l'autorité centrale de l'État membre dans lequel l'enfant avait sa résidence habituelle immédiatement avant son déplacement ou son non-retour illicites, conformément à ce que prévoit le droit national. La juridiction doit recevoir tous les documents mentionnés dans un délai d'un mois à compter de la date de la décision de non-retour.

7. À moins que les juridictions de l'État membre dans lequel l'enfant avait sa résidence habituelle immédiatement avant son déplacement ou son non-retour illicites aient déjà été saisies par l'une des parties, la juridiction ou l'autorité centrale qui reçoit l'information visée au paragraphe 6 doit la notifier aux parties et les inviter à présenter des observations à la juridiction, conformément aux dispositions du droit national, dans un délai de trois mois à compter de la date de la notification, afin que la juridiction examine la question de la garde de l'enfant.

Sans préjudice des règles en matière de compétence prévues dans le présent règlement, la juridiction clôt l'affaire si elle n'a reçu dans le délai prévu aucune observation.

8. Nonobstant une décision de non-retour rendue en application de l'article 13 de la convention de La Haye de 1980, toute décision ultérieure ordonnant le retour de

l'enfant rendue par une juridiction compétente en vertu du présent règlement est exécutoire conformément au chapitre III, section IV, en vue d'assurer le retour de l'enfant.

Article 12
Prorogation de compétence

1. Les juridictions de l'État membre où la compétence est exercée en vertu de l'article 3 pour statuer sur une demande en divorce, en séparation de corps ou en annulation du mariage des époux sont compétentes pour toute question relative à la responsabilité parentale liée à cette demande lorsque :

a) au moins l'un des époux exerce la responsabilité parentale à l'égard de l'enfant

et

b) la compétence de ces juridictions a été acceptée expressément ou de toute autre manière non équivoque par les époux et par les titulaires de la responsabilité parentale, à la date à laquelle la juridiction est saisie, et qu'elle est dans l'intérêt supérieur de l'enfant.

2. La compétence exercée conformément au paragraphe 1 prend fin dès que :

a) soit la décision faisant droit à la demande en divorce, en séparation de corps ou en annulation du mariage ou la rejetant est passée en force de chose jugée;

b) soit, dans le cas où une procédure relative à la responsabilité parentale est encore en instance à la date visée au point a), dès qu'une décision relative à la responsabilité parentale est passée en force de chose jugée;

c) soit, dans les cas visés aux points a) et b), dès qu'il a été mis fin à la procédure pour une autre raison.

3. Les juridictions d'un État membre sont également compétentes en matière de responsabilité parentale dans des procédures autres que celles visées au paragraphe 1 lorsque :

a) l'enfant a un lien étroit avec cet État membre du fait, en particulier, que l'un des titulaires de la responsabilité parentale y a sa résidence habituelle ou que l'enfant est ressortissant de cet État membre

et

b) leur compétence a été acceptée expressément ou de toute autre manière non équivoque par toutes les parties à la procédure à la date à laquelle la juridiction est saisie et la compétence est dans l'intérêt supérieur de l'enfant.

4. Lorsque l'enfant a sa résidence habituelle sur le territoire d'un État tiers, qui n'est pas partie contractante à la convention de La Haye du 19 octobre 1996 concernant la compétence, la loi applicable, la reconnaissance, l'exécution et la coopération en matière de responsabilité parentale et de mesures de protection des enfants, la compétence fondée sur le présent article est présumée être dans l'intérêt de l'enfant notamment lorsqu'une procédure s'avère impossible dans l'État tiers concerné.

Article 13
Compétence fondée sur la présence de l'enfant

1. Lorsque la résidence habituelle de l'enfant ne peut être établie et que la compétence ne peut être déterminée sur base de l'article 12, les juridictions de l'État membre dans lequel l'enfant est présent sont compétentes.

2. Le paragraphe 1 s'applique également aux enfants réfugiés ainsi qu'aux enfants qui, par suite de troubles prévalant dans leur pays, sont internationalement déplacés.

Article 14
Compétences résiduelles

Lorsqu'aucune juridiction d'un État membre n'est compétente en vertu des articles 8 à 13, la compétence est, dans chaque État membre, réglée par la loi de cet État.

Article 15
Renvoi à une juridiction mieux placée pour connaître de l'affaire

1. À titre d'exception, les juridictions d'un État membre compétentes pour connaître du fond peuvent, si elles estiment qu'une juridiction d'un autre État membre avec lequel l'enfant a un lien particulier est mieux placée pour connaître de l'affaire, ou une partie spécifique de l'affaire, et lorsque cela sert l'intérêt supérieur de l'enfant :

a) surseoir à statuer sur l'affaire ou sur la partie en question et inviter les parties à saisir d'une demande la juridiction de cet autre État membre conformément au paragraphe 4,

ou

b) demander à la juridiction d'un autre État membre d'exercer sa compétence conformément au paragraphe 5.

2. Le paragraphe 1 est applicable :

a) sur requête de l'une des parties, ou

b) à l'initiative de la juridiction, ou

c) à la demande de la juridiction d'un autre État membre avec lequel l'enfant a un lien particulier, conformément au paragraphe 3.

Le renvoi ne peut cependant être effectué à l'initiative de la juridiction ou à la demande de la juridiction d'un autre État membre que s'il est accepté par l'une des parties au moins.

3. Il est considéré que l'enfant a un lien particulier avec un État membre, au sens du paragraphe 1, si :

a) après la saisine de la juridiction visée au paragraphe 1, l'enfant a acquis sa résidence habituelle dans cet État membre,

ou

b) l'enfant a résidé de manière habituelle dans cet État membre,

ou

c) l'enfant est ressortissant de cet État membre,

ou

d) l'un des titulaires de la responsabilité parentale a sa résidence habituelle dans cet État membre,

ou

e) le litige porte sur les mesures de protection de l'enfant liées à l'administration, à la conservation ou à la disposition de biens détenus par l'enfant et qui se trouvent sur le territoire de cet État membre.

4. La juridiction de l'État membre compétente pour connaître du fond impartit un délai durant lequel les juridictions de l'autre État membre doivent être saisies conformément au paragraphe 1.

Si les juridictions ne sont pas saisies durant ce délai, la juridiction saisie continue d'exercer sa compétence conformément aux articles 8 à 14.

5. Les juridictions de cet autre État membre peuvent, lorsque, en raison des circonstances spécifiques de l'affaire, cela est dans l'intérêt supérieur de l'enfant, se déclarer compétentes dans un délai de six semaines à compter de la date à laquelle elles ont été saisies sur base du paragraphe 1, point a) ou b). Dans ce cas, la juridiction première saisie décline sa compétence. Dans le cas contraire, la juridiction première saisie continue d'exercer sa compétence conformément aux articles 8 à 14.

6. Les juridictions coopèrent aux fins du présent article, par voie directe ou par l'intermédiaire des autorités centrales désignées conformément à l'article 53.

SECTION 3
Dispositions communes

Article 16
Saisine d'une juridiction

1. Une juridiction est réputée saisie :

a) à la date à laquelle l'acte introductif d'instance ou un acte équivalent est déposé auprès de la juridiction, à condition que le demandeur n'ait pas négligé par la suite de prendre les mesures qu'il était tenu de prendre pour que l'acte soit notifié ou signifié au défendeur,

ou

b) si l'acte doit être notifié ou signifié avant d'être déposé auprès de la juridiction, à la date à laquelle il est reçu par l'autorité chargée de la notification ou de la signification, à condition que le demandeur n'ait pas négligé par la suite de prendre les mesures qu'il était tenu de prendre pour que l'acte soit déposé auprès de la juridiction.

Article 17
Vérification de la compétence

La juridiction d'un État membre saisie d'une affaire pour laquelle sa compétence n'est pas fondée aux termes du présent règlement et pour laquelle une juridiction d'un autre État membre est compétente en vertu du présent règlement se déclare d'office incompétente.

Article 18
Vérification de la recevabilité

1. Lorsque le défendeur qui a sa résidence habituelle dans un État autre que l'État membre où l'action a été intentée ne comparaît pas, la juridiction compétente est tenue de surseoir à statuer aussi longtemps qu'il n'est pas établi que ce défendeur a été mis à même de recevoir l'acte introductif d'instance ou un acte équivalent en temps utile afin de pourvoir à sa défense ou que toute diligence a été faite à cette fin.

2. L'article 19 du règlement (CE) n° 1348/2000 s'applique en lieu et place des dispositions du paragraphe 1 du présent article si l'acte introductif d'instance ou un acte équivalent a dû être transmis d'un État membre à un autre en exécution dudit règlement.

3. Lorsque les dispositions du règlement (CE) n° 1348/2000 ne sont pas applicables, l'article 15 de la convention de La Haye du 15 novembre 1965 relative à la signification et à la notification à l'étranger des actes judiciaires et extrajudiciaires en matière civile ou commerciale s'applique si l'acte introductif d'instance ou un acte équivalent a dû être transmis à l'étranger en exécution de ladite convention.

Article 19
Litispendance et actions dépendantes

1. Lorsque des demandes en divorce, en séparation de corps ou en annulation du mariage sont formées entre les mêmes parties devant des juridictions d'États membres différents, la juridiction saisie en second lieu sursoit d'office à statuer jusqu'à ce que la compétence de la juridiction première saisie soit établie.

2. Lorsque des actions relatives à la responsabilité parentale à l'égard d'un enfant, ayant le même objet et la même cause, sont introduites auprès de juridictions d'États membres différents, la juridiction saisie en second lieu sursoit d'office à statuer jusqu'à ce que la compétence de la juridiction première saisie soit établie.

3. Lorsque la compétence de la juridiction première saisie est établie, la juridiction saisie en second lieu se dessaisit en faveur de celle-ci.

Dans ce cas, la partie ayant introduit l'action auprès de la juridiction saisie en second lieu peut porter cette action devant la juridiction première saisie.

Article 20
Mesures provisoires et conservatoires

1. En cas d'urgence, les dispositions du présent règlement n'empêchent pas les juridictions d'un État membre de prendre des mesures provisoires ou conservatoires relatives aux personnes ou aux biens présents dans cet État, prévues par la loi de cet État membre même si, en vertu du présent règlement, une juridiction d'un autre État membre est compétente pour connaître du fond.

2. Les mesures prises en exécution du paragraphe 1 cessent d'avoir effet lorsque la juridiction de l'État membre compétente en vertu du présent règlement pour connaître du fond a pris les mesures qu'elle estime appropriées.

CHAPITRE III
RECONNAISSANCE ET EXÉCUTION

SECTION 1
Reconnaissance

Article 21
Reconnaissance d'une décision

1. Les décisions rendues dans un État membre sont reconnues dans les autres États membres sans qu'il soit nécessaire de recourir à aucune procédure.

2. En particulier, et sans préjudice du paragraphe 3, aucune procédure n'est requise pour la mise à jour des actes d'état civil d'un État membre sur la base d'une décision rendue dans un autre État membre en matière de divorce, de séparation de corps ou d'annulation du mariage, qui n'est plus susceptible de recours selon la loi de cet État membre.

3. Sans préjudice de la section 4, toute partie intéressée peut demander, selon les procédures prévues à la section 2,

que soit prise une décision de reconnaissance ou de non-reconnaissance de la décision.

La compétence territoriale de la juridiction indiquée dans la liste communiquée par chaque État membre à la Commission conformément à l'article 68 est déterminée par la loi de l'État membre dans lequel la demande de reconnaissance ou de non-reconnaissance est présentée.

4. Si la reconnaissance d'une décision est invoquée de façon incidente devant une juridiction d'un État membre, celle-ci peut statuer en la matière.

Article 22
Motifs de non-reconnaissance des décisions de divorce, de séparation de corps ou d'annulation du mariage

Une décision rendue en matière de divorce, de séparation de corps ou d'annulation du mariage n'est pas reconnue :

a) si la reconnaissance est manifestement contraire à l'ordre public de l'État membre requis;

b) si l'acte introductif d'instance ou un acte équivalent n'a pas été signifié ou notifié au défendeur défaillant en temps utile et de telle manière qu'il puisse pourvoir à sa défense, à moins qu'il ne soit établi que le défendeur a accepté la décision de manière non équivoque;

c) si elle est inconciliable avec une décision rendue dans une instance opposant les mêmes parties dans l'État membre requis; ou

d) si elle est inconciliable avec une décision rendue antérieurement dans un autre État membre ou dans un État tiers dans une affaire opposant les mêmes parties, dès lors que cette première décision réunit les conditions nécessaires àsa reconnaissance dans l'État membre requis.

Article 23
Motifs de non-reconnaissance des décisions en matière de responsabilité parentale

Une décision rendue en matière de responsabilité parentale n'est pas reconnue :

a) si la reconnaissance est manifestement contraire à l'ordre public de l'État membre requis eu égard aux intérêts supérieurs de l'enfant;

b) si, sauf en cas d'urgence, elle a été rendue sans que l'enfant, en violation des règles fondamentales de procédure de l'État membre requis, ait eu la possibilité d'être entendu;

c) si l'acte introductif d'instance ou un acte équivalent n'a pas été signifié ou notifié à la personne défaillante en temps utile et de telle manière que celle-ci puisse pourvoir à sa défense, à moins qu'il ne soit établi que cette personne a accepté la décision de manière non équivoque;

d) à la demande de toute personne faisant valoir que la décision fait obstacle à l'exercice de sa responsabilité parentale, si la décision a été rendue sans que cette personne ait eu la possibilité d'être entendue;

e) si elle est inconciliable avec une décision rendue ultérieurement en matière de responsabilité parentale dans l'État membre requis;

f) si elle est inconciliable avec une décision rendue ultérieurement en matière de responsabilité parentale dans un autre État membre ou dans l'État tiers où l'enfant réside habituellement, dès lors que la décision ultérieure réunit les conditions nécessaires à sa reconnaissance dans l'État requis;

ou

g) si la procédure prévue à l'article 56 n'a pas été respectée.

Article 24
Interdiction du contrôle de la compétence de la juridiction d'origine

Il ne peut être procédé au contrôle de la compétence de la juridiction de l'État membre d'origine. Le critère de l'ordre public visé à l'article 22, point a), et à l'article 23, point a), ne peut être appliqué aux règles de compétence visées aux articles 3 à 14.

Article 25
Disparités entre les lois applicables

La reconnaissance d'une décision ne peut être refusée au motif que la loi de l'État membre requis ne permet pas le divorce, la séparation de corps ou l'annulation du mariage sur la base de faits identiques.

Article 26
Interdiction de la révision au fond

En aucun cas, une décision ne peut faire l'objet d'une révision au fond.

Article 27
Sursis à statuer

1. La juridiction d'un État membre saisie d'une demande de reconnaissance d'une décision rendue dans un autre État membre peut surseoir à statuer si cette décision fait l'objet d'un recours ordinaire.

2. La juridiction d'un État membre saisie d'une demande de reconnaissance d'une décision rendue en Irlande ou au Royaume-Uni et dont l'exécution est suspendue dans l'État membre d'origine du fait de l'exercice d'un recours peut surseoir à statuer.

SECTION 2
Requête en déclaration de la force exécutoire

Article 28
Décisions exécutoires

1. Les décisions rendues dans un État membre sur l'exercice de la responsabilité parentale à l'égard d'un enfant, qui y sont exécutoires et qui ont été signifiées ou notifiées, sont mises en exécution dans un autre État membre après y avoir été déclarées exécutoires sur requête de toute partie intéressée.

2. Toutefois, au Royaume-Uni, ces décisions ne sont mises à exécution en Angleterre et au pays de Galles, en Écosse ou en Irlande du Nord qu'après avoir été enregistrées en vue de leur exécution, sur requête de toute partie intéressée, dans l'une ou l'autre de ces parties du Royaume-Uni, suivant le cas.

Article 29
Juridiction territorialement compétente

1. La requête en déclaration de constatation de la force exécutoire est présentée à la juridiction indiquée dans la liste communiquée par chaque État membre à la Commission conformément à l'article 68.

2. La compétence territoriale est déterminée par la résidence habituelle de la personne contre laquelle l'exécution est demandée ou par la résidence habituelle de tout enfant concerné par la requête.

Lorsqu'aucune des résidences visées au premier alinéa ne se trouve dans l'État membre d'exécution, la compétence territoriale est déterminée par le lieu d'exécution.

Article 30
Procédure

1. Les modalités de dépôt de la requête sont déterminées par la loi de l'État membre d'exécution.

2. Le requérant doit faire élection de domicile dans le ressort de la juridiction saisie. Toutefois, si la loi de l'État membre d'exécution ne connaît pas l'élection de domicile, le requérant désigne un mandataire *ad litem*.

3. Les documents mentionnés aux articles 37 et 39 sont joints à la requête.

Article 31
Décision rendue par la juridiction

1. La juridiction saisie de la requête statue à bref délai, sans que ni la personne contre laquelle l'exécution est demandée ni l'enfant ne puissent, à ce stade de la procédure, présenter d'observations.

2. La requête ne peut être rejetée que pour l'un des motifs prévus aux articles 22, 23 et 24.

3. En aucun cas, la décision ne peut faire l'objet d'une révision au fond.

Article 32
Notification de la décision

La décision rendue sur requête est aussitôt portée à la connaissance du requérant, à la diligence du greffier, suivant les modalités déterminées par la loi de l'État membre d'exécution.

Article 33
Recours

1. L'une ou l'autre partie peut former un recours contre la décision relative à la demande de déclaration constatant la force exécutoire.

2. Le recours est porté devant la juridiction indiquée dans la liste communiquée par chaque État membre à la Commission conformément à l'article 68.

3. Le recours est examiné selon les règles de la procédure contradictoire.

4. Si le recours est formé par la personne qui a demandé la déclaration constatant la force exécutoire, la partie contre laquelle l'exécution est demandée est appelée à comparaître devant la juridiction saisie du recours. En cas de défaut, les dispositions de l'article 18 s'appliquent.

5. Le recours contre la déclaration constatant la force exécutoire doit être formé dans un délai d'un mois à compter de sa signification. Si la partie contre laquelle l'exécution est demandée a sa résidence habituelle dans un État membre autre que celui dans lequel la déclaration constatant la force exécutoire a été délivrée, le délai est de deux mois et court à compter du jour où la signification a été faite à personne ou à domicile. Ce délai ne comporte pas de prorogation à raison de la distance.

Article 34
Juridictions de recours et voies de recours

La décision rendue sur le recours ne peut faire l'objet que du recours visé à la liste communiquée par chaque État membre à la Commission conformément à l'article 68.

Article 35
Sursis à statuer

1. La juridiction saisie du recours formé au titre de l'article 33 ou 34 peut, à la requête de la partie contre laquelle l'exécution est demandée, surseoir à statuer si la décision fait, dans l'État membre d'origine, l'objet d'un recours ordinaire, ou si le délai pour le former n'est pas expiré. Dans ce dernier cas, la juridiction peut impartir un délai pour former ce recours.

2. Lorsque la décision a été rendue en Irlande ou au Royaume-Uni, toute voie de recours prévue dans l'État membre d'origine est considérée comme un recours ordinaire aux fins de l'application du paragraphe 1.

Article 36
Exécution partielle

1. Lorsque la décision a statué sur plusieurs chefs de la demande et que l'exécution ne peut être autorisée pour le tout, la juridiction accorde l'exécution pour un ou plusieurs d'entre eux.

2. Le requérant peut demander une exécution partielle.

SECTION 3
Dispositions communes aux sections 1 et 2

Article 37
Documents

1. La partie qui invoque ou conteste la reconnaissance d'une décision ou sollicite la délivrance d'une déclaration constatant sa force exécutoire doit produire :

a) une expédition de celle-ci réunissant les conditions nécessaires à son authenticité;

et

b) le certificat visé à l'article 39.

2. En outre, s'il s'agit d'une décision par défaut, la partie qui invoque la reconnaissance ou sollicite la délivrance d'une déclaration constatant sa force exécutoire doit produire :

a) l'original ou une copie certifiée conforme du document établissant que l'acte introductif d'instance ou un acte équivalent a été signifié ou notifié à la partie défaillante;

ou

b) tout document indiquant que le défendeur a accepté la décision de manière non équivoque.

Article 38
Absence de documents

1. À défaut de production des documents mentionnés à l'article 37, paragraphe 1, point b), ou paragraphe 2, la juridiction peut impartir un délai pour les produire ou accepter des documents équivalents ou, si elle s'estime suffisamment éclairée, en dispenser.

2. Il est produit une traduction des documents si la juridiction l'exige. La traduction est certifiée par une personne habilitée à cet effet dans l'un des États membres.

Article 39
Certificat concernant les décisions en matière matrimoniale et certificat concernant les décisions en matière de responsabilité parentale

La juridiction ou l'autorité compétente de l'État membre d'origine délivre, à la requête de toute partie intéressée, un certificat en utilisant le formulaire dont le modèle figure à l'annexe I (décisions en matière matrimoniale) ou à l'annexe II (décisions en matière de responsabilité parentale).

SECTION 4
Force exécutoire de certaines décisions relatives au droit de visite et de certaines décisions ordonnant le retour de l'enfant

Article 40
Champ d'application

1. La présente section s'applique :

a) au droit de visite

et

b) au retour d'un enfant consécutif à une décision ordonnant le retour de l'enfant visée à l'article 11, paragraphe 8.

2. Les dispositions de la présente section n'empêchent pas un titulaire de la responsabilité parentale d'invoquer la reconnaissance et l'exécution d'une décision, conformément aux dispositions contenues dans les sections 1 et 2 du présent chapitre.

Article 41
Droit de visite

1. Le droit de visite visé à l'article 40, paragraphe 1, point a), accordé par une décision exécutoire rendue dans un État membre, est reconnu et jouit de la force exécutoire dans un autre État membre sans qu'aucune déclaration lui reconnaissant force exécutoire ne soit requise et sans qu'il soit possible de s'opposer à sa reconnaissance si la décision a été certifiée dans l'État membre d'origine conformément au paragraphe 2.

Même si le droit national ne prévoit pas la force exécutoire de plein droit, nonobstant un éventuel recours, d'une décision accordant un droit de visite, la juridiction d'origine peut déclarer la décision exécutoire.

2. Le juge d'origine ne délivre le certificat visé au paragraphe 1, en utilisant le formulaire dont le modèle figure à l'annexe III (certificat concernant le droit de visite), que si :

a) en cas de procédure par défaut, l'acte introductif d'instance ou un acte équivalent a été signifié ou notifié à la personne défaillante en temps utile et de telle manière que cette personne puisse pourvoir à sa défense, ou, s'il a été signifié ou notifié sans le respect de ces conditions, il est néanmoins établi qu'elle a accepté la décision de manière non équivoque ;

b) toutes les parties concernées ont eu la possibilité d'être entendues ;

et

c) l'enfant a eu la possibilité d'être entendu, à moins qu'une audition n'ait été jugée inappropriée eu égard à son âge ou à son degré de maturité.

Le certificat est rempli dans la langue de la décision.

3. Si le droit de visite concerne une situation ayant dès le prononcé de la décision un caractère transfrontière, le certificat est délivré d'office lorsque la décision devient exécutoire, y compris par provision. Si la situation n'acquiert un caractère transfrontière qu'ultérieurement, le certificat est délivré à la demande de l'une des parties.

Article 42
Retour de l'enfant

1. Le retour de l'enfant visé à l'article 40, paragraphe 1, point b), résultant d'une décision exécutoire rendue dans un État membre est reconnu et jouit de la force exécutoire dans un autre État membre sans qu'aucune déclaration lui reconnaissant force exécutoire ne soit requise et sans qu'il ne soit possible de s'opposer à sa reconnaissance si la décision a été certifiée dans l'État membre d'origine conformément au paragraphe 2.

Même si le droit national ne prévoit pas la force exécutoire de plein droit, nonobstant un éventuel recours, d'une décision ordonnant le retour de l'enfant visée à l'article 11, paragraphe 8, la juridiction d'origine peut déclarer la décision exécutoire.

2. Le juge d'origine qui a rendu la décision visée à l'article 40, paragraphe 1, point b), ne délivre le certificat visé au paragraphe 1 que si :

a) l'enfant a eu la possibilité d'être entendu, à moins qu'une audition n'ait été jugée inappropriée eu égard à son âge ou à son degré de maturité,

b) les parties ont eu la possibilité d'être entendues, et que

c) la juridiction a rendu sa décision en tenant compte des motifs et des éléments de preuve sur la base desquels avait été rendue la décision prise en application de l'article 13 de la convention de La Haye de 1980.

Au cas où la juridiction ou toute autre autorité prend des mesures en vue d'assurer la protection de l'enfant après son retour dans l'État de sa résidence habituelle, le certificat précise les modalités de ces mesures.

Le juge d'origine délivre de sa propre initiative ledit certificat, en utilisant le formulaire dont le modèle figure à l'annexe IV (certificat concernant le retour de l'enfant).

Le certificat est rempli dans la langue de la décision.

Article 43
Action en rectification

1. Le droit de l'État membre d'origine est applicable à toute rectification du certificat.

2. La délivrance d'un certificat au titre de l'article 41, paragraphe 1, ou de l'article 42, paragraphe 1, n'est par ailleurs susceptible d'aucun recours.

Article 44
Effets du certificat

Le certificat ne produit ses effets que dans les limites du caractère exécutoire du jugement.

Article 45
Documents

1. La partie qui demande l'exécution d'une décision doit produire :

a) une expédition de celle-ci réunissant les conditions nécessaires à son authenticité;

et

b) le certificat visé à l'article 41, paragraphe 1, ou à l'article 42, paragraphe 1.

2. Aux fins du présent article :

– le certificat visé à l'article 41, paragraphe 1, s'accompagne d'une traduction du point 12 relatif aux modalités d'exercice du droit de visite,

– le certificat visé à l'article 42, paragraphe 1, s'accompagne d'une traduction du point 14 relatif aux modalités des mesures prises en vue d'assurer le retour de l'enfant.

La traduction est effectuée dans la langue officielle ou l'une des langues officielles de l'État membre d'exécution ou dans toute autre langue que ce dernier a indiqué d'accepter. La traduction est certifiée par une personne habilitée à cet effet dans l'un des États membres.

SECTION 5
Actes authentiques et accords

Article 46

Les actes authentiques reçus et exécutoires dans un État membre ainsi que les accords entre parties exécutoires dans l'État membre d'origine sont reconnus et rendus exécutoires dans les mêmes conditions que des décisions

SECTION 6
Autres dispositions

Article 47
Procédure d'exécution

1. La procédure d'exécution est déterminée par le droit de l'État membre d'exécution.

2. Toute décision rendue par la juridiction d'un autre État membre et déclarée exécutoire conformément à la section 2 ou certifiée conformément à l'article 41, paragraphe 1, ou à l'article 42, paragraphe 1, est exécutée dans l'État membre d'exécution dans les mêmes conditions que si elle avait été rendue dans cet État membre.

En particulier, une décision certifiée conformément à l'article 41, paragraphe 1, ou à l'article 42, paragraphe 1, ne peut être exécutée si elle est inconciliable avec une décision exécutoire rendue ultérieurement.

Article 48
Modalités pratiques de l'exercice du droit de visite

1. Les juridictions de l'État membre d'exécution peuvent arrêter les modalités pratiques pour organiser l'exercice du droit de visite, si les modalités nécessaires n'ont pas été prévues ou ne l'ont pas été suffisamment dans la décision rendue parles juridictions de l'État membre compétentes pour connaître du fond, et pour autant que les éléments essentiels de ladite décision soient respectés.

2. Les modalités pratiques arrêtées conformément au paragraphe 1 cessent d'être applicables en exécution de la décision ultérieure rendue par les juridictions de l'État membre compétentes pour connaître du fond.

Article 49
Coûts

Les dispositions du présent chapitre, à l'exception de celles prévues à la section 4, sont aussi d'application pour la fixation du montant des frais du procès au titre des procédures engagées en vertu du présent règlement et pour l'exécution de tout jugement concernant de tels frais.

Article 50
Assistance judiciaire

Le requérant qui, dans l'État membre d'origine, a bénéficié en tout ou en partie de l'assistance judiciaire ou d'une exemption de frais et dépens bénéficie, dans la procédure prévue aux articles 21, 28, 41, 42 et 48, de l'assistance la plus favorable ou de l'exemption la plus large prévue par le droit de l'État membre d'exécution.

Article 51
Caution, dépôt

Aucune caution ni aucun dépôt, sous quelque dénomination que ce soit, ne peuvent être imposés à la partie qui demande l'exécution dans un État membre d'une décision rendue dans un autre État membre en raison :

a) du défaut de résidence habituelle dans l'État membre requis;

ou

b) soit de sa qualité d'étranger, soit, lorsque l'exécution est demandée au Royaume-Uni ou en Irlande, du défaut de « domicile » dans l'un de ces États membres.

Article 52
Légalisation ou formalité analogue

Aucune légalisation ni formalité analogue n'est exigée en ce qui concerne les documents visés aux articles 37, 38 et 45 ou, le cas échéant, la procuration *ad litem*.

CHAPITRE IV
COOPÉRATION ENTRE LES AUTORITÉS CENTRALES EN MATIÈRE DE RESPONSABILITÉ PARENTALE

Article 53
Désignation

Chaque État membre désigne une ou plusieurs autorités centrales chargées de l'assister dans l'application du présent règlement et en précise les attributions territoriales ou matérielles. Lorsqu'un État membre a désigné plusieurs autorités centrales, les communications sont en principe adressées directement à l'autorité centrale compétente. Si une communication est adressée à une autorité centrale non compétente, celle-ci est chargée de la transmettre à l'autorité centrale compétente et d'en informer l'expéditeur.

Article 54
Fonctions générales

Les autorités centrales communiquent des informations sur les législations et procédures nationales et prennent des mesures pour améliorer l'application du présent règlement et renforcer leur coopération. À cette fin, il est fait usage du réseau judiciaire européen en matière civile et commerciale créé par la décision 2001/470/CE.

Article 55
Coopération dans le cadre d'affaires spécifiques à la responsabilité parentale

Les autorités centrales, à la demande d'une autorité centrale d'un autre État membre ou du titulaire de la responsabilité parentale, coopèrent dans des affaires déterminées pour réaliser les objectifs visés par le présent règlement. À cet effet, elles prennent, elles-mêmes ou par l'intermédiaire des pouvoirs publics ou autres organismes, toute mesure appropriée, conformément à la législation de cet État membre en matière de protection des données à caractère personnel, pour :

a) recueillir et échanger des informations :

i) sur la situation de l'enfant,

ii) sur toute procédure en cours, ou

iii) sur toute décision rendue concernant l'enfant;

b) fournir des informations et une assistance aux titulaires de la responsabilité parentale qui demandent la reconnaissance et l'exécution d'une décision sur leur territoire, en particulier en matière de droit de visite et de retour de l'enfant;

c) faciliter les communications entre les juridictions notamment pour l'application de l'article 11, paragraphes 6 et 7, et de l'article 15;

d) fournir toute information et aide utiles pour l'application par les juridictions de l'article 56;

e) faciliter la conclusion d'accords entre les titulaires de la responsabilité parentale en recourant à la médiation ou à d'autres moyens, et faciliter à cette fin la coopération transfrontalière.

Article 56
Placement de l'enfant dans un autre État membre

1. Lorsque la juridiction compétente en vertu des articles 8 à 15 envisage le placement de l'enfant dans un établissement ou dans une famille d'accueil et que ce placement aura lieu dans un autre État membre, elle consulte au préalable l'autorité centrale ou une autre autorité compétente de ce dernier État membre si l'intervention d'une autorité publique est prévue dans cet État membre pour les cas internes de placements d'enfants.

2. La décision sur le placement visé au paragraphe 1 ne peut être prise dans l'État membre requérant que si l'autorité compétente de l'État requis a approuvé ce placement.

3. Les modalités relatives à la consultation ou à l'approbation visées aux paragraphes 1 et 2 sont régies par le droit national de l'État membre requis.

4. Lorsque la juridiction compétente en vertu des articles 8 à 15 décide le placement de l'enfant dans une famille d'accueil, que ce placement aura lieu dans un autre État membre, et que l'intervention d'une autorité publique n'est pas prévue dans ce dernier État membre pour les cas internes de placement d'enfants, elle en avise l'autorité centrale ou une autorité compétente de cet État membre.

Article 57
Méthode de travail

1. Tout titulaire de la responsabilité parentale peut adresser à l'autorité centrale de l'État membre dans lequel il réside habituellement ou à l'autorité centrale de l'État membre dans lequel l'enfant a sa résidence habituelle ou est présent, une demande d'assistance conformément à l'article 55. D'une manière générale, la demande est accompagnée de toutes les informations disponibles pouvant en faciliter l'exécution. Si la demande d'assistance concerne la reconnaissance ou l'exécution d'une décision relative à la responsabilité parentale couverte par le champ d'application du présent règlement, le titulaire de la responsabilité parentale est tenu d'y joindre les certificats correspondants figurant aux articles 39, 41, paragraphe 1, ou 42, paragraphe 1.

2. Les États membres notifient à la Commission la ou les langues officielles des institutions de la Communauté autres que leur(s) propre(s) langue(s) dans lesquelles les communications peuvent être adressées aux autorités centrales.

3. L'assistance dispensée par les autorités centrales en vertu de l'article 55 est gratuite.

4. Chaque autorité centrale supporte ses propres frais.

Article 58
Réunions

1. Les autorités centrales, pour faciliter l'application du présent règlement, sont réunies régulièrement.

2. La convocation de ces réunions s'effectue conformément à la décision 2001/470/CE relative à la création d'un réseau judiciaire européen en matière civile et commerciale.

CHAPITRE V
RELATIONS AVEC D'AUTRES INSTRUMENTS

Article 59
Relation avec d'autres instruments

1. Sans préjudice des articles 60, 63, 64 et du paragraphe 2 du présent article, le présent règlement remplace, pour les États membres, les conventions existant au moment de l'entrée en vigueur du présent règlement, qui ont été conclues entre deux ou plusieurs États membres et qui portent sur des matières réglées par le présent règlement.

2. a) La Finlande et la Suède ont la faculté de déclarer que la convention du 6 février 1931 entre le Danemark, la Finlande, l'Islande, la Norvège et la Suède comprenant des dispositions de droit international privé sur le mariage, l'adoption et la garde des enfants ainsi que son protocole final s'appliquent en tout ou en partie, dans leurs relations mutuelles, en lieu et place des règles du présent règlement. Ces déclarations sont publiées au Journal officiel de l'Union européenne en annexe du présent règlement. Lesdits États membres peuvent y renoncer, en tout ou en partie, à tout moment.

b) Le principe de la non-discrimination en raison de la nationalité entre citoyens de l'Union européenne est respecté.

c) Dans tout accord à conclure entre les États membres visés au point a), portant sur des matières réglées par le présent règlement, les règles de compétence sont alignées sur celles prévues par le présent règlement.

d) Les décisions rendues dans l'un des États nordiques qui a fait la déclaration visée au point a) en vertu d'un chef de compétence qui correspond à l'un de ceux prévus au chapitre II du présent règlement sont reconnues et exécutées dans les autres États membres conformément aux règles prévues au chapitre III du présent règlement.

3. Les États membres communiquent à la Commission :

a) une copie des accords et des lois uniformes les mettant en œuvre visés au paragraphe 2, points a) et c);

b) toute dénonciation ou modification de ces accords ou de ces lois uniformes.

Article 60
Relations avec certaines conventions multilatérales

Dans les relations entre les États membres, le présent règlement prévaut sur les conventions suivantes dans la mesure où elles concernent des matières réglées par le présent règlement :

a) convention de La Haye du 5 octobre 1961 concernant la compétence des autorités et la loi applicable en matière de protection des mineurs;

b) convention de Luxembourg du 8 septembre 1967 sur la reconnaissance des décisions relatives au lien conjugal;

c) convention de La Haye du 1er juin 1970 sur la reconnaissance des divorces et des séparations de corps;

d) convention européenne du 20 mai 1980 sur la reconnaissance et l'exécution des décisions en matière de garde des enfants et le rétablissement de la garde des enfants;

et

e) convention de La Haye du 25 octobre 1980 sur les aspects civils de l'enlèvement international d'enfants.

Article 61
Relations avec la convention de La Haye du 19 octobre 1996 concernant la compétence, la loi applicable, la reconnaissance, l'exécution et la coopération en matière de responsabilité parentale et de mesures de protection des enfants

Dans les relations avec la convention de La Haye du 19 octobre 1996 concernant la compétence, la loi applicable, la reconnaissance, l'exécution et la coopération en matière de responsabilité parentale et de mesures de protection des enfants, le présent règlement s'applique

a) lorsque l'enfant concerné a sa résidence habituelle sur le territoire d'un État membre;

b) en ce qui concerne la reconnaissance et l'exécution d'une décision rendue par la juridiction compétente d'un État membre sur le territoire d'un autre État membre, même si l'enfant concerné a sa résidence habituelle sur le territoire d'un État non membre qui est partie contractante à ladite convention.

Article 62
Étendue des effets

1. Les accords et conventions visés à l'article 59, paragraphe 1, et aux articles 60 et 61 continuent à produire leurs effets dans les matières non réglées par le présent règlement.

2. Les conventions mentionnées à l'article 60, notamment la convention de La Haye de 1980, continuent à produire leurs effets entre les États membres qui en sont parties contractantes, dans le respect de l'article 60.

Article 63
Traités conclus avec le Saint-Siège

1. Le présent règlement est applicable sans préjudice du traité international (concordat) conclu entre le Saint-Siège et le Portugal, signé au Vatican le 7 mai 1940.

2. Toute décision relative à l'invalidité d'un mariage rendue en vertu du traité visé au paragraphe 1 est reconnue dans les États membres dans les conditions prévues au chapitre III, section 1.

3. Les dispositions des paragraphes 1 et 2 s'appliquent également aux traités internationaux (concordats) ci-après conclus avec le Saint-Siège :

a) « Concordato lateranense » du 11 février 1929 entre l'Italie et le Saint-Siège, modifié par l'accord, et son protocole additionnel, signé à Rome le 18 février 1984;

b) accord du 3 janvier 1979 entre le Saint-Siège et l'Espagne sur des questions juridiques.

4. En Italie ou en Espagne, la reconnaissance des décisions prévue au paragraphe 2 peut être soumise aux mêmes procédures et aux mêmes contrôles que ceux qui sont applicables aux décisions rendues par les juridictions ecclésiastiques conformément aux traités internationaux conclus avec le Saint-Siège et visés au paragraphe 3.

5. Les États membres communiquent à la Commission :

a) une copie des traités visés aux paragraphes 1 et 3;

b) toute dénonciation ou modification de ces traités.

CHAPITRE VI
DISPOSITIONS TRANSITOIRES

Article 64

1. Les dispositions du présent règlement ne sont applicables qu'aux actions judiciaires intentées, aux actes authentiques reçus et aux accords entre parties conclus postérieurement à la date de sa mise en application telle que prévue à l'article 72.

2. Les décisions rendues après la date de mise en application du présent règlement à la suite d'actions intentées avant cette date, mais après la date d'entrée en vigueur du règlement (CE) n° 1347/2000, sont reconnues et exécutées conformément aux dispositions du chapitre III du présent règlement, si les règles de compétence appliquées sont conformes à celles prévues soit par le chapitre II du présent règlement ou du règlement (CE) n° 1347/2000, soit par une convention qui était en vigueur entre l'État membre d'origine et l'État membre requis lorsque l'action a été intentée.

3. Les décisions rendues avant la date de mise en application du présent règlement à la suite d'actions intentées après la date d'entrée en vigueur du règlement (CE) n° 1347/2000 sont reconnues et exécutées conformément aux dispositions du chapitre III du présent règlement pour autant qu'il s'agisse d'une décision de divorce, de séparation de corps ou d'annulation du mariage, ou d'une décision relative à la responsabilité parentale des enfants communs rendue à l'occasion d'une telle action matrimoniale.

4. Les décisions rendues avant la date de mise en application du présent règlement, mais après la date d'entrée en vigueur du règlement (CE) n° 1347/2000, à la suite d'actions intentées avant la date d'entrée en vigueur du règlement (CE) n° 1347/2000 sont reconnues et exécutées conformément aux dispositions du chapitre III du présent règlement pour autant qu'il s'agisse d'une décision de divorce, de séparation de corps ou d'annulation du mariage, ou d'une décision relative à la responsabilité parentale des enfants communs rendue à l'occasion d'une telle action matrimoniale, et que les règles de compétence appliquées sont conformes à celles prévues soit par le chapitre II du présent règlement ou du règlement (CE) n° 1347/2000, soit par une convention qui était en vigueur entre l'État membre d'origine et l'État membre requis lorsque l'action a été intentée.

CHAPITRE VII
DISPOSITIONS FINALES

Article 65
Réexamen

Au plus tard le 1er janvier 2012, et ensuite tous les cinq ans, la Commission présente au Parlement européen, au Conseil et au Comité économique et social européen, sur la base des informations fournies par les États membres, un rapport relatif à l'application du présent règlement, accompagné le cas échéant de propositions visant à l'adapter.

Article 66
États membres ayant deux ou plusieurs systèmes juridiques

Au regard d'un État membre dans lequel deux ou plusieurs systèmes de droit ou ensembles de règles ayant trait aux questions régies par le présent règlement s'appliquent dans des unités territoriales différentes :

a) toute référence à la résidence habituelle dans cet État membre vise la résidence habituelle dans une unité territoriale ;

b) toute référence à la nationalité ou, dans le cas du Royaume-Uni, au « domicile », vise l'unité territoriale désignée par la loi de cet État;

c) toute référence à l'autorité d'un État membre vise l'autorité de l'unité territoriale concernée au sein de cet État;

d) toute référence aux règles de l'État membre requis vise les règles de l'unité territoriale dans laquelle la compétence, la reconnaissance ou l'exécution sont invoquées.

Article 67
Informations relatives aux autorités centrales et aux langues acceptées

Les États membres notifient à la Commission dans un délai de trois mois à compter de l'entrée en vigueur du présent règlement :

a) les noms, adresses et moyens de communication des autorités centrales désignées conformément à l'article 53;

b) les langues acceptées pour les communications adressées aux autorités centrales conformément à l'article 57, paragraphe 2;

et

c) les langues acceptées pour le certificat concernant le droit de visite conformément à l'article 45, paragraphe 2.

Les États membres communiquent à la Commission toute modification apportée à ces informations.

La Commission met ces informations à la disposition du public.

Article 68
Informations relatives aux juridictions et aux voies de recours

Les États membres communiquent à la Commission les listes des juridictions et des voies de recours visées aux articles 21, 29, 33 et 34, ainsi que les modifications qui y sont apportées.

La Commission met ces informations à jour et les met à la disposition du public par voie de publication au Journal officiel de l'Union européenne et par tout autre moyen approprié.

Article 69
Modification des annexes

Toute modification apportée aux formulaires dont les modèles figurent aux annexes I à IV est adoptée selon la procédure visée à l'article 70, paragraphe 2.

Article 70
Comité

1. La Commission est assistée par un comité (ci-après, « le comité »).

2. Lorsqu'il est fait référence au présent paragraphe, les articles 3 et 7 de la décision 1999/468/CE s'appliquent.

3. Le comité adopte son règlement intérieur.

Article 71
Abrogation du règlement (CE) n° 1347/2000

1. Le règlement (CE) n° 1347/2000 est abrogé à compter de la date de mise en application du présent règlement.

2. Toute référence au règlement (CE) n° 1347/2000 s'entend comme faite au présent règlement conformément à la table de correspondance figurant à l'annexe V.

Article 72
Entrée en vigueur

Le présent règlement entre en vigueur le 1er août 2004.

Le présent règlement s'applique à compter du 1er mars 2005 à l'exception des articles 67, 68, 69 et 70, qui s'appliquent à compter du 1er août 2004.

Le présent règlement est obligatoire dans tous ses éléments et directement applicable dans les États membres conformément au traité instituant la Communauté européenne.

Fait à Bruxelles, le 27 novembre 2003.

Par le Conseil

Le président

R. CASTELLI

62.13

RÈGLEMENT (CE) N° 2116/2004 DU CONSEIL DU 2 DÉCEMBRE 2004, MODIFIANT LE RÈGLEMENT (CE) N° 2201/2003 RELATIF À LA COMPÉTENCE, LA RECONNAISSANCE ET L'EXÉCUTION DES DÉCISIONS EN MATIÈRE MATRIMONIALE ET EN MATIÈRE DE RESPONSABILITÉ PARENTALE ABROGEANT LE RÈGLEMENT (CE) N° 1347/2000, EN CE QUI CONCERNE LES TRAITÉS AVEC LE SAINT-SIÈGE

LE CONSEIL DE L'UNION EUROPÉENNE,

vu le traité instituant la Communauté européenne,

vu l'acte relatif à l'adhésion de la République tchèque, de la République d'Estonie, de la République de Chypre, de la République de Lettonie, de la République de Lituanie, de la République de Hongrie, de la République de Malte, de la République de Pologne, de la République de Slovénie et de la République slovaque, et notamment son article 57, paragraphe 2,

vu la proposition de la Commission,

considérant ce qui suit :

(1) L'article 40 du règlement (CE) n° 1347/2000 du Conseil du 29 mai 2000 relatif à la compétence, la reconnaissance et l'exécution des décisions en matière matrimoniale et en matière de responsabilité parentale des enfants communs [1] prévoit que toute décision relative à l'invalidité d'un mariage rendue en vertu des traités entre le Saint-Siège et le Portugal, l'Italie et l'Espagne (concordats) est reconnue dans les États membres dans les conditions prévues au chapitre III dudit règlement.

(2) L'article 40 du règlement (CE) n° 1347/2000 a été modifié par l'annexe II de l'acte d'adhésion de 2003 pour mentionner l'accord entre Malte et le Saint-Siège sur la reconnaissance d'effets civils aux mariages canoniques et aux décisions rendues par les autorités et les juridictions ecclésiastiques sur lesdits mariages du 3 février 1993, et son deuxième protocole additionnel du 6 janvier 1995.

(3) Le règlement (CE) n° 2201/2003 du Conseil du 27 novembre 2003 relatif à la compétence, la reconnaissance et l'exécution des décisions en matière matrimoniale et en matière de responsabilité parentale abrogeant le règlement (CE) n° 1347/2000 [2], entré en vigueur le 1er août 2004, s'applique à partir du 1er mars 2005 dans tous les États membres, à l'exception du Danemark.

(4) Malte a demandé que l'article 63 du règlement (CE) n° 2201/2003, qui correspond à l'article 40 du règlement (CE) n° 1347/2000, soit modifié de façon à mentionner son accord avec le Saint-Siège.

(5) L'article 57 de l'acte relatif à l'adhésion de 2003 dispose que les actes adoptés avant l'adhésion, qui doivent être adaptés du fait de l'adhésion, peuvent être adaptés selon une procédure simplifiée dans le cadre de laquelle le Conseil statue à la majorité qualifiée sur proposition de la Commission.

(6) Il est justifié de prendre en considération la demande présentée par Malte et de modifier le règlement (CE) n° 2201/2003 en conséquence,

A ARRÊTÉ LE PRÉSENT RÈGLEMENT :

Article premier

L'article 63 du règlement (CE) n° 2201/2003 est modifié comme suit :

1) au paragraphe 3, le point suivant est ajouté :

« c) Accord entre le Saint-Siège et Malte sur la reconnaissance d'effets civils aux mariages canoniques et aux décisions rendues par les autorités et juridictions ecclésiastiques sur lesdits mariages du 3 février 1993, y compris le protocole d'application de la même date, et son deuxième protocole additionnel du 6 janvier 1995. »

2) le paragraphe 4 est remplacé par le texte suivant :

« 4. En Espagne, en Italie ou à Malte, la reconnaissance des décisions prévue au paragraphe 2 peut être soumise aux mêmes procédures et contrôles que ceux qui sont applicables aux décisions rendues par les juridictions ecclésiastiques conformément aux traités internationaux conclus avec le Saint-Siège et visés au paragraphe 3 ».

Article 2

Le présent règlement entre en vigueur le vingtième jour suivant celui de sa publication au Journal officiel de l'Union européenne.

Le présent règlement s'applique à partir du 1er mars 2005.

Le présent règlement est obligatoire dans tous ses éléments et directement applicable dans tout État membre.

Fait à Bruxelles, le 2 décembre 2004.

Par le Conseil

Le président

J. P. H. DONNER

1. JO L 160 du 30.6.2000, p. 19. Règlement modifié en dernier lieu par le règlement (CE) n° 1804/2004 de la Commission (JO L 318 du 19.10.2004, p. 7).

2. JO L 338 du 23.12.2003, p. 1.

62.14

CIRCULAIRE DU 28 OCTOBRE 2005, RELATIVE À L'ENTRÉE EN VIGUEUR DU RÈGLEMENT (CE) N° 2201/2003 DU CONSEIL DU 27 NOVEMBRE 2003 RELATIF À LA COMPÉTENCE, LA RECONNAISSANCE ET L'EXÉCUTION DES DÉCISIONS EN MATIÈRE MATRIMONIALE ET DE RESPONSABILITÉ PARENTALE DIT « BRUXELLES II *BIS* »

N° CIRCULAIRE : CIV/03/05
N° NOR : JUS C 05 20 191 C

Le règlement 2201/2003 du Conseil, adopté le 27 novembre 2003, concerne la compétence, la reconnaissance et l'exécution des décisions en matière matrimoniale et de responsabilité parentale.

Ce règlement, qui abroge le règlement 1347/2000 du 29 mai 2000 dit « Bruxelles II » relatif à la compétence, la reconnaissance et l'exécution des décisions en matière matrimoniale et en matière de responsabilité parentale des enfants communs, est entré en application le 1er mars 2005.

S'il reprend l'ensemble des dispositions prévues par le règlement Bruxelles II en matière matrimoniale, son champ d'application est beaucoup plus étendu en matière de responsabilité parentale, puisqu'il concerne toutes les situations familiales, consécutives ou non à la dissolution du lien conjugal. Il simplifie les conditions de circulation des décisions rendues dans ces domaines et supprime la procédure d'*exequatur* en matière de droit de visite. Enfin, il met en place un dispositif innovant en matière de lutte contre les déplacements illicites d'enfants.

Les notions clefs retenues par le règlement, notamment celles de responsabilité parentale et de droit de garde, sont définies à l'article 2.

La notion de responsabilité parentale est plus large que la notion française d'autorité parentale puisqu'elle recouvre l'ensemble des droits et obligations conférés à une personne physique ou morale en vertu d'une décision judiciaire, d'une attribution de plein droit ou d'un accord en vigueur, à l'égard de la personne ou des biens d'un enfant. Elle est attribuée aux personnes responsables de l'enfant dans le cadre d'une tutelle ou d'un placement dans une famille d'accueil ou un établissement. Elle comprend notamment le droit de garde et le droit de visite.

La notion de droit de garde, qui n'existe plus en droit français, correspond aux droits et obligations portant sur les soins de la personne d'un enfant, et en particulier le droit de décider de son lieu de résidence.

La notion de droit de visite correspond au droit d'emmener l'enfant pour une période limitée dans un lieu autre que celui de sa résidence habituelle. Elle correspond au « droit de visite et d'hébergement » français.

La circulaire présente le champ d'application du règlement (section I), les questions de compétence (section II), les règles générales de reconnaissance et d'exécution (section III), les règles spécifiques en matière de droit de visite (section IV) et la question du retour de l'enfant en cas de déplacement illicite (section V). Les deux dernières sections abordent les dispositions communes du règlement (section VI) et les règles de coopération entre autorités centrales (section VII).

Sa lecture pourra être utilement complétée par celle du guide pratique pour l'application du nouveau règlement Bruxelles II élaboré par la commission européenne (http://europa.eu.int/comm/justice_home/ejn/parental_resp/parental_resp_ec_vdm_fr).

SECTION – I CHAMP D'APPLICATION

1. Champ territorial

Le règlement s'applique à l'ensemble des États membres de l'Union Européenne à l'exception du Danemark (ce qui ne veut pas dire, comme cela sera expliqué en section II, qu'il ne puisse jamais s'appliquer à un citoyen danois). Il s'applique aux dix nouveaux États entrés dans l'Union le 1er mai 2004.

Comme l'ensemble des instruments communautaires, le règlement s'applique au territoire français métropolitain et aux départements d'outre-mer. Il ne s'applique pas aux collectivités d'outre-mer (Mayotte, Saint-Pierre-et-Miquelon, Polynésie française, Wallis-et-Futuna) ni à la Nouvelle-Calédonie ou aux Terres australes et antarctiques françaises.

2. Application dans le temps

Le règlement est applicable à compter du 1er mars 2005 à toutes les décisions postérieures à cette date dès lors, s'il s'agit de décisions judiciaires, que l'instance correspondante a été introduite postérieurement à cette date (art. 64 § 1).

Lorsque l'introduction de l'instance est antérieure au 1er mars 2005, mais postérieure au 1er mars 2001 (date d'entrée en vigueur du règlement 1347/2000) – ou au 1er mai 2004 pour les dix pays qui ont intégré l'Union à cette date – le règlement est applicable, mais à la condition que la compétence de la juridiction qui a statué ait été déterminée conformément aux règles posées par le règlement ou par une convention internationale alors applicable entre les États membres concernés[1].

3. Champ matériel

Les matières couvertes sont énoncées à l'article 1 du règlement.

Elles concernent aussi bien le juge aux affaires familiales que le tribunal de grande instance, le juge des enfants et le juge des tutelles. Le règlement traite notamment des matières suivantes :

– le divorce, la séparation de corps et l'annulation du mariage des époux;

– l'attribution, l'exercice, la délégation et le retrait total ou partiel de la responsabilité parentale, à savoir notamment :

– le droit de garde et le droit de visite;

1. Pour un complément d'information sur les autres cas de figure prévus par l'article 64, voir en annexe III la fiche I relative à l'application dans le temps du règlement.

– la tutelle et l'administration légale sous contrôle judiciaire;

– la désignation et les fonctions de toute personne ou organisme chargé de s'occuper de la personne ou des biens de l'enfant, de le représenter ou de l'assister;

– les mesures de protection de l'enfant liées à l'administration, à la conservation ou à la disposition de ses biens.

L'article 1 comporte par ailleurs des exclusions expresses qui visent les actions et décisions portant sur :

– l'établissement et la contestation de la filiation;

– l'adoption, aussi bien pour l'instruction du dossier que pour son prononcé, son annulation ou sa révocation;

– les noms et prénoms de l'enfant;

– l'émancipation;

– les obligations alimentaires[1];

– les trusts et successions;

– les mesures de protection prises à la suite d'une infraction pénale commise par un mineur.

Il convient de relever que les actions relatives aux régimes matrimoniaux ne sont pas concernées par le règlement.

Enfin, il y a lieu de préciser que dans les matières concernées, relèvent du champ du règlement :

– les « décisions », incluant jugements, ordonnances, arrêts et toutes décisions émanant d'une juridiction ou d'une autorité administrative ayant compétence dans les domaines visés (par exemple, la décision concernant un enfant émanant d'un *Jugendamt* allemand relève incontestablement du règlement pour sa reconnaissance et son exécution),

– mais également, en ce qui concerne la reconnaissance et l'exécution, les actes authentiques et les conventions et accords conclus entre les parties, exécutoires dans l'État membre d'où ils émanent (art. 46 du règlement).

SECTION – II RÈGLES DE COMPÉTENCE

1. En matière de divorce, de séparation de corps et d'annulation du mariage

Les règles fixées reproduisent celles du règlement 1347/2000 qui sont déjà appliquées depuis le 1er mars 2001. Elles s'appliquent dès lors que l'un des critères de compétence retenus par le règlement est situé sur le territoire d'un État membre.

Dès lors que le juge est compétent pour statuer sur la demande principale d'un époux, sa compétence est naturellement étendue pour connaître des demandes reconventionnelles de même nature présentées par l'autre époux (art. 4).

De même, lorsque la loi d'un État membre ouvre la possibilité de convertir une séparation de corps en divorce, la juridiction qui a statué sur la séparation de corps demeure compétente pour statuer sur le divorce (art. 5).

Il faut distinguer les règles de compétence générale de celles des compétences résiduelles.

1. En cette matière – qui inclut les prestations compensatoires –, le texte applicable à la compétence, la reconnaissance et l'exécution d'un acte ou d'une décision émanant d'un autre État membre est le règlement 44/2001 dit « Bruxelles I ».

A. Compétence générale

• La règle générale de compétence déterminée par l'article 3 du règlement est celle de la « résidence habituelle », celle-ci étant, au :

– la résidence habituelle des époux;

– la dernière résidence habituelle des époux si l'un d'eux y réside encore;

– la résidence habituelle du défendeur;

– la résidence habituelle de l'un ou l'autre des époux en cas de demande conjointe;

– la résidence habituelle du demandeur s'il y réside depuis au moins un an à la date où il introduit la demande, ce délai étant réduit à six mois s'il est ressortissant du pays de cette résidence ou s'il y a son domicile au sens de la common law, pour l'Irlande ou le Royaume-Uni.

• Une autre option ouverte est celle de la nationalité (ou du « domicile » au sens de la common law pour l'Irlande et le Royaume Uni), seulement si elle est commune aux époux.

Ainsi, en application du critère de la résidence, le juge français peut, par le jeu du règlement, se trouver compétent pour statuer sur un divorce entre un époux de nationalité danoise résidant sur le territoire français et son conjoint, lui-même français ou d'une autre nationalité.

Le juge français est aussi compétent pour connaître du divorce de deux époux dont aucun n'a la nationalité d'un État membre de l'Union Européenne, si l'un des critères de compétence est situé sur le territoire français. Dés lors, l'un ou l'autre de ces époux pourra ensuite demander la reconnaissance ou l'exécution de la décision dans n'importe quel État membre, selon les règles du règlement Bruxelles II *bis*, sauf au Danemark pour lequel la convention de Bruxelles du 27 septembre 1968 demeure applicable.

Il est important de souligner que le texte n'instaure aucune hiérarchie entre les différents critères de compétence qui sont rigoureusement alternatifs. Il n'est pas exclu que plusieurs juridictions puissent être simultanément compétentes, la première saisie devant être retenue (l'objectif étant de traiter à égalité tous les États membres, même s'il en résulte, en pratique, une « prime » à l'époux qui agit le premier).

Enfin, les critères définis sont exclusifs en ce sens qu'un conjoint qui a sa résidence habituelle dans un État membre ou qui est ressortissant d'un État membre (ou encore qui y a « son domicile » pour le Royaume-Uni ou l'Irlande) ne peut être attrait devant une juridiction d'un autre État membre qu'en vertu des règles de compétence ci-dessus énoncées (art. 6).

EXEMPLE 1 : soit un couple franco-allemand qui se sépare : l'épouse française reste en France, tandis que le mari allemand part s'installer en Allemagne. Si le divorce est demandé par l'épouse, celle-ci peut agir devant le juge français (pris comme celui de la dernière résidence habituelle) ou devant le juge allemand (pris comme celui de la résidence habituelle du défendeur). Quant au mari, il peut également choisir de saisir le juge français (juge du lieu de la dernière résidence habituelle ou juge de la résidence habituelle du défendeur), mais tout aussi bien le juge allemand si un délai de six mois s'est écoulé depuis son installation en Allemagne. Les choix opérés dans ces conditions ne seront susceptibles d'aucune discussion autre que celle consistant à déterminer, en cas de concours de saisine, quel a été le juge premier saisi.

Si les deux époux sont allemands, résident en France et se séparent dans les mêmes conditions, l'un comme l'autre aurait encore un motif supplémentaire de saisir le juge allemand, cette fois immédiatement, en tant que juge de leur nationalité commune.

EXEMPLE 2 : un couple germano-italien vivant en Allemagne se sépare, l'épouse italienne repartant en Italie pendant que l'époux allemand s'installe en France et saisit six mois plus tard le juge aux affaires familiales français pour obtenir le divorce. Il n'y a plus de résidence habituelle des époux; il n'y a pas de demande conjointe; l'époux allemand ne réside pas en France depuis suffisamment longtemps, compte tenu de sa nationalité, pour que cette résidence puisse déterminer la compétence du juge français.

Le juge français sera amené à se déclarer incompétent, seul pouvant l'être le juge italien.

B. Compétences résiduelles

Deux hypothèses sont prévues par l'article 7 du règlement :

– Dans le cas où les règles générales de compétence ne permettent pas de déterminer la compétence d'une juridiction d'un État membre, le juge saisi doit revenir, pour statuer sur la compétence, à sa propre loi nationale, soit pour le juge français aux dispositions de l'article 1070 du NCPC et à celles des articles 14 et 15 du Code civil.

– Enfin, tout ressortissant d'un État membre qui a sa résidence habituelle sur le territoire d'un autre État membre peut invoquer l'application des règles nationales de compétence de cet État membre, comme les nationaux de cet État pourraient le faire, à l'encontre d'un défendeur :

– ne résidant pas dans un État membre

et qui

– ou bien n'a pas la nationalité d'un État membre, ou bien, dans le cas du Royaume-Uni et de l'Irlande, n'a pas son « domicile dans un État membre ».

EXEMPLE 3 : Un mari luxembourgeois, installé en France après la séparation d'avec son épouse suisse qui a rejoint son pays d'origine, peut invoquer l'article 14 du Code civil à son bénéfice pour saisir le juge français.

****

Il convient de rappeler que le règlement, qui ne pose que des règles de compétence, ne préjuge pas de la loi applicable. À défaut de toute disposition de droit communautaire sur ce point, celle-ci est déterminée par les conventions internationales en la matière et par notre droit international privé (C. civ., art. 310 pour le divorce et la séparation de corps), ce qui peut éventuellement conduire le juge français compétent à appliquer une loi autre que la loi française.

2. En matière de responsabilité parentale

• L'article 8 du règlement pose le principe de la compétence de la juridiction de l'État membre dans lequel l'enfant réside habituellement au moment où le tribunal est saisi.

• Dans le cas d'un déménagement légal de l'enfant vers un autre État membre, la compétence du juge de l'État membre dans lequel cet enfant avait initialement sa résidence habituelle est prorogée pour une période de trois mois (art. 9). Dans ce délai, le parent qui reste dans cet État membre, bénéficiaire d'un droit de visite qu'il aurait précédemment fait fixer, peut en demander la modification au juge qui a rendu cette première décision – mais il perd cette possibilité s'il se présente aux même fins devant le juge de la nouvelle résidence habituelle de l'enfant sans contester sa compétence. Cette disposition a pour objectif d'inciter les parents à demander la modification du droit de visite au juge de la résidence habituelle avant de déménager.

• La règle générale de l'article 8 comporte en outre deux assouplissements :

– article 12 § 1 : le juge compétent pour statuer sur le divorce, la séparation de corps (ou l'annulation du mariage) statue également sur la responsabilité parentale, même s'il n'est pas celui de la résidence habituelle de l'enfant, si trois conditions sont réunies : l'un au moins des deux parents exerce la responsabilité parentale sur l'enfant, les parents (et les autres titulaires de la responsabilité parentale le cas échéant) acceptent la prorogation de compétence et celle-ci est conforme à l'intérêt supérieur de l'enfant. L'objectif est de régler dans une seule et même décision, autant que possible, la question du mariage et celle du sort des enfants communs;

– article 12 § 3 : hors les cas de divorce, de séparation de corps et d'annulation de mariage, le juge d'un État membre dans lequel l'enfant n'a pas sa résidence habituelle peut se trouver compétent pour statuer sur la responsabilité parentale si l'enfant a avec cet État membre un « lien étroit », par exemple parce que l'un des titulaires de la responsabilité parentale y réside, ou que l'enfant en est ressortissant, si les parties à la procédure acceptent sa compétence et si celle-ci est conforme à l'intérêt supérieur de l'enfant.

• S'il n'est pas possible de déterminer quel est l'État membre de résidence habituelle de l'enfant (art. 8), ni de faire jouer une des règles de l'article 12, les juridictions de l'État membre sur le territoire duquel l'enfant est présent sont alors compétentes (art. 13 : il s'agit du cas d'un enfant en fugue, réfugié ou internationalement déplacé). À défaut encore, la compétence est déterminée en recourant aux règles de compétence prévues par la loi nationale de chaque État membre (art. 14).

• Enfin, si une juridiction compétente d'un État membre considère la juridiction d'un autre État membre comme « mieux placée » pour connaître de l'affaire à raison de l'existence d'un « lien particulier » avec l'enfant (art. 15)[1], elle peut :

– surseoir à statuer en donnant aux parties un délai pour saisir la juridiction de cet autre État membre; la juridiction restera compétente si, à l'issue du délai imparti, la saisine n'a pas eu lieu (art. 15.1.a) et 15.4) ou si la juridiction saisie ne s'est pas déclarée compétente dans les six semaines de sa saisine (art. 15.5);

– ou demander à la juridiction de cet autre État membre d'exercer sa compétence, auquel cas la juridiction interrogée devra se prononcer dans un délai de six semaines (art. 15.1.b) et 15.5). Selon que cette demande sera acceptée ou non, la juridiction première saisie déclinera sa compétence ou l'exercera.

1. L'article 15 prévoit cinq cas dans lesquels ce « lien particulier » avec un autre État membre existe : si l'enfant y a acquis sa résidence habituelle après la saisine initiale; s'il y a résidé de manière habituelle; s'il en est ressortissant; si l'un des titulaires de la responsabilité parentale y a sa résidence habituelle; enfin si le litige porte sur des mesures de protection liées à l'administration, la conservation ou l'administration de biens détenus par l'enfant et qui se trouvent sur son territoire.

Pour mettre en œuvre ces dispositions, les juridictions auront recours à la coopération soit directement, soit par l'intermédiaire des autorités centrales (v. section VII).

3. Règles communes

Le juge saisi a l'obligation de vérifier d'office sa compétence au regard des dispositions du règlement et, le cas échéant, de se déclarer d'office incompétent (art. 17 du règlement). Cette obligation va au-delà de la simple faculté pour le juge français de soulever son incompétence internationale, sur le fondement de l'article 92 du NCPC.

Le juge ne peut toutefois retenir sa compétence et statuer que si deux conditions complémentaires sont réunies. Il doit pour cela :

– être le premier juge saisi

et

– s'assurer qu'il peut examiner la demande au regard des règles de notification énoncées par le règlement (CE) 1348/2000 du Conseil du 29 mai 2000 relatif à la signification et à la notification des actes judiciaires et extrajudiciaires en matière civile et commerciale (voir *infra* annexe III fiche II page 53).

• Juge premier saisi et situation de litispendance :

L'article 16 définit la date de saisine de la juridiction, qui est :

– celle du dépôt de l'acte introductif d'instance ou d'un acte équivalent à la juridiction; (dans le cas d'une saisine par voie de requête, c'est la date du dépôt au greffe);

– ou celle de la remise à l'autorité chargée de la notification ou de la signification si préalablement à ce dépôt, l'acte introductif d'instance ou l'acte équivalent doit être signifié ou notifié. Dans le cas d'une saisine par voie d'assignation, la date de la remise de l'assignation à l'huissier sera, à défaut de preuve contraire, celle de la délivrance effective de l'assignation.

Dans l'hypothèse de la saisine de deux juridictions, ces critères permettent d'identifier le juge « saisi en premier lieu », ce qui conduit à régler selon les dispositions prévues à l'article 19 la situation de litispendance qui en découle. La juridiction saisie en deuxième lieu doit surseoir d'office à statuer jusqu'à ce que la compétence de la juridiction première saisie soit établie puis, si tel est bien le cas, se dessaisir en faveur de celle-ci.

• Possibilité d'examiner la demande :

Lorsque le défendeur résidant habituellement dans un État membre qui n'est pas celui où l'action a été intentée est non comparant, le juge compétent doit surseoir à statuer tant qu'il n'est pas établi que ce défendeur a été mis à même de recevoir l'acte introductif d'instance en temps utile pour se défendre ou que toute diligence a été effectuée à cette fin. En particulier, s'il y a eu transmission d'un acte juridique d'un État membre à un autre par application des dispositions du règlement 1348/2000 relatif à la signification et à la notification dans les États membres des actes judiciaires et extrajudiciaires en matière civile ou commerciale, c'est l'article 19 de ce règlement qui doit être appliqué. Si la transmission a lieu vers un État non membre de l'Union Européenne mais partie à la Convention de La Haye du 15 novembre 1965 relative à la signification et la notification à l'étranger des actes judiciaires et extrajudiciaires en matière civile ou commerciale, c'est l'article 15 de cette convention qui doit être appliqué[1].

Il faut enfin souligner que même non compétent au fond dans les termes du règlement, le juge saisi d'un État membre peut en cas d'urgence prendre les mesures provisoires et conservatoires utiles par rapport aux personnes et aux biens présents sur le territoire de cet État membre, prévues par sa législation interne. Les mesures provisoires et conservatoires maintiendront leurs effets jusqu'à ce que le juge effectivement compétent au fond ait pris lui-même les mesures « qu'il estime appropriées » (art. 20).

SECTION – III RÈGLES DE DROIT COMMUN DE RECONNAISSANCE ET D'EXÉCUTION

Aussi bien pour la reconnaissance que pour l'exécution, les règles ci-dessous explicitées s'appliquent à toutes les décisions entrant dans le champ d'application du règlement, hormis les décisions ou parties de décisions qui concernent exclusivement la fixation d'un droit de visite et les décisions de retour prises sur la base de la convention de La Haye du 25 octobre 1980, qui obéissent à un régime particulier (v. *infra* sections IV et V).

1. Procédure de certification par le greffier en chef

Le règlement prévoit que les décisions circulent d'un État membre à l'autre accompagnées d'un ou plusieurs certificats, délivrés par l'autorité compétente de l'État membre dont elles émanent.

Ces certificats, dont les modèles figurent en annexe du règlement (annexe I en matière matrimoniale et annexe II en matière de responsabilité parentale), permettent un allègement du contrôle dans l'État d'arrivée.

S'agissant d'« exporter » une décision d'une juridiction française – hormis une décision ou partie de décision statuant exclusivement sur le droit de visite ou une décision statuant sur le retour de l'enfant – en vue de sa reconnaissance ou de son exécution dans un autre État membre de l'Union, l'autorité compétente pour délivrer le certificat est le greffier en chef de la juridiction qui a rendu la décision (NCPC, art. 509-1).

En raison du caractère non juridictionnel de la procédure, aucune représentation par avocat n'est exigée. La requête est présentée en double exemplaire et porte l'indication précise des pièces invoquées (art. 509-4 du même code). La décision de refus ne peut être fondée que sur un motif de forme (requête incomplète, document manquant).

La décision du greffier en chef est notifiée au requérant par lettre recommandée avec demande d'avis de réception ou remise au requérant contre émargement ou récépissé (art. 509-6 du même code).

1. Pour le Danemark, c'est la Convention de La Haye du 15 novembre 1965 qui est applicable.

Seule la décision de refus peut faire l'objet d'un recours devant le président du tribunal de grande instance (art. 509-7 du même code).

2. Procédure de constatation de la force exécutoire

En vertu de l'article 509-2 alinéa 2 du NCPC[1], s'agissant d'« importer » une décision rendue dans un autre État membre, dont la reconnaissance est invoquée ou contestée en France, l'autorité compétente est le président du tribunal de grande instance (ou son délégué). La compétence territoriale est déterminée par la résidence habituelle de la partie contre laquelle l'exécution est demandée, ou par celle du ou des enfants concernés par la décision (art. 29 du règlement)[2]. Compte tenu de la matière, le juge aux affaires familiales aurait naturellement vocation à être délégué. Celui-ci statue sur requête de toute partie intéressée. Le ministère d'avocat n'est pas obligatoire.

Le requérant, qui élit domicile dans le ressort de la juridiction saisie, doit produire une expédition de la décision « réunissant les conditions nécessaires à son authenticité » et accompagner sa demande :

– du certificat délivré par l'autorité compétente de l'État membre d'origine;

– si la décision dont la reconnaissance ou l'exécution est en cause a été rendue par défaut, de l'original ou la copie certifiée conforme du document établissant que l'acte introductif d'instance ou un acte équivalent a été signifié ou notifié à la partie défaillante, ou de tout document démontrant l'acceptation non équivoque du défaillant.

En l'absence de production de ces documents complémentaires, le juge peut soit impartir un délai pour les produire, soit accepter des documents équivalents, soit dispenser le requérant de les produire s'il s'estime suffisamment éclairé. La traduction de ces documents n'est pas obligatoire, mais elle le devient si le juge l'exige, auquel cas le demandeur doit en assumer les frais (art. 38 du règlement).

La décision qui accorde ou refuse la reconnaissance[3] ou la force exécutoire est rendue « à bref délai », non contradictoirement. Il est possible tant de ne demander que de n'accorder qu'une exécution partielle (art. 36), mais en toute hypothèse, un refus ne peut procéder que de l'un des motifs limitativement prévus, à l'article 22 pour les décisions concernant la rupture du lien matrimonial, à l'article 23 pour celles concernant la responsabilité parentale.

Ce sont :

1) pour les décisions relatives à la rupture du lien matrimonial :

• la contrariété manifeste avec l'ordre public de l'État requis (dans lequel la demande est présentée). Il y a lieu de préciser que tout contrôle du juge de l'État requis sur la question de la compétence de la juridiction d'origine est exclu expressément par l'article 24 (contrairement à ce qui se passe dans une procédure d'*exequatur* traditionnelle). En outre, aucun refus de reconnaissance ne peut procéder du fait que la loi de l'État requis n'autorise pas la rupture du mariage sur la base des faits retenus par le juge de l'État d'origine (art. 25). Enfin, l'examen de la décision en vue de sa reconnaissance ou de son exécution ne permet en aucun cas sa révision au fond (art. 26);

• le défaut de signification de l'acte introductif d'instance au défendeur qui ne comparaît pas en temps utile et de manière à lui permettre de se défendre;

• l'incompatibilité avec une décision déjà rendue entre les mêmes parties dans l'État requis, ou avec une décision déjà rendue dans un autre État membre ou dans un État tiers, si celle-ci remplit par ailleurs les conditions permettant sa reconnaissance dans l'État membre requis.

2) Pour les décisions relatives à la responsabilité parentale :

• la contrariété manifeste avec l'ordre public de l'État requis, étant précisé que celle-ci s'apprécie au regard des « intérêts supérieurs de l'enfant »;

• le défaut de signification de l'acte introductif d'instance au défendeur qui ne comparaît pas en temps utile et de manière à lui permettre de se défendre;

• l'incompatibilité avec une décision rendue ultérieurement en matière de responsabilité parentale dans l'État requis, ou avec une décision rendue ultérieurement dans un autre État membre ou dans un État tiers, si celle-ci remplit par ailleurs les conditions permettant sa reconnaissance dans l'État membre requis (l'autre État membre ou l'État tiers devant être, en matière de responsabilité parentale, celui dans lequel l'enfant réside habituellement).

Deux situations particulières peuvent également motiver un refus de reconnaissance et d'exécution :

• la décision a été rendue sans que l'enfant, en violation des règles fondamentales de procédure de l'État requis – et à moins qu'il n'y ait urgence –, ait eu la possibilité d'être entendu. Ce motif de non-reconnaissance peut poser problème dans la mesure où les certificats des annexes I et II ne comportent pas de ligne précisant ce point. Il n'est pas exclu que l'autorité compétente de l'État d'exécution recherche dans la décision si la possibilité d'être entendu a été ou non ouverte à l'enfant et, à défaut de toute mention, décide de refuser la reconnaissance ou l'exécution sollicitées. Il serait par conséquent opportun, pour se prémunir contre ce risque, qu'une décision française concernant un enfant, rendue sans qu'il ait été entendu, fasse explicitement état de la possibilité d'audition du mineur ouverte par l'article 388-1 du Code civil et donne brièvement le motif justifiant qu'il n'en ait pas été fait usage. Une motivation type pourrait ainsi être insérée dans l'ensemble des décisions, comme « L'enfant a eu la possibilité d'être entendu conformément aux dispositions de l'article 388-1 du Code civil. Cependant son audition a été jugée inappropriée compte tenu de son âge et de sa maturité/ de la nécessité de le maintenir à l'écart du conflit parental ».

1. Cet article est issu de l'article 27 du décret n° 2005-460 du 13 mai 2005 relatif aux compétences des juridictions civiles, à la procédure civile et à l'organisation judiciaire.
2. La France a désigné le juge aux affaires familiales en qualité d'autorité compétente (Journal officiel de l'Union européenne série C 40/2 du 17 février 2005). Cette désignation sera très prochainement rectifiée.
3. Le droit commun de la reconnaissance et de l'exécution, défini aux articles 21 à 39, repose sur le principe de la reconnaissance de plein droit de toutes les décisions rendues en matière de rupture de mariage comme de responsabilité parentale dans l'un quelconque des États membres (art. 21 du règlement).
Cependant, l'absence de toute formalité requise pour la reconnaissance d'une décision n'interdit pas que tout intéressé puisse solliciter par requête une décision de reconnaissance ou au contraire de non reconnaissance; de même la question peut se présenter par voie incidente au cours d'un autre litige devant une juridiction d'un État membre, qui pourra alors statuer sur ce point.

• la décision, qui fait obstacle à l'exercice de la responsabilité parentale d'une partie, a été rendue sans que celle-ci ait eu la possibilité d'être entendue. Il faut enfin signaler, en matière de placement d'enfant, la possibilité de refuser la reconnaissance si la procédure de consultation des autorités centrales de l'État membre dans lequel le placement doit avoir lieu n'a pas été respectée, alors que l'intervention d'une autorité publique est nécessaire (art. 56 § 1 du règlement relatif à la coopération, v. *infra* section VII).

La décision qui accorde ou refuse la reconnaissance ou la force exécutoire doit être notifiée par le greffe au requérant par lettre recommandée avec accusé de réception adressée à son domicile élu ou remise contre émargement ou récépissé, pour déterminer sans équivoque possible le point de départ du délai de recours (NCPC, art. 509-6). Il appartient au requérant de signifier la décision à la partie contre laquelle l'exécution est sollicitée.

La décision est susceptible d'un appel porté devant la cour d'appel dans le mois de sa signification, délai porté à deux mois si la partie contre laquelle l'exécution est demandée réside dans un État membre autre que celui dans lequel la déclaration constatant la force exécutoire est délivrée (art. 33 du règlement et déclaration française faite au titre de l'article 68, publiée au Journal officiel de l'Union européenne le 17 février 2005, C 040/2).

La date de la signification est, pour le requérant, celle à laquelle il a eu connaissance de la décision, et pour l'autre partie, celle de sa signification à la diligence du requérant. La procédure devient contradictoire devant la cour d'appel (art. 33) et l'appel est introduit et jugé selon la procédure de droit commun (NCPC, art. 901 et s.).

La décision de la cour d'appel est elle-même susceptible d'un pourvoi en cassation dans les conditions du droit interne.

La cour d'appel – comme éventuellement la Cour de cassation – a la possibilité de surseoir à statuer sur la demande aux fins de déclaration de la force exécutoire à la demande de la partie contre laquelle l'exécution est sollicitée, si la décision elle-même fait l'objet d'un recours ordinaire dans l'État membre d'origine ou si le délai pour former un tel recours n'est pas expiré.

SECTION – IV CAS DES DÉCISIONS STATUANT SUR LE DROIT DE VISITE

L'article 41 du règlement édicte des dispositions spécifiques concernant le droit de visite « accordé » par une décision ou partie de décision exécutoire rendue dans un État membre.

L'objectif de cette disposition est de faciliter, davantage encore que ne le fait le régime de droit commun, l'exercice des droits de visite transfrontaliers par une suppression pure et simple de tout *exequatur* – c'est-à-dire de tout contrôle de la décision d'origine par l'autorité compétente de l'État membre dans lequel elle doit être exécutée.

Elle ne concerne donc pas une décision qui refuserait d'accorder un droit de visite, qui obéit au régime de droit commun.

Elle est un avantage proposé au bénéficiaire de ce droit de visite, qui peut être un parent, mais également un grand-parent, un beau-parent ou un proche. Celui-ci garde par ailleurs la possibilité de faire reconnaître et exécuter la décision selon les dispositions du droit commun.

La décision ou partie de décision relative au droit de visite est exécutoire dans tout autre État membre que l'État membre d'origine sans aucune possibilité d'opposition, dès lors qu'elle est accompagnée du certificat dont le modèle constitue l'annexe III du règlement. Ce certificat est en quelque sorte le « passeport » de la décision.

Compte tenu de son importance, le règlement réserve la délivrance de ce certificat au juge qui a rendu la décision[1]. Pour l'« exportation » d'une décision française, le greffier en chef ne sera donc pas compétent pour délivrer ce certificat, comme dans le cadre du régime de droit commun.

L'article 509-1 alinéa 2 du NCPC issu de l'article 26 du décret n° 2005-460 du 13 mai 2005 relatif aux compétences des juridictions civiles, à la procédure civile et à l'organisation judiciaire précise que le juge est saisi par voie de requête. Le ministère d'avocat n'est pas obligatoire. Si toutefois un avocat intervient dans le cadre de cette procédure au titre de l'aide juridictionnelle, la mission accomplie est rétribuée conformément à la ligne IV-5 « Requête » du barème de la contribution de l'État à la rétribution des missions d'aide juridictionnelle prévu à l'article 90 du décret n° 91-647 du 19 décembre 1991.

Pour délivrer ce certificat selon le formulaire en question, qu'il remplira « dans la langue de la décision » – en français par conséquent –, le juge devra vérifier les points suivants :

– dans l'hypothèse d'une décision par défaut, si l'acte introductif d'instance ou l'acte équivalent a bien été signifié à la partie défaillante en temps utile pour lui permettre de se défendre, ou à défaut, si elle a accepté sans équivoque la décision;

– si toutes les parties ont eu la possibilité d'être entendues, y compris l'enfant concerné, à moins que son audition n'ait été jugée inappropriée eu égard à son âge ou à son degré de maturité. Cette vérification fait l'objet d'une ligne spécifique du formulaire correspondant, que le juge devra renseigner.

Si la situation est dès l'origine transfrontalière, le certificat est délivré d'office par le juge dès que la décision devient exécutoire – soit en France dès sa notification (voire dès son prononcé) dans la mesure où les décisions fixant un droit de visite sont assorties de plein droit de l'exécution provisoire, sauf dans l'hypothèse du droit de visite accordé au bénéfice de grands-parents ou de tiers, qui ne bénéficie pas de droit de l'exécution provisoire (C. civ., art. 371-4). Le certificat sera délivré ultérieurement par le juge, à la demande de l'une des parties, si la situation n'acquiert un caractère transfrontalier que par la suite.

La délivrance du certificat n'est susceptible d'aucun recours; celui-ci peut au plus faire l'objet d'une rectification, dans les conditions de la procédure de rectification ouverte par le droit de l'État membre d'origine (art. 43 du règlement), à savoir la procédure de rectification d'erreur matérielle en droit français.

Le certificat ne peut produire d'effet que si la décision qu'il accompagne est exécutoire.

Lorsqu'il demandera l'exécution de la décision, le requérant devra produire l'expédition de la décision, assortie du

1. En France, il s'agira du juge aux affaires familiales ou du juge des enfants lorsqu'il fixe un droit de visite dans le cadre d'un placement.

certificat, celui-ci étant traduit en son point 12 – qui explicite les modalités du droit de visite – par un traducteur inscrit sur la liste des experts. La France n'ayant déclaré pouvoir admettre, pour la mise en œuvre de ce règlement, que la langue française, les certificats accompagnant les décisions « importées » devront, sur ce point, être traduits dans notre langue.

En revanche, pour les certificats décernés par le juge aux affaires familiales ou le juge des enfants français accompagnant les décisions françaises à exporter, le requérant devra se charger de faire traduire ce point 12 dans la ou les langues que l'État membre concerné aura déclaré accepter, dont la liste peut être consultée sur le site du réseau judiciaire civil européen (http://europa.eu.int/comm/justice_home/ejn/index_fr.htm).

SECTION – V
CAS DU DÉPLACEMENT ILLICITE D'ENFANTS

Dans le cas d'un déplacement illicite d'enfant, le règlement prévoit d'une part, les règles permettant d'identifier le juge compétent, d'autre part un mécanisme permettant le retour de l'enfant dans son État de résidence habituelle.

Ce dispositif novateur a vocation à compléter les dispositions de la Convention de La Haye de 1980 sur les aspects civils de l'enlèvement international d'enfants, ratifiée par l'ensemble des États membres. Dans les relations entre les États membres, les dispositions du règlement, en particulier celles de son article 11, prévalent sur celles de la Convention.

1. Règles de compétence

Afin de dissuader les enlèvements d'enfants entre États membres, l'article 10 du règlement maintient la compétence du juge de l'État dans lequel l'enfant avait sa résidence habituelle au moment de l'enlèvement pour statuer sur les questions relatives à la garde.

Cette compétence ne peut être dévolue aux juridictions de l'État membre vers lequel l'enfant a été déplacé que dans des conditions très strictes, lorsque l'enfant a acquis une nouvelle résidence habituelle dans cet État membre et que l'une des deux conditions suivantes est réunie :

– les titulaires du droit de garde ont acquiescé au déplacement ou au non retour,

ou

– l'enfant a résidé dans l'État membre requis depuis au moins un an après que le titulaire du droit de garde a eu ou aurait dû avoir connaissance du lieu où se trouvait l'enfant qui doit, par ailleurs, être intégré dans son nouvel environnement. Dans cette situation, le transfert de la compétence au juge de la nouvelle résidence requiert en outre l'existence d'au moins l'une des quatre circonstances suivantes :

– le titulaire du droit de garde n'a présenté aucune demande de retour dans un délai d'un an après qu'il a eu ou aurait dû avoir connaissance du lieu où se trouvait l'enfant,

– le titulaire du droit de garde a présenté une demande de retour mais s'est désisté et aucune nouvelle demande n'a été formulée dans le délai d'un an après qu'il a eu ou aurait dû avoir connaissance du lieu où se trouvait l'enfant,

– une décision de non-retour a été rendue dans l'État de présence de l'enfant et l'affaire a été transférée à la juridiction de l'État de résidence habituelle de l'enfant compétente au fond, mais les parties n'ont pas présenté leurs observations dans le délai de trois mois,

– une décision de garde n'impliquant pas le retour de l'enfant a été rendue par la juridiction de l'État de la résidence habituelle de l'enfant.

Hormis le cas du déplacement légal de l'enfant, défini de façon très stricte, l'enfant déplacé se trouve dans une situation de non-retour ou de déplacement illicite, définie à l'article 2 du règlement par la réunion des deux conditions suivantes :

– la violation d'un droit de garde résultant d'une décision judiciaire, d'une attribution de plein droit ou d'un accord en vigueur en vertu du droit de l'État membre dans lequel l'enfant avait sa résidence habituelle immédiatement avant son déplacement ou son non-retour

et

– l'exercice effectif du droit de garde par le parent qui dénonce le déplacement illicite ou le non-retour de l'enfant, que ce droit de garde ait été exercé seul ou conjointement – étant précisé que l'exercice conjoint, au sens du règlement, s'entend de tous les cas où, de plein droit ou en vertu d'une décision, l'un des titulaires de la responsabilité parentale ne peut déplacer la résidence de l'enfant sans le consentement de l'autre.

Dans cette hypothèse, le règlement met en place un mécanisme destiné à permettre le retour rapide de l'enfant vers son État d'origine.

En France, ce mécanisme est confié à des juridictions spécialisées, tant en ce qui concerne les actions en retour engagées à la suite d'un déplacement illicite d'un enfant vers la France que pour statuer sur la garde d'un enfant ayant sa résidence habituelle en France après une décision de non-retour prise par une juridiction étrangère. L'article 1210-4 du NCPC prévoit en effet que le juge compétent pour statuer sur une action engagée sur le fondement des instruments internationaux et communautaires relatifs au déplacement illicite d'enfant est le juge aux affaires familiales du tribunal de grande instance désigné en application des articles L 312-1-1 et R 312-1-1 du COJ, dont la liste figure en annexe n° 4.

2. Mécanisme de lutte contre les enlèvements d'enfants

Le juge de l'État dans lequel se trouve l'enfant après son enlèvement, saisi d'une demande de retour, doit d'abord déterminer si le déplacement ou le non-retour est illicite, en s'appuyant sur la définition donnée par l'article 2 du règlement.

Si tel est le cas, le juge doit ordonner le retour immédiat de l'enfant.

Cependant il peut faire application de l'article 13 b) de la Convention de La Haye, qui prévoit que le juge n'est pas tenu d'ordonner le retour s'il est établi que ce retour exposerait l'enfant à un danger physique ou psychique ou le placerait dans une situation intolérable.

Le règlement ajoute que même dans ce cas, une juridiction ne peut pas refuser le retour de l'enfant s'il est établi que des dispositions adéquates ont été prises pour assurer la protection de l'enfant après son retour (art. 11 § 4 du règlement). De la même façon, le juge ne peut refuser ce retour si la personne qui l'a demandé n'a pas eu la possibilité d'être entendue (art. 11 § 5 du règlement). Ces éléments devraient contribuer à faire du non-retour de l'article 13 de la Convention de La Haye une situation tout à fait exceptionnelle.

La juridiction dispose d'un délai maximal de six semaines pour ordonner ou refuser le retour de l'enfant en application de la Convention de La Haye, à moins que des circonstances exceptionnelles ne le rendent impossible. En tout état de cause, le juge doit utiliser les procédures les plus rapides disponibles dans son droit national (art. 11 § 3 du règlement). C'est pourquoi le nouvel article 1210-5 du NCPC prévoit que la demande aux fins d'obtenir le retour est « formée, instruite et jugée en la forme des référés ». Il est rappelé que ce mode de saisine du juge aux affaires familiales lui permet de rendre une décision à bref délai ayant l'autorité de la chose jugée au principal.

Le règlement instaure un système original de communication entre les juridictions des États membres. Il prévoit en effet qu'en cas de décision de non-retour, le juge qui a rendu cette décision la transmet immédiatement avec tous les éléments du dossier, directement ou par le biais de l'autorité compétente en droit national, au juge de la résidence habituelle. Celui-ci doit les recevoir dans un délai maximum d'un mois, les parties étant invitées à le saisir si l'une ou l'autre n'en a pas déjà pris l'initiative (art. 11 § 6 et 7 du règlement). Ce juge est le juge spécialisé visé à l'article L 312-1-1 du COJ.

Aux fins de réalisation de cette transmission, le nouvel article 1210-6 du NCPC prévoit que la décision de non-retour de l'enfant rendue à l'étranger, ainsi que les documents qui l'accompagnent, sont transmis à l'autorité centrale française, le bureau de l'entraide civile et commerciale internationale de la direction des affaires civiles et du Sceau (v. *infra* section VII coopération entre les autorités centrales), qui les communique au ministère public près le tribunal de grande instance visé à l'article 1210-4 du NCPC. Le ministère public saisit ensuite le juge aux affaires familiales par requête. Si un autre juge aux affaires familiales, non compétent en matière de déplacement illicite, est, à ce moment, déjà saisi du même litige ou d'un litige connexe, il lui incombe de se dessaisir au bénéfice du juge saisi par le ministère public.

Une fois saisi, le juge aux affaires familiales compétent doit notifier aux parties la décision de non retour ainsi que les documents qui l'accompagnent et inviter les parties à présenter leurs observations dans un délai de trois mois à compter de la date de notification (art. 11 § 7), le cas échéant selon les modalités prévues par le règlement CE n° 1348/2000 du Conseil du 29 mai 2000[1]. Si les parties ne présentent pas d'observations dans ce délai :

– soit le juge constate qu'il n'y a pas lieu à statuer,

– soit, si l'enfant réside depuis plus d'un an dans le pays de la juridiction qui a rendu la décision, le juge se déclare incompétent.

Dans l'hypothèse où l'enfant déplacé illicitement à l'étranger fait l'objet d'une mesure d'assistance éducative en milieu ouvert ou de placement judiciaire, il est tout à fait opportun que le juge des enfants, saisi de la procédure d'assistance éducative, soit consulté et rende un avis motivé sur la situation du mineur.

En conséquence, dans un souci de bonne coordination, il convient que le ministère public, lorsqu'il saisit le juge aux affaires familiales compétent, avise également le juge des enfants qui a pris une telle mesure. Cette modalité d'organisation n'exclut pas la possibilité, pour le juge aux affaires familiales concerné, d'adresser directement une demande d'avis au juge des enfants.

Le juge des enfants doit alors, dans les meilleurs délais, communiquer son avis au ministère public aux fins de transmission au juge aux affaires familiales saisi ou l'adresser directement à ce dernier.

Le juge des enfants a la possibilité de communiquer au juge aux affaires familiales, outre cet avis sur le mineur, toutes les pièces utiles. À ce stade, il y a lieu de rappeler l'avis n° 004 0001 P du 1er mars 2004 de la Cour de cassation selon lequel le dossier d'assistance éducative peut être transmis au juge aux affaires familiales, à la condition que les parties à l'instance devant ce juge figurent parmi celles qui ont qualité pour accéder au dossier d'assistance éducative et que les pièces soient soumises au débat contradictoire.

La juridiction de la résidence habituelle statuant dans les conditions énoncées ci-dessus ne se prononce donc pas sur le retour, mais sur le fond du droit, c'est-à-dire sur la garde au sens du règlement, ce qui recouvre en droit français tant la question de la résidence que celle des relations de chacun des parents avec l'enfant. Dans la mesure où sa décision implique le retour de l'enfant ou non, elle a « le dernier mot », quoi qu'ait par ailleurs décidé, sur le retour, le juge de l'État de présence. En particulier, si celui-ci a refusé le retour, la décision du juge de la résidence habituelle confiant la garde au parent chez lequel se trouvait cette résidence habituelle avant le déplacement prévaut.

La décision impliquant le retour de l'enfant (art. 42 § 1 du règlement), émanant du juge de l'État de la résidence habituelle après décision de non retour du juge de l'État de présence (décision de l'article 11 § 8 du règlement) fait l'objet des mêmes dispositions, concernant sa reconnaissance et son exécution, que les décisions sur le droit de visite (v. section IV *supra*) : l'*exequatur* est supprimé et la décision circule librement, sans qu'on puisse refuser de la reconnaître ou de l'exécuter, dès lors qu'elle est accompagnée du certificat délivré par le juge d'origine (modèle en annexe IV du règlement). Ce certificat est délivré sous la réserve du contrôle des garanties procédurales suivantes (art. 42 § 2 du règlement) :

– l'enfant doit avoir eu la possibilité d'être entendu au cours de la procédure, à moins que son audition n'ait été jugée inappropriée eu égard à son âge et à son degré de maturité (le certificat comporte sur ce point une ligne que le juge doit renseigner),

– les parties ont eu la possibilité d'être entendues,

– et les motifs et éléments de preuve produits dans le cadre d'une décision antérieure de non-retour fondée sur les dispositions de l'article 13 de la convention de La Haye 1980 ont été pris en compte.

Dans l'hypothèse où des mesures spécifiques ont été prises pour assurer la protection de l'enfant après retour dans l'État de résidence habituelle, c'est-à-dire lorsque le juge a ordonné le retour en écartant l'application des dispositions de l'article 13 de la convention, (art. 11 § 4 du règlement), ces mesures doivent être énumérées dans le certificat.

SECTION – VI
DISPOSITIONS COMMUNES

Quelles que soient les situations résolues par les décisions entrant dans le champ du règlement (rupture matrimoniale,

1. Se reporter à la fiche II de l'annexe III.

responsabilité parentale ou cas particulier du retour après déplacement illicite), les dispositions ci-dessous sont applicables.

La procédure d'exécution est déterminée par l'État membre d'exécution et toute décision déclarée exécutoire selon les dispositions du règlement est exécutée dans tout État membre comme le serait une décision nationale.

Une décision qui serait inconciliable avec une décision exécutoire postérieure ne peut pas recevoir exécution (art. 47 du règlement).

Dans l'hypothèse où la décision dont l'exécution est demandée ne déterminerait pas les modalités pratiques du droit de visite ou ne le ferait que de manière insuffisante, il est prévu que le juge de l'État membre d'exécution puisse fixer ces modalités – dans le respect des éléments essentiels de la décision à exécuter. Ces modalités s'appliquent jusqu'à ce qu'intervienne une décision ultérieure de la juridiction de l'État membre compétente pour connaître du fond (art. 48 du règlement).

Les dispositions du règlement sont également applicables à la détermination du montant des frais de procès et à l'exécution d'un jugement qui statuerait sur ces frais (art. 49 du règlement).

Le requérant à une instance en reconnaissance ou en exécution qui a bénéficié dans l'État membre d'origine de l'aide juridictionnelle totale ou partielle bénéficie dans l'État membre d'exécution de l'assistance la plus large prévue par celui-ci (art. 50 du règlement).

SECTION – VII
RÈGLES DE COOPÉRATION

Les articles 53 à 56 du règlement prévoient la désignation par chaque État membre d'une ou plusieurs autorités centrales auxquelles sont imparties :

• des fonctions générales de communication des informations utiles sur les législations et procédures nationales, en liaison avec le réseau judiciaire européen, (art. 54);

• un rôle de coopération dans les affaires relatives à la responsabilité parentale (art. 55), englobant le recueil et l'échange d'informations sur la situation de l'enfant et sur toute procédure en cours ou décision le concernant, la fourniture d'une assistance aux titulaires de la responsabilité parentale dans leurs demandes de reconnaissance et d'exécution de décisions, la facilitation des communications entre les juridictions, notamment pour la mise en œuvre de la procédure de retour et la détermination de la juridiction la mieux placée pour connaître de la situation de l'enfant (articles 11 et 15), et enfin la facilitation d'accords entre titulaires de la responsabilité parentale, notamment par le recours à la médiation[1].

L'article 57 autorise tout titulaire de la responsabilité parentale à solliciter l'autorité centrale de l'État membre dans lequel il réside habituellement ou dans lequel l'enfant a sa résidence habituelle ou est présent pour obtenir son assistance. La demande qu'il lui adresse doit être accompagnée de toutes les informations utiles et, le cas échéant, des certificats prévus aux articles 39, 41 et 42 (annexes I à IV du règlement). Cette assistance est gratuite, chaque autorité centrale supportant ses propres frais, notamment de traduction;

• un rôle de coopération en matière de placement transfrontalier d'un enfant (art. 56).

L'article 56 § 1 du règlement prévoit que la juridiction qui envisage un placement dans un établissement ou une famille d'accueil situé sur le territoire d'un autre État membre doit, lorsque le droit interne de cet État prévoit l'intervention d'une autorité publique pour la réalisation de placements, consulter préalablement l'autorité centrale ou toute autre autorité compétente de cet État. À défaut de réalisation de cette démarche, la décision de la juridiction ne peut recevoir ni reconnaissance ni exécution.

À cet égard, il convient de préciser que le placement au sens du droit français suppose dans tous les cas l'intervention d'une autorité publique, qu'elle soit judiciaire ou administrative. La décision d'un titulaire de l'autorité parentale de confier son enfant à un tiers, personne physique, qui constitue une prérogative de l'autorité parentale n'impliquant pas l'intervention d'une autorité publique, ne peut donc être considérée comme un placement.

Les dispositions de l'article 56 § 1 du règlement recouvrent deux hypothèses qu'il convient de distinguer :

– La France est l'État requérant.

– La France est l'État requis.

1) La France est l'État requérant

Aux termes de l'article 2-1), « la juridiction » s'entend de toute autorité compétente dans les matières relevant du champ d'application du règlement, ce qui recouvre à la fois les autorités judiciaires et administratives.

Le règlement définit la « responsabilité parentale » comme « l'ensemble des droits et obligations conférés à une personne physique ou une personne morale (...) à l'égard de la personne ou des biens d'un enfant » et notamment le droit de garde, entendu comme « les droits et obligations portant sur les soins de la personne d'un enfant et en particulier le droit de décider de son lieu de résidence ».

Dans le dispositif français de protection de l'enfance, le président du conseil général, autorité administrative, peut accorder l'admission d'un enfant au service de l'aide sociale à l'enfance (ASE) dans le cadre de l'accueil provisoire prévu à l'article L. 222-5 du CASF.

Cette décision administrative ne confère cependant pas à l'ASE le droit de garde au sens du règlement puisque l'admission est faite en accord avec les personnes exerçant l'autorité parentale qui peuvent à tout moment y mettre fin. L'accueil provisoire ne porte donc pas atteinte au droit de ces personnes à décider de la résidence habituelle de l'enfant.

C'est pourquoi il convient d'exclure du champ d'application du règlement les décisions administratives prises par les conseils généraux au titre de l'aide sociale à l'enfance. Seule est donc examinée ici l'hypothèse d'une décision judiciaire de placement d'un enfant sur le territoire d'un autre État membre.

La juridiction doit s'adresser à la DPJJ. Celle-ci consulte l'autorité centrale ou toute autre autorité compétente de l'État sur le territoire duquel le placement en établissement ou en famille d'accueil est envisagé, de manière à pouvoir

1. À cet égard la mission d'aide à la médiation internationale pour les familles (MAMIF) de la Direction des Affaires Civiles et du Sceau peut également être contactée au 01 44 77 25 30.

renseigner la juridiction sur l'existence ou non d'une intervention publique en cas de placement.

Dans le cas où la loi interne de l'État membre dans lequel le placement est envisagé impose l'intervention d'une autorité publique, la juridiction fait alors parvenir à la DPJJ sa demande, par courrier ou par télécopie (alors suivie d'un courrier), avec les pièces utiles de la procédure d'assistance éducative en cours. La DPJJ en assure la transmission à l'autorité centrale ou à une autre autorité compétente de l'État requis.

En cas de refus par l'autorité de l'État requis, le placement envisagé ne peut être décidé. Toutefois, aucune disposition n'empêche la juridiction de formuler, sur la base d'autres éléments, un nouveau projet de placement. Une nouvelle demande sera alors transmise à l'autorité centrale ou autre autorité compétente.

Dans l'hypothèse où le placement peut être effectué sans consultation ni approbation préalables, l'autorité centrale ou autre autorité compétente de l'État requis doivent néanmoins être avisées de tout placement en famille d'accueil (le règlement ne prévoit pas d'aviser lorsqu'il s'agit d'un placement en établissement). À cette fin, la juridiction transmet une copie de la décision à la DPJJ afin qu'elle en informe l'autorité concernée de l'État requis.

2) La France est l'État requis

Lorsqu'une juridiction d'un autre État membre envisage le placement d'un enfant en France, elle consulte la DPJJ en tant qu'autorité centrale.

Aux termes de l'article 56 § 3 du règlement, les modalités de cette consultation sont régies par le droit français.

Compte tenu des dispositions de l'article L.227-1 du CASF qui prévoient que tout mineur accueilli hors du domicile de ses parents jusqu'au 4e degré est placé sous la protection du président du conseil général du département où il se trouve, il incombe à la DPJJ de recueillir préalablement l'avis du conseil général sur le projet de la juridiction de l'État requérant.

Pour permettre au conseil général et à l'autorité centrale de rendre un avis éclairé, il importe que la juridiction requérante présente un projet construit et détaillé comprenant, notamment, les éléments suivants :

– état civil de l'enfant,

– identité et coordonnées des personnes exerçant l'autorité parentale,

– exposé de la situation individuelle et familiale (historique et éléments actuels) de l'enfant,

– démarches effectuées par l'autorité requérante pour préparer le placement,

– modalités du placement envisagé : durée, localisation et identification du lieu d'accueil, organisation des droits de correspondance, de sortie, de visite et d'hébergement,

– financement du placement,

– organisation du suivi du placement et du traitement des incidents éventuels.

Ces éléments sont alors transmis au conseil général territorialement compétent qui apprécie la faisabilité du projet. L'approbation du projet par l'autorité centrale est conditionnée par l'avis émis par le conseil général.

62.15

Circulaire de la DACS n° 2007-06 du 16 mars 2007, relative à l'audition de l'enfant pour l'application du règlement « Bruxelles II *bis* » concernant les décisions sur la responsabilité parentale

Audition de l'enfant – Règlement européen – Responsabilité parentale

NOR : JUSC0720262C

Le garde des Sceaux, ministre de la Justice à Mesdames et Messieurs les premiers présidents des cours d'appel; Messieurs les présidents des tribunaux supérieurs d'appel; Mesdames et Messieurs les procureurs généraux près les cours d'appel (métropole et outre-mer); Messieurs les procureurs de la République près les tribunaux supérieurs d'appel (pour attribution) et à Monsieur le directeur de l'Ecole nationale de la magistrature; Monsieur le directeur de l'Ecole nationale des greffes (pour information)

Sources : règlement (CE) n° 2201/2003 du 27 novembre 2003 – article 388-1 du Code civil.

L'attention de la Chancellerie a été appelée sur une difficulté d'application du règlement (CE) n° 2201/2003 du Conseil du 27 novembre 2003 s'agissant de la reconnaissance et de l'exécution dans les autres États membres des décisions françaises rendues en matière de responsabilité parentale, qu'elles interviennent accessoirement à une décision de divorce ou à l'égard d'un enfant dont les parents n'ont jamais été mariés ou ne le sont plus.

A. – L'article 23 de ce règlement permet que les décisions rendues par une juridiction française dans ce domaine soient reconnues et exécutoires à l'intérieur de l'espace judiciaire européen, dès lors qu'elles sont, d'une part, accompagnées d'un certificat délivré par le greffier en chef du tribunal de grande instance territorialement compétent et, d'autre part, déclarées exécutoires dans l'État membre où l'exécution est réclamée, l'autorité de l'État requis ne pouvant refuser l'exécution que pour l'un des motifs limitativement prévus par le règlement.

Parmi ces motifs de refus figure néanmoins l'hypothèse des décisions rendues « sans que l'enfant, en violation des règles fondamentales de l'État requis – et hors cas d'urgence –, ait eu la possibilité d'être entendu ».

Or les certificats délivrés par les greffiers en chef (figurant en annexes I et II du règlement) ne comportent pas de ligne précisant ce point. Il n'est donc pas exclu que l'autorité compétente de l'État d'exécution recherche dans la décision elle-même si la possibilité d'être entendu a été ouverte ou non à l'enfant et, à défaut de précision à ce sujet, refuse la reconnaissance et l'exécution sollicitées.

B. – Les articles 41 et 42 du règlement prévoient en outre un mécanisme de circulation accéléré pour les décisions ordonnant le retour de l'enfant après un déplacement illicite ainsi que pour les dispositions statuant sur le droit de visite, que la décision tranche exclusivement cette question ou qu'elle règle par ailleurs d'autres points.

À cette fin, la décision est certifiée par le juge qui l'a rendue. Elle est alors directement exécutoire dans l'ensemble de l'espace judiciaire européen, sur présentation de sa copie exécutoire et du certificat, sans aucun contrôle par les autorités qui doivent en assurer l'exécution.

La délivrance de ce certificat est subordonnée à la vérification par le juge qui le délivre, que certaines garanties procédurales ont été respectées, et notamment que l'enfant « a eu la possibilité d'être entendu, à moins que cette audition n'ait été considérée inappropriée eu égard à son âge et à sa maturité » (voir le numéro 11 des formulaires figurant aux annexes III et IV du règlement).

Dans ces conditions, à peine de s'exposer à un refus de reconnaissance dans l'espace judiciaire européen, l'ensemble des décisions françaises relatives à la responsabilité parentale doit comporter une motivation spécifique sur la question de l'audition de l'enfant, qu'il ait été ou non procédé à celle-ci au cours de la procédure.

Dans la mesure où le caractère transfrontalier de la décision peut ne se révéler qu'après son prononcé, cette obligation de motivation concerne toutes les décisions relatives à l'autorité parentale et aux modalités de son exercice, en ce compris les ordonnances de non-conciliation ou les décisions d'homologation de conventions de divorce par consentement mutuel.

À cet égard, la circulaire du 28 octobre 2005 soulignait la nécessité qu'une décision française, rendue sans que l'enfant ait été entendu, fasse explicitement État de la possibilité d'audition du mineur ouverte par l'article 388-1 du Code civil et donne brièvement le motif justifiant qu'il n'en a pas été fait usage.

La circulaire suggérait dans ce cadre l'insertion d'une motivation dans l'ensemble des décisions, qui pourrait prendre la forme suivante : « L'enfant a eu la possibilité d'être entendu conformément aux dispositions de l'article 388-1 du Code civil. Cependant, son audition a été jugée inappropriée compte tenu de son âge et de sa maturité/de la nécessité de le maintenir à l'écart du conflit parental ».

Le second volet de cette motivation, portant sur l'impératif de protection du mineur vis-à-vis d'un conflit parental exacerbé, ne peut cependant plus être utilisé depuis l'entrée en vigueur de la loi n° 2007-293 du 5 mars 2007 réformant la protection de l'enfance, qui a modifié l'article 388-1 du Code civil, en rendant obligatoire l'audition du mineur qui en fait la demande, sans possibilité pour le juge de refuser d'y faire droit pour un motif autre que l'absence de discernement. Ce texte impose par ailleurs au juge de s'assurer que le mineur a été informé de son droit à être entendu et à être assisté par un avocat. Cette obligation peut être remplie par tous moyens, notamment en invitant les parents à délivrer cette information au mineur.

Dans l'hypothèse où l'audition n'a pas été souhaitée par les parents ni demandée par l'enfant lui-même, le visa des dispositions de l'article 388-1 pourrait donc s'accompagner d'une formule ainsi rédigée : « Cependant, les parties n'ont pas souhaité faire usage de cette possibilité eu égard à l'absence de conflit sur les dispositions concernant le mineur. Par ailleurs, ce dernier, informé de son droit à être entendu, n'a pas fait de demande en ce sens ».

Il paraît à cet égard nécessaire que les débats devant le juge aux affaires familiales permettent de vérifier que même en cas d'accord entre les parents sur les modalités d'exercice de l'autorité parentale, les enfants ont été avisés de leur droit d'être entendus.

Enfin, le règlement ne modifie pas les procédures nationales applicables en matière d'audition de l'enfant (considérant 19). Dans ces conditions, la circonstance selon laquelle la juridiction française n'a pas procédé elle-même au recueil de la parole de l'enfant ne doit pas constituer un obstacle à la reconnaissance et l'exécution de cette décision dans un État membre qui exige que le juge entende directement l'enfant.

La nouvelle rédaction de l'article 388-1, telle qu'issue de la loi n° 2007-293 précitée, laisse subsister la faculté pour le juge de ne pas entendre lui-même l'enfant et de faire recueillir sa parole par un tiers qualifié. Toutefois, ce recours à l'audition « indirecte » doit désormais être justifié par l'intérêt de l'enfant.

Il serait dans ces conditions opportun que les décisions rendues après retour d'une enquête sociale ou d'une expertise médico-psychologique ou psychiatrique, précisent clairement, lorsque le mineur a été entendu au cours de ces mesures d'investigation, que cette modalité du recueil de la parole du mineur constitue une audition au sens de l'article 388-1 du Code civil et qu'elle a été choisie en raison des pressions exercées sur l'enfant, susceptibles de compromettre son équilibre psychologique, et impliquant l'intermédiation d'un professionnel qualifié.

L'attention qui sera prêtée au respect de ces dispositions conditionne l'effectivité, dans l'espace judiciaire européen, des décisions rendues par la justice française en matière familiale.

Le bureau de l'entraide civile et commerciale internationale, désigné comme autorité centrale pour remplir les fonctions d'information prévues à l'article 54 du règlement et satisfaire aux demandes de coopération spécifiques relatives aux affaires de responsabilité parentale se tient à votre disposition pour toutes questions relatives à son application, ainsi que pour vous fournir toute l'aide que vous jugerez utile et recevoir toutes les informations pertinentes pour l'évaluation de cet instrument de coopération judiciaire civile et internationale (entraide-civile-internationale@justice.gouv.fr, Tél. : 01 04 77 61 05, fax : 01 44 77 61 22).

Le point de contact central du réseau judiciaire européen en matière civile et commerciale que vous pouvez saisir par tout moyen informel ainsi que les membres correspondants du réseau dans chaque cour d'appel dont vous trouverez la liste sur le site intranet du réseau (site DACS) peuvent également être sollicités à cette même fin.

Pour le garde des sceaux, ministre de la Justice :
Le directeur des affaires civiles et du sceau,
Marc Guillaume

62.16

RÈGLEMENT (CE) N° 4/2009 DU CONSEIL DU 18 DÉCEMBRE 2008, RELATIF À LA COMPÉTENCE, LA LOI APPLICABLE, LA RECONNAISSANCE ET L'EXÉCUTION DES DÉCISIONS ET LA COOPÉRATION EN MATIÈRE D'OBLIGATIONS ALIMENTAIRES

Le Conseil de l'Union européenne,

vu le traité instituant la Communauté européenne, et notamment son article 61, point c) et son article 67, paragraphe 2,

vu la proposition de la Commission,

vu l'avis du Parlement européen [1],

vu l'avis du Comité économique et social européen [2],

considérant ce qui suit :

(1) La Communauté s'est donné pour objectif de maintenir et de développer un espace de liberté, de sécurité et de justice au sein duquel est assurée la libre circulation des personnes.

Pour la mise en place progressive de cet espace, la Communauté doit adopter, entre autres, des mesures relevant du domaine de la coopération judiciaire dans les matières civiles ayant des incidences transfrontalières, dans la mesure nécessaire au bon fonctionnement du marché intérieur.

(2) Conformément à l'article 65, point b), du traité, ces mesures doivent viser, entre autres, à favoriser la compatibilité des règles applicables dans les États membres en matière de conflits de lois et de compétence.

(3) À cet égard, la Communauté a déjà adopté, entre autres mesures, le règlement (CE) n° 44/2001 du Conseil du 22 décembre 2000 concernant la compétence judiciaire, la reconnaissance et l'exécution des décisions en matière civile et commerciale [3]), la décision 2001/470/CE du Conseil du 28 mai 2001 relative à la création d'un réseau judiciaire européen en matière civile et commerciale [4], le règlement (CE) n° 1206/2001 du Conseil du 28 mai 2001 relatif à la coopération entre les juridictions des États membres dans le domaine de l'obtention des preuves en matière civile et commerciale [5], la directive 2003/8/CE du Conseil du 27 janvier 2003 visant à améliorer l'accès à la justice dans les affaires transfrontalières par l'établissement de règles minimales communes relatives à l'aide judiciaire accordée dans le cadre de telles affaires [6], le règlement (CE) n° 2201/2003 du Conseil du 27 novembre 2003 relatif à la compétence, la reconnaissance et l'exécution des décisions en matière matrimoniale et en matière de responsabilité parentale [7], le règlement (CE) n° 805/2004 du Parlement européen et du Conseil du 21 avril 2004 portant création d'un titre exécutoire européen pour les créances incontestées [8] et le règlement (CE) n° 1393/2007 du Parlement européen et du Conseil du 13 novembre 2007 relatif à la signification et à la notification dans les États membres des actes judiciaires et extrajudiciaires en matière civile ou commerciale (« signification ou notification des actes ») [9].

(4) Le Conseil européen, réuni à Tampere les 15 et 16 octobre 1999, a invité le Conseil et la Commission à établir des règles de procédure communes spéciales en vue de simplifier et d'accélérer le règlement des litiges transfrontaliers concernant entre autres les créances alimentaires. Il a aussi appelé à la suppression des mesures intermédiaires requises pour permettre la reconnaissance et l'exécution dans l'État requis d'une décision rendue dans un autre État membre, notamment d'une décision concernant une créance alimentaire.

(5) Un programme de mesures sur la mise en œuvre du principe de reconnaissance mutuelle des décisions en matière civile et commerciale [10], commun à la Commission et au Conseil, a été adopté le 30 novembre 2000. Ce programme prévoit la suppression de la procédure d'*exequatur* pour les créances alimentaires dans le but de rendre plus efficaces les moyens dont les créanciers d'aliments disposent pour faire respecter leurs droits.

(6) Le Conseil européen, réuni à Bruxelles les 4 et 5 novembre 2004, a adopté un nouveau programme, intitulé « Le programme de La Haye : renforcer la liberté, la sécurité et la justice dans l'Union européenne » (ci-après dénommé « le programme de La Haye ») [11].

(7) Le Conseil a adopté, lors de sa session des 2 et 3 juin 2005, un plan d'action du Conseil et de la Commission [12] qui traduit le programme de La Haye en actions concrètes et qui mentionne la nécessité d'adopter des propositions sur les obligations alimentaires.

(8) Dans le cadre de la Conférence de La Haye de droit international privé, la Communauté et ses États membres ont participé à des négociations qui ont abouti le 23 novembre 2007 à l'adoption de la convention sur le recouvrement international des aliments destinés aux enfants et à d'autres membres de la famille (ci-après dénommée « la convention de La Haye de 2007 ») et du protocole sur la loi applicable aux obligations alimentaires (ci-après dénommé « le protocole de La Haye de 2007 »). Il convient, dès lors, de tenir compte de ces deux instruments dans le cadre du présent règlement.

(9) Un créancier d'aliments devrait être à même d'obtenir facilement, dans un État membre, une décision qui sera automatiquement exécutoire dans un autre État membre sans aucune autre formalité.

(10) Afin d'atteindre cet objectif, il est opportun de créer un instrument communautaire en matière d'obligations alimentaires regroupant les dispositions sur les conflits de juridictions, les conflits de lois, la reconnaissance et la force exécutoire, l'exécution, l'aide judiciaire et la coopération entre autorités centrales.

(11) Le champ d'application du présent règlement devrait s'étendre à toutes les obligations alimentaires découlant de relations de famille, de parenté, de mariage ou d'alliance, et ce afin de garantir une égalité de traitement entre tous les créanciers d'aliments. Aux fins du présent règlement, la notion d'« obligation alimentaire » devrait être interprétée de manière autonome.

(12) Afin de prendre en compte les différentes façons de régler les questions relatives aux obligations alimentaires dans les États membres, le présent règlement devrait s'appliquer tant aux décisions juridictionnelles qu'aux décisions rendues par des autorités administratives, pour autant que ces autorités offrent des garanties notamment en ce qui concerne leur impartialité et le droit des parties à être entendues. Ces autorités devraient dès lors appliquer toutes les règles du présent règlement.

(13) Pour les raisons énoncées ci-dessus, il convient également dans le présent règlement d'assurer la reconnaissance

1. Avis rendu le 13 décembre 2007 (non encore paru au Journal officiel) et avis rendu le 4 décembre 2008 à la suite d'une nouvelle consultation (non encore paru au Journal officiel).
2. Avis rendu à la suite d'une consultation non obligatoire (JO C 185 du 8.8.2006, p. 35).
3. JO L 12 du 16.1.2001, p. 1.
4. JO L 174 du 27.6.2001, p. 25.
5. JO L 174 du 27.6.2001, p. 1.
6. JO L 26 du 31.1.2003, p. 41.
7. JO L 338 du 23.12.2003, p. 1.
8. JO L 143 du 30.4.2004, p. 15.
9. JO L 324 du 10.12.2007, p. 79.
10. JO C 12 du 15.1.2001, p. 1
11. JO C 53 du 3.3.2005, p. 1.
12. JO C 198 du 12.8.2005, p. 1.

et l'exécution des transactions judiciaires et des actes authentiques, sans que cela n'affecte le droit de l'une ou l'autre partie à une telle transaction ou à un tel acte à contester de tels instruments devant une juridiction de l'État membre d'origine.

(14) Il convient de prévoir dans le présent règlement que le terme « créancier » inclut, aux fins d'une demande de reconnaissance et d'exécution d'une décision en matière d'obligations alimentaires, les organismes publics qui ont le droit d'agir en lieu et place d'une personne à laquelle des aliments sont dus ou de demander le remboursement de prestations fournies au créancier à titre d'aliments. Lorsqu'un organisme public agit en cette qualité, il devrait avoir droit aux mêmes services et à la même aide judiciaire qu'un créancier.

(15) Afin de préserver les intérêts des créanciers d'aliments et de favoriser une bonne administration de la justice au sein de l'Union européenne, les règles relatives à la compétence telles qu'elles résultent du règlement (CE) n° 44/2001 devraient être adaptées. La circonstance qu'un défendeur a sa résidence habituelle dans un État tiers ne devrait plus être de nature à exclure l'application des règles communautaires de compétence, et plus aucun renvoi aux règles de compétence du droit national ne devrait désormais être envisagé. Il y a donc lieu de déterminer dans le présent règlement les cas dans lesquels une juridiction d'un État membre peut exercer une compétence subsidiaire.

(16) Afin de remédier tout particulièrement à des situations de déni de justice, il y a lieu de prévoir dans le présent règlement un forum necessitatis permettant à une juridiction d'un État membre, dans des cas exceptionnels, de connaître d'un litige qui présente un lien étroit avec un État tiers. Un tel cas exceptionnel pourrait être constitué lorsqu'une procédure se révèle impossible dans l'État tiers concerné, par exemple en raison d'une guerre civile, ou lorsqu'on ne peut raisonnablement attendre du demandeur qu'il introduise ou conduise une procédure dans cet État. La compétence fondée sur le forum necessitatis ne pourrait cependant être exercée que si le litige présente un lien suffisant avec l'État membre de la juridiction saisie, comme par exemple la nationalité d'une des parties.

(17) Une règle de compétence supplémentaire devrait prévoir que, sauf conditions particulières, une procédure pour modifier une décision alimentaire existante ou obtenir une nouvelle décision ne peut être introduite par le débiteur que dans l'État dans lequel le créancier avait sa résidence habituelle lorsque la décision a été rendue et dans lequel il continue à résider habituellement. Afin d'assurer une bonne articulation entre la convention de La Haye de 2007 et le présent règlement, il convient d'appliquer aussi cette règle aux décisions d'un État tiers partie à ladite convention, dans la mesure où celle-ci est en vigueur entre l'État concerné et la Communauté, et couvre les mêmes obligations alimentaires dans l'État concerné et dans la Communauté.

(18) Aux fins de l'application du présent règlement, il convient de prévoir qu'en Irlande, la notion de « nationalité » est remplacée par la notion de « domicile », de même qu'au Royaume-Uni, pour autant que le présent règlement soit applicable dans cet État membre en vertu de l'article 4 du protocole sur la position du Royaume-Uni et de l'Irlande annexé au traité sur l'Union européenne et au traité instituant la Communauté européenne.

(19) Afin d'accroître la sécurité juridique, la prévisibilité et l'autonomie des parties, le présent règlement devrait permettre aux parties de choisir d'un commun accord la juridiction compétente en fonction de facteurs de rattachement déterminés. Pour assurer la protection de la partie faible, une telle élection de for devrait être exclue pour les obligations alimentaires à l'égard d'un enfant de moins de dix-huit ans.

(20) Il convient de prévoir dans le présent règlement que, pour les États membres liés par le protocole de La Haye de 2007, les dispositions en matière de règles de conflit de lois applicables sont celles prévues par ledit protocole. À cet effet, une disposition qui renvoie audit protocole devrait être insérée. Le protocole de La Haye de 2007 sera conclu par la Communauté en temps utile pour permettre l'application du présent règlement. Pour tenir compte de l'hypothèse dans laquelle le protocole de La Haye de 2007 ne s'appliquerait pas à tous les États membres, il convient de distinguer aux fins de la reconnaissance, de la force exécutoire et de l'exécution de décisions, les États membres qui sont liés par le protocole de La Haye de 2007 de ceux qui ne le sont pas.

(21) Il convient de préciser dans le cadre du présent règlement que ces règles de conflit de lois ne déterminent que la loi applicable aux obligations alimentaires et ne déterminent pas la loi applicable à l'établissement des relations de famille sur lesquelles se fondent les obligations alimentaires. L'établissement des relations de famille continue à relever du droit national des États membres, en ce compris leurs règles de droit international privé.

(22) Afin d'assurer le recouvrement rapide et efficace d'une créance alimentaire et de prévenir les recours dilatoires, les décisions en matière d'obligations alimentaires rendues dans un État membre devraient, en principe, être assorties de la force exécutoire par provision. Il convient dès lors de prévoir dans le présent règlement que la juridiction d'origine devrait pouvoir déclarer la décision exécutoire par provision même si le droit national ne prévoit pas la force exécutoire de plein droit et même si un recours a été ou pourrait encore être formé contre la décision selon le droit national.

(23) Pour limiter les coûts liés aux procédures régies par le présent règlement, il serait utile d'avoir recours autant que possible aux technologies modernes de communication, notamment lors de l'audition des parties.

(24) Les garanties apportées par l'application des règles de conflit de lois devraient justifier que les décisions en matière d'obligations alimentaires rendues dans un État membre lié par le protocole de La Haye de 2007 soient reconnues et jouissent de la force exécutoire dans tous les autres États membres sans qu'aucune procédure ne soit requise et sans qu'aucune forme de contrôle sur le fond ne soit effectuée dans l'État membre d'exécution.

(25) La reconnaissance dans un État membre d'une décision en matière d'obligations alimentaires a pour seul objet de permettre le recouvrement de la créance alimentaire déterminée dans la décision. Elle n'implique pas la reconnaissance par cet État membre des relations de famille, de parenté, de mariage ou d'alliance qui sont à l'origine des obligations alimentaires ayant donné lieu à la décision.

(26) Pour les décisions rendues dans un État membre non lié par le protocole de La Haye de 2007, il y a lieu de prévoir dans le présent règlement une procédure de reconnaissance et de déclaration constatant la force exécutoire. Cette procédure devrait s'inspirer de la procédure et des motifs de refus de reconnaissance prévus par le règlement (CE) n° 44/2001. Afin d'accélérer la procédure et de permettre au créancier de recouvrer rapidement sa créance, il convient de prévoir que la

juridiction saisie devrait rendre sa décision dans des délais déterminés, sauf circonstances exceptionnelles.

(27) Il convient également de limiter le plus possible les formalités d'exécution de nature à alourdir les frais à la charge du créancier d'aliments. À cet effet, le présent règlement devrait prévoir que le créancier d'aliments n'est pas tenu d'avoir une adresse postale ni un représentant autorisé dans l'État membre d'exécution, sans qu'il soit par ailleurs porté atteinte à l'organisation interne des États membres en matière de procédures d'exécution.

(28) Afin de limiter les frais liés aux procédures d'exécution, aucune traduction ne devrait être requise, sauf si l'exécution est contestée et sans préjudice des règles applicables à la signification et à la notification des actes.

(29) Afin de garantir le respect des exigences du procès équitable, il y a lieu de prévoir dans le présent règlement le droit pour un défendeur qui n'aurait pas comparu devant la juridiction d'origine d'un État membre lié par le protocole de La Haye de 2007 de demander, au stade de l'exécution de la décision rendue contre lui, le réexamen de celle-ci. Toutefois, le défendeur devrait demander ce réexamen dans un délai déterminé qui devrait courir au plus tard à compter du jour où, au stade de la procédure d'exécution, ses biens sont rendus indisponibles pour la première fois en tout ou partie. Ce droit au réexamen devrait être un recours extraordinaire octroyé au défendeur défaillant, n'affectant pas l'exercice d'autres voies de recours extraordinaires prévues par le droit de l'État membre d'origine, pour autant que lesdites voies de recours ne soient pas incompatibles avec le droit au réexamen prévu par le présent règlement.

(30) Afin d'accélérer l'exécution d'une décision rendue dans un État membre lié par le protocole de La Haye de 2007 dans un autre État membre, il y a lieu de limiter les motifs de refus ou de suspension de l'exécution qui pourront être invoqués par le débiteur en raison du caractère transfrontalier de la créance alimentaire. Cette limitation ne devrait pas porter atteinte aux motifs de refus ou de suspension prévus par le droit national qui ne sont pas incompatibles avec ceux énumérés dans le présent règlement, tels que l'acquittement de la dette par le débiteur au moment de l'exécution ou la nature insaisissable de certains biens.

(31) Afin de faciliter le recouvrement transfrontalier de créances alimentaires, il convient de mettre en place un régime de coopération entre les autorités centrales désignées par les États membres. Ces autorités devraient prêter assistance aux créanciers et aux débiteurs d'aliments pour faire valoir leurs droits dans un autre État membre par la présentation de demandes de reconnaissance, de constatation de la force exécutoire et d'exécution de décisions existantes, de modification de telles décisions ou d'obtention d'une décision. Elles devraient également échanger des informations aux fins de localiser les débiteurs et les créanciers et d'identifier leurs revenus et patrimoine en tant que de besoin. Elles devraient enfin coopérer entre elles en échangeant des informations d'ordre général et promouvoir la coopération entre les autorités compétentes de leur État membre.

(32) Une autorité centrale désignée en vertu du présent règlement devrait prendre en charge ses propres frais, sauf exceptions spécifiquement déterminées, et prêter assistance à tout demandeur ayant sa résidence dans son État membre. Le critère pour déterminer le droit d'une personne à demander assistance auprès d'une autorité centrale devrait être moins strict que le critère de rattachement de « résidence habituelle » utilisé ailleurs dans le présent règlement. Cependant, le critère de « résidence » devrait exclure la simple présence.

(33) Afin de pouvoir prêter pleinement assistance aux créanciers et aux débiteurs d'aliments et faciliter de façon optimale le recouvrement transfrontalier des aliments, les autorités centrales devraient pouvoir obtenir un certain nombre d'informations à caractère personnel. Le présent règlement devrait par conséquent obliger les États membres à veiller à ce que leurs autorités centrales aient accès à de telles informations auprès des autorités publiques ou administrations qui détiennent les informations concernées dans le cadre de leurs activités habituelles. Il convient cependant de laisser à chaque État membre le soin de déterminer les modalités de cet accès. Ainsi, un État membre devrait pouvoir désigner les autorités publiques ou administrations qui seront tenues de fournir les informations à l'autorité centrale conformément au présent règlement, y compris, le cas échéant, des autorités publiques ou des administrations déjà désignées dans le cadre d'autres régimes d'accès aux informations. Lorsqu'un État membre désigne des autorités publiques ou des administrations, il devrait veiller à ce que son autorité centrale soit en mesure d'accéder aux informations requises conformément au présent règlement détenues par celles-ci. Un État membre devrait aussi pouvoir permettre à son autorité centrale d'accéder aux informations requises auprès de toute autre personne morale qui les détient et qui est responsable de leur traitement.

(34) Dans le cadre de l'accès aux données à caractère personnel, de l'utilisation et de la transmission de celles-ci, il convient de respecter les exigences de la directive 95/46/CE du Parlement européen et du Conseil du 24 octobre 1995 relative à la protection des personnes physiques à l'égard du traitement des données à caractère personnel et à la libre circulation de ces données[1], telle que transposée dans le droit national des États membres.

(35) Il y a cependant lieu de définir les conditions spécifiques d'accès aux données à caractère personnel, de l'utilisation et de la transmission de celles-ci aux fins de l'application du présent règlement. Dans ce contexte, l'avis du Contrôleur européen de la protection des données[2] a été pris en considération. L'avis à la personne visée par la collecte des informations devrait être effectué conformément au droit national. Il convient cependant de prévoir la possibilité de différer cet avis pour empêcher le débiteur de transférer ses biens et de compromettre ainsi le recouvrement de la créance alimentaire.

(36) Compte tenu des frais de procédures, il convient de prévoir un régime d'aide judiciaire très favorable, à savoir la prise en charge totale des coûts liés aux procédures concernant des obligations alimentaires à l'égard des enfants âgés de moins de 21 ans engagées par l'intermédiaire des autorités centrales. Les règles existantes en matière d'aide judiciaire au sein de l'Union européenne en vertu de la directive 2003/8/CE devraient par conséquent être complétées par des règles spécifiques créant ainsi un régime particulier d'aide judiciaire en matière d'obligations alimentaires. Dans ce cadre, l'autorité compétente de l'État membre requis devrait pouvoir, à titre exceptionnel, recouvrer les frais auprès d'un

1. JO L 281 du 23.11.1995, p. 31.
2. JO C 242 du 7.10.2006, p. 20.

demandeur bénéficiaire de l'aide judiciaire gratuite qui succombe, pour autant que sa situation financière le permette. Cela serait notamment le cas d'une personne fortunée qui aurait agi de mauvaise foi.

(37) En outre, pour les obligations alimentaires autres que celles visées au précédent considérant, il y a lieu de garantir à toutes les parties le même traitement en termes d'aide judiciaire au moment de l'exécution d'une décision dans un autre État membre. Ainsi, les dispositions sur la continuité de l'aide judiciaire du présent règlement devraient être entendues comme octroyant également une telle aide à une partie qui, n'ayant pas bénéficié de l'aide judiciaire lors de la procédure visant à l'obtention ou la modification d'une décision dans l'État membre d'origine, en a ensuite bénéficié dans ce même État dans le cadre d'une demande visant à l'exécution de la décision. De même, une partie qui a bénéficié d'une procédure gratuite devant une autorité administrative énumérée à l'annexe X devrait, dans l'État membre d'exécution, se voir accorder le bénéfice de l'aide judiciaire la plus favorable ou de l'exemption de frais et dépens la plus large à condition de justifier qu'elle en aurait bénéficié dans l'État membre d'origine.

(38) Afin de réduire les frais de traduction de pièces justificatives, la juridiction saisie ne devrait exiger la traduction de ces pièces que lorsqu'une traduction est nécessaire, sans préjudice des droits de la défense et des règles applicables à la signification et à la notification des actes.

(39) Afin de faciliter l'application du présent règlement, il convient de prévoir une obligation pour les États membres de communiquer les noms et coordonnées de leurs autorités centrales ainsi que d'autres informations à la Commission.

Ces informations devraient être mises à la disposition des praticiens et du public par voie de publication au Journal officiel de l'Union européenne ou d'accès électronique au moyen du réseau judiciaire européen en matière civile et commerciale créé par la décision 2001/470/CE. Par ailleurs, l'utilisation des formulaires prévus au présent règlement devrait faciliter et accélérer la communication entre autorités centrales et permettre la présentation de demandes par voie électronique.

(40) Il convient de régler la relation entre le présent règlement et les conventions et accords bilatéraux ou multilatéraux en matière d'obligations alimentaires auxquelles les États membres sont parties. Dans ce contexte, il y a lieu de prévoir que les États membres parties à la convention du 23 mars 1962 entre la Suède, le Danemark, la Finlande, l'Islande et la Norvège sur le recouvrement des créances alimentaires pourront continuer à appliquer celle-ci compte tenu du fait qu'elle contient des règles en matière de reconnaissance et d'exécution plus favorables que celles prévues par le présent règlement. S'agissant des accords bilatéraux futurs en matière d'obligations alimentaires avec des États tiers, les procédures et conditions dans lesquelles les États membres seraient autorisés à négocier et à conclure en leur propre nom de tels accords devraient être déterminées dans le cadre des discussions relatives à une proposition de la Commission sur ce sujet.

(41) Pour le calcul des périodes et délais prévus par le présent règlement, le règlement (CEE, Euratom) n° 1182/71 du Conseil du 3 juin 1971 portant détermination des règles applicables aux délais, aux dates et aux termes[1] devrait s'appliquer.

(42) Il y a lieu d'arrêter les mesures nécessaires pour la mise en œuvre du présent règlement en conformité avec la décision 1999/468/CE du Conseil du 28 juin 1999 fixant les modalités de l'exercice des compétences d'exécution conférées à la Commission[2].

(43) Il convient en particulier d'habiliter la Commission à adopter toute modification des formulaires prévus au présent règlement selon la procédure consultative prévue à l'article 3 de la décision 1999/468/CE. Pour l'établissement de la liste des autorités administratives entrant dans le champ d'application du présent règlement, ainsi que la liste des autorités compétentes en matière d'attestation du droit à l'aide judiciaire, il convient d'habiliter la Commission à agir selon la procédure de gestion prévue à l'article 4 de ladite décision.

(44) Le présent règlement devrait modifier le règlement (CE) n° 44/2001 en remplaçant les dispositions de celui-ci applicables en matière d'obligations alimentaires. Sous réserve des dispositions transitoires du présent règlement, les États membres devraient, en matière d'obligations alimentaires, appliquer les dispositions du présent règlement sur la compétence, sur la reconnaissance, la force exécutoire et l'exécution des décisions et sur l'aide judiciaire à la place de celles du règlement (CE) n° 44/2001 à compter de la date d'application du présent règlement.

(45) Étant donné que les objectifs du présent règlement, à savoir la mise en place d'une série de mesures permettant d'assurer le recouvrement effectif des créances alimentaires dans des situations transfrontalières et dès lors de faciliter la libre circulation des personnes au sein de l'Union européenne, ne peuvent pas être réalisés de manière suffisante par les États membres et peuvent donc, en raison des dimensions et des effets du présent règlement, être mieux réalisés au niveau communautaire, la Communauté peut prendre des mesures, conformément au principe de subsidiarité consacré à l'article 5 du traité. Conformément au principe de proportionnalité tel qu'énoncé audit article, le présent règlement n'excède pas ce qui est nécessaire pour atteindre ces objectifs.

(46) Conformément à l'article 3 du protocole sur la position du Royaume-Uni et de l'Irlande annexé au traité sur l'Union européenne et au traité instituant la Communauté européenne, l'Irlande a notifié son souhait de participer à l'adoption et à l'application du présent règlement.

(47) Conformément aux articles 1er et 2 du protocole sur la position du Royaume-Uni et de l'Irlande annexé au traité sur l'Union européenne et au traité instituant la Communauté européenne, le Royaume-Uni ne participe pas à l'adoption du présent règlement et n'est pas lié par celui-ci ni soumis à son application. Cela est toutefois sans préjudice de la possibilité pour le Royaume-Uni de notifier son intention d'accepter le présent règlement après son adoption conformément à l'article 4 dudit protocole.

(48) Conformément aux articles 1er et 2 du protocole sur la position du Danemark annexé au traité sur l'Union européenne et au traité instituant la Communauté européenne, le Danemark ne participe pas à l'adoption du présent règlement et n'est pas lié par celui-ci ni soumis à son application, sans préjudice de la possibilité pour le Danemark d'appliquer le contenu des modifications apportées au règlement (CE)

1. JO L 124 du 8.6.1971, p. 1.
2. JO L 184 du 17.7.1999, p. 23.

nº 44/2001 en vertu de l'article 3 de l'accord du 19 octobre 2005 entre la Communauté européenne et le Royaume du Danemark sur la compétence judiciaire, la reconnaissance et l'exécution des décisions en matière civile et commerciale [1],

a arrêté le présent règlement :

Chapitre I
Champ d'application et définitions

Article premier
Champ d'application

1. Le présent règlement s'applique aux obligations alimentaires découlant de relations de famille, de parenté, de mariage ou d'alliance.

2. Dans le présent règlement, on entend par « État membre » tous les États membres auxquels le présent règlement s'applique.

Article 2
Définitions

1. Aux fins du présent règlement on entend par :

1) « décision » : une décision en matière d'obligations alimentaires rendue par une juridiction d'un État membre, quelle que soit la dénomination qui lui est donnée, telle qu'arrêt, jugement, ordonnance ou mandat d'exécution, ainsi qu'une décision du greffier fixant le montant des frais du procès. Aux fins des chapitres VII et VIII, on entend par « décision » également une décision en matière d'obligations alimentaires rendue dans un État tiers;

2) « transaction judiciaire » : une transaction en matière d'obligations alimentaires approuvée par une juridiction ou conclue devant une juridiction au cours d'une procédure;

3) « acte authentique » :

a) un acte en matière d'obligations alimentaires dressé ou enregistré formellement en tant qu'acte authentique dans l'État membre d'origine et dont l'authenticité :

i) porte sur la signature et le contenu de l'acte authentique,

et

ii) a été établie par une autorité publique ou toute autre autorité habilitée à ce faire; ou

b) une convention en matière d'obligations alimentaires conclue avec des autorités administratives de l'État membre d'origine ou authentifiée par celles-ci;

4) « État membre d'origine » : l'État membre dans lequel, selon le cas, la décision a été rendue, la transaction judiciaire approuvée ou conclue et l'acte authentique établi;

5) « État membre d'exécution » : l'État membre dans lequel est demandée l'exécution de la décision, de la transaction judiciaire ou de l'acte authentique;

6) « État membre requérant » : l'État membre dont l'autorité centrale transmet une demande en vertu du chapitre VII;

7) « État membre requis » : l'État membre dont l'autorité centrale reçoit une demande en vertu du chapitre VII;

8) « État partie à la convention de La Haye de 2007 » : un État partie à la Convention de La Haye du 23 novembre 2007 sur le recouvrement international des aliments destinés aux enfants et à d'autres membres de la famille (ci-après dénommée « la convention de La Haye de 2007 »), dans la mesure où ladite convention s'applique entre la Communauté et cet État;

9) « juridiction d'origine » : la juridiction qui a rendu la décision à exécuter;

10) « créancier » : toute personne physique à qui des aliments sont dus ou sont allégués être dus;

11) « débiteur » : toute personne physique qui doit des aliments ou dont il est allégué qu'elle doit des aliments.

2. Aux fins du présent règlement, la notion de « juridiction » inclut les autorités administratives des États membres compétentes en matière d'obligations alimentaires, pour autant que ces autorités offrent des garanties en ce qui concerne leur impartialité et le droit des parties à être entendues, et que les décisions qu'elles rendent conformément à la législation de l'État membre où elles sont établies

i) puissent faire l'objet d'un recours devant une autorité judiciaire ou d'un contrôle par une telle autorité, et

ii) aient une force et un effet équivalent à une décision d'une autorité judiciaire dans la même matière.

Ces autorités administratives sont énumérées à l'annexe X. Cette annexe est établie et modifiée selon la procédure de gestion visée à l'article 73, paragraphe 2, à la demande de l'État membre dans lequel est établie l'autorité administrative concernée.

3. Aux fins des articles 3, 4 et 6, la notion de « domicile » remplace celle de « nationalité » dans les États membres qui utilisent cette notion en tant que facteur de rattachement en matière familiale.

Aux fins de l'article 6, les parties qui ont leur « domicile » dans différentes unités territoriales d'un même État membre sont considérées comme ayant leur « domicile » commun dans cet État membre.

Chapitre II
Compétence

Article 3
Dispositions générales

Sont compétentes pour statuer en matière d'obligations alimentaires dans les États membres :

a) la juridiction du lieu où le défendeur a sa résidence habituelle, ou

b) la juridiction du lieu où le créancier a sa résidence habituelle, ou

c) la juridiction qui est compétente selon la loi du for pour connaître d'une action relative à l'état des personnes lorsque la demande relative à une obligation alimentaire est accessoire à cette action, sauf si cette compétence est fondée uniquement sur la nationalité d'une des parties, ou

d) la juridiction qui est compétente selon la loi du for pour connaître d'une action relative à la responsabilité parentale lorsque la demande relative à une obligation alimentaire est accessoire à cette action, sauf si cette compétence est fondée uniquement sur la nationalité d'une des parties.

1. JO L 299 du 16.11.2005, p. 62.

Article 4
Élection de for

1. Les parties peuvent convenir que la juridiction ou les juridictions ci-après d'un État membre sont compétentes pour régler les différends en matière d'obligations alimentaires nés ou à naître entre elles :

a) une juridiction ou les juridictions d'un État membre dans lequel l'une des parties a sa résidence habituelle;

b) une juridiction ou les juridictions de l'État membre dont l'une des parties a la nationalité;

c) en ce qui concerne les obligations alimentaires entre époux ou ex-époux :

i) la juridiction compétente pour connaître de leurs différends en matière matrimoniale, ou

ii) une juridiction ou les juridictions de l'État membre qui a été celui de leur dernière résidence habituelle commune pendant au moins un an.

Les conditions visées aux points a), b) ou c) doivent être réunies au moment de la conclusion de la convention relative à l'élection de for ou au moment de l'introduction de l'instance.

La compétence attribuée par convention est exclusive, sauf si les parties en disposent autrement.

2. Une convention relative à l'élection de for est conclue par écrit. Toute transmission par voie électronique qui permet de consigner durablement la convention est considérée comme revêtant une forme écrite.

3. Le présent article n'est pas applicable dans un litige portant sur une obligation alimentaire à l'égard d'un enfant de moins de dix-huit ans.

4. Si les parties sont convenues d'attribuer une compétence exclusive à une juridiction ou aux juridictions d'un État partie à la convention concernant la compétence judiciaire, la reconnaissance et l'exécution des décisions en matière civile et commerciale[1], signée le 30 octobre 2007 à Lugano (ci-après dénommée « la convention de Lugano »), dès lors que celui-ci n'est pas un État membre, ladite convention s'applique sauf en ce qui concerne les litiges visés au paragraphe 3.

Article 5
Compétence fondée sur la comparution du défendeur

Outre les cas où sa compétence résulte d'autres dispositions du présent règlement, la juridiction d'un État membre devant laquelle le défendeur comparaît est compétente. Cette règle n'est pas applicable si la comparution a pour objet de contester la compétence.

Article 6
Compétence subsidiaire

Lorsque aucune juridiction d'un État membre n'est compétente en vertu des articles 3, 4 et 5, et qu'aucune juridiction d'un État partie à la convention de Lugano qui n'est pas un État membre n'est compétente en vertu des dispositions de ladite convention, les juridictions de l'État membre de la nationalité commune des parties sont compétentes.

1. JO L 339 du 21.12.2007, p. 3.

Article 7
Forum necessitatis

Lorsque aucune juridiction d'un État membre n'est compétente en vertu des articles 3, 4, 5 et 6, les juridictions d'un État membre peuvent, dans des cas exceptionnels, connaître du litige si une procédure ne peut raisonnablement être introduite ou conduite, ou se révèle impossible dans un État tiers avec lequel le litige a un lien étroit. Le litige doit présenter un lien suffisant avec l'État membre de la juridiction saisie.

Article 8
Limite aux procédures

1. Lorsqu'une décision a été rendue dans un État membre ou dans un État partie à la convention de La Haye de 2007 où le créancier a sa résidence habituelle, le débiteur ne peut introduire une procédure pour modifier la décision ou obtenir une nouvelle décision dans un autre État membre tant que le créancier continue à résider habituellement dans l'État dans lequel la décision a été rendue.

2. Le paragraphe 1 ne s'applique pas :

a) lorsque les parties sont convenues, conformément à l'article 4, que les juridictions de cet autre État membre sont compétentes;

b) lorsque le créancier se soumet à la compétence des juridictions de cet autre État membre en vertu de l'article 5;

c) lorsque l'autorité compétente de l'État d'origine partie à la convention de La Haye de 2007 ne peut ou refuse d'exercer sa compétence pour modifier la décision ou rendre une nouvelle décision, ou

d) lorsque la décision rendue dans l'État d'origine partie à la convention de La Haye de 2007 ne peut être reconnue ou déclarée exécutoire dans l'État membre dans lequel des procédures tendant à la modification de la décision ou à l'obtention d'une nouvelle décision sont envisagées.

Article 9
Saisine d'une juridiction

Aux fins du présent chapitre, une juridiction est réputée saisie :

a) à la date à laquelle l'acte introductif d'instance ou un acte équivalent est déposé auprès de la juridiction, à condition que le demandeur n'ait pas négligé par la suite de prendre les mesures qu'il était tenu de prendre pour que l'acte soit notifié ou signifié au défendeur, ou

b) si l'acte doit être notifié ou signifié avant d'être déposé auprès de la juridiction, à la date à laquelle il est reçu par l'autorité chargée de la notification ou de la signification, à condition que le demandeur n'ait pas négligé par la suite de prendre les mesures qu'il était tenu de prendre pour que l'acte soit déposé auprès de la juridiction.

Article 10
Vérification de la compétence

La juridiction d'un État membre saisie d'une affaire pour laquelle elle n'est pas compétente en vertu du présent règlement se déclare d'office incompétente.

Article 11
Vérification de la recevabilité

1. Lorsque le défendeur qui a sa résidence habituelle sur le territoire d'un État autre que l'État membre où l'action a été intentée ne comparaît pas, la juridiction compétente surseoit à statuer aussi longtemps qu'il n'est pas établi que le défendeur a été mis à même de recevoir l'acte introductif d'instance ou un acte équivalent en temps utile pour qu'il ait pu se défendre ou que toute diligence a été faite à cette fin.

2. L'article 19 du règlement (CE) n° 1393/2007 s'applique en lieu et place des dispositions du paragraphe 1 du présent article si l'acte introductif d'instance ou un acte équivalent a dû être transmis d'un État membre à un autre en exécution dudit règlement.

3. Lorsque les dispositions du règlement (CE) n° 1393/2007 ne sont pas applicables, l'article 15 de la convention de La Haye du 15 novembre 1965 relative à la signification et à la notification à l'étranger des actes judiciaires et extrajudiciaires en matière civile ou commerciale s'applique si l'acte introductif d'instance ou un acte équivalent a dû être transmis à l'étranger en exécution de cette convention.

Article 12
Litispendance

1. Lorsque des demandes ayant le même objet et la même cause sont formées entre les mêmes parties devant des juridictions d'États membres différents, la juridiction saisie en second lieu sursoit d'office à statuer jusqu'à ce que la compétence du tribunal premier saisi soit établie.

2. Lorsque la compétence du tribunal premier saisi est établie, le tribunal saisi en second lieu se dessaisit en faveur de celui-ci.

Article 13
Connexité

1. Lorsque des demandes connexes sont pendantes devant des juridictions d'États membres différents, la juridiction saisie en second lieu peut surseoir à statuer.

2. Lorsque ces demandes sont pendantes au premier degré, la juridiction saisie en second lieu peut également se dessaisir, à la demande de l'une des parties, à condition que le tribunal premier saisi soit compétent pour connaître des demandes en question et que sa loi permette leur jonction.

3. Sont connexes, au sens du présent article, les demandes liées entre elles par un rapport si étroit qu'il y a intérêt à les instruire et à les juger en même temps afin d'éviter des solutions qui pourraient être inconciliables si les causes étaient jugées séparément.

Article 14
Mesures provisoires et conservatoires

Les mesures provisoires ou conservatoires prévues par la loi d'un État membre peuvent être demandées aux autorités judiciaires de cet État, même si, en vertu du présent règlement, une juridiction d'un autre État membre est compétente pour connaître du fond.

Chapitre III
Loi applicable

Article 15
Détermination de la loi applicable

La loi applicable en matière d'obligations alimentaires est déterminée conformément au protocole de La Haye du 23 novembre 2007 sur la loi applicable aux obligations alimentaires (ci-après dénommé « le protocole de La Haye de 2007 ») pour les États membres liés par cet instrument.

Chapitre IV
Reconnaissance, force exécutoire et exécution des décisions

Article 16
Champ d'application du présent chapitre

1. Le présent chapitre régit la reconnaissance, la force exécutoire et l'exécution des décisions visées par le présent règlement.

2. La section 1 s'applique aux décisions rendues dans un État membre lié par le protocole de La Haye de 2007.

3. La section 2 s'applique aux décisions rendues dans un État membre non lié par le protocole de La Haye de 2007.

4. La section 3 s'applique à toutes les décisions.

Section 1
Décisions rendues dans un État membre lié par le protocole de La Haye de 2007

Article 17
Suppression de l'*exequatur*

1. Une décision rendue dans un État membre lié par le protocole de La Haye de 2007 est reconnue dans un autre État membre sans qu'il soit nécessaire de recourir à aucune procédure et sans qu'il soit possible de s'opposer à sa reconnaissance.

2. Une décision rendue dans un État membre lié par le protocole de La Haye de 2007 qui est exécutoire dans cet État jouit de la force exécutoire dans un autre État membre sans qu'une déclaration constatant la force exécutoire soit nécessaire.

Article 18
Mesures conservatoires

Une décision exécutoire emporte de plein droit l'autorisation de procéder aux mesures conservatoires prévues par la loi de l'État membre d'exécution.

Article 19
Droit de demander un réexamen

1. Un défendeur qui n'a pas comparu dans l'État membre d'origine a le droit de demander le réexamen de la décision devant la juridiction compétente dudit État membre lorsque :

a) l'acte introductif d'instance ou un acte équivalent ne lui a pas été signifié ou notifié en temps utile et de telle manière qu'il ait pu se défendre, ou

b) il s'est trouvé dans l'impossibilité de contester la créance alimentaire pour cause de force majeure ou en raison de circonstances extraordinaires sans qu'il y ait eu faute de sa part, à moins qu'il n'ait pas exercé de recours à l'encontre de la décision alors qu'il était en mesure de le faire.

2. Le délai pour demander le réexamen court à compter du jour où le défendeur a eu effectivement connaissance du contenu de la décision et où il a été en mesure d'agir, au plus tard à compter du jour de la première mesure d'exécution ayant pour effet de rendre ses biens indisponibles en tout ou partie. Le défendeur agit sans tarder et en tout état de cause dans un délai de 45 jours. Ce délai ne comporte pas de prorogation à raison de la distance.

3. Si la juridiction rejette la demande de réexamen visée au paragraphe 1 au motif qu'aucune des conditions de réexamen énoncées audit paragraphe n'est remplie, la décision reste valable. Si la juridiction décide que le réexamen est justifié au motif que l'une des conditions énoncées au paragraphe 1 est remplie, la décision est nulle et non avenue. Toutefois, le créancier ne perd pas les avantages résultant de l'interruption des délais de prescription ou de déchéance ni le droit de demander rétroactivement des aliments qu'il aurait acquis par l'action initiale.

Article 20
Documents aux fins de l'exécution

1. Aux fins de l'exécution d'une décision dans un autre État membre, le demandeur fournit aux autorités compétentes chargées de l'exécution :

a) une copie de la décision réunissant les conditions nécessaires pour en établir l'authenticité;

b) l'extrait de la décision délivré par la juridiction d'origine au moyen du formulaire dont le modèle figure à l'annexe I;

c) le cas échéant un document établissant l'état des arrérages et indiquant la date à laquelle le calcul a été effectué;

d) le cas échéant, la translittération ou la traduction du contenu du formulaire visé au point b) dans la langue officielle de l'État membre d'exécution ou, si cet État membre a plusieurs langues officielles, dans la ou l'une des langues officielles de la procédure judiciaire du lieu où l'exécution est demandée, conformément au droit de cet État membre, ou dans une autre langue que l'État membre d'exécution aura déclaré pouvoir accepter. Chaque État membre peut indiquer la ou les langues officielles des institutions de l'Union européenne, autres que la ou les siennes, dans laquelle ou lesquelles il accepte que le formulaire soit rempli.

2. Les autorités compétentes de l'État membre d'exécution ne peuvent exiger du demandeur qu'il fournisse une traduction de la décision. Une traduction peut cependant être exigée si l'exécution de la décision est contestée.

3. Une traduction au titre du présent article doit être faite par une personne habilitée à effectuer des traductions dans l'un des États membres.

Article 21
Refus ou suspension de l'exécution

1. Les motifs de refus ou de suspension de l'exécution prévus par la loi de l'État membre d'exécution s'appliquent pour autant qu'ils ne soient pas incompatibles avec l'application des paragraphes 2 et 3.

2. À la demande du débiteur, l'autorité compétente de l'État membre d'exécution refuse, intégralement ou partiellement, l'exécution de la décision de la juridiction d'origine lorsque le droit d'obtenir l'exécution de la décision de la juridiction d'origine est prescrit, aux termes de la loi de l'État membre d'origine ou de l'État membre d'exécution, le plus long délai de prescription étant retenu.

De plus, l'autorité compétente de l'État membre d'exécution peut, à la demande du débiteur, refuser, intégralement ou partiellement, l'exécution de la décision de la juridiction d'origine si celle-ci est inconciliable avec une décision rendue dans l'État membre d'exécution ou avec une décision rendue dans un autre État membre ou dans un État tiers, laquelle réunit les conditions nécessaires à sa reconnaissance dans l'État membre d'exécution. Une décision ayant pour effet de modifier, en raison d'un changement de circonstances, une décision antérieure relative à des aliments n'est pas considérée comme une décision inconciliable au sens du deuxième alinéa.

3. À la demande du débiteur, l'autorité compétente de l'État membre d'exécution peut suspendre, intégralement ou partiellement, l'exécution de la décision de la juridiction d'origine lorsque la juridiction compétente de l'État membre d'origine est saisie d'une demande de réexamen de la décision de la juridiction d'origine conformément à l'article 19.

En outre, l'autorité compétente de l'État membre d'exécution suspend, à la demande du débiteur, l'exécution de la décision de la juridiction d'origine si la force exécutoire est suspendue dans l'État membre d'origine.

Article 22
Absence d'effet sur l'existence des relations de famille

La reconnaissance et l'exécution d'une décision en matière d'obligations alimentaires en vertu du présent règlement n'impliquent en aucune manière la reconnaissance des relations de famille, de parenté, de mariage ou d'alliance qui sont à l'origine des obligations alimentaires ayant donné lieu à la décision.

Section 2
Décisions rendues dans un État membre non lié par le protocole de La Haye de 2007

Article 23
Reconnaissance

1. Les décisions rendues dans un État membre non lié par le protocole de La Haye de 2007 sont reconnues dans les autres États membres, sans qu'il soit nécessaire de recourir à aucune procédure.

2. En cas de contestation, toute partie intéressée qui invoque à titre principal la reconnaissance d'une décision peut faire constater, selon les procédures prévues dans la présente section, que la décision doit être reconnue.

3. Si la reconnaissance est invoquée de façon incidente devant une juridiction d'un État membre, celle-ci est compétente pour en connaître.

Article 24
Motifs de refus de reconnaissance

Une décision n'est pas reconnue si : a) la reconnaissance est manifestement contraire à l'ordre public de l'État membre dans lequel la reconnaissance est demandée. Le critère de l'ordre public ne peut être appliqué aux règles de compétence ; b) l'acte introductif d'instance ou un acte équivalent n'a pas été signifié ou notifié au défendeur défaillant en temps utile et de telle manière qu'il ait pu se défendre, à moins qu'il n'ait pas exercé de recours à l'encontre de la décision alors qu'il était en mesure de le faire; c) elle est inconciliable avec une décision rendue entre les mêmes parties dans l'État membre dans lequel la reconnaissance est demandée; d) elle est inconciliable avec une décision rendue antérieurement dans un autre État membre ou dans un État tiers entre les mêmes parties dans un litige ayant le même objet et la même cause, lorsque la décision rendue antérieurement réunit les conditions nécessaires à sa reconnaissance dans l'État membre dans lequel la reconnaissance est demandée. Une décision ayant pour effet de modifier, en raison d'un changement de circonstances, une décision antérieure relative à des aliments n'est pas considérée comme une décision inconciliable au sens des points c) ou d).

Article 25
Sursis à statuer

La juridiction d'un État membre devant laquelle est invoquée la reconnaissance d'une décision rendue dans un État membre non lié par le protocole de La Haye de 2007 surseoit à statuer si la force exécutoire de la décision est suspendue dans l'État membre d'origine du fait de l'exercice d'un recours.

Article 26
Force exécutoire

Une décision rendue dans un État membre non lié par le protocole de La Haye de 2007 et qui y est exécutoire est mise à exécution dans un autre État membre après y avoir été déclarée exécutoire sur demande de toute partie intéressée.

Article 27
Compétence territoriale

1. La demande de déclaration constatant la force exécutoire est présentée à la juridiction ou à l'autorité compétente de l'État membre d'exécution dont cet État membre a transmis le nom à la Commission conformément à l'article 71.

2. La compétence territoriale est déterminée par la résidence habituelle de la partie contre laquelle l'exécution est demandée, ou par le lieu de l'exécution.

Article 28
Procédure

1. La demande de déclaration constatant la force exécutoire est accompagnée des documents suivants :

a) une copie de la décision réunissant les conditions nécessaires pour en établir l'authenticité;

b) un extrait de la décision délivré par la juridiction d'origine au moyen du formulaire dont le modèle figure à l'annexe II, sans préjudice de l'article 29;

c) le cas échéant, la translittération ou la traduction du contenu du formulaire visé au point b) dans la langue officielle de l'État membre d'exécution ou, si cet État membre a plusieurs langues officielles, dans la ou l'une des langues officielles de la procédure judiciaire du lieu où la demande est présentée, conformément au droit de cet État membre, ou dans une autre langue que l'État membre d'exécution aura déclaré pouvoir accepter. Chaque État membre peut indiquer la ou les langues officielles des institutions de l'Union européenne, autres que la ou les siennes, dans laquelle ou lesquelles il accepte que le formulaire soit rempli.

2. La juridiction ou l'autorité compétente saisie de la demande ne peut exiger du demandeur qu'il fournisse une traduction de la décision. Une traduction peut cependant être exigée dans le cadre du recours prévu aux articles 32 ou 33.

3. Une traduction au titre du présent article doit être faite par une personne habilitée à effectuer des traductions dans l'un des États membres.

Article 29
Défaut de production de l'extrait

1. À défaut de production de l'extrait visé à l'article 28, paragraphe 1, point b), la juridiction ou l'autorité compétente peut impartir un délai pour le produire ou accepter un document équivalent ou, si elle s'estime suffisamment éclairée, en dispenser.

2. Dans le cas visé au paragraphe 1, il est produit une traduction des documents si la juridiction ou l'autorité compétente l'exige. La traduction est faite par une personne habilitée à effectuer des traductions dans l'un des États membres.

Article 30
Déclaration constatant la force exécutoire

La décision est déclarée exécutoire sans examen au titre de l'article 24, dès l'achèvement des formalités prévues à l'article 28 et au plus tard dans les 30 jours suivant l'achèvement de ces formalités, sauf impossibilité due à des circonstances exceptionnelles. La partie contre laquelle l'exécution est demandée ne peut, à ce stade de la procédure, présenter d'observations.

Article 31
Communication de la décision relative à la demande de déclaration

1. La décision relative à la demande de déclaration constatant la force exécutoire est aussitôt portée à la connaissance du demandeur suivant les modalités déterminées par la loi de l'État membre d'exécution.

2. La déclaration constatant la force exécutoire est signifiée ou notifiée à la partie contre laquelle l'exécution est demandée, accompagnée de la décision si celle-ci n'a pas encore été signifiée ou notifiée à cette partie.

Article 32
Recours contre la décision relative à la demande de déclaration

1. L'une ou l'autre partie peut former un recours contre la décision relative à la demande de déclaration constatant la force exécutoire.

2. Le recours est porté devant la juridiction dont l'État membre concerné a transmis le nom à la Commission conformément à l'article 71.

3. Le recours est examiné selon les règles de la procédure contradictoire.

4. Si la partie contre laquelle l'exécution est demandée ne comparaît pas devant la juridiction saisie du recours formé par le demandeur, les dispositions de l'article 11 sont applicables, même si la partie contre laquelle l'exécution est demandée n'a pas sa résidence habituelle dans l'un des États membres.

5. Le recours contre la déclaration constatant la force exécutoire est formé dans un délai de 30 jours à compter de sa signification ou de sa notification. Si la partie contre laquelle l'exécution est demandée a sa résidence habituelle dans un autre État membre que celui dans lequel la déclaration constatant la force exécutoire a été délivrée, le délai est de 45 jours et court à compter du jour où la signification ou la notification a été faite à personne ou à domicile. Ce délai ne comporte pas de prorogation à raison de la distance.

Article 33
Pourvoi contre la décision rendue sur le recours

La décision rendue sur le recours ne peut faire l'objet d'un pourvoi qu'au moyen de la procédure que l'État membre concerné a communiquée à la Commission conformément à l'article 71.

Article 34
Refus ou révocation d'une déclaration constatant la force exécutoire

1. La juridiction saisie d'un recours prévu aux articles 32 ou 33 ne peut refuser ou révoquer une déclaration constatant la force exécutoire de la décision que pour l'un des motifs prévus à l'article 24.

2. Sous réserve de l'article 32, paragraphe 4, la juridiction saisie d'un recours prévu à l'article 32 statue dans un délai de 90 jours à compter de sa saisine, sauf impossibilité due à des circonstances exceptionnelles.

3. La juridiction saisie d'un recours prévu à l'article 33 statue à bref délai.

Article 35
Sursis à statuer

La juridiction saisie d'un recours prévu aux articles 32 ou 33 surseoit à statuer, à la demande de la partie contre laquelle l'exécution est demandée, si l'exécution de la décision est suspendue dans l'État membre d'origine du fait de l'exercice d'un recours.

Article 36
Mesures provisoires et conservatoires

1. Lorsqu'une décision doit être reconnue en application de la présente section, rien n'empêche le demandeur de demander qu'il soit procédé à des mesures provisoires, ou conservatoires, prévues par la loi de l'État membre d'exécution, sans qu'il soit nécessaire que cette décision soit déclarée exécutoire au sens de l'article 30.

2. La déclaration constatant la force exécutoire emporte de plein droit l'autorisation de procéder à des mesures conservatoires.

3. Pendant le délai prévu à l'article 32, paragraphe 5, pour former un recours contre la déclaration constatant la force exécutoire et jusqu'à ce qu'il ait été statué sur celui-ci, il ne peut être procédé qu'à des mesures conservatoires sur les biens de la partie contre laquelle l'exécution est demandée.

Article 37
Force exécutoire partielle

1. Lorsque la décision a statué sur plusieurs chefs de la demande et que la déclaration constatant la force exécutoire ne peut être délivrée pour le tout, la juridiction ou l'autorité compétente la délivre pour un ou plusieurs d'entre eux.

2. Le demandeur peut demander que la déclaration constatant la force exécutoire soit limitée à certaines parties d'une décision.

Article 38
Absence d'impôt, de droit ou de taxe

Aucun impôt, droit ou taxe proportionnel à la valeur du litige n'est perçu dans l'État membre d'exécution à l'occasion de la procédure tendant à la délivrance d'une déclaration constatant la force exécutoire.

Section 3
Dispositions communes

Article 39
Force exécutoire par provision

La juridiction d'origine peut déclarer la décision exécutoire par provision, nonobstant un éventuel recours, même si le droit national ne prévoit pas la force exécutoire de plein droit.

Article 40
Invocation d'une décision reconnue

1. Une partie qui souhaite faire valoir dans un autre État membre une décision reconnue au sens de l'article 17, paragraphe 1, ou en vertu de la section 2, doit produire une copie de celle-ci réunissant les conditions nécessaires pour en établir l'authenticité.

2. Le cas échéant, la juridiction devant laquelle la décision reconnue est invoquée peut demander à la partie qui souhaite la faire valoir de produire un extrait délivré par la juridiction d'origine en utilisant le formulaire dont le modèle figure, selon le cas, à l'annexe I ou à l'annexe II. La juridiction d'ori-

gine délivre cet extrait également à la demande de toute partie intéressée.

3. Le cas échéant, la partie invoquant la décision reconnue fournit une translittération ou une traduction du contenu du formulaire visé au paragraphe 2 dans la langue officielle de l'État membre concerné ou, si cet État membre a plusieurs langues officielles, dans la ou l'une des langues officielles de la procédure judiciaire du lieu où la décision reconnue est invoquée, conformément au droit de cet État membre, ou dans une autre langue que l'État membre concerné aura déclaré pouvoir accepter. Chaque État membre peut indiquer la ou les langues officielles des institutions de l'Union européenne, autres que la ou les siennes, dans laquelle ou lesquelles il accepte que le formulaire soit rempli.

4. Une traduction au titre du présent article doit être faite par une personne habilitée à effectuer des traductions dans l'un des États membres.

Article 41
Procédure et conditions d'exécution

1. Sous réserve des dispositions du présent règlement, la procédure d'exécution des décisions rendues dans un autre État membre est régie par le droit de l'État membre d'exécution. Une décision rendue dans un État membre qui est exécutoire dans l'État membre d'exécution y est exécutée dans les mêmes conditions qu'une décision rendue dans cet État membre d'exécution.

2. La partie qui demande l'exécution d'une décision rendue dans un autre État membre n'est pas tenue d'avoir, dans l'État membre d'exécution, une adresse postale ni un représentant autorisé, sans préjudice des personnes compétentes en matière de procédure d'exécution.

Article 42
Absence de révision quant au fond

En aucun cas une décision rendue dans un État membre ne peut faire l'objet d'une révision quant au fond dans l'État membre dans lequel la reconnaissance, la force exécutoire ou l'exécution est demandée.

Article 43
Recouvrement non prioritaire des frais

Le recouvrement de tous frais encourus pour l'application du présent règlement n'a pas priorité sur le recouvrement des aliments.

Chapitre V
Accès à la justice

Article 44
Droit à l'aide judiciaire

1. Les parties à un litige relevant du présent règlement bénéficient d'un accès effectif à la justice dans un autre État membre, y compris dans le cadre des procédures d'exécution et des recours, selon les conditions définies dans le présent chapitre.

Dans les cas couverts par le chapitre VII, cet accès effectif est assuré par l'État membre requis à tout demandeur ayant sa résidence dans l'État membre requérant.

2. Pour assurer un tel accès effectif, les États membres fournissent une aide judiciaire conformément au présent chapitre, à moins que le paragraphe 3 ne s'applique.

3. Dans les cas couverts par le chapitre VII, un État membre n'est pas tenu de fournir une telle aide judiciaire si et dans la mesure où les procédures de cet État permettent aux parties d'agir sans avoir besoin d'aide judiciaire et que l'autorité centrale fournit gratuitement les services nécessaires.

4. Les conditions d'accès à l'aide judiciaire ne sont pas plus restrictives que celles fixées dans les affaires internes équivalentes.

5. Aucune caution ni aucun dépôt, sous quelque dénomination que ce soit, n'est imposé pour garantir le paiement des frais et dépens dans les procédures en matière d'obligations alimentaires.

Article 45
Contenu de l'aide judiciaire

L'aide judiciaire accordée au titre du présent chapitre désigne l'assistance nécessaire pour permettre aux parties de connaître et de faire valoir leurs droits et pour garantir que leurs demandes, présentées par l'intermédiaire des autorités centrales ou directement aux autorités compétentes, seront traitées de façon complète et efficace. Elle inclut le cas échéant les aspects suivants :

a) des conseils précontentieux en vue d'arriver à un règlement avant d'intenter une procédure judiciaire;

b) l'assistance juridique en vue de saisir une autorité ou une juridiction, et la représentation en justice;

c) l'exonération ou la prise en charge des frais de justice, et les honoraires des mandataires désignés pour accomplir des actes durant la procédure;

d) dans les États membres où la partie qui succombe est condamnée à régler les frais de la partie adverse, si le bénéficiaire de l'aide judiciaire succombe, les frais de la partie adverse dès lors qu'elle aurait couvert ces frais si le bénéficiaire avait eu sa résidence habituelle dans l'État membre de la juridiction saisie;

e) l'interprétation;

f) la traduction des documents exigés par la juridiction ou l'autorité compétente et soumis par le bénéficiaire de l'aide judiciaire, qui sont nécessaires au règlement du litige;

g) les frais de déplacement que le bénéficiaire de l'aide judiciaire doit exposer lorsque la loi ou la juridiction de l'État membre concerné exige la présence physique à l'audience des personnes concernées par l'introduction de la demande et lorsque la juridiction décide que les personnes concernées ne peuvent être entendues à sa satisfaction par aucun autre moyen.

Article 46
Aide judiciaire gratuite pour les demandes d'aliments destinés aux enfants introduites par l'intermédiaire des autorités centrales

1. L'État membre requis fournit une aide judiciaire gratuite pour toutes les demandes relatives aux obligations alimentaires découlant d'une relation parent-enfant envers une per-

sonne âgée de moins de 21 ans présentée par un créancier en vertu de l'article 56.

2. Nonobstant le paragraphe 1, l'autorité compétente de l'État membre requis peut, en ce qui a trait aux demandes autres que celles prévues à l'article 56, paragraphe 1, points a) et b), refuser l'octroi d'une aide judiciaire gratuite si elle considère que la demande ou quelque recours que ce soit est manifestement dépourvu de fondement.

Article 47
Cas ne relevant pas de l'article 46

1. Dans les cas ne relevant pas de l'article 46 et sous réserve des articles 44 et 45, l'aide judiciaire peut être accordée conformément au droit national, en particulier quant aux conditions de l'évaluation des ressources du demandeur ou du bien-fondé de la demande.

2. Nonobstant le paragraphe 1, une partie qui, dans l'État membre d'origine, a bénéficié en tout ou en partie de l'aide judiciaire ou d'une exemption de frais et dépens a droit, dans le cadre de toute procédure de reconnaissance, de force exécutoire ou d'exécution, à l'aide judiciaire la plus favorable ou à l'exemption la plus large prévue par le droit de l'État membre d'exécution.

3. Nonobstant le paragraphe 1, une partie qui, dans l'État membre d'origine, a bénéficié d'une procédure gratuite devant une autorité administrative énumérée à l'annexe X a droit, dans le cadre de toute procédure de reconnaissance, de force exécutoire ou d'exécution, à l'aide judiciaire conformément au paragraphe 2. À cet effet, elle produit un document établi par l'autorité compétente de l'État membre d'origine attestant qu'elle remplit les conditions économiques pour pouvoir bénéficier en tout ou en partie de l'aide judiciaire ou d'une exemption de frais et dépens. Les autorités compétentes aux fins du présent paragraphe sont énumérées à l'annexe XI. Cette annexe est établie et modifiée selon la procédure de gestion visée à l'article 73, paragraphe 2.

Chapitre VI
Transactions judiciaires et actes authentiques

Article 48
Application du présent règlement aux transactions judiciaires et aux actes authentiques

1. Les transactions judiciaires et les actes authentiques exécutoires dans l'État membre d'origine sont reconnus dans un autre État membre et y jouissent de la même force exécutoire que les décisions, conformément au chapitre IV.

2. Les dispositions du présent règlement sont applicables, en tant que de besoin, aux transactions judiciaires et aux actes authentiques.

3. L'autorité compétente de l'État membre d'origine délivre, à la demande de toute partie intéressée, un extrait de la transaction judiciaire ou de l'acte authentique au moyen du formulaire dont le modèle figure, selon le cas, aux annexes I et II ou aux annexes III et IV.

Chapitre VII
Coopération entre autorités centrales

Article 49
Désignation des autorités centrales

1. Chaque État membre désigne une autorité centrale chargée de satisfaire aux obligations qui lui sont imposées par le présent règlement.

2. Un État membre fédéral, un État membre dans lequel plusieurs systèmes de droit sont en vigueur ou un État membre ayant des unités territoriales autonomes est libre de désigner plus d'une autorité centrale et spécifie l'étendue territoriale ou personnelle de leurs fonctions. L'État membre qui fait usage de cette faculté désigne l'autorité centrale à laquelle toute communication peut être adressée en vue de sa transmission à l'autorité centrale compétente au sein de cet État. Si une communication est envoyée à une autorité centrale qui n'est pas compétente, cette dernière est tenue de la transmettre à l'autorité centrale compétente et d'en informer l'expéditeur.

3. Chaque État membre informe la Commission, conformément à l'article 71, de la désignation de l'autorité centrale ou des autorités centrales ainsi que de leurs coordonnées et, le cas échéant, de l'étendue de leurs fonctions visées au paragraphe 2.

Article 50
Fonctions générales des autorités centrales

1. Les autorités centrales :

a) coopèrent entre elles, notamment en échangeant des informations, et promeuvent la coopération entre les autorités compétentes de leur État membre pour réaliser les objectifs du présent règlement;

b) recherchent, dans toute la mesure du possible, des solutions aux difficultés pouvant survenir dans le cadre de l'application du présent règlement.

2. Les autorités centrales prennent des mesures pour faciliter l'application du présent règlement et renforcer leur coopération. À cette fin, il est fait usage du réseau judiciaire européen en matière civile et commerciale créé par la décision 2001/470/CE.

Article 51
Fonctions spécifiques des autorités centrales

1. Les autorités centrales fournissent une assistance relative aux demandes prévues à l'article 56, notamment en :

a) transmettant et recevant ces demandes;

b) introduisant ou facilitant l'introduction de procédures relatives à ces demandes.

2. Concernant ces demandes, les autorités centrales prennent toutes les mesures appropriées pour :

a) accorder ou faciliter l'octroi d'une aide judiciaire, lorsque les circonstances l'exigent;

b) aider à localiser le débiteur ou le créancier, notamment en application des articles 61, 62 et 63;

c) faciliter la recherche des informations pertinentes relatives aux revenus et, si nécessaire, au patrimoine du débiteur ou du créancier, y compris la localisation des biens, notamment en application des articles 61, 62 et 63;

d) encourager les règlements amiables afin d'obtenir un paiement volontaire des aliments, lorsque cela s'avère approprié par le recours à la médiation, à la conciliation ou à d'autres modes analogues;

e) faciliter l'exécution continue des décisions en matière d'aliments, y compris les arrérages;

f) faciliter le recouvrement et le virement rapide des paiements d'aliments;

g) faciliter l'obtention d'éléments de preuve documentaire ou autre, sans préjudice du règlement (CE) n° 1206/2001;

h) fournir une assistance pour établir la filiation lorsque cela est nécessaire pour le recouvrement d'aliments;

i) introduire ou faciliter l'introduction de procédures afin d'obtenir toute mesure nécessaire et provisoire à caractère territorial et ayant pour but de garantir l'aboutissement d'une demande pendante d'aliments;

j) faciliter la signification et la notification des actes, sans préjudice du règlement (CE) n° 1393/2007.

3. Les fonctions conférées à l'autorité centrale en vertu du présent article peuvent être exercées, dans la mesure prévue par la loi de l'État membre concerné, par des organismes publics ou d'autres organismes soumis au contrôle des autorités compétentes de cet État membre. La désignation de tout organisme, public ou autre, ainsi que ses coordonnées et l'étendue de ses fonctions sont communiquées par l'État membre à la Commission conformément à l'article 71.

4. Le présent article et l'article 53 n'imposent en aucun cas à une autorité centrale l'obligation d'exercer des attributions qui relèvent exclusivement des autorités judiciaires selon la loi de l'État membre requis.

Article 52
Procuration

L'autorité centrale de l'État membre requis ne peut exiger une procuration du demandeur que si elle agit en son nom dans des procédures judiciaires ou dans des procédures engagées devant d'autres autorités ou afin de désigner un représentant à ces fins.

Article 53
Requêtes en vue de mesures spécifiques

1. Une autorité centrale peut, sur requête motivée, demander à une autre autorité centrale de prendre les mesures spécifiques appropriées prévues à l'article 51, paragraphe 2, points b), c), g), h), i) et j), lorsque aucune demande prévue à l'article 56 n'est pendante.

L'autorité centrale requise prend les mesures s'avérant appropriées si elle considère qu'elles sont nécessaires pour aider un demandeur potentiel à présenter une demande prévue à l'article 56 ou à déterminer si une telle demande doit être introduite.

2. Lorsqu'une requête en vue de mesures prévues à l'article 51, paragraphe 2, points b) et c), est présentée, l'autorité centrale requise recherche les informations demandées, si nécessaire en application de l'article 61. Toutefois, les informations visées à l'article 61, paragraphe 2, points b), c) et d), ne peuvent être recherchées que si le créancier produit une copie d'une décision, d'une transaction judiciaire ou d'un acte authentique à exécuter, le cas échéant accompagnée de l'extrait prévu aux articles 20, 28 ou 48.

L'autorité centrale requise communique les informations obtenues à l'autorité centrale requérante. Lorsque ces informations ont été obtenues en application de l'article 61, cette communication ne porte que sur l'adresse du défendeur potentiel dans l'État membre requis. Dans le cadre d'une requête en vue d'une reconnaissance, d'une déclaration constatant la force exécutoire ou d'une exécution, la communication porte en outre sur la seule existence de revenus ou d'un patrimoine du débiteur dans cet État. Si l'autorité centrale requise n'est pas en mesure de fournir les informations demandées, elle en informe sans délai l'autorité centrale requérante, en lui précisant les raisons de cette impossibilité.

3. Une autorité centrale peut également prendre des mesures spécifiques, à la requête d'une autre autorité centrale, dans une affaire de recouvrement d'aliments pendante dans l'État membre requérant et comportant un élément d'extranéité.

4. Pour les requêtes présentées en application du présent article, les autorités centrales utilisent le formulaire dont le modèle figure à l'annexe V.

Article 54
Frais de l'autorité centrale

1. Chaque autorité centrale prend en charge ses propres frais découlant de l'application du présent règlement.

2. Les autorités centrales ne peuvent mettre aucun frais à la charge du demandeur pour les services qu'elles fournissent en vertu du présent règlement, sauf s'il s'agit de frais exceptionnels découlant d'une requête de mesures spécifiques prévue à l'article 53. Aux fins du présent paragraphe, les frais liés à la localisation du débiteur ne sont pas considérés comme exceptionnels.

3. L'autorité centrale requise ne peut pas recouvrer les frais exceptionnels mentionnés au paragraphe 2 sans avoir obtenu l'accord préalable du demandeur sur la fourniture de ces services à un tel coût.

Article 55
Demandes par l'intermédiaire des autorités centrales

Toute demande prévue au titre du présent chapitre est transmise à l'autorité centrale de l'État membre requis par l'intermédiaire de l'autorité centrale de l'État membre dans lequel le demandeur a sa résidence.

Article 56
Demandes disponibles

1. Un créancier qui poursuit le recouvrement d'aliments en vertu du présent règlement peut présenter les demandes suivantes :

a) la reconnaissance ou la reconnaissance et la déclaration constatant la force exécutoire d'une décision;

b) l'exécution d'une décision rendue ou reconnue dans l'État membre requis;

c) l'obtention d'une décision dans l'État membre requis lorsqu'il n'existe aucune décision, y compris l'établissement de la filiation si nécessaire;

d) l'obtention d'une décision dans l'État membre requis lorsque la reconnaissance et la déclaration constatant la force exécutoire d'une décision rendue dans un État autre que l'État membre requis n'est pas possible;

e) la modification d'une décision rendue dans l'État membre requis;

f) la modification d'une décision rendue dans un État autre que l'État membre requis.

2. Un débiteur à l'encontre duquel existe une décision en matière d'aliments peut présenter les demandes suivantes :

a) la reconnaissance d'une décision ayant pour effet de suspendre ou de restreindre l'exécution d'une décision antérieure dans l'État membre requis;

b) la modification d'une décision rendue dans l'État membre requis;

c) la modification d'une décision rendue dans un État autre que l'État membre requis.

3. Pour les demandes relevant du présent article, l'assistance et la représentation visées à l'article 45, point b) sont fournies par l'autorité centrale de l'État membre requis directement ou par l'intermédiaire d'autorités publiques ou d'autres organes ou personnes.

4. Sauf disposition contraire du présent règlement, les demandes visées aux paragraphes 1 et 2 sont traitées conformément au droit de l'État membre requis et sont soumises aux règles de compétence applicables dans cet État membre.

Article 57
Contenu de la demande

1. Toute demande prévue à l'article 56 est présentée au moyen du formulaire dont le modèle figure à l'annexe VI ou à l'annexe VII.

2. Toute demande prévue à l'article 56 comporte au moins :

a) une déclaration relative à la nature de la demande ou des demandes;

b) le nom et les coordonnées du demandeur, y compris son adresse et sa date de naissance;

c) le nom du défendeur et, lorsqu'elles sont connues, son adresse et sa date de naissance;

d) le nom et la date de naissance des personnes pour lesquelles des aliments sont demandés;

e) les motifs sur lesquels la demande est fondée;

f) lorsque la demande est formée par le créancier, les informations relatives au lieu où les paiements doivent être effectués ou transmis électroniquement;

g) les noms et coordonnées de la personne ou du service de l'autorité centrale de l'État membre requérant responsable du traitement de la demande.

3. Aux fins du paragraphe 2, point b), l'adresse personnelle du demandeur peut être remplacée par une autre adresse dans les cas de violences familiales, si le droit national de l'État membre requis n'exige pas, aux fins des procédures à engager, que le demandeur fournisse son adresse personnelle.

4. Au besoin, la demande comporte également les informations suivantes lorsqu'elles sont connues : a) la situation financière du créancier;

b) la situation financière du débiteur, y compris le nom et l'adresse de l'employeur du débiteur, ainsi que la localisation et la nature des biens du débiteur;

c) toute autre information permettant de localiser le défendeur.

5. La demande est accompagnée de toute information ou tout document justificatif nécessaire, y compris, le cas échéant, pour établir le droit du demandeur à l'aide judiciaire. Les demandes prévues à l'article 56, paragraphe 1, points a) et b), et paragraphe 2, point a), ne sont accompagnées, selon le cas, que des documents énumérés aux articles 20, 28 ou 48 ou à l'article 25 de la convention de La Haye de 2007.

Article 58
Transmission, réception et traitement des demandes et des affaires par l'intermédiaire des autorités centrales

1. L'autorité centrale de l'État membre requérant assiste le demandeur afin que soient joints tous les documents et informations qui, à la connaissance de cette autorité, sont nécessaires à l'examen de la demande.

2. Après s'être assurée que la demande satisfait aux exigences du présent règlement, l'autorité centrale de l'État membre requérant la transmet à l'autorité centrale de l'État membre requis.

3. Dans un délai de 30 jours à compter de la date de réception de la demande, l'autorité centrale requise en accuse réception au moyen du formulaire dont le modèle figure à l'annexe VIII, avise l'autorité centrale de l'État membre requérant des premières démarches qui ont été ou qui seront entreprises pour traiter la demande et peut solliciter tout document ou toute information supplémentaire qu'elle estime nécessaire. Dans ce même délai de 30 jours, l'autorité centrale requise informe l'autorité centrale requérante des nom et coordonnées de la personne ou du service chargé de répondre aux questions relatives à l'état d'avancement de la demande.

4. Dans un délai de 60 jours suivant l'accusé de réception, l'autorité centrale requise informe l'autorité centrale requérante de l'état de la demande.

5. Les autorités centrales requérante et requise s'informent mutuellement :

a) de l'identité de la personne ou du service responsable d'une affaire particulière;

b) de l'état d'avancement de l'affaire, et répondent en temps utile aux demandes de renseignements.

6. Les autorités centrales traitent une affaire aussi rapidement qu'un examen adéquat de son contenu le permet.

7. Les autorités centrales utilisent entre elles les moyens de communication les plus rapides et efficaces dont elles disposent. .

8. Une autorité centrale requise ne peut refuser de traiter une demande que s'il est manifeste que les conditions requises par le présent règlement ne sont pas remplies. Dans ce cas, cette autorité centrale informe aussitôt l'autorité centrale requérante des motifs de son refus au moyen du formulaire dont le modèle figure à l'annexe IX.

9. L'autorité centrale requise ne peut rejeter une demande au seul motif que des documents ou des informations supplémentaires sont nécessaires. Elle peut toutefois demander à l'autorité centrale requérante de fournir ces documents ou ces informations supplémentaires. Si l'autorité centrale requérante ne les fournit pas dans un délai de 90 jours ou

dans un délai plus long spécifié par l'autorité centrale requise, cette dernière peut décider de cesser de traiter la demande. Dans ce cas, elle informe aussitôt l'autorité centrale requérante au moyen du formulaire dont le modèle figure à l'annexe IX.

Article 59
Langues

1. Le formulaire de requête ou de demande est rempli dans la langue officielle de l'État membre requis ou, s'il existe plusieurs langues officielles dans cet État membre, dans la langue officielle ou l'une des langues officielles du lieu où est établie l'autorité centrale concernée, ou dans toute autre langue officielle des institutions de l'Union européenne que l'État membre requis aura indiqué pouvoir accepter, sauf dispense de traduction de l'autorité centrale de cet État membre.

2. Les documents accompagnant le formulaire de requête ou de demande ne sont traduits dans la langue déterminée conformément au paragraphe 1 que si une traduction est nécessaire pour fournir l'assistance demandée, sans préjudice des articles 20, 28, 40 et 66.

3. Toute autre communication entre les autorités centrales se fait dans la langue déterminée conformément au paragraphe 1, sauf si les autorités centrales en conviennent autrement.

Article 60
Réunions

1. Afin de faciliter l'application du présent règlement, les autorités centrales se réunissent régulièrement.

2. La convocation de ces réunions s'effectue conformément à la décision 2001/470/CE.

Article 61
Accès des autorités centrales aux informations

1. Dans les conditions prévues au présent chapitre et par exception à l'article 51, paragraphe 4, l'autorité centrale requise met en œuvre tous les moyens appropriés et raisonnables pour obtenir les informations visées au paragraphe 2 nécessaires pour faciliter, dans une affaire déterminée, l'obtention, la modification, la reconnaissance, la constatation de la force exécutoire ou l'exécution d'une décision.

Les autorités publiques ou les administrations qui, dans le cadre de leurs activités habituelles, détiennent, au sein de l'État membre requis, les informations visées au paragraphe 2 et qui sont responsables de leur traitement au sens de la directive 95/46/CE fournissent, sous réserve des limitations justifiées par des raisons de sécurité nationale ou de sûreté publique, celles-ci à l'autorité centrale requise à sa demande dans les cas où cette dernière n'a pas accès directement à ces informations.

Les États membres peuvent désigner les autorités publiques ou les administrations à même de fournir à l'autorité centrale requise les informations visées au paragraphe 2. Lorsqu'un État membre procède à une telle désignation, il veille à ce que son choix des autorités et des administrations permette à son autorité centrale d'avoir accès, conformément au présent article, aux informations requises.

Toute autre personne morale qui détient, au sein de l'État membre requis, les informations visées au paragraphe 2 et qui est responsable de leur traitement au sens de la directive 95/46/CE fournit celles-ci à l'autorité centrale requise à sa demande si elle y est autorisée par le droit de l'État membre requis.

L'autorité centrale requise transmet, en tant que de besoin, les informations ainsi obtenues à l'autorité centrale requérante. 2. Les informations visées au présent article sont celles déjà détenues par les autorités, administrations ou personnes visées au paragraphe 1. Elles sont adéquates, pertinentes et non excessives, et concernent :

a) l'adresse du débiteur ou du créancier;

b) les revenus du débiteur;

c) l'identification de l'employeur du débiteur et/ou du/des compte(s) bancaire(s) dont le débiteur est titulaire;

d) le patrimoine du débiteur.

Pour obtenir ou modifier une décision, seules les informations visées au point a) peuvent être demandées par l'autorité centrale requise.

Pour faire reconnaître, déclarer exécutoire ou exécuter une décision, toutes les informations visées au premier alinéa peuvent être demandées par l'autorité centrale requise. Toutefois, les informations visées au point d) ne peuvent être demandées que si les informations visées aux points b) et c) sont insuffisantes pour permettre l'exécution de la décision.

Article 62
Transmission et utilisation des informations

1. Les autorités centrales transmettent au sein de leur État membre, selon le cas, les informations visées à l'article 61, paragraphe 2, aux juridictions compétentes, aux autorités compétentes chargées de signifier ou de notifier des actes et aux autorités compétentes chargées de l'exécution d'une décision.

2. Toute autorité ou juridiction à laquelle des informations ont été transmises en application de l'article 61 ne peut utiliser celles-ci que pour faciliter le recouvrement de créances alimentaires.

À l'exception des informations portant sur l'existence même d'une adresse, de revenus ou d'un patrimoine dans l'État membre requis, les informations visées à l'article 61, paragraphe 2 ne peuvent être divulguées à la personne qui a saisi l'autorité centrale requérante, sous réserve de l'application des règles de procédure devant une juridiction.

3. Toute autorité qui traite une information qui lui a été transmise en application de l'article 61 ne peut conserver cette information au-delà de la période nécessaire aux fins pour lesquelles elle a été transmise.

4. Toute autorité traitant des informations qui lui ont été communiquées en application de l'article 61 assure la confidentialité de ces informations, conformément au droit national.

Article 63
Avis à la personne visée par la collecte des informations

1. L'avis à la personne visée par la collecte des informations de la communication de tout ou partie de celles-ci, est effectué conformément au droit national de l'État membre requis.

2. Lorsque cet avis risque de porter préjudice au recouvrement effectif de la créance alimentaire, il peut être différé pour une durée qui ne saurait excéder 90 jours à compter de la date à laquelle les informations ont été fournies à l'autorité centrale requise.

Chapitre VIII
Organismes publics

Article 64
Organismes publics en qualité de demandeurs

1. Aux fins d'une demande de reconnaissance et de déclaration constatant la force exécutoire de décisions ou aux fins de l'exécution de décisions, le terme « créancier » inclut un organisme public agissant à la place d'une personne à laquelle des aliments sont dus ou un organisme auquel est dû le remboursement de prestations fournies à titre d'aliments.

2. Le droit d'un organisme public d'agir à la place d'une personne à laquelle des aliments sont dus ou de demander le remboursement de prestations fournies au créancier à titre d'aliments est soumis à la loi qui régit l'organisme.

3. Un organisme public peut demander la reconnaissance et la déclaration constatant la force exécutoire ou demander l'exécution :

a) d'une décision rendue contre un débiteur à la demande d'un organisme public qui poursuit le paiement de prestations fournies à titre d'aliments;

b) d'une décision rendue entre un créancier et un débiteur, à concurrence des prestations fournies au créancier à titre d'aliments.

4. L'organisme public qui demande la reconnaissance et la déclaration constatant la force exécutoire ou qui sollicite l'exécution d'une décision, produit, sur demande, tout document de nature à établir son droit en application du paragraphe 2 et le paiement des prestations au créancier.

Chapitre IX
Dispositions générales et finales

Article 65
Légalisation ou formalité analogue

Aucune légalisation ni formalité analogue n'est exigée dans le contexte du présent règlement.

Article 66
Traduction de pièces justificatives

Sans préjudice des articles 20, 28 et 40, la juridiction saisie ne peut demander aux parties de fournir une traduction des pièces justificatives établies dans une langue autre que la langue de procédure que si elle estime cette traduction nécessaire pour rendre sa décision ou pour respecter les droits de la défense.

Article 67
Recouvrement des frais

Sans préjudice de l'article 54, l'autorité compétente de l'État membre requis peut recouvrer les frais auprès de la partie perdante bénéficiaire de l'aide judiciaire gratuite en vertu de l'article 46, à titre exceptionnel et si la situation financière de cette dernière le permet.

Article 68
Relations avec d'autres instruments communautaires

1. Sous réserve de l'article 75, paragraphe 2, le présent règlement modifie le règlement (CE) n° 44/2001 en remplaçant les dispositions dudit règlement applicables en matière d'obligations alimentaires.

2. Le présent règlement remplace, en matière d'obligations alimentaires, le règlement (CE) n° 805/2004, sauf pour les titres exécutoires européens portant sur des obligations alimentaires délivrés dans un État membre non lié par le protocole de La Haye de 2007.

3. En matière d'obligations alimentaires, le présent règlement ne porte pas préjudice à l'application de la directive 2003/8/CE, sous réserve du chapitre V.

4. Le présent règlement ne porte pas préjudice à l'application de la directive 95/46/CE.

Article 69
Relations avec les conventions et accords internationaux existants

1. Le présent règlement n'affecte pas l'application des conventions et accords bilatéraux ou multilatéraux auxquels un ou plusieurs États membres sont parties lors de l'adoption du présent règlement et qui portent sur des matières régies par le présent règlement, sans préjudice des obligations des États membres en vertu de l'article 307 du traité.

2. Nonobstant le paragraphe 1 et sans préjudice du paragraphe 3, le présent règlement prévaut, entre les États membres, sur les conventions et accords qui portent sur des matières régies par le présent règlement et auxquels des États membres sont parties.

3. Le présent règlement ne fait pas obstacle à l'application de la convention du 23 mars 1962 entre la Suède, le Danemark, la Finlande, l'Islande et la Norvège sur le recouvrement des créances alimentaires par les États membres qui y sont parties compte tenu du fait que ladite convention prévoit en ce qui concerne la reconnaissance, la force exécutoire et l'exécution de décisions :

a) des procédures simplifiées et accélérées pour l'exécution de décisions en matière d'aliments, et

b) une aide judiciaire plus favorable que celle prévue au chapitre V du présent règlement.

Toutefois, l'application de ladite convention ne saurait priver le défendeur de la protection que lui offrent les articles 19 et 21 du présent règlement.

Article 70
Informations mises à disposition du public

Les États membres fournissent dans le cadre du réseau judiciaire européen en matière civile et commerciale créé par la décision 2001/470/CE les informations suivantes en vue de leur mise à disposition du public :

a) une description des législations et procédures nationales concernant les obligations alimentaires;

b) une description des mesures prises pour satisfaire aux obligations prévues à l'article 51;

c) une description de la manière dont l'accès effectif à la justice est assuré, comme l'exige l'article 44;

d) une description des règles et procédures nationales d'exécution, y compris des informations sur toutes les limites imposées dans ce domaine, en particulier les règles sur la protection du débiteur et sur les délais ou prescriptions.

Les États membres tiennent en permanence ces informations à jour.

Article 71
Informations concernant les coordonnées et les langues

1. Le 18 septembre 2010 au plus tard, les États membres communiquent à la Commission :

a) le nom et les coordonnées des juridictions ou autorités compétentes pour statuer sur les demandes de déclaration constatant la force exécutoire, conformément à l'article 27, paragraphe 1, et sur les recours formés contre les décisions rendues sur ces demandes, conformément à l'article 32, paragraphe 2 ;

b) les procédures de pourvoi visées à l'article 33 ;

c) la procédure de réexamen aux fins de l'application de l'article 19 ainsi que le nom et les coordonnées des juridictions compétentes ;

d) le nom et les coordonnées de leurs autorités centrales et, le cas échéant, de l'étendue de leurs fonctions, conformément à l'article 49, paragraphe 3 ;

e) le nom et les coordonnées de leurs organismes publics ou autres et, le cas échéant, l'étendue de leurs fonctions, conformément à l'article 51, paragraphe 3 ;

f) le nom et les coordonnées des autorités compétentes en matière d'exécution aux fins de l'article 21 ;

g) les langues acceptées pour la traduction des documents visés aux articles 20, 28 et 40 ;

h) les langues acceptées par leurs autorités centrales pour les communications, visées à l'article 59, avec les autres autorités centrales.

Les États membres communiquent à la Commission toute modification ultérieure de ces informations.

2. La Commission publie au Journal officiel de l'Union européenne les informations communiquées conformément au paragraphe 1, à l'exception des adresses et autres coordonnées des juridictions et autorités visées aux points a), c) et f).

3. La Commission tient toutes les informations communiquées conformément au paragraphe 1 à la disposition du public par tout autre moyen approprié, notamment par le biais du réseau judiciaire européen en matière civile et commerciale créé par la décision 2001/470/CE.

Article 72
Modification des formulaires

Toute modification des formulaires prévus au présent règlement est adoptée suivant la procédure consultative visée à l'article 73, paragraphe 3.

Article 73
Comité

1. La Commission est assistée par le comité institué par l'article 70 du règlement (CE) n° 2201/2 003.

2. Dans le cas où il est fait référence au présent paragraphe, les articles 4 et 7 de la décision 1999/468/CE s'appliquent.

La période prévue à l'article 4, paragraphe 3, de la décision 1999/468/CE est fixée à trois mois.

3. Dans le cas où il est fait référence au présent paragraphe, les articles 3 et 7 de la décision 1999/468/CE s'appliquent.

Article 74
Clause de réexamen

Au plus tard cinq ans à compter de la date d'application déterminée conformément à l'article 76, troisième alinéa, la Commission présente au Parlement européen, au Conseil et au Comité économique et social européen un rapport sur l'application du présent règlement, y compris une évaluation des expériences pratiques en matière de coopération entre autorités centrales, notamment concernant l'accès de celles-ci aux informations détenues par les autorités publiques et les administrations, et une évaluation du fonctionnement de la procédure de reconnaissance, de déclaration de la force exécutoire et d'exécution applicable aux décisions rendues dans un État membre non lié par le protocole de La Haye de 2007. Le rapport est accompagné, le cas échéant, de propositions d'adaptation.

Article 75
Dispositions transitoires

1. Le présent règlement ne s'applique qu'aux procédures engagées, aux transactions judiciaires approuvées ou conclues et aux actes authentiques établis postérieurement à sa date d'application, sous réserve des paragraphes 2 et 3.

2. Les sections II et III du chapitre IV s'appliquent :

a) aux décisions rendues dans les États membres avant la date d'application du présent règlement pour lesquelles la reconnaissance et la déclaration constatant la force exécutoire sont demandées après cette date ;

b) aux décisions rendues après la date d'application du présent règlement à la suite de procédures engagées avant cette date, dans la mesure où ces décisions relèvent, aux fins de la reconnaissance et de l'exécution, du champ d'application du règlement (CE) n° 44/2001.

Le règlement (CE) n° 44/2001 reste d'application aux procédures de reconnaissance et d'exécution en cours à la date d'application du présent règlement. Le premier et le deuxième alinéa s'appliquent mutatis mutandis aux transactions judiciaires approuvées ou conclues et aux actes authentiques établis dans les États membres.

3. Le chapitre VII concernant la coopération entre autorités centrales s'applique aux requêtes et demandes reçues par l'autorité centrale à compter de la date d'application du présent règlement.

Article 76
Entrée en vigueur

Le présent règlement entre en vigueur le vingtième jour suivant celui de sa publication au Journal officiel de l'Union européenne. L'article 2, paragraphe 2, l'article 47, paragraphe 3, et les articles 71, 72 et 73 s'appliquent à compter du 18 septembre 2010.

Le présent règlement s'applique, à l'exception des dispositions visées au deuxième alinéa, à compter du 18 juin 2011, sous réserve que le protocole de La Haye de 2007 soit applicable dans la Communauté à cette date. À défaut, le présent règlement s'applique à compter de la date d'application dudit protocole dans la Communauté.

Le présent règlement est obligatoire dans tous ses éléments et directement applicable dans les États membres conformément au traité instituant la Communauté européenne.

Fait à Bruxelles, le 18 décembre 2008.

Par le Conseil

Le président

M. BARNIER

ANNEXES

63. Conventions et protocoles internationaux

63.00 **Liste des conventions et protocoles.**

63.10 **État des signatures, adhésions, ratifications et dénonciations.** Pour les conventions et protocoles de La Haye (v. s[s] n°s 63.11 à 63.13, 63.15, 63.17 à 63.19), l'état actuel des conventions, c'est-à-dire la liste et la date des États ayant signé, adhéré (à), ratifié ou dénoncé ces conventions, figure et est actualisé sur le site internet de la Conférence de La Haye (http://www.hcch.net), aux rubriques « Conventions », et « États présents ».

Pour les conventions de l'ONU (dont la Convention internationale des droits de l'enfant, v. s[s] n° 63.14), l'état des ratifications est actualisé sur le site du Haut commissariat des Nations Unies (http://www.ohcr.org).

Enfin, en ce qui concerne la convention européenne sur l'exercice des droits des enfants (v. s[s] n° 63.16), l'état des ratifications est actualisé sur le site du Conseil de l'Europe (http://conventions.coe.int).

63.11

Convention de La Haye, 5 oct. 1961, concernant la compétence des autorités et la loi applicable en matière de protection des mineurs

(entrée en vigueur en France le 10 nov. 1972)

Les États signataires de la présente Convention,

désirant établir des dispositions communes concernant la compétence des autorités et la loi applicable en matière de protection des mineurs,

ont résolu de conclure une Convention à cet effet et sont convenus des dispositions suivantes :

Art. 1er

Les autorités, tant judiciaires qu'administratives, de l'État de la résidence habituelle d'un mineur sont, sous réserve des dispositions des articles 3, 4 et 5, alinéa 3, de la présente Convention, compétentes pour prendre des mesures tendant à la protection de sa personne ou de ses biens.

Art. 2

Les autorités compétentes aux termes de l'article premier prennent les mesures prévues par leur loi interne.

Cette loi détermine les conditions d'institution, modification et cessation desdites mesures. Elle régit également leurs effets tant en ce qui concerne les rapports entre le mineur et les personnes ou institutions qui en ont la charge, qu'à l'égard des tiers.

Art. 3

Un rapport d'autorité résultant de plein droit de la loi interne de l'État dont le mineur est ressortissant est reconnu dans tous les États contractants.

Art. 4

Si les autorités de l'État dont le mineur est ressortissant considèrent que l'intérêt du mineur l'exige, elles peuvent, après avoir avisé les autorités de l'État de sa résidence habituelle, prendre selon leur loi interne des mesures tendant à la protection de sa personne ou de ses biens.

Cette loi détermine les conditions d'institution, modification et cessation desdites mesures. Elle régit également leurs effets tant en ce qui concerne les rapports entre le mineur et les personnes ou institutions qui en ont la charge, qu'à l'égard des tiers.

L'application des mesures prises est assurée par les autorités de l'État dont le mineur est ressortissant.

Les mesures prises en vertu des alinéas précédents du présent article remplacent les mesures éventuellement prises par les autorités de l'État où le mineur a sa résidence habituelle.

Art. 5

Au cas de déplacement de la résidence habituelle d'un mineur d'un État contractant dans un autre, les mesures prises par les autorités de l'État de l'ancienne résidence habituelle restent en vigueur tant que les autorités de la nouvelle résidence habituelle ne les ont pas levées ou remplacées.

Les mesures prises par les autorités de l'État de l'ancienne résidence habituelle ne sont levées ou remplacées qu'après avis préalable auxdites autorités.

Au cas de déplacement d'un mineur qui était sous la protection des autorités de l'État dont il est ressortissant, les mesures prises par elles suivant leur loi interne restent en vigueur dans l'État de la nouvelle résidence habituelle.

Art. 6

Les autorités de l'État dont le mineur est ressortissant peuvent, d'accord avec celles de l'État où il a sa résidence habituelle ou possède des biens, confier à celles-ci la mise en œuvre des mesures prises.

La même faculté appartient aux autorités de l'État de la résidence habituelle du mineur à l'égard des autorités de l'État où le mineur possède des biens.

Art. 7

Les mesures prises par les autorités compétentes en vertu des articles précédents de la présente Convention sont reconnues dans tous les États contractants. Si toutefois ces mesures comportent des actes d'exécution dans un État autre que celui où elles ont été prises, leur reconnaissance et exécution sont réglées soit par le droit interne de l'État où l'exécution est demandée, soit par les conventions internationales.

Art. 8

Nonobstant les dispositions des articles 3, 4 et 5, alinéa 3, de la présente Convention, les autorités de l'État de la résidence habituelle d'un mineur peuvent prendre des mesures de protection pour autant que le mineur est menacé d'un danger sérieux dans sa personne ou ses biens.

Les autorités des autres États contractants ne sont pas tenues de reconnaître ces mesures.

Art. 9

Dans tous les cas d'urgence, les autorités de chaque État contractant sur le territoire duquel se trouvent le mineur ou des biens lui appartenant, prennent les mesures de protection nécessaires.

Les mesures prises en application de l'alinéa précédent cessent, sous réserve de leurs effets définitifs, aussitôt que les autorités compétentes selon la présente Convention ont pris les mesures exigées par la situation.

Art. 10

Autant que possible, afin d'assurer la continuité du régime appliqué au mineur, les autorités d'un État contractant ne prennent de mesures à son égard qu'après avoir procédé à un échange de vues avec les autorités des autres États contractants dont les décisions sont encore en vigueur.

Art. 11

Toutes les autorités qui ont pris des mesures en vertu des dispositions de la présente Convention en informent sans délai les autorités de l'État dont le mineur est ressortissant et, le cas échéant, celles de l'État de sa résidence habituelle.

Chaque État contractant désignera les autorités qui peuvent donner et recevoir directement les informations visées à l'alinéa précédent. Il notifiera cette désignation au Ministère des Affaires Étrangères des Pays-Bas.

Art. 12

Aux fins de la présente Convention on entend par « mineur » toute personne qui a cette qualité tant selon la loi interne de l'État dont elle est ressortissante que selon la loi interne de sa résidence habituelle.

Art. 13

La présente Convention s'applique à tous les mineurs qui ont leur résidence habituelle dans un des États contractants.

Toutefois les compétences attribuées par la présente Convention aux autorités de l'État dont le mineur est ressortissant sont réservées aux États contractants.

Chaque État contractant peut se réserver de limiter l'application de la présente Convention aux mineurs qui sont ressortissants d'un des États contractants.

Art. 14

Aux fins de la présente Convention, si la loi interne de l'État dont le mineur est ressortissant consiste en un système non unifié, on entend par « loi interne de l'État dont le mineur est ressortissant » et par « autorités de l'État dont le mineur est ressortissant » la loi et les autorités déterminées par les règles en vigueur dans ce système et, à défaut de telles règles, par le lien le plus effectif qu'a le mineur avec l'une des législations composant ce système.

Art. 15

Chaque État contractant peut réserver la compétence de ses autorités appelées à statuer sur une demande en annulation, dissolution ou relâchement du lien conjugal entre les parents d'un mineur, pour prendre des mesures de protection de sa personne ou de ses biens.

Les autorités des autres États contractants ne sont pas tenues de reconnaître ces mesures.

Art. 16

Les dispositions de la présente Convention ne peuvent être écartées dans les États contractants que si leur application est manifestement incompatible avec l'ordre public.

Art. 17

La présente Convention ne s'applique qu'aux mesures prises après son entrée en vigueur.

Les rapports d'autorité résultant de plein droit de la loi interne de l'État dont le mineur est ressortissant sont reconnus dès l'entrée en vigueur de la Convention.

Art. 18

Dans les rapports entre les États contractants la présente Convention remplace la Convention pour régler la tutelle des mineurs signée à La Haye le 12 juin 1902.

Elle ne porte pas atteinte aux dispositions d'autres conventions liant au moment de son entrée en vigueur des États contractants.

Art. 19

La présente Convention est ouverte à la signature des États représentés à la Neuvième session de la Conférence de La Haye de droit international privé.

Elle sera ratifiée et les instruments de ratification seront déposés auprès du Ministère des Affaires Étrangères des Pays-Bas.

Art. 20

La présente Convention entrera en vigueur le soixantième jour après le dépôt du troisième instrument de ratification prévu par l'article 19, alinéa 2.

La Convention entrera en vigueur, pour chaque État signataire ratifiant postérieurement, le soixantième jour après le dépôt de son instrument de ratification.

Art. 21

Tout État non représenté à la Neuvième session de la Conférence de La Haye de droit international privé pourra adhérer à la présente Convention après son entrée en vigueur en vertu de l'article 20, alinéa premier. L'instrument d'adhésion sera déposé auprès du Ministère des Affaires Étrangères des Pays-Bas.

L'adhésion n'aura d'effet que dans les rapports entre l'État adhérant et les États contractants qui auront déclaré accepter cette adhésion. L'acceptation sera notifiée au Ministère des Affaires Étrangères des Pays-Bas.

La Convention entrera en vigueur, entre l'État adhérant et l'État ayant déclaré accepter cette adhésion, le soixantième jour après la notification mentionnée à l'alinéa précédent.

Art. 22

Tout État, au moment de la signature, de la ratification ou de l'adhésion, pourra déclarer que la présente Convention s'étendra à l'ensemble des territoires qu'il représente sur le plan international, ou à l'un ou plusieurs d'entre eux. Cette déclaration aura effet au moment de l'entrée en vigueur de la Convention pour ledit État.

Par la suite, toute extension de cette nature sera notifiée au Ministère des Affaires Étrangères des Pays-Bas.

Lorsque la déclaration d'extension sera faite par un État ayant signé et ratifié la Convention, celle-ci entrera en vigueur pour les territoires visés conformément aux dispositions de l'article 20. Lorsque la déclaration d'extension sera faite par un État ayant adhéré à la Convention, celle-ci entrera en vigueur pour les territoires visés conformément aux dispositions de l'article 21.

Art. 23

Tout État pourra, au plus tard au moment de la ratification ou de l'adhésion, faire les réserves prévues aux articles 13, alinéa 3, et 15, alinéa premier, de la présente Convention.

Aucune autre réserve ne sera admise.

Chaque État contractant pourra également, en notifiant une extension de la Convention conformément à l'article 22, faire ces réserves avec effet limité aux territoires ou à certains des territoires visés par l'extension.

Chaque État contractant pourra, à tout moment, retirer une réserve qu'il aura faite.

Ce retrait sera notifié au Ministère des Affaires Étrangères des Pays-Bas.

L'effet de la réserve cessera le soixantième jour après la notification mentionnée à l'alinéa précédent.

Art. 24

La présente Convention aura une durée de cinq ans à partir de la date de son entrée en vigueur conformément à l'article 20, alinéa premier, même pour les États qui l'auront ratifiée ou y auront adhéré postérieurement.

La Convention sera renouvelée tacitement de cinq en cinq ans, sauf dénonciation.

La dénonciation sera, au moins six mois avant l'expiration du délai de cinq ans, notifiée au Ministère des Affaires Étrangères des Pays-Bas.

Elle pourra se limiter à certains des territoires auxquels s'applique la Convention.

La dénonciation n'aura d'effet qu'à l'égard de l'État qui l'aura notifiée. La Convention restera en vigueur pour les autres États contractants.

Art. 25

Le Ministère des Affaires Étrangères des Pays-Bas notifiera aux États visés à l'article 19, ainsi qu'aux États qui auront adhéré conformément aux dispositions de l'article 21 :

a) les notifications visées à l'article 11, alinéa 2;

b) les signatures et ratifications visées à l'article 19;

c) la date à laquelle la présente Convention entrera en vigueur conformément aux dispositions de l'article 20, alinéa premier;

d) les adhésions et acceptations visées à l'article 21 et la date à laquelle elles auront effet;

e) les extensions visées à l'article 22 et la date à laquelle elles auront effet;

f) les réserves et retraits de réserves visés à l'article 23;

g) les dénonciations visées à l'article 24, alinéa 3.

En foi de quoi, les soussignés, dûment autorisés, ont signé la présente Convention.

Fait à La Haye, le 5 octobre 1961, en un seul exemplaire, qui sera déposé dans les archives du Gouvernement des Pays-Bas et dont une copie certifiée conforme sera remise, par la voie diplomatique, à chacun des États représentés à la Neuvième session de la Conférence de La Haye de droit international privé.

63.12
CONVENTION DE LA HAYE, 2 OCT. 1973, SUR LA LOI APPLICABLE AUX OBLIGATIONS ALIMENTAIRES

(entrée en vigueur en France le 1er oct. 1977)

Les États signataires de la présente Convention,

Désirant établir des dispositions communes concernant la loi applicable aux obligations alimentaires envers les adultes,

Désirant coordonner ces dispositions et celles de la Convention du 24 octobre 1956 sur la loi applicable aux obligations alimentaires envers les enfants,

Ont résolu de conclure une Convention à cet effet et sont convenus des dispositions suivantes :

Chapitre I
Champ d'application de la convention

Art. 1

La présente Convention s'applique aux obligations alimentaires découlant de relations de famille, de parenté, de mariage ou d'alliance, y compris les obligations alimentaires envers un enfant non légitime.

Art. 2

La Convention ne règle que les conflits de lois en matière d'obligations alimentaires.

Les décisions rendues en application de la Convention ne préjugent pas de l'existence d'une des relations visées à l'art. 1.

Art. 3

La loi désignée par la Convention s'applique indépendamment de toute condition de réciprocité, même s'il s'agit de la loi d'un État non contractant.

Chapitre II
Loi applicable

Art. 4

La loi interne de la résidence habituelle du créancier d'aliments régit les obligations alimentaires visées à l'art. 1.

En cas de changement de la résidence habituelle du créancier, la loi interne de la nouvelle résidence habituelle s'applique à partir du moment où le changement est survenu.

Art. 5

La loi nationale commune s'applique lorsque le créancier ne peut obtenir d'aliments du débiteur en vertu de la loi visée à l'art. 4.

Art. 6

La loi interne de l'autorité saisie s'applique lorsque le créancier ne peut obtenir d'aliments du débiteur en vertu des lois visées aux art. 4 et 5.

Art. 7

Dans les relations alimentaires entre collatéraux et entre alliés, le débiteur peut opposer à la prétention du créancier l'absence d'obligation à son égard suivant leur loi nationale commune ou, à défaut de nationalité commune, suivant la loi interne de sa résidence habituelle.

Art. 8

Par dérogation aux art. 4 à 6, la loi appliquée au divorce régit, dans l'État contractant où celui-ci est prononcé ou reconnu, les obligations alimentaires entre époux divorcés et la révision des décisions relatives à ces obligations.

L'alinéa qui précède s'applique également aux cas de séparation de corps, de nullité ou d'annulation du mariage.

Art. 9

Le droit d'une institution publique d'obtenir le remboursement de la prestation fournie au créancier est soumis à la loi qui régit l'institution.

Art. 10

La loi applicable à l'obligation alimentaire détermine notamment :

1. si, dans quelle mesure et à qui le créancier peut réclamer des aliments;

2. qui est admis à intenter l'action alimentaire et quels sont les délais pour l'intenter;

3. les limites de l'obligation du débiteur, lorsque l'institution publique qui a fourni des aliments au créancier demande le remboursement de sa prestation.

Art. 11

L'application de la loi désignée par la Convention ne peut être écartée que si elle est manifestement incompatible avec l'ordre public.

Toutefois, même si la loi applicable en dispose autrement, il doit être tenu compte des besoins du créancier et des ressources du débiteur dans la détermination du montant de la prestation alimentaire.

Chapitre III
Dispositions diverses

Art. 12

La Convention ne s'applique pas aux aliments réclamés dans un État contractant pour la période antérieure à son entrée en vigueur dans cet État.

Art. 13

Tout État contractant pourra, conformément à l'art. 24, se réserver le droit de n'appliquer la Convention qu'aux obligations alimentaires :

1. entre époux et ex-époux;

2. envers une personne âgée de moins de vingt et un ans et qui n'a pas été mariée.

Art. 14

Tout État contractant pourra, conformément à l'art. 24, se réserver le droit de ne pas appliquer la Convention aux obligations alimentaires :

1. entre collatéraux;
2. entre alliés;
3. entre époux divorcés, séparés de corps, ou dont le mariage a été déclaré nul ou annulé, lorsque la décision de divorce, de séparation, de nullité ou d'annulation de mariage a été rendue par défaut dans un État où la partie défaillante n'avait pas sa résidence habituelle.

Art. 15

Tout État contractant pourra, conformément à l'art. 24, faire une réserve aux termes de laquelle ses autorités appliqueront sa loi interne lorsque le créancier et le débiteur ont la nationalité de cet État, et si le débiteur y a sa résidence habituelle.

Art. 16

Si la loi d'un État qui connaît, en matière d'obligations alimentaires, deux ou plusieurs systèmes de droit d'application territoriale ou personnelle doit être prise en considération – comme en cas de référence à la loi de la résidence habituelle du créancier ou du débiteur ou à la loi nationale commune –, il y a lieu d'appliquer le système désigné par les règles en vigueur dans cet État ou, à défaut, le système avec lequel les intéressés ont les liens les plus étroits.

Art. 17

Un État contractant dans lequel différentes unités territoriales ont leurs propres règles de droit en matière d'obligations alimentaires n'est pas tenu d'appliquer la Convention aux conflits de lois intéressant uniquement ses unités territoriales.

Art. 18

La Convention remplace, dans les rapports entre les États qui y sont Parties, la Convention sur la loi applicable aux obligations alimentaires envers les enfants, conclue à La Haye, le 24 octobre 1956.

Toutefois, l'al. 1 ne s'applique pas à l'État qui, par la réserve prévue à l'art. 13, a exclu l'application de la présente Convention aux obligations alimentaires envers une personne âgée de moins de vingt et un ans et qui n'a pas été mariée.

Art. 19

La Convention ne déroge pas aux instruments internationaux auxquels un État contractant est ou sera Partie et qui contiennent des dispositions sur les matières réglées par la présente Convention.

Chapitre IV
Dispositions finales

Art. 20

La Convention est ouverte à la signature des États qui étaient Membres de la Conférence de La Haye de droit international privé lors de sa Douzième session.

Elle sera ratifiée, acceptée ou approuvée et les instruments de ratification, d'acceptation ou d'approbation seront déposés auprès du Ministère des Affaires Étrangères des Pays-Bas.

Art. 21

Tout État qui n'est devenu Membre de la Conférence qu'après la Douzième session, ou qui appartient à l'Organisation des Nations Unies ou à une institution spécialisée de celle-ci, ou est Partie au Statut de la Cour internationale de Justice, pourra adhérer à la présente Convention après son entrée en vigueur en vertu de l'art. 25, al. 1.

L'instrument d'adhésion sera déposé auprès du Ministère des Affaires Étrangères des Pays-Bas.

Art. 22

Tout État, au moment de la signature, de la ratification, de l'approbation, de l'acceptation ou de l'adhésion, pourra déclarer que la Convention s'étendra à l'ensemble des territoires qu'il représente sur le plan international, ou à l'un ou plusieurs d'entre eux. Cette déclaration aura effet au moment de l'entrée en vigueur de la Convention pour ledit État.

Par la suite, toute extension de cette nature sera notifiée au Ministère des Affaires Étrangères des Pays-Bas.

Art. 23

Tout État contractant qui comprend deux ou plusieurs unités territoriales dans lesquelles des systèmes de droit différents s'appliquent en matière d'obligations alimentaires pourra, au moment de la signature, de la ratification, de l'acceptation, de l'approbation ou de l'adhésion, déclarer que la présente Convention s'étendra à toutes ces unités territoriales ou seulement à l'une ou à plusieurs d'entre elles et pourra à tout moment modifier cette déclaration en faisant une nouvelle déclaration.

Ces déclarations seront notifiées au Ministère des Affaires Étrangères des Pays-Bas et indiqueront expressément l'unité territoriale à laquelle la Convention s'applique.

Art. 24

Tout État pourra, au plus tard au moment de la ratification, de l'acceptation, de l'approbation ou de l'adhésion, faire une ou plusieurs des réserves prévues aux art. 13 à 15. Aucune autre réserve ne sera admise.

Tout État pourra également, en notifiant une extension de la Convention conformément à l'art. 22, faire une ou plusieurs de ces réserves avec effets limités aux territoires ou à certains des territoires visés par l'extension.

Tout État contractant pourra, à tout moment, retirer une réserve qu'il aura faite. Ce retrait sera notifié au Ministère des Affaires Étrangères des Pays-Bas.

L'effet de la réserve cessera le premier jour du troisième mois du calendrier après la notification mentionnée à l'alinéa précédent.

Art. 25

La Convention entrera en vigueur le premier jour du troisième mois du calendrier suivant le dépôt du troisième instrument de ratification, d'acceptation ou d'approbation prévu à l'art. 20.

Ensuite, la Convention entrera en vigueur :

– pour chaque État signataire ratifiant, acceptant ou approuvant postérieurement, le premier jour du troisième mois du calendrier après le dépôt de son instrument de ratification, d'acceptation ou d'approbation;

– pour tout État adhérant, le premier jour du troisième mois du calendrier après le dépôt de son instrument d'adhésion;

– pour les territoires auxquels la Convention a été étendue conformément à l'art. 22, le premier jour du troisième mois du calendrier après la notification visée dans cet article.

Art. 26

La Convention aura une durée de cinq ans à partir de la date de son entrée en vigueur conformément à l'art. 25, al. 1, même pour les États qui l'auront postérieurement ratifiée, acceptée ou approuvée ou qui y auront adhéré.

La Convention sera renouvelée tacitement de cinq ans en cinq ans, sauf dénonciation.

La dénonciation sera, au moins six mois avant l'expiration du délai de cinq ans, notifiée au Ministère des Affaires Étrangères des Pays-Bas. Elle pourra se limiter à certains territoires auxquels s'applique la Convention.

La dénonciation n'aura d'effet qu'à l'égard de l'État qui l'aura notifiée. La Convention restera en vigueur pour les autres États contractants.

Art. 27

Le Ministère des Affaires Étrangères des Pays-Bas notifiera aux États Membres de la Conférence, ainsi qu'aux États qui auront adhéré conformément aux dispositions de l'art. 21 :

1. les signatures, ratifications, acceptations et approbations visées à l'art. 20;

2. la date à laquelle la présente Convention entrera en vigueur conformément aux dispositions de l'art. 25;

3. les adhésions visées à l'art. 21 et la date à laquelle elles auront effet;

4. les extensions visées à l'art. 22 et la date à laquelle elles auront effet;

5. les déclarations mentionnées à l'art. 23, ainsi que leurs modifications et la date à laquelle ces déclarations et ces modifications auront effet;

6. les dénonciations visées à l'art. 26;

7. les réserves prévues aux art. 13 à 15 et 24 et le retrait des réserves prévu à l'art. 24.

En foi de quoi, les soussignés, dûment autorisés, ont signé la présente Convention.

Fait à La Haye, le 2 octobre 1973, en français et en anglais, les deux textes faisant également foi, en un seul exemplaire, qui sera déposé dans les archives du Gouvernement des Pays-Bas et dont une copie certifiée conforme sera remise, par la voie diplomatique, à chacun des États Membres de la Conférence de La Haye de droit international privé lors de sa Douzième session.

63.13

Convention de La Haye, 25 oct. 1980, sur les aspects civils de l'enlèvement international d'enfants

(entrée en vigueur en France le 1er déc. 1983)

Les États signataires de la présente Convention,

Profondément convaincus que l'intérêt de l'enfant est d'une importance primordiale pour toute question relative à sa garde,

Désirant protéger l'enfant, sur le plan international, contre les effets nuisibles d'un déplacement ou d'un non-retour illicites et établir des procédures en vue de garantir le retour immédiat de l'enfant dans l'État de sa résidence habituelle, ainsi que d'assurer la protection du droit de visite,

Ont résolu de conclure une Convention à cet effet, et sont convenus des dispositions suivantes :

CHAPITRE I – CHAMP D'APPLICATION DE LA CONVENTION

Art. 1er

La présente Convention a pour objet :

a) d'assurer le retour immédiat des enfants déplacés ou retenus illicitement dans tout État contractant;

b) de faire respecter effectivement dans les autres États contractants les droits de garde et de visite existant dans un État contractant.

Art. 2

Les États contractants prennent toutes mesures appropriées pour assurer, dans les limites de leur territoire, la réalisation des objectifs de la Convention. À cet effet, ils doivent recourir à leurs procédures d'urgence.

Art. 3

Le déplacement ou le non-retour d'un enfant est considéré comme illicite :

a) lorsqu'il a lieu en violation d'un droit de garde, attribué à une personne, une institution ou tout autre organisme, seul ou conjointement, par le droit de l'État dans lequel l'enfant avait sa résidence habituelle immédiatement avant son déplacement ou son non-retour; et

b) que ce droit était exercé de façon effective seul ou conjointement, au moment du déplacement ou du non-retour, ou l'eût été si de tels événements n'étaient survenus.

Le droit de garde visé en *a)* peut notamment résulter d'une attribution de plein droit, d'une décision judiciaire ou administrative, ou d'un accord en vigueur selon le droit de cet État.

Art. 4

La Convention s'applique à tout enfant qui avait sa résidence habituelle dans un État contractant immédiatement avant l'atteinte aux droits de garde ou de visite. L'application de la Convention cesse lorsque l'enfant parvient à l'âge de 16 ans.

Art. 5

Au sens de la présente Convention :

a) le « droit de garde » comprend le droit portant sur les soins de la personne de l'enfant, et en particulier celui de décider de son lieu de résidence;

b) le « droit de visite » comprend le droit d'emmener l'enfant pour une période limitée dans un lieu autre que celui de sa résidence habituelle.

CHAPITRE II – AUTORITÉS CENTRALES

Art. 6

Chaque État contractant désigne une Autorité centrale chargée de satisfaire aux obligations qui lui sont imposées par la Convention.

Un État fédéral, un État dans lequel plusieurs systèmes de droit sont en vigueur ou un État ayant des organisations territoriales autonomes, est libre de désigner plus d'une Autorité centrale et de spécifier l'étendue territoriale des pouvoirs de chacune de ces Autorités. L'État qui fait usage de cette faculté désigne l'Autorité centrale à laquelle les demandes peuvent être adressées en vue de leur transmission à l'Autorité centrale compétente au sein de cet État.

Art. 7

Les Autorités centrales doivent coopérer entre elles et promouvoir une collaboration entre les autorités compétentes dans leurs États respectifs, pour assurer le retour immédiat des enfants et réaliser les autres objectifs de la présente Convention.

En particulier, soit directement, soit avec le concours de tout intermédiaire, elles doivent prendre toutes les mesures appropriées :

a) pour localiser un enfant déplacé ou retenu illicitement;

b) pour prévenir de nouveaux dangers pour l'enfant ou des préjudices pour les parties concernées, en prenant ou faisant prendre des mesures provisoires;

c) pour assurer la remise volontaire de l'enfant ou faciliter une solution amiable;

d) pour échanger, si cela s'avère utile, des informations relatives à la situation sociale de l'enfant;

e) pour fournir des informations générales concernant le droit de leur État relatives à l'application de la Convention;

f) pour introduire ou favoriser l'ouverture d'une procédure judiciaire ou administrative, afin d'obtenir le retour de l'enfant et, le cas échéant, de permettre l'organisation ou l'exercice effectif du droit de visite;

g) pour accorder ou faciliter, le cas échéant, l'obtention de l'assistance judiciaire et juridique, y compris la participation d'un avocat;

h) pour assurer, sur le plan administratif, si nécessaire et opportun, le retour sans danger de l'enfant;

i) pour se tenir mutuellement informées sur le fonctionnement de la Convention et, autant que possible, lever les obstacles éventuellement rencontrés lors de son application.

CHAPITRE III – RETOUR DE L'ENFANT

Art. 8

La personne, l'institution ou l'organisme qui prétend qu'un enfant a été déplacé ou retenu en violation d'un droit de garde peut saisir soit l'Autorité centrale de la résidence habituelle de l'enfant, soit celle de tout autre État contractant, pour que celles-ci prêtent leur assistance en vue d'assurer le retour de l'enfant.

La demande doit contenir :

a) des informations portant sur l'identité du demandeur, de l'enfant et de la personne dont il est allégué qu'elle a emmené ou retenu l'enfant;

b) la date de naissance de l'enfant, s'il est possible de se la procurer;

c) les motifs sur lesquels se base le demandeur pour réclamer le retour de l'enfant;

d) toutes informations disponibles concernant la localisation de l'enfant et l'identité de la personne avec laquelle l'enfant est présumé se trouver.

La demande peut être accompagnée ou complétée par :

e) une copie authentifiée de toute décision ou de tout accord utiles;

f) une attestation ou une déclaration avec affirmation émanant de l'Autorité centrale, ou d'une autre autorité compétente de l'État de la résidence habituelle, ou d'une personne qualifiée, concernant le droit de l'État en la matière;

g) tout autre document utile.

Art. 9

Quand l'Autorité centrale qui est saisie d'une demande en vertu de l'article 8 a des raisons de penser que l'enfant se trouve dans un autre État contractant, elle transmet la demande directement et sans délai à l'Autorité centrale de cet État contractant et en informe l'Autorité centrale requérante ou, le cas échéant, le demandeur.

Art. 10

L'Autorité centrale de l'État où se trouve l'enfant prendra ou fera prendre toute mesure propre à assurer sa remise volontaire.

Art. 11

Les autorités judiciaires ou administratives de tout État contractant doivent procéder d'urgence en vue du retour de l'enfant.

Lorsque l'autorité judiciaire ou administrative saisie n'a pas statué dans un délai de six semaines à partir de sa saisine, le demandeur ou l'Autorité centrale de l'État requis, de sa propre initiative ou sur requête de l'Autorité centrale de l'État requérant, peut demander une déclaration sur les raisons de ce retard. Si la réponse est reçue par l'Autorité centrale de l'État requis, cette Autorité doit la transmettre à l'Autorité centrale de l'État requérant ou, le cas échéant, au demandeur.

Art. 12

Lorsqu'un enfant a été déplacé ou retenu illicitement au sens de l'article 3 et qu'une période de moins d'un an s'est écoulée à partir du déplacement ou du non-retour au moment de l'introduction de la demande devant l'autorité judiciaire ou administrative de l'État contractant où se trouve l'enfant, l'autorité saisie ordonne son retour immédiat.

L'autorité judiciaire ou administrative, même saisie après l'expiration de la période d'un an prévue à l'alinéa précédent, doit aussi ordonner le retour de l'enfant, à moins qu'il ne soit établi que l'enfant s'est intégré dans son nouveau milieu.

Lorsque l'autorité judiciaire ou administrative de l'État requis a des raisons de croire que l'enfant a été emmené dans un autre État, elle peut suspendre la procédure ou rejeter la demande de retour de l'enfant.

Art. 13

Nonobstant les dispositions de l'article précédent, l'autorité judiciaire ou administrative de l'État requis n'est pas tenue d'ordonner le retour de l'enfant, lorsque la personne, l'institution ou l'organisme qui s'oppose à son retour établit :

a) que la personne, l'institution ou l'organisme qui avait le soin de la personne de l'enfant n'exerçait pas effectivement le droit de garde à l'époque du déplacement ou du non-retour, ou avait consenti ou a acquiescé postérieurement à ce déplacement ou à ce non-retour; ou

b) qu'il existe un risque grave que le retour de l'enfant ne l'expose à un danger physique ou psychique, ou de toute autre manière ne le place dans une situation intolérable.

L'autorité judiciaire ou administrative peut aussi refuser d'ordonner le retour de l'enfant si elle constate que celui-ci s'oppose à son retour et qu'il a atteint un âge et une maturité où il se révèle approprié de tenir compte de cette opinion.

Dans l'appréciation des circonstances visées dans cet article, les autorités judiciaires ou administratives doivent tenir compte des informations fournies par l'Autorité centrale ou toute autre autorité compétente de l'État de la résidence habituelle de l'enfant sur sa situation sociale.

Art. 14

Pour déterminer l'existence d'un déplacement ou d'un non-retour illicite au sens de l'article 3, l'autorité judiciaire ou administrative de l'État requis peut tenir compte directement du droit et des décisions judiciaires ou administratives reconnues formellement ou non dans l'État de la résidence habituelle de l'enfant, sans avoir recours aux procédures spécifiques sur la preuve de ce droit ou pour la reconnaissance des décisions étrangères qui seraient autrement applicables.

Art. 15

Les autorités judiciaires ou administratives d'un État contractant peuvent, avant d'ordonner le retour de l'enfant, demander la production par le demandeur d'une décision ou d'une attestation émanant des autorités de l'État de la résidence habituelle de l'enfant constatant que le déplacement ou le non-retour était illicite au sens de l'article 3 de la Convention, dans la mesure où cette décision ou cette attestation peut être obtenue dans cet État. Les Autorités centrales des États contractants assistent dans la mesure du possible le demandeur pour obtenir une telle décision ou attestation.

Art. 16

Après avoir été informées du déplacement illicite d'un enfant ou de son non-retour dans le cadre de l'article 3, les autorités judiciaires ou administratives de l'État contractant où l'enfant a été déplacé ou retenu ne pourront statuer sur le fond du droit de garde jusqu'à ce qu'il soit établi que les conditions de la présente Convention pour un retour de l'enfant ne sont pas réunies, ou jusqu'à ce qu'une période raisonnable ne se soit écoulée sans qu'une demande en application de la Convention n'ait été faite.

Art. 17

Le seul fait qu'une décision relative à la garde ait été rendue ou soit susceptible d'être reconnue dans l'État requis ne peut justifier le refus de renvoyer l'enfant dans le cadre de cette Convention, mais les autorités judiciaires ou administratives de l'État requis peuvent prendre en considération les motifs de cette décision qui rentreraient dans le cadre de l'application de la Convention.

Art. 18

Les dispositions de ce chapitre ne limitent pas le pouvoir de l'autorité judiciaire ou administrative d'ordonner le retour de l'enfant à tout moment.

Art. 19

Une décision sur le retour de l'enfant rendue dans le cadre de la Convention n'affecte pas le fond du droit de garde.

Art. 20

Le retour de l'enfant conformément aux dispositions de l'article 12 peut être refusé quand il ne serait pas permis par les principes fondamentaux de l'État requis sur la sauvegarde des droits de l'homme et des libertés fondamentales.

CHAPITRE IV – DROIT DE VISITE

Art. 21

Une demande visant l'organisation ou la protection de l'exercice effectif d'un droit de visite peut être adressée à l'Autorité centrale d'un État contractant selon les mêmes modalités qu'une demande visant au retour de l'enfant.

Les Autorités centrales sont liées par les obligations de coopération visées à l'article 7 pour assurer l'exercice paisible du droit de visite et l'accomplissement de toute condition à laquelle l'exercice de ce droit serait soumis, et pour que soient levés, dans toute la mesure du possible, les obstacles de nature à s'y opposer.

Les Autorités centrales, soit directement, soit par des intermédiaires, peuvent entamer ou favoriser une procédure légale en vue d'organiser ou de protéger le droit de visite et les conditions auxquelles l'exercice de ce droit pourrait être soumis.

CHAPITRE V – DISPOSITIONS GÉNÉRALES

Art. 22

Aucune caution ni aucun dépôt, sous quelque dénomination que ce soit, ne peut être imposé pour garantir le paiement des frais et dépens dans le contexte des procédures judiciaires ou administratives visées par la Convention.

Art. 23

Aucune légalisation ni formalité similaire ne sera requise dans le contexte de la Convention.

Art. 24

Toute demande, communication ou autre document sont envoyés dans leur langue originale à l'Autorité centrale de l'État requis et accompagnés d'une traduction dans la langue officielle ou l'une des langues officielles de cet État ou, lorsque cette traduction est difficilement réalisable, d'une traduction en français ou en anglais.

Toutefois, un État contractant pourra, en faisant la réserve prévue à l'article 42, s'opposer à l'utilisation soit du français, soit de l'anglais, dans toute demande, communication ou autre document adressés à son Autorité centrale.

Art. 25

Les ressortissants d'un État contractant et les personnes qui résident habituellement dans cet État auront droit, pour tout ce qui concerne l'application de la Convention, à l'assistance judiciaire et juridique dans tout autre État contractant, dans les mêmes conditions que s'ils étaient eux-mêmes ressortissants de cet autre État et y résidaient habituellement.

Art. 26

Chaque Autorité centrale supportera ses propres frais en appliquant la Convention.

L'Autorité centrale et les autres services publics des États contractants n'imposeront aucun frais en relation avec les demandes introduites en application de la Convention. Notamment, ils ne peuvent réclamer du demandeur le paiement des frais et dépens du procès ou, éventuellement, des frais entraînés par la participation d'un avocat.

Cependant, ils peuvent demander le paiement des dépenses causées ou qui seraient causées par les opérations liées au retour de l'enfant.

Toutefois, un État contractant pourra, en faisant la réserve prévue à l'article 42, déclarer qu'il n'est tenu au paiement des frais visés à l'alinéa précédent, liés à la participation d'un avocat ou d'un conseiller juridique, ou aux frais de justice, que dans la mesure où ces coûts peuvent être couverts par son système d'assistance judiciaire et juridique.

En ordonnant le retour de l'enfant ou en statuant sur le droit de visite dans le cadre de la Convention, l'autorité judiciaire ou administrative peut, le cas échéant, mettre à la charge de la personne qui a déplacé ou qui a retenu l'enfant, ou qui a empêché l'exercice du droit de visite, le paiement de tous frais nécessaires engagés par le demandeur ou en son nom, notamment des frais de voyage, des frais de représentation judiciaire du demandeur et de retour de l'enfant, ainsi que de tous les coûts et dépenses faits pour localiser l'enfant.

Art. 27

Lorsqu'il est manifeste que les conditions requises par la Convention ne sont pas remplies ou que la demande n'est pas fondée, une Autorité centrale n'est pas tenue d'accepter une telle demande. En ce cas, elle informe immédiatement de ses motifs le demandeur ou, le cas échéant, l'Autorité centrale qui lui a transmis la demande.

Art. 28

Une Autorité centrale peut exiger que la demande soit accompagnée d'une autorisation par écrit lui donnant le pouvoir d'agir pour le compte du demandeur, ou de désigner un représentant habilité à agir en son nom.

Art. 29

La Convention ne fait pas obstacle à la faculté pour la personne, l'institution ou l'organisme qui prétend qu'il y a eu une violation du droit de garde ou de visite au sens des articles 3 ou 21 de s'adresser directement aux autorités judiciaires ou administratives des États contractants, par application ou non des dispositions de la Convention.

Art. 30

Toute demande, soumise à l'Autorité centrale ou directement aux autorités judiciaires ou administratives d'un État contractant par application de la Convention, ainsi que tout document ou information qui y serait annexé ou fourni par une Autorité centrale, seront recevables devant les tribunaux ou les autorités administratives des États contractants.

Art. 31

Au regard d'un État qui connaît en matière de garde des enfants deux ou plusieurs systèmes de droit applicables dans des unités territoriales différentes :

a) toute référence à la résidence habituelle dans cet État vise la résidence habituelle dans une unité territoriale de cet État;

b) toute référence à la loi de l'État de la résidence habituelle vise la loi de l'unité territoriale dans laquelle l'enfant a sa résidence habituelle.

Art. 32

Au regard d'un État connaissant en matière de garde des enfants deux ou plusieurs systèmes de droit applicables à des catégories différentes de personnes, toute référence à la loi de cet État vise le système de droit désigné par le droit de celui-ci.

Art. 33

Un État dans lequel différentes unités territoriales ont leurs propres règles de droit en matière de garde des enfants ne sera pas tenu d'appliquer la Convention lorsqu'un État dont le système de droit est unifié ne serait pas tenu de l'appliquer.

Art. 34

Dans les matières auxquelles elle s'applique, la Convention prévaut sur la Convention du 5 octobre 1961 concernant la compétence des autorités et la loi applicable en matière de protection des mineurs, entre les États Parties aux deux Conventions. Par ailleurs, la présente Convention n'empêche pas qu'un autre instrument international liant l'État d'origine et l'État requis, ni que le droit non conventionnel de l'État requis, ne soient invoqués pour obtenir le retour d'un enfant qui a été déplacé ou retenu illicitement ou pour organiser le droit de visite.

Art. 35

La Convention ne s'applique entre les États contractants qu'aux enlèvements ou aux non-retours illicites qui se sont produits après son entrée en vigueur dans ces États.

Si une déclaration a été faite conformément aux articles 39 ou 40, la référence à un État contractant faite à l'alinéa précédent signifie l'unité ou les unités territoriales auxquelles la Convention s'applique.

Art. 36

Rien dans la Convention n'empêche deux ou plusieurs États contractants, afin de limiter les restrictions auxquelles le retour de l'enfant peut être soumis, de convenir entre eux de déroger à celles de ses dispositions qui peuvent impliquer de telles restrictions.

CHAPITRE VI – CLAUSES FINALES

Art. 37

La Convention est ouverte à la signature des États qui étaient Membres de la Conférence de La Haye de droit international privé lors de sa Quatorzième session.

Elle sera ratifiée, acceptée ou approuvée et les instruments de ratification, d'acceptation ou d'approbation seront déposés auprès du Ministère des Affaires Étrangères du Royaume des Pays-Bas.

Art. 38

Tout autre État pourra adhérer à la Convention.

L'instrument d'adhésion sera déposé auprès du Ministère des Affaires Étrangères du Royaume des Pays-Bas.

La Convention entrera en vigueur, pour l'État adhérant, le premier jour du troisième mois du calendrier après le dépôt de son instrument d'adhésion.

L'adhésion n'aura d'effet que dans les rapports entre l'État adhérant et les États contractants qui auront déclaré accepter cette adhésion. Une telle déclaration devra également être faite par tout État membre ratifiant, acceptant ou approuvant la Convention ultérieurement à l'adhésion. Cette déclaration sera déposée auprès du Ministère des Affaires Étrangères du Royaume des Pays-Bas; celui-ci en enverra, par la voie diplomatique, une copie certifiée conforme, à chacun des États contractants.

La Convention entrera en vigueur entre l'État adhérant et l'État ayant déclaré accepter cette adhésion le premier jour du troisième mois du calendrier après le dépôt de la déclaration d'acceptation.

Art. 39

Tout État, au moment de la signature, de la ratification, de l'acceptation, de l'approbation ou de l'adhésion, pourra déclarer que la Convention s'étendra à l'ensemble des territoires qu'il représente sur le plan international ou à l'un ou plusieurs d'entre eux. Cette déclaration aura effet au moment où elle entre en vigueur pour cet État.

Cette déclaration, ainsi que toute extension ultérieure, seront notifiées au Ministère des Affaires Étrangères du Royaume des Pays-Bas.

Art. 40

Un État contractant qui comprend deux ou plusieurs unités territoriales dans lesquelles des systèmes de droit différents s'appliquent aux matières régies par cette Convention pourra, au moment de la signature, de la ratification, de l'acceptation, de l'approbation ou de l'adhésion, déclarer que la présente Convention s'appliquera à toutes ses unités territoriales ou seulement à l'une ou à plusieurs d'entre elles, et pourra à tout moment modifier cette déclaration en faisant une nouvelle déclaration.

Ces déclarations seront notifiées au Ministère des Affaires Étrangères du Royaume des Pays-Bas et indiqueront expressément les unités territoriales auxquelles la Convention s'applique.

Art. 41

Lorsqu'un État contractant a un système de gouvernement en vertu duquel les pouvoirs exécutif, judiciaire et législatif sont partagés entre des Autorités centrales et d'autres autorités de cet État, la signature, la ratification, l'acceptation ou l'approbation de la Convention, ou l'adhésion à celle-ci, ou une déclaration faite en vertu de l'article 40, n'emportera aucune conséquence quant au partage interne des pouvoirs dans cet État.

Art. 42

Tout État contractant pourra, au plus tard au moment de la ratification, de l'acceptation, de l'approbation ou de l'adhésion, ou au moment d'une déclaration faite en vertu des articles 39 ou 40, faire soit l'une, soit les deux réserves prévues aux articles 24 et 26, alinéa 3. Aucune autre réserve ne sera admise.

Tout État pourra, à tout moment, retirer une réserve qu'il aura faite. Ce retrait sera notifié au Ministère des Affaires Étrangères du Royaume des Pays-Bas.

L'effet de la réserve cessera le premier jour du troisième mois du calendrier après la notification mentionnée à l'alinéa précédent.

Art. 43

La Convention entrera en vigueur le premier jour du troisième mois du calendrier après le dépôt du troisième instrument de ratification, d'acceptation, d'approbation ou d'adhésion prévu par les articles 37 et 38.

Ensuite, la Convention entrera en vigueur :

1. pour chaque État ratifiant, acceptant, approuvant ou adhérant postérieurement le premier jour du troisième mois du calendrier après le dépôt de son instrument de ratification, d'acceptation, d'approbation ou d'adhésion;

2. pour les territoires ou les unités territoriales auxquels la Convention a été étendue conformément à l'article 39 ou 40, le premier jour du troisième mois du calendrier après la notification visée dans ces articles.

Art. 44

La Convention aura une durée de cinq ans à partir de la date de son entrée en vigueur conformément à l'article 43, alinéa premier, même pour les États qui l'auront postérieurement ratifiée, acceptée ou approuvée ou qui y auront adhéré.

La Convention sera renouvelée tacitement de cinq ans en cinq ans, sauf dénonciation.

La dénonciation sera notifiée, au moins six mois avant l'expiration du délai de cinq ans, au Ministère des Affaires

Étrangères du Royaume des Pays-Bas. Elle pourra se limiter à certains territoires ou unités territoriales auxquels s'applique la Convention.

La dénonciation n'aura d'effet qu'à l'égard de l'État qui l'aura notifiée. La Convention restera en vigueur pour les autres États contractants.

Art. 45

Le Ministère des Affaires Étrangères du Royaume des Pays-Bas notifiera aux États Membres de la Conférence, ainsi qu'aux États qui auront adhéré conformément aux dispositions de l'article 38 :

1. les signatures, ratifications, acceptations et approbations visées à l'article 37 ;
2. les adhésions visées à l'article 38 ;
3. la date à laquelle la Convention entrera en vigueur conformément aux dispositions de l'article 43 ;
4. les extensions visées à l'article 39 ;
5. les déclarations mentionnées aux articles 38 et 40 ;
6. les réserves prévues aux articles 24 et 26, alinéa 3, et le retrait des réserves prévu à l'article 42 ;
7. les dénonciations visées à l'article 44.

En foi de quoi, les soussignés, dûment autorisés, ont signé la présente Convention.

Fait à La Haye, le 25 octobre 1980, en français et en anglais, les deux textes faisant également foi, en un seul exemplaire, qui sera déposé dans les archives du Gouvernement du Royaume des Pays-Bas et dont une copie certifiée conforme sera remise, par la voie diplomatique, à chacun des États Membres de la Conférence de La Haye de droit international privé lors de sa Quatorzième session.

63.14

CONVENTION INTERNATIONALE RELATIVE AUX DROITS DE L'ENFANT, ONU, 20 NOV. 1989

(ratifiée le 7 août 1990)

Préambule

Les États parties à la présente Convention, Considérant que, conformément aux principes proclamés dans la Charte des Nations Unies, la reconnaissance de la dignité inhérente à tous les membres de la famille humaine ainsi que l'égalité et le caractère inaliénable de leurs droits dont le fondement de la liberté, de la justice et de la paix dans le monde,

Ayant présent à l'esprit le fait que les peuples des Nations Unies ont, dans la Charte des Nations Unies, proclamé à nouveau leur foi dans les droits fondamentaux de l'homme et dans la dignité et la valeur de la personne humaine, et qu'ils ont résolu de favoriser le progrès social et d'instaurer de meilleures conditions de vie dans une liberté plus grande,

Reconnaissant que les Nations Unies, dans la Déclaration universelle des droits de l'homme et dans les Pactes internationaux relatifs aux droits de l'homme, ont proclamé et sont convenues que chacun peut se prévaloir de tous les droits et de toutes les libertés qui y sont énoncés, sans distinction aucune, notamment de race, de couleur, de sexe, de langue, de religion, d'opinion politique ou de toute autre opinion, d'origine nationale ou sociale, de fortune, de naissance ou de toute autre situation,

Rappelant que, dans la Déclaration universelle des droits de l'homme, les Nations Unies ont proclamé que l'enfance a droit à une aide et à une assistance spéciales,

Convaincus que la famille, unité fondamentale de la société et milieu naturel pour la croissance et le bien-être de tous ses membres, et en particulier des enfants, doit recevoir la protection et l'assistance dont elle a besoin pour pouvoir jouer pleinement son rôle dans la communauté,

Reconnaissant que l'enfant, pour l'épanouissement harmonieux de sa personnalité, doit grandir dans le milieu familial, dans un climat de bonheur, d'amour et de compréhension,

Considérant qu'il importe de préparer pleinement l'enfant à avoir une vie individuelle dans la société, et de l'élever dans l'esprit des idéaux proclamés dans la Charte des Nations Unies, et en particulier dans un esprit de paix, de dignité, de tolérance, de liberté, d'égalité et de solidarité,

Ayant présent à l'esprit que la nécessité d'accorder une protection spéciale à l'enfant a été énoncée dans la Déclaration de Genève de 1924 sur les droits de l'enfant et dans la Déclaration des droits de l'enfant adoptée par les Nations Unies en 1959, et qu'elle a été reconnue dans la Déclaration universelle des droits de l'homme, dans le pacte international relatif aux droits civils et politiques (en particulier aux articles 23 et 24) dans le pacte international relatif aux droits économiques, sociaux et culturels (en particulier à l'article 10) et dans les statuts et instruments pertinents des institutions spécialisées et des organisations internationales qui se préoccupent du bien-être de l'enfant,

Ayant présent à l'esprit que comme indiqué dans la déclaration des droits de l'enfant, adopté le 20 novembre 1959 par l'assemblée générale des Nations Unies, « l'enfant, en raison de son manque de maturité physique et intellectuelle, a besoin d'une protection spéciale et de soins spéciaux, notamment d'une protection juridique appropriée, avant, comme après la naissance »,

Rappelant les dispositions de la Déclaration sur les principes sociaux et juridiques applicables à la protection et au bien-être des enfants, envisagés surtout sous l'angle des pratiques en matière d'adoption et de placement familial sur les plans national et international (résolution 41/85 de l'Assemblée générale, en date du 3 décembre 1986) de l'Ensemble de règles minima des Nations Unies concernant l'administration de la justice pour mineurs (« Règles de Beijing » – résolution 40/33 de l'Assemblée générale, en date du 29 novembre 1985) et de la Déclaration sur la protection des femmes et des enfants en période d'urgence et de conflit armé (résolution 3318 (XXIX) de l'Assemblée générale, en date du 14 décembre 1974),

Reconnaissant qu'il y a dans tous les pays du monde des enfants qui vivent dans des conditions particulièrement difficiles, et qu'il est nécessaire d'accorder à ces enfants une attention particulière,

Tenant dûment compte de l'importance des traditions et valeurs culturelles de chaque peuple dans la protection et le développement harmonieux de l'enfant,

Reconnaissant l'importance de la coopération internationale pour l'amélioration des conditions de vie des enfants dans tous les pays, et en particulier dans les pays en développement,

Sont convenus de ce qui suit :

PREMIÈRE PARTIE

Art. 1er

Au sens de la présente convention, un enfant s'entend de tout être humain âgé de moins de dix-huit ans, sauf si la majorité est atteinte plus tôt, en vertu de la législation qui lui est applicable.

Art. 2

1. Les États parties s'engagent à respecter les droits qui sont énoncés dans la présente Convention et à les garantir à tout enfant relevant de leur juridiction, sans distinction aucune, indépendamment de toute considération de race, de couleur, de sexe, de langue, de religion, d'opinion politique ou autre de l'enfant ou de ses parents ou représentants légaux, de leur origine nationale, ethnique ou sociale, de leur situation de fortune, de leur incapacité, de leur naissance ou de toute autre situation.

2. Les États parties prennent toutes les mesures appropriées pour que l'enfant soit effectivement protégé contre toutes formes de discrimination ou de sanction motivées par la situation juridique, les activités, les opinions déclarées ou les convictions de ses parents, de ses représentants légaux ou des membres de sa famille.

Art. 3

1. Dans toutes les décisions qui concernent les enfants, qu'elles soient le fait des institutions publiques ou privées de protection sociale, des tribunaux, des autorités administratives ou des organes législatifs, l'intérêt supérieur de l'enfant doit être une considération primordiale.

2. Les États parties s'engagent à assurer à l'enfant la protection et les soins nécessaires à son bien-être, compte tenu des droits et des devoirs de ses parents, de ses tuteurs ou des autres personnes légalement responsables de lui, et ils prennent à cette fin toutes les mesures législatives et administratives appropriées.

3. Les États parties veillent à ce que le fonctionnement des institutions, services et établissements qui ont la charge des enfants et assurent leur protection soit conforme aux normes fixées par les autorités compétentes, particulièrement dans le domaine de la sécurité et de la santé et en ce qui concerne le nombre et la compétence de leur personnel ainsi que l'existence d'un contrôle approprié.

Art. 4

Les États parties s'engagent à prendre toutes les mesures législatives, administratives et autres qui sont nécessaires pour mettre en œuvre les droits reconnus dans la présente Convention. Dans le cas des droits économiques, sociaux et culturels, ils prennent ces mesures dans toutes les limites des ressources dont ils disposent et, s'il y a lieu, dans le cadre de la coopération internationale.

Art. 5

Les États parties respectent la responsabilité, le droit et le devoir qu'ont les parents ou, le cas échéant, les membres de la famille élargie ou de la communauté, comme prévu par la coutume locale, les tuteurs ou autres personnes légalement responsables de l'enfant, de donner à celui-ci, d'une manière qui corresponde au développement de ses capacités, l'orientation et les conseils appropriés à l'exercice des droits que lui reconnaît la présente Convention.

Art. 6

1. Les États parties reconnaissent que tout enfant a un droit inhérent à la vie.

2. Les États parties assurent dans toute la mesure possible la survie et le développement de l'enfant.

Art. 7

1. L'enfant est enregistré aussitôt sa naissance et a dès celle-ci le droit à un nom, le droit d'acquérir une nationalité et, dans la mesure du possible, le droit de connaître ses parents et être élevé par eux.

2. Les États parties veillent à mettre ces droits en œuvre conformément à leur législation nationale et aux obligations que leur imposent les instruments internationaux applicables en la matière, en particulier dans les cas où faute de cela l'enfant se trouverait apatride.

Art. 8

1. Les États parties s'engagent à respecter le droit de l'enfant de préserver son identité, y compris sa nationalité, son nom et ses relations familiales, tels qu'ils sont reconnus par la loi, sans ingérence illégale.

2. Si un enfant est illégalement privé des éléments constitutifs de son identité ou de certains d'entre eux, les États parties doivent lui accorder une assistance et une protection appropriées, pour que son identité soit rétablie aussi rapidement que possible.

Art. 9

1. Les États parties veillent à ce que l'enfant ne soit pas séparé de ses parents contre leur gré, à moins que les autorités compétentes ne décident, sous réserve de révision judiciaire et conformément aux lois et procédures applicables, que cette séparation est nécessaire dans intérêt supérieur de l'enfant. Une décision en ce sens peut être nécessaire dans certains cas particuliers, par exemple lorsque les parents maltraitent ou négligent l'enfant, ou lorsqu'ils vivent séparément et qu'une décision doit être prise au sujet du lieu de résidence de l'enfant.

2. Dans tous les cas prévus au paragraphe 1, toutes les parties intéressées doivent avoir la possibilité de participer aux délibérations et de faire connaître leurs vues.

3. Les États parties respectent le droit de l'enfant séparé de ses deux parents ou de l'un d'eux d'entretenir régulièrement des relations personnelles et des contacts directs avec ses deux parents, sauf si cela est contraire à intérêt supérieur de l'enfant.

4. Lorsque la séparation résulte de mesures prises par un État partie, telles que la détention, l'emprisonnement, l'exil, l'expulsion ou la mort (y compris la mort, quelle qu'en soit la cause, survenue en cours de détention) des deux parents ou de l'un d'eux, ou de l'enfant, l'État partie donne sur demande aux parents, à l'enfant ou, s'il y a lieu, à un autre

membre de la famille les renseignements essentiels sur le lieu où se trouvent le membre ou les membres de la famille, à moins que la divulgation de ces renseignements ne soit préjudiciable au bien-être de l'enfant. Les États parties veillent en outre à ce que la présentation d'une telle demande n'entraîne pas en elle-même de conséquences fâcheuses pour la personne ou les personnes intéressées.

Art. 10

1. Conformément à l'obligation incombant aux États parties en vertu du paragraphe 1 de l'article 9, toute demande faite par un enfant ou ses parents en vue d'entrer dans un État partie ou de le quitter aux fins de réunification familiale est considérée par les États parties. dans un esprit positif, avec humanité et diligence. Les États parties veillent en outre à ce que la présentation d'une telle demande n'entraîne pas de conséquences fâcheuses pour les auteurs de la demande et les membres de leurs familles.

2. Un enfant dont les parents résident dans des États différents a le droit d'entretenir, sauf circonstances exceptionnelles, des relations personnelles et des contacts directs réguliers avec ses deux parents. À cette fin, et conformément à l'obligation incombant aux États parties en vertu du paragraphe 2 de l'article 9, les États parties respectent le droit qu'ont l'enfant et ses parents de quitter tout pays, y compris le leur, et de revenir dans leur propre pays. Le droit de quitter tout pays ne peut faire l'objet que des restrictions prescrites par la loi qui sont nécessaires pour protéger la sécurité nationale, l'ordre public, la santé ou la moralité publiques, ou les droits et libertés d'autrui, et qui sont compatibles avec les autres droits reconnus dans la présente Convention.

Art. 11

1. Les États parties prennent des mesures pour lutter contre les déplacements et les non-retour illicites d'enfants à l'étranger.

2. À cette fin, les États parties favorisent la conclusion d'accords bilatéraux ou multilatéraux ou l'adhésion aux accords existants.

Art. 12

1. Les États parties garantissent à l'enfant qui est capable de discernement le droit d'exprimer librement son opinion sur toute question l'intéressant, les opinions de l'enfant étant dûment prises en considération eu égard à son âge et à son degré de maturité.

2. À cette fin, on donnera notamment à l'enfant la possibilité être entendu dans toute procédure judiciaire ou administrative l'intéressant, soit directement, soit par l'intermédiaire d'un représentant ou d'un organisme approprié, de façon compatible avec les règles de procédure de la législation nationale.

Art. 13

1. L'enfant a droit à la liberté d'expression. Ce droit comprend la liberté de rechercher, de recevoir et de répandre des informations et des idées de toute espèce, sans considération de frontières, sous une forme orale, écrite, imprimée ou artistique, ou par tout autre moyen du choix de l'enfant.

2. L'exercice de ce droit ne peut faire l'objet que des seules restrictions qui sont prescrites par la loi et qui sont nécessaires :

a) au respect des droits ou de la réputation d'autrui ; ou

b) à la sauvegarde de la sécurité nationale, de l'ordre public, de la santé ou de la moralité publiques.

Art. 14

1. Les États parties respectent le droit de l'enfant à la liberté de pensée, de conscience et de religion.

2. Les États parties respectent le droit et le devoir des parents ou, le cas échéant, des représentants légaux de l'enfant, de guider celui-ci dans l'exercice du droit susmentionné d'une manière qui corresponde au développement de ses capacités.

3. La liberté de manifester sa religion ou ses convictions ne peut être soumise qu'aux seules restrictions qui sont prescrites par la loi et qui sont nécessaires pour préserver la sûreté publique, l'ordre public, la santé et la moralité publiques, ou les libertés et droits fondamentaux d'autrui.

Art. 15

1. Les États parties reconnaissent les droits de l'enfant à la liberté d'association et à la liberté de réunion pacifique.

2. L'exercice de ces droits ne peut faire l'objet que des seules restrictions qui sont prescrites par la loi et qui sont nécessaires dans une société démocratique, dans l'intérêt de la sécurité nationale, de la sûreté publique ou de l'ordre public, ou pour protéger la santé ou la moralité publiques, ou les droits et libertés d'autrui.

Art. 16

1. Nul enfant ne fera l'objet d'immixtions arbitraires ou illégales dans sa vie privée, sa famille, son domicile ou sa correspondance, ni d'atteintes illégales à son honneur et à sa réputation.

2. L'enfant a droit à la protection de la loi contre de telles immixtions ou de telles atteintes.

Art. 17

Les États parties reconnaissent l'importance de la fonction remplie par les médias et veillent à ce que l'enfant ait accès à une information et à des matériels provenant de sources nationales et internationales diverses, notamment ceux qui visent à promouvoir son bien-être social, spirituel et moral ainsi que sa santé physique et mentale. À cette fin, les États parties :

a) encouragent les médias à diffuser une information et des matériels qui présentent une utilité sociale et culturelle pour l'enfant et répondent à l'esprit de l'article 29;

b) encouragent la coopération internationale en vue de produire, d'échanger et de diffuser une information et des matériels de ce type provenant de différentes sources culturelles, nationales et internationales;

c) encouragent la production et la diffusion de livres pour enfants;

d) encouragent les médias à tenir particulièrement compte des besoins linguistiques des enfants autochtones ou appartenant à un groupe minoritaire;

e) favorisent l'élaboration de principes directeurs appropriés destinés à protéger l'enfant contre l'information et les matériels qui nuisent à son bien-être, compte tenu des dispositions des articles 13 et 18.

Art. 18

1. Les États parties s'emploient de leur mieux à assurer la reconnaissance du principe selon lequel les deux parents ont une responsabilité commune pour ce qui est d'élever l'enfant et d'assurer son développement. La responsabilité d'élever l'enfant et d'assurer son développement incombe au premier chef aux parents ou, le cas échéant, à ses représentants légaux. Ceux-ci doivent être guidés avant tout par l'intérêt supérieur de l'enfant.

2. Pour garantir et promouvoir les droits énoncés dans la présente Convention, les États parties accordent l'aide appropriée aux parents et aux représentants légaux de l'enfant dans l'exercice de la responsabilité qui leur incombe d'élever l'enfant et assurent la mise en place d'institutions. d'établissements et de services chargés de veiller au bien-être des enfants.

3. Les États parties prennent toutes les mesures appropriées pour assurer aux enfants dont les parents travaillent le droit de bénéficier des services et établissements de garde d'enfants pour lesquels ils remplissent les conditions requises.

Art. 19

1. Les États parties prennent toutes les mesures législatives, administratives, sociales et éducatives appropriées pour protéger l'enfant contre toutes formes de violence, d'atteinte ou de brutalités physiques ou mentales, d'abandon ou de négligence, de mauvais traitements ou d'exploitation, y compris la violence sexuelle, pendant qu'il est sous la garde de ses parents ou de l'un d'eux, de son ou ses représentants légaux ou de toute autre personne à qui il est confié.

2. Ces mesures de protection comprendront, selon qu'il conviendra, des procédures efficaces pour l'établissement de programmes sociaux visant à fournir l'appui nécessaire à l'enfant et à ceux à qui il est confié, ainsi que pour d'autres formes de prévention, et aux fins d'identification, de rapport, de renvoi, d'enquête, de traitement et de suivi pour les cas de mauvais traitements de l'enfant décrits ci-dessus, et comprendre également, selon qu'il conviendra, des procédures d'intervention judiciaire.

Art. 20

1. Tout enfant qui est temporairement ou définitivement privé de son milieu familial, ou qui dans son propre intérêt ne peut être laissé dans ce milieu, a droit à une protection et une aide spéciales de l'État.

2. Les États parties prévoient pour cet enfant une protection de remplacement conforme à leur législation nationale.

3. Cette protection de remplacement peut notamment avoir la forme du placement dans une famille, de la « Kafala » de droit islamique, de l'adoption ou, en cas de nécessité, du placement dans un établissement pour enfants approprié. Dans le choix entre ces solutions, il est dûment tenu compte de la nécessité d'une certaine continuité dans l'éducation de l'enfant, ainsi que de son origine ethnique, religieuse, culturelle et linguistique.

Art. 21

Les États parties qui admettent et/ou autorisent l'adoption s'assurent que l'intérêt supérieur de l'enfant est la considération primordiale en la matière, et :

a) veillent à ce que l'adoption d'un enfant ne soit autorisée que par les autorités compétentes, qui vérifient, conformément à la loi et aux procédures applicables et sur la base de tous les renseignements fiables relatifs au cas considéré, que l'adoption peut avoir lieu eu égard à la situation de l'enfant par rapport à ses père et mère, parents et représentants légaux et que, le cas échéant, les personnes intéressées ont donné leur consentement à l'adoption en connaissance de cause, après s'être entourées des avis nécessaires;

b) reconnaissent que l'adoption à l'étranger peut être envisagée comme un autre moyen d'assurer les soins nécessaires à l'enfant, si celui-ci ne peut, dans son pays d'origine, être placé dans une famille nourricière ou adoptive ou être convenablement élevé;

c) veillent, en cas d'adoption à l'étranger, à ce que l'enfant ait le bénéfice de garanties et de normes équivalant à celles existant en cas d'adoption nationale;

d) prennent toutes les mesures appropriées pour veiller à ce que, en cas d'adoption à l'étranger, le placement de l'enfant ne se traduise pas par un profit matériel indu pour les personnes qui en sont responsables;

e) poursuivent les objectifs du présent article en concluant des arrangements ou des accords bilatéraux ou multilatéraux, selon les cas, et s'efforcent dans ce cadre de veiller à ce que les placements d'enfants à l'étranger soient effectués par des autorités ou des organes compétents.

Art. 22

1. Les États parties prennent les mesures appropriées pour qu'un enfant qui cherche à obtenir le statut de réfugié ou qui est considéré comme réfugié en vertu des règles et procédures du droit international ou national applicable, qu'il soit seul ou accompagné de ses père et mère ou de toute autre personne, bénéficie de la protection et de l'assistance humanitaire voulues pour lui permettre de jouir des droits que lui reconnaissent la présente Convention et les autres instruments internationaux relatifs aux droits de l'homme ou de caractère humanitaire auxquels lesdits États sont parties.

2. À cette fin, les États parties collaborent, selon qu'ils le jugent nécessaire, à tous les efforts faits par l'Organisation des Nations Unies et les autres organisations intergouvernementales ou non gouvernementales compétentes collaborant avec l'Organisation des Nations Unies pour protéger et aider les enfants qui se trouvent en pareille situation et pour rechercher les père et mère ou autres membres de la famille de tout enfant réfugié en vue d'obtenir les renseignements nécessaires pour le réunir à sa famille. Lorsque ni le père, ni la mère, ni aucun autre membre de la famille ne peut être retrouvé, l'enfant se voit accorder, selon les principes énoncés dans la présente Convention, la même protection que tout autre enfant définitivement ou temporairement privé de son milieu familial pour quelque raison que ce soit.

Art. 23

1. Les États parties reconnaissent que les enfants mentalement ou physiquement handicapés doivent mener une vie pleine et décente, dans des conditions qui garantissent leur dignité, favorisent leur autonomie et facilitent leur participation active à la vie de la collectivité.

2. Les États parties reconnaissent le droit des enfants handicapés de bénéficier de soins spéciaux et encouragent et assurent, dans la mesure des ressources disponibles, l'octroi, sur

demande, aux enfants handicapés remplissant les conditions requises et à ceux qui en ont la charge, d'une aide adaptée à l'état de l'enfant et à la situation de ses parents ou de ceux à qui il est confié.

3. Eu égard aux besoins particuliers des enfants handicapés, l'aide fournie conformément au paragraphe 2 est gratuite chaque fois qu'il est possible, compte tenu des ressources financières de leurs parents ou de ceux à qui l'enfant est confié, et elle est conçue de telle sorte que les enfants handicapés aient effectivement accès à l'éducation, à la formation, aux soins de santé, à la rééducation, à la préparation à l'emploi et aux activités récréatives, et bénéficient de ces services de façon propre à assurer une intégration sociale aussi complète que possible et leur épanouissement personnel, y compris dans le domaine culturel et spirituel.

4. Dans un esprit de coopération internationale, les États parties favorisent l'échange d'informations pertinentes dans le domaine des soins de santé préventifs et du traitement médical, psychologique et fonctionnel des enfants handicapés, y compris par la diffusion d'informations concernant les méthodes de rééducation et les services de formation professionnelle, ainsi que l'accès à ces données, en vue de permettre aux États parties d'améliorer leurs capacités et leurs compétences et d'élargir leur expérience dans ces domaines. À cet égard, il est tenu particulièrement compte des besoins des pays en développement.

Art. 24

1. Les États parties reconnaissent le droit de l'enfant de jouir du meilleur état de santé possible et de bénéficier de services médicaux et de rééducation. Ils s'efforcent de garantir qu'aucun enfant ne soit privé du droit d'avoir accès à ces services.

2. Les États parties s'efforcent d'assurer la réalisation intégrale du droit susmentionné et, en particulier, prennent des mesures appropriées pour :

a) réduire la mortalité parmi les nourrissons et les enfants;

b) assurer à tous les enfants l'assistance médicale et les soins de santé nécessaires, l'accent étant mis sur le développement des soins de santé primaires;

c) lutter contre la maladie et la malnutrition, y compris dans le cadre des soins de santé primaires, grâce notamment à l'utilisation de techniques aisément disponibles et à la fourniture d'aliments nutritifs et d'eau potable, compte tenu des dangers et des risques de pollution du milieu naturel;

d) assurer aux mères des soins prénatals et postnatals appropriés;

e) faire en sorte que tous les groupes de la société, en particulier les parents et les enfants, reçoivent une information sur la santé et la nutrition de l'enfant, les avantages de l'allaitement au sein, l'hygiène et la salubrité de l'environnement et la prévention des accidents, et bénéficient d'une aide leur permettant de mettre à profit cette information;

f) développer les soins de santé préventifs, les conseils aux parents et l'éducation et les services en matière de planification familiale.

3. Les États parties prennent toutes les mesures efficaces appropriées en vue d'abolir les pratiques traditionnelles préjudiciables à la santé des enfants.

4. Les États parties s'engagent à favoriser et à encourager la coopération internationale en vue d'assurer progressivement la pleine réalisation du droit reconnu dans le présent article. À cet égard, il est tenu particulièrement compte des besoins des pays en développement.

Art. 25

Les États parties reconnaissent à l'enfant qui a été placé par les autorités compétentes pour recevoir des soins, une protection ou un traitement physique ou mental, le droit à un examen périodique dudit traitement et de toute autre circonstance relative à son placement.

Art. 26

1. Les États parties reconnaissent à tout enfant le droit de bénéficier de la sécurité sociale, y compris les assurances sociales, et prennent les mesures nécessaires pour assurer la pleine réalisation de ce droit en conformité avec leur législation nationale.

2. Les prestations doivent, lorsqu'il y a lieu, être accordées compte tenu des ressources et de la situation de l'enfant et des personnes responsables de son entretien, ainsi que de toute autre considération applicable à la demande de prestation faite par l'enfant ou en son nom.

Art. 27

1. Les États parties reconnaissent le droit de tout enfant à un niveau de vie suffisant pour permettre son développement physique, mental. spirituel, moral et social.

2. C'est aux parents ou autres personnes ayant la charge de l'enfant qu'incombe au premier chef la responsabilité d'assurer, dans les limites de leurs possibilités et de leurs moyens financiers, les conditions de vie nécessaires au développement de l'enfant.

3. Les États parties adoptent les mesures appropriées, compte tenu des conditions nationales et dans la mesure de leurs moyens, pour aider les parents et autres personnes ayant la charge de l'enfant à mettre en œuvre ce droit et offrent, en cas de besoin, une assistance matérielle et des programmes d'appui, notamment en ce qui concerne l'alimentation, le vêtement et le logement.

4. Les États parties prennent toutes les mesures appropriées en vue d'assurer le recouvrement de la pension alimentaire de l'enfant auprès de ses parents ou des autres personnes ayant une responsabilité financière à son égard, que ce soit sur leur territoire ou à l'étranger. En particulier, pour tenir compte des cas où la personne qui a une responsabilité financière à l'égard de l'enfant vit dans un État autre que celui de l'enfant, les États parties favorisent l'adhésion à des accords internationaux ou la conclusion de tels accords ainsi que l'adoption de tous autres arrangements appropriés.

Art. 28

1. Les États parties reconnaissent le droit de l'enfant à l'éducation, et en particulier, en vue d'assurer l'exercice de ce droit progressivement et sur la base de l'égalité des chances :

a) ils rendent l'enseignement primaire obligatoire et gratuit pour tous;

b) ils encouragent l'organisation de différentes formes d'enseignement secondaire, tant général que professionnel, les rendent ouvertes et accessibles à tout enfant, et prennent des mesures appropriées telles que l'instauration de la gratuité de l'enseignement et l'offre d'une aide financière en cas de besoin;

c) ils assurent à tous l'accès à l'enseignement supérieur, en fonction des capacités de chacun, par tous les moyens appropriés;

d) ils rendent ouvertes et accessibles à tout enfant l'information et l'orientation scolaires et professionnelles;

e) ils prennent des mesures pour encourager la régularité de la fréquentation scolaire et la réduction des taux d'abandon scolaire.

2. Les États parties prennent toutes les mesures appropriées pour veiller à ce que la discipline scolaire soit appliquée d'une manière compatible avec la dignité de l'enfant en tant être humain et conformément à la présente Convention.

3. Les États parties favorisent et encouragent la coopération internationale dans le domaine de l'éducation, en vue notamment de contribuer à éliminer l'ignorance et l'analphabétisme dans le monde et de faciliter l'accès aux connaissances scientifiques et techniques et aux méthodes d'enseignement modernes. À cet égard, il est tenu particulièrement compte des besoins des pays en développement.

Art. 29

1. Les États parties conviennent que l'éducation de l'enfant doit viser à :

a) favoriser l'épanouissement de la personnalité de l'enfant et le développement de ses dons et des ses aptitudes mentales et physiques, dans toute la mesure de leurs potentialités;

b) inculquer à l'enfant le respect des droits de l'homme et des libertés fondamentales, et des principes consacrés dans la Charte des Nations Unies;

c) inculquer à l'enfant le respect de ses parents, de son identité, de sa langue et de ses valeurs culturelles, ainsi que le respect des valeurs nationales du pays dans lequel il vit, du pays duquel il peut être originaire et des civilisations différentes de la sienne;

d) préparer l'enfant à assumer les responsabilités de la vie dans une société libre, dans un esprit de compréhension, de paix, de tolérance, d'égalité entre les sexes et d'amitié entre tous les peuples et groupes ethniques, nationaux et religieux, et avec les personnes d'origine autochtone;

e) inculquer à l'enfant le respect du milieu naturel.

2. Aucune disposition du présent article ou de l'article 28 ne sera interprétée d'une manière qui porte atteinte à la liberté des personnes physiques ou morales de créer et de diriger des établissements d'enseignement, à condition que les principes énoncés au paragraphe 1 du présent article soient respectés et que l'éducation dispensée dans ces établissements soit conforme aux normes minimales que l'État aura prescrites.

Art. 30

Dans les États où il existe des minorités ethniques, religieuses ou linguistiques ou des personnes d'origine autochtone, un enfant autochtone ou appartenant à une de ces minorités ne peut être privé du droit d'avoir sa propre vie culturelle, de professer et de pratiquer sa propre religion ou d'employer sa propre langue en commun avec les autres membres de son groupe.

Art. 31

1. Les États parties reconnaissent à l'enfant le droit au repos et aux loisirs, de se livrer au jeu et à des activités récréatives propres à son âge, et de participer librement à la vie culturelle et artistique.

2. Les États parties respectent et favorisent le droit de l'enfant de participer pleinement à la vie culturelle et artistique, et encouragent l'organisation à son intention de moyens appropriés de loisirs et d'activités récréatives, artistiques et culturelles, dans des conditions d'égalité.

Art. 32

1. Les États parties reconnaissent le droit de l'enfant d'être protégé contre l'exploitation économique et de n'être astreint à aucun travail comportant des risques ou susceptible de compromettre son éducation ou de nuire à son développement physique, mental, spirituel, moral ou social.

2. Les États parties prennent des mesures législatives. administratives, sociales et éducatives pour assurer l'application du présent article. À cette fin, et compte tenu des dispositions pertinentes des autres instruments internationaux, les États parties, en particulier :

a) fixent un âge minimum ou des âges minimums d'admission à l'emploi;

b) prévoient une réglementation appropriée des horaires de travail et des conditions d'emploi;

c) prévoient des peines ou autres sanctions appropriées pour assurer l'application effective du présent article.

Art. 33

Les États parties prennent toutes les mesures appropriées, y compris des mesures législatives, administratives, sociales et éducatives, pour protéger les enfants contre l'usage illicite de stupéfiants et de substances psychotropes, tels que les définissent les conventions internationales pertinentes, et pour empêcher que des enfants ne soient utilisés pour la production et le trafic illicites de ces substances.

Art. 34

Les États parties s'engagent à protéger l'enfant contre toutes les formes d'exploitation sexuelle et de violence sexuelle. À cette fin, les États prennent en particulier toutes les mesures appropriées sur les plans national, bilatéral et multilatéral pour empêcher :

a) que des enfants ne soient incités ou contraints à se livrer à une activité sexuelle illégale;

b) que des enfants ne soient exploités à des fins de prostitution ou autres pratiques sexuelles illégales;

c) que des enfants ne soient exploités aux fins de la production de spectacles ou de matériel de caractère pornographique.

Art. 35

Les États parties prennent toutes les mesures appropriées sur les plans national, bilatéral et multilatéral pour empêcher l'enlèvement, la vente ou la traite d'enfants à quelque fin que ce soit et sous quelque forme que ce soit.

Art. 36

Les États parties protègent l'enfant contre toutes autres formes d'exploitation préjudiciables à tout aspect de son bien-être.

Art. 37

Les États parties veillent à ce que :

a) nul enfant ne soit soumis à la torture ni à des peines ou traitements cruels, inhumains ou dégradants : ni la peine capitale ni l'emprisonnement à vie sans possibilité de libération ne doivent être prononcés pour les infractions commises par des personnes âgées de moins de 18 ans;

b) nul enfant ne soit privé de liberté de façon illégale ou arbitraire : l'arrestation, la détention ou l'emprisonnement d'un enfant doit être en conformité avec la loi, être qu'une mesure de dernier ressort et être d'une durée aussi brève que possible :

c) tout enfant privé de liberté soit traité avec humanité et avec le respect dû à la dignité de la personne humaine, et d'une manière tenant compte des besoins des personnes de son âge : en particulier, tout enfant privé de liberté sera séparé des adultes, à moins que l'on n'estime préférable de ne pas le faire dans intérêt supérieur de l'enfant, et il a le droit de rester en contact avec sa famille par la correspondance et par des visites, sauf circonstances exceptionnelles;

d) les enfants privés de liberté aient le droit d'avoir rapidement accès à l'assistance juridique ou à toute assistance appropriée, ainsi que le droit de contester la légalité de leur privation de liberté devant un tribunal ou une autre autorité compétente, indépendante et impartiale, et à ce qu'une décision rapide soit prise en la matière.

Art. 38

1. Les États parties s'engagent à respecter et à faire respecter les règles du droit humanitaire international qui leur sont applicables en cas de conflit armé et dont la protection s'étend aux enfants.

2. Les États parties prennent toutes les mesures possibles dans la pratique pour veiller à ce que les personnes n'ayant pas atteint âge de 15 ans ne participent pas directement aux hostilités.

3. Les États parties s'abstiennent d'enrôler dans leurs forces armées toute personne n'ayant pas atteint âge de 15 ans. Lorsqu'ils incorporent des personnes de plus de 15 ans mais de moins de 18 ans, les États parties s'efforcent d'enrôler en priorité les plus âgées.

4. Conformément à l'obligation qui leur incombe en vertu du droit humanitaire international de protéger la population civile en cas de conflit armé, les États parties prennent toutes les mesures possibles dans la pratique pour que les enfants qui sont touchés par un conflit armé bénéficient d'une protection et de soins.

Art. 39

Les États parties prennent toutes les mesures appropriées pour faciliter la réadaptation physique et psychologique et la réinsertion sociale de tout enfant victime de toute forme de négligence, d'exploitation ou de sévices, de torture ou de toute autre forme de peines ou traitements cruels, inhumains ou dégradants, ou de conflit armé. Cette réadaptation et cette réinsertion se déroulent dans des conditions qui favorisent la santé, le respect de soi et la dignité de l'enfant.

Art. 40

1. Les États parties reconnaissent à tout enfant suspecté, accusé ou convaincu d'infraction à la loi pénale le droit à un traitement qui soit de nature à favoriser son sens de la dignité et de la valeur personnelle, qui renforce son respect pour les droits de l'homme et les libertés fondamentales d'autrui, et qui tienne compte de son âge ainsi que de la nécessité de faciliter sa réintégration dans la société et de lui faire assumer un rôle constructif au sein de celle-ci.

2. À cette fin. et compte tenu des dispositions pertinentes des instruments internationaux, les États parties veillent en particulier :

a) à ce qu'aucun enfant ne soit suspecté, accusé ou convaincu d'infraction à la loi pénale en raison d'actions ou d'omissions qui n'étaient pas interdites par le droit national ou international au moment où elles ont été commises;

b) à ce que tout enfant suspecté ou accusé d'infraction à la loi pénale ait au moins le droit aux garanties suivantes :

I – à être présumé innocent jusqu'à ce que sa culpabilité ait été légalement établie;

II – à être informé dans le plus court délai et directement des accusations portées contre lui, ou, le cas échéant, par l'intermédiaire de ses parents ou représentants légaux, et à bénéficier d'une assistance juridique ou de toute autre assistance appropriée pour la préparation et la présentation de sa défense.

III – à ce que sa cause soit entendue sans retard par une autorité ou une instance judiciaire compétentes, indépendantes et impartiales, selon une procédure équitable aux termes de la loi, en présence de son conseil juridique ou autre et, à moins que cela ne soit jugé contraire à l'intérêt supérieur de l'enfant en raison notamment de son âge ou de sa situation, en présence de ses parents ou représentants légaux;

IV – à ne pas être contraint de témoigner ou de s'avouer coupable; à interroger ou faire interroger les témoins à charge, et à obtenir la comparution et l'interrogatoire des témoins à décharge dans des conditions d'égalité;

V – s'il est reconnu avoir enfreint la loi pénale, à faire appel de cette décision et de toute mesure arrêtée en conséquence devant une autorité ou une instance judiciaire supérieure compétentes, indépendantes et impartiales, conformément à la loi;

VI – à se faire assister gratuitement d'un interprète s'il ne comprend ou ne parle pas la langue utilisée;

VII – à ce que sa vie privée soit pleinement respectée à tous les stades de la procédure.

3. Les États parties s'efforcent de promouvoir l'adoption de lois, de procédures, la mise en place d'autorités et d'institutions spécialement conçues pour les enfants suspectés, accusés ou convaincus d'infraction à la loi pénale, et en particulier :

a) d'établir un âge minimum au-dessous duquel les enfants seront présumés n'avoir pas la capacité d'enfreindre la loi pénale;

b) de prendre des mesures, chaque fois que cela est possible et souhaitable, pour traiter ces enfants sans recourir à la procédure judiciaire, étant cependant entendu que les droits de l'homme et les garanties légales doivent être pleinement respectés.

4. Toute une gamme de dispositions, relatives notamment aux soins, à l'orientation et à la supervision, aux conseils, à la probation, au placement familial, aux programmes d'éducation générale et professionnelle et aux solutions autres qu'institutionnelles seront prévues en vue d'assurer aux enfants un traitement conforme à leur bien-être et proportionné à leur situation et à l'infraction.

Art. 41

Aucune des dispositions de la présente Convention ne porte atteinte aux dispositions plus propices à la réalisation des droits de l'enfant qui peuvent figurer :

a) dans la législation d'un État partie;

b) dans le droit international en vigueur pour cet État.

DEUXIÈME PARTIE

Art. 42

Les États parties s'engagent à faire largement connaître les principes et les dispositions de la présente Convention, par des moyens actifs et appropriés, aux adultes comme aux enfants.

Art. 43

1. Aux fins d'examiner les progrès accomplis par les États parties dans l'exécution des obligations contractées par eux en vertu de la présente Convention, il est institué un Comité des droits de l'enfant qui s'acquitte des fonctions définies ci-après.

2. Le Comité se compose de 10 experts de haute moralité et possédant une compétence reconnue dans le domaine visé par la présente Convention. Ses membres sont élus par les États parties parmi leurs ressortissants et siègent à titre personnel, compte tenu de la nécessité d'assurer une répartition géographique équitable et eu égard aux principaux systèmes juridiques.

3. Les membres du Comité sont élus au scrutin secret sur une liste de personnes désignées par les États parties. Chaque État partie peut désigner un candidat parmi ses ressortissants.

4. La première élection aura lieu dans les six mois suivant la date d'entrée en vigueur de la présente Convention. Les élections auront lieu ensuite tous les deux ans. Quatre mois au moins avant la date de chaque élection, le Secrétaire général de l'Organisation des Nations Unies invitera par écrit les États parties à proposer leurs candidats dans un délai de deux mois. Le Secrétaire général dressera ensuite la liste alphabétique des candidats ainsi désignés, en indiquant les États parties qui les ont désignés, et la communiquera aux États parties à la présente Convention.

5. Les élections ont lieu lors des réunions des États parties, convoquées par le Secrétaire général au Siège de l'Organisation des Nations Unies. À ces réunions, pour lesquelles le quorum est constitué par les deux tiers des États parties, les candidats élus au Comité sont ceux qui obtiennent le plus grand nombre de voix et la majorité absolue des voix des États parties présents et votants.

6. Les membres du Comité sont élus pour quatre ans. Ils sont rééligibles si leur candidature est présentée à nouveau. Le mandat de cinq des membres élus lors de la première élection prend fin au bout de deux ans. Les noms de ces cinq membres seront tirés au sort par le président de la réunion immédiatement après la première élection.

7. En cas de décès ou de démission d'un membre du Comité, ou si, pour toute autre raison, un membre déclare ne plus pouvoir exercer ses fonctions au sein du Comité, l'État partie qui avait présenté sa candidature nomme un autre expert parmi ses ressortissants pour pourvoir le poste ainsi vacant jusqu'à l'expiration du mandat correspondant. sous réserve de l'approbation du Comité.

8. Le Comité adopte son règlement intérieur.

9. Le Comité élit son bureau pour une période de deux ans.

10. Les réunions du Comité se tiennent normalement au Siège de l'Organisation des Nations Unies, ou en tout autre lieu approprié déterminé par le Comité. Le Comité se réunit normalement chaque année. La durée de ses sessions est déterminée et modifiée, si nécessaire, par une réunion des États parties à la présente Convention, sous réserve de l'approbation de l'Assemblée générale.

11. Le Secrétaire général de l'organisation des Nations Unies met à la disposition du Comité le personnel et les installations qui lui sont nécessaires pour s'acquitter efficacement des fonctions qui lui sont confiées en vertu de la présente Convention.

12. Les membres du Comité institué en vertu de la présente Convention reçoivent, avec l'approbation de l'Assemblée générale, des émoluments prélevés sur les ressources de l'Organisation des Nations Unies dans les conditions et selon les modalités fixées par l'Assemblée générale.

Art. 44

1. Les États parties s'engagent à soumettre au Comité, par l'entremise du Secrétaire général de l'Organisation des Nations Unies, des rapports sur les mesures qu'ils auront adoptées pour donner effet aux droits reconnus dans la présente Convention et sur les progrès réalisés dans la jouissance de ces droits :

a) dans les deux ans à compter de la date de l'entrée en vigueur de la présente Convention pour les États parties intéressés;

b) par la suite, tous les cinq ans.

2. Les rapports établis en application du présent article doivent, le cas échéant, indiquer les facteurs et les difficultés empêchant les États parties de s'acquitter pleinement des obligations prévues dans la présente Convention. Ils doivent également contenir des renseignements suffisants pour donner au Comité une idée précise de l'application de la Convention dans le pays considéré.

3. Les États parties ayant présenté au Comité un rapport initial complet n'ont pas, dans les rapports qu'ils lui présentent ensuite conformément à l'alinéa b) du paragraphe 1, à répéter les renseignements de base antérieurement communiqués.

4. Le Comité peut demander aux États parties tous renseignements complémentaires relatifs à l'application de la Convention.

5. Le Comité soumet tous les deux ans à l'Assemblée générale, par l'entremise du Conseil économique et social, un rapport sur ses activités.

Art. 45

Pour promouvoir l'application effective de la Convention et encourager la coopération internationale dans le domaine visé par la Convention :

a) les institutions spécialisées, l'Unicef et d'autres organes des Nations Unies ont le droit de se faire représenter lors de l'examen de l'application des dispositions de la présente Convention qui relèvent de leur mandat. Le Comité peut inviter les institutions spécialisées, l'Unicef et tous autres organismes compétents qu'il jugera appropriés à donner des avis spécialisés sur l'application de la Convention dans les domaines qui relèvent de leur mandat respectif. Il peut inviter les institutions spécialisées, l'Unicef et d'autres organes des Nations Unies à lui présenter des rapports sur l'application de la Convention dans les secteurs qui relèvent de leur domaine d'activité.

b) le Comité transmet, s'il le juge nécessaire, aux institutions spécialisées, à l'Unicef et aux autres organismes compétents tout rapport des États parties contenant une demande ou indiquant un besoin de conseils ou d'assistance techniques, accompagné, le cas échéant, des observations et suggestions du Comité touchant ladite demande ou indication.

c) le Comité peut recommander à l'Assemblée générale de prier le Secrétaire général de procéder pour le Comité à des études sur des questions spécifiques touchant les droits de l'enfant.

d) le Comité peut faire des suggestions et des recommandations d'ordre général fondées sur les renseignements reçus en application des articles 44 et 45 de la présente Convention. Ces suggestions et recommandations d'ordre général sont transmises à tout État partie intéressé et portées à l'attention de l'Assemblée Générale, accompagnées, le cas échéant, des observations des États parties.

TROISIÈME PARTIE

Art. 46

La présente Convention est ouverte à la signature de tous les États.

Art. 47

La présente Convention est sujette à ratification. Les instruments de ratification seront déposés.

Art. 48

La présente Convention restera ouverte à l'adhésion de tout État. Les instruments d'adhésion seront déposés auprès du Secrétaire général de l'Organisation des Nations Unies.

Art. 49

1. La présente Convention entrera en vigueur le trentième jour qui suivra la date du dépôt auprès du Secrétaire général de l'Organisation des Nations Unies du vingtième instrument de ratification ou d'adhésion.

2. Pour chacun des États qui ratifieront la présente Convention ou y adhéreront par le dépôt du vingtième instrument de ratification ou d'adhésion, la Convention entrera en vigueur le trentième jour qui suivra le dépôt par cet État de son instrument de ratification ou d'adhésion.

Art. 50

1. Tout État partie peut proposer un amendement et en déposer le texte auprès du Secrétaire général de l'Organisation des Nations Unies. Le secrétaire général communique alors la proposition d'amendement aux États parties, en leur demandant de lui faire savoir s'ils sont favorables à la convocation d'une conférence des États parties en vue de l'examen de la proposition et de sa mise aux voix. Si, dans les quatre mois qui suivent la date de cette communication, un tiers au moins des États parties se prononcent en faveur de la convocation d'une telle conférence, le Secrétaire général convoque la conférence sous les auspices de l'Organisation des Nations Unies. Tout amendement adopté par la majorité des États parties présents et votants à la conférence est soumis pour approbation à l'Assemblée générale des Nations Unies.

2. Tout amendement adopté conformément aux dispositions du paragraphe 1 du présent article entre en vigueur lorsqu'il a été approuvé par l'Assemblée générale des Nations Unies et accepté par une majorité des deux tiers des États parties.

3. Lorsqu'un amendement entre en vigueur, il a force obligatoire pour les États parties qui l'ont accepté, les autres États parties demeurant liés par les dispositions de la présente Convention et par tous amendements antérieurs acceptés par eux.

Art. 51

1. Le secrétaire général de l'Organisation des Nations Unies recevra et communiquera à tous les États le texte des réserves qui auront été faites par les États au moment de la ratification ou de l'adhésion.

2. Aucune réserve incompatible avec l'objet et le but de la présente Convention n'est autorisée.

3. Les réserves peuvent être retirées à tout moment par notification adressée au Secrétaire général de l'Organisation des Nations Unies, lequel en informe tous les États parties à la Convention. La notification prend effet à la date à laquelle elle est reçue par le Secrétaire général.

Art. 52

Tout État partie peut dénoncer la présente Convention par notification écrite adressée au Secrétaire général de l'Organisation des Nations Unies. La dénonciation prend effet un an après la date à laquelle la notification a été reçue par le Secrétaire général.

Art. 53

Le Secrétaire général de l'Organisation des Nations Unies est désigné comme dépositaire de la présente Convention.

Art. 54

L'original de la présente Convention, dont les textes anglais, arabe, chinois, espagnol, français et russe font également foi, sera déposé auprès du Secrétaire général de l'Organisation des Nations Unies.

En foi de quoi les plénipotentiaires soussignés, dûment habilités par leurs gouvernements respectifs, ont signé la présente Convention.

63.15

CONVENTION DE LA HAYE, 29 MAI 1993, SUR LA PROTECTION DES ENFANTS ET LA COOPÉRATION EN MATIÈRE D'ADOPTION INTERNATIONALE

(entrée en vigueur en France, le 1er oct. 1998)

Les États signataires de la présente Convention,

Reconnaissant que, pour l'épanouissement harmonieux de sa personnalité, l'enfant doit grandir dans un milieu familial, dans un climat de bonheur, d'amour et de compréhension,

Rappelant que chaque État devrait prendre, par priorité, des mesures appropriées pour permettre le maintien de l'enfant dans sa famille d'origine,

Reconnaissant que l'adoption internationale peut présenter l'avantage de donner une famille permanente à l'enfant pour lequel une famille appropriée ne peut être trouvée dans son État d'origine,

Convaincus de la nécessité de prévoir des mesures pour garantir que les adoptions internationales aient lieu dans l'intérêt supérieur de l'enfant et le respect de ses droits fondamentaux, ainsi que pour prévenir l'enlèvement, la vente ou la traite d'enfants,

Désirant établir à cet effet des dispositions communes qui tiennent compte des principes reconnus par les instruments internationaux, notamment par la Convention des Nations Unies sur les droits de l'enfant, du 20 novembre 1989, et par la Déclaration des Nations Unies sur les principes sociaux et juridiques applicables à la protection et au bien-être des enfants, envisagés surtout sous l'angle des pratiques en matière d'adoption et de placement familial sur les plans national et international (Résolution de l'Assemblée générale 41/85, du 3 décembre 1986),

Sont convenus des dispositions suivantes :

CHAPITRE I – CHAMP D'APPLICATION DE LA CONVENTION

Art. 1er

La présente Convention a pour objet :

a) d'établir des garanties pour que les adoptions internationales aient lieu dans l'intérêt supérieur de l'enfant et dans le respect des droits fondamentaux qui lui sont reconnus en droit international;

b) d'instaurer un système de coopération entre les États contractants pour assurer le respect de ces garanties et prévenir ainsi l'enlèvement, la vente ou la traite d'enfants;

c) d'assurer la reconnaissance dans les États contractants des adoptions réalisées selon la Convention.

Art. 2

1. La Convention s'applique lorsqu'un enfant résidant habituellement dans un État contractant (« l'État d'origine ») a été, est ou doit être déplacé vers un autre État contractant (« l'État d'accueil »), soit après son adoption dans l'État d'origine par des époux ou une personne résidant habituellement dans l'État d'accueil, soit en vue d'une telle adoption dans l'État d'accueil ou dans l'État d'origine.

2. La Convention ne vise que les adoptions établissant un lien de filiation.

Art. 3

La Convention cesse de s'appliquer si les acceptations visées à l'article 17, lettre c, n'ont pas été données avant que l'enfant n'ait atteint l'âge de dix-huit ans.

CHAPITRE II – CONDITIONS DES ADOPTIONS INTERNATIONALES

Art. 4

Les adoptions visées par la Convention ne peuvent avoir lieu que si les autorités compétentes de l'État d'origine :

a) ont établi que l'enfant est adoptable;

b) ont constaté, après avoir dûment examiné les possibilités de placement de l'enfant dans son État d'origine, qu'une adoption internationale répond à l'intérêt supérieur de l'enfant;

c) se sont assurées

1) que les personnes, institutions et autorités dont le consentement est requis pour l'adoption ont été entourées des conseils nécessaires et dûment informées sur les conséquences de leur consentement, en particulier sur le maintien ou la rupture, en raison d'une adoption, des liens de droit entre l'enfant et sa famille d'origine,

2) que celles-ci ont donné librement leur consentement dans les formes légales requises, et que ce consentement a été donné ou constaté par écrit,

3) que les consentements n'ont pas été obtenus moyennant paiement ou contrepartie d'aucune sorte et qu'ils n'ont pas été retirés, et

4) que le consentement de la mère, s'il est requis, n'a été donné qu'après la naissance de l'enfant; et

d) se sont assurées, eu égard à l'âge et à la maturité de l'enfant,

1) que celui-ci a été entouré de conseils et dûment informé sur les conséquences de l'adoption et de son consentement à l'adoption, si celui-ci est requis,

2) que les souhaits et avis de l'enfant ont été pris en considération,

3) que le consentement de l'enfant à l'adoption, lorsqu'il est requis, a été donné librement, dans les formes légales requises, et que son consentement a été donné ou constaté par écrit, et

4) que ce consentement n'a pas été obtenu moyennant paiement ou contrepartie d'aucune sorte.

Art. 5

Les adoptions visées par la Convention ne peuvent avoir lieu que si les autorités compétentes de l'État d'accueil :

a) ont constaté que les futurs parents adoptifs sont qualifiés et aptes à adopter;

b) se sont assurées que les futurs parents adoptifs ont été entourés des conseils nécessaires; et

c) ont constaté que l'enfant est ou sera autorisé à entrer et à séjourner de façon permanente dans cet État.

CHAPITRE III – AUTORITÉS CENTRALES ET ORGANISMES AGRÉÉS

Art. 6

1. Chaque État contractant désigne une Autorité centrale chargée de satisfaire aux obligations qui lui sont imposées par la Convention.

2. Un État fédéral, un État dans lequel plusieurs systèmes de droit sont en vigueur ou un État ayant des unités territoriales autonomes est libre de désigner plus d'une Autorité centrale et de spécifier l'étendue territoriale ou personnelle de leurs fonctions. L'État qui fait usage de cette faculté désigne l'Autorité centrale à laquelle toute communication peut être adressée en vue de sa transmission à l'Autorité centrale compétente au sein de cet État.

Art. 7

1. Les Autorités centrales doivent coopérer entre elles et promouvoir une collaboration entre les autorités compétentes de leurs États pour assurer la protection des enfants et réaliser les autres objectifs de la Convention.

2. Elles prennent directement toutes mesures appropriées pour :

a) fournir des informations sur la législation de leurs États en matière d'adoption et d'autres informations générales, telles que des statistiques et formules types;

b) s'informer mutuellement sur le fonctionnement de la Convention et, dans la mesure du possible, lever les obstacles à son application.

Art. 8

Les Autorités centrales prennent, soit directement, soit avec le concours d'autorités publiques, toutes mesures appropriées pour prévenir les gains matériels indus à l'occasion d'une adoption et empêcher toute pratique contraire aux objectifs de la Convention.

Art. 9

Les Autorités centrales prennent, soit directement, soit avec le concours d'autorités publiques ou d'organismes dûment agréés dans leur État, toutes mesures appropriées, notamment pour :

a) rassembler, conserver et échanger des informations relatives à la situation de l'enfant et des futurs parents adoptifs, dans la mesure nécessaire à la réalisation de l'adoption;

b) faciliter, suivre et activer la procédure en vue de l'adoption;

c) promouvoir dans leurs États le développement de services de conseils pour l'adoption et pour le suivi de l'adoption;

d) échanger des rapports généraux d'évaluation sur les expériences en matière d'adoption internationale;

e) répondre, dans la mesure permise par la loi de leur État, aux demandes motivées d'informations sur une situation particulière d'adoption formulées par d'autres Autorités centrales ou par des autorités publiques.

Art. 10

Peuvent seuls bénéficier de l'agrément et le conserver les organismes qui démontrent leur aptitude à remplir correctement les missions qui pourraient leur être confiées.

Art. 11

Un organisme agréé doit :

a) poursuivre uniquement des buts non lucratifs dans les conditions et limites fixées par les autorités compétentes de l'État d'agrément;

b) être dirigé et géré par des personnes qualifiées par leur intégrité morale et leur formation ou expérience pour agir dans le domaine de l'adoption internationale; et

c) être soumis à la surveillance d'autorités compétentes de cet État pour sa composition, son fonctionnement et sa situation financière.

Art. 12

Un organisme agréé dans un État contractant ne pourra agir dans un autre État contractant que si les autorités compétentes des deux États l'ont autorisé.

Art. 13

La désignation des Autorités centrales et, le cas échéant, l'étendue de leurs fonctions, ainsi que le nom et l'adresse des organismes agréés, sont communiqués par chaque État contractant au Bureau Permanent de la Conférence de La Haye de droit international privé.

CHAPITRE IV – CONDITIONS PROCÉDURALES DE L'ADOPTION INTERNATIONALE

Art. 14

Les personnes résidant habituellement dans un État contractant, qui désirent adopter un enfant dont la résidence habituelle est située dans un autre État contractant, doivent s'adresser à l'Autorité centrale de l'État de leur résidence habituelle.

Art. 15

1. Si l'Autorité centrale de l'État d'accueil considère que les requérants sont qualifiés et aptes à adopter, elle établit un rapport contenant des renseignements sur leur identité, leur capacité légale et leur aptitude à adopter, leur situation personnelle, familiale et médicale, leur milieu social, les motifs qui les animent, leur aptitude à assumer une adoption internationale, ainsi que sur les enfants qu'ils seraient aptes à prendre en charge.

2. Elle transmet le rapport à l'Autorité centrale de l'État d'origine.

Art. 16

1. Si l'Autorité centrale de l'État d'origine considère que l'enfant est adoptable,

a) elle établit un rapport contenant des renseignements sur l'identité de l'enfant, son adoptabilité, son milieu social, son évolution personnelle et familiale, son passé médical et celui de sa famille, ainsi que sur ses besoins particuliers;

b) elle tient dûment compte des conditions d'éducation de l'enfant, ainsi que de son origine ethnique, religieuse et culturelle;

c) elle s'assure que les consentements visés à l'article 4 ont été obtenus; et

d) elle constate, en se fondant notamment sur les rapports concernant l'enfant et les futurs parents adoptifs, que le placement envisagé est dans l'intérêt supérieur de l'enfant.

2. Elle transmet à l'Autorité centrale de l'État d'accueil son rapport sur l'enfant, la preuve des consentements requis et les motifs de son constat sur le placement, en veillant à ne pas révéler l'identité de la mère et du père, si, dans l'État d'origine, cette identité ne peut pas être divulguée.

Art. 17

Toute décision de confier un enfant à des futurs parents adoptifs ne peut être prise dans l'État d'origine que :

a) si l'Autorité centrale de cet État s'est assurée de l'accord des futurs parents adoptifs;

b) si l'Autorité centrale de l'État d'accueil a approuvé cette décision, lorsque la loi de cet État ou l'Autorité centrale de l'État d'origine le requiert;

c) si les Autorités centrales des deux États ont accepté que la procédure en vue de l'adoption se poursuive; et

d) s'il a été constaté conformément à l'article 5 que les futurs parents adoptifs sont qualifiés et aptes à adopter et que l'enfant est ou sera autorisé à entrer et à séjourner de façon permanente dans l'État d'accueil.

Art. 18

Les Autorités centrales des deux États prennent toutes mesures utiles pour que l'enfant reçoive l'autorisation de sortie de l'État d'origine, ainsi que celle d'entrée et de séjour permanent dans l'État d'accueil.

Art. 19

1. Le déplacement de l'enfant vers l'État d'accueil ne peut avoir lieu que si les conditions de l'article 17 ont été remplies.

2. Les Autorités centrales des deux États veillent à ce que ce déplacement s'effectue en toute sécurité, dans des conditions appropriées et, si possible, en compagnie des parents adoptifs ou des futurs parents adoptifs.

3. Si ce déplacement n'a pas lieu, les rapports visés aux articles 15 et 16 sont renvoyés aux autorités expéditrices.

Art. 20

Les Autorités centrales se tiennent informées sur la procédure d'adoption et les mesures prises pour la mener à terme, ainsi que sur le déroulement de la période probatoire, lorsque celle-ci est requise.

Art. 21

1. Lorsque l'adoption doit avoir lieu après le déplacement de l'enfant dans l'État d'accueil et que l'Autorité centrale de cet État considère que le maintien de l'enfant dans la famille d'accueil n'est plus de son intérêt supérieur, cette Autorité prend les mesures utiles à la protection de l'enfant, en vue notamment :

a) de retirer l'enfant aux personnes qui désiraient l'adopter et d'en prendre soin provisoirement;

b) en consultation avec l'Autorité centrale de l'État d'origine, d'assurer sans délai un nouveau placement de l'enfant en vue de son adoption ou, à défaut, une prise en charge alternative durable; une adoption ne peut avoir lieu que si l'Autorité centrale de l'État d'origine a été dûment informée sur les nouveaux parents adoptifs;

c) en dernier ressort, d'assurer le retour de l'enfant, si son intérêt l'exige.

2. Eu égard notamment à l'âge et à la maturité de l'enfant, celui-ci sera consulté et, le cas échéant, son consentement obtenu sur les mesures à prendre conformément au présent article.

Art. 22

1. Les fonctions conférées à l'Autorité centrale par le présent chapitre peuvent être exercées par des autorités publiques ou par des organismes agréés conformément au chapitre III, dans la mesure prévue par la loi de son État.

2. Un État contractant peut déclarer auprès du dépositaire de la Convention que les fonctions conférées à l'Autorité centrale par les articles 15 à 21 peuvent aussi être exercées dans cet État, dans la mesure prévue par la loi et sous le contrôle des autorités compétentes de cet État, par des organismes ou personnes qui :

a) remplissent les conditions de moralité, de compétence professionnelle, d'expérience et de responsabilité requises par cet État; et

b) sont qualifiées par leur intégrité morale et leur formation ou expérience pour agir dans le domaine de l'adoption internationale.

3. L'État contractant qui fait la déclaration visée au paragraphe 2 informe régulièrement le Bureau Permanent de la Conférence de La Haye de droit international privé des noms et adresses de ces organismes et personnes.

4. Un État contractant peut déclarer auprès du dépositaire de la Convention que les adoptions d'enfants dont la résidence habituelle est située sur son territoire ne peuvent avoir lieu que si les fonctions conférées aux Autorités centrales sont exercées conformément au paragraphe premier.

5. Nonobstant toute déclaration effectuée conformément au paragraphe 2, les rapports prévus aux articles 15 et 16 sont, dans tous les cas, établis sous la responsabilité de l'Autorité centrale ou d'autres autorités ou organismes, conformément au paragraphe premier.

CHAPITRE V – RECONNAISSANCE ET EFFETS DE L'ADOPTION

Art. 23

1. Une adoption certifiée conforme à la Convention par l'autorité compétente de l'État contractant où elle a eu lieu est reconnue de plein droit dans les autres États contractants. Le certificat indique quand et par qui les acceptations visées à l'article 17, lettre c, ont été données.

2. Tout État contractant, au moment de la signature, de la ratification, de l'acceptation, de l'approbation ou de l'adhésion, notifiera au dépositaire de la Convention l'identité et les fonctions de l'autorité ou des autorités qui, dans cet État, sont compétentes pour délivrer le certificat. Il lui notifiera aussi toute modification dans la désignation de ces autorités.

Art. 24

La reconnaissance d'une adoption ne peut être refusée dans un État contractant que si l'adoption est manifestement contraire à son ordre public, compte tenu de l'intérêt supérieur de l'enfant.

Art. 25

Tout État contractant peut déclarer au dépositaire de la Convention qu'il ne sera pas tenu de reconnaître en vertu de celle-ci les adoptions faites conformément à un accord conclu en application de l'article 39, paragraphe 2.

Art. 26

1. La reconnaissance de l'adoption comporte celle :

a) du lien de filiation entre l'enfant et ses parents adoptifs;

b) de la responsabilité parentale des parents adoptifs à l'égard de l'enfant;

c) de la rupture du lien préexistant de filiation entre l'enfant et sa mère et son père, si l'adoption produit cet effet dans l'État contractant où elle a eu lieu.

2. Si l'adoption a pour effet de rompre le lien préexistant de filiation, l'enfant jouit, dans l'État d'accueil et dans tout autre État contractant où l'adoption est reconnue, des droits équivalents à ceux résultant d'une adoption produisant cet effet dans chacun de ces États.

3. Les paragraphes précédents ne portent pas atteinte à l'application de toute disposition plus favorable à l'enfant, en vigueur dans l'État contractant qui reconnaît l'adoption.

Art. 27

1. Lorsqu'une adoption faite dans l'État d'origine n'a pas pour effet de rompre le lien préexistant de filiation, elle peut, dans l'État d'accueil qui reconnaît l'adoption conformément à la Convention, être convertie en une adoption produisant cet effet,

a) si le droit de l'État d'accueil le permet; et

b) si les consentements visés à l'article 4, lettres *c* et *d*, ont été ou sont donnés en vue d'une telle adoption.

2. L'article 23 s'applique à la décision de conversion.

CHAPITRE VI – DISPOSITIONS GÉNÉRALES

Art. 28

La Convention ne déroge pas aux lois de l'État d'origine qui requièrent que l'adoption d'un enfant résidant habituellement dans cet État doive avoir lieu dans cet État ou qui interdisent le placement de l'enfant dans l'État d'accueil ou son déplacement vers cet État avant son adoption.

Art. 29

Aucun contact entre les futurs parents adoptifs et les parents de l'enfant ou toute autre personne qui a la garde de celui-ci ne peut avoir lieu tant que les dispositions de l'article 4, lettres *a* à *c*, et de l'article 5, lettre *a*, n'ont pas été respectées, sauf si l'adoption a lieu entre membres d'une même famille ou si les conditions fixées par l'autorité compétente de l'État d'origine sont remplies.

Art. 30

1. Les autorités compétentes d'un État contractant veillent à conserver les informations qu'elles détiennent sur les origines de l'enfant, notamment celles relatives à l'identité de sa mère et de son père, ainsi que les données sur le passé médical de l'enfant et de sa famille.

2. Elles assurent l'accès de l'enfant ou de son représentant à ces informations, avec les conseils appropriés, dans la mesure permise par la loi de leur État.

Art. 31

Sous réserve de l'article 30, les données personnelles rassemblées ou transmises conformément à la Convention, en particulier celles visées aux articles 15 et 16, ne peuvent être utilisées à d'autres fins que celles pour lesquelles elles ont été rassemblées ou transmises.

Art. 32

1. Nul ne peut tirer un gain matériel indu en raison d'une intervention à l'occasion d'une adoption internationale.

2. Seuls peuvent être demandés et payés les frais et dépenses, y compris les honoraires raisonnables des personnes qui sont intervenues dans l'adoption.

3. Les dirigeants, administrateurs et employés d'organismes intervenant dans une adoption ne peuvent recevoir une rémunération disproportionnée par rapport aux services rendus.

Art. 33

Toute autorité compétente qui constate qu'une des dispositions de la Convention a été méconnue ou risque manifestement de l'être en informe aussitôt l'Autorité centrale de l'État dont elle relève. Cette Autorité centrale a la responsabilité de veiller à ce que les mesures utiles soient prises.

Art. 34

Si l'autorité compétente de l'État destinataire d'un document le requiert, une traduction certifiée conforme doit être produite. Sauf dispense, les frais de traduction sont à la charge des futurs parents adoptifs.

Art. 35

Les autorités compétentes des États contractants agissent rapidement dans les procédures d'adoption.

Art. 36

Au regard d'un État qui connaît, en matière d'adoption, deux ou plusieurs systèmes de droit applicables dans des unités territoriales différentes :

a) toute référence à la résidence habituelle dans cet État vise la résidence habituelle dans une unité territoriale de cet État;

b) toute référence à la loi de cet État vise la loi en vigueur dans l'unité territoriale concernée;

c) toute référence aux autorités compétentes ou aux autorités publiques de cet État vise les autorités habilitées à agir dans l'unité territoriale concernée;

d) toute référence aux organismes agréés de cet État vise les organismes agréés dans l'unité territoriale concernée.

Art. 37

Au regard d'un État qui connaît, en matière d'adoption, deux ou plusieurs systèmes de droit applicables à des catégories différentes de personnes, toute référence à la loi de cet État vise le système de droit désigné par le droit de celui-ci.

Art. 38

Un État dans lequel différentes unités territoriales ont leurs propres règles de droit en matière d'adoption ne sera pas tenu d'appliquer la Convention lorsqu'un État dont le système de droit est unifié ne serait pas tenu de l'appliquer.

Art. 39

1. La Convention ne déroge pas aux instruments internationaux auxquels des États contractants sont Parties et qui contiennent des dispositions sur les matières réglées par la présente Convention, à moins qu'une déclaration contraire ne soit faite par les États liés par de tels instruments.

2. Tout État contractant pourra conclure avec un ou plusieurs autres États contractants des accords en vue de favoriser l'application de la Convention dans leurs rapports réciproques. Ces accords ne pourront déroger qu'aux dispositions des articles 14 à 16 et 18 à 21. Les États qui auront conclu de tels accords en transmettront une copie au dépositaire de la Convention.

Art. 40

Aucune réserve à la Convention n'est admise.

Art. 41

La Convention s'applique chaque fois qu'une demande visée à l'article 14 a été reçue après l'entrée en vigueur de la Convention dans l'État d'accueil et l'État d'origine.

Art. 42

Le Secrétaire général de la Conférence de La Haye de droit international privé convoque périodiquement une Commission spéciale afin d'examiner le fonctionnement pratique de la Convention.

CHAPITRE VII – CLAUSES FINALES

Art. 43

1. La Convention est ouverte à la signature des États qui étaient Membres de la Conférence de La Haye de droit international privé lors de sa Dix-septième session et des autres États qui ont participé à cette Session.

2. Elle sera ratifiée, acceptée ou approuvée et les instruments de ratification, d'acceptation ou d'approbation seront déposés auprès du Ministère des Affaires Étrangères du Royaume des Pays-Bas, dépositaire de la Convention.

Art. 44

1. Tout autre État pourra adhérer à la Convention après son entrée en vigueur en vertu de l'article 46, paragraphe 1.

2. L'instrument d'adhésion sera déposé auprès du dépositaire.

3. L'adhésion n'aura d'effet que dans les rapports entre l'État adhérant et les États contractants qui n'auront pas élevé d'objection à son encontre dans les six mois après la réception de la notification prévue à l'article 48, lettre *b*. Une telle objection pourra également être élevée par tout État au moment d'une ratification, acceptation ou approbation de la Convention, ultérieure à l'adhésion. Ces objections seront notifiées au dépositaire.

Art. 45

1. Un État qui comprend deux ou plusieurs unités territoriales dans lesquelles des systèmes de droit différents s'appliquent aux matières régies par cette Convention pourra, au moment de la signature, de la ratification, de l'acceptation, de l'approbation ou de l'adhésion, déclarer que la présente Convention s'appliquera à toutes ses unités territoriales ou seulement à l'une ou à plusieurs d'entre elles, et pourra à tout moment modifier cette déclaration en faisant une nouvelle déclaration.

2. Ces déclarations seront notifiées au dépositaire et indiqueront expressément les unités territoriales auxquelles la Convention s'applique.

3. Si un État ne fait pas de déclaration en vertu du présent article, la Convention s'appliquera à l'ensemble du territoire de cet État.

Art. 46

1. La Convention entrera en vigueur le premier jour du mois suivant l'expiration d'une période de trois mois après le dépôt du troisième instrument de ratification, d'acceptation ou d'approbation prévu par l'article 43.

2. Par la suite, la Convention entrera en vigueur :

a) pour chaque État ratifiant, acceptant ou approuvant postérieurement, ou adhérant, le premier jour du mois suivant l'expiration d'une période de trois mois après le dépôt de son instrument de ratification, d'acceptation, d'approbation ou d'adhésion;

b) pour les unités territoriales auxquelles la Convention a été étendue conformément à l'article 45, le premier jour du mois suivant l'expiration d'une période de trois mois après la notification visée dans cet article.

Art. 47

1. Tout État Partie à la Convention pourra dénoncer celle-ci par une notification adressée par écrit au dépositaire.

2. La dénonciation prendra effet le premier jour du mois suivant l'expiration d'une période de douze mois après la date de réception de la notification par le dépositaire. Lorsqu'une période plus longue pour la prise d'effet de la dénonciation est spécifiée dans la notification, la dénonciation prendra effet à l'expiration de la période en question après la date de réception de la notification.

Art. 48

Le dépositaire notifiera aux États membres de la Conférence de La Haye de droit international privé, aux autres États qui ont participé à la Dix-septième session, ainsi qu'aux États qui auront adhéré conformément aux dispositions de l'article 44 :

a) les signatures, ratifications, acceptations et approbations visées à l'article 43;

b) les adhésions et les objections aux adhésions visées à l'article 44;

c) la date à laquelle la Convention entrera en vigueur conformément aux dispositions de l'article 46;

d) les déclarations et les désignations mentionnées aux articles 22, 23, 25 et 45;

e) les accords mentionnés à l'article 39;

f) les dénonciations visées à l'article 47.

En foi de quoi, les soussignés, dûment autorisés, ont signé la présente Convention.

Fait à La Haye, le 29 mai 1993, en français et en anglais, les deux textes faisant également foi, en un seul exemplaire, qui sera déposé dans les archives du Gouvernement du Royaume des Pays-Bas et dont une copie certifiée conforme sera remise, par la voie diplomatique, à chacun des États membres de la Conférence de La Haye de droit international privé lors de la Dix-septième session, ainsi qu'à chacun des autres États ayant participé à cette Session.

63.16
CONVENTION EUROPÉENNE SUR L'EXERCICE DES DROITS DES ENFANTS, 25 JANV. 1996

(ouverte à la signature des membres du Conseil de l'Europe et des États non membres qui ont participé à son élaboration, à Strasbourg, le 25 janvier 1996; en vigueur le 1er juillet 2000; signée par la France)

PRÉAMBULE

Les États membres du Conseil de l'Europe et les autres États, signataires de la présente Convention,

Considérant que le but du Conseil de l'Europe est de réaliser une union plus étroite entre ses membres;

Tenant compte de la Convention des Nations Unies sur les droits de l'enfant et en particulier de l'article 4 qui exige que les États Parties prennent toutes les mesures législatives, administratives et autres qui sont nécessaires pour mettre en œuvre les droits reconnus dans ladite Convention;

Prenant note du contenu de la Recommandation 1121 (1990) de l'Assemblée parlementaire, relative aux droits des enfants;

Convaincus que les droits et les intérêts supérieurs des enfants devraient être promus et qu'à cet effet les enfants devraient avoir la possibilité d'exercer ces droits, en particulier dans les procédures familiales les intéressant;

Reconnaissant que les enfants devraient recevoir des informations pertinentes afin que leurs droits et leurs intérêts supérieurs puissent être promus, et que l'opinion de ceux-là doit être dûment prise en considération;

Reconnaissant l'importance du rôle des parents dans la protection et la promotion des droits et des intérêts supérieurs de leurs enfants et considérant que les États devraient, le cas échéant, également prendre part à celles-là;

Considérant, toutefois, que, en cas de conflit, il est opportun que les familles essayent de trouver un accord avant de porter la question devant une autorité judiciaire,

Sont convenus de ce qui suit :

CHAPITRE I – CHAMP D'APPLICATION ET OBJET DE LA CONVENTION, ET DÉFINITIONS

Art. 1 – Champ d'application et objet de la Convention

1. La présente Convention s'applique aux enfants qui n'ont pas atteint l'âge de 18 ans.

2. L'objet de la présente Convention vise à promouvoir, dans l'intérêt supérieur des enfants, leurs droits, à leur accorder des droits procéduraux et à en faciliter l'exercice en veillant à ce qu'ils puissent, eux-mêmes, ou par l'intermédiaire d'autres personnes ou organes, être informés et autorisés à participer aux procédures les intéressant devant une autorité judiciaire.

3. Aux fins de la présente Convention, les procédures intéressant les enfants devant une autorité judiciaire sont des procédures familiales, en particulier celles relatives à l'exercice des responsabilités parentales, s'agissant notamment de la résidence et du droit de visite à l'égard des enfants.

4. Tout État doit, au moment de la signature ou au moment du dépôt de son instrument de ratification, d'acceptation, d'approbation ou d'adhésion, désigner, par déclaration adressée au Secrétaire Général du Conseil de l'Europe, au moins trois catégories de litiges familiaux devant une autorité judiciaire auxquelles la présente Convention a vocation à s'appliquer.

5. Toute Partie peut, par déclaration additionnelle, compléter la liste des catégories de litiges familiaux auxquelles la présente Convention a vocation à s'appliquer ou fournir toute information relative à l'application des articles 5, 9, paragraphe 2, 10, paragraphe 2, et 11.

6. La présente Convention n'empêche pas les Parties d'appliquer des règles plus favorables à la promotion et à l'exercice des droits des enfants.

Art. 2 – Définitions

Aux fins de la présente Convention, l'on entend par :

a) « autorité judiciaire », un tribunal ou une autorité administrative ayant des compétences équivalentes;

b) « détenteurs des responsabilités parentales », les parents et autres personnes ou organes habilités à exercer tout ou partie des responsabilités parentales;

c) « représentant », une personne, telle qu'un avocat, ou un organe nommé pour agir auprès d'une autorité judiciaire au nom d'un enfant;

d) « informations pertinentes », les informations appropriées, eu égard à l'âge et au discernement de l'enfant, qui lui seront fournies afin de lui permettre d'exercer pleinement ses droits, à moins que la communication de telles informations ne nuise à son bien-être.

CHAPITRE II – MESURES D'ORDRE PROCÉDURAL POUR PROMOUVOIR L'EXERCICE DES DROITS DE L'ENFANT

A. Droits procéduraux d'un enfant

Art. 3 – Droit d'être informé et d'exprimer son opinion dans les procédures

Un enfant qui est considéré par le droit interne comme ayant un discernement suffisant, dans les procédures l'intéressant devant une autorité judiciaire, se voit conférer les droits suivants, dont il peut lui-même demander à bénéficier :

a) recevoir toute information pertinente;

b) être consulté et exprimer son opinion;

c) être informé des conséquences éventuelles de la mise en pratique de son opinion et des conséquences éventuelles de toute décision.

Art. 4 – Droit de demander la désignation d'un représentant spécial

1. Sous réserve de l'article 9, l'enfant a le droit de demander, personnellement ou par l'intermédiaire d'autres personnes ou organes, la désignation d'un représentant spécial dans les procédures l'intéressant devant une autorité judiciaire, lorsque le droit interne prive les détenteurs des responsabilités parentales de la faculté de représenter l'enfant en raison d'un conflit d'intérêts avec celui-là.

2. Les États sont libres de prévoir que le droit visé au paragraphe 1 ne s'applique qu'aux seuls enfants considérés par le droit interne comme ayant un discernement suffisant.

Art. 5 – Autres droits procéduraux possibles

Les Parties examinent l'opportunité de reconnaître aux enfants des droits procéduraux supplémentaires dans les procédures intéressant les enfants devant une autorité judiciaire, en particulier :

a) le droit de demander à être assistés par une personne appropriée de leur choix afin de les aider à exprimer leur opinion;

b) le droit de demander eux-mêmes, ou par l'intermédiaire d'autres personnes ou organes, la désignation d'un représentant distinct, dans les cas appropriés, un avocat;

c) le droit de désigner leur propre représentant;

d) le droit d'exercer tout ou partie des prérogatives d'une partie à de telles procédures.

B. Rôle des autorités judiciaires

Art. 6 – Processus décisionnel

Dans les procédures intéressant un enfant, l'autorité judiciaire, avant de prendre toute décision, doit :

a) examiner si elle dispose d'informations suffisantes afin de prendre une décision dans l'intérêt supérieur de celui-là et, le cas échéant, obtenir des informations supplémentaires, en particulier de la part des détenteurs de responsabilités parentales;

b) lorsque l'enfant est considéré par le droit interne comme ayant un discernement suffisant :

– s'assurer que l'enfant a reçu toute information pertinente,

– consulter dans les cas appropriés l'enfant personnellement, si nécessaire en privé, elle-même ou par l'intermédiaire d'autres personnes ou organes, sous une forme appropriée à son discernement, à moins que ce ne soit manifestement contraire aux intérêts supérieurs de l'enfant,

– permettre à l'enfant d'exprimer son opinion;

d) tenir dûment compte de l'opinion exprimée par celui-ci.

Art. 7 – Obligation d'agir promptement

Dans les procédures intéressant un enfant, l'autorité judiciaire doit agir promptement pour éviter tout retard inutile. Des procédures assurant une exécution rapide de ses décisions doivent y concourir. En cas d'urgence, l'autorité judiciaire a, le cas échéant, le pouvoir de prendre des décisions qui sont immédiatement exécutoires.

Art. 8 – Possibilité d'autosaisine

Dans les procédures intéressant un enfant, l'autorité judiciaire a le pouvoir, dans les cas déterminés par le droit interne où le bien-être de l'enfant est sérieusement menacé, de se saisir d'office.

Art. 9 – Désignation d'un représentant

1. Dans les procédures intéressant un enfant, lorsqu'en vertu du droit interne les détenteurs des responsabilités parentales se voient privés de la faculté de représenter l'enfant à la suite d'un conflit d'intérêts avec lui, l'autorité judiciaire a le pouvoir de désigner un représentant spécial pour celui-là dans de telles procédures.

2. Les Parties examinent la possibilité de prévoir que, dans les procédures intéressant un enfant, l'autorité judiciaire ait le pouvoir de désigner un représentant distinct, dans les cas appropriés, un avocat, pour représenter l'enfant.

C. Rôle des représentants

Art. 10

1. Dans le cas des procédures intéressant un enfant devant une autorité judiciaire, le représentant doit, à moins que ce ne soit manifestement contraire aux intérêts supérieurs de l'enfant :

a) fournir toute information pertinente à l'enfant, si ce dernier est considéré par le droit interne comme ayant un discernement suffisant;

b) fournir des explications à l'enfant, si ce dernier est considéré par le droit interne comme ayant un discernement suffisant, relatives aux conséquences éventuelles de la mise en pratique de son opinion et aux conséquences éventuelles de toute action du représentant;

c) déterminer l'opinion de l'enfant et la porter à la connaissance de l'autorité judiciaire.

2. Les Parties examinent la possibilité d'étendre les dispositions du paragraphe 1 aux détenteurs des responsabilités parentales.

D. Extension de certaines dispositions

Art. 11

Les Parties examinent la possibilité d'étendre les dispositions des articles 3, 4 et 9 aux procédures intéressant les enfants devant d'autres organes ainsi qu'aux questions intéressant les enfants indépendamment de toute procédure.

E. Organes nationaux

Art. 12

1. Les Parties encouragent, par l'intermédiaire d'organes qui ont, entre autres, les fonctions visées au paragraphe 2, la promotion et l'exercice des droits des enfants.

2. Ces fonctions sont les suivantes :

a) faire des propositions pour renforcer le dispositif législatif relatif à l'exercice des droits des enfants;

b) formuler des avis sur les projets de législation relatifs à l'exercice des droits des enfants;

c) fournir des informations générales concernant l'exercice des droits des enfants aux médias, au public et aux personnes ou organes s'occupant des questions relatives aux enfants;

d) rechercher l'opinion des enfants et leur fournir toute information appropriée.

F. Autres mesures

Art. 13 – Médiation et autres méthodes de résolution des conflits

Afin de prévenir ou de résoudre les conflits, et d'éviter des procédures intéressant les enfants devant une autorité judiciaire, les Parties encouragent la mise en œuvre de la médiation ou de toute autre méthode de résolution des conflits et leur utilisation pour conclure un accord, dans les cas appropriés déterminés par les Parties.

Art. 14 – Aide judiciaire et conseil juridique

Lorsque le droit interne prévoit l'aide judiciaire ou le conseil juridique pour la représentation des enfants dans les procédures les intéressant devant une autorité judiciaire, de telles dispositions s'appliquent aux questions visées aux articles 4 et 9.

Art. 15 – Relations avec d'autres instruments internationaux

La présente Convention ne fait pas obstacle à l'application d'autres instruments internationaux qui traitent de questions spécifiques à la protection des enfants et des familles, auxquels une Partie à la présente Convention est, ou devient, Partie.

CHAPITRE III – COMITÉ PERMANENT

Art. 16 – Mise en place et fonctions du Comité permanent

1. Il est constitué, aux fins de la présente Convention, un Comité permanent.

2. Le Comité permanent suit les problèmes relatifs à la présente Convention. Il peut, en particulier :

a) examiner toute question pertinente relative à l'interprétation ou à la mise en œuvre de la Convention. Les conclusions du Comité permanent relatives à la mise en œuvre de la Convention peuvent revêtir la forme d'une recommandation; les recommandations sont adoptées à la majorité des trois quarts des voix exprimées;

b) proposer des amendements à la Convention et examiner ceux formulés conformément à l'article 20;

c) fournir conseil et assistance aux organes nationaux exerçant les fonctions visées au paragraphe 2 de l'article 12, ainsi que promouvoir la coopération internationale entre ceux-là.

Art. 17 – Composition

1. Toute Partie peut se faire représenter au sein du Comité permanent par un ou plusieurs délégués. Chaque Partie dispose d'une voix.

2. Tout État visé à l'article 21, qui n'est pas Partie à la présente Convention, peut être représenté au Comité permanent par un observateur. Il en va de même pour tout autre État ou pour la Communauté européenne, après invitation à adhérer à la Convention, conformément aux dispositions de l'article 22.

3. À moins qu'une Partie, un mois au minimum avant la réunion, n'ait informé le Secrétaire Général de son objection, le Comité permanent peut inviter à participer en tant qu'observateur à toutes les réunions ou à tout ou partie d'une réunion :

– tout État non visé au paragraphe 2 ci-dessus;

– le Comité des droits de l'enfant des Nations Unies;

– la Communauté européenne;

– tout organisme international gouvernemental;

– tout organisme international non gouvernemental poursuivant une ou plusieurs des fonctions visées au paragraphe 2 de l'article 12;

– tout organisme national, gouvernemental ou non gouvernemental, exerçant une ou plusieurs des fonctions visées au paragraphe 2 de l'article 12.

4. Le Comité permanent peut échanger des informations avec les organisations appropriées œuvrant pour l'exercice des droits des enfants.

Art. 18 – Réunions

1. À l'issue de la troisième année qui suit la date d'entrée en vigueur de la présente Convention et, à son initiative, à tout autre moment après cette date, le Secrétaire Général du Conseil de l'Europe invitera le Comité permanent à se réunir.

2. Le Comité permanent ne peut prendre de décision qu'à la condition qu'au moins la moitié des Parties soit présente.

3. Sous réserve des articles 16 et 20, les décisions du Comité permanent sont prises à la majorité des membres présents.

4. Sous réserve des dispositions de la présente Convention, le Comité permanent établit son règlement intérieur et le règlement intérieur de tout groupe de travail qu'il constitue pour remplir toutes les tâches appropriées dans le cadre de la Convention.

Art. 19 – Rapports du Comité permanent

Après chaque réunion, le Comité permanent transmet aux Parties et au Comité des Ministres du Conseil de l'Europe un rapport relatif à ses discussions et aux décisions prises.

CHAPITRE IV – AMENDEMENTS À LA CONVENTION

Art. 20

1. Tout amendement aux articles de la présente Convention, proposé par une Partie ou par le Comité permanent, est communiqué au Secrétaire Général du Conseil de l'Europe et transmis par ses soins, deux mois au moins avant la réunion suivante du Comité permanent, aux États membres du Conseil de l'Europe, à tout signataire, à toute Partie, à tout État invité à signer la présente Convention, conformément aux dispositions de l'article 21, et à tout État, ou à la Commu-

nauté européenne, qui a été invité à y adhérer conformément aux dispositions de l'article 22.

2. Tout amendement proposé conformément aux dispositions du paragraphe précédent est examiné par le Comité permanent, qui soumet le texte adopté à la majorité des trois quarts des voix exprimées à l'approbation du Comité des Ministres. Après son approbation, ce texte est communiqué aux Parties en vue de son acceptation.

3. Tout amendement entrera en vigueur le premier jour du mois qui suit l'expiration d'une période d'un mois après la date à laquelle toutes les Parties auront informé le Secrétaire Général qu'elles l'ont accepté.

CHAPITRE V – CLAUSES FINALES

Art. 21 – Signature, ratification et entrée en vigueur

1. La présente Convention est ouverte à la signature des États membres du Conseil de l'Europe et des États non membres qui ont participé à son élaboration.

2. La présente Convention sera soumise à ratification, acceptation ou approbation. Les instruments de ratification, d'acceptation ou d'approbation seront déposés près le Secrétaire Général du Conseil de l'Europe.

3. La présente Convention entrera en vigueur le premier jour du mois qui suit l'expiration d'une période de trois mois après la date à laquelle trois États, incluant au moins deux États membres du Conseil de l'Europe, auront exprimé leur consentement à être liés par la Convention, conformément aux dispositions du paragraphe précédent.

4. Pour tout État qui exprimera ultérieurement son consentement à être lié par la Convention, celle-ci entrera en vigueur le premier jour du mois qui suit l'expiration d'une période de trois mois après la date du dépôt de son instrument de ratification, d'acceptation ou d'approbation.

Art. 22 – États non membres et Communauté européenne

1. Après l'entrée en vigueur de la présente Convention, le Comité des Ministres du Conseil de l'Europe pourra, de sa propre initiative ou sur proposition du Comité permanent, et après consultation des Parties, inviter tout État non membre du Conseil de l'Europe qui n'a pas participé à l'élaboration de la Convention, ainsi que la Communauté européenne, à adhérer à la présente Convention par une décision prise à la majorité prévue à l'article 20, alinéa d, du Statut du Conseil de l'Europe, et à l'unanimité des voix des représentants des États contractants ayant le droit de siéger au Comité des Ministres.

2. Pour tout État adhérent ou la Communauté européenne, la Convention entrera en vigueur le premier jour du mois qui suit l'expiration d'une période de trois mois après la date du dépôt de l'instrument d'adhésion près le Secrétaire Général du Conseil de l'Europe.

Art. 23 – Application territoriale

1. Tout État peut, au moment de la signature ou au moment du dépôt de son instrument de ratification, d'acceptation, d'approbation ou d'adhésion, désigner le territoire ou les territoires au(x)quel(s) s'appliquera la présente Convention.

2. Toute Partie peut, à tout moment par la suite, par une déclaration adressée au Secrétaire Général du Conseil de l'Europe, étendre l'application de la présente Convention à tout autre territoire désigné dans la déclaration, dont elle assure les relations internationales ou pour lequel elle est habilitée à stipuler. La Convention entrera en vigueur à l'égard de ce territoire le premier jour du mois qui suit l'expiration d'une période de trois mois après la date de réception de la déclaration par le Secrétaire Général.

3. Toute déclaration faite en vertu des deux paragraphes précédents pourra être retirée, en ce qui concerne le ou les territoire(s) désigné(s) dans cette déclaration, par notification adressée au Secrétaire Général. Le retrait prendra effet le premier jour du mois qui suit l'expiration d'une période de trois mois après la date de réception de la notification par le Secrétaire Général.

Art. 24 – Réserves

Aucune réserve à la présente Convention ne peut être formulée.

Art. 25 – Dénonciation

1. Toute Partie peut, à tout moment, dénoncer la présente Convention en adressant une notification au Secrétaire Général du Conseil de l'Europe.

2. La dénonciation prendra effet le premier jour du mois qui suit l'expiration d'une période de trois mois après la date de réception de la notification par le Secrétaire Général.

Art. 26 – Notifications

Le Secrétaire Général du Conseil de l'Europe notifiera aux États membres du Conseil, à tout signataire, à toute Partie et à tout autre État, ou à la Communauté européenne, qui a été invité à adhérer à la présente Convention :

a) toute signature;

b) le dépôt de tout instrument de ratification, d'acceptation, d'approbation ou d'adhésion;

c) toute date d'entrée en vigueur de la présente Convention, conformément à ses articles 21 ou 22;

d) tout amendement adopté conformément à l'article 20 et la date à laquelle cet amendement entre en vigueur;

e) toute déclaration formulée en vertu des dispositions des articles 1 et 23;

f) toute dénonciation faite en vertu des dispositions de l'article 25;

g) tout autre acte, notification ou communication ayant trait à la présente Convention.

En foi de quoi, les soussignés, dûment autorisés à cet effet, ont signé la présente Convention.

Fait à Strasbourg, le 25 janvier 1996, en français et en anglais, les deux textes faisant également foi, en un seul exemplaire qui sera déposé dans les archives du Conseil de l'Europe. Le Secrétaire Général du Conseil de l'Europe en communiquera copie certifiée conforme à chacun des États membres du Conseil de l'Europe, aux États non membres qui ont participé à l'élaboration de la présente Convention, à la Communauté européenne et à tout État invité à adhérer à la présente Convention.

63.17

Convention de La Haye, 19 oct. 1996, concernant la compétence, la loi applicable, la reconnaissance, l'exécution et la coopération en matière de responsabilité parentale et de mesures de protection des enfants

(en cours d'adhésion par la France, par L. n° 2007-1161, 1er août 2007, autorisant l'adhésion à la Convention, JO 2 août, p. 12988; devrait entrer en vigueur prochainement)

Les États signataires de la présente Convention,

Considérant qu'il convient de renforcer la protection des enfants dans les situations à caractère international,

Désirant éviter des conflits entre leurs systèmes juridiques en matière de compétence, loi applicable, reconnaissance et exécution des mesures de protection des enfants,

Rappelant l'importance de la coopération internationale pour la protection des enfants,

Confirmant que l'intérêt supérieur de l'enfant doit être une considération primordiale,

Constatant la nécessité de réviser la Convention du 5 octobre 1961 concernant la compétence des autorités et la loi applicable en matière de protection des mineurs,

Désirant établir des dispositions communes à cet effet, en tenant compte de la Convention des Nations Unies relative aux droits de l'enfant, du 20 novembre 1989,

Sont convenus des dispositions suivantes :

CHAPITRE I – CHAMP D'APPLICATION DE LA CONVENTION

Art. 1er

1. La présente Convention a pour objet :

a) de déterminer l'État dont les autorités ont compétence pour prendre des mesures tendant à la protection de la personne ou des biens de l'enfant;

b) de déterminer la loi applicable par ces autorités dans l'exercice de leur compétence;

c) de déterminer la loi applicable à la responsabilité parentale;

d) d'assurer la reconnaissance et l'exécution des mesures de protection dans tous les États contractants;

e) d'établir entre les autorités des États contractants la coopération nécessaire à la réalisation des objectifs de la Convention.

2. Aux fins de la Convention, l'expression « responsabilité parentale » comprend l'autorité parentale ou tout autre rapport d'autorité analogue déterminant les droits, les pouvoirs et les obligations des parents, d'un tuteur ou autre représentant légal à l'égard de la personne ou des biens de l'enfant.

Art. 2

La Convention s'applique aux enfants à partir de leur naissance et jusqu'à ce qu'ils aient atteint l'âge de 18 ans.

Art. 3

Les mesures prévues à l'article premier peuvent porter notamment sur :

a) l'attribution, l'exercice et le retrait total ou partiel de la responsabilité parentale, ainsi que la délégation de celle-ci;

b) le droit de garde, comprenant le droit portant sur les soins de la personne de l'enfant, et en particulier celui de décider de son lieu de résidence, ainsi que le droit de visite, comprenant le droit d'emmener l'enfant pour une période limitée dans un lieu autre que celui de sa résidence habituelle;

c) la tutelle, la curatelle et les institutions analogues;

d) la désignation et les fonctions de toute personne ou organisme chargé de s'occuper de la personne ou des biens de l'enfant, de le représenter ou de l'assister;

e) le placement de l'enfant dans une famille d'accueil ou dans un établissement, ou son recueil légal par kafala ou par une institution analogue;

f) la supervision par les autorités publiques des soins dispensés à l'enfant par toute personne ayant la charge de cet enfant;

g) l'administration, la conservation ou la disposition des biens de l'enfant.

Art. 4

Sont exclus du domaine de la Convention :

a) l'établissement et la contestation de la filiation;

b) la décision sur l'adoption et les mesures qui la préparent, ainsi que l'annulation et la révocation de l'adoption;

c) les nom et prénoms de l'enfant;

d) l'émancipation;

e) les obligations alimentaires;

f) les trusts et successions;

g) la sécurité sociale;

h) les mesures publiques de caractère général en matière d'éducation et de santé;

i) les mesures prises en conséquence d'infractions pénales commises par des enfants;

j) les décisions sur le droit d'asile et en matière d'immigration.

CHAPITRE II – COMPÉTENCE

Art. 5

1. Les autorités, tant judiciaires qu'administratives, de l'État contractant de la résidence habituelle de l'enfant sont compétentes pour prendre des mesures tendant à la protection de sa personne ou de ses biens.

2. Sous réserve de l'article 7, en cas de changement de la résidence habituelle de l'enfant dans un autre État contractant, sont compétentes les autorités de l'État de la nouvelle résidence habituelle.

Art. 6

1. Pour les enfants réfugiés et les enfants qui, par suite de troubles prévalant dans leur pays, sont internationalement déplacés, les autorités de l'État contractant sur le territoire duquel ces enfants sont présents du fait de leur déplacement

exercent la compétence prévue au paragraphe premier de l'article 5.

2. La disposition du paragraphe précédent s'applique également aux enfants dont la résidence habituelle ne peut être établie.

Art. 7

1. En cas de déplacement ou de non-retour illicite de l'enfant, les autorités de l'État contractant dans lequel l'enfant avait sa résidence habituelle immédiatement avant son déplacement ou son non-retour conservent leur compétence jusqu'au moment où l'enfant a acquis une résidence habituelle dans un autre État et que :

a) toute personne, institution ou autre organisme ayant le droit de garde a acquiescé au déplacement ou au non-retour; ou

b) l'enfant a résidé dans cet autre État pour une période d'au moins un an après que la personne, l'institution ou tout autre organisme ayant le droit de garde a connu ou aurait dû connaître le lieu où se trouvait l'enfant, aucune demande de retour présentée pendant cette période n'est encore en cours d'examen, et l'enfant s'est intégré dans son nouveau milieu.

2. Le déplacement ou le non-retour de l'enfant est considéré comme illicite :

a) lorsqu'il a lieu en violation d'un droit de garde, attribué à une personne, une institution ou tout autre organisme, seul ou conjointement, par le droit de l'État dans lequel l'enfant avait sa résidence habituelle immédiatement avant son déplacement ou son non-retour, et

b) que ce droit était exercé de façon effective, seul ou conjointement, au moment du déplacement ou du non-retour, ou l'eût été si de tels événements n'étaient survenus.

Le droit de garde visé à la lettre a peut notamment résulter d'une attribution de plein droit, d'une décision judiciaire ou administrative, ou d'un accord en vigueur selon le droit de cet État.

3. Tant que les autorités mentionnées au paragraphe premier conservent leur compétence, les autorités de l'État contractant où l'enfant a été déplacé ou retenu ne peuvent prendre que les mesures urgentes nécessaires à la protection de la personne ou des biens de l'enfant, conformément à l'article 11.

Art. 8

1. À titre d'exception, l'autorité de l'État contractant compétente en application des articles 5 ou 6, si elle considère que l'autorité d'un autre État contractant serait mieux à même d'apprécier dans un cas particulier l'intérêt supérieur de l'enfant, peut :

– soit demander à cette autorité, directement ou avec le concours de l'Autorité centrale de cet État, d'accepter la compétence pour prendre les mesures de protection qu'elle estimera nécessaires,

– soit surseoir à statuer et inviter les parties à saisir d'une telle demande l'autorité de cet autre État.

2. Les États contractants dont une autorité peut être requise ou saisie dans les conditions fixées au paragraphe précédent sont :

a) un État dont l'enfant possède la nationalité,

b) un État dans lequel sont situés des biens de l'enfant,

c) un État dont une autorité est saisie d'une demande en divorce ou séparation de corps des parents de l'enfant, ou en annulation de leur mariage,

d) un État avec lequel l'enfant présente un lien étroit.

3. Les autorités concernées peuvent procéder à un échange de vues.

4. L'autorité requise ou saisie dans les conditions prévues au paragraphe premier peut accepter la compétence, en lieu et place de l'autorité compétente en application des articles 5 ou 6, si elle considère que tel est l'intérêt supérieur de l'enfant.

Art. 9

1. Les autorités des États contractants mentionnés à l'article 8, paragraphe 2, si elles considèrent qu'elles sont les mieux à même d'apprécier dans un cas particulier l'intérêt supérieur de l'enfant, peuvent :

– soit demander à l'autorité compétente de l'État contractant de la résidence habituelle de l'enfant, directement ou avec le concours de l'Autorité centrale de cet État, de leur permettre d'exercer la compétence pour prendre les mesures de protection qu'elles estiment nécessaires,

– soit inviter les parties à présenter une telle demande devant les autorités de l'État contractant de la résidence habituelle de l'enfant.

2. Les autorités concernées peuvent procéder à un échange de vues.

3. L'autorité à l'origine de la demande ne peut exercer la compétence en lieu et place de l'autorité de l'État contractant de la résidence habituelle de l'enfant que si cette autorité a accepté la demande.

Art. 10

1. Sans préjudice des articles 5 à 9, les autorités d'un État contractant, dans l'exercice de leur compétence pour connaître d'une demande en divorce ou séparation de corps des parents d'un enfant résidant habituellement dans un autre État contractant, ou en annulation de leur mariage, peuvent prendre, si la loi de leur État le permet, des mesures de protection de la personne ou des biens de l'enfant,

a) si, au commencement de la procédure, l'un des parents réside habituellement dans cet État et que l'un d'eux ait la responsabilité parentale à l'égard de l'enfant, et

b) si la compétence de ces autorités pour prendre de telles mesures a été acceptée par les parents, ainsi que par toute autre personne ayant la responsabilité parentale à l'égard de l'enfant et si cette compétence est conforme à l'intérêt supérieur de l'enfant.

2. La compétence prévue au paragraphe premier pour prendre des mesures de protection de l'enfant cesse dès lors que la décision faisant droit ou rejetant la demande en divorce, séparation de corps ou annulation du mariage est devenue définitive ou que la procédure a pris fin pour un autre motif.

Art. 11

1. Dans tous les cas d'urgence, les autorités de chaque État contractant sur le territoire duquel se trouve l'enfant ou des biens lui appartenant sont compétentes pour prendre les mesures de protection nécessaires.

2. Les mesures prises en application du paragraphe précédent à l'égard d'un enfant ayant sa résidence habituelle dans un État contractant cessent d'avoir effet dès que les autorités compétentes en vertu des articles 5 à 10 ont pris les mesures exigées par la situation.

3. Les mesures prises en application du paragraphe premier à l'égard d'un enfant ayant sa résidence habituelle dans un État non contractant cessent d'avoir effet dans chaque État contractant dès qu'y sont reconnues les mesures exigées par la situation, prises par les autorités d'un autre État.

Art. 12

1. Sous réserve de l'article 7, les autorités d'un État contractant sur le territoire duquel se trouve l'enfant ou des biens lui appartenant sont compétentes pour prendre des mesures de protection de la personne ou des biens de l'enfant, ayant un caractère provisoire et une efficacité territoriale restreinte à cet État, pour autant que de telles mesures ne soient pas incompatibles avec celles déjà prises par les autorités compétentes en vertu des articles 5 à 10.

2. Les mesures prises en application du paragraphe précédent à l'égard d'un enfant ayant sa résidence habituelle dans un État contractant cessent d'avoir effet dès que les autorités compétentes en vertu des articles 5 à 10 se sont prononcées sur les mesures que pourrait exiger la situation.

3. Les mesures prises en application du paragraphe premier à l'égard d'un enfant ayant sa résidence habituelle dans un État non contractant cessent d'avoir effet dans l'État contractant où elles ont été prises dès qu'y sont reconnues les mesures exigées par la situation, prises par les autorités d'un autre État.

Art. 13

1. Les autorités d'un État contractant qui sont compétentes selon les articles 5 à 10 pour prendre des mesures de protection de la personne ou des biens de l'enfant doivent s'abstenir de statuer si, lors de l'introduction de la procédure, des mesures correspondantes ont été demandées aux autorités d'un autre État contractant alors compétentes en vertu des articles 5 à 10 et sont encore en cours d'examen.

2. La disposition du paragraphe précédent ne s'applique pas si les autorités devant lesquelles la demande de mesures a été initialement présentée ont renoncé à leur compétence.

Art. 14

Les mesures prises en application des articles 5 à 10 restent en vigueur dans les limites qui sont les leurs, même lorsqu'un changement des circonstances a fait disparaître l'élément sur lequel était fondée la compétence, tant que les autorités compétentes en vertu de la Convention ne les ont pas modifiées, remplacées ou levées.

CHAPITRE III – LOI APPLICABLE

Art. 15

1. Dans l'exercice de la compétence qui leur est attribuée par les dispositions du chapitre II, les autorités des États contractants appliquent leur loi.

2. Toutefois, dans la mesure où la protection de la personne ou des biens de l'enfant le requiert, elles peuvent exceptionnellement appliquer ou prendre en considération la loi d'un autre État avec lequel la situation présente un lien étroit.

3. En cas de changement de la résidence habituelle de l'enfant dans un autre État contractant, la loi de cet autre État régit, à partir du moment où le changement est survenu, les conditions d'application des mesures prises dans l'État de l'ancienne résidence habituelle.

Art. 16

1. L'attribution ou l'extinction de plein droit d'une responsabilité parentale, sans intervention d'une autorité judiciaire ou administrative, est régie par la loi de l'État de la résidence habituelle de l'enfant.

2. L'attribution ou l'extinction d'une responsabilité parentale par un accord ou un acte unilatéral, sans intervention d'une autorité judiciaire ou administrative, est régie par la loi de l'État de la résidence habituelle de l'enfant au moment où l'accord ou l'acte unilatéral prend effet.

3. La responsabilité parentale existant selon la loi de l'État de la résidence habituelle de l'enfant subsiste après le changement de cette résidence habituelle dans un autre État.

4. En cas de changement de la résidence habituelle de l'enfant, l'attribution de plein droit de la responsabilité parentale à une personne qui n'est pas déjà investie de cette responsabilité est régie par la loi de l'État de la nouvelle résidence habituelle.

Art. 17

L'exercice de la responsabilité parentale est régi par la loi de l'État de la résidence habituelle de l'enfant. En cas de changement de la résidence habituelle de l'enfant, il est régi par la loi de l'État de la nouvelle résidence habituelle.

Art. 18

La responsabilité parentale prévue à l'article 16 pourra être retirée ou ses conditions d'exercice modifiées par des mesures prises en application de la Convention.

Art. 19

1. La validité d'un acte passé entre un tiers et une autre personne qui aurait la qualité de représentant légal selon la loi de l'État où l'acte a été passé ne peut être contestée, ni la responsabilité du tiers engagée, pour le seul motif que l'autre personne n'avait pas la qualité de représentant légal en vertu de la loi désignée par les dispositions du présent chapitre, sauf si le tiers savait ou devait savoir que la responsabilité parentale était régie par cette loi.

2. Le paragraphe précédent ne s'applique que dans le cas où l'acte a été passé entre personnes présentes sur le territoire d'un même État.

Art. 20

Les dispositions du présent chapitre sont applicables même si la loi qu'elles désignent est celle d'un État non contractant.

Art. 21

1. Au sens du présent chapitre, le terme « loi » désigne le droit en vigueur dans un État, à l'exclusion des règles de conflit de lois.

2. Toutefois, si la loi applicable en vertu de l'article 16 est celle d'un État non contractant et que les règles de conflit de cet État désignent la loi d'un autre État non contractant qui appliquerait sa propre loi, la loi de cet autre État est applicable. Si la loi de cet autre État non contractant ne se reconnaît pas applicable, la loi applicable est celle désignée par l'article 16.

Art. 22

L'application de la loi désignée par les dispositions du présent chapitre ne peut être écartée que si cette application est manifestement contraire à l'ordre public, compte tenu de l'intérêt supérieur de l'enfant.

CHAPITRE IV – RECONNAISSANCE ET EXÉCUTION

Art. 23

1. Les mesures prises par les autorités d'un État contractant sont reconnues de plein droit dans les autres États contractants.

2. Toutefois, la reconnaissance peut être refusée :

a) si la mesure a été prise par une autorité dont la compétence n'était pas fondée sur un chef de compétence prévu au chapitre II;

b) si la mesure a été prise, hors le cas d'urgence, dans le cadre d'une procédure judiciaire ou administrative, sans qu'ait été donnée à l'enfant la possibilité d'être entendu, en violation des principes fondamentaux de procédure de l'État requis;

c) à la demande de toute personne prétendant que cette mesure porte atteinte à sa responsabilité parentale, si cette mesure a été prise, hors le cas d'urgence, sans qu'ait été donnée à cette personne la possibilité d'être entendue;

d) si la reconnaissance est manifestement contraire à l'ordre public de l'État requis, compte tenu de l'intérêt supérieur de l'enfant;

e) si la mesure est incompatible avec une mesure prise postérieurement dans l'État non contractant de la résidence habituelle de l'enfant, lorsque cette dernière mesure réunit les conditions nécessaires à sa reconnaissance dans l'État requis;

f) si la procédure prévue à l'article 33 n'a pas été respectée.

Art. 24

Sans préjudice de l'article 23, paragraphe premier, toute personne intéressée peut demander aux autorités compétentes d'un État contractant qu'il soit statué sur la reconnaissance ou la non-reconnaissance d'une mesure prise dans un autre État contractant. La procédure est régie par la loi de l'État requis.

Art. 25

L'autorité de l'État requis est liée par les constatations de fait sur lesquelles l'autorité de l'État qui a pris la mesure a fondé sa compétence.

Art. 26

1. Si les mesures prises dans un État contractant et qui y sont exécutoires comportent des actes d'exécution dans un autre État contractant, elles sont, dans cet autre État, déclarées exécutoires ou enregistrées aux fins d'exécution, sur requête de toute partie intéressée, selon la procédure prévue par la loi de cet État.

2. Chaque État contractant applique à la déclaration d'*exequatur* ou à l'enregistrement une procédure simple et rapide.

3. La déclaration d'*exequatur* ou l'enregistrement ne peuvent être refusés que pour l'un des motifs prévus à l'article 23, paragraphe 2.

Art. 27

Sous réserve de ce qui est nécessaire pour l'application des articles qui précèdent, l'autorité de l'État requis ne procédera à aucune révision au fond de la mesure prise.

Art. 28

Les mesures prises dans un État contractant, qui sont déclarées exécutoires ou enregistrées aux fins d'exécution dans un autre État contractant, y sont mises à exécution comme si elles avaient été prises par les autorités de cet autre État. La mise à exécution des mesures se fait conformément à la loi de l'État requis dans les limites qui y sont prévues, compte tenu de l'intérêt supérieur de l'enfant.

CHAPITRE V – COOPÉRATION

Art. 29

1. Chaque État contractant désigne une Autorité centrale chargée de satisfaire aux obligations qui lui sont imposées par la Convention.

2. Un État fédéral, un État dans lequel plusieurs systèmes de droit sont en vigueur ou un État ayant des unités territoriales autonomes est libre de désigner plus d'une Autorité centrale et de spécifier l'étendue territoriale ou personnelle de leurs fonctions. L'État qui fait usage de cette faculté désigne l'Autorité centrale à laquelle toute communication peut être adressée en vue de sa transmission à l'Autorité centrale compétente au sein de cet État.

Art. 30

1. Les Autorités centrales doivent coopérer entre elles et promouvoir la coopération entre les autorités compétentes de leur État pour réaliser les objectifs de la Convention.

2. Elles prennent, dans le cadre de l'application de la Convention, les dispositions appropriées pour fournir des informations sur leur législation, ainsi que sur les services disponibles dans leur État en matière de protection de l'enfant.

Art. 31

L'Autorité centrale d'un État contractant prend soit directement, soit avec le concours d'autorités publiques ou d'autres organismes, toutes dispositions appropriées pour :

a) faciliter les communications et offrir l'assistance prévues aux articles 8 et 9 et au présent chapitre;

b) faciliter par la médiation, la conciliation ou tout autre mode analogue, des ententes à l'amiable sur la protection de la personne ou des biens de l'enfant, dans les situations auxquelles s'applique la Convention ;

c) aider, sur demande d'une autorité compétente d'un autre État contractant, à localiser l'enfant lorsqu'il paraît que celui-ci est présent sur le territoire de l'État requis et a besoin de protection.

Art. 32

Sur demande motivée de l'Autorité centrale ou d'une autre autorité compétente d'un État contractant avec lequel l'enfant a un lien étroit, l'Autorité centrale de l'État contractant dans lequel l'enfant a sa résidence habituelle et dans lequel il est présent peut, soit directement, soit avec le concours d'autorités publiques ou d'autres organismes :

a) fournir un rapport sur la situation de l'enfant ;

b) demander à l'autorité compétente de son État d'examiner l'opportunité de prendre des mesures tendant à la protection de la personne ou des biens de l'enfant.

Art. 33

1. Lorsque l'autorité compétente en vertu des articles 5 à 10 envisage le placement de l'enfant dans une famille d'accueil ou dans un établissement, ou son recueil légal par kafala ou par une institution analogue, et que ce placement ou ce recueil aura lieu dans un autre État contractant, elle consulte au préalable l'Autorité centrale ou une autre autorité compétente de ce dernier État. Elle lui communique à cet effet un rapport sur l'enfant et les motifs de sa proposition sur le placement ou le recueil.

2. La décision sur le placement ou le recueil ne peut être prise dans l'État requérant que si l'Autorité centrale ou une autre autorité compétente de l'État requis a approuvé ce placement ou ce recueil, compte tenu de l'intérêt supérieur de l'enfant.

Art. 34

1. Lorsqu'une mesure de protection est envisagée, les autorités compétentes en vertu de la Convention peuvent, si la situation de l'enfant l'exige, demander à toute autorité d'un autre État contractant qui détient des informations utiles pour la protection de l'enfant de les lui communiquer.

2. Chaque État contractant pourra déclarer que les demandes prévues au paragraphe premier ne pourront être acheminées que par l'intermédiaire de son Autorité centrale.

Art. 35

1. Les autorités compétentes d'un État contractant peuvent demander aux autorités d'un autre État contractant de prêter leur assistance à la mise en œuvre de mesures de protection prises en application de la Convention, en particulier pour assurer l'exercice effectif d'un droit de visite, ainsi que du droit de maintenir des contacts directs réguliers.

2. Les autorités d'un État contractant dans lequel l'enfant n'a pas sa résidence habituelle peuvent, à la demande d'un parent résidant dans cet État et souhaitant obtenir ou conserver un droit de visite, recueillir des renseignements ou des preuves et se prononcer sur l'aptitude de ce parent à exercer le droit de visite et sur les conditions dans lesquelles il pourrait l'exercer. L'autorité compétente en vertu des articles 5 à 10 pour statuer sur le droit de visite devra, avant de se prononcer, prendre en considération ces renseignements, preuves ou conclusions.

3. Une autorité compétente en vertu des articles 5 à 10 pour statuer sur le droit de visite peut suspendre la procédure jusqu'au terme de la procédure prévue au paragraphe 2, notamment lorsqu'elle est saisie d'une demande tendant à modifier ou supprimer le droit de visite conféré par les autorités de l'État de l'ancienne résidence habituelle.

4. Cet article n'empêche pas une autorité compétente en vertu des articles 5 à 10 de prendre des mesures provisoires jusqu'au terme de la procédure prévue au paragraphe 2.

Art. 36

Dans le cas où l'enfant est exposé à un grave danger, les autorités compétentes de l'État contractant dans lequel des mesures de protection de cet enfant ont été prises ou sont en voie de l'être, si elles sont informées du changement de résidence ou de la présence de l'enfant dans un autre État, avisent les autorités de cet État de ce danger et des mesures prises ou en cours d'examen.

Art. 37

Une autorité ne peut demander ou transmettre des informations en application de ce chapitre si elle est d'avis qu'une telle demande ou transmission pourrait mettre en danger la personne ou les biens de l'enfant, ou constituer une menace grave pour la liberté ou la vie d'un membre de sa famille.

Art. 38

1. Sans préjudice de la possibilité de réclamer des frais raisonnables correspondant aux services fournis, les Autorités centrales et les autres autorités publiques des États contractants supportent leurs frais découlant de l'application des dispositions du présent chapitre.

2. Un État contractant peut conclure des accords avec un ou plusieurs autres États contractants sur la répartition des frais.

Art. 39

Tout État contractant pourra conclure avec un ou plusieurs autres États contractants des accords en vue de favoriser dans leurs rapports réciproques l'application du présent chapitre. Les États qui ont conclu de tels accords en transmettront une copie au dépositaire de la Convention.

CHAPITRE VI – DISPOSITIONS GÉNÉRALES

Art. 40

1. Les autorités de l'État contractant de la résidence habituelle de l'enfant ou de l'État contractant où une mesure de protection a été prise peuvent délivrer au titulaire de la responsabilité parentale ou à toute personne à qui est confiée la protection de la personne ou des biens de l'enfant, à sa demande, un certificat indiquant sa qualité et les pouvoirs qui lui sont conférés.

2. La qualité et les pouvoirs indiqués par le certificat sont tenus pour établis, sauf preuve contraire.

3. Chaque État contractant désigne les autorités habilitées à établir le certificat.

Art. 41

Les données personnelles rassemblées ou transmises conformément à la Convention ne peuvent être utilisées à d'autres fins que celles pour lesquelles elles ont été rassemblées ou transmises.

Art. 42

Les autorités auxquelles des informations sont transmises en assurent la confidentialité conformément à la loi de leur État.

Art. 43

Les documents transmis ou délivrés en application de la Convention sont dispensés de toute légalisation ou de toute formalité analogue.

Art. 44

Chaque État contractant peut désigner les autorités à qui les demandes prévues aux articles 8, 9 et 33 doivent être envoyées.

Art. 45

1. Les désignations mentionnées aux articles 29 et 44 sont communiquées au Bureau Permanent de la Conférence de La Haye de droit international privé.

2. La déclaration mentionnée à l'article 34, paragraphe 2, est faite au dépositaire de la Convention.

Art. 46

Un État contractant dans lequel des systèmes de droit ou des ensembles de règles différents s'appliquent en matière de protection de l'enfant et de ses biens n'est pas tenu d'appliquer les règles de la Convention aux conflits concernant uniquement ces différents systèmes ou ensembles de règles.

Art. 47

Au regard d'un État dans lequel deux ou plusieurs systèmes de droit ou ensembles de règles ayant trait aux questions régies par la présente Convention s'appliquent dans des unités territoriales différentes :

1. toute référence à la résidence habituelle dans cet État vise la résidence habituelle dans une unité territoriale;

2. toute référence à la présence de l'enfant dans cet État vise la présence de l'enfant dans une unité territoriale;

3. toute référence à la situation des biens de l'enfant dans cet État vise la situation des biens de l'enfant dans une unité territoriale;

4. toute référence à l'État dont l'enfant possède la nationalité vise l'unité territoriale désignée par la loi de cet État ou, en l'absence de règles pertinentes, l'unité territoriale avec laquelle l'enfant présente le lien le plus étroit;

5. toute référence à l'État dont une autorité est saisie d'une demande en divorce ou séparation de corps des parents de l'enfant, ou en annulation de leur mariage, vise l'unité territoriale dont une autorité est saisie d'une telle demande;

6. toute référence à l'État avec lequel l'enfant présente un lien étroit vise l'unité territoriale avec laquelle l'enfant présente ce lien;

7. toute référence à l'État où l'enfant a été déplacé ou retenu vise l'unité territoriale dans laquelle l'enfant a été déplacé ou retenu;

8. toute référence aux organismes ou autorités de cet État, autres que les Autorités centrales, vise les organismes ou autorités habilités à agir dans l'unité territoriale concernée;

9. toute référence à la loi, à la procédure ou à l'autorité de l'État où une mesure a été prise vise la loi, la procédure ou l'autorité de l'unité territoriale dans laquelle cette mesure a été prise;

10. toute référence à la loi, à la procédure ou à l'autorité de l'État requis vise la loi, la procédure ou l'autorité de l'unité territoriale dans laquelle la reconnaissance ou l'exécution est invoquée.

Art. 48

Pour identifier la loi applicable en vertu du chapitre III, lorsqu'un État comprend deux ou plusieurs unités territoriales dont chacune a son propre système de droit ou un ensemble de règles ayant trait aux questions régies par la présente Convention, les règles suivantes s'appliquent :

a) en présence de règles en vigueur dans cet État identifiant l'unité territoriale dont la loi est applicable, la loi de cette unité s'applique;

b) en l'absence de telles règles, la loi de l'unité territoriale définie selon les dispositions de l'article 47 s'applique.

Art. 49

Pour identifier la loi applicable en vertu du chapitre III, lorsqu'un État comprend deux ou plusieurs systèmes de droit ou ensembles de règles applicables à des catégories différentes de personnes pour les questions régies par la présente Convention, les règles suivantes s'appliquent :

a) en présence de règles en vigueur dans cet État identifiant laquelle de ces lois est applicable, cette loi s'applique;

b) en l'absence de telles règles, la loi du système ou de l'ensemble de règles avec lequel l'enfant présente le lien le plus étroit s'applique.

Art. 50

La présente Convention n'affecte pas la Convention du 25 octobre 1980 sur les aspects civils de l'enlèvement international d'enfants, dans les relations entre les Parties aux deux Conventions. Rien n'empêche cependant que des dispositions de la présente Convention soient invoquées pour obtenir le retour d'un enfant qui a été déplacé ou retenu illicitement, ou pour organiser le droit de visite.

Art. 51

Dans les rapports entre les États contractants, la présente Convention remplace la Convention du 5 octobre 1961 concernant la compétence des autorités et la loi applicable en matière de protection des mineurs et la Convention pour régler la tutelle des mineurs, signée à La Haye le 12 juin 1902, sans préjudice de la reconnaissance des mesures prises selon la Convention du 5 octobre 1961 précitée.

Art. 52

1. La Convention ne déroge pas aux instruments internationaux auxquels des États contractants sont Parties et qui contiennent des dispositions sur les matières réglées par la pré-

sente Convention, à moins qu'une déclaration contraire ne soit faite par les États liés par de tels instruments.

2. La Convention n'affecte pas la possibilité pour un ou plusieurs États contractants de conclure des accords qui contiennent, en ce qui concerne les enfants habituellement résidents dans l'un des États Parties à de tels accords, des dispositions sur les matières réglées par la présente Convention.

3. Les accords à conclure par un ou plusieurs États contractants sur des matières réglées par la présente Convention n'affectent pas, dans les rapports de ces États avec les autres États contractants, l'application des dispositions de la présente Convention.

4. Les paragraphes précédents s'appliquent également aux lois uniformes reposant sur l'existence entre les États concernés de liens spéciaux, notamment de nature régionale.

Art. 53

1. La Convention ne s'applique qu'aux mesures prises dans un État après l'entrée en vigueur de la Convention pour cet État.

2. La Convention s'applique à la reconnaissance et à l'exécution des mesures prises après son entrée en vigueur dans les rapports entre l'État où les mesures ont été prises et l'État requis.

Art. 54

1. Toute communication à l'Autorité centrale ou à toute autre autorité d'un État contractant est adressée dans la langue originale et accompagnée d'une traduction dans la langue officielle ou l'une des langues officielles de cet État ou, lorsque cette traduction est difficilement réalisable, d'une traduction en français ou en anglais.

2. Toutefois, un État contractant pourra, en faisant la réserve prévue à l'article 60, s'opposer à l'utilisation soit du français, soit de l'anglais.

Art. 55

1. Un État contractant pourra, conformément à l'article 60 :

a) réserver la compétence de ses autorités pour prendre des mesures tendant à la protection des biens d'un enfant situés sur son territoire;

b) se réserver de ne pas reconnaître une responsabilité parentale ou une mesure qui serait incompatible avec une mesure prise par ses autorités par rapport à ces biens.

2. La réserve pourra être restreinte à certaines catégories de biens.

Art. 56

Le Secrétaire général de la Conférence de La Haye de droit international privé convoque périodiquement une Commission spéciale afin d'examiner le fonctionnement pratique de la Convention.

CHAPITRE VII – CLAUSES FINALES

Art. 57

1. La Convention est ouverte à la signature des États qui étaient Membres de la Conférence de La Haye de droit international privé lors de sa Dix-huitième session.

2. Elle sera ratifiée, acceptée ou approuvée et les instruments de ratification, d'acceptation ou d'approbation seront déposés auprès du Ministère des Affaires Étrangères du Royaume des Pays-Bas, dépositaire de la Convention.

Art. 58

1. Tout autre État pourra adhérer à la Convention après son entrée en vigueur en vertu de l'article 61, paragraphe 1.

2. L'instrument d'adhésion sera déposé auprès du dépositaire.

3. L'adhésion n'aura d'effet que dans les rapports entre l'État adhérant et les États contractants qui n'auront pas élevé d'objection à son encontre dans les six mois après la réception de la notification prévue à l'article 63, lettre *b*. Une telle objection pourra également être élevée par tout État au moment d'une ratification, acceptation ou approbation de la Convention, ultérieure à l'adhésion. Ces objections seront notifiées au dépositaire.

Art. 59

1. Un État qui comprend deux ou plusieurs unités territoriales dans lesquelles des systèmes de droit différents s'appliquent aux matières régies par la présente Convention pourra, au moment de la signature, de la ratification, de l'acceptation, de l'approbation ou de l'adhésion, déclarer que la Convention s'appliquera à toutes ses unités territoriales ou seulement à l'une ou à plusieurs d'entre elles, et pourra à tout moment modifier cette déclaration en faisant une nouvelle déclaration.

2. Ces déclarations seront notifiées au dépositaire et indiqueront expressément les unités territoriales auxquelles la Convention s'applique.

3. Si un État ne fait pas de déclaration en vertu du présent article, la Convention s'appliquera à l'ensemble du territoire de cet État.

Art. 60

1. Tout État contractant pourra, au plus tard au moment de la ratification, de l'acceptation, de l'approbation ou de l'adhésion, ou au moment d'une déclaration faite en vertu de l'article 59, faire soit l'une, soit les deux réserves prévues aux articles 54, paragraphe 2, et 55. Aucune autre réserve ne sera admise.

2. Tout État pourra, à tout moment, retirer une réserve qu'il aura faite. Ce retrait sera notifié au dépositaire.

3. L'effet de la réserve cessera le premier jour du troisième mois du calendrier après la notification mentionnée au paragraphe précédent.

Art. 61

1. La Convention entrera en vigueur le premier jour du mois suivant l'expiration d'une période de trois mois après le dépôt du troisième instrument de ratification, d'acceptation ou d'approbation prévu par l'article 57.

2. Par la suite, la Convention entrera en vigueur :

a) pour chaque État ratifiant, acceptant ou approuvant postérieurement, le premier jour du mois suivant l'expiration d'une période de trois mois après le dépôt de son instrument de ratification, d'acceptation, d'approbation ou d'adhésion;

b) pour chaque État adhérant, le premier jour du mois suivant l'expiration d'une période de trois mois après l'expiration du délai de six mois prévu à l'article 58, paragraphe 3;

c) pour les unités territoriales auxquelles la Convention a été étendue conformément à l'article 59, le premier jour du mois suivant l'expiration d'une période de trois mois après la notification visée dans cet article.

Art. 62

1. Tout État Partie à la Convention pourra dénoncer celle-ci par une notification adressée par écrit au dépositaire.

La dénonciation pourra se limiter à certaines unités territoriales auxquelles s'applique la Convention.

2. La dénonciation prendra effet le premier jour du mois suivant l'expiration d'une période de douze mois après la date de réception de la notification par le dépositaire. Lorsqu'une période plus longue pour la prise d'effet de la dénonciation est spécifiée dans la notification, la dénonciation prendra effet à l'expiration de la période en question.

Art. 63

Le dépositaire notifiera aux États membres de la Conférence de La Haye de droit international privé, ainsi qu'aux États qui auront adhéré conformément aux dispositions de l'article 58 :

a) les signatures, ratifications, acceptations et approbations visées à l'article 57;

b) les adhésions et les objections aux adhésions visées à l'article 58;

c) la date à laquelle la Convention entrera en vigueur conformément aux dispositions de l'article 61;

d) les déclarations mentionnées aux articles 34, paragraphe 2, et 59;

e) les accords mentionnés à l'article 39;

f) les réserves visées aux articles 54, paragraphe 2, et 55 et le retrait des réserves prévu à l'article 60, paragraphe 2;

g) les dénonciations visées à l'article 62.

En foi de quoi, les soussignés, dûment autorisés, ont signé la présente Convention.

Fait à La Haye, le 19 octobre 1996, en français et en anglais, les deux textes faisant également foi, en un seul exemplaire, qui sera déposé dans les archives du Gouvernement du Royaume des Pays-Bas et dont une copie certifiée conforme sera remise, par la voie diplomatique, à chacun des États membres de la Conférence de La Haye de droit international privé lors de la Dix-huitième session.

63.18

CONVENTION INTERNATIONALE DE LA HAYE, 13 JANV. 2000, SUR LA PROTECTION INTERNATIONALE DES ADULTES

(Conclue le 13 janvier 2000)

Les États signataires de la présente Convention,

Considérant qu'il convient d'assurer dans les situations à caractère international la protection des adultes qui, en raison d'une altération ou d'une insuffisance de leurs facultés personnelles, ne sont pas en état de pourvoir à leurs intérêts,

Désirant éviter des conflits entre leurs systèmes juridiques en matière de compétence, loi applicable, reconnaissance et exécution des mesures de protection des adultes,

Rappelant l'importance de la coopération internationale pour la protection des adultes,

Affirmant que l'intérêt de l'adulte ainsi que le respect de sa dignité et de sa volonté doivent être des considérations primordiales,

Sont convenus des dispositions suivantes :

Chapitre I
Champ d'application de la convention

Article premier

1. La présente Convention s'applique, dans les situations à caractère international, à la protection des adultes qui, en raison d'une altération ou d'une insuffisance de leurs facultés personnelles, ne sont pas en état de pourvoir à leurs intérêts.

2. Elle a pour objet :

a) de déterminer l'État dont les autorités ont compétence pour prendre des mesures tendant à la protection de la personne ou des biens de l'adulte;

b) de déterminer la loi applicable par ces autorités dans l'exercice de leur compétence;

c) de déterminer la loi applicable à la représentation de l'adulte;

d) d'assurer la reconnaissance et l'exécution des mesures de protection dans tous les États contractants;

e) d'établir entre les autorités des États contractants la coopération nécessaire à la réalisation des objectifs de la Convention.

Article 2

1. Au sens de la présente Convention, un adulte est une personne ayant atteint l'âge de 18 ans.

2. La Convention s'applique également aux mesures concernant un adulte qui n'avait pas atteint l'âge de 18 ans lorsqu'elles ont été prises.

Article 3

Les mesures prévues à l'article premier peuvent porter notamment sur :

a) la détermination de l'incapacité et l'institution d'un régime de protection;

b) la mise de l'adulte sous la sauvegarde d'une autorité judiciaire ou administrative;

c) la tutelle, la curatelle et les institutions analogues;

d) la désignation et les fonctions de toute personne ou organisme chargé de s'occuper de la personne ou des biens de l'adulte, de le représenter ou de l'assister;

e) le placement de l'adulte dans un établissement ou tout autre lieu où sa protection peut être assurée;

f) l'administration, la conservation ou la disposition des biens de l'adulte;

g) l'autorisation d'une intervention ponctuelle pour la protection de la personne ou des biens de l'adulte.

Article 4

1. Sont exclus du domaine de la Convention :

a) les obligations alimentaires;

b) la formation, l'annulation et la dissolution du mariage ou d'une relation analogue ainsi que la séparation de corps;

c) les régimes matrimoniaux et les régimes de même nature applicables aux relations analogues au mariage;

d) les trusts et successions;

e) la sécurité sociale;

f) les mesures publiques de caractère général en matière de santé;

g) les mesures prises à l'égard d'une personne en conséquence d'infractions pénales commises par cette personne;

h) les décisions sur le droit d'asile et en matière d'immigration;

i) les mesures ayant pour seul objet de sauvegarder la sécurité publique.

2. Le paragraphe premier n'affecte pas, dans les matières qui y sont mentionnées, la qualité d'une personne à agir comme représentant de l'adulte.

Chapitre II
Compétence

Article 5

1. Les autorités, tant judiciaires qu'administratives, de l'État contractant de la résidence habituelle de l'adulte sont compétentes pour prendre des mesures tendant à la protection de sa personne ou de ses biens.

2. En cas de changement de la résidence habituelle de l'adulte dans un autre État contractant, sont compétentes les autorités de l'État de la nouvelle résidence habituelle.

Article 6

1. Pour les adultes qui sont réfugiés et ceux qui, par suite de troubles survenant dans leur pays, sont internationalement déplacés, les autorités de l'État contractant sur le territoire duquel ces adultes sont présents du fait de leur déplacement exercent la compétence prévue à l'article 5, paragraphe premier.

2. La disposition du paragraphe précédent s'applique également aux adultes dont la résidence habituelle ne peut être établie.

Article 7

1. Sauf pour les adultes qui sont réfugiés ou qui, par suite de troubles survenant dans l'État de leur nationalité, sont internationalement déplacés, les autorités d'un État contractant dont l'adulte possède la nationalité sont compétentes pour prendre des mesures tendant à la protection de sa personne ou de ses biens, si elles considèrent qu'elles sont mieux à même d'apprécier l'intérêt de l'adulte et après avoir avisé les autorités compétentes en vertu des articles 5 ou 6, paragraphe 2.

2. Cette compétence ne peut être exercée si les autorités compétentes en vertu des articles 5, 6, paragraphe 2, ou 8 ont informé les autorités de l'État national de l'adulte qu'elles ont pris toutes les mesures requises par la situation ou décidé qu'aucune mesure ne devait être prise ou qu'une procédure est pendante devant elles.

3. Les mesures prises en vertu du paragraphe premier cessent d'avoir effet dès que les autorités compétentes en vertu des articles 5, 6, paragraphe 2, ou 8 ont pris des mesures requises par la situation ou ont décidé qu'il n'y a pas lieu de prendre des mesures. Ces autorités en informent les autorités ayant pris les mesures en application du paragraphe premier.

Article 8

1. Les autorités de l'État contractant ayant compétence en vertu des articles 5 ou 6, si elles considèrent que tel est l'intérêt de l'adulte, peuvent, de leur propre initiative ou à la demande de l'autorité d'un autre État contractant, requérir les autorités de l'un des États mentionnés au paragraphe 2 de prendre des mesures tendant à la protection de la personne ou des biens de l'adulte. La requête peut porter sur tout ou partie de cette protection.

2. Les États contractants dont une autorité peut être requise dans les conditions fixées au paragraphe précédent sont :

a) un État dont l'adulte possède la nationalité;

b) l'État de la précédente résidence habituelle de l'adulte;

c) un État dans lequel sont situés des biens de l'adulte;

d) l'État dont les autorités ont été choisies par écrit par l'adulte pour prendre des mesures tendant à sa protection;

e) l'État de la résidence habituelle d'une personne proche de l'adulte disposée à prendre en charge sa protection;

f) l'État sur le territoire duquel l'adulte est présent, en ce qui concerne la protection de sa personne.

3. Dans le cas où l'autorité désignée en vertu des dispositions des paragraphes précédents n'accepte pas sa compétence, les autorités de l'État contractant ayant compétence en vertu des articles 5 ou 6 conservent la compétence.

Article 9

Les autorités d'un État contractant dans lequel se trouvent des biens de l'adulte sont compétentes pour prendre des mesures de protection relatives à ces biens, pour autant que ces mesures soient compatibles avec celles prises par les autorités compétentes en vertu des articles 5 à 8.

Article 10

1. Dans tous les cas d'urgence, les autorités de chaque État contractant sur le territoire duquel se trouvent l'adulte ou des biens lui appartenant sont compétentes pour prendre les mesures de protection nécessaires.

2. Les mesures prises en application du paragraphe précédent à l'égard d'un adulte ayant sa résidence habituelle dans un État contractant cessent d'avoir effet dès que les autorités compétentes en vertu des articles 5 à 9 ont pris les mesures exigées par la situation.

3. Les mesures prises en application du paragraphe premier à l'égard d'un adulte ayant sa résidence habituelle dans un État non contractant cessent d'avoir effet dans chaque État contractant dès qu'y sont reconnues les mesures exigées par la situation, prises par les autorités d'un autre État.

4. Les autorités ayant pris des mesures en application du paragraphe premier en informent, dans la mesure du possi-

ble, les autorités de l'État contractant de la résidence habituelle de l'adulte.

Article 11

1. À titre d'exception, les autorités d'un État contractant sur le territoire duquel l'adulte est présent sont compétentes pour prendre des mesures concernant la protection de la personne de l'adulte, ayant un caractère temporaire et une efficacité territoriale restreinte à cet État, pour autant que ces mesures soient compatibles avec celles déjà prises par les autorités compétentes en vertu des articles 5 à 8 et après avoir avisé les autorités compétentes en vertu de l'article 5.

2. Les mesures prises en application du paragraphe précédent à l'égard d'un adulte ayant sa résidence habituelle dans un État contractant cessent d'avoir effet dès que les autorités compétentes en vertu des articles 5 à 8 se sont prononcées sur les mesures que pourrait exiger la situation.

Article 12

Sous réserve de l'article 7, paragraphe 3, les mesures prises en application des articles 5 à 9 restent en vigueur dans les limites qui sont les leurs, même lorsqu'un changement des circonstances a fait disparaître l'élément sur lequel était fondée la compétence, tant que les autorités compétentes en vertu de la Convention ne les ont pas modifiées, remplacées ou levées.

Chapitre III
Loi applicable

Article 13

1. Dans l'exercice de la compétence qui leur est attribuée par les dispositions du chapitre II, les autorités des États contractants appliquent leur loi.

2. Toutefois, dans la mesure où la protection de la personne ou des biens de l'adulte le requiert, elles peuvent exceptionnellement appliquer ou prendre en considération la loi d'un autre État avec lequel la situation présente un lien étroit.

Article 14

Lorsqu'une mesure prise dans un État contractant est mise en œuvre dans un autre État contractant, les conditions de son application sont régies par la loi de cet autre État.

Article 15

1. L'existence, l'étendue, la modification et l'extinction des pouvoirs de représentation conférés par un adulte, soit par un accord soit par un acte unilatéral, pour être exercés lorsque cet adulte sera hors d'état de pourvoir à ses intérêts, sont régies par la loi de l'État de la résidence habituelle de l'adulte au moment de l'accord ou de l'acte unilatéral, à moins qu'une des lois mentionnées au paragraphe 2 ait été désignée expressément par écrit.

2. Les États dont la loi peut être désignée sont les suivants :

a) un État dont l'adulte possède la nationalité;

b) l'État d'une résidence habituelle précédente de l'adulte;

c) un État dans lequel sont situés des biens de l'adulte, pour ce qui concerne ces biens.

3. Les modalités d'exercice de ces pouvoirs de représentation sont régies par la loi de l'État où ils sont exercés.

Article 16

Les pouvoirs de représentation prévus à l'article 15, lorsqu'ils ne sont pas exercés de manière à assurer suffisamment la protection de la personne ou des biens de l'adulte, peuvent être retirés ou modifiés par des mesures prises par une autorité ayant compétence selon la Convention. Pour retirer ou modifier ces pouvoirs de représentation, la loi déterminée à l'article 15 doit être prise en considération dans la mesure du possible.

Article 17

1. La validité d'un acte passé entre un tiers et une autre personne qui aurait la qualité de représentant de l'adulte selon la loi de l'État où l'acte a été passé ne peut être contestée, ni la responsabilité du tiers engagée, pour le seul motif que l'autre personne n'avait pas la qualité de représentant en vertu de la loi désignée par les dispositions du présent chapitre, sauf si le tiers savait ou devait savoir que cette qualité était régie par cette loi.

2. Le paragraphe précédent ne s'applique que dans le cas où l'acte a été passé entre personnes présentes sur le territoire d'un même État.

Article 18

Les dispositions du présent chapitre sont applicables même si la loi qu'elles désignent est celle d'un État non contractant.

Article 19

Au sens du présent chapitre, le terme « loi » désigne le droit en vigueur dans un État, à l'exclusion des règles de conflit de lois.

Article 20

Le présent chapitre ne porte pas atteinte aux dispositions de la loi de l'État dans lequel la protection de l'adulte doit être assurée, dont l'application s'impose quelle que soit la loi qui serait autrement applicable.

Article 21

L'application de la loi désignée par les dispositions du présent chapitre ne peut être écartée que si cette application est manifestement contraire à l'ordre public.

Chapitre IV
Reconnaissance et exécution

Article 22

1. Les mesures prises par les autorités d'un État contractant sont reconnues de plein droit dans les autres États contractants.

2. Toutefois, la reconnaissance peut être refusée :

a) si la mesure a été prise par une autorité dont la compétence n'était pas fondée sur un chef de compétence prévu ou conforme aux dispositions du chapitre II;

b) si la mesure a été prise, hors le cas d'urgence, dans le cadre d'une procédure judiciaire ou administrative, sans qu'ait été donnée à l'adulte la possibilité d'être entendu, en violation des principes fondamentaux de procédure de l'État requis;

c) si la reconnaissance est manifestement contraire à l'ordre public de l'État requis ou est contraire à une disposition de la loi de cet État dont l'application s'impose quelle que soit la loi qui serait autrement applicable;

d) si la mesure est incompatible avec une mesure prise postérieurement dans un État non contractant qui aurait été compétent en vertu des articles 5 à 9, lorsque cette dernière mesure réunit les conditions nécessaires à sa reconnaissance dans l'État requis;

e) si la procédure prévue à l'article 33 n'a pas été respectée.

Article 23

Sans préjudice de l'article 22, paragraphe premier, toute personne intéressée peut demander aux autorités compétentes d'un État contractant qu'il soit statué sur la reconnaissance ou la non-reconnaissance d'une mesure prise dans un autre État contractant. La procédure est régie par la loi de l'État requis.

Article 24

L'autorité de l'État requis est liée par les constatations de fait sur lesquelles l'autorité de l'État qui a pris la mesure a fondé sa compétence.

Article 25

1. Si les mesures prises dans un État contractant et qui y sont exécutoires comportent des actes d'exécution dans un autre État contractant, elles sont, dans cet autre État, déclarées exécutoires ou enregistrées aux fins d'exécution, sur requête de toute partie intéressée, selon la procédure prévue par la loi de cet État.

2. Chaque État contractant applique à la déclaration d'*exequatur* ou à l'enregistrement une procédure simple et rapide.

3. La déclaration d'*exequatur* ou l'enregistrement ne peuvent être refusés que pour l'un des motifs prévus à l'article 22, paragraphe 2.

Article 26

Sous réserve de ce qui est nécessaire pour l'application des articles qui précèdent, l'autorité de l'État requis ne procédera à aucune révision au fond de la mesure prise.

Article 27

Les mesures prises dans un État contractant, qui sont déclarées exécutoires ou enregistrées aux fins d'exécution dans un autre État contractant, y sont mises à exécution comme si elles avaient été prises par les autorités de cet autre État. La mise à exécution des mesures se fait conformément à la loi de l'État requis dans les limites qui y sont prévues.

Chapitre V
Coopération

Article 28

1. Chaque État contractant désigne une Autorité centrale chargée de satisfaire aux obligations qui lui sont imposées par la Convention.

2. Un État fédéral, un État dans lequel plusieurs systèmes de droit sont en vigueur ou un État ayant des unités territoriales autonomes est libre de désigner plus d'une Autorité centrale et de spécifier l'étendue territoriale ou personnelle de leurs fonctions. L'État qui fait usage de cette faculté désigne l'Autorité centrale à laquelle toute communication peut être adressée en vue de sa transmission à l'Autorité centrale compétente au sein de cet État.

Article 29

1. Les Autorités centrales doivent coopérer entre elles et promouvoir la coopération entre les autorités compétentes de leur État pour réaliser les objectifs de la Convention.

2. Elles prennent, dans le cadre de l'application de la Convention, les dispositions appropriées pour fournir des informations sur leur législation, ainsi que sur les services disponibles dans leur État en matière de protection de l'adulte.

Article 30

L'Autorité centrale d'un État contractant prend, soit directement, soit avec le concours d'autorités publiques ou d'autres organismes, toutes dispositions appropriées pour :

a) faciliter les communications, par tous les moyens, entre les autorités compétentes dans les situations auxquelles s'applique la Convention;

b) aider, sur demande d'une autorité compétente d'un autre État contractant, à localiser l'adulte lorsqu'il paraît que celui-ci est présent sur le territoire de l'État requis et a besoin de protection.

Article 31

Les autorités compétentes d'un État contractant peuvent encourager, soit directement, soit par l'entremise d'autres organismes, l'utilisation de la médiation, de la conciliation ou de tout autre mode analogue permettant les ententes à l'amiable sur la protection de la personne ou des biens de l'adulte, dans les situations auxquelles s'applique la Convention.

Article 32

1. Lorsqu'une mesure de protection est envisagée, les autorités compétentes en vertu de la Convention peuvent, si la situation de l'adulte l'exige, demander à toute autorité d'un autre État contractant qui détient des informations utiles pour la protection de l'adulte de les lui communiquer.

2. Chaque État contractant peut déclarer que les demandes prévues au paragraphe premier ne pourront être acheminées que par l'intermédiaire de son Autorité centrale.

3. Les autorités compétentes d'un État contractant peuvent demander aux autorités d'un autre État contractant de prêter leur assistance à la mise en œuvre de mesures de protection prises en application de la Convention.

Article 33

1. Lorsque l'autorité compétente en vertu des articles 5 à 8 envisage le placement de l'adulte dans un établissement ou tout autre lieu où sa protection peut être assurée, et que ce placement aura lieu dans un autre État contractant, elle consulte au préalable l'Autorité centrale ou une autre autorité compétente de ce dernier État. Elle lui communique à cet effet un rapport sur l'adulte et les motifs de sa proposition sur le placement.

2. La décision de placement ne peut être prise dans l'État requérant si l'Autorité centrale ou une autre autorité compétente de l'État requis manifeste son opposition dans un délai raisonnable.

Article 34

Dans le cas où l'adulte est exposé à un grave danger, les autorités compétentes de l'État contractant dans lequel des mesures de protection de cet adulte ont été prises ou sont en voie de l'être, si elles sont informées du changement de résidence ou de la présence de l'adulte dans un autre État, avisent les autorités de cet État de ce danger et des mesures prises ou en cours d'examen.

Article 35

Une autorité ne peut demander ou transmettre des informations en application de ce chapitre si elle est d'avis qu'une telle demande ou transmission pourrait mettre en danger la personne ou les biens de l'adulte, ou constituer une menace grave pour la liberté ou la vie d'un membre de sa famille.

Article 36

1. Sans préjudice de la possibilité de réclamer des frais raisonnables correspondant aux services fournis, les Autorités centrales et les autres autorités publiques des États contractants supportent leurs frais découlant de l'application des dispositions du présent chapitre.

2. Un État contractant peut conclure des accords avec un ou plusieurs autres États contractants sur la répartition des frais.

Article 37

Tout État contractant pourra conclure avec un ou plusieurs autres États contractants des accords en vue de favoriser dans leurs rapports réciproques l'application du présent chapitre. Les États qui ont conclu de tels accords en transmettront une copie au dépositaire de la Convention.

Chapitre VI
Dispositions générales

Article 38

1. Les autorités de l'État contractant dans lequel une mesure de protection a été prise ou un pouvoir de représentation confirmé peuvent délivrer à toute personne à qui est confiée la protection de la personne ou des biens de l'adulte, à sa demande, un certificat indiquant sa qualité et les pouvoirs qui lui sont conférés.

2. La qualité et les pouvoirs indiqués par le certificat sont tenus pour établis, à la date du certificat, sauf preuve contraire.

3. Chaque État contractant désigne les autorités habilitées à établir le certificat.

Article 39

Les données personnelles rassemblées ou transmises conformément à la Convention ne peuvent être utilisées à d'autres fins que celles pour lesquelles elles ont été rassemblées ou transmises.

Article 40

Les autorités auxquelles des informations sont transmises en assurent la confidentialité conformément à la loi de leur État.

Article 41

Les documents transmis ou délivrés en application de la Convention sont dispensés de toute légalisation ou de toute formalité analogue.

Article 42

Chaque État contractant peut désigner les autorités à qui les demandes prévues aux articles 8 et 33 doivent être envoyées.

Article 43

1. Les désignations mentionnées aux articles 28 et 42 seront communiquées au Bureau Permanent de la Conférence de La Haye de droit international privé au plus tard à la date du dépôt de l'instrument de ratification, d'acceptation ou d'approbation de la Convention ou de l'adhésion à celle-ci. Les modifications de ces désignations seront également communiquées au Bureau Permanent.

2. La déclaration mentionnée à l'article 32, paragraphe 2, est faite au dépositaire de la Convention.

Article 44

Un État contractant dans lequel des systèmes de droit ou des ensembles de règles différents s'appliquent en matière de protection de la personne ou des biens de l'adulte n'est pas tenu d'appliquer les règles de la Convention aux conflits concernant uniquement ces différents systèmes ou ensembles de règles.

Article 45

Au regard d'un État dans lequel deux ou plusieurs systèmes de droit ou ensembles de règles ayant trait aux questions régies par la présente Convention s'appliquent dans des unités territoriales différentes :

a) toute référence à la résidence habituelle dans cet État vise la résidence habituelle dans une unité territoriale;

b) toute référence à la présence de l'adulte dans cet État vise la présence de l'adulte dans une unité territoriale;

c) toute référence à la situation des biens de l'adulte dans cet État vise la situation des biens de l'adulte dans une unité territoriale;

d) toute référence à l'État dont l'adulte possède la nationalité vise l'unité territoriale désignée par la loi de cet État ou, en l'absence de règles pertinentes, l'unité territoriale avec laquelle l'adulte présente le lien le plus étroit;

e) toute référence à l'État dont les autorités ont été choisies par l'adulte vise :

– l'unité territoriale si l'adulte a choisi les autorités de cette unité territoriale;

– l'unité territoriale d'un État avec laquelle l'adulte présente le lien le plus étroit si l'adulte a choisi les autorités de cet État sans spécifier l'unité territoriale dans l'État;

f) toute référence à la loi d'un État avec lequel la situation présente un lien étroit vise la loi d'une unité territoriale avec laquelle la situation présente un lien étroit;

g) toute référence à la loi, à la procédure ou à l'autorité de l'État où une mesure a été prise vise la loi ou la procédure en vigueur dans cette unité territoriale ou l'autorité de l'unité territoriale dans laquelle cette mesure a été prise;

h) toute référence à la loi, à la procédure ou à l'autorité de l'État requis vise la loi ou la procédure en vigueur dans cette unité territoriale ou l'autorité de l'unité territoriale dans laquelle la reconnaissance ou l'exécution est invoquée;

i) toute référence à l'État de la mise en œuvre de la mesure de protection vise l'unité territoriale de la mise en œuvre de la mesure;

j) toute référence aux organismes ou autorités de cet État, autres que les Autorités centrales, vise les organismes ou autorités habilités à agir dans l'unité territoriale concernée.

Article 46

Pour identifier la loi applicable en vertu du chapitre III, lorsqu'un État comprend deux ou plusieurs unités territoriales dont chacune a son propre système de droit ou un ensemble de règles ayant trait aux questions régies par la présente Convention, les règles suivantes s'appliquent :

a) en présence de règles en vigueur dans cet État identifiant l'unité territoriale dont la loi est applicable, la loi de cette unité s'applique;

b) en l'absence de telles règles, la loi de l'unité territoriale définie selon les dispositions de l'article 45 s'applique.

Article 47

Pour identifier la loi applicable en vertu du chapitre III, lorsqu'un État comprend deux ou plusieurs systèmes de droit ou ensembles de règles applicables à des catégories différentes de personnes pour les questions régies par la présente Convention, les règles suivantes s'appliquent :

a) en présence de règles en vigueur dans cet État identifiant laquelle de ces lois est applicable, cette loi s'applique;

b) en l'absence de telles règles, la loi du système ou de l'ensemble de règles avec lequel l'adulte présente le lien le plus étroit s'applique.

Article 48

Dans les rapports entre les États contractants, la présente Convention remplace la *Convention concernant l'interdiction et les mesures de protection analogues*, signée à La Haye le 17 juillet 1905.

Article 49

1. La Convention ne déroge pas aux instruments internationaux auxquels des États contractants sont Parties et qui contiennent des dispositions sur les matières réglées par la présente Convention, à moins qu'une déclaration contraire ne soit faite par les États liés par de tels instruments.

2. La Convention n'affecte pas la possibilité pour un ou plusieurs États contractants de conclure des accords qui contiennent, en ce qui concerne les adultes résidant habituellement dans l'un des États Parties à de tels accords, des dispositions sur les matières réglées par la présente Convention.

3. Les accords à conclure par un ou plusieurs États contractants sur des matières réglées par la présente Convention n'affectent pas, dans les rapports de ces États avec les autres États contractants, l'application des dispositions de la présente Convention.

4. Les paragraphes précédents s'appliquent également aux lois uniformes reposant sur l'existence entre les États concernés de liens spéciaux, notamment de nature régionale.

Article 50

1. La Convention ne s'applique qu'aux mesures prises dans un État après l'entrée en vigueur de la Convention pour cet État.

2. La Convention s'applique à la reconnaissance et à l'exécution des mesures prises après son entrée en vigueur dans les rapports entre l'État où les mesures ont été prises et l'État requis.

3. La Convention s'applique à compter de son entrée en vigueur dans un État contractant aux pouvoirs de représentation conférés antérieurement dans des conditions correspondant à celles prévues à l'article 15.

Article 51

1. Toute communication à l'Autorité centrale ou à toute autre autorité d'un État contractant est adressée dans la langue originale et accompagnée d'une traduction dans la langue officielle ou l'une des langues officielles de cet État ou, lorsque cette traduction est difficilement réalisable, d'une traduction en français ou en anglais.

2. Toutefois, un État contractant pourra, en faisant une réserve conformément à l'article 56, s'opposer à l'utilisation soit du français, soit de l'anglais.

Article 52

Le Secrétaire général de la Conférence de La Haye de droit international privé convoque périodiquement une Commission spéciale afin d'examiner le fonctionnement pratique de la Convention.

Chapitre VII
Clauses finales

Article 53

1. La Convention est ouverte à la signature des États qui étaient Membres de la Conférence de La Haye de droit international privé le 2 octobre 1999.

2. Elle sera ratifiée, acceptée ou approuvée et les instruments de ratification, d'acceptation ou d'approbation seront déposés auprès du Ministère des Affaires Étrangères du Royaume des Pays-Bas, dépositaire de la Convention.

Article 54

1. Tout autre État pourra adhérer à la Convention après son entrée en vigueur en vertu de l'article 57, paragraphe 1.

2. L'instrument d'adhésion sera déposé auprès du dépositaire.

3. L'adhésion n'aura d'effet que dans les rapports entre l'État adhérant et les États contractants qui n'auront pas élevé d'objection à son encontre dans les six mois après la réception de la notification prévue à l'article 59, lettre *b)*. Une telle objection pourra également être élevée par tout État au moment d'une ratification, acceptation ou approbation de la Convention, postérieure à l'adhésion. Ces objections seront notifiées au dépositaire.

Article 55

1. Un État qui comprend deux ou plusieurs unités territoriales dans lesquelles des systèmes de droit différents s'appliquent aux matières régies par la présente Convention pourra, au moment de la signature, de la ratification, de l'acceptation, de l'approbation ou de l'adhésion, déclarer que la Convention s'appliquera à toutes ses unités territoriales ou seulement à l'une ou à plusieurs d'entre elles, et pourra à tout moment modifier cette déclaration en faisant une nouvelle déclaration.

2. Ces déclarations seront notifiées au dépositaire et indiqueront expressément les unités territoriales auxquelles la Convention s'applique.

3. Si un État ne fait pas de déclaration en vertu du présent article, la Convention s'appliquera à l'ensemble du territoire de cet État.

Article 56

1. Tout État contractant pourra, au plus tard au moment de la ratification, de l'acceptation, de l'approbation ou de l'adhésion, ou au moment d'une déclaration faite en vertu de l'article 55, faire la réserve prévue à l'article 51, paragraphe 2. Aucune autre réserve ne sera admise.

2. Tout État pourra, à tout moment, retirer la réserve qu'il aura faite. Ce retrait sera notifié au dépositaire.

3. L'effet de la réserve cessera le premier jour du troisième mois du calendrier après la notification mentionnée au paragraphe précédent.

Article 57

1. La Convention entrera en vigueur le premier jour du mois suivant l'expiration d'une période de trois mois après le dépôt du troisième instrument de ratification, d'acceptation ou d'approbation prévu par l'article 53.

2. Par la suite, la Convention entrera en vigueur :

a) pour chaque État ratifiant, acceptant ou approuvant postérieurement, le premier jour du mois suivant l'expiration d'une période de trois mois après le dépôt de son instrument de ratification, d'acceptation, d'approbation ou d'adhésion;

b) pour chaque État adhérant, le premier jour du mois suivant l'expiration d'une période de trois mois après l'expiration du délai de six mois prévu à l'article 54, paragraphe 3;

c) pour les unités territoriales auxquelles la Convention a été étendue conformément à l'article 55, le premier jour du mois suivant l'expiration d'une période de trois mois après la notification visée dans cet article.

Article 58

1. Tout État Partie à la Convention pourra dénoncer celle-ci par une notification adressée par écrit au dépositaire. La dénonciation pourra se limiter à certaines unités territoriales auxquelles s'applique la Convention.

2. La dénonciation prendra effet le premier jour du mois suivant l'expiration d'une période de douze mois après la date de réception de la notification par le dépositaire. Lorsqu'une période plus longue pour la prise d'effet de la dénonciation est spécifiée dans la notification, la dénonciation prendra effet à l'expiration de la période en question.

Article 59

Le dépositaire notifiera aux États membres de la Conférence de La Haye de droit international privé, ainsi qu'aux États qui auront adhéré conformément aux dispositions de l'article 54 :

a) les signatures, ratifications, acceptations et approbations visées à l'article 53;

b) les adhésions et les objections aux adhésions visées à l'article 54;

c) la date à laquelle la Convention entrera en vigueur conformément aux dispositions de l'article 57;

d) les déclarations mentionnées aux articles 32, paragraphe 2, et 55;

e) les accords mentionnés à l'article 37;

f) la réserve visée à l'article 51, paragraphe 2, et son retrait prévu à l'article 56, paragraphe 2;

g) les dénonciations visées à l'article 58.

En foi de quoi, les soussignés, dûment autorisés, ont signé la présente Convention.

Fait à La Haye, le 13 janvier 2000, en français et en anglais, les deux textes faisant également foi, en un seul exemplaire, qui sera déposé dans les archives du Gouvernement du Royaume des Pays-Bas et dont une copie certifiée conforme sera remise, par la voie diplomatique, à chacun des États membres de la Conférence de La Haye de droit international privé.

63.19

PROTOCOLE DE LA HAYE, 23 NOV. 2007, SUR LA LOI APPLICABLE AUX OBLIGATIONS ALIMENTAIRES

(conclu le 23 novembre 2007)

Les États signataires du présent Protocole,

Désirant établir des dispositions communes concernant la loi applicable aux obligations alimentaires,

Souhaitant moderniser la *Convention de La Haye du 24 octobre 1956 sur la loi applicable aux obligations alimentaires envers les enfants* et la *Convention de La Haye du*

2 octobre 1973 sur la loi applicable aux obligations alimentaires,

Souhaitant développer des règles générales relatives à la loi applicable pouvant constituer un ajout utile à la *Convention de La Haye du 23 novembre 2007 sur le recouvrement international des aliments destinés aux enfants et à d'autres membres de la famille,*

Ont résolu de conclure un Protocole à cet effet et sont convenus des dispositions suivantes :

Article premier
Champ d'application

1. Le présent Protocole détermine la loi applicable aux obligations alimentaires découlant de relations de famille, de filiation, de mariage ou d'alliance, y compris les obligations alimentaires envers un enfant indépendamment de la situation matrimoniale de ses parents.

2. Les décisions rendues en application du présent Protocole ne préjugent pas de l'existence de l'une des relations visées au paragraphe premier.

Article 2
Application universelle

Le présent Protocole est applicable même si la loi qu'il désigne est celle d'un État non contractant.

Article 3
Règle générale relative à la loi applicable

1. Sauf disposition contraire du Protocole, la loi de l'État de la résidence habituelle du créancier régit les obligations alimentaires.

2. En cas de changement de la résidence habituelle du créancier, la loi de l'État de la nouvelle résidence habituelle s'applique à partir du moment où le changement est survenu.

Article 4
Règles spéciales en faveur de certains créanciers

1. Les dispositions suivantes s'appliquent en ce qui concerne les obligations alimentaires :

a) des parents envers leurs enfants;

b) de personnes, autres que les parents, envers des personnes âgées de moins de 21 ans à l'exception des obligations découlant des relations mentionnées à l'article 5; et

c) des enfants envers leurs parents.

2. La loi du for s'applique lorsque le créancier ne peut pas obtenir d'aliments du débiteur en vertu de la loi mentionnée à l'article 3.

3. Nonobstant l'article 3, la loi du for s'applique lorsque le créancier a saisi l'autorité compétente de l'État où le débiteur a sa résidence habituelle. Toutefois, la loi de l'État de la résidence habituelle du créancier s'applique lorsque le créancier ne peut pas obtenir d'aliments du débiteur en vertu de la loi du for.

4. La loi de l'État dont le créancier et le débiteur ont la nationalité commune, s'ils en ont une, s'applique lorsque le créancier ne peut pas obtenir d'aliments du débiteur en vertu des lois mentionnées à l'article 3 et aux paragraphes 2 et 3 du présent article.

Article 5
Règle spéciale relative aux époux et ex-époux

En ce qui concerne les obligations alimentaires entre des époux, des ex-époux ou des personnes dont le mariage a été annulé, l'article 3 ne s'applique pas lorsque l'une des parties s'y oppose et que la loi d'un autre État, en particulier l'État de leur dernière résidence habituelle commune, présente un lien plus étroit avec le mariage. Dans ce cas, la loi de cet autre État s'applique.

Article 6
Moyens de défense particuliers

En ce qui concerne les obligations alimentaires autres que celles envers les enfants découlant d'une relation parent-enfant et que celles visées à l'article 5, le débiteur peut opposer à la prétention du créancier qu'une telle obligation à son égard n'existe ni selon la loi de l'État de la résidence habituelle du débiteur, ni selon la loi de l'État de la nationalité commune des parties, si elles en ont une.

Article 7
Désignation de la loi applicable pour les besoins d'une procédure particulière (accord procédural)

1. Nonobstant les articles 3 à 6, le créancier et le débiteur d'aliments peuvent, uniquement pour les besoins d'une procédure particulière se déroulant dans un État donné, désigner expressément la loi de cet État pour régir une obligation alimentaire.

2. Une désignation antérieure à l'introduction de l'instance doit faire l'objet d'un accord, signé des deux parties, par écrit ou consigné sur tout support dont le contenu est accessible pour être consulté ultérieurement.

Article 8
Désignation de la loi applicable

1. Nonobstant les articles 3 à 6, le créancier et le débiteur d'aliments peuvent, à tout moment, désigner l'une des lois suivantes pour régir une obligation alimentaire :

a) la loi d'un État dont l'une des parties a la nationalité au moment de la désignation;

b) la loi de l'État de la résidence habituelle de l'une des parties au moment de la désignation;

c) la loi désignée par les parties pour régir leurs relations patrimoniales ou celle effectivement appliquée à ces relations;

d) la loi désignée par les parties pour régir leur divorce ou leur séparation de corps ou celle effectivement appliquée à ce divorce ou cette séparation.

2. Un tel accord est établi par écrit ou consigné sur tout support dont le contenu est accessible pour être consulté ultérieurement et est signé des deux parties.

3. Le paragraphe premier ne s'applique pas aux obligations alimentaires concernant une personne âgée de moins de 18 ans ou un adulte qui, en raison d'une altération ou d'une insuffisance de ses facultés personnelles, n'est pas en mesure de pourvoir à ses intérêts.

4. Nonobstant la loi désignée par les parties en vertu du paragraphe premier, la loi de l'État de la résidence habituelle

du créancier, au moment de la désignation, détermine si le créancier peut renoncer à son droit à des aliments.

5. À moins que les parties n'aient été pleinement informées et conscientes des conséquences de leur choix au moment de la désignation, la loi désignée ne s'applique pas lorsque son application entraînerait des conséquences manifestement inéquitables ou déraisonnables pour l'une ou l'autre des parties.

Article 9
« Domicile » au lieu de « nationalité »

Un État qui connaît le concept de « domicile » en tant que facteur de rattachement en matière familiale peut informer le Bureau Permanent de la Conférence de La Haye de droit international privé que, pour les besoins des affaires portées devant ses autorités, le mot « nationalité » aux articles 4 et 6 est remplacé par le mot « domicile » tel qu'il est entendu dans cet État.

Article 10
Organismes publics

Le droit d'un organisme public de demander le remboursement de la prestation fournie au créancier en lieu et place d'aliments est soumis à la loi qui régit cet organisme.

Article 11
Domaine de la loi applicable

La loi applicable à l'obligation alimentaire détermine notamment :

a) si, dans quelle mesure et à qui le créancier peut demander des aliments;

b) la mesure dans laquelle le créancier peut demander des aliments rétroactivement;

c) la base de calcul du montant des aliments et l'indexation;

d) qui est admis à intenter l'action alimentaire, sous réserve des questions relatives à la capacité procédurale et à la représentation en justice;

e) la prescription ou les délais pour intenter une action;

f) l'étendue de l'obligation du débiteur d'aliments, lorsque l'organisme public demande le remboursement de la prestation fournie au créancier en lieu et place d'aliments.

Article 12
Exclusion du renvoi

Au sens du Protocole, le terme « loi » désigne le droit en vigueur dans un État, à l'exclusion des règles de conflit de lois.

Article 13
Ordre public

L'application de la loi désignée en vertu du Protocole ne peut être écartée que dans la mesure où ses effets sont manifestement contraires à l'ordre public du for.

Article 14
Fixation du montant des aliments

Même si la loi applicable en dispose autrement, il est tenu compte dans la fixation du montant des aliments, des besoins du créancier et des ressources du débiteur ainsi que de toute compensation accordée au créancier à la place d'un paiement périodique d'aliments.

Article 15
Non-application du Protocole aux conflits internes

1. Un État contractant dans lequel des systèmes de droit ou des ensembles de règles différents s'appliquent en matière d'obligations alimentaires n'est pas tenu d'appliquer les règles du Protocole aux conflits concernant uniquement ces différents systèmes ou ensembles de règles.

2. Cet article ne s'applique pas à une Organisation régionale d'intégration économique.

Article 16
Systèmes juridiques non unifiés à caractère territorial

1. Au regard d'un État dans lequel deux ou plusieurs systèmes de droit ou ensembles de règles ayant trait aux questions régies par le présent Protocole s'appliquent dans des unités territoriales différentes :

a) toute référence à la loi d'un État vise, le cas échéant, la loi en vigueur dans l'unité territoriale considérée;

b) toute référence aux autorités compétentes ou organismes publics de cet État vise, le cas échéant, les autorités compétentes ou organismes publics habilités à agir dans l'unité territoriale considérée;

c) toute référence à la résidence habituelle dans cet État vise, le cas échéant, la résidence habituelle dans l'unité territoriale considérée;

d) toute référence à l'État dont les deux parties ont la nationalité commune vise l'unité territoriale désignée par la loi de cet État ou, en l'absence de règles pertinentes, l'unité territoriale avec laquelle l'obligation alimentaire présente le lien le plus étroit;

e) toute référence à l'État dont une partie a la nationalité vise l'unité territoriale désignée par la loi de cet État ou, en l'absence de règles pertinentes, l'unité territoriale avec laquelle la personne présente le lien le plus étroit.

2. Pour identifier la loi applicable en vertu du Protocole, lorsqu'un État comprend deux ou plusieurs unités territoriales dont chacune a son propre système de droit ou un ensemble de règles ayant trait aux questions régies par le Protocole, les règles suivantes s'appliquent :

a) en présence de règles en vigueur dans cet État identifiant l'unité territoriale dont la loi est applicable, la loi de cette unité s'applique;

b) en l'absence de telles règles, la loi de l'unité territoriale identifiée selon les dispositions du paragraphe premier s'applique.

3. Cet article ne s'applique pas à une Organisation régionale d'intégration économique.

Article 17
Systèmes juridiques non unifiés à caractère personnel

Pour identifier la loi applicable en vertu du Protocole, lorsqu'un État comprend deux ou plusieurs systèmes de droit ou ensembles de règles applicables à des catégories différentes de personnes pour les questions régies par le Protocole, toute référence à la loi d'un tel État est entendue comme visant le système de droit déterminé par les règles en vigueur dans cet État.

Article 18
Coordination avec les Conventions de La Haye antérieures en matière d'obligations alimentaires

Dans les rapports entre les États contractants, le présent Protocole remplace la *Convention de La Haye du 2 octobre 1973 sur la loi applicable aux obligations alimentaires* et la *Convention de La Haye du 24 octobre 1956 sur la loi applicable aux obligations alimentaires envers les enfants*.

Article 19
Coordination avec d'autres instruments

1. Le présent Protocole ne déroge pas aux instruments internationaux auxquels des États contractants sont ou seront parties et qui contiennent des dispositions sur les matières régies par le Protocole, à moins qu'une déclaration contraire ne soit faite par les États liés par de tels instruments.

2. Le paragraphe premier s'applique également aux lois uniformes reposant sur l'existence entre les États concernés de liens spéciaux, notamment de nature régionale.

Article 20
Interprétation uniforme

Pour l'interprétation du présent Protocole, il sera tenu compte de son caractère international et de la nécessité de promouvoir l'uniformité de son application.

Article 21
Examen du fonctionnement pratique du Protocole

1. Le Secrétaire général de la Conférence de La Haye de droit international privé convoque lorsque cela est nécessaire une Commission spéciale afin d'examiner le fonctionnement pratique du Protocole.

2. À cette fin, les États contractants collaborent avec le Bureau Permanent de la Conférence de La Haye de droit international privé afin de recueillir la jurisprudence relative à l'application du Protocole.

Article 22
Dispositions transitoires

Le présent Protocole ne s'applique pas aux aliments réclamés dans un État contractant pour une période antérieure à son entrée en vigueur dans cet État.

Article 23
Signature, ratification et adhésion

1. Le présent Protocole est ouvert à la signature de tous les États.

2. Le présent Protocole est sujet à la ratification, à l'acceptation ou à l'approbation des États signataires.

3. Tout État peut adhérer au présent Protocole.

4. Les instruments de ratification, d'acceptation, d'approbation ou d'adhésion seront déposés auprès du Ministère des Affaires étrangères du Royaume des Pays-Bas, dépositaire du Protocole.

Article 24
Organisations régionales d'intégration économique

1. Une Organisation régionale d'intégration économique constituée uniquement d'États souverains et ayant compétence pour certaines ou toutes les matières régies par le Protocole peut également signer, accepter ou approuver le Protocole ou y adhérer. En pareil cas, l'Organisation régionale d'intégration économique aura les mêmes droits et obligations qu'un État contractant, dans la mesure où cette Organisation a compétence sur des matières régies par le Protocole.

2. Au moment de la signature, de l'acceptation, de l'approbation ou de l'adhésion, l'Organisation régionale d'intégration économique notifie au dépositaire, par écrit, les matières régies par le Protocole pour lesquelles ses États membres ont transféré leur compétence à cette Organisation. L'Organisation notifie aussitôt au dépositaire, par écrit, toute modification intervenue dans la délégation de compétence précisée dans la notification la plus récente faite en vertu du paragraphe.

3. Au moment de la signature, de l'acceptation, de l'approbation ou de l'adhésion, une Organisation régionale d'intégration économique peut déclarer, conformément à l'article 28, qu'elle a compétence pour toutes les matières régies par le Protocole et que les États membres qui ont transféré leur compétence à l'Organisation régionale d'intégration économique dans ce domaine seront liés par le Protocole par l'effet de la signature, de l'acceptation, de l'approbation ou de l'adhésion de l'Organisation.

4. Aux fins de l'entrée en vigueur du Protocole, tout instrument déposé par une Organisation régionale d'intégration économique n'est pas compté, à moins que l'Organisation régionale d'intégration économique ne fasse une déclaration conformément au paragraphe 3.

5. Toute référence à un « État contractant » ou à un « État » dans le Protocole s'applique également, le cas échéant, à une Organisation régionale d'intégration économique qui y est Partie. Lorsqu'une déclaration est faite par une Organisation régionale d'intégration économique conformément au paragraphe 3, toute référence à un « État contractant » ou à un « État » dans le Protocole s'applique également, le cas échéant, aux États membres concernés de l'Organisation.

Article 25
Entrée en vigueur

1. Le Protocole entrera en vigueur le premier jour du mois suivant l'expiration d'une période de trois mois après le dépôt du deuxième instrument de ratification, d'acceptation, d'approbation ou d'adhésion prévu par l'article 23.

2. Par la suite, le Protocole entrera en vigueur :

a) pour chaque État ou Organisation régionale d'intégration économique au sens de l'article 24 ratifiant, acceptant ou approuvant le Protocole ou y adhérant postérieurement, le premier jour du mois suivant l'expiration d'une période de trois mois après le dépôt de son instrument de ratification, d'acceptation, d'approbation ou d'adhésion ;

b) pour les unités territoriales auxquelles le Protocole a été étendu conformément à l'article 26, le premier jour du mois suivant l'expiration d'une période de trois mois après la notification visée dans ledit article.

Article 26
Déclarations relatives aux systèmes juridiques non unifiés

1. Un État qui comprend deux ou plusieurs unités territoriales dans lesquelles des systèmes de droit différents s'appliquent aux matières régies par ce Protocole peut, au moment de la signature, de la ratification, de l'acceptation, de l'approbation ou de l'adhésion, déclarer, conformément à l'article 28, que le Protocole s'appliquera à toutes ses unités territoriales ou seulement à l'une ou à plusieurs d'entre elles et pourra à tout moment modifier cette déclaration en faisant une nouvelle déclaration.

2. Ces déclarations seront notifiées au dépositaire et indiqueront expressément les unités territoriales auxquelles le Protocole s'applique.

3. Si un État ne fait pas de déclaration en vertu du présent article, le Protocole s'appliquera à l'ensemble du territoire de cet État.

4. Le présent article ne s'applique pas à une Organisation régionale d'intégration économique.

Article 27
Réserves

Aucune réserve au présent Protocole n'est admise.

Article 28
Déclarations

1. Les déclarations visées aux articles 24(3) et 26(1) peuvent être faites lors de la signature, de la ratification, de l'acceptation, de l'approbation ou de l'adhésion ou à tout moment ultérieur et pourront être modifiées ou retirées à tout moment.

2. Les déclarations, modifications et retraits sont notifiés au dépositaire.

3. Une déclaration faite au moment de la signature, de la ratification, de l'acceptation, de l'approbation ou de l'adhésion prendra effet au moment de l'entrée en vigueur du présent Protocole pour l'État concerné.

4. Une déclaration faite ultérieurement, ainsi qu'une modification ou le retrait d'une déclaration, prendra effet le premier jour du mois suivant l'expiration d'une période de trois mois après la date de réception de la notification par le dépositaire.

Article 29
Dénonciation

1. Tout État contractant pourra dénoncer le présent Protocole par une notification écrite au dépositaire. La dénonciation pourra se limiter à certaines unités territoriales d'un État aux systèmes juridiques non unifiés auxquelles s'applique le Protocole.

2. La dénonciation prendra effet le premier jour du mois suivant l'expiration d'une période de 12 mois après la date de réception de la notification par le dépositaire. Lorsqu'une période plus longue pour la prise d'effet de la dénonciation est spécifiée dans la notification, la dénonciation prendra effet à l'expiration de la période en question après la date de réception de la notification par le dépositaire.

Article 30
Notification

Le dépositaire notifiera aux Membres de la Conférence de La Haye de droit international privé, ainsi qu'aux autres États et aux Organisations régionales d'intégration économique qui ont signé, ratifié, accepté, approuvé ou adhéré conformément aux articles 23 et 24, les renseignements suivants :

a) les signatures et ratifications, acceptations, approbations et adhésions prévues aux articles 23 et 24;

b) la date d'entrée en vigueur du présent Protocole conformément à l'article 25;

c) les déclarations visées aux articles 24(3) et 26(1);

d) les dénonciations visées à l'article 29.

En foi de quoi, les soussignés, dûment autorisés, ont signé le présent Protocole.

Fait à La Haye, le 23 novembre 2007, en français et en anglais, les deux textes faisant également foi, en un seul exemplaire, qui sera déposé dans les archives du Gouvernement du Royaume des Pays-Bas et dont une copie certifiée conforme sera remise, par la voie diplomatique, à chacun des Membres de la Conférence de La Haye de droit international privé lors de sa Vingt et unième session, ainsi qu'à chacun des autres États ayant participé à cette Session.

Principales abréviations utilisées

	signifie
AAH	allocation adulte handicapé
ACAI	Autorité centrale pour l'adoption internationale
Adde	Ajouter
AED	action éducative à domicile
AEMO	action éducative en milieu ouvert
AFA	Agence française de l'adoption
AJDA	*Actualité juridique Droit administratif (Dalloz)*
AJ fam.	*Actualité juridique famille (Dalloz)*
AJ pénal	*Actualité juridique pénal (Dalloz)*
ALD	Actualité législative Dalloz (années 1983-1995)
API	allocation de parent isolé
art.	article
ass.	Assemblée
Ass. plén.	Cour de cassation, assemblée plénière
AN	Assemblée nationale
ASE	Aide sociale à l'enfance
BOEN	*Bulletin officiel de l'éducation nationale*
Bull. civ.	*Bulletin des arrêts de la Cour de cassation (chambres civiles)*
Bull. crim.	*Bulletin des arrêts de la Cour de cassation (chambre criminelle)*
BICC	*Bulletin d'information de la Cour de cassation*
Cah. jurispr. (ville ou région)	*Cahiers de jurisprudence* (ville ou région)
CAF	caisse d'allocations familiales
CAOMIDA	Centre d'accueil et d'orientation des mineurs isolés demandeurs d'asile
CASF	Code de l'action sociale et des familles
CCAS	Centre communal d'action sociale
CEDH	Cour européenne des droits de l'homme
CESEDA	Code de l'entrée et du séjour des étrangers et du droit d'asile
CIDE	Convention internationale sur les droits de l'enfant
CNAA	Commission nationale d'admission à l'asile
CNAF	Caisse nationale d'allocations familiales
ch.	chambre
chron.	chronique
Circ.	circulaire
C. civ.	Code civil
C. déont. méd.	Code de déontologie des médecins
C. fam.	Code de la famille et de l'aide sociale
CJCE	Cour de justice des Communautés européennes (avant le traité de Lisbonne)
CJUE	Cour de justice de l'Union européenne (depuis le traité de Lisbonne)
COJ	Code de l'organisation judiciaire
C. pens. retr.	Code des pensions civiles et militaires de retraite
C. pr. civ.	Code de procédure civile
C. trav.	Code du travail
CGI	Code général des impôts
C. pén.	Code pénal
CSP	Code de la santé publique
CSS	Code de la sécurité sociale
COMP.	comparer
concl.	Conclusion(s)
CE	Conseil d'État

contra	solution contraire
Conv. EDH	Convention européenne des droits de l'Homme
Civ. 1re	Cour de cassation, première chambre civile
Civ. 2e	Cour de cassation, deuxième chambre civile
Civ. 3e	Cour de cassation, troisième chambre civile
Crim.	Cour de cassation, chambre criminelle
Ch. mixte	Cour de cassation, chambre mixte
Ch. réun.	Cour de cassation, chambres réunies
Soc.	Cour de cassation, chambre sociale
CIVI	Commission d'indemnisation des victimes d'infraction
CNAOP	Conseil national pour l'accès aux origines personnelles
CNIL	Commission nationale de l'informatique et des libertés
DA	Dalloz analytique
DALLOZ ACTION DR. PATR. FAM.	« Dalloz Action », *Droit patrimonial de la famille*
DALLOZ ACTION RESP. ET CONTRATS	« Dalloz Action », *Droit de la responsabilité et des contrats*
DALLOZ ACTION VOIES D'EX.	« Dalloz Action », *Droit et pratique des voies d'exécution*
DDASS	Direction départementale des affaires sanitaires et sociales
DH	Dalloz hebdomadaire
DP	Dalloz périodique
D.	Dalloz-Sirey (Recueil) [sauf mention contraire, le numéro qui suit une référence à ce périodique indique une page]
Décr.	Décret
Defrénois	*Répertoire du notariat Defrénois*
Dict. perm. bioéthique	Dictionnaire permanent bioéthique
doctr.	Doctrine
Doc. fr.	Documentation française
DEF	*Droit de l'enfance et de la famille*
Dr. et patr.	*Droit et patrimoine*
Dr. fam.	*Droit de la famille*
Dr. pénal	*Droit pénal*
Dr. soc.	*Droit social*
éd.	édition
esp.	espèce
Fasc.	fascicule
GACEDH	*Grands arrêts de la Cour européenne des droits de l'Homme*
GADIP	*Grands arrêts de droit international privé*
GAJC	*Grands arrêts de la jurisprudence civile*
Gaz. Pal.	*Gazette du Palais* [sauf mention contraire, le numéro qui suit une référence à ce périodique indique une page]
ibid.	*ibidem*
IGREC	Instruction générale relative à l'état civil
IR	Informations rapides
IR	Impôt sur le revenu
ISF	Impôt sur la fortune
JDI	*Journal du droit international (Clunet)*
JDJ	*Journal du droit des jeunes*
Journ. not.	*Journal des notaires et des avocats*
JO	*Journal officiel (Lois et Décrets)*
JOAN Q	*Journal officiel (réponses ministérielles à questions écrites)*
JAF	juge aux affaires familiales
JAM	juge aux affaires matrimoniales
J.-CL. CIVIL	*Juris-Classeur Civil*
J.-CL. INTERNAT.	*Juris-Classeur International*
JCP	*Juris-Classeur Périodique*
Juris-Data	*Juris-Data* (Base de données juridiques)
Jur. gén.	Jurisprudence générale Dalloz
L.	Loi
Lamy	Lamy
Lebon	*Recueil des décisions du Conseil d'État* [sauf mention contraire, le numéro qui suit une référence à ce périodique indique une page]
loc. cit.	*loco citato*
LPA	*Les Petites Affiches* [sauf mention contraire, le numéro qui suit une référence à ce périodique indique une page]
MAI	Mission de l'adoption internationale
MASP	Mesure d'accompagnement social personnalisé
MECS	maison d'enfant à caractère social
Méd. et droit	Médecine et droit

NCPC	Nouveau Code de procédure civile
n°	numéro
NEP	non encore publié (publication à venir)
NP	non publié dans un recueil officiel (*Bulletin* pour les arrêts de la Cour de cassation; *Lebon* pour les arrêts du Conseil d'État)
NPT	non publié mais titré dans un recueil officiel (*Bulletin* pour les arrêts de la Cour de cassation; *Lebon* pour les arrêts du Conseil d'État)
OAA	Organisme autorisé pour l'adoption
ODASS	Observatoire de l'action sociale décentralisée
obs.	observation
OFII	Office français de l'immigration et de l'intégration
OFPRA	Office français de protection des réfugiés et des apatrides
ONC	ordonnance de non-conciliation
ONED	Observatoire national de l'enfance en danger
op. cit.	*opere citato*
Ord.	Ordonnance
OSTC	ordonnance sur tentative de conciliation
p.	page
PACS	pacte civil de solidarité
PAF	Police de l'air et des frontières
Pan.	panorama
PMA	procréation médicalement assistée
PMI	Protection maternelle et infantile
préc.	précité
Procédures	*Procédures*
rapp.	rapport
R.	*Rapport annuel de la Cour de cassation*
rappr.	rapprocher
RD canonique	*Revue de droit canonique*
RDIP	*Revue de droit international privé*
RDSS	*Revue de droit sanitaire et social* [sauf mention contraire, le numéro qui suit une référence à ce périodique indique une page]
RÉP. CIV.	*Répertoire de droit civil de l'Encyclopédie Dalloz*
RÉP. INTERNAT.	*Répertoire de droit international de l'Encyclopédie Dalloz*
Rép. min.	réponse ministérielle (à question écrite)
req.	requête
RMI	Revenu minimum d'insertion
RSA	Revenu de solidarité active
Req.	Cour de cassation, chambre des requêtes
Rev. crit. DIP	*Revue critique de droit international privé* [sauf mention contraire, le numéro qui suit une référence à ce périodique indique une page]
Rev. dr. européen	*Revue de droit européen*
RJF	*Revue de jurisprudence fiscale*
RFDA	*Revue française de droit administratif* [sauf mention contraire, le numéro qui suit une référence à ce périodique indique une page]
RF aff. soc.	*Revue française des affaires sociales*
RID comp.	*Revue internationale de droit comparé*
RJO	*Revue juridique de l'Ouest*
RJDA	*Revue de jurisprudence de droit des affaires*
RJPF	*Revue juridique des personnes et de la famille*
RSC	*Revue de science criminelle et de droit pénal comparé* [sauf mention contraire, le numéro qui suit une référence à ce périodique indique une page]
Rev. proc. coll.	*Revue des procédures collectives*
RLDC	*Revue Lamy droit civil*
RRJ	*Revue de la recherche juridique – Droit prospectif*
RTD civ.	*Revue trimestrielle de droit civil* [sauf mention contraire, le numéro qui suit une référence à ce périodique indique une page]
RTD com.	*Revue trimestrielle de droit commercial* [sauf mention contraire, le numéro qui suit une référence à ce périodique indique une page]
S.	*Sirey (Recueil)*
SCAI	Secrétariat général de l'autorité centrale pour l'adoption internationale
SCI	société civile immobilière
sol. impl.	solution implicite
somm.	sommaire
s.	suivant(s)
th.	thèse
t.	tome
TA	tribunal administratif
T. civ.	tribunal civil
T. enfants	tribunal pour enfants

TGI	tribunal de grande instance
TI	tribunal d'instance
TPSA	tutelle aux prestations sociales des adultes
TPSE	tutelle aux prestations sociales destinées aux enfants
V° (pluriel *V^{is}*)	*Verbo* (pluriel *Verbis*)
V.	voir
vol.	volume

Index alphabétique thématique

•Les chiffres renvoient aux numéros de paragraphes des développements de l'ouvrage
•Le signe « + » qui précède une entrée secondaire indique un renvoi à une entrée principale identique plus riche
•Le signe « ▶ » qui précède une entrée secondaire indique un renvoi

E

Photocomposition : ***SCM***, Toulouse

708624 - (I) - (4,5) - OSB-T - 40g - SCM - EDO
Dépôt légal : Août 2010
Imprimé en Italie par Rotolito Lombarda